Revisaço®

Carreiras Policiais

DELEGADO DE POLÍCIA CIVIL

Revisaço®

COORDENAÇÃO
ROGÉRIO SANCHES CUNHA
LEANDRO BORTOLETO
PAULO LÉPORE

Carreiras Policiais

DELEGADO DE POLÍCIA CIVIL

11ª edição | Revista atualizada ampliada

2024

EDITORA JusPODIVM
www.editorajuspodivm.com.br

EDITORA
*Jus*PODIVM
www.editorajuspodivm.com.br

Rua Canuto Saraiva, 131 – Mooca – CEP: 03113-010 – São Paulo – São Paulo
Tel: (11) 3582.5757
• Contato: https://www.editorajuspodivm.com.br/central-de-relacionamento

Diagramação: SBNigri Artes e Textos Ltda. *(sbnigri@centroin.com.br)*

Capa: Ana Caquetti

R454

Revisaço – Delegado de Polícia Civil - Mais de 1.970 Questões Comentadas / coordenado por Rogério Sanches Cunha, Leandro Bortoleto e Paulo Lépore – 11.ed., rev., atual. e ampl. – São Paulo: Editora JusPodivm, 2024.

1.824 p.

Vários autores
Inclui Bibliografia
ISBN: 978-85-442-4820-1

1. Concurso. 2. Delegado. 3. Polícia civil. I. Cunha, Rogério Sanches. II. Bortoleto, Leandro. III. Lépore, Paulo. IV. Título

CDD 341.33312

BIBLIOTECÁRIA RESPONSÁVEL

Ana Carolina Ribeiro Mois – CRB7 – RJ 007348/0

Coordenação e autoria

COORDENADORES

ROGÉRIO SANCHES CUNHA – DIREITO PENAL

Membro do Ministério Público do Estado de São Paulo. Professor da Escola Superior do Ministério Público dos estados de São Paulo, Mato Grosso e Santa Catarina. Coordenador Pedagógico e Professor de Penal e Processo Penal do Curso RSConline. Fundador do site www.meusitejuridico.com.br. Cofundador e coordenador pedagógico do JUSPLAY. Autor de obras jurídicas.

LEANDRO BORTOLETO – DIREITO ADMINISTRATIVO

Mestre e bacharel em direito pela Universidade Estadual Paulista – UNESP. Analista Judiciário (OJAF) na Justiça Federal. Autor e coordenador de livros jurídicos na Editora Juspodivm. Coordenador no curso de especialização em Direito Público da EBJur, em Ribeirão Preto. Professor convidado no curso de especialização em Direito Administrativo na USP/FDRP. Professor na especialização em Direito Constitucional e Administrativo no curso Ênfase. Professor nos cursos preparatórios Verbo Jurídico e Complexo de Ensino Renato Saraiva – Cers. Professor no Jus Aulas na Editora Juspodivm. Ex-oficial de justiça no TJ SP.

Instagram: @profbortoleto

PAULO LÉPORE – DIREITO CONSTITUCIONAL E DIREITOS HUMANOS

Coordenador e Professor do Curso Ênfase. Professor do Curso G7 Jurídico. Pós-doutor em Direito pela Universidade Federal de Santa Catarina – UFSC. Doutor em Serviço Social pela Universidade Estadual Paulista – UNESP. Doutorando em Direito pela Universidade de Coimbra – UC. Mestre em Direitos Coletivos e Função Social do Direito pela Universidade de Ribeirão Preto – UNAERP. Coordenador de Coleções e autor de diversos livros e artigos jurídicos. Advogado. Coordenador da Comissão de Direitos Infantojuvenis da 12ª Subseção da Ordem dos Advogados do Brasil do Estado de São Paulo – OAB-SP.

www.paulolepore.com.br

AUTORES

ALAN MARTINS – DIREITO TRIBUTÁRIO

Auditor Fiscal da Receita Estadual/SP. Mestre em Direito pela UNESP. Especialista em Direito Tributário. Professor em cursos preparatórios (Direção Concursos, CERS e Qualis Concursos). Professor da Escola de Governo do Estado de São Paulo – Egesp. Professor da Maestría Internacional Hacienda Pública Dirección y Admnistración Tributaria do Instituto de Estudios Fiscales do Ministerio de Hacienda y Administraciones Públicas del Gobierno de España. Docente em cursos de especialização e MBAs da USP, Fundace, CERS, Faculdade Baiana de Direito, UniFacef, EBJUR e de outras instituições. Autor de livros e coordenador de obras da área fiscal pela Editora Juspodivm.

Instagram: @prof.alanmartins

Canal do Telegram: Direito Tributário & Legislação (t.me/tributarioelegis)

ALEXANDRE SANCHES CUNHA – ATUALIDADES

Advogado. Bacharel em Direito pela PUC-Campinas. Bacharel em Filosofia pela UNICAMP. Especialista em Direito Penal pela PUC-Campinas. Especialista em Direitos Humanos pela Universidade de Coimbra. Mestre em Filosofia pela UNICAMP.

CLEYSON BRENE – MEDICINA LEGAL

Delegado de Polícia Civil do Estado de Minas Gerais. Bacharel em Direito pela Universidade Estadual de Londrina – UEL. Pós-graduado e Mestre em Direito. Professor de Direito Penal, Processo Penal e Medicina Legal.

DANIEL ALVES MACHADO – RACIOCÍNIO LÓGICO

Possui Licenciatura em Matemática pelo Centro Universitário UNISEB, Especialização em Ensino de Matemática pelo Centro Universitário Claretiano de Batatais, Mestrado pelo programa de Mestrado Profissional em Matemática em Rede Nacional, PROFMAT, pela Universidade de São Paulo. Atualmente é professor de matemática da Prefeitura Municipal de Ribeirão Preto.

Canal do Youtube: Prof. Daniel Machado – Matemática e Rac. Lógico

Instagram: @prof.danielmachado90

DANNIEL TRINDADE – DIREITO EMPRESARIAL

Coordenador do Método DPN - Direito para Ninjas. Autor de livros jurídicos. Ex-Delegado de Polícia Civil do Rio Grande do Sul. Membro *honoris causae* do Centro de Estudos de Direito Europeu em Lisboa.

Canal do Youtube: Direito para Ninjas

Instagram: @direitoparaninjas

TikTok: @direitoparaninjas

Threads: @direitoparaninjas

DIMAS YAMADA SCARDOELLI – DIREITO TRIBUTÁRIO

Auditor Fiscal da Receita Estadual/SP. Doutorando, Mestre e Graduado em Direito pela UNESP. Bacharel em Ciências Contábeis pelo UniFacef. Autor de livros jurídicos (acadêmicos e preparatórios para concursos públicos). Professor em cursos de Pós-Graduação e MBAs. Professor de Direito Financeiro e Direito Tributário na graduação em Direito da UNESP (2022).

DUDA NOGUEIRA – LÍNGUA PORTUGUESA

Professora e Mentora de Língua Portuguesa para concursos públicos. Autora de vários livros das Coleções Tribunais e MPU, Revisaço, Revisão Final, Carreiras Policiais, Sinopses Carreiras Fiscais, Como se Preparar. Professora na plataforma de Cursos JusAulas - Carreiras dos Tribunais, Carreiras Fiscais e Carreiras Policiais. Professora no Curso RSC online.

Instagram e Telegram - @DudaProfe

Mentoria Gabarite Língua Portuguesa e contato - www.dudanogueiraprof.com.br

FÁBIO CALIARI – CRIMINOLOGIA

Advogado. Mestre e Doutorando em Direito pela Pontifícia Universidade Católica de São Paulo, PUC/SP. Professor da Universidade Estadual de Minas Gerais – UEMG, na disciplina de Direito Penal. Coordenou o Curso de Direito do IMESB, Instituto Municipal de Ensino Superior – Bebedouro/SP (2015/2021). Professor efetivo de Direito Penal, Direito Processual Penal, Legislação Penal Especial e Prática Penal no IMESB, Instituto Municipal de Ensino Superior – Bebedouro/SP (licenciado). Cursou Escola Alemã de Ciências Criminais na Georg-August-Universität Göttingen, Alemanha (2018). Professor de diversos cursos de Pós-Graduação *Lato Sensu* em Direito e Processo Penal. Autor de artigos e obras jurídicas como Manual do Advogado Criminalista, Editora Juspodivm (5ª ed.) e, ainda, Direito Penal em provas discursivas (2ª ed.), Revisaço Delegado Civil (6ª ed), Delegado Federal, Investigador de Polícia, Revisão Final Delegado de Polícia Goiás, ambos pela Editora Juspodivm. Parecerista e associado da ABRACRIM/SP, Associação Brasileira dos Advogados Criminalistas.

LUCIANO ALVES ROSSATO – DIREITO PROCESSUAL CIVIL

Doutor em Direito pela PUC/SP. Professor de cursos de pós--graduação *lato sensu*. Procurador do Estado de São Paulo. Autor de livros e artigos jurídicos.

Instagram: @lucianorossatocursos

Youtube: professorlucianorossato

LUCIANO FREIRE – INFORMÁTICA

Graduado e Mestre e Ciência da Computação pela UFSCar. Especialista em Segurança da Informação pela UNIRIO. Professor de cursos de Ciência da Computação, Sistemas de Informação, Engenharia de Computação, Tecnologia em Análise e Desenvolvimento de Sistemas e Segurança Cibernética (Pós-Graduação). Experiência de 21 anos como professor universitário, lecionando disciplinas de programação e segurança da informação em diversas Instituições como UFSCar, Anhembi Morumbi, Centro Universitário Claretiano e, atualmente, no Centro Universitário Facens em Sorocaba. Experiência como tutor virtual do curso de Sistemas de Informação (Modalidade EAD) da UFSCar e do Centro Universitário Claretiano. Autor de livros preparatórios para concursos públicos (área jurídica – disciplina de informática) para a Editora Juspodivm. Autor de material didático de disciplinas EAD para a Anhembi Morumbi (disciplina de Segurança da Informação) e para o Centro Universitário Claretiano (disciplina de Estrutura de Dados II – Pesquisa e Ordenação). Liderou o Comitê Permanente do ENADE na Anhembi Morumbi, visando desenvolver ações de engajamento e preparação para o ENADE. Além de 19 anos de experiência em coordenação de diversos cursos de graduação, pós-graduação e gestão acadêmica (Diretor Acadêmico de Escolas, Diretor de Operações Acadêmicas, Diretor de Pós-Graduação, Diretor de Educação a Distância e Pró-Reitor Acadêmico).

LUÍS FELIPE CIRINO – DIREITO ADMINISTRATIVO

Graduado, Mestre e Doutor em Direito pela USP. Professor em cursos preparatórios e de pós-graduação em Ribeirão Preto/SP, Campinas/SP, São Paulo/SP e Goiânia/GO. Advogado em Ribeirão Preto/SP.

RAFAEL DA COSTA FREIRIA – DIREITO AMBIENTAL

Graduado em Direito pela Universidade Federal do Paraná – UFPR; mestrado em Direitos Difusos e Sociais pela Universidade Estadual Paulista Júlio de Mesquita Filho – UNESP; doutorado em Meio Ambiente pela UNICAMP; pós-doutorado no Programa de Direito Ambiental e Sustentabilidade da Universidade de Alicante – Espanha. Atualmente é professor efetivo na UNICAMP na área ambiental e coordenador do LAPPA (Laboratório de Políticas Públicas Ambientais) e Líder do Grupo de Pesquisa do CNPq em Direito e Políticas Públicas Ambientais.

RICARDO SILVARES – DIREITO PROCESSUAL PENAL

Promotor de Justiça do Ministério Público do Estado de São Paulo desde 1994, professor de Direito Penal e Processo Penal em cursos de preparação para concursos, especialista em Direito Penal Econômico e Europeu pela Universidade de Coimbra, em convênio com o Instituto Brasileiro de Ciências Criminais – IBCCrim, mestrando em Direito Processual Penal pela Faculdade de Direito da Universidade de São Paulo.

TAÍSA CINTRA DOSSO – DIREITO AMBIENTAL

Graduada e Mestre pela Universidade Estadual Paulista. Doutora em Urbanismo pela PUC-Campinas. Pós-Graduada em Direito da Habitação e do Urbanismo pela Universidade de Lisboa. Procuradora do Município de Ribeirão Preto/SP. Professora de cursos de Pós-Graduação. Diretora de Eventos Científicos da Associação Nacional dos Procuradores Municipais. Coordenadora da Escola Nacional de Direito Municipal. Autora de livros e artigos.

TALITA NOGUEIRA – LÍNGUA PORTUGUESA

Professora de Língua Portuguesa – Gramática e Interpretação de Texto. Graduada em Letras e Pedagogia. Autora da Coleção Revisaço: MPU, Delegado de Polícia Civil, TJ/SP, Investigador, Escrivão, Agente e Inspetor de Polícia Civil e Procuradoria do Município.

THAÍS DEL MONTE BUZATO – DIREITO CIVIL

Advogada. Mestre em Direito das Relações Sociais pela PUC-SP. Docente da Faculdade de Direito do Centro Universitário Moura Lacerda e da Faculdade de Direito da Universidade Paulista – UNIP. Docente em diversos cursos preparatórios para concursos e para OAB. Autora e coautora de obras direcionadas a carreiras jurídicas e OAB.

Apresentação da Coleção Revisaço

"REVISAÇO" é a consagrada coleção de questões comentadas da *Editora Juspodivm*.

Com cuidado, pensamos num formato que fosse além dos comentários das questões. Algo que realmente pudesse ajudar o aluno no estudo de concursos ou Exames de Ordem, principalmente na revisão final.

Para isso, estabelecemos a seguinte estrutura didática:

- Questões divididas por matéria e assunto, comentadas assertiva por assertiva, item por item, demonstrando tanto o que está certo como o que está errado na questão;
- Sempre que possível, há uma "nota do autor" em cada questão trazendo comentários que vão além do assunto abordado no exercício.

Ao final das disciplinas apresentamos:

- Dicas de estudo, funcionando como verdadeiro resumo da matéria;
- Súmulas dos Tribunais Superiores.

A ideia, portanto, é apresentar a prática do concurso ou Exame de Ordem (questões), a doutrina para estudo (dicas) e a jurisprudência (súmulas), formando a tríade necessária para uma revisão (verdadeiro REVISAÇO!) rumo ao sucesso na aprovação.

Vários livros compõem a coleção e, para todos, chamamos grandes nomes, professores experientes, profissionais de destaque e especialistas em cada área, para que organizassem as obras e comentassem as questões.

Acreditamos que essa coleção será bastante útil aos candidatos de concursos públicos e Exame de Ordem.

EDITORA JUSPODIVM

www.editorajuspodivm.com.br

Sumário

Língua Portuguesa

Duda Nogueira
e Talita Nogueira

TABELA DE INCIDÊNCIA DE QUESTÕES

Distribuição das questões organizada por ordem didática de assuntos		
Assunto	**Número de Questões**	**Peso**
PARTE I – ACENTUAÇÃO, ORTOGRAFIA E SEMÂNTICA	15	8,20%
PARTE II – MORFOLOGIA		
1. PRONOME	7	3,83%
2. VERBO	8	4,37%
PARTE III – SINTAXE		
1. ANÁLISE SINTÁTICA	8	4,37%
2. PERÍODO COMPOSTO	11	6,01%
3. CONCORDÂNCIA	6	3,28%
4. REGÊNCIA E CRASE	8	4,37%
5. PONTUAÇÃO	8	4,37%
PARTE IV – COESÃO, COERÊNCIA E REESCRITA DE FRASES		
1. COESÃO, COERÊNCIA E REESCRITA DE FRASES	55	30,05%
PARTE V – REDAÇÃO OFICIAL		
1. REDAÇÃO OFICIAL	1	0,55%
PARTE VI – INTERPRETAÇÃO E COMPREENSÃO TEXTUAL		
1. INTERPRETAÇÃO E COMPREENSÃO TEXTUAL	56	30,60%
TOTAL	**183**	**100%**

Língua Portuguesa

Duda Nogueira
e Talita Nogueira

✦ APRESENTAÇÃO

O capítulo de Língua Portuguesa contém questões comentadas das últimas provas de Delegado. O objetivo é direcionar seu estudo, focando nos principais assuntos exigidos pelas bancas.

Não confira o gabarito antes de resolver as questões, já que o objetivo do livro é fazer com que o candidato desvende, de forma objetiva e rápida, os segredos de cada assunto exigido.

Saboreie o prazer de fazer os testes de língua portuguesa como se estivesse conversando, como se a estivesse utilizando no dia a dia. O segredo é este: fazer com que a nossa linguagem fique mais perto, mais palpável. Recheie com alguns ingredientes teóricos e obtenha sucesso. É possível!

Bons estudos!

PARTE I
ACENTUAÇÃO, ORTOGRAFIA E SEMÂNTICA

Aconselhável ter em mãos um dicionário atualizado para consulta. Surgindo palavras desconhecidas, pesquise-as e anote o significado. Como uma palavra pode possuir vários sentidos, veja qual se encaixa no contexto, pois é preciso aprender a desvendar as palavras.

Sugestão de dicionários digitais gratuitos: AULETE e DICIO.COM

Quanto à reforma ortográfica – escrita correta e regras –, pesquise no site: www.umportugues.com

---

01. (FGV – Delegado de Polícia – SC – 2024) Todas as frases abaixo foram retiradas de um dicionário de citações e em todas elas foram propostas trocas de vocábulos por outros mais adequados. Assinale a única troca ***inadequada*** entre elas.

a) O tempo perdido não se encontra nunca mais. / recupera.

b) Prazos largos para pagamento são fáceis de aceitar, pois a imaginação os faz infinitos. / cômodos.

c) O tempo explica tudo. Ele fala, e não precisa ser questionado antes de falar. / responder.

d) Espere pelo mais sábio dos conselhos: o tempo. / conselheiros.

e) Este presente dia é o único ponto da eternidade a que você tem direito. / hodierno.

COMENTÁRIOS

Alternativa "a" – *Encontrar* é sinônimo de *recuperar, deparar, conseguir, obter.*

Alternativa "b" – No contexto, "largos" possui sentido de *amplos, vastos, grandes.*

"Cômodos" possui sentido de *apropriados, favoráveis, oportunos.*

A troca é inadequada.

Alternativa "c" – *Falar* é sinônimo de *dizer, conversar, discursar, comunicar.*

Os vocábulos pertencem ao mesmo campo de semântico de "responder".

Alternativa "d" – *Conselheiro* é a pessoa que guia, que orienta, ou seja, dá conselhos.

Alternativa "e" – Hodierno: *dia de hoje, atual, ocorre agora, presente.*

RESPOSTA: B

---

02. (FGV – Delegado de Polícia – SC – 2024) Assinale a frase abaixo em que o enunciador jogou com a dupla possibilidade de sentido do termo sublinhado.

a) Não se vê o futuro através da parte opaca do espelho.

b) O problema de ser pontual é que não há ninguém lá para elogiar você.

c) O tempo perdido não se encontra nunca mais.

d) Eu fiz um acordo de coexistência pacífica com o tempo.

e) O moinho não moe com águas passadas.

COMENTÁRIOS

Alternativa "a" – Opaca: turva, sem claridade.

Alternativa "b" – Pontual: preciso, exato.

Alternativa "c" – Possui dois sentidos.

1. Literal (denotativo): tempo desaparecido.
2. Figurado (conotativo): tempo desperdiçado, que não se consegue trazer de volta, esquecido.

Alternativa "d" – Pacífica: calma, tranquila, ordeira.

Alternativa "e" – Passadas: antigas, envelhecidas, anteriores.

RESPOSTA: C

---

03. (FGV – Delegado de Polícia – SC – 2024) Assinale a frase que mostra uma estrutura de antíteses, ou seja, uma oposição semântica de palavras.

a) Não há cura para o nascimento e para a morte a não ser usufruir o intervalo.
b) Amanhã não será como ontem.
c) Eu gosto dos sonhos do futuro mais do que da história do passado.
d) Os eventos futuros projetam suas sombras muito antes.
e) Escreve-se a história para narrar e não para provar.

COMENTÁRIOS

Alternativa "a" – Nascimento e morte: vocábulos opostos.

Antônimos de "nascimento": morte, óbito.

Sinônimos: princípio, início, origem.

Antônimos de "morte": existência, vida.

Sinônimos: falecimento, óbito.

Alternativa "b" – Amanhã e ontem: tempos diferentes, não opostos.

Alternativa "c" – Futuro e passado: tempos diferentes, não opostos.

Alternativa "d" – Futuros e antes: tempos diferentes, não opostos.

Alternativa "e" – Narrar e provar: há distinção, não oposição.

RESPOSTA: A

▸ **FRAGMENTO DE TEXTO PARA RESPONDER À QUESTÃO.**

(...) Primeiramente, é imprescindível analisar tal sanção no que se refere aos animais silvestres, domésticos ou domesticados (da nossa fauna ou de outros países, mas que aqui se encontrem), sem a especificação de nenhuma espécie, nenhum epíteto. Ora, a pena é de detenção, de três meses a um ano, e multa. No entanto, com o parágrafo 1.º-A, há uma rotação inevitável de aumento de pena para tais condutas quando estas forem desferidas contra cães e gatos, e uma sanção de reclusão, de dois anos a cinco anos, multa e proibição da guarda. Certamente, trata-se de situação peculiar e que traz **implicâncias** de várias searas ao ordenamento jurídico.

Internet: <jus.com.br> (com adaptações).

---

04. (Cebraspe – PC AL – Delegado – 2023 – adaptada) O vocábulo "implicâncias" (último período) tem, no texto, o mesmo sentido de **implicações**.

( ) certo ( ) errado

COMENTÁRIOS

✪ **Nota da autora:** Atente-se ao contexto, nunca pense na palavra isolada.

Implicância é sinônimo de "implicação". Os dois vocábulos, no contexto, significam *ação ou consequência de estar envolvido em algo; envolvimento, ligação.*

Resposta: Certo

---

05. (Fundatec – Delegado de Polícia – PC – RS/2018 – adaptada) Sobre acentuação gráfica, afirma-se que:

I. sustentável, climáticas e reciclá-los são acentuados em virtude da mesma regra.
II. A regra que determina o acento gráfico em país e contribuído é diferente da que justifica o acento gráfico em resíduos e início.
III. O vocábulo viés é acentuado por ser um monossílabo tônico terminado em e – acrescido de s.

Quais estão corretas?

a) Apenas I.
b) Apenas II.
c) Apenas III.
d) Apenas I e II.
e) Apenas II e III.

COMENTÁRIOS

✪ **Nota da autora:** Questão de acentuação.

I. Existem **três regras distintas**. Sustentável: paroxítona terminada em "l"; climáticas: proparoxítona; reciclá-los: oxítona terminada em "a" – verbo + pronome oblíquo.
II. Pa-ís: **hiato**; re-sí-du-os e i-ní-ci-o: **proparoxítonas**.
III. Vi-és: **oxítona** terminada em "e" seguida de "s".

Alternativa correta: letra "b".

▸ **FRAGMENTO DE TEXTO PARA RESPONDER À QUESTÃO.**

Nunca antes se debateu tanto sobre o meio ambiente e a sustentabilidade. As graves alterações climáticas, as crises no fornecimento de água devido à falta de chuva, à destruição dos mananciais e à constatação clara e cristalina de que, se não fizermos nada para mudar, o planeta será alterado de tal forma que a vida como a conhecemos deixará de existir.

Cientistas, pesquisadores amadores e membros de organizações não governamentais se unem, ao redor do planeta, para discutir e levantar sugestões que possam trazer a solução definitiva ou, pelo menos, encontrar um ponto de equilíbrio que desacelere a destruição que experimentamos nos dias atuais. A conclusão, praticamente **unânime**, é de que políticas que visem à conservação do meio ambiente e à sustentabilidade de projetos econômicos de qualquer natureza devem sempre ser a ideia principal e a meta a ser alcançada para qualquer governante. (...)

(Fonte: http://www.ecologiaurbana.com.br/conscientizacao/meio-ambiente-sustentabilidade/Adaptação)

06. (Fundatec - Delegado de Polícia - PC - RS/2018 - adaptada) Assinale a alternativa cuja definição mais se aproxima do sentido que **unânime** tem no texto, considerando-se, para tanto, a estrutura e o sentido do contexto de ocorrência.

a) Que é do mesmo sentimento ou da mesma opinião que outrem.
b) Sem vivacidade, sem animação, amorfo.
c) Juntar-se ou reunir-se em um lado, por grupos de adesão.
d) Diz-se do gênero que tem uma só opinião; monotípico.
e) Que está no começo; principiante.

COMENTÁRIOS

✪ **Nota da autora:** Questão de ortografia.

Alternativa "a": Unânime é *de acordo com a maioria, com os demais;* ***com ideias e opiniões semelhantes às da maioria****. Que contém ou denota uma aprovação geral.*[1]

Alternativa "b": Sinônimos de amorfo: monstruoso, disforme, horrendo, hórrido, informe.

Alternativa "c": Sinônimos de adesão: conglutinação, aceitação, união, engajamento.

Alternativa "d": Monotípico significa *apenas uma ideia, uma posição.*

Alternativa "e": Sinônimos de principiante: *incipiente, nascente, inicial.*

Alternativa correta: letra "a".

07. (Fundatec - Delegado de Polícia - PC - RS/2018) Analise as afirmações a respeito de fonemas e letras de palavras retiradas do texto, assinalando V, se verdadeiro, ou F, se falso.

( ) Nos vocábulos **ambiente** e **sustentabilidade**, a diferença entre o número de fonemas e letras, em ambos os casos, se dá em virtude da ocorrência de dígrafos vocálicos.

( ) Na forma verbal **conhecemos**, há menos fonemas que letras face à ocorrência de um dígrafo vocálico (-on) e uma dígrafo consonantal (-nh).

( ) Na palavra **qualquer**, denota-se a ocorrência de dois dígrafos, representados por qu, que interferem na relação número de letras e de fonemas.

A ordem correta de preenchimento dos parênteses, de cima para baixo, é:

a) V - V - V.
b) F - V - F.
c) V - F - V.
d) V - F - F.
e) F - F - V.

1. https://www.dicio.com.br/

COMENTÁRIOS

✪ **Nota da autora:** Questão de ortografia e acentuação – abrange fonemas (sons) e dígrafos.

- **Dígrafo vocálico:** é o encontro de duas letras que formam um único som vocálico. Quando as vogais vêm seguidas das consoantes M e N, representando fonemas vocálicos nasalizados. Exemplos: am, em, im, om, um, an, en, in, on, un.
- **Dígrafo consonantal:** É o encontro de duas letras que formam um único som consonantal. Exemplos: lh, ch, nh, rr, ss, qu, gu, sc, sç, xc, xs.[2]

(V) ambiente: /ã/ /b/ /i/ /ê/ /t/ /e/ = seis fonemas e dois dígrafos vocálicos (am – em); sustentabilidade: /s/ /u/ /s/ /t/ /ê/ /t/ /a/ /b/ /i/ /l/ /i/ /d/ /a/ /d/ /e/ =quinze fonemas e um dígrafo vocálico (en).

(F) Há um dígrafo consonantal: NH.

(F) Há apenas um dígrafo (duas letras com o mesmo som): na sílaba "quer" = /**ke**r/. Na primeira sílaba, o "u" é pronunciado, pois não é soletrado /kal/, mas sim /kual/.

Alternativa correta: letra "d"

▸ **FRAGMENTOS DE TEXTO PARA RESPONDER À QUESTÃO.**

I. Neste contexto, é importante que a sustentabilidade faça parte da organização como um todo, principalmente, da mais alta ________ decisória.

II. Para consolidar uma economia com baixa emissão de carbono, é necessário pensar em toda a cadeia de produção da economia, desde a _______ da matéria-prima, o transporte, a produção e até o descarte. Trabalhando com esses rejeitos, evita-se que os materiais acabem em aterros e lixões – locais em que a decomposição emite gases responsáveis pelo efeito estufa, como o metano e o gás carbônico. Com a reciclagem, os resíduos viram matéria-prima novamente, o que evita a ________ e colabora para o uso racional de recursos naturais.

III. Essa solução, de acordo com um empresário do setor, ______ diversas vantagens ao comprador, como: redução de custos em transporte e armazenagem, devido à concentração de produto na embalagem hidrossolúvel; diminuição no uso e descarte do plástico convencional, que pode gerar créditos de carbono e também _______ segurança na aplicação e no manuseio de substâncias químicas que podem ser nocivas para o ser humano.[3]

08. (Fundatec - Delegado de Polícia - PC - RS/2018 - adaptada) Avalie as afirmações que seguem quanto ao completamento de lacunas pontilhadas do texto no que tange à grafia de determinados vocábulos e considerando o contexto de ocorrência.

I. A lacuna fica corretamente preenchida por **estância**.
II. O vocábulo **extração** preenche adequada e corretamente as lacunas.

2. INFO ESCOLA. Disponível em <https://www.infoescola.com/portugues/digrafos/>. Acesso em 17 fev. 2019.
3. *(Fonte: Amcham Brasil, 26 de maio 2017 – http://economia.estadao.com.br/blogs – Texto adaptado)*

III. **trás** preenche corretamente as lacunas do trecho.

Quais estão corretas?

a) Apenas I.
b) Apenas II.
c) Apenas III.
d) Apenas I e II.
e) Apenas II e III.

COMENTÁRIOS

I. **Errada.** A forma correta é **instância** - Qualidade daquilo que é iminente; particularidade do que pode acontecer a qualquer momento; atributo do que está prestes a acontecer; iminência. [Jurídico] Ação caracterizada pelo desenvolvimento e/ou prática dos procedimentos necessários para que uma causa seja iniciada até sua conclusão (julgamento).[4]

Estância é lugar usado como morada; moradia, habitação.

II. **Correta. Extração** é ação ou efeito de extrair – tirar (uma coisa) do lugar onde está, do corpo em que espontânea ou acidentalmente se formou ou introduziu.

III. **Errada.** A forma correta é **traz** - do verbo "trazer".

Alternativa correta: letra "b".

09. (Fundatec - Delegado de Polícia - PC - RS/2018 - adaptada) Em relação ao vocábulo **signatárias** (Em 2015, o Brasil entrou para o grupo das 197 nações signatárias do Acordo de Paris, que determinou metas para manter o aquecimento global bem abaixo de 2°C até 2030.[5]), é correto dizer que:

I. Poderia ser substituído, sem causar incorreção ao contexto, por **aqueles que subscrevem**.
II. Trata-se de um adjetivo flexionado no feminino plural em virtude do gênero e do número do substantivo que acompanha.
III Não pode ser considerado cognato do vocábulo **significado**.

Quais estão INCORRETAS?

a) Apenas I.
b) Apenas II.
c) Apenas III.
d) Apenas I e II.
e) Apenas II e III.

COMENTÁRIOS

I. *Signatário é a condição de um* ***indivíduo apto a assinar um documento****, subscrevendo assim o teor do seu conteúdo. Uma pessoa jurídica ou uma nação também podem ser signatários. Quando se diz que determinado* ***país é signatário****, significa que esta nação subscreveu a algum tipo de manifesto, contrato, acordo, carta ou outro documento com o qual concorda com o conteúdo apresentado.*[6] Ao substituir, caberia nações **que subscrevem.** Não cabeira o pronome demonstrativo "aqueles" por se referir a *nações*.

II. Qualifica *nações*, ou seja, é um adjetivo e concorda com o substantivo feminino plural.

III. Os vocábulos não possuem a mesma origem, já que *significado* é sinônimo de acepção, sentido, significação.

Alternativa correta: letra "a".

10. (Fundatec - Delegado de Polícia - PC - RS/2018 - adaptada) Considerando-se o sentido que têm no trecho, todos os vocábulos a seguir podem ser utilizados em lugar de **permear**, EXCETO:

a) Penetrar.
b) Atravessar.
c) Transpassar.
d) Trespassar.
e) Constituir.

COMENTÁRIOS

✪ **Nota da autora:** Permear é sinônimo de ***atravessar****, furar, cruzar, passar,* ***penetrar****, percorrer,* ***transpassar****, transpor, traspassar, travessar, alternar, ocorrer, intercalar.*[7]

Alternativa "a" - É penetrar.

Alternativa "b" - É atravessar.

Alternativa "c" - É transpassar.

Alternativa "d" - O vocábulo "trespassar" é sinônimo de *atravessar*, por isso pode ser considerado sinônimo de *permear*.

Alternativa "e" - Constituir significa *fazer parte da essência de; ser essencial para a criação de; formar-se.*[8]

Alternativa correta: letra "e".

▸ FRAGMENTO DE TEXTO[9] PARA RESPONDER À QUESTÃO.

(...) Soluções como o plástico hidrossolúvel têm sido cada vez mais procuradas como um meio de evitar o problema do descarte irresponsável. O material é novidade no Brasil e na América Latina e consiste em um plástico que se dissolve na água em apenas alguns segundos. Há também, **nesse mesmo viés**, bobinas, saquinhos hidrossolúveis sob medida, entretelas, entre outros. Essa solução, de acordo com um empresário do setor, traz diversas vantagens ao comprador, como: redução de custos em transporte e armazenagem, devido à concentração de produto na embalagem hidrossolúvel; diminuição no uso e descarte do plástico convencional, que pode gerar créditos de carbono e também traz segurança na aplicação e no manuseio de

4. https://www.dicio.com.br/
5. *(Fonte: Amcham Brasil, 26 de maio 2017 - http://economia.estadao.com.br/blogs - Texto adaptado)*
6. https://www.significados.com.br/
7. https://www.dicio.com.br/
8. https://www.dicio.com.br/
9. *(Fonte: Amcham Brasil, 26 de maio 2017 - http://economia.estadao.com.br/blogs - Texto adaptado)*

substâncias químicas que podem ser nocivas para o ser humano. (...)

11. (Fundatec – Delegado de Polícia – PC – RS/2018) A expressão **nesse mesmo viés**, considerando o contexto de ocorrência, poderia ser substituída por:

I. nessa mesma tendência.

II. nessa direção oblíqua.

III. no sentido diagonal do material.

IV. nesse recorte.

Quais das propostas poderiam substituir adequadamente a referida expressão?

a) Apenas I.

b) Apenas II.

c) Apenas I e II.

d) Apenas I, II e III.

e) Apenas II, III e IV.

COMENTÁRIOS

I. *Viés* é sinônimo de "enviés, obliquidade, **tendência**, natureza, soslaio"[10].

II. Não há relação semântica com "viés".

III. Não existe relação semântica com "viés".

IV. Não possui relação semântica com "viés".

Alternativa "a": Exatamente.

Alternativa "b": Não cabe a substituição.

Alternativa "c": Não cabe a substituição em II.

Alternativa "d": Não cabe a substituição em II e III.

Alternativa "e": Não cabe a substituição em II, III e IV.

Alternativa correta: letra "a".

12. (Nucepe – Delegado de Polícia – PC – PI/2018) Quando falamos ou escrevemos, nem sempre utilizamos uma linguagem literal, denotativa, para expressar o que desejamos. Frequentemente, recorremos à linguagem conotativa, como forma de promover algum efeito de sentido especial sobre o que dizemos. Das opções abaixo, a única que acomoda um segmento que apresenta linguagem conotativa é:

a) ... mas abrigar 160.000 pessoas escravizadas é um escândalo humano de proporções épicas.

b) Sim, todas essas pessoas foram escravizadas – em pleno século XXI.

c) ... elas chegaram a beber a mesma água que os porcos e algumas sofreram a humilhação máxima de ser espancadas, ...

d) Estima-se que atualmente 160.000 brasileiros trabalhem e vivam no país em condições semelhantes às de escravidão...

e) ... ou seja, estão submetidos a trabalho forçado, servidão por meio de dívidas, jornadas exaustivas e circunstâncias degradantes...

COMENTÁRIOS

✪ **Nota da autora:** Questão de semântica.

- **Linguagem conotativa** – consiste no emprego de uma palavra a partir de um **sentido figurado**, não literal, **e dependente do contexto**.
- **Linguagem denotativa – sentido próprio de uma palavra**, ou qualquer outra coisa, **desprovido de ampliações** ou modificações em seu significado.

Alternativa "a" – No sentido denotativo, épico significa possuidor da grandiosidade dos heróis. No texto, possui sentido conotativo (figurado, informal): veemência, magnitude fora do normal; algo extraordinário ou memorável.

Alternativa "b" – Denotação: pessoas escravizadas.

Alternativa "c" – Denotação: beber água e sofrer humilhação.

Alternativa "d" – Denotação: brasileiros trabalham e vivem em condições de escravidão.

Alternativa "e" – Denotação: trabalho forçado, servidão etc.

Alternativa correta: letra "a".

▸ FRAGMENTO DE TEXTO PARA RESPONDER À QUESTÃO.

(...) Para combater o compartilhamento de fotos íntimas por terceiros, são necessárias ações preventivas, **afirma** a advogada. Jovens e adolescentes devem ser educados, de forma 22 que tenham dimensão do problema que a divulgação desse tipo de imagem pode acarretar.

Internet: <https://jornaldosdez.wordpress.com> (com adaptações).

13. (Cespe – Delegado de Polícia – GO/2017 – adaptada) Mantendo-se a correção gramatical e o sentido original do texto CB1A2AAA, a forma verbal "afirma" poderia ser substituída por

a) prescreve.

b) propõe.

c) destaca.

d) participa.

e) assevera.

COMENTÁRIOS

✪ **Nota da autora:** Questão de ortografia e semântica (sinônimos).

Alternativa "a" – Prescrever: ordenar, regular, comandar, estabelecer, preceituar, receitar, fixar, limitar, caducar.

Alternativa "b" – Propor: recomendar, orientar, insuflar, instilar, insinuar, inculcar, alvitrar, admoestar, aconselhar, sugerir.

10. https://www.dicio.com.br/

Alternativa "c" - Destacar: evidenciar, primar, salientar, sobressair, realçar, ressaltar, designar.

Alternativa "d" - Participar: lidar, notificar, informar, avisar, compartilhar, transmitir, comunicar, partilhar, anunciar.

Alternativa "e" - *Afirmar* é sinônimo de **asseverar**, *assegurar, certificar, sustentar, declarar, abonar, caucionar, afiançar, prometer, penhorar, manter, estabelecer, jurar*.

Alternativa correta: letra "e".

14. (ACAFE - Delegado de Polícia - SC/2014) Assinale a alternativa em que o acento gráfico é determinado pela mesma regra.

a) índios, vácuo, mágoa, eloquência, espécie.

b) Piauí, dendê, carijó, pôs, bênção.

c) características, próprio, fracionários, sádico, encontrá-la-emos.

d) louvável, jóquei, revólver, quiséssemos, conferência.

e) renegá-la, período, juízes, maracujás, armazéns.

COMENTÁRIOS

✪ **Nota da autora:** Questão de acentuação gráfica, basta inserir na tabela para ter certeza.

x	PRO	PAR	OXI
		ÍN	dios
		VÁ	cuo
		MÁ	goa
e	lo	QUÊN	ci
	es	PÉ	cie

Todas as palavras são paroxítonas terminadas em ditongo.

Erros:

b) Apenas dendê e carijó são oxítonas. Elimine as palavras para ganhar tempo.

c) Apenas características e sádicos são proparoxítonas.

d) Diferente das outras palavras (paroxítonas), quiséssemos é proparoxítona.

e) Apenas renegá-la, maracujás e armazéns são oxítonas.

Alternativa correta: letra "a".

15. (Fundação Aroeira - Delegado de Polícia - TO/2014 - questão adaptada) Há marcas das transformações recentes na padronização da língua portuguesa na grafia das palavras

a) tragédias; filósofo.

b) herói; papéis.

c) ideológicas; compactuam.

d) idéia, freqüentemente.

COMENTÁRIOS

✪ **Nota da autora:** Questão referente à reforma ortográfica de 2009.

Ideia = deixaram de ser acentuados os ditongos abertos em palavras paroxítonas;

Frequentemente = o trema deixou de ser usado.

Alternativa "a" - Paroxítona terminada em ditongo continua sendo acentuada, assim como as proparoxítonas.

Alternativa "b" - Ditongo aberto na última sílaba é acentuado (os dois vocábulos seguem a mesma regra).

Alternativa "c" - Proparoxítonas são acentuadas. **Compactuam** não recebe acento por ser paroxítona.

Acentuam-se as paroxítonas terminadas em:

L	Amável, automóvel
R	Açúcar, repórter
N	Hífen, pólen
X	Tórax, clímax
I(s)	Júri, lápis
U(s)	Vírus, bônus
Nos	Elétrons, prótons
UM(UNS)	Fórum
Ão(s)	Órfão, órfãos
Ã(s)	Órfã, órfãs
Os	Bíceps, fórceps
Ditongo	Sábio, colégio

Alternativa correta: letra "d".

PARTE II
MORFOLOGIA

1. PRONOME

16. (Cespe - Delegado de Polícia - PC - SE/2018 - adaptada) Em "Mas não me deixe sentar"[11], a colocação do pronome "me" após a forma verbal "deixe" — deixe-me — prejudicaria a correção gramatical do trecho.

( ) certo ( ) errado

COMENTÁRIOS

O advérbio (de negação) atrai o pronome oblíquo e a próclise é obrigatória, ou seja, o pronome deve estar antes do verbo.

DICA - por haver dois verbos, o pronome poderia também ser enclítico no último verbo: não deixe sentar-me.

Resposta: "certo".

11. *O Rappa. Minha Alma (A Paz Que Eu Não Quero). In: Álbum Lado B Lado A. Warner Music Group, 1999 (com adaptações).*

17. (Fundatec – Delegado de Polícia – PC – RS/2018 – adaptada) Na frase: para discutir e levantar sugestões que possam trazer a solução definitiva, o pronome relativo **que** retoma a expressão *sugestões*. Assinale a alternativa cuja ocorrência do pronome, devidamente salientado, provoca ambiguidade quanto ao termo que retoma.

a) A sustentabilidade, **que** hoje tem caráter extremamente relevante, deve ser amplamente divulgada.

b) É extremamente relevante que se estude a sustentabilidade e a natureza, **que** tem importância descomunal no futuro do ser humano.

c) O homem é um ser que depende sobremaneira da natureza, pois é ela **que** lhe garante a vida.

d) O meio ambiente, **que** hoje é bastante desrespeitado, é fator decisivo para a sobrevivência humana.

e) Lixo, desperdício de matéria-prima, coleta seletiva e proteção dos mananciais são fatores **que** devem receber nossa atenção; entretanto, muitos ainda olham para isso com desinteresse.

COMENTÁRIOS

✪ **Nota da autora:** A fim de facilitar, substitua o "que" por *o qual, a qual, os quais, as quais*.

Alternativa "a": A sustentabilidade tem caráter = a qual.

Alternativa "b": O pronome relativo está posposto a dois substantivos e o verbo não está no plural (tem). Quem tem importância descomunal? A **sustentabilidade**, ou a **natureza?**

Alternativa "c": Ela lhe garante = a qual.

Alternativa "d": O meio ambiente hoje é bastante desrespeitado = o qual.

Alternativa "e": Os **fatores** devem receber nossa atenção = os quais.

Alternativa correta: letra "b".

18. (Fundatec – Delegado de Polícia – PC – RS/2018) Avalie as seguintes afirmações sobre o uso de pronomes nos trechos[12], assinalando V, se verdadeiro, ou F, se falso.

( ) **esses** classifica-se como pronome adjetivo, porque determina o substantivo junto do qual se encontra. (Por não terem fluxos regulares de reciclagem, fazer o processo com esses rejeitos sai bem mais caro.)

( ) o pronome **-los** funciona como complemento verbal, assumindo essa forma em face de a forma verbal terminar em 'r'. ("Esses materiais são considerados 'não recicláveis', pois o custo para reciclá-los é superior ao valor obtido com a matéria-prima resultante do processo.)

( ) as duas ocorrências do pronome possessivo **seus** indica que o possuidor dos termos que acompanham é **processos.** (É importante também que a organização, além de realizar esses processos, valorize que os mesmos sejam adotados por toda cadeia produtiva, envolvendo desde seus fornecedores até seus clientes.)

A ordem correta de preenchimento dos parênteses, de cima para baixo, é:

a) V – V – V.

b) F – V – V.

c) V – V – F.

d) F – F – V.

e) F – F – F.

COMENTÁRIOS

(V) Esses (pronome demonstrativo adjetivo – acompanha o substantivo) rejeitos (substantivo).

(V) O verbo *reciclar* é transitivo direto – reciclar algo – e, por terminar em "r" e ser preciso acrescentar o pronome oblíquo "o", a consoante é retirada para acrescentar "l" ao pronome.

(F) O termo possuidor é a **organização:** os fornecedores da organização; os clientes da organização.

Alternativa correta: letra "c".

19. (Fundatec – Delegado de Polícia – PC – RS/2018 – adaptada) Sobre o pronome relativo no trecho "Em 2015, o Brasil entrou para o grupo das 197 nações signatárias do Acordo de Paris, **que** determinou metas para manter o aquecimento global bem abaixo de 2°C até 2030.", considere as afirmativas a seguir:

I. O pronome retoma o antecedente "o Brasil".

II. **O qual** poderia substituí-lo corretamente, considerando que o núcleo do referente é um substantivo masculino singular.

III. O pronome poderia ser precedido de uma preposição devido à regência do verbo determinou.

Quais estão corretas?

a) Apenas I.

b) Apenas II.

c) Apenas III.

d) Apenas I e II.

e) Apenas II e III.

COMENTÁRIOS

I. Retoma "Acordo de Paris". Equivale a "O acordo de Paris determinou metas".

II. O núcleo do referente é "Acordo": o Brasil entrou para o grupo das 197 nações signatárias do Acordo de Paris, **o qual** determinou metas.

III. O verbo *determinar* é transitivo direto (determinou algo) e não admite preposição.

Alternativa correta: letra "b".

12. *(Fonte: Amcham Brasil, 26 de maio 2017 – http://economia.estadao.com.br/blogs – Texto adaptado)*

20. (ACAFE – Delegado de Polícia – SC/2014) Assinale a alternativa que substitui convenientemente os elementos destacados em negrito, respeitadas as eventuais mudanças na forma verbal.

- A cobradora devolveu os cheques aos clientes.
- Se for preciso, vamos convocar outros dois atletas.
- O chefe perdoa aos funcionários os pequenos deslizes.
- Enviaram a eles três pacotes de sanduíches.
- Faz dias que não vejo minha irmã sair cedo.

A sequência correta, de cima para baixo, é:

a) lhes – os – os – lhes – la
b) os – los – lhes – nos – a
c) os – los – os – lhes – lhe
d) lhes – os – lhes – os – a
e) lhes – os – los – los – lhe

COMENTÁRIOS

✪ **Nota da autora:** trabalhe por eliminação para evitar erro.

– Devolveu algo: transitivo direto + objeto direto (os cheques) = os. Eliminadas A, D e E.

– Convocar alguém: transitivo direto + objeto direto (outros dois atletas) + verbo terminado em r = convocá-los.

– Perdoa a alguém: objeto indireto (aos funcionários) = lhes. Eliminada C.

– Enviaram algo: objeto direto (três pacotes) + verbo terminado em m = enviaram-nos.

– Não vejo alguém: objeto direto (minha irmã) = não a vejo.

DICA: O advérbio de negação "não" atrai o pronome oblíquo.

Alternativa correta: letra "b"

21. (FUNCAB – Delegado de Polícia – RO/2014) "... fora de locais ONDE o dono da conta costuma acessar a internet..."

Considere o pronome relativo em destaque no trecho acima. Pode-se afirmar que está adequada ao padrão culto da língua portuguesa a seguinte alteração feita no pronome:

a) fora de locais de que o dono da conta costuma acessar a internet.
b) fora de locais que o dono da conta costuma acessar a internet.
c) fora de locais em que o dono da conta costuma acessar a internet.
d) fora de locais para onde o dono da conta costuma acessar a internet.
e) fora de locais aonde o dono da conta costuma acessar a internet.

COMENTÁRIOS

Alternativa "a" – Não cabe a preposição "de".

Alternativa "b" – A preposição "em" é exigida.

Alternativa "c" – O pronome relativo retoma "locais". Na ordem direta: o dono da conta costuma acessar a internet em algum lugar.

Alternativa "d" – Não cabe a preposição "para".

Alternativa "e" – Não cabe a preposição "a".

Alternativa correta: letra "c"

22. (FUNCAB – Delegado de Polícia – RO/2014) Nos trechos transcritos abaixo, os termos em destaque foram substituídos por pronome pessoal.

I. "...que podem mudar NOSSO COTIDIANO..." / que podem mudá-lo.
II. "...algumas empresas pretendem fornecer AOS MÉDICOS o mapeamento genético de cada paciente." / pretendem fornecer-lhes.
III. "...o smartphone poderá recomendar A SEU USUÁRIO que saia de casa alguns minutos mais cedo. .."/ poderá recomendá-lo.
IV. "...mas o comércio da vizinhança também atrairá AS PESSOAS." / também lhes atrairá.
V. "A lojinha da esquina, agora conectada a seu telefone, divulgará AS PROMOÇÕES..." / a lojinha da esquina divulgá-las-á.

Estão de acordo com as normas de regência e de colocação somente as substituições feitas nos itens:

a) I, II e V.
b) II, IV e V.
c) I, III e IV.
d) I, III e V.
e) II, III e IV.

COMENTÁRIOS

I. objeto direto (algo) + verbo terminado em **r** = recomendá-lo.

II. objeto indireto (a alguém) = fornecer-lhes.

III. objeto indireto (a alguém) = recomendar-lhe.

IV. objeto direto (alguém) = também as atrairá.

V. objeto direto (algo) = as. Verbo no futuro exige mesóclise, pois não há palavra atrativa: divulgá-las-á.

Observação: terminação com **r** assume a forma **las**.

Alternativa correta: letra "a".

2. VERBO

23. (Fundatec – Delegado de Polícia – PC – RS/2018 – adaptada) Assinale a alternativa em que há uma forma verbal que NÃO pode ser apassivada.

a) sente (Mesmo o Brasil, um país rico em recursos naturais, já sente as consequências dos eventos extremos.).

b) pensar (Por isso, pensar em formatos mais eficientes de uso é uma atitude urgente.).

c) determinou (Em 2015, o Brasil entrou para o grupo das 197 nações signatárias do Acordo de Paris, que determinou metas para manter o aquecimento global bem abaixo de 2°C até 2030.).

d) apresenta (As atitudes para reverter esse quadro preocupante devem ser trabalhadas em conjunto, porque o setor privado apresenta um papel tão importante quanto o governo para a efetivação das ações.).

e) defende (A medida defende a cobrança pela emissão do CO2.).

COMENTÁRIOS

Nota da autora: São apenas dois verbos que admitem transposição para a voz passiva: transitivo direto e transitivo direto e indireto.

Alternativa "a": *Sentir* é transitivo direto (sente algo). Na passiva analítica (verbo ser + particípio): as consequências são sentidas.

Alternativa "b": *Pensar* é transitivo indireto (pensar em algo) e não admite ser apassivado.

Alternativa "c": *Determinar* é transitivo direto (determinou algo). Na passiva analítica: metas foram determinadas.

Alternativa "d": *Apresentar* é transitivo direto (apresenta algo). Na passiva analítica: um papel é apresentado.

Alternativa "e": *Defender* é transitivo direto (defende algo). Na passiva analítica: a cobrança é defendida.

Alternativa correta: letra "b".

24. (Fundatec – Delegado de Polícia – PC – RS/2018 – adaptada) No trecho "Sempre houve uma grande pressão mundial sobre o Brasil."[13], a forma verbal **houve**, visando à manutenção da correção gramatical do período e do sentido original, poderia ser corretamente substituída por:

a) existirá.

b) há de haver.

c) existiu.

d) tem havido.

e) haverá de existir.

COMENTÁRIOS

Nota da autora: O verbo "haver" é impessoal (possui sentido de *existir*) e está conjugado no pretérito perfeito do indicativo. Refere-se a uma ação concluída.

13. *(Fonte: https://br.blastingnews.com/sociedade-opiniao – Texto adaptado.)*

Alternativa "a": Tempo incorreto: futuro do presente do indicativo.

Alternativa "b: A ideia é de futuro, não de passado e o sentido é alterado.

Alternativa "c": Verbo sinônimo de *haver* e conjugado no mesmo tempo.

Alternativa "d": A ideia é de presente e altera o sentido.

Alternativa "e": A ideia de futuro também altera o sentido.

Alternativa correta: letra "c".

25. (Fundatec – Delegado de Polícia – PC – RS/2018 – adaptada) A correta conversão da frase "Os dados do IBGE comprovam o interesse na situação atual.[14]" para a voz passiva é:

a) Os dados do IBGE têm comprovado o interesse na situação atual.

b) O interesse na situação atual comprova os dados do IBGE.

c) O interesse na situação atual é comprovado pelos dados do IBGE.

d) O interesse na situação atual será comprovado pelos dados do IBGE.

e) Comprovado o interesse na situação, há dados do IBGE.

COMENTÁRIOS

Nota da autora: Para transpor a oração da voz ativa para a passiva analítica, é preciso encontrar o objeto direto, transformá-lo em sujeito, acrescentar o verbo *ser* no mesmo tempo do verbo principal da ativa + particípio do verbo principal e transformar o sujeito da ativa em agente da passiva – inserindo uma preposição.

Alternativa "a": O sujeito permanece o mesmo e a oração continua na voz ativa.

Alternativa "b": Voz ativa e sentido alterado.

Alternativa "c": Sujeito + verbo *ser* + particípio + agente da passiva. Tempo correto: presente do indicativo.

Alternativa "d": Sujeito + verbo ser + particípio + agente da passiva. Tempo incorreto: futuro do presente do indicativo.

Alternativa "e": Voz ativa.

Alternativa correta: letra "c".

TRECHO PARA RESPONDER À QUESTÃO.

Estima-se que atualmente 160.000 brasileiros trabalhem e vivam no país em condições semelhantes às de escravidão – ou seja, estão submetidos a trabalho forçado, servidão por meio de dívidas, jornadas exaustivas e circunstâncias degradantes...

14. *(Fonte: https://br.blastingnews.com/sociedade-opiniao – Texto adaptado.)*

26. (Nucepe - Delegado de Polícia - PC - PI/2018) Alterando-se a forma verbal "Estima-" para "Estimava-", teremos, de acordo com o padrão gramatical normativo, as seguintes alterações, nas demais formas verbais que compõem a organização desse excerto (fazendo-se as adaptações necessárias como, por exemplo, retirando-se a palavra "atualmente"):

a) Estimava-se que 160.000 brasileiros trabalhem e vivam no país em condições semelhantes às de escravidão - ou seja, estivessem submetidos a trabalho forçado, servidão por meio de dívidas, jornadas exaustivas e circunstâncias degradantes...

b) Estimava-se que 160.000 brasileiros trabalham e vivam no país em condições semelhantes às de escravidão - ou seja, estavam submetidos a trabalho forçado, servidão por meio de dívidas, jornadas exaustivas e circunstâncias degradantes ...

c) Estimava-se que 160.000 brasileiros trabalharam e viviam no país em condições semelhantes às de escravidão - ou seja, estavam submetidos a trabalho forçado, servidão por meio de dívidas, jornadas exaustivas e circunstâncias degradantes ...

d) Estimava-se que 160.000 brasileiros trabalhem e vivam no país em condições semelhantes às de escravidão - ou seja, estiveram submetidos a trabalho forçado, servidão por meio de dívidas, jornadas exaustivas e circunstâncias degradantes ...

e) Estimava-se que 160.000 brasileiros trabalhassem e vivessem no país em condições semelhantes às de escravidão - ou seja, estivessem submetidos a trabalho forçado, servidão por meio de dívidas, jornadas exaustivas e circunstâncias degradantes ...

COMENTÁRIOS

Nota da autora: É pedido para alterar o primeiro verbo de presente do indicativo (ação certa e atual) para o pretérito imperfeito do indicativo (ação passada e contínua).

Alternativa "a": Estimava-se que **trabalhassem** (pretérito imperfeito do subjuntivo - condição) e **vivessem** (pretérito imperfeito do subjuntivo).

Alternativa "b": Estimava-se que **trabalhassem, vivessem** e **estivessem** (pretérito imperfeito do subjuntivo).

Alternativa "c": Estimava-se que **trabalhassem, vivessem** e **estivessem.**

Alternativa "d": Estimava-se que **trabalhassem, vivessem** e **estivessem.**

Alternativa "e": Alterando o primeiro verbo, os demais devem indicar condição e por isso devem ser conjugados no pretérito imperfeito do subjuntivo.

Alternativa correta: letra "e".

27. (Vunesp - Delegado de Polícia - PC - BA/2018) Há emprego correto das formas verbais e correlação adequada entre tempos e modos, conforme a norma-padrão, em:

a) Talvez seja válido considerar que o que nos desagradasse na adaptação de determinado livro seja a ausência de nossa própria leitura, pois sempre esperarmos ver nossas expectativas correspondidas na tela.

b) Por mais que uma adaptação se proposse a ser fiel à obra em que se baseou, sempre haveria aspectos de divergência, uma vez que o filme tivera uma linguagem própria e traduzira uma leitura particular.

c) Considerando que os leitores tenham modos peculiares de pensar e sentir, a apreensão de um texto literário não será a mesma para todos, ainda que determinadas interpretações possam ser partilhadas.

d) Se as pessoas manterem o hábito de ler textos literários, teriam muito a ganhar, pois a literatura não apenas é fundamental para que desenvolvêssemos nosso intelecto mas também é importante para expandirmos a imaginação.

e) Quando as pessoas passassem a dedicar mais tempo à leitura e à introspecção, será possível ampliar suas potencialidades intelectuais e emocionais, de modo que isso alterará a maneira como elas executariam todas as suas atividades cotidianas.

COMENTÁRIOS

Alternativa "a": ...o que nos **desagrada** (presente do indicativo); **esperamos** (presente do indicativo).

Alternativa "b": Por mais que uma adaptação se **propusesse** (pretérito imperfeito do subjuntivo - tempo condicional usado junto com o futuro do pretérito do indicativo: haveria); o filme **tem** e **traduz** (presente do indicativo).

Alternativa "c": tenham e possam (presente do subjuntivo - ações duvidosas); será (futuro do presente do indicativo - ação futura certa).

Alternativa "d": Se as pessoas **mantivessem** (pretérito imperfeito do subjuntivo - ligado ao verbo *teriam* que foi conjugado no futuro do pretérito do indicativo).

Alternativa "e": ...**passarem** e **executarão** (futuro do subjuntivo).

Alternativa correta: letra "c".

▸ TEXTO CB1A1BBB PARA RESPONDER À QUESTÃO.

A principal finalidade da investigação criminal, materializada no inquérito policial (IP), é a de **reunir** elementos mínimos de materialidade e autoria delitiva antes de se instaurar o processo criminal, de modo a evitarem-se, assim, ações infundadas, as quais certamente **implicam** grande transtorno para quem se vê acusado por um crime que não cometeu.

Modernamente, o IP deixou de ser o procedimento absolutamente inquisitorial e discricionário de outrora. A participação das partes, pessoalmente ou por seus advogados ou defensores públicos, **vem ganhando** espaço a cada dia, com o objetivo de **garantir** que o IP seja um instrumento imparcial de investigação em busca da verdade dos fatos.

Acrescente-se que o estigma provocado por uma ação penal **pode perdurar** por toda a vida e, **por isso**, para ser promovida, a acusação deve conter fundamentos fáticos e jurídicos suficientes, o que, em regra, se consegue por meio do IP.

Carlos Alberto Marchi de Queiroz (Coord.). Manual de polícia judiciária: doutrina, modelos, legislação. 6 ª ed. São Paulo: Delegacia Geral de Polícia, 2010 (com adaptações).

28. (Cespe - Delegado de Polícia - GO/2017) No texto CB1A1BBB, uma ação que se desenvolve gradualmente é introduzida pela

a) forma verbal "implicam".

b) locução "vem ganhando".

c) forma verbal "garantir".

d) locução "pode perdurar".

e) forma verbal "reunir".

COMENTÁRIOS

Alternativa "a" - Presente do indicativo: ação certa que ocorre no momento da escrita.

Alternativa "b" - Se "vem ganhando espaço a cada dia", indica que a ação acontece por etapas, passo a passo, lentamente. A conjugação perifrástica (ou locução verbal constituída de verbo auxiliar mais gerúndio) possui a ideia de ação gradativa.

Alternativa "c" - Infinitivo impessoal: não possui noção de tempo.

Alternativa "d" - Locução verbal que indica uma provável ação futura.

Alternativa "e" - Infinitivo impessoal: não possui noção de tempo.

Alternativa correta: letra "b".

29. (Vunesp - Delegado de Polícia - CE/2015) Assinale a alternativa em que o emprego das formas verbais está em conformidade com a norma-padrão da língua portuguesa.

a) Se esta geração se dispor a ensinar os mais velhos, é possível que eles atualizem suas informações rapidamente.

b) As entidades que propuserem medidas para valorizar os idosos deverão beneficiar o convívio entre as gerações.

c) Precisamos de governantes comprometidos com as reformas que se fazerem necessárias para integrar o idoso à sociedade.

d) Quanto mais se manterem atentos aos ensinamentos dos idosos, mais os jovens perceberão o valor da experiência vivida.

e) A geração atual certamente teria muito a ganhar se reavisse o conhecimento acumulado pelos mais velhos.

COMENTÁRIOS

Alternativa "a" - Dispor também é como pôr = dispuser.

Alternativa "b" - Propor é conjugado como o verbo pôr. No futuro do subjuntivo: propuserem.

Alternativa "c" - que se façam necessárias.

Alternativa "d" - Manter é conjugado como o verbo ter = mantiverem.

Alternativa "e" - Reaver é conjugado como o verbo haver nas pessoas que possuem a vogal "v": reouvesse.

Alternativa correta: letra "b".

30. (FUNCAB - Delegado de Polícia - RO/2014) "Todos estes recursos, em maior ou menor escala, já foram absorvidos pela sociedade."

A oração na voz passiva acima transcrita foi corretamente transposta para a voz ativa em:

a) Todos estes recursos, em maior ou menor escala, a sociedade já absorveu.

b) A sociedade já tinha absorvido todos estes recursos, em maior ou menor escala.

c) Todos estes recursos já têm sido absorvidos pela sociedade, em maior ou menor escala.

d) A sociedade, em maior ou menor escala, já absorve todos estes recursos.

e) Em maior ou menor escala, já teriam sido absorvidos pela sociedade todos estes recursos.

COMENTÁRIOS

✪ **Nota da autora:** Da ativa para a passiva, acrescenta-se o verbo ser; da passiva para a ativa, retira-se o verbo ser: A sociedade (sujeito) já absorveu todos estes recursos. Tempo: pretérito perfeito do indicativo.

Alternativa "b" - Dois erros: acréscimo do verbo "ter" e alteração do tempo verbal.

Alternativa "c" - A oração continua na voz passiva.

Alternativa "d" - Alterou o tempo para presente do indicativo.

Alternativa "e" - A oração continua na voz passiva.

Alternativa correta: letra "a"

PARTE III
SINTAXE

1. ANÁLISE SINTÁTICA

▸ **FRAGMENTO DE TEXTO PARA RESPONDER ÀS QUESTÕES.**

(...) Essas informações não são sistematicamente reunidas e padronizadas, tratando-se, portanto, de uma análise inédita e essencial para a prevenção e a resposta à violência contra meninas e meninos.

Internet: < www.unicef.org> (com adaptações).

31. (Cebraspe - PC AL - Delegado - 2023 - adaptada) O termo "Essas informações" exerce a função de sujeito das orações expressas pelas formas verbais "são" e "tratando-se".

( ) certo ( ) errado

COMENTÁRIOS

Sujeito de "são": essas informações.

O verbo "tratar" é transitivo indireto e está seguido pelo "se" (índice de indeterminação do sujeito). Isso indica que é impossível haver sujeito na segunda oração.

Resposta: Errado

32. (Cespe - Delegado de Polícia - PC - SE/2018 - adaptada) Os termos "a crimes contra o público" e "de queixas" complementam, respectivamente, os termos "relativos" e "investigações".

(Agentes e delegados de atendimento a grupos vulneráveis realizam atendimento às vítimas, centralizam procedimentos relativos **a crimes contra o público** vulnerável registrados em outras delegacias, abrem inquéritos e termos circunstanciados e fazem investigações **de queixas**.)

( ) certo ( ) errado

COMENTÁRIOS

É fundamental fazer a análise sintática das orações para saber se realmente complementam os termos.

Agentes e delegados	centralizam	procedimentos	**relativos →**	**a crimes contra o público.**
sujeito	verbo transitivo direto	objeto direto	predicativo do objeto	**complemento nominal**

Analise assim: centralizam algo (procedimentos); os procedimentos são relativos; **são relativos a algo - a crimes.**

Agentes e delegados	fazem	**investigações →**	**de queixas.**
sujeito	verbo transitivo direto	objeto direto	**complemento nominal**

Analise assim: fazem algo (investigações); **investigações de algo - de queixas.**

As duas expressões possuem função de complemento nominal e são regidas pelos termos mencionados.

Resposta: "certo".

33. (Fundatec - Delegado de Polícia - PC - RS/2018 - adaptada) Sobre os termos retirados de fragmentos do texto *Os pilares da sustentabilidade: os desafios ambientais do século XXI para a iniciativa privada*[15], é correto dizer que:

a) **um país rico em recursos naturais** é um aposto. (Mesmo o Brasil, um país rico em recursos naturais, já sente as consequências dos eventos extremos, como a seca que persiste no Nordeste e deixa muitas famílias sem acesso à água, recurso essencial para a manutenção da vida.)
b) **no Nordeste** funciona como objeto indireto. (Mesmo o Brasil, um país rico em recursos naturais, já sente as consequências dos eventos extremos, como a seca que persiste no Nordeste e deixa muitas famílias sem acesso à água, recurso essencial para a manutenção da vida.)
c) **que** é uma conjunção integrante. (Em 2015, o Brasil entrou para o grupo das 197 nações signatárias do Acordo de Paris, que determinou metas.)
d) **que a sustentabilidade faça parte da organização como um todo** funciona como predicativo. (Neste contexto, é importante que a sustentabilidade faça parte da organização como um todo.)
e) **mais** funciona como adjunto adnominal. (Por não terem fluxos regulares de reciclagem, fazer o processo com esses rejeitos sai bem mais caro.)

COMENTÁRIOS

Alternativa "a": Aposto explicativo (possui pontuação) de "Brasil".

Alternativa "b": Adjunto adverbial de lugar: onde a seca persiste? No Nordeste.

Alternativa "c": O "que" retoma *Acordo de Paris* e pode ser substituído por *o qual*. É um pronome relativo que inicia a oração subordinada adjetiva explicativa.

Alternativa "d": Trata-se de uma oração subordinada substantiva subjetiva, ou seja, é sujeito oracional da oração principal é importante.

Alternativa "e": Adjunto adverbial de intensidade.

Alternativa correta: "a".

34. (Fundatec - Delegado de Polícia - PC - RS/2018) Na frase: "evita-se que os materiais acabem em aterros e lixões", o **se** funciona como:

a) Pronome reflexivo.
b) Partícula apassivadora.
c) Índice de indeterminação do sujeito.
d) Conjunção integrante.
e) Conjunção adverbial condicional.

COMENTÁRIOS

Alternativa "a": Não possui sentido de "a si mesmo", "a si próprio".

15. *(Fonte: Amcham Brasil, 26 de maio 2017 - http://economia.estadao.com.br/blogs - Texto adaptado)*

Alternativa "b": O pronome acompanha o verbo transitivo direto e indica que a oração está na voz passiva sintética. Para se certificar, transporte a oração para a voz passiva analítica: que os materiais acabem em aterros e lixões é evitado. Sendo assim, o "se" é pronome apassivador, ou partícula apassivadora.

Alternativa "c": Não se trata de verbo intransitivo, transitivo indireto ou de verbo de ligação.

Alternativa "d": O "que" é uma conjunção integrante, não o "se" – evita-se *isto*.

Alternativa "e": Não possui ideia de *caso*. Exemplo: se fizer = caso faça.

Alternativa correta: letra "b".

---

35. (Fundatec – Delegado de Polícia – PC – RS/2018 – adaptada) Observe a frase: "com o governo criando leis e começando a punir quem agride o meio ambiente[16]" e avalie as afirmações seguintes:

I. O sujeito das formas verbais **criando** e **começando** é o mesmo.

II. O sujeito de **punir** é inexistente.

III. O sujeito de **agride** é representado pelo pronome indefinido, portanto, classifica-se como indeterminado.

Quais estão corretas?

a) Apenas I.

b) Apenas II.

c) Apenas III.

d) Apenas I e II.

e) Apenas II e III.

COMENTÁRIOS

I. Com **o governo** criando e (com **o governo**) começando.

II. O sujeito da locução "começando a punir" é **o governo**.

III. Sujeito simples: quem.

Alternativa correta: letra "a".

---

36. (Nucepe – Delegado de Polícia – PC – PI/2018) Assinale a opção cujo termo em destaque diverge, em sua função sintática, daquele que se encontra marcado em: O Brasil vive hoje **uma grande crise de segurança pública**.

a) Estão aí os números que falam **por si.**

b) E problemas complexos possuem **soluções complexas.**

c) ...que tente apresentar **uma solução simples para estes problemas** é incabível.

d) armas de fogo em casa são usadas normalmente mais para intimidar pessoas íntimas e familiares que para evitar **crimes.**

e) Um estudo recente liberado pela Escola de Saúde Pública de Harvard fez uma síntese de vários destes pontos e comprova **a tese.**

COMENTÁRIOS

✪ **Nota da autora:** O verbo *viver* é transitivo direto no contexto (vive algo – uma grande crise) e tem como complemento o objeto direto.

Alternativa "a": O verbo *falar* é intransitivo e não admite complemento verbal (Os números falam). A expressão é um adjunto adverbial.

Alternativa "b": Objeto direto de *possuem.*

Alternativa "c": Objeto direto de *tente apresentar.*

Alternativa "d": Objeto direto de *evitar.*

Alternativa "e": Objeto direto de *comprova.*

Alternativa correta: letra "a".

---

37. (ACAFE – Delegado de Polícia – SC/2014) Na frase "Uma das questões sociais que mais afligem os dias de hoje é a da incapacidade de controlar o uso de drogas ilícitas, e, mais ainda, os baldados esforços para dar um fim, ou minimamente reduzir a níveis socialmente aceitáveis o sinistro sistema criminal que faz essas drogas circularem por todo o mundo, com uma logística de uma eficiência impressionante", a conjunção "e" tem a função de:

a) introduzir duas orações coordenadas explicativas separadas pela conjunção "ou".

a) correlacionar o sujeito "que mais afligem os dias de hoje" com o núcleo do predicado "uso de drogas".

c) estabelecer uma oposição entre o uso de drogas e o sistema criminal que faz as drogas circularem.

d) enfatizar o sentido do que se afirma nas duas orações anteriores.

e) coordenar dois sintagmas nominais que exercem a função de predicativo do sujeito, representado por "uma das questões sociais que mais afligem os dias de hoje".

COMENTÁRIOS

✪ **Nota da autora:** questão de análise sintática e período composto.

Note o paralelismo sintático e o verbo de ligação (é):

Uma das questões sociais **é**

→ a da incapacidade de controlar o uso de drogas ilícitas

e **(são)** mais ainda → os baldados esforços para dar um fim, ou minimamente reduzir a níveis socialmente aceitáveis o sinistro sistema criminal.

A conjunção "e" liga os predicativos do sujeito.

Alternativa "a" – Não se trata de orações explicativas.

Alternativa "b" – Sujeito da oração "que mais afligem": que = pronome relativo que retoma "uma das questões sociais"; "uso de drogas" é objeto direto de controlar.

---

16. *(Fonte: https://br.blastingnews.com/sociedade-opiniao – Texto adaptado.)*

Alternativa "c" – Não há oposição.

Alternativa "d" – Não enfatiza, apenas adiciona.

Alternativa correta: letra "e".

38. (NUCEPE – Delegado de Polícia – PI/2014) Nas opções abaixo, aquela cuja palavra ou expressão destacada NÃO sugere ideia de tempo é

a) Desde sua criação (ou surgimento, dependendo do ponto de vista).
b) Há quem tente explicar a violência, a opção pela criminalidade.
c) Na semana passada, a violência (ou a falta de segurança) voltou ao centro dos debates.
d) Não é de hoje que o cidadão se sente desassistido pelo Estado.
e) Quando falta sensatez ao Estado é que ganham força outros paradoxos.

COMENTÁRIOS

Alternativa "a" – desde quando? Desde sua criação = tempo.

Alternativa "b" – A opção pela criminalidade é aposto explicativo de violência.

Alternativa "c" – quando voltou? Na semana passada = tempo.

Alternativa "d" – quando o cidadão se sente desassistido? Não é de hoje = tempo.

Alternativa "e" – quando ganham força outros paradoxos? Quando falta sensatez = tempo.

Alternativa correta: letra "b".

2. PERÍODO COMPOSTO

▸ **FRAGMENTO DE TEXTO PARA RESPONDER À QUESTÃO.**

(...) Bauman define modernidade líquida como um momento em que a sociabilidade humana experimenta uma transformação que pode ser sintetizada nos seguintes processos: a metamorfose do cidadão, sujeito de direitos, em indivíduo em busca de afirmação no espaço social; a passagem de estruturas de solidariedade coletiva para as de disputa e competição; o enfraquecimento dos sistemas de proteção estatal às intempéries da vida, **gerando um permanente ambiente de incerteza**; a colocação da responsabilidade por eventuais fracassos no plano individual; o fim da perspectiva do planejamento a longo prazo; e o divórcio e a iminente apartação total entre poder e política. A seguir, a íntegra da entrevista concedida pelo sociólogo à revista CULT. (...)

Adaptado de: https://revistacult.uol.com.br/home/entrevista-zygmunt-bauman/>. Acesso em: 14 jan. 2021.

39. (Instituto AOCP – PC PA - Delegado - 2021) Em "[...] o enfraquecimento dos sistemas de proteção estatal às intempéries da vida, **gerando um permanente ambiente de incerteza** [...]", qual é a relação sintático-semântica que a oração em destaque exprime?

a) Causa.
b) Consequência.
c) Modo.
d) Concessão.
e) Contraste.

COMENTÁRIOS

✪ **Nota da autora:** Existe uma clara relação de causa e efeito, ou seja, de causa e consequência. Na consequência, cabem estas expressões: **de modo que** gera, **tanto que** gera.

A oração destacada é reduzida de gerúndio, não possui conjunção ou locução conjuntiva, é viável desenvolvê-la para que a ideia fique clara.

Alternativa "a" – A causa é a oração anterior: o enfraquecimento dos sistemas de proteção estatal às intempéries da vida.

Alternativa "b" – A ideia é: **traz como consequência** um permanente ambiente de incerteza.

Alternativa "c" – Não indica o modo, não cabe a pergunta "como?".

Alternativa "d" – Não existem ideias contrárias.

Alternativa "e" – Não há oposição.

Dica: se não existe concessão, não existe contraste.

Alternativa correta: letra "b"

40. (Cespe – Delegado de Polícia – PC – SE/2018) A oração "que haja a implementação de um modelo de policiamento" tem a função de qualificar o adjetivo que a antecede: "essencial".

(Para que a atuação policial ocorra dentro dos parâmetros democráticos, é essencial **que haja a implementação de um modelo de policiamento**.[17])

( ) certo ( ) errado

COMENTÁRIOS

✪ **Nota da autora:** As orações que possuem a função de qualificar são as subordinadas adjetivas – possuem pronome relativo. São divididas em: explicativa – possui pontuação antes do pronome relativo – e restritiva – sem pontuação.

Perceba que cabe o pronome catafórico "isto" antes da conjunção integrante. Lê-se: é essencial *isto* – a ideia é de algo será citado. Sendo assim, o "que" é **conjunção integrante** por iniciar uma **oração subordinada substantiva** subjetiva. Isso significa que a oração possui função de sujeito e pode também ser chamada de sujeito oracional.

Resposta: "errado".

---

17. *Almir de Oliveira Junior (Org.) Instituições participativas no âmbito da segurança pública: programas impulsionados por instituições policiais. Rio de Janeiro: IPEA, 2016, p. 13 (com adaptações).*

▸ FRAGMENTO DE TEXTO PARA RESPONDER À QUESTÃO.

(...) **Estimular o plantio de árvores**, a reciclagem de lixo, a coleta seletiva, o aproveitamento de partes normalmente descartadas dos alimentos como cascas, folhas e talos; assim como o desenvolvimento de cursos, palestras e estudos que **informem** e **orientem** todos os cidadãos para a importância da participação e do engajamento nesses projetos e nessas soluções simples para fomentar a sustentabilidade e a conservação do meio ambiente são ações necessárias. (...)[18]

41. (Fundatec - Delegado de Polícia - PC - RS/2018 - adaptada) Em relação ao segmento, afirma-se que:

I. A oração *Estimular o plantio de árvores* constitui-se em uma oração subordinada substantiva objetiva direta.

II. **informem** e **orientem** são formas verbais que constituem orações adjetivas.

III. No trecho "que informem e orientem todos os cidadãos para a importância da participação e do engajamento nesses projetos e nessas soluções simples" ocorre uma oração adverbial final reduzida consecutiva.

Quais estão corretas?

a) Apenas I.

b) Apenas II.

c) Apenas III.

d) Apenas I e II.

e) Apenas II e III.

COMENTÁRIOS

I. A oração faz parte do sujeito, portanto é classificada como subordinada substantiva **subjetiva** reduzida – não possui conjunção – de infinitivo (estimular).

II. Ocorre paralelismo sintático e **o "que" é pronome relativo** – equivale a "os quais". Lê-se: que informem e que orientem todos os cidadãos. Por não haver pontuação, são classificadas como restritivas.

III. Não cabe a locução conjuntiva "de modo que", logo não há oração consecutiva. Existe uma oração adverbial final reduzida de infinitivo após o trecho mencionado – para fomentar a sustentabilidade.

Alternativa correta: letra "b".

42. (Fundatec - Delegado de Polícia - PC - RS/2018 - adaptada) Desconsiderando-se o uso de sinais de pontuação e de letras maiúsculas e minúsculas, e levando em conta o que é defendido pelo trecho, o conectivo que pode reunir as duas orações abaixo em um único período, sem necessidade de ajuste, é:

- A sustentabilidade é um desafio ambiental do século XXI
- A preservação e a manutenção do meio ambiente devem ser perseguidas pelo homem

a) por conseguinte

b) todavia

c) no entanto

d) ainda que

e) se bem que

COMENTÁRIOS

Alternativa "a": A ideia é de conclusão e cabe a locução conjuntiva ***por conseguinte***. Também indicam conclusão: *logo, pois, portanto, assim, então, por isso, por consequência, consequentemente, de modo que, desse modo, destarte* etc.

Alternativa "b": Indica oposição – conjunção adversativa.

Alternativa "c": Indica oposição – conjunção adversativa.

Alternativa "d": Indica concessão – conjunção subordinada adverbial.

Alternativa "e": Indica concessão – conjunção subordinada adverbial.

Alternativa correta: letra "a".

▸ FRAGMENTO DE TEXTO[19] PARA RESPONDER À QUESTÃO.

(...) Ana Carolina Avzaradel Szklo, Gerente Sênior de Projetos e Assessora Técnica do CEBDS (Conselho Empresarial Brasileiro para o Desenvolvimento Sustentável), acredita que esses eventos climáticos extremos têm contribuído para que as empresas incorporem a sustentabilidade em suas agendas. As atitudes para reverter esse quadro preocupante devem ser trabalhadas em conjunto, **porque o setor privado apresenta um papel tão importante quanto o governo para a efetivação das ações**. (...)

43. (Fundatec - Delegado de Polícia - PC - RS/2018) Em "porque o setor privado apresenta um papel tão importante quanto o governo para a efetivação das ações.", '**porque**' e '**tão... quanto**' expressam, respectivamente:

a) Causa – comparação.

b) Finalidade – consequência.

c) Explicação – consequência.

d) Explicação – comparação.

e) Causa – proporção.

COMENTÁRIOS

Alternativa "a": 1. Não indica causa por serem orações coordenadas (independentes sintaticamente); 2. Certo.

---

18. *(Fonte: http://www.ecologiaurbana.com.br/conscientizacao/meio-ambiente-sustentabilidade/Adaptação)*

19. *(Fonte: Amcham Brasil, 26 de maio 2017 – http://economia.estadao.com.br/blogs – Texto adaptado)*

Alternativa "b": 1. Não cabe a pergunta "para quê", não pode indicar finalidade; 2. Não cabe a locução conjuntiva "de modo que" e não pode indicar consequência.

Alternativa "c": 1. Certo; 2. Não indica consequência.

Alternativa "d": 1. As orações são coordenadas e a conjunção *porque* é explicativa; 2. Comparação entre *o setor privado* e *o governo* – os dois apresentam um papel importante.

Alternativa "e": 1. Não indica causa; 2. As ideias não são simultâneas, isto é, não ocorrem ao mesmo tempo.

Alternativa correta: letra "d".

▸ FRAGMENTO DE TEXTO PARA RESPONDER À QUESTÃO.

A principal finalidade da investigação criminal, materializada no inquérito policial (IP), é a de reunir elementos mínimos de materialidade e autoria delitiva antes de se instaurar o processo criminal, de modo a evitarem-se, **assim**, ações infundadas, as quais certamente implicam grande transtorno para quem se vê acusado por um crime que não cometeu.

Modernamente, o IP deixou de ser o procedimento absolutamente inquisitorial e discricionário de outrora. A participação das partes, pessoalmente ou por seus advogados ou defensores públicos, vem ganhando espaço a cada dia, com o objetivo de garantir que o IP seja um instrumento imparcial de investigação em busca da verdade dos fatos.

Acrescente-se que o estigma provocado por uma ação penal pode perdurar por toda a vida e, **por isso**, para ser promovida, a acusação deve conter fundamentos fáticos e jurídicos suficientes, o que, em regra, se consegue por meio do IP.

Carlos Alberto Marchi de Queiroz (Coord.). Manual de polícia judiciária: doutrina, modelos, legislação. 6 a ed. São Paulo: Delegacia Geral de Polícia, 2010 (com adaptações).

44. (Cespe – Delegado de Polícia – GO/2017) Nas orações em que ocorrem, os elementos "assim" e "por isso" expressam, respectivamente, as ideias de

a) consequência e consequência.
b) finalidade e proporcionalidade.
c) causa e consequência.
d) conclusão e conclusão.
e) restrição e conformidade.

COMENTÁRIOS

Alternativa "a" – Indicam consequência: que, de forma que, de sorte que, tanto que, tão... que, tanto... que, tamanho... que.

Alternativa "b" – Finalidade: a fim de que, que, porque (= para que) e para que; proporção: à proporção que, **à medida que, ao passo que etc.**

Alternativa "c" – Causa: porque, como (sempre introduzido na oração anteposta à oração principal), pois, pois que, já que, uma vez que, visto que.

Alternativa "d" – Indicam conclusão: logo, portanto, pois (= logo), então, **assim**, **por isso**, por conseguinte, de modo que, em vista disso, etc.

Alternativa "e" – Apenas as orações adjetivas – possuem pronome relativo e não possuem pontuação – indicam restrição; conformidade (regra): conforme, como, consoante e segundo (todas com o mesmo valor de conforme).

Alternativa correta: letra "d".

45. (Cespe – Delegado de Polícia – GO/2017 – adaptada) No trecho "**Para combater o compartilhamento de fotos íntimas por terceiros**, são necessárias ações preventivas, afirma a advogada.", a oração destacada expressa ideia de

a) finalidade.
b) explicação.
c) consequência.
d) conformidade.
e) causa.

COMENTÁRIOS

✪ **Nota da autora:** Basta fazer pergunta à oração principal (a que não possui conectivo).

Alternativa "a" – **Para que** são necessárias ações preventivas? **Para** combater o compartilhamento de fotos íntimas por terceiros. = finalidade.

Alternativa "b" – Indicam explicação: que, porque e pois (= porque).

Alternativa "c" – Consecutivas: que (precedido de tal, tanto, tão, tamanho), que, de forma que, de sorte que, tanto que, tão... que, tanto... que, tamanho... que.

Alternativa "d" – Conformativas (indicam regra): conforme, como, consoante e segundo.

Alternativa "e" – Causais: porque, como (sempre introduzido na oração anteposta à oração principal), pois, pois que, já que, uma vez que, visto que.

Alternativa correta: letra "a".

46. (IBADE – Delegado de Polícia – AC/2017) Assinale a opção que pode substituir o conector destacado no trecho "Precisamos deles PARA navegar na maré de surrealismo que cobre outro setor da publicidade", sem que o sentido que se estabelece entre os elementos do período seja alterado.

a) dessa forma.
b) à medida que.
c) sendo assim.
d) em todo caso.
r) a fim de que.

COMENTÁRIOS

Alternativa correta: letra "e" – Mais uma vez, é preciso fazer pergunta à oração principal: **Para que** precisamos deles? **Para** navegar = finalidade.

Alternativa "a" – Indica conclusão. Outros vocábulos que concluem uma ideia anterior: assim, dessa forma, desta maneira, dessa maneira, deste modo, desse modo, assim sendo, destarte, isto posto, à vista disso, por consequência, consequentemente, por conseguinte, por isso, portanto, pois, então, logo.

Alternativa "b" – Indica proporção.

Alternativa "c" – Indica, também, conclusão.

Alternativa "d" – Pode indicar condição, pois a expressão em todo caso, quando é uma conjunção, possui ideia de "se", "no caso de".

Alternativa Correta: letra "e".

▸ TEXTO PARA RESPONDER ÀS QUESTÕES.

Não raro as palavras "moral" e "ética" aparecem num mesmo contexto e, às vezes, são erroneamente entendidas como sinônimos. A primeira tem caráter prático, relativo e restrito a determinada circunstância. Já a segunda é a reflexão filosófica sobre a moral, busca compreender sua lógica e justificá-la. É necessário reconhecer que a própria etimologia dos termos favorece dúvidas. [...] Podemos pensar que moral são as normas que devem ser seguidas e tem como objetivo regular o comportamento [...]. Já a ética expressa um conjunto de valores que orientam as ações com o fim de preservar o bem-estar coletivo.

É possível dizer que, enquanto a ética é teórica, "filosófica", a moral está associada à prática, ao cotidiano, à maneira como vivemos os princípios éticos. Subjacente aos dois conceitos há uma questão básica: a oposição entre o bem e o mal. Para a psiquiatria, a psicanálise e a maioria das abordagens psicológicas, porém, a visão maniqueísta e insuficiente diante da complexidade humana. Muitas vezes, as supostas maldades – ou o que a priori seriam considerados gestos de bondade – surgem como sintomas de alguma patologia ou emergem de quadros psíquicos alterados. **Além disso**, se levarmos em conta a existência de uma instância psíquica inconsciente, que constantemente sabota nossas boas intenções (e quanto menos nos conhecemos mais o faz), fica ainda mais difícil estabelecer uma separação objetiva entre bons e maus.

Friedrich Nietzsche (1844-1900), por exemplo, propõe pensarmos "para além do bem e do mal". Escreve: "Pergunte aos escravos 'quem é o mau', e eles apontarão o personagem que a moral aristocrática considera 'bom', isto é, o poderoso, o dominador". O filósofo alemão faz uma colocação muito pertinente: há sempre a perspectiva de quem julga, suas experiências e seus interesses. Como então lidar com essa multiplicidade de olhares possíveis sobre um mesmo objeto? Uma saída talvez seja lançar mão de um recurso bastante simples, a empatia, e fazermos o exercício (nem sempre cômodo ou fácil) de nos colocarmos no lugar do outro, procurando compreender seu ponto de vista – e sua dor. **Buscando esse ponto** que nos coloca em contato com o outro, tão diferente e ao mesmo tempo tão próximo, talvez seja mais fácil buscar em nós mesmos espaços psíquicos que comportem escolhas menos nocivas.

Rev. mentecérebro. Abril de 2011, p. 22.

47. (FUNCAB - Delegado de Polícia - PA/2016 - adaptada) A oração destacada no último parágrafo expressa a mesma circunstância que a oração destacada em:

a) Trabalhou tanto QUE ACABOU DORMINDO NO ÔNIBUS.
b) CASO TUDO SE MANTENHA DESSE JEITO, eu não posso confiar.
c) Não resolva nada ENQUANTO NÃO TIVER CERTEZA.
d) Continuou estudando, CONQUANTO NÃO TIVESSE RECURSOS.
e) COMO O FILHO NADA DISSESSE, procurou se despedir.

COMENTÁRIOS

✪ **Nota da autora:** Questão de oração reduzida. Vamos relembrar, a seguir, a teoria.

Reduzidas são orações subordinadas que introduzem uma oração sem uso de um conectivo, apresentando um verbo em uma de suas formas nominais – infinitivo, gerúndio ou particípio. Para desenvolvê-las, é necessário tirar o verbo da forma nominal e inserir o conectivo.

Exemplo: É importante **estudar** toda a matéria. = É importante **que estude** toda a matéria.

Em "Caso tudo se mantenha desse jeito", ocorre também uma ideia condicional.

Alternativa "a" – Equivale a "de modo que": consequência.

Alternativa "b" – **Buscando esse ponto**, talvez seja mais fácil buscar em nós mesmos espaços psíquicos. = **Se buscarmos** esse ponto; **caso busquemos** esse ponto: **condição**.

Alternativa "c" – Enquanto possui, aqui, noção de tempo: quando não tiver certeza, não resolva.

DICA: pode ser uma conjunção conformativa ou proporcional, dependendo do contexto em que está inserida.

Alternativa "d" – Equivale a "embora": concessão (ideias opostas).

Alternativa "e" – Equivale a "porque o filho nada disse": causal.

DICA: A conjunção "como" seguida de verbo no pretérito imperfeito do subjuntivo indicará, sempre, causa.

Alternativa correta: letra "b".

48. (FUNCAB - Delegado de Polícia - PA/2016) Na argumentação, o autor emprega a locução «além de" – v. "Além disso" (§ 2) – para:

a) fazer concessão a ponto de vista atribuído a outrem, com quem dialoga no texto.
b) somar um segundo argumento destinado a justificar ponto de vista anteriormente exposto.

c) comparar as ideias expostas no período por ela introduzido com as que se leem no anterior.

d) introduzir a conclusão das ideias desenvolvidas ao longo do parágrafo em questão.

e) relacionar argumentos alternativos orientados para conclusões diferentes ou opostas.

COMENTÁRIOS

Veja as ideias adicionais: as supostas maldades surgem como sintomas de alguma patologia ou emergem de quadros psíquicos alterados **e** fica ainda mais difícil estabelecer uma separação objetiva entre bons e maus.

Alternativa "a" – Não existe ideia contrária.

Alternativa "b" – Além disso significa **inclusivamente; em adição a; ali**ás. Trata-se de expressão aditiva. Indicam também adição, ou seja, são conjunções coordenadas aditivas: **e, nem, mas também, como também, além de (disto, aquilo), quanto** (depois de tanto), **bem como** etc.

Alternativa "c" – Não compara.

Alternativa "d" – Não há, também, conclusão.

Alternativa "e" – Não ocorre alternância.

Alternativa correta: letra "b".

49. (NUCEPE - Delegado de Polícia - PI/2014) Em: os serviços prestados são tão ruins que há um inconformismo generalizado, as relações sintático-semânticas que se estabelecem entre as orações principal e subordinada são de

a) causa e consequência.

b) causa e condição.

c) comparação e consequência.

d) condição e comparação.

e) conformidade e causa.

COMENTÁRIOS

Alternativa "a":

Por que há um inconformismo generalizado?	a pergunta é a consequência
Porque os serviços prestados são ruins	a resposta é a causa

Alternativa "b" – Se indicasse condição, caberia caso.

Alternativa "c" – Não compara.

Alternativa "d" – Não há condição nem comparação.

Alternativa "e" – Conformidade é regra, não possui essa ideia.

Alternativa correta: letra "a".

3. CONCORDÂNCIA

▸ FRAGMENTO DE TEXTO PARA RESPONDER ÀS QUESTÕES.

(...) **Foram solicitados** a cada estado brasileiro os dados de boletins de ocorrência dos últimos cinco anos, referentes a mortes violentas intencionais (homicídio doloso; feminicídio; latrocínio; lesão corporal seguida de morte; e mortes decorrentes de intervenção policial) e violência sexual (estupros e estupros de vulneráveis) contra crianças e adolescentes. (...)

Internet: < www.unicef.org> (com adaptações).

50. (Cebraspe - PC AL - Delegado - 2023 - adaptada) A substituição da locução verbal "Foram solicitados" pela forma correspondente no singular — **Foi solicitado** — prejudicaria a correção gramatical do trecho.

( ) certo ( ) errado

COMENTÁRIOS

Encontre o sujeito:

– O que foram solicitados?

– Os **dados** de boletins de ocorrência = sujeito.

Na ordem direta: Os dados de boletins de ocorrência dos últimos cinco anos foram solicitados a cada estado brasileiro.

Observação: A oração está na voz passiva analítica (verbo *ser* + particípio) e não possui agente da passiva.

Na ativa: Solicitaram (verbo na 3ª pessoa do plural para indeterminar o sujeito) os dados de boletins de ocorrência.

Resposta: Certo

▸ FRAGMENTOS DE TEXTO PARA RESPONDER À QUESTÃO.

I. Ana Carolina Avzaradel Szklo, Gerente Sênior de Projetos e Assessora Técnica do CEBDS (Conselho Empresarial Brasileiro para o Desenvolvimento Sustentável), acredita que esses eventos climáticos extremos ________ contribuído para que as empresas incorporem a sustentabilidade em suas agendas.

II. Uma das tendências que estão sendo trabalhadas internacionalmente e sobre o que o CEBDS ______ promovido debates com o setor privado é a precificação do carbono.

III. Mesmo materiais que já ______ processos consolidados, como o plástico, acabam em lixões e aterros

IV. Soluções como o plástico hidrossolúvel ______ sido cada vez mais procuradas como um meio de evitar o problema do descarte irresponsável.

V. As empresas podem contribuir para um desenvolvimento sustentável valorizando produtos que _____ um apelo sustentável.[20]

51. (Fundatec - Delegado de Polícia - PC - RS/2018 - adaptada) As lacunas tracejadas, quanto à flexão do verbo ter, ficam, correta e respectivamente, preenchidas por:

a) têm – têm – têm – tem – tem

b) tem – tem – tem – têm – têm

c) têm – tem – tem – têm – tem

20. *(Fonte: Amcham Brasil, 26 de maio 2017 – http://economia.estadao.com.br/blogs – Texto adaptado)*

d) têm – tem – têm – têm – têm

e) tem – têm – têm – têm – têm

COMENTÁRIOS

✪ **Nota da autora:** A questão é de concordância e de acentuação – acento diferencial: tem = singular; têm = plural. Trabalhe por eliminação para ganhar tempo, siga as dicas nos comentários.

Alternativa "a": esses eventos têm; o CEBDS **tem** (eliminada); materiais que têm; soluções têm; produtos têm.

Alternativa "b": esses eventos **têm** (eliminada); o CEBDS tem; materiais que têm; soluções têm; produtos têm.

Alternativa "c": esses eventos têm; o CEBDS tem; materiais que **têm** (eliminada); soluções têm; produtos têm.

Alternativa "d": esses eventos têm; o CEBDS tem; materiais que têm; soluções têm; produtos têm.

Alternativa "e": esses eventos **têm** (eliminada); o CEBDS tem; materiais que têm; soluções têm; produtos têm.

Alternativa correta: letra "d".

---

52. (Fundatec – Delegado de Polícia – PC – RS/2018 – adaptada) Analise as afirmações abaixo e, a seguir, assinale a alternativa que completa correta e respectivamente as lacunas.

1. Caso o vocábulo **Investimentos** fosse passado para o singular, quantas outras palavras deveriam sofrer alteração para fins de concordância? _____, apenas.

   (**Investimentos** em inovação para tornar processos mais eficientes podem contribuir com uma série de oportunidades para as organizações.)

2. Se suprimíssemos o vocábulo **das** e o núcleo do sujeito assumisse a forma singular, outras ___ palavras deveriam sofrer alteração para fins de concordância.

   (Uma **das** tendências que estão sendo trabalhadas internacionalmente e sobre o que o CEBDS tem promovido debates com o setor privado é a precificação do carbono.)[21]

a) 1 – 4.

b) 1 – 2.

c) 1 – 3.

d) 2 – 2.

e) 2 – 3.

COMENTÁRIOS

Alternativa "a": 1. Investimento **pode** contribuir; 2. Uma tendência que **está** sendo **trabalhada.** (eliminada)

Alternativa "b": 1. Investimento **pode** contribuir; 2. Uma tendência que **está** sendo **trabalhada.**

Alternativa "c": 1. Investimento **pode** contribuir; 2 (eliminada).

Alternativa "d": 1 (eliminada); 2.

Alternativa "e": 1 (eliminada); 2.

Alternativa correta: letra "b".

---

53. (Vunesp – Delegado de Polícia – PC – BA/2018) A concordância está em conformidade com a norma-padrão na seguinte frase:

a) São comuns que a adaptação de livros para o cinema suscitem reações negativas nos fãs do texto escrito.

b) Cabem aos leitores completar, com a imaginação, as lacunas que fazem parte da estrutura significativa do texto literário.

c) Aos esforços envolvidos na leitura soma-se a imaginação, a que a linguagem literária apela constantemente.

d) Algumas pessoas mantém o hábito de só assistirem à adaptação de uma obra depois de as terem lido, para não ser influenciadas.

e) Há livros que dispõe de uma infinidade de adaptações para o cinema, as quais tende a compor seu repertório de leituras.

COMENTÁRIOS

Alternativa "a": É comum (sujeito oracional – possui verbo: *que a adaptação de livros para o cinema suscite reações negativas nos fãs do texto escrito*); a adaptação **suscite.**

Alternativa "b": Cabe (sujeito oracional: completar, com a imaginação, as lacunas).

Alternativa "c": Ordem direta: A imaginação (sujeito) soma-se aos esforços.

Alternativa "d" Algumas pessoas (sujeito) **mantêm**; depois de **a** terem lido (terem lido a adaptação); para (as pessoas) não **serem** influenciadas.

Alternativa "e": Livros (sujeito) **dispõem**; (as adaptações) as quais **tendem**.

Alternativa correta: letra "c".

---

54. (Vunesp – Delegado de Polícia – CE/2015) Luiz Felipe Pondé afirma não mais _____ vovôs e vovós como antigamente, já que ______ cada vez mais _______ em copiar seus netos.

Assinale a alternativa que preenche, correta e respectivamente, as lacunas, de acordo com a norma-padrão da língua portuguesa.

a) haver ... encontra-se ... empenhados

b) haver ... se encontram ... empenhados

c) haverem ... se encontra ... empenhado

d) haverem ... encontram-se ... empenhados

e) haver ... encontra-se ... empenhado

---

21. *(Fonte: Amcham Brasil, 26 de maio 2017 – http://economia.estadao.com.br/blogs – Texto adaptado)*

COMENTÁRIOS

1. Afirma não mais **haver** vovôs e vovós: verbo impessoal (sentido de existir) = singular. Eliminadas C e D;
2. Já que **se encontram**: o verbo concorda com o sujeito composto e a locução conjuntiva atrai o pronome oblíquo. Eliminadas A e E;
3. vovôs e vovós **empenhados**: o adjetivo concorda com os substantivos.

Alternativa correta: letra "b".

55. (FUNCAB - Delegado de Polícia - RO/2014) "...a invasão de contas de emails e a ação de hackers esbarrarão na 'polícia pessoal online'."

Na oração de sujeito composto acima transcrita, a concordância do verbo foi feita com os dois núcleos, no plural. Das sentenças abaixo, aquela em que a concordância é facultativa, podendo-se flexionar o verbo no singular ou no plural, é:

a) Esbarrarão na polícia pessoal online os invasores de contas de emails e os hackers.
b) Os invasores de contas de emails e os hackers esbarrarão na polícia pessoal online.
c) Na polícia pessoal online esbarrarão os invasores de contas de emails e os hackers,
d) Esbarrarão na polícia pessoal online a invasão de contas de emails e a ação de hackers.
e) Na polícia pessoal online a invasão de contas de emails e a ação de hackers esbarrarão.

COMENTÁRIOS

Alternativa "a" - Cuidado! O verbo também está anteposto ao sujeito composto, mas há artigo plural nos dois. Isso faz com que o verbo fique obrigatoriamente no plural. O artigo manda na concordância. Além do que o primeiro núcleo é plural.

Alternativa "b" - Sujeito composto seguido de verbo = verbo no plural.

Alternativa "c" - Verbo anteposto, mas o primeiro núcleo está no plural = verbo plural.

Alternativa "d" - Verbo anteposto ao sujeito composto pode concordar com o termo mais próximo (singular), ou com os dois: esbarrarão a invasão de contas de emails e os hackers, ou esbarrará a invasão de contas de emails e os hackers.

Alternativa "e" - Sujeito composto seguido de verbo = verbo no plural.

Alternativa correta: letra "d".

4. REGÊNCIA E CRASE

4.1. REGÊNCIA

56. (Cespe - Delegado de Polícia - PC - SE/2018 - adaptada) A correção gramatical e o sentido do texto seriam preservados se, no trecho "a um público específico", a preposição "a" fosse suprimida.

(O Departamento de Atendimento a Grupos Vulneráveis (DAGV) da Polícia Civil de Sergipe atende a um público específico.[22])

( ) certo ( ) errado

COMENTÁRIOS

O verbo *atender*, ao se referir à pessoa, admite, ou não, a preposição "a", isto é, **a preposição é facultativa**: atende a um público - atende um público.

DICA - Ao se referir à coisa, a preposição é obrigatória: Atendeu ao telefonema.

Resposta: "certo".

57. (FUNCAB - Delegado de Polícia - ES/2013) Em: "Terceiro, ter certeza de que, uma vez torturado, o terrorista dará a informação correta.", haverá ERRO de regência verbal caso se substitua a expressão TER CERTEZA DE QUE por:

a) persuadir-se de que.
b) admitir de que.
c) concederem que.
d) anuir em que.
e) concordarem que.

COMENTÁRIOS

Alternativa "a" - Persuadir-se **de** algo.

Alternativa "b" - Quem tem certeza, tem certeza **de** algo. A preposição **de** é exigida pelo substantivo *certeza*; quem admite, admite algo: o verbo é transitivo direto e não exige a preposição **de** = **admite que**.

Alternativa "c" - Conceder algo.

Alternativa "d" - Anuir **a** algo: o verbo é transitivo indireto, mas pode usar **em** se indicar lugar (deduzo que seja nisso que a banca tenha pensado), pois não houve recurso.

Alternativa "e" - Concordar **com** algo.

Alternativa correta: letra "b".

▸ **ATENÇÃO! O TRECHO REFERE-SE À QUESTÃO POSTERIOR.**

(...)

Como construir e sustentar um projeto nacional nessas circunstâncias? A sociedade civil, por si só, é insuficientemente organizada para enfrentar esses desafios e criar alternativas legítimas para o enfrentamento da violência. Só o Estado, reformado e renovado, incluindo o Legislativo e o Judiciário, poderá dispor de meios e recursos, articulado à opinião pública, para reverter essa ameaça de colapso. Estou falando, bem entendido, de regime democrático e não de ditaduras salvacionistas. (...)

(VELHO, Gilberto. Violência: faces e máscaras. In: www.scielo.br - com adaptações)

22. *Internet: <www.ssp.se.gov.br> (com adaptações).*

58. (Delegado de Polícia – AP/ 2010 – FGV) A regência do verbo dispor é a mesma de:

a) O artigo defende a necessidade de uma nova ética social.
b) Convém atualizar velhas formas de comportamento.
c) O autor expressa suas ideias de forma clara e objetiva.
d) O palestrante fugiu ao foco dos debates.
e) Busca-se uma saída para a crise institucional.

COMENTÁRIOS

Alternativa "a": Defende algo: verbo transitivo direto.

Alternativa "b": Intransitivo. Ordem direta: Atualizar convém.

Alternativa "c": Expressa algo: verbo transitivo direto.

Alternativa "d": *Dispor* **de**; fugir **a**o. Os dois verbos exigem preposição.

Alternativa "e": Verbo transitivo direto + se = voz passiva sintética.

Alternativa correta letra: "d".

59. (Delegado de Polícia – AP/ 2010 – FGV) Observa-se o correto emprego do pronome relativo em:

a) o julgamento a que se assistiu foi transmitido via satélite.
b) eis um programa de TV cujo o assunto me interessa.
c) o escritor que me refiro nasceu e viveu no interior.
d) foi preso o procurado o qual a imprensa deu destaque.
e) esse é um medicamento onde sem ele o paciente não sobrevive.

COMENTÁRIOS

1) O pronome relativo retoma o substantivo *julgamento.*
2) Montar oração com os termos pospostos ao relativo até que surja o termo retomado: Assistiu-se ao julgamento. Quem assiste, assiste a algo = a que ou ao qual.

Alternativa "b": Não se usa artigo ao lado dos pronomes relativos cujo e quem. O pronome refere-se a assunto (possui função de sujeito e não admite preposição): O assunto me interessa = cujo assunto me interessa.

Dica
Indica posse do termo anteposto: O assunto do programa de TV.

Alternativa "c": O relativo retoma *escritor;* refiro-me **ao** escritor = **a que** ou **ao qual**.

Alternativa "d": O relativo retoma *procurado;* a imprensa deu destaque **ao** procurado = **a que** ou **ao qual**.

Alternativa "e": *Onde* só pode retomar *lugar* e pode ser substituído por *em que, no (a) qual*. O relativo retoma *medicamento;* o paciente não sobrevive **sem** o medicamento = **sem o qual**.

Alternativa correta letra: "a".

▸ TRECHO PARA O ITEM.

Falara com voz sincera, exaltando a beleza da paisagem e revelando que, se dependesse só dele, passaria o resto da vida ali, morreria na varanda, abraçado à visão do rio e da floresta. Era isso o que mais queria, se Alícia estivesse ao seu lado.

Agora, ao vê-lo assim, suado e nervoso, mudando de lugar o tempo todo e murmurando palavras que me escapavam, temia que me abordasse para conversar sobre o filho. (...) *Milton Hatoum. Cinzas do Norte. São Paulo: Companhia da Letras, 2005, p. 86-7.*

4.2. CRASE

60. (FGV – Delegado de Polícia – SC – 2024) Assinale a frase abaixo em que o emprego do acento grave indicativo da crase é optativo.

a) Qualquer pessoa desprovida de senso de humor está à mercê de todos.
b) A vida ensina que jamais somos felizes senão à custa de certa ignorância.
c) Quando à noite não conseguir dormir, pare de contar ovelhas e converse com o pastor.
d) Um louco é alguém que crê em tudo o que vem à mente.
e) Quanto mais felizes somos, menos atenção prestamos à nossa felicidade.

COMENTÁRIOS

Alternativa "a" – Crase obrigatória: locução prepositiva formada por palavra feminina.

Alternativa "b" – Crase obrigatória: locução prepositiva formada por palavra feminina.

Alternativa "c" – Crase obrigatória: locução adverbial formada por palavra feminina.

Alternativa "d" – Crase obrigatória: o verbo "vir" exige a preposição "a", e o substantivo feminino "mente" admite o artigo feminino "a".

Alternativa "e" – O acento indicativo de crase é facultativo antes do pronome possessivo feminino.

RESPOSTA: E

▸ FRAGMENTO DE TEXTO PARA RESPONDER À QUESTÃO.

(...) O artigo 225 da Carta Magna transmite a ideia da imprescindibilidade de um meio ambiente ecologicamente equilibrado, criando o dever, tanto para o poder público quanto para a coletividade, de sua preservação.

Esse comando é subjacente **a todas** as relações da República, sejam elas travadas sob a ordem econômico-financeira, sejam elas derivadas da gestão de direitos e garantias individuais e coletivos. (...)

Internet: <jus.com.br> (com adaptações).

61. (Cebraspe - PC AL - Delegado - 2023 - adaptada) Caso a expressão "a todas" fosse suprimida, o sinal indicativo de crase deveria ser necessariamente empregado no vocábulo "as" que precede "relações", para que a correção gramatical do texto fosse mantida.

( ) certo ( ) errado

COMENTÁRIOS

✪ **Nota da autora:** Questão de crase e de regência nominal.

O adjetivo "subjacente" exige a preposição "a" (subjacente a algo) e está seguido por um substantivo feminino plural (relações) que está acompanhado pelo artigo definido plural. O acento indicativo de crase é obrigatório.

Dica: caso prefira, basta substituir a palavra feminina por uma masculina da mesma classe gramatical e veja se resulta em "ao" (preposição + artigo) - AO(s) no masculino = À(s) no feminino.

→ subjacentes **<u>às</u>** relações = subjacentes **<u>aos</u>** processos.

Resposta: Certo

62. (Fundatec - Delegado de Polícia - PC - RS/2018 - adaptada) Levando em conta a necessidade do uso da crase, avalie as afirmações que seguem:

I. **Nas lacunas tracejadas no trecho a seguir, o uso de à é obrigatório.**

Nunca antes se debateu tanto sobre o meio ambiente e a sustentabilidade. As graves alterações climáticas, as crises no fornecimento de água devido __ falta de chuva, ___ destruição dos mananciais e______ constatação clara e cristalina de que, se não fizermos nada para mudar, o planeta será alterado de tal forma que a vida como a conhecemos deixará de existir.

II. **Nas lacunas tracejadas nos dois trechos a seguir, o uso de à é utilizado considerando-se que atende às duas condições suficientes e necessárias - a regência do verbo *visar* e o fato de que os termos pospostos às lacunas permitirem o uso do artigo feminino - para o uso da crase.**

1. *A conclusão, praticamente unânime, é de que políticas que visem ____ conservação do meio ambiente e ______ sustentabilidade de projetos econômicos de qualquer natureza devem sempre ser a ideia principal e a meta a ser alcançada para qualquer governante.*
2. *O mais importante de tudo é educar e fazer com que o cidadão comum entenda que tudo o que ele faz ou fará, gerará um impacto no meio ambiente que o cerca. E que só com práticas e ações que visem _____ sustentabilidade dessas práticas, estará garantindo uma vida melhor e mais satisfatória, para ela mesma, e para as gerações futuras.*

III. No trecho a seguir, o uso da crase na lacuna tracejada é obrigatório em virtude da regência do verbo reduzir.

*Assim, **reduzindo-se** os desperdícios, os despejos de esgoto doméstico nos rios e as demais práticas ambientais irresponsáveis, os danos causados ao meio ambiente serão drasticamente minimizados e a sustentabilidade dos assentamentos humanos e atividades econômicas de qualquer natureza estarão asseguradas.*[23]

Quais estão corretas?

a) Apenas I.
b) Apenas II.
c) Apenas I e II.
d) Apenas II e III.
e) I, II e III.

COMENTÁRIOS

✪ **Nota da autora:** Além de comentar a regência, farei a substituição do termo feminino por um masculino - da mesma classe gramatical - para certificar de que resultará em "ao" (preposição + artigo). Caso resulte, haverá crase antes de tal termo.

I. Ocorre paralelismo sintático e todos os termos estão ligados a "devido". Devido **a** algo: à falta de chuva = devido **ao** excesso; devido **a** algo: à destruição = devido **ao** desmatamento; devido **a** algo: à contestação = devido **ao** fato.

Observação: poderia ser usado o mesmo substantivo masculino em todos os casos, de qualquer maneira, resultaria em "ao" e mostraria que a crase é obrigatória.

II. **O verbo** visar está no sentido de almejar e exige a preposição "a". Paralelismo sintático novamente: visem **a** algo: à conservação = visem **ao projeto**; visem **a** algo: à sustentabilidade = visem **ao projeto**.

III. O verbo *reduzir* está no sentido de *diminuir* e classifica-se como transitivo direto - sem preposição. Paralelismo sintático: *reduzindo-se **os desperdícios**, **os despejos** de esgoto doméstico nos rios e **as demais práticas** ambientais irresponsáveis* = reduzindo **os** demais problemas. Não resultou em "ao", não há crase.

NOTA: A questão gerou polêmica e **a banca justificou o gabarito**: MANTIDA a alternativa 'C'. A questão solicitava que fossem analisadas as assertivas I, II e III, levando em conta a necessidade do uso da crase. Relativamente à assertiva I. Nas lacunas tracejadas das linhas 02 e 03, o uso de à é obrigatório. - está correta e adequada ao sentido que o termo tem na construção do sentido. Observe-se o contexto: As graves alterações climáticas, as crises no fornecimento de água devido ___ falta de chuva, __ destruição dos mananciais e ___ constatação clara e cristalina de que, se não fizermos nada para mudar, o planeta será alterado de tal forma que a vida como a conhecemos deixará de existir. No caso os termos que devem ser precedidos por à, fazem referência ao vocábulo 'devido' - devido à ___ falta de chuva,

23. *(Fonte: http://www.ecologiaurbana.com.br/conscientizacao/meio-ambiente-sustentabilidade/Adaptação)*

__ destruição dos mananciais e ___ constatação clara e cristalina. Observe-se que os três termos expressão fatores que são responsáveis pela crise de fornecimento de água. Caso não se procedesse à colocação da crase, o sentido seria alteração e não se estabeleceria a relação de causa entre os três itens e a informação inicial. Da forma como está posto, 'as crises no fornecimento de água devido à falta de chuva, à destruição dos mananciais e à constatação [...] de que se não fizermos nada para mudar (além das graves alterações climáticas) terá como resultado a alteração do planeta em que vivemos (a conduta adotada pelo ser humano diante dos mananciais hídricos torna-se, ou melhor, é, uma das razões para a ocorrência de crises no fornecimento de água, à medida em que consome em excesso e desperdiça sem preocupar-se com o que há de vir). Observe-se que o último item da enumeração são causas que provocam as crises no fornecimento de água, incluindo aí o comportamento humano de'dar-se conta de que deve mudar para evitar o desperdício de água. O período diz que as graves alterações climáticas e as crises no fornecimento de água são as duas questões que provocarão a alteração do planeta da forma que o conhecemos, ampliando a segunda ideia. Quando à adaptação do texto, esta está devidamente indicada em seu final (Fonte: http://www.ecologiaurbana.com.br/conscientizacao/meio-ambiente-sustentabilidade/ Adaptação) a qual pode ser feita, desde que esteja indicada, e o fato de isso ocorrer não tem a intenção de induzir o candidato a nenhum erro, apenas faz com que as relações morfossintáticas estejam mais claras e sejam desvendadas pelo leitor. Observe-se que a escrita original contém erro na relação estabelecida pelo uso da contratação 'da'.[24]

Alternativa correta: letra "c".

63. (Vunesp - Delegado de Polícia - CE/2015) Leia os quadrinhos.

(André Dahmer, *Malvados*, 17.04.2014. www1.folha.uol.com.br)

Assinale a alternativa em que fala do palestrante está corretamente reescrita, com o sentido preservado, em linhas gerais, e em conformidade com as normas de regência e de ocorrência da crase.

a) Vovôs idealistas, as pessoas com menos de trinta anos não se deve dar confiança.

b) Vovôs idealistas, desconfiem a qualquer um com menos de trinta anos.

c) Vovôs idealistas, recusem-se à confiar em quem tiver menos de trinta anos.

d) Vovôs idealistas, à indivíduos com menos de trinta anos não se deve confiar.

e) Vovôs idealistas, não deem confiança àqueles com menos de trinta anos.

COMENTÁRIOS

Alternativa "a" - Ordem direta: não se deve dar confiança às pessoas (aos meninos).

Alternativa "b" - desconfie de alguém = de qualquer um.

Alternativa "c" - não há crase antes de verbo = a confiar.

Alternativa "d" - não há crase antes de palavra masculina; mais: em singular (a) + plural (indivíduos), também não há crase.

Alternativa "e" -Pensando na regência (não indico, tenho receio de que erre): dá confiança a alguém: a + aqueles = àqueles.

Substituindo (indico): não deem confiança aos homens. Resultou em ao = crase (àqueles).

Alternativa correta: letra "e".

5. PONTUAÇÃO

▸ FRAGMENTO DE TEXTO PARA RESPONDER À QUESTÃO.

(...) Com isso, trouxe o aumento de pena para os atos de maus-tratos, ferimentos, mutilações, **entre outros**, contra cães e gatos. Uma inovação na matéria, pois confere proteção específica, de forma exclusiva e precisa, a dois animais domesticáveis que fazem parte da convivência de uma grande parcela do povo brasileiro. (...)

Internet: <jus.com.br> (com adaptações).

64. (Cebraspe - PC AL - Delegado - 2023 - adaptada) A supressão das vírgulas que isolam a expressão "entre outros" manteria a correção gramatical do trecho.

( ) certo ( ) errado

COMENTÁRIOS

A expressão indica adição. Possui sentido de "assim por diante", "e outros" e a supressão das vírgulas prejudicaria a correção gramatical.

Além disso, é necessário atentar-se ao fato de que a expressão está intercalada.

Lê-se: trouxe o aumento de pena para os atos de maus-tratos, ferimentos, mutilações contra cães e gatos.

24. https://www.fundatec.org.br/portal/concursos/

As vírgulas poderiam ser retiradas caso a expressão também fosse suprimida.

Resposta: Errado

65. (Cespe - Delegado de Polícia - PC - SE/2018 - adaptada) A eliminação da vírgula logo após "legais" prejudicaria a correção gramatical do texto.

(Devido a seu protagonismo e sua importância na organização e garantia da reprodução das normas **legais,** o Estado democrático não pode abdicar dessa instituição.[25])

( ) certo ( ) errado

COMENTÁRIOS

O período está na ordem inversa, pois inicia-se com a oração subordinada adverbial causal (devido a), não com a oração principal (sem conjunção). A vírgula é obrigatória para indicar inversão.

DICA - Se estivesse na ordem direta - iniciando com a oração principal -, a vírgula seria facultativa por se tratar de oração extensa: O Estado democrático não pode abdicar dessa instituição (,) devido a seu protagonismo e sua importância na organização e garantia da reprodução das normas legais.

Resposta: "certo".

▸ FRAGMENTO PARA RESPONDER À QUESTÃO.

O meio ambiente e a sustentabilidade

Nunca antes se debateu tanto sobre o meio ambiente e a sustentabilidade. As graves alterações **climáticas**, as crises no fornecimento de água devido à falta de chuva, à destruição dos mananciais e à constatação clara e cristalina de **que**, se não fizermos nada para **mudar**, o planeta será alterado de tal forma que a vida como a conhecemos deixará de existir. (...)

(Fonte: http://www.ecologiaurbana.com.br/conscientizacao/meio-ambiente-sustentabilidade/Adaptação)

66. (Fundatec - Delegado de Polícia - PC - RS/2018 - adaptada) Sobre o uso de pontuação e a inserção de vocábulos no fragmento, afirma-se que:

I. Desconsiderando-se a necessidade de uso de maiúsculas e minúsculas, poder-se-ia trocar o primeiro ponto final por uma vírgula, desde que se inserisse **apesar de** logo após, sem que isso acarretasse alteração de sentido ao período.

II. A troca da vírgula (após "climáticas") por **em virtude das** não poderia ser realizada visto que o sentido e a estrutura da frase seriam prejudicados.

III. A retirada das duas vírgulas após "que" e após "mudar" implicaria erro à frase.

Quais estão INCORRETAS?

a) Apenas I.
b) Apenas II.
c) Apenas III.
d) Apenas I e II.
e) Apenas II e III.

COMENTÁRIOS

✪ **Nota da autora:** Questão de pontuação e período composto.

I. A expressão "apesar de" é concessiva e a ideia não é de oposição. Tratar-se-ia de aposto explicativo.

II. A expressão "em virtude das" indica causa e a ideia é de adição. Caberia a conjunção "e".

III. As vírgulas intercalam a oração subordinada adverbial condicional e são obrigatórias.

DICA - Poderiam ser substituídas por travessões ou parênteses, mas não poderiam ser retiradas.

Alternativa correta: letra "a".

▸ FRAGMENTO DE TEXTO PARA RESPONDER À QUESTÃO.

(...) "Esses materiais são considerados 'não recicláveis', pois o custo para reciclá-los é superior ao valor obtido com a matéria-prima resultante do processo. Percebemos, portanto, que não existe efetivamente nada que não possa ser reciclado. O que existem são resíduos que valem a pena do ponto de vista financeiro, e outros não, justamente por serem complexos", explica Pirrongelli da TerraCycle. (...)[26]

67. (Fundatec - Delegado de Polícia - PC - RS/2018 - adaptada) Observe o fragmento e analise as afirmações que são feitas, assinalando V, se verdadeiro, ou F, se falso.

( ) As aspas são usadas para marcar uma citação textual, no caso, palavras de Pirrongelli.

( ) As aspas simples assinalam uma expressão utilizada em sentido conotativo.

( ) O uso do conector **portanto** introduz uma conclusão ao que estava sendo dito.

A ordem correta de preenchimento dos parênteses, de cima para baixo, é:

a) V - V - V.
b) V - F - F.
c) F - F - V.
d) F - V - F.
e) V - F - V.

COMENTÁRIOS

✪ **Nota da autora:** Questão de pontuação e período composto.

(V) As aspas indicam o que Pirrongelli da TerraCycle explicou. É uma citação.

25. *Almir de Oliveira Junior (Org.) Instituições participativas no âmbito da segurança pública: programas impulsionados por instituições policiais. Rio de Janeiro: IPEA, 2016, p. 13 (com adaptações).*

26. *(Fonte: Amcham Brasil, 26 de maio 2017 - http://economia.estadao.com.br/blogs - Texto adaptado)*

(F) O sentido é denotativo e as aspas simples foram usadas por estarem dentro de uma citação com as aspas duplas.

(V) *Portanto* é uma conjunção coordenada conclusiva e equivale a "logo".

Alternativa correta: letra "e".

---

68. (Vunesp - Delegado de Polícia - PC - BA/2018 - adaptada) Considerando as regras de pontuação de acordo com a norma-padrão, assinale a alternativa em que o trecho está corretamente reescrito.

a) Essa potência vem – entre outros aspectos – do tanto que a literatura exige, de nós leitores.

b) Não falo do esforço de compreender um texto nem da atenção, que as histórias e os poemas, exigem de nós. Embora sejam incontornáveis, também.

c) A literatura para além do prazer intelectual (inegável); oferece algo diferente.

d) A resposta está (como já evoquei mais acima) na potência guardada pela ficção, e pela poesia, para disparar a imaginação.

e) Mas afinal o que é, a imaginação? Essa noção tão corriqueira, e sobre a qual refletimos, tão pouco?

COMENTÁRIOS

Alternativa "a": Não pode haver vírgula entre verbo e complemento: **exige de** nós; vírgula obrigatória para separar o aposto explicativo: nós, **leitores**.

Alternativa "b": A ideia da oração adjetiva – iniciada pelo relativo "que" – é de restrição e a vírgula deve ser retirada: atenção **que** as histórias e os poemas; retirar a vírgula entre sujeito e verbo: as histórias e os poemas **exigem** de nós.

Alternativa "c": Retirar a pontuação entre sujeito e verbo: A literatura para além do prazer intelectual (inegável) **oferece**.

Alternativa "d": Os parênteses intercalam a oração subordinada adverbial conformativa; a vírgula anteposta à conjunção "e" marca paralelismo sintático: guardada → pela ficção e (guardada) → pela poesia; a última vírgula separa a oração subordinada adverbial final. Como a oração está na ordem direta, essa vírgula é facultativa, isto é, pode ser mantida, ou pode ser retirada. As duas formas estão corretas.

Alternativa "e": Não pode haver vírgula posposta ao verbo: o que é a imaginação; a vírgula entre o verbo e o adjunto adverbial de intensidade deve ser retirada: **refletimos** tão pouco.

Alternativa correta: "d".

---

69. (FUNCAB - Delegado de Polícia - PA/2016) Releia-se a seguinte passagem:

Não raro as palavras "moral" e "ética" aparecem num mesmo contexto e, às vezes, são erroneamente entendidas como sinônimos. A primeira tem caráter prático, relativo e restrito a determinada circunstância. Já a segunda é a reflexão filosófica sobre a moral, busca compreender sua lógica e justificá-la. (Rev. mentecérebro. Abril de 2011, p. 22)

Dentre as instruções de mudança de pontuação sugeridas a seguir, aquela que a gramática condena é:

a) usar o sinal de dois-pontos, em vez de vírgula, após "sobre a moral".

b) usar vírgula entre "a segunda" e "é a reflexão filosófica sobre a moral".

c) suprimir as vírgulas que sinalizam pausa antes e depois de "às vezes".

d) destacar, com o uso de travessões, o advérbio "erroneamente".

e) substituir por ponto e vírgula o ponto após "circunstância".

COMENTÁRIOS

Alternativa "a" – Por ser uma explicação, pode ser substituído.

Os **dois pontos** são usados: antes do **discurso direto**; antes de uma **enumeração**; antes de uma **citação**; antes de um **esclarecimento, explicação, resumo, causa ou consequência**; após palavras que indicam **exemplos, observações, notas, informações importantes** etc.; antes de **orações apositivas**.

Alternativa "b" – Não pode separar o sujeito do verbo, ou do predicado):

a segunda	é	a reflexão filosófica
sujeito	verbo de ligação	predicativo do sujeito

Alternativa "c" – As vírgulas intercalam a expressão adverbial e podem ser suprimidas. Lê-se: aparecem num mesmo contexto e são erroneamente entendidas.

Alternativa "d" – Poderia usar dois travessões ou duas vírgulas para marcar o destaque, ou a intercalação, pois o advérbio está entre o verbo ser e o particípio – que indicam voz passiva analítica.

Alternativa "e" – Cabe o sinal de ponto e vírgula porque podem separar orações coordenadas. Lê-se: A primeira tem caráter prático, relativo e restrito a determinada circunstância **e** a segunda é a reflexão filosófica sobre a moral, busca compreender sua lógica e justificá-la.

Uso do **ponto e vírgula**: em casos e enumeração de itens, ou em caso de uma explicação que contém itens, geralmente presentes em livros didáticos, receitas, textos jurídicos, manuais de instrução etc.; quando acontece a omissão de um verbo, marcada pela vírgula, se houver uma pausa antes do sujeito esta será é marcada pelo ponto e vírgula; no uso excessivo da vírgula em um período longo. (Nesse caso utiliza-se o ponto e vírgula para separar as orações, e a vírgula para demais pausas do meio das orações.); para marcar pausas entre orações, quando se intercala alguma conjunção; quando não há necessidade gramatical do uso do ponto e vírgula, ele pode ter a função textual de acentuar o sentido adversativo da conjunção ou de separar orações coordenadas acentuando sentido antitético entre as duas.

Alternativa correta: letra "b".

70. (ACAFE – Delegado de Polícia – SC/2014) Assinale a alternativa correta quanto à pontuação.

a) D. Salomé, a senhora enfrentou, sozinha, a fraqueza de seu filho, não foi?

b) Os doentes esperam angustiados, os resultados dos exames feitos hoje cedo.

c) Embora tenha constantes problemas de falta d'água, aquela praia recebe durante o verão, muitos paulistas.

d) O domínio das novas tecnologias, alteraram de modo profundo, as relações comerciais internacionais.

e) Hoje não se veem, mulheres pobres, lavando roupa em tinas, alheias, nem em córregos e rios.

COMENTÁRIOS

1. D. Salomé = vocativo (com quem se fala);
2. Sozinha = intercalação. Leia o que está em negrito: **a senhora enfrentou**, sozinha, **a fraqueza de seu filho**.
3. A última vírgula separa a indagação "não foi?".

Correções:

Alternativa "b" – Duas opções:

1. Intercalação = **Os doentes esperam**, angustiados, **os resultados dos exames feitos hoje cedo.**
2. Retirada da vírgula = Os doentes esperam angustiados os resultados dos exames feitos hoje cedo.

Alternativa "c" – Duas opções:

1. Intercalação = Embora tenha constantes problemas de falta d'água, **aquela praia recebe**, durante o verão, **muitos paulistas**.
2. Retirada da vírgula = Embora tenha constantes problemas de falta d'água, aquela praia recebe durante o verão muitos paulistas.

Alternativa "d" – Dois erros:

1. Não pode haver vírgula entre sujeito e predicado: **O domínio das novas tecnologias alteraram** de modo profundo, as relações comerciais internacionais;
2. Intercala, ou retira a vírgula:

   2.1 O domínio das novas tecnologias alteraram, de modo profundo, as relações comerciais internacionais.

   2.2 O domínio das novas tecnologias alteraram de modo profundo as relações comerciais internacionais.

Alternativa "e" – Não há vírgula entre verbo e complemento: Hoje não se veem mulheres pobres. As outras vírgulas podem (devem) ser retiradas.

Alternativa correta: letra "a".

▸ **TEXTO PARA A QUESTÃO**

O mundo daqui a cinco anos

Telemedicina, nanotecnologia, tecnologias 3D e tradução simultânea por reconhecimento de voz. Todos estes recursos, em maior ou menor escala, já foram absorvidos pela sociedade. Suas primeiras aparições foram na lista "Five to five" da IBM, que prevê cinco fenômenos que podem mudar nosso cotidiano a cada cinco anos. Ontem a multinacional divulgou o que acontecerá até 2018. E sua aposta é que, com o desenvolvimento tecnológico, tudo – do ensino acadêmico à hora de ir para o trabalho – pode ser personalizado.

A transformação mais radical pode ser na medicina, área em que algumas empresas pretendem fornecer aos médicos o mapeamento genético de cada paciente. A tecnologia fará do teste do DNA, hoje ainda raro, o principal meio para a decisão da terapia adequada. Com isso, será possível optar por tratamentos personalizados para males como doenças cardiovasculares.

Na escola, o professor terá reforço para lidar com o método como cada aluno consegue aprender. "A computação cognitiva ajudará a calcular como cada aluno aprende e cria um sistema flexível, que se adapta continuamente ao estudante", revela a IBM.

Com base no tempo e no engarrafamento, o smartphone poderá recomendar a seu usuário que saia de casa alguns minutos mais cedo – e, também, que caminho deve seguir.

O deslocamento fica mais fácil, mas o comércio da vizinhança também atrairá as pessoas. A lojinha da esquina, agora conectada a seu telefone, divulgará as promoções e conhecerá suas preferências: "Será a fusão do que há de melhor na loja física – tocar e vestir um produto – com a riqueza de informações – as ofertas instantâneas e o gosto do consumidor".

Na web, aliás, a invasão de contas de emails e a ação de hackers esbarrarão na "polícia pessoal online". Portais como o Google já avisam o usuário quando suas mensagens são lidas fora de locais onde o dono da conta costuma acessar a internet – um outro país, por exemplo. Todos os passos são monitorados. Segundo a IBM, com a "permissão" do usuário. Mas, depois da revelação da vigilância mundial da NSA, este avanço tecnológico pode deixar muita gente ressabiada.

(O Globo – Caderno Ciência – 19/12/2013, p. 45.)

71. (FUNCAB – Delegado de Polícia – RO/2014) Os trechos transcritos abaixo aparecem no texto separados por travessão. Ao lado de cada transcrição, está expressa uma justificativa para o emprego do travessão.

I. "do ensino acadêmico à hora de ir para o trabalho" / aposto de TUDO.

II. "e, também, que caminho deve seguir" / ênfase no pensamento em adição.

III. "tocar e vestir um produto" / especificação de DO QUE HÁ DE MELHOR.

IV. "as ofertas instantâneas e o gosto do consumidor" / aposto de FUSÃO.

V. "um outro país, por exemplo" / realce na exemplificação.

Das justificativas acima para o emprego do travessão, apenas estão corretas:

a) I, II, III e IV.
b) II, III e IV.
c) I, II, III e V.
d) II, III, IV e V.
e) I, IV e V.

COMENTÁRIOS

I. O que pode ser personalizado? Tudo: *do ensino acadêmico à hora de ir para o trabalho*. Eliminadas B e D.

II. Adiciona ideias: poderá recomendar a seu usuário que saia de casa alguns minutos mais cedo mais *que caminho deve seguir*. Eliminada E.

III. Especificar nada mais é que enumerar, descrever.

IV. Aposto de *informações*. Eliminada A.

V. O dono da conta pode ser em outro local. Por exemplo: em outro país.

Alternativa correta: letra "c."

PARTE IV
COESÃO, COERÊNCIA E REESCRITA DE FRASES

1. COESÃO, COERÊNCIA E REESCRITA DE FRASES

Hora de revisar todo o conteúdo gramatical. Nesta parte, há questões que abrangem fonologia, morfologia e sintaxe, além da avaliação da clareza da frase, do sentido e a reescrita de frases.

72. (FGV – Delegado de Polícia – SC – 2024) Assinale a frase em que a inversão de posição dos segmentos provoca alteração no sentido original.

a) Saber escolher o tempo é saber economizar tempo. / Saber economizar tempo é saber escolher o tempo.

b) Não tenhamos pressa, mas não percamos tempo. / Não percamos tempo, mas não tenhamos pressa.

c) O amanhã será diferente e dependerá de nós. / O amanhã dependerá de nós e será diferente.

d) A melhor maneira de prever o futuro é inventá-lo. / A melhor maneira de inventar o futuro, é prevê-lo.

e) O dia de amanhã ninguém usou. Pode ser seu. / O dia de amanhã pode ser seu, pois ninguém usou.

COMENTÁRIOS

Alternativa "a" – De qualquer maneira é preciso escolher o tempo e economizar o tempo.

Alternativa "b" – Mesmo sentido: não tenha pressa e não perca tempo.

Alternativa "c" – Mesmo sentido: o amanhã depende de nós e será diferente.

Alternativa "d" – O sentido foi alterado:

1. Primeiro você inventa o futuro, depois o prevê – refere-se à previsão.

2. Primeiro você prevê o futuro, depois o inventa – refere-se à invenção.

Alternativa "e" – Mesmo sentido: o dia de amanhã pode ser seu e ninguém o usou.

RESPOSTA: D

73. (FGV – Delegado de Polícia – SC – 2024) Em todas as frases abaixo há comparações; assinale a frase em que o motivo da comparação feita está corretamente identificado.

a) O tempo é o anjo do homem. / a capacidade de voar.

b) O futuro é um espelho sem vidro. / possibilidade de iluminar.

c) A história é um profeta que olha para trás. / possibilidade de previsão.

d) O tempo é um grande professor. / a longevidade.

e) A muleta do tempo é mais trabalhadora que a rápida clava de Hércules. / a eficiência na produção de mortes.

COMENTÁRIOS

Alternativa "a" – Anjo: capacidade de proteger, de guardar.

Alternativa "b" – Espelho sem vidro: impossibilidade de ver.

Alternativa "c" – Profeta que olha <u>para trás</u>: impossibilidade de previsão (futuro).

Alternativa "d" – Grande professor: o aprendizado.

Alternativa "e" – O tempo é capaz de matar mais pessoas do que Hércules matou com a clava (arma).

RESPOSTA: E

74. (FGV – Delegado de Polícia – SC – 2024) Entre as frases abaixo, assinale a que identifica corretamente a relação lógica entre os segmentos destacados.

a) Eu gosto dos sonhos do futuro / mais do que da história do passado. – Explicação.

b) O tempo pode ter um parto difícil, / mas não aborta nunca. – Correlação.

c) Sempre temos tempo suficiente / se dele fazemos bom uso. – Condição.

d) Não vos preocupeis com o dia de amanhã, / pois o dia de amanhã se preocupará consigo mesmo. – Causa e consequência.

e) O dia de amanhã ninguém usou. / Pode ser seu. – Conformidade.

COMENTÁRIOS

Alternativa "a" - Comparação entre **sonhos do futuro** e **história do passado**.

Alternativa "b" - Oposição entre **parto difícil** e **abortar**.

Alternativa "c" - Condição: **se fizermos** bom uso do tempo, teremos tempo suficiente.

Alternativa "d" - Explicação: **por que** não vos preocupais com o dia de amanhã?

Alternativa "e" - Consequência: **de modo que** pode ser seu,

RESPOSTA: C

75. (FGV - Delegado de Polícia - SC - 2024) Todas as frases abaixo mostram a passagem de uma forma verbal para uma forma nominal; assinale a frase em que essa mudança foi feita de forma adequada.

a) Criar uma pequenina flor é um trabalho de eras. / A criatividade de uma pequenina flor é um trabalho de eras.

b) As flores apareceram na Terra, e os pássaros começaram a cantar. / As flores apareceram na Terra e os pássaros começaram a cantiga.

c) Para a pedra atirada, cair não é um mal, nem subir um bem. / Para a pedra atirada, o caimento não é um mal, nem a subida um bem.

d) A flor não nasceu para decorar a casa. / A flor não nasceu para que se decore a casa.

e) Sabei que o segredo das artes é corrigir a natureza. / Sabei que o segredo das artes é a correção da natureza.

COMENTÁRIOS

Alternativa "a" - Criar = a criação.

Alternativa "b" - Cantar = a cantoria.

Alternativa "c" - Cair = a queda.

Alternativa "d" - Decorar = decoração.

Alternativa "e" - Corrigir = correção.

RESPOSTA: E

▸ FRAGMENTO DE TEXTO PARA RESPONDER ÀS QUESTÕES.

Entre 2016 e 2020, 35 mil crianças e adolescentes de 0 a 19 anos de idade foram mortos de forma violenta no Brasil — uma média de 7 mil por ano. Além disso, de 2017 a 2020, 180 mil sofreram violência sexual — uma média de 45 mil por ano. É o que revela o documento **Panorama da Violência Letal e Sexual contra Crianças e Adolescentes no Brasil**, do Fundo das Nações Unidas para a Infância (UNICEF) e do Fórum Brasileiro de Segurança Pública (FBSP).

Segundo o documento, a violência se dá de forma diferente de acordo com a idade da vítima. Crianças morrem, com frequência, em decorrência da violência doméstica, perpetrada por um agressor conhecido. O mesmo vale para a violência sexual contra elas, cometida dentro de casa, por pessoas próximas. Já os adolescentes morrem, majoritariamente, fora de casa, vítimas da violência armada urbana e do racismo.

Conforme os dados constantes no referido documento, a maioria das vítimas de mortes violentas é adolescente. Das 35 mil mortes violentas de pessoas com idade até 19 anos identificadas entre 2016 e 2020, mais de 31 mil tinham idade entre 15 e 19 anos. A violência letal, nos estados com dados disponíveis para a série histórica, teve um pico entre 2016 e 2017, e vem caindo, voltando aos patamares dos anos anteriores. Ao mesmo tempo, o número de crianças de até 4 anos de idade vítimas de violência letal aumenta, o que traz um sinal de alerta. (...)

Internet: < www.unicef.org> (com adaptações).

76. (Cebraspe - PC AL - Delegado - 2023) O período "Crianças morrem, com frequência, em decorrência da violência doméstica, perpetrada por um agressor conhecido." (segundo parágrafo) poderia ser reescrito, com manutenção das ideias e da correção gramatical do texto, da seguinte forma: **Crianças morrem, frequentemente, decorrente da violência doméstica, cujo agressor é conhecido.**

( ) certo ( ) errado

COMENTÁRIOS

A expressão "em decorrência de" indica consequência, o que foi ocasionado por uma razão.

Ao substituí-la por "decorrente", o sentido é alterado porque significa "capaz de decorrer; que decorre; que passa (o tempo); posterior".

Além disso, no período original, não possui ideia de posse, como na reescrita. Compare:

Original: violência doméstica, perpetrada por um agressor conhecido (agente da passiva)

= um agressor conhecido pratica a ação criminosa (na voz ativa).

Reescrita: violência doméstica, cujo agressor é conhecido.

= o relativo "cujo" concorda com o termo posterior e indica posse do anterior. Lê-se: o agressor da violência doméstica é conhecido.

A gramática permanece correta, mas, em dois trechos, o sentido foi alterado.

Resposta: Errado

77. (Cebraspe - PC AL - Delegado - 2023) Estariam preservadas a correção gramatical e a coerência da organização das ideias do segundo parágrafo caso os dois primeiros períodos fossem unidos em um só, substituindo-se o ponto que segue a palavra "vítima" (primeiro período) por vírgula, desde que feitos os devidos ajustes de maiúscula e minúscula.

( ) certo ( ) errado

COMENTÁRIOS

A gramática permaneceria correta, mas a coerência da organização das ideias seria alterada:

No texto: *Segundo o documento, a violência se dá de forma diferente de acordo com a idade da vítima. Crianças morrem, com frequência, em decorrência da violência doméstica, perpetrada por um agressor conhecido.*

= o segundo período explica como as crianças morrem.

Na reescrita: *Segundo o documento, a violência se dá de forma diferente de acordo com a idade da vítima, crianças morrem, com frequência, em decorrência da violência doméstica, perpetrada por um agressor conhecido.*

= o paralelismo sintático é alterado. Lê-se:

Segundo o documento, *a violência se dá de forma diferente de acordo com a idade da vítima,*

[**segundo o documento**] *crianças morrem, com frequência, em decorrência da violência doméstica, perpetrada por um agressor conhecido.*

O segundo período passa ter ideia também de conformidade (como o primeiro).

Resposta: Errado

78. (Cebraspe – PC AL – Delegado – 2023) A forma verbal "teve" (terceiro período do terceiro parágrafo) veicula, no texto, o mesmo sentido de **aconteceu**.

( ) certo ( ) errado

COMENTÁRIOS

Veicula a mesma ideia de **demonstrou**: A violência letal teve (demonstrou) um pico entre 2016 e 2017.

Observação: o verbo "ter", na linguagem coloquial, pode ser impessoal se possuir sentido de "haver" e não admitirá pluralização – Tem momentos difíceis às vezes. Tinha vários livros em cima da mesa.

Resposta: Errado

79. (Cebraspe – PC AL – Delegado – 2023) A substituição da locução verbal "vem caindo" (terceiro período do terceiro parágrafo) por **tornou a cair** manteria a correção gramatical do texto, mas não os seus sentidos.

( ) certo ( ) errado

COMENTÁRIOS

A correção gramatical seria mantida, mas o sentido seria alterado:

A violência letal teve um pico entre 2016 e 2017, e **vem caindo** = a ação está acontecendo.

A violência letal teve um pico entre 2016 e 2017, e **tornou a cair** = parou de cair e voltou a cair de novo.

Resposta: Certo

80. (Cebraspe – PC AL – Delegado – 2023) A substituição da expressão "Ao mesmo tempo" (último período do terceiro parágrafo) por **Ao passo que** prejudicaria a coesão e a correção gramatical do texto.

( ) certo ( ) errado

COMENTÁRIOS

A expressão "ao mesmo tempo" e a expressão "ao passo que" indicam simultaneidade, ou seja, os fatos aconteceram juntos. O sentido é mantido.

Quanto à gramática, haveria incorreção porque precisaria retirar a vírgula:

no texto: Ao mesmo tempo, o número de crianças de até 4 anos de idade vítimas de violência letal aumenta, o que traz um sinal de alerta;

na reescrita: Ao passo **que,** o número de crianças de até 4 anos de idade vítimas de violência letal aumenta, o que traz um sinal de alerta.

Resposta: Certo

▸ FRAGMENTO DE TEXTO PARA RESPONDER ÀS QUESTÕES.

(...) O Supremo Tribunal Federal, por sua vez, aduziu a interpretação de que o meio ambiente ecologicamente equilibrado inscrito na Carta Cidadã faz parte do rol de cláusulas pétreas, mas, por não estar contido no parágrafo 4.º do artigo 60, é tido como uma cláusula pétrea heterotópica, pela sua posição topográfica em outro capítulo. Diante disso, consagra-se que toda atividade passível de gerar impacto **no meio ambiente** deverá ser bem discutida, de modo a evitar quaisquer interferências negativas ao equilíbrio ambiental. Além disso, inúmeros princípios foram pulverizados nas legislações esparsas que dão supedâneo ao compromisso inarredável de um meio ambiente livre e contínuo em sua função.

Mais recentemente, o legislador ordinário, na esteira da campanha internacional **para com os cuidados** do meio ambiente e dos animais, acrescentou novos parágrafos ao art. 32 da Lei n.º 9.605/1998 (que dispõe sobre penalidades às ações lesivas ao meio ambiente), por meio da Lei n.º 14.064/2020. Com isso, trouxe o aumento de pena para os atos de maus-tratos, ferimentos, mutilações, entre outros, contra cães e gatos. Uma inovação na matéria, pois confere proteção específica, de forma exclusiva e precisa, a dois animais domesticáveis que fazem parte da convivência de uma grande parcela do povo brasileiro.

Primeiramente, é imprescindível analisar tal sanção no que se refere aos animais silvestres, domésticos ou domesticados (da nossa fauna ou de outros países, mas que aqui se encontrem), sem a especificação de nenhuma espécie, **nenhum epíteto**. Ora, a pena é de detenção, de três meses a um ano, e multa. (...)

Internet: <jus.com.br> (com adaptações).

81. (Cebraspe – PC AL – Delegado – 2023 – adaptada) A expressão "para com os cuidados" (segundo parágrafo) poderia ser substituída por **que visa aos cuidados**, sem prejuízo da correção gramatical e da coerência do texto.

( ) certo ( ) errado

COMENTÁRIOS

O verbo "visar", no sentido figurado, significa *possuir como objetivo ou propósito; objetivar*[27].

No texto, o sentido é de finalidade, ou seja, é o mesmo sentido de "visar".

Foi mantida a lógica (coerência) e foi mantida a correção gramatical.

Resposta: Certo

---

82. (Cebraspe - PC AL - Delegado - 2023) No primeiro período do último parágrafo, a expressão "nenhum epíteto" reforça a ideia do termo "nenhuma espécie", visto que ambos apresentam o mesmo sentido no texto.

( ) certo ( ) errado

COMENTÁRIOS

"Epíteto" significa *caracterização, descrição,* isto é, possui o mesmo sentido de "espécie" (*qualidade, estirpe, tipo*).

Se possuem o mesmo sentido, a segunda expressão foi usada para reforçar a primeira, para enfatizar a ideia.

Resposta: Certo

---

83. (Cebraspe - PC AL - Delegado - 2023 - adaptada) A correção gramatical do texto seria prejudicada caso o segmento "no meio ambiente" (segundo período do primeiro parágrafo) fosse substituído por **sobre o meio ambiente**.

( ) certo ( ) errado

COMENTÁRIOS

✪ **Nota da autora**: Muita atenção! A banca cita apenas a correção gramatical, não o sentido nem a lógica.

No texto: *gerar impacto **no meio ambiente***; na reescrita: *gerar impacto **sobre meio ambiente***.

A gramática está correta.

Observação: houve apenas alteração de sentido: indica lugar no primeiro caso e indica relação no segundo caso.

Resposta: Errado

▸ **TEXTO CG1A1-I**

Um problema no estudo da violência é sua relação com a racionalidade. Os atos violentos mais graves, praticados com requintes de crueldade, são vistos pela mídia e pela opinião pública como atos irracionais. Ora, se a violência é irracional, não é por ser obra de um ser desprovido de razão, mas por ser, paradoxalmente, o produto de uma razão perigosamente racional. É o que ocorre quando certos mecanismos racionais, como a simplificação, que reduz tudo a um único princípio explicativo, e a polarização, que vê a realidade como feita unicamente de elementos antagônicos e irreconciliáveis, deixam o indivíduo sem alternativas. Esses mecanismos traduzem a racionalidade de uma razão incapaz de lidar com os antagonismos, as diferenças e a diversidade.

Portanto, o problema que levanta a violência é muito menos o da irracionalidade do que o de uma racionalidade repleta de "razões" para não se deter diante de limites estabelecidos pela própria razão humana. É a razão que, amplificando os conflitos, reduzindo as alternativas ao impasse e superdimensionando os defeitos dos outros, cria os cenários em que florescem as ideologias legitimadoras da violência. Em outras palavras, o problema da violência está intimamente ligado ao problema das relações sociais, em que a existência do outro aparece como ameaça real ou imaginária. O que mais espanta na violência, quando ela é razão de espanto, é a sua dramaturgia, a exposição da crueldade ao estado puro. É, pois, o caráter aparentemente absurdo dessa dramaturgia que confere à violência o status de irracionalidade. No entanto, as razões dessa irracionalidade raramente são explicitadas e, frequentemente, deixam de existir quando o recipiente de atos violentos é o "inimigo".

Angel Pino. Violência, educação e sociedade: um olhar sobre o Brasil contemporâneo. In: Educ. Soc., Campinas, v. 28, n. 100, p. 763-785, out./2007 (com adaptações).

---

84. (Cebraspe - PC PB - Delegado de Polícia - 2022) Seria gramaticalmente correta e manteria os sentidos do texto CG1A1-I a substituição de

a) "Ora" (terceiro período do primeiro parágrafo) por **Então**.

b) "No entanto" (último período do segundo parágrafo) por **Porquanto**.

c) "Portanto" (primeiro período do segundo parágrafo) por **Por conseguinte**.

d) "Em outras palavras" (terceiro período do segundo parágrafo) por **Outrossim**.

e) "pois" (penúltimo período do segundo parágrafo) por **sem embargo**.

COMENTÁRIOS

Alternativa "a" – O sentido seria alterado. **Ora**: partícula de relação – introduz a segunda premissa de um silogismo dedutivo; **então**: advérbio - *agora ou naquela circunstância; em determinada situação; num momento afastado do presente.*

Alternativa "b" – O sentido seria alterado. **No entanto**: coordenada adversativa, equivale a "mas"; **porquanto**: coordenada explicativa, equivale a "porque".

Alternativa "c" – **Portanto** e **por conseguinte** são coordenativas conclusivas.

27 Dicionário Online de Português. Disponível em <www.dicio.com.br/visar/>. Acesso em 8 de Agosto 2023.

Alternativa "d" – O sentido seria alterado. **Outrossim:** *da mesma maneira, do mesmo jeito, igualmente, também*. "Em outras palavras" não possui sentido de igualdade, significa "dizer de outro modo".

Alternativa "e" – O sentido seria alterado. **Logo:** conclusão; **sem embargo:** equivale a "apesar de", "mas", "porém", ou seja, indica oposição/concessão.

RESPOSTA: C

---

85. (Cebraspe – PC PB – Delegado de Polícia - 2022) Com relação aos aspectos linguísticos do texto CG1A1-I, julgue os itens a seguir.

I. No quarto período do primeiro parágrafo, tanto o trecho "que reduz tudo a um único princípio explicativo" quanto o trecho "que vê a realidade como feita unicamente de elementos antagônicos e irreconciliáveis" consistem em orações explicativas.

II. Caso o trecho "É a razão que" (segundo período do segundo parágrafo) fosse substituído por A razão, seria mantida a correção gramatical do texto.

III. No trecho "É, pois, o caráter aparentemente absurdo dessa dramaturgia que confere à violência o status de irracionalidade", o termo "que" é uma forma pronominal cujo referente é "dramaturgia".

IV. No trecho "O que mais espanta na violência, quando ela é razão de espanto, é a sua dramaturgia, a exposição da crueldade ao estado puro", o termo "que" introduz oração adverbial comparativa.

Estão certos apenas os itens

a) I e II.

b) I e III.

c) III e IV.

d) I, II e IV.

e) II, III e IV.

COMENTÁRIOS

I. **Certo**: no primeiro caso, "que" é pronome relativo, retoma "simplificação" e possui vírgula anteposta; no segundo caso, o relativo "que" retoma "polarização" e, também, possui vírgula anteposta. Ambas são adjetivas explicativas.

II. **Certo**: "é que" = expressão expletiva ou de realce. Pode ser retirada tranquilamente.

III. **Errado**: pronome relativo que retoma "caráter". Lê-se: o **caráter** confere à violência o status de irracionalidade.

IV. **Errado**: o "que" é pronome relativo e retoma o demonstrativo (o) = oração adjetiva restritiva.

RESPOSTA: A

---

86. (Cebraspe – PC PB – Delegado de Polícia - 2022) Em cada uma das opções a seguir, é apresentada uma proposta de reescrita do trecho "Ora, se a violência é irracional, não é por ser obra de um ser desprovido de razão, mas por ser, paradoxalmente, o produto de uma razão perigosamente racional.", do texto CG1A1-I.

Assinale a opção em que a proposta apresentada mantém a correção gramatical e a coerência do texto.

a) Ora, se a violência é irracional paradoxalmente, não é por susceder de feitos realizados por alguém destituido de razão, mas sim por ser fruto de uma razão perigosamente racional.

b) Ora, se a violência é irracional, é por estar enraizada em conduta de ser irracional que atua de forma paradoxalmente atrelada a razão.

c) Ora, se a violência é irracional, não é que se tenha fundamento no que um ser irracional cometeu, mas por se originar paradoxalmente em uma razão que está estranhamente baseada no perigo.

d) Ora, se a violência é irracional, isso ocorre porque é, paradoxalmente, resultado da ação de quem baseia-se de forma perigosa, no contraste entre o racional e o irracional.

e) Ora, se a violência é irracional, não é por resultar de ações de um ser irracional, e, sim, por ser, paradoxalmente, fruto do exercício de uma razão cuja racionalidade é perigosa.

COMENTÁRIOS

Alternativa "a" – Há erros gramaticais e ocorre alteração de sentido. Ortografia: suceder e destituído. No trecho original, *paradoxalmente* está ligado a "por ser o produto de uma razão perigosamente racional"; na reescrita, está ligado a "se a violência é irracional".

Alternativa "b" – Há erro gramatical e ocorre alteração de sentido. Crase: atrelada **à** razão (substituindo por substantivo masculino: <u>ao</u> pensamento). No trecho original: a violência é irracional por ser o produto de uma razão perigosamente racional. Na reescrita: a violência é irracional por estar enraizada em conduta de ser irracional. A causa foi alterada.

Alternativa "c" – Erro gramatical: por se originar **de** uma razão. Alteração de sentido: "não é por ser obra de um ser desprovido de razão" é diferente de "não é que se tenha fundamento no que um ser irracional cometeu". Além disso, alterar a posição do advérbio "paradoxalmente" muda o sentido: "por ser, paradoxalmente, o produto de uma razão perigosamente racional" e "por se originar paradoxalmente de uma razão que está estranhamente baseada no perigo".

Alternativa "d" – Erros gramaticais: colocação pronominal e pontuação.

1. O pronome indefinido é fator atrativo = quem se baseia;
2. É necessário intercalar a locução adverbial: resultado da ação de quem se baseia**, de forma perigosa,** no contraste entre o racional e o irracional.

Alternativa "e" – Divida as informações para comparar:

✓ Ora, se a violência é irracional, = Ora, se a violência é irracional,

- ✓ não é por ser obra de um ser desprovido de razão = não é por resultar de ações de um ser irracional
- ✓ mas por ser, paradoxalmente, = e, sim, por ser, paradoxalmente,
- ✓ a conjunção "e" foi empregada no sentido adversativo: possui vírgula anteposta.
- ✓ o produto de uma razão perigosamente racional = fruto do exercício de uma razão cuja racionalidade é perigosa.

RESPOSTA: E

▸ TEXTO CG1A1-II

Há quem veja a literatura como o refúgio da beleza e da paz. Num mundo amargo, triste e violento, os livros oferecem a rota de fuga. Não é a vida como ela é, mas a vida como deveria ser. Títulos agressivos devem ser evitados. Essa convicção é equivocada?

Não é o caso de dizer que é equivocada. Os gostos são múltiplos e devem ser respeitados. O problema é acreditar que a literatura, para funcionar bem, deva ser o paraíso na terra. Há livros que funcionam assim, mas não são muitos. Para falar a verdade, as grandes obras literárias, com intensidade diferente, são marcadas pela ganância, pela traição, pela violência, pela catástrofe.

Assim, vale a pena respirar fundo e encarar as nossas imperfeições nas páginas dos grandes livros. O mergulho nas trevas forja o caráter da gente. Não é das coisas mais agradáveis, mas intensifica nossa humanidade. Ser humano em sua plenitude é conhecer a variedade de nossas emoções e ações. **As boas e as ruins. As dignas e as indignas. As que comovem e as que perturbam.**

Um belo treino é a leitura do monumental A canção do carrasco, de Norman Mailer. O centro de tudo é a execução de Gary Gilmore em 1977, nos Estados Unidos da América, pelos crimes que cometeu. Quase tudo nas mil páginas de Mailer é real. O material foi obtido a partir de entrevistas, leitura de processos judiciais e da cobertura da imprensa. Trata-se de uma aula de como a realidade é operada por diversas alavancas.

Nelson Fonseca Neto. O mundo do crime na literatura. Internet: <g1.globo.com> (com adaptações).

87. (Cebraspe – PC PB – Delegado de Polícia - 2022) No trecho "As boas e as ruins. As dignas e as indignas. As que comovem e as que perturbam.", do texto CG1A1-II,

a) opõem-se palavras de sentido contrário.

b) os adjetivos "boas" e "dignas" são sinônimos.

c) o emprego reiterado da flexão de plural caracteriza aliteração.

d) o emprego dos verbos **comover** e **perturbar** caracteriza pleonasmo.

e) a sequência de adjetivos segue uma gradação ascendente de ideias.

COMENTÁRIOS

✪ Nota da autora: Questão de coesão textual e de figuras de linguagem.

Alternativa "a" – Boas x ruins; dignas x indignas; comovem x perturbam.

Alternativa "b" – Atente-se ao contexto: "boas" é um vocábulo antônimo de "ruins" e "dignas é antônimo de "indignas".

São sinônimos de "boa": interessante, agradável, saudável, propícia, útil, generosa, distinta, elevada, bondosa. São sinônimos de "dignas": decente, conveniente.

Alternativa "c" – Não se trata de repetição de repetição de fonemas consonantais.

Alternativa "d" – Não se trata de acréscimo de uma informação desnecessária porque os vocábulos não possuem a mesma ideia.

Comovem: *provocam emoção, impressionam.*

Perturbam: *causam desordem, perdem o equilíbrio.*

Alternativa "e" – Para indicar gradação, as palavras deveriam se completar, mas elas se opõem. Além disso, não há ascendência.

Exemplo de gradação ascendente: o filme é ruim, é péssimo, é horrível, é horrendo.

RESPOSTA: A

▸ TEXTO PARA RESPONDER ÀS QUESTÕES.

Bauman: Para que a utopia renasça é preciso confiar no potencial humano

Dennis de Oliveira

Zygmunt Bauman é um dos pensadores contemporâneos que mais têm produzido obras que refletem os tempos contemporâneos. Nascido na Polônia em 1925, o sociólogo tem um histórico de vida que passa pela ocupação nazista durante a Segunda Guerra Mundial, pela ativa militância em prol da construção do socialismo no seu país sob a direta influência da extinta União Soviética e pela crise e desmoronamento do regime socialista. Atualmente, vive na Inglaterra, em tempo de grande mobilidade de populações na Europa. Professor emérito de sociologia da Universidade de Leeds, Bauman propõe o conceito de "modernidade líquida" para definir o presente, em vez do já batido termo "pós-modernidade", que, segundo ele, virou mais um qualificativo ideológico.

Bauman define modernidade líquida como um momento em que a sociabilidade humana experimenta uma transformação que pode ser sintetizada nos seguintes processos: a metamorfose do cidadão, sujeito de direitos, em indivíduo em busca de afirmação no espaço social; a passagem de estruturas de solidariedade coletiva para as de disputa e competição; o enfraquecimento dos sistemas de proteção estatal às intempéries da vida, gerando um permanente ambiente de incerteza; a colocação da responsabilidade por eventuais fracassos no plano individual; o fim da perspectiva do planejamento a longo prazo; e o divórcio e a iminente apartação total entre poder e política. A seguir, a íntegra da entrevista concedida pelo sociólogo à revista CULT.

CULT – Na obra Tempos líquidos, o senhor afirma que o poder está fora da esfera da política e há uma

decadência da atividade do planejamento a longo prazo. Entendo isso como produto da crise das grandes narrativas, particularmente após a queda dos regimes do Leste Europeu. Diante disso, é possível pensar ainda em um resgate da utopia?

Zygmunt Bauman – Para que a utopia nasça, é preciso duas condições. A primeira é a forte sensação (ainda que difusa e inarticulada) de que o mundo não está funcionando adequadamente e deve ter seus fundamentos revistos para que se reajuste. A segunda condição é a existência de uma confiança no potencial humano à altura da tarefa de reformar o mundo, a crença de que "nós, seres humanos, podemos fazê-lo", crença esta articulada com a racionalidade capaz de perceber o que está errado com o mundo, saber o que precisa ser modificado, quais são os pontos problemáticos, e ter força e coragem para extirpá-los. Em suma, potencializar a força do mundo para o atendimento das necessidades humanas existentes ou que possam vir a existir.

Adaptado de: https://revistacult.uol.com.br/home/entrevista-zygmunt-bauman/>. Acesso em: 14 jan. 2021.

88. (Instituto AOCP - PC PA - Delegado - 2021) Quanto aos mecanismos de coesão textual empregados no último parágrafo do texto, assinale a alternativa correta.

a) A utilização das expressões "a primeira" e "a segunda", no início do segundo e do terceiro período, respectivamente, sinaliza que tais períodos apresentam uma ordenação lógica, não podendo ser invertidos.

b) A expressão "em suma" é utilizada para adicionar um novo argumento ao parágrafo, podendo ser substituída por "além disso".

c) Em "[...] quais são **os pontos problemáticos**, e ter força e coragem para extirpá-los [...]", o pronome átono retoma a expressão em destaque, podendo ser substituído adequadamente por "eles".

d) Em "[...] a crença de que 'nós, seres humanos, podemos fazê-lo', crença **esta** articulada com a racionalidade [...]", o pronome em destaque poderia ser substituído por "a qual", sem que isso causasse prejuízo sintático ou semântico ao período.

e) Em "[...] o mundo não está funcionando adequadamente e deve ter seus fundamentos revistos [...]", a elipse do sujeito de "deve ter" causa ambiguidade ao excerto.

COMENTÁRIOS

Alternativa "a" – É preciso duas condições para que a utopia nasça:

1ª: a forte sensação (ainda que difusa e inarticulada) de que **o mundo não está funcionando adequadamente** e deve ter seus fundamentos revistos para que se **reajuste**.

2ª: a existência de uma **confiança no potencial humano à altura da tarefa de reformar o mundo**, a crença de que "**nós**, seres humanos, **podemos fazê-lo**", crença esta articulada com a racionalidade capaz de **perceber o que está errado com o mundo, saber o que precisa ser modificado, quais são os pontos problemáticos, e ter força e coragem para extirpá-los**.

Em hipótese alguma a ordem pode ser invertida, pois perderia a lógica, a coesão textual.

Alternativa "b" – "Em suma": *de modo final; de maneira a concluir alguma coisa; finalmente*. Não adiciona, conclui.

Alternativa "c" – O verbo "extirpar" é transitivo direto (extirpa algo) e o pronome reto não pode exercer função de complemento verbal, ou seja, de objeto direto.

Alternativa "d" – O pronome demonstrativo não pode ser substituído pelo pronome relativo. A ideia que deve ser mantida é: esta crença é articulada com a racionalidade.

Alternativa "e" – A elipse do sujeito não causa ambiguidade:

o mundo não está funcionando adequadamente

e

[o mundo] deve ter seus fundamentos revistos.

Alternativa correta: letra "a"

89. (Instituto AOCP – PC PA - Delegado - 2021) Assinale a alternativa que apresenta a reescrita gramatical e semanticamente adequada do excerto: "Na obra Tempos líquidos, o senhor afirma que o poder está fora da esfera da política e há uma decadência da atividade do planejamento a longo prazo.".

a) Em "Tempos líquidos", o senhor defende que o poder está situado fora da esfera da política e existe um declínio da atividade do planejamento a longo prazo.

b) Na obra Tempos líquidos, você afirma que o poder não está na política, havendo um aumento da atividade do planejamento a curto prazo.

c) Em "Tempos líquidos", o senhor afirma que o poder situa-se fora da esfera da política e existe uma decadência da atividade do planejamento à longo prazo.

d) Na obra Tempos líquidos, você sustenta haver uma decadência da atividade do planejamento a longo prazo, porque o poder está fora da esfera política.

e) O senhor diz, na obra Tempos líquidos, que o poder está fora da esfera da política e haveriam declínios da atividade do planejamento a longo prazo.

COMENTÁRIOS

Alternativa "a" – Divida as informações para facilitar:

Na obra Tempos líquidos = Em "Tempos líquidos"

o senhor afirma = o senhor defende

que o poder está fora da esfera da política = o poder está situado fora da esfera da política

há uma decadência da atividade = existe um declínio da atividade.

Alternativa "b" – Há dois erros: 1. o pronome de tratamento "você" é usado na linguagem informal; 2. "há uma **decadência** da atividade do planejamento a **longo prazo**" não significa que há "um **aumento** da atividade do planejamento a **curto prazo**".

Alternativa "c" - Não pode haver o sinal indicativo de crase antes de palavra masculina.

Alternativa "d" - Há dois erros: 1. o pronome de tratamento "você" é usado na linguagem informal; 2. o emprego da conjunção "porque" altera o sentido, isto é, altera a semântica.

Alternativa "e" - Concordância: o verbo "haver" é impessoal (sentido de existir) e não admite pluralização: **haveria** declínios.

Alternativa correta: letra "a"

---

90. (Instituto AOCP - PC PA - Delegado - 2021) A respeito do item em destaque em "Zygmunt Bauman é um dos pensadores contemporâneos que mais **<u>têm</u>** produzido obras [...]", assinale a alternativa correta.

a) Ele estabelece concordância com o núcleo do sujeito "**<u>um</u>** dos pensadores contemporâneos".

b) Ele está conjugado no modo subjuntivo, indicando a incerteza do autor quanto ao número exato de obras escritas por Bauman.

c) Ele integra uma oração sem sujeito, como em "Tem um cachorro muito bravo no quintal do vizinho".

d) Ele está sendo utilizado com o mesmo sentido que em "João tem muitos livros em sua casa".

e) Ele faz parte de uma locução verbal, indicando uma ação contínua que se prolonga até o presente.

COMENTÁRIOS

Alternativa "a" - Se concordasse com "um", estaria no singular: tem.

Alternativa "b" - Está conjugado no modo indicativo e indica certeza.

Alternativa "c" - Nos dois casos, há sujeito: "pensadores contemporâneos" e "um cachorro bravo".

Alternativa "d" - O verbo auxiliar não indica sentido de "possuir". No texto: têm produzido = produzem; na alternativa: João tem livros = João possui livros.

Alternativa "e" - **Tempo composto**: pretérito perfeito composto do indicativo - formado por verbo auxiliar (conjugado no presente do indicativo) + particípio. Indica uma ação que ocorreu no passado de forma repetida, **prolongando-se até ao momento presente.**

Alternativa correta: letra E

▸ **TEXTO PARA RESPONDER ÀS QUESTÕES.**

A existência **da polícia** se justifica pela imprescindibilidade **dessa agência de segurança** para a viabilidade do poder de coerção estatal. Em outras palavras, **como** atestam clássicos do pensamento político, a **sua** ausência culminaria na impossibilidade de manutenção de relações pacificadas. Devido a **seu** protagonismo e **sua** importância na organização e garantia da reprodução das normas legais, o Estado democrático não pode abdicar **dessa instituição.**

Para que a atuação policial ocorra dentro dos parâmetros democráticos, é essencial que haja a implementação de um modelo de policiamento que corresponda aos preceitos constitucionais, promovendo-se o equilíbrio entre os pressupostos de liberdade e segurança.

No que tange às organizações policiais, falar em participação na segurança pública envolve, necessariamente, a discussão sobre o desenvolvimento do policiamento comunitário, o único modelo de policiamento que define a participação social como um de seus componentes centrais. Para analisar essa participação, é preciso verificar se a ação promovida pelo modelo de policiamento comunitário é efetiva como ferramenta de controle social legítimo da atividade policial e se ela produz uma participação equânime.

Almir de Oliveira Junior (Org.) Instituições participativas no âmbito da segurança pública: programas impulsionados por instituições policiais. Rio de Janeiro: IPEA, 2016, p. 13 (com adaptações).

---

91. (Cespe - Delegado de Polícia - PC - SE/2018) A expressão "a polícia" presente em "da polícia" (1º §) é retomada, ao longo do primeiro parágrafo do texto, por meio das expressões "dessa agência de segurança" (1º §), "sua" (1º §), "seu" (1º §), "sua" (1º §) e "dessa instituição" (1º §).

( ) certo ( ) errado

COMENTÁRIOS

Questão muito tranquila. Basta encaixar a expressão "a polícia" onde há recursos de coesão, ou seja, onde há pronome demonstrativo anafórico e pronome possessivo: da agência de segurança **da polícia** (demonstrativo); a ausência **da polícia** (possessivo); o protagonismo **da polícia** (possessivo); a importância **da polícia** (possessivo); não pode abdicar **da polícia** (demonstrativo).

Resposta: "certo".

---

92. (Cespe - Delegado de Polícia - PC - SE/2018 - adaptada) O termo "como" (nº 1º §) estabelece uma comparação de igualdade entre o que se afirma no primeiro período do texto e a informação presente na oração "a sua ausência culminaria na impossibilidade de manutenção de relações pacificadas" (1º §).

( ) certo ( ) errado

COMENTÁRIOS

✪ **Nota da autora:** A conjunção "como" pode ser classificada como: causal (já que), comparação (igual a) e conformidade (conforme – possui ideia de regra).

O termo *como* pode ser substituído por **conforme**, **consoante**, **segundo** e indica **conformidade**.

Resposta: "errado".

---

93. (Cespe - Delegado de Polícia - PC - SE/2018) A correção gramatical e os sentidos do texto serão preservados caso se reescreva o último período do texto da seguinte forma: Para analisar essa participação, é preciso verificar se ela funciona como controle social legítimo da atividade policial e se acaso ela produz uma participação equânime.

( ) certo ( ) errado

COMENTÁRIOS

A correção gramatical permanece correta, mas o sentido é alterado. No texto: *Para analisar essa participação, é preciso verificar se* ***a ação*** *promovida pelo modelo de policiamento comunitário é efetiva.* Na reescritura, o pronome refere-se à **participação**: é preciso verificar se a participação funciona.

Resposta: "errado".

94. (Cespe - Delegado de Polícia - PC - SE/2018 - adaptada) No verso "Às vezes é ela quem diz"[28], a supressão de "é" e "quem" prejudicaria a coerência do trecho.

( ) certo ( ) errado

COMENTÁRIOS

A partícula expletiva pode ser formada pelo verbo "*ser + que*" ou por "*ser + quem*". Possui a função de realçar ou enfatizar e pode ser retirada sem que haja prejuízo sintático ou semântico porque não exerce função sintática. Leia apenas a parte negritada: Às vezes é **ela** quem **diz**.

Resposta: "errado".

95. (Fundatec - Delegado de Polícia - PC - RS/2018 - adaptada) Analise as seguintes propostas de substituição de vocábulos do texto:

I. A substituição de *ações* por **atos** implicaria alteração na estrutura da frase.

(Em paralelo às **ações** governamentais, todos os cidadãos devem ser constantemente instruídos e chamados à razão para os perigos ocultos nas intervenções mais inocentes que realizam no meio ambiente a sua volta.)

II. A supressão de *ambiente* criaria as condições para o uso da crase antes desse vocábulo.

(Assim, reduzindo-se os desperdícios, os despejos de esgoto doméstico nos rios e as demais práticas ambientais irresponsáveis, os danos causados ao meio **ambiente** serão drasticamente minimizados.)

III. A palavra *natureza* ao ser substituída por **meio ambiente** provocaria a necessidade concomitante de supressão do artigo feminino e inserção do masculino; havendo, portanto, alteração na estrutura do termo a que pertence.

(A partir daí, cada família poderá dar a sua contribuição para promover práticas e procedimentos que garantam a devolução à **natureza** de tudo o que usaram e, com essa ação, gerar novas oportunidades de renda e de bem-estar social para sua própria comunidade.[29])

Quais estão corretas?

a) Apenas I.
b) Apenas II.
c) Apenas I e II.
d) Apenas II e III.
e) I, II e III.

COMENTÁRIOS

✪ **Nota da autora: A banca anulou a questão.** A questão solicitava que fossem analisadas propostas de substituição de vocábulos do texto, considerando corretas a I e II. Relativamente à assertiva II. A supressão de *ambiente* criaria as condições para o uso da crase antes desse vocábulo., observe-se o contexto: Assim, reduzindo-se os desperdícios, os despejos de esgoto doméstico nos rios e __ demais práticas ambientais irresponsáveis, os danos causados ao meio ambiente serão drasticamente minimizados e a sustentabilidade dos assentamentos humanos e atividades econômicas de qualquer natureza estarão asseguradas. Afirmação incorreta, portanto, o gabarito correto seria "Apenas I e III", alternativa que não está contemplada na questão. Salienta-se que as alternativas, ao apresentarem a palavra "Apenas", restringem o que deve estar correto e o que deve estar incorreto, assim, não havendo a possibilidade de alteração de gabarito. Portanto, decide-se por anular a questão.

I. O artigo deve ser alterado para o masculino: a substituição **aos** atos.

II. Não se usa crase antes de palavra masculina (meio: substantivo).

III. Devolução **ao** meio ambiente.

96. (Fundatec - Delegado de Polícia - PC - RS/2018) No trecho "Em paralelo às ações governamentais, todos os cidadãos devem ser constantemente instruídos e chamados à razão para os perigos ocultos"[30], a troca de **devem** por **podem**

a) provoca alteração na estrutura frasal.
b) não provoca nenhuma alteração na frase.
c) provoca alteração no sentido da frase.
d) não provoca nenhuma alteração no sentido da frase.
e) provoca alteração no sentido e na estrutura da frase.

COMENTÁRIOS

Alternativa "a": A estrutura permanece idêntica.

Alternativa "b": Provoca alteração no sentido.

---

28. *O Rappa. Minha Alma (A Paz Que Eu Não Quero). In: Álbum Lado B Lado A. Warner Music Group, 1999 (com adaptações).*

29. *(Fonte: http://www.ecologiaurbana.com.br/conscientizacao/meio-ambiente-sustentabilidade/Adaptação)*

30. *(Fonte: http://www.ecologiaurbana.com.br/conscientizacao/meio-ambiente-sustentabilidade/Adaptação)*

Alternativa "c": *Dever* possui ideia de obrigação, de responsabilidade; *poder* indica ser autorizado, ter permissão, ou seja, é uma possibilidade.

Alternativa "d": Provoca alteração no sentido.

Alternativa "e": A estrutura não é alterada.

Alternativa correta: "c".

---

97. (Fundatec - Delegado de Polícia - PC - RS/2018 - adaptada) Assinale a alternativa cuja reescrita da frase "Uma medida bem interessante é ensinar cada família a calcular sua influência negativa sobre o meio ambiente" está correta.

a) Uma medida bem interessante é que cada família seja ensinada a calcular sua influência negativa sobre o meio ambiente.

b) Uma medida bem interessante é que ensine-se cada família a calcular sua influência negativa sobre o meio ambiente.

c) Uma medida bem interessante é que se possa ensinar cada família que o cálculo sobre a influência negativa deve ser sobre o meio ambiente.

d) O ensino sobre uma medida bem interessante é próprio de cada família em relação ao cálculo de sua influência negativa sobre o meio ambiente.

e) Uma medida bem interessante é que se cada família pudesse vir a ser ensinada a calcular sua influência negativa sobre o meio ambiente.

COMENTÁRIOS

Alternativa "a": No comando da questão, a oração "ensinar cada família" está na voz ativa; na reescritura, a oração foi transposta para a voz passiva analítica (verbo *ser* + particípio) e a correção é mantida.

Alternativa "b": Colocação pronominal errada: a conjunção subordinativa "que" atrai o pronome oblíquo: é que se ensine. Quanto à voz verbal, a oração foi transposta para a voz passiva sintética (verbo transitivo direto + se).

Alternativa "c": Regência errada: como o verbo foi alterado para transitivo direto e indireto (bitransitivo), é necessário inserir a preposição no objeto indireto: ensinar **a** cada família (algo **a alguém**).

Alternativa "d": O período não possui coerência alguma.

DICA – Coerência textual: colocação dos elementos textuais que, embora possuindo significados diferentes, são interligados de modo a fazer com que um texto possua sentido completo, tornando-se claro e compreensível.

Alternativa "e": A inserção da expressão expletiva (é que) causou erro no período que passou a ser condicional.

Alternativa correta: letra "a".

---

98. (Fundatec - Delegado de Polícia - PC - RS/2018 - adaptada) Em relação à palavra **desacelere**, é correto dizer que:

I. O radical é representado por -aceler.

II. É formada pelo processo de parassíntese.

III. -des representa um prefixo, que indica ação contrária, negação.

Quais estão INCORRETAS?

a) Apenas I.

b) Apenas II.

c) Apenas III.

d) Apenas I e II.

e) Apenas II e III.

COMENTÁRIOS

✪ **Nota da autora:** A questão é de **processo de formação das palavras** – assunto pouquíssimo exigido por todas as bancas. Por isso, foi inserida em coesão e coerência. A questão gerou polêmica e a banca justificou:

A questão solicitava que, em relação à palavra desacelere, retirada do texto, é correto dizer que: I. O radical é representado por –aceler. II. É formada pelo processo de parassíntese. III. –des representa um prefixo, que indica ação contrária, negação. A seguir, deveriam ser indicadas aquelas consideradas incorretas. Quanto ao enunciado, esse é claro, dizendo que o candidato deve partir do pressuposto de que todas as afirmações (por óbvio serem afirmações), são corretas e, a seguir analisar cada uma delas e, em decorrência da análise, verificar a veracidade ou não de cada uma. Dentre as três, a única incorreta é a II, indicada pela letra B. O vocábulo 'desacelere' é uma flexão do verbo 'desacelerar', formado por prefixação, do latim 'accelerāre' (Dicionário Etimológico). Por tratar-se de um verbo, os morfemas que se agregam ao radical, no final deste, são desinências verbais e não sufixos.[31] MANTIDA alternativa "b".

I. Des (prefixo) ACELER (radical).

II. Trata-se de prefixação, ou seja, derivação prefixal. Para ser parassintética, seria necessário haver prefixo e sufixo.

III. Indica separação, ação contrária e negação: desacelerar (não acelerar). Outros exemplos: desfazer, desmistificar, desembaraçar.

Alternativa correta: letra "b".

---

99. (Fundatec - Delegado de Polícia - PC - RS/2018 - adaptada) Avalie as assertivas a seguir, quanto a alterações nos trechos[32]:

I. A substituição de **em que** por **no qual** não feriria as regras de concordância e de regência.

---

31. http://publicacoes.fundatec.com.br/portal/concursos/445/Edital_49_gabarito_definitivo_445.pdf?idpub=475546

32. *(Fonte: Amcham Brasil, 26 de maio 2017 – http://economia.estadao.com.br/blogs – Texto adaptado)*

(Trabalhando com esses rejeitos, evita-se que os materiais acabem em aterros e lixões – locais **em que** a decomposição emite gases responsáveis pelo efeito estufa).

II. A substituição de **consiste** por **tem a consistência** manteria o sentido, entretanto provocaria necessidade de alteração na estrutura do período.

(O material é novidade no Brasil e na América Latina e **consiste** em um plástico que se dissolve na água em apenas alguns segundos.)

III. A troca de **valorizando** por **dando valor** provocaria a necessidade de ajustes na estrutura do período.

(As empresas podem contribuir para um desenvolvimento sustentável **valorizando** produtos que têm um apelo sustentável, criando uma cultura organizacional voltada para essas questões e investindo em desenvolvimento de novas alternativas.)

Quais estão INCORRETAS?

a) Apenas I.
b) Apenas II.
c) Apenas III.
d) Apenas I e II.
e) Apenas II e III.

COMENTÁRIOS

I. Feriria a regra de concordância. O pronome relativo retoma "locais" (substantivo plural) e pode ser substituído por **nos quais**. Caberia também a substituição pelo relativo "onde". Como a preposição "em" foi mantida, a regência permaneceria correta.

II. *Consistir* significa "ser composto por; ser formado por determinada coisa; constar de; basear-se". A substituição alteraria o sentido, pois *ter a consistência* indica que é verdadeira, é real.

III. O verbo *valorizar* é transitivo direto (valorizando algo), já a expressão *dando valor* exige a preposição "a": dando valor **a** produtos.

Alternativa correta: letra "d".

---

100. (Fundatec – Delegado de Polícia – PC – RS/2018 – adaptada) Avalie as seguintes ocorrências da palavra **se** e as afirmações subsequentes:

1. para se decompor (Mesmo materiais que já têm processos consolidados, como o plástico, acabam em lixões e aterros, onde demoram anos para se decompor).
2. que se dissolve na água (O material é novidade no Brasil e na América Latina e consiste em um plástico que se dissolve na água em apenas alguns segundos[33]).

I. Em ambas, ocorre próclise.

II. A inserção do advérbio NÃO imediatamente após **para** e **que** manteria a estrutura dos dois fragmentos.

III. Em ambos os casos, a palavra se funciona como conjunção integrante.

Quais estão corretas?

a) Apenas I.
b) Apenas II.
c) Apenas I e II.
d) Apenas I e III.
e) I, II e III.

COMENTÁRIOS

I. A próclise indica que o pronome oblíquo está anteposto ao verbo: se decompor, se dissolve.

II. Manteria porque o advérbio atrai o pronome oblíquo e a próclise tornar-se-ia obrigatória.

III. Em ambos os casos, o "se" é pronome reflexivo: decompor **a si mesmos**, dissolve **a si mesmo**.

Alternativa correta: letra "c".

---

101. (Fundatec – Delegado de Polícia – PC – RS/2018 – adaptada) Considere as seguintes propostas de supressão, inserção e troca de vocábulos nos trechos[34]:

I. Supressão do advérbio **mais** (Nos últimos tempos, tem sido uma das pautas mais discutidas por líderes políticos).
II. Inserção do pronome **eles** imediatamente antes de **serem** (O que existem são resíduos que valem a pena do ponto de vista financeiro, e outros não, justamente por serem complexos).
III. Substituição de **hidrossolúvel** (Soluções como o plástico hidrossolúvel têm sido cada vez mais procuradas como um meio de evitar o problema) por **solúvel em hidrogênio**.

Quais NÃO provocam alteração nos respectivos contextos?

a) Apenas I.
b) Apenas II.
c) Apenas III.
d) Apenas I e II.
e) Apenas II e III.

COMENTÁRIOS

I. Provoca alteração: A pauta não é apenas discutida, ela é uma das mais discutidas. Não pode ser retirada a ideia de intensidade.

II. Não provoca alteração: o pronome "eles" retoma *resíduos* e a sua inserção mantém o sentido pelo fato de a coesão estar correta.

33. *(Fonte: Amcham Brasil, 26 de maio 2017 – http://economia.estadao.com.br/blogs – Texto adaptado)*

34. *(Fonte: Amcham Brasil, 26 de maio 2017 – http://economia.estadao.com.br/blogs – Texto adaptado)*

III. Provoca alteração. *Hidrossolúvel:* diz-se dos corpos solúveis na água.

Alternativa correta: letra "b".

---

102. (Fundatec - Delegado de Polícia - PC - RS/2018 - adaptada) Analise as seguintes afirmações a respeito da frase negritada "Uma das tendências que estão sendo trabalhadas internacionalmente e sobre o que o CEBDS tem promovido debates com o setor privado é a precificação do carbono. A medida defende a cobrança pela emissão do CO2, o que faz com que as empresas tenham um maior controle sobre os seus processos. **Além disso, impulsiona uma economia mais limpa e que consequentemente pode frear o aquecimento global.**[35]"

I. O vocábulo **também** poderia ser inserido imediatamente após **Além disso**, sem provocar alteração de sentido.

II. A expressão **Além disso** acrescenta uma informação àquilo que foi dito anteriormente no parágrafo.

III. **ainda** poderia ser inserido imediatamente após **Além disso**, sem provocar qualquer alteração ao sentido original.

Quais estão corretas?

a) Apenas I.

b) Apenas II.

c) Apenas I e II.

d) Apenas II e III.

e) I, II e III.

COMENTÁRIOS

I. Pode ser inserido por indicar **inclusão.**

II. Ideias adicionais: *A medida defende a cobrança pela emissão do CO2* **e** *impulsiona uma economia mais limpa e que consequentemente pode frear o aquecimento global.*

III. Também indica inclusão, ou seja, adiciona.

Alternativa correta: letra "e".

▸ TEXTO PARA RESPONDER ÀS QUESTÕES.

Sustentabilidade no Brasil: questão ambiental ou econômica?

O Brasil é um dos países com maior interesse sustentável no mundo, alcançando o valor de pontos nos dados do Google Trends, que tem o valor máximo de 100. Sempre houve uma grande pressão mundial sobre **o Brasil**. O país com a maior floresta e com a maior reserva de água doce do mundo tem sido cobrado pela preservação disso tudo. Uma tarefa nada fácil para o governo brasileiro, pois a nação precisa crescer e se desenvolver, algo que os grandes países já fizeram sem se preocuparem com o futuro do planeta, agredindo **sem escrúpulos** o meio ambiente.

Logo, a #Sustentabilidade ganha um enorme foco, causando grandes debates a respeito de sua importância, e planejamentos complexos, para que, junto com ela, venha também o desenvolvimento e não o retrocesso.

Segundo dados do Google Trends, o maior interesse a respeito do tema Sustentabilidade se concentra na Região Norte e Nordeste.

Como pode-se observar, 5 dos 7 estados da Região Norte aparecem entre os mais citados, curiosamente onde se concentra a maior parte das florestas do país, ao mesmo tempo, também um baixo IDH (Índice de Desenvolvimento Humano).

Os estados com maiores interesses no tema são, na prática, os lugares onde mais se precisa aplicar a sustentabilidade. Como é um assunto em foco, é por isso que as regiões mais atrasadas estão tentando mudar a situação atual, com o governo criando leis e começando a punir quem agride o meio ambiente.

Os dados do IBGE comprovam o interesse na situação atual.

Uma pesquisa revelou que 89,3% dos municípios do Nordeste e um total de 85,5% do Norte destinam seus resíduos sólidos para lixões, onde não ocorre nenhum tipo de tratamento ou reaproveitamento. Especificamente no Pará, isso ocorre em 94,4% das cidades.

Na prática, o dinheiro reflete muito na questão da sustentabilidade, em que estados mais pobres não têm condição de arcar com essas mudanças. O interesse é enorme, mas o progresso é lento.

O discurso do clima não é mais ambiental, é econômico.

(Fonte: https://br.blastingnews.com/sociedade-opiniao – Texto adaptado.)

---

103. (Fundatec - Delegado de Polícia - PC - RS/2018 - adaptada) Quais dos seguintes termos retomam a expressão **o Brasil** (1º §) no trecho "**O país** com a maior floresta e com a maior reserva de água doce **do mundo** tem sido cobrado pela preservação **disso** tudo. Uma tarefa nada fácil para **o governo brasileiro**, pois **a nação** precisa crescer e se desenvolver, algo que os grandes **países** já fizeram sem se preocuparem com o futuro do planeta, agredindo sem escrúpulos o meio ambiente."?

1. O país.
2. do mundo.
3. disso.
4. o governo brasileiro.
5. a nação.
6. países.

a) 1 e 5.

b) 2 e 4.

c) 3 e 6.

d) 1, 3 e 5.

e) 2, 4 e 6.

35. *(Fonte: Amcham Brasil, 26 de maio 2017 – http://economia.estadao.com.br/blogs – Texto adaptado)*

COMENTÁRIOS

Alternativa "a": 1. ***O país*** (o Brasil) *com a maior floresta e com a maior reserva de água doce do mundo;* 5. ***a nação*** (o Brasil) *precisa crescer e se desenvolver.*

Alternativa "b": 2. O Brasil não é o mundo, mas sim uma parte dele; 4. O governo brasileiro não é o Brasil.

Alternativa "c": 3. Retoma "a maior floresta" e "a maior reserva de água doce"; 6. Os grandes países já fizeram, mas o Brasil não fez – não pode retomar o Brasil.

Alternativa "d": 1. Certo; 3. Errado; 5. Certo.

Alternativa "e": 2. Errado; 4. Errado; 6. Errado.

Alternativa correta: letra "a".

---

104. (Fundatec – Delegado de Polícia – PC – RS/2018 – adaptada) Em relação ao período do segundo parágrafo – "Logo, a #Sustentabilidade ganha um enorme foco, **causando** grandes debates a respeito de sua importância, e planejamentos complexos, para que, junto com ela, venha também o desenvolvimento e não o retrocesso"[36] –, afirma-se que:

I. Os termos sublinhados exercem a mesma função sintática.

II. A forma verbal 'causando' introduz uma oração reduzida de gerúndio.

III. A última oração do período é classificada como adverbial final.

Quais estão corretas?

a) Apenas I.

b) Apenas II.

c) Apenas I e II.

d) Apenas II e III.

e) I, II e III.

COMENTÁRIOS

✪ **Nota da autora:** Questão de análise sintática e período composto.

I. Objeto direto do verbo "ganhar"; objeto direto do verbo "causar"; adjunto adnominal.

II. É reduzida por não possuir conjunção, ou locução conjuntiva, e haver um verbo no gerúndio – causando. Desenvolvida: "**já que causa** grandes debates a respeito de sua importância, e planejamentos complexos".

III. Indica finalidade por responder à pergunta **"Para quê?"**. Resposta: *para que venha também o desenvolvimento e não o retrocesso.*

Alternativa correta: letra "d".

---

105. (Fundatec – Delegado de Polícia – PC – RS/2018) Em relação ao vocábulo **Segundo** (3º §), afirma-se que:

I. Trata-se de um elemento sequenciador das ideias apresentadas no texto.

II. É um numeral, dito ordinal.

III. Trata-se de uma conjunção, que pode ser substituída por **Conforme**.

Quais estão corretas?

a) Apenas I.

b) Apenas II.

c) Apenas III.

d) Apenas I e II.

e) Apenas II e III.

COMENTÁRIOS

I. **Errada.** Elementos sequenciadores são palavras que utilizamos numa frase ou parágrafo para que apresentem coesão. Possibilitam a conexão, ligação e harmonia entre os elementos de um texto. Trata-se de elemento sequenciador das ideias apresentadas **no período**, não no texto.

II. Não indica ordem, posição, ou lugar ocupado. Não é numeral, mas sim uma conjunção.

III. Indica conformidade (regra) e equivale também a *como, consoante* e *de acordo.*

Alternativa correta: letra "c".

---

106. (Fundatec – Delegado de Polícia – PC – RS/2018) Em relação ao significado da expressão **sem escrúpulos** (1º §) analise as afirmações a seguir:

I. **Sem escrúpulos** está relacionado à hesitação ou dúvida de consciência; inquietação de consciência; remorso.

II. Falta de caráter e inexistência de senso moral são características inerentes a quem tem escrúpulos.

III. A expressão **sem escrúpulos** está relacionada a cuidado, zelo; meticulosidade.

Quais estão INCORRETAS?

a) Apenas I.

b) Apenas II.

c) Apenas I e II.

d) Apenas II e III.

e) I, II e III.

COMENTÁRIOS

I. A expressão "sem escrúpulos" está relacionada a *sem cuidado, sem zelo, sem remorso, sem hesitação, sem consciência, sem receio, sem suscetibilidade.*

II. São características de quem **não** tem escrúpulos.

III. Está relacionada a **sem cuidado, sem zelo, sem meticulosidade.**

Alternativa correta: letra "e".

---

107. (Nucepe – Delegado de Polícia – PC – PI/2018 – adaptada) No trecho: Os 48 retratos ao lado formam uma galeria **que** o país não gosta de ver., a palavra

36. *(Fonte: https://br.blastingnews.com/sociedade-opiniao – Texto adaptado.)*

em destaque, quanto a sua classificação, apresenta as mesmas características morfológicas da palavra/expressão que se destacou em:

a) ... Quando os livros escolares informam **que** a escravidão foi abolida no Brasil em 13 de maio de 1888, ...
b) São vários Antônios, vários Franciscos, vários Josés e uma Vicentina, **que** dão carne e osso a um grande drama brasileiro:...
c) ... fica faltando dizer **que** encerrou a escravidão negra ...
d) ... fica faltando dizer que encerrou a escravidão negra – e **que**, ainda hoje, a escravidão persiste, ...
e) ... só **que** agora é multiétnica.

COMENTÁRIOS

Nota da autora: O "que" é pronome relativo – retoma *uma galeria* e equivale a **a qual**. Introduz a oração adjetiva restritiva (sem pontuação).

Alternativa "a": Informam algo = informam *isto* (cabe o pronome catafórico) e está posposto ao verbo: **conjunção integrante**.

Alternativa "b": Pronome relativo: retoma *vários Antônios, vários Franciscos, vários Josés e uma Vicentina* e equivale a **os quais**. Introduz a oração adjetiva explicativa (com pontuação).

Alternativa "c": Dizer *isto*: **conjunção integrante**.

Alternativa "d": Dizer *isto*: **conjunção integrante**.

Alternativa "e": *Só que* é uma expressão da língua oral que possui o mesmo sentido de conjunção **adversativa** (mas, porém etc.).

Alternativa correta: letra "b".

TEXTO PARA RESPONDER À QUESTÃO.

A complexa questão da segurança do Brasil

O Brasil vive hoje uma grande crise de segurança pública. Isso não é segredo para ninguém. Na realidade, a sensação de medo é algo que parece presente em vários setores da sociedade em nosso país. Só em Pernambuco, foram mais de cinco mil assassinatos em 2017. São números de guerra. E os relatos de situações de violências vividas estão presentes em todos os espaços. Muitas vezes são o tema principal de programas de televisão, porém muito pouco é tratado sobre como resolver. E esta é a grande questão sobre a qual precisamos nos debruçar.

Uma coisa é certa: a violência é um problema complexo. E problemas complexos possuem soluções complexas. **Qualquer que seja o discurso que tente apresentar uma solução simples para estes problemas é incabível.** Um exemplo é o discurso que a solução para a violência passa pela liberação de armas para os "cidadãos de bem" poderem se defender.

O que a ciência comprova é que liberar armas não resolve absolutamente nada quanto ao problema da segurança pública. **Um estudo recente liberado pela Escola de Saúde Pública de Harvard fez uma síntese de vários destes pontos e comprova a tese.**

Entre algumas das conclusões, uma delas é que armas de fogo são usadas mais frequentemente para assustar e intimidar do que para defesa própria. Outra conclusão alarmante é que armas de fogo em casa são usadas normalmente mais para intimidar pessoas íntimas e familiares que para evitar crimes.

(...)

De toda forma, este é um assunto que está novamente na ordem do dia e não pode deixar de ser tratado. Porém, estes discursos fáceis de que a solução para a violência está em liberar armas ou colocar o exército nas ruas não resolvem. Nunca resolveu. Por que resolveria agora? Estão aí os números que falam por si. **Mas, de um jeito ou de outro, o debate precisa ser travado.** (...)

Edição: Monyse Ravenna

(https://www.brasildefato.com.br/2018/02/26/a-complexa-questao-da-seguranca-do-brasil/- Aristóteles Cardona Júnior – Acesso em 7.5.2018)

108. (Nucepe – Delegado de Polícia – PC – PI/2018) Assinale a opção na qual a(s) palavra(s)/expressão(ões) NÃO se presta(m) ao papel de articulador(es) de organização textual e tenha(m) como função fazer com que o texto seja compreendido como uma unidade de sentido.

a) Entre algumas das conclusões, **uma delas** é que armas de fogo são usadas mais frequentemente para assustar e intimidar do que para defesa própria.
b) **Outra conclusão** alarmante é que armas de fogo em casa são usadas normalmente mais para intimidar pessoas íntimas ...
c) **Qualquer que seja** o discurso que tente apresentar uma solução simples para estes problemas é incabível.
d) **Mas**, de um jeito ou de outro, o debate precisa ser travado.
e) **Um estudo recente** liberado pela Escola de Saúde Pública de Harvard fez uma síntese de vários destes pontos e comprova a tese.

COMENTÁRIOS

Nota da autora: Articuladores são conectores – expressões que num texto ligam palavras, frases e parágrafos. Os conectores são palavras ou expressões utilizadas para especificar as relações entre vários segmentos linguísticos de um texto – servem para associar as ideias e estabelecer ligações entre elas.

Alternativa "a": Retoma **conclusões**: uma das conclusões.

Alternativa "b": Retoma **entre algumas das conclusões.**

Alternativa "c": Refere-se a **discurso**: qualquer discurso.

Alternativa "d": O conector *mas* demonstra ideia oposta ao que foi mencionado na oração anteposta. Trata-se de conjunção adversativa, isso significa que estabelece ligação entre as frases.

Alternativa "e": Possui função de sujeito, ou seja, faz com que o texto possua sentido e não possui papel de articulador.

Alternativa correta: letra "e".

109. (Nucepe – Delegado de Polícia – PC – PI/2018) Em relação às estruturas linguísticas, só NÃO está correto o que se afirma sobre o segmento sublinhado e em negrito, em:

a) ...para não falar de constantes **ameaças** de morte. (Palavra formada pelo processo de derivação regressiva).

b) ...ainda hoje, a escravidão persiste, **só** que agora é multiétnica. (Palavra que denota contextualmente uma restrição).

c) ...elas **chegaram a beber** a mesma água que os porcos ... (Trata-se de uma estrutura com perífrase verbal com tempo composto na voz passiva).

d) ...os livros escolares informam que a escravidão **foi abolida** no Brasil ... (Estrutura com verbo na voz passiva).

e) Comparada aos milhões de africanos trazidos **para o país para trabalhar como escravos**,... (Oração cuja função sintático-semântica é de finalidade).

COMENTÁRIOS

✪ **Nota da autora: Palavras e locuções denotativas** *são palavras que, embora, em alguns aspectos (ser invariável, por exemplo), assemelhem-se a advérbios, não possuem, segundo a Nomenclatura Gramatical Brasileira, classificação especial. Do ponto de vista sintático, são expletivas, isto é, não assumem nenhuma função; do ponto de vista morfológico, são invariáveis (muitas delas vindas de outras classes gramaticais); do ponto de vista semântico, são inegavelmente importantes no contexto em que se encontram.*[37]

Alternativa "a": O substantivo *ameaça* é derivado do verbo **ameaçar**.

Alternativa "b": É uma palavra denotativa que expressa ideia de limitação, restrição.

Alternativa "c": É uma perífrase verbal por ser formada de verbo principal acompanhado de auxiliar e equivaler a *beberam*. Erro: a oração está na voz ativa = elas beberam a água.

Alternativa "d": Voz passiva analítica: verbo *ser* + particípio. Transpondo para a ativa, temos: aboliram a escravidão.

DICA – Se não há agente da passiva, o sujeito na voz ativa será indeterminado (verbo na terceira pessoa do plural).

Alternativa "e": Para que os trouxeram os africanos? **Para trabalhar como escravos** = finalidade.

Alternativa correta: letra "c".

37. "Palavras e Locuções Denotativas" em *Só Português*. Virtuous Tecnologia da Informação, 2007-2019. Consultado em 23/02/2019.

▸ **FRAGMENTO DE TEXTO PARA RESPONDER À QUESTÃO.**

Vamos partir de uma situação que grande parte de nós já vivenciou. Estamos saindo do cinema, depois de termos visto uma adaptação de um livro do qual gostamos muito. Na verdade, até que gostamos do filme também: o sentido foi mantido, a escolha do elenco foi adequada, e a trilha sonora reforçou a camada afetiva da narrativa. Por que então sentimos que algo está fora do lugar? Que está faltando alguma coisa? (...)[38]

110. (Vunesp – Delegado de Polícia – PC – BA/2018 – adaptada) O trecho permanecerá redigido conforme a norma-padrão e com o sentido preservado, caso o sinal de dois-pontos seja substituído pela vírgula seguida da seguinte expressão:

a) porquanto

b) ainda que

c) em contrapartida

d) por conseguinte

e) a fim de que

COMENTÁRIOS

✪ **Nota da autora:** Questão de coesão textual e período composto.

Alternativa "a": No contexto, a conjunção indica causa, pois é subordinada, e possui sentido de *já que, visto que, pois*. Poderia ser explicativa se aa oração fosse coordenada, ou seja, se fosse independente sintaticamente.

Alternativa "b": Indica concessão – oposição.

Alternativa "c": Indica concessão – oposição.

Alternativa "d": Indica conclusão – equivale a *logo*.

Alternativa "e": Indica finalidade – caberia a pergunta "para quê?".

Alternativa correta: letra "a".

▸ **FRAGMENTO DO TEXTO CB1A2AAA PARA RESPONDER À QUESTÃO.**

O termo *nude* é do inglês e vem sendo utilizado na Internet por usuários de redes sociais para designar fotos íntimas que retratam a pessoa sem roupa. O envio e a troca de nudes são facilitados em aplicativos de celular, o que torna essa prática popular entre seus usuários, incluindo-se menores de idade, e facilita o compartilhamento das fotos. (...)

Internet: <https://jornaldosdez.wordpress.com> (com adaptações).

111. (Cespe – Delegado de Polícia – GO/2017 – adaptada) Em cada uma das opções a seguir, é apresentada uma proposta de reescrita para o primeiro período do texto. Assinale a opção que apresenta proposta que mantém o sentido original e a correção gramatical do texto.

38. *(Ligia G. Diniz. https://brasil.elpais.com. 22.02.2018. Adaptado)*

a) O termo nude é do inglês e vem sendo utilizado na Internet por usuários de redes sociais para designar fotos íntimas em que se retrata a pessoa sem roupa.

b) O termo nude é do inglês e vem sendo utilizado na Internet por usuários de redes sociais para designar fotos íntimas a qual retrata a pessoa sem roupa.

c) O termo nude vem do inglês e têm sido utilizado na Internet por usuários de redes sociais para designar fotos íntimas onde retratam a pessoa sem roupa.

d) O termo nude é do inglês e vem sendo utilizado na Internet por usuários de redes sociais destinadas a designar fotos íntimas cuja imagem retrata a pessoa sem roupa.

e) O termo nude é proveniente do inglês e foi utilizado na Internet por usuários de redes sociais para designar fotos íntimas que aparece a pessoa sem roupa.

COMENTÁRIOS

✪ **Nota da autora:** Questão de reescritura de frase, pronome, regência e concordância.

Alternativa "a" – Na forma original: fotos íntimas retratam a pessoa sem roupa (voz ativa); na reescritura: a pessoa sem roupa é retratada em fotos íntimas (voz passiva – **em que se retrata**: sintética; é retratada: analítica). A expressão fotos íntimas é sujeito e adjunto adverbial, respectivamente. Não houve alteração de sentido nem incorreção gramatical.

Alternativa "b" – Se pronome relativo retoma "fotos íntimas", deveria estar no plural para concordar com o termo a que se refere: fotos íntimas **as quais retratam**. O verbo também deve ser pluralizado.

Alternativa "c" – O termo **tem** sido utilizado: singular; o relativo retoma o sujeito e não admite a forma "onde" – que só deve retomar lugar e equivale a em que, no(a) qual, nos quais, nas quais.

Alternativa "d" – Concordância: o termo nude é **destinado**. O sentido também foi alterado, pois passa a significar "a imagem das fotos íntimas (sentido de posse) retrata a pessoa sem roupa". No trecho original, tem-se: as fotos íntimas retratam a pessoa.

Alternativa "e" – Regência: fotos íntimas **em que** (ou **nas quais**) aparece a pessoa sem roupa. Lê-se: a pessoa sem roupa aparece **em** fotos íntimas.

Alternativa correta: letra "a".

---

112. (Cespe – Delegado de Polícia – GO/2017 – adaptada) A correção gramatical e o sentido original seriam preservados, se, no trecho 'Quando se trata de crianças e adolescentes, há um agravante, pois, no art. 241 do Estatuto da Criança e do Adolescente, é qualificada como crime grave a divulgação de fotos, gravações ou imagens de crianças ou adolescentes',

a) fosse inserida uma vírgula imediatamente após a expressão 'crime grave'.

b) a vírgula imediatamente após a expressão 'crianças e adolescentes' fosse eliminada.

c) o trecho 'Quando se trata (...) pois, no art. 241' fosse reescrito da seguinte forma: **Há um agravante, quando se trata de crianças e adolescentes, pois, no artigo 241.**

d) a vírgula imediatamente após o vocábulo 'pois' fosse eliminada.

e) o trecho 'Quando se trata (...) pois, no art. 241' fosse reescrito da seguinte forma: **Há um agravante quando se trata de crianças e adolescentes. Pois, no art. 241.**

COMENTÁRIOS

Retirando as intercalações, tem-se: Há um agravante, pois é qualificada como crime grave a divulgação de fotos, gravações ou imagens de crianças ou adolescentes.

Alternativa "a" – Na ordem direta: a divulgação de fotos (...) é qualificada como crime grave. A inserção da vírgula acarretaria erro por separar o sujeito do predicado.

Alternativa "b" – Note que há uma vírgula anteposta a "no artigo". As duas vírgulas intercalam o adjunto adverbial e não podem ser retiradas – muito menos retirar apenas uma.

Alternativa "c" – Correto: as duas vírgulas iniciais intercalam a oração subordinada adverbial temporal; a terceira vírgula intercala o adjunto adverbial de lugar.

Alternativa "d" – Como já mencionado, as vírgulas separam a intercalação do adjunto adverbial.

Alternativa "e" – A conjunção "pois" possui sentido causa (equivale a "porque") e a vírgula é necessária para ligar a oração principal à oração subordinada causal, já que há relação de causa e efeito, ou causa e consequência.

Entenda melhor:

1.

Por que há um agravante?	**Porque** a divulgação de imagens (...) é qualificada como crime grave.
Consequência	Causa

A resposta é a causa e a pergunta é a consequência.

2. Conjunções causais: porque, como (sempre introduzido na oração anteposta à oração principal), ***pois***, pois que, já que, uma vez que, visto que.

Alternativa correta: letra "c".

▸ **TEXTO PARA RESPONDER ÀS QUESTÕES.**

Olhador de anúncio

Eis que se aproxima o inverno, pelo menos nas revistas, cheias de anúncios de cobertores, lãs e malhas. O que é desenvolvimento! Em outros tempos, se o indivíduo sentia frio, passava na loja e adquiria os seus agasalhos. **Hoje são os agasalhos que lhe batem à porta, em belas mensagens coloridas.**

E nunca vêm sós. O cobertor traz consigo uma linda mulher, que se apresta para se recolher debaixo de sua "nova textura antialérgica", e a legenda: "Nosso cobertor aquece os corpos de quem já tem o coração quente". A mulher parece convidar- nos: "Venha também". Ficamos perturbados. Faz calor, um calor daqueles. Mas a página aconchegante instala imediatamente o inverno, e sentimo-nos na aflita necessidade de proteger o irmão corpo sob a maciez desse cobertor, e...

Não. A mulher absolutamente não faz parte do cobertor, que é que o senhor estava pensando? Nem adianta telefonar para a loja ou para a agência de publicidade, pedindo endereço da moça do cobertor antialérgico de textura nova. Modelo fotográfico é categoria profissional respeitável, como outra qualquer. Tome juízo, amigo. E leve só o cobertor.

São decepções de olhador de anúncios. [...].

Mas sempre é bom tomar conhecimento das mensagens publicitárias. É o mundo visto através da arte de vender. "As lojas fazem tudo por amor". Já sabemos, pela estória do cobertor mulher (uma palavra só) que esse tudo é muito relativo. "Em nossas vitrinas a japona é irresistível". Então, precavidos, não passaremos diante das vitrinas. E essa outra mensagem é, mesmo, de alta prudência: "Aprenda a ver com os dois olhos". Precisamos deles para navegar na maré de surrealismo que cobre outro setor da publicidade: "Na liquidação nacional, a casa x tritura preços". Os preços virando pó, num país inteiramente líquido: vejam a força da imagem. Rara espécie animal aparece de repente: "Comprar na loja y é supergalinha-morta".

Prosseguimos, invocados, sonhando "o sonho branco das noites de julho". "Ponha uma onça no seu gravador". "A alegría está no açúcar". "Pneu de ombros arredondados é mais pneu". "Tip-Tip tem sabor de céu". "Use nossa palmilha voadora". "Seus pés estão chorando por falta das meias Rouxinol, que rouxinolizam o andar". "Neste relógio, você escolhe a hora". "Ponha você neste perfume". "Toda a sua família cabe neste refrigerador e ainda sobra lugar para o peru de Natal". "Sirva nossa lingerie como champanha; é mais leve e mais espumante".

O olhador sente o prazer de novas associações de coisas, animais e pessoas; e esse prazer é poético. Quem disse que a poesia anda desvalorizada? A bossa dos anúncios prova o contrário. E ao vender-nos qualquer mercadoria, eles nos dão de presente "algo mais", que e o produto da imaginação e tem serventia, as coisas concretas, que também de pão abstrato se nutre o homem. ANDRADE, Carlos Drummond de. Rio de Janeiro: Record, 2005. p. 151-2.

113. (IBADE - Delegado de Polícia - AC/2017) Em relação ao trecho "Eis que se aproxima o inverno, pelo menos nas revistas, cheias de anúncios de cobertores, lãs e malhas." é correto afirmar que:

a) o período afirma que, inclusive nas revistas, o inverno se aproxima.

b) a palavra O. em única ocorrência, é um pronome oblíquo.

c) poderia ser acrescentada uma vírgula após a palavra EIS,

d) pela nova ortografia, o X da palavra APROXIMA foi substituído por C,

e) a forma verbal APROXIMA concorda com O INVERNO.

COMENTÁRIOS

Alternativa "a" - O inverno não se aproxima nas revistas. Nas revistas, há anúncios de cobertores, lãs e malhas.

Alternativa "b" - É um artigo definido masculino singular: o inverno, os invernos. Para ser pronome oblíquo, deveria possuir o sentido de "ele", ou de "algo". Exemplo: Vi meu aluno = vi-o. Entreguei o documento: entreguei-o.

Alternativa "c" - Eis equivale a "aqui está, veja, olhe" e não exige pontuação posposta.

Alternativa "d" - Tal substituição não ocorreu - sorte a nossa.

Alternativa "e" - O que se aproxima? O inverno: sujeito. O verbo deve concordar com o sujeito

Alternativa correta: letra "e"

114. (IBADE - Delegado de Polícia - AC/2017) Sobre o segmento, no primeiro parágrafo, "Hoje são os agasalhos que lhe batem à porta, em belas mensagens coloridas." É correto afirmar que:

a) o período é composto por orações subordinadas substantivas.

b) é um período simples com uma oração sintaticamente coordenada assindética.

c) A forma verbal BATEM está na voz passiva sintética.

d) QUE inicia a oração subordinada adjetiva e constitui o sujeito da oração a que pertence.

e) a palavra LHE é um pronome adjetivo e se refere ao leitor dos anúncios.

COMENTÁRIOS

Nota da autora: Questão de período composto, concordância e análise sintática.

Alternativa "a" - Não há oração substantiva, muito menos conjunção integrante.

Alternativa "b" - É um período composto por subordinação, como visto na alternativa "d".

Alternativa "c" - Os agasalhos batem à porta: voz ativa - o sujeito pratica a ação.

Alternativa "d" - Hoje são os agasalhos: oração principal (sem conectivo); que lhe batem à porta, em belas mensagens coloridas = **os quais** lhe batem à porta: oração subordinada adjetiva (possui pronome relativo) restritiva (sem pontuação). Se o relativo retoma "agasalhos" (que é o sujeito - os agasalhos batem à porta), óbvio que sua função sintática é de sujeito também.

Entenda melhor:

A pessoa que fez a prova inteira saiu atrasada.

= A pessoa saiu atrasada. Função sintática do pronome relativo: sujeito.

O livro que ele comprou é bom.

= Ele comprou o livro. Função sintática do pronome relativo: objeto direto.

O livro a que ele se referiu é bom.

= Ele se referiu ao livro. Função sintática do pronome relativo: objeto indireto.

Alternativa "e" – O pronome possui valor de posse (batem à sua porta) e exerce a função sintática de adjunto adnominal. Refere-se a "indivíduo": batem à porta do indivíduo.

Releia o trecho: Eis que se aproxima o inverno, pelo menos nas revistas, cheias de anúncios de cobertores, lãs e malhas. O que é desenvolvimento! Em outros tempos, se ***o indivíduo*** sentia frio, passava na loja e adquiria os seus agasalhos. Hoje são os agasalhos que ***lhe*** batem à porta, em belas mensagens coloridas.

DICA – O pronome será adjetivo quando acompanhar o substantivo: Ele irá em **seu** carro.

Alternativa correta: letra "d".

FRAGMENTO DO TEXTO PARA RESPONDER À QUESTÃO.

(...) É possível dizer que, enquanto a ética é teórica, "filosófica", a moral está associada à prática, ao cotidiano, à maneira como vivemos os princípios éticos. Subjacente aos dois conceitos há uma questão básica: a oposição entre o bem e o mal. Para a psiquiatria, a psicanálise e a maioria das abordagens psicológicas, porém, a visão maniqueísta é insuficiente diante da complexidade humana. Muitas vezes, as supostas maldades – ou o que a priori seriam considerados gestos de bondade – surgem como sintomas de alguma patologia ou emergem de quadros psíquicos alterados. Além disso, se levarmos em conta a existência de uma instância psíquica inconsciente, que constantemente sabota nossas boas intenções (**e quanto menos nos conhecemos mais o faz**), fica ainda mais difícil estabelecer uma separação objetiva entre bons e maus. (...)

Rev. mentecérebro. Abril de 2011, p. 22.

115. (FUNCAB - Delegado de Polícia - PA/2016) No texto, em relação ao segmento "e quanto menos nos conhecemos mais o faz", constitui um equívoco de leitura entender que:

a) a primeira das orações correlacionadas exprime ideia de comparação.
b) o demonstrativo "o" refere-se anaforicamente a "nossas boas intenções".
c) o pronome pessoal "nos" está empregado reflexivamente.
d) o sujeito de "mais o faz" é o relativo "que", elíptico após a conjunção "e".
e) a forma verbal "faz" está empregada em substituição a "sabota".

COMENTÁRIOS

ANULADA – Analisemos todas as opções, pois há apenas uma alternativa certa (C). O comando da questão deveria ser assim: **não** constitui um equívoco de leitura.

Alternativa "a" – Informação errada. A ideia é de proporcionalidade, ou seja, ideias simultâneas: e à medida que nos conhecemos mais o faz .

Alternativa "b" – Informação errada. Refere-se a "sabota nossas boas intenções". Faltou, na alternativa, a inserção do verbo sabotar.

Alternativa "c" – Informação correta. Conhecemos a nós mesmos, conhecemos a nós próprios: reflexividade.

Alternativa "d" – Informação errada. O "que" elíptico seria **conjunção integrante** e não pronome relativo. Entenda melhor: ocorre paralelismo sintático. Lê-se: se levarmos em conta a existência de uma instância psíquica inconsciente e (se levarmos em conta) **que** quanto menos nos conhecemos mais o faz. O "que" exerce função de conjunção integrante: se levarmos em conta ***isto***. A ideia é: quanto menos nos conhecemos, mais a instância psíquica inconsciente sabota nossas boas intenções.

Alternativa "e" – Informação errada. O pronome demonstrativo "o" é que retoma "sabota nossas boas intenções".

116. (Vunesp - Delegado de Polícia - CE/2015) O termo empregado com sentido figurado está em destaque na seguinte passagem:

a) Mas o fato de ela ter me entendido mal, o que acontece com **frequência** quando se discute o tema da velhice...
b) O **motivo** da sua pergunta era eu ter dito, em uma de minhas colunas, que hoje em dia não existiam mais vovôs e vovós.
c) Walter Benjamim, **filósofo** alemão do século XX, dizia que na modernidade o narrador da vida desapareceu.
d) A própria estrutura sobre a qual se funda a experiência moderna – ciência, técnica, superação de tradição – agrava a **invisibilidade** dos mais velhos.
e) Minha **leitora** entendeu que eu dizia que idosos devem se afundar na doença, na solidão e no abandono.

COMENTÁRIOS

Nota da autora: questão se semântica (denotação e conotação).

– Impossível indicar sentido denotativo (real), pois indicaria que os mais velhos não são vistos, que são invisíveis.

Alternativa "a" – Caráter daquilo que acontece muitas vezes.

Alternativa "b" – Que é causa ou origem de alguma coisa.

Alternativa "c" – Pessoa que se ocupa da filosofia, por considerá-la princípio do conhecimento, seja como teoria do saber, seja como norma de vida, a fim de determinar a hierarquia dos valores.

Alternativa "e" – Diz-se daquela que lê.

Alternativa correta: letra "d".

▸ **TEXTO PARA A QUESTÃO.**

Brasil vive tragédia na segurança pública, diz especialista.

O Brasil vive uma tragédia na área da segurança pública, afirmou hoje o especialista Ricardo Balestreri, durante seminário na Feira Internacional de Segurança Pública e Corporativa (Laad Security 2014), que reúne até quinta-feira no Riocentro, zona oeste da capital fluminense, empresas fabricantes e fornecedores nacionais e internacionais de tecnologia, equipamentos e serviços. Segundo ele, **a falta de recursos, de políticas públicas para o setor e de investimento nas carreiras policiais contribuem para que anualmente o país perca em torno de 53 mil vidas desnecessariamente.**

"Estamos matando por ano, no país, quase uma cidade de médio porte. São quase 100 mil pessoas entre homicídios e mortes no trânsito. São 53 mil homicídios por ano", comentou ele. "É uma desgraça constante e crônica na área da segurança. Não é qualquer tipo de morte, estamos eliminando anualmente toda uma geração de jovens: em geral, negros, pobres, na faixa dos 14 aos 24 anos", ressaltou.

Comprar mais armas, viaturas, rádios e coletes apenas, sem tecnologia de ponta, como sistemas de comando e controle, vídeo e monitoramento, aparelhamento e treinamento dos policiais, é fazer mais do mesmo, segundo ele. **"Não teremos a menor chance de reduzir o número de mortes, nem dos demais crimes que assolam hoje a sociedade brasileira, se não tivermos mais seriedade na gestão pública**. Comprar apenas apetrechos é manter a política do espetáculo, que é a do tiroteio, do chute na porta, da quantidade de prisões e, ao final, o resultado é pífio", comentou. (...)

Outro problema também relatado no seminário foi a ineficiência dos inquéritos policiais. "Menos de 8% em média dos crimes são apurados e menos de 2% são punições de homicídios. Cerca de 98% das mortes dolosas no Brasil não são punidas. A impunidade é quase absoluta", **lamentou ao se referir às polícias brasileiras como "meias polícias", que fazem trabalhos incompletos e se atrapalham entre si**. "Não defendo a unificação das polícias, mas do ciclo de trabalhos das polícias", declarou.

O palestrante disse que a Polícia Civil transformou-se em mero cartório de registros e de procedimentos, já que os delegados hoje são juízes de instrução sem poder, segundo ele. "As polícias precisam ser divorciadas, fazendo trabalhos especializados e completos, cada um na sua área e cada um com seu cartório próprio", argumentou. **Para ele, a Polícia Civil, que é numericamente menor, deveria se especializar nos crimes mais sofisticados, como crimes contra a pessoa, colaborar com a Polícia Federal contra lavagem de dinheiro e crime organizado, entre outros**. Já a Polícia Militar ficaria responsável pelos crimes ordinários, fazendo inclusive o trabalho cartorial e investigativo que hoje é feito pela Polícia Civil. (...)

VILELLA, Flávia. Disponível em: http://agenciabrasil.ebc.com.br/direitos-humanos/noticia/ 2014-04/brasil-vive-tragedia-na-seguranca-publica-diz-especialista. Publicado em 08/04/2014. Acesso em 20/05/2014. Adaptado.

117. (ACAFE - Delegado de Polícia - SC/2014) Com relação aos segmentos extraídos do texto 2, é correto o que se afirma em:

a) O período "Não teremos a menor chance de reduzir o número de mortes, nem dos demais crimes que assolam hoje a sociedade brasileira, se não tivermos mais seriedade na gestão pública" é composto por três orações, uma das quais exerce a função de advérbio de causa.

b) Na frase "Para ele, a Polícia Civil, que é numericamente menor, deveria se especializar nos crimes mais sofisticados, como crimes contra a pessoa, colaborar com a Polícia Federal contra lavagem de dinheiro e crime organizado, entre outros", o pronome relativo "que" retoma Polícia Civil e exerce a função de sujeito do verbo "é".

c) No trecho "(...) a falta de recursos, de políticas públicas para o setor e de investimento nas carreiras policiais contribuem para que anualmente o país perca em torno de 53 mil vidas desnecessariamente", o verbo "perca" deveria estar flexionado na terceira pessoa do plural do presente do subjuntivo para que houvesse concordância com o sujeito "53 mil vidas".

d) Em "(...) lamentou ao se referir às polícias brasileiras como 'meias polícias', que fazem trabalhos incompletos e se atrapalham entre si", o termo "entre si" é redundante.

e) Na frase "O palestrante disse que a Polícia Civil transformou-se em mero cartório de registros e de procedimentos, já que os delegados hoje são juízes de instrução sem poder', a locução conjuntiva "já que" pode ser substituída pela expressão "dos quais" sem que ocorra modificação no sentido.

COMENTÁRIOS

Questão anulada – Vamos analisar as alternativas.

Alternativa "a" – 3 orações: 1. Não teremos a menor chance de reduzir o número de mortes, nem dos demais crimes = principal; 2. que assolam hoje a sociedade brasileira = adjetiva restritiva; 3. se não tivermos mais seriedade na gestão pública = adverbial condicional. Erro: Não há causa.

Alternativa "b" – "Que" é pronome relativo por equivaler a "a qual". Erro: o sujeito do verbo "é" é o pronome relativo; o sujeito de "deveria de especializar" é a "Polícia Civil".

Alternativa "c" – O verbo está concordando com o sujeito "o país". *53 mil vidas* possui função de objeto direto do verbo *perder*.

Alternativa "d" – Não há redundância (repetição de ideias). Exemplos clássicos de redundância: "antecipar para antes"; "criar novos empregos"; "conclusão final"; "conviver junto"; "elo de ligação"; "encarar de frente"; "ganhar grátis".

Alternativa "e" – a locução conjuntiva "já que" indica causa e não pode ser substituída por pronome relativo.

Não há resposta, pois não existe alternativa correta.

▸ **TEXTO PARA AS QUESTÕES.**

O mundo daqui a cinco anos

Telemedicina, nanotecnologia, tecnologias 3D e tradução simultânea por reconhecimento de voz. Todos estes recursos, em maior ou menor escala, já foram absorvidos pela sociedade. **Suas primeiras aparições foram na lista "Five to five" da IBM**, que prevê cinco fenômenos que podem mudar nosso cotidiano a cada cinco anos. Ontem a multinacional divulgou o que acontecerá até 2018. **E sua aposta é que**, com o desenvolvimento tecnológico, tudo – do ensino acadêmico à hora de ir para o trabalho – pode ser personalizado.

A transformação mais radical pode ser na medicina, área em que algumas empresas pretendem fornecer aos médicos o mapeamento genético de cada paciente. A tecnologia fará do teste do DNA, hoje ainda raro, o principal meio para a decisão da terapia adequada. **Com isso, será possível optar por tratamentos personalizados** para males como doenças cardiovasculares.

Na escola, o professor terá reforço para lidar com o método como cada aluno consegue aprender. "A computação cognitiva ajudará a calcular como cada aluno aprende e cria um sistema flexível, que se adapta continuamente ao estudante", revela a IBM.

Com base no tempo e no engarrafamento, **o smartphone poderá recomendar a seu usuário** que saia de casa alguns minutos mais cedo – e, também, que caminho deve seguir.

O deslocamento fica mais fácil, mas o comércio da vizinhança também atrairá as pessoas. A lojinha da esquina, agora conectada a seu telefone, divulgará as promoções e conhecerá suas preferências: "Será a fusão do que há de melhor na loja física – tocar e vestir um produto – com a riqueza de informações – as ofertas instantâneas e o gosto do consumidor".

Na web, **aliás**, a invasão de contas de emails e a ação de hackers esbarrarão na "polícia pessoal online". Portais como o Google já avisam o usuário quando suas mensagens são lidas fora de locais onde o dono da conta costuma acessar a internet – um outro país, por exemplo. Todos os passos são monitorados. Segundo a IBM, com a "permissão" do usuário. **Mas, depois da revelação da vigilância mundial da NSA, este avanço tecnológico pode deixar muita gente ressabiada.**

(O Globo – Caderno Ciência – 19/12/2013, p. 45.)

118. (FUNCAB – Delegado de Polícia – RO/2014) "Mas, depois da revelação da vigilância mundial da NSA, este avanço tecnológico pode deixar muita gente ressabiada." (último parágrafo)

A afirmação do período acima, em relação ao que se informa antes no parágrafo, tem de ser lida como uma:

a) comparação.
b) analogia.
c) explicação.
d) restrição.
e) conclusão.

COMENTÁRIOS

Alternativa "a" – Não compara.

Alternativa "b" – Não possui semelhança, pelo contrário.

Alternativa "c" – Não explica.

Alternativa "d" – *Todos os passos são monitorados com a permissão do usuário* versus *depois da revelação da vigilância mundial da NSA, este avanço tecnológico pode deixar muita gente ressabiada.*

Ocorre restrição, óbvio, pois impõe limites. No dicionário (dicio.com.br): *circunstância ou estado restritivo; que impõe limite(s); que se apresenta de modo condicionante.*

Alternativa "e" – Não há conclusão.

Alternativa correta: letra "d".

119. (FUNCAB – Delegado de Polícia – RO/2014) Nos itens abaixo foram postos em destaque pronomes em função anafórica e informados os termos a que se referem.

I. "SUAS primeiras aparições foram na lista 'Five to five' da IBM..."/recursos.
II. "E SUA aposta é que... "/ a multinacional IBM.
III. "Com ISSO, será possível optar por tratamentos personalizados..."/a transformação mais radical.
IV. "...o smartphone poderá recomendar a SEU usuário..."/smartphone.
V. "...ESTE avanço tecnológico pode deixar muita gente ressabiada." / a "permissão" do usuário.

As informações estão de acordo com o texto apenas nos itens:

a) I, II, III e IV.
b) III e V.
c) I, II e V.
d) II e V.
e) III e IV.

COMENTÁRIOS

I. As primeiras aparições de **todos os recursos**.
II. A aposta da **multinacional**.
III. A tecnologia fará do teste do DNA, hoje ainda raro, o principal meio para a decisão da terapia adequada. Com **isso** = **a ideia mencionada no período anterior.**
IV. O pronome refere-se a **usuário** e não retoma termo.
V. Certo: Todos os passos são monitorados. Segundo a IBM, **com a "permissão" do usuário**. Mas, depois da revelação da vigilância mundial da NSA, **este avanço** tecnológico pode deixar muita gente ressabiada.

Observações: a questão não foi anulada. Não concordo com o item IV = usuário do smartphone; o pronome que acompanha "avanço", no item V, deveria ser **esse**, pois retoma ideia.

Alternativa correta: letra "c".

120. (FUNCAB - Delegado de Polícia - RO/2014) "Na web, ALIÁS, a invasão de contas de emails e a ação de hackers esbarrarão na 'polícia pessoal online'." (último parágrafo)

A leitura adequada ao termo em destaque no trecho acima é:

a) verdade seja dita.
b) nada obstante.
c) além disso.
d) ou melhor.
e) do contrário.

COMENTÁRIOS

Alternativa "a" - Altera a ideia.

Alternativa "b" - Não obstante indica concessão, assim como nada obstante. Não cabe entre os períodos.

Alternativa "c" - Aliás = além disso: introduz uma retificação, equivalendo a isto é, ou melhor, ou por outra, ou antes.

Alternativa "d" - Explica

Alternativa "e" - Não há oposição.

Alternativa correta: letra "c".

121. (FUNCAB - Delegado de Polícia - RO/2014)

1. "...podem mudar nosso cotidiano A cada cinco anos."
2. "...do ensino acadêmico A hora de ir para o trabalho..."
3. "Será a fusão do que HÁ de melhor na loja física..."

Comparando-se as três construções acima, constata-se que as formas em destaque têm a mesma pronúncia, mas grafias distintas, isso porque são gramaticalmente diferentes. Das sentenças abaixo, aquela cuja lacuna deve ser preenchida com a forma usada na terceira das construções acima é:

a) O mundo ainda está ______ enorme distância de uma tecnologia voltada para a paz.
b) A adaptação ______ tecnologia avançada vem marcando o mundo.
c) Apesar das previsões da IBM, ______ muitos anos não aparece nenhum avanço tecnológico.
d) Para ter acesso ______ tecnologia da polícia pessoal online, o usuário precisa ser autorizado.
e) O usuário recorrerá ______ loja de sua preferência.

COMENTÁRIOS

✪ **Nota da autora:** questão de concordância, preposição e crase.

Alternativa "a" - a enorme distância.

Alternativa "b" - adaptação **à** tecnologia avançada = adaptação **ao** setor avançado. Substituindo a palavra feminina por uma masculina e resultando em **ao** = crase.

Alternativa "c" - **Há** muitos anos = tempo decorrido.

Alternativa "d" - para ter acesso **à** tecnologia = acesso **ao** setor.

Alternativa "e" - recorrerá **à** loja = recorrerá **ao** local.

Alternativa correta: letra "c".

▸ **TEXTO PARA AS QUESTÕES.**

Ordem ou Barbárie

O fenômeno da violência é tão antigo quanto o ser humano. Desde sua criação (ou surgimento, dependendo do ponto de vista), o homem sempre esteve dividido entre razão e instinto, paz e guerra, bem e mal.

Há quem tente explicar a violência, a opção pela criminalidade, como consequência da pobreza, da falta de oportunidades: o homem fruto de seu meio. Sem poder fazer as próprias escolhas, destituído de livre-arbítrio, o indivíduo seria condenado por sua origem humilde à condição de bandido. Mas acaso a virtude é monopólio de ricos e remediados? Creio que não.

Na propaganda institucional, a pobreza no Brasil diminuiu, o poder de compra está em alta, o desemprego praticamente desapareceu... Mas, **se a violência tem relação direta com a pobreza, como explicar que a criminalidade tenha crescido em igual ou maior proporção que a renda do brasileiro**? Criminalidade e pobreza não andam necessariamente de mãos dadas.

Na semana passada, a violência (ou a falta de segurança) voltou ao centro dos debates. O flagrante de um jovem criminoso nu, preso a um poste por um grupo de justiceiros deu início a um turbilhão de comentários polêmicos. Em meu espaço de opinião no jornal "SBT Brasil", afirmei compreender (e não aceitar, que fique bem claro!) a atitude desesperada dos justiceiros do Rio.

(...)

Não é de hoje que o cidadão se sente desassistido pelo Estado e vulnerável à ação de bandidos. (...) Estamos entre os 20 países mais violentos do planeta. E, apesar das estatísticas, em matéria de ações de segurança pública, estamos praticamente inertes e, pior: na contramão do bom senso!

(...)

No Brasil de valores esquizofrênicos, pode-se matar um cidadão e sair impune. Mas a lei não perdoa quem destrói um ninho de papagaio. É cadeia na certa!

(...)

Quando falta sensatez ao Estado é que ganham força outros paradoxos. Como jovens acuados pela violência que tomam para si o papel da polícia e o dever da Justiça. Um péssimo sinal de descontrole social. É na ausência de ordem que a barbárie se torna lei.

(Rachel Sheherazade - jornal Folha de São Paulo, 11 de fevereiro de 2014)

122. (NUCEPE - Delegado de Polícia - PI/2014) A opção em que o segmento destacado na palavra, do ponto de vista de sua forma, é o mesmo que se verifica em: na contra**mão** do bom senso!, é

a) o des**emprego** praticamente desapareceu...
b) como explicar que a criminal**idade** tenha crescido.
c) Mas acaso a virtude é monopólio de ricos e remedi**ados**?
d) como explicar que a criminalidade tenha crescido em igual ou maior proporção que a renda do brasil**eiro**?
e) vulner**ável** à ação de bandidos.

COMENTÁRIOS

✪ **Nota da autora:** processo de formação das palavras é assunto raro de ser exigido em provas de delegado.

Alternativa "a" Os vocábulos "contramão" e "desemprego" são formados através de derivação prefixal.

Alternativa "b" - Sufixo, pois vem de *crime*.

Alternativa "c" - Sufixo. Origina-se de *remediar*.

Alternativa "d" - Sufixo, pois vem de *Brasil*.

Alternativa "e" - Não possui prefixo nem sufixo, é formada pelo radical.

Alternativa correta: letra "a".

123. (NUCEPE - Delegado de Polícia - PI/2014) A palavra destacada em: deu início a um turbilhão de comentários polêmicos., presta-se a estabelecer algum atributo, qualificação àquela que a antecede. Uma relação diferente dessa é verificada na palavra em destaque, em

a) seria condenado por sua origem **humilde** à condição de bandido.
b) Na propaganda **institucional**, a pobreza no Brasil diminuiu.
c) a atitude **desesperada** dos justiceiros do Rio.
d) Um péssimo **sinal** de descontrole social.
e) Um péssimo sinal de descontrole **social**.

COMENTÁRIOS

✪ **Nota da autora:** Questão de classes gramaticais e semântica.

Alternativa "a" - qualifica *origem*.

Alternativa "b" - qualifica *propaganda*.

Alternativa "c" - qualifica *atitude*.

Alternativa "d"- *Polêmicos* qualifica *comentários*, portanto é adjetivo. Em *um péssimo **sinal***, a palavra em destaque é substantivo (nomeia). O termo que qualifica é *péssimo*.

Alternativa "e" - qualifica *descontrole*.

Alternativa correta: letra "d".

124. (NUCEPE - Delegado de Polícia - PI/2014) A opção em que a palavra destacada encontra-se em sentido figurado ou conotativo é

a) se a violência tem relação direta com a pobreza, como explicar que a **criminalidade** tenha crescido em igual ou maior proporção que a renda do brasileiro?
b) o indivíduo seria condenado por sua origem humilde à condição de **bandido**.
c) afirmei compreender (e não aceitar, que fique bem claro!) a **atitude** desesperada dos justiceiros do Rio.
d) deu início a um **turbilhão** de comentários polêmicos.
e) Criminalidade e **pobreza** não andam necessariamente de mãos dadas.

COMENTÁRIOS

Alternativa "a" - Natureza ou estado do que é criminal.

Alternativa "b" - Indivíduo que vive de assaltos a mão armada; salteador, malfeitor.

Alternativa "c" - Maneira de se comportar, agir ou reagir, motivada por uma disposição interna ou por uma circunstância determinada; comportamento.

Alternativa "d" - Um turbilhão de Comentários nada mais é do que vários comentários. No sentido denotativo: Vento impetuoso que sopra redemoinhando.

Alternativa "e" - Estado da pessoa pobre, de quem tem carência do necessário à sobrevivência.

Alternativa correta: letra "d".

125. (NUCEPE - Delegado de Polícia - PI/2014) Considerando os aspectos gramaticais, julgue as opções abaixo e assinale aquela que contém uma afirmação CORRETA.

a) Em: Há quem tente explicar a violência, a opção pela criminalidade, como consequência da pobreza, da falta de oportunidades: verifica-se uma incorreção relacionada à concordância gramatical em ***falta de oportunidades***.
b) Em: **se** a violência tem relação direta com a pobreza, a palavra destacada poderia, sem alteração de sentido, ser substituída pela expressão ***já que***.
c) Em: o homem sempre esteve dividido entre razão e instinto, paz e guerra, bem e mal, constatamos um uso incorreto da vírgula logo após a palavra instinto.
d) Em: Não é de hoje que o cidadão se sente desassistido pelo Estado e vulnerável à ação de bandidos., o uso do acento grave, indicador de crase, em ***à ação*** é facultativo.
e) No trecho: como explicar que a criminalidade tenha crescido ***em igual ou maior*** proporção que a renda do brasileiro?, o segmento destacado confere ao contexto uma relação de causalidade.

COMENTÁRIOS

Invertendo a ordem e fazendo pergunta à oração principal: **Por que** explicar que a criminalidade tenha crescido em igual ou maior proporção que a renda do brasileiro?

Resposta: **Porque** a violência tem relação direta com a pobreza. **Já que** indica causa e o sentido não é alterado.

Sentido igual: **já que** a violência tem relação direta com a pobreza, como explicar que a criminalidade tenha crescido em igual ou maior proporção que a renda do brasileiro?

Observação: trata-se de sentido (semântica) e não de conjunção, cuidado. Aconselho que substitua os vocábulos para entender melhor.

Alternativa "a" - Não ocorre erro de concordância. Exemplos: falta de estudos, falta de boas maneiras, falta de conversas.

Alternativa "b" - Voltando ao texto: se a violência tem relação direta com a pobreza, como explicar que a criminalidade tenha crescido em igual ou maior proporção que a renda do brasileiro?

Alternativa "c" - Está correto pelo fato de as vírgulas separarem pares de vocábulos antitéticos (contrários): razão e instinto, paz e guerra, bem e mal.

Alternativa "d" - Acento de crase é obrigatório. À substituição: vulnerável **ao** fato (substantivo masculino). Resultou em **ao**, a crase é obrigatória.

Alternativa "e" - Indica comparação.

Alternativa correta: letra "b".

▸ TRECHO PARA A QUESTÃO.

Aquela crença de que o brasileiro é pacífico é falsa. O brasileiro protesta, sim. A situação chegou a um limite extremo, os serviços prestados são tão ruins que há um inconformismo generalizado. Mas a sociedade não é vítima quando a situação política chega a esse ponto, ela é culpada. Reclama do governo e se esquece de que quem colocou os políticos lá foi ela própria.

126. (NUCEPE - Delegado de Polícia - PI/2014) Em *Reclama do governo e se esquece de que quem colocou os políticos lá foi* ***ela própria***, o segmento em destaque retoma, textualmente, o destaque, em

a) Aquela **crença** de que o brasileiro é pacífico é falsa.
b) A **situação** chegou a um limite extremo.
c) Mas a sociedade não é **vítima**.
d) quando a **situação política** chega a esse ponto.
e) Mas a **sociedade** não é vítima.

COMENTÁRIOS

Embora sejam descabidas as alternativas, vamos a alguns comentários:

Alternativa "a" - Sujeito de "é" falsa.

Alternativa "b" - Não retoma termos; é o sujeito de "chegou".

Alternativa "c" - Refere-se à sociedade.

Alternativa "d" - Não retoma termo; sujeito de "chega".

Alternativa "e" - Voltando aos períodos citados e inserindo os sujeitos: Mas a sociedade não é vítima quando a situação política chega a esse ponto, ela (a sociedade) é culpada. (A sociedade) Reclama do governo e se esquece de que quem colocou os políticos lá foi ela própria (a sociedade). Facilitou, não é? Retoma a "sociedade".

Alternativa correta: letra "e".

PARTE V
REDAÇÃO OFICIAL

1. REDAÇÃO OFICIAL

Caro(a) leitor(a), foi lançada, em dezembro de 2018, a terceira edição do **Manual de Redação da Presidência da República** - revista, atualizada e ampliada. As questões anteriores a essa data estão desatualizadas. É imprescindível ler as modificações no final do capítulo e resolver questões recentes da banca que organizará sua próxima prova.

127. (Vunesp - Delegado de Polícia - PC - BA/2018) Assinale a alternativa cuja redação está em conformidade com a linguagem empregada em um memorando enviado ao Chefe do Departamento de Administração de um determinado órgão público.

a) Conforme orientações do Plano Geral de informatização, requero a Sua Senhoria ver a possibilidade de agilizar à reforma da sala de informática deste Departamento, haja vista que a troca dos computadores está prevista para ocorrer acerca de um mês antes do prazo.
b) Nos termos do Plano Geral de informatização, solicito a Vossa Senhoria verificar a possibilidade de antecipar a reforma da sala de informática deste Departamento, tendo em vista que a troca dos computadores será realizada com um mês de antecedência.
c) À partir do estabelecido no Plano Geral de informatização, venho por meio deste instrumento, com respeito à Sua Excelência, demandar da antecipação da reforma da sala de informática deste Departamento, em decorrência que a troca dos computadores está para acontecer um mês antes do previsto.
d) Pelo que dispõe o Plano Geral de informatização, peço licença à Vossa Excelência para pedir que a reforma da sala de informática deste Departamento seja adiantada, por que antecipou-se em um mês a troca dos computadores.
e) Por determinação do Plano Geral de informatização, estou averiguando da possibilidade da Vossa Senhoria priorisar a reforma da sala de informática deste Departamento, à qual precisará ser antecipada, já que a troca dos computadores antecipará-se em um mês.

COMENTÁRIOS

Alternativa "a": Presente do indicativo do verbo *requerer*: **requeiro**. Regência do verbo *agilizar:* transitivo direto = agilizar **a** reforma.

Alternativa "b": Redação correta.

Alternativa "c": Não pode haver o sinal indicativo de crase antes de verbo: **a** partir; sem crase antes do pronome de tratamento: com respeito **a** Sua Excelência.

Alternativa "d": Sem crase antes do pronome de tratamento: peço licença **a** Vossa Excelência; **porque**: trata-se de uma explicação.

Alternativa "e": priorizar; sem crase no pronome relativo (**a** qual): a reforma (sujeito) precisará ser antecipada – não pode haver crase no relativo se retoma o sujeito; sem termo atrativo, usa-se a mesóclise no verbo conjugado no futuro: **antecipar-se-á.**

Alternativa correta: letra "b".

PARTE VI

INTERPRETAÇÃO E COMPREENSÃO TEXTUAL

1. INTERPRETAÇÃO E COMPREENSÃO TEXTUAL

128. (FGV – Delegado de Polícia – SC – 2024) Assinale a frase abaixo que ***não*** mostra uma referência crítica.

a) Nós matamos o tempo, mas ele nos enterra.

b) O tempo é infiel para quem dele abusa.

c) A falsidade da história é tão velha como a própria história.

d) A história é uma galeria de quadros com poucos originais e muitas cópias.

e) A história é uma destilação de intrigas.

COMENTÁRIOS

✪ **Nota da autora:** A resenha crítica possui um ponto de vista e a sua finalidade é de convencer o leitor através de argumentos e informações.

Dica: precisa haver qualificação, adjetivação.

Alternativa "a" – Não existe termo qualificativo na frase. Trata-se de uma afirmação composta por oposição: nós matamos o tempo x o tempo nos enterra.

Alternativa "b" – Adjetivo: infiel = crítica.

Alternativa "c" – Adjetivo: velha = crítica.

Alternativa "d" – Qualificação: uma galeria de quadros poucos originais e muitas cópias = crítica.

Alternativa "e" – Qualificação: destilação de intrigas = crítica.

RESPOSTA: A

129. (FGV – Delegado de Polícia – SC – 2024) As frases abaixo mostram marcas do modo argumentativo de organização discursiva; assinale a frase em que a tese defendida é acompanhada de um argumento.

a) O que prevemos raramente ocorre; o que menos esperamos geralmente acontece.

b) Os prazeres são relâmpagos; os sofrimentos, séculos.

c) É tão absurdo apagar o passado como planejar o futuro.

d) Deixe passar o tempo sem preocupações, como se fazia no mundo maravilhoso do passado.

e) Todo país tem duas histórias: a real e a oficial.

COMENTÁRIOS

✪ **Nota da autora:** Para facilitar, verifique se existe o porquê, o motivo de alguém afirmar algo.

Alternativa "a" – Tese: esperamos e raramente acontece / menos esperamos e acontece.

Alternativa "b" – Tese com duas definições: prazeres são relâmpagos / sofrimentos são séculos.

Alternativa "c" – Tese: apagar o passado e planejar o futuro são dois absurdos.

Alternativa "d" – **Por que** é preciso deixar o tempo passar sem preocupações?

A resposta está explícita em seguida.

Tese: Deixe passar o tempo sem preocupações.

Argumento: como se fazia no mundo maravilhoso do passado.

Alternativa "e" – Tese: os países possuem duas histórias.

RESPOSTA: D

▸ **TEXTO CG1A1-I**

Entre 2016 e 2020, 35 mil crianças e adolescentes de 0 a 19 anos de idade foram mortos de forma violenta no Brasil — uma média de 7 mil por ano. Além disso, de 2017 a 2020, 180 mil sofreram violência sexual — uma média de 45 mil por ano. É o que revela o documento **Panorama da Violência Letal e Sexual contra Crianças e Adolescentes no Brasil**, do Fundo das Nações Unidas para a Infância (UNICEF) e do Fórum Brasileiro de Segurança Pública (FBSP).

Segundo o documento, a violência se dá de forma diferente de acordo com a idade da vítima. Crianças morrem, com frequência, em decorrência da violência doméstica, perpetrada por um agressor conhecido. O mesmo vale para a violência sexual contra elas, cometida dentro de casa, por pessoas próximas. Já os adolescentes morrem, majoritariamente, fora de casa, vítimas da violência armada urbana e do racismo.

Conforme os dados constantes no referido documento, a maioria das vítimas de mortes violentas é adolescente. Das 35 mil mortes violentas de pessoas com idade até 19 anos identificadas entre 2016 e 2020, mais de 31 mil tinham idade entre 15 e 19 anos. A violência letal, nos estados com dados disponíveis para a série histórica, teve um pico entre 2016 e 2017, e vem caindo, voltando aos patamares dos anos anteriores. Ao mesmo tempo, o número de crianças de até 4 anos de idade vítimas de violência letal aumenta, o que traz um sinal de alerta.

"A violência contra a criança acontece, principalmente, em casa. A violência contra adolescentes acontece na rua, com foco em meninos negros. Embora sejam fenômenos complementares e simultâneos, é crucial entendê-los também em suas diferenças, para desenhar políticas públicas efetivas de prevenção e resposta às violências", afirma Florence Bauer, representante do UNICEF no Brasil.

Os dados publicados no panorama foram obtidos pelo FBSP, por meio da Lei de Acesso à Informação. Foram solicitados a cada estado brasileiro os dados de boletins de ocorrência dos últimos cinco anos, referentes a mortes violentas intencionais (homicídio doloso; feminicídio; latrocínio; lesão corporal seguida de morte; e mortes decorrentes de intervenção policial) e violência sexual (estupros e estupros de vulneráveis) contra crianças e adolescentes. Essas informações não são sistematicamente reunidas e padronizadas, tratando-se, portanto, de uma análise inédita e essencial para a prevenção e a resposta à violência contra meninas e meninos.

Internet: < www.unicef.org> (com adaptações).

Em relação às ideias veiculadas no texto CG1A1-I, julgue os itens que se seguem.

130. (Cebraspe - PC AL - Delegado - 2023) Infere-se das informações do texto que, de acordo com o documento mencionado, desde 2018 o número de crianças de até 4 anos de idade mortas em decorrência de violência tem sido maior que o número de adolescentes mortos na mesma circunstância.

( ) certo ( ) errado

COMENTÁRIOS

É impossível inferir esse dado. Segundo o texto, *o número de crianças de até 4 anos de idade vítimas de violência letal aumenta,* mas **a morte de adolescentes é maior**: *Das 35 mil mortes violentas de pessoas com idade até 19 anos identificadas entre 2016 e 2020, mais de 31 mil tinham idade entre 15 e 19 anos.*

Resposta: Errado

131. (Cebraspe - PC AL - Delegado - 2023) De acordo com a citação apresentada no quarto parágrafo, a efetividade das políticas públicas voltadas para o combate à violência contra crianças e à violência contra adolescentes está relacionada ao entendimento das diferenças existentes entre essas duas formas de violência.

( ) certo ( ) errado

COMENTÁRIOS

Ideia explícita no texto: ***A violência contra a criança acontece****, principalmente,* ***em casa. A violência contra adolescentes acontece na rua****, com foco em meninos negros. Embora sejam fenômenos complementares e simultâneos,* ***é crucial entendê-los também em suas diferenças, para desenhar políticas públicas efetivas de prevenção e resposta às violências****.*

Resposta: Certo

132. (Cebraspe - PC AL - Delegado - 2023) Com base no referido documento do UNICEF e do FBSP, o texto mostra que a violência sofrida pelos adolescentes, diferentemente daquela sofrida pelas crianças, tem origem predominantemente fora do ambiente doméstico.

( ) certo ( ) errado

COMENTÁRIOS

No segundo parágrafo: *os* ***adolescentes morrem****, majoritariamente,* ***fora de casa, vítimas da violência armada urbana e do racismo****.*

No quarto parágrafo: *A violência contra a criança acontece, principalmente, em casa.* ***A violência contra adolescentes acontece na rua****, com* ***foco em meninos negros****.*

Resposta: Certo

▸ TEXTO CG1A1-II

O ordenamento jurídico pátrio, embasado pela Constituição Federal de 1988, apresenta capítulo próprio para a defesa do meio ambiente — algo que nunca havia ocorrido antes na história das constituições brasileiras. O artigo 225 da Carta Magna transmite a ideia da imprescindibilidade de um meio ambiente ecologicamente equilibrado, criando o dever, tanto para o poder público quanto para a coletividade, de sua preservação. Esse comando é subjacente a todas as relações da República, sejam elas travadas sob a ordem econômico-financeira, sejam elas derivadas da gestão de direitos e garantias individuais e coletivos. Ou seja, tudo deverá passar pelo crivo do meio ambiente sadio e equilibrado para a presente e as futuras gerações.

O Supremo Tribunal Federal, por sua vez, aduziu a interpretação de que o meio ambiente ecologicamente equilibrado inscrito na Carta Cidadã faz parte do rol de cláusulas pétreas, mas, por não estar contido no parágrafo 4.º do artigo 60, é tido como uma cláusula pétrea heterotópica, pela sua posição topográfica em outro capítulo. Diante disso, consagra-se que toda atividade passível de gerar impacto no meio ambiente deverá ser bem discutida, de modo a evitar quaisquer interferências negativas ao equilíbrio ambiental. Além disso, inúmeros princípios foram pulverizados nas legislações esparsas que dão supedâneo ao compromisso inarredável de um meio ambiente livre e contínuo em sua função.

Mais recentemente, o legislador ordinário, na esteira da campanha internacional para com os cuidados do meio ambiente e dos animais, acrescentou novos parágrafos ao art. 32 da Lei n.º 9.605/1998 (que dispõe sobre penalidades às ações lesivas ao meio ambiente), por meio da Lei n.º 14.064/2020. Com isso, trouxe o aumento de pena para os atos de maus-tratos, ferimentos, mutilações, entre outros, contra cães e gatos. Uma inovação na matéria, pois confere proteção específica, de forma exclusiva e precisa, a dois animais domesticáveis que fazem parte da convivência de uma grande parcela do povo brasileiro.

Primeiramente, é imprescindível analisar tal sanção no que se refere aos animais silvestres, domésticos ou domesticados (da nossa fauna ou de outros países, mas que aqui se encontrem), sem a especificação de nenhuma espécie, nenhum epíteto. Ora, a pena é de detenção, de três meses a um ano, e multa. No entanto, com o parágrafo 1.º-A, há uma rotação inevitável de aumento de pena para tais condutas quando estas forem desferidas contra cães e gatos, e uma sanção de reclusão, de dois anos a cinco anos, multa e proibição da guarda. Certamente, trata-se de situação peculiar e que traz implicâncias de várias searas ao ordenamento jurídico.

Internet: <jus.com.br> (com adaptações).

133. (Cebraspe - PC AL - Delegado - 2023) O texto trata da presença da questão ambiental na Constituição Federal de 1988 como um avanço em relação às constituições brasileiras anteriores.

( ) certo ( ) errado

COMENTÁRIOS

No início do texto: *O ordenamento jurídico pátrio, embasado pela Constituição Federal de 1988, apresenta capítulo próprio para a defesa do meio ambiente* — ***algo que nunca havia ocorrido antes na história das constituições brasileiras***.

Resposta: Certo

134. (Cebraspe - PC AL - Delegado - 2023) Destaca-se, no texto, uma crítica à localização do capítulo referente ao meio ambiente na Constituição Federal de 1988, uma vez que a questão não é inserida no rol de cláusulas pétreas presente no artigo 60.

( ) certo ( ) errado

COMENTÁRIOS

Não se trata de uma crítica, mas sim de uma explanação: *O Supremo Tribunal Federal, por sua vez, aduziu a interpretação de que o meio ambiente ecologicamente equilibrado inscrito na Carta Cidadã faz parte do rol de cláusulas pétreas, mas,* ***por não estar contido no parágrafo 4.º do artigo 60, é tido como uma cláusula pétrea heterotópica, pela sua posição topográfica em outro capítulo.***

Resposta: Errado

135. (Cebraspe - PC AL - Delegado - 2023) Evidencia-se, no texto, a ideia de que, não fosse o tratamento dado à questão ambiental na Constituição Federal de 1988, o meio ambiente sadio e equilibrado para a presente e para as futuras gerações estaria seriamente ameaçado.

( ) certo ( ) errado

COMENTÁRIOS

Ocorreu extrapolação textual, pois no texto apenas é mencionado que o *ordenamento jurídico pátrio, embasado pela Constituição Federal de 1988, apresenta capítulo próprio para a defesa do meio ambiente.* ***O artigo 225 da Carta Magna transmite a ideia da imprescindibilidade de um meio ambiente ecologicamente equilibrado, criando o dever, tanto para o poder público quanto para a coletividade, de sua preservação***.

No final do primeiro parágrafo, acrescenta que *tudo deverá passar pelo crivo do meio ambiente sadio e equilibrado para a presente e as futuras gerações.*

Perceba que não demonstra responsabilidade ou garantia alguma.

Resposta: Errado

136. (Cebraspe - PC AL - Delegado - 2023) No primeiro parágrafo, o vocábulo "subjacente" (terceiro período) indica a forma não explícita como o crivo do meio ambiente sadio e equilibrado para a presente e as futuras gerações está presente em todas as relações da República.

( ) certo ( ) errado

COMENTÁRIOS

A palavra "subjacente", no sentido figurado, significa: *que está oculto; não expresso; implícito, subentendido, oculto.*

A palavra "crivo" significa *crítica ou prova; avaliação detalhada sobre algo ou alguém de acordo com certos parâmetros*[39].

No parágrafo mencionado, lê-se: ***Esse comando*** [a criação do dever da preservação do meio ambiente ecologicamente equilibrado] ***é subjacente a todas as relações da República****, sejam elas travadas sob a ordem econômico-financeira, sejam elas derivadas da gestão de direitos e garantias individuais e coletivos. Ou seja,* ***tudo deverá passar pelo crivo do meio ambiente sadio e equilibrado para a presente e as futuras gerações***.

Resposta: Certo

▸ TEXTO CG1A1-I

Um problema no estudo da violência é sua relação com a racionalidade. Os atos violentos mais graves, praticados com requintes de crueldade, são vistos pela mídia e pela opinião pública como atos irracionais. Ora, se a violência é irracional, não é por ser obra de um ser desprovido de razão, mas por ser, paradoxalmente, o produto de uma razão perigosamente racional. É o que ocorre quando certos mecanismos racionais, como a simplificação, que reduz tudo a um único princípio explicativo, e a polarização, que vê a realidade como feita unicamente de elementos antagônicos e irreconciliáveis, deixam o indivíduo sem alternativas. Esses mecanismos

39 Dicionário Online de Português. Disponível em <www.dicio.com.br/>.

traduzem a racionalidade de uma razão incapaz de lidar com os antagonismos, as diferenças e a diversidade.

Portanto, o problema que levanta a violência é muito menos o da irracionalidade do que o de uma racionalidade repleta de "razões" para não se deter diante de limites estabelecidos pela própria razão humana. É a razão que, amplificando os conflitos, reduzindo as alternativas ao impasse e superdimensionando os defeitos dos outros, cria os cenários em que florescem as ideologias legitimadoras da violência. Em outras palavras, o problema da violência está intimamente ligado ao problema das relações sociais, em que a existência do outro aparece como ameaça real ou imaginária. O que mais espanta na violência, quando ela é razão de espanto, é a sua dramaturgia, a exposição da crueldade ao estado puro. É, pois, o caráter aparentemente absurdo dessa dramaturgia que confere à violência o status de irracionalidade. No entanto, as razões dessa irracionalidade raramente são explicitadas e, frequentemente, deixam de existir quando o recipiente de atos violentos é o "inimigo".

Angel Pino. Violência, educação e sociedade: um olhar sobre o Brasil contemporâneo. In: Educ. Soc., Campinas, v. 28, n. 100, p. 763-785, out./2007 (com adaptações).

137. (Cebraspe – PC PB – Delegado de Polícia - 2022) O foco do autor do texto CG1A1-I é defender a ideia de que

a) a irracionalidade é elemento característico da violência extrema.

b) a razão é paradoxalmente capaz de lidar com o antagonismo e a diversidade.

c) a violência está associada a ameaças reais identificadas pela razão.

d) a irracionalidade é uma explicação falaciosa para a violência extrema.

e) a aplicação de mecanismos racionais transforma perigos irreais em fatos.

COMENTÁRIOS

Alternativa "a" – Os atos mais extremos são vistos pela mídia e pela opinião pública como atos irracionais, não pelo autor. Segundo este, a violência é o produto de uma **razão** perigosamente **racional**.

Alternativa "b" – Os mecanismos racionais (simplificação e polarização) traduzem a racionalidade de uma **razão incapaz de lidar** com os **antagonismos**, as diferenças e a **diversidade**.

Alternativa "c" – O problema da violência está intimamente ligado ao **problema das relações sociais**, em que a existência do outro aparece como **ameaça real ou imaginária**.

Alternativa "d" – Trechos que deixam evidente que a irracionalidade é uma explicação enganosa: *se a violência é irracional, **não é por ser obra de um ser desprovido de razão**, mas por ser, paradoxalmente, o produto de uma razão perigosamente racional (...) **o problema** que levanta a violência **é muito menos o da irracionalidade** do que o de uma racionalidade repleta de "razões" (...) as razões dessa irracionalidade raramente são explicitadas.*

Alternativa "e" – Não transforma perigos irreais em fatos: são mecanismos reais a simplificação e a polarização. Aquela reduz tudo a um único princípio explicativo e esta vê a realidade como feita unicamente de elementos antagônicos e irreconciliáveis. Esses mecanismos deixam o indivíduo sem alternativa.

RESPOSTA: D

▸ TEXTO CG1A1-II

Há quem veja a literatura como o refúgio da beleza e da paz. Num mundo amargo, triste e violento, os livros oferecem a rota de fuga. Não é a vida como ela é, mas a vida como deveria ser. Títulos agressivos devem ser evitados. Essa convicção é equivocada?

Não é o caso de dizer que é equivocada. Os gostos são múltiplos e devem ser respeitados. O problema é acreditar que a literatura, para funcionar bem, deva ser o paraíso na terra. Há livros que funcionam assim, mas não são muitos. Para falar a verdade, as grandes obras literárias, com intensidade diferente, são marcadas pela ganância, pela traição, pela violência, pela catástrofe.

Assim, vale a pena respirar fundo e encarar as nossas imperfeições nas páginas dos grandes livros. O mergulho nas trevas forja o caráter da gente. Não é das coisas mais agradáveis, mas intensifica nossa humanidade. Ser humano em sua plenitude é conhecer a variedade de nossas emoções e ações. As boas e as ruins. As dignas e as indignas. As que comovem e as que perturbam.

Um belo treino é a leitura do monumental **A canção do carrasco**, de Norman Mailer. O centro de tudo é a execução de Gary Gilmore em 1977, nos Estados Unidos da América, pelos crimes que cometeu. Quase tudo nas mil páginas de Mailer é real. O material foi obtido a partir de entrevistas, leitura de processos judiciais e da cobertura da imprensa. Trata-se de uma aula de como a realidade é operada por diversas alavancas.

Nelson Fonseca Neto. O mundo do crime na literatura. Internet: <g1.globo.com> (com adaptações).

138. (Cebraspe – PC PB – Delegado de Polícia - 2022) Quanto à tipologia textual, o texto CG1A1-II é predominantemente

a) narrativo, por apresentar detalhes sobre a obra de Norman Mailer.

b) expositivo, apresentando linguagem objetiva, com foco na definição de conceitos e na apresentação de exemplos.

c) descritivo, por ser marcado pela impessoalidade na linguagem e por exibir um ponto de vista de modo imparcial.

d) injuntivo, por buscar convencer o leitor da contribuição dos livros agressivos para a intensificação da humanidade.

e) dissertativo-argumentativo, sendo voltado a convencer o leitor do valor dos livros sombrios.

COMENTÁRIOS

✪ **Nota da autora:** No comando, é mencionado o advérbio "predominantemente". Não se trata, pois, de detalhes, mas sim do todo.

Alternativa "a" – Cita a obra como exemplo. Além de só mencionar na conclusão, os verbos estão no presente do indicativo, não é um texto narrativo – utiliza verbos no pretérito perfeito do indicativo.

Alternativa "b" – O foco é persuadir o leitor, convencê-lo, não é expositivo por não expor, não analisar nem interpretar fatos da realidade.

Alternativa "c" – Além de não descrever – as ações não são simultâneas, não há adjetivos, não existe um retrato verbal –, a impessoalidade e o ponto de vista imparcial não são características de textos descritivos.

Alternativa "d" – Não é centrado na ação ou procedimento, não indica o que fazer para realizar algo nem provoca uma reação do ouvinte. Além disso, os verbos não estão no imperativo.

Alternativa "e" – Sem dúvida, o autor expõe, debate e argumenta a fim de convencer o leitor que *as* ***grandes obras literárias****, com intensidade diferente,* ***são marcadas pela ganância, pela traição, pela violência, pela catástrofe***. Isso indica que os livros sombrios possuem muito valor.

RESPOSTA: E

▸ **TEXTO PARA RESPONDER À QUESTÃO.**

Bauman: Para que a utopia renasça
é preciso confiar no potencial humano

Dennis de Oliveira

Zygmunt Bauman é um dos pensadores contemporâneos que mais têm produzido obras que refletem os tempos contemporâneos. Nascido na Polônia em 1925, o sociólogo tem um histórico de vida que passa pela ocupação nazista durante a Segunda Guerra Mundial, pela ativa militância em prol da construção do socialismo no seu país sob a direta influência da extinta União Soviética e pela crise e desmoronamento do regime socialista. Atualmente, vive na Inglaterra, em tempo de grande mobilidade de populações na Europa. Professor emérito de sociologia da Universidade de Leeds, Bauman propõe o conceito de "modernidade líquida" para definir o presente, em vez do já batido termo "pós-modernidade", que, segundo ele, virou mais um qualificativo ideológico.

Bauman define modernidade líquida como um momento em que a sociabilidade humana experimenta uma transformação que pode ser sintetizada nos seguintes processos: a metamorfose do cidadão, sujeito de direitos, em indivíduo em busca de afirmação no espaço social; a passagem de estruturas de solidariedade coletiva para as de disputa e competição; o enfraquecimento dos sistemas de proteção estatal às intempéries da vida, gerando um permanente ambiente de incerteza; a colocação da responsabilidade por eventuais fracassos no plano individual; o fim da perspectiva do planejamento a longo prazo; e o divórcio e a iminente apartação total entre poder e política. A seguir, a íntegra da entrevista concedida pelo sociólogo à revista CULT.

CULT – Na obra Tempos líquidos, o senhor afirma que o poder está fora da esfera da política e há uma decadência da atividade do planejamento a longo prazo. Entendo isso como produto da crise das grandes narrativas, particularmente após a queda dos regimes do Leste Europeu. Diante disso, é possível pensar ainda em um resgate da utopia?

Zygmunt Bauman – Para que a utopia nasça, é preciso duas condições. A primeira é a forte sensação (ainda que difusa e inarticulada) de que o mundo não está funcionando adequadamente e deve ter seus fundamentos revistos para que se reajuste. A segunda condição é a existência de uma confiança no potencial humano à altura da tarefa de reformar o mundo, a crença de que "nós, seres humanos, podemos fazê-lo", crença esta articulada com a racionalidade capaz de perceber o que está errado com o mundo, saber o que precisa ser modificado, quais são os pontos problemáticos, e ter força e coragem para extirpá-los. Em suma, potencializar a força do mundo para o atendimento das necessidades humanas existentes ou que possam vir a existir.

Adaptado de: https://revistacult.uol.com.br/home/entrevista-zygmunt-bauman/>. Acesso em: 14 jan. 2021.

139. (Instituto AOCP – PC PA - Delegado - 2021) Sobre o conceito de "modernidade líquida", é correto afirmar que ele

a) substitui o conceito de "pós-modernidade", por este sugerir algo que não se comprova na realidade empírica: que os valores modernos não fariam mais parte da nossa sociedade.

b) é defendido por Bauman como um momento de aprimoramento da sociedade, em que a rigidez dos sistemas de valores antigos é substituída pela liberdade e pela fluidez individual.

c) é definido no texto como uma transformação social sintetizada em seis processos, alguns dos quais apontam para a adoção de valores individualistas.

d) engloba tanto aspectos do âmbito privado, como o divórcio de pessoas casadas, quanto do âmbito público, como a separação entre poder e política.

e) aponta para a adoção, cada vez mais intensa, de valores coletivistas e cooperativistas.

COMENTÁRIOS

Alternativa "a" – Não há substituição de conceito.

Alternativa "b" – Não ocorre substituição de valores antigos pela liberdade e fluidez individual.

Alternativa "c" – No segundo parágrafo, o autor cita que modernidade líquida é um momento em que a sociedade humana experimenta uma transformação que pode ser sintetizada em seis processos. O segundo processo trata da adoção de valores individualistas: *a passagem de estruturas de solidariedade coletiva para as de disputa e competição.*

Alternativa "d" – O divórcio mencionado no texto não se refere à separação de pessoas.

Alternativa "e" – Adoção de valores individualistas, não coletivistas e cooperativistas.

Alternativa correta: letra "c"

▸ **TEXTO PARA RESPONDER ÀS QUESTÕES.**

A existência da polícia se justifica pela imprescindibilidade dessa agência de segurança para a viabilidade do poder de coerção estatal. Em outras palavras, como atestam clássicos do pensamento político, a sua ausência culminaria na impossibilidade de manutenção de relações pacificadas. Devido a seu protagonismo e sua importância na organização e garantia da reprodução das normas legais, o Estado democrático não pode abdicar dessa instituição.

Para que a atuação policial ocorra dentro dos parâmetros democráticos, é essencial que haja a implementação de um modelo de policiamento que corresponda aos preceitos constitucionais, promovendo-se o equilíbrio entre os pressupostos de liberdade e segurança.

No que tange às organizações policiais, falar em participação na segurança pública envolve, necessariamente, a discussão sobre o desenvolvimento do policiamento comunitário, o único modelo de policiamento que define a participação social como um de seus componentes centrais. Para analisar essa participação, é preciso verificar se a ação promovida pelo modelo de policiamento comunitário é efetiva como ferramenta de controle social legítimo da atividade policial e se ela produz uma participação equânime.

Almir de Oliveira Junior (Org.) Instituições participativas no âmbito da segurança pública: programas impulsionados por instituições policiais. Rio de Janeiro: IPEA, 2016, p. 13 (com adaptações).

140. (Cespe – Delegado de Polícia – PC – SE/2018) De acordo com o texto, a polícia atua a serviço do Estado democrático, assegurando tanto o poder de coerção como a manutenção do Estado.

( ) certo ( ) errado

COMENTÁRIOS

✪ **Nota da autora:** Antes, é necessário saber a diferença entre compreensão textual e interpretação – assunto muito exigido pela banca CESPE/Cebraspe.

- **Interpretar**: consiste em saber o que se infere (conclui) do que está escrito. Os comandos de Interpretação (está fora do texto) são: depreende-se/infere-se/conclui-se do texto; o texto permite deduzir; é possível subentender a partir do texto; qual a intenção do autor quando afirma; o texto possibilita o entendimento; com o apoio do texto, infere-se; o texto encaminha o leitor para; pretende o texto mostrar que o leitor...; o texto possibilita deduzir.
- **Compreender**: consiste em analisar o que realmente está escrito, ou seja, coletar dados do texto. Os comandos de compreensão (está no texto) são: segundo o texto; o autor/narrador do texto diz; o texto informa; no texto; tendo em vista o texto; de acordo com o texto; o autor sugere; o autor afirma; na opinião do autor do texto.

Sabemos que a questão é de compreensão textual (de acordo com o texto). No primeiro parágrafo do texto: **poder de coerção estatal** e **manutenção de relações pacificadas**; no comando da questão: **poder de coerção** e **manutenção do Estado**. Trata-se de extrapolação textual.

Resposta: "errado".

141. (Cespe – Delegado de Polícia – PC – SE/2018) Por ser o único modelo de policiamento que tem na participação social um de seus componentes centrais, o policiamento comunitário garante a real participação dos membros da população na segurança pública.

( ) certo ( ) errado

COMENTÁRIOS

No texto: *Para analisar essa participação* (social), é preciso verificar *se a ação promovida pelo modelo de policiamento comunitário é efetiva como ferramenta de controle social legítimo da atividade policial.* Se é preciso verificar, não pode garantir.

Resposta: "errado".

▸ **TEXTO PARA RESPONDER ÀS QUESTÕES.**

O Departamento de Atendimento a Grupos Vulneráveis (DAGV) da Polícia Civil de Sergipe atende a um público específico, que frequentemente se torna vítima de diversos tipos de violência. Idosos, homossexuais, mulheres, crianças e adolescentes têm recebido atenção constante no DAGV, onde o atendimento ganha força e se especializa diariamente.

A unidade surgiu como delegacia especializada em setembro de 2004. Agentes e delegados de atendimento a grupos vulneráveis realizam atendimento às vítimas, centralizam procedimentos relativos a crimes contra o público vulnerável registrados em outras delegacias, abrem inquéritos e termos circunstanciados e fazem investigações de queixas.

Internet: <www.ssp.se.gov.br> (com adaptações).

142. (Cespe – Delegado de Polícia – PC – SE/2018) Predomina no texto a tipologia narrativa, a qual é adequada ao propósito comunicativo de apresentar ao leitor um relato linear e objetivo da história do DAGV desde o seu surgimento até os dias atuais.

( ) certo ( ) errado

COMENTÁRIOS

✪ **Nota da autora:** Chamamos de **tipo textual** a forma como o texto se apresenta, isto é, uma estrutura bem definida com características determinantes, relacionadas à natureza linguística (aspectos lexicais, sintáticos e lógicos) e à função exercida.

TIPOLOGIA TEXTUAL
NARRATIVO (função: emocionar, causar prazer estético, entreter)
DESCRITIVO (função: representar algo ou alguém por meio de suas características)
DISSERTATIVO (função: expor algum assunto de modo sistemático, abrangente e profundo)
EXPOSITIVO (função: apresentar informações)
INJUNTIVO (função: instruir, prescrever)

Características

Narrativo: sua principal característica é contar uma história, real ou fictícia, geralmente situada em um tempo e espaço, com personagens e narrador.

Descritivo: tem por objetivo apresentar, objetiva ou subjetivamente, características de objetos, ações, pessoas ou situações de modo estático.

Dissertativo: é o tipo de texto que analisa e interpreta dados da realidade por meio de conceitos abstratos. Quando pretende conquistar a adesão do leitor, torna-se um texto opinativo em que as ideias são desenvolvidas por meio de estratégias argumentativas. Daí o nomeamos de texto dissertativo-argumentativo.[40]

Não se trata de um texto narrativo, mas sim de um **texto dissertativo**, pois possui o objetivo de informar (dissertativo informativo).

Características do texto informativo: é escrito em prosa, sendo utilizada a 3.ª pessoa do discurso; fornece informações verdadeiras e objetivas sobre um determinado tema; utiliza o sentido denotativo da linguagem, para informar o receptor da mensagem de forma clara e direta; não utiliza figuras de linguagem nem o sentido conotativo das palavras, de modo a evitar ambiguidade e diversidade de interpretações; não expressa opiniões pessoais nem reflete possíveis indagações do autor; assume um caráter prático e utilitário; apresenta citações, fontes, dados e pesquisas, de forma a provar a sua credibilidade.[41]

Resposta: "errado".

143. (Cespe – Delegado de Polícia – PC – SE/2018) De acordo com o segundo período do texto, o DAGV é um espaço destinado a alojar grupos vulneráveis, como idosos, homossexuais, mulheres, crianças e adolescentes, dando-lhes refúgio e proteção constante.

( ) certo ( ) errado

COMENTÁRIOS

✪ **Nota da autora:** Questão de compreensão textual (de acordo com o texto).

No texto: *O DAGV **atende** a um público específico, que frequentemente se torna vítima de diversos tipos de violência.* = não "aloja". Os grupos, segundo o texto, *têm recebido **atenção** constante*, não "proteção".

Resposta: "errado".

▸ **TEXTO PARA RESPONDER À QUESTÃO.**

(...)
Às vezes eu falo com a vida
Às vezes é ela quem diz
Qual a paz que eu não quero
Conservar para tentar ser feliz
As grades do condomínio
São para trazer proteção
Mas também trazem a dúvida
Se é você que está nessa prisão
Me abrace e me dê um beijo
Faça um filho comigo
Mas não me deixe sentar
Na poltrona no dia de domingo.
(...)

O Rappa. Minha Alma (A Paz Que Eu Não Quero).
In: Álbum Lado B Lado A. Warner Music Group, 1999 (com adaptações).

144. (Cespe – Delegado de Polícia – PC – SE/2018) No trecho apresentado, a associação de "As grades do condomínio" (v.5) com as palavras "proteção" (v.6) e "prisão" (v.8) remete a uma solução encontrada pelos cidadãos que, para se proteger da violência, se privam de sua liberdade, tornando-se prisioneiros em seus lares.

( ) certo ( ) errado

COMENTÁRIOS

Quanto à **proteção da violência**: As grades do condomínio / **São para trazer proteção**.

Quanto à **privação da liberdade**: Mas também (as grades) trazem a dúvida / Se é você que está nessa prisão.

Resposta: "certo".

▸ **TEXTO I**

O meio ambiente e a sustentabilidade

Nunca antes se debateu tanto sobre o meio ambiente e a sustentabilidade. As graves alterações climáticas, as crises no fornecimento de água devido à falta de chuva, à destruição dos mananciais e à constatação clara e cristalina de que, se não fizermos nada para mudar, o planeta será alterado de tal forma que a vida como a conhecemos deixará de existir.

Cientistas, pesquisadores amadores e membros de organizações não governamentais se unem, ao redor do planeta, para discutir e levantar sugestões que possam trazer a solução definitiva ou, pelo menos, encontrar um ponto de equilíbrio que desacelere a destruição que experimentamos nos dias atuais. A conclusão, praticamente unânime, é de que políticas que visem à conservação do

40. BRAFF, Roseli e NOGUEIRA, Duda. Português Jurídico. Salvador: Editora JusPodivm, 2019.
41. NORMA CULTA. Disponível em <https://www.normaculta.com.br/texto-informativo/>. Acesso em 16 fev. 2019.

meio ambiente e à sustentabilidade de projetos econômicos de qualquer natureza devem sempre ser a ideia principal e a meta a ser alcançada para qualquer governante.

Em paralelo às ações governamentais, todos os cidadãos devem ser constantemente instruídos e chamados à razão para os perigos ocultos nas intervenções mais inocentes que realizam no meio ambiente a sua volta; e para a adoção de práticas que garantam a sustentabilidade de todos os seus atos e ações. Destinar corretamente os resíduos domésticos; a proteção dos mananciais que se encontrem em áreas urbanas e a prática de medidas simples a fim de que estabeleçam a cultura da sustentabilidade em cada família.

Assim, reduzindo-se os desperdícios, os despejos de esgoto doméstico nos rios e as demais práticas ambientais irresponsáveis, os danos causados ao meio ambiente serão drasticamente minimizados e a sustentabilidade dos assentamentos humanos e atividades econômicas de qualquer natureza estarão asseguradas.

Estimular o plantio de árvores, a reciclagem de lixo, a coleta seletiva, o aproveitamento de partes normalmente descartadas dos alimentos como cascas, folhas e talos; assim como o desenvolvimento de cursos, palestras e estudos que informem e orientem todos os cidadãos para a importância da participação e do engajamento nesses projetos e nessas soluções simples para fomentar a sustentabilidade e a conservação do meio ambiente são ações necessárias.

Uma medida bem interessante é ensinar cada família a calcular sua influência negativa sobre o meio ambiente (suas emissões) e orientá-las a proceder de forma a neutralizá-las; garantindo a sustentabilidade da família e contribuindo enormemente para a conservação do meio ambiente em que vivem. Mas, como se faz para calcular essas emissões? Na verdade é uma conta bem simples: basta calcular a energia elétrica consumida pela família; o número de carros e outros veículos que ela utilize e a forma como o faz e os resíduos que ela produza. A partir daí, cada família poderá dar a sua contribuição para promover práticas e procedimentos que garantam a devolução à natureza de tudo o que usaram e, com essa ação, gerar novas oportunidades de renda e de bem-estar social para sua própria comunidade.

O mais importante de tudo é educar e fazer com que o cidadão comum entenda que tudo o que ele faz ou fará, gerará um impacto no meio ambiente que o cerca. E que só com práticas e ações que visem à sustentabilidade dessas práticas, estará garantindo uma vida melhor e mais satisfatória, para ela mesma, e para as gerações futuras.

(Fonte: http://www.ecologiaurbana.com.br/conscientizacao/meio-ambiente-sustentabilidade/Adaptação)

145. (Fundatec – Delegado de Polícia – PC – RS/2018) Todas as ações a seguir descritas constituem-se em um rol indicado pelo texto como sugestões para que se encontre um ponto de equilíbrio, EXCETO:

a) Destinar corretamente os resíduos domésticos.

b) Instalar, no âmbito familiar, a prática e a cultura da sustentabilidade.

c) Plantar árvores e proceder à reciclagem do lixo.

d) Orientar as famílias a buscar a neutralização das emissões equivocadas que fazem e que prejudicam o meio ambiente, bem como orientá-las a buscar a neutralização dessas emissões.

e) Ajudar os núcleos familiares a calcular o consumo de energia e de combustível, a fim de que isso possa ajudar a diminuir a diferença entre a renda e as despesas.

COMENTÁRIOS

Alternativa "a": No texto: ***Destinar corretamente os resíduos domésticos****; a proteção dos mananciais que se encontrem em áreas urbanas e a prática de medidas simples* (...)

Alternativa "b": No texto: *a fim de que estabeleçam a* ***cultura da sustentabilidade em cada família****.*

Alternativa "c": No texto: ***Estimular o plantio de árvores, a reciclagem de lixo****, a coleta seletiva, o aproveitamento de partes normalmente descartadas dos alimentos como cascas, folhas e talos.*

Alternativa "d": No texto: *Uma medida bem interessante é* ***ensinar cada família a calcular sua influência negativa sobre o meio ambiente (suas emissões) e orientá-las a proceder de forma a neutralizá-las.***

Alternativa "e": Para encontrar o ponto de equilíbrio, o autor não menciona o fator econômico – diminuir a diferença entre renda e despesas.

Alternativa correta: letra "e".

146. (Fundatec – Delegado de Polícia – PC – RS/2018) Levando-se em conta que a conservação do meio ambiente e a prática de ações que tenham por fundamento a sustentabilidade são de suma relevância e devem ser perseguidas pelos governantes, avalie os itens a seguir e assinale aquele que tem mais relevância para que, de fato, ocorra impacto no meio ambiente.

a) Economia.

b) Persistência.

c) Educação.

d) Desperdício.

e) Reducionismo.

COMENTÁRIOS

Alternativa "a": É apenas uma consequência: *reduzindo-se os desperdícios, os despejos de esgoto doméstico nos rios e as demais práticas ambientais irresponsáveis, os danos causados ao meio ambiente serão drasticamente minimizados e a sustentabilidade dos assentamentos humanos e atividades econômicas de qualquer natureza estarão asseguradas.*

Alternativa "b": A persistência não é a parte que se sobressai.

Alternativa "c": No último parágrafo, o autor conclui: ***O mais importante de tudo é educar*** *e fazer com que o cidadão comum entenda que tudo o que ele faz ou fará, gerará um impacto no meio ambiente que o cerca.*

Alternativa "d": Cita apenas é preciso reduzir o desperdício.

Alternativa "e": Menciona que *reduzindo-se os desperdícios, os despejos de esgoto doméstico nos rios e as demais práticas ambientais irresponsáveis, os danos causados ao meio ambiente serão drasticamente minimizados.* A redução também não se sobressai.

Alternativa correta: letra "c".

▸ TEXTO II

Os pilares da sustentabilidade: os desafios ambientais do século XXI para a iniciativa privada

Entre os pilares para o desenvolvimento sustentável – aquele capaz de garantir as necessidades da geração atual sem comprometer a futura – está a preservação e manutenção do meio ambiente. Nos últimos tempos, tem sido uma das pautas mais discutidas por líderes políticos e empresariais de todo o mundo, principalmente por conta dos impactos das mudanças climáticas.

Mesmo o Brasil, um país rico em recursos naturais, já sente as consequências dos eventos extremos, como a seca que persiste no Nordeste e deixa muitas famílias sem acesso à água, recurso essencial para a manutenção da vida. Por isso, pensar em formatos mais eficientes de uso é uma atitude urgente e que deve permear as organizações, os governos e a própria sociedade.

Em 2015, o Brasil entrou para o grupo das 197 nações signatárias do Acordo de Paris, que determinou metas para manter o aquecimento global bem abaixo de 2°C até 2030.

Ana Carolina Avzaradel Szklo, Gerente Sênior de Projetos e Assessora Técnica do CEBDS (Conselho Empresarial Brasileiro para o Desenvolvimento Sustentável), acredita que esses eventos climáticos extremos têm contribuído para que as empresas incorporem a sustentabilidade em suas agendas. As atitudes para reverter esse quadro preocupante devem ser trabalhadas em conjunto, porque o setor privado apresenta um papel tão importante quanto o governo para a efetivação das ações.

Neste contexto, é importante que a sustentabilidade faça parte da organização como um todo, principalmente, da mais alta instância decisória. Investimentos em inovação para tornar processos mais eficientes podem contribuir com uma série de oportunidades para as organizações.

Uma das tendências que estão sendo trabalhadas internacionalmente e sobre o que o CEBDS tem promovido debates com o setor privado é a precificação do carbono. A medida defende a cobrança pela emissão do CO2, o que faz com que as empresas tenham um maior controle sobre os seus processos. Além disso, impulsiona uma economia mais limpa e que consequentemente pode frear o aquecimento global.

Para consolidar uma economia com baixa emissão de carbono, é necessário pensar em toda a cadeia de produção da economia, desde a extração da matéria-prima, o transporte, a produção e até o descarte. Trabalhando com esses rejeitos, evita-se que os materiais acabem em aterros e lixões – locais em que a decomposição emite gases responsáveis pelo efeito estufa, como o metano e o gás carbônico. Com a reciclagem, os resíduos viram matéria-prima novamente, o que evita a extração e colabora para o uso racional de recursos naturais.

Com a ideia de eliminar o lixo, a empresa precisa investir bastante para reciclar materiais não convencionais como esponjas de limpeza, cosméticos, tubos de pasta de dente, lápis e canetas. Por não terem fluxos regulares de reciclagem, fazer o processo com esses rejeitos sai bem mais caro. "Esses materiais são considerados 'não recicláveis', pois o custo para reciclá-los é superior ao valor obtido com a matéria-prima resultante do processo. Percebemos, portanto, que não existe efetivamente nada que não possa ser reciclado. O que existem são resíduos que valem a pena do ponto de vista financeiro, e outros não, justamente por serem complexos", explica Pirrongelli da TerraCycle.

O programa de coleta da TerraCycle engaja consumidores e produtores em seu processo. Não são apenas os produtos de difícil reciclabilidade que preocupam ambientalistas, governos e empresas ao redor do mundo. Mesmo materiais que já têm processos consolidados, como o plástico, acabam em lixões e aterros, onde demoram anos para se decompor. Relatórios divulgados no início deste ano pela Ellen MacArthur Foundation mostram que cerca de oito bilhões de toneladas de plástico são descartados nos mares por ano – quantidade equivalente a um caminhão de lixo por minuto. A organização calculou que, se esse ritmo continuar, haverá mais plástico do que peixe nos oceanos em 2050.

Por isso, a maior procura por produtos biodegradáveis sinaliza a crescente preocupação do setor privado em relação ao meio ambiente. Nesse aspecto, a tecnologia é um aspecto fundamental para a sustentabilidade.

Soluções como o plástico hidrossolúvel têm sido cada vez mais procuradas como um meio de evitar o problema do descarte irresponsável. O material é novidade no Brasil e na América Latina e consiste em um plástico que se dissolve na água em apenas alguns segundos. Há também, nesse mesmo viés, bobinas, saquinhos hidrossolúveis sob medida, entretelas, entre outros. Essa solução, de acordo com um empresário do setor, traz diversas vantagens ao comprador, como: redução de custos em transporte e armazenagem, devido à concentração de produto na embalagem hidrossolúvel; diminuição no uso e descarte do plástico convencional, que pode gerar créditos de carbono e também traz segurança na aplicação e no manuseio de substâncias químicas que podem ser nocivas para o ser humano. As empresas podem contribuir para um desenvolvimento sustentável valorizando produtos que têm um apelo sustentável, criando uma cultura organizacional voltada para essas questões e investindo em desenvolvimento de novas alternativas. É importante também que a organização, além de realizar esses processos, valorize que os mesmos sejam adotados por toda cadeia produtiva, envolvendo desde seus fornecedores até seus clientes.

(Fonte: Amcham Brasil, 26 de maio 2017 – http:// economia.estadao.com.br/blogs – Texto adaptado)

147. (Fundatec – Delegado de Polícia – PC – RS/2018) Todos os aspectos a seguir listados vêm ao encontro da busca pela sustentabilidade no âmbito das empresas, conforme o texto, EXCETO:

a) Preservação do meio ambiente.
b) Manutenção do aquecimento global.
c) Incorporação da sustentabilidade no contexto das organizações.
d) Promover um processo econômico que prime pela baixa emissão de carbono.
e) Uso de produtos biodegradáveis.

COMENTÁRIOS

Alternativa "a": No texto: *Entre os pilares para o desenvolvimento sustentável – aquele capaz de garantir as necessidades da geração atual sem comprometer a futura – está* ***a preservação e manutenção do meio ambiente***.

Alternativa "b": É a única opção que possui aspecto negativo. Muito fácil resolver a questão.

Alternativa "c": ... é importante que a sustentabilidade faça parte da organização *como um todo, principalmente, da mais alta instância decisória*.

Alternativa "d": *Para* ***consolidar uma economia com baixa emissão de carbono****, é necessário pensar em toda a cadeia de produção da economia, desde a extração da matéria-prima, o transporte, a produção e até o descarte.*

Alternativa "e": ... ***a maior procura por produtos biodegradáveis sinaliza a crescente preocupação do setor privado em relação ao meio ambiente***.

Alternativa correta: letra "b".

TEXTO III

Sustentabilidade no Brasil: questão ambiental ou econômica?

O Brasil é um dos países com maior interesse sustentável no mundo, alcançando o valor de pontos nos dados do Google Trends, que tem o valor máximo de 100. Sempre houve uma grande pressão mundial sobre o Brasil. O país com a maior floresta e com a maior reserva de água doce do mundo tem sido cobrado pela preservação disso tudo. Uma tarefa nada fácil para o governo brasileiro, pois a nação precisa crescer e se desenvolver, algo que os grandes países já fizeram sem se preocuparem com o futuro do planeta, agredindo sem escrúpulos o meio ambiente.

Logo, a #Sustentabilidade ganha um enorme foco, causando grandes debates a respeito de sua importância, e planejamentos complexos, para que, junto com ela, venha também o desenvolvimento e não o retrocesso.

Segundo dados do Google Trends, o maior interesse a respeito do tema Sustentabilidade se concentra na Região Norte e Nordeste.

Como pode-se observar, 5 dos 7 estados da Região Norte aparecem entre os mais citados, curiosamente onde se concentra a maior parte das florestas do país, ao mesmo tempo, também um baixo IDH (Índice de Desenvolvimento Humano).

Os estados com maiores interesses no tema são, na prática, os lugares onde mais se precisa aplicar a sustentabilidade. Como é um assunto em foco, é por isso que as regiões mais atrasadas estão tentando mudar a situação atual, com o governo criando leis e começando a punir quem agride o meio ambiente.

Os dados do IBGE comprovam o interesse na situação atual.

Uma pesquisa revelou que 89,3% dos municípios do Nordeste e um total de 85,5% do Norte destinam seus resíduos sólidos para lixões, onde não ocorre nenhum tipo de tratamento ou reaproveitamento. Especificamente no Pará, isso ocorre em 94,4% das cidades.

Na prática, o dinheiro reflete muito na questão da sustentabilidade, em que estados mais pobres não têm condição de arcar com essas mudanças. O interesse é enorme, mas o progresso é lento.

O discurso do clima não é mais ambiental, é econômico.

(Fonte: https://br.blastingnews.com/sociedade-opiniao – Texto adaptado.)

148. (Fundatec – Delegado de Polícia – PC – RS/2018) Relativamente aos três textos que compõem esta prova, afirma-se que:

I. Todos os três abordam o tema sustentabilidade.
II. O primeiro texto faz referências às ações necessárias à manutenção do meio ambiente com vistas à sustentabilidade.
III. O segundo texto constrói sua argumentação, relacionando sustentabilidade e ações em nível de pesquisas que futuramente farão a diferença.
IV. No terceiro texto, o foco é a política brasileira no que tange ao meio ambiente.

Quais estão corretas?

a) Apenas I e IV.
b) Apenas II e III.
c) Apenas I, II e III.
d) Apenas II, III e IV.
e) I, II, III e IV.

COMENTÁRIOS

I. É o assunto dos três textos, basta conferir os títulos: 1. O meio ambiente e a **sustentabilidade**; 2. Os pilares da **sustentabilidade**: os desafios ambientais do século XXI para a iniciativa privada; 3. **Sustentabilidade** no Brasil: questão ambiental ou econômica?

II. Ideias mencionadas no segundo parágrafo e no último.

III. Ideia exposta na conclusão (último parágrafo).

IV. O foco é a sustentabilidade: ***a #Sustentabilidade ganha um enorme foco***, *causando grandes debates a respeito de sua importância, e planejamentos complexos, para que, junto com ela, venha também o desenvolvimento e não o retrocesso.*

Alternativa correta: letra "c".

▸ TEXTO I

(O texto reporta-se, em seu início, a uma galeria de fotos de pessoas que foram submetidas a trabalho escravo, no Brasil).

ESCRAVOS NO SÉCULO XXI

Os 48 retratos ao lado formam uma galeria que o país não gosta de ver. São vários Antônios, vários Franciscos, vários Josés e uma Vicentina, que dão carne e osso a um grande drama brasileiro: o trabalho em condições análogas às de escravidão. Sim, todas essas pessoas foram escravizadas – em pleno século XXI. Enredadas em dívidas impagáveis, manipuladas pelos patrões e submetidas a situações deploráveis no trabalho, elas chegaram a beber a mesma água que os porcos e algumas sofreram a humilhação máxima de ser espancadas, para não falar de constantes ameaças de morte. Quando os livros escolares informam que a escravidão foi abolida no Brasil em 13 de maio de 1888, há exatos 130 anos, fica faltando dizer que encerrou a escravidão negra – e que, ainda hoje, a escravidão persiste, só que agora é multiétnica.

Estima-se que atualmente 160.000 brasileiros trabalhem e vivam no país em condições semelhantes às de escravidão – ou seja, estão submetidos a trabalho forçado, servidão por meio de dívidas, jornadas exaustivas e circunstâncias degradantes (em relação a moradia e alimentação, por exemplo). Comparada aos milhões de africanos trazidos para o país para trabalhar como escravos, a cifra atual poderia indicar alguma melhora, mas abrigar 160.000 pessoas escravizadas é um escândalo humano de proporções épicas.

(...)

(Revista VEJA, Editora Abril, edição 2581, ano 51, n° 19, 9 de maio de 2018, p. 81-87).

149. (Nucepe – Delegado de Polícia – PC – PI/2018) O texto aborda um tema que suscita discussão e convida a um posicionamento crítico do seu elaborador. Só NÃO se observa a sinalização de um posicionamento sobre a questão discutida, por parte do seu autor, em:

a) Sim, todas essas pessoas foram escravizadas – em pleno século XXI.

b) ...e algumas sofreram a humilhação máxima de ser espancadas, para não falar de constantes ameaças de morte.

c) ... fica faltando dizer que encerrou a escravidão negra – e que, ainda hoje, a escravidão persiste, só que agora é multiétnica.

d) Estima-se que atualmente 160.000 brasileiros trabalhem e vivam no país em condições semelhantes às de escravidão...

e) ...mas abrigar 160.000 pessoas escravizadas é um escândalo humano de proporções épicas.

COMENTÁRIOS

Alternativa "a": Posicionamento: ***em pleno*** século XXI.

Alternativa "b": Posicionamento: *humilhação* ***máxima***.

Alternativa "c": Posicionamento: ***a escravidão*** *persiste, só que agora* é multiétnica.

Alternativa "d": São apresentados dados, não há posicionamento do autor.

Alternativa "e": Posicionamento: ***escândalo*** *humano de proporções* épicas.

Alternativa correta: letra "d".

▸ TEXTO II

(https://www.google.com.br/search? – Acesso em 7.5.2018)

150. (Nucepe – Delegado de Polícia – PC – PI/2018) Os sentidos do texto e seu efeito de humor são promovidos por recursos de linguagem verbal e por recursos visuais específicos. Contextualmente, esse efeito de humor é produzido

a) pela expressividade marcada na polissemia de "se vira", evidenciada na intenção comunicativa do locutor.

b) pela expressão "se vira" que, em ambas as ocorrências, aparece com o mesmo sentido, por isso marcadas pela sinonímia.

c) pelo recurso da reiteração evidenciado pelo locutor ao proferir a expressão "é como falei".

d) pela interpretação antonímica que o interlocutor faz em relação à expressão "se vira", nas duas ocorrências.

e) pelo caráter irônico do locutor, evidenciado na sua preocupação ao proferir as palavras "e o que eu faço se eu atirar e matar você?"

COMENTÁRIOS

Alternativa "a": Polissemia: apresenta um grande número significados em uma só palavra. O significado dependerá do contexto em que a palavra está inserida. A expressão "se vira" possui o sentido de virar-se (literalmente) e o sentido de resolver a situação.

Alternativa "b": Não são sinônimas. Em 1, é para ele mudar de posição; em 2, é para encontrar uma solução.

Alternativa "c": Não há efeito de repetição, pois os significados são distintos.

Alternativa "d": Não são interpretações opostas.

Alternativa "e": A ironia está no uso da expressão "se vira".

Alternativa correta: letra "a".

▸ TEXTO III

A complexa questão da segurança do Brasil

O Brasil vive hoje uma grande crise de segurança pública. Isso não é segredo para ninguém. Na realidade, a sensação de medo é algo que parece presente em vários setores da sociedade em nosso país. Só em Pernambuco, foram mais de cinco mil assassinatos em 2017. São números de guerra. E os relatos de situações de violências vividas estão presentes em todos os espaços. Muitas vezes são o tema principal de programas de televisão, porém muito pouco é tratado sobre como resolver. E esta é a grande questão sobre a qual precisamos nos debruçar.

Uma coisa é certa: a violência é um problema complexo. E problemas complexos possuem soluções complexas. Qualquer que seja o discurso que tente apresentar uma solução simples para estes problemas é incabível. Um exemplo é o discurso que a solução para a violência passa pela liberação de armas para os "cidadãos de bem" poderem se defender.

O que a ciência comprova é que liberar armas não resolve absolutamente nada quanto ao problema da segurança pública. Um estudo recente liberado pela Escola de Saúde Pública de Harvard fez uma síntese de vários destes pontos e comprova a tese.

Entre algumas das conclusões, uma delas é que armas de fogo são usadas mais frequentemente para assustar e intimidar do que para defesa própria. Outra conclusão alarmante é que armas de fogo em casa são usadas normalmente mais para intimidar pessoas íntimas e familiares que para evitar crimes.

(...)

De toda forma, este é um assunto que está novamente na ordem do dia e não pode deixar de ser tratado. Porém, estes discursos fáceis de que a solução para a violência está em liberar armas ou colocar o exército nas ruas não resolvem. Nunca resolveu. Por que resolveria agora? Estão aí os números que falam por si. Mas, de um jeito ou de outro, o debate precisa ser travado. (...)

Edição: Monyse Ravenna

(https://www.brasildefato.com.br/2018/02/26/a-complexa-questao-da-seguranca-do-brasil/- Aristóteles Cardona Júnior – Acesso em 7.5.2018)

151. (Nucepe – Delegado de Polícia – PC – PI/2018) Pela leitura do texto, depreende-se que o autor

a) apresenta propostas de solução para o drama da violência, vivido hoje pela população dos grandes centros urbanos.

b) tenciona colocar em pauta o debate sobre o estado de violência que permeia a nossa sociedade e que nos atormenta a vida, embora não apresente uma solução, objetivamente.

c) traz uma discussão por meio de argumentos contrários àqueles que são levantados pela ciência para posicionar-se contrariamente ao uso de armas de fogo pela sociedade.

d) concorda com o uso de armas de fogo argumentando que embora elas sejam perigosas nas mãos de quem não sabe usá-las, são necessárias em caso de defesa pessoal.

e) esclarece sobre a complexidade do problema da violência e revela-se favorável ao auxílio do exército para solucioná-lo.

COMENTÁRIOS

Alternativa "a": Em momento algum, o autor apresenta solução.

Alternativa "b": Debate e não apresenta solução.

Alternativa "c": Os argumentos são favoráveis.

Alternativa "d": Não concorda com o uso de armas.

Alternativa "e": Não se revela favorável.

Alternativa correta: letra "b".

152. (Nucepe – Delegado de Polícia – PC – PI/2018) O segmento marcado em: *De toda forma, **este é um assunto** que está novamente na ordem do dia e não pode deixar de ser tratado*, retoma, textual e especificamente, a questão

a) das consequências da violência em si, na vida de cada um.

b) dos mais de cinco mil assassinatos em Pernambuco, em 2017.

c) das discussões sobre o tema da violência empreendidas pelos meios de comunicação.

d) da liberação das armas de fogo para uso do cidadão comum e suas consequências.

e) dos números da violência, que falam por si, no país.

COMENTÁRIOS

✪ **Nota da autora:** Questão de interpretação e de coesão textual.

Alternativa "a": O assunto que está na ordem do dia é a liberação das armas.

Alternativa "b": Cita o número apenas para demonstrar que a situação é alarmante.

Alternativa "c": Discussões sobre a liberação das armas.

Alternativa "d": No segundo parágrafo: *Um exemplo é o discurso que a solução para a violência passa pela **liberação de armas para os "cidadãos de bem"** poderem se defender.* No quarto parágrafo, as **consequências**: *armas de fogo em casa são usadas normalmente mais para intimidar pessoas íntimas e familiares que para evitar crimes.*

Alternativa "e": Retoma a questão da liberação das armas, não os números da violência.

Alternativa correta: letra "d".

▸ TEXTO PARA RESPONDER À QUESTÃO.

Vamos partir de uma situação que grande parte de nós já vivenciou. Estamos saindo do cinema, depois de termos visto uma adaptação de um livro do qual gostamos muito. Na verdade, até que gostamos do filme também: o sentido foi mantido, a escolha do elenco foi adequada, e a trilha sonora reforçou a camada afetiva da narrativa. Por que então sentimos que algo está fora do lugar? Que está faltando alguma coisa?

O que sempre falta em um filme sou eu. Parto dessa ideia simples e poderosa, sugerida pelo teórico Wolfgang Iser em um de seus livros, para afirmar que nunca precisamos tanto ler ficção e poesia quanto hoje, porque nunca precisamos tanto de faíscas que ponham em movimento o mecanismo livre da nossa imaginação. Nenhuma forma de arte ou objeto cultural guarda a potência escondida por aquele monte de palavras impressas na página.

Essa potência vem, entre outros aspectos, do tanto que a literatura exige de nós, leitores. Não falo do esforço de compreender um texto, nem da atenção que as histórias e os poemas exigem de nós - embora sejam incontornáveis também. Penso no tanto que precisamos investir de nós, como sujeitos afetivos e como corpos sensíveis, para que as palavras se tornem um mundo no qual penetramos.

Somos bombardeados todo dia, o dia inteiro, por informações. Estamos saturados de dados e de interpretações. A literatura - para além do prazer intelectual, inegável - oferece algo diferente. Trata-se de uma energia que o teórico Hans Ulrich Gumbrecht chama de "presença" e que remete a um contato com o mundo que afeta o corpo do indivíduo para além e para aquém do pensamento racional.

Muitos eventos produzem presença, é claro: jogos e exercícios esportivos, shows de música, encontros com amigos, cerimônias religiosas e relações amorosas e sexuais são exemplos óbvios. Por que, então, defender uma prática eminentemente intelectual, como a experiência literária, com o objetivo de "produzir presença", isto é, de despertar sensações corpóreas e afetos? A resposta está, como já evoquei mais acima, na potência guardada pela ficção e pela poesia para disparar a imaginação. Mas o que é, afinal, a imaginação, essa noção tão corriqueira e sobre a qual refletimos tão pouco?

Proponho pensar a imaginação como um espaço de liberdade ilimitada, no qual, a partir de estímulos do mundo exterior, somos confrontados (mas também despertados) a responder com memórias, sentimentos, crenças e conhecimentos para forjar, em última instância, aquilo que faz de cada um de nós diferente dos demais. A leitura de textos literários é uma forma privilegiada de disparar esse mecanismo imenso, porque demanda de nós todas essas reações de modo ininterrupto, exige que nosso corpo esteja ele próprio presente no espaço ficcional com que nos deparamos, sob pena de não existir espaço ficcional algum.

(Ligia G. Diniz. https://brasil.elpais.com. 22.02.2018. Adaptado)

153. (Vunesp - Delegado de Polícia - PC - BA/2018) Uma frase em consonância com o que se argumenta no texto é:

a) Essencialmente racional, a literatura diferencia-se das demais manifestações artísticas por ser ela incapaz de despertar reações corpóreas.

b) Um texto literário exige mais concentração e esforço intelectual para ser compreendido, em comparação com outros tipos de texto.

c) A literatura é imprescindível para que o pensamento racional seja cultivado em detrimento de percepções motivadas pelo instinto.

d) Somos incapazes de ver aspectos positivos na adaptação de um filme do qual gostamos muito, pois nosso julgamento é puramente emocional.

e) Inseridos em um contexto impregnado de informação, precisamos da literatura mais do que nunca para aguçar nossa imaginação.

COMENTÁRIOS

Alternativa "a": A literatura, segundo o texto, **desperta** reações corpóreas. No segundo parágrafo: *A literatura - para além do prazer intelectual, inegável - oferece algo diferente. Trata-se de uma energia que o teórico Hans Ulrich Gumbrecht chama de "presença" e que remete a um contato com o mundo que afeta o corpo do indivíduo para além e para aquém do pensamento racional.*

Alternativa "b": Não exige mais concentração. No terceiro parágrafo: *Não falo do **esforço de compreender um texto**, nem da atenção que as histórias e os poemas exigem de nós.*

Alternativa "c": A literatura nos leva para além do racional, ou seja, para a imaginação. No texto: *Trata-se de uma energia que o teórico Hans Ulrich Gumbrecht chama de "presença" e que **remete a um contato com o mundo que afeta o corpo do indivíduo para além e para aquém do pensamento racional.***

Alternativa "d": Extrapolação textual. A autora apenas menciona que sentimos algo fora do lugar, não cita que somos incapazes de ver aspectos positivos.

Alternativa "e": Trechos que confirmam a informação: 1. *precisamos investir de nós, como sujeitos afetivos e como corpos sensíveis, para que as palavras se tornem um mundo no qual penetramos;* 2. *A literatura - para além do prazer intelectual, inegável - oferece algo diferente; remete a um contato com o mundo que afeta o corpo do indivíduo para além e para aquém do pensamento racional;* 3. *A leitura de textos literários é uma forma privilegiada de disparar esse mecanismo imenso, porque demanda de nós todas essas reações de modo ininterrupto, exige que nosso corpo esteja ele próprio presente no espaço ficcional com que nos deparamos, sob pena de não existir espaço ficcional algum.*

Alternativa correta: letra "e".

▸ **TEXTO CB1A1AAA**

A diferença básica entre as polícias civil e militar é a essência de suas atividades, pois assim desenhou o constituinte original: a Constituição da República Federativa do Brasil de 1988 (CF), em seu art. 144, atribui à polícia federal e às polícias civis dos estados as funções de polícia judiciária — de natureza essencialmente investigatória, com vistas à colheita de provas e, assim, à viabilização do transcorrer da ação penal — e a apuração de infrações penais.

Enquanto a polícia civil descobre, apura, colhe provas de crimes, propiciando a existência do processo criminal e a eventual condenação do delinquente, a polícia militar, fardada, faz o patrulhamento ostensivo, isto é, visível, claro e perceptível pelas ruas. Atua de modo preventivo-repressivo, mas não é seu mister a investigação de crimes. Da mesma forma, não cabe ao delegado de polícia de carreira e a seus agentes sair pelas ruas ostensivamente em patrulhamento. A própria comunidade identifica na farda a polícia repressiva; quando ocorre um crime, em regra, esta é a primeira a ser chamada. Depois, havendo prisão em flagrante, por exemplo, atinge-se a fase de persecução penal, e ocorre o ingresso da polícia civil, cuja identificação não se dá necessariamente pelos trajes usados.

Guilherme de Souza Nucci. Direitos humanos versus segurança pública. Rio de Janeiro: Forense, 2016, p. 43 (com adaptações).

154. (Cespe - Delegado de Polícia - GO/2017) Infere-se das informações do texto CB1A1AAA que

a) o uso de fardamento pela polícia militar é o que a diferencia da polícia civil, que prescinde dos trajes corporativos.

b) a essência da atividade do delegado de polícia civil reside no controle, na prevenção e na repressão de infrações penais.

c) ao delegado de polícia cabem a condução da investigação criminal e a apuração de infrações penais.

d) a tarefa precípua dos delegados de polícia civil e de seus agentes é o patrulhamento ostensivo nas ruas.

e) a função de polícia judiciária concretiza-se no policiamento ostensivo, preventivo e repressivo.

COMENTÁRIOS

✪ **Nota da autora:** No comando da questão foi mencionado inferência e isso significa que a ideia não está explícita, mas sim implícita. Guarde aí: **in**ferência = **im**plícita.

Alternativa "a" - Afirma-se que a diferença básica entre as polícias civil e militar é a **essência de suas atividades.** A identificação de um policial civil "não se dá necessariamente pelos trajes usados".

Alternativa "b" - O policial civil deve investigar o crime; o militar faz o patrulhamento ostensivo e atua de modo preventivo-repressivo.

Alternativa "c" - No primeiro parágrafo: a Constituição da República Federativa do Brasil de 1988 (CF), em seu art. 144, atribui à polícia federal e às polícias civis dos estados as funções de polícia judiciária — de ***natureza*** essencialmente ***investigatória***, com vistas à ***colheita de provas*** e, assim, à viabilização do ***transcorrer da ação penal*** — e a ***apuração de infrações penais***. Isso significa que a condução da investigação criminal e a apuração de infrações cabem ao delegado de polícia.

Alternativa "d" - Como mencionado, o patrulhamento é tarefa do policial militar.

Alternativa "e" - A polícia judiciária investiga. No primeiro parágrafo: funções de polícia judiciária — ***de natureza essencialmente investigatória, com vistas à colheita de provas e***, assim, à viabilização do transcorrer da ação penal — e a apuração de infrações penais.

Alternativa correta: letra "c".

155. (Cespe - Delegado de Polícia - GO/2017) O texto CB1A1AAA é predominantemente

a) injuntivo.

b) narrativo.

c) dissertativo.

d) exortativo.

e) descritivo.

COMENTÁRIOS

✪ **Nota da autora:** Questão de tipologia textual.

Alternativa "a" - O texto injuntivo ou instrucional está pautado na explicação e no método para a concretização de uma ação, ou seja, indicam o procedimento para realizar algo, por exemplo, uma receita de bolo, bula de remédio, manual de instruções, editais e propagandas. Com isso, sua função é transmitir para o leitor mais do que simples informações, visa sobretudo, instruir, explicar, todavia, sem a finalidade de convencê-lo por meio de argumentos. A partir disso, note que são textos os quais incitam a ação dos destinatários, controlando, assim, seu comportamento, ao fornecer instruções e indicações para a realização de um trabalho ou a utilização correta de instrumentos e/ou ferramentas.[42]

Alternativa "b" - Texto narrativo é um tipo de texto que esboça as ações de personagens num determinado tempo e espaço. Geralmente, ele é escrito em prosa e nele são narrados (contados) alguns fatos e acontecimentos. Alguns exemplos de textos narrativos são: romance, novela, conto, crônica e fábula.[43]

Alternativa "c" - O **texto dissertativo** é um tipo de texto **argumentativo** e **opinativo**, uma vez que expõe a opinião sobre determinado assunto ou tema, por meio de uma argumentação lógica, coerente e coesa. **Possui o objetivo de convencer o leitor**.

Alternativa "d" - Textos exortativos correspondem a um tipo de discurso comportamental com a função de

42. Toda Matéria. Disponível em < https://www.todamateria.com.br/texto-injuntivo/>. Acesso em 21 out. 2016.
43. Toda Matéria. Disponível em < https://www.todamateria.com.br/texto-narrativo/>. Acesso em 21 out. 2016.

modificar o comportamento dos seus leitores, influenciando-os no sentido de estes virem a fazer algo ou a deixarem de fazer algo.[44]

Alternativa "e" – O texto descritivo capta as impressões, de forma a representar a elaboração de um retrato, como uma fotografia revelada por meio das palavras. Para tanto, alguns aspectos são de suma importância para a elaboração desse tipo textual, desde as características físicas e/ou psicológicas do que se pretende analisar, a saber: cor, textura, altura, comprimento, peso, dimensões, função, clima, tempo, vegetação, localização, sensação, localização, dentre outros.[45]

Alternativa correta: letra "c".

▸ TEXTO PARA AS PRÓXIMAS QUESTÕES.

Olhador de anúncio

Eis que se aproxima o inverno, pelo menos nas revistas, cheias de anúncios de cobertores, lãs e malhas. O que é desenvolvimento! Em outros tempos, se o indivíduo sentia frio, passava na loja e adquiria os seus agasalhos. Hoje são os agasalhos que lhe batem à porta, em belas mensagens coloridas.

E nunca vêm sós. O cobertor traz consigo uma linda mulher, que se apresta para se recolher debaixo de sua "nova textura antialérgica", e a legenda: "Nosso cobertor aquece os corpos de quem já tem o coração quente". A mulher parece convidar- nos: "Venha também". Ficamos perturbados. Faz calor, um calor daqueles. Mas a página aconchegante instala imediatamente o inverno, e sentimo-nos na aflita necessidade de proteger o irmão corpo sob a maciez desse cobertor, e...

Não. A mulher absolutamente não faz parte do cobertor, que é que o senhor estava pensando? Nem adianta telefonar para a loja ou para a agência de publicidade, pedindo endereço da moça do cobertor antialérgico de textura nova. Modelo fotográfico é categoria profissional respeitável, como outra qualquer. Tome juízo, amigo. E leve só o cobertor.

São decepções de olhador de anúncios. [...].

Mas sempre é bom tomar conhecimento das mensagens publicitárias. É o mundo visto através da arte de vender. "As lojas fazem tudo por amor". Já sabemos, pela estória do cobertor mulher (uma palavra só) que esse tudo é muito relativo. "Em nossas vitrinas a japona é irresistível". Então, precavidos, não passaremos diante das vitrinas. E essa outra mensagem é, mesmo, de alta prudência: "Aprenda a ver com os dois olhos". Precisamos deles para navegar na maré de surrealismo que cobre outro setor da publicidade: "Na liquidação nacional, a casa x tritura preços". Os preços virando pó, num país inteiramente líquido: vejam a força da imagem. Rara espécie animal aparece de repente: "Comprar na loja y é supergalinha-morta".

Prosseguimos, invocados, sonhando "o sonho branco das noites de julho". "Ponha uma onça no seu gravador". "A alegría está no açúcar". "Pneu de ombros arredondados é mais pneu". "Tip-Tip tem sabor de céu". "Use nossa palmilha voadora". "Seus pés estão chorando por falta das meias Rouxinol, que rouxinolizam o andar". "Neste relógio, você escolhe a hora". "Ponha você neste perfume". "Toda a sua família cabe neste refrigerador e ainda sobra lugar para o peru de Natal". "Sirva nossa lingerie como champanha; é mais leve e mais espumante".

O olhador sente o prazer de novas associações de coisas, animais e pessoas; e esse prazer é poético. Quem disse que a poesia anda desvalorizada? A bossa dos anúncios prova o contrário. E ao vender-nos qualquer mercadoria, eles nos dão de presente "algo mais", que é o produto da imaginação e tem serventia, as coisas concretas, que também de pão abstrato se nutre o homem.

ANDRADE, Carlos Drummond de. Rio de Janeiro: Record, 2005. p. 151-2.

156. (IBADE – Delegado de Polícia – AC/2017) Sobre o texto, leia as afirmativas.

I. É escrito em linguagem-padrão; possui um tom do discurso que varia entre o ligeiro e o polêmico, comum em crônicas.

II. Há nele caráter reflexivo e interpretativo, que parte de um assunto do cotidiano, um acontecimento banal.

III. Tem como intuito convencer o leitor, persuadi-lo a concordar com a ideia ou ponto de vista exposto.

IV. É injuntivo, pois possui a maioria dos verbos no imperativo.

Está correto apenas o que se afirma em:

a) I, II e III.
b) II e III.
c) I e III.
d) II, III e IV.
e) I e II.

COMENTÁRIOS

✪ Nota da autora: Questão de tipologia textual.

Alternativa "e" – Estão corretos apenas os itens I e II.

I. Carlos Drummond de Andrade, além de ter sido um grande poeta, foi, também, contista e cronista. Conto: ficção. Crônica: realidade. Características da crônica: narração curta; descreve fatos da vida cotidiana; pode ter caráter humorístico, crítico, satírico e/ou irônico; possui personagens comuns; segue um tempo cronológico determinado; uso da oralidade na escrita e do coloquialismo na fala das personagens; linguagem simples.

II. Como visto no item I, assunto cotidiano é uma das características da crônica.

III. A crônica não possui o objetivo de convencer o leitor. Essa característica é de textos dissertativos.

44. CiberDúvidas. Disponível em <https://ciberduvidas.iscte-iul.pt/consultorio/perguntas/texto-exortativo-e-texto-injuntivo/25930>. Acesso em 21 out. 2016.

45. Toda Matéria. Disponível em <https://www.todamateria.com.br/texto-injuntivo/>. Acesso em 21 out. 2016.

IV. O texto não é injuntivo, pois não possui a função de instruir ou explicar e não tem a finalidade de mudar o comportamento do leitor.

Alternativa correta: letra "e".

157. (IBADE - Delegado de Polícia - AC/2017) Verifica-se a interação do locutor em relação ao interlocutor na seguinte passagem do texto:

a) "O olhador sente o prazer de novas associações de coisas, animais e pessoas; e esse prazer é poético."
b) "O que é desenvolvimento!"
c) "E ao vender-nos qualquer mercadoria, eles nos dão de presente algo mais".
d) "Modelo fotográfico é categoria profissional respeitável, como outra qualquer."
e) "Quem disse que a poesia anda desvalorizada?"

COMENTÁRIOS

✪ **Nota da autora:** Antes é interessante saber a diferença entre locutor e interlocutor, embora seja fácil.

Locutor: pessoa que fala (ou escreve); pessoa que formula um enunciado, isto é, o **autor**.

Interlocutor: pessoa que faz parte de uma interação efetuada pela linguagem, ou seja, o **leitor**.

Alternativa "c" – Simples: Ao vender **a nós** (ao autor e ao leitor), eles dão a nós (ao autor e ao leitor).

Observação: nas alternativas "a", "b", "d" e "e" não há interação alguma, sendo prescindível comentá-las.

Alternativa correta: letra "c".

▸ **TEXTO PARA RESPONDER À QUESTÃO.**

Não raro as palavras "moral" e "ética" aparecem num mesmo contexto e, às vezes, são erroneamente entendidas como sinônimos. A primeira tem caráter prático, relativo e restrito a determinada circunstância. Já a segunda é a reflexão filosófica sobre a moral, busca compreender sua lógica e justificá-la. É necessário reconhecer que a própria etimologia dos termos favorece dúvidas. [...] Podemos pensar que moral são as normas que devem ser seguidas e tem como objetivo regular o comportamento [...]. Já a ética expressa um conjunto de valores que orientam as ações com o fim de preservar o bem-estar coletivo.

É possível dizer que, enquanto a ética é teórica, "filosófica", a moral está associada à prática, ao cotidiano, à maneira como vivemos os princípios éticos. Subjacente aos dois conceitos há uma questão básica: a oposição entre o bem e o mal. Para a psiquiatria, a psicanálise e a maioria das abordagens psicológicas, porém, a visão maniqueísta é insuficiente diante da complexidade humana. Muitas vezes, as supostas maldades – ou o que a priori seriam considerados gestos de bondade – surgem como sintomas de alguma patologia ou emergem de quadros psíquicos alterados. **Além disso**, se levarmos em conta a existência de uma instância psíquica inconsciente, que constantemente sabota nossas boas intenções (e quanto menos nos conhecemos mais o faz), fica ainda mais difícil estabelecer uma separação objetiva entre bons e maus.

Friedrich Nietzsche (1844-1900), por exemplo, propõe pensarmos "para além do bem e do mal". Escreve: "Pergunte aos escravos 'quem é o mau', e eles apontarão o personagem que a moral aristocrática considera 'bom', isto é, o poderoso, o dominador". O filósofo alemão faz uma colocação muito pertinente: há sempre a perspectiva de quem julga, suas experiências e seus interesses. Como então lidar com essa multiplicidade de olhares possíveis sobre um mesmo objeto? Uma saída talvez seja lançar mão de um recurso bastante simples, a empatia, e fazermos o exercício (nem sempre cômodo ou fácil) de nos colocarmos no lugar do outro, procurando compreender seu ponto de vista – e sua dor. Buscando esse ponto que nos coloca em contato com o outro, tão diferente e ao mesmo tempo tão próximo, talvez seja mais fácil buscar em nós mesmos espaços psíquicos que comportem escolhas menos nocivas.

Rev. mentecérebro. Abril de 2011, p. 22.

158. (FUNCAB - Delegado de Polícia - PA/2016) A argumentação desenvolvida no texto está orientada no sentido de persuadir o leitor a chegar à conclusão de que:

a) a distinção entre ética e moral, em virtude da própria etimologia dos termos, não se faz sem muitas dúvidas.
b) moral e ética mantêm em comum entre si o fato de apoiarem-se na oposição entre o bem e o mal.
c) psiquiatria, psicanálise e psicologia, dada a complexidade humana, condenam uma visão maniqueísta da moral.
d) a empatia, implicando a visão de alteridade, é talvez a saída para uma moral não contaminada de maniqueísmo.
e) a perspectiva moral dos escravos vislumbrará sempre naqueles que os dominam a personificação do mal.

COMENTÁRIOS

✪ **Nota da autora:** ***Empatia*** é ação de se colocar no lugar de outra pessoa, buscando agir ou pensar da forma como ela pensaria ou agiria nas mesmas circunstâncias; ***alteridade***: caráter ou estado do que é diferente; que é outro; que se opõe à identidade; ***maniqueísmo***: toda abordagem que divide o mundo em aspectos opostos e incompatíveis.

Alternativa "a" – As palavras são confundidas, erroneamente, como sinônimas, segundo afirma no primeiro período.

Alternativa "b" – Até ocorre, mas não tenta persuadir para que chegue à conclusão.

Alternativa "c" – Não condenaram a visão dualista. No segundo parágrafo: a visão maniqueísta é insuficiente diante da complexidade humana.

Alternativa "d" – No último parágrafo: Uma saída talvez seja lançar mão de um recurso bastante simples, a empatia, e fazermos o exercício (nem sempre cômodo ou fácil) de nos colocarmos no lugar do outro, procurando compreender seu ponto de vista – e sua dor.

Alternativa "e" – A ideia faz parte da argumentação textual e não se refere à conclusão.

Alternativa correta: letra "d".

▸ TEXTO PARA AS QUESTÕES.

A morte do narrador

Recentemente recebi um e-mail de uma leitora perguntando a razão de eu ter, segundo ela, uma visão tão dura para com os idosos. O motivo da sua pergunta era eu ter dito, em uma de minhas colunas, que hoje em dia não existiam mais vovôs e vovós, porque estavam todos na academia querendo parecer com seus netos.

Claro, minha leitora me entendeu mal. Mas o fato de ela ter me entendido mal, o que acontece com frequência quando se discute o tema da velhice, é comum, principalmente porque o próprio termo "velhice" já pede sinônimos politicamente corretos, como "terceira idade", "melhor idade", "maturidade", entre outros.

Uma característica do politicamente correto é que, quando ele se manifesta num uso linguístico específico, é porque esse uso se refere a um conceito já considerado como algo ruim. A marca essencial do politicamente correto é a hipocrisia articulada como gesto falso, ideias bem comportadas.

Voltando à velhice. Minha leitora entendeu que eu dizia que idosos devem se afundar na doença, na solidão e no abandono, e não procurar ser felizes. Mas, quando eu dizia que eles estão fugindo da condição de avós, usava isso como metáfora da mentira (politicamente correta) quanto ao medo que temos de afundar na doença, antes de tudo psicológica, devido ao abandono e à solidão, típicos do mundo contemporâneo. Minha crítica era à nossa cultura, e não às vítimas dela. Ela cultua a juventude como padrão de vida e está intimamente associada ao medo do envelhecimento, da dor e da morte. Sua opção é pela "negação", traço de um dos sintomas neuróticos descritos por Freud.

Walter Benjamim, filósofo alemão do século XX, dizia que na modernidade o narrador da vida desapareceu. Isso quer dizer que as pessoas encarregadas, antigamente, de narrar a vida e propor sentido para ela perderam esse lugar. Hoje os mais velhos querem "aprender" com os mais jovens (aprender a amar, se relacionar, comprar, vestir, viajar, estar nas redes sociais). Esse fenômeno, além de cruel com o envelhecimento, é também desorganizador da própria juventude. Ouço cotidianamente, na sala de aula, os alunos demonstrarem seu desprezo por pais e mães que querem aprender a viver com eles.

Alguns elementos do mundo moderno não ajudam a combater essa desvalorização dos mais velhos. As ferramentas de informação, normalmente mais acessíveis aos jovens, aumentam a percepção negativa dos mais velhos diante do acúmulo de conhecimento posto a serviço dos consumidores, que questionam as "verdades constituídas do passado". A própria estrutura sobre a qual se funda a experiência moderna – ciência, técnica, superação de tradição – agrava a invisibilidade dos mais velhos. Em termos humanos, o passado (que "nada" serve ao mundo do progresso) tem um nome: idoso. Enfim, resta aos vovôs e vovós ir para a academia ou para as redes sociais.

(Luiz Felipe Pondé, Somma, agosto 2014, p. 31. Adaptado)

159. (Vunesp – Delegado de Polícia – CE/2015) Segundo o autor, sua leitora o interpretou mal ao supor que as críticas feitas em uma de suas colunas estavam direcionadas aos idosos, quando, na verdade, ele contestava

a) a noção de que o idoso pode estar sujeito ao surgimento de doenças.
b) o fato de a ciência moderna ainda se inspirar nos valores do passado.
c) o uso do termo "negação" para designar um dos sintomas neuróticos.
d) a sociedade que supervaloriza a juventude e nega o envelhecimento.
e) os valores do passado, os quais não se ajustam à ideia de progresso.

COMENTÁRIOS

Alternativa "a" – Não contesta, apenas se explica: eu dizia que eles estão fugindo da condição de avós, usava isso como metáfora da mentira (politicamente correta) quanto ao medo que temos de afundar na doença (...)

Alternativa "b" – Trata-se apenas da conclusão do texto: A própria estrutura sobre a qual se funda a experiência moderna – ciência, técnica, superação de tradição – agrava a invisibilidade dos mais velhos.

Alternativa "c" – A negação não é contestada. Cita que é "traço de um dos sintomas neuróticos descritos por Freud."

Alternativa "d" – No quarto parágrafo: Minha crítica era à nossa cultura, e não às vítimas dela. Ela cultua a juventude como padrão de vida e está intimamente associada ao medo do envelhecimento, da dor e da morte. Sua opção é pela "negação", traço de um dos sintomas neuróticos descritos por Freud.

Alternativa "e" – A afirmação faz parte, também, da conclusão do texto: Em termos humanos, o passado (que "nada" serve ao mundo do progresso) tem um nome: idoso.

Alternativa correta: letra "d".

160. (Vunesp – Delegado de Polícia – CE/2015) Ao explicar por que os idosos "estão fugindo da condição de avós", o autor defende a tese de que o homem moderno tem

a) desejo de libertar-se por meio da morte.
b) medo de ser abandonado e ficar só.
c) pretensão de elevar-se pelo sofrimento.
d) nostalgia dos tempos da infância.
e) receio de perder os bens materiais.

COMENTÁRIOS

Alternativa "a" – Não querem morrer (têm medo de morrer) e nem cita libertação.

Alternativa "b" – A ideia é muito clara ao explicar a má interpretação da leitora: quando eu dizia que eles estão fugindo da condição de avós, usava isso como metáfora da mentira (politicamente correta) quanto ao medo que temos de afundar na doença, antes de tudo psicológica, devido ao abandono e à solidão, típicos do mundo contemporâneo. Minha crítica era à nossa cultura, e não às vítimas dela.

Alternativa "c" – Não querem sofrer.

Alternativa "d" – Não têm nostalgia.

Alternativa "e" – Não cita bens materiais no texto.

Alternativa correta: letra "b".

---

161. (Vunesp – Delegado de Polícia – CE/2015) De acordo com o texto, o que contribui para a desvalorização dos mais velhos na sociedade atual são

a) o culto à beleza e a falta de tratamento para doenças típicas da velhice.

b) o desprestígio da ciência e a dificuldade dos jovens em aprender com os adultos.

c) a estagnação do progresso e a popularização de termos politicamente corretos.

d) as ferramentas de informação e o questionamento do saber tradicional.

e) o consumismo exagerado e o número reduzido de idosos na sociedade.

COMENTÁRIOS

Alternativa "a" – O culto à beleza está associado à nossa cultura e não cita a falta de tratamento para doenças típicas da velhice.

Alternativa "b" – Desprestígio da ciência? Não mencionado no texto, apenas cita que "A própria estrutura sobre a qual se funda a experiência moderna – ciência, técnica, superação de tradição – agrava a invisibilidade dos mais velhos". Quanto ao aprendizado, houve, infelizmente, inversão: Hoje os mais velhos querem "aprender" com os mais jovens (aprender a amar, se relacionar, comprar, vestir, viajar, estar nas redes sociais).

Alternativa "c" – Quanto ao progresso, menciona que "Em termos humanos, o passado (que "nada" serve ao mundo do progresso) tem um nome: idoso.", ou seja, não há estagnação. Também não existe fundamento a segunda informação da alternativa.

Alternativa "d" – Trechos que evidenciam a informação: "Alguns elementos do mundo moderno não ajudam a combater essa desvalorização dos mais velhos"; "As ferramentas de informação (...) aumentam a percepção negativa dos mais velhos"; "A própria estrutura sobre a qual se funda a experiência moderna – ciência, técnica, superação de tradição – agrava a invisibilidade dos mais velhos".

Alternativa "e" – Nada de consumismo (no texto, cita o acúmulo de conhecimento) e muito menos número reduzido de idosos.

Alternativa correta: letra "d".

---

162. (Vunesp – Delegado de Polícia – CE/2015) A partir da leitura do quinto parágrafo, conclui-se corretamente que

a) o envelhecimento das gerações está cada vez mais precoce, o que se percebe ao se observarem os alunos em sala de aula.

b) a nova geração tem se vangloriado do fato de os mais velhos demonstrarem interesse em aprender com ela.

c) o fato de os mais velhos buscarem se parecer com os mais jovens acarreta um maior afastamento entre as gerações.

d) os jovens estão se transformando em indivíduos fúteis e alienados em virtude da falta de diálogo com os mais velhos.

e) a interação entre diferentes faixas etárias tem se mostrado profícua para a valorização do saber dos idosos.

COMENTÁRIOS

Alternativa "a" – Não se refere ao envelhecimento das gerações e ao observar alunos na sala de aula, esclarece: Ouço cotidianamente, na sala de aula, os alunos demonstrarem seu desprezo por pais e mães que querem aprender a viver com eles.

Alternativa "b" – Não se vangloriam: a nova geração despreza os mais velhos.

Alternativa "c" – No texto: Hoje os mais velhos querem "aprender" com os mais jovens (aprender a amar, se relacionar, comprar, vestir, viajar, estar nas redes sociais). Esse fenômeno, além de cruel com o envelhecimento, é também desorganizador da própria juventude. Ouço cotidianamente, na sala de aula, os alunos demonstrarem seu desprezo por pais e mães que querem aprender a viver com eles.

Alternativa "d" – Você, leitor(a), pode chegar a essa conclusão, mas no texto não menciona. Cuidado, já que interpretar é objetivo.

Alternativa "e" – Não há proveito e será que existe interação? Não há: os mais velhos querem "aprender" com os mais jovens, mas são desprezados.

Alternativa correta: letra "c".

---

163. (Vunesp – Delegado de Polícia – CE/2015) Conforme o autor, hoje em dia "resta aos vovôs e vovós ir para a academia ou para as redes sociais", porque

a) resolveram contribuir mais ativamente para a sociedade.

b) tendem a ignorar as regras da sociedade de consumo.

c) estão isentos dos sintomas neuróticos da sociedade atual.

d) optaram por negligenciar a convivência em família.

e) perderam seu papel de narrar e de interpretar a vida.

COMENTÁRIOS

Alternativa "a" - O que tem a ver com contribuir para a sociedade? Nada!

Alternativa "b" - Não cita as regras de consumo.

Alternativa "c" - Antes estivessem isentos; não estão.

Alternativa "d" - Tanto têm cuidado que tentam se adaptar ao mundo virtual.

Alternativa "e" - No texto: Walter Benjamim, filósofo alemão do século XX, dizia que na modernidade o narrador da vida desapareceu. Isso quer dizer que as pessoas encarregadas, antigamente, de narrar a vida e propor sentido para ela perderam esse lugar. Mais (no final do texto): Enfim, resta aos vovôs e vovós ir para a academia ou para as redes sociais.

Alternativa correta: letra "e".

---

164. (Vunesp - Delegado de Polícia - CE/2015) Considere o trecho do último parágrafo:

Em termos humanos, o passado (que "nada" serve ao mundo do progresso) tem um nome: idoso.

Apresentando entre aspas a palavra "nada", o autor

a) destaca a opinião de que o idoso já não tem utilidade, para negá-la.
b) mostra sua adesão a uma tese progressista, que não acolhe o idoso.
c) refuta a ideia de que o idoso ainda pode conviver com o progresso.
d) reafirma a opinião de que o idoso não traz novas contribuições.
e) põe em dúvida a ideia de que idosos possam se adaptar à modernidade.

COMENTÁRIOS

Alternativa "a" - No quarto parágrafo o autor afirma utilizar "metáfora da mentira". Há crítica ao mencionar que na sociedade moderna o idoso é sinônimo de passado. Óbvio que o passado serve ao mundo do progresso, ou seja, as aspas foram usadas para indicar ironia (negar a afirmação).

Alternativa "b" - Tese progressista? Não acolhe o idoso? Quantos absurdos!

Alternativa "c" - Não refuta a ideia.

Alternativa "d" - O texto deixa claro o contrário disso.

Alternativa "e" - Não há dúvida, o autor afirma que os idosos têm se adaptado à modernidade.

Alternativa correta: letra "a".

▸ TEXTO 1

Uma das questões sociais que mais afligem os dias de hoje é a da incapacidade de controlar o uso de drogas ilícitas, e, mais ainda, os baldados esforços para dar um fim, ou minimamente reduzir a níveis socialmente aceitáveis o sinistro sistema criminal que faz essas drogas circularem por todo o mundo, com uma logística de uma eficiência impressionante. É muito comum se dizer que o mercado ilegal das drogas é, atualmente, um dos mais vastos setores da economia mundial; todavia, é apenas uma fatia do sistema de operação da indústria do crime organizado, que funciona em vários setores, utilizando-se de redes e mecanismos semelhantes, para terem aparência de operações limpas e legais. Como os diferentes setores econômicos, mormente os ilegais, se movimentam tanto no mercado formal como no informal e constroem setores legais e ilegais, claro está que facilmente conectam instituições governamentais ao comércio de drogas, penetrando este último nos setores legais da sociedade. Esses setores frequentemente exercem suas atividades na economia formal, mas auferem uma parte considerável de seus lucros a partir das operações do tráfico de drogas e de outros tráficos. Tais atividades são diversificadas uma vez que se concretizam junto com outras ações criminosas, tais como o roubo de determinados bens utilizáveis como moeda de troca na aquisição das drogas. Essas atividades também seguem as redes financeiras para a lavagem do dinheiro oriundo de uma variada gama de atividades ilegais, como a corrupção governamental, o contrabando, o tráfico de armas etc. Isso é muito evidente quando se lança um olhar mais acurado nos negócios realizados pelas redes de bancos, nas companhias que operam no mercado imobiliário, ou nas empresas de transporte, as quais fornecem serviços para os negócios ilegais e as principais ligações para a lavagem do dinheiro sujo. Mas isso não é um mercado aberto a todos. Muito pelo contrário, mesmo aqueles que sempre agiram na ilicitude só serão admitidos em tais segmentos altamente lucrativos se tiverem o beneplácito daqueles cujo status nessas redes criminosas seja o mais elevado. Assim, numa situação de pouco crescimento econômico, um número maior de pessoas pode ser atraída à arriscada indústria do crime e passar a organizar as suas operações de modo a obstruir as ações policiais e o processo judicial, dando vazo ao jogo sujo e necessariamente violento das atividades contra e fora da lei.

TEMPONE, Victor. Disponível em: http://pontonulo-notempo.blogspot.com.br/2012/08/trafico-de-drogas-e-violencia-urbana.html. Acesso em 21/05/2014.

Fragmento adaptado.

---

165. (ACAFE - Delegado de Polícia - SC/2014) Em relação ao texto 1, analise as afirmações a seguir.

I. Os setores econômicos legais e ilegais se movimentam igualmente e na mesma proporção no mercado formal e informal.
II. As atividades da economia formal obtêm expressiva parte de seus lucros no comércio de drogas e de outros produtos ilegais.
III. As redes financeiras oferecem mecanismos de lavagem de dinheiro obtido no tráfico, no contrabando e na corrupção governamental.
IV. O envolvimento em ações ilícitas constitui-se em beneplácito para garantir o acesso aos escalões mais elevados da corrupção.

V. O autor defende a tese de que, numa situação de baixo crescimento da economia, criam-se condições favoráveis ao aumento da criminalidade.

Todas as afirmações corretas estão em:

a) I – II – III
b) I – III – IV
c) II – III – V
d) II – IV
e) III – V

COMENTÁRIOS

✪ **Nota da autora:** Em questões com itens a serem analisados, elimine as alternativas descabidas para evitar erro.

I. Errado. Não se movimentam na mesma proporção: *É muito comum se dizer que* ***o mercado ilegal das drogas é, atualmente, um dos mais vastos setores da economia mundial****;* ***todavia, é apenas uma fatia do sistema de operação da indústria do crime organizado, que funciona em vários setores****, utilizando-se de redes e mecanismos semelhantes, para terem aparência de operações limpas e legais.*

Eliminadas A e B.

II. Certo: *claro está que facilmente conectam instituições governamentais ao comércio de drogas, penetrando este último nos setores legais da sociedade.* ***Esses setores frequentemente exercem suas atividades na economia formal****,* mas auferem uma parte considerável de seus lucros a partir das operações do tráfico de drogas e de outros tráficos.

Eliminada E.

III. Certo: *Tais atividades são diversificadas uma vez que se concretizam junto com outras ações criminosas, tais como o roubo de determinados bens utilizáveis como moeda de troca na aquisição das drogas.* ***Essas atividades também seguem as redes financeiras para a lavagem do dinheiro oriundo de uma variada gama de atividades ilegais, como a corrupção governamental, o contrabando, o tráfico de armas*** *etc.*

Eliminada D e a resposta foi encontrada.

IV. Errado. Não se constitui em *beneplácito*: aprovação de alguma coisa por uma instância superior; autorização.

V. Certo: *numa situação de pouco crescimento econômico,* ***um número maior de pessoas pode ser atraída à arriscada indústria do crime e passar a organizar as suas operações de modo a obstruir as ações policiais e o processo judicial****, dando vazo ao jogo sujo e necessariamente violento das atividades contra e fora da lei.*

Alternativa correta: letra "c".

166. (ACAFE – Delegado de Polícia – SC/2014) Considerando o texto 1, é correto afirmar que o mercado das drogas ilícitas:

a) sobrevive graças à corrupção de agentes públicos.
b) monopoliza todos os setores da economia altamente rentável.
c) é controlado por instituições formais do mercado aberto, entre as quais as que operam no mercado imobiliário.
d) permeia todos os setores das atividades legais, incluindo instituições financeiras e empresas de transporte.
e) é apenas uma parcela do crime organizado.

COMENTÁRIOS

Alternativa "a" – Não sobrevive graças à corrupção de agentes públicos.

Alternativa "b" – Não monopoliza todos os setores. Cuidado com palavras que generalizam.

Alternativa "c" – Não é controlada, afirma-se que redes de bancos, companhias que operam no mercado imobiliário e nas empresas de transporte fornecem serviços para os negócios ilegais.

Alternativa "d" – Mais uma vez o exagero ao afirmar que permeia (ocorre) todos os setores das atividades legais.

Alternativa "e" – No segundo período do texto afirma-se que "É muito comum se dizer que o mercado ilegal das drogas é, atualmente, um dos mais vastos setores da economia mundial; todavia, é apenas uma fatia do sistema de operação da indústria do crime organizado, que funciona em vários setores, utilizando-se de redes e mecanismos semelhantes, para terem aparência de operações limpas e legais".

Alternativa correta: letra "e".

▸ **TEXTO 2**

Brasil vive tragédia na segurança pública, diz especialista.

O Brasil vive uma tragédia na área da segurança pública, afirmou hoje o especialista Ricardo Balestreri, durante seminário na Feira Internacional de Segurança Pública e Corporativa (Laad Security 2014), que reúne até quinta-feira no Riocentro, zona oeste da capital fluminense, empresas fabricantes e fornecedores nacionais e internacionais de tecnologia, equipamentos e serviços. Segundo ele, a falta de recursos, de políticas públicas para o setor e de investimento nas carreiras policiais contribuem para que anualmente o país perca em torno de 53 mil vidas desnecessariamente.

"Estamos matando por ano, no país, quase uma cidade de médio porte. São quase 100 mil pessoas entre homicídios e mortes no trânsito. São 53 mil homicídios por ano", comentou ele. "É uma desgraça constante e crônica na área da segurança. Não é qualquer tipo de morte, estamos eliminando anualmente toda uma geração de jovens: em geral, negros, pobres, na faixa dos 14 aos 24 anos", ressaltou.

Comprar mais armas, viaturas, rádios e coletes apenas, sem tecnologia de ponta, como sistemas de comando e controle, vídeo e monitoramento, aparelhamento e treinamento dos policiais, é fazer mais do mesmo, segundo ele. "Não teremos a menor chance de reduzir o número de mortes, nem dos demais crimes que assolam hoje a sociedade brasileira, se não tivermos mais seriedade na gestão pública. Comprar apenas apetrechos é manter a política do espetáculo, que é a do tiroteio, do chute na porta, da quantidade de prisões e, ao final, o resultado é pífio", comentou. (...)

Outro problema também relatado no seminário foi a ineficiência dos inquéritos policiais. "Menos de 8% em média dos crimes são apurados e menos de 2% são punições de homicídios. Cerca de 98% das mortes dolosas no Brasil não são punidas. A impunidade é quase absoluta", lamentou ao se referir às polícias brasileiras como "meias polícias", que fazem trabalhos incompletos e se atrapalham entre si. "Não defendo a unificação das polícias, mas do ciclo de trabalhos das polícias", declarou.

O palestrante disse que a Polícia Civil transformou-se em mero cartório de registros e de procedimentos, já que os delegados hoje são juízes de instrução sem poder, segundo ele. "As polícias precisam ser divorciadas, fazendo trabalhos especializados e completos, cada um na sua área e cada um com seu cartório próprio", argumentou. Para ele, a Polícia Civil, que é numericamente menor, deveria se especializar nos crimes mais sofisticados, como crimes contra a pessoa, colaborar com a Polícia Federal contra lavagem de dinheiro e crime organizado, entre outros. Já a Polícia Militar ficaria responsável pelos crimes ordinários, fazendo inclusive o trabalho cartorial e investigativo que hoje é feito pela Polícia Civil. (...)

VILELLA, Flávia. Disponível em: http://agenciabrasil.ebc.com.br/direitos-humanos/noticia/2014-04/brasil-vive-tragedia-na-seguranca-publica-diz-especialista.

Publicado em 08/04/2014. Acesso em 20/05/2014. Adaptado.

---

167. (ACAFE - Delegado de Polícia - SC/2014) Sobre o texto 2, todas as alternativas estão corretas, exceto a:

a) Certas atribuições que hoje são exclusivas da Polícia Civil, como o trabalho cartorial de registro e procedimentos, deveriam ficar sob a responsabilidade da Polícia Militar, defende Ricardo Balestreri.

b) Segundo Balestreri, comprar armas, viaturas, rádios e coletes, sem investir em sistemas de comando e controle, vídeo e monitoramento, aparelhamento e treinamento dos policiais, traz pouco resultado no combate à criminalidade.

c) O especialista em segurança pública, Ricardo Balestreri, defende a unificação das polícias como meio de fazer trabalhos especializados e completos.

d) No Brasil, mais de 50 mil homicídios ocorrem anualmente, eliminando uma geração de jovens, principalmente negros e pobres, na faixa dos 14 aos 24 anos.

e) Os inquéritos policiais têm-se revelado altamente ineficientes, uma vez que menos de 10% dos crimes são apurados e, dentre esses, apenas 25% deles resultam em punições de homicídios.

COMENTÁRIOS

Questão anulada

Motivo: há duas respostas = C e E

Alternativa "c" - No texto: "Não defendo a unificação das polícias, mas do ciclo de trabalhos das polícias".

Alternativa "e" - Dados não mencionados no texto e mais: pelo contexto, deduz-se o contrário.

As alternativas A, B e D estão plenamente de acordo com as ideias do texto.

---

168. (ACAFE - Delegado de Polícia - SC/2014) Considerando o que se afirma no texto 2, marque com V as afirmações verdadeiras e com F as falsas.

( ) As empresas fabricantes e fornecedores nacionais e internacionais de tecnologia, equipamentos e serviços querem que o Brasil aumente os investimentos em segurança pública.

( ) Os estudos revelam que, no Brasil, mais de 90% das mortes dolosas não são punidas.

( ) Para Balestreri, os crimes ordinários não deveriam ser investigados pela Polícia Civil.

( ) Considerando que as polícias fazem trabalhos incompletos e se atrapalham entre si, os inquéritos policiais são ineficientes.

( ) A Feira Internacional de Segurança Pública e Corporativa, realizada no Rio de Janeiro em 2014, teve cerca de 100 visitantes.

( ) No Brasil a chance de reduzir o número de mortes e dos demais crimes que assolam hoje a sociedade brasileira é mínima porque a gestão pública não é séria.

A sequência correta, de cima para baixo, é:

a) F – F – V – F – V – V

b) V – F – F – V – V – V

c) V – V – F – V – F – F

d) F – V – V – V – F – V

e) F – F – V – V – V – F

COMENTÁRIOS

Alternativa correta: letra "d"

✪ **Nota da autora:** trabalhe, mais uma vez, por eliminação.

(F) Ideia não mencionada no texto. Eliminadas B e C.

(V) "Menos de 8% em média dos crimes são apurados e menos de 2% são punições de homicídios. Cerca de 98% das mortes dolosas no Brasil não são punidas. A impunidade é quase absoluta". Eliminadas A e E. Encontramos a resposta? Sim!

(V) Para ele, a Polícia Civil, que é numericamente menor, deveria se especializar nos crimes mais sofisticados, como crimes contra a pessoa, colaborar com a Polícia Federal contra lavagem de dinheiro e crime organizado, entre outros.

(V) Outro problema também relatado no seminário foi a ineficiência dos inquéritos policiais. ... "A impunidade é quase absoluta", lamentou ao se referir às polícias brasileiras como "meias polícias", que fazem trabalhos incompletos e se atrapalham entre si.

(F) Não foi citado o número de visitantes.

(V) "Não teremos a menor chance de reduzir o número de mortes, nem dos demais crimes que assolam hoje a sociedade brasileira, se não tivermos mais seriedade na gestão pública. Comprar apenas apetrechos é manter a política do espetáculo, que é a do tiroteio, do chute na porta, da quantidade de prisões e, ao final, o resultado é pífio", comentou.

TEXTO PARA A QUESTÃO.

O mundo daqui a cinco anos

Telemedicina, nanotecnologia, tecnologias 3D e tradução simultânea por reconhecimento de voz. Todos estes recursos, em maior ou menor escala, já foram absorvidos pela sociedade. Suas primeiras aparições foram na lista "Five to five" da IBM, que prevê cinco fenômenos que podem mudar nosso cotidiano a cada cinco anos. Ontem a multinacional divulgou o que acontecerá até 2018. E sua aposta é que, com o desenvolvimento tecnológico, tudo – do ensino acadêmico à hora de ir para o trabalho – pode ser personalizado.

A transformação mais radical pode ser na medicina, área em que algumas empresas pretendem fornecer aos médicos o mapeamento genético de cada paciente. A tecnologia fará do teste do DNA, hoje ainda raro, o principal meio para a decisão da terapia adequada. Com isso, será possível optar por tratamentos personalizados para males como doenças cardiovasculares.

Na escola, o professor terá reforço para lidar com o método como cada aluno consegue aprender. "A computação cognitiva ajudará a calcular como cada aluno aprende e cria um sistema flexível, que se adapta continuamente ao estudante", revela a IBM.

Com base no tempo e no engarrafamento, o smartphone poderá recomendar a seu usuário que saia de casa alguns minutos mais cedo – e, também, que caminho deve seguir.

O deslocamento fica mais fácil, mas o comércio da vizinhança também atrairá as pessoas. A lojinha da esquina, agora conectada a seu telefone, divulgará as promoções e conhecerá suas preferências: "Será a fusão do que há de melhor na loja física – tocar e vestir um produto – com a riqueza de informações – as ofertas instantâneas e o gosto do consumidor".

Na web, aliás, a invasão de contas de emails e a ação de hackers esbarrarão na "polícia pessoal online". Portais como o Google já avisam o usuário quando suas mensagens são lidas fora de locais onde o dono da conta costuma acessar a internet – um outro país, por exemplo. Todos os passos são monitorados. Segundo a IBM, com a "permissão" do usuário. Mas, depois da revelação da vigilância mundial da NSA, este avanço tecnológico pode deixar muita gente ressabiada.

(O Globo – Caderno Ciência – 19/12/2013, p. 45.)

169. (FUNCAB - Delegado de Polícia - RO/2014) O texto informa a respeito de cinco avanços tecnológicos que podem mudar o cotidiano das pessoas nos próximos cinco anos, fenômenos previstos pela IBM. Na ordem em que estão expressos no texto, os cinco fenômenos dos próximos cinco anos serão:

a) telemedicina e nanotecnologia / tecnologias 3D e tradução simultânea por reconhecimento de voz / mapeamento genético de pacientes / computação cognitiva de estudantes / monitoração dos passos de usuários de emails.

b) mapeamento genético de pacientes / computação cognitiva de estudantes / criação de sistema flexível adaptado continuamente ao estudante / polícia pessoal online / monitoração dos passos de usuários de emails.

c) telemedicina e nanotecnologia / tecnologias 3D / tradução simultânea por reconhecimento de voz / mapeamento genético de pacientes / polícia pessoal online.

d) telemedicina / nanotecnologia / tecnologias 3D / tradução simultânea por reconhecimento de voz / mapeamento genético de pacientes.

e) mapeamento genético de pacientes / computação cognitiva de estudantes / itinerário pelo smartphone / promoções e preferências dos consumidores pelo telefone / polícia pessoal online.

COMENTÁRIOS

Alternativa correta: letra "e" – Confirmando a ordem do texto:

1. No segundo parágrafo: A transformação mais radical pode ser na medicina, área em que algumas empresas pretendem fornecer aos médicos o **mapeamento genético de** cada **paciente**. Eliminadas A, C e D.

2. No terceiro parágrafo: o professor terá reforço para lidar com o método como cada aluno consegue aprender. "A **computação cognitiva** ajudará a calcular como cada aluno aprende e cria um sistema flexível, que se adapta continuamente ao estudante";

3. No quarto parágrafo: Com base no tempo e no engarrafamento, **o smartphone poderá recomendar a seu usuário** que saia de casa alguns minutos mais cedo – e, também, **que caminho deve seguir**. Eliminada B.

4. No quinto parágrafo: **A lojinha** da esquina, agora conectada a seu telefone, **divulgará as promoções e conhecerá suas preferências**;

5. No último parágrafo: Na web, aliás, a invasão de contas de emails e a ação de hackers esbarrarão na "**polícia pessoal online**".

TEXTO PARA AS QUESTÕES.

Ordem ou Barbárie

O fenômeno da violência é tão antigo quanto o ser humano. Desde sua criação (ou surgimento, dependendo do ponto de vista), o homem sempre esteve dividido entre razão e instinto, paz e guerra, bem e mal.

Há quem tente explicar a violência, a opção pela criminalidade, como consequência da pobreza, da falta de oportunidades: o homem fruto de seu meio. Sem poder fazer as próprias escolhas, destituído de livre-arbítrio, o indivíduo seria condenado por sua origem humilde à condição de bandido. Mas acaso a virtude é monopólio de ricos e remediados? Creio que não.

Na propaganda institucional, a pobreza no Brasil diminuiu, o poder de compra está em alta, o desemprego praticamente desapareceu... Mas, se a violência tem relação direta com a pobreza, como explicar que a criminalidade tenha crescido em igual ou maior proporção que a renda do brasileiro? Criminalidade e pobreza não andam necessariamente de mãos dadas.

Na semana passada, a violência (ou a falta de segurança) voltou ao centro dos debates. O flagrante de um jovem criminoso nu, preso a um poste por um grupo de justiceiros deu início a um turbilhão de comentários polêmicos. Em meu espaço de opinião no jornal "SBT Brasil", afirmei compreender (e não aceitar, que fique bem claro!) a atitude desesperada dos justiceiros do Rio.

(...)

Não é de hoje que o cidadão se sente desassistido pelo Estado e vulnerável à ação de bandidos. (...) Estamos entre os 20 países mais violentos do planeta. E, apesar das estatísticas, em matéria de ações de segurança pública, estamos praticamente inertes e, pior: na contramão do bom senso!

(...)

No Brasil de valores esquizofrênicos, pode-se matar um cidadão e sair impune. Mas a lei não perdoa quem destrói um ninho de papagaio. É cadeia na certa!

(...)

Quando falta sensatez ao Estado é que ganham força outros paradoxos. Como jovens acuados pela violência que tomam para si o papel da polícia e o dever da Justiça. Um péssimo sinal de descontrole social. É na ausência de ordem que a barbárie se torna lei.

(Rachel Sheherazade – jornal Folha de São Paulo, 11 de fevereiro de 2014)

---

170. (NUCEPE – Delegado de Polícia – PI/2014) A frase do texto que, de forma mais completa e adequada, resume o ponto de vista defendido pela autora, sobre o tema discutido, é

a) O fenômeno da violência é tão antigo quanto o ser humano.

b) O homem fruto de seu meio.

c) É na ausência de ordem que a barbárie se torna lei.

d) Na propaganda institucional, a pobreza no Brasil diminuiu.

e) No Brasil de valores esquizofrênicos, pode-se matar um cidadão e sair impune.

COMENTÁRIOS

Alternativa "a" – Trata-se apenas de uma constatação.

Alternativa "b" – Afirma, mas está longe de ser o resumo do ponto de vista.

Alternativa "c" – Importante prestar muita atenção no enunciado, pois exige a frase que resume o ponto de vista defendido pela autora. Associe a ideia ao título, não como errar: Ordem ou Barbárie – na ausência de ordem que a barbárie se torna lei.

Alternativa "d" – É um fato, mas não principal.

Alternativa "e" – Infelizmente, demonstra a realidade.

Alternativa correta: letra "c".

---

171. (NUCEPE – Delegado de Polícia – PI/2014) Quando falamos ou escrevemos, é comum explicitarmos com palavras, frases, expressões, o nosso posicionamento quanto àquilo que desejamos transmitir aos nossos interlocutores. No texto acima, a subjetividade da autora sobre o assunto tratado é verificada em

a) o homem sempre esteve dividido entre razão e instinto, paz e guerra, bem e mal.

b) Mas acaso a virtude é monopólio de ricos e remediados? Creio que não.

c) Na semana passada, a violência (ou a falta de segurança) voltou ao centro dos debates.

d) Estamos entre os 20 países mais violentos do planeta.

e) pode-se matar um cidadão e sair impune.

COMENTÁRIOS

Alternativa "a" – Objetividade: o "eu" da pessoa que fala se esconde, fala dos outros, de fatos do mundo exterior, e não se coloca no meio dos comentários.

Alternativa "b" – Subjetividade clara ao usar o verbo na primeira pessoa do singular: (eu) creio que não.

DICA

Em texto subjetivo, o autor recorre às metáforas, às metonímias ou a qualquer outro tipo de linguagem figurada para expor suas ideias. Os temas subjetivos, apesar de menos assíduos em concursos, podem vir na forma de um pensamento, de um poema, de uma crônica ou mesmo de trechos de um conto ou romance de ficção.

Alternativa "c" – Frase objetiva.

Alternativa "d" – Objetividade expressa.

Alternativa "e" – Frase objetiva.

Alternativa correta: letra "b"

---

172. (NUCEPE – Delegado de Polícia – PI/2014) Em: Criminalidade e pobreza não andam necessariamente de mãos dadas, a palavra necessariamente poderia ser substituída, sem prejuízo para o sentido do que é dito por

a) possivelmente.

b) totalmente.

c) praticamente.

d) obrigatoriamente.

e) naturalmente.

COMENTÁRIOS

✪ **Nota da autora:** questão de semântica e interpretação (contexto).

Alternativa "a" - Desígnio de algo que pode ou não acontecer. Existe a possibilidade para que aconteça, mas não há certezas.

Alternativa "b" - De maneira total; por completo ou por inteiro; completamente.

Alternativa "c" - De modo prático, cômodo.

Alternativa "d"- Necessariamente: de maneira indispensável; de um modo que não se pode prescindir; feito ou desenvolvido por necessidade.

Obrigatoriamente: De modo obrigatório; em que há obrigatoriedade. Sinônimos: forçosamente, necessariamente.

Alternativa "e" - De uma maneira natural; que segue o desenvolvimento natural das coisas.

Alternativa correta: letra "d".

173. (NUCEPE - Delegado de Polícia - PI/2014) No texto, a autora sugere admitir

a) que a pobreza indiscutivelmente é o fator determinante para o desencadeamento da violência.

b) que a violência só existe, em grande escala, em virtude de o homem estar dividido entre o bem e o mal.

c) que não deve ser punido quem destrói um ninho de papagaio.

d) que, no caso da atitude desesperada dos justiceiros do Rio, não haveria algo diferente a ser feito.

e) que a violência de hoje e de sempre não pode ser justificada apenas pelo fato de o homem ser fruto de seu meio.

COMENTÁRIOS

Alternativa "a" - indiscutivelmente.

Alternativa "b" - não é a causa da violência.

Alternativa "c" - deve ser punido.

Alternativa "d" - claro que haveria algo diferente a ser feito.

Alternativa "e" - No segundo parágrafo: Há quem tente explicar a violência, a opção pela criminalidade, como consequência da pobreza, da falta de oportunidades: o homem fruto de seu meio. Sem poder fazer as próprias escolhas, destituído de livre-arbítrio, o indivíduo seria condenado por sua origem humilde à condição de bandido. Mas acaso a virtude é monopólio de ricos e remediados? Creio que não.

Alternativa correta: letra "e".

174. (NUCEPE - Delegado de Polícia - PI/2014) No texto, verificamos sequências tais como: Na semana passada, a violência (ou a falta de segurança) voltou ao centro dos debates. Neste trecho, em especial, o segmento que se encontra entre parênteses sugere, textualmente

a) uma correção que fecha qualquer outra possibilidade de interpretação do que foi dito antes.

b) uma retificação necessária à argumentação que se seguirá.

c) uma reformulação que denota controle da comunicação por parte do autor do texto.

d) uma forma de ratificar o seu pensamento em favor de uma linha única de argumentação.

e) uma forma de resumir todo um pensamento anterior e adequar o seu discurso ao contexto.

COMENTÁRIOS

Alternativa "a" - Não é correção e muito menos fecha outra possibilidade de interpretação.

Alternativa "b" - Não há correção.

Alternativa "c" - Não reformula, apenas adiciona.

Alternativa "d" - Ratificar é confirmar. Perceba que por haver falta de segurança pode ocorrer violência.

Alternativa "e" - Não se trata de resumir todo um pensamento. Extrapola demais a ideia.

Alternativa correta: letra "d".

▸ **TEXTO PARA AS QUESTÕES.**

Veja: Nos últimos meses, houve uma série de manifestações no Brasil. Agora, há rolezinhos em shopping centers. A sociedade e as autoridades estão sabendo lidar com essas situações?

Ministro: Aquela crença de que o brasileiro é pacífico é falsa. O brasileiro protesta, sim. A situação chegou a um limite extremo, os serviços prestados são tão ruins que há um inconformismo generalizado. Mas a sociedade não é vítima quando a situação política chega a esse ponto, ela é culpada. Reclama do governo e se esquece de que quem colocou os políticos lá foi ela própria. A manifestação é uma maneira legítima de mostrar sua insatisfação com a vida nacional. Razões para protestar não faltam. Ainda mais com a carga tributária que temos, que mais parece um confisco. Mas todos precisam perceber que são culpados pela situação.

(...)

Veja: A situação das prisões brasileiras é medieval. A falta de ação dos governos para melhorá-las contribui para o aumento da criminalidade?

Ministro: Exatamente. A população carcerária provisória chegou ao mesmo número da população definitiva, quando se prega na Constituição que só se pode prender depois de assentada a culpa. Mas, no afã de dar uma satisfação vã à sociedade, transformou-se a regra - o cidadão responder ao processo em liberdade - em exceção. Com isso, o Estado não respeita a integridade do preso. As condições são desumanas e não há ressocialização dos presos. Por isso os índices de reincidência são altíssimos. O preso não sai reeducado para a vida em sociedade. Ele sai embrutecido.

(Revista VEJA. Editora ABRIL. Edição 2360 – ano 47 – nº 7 – 12 de fevereiro de 2014 – p. 16. Por Otávio Cabral)

175. (NUCEPE - Delegado de Polícia - PI/2014) A entrevista é um evento comunicativo que se realiza sob condições contextuais específicas. A entrevista, acima, desenvolve-se a partir de uma linguagem com características de norma

a) culta, na modalidade oral.

b) coloquial, na modalidade escrita.

c) culta, na modalidade escrita.

d) popular, na modalidade escrita.

e) informal, na modalidade oral.

COMENTÁRIOS

Vamos aos tipos de linguagem para esclarecer as alternativas.

Linguagem culta: é responsável por representar as práticas linguísticas embasadas nos modelos de uso encontrados em textos formais. É o modelo que deve ser utilizado na escrita, sobretudo nos textos não literários, pois segue rigidamente as regras gramaticais.

Linguagem coloquial: é utilizada em nosso cotidiano nas situações em que o nível de formalidade é menor, portanto, requer menor adequação às regras gramaticais. A linguagem coloquial, ou linguagem popular, é mais dinâmica, sendo marcada por grande fluidez verbal, já que não existe a preocupação excessiva com a norma-padrão da língua. Nela são permitidos recursos expressivos da linguagem, como gírias, e pode ser mais facilmente encontrada nos textos literários, nos quais se admitem licenças poéticas.

Linguagem popular – sinônimo de linguagem coloquial.

Linguagem informal – sinônimo de linguagem coloquial.

Quanto às modalidades, não há necessidade de explicá-las.

Alternativa "a": linguagem culta. Observe que o vocábulo rolezinho não foi usado como gíria, mas sim com a ideia de evento, acontecimento, aliás, muito utilizado pela mídia nos últimos anos. Mais: modalidade oral, pois ser uma entrevista.

Alternativa "b" – Não é coloquial, já que não possui desvio de regras gramaticais e não é escrita.

Alternativa "c" – Escrita.

Alternativa "d" – Popular e escrita.

Alternativa "e" – Informal.

Alternativa correta: letra "a".

176. (NUCEPE – Delegado de Polícia – PI/2014) Ao considerar que a sociedade não é vítima quando a situação política chega a esse ponto, ela é culpada. Reclama do governo e se esquece de que quem colocou os políticos lá foi ela própria, o Ministro recorre, argumentativamente, na sua fala,

a) a aspectos da cultura do povo, relativamente à tolerância dispensada aos políticos.

b) a elementos da história do povo brasileiro, que por muito tempo viveu em regime de opressão.

c) ao pensamento da população no sentido de isentar os políticos das suas responsabilidades.

d) aos preceitos democráticos, regime vigente, no Brasil.

e) à ideia de que o brasileiro é um povo de má índole.

COMENTÁRIOS

Alternativa "a" – Não há referência com a cultura.

Alternativa "b" – O trecho demonstra que há liberdade, não há indícios de opressão.

Alternativa "c" – A população escolhe seus governantes para representá-la.

Alternativa "d" – Democracia: sistema governamental e político em que os dirigentes são escolhidos através de eleições populares: o Brasil é uma democracia.

Alternativa "e" – Não se pode inferir.

Alternativa correta: letra "d".

▸ **TEXTO 1**

▸ **TEXTO 2**

TROPA DE ELITE

Outras remetências de título

TROPA DE ELITE: MISSÃO DADA É MISSÃO CUMPRIDA

Categorias

Longa-metragem / Sonoro / Ficção

Material original

35mm, COR, 118min, 3.236m, 24q, Dolby SRD

Data e local de produção/Ano: 2007

País: BR

Cidade: Rio de Janeiro

Estado: RJ

Sinopse

Nascimento, capitão da Tropa de Elite do Rio de Janeiro, é designado para chefiar uma das equipes que tem como missão apaziguar o Morro do Turano. Ele tem que cumprir as ordens enquanto procura por um substituto porque sua mulher, grávida, constantemente lhe pede para sair da linha de frente do Batalhão. Em meio a um tiroteio, Nascimento e sua equipe tem que resgatar dois aspirantes a oficiais da PM: Neto e Matias. Ansiosos para entrar em ação e impressionados com a eficiência de seus salvadores, os dois se candidatam ao curso de formação da Tropa de Elite.

Gênero

Drama

Prêmios

Urso de Ouro de Melhor Filme no Festival de Berlim, 58, 2008.

Melhor Ator para Moura, Wagner, Grande Prêmio Vivo do Cinema Brasileiro entregue pela ABC – Academia Brasileira de Cinema. Melhor Diretor para Padilha, José, Grande Prêmio Vivo do Cinema Brasileiro entregue pela ABC – Academia Brasileira de Cinema

Dados de produção

Companhia(s) produtora(s): Zazen Produções Audiovisuais Ltda.

Produção: Padilha, José; Prado, Marcos Coprodução: Soárez, Eliana; Arcy, James d'

Companhia(s) distribuidora(s): Universal Pictures do Brasil; The WeinsteinCompany

Roteirista: Pimentel, Rodrigo; Mantovani, Bráulio; Padilha, José

Direção: Padilha, José

Direção de fotografia: Carvalho, Lula

Efeitos especiais de fotografia: Zeebroeck, Bruno Van

Som direto: Lima, Leandro

Montagem: Rezende, Daniel

Direção de arte: Peake, Tulé

Figurinos: Kopke, Cláudia

Música: Bromfman, Pedro

Identidades/elenco:

Moura, Wagner

Junqueira, Caio

Ramiro, André

Cortaz, Milhem

Freitas, Fernanda de

Machado, Fernanda

Fernandes, Thelmo

Ribeiro, Maria

etc.

Textos 1 e 2 disponíveis em: <http://www.cinemateca.gov.br/cgi-bin/wxis.e – xe/iah/>. Acesso em: 23 mar. 2014.

177. (Fundação Aroeira – Delegado de Polícia – TO/2014) Que aspecto da trama do filme apresentado na ficha técnica é priorizado na composição do cartaz?

a) A atuação de agentes de inteligência como fonte primária para a solução da violência urbana.

b) A fuga de alternativas tradicionais de combate ao crime em regiões com alta incidência de violência.

c) O embate direto contra o crime pela perspectiva de quem tem o dever de combatê-la.

d) O direito de os policiais terem informações precisas a respeito das áreas de combate.

COMENTÁRIOS

Alternativa "a" – Seria parte do roteiro do filme.

Alternativa "b" – Não consta em ficha técnica, seria parte da trama.

Alternativa "c" – O cartaz demonstra claramente a posição e a disposição do oficial pronto para o embate em todos os aspectos.

Alternativa "d" – Outro aspecto não correspondente à ficha técnica e sim à trama.

Alternativa correta: letra "c".

178. (Fundação Aroeira – Delegado de Polícia – TO/2014) Na ficha técnica do filme, que informação sugere sua qualidade como obra representativa de sua categoria?

a) As especialidades técnicas recrutadas para a sua produção.

b) A constituição do elenco com base em autores consagrados no meio televisivo.

c) As características estético-discursivas do gênero drama de ficção.

d) A lista de prêmios concedidos por entidades de relevância na área cinematográfica.

COMENTÁRIOS

Alternativa "a" – Não está na ficha técnica.

Alternativa "b" – Mera informação.

Alternativa "c" – Tais características não sugerem qualidade como obra representativa da categoria. Mais: ficção? Quem dera!

Alternativa "d" – Prêmios: Urso de Ouro de melhor filme no festival de Berlim, 58, 2008; melhor ator e melhor diretor: grande prêmio vivo do cinema brasileiro entregues pela ABC – Academia Brasileira de Cinema.

As informações contidas em A, B e C estão intrínsecas à qualidade que caracterizou o filme.

Alternativa correta: letra "d".

179. (Fundação Aroeira – Delegado de Polícia – TO/2014) A sinopse tem por função apresentar aspectos cruciais do enredo do filme. Essa apresentação parte do protagonista e se desenvolve com base em

a) elogio, motivações familiares para o combate, resultado positivo do combate.

b) identificação, missão, conflito, desdobramentos do conflito.

c) traços de personalidade, indefinições individuais, valores da corporação.

d) localização dos fatos, patente, realidade, negação da realidade.

COMENTÁRIOS

Os aspectos apresentados em A, C e D não constam da sinopse e o protagonista é apresentado, já no início, em constante conflito entre problemas pessoais que o impelem a deixar a linha de frente e a missão a cumprir.

Alternativa "a" - Não se baseia nos três elementos mencionados.

Alternativa "b" - A sinopse (resumo) em questão, muito bem elaborada, dá uma visão exata do que se verá em Tropa de Elite.

Identificação= capitão da tropa: Nascimento, do Rio de Janeiro, chefe de equipe;

Missão= apaziguar o Morro do Turano;

Conflito= Nascimento - problemas em família (conflito), procura um substituto, resgate de Neto e Matias (aspirantes) - desdobramento do conflito - resultado: gratos, impressionados, os dois aspirantes a oficiais Neto e Matias se candidatam ao curso de formação da Tropa de Elite.

Alternativa "c" - Não se baseia nos três elementos mencionados.

Alternativa "d" - Localização do fato? Aqui já se elimina a alternativa.

Alternativa correta: letra "b"

TEXTO 3

A realidade, só a realidade

Para ser qualificada de grande, uma obra de arte precisa estabelecer conexões profundas com as pessoas. Ao analisar o papel das tragédias teatrais, por exemplo, o filósofo grego Aristóteles concluiu que elas acabavam por purificar os espectadores quando lhes causavam sentimentos de terror e compaixão. Isso porque, depois de experimentá-los, as pessoas sairiam aliviadas, purgadas dos próprios pesadelos. Aristóteles chamou a isso catarse. O tipo de conexão proporcionado por Tropa de Elite, do diretor José Padilha, é de outra ordem. Trata-se de um grande filme justamente pelo contrário: ele não concede válvulas de escape ao retratar como a criminalidade degradou o país de alto a baixo. O pesadelo real ganha ainda mais nitidez. A sociedade brasileira, pelo jelto, ansiava por esse tapa na cara dado pelo capitão Nascimento, o policial interpretado magistralmente por Wagner Moura. Lançado há apenas duas semanas, Tropa de Elite já é o filme mais visto e comentado da história do cinema brasileiro. As salas de exibição lotam em todas as sessões e estima-se que mais de 11 milhões de pessoas tenham assistido ao filme em DVDs piratas que inundaram os camelôs de várias capitais do país (veja reportagem). Gírias policiais reproduzidas no filme e trechos de diálogos entre os personagens - como "pegou geral" e "01 pede pra sair" - tornaram-se bordões repetidos nas mais diversas situações.

O assunto da obra do diretor José Padilha é a guerra diuturna que a polícia carioca move contra os traficantes de drogas encastelados nos morros favelizados da cidade. Mais especificamente o Batalhão de Operações Policiais Especiais (Bope), a tropa de elite do título. O tráfico de drogas, o nervo mais exposto de um país em desordem e refém do medo (veja o quadro), é tema comum na cinematografia nacional recente. A diferença é que esse filme o aborda pondo os pingos nos is. Bandidos são bandidos, e não "vítimas da questão social". Há policiais corruptos, mas também muitos que são honestos. Se existem traficantes de cocaína e maconha, é porque há milhares de consumidores que os bancam. Muitos desses consumidores, aliás, são aqueles mesmos que fazem "passeatas pela paz" e compactuam com a bandidagem para abrir ONGs em favelas. Por último, a brutalidade de alguns policiais pode ser explicada pelo grau de penúria e abandono que o estado lhes reserva. [...]

Ditas de maneira tão simples, essas verdades parecem de uma obviedade ululante. E são. Mas o Brasil, infelizmente, é um país de ideias fora do lugar por causa da afecção ideológica esquerdista que inverte papéis, transformando criminosos em mocinhos e mocinhos em criminosos. Aqui, a "questão social" é justificativa para roubos, assassinatos e toda sorte de crime e contravenção - mesmo quando praticados por quadrilhas especializadas, compostas por integrantes que nada têm de coitadinhos.

Na semana passada, a pedido de VEJA, o instituto Vox Populi realizou uma pesquisa para medir o impacto de Tropa de Elite nos espectadores. Os resultados indicam por que o filme é arrebatador. Na opinião de 72% dos entrevistados, os criminosos que aparecem no filme são tratados como merecem. Quase 80% deles concordam que a polícia é apresentada com fidelidade - ou seja, tem uma banda podre e uma banda boa. Tropa de Elite agrada também por abordar a responsabilidade dos usuários de drogas sem meias palavras. O capitão Nascimento diz que o "playboy" que fuma um cigarro de maconha é o responsável pela morte de um traficante abatido pelo Bope. A afirmação encontra eco na população. Para 85% dos espectadores, o raciocínio do capitão Nascimento está correto. O policial vivido por Wagner Moura ganhou enorme popularidade, mas isso não significa que todas as pessoas enxerguem num Rambo a solução para problema tão complexo como o da criminalidade. Na opinião de 53% dos entrevistados, o capitão é um herói, mas 43% rejeitam essa ideia, embora o vejam com relativa simpatia. As características do personagem ajudam a explicar tal divisão. Nascimento é um ser humano devastado. Sofre de síndrome do pânico, consome vorazmente remédios de tarja preta e suas explosões frequentemente resultam em ações que extrapolam o manual do Bope.

Disponível em: <http://veja.abril.com br/171007/p_080.shtml>. Acesso em: 20 mar. 2014.

180. (Fundação Aroeira - Delegado de Polícia - TO/2014) Considerando o trabalho argumentativo promovido ao longo do texto, Tropa de Elite é uma grande obra porque

a) promove no expectador uma espécie de purificação por meio da experimentação de sentimentos negativos e positivos.

b) escancara as mazelas da guerra contra o tráfico de maneira realística, com requinte dramático.

c) produz intertexto com a obra de Aristóteles com base na produção de um texto de ficção de forte apelo subjetivo.

d) impacta o expectador com uma concepção de combate ao crime contrária às suas expectativas.

COMENTÁRIOS

Alternativa "a" – Essa espécie de purificação não se dá em Tropa de Elite. Sim, é citada no início do texto como análise feita pelo filósofo grego Aristóteles ao se referir às tragédias teatrais, e que ele chamou de catarse: purificação que aquelas tragédias, representação de textos dramáticos, provocavam nos expectadores da Grécia Antiga.

Alternativa "b" – Segundo o texto, o filme Tropa de Elite é uma grande obra mostrando a "cara do crime" na missão do enfrentamento ao tráfico de drogas e a realidade desse tipo de enfrentamento.

Tropa de Elite provoca o contrário no expectador: a visão da realidade choca e o pesadelo continua ante a nitidez dessa realidade.

Alternativa "c" – Não há intertexto com relação à análise sobre as tragédias de Aristóteles, o filósofo. Trata-se de um grande filme justamente ao contrário: não concede válvulas de escape. Se as tragédias gregas provocam purificação como válvula de escape, Tropa de Elite mostra uma realidade com um problema complexo que nenhum *Rambo* possa solucionar.

Alternativa "d" – Ao contrário, na última parte do texto tem-se a pesquisa do instituto Vox Populi em que fica bem clara a aceitação do público em uma grande percentagem, porém deixa uma margem para um público que analisou o filme de outra forma: com mais profundidade...

Alternativa correta: letra "b".

181. (Fundação Aroeira – Delegado de Polícia – TO/2014) No texto, as inserções "veja reportagem" e "veja o quadro" estão correlacionadas ao

a) suporte em que é veiculado e à característica informativa do gênero reportagem.

b) tema abordado pelo autor e ao público-alvo desse gênero textual.

c) modo de obtenção das informações e à incompletude das ideias apresentadas.

d) tipo de sequência textual e à falta de comprovação das informações.

COMENTÁRIOS

Alternativa "a" – As inserções remetem à revista (veículo em que está publicada a reportagem que é de caráter informativo): quadro = demonstrações da informação.

Alternativa "b" – As inserções não estão correlacionadas ao tema abordado nem ao público alvo, mas às fontes em que se encontrar a reportagem.

Alternativa "c" – Não há incompletude das ideias, pelo contrário, as ideias estão apresentadas coerentemente.

Alternativa "d" – As inserções citadas não se referem às opções da alternativa como já comentado na alternativa A.

Alternativa correta: letra "a".

▸ TEXTO 4

Disponível em:<http://rio.rj.gov.br>. Acesso em: 30 de mar. 2014.

182. (Fundação Aroeira – Delegado de Polícia – TO/2014) Considerando a contextualização social e discursiva do Texto 4, o termo "agora"

a) marca uma relação de causa e consequência da violência.
b) estabelece um marco histórico definido.
c) faz uma referência temporal anafórica ao primeiro filme da série.
d) instaura uma sequência explicativa.

COMENTÁRIOS

✪ **Nota da autora:** Vamos relembrar teoria?

Alternativa "a" – Para haver causa e consequência, caberia a pergunta **por quê?** e não cabe.

Alternativa "b" – Não é marco histórico. (Ai, ai, ai...)

Alternativa "c" – **Anafórico**, genericamente, pode ser definido como uma palavra ou expressão que serve para retomar um termo já expresso no texto, ou também para antecipar termos que virão depois.

São **anafóricos:** pronomes demonstrativos: este, esse, aquele; pronomes relativos: que, o qual, onde, cujo; advérbios e expressões adverbiais: então, dessa feita, acima, atrás.

Lu e Nata, apesar de serem gêmeas, são muito diferentes. Por exemplo, esta é calma, aquela é explosiva.

O termo esta retoma a nome próprio "Lu", enquanto aquela faz a mesma coisa com a palavra "Nata". Esta e aquela são chamados de ***anafóricos.****

Catafórico é um termo utilizado em linguística para expressão que se refere a algo que será dito no texto posteriormente.

Quero encontrá-la, encontrar Acácia.

**Fonte: http://www.dicionarioinformal.com.br/*

– *Agora* é advérbio de tempo. Em relação ao contexto (Tropa de Elite 2), fica evidente que há ligação com o filme anterior (texto 1 – Tropa de Elite).

Alternativa "d" – Não há explicação.

Alternativa correta: letra "c".

▸ **TEXTO 5**

"Copa de Elite" é uma paródia de "Tropa de elite", mas brinca com filmes brasileiros, como "Bruna Surfistinha", "Nosso lar", "Minha mãe é uma peça" e "Se eu fosse você". A estreia é em 17 de abril. No cartaz, o longa é definido como "a maior paródia brasileira de filmes nacionais já feita no Brasil". "Copa de Elite" integra o gênero que nos Estados Unidos se chama de "spoofmovie", do qual fazem parte "Top Gang", "Todo mundo em pânico" e "Apertem os Cintos... O Piloto Sumiu".

Disponível em: <http://g1.globo.com/pop-arte/cinema/noticia/>. Acesso em: 10 abr. 2014.

183. (Fundação Aroeira – Delegado de Polícia – TO/2014) "Copa de Elite" é uma paródia de filmes brasileiros contemporâneos.

Que aspectos das linguagens verbal e não verbal do Texto 5 estabelecem uma paródia, remetendo ao filme "Tropa de Elite"?

a) A transposição da simbologia que evoca a temática do filme para o domínio lúdico.
b) A marcação explícita dos nomes de atores brasileiros de renome e a relação direta com filmes de humor como "Top Gang".
c) A definição do filme como um longa metragem do gênero "spoofmovie".
d) A reconfiguração dos traços identitários visível na composição das personagens femininas que interagem com o protagonista.

COMENTÁRIOS

Alternativa "a" – Tropa de Elite versus Copa de Elite. Em destaque estão comediantes (abaixo, há outras personalidades que não são atores), assim sendo há domínio lúdico: que tem o divertimento acima de qualquer outro propósito.

Alternativa "b" – Não pelo simples fato de serem atores de renome.

Alternativa "c" – Não há relação com paródia: imitação burlesca, irônica.

Alternativa "d" – Não apenas pela composição das personagens femininas.

Alternativa correta: letra "a".

Língua Portuguesa

Duda Nogueira
e Talita Nogueira

✦ DICAS

- 1. Acentuação Gráfica
- 2. Reforma Ortográfica
- 3. Graus dos Adjetivos
- 4. Pronome
- 5. Verbo
- 6. Análise Sintática
- 7. Período Composto
- 8. Concordância Verbal
- 9. Concordância Nominal
- 10. Regência Verbal
- 11. Regência Nominal
- 12. Crase
- 13. Pontuação
- 14. Colocação Pronominal
- 15. Figuras de linguagem
- 16. Coesão, coerência e reescrita de frases
- 17. Interpretação e compreensão textual
- 18. Redação Oficial

1. ACENTUAÇÃO

1.1. REGRAS DE ACENTUAÇÃO GRÁFICA

Em concursos, alguns verbos são pedidos como acento diferencial e palavras que são acentuadas pela mesma regra. Trabalharemos com *macetes* e regras.

Iniciemos com exemplo de uma simples tabela pra facilitar a classificação dos vocábulos.

1. Separe as sílabas. Lembre-se de que em cada sílaba, há **uma vogal**.

2. A última coluna deve estar sempre preenchida (como o exemplo da palavra **hífen**).

3. Não colocar na tabela: hiato, monossílabo e ditongos abertos (eu, oi, ei), por não seguirem as classificações mencionadas a seguir.

Proparoxítona	Paroxítona	Oxítona
crí	ti	co
	hí	fen
	ca	**fé**

Facilitou?

- **Crítica** é uma proparoxítona; **hífen** é paroxítona e **café** é oxítona.

1.2. PROPAROXÍTONAS

Sílaba tônica: antepenúltima.

As proparoxítonas são **todas** acentuadas graficamente: **trá**gico, pa**té**tico, **ár**vore

1.3. PAROXÍTONAS

Sílaba tônica: penúltima

Acentuam-se as PAROXÍTONAS terminadas em	EXEMPLO
l	**fá**cil
n	**pó**len
r	ca**dá**ver
ps	**bí**ceps
x	**tó**rax
us	**ví**rus
i, is	**jú**ri, **lá**pis
om, ons	**iân**dom, **í**ons
um, uns	**ál**bum, **ál**buns
ã(s), ão(s)	**ór**fã, **ór**fãs, **ór**fão, **ór**fãos
ditongo oral (seguido ou não de s)	**jó**quei, **tú**neis

Observações:

As paroxítonas terminadas em n são acentuadas (hífen), mas as que terminam em ens, não.	hifens, jovens
Não são acentuados os prefixos terminados em i e r.	semi, super
Acentuam-se as paroxítonas terminadas em ditongos crescentes: ea(s), oa(s), eo(s), ua(s), ia(s), ue(s), ie(s), uo(s), io(s).	várzea, mágoa, óleo, régua, férias, tênue, cárie, ingênuo, início

1.4. OXÍTONAS

Sílaba tônica: última

Acentuam-se as OXÍTONAS terminadas em	EXEMPLO
a(s)	sof**á**, sof**ás**
e(s)	jacar**é**, voc**ês**
o(s)	palet**ó**, av**ós**
em, ens	ningu**ém**, armaz**éns**

1.5. MONOSSÍLABOS

1.5.1. MONOSSÍLABOS TÔNICOS

Possuem **uma sílaba** e são pronunciados fortemente.

Acentuam-se os MONOSSÍLABOS terminados em	EXEMPLO
a(s)	lá, cá
e(s)	pé, mês
o(s)	só, pó, nós, pôs

1.5.2. MONOSSÍLABOS ÁTONOS

Não possuem autonomia fonética, sendo proferidos **fracamente,** como se fossem sílabas átonas do vocábulo a que se apoiam: o(s), a(s), um, uns, me, te, se, lhe nos, de, em, e, que, etc.

Observações:

Os monossílabos átonos são palavras vazias de sentido, vindos representados por artigos, pronomes oblíquos, elementos de ligação (preposições, conjunções).	
Há monossílabos que são tônicos numa frase e átonos em outras.	Você trouxe sua mochila para quê? (tônico) Que tem dentro da sua mochila? (átono) Há sempre um mas para questionar. (tônico) Eu sei seu nome, mas não me recordo agora. (átono)
Muitos verbos, ao se combinarem com pronomes oblíquos, produzem formas oxítonas ou monossilábicas que devem ser acentuadas por acabarem assumindo alguma das terminações contidas nas regras.	beijar + a = beijá-la fez + o = fê-lo dar + as = dá-las fazer + o = fazê-lo

1.6. REGRAS ESPECIAIS

Estas regras não podem ser encaixadas na tabela de dica mencionada no início do capítulo.

DITONGOS ABERTOS	EXEMPLO
Os ditongos **éi**, **eu** e**ói**, sempre que tiverem pronúncia aberta em palavras **oxítonas** (éi e não êi), são acentuados.	éi (s):an**éi**s, fi**éi**s, pap**éi**s éu (s):trof**éu**, c**éu**s ói (s): her**ói,** constr**ói**, caub**ói**s
Os ditongos abertos ocorridos em palavras paroxítonas NÃO são acentuados.	assembleia, boia, colmeia, Coreia, estreia, heroico, ideia, jiboia, joia, paranoia, plateia, etc.
A palavra destróier é acentuada por ser uma paroxítona terminada em "r" (e não por possuir ditongo aberto **ói).**	

HIATOS	EXEMPLO
Acentuam-se o **i** e **u** tônicos quando formam hiato com a vogal anterior, estando eles sozinhos na sílaba ou acompanhados apenas de **"s"**, desde que não sejam seguidos por **– nh.**	sa **– í** – da e – go **– ís** – mo sa **– ú** – de
Não se acentuam, portanto, hiatos como os das palavras seguintes	ju – **i**z, ra – **i**z, ru – **i**m, ca – **i**r
Motivo: **– i** ou **– u** não estão sozinhos nem acompanhados de **– s** na sílaba.	
Cabe esclarecer que existem hiatos acentuados não por serem hiatos, mas por outras razões	po-é-ti-co: proparoxítona bo-ê-mio: paroxítona terminada em ditongo crescente. ja-ó: oxítona terminada em "o".

VERBOS TER e VIR	EXEMPLO
Acentua-se com circunflexo a 3ª pessoa do plural do presente do indicativo dos verbos **ter** e **vir**, bem como nos seus compostos (*deter, conter, reter, advir, convir, intervir,* etc.).	Ele tem – Eles têm Ele vem – Eles vêm Ele retém – Eles retêm Ele intervém – Eles intervêm
Nos verbos compostos de ter e vir, o acento ocorre obrigatoriamente, mesmo no singular. Distingue-se o plural do singular mudando o acento de agudo para circunflexo	ele *detém* – eles *detêm* ele *advém* – eles *advêm*

2. REFORMA ORTOGRÁFICA[1]

2.1. ACENTO AGUDO

O acento agudo *desaparecerá* em três casos:

a) Nos ditongos (encontros de duas vogais proferidas em uma só sílaba) abertos **ei** e **oi** das palavras paroxítonas (aquelas cuja sílaba pronunciada com mais intensidade é a penúltima).

Exemplos: ideia, geleia, boia, jiboia, alcaloide, alcateia, apoio, assembleia, asteroide, celuloide, colmeia, Coreia, epopeia, estreia, heroico, joia, odisseia, onomatopeia, paranoia, plateia, proteico, etc.

Atenção: essa regra é válida somente para palavras paroxítonas. Assim, continuam sendo acentuadas as palavras oxítonas terminadas em éis, éu, éus, ói, óis. Exemplos: papéis, herói, heróis, troféu, troféus, chapéu, chapéus, anéis, dói, céu, ilhéu.

b) Nas palavras *paroxítonas* com **i** e **u** tônicos formando hiato (sequência de duas vogais que pertencem a sílabas diferentes), quando vierem *após um ditongo.*

1 Só Português. Disponível em <http://www.soportugues.com.br/secoes/acordo_ortografico/acordo_ortografico2.php>. Acesso em 11 nov. 2016

Veja: baiúca→**baiuca;** bocaiúva→**bocaiuva;** feiúra→**feiura;** cheiínho→**cheiinho;** saiínha→ **saiinha;** Taoísmo →**Taoismo.**

Atenção: se a palavra for oxítona e o **i** ou o **u** estiverem em posição final (ou seguidos de s), o acento permanece.

Exemplos: tuiuiú, Piauí.

c) Nas formas verbais que possuem o **u** tônico precedido das letras **g** ou **q** e seguido de **e** ou **i**. Esses casos ocorrem apenas nas formas verbais de **arguir** e **redarguir**. Observe: argúis→**arguis;** argúem→**arguem;** redargúis→**redarguis;** redargúem→**redarguem.**

2.2. ACENTO DIFERENCIAL

O acento diferencial é utilizado para auxiliar na identificação de palavras homófonas (que possuem a mesma pronúncia). Com o acordo ortográfico, ele deixará de existir nos seguintes casos: pára/para, péla(s)/pela(s), pêlo(s)/pelo(s), pólo(s)/polo(s) e pêra/pera. Observe os exemplos:

Ela não **pára** de dançar. Ela não **para** de dançar.

A mãe **péla** o bebê para dar-lhe banho. A mãe **pela** o bebê para dar-lhe banho.

Este é o **pólo** norte. Este é o **polo** norte.

Os garotos gostam de jogar **pólo**. Os garotos gostam de jogar **polo**.

Meu gato tem **pêlos** brancos. Meu gato tem **pelos** brancos.

A menina trouxe **pêra** de lanche. A menina trouxe **pera** de lanche.

Atenção: existem duas palavras que continuarão recebendo acento diferencial:

pôr (verbo) → para não ser confundido com a preposição *por*.

pôde (verbo *poder* conjugado no passado) → para que não seja confundido com *pode* (forma conjugada no presente).

2.3. ACENTO CIRCUNFLEXO

O acento circunflexo deixará de ser utilizado nos seguintes casos:

a) Em palavras com terminação **ôo**. Veja: enjôo→**enjoo;** vôo→**voo;** magôo→**magoo,** abençoo (abençoar), coo (coar), coroo (coroar), doo (doar), moo (moer), perdoo (perdoar), povoo (povoar), voos (plural de voo), zoo (zoar).

b) Nas terminações**êem**, que ocorrem nas formas conjugadas da terceira pessoa do plural dos verbos**ler, dar, ver, crer** e seus derivados. Veja: creem, deem, veem, descreem, releem, reveem.

Atenção: os verbos ter e vir (e seus derivados) continuam sendo acentuados na terceira pessoa do plural.

Eles **têm** três filhos.

Eles **detêm** o poder.

Eles **vêm** para a festa de sábado.

Eles **intervêm** na economia.

2.4. TREMA

O trema, sinal gráfico utilizado sobre a letra **u** dos grupos **que**, **qui**, **gue**, **gui**, deixa de existir na língua portuguesa. Lembre-se, no entanto, que a pronúncia das palavras continua a mesma.

Exemplos: cinquenta, pinguim, aguentar, bilíngue, consequência, delinquente, frequente, linguiça, sequência, sequestro, tranquilo, etc.

Atenção: o acordo prevê que o trema seja mantido apenas em nomes próprios de origem estrangeira, bem como em seus derivados.

Exemplos: Bündchen, Müller, mülleriano.

2.5. ALFABETO

O alfabeto passará a ter 26 letras. Além das atuais, serão incorporadas oficialmente as letras **k**, **w** e **y**. Observe a posição das novas letras no alfabeto:

A B C D E F G H I J K L M N O P Q R S T U V W X Y Z

Essas letras poderão aparecer em siglas, símbolos, nomes próprios, palavras estrangeiras e seus derivados. Exemplos: **k**m, pla**y**ground, **w**att, **K**af**k**a, **k**af**k**iano, etc.

2.6. HÍFEN

O hífen deixará de ser empregado nos seguintes casos:

a) Quando o prefixo terminar em vogal *diferente* da vogal que iniciar o segundo elemento.

Exemplos: autoajuda, autoescola, agroindustrial, autoafirmação, autoaprendizagem, autoestrada, autoimagem, contraindicação, contraoferta, extraoficial, infraestrutura, intraocular, intrauterino, neoexpressionista, neoimperialista, semiaberto, semiárido, semiautomático, supraocular, ultraelevado, etc.

b) Quando o prefixo da palavra terminar em *vogal* e o segundo elemento começar com as consoantes **s**ou **r**. Nesse caso, a consoante será duplicada.

Exemplos: ultrarromântico, antirrugas, antessala, antirreligioso, antissemita, autorretrato, antissocial, arquirromântico, autorregulamentação, contrarregra, contrassenso, extrarregimento, extrasseco, infrassom, neorrealismo, ultrarresistente, ultrassonografia, semirreta, suprarrenal.

c) Não se utilizará mais o hífen nas palavras que, pelo uso, perderam a noção de composição. Veja: paraquedas, mandachuva, paraquedista.

2.6.1. USO DO HÍFEN

Com o novo acordo, o hífen passará a ser utilizado quando a palavra for formada por um prefixo terminado em *vogal* e a palavra seguinte iniciar pela *mesma vogal*. Observe o exemplo abaixo:

Exemplos: micro-ônibus, anti-ibérico, anti-inflamatório, anti-inflacionário, anti-imperialista, arqui-inimigo, contra-ataque, micro-ondas, semi-interno, etc.

Atenção: se o prefixo terminar com *consoante*, usa-se hífen se o segundo elemento começar com a *mesma consoante*.

Exemplos: hipe**r**-**r**equintado, inte**r**-**r**acial, supe**r**-**r**esistente, supe**r**-**r**omântico, etc.

Lembre-se: nos demais casos, **não** se usa o hífen.

Exemplos: hipermercado, intermunicipal, superinteressante, superproteção.

3. GRAUS DOS ADJETIVOS

3.1. COMPARATIVO: COMPARA ELEMENTOS

- **Igualdade:**.... tão ______ quanto....
- **Superioridade:**... mais ______ (do) que...
- **Inferioridade:**.... .menos _____(do) que...

Observação: a contração **do** é opcional.

3.2. SUPERLATIVO

3.2.1. ABSOLUTO

Um elemento

- **Sintético (uma palavra)** = Ele é inteligentíssimo
- **Analítico (há advérbio)** = Ele é muito inteligente

3.2.2. RELATIVO

Há relação entre um elemento e outros

- **Superioridade:** Ele é o mais inteligente da turma.
- **Inferioridade:** Ele é o menos estudioso da classe.

 # Para haver exagero, é necessário o artigo.

4. PRONOME

4.1. PESSOAL

- **Retos:** usados como sujeito
- **Oblíquos:** usados como objeto direto ou objeto indireto.
- O.D: o(s), a(s) / O.I: lhe(s)
- Verbos terminados em: R, S, Z + o(s), a(s) = LO(s), LA(s)
- Verbos terminados em: - M, ÃO, ÕE + o(s), a(s) = NO(s), NA(s)

4.2. DEMONSTRATIVO

Para ideias:

- Esse(a), isso – para retomar ideia: **ANÁFORA**
- Este(a), isto – para citar ideia: **CATÁFORA**

4.3. RELATIVO

Retomam e substituem seu antecedente: QUE, QUEM *(para pessoa)*, ONDE *(para lugar)*, O(a) QUAL, OS (as) QUAIS.

CUJO: refere-se ao termo posterior e repele o artigo. Indica posse do termo anterior a ele. *Entende-se por essa regra que* não existem as formas cujo o, cuja a, o cujo.

v

Não conheço o lugar **onde** você mora. →*Você mora* no *lugar.*

- Não conheço o lugar EM QUE você mora.

Não conheço o lugar NO QUAL você mora.

v

São fatos a **que** sou favorável. →*Sou favorável* aos *fatos.*

- São fatos AOS QUAIS sou favorável.

v

Conheço a garota de **quem** você falou. → *Você falou* da *garota.*

- Conheço a garota DA QUAL você falou.

Conheço a garota DE QUE você falou.

u

Este é o autor a **cuja** obra me referi→*Eu me referi* à *obra.*

Posse: a obra é do autor (posse do anterior)

u

Estas são as pessoas com **cujas** ideias concordo. → *Eu concordo* com *as ideias.*

Posse: as ideias são das pessoas (posse do anterior)

5. VERBO

5.1. MODOS

- INDICATIVO: certeza
- SUBJUNTIVO: dúvida
- IMPERATIVO: ordem

5.2. TEMPOS

5.2.1 PRESENTE

- **do indicativo:** indica ação que acontece no momento da fala; hábito.
- **do subjuntivo:** indica hipótese, dúvida.

5.2.2. FUTURO

- **do presente do indicativo:** ação futura certa (amanhã)
- **do pretérito do indicativo:** tempo condicional
- **do subjuntivo:** ação futura duvidosa

5.2.3. PRETÉRITO

- **Perfeito do indicativo:** ação concluída (ontem)
- **Imperfeito do indicativo:** ação prolongada, contínua
- **Mais-que-perfeito do indicativo:** ação passada em relação a outra ação também passada.
- **Imperfeito do subjuntivo:** tempo condicional

5.2.4. VOZES VERBAIS

1) **VOZ ATIVA:** o sujeito pratica a ação.

Todos os alunos	ouviram	aquela música.
sujeito	*V.T.D.*	*objeto direto*

- Para passar uma oração da voz ativa para a passiva, o objeto direto é obrigatório.

2) **VOZ PASSIVA:** o sujeito sofre a ação

- **Passiva Analítica**: SER + PARTICÍPIO

Aquela música	foi ouvida	por todos os alunos.
sujeito paciente	*ser + partic.*	*agente da passiva*

Passiva Sintética: V.T.D(I) + SE = V.P. (sujeito)

Vende-se	livro.	→ V.P. sintética
V.T.D. + se = VP	*sujeito*	
Livro é vendido. → V.P. analítica		

3) **VOZ REFLEXIVA**: o sujeito pratica e sofre a ação.

- Ele se feriu ontem à noite.

6. ANÁLISE SINTÁTICA

6.1. FRASE, ORAÇÃO E PERÍODO

- **Frase**: possui sentido completo.
- **Oração**: possui verbo
- **Período**: possui orações.
- **Período simples**: uma oração (um verbo).
- **Período composto**: mais de uma oração (mais de um verbo)

6.2. SUJEITO

INDETERMINADO: não se sabe quem é o sujeito.

Ocorre quando o verbo está na 3ª pessoa do plural ou na terceira pessoa do singular + se *(índice de indeterminação do sujeito)*

V.T.I. {
- *Telefonaram* para você.
- *Acredita-se* em discos voadores.

}

CUIDADO: SE O VERBO FOR V.T.D. ou V.T.D.I., HAVERÁ SUJEITO E ADMITIRÁ PLURAL, já que teremos, neste caso, VOZ PASSIVA.

Calcula – se	*o rendimento.*
V.T.D. + SE = V.P.	*sujeito*

↳ *pronome apassivador*

CALCULAM-SE	*OS RENDIMENTOS.*
V.T.D. + SE= V.P.	*Sujeito*

Os rendimentos são calculados.

Oração SEM SUJEITO:

1) **Verbo HAVER (singular) no sentido de EXISTIR (plural) ou OCORRER (plural).**

- *HAVIA* muitos alunos na sala.
  ↳*EXISTIAM* muitos alunos na sala.
- DEVE HAVER muitos alunos.
  ↳DEVEM EXISTIR muitos alunos.
- HÁ DE HAVER **muitos alunos**. →O.D.
  ↳HÃO DE EXISTIR **muitos alunos.** →sujeito

2) **Verbos SER, ESTAR e FAZER** indicando tempo ou fenômeno meteorológico

Fazer indicando tempo passado: singular

3) **Verbos que indicam fenômeno da natureza.**

6.3. PREDICAÇÃO VERBAL

- INTRANSITIVO: o verbo não exige complemento, por isso o prefixo IN.
- TRANSITIVO DIRETO: o verbo exige complemento SEM preposição.
- TRANSITIVO INDIRETO: o verbo exige complemento COM preposição.
- TRANSITIVO DIRETO e INDIRETO: o verbo exige dois complementos.
- VERBO DE LIGAÇÃO: liga o sujeito ao predicativo (termo que qualifica), não indica ação. Indica estado.
- Para haver verbo de ligação, é preciso haver PREDICATIVO.

6.4. PREDICATIVO

Qualifica o sujeito ou o objeto.

- **do sujeito:**

A plateia	aplaudiu	o espetáculo	**emocionada.**
sujeito	*V.T.D*	*O.D.*	*predicativo do sujeito*

aplaudiu E ESTAVA *emocionada.*

- **do objeto**:

Encontrei	**mortos**	os soldados.
V.T.D.	*ptvo do objeto*	*O.D.*

e eles ESTAVAM mortos.

6.5. PREDICADO

é a declaração feita do sujeito

- **PREDICADO VERBAL:** o núcleo é o verbo (menos o de ligação)
- **PREDICADO NOMINAL:** o núcleo é o predicativo (há V.L.)
- **PREDICADO VERBO-NOMINAL: há dois núcleos = verbo (+ V.L. oculto) + predicativo**

6.6. COMPLEMENTOS VERBAIS

Objeto direto (sem preposição) e objeto indireto (com preposição).

Objeto direto (sem preposição) e objeto indireto (com preposição):

- **Objeto direto preposicionado:** vem após verbo transitivo direto.

Aparece uma preposição que não foi pedida e pode ser retirada.

- **Objeto direto pleonástico:** ocorre repetição do objeto direto.

6.7. AGENTE DA PASSIVA

É o termo que age na voz passiva, ou seja, quem pratica a ação.

6.8. COMPLEMENTO NOMINAL

É o termo que completa o nome e possui preposição.

6.9. ADJUNTO ADVERBIAL

Indica circunstância do verbo.

6.10. APOSTO

É o termo que explica ou especifica.

- **Especificativo:** sem pontuação
- **Explicativo:** com pontuação

6.11. VOCATIVO

É o termo que invoca, chama. Possui pontuação.

7. PERÍODO COMPOSTO

7.1. COORDENAÇÃO: SÃO ORAÇÕES INDEPENDENTES SINTATICAMENTE

Assindéticas: não possuem conjunção;

Sindéticas: possuem conjunção e classificam-se em: aditiva, adversativa, alternativa, conclusiva e explicativa.

7.2. SUBORDINAÇÃO: SÃO ORAÇÕES DEPENDENTES SINTATICAMENTE

- **Substantiva:** pode-se colocar ISTO ou DISTO antes da conjunção.

Sendo assim, haverá oração principal (sem conjunção), conjunção integrante e oração subordinada substantiva. São elas: subjetiva, objetiva direta, objetiva indireta, predicativa, completiva nominal e apositiva.

- **Adjetiva:** o pronome relativo liga a oração principal à subordinada. **Explicativa** possui pontuação e **restritiva** não possui pontuação.
- **Adverbial:** indica circunstância da oração principal. Classificam-se em:causal (por quê?), consecutiva (de modo que), condicional (se, caso), concessiva (embora, apesar de), comparativa, conformativa (conforme), final (para quê?), proporcional (à proporção que) e temporal.

Lista de conjunções subordinadas adverbiais mais pedidas.

- **Causais**: porque, que, como (= porque, no início da frase), pois que, visto que, uma vez que, porquanto, já que, desde que, etc.
- **Concessivas**: embora, ainda que, apesar de que, se bem que, mesmo que, por mais que, posto que, conquanto, etc.
- **Condicionais**: se, caso, contanto que, salvo se, a não ser que, desde que, a menos que, sem que, etc.
- **Conformativas**: conforme, como (= conforme), segundo, consoante, etc.
- **Finais**: para que, a fim de que, que, porque (= para que), que, etc.
- **Proporcionais**: à medida que, à proporção que, ao passo que e as combinações quanto mais...(mais), quanto menos...(menos), quanto menos... (mais), quanto menos...(menos), etc.
- **Temporais**: quando, enquanto, antes que, depois que, logo que, todas as vezes que, desde que, sempre que, assim que, agora que, mal (= assim que), etc.
- **Comparativas**: como, assim como, tal como, como se, (tão)...como, tanto como, tanto quanto, do que, quanto, tal, qual, tal qual, que nem, que (combinado com menos ou mais), etc.

- **Consecutivas**: de sorte que, de modo que, sem que (= que não), de forma que, de jeito que, que (tendo como antecedente na oração principal uma palavra como tal, tão, cada, tanto, tamanho), etc.

Fonte: http://www.soportugues.com.br/

8. CONCORDÂNCIA VERBAL

- O verbo deve concordar com o sujeito. No caso do verbo *ser*, o verbo pode concordar com o predicativo (se estiver no plural ou for pronome pessoal).

9. CONCORDÂNCIA NOMINAL

Os vocábulos que acompanham o substantivo devem concordar em número e gênero com ele.

Algumas regras importantes:

- Escolheu PÉSSIMA hora e momento para falar.

ADJETIVO ANTES DE DOIS SUBSTANTIVOS CONCORDA COM O MAIS PRÓXIMO.

- Leitura é BOM. A leitura é BOA.

O ARTIGO MANDA NA CONCORDÂNCIA

- Havia BASTANTES razões para ele faltar.

BASTANTE AO LADO DE SUBSTANTIVO PLURAL = PLURAL

10. REGÊNCIA VERBAL

Lista dos verbos mais pedidos:

1) Assistir

↳ pertencer: V.T.I. (A) – O direito de informar assistia ao chefe.

↳ ver: V.T.I. (A) – Assistimos ao concerto.

↳ cuidar: V.T.D. – O médico assistiu o paciente.

2) Visar

↳ mirar: V.T.D. – O caçador visou o coelho.

↳ passar visto: V.T.D. – O gerente visou o cheque.

↳ almejar: V.T.I. (A) – Ele visa ao cargo.

3) Querer

↳ desejar: V.T.D. – Quero você.

↳ estimar: V.T.I. (A) – Quero aos meus amigos.

4) Aspirar

↳ inspirar: V.T.D. – Aspiramos seu perfume.

↳ almejar: V.T.I. (A) – Aspiramos à aprovação.

5) Esquecer e lembrar: V.T.D.

↳ Esqueci seu nome.

↳ Lembrei seu nome.

6) Esquecer-se e lembrar-se: V.T.I. (de)

↳ Esqueci – me do seu nome.

↳ Lembrei – me do seu nome

11. REGÊNCIA NOMINAL

Normalmente pedida como acento indicativo de crase.

12. CRASE

Trabalhar substituindo a palavra feminina por uma masculina da mesma classe gramatical. Resultando em **ao**, há crase:

1) Eu me referi à diretora. = AO *DIRETOR*

2) Era insensível à dor. = AO *PERIGO*

3) Chegou às sete horas. = AO *MEIO – DIA*

4) Fui à cidade. = AO *SÍTIO*

Cuidado:

5) Eu conheço a diretora. = *O DIRETOR*

6) Eu me refiro a ela. = *A ELE*

- **Não se usa crase**

↳ ANTES DE VERBO

↳ ANTES DE PALAVRA MASCULINA

↳ ENTRE PALAVRAS REPETIDAS

↳ SINGULAR + PLURAL (a festas)

Crase com pronomes demonstrativos aquele(s), aquela(s) e aquilo

Assisti àquele filme. = **AO** FILME

Aspiro àquela vaga. = **AO** CARGO

Prefiro isto àquilo. = **AO** LIVRO

12.1. CRASE DIANTE DE PRONOMES RELATIVOS

1) A qual e as quais

↳ A cidade à qual iremos possui praias às quais chegaremos.

↳ *O sítio AO qual iremos possui rios AOS quais chegaremos.*

2) Quem e cuja

↳ Nunca haverá crase antes de QUEM e CUJA.

↳ Esta é a mulher a quem obedeço.

↳ Este é o autor a cuja obra me refiro.

3) Que

↳ Esta é a faculdade a que aspiro. = *Este é o cargo A QUE aspiro*

↳ Esta é a cidade a que iremos. = *Este é o país* A QUE *iremos.*

↳ Sua caneta é igual à que comprei. = *Seu lápis é igual* AO QUE *comprei.*

↳ Este é o bairro a que iremos. = Retoma palavra masculina: sem crase!

13. PONTUAÇÃO

13.1. VÍRGULA

- **A vírgula no interior da oração:**

↳ *Ordem direta: sem vírgula*

1) **Termos intercalados**

↳ **Natal**, *capital do Rio Grande do Norte*, **é uma cidade encantadora.**

2) **Termos deslocados – INVERSÃO**

↳ Naquele dia**,** os candidatos receberam a imprensa. = *adjunto adverbial deslocado*

3) **Palavras omitidas – zeugma ou elipse**

"O meu pai era paulista

Meu avô, pernambucano

O meu bisavô, mineiro

Meu tataravô, baiano" (Chico Buarque)

4) **Vocativo:** "*Meus amigos*, a ordem é a base do governo."

5) **Termos coordenados assindéticos**

↳ Aquela paisagem nos despertava confiança, tranquilidade, calma e paz.

6) **Termos coordenados ligados por** e, ou, nem

↳ Pedro ou Paulo casará com Maria. Não necessitavam de dinheiro nem de auxílio.
Não há vírgula em adição.

↳ E os pais, e os amigos, e os vizinhos magoaram-no.

↳ Não estudava português, nem matemática, nem direito, nem informática.

↳ *Polissíndeto: repetição da conjunção. Indica ênfase.*

- **A vírgula entre orações**

1) O homem, *que é um ser racional*, aprende cada vez mais.

↳ *Oração subordinada adjetiva explicativa*

2) O homem *que encontramos perto do lago* parecia aborrecido.

↳ *Oração subordinada adjetiva restritiva*

3) *Quando o cantor entrou no palco*, todos aplaudiram.

↳ *Oração subordinada anteposta à oração principal*

4) Espero que você me telefone.

↳ *Não se separa oração principal da subordinada substantiva*

5) *Cheguei, pedi silêncio, aguardei alguns minutos* e comecei a palestra.

↳ *Orações coordenadas*

6) *Os ignorantes falavam demais, e os sábios se mantinham em silêncio.*

↳ *orações coordenadas com sujeitos diferentes*

7) E volta, e recomeça, e se esforça, e consegue.

↳ *Polissíndeto: ênfase*

8) **Eu**, disse o orador, **não concordo**.

↳ *Oração intercalada. Duplas vírgulas podem ser substituídas por travessões ou parênteses.*

- **PONTO-E-VÍRGULA**

- Separa oração coordenada que venham quebradas no seu interior por vírgulas.
- Separa oração que tenha zeugma na segunda: *Ele estudou economia; nós, português.*
- Antítese = oposição.
- Oração coordenada extensa.
- Enumeração.

- **DOIS-PONTOS**

- Citam, enumeram e explicam.

14. COLOCAÇÃO PRONOMINAL

Ênclise – Pronome DEPOIS do verbo.

É a colocação normal da língua culta.

Levantei – me cedo hoje.

Empresta – me a caneta.

Dica: NÃO SE INICIA FRASE COM OBLÍQUO NEM APÓS VÍRGULA

Mesóclise – Pronome no MEIO do verbo.

Verbos no futuro do presente e do pretérito, desde que não haja condição de próclise.

O torneio relizar-se-á amanhã. → O torneio **não** se realizará amanhã.

Contar – lhe-ia o segredo. → **Amanhã** lhe contaria o segredo.

Próclise – Pronome ANTES do verbo.

Há palavras que atraem o pronome:

- **palavras negativas** (não, nem, nada, ninguém) **não seguidas de vírgula.**

Nunca nos revelou seu segredo.

Não, disse-me ele, **não** me deve mais nada.

- **advérbio não seguido de vírgula.**

Depois me dirigi ao balcão.

Em seguida, despediu-se de todos.

- **pronomes** (verificar a fonética, som)

O rapaz **que** me procurou é casado.

Quem te acompanhou?

- **conjunção subordinativa**

Espero **que** lhe deem o cargo.

- **orações optativas**

Deus te abençoe.

- **preposição + gerúndio**

Em se tratando de relógios, prefiro os suíços.

- **infinitivo pessoal**

Por se encontrarem no local do crime, foram incluídos entre os suspeitos.

PRONOME ÁTONO NAS LOCUÇÕES VERBAIS:

1. Verbo principal ou auxiliar + infinitivo ou gerúndio:

Podemos contar - lhe o ocorrido.

Podemos lhe contar o ocorrido.

2. Auxiliar + particípio

Os médicos **haviam me sugerido** a cirurgia.

Os médicos **me haviam sugerido** a cirurgia.

15. FIGURAS DE LINGUAGEM[2]

São recursos que tornam as mensagens que emitimos mais expressivas. Subdividem-se em **figuras de som**, **figuras de palavras**, **figuras de pensamento** e **figuras de construção.**

Classificação das Figuras de Linguagem

1) Fernanda acordou às sete horas, Renata às nove horas, Paula às dez e meia.

2) "Quando Deus fecha uma porta, abre uma janela."

3) Seus olhos eram luzes brilhantes.

Nos exemplos acima, temos três tipos distintos de figuras de linguagem:

Exemplo 1: há o uso de uma construção sintética ao deixar subentendido, na segunda e na terceira frase, um termo citado anteriormente - o verbo **acordar**. Repare que a segunda e a última frase do primeiro exemplo devem ser entendidas da seguinte forma: "Renata **acordou** às nove horas, Paula **acordou** às dez e meia. Dessa forma, temos uma **figura de construção** ou **de sintaxe**.

Exemplo 2: a ideia principal do ditado reside num jogo conceitual entre as palavras **fecha** e **abre**, que possuem significados opostos. Temos, assim, uma **figura de pensamento**.

Exemplo 3: a força expressiva da frase está na associação entre os elementos **olhos** e **luzes brilhantes**. Essa associação nos permite uma transferência de significados a ponto de usarmos **"olhos"** por **"luzes brilhantes"**. Temos, então, uma **figura de palavra**.

15.1. FIGURA DE PALAVRA

A figura de palavra consiste na substituição de uma palavra por outra, isto é, no emprego **figurado**, **simbólico**, seja por uma relação muito próxima (**contiguidade**), seja por uma associação, uma comparação, uma **similaridade**. Esses dois conceitos básicos - **contiguidade** e **similaridade** - permitem-nos reconhecer dois tipos de figuras de palavras: a **metáfora** e a **metonímia**.

15.1.1. METÁFORA

A metáfora consiste em utilizar uma palavra ou uma expressão em lugar de outra, sem que haja uma relação real, mas em virtude da circunstância de que o nosso espírito as associa e depreende entre elas certas semelhanças. É importante notar que a metáfora tem um caráter **subjetivo** e **momentâneo**; se a metáfora se cristalizar, deixará de ser metáfora e passará a ser catacrese (é o que ocorre, por exemplo, com "pé de alface", "perna da mesa", "braço da cadeira").

Obs.: toda metáfora é uma espécie de comparação implícita, em que o elemento comparativo não aparece.

Observe a gradação no processo metafórico abaixo:

Seus olhos são como luzes brilhantes.

O exemplo acima mostra uma **comparação** evidente, através do emprego da palavra **como**.

Observe agora:

Seus olhos são luzes brilhantes.

Nesse exemplo não há mais uma comparação (note a ausência da partícula comparativa), e sim um **símile**, ou seja, qualidade do que é semelhante.

As luzes brilhantes olhavam-me.

Há substituição da palavra **olhos** por **luzes brilhantes**. Essa é a verdadeira **metáfora**.

15.1.2. METONÍMIA

A metonímia consiste em empregar um termo no lugar de outro, havendo entre ambos estreita afinidade ou relação de sentido. Observe os exemplos abaixo:

Autor pela obra:	Gosto de ler **Machado de Assis**. ↓ Gosto de ler a **obra literária de Machado de Assis**
Inventor pelo Invento:	**Édson** ilumina o mundo. ↓ As **lâmpadas** iluminam o mundo
Símbolo pelo objeto simbolizado:	Não te afastes da **cruz**. ↓ Não te afastes da **religião**
Lugar pelo produto do lugar:	Fumei um saboroso **havana**. ↓ Fumei um saboroso **charuto**
Efeito pela causa:	Sócrates bebeu a **morte**. ↓ Sócrates tomou **veneno**
Causa pelo efeito:	Moro no campo e como do **meu trabalho**. ↓ Moro no campo e como o **alimento que produzo**
Continente pelo conteúdo:	Bebeu o **cálice** todo. ↓ Bebeu todo o **líquido** que estava no cálice
Instrumento pela pessoa que utiliza:	Os **microfones** foram atrás dos jogadores. ↓ Os **repórteres** foram atrás dos jogadores

---

2 Só Português. Disponível em < http://www.soportugues.com.br/secoes/estil/estil2.php>. Acesso em 11 nov. 2016. Com alterações.

Parte pelo todo:	Várias **pernas** passavam apressadamente. ↓ Várias **pessoas** passavam apressadamente
Gênero pela espécie:	Os **mortais** pensam e sofrem nesse mundo. ↓ Os **homens** pensam e sofrem nesse mundo
Singular pelo plural:	A **mulher** foi chamada para ir às ruas na luta por seus direitos. ↓ As **mulheres** foram chamadas, não apenas uma mulher
Marca pelo produto:	Minha filha adora **danone**. ↓ Minha filha adora o iogurte que é da marca danone
Espécie pelo indivíduo:	O **homem** foi à Lua. ↓ Alguns **astronautas** foram à Lua
Símbolo pela coisa simbolizada:	A **balança** penderá para teu lado. ↓ A **justiça** ficará do teu lado

15.1.3. CATACRESE

Trata-se de uma metáfora que, dado seu uso contínuo, cristalizou-se. A catacrese costuma ocorrer quando, por falta de um termo específico para designar um conceito, toma-se outro "emprestado". Assim, passamos a empregar algumas palavras fora de seu sentido original.

Asa da xícara, **batata** da perna, **maçã** do rosto, **pé** da mesa, **braço** da cadeira, **coroa** do abacaxi.

15.1.4. PERÍFRASE

Trata-se de uma expressão que designa um ser através de alguma de suas características ou atributos, ou de um fato que o celebrizou. Veja o exemplo:

A Cidade Maravilhosa (= Rio de Janeiro) continua atraindo visitantes do mundo todo.

Obs.: quando a perífrase indica uma pessoa, recebe o nome de *antonomásia.*

Exemplos:

O Divino Mestre (= Jesus Cristo) passou a vida praticando o bem.

O Poeta dos Escravos (= Castro Alves) morreu muito jovem.

O Poeta da Vila (= Noel Rosa) compôs lindas canções.

15.1.5. SINESTESIA

Consiste em mesclar, numa mesma expressão, as sensações percebidas por diferentes órgãos do sentido.

Um **grito áspero** revelava tudo o que sentia. (grito = auditivo; áspero = tátil)

No **silêncio escuro** do seu quarto, aguardava os acontecimentos. (silêncio = auditivo; negro = visual)

15.2. FIGURAS DE PENSAMENTO

15.2.1. ANTÍTESE

Consiste na utilização de dois termos que **contrastam** entre si. Ocorre quando há uma aproximação de palavras ou expressões de sentidos opostos. O contraste que se estabelece serve, essencialmente, para dar uma ênfase aos conceitos envolvidos que não se conseguiria com a exposição isolada dos mesmos.

"O mito é o **nada** que é **tudo**." (Fernando Pessoa)

O corpo é **grande** e a alma é **pequena**.

"Quando um muro **separa**, uma ponte **une**."

15.2.2. PARADOXO

Consiste numa proposição aparentemente absurda, resultante da união de **ideias contraditórias**.

Na reunião, o funcionário afirmou que o operário quanto mais trabalha mais tem dificuldades econômicas.

15.2.3. EUFEMISMO

Consiste em empregar uma **expressão mais suave**, mais nobre ou menos agressiva, para comunicar alguma coisa áspera, desagradável ou chocante.

Depois de muito sofrimento, **entregou a alma ao Senhor**. (= morreu)

O prefeito ficou rico **por meios ilícitos**. (= roubou)

15.2.4. IRONIA

Consiste em **dizer o contrário** do que se pretende ou em satirizar, questionar certo tipo de pensamento com a intenção de ridicularizá-lo, ou ainda em ressaltar algum aspecto passível de crítica. A ironia deve ser muito bem construída para que cumpra a sua finalidade; mal construída, pode passar uma ideia exatamente oposta à desejada pelo emissor.

Como você foi bem na última prova, não tirou nem a nota mínima!

Parece um anjinho aquele menino, briga com todos que estão por perto.

15.2.5. HIPÉRBOLE

É a **expressão intencionalmente exagerada** com o intuito de realçar uma ideia.

Faria isso **milhões de vezes** se fosse preciso.

"**Rios** te correrão dos olhos, se chorares." (Olavo Bilac)

15.2.6. PROSOPOPEIA OU PERSONIFICAÇÃO

Consiste em atribuir ações ou qualidades de seres animados a seres inanimados, ou características humanas a seres não humanos. **Observe os exemplos:**

As pedras **andam** vagarosamente.

O livro é um mudo que **fala**, um surdo que **ouve**, um cego que **guia**.

15.2.7. APÓSTROFE

Consiste na **"invocação"** de alguém ou de alguma coisa personificada, de acordo com o objetivo do discurso que pode ser poético, sagrado ou profano. Caracteriza-se pelo chamamento do receptor da mensagem, seja ele imaginário ou não. A introdução da apóstrofe interrompe a linha de pensamento do discurso, destacando-se assim a entidade a que se dirige e a ideia que se pretende pôr em evidência com tal invocação. Realiza-se por meio do vocativo.

Moça, que fazes aí parada?

"Pai Nosso, que estais no céu..."

"Liberdade, Liberdade,

15.2.8. GRADAÇÃO

Consiste em **dispor as ideias** por meio de palavras, sinônimas ou não, **em ordem crescente ou decrescente.** Quando a progressão é ascendente, temos o **clímax;** quando é descendente, o **anticlímax**.

Havia o céu, havia a terra, muita gente e mais Joana com seus olhos claros e brincalhões...

O objetivo do narrador é mostrar a expressividade dos olhos de Joana. Para chegar a esse detalhe, ele se refere ao céu, à terra, às pessoas e, finalmente, a Joana e seus olhos. Nota-se que o pensamento foi expresso em ordem decrescente de intensidade.

"Vive só para mim, só para a minha vida, só para meu amor". (Olavo Bilac)

"O trigo... nasceu, cresceu, espigou, amadureceu, colheu-se." (Padre Antônio Vieira)

15.3. FIGURAS DE CONSTRUÇÃO OU SINTÁTICAS

As figuras de construção ocorrem quando desejamos atribuir **maior expressividade** ao significado. Assim, a lógica da frase é substituída pela maior expressividade que se dá ao sentido.

15.3.1. ELIPSE

Consiste na **omissão** de um ou mais termos numa oração que podem ser facilmente identificados, tanto por elementos gramaticais presentes na própria oração, quanto pelo contexto.

1) A cada um o que é seu. (Deve se dar a cada um o que é seu.)

2) Tenho duas filhas, um filho e amo todos da mesma maneira.

Nesse exemplo, as desinências verbais de tenho e amo permitem-nos a identificação do sujeito em elipse "eu".

3) Regina estava atrasada. Preferiu ir direto para o trabalho. (Ela, Regina, preferiu ir direto para o trabalho, pois estava atrasada.)

4) As rosas florescem em maio, as margaridas em agosto. (As margaridas florescem em agosto.)

15.3.2. ZEUGMA

Zeugma é uma forma de **elipse**. Ocorre quando é feita a omissão de um termo já mencionado anteriormente.

Ele **gosta** de geografia; eu, de português.

Na casa dela só **havia** móveis antigos; na minha, só móveis modernos.

15.3.3. SILEPSE

A silepse é a **concordância** que se faz com o termo que não está expresso no texto, mas sim com a ideia que ele representa. É uma concordância anormal, psicológica, espiritual, latente, porque se faz com um termo oculto, facilmente subentendido. Há três tipos de silepse: de **gênero, número** e **pessoa**.

15.3.3.1. SILEPSE DE GÊNERO

Os gêneros são **masculino** e **feminino**. Ocorre a silepse de gênero quando a concordância se faz com a **ideia** que o termo comporta.

1) A bonita Porto Velho sofreu mais uma vez com o calor intenso.

Nesse caso, o adjetivo **bonita** não está concordando com o termo **Porto Velho**, que gramaticalmente pertence ao gênero masculino, mas com a ideia contida no termo (a **cidade** de Porto Velho).

2) Vossa excelência está preocupado.

Nesse exemplo, o adjetivo **preocupado** concorda com o sexo da pessoa, que nesse caso é masculino, e não com o termo Vossa excelência.

15.3.3.2. SILEPSE DE NÚMERO

Os números são **singular** e **plural**. A silepse de número ocorre quando o verbo da oração não concorda gramaticalmente com o sujeito da oração, mas com a ideia que nele está contida. **Exemplos:**

A **procissão** saiu. **Andaram** por todas as ruas da cidade de Salvador.

Como vai a **turma**? **Estão** bem?

O **povo** corria por todos os lados e **gritavam** muito alto.

Note que nos exemplos acima, os verbos **andaram**, **estão** e **gritavam** não concordam gramaticalmente com os sujeitos das orações (que se encontram no singular, **procissão**, **turma** e **povo**, respectivamente), mas com a **ideia** de pluralidade que neles está contida. Procissão, turma e povo dão a ideia de muita gente, por isso que os verbos estão no plural.

15.3.3.3. SILEPSE DE PESSOA

Três são as pessoas gramaticais: a primeira, a segunda e a terceira. A silepse de pessoa ocorre quando há um desvio de concordância. O verbo, mais uma vez, não **concorda** com o sujeito da oração, mas sim com a **pessoa que está inscrita no sujeito**.

O que não compreendo é como os **brasileiros persistamos** em aceitar essa situação.

Os **agricultores temos** orgulho de nosso trabalho.

"Dizem que os **cariocas somos** poucos dados aos jardins públicos." (Machado de Assis)

Observe que os verbos **persistamos**, **temos** e **somos** não concordam gramaticalmente com os seus sujeitos (**brasileiros**, **agricultores** e **cariocas** que estão na terceira pessoa), mas com a ideia que neles está contida (**nós**, os brasileiros, os agricultores e os cariocas).

15.3.4. POLISSÍNDETO / ASSÍNDETO

Para estudarmos essas duas figuras de construção, é necessário recordar um conceito estudado em sintaxe sobre período composto. No período composto por coordenação, podemos ter orações **sindéticas** ou **assindéticas**. A oração coordenada ligada por uma conjunção (conectivo) é **sindética**; a oração que não apresenta conectivo é **assindética**.

Recordado esse conceito, podemos definir as duas figuras de construção:

1) Polissíndeto

É uma figura caracterizada pela **repetição enfática** dos conectivos.

"Falta-lhe o solo aos pés: recua **e** corre, vacila **e** grita, luta **e** ensanguenta, **e** rola, **e** tomba, **e** se espedaça, **e** morre." (Olavo Bilac)

"Deus criou o sol **e** a lua **e** as estrelas. **E** fez o homem **e** deu-lhe inteligência **e** fê-lo chefe da natureza.

2) Assíndeto

É uma figura caracterizada pela ausência, pela **omissão das conjunções coordenativas**, resultando no uso de orações coordenadas assindéticas.

Tens casa, tens roupa, tens amor, tens família.

"Vim, vi, venci." (Júlio César)

15.3.5. PLEONASMO

Consiste na **repetição** de um termo ou ideia, com as mesmas palavras ou não. A finalidade do pleonasmo é realçar a ideia, torná-la mais **expressiva**. **Veja este exemplo:**

O problema da violência, é necessário resolvê-**lo** logo.

Nesta oração, os termos **"o problema da violência"** e **"lo"** exercem a mesma função sintática: objeto direto. Assim, temos um pleonasmo do objeto direto, sendo o pronome **"lo"** classificado como objeto direto pleonástico.

Aos funcionários, não **lhes** interessam tais medidas.

Aos funcionários, lhes = Objeto Indireto

Nesse caso, há um pleonasmo do objeto indireto, e o pronome **"lhes"** exerce a função de objeto indireto pleonástico.

"**Vi, claramente visto,** o lumo vivo." (Luís de Camões)

"Ó mar **salgado**, quanto do teu **sal** são lágrimas de Portugal." (Fernando Pessoa)

"E **rir** meu **riso**." (Vinícius de Moraes)

15.3.6. ANÁFORA

É a **repetição** de uma ou mais palavras no início de várias frases, criando assim, um efeito de reforço e de coerência. Pela repetição, a palavra ou expressão em causa é posta em destaque, permitindo ao escritor valorizar determinado elemento textual. Os termos anafóricos podem muitas vezes ser substituídos por **pronomes relativos**. Encontrei um amigo ontem. **Ele** disse-me que te conhecia. O termo **ele** é um termo anafórico, já que se refere a **um amigo** anteriormente referido.

"Se você gritasse
Se você gemesse,
Se você tocasse
a valsa vienense
Se você dormisse,
Se você cansasse,
Se você morresse...
Mas você não morre,
Você é duro José!"
(Carlos Drummond de Andrade)

15.3.7. ANACOLUTO

Consiste na **mudança da construção sintática** no meio da frase, ficando alguns termos desligados do resto do período.

Esses alunos da escola, não se pode duvidar deles.

A expressão **"esses alunos da escola"** deveria exercer a função de sujeito. No entanto, há uma interrupção da frase e essa expressão fica à parte, não exercendo nenhuma função sintática. O anacoluto também é chamado de "frase quebrada", pois corresponde a uma interrupção na sequência lógica do pensamento.

O **Alexandre**, as coisas não lhe estão indo muito bem.

A **velha hipocrisia**, recordo-me dela com vergonha. (Camilo Castelo Branco)

Obs.: o anacoluto deve ser usado com finalidade expressiva em casos muito especiais. Em geral, deve-se evitá-lo.

15.3.8. HIPÉRBATO / INVERSÃO

É a **inversão** da estrutura frásica, isto é, a inversão da ordem direta dos termos da oração.

Ao ódio venceu o amor. (Na ordem direta seria: O amor venceu ao ódio.)

Dos meus problemas cuido eu! (Na ordem direta seria: Eu cuido dos meus problemas.)

15.4. FIGURAS DE SOM

15.4.1. ALITERAÇÃO

Consiste na **repetição de consoantes** como recurso para intensificação do ritmo ou como efeito sonoro significativo.

Três pratos de **t**rigo para **t**rês **t**igres **t**ristes.

O **r**ato **r**oeu a **r**oupa do **r**ei de **R**oma.

"**V**ozes **v**eladas, **v**eludosas **v**ozes,
Volúpias dos **v**iolões, **v**ozes **v**eladas
Vagam nos **v**elhos **v**órtices **v**elozes
Dos **v**entos, **v**ivas, **v**ãs, **v**ulcanizadas."
Cruz e Souza (Aliteração em "v")

15.4.2. ASSONÂNCIA

Consiste na **repetição ordenada de sons vocálicos idênticos**.

"Sou um mulat**o** nat**o** n**o** sentid**o** lat**o**
mulat**o** democrátic**o** d**o** litoral."

15.4.3. ONOMATOPEIA

Ocorre quando se tentam reproduzir na forma de palavras os **sons** da realidade.

Os sinos faziam **blem**, **blem**, **blem**, **blem**.

Miau, **miau**. (Som emitido pelo gato)

Tic-tac, **tic-tac** fazia o relógio da sala de jantar.

Cócórócócó, fez o galo às seis da manhã.

15.5. VÍCIOS DE LINGUAGEM

Ao contrário das figuras de linguagem, que representam realce e beleza às mensagens emitidas, os *vícios de linguagem* são palavras ou construções que vão de encontro às normas gramaticais. Os vícios de linguagem costumam ocorrer por descuido, ou ainda por desconhecimento das regras por parte do emissor.

15.5.1. PLEONASMO VICIOSO OU REDUNDÂNCIA

Diferentemente do pleonasmo tradicional, tem-se pleonasmo vicioso quando há repetição desnecessária de uma informação na frase.

Entrei *para dentro* de casa quando começou a anoitecer.

Hoje fizeram-me uma surpresa *inesperada*.

Encontraremos *outra* alternativa para esse problema.

Observação: o pleonasmo é considerado vício de linguagem quando usado desnecessariamente, no entanto, quando usado para reforçar a mensagem, constitui uma figura de linguagem.

15.5.2. BARBARISMO

É o desvio da norma que ocorre nos seguintes níveis:

1) Pronúncia

a) **Silabada:** erro na pronúncia do acento tônico.

Solicitei à cliente sua *rú*brica. (ru*bri*ca)

b) **Cacoépia:** erro na pronúncia dos fonemas.

Estou com *po*blemas a resolver. (*pro*blemas)

c) **Cacografia:** erro na grafia ou na flexão de uma palavra.

Eu *ad*vinhei quem ganharia o concurso. (*adi*vinhei)

O segurança *deteu* aquele homem. (*deteve*)

2) Morfologia

Se eu *ir* aí, vou me atrasar. (*for*)

Sou a aluna *mais maior* da turma. (*maior*)

3) Semântica

José *comprimentou* seu vizinho ao sair de casa. (cumprimentou)

4) Estrangeirismos

Considera-se barbarismo o emprego desnecessário de palavras estrangeiras, ou seja, quando já existe palavra ou expressão correspondente na língua.

O *show* é hoje! (espetáculo)

Vamos tomar um *drink*? (drinque)

15.5.3. SOLECISMO

É o desvio de sintaxe, podendo ocorrer nos seguintes níveis:

1) Concordância

Haviam muitos alunos naquela sala. (Havia)

2) Regência

Eu assisti *o* filme em casa. (ao)

3) Colocação

Dancei tanto na festa que não aguentei-*me* em pé. (não *me* aguentei em pé)

15.5.4. AMBIGUIDADE OU ANFIBOLOGIA

Ocorre quando, por falta de clareza, há duplicidade de sentido da frase.

Ana disse à amiga que *seu* namorado havia chegado. (O namorado é de Ana ou da amiga?)

O pai falou com o filho caído no chão. (Quem estava caído no chão? Pai ou filho?)

15.5.5. CACOFONIA

Ocorre quando a junção de duas ou mais palavras na frase provoca som desagradável ou palavra inconveniente.

U*ma mão* lava outra. (mamão)

Vi ela na esquina. (viela)

Dei um beijo na bo*ca dela*. (cadela)

15.5.6. ECO

Ocorre quando há palavras na frase com terminações iguais ou semelhantes, provocando dissonância.

A divulga*ção* da promo*ção não* causou como*ção* na popula*ção*.

15.5.7. HIATO

Ocorre quando há uma sequência de vogais, provocando dissonância.

*Eu a a*mo.

*Ou eu ou a ou*tra ganhará o concurso.

15.5.8. COLISÃO

Ocorre quando há repetição de consoantes iguais ou semelhantes, provocando dissonância.

*S*ua *s*aia *s*ujou.

16. COESÃO, COERÊNCIA E REESCRITA DE FRASES

Coesão relaciona-se com o microtexto, ou seja, com as palavras que estabelecem as ligações das ideias. É importante para estabelecer a coerência do texto.

Coerência textual é a relação lógica entre as ideias, pois essas devem se complementar, é o resultado da não contradição entre as partes do texto. Inclui fatores como o conhecimento que o produtor e o receptor têm do assunto abordado no texto, conhecimento de mundo, o conhecimento que esses têm da língua que usam e intertextualidade. Por isso, refere-se ao nível semântico e cognitivo, isto é, as informações de um texto possuem um fundo de verdade em relação ao próprio texto e em relação ao mundo real.

Em provas de concursos, ocorre junção de toda a teoria gramatical que até aqui estudamos mais noções das teorias a seguir. As questões exigem várias avalições. Fundamental saber as funções das palavras "que", "se" e "como".

16.1. TIPOS DE COESÃO TEXTUAL

Coesão referencial: cria um sistema de **relações entre as palavras e expressões** de um texto, permitindo ao leitor **identificar os termos a que se referem.** O termo referente é aquele que indica a entidade ou situação a que o falante se refere.

Os candidatos ao cargo *foram visitar o MP.* ***Eles*** *foram acompanhados pelos Promotores.*

Coesão sequencial: cria nos textos as condições para sua **progressão.** As diversas flexões de tempo e de modo dos verbos **e** as conjunções são os responsáveis pelo estabelecimento e manutenção da **coesão sequencial** nos textos. **Os mecanismos de coesão sequencial são utilizados para garantir a articulação entre as partes do texto e para estabelecer relações entre as informações.**

- Alguns termos responsáveis pela coesão sequencial:

Adição/inclusão	Oposição	Afirmação/igualdade	Exclusão
Além disso; também; vale lembrar; pois; outrossim; agora; de modo geral; por iguais razões; inclusive; até; é certo que; é inegável; em outras palavras; além desse fator...	Embora; não obstante; entretanto; mas; no entanto; porém; ao contrário; diferentemente; por outro lado...	Felizmente; infelizmente; obviamente; na verdade; realmente; de igual forma; do mesmo modo que; nesse sentido; semelhantemente...	Somente; só; sequer; senão; exceto; excluindo; tão somente; apenas...
Enumeração	**Explicação**	**Conclusão**	**Continuação**
Em primeiro lugar; a princípio...	Como se nota; com efeito; como vimos; portanto; pois; é óbvio que; isto é; por exemplo; a saber; de fato; aliás...	Em suma; por conseguinte; um última análise; por fim; concluindo; finalmente; por tudo isso; em síntese, posto isso; assim; consequentemente...	Em seguida; depois; no geral; em termos gerais; por sua vez; outrossim...

Coesão por substituição: são empregadas palavras e expressões que retomam termos já enunciados através da **anáfora.**

__Os coordenadores__ foram advertidos pelo __mau comportamento.__

Caso isso volte a acontecer, __eles serão demitidos.__

Coesão por elipse: ocorre por meio da omissão de uma ou mais palavras sem que isso comprometa a clareza de ideias da oração:

__Luna__ escreve o texto e ao mesmo tempo __conversa__ com a amiga.

Coesão por conjunção: possibilita relações entre os termos do texto através do emprego adequado de conjunções:

__Como__ não consegui ingressos, não fui ao espetáculo, contudo, consegui vê-lo pela televisão.

Coesão lexical ocorre através de reiteração ou substituição lexical.

- **Reiteração:** repetição da mesma palavra ou expressão =

__Elas__ são quatro milhões, o dia nasce, __elas__ acendem o lume.
__Elas__ cortam o pão e aquecem o café.
__Elas__ picam cebolas e descascam batatas.[3]

- **Substituição:** substituição de uma unidade lexical por outras que com ela mantêm relações de sentido
  - por **sinonímia**: substituição de palavras ou expressões por sinônimos:

O teu __gato__ é bonito. Onde arranjaste o __felino__?

  - por **antonímia**: substituição de palavras ou expressões por antônimos:

Carlos Cruz fala __verdade__? Ou terá optado pela __mentira__?

  - por **hiperonímia / hiponímia**:

Quero os teus __brinquedos__, sobretudo o __palhaço__ e __comboio__.

(hiperônimo/hipônimo)

Eu adoro __ovelhas__ e __vacas__. Estes __herbívoros__ são simpáticos.

(hipônimo/hiperônimo)

  - por **holonímia / meronímia**:

A minha __casa__ é fria. Os __quartos__, a __cozinha__ e a __sala__ não têm isolamento.

Complemento - Entenda a diferença entre holonímia e meronímia.

✓ **Holonímia**: há uma relação entre palavras em que o significado de uma (holônimo) refere-se a um todo do qual a outra (merônimo) é parte constituinte = carro x parabrisa; casa x quarto.

✓ **Meronímia**: há uma relação entre termos em que o significado de um (merônimo) remete para uma parte constituinte de outro (holônimo) = parabrisa x carro, quarto x casa.

16.2. PARÁFRASE[4]

- A Paráfrase é um texto que procura tornar mais claro e objetivo aquilo que se disse em outro texto. Portanto, é sempre a reescritura de um texto já existente, uma espécie de *tradução* dentro da própria língua.
- O autor da paráfrase deve demonstrar que entendeu claramente a ideia do texto. Além disso, são exigências de uma boa paráfrase:

1	Utilizar a mesma ordem de ideias que aparece no texto original.
2	Não omitir nenhuma informação essencial.
3	Não fazer qualquer comentário acerca do que se diz no texto original.
4	Utilizar construções que não sejam uma simples repetição daquelas que estão no original e, sempre que possível, um vocabulário também diferente.

16.3. PERÍFRASE[5]

- Trata-se de uma expressão que designa um ser através de alguma de suas características ou atributos, ou de um fato que o celebrizou.
- Exemplo: A Cidade Maravilhosa (= Rio de Janeiro) continua atraindo visitantes do mundo todo.
- Observação: quando a perífrase indica uma pessoa, recebe o nome de *antonomásia*.
- O Divino Mestre (= Jesus Cristo) passou a vida praticando o bem.
- O Poeta dos Escravos (= Castro Alves) morreu muito jovem.
- O Poeta da Vila (= Noel Rosa) compôs lindas canções.

3 Mundo Educação. Disponível em <Tipos de coesão. Estruturando o texto: Tipos de coesão - Mundo Educação (uol.com.br)>. Escrito por Luana Castro Alves Perez. Acesso em 7 julho 2022, com adaptações.

4 Folha Net. Disponível em <http://www.colegiodante.com.br/escola/webquest/e_medio/mackenzie/parafrase.htm>. Acesso em 11 nov. 2016. Com alterações.

5 Só Português. Disponível em <http://www.soportugues.com.br/secoes/estil/estil4.php>. Acesso em 11 nov. 2016. Com alterações.

16.4. TIPOS DE INCOERÊNCIA

Semântica	Os significados das palavras não se completam.	"A televisão transmite lazer." O verbo transmitir significa "fazer passar de um lugar a outro, comunicar". Nesse sentido, o lazer não é algo que venha de um ponto para outro, mas algo que é "proporcionado".
Sintática	Não são utilizados corretamente os meios sintáticos para expressar a coerência semântica, ou seja, empregam-se conectivos, pronomes (etc.) inadequadamente.	Pessoas ricas procuram o ensino particular. Onde os métodos, equipamentos e professores são melhores."
Incoerência Estilística	Ocorre quando se misturam registros linguísticos.	Observe a mudança "de tom" no discurso que se segue: "Venho diante de vossa Magnificência manifestar meu repúdio ao fato de uma instituição pública querer subtrair da população um espaço de lazer. Francamente, achei a maior sujeira, sacanagem, nada a ver."
Pragmática	O sentido de uma sequência de atos de fala é quebrado.	A: "Achei difícil compreender o tópico dois do capítulo três." B: "O céu está maravilhoso com as nuvens escuras de chuva."

17. INTERPRETAÇÃO E COMPREENSÃO TEXTUAL

Interpretar	consiste em saber a conclusão do que está escrito.	Nas questões: depreende-se/infere-se/conclui-se do texto; o texto permite deduzir; é possível subentender a partir do texto; qual a intenção do autor quando afirma; o texto possibilita o entendimento; com o apoio do texto, infere-se; o texto encaminha o leitor para; pretende o texto mostrar que o leitor...; o texto possibilita deduzir.
Compreender	consiste em analisar o que realmente está escrito, é necessário coletar dados do texto.	Nas questões: segundo o texto; o autor/narrador do texto diz; o texto informa; no texto; tendo em vista o texto; de acordo com o texto; o autor sugere; o autor afirma; na opinião do autor do texto.

Dica: IN̲terpretar = IN̲ferir.

Para obter domínio sobre a leitura, precisamos, esclarecer algumas definições.

Texto	É um **conjunto de palavras e frases** encadeadas que permitem interpretação e **transmitem uma mensagem**. É qualquer obra escrita em versão original e que constitui um livro ou um documento escrito. Um texto é uma unidade linguística de extensão superior à frase.
Contexto	É a relação entre o texto e a situação em que ele ocorre dentro do texto. É o conjunto de circunstâncias em que se produz a mensagem que se deseja emitir– lugar e tempo, cultura do emissor e do receptor etc. – e que permitem sua correta compreensão.
Intertexto	Os textos podem apresentar referências diretas ou indiretas a outros autores através de citações. É um texto dentro de outro texto.
Interpretação de texto	A primeira leitura deve ser feita cuidadosamente por ser o primeiro contato com o texto, extraindo-se informações e se preparando para a leitura interpretativa. Sublinhe palavras-chave e ideias importantes; encontre a ideia central de cada parágrafo. O segundo nível de leitura concentra-se nas perguntas e opções de respostas. Atente-se às palavras NÃO, EXCETO, RESPECTIVAMENTE, INCORRETO, SEMPRE, TODOS, NUNCA etc., pois fazem diferença na escolha adequada. Retorne ao texto sempre que necessário. Leia a frase anterior e posterior para ter ideia do sentido global proposto pelo autor. A banca nos oferece um texto completo e, nas questões, extrai uma parte do texto para pedir a análise. O segredo é voltar ao texto e ler as informações anteriores e posteriores à parte mencionada. Se fosse para analisar apenas o trecho, não haveria motivo para mencionar o texto completo. Aqui mora o grande segredo.

17.1. TIPOLOGIA TEXTUAL

<table>
<tr><th>TIPOS</th><th>DEFINIÇÃO</th><th>EXEMPLOS</th></tr>
<tr><td>Narração</td><td>Modalidade em que se conta um fato, fictício ou não, que ocorreu num determinado tempo e lugar, envolvendo certos personagens.
Refere-se a objetos do mundo real. Há uma relação de anterioridade e posterioridade.
O tempo verbal predominante é o passado.</td><td>Conto, fábula, crônica, romance, novela, depoimento, piada, relato etc.</td></tr>
<tr><td>Descrição</td><td>Um texto em que se faz um retrato por escrito de um lugar, uma pessoa, um animal ou um objeto. A classe de palavras mais utilizada nessa produção é o adjetivo, pela sua função caracterizadora.
Numa abordagem mais abstrata, pode-se até descrever sensações ou sentimentos. Não há relação de anterioridade e posterioridade. Significa "criar" com palavras a imagem do objeto descrito. É fazer uma descrição minuciosa do objeto ou da personagem a que o texto se Pega. É um tipo textual que se agrega facilmente aos outros tipos em diversos gêneros textuais.</td><td>Cardápio, folheto turístico, anúncio classificado etc.</td></tr>
<tr><td rowspan="3">Dissertação</td><td colspan="2">Dissertar é o mesmo que desenvolver ou explicar um assunto, discorrer sobre ele. Dependendo do objetivo do autor, pode ter caráter expositivo ou argumentativo.</td></tr>
<tr><td>Dissertação-Exposição: Apresenta um saber já construído e legitimado, ou um saber teórico. Apresenta informações sobre assuntos, expõe, reflete, explica e avalia ideias de modo objetivo. O texto expositivo apenas expõe ideias sobre um determinado assunto. A intenção é informar, esclarecer.</td><td>Aula, resumo, textos científicos, enciclopédia, textos expositivos de revistas e jornais, etc.</td></tr>
<tr><td>Dissertação-Argumentação: Um texto dissertativo-argumentativo faz a defesa de ideias ou um ponto de vista do autor. O texto, além de explicar, também persuade o interlocutor, objetivando convencê-lo de algo. Caracteriza-se pela progressão lógica de ideias. Geralmente utiliza linguagem denotativa.</td><td>Sermão, ensaio, monografia, dissertação, tese, ensaio, manifesto, crítica, editorial de jornais e revistas.</td></tr>
<tr><td rowspan="3">Outros Tipos Textuais</td><td>Dialogal / Conversacional</td><td>Entrevista, conversa telefônica, chat etc.</td></tr>
<tr><td>Injunção/Instrucional</td><td>Ordens; pedidos; súplica; desejo; manuais e instruções para montagem ou uso de aparelhos e instrumentos; textos com regras de comportamento; textos de orientação; receitas, cartões com votos e desejos.</td></tr>
<tr><td>Predição</td><td>Previsões astrológicas, previsões meteorológicas, previsões escatológicas/apocalípticas.</td></tr>
</table>

17.2. GÊNEROS TEXTUAIS

- Os Gêneros textuais são as estruturas com que se compõem os textos, sejam orais ou escritos. Essas estruturas são muito parecidas, com características comuns, procuram atingir intenções comunicativas semelhantes e ocorrem em situações específicas. São variadas formas de linguagem que circulam na sociedade, formais ou informais. Cada gênero textual tem seu estilo próprio, podendo ser identificado e diferenciado dos demais através de suas características.

Notícia	Possui características narrativas: o fato ocorrido que se deu em um determinado momento e em um determinado lugar, envolvendo determinadas personagens. Características do lugar, bem como dos personagens envolvidos são, muitas vezes, minuciosamente descritos.
Reportagem	Gênero textual jornalístico de caráter dissertativo-expositivo. A reportagem tem, por objetivo, informar e levar os fatos ao leitor de uma maneira clara, com linguagem direta.
Carta ao leitor	Gênero dissertativo-argumentativo e possui linguagem pessoal e leve.

Propaganda	Gênero textual dissertativo-expositivo. Há o intuito de propagar informações sobre algo, buscando sempre atingir e influenciar o leitor apresentando, na maioria das vezes, mensagens que despertam as emoções e a sensibilidade do mesmo.
Bula de remédio	Gênero textual descritivo, dissertativo-expositivo e injuntivo. Fornece as informações necessárias para o correto uso do medicamento.
Receita	Gênero textual descritivo e injuntivo. Objetivo: informar a fórmula para preparar tal comida, descrevendo os ingredientes e o preparo destes, com verbos no imperativo, dado o sentido de ordem, para que o leitor siga corretamente as instruções.
Editorial	Gênero textual dissertativo-argumentativo. Expressa o posicionamento da empresa sobre determinado assunto, sem a obrigação da presença da objetividade.
Tutorial	Gênero injuntivo. É um guia que tem por finalidade explicar ao leitor, passo a passo e de maneira simplificada, como fazer algo.
Entrevista	Gênero textual dialogal e dissertativo-expositivo. Representado pela conversação de duas ou mais pessoas, o entrevistador e o(s) entrevistado(s), para obter informações sobre ou do entrevistado ou de algum outro assunto.
História em quadrinhos	Gênero narrativo. Consiste em enredos contados em pequenos quadros através de diálogos diretos entre seus personagens, gerando uma espécie de conversação.
Charge	Gênero textual narrativo onde se faz uma espécie de ilustração cômica, através de caricaturas, com o objetivo de realizar uma sátira, crítica ou comentário sobre algum acontecimento atual, em sua grande maioria.

17.3. ARGUMENTAÇÃO[6]

A argumentação é um recurso que tem o propósito de convencer alguém, alterando sua opinião ou seu comportamento.

Os argumentos, na construção textual, são essenciais.

Há diferentes tipos de argumentos e a escolha certa consolida o texto.

17.3.1. ARGUMENTAÇÃO POR CITAÇÃO

Sempre que queremos defender uma ideia, procuramos pessoas 'consagradas', que pensam como nós acerca do tema em evidência. Apresentamos no corpo de nosso texto a menção de uma informação extraída de outra fonte.

A citação pode ser apresentada assim:

Assim parece ser porque, para Piaget, "toda moral consiste num sistema de regras e a essência de toda moralidade deve ser procurada no respeito que o indivíduo adquire por essas regras" (Piaget, 1994, p.11). A essência da moral é o respeito às regras. A capacidade intelectual de compreender que a regra expressa uma racionalidade em si mesma equilibrada.

O trecho citado deve estar de acordo com as ideias do texto, assim, tal estratégia poderá funcionar bem.

17.3.2. ARGUMENTAÇÃO POR COMPROVAÇÃO

A sustentação da argumentação se dará a partir das informações apresentadas (dados, estatísticas, percentuais) que a acompanham.

Esse recurso é explorado quando o objetivo é contestar um ponto de vista equivocado.

O ministro da Educação, Cristovam Buarque, lança hoje o Mapa da Exclusão Educacional. O estudo do Inep, feito a partir de dados do IBGE e do Censo Educacional do Ministério da Educação, mostra o número de crianças de sete a catorze anos que estão fora das escolas em cada estado.

Segundo o mapa, no Brasil, 1,4 milhão de crianças, ou 5,5 % da população nessa faixa etária (sete a catorze anos), para a qual o ensino é obrigatório, não frequentam as salas de aula.

O pior índice é do Amazonas: 16,8% das crianças do estado, ou 92,8 mil, estão fora da escola. O melhor, o Distrito Federal, com apenas 2,3% (7 200) de crianças excluídas, seguido por Rio Grande do Sul, com 2,7% (39 mil) e São Paulo, com 3,2% (168,7 mil).

(Mônica Bergamo. Folha de S. Paulo, 3.12.2003)

Nesse tipo de citação o autor precisa de dados que demonstrem sua tese.

17.3.3. ARGUMENTAÇÃO POR RACIOCÍNIO LÓGICO

A criação de relações de causa e efeito é um recurso utilizado para demonstrar que uma conclusão (afirmada no texto) é necessária, e não fruto de uma interpretação pessoal que pode ser contestada. "O fumo é o mais grave problema de saúde pública no Brasil. Assim como não admitimos que os comerciantes de maconha, crack ou heroína façam propaganda para os nossos filhos na TV, todas as formas de publicidade do cigarro deveriam ser proibidas terminantemente. Para os desobedientes, cadeia."

VARELLA, Drauzio. In: Folha de S. Paulo, 20 de maio de 2000.

6. Cabral, Marina. Brasil Escola. Disponível em <http://brasilescola.uol.com.br/redacao/a-argumentacao.htm>. Com alterações. Acesso em 14 agosto 2017.

Para a construção de um bom texto argumentativo faz-se necessário o conhecimento sobre a questão proposta, fundamentação para que seja realizado com sucesso.

17.4. PRESSUPOSTOS E SUBENTENDIDOS[7]

Pressupostos e subentendidos são informações implícitas num texto, não expressas formalmente, apenas sugeridas por marcas linguísticas ou pelo contexto. Cabe ao leitor, numa leitura proficiente, ir além da informação que se encontra explícita, identificando e compreendendo as informações implícitas, ou seja, lendo nas entrelinhas.

Os pressupostos são de mais fácil identificação, estando sugeridos no texto. Os subentendidos são deduzidos pelo leitor, sendo da sua responsabilidade.

Entenda melhor:

- Heloísa está cansada de ser professora.

Pressuposto: Heloísa é professora.

Subentendido: Talvez porque o salário é baixo ou há muita indisciplina.

- Infelizmente, meu marido continua trabalhando fora do país

Pressuposto: O marido está trabalhando fora do país e a mulher não está satisfeita com essa situação.

Subentendido: Talvez por ter melhor salário fora do país ou por não encontrar trabalho no seu país.

17.4.1. PRESSUPOSTOS

Os pressupostos são informações implícitas adicionais, facilmente compreendidas devido a palavras ou expressões presentes na frase que permitem ao leitor compreender essa informação implícita. O enunciado depende dessa pressuposição para que faça sentido. Assim, o pressuposto é verdadeiro e irrefutável.

Exemplos de pressupostos:

- Decidi deixar de comer carne.

Pressuposto: A pessoa comia carne antes.

- Finalmente acabei minha monografia.

Pressuposto: Demorou algum tempo para terminar a monografia.

- Alunos que estudam de manhã costumam ter melhor rendimento.

Pressuposto: Há alunos que não estudam de manhã.

- Desde que ela mudou de casa, nunca mais a vi.

Pressuposto: Costumava vê-la antes dela mudar de casa.

Marcas linguísticas que facilitam a identificação de pressupostos:

- Verbos que indicam fim, continuidade, mudança e implicações: começar, continuar, parar, deixar, acabar, conseguir, ...
- Advérbios: felizmente, finalmente, ainda, já, depois, antes, ...
- Pronome introdutório de orações subordinadas adjetivas: que
- Locuções que indicam circunstâncias: depois que, antes que, desde que, visto que, ...

17.4.2. SUBENTENDIDOS

Os subentendidos são insinuações, informações escondidas, dependentes da interpretação do leitor. Não possuem marca linguística, sendo deduzidos através do contexto comunicacional e do conhecimento que os destinatários têm do mundo. Podem ser ou não verdadeiros e podem ser facilmente negados, visto serem unicamente da responsabilidade de quem interpreta a frase.

Exemplos de subentendidos:

- Quando sair de casa, não se esqueça de levar um casaco.

Subentendido: Está frio lá fora.

- Já tenho a garganta seca de tanto falar.

Subentendidos: Quero beber um copo de água ou quero parar de falar neste momento.

- Você vai a pé para casa agora?

Subentendidos: Eu posso lhe dar uma carona ou é perigoso andar a pé na rua a estas horas.

17.5. NÍVEIS DE LINGUAGEM[8]

A interação verbal entre os sujeitos é possível por meio das palavras e pode ser realizada por meio da fala e/ou da escrita. Dependendo da situação comunicativa, os usuários das línguas podem eleger qualquer um dos diferentes níveis de linguagem para interagir verbalmente com os outros. Isso significa que existem linguagens diferentes para ocasiões distintas, ou seja, em toda situação comunicativa, os falantes elegem o nível de linguagem mais adequado para que tanto o emissor quanto o receptor das mensagens possam compreender e ser compreendidos.

Nível 1: Norma culta/padrão

Cada língua possui sua estrutura e muitas delas possuem um conjunto de regras responsável pelo funcionamento dos elementos linguísticos. Esse conjunto de regras é conhecido como gramática normativa. Nela, os usuários da língua encontram a norma-padrão de funcionamento da língua chamada de "padrão ou culta", a qual deve, ou pelo menos deveria, ser de conhecimento e acessível a todos os falantes da mesma comunidade linguística.

---

7. Norma Culta. Disponível em <https://www.normaculta.com.br/pressuposto-e-subentendido/>. Acesso em 14 agosto 2017.

8. Mundo Educação. Disponível em <http://mundoeducacao.bol.uol.com.br/redacao/niveis-linguagem.htm>. Acesso em 14 agosto 2017.

Utilizar a norma culta da língua portuguesa não significa comunicar-se de maneira difícil e rebuscada. Embora à língua padrão seja atribuído certo prestigio cultural e status social, o uso da linguagem culta está menos relacionado à questão estética e muito mais associado à sua democratização, já que esse é o nível de linguagem ensinado nas escolas, nos manuais didáticos, cartilhas e dicionários das línguas etc.

Nível 2: Linguagem coloquial/informal/popular

A linguagem coloquial é aquela utilizada de maneira mais espontânea e corriqueira. Esse nível de linguagem não segue a rigor todas as regras da gramática normativa, pois está mais preocupado com a função da linguagem do que com a forma. Ao utilizar a linguagem coloquial, o falante está mais preocupado em transmitir o conteúdo da mensagem do que como esse conteúdo vai ser estruturado.

De maneira geral, os falantes utilizam a linguagem coloquial nas situações comunicativas mais informais, isto é, nos diálogos entre amigos, familiares etc.

Nível 3: Linguagem regional/regionalismo

A linguagem regional está relacionada com as variações ocorridas, principalmente na fala, nas mais variadas comunidades linguísticas. Essas variações são também chamadas de dialetos. O Brasil, por exemplo, apresenta uma imensa variedade de regionalismos na fala dos usuários nativos de cada uma de suas cinco regiões.

Nível 4: Gírias

A gíria é um estilo associado à linguagem coloquial/popular como meio de expressão cotidiana. Ela está relacionada ao cotidiano de certos grupos sociais e podem ser incorporadas ao léxico de uma língua conforme sua intensidade e frequência de uso pelos falantes, mas, de maneira geral, as palavras ou expressões provenientes das gírias são utilizadas durante um tempo por um certo grupo de usuários e depois são substituídas por outras por outros usuários de outras gerações. É o caso, por exemplo, de uma gíria bastante utilizada pelos falantes nas décadas de 80 e 90: "chuchu, beleza", mas que, atualmente, está quase obsoleta.

Nível 5: Linguagem vulgar

A linguagem vulgar é exatamente oposta à linguagem culta/padrão. As estruturas gramaticais não seguem regras ou normas de funcionamento. O mais interessante é que, mesmo de maneira bem rudimentar, os falantes conseguem compreender a mensagem e seus efeitos de sentido nas trocas de mensagens. Podemos considerar a linguagem vulgar como sendo um vício de linguagem. Veja alguns exemplos bastante recorrentes em nossa língua: "Nóis vai", "Pra mim ir", "Vamo ir".

17.6. DISCURSO DIRETO E INDIRETO[9]

Discurso direto é a transcrição exata da fala das personagens, sem participação do narrador.

Discurso indireto é a intervenção do narrador no discurso ao utilizar as suas próprias palavras para reproduzir as falas das personagens.

Discurso indireto livre mescla o direto e o indireto. É a apresentação das falas exatas das personagens inseridas dentro do discurso do narrador.

Exemplo: *Cotejava o passado com o presente. Que era, há um ano? Professor. Que é agora? Capitalista.*

DICAS de transposição do discurso direto para o indireto

1. Mudança das pessoas do discurso:

Discurso direto	Discurso indireto
primeira pessoa	terceira pessoa
eu, me, mim, comigo	ele, ela, se, si, consigo, o, a, lhe
nós, nos, conosco	eles, elas, os, as, lhes
meu, meus, minha, minhas, nosso, nossos, nossa, nossas	seu, seus, sua e suas

2. Mudança de tempos verbais:

Discurso direto	Discurso indireto
Presente do indicativo	pretérito imperfeito do indicativo
Pretérito perfeito do indicativo	pretérito mais-que-perfeito do indicativo
Futuro do presente do indicativo	futuro do pretérito do indicativo
Presente do subjuntivo Futuro do subjuntivo Imperativo	pretérito imperfeito do subjuntivo

3. Mudança na pontuação das frases:

Discurso direto	Discurso indireto
Frases interrogativas, exclamativas e imperativas	frases declarativas (o emissor constata um fato – informa ou declara alguma coisa)

4. Mudança dos advérbios e adjuntos adverbiais:

Discurso direto	Discurso indireto
Ontem	no dia anterior
Hoje	naquele dia e naquele momento
Amanhã	no dia seguinte
Aqui, aí, cá	ali e lá
Este, esta e isto	aquele, aquela, aquilo

9. Norma Culta. Disponível em <https://www.normaculta.com.br/discurso-direto-e-indireto/>. Acesso em 14 agosto 2017.

18. REDAÇÃO OFICIAL

1. INTRODUÇÃO

Caro(a) leitor(a), foi lançada, no final de 2018, a terceira edição do **Manual de Redação da Presidência da República** – revista, atualizada e ampliada.

Com o intuito de facilitar seu estudo, foram disponibilizadas aqui as mudanças ocorridas e que podem (devem) ser exigidas nas próximas provas. Ficou mais fácil consultar e entender o MRPR.

A principal alteração foi a **EXTINÇÃO** dos documentos **MEMORANDO** e **AVISO**.

Os **ATRIBUTOS** também foram alterados. *A redação oficial deve caracterizar-se por: clareza e precisão; objetividade; concisão; coesão e coerência; impessoalidade; formalidade e padronização; e uso da norma padrão da língua portuguesa.*

A **FONTE** usada alterou de *Times New Roman* (em 2002) para **Calibri** ou **Carlito**.

Houve importantes **acréscimos**: **SIGNATÁRIOS** – cargos interinos e substitutos, signatárias do sexo feminino –, **GRAFIA DE CARGOS COMPOSTOS**, emprego do **VOCATIVO** e **VARIAÇÕES DOS DOCUMENTOS OFICIAIS.**

2. Panorama da comunicação oficial[10]

A finalidade da língua é comunicar, quer pela fala, quer pela escrita. Para que haja comunicação, são necessários:

a) alguém que comunique;

b) algo a ser comunicado;

c) alguém que receba essa comunicação.

No caso da redação oficial, **quem comunica é** sempre **o serviço público** (este/esta ou aquele/aquela Ministério, Secretaria, Departamento, Divisão, Serviço, Seção); **o que se comunica é** sempre **algum assunto relativo às atribuições do órgão que comunica**; e **o destinatário** dessa comunicação **é o público, uma instituição privada ou outro órgão ou entidade pública**, do Poder Executivo ou dos outros Poderes. Além disso, deve-se considerar a intenção do emissor e a finalidade do documento, para que o texto esteja adequado à situação comunicativa.

A necessidade de empregar determinado nível de linguagem nos atos e nos expedientes oficiais decorre, de um lado, do próprio caráter público desses atos e comunicações; de outro, de sua finalidade. Os atos oficiais, aqui entendidos como atos de caráter normativo, ou estabelecem regras para a conduta dos cidadãos, ou regulam o funcionamento dos órgãos e entidades públicos, o que só é alcançado se, em sua elaboração, for empregada a linguagem adequada. O mesmo se dá com os expedientes oficiais, cuja **finalidade precípua é a de informar com clareza e objetividade.**

10 Presidência da República 3ª edição, revista, atualizada e ampliada pela Subchefia para Assuntos Jurídicos da Casa Civil da Presidência da República.

3. O que é redação oficial[11]

Em uma frase, pode-se dizer que redação oficial é a maneira pela qual o Poder Público redige comunicações oficiais e atos normativos. Neste Manual, interessa-nos tratá-la do ponto de vista da administração pública federal.

A redação oficial não é necessariamente árida e contrária à evolução da língua. É que **sua finalidade básica – comunicar com objetividade e máxima clareza – impõe certos parâmetros ao uso que se faz da língua**, de maneira diversa daquele da literatura, do texto jornalístico, da correspondência particular etc.

Apresentadas essas características fundamentais da redação oficial, passemos à análise pormenorizada de cada um de seus atributos.

4. Atributos da redação oficial[12]

A redação oficial deve caracterizar-se por:

- **clareza e precisão;**
- **objetividade;**
- **concisão;**
- **coesão e coerência;**
- **impessoalidade;**
- **formalidade e padronização; e**
- **uso da norma padrão da língua portuguesa.**

Fundamentalmente, esses atributos decorrem da Constituição, que dispõe, no art. 37: "A administração pública direta, indireta, de qualquer dos Poderes da União, dos Estados, do Distrito Federal e dos Municípios obedecerá aos princípios de legalidade, impessoalidade, moralidade, publicidade e eficiência (...)". Sendo a publicidade, a impessoalidade e a eficiência princípios fundamentais de toda a administração pública, devem igualmente nortear a elaboração dos atos e das comunicações oficiais.

4.1 Clareza e precisão

CLAREZA

A clareza deve ser a qualidade básica de todo texto oficial. Pode-se definir como claro aquele texto que possibilita imediata compreensão pelo leitor. Não se concebe que um documento oficial ou um ato normativo de qualquer natureza seja redigido de forma obscura, que dificulte ou impossibilite sua compreensão. A transparência é requisito do próprio Estado de Direito: **é inaceitável que um texto oficial ou um ato normativo não seja entendido pelos cidadãos**. O princípio constitucional da publicidade não se esgota na mera publicação do texto, estendendo-se, ainda, à necessidade de que o texto seja claro.

Para a obtenção de clareza, sugere-se:

a) utilizar palavras e expressões simples, em seu sentido comum, salvo quando o texto versar sobre assunto

11 Presidência da República 3ª edição, revista, atualizada e ampliada pela Subchefia para Assuntos Jurídicos da Casa Civil da Presidência da República.

12 Presidência da República 3ª edição, revista, atualizada e ampliada pela Subchefia para Assuntos Jurídicos da Casa Civil da Presidência da República.

técnico, hipótese em que se utilizará nomenclatura própria da área;

b) usar frases curtas, bem estruturadas; apresentar as orações na ordem direta e evitar intercalações excessivas. Em certas ocasiões, para evitar ambiguidade, sugere-se a adoção da ordem inversa da oração;

c) buscar a uniformidade do tempo verbal em todo o texto;

d) não utilizar regionalismos e neologismos;

e) pontuar adequadamente o texto;

f) explicitar o significado da sigla na primeira referência a ela; e

g) utilizar palavras e expressões em outro idioma apenas quando indispensáveis, em razão de serem designações ou expressões de uso já consagrado ou de não terem exata tradução. Nesse caso, grafe-as em itálico.

PRECISÃO

O atributo da precisão **complementa a clareza** e caracteriza-se por:

a) articulação da linguagem comum ou técnica para a perfeita compreensão da ideia veiculada no texto;

b) manifestação do pensamento ou da ideia com as mesmas palavras, evitando o emprego de sinonímia com propósito meramente estilístico; e

c) escolha de expressão ou palavra que não confira duplo sentido ao texto.

É indispensável, também, a releitura de todo o texto redigido. A ocorrência, em textos oficiais, de trechos obscuros provém principalmente da falta da releitura, o que tornaria possível sua correção. Na revisão de um expediente, deve-se avaliar se ele será de fácil compreensão por seu destinatário. O que nos parece óbvio pode ser desconhecido por terceiros. O domínio que adquirimos sobre certos assuntos, em decorrência de nossa experiência profissional, muitas vezes, faz com que os tomemos como de conhecimento geral, o que nem sempre é verdade. Explicite, desenvolva, esclareça, precise os termos técnicos, o significado das siglas e das abreviações e os conceitos específicos que não possam ser dispensados.

A revisão atenta exige tempo. A pressa com que são elaboradas certas comunicações quase sempre compromete sua clareza. "Não há assuntos urgentes, há assuntos atrasados", diz a máxima. Evite-se, pois, o atraso, com sua indesejável repercussão no texto redigido.

A clareza e a precisão não são atributos que se atinjam por si sós: elas dependem estritamente das demais características da redação oficial, apresentadas a seguir.

4.2 Objetividade

Ser objetivo é ir diretamente ao assunto que se deseja abordar, sem voltas e sem redundâncias. Para conseguir isso, é fundamental que o redator saiba de antemão qual é a ideia principal e quais são as secundárias.

Procure perceber certa hierarquia de ideias que existe em todo texto de alguma complexidade: as fundamentais e as secundárias. Essas últimas podem esclarecer o sentido daquelas, detalhá-las, exemplificá-las; mas existem também ideias secundárias que não acrescentam informação alguma ao texto, nem têm maior relação com as fundamentais, podendo, por isso, ser dispensadas, o que também proporcionará mais objetividade ao texto.

A objetividade conduz o leitor ao contato mais direto com o assunto e com as informações, sem subterfúgios, sem excessos de palavras e de ideias. É errado supor que a objetividade suprime a delicadeza de expressão ou torna o texto rude e grosseiro.

4.3 Concisão

A concisão é antes uma qualidade do que uma característica do texto oficial. **Conciso é o texto que consegue transmitir o máximo de informações com o mínimo de palavras.** Não se deve de forma alguma entendê-la como economia de pensamento, isto é, não se deve eliminar passagens substanciais do texto com o único objetivo de reduzi-lo em tamanho. Trata-se, exclusivamente, de excluir palavras inúteis, redundâncias e passagens que nada acrescentem ao que já foi dito.

Detalhes irrelevantes são dispensáveis: o texto deve evitar caracterizações e comentários supérfluos, adjetivos e advérbios inúteis, subordinação excessiva.

4.4 Coesão e coerência

É indispensável que o texto tenha coesão e coerência. **Tais atributos favorecem a conexão, a ligação, a harmonia entre os elementos de um texto.** Percebe-se que o texto tem coesão e coerência quando se lê um texto e se verifica que as palavras, as frases e os parágrafos estão entrelaçados, dando continuidade uns aos outros.

Alguns mecanismos que estabelecem a coesão e a coerência de um texto são: **referência, substituição, elipse e uso de conjunção**.

A referência diz respeito aos termos que se relacionam a outros necessários à sua interpretação. Esse mecanismo pode dar-se por retomada de um termo, relação com o que é precedente no texto, ou por antecipação de um termo cuja interpretação dependa do que se segue.

Exemplos:

O Deputado evitou a instalação da CPI da corrupção. Ele aguardou a decisão do Plenário.

O TCU apontou estas irregularidades: falta de assinatura e de identificação no documento.

A substituição é a colocação de um item lexical no lugar de outro(s) ou no lugar de uma oração.

Exemplos:

O Presidente assinou o acordo. O Chefe do Poder Executivo federal propôs reduzir as alíquotas. O ofício está pronto. O documento trata da exoneração do servidor.

Os governadores decidiram acatar a decisão. Em seguida, os prefeitos fizeram o mesmo.

A elipse consiste na omissão de um termo recuperável pelo contexto.

Exemplo:

O decreto regulamenta os casos gerais; a portaria, os particulares. **(Na segunda oração, houve a omissão do verbo "regulamenta").**

Outra estratégia para proporcionar coesão e coerência ao texto é utilizar conjunção para estabelecer ligação entre orações, períodos ou parágrafos.

Exemplo:

O Embaixador compareceu à reunião, pois identificou o interesse de seu Governo pelo assunto.

4.5 Impessoalidade

A impessoalidade decorre de princípio constitucional (Constituição, art. 37), e seu significado remete a dois aspectos: o primeiro é a obrigatoriedade de que a administração pública proceda de modo a não privilegiar ou prejudicar ninguém, de que o seu norte seja, sempre, o interesse público; o segundo, a abstração da pessoalidade dos atos administrativos, pois, apesar de a ação administrativa ser exercida por intermédio de seus servidores, é resultado tão-somente da vontade estatal.

A redação oficial é elaborada sempre em nome do serviço público e sempre em atendimento ao interesse geral dos cidadãos. Sendo assim, os assuntos objetos dos expedientes oficiais não devem ser tratados de outra forma que não a estritamente impessoal.

Percebe-se, assim, que o tratamento impessoal que deve ser dado aos assuntos que constam das comunicações oficiais decorre:

a) **da ausência de impressões individuais de quem comunica**: embora se trate, por exemplo, de um expediente assinado por Chefe de determinada Seção, a comunicação é sempre feita em nome do serviço público. Obtém-se, assim, uma desejável padronização, que permite que as comunicações elaboradas em diferentes setores da administração pública guardem entre si certa uniformidade;

b) **da impessoalidade de quem recebe a comunicação**: ela pode ser dirigida a um cidadão, sempre concebido como público, ou a uma instituição privada, a outro órgão ou a outra entidade pública. Em todos os casos, temos um destinatário concebido de forma homogênea e impessoal; e

c) **do caráter impessoal do próprio assunto tratado**: se o universo temático das comunicações oficiais se restringe a questões que dizem respeito ao interesse público, é natural não caber qualquer tom particular ou pessoal.

Não há lugar na redação oficial para impressões pessoais, como as que, por exemplo, constam de uma carta a um amigo, ou de um artigo assinado de jornal, ou mesmo de um texto literário. A redação oficial deve ser isenta da interferência da individualidade de quem a elabora. **A concisão, a clareza, a objetividade e a formalidade** de que nos valemos para elaborar os expedientes oficiais **contribuem**, ainda, **para que seja alcançada a necessária impessoalidade**.

4.6 Formalidade e padronização

As comunicações administrativas devem ser sempre formais, isto é, obedecer a certas regras de forma (BRASIL, 2015a). Isso é válido tanto para as comunicações feitas em meio eletrônico (por exemplo, o e-mail , o documento gerado no SEI!, o documento em html etc.), quanto para os eventuais documentos impressos.

É imperativa, ainda, certa formalidade de tratamento. Não se trata somente do correto emprego deste ou daquele pronome de tratamento para uma autoridade de certo nível, mais do que isso: a formalidade diz respeito à civilidade no próprio enfoque dado ao assunto do qual cuida a comunicação.

A formalidade de tratamento vincula-se, também, à necessária uniformidade das comunicações. Ora, se a administração pública federal é una, é natural que as comunicações que expeça sigam o mesmo padrão. O estabelecimento desse padrão, uma das metas deste Manual, exige que se atente para todas as características da redação oficial e que se cuide, ainda, da apresentação dos textos.

A digitação sem erros, o uso de papéis uniformes para o texto definitivo, nas exceções em que se fizer necessária a impressão, e a correta diagramação do texto são indispensáveis para a padronização.

Em razão de seu caráter público e de sua finalidade, os atos normativos e os expedientes oficiais requerem o uso do padrão culto do idioma, que acata os preceitos da gramática formal e emprega um léxico compartilhado pelo conjunto dos usuários da língua. O uso do padrão culto é, portanto, imprescindível na redação oficial por estar acima das diferenças lexicais, morfológicas ou sintáticas, regionais; dos modismos vocabulares e das particularidades linguísticas.

Recomendações:

- a língua culta é contra a pobreza de expressão e não contra a sua simplicidade;
- o uso do padrão culto não significa empregar a língua de modo rebuscado ou utilizar figuras de linguagem próprias do estilo literário;
- a consulta ao dicionário e à gramática é imperativa na redação de um bom texto.

Pode-se concluir que não existe propriamente um padrão oficial de linguagem, o que há é o uso da norma padrão nos atos e nas comunicações oficiais. É claro que haverá preferência pelo uso de determinadas expressões, ou será obedecida certa tradição no emprego das formas sintáticas, mas isso não implica, necessariamente, que se consagre a utilização de uma forma de linguagem burocrática. O jargão burocrático, como todo jargão, deve ser evitado, pois terá sempre sua compreensão limitada.

5. As comunicações oficiais[13]

A redação das comunicações oficiais deve, antes de tudo, seguir os preceitos explicitados no Capítulo I, "Aspectos gerais da redação oficial". Além disso, há características específicas de cada tipo de expediente, que serão tratadas em detalhe neste capítulo. Antes de passarmos à sua análise, vejamos outros aspectos comuns a quase todas as modalidades de comunicação oficial.

---

13 Presidência da República 3ª edição, revista, atualizada e ampliada pela Subchefia para Assuntos Jurídicos da Casa Civil da Presidência da República.

5.1 Pronomes de tratamento

Tradicionalmente, o emprego dos pronomes de tratamento adota a segunda pessoa do plural, de maneira indireta, para referenciar atributos da pessoa à qual se dirige. Na redação oficial, é necessário atenção para o uso dos pronomes de tratamento em três momentos distintos: no endereçamento, no vocativo e no corpo do texto. No vocativo, o autor dirige-se ao destinatário no início do documento. No corpo do texto, pode-se empregar os pronomes de tratamento em sua forma abreviada ou por extenso. O endereçamento é o texto utilizado no envelope que contém a correspondência oficial.

A seguir, alguns exemplos de utilização de pronomes de tratamento no texto oficial.

Autoridade	Endereçamento	Vocativo	Tratamento no corpo do texto	Abreviatura
Presidente da República	A Sua Excelência o Senhor	Excelentíssimo Senhor Presidente da República,	Vossa Excelência	Não se usa
Presidente do Congresso Nacional	A Sua Excelência o Senhor	Excelentíssimo Senhor Presidente do Congresso Nacional,	Vossa Excelência	Não se usa
Presidente do Supremo Tribunal Federal	A Sua Excelência o Senhor	Excelentíssimo Senhor Presidente do Supremo Tribunal Federal,	Vossa Excelência	Não se usa
Vice-Presidente da República	A Sua Excelência o Senhor	Senhor Vice-Presidente da República,	Vossa Excelência	V. Exa.
Ministro de Estado	A Sua Excelência o Senhor	Senhor Ministro,	Vossa Excelência	V. Exa.
Secretário-Executivo de Ministério e demais ocupantes de cargos de natureza especial	A Sua Excelência o Senhor	Senhor Secretário-Executivo,	Vossa Excelência	V. Exa.

Autoridade	Endereçamento	Vocativo	Tratamento no corpo do texto	Abreviatura
Embaixador	A Sua Excelência o Senhor	Senhor Embaixador,	Vossa Excelência	V. Exa.
Oficial-General das Forças Armadas	A Sua Excelência o Senhor	Senhor + Posto,	Vossa Excelência	V. Exa.
Outros postos militares	Ao Senhor	Senhor + Posto,	Vossa Senhoria	V. Sa.
Senador da República	A Sua Excelência o Senhor	Senhor Senador,	Vossa Excelência	V. Exa.
Deputado Federal	A Sua Excelência o Senhor	Senhor Deputado,	Vossa Excelência	V. Exa.
Ministro do Tribunal de Contas da União	A Sua Excelência o Senhor	Senhor Ministro do Tribunal de Contas da União,	Vossa Excelência	V. Exa.
Ministro dos Tribunais Superiores	A Sua Excelência o Senhor	Senhor Ministro,	Vossa Excelência	V. Exa.

5.2 Signatário

5.2.1 Cargos interino e substituto

Na identificação do signatário, depois do nome do cargo, é possível utilizar os termos interino e substituto, conforme situações a seguir: interino é aquele nomeado para ocupar transitoriamente cargo público durante a vacância; substituto é aquele designado para exercer as atribuições de cargo público vago ou no caso de afastamento e impedimentos legais ou regulamentares do titular. Esses termos devem ser utilizados depois do nome do cargo, sem hífen, sem vírgula e em minúsculo. Exemplos: Diretor-Geral interino, Secretário-Executivo substituto.

5.2.2 Signatárias do sexo feminino

Na identificação do signatário, o cargo ocupado por pessoa do sexo feminino deve ser flexionado no gênero feminino. Exemplos: Ministra de Estado, Secretária-Executiva interina, Técnica Administrativa, Coordenadora Administrativa.

5.3 Grafia de cargos compostos

Escrevem-se com hífen:

a) cargos formados pelo adjetivo "geral": **diretor-geral, relator-geral, ouvidor-geral**;

b) postos e gradações da diplomacia: **primeiro-secretário, segundo-secretário**;

c) postos da hierarquia militar: **tenente-coronel, capitão-tenente**;

Atenção: nomes compostos com elemento de ligação preposicionado ficam sem hífen: general de exército, general de brigada, tenente-brigadeiro do ar, capitão de mar e guerra;

d) cargos que denotam hierarquia dentro de uma empresa: **diretor-presidente, diretor-adjunto, editor-chefe, editor-assistente, sócio-gerente, diretor-executivo**;

e) cargos formados por numerais: **primeiro-ministro, primeira-dama**;

f) cargos formados com os prefixos "ex" ou "vice": **ex-diretor, vice-coordenador**.

O novo Acordo Ortográfico tornou opcional o uso de iniciais maiúsculas em palavras usadas reverencialmente, por exemplo para cargos e títulos (exemplo: o Presidente francês ou o presidente francês). Porém, em palavras com hífen, após se optar pelo uso da maiúscula ou da minúscula, deve-se manter a escolha para a grafia de todos os elementos hifenizados: pode-se escrever "Vice-Presidente" ou "vice-presidente", mas não "Vice-presidente".

5.4 Vocativo

O vocativo é uma invocação ao destinatário. Nas comunicações oficiais, o vocativo será sempre seguido de vírgula. Em comunicações dirigidas aos **Chefes de Poder, utiliza-se a expressão Excelentíssimo**

Senhor ou Excelentíssima Senhora e o cargo respectivo, seguidos de vírgula. Exemplos: Excelentíssimo Senhor Presidente da República, Excelentíssimo Senhor Presidente do Congresso Nacional, Excelentíssimo Senhor Presidente do Supremo Tribunal Federal.

As **demais autoridades**, mesmo aquelas tratadas por Vossa Excelência, receberão o vocativo **Senhor ou Senhora** seguido do **cargo respectivo**. Exemplos: Senhora Senadora, Senhor Juiz, Senhora Ministra.

Na hipótese de comunicação com particular, pode-se utilizar o **vocativo Senhor ou Senhora** e a forma utilizada pela instituição para referir-se ao interlocutor: **beneficiário, usuário, contribuinte, eleitor** etc. Exemplos: Senhora Beneficiária, Senhor Contribuinte.

Ainda, quando o destinatário for um particular, no vocativo, pode-se utilizar Senhor ou Senhora seguido do nome do particular ou pode-se utilizar o vocativo "Prezado Senhor" ou "Prezada Senhora".

Em comunicações oficiais, **está abolido o uso de Digníssimo (DD) e de Ilustríssimo (Ilmo.).** Evite-se o uso de "doutor" indiscriminadamente. O tratamento por meio de Senhor confere a formalidade desejada.

[14]6. O padrão ofício

Até a segunda edição deste Manual, havia três tipos de expedientes que se diferenciavam antes pela finalidade do que pela forma: o ofício, o aviso e o memorando. **Com o objetivo de uniformizá-los, deve-se adotar nomenclatura e diagramação únicas, que sigam o que chamamos de padrão ofício.**

A distinção básica anterior entre os três era:

a) aviso: era expedido exclusivamente por Ministros de Estado, para autoridades de mesma hierarquia;

b) ofício: era expedido para e pelas demais autoridades; e

c) memorando: era expedido entre unidades administrativas de um mesmo órgão.

Atenção: Nesta nova edição ficou abolida aquela distinção e passou-se a utilizar o termo ofício nas três hipóteses.

A seguir, será apresentada a estrutura do padrão ofício, de acordo com a ordem com que cada elemento aparece no documento oficial.

6.1 Partes do documento no padrão ofício

6.1.1 Cabeçalho

O cabeçalho é utilizado apenas na primeira página do documento, centralizado na área determinada pela formatação (ver subitem "5.2 Formatação e apresentação"). No cabeçalho deverão constar os seguintes elementos:

a) **brasão de Armas da República**[15]: no topo da página. Não há necessidade de ser aplicado em cores. O uso de marca da instituição deve ser evitado na correspondência oficial para não se sobrepor ao Brasão de Armas da República.

b) nome do órgão principal;

c) nomes dos órgãos secundários, quando necessários, da maior para a menor hierarquia; e

d) **espaçamento**: entrelinhas simples (1,0).

Exemplo:

Os dados do órgão, tais como endereço, telefone, endereço de correspondência eletrônica, sítio eletrônico oficial da instituição, podem ser informados no rodapé do documento, centralizados.

6.1.2 Identificação do expediente

Os documentos oficiais devem ser identificados da seguinte maneira:

a) **nome do documento**: tipo de expediente por extenso, com todas as letras maiúsculas;

b) **indicação de numeração**: abreviatura da palavra "número", padronizada como Nº;

c) **informações do documento**: número, ano (com quatro dígitos) e siglas usuais do setor que expede o documento, da menor para a maior hierarquia, separados por barra (/); e d) **alinhamento**: à margem esquerda da página.

Exemplo:

OFÍCIO Nº 652/2018/SAA/SE/MT

6.1.3 Local e data do documento

Na grafia de datas em um documento, o conteúdo deve constar da seguinte forma:

a) **composição**: local e data do documento;

b) **informação de local**: nome da cidade onde foi expedido o documento, seguido de vírgula. Não se deve utilizar a sigla da unidade da federação depois do nome da cidade;

14 Presidência da República 3ª edição, revista, atualizada e ampliada pela Subchefia para Assuntos Jurídicos da Casa Civil da Presidência da República.

15 O desenho oficial atualizado do Brasão de Armas da República pode ser localizado no sítio eletrônico da Presidência da República, na seção Símbolos Nacionais. Disponível em: <http://www2.planalto.gov.br/acervo/simbolosnacionais/brasao/brasao-da-republica>. No caso de documento a ser impresso, exclusivamente quando o signatário for o Presidente da República, Ministro de Estado ou a autoridade máxima de autarquia, será utilizado timbre em relevo branco, nos termos do disposto no Decreto no 80.739, de 14 de novembro de 1977.

c) **dia do mês**: em numeração ordinal se for o primeiro dia do mês e em numeração cardinal para os demais dias do mês. Não se deve utilizar zero à esquerda do número que indica o dia do mês;

d) **nome do mês**: deve ser escrito com inicial minúscula;

e) **pontuação**: coloca-se ponto-final depois da data; e

f) **alinhamento**: o texto da data deve ser alinhado à margem direita da página.

Exemplo: Brasília, 2 de fevereiro de 2018.

6.1.4 Endereçamento

O endereçamento é a parte do documento que informa quem receberá o expediente. Nele deverão constar os seguintes elementos:

a) **vocativo**: na forma de tratamento adequada para quem receberá o expediente (ver subitem "4.1 Pronomes de tratamento");

b) **nome**: nome do destinatário do expediente;

c) **cargo**: cargo do destinatário do expediente;

d) **endereço**: endereço postal de quem receberá o expediente, dividido em duas linhas: primeira linha: informação de localidade/logradouro do destinatário ou, no caso de ofício ao mesmo órgão, informação do setor; segunda linha: CEP e cidade/unidade da federação, separados por espaço simples. Na separação entre cidade e unidade da federação pode ser substituída a barra pelo ponto ou pelo travessão. No caso de ofício ao mesmo órgão, não é obrigatória a informação do CEP, podendo ficar apenas a informação da cidade/unidade da federação; e

e) **alinhamento**: à margem esquerda da página.

O pronome de tratamento no endereçamento das comunicações dirigidas às autoridades tratadas por Vossa Excelência terá a seguinte forma: "A Sua Excelência o Senhor" ou "A Sua Excelência a Senhora".

Quando o tratamento destinado ao receptor for Vossa Senhoria, o endereçamento a ser empregado é "Ao Senhor" ou "À Senhora". Ressalte-se que não se utiliza a expressão "A Sua Senhoria o Senhor" ou "A Sua Senhoria a Senhora".

6.1.5 Assunto

O assunto deve dar uma ideia geral do que trata o documento, de forma sucinta.

Ele deve ser grafado da seguinte maneira:

a) **título**: a palavra Assunto deve anteceder a frase que define o conteúdo do documento, seguida de dois-pontos;

b) **descrição do assunto**: a frase que descreve o conteúdo do documento deve ser escrita com inicial maiúscula, não se deve utilizar verbos e sugere-se utilizar de quatro a cinco palavras;

c) **destaque**: todo o texto referente ao assunto, inclusive o título, deve ser destacado em negrito;

d) **pontuação**: coloca-se ponto-final depois do assunto; e

e) **alinhamento**: à margem esquerda da página.

6.1.6 Texto do documento

O texto do documento oficial deve seguir a seguinte padronização de estrutura:

I – nos casos em que não seja usado para encaminhamento de documentos, o expediente deve conter a seguinte estrutura:

a) **introdução**: em que é apresentado o objetivo da comunicação. Evite o uso das formas: Tenho a honra de, Tenho o prazer de, Cumpre-me informar que. Prefira empregar a forma direta: Informo, Solicito, Comunico;

b) **desenvolvimento**: em que o assunto é detalhado; se o texto contiver mais de uma ideia sobre o assunto, elas devem ser tratadas em parágrafos distintos, o que confere maior clareza à exposição; e

c) **conclusão**: em que é afirmada a posição sobre o assunto.

II – quando forem usados para encaminhamento de documentos, a estrutura é modificada:

a) **introdução**: deve iniciar com referência ao expediente que solicitou o encaminhamento. Se a remessa do documento não tiver sido solicitada, deve iniciar com a informação do motivo da comunicação, que é encaminhar, indicando a seguir os dados completos do documento encaminhado (tipo, data, origem ou signatário e assunto de que se trata) e a razão pela qual está sendo encaminhado; e

b) **desenvolvimento**: se o autor da comunicação desejar fazer algum comentário a respeito do documento que encaminha, poderá acrescentar parágrafos de desenvolvimento. Caso contrário, não há parágrafos de desenvolvimento em expediente usado para encaminhamento de documentos.

III – tanto na estrutura I quanto na estrutura II, o texto do documento deve ser formatado da seguinte maneira:

a) **alinhamento**: justificado;

b) **espaçamento entre linhas**: simples;

c) **parágrafos**:

i espaçamento entre parágrafos: de 6 pontos após cada parágrafo;

ii recuo de parágrafo: 2,5 cm de distância da margem esquerda;

iii numeração dos parágrafos: apenas quando o documento tiver três ou mais parágrafos, desde o primeiro parágrafo. Não se numeram o vocativo e o fecho;

d) **fonte: Calibri ou Carlito**;

i corpo do texto: tamanho 12 pontos;

ii citações recuadas: tamanho 11 pontos; e

iii notas de Rodapé: tamanho 10 pontos;

e) **símbolos**: para símbolos não existentes nas fontes indicadas, pode-se utilizar as fontes *Symbol* e *Wingdings*;

6.1.7 Fechos para comunicações

O fecho das comunicações oficiais objetiva, além da finalidade óbvia de arrematar o texto, saudar o destinatário. Os modelos para fecho anteriormente utilizados foram regulados pela Portaria no 1, de 1937, do Ministério da Justiça, que estabelecia quinze padrões. Com o objetivo de simplificá-los e uniformizá-los, este Manual estabelece o emprego de somente dois fechos diferentes para todas as modalidades de comunicação oficial:

a) Para autoridades de hierarquia superior a do remetente, inclusive o Presidente da República:

Respeitosamente,

b) Para autoridades de mesma hierarquia, de hierarquia inferior ou demais casos: Atenciosamente,

Ficam excluídas dessa fórmula as comunicações dirigidas a autoridades estrangeiras, que atendem a rito e tradição próprios.

O fecho da comunicação deve ser formatado da seguinte maneira:

a) **alinhamento**: alinhado à margem esquerda da página;
b) **recuo de parágrafo**: 2,5 cm de distância da margem esquerda;
c) **espaçamento entre linhas**: simples;
d) **espaçamento entre parágrafos**: de 6 pontos após cada parágrafo; e
e) **não deve ser numerado**.

6.1.8 Identificação do signatário

Excluídas as comunicações assinadas pelo Presidente da República, todas as demais comunicações oficiais devem informar o signatário segundo o padrão:

a) **nome**: nome da autoridade que as expede, grafado em letras maiúsculas, sem negrito. Não se usa linha acima do nome do signatário;
b) **cargo**: cargo da autoridade que expede o documento, redigido apenas com as iniciais maiúsculas. As preposições que liguem as palavras do cargo devem ser grafadas em minúsculas; e
c) **alinhamento**: a identificação do signatário deve ser centralizada na página. Para evitar equívocos, recomenda-se não deixar a assinatura em página isolada do expediente. Transfira para essa página ao menos a última frase anterior ao fecho.

6.1.9 Numeração das páginas

A numeração das páginas é obrigatória apenas a partir da segunda página da comunicação. Ela deve ser centralizada na página e obedecer à seguinte formatação:

a) **posição**: no rodapé do documento, ou acima da área de 2 cm da margem inferior; e
b) fonte: **Calibri ou Carlito**.

6.2 Formatação e apresentação

Os documentos do padrão ofício devem obedecer à seguinte formatação:

a) **tamanho do papel**: A4 (29,7 cm x 21 cm);
b) **margem lateral esquerda**: no mínimo, 3 cm de largura;
c) **margem lateral direita**: 1,5 cm;
d) **margens superior e inferior**: 2 cm;
e) **área de cabeçalho**: na primeira página, 5 cm a partir da margem superior do papel;
f) **área de rodapé**: nos 2 cm da margem inferior do documento;
g) **impressão**: na correspondência oficial, a impressão pode ocorrer em ambas as faces do papel. Nesse caso, as margens esquerda e direita terão as distâncias invertidas nas páginas pares (margem espelho);
h) **cores**: os textos devem ser impressos na cor preta em papel branco, reservando-se, se necessário, a impressão colorida para gráficos e ilustrações;
i) **destaques**: para destaques deve-se utilizar, sem abuso, o negrito. Deve-se evitar destaques com uso de itálico, sublinhado, letras maiúsculas, sombreado, sombra, relevo, bordas ou qualquer outra forma de formatação que afete a sobriedade e a padronização do documento;
j) **palavras estrangeiras**: palavras estrangeiras devem ser grafadas em itálico;
k) **arquivamento**: dentro do possível, todos os documentos elaborados devem ter o arquivo de texto preservado para consulta posterior ou aproveitamento de trechos para casos análogos. Deve ser utilizado, preferencialmente, formato de arquivo que possa ser lido e editado pela maioria dos editores de texto utilizados no serviço público, tais como DOCX, ODT ou RTF.
l) **nome do arquivo**: para facilitar a localização, os nomes dos arquivos devem ser formados da seguinte maneira:

tipo do documento + número do documento + ano do documento (com 4 dígitos) + palavras-chaves do conteúdo

Exemplo: Ofício 123_2018_relatório produtividade anual

Seguem exemplos de Ofício:

2 cm

3 cm

Presidência da República
Casa Civil
Subchefia para Assuntos Jurídicos

OFÍCIO Nº 197/2018/SAJ/CC

Brasília, 8 de agosto de 2018.

1,5 cm

Ao Senhor
[Nome]
Chefe de Gabinete
Ministério dos Transportes
Esplanada dos Ministérios, Bloco R
70044-902 Brasília. DF

Assunto: **Apresentação de novas funcionalidades do Sidof – Módulo I.**

Senhor Chefe de Gabinete,

3 cm 1 2,5 cm A Subchefia para Assuntos Jurídicos da Casa Civil da Presidência da República aprimorou o Sistema de Geração e Tramitação de Documentos Oficiais – Sidof, com a inserção de novas funcionalidades. Os novos recursos do sistema serão apresentados aos servidores em módulos organizados por esta Subchefia.

2 Convido os servidores do [nome do Ministério] para assistir à apresentação do primeiro módulo, a ser realizada em 10 de setembro de 2018, às 9h30, no Auditório desta Subchefia.

3 Para assegurar o credenciamento, solicito a esse órgão a indicação dos servidores que trabalham com o Sidof, até 28 de agosto de 2018, por meio do endereço eletrônico [endereço eletrônico]:

a) nome completo do servidor;

b) número de Cadastro de Pessoa Física;

c) *e-mail* institucional, unidade/órgão em que atua; e

d) *login* no Sidof (caso esteja cadastrado no Sistema).

(29,7 cm x 21 cm)

2 cm

4 Caso o servidor ainda não seja cadastrado no Sistema, será necessário o envio de autorização da chefia imediata.

O envio das informações solicitadas acima é fundamental para garantir a inscrição do servidor no evento.

Atenciosamente,

(espaço para assinatura)

[NOME DO SIGNATÁRIO]
[Cargo do Signatário]

2

[Endereço] – Telefone: (xx) xxxx-xxxx
2 cm CEP 00000-000 Cidade/UF – http://www.xxxxxxxxxxxxxxxxxxx.gov.br

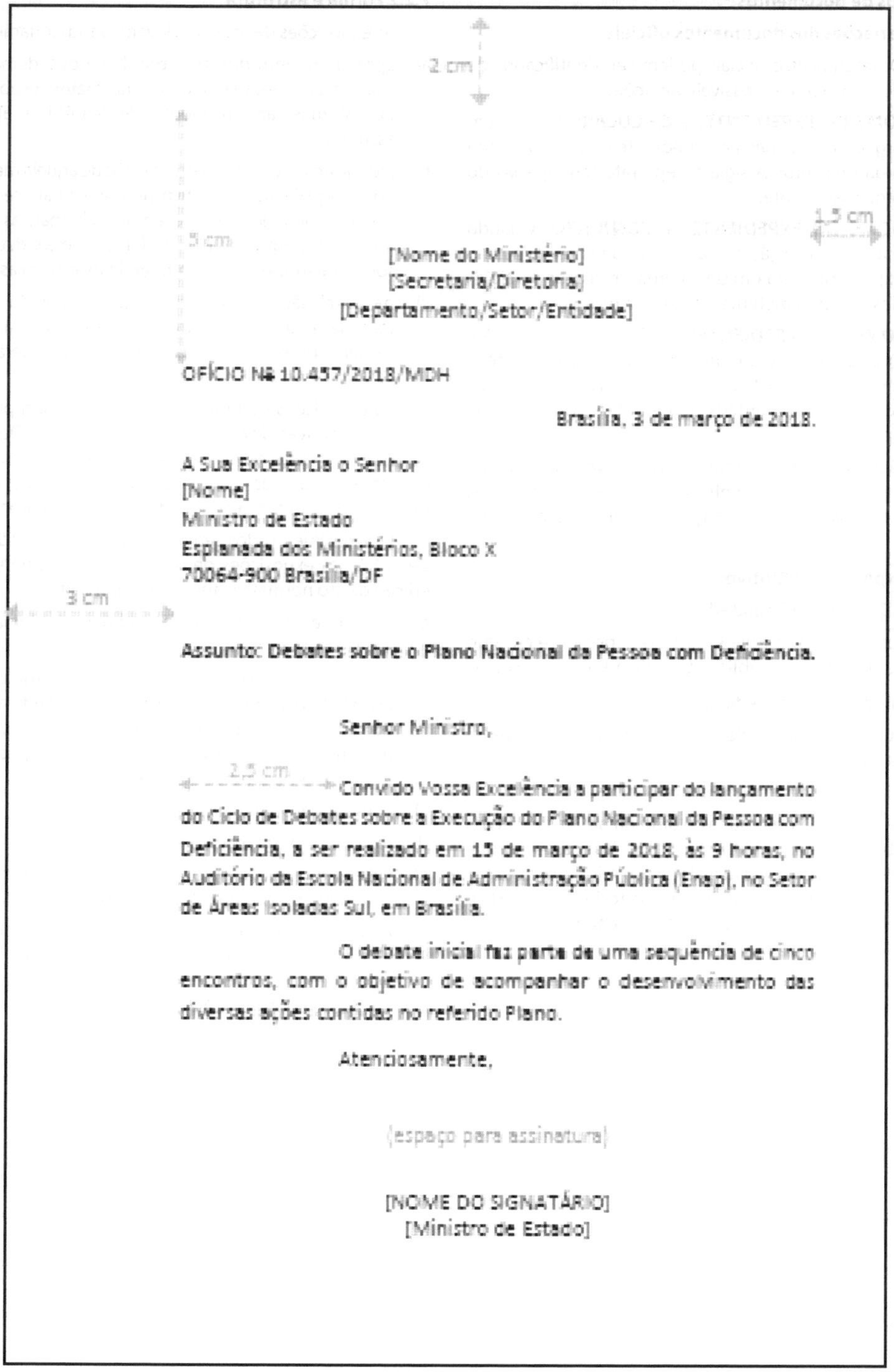

[Nome do Ministério]
[Secretaria/Diretoria]
[Departamento/Setor/Entidade]

OFÍCIO Nº 10.457/2018/MDH

Brasília, 3 de março de 2018.

A Sua Excelência o Senhor
[Nome]
Ministro de Estado
Esplanada dos Ministérios, Bloco X
70064-900 Brasília/DF

Assunto: Debates sobre o Plano Nacional da Pessoa com Deficiência.

Senhor Ministro,

Convido Vossa Excelência a participar do lançamento do Ciclo de Debates sobre a Execução do Plano Nacional da Pessoa com Deficiência, a ser realizado em 15 de março de 2018, às 9 horas, no Auditório da Escola Nacional de Administração Pública (Enap), no Setor de Áreas Isoladas Sul, em Brasília.

O debate inicial faz parte de uma sequência de cinco encontros, com o objetivo de acompanhar o desenvolvimento das diversas ações contidas no referido Plano.

Atenciosamente,

(espaço para assinatura)

[NOME DO SIGNATÁRIO]
[Ministro de Estado]

7 Tipos de documentos[16]

7.1 Variações dos documentos oficiais

Os documentos oficiais podem ser identificados de acordo com algumas possíveis variações:

a) **[NOME DO EXPEDIENTE] + CIRCULAR**: Quando um órgão envia o mesmo expediente para mais de um órgão receptor. A sigla na epígrafe será apenas do órgão remetente.

b) **[NOME DO EXPEDIENTE] + CONJUNTO**: Quando mais de um órgão envia, conjuntamente, o mesmo expediente para um único órgão receptor. As siglas dos órgãos remetentes constarão na epígrafe.

c) **[NOME DO EXPEDIENTE]** + CONJUNTO CIRCULAR: Quando mais de um órgão envia, conjuntamente, o mesmo expediente para mais de um órgão receptor. As siglas dos órgãos remetentes constarão na epígrafe.

Nos expedientes circulares, por haver mais de um receptor, o órgão remetente poderá inserir no rodapé as siglas ou nomes dos órgãos que receberão o expediente.

7.2 Exposição de Motivos[17]

7.2.1 Definição e finalidade

Exposição de motivos (EM) é o expediente dirigido ao Presidente da República ou ao Vice-Presidente para:

a) propor alguma medida;

b) submeter projeto de ato normativo à sua consideração; ou

c) informá-lo de determinado assunto.

A exposição de motivos é dirigida ao Presidente da República por um Ministro de Estado. Nos casos em que o assunto tratado envolva mais de um ministério, a exposição de motivos será assinada por todos os ministros envolvidos, sendo, por essa razão, chamada de interministerial.

Independentemente de ser uma EM com apenas um autor ou uma EM interministerial, a sequência numérica das exposições de motivos é única. A numeração começa e termina dentro de um mesmo ano civil.

7.2.2 Forma e estrutura

As exposições de motivos devem, obrigatoriamente:

a) apontar, na introdução: o problema que demanda a adoção da medida ou do ato normativo proposto; ou informar ao Presidente da República algum assunto;

b) indicar, no desenvolvimento: a razão de aquela medida ou de aquele ato normativo ser o ideal para se solucionar o problema e as eventuais alternativas existentes para equacioná-lo; ou fornecer mais detalhes sobre o assunto informado, quando for esse o caso; e

c) na conclusão: novamente, propor a medida a ser tomada ou o ato normativo a ser editado para solucionar o problema; ou apresentar as considerações finais no caso de EMs apenas informativas.

As Exposições de Motivos que encaminham proposições normativas devem seguir o prescrito no Decreto nº 9.191, de 1º de novembro de 2017. Em síntese, elas devem ser instruídas com parecer jurídico e parecer de mérito que permitam a adequada avaliação da proposta.

O atendimento dos requisitos do Decreto nº 9.191, de 2017, nas exposições de motivos que proponham a edição de ato normativo, tem como propósito:

a) permitir a adequada reflexão sobre o problema que se busca resolver;

b) ensejar avaliação das diversas causas do problema e dos efeitos que podem ter a adoção da medida ou a edição do ato, em consonância com as questões que devem ser analisadas na elaboração de proposições normativas no âmbito do Poder Executivo;

c) conferir transparência aos atos propostos;

d) resumir os principais aspectos da proposta; e

e) evitar a devolução a proposta de ato normativo para complementação ou reformulação da proposta.

A exposição de motivos é a principal modalidade de comunicação dirigida ao Presidente da República pelos ministros. Além disso, pode, em certos casos, ser encaminhada cópia ao Congresso Nacional ou ao Poder Judiciário.

---

16 Presidência da República 3ª edição, revista, atualizada e ampliada pela Subchefia para Assuntos Jurídicos da Casa Civil da Presidência da República.

17 Presidência da República 3ª edição, revista, atualizada e ampliada pela Subchefia para Assuntos Jurídicos da Casa Civil da Presidência da República.

Exemplo de exposição de motivos:

2 cm

5 cm

EM Nº 38/2018/MTB/MS

1,5 cm

Brasília, 6 de novembro de 2018.

Excelentíssimo Senhor Presidente da República,

3 cm 2,5 cm

1 Submetemos à consideração de Vossa Excelência a proposta de Medida Provisória que tem por objetivo de efetivar as operações de financiamento destinadas a entidades hospitalares filantrópicas e sem fins lucrativos que participem de forma complementar do Sistema Único de Saúde (SUS).

2 A Medida Provisória nº 848, de 16 de agosto de 2018, autorizou o Fundo de Garantia do Tempo de Serviço (FGTS) a realizar operações de crédito destinadas às entidades hospitalares filantrópicas e sem fins lucrativos que participem de forma complementar do SUS.

3 No entanto, em discussões no âmbito do Conselho Curador do FGTS foi observada a falta de previsão legal para determinar quem seria o órgão do Poder Executivo federal que deveria regulamentar, acompanhar a execução, subsidiar o Conselho Curador com estudos técnicos necessários ao seu aprimoramento operacional e definir as metas a serem alcançadas nas operações de crédito destinadas às entidades hospitalares filantrópicas e sem fins lucrativos que participem de forma complementar do SUS.

4 Com efeito, a disposição sobre a necessidade de autorização do órgão de educação responsável para o fechamento de escolas do campo, exigindo-se diagnóstico sobre o impacto da ação e manifestação da comunidade escolar, visa a assegurar o acesso da população rural à educação, sem ferir a autonomia dos entes federativos.

2 cm

5 O presente Projeto de Lei representa medida importante para institucionalizar instrumentos de gestão voltados para a melhoria da qualidade da educação básica das populações do campo.

6 Essas, Excelentíssimo Senhor Presidente, são as razões que justificam o encaminhamento da presente proposta de ato normativo à consideração de Vossa Excelência.

Respeitosamente,

(espaço para assinatura)

[NOME DO SIGNATÁRIO]
[Ministro de Estado]

2

2 cm

7.3 Mensagem

7.3.1 Definição e finalidade

A Mensagem é o instrumento de comunicação oficial entre os Chefes dos Poderes Públicos, notadamente as mensagens enviadas pelo Chefe do Poder Executivo ao Poder Legislativo para informar sobre fato da administração pública; para expor o plano de governo por ocasião da abertura de sessão legislativa; para submeter ao Congresso Nacional matérias que dependem de deliberação de suas Casas; para apresentar veto; enfim, fazer comunicações do que seja de interesse dos Poderes Públicos e da Nação.

Minuta de mensagem pode ser encaminhada pelos ministérios à Presidência da República, a cujas assessorias caberá a redação final.

As mensagens mais usuais do Poder Executivo ao Congresso Nacional têm as seguintes finalidades:

a) Encaminhamento de proposta de emenda constitucional, de projeto de lei ordinária, de projeto de lei complementar e os que compreendem plano plurianual, diretrizes orçamentárias, orçamentos anuais e créditos adicionais;

b) Encaminhamento de medida provisória;

c) Indicação de autoridades;

d) Pedido de autorização para o Presidente ou o Vice-Presidente da República se ausentarem do país por mais de 15 dias;

e) Encaminhamento de atos de concessão e de renovação de concessão de emissoras de rádio e TV;

f) Encaminhamento das contas referentes ao exercício anterior;

g) Mensagem de abertura da sessão legislativa;

h) Comunicação de sanção (com restituição de autógrafos);

i) Comunicação de veto;

j) Outras mensagens remetidas ao Legislativo: Apreciação de intervenção federal (Constituição, art. 36, § 2º). Encaminhamento de atos internacionais que acarretam encargos ou compromissos gravosos (Constituição, art. 49, *caput*, inciso I); Pedido de estabelecimento de alíquotas aplicáveis às operações e prestações interestaduais e de exportação (Constituição, art. 155, § 2o, inciso IV); Proposta de fixação de limites globais para o montante da dívida consolidada (Constituição, art. 52, *caput*, inciso VI); Pedido de autorização para operações financeiras externas (Constituição, art. 52, *caput*, inciso V); Convocação extraordinária do Congresso Nacional (Constituição, art. 57, § 6º); Pedido de autorização para exonerar o Procurador-Geral da República (Constituição, art. 52, inciso XI, e art. 128, § 2º); Pedido de autorização para declarar guerra e decretar mobilização nacional (Constituição, art. 84, inciso XIX); Pedido de autorização ou referendo para celebrar a paz (Constituição, art. 84, inciso XX); Justificativa para decretação do estado de defesa ou de sua prorrogação (Constituição, art. 136, § 4º); Pedido de autorização para decretar o estado de sítio (Constituição, art. 137);

Relato das medidas praticadas na vigência do estado de sítio ou de defesa (Constituição, art. 141, parágrafo único); Proposta de modificação de projetos de leis que compreendem plano plurianual, diretrizes orçamentárias, orçamentos anuais e créditos adicionais (Constituição, art. 166, § 5º); Pedido de autorização para utilizar recursos que ficarem sem despesas correspondentes, em decorrência de veto, emenda ou rejeição do projeto de lei orçamentária anual (Constituição, art. 166, § 8º);

Pedido de autorização para alienar ou conceder terras públicas com área superior a 2.500 ha (Constituição, art. 188, § 1º).

7.3.2 Forma e estrutura

As mensagens contêm:

a) brasão: timbre em relevo branco

b) identificação do expediente: MENSAGEM Nº, alinhada à margem esquerda, no início do texto;

c) vocativo: alinhado à margem esquerda, de acordo com o pronome de tratamento e o cargo do destinatário, com o recuo de parágrafo dado ao texto;

d) texto: iniciado a 2 cm do vocativo; e

e) local e data: posicionados a 2 cm do final do texto, alinhados à margem direita.

A mensagem, como os demais atos assinados pelo Presidente da República, não traz identificação de seu signatário.

Exemplo de mensagem:

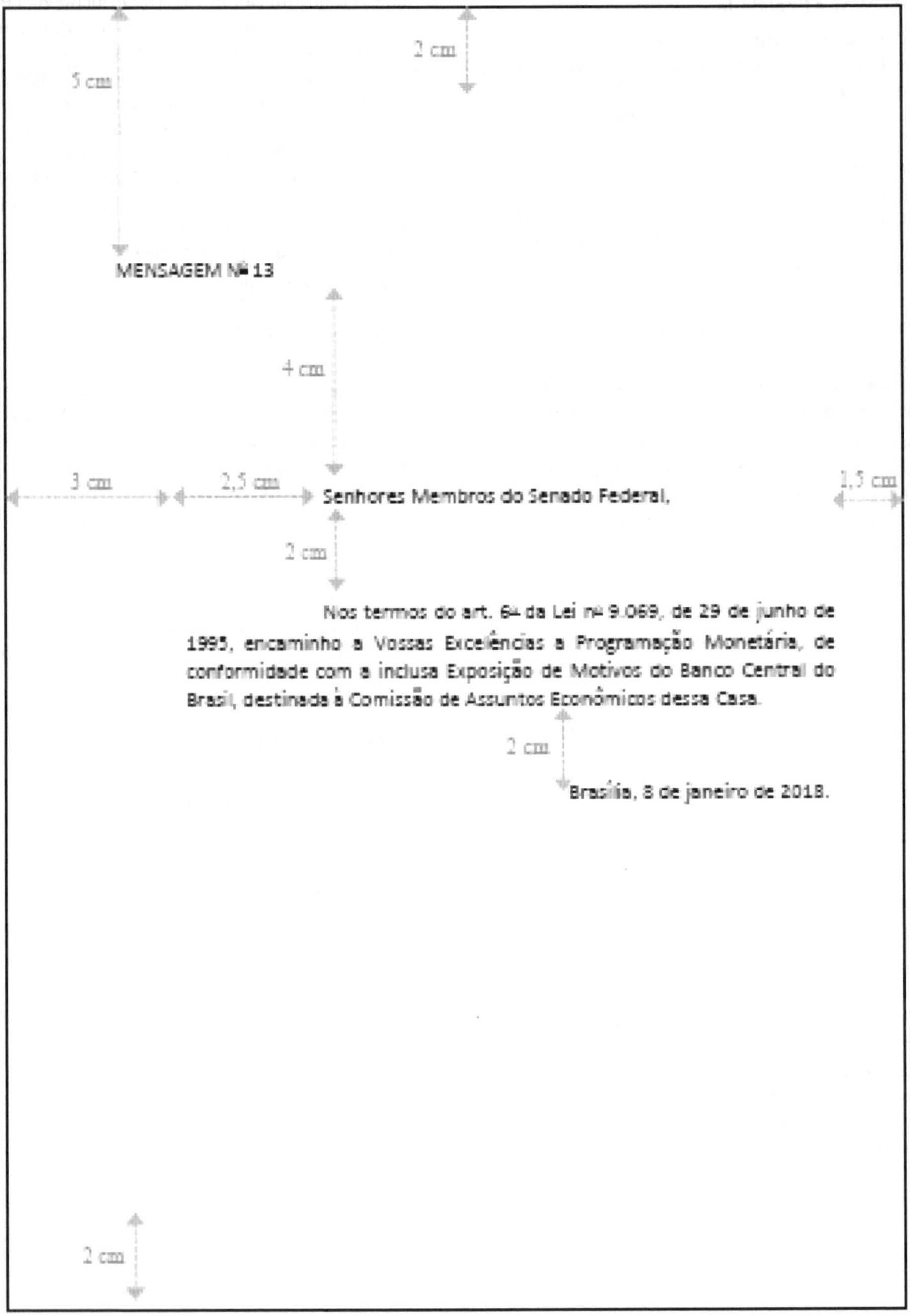

MENSAGEM Nº 13

Senhores Membros do Senado Federal,

Nos termos do art. 6º da Lei nº 9.069, de 29 de junho de 1995, encaminho a Vossas Excelências a Programação Monetária, de conformidade com a inclusa Exposição de Motivos do Banco Central do Brasil, destinada à Comissão de Assuntos Econômicos dessa Casa.

Brasília, 8 de janeiro de 2018.

7.4 Correio eletrônico (*e-mail*)

7.4.1 Definição e finalidade

A utilização do *e-mail* para a comunicação tornou-se prática comum, não só em âmbito privado, mas também na administração pública. O termo *e-mail* pode ser empregado com três sentidos. Dependendo do contexto, pode significar gênero textual, endereço eletrônico ou sistema de transmissão de mensagem eletrônica.

Como gênero textual, o *e-mail* pode ser considerado um documento oficial, assim como o ofício. Portanto, deve-se evitar o uso de linguagem incompatível com uma comunicação oficial.

Como endereço eletrônico utilizado pelos servidores públicos, o *e-mail* deve ser oficial, utilizando-se a extensão ".gov.br", por exemplo.

Como sistema de transmissão de mensagens eletrônicas, por seu baixo custo e celeridade, transformou-se na principal forma de envio e recebimento de documentos na administração pública.

7.4.2 Valor documental

Nos termos da Medida Provisória nº 2.200-2, de 24 de agosto de 2001, para que o *e-mail* tenha valor documental, isto é, para que possa ser aceito como documento original, é necessário existir certificação digital que ateste a identidade do remetente, segundo os parâmetros de integridade, autenticidade e validade jurídica da Infraestrutura de Chaves Públicas Brasileira – ICP-Brasil.

O destinatário poderá reconhecer como válido o *e-mail* sem certificação digital ou com certificação digital fora ICP-Brasil; contudo, caso haja questionamento, será obrigatório a repetição do ato por meio documento físico assinado ou por meio eletrônico reconhecido pela ICP-Brasil.

Salvo lei específica, não é dado ao ente público impor a aceitaçao de documento eletrônico que não atenda os parâmetros da ICP-Brasil.

7.4.3 Forma e estrutura

Um dos atrativos de comunicação por correio eletrônico é sua flexibilidade. Assim, não interessa definir padronização da mensagem comunicada. No entanto, devem-se observar algumas orientações quanto à sua estrutura.

7.4.3.1 Campo "Assunto"

O assunto deve ser o mais claro e específico possível, relacionado ao conteúdo global da mensagem. Assim, quem irá receber a mensagem identificará rapidamente do que se trata; quem a envia poderá, posteriormente, localizar a mensagem na caixa do correio eletrônico.

Deve-se assegurar que o assunto reflita claramente o conteúdo completo da mensagem para que não pareça, ao receptor, que se trata de mensagem não solicitada/lixo eletrônico. Em vez de "Reunião", um assunto mais preciso seria "Agendamento de reunião sobre a Reforma da Previdência".

7.4.3.2 Local e data

São desnecessários no corpo da mensagem, uma vez que o próprio sistema apresenta essa informação.

7.4.3.3 Saudação inicial/vocativo

O texto dos correios eletrônicos deve ser iniciado por uma saudação. Quando endereçado para outras instituições, para receptores desconhecidos ou para particulares, deve-se utilizar o vocativo conforme os demais documentos oficiais, ou seja, "Senhor" ou "Senhora", seguido do cargo respectivo, ou "Prezado Senhor", "Prezada Senhora".

Exemplos:

Senhor Coordenador,

Prezada Senhora,

7.4.3.4 Fecho

Atenciosamente é o fecho padrão em comunicações oficiais. Com o uso do e-mail, popularizou-se o uso de abreviações como "Att.", e de outros fechos, como "Abraços", "Saudações", que, apesar de amplamente usados, não são fechos oficiais e, portanto, não devem ser utilizados em *e-mails* profissionais.

O correio eletrônico, em algumas situações, aceita uma saudação inicial e um fecho menos formais. No entanto, a linguagem do texto dos correios eletrônicos deve ser formal, como a que se usaria em qualquer outro documento oficial.

7.4.3.5 Bloco de texto da assinatura

Sugere-se que todas as instituições da administração pública adotem um padrão de texto de assinatura. A assinatura do *e-mail* deve conter o nome completo, o cargo, a unidade, o órgão e o telefone do remetente.

Exemplo:

Maria da Silva

Assessora

Subchefia para Assuntos Jurídicos da Casa Civil

(61)XXXX-XXXX

7.4.4 Anexos

A possibilidade de anexar documentos, planilhas e imagens de diversos formatos é uma das vantagens do e-mail. A mensagem que encaminha algum arquivo deve trazer informações mínimas sobre o conteúdo do anexo.

Antes de enviar um anexo, é preciso avaliar se ele é realmente indispensável e se seria possível colocá-lo no corpo do correio eletrônico.

Deve-se evitar o tamanho excessivo e o reencaminhamento de anexos nas mensagens de resposta.

Os arquivos anexados devem estar em formatos usuais e que apresentem poucos riscos de segurança. Quando se tratar de documento ainda em discussão, os arquivos devem, necessariamente, ser enviados, em formato que possa ser editado.

7.4.5 Recomendações

Sempre que necessário, deve-se utilizar recurso de confirmação de leitura. Caso não esteja disponível, deve constar da mensagem pedido de confirmação de recebimento; Apesar da imensa lista de fontes disponíveis nos computadores, mantêm-se a recomendação de tipo de fonte, tamanho e cor dos documentos oficiais: Calibri ou Carlito, tamanho 12, cor preta; Fundo ou papéis de parede eletrônicos não devem ser utilizados, pois não são apropriados para mensagens profissionais, além de sobrecarregar o tamanho da mensagem eletrônica; A mensagem do correio eletrônico deve ser revisada com o mesmo cuidado com que se revisam outros documentos oficiais; O texto profissional dispensa manifestações emocionais. Por isso, ícones e *emoticons* não devem ser utilizados; Os textos das mensagens eletrônicas não podem ser redigidos com abreviações como "vc", "pq", usuais das conversas na internet, ou neologismos, como "naum", "eh", "aki"; Não se deve utilizar texto em caixa alta para destaques de palavras ou trechos da mensagem pois denota agressividade de parte do emissor da comunicação. Evite-se o uso de imagens no corpo do *e-mail*, inclusive das Armas da República Federativa do Brasil e de logotipos do ente público junto ao texto da assinatura. Não devem ser remetidas mensagem com tamanho total que possa exceder a capacidade do servidor do destinatário.

Atenção! Para ter acesso ao MANUAL DE REDAÇÃO DA PRESIDÊNCIA DA REPÚBLICA completo, basta acessar este link: http://www4.planalto.gov.br/centrodeestudos/assuntos/manual-de-redacao-da-presidencia-da-republica/manual-de-redacao.pdf

✦ BIBLIOGRAFIA

CÂMARA JR., Joaquim Mattoso. História e estrutura da língua portuguesa. 2.ª ed. Rio de Janeiro, Padrão, 1976.

CÂMARA JR.,Joaquim Mattoso. Estrutura da língua portuguesa. 16.ª ed. Petrópolis, Vozes, 1985.

CAMPEDELLI, Samira Youssef. Gramática do texto, texto da gramática. 1.ª ed. São Paulo, Saraiva, 1999.

CAVALLETE, Floriana Toscano; TERRA, Ernani; NICOLA, José de. Português para o ensino médio-língua, literatura e produção de textos. 1.ª ed. São Paulo, Scipione, 2002.

INFANTE, Ulisses, Curso de gramática aplicada aos textos. 6.ª ed. São Paulo, Scipione, 2001.

INFANTE, Ulisses; CIPRO NETO, Pasquale. Gramática da língua portuguesa. 2.ª ed. São Paulo, Scipione, 2004.

INFANTE, Ulisses; CIPRO NETO, Pasquale. Gramática da língua portuguesa. 1.ª ed. São Paulo, Scipione, 1999.

INFANTE, Ulisses; NICOLA, José de. Gramática contemporânea da língua portuguesa. 15.ª ed. São Paulo, Scipione, 1999.

LIMA, Rocha. Gramática normativa da língua portuguesa. 23.ª ed. Rio de Janeiro, José Olympio, 1983.

MANUAL DE REDAÇÃO DA PRESIDÊNCIA DA REPÚBLICA. Em http://www4.planalto.gov.br/centrodeestudos/assuntos/manual-de-redacao-da-presidencia-da-republica/manual-de-redacao.pdf. Acesso em 21 jan. 2020.

NOGUEIRA, Duda. Língua Portuguesa para concursos. 9.ª ed. Salvador, Editora Juspodivm, 2023.

NOGUEIRA, Duda. Revisaço Língua Portuguesa. 8.ª ed. Salvador, Editora Juspodivm, 2022.

SÓ PORTUGUÊS. Em <http://www.soportugues.com.br/secoes/estil/estil2.php>. Acesso de 03 fevereiro 2013 a 27 outubro 2021.

TERRA, Ernani; NICOLA, José de. Gramática, literatura e produção de textos. 2.ª ed. São Paulo, Scipione, 2003.

Direito Penal

Rogério Sanches Cunha

TABELA DE INCIDÊNCIA DE QUESTÕES

Distribuição das questões organizada por ordem didática de assuntos		
Assunto	**Número de Questões**	**Peso**
1. CRIMINOLOGIA	4	0,90%
2. PRINCÍPIOS	5	1,12%
3. FONTES DO DIREITO PENAL	1	0,22%
4. CLASSIFICAÇÃO DE CRIMES	2	0,45%
5. LEI PENAL	7	1,57%
6. LEI PENAL NO TEMPO	7	1,57%
7. LEI PENAL NO ESPAÇO	8	1,80%
8. LEI PENAL EM RELAÇÃO ÀS PESSOAS	1	0,22%
9. CONFLITO APARENTE DE NORMAS	2	0,45%
10. TEORIA DO DELITO	5	1,12%
11. RELAÇÃO DE CAUSALIDADE	9	2,02%
12. CONSUMAÇÃO E TENTATIVA	6	1,35%
13. ARREPENDIMENTO POSTERIOR	2	0,45%
14. CRIME IMPOSSÍVEL	1	0,22%
15. DOLO	2	0,45%
16. CULPA	2	0,45%
17. ERRO	11	2,47%
18. ILICITUDE	10	2,25%
19. CULPABILIDADE	9	2,02%
20. CONCURSO DE PESSOAS	10	2,25%
21. DETRAÇÃO	1	0,22%
22. PENAS RESTRITIVAS DE DIREITOS	2	0,45%
23. PENA DE MULTA	1	0,22%
24. APLICAÇÃO DA PENA	5	1,12%
25. CONCURSO DE CRIMES	7	1,57%
26. ERRO NA EXECUÇÃO	2	0,45%
27. SUSPENSÃO CONDICIONAL DA PENA	1	0,22%
28. LIVRAMENTO CONDICIONAL	1	0,22%
29. EFEITOS DA CONDENAÇÃO	2	0,45%
30. MEDIDAS DE SEGURANÇA	2	0,45%
31. AÇÃO PENAL	3	0,67%
32. EXTINÇÃO DA PUNIBILIDADE	23	5,17%
33. HOMICÍDIO	17	3,82%
34. ABORTO	1	0,22%

35. LESÃO CORPORAL	6	1,35%
36. ABANDONO DE INCAPAZ	4	0,90%
37. OMISSÃO DE SOCORRO	1	0,22%
38. MAUS-TRATOS	2	0,45%
39. DIFAMAÇÃO	1	0,22%
40. INJÚRIA	8	1,80%
41. CONSTRANGIMENTO ILEGAL	1	0,22%
42. AMEAÇA	1	0,22%
43. SEQUESTRO E CÁRCERE PRIVADO	1	0,22%
44. INVASÃO DE DISPOSITIVO INFORMÁTICO	1	0,22%
45. FURTO	17	3,82%
46. ROUBO	6	1,35%
47. EXTORSÃO	2	0,45%
48. EXTORSÃO MEDIANTE SEQUESTRO	1	0,22%
49. EXTORSÃO INDIRETA	1	0,22%
50. DANO	1	0,22%
51. APROPRIAÇÃO INDÉBITA	2	0,45%
52. ESTELIONATO	8	1,80%
53. RECEPTAÇÃO	2	0,45%
54. ESCUSAS ABSOLUTÓRIAS	2	0,45%
55. VIOLAÇÃO DE DIREITO AUTORAL	3	0,67%
56. OCULTAÇÃO DE CADÁVER	1	0,22%
57. ESTUPRO	5	1,12%
58. VIOLAÇÃO SEXUAL MEDIANTE FRAUDE	1	0,22%
59. ESTUPRO DE VULNERÁVEL	4	0,90%
60. SATISFAÇÃO DE LASCÍVIA MEDIANTE PRESENÇA DE CRIANÇA OU ADOLESCENTE	3	0,67%
61. FAVORECIMENTO DA PROSTITUIÇÃO OU DE OUTRA FORMA DE EXPLORAÇÃO SEXUAL DE CRIANÇA OU ADOLESCENTE OU DE VULNERÁVEL	1	0,22%
62. CASA DE PROSTITUIÇÃO	1	0,22%
63. RUFIANISMO	1	0,22%
64. ATO OBSCENO	1	0,22%
65. BIGAMIA	1	0,22%
66. ABANDONO MATERIAL	1	0,22%
67. ABANDONO MORAL	1	0,22%
68. EXPLOSÃO	1	0,22%
69. ASSOCIAÇÃO CRIMINOSA	2	0,45%
70. CONSTITUIÇÃO DE MILÍCIA PRIVADA	2	0,45%
71. MOEDA FALSA	1	0,22%
72. PETRECHOS PARA FALSIFICAÇÃO DE MOEDA	1	0,22%
73. FALSIFICAÇÃO DE DOCUMENTO PÚBLICO	1	0,22%
74. FALSIFICAÇÃO DE DOCUMENTO PARTICULAR	1	0,22%
75. FALSIDADE IDEOLÓGICA	3	0,67%
76. FALSIDADE DE ATESTADO MÉDICO	1	0,22%
77. USO DE DOCUMENTO FALSO	1	0,22%
78. FALSA IDENTIDADE	2	0,45%
79. FRAUDES EM CERTAMES DE INTERESSE PÚBLICO	2	0,45%
80. CRIMES CONTRA A ADMINISTRAÇÃO PÚBLICA	37	8,31%
81. LEIS ESPECIAIS	126	28,31%
TOTAL	**445**	**100%**

Direito Penal

Rogério Sanches Cunha

✦ QUESTÕES

1. CRIMINOLOGIA

01. (NUCEPE - Delegado de Polícia - PI/2014) O Brasil insere-se no contexto de uma "sociedade da insegurança" ou "sociedade do medo", pautada no que Silva Sànches denomina de "cultura de emergência" ou reclamo popular por uma maior presença e eficácia das instâncias de controle social. Nesse sentido, o Direito Penal e as instituições do sistema punitivo são eleitos instrumentos privilegiados para responder de forma eficaz os anseios da sociedade, gerando, segundo Díaz Ripollés, o entendimento de que sua contundência e capacidade socializadora são mais eficazes na prevenção aos novos tipos de delitos do que as medidas de política social ou econômica, ou de medidas do Direito Civil ou Administrativo. Trata-se, segundo o mesmo autor, de uma canalização das demandas sociais por mais proteção como demandas por punição, daí a busca por elementos de orientação normativa, onde o Direito Penal assume especial relevância.

A partir das informações do texto, NÃO se pode concluir que:

a) os crimes de perigo abstrato não se amoldam à ideia de "sociedade do medo".

b) a intimidação em face da prática de crimes contra a dignidade sexual fora reforçada pelo Direito Penal pátrio.

c) o tipo penal incriminador previsto no art. 288 do Código Penal brasileiro – Associação criminosa – pode ser considerado um exemplo dessa nova política criminal.

d) a alteração do termo inicial da prescrição, antes de transitar em julgado a sentença final, nos crimes contra a dignidade sexual de crianças e adolescentes, amolda-se à ideia preconizada no texto.

e) a majoração da pena do delito previsto no parágrafo 9° do art. 129 do Código Penal brasileiro – Violência doméstica – amolda-se à ideia preconizada no texto.

COMENTÁRIOS

Alternativa "a": em determinadas hipóteses de incriminação, o perigo advindo da conduta é absolutamente presumido por lei **(crime de perigo abstrato),** devendo ser lembrado, a título de exemplo, o tráfico de drogas. A conduta do traficante é crime, dispensando efetivo dano à saúde pública, bastando o perigo, que é presumido por lei (se o Promotor de Justiça comprovar que o agente praticou o verbo nuclear do tipo, a lei presume que seu comportamento é perigoso para a coletividade). Há, de fato, uma relação entre a denominada *sociedade do medo* e a tipificação de condutas que, *a priori*, não são capazes de expor a perigo efetivo o bem jurídico, e isso decorre, certamente, ao menos em grande parte, de demandas sociais por mais proteção penal.

Alternativa "b": é possível afirmar que a intimidação em face da prática de crimes contra a dignidade sexual foi reforçada pelo Direito Penal brasileiro em decorrência da maior demanda social por tutela penal. É o caso, por exemplo, do estupro, que ao longo do tempo teve a pena aumentada; do estupro de vulnerável, que passou a ser tipificado autonomamente, com pena maior do que a do estupro comum; do assédio sexual; e do favorecimento da prostituição ou de outra forma de exploração sexual de criança ou adolescente ou de vulnerável, que foi inclusive inserido no rol dos crimes hediondos.

Alternativa "c": no art. 288 do Código Penal o legislador tipifica, excepcionalmente, o cometimento de atos preparatórios para a prática de outros crimes, o que normalmente seria considerado um indiferente penal.

Alternativa "d": novamente, a demanda social por mais proteção penal pode ser considerada o fundamento para a modificação da regra relativa ao termo inicial do prazo prescricional nos crimes contra a dignidade sexual de crianças e adolescentes. Buscou-se, com base na Carta Maior (art. 227, § 4º – "A lei punirá severamente o abuso, a violência e a exploração sexual da criança e do adolescente") a eficiência na punição do agressor, evitando uma proteção deficiente do Estado.

Alternativa "e": a pena atual para a lesão corporal qualificada na forma do § 9º do art. 129 do Código Penal foi determinada pela Lei nº 11.340/06, que dispõe sobre as medidas contra a violência doméstica e familiar contra a mulher. Trata-se, como se sabe, de um diploma legal surgido a partir de grande movimento promovido por vítimas dessa espécie de violência, que demandavam maior tutela penal sob o argumento de que as então vigentes normas de coibição não se mostravam suficientes para a proteção da mulher no âmbito doméstico e familiar.

Alternativa correta: letra "a".

---

02. (Delegado de Polícia - SP/ 2011 - ACADEPOL) Assinale a afirmativa correta.

a) A Escola de Chicago faz parte da Teoria Crítica.

b) O delito não é considerado objeto da Criminologia.

c) A Criminologia não é uma ciência empírica.

d) A Teoria do Criminoso Nato é de Merton.

e) Cesare Lombroso e Raffaelle Garofalo pertencem à Escola Positiva.

COMENTÁRIOS

Alternativa "a": a Escola de Chicago faz parte da Teoria Ecológica. Com enfoque nos problemas decorrentes da urbanização no início do século XX, a Escola de Chicago trata o crime como problema social, não individual, atrelado ao conceito de espaço, isto é, o crime seria uma consequência normal em um ambiente anormal.

Alternativa "b": o crime é objeto da criminologia, juntamente com o criminoso, a vítima e os mecanismos de controle social.

Alternativa "c": a criminologia é uma ciência empírica, pois baseia seus estudos na experiência e na observação.

Alternativa "d": a Teoria do Criminoso Nato foi desenvolvida por César e Lombroso, para quem os criminosos natos exibiam traços físicos capazes de demonstrar sua propensão biológica para cometer determinados delitos.

Alternativa "e": a Escola Positiva foi primeiramente representada por Cesare Lombroso, cujos ensinamentos, embora dotados de evidente exagero e atualmente desacompanhados de qualquer rigor científico, propiciaram grande avanço no estudo da Criminologia, firmando conceitos posteriormente aperfeiçoados por outros expoentes, como Enrico Ferri, representante da fase sociológica desta escola. Para a Escola Positiva, a pena deveria visar somente a recuperação do delinquente ou sua neutralização, quando se constatasse a impossibilidade de recuperá-lo, e não a tutela ao bem jurídico, motivo pelo qual poderia se dispensar a relação entre sua cominação e a extensão do dano praticado. No seu bojo, inovou-se no tocante ao método, adotando-se o método experimental, no qual os crimes e criminosos são analisados individualmente, respeitando peculiaridades e particularidades de cada caso concreto. Lombroso representou a fase antropológica da Escola Positiva, introduzindo o método experimental no estudo da criminalidade. Desenvolveu a teoria do criminoso nato, indivíduo que seria predisposto à prática delituosa em razão de características antropológicas. Já Enrico Ferri, representante da fase sociológica, fundamentava a responsabilidade penal na convivência social, afastando a tese do livre arbítrio. Rafaelle Garofalo, por sua vez, representou a fase jurídica da Escola Positiva, consolidando o termo *criminologia* ao utilizá-lo para intitular uma obra de sua autoria. Para Garofalo, com base na teoria da seleção natural, os criminosos irrecuperáveis deveriam afastados do convívio social pela deportação ou pela morte.

Alternativa correta: letra "e".

---

03. (Delegado de Polícia - SP/ 2011 - ACADEPOL) Constituem objeto de estudo da Criminologia

a) o delinquente, a vítima, o controle social e o empirismo.

b) o delito, o delinquente, a interdisciplinaridade e o controle social.

c) o delito, o delinquente, a vítima e o controle social.

d) o delinquente, a vítima, o controle social e a interdisciplinaridade.

e) o delito, o delinquente, a vítima e o método.

COMENTÁRIOS

Alternativa "a": o empirismo não é objeto da criminologia, mas sua característica, já que esta ciência se baseia na experiência e na observação para a análise do crime, do criminoso, do controle social e da vítima.

Alternativa "b" (responde, também, a alternativa "d"): a interdisciplinaridade, assim como o empirismo, é característica da criminologia, que significa a reunião de diversas disciplinas, como a biologia, a psicologia, o direito etc., para o estudo de seus objetos.

Alternativa "c": a criminologia tem por objeto de estudo o crime como fenômeno social (não como fato que se subsume à norma, objeto do direito penal), o delinquente (quem se envolve numa situação de hostilidade às normas de organização social), os mecanismos de controle social formais e informais que se aplicam sobre o crime e a vítima (tanto sob o enfoque das consequências do delito quanto do papel desempenhado no evento criminoso).

Alternativa "e": o método não integra os objetos de estudo da criminologia, mas explica a forma como é realizada a observação dos fenômenos que compõem o objeto da ciência criminológica, que é a necessidade de experimentação.

Alternativa correta: letra "c".

04. (Delegado de Polícia – SP/ 2011 – ACADEPOL) A prevenção terciária da infração penal, no Estado Democrático de Direito, está relacionada

a) ao controle dos meios de comunicação.

b) aos programas policiais de prevenção.

c) à ordenação urbana.

d) à população carcerária.

e) ao surgimento de conflito.

COMENTÁRIOS

Alternativa "a": não há nenhuma relação entre a prevenção da infração penal e o controle dos meios de comunicação, de resto impossível na vigência do Estado Democrático.

Alternativa "b": a ação policial é parte da denominada *prevenção secundária*, aplicável nas situações em que a infração penal se manifesta, orientando-se sobre grupos e situações concretas, ou seja, onde se verificam os maiores riscos de que ocorra a atividade criminosa.

Alternativa "c": a ordenação urbana é ligada à prevenção primária, dirigida a todos os cidadãos e aplicável a longo prazo, com o objetivo de propiciar aos indivíduos qualidade de vida para que conflitos e dificuldades sejam superados sem que se recorra a expedientes situados à margem da lei.

Alternativa "d": a prevenção terciária tem como destinatário o condenado, que se submete à imposição estatal do cumprimento da pena, sendo que seu objetivo é evitar a reincidência por meio da ressocialização.

Alternativa "e": o surgimento do conflito, como manifestação interna, ou seja, a forma como é gerado, é objeto da prevenção primária.

Alternativa correta: letra "d".

2. PRINCÍPIOS

05. (UFPR – Delegado de Polícia – PC – PR/2021) A Constituição da República proíbe as penas de morte (salvo em caso de guerra declarada) e as consideradas cruéis (art. 5°, inc. XLVII, alíneas 'a' e 'e', respectivamente), além de assegurar às pessoas presas o respeito à integridade física e moral (art. 5°, inc. XLIX). Tais preceitos constitucionais expressam o princípio penal da:

a) humanidade.

b) intervenção mínima.

c) insignificância.

d) adequação social.

e) lesividade.

COMENTÁRIOS

Alternativa "a": a ninguém pode ser imposta pena ofensiva à dignidade da pessoa humana, vedando-se reprimenda indigna, cruel, desumana ou degradante. Este mandamento guia o Estado na criação, aplicação e execução das leis penais. O artigo 5º, §§ 1º e 2º, da Convenção Americana de Direitos Humanos anuncia: "Toda pessoa tem direito a que se respeite sua integridade física, psíquica e moral" (§1º). "Ninguém deve ser submetido a torturas, nem a penas ou tratos cruéis, desumanos ou degradantes. Toda pessoa privada de liberdade deve ser tratada com o devido respeito à dignidade inerente ao ser humano" (§2º). A Constituição Federal de 1988 disciplina quais penas não serão admitidas em nosso ordenamento. Assim, *"não haverá penas: a) de morte, salvo em caso de guerra declarada, nos termos do art. 84, XIX; b) de caráter perpétuo; c) de trabalhos forçados; d) de banimento; e) cruéis"* (art. 5º, XLVII, CF/88). Nas palavras de Luigi Ferrajoli: "um Estado que mata, que tortura, que humilha o cidadão, não só perde qualquer legitimidade, como contradiz a sua própria razão de ser, colocando-se no mesmo nível dos delinqüentes" (Direito e Razão – teoria do garantismo penal. 3ª ed. São Paulo: RT, 2010, p. 90-1).

Alternativa "b": a intervenção mínima não tem relação com o caráter da pena. Trata-se de um princípio limitador do próprio Direito Penal, que só deve ser aplicado quando estritamente necessário, quando as demais esferas de controle não são capazes de atuar suficientemente. Decorrem da intervenção mínima a subsidiariedade e a fragmentariedade.

Alternativa "c": a insignificância é decorrente da fragmentariedade do Direito Penal. Mesmo que o legislador atue observando os princípios gerais do Direito Penal na criação de tipos penais, nada impede que o crime cometido provoque lesão ínfima ao bem jurídico que se busca tutelar com a norma. A conduta não atinge materialmente e de forma relevante e intolerável o bem jurídico protegido. Nesses casos, temos o princípio da insignificância, que afasta a tipicidade material.

Alternativa "d": segundo o princípio da adequação social, apesar de uma conduta se subsumir ao modelo legal, não será considerada típica se for socialmente adequada ou reconhecida, isto é, se estiver de acordo com a ordem social da vida historicamente condicionada.

Alternativa "e": o princípio da ofensividade, ou da lesividade (*nullum crimen sine iniuria*), exige que do fato praticado ocorra lesão ou perigo de lesão ao bem jurídico tutelado.

Alternativa correta: letra "a".

06. (IBADE – Delegado de Polícia – AC/2017) "O suicídio é um crime (assassínio) [...]. Aniquilar o sujeito da moralidade na própria pessoa é erradicar a existência da moralidade mesma do mundo, o máximo possível, ainda que a moralidade seja um fim em si mesma. Consequentemente, dispor de si mesmo como um mero meio para algum fim discricionário é rebaixar a humanidade na própria pessoa (homo noumenon), à qual o ser humano (homo phaenomenon) foi, todavia, confiado para preservação" (kant, Immanuel, a Metafísica dos Costumes).

A extinção da própria vida já foi objeto de sancionamento penal em diversos países. Esclarece Galdino Siqueira (Tratado, tomo m, p. 68) que o direito romano punia com confisco de bens o ato de suicidar- se para fugir a uma acusação ou à pena por outro delito. A mesma pena foi aplicada em França. O confisco-segundo o autor-persistia na Inglaterra no início do século XX, desde que o suicídio não fosse efeito de uma desordem mental provada. Tendo por base o confisco de bens outrora pertencentes ao suicida – que tem herdeiros – como forma de punição penal, é correto afirmar que responsabilização de terceiros pela conduta de alguém viola o princípio penal, denominado:

a) individualização judicial da pena.
b) taxatividade
c) intranscendência.
d) ofensividade.
e) inderrogabilidade.

COMENTÁRIOS

Alternativa "a": a individualização da pena é relacionada à análise da gravidade do fato e das condições do seu autor. Deve ser observada em três momentos: **a)** na definição, pelo legislador, do crime e sua pena; **b)** na imposição da pena pelo juiz; **c)** e na fase de **execução** da pena, momento em que os condenados serão classificados, segundo os seus antecedentes e personalidade, para orientar a individualização da execução penal (art. 5º LEP).

Alternativa "b": o princípio da taxatividade ou da determinação é dirigido mais diretamente à pessoa do legislador, exigindo dos tipos penais clareza, sem margens a dúvidas, de modo a permitir à população em geral o pleno entendimento do tipo criado.

Alternativa "d": o princípio da ofensividade ou lesividade (*nullum crimen sine iniuria*) exige que do fato praticado ocorra lesão ou perigo de lesão ao bem jurídico tutelado. Não se destina somente ao legislador, mas também ao aplicador da norma incriminadora, que deverá observar, diante da ocorrência de um fato tido como criminoso, se houve efetiva lesão ou perigo concreto de lesão ao bem jurídico protegido.

Alternativa "c": o princípio da pessoalidade ou da intranscendência está insculpido no artigo 5º, inciso XLV, da Constituição Federal, que dispõe: "nenhuma pena passará da pessoa do condenado podendo a obrigação de reparar o dano e a decretação do perdimento de bens ser, nos termos da lei, estendidas aos sucessores e contra eles executadas, até o limite do valor do patrimônio transferido". A Convenção Americana de Direitos Humanos também disciplina o princípio, prevendo que "a pena não pode passar da pessoa do condenado" (art. 5º, 3, CADH). Trata-se de desdobramento lógico dos princípios da responsabilidade penal individual, da responsabilidade subjetiva e da culpabilidade.

Alternativa "e": segundo o princípio da inderrogabilidade ou da inevitabilidade, a pena deve ser aplicada e devidamente cumprida. Este princípio deve conviver com o da necessidade concreta da pena (art. 59 do CP), de modo que, constatada a desnecessidade da resposta estatal, o juiz tem o poder de não aplicá-la, como ocorre no perdão judicial (a exemplo do art. 121, §5º, do CP).

Alternativa correta: letra "c".

---

07. (UEG – Delegado de Polícia – GO/2013) Ana, menor de 17 anos de idade, contrariando proibição de seus pais, procura Júlio para que este realize uma tatuagem no seu ombro com aproximadamente 15 centímetros de diâmetro. Ainda que presente a tipicidade formal, poderá ser aplicado o Princípio da Alteridade porque

a) não houve lesão efetiva ao bem jurídico tutelado.
b) a lesão foi irrelevante ou insignificante.
c) a lesão está dentro do que se considera como socialmente adequado.
d) não houve lesão a bem jurídico de terceiro.

COMENTÁRIOS

Alternativa "b": não se trata de considerar a incidência do princípio da insignificância, que tem lugar nas situações em que a lesão ao bem jurídico é de tal forma irrelevante que não se justifica a punição criminal. O que norteia a discussão aqui é o consentimento do ofendido, que a menor não era capaz de emitir.

Alternativa "c": pela mesma razão, não se discute a adequação social da conduta; independentemente de ser socialmente adequada ou reconhecida a aplicação de tatuagens, Ana não era capaz de consentir.

Alternativa "d" (responde, também, a alternativa "a): não nos parece que a hipótese descrita no enunciado caracterize, propriamente, a incidência do princípio da alteridade. Isto porque este princípio significa que ao direito penal não é permitido punir uma atitude que não ultrapasse a esfera individual do agente, ou seja, que de nenhuma forma recaia em bem jurídico alheio. Não é o caso, pois a conduta de Júlio extrapolou o campo individual para se estabelecer em bem jurídico alheio (a integridade física de Ana). Ressalte-se, ademais, que o afastamento do crime em situações desta natureza não é matéria alheia a controvérsia. O Tribunal de Justiça de São Paulo, por exemplo, já decidiu que a tatuagem feita em menor sem o consentimento dos pais caracteriza o crime de lesão corporal gravíssima por deformidade permanente: "Lesão corporal gravíssima. Tatuagem. Forma de lesão corporal de natureza deformante e permanente. Vítima relativamente incapaz para consentir com o lesionamento sem participação dos pais. Autoria e materialidade do crime devidamente comprovadas. Recursos dos réus improvidos" (AC 0008522-88.2009.8.26.0070, 05/07/2012).

Alternativa correta: letra "d".

---

08. (FUNCAB – Delegado de Polícia – RJ/2012) De acordo com o Glossário Jurídico do Supremo Tribunal Federal, "o princípio da insignificância tem o sentido de excluir ou de afastar a própria tipicidade penal, ou seja, não considera o ato praticado como um crime, por isso, sua aplicação resulta na absolvição do réu e não apenas na diminuição e substituição da pena ou não sua não aplicação". Sobre o tema princípio da insignificância, assinale a resposta correta.

a) Buscando sua origem, de acordo com certa vertente doutrinária, no Direito Romano, o princípio da insignificância vem sendo objeto de recorrentes decisões do STF, nas quais são estabelecidos dois parâmetros para sua determinação: reduzidíssimo grau de reprovabilidade do comportamento e inexpressividade da lesão jurídica provocada.

b) O princípio da insignificância, decorrência do caráter fragmentário do Direito Penal, tem base em uma orientação utilitarista, tem origem controversa, encontrando, na atual jurisprudência do STF, os seguintes requisitos de configuração: a mínima ofensividade da conduta do agente; nenhuma periculosidade social da ação; o reduzidíssimo grau de reprovabilidade do comportamento; e a inexpressividade da lesão jurídica provocada.

c) Sua atual elaboração deita raízes na doutrina de Claus Roxin e, no Direito Penal brasileiro, consoante jurisprudência atual do STF, se limita à avaliação da inexpressividade da lesão jurídica provocada, ou seja, observa-se se a ofensa ao bem jurídico tutelado é relevante ou banal.

d) Surgindo como uma consequência lógica do princípio da individualização das penas, a insignificância penal não aceita a periculosidade social da ação como parâmetro, de acordo com o posicionamento atual do STF, em razão da elevada abstração desse conceito, mas apresenta como requisitos: a mínima ofensividade da conduta do agente; o reduzidíssimo grau de reprovabilidade do comportamento; e a inexpressividade da lesão jurídica provocada.

e) Inserida no princípio da intervenção mínima, embora já mencionada anteriormente por Welzel como uma faceta do princípio da adequação social, a insignificância determina a inexistência do crime quando a conduta praticada apresentara simultânea presença dos seguintes requisitos, exigidos pela atual jurisprudência do STF: a mínima ofensividade da conduta do agente; nenhuma periculosidade social da ação; o reduzidíssimo grau de reprovabilidade do comportamento; a inexpressividade da lesão jurídica provocada; e a inexistência de um especial fim de agir.

COMENTÁRIOS

Alternativa correta: letra "b" (responde, também, as alternativas "a"): o princípio da insignificância é decorrente da fragmentariedade do Direito Penal, que é aplicável somente nos casos de relevante lesão ou perigo de lesão ao bem juridicamente tutelado. O STF tem admitido recorrentemente a insignificância, desde que "a conduta do agente seja marcada por ofensividade mínima ao bem jurídico tutelado, reduzido grau de reprovabilidade, inexpressividade da lesão e nenhuma periculosidade social" (HC 119.580/BA, DJe 20/08/2014).

Alternativa "c": não é equivocado buscar na doutrina de Claus Roxin a respeito da tipicidade penal o fundamento do princípio da insignificância. A assertiva está errada, no entanto, ao limitar as exigências impostas pelo STF para a incidência do princípio à avaliação da inexpressividade da lesão jurídica provocada. Como vimos nos comentários à alternativa "b", são quatro os requisitos: a) conduta marcada por ofensividade mínima ao bem jurídico tutelado; b) reduzido grau de reprovabilidade; c) inexpressividade da lesão; d) nenhuma periculosidade social.

Alternativa "d": o princípio da insignificância não tem ligação com a individualização da pena, mas com o caráter fragmentário do Direito Penal. No mais, a respeito dos requisitos, aplicam-se os comentários às assertivas anteriores.

Alternativa "e": dentre os requisitos estabelecidos pelo STF para a aplicação do princípio da insignificância não está a inexistência de especial fim de agir.

Alternativa correta: letra "b".

---

09. (Delegado de Polícia - SP/ 2011 - ACADEPOL) A ideia de que o Direito Penal deve tutelar os valores considerados imprescindíveis para a sociedade, e não todos os bens jurídicos, sintetiza o princípio da

a) adequação social.

b) culpabilidade.

c) fragmentariedade.

d) ofensividade.

e) proporcionalidade.

COMENTÁRIOS

Alternativa "a": o princípio da adequação social, idealizado por Hans Welzel, define que, apesar de uma conduta se subsumir ao modelo legal, não será considerada típica se for socialmente adequada ou reconhecida, isto é, se estiver de acordo com a ordem social da vida historicamente condicionada. O princípio da adequação tem duas funções precípuas: a) de restringir o âmbito de abrangência do tipo penal (limitando sua interpretação ao excluir as condutas socialmente aceitas); b) de orientar o legislador na seleção dos bens jurídicos a serem tutelados, atuando, também, no processo de descriminalização de condutas. O princípio da adequação social apresenta as mesmas funções do princípio da intervenção mínima (do qual decorre a fragmentariedade), mas possui fundamentos distintos – aquele, a aceitação da conduta pela sociedade; este, a ínfima relevância da lesão ao bem jurídico.

Alternativa "b": trata-se de postulado limitador do direito de punir. Assim, só pode o Estado impor sanção penal ao agente imputável (penalmente capaz), com potencial consciência da ilicitude (possibilidade de conhecer o caráter ilícito do seu comportamento), quando dele exigível conduta diversa (podendo agir de outra forma). O princípio da culpabilidade pode ser extraído da análise do princípio da dignidade da pessoa humana e, segundo Rogério Greco, possui três sentidos fundamentais: a) culpabilidade como elemento integrante do conceito analítico de crime: segundo a corrente tripartite, o crime é composto pela tipicidade, antijuridicidade e, como terceiro elemento, pela culpabilidade. A culpabilidade, portanto, é necessária à configuração do crime; b) culpabilidade como princípio medidor da pena: já verificada a ocorrência do crime, a aplicação da pena, numa primeira etapa, dependerá da análise do artigo 59 do CP, que estabelece a culpabilidade como uma das circunstâncias consideradas pelo magistrado para fixar a pena-base adequada à reprovação e prevenção do crime; c) culpabilidade como princípio impedidor da responsabilidade penal objetiva (ou responsabilidade penal sem culpa): a conduta do agente pressupõe a existência de dolo ou culpa, elementos sem os quais não é possível se falar em crime.

Alternativa "c": o Direito Penal só deve ser aplicado quando estritamente necessário, de modo que a sua intervenção fica condicionada ao fracasso das demais esferas de controle (caráter *subsidiário*), observando somente os casos de relevante lesão ou perigo de lesão ao bem juridicamente tutelado (caráter *fragmentário*). De acordo com este último aspecto, o Direito Penal não se destina à proteção de todos os bens juridicamente tutelados, mas somente daqueles dotados de especial relevância social. Quer isto dizer que, de toda a gama de interesses protegidos pelo ordenamento jurídico, volta-se o Direito Penal apenas a parte dele (fragmentos).

Alternativa "d": o princípio da ofensividade ou lesividade (*nullum crimen sine iniuria*) exige que do fato praticado ocorra lesão ou perigo de lesão ao bem jurídico tutelado. Tal como outros princípios, o da lesividade não se destina somente ao legislador, mas também ao aplicador da norma incriminadora, que deverá observar, diante da ocorrência de um fato tido como criminoso, se houve efetiva lesão ou ao menos perigo concreto de lesão ao bem jurídico protegido.

Alternativa "e": trata-se de princípio constitucional implícito, desdobramento lógico do mandamento da individualização da pena. Para que a sanção penal cumpra a sua função, deve se ajustar à relevância do bem jurídico tutelado, sem desconsiderar as condições pessoais do agente.

Alternativa correta: letra "c".

3. FONTES DO DIREITO PENAL

10. (Delegado de Polícia - SP/ 2011 - ACADEPOL) Com relação às fontes do Direito Penal, é correto dizer que as fontes formais são classificadas em

a) materiais e de cognição.

b) imediata e substancial.

c) mediata e de produção.

d) mediata e imediata.

e) exclusivamente de cognição.

COMENTÁRIOS

Nota do autor: quando se pretende buscar a procedência de algo, fala-se em *fonte*. A norma penal, como não poderia deixar de ser, também é provida de características que indicam sua origem e forma de manifestação. Consequentemente, ao tratar das *fontes* do Direito Penal, o que se busca é indicar de onde a norma penal emana, qual sua origem, de onde ela provém e como se revela. Fala-se em fonte material e fonte formal do Direito Penal.

Alternativa "a": fonte material é a fonte de produção da norma, o órgão encarregado da criação do Direito Penal, sem se confundir com a fonte formal. Já a expressão *fonte de cognição* não é espécie de fonte formal, mas seu sinônimo.

Alternativa "b": fonte substancial é sinônimo de fonte material.

Alternativa "c": porque a fonte de produção é sinônimo de fonte material.

Alternativa "d": a fonte formal é o instrumento de exteriorização do Direito Penal, ou seja, o modo como as regras são reveladas. É a fonte de conhecimento ou de cognição. As fontes formais são tradicionalmente classificadas em: a) imediata: a lei é a única fonte formal imediata do direito penal; b) mediata: abrange os costumes e os princípios gerais de direito.

Alternativa "e": as fontes de cognição não são espécie de fonte formal, mas seu sinônimo.

Alternativa correta: letra "d".

4. CLASSIFICAÇÃO DE CRIMES

11. (NUCEPE - Delegado de Polícia - PI/2014) Analise os itens abaixo e assinale a alternativa CORRETA.

a) Crimes complexos são aqueles que encerram dois ou mais tipos em uma única descrição legal.

b) A consumação do crime de concussão ocorre com o recebimento da vantagem indevida.

c) Dá-se o arrependimento eficaz quando o agente dá início à execução de um delito e desiste de prosseguir em virtude da reação oposta pela vítima.

d) A restituição integral do valor apropriado aos cofres públicos pelo autor de peculato doloso constitui desistência voluntária e isenta o agente de pena se feita antes do recebimento da denúncia.

e) Aplica-se a causa de diminuição de pena prevista no art. 16 do Código Penal - arrependimento posterior - em todos os crimes patrimoniais.

COMENTÁRIOS

Alternativa "a": complexo é o crime formado por meio da reunião entre dois ou mais tipos penais. Como exemplos, podemos citar o crime de roubo (furto + constrangimento ilegal) e o de extorsão mediante sequestro (extorsão + sequestro). A doutrina utiliza, também, a denominação *crime complexo em sentido amplo* para definir o delito acrescido de circunstâncias ou elementos que, por si sós, não constituem crime. No caso da denunciação caluniosa, por exemplo, o delito é formado pela calúnia e pela comunicação à autoridade a ocorrência de infração penal, ato este isoladamente não criminoso. Do mesmo modo, o estupro, formado pelo constrangimento violento e pelo ato de libidinagem, por si só, atípico quando praticado contra pessoa não vulnerável.

Alternativa "b": a consumação do crime de concussão ocorre com a exigência efetuada pelo agente público. Nesse sentido, decidiu o STJ: "No crime de concussão, a situação de flagrante delito configura-se pela exigência – e não pela entrega – da vantagem indevida. Isso porque a concussão é crime formal, que se consuma com a exigência da vantagem indevida. Assim, a eventual entrega do exigido se consubstancia mero exaurimento do crime previamente consumado" (HC 266.460/ES, DJe 17/06/2015).

Alternativa "c": ocorre o arrependimento eficaz quando os atos executórios já foram todos praticados, porém, o agente, decidindo recuar na atividade delituosa corrida, desenvolve nova conduta com o objetivo de impedir a produção do resultado (consumação).

Alternativa "d": na desistência voluntária, o agente, por manifestação exclusiva do seu querer, desiste de prosseguir na execução da conduta criminosa. Trata-se da situação em que os atos executórios ainda não se esgotaram, entretanto, o agente, voluntariamente, abandona o seu dolo inicial. Não é o que ocorre no exemplo da assertiva, em que o crime já está consumado. No peculato doloso, aliás, a reparação do dano, independentemente do momento em que efetuada, não tem efeito extintivo da punibilidade. Na hipótese de crime doloso, por não ser infração contra o patrimônio, mas contra o bom nome da administração, temos doutrina (e jurisprudência) entendendo que o ressarcimento do dano ou a restituição da coisa, por ato voluntário do agente, até o recebimento da denúncia, não importa nem mesmo em arrependimento posterior (art. 16 do CP), servindo somente como atenuante de pena, segundo o que disposto no art. 65, III, *b*, do CP (ver: *RT* 659/253).

Alternativa "e": a causa de diminuição de pena pelo arrependimento posterior pressupõe que o crime tenha sido cometido sem violência ou grave ameaça a pessoa.

Alternativa correta: letra "a".

---

12. (FUNCAB – Delegado de Polícia – RO/2014) Em relação à classificação doutrinária de crimes, é correto afirmar que:

a) crime progressivo é aquele em que o agente deseja produzir um resultado, mas, após consegui-lo, resolve prosseguir na violação do bem jurídico, produzindo um outro crime mais grave.

b) crime de fato transeunte é aquele que não deixa vestígios.

c) crime plurilocal é aquele em que a execução do crime se dá em um país e o resultado em outro.

d) crime falho é o nome dado à tentativa imperfeita.

e) crime plurissubsistente é aquele que exige pluralidade de sujeitos ativos.

COMENTÁRIOS

Alternativa "a": descreve a progressão criminosa. Crime progressivo é aquele em que, para alcançar seu intento, deve o agente obrigatoriamente violar norma de caráter menos grave. No furto a residência, por exemplo, antes se pratica a violação de domicílio. No homicídio, necessariamente ocorre a lesão corporal. Todavia, o autor só responderá pelo delito visado, absorvendo-se os demais. Não se confunde com a progressão criminosa, em que ocorrem diversas condutas: inicialmente o agente pretendia um resultado e, após atingi-lo, decide praticar outro fato mais grave. Exemplo: alguém, com a intenção de ferir a vítima, nela provoca lesões corporais, mas, em seguida, não satisfeito com o resultado, decide lhe ceifar a vida. Responderá apenas pelo crime subsequente, em razão da absorção.

Alternativa "b": delito de fato transeunte é aquele que não permite constatação mediante análise de vestígios, pois não os exibe. Ex.: injúria cometida por meio de palavras.

Alternativa "c": o crime plurilocal é o que percorre dois ou mais territórios do mesmo país (comarcas de São Paulo, São Bernardo do Campo e Guarulhos). Gera conflito interno de competência (qual comarca aplicará a lei brasileira?). O Código de Processo Penal adotou, em regra, a teoria do resultado, sendo competente a comarca onde se deu a consumação (art. 70).

Alternativa "d": crime falho é sinônimo de tentativa perfeita ou acabada, que ocorre quando o agente utilizou todos os meios possíveis à sua disposição, mas não conseguiu consumar o crime por circunstâncias alheias à sua vontade. Crime falho não é sinônimo de crime impossível (ou tentativa inidônea, crime oco ou quase-crime). A tentativa imperfeita ocorre quando o agente é impedido de prosseguir no seu intento, deixando de praticar todos os atos executórios à sua disposição.

Alternativa "e": no crime plurissubsistente, a conduta é fracionada em diversos atos que, somados, provocam a consumação. Por esse motivo, é admissível a tentativa, como, por exemplo, no homicídio, no roubo, no estelionato etc. O concurso de agentes é pressuposto do crime plurissubjetivo.

Alternativa correta: letra "b".

5. LEI PENAL

13. (Instituto AOCP - Delegado de Polícia - PC - PA/2021) Em relação ao Direito Penal, assinale a alternativa correta.

a) A criminalização primária possui duas características: seletividade e vulnerabilidade, as quais guardam íntima relação com o movimento criminológico do *labeling approach*.

b) Consoante a jurisprudência do STF, é aplicável o princípio da insignificância ao crime de moeda falsa, desde que seja de pequena monta o valor posto em circulação.

c) A Política Criminal preocupa-se com os aspectos sintomáticos, individuais e sociais do crime e da criminalidade, isto é, aborda cientificamente os fatores que podem conduzir o homem ao crime.

d) As fontes de conhecimento são os órgãos constitucionalmente encarregados de elaborar o Direito Penal. No Brasil, essa tarefa é exercida precipuamente pela União e, excepcionalmente, pelos Estados- membros.

e) Em homenagem ao princípio da reserva legal (art. 5°, XXXIX, CF), os tratados e as convenções internacionais não podem criar crimes nem cominar penas, ainda que já tenham sido internalizados pelo Brasil.

COMENTÁRIOS

Alternativa "a": a criminalização primária diz respeito ao poder de criar a lei penal e introduzir no ordenamento jurídico a tipificação criminal de determinada conduta.

Alternativa "b": o princípio da insignificância é inaplicável no crime de moeda falsa, pois, nessa espécie delitiva, mais importante do que o valor posto em circulação é a confiança no sistema monetário, que deve ser preservada. Além disso, condutas desse tipo, especialmente quando difusas, podem provocar efeitos econômicos prejudiciais (STF: AgRg no AREsp 1.012.476/ SP, DJe 26/04/2017).

Alternativa "c": a Política Criminal tem a finalidade de trabalhar as estratégias e os meios de controle social da criminalidade (caráter teleológico). É característica da Política Criminal a posição de vanguarda em relação ao direito vigente, vez que, enquanto ciência de fins e meios, sugere e orienta reformas à legislação positivada. Os aspectos destacados na assertiva são estudados no âmbito da Criminologia.

Alternativa "d": as fontes de conhecimento do Direito Penal são as denominadas "fontes formais", ou seja, os instrumentos de exteriorização do Direito Penal, o modo como as regras são reveladas. A doutrina moderna insere entre as fontes formais imediatas a lei, a Constituição Federal, os tratados e convenções internacionais (embora não possam criar infrações e cominar penas), a jurisprudência (especialmente por meio das súmulas vinculantes), os princípios e os complementos da norma penal em branco. A doutrina é classificada como fonte formal mediata.

Alternativa "e": segundo o princípio da reserva legal, a infração penal somente pode ser criada por lei em sentido estrito, ou seja, lei complementar ou lei ordinária, aprovada e sancionada de acordo com o processo legislativo respectivo, previsto na CF/88 e nos regimes internos da Câmara dos Deputados e do Senado Federal. Os tratados e as convenções internacionais não podem criar infrações penais nem cominar penas, ainda que já tenham sido internalizados pelo Brasil.

Alternativa correta: letra "e".

---

14. (Instituto AOCP - Delegado de Polícia - PC - PA/2021) No tocante ao Direito Penal, assinale a alternativa correta.

a) É vedada a edição de medidas provisórias sobre matéria relativa a Direito Penal (art. 62, §1°, I, alínea b, CF). Nada obstante, o STF firmou jurisprudência no sentido de que as medidas provisórias podem ser utilizadas na esfera penal, desde que benéficas ao agente.

b) O fundamento político do princípio da reserva legal revela a aceitação pelo povo, representado pelo Congresso Nacional, da opção legislativa no âmbito criminal.

c) Com a evolução da sociedade e a modificação dos seus valores, determinados comportamentos, inicialmente típicos, podem deixar de interessar ao Direito Penal. Nesse caso, pode-se afirmar que ocorreu a chamada desmaterialização (liquefação) de bens jurídicos no Direito Penal.

d) O princípio da fragmentariedade se projeta no plano concreto, isto é, em sua atuação prática, o Direito Penal somente se legitima quando os demais meios disponíveis já tiverem sido empregados, sem sucesso, para proteção do bem jurídico.

e) A primeira manifestação do princípio da personalidade da pena no Brasil ocorreu já no período republicano, com o advento do Código Penal de 1890.

COMENTÁRIOS

Alternativa "a": o princípio da reserva legal determina que a infração penal seja criada por lei em sentido estrito (lei complementar ou lei ordinária), devidamente aprovada e sancionada de acordo com o processo legislativo de que tratam a Constituição Federal e as regras internas da Câmara dos Deputados e do Senado Federal. Dessa maneira, consoante a lição de Paulo Queiroz: "Medida provisória não pode definir infrações penais ou cominar penas. Quer pela efemeridade, quer pela incerteza que traduz, dada a possibilidade de sua não conversão em lei ou de sua rejeição pelo Congresso Nacional, é claramente incompatível com o postulado de segurança jurídica que o princípio quer assegurar. Dificilmente se poderá compatibilizar ainda os pressupostos de relevância e urgência da medida com pretensões criminalizadoras, sobretudo à vista dos múltiplos constrangimentos que podem ocorrer no curto espaço de sua vigência" (*Direito Penal – Parte Geral*, p. 41).

Embora não possam criar infrações penais, e a despeito da redação do art. 62, § 1º, I, "b" da Constituição Federal, as medidas provisórias podem versar sobre direito penal não incriminador. Nesse sentido, decidiu o Supremo Tribunal Federal que a vedação constante do mencionado dispositivo constitucional não abrange as normas penais benéficas, assim consideradas "as que abolem crimes ou lhes restringem o alcance, extingam ou abrandem penas ou ampliam os casos de isenção de pena ou de extinção de punibilidade". Por esse motivo, o Pretório Excelso, no julgamento do RE 254.818/PR, discutindo os efeitos benéficos pela MP 1571/97, que permitiu o parcelamento dos débitos tributários e previdenciários com efeitos extintivos da punibilidade, proclamou sua admissibilidade em favor do réu. Deve-se anotar, entretanto, que essa Medida Provisória foi editada em 1997, enquanto a vedação às MPs com conteúdo de direito penal adveio somente com a E.C. nº 32/2001. Não obstante, temos no ordenamento jurídico pátrio exemplo de medida provisória versando sobre direito penal favorável ao réu, mesmo após a referida emenda constitucional. São as MPs editadas em função do Estatuto do Desarmamento (Lei nº 10.826/2003). Entre os anos de 2003 e 2008, a posse irregular de arma de fogo fora considerada fato atípico em função de sucessivas medidas provisórias regularmente editadas pela Presidência da República, até que a MP 417/08 foi convertida na Lei nº 11.706/08. No período mencionado, ainda que apreciando de forma indireta o tema, o STF não se afastou do seu entendimento anterior à EC nº 32/2001, admitindo a MP veiculando conteúdo de direito penal benéfico.

Alternativa "b": é o fundamento democrático da reserva legal que representa o respeito ao princípio da divisão de poderes, conferindo aos representantes do povo (parlamento) a missão de elaborar as leis. O fundamento político reside na exigência de vinculação dos Poderes Executivo e Judiciário a leis formuladas de forma abstrata, impedindo o poder punitivo arbitrário.

Alternativa "c": a desmaterialização de bens jurídicos é o fenômeno pelo qual a proteção jurídico-penal passa a incidir sobre bens coletivos, difusos e não mais aqueles titularizados por um indivíduo especificamente, como meio ambiente, a ordem econômica, as relações de consumo.

Alternativa "d": o caráter fragmentário do Direito Penal se revela com a incidência da lei penal apenas nos casos de relevante lesão ou perigo de lesão ao bem juridicamente tutelado. É a subsidiariedade que vincula a atuação do Direito Penal ao fracasso das demais esferas de controle.

Alternativa "e": a Constituição de 1824 já dispunha, no art. 179, inc. XX: "Nenhuma pena passará da pessoa do delinquente. Por tanto não haverá em caso algum confiscação de bens, nem a infamia do Réo se transmittirá aos parentes em qualquer grão, que seja".

Alternativa correta: letra "a".

---

15. (NUCEPE – Delegado de Polícia – PI/2014) Configuram desdobramento do princípio da reserva legal, EXCETO,

a) Lex praevia.
b) Lex stricta.
c) Lex scripta.
d) Lex certa.
e) Ultima ratio.

COMENTÁRIOS

Alternativa "a": pelo conceito de *lex praevia*, **não há crime (ou contravenção penal), nem pena (ou medida de segurança) sem lei *anterior*.** Pelo **princípio da anterioridade**, a criação de tipos e a cominação de sanções exige lei anterior, proibindo-se a retroatividade maléfica.

Alternativa "b": de acordo com o conceito de *lex stricta*, **não há crime (ou contravenção penal), nem pena (ou medida de segurança) sem lei *estrita*.** Proíbe-se a utilização da analogia para criar tipo incriminador, fundamentar ou agravar pena. Tendo como norte este desdobramento do princípio da legalidade, o STF declarou a atipicidade da conduta do agente que furta sinal de TV a cabo, asseverando ser impossível a analogia (*in malam partem*) com o crime de furto de energia elétrica, previsto no artigo 155, § 3º, CP.

Alternativa "c": o conceito de *lex scripta* determina **não haver crime (ou contravenção penal), nem pena (ou medida de segurança) sem lei *escrita*.** Só a lei escrita pode criar crimes e sanções penais, excluindo-se o direito consuetudinário para fundamentação ou agravação da pena. O próprio mandamento insculpido no artigo 5º, II da CF/88 (*"ninguém será obrigado a fazer ou deixar de fazer alguma coisa senão em virtude de lei"*) exclui a possibilidade do costume como fonte de deveres.

Alternativa "d": *lex certa* significa **não haver crime (ou contravenção penal), nem pena (ou medida de segurança) sem lei *certa*. O princípio da taxatividade ou da determinação** é dirigido mais diretamente à pessoa do legislador, exigindo dos tipos penais clareza, não devendo deixar margens a dúvidas, de modo a permitir à população em geral o pleno entendimento do tipo criado.

Alternativa "e": de fato, a *ultima ratio* em nada se relaciona com o princípio da reserva legal. *Ultima ratio*, como princípio norteador do Direito Penal, significa que a lei penal se aplica quando somente ela é capaz de evitar a ocorrência de atos ilícitos ou de puni-los à altura da lesão ou do perigo a que submeteram determinado bem jurídico, dotado de relevância para a manutenção da convivência social pacífica. É a partir daí que se verifica a importância do princípio da intervenção mínima (destinado especialmente ao legislador), segundo o qual o Direito Penal só deve ser aplicado quando estritamente necessário.

Alternativa correta: letra "e".

16. (FUNCAB - Delegado de Polícia - ES/2013) A Presidente da República editou uma Medida Provisória, agravando a pena de um determinado crime. Logo, pode-se afirmar:

I. Trata-se de lei em sentido formal.

II. Pelo princípio da retroatividade benéfica, a Medida Provisória somente poderá ser aplicada a fatos posteriores à sua edição.

III. A agravação da pena somente poderá ocorrer após a aprovação da Medida Provisória pelo Congresso Nacional.

IV. Apresenta vício de origem que não convalesce pela sua eventual aprovação.

Indique a opção que contempla a(s) assertiva(s) correta(s).

a) I, II, III e IV.

b) I, II e III, apenas.

c) II, III e IV, apenas.

d) I, apenas.

e) IV, apenas.

COMENTÁRIOS

Item I: a medida provisória é ato normativo com força de lei editado pelo Presidente da República em caso de relevância e urgência. Na definição de Paulo Gustavo Gonet Branco e Gilmar Ferreira Mendes, "as medidas provisórias são atos normativos primários, sob condição resolutiva, de caráter excepcional no quadro da separação dos Poderes, e, no âmbito federal, apenas o Presidente da República conta o poder de editá-las. Ostentam nítida feição cautelar" (*Curso de Direito Constitucional*, p. 900, Ed. Saraiva, 2014). Não se trata, pois, de lei em sentido formal, mas de espécie normativa excepcional que não pode ser editada sobre os temas a que se refere o art. 62, § 1º, da Constituição Federal, dentre os quais o direito penal. Note-se que o Supremo Tribunal Federal já decidiu que conquanto não possam criar infrações penais, as medidas provisórias podem versar sobre direito penal não incriminador (embora a decisão seja anterior à Emenda Constitucional nº 32/2001, que incluiu as matérias nas quais recaem as vedações).

Item II: como já ressaltado, tratando-se de direito penal incriminador, não há possibilidade de edição de medidas provisórias.

Item III (responde, também, o item IV): nos termos do art. 62, § 5º, da Constituição Federal o Congresso Nacional, antes de deliberar sobre o mérito da medida provisória, deverá analisar seus pressupostos constitucionais. Tratando-se de medida provisória editada sobre matéria vedada pela Constituição, o Legislativo deverá rejeitá-la, tornando-se, pois, impossível sua convalidação pela conversão em lei.

Alternativa correta: letra "e".

17. (Delegado de Polícia – ES/ 2011 – CESPE – Adaptada) Considerando os princípios constitucionais penais e o disposto no direito penal brasileiro, julgue o item subsecutivo.

Por incidência do princípio da continuidade normativo-típica, é correto afirmar que, no âmbito dos delitos contra a dignidade sexual, as condutas anteriormente definidas como crime de ato libidinoso continuam a ser punidas pelo direito penal brasileiro, com a ressalva de que, segundo a atual legislação, a denominação adequada para tal conduta é a de crime de estupro.

COMENTÁRIOS

O princípio da continuidade normativo-típica significa a manutenção do caráter proibido da conduta, porém com o deslocamento do conteúdo criminoso para outro tipo penal. A intenção do legislador, nesse caso, é que a conduta permaneça criminosa, como ocorreu nos delitos contra a liberdade sexual.

Com efeito, antes da Lei nº 12.015/09, havia os tipos penais que puniam, separadamente, o estupro (art. 213) e o atentado violento ao pudor (art. 214). Com a entrada em vigor daquela Lei, o art. 214 foi revogado, mas não houve *abolitio criminis*, mas a transferência da conduta típica para o art. 213, tornando estupro tanto o constrangimento à conjunção carnal quanto à prática de atos libidinosos dela diversos.

Alternativa correta: "certo."

18. (Delegado de Polícia – PA/ 2009 – MOVENS) As leis têm, em regra, efeitos para o futuro. Considerando que as leis penais seguem o princípio de que não há crime sem lei anterior que o defina, nem pena sem prévia cominação legal, assinale a opção correta.

a) A exigência de lei criando tipos penais para permitir a aplicação de sanção é garantia constitucional.

b) É válida a descrição de conduta típica penal por medida provisória.

c) Lei penal revogada permite apuração de fato ocorrido na sua vigência, mesmo quando a execução completa do fato tenha sido após a revogação.

d) Lei penal que possa trazer benefício para o acusado não pode ser aplicada quando já julgado o caso.

COMENTÁRIOS

Alternativa "a": trata-se do princípio da legalidade, que a Constituição Federal traz entre os direitos e garantias fundamentais, no art. 5º, inciso XXXVII: "não há crime sem lei anterior que o defina, nem pena sem prévia cominação legal".

Alternativa "b": o art. 62, § 1º, da Constituição Federal veda a edição de medida provisória que verse a respeito de direito penal. Há quem sustente que a vedação constitucional se limita à norma incriminadora.

Alternativa "c": a revogação da lei penal incriminadora (*abolitio criminis*) retira do ordenamento qualquer vestígio da figura criminosa e obsta qualquer efeito relativo a lei penal. Caso o fato tenha iniciado durante a vigência da lei anterior, a revogação retroage para abarcar a conduta já ocorrida. Se o fato se iniciou depois da revogação, será um indiferente penal.

Alternativa "d": nos termos do art. 2º, parágrafo único, do Código Penal, a lei posterior que de qualquer modo favorecer o agente se aplica aos fatos anteriores, ainda que decididos por sentença condenatória transitada em julgado.

Alternativa correta: letra "a".

---

19. (Delegado de Polícia – RJ / 2009 – CEPERJ) Ensina JORGE DE FIGUEIREDO DIAS que "o princípio do Estado de Direito conduz a que a proteção dos direitos, liberdade e garantias seja levada a cabo não apenas através do direito penal, mas também perante o direito penal". (DIAS, Jorge de Figueiredo. *Direito penal: parte geral.* tomo I. Coimbra: Coimbra Editora, 2004, p. 165).

Assim, analise as proposições abaixo e, em seguida, assinale a opção correta.

I. O conteúdo essencial do princípio da legalidade se traduz em que não pode haver crime, nem pena que não resultem de uma lei prévia, escrita, estrita e certa.

II. O princípio da legalidade estrita não cobre, segundo a sua função e o seu sentido, toda a matéria penal, mas apenas a que se traduz em fixar, fundamentar ou agravar a responsabilidade do agente.

III. Face ao fundamento, à função e ao sentido do princípio da legalidade, a proibição de analogia vale relativamente a todos os tipos penais, inclusive os permissivos.

IV. A proibição de retroatividade da lei penal funciona apenas a favor do réu, não contra ele.

V. O princípio da aplicação da lei mais favorável vale mesmo relativamente ao que na doutrina se chama de "leis intermediárias"; leis, isto é, que entraram em vigor posteriormente à prática do fato, mas já não vigoravam ao tempo da apreciação deste.

a) Apenas uma proposição está errada.

b) Estão corretas apenas as proposições I, IV e V.

c) Estão corretas apenas as proposições I, II, III e IV.

d) Todas as proposições estão corretas.

e) Apenas três das proposições estão corretas.

COMENTÁRIOS

✪ **Nota do autor:** o princípio da legalidade, segundo o qual nenhum fato pode ser considerado crime e nenhuma pena criminal pode ser aplicada, sem que antes desse mesmo fato tenham sido instituídos por lei o tipo delitivo e a pena respectiva, constitui uma real limitação ao poder estatal de interferir na esfera de liberdades individuais. Daí sua inclusão na Constituição, entre os direitos e garantias fundamentais (CF art. 5°, XXXIX).

Item I: não basta que a norma penal incriminadora tenha sido instituída por lei em sentido estrito (princípio da reserva legal), mas esta deve também ser anterior ao fato criminoso (princípio da anterioridade), escrita, estrita, certa e necessária.

Item II: não há crime (ou contravenção penal), nem pena (ou medida de segurança) sem lei ***estrita*** (*nullum crimen, nulla poena sine lege*), proibindo-se a utilização da analogia para criar tipo incriminador, fundamentar ou agravar a pena. Entretanto, a analogia *in bonam partem* é perfeitamente possível, encontrando justificativa no princípio da equidade.

Item III: conforme já destacado no item anterior, a analogia *in bonam partem* é admitida, reservando-se a vedação para as situações de agravamento da situação do autor do fato criminoso.

Item IV: nos termos do art. 5º, inciso XL, da Constituição Federal, a lei penal não retroagirá, salvo para beneficiar o réu. Complementando o dispositivo, o Código Penal, no parágrafo único do art. 2º, dispõe que "A lei posterior, que de qualquer modo favorecer o agente, aplica-se aos fatos anteriores, ainda que decididos por sentença condenatória transitada em julgado.".

Item V: se determinada lei, beneficiando o agente, entra em vigor após a prática do fato, haverá retroatividade e seus efeitos continuarão a incidir mesmo que o crime venha a ser investigado ou julgado após sua revogação. A lei, no caso, é ultra-ativa.

Alternativa correta: letra "a".

6. LEI PENAL NO TEMPO

---

20. (FGV – Delegado de Polícia – SC/2024) Um pacote legislativo resultou na aprovação de três novas leis penais no Congresso Nacional. A Lei A revogou o crime previsto no art. 28 da Lei de Drogas (Lei n° 11.343/06). Noutro giro, a Lei B alterou o texto do art. 213 do Código Penal, passando a prever para o crime de estupro a pena de 8 a 12 anos de reclusão. Por fim, a Lei C alterou o art. 155 do Código Penal, passando a prever para o crime de furto simples a pena de detenção de 1 a 5 anos. Em relação ao tema, assinale a afirmativa correta.

a) A lei A se refere à hipótese de irretroatividade da lei penal mais severa.

b) As leis A e C constituem hipóteses de *novatio legis in mellius.*

c) As leis B e C se referem à hipótese de retroatividade da lei penal mais benéfica.

d) A lei B se refere à hipótese de ultratividade da lei anterior mais benéfica.

e) A lei C se refere à hipótese de *novatio legis* incriminadora.

COMENTÁRIOS

Alternativa "a": se a lei "A" revogou um crime, aplica-se a retroatividade benéfica.

Alternativa "b": a lei "A" constitui *abolitio criminis*. A lei "C", apesar de ter modificado a pena do furto simples de reclusão para detenção, aumentou o máximo cominado de quatro para cinco anos. A depender do caso concreto, isso pode ser benéfico ou prejudicial. Imaginemos que João, reincidente, tenha cometido um furto sob a vigência da lei anterior. Em tese, seria possível que iniciasse o cumprimento da pena no regime fechado. No entanto, se a nova lei impõe ao crime a pena de detenção, deve retroagir para beneficiar João, que poderá, no máximo, iniciar o cumprimento da pena em regime semiaberto. Por outro lado, imaginemos que José, primário, tenha praticado, sob a vigência da lei anterior, um furto simples cujas circunstâncias admitam a imposição da pena no máximo cominado. Neste caso, a lei "C" não pode retroagir prejudicialmente.

Alternativa "c": a lei "B" em nenhuma hipótese pode ser considerada benéfica, pois aumenta a pena do estupro de 6 a 10 anos para 8 a 12 anos de reclusão.

Alternativa "d": a lei "B", que aumenta a pena do estupro, pode ensejar a ultratividade da lei penal benéfica. Isso porque, com a majoração da pena cominada ao crime, a lei anterior continua a ser aplicada aos fatos cometidos antes da lei "B", que não pode retroagir para prejudicar.

Alternativa "e": a *novatio legis incriminadora* é a lei que não existia no momento da prática da conduta e que passa a considerar como delito a ação ou omissão realizada. Não é disso que trata a lei "C", como vimos.

Alternativa correta: letra "d".

---

21. (UFPR – Delegado de Polícia – PC – PR/2021) Sobre a aplicação da lei penal no tempo, assinale a alternativa INCORRETA.

a) O que determina se a lei é mais favorável ao réu e com isso pode retroagir é a sua aplicação ao caso concreto (e não a análise da norma em abstrato).

b) Ninguém pode ser punido por fato que lei posterior deixa de considerar crime, cessando em virtude dela a execução e os efeitos penais da sentença condenatória.

c) Segundo o critério presente em nossa legislação, o crime é considerado cometido no momento do resultado, ainda que a conduta tenha ocorrido anteriormente.

d) Como regra, a lei penal se aplica aos fatos ocorridos durante a sua vigência, ou seja, em geral não possui extra-atividade.

e) A lei excepcional ou temporária, embora decorrido o período de sua duração ou cessadas as circunstâncias que a determinaram, aplica-se ao fato praticado durante sua vigência.

COMENTÁRIOS

Alternativa "a": a *novatio legis in mellius* é a nova lei que de qualquer modo beneficia o réu, também conhecida como *lex mitior*. Esta lei retroagirá, atendendo à regra, prevista no art. 2º, parágrafo único, do Código Penal. É o caso concreto que deve determinar se uma lei nova favorece o réu e, por isso, deve retroagir.

Alternativa "b": a assertiva reproduz o art. 2º, *caput*, do CP. Trata-se da abolição do crime (supressão da figura criminosa) pela superveniência de lei descriminalizadora. A lei penal abolicionista não deve respeito à coisa julgada.

Alternativa "c": a teoria que rege o tempo do crime, adotada no art. 4º do CP, é a da atividade, segundo a qual o crime é considerado cometido no momento da ação ou omissão, ainda que outro seja o momento do resultado.

Alternativa "d": como decorrência do princípio da legalidade, aplica-se, em regra, a lei penal vigente ao tempo da realização do fato criminoso (*tempus regit actum*). A lei penal, para produzir efeitos no caso concreto, deve ser editada antes da prática da conduta que busca incriminar. *Excepcionalmente*, no entanto, será permitida a retroatividade da lei penal para alcançar fatos passados, desde que benéfica ao réu. A essa possibilidade conferida à lei de movimentar-se no tempo (para beneficiar o réu) dá-se o nome de extra-atividade. A extra-atividade deve ser compreendida como gênero do qual são espécies: a) a retroatividade, capacidade que a lei penal tem de ser aplicada a fatos praticados antes da sua vigência; b) a ultra-atividade, que representa a possibilidade de aplicação da lei penal mesmo após a sua revogação ou cessação de efeitos.

Alternativa "e": as leis temporária e excepcional têm duas características essenciais: a) autorrevogabilidade: consideram-se revogadas assim que encerrado o prazo fixado (lei temporária) ou cessada a situação de anormalidade (lei excepcional); b) ultra-atividade: alcançam os fatos praticados durante a sua vigência, ainda que as circunstâncias de prazo (lei temporária) e de emergência (lei excepcional) tenham se esvaído, uma vez que essas condições são elementos temporais do próprio fato típico.

Alternativa correta: letra "c".

---

22. (Inst. Acesso – Delegado de Polícia – PC – ES/2019) Tício, morador do Rio de Janeiro, começou a namorar Gabriela, uma jovem moradora da cidade de São Paulo. Com o passar do tempo e os efeitos da distância, Tício, motivado por ciúmes, resolveu tirar a vida de Gabriela. Pôs-se então a planejar a prática do crime em sua casa, no Rio de Janeiro, tendo adquirido uma faca, instrumento com o qual planejou executar o crime. No dia em que seguiu para São Paulo para encontrar Gabriela, que lhe o esperava na rodoviária, Tício combinou com a jovem uma viagem a passeio para o Espírito Santo. Ao ingressarem no ônibus que os levaria de São Paulo para o Espírito Santo, Tício afirmou para Gabriela que iria matá-la. Todavia, dada a calma de Tício, a jovem achou que se tratava de uma brincadeira. Durante o trajeto, Tício, ofereceu a ela uma bebida contendo substância que causava a perda dos sentidos.

Após Gabriela beber e dormir, sob efeito da substância, enquanto passavam pela BR-101, no Rio de Janeiro, Tício passou a desferir golpes com a faca no peito da jovem. Quando chegou ao destino, Tício se entregou para polícia, e Gabriela, embora tenha sido socorrida, veio a óbito ao chegar ao Hospital.

O crime descrito no texto foi praticado, de acordo com a lei penal, no momento

a) da ação ou omissão, ainda que outro seja o momento do resultado. Trata-se, portanto, do momento em que Tício desferiu os golpes em Gabriela.
b) em que o agente se prepara para a promoção da conduta criminosa. Ou seja, trata-se do momento em que Tício planejou e adquiriu as ferramentas necessárias ao cometimento do crime.
c) em que a autoridade policial toma conhecimento do crime. Ou seja, quando Tício se entregou para a polícia.
d) em que é alcançada a consumação do crime. Trata-se, portanto, do momento da morte de Gabriela, que ocorreu no hospital.
e) da ação ou omissão, se este for concomitante ao resultado. Não sendo possível determiná-lo, no presente caso, em razão da separação temporal entre a conduta e o resultado.

COMENTÁRIOS

Alternativa "a" (responde, também, a alternativa "d"): para a correta (e justa) aplicação da lei penal é imprescindível definir o tempo do crime, ou seja, quando um crime se considera praticado. O nosso Código Penal, em seu artigo 4°, adotou a teoria da atividade, dispondo que *"considera-se praticado o crime no momento da ação ou omissão, ainda que outro seja o momento do resultado"*. Existem, ainda, duas outras teorias que explicam o tempo do crime. São elas a teoria do resultado (do evento ou do efeito), segundo a qual se considera praticado o crime quando da ocorrência do seu resultado (ex.: local do óbito) e a teoria mista ou da ubiquidade, que considera tempo do crime tanto o momento da ação ou omissão quanto o momento da produção do resultado (ex.: local das facadas ou local do óbito).

Alternativa "b": o local dos atos preparatórios não tem relevância para estabelecer o tempo do crime, a não ser que estes atos em si caracterizem crimes autônomos.

Alternativa "c": tampouco pode ter relevância para o tempo do crime o momento em que a autoridade policial toma conhecimento de sua prática, algo absolutamente externo à ação delituosa.

Alternativa "e": a concomitância da ação e do resultado também não tem relevância para estabelecer o tempo do crime, baseado unicamente no momento da conduta.

Alternativa correta: letra "a".

23. (Inst. Acesso – Delegado de Polícia – PC – ES/2019) "Chamamos de extra-atividade a capacidade que tem a lei penal de se movimentar no tempo regulando fatos ocorridos durante sua vigência, mesmo depois de ter sido revogada, ou de retroagir no tempo, a fim de regular situações ocorridas anteriormente à sua vigência". (GRECO, Rogério. Curso de Direito Penal: parte geral. vol. 1. 17. ed. Rio de Janeiro: Impetus, 2015, p.159). Segundo esse autor a extra-atividade é gênero do qual seriam espécies a ultra-atividade e a retroatividade.

Leia as afirmativas a seguir e marque a alternativa correta:

a) A garantia penal positivada na Constituição Federal brasileira (1988) promove a retroatividade da lei penal mais benéfica quando o condenado, por uma conduta típica, apresenta residência fixa, após cometimento do ilícito penal.
b) A lei penal possui ultra-atividade, nos casos em que, mesmo após sua revogação por lei mais gravosa, continua sendo válida em relação aos efeitos penais mais brandos da lei que era vigente no momento da prática delitiva.
c) A aplicação da irretroatividade em direito penal funciona como garantia legal do ius puniendi que pretende auferir a punição mais gravosa ao condenado.
d) A ultra-atividade da lei penal funciona como mecanismo de endurecimento da norma penal, ao passo que funciona como técnica de resolução de conflito para aplicação de um direito penal punitivo.
e) A figura da ultra-atividade da norma penal realiza o objetivo de garantir a condenação do réu pela norma penal vigente na prática da conduta delitiva, com o principal objetivo de promover a segurança jurídica em âmbito penal.

COMENTÁRIOS

Alternativa "a": para a retroatividade da lei penal benéfica a Constituição Federal não impõe requisito relativo à residência fixa do condenado. E não faria mesmo nenhum sentido que impusesse, pois a possibilidade de que a lei retroaja não tem nenhuma relação com essa espécie de circunstância.

Alternativa "b" (responde, também, as alternativas "d" e "e"): a ultra-atividade representa a possibilidade de aplicação da lei penal mesmo após a sua revogação ou cessação de efeitos. Pode ocorrer no caso da irretroatividade da lei mais severa. Ex.: A Lei "A" (pena de 1 a 3 anos) é revogada pela Lei "B" (pena de 2 a 4 anos). A Lei "B" não pode retroagir para alcançar os fatos pretéritos, pois prejudicial. Neste caso, para os fatos anteriores, continua sendo aplicada a Lei "A". Outro caso em que se aplica a ultra-atividade é o das leis temporárias e excepcionais. De fato, por serem ultra-ativas, essas leis alcançam os fatos praticados durante a sua vigência, ainda que as circunstâncias de prazo (lei temporária) e de emergência (lei excepcional) tenham se esvaído, uma vez que essas condições são elementos temporais do próprio fato típico. Observe-se que, por serem (em regra) de curta duração, se não tivessem a característica da ultra-atividade essas leis perderiam sua força intimidativa. Em outras palavras, podemos afirmar que as leis temporárias e excepcionais não se sujeitam aos efeitos da *abolitio criminis* (salvo se houver lei expressa com esse fim).

Alternativa "c": o artigo 5º, inc. XL, da CF/88 enuncia, como **regra geral,** que *"a lei penal não retroagirá, salvo para beneficiar o réu".* Trata-se da **irretroatividade** da lei penal, excetuada *somente* quando esta lei beneficia de algum modo o acusado (ou mesmo o condenado). Esta retroatividade da *lei benéfica* é determinada por razões de política criminal, autorizando que a lei nova – que deveria produzir efeitos a partir da sua entrada em vigor – produza efeitos sobre as ações ou omissões realizadas antes de sua existência no mundo jurídico. A irretroatividade serve, portanto, como garantia de que fatos anteriores a determinada lei *não sejam* abarcados por suas disposições, exceto se de alguma forma beneficiarem o autor do fato.

Alternativa correta: letra "b".

---

24. (Vunesp – Delegado de Polícia – CE/2015) Ninguém pode ser punido por fato que lei posterior deixa de considerar crime, cessando em virtude dela a execução ________; a lei posterior, que de qualquer modo favorecer o agente, aplica-se aos fatos anteriores, ____________

Assinale a alternativa que preenche, correta e respectivamente, as lacunas.

a) e os efeitos penais da sentença condenatória ... desde que não decididos por sentença transitada em julgado

b) e os efeitos penais da sentença condenatória ... ainda que decididos por sentença condenatória transitada em julgado

c) e os efeitos penais da sentença condenatória, excluídos os efeitos civis ... desde que não decididos por acórdão transitado em julgado

d) e os efeitos penais da sentença condenatória, excluídos os efeitos civis ... ainda que decididos por sentença condenatória transitada em julgado

e) mas mantidos os efeitos penais da sentença condenatória ... desde que não decididos por sentença transitada em julgado

COMENTÁRIOS

Trata-se do art. 2º do Código Penal, segundo o qual: a) ninguém pode ser punido por fato que lei posterior deixa de considerar crime, cessando em virtude dela a execução e os efeitos penais da sentença condenatória (*caput*); b) a lei posterior, que de qualquer modo favorecer o agente, aplica-se aos fatos anteriores, ainda que decididos por sentença condenatória transitada em julgado (parágrafo único). O *caput* faz referência à *abolitio criminis*, que representa a supressão da figura criminosa, extinguindo os efeitos penais com a retirada do nome do agente do rol dos culpados, sem que seja possível considerar a condenação para fins de reincidência ou de antecedentes penais. Mantém-se, no entanto, a obrigação de indenizar o dano causado. O parágrafo único, por sua vez, diz respeito à *novatio legis in mellius*, a lei que de qualquer modo beneficia o réu, também conhecida como *lex mitior.* A lei **penal** nova que beneficia o réu, a exemplo da abolicionista, também **não respeita a coisa julgada**, sendo aplicada mesmo quando o agente já tenha sido condenado definitivamente.

Alternativa correta: letra "b" (responde, também, as demais alternativas).

---

25. (NUCEPE – Delegado de Polícia – PI/2014) Considerando que Marcos fora processado pelo crime de rapto violento em janeiro de 2005 e mencionado crime fora revogado pela Lei n.11.106, de 28 de março de 2005, julgue as afirmações a seguir:

I. A lei penal pode retroagir em algumas hipóteses.

II. Se Marcos já tiver sido condenado antes de março de 2005, permanecerá sujeito à pena aplicada na sentença condenatória.

III. Na hipótese, ocorre a abolitio criminis.

IV. Se Marcos ainda não tiver sido condenado no juízo a quo, poderá ocorrer a extinção da punibilidade desde que ela seja provocada pelo réu.

a) I, III e IV estão corretas.

b) III e IV estão corretas.

c) I e IV estão corretas.

d) I e III estão corretas.

e) II e IV estão corretas.

COMENTÁRIOS

✪ **Nota do autor:** a questão traz um caso hipotético de *abolitio criminis.* A privação da liberdade com finalidade libidinosa era etiquetada pelo Código Penal como crime sexual de rapto (arts. 219 e 220). Com o advento da Lei 11.106/2005, tal modalidade criminosa acabou por ser abolida formalmente do nosso ordenamento jurídico, passando a configurar qualificadora do sequestro. Não houve, contudo, *abolitio criminis*, não se extraindo da mudança legal a intenção do legislador em ver abolida a conduta de privar alguém da sua liberdade de locomoção, com finalidade libidinosa. O que ocorreu, na verdade, foi uma mera revogação formal do tipo do art. 219, permanecendo materialmente típica a conduta, agora deslocando a sua subsunção (enquadramento) no disposto no art. 148, § 1º, V, do CP (princípio da continuidade normativo-típica).

Item I: como decorrência do princípio da legalidade, aplica-se, **em regra**, a lei penal vigente ao tempo da **realização** do fato criminoso (*tempus regit actum*). A lei penal, para produzir efeitos no caso concreto, deve ser editada antes da prática da conduta que busca incriminar. Excepcionalmente, no entanto, será permitida a retroatividade da lei penal para alcançar fatos passados, desde que benéfica ao réu.

Item II: a lei penal abolicionista não deve respeito à coisa julgada. Isso porque, por expressa disposição do artigo 2º, *caput*, CP, cessarão tanto a execução quanto os efeitos penais da sentença condenatória. Tal dispositivo não infringe o artigo 5º, inc. XXXVI, da CF ("a lei não prejudicará o direito adquirido, o ato jurídico e a coisa julgada"), pois o mandamento constitucional tutela a garantia individual e não o direito de punir do Estado. No entanto, mesmo com a revogação do crime, subsiste, por exemplo, a obrigação de indenizar o dano causado, enquanto os efeitos penais terão de ser extintos, retirando-se o nome do agente do rol dos culpados, não podendo a condenação ser considerada para fins de reincidência ou de antecedentes penais.

Item III: a abolição do crime representa a supressão da figura criminosa. Trata-se da revogação de um tipo penal pela superveniência de lei descriminalizadora. A lei abolicionista está prevista no artigo 2º, *caput*, do Código Penal, que preceitua que: *"Ninguém pode ser punido por fato que lei posterior deixa de considerar crime, cessando em virtude dela a execução e os efeitos penais da sentença condenatória"*. É fenômeno verificado sempre que o legislador, atento às mutações sociais (e ao princípio da intervenção mínima), resolve não mais incriminar determinada conduta, retirando do ordenamento jurídico-penal a infração que a previa, julgando que o Direito Penal não mais se faz necessário à proteção de determinado bem jurídico. É o que ocorreu com o crime de adultério, anteriormente previsto como crime no art. 240 do CP e revogado pela Lei nº 11.106/2005.

Item IV: aplicação dos efeitos relativos à *abolitio criminis* não depende de provocação do réu.

Alternativa correta: letra "d".

26. (UEL - Delegado de Polícia - PR/2013) Quanto à eficácia temporal da Lei Penal, relacione a coluna da esquerda com a da direita.

I	*Novatio legis incriminadora.*	a) Lei supressiva de incriminação.
II	*Novatio legis in pejus.*	b) Aplicável às leis temporais e excepcionais.
III	*Novatio legis in mellius.*	c) Lei nova incrimina fato anteriormente considerado lícito.
IV	*Abolítio criminis.*	d) Lei nova modifica o regime anterior, agravando a situação do sujeito.
V	Ultra-atividade.	e) Lei nova modifica o regime anterior, beneficiando a situação do sujeito.

Assinale a alternativa que contém a associação correta.

a) I – C, II – D, III – A, IV – E, V – B.
b) I – C, II – D, III – E, IV – A, V – B.
c) I – D, II – B, III – A, IV – E, V – C.
d) I – D, II – C, III – B, IV – A, V – E.
e) I – D, II – C, III – E, IV – A, V – B.

COMENTÁRIOS

Item I: a *novatio legis* incriminadora é a lei que não existia no momento da prática da conduta e que passa a considerar como delito a ação ou omissão realizada. Esta norma é **irretroativa**, nos termos do artigo 1º do Código Penal.

Item II: a *novatio legis in pejus* é a nova lei que, de qualquer modo, prejudica o réu (*lex gravior*) e também é irretroativa, devendo ser aplicada a lei vigente quando do tempo do crime. Trata-se, como na hipótese de *novatio legis* incriminadora, de observância da lei ao princípio da anterioridade, corolário do princípio da legalidade.

Item III: a *novatio legis in mellius* é a nova lei que de qualquer modo beneficia o réu, também conhecida como *lex mitior*. Esta lei retroagirá, atendendo à regra, prevista também no art. 2º, parágrafo único, do Código Penal.

Item IV: a abolição do crime representa a supressão da figura criminosa. Trata-se da revogação de um tipo penal pela superveniência de lei descriminalizadora.

Item V: a ultra-atividade da lei penal representa a possibilidade de aplicação da lei penal mesmo após a sua revogação ou cessação de efeitos, aplicando-se às leis excepcionais e temporárias.

Alternativa correta: letra "b".

7. LEI PENAL NO ESPAÇO

27. (Vunesp - Delegado de Polícia - PC - SP/2022) A Extraterritorialidade do art. 7º do CP é fenômeno que

a) considera o crime praticado tanto no local da ação quanto no local do resultado.
b) estabelece que a pena cumprida no estrangeiro atenua a pena imposta no Brasil pelo mesmo crime, quando diversas, ou nela é computada, quando idênticas.
c) autoriza a aplicação da lei penal estrangeira a determinados fatos praticados no território nacional.
d) considera como território nacional o mar territorial e seu respectivo espaço aéreo.
e) prescreve a aplicação da lei penal brasileira a determinados fatos cometidos fora do território nacional.

COMENTÁRIOS

Alternativa "a": a extraterritorialidade não tem relação com o lugar do crime (art. 6º do CP), em que se aplica a teoria da ubiquidade, segundo a qual se considera praticado o crime no lugar em que ocorreu a ação ou omissão, no todo ou em parte, bem como onde se produziu ou deveria produzir-se o resultado.

Alternativa "b": o art. 8º do CP é que estabelece que a pena cumprida no estrangeiro atenua a pena imposta no Brasil pelo mesmo crime, quando diversas, ou nela é computada, quando idênticas. Por contrariar a vedação ao *bis in idem*, o dispositivo teve a eficácia limitada pelo STF. No julgamento do HC 171.118/SP, em 12 de novembro de 2019, o tribunal concluiu que o art. 8º do CP "deve ser lido em conformidade com os preceitos convencionais e a jurisprudência da Corte Interamericana de Direitos Humanos, vedando-se a dupla persecução penal por idênticos fatos".

Alternativa "c": o art. 7º do CP não dispõe a respeito da aplicação da lei estrangeira ao crime cometido do território nacional, mas o contrário, como veremos à frente.

Alternativa "d": o conceito de território para fins penais está no art. 5º do CP, segundo o qual aplica-se a lei brasileira, sem prejuízo de convenções, tratados e regras de direito internacional, ao crime cometido no território nacional. Consideram-se como extensão do território nacional as embarcações e aeronaves brasileiras, de natureza pública ou a serviço do governo brasileiro onde quer que se encontrem, bem como as aeronaves e as embarcações brasileiras, mercantes ou de propriedade privada, que se achem, respectivamente, no espaço aéreo correspondente ou em alto-mar.

Alternativa "e": em casos excepcionais, a nossa lei poderá extrapolar os limites do território, alcançando crimes cometidos exclusivamente no estrangeiro, fenômeno da extraterritorialidade. O Código Penal, no art. 7º, incs. I e II e § 3º, anuncia quais crimes ficam sujeitos à lei brasileira, embora cometidos no estrangeiro: I – os crimes: a) contra a vida ou a liberdade do presidente da República; b) contra o patrimônio ou a fé pública da União, do Distrito Federal, de estado, de território, de município, de empresa pública, sociedade de economia mista, autarquia ou fundação instituída pelo Poder Público; c) contra a Administração Pública, por quem está a seu serviço; d) de genocídio, quando o agente for brasileiro ou domiciliado no Brasil; II – os crimes: a) que, por tratado ou convenção, o Brasil se obrigou a reprimir; b) praticados por brasileiros; c) praticados em aeronaves ou embarcações brasileiras, mercante ou de propriedade privada, quando em território estrangeiro e aí não sejam julgados. § 3º A lei brasileira aplica-se também ao crime cometido por estrangeiro contra brasileiro fora do Brasil (...). Dependendo da hipótese, a extraterritorialidade será incondicionada (inc. I), condicionada (inc. II) ou hipercondicionada (§ 3º).

Alternativa correta: letra "e".

---

28. (Instituto AOCP – Delegado de Polícia – PC – PA/2021) Em relação ao Direito Penal, assinale a alternativa correta.

a) A interpretação analógica consiste na aplicação, ao caso não previsto em lei, de lei reguladora de caso semelhante.

b) A lei penal excepcional é aquela que tem o seu termo final explicitamente previsto em data certa do calendário. É espécie de lei intermitente, sendo autorrevogável e dotada de ultratividade.

c) O princípio da consunção se concretiza em quatro situações: crime continuado, crime progressivo, progressão criminosa e atos impuníveis.

d) Aos crimes conexos e aos crimes plurilocais, quanto ao lugar do crime, não se aplica a teoria da ubiquidade.

e) No tocante aos efeitos de sentença estrangeira condenatória para a caracterização da reincidência no Brasil, é imprescindível a sua homologação pelo STJ, não bastando apenas a sua existência e eficácia no exterior.

COMENTÁRIOS

Alternativa "a": na interpretação analógica (ou *intra legem*), a lei, atendendo ao princípio da legalidade, detalha todas as situações que pretende regular e, posteriormente, permite que situações semelhantes sejam abrangidas pelo dispositivo. É o que ocorre, por exemplo, no artigo 121, §2º, I, do Código Penal, que dispõe ser qualificado o homicídio quando cometido "mediante paga ou promessa de recompensa, ou por outro motivo torpe". Percebe-se que o legislador fornece uma fórmula casuística ("mediante paga ou promessa") e, em seguida, apresenta uma fórmula genérica ("ou por outro motivo torpe"). A interpretação analógica não se confunde com a analogia, na qual se parte do pressuposto de que não existe uma lei a ser aplicada ao caso concreto, motivo pelo qual é preciso socorrer-se de previsão legal empregada a outra situação similar.

Alternativa "b": embora seja, de fato, autorrevogável e ultra-ativa, a lei excepcional (ou temporária em sentido amplo) não é editada com termo final, mas o é em função de algum evento transitório, como estado de guerra, calamidade ou qualquer outra necessidade estatal, e perdura enquanto persistir o estado de emergência. É a lei temporária (ou temporária em sentido estrito) que vigora por um prazo determinado.

Alternativa "c": podemos falar em princípio da consunção nas seguintes situações: a) crime progressivo: para alcançar um resultado/crime mais grave, o agente passa, necessariamente, por um crime menos grave; b) progressão criminosa: o agente substitui o seu dolo e dá causa a resultado mais grave. Deseja praticar um crime menor e o consuma; em seguida, decide cometer um crime de maior gravidade e também o concretiza, atentando contra o mesmo bem jurídico; c) "antefactum" impunível: são fatos anteriores que estão na linha de desdobramento da ofensa mais grave. É o caso da violação de domicílio para praticar o furto; d) "postfactum" impunível: representa o exaurimento do crime principal praticado pelo mesmo indivíduo, que não é punido pela segunda conduta. Alguém que furta um automóvel e depois o danifica não pratica furto e dano.

Alternativa "d": como ensina Cleber Masson, nos crimes conexos não se aplica a teoria da ubiquidade porque "os diversos crimes não constituem uma unidade jurídica. Deve cada um deles, portanto, ser processado e julgado no país em que foi cometido" (Direito Penal Esquematizado - Parte Geral. 8ª ed. São Paulo: Método, 2014, p. 152). Nos crimes plurilocais (que percorrem dois ou mais territórios do mesmo país) se aplica o art. 70 do CPP.

Alternativa "e": nem todos os efeitos de sentença estrangeira são condicionados. Efetivamente, há determinados efeitos que não dependem de homologação. Por exemplo, para que uma sentença gere efeitos de reincidência não é necessário que ela seja homologada no país.

Alternativa correta: letra "d".

---

29. (Instituto AOCP - Delegado de Polícia - PC - PA/2021) De acordo com o Direito Penal, assinale a alternativa INCORRETA

a) Aplica-se a lei brasileira ao crime de homicídio cometido na Argentina contra o Presidente da República do Brasil. Trata-se de hipótese de extraterritorialidade incondicionada, dada a incidência do princípio da representação.

b) A sentença concessiva do perdão judicial é declaratória da extinção da punibilidade, não subsistindo qualquer efeito condenatório.

c) Consuma-se o crime de roubo com a inversão da posse do bem mediante emprego de violência ou grave ameaça, ainda que por breve tempo e em seguida à perseguição imediata ao agente e recuperação da coisa roubada, sendo prescindível a posse mansa e pacífica ou desvigiada.

d) Para a configuração do delito de violação de direito autoral e a comprovação de sua materialidade, é suficiente a perícia realizada por amostragem do produto apreendido, nos aspectos externos do material, e é desnecessária a identificação dos titulares dos direitos autorais violados ou daqueles que os representem.

e) O crime de estupro de vulnerável se configura com a conjunção carnal ou prática de ato libidinoso com menor de catorze anos, sendo irrelevante eventual consentimento da vítima para a prática do ato, sua experiência sexual anterior ou existência de relacionamento amoroso com o agente.

COMENTÁRIOS

Alternativa "a": em razão da extraterritorialidade incondicionada, a lei brasileira é de fato aplicável no crime de homicídio cometido no exterior contra o presidente do Brasil. Mas o princípio que fundamenta a aplicação da lei não é o da representação (do pavilhão, da substituição ou da bandeira), segundo o qual a lei nacional se aplica aos crimes cometidos em aeronaves e embarcações privadas, quando praticados no estrangeiro e aí não sejam julgados. No crime contra a vida do presidente da República incide o princípio da defesa (ou real): aplica-se a lei penal da nacionalidade do bem jurídico lesado (ou colocado em perigo), independentemente do local da infração penal e da nacionalidade do sujeito ativo.

Alternativa "b": perdão judicial (art. 107, IX, CP) é o instituto pelo qual o juiz, não obstante a prática de um fato típico e antijurídico por um sujeito comprovadamente culpado, deixa de lhe aplicar, nas hipóteses taxativamente previstas em lei, o preceito sancionador cabível, levando em consideração determinadas circunstâncias que concorrem para o evento. Em casos tais, o Estado perde o interesse de punir. Diverge a doutrina sobre a natureza da sentença concessiva do perdão: seria condenatória (o juiz deve primeiro declarar a procedência da ação para depois perdoar, livrando o réu de alguns efeitos, entre os quais a inclusão do seu nome no rol dos culpados, reincidência e aplicação de medidas de segurança) ou apenas declaratória de extinção de punibilidade? Segundo o STJ, "A sentença concessiva do perdão judicial é declaratória da extinção da punibilidade, não subsistindo qualquer efeito condenatório" (súmula 18).

Alternativa "c": no roubo próprio, a posição dos tribunais superiores é de que o crime se consuma com a subtração (o apoderamento) do bem mediante violência ou grave ameaça, dispensando o locupletamento do agente. A esse respeito, o STJ editou a súmula 582: "Consuma-se o crime de roubo com a inversão da posse do bem mediante emprego de violência ou grave ameaça, ainda que por breve tempo e em seguida à perseguição imediata ao agente e recuperação da coisa roubada, sendo prescindível a posse mansa e pacífica ou desvigiada".

Alternativa "d": sobre a forma de comprovação do crime tipificado no art. 184 do CP, o STJ sumulou o entendimento de que se dispensa a realização de perícia sobre todo o material apreendido, bastando que seja feita por amostragem. E não é necessário que se identifiquem os titulares dos direitos autorais violados (súmula nº 574).

Alternativa "e": é exatamente o que dispõe o § 5º do art. 217-A do CP, inserido pela Lei 13.718/18, reiterando o disposto na súmula 593 do STJ: "As penas previstas no *caput* e nos §§ 1º, 3º e 4º deste artigo aplicam-se independentemente do consentimento da vítima ou do fato de ela ter mantido relações sexuais anteriormente ao crime".

Alternativa correta: letra "a".

---

30. (Inst. Acesso - Delegado de Polícia - PC - ES/2019) João Carlos, 30 anos, brasileiro, com residência transitória na Argentina, aproveitando-se da aquisição de material descartado por uma indústria gráfica falida, passou a fabricar moeda brasileira em território argentino. Para garantir a diversidade da moeda falsificada, João imprimia notas de 50 e de 100 reais. Ao entrar em território brasileiro João foi revistado por policiais que encontraram as notas falsificadas em meio a sua bagagem. João foi acusado da prática do crime previsto no artigo 289 do Código Penal.

De acordo com as teorias que informam a aplicação da lei penal brasileira no espaço, é correto dizer que, nesse caso, cabe a aplicação

a) da lei argentina, em atenção à regra da territorialidade, uma vez que o crime fora praticado na Argentina.
b) incondicionada da lei brasileira, uma vez que o crime cometido atenta contra a fé pública.
c) condicionada da lei brasileira, pelo fato de a conduta ter sido cometida em território argentino.
d) condicionada da lei brasileira, já que a conduta integra dois ordenamentos jurídicos.
e) da lógica da extraterritorialidade, já que o fato ocorreu em território argentino.

COMENTÁRIOS

O critério geral adotado pelo nosso ordenamento penal é o de que a lei penal brasileira vale dentro do território nacional (físico e jurídico), sem prejuízo de convenções, tratados e regras de direito internacional. No entanto, em casos excepcionais, a nossa lei poderá extrapolar os limites do território, alcançando crimes cometidos exclusivamente no estrangeiro, num fenômeno denominado *extraterritorialidade*. O Código Penal, no art. 7º, inc. I, anuncia quais crimes ficam incondicionalmente sujeitos à lei brasileira, embora cometidos no estrangeiro: a) contra a vida ou a liberdade do Presidente da República; b) contra o patrimônio ou a fé pública da União, do Distrito Federal, de Estado, de Território, de Município, de empresa pública, sociedade de economia mista, autarquia ou fundação instituída pelo Poder Público; c) contra a administração pública, por quem está a seu serviço; d) de genocídio, quando o agente for brasileiro ou domiciliado no Brasil. Trata-se de situação em que a extraterritorialidade é *incondicionada*, ou seja, a lei brasileira é aplicada independentemente do preenchimento de qualquer requisito. Basta que o crime ocorra contra um dos bens jurídicos mencionados.

Em situações em que a extraterritorialidade é *condicionada* (art. 7º, inc. II, do CP), para que nossa lei seja aplicada é necessário o concurso das seguintes condições: (i) entrar o agente no território nacional; (ii) ser o fato punível também no país em que foi praticado; (iii) estar o crime incluído entre aqueles pelos quais a lei brasileira autoriza a extradição; (iv) não ter sido o agente absolvido no estrangeiro ou não ter aí cumprido a pena; (v) não ter sido o agente perdoado no estrangeiro ou, por outro motivo, não estar extinta a punibilidade, segundo a lei mais favorável.

No caso do enunciado, João Carlos deve ser punido incondicionalmente segundo a lei brasileira porque, embora cometido no estrangeiro, o crime de falsificação de moeda é cometido contra a fé pública da União.

Alternativa correta: letra "b" (responde, também, as demais alternativas).

---

31. (Nucepe - Delegado de Polícia - PC - PI/2018) Em relação à aplicação da lei penal é CORRETO afirmar que:

a) ficam sujeitos à lei brasileira, embora cometidos no estrangeiro, os crimes cometidos contra a vida ou o patrimônio do Presidente da República;
b) ficam sujeitos à lei brasileira, embora cometidos no estrangeiro, os crimes praticados por brasileiro; mesmo que o fato não seja punível também no país em que foi praticado;
c) ficam sujeitos à lei brasileira, embora cometidos no estrangeiro, os crimes contra o patrimônio ou a fé pública da União, do Distrito Federal, de Estado, de Território, de Município, de empresa pública, sociedade de economia mista, autarquia ou fundação instituída pelo Poder Público;
d) para os efeitos penais, consideram-se como extensão do território nacional as embarcações e aeronaves brasileiras, de natureza privada onde quer que se encontrem, bem como as aeronaves e as embarcações brasileiras mercantes, que se achem, respectivamente, no espaço aéreo correspondente ou em alto-mar;
e) é aplicável a lei brasileira aos crimes praticados a bordo de aeronaves ou embarcações estrangeiras de propriedade privada, achando-se aquelas em pouso no território nacional ou em voo no espaço aéreo correspondente, e estas em porto ou em alto-mar.

COMENTÁRIOS

Alternativa "a": ficam sujeitos à lei brasileira, embora cometidos no estrangeiro, os crimes contra a vida e a liberdade do presidente da República (art. 7º, inc. I, *a*, do CP). Crimes contra o patrimônio do presidente não entram nesta regra.

Alternativa "b": segundo o art. 7º, inc. II, *a*, do CP, ficam sujeitos à lei brasileira, embora cometidos no estrangeiro, os crimes praticados por brasileiros, desde que, evidentemente, o fato seja punível no país em que foi praticado.

Alternativa "c": é caso de extraterritorialidade incondicionada, segundo o disposto no art. 7º, inc. I, *b*, do CP, a prática de crime, embora no estrangeiro, contra o patrimônio ou a fé pública da União, do Distrito Federal, de Estado, de Território, de Município, de empresa pública, sociedade de economia mista, autarquia ou fundação instituída pelo Poder Público.

Alternativa "d": consideram-se como extensão do território nacional as embarcações e aeronaves brasileiras, de natureza pública ou a serviço do governo brasileiro onde quer que se encontrem, bem como as aeronaves e as embarcações brasileiras, mercantes ou de propriedade privada, que se achem, respectivamente, no espaço aéreo correspondente ou em alto-mar. É o que estabelece o art. 5º, § 1º, do CP.

Alternativa "e": é aplicável a lei brasileira aos crimes praticados a bordo de aeronaves ou embarcações estrangeiras de propriedade privada, achando-se aquelas em pouso no território nacional ou em voo no espaço aéreo correspondente, e estas em porto ou mar territorial do Brasil (não em alto-mar, como aponta a assertiva).

Alternativa correta: letra "c".

32. (Vunesp – Delegado de Polícia – CE/2015) Ficam sujeitos à lei brasileira, embora cometidos no estrangeiro, mas desde que presentes algumas condições (entrar o agente no território nacional; ser o fato punível também no país em que foi praticado; estar o crime incluído entre aqueles pelos quais a lei brasileira autoriza a extradição; não ter sido o agente absolvido no estrangeiro ou não ter aí cumprido a pena; não ter sido o agente perdoado no estrangeiro ou, por outro motivo, não estar extinta a punibilidade, segundo a lei mais favorável), os crimes

a) contra a administração pública, por quem está a seu serviço.
b) de genocídio, quando o agente for brasileiro ou domiciliado no Brasil.
c) contra a vida ou a liberdade do Presidente da República.
d) que, por tratado ou convenção, o Brasil se obrigou a reprimir.
e) contra o patrimônio ou a fé pública da União, do Distrito Federal, de Estado, de Território, de Município, de empresa pública, sociedade de economia mista, autarquia ou fundação instituída pelo Poder Público.

COMENTÁRIOS

Alternativa "a": a aplicação da lei brasileira aos crimes contra a administração pública cometidos no estrangeiro, por quem está a seu serviço, é hipótese de extraterritorialidade incondicionada. Nesse caso, a lei brasileira, para ser aplicada, não depende do preenchimento de qualquer requisito. Verificada a infração penal, aplica-se a lei brasileira, não importando se o autor foi *absolvido ou condenado no estrangeiro*. Para Guilherme de Souza Nucci, esta modalidade de extraterritorialidade é inconstitucional diante da absoluta impossibilidade de alguém se ver processado duas vezes pelo mesmo fato. Por isso, ainda que a lei assim não considere, a extraterritorialidade será sempre subordinada à condição de que o agente não tenha sido processado (condenado ou absolvido) no exterior (*Código Penal Comentado*. 13ª ed. São Paulo: RT, 2012, p. 109). A interpretação de Nucci é reforçada pela decisão proferida pelo STF no HC 171.118/SP, na qual o tribunal concluiu que o art. 8º do CP ("A pena cumprida no estrangeiro atenua a pena imposta no Brasil pelo mesmo crime, quando diversas, ou nela é computada, quando idênticas") "deve ser lido em conformidade com os preceitos convencionais e a jurisprudência da Corte Interamericana de Direitos Humanos, vedando-se a dupla persecução penal por idênticos fatos".

Alternativas "b", "c" e "e": estão erradas porque também tratam de hipóteses de extraterritorialidade incondicionada.

Alternativa "d": de acordo com o art. 7º, inciso II, alínea *a*, do Código Penal, ficam sujeitos à lei brasileira, embora cometidos no estrangeiro, os crimes que, por tratado ou convenção, o Brasil se obrigou a reprimir. Trata-se de uma das situações de extraterritorialidade condicionada.

O critério geral adotado pelo nosso ordenamento penal é o de que a lei penal brasileira, *sem prejuízo de convenções, tratados e regras de direito internacional*, vale dentro do território nacional (físico e jurídico). No entanto, em casos excepcionais, a nossa lei poderá extrapolar os limites do território, alcançando crimes cometidos **exclusivamente no estrangeiro**, fenômeno da extraterritorialidade.

Na extraterritorialidade **condicionada,** para que a nossa lei possa ser aplicada, faz-se necessário o concurso das seguintes condições (art. 7º, § 2º, CP): **(i) entrar o agente no território nacional:** não se exige a permanência do agente, apenas o seu ingresso no território nacional, considerado na sua dimensão física ou jurídica; **(ii) ser o fato punível também no país em que foi praticado:** este requisito tem natureza de **condição objetiva de punibilidade**, de modo que a sua ausência não impede o processo, porém a sua ausência por ocasião do julgamento gera a improcedência da ação penal; **(iii) estar o crime incluído entre aqueles pelos quais a lei brasileira autoriza a extradição:** há uma perfeita coincidência entre os crimes pelos quais o Brasil autoriza a extradição e os crimes pelos quais o Brasil aplica a lei brasileira (em apertada síntese, o art. 82, inciso IV, da Lei 13.445/17 veda a extradição se a lei brasileira impuser ao crime pena de prisão inferior a dois anos); **(iv) não ter sido o agente absolvido no estrangeiro ou não ter aí cumprido a pena; (v) não ter sido o agente perdoado no estrangeiro ou, por outro motivo, não estar extinta a punibilidade, segundo a lei mais favorável.**

Alternativa correta: letra "d".

33. (ACAFE – Delegado de Polícia – SC/2014) Observadas as disposições do Código Penal, assinale a alternativa correta.

a) É aplicável a lei do país de procedência aos crimes praticados a bordo de aeronaves ou embarcações estrangeiras de propriedade privada, achando-se aquelas em pouso no território nacional ou em voo no espaço aéreo correspondente, e estas em porto ou mar territorial do Brasil.
b) A sentença estrangeira, quando a aplicação da lei brasileira produz na espécie as mesmas consequências, não pode ser homologada no Brasil para obrigar o condenado à reparação do dano, a restituições e a outros efeitos civis.
c) Para os efeitos penais consideram-se como extensão do território nacional as embarcações e aeronaves brasileiras, de natureza pública ou a serviço do

governo brasileiro, onde quer que se encontrem, bem como as aeronaves e as embarcações brasileiras mercantes ou de propriedade privada, que se achem, respectivamente, no espaço aéreo correspondente ou em alto-mar.

d) Considera-se praticado o crime no lugar em que ocorreu a ação ou omissão, no todo ou em parte, exceto se em outro local produziu ou deveria produzir-se o resultado.

e) Ficam sujeitos à lei brasileira, embora cometidos no estrangeiro, os crimes de injúria, calúnia e difamação praticados contra o Presidente da República do Brasil.

COMENTÁRIOS

Alternativa "b": o art. 9º, inciso I, do Código Penal estabelece que a sentença estrangeira, quando a aplicação da lei brasileira produz na espécie as mesmas consequências, pode ser homologada no Brasil para obrigar o condenado à reparação do dano, a restituições e a outros efeitos civis.

Alternativa "c" (responde, também, a alternativa "a"): para os efeitos penais, consideram-se como extensão do território nacional as embarcações e aeronaves brasileiras, de natureza pública ou a serviço do governo brasileiro onde quer que se encontrem, bem como as embarcações e as aeronaves brasileiras (matriculadas no Brasil), mercantes ou de propriedade privada, que se achem, respectivamente, em alto-mar ou no espaço aéreo correspondente (art. 5°, § 1°, CP). É também aplicável a lei brasileira aos crimes cometidos a bordo de aeronaves ou embarcações estrangeiras de propriedade privada, achando-se aquelas em pouso no território nacional ou em voo no espaço aéreo correspondente, e estas em porto ou mar territorial do Brasil (art. 5º, § 2°, CP). Do exposto, extraímos as seguintes conclusões: **a)** Quando os navios ou aeronaves brasileiros forem públicos ou estiverem a serviço do governo brasileiro, quer se encontrem em território nacional ou estrangeiro, são considerados parte do nosso território; **b)** Se os navios ou aeronaves forem privados, quando em alto-mar ou espaço aéreo correspondente, seguem a lei da bandeira que ostentam; **c)** Quanto aos navios e aeronaves estrangeiros, em território brasileiro, desde que privados, são considerados parte de nosso território.

Alternativa "d": a respeito do lugar do crime, aplica-se a teoria da ubiquidade, segundo a qual considera-se praticado o crime no lugar em que ocorreu a ação ou omissão, no todo ou em parte, bem como onde se produziu ou deveria produzir-se o resultado. Logo, sempre que por força do critério da ubiquidade o fato se deva considerar praticado **tanto no território brasileiro como no estrangeiro**, será aplicável a lei brasileira.

Alternativa "e": de acordo com o art. 7º, inciso I, alínea *a*, do Código Penal, ficam sujeitos à lei brasileira, embora cometidos no estrangeiro os crimes contra a vida ou a liberdade do presidente da República. Trata-se de uma das hipóteses de extraterritorialidade incondicionada, que, portanto, não abrange os crimes contra a honra do presidente da República.

Alternativa correta: letra "c"

---

34. (FUNCAB - Delegado de Polícia - ES/2013) Quanto à aplicação da lei penal brasileira no espaço, é correto afirmar:

I. O princípio da universalidade, preconizado no artigo 7°, II, a, do CP não obsta a concessão da extradição ao Estado no qual ocorreram as práticas delituosas.

II. Em razão do princípio da personalidade passiva, o brasileiro nato não pode ser extraditado, entretanto é submetido à lei brasileira quando pratica crime no estrangeiro, mesmo que já tenha cumprido pena ou tenha sido absolvido no país onde praticou o crime.

III. A legislação brasileira adota de forma irrestrita o princípio da justiça universal; inclusive nos crimes de tráfico de pessoas esse princípio prevalece em prejuízo do princípio da territorialidade.

IV. O território onde estão instaladas as embaixadas estrangeiras passam a constituir território do Estado da embaixada.

Indique a opção que contempla a(s) assertiva(s) correta(s).

a) I, II, III e IV.

b) II, III e IV, apenas.

c) III e IV, apenas.

d) I e IV, apenas.

e) I, apenas.

COMENTÁRIOS

Item I: de acordo com o **princípio da justiça penal universal ou da justiça cosmopolita,** o agente fica sujeito à lei do país onde for encontrado, não importando a sua nacionalidade, do bem jurídico lesado ou do local do crime. Esse princípio está normalmente presente nos tratados internacionais de cooperação de repressão a determinados delitos de alcance transnacional. Nada impede, no entanto, que o país em que o agente foi encontrado o extradite àquele onde o fato foi cometido.

Item II: pelo **princípio da nacionalidade ou personalidade passiva,** aplica-se a lei penal da nacionalidade do ofendido. O fato de o brasileiro não poder ser extraditado em nada se relaciona com este princípio, tratando-se de regra insculpida no art. 5º, inciso LI, da Constituição Federal.

Item III: a hipótese de extraterritorialidade estabelecida no art. 7º, inciso II, *a*, do Código Penal (aplica-se a lei brasileira, embora cometidos no estrangeiro, aos crimes que, por tratado ou convenção, o Brasil se obrigou a reprimir), por exemplo, representa a adoção do princípio da justiça universal, mas não é aplicada irrestritamente, pois se trata de extraterritorialidade condicionada, ou seja, a aplicação da lei brasileira depende de entrar o agente no território nacional; de ser o fato punível também no país em que foi praticado; de estar o crime incluído entre aqueles pelos quais a lei brasileira autoriza a extradição; de não ter sido o agente absolvido no estrangeiro ou não ter aí cumprido a pena; de não ter sido o agente perdoado no estrangeiro ou, por outro motivo, não estar extinta a punibilidade, segundo a lei mais favorável (art. 7º, § 2º, do Código Penal).

Item IV: é importante observar que o Código Penal não trouxe qualquer regra específica atinente às **embaixadas,** motivo pelo qual se conclui que elas, embora sejam invioláveis, **não** constituem extensão do território do país que representam. Assim, a título de exemplo, a embaixada norte-americana no Brasil é território brasileiro e ao crime nela praticado será aplicada a lei penal brasileira – salvo a incidência de convenção, tratado ou regra de direito internacional.

Alternativa correta: letra "e".

8. LEI PENAL EM RELAÇÃO ÀS PESSOAS

35. (Cespe – Delegado de Polícia – PC – RJ/2022) Em viagem ao Rio de Janeiro, Paolo, italiano, filho do embaixador da Itália no Brasil, registrado como dependente deste, com quem vive, foi à Lapa, onde se embriagou. Com a capacidade psicomotora comprometida, assumiu a direção de um veículo e, em seguida, devido à embriaguez, atropelou e matou uma pessoa. Nessa situação hipotética,

a) Paolo não possui imunidade diplomática, devendo a lei do Estado acreditante ser aplicada com primazia sobre a lei brasileira.

b) Paolo não poderá ser punido pela lei brasileira, pois, salvo em caso de renúncia, possui imunidade diplomática, embora possa ser punido pelas leis do Estado acreditante.

c) Paolo será isento de pena, seja no Brasil, seja no Estado acreditante, pois possui imunidade diplomática, salvo se renunciá-la.

d) embora Paolo possua imunidade diplomática, excetuada a hipótese de renúncia, ela se restringe aos atos de ofício, razão pela qual ele poderá ser punido pela lei brasileira.

e) como Paolo não fazia parte de missão diplomática, ele não possui nenhum tipo de imunidade penal, razão pela qual poderá ser punido pela lei brasileira.

COMENTÁRIOS

Por força da característica da generalidade da lei penal, todos devem obediência ao preceito primário da lei do país em que se encontram. Não é diferente em relação aos agentes diplomáticos que, entretanto, escapam à sua consequência jurídica (punição), permanecendo sob a eficácia da lei penal do Estado a que pertencem. Trata-se do fenômeno da intraterritorialidade, aplicando-se a lei penal estrangeira a fatos cometidos no território brasileiro. Por consequência, se no país de origem o fato não é crime, o agente não será responsabilizado.

O agente diplomático, por disposição expressa, não poderá ser objeto de nenhuma forma de detenção ou prisão (art. 29, Dec. nº 56.435/65). Essa inviolabilidade de que é portador estende-se à sua residência particular, seus documentos, correspondências e bens (art. 30, mesmo diploma). E, nos termos do art. 37 da Convenção de Viena sobre Relações Diplomáticas, os membros da família do agente diplomático que com ele convivam gozarão das imunidades estabelecidas, prerrogativa que, em regra, alcança também os membros do pessoal administrativo e técnico do corpo diplomático, além dos seus respectivos familiares.

As imunidades têm caráter irrenunciável, sendo vedado ao seu destinatário abdicar da prerrogativa, conferida em razão do cargo, não da pessoa. Não obstante, poderá haver renúncia, desde que expressa, por parte do Estado de origem do agente diplomático (denominado Estado acreditante), nos termos do artigo 32, 1 e 2, do Decreto nº 56.435/65.

Alternativa correta: letra "b" (responde, também, as demais alternativas).

9. CONFLITO APARENTE DE NORMAS

36. (FUNCAB – Delegado de Polícia – RO/2014) São princípios que solucionam o conflito aparente de normas penais:

a) insignificância, consunção, subsidiariedade e alteridade.

b) insignificância, alteridade, consunção e alternatividade.

c) especialidade, alteridade, consunção e subsidiariedade.

d) especialidade, alternatividade, subsidiariedade e insignificância.

e) especialidade, consunção, subsidiariedade e alternatividade.

COMENTÁRIOS

Alternativa "a": o princípio da insignificância não diz respeito ao conflito aparente de normas. Trata-se de princípio decorrente da fragmentariedade que afasta a aplicação da lei penal nos casos em que a ofensa concretamente perpetrada seja diminuta, isto é, **incapaz** de atingir materialmente e de forma relevante e intolerável o bem jurídico protegido. Nesses casos, estaremos diante do que se denomina "**infração bagatelar**", ou "**crime de bagatela**". O princípio da alteridade também não tem relação com o conflito aparente de normas. Significa ser materialmente atípica a conduta que não lesa bens jurídicos de terceiros.

Alternativas "b", "c" e "d": ver comentários às demais assertivas.

Alternativa correta: letra "e": são princípios que solucionam o conflito aparente de normas: a) especialidade: previsto no artigo 12 do Código Penal, determina que se afaste a lei geral para aplicação da lei especial. Entende-se como lei especial aquela que contém todos os elementos da norma geral, acrescida de outros que a tornam distinta (chamados de especializantes). O tipo especial preenche integralmente o tipo geral, com a adição de elementos particulares; b) consunção: trata-se da continência de tipos, ou seja, o crime previsto por uma norma (consumida) não passa de uma fase de realização do crime previsto por outra (consuntiva) ou é uma forma normal de transição para o último (crime progressivo); c) subsidiariedade: uma lei tem caráter subsidiário relativamente a outra (principal) quando o fato por ela incriminado é também incriminado por outra, tendo um âmbito de aplicação comum, mas abrangência diversa. A relação entre as normas (subsidiária e principal) é de maior ou menor gravidade (e não de espécie e gênero, como na especialidade); d) alternatividade: tem aplicação prática nos chamados crimes de conteúdo múltiplo (ou variado), isto é, tipos penais que contam com vários verbos nucleares (cf. art. 33 da Lei de Drogas, art. 12 do Estatuto do Desarmamento etc.). Nessas hipóteses, se o agente realiza vários verbos, porém, *no mesmo contexto fático e sucessivamente* (p. ex., depois de *importar* e *preparar* certa quantidade de droga, o agente *traz consigo* porções separadas para venda a terceiros), por força do princípio da alternatividade, responderá por crime único, devendo o juiz considerar a pluralidade de núcleos praticados na fixação da pena. Percebe-se, portanto, que o princípio da alternatividade não resolve um conflito aparente de normas, mas conflito dentro da própria norma.

Alternativa correta: letra "e".

37. (FGV - Delegado de Polícia - MA/2012) Ocorrido um fato criminoso, às vezes duas ou mais normas se apresentam para regulá-lo, surgindo o chamado conflito aparente de normas.

A respeito de tal questão, assinale a afirmativa incorreta.

a) A pluralidade de fatos e a pluralidade de normas são pressupostos do conflito, que aparentemente com eles se identificam.

b) O princípio da subsidiariedade atua como "soldado de reserva", aplicando a norma subsidiária menos grave quando impossível a aplicação da norma principal mais grave.

c) A questão da progressão criminosa e do crime progressivo é resolvida pelo princípio da absorção ou consunção.

d) Na progressão criminosa, o agente inicialmente pretender praticar um crime menos grave, e, depois, resolve progredir para o mais grave.

e) No crime progressivo, o sujeito, para alcançar o crime querido, passa necessariamente por outro menos grave que aquele desejado.

COMENTÁRIOS

Alternativa "a": para que se instaure o conflito aparente de normas não é exigida a pluralidade de fatos; há apenas um fato com várias normas aparentemente aplicáveis. São, portanto, **pressupostos** do conflito aparente de normas a unidade de fato e a pluralidade de normas simultaneamente vigentes.

Alternativa "b": a norma subsidiária incide apenas nas situações em que determinado fato não se subsuma a crime mais grave. A subsidiariedade pode ser expressa ou tácita. É expressa quando a lei prevê a subsidiariedade explicitamente, anunciando a não aplicação da norma menos grave quando presente a mais grave (exemplo: art. 132 do CP, 307 do CP etc.). Há subsidiariedade tácita quando um delito de menor gravidade cede diante da presença de um delito de maior gravidade, integrando aquele a descrição típica deste (exemplo: art. 311 do CTB e 302 do mesmo estatuto). Em ambas as hipóteses (subsidiariedade expressa ou tácita), ocorrendo o delito principal (o maior), afasta-se a aplicação da regra subsidiária (*lex primaria derogat lex subsidiariae*).

Alternativa "c" (responde, também, as alternativas "d" e "e"): no **crime progressivo,** o agente passa, necessariamente, por um crime menos grave para alcançar outro mais grave (para que se cometa homicídio, é necessário passar pela lesão corporal). Já na **progressão criminosa,** o agente pretende cometer um delito menos grave e o consuma. Em seguida, pratica outro crime maior **contra o mesmo bem jurídico (quer lesionar alguém e assim o faz; em seguida, decide matar e executa o homicídio).**

Alternativa correta: letra "a".

10. TEORIA DO DELITO

38. (UFPR - Delegado de Polícia - PC - PR/2021) Se uma conduta não representa uma ofensa relevante ao bem jurídico contemplado no tipo penal, entende-se que ela é materialmente atípica em razão do princípio da insignificância. Um exemplo de situação que poderia ser abrangida pelo princípio seria a subtração de um pacote de batatas de um supermercado. São requisitos estabelecidos pela jurisprudência do Supremo Tribunal Federal para a incidência do princípio da insignificância, EXCETO:

a) mínima ofensividade da conduta do agente.

b) nenhuma periculosidade social da ação.

c) reduzido grau de reprovabilidade do comportamento.

d) inexpressividade da lesão jurídica provocada.

e) ausência de interesse da vítima na persecução penal.

COMENTÁRIOS

O princípio da insignificância decorre da característica fragmentária do Direito Penal, que deve incidir somente nos casos de relevante lesão ou perigo de lesão ao bem juridicamente tutelado. O STF admite recorrentemente a insignificância, desde que "a conduta do agente seja marcada por ofensividade mínima ao bem jurídico tutelado, reduzido grau de reprovabilidade, inexpressividade da lesão e nenhuma periculosidade social" (HC 119.580/BA, DJe 20/08/2014). A ausência de interesse da vítima na persecução penal não se encontra entre os requisitos para a incidência da insignificância.

Alternativa correta: letra "e" (responde, também, as demais alternativas).

39. (FUNCAB - Delegado de Polícia - PA/2016) Por teoria da ratio essendi entende-se o(a):

a) estruturação do direito penal sob o princípio da intervenção mínima, que orientará iniciativas político-criminais pelo prisma da ultima ratio.

b) ingresso pelo agente nos atos executórios de um crime, quando este se posta, de acordo com sua idealização, em atividade imediata e diretamente coligada à realização do tipo.

c) possibilidade de punição da participação em sentido estrito quando o agente da conduta principal é um adolescente-infrator, bastando que este aja de forma típica e antijurídica.

d) concepção da culpabilidade como uma relação psicológica entre o autor e o fato por ele praticado, de sorte que dolo e culpa, para a teoria, são espécies de culpabilidade.

e) fusão entre dois substratos do conceito analítico de crime, a saber, a tipicidade e a antijuridicidade, sendo aquela reconhecida como a razão de ser desta; assim, o crime é composto pelo fato antijurídico (injusto) e pela culpabilidade.

COMENTÁRIOS

Alternativa "a": *ratio essendi* não tem nenhuma relação com *ultima ratio*. A primeira diz respeito à relação entre tipicidade e ilicitude, ao passo que a segunda é um princípio limitador da incidência das normas penais, que só devem ser aplicadas como último recurso, isto é, quando os demais meios contemplados pelo direito não são capazes de lidar de forma satisfatória com determinados comportamentos.

Alternativa "b": faz referência a um dos aspectos do *iter criminis*, especificamente à distinção entre atos preparatórios e atos executórios. No caso, trata-se da teoria objetivo-individual, que, preconizada por Eugênio Raúl Zaffaroni, entende como atos executórios aqueles que, de acordo com o plano do agente, realizam-se no período imediatamente anterior ao começo da execução típica.

Alternativa "c": quando o agente da conduta principal é um inimputável guiado por um indivíduo penalmente responsável, temos autoria mediata. Define-se o autor mediato como sendo o sujeito que, sem realizar diretamente a conduta descrita no tipo penal, comete o fato típico por ato de outra pessoa, utilizada como seu instrumento.

Alternativa "d": faz referência à teoria psicológica da culpabilidade. A teoria psicológica é aplicável somente no âmbito do causalismo e sustenta, em resumo, que a culpabilidade consiste na relação psíquica entre o autor e o resultado, na forma de dolo ou culpa. Percebe-se, com facilidade, que a culpabilidade confunde-se com o dolo e a culpa, sendo seu único pressuposto a imputabilidade.

Alternativa "e": a teoria da *ratio essendi*, encampada por Mezger em 1930, cria o conceito de tipo total do injusto, levando a ilicitude para o campo da tipicidade. Em outras palavras, a ilicitude é a essência da tipicidade, numa absoluta relação de dependência entre esses elementos do delito. Dessa forma, não havendo ilicitude, não há fato típico. Quando João mata Antonio, temos um fato típico, o qual só permanece como tal se também ilícito. Comprovada a legítima defesa, exclui-se a antijuridicidade e a tipicidade do comportamento.

Alternativa correta: letra "e".

40. (NUCEPE - Delegado de Polícia - PI/2014) Considerando os elementos que, segundo a doutrina majoritária, compõem o conceito analítico de crime, é CORRETO afirmar que o erro de proibição inevitável, o erro de tipo inevitável, os movimentos reflexos, a coação moral irresistível e o estado de necessidade configuram, respectivamente, causas de exclusão:

a) Tipicidade, culpabilidade, tipicidade, conduta e antjuridicidade.

b) Culpabilidade, tipicidade, conduta, culpabilidade e antjuridicidade.

c) Tipicidade, tipicidade, conduta, antjuridicidade e antjuridicidade.

d) Culpabilidade, antjuridicidade, conduta, culpabilidade e antjuridicidade.

e) Antijuridicidade, tipicidade, conduta, conduta e culpabilidade.

COMENTÁRIOS

O erro de proibição inevitável (em que o agente atua ou se omite sem ter a consciência da ilicitude do fato em situação na qual **não** é possível lhe exigir que tenha esta consciência) exclui a culpabilidade em virtude da inexistência de potencial consciência da ilicitude. O erro de tipo essencial inevitável (que recai sobre elementares, circunstâncias ou quaisquer dados que se agregam a determinada figura típica e se caracteriza por ser imprevisível), exclui o dolo (por não haver consciência) e a culpa (pois ausente a previsibilidade), o que afasta a tipicidade. Nos movimentos reflexos (em que o ato é apenas um sintoma de reação automática do organismo a um estímulo externo), não há voluntariedade, e, portanto, afasta-se a conduta. O estado de necessidade (em que o agente *pratica o fato para salvar de perigo atual, que não provocou por sua vontade, nem podia de outro modo evitar, direito próprio ou alheio, cujo sacrifício, nas circunstâncias, não era razoável exigir-se)* é excludente da ilicitude.

Alternativa correta: letra "b" (responde, também, as demais alternativas).

41. (NUCEPE - Delegado de Polícia - PI/2014) Segundo a teoria da tipicidade conglobante proposta por Eugenio Raúl Zaffaroni, quando um médico, em virtude de intervenção cirúrgica cardíaca por absoluta necessidade corta com bisturi a região torácica do paciente, é CORRETO afirmar que

a) responde pelo crime de lesão corporal.

b) não responde por nenhum crime, pois está albergado pela causa de exclusão de ilicitude do exercício regular de direito.

c) não responde por nenhum crime, carecendo o fato de tipicidade, já que não podem ser consideradas típicas aquelas condutas toleradas ou mesmo incentivadas pelo ordenamento jurídico.

d) não responde por nenhum crime, pois estará agindo em erro de tipo provocado por terceiro.

e) não responde por nenhum crime, pois está albergado pela causa de exclusão de ilicitude do estado de necessidade.

COMENTÁRIOS

A proposta da teoria da tipicidade conglobante é harmonizar os diversos ramos do Direito, partindo-se da premissa de unidade do ordenamento jurídico. É uma incoerência o Direito Penal estabelecer proibição de comportamento determinado ou incentivado por outro ramo do Direito (isso é desordem jurídica). Dentro desse espírito, para se concluir pela tipicidade penal da conduta causadora de um resultado, é imprescindível verificar não apenas a subsunção formal fato/tipo e a relevância da lesão ou perigo de lesão, mas também se o comportamento é **antinormativo**, leia-se, não determinado ou incentivado por qualquer ramo do Direito. Zaffarori e Pierangeli explicam (e exemplificam):

"Suponhamos que somos juízes e que é levada a nosso conhecimento a conduta de uma pessoa que, na qualidade de oficial de justiça, recebeu uma ordem, emanada por juiz competente, de penhora e sequestro de um quadro, de propriedade de um devedor a quem se executa em processo regular, por seu legítimo credor, para a cobrança de um crédito vencido, e que, em cumprimento desta ordem judicial e das funções que por lei lhe competem, solicita o auxílio da força pública, e, com todas as formalidades requeridas, efetivamente sequestra a obra, colocando-a à disposição do Juízo. O mais elementar senso comum indica que esta conduta não pode ter qualquer relevância penal, que de modo algum pode ser delito, mas por quê?

Receberemos a resposta de que esta conduta enquadra-se nas previsões do art. 23, III, do CP: 'Não há crime quando o agente pratica o fato...em estrito cumprimento de dever legal...'. É indiscutível que ela aí se enquadra, mas que caráter do delito desaparece quando um sujeito age em cumprimento de um dever?

Para boa parte da doutrina, o oficial de justiça teria atuado ao amparo de uma causa de justificação, isto é, que faltaria a antijuridicidade da conduta, mas que ela seria típica.

Para nós, esta resposta é inadmissível, porque tipicidade implica antinormatividade (contrariedade à norma) e não podemos admitir que na ordem normativa uma norma ordene o que outra proíbe.

(...)

A tipicidade conglobante é um corretivo da tipicidade legal, posto que pode excluir do âmbito típico aquelas condutas que apenas aparentemente estão proibidas, como acontece no caso exposto do oficial de justiça, que se adequa ao 'subtrair, para si ou para outrem, coisa alheia móvel' (art. 155, *caput*, do CP), mas que não é alcançado pela proibição do 'não furtarás'" (*Manual de direito penal brasileiro – Parte Geral*, 2009, p. 435-6).

Da lição, conclui-se que a tipicidade conglobante tem como consequência a transferência do estrito cumprimento de um dever legal e do exercício regular de direito incentivado da ilicitude para a tipicidade, servindo como suas causas de exclusão. Daí porque a intervenção cirúrgica, tradicionalmente considerada excludente da ilicitude por exercício regular de direito, no âmbito da tipicidade conglobante afasta a tipicidade.

Percebe-se, no entanto, que a legítima defesa e o estado de necessidade não migraram porque não são incentivados, mas sim tolerados por lei.

Alternativa correta: letra "c" (responde, também, as demais alternativas).

42. (UEPA - Delegado de Polícia - PA/2013) De acordo com doutrina majoritária no mundo, o conceito analítico de crime o define como um fato típico, antijurídico e culpável, sendo que, ao analisarmos um fato supostamente criminoso, devemos investigar seus requisitos nessa sequência. Por causa disso, é correto afirmar que:

a) um fato praticado sob coação moral irresistível não é crime porque lhe falta culpabilidade, porém ele continua sendo antijurídico.

b) um fato praticado sob legítima defesa não é crime porque lhe falta antijuridicidade, porém ele continua sendo culpável.

c) um fato praticado sob estado de necessidade não é crime porque lhe falta tipicidade e, por consequência faltam-lhe também antijuridicidade e culpabilidade.

d) um fato praticado por menor de 18 anos não é crime porque lhe falta tipicidade, já que os atos atribuídos a adolescentes não podem ser alcançados pelo Código Penal.

e) um fato praticado sob erro de proibição invencível não é crime porque lhe faltam antijuridicidade e culpabilidade, porém ele continua sendo típico.

COMENTÁRIOS

Alternativa "a": a coação moral irresistível exclui a culpabilidade porque o agente atua sem que se lhe pudesse exigir conduta diversa. O fato, entretanto, permanece típico e ilícito. O caso, relativamente comum na prática, do gerente de banco que permite acesso ao cofre da instituição por criminosos que mantêm refém sua família é um exemplo. Se o gerente permite a entrada e a subtração do dinheiro, sua conduta é típica; é ilícita porque nenhuma das causas justificantes pode ser invocada para a colaboração de sua parte; não será, todavia, culpável porque, concretamente, seria impossível exigir, a pretexto de preservar o patrimônio do banco, que deixasse sua família à mercê dos algozes.

Alternativa "b": se, analisadas as circunstâncias em que alguém cometeu um fato típico, concluir-se ter havido uma excludente da ilicitude, a culpabilidade sequer será aventada.

Alternativa "c": se um fato foi cometido em estado de necessidade não há crime porque, embora seja típico, não pode ser considerado ilícito, e menos ainda culpável.

Alternativa "d": o fato cometido por menor de dezoito anos não é crime porque não existe culpabilidade em virtude da inimputabilidade do sujeito ativo.

Alternativa "e": um fato cometido por erro de proibição escusável é típico e ilícito, embora lhe falte culpabilidade por ausência de potencial consciência da ilicitude.

Alternativa correta: letra "a".

11. RELAÇÃO DE CAUSALIDADE

43. (Cespe - Delegado de Polícia - PC - RJ/2022) Durante a pandemia, Tadeu descumpriu levianamente regras determinadas pelas autoridades sanitárias, tendo frequentado festas e deixado de usar equipamentos de proteção individual em diversos momentos. Depois de apresentar sintomas de covid-19, buscou atendimento hospitalar. Ao ser avaliado pelo médico, Geraldo, verificou- se a necessidade de internação de Tadeu, com o uso de respirador artificial. Havia apenas um respirador na região, o qual foi disponibilizado a Tadeu. De acordo com o prognóstico médico, caso não fizesse uso do aparelho, Tadeu provavelmente morreria, mas com o tratamento adequado poderia obter plena recuperação em algumas semanas. Nesse mesmo dia, deu entrada no hospital, também vítima de covid-19, o paciente Jeferson, que havia adotado todas as precauções necessárias para evitar a contaminação, mas ainda assim contraíra o vírus. Seu quadro clínico é idêntico ao de Tadeu e o prognóstico é o mesmo. No entanto, não havia outro respirador artificial no hospital nem em unidades de saúde próximas, não existindo possibilidade de transferi-lo. A única solução seria retirar Tadeu do aparelho e submeter Jeferson ao tratamento, o que Geraldo se negou a fazer, oferecendo outros cuidados a Jeferson. Não obstante os esforços de Geraldo, Jeferson morreu em algumas horas, o que poderia ser evitado pelo uso do respirador. Nessa situação hipotética, Geraldo

a) responderá pelo resultado morte, pois a ponderabilidade da vida deve levar em consideração o contexto em que ocorreu a contaminação.

b) não responderá pelo resultado morte, pois o dever de omissão prepondera sobre o dever de ação.

c) não responderá pelo resultado morte, pois agiu sem potencial consciência da ilicitude de seu comportamento.

d) não será punido pelo resultado morte, pois há uma hipótese de escusa absolutória determinada pela inevitabilidade do resultado em relação a um dos pacientes.

e) responderá pelo resultado morte, pois a pessoa salva realizou a autocolocação em risco, devendo ter sido priorizado o atendimento ao outro paciente.

COMENTÁRIOS

Alternativa "a": não se leva em consideração o contexto em que ocorreu a contaminação de nenhuma doença para que um médico pondere quem deve ser atendido prioritariamente. O critério deve ser a necessidade imediata de tratamento em relação às possibilidades também imediatas de oferecê-lo.

Alternativa "b": se o médico deve escolher qual paciente necessita de atendimento primeiro, sua avaliação se baseia na situação do paciente e nas condições materiais para oferecer o atendimento adequado. Não cabe ao médico, uma vez estabelecida essa prioridade, avaliar a conduta pessoal do paciente para alterar a ordem de prioridade. No exemplo do enunciado, o dever de o médico deixar Tadeu continuar o tratamento prepondera sobre seu dever de agir para garantir o tratamento do segundo paciente cujo quadro clínico é idêntico. Dessa forma, nesse caso Geraldo não responde pela morte de Jeferson.

Alternativa "c": a potencial consciência da ilicitude é um elemento da culpabilidade, excluído pelo erro de proibição, em que alguém não tem consciência da ilicitude do fato. O enunciado não dá nenhuma indicação a esse respeito sobre a conduta do médico.

Alternativa "d": as escusas absolutórias são causas pessoais de isenção de pena aplicáveis, segundo o art. 181 do CP, em favor do agente nos crimes patrimoniais: a) quando a vítima é seu cônjuge (na constância da sociedade conjugal); b) quando a vítima é ascendente ou descendente, sendo irrelevante a natureza do parentesco.

Alternativa "e": como já ressaltamos nos comentários à assertiva "a", a prioridade do tratamento médico não pode se basear no contexto em que ocorreu a contaminação. Logo, o fato de o paciente ter se colocado em perigo é irrelevante para a decisão da prioridade médica.

Alternativa correta: letra "b".

44. (Cespe – Delegado de Polícia – PC – PB/2022) Considerando-se a teoria do tipo penal, é correto afirmar que

a) o arrependimento posterior exige voluntária reparação do dano até o oferecimento da denúncia.

b) responde pelo resultado que agrava especialmente a pena o agente que o houver causado, independentemente de dolo ou culpa.

c) a pena do agente que agiu voluntariamente será reduzida, no arrependimento eficaz, de um a dois terços.

d) o agente responde pelos atos já praticados, na hipótese de absoluta impropriedade do objeto que impeça a consumação do crime.

e) o dever de agir, no crime omissivo, também incumbe a quem não tem obrigação legal, mas, por outro motivo, assumiu a responsabilidade de evitar o resultado.

COMENTÁRIOS

Alternativa "a": o art. 16 do CP admite o arrependimento posterior, com redução de um a dois terços da pena, nos crimes cometidos sem violência ou grave ameaça à pessoa, se o agente repara voluntariamente o dano ou restitui a coisa. O limite para isso é o *recebimento da denúncia ou da queixa*, e não o seu oferecimento.

Alternativa "b": o art. 19 do CP é expresso: pelo resultado que agrava especialmente a pena só responde o agente que o houver causado ao menos culposamente.

Alternativa "c": o arrependimento eficaz se caracteriza quando o agente esgota os meios de execução, mas, arrependido, atua para evitar a consumação. Ex.: "A" dispara os seis projéteis de um revólver contra "B", mas socorre a vítima e evita a sua morte. Nesse caso, não há redução de pena; o agente responde pelos atos já praticados (no exemplo, lesão corporal dolosa).

Alternativa "d": a absoluta impropriedade do objeto material corresponde a uma das hipóteses de crime impossível. Ex.: com a intenção de matar "A", que dormia, "B" efetua disparos de arma de fogo. Apura-se, no entanto, que na realidade "A" já havia morrido horas antes por um colapso cardíaco. Como é impossível matar um cadáver, "B" não responde por crime nenhum, a não ser que sua conduta corresponda a uma infração penal independentemente do ato praticado contra o cadáver – porte ilegal de arma ou disparo de arma de fogo, por exemplo. Mas, nesse caso, não se trata de responsabilizá-lo "pelos atos já praticados" contra "A".

Alternativa "e": a omissão imprópria pode ocorrer em três situações, como dispõe o art. 13, § 2º, do CP: a) quando o agente tem por lei obrigação de cuidado, proteção ou vigilância; b) de outra forma, assumiu a responsabilidade de impedir o resultado; c) ou quando, com seu comportamento anterior, criou o risco da ocorrência do resultado. A obrigação legal existe, por exemplo, dos pais em relação aos filhos. Já quem, por outro motivo, assume a responsabilidade, deve agir porque voluntariamente se obrigou. É o caso, por exemplo, do salva-vidas. O salva-vidas que observa a piscina é obrigado a salvar alguém que está se afogando, porque assumiu essa responsabilidade. Omitindo-se, responde por homicídio doloso.

Alternativa correta: letra "e".

45. (FGV – Delegado de Polícia – PC – RN/2021) Lidiane, exímia nadadora, convida sua amiga Karen para realizarem a travessia a nado de um rio, afirmando que poderia socorrê-la caso tivesse qualquer dificuldade. Durante a travessia, Karen e Lidiane foram pegas por um forte redemoinho que as puxou para o fundo do rio. Lidiane conseguiu escapar, mas, em razão da forte correnteza, não conseguiu salvar Karen, que veio a falecer por afogamento. Considerando o fato acima narrado, Lidiane:

a) será responsabilizada pelo homicídio de Karen por omissão imprópria, visto que criou a situação de perigo e assumiu a posição de garantidora;

b) assumiu a função de garantidora, devendo responder pela omissão de socorro com resultado morte;

c) assumiu a função de garantidora, mas não responderá pela morte de Karen, pois estava impossibilitada de agir;

d) não será responsabilizada pela morte de Karen, visto que não possuía o dever de agir;

e) não assumiu a função de garantidora, devendo, contudo, responder pelo crime de omissão de socorro com resultado morte.

COMENTÁRIOS

Alternativa "a": embora Lidiane tenha assumido a posição de garantidora, não criou a situação de perigo propriamente dita, que surgiu enquanto ela e Karen atravessavam o rio.

Alternativa "b" (responde, também, a alternativa "e"): quem assume a posição de garantidor não pode responder apenas por omissão de socorro com resultado morte. A responsabilidade do garantidor é por omissão imprópria.

Alternativa "c" (responde, também, a alternativa "d"): de fato, Lidiane não responde pela morte, embora tenha assumido a posição de garantidora. No geral, está obrigado a evitar a ocorrência do resultado o indivíduo que assume a responsabilidade de impedi-lo. A regra incide nas situações em que o dever não decorre da lei, mas da assunção voluntária do encargo de zelar pelo bem jurídico tutelado. É o caso de Lidiane, que convidou a amiga para atravessar o rio a nado comprometendo-se a socorrê-la caso houvesse dificuldade. Mas a responsabilidade penal por omissão imprópria pressupõe não apenas a obrigação, como também a *possibilidade* de agir. Se na situação concreta a atuação do garantidor é fisicamente impossível, não há omissão penalmente relevante. Lidiane deixou de salvar sua amiga porque, em razão da forte correnteza, não conseguiu alcançá-la. Logo, não responde por homicídio.

Alternativa correta: letra "c".

46. (Instituto AOCP - Delegado de Polícia - PC - PA/2021) Assinale a alternativa correta no que concerne ao Direito Penal.

a) Na teoria naturalística, conduta é o comportamento humano voluntário que produz modificação no mundo exterior. Nessa teoria, dolo e culpa se alojam no interior da conduta, isto é, do fato típico.

b) Nas causas supervenientes relativamente independentes que produzem por si sós o resultado, adotou-se a teoria da causalidade adequada. Sendo assim, rompe-se o nexo causal em relação ao resultado e o agente só responde pelos atos até então praticados.

c) Os elementos normativos são os dados da conduta criminosa que não pertencem ao mundo anímico do agente. Exprimem um juízo de certeza.

d) No dolo de propósito, não há intervalo entre a cogitação do crime e a execução da conduta penalmente ilícita. Ocorre, de modo geral, nos crimes passionais.

e) A concorrência de culpas se verifica quando duas ou mais pessoas concorrem, culposamente, para a produção de um resultado naturalístico. Nesse caso, ambos os agentes respondem pelo resultado em coautoria.

COMENTÁRIOS

Alternativa "a": para a teoria causalista (ou naturalística), a conduta é, de fato, um movimento corporal voluntário que produz uma modificação no mundo exterior perceptível pelos sentidos. O dolo e a culpa, contudo, não estão na conduta, mas na culpabilidade.

Alternativa "b": na concausa relativamente independente, a causa efetiva do resultado se origina, ainda que indiretamente, do comportamento concorrente. Em outras palavras, as causas se conjugam para produzir o evento final. Isoladamente consideradas, não seriam capazes de ocasionar o resultado. A causa relativamente independente superveniente é tratada no art. 13, § 1º, do CP: "A superveniência de causa relativamente independente exclui a imputação quando, por si só, produziu o resultado; os fatos anteriores, entretanto, imputam-se a quem os praticou". O artigo 13, § 1º anuncia a causalidade adequada, segundo a qual é causa a pessoa, fato ou circunstância que, além de praticar um antecedente indispensável à produção do resultado, realiza uma atividade adequada à sua concretização. Na determinação da causalidade adequada, o que importa é se há um nexo normal prendendo o atuar do agente como causa ao resultado como efeito. O problema se resume, então, em assentar se, conforme o demonstra a experiência da vida, o fato conduz normalmente a um resultado dessa índole; se esse resultado é consequência normal, provável, previsível daquela manifestação de vontade do agente. É possível reconhecer duas hipóteses envolvendo concausa relativamente independente: a causa efetiva que *não por si só* e a que *por si só* produziu o resultado.

Na primeira (não por si só), a causa efetiva (superveniente) encontra-se na mesma linha de desdobramento causal (normal) da causa concorrente, tratando-se de evento previsível (ainda que não previsto). Ex.: JOÃO é vítima de um disparo de arma de fogo efetuado por ANTONIO, que age com intenção de matar. Levado ao hospital, JOÃO morre em decorrência de erro médico durante a cirurgia. O atirador (que tinha intenção de matar) responde por homicídio consumado (a doutrina majoritária entende o erro médico como causa que se encontra na mesma linha de desdobramento causal). O médico, conforme o caso, responde por homicídio culposo. Percebemos que existe um nexo normal prendendo o atuar do atirador ao resultado morte por erro do médico que socorre a vítima. De acordo com a experiência da vida, é provável que do fato ocorra um resultado dessa índole. O resultado é consequência normal, provável, previsível da manifestação de vontade do agente.

Na concausa relativamente independente superveniente que por si só produz o resultado a conclusão é outra. Trata-se das situações em que a causa efetiva do resultado é considerada um evento imprevisível, que sai da linha de desdobramento causal então existente. Afirma Heleno Cláudio Fragoso que, nesses casos, se "inaugura um novo curso causal, dando ao acontecimento uma nova direção, com tal relevância (em relação ao resultado), que é como se o tivesse causado sozinha" (*Conduta Punível*. São Paulo: José Bushatsky, 1961, p. 197). Por consequência, exclui-se a imputação do resultado em relação ao agente responsável pela primeira causa concorrente. Ex.: ANTONIO, com vontade de matar, desfere um tiro em JOÃO, que segue em uma ambulância até o hospital. Quando está convalescendo, todavia, o nosocômio pega fogo, matando o paciente queimado. ANTONIO responde por tentativa, pois o incêndio no hospital está fora da linha de desdobramento causal de um tiro e, portanto, é imprevisível. Não existe um nexo normal prendendo o atuar do atirador ao resultado morte por queimaduras. De acordo com a experiência da vida, é improvável que do fato ocorra um resultado dessa índole. O resultado é consequência anormal, improvável, imprevisível da manifestação de vontade do agente.

Alternativa "c": os elementos normativos são caracterizados como elementos cuja compreensão passa pela realização de um *juízo de valor*. Nesse sentido, expressões como "funcionário público", "documento" e "coisa alheia", "decoro" e "pudor", presentes em vários tipos penais, demandam do intérprete valoração para serem apreendidas e aplicadas.

Alternativa "d": é denominada "dolo de propósito" a vontade e consciência refletida, pensada, premeditada. Difere-se do dolo de ímpeto, caracterizado por ser repentino, sem intervalo entre a fase de cogitação e de execução do crime.

Alternativa "e": de acordo com Flávio Monteiro de Barros, "Dá-se a concorrência de culpas quando dois ou mais agentes, culposamente, contribuem para a eclosão do resultado naturalístico. Todos respondem pelo evento lesivo, por força da teoria da conditio *sine qua non*. Não se confunde a coautoria, em que diversos agentes realizam de comum acordo a conduta culposa, com a concorrência de culpas, em que diversos agentes realizam a conduta culposa sem que haja entre eles qualquer liame psicológico" (Direito Penal - Parte Geral. São Paulo: Editora Saraiva, 2003, p. 241).

Alternativa correta: letra "b".

47. (Inst. Acesso - Delegado de Polícia - PC - ES/2019) Mélvio é instrutor de escaladas, membro da Associação Capixaba de Escaladas (ACE). Sua especialidade é escalar picos com alto grau de dificuldade. Em comemoração aos seus 10 (dez) anos como instrutor, resolveu promover uma escalada em Afonso Claudio, cidade do Espírito Santo, na Pedra de Lajinha, que está entre os cinco picos mais altos do Brasil. Montou um grupo nas redes sociais e convocou amigos e escaladores. No dia marcado para a subida, havia previsão de chuva e ventos, que poderiam ocorrer na metade do trajeto. No pé do pico, lugar de início da subida, foi colocada uma placa indicando que não era seguro escalar em função das condições climáticas. Como a escalada era muito longa, ele foi orientado por colegas instrutores que não promovesse a escalada. Três amigos de Mélvio, que não tinham experiência nessa prática esportiva, foram fazer a escalada para prestigiar Mélvio. Um deles, ao ouvir a fala dos demais instrutores, resolveu não subir, mas os outros dois cederam à insistência de Mélvio, que considerava a subida fácil, apesar de longa. Feliz, Mélvio disse que, apesar da chuva e do vento previstos, nada iria derrubá-los na escalada e que tudo estava sob controle, afirmando que muitas vezes tais previsões estavam erradas. Mesmo sabendo que não era 100% seguro fazer a escalada, principalmente para os iniciantes, Mélvio se colocou como responsável por seus amigos, garantindo-se em seus 10 anos de experiência. Não obstante, a previsão se confirmou. Com a chegada do vento e da tempestade, Mélvio não conseguiu dar o suporte prometido para seus amigos, que acabaram sendo arremessados, pelo vento e chuva, para baixo. Com a queda os dois amigos vieram a falecer.

Sabendo-se que:

I. restou comprovado que o material de escalada de Mélvio era compatível com os níveis de segurança exigidos para escaladas nas condições acima expostas;

II. o instrutor possuía autonomia e registro para promover escaladas, com experiência no tipo de subida proposto e reconhecido pela ACE;

III. o percentual de acertos de tais previsões do tempo, para as próximas horas, era de 95% em relação ao local da escalada, como estava exposto na placa;

IV. os amigos de Mélvio que caíram, somente subiram com a garantia de segurança do instrutor;

é correto afirmar que Mélvio:

a) deve responder por homicídio doloso em sua forma direta, devido a sua condição de agente garantidor.

b) deve responder por homicídio culposo, devido a sua condição de agente garantidor.

c) não deve responder por homicídio, uma vez que seus amigos aceitaram sua garantia para subir.

d) não deve responder pela prática de homicídio, uma vez que o mau tempo era alheio a sua vontade.

e) deve responder por homicídio doloso, considerando o dolo eventual, porque, mesmo sem a intenção de matar, não levou em consideração os avisos dos demais instrutores.

COMENTÁRIOS

Alternativa "a" (responde, também, a alternativa "b"): na omissão imprópria, a norma mandamental decorre de cláusula geral prevista no artigo 13, § 2º, do Código Penal, dispositivo que estabelece as hipóteses em que alguém tem o dever jurídico de impedir o resultado. É esse dever (jurídico) que faz da abstenção um comportamento relevante para o Direito Penal. E, ao contrário do crime omissivo próprio, nas hipóteses de omissão impura o tipo penal infringido pelo omitente descreve conduta comissiva. No caso, Mélvio responde por homicídio em razão da assunção voluntária do encargo de zelar pelo bem jurídico tutelado. A imputação é de homicídio culposo, e não doloso, porque Mélvio não quis nem assumiu o risco de provocar o resultado. Como deixa claro o enunciado, em razão de sua larga experiência ele considerava a subida fácil e acreditava que poderia levar seus amigos em segurança. Note-se que o fato de alguém se encontrar na posição de garantidor não impõe a atribuição do crime doloso. Mesmo nesta condição, é o elemento subjetivo que deve determinar a modalidade de imputação.

Alternativa "c": como Mélvio se encontrava na posição de garantidor, sua responsabilidade penal decorre dessa condição. Justamente porque seus amigos aceitaram a garantia de segurança na escalada é que se justifica a punição pelo homicídio.

Alternativa "d": não importa, evidentemente, que o mau tempo fosse alheio à vontade de Mélvio, que optou por prosseguir apesar das previsões de que haveria chuvas e ventos durante a escalada.

Alternativa "e": o fato de Mélvio ter desconsiderado o aviso não significa que assumiu o risco de matar seus amigos. O enunciado não dá nenhuma indicação de elemento subjetivo doloso (direto ou eventual), mas sim de negligência em razão da insistência em prosseguir na escalada apesar das adversidades.

Alternativa correta: letra "b".

48. (Nucepe - Delegado de Polícia - PC - PI/2018) JOÃO e JOSÉ estão na praia e resolveram entrar no mar. Em determinado momento eles começam a se afogar. Havia naquele local um salva-vidas que, ao avistar apenas JOÃO, notou que ele era seu desafeto e se recusou a salvá-lo; próximo a eles havia também um surfista, este avistou apenas JOSÉ pedindo socorro, mas, por ser seu inimigo, não atendeu aos pedidos dele, resolvendo sair do local. As duas pessoas acabam se afogando e morrendo. Em relação ao caso, qual das alternativas abaixo está CORRETA?

a) O salva-vidas responde por homicídio doloso por omissão.

b) O salva-vidas responde por omissão de socorro.

c) O surfista responde por homicídio doloso por omissão.

d) A conduta do surfista é atípica.

e) O surfista responde por homicídio culposo.

COMENTÁRIOS

Alternativa "a" (responde, também, a alternativa "b"): ao salva-vidas se aplica a regra da relevância da omissão disposta no art. 13, § 2º, *b*, do CP. Segundo esta regra, está obrigado a evitar a ocorrência do resultado o indivíduo que, de alguma forma, assumiu a responsabilidade de impedi-lo. A regra incide nas hipóteses em que o dever não decorre da lei, mas da assunção voluntária do encargo de zelar pelo bem jurídico tutelado. A esse respeito, oportuna é a lição de Francisco de Assis Toledo: "Penso que, aqui, a solução deve apoiar-se no princípio de que a *posição de garante* surge para todo aquele que, por ato voluntário, promessas, veiculação publicitária ou mesmo contratualmente, capta a confiança dos possíveis afetados por resultados perigosos, assumindo, com estes, a título oneroso ou não, a responsabilidade de intervir, quando necessário, para impedir o resultado lesivo. Nessa situação se encontram: o guia, o salva-vidas, o enfermeiro, o médico de plantão em hospitais ou prontos-socorros, os organizadores de competições esportivas etc." (*Princípios Básicos de Direito Penal*. 5ª ed. São Paulo: Saraiva. 1994, p. 117-8).

Alternativa "c" (responde, também, as alternativas "d" e "e"): o surfista não pode responder por homicídio doloso por omissão porque sua condição não o obrigava a agir para impedir o resultado, tendo em vista que não tinha ele a obrigação legal de cuidado, proteção ou vigilância, não havia ele assumido a responsabilidade de impedir o resultado, nem tampouco havia criado, com seu comportamento anterior, o risco da ocorrência do resultado. Também não se trata de homicídio culposo porque o enunciado não narra nenhuma conduta em que o surfista tivesse agido com inobservância do dever de cuidado. Sua conduta, porém, não é atípica, pois se subsume ao tipo da omissão de socorro, no caso majorada pela morte de José.

Alternativa correta: letra "a".

49. (IBADE – Delegado de Polícia – AC/2017) Sobre causalidade e imputação objetiva, assinale a resposta correta.

a) Para a teoria da imputação objetiva em Roxin, não há riscos juridicamente irrelevantes em ações dolosas.

b) A teoria da equivalência dos antecedentes, adotada no Código Penal, é abolida pela imputação objetiva, que renega a existência de uma causalidade natural.

c) A teoria da conditio sine qua non tem como consequência o regresso ad infinitum na análise dos antecedentes causais, o que pode ser evitado, entre outras análises, pela imputação objetiva.

d) A imputação objetiva dispensa a realização do risco juridicamente desaprovado no resultado.

e) O Código Penal brasileiro – no que concerne ao nexo causal – adota expressamente a teoria da causalidade adequada.

COMENTÁRIOS

Alternativa "a": para a teoria da imputação objetiva, comportamentos de risco aceitos socialmente porque decorrem da própria lógica da convivência em sociedade não são rotulados como causa, tanto em ações dolosas como em ações culposas.

Alternativa "b": a imputação objetiva limita o regresso ao infinito na medida em que impõe a observância do nexo normativo além do nexo físico.

Alternativa "c": a teoria da imputação objetiva, apesar do que sugere sua denominação, não se propõe a atribuir objetivamente o resultado ao agente, mas a delimitar essa imputação, evitando o regresso ao infinito gerado pela causalidade simples (teoria da equivalência dos antecedentes causais) e aprimorando a causalidade adequada (do que se aproxima, mas com a qual não se confunde). Como forma de corrigir essa injustiça do regresso ao infinito, a imputação objetiva determina que sejam considerados, além do nexo físico (causa/efeito), também critérios normativos no momento da atribuição do resultado, pois, de acordo com a causalidade vigente, situações absurdas proporcionadas pela conditio sine qua non (e, não raras vezes, pela causalidade adequada) somente são evitadas em razão da análise do dolo e da culpa. Para a teoria da imputação objetiva, a criação ou incremento de um risco proibido e a realização do risco no resultado, além da exigência de que esse resultado fique dentro do alcance do tipo compõem o nexo normativo, elemento que enriquece o estudo da causalidade corrigindo as distorções geradas pela teoria da equivalência.

Alternativa "d": uma das características da imputação objetiva é justamente a realização do risco no resultado. Além da análise do risco gerado, é necessário verificar se a ocorrência do resultado deve ser atribuída ao perigo criado ou incrementado pela conduta. Quer isto dizer que a imputação somente ocorrerá se, além da criação ou incremento de um risco proibido, o resultado for uma extensão natural da conduta empreendida. Logo, não será causa o comportamento do agente se o evento causado fisicamente pela sua conduta não estiver na linha de desdobramento causal normal da sua ação ou omissão.

Alternativa "e": em regra, a teoria adotada pelo Código Penal a respeito do nexo causal é a da equivalência dos antecedentes causais (art. 13, caput). A teoria da causalidade adequada é adotada excepcionalmente no § 1º do art. 13.

Alternativa correta: letra "c".

---

50. (Cespe – Delegado de Polícia – PE/2016) A relação de causalidade, estudada no conceito estratificado de crime, consiste no elo entre a conduta e o resultado típico. Acerca dessa relação, assinale a opção correta.

a) Para os crimes omissivos impróprios, o estudo do nexo causal é relevante, porquanto o CP adotou a teoria naturalística da omissão, ao equiparar a inação do agente garantidor a uma ação.

b) A existência de concausa superveniente relativamente independente, quando necessária à produção do resultado naturalístico, não tem o condão de retirar a responsabilização penal da conduta do agente, uma vez que não exclui a imputação pela produção do resultado posterior.

c) O CP adota, como regra, a teoria da causalidade adequada, dada a afirmação nele constante de que "o resultado, de que depende a existência do crime, somente é imputável a quem lhe deu causa; causa é a ação ou omissão sem a qual o resultado não teria ocorrido".

d) Segundo a teoria da imputação objetiva, cuja finalidade é limitar a responsabilidade penal, o resultado não pode ser atribuído à conduta do agente quando o seu agir decorre da prática de um risco permitido ou de uma conduta que diminua o risco proibido.

e) O estudo do nexo causal nos crimes de mera conduta é relevante, uma vez que se observa o elo entre a conduta humana propulsora do crime e o resultado naturalístico.

COMENTÁRIOS

Alternativa "a": o *caput* do artigo 13 do Código Penal prevê como causa a ação ou *omissão* sem a qual o resultado não teria ocorrido. No entanto, não se fala em nexo de causalidade em crime omissivo, mas somente em crimes comissivos dos quais resultem modificação no mundo exterior (resultado naturalístico). O que determina a ligação entre a conduta omissiva do agente e o resultado lesivo é o nexo estabelecido pela lei (normativo). Na omissão imprópria a lei não tipifica a conduta omissiva, mas estabelece regras para que se possa punir o agente por ter praticado crime comissivo por omissão. Estamos diante de um crime de resultado material, exigindo, consequentemente, um nexo entre a ação omitida e o resultado. Esse nexo, no entanto, não é naturalístico (a omissão não causou o resultado). O agente não causa diretamente o resultado, mas permite que ele ocorra abstendo-se de agir quando devia e podia fazê-lo para evitar a sua ocorrência.

Alternativa "b": a causa relativamente independente é aquela que se origina, ainda que indiretamente, do comportamento concorrente. Em outras palavras, as causas se conjugam para produzir o evento final. Isoladamente consideradas, não seriam capazes de ocasionar o resultado, sendo que a superveniente ocorre após a causa concorrente. O art. 13, § 1º, do Código Penal estabelece que a superveniência de causa relativamente independente **exclui a imputação** quando, por si só, produziu o resultado. É o caso, por exemplo, do agente que atira em alguém com a intenção de matar, a vítima é encaminhada ao hospital, é devidamente socorrida, mas incêndio no local ocasiona sua morte. Nesta situação, aquele que atirou responderá por tentativa de homicídio, pois a causa relativamente independente (se não houvesse o tiro a vítima não estaria no hospital) superveniente causou por si só o resultado, que não decorreu do ferimento.

Alternativa "c": a relação de causalidade encontra previsão, no nosso ordenamento jurídico, no artigo 13, *caput*, do Código Penal, que dispõe: *"O resultado, de que depende a existência do crime, somente é imputável a quem lhe deu causa. Considera-se causa a ação ou omissão sem a qual o resultado não teria ocorrido"*. Adotou-se, no caso, como regra, a **teoria da equivalência dos antecedentes causais** (teoria da equivalência das condições, teoria da condição simples, teoria da condição generalizadora ou da ***conditio sine qua non***), atribuída a Maximilian von Buri e Stuart. Mill, que a teriam desenvolvido no ano de 1873. Em resumo, para esta teoria, todo fato sem o qual o resultado não teria ocorrido é causa.

A causalidade adequada (ou teoria da condição qualificada ou individualizadora) é adotada no artigo 13, § 1º. Preconizada por Von Kries, considera causa a pessoa, fato ou circunstância que, além de praticar um antecedente indispensável à produção do resultado, realize uma atividade adequada à sua concretização. Na determinação da causalidade adequada, o que importa é se há um nexo normal prendendo o atuar do agente como causa ao resultado como efeito. O problema se resume, então, em assentar se, conforme demonstra a experiência da vida, o fato conduz normalmente a um resultado dessa índole; se esse resultado é consequência normal, provável, previsível daquela manifestação de vontade do agente. O fundamento desse juízo é um dado estatístico, é um critério de probabilidade.

Alternativa "d": a criação ou o incremento de um risco proibido é uma das características da imputação objetiva. Para ser imputado (atribuído a alguém), o resultado deve ser efeito de um risco proibido criado ou incrementado pelo agente. Comportamentos de riscos aceitos socialmente porque decorrem da própria lógica da convivência em sociedade não são rotulados como causa.

Alternativa "e": o crime de mera conduta é aquele que se caracteriza por não ter resultado naturalístico, ou seja, a lei descreve apenas uma conduta, que, uma vez praticada, significa a consumação (ex.: violação de domicílio, art. 150, CP). Por isso, o estudo do nexo causal não é relevante nessa espécie de crime.

Alternativa correta: letra "d".

51. (UEG – Delegado de Polícia – GO/2013) Caio, desejando matar Túlio, dispara projéteis de arma de fogo contra seu desafeto. Túlio, alvejado, cai e permanece inerte no chão enquanto Caio retira-se do local. Observando a cena, Lívio aproxima-se com intenção de despojar a vítima de seus bens e, ao retirar o relógio, nota que Túlio esboça reação quando, então, Lívio utiliza uma pedra para acertar-lhe a cabeça. Túlio vem a óbito e no exame cadavérico o legista atesta que a morte ocorreu por concussão cerebral. No caso, responderão Caio e Lívio, respectivamente, por:

a) homicídio consumado e roubo próprio.

b) homicídio tentado e latrocínio.

c) homicídio tentado e roubo impróprio.

d) homicídio consumado e latrocínio.

COMENTÁRIOS

A questão versa sobre as concausas. A conduta de Lívio constitui uma causa absolutamente independente superveniente à conduta de Caio. Com efeito, após os disparos efetuados por este último, que não causaram a morte da vítima, Lívio se aproximou e, para subtrair o relógio do ferido, atirou-lhe uma pedra na cabeça, sendo que o exame necroscópico demonstrou ter sido a pancada a causa da morte. A causa efetiva do resultado, dessa forma, não se origina, direta ou indiretamente, do comportamento concorrente (disparos efetuados por Caio) e lhe é posterior. Em se tratando de concausa absolutamente independente, o comportamento paralelo será sempre punido na forma tentada. Por isso, Caio responde por homicídio tentado e Lívio será punido por latrocínio, pois matou a vítima para lhe subtrair um bem.

Alternativa correta: letra "b" (responde, também, as demais alternativas).

12. CONSUMAÇÃO E TENTATIVA

52. (CEBRASPE – 2023 – PC/AL – Delegado) No que diz respeito ao direito penal, julgue o item a seguir.

Nos casos de desistência voluntária e arrependimento eficaz, o agente não responde por crime tentado, mas apenas pelos atos delitivos já praticados.

COMENTÁRIOS

No estudo do *iter criminis*, devemos atentar para a tentativa abandonada, que pode ocorrer por meio da desistência voluntária ou do arrependimento eficaz. Na desistência voluntária, o agente desiste de prosseguir na execução da conduta criminosa. Por sua vontade, abandona o dolo inicial e cessa os atos executórios. Já no arrependimento eficaz, embora tenha esgotado os atos executórios, o agente arrependido pratica um ato que impede a produção do resultado. Em ambas as situações, o agente não responde pelo crime tentado, mas somente pelos atos já praticados, se punidos autonomamente. Suponhamos que João tenha iniciado a execução de um furto a residência. Depois de pular o muro e ingressar na sala por uma janela aberta, é tomado pelo receio de ser descoberto e imediatamente se retira, sem nem mesmo ter tocado em nenhum objeto que pudesse ser subtraído. Desistiu voluntariamente do furto. Ou, então, é tomado pelo mesmo receio quando já se preparava para sair com um computador do qual havia se apoderado, põe o aparelho de volta em seu lugar e se retira sem levar nada. Arrependeu-se eficazmente. Em qualquer das situações, não se imputa a tentativa do furto, mas tão somente a violação de domicílio, ato praticado até que a tentativa fosse abandonada.

Alternativa correta: "certo".

53. (Vunesp – Delegado de Polícia – PC – SP/2022) Considere a seguinte hipótese: Caio, com intuito de obter vantagem econômica indevida, faz-se passar por Júlio, filho de Aurélia e, nesse papel, realiza ligação telefônica para ela, pedindo depósito de determinada quantia de dinheiro em conta de terceiro - seu cúmplice. Aurélia, inicialmente, se convence e promete fazer o depósito, mas, depois de desligar o telefone, resolve procurar seu filho, descobre o engodo e não deposita o dinheiro. Nesse caso, houve

a) tentativa imperfeita.

b) tentativa perfeita.

c) tentativa vermelha.

d) tentativa cruenta.

e) crime impossível.

COMENTÁRIOS

Alternativa "a": na tentativa imperfeita (ou inacabada), o agente é impedido de prosseguir no seu intento, deixando de praticar todos os atos executórios à sua disposição. Nesse caso, o sujeito ativo não logra executar todos os atos que pretendia; a execução é interrompida antes de ser esgotada. Aproveitando o exemplo do enunciado, seria o caso se Caio fosse interrompido antes de convencer Aurélia.

Alternativa "b": na tentativa perfeita (ou acabada, crime falho ou crime frustrado), o agente, apesar de praticar todos os atos executórios à sua disposição, não consegue consumar o crime por circunstâncias alheias à sua vontade. Nessa situação, a execução se esgota, o agente faz tudo o que pretende fazer, mas o resultado não é alcançado. No exemplo do enunciado, Caio esgotou os meios executórios e chegou a convencer Aurélia, que, no entanto, acabou frustrando os planos do criminoso.

Alternativa "c" (responde, também, a alternativa "d"): há tentativa vermelha (ou cruenta) quando a vítima é efetivamente atingida, normalmente em crimes que envolvem alguma espécie de ataque corporal.

Alternativa "e": o crime impossível (art. 17 do CP) existe quando, por absoluta ineficácia do meio ou absoluta impropriedade do objeto, o crime não pode se consumar. No exemplo do enunciado tanto o meio empregado quanto o objeto material são próprios, razão pela qual não há crime impossível.

Alternativa correta: letra "b".

54. (UFPR - Delegado de Polícia - PC - PR/2021) Sobre tentativa e consumação, considere as seguintes afirmativas:

1. Parte da doutrina entende que a desistência voluntária deve ser também autônoma (determinada por decisão do próprio agente), pois se um fator externo levasse o agente a desistir da execução, a situação descrita no art. 15 do Código Penal não se caracterizaria.
2. O iter criminis corresponde ao desenvolvimento da conduta criminosa e pode ser dividido nas seguintes etapas: cogitação, preparação, execução, consumação e exaurimento, sendo que a cogitação e os atos preparatórios em regra não são puníveis, salvo quando manifestem claramente a intenção de cometer o crime.
3. O arrependimento eficaz se caracteriza quando o agente com eficiência impede o resultado inicialmente almejado, não respondendo, então, pelo crime que pretendia praticar, mas pelos atos já praticados (se por si constituírem crime).
4. A teoria material objetiva distingue os atos preparatórios do início da execução pelo início do ataque ao bem jurídico: tão logo se inicie uma situação de risco para o bem jurídico, a execução começa e a conduta passa a ser punível.

Assinale a alternativa correta.

a) Somente a afirmativa 2 é verdadeira.
b) Somente as afirmativas 1 e 3 são verdadeiras.
c) Somente as afirmativas 2 e 4 são verdadeiras.
d) Somente as afirmativas 1, 3 e 4 são verdadeiras.
e) As afirmativas 1, 2, 3 e 4 são verdadeiras.

COMENTÁRIOS

Item 1: na desistência voluntária, o agente, por manifestação exclusiva do seu querer, desiste de prosseguir na execução da conduta criminosa. Contenta-se o legislador (art. 15 do CP) com a voluntariedade da desistência, que não precisa ser espontânea; o instituto não se desnatura quando a decisão do agente, livre de coação, sofre influência subjetiva externa (o agente atende aos apelos da vítima, por exemplo). Já no caso de influência objetiva externa (alguém que se aproxima ou observa, por exemplo), a desistência cede lugar à tentativa. Pacelli e Callegari ensinam que a "desistência é voluntária quando não se origine de causas impeditivas coatas, mas sim quando renasce de *motivos autônomos*, que como tais não precisam ser éticos ou valorados (por exemplo, remorso, arrependimento, vergonha, consideração para com a vítima, emoção espiritual, temor ante a descoberta, medo da pena etc.). Para Muñoz Conde, a voluntariedade de uma conduta, no sentido de livre e espontânea, supõe que o autor tenha a possibilidade de seguir atuando. Se essa possibilidade falta por razões psíquicas, físicas ou técnicas, a questão da voluntariedade sequer se coloca" (Manual de Direito Penal - Parte Geral. 2ª ed. São Paulo: Atlas, 2016, p. 300).

Item 2: nos atos preparatórios, também denominados *conatus remotus*, o agente procura criar condições para a realização da conduta delituosa idealizada. Adotam-se providências externas para que a conduta possa se realizar, como no caso de quem adquire um automóvel para viabilizar a fuga e o transporte do produto do roubo. Os atos preparatórios, em regra, são impuníveis. Excepcionalmente, todavia, merecem punição, configurando delito autônomo. É o que ocorre no crime de associação criminosa (art. 288 do CP). Já a cogitação significa tão somente a ideação do crime. Cuida-se de fase interna, é dizer, que pertence única e exclusivamente à mente do indivíduo. Por isso, é sempre impunível – desdobramento lógico do princípio da materialização ou exteriorização do fato.

Item 3: o arrependimento eficaz ocorre quando os atos executórios já foram todos praticados, porém, o agente, decidindo recuar na atividade delituosa corrida, pratica nova ação com o objetivo de impedir a produção do resultado (consumação). O agente não responde por tentativa, mas apenas pelos atos praticados até o momento do arrependimento, caso tipifiquem crimes autônomos.

Item 4: na verdade, para a teoria objetivo-material são atos executórios aqueles em que se inicia a prática do núcleo do tipo, bem como os atos imediatamente anteriores, com base na visão de terceira pessoa alheia à conduta criminosa. É a teoria da hostilidade ao bem jurídico, idealizada por Nélson Hungria, que conceitua os atos executórios como aqueles que atacam o bem jurídico, criando-lhe uma situação concreta de perigo.

Alternativa correta: letra "d".

55. (IBADE – Delegado de Polícia – AC/2017) Austregésilo, verbalizando seu animus necandi, aponta uma arma de fogo municiada para Aristóteles. Este, todavia, consegue entrar em luta corporal com Austregésilo, apossando-se da arma de fogo antes do acionamento do gatilho. Considerando o caso proposto, é correto afirmar que:

a) pela teoria objetivo-subjetiva, a conduta não saiu da esfera dos atos preparatórios, já que o não acionamento do gatilho faz com que se pressuponha a inexistência de vontade de realização do tipo.
b) pela teoria subjetiva, só haverá tentativa de homicídio se a ação foi representada pelo autor como executiva.
c) pela teoria objetiva individual, há homicídio, na forma tentada, independentemente do plano do autor.
d) pala teoria objetiva formal, há homicídio, na forma tentada.
e) pela teoria objetiva material, a conduta não saiu dos atos preparatórios concernentes ao homicídio.

COMENTÁRIOS

Alternativa "a": a teoria objetivo-subjetiva da tentativa tem por escopo limitar o alcance da teoria subjetiva, evitando a punição irrestrita de atos preparatórios porque torna possível a punição da tentativa apenas a partir do momento em que a conduta seja capaz de abalar a confiança na vigência do ordenamento jurídico; e também quando a conduta transmita àqueles que dela tomem conhecimento a mensagem de perturbação da segurança jurídica. Por esta teoria, a conduta de Austregésilo é executória do homicídio.

Alternativa "b": uma das teorias que fundamentam a tentativa é a subjetiva, voluntarística ou monista, segundo a qual a punição da tentativa deve observar o aspecto subjetivo do delito, da perspectiva do dolo do agente. E, sabendo que, seja na consumação seja na tentativa, o crime é subjetivamente completo, não pode haver, para esta teoria, distinção entre as penas nas duas modalidades. A tentativa merece a mesma pena do crime consumado.

Alternativa "c": a teoria objetivo-individual é relativa à distinção entre atos preparatórios e atos executórios. Preconizada por Eugênio Raúl Zaffaroni, entende como atos executórios aqueles que, de acordo com o plano do agente – não independentemente dele, portanto –, realizam-se no período imediatamente anterior ao começo da execução típica.

Alternativa "d": a teoria objetivo-formal também é relativa à diferenciação entre atos preparatórios e atos executórios. Defendida por Frederico Marques, entende como ato executório aquele que inicia a realização do núcleo do tipo. No exemplo do enunciado, portanto, não haveria atos executórios de homicídio, razão pela qual não seria possível falar em tentativa.

Alternativa "e": pela teoria objetivo-material, são atos executórios aqueles em que se inicia a prática do núcleo do tipo, bem como os atos imediatamente anteriores, com base na visão de terceira pessoa alheia à conduta criminosa. Por esta teoria, a conduta de Austregésilo é executória do homicídio.

Alternativa correta: letra "b".

56. (FUNIVERSA – Delegado de Polícia – DF/2015) Quanto às fases de realização da infração penal e à tentativa, assinale a alternativa correta.

a) Os crimes tentados podem ter a mesma pena dos crimes consumados, a depender do grau alcançado no *iter criminis*.

b) Tentativa abandonada ou qualificada ocorre quando há interrupção do processo executório em razão de o agente não praticar todos os atos de execução do crime por circunstâncias alheias à sua vontade.

c) No que diz respeito às fases do *iter criminis*, o auxílio à prática de crime, salvo determinação expressa em contrário, não é punível se o crime não chegar a ser, ao menos, tentado.

d) Os crimes omissivos, sejam próprios ou impróprios, não admitem tentativa.

e) Tentativa incruenta é aquela em que o agente, arrependendo-se posteriormente, pratica atos para evitar que o crime venha a se consumar.

COMENTÁRIOS

Alternativa "a": a tentativa, em regra, faz com que a pena correspondente ao crime consumado seja diminuída de um a dois terços, a depender do *iter criminis* percorrido (art. 14, parágrafo único, do Código Penal). Não é possível, portanto, que, aplicada a norma da tentativa, a pena seja a mesma do crime consumado. Isso só ocorre nos delitos em que a própria lei, ao descrever a conduta, equipara a forma tentada à consumada, no que se denomina *crimes de atentado*. É o caso do art. 352 do Código Penal: "Evadir-se ou tentar evadir-se o preso ou o indivíduo submetido a medida de segurança detentiva, usando de violência contra a pessoa". Nesse caso, não se aplica o art. 14, parágrafo único.

Alternativa "b": a tentativa abandonada ou qualificada diz respeito à desistência voluntária (o agente, por manifestação exclusiva do seu querer, desiste de prosseguir na execução da conduta criminosa) e ao arrependimento eficaz (ocorre quando os atos executórios já foram todos praticados, porém, o agente, decidindo recuar na atividade delituosa corrida, desenvolve nova conduta com o objetivo de impedir a produção do resultado – consumação).

Alternativa "c": o art. 31 do Código Penal, que trata da participação impunível, estabelece que o ajuste, a determinação ou instigação e o auxílio, salvo disposição expressa em contrário, não são puníveis, se o crime não chega, pelo menos, a ser tentado.

Sabe-se que, em regra, não se pune o crime se não houve, ao menos, a tentativa, a não ser quando a própria lei prevê a punição de atos que normalmente seriam considerados preparatórios, como ocorre no crime de associação criminosa (anterior quadrilha ou bando). É em decorrência disso que o art. 31 do Código Penal dispõe que não se pune o ajuste, a determinação, a instigação e o auxílio se o crime não vier a ser executado, pois, neste caso, a conduta acessória não teve nenhuma relevância para o desdobramento causal, que sequer se verificou.

Alternativa "d": a tentativa, embora não admitida nos crimes omissivos puros, que são unissubsistentes, pode ocorrer nos omissivos impróprios (comissivos por omissão).

Alternativa "e": tentativa branca ou incruenta ocorre quando o golpe desferido não atinge o corpo da vítima, não gera lesão efetiva, palpável à integridade corporal do ofendido.

Alternativa correta: letra "c".

57. (Vunesp – Delegado de Polícia – CE/2015) Crime que tem reprimenda privativa de liberdade cominada de 1 (um) ano a 4 (quatro) anos, após ter reconhecida a modalidade tentada e sem considerar qualquer outra majorante ou minorante, terá pena fixada entre os patamares mínimo de

a) 4 (quatro) meses e máximo de 1 (um) ano e 4 (quatro) meses.

b) 6 (seis) meses e máximo de 3 (três) anos.

c) 9 (nove) meses e máximo de 3 (três) anos e 4 (quatro) meses.

d) 9 (nove) meses e máximo de 2 (dois) anos e oito meses.

e) 4 (quatro) meses e máximo de 2 (dois) anos e 8 (oito meses).

COMENTÁRIOS

O art. 14, parágrafo único, do Código Penal estabelece que a tentativa é punida, salvo disposição em contrário, com a pena correspondente ao crime consumado, diminuída de um a dois terços. No exemplo citado, se a pena cominada ao delito é de um a quatro anos, a incidência da fração máxima de diminuição (dois terços) fará com que a pena seja, no mínimo, de quatro meses; e se incidente a fração mínima de diminuição (um terço), a pena será no máximo de dois anos e oito meses. Sobre o critério para a incidência da minorante, esclarece Nucci: "o juiz deve levar em consideração apenas e tão somente o *iter percorrido*, ou seja, tanto maior será a diminuição quanto mais distante ficar o agente da consumação, bem como tanto menor será a diminuição quanto mais se aproximar o agente da consumação do delito. Não se leva em conta qualquer circunstância – objetiva ou subjetiva –, tais como crueldade no cometimento do delito ou péssimos antecedentes do agente" (*Manual de Direito Penal*, p. 169-170).

Alternativa correta: letra "e" (responde, também, as demais alternativas).

13. ARREPENDIMENTO POSTERIOR

58. (FGV - Delegado de Polícia - PC - RN/2021) Durante evento na loja de uma operadora de telefonia móvel, Tereza, aproveitando-se da distração dos funcionários, subtraiu para si um aparelho celular. Ao chegar em casa, sua mãe descobriu o fato e a convenceu a comparecer à delegacia para devolver o aparelho subtraído, o que foi por ela feito no dia seguinte.

Diante dos fatos narrados, a conduta de Tereza configura:

a) furto na forma tentada, pois houve arrependimento eficaz;

b) furto na forma tentada, pois houve desistência voluntária;

c) atipicidade, em razão do arrependimento eficaz;

d) furto na forma consumada, com a causa de diminuição pelo arrependimento posterior;

e) furto na forma consumada, sem causa de diminuição de pena, pois a restituição da coisa não se deu de maneira espontânea.

COMENTÁRIOS

Alternativa "a" (responde, também, as alternativas "b"): o enunciado não trata de desistência voluntária nem de arrependimento eficaz, porque Tereza não desistiu de subtrair o telefone enquanto executava o crime, nem atuou para evitar a consumação após esgotados os meios de execução. E, caso tivesse se caracterizado a desistência ou o arrependimento, a tentativa não seria punida, como dispõe o art. 15 do CP.

Alternativa "c": embora, como já destacamos, não se trate de arrependimento eficaz, vale destacar que a doutrina discute sua natureza jurídica. Para uns, trata-se de causa de exclusão da tipicidade. Nesse sentido, argumenta Miguel Reale Jr.: "Se típica é a tentativa, quando o resultado deixa de ocorrer por razão alheia à vontade do agente; atípica é a tentativa quando o evento deixa de se efetivar, não por causa alheia à vontade do agente, mas graças à sua própria vontade" (*Teoria do Delito*. São Paulo: Revista dos Tribunais, 1998, p. 206). Para outros, é causa pessoal extintiva da punibilidade. Vejamos a explicação de Zaffaroni e Pierangeli: "Optamos pela causa pessoal de isenção de pena, porque entendemos que o delito tentado encontra-se completo em todos os seus elementos, apesar da mediação da desistência voluntária. [...] Em outras palavras: quando o autor começa a arrombar a porta para furtar, com isto inicia a execução do furto e sua conduta já é típica; se dez minutos depois, e já dentro da casa em que haveria de cometer o apoderamento, se arrepende e decide desistir, esta circunstância não pode eliminar a tipicidade já configurada de seus atos executivos anteriores" (Manual de direito penal brasileiro – Parte Geral. Vol. 1. 8. ed. São Paulo: RT, 2009, p. 672).

Alternativa "d" (responde, também, a alternativa "e"): no arrependimento posterior, o agente, depois de ter consumado o crime, por ato voluntário, repara o dano ou restitui a coisa com o fim de restaurar a ordem perturbada. É o caso de Tereza, que, no dia seguinte ao furto, dirigiu-se à delegacia de polícia para restituir o aparelho subtraído. Note-se que a reparação do dano não precisa ser espontânea, basta que seja voluntária, independentemente de interferências externas subjetivas ou de motivos nobres. Por isso, não importa que Tereza tenha devolvido o aparelho atendendo aos apelos de sua mãe.

Alternativa correta: letra "d".

59. (ACAFE - Delegado de Polícia - SC/2014) De acordo com o Código Penal, assinale a alternativa correta.

a) Pelo resultado que agrava especialmente a pena, só responde o agente que não o houver causado ao menos culposamente.

b) Nos crimes cometidos sem violência ou grave ameaça à pessoa, reparado o dano ou restituída a coisa até o recebimento da denúncia ou da queixa, por ato voluntário do agente, a pena será reduzida de um a dois terços.

c) O erro sobre elemento constitutivo do tipo legal de crime exclui o dolo e não permite a punição por crime culposo.

d) É passível de pena quem, por erro plenamente justificado pelas circunstâncias, supõe situação de fato que, se existisse, tornaria a ação legítima. Haverá isenção de pena quando o erro deriva de culpa e o fato é punível como crime culposo.

e) Não responde pelo crime o terceiro que determina o erro sobre elemento constitutivo do tipo legal.

COMENTÁRIOS

Alternativa "a": de acordo com o disposto no art. 19 do Código Penal, pelo resultado que agrava especialmente a pena, só responde o agente que o houver causado ao menos culposamente. Trata-se de referência ao crime preterdoloso, em que o agente pratica delito distinto do que havia projetado cometer, advindo da conduta dolosa resultado culposo mais grave do que o pretendido. O comportamento é doloso, mas o resultado (mais grave) é involuntário.

Alternativa "b": trata do arrependimento posterior. Trata-se de um comportamento pós-delitivo positivo em que o agente, depois de ter consumado o crime, por ato voluntário, repara o dano ou restitui a coisa com o fim de restaurar a ordem perturbada. Nesses casos, a lei recompensa o criminoso arrependido com a diminuição da sua pena. Os fundamentos de política criminal em que se estabelece o arrependimento posterior são, portanto, o atendimento aos interesses da vítima, que tem seu patrimônio restaurado, e o incentivo ao arrependimento do agente, beneficiado pelo abrandamento da pena. Além disso, o instituto se revela importante para a sustentação do ordenamento jurídico, pois, ao promover a reparação do dano, o agente reconhece a validade da norma que infringiu. Para seu reconhecimento, o artigo 16 do CP impõe os seguintes **requisitos**: **a) Crime cometido sem violência ou grave ameaça à pessoa: a** violência à coisa não obsta o reconhecimento do instituto; **b) Reparação do dano ou restituição da coisa: a** doutrina predominante entende que a reparação do dano ou restituição da coisa deve ser **integral**, podendo a **parcial** servir-se do benefício, desde que presente a concordância da vítima; **c) Até o recebimento da denúncia ou queixa; d) Ato voluntário do agente:** atitude livre de coação física ou moral, independentemente da existência de interferências externas subjetivas, ou da ausência de motivos nobres na condução do arrependimento. Não é necessário, portanto, que o ato seja espontâneo. Acrescentamos que o STJ decidiu que o arrependimento posterior só é cabível em crimes patrimoniais ou dos quais decorram efeitos patrimoniais. Por isso, o tribunal negou a incidência da minorante em crime de homicídio culposo na direção de veículo automotor em que o agente promoveu composição civil com a família da vítima a fim de indenizá-la (REsp 1.561.276/BA, DJe 15/9/2016).

Alternativa "c": o erro de tipo, de fato, exclui o dolo, mas permite a punição por crime culposo, se previsto em lei. Trata-se do erro de tipo vencível (ou evitável), pois havia possibilidade de o agente conhecer do perigo.

Alternativa "d": de acordo com o art. 20, § 1º, do Código Penal, que trata das descriminantes putativas, é isento de pena quem, por erro plenamente justificado pelas circunstâncias, supõe situação de fato que, se existisse, tornaria a ação legítima. Se, no entanto, o erro deriva de culpa e o fato é punível como crime culposo, não há isenção de pena.

Alternativa "e": no erro determinado por terceiro, previsto no artigo 20, § 2º do Código Penal, temos um erro induzido, figurando dois personagens: o agente provocador e o agente provocado. Trata-se de erro não espontâneo que leva o provocado à prática do delito. O erro determinado por terceiro tem como **consequência** a punição do agente provocador, na condição de **autor mediato**. Se o erro foi determinado dolosamente, responderá pelo crime na modalidade dolosa; se foi determinado culposamente, responderá por delito culposo.

Alternativa correta: letra "b".

14. CRIME IMPOSSÍVEL

60. (Cespe – Delegado de Polícia – AL/ 2012 – Adaptada) Com base na interpretação doutrinária majoritária e no entendimento dos tribunais superiores, julgue os itens.

Considere que Pedro, penalmente imputável, pretendendo matar Rafael, seu desafeto, aponta em sua direção uma arma de fogo e aperta o gatilho por diversas vezes, não ocorrendo nenhum disparo em razão de defeito estrutural da arma que, de forma absoluta, impede o seu funcionamento. Nessa situação, Pedro será punido pela tentativa delituosa, porquanto agiu com manifesta vontade de matar José.

COMENTÁRIOS

Se a arma de fogo não pode, de forma nenhuma, efetuar disparos, Pedro não responde por tentativa de homicídio porque o meio utilizado é absolutamente ineficaz, acarretando a falta de potencialidade causal (o instrumento posto a serviço da conduta não é eficaz, em hipótese alguma, para a produção do resultado).

Alternativa correta: "errado".

15. DOLO

61. (FUNCAB – Delegado de Polícia – RJ/2012) Maria é amiga e "cunhada" de Paula, pois namora Carlos, o irmão desta. Maria descobre que está sendo traída por Carlos e conta a Paula. Esta sugere que Maria simule o suicídio para dar uma lição em Carlos. Realizada a encenação, Carlos encontra Maria caída em sua cama, aparentando estar com os pulsos cortados e morta, tendo uma faca ao seu lado. Certo da morte de sua amada, pois a cena fora perfeitamente simulada, com aptidão para enganar qualquer pessoa, Carlos, desesperado, pega a faca supostamente utilizada por Maria e começa a golpear o corpo da namorada, gritando que ela não poderia ter feito aquilo com ele, haja vista amá-la demais e que, portanto, sua vida teria perdido o sentido. Maria, mesmo esfaqueada, não esboça qualquer reação, pois, para dar uma aura de veracidade à farsa, havia ingerido medicamentos que a fizeram dormir profundamente. Em razão dos golpes desferidos por Carlos, Maria acaba efetivamente morrendo. Assim, pode-se afirmar que Carlos:

a) deve responder pelo crime de homicídio doloso duplamente qualificado, em face de a morte ter ocorrido por motivo torpe e pela impossibilidade de reação da vítima, sendo Paula coautora do mesmo crime, pois o direito penal brasileiro adota a teoria monista mitigada.
b) deve responder por descumprir um dever de cuidado objetivo, que causou um resultado lesivo, já que há previsão expressa do crime na modalidade culposa, considerando Carlos que estava sob erro de tipo vencível; Paula é partícipe do mesmo crime, pois o direito penal brasileiro adota a teoria monista mitigada.
c) não pode responder por crime algum, pois não há responsabilidade penal objetiva no direito penal brasileiro.
d) deve responder pelo crime de vilipêndio a cadáver, haja vista estar em erro sobre o fato, que, pela teoria extremada da culpabilidade, amolda-se ao instituto do erro de proibição.
e) deve ser indiciado pelo crime de destruição, subtração ou ocultação de cadáver, uma vez que, estando sob erro de tipo vencível, fez o cadáver perdera sua forma original.

COMENTÁRIOS

Alternativa "a": além do que explanado a respeito da assertiva "c", Paula não pode ser responsabilizada por não haver previsibilidade de que, diante da encenação, Carlos tomasse a faca e passasse a golpear o que pensava ser o cadáver de Maria.

Alternativa "b": Carlos atuou em erro de tipo invencível, escusável. No mais, aplicam-se os comentários à assertiva anterior.

Alternativa "c" (responde, também, as alternativas "d" e "e"): pelo exemplo narrado, não é possível extrair da conduta de Carlos o dolo de matar, pois, diante da encenação marcada pela veracidade, acreditava que Maria havia se suicidado. De igual forma, não há crimes de destruição ou de vilipêndio a cadáver, já que de cadáver não se tratava. E ainda que assim não fosse, não se constata, naquelas circunstâncias, o propósito de desfazer, desmanchar, destroçar ou desprezar, desdenhar daquilo que o agente acreditava se tratar do corpo de Maria.

Alternativa correta: letra "c".

---

62. (Delegado de Polícia – SP/ 2011 – ACADEPOL) Há algum ponto de semelhança entre condutas praticadas com culpa consciente e dolo eventual? Aponte a alternativa correta

a) Sim. Tanto na culpa consciente quanto no dolo eventual há a aceitação do resultado.
b) Sim. Tanto na culpa consciente quanto no dolo eventual o agente prevê o resultado.
c) Não. Não há nenhum ponto de semelhança nas condutas em questão.
d) Sim. Em ambas o elemento subjetivo da conduta é o dolo.
e) Não. Pois a aceitação do resultado na culpa consciente é elemento normativo da conduta.

COMENTÁRIOS

A culpa consciente não pode ser confundida com o dolo eventual. Com efeito, se na culpa consciente o agente prevê o resultado e o afasta, no dolo eventual o agente prevê o resultado e assume o risco da sua ocorrência, agindo com evidente descaso com o bem jurídico.

Alternativa correta: letra "b" (responde, também, as demais alternativas).

16. CULPA

---

63. (UFPR – Delegado de Polícia – PC – PR/2021) Examine o caso hipotético narrado a seguir:

A.A. saiu de uma festa um pouco sonolento, pretendendo ir para casa conduzindo sua motocicleta. Na ocasião, foi advertido pelo sujeito B.B., que disse: "pilotando neste estado você pode matar alguém". A.A., porém, afirmou que estava em condições de evitar qualquer acidente, até porque as ruas estariam quase desertas e o vento no rosto o manteria acordado. Afirmou, ainda, que não se arriscaria a sofrer um acidente, porque de moto "o para-choque era ele mesmo". No trajeto para casa, porém, por estar com os reflexos mais lentos, A.A. não percebeu um pedestre que atravessava a rua e o atropelou, causando-lhe a morte. Embora tenha ficado bastante ferido, A.A. sobreviveu ao acidente e foi acusado de cometer crime.

A partir das noções de dolo e culpa aplicadas ao caso, é correto afirmar que A.A. agiu com:

a) dolo eventual porque basta a previsibilidade do resultado para configurá-lo.
b) dolo eventual porque expressamente consentiu com a possibilidade de causar o resultado.
c) culpa inconsciente porque o resultado era imprevisível, mas cabe responsabilidade objetiva em delitos de trânsito.
d) culpa consciente porque levianamente subestimou o risco de causar o resultado e confiou que ele não ocorreria.
e) culpa imprópria, pois embora não esperasse o resultado tinha o dever de antecipá-lo e evitá-lo.

COMENTÁRIOS

Alternativa "a" (responde, também, a alternativa "b"): o dolo eventual se caracteriza pela *previsão* (não simples previsibilidade) do resultado e pela assunção do risco de provocá-lo. A.A. não assumiu o risco de matar; ao contrário, considerou-se apto a conduzir o veículo apesar de suas condições físicas.

Alternativa "c": destaca-se inicialmente que a responsabilidade objetiva (sem demonstração de dolo ou culpa) não é admitida em nenhuma esfera do Direito Penal. Além disso, a culpa inconsciente não se caracteriza pela imprevisibilidade do resultado. Em todos os crimes culposos, independentemente da espécie de culpa, o resultado deve ser previsível. Na culpa inconsciente, embora o resultado seja previsível, no caso concreto o agente não o prevê.

Alternativa "d": na culpa consciente, o resultado previsível é, também, previsto pelo agente, que, no entanto, acredita poder evitá-lo. É exatamente o caso de A.A., que, embora estivesse sonolento, considerou-se apto a conduzir a motocicleta, acreditando que poderia evitar qualquer acidente.

Alternativa "e": a culpa imprópria não tem nenhuma relação com o dever de antecipar o resultado e evitá-lo. Trata-se da situação em que o agente, por erro evitável, imagina certa situação de fato que, se presente, excluiria a ilicitude do seu comportamento (descriminante putativa). Provoca intencionalmente determinado resultado típico, mas responde por culpa por razões de política criminal.

Alternativa correta: letra "d".

---

64. (Fumarc - Delegado de Polícia - PC - MG/2018) NÃO é um elemento do tipo culposo de crime:

a) Conduta involuntária.

b) Inobservância de dever objetivo de cuidado.

c) Previsibilidade objetiva.

d) Tipicidade.

COMENTÁRIOS

Alternativa "a": a conduta involuntária, de fato, não é elemento do crime culposo, que pressupõe ação ou omissão dirigida e orientada pelo querer e que causa um resultado involuntário. A conduta, portanto, é sempre voluntária.

Alternativa "b": o agente, na infração culposa, viola seu dever de diligência, regra básica do convívio social. Seu comportamento não atende ao que esperado pela lei e pela sociedade.

Alternativa "c": o tipo penal culposo pressupõe, também, a previsibilidade objetiva do resultado, traduzida na possibilidade de o portador de inteligência mediana ser capaz de concluir que sua conduta pode resultar no ilícito.

Alternativa "d": não se pune a conduta culposa, salvo quando houver expressa disposição em lei. A tipicidade (subsunção ao tipo penal) é exigência do artigo 18, parágrafo único, do Código Penal.

Alternativa correta: letra "a".

17. ERRO

65. (FGV - Delegado de Polícia - SC/2024) Adonis, 71 anos, reside sozinho em um bairro violento. Certo dia, percebeu que um homem desconhecido, portando uma arma de fogo na cintura, ingressou em seu terreno na calada da noite. Ao perceber que o indivíduo caminhava desorientado em seu quintal, Adonis, temendo por sua integridade física e sua vida, desferiu um disparo de arma de fogo na perna da vítima. Quando se aproximou da vítima, caída ao chão, constatou que se tratava de seu vizinho Heitor, que havia entrado no seu imóvel por engano, em razão de estar alcoolizado. Heitor foi hospitalizado, porém recebeu alta no mesmo dia. Diante do cenário descrito, é correto afirmar que

a) Adonis deve responder pelo crime de lesão corporal, tendo em vista o excesso de legítima defesa.

b) deve ser reconhecida a exclusão da ilicitude pela legítima defesa.

c) deve ser afastada a culpabilidade, em razão da ausência de potencial conhecimento da ilicitude do fato.

d) deve ser afastada a culpabilidade, em razão de inexigibilidade de conduta diversa.

e) Adonis está isento de pena, em razão da descriminante putativa por erro de tipo inevitável.

COMENTÁRIOS

Alternativa "a": o Código Penal, logo depois de anunciar as causas justificantes da conduta típica, alerta: "O agente, em qualquer das hipóteses deste artigo, responderá pelo excesso doloso ou culposo" (art. 23, parágrafo único). Deve ser reconhecido, no entanto, que a expressão "excesso" pressupõe uma inicial situação de legalidade, seguida de um atuar extrapolando limites. O exagero, decorrendo de dolo (consciência e vontade) ou culpa (negligência), será punível. Como deixa claro o enunciado, não havia de fato uma situação de legítima defesa, pois Adonis imaginou que seria atacado. Não é possível, portanto, falar em excesso.

Alternativa "b" (responde, também, a alternativa "e"): como já adiantamos, não se trata de legítima defesa, tendo em vista que Adonis não repeliu, efetivamente, uma injusta agressão, atual ou iminente, a direito seu ou de outrem. Devido às circunstâncias, Adonis imaginou que estava em perigo e que podia, por isso, atuar em legítima defesa. Trata-se, portanto, de legítima defesa putativa, ou, noutras palavras, de descriminante putativa por erro de tipo. O agente se enganou quanto aos pressupostos fáticos do evento; supôs estar diante de uma situação de fato que, na realidade, não existia. Em situações como essa, o erro inevitável exclui, além do dolo, a culpa (isentando o agente de pena); se evitável, exclui o dolo, mas não isenta o agente de pena, subsistindo o crime culposo quando previsto em lei (culpa imprópria). Dadas as circunstâncias no enunciado, é possível deduzir que o erro de Adonis foi inevitável.

Alternativa "c": a potencial consciência da ilicitude representa a possibilidade que tem o agente imputável de compreender a reprovabilidade da sua conduta. Não é disso que trata o enunciado, pois não se relata que Adonis não tinha consciência de que disparar contra alguém é uma conduta ilícita.

Alternativa "d": na esfera da culpabilidade, para a reprovação social, não basta que o autor do fato lesivo seja imputável e tenha possibilidade de lhe conhecer o caráter ilícito. Exige-se, ainda, que nas circunstâncias tenha a possibilidade de atuar de acordo com o ordenamento jurídico. A isso corresponde a exigibilidade de conduta diversa. Tampouco é possível afirmar que, na situação do enunciado, era inexigível de Adonis conduta diversa.

Alternativa correta: letra "e".

66. (CEBRASPE - 2023 - PC/AL - Delegado) No que diz respeito ao direito penal, julgue o item a seguir.

Caracteriza erro de proibição direto o fato de o agente supor ser lícita uma conduta que é proibida no ordenamento jurídico; diferentemente do delito putativo, que é caracterizado pelo fato de o agente praticar uma conduta que acredita ser proibida, mas que, na verdade, é um indiferente penal.

COMENTÁRIOS

Positivado no art. 21 do CP, o erro de proibição é causa excludente da potencial consciência da ilicitude. Uma vez publicada no Diário Oficial da União, a lei se presume conhecida por todos, e não nos é possível alegar desconhecimento. Nada impede, contudo, que o agente, mesmo conhecendo a lei, incida em erro quanto à proibição do seu comportamento, valorando equivocadamente a reprovabilidade da sua conduta, o que pode acarretar a exclusão da culpabilidade. A efetiva exclusão da culpabilidade depende da espécie de erro. Se escusável (quando o agente atua ou se omite sem ter a consciência da ilicitude do fato em situação na qual não é possível lhe exigir que tenha esta consciência), a culpabilidade é afastada. Mas, se inescusável (se o agente atua ou se omite sem a consciência da ilicitude do fato, quando lhe era possível, nas circunstâncias, ter ou atingir essa consciência), a pena é diminuída.

Já no crime putativo por erro de proibição, o agente pratica uma conduta imaginando se tratar de infração penal, mas, na realidade, comete um fato atípico. Ex.: deixa de pagar uma dívida assumida em contrato acreditando que, com isso, pratica um crime.

Alternativa correta: "certo".

67. (Vunesp - Delegado de Polícia - PC - SP/2022) Considere a seguinte hipótese: Petrônio e Cesarino são estudantes e colegas de faculdade. Em um almoço em que os dois e outros colegas estão sentados à mesma mesa, Petrônio, com intenção de causar prejuízo econômico a Cesarino, derrama água de uma jarra inteira sobre o computador pessoal que ele pensa ser de Cesarino. A ação é motivada por uma discussão sobre futebol. Ocorre que Petrônio, já obnubilado pela bebida alcoólica que havia ingerido, acaba se confundindo e derrama água somente sobre o próprio computador pessoal - o que efetivamente o danifica. Em face do exposto, é correto afirmar que

a) Petrônio cometeu crime de dano na modalidade tentada, com agravante da embriaguez.
b) o fato é típico, mas não ilícito.
c) o fato é atípico.
d) Petrônio cometeu crime de dano consumado, uma vez que o erro sobre a pessoa não o isenta de pena.
e) Petrônio cometeu crime de dano qualificado, tendo em vista o motivo egoístico.

COMENTÁRIOS

A questão trata do erro sobre o objeto, em que o agente confunde o objeto material (coisa) visado, atingindo outro que não o desejado. Um bom exemplo é o da pessoa que ingressa numa loja para subtrair um relógio de ouro, mas acaba furtando apenas um relógio dourado, confundindo, portanto, o objeto visado. A consequência do erro sobre o objeto é a punição do agente pela conduta praticada, considerado o objeto material (coisa) *efetivamente atingido*. Por isso, no exemplo do enunciado Petrônio não responde pelo crime de dano, tendo em vista que sua conduta atingiu seu próprio computador.

Note-se que, de acordo com Fernando de Almeida Pedroso, "Pelo princípio unitário (o do desdobramento é incompossível com a espécie, pois inexiste fragmentação do elemento volitivo), responde o agente como se tivesse empolgado o objeto realmente querido (...)" (Direito Penal - Parte Geral, p. 529). Mas, por falta de previsão legal, parece mais acertado (e justo) que, na dúvida, o juiz considere o objeto mais favorável ao réu, observando o caso concreto. O agente é punido pelo crime praticado, mas considerando o objeto desejado ou atacado, sempre o mais benéfico.

Alternativa correta: letra "c" (responde, também, as demais alternativas).

68. (FGV - Delegado de Polícia - PC - RN/2021) Wesley havia alugado um apartamento parcialmente mobiliado e, após o encerramento do contrato de locação, chamou Sidney, seu amigo, que nunca havia estado no imóvel, para ajudá-lo com a retirada de seus pertences. Durante a mudança, Wesley garantiu a Sidney que a televisão que se encontrava na sala era de sua propriedade e deveria ser retirada, embora Wesley tivesse ciência de que o aparelho pertencia ao proprietário do imóvel. Ao perceber a situação, o proprietário do imóvel registrou boletim de ocorrência contra Wesley e Sidney.

Analisando os fatos acima narrados, a conduta dos agentes pode ser assim classificada:

a) Wesley e Sidney responderão pelo crime de furto, em razão do concurso de pessoas;

b) Wesley responderá por furto doloso, enquanto Sidney responderá pelo mesmo crime na modalidade culposa;

c) apenas Wesley responderá por furto, pois Sidney agiu em erro sobre o objeto, ficando isento de pena;

d) apenas Wesley responderá por furto, pois Sidney agiu em erro de tipo provocado por terceiro, sendo atípica sua conduta;

e) Sidney agiu em erro de tipo, afastando a culpabilidade da conduta de ambos os agentes.

COMENTÁRIOS

Alternativa "a" (responde, também, a alternativa "d"): trata-se de erro de tipo determinado por terceiro, pois Wesley, plenamente consciente de que o televisor não lhe pertencia, garantiu a Sidney que era o proprietário do aparelho e o orientou a retirá-lo. Temos um erro induzido, figurando dois personagens: o agente provocador (Wesley) e o agente provocado (Sidney). Trata-se de erro não espontâneo que leva o provocado à prática do delito. O erro determinado por terceiro tem como consequência a punição do agente provocador, na condição de autor mediato.

Alternativa "b": não existe crime de furto na modalidade culposa.

Alternativa "c": o erro sobre o objeto é aquele no qual o agente confunde o objeto material (coisa) visado, atingindo outro que não o desejado. Ex.: "A" pretende subtrair o telefone celular de "B" porque imagina se tratar de um aparelho de última geração, mas acaba subtraindo uma versão muito mais simples, confundindo, portanto, o objeto visado. Não é disso que trata o enunciado.

Alternativa "e": em primeiro lugar, o erro de tipo afasta o dolo, não a culpabilidade. Além disso, não é possível afastar a responsabilidade de ambos os agentes, porque Wesley sabia que o televisor não lhe pertencia.

Alternativa correta: letra "d".

---

69. (UFPR – Delegado de Polícia – PC – PR/2021) Considere o seguinte caso hipotético:

Z.Z. é um simplório dono de uma pequena e antiga padaria no bairro onde vive. De longa data, Z.Z. faz bolos enfeitados com escudos de times de futebol a pedido de alguns clientes mais conhecidos dele. Em certa ocasião, o departamento jurídico de um desses clubes propôs uma queixa-crime contra Z.Z., acusando-o de cometer crime contra registro de marca, conforme art. 189, inc. I, da Lei 9.279/1996 (Comete crime contra registro de marca quem: I - reproduz, sem autorização do titular, no todo ou em parte, marca registrada, ou imita-a de modo que possa induzir confusão), pois o escudo do time em questão era marca registrada.

Como argumento de defesa adequado segundo a teoria do delito, Z.Z. poderia alegar que não cometeu crime porque sua conduta:

a) seria formalmente atípica.

b) não seria culpável pelo erro sobre a ilicitude do fato.

c) seria justificada pelo exercício regular de direito.

d) seria atípica pelo erro sobre a situação justificante.

e) não seria culpável pela inexigibilidade de conduta diversa.

COMENTÁRIOS

✪ **Nota do autor:** com a entrada em vigor da Lei 14.597/23 (Lei Geral do Esporte), a conduta mencionada na questão passou a ser tipificada nessa lei especial, razão por que nossos comentários, ao tratar do dispositivo legal, considerarão a atual disciplina, que, a propósito, não altera em nada o gabarito.

Alternativa "a": a conduta não pode ser considerada formalmente atípica, porque é expressamente tipificada no art. 168 da Lei Geral do Esporte.

Alternativa "b": é sabido que, uma vez publicada no Diário Oficial da União, a lei se presume conhecida por todos. Logo, não nos é dado desconhecê-la. É possível, no entanto, que o agente, mesmo conhecendo a lei, incida em erro quanto à proibição do seu comportamento, valorando equivocadamente a reprovabilidade de sua conduta, o que pode acarretar a exclusão da culpabilidade (especificamente, a potencial consciência da ilicitude). É o caso de Z.Z., que, embora não possa alegar desconhecimento acerca da tipificação contida na 14.597/23, utilizava a marca de uma organização esportiva ignorando o caráter ilícito de sua conduta. Note-se que o erro pode ser *escusável* ou *inescusável*, e é da conclusão desta análise que decorre a possibilidade do afastamento da culpabilidade. O erro é escusável quando o agente atua ou se omite sem ter a consciência da ilicitude do fato em situação na qual não é possível lhe exigir que tenha essa consciência. É, por outro lado, inescusável, nas palavras do Código Penal, "se o agente atua ou se omite sem a consciência da ilicitude do fato, quando lhe era possível, nas circunstâncias, ter ou atingir essa consciência" (art. 21, parágrafo único). No caso do erro escusável, afasta-se a culpabilidade, ao passo que o erro inescusável acarreta apenas a diminuição da pena (de um sexto a um terço). Para aferir se o erro é escusável ou inescusável são consideradas as características pessoais do agente, tais como idade, grau de instrução, local em que vive e os elementos culturais que permeiam o meio no qual sua personalidade se formou. Como sinaliza o próprio enunciado, as características pessoas de Z.Z. poderiam ser invocadas para sustentar o erro de proibição escusável.

Alternativa "c": o exercício regular de direito é uma causa de justificação (excludente de ilicitude) que compreende condutas do cidadão comum autorizadas pela existência de direito definido em lei e condicionadas à regularidade do exercício desse direito. Não é, obviamente, a situação descrita no enunciado.

Alternativa "d": situação justificante nada mais é do que a possibilidade de exclusão da ilicitude por estado de necessidade, legítima defesa, estrito cumprimento de um dever legal ou exercício regular de direito.

No erro sobre a situação justificante (descriminante putativa), o agente supõe, nas circunstâncias, que existe uma descriminante, ou que age nos limites de uma, ou, ainda, também iludido, supõe presentes os pressupostos fáticos da justificante. Nenhuma dessas situações está presente no exemplo do enunciado.

Alternativa "e": para a reprovação social, não basta que o autor do fato lesivo seja imputável e tenha possibilidade de lhe conhecer o caráter ilícito. Exige-se, ainda, que nas circunstâncias tenha a possibilidade de atuar de acordo com o ordenamento jurídico. Se este último elemento não está presente, a culpabilidade é afastada em razão da inexigibilidade de conduta diversa, que, segundo o art. 22 do CP, se apresenta na coação moral irresistível e na obediência hierárquica. O exemplo do enunciado também não revela circunstâncias que impossibilitavam que o agente atuasse de acordo com o ordenamento jurídico.

Alternativa correta: letra "b".

70. (Instituto AOCP – Delegado de Polícia – PC – PA/2021) Mário, comerciante, emprestou determinada quantia para Eliseu. Um dia após a data ajustada para o pagamento, após ser informado por telefone de que Eliseu não teria o montante para quitar o empréstimo, Mário se dirige à casa do devedor e, clandestinamente, subtrai um notebook no valor da dívida, acreditando estar amparado por uma causa de justificação que tornaria a sua conduta lícita, qual seja, a dívida vencida. Considerando os fatos hipotéticos narrados, pode-se afirmar que Mário incorreu em

a) erro de proibição direto que, se escusável, exclui a ilicitude do fato.
b) erro de proibição direto que, caso inescusável, subsiste a culpabilidade, mas a pena deve ser diminuída de um sexto a um terço.
c) erro de proibição indireto que, se escusável, exclui a culpabilidade do agente.
d) erro de proibição indireto que, caso inescusável, subsiste a culpabilidade, mas a pena deve ser diminuída de um sexto a dois terços.
e) erro de tipo que, se escusável, exclui o dolo e a culpa, tornando o fato atípico.

COMENTÁRIOS

Alternativa "a" (responde, também, a alternativa "b"): não se trata de erro de proibição direto, pois Mário não errou sobre a ilicitude da conduta, mas sobre a existência de uma causa de justificação (excludente da ilicitude). Mas, ainda que se tratasse de erro de proibição direto, essa espécie de erro, se escusável, exclui a culpabilidade (não a ilicitude); se inescusável, diminui a pena de 1/6 a 1/3.

Alternativa "c" (responde, também, a alternativa "d"): trata-se de erro de proibição indireto, porque o exemplo do enunciado retrata uma descriminante putativa em que Mário se enganou a respeito da existência de uma causa excludente da ilicitude. De acordo com a teoria limitada da culpabilidade, o erro sobre a existência ou os limites de uma justificante se equipara ao erro de proibição, ao passo que o erro sobre os pressupostos fáticos de uma justificante se equipara do erro de tipo. No caso do enunciado, se as circunstâncias (características pessoais do agente, tais como idade, grau de instrução, local em que vive e os elementos culturais que permeiam o meio no qual sua personalidade foi formada) indicarem que o erro foi escusável, Mário não deverá ser responsabilizado em virtude da exclusão da culpabilidade. Se, por outro lado, seu erro for inescusável, a pena será diminuída de 1/6 a 1/3.

Alternativa "e": não se trata de erro de tipo, porque Mário estava plenamente ciente de que subtraía um notebook como pagamento da dívida de Eliseu, ou seja, não havia, de sua parte, falsa percepção da realidade. Seu erro consistiu em imaginar que essa conduta estava protegida pelo direito.

Alternativa correta: letra "c".

71. (Nucepe – Delegado de Polícia – PC – PI/2018) O erro acidental não afasta o dolo do agente, podendo ocorrer em algumas situações. Qual das hipóteses está CORRETA?

a) Erro sobre o objeto quando o autor, ao tentar matar o inimigo, por erro na pontaria mata outra pessoa.
b) Erro sobre o curso causal, quando o autor, ao tentar matar a vítima por afogamento e ao arremessar a vítima de uma ponte, esta bate na estrutura falecendo de traumatismo.
c) Erro sobre a pessoa no caso do autor que, ao tentar causar dano, atira uma pedra contra uma loja, e por erro atinge uma pessoa.
d) Erro na execução (aberratio ictus) quando, por exemplo, o autor, ao subtrair uma saca de café, pensa ser uma saca de açúcar.
e) Resultado diverso do pretendido, quando o autor, ao desejar matar seu filho, causa a morte de seu funcionário.

COMENTÁRIOS

Alternativa "a": no erro sobre o objeto, o agente *confunde* o objeto material (coisa) visado, atingindo outro que não o desejado. Ex.: a pessoa ingressa numa loja para subtrair um relógio de ouro, mas acaba furtando um relógio dourado, confundindo, portanto, o objeto visado. O erro na pontaria é o erro na execução, em que, por *acidente ou erro no uso dos meios de execução*, o agente acaba atingindo pessoa diversa da pretendida – embora corretamente representada.

Alternativa "b": no erro sobre o nexo causal o resultado desejado se produz com nexo diverso, de maneira diferente da planejada pelo agente. Divide-se em duas espécies: a) erro sobre o nexo causal em sentido estrito: ocorre quando o agente, mediante um só ato, provoca o resultado visado, porém com outro nexo de causalidade. Ex.: "A" empurra "B" de um penhasco para que ele morra afogado, porém, durante a queda, "B" bate a cabeça contra uma rocha e morre em razão de um traumatismo craniano; b) dolo geral ou *aberratio causae*, espécie em que o agente, mediante conduta desenvolvida em pluralidade de atos, provoca o resultado pretendido, porém com outro nexo. Ex.: "A" atira em "B" (primeiro ato) e, imaginando que "B" está morto, joga seu corpo no mar, vindo "B" a morrer por afogamento.

Alternativa "c": no erro sobre a pessoa há uma equivocada representação do objeto material (pessoa) visado pelo agente. Em decorrência deste erro, o agente acaba atingindo pessoa diversa. Ex.: "A" quer matar seu próprio pai, porém, representando equivocadamente a pessoa que entra na casa, acaba matando o seu tio. "A" será punido por parricídio, embora seu pai permaneça vivo. A situação em que alguém atira uma pedra contra uma loja, mas por erro atinge uma pessoa é de *aberratio criminis*, ou resultado diverso do pretendido.

Alternativa "d": erro na execução ocorre quando, por acidente ou erro no uso dos meios de execução, o agente, ao invés de atingir a pessoa que pretendia ofender, atinge pessoa diversa. Se, ao subtrair uma saca de café, o agente pensa ser uma saca de açúcar, comete erro sobre o objeto.

Alternativa "e": há resultado diverso do pretendido quando o agente, também por acidente ou erro no uso dos meios de execução, atinge bem jurídico distinto daquele que pretendia atingir. Se o sujeito, ao desejar matar seu filho, causa a morte de seu funcionário, pode haver erro na execução ou erro sobre a pessoa, a depender da situação.

Alternativa correta: letra "b".

---

72. (FUNCAB – Delegado de Polícia – ES/2013) Luciano, sorrateiramente, apoderou-se de um cheque ao portador de Vitor, em face deste dever a ele uma importância idêntica à consignada no cheque, como forma de pagamento e de quitação da dívida de que é credor, tendo descontado o referido título de crédito. Assim, Luciano:

a) praticou o crime de furto.
b) praticou o crime de estelionato.
c) incorreu em erro de tipo.
d) incorreu em erro de proibição.
e) praticou o crime de apropriação indébita.

COMENTÁRIOS

Alternativa "a": não se trata do crime de furto porque Luciano agiu contra a lei para satisfazer uma pretensão legítima. Afasta-se o furto porque esta conduta caracteriza o exercício arbitrário das próprias razões.

Alternativa "b": não se trata de estelionato, nem mesmo se afastado o exercício arbitrário das próprias razões, pois Luciano não empregou fraude, induzindo alguém a erro, para obter vantagem ilícita.

Alternativa "c": não há erro de tipo, em que o agente ignora elementares, circunstâncias ou quaisquer dados que se agregam a determinada figura típica. O agente, neste caso, não sabe o que faz, ao contrário do erro de proibição, em que ignora o caráter ilícito do que faz.

Alternativa "d": a situação hipotética narrada no enunciado pode ser caracterizada como erro de proibição se Luciano acreditava que o ato de subtrair o cheque fosse um meio lícito de obter o ressarcimento pela dívida. A questão, todavia, não narra, propriamente, um erro de proibição porque não aponta com clareza que o agente tenha atuado ignorando a ilicitude do fato. Pela simples leitura do enunciado se extrai a prática do crime de exercício arbitrário das próprias razões, pois Luciano fez justiça com as próprias mãos para satisfazer pretensão legítima, embora a lei não o permitisse, agindo sorrateiramente.

Alternativa "e": também não há apropriação indébita, mesmo que se afastasse o crime contra a administração de justiça, porque Luciano não se apropriou de coisa alheia móvel de que tinha a posse ou a detenção.

Alternativa correta: letra "d".

---

73. (Cespe – Delegado de Polícia – BA/2013 – Adaptada) Acerca da parte geral do direito penal e seus Institutos, julgue os itens seguintes.

Tanto a conduta do agente que age imprudentemente, por desconhecimento invencível de algum elemento do tipo quanto a conduta do agente que age acreditando estar autorizado a fazê-lo ensejam como consequência a exclusão do dolo e, por conseguinte, a do próprio crime.

COMENTÁRIOS

Se o agente atua porque desconhece invencivelmente algum dos elementos do tipo penal, há erro de tipo, que exclui o dolo e, portanto, o crime. Se, todavia, age porque acredita não haver impedimento, errando a respeito da ilicitude do fato, há erro de proibição, que recai na potencial consciência da ilicitude e exclui a culpabilidade.

Alternativa correta: "errado".

---

74. (FUNCAB – Delegado de Polícia – RJ/2012) O erro é a falsa representação da realidade ou o falso ou equivocado conhecimento de um objeto. Acerca desse tema, é INCORRETO afirmar que:

a) quando o erro do agente recai sobre a existência ou sobre os limites de uma causa de justificação, tem-se o erro de proibição.
b) no erro de tipo essencial escusável há exclusão da tipicidade.
c) o Código Penal adotou a teoria estrita da culpabilidade acerca do erro incidente sobre as causas de justificação.
d) o erro acidental atinge os aspectos ou dados secundários do delito.

e) no erro de proibição inescusável, o agente poderá ter a pena atenuada.

COMENTÁRIOS

Alternativa "a": se o agente supõe agir sob o manto de uma justificante em razão de erro quanto à sua existência ou seus limites, apesar de conhecer a situação de fato, ignora a ilicitude do comportamento. Este erro deve ser equiparado ao erro de proibição (erro de proibição indireto ou erro de permissão), sofrendo os consectários previstos no art. 21 do CP (se inevitável o erro, exclui a culpabilidade; se evitável, diminui a pena).

Alternativa "b": o erro de tipo essencial recai sobre elementares, circunstâncias ou quaisquer dados que se agregam a determinada figura típica. Sendo inevitável (justificável, escusável ou invencível), há erro imprevisível, excluindo o dolo (por não haver consciência) e culpa (pois ausente a previsibilidade).

Alternativa "c": no tema relativo às descriminantes putativas, prevalece o entendimento de que se adota a teoria limitada da culpabilidade. Dois argumentos são usados para justificar este posicionamento: a Exposição de Motivos do Código Penal dispõe expressamente ter sido adotada, na reforma de 1984, a teoria limitada da culpabilidade; topograficamente, essa espécie de descriminante putativa se encontra (como § 1º) no dispositivo que trata do erro de tipo (art. 20, CP) e não no artigo que explica o erro de proibição (art. 21), indicando, desse modo, a opção do legislador no tratamento da matéria.

Alternativa "d": acidental é o erro que recai sobre dados secundários, periféricos do tipo. A intenção criminosa é manifesta, incidindo naturalmente a responsabilidade penal.

Alternativa "e": por expressa disposição do art. 21 do Código Penal, se o erro de proibição for evitável (inescusável), a pena poderá ser diminuída de um sexto a um terço.

Alternativa correta: letra "c".

---

75. (FGV - Delegado de Polícia - MA/2012) Acerca da culpabilidade no estudo da teoria do crime, assinale a afirmativa incorreta.

a) Para a teoria normativa que surgiu com o finalismo, houve a migração do dolo e da culpa para a tipicidade, passando a culpabilidade a ser um juízo de valor que se faz sobre a conduta típica e ilícita.

b) No tocante a imputabilidade, o Código Penal adotou o critério biopsicológico, sendo indispensável que a causa geradora da inimputabilidade esteja presente no momento da conduta.

c) No erro de proibição o erro recai sobre a ilicitude do fato, imaginando o agente ser lícito o que é ilícito, podendo atenuar a culpabilidade, nunca, porém, a excluindo.

d) Para a teoria limitada da culpabilidade, o erro de tipo permissivo exclui o dolo; se o erro for vencível há crime culposo se previsto em lei.

e) A coação moral irresistível pode ser exercida diretamente sobre o agente ou sobre um terceiro, somente respondendo o autor da coação.

COMENTÁRIOS

Alternativa "a": para a teoria normativa pura da culpabilidade, com base finalista, o dolo e a culpa migram da culpabilidade para o fato típico. A partir daí, conceitua-se a culpabilidade como o **juízo de reprovação** que recai na conduta típica e ilícita que o agente se propõe a realizar.

Alternativa "b": sob a influência do critério biopsicológico, é inimputável aquele que, em razão de sua condição mental (por doença mental ou desenvolvimento mental incompleto ou retardado), era, ao tempo da conduta, inteiramente incapaz de entender o caráter ilícito do fato ou de determinar-se de acordo com esse entendimento.

Alternativa "c": no contexto do erro de proibição, precisamos diferenciar três situações: a) o agente, apesar de ignorar a lei, conhecia a reprovabilidade da sua conduta: não se configura o erro de proibição, podendo caracterizar atenuante da pena. Exemplo: JOÃO, apesar de ignorar que o desrespeito ao hino nacional é contravenção penal tipificada no art. 35 da Lei nº 5.700/71, passa a achincalhar a letra, sabendo que seu comportamento é reprovado socialmente; b) o agente, apesar de conhecer a lei, ignora a reprovabilidade do comportamento: configura erro de proibição. Se inevitável, exclui a culpabilidade; se evitável, reduz a pena. Exemplo: JOÃO, mesmo sabendo que homicídio é crime, acredita que o tipo não alcança a eutanásia; c) o agente ignora a lei e a ilicitude do fato: configura-se erro de proibição. Se inevitável, exclui a culpabilidade; se evitável, reduz a pena. Exemplo: JOÃO fabrica açúcar em casa, não imaginando que seu comportamento é reprovável, muito menos crime previsto no art. 1º, Dec. Lei 16/66. Está errada, pois, a assertiva porque, se inevitável, o erro de proibição exclui a culpabilidade, afastando a potencial consciência da ilicitude.

Alternativa "d": para a teoria limitada da culpabilidade, o erro de tipo permissivo representa uma das hipóteses de descriminante putativa, incidindo nas situações em que o agente erra sobre os pressupostos fáticos da descriminante. Se o erro for inevitável, além do dolo, exclui a culpa (isentando o agente de pena); se evitável, exclui o dolo, mas não isenta o agente de pena, subsistindo o crime culposo quando previsto em lei (culpa imprópria).

Alternativa "e": a ameaça exercida pelo coator pode recair tanto sobre o agente que atua mediante coação moral irresistível quanto sobre terceiro ligado a este indivíduo. É o caso, comum na prática, em que criminosos sequestram familiares de funcionários de empresa que transporta valores para que estes, coagidos, não resistam ao roubo.

Alternativa correta: letra "c".

18. ILICITUDE

76. (FGV - Delegado de Polícia - PC - RN/2021) Durante uma partida de futebol, Rogério agrediu Jonas com um soco, que lhe causou um leve ferimento no olho direito. No dia seguinte, Jonas vai tirar satisfação com Rogério e, no meio da discussão, saca uma arma de fogo e parte na direção de Rogério, que, então, retira de sua mochila um revólver que carregava legalmente e dispara contra Jonas, causando sua morte. Considerando a situação apresentada, com relação à morte de Jonas, Rogério:

a) responderá por homicídio, ficando, porém, isento de pena por ter atuado no exercício regular de direito;
b) responderá por homicídio, pois provocou a situação em que se encontrava, afastando eventual excludente de ilicitude;
c) não responderá por homicídio, considerando que agiu em legítima defesa, que é causa de exclusão da culpabilidade;
d) responderá por homicídio culposo, pois agiu em excesso de legítima defesa;
e) não responderá por homicídio, pois agiu em legítima defesa, o que afasta a ilicitude de sua conduta.

COMENTÁRIOS

Alternativa "a": não há exercício regular de direito no ato de matar alguém, ainda que a morte seja justificada. Essa causa de justificação compreende condutas do cidadão comum autorizadas pela existência de direito definido em lei e condicionadas à regularidade do exercício desse direito. A execução de prisão em flagrante, permitida a qualquer um do povo (art. 301 do CPP), é um claro exemplo de exercício regular de direito.

Alternativa "b": Rogério não provocou a situação em que se encontrava. O fato de ter agredido Jonas no dia anterior, o que fez este indivíduo procurá-lo para discutir, não tem relevância na análise das circunstâncias específicas em que ocorreu a morte de Jonas, decorrente de sua conduta de ter sacado a arma para alvejar Rogério.

Alternativa "c": a legítima defesa exclui a ilicitude, não a culpabilidade.

Alternativa "d": o enunciado não retrata uma situação de excesso na legítima defesa. Jonas sacou uma arma de fogo e Rogério, diante da possibilidade de ser atingido, também se armou e disparou antes. A reação foi proporcional ao ataque.

Alternativa "e": Rogério atuou em legítima defesa, pois agiu para repelir a injusta agressão que estava sendo praticada por Jonas. Como já destacamos, não importa que Rogério tenha agredido a vítima do homicídio justificado no dia anterior. Se fosse o caso, Jonas poderia ter agido em legítima defesa para repelir o soco de Rogério. No entanto, apenas no dia seguinte decidiu procurar Rogério para tratar da agressão, e durante a discussão sacou a arma para atirar no inimigo. Sua agressão, portanto, era injusta e podia ser repelida – como foi – por Rogério. Afasta-se, dessa forma, a ilicitude da conduta.

Alternativa correta: letra "e".

77. (UFPR - Delegado de Polícia - PC - PR/2021) Sobre a legítima defesa, é INCORRETO afirmar:

a) A legítima defesa putativa ocorre quando o sujeito supõe, por um erro plenamente justificado pelas circunstâncias, a existência de uma agressão injusta, atual ou iminente, contra bem jurídico (direito) próprio ou de terceiro.
b) A exigência do meio necessário para configurar a legítima defesa não corresponde à exigência de 'paridade de armas' como meio para repelir uma agressão injusta.
c) Mesmo uma agressão lícita a um bem jurídico (direito) próprio ou de terceiro pode ser repelida mediante legítima defesa, desde que haja o emprego moderado dos meios necessários.
d) Após quem se defende conseguir cessar a agressão injusta, não é lícito continuar agindo de forma típica, pois a legítima defesa pressupõe o uso moderado dos meios necessários.
e) Segundo parte da doutrina, mesmo o excesso de legítima defesa pode ser considerado não culpável, quando for determinado por medo, susto ou perturbação.

COMENTÁRIOS

Alternativa "a": efetivamente, na legítima defesa putativa o agente se equivoca e supõe, devido às circunstâncias, que existe a descriminante, ou que age nos limites dela, ou, ainda, também iludido, supõe presentes seus pressupostos fáticos. O erro quanto à existência e aos limites é equiparado ao erro de proibição (indireto, ou erro de permissão), sofrendo os consectários previstos no art. 21 do CP: se inevitável o erro, exclui a culpabilidade; se evitável, diminui a pena. Já o erro sobre os pressupostos fáticos do evento, para a teoria limitada da culpabilidade, tem a mesma natureza do erro de tipo (art. 20 do CP): se inevitável, além do dolo, exclui a culpa (isentando o agente de pena); se evitável, exclui o dolo, mas não isenta o agente de pena, subsistindo o crime culposo quando previsto em lei (culpa imprópria).

Alternativa "b": para repelir a injusta agressão (ataque), deve o agredido usar de forma moderada o meio necessário que servirá na sua defesa (contra-ataque). O legislador, com o presente requisito, quer assegurar proporcionalidade entre o ataque e a defesa, o que não pressupõe necessariamente paridade de armas. Entende-se como necessário o meio menos lesivo à disposição do agredido no momento da agressão, porém capaz de repelir o ataque com eficiência. Encontrado o meio necessário, deve ser ele utilizado de forma moderada, sem excessos, o suficiente para impedir a continuidade da ofensa.

Alternativa "c": é pressuposto da legítima defesa que a agressão seja injusta, contrária ao direito, embora não necessariamente típica. O "furto de uso", por exemplo, atípico por ausência de dolo (vontade de apoderamento definitivo da coisa) pode ser rebatido, com moderação, pelo dono da coisa ameaçada ou atacada injustamente. Se a agressão é lícita, quem a sofre não pode repeli-la.

Alternativa "d": o exercício da legítima defesa pode levar ao excesso, que pressupõe uma inicial situação de legalidade, seguida de um atuar extrapolando limites. O exagero, decorrendo de dolo (consciência e vontade) ou culpa (negligência), é punível.

Alternativa "e": a doutrina trata também do excesso exculpante, relacionado a profunda revolta de ânimo que acomete o agente. Neste caso, inicialmente, a conduta estava respaldada pela justificante, mas a situação em que se encontra o sujeito faz surgir nele um estado de pânico que lhe retira a capacidade de atuar racionalmente. Alguém que, por exemplo, diante de um agressor armado, investe contra ele a ponto de causar sua inconsciência, mas, temeroso quanto à possibilidade de ser alvejado, continua a agredi-lo, comete fato típico e ilícito. Não obstante, pode ter a culpabilidade afastada por inexigibilidade de conduta diversa.

Alternativa correta: letra "c".

---

78. (Inst. Acesso - Delegado de Polícia - PC - ES/2019) A legítima defesa e o estado de necessidade possuem similitudes que as os enquadram como excludentes de ilicitude. Não obstante, suas diferenças implicam em modalidades diversas com conceitos distintos. Em relação à comparação da legítima defesa e do estado de necessidade, marque a alternativa correta.

a) De acordo com o conceito analítico de crime, para a verificação da atipicidade da conduta, a legitima defesa e o estado de necessidade devem ser observados para confirmar se a conduta é ou não típica.

b) Na legítima defesa, assim como no estado de necessidade, somente é admitido o excesso culposo.

c) Em relação ao estado de necessidade, diferentemente da legitima defesa, qualquer excesso será punível, já que nos casos em que ocorre a legitima defesa não há punição para eventuais excessos na tutela do bem jurídico do agredido injustamente.

d) No caso do estado de necessidade, é cabível uma agressão injusta na defesa de bem jurídico menos relevante. Já no caso da legítima defesa, a preservação de bens jurídicos de mesmos valores é promovida pelo uso da força de quem inicia agressão.

e) A legitima defesa é uma garantia que permite a defesa de interesse legítimo por parte de quem sofre a agressão injusta a um bem jurídico. Não obstante os interesses em conflito no caso de estado de necessidade, todos os interesses são considerados legítimos ao se tratar de oposição de bens jurídicos de mesmo valor.

COMENTÁRIOS

Alternativa "a": a legítima defesa e o estado de necessidade são excludentes da ilicitude. Logo, caso alguém atue de acordo com seus requisitos não se fala em atipicidade, mas sim em licitude da conduta.

Alternativa "b": está errada a assertiva, pois o art. 23, parágrafo único, do CP é expresso ao dispor que o agente responde pelo excesso doloso ou culposo.

Alternativa "c": em qualquer das situações excludentes da ilicitude o agente pode se exceder. O parágrafo único do art. 23 do CP é expresso também nesse sentido.

Alternativa "d": de acordo com a teoria unitária (adotada pelo Código Penal), se o comportamento do agente, diante de um perigo atual, busca evitar mal maior, sacrificando direito de *igual ou menor* valor que o protegido, pode-se invocar a descriminante do estado de necessidade; se o bem jurídico sacrificado for *mais valioso* que o protegido, haverá somente redução de pena. No caso da legítima defesa, a preservação de bens jurídicos é promovida pelo uso da força de quem *está sofrendo ou está na iminência de sofrer* uma agressão injusta.

Alternativa "e": de fato, a legítima defesa consiste em reagir legitimamente a uma agressão injusta atual ou iminente. O estado de necessidade, por sua vez, remete à ideia de sopesamento de bens diante de uma situação adversa de risco de lesão: se há dois bens em perigo, permite-se que seja sacrificado um deles, pois a tutela penal, nas circunstâncias do caso concreto, não consegue proteger a ambos.

Alternativa correta: letra "e".

---

79. (Inst. Acesso - Delegado de Polícia - PC - ES/2019) O Código Penal (CP) trouxe, em seu conjunto de leis, a previsão das excludentes de ilicitude, a saber: o estado de necessidade, a legítima defesa e o estrito cumprimento de dever legal, além do exercício regular do direito.

Em relação ao estrito cumprimento do dever legal, seguem-se seis afirmações:

I - Para seu cumprimento, é indispensável o cumprimento do dever legal;

II - Para seu cumprimento, é indispensável o cumprimento do dever ético;

III - A prática da conduta deve ser promovida nos exatos termos da lei;

IV - A ordem da autoridade subsome a lei no cumprimento da ordem emanada por funcionário público;

V - A boa-fé permite a extrapolação da lei para o cumprimento do dever;

VI - Hierarquia e autoridade pública são diplomas supralegais;

Marque a alternativa que contenha somente as afirmações corretas acerca dos elementos caracterizadores do estrito cumprimento do dever legal.

a) V e VI.

b) II e III.

c) I e III.

d) I e VI.

e) I e IV.

COMENTÁRIOS

Item I (responde, também, o item II): o dever legal que fundamenta a descriminante é aquele decorrente de lei em sentido lato, ou seja, de qualquer diploma normativo emitido pela autoridade competente para deliberar a respeito. Assim, a conduta pode ser justificada pela lei em sentido estrito, pelo decreto ou pelo regulamento. De igual forma, a decisão judicial, que aplica a lei e obriga, evidentemente, ao cumprimento, pode servir de fundamento para se estabelecer a licitude sobre determinado fato típico. Também não podemos ignorar, como eximente, o ato administrativo, emitido em estrita correspondência com a lei. O que se propõe, portanto, é o estrito cumprimento do *dever legal em sentido amplo*, o que não abrange questões de ordem ética, moral ou religiosa.

Item III: este requisito se extrai da própria denominação da justificante: *estrito* cumprimento do dever legal. Para que o agente se beneficie, portanto, da exclusão da ilicitude deve agir nos exatos termos da lei, do decreto, do ato administrativo, etc.

Item IV: a ordem da autoridade (que, aliás, não está relacionada ao estrito cumprimento do dever legal, mas sim à obediência hierárquica) não se sobrepõe à lei, mas deve obediência a ela.

Item V: se deve haver *estrito* cumprimento do dever legal, é evidente que a simples existência de boa-fé não permite que o agente extrapole.

Item VI: hierarquia e autoridade pública não são institutos supralegais. No contexto da questão, isto significa que ordens emanadas de agentes em posição de autoridade ou de hierarquia superior devem sempre obediência à lei.

Alternativa correta: letra "c".

---

80. (Fumarc - Delegado de Polícia - PC - MG/2018) Com relação às causas de exclusão da ilicitude, é CORRETO afirmar:

a) Astrogildo colocou cacos de vidro, visíveis, em cima do muro de sua casa, para evitar a ação de ladrões. Certo dia, uma criança neles se lesionou ao pular o muro da casa de Astrogildo para pegar uma bola que ali havia caído. Nessa situação, ainda que se tratando da defesa de um perigo incerto e ou remoto, a conduta de Astrogildo restaria acobertada por excludente da ilicitude.

b) No caso de legítima defesa ou estado de necessidade de terceiros, é imprescindível a prévia autorização destes para que a conduta do agente não seja ilícita.

c) Caio, lutador de boxe, durante uma luta em que seguia as regras desportivas, atinge região vital de Tício, causando-lhe a morte. Ante a gravidade da situação fática, a violência não encontra amparo em nenhuma causa de exclusão da ilicitude, devendo Caio responder pela morte causada.

d) Nos moldes do finalismo penal, pode a inexigibilidade de conduta diversa ser considerada causa supralegal de exclusão de ilicitude.

COMENTÁRIOS

Alternativa "a": Astrogildo fez uso do chamado *ofendículo*, aparato preordenado para defesa do patrimônio. De acordo com a lição da maioria, enquanto o aparato não é acionado, caracteriza exercício regular de um direito; ao funcionar repelindo a injusta agressão, configura a excludente da legítima defesa (legítima defesa preordenada).

Alternativa "b": a legítima defesa de terceiro não depende de sua autorização, desde que, evidentemente, o bem jurídico que se pretende defender seja indisponível, como a vida. Aliás, é possível até mesmo que o agente invista contra alguém prestes a se suicidar e, atingindo-lhe a integridade física, ponha a salvo sua vida. Por outro lado, se o bem jurídico for disponível, como o patrimônio, o agente que atue contra a vontade do titular o fará ilicitamente, embora, nesse caso, o mais provável seja que proceda em legítima defesa putativa. No que concerne ao estado de necessidade, ensina Flávio Monteiro: "O estado de necessidade de terceiro inspira-se no princípio da solidariedade humana. Tratando-se, porém, de bens disponíveis, alguns autores sustentam a necessidade da aquiescência do titular do direito exposto a perigo de lesão. Não procede o raciocínio, pois a vontade do terceiro em perigo, como dizia La Medica, não é tomada em consideração; é substituída pela vontade do agente, juridicamente superior. Sobremais, em muitos casos não há nem tempo para pedir a concordância do terceiro" (*Direito Penal – Parte Geral*. São Paulo: Editora Saraiva, 2003, p. 315-6).

Alternativa "c": a prática de determinados esportes pode gerar lesão corporal e até morte. Porém, não se pode ignorar que o Estado incentiva a prática esportiva (Lei Geral do Esporte - arts. 3º a 10, abrangendo as modalidades violentas). O atleta, no seu mister, pode invocar a descriminante do exercício regular de direito.

Alternativa "d": a exigibilidade de conduta diversa é um dos elementos da culpabilidade, razão pela qual a situação em que é inexigível que o agente atue de outra forma exclui a culpabilidade, não a ilicitude. A inexigibilidade pode advir da coação moral irresistível, da obediência hierárquica ou pode ter fundamento supralegal. As dirimentes supralegais se fundamentam, basicamente, no fato de que a exigibilidade de conduta diversa é característica fundamental da culpabilidade, motivo pelo qual não é admissível que se estabeleça a responsabilidade penal em decorrência de comportamentos humanos inevitáveis que nem sempre podem ser especificados pelo legislador.

Alternativa correta: letra "a".

81. (IBADE – Delegado de Polícia – AC/2017) Acerca do consentimento real do ofendido, é correto afirmar que:

a) o consentimento para ser válido, pressupõe que o titular do bem jurídico atingido possua capacidade de entendimento quanto ao caráter e à extensão da autorização.

b) invariável e indiscutivelmente, a vida humana é um bem jurídico indisponível, de sorte que não pode ser objeto de consentimento para sua extinção.

c) se uma pessoa autoriza que médico aplique determinado medicamento em seu corpo, suportando efeitos severamente prejudiciais à saúde inerentes ao uso da substância, os quais desconhecia, o consentimento real se mantém válido, pois é a vítima quem deve buscar todas as informações sobre as conseqüências de sua autorização.

d) De acordo com a doutrina de Claus Roxin, o consentimento do ofendido exclui a antijuridicidade da conduta praticada, jamais recaindo sobre a esfera da tipicidade.

e) em regra, o consentimento deve ser anterior à ação consentida, mas nada impede seu reconhecimento mesmo quando posterior, como no caso de ausência de representação do ofendido no crime de lesão corporal leve, hipótese em que o crime deixa de existir.

COMENTÁRIOS

Alternativa "a": um dos requisitos do consentimento do ofendido é a capacidade de consentir. Sobre ela, adverte Paulo Queiroz: "Como regra, não podem consentir validamente os menores de dezoito anos, nem incapazes de um modo geral (portador de doença mental etc.), motivo pelo qual, se o fizerem, o consentimento será inválido. Mas crimes há, como o estupro (art. 213), em que o consentimento poderá ser dado por pessoa maior de quatorze anos, visto que a presunção de vulnerabilidade cessa com essa idade (art. 217-A)" (Código Penal Comentado, p. 348).

Alternativa "b": embora a vida seja tratada de forma amplamente majoritária como um bem indisponível – tanto que nosso ordenamento pune a eutanásia –, não se pode afirmar que essa condição seja invariável e indiscutível, pois há debate doutrinário a respeito da imposição de limites à tutela estatal absoluta sobre esse bem jurídico. A própria eutanásia, permitida em alguns países, é utilizada como fundamento para quem defende que a vida é na realidade um bem disponível.

Alternativa "c": está errada a assertiva, porque o consentimento deve ser válido. A validade do consentimento reside na liberdade e na consciência no momento da sua emissão. É dizer: não se admite o consentimento se sua obtenção ocorre mediante fraude, coação, erro, etc.

Alternativa "d": para Roxin, que se baseia no conceito de liberdade de ação do titular do bem jurídico, o consentimento do ofendido exclui sempre a tipicidade. Para o autor, se a proteção a bens jurídicos serve para atender ao desenvolvimento das pessoas, o titular do bem jurídico que resolve dele dispor simplesmente afasta a possibilidade de lesão resultante da conduta de quem agiu em consequência do assentimento.

Alternativa "e": o consentimento deve ser prévio ou ao menos simultâneo à conduta. O consentimento posterior à lesão do bem jurídico não tem efeito sobre a ilicitude (ou a tipicidade, conforme o caso), embora possa gerar reflexos no campo da punibilidade (perdão na ação penal privada, por exemplo).

Alternativa correta: letra "a".

82. (Vunesp – Delegado de Polícia – CE/2015) Considera-se em estado de necessidade quem

a) pratica o fato para salvar de perigo atual, que não provocou por sua vontade, nem podia de outro modo evitar, direito próprio ou alheio, ainda que nas circunstâncias seja exigível sacrifício.

b) exclusivamente em situação de calamidade pública, pratica o fato para salvar de perigo atual, que não provocou por sua vontade, nem podia de outro modo evitar, direito próprio ou alheio, cujo sacrifício, nas circunstâncias, não era razoável exigir-se.

c) pratica o fato para salvar de perigo atual, que não provocou por sua vontade, nem podia de outro modo evitar, direito próprio ou alheio, cujo sacrifício, nas circunstâncias, não era razoável exigir-se.

d) exclusivamente em situação de calamidade pública, pratica o fato para salvar de perigo atual, que não provocou por sua vontade, nem podia de outro modo evitar, direito próprio (excluído direito alheio), cujo sacrifício, nas circunstâncias, não era razoável exigir-se.

e) pratica o fato para salvar de perigo iminente ou atual, que não provocou por sua vontade, nem podia de outro modo evitar, direito próprio ou alheio, ainda que nas circunstâncias seja exigível sacrifício.

COMENTÁRIOS

Nos termos do artigo 24 do Código Penal, "*Considera-se em estado de necessidade quem pratica o fato para salvar de perigo atual, que não provocou por sua vontade, nem podia de outro modo evitar, direito próprio ou alheio, cujo sacrifício, nas circunstâncias, não era razoável exigir-se*". Da simples leitura do art. 24, depreendem-se os **requisitos objetivos** do estado de necessidade: **a) perigo atual:** o perigo atual aparece como primeiro requisito da situação de necessidade. Cuida-se do risco presente, real, gerado por fato humano, comportamento de animal (não provocado pelo dono) ou fato da natureza, sem destinatário certo. Discute-se se o perigo iminente (prestes a desencadear-se) justifica a conduta pelo estado de necessidade. Diante do silêncio da lei, a maioria da doutrina ensina que o perigo iminente não autoriza a descriminante; **b) que a situação de perigo não tenha sido causada voluntariamente pelo agente:** não pode invocar estado de necessidade aquele que *"provocou por sua vontade"* o perigo; **c) salvar direito próprio ou alheio:** o estado de necessidade se configura quando o agente, diante da real situação de perigo, busca salvar direito próprio (**estado de necessidade próprio**) ou direito alheio (**estado de necessidade de terceiro**); **d) inexistência de dever legal de enfrentar o perigo:** conforme preceitua o § 1° do artigo 24 do Código Penal: *"Não pode alegar estado de necessidade quem tinha o dever legal de enfrentar o perigo"*; **e) inevitabilidade do comportamento lesivo:** o comportamento deve ser absolutamente inevitável para salvar o direito próprio ou de terceiro diante da concreta situação de perigo. É preciso que o único meio para salvar o direito próprio ou de terceiro seja o cometimento do fato lesivo, sacrificando-se bem jurídico alheio; **(f) inexigibilidade de sacrifício do interesse ameaçado:** no estudo do fato necessitado, impõe-se a análise da ponderação de bens, leia-se, a proporcionalidade entre o **bem protegido** e o **bem sacrificado**; **(g) conhecimento da situação de fato justificante:** aos requisitos objetivos acima enunciados, a doutrina acrescenta um de caráter **subjetivo**, justamente o conhecimento da situação de fato justificante (consciência e vontade de salvar direito próprio ou alheio).

Alternativa correta: letra "c" (responde, também, as demais alternativas).

83. (FUNCAB – Delegado de Polícia – ES/2013) O policial militar Efigênio estava efetuando uma ronda, quando se deparou com dois elementos que se agrediam, um deles já bastante ferido. Solicitou que parassem de brigar, mas eles não o atenderam. Apesar do PM portar um bastão, que seria suficiente para contê-los, efetuou um disparo com sua arma de fogo para o ar, haja vista o local não ser habitado. Entretanto, o agressor que estava em vantagem não se intimidou e partiu em sua direção para agredi-lo, ocasião em que Efigênio efetuou um disparo contra o agressor, causando-lhe lesões, que o levaram a permanecer durante trinta e cinco dias em coma. Pode-se, então, afirmar que o policial militar Efigênio:

a) praticou o crime de homicídio doloso tentado, pois obrou em excesso doloso da legítima defesa.
b) praticou o crime de homicídio culposo tentado, pois obrou em excesso culposo da legítima defesa.
c) praticou o crime de lesão corporal grave, pois obrou em excesso doloso da legítima defesa.
d) praticou o crime de lesão corporal grave, pois obrou em excesso culposo da legítima defesa.
e) não praticou crime, pois obrou nos estritos limites da legítima defesa.

COMENTÁRIOS

Alternativa "a" (responde, também, as alternativas "b", "c" e "d"): não há, neste caso, excesso na legítima defesa porque o policial não extrapolou, dolosa ou culposamente, os limites da justificante, reagindo na medida da necessidade para que a agressão injusta fosse repelida eficazmente.

Alternativa "e": há legítima defesa quando alguém, usando moderadamente dos meios necessários, repele injusta agressão, atual ou iminente, a direito seu ou de outrem. Para que se afaste a ilicitude, deve haver o uso moderado dos meios necessários. No exemplo citado, se o policial havia disparado para o ar, mas ainda assim foi atacado por um dos contendores, é evidente que o bastão de que dispunha não seria capaz de intimidar aquele que o atacou, razão pela qual a utilização da arma de fogo para rebater a agressão injusta pode ser considerada adequada, afastando-se a ilicitude.

Alternativa correta: letra "e".

84. (FUNCAB – Delegado de Polícia – ES/2013) Geraldino permitiu seu encarceramento pelo patologista André, para se submeter a uma experiência científica. Ao terminar o período da experiência, Geraldino procurou a delegacia de polícia da circunscrição de sua residência, alegando que fora vítima de crime, em face do seu encarceramento. Do relato apresentado, conclui-se:

a) Não há crime, pois o consentimento do ofendido excluiu a ilicitude.
b) André praticou o crime de sequestro ou cárcere privado qualificado, preceituado no artigo 148, § 1°, II (se o crime é praticado mediante internação da vítima em casa de saúde ou hospital) do CP.
c) André praticou o crime de sequestro ou cárcere privado qualificado, preceituado no artigo 148, § 2° (se resulta à vítima, em razão de maus-tratos ou da natureza da detenção, grave sofrimento físico ou moral) do CP.
d) André praticou o crime de lesão corporal, que absorve o crime de sequestro ou cárcere privado.
e) André praticou os crimes de lesão corporal e de sequestro ou cárcere privado, em concurso material.

COMENTÁRIOS

Alternativa "a" (responde, também, as alternativas "b" e "c"): o exemplo descrito no enunciado foi tratado como uma situação em que o consentimento do ofendido é invocado como causa supralegal de exclusão da ilicitude. É fato que o consentimento pode excluir a ilicitude se for válido, se o ofendido for capaz, se o bem for disponível e próprio daquele que consente, se for prévio ou simultâneo à lesão ao bem jurídico, se for expresso e se houver ciência da situação de fato que autoriza a justificante. Ocorre que este consentimento tem relevância no afastamento da ilicitude somente se não constituir elementar do delito, hipótese em que haverá exclusão da própria tipicidade. É o que ocorre no crime de sequestro ou cárcere privado, no qual a discordância da vítima ante o tolhimento de sua liberdade de locomoção é imprescindível para que a conduta se tipifique como crime contra a liberdade individual. Se alguém aquiesce, como no exemplo do enunciado, a que outrem o encarcere para a realização de experiência científica, não há sequer conduta típica. Equivoca-se, pois, a organizadora do concurso ao ignorar que a natureza jurídica do consentimento do ofendido pode variar conforme a imprescindibilidade do dissentimento para a tipicidade.

Alternativa "d" (responde, também, a alternativa "e"): não há crime de lesão corporal, pois o enunciado não aponta ter havido ofensa à integridade física de Geraldino. Aliás, neste caso, se em razão da experiência Geraldino sofresse lesão, esta fosse de natureza leve, e o experimento não contrariasse a moral e os bons costumes, o consentimento poderia funcionar como causa excludente da ilicitude.

Alternativa correta: letra "a".

85. (UEG - Delegado de Polícia - GO/2013) Sobre as causas de justificação em direito penal, tem-se o seguinte:

a) no estado de necessidade a conduta pode ser dirigida contra um terceiro desinteressado, enquanto na legítima defesa a conduta recai somente sobre o agressor.
b) no estado de necessidade o bem jurídico é exposto a perigo, enquanto na legítima defesa o direito sofre uma agressão futura.
c) no estado de necessidade ocorre um conflito entre dois bens jurídicos colocados em perigo, somente por conduta da pessoa humana.
d) a legítima defesa putativa é incompatível com a tentativa, tendo em vista a errônea suposição de uma agressão por parte do defendente.

COMENTÁRIOS

Alternativa "a": o estado de necessidade, quanto ao terceiro que sofre a ofensa, pode ser defensivo ou agressivo. Será defensivo quando o agente, ao agir em estado de necessidade, sacrifica bem jurídico do próprio causador do perigo; e agressivo quando o bem sacrificado é de terceiro que não criou ou participou da situação de perigo. No estado de necessidade defensivo, o agente não tem a obrigação de reparar o dano. O inverso ocorre no agressivo, situação em que o dano gerado ao terceiro que não criou a situação de perigo deverá ser reparado, admitindo-se, todavia, ação regressiva contra o causador do risco. A legítima defesa, por outro lado, é empregada apenas contra aquele que pratica a injusta agressão.

Alternativa "b": na legítima defesa, a agressão é atual ou iminente, e não futura.

Alternativa "c": o perigo que caracteriza o estado de necessidade é risco presente, real, gerado por fato humano, comportamento de animal (não provocado pelo dono) ou fato da natureza, sem destinatário certo.

Alternativa "d": imaginemos alguém, durante a madrugada, se depara num beco com seu desafeto colocando a mão no bolso traseiro da calça. Esta cena o faz pensar que será vítima de injusta agressão, obrigando-o a armar-se primeiro e atirar contra o iminente agressor. Depois de atirar para matar, percebe que seu desafeto tirava do bolso um celular. Temos um caso de legítima defesa putativa. Percebam que a estrutura do delito é dolosa, mas o agente é punido por culpa, no que se denomina *culpa imprópria*. Considerando que a culpa imprópria nada mais é do que o dolo tratado circunstancialmente como culpa, o crime cometido nestas condições é o único não intencional que admite a tentativa.

Alternativa correta: letra "a".

19. CULPABILIDADE

86. (UFPR - Delegado de Polícia - PC - PR/2021) Sobre o conceito analítico de crime, assinale a alternativa INCORRETA.

a) A tipicidade ocorre quando há correspondência entre a conduta concreta examinada e a descrição legal de crime (tipo penal).
b) Se uma conduta típica ocorre em estado de necessidade, legítima defesa, exercício regular de direito ou estrito cumprimento do dever legal ela é justificada, razão pela qual não é contrária ao ordenamento jurídico como um todo.
c) A culpabilidade se caracteriza quando o sujeito for imputável, tiver ao menos potencial consciência da ilicitude de sua conduta e puder agir em conformidade com o direito.
d) Uma pessoa com menos de 18 anos é inimputável e, se ela praticar uma conduta típica e não justificada, seu comportamento será considerado no máximo como ilícito de natureza cível, mas não penal.
e) Os comportamentos em estado de inconsciência, os movimentos reflexos e os provocados por coação física absoluta (irresistível) não constituem ação ou omissão (conduta) para o direito penal, portanto não podem constituir crime.

COMENTÁRIOS

Alternativa "a": a teoria tradicional compreendia a tipicidade sob o aspecto meramente formal. Assim, conceituava-se a tipicidade como a subsunção do fato à norma. Para a doutrina moderna, entretanto, a tipicidade penal é formal e material, ou seja, deixou de ser mera subsunção do fato à norma, abrigando também um juízo de valor, consistente na relevância da lesão ou perigo de lesão ao bem jurídico tutelado. É somente sob essa ótica que se passa a admitir o princípio da insignificância como causa de atipicidade (material) da conduta. A assertiva se refere apenas à tipicidade formal.

Alternativa "b": a conduta ilícita deve ser entendida como uma conduta típica não justificada, espelhando a relação de contrariedade entre o fato típico e o ordenamento jurídico como um todo. Se determinada conduta típica é praticada em estado de necessidade, legítima defesa, exercício regular de direito ou estrito cumprimento do dever legal, deixa de ser ilícita e, portanto, contrária à totalidade do ordenamento jurídico.

Alternativa "c": conceitua-se a culpabilidade como o juízo de reprovação que recai na conduta típica e ilícita que o agente se propõe a realizar. São elementos da culpabilidade: imputabilidade, potencial consciência da ilicitude e exigibilidade de conduta diversa. Sua confirmação nos revela um agente capaz, com capacidade de compreender a norma e de agir conforme a norma.

Alternativa "d": de fato, os menores de dezoito anos são absolutamente inimputáveis, ainda que concretamente possam ter discernimento. Não obstante, os artigos 228 da Constituição Federal e 27 do Código Penal destacam que eles ficam sujeitos às normas da legislação especial. A Lei 8.069/90 dispõe que a conduta descrita como crime ou contravenção penal é considerada ato infracional, cujas consequências são estabelecidas na própria lei especial (artigos 101 e 112).

Alternativa "e": a conduta pode ser excluída por involuntariedade, ou seja, a ausência de capacidade, por parte do agente, de dirigir-se de acordo com uma finalidade predeterminada. São casos de involuntariedade: a) estado de inconsciência completa, como o sonambulismo e a hipnose; b) movimentos reflexos: o movimento é apenas um sintoma de reação automática do organismo a um estímulo externo, desprovido, portanto, de elemento anímico por parte do agente; c) coação física irresistível: o agente, em razão de força física externa, é impossibilitado de determinar seus movimentos de acordo com sua vontade.

Alternativa correta: letra "d".

87. (Inst. Acesso – Delegado de Polícia – PC – ES/2019) Considere os sete critérios enumerados abaixo:

I. Clamor público e relevância social;

II. Determinação objetiva com previsão legal;

III. Residência fixa e comprovante de registro de trabalho;

IV. Contexto social do autor e antecedentes criminais;

V. Critério psicológico;

VI. Fator personalíssimo, psicossocial e natural;

VII. Critério biológico.

Marque a alternativa correta que relacione apenas os critérios que devem ser adotados para a avaliação da inimputabilidade e/ou imputabilidade em esfera penal, para aquele que praticar uma conduta prevista no Código Penal.

a) I, II e III.

b) I, IV e V.

c) III, V e VII.

d) II, IV e VII.

e) II, V e VII.

COMENTÁRIOS

Imputabilidade é capacidade de imputação, ou seja, a possibilidade de se atribuir a alguém a responsabilidade pela prática de uma infração penal. A imputabilidade é elemento sem o qual "entende-se que o sujeito carece de liberdade e de faculdade para comportar-se de outro modo, como o que não é capaz de culpabilidade, sendo, portanto, inculpável" (Bitencourt, *Tratado de Direito* Penal, v. 1, p. 434). São dois os elementos que devem se fazer presentes para que haja imputabilidade: intelectivo, consistente na higidez psíquica que permita ao agente ter consciência do caráter ilícito do fato; e volitivo, em que o agente domina sua vontade, ou seja, exerce controle sobre a disposição surgida com o entendimento do caráter ilícito do fato, e se determina de acordo com este entendimento.

Diante disso, descartam-se, na avaliação da imputabilidade, critérios que não se relacionem com a capacidade de consciência e de vontade. Dos critérios elencados no enunciado, são imprestáveis, para estes efeitos, o clamor público, a relevância social, a residência fixa, a comprovação de registro de trabalho, o contexto social do autor, os antecedentes criminais e fatores personalíssimos, psicossociais e naturais (que mencionados assim, genericamente, nada significam).

Por outro lado, podem servir na avaliação da imputabilidade a determinação objetiva com previsão legal, o critério psicológico e o critério biológico.

A determinação objetiva com previsão legal é utilizada, no Código Penal, para estabelecer a inimputabilidade em razão da idade. De fato, o art. 27 estabelece, objetivamente, que os menores de dezoito anos são penalmente inimputáveis. Mas esta opção do legislador decorre, na realidade, do denominado *critério biológico*, que considera apenas o desenvolvimento mental do agente (doença mental ou idade), independentemente de sua real capacidade de entendimento e autodeterminação no momento da conduta.

O critério psicológico, também elencado no enunciado, considera apenas se o agente, ao tempo da conduta, tinha a capacidade de entendimento e autodeterminação, independentemente de sua condição mental ou idade. E há também o critério biopsicológico, segundo o qual considera-se inimputável aquele que, em razão de sua condição mental (por doença mental ou desenvolvimento mental incompleto ou retardado), era, ao tempo da conduta, inteiramente incapaz de entender o caráter ilícito do fato ou de determinar-se de acordo com esse entendimento. É o critério adotado no art. 26 do CP.

Alternativa correta: letra "e" (responde, também, as demais alternativas).

88. (FUNCAB - Delegado de Polícia - PA/2016) No que concerne à exigibilidade de conduta diversa e hipóteses de sua exclusão, é correto afirmar que a:

a) embriaguez proveniente de caso fortuito é hipótese de inexigibilidade de conduta diversa.
b) exclusão da culpabilidade pela obediência hierárquica exige ordem não manifestamente ilegal.
c) coação moral resistível é considerada causa supralegal de inexigibilidade de conduta diversa.
d) coação irresistível, física ou moral, conduz à inexigibilidade de conduta diversa.
e) exigibilidade de conduta diversa é elemento da culpabilidade criado pelas teorias funcionalistas.

COMENTÁRIOS

Alternativa "a": a embriaguez decorrente de caso fortuito (o sujeito desconhece o efeito inebriante da substância que ingere) é causa de inimputabilidade, não de inexigibilidade de conduta diversa.

Alternativa "b": a ordem de um superior hierárquico é emitida para ser cumprida, trazendo consigo a força da hierarquia institucional. Quando legal, não pode ser desobedecida, sob pena de responsabilidade do subalterno. A ordem ilegal, por sua vez, não deve ser executada, e seu descumprimento não acarreta nenhum efeito para o subordinado que a descumpre (aliás, efeitos administrativos ou penais existirão se cumprir o mandamento). Há, entretanto, a ordem ilegal, mas com aparência de legalidade. O inferior hierárquico, ao executá-la, equivoca-se diante das aparências. É desta ordem que cuida o artigo 22, segunda parte, do CP, que trata da exclusão de culpabilidade por inexigibilidade de conduta diversa.

Alternativa "c": a exclusão da culpabilidade se dá pela coação moral irresistível. Caso a coação seja passível de resistência, existe tão somente a atenuante de pena (artigo 65, III, "c", 1ª parte, do Código Penal).

Alternativa "d": a coação relativa à inexigibilidade de conduta diversa - causa excludente da culpabilidade, é a moral. Se a coação é física, exclui-se a própria conduta, componente do fato típico.

Alternativa "e": a exigibilidade de conduta diversa como elemento da culpabilidade tem base neokantista. Com o autor alemão Reihnart Frank, erigiu-se a teoria psicológico-normativa da culpabilidade, segundo a qual dolo e culpa não são espécies de culpabilidade, mas sim elementos autônomos deste substrato, ao lado da imputabilidade e da exigibilidade de conduta diversa.

Alternativa correta: letra "b".

89. (FUNIVERSA - Delegado de Polícia - DF/2015) Com base na doutrina majoritária, na jurisprudência, no CP e na Lei de Contravenções Penais, assinale a alternativa correta.

a) É formalmente atípica a conduta consistente em ter, mediante fraude, conjunção carnal com pessoa maior de idade e capaz.
b) Tanto na teoria psicológica da culpabilidade como na teoria psicológico-normativa da culpabilidade, exige-se atual, real e efetiva consciência da ilicitude.
c) Conforme o STF, a lesão corporal leve praticada com violência doméstica contra a mulher é crime de ação penal pública condicionada à representação da ofendida.
d) O criminoso que coloca bomba em avião, a fim de que exploda durante o voo e mate seu desafeto – que se encontra na aeronave –, atua mediante dolo direto em face do desafeto e mediante dolo eventual em face das demais pessoas dentro do avião.
e) Nos termos da Lei das Contravenções Penais, é punível a tentativa de contravenção.

COMENTÁRIOS

Alternativa "a": ter conjunção carnal ou praticar outro ato libidinoso com alguém, mediante fraude ou outro meio que impeça ou dificulte a livre manifestação de vontade da vítima é crime tipificado no art. 215 do Código Penal (violação sexual mediante fraude), apenado com reclusão de dois a seis anos.

Alternativa "b": a teoria psicológica, aplicável somente no âmbito do causalismo, sustenta, em resumo, que a culpabilidade consiste na relação psíquica entre o autor e o resultado, na forma de dolo ou culpa. Percebe-se, com facilidade, que a culpabilidade se confunde com o dolo e a culpa, sendo seu único pressuposto a imputabilidade.

A teoria psicológica-normativa continua trabalhando com o dolo e a culpa na culpabilidade, os quais deixam de ser suas espécies para transformarem-se nos seus elementos, juntamente com a imputabilidade e a exigibilidade da conduta diversa. A culpabilidade deixou de ser puro vínculo psíquico entre o agente e o fato. Aliás, foi a partir desta teoria que se reconheceu, definitivamente, a importância da consciência atual da ilicitude, integrante do dolo (dolo normativo). Em razão de estabelecer o dolo e a culpa na culpabilidade, a teoria psicológica normativa tem aplicação reservada ao campo do causalismo, mas, como modificou drasticamente a estrutura da culpabilidade, substituindo o sistema clássico da teoria psicológica, diz-se ter dado início ao sistema neoclássico.

A consciência da ilicitude passou a ser potencial a partir da teoria normativa pura da culpabilidade, inspirada no finalismo de Hans Welzel. Essa teoria é responsável pela migração do dolo e da culpa para o fato típico. O dolo que migra para o primeiro substrato do crime está despido da consciência da ilicitude, e, por isso, passa a ser natural. A culpabilidade, portanto, ficou com os seguintes elementos: imputabilidade, exigibilidade de conduta diversa e consciência da ilicitude (retirada do dolo, integrando a própria culpabilidade, não mais como atual, mas potencial consciência).

Alternativa "c": o STF, em sede de controle concentrado de constitucionalidade (ADI 4424), estabeleceu que a ação penal nos crimes de lesão corporal dolosa (mesmo que de natureza leve) cometidos contra a mulher no ambiente doméstico e familiar é pública incondicionada, dispensando, portanto, o pedido-autorização da ofendida. E o STJ, seguindo a orientação, editou a súmula nº 542.

Alternativa "d": o criminoso que instala uma bomba num avião a fim de que exploda durante o voo e mate seu desafeto atua mediante dolo direto de primeiro grau em face do desafeto. No entanto, sobre os demais ocupantes do avião seu dolo será o de segundo grau, espécie de dolo direto em que a vontade do agente se dirige aos meios utilizados para alcançar determinado resultado. Abrange os efeitos colaterais, de verificação praticamente certa, para gerar o evento desejado. O agente não persegue imediatamente esses efeitos colaterais, mas tem por certa sua superveniência, caso se concretize o resultado pretendido. Não se trata, portanto, de dolo eventual, em que o agente assume o risco de produzir o resultado.

Alternativa "e": como estabelece o art. 4º da Lei de Contravenções Penais, a tentativa de contravenção não é punida.

Alternativa correta: letra "b".

---

90. (FUNIVERSA - Delegado de Polícia - DF/2015) Acerca da culpabilidade, da tentativa, da culpa imprópria, da irretroatividade da lei penal mais gravosa e da aplicação da lei penal no espaço, assinale a alternativa correta.

a) O crime de roubo é qualificado se a subtração for de veículo automotor que venha a ser transportado para outro estado ou para o exterior.

b) Suponha que um chinês, a bordo de um navio privado brasileiro, falsifique dólares norte-americanos enquanto a embarcação navega em águas do domínio público internacional. Nas mesmas circunstâncias de tempo e lugar, um marroquino atira contra um australiano. Consoante o Código Penal brasileiro e os cenários hipotéticos mencionados, aplicar-se-á a lei norte-americana ao crime de falsificação de papel-moeda (em razão do bem jurídico violado) e a lei australiana ao crime de homicídio (em virtude do princípio da nacionalidade passiva).

c) Consoante a teoria extremada da culpabilidade, configura-se erro de tipo permissivo quando o agente, por erro plenamente justificado pelas circunstâncias, supõe situação de fato que, se existisse, tornaria a ação legítima. Nesta hipótese, admite-se a punição a título de culpa se o fato for punível a título culposo.

d) Admite-se a forma tentada no crime impropriamente culposo.

e) Segundo o STF, a lei penal mais grave aplica-se ao crime permanente, mas não ao crime continuado, se a vigência da lei é anterior à cessação da continuidade ou da permanência.

COMENTÁRIOS

Alternativa "a": no crime de roubo, se a subtração for de veículo automotor que venha a ser transportado para outro Estado ou para o exterior, incide causa de aumento de pena, não qualificadora.

Alternativa "b": em ambos os casos, aplica-se a lei brasileira. De acordo com o art. 5º, § 1º, do Código Penal, consideram-se como extensão do território nacional, para os efeitos penais, as embarcações brasileiras, mercantes ou de propriedade privada, que se achem em alto-mar. Logo, no exemplo citado, em que a embarcação, navegando em águas internacionais, ostenta bandeira brasileira, aplicam-se as normas penais do Brasil aos crimes ocorridos a bordo.

Alternativa "c": de acordo com a **teoria extremada (ou estrita) da culpabilidade**, o erro sobre os pressupostos fáticos das causas de justificação deve ser tratado como erro de proibição (indireto ou erro de permissão). Justificam que o art. 20, § 1º, do CP, em se tratando de erro inevitável, não exclui dolo ou culpa (como exige o erro de tipo), mas isenta o agente de pena (como manda o erro de proibição). Elimina, nessa hipótese (erro escusável), a culpabilidade do sujeito que sabe exatamente o que faz (no nosso exemplo, "matar alguém").

Alternativa "d": culpa imprópria ou **culpa por equiparação**, **por assimilação**, ou **por extensão** é aquela em que o agente, por erro evitável, imagina certa situação de fato que, se presente, excluiria a ilicitude do seu comportamento (descriminante putativa). Provoca **intencionalmente** determinado resultado típico, mas responde por culpa por razões de política criminal. Anuncia o art. 20, § 1º, do CP: *"Descriminantes putativas. § 1º – É isento de pena quem, por erro plenamente justificado pelas circunstâncias, supõe situação de fato que, se existisse, tornaria a ação legítima. Não há isenção de pena quando o erro deriva de culpa e o fato é punível como crime culposo".* Imaginemos alguém, durante a madrugada, se depara num beco com seu desafeto colocando a mão no bolso traseiro da calça. Essa cena o faz pensar que será vítima de injusta agressão, obrigando-o a armar-se primeiro e atirar contra o iminente agressor. Depois de atirar para matar, percebe que seu desafeto tirava do bolso um celular. Temos um caso de legítima defesa putativa. Percebam que a estrutura do delito é dolosa, mas o agente é punido por culpa. Considerando que a culpa imprópria nada mais é do que o dolo tratado circunstancialmente como culpa, de acordo com a maioria, o crime é compatível com o instituto da tentativa.

Alternativa "e": como determina a súmula nº 711 do STF, a lei penal mais grave aplica-se ao crime continuado ou ao crime permanente, se a sua vigência é anterior à cessação da continuidade ou da permanência.

Alternativa correta: letra "d".

---

91. (Vunesp - Delegado de Polícia - CE/2015) Considere que determinado sujeito, portador de desenvolvimento mental incompleto, ao tempo da ação tinha plena capacidade de entender o caráter ilícito do fato, mas era inteiramente incapaz de determinar-se de acordo com esse entendimento – o que fora clinicamente atestado nos autos em perícia oficial. Em consonância com o texto legal do art. 26 do CP, ao proferir sentença deve o juiz reconhecer sua

a) inimputabilidade.
b) imputabilidade.
c) semi-imputabilidade, absolvendo-lhe e aplicando-lhe medida de segurança.
d) semi-imputabilidade, condenando-lhe e aplicando-lhe pena diminuída.
e) semi-imputabilidade, condenando-lhe e aplicando-lhe medida de segurança.

COMENTÁRIOS

Alternativa "a" (responde, também, a alternativa "b"): imputabilidade é **capacidade de imputação**, ou seja, possibilidade de se atribuir a alguém a responsabilidade pela prática de uma infração penal. A imputabilidade é elemento sem o qual "entende-se que o sujeito carece de liberdade e de faculdade para comportar-se de outro modo, como o que não é capaz de culpabilidade, sendo, portanto, inculpável" (Bitencourt, *Tratado de Direito* Penal, v. 1, p. 434). São dois os elementos que devem se fazer presentes para que haja imputabilidade: **intelectivo**, consistente na higidez psíquica que permita ao agente ter consciência do caráter ilícito do fato; e **volitivo**, em que o agente domina sua vontade, ou seja, exerce controle sobre a disposição surgida com o entendimento do caráter ilícito do fato, e se determina de acordo com este entendimento.

Tratando da inimputabilidade, dispõe o art. 26 do Código Penal ser isento de pena o agente que, por doença mental ou desenvolvimento mental incompleto ou retardado, era, ao tempo da ação ou da omissão, inteiramente incapaz de entender o caráter ilícito do fato **ou** de determinar-se de acordo com esse entendimento. Portanto, no exemplo do enunciado, em que o agente, por desenvolvimento mental incompleto, embora fosse capaz de entender o caráter ilícito do fato, era inteiramente incapaz de se determinar de acordo com esse entendimento, há isenção de pena, aplicando-se medida de segurança.

Alternativa "c" (responde, também, as alternativas "d" e "e"): a semi-imputabilidade surge nas situações em que o agente *"em virtude de perturbação de saúde mental ou por desenvolvimento mental incompleto ou retardado não era inteiramente capaz de entender o caráter ilícito do fato ou de determinar-se de acordo com esse entendimento"*. No caso, a incapacidade de entendimento ou de determinação não é ausente, mas deficiente. Tem como efeito a condenação com a pena diminuída de um a dois terços (art. 26, parágrafo único, do Código Penal). Se, todavia, o condenado necessitar de especial tratamento curativo, o art. 98 permite que a pena privativa de liberdade seja substituída pela internação, ou tratamento ambulatorial, pelo prazo mínimo de um a três anos, nos termos do art. 97.

Alternativa correta: letra "a".

---

92. (Vunesp – Delegado de Polícia – SP/2014) A tese supralegal de inexigibilidade de conduta diversa, se acolhida judicialmente, importa em exclusão

a) da imputabilidade.
b) da pena.
c) de punibilidade.
d) do crime.
e) de culpabilidade.

COMENTÁRIOS

Alternativa "a": não há causa supralegal de exclusão da imputabilidade, afastada em razão da idade, de anomalia psíquica ou de embriaguez acidental completa.

Alternativa "b": não há relação entre a inexigibilidade de conduta diversa e a pena.

Alternativa "c": a inexigibilidade de conduta diversa não revela nenhuma afinidade com a extinção da punibilidade, pois, como já ressaltado, trata-se de questão afeta à culpabilidade.

Alternativa "d": para aqueles que advogam a teoria tripartite no conceito analítico de crime, pode-se afirmar que a inexigibilidade de conduta diversa exclui, ainda que indiretamente, o crime. Mas, especificamente, trata-se de excludente da culpabilidade.

Alternativa "e": a questão de existir ou não causa de exclusão da culpabilidade não prevista na legislação penal já foi muito discutida, hoje admitida pela doutrina (com respaldo em crescente jurisprudência). Percebeu-se, sem muita dificuldade, que, por mais previdente que seja o legislador, não consegue prever todos os casos em que é inexigível do agente conduta diversa, sendo perfeitamente possível, diante das circunstâncias do caso concreto, revelar hipóteses não antevistas pelo legislador. A inexigibilidade de conduta diversa aparece, portanto, como a válvula de escape para as dirimentes supralegais. São exemplos de causas supralegais de exclusão da culpabilidade: a) cláusula de consciência: estará isento de pena aquele que, por motivo de consciência ou crença, praticar algum fato previsto como crime, desde que não viole direitos fundamentais individuais. A doutrina costuma amparar a cláusula de consciência na liberdade de crença e de consciência assegurada constitucionalmente, nos termos do artigo 5º, VI da CF/88; b) desobediência civil: representa atos de insubordinação que têm por finalidade transformar a ordem estabelecida, demonstrando a sua injustiça e necessidade de mudança. Exige-se para o reconhecimento desta dirimente: a) que a desobediência esteja fundada na proteção de direitos fundamentais; b) que o dano causado não seja relevante.

Alternativa correta: letra "e".

93. (UEL – Delegado de Polícia – PR/2013) Quanto à embriaguez na Legislação Penal Brasileira, considere as afirmativas a seguir.

I. A embriaguez voluntária ou culposa completa exclui a imputabilidade penal pela conturbação psíquica provocada pelo estado de embriaguez.

II. A embriaguez patológica, por exercer um trabalho progressivo de destruição dos poderes psíquicos do agente, poderá isentá-lo de pena ou diminuí-la de um a dois terços.

III. A embriaguez preordenada, além de não excluir a pena do réu, gera o agravamento da mesma.

IV. A embriaguez acidental proveniente de caso fortuito ou força maior, quando completa, isenta o réu de pena e, se incompleta, gera diminuição de pena.

Assinale a alternativa correta.

a) Somente as afirmativas I e II são corretas.
b) Somente as afirmativas I e IV são corretas.
c) Somente as afirmativas III e IV são corretas.
d) Somente as afirmativas I, II e III são corretas.
e) Somente as afirmativas II, III e IV são corretas.

COMENTÁRIOS

Item I: temos embriaguez voluntária quando o agente ingere a substância alcoólica com a intenção de embriagar-se; surge a embriaguez culposa quando o agente, por negligência ou imprudência, acaba por embriagar-se. Pode ser completa (retirando do agente, no momento da conduta, a capacidade de entendimento e autodeterminação) ou incompleta (diminuindo a capacidade de entendimento e autodeterminação). Seguindo a orientação do nosso Código Penal, a embriaguez não acidental jamais exclui a imputabilidade (art. 28, II), seja ela completa ou incompleta.

Item II: patológica é a embriaguez doentia, que, conforme o caso concreto, pode ser tratada como anomalia psíquica, gerando a inimputabilidade do agente ou redução de sua pena, nos moldes do art. 26 do Código Penal.

Item III: na embriaguez preordenada, o agente ingere bebida alcoólica ou consome substância de efeitos análogos com a finalidade de cometer um crime. Completa ou incompleta, não haverá exclusão da imputabilidade, tampouco redução de pena, mas a incidência de agravamento da sanção penal (artigo 61, II, "l", do Código Penal).

Item IV: a embriaguez acidental decorre de caso fortuito (o sujeito desconhece o efeito inebriante da substância que ingere) ou força maior (o sujeito é obrigado a ingerir a substância inebriante). Quando completa, isenta o agente de pena (art. 28, § 1º, do Código Penal); se incompleta, não exclui a culpabilidade, mas diminui a pena (art. 28, § 2º).

Alternativa correta: letra "e".

94. (UEG – Delegado de Polícia – GO/2013) Sobre as teorias do dolo e da culpabilidade, tem-se que

a) a teoria extremada situa o dolo na culpabilidade e a atual consciência da ilicitude no próprio dolo.
b) a teoria limitada do dolo introduziu no direito penal o conceito de culpabilidade pela condução de vida, dando origem ao denominado Direito Penal do Fato.
c) a teoria extremada da culpabilidade transfere o dolo para o tipo penal, de modo que este, juntamente com a consciência da ilicitude, que por sua vez é transferida para a culpabilidade, devem ser atuais.
d) a teoria limitada da culpabilidade considera como erro de proibição todo e qualquer erro que incida sobre uma causa de justificação.

COMENTÁRIOS

✪ **Nota do autor:** a questão foi ANULADA porque não há assertiva correta.

Alternativa "a": a teoria extremada transferiu o dolo e a culpa da culpabilidade para o fato típico, sendo que o dolo não contém a consciência da ilicitude. Por influência desta teoria, a culpabilidade tem como elementos a imputabilidade, a exigibilidade de conduta diversa e a consciência da ilicitude (não mais atual, mas potencial).

Alternativa "b": a teoria limitada do dolo, efetivamente, introduz certos elementos de culpabilidade pela condução de vida, mas a isto se dá o nome de direito penal do autor, não direito penal do fato.

Alternativa "c": a teoria extremada da culpabilidade transfere o dolo da culpabilidade para o fato típico, retirando-lhe a consciência da ilicitude, que se mantém como um dos elementos da culpabilidade, mas deve ser potencial, não atual.

Alternativa "d": para a teoria limitada da culpabilidade, a descriminante putativa sobre pressupostos da situação fática tem a mesma natureza do erro de tipo (art. 20 do CP). Se inevitável, além do dolo, exclui a culpa (isentando o agente de pena); se evitável, exclui o dolo, mas não isenta o agente de pena, subsistindo o crime culposo quando previsto em lei (culpa imprópria).

20. CONCURSO DE PESSOAS

95. (Cespe – Delegado de Polícia – PC – PB/2022) A, B e C são atores. Pelo fato de B obter o papel de personagens de maior destaque, secretamente A o inveja e despreza. No intuito de livrar-se de B, A troca as balas de festim por munição real do revólver de C, que, ao disparar em cena de novela contra B, causa sua morte. Nesse caso,

a) segundo a teoria objetivo-material, C poderá ser enquadrado na autoria imprópria em relação ao homicídio de B.
b) com base na teoria objetivo-formal, A poderá ser considerado autor mediato do homicídio de B.

c) conforme a teoria do domínio do fato, C seria considerado partícipe do homicídio de B.

d) A e C agiram em autoria colateral, sendo que A será considerado mandante e C responderá culposamente.

e) houve autoria incerta, e A e C responderão por tentativa de homicídio, pois, quanto à tentativa, existia certeza, mas, quanto à ocorrência do resultado, havia dúvida.

COMENTÁRIOS

Alternativa "a" (responde, também, a alternativa "d"): segundo a teoria objetivo-material, autor é quem contribui objetivamente de forma mais efetiva para a ocorrência do resultado, não necessariamente praticando a ação nuclear típica. Partícipe, por outro lado, é o concorrente menos relevante para o desdobramento causal, ainda que sua conduta consista na realização do núcleo do tipo. Essa teoria não pode fundamentar a atribuição de autoria imprópria a "A", porque essa modalidade de autoria, também denominada *colateral*, ocorre quando dois ou mais agentes, um ignorando a contribuição do outro, concentram suas condutas para o cometimento da mesma infração penal. Nota-se, no caso, a ausência de vínculo subjetivo entre os agentes, que, se presente, faria incidir as regras do concurso de pessoas.

Alternativa "b": para a teoria objetivo-formal, autor é quem realiza a ação nuclear típica e partícipe é quem concorre de qualquer forma para o crime. De acordo com a maioria, o art. 29 do Código Penal é campo fértil para a teoria objetivo-formal. No entanto, não é necessário que o autor pratique diretamente a ação típica, pois no concurso de pessoas existe a possibilidade da autoria mediata. O autor mediato é o sujeito que, sem realizar diretamente a conduta descrita no tipo penal, comete o fato típico por ato de outra pessoa, utilizada como seu instrumento. O conceito de autor mediato se aproxima do conceito de partícipe, mas com ele não se confunde. A conduta do autor mediato não é acessória, mas principal; o autor mediato detém o domínio do fato, reservando ao executor apenas os atos materiais relativos à prática do crime. É o que se dá no exemplo do enunciado.

Alternativa "c": no exemplo do enunciado, "C" jamais seria considerado partícipe do homicídio, pois não há indicação de que estava consciente da conduta de "A". A teoria do domínio do fato conceitua autor como quem controla finalisticamente o fato, ou seja, quem decide a sua forma de execução, seu início, cessação e demais condições. Partícipe, por sua vez, é quem, embora colabore *dolosamente* para o alcance do resultado, não exerce domínio sobre a ação.

Alternativa "e": a autoria incerta surge da autoria colateral, quando não é possível determinar quem foi o real causador do resultado. Nesse caso, a solução ideal é atribuir a ambos a tentativa. Mas não é disso que trata o enunciado.

Alternativa correta: letra "b".

96. (UFPR - Delegado de Polícia - PC - PR/2021) Considere o seguinte caso hipotético:

Diante da promessa de ser recompensado por D.D. com um cargo político, A.A. aceitou matar a vítima E.E. Para cometer o crime, A.A. contou com o auxílio de B.B. e C.C., que não tirariam proveito do cargo prometido, mas aceitaram cometer o crime por ter antiga rivalidade política contra E.E. Para a execução do crime, A.A., B.B. e C.C. foram até a casa de E.E. Enquanto C.C. ficou vigiando os arredores, A.A. e B.B. ingressaram na residência da vítima e a esfaquearam até a morte. Posteriormente, a participação de A.A., B.B., C.C. e D.D. foi apurada nos exatos termos descritos acima.

A respeito do caso narrado, considere as seguintes afirmativas:

1. Além do crime de homicídio qualificado, A.A., B.B., C.C. e D.D. devem responder pelo crime de associação criminosa, previsto no art. 288 do Código Penal, independentemente de outros propósitos criminosos em comum.
2. A partir da teoria formal-objetiva sobre a autoria, A.A. e B.B. seriam considerados autores do crime de homicídio qualificado, enquanto C.C. e D.D. seriam considerados partícipes do mesmo crime.
3. O Código Penal brasileiro se orientou pela teoria unitária acerca da autoria, sendo imputável a A.A., B.B., C.C. e D.D. o crime de homicídio, devendo cada agente responder na medida de sua culpabilidade.
4. Embora a promessa de recompensa seja uma circunstância de caráter pessoal em relação ao sujeito A.A., ela se comunica a B.B., C.C. e D.D., pois é elementar do tipo penal.

Assinale a alternativa correta.

a) Somente a afirmativa 1 é verdadeira.

b) Somente as afirmativas 1 e 3 são verdadeiras.

c) Somente as afirmativas 2 e 4 são verdadeiras.

d) Somente as afirmativas 2, 3 e 4 são verdadeiras.

e) As afirmativas 1, 2, 3 e 4 são verdadeiras.

COMENTÁRIOS

Item 1: o art. 288 do CP pune a associação entre três ou mais pessoas para o fim específico de cometer crimes – uma *indeterminada* série de crimes. No exemplo do enunciado, os agentes se reuniram para cometer um homicídio.

Item 2: de fato, para a teoria objetivo-formal no concurso de pessoas autor é quem realiza a ação nuclear típica e partícipe é quem concorre de qualquer forma para o crime. Sob essa ótica, A.A. e B.B. são autores porque esfaquearam a vítima até a morte. Os demais são partícipes porque, um deles, determinou a prática do crime (D.D.), sem tomar parte diretamente na ação; o outro (C.C.), embora tenha acompanhado os autores ao local do crime, não praticou a ação nuclear, pois se limitou a vigiar os arredores.

Item 3: na verdade, a teoria unitária é adotada como regra no concurso de pessoas, não especificamente na autoria. É também denominada "teoria monista", segundo a qual, ainda que o fato criminoso tenha sido praticado por vários agentes, conserva-se único e indivisível, sem qualquer distinção entre os sujeitos. No que concerne à autoria, de acordo com a doutrina majoritária, o art. 29 do Código Penal é campo fértil para a teoria objetivo-formal, já analisada no item anterior.

Item 4: o homicídio é qualificado quando cometido mediante paga ou promessa de recompensa. Existe divergência sobre se a qualificadora é simples circunstância, com aplicação restrita ao executor do crime, que é quem mata motivado pela remuneração, ou se pode se comunicar, configurando verdadeira elementar subjetiva do tipo. O STJ tem decisões tanto no sentido de que se trata de elementar, que, portanto, se comunica automaticamente, quanto no sentido de que, embora não se trate de elementar, pode haver a comunicação, a depender do caso concreto (REsp 1209852/PR, Rel. Min. Rogério Schietti Cruz, DJe 02/02/2016; HC 291604/PI, Rel. Min. Ericson Maranho (desembargador convocado do TJ/SP), DJe 22/10/2015). O tribunal também já decidiu que a qualificadora é incompatível com a posição de mandante, porque, para ele, o pagamento é a conduta que o integra no concurso de pessoas, mas não o motivo do crime (REsp 1.973.397/MG, j. 06/09/2022).

Alternativa correta: letra "d".

---

97. (Instituto AOCP – Delegado de Polícia – PC – PA/2021) Cléber e Davi possuem um inimigo em comum, qual seja, Evandro. Em determinado dia, sem prévio ajuste, ambos portando arma de fogo de igual calibre e munições idênticas, escondem-se, em diferentes locais, próximo ao trabalho de Evandro, esperando o momento em que este chegue ao trabalho para, enfim, eliminar a vida dele. Quando Evandro chega ao local, Cléber e Davi atiram simultaneamente em sua direção, sendo Evandro atingido e vindo a falecer. Posteriormente, o exame pericial concluiu que Evandro foi morto por um único disparo de arma de fogo, sendo que os demais tiros não o atingiram, todavia, o laudo não conseguiu identificar de qual arma de fogo partiu o tiro que eliminou a vida de Evandro. Considerando o caso hipotético narrado, assinale a alternativa correta.

a) Trata-se de hipótese de concurso de pessoas, em que Cléber e Davi respondem por homicídio consumado.

b) Não há concurso de pessoas, sendo hipótese de autoria desconhecida. Cléber e Davi respondem por homicídio consumado.

c) Não há concurso de pessoas, sendo hipótese de autoria desconhecida. Cléber e Davi respondem por tentativa de homicídio.

d) Não há concurso de pessoas, sendo hipótese de autoria incerta. Cléber e Davi respondem por homicídio consumado.

e) Não há concurso de pessoas, sendo hipótese de autoria incerta. Cléber e Davi respondem por tentativa de homicídio.

COMENTÁRIOS

Um dos pressupostos do concurso de pessoas é o vínculo subjetivo. Para que se identifique a reunião de vários agentes concorrendo, de forma relevante, para a realização do mesmo evento, agindo todos com identidade de propósitos, é necessário que atuem conscientes de que estão reunidos para a prática da mesma infração penal. Ausente esse vínculo, desnatura-se o concurso de pessoas.

No exemplo do enunciado não há concurso de pessoas porque Cléber e Davi não se reuniram subjetivamente para cometer o homicídio contra Evandro. Há, no caso, autoria colateral, na qual dois ou mais agentes, um ignorando a contribuição do outro, concentram suas condutas para o cometimento da mesma infração penal. Trata-se, especificamente, de autoria incerta, porque não é possível determinar quem foi o real causador da morte. De acordo com Bitencourt: "[O Código Penal] ao adotar a teoria da equivalência das condições pensou ter resolvido a vexata quaestio da chamada autoria incerta, quando não houver ajuste entre os concorrentes (Exp. de Motivos n. 22). Foi um equívoco: a solução só ocorre para situações em que houver, pelo menos, a adesão à conduta alheia. A autoria incerta, que pode decorrer da autoria colateral, ficou sem solução. No exemplo supracitado, punir a ambos por homicídio é impossível, porque um deles ficou apenas na tentativa; absolvê-los também é inadmissível, porque ambos participaram de um crime de autoria conhecida. A solução será condená-los por tentativa de homicídio, abstraindo-se o resultado, cuja autoria é desconhecida" (Tratado de Direito Penal – Parte Geral. Vol. 1. 25ª ed. São Paulo: Saraiva: 2019, p. 583).

A autoria incerta não se confunde com a autoria desconhecida – ligada ao processo penal –, na qual se desconhecem os envolvidos em determinado crime.

Alternativa correta: letra "e" (responde, também, as demais alternativas).

---

98. (Cespe – Delegado de Polícia – PC – SE/2018) João e Pedro, maiores e capazes, livres e conscientemente, aceitaram convite de Ana, também maior e capaz, para juntos assaltarem loja do comércio local. Em data e hora combinadas, no período noturno e após o fechamento, João e Pedro arrombaram a porta dos fundos de uma loja de decoração, na qual entraram e ficaram vigiando enquanto Ana subtraía objetos valiosos, que seriam divididos igualmente entre os três. Alertada pela vizinhança, a polícia chegou ao local durante o assalto, prendeu os três e os encaminhou para a delegacia de polícia local.

Considerando essa situação hipotética, julgue os itens subsequentes.

98.1. João e Pedro tiveram participação de menor importância no crime de furto; assim, eventual indiciamento dos dois será na condição de partícipes, razão por que eles poderão ser beneficiados pela diminuição de um a dois terços da pena.

COMENTÁRIOS

Anuncia o § 1º do art. 29 do Código Penal que "Se a participação for de menor importância, a pena pode ser diminuída de um sexto a um terço". A participação de que trata o dispositivo é aquela de pouca relevância causal, aferida exclusivamente no caso concreto, com base no critério da equivalência dos antecedentes (*conditio sine qua non*). Trata-se de conduta que contribui para a produção do resultado, mas de forma menos enfática, razão pela qual deve ser encarada com menor rigor. Não é o caso da conduta de João e Pedro, que tomaram parte enfaticamente na ação criminosa, que somente não se consumou em razão do alerta feito pela testemunha.

Alternativa correta: "errado".

98.2. Mesmo se tivesse assumido a condição de autora mediata por colocar em seu lugar na prática do delito pessoa inimputável, Ana seria responsabilizada pelo resultado do crime.

COMENTÁRIOS

Autor mediato é o sujeito que, sem realizar diretamente a conduta descrita no tipo penal, comete o fato típico por ato de outra pessoa, utilizada como seu instrumento. O autor mediato detém o domínio do fato, reservando ao executor apenas os atos materiais relativos à prática do crime. Por isso, caso Ana tivesse utilizado um inimputável como instrumento para a subtração, seria responsabilizada normalmente.

Alternativa correta: "certo".

98.3. Aquele que planeja toda a ação criminosa é considerado autor intelectual do delito, ainda que não detenha o controle sobre a consumação do crime.

COMENTÁRIOS

Segundo a teoria do domínio do fato, autor é quem controla finalisticamente o fato, ou seja, quem decide a sua forma de execução, seu início, cessação e demais condições. Partícipe, por sua vez, será aquele que, embora colabore dolosamente para o alcance do resultado, não exerce domínio sobre a ação. Como desdobramento lógico desta teoria, podemos afirmar que tem o controle final do fato o autor intelectual, aquele que planeja a empreitada criminosa para ser executada por outras pessoas.

Alternativa correta: "errado".

98.4. Na situação descrita, está presente a hipótese de participação necessária imprópria.

COMENTÁRIOS

Na lição de Luiz Régis Prado (Curso de Direito Penal Brasileiro - volume I - Parte Geral, 16ª edição, RT, p. 320), há participação necessária imprópria nos crimes que se caracterizam pela bilateralidade, quando o tipo pressupõe a presença de duas pessoas cujas condutas são propensas a se encontrar - pois partem de pontos opostos -, a exemplo do que ocorre na bigamia. São os *delitos de encontro ou de convergência. Segundo Guilherme de Souza Nucci,* "Não se confunde o crime plurissubjetivo (concurso necessário) com o delito de *participação necessária*. Neste caso, há crimes que são cometidos por um só autor, embora o tipo penal exija a participação necessária de outra pessoa, que é o sujeito passivo e não é punido. Como exemplos, pode-se mencionar a corrupção de menores, o crime de usura, o favorecimento à prostituição ou outra forma de exploração sexual, o rufianismo, entre outros" (Manual de Direito Penal. 6ª ed. São Paulo: RT, 2009, p. 296).

Alternativa correta: "errado".

98.5. Como as ações paralelas de João, Pedro e Ana — agentes diversos — lesionaram o mesmo bem jurídico, constata-se a ocorrência da autoria colateral, haja vista que o resultado foi previamente planejado em conjunto.

COMENTÁRIOS

Autor colateral é aquele que, ignorando a contribuição do outro, concentra sua conduta para o cometimento da mesma infração penal. Não há, no caso, vínculo subjetivo entre os agentes, que, se presente, faria incidir as regras do concurso de pessoas. Não é, evidentemente, o que ocorre na situação descrita no enunciado, típico concurso de agentes.

Alternativa correta: "errado".

98.6. Na situação considerada, configurou-se a autoria imprópria decorrente do concurso de pessoas.

COMENTÁRIOS

Autoria imprópria é o mesmo que autoria colateral, conceituada no item anterior.

Alternativa correta: "errado".

98.7. Para que fique caracterizado o concurso de pessoas, é necessário que exista o prévio ajuste entre os agentes delitivos para a prática do delito.

COMENTÁRIOS

Para que ocorra o concurso de pessoas é necessário o liame subjetivo entre os agentes, mas não o prévio ajuste. Pressupõe-se que todos os agentes atuem conscientes de que estão reunidos para a prática da mesma infração, mas não é necessário que combinem previamente a prática criminosa (embora isto normalmente ocorra).

Alternativa correta: "errado".

98.8. De acordo com a teoria objetivo-subjetiva, o autor do delito é aquele que tem o domínio final sobre o fato criminoso doloso.

COMENTÁRIOS

Elaborada por Hans Welzel no final da década de 1930, com nítidos predicados finalistas, a teoria do domínio do fato surgiu para diferenciar com clareza o autor do executor do crime, conciliando as teorias objetiva e subjetiva. Autor é quem controla finalisticamente o fato, ao passo que partícipe é quem colabora para o fato, mas não exerce domínio sobre ele.

Alternativa correta: "certo".

99. (Nucepe - Delegado de Polícia - PC - PI/2018) JOSÉ e PEDRO têm o mesmo desafeto, no caso, MEVIO. Mas desconhecem tal fato. Contratam pistoleiros para matar MEVIO. O pistoleiro, contratado por PEDRO se armou com um revólver, e o contratado por JOSÉ com uma pistola. Ocorre que fizeram uma tocaia no mesmo local e momento. Os dois atiram simultaneamente em MEVIO. O pistoleiro de JOSÉ atinge o coração de MEVIO e o de PEDRO atinge a perna de forma leve. Há prova de que o projétil usado pelo contratado por JOSÉ foi o causador da morte da vítima. PEDRO confessou ter mandado atirar em MEVIO. Com relação ao caso,

a) JOSÉ e PEDRO devem responder por homicídio.
b) JOSÉ responde por homicídio.
c) JOSÉ e PEDRO devem responder por tentativa de homicídio.
d) JOSÉ e PEDRO respondem por homicídio em coautoria.
e) JOSÉ responde por tentativa de homicídio.

COMENTÁRIOS

Temos no exemplo do enunciado uma situação de autoria colateral, em que dois ou mais agentes praticam condutas convergentes, mas ignoram-se mutuamente. Não há, pois, vínculo subjetivo entre os agentes, que, se presente, faria incidir as regras do concurso de pessoas. No caso, José e o executor do crime por ele determinado devem responder por homicídio consumado, ao passo que Pedro e o executor por ele contratado respondem por tentativa de homicídio, isto porque foi possível apurar qual projétil disparado foi a causa da morte. Se por acaso não fosse possível estabelecer de qual arma havia saído o projétil que atingiu o coração de Mévio, estaríamos diante de um caso de autoria incerta que acarretaria a punição de ambos por tentativa.

Alternativa correta: letra "b".

100. (FUNIVERSA - Delegado de Polícia - DF/2015) Assinale a alternativa correta acerca do concurso de pessoas.

a) De acordo com a teoria pluralística, há um crime para os autores, que realizam a conduta típica emoldurada no ordenamento positivo, e outro crime para os partícipes, que desenvolvem uma atividade secundária.
b) O ajuste, a determinação ou instigação e o auxílio são puníveis ainda que o crime não tenha sido tentado.
c) O CP adotou, como regra, a teoria dualística.
d) Segundo a teoria monista ou unitária, a cada participante corresponde uma conduta própria, um elemento psicológico próprio e um resultado igualmente particular.
e) São requisitos do concurso de pessoas a pluralidade de participantes e de condutas, a relevância causal de cada conduta, o vínculo subjetivo entre os participantes e a identidade de infração penal.

COMENTÁRIOS

Alternativa "a": de acordo com a teoria pluralista, a cada um dos agentes se atribui conduta, elemento psicológico e resultado específicos, razão pela qual há delitos autônomos cominados individualmente. Haverá tantos crimes quantos sejam os agentes que concorrem para o fato. A teoria pluralista como base do concurso de pessoas é alvo de críticas, pois o papel desempenhado por cada um dos agentes não é autônomo, o elemento subjetivo não é destacado do todo e o resultado também não será fracionado.

Alternativa "b": de acordo com o disposto no art. 31 do Código Penal, não se pune, salvo disposição em contrário, o ajuste (acordo promovido entre suas ou mais pessoas), a determinação (ordem emanada de pessoa determinada), a instigação (reforço da ideia já existente na mente do autor) e o auxílio (assistência material), se o crime não chega, pelo menos, a ser tentado.

Alternativa "c" (responde, também, a alternativa "d"): em regra, adota-se, quanto ao concurso de pessoas, a teoria monista, segundo a qual ainda que o fato criminoso tenha sido praticado por vários agentes, conserva-se único e indivisível, sem qualquer distinção entre os sujeitos. Todos e cada um, sem distinção, são responsáveis pela produção do resultado, em concepção derivada da equivalência das condições (todos os que concorrem para o crime respondem pelo seu resultado) e também fundamentada em questões de política criminal, em que se prefere punir igualmente os vários agentes que, de alguma forma, contribuíram para a prática de determinada infração penal.

Alternativa "e": são requisitos do concurso de pessoas: a) pluralidade de agentes e de condutas: a existência de diversos agentes, que empreendem condutas relevantes, é o requisito primário do concurso de pessoas. Note-se, todavia, que embora todos se dediquem para o sucesso da empreitada, nem sempre o fazem em condições idênticas. É possível, e muito comum, que enquanto alguns ingressam no núcleo do tipo, outros se dediquem a funções paralelas, auxiliando os primeiros. É também possível que alguém instigue ou induza outrem a ser o executor material de determinado crime.

Em todos os casos, a atuação reunida dos agentes contribui de alguma forma para a cadeia causal, fazendo com que os vários concorrentes respondam pelo crime; b) **relevância causal das condutas: é** indispensável que cada uma das condutas empreendidas tenha relevância causal. Se algum dos agentes praticar um ato sem eficácia causal, não haverá concurso de pessoas no que concerne a ele; c) **liame subjetivo entre os agentes:** todos devem atuar conscientes de que se reúnem para a prática da mesma infração; d) **identidade de infração penal:** dos concorrentes se exige que contribuam para o mesmo evento (previamente determinado e escolhido pelos agentes).

Alternativa correta: letra "e"

---

101. (FUNIVERSA - Delegado de Polícia - DF/2015) No que se refere à teoria do domínio do fato, é correto afirmar que

a) a teoria do domínio do fato objetiva oferecer critérios para a diferenciação entre autor e partícipe, sem a pretensão de fixar parâmetros sobre a existência, ou não, de responsabilidade penal.

b) um agente criminoso que dirija o automóvel essencial e imprescindível para a fuga de um grupo de criminosos que rouba um banco, de acordo com a teoria do domínio do fato, pratica roubo, em coautoria, por domínio da vontade.

c) a teoria do domínio do fato equivale à teoria objetivo-formal de autoria.

d) o domínio do fato se manifesta em três diferentes formas: domínio da ação, na modalidade autoria mediata; domínio da vontade, na forma de autoria imediata; e domínio funcional do fato, como coautoria.

e) a teoria do domínio do fato contribui para a diferenciação entre autor e partícipe no caso de crimes omissivos próprios e de crimes culposos.

COMENTÁRIOS

Alternativa "a": o objetivo da teoria do domínio do fato é a diferenciação clara entre o autor do executor do crime. De acordo com essa teoria, pois, é autor o agente que controla finalisticamente o fato, isto é, quem decide a sua forma de execução, seu início, cessação e demais condições. Partícipe, por outro lado, é quem, não obstante colabore dolosamente para o alcance do resultado, não exerce domínio sobre a ação. Como desdobramento lógico desta teoria, podemos afirmar que tem o controle final do fato: **(i)** aquele que, por sua vontade, executa o núcleo do tipo **(autor propriamente dito)**; **(ii)** aquele que planeja a empreitada criminosa para ser executada por outras pessoas **(autor intelectual)**; **(iii)** aquele que se vale de um não culpável ou de pessoa que atua sem dolo ou culpa para executar o tipo, utilizada como seu instrumento (**autor mediato**). Não se trata, portanto, de atribuir ou não a responsabilidade penal, mas de delimitá-la de acordo com o controle finalístico do fato exercido pelo agente.

Alternativa "b": de acordo com o que já decidiu o STJ, "O acusado que na divisão de trabalho tinha o domínio funcional do fato (a saber, fuga do local do crime), é coautor, e não mero partícipe, pois seu papel era previamente definido, importante e necessário para a realização da infração penal" (HC 30503/SP, DJ 12/12/2005). Não se trata, portanto, de "domínio de vontade".

Alternativa "c": a teoria do domínio do fato tem a característica de conciliar as teorias objetiva (autor é quem realiza a ação nuclear típica e partícipe quem concorre de qualquer forma para o crime – objetivo-formal; ou quem contribui objetivamente de forma mais efetiva para a ocorrência do resultado, não necessariamente praticando a ação nuclear típica, e partícipe é o concorrente menos relevante para o desdobramento causal, ainda que sua conduta consista na realização do núcleo do tipo – objetivo-material) e subjetiva (não impõe distinção entre autor e partícipe, considerando-se autor todo aquele que de alguma forma contribui para a produção do resultado).

Alternativa "d": inverte os conceitos de domínio da ação (que incide nos casos de autoria imediata) e de domínio da vontade (que incide nos casos de autoria mediata).

Alternativa "e": a teoria do domínio do fato tem aplicação apenas nos crimes dolosos, única forma em que se admite o controle finalístico sobre o fato criminoso, já que os delitos culposos se caracterizam exatamente pela causação de um resultado involuntário, e, consequentemente, impossível de ser dominado finalisticamente pelo agente.

No que concerne aos crimes omissivos, segundo Damásio de Jesus, a teoria do domínio do fato não tem aplicação: "A teoria do domínio do fato, que rege o concurso de pessoas, não tem aplicação aos delitos omissivos, sejam próprios ou impróprios, devendo ser substituída pelo critério da infringência do dever de agir. Na omissão, o autor direto ou material é quem, tendo dever de atuar para evitar um resultado jurídico, deixa de realizar a exigida conduta impeditiva, não havendo necessidade de a imputação socorrer-se da teoria do domínio do fato. O omitente é autor não em razão de possuir o domínio do fato, mas sim porque descumpre o mandamento de atuar para evitar a afetação do objeto jurídico. Se não age, não pode dirigir o curso da conduta. Assim, nos delitos omissivos próprios, autor é quem, de acordo com a norma da conduta, tem a obrigação de agir; nos omissivos impróprios, é o garante, a quem incumbe evitar o resultado jurídico, ainda que, nos dois casos, falte-lhes o domínio do fato" (*Teoria do domínio do fato no concurso de pessoas*, 2. ed. São Paulo: Saraiva, 2001, p. 17).

Alternativa correta: letra "a".

---

102. (Vunesp - Delegado de Polícia - SP/2014) Segundo o conceito restritivo, é autor aquele que

a) tem o domínio do fato.

b) realiza a conduta típica descrita na lei.

c) contribui com alguma causa para o resultado.

d) age dolosamente na prática do crime.

e) pratica o fato por interposta pessoa que atua sem culpabilidade.

COMENTÁRIOS

Alternativa "a": se aplica, neste caso, a teoria do domínio do fato, elaborada por Hans Welzel no final da década de 1930, com nítidos predicados finalistas. Esta teoria surgiu para diferenciar com clareza o autor do executor do crime, conciliando as teorias objetiva e subjetiva. Para essa concepção, autor é quem controla finalisticamente o fato, ou seja, quem decide a sua forma de execução, seu início, cessação e demais condições. Partícipe, por sua vez, será aquele que, embora colabore dolosamente para o alcance do resultado, não exerça domínio sobre a ação.

Alternativa "b" (responde, também, a alternativa "c"): para o conceito restritivo, autor é quem realiza a conduta típica. Esse conceito se desdobra em duas teorias: a) objetivo-formal: autor é quem realiza a ação nuclear típica e partícipe quem concorre de qualquer forma para o crime; b) objetivo-material: autor é quem contribui objetivamente de forma mais efetiva para a ocorrência do resultado, não necessariamente praticando a ação nuclear típica. Partícipe, por outro lado, é o concorrente menos relevante para o desdobramento causal, ainda que sua conduta consista na realização do núcleo do tipo.

Alternativa "d": o conceito de autor não diz respeito ao elemento subjetivo.

Alternativa "e": se trata, no caso, da autoria mediata. Define-se o autor mediato como sendo o sujeito que, sem realizar diretamente a conduta descrita no tipo penal, comete o fato típico por ato de outra pessoa, utilizada como seu instrumento.

Alternativa correta: letra "b".

103. (Cespe – Delegado de Polícia – BA/2013 – Adaptada) Acerca da parte geral do direito penal e seus Institutos, julgue os itens seguintes.

Considere que Joana, penalmente imputável, tenha determinado a Francisco, também imputável, que desse uma surra em Maria e que Francisco, por questões pessoais, tenha matado Maria. Nessa situação, Francisco e Joana deverão responder pela prática do delito de homicídio, podendo Joana beneficiar-se de causa de diminuição de pena.

COMENTÁRIOS

Há, no exemplo citado, a denominada *cooperação dolosamente distinta*, em que há um desvio subjetivo de condutas entre os agentes; um deles intentava cometer ação criminosa menos grave do que aquela efetivamente praticada. Nesta situação, será apenado de acordo com o crime que pretendia cometer, aumentando-se até metade a reprimenda na hipótese de ter sido previsível o resultado mais grave (art. 29, § 2º).

Alternativa correta: "errado".

104. (UEG – Delegado de Polícia – GO/2013) Consoante proclama a doutrina, a participação é conduta acessória à do autor, considerada principal, elencando algumas espécies de acessoriedade. Aquela que afirma que o partícipe somente é responsabilizado quando diante de um fato típico, ilícito e culpável, é a denominada acessoriedade

a) limitada

b) extremada

c) hiperacessoriedade

d) mínima

COMENTÁRIOS

Alternativa "a": para a teoria da acessoriedade limitada (ou média), dá-se a punição do partícipe diante do cometimento de fato típico e ilícito, dispensada necessidade de que o agente seja culpável. É a teoria que predomina na doutrina brasileira, embora haja quem sustente que a sua aplicação é incompatível com a autoria mediata.

Alternativa "b": para a teoria da acessoriedade máxima, a punição do partícipe pressupõe que o fato seja típico, ilícito e que seja cometido por agente culpável.

Alternativa "c": a hiperacessoriedade estabelece que a punição do partícipe pressupõe a prática de fato típico, ilícito, por agente culpável, que seja efetivamente punido. Esta teoria deve ser afastada, pois contém exigência desarrazoada, permitindo a impunidade do partícipe mesmo nos casos em que o autor praticou o crime e se verificou o vínculo subjetivo entre ambos os sujeitos.

Alternativa "d": a teoria da acessoriedade mínima indica ser suficiente a prática, pelo autor, de fato típico para que a participação seja punível. Esta teoria deve ser afastada, pois não se concebe a punição do partícipe se o autor agiu, por exemplo, amparado por legítima defesa, e, em última análise, não praticou infração penal.

Alternativa correta: letra "b".

21. DETRAÇÃO

105. (Delegado de Polícia – SC / 2008 – ACADEPOL) Detração é:

a) o restabelecimento da vigência de uma lei revogada pela revogação da lei que a tinha revogado. Ex: a lei "A" é revogada pela lei "B"; advém a lei "C", que revoga a lei "B" e diz que a lei "A" volta a viger.

b) a inclusão no cálculo da pena privativa de liberdade e na medida de segurança, o tempo de prisão provisória, no Brasil ou no estrangeiro, o de prisão administrativa e o de internação em hospital de custódia e tratamento psiquiátrico ou outro estabelecimento adequado.

c) o resgate pelo condenado, que cumpre pena em regime fechado ou semiaberto, de parte do tempo de execução da pena, pelo trabalho. A contagem do tempo para o fim de detração é feita à razão de um dia de pena por três de trabalho.

d) a conversão da pena privativa de liberdade não superior a 2 (dois) anos em pena restritiva de direitos, desde que o condenado a esteja cumprindo em regime aberto, tenha sido cumprido pelo menos um quarto da pena e os antecedentes e a personalidade do condenado indiquem ser a medida recomendável.

COMENTÁRIOS

Alternativa "a": ao fenômeno descrito na assertiva se dá o nome de *repristinação*, que, em regra, é vedada, a não ser que haja disposição expressa, conforme se extrai do art. 2º, § 3º, da Lei de Introdução às Normas do Direito Brasileiro.

Alternativa "b": detração é o cômputo, na execução da pena ou medida de segurança, do tempo de prisão provisória. A Lei nº 12.736, de 30 de novembro de 2012, alterando o artigo 387 do Código de Processo Penal, estabelece que o tempo de prisão provisória, de prisão administrativa ou de internação, no Brasil ou no estrangeiro, será computado para fins de determinação do regime inicial de pena privativa de liberdade. De acordo com a nova sistemática em vigor, deve o magistrado proceder à aplicação da reprimenda normalmente, seguindo o disposto no artigo 68 do Código Penal e atentando-se para o princípio da individualização da pena. Obtida e fixada a pena apropriada, considera-se o tempo de prisão processual apenas para que o seu cumprimento ocorra desde o princípio em regime adequado. Não se trata, pois, de considerar a detração na aplicação da pena, mas, tão somente, como expressa o próprio texto legal, de admiti-la para estabelecer o regime inicial correto diante da constrição da liberdade anterior ao trânsito em julgado.

Alternativa "c": o resgate de parte do tempo de execução da pena pelo trabalho é denominado *remição* (arts. 126 e ss. da Lei nº 7.210/84). Note-se que, com o advento da Lei nº 12.433/11, o instituto da remição da pena privativa e liberdade foi inteiramente modificado, criando-se a figura da remição pelo estudo, já reconhecida pela jurisprudência (Súmula 341 STJ).

Alternativa "d": a assertiva não trata da detração, mas dos requisitos do art. 180 da LEP para que a pena privativa de liberdade seja convertida em restritiva de direitos. A Lei nº 9.714/98 modificou a sistemática das penas alternativas, alterando inúmeros dispositivos do CP. Entre eles, o art. 44 ganhou nova redação, passando a admitir a substituição da pena privativa da liberdade por restritivas de direitos quando a reprimenda imposta na sentença não suplantar quatro anos. Com isso, o art. 180 da LEP foi parcialmente revogado – pois a substituição não se limita mais às penas de dois anos –, mantidas as condições trazidas nos três incisos: I – condenado cumprindo pena em regime aberto; II – tenha cumprido 1/4 da pena; III – os antecedentes e a personalidade do condenado indiquem ser a conversão recomendável (leia-se, suficiente para a eficiente retribuição, prevenção e ressocialização).

Alternativa correta: letra "b".

22. PENAS RESTRITIVAS DE DIREITOS

106. (Fumarc – Delegado de Polícia – PC – MG/2018) Com relação à substituição das penas privativas de liberdade pelas restritivas de direito, é CORRETO afirmar:

a) Beltrano, maior, capaz e primário, subtraiu um carneiro da fazenda de um amigo, sendo condenado a dois anos de reclusão. No caso concreto, possuindo todas as circunstâncias judiciais favoráveis e sendo mais benéfico ao réu, deve o juiz conceder a Beltrano a suspensão condicional da pena ao invés da substituição prevista no art. 44 do CP.

b) Marreco, maior e capaz, ameaçou de morte sua companheira, sendo processado e definitivamente condenado pelo crime de ameaça à pena de seis meses de detenção. Nesse caso, conforme entendimento sumulado pelo STJ, tem o agente direito à substituição da pena privativa de liberdade por pena restritiva de direitos, desde que não seja a de prestação pecuniária ou a inominada.

c) Sinfrônio, capaz, possui condenação definitiva pela prática do crime de invasão de dispositivo informático à pena de dois anos de detenção. Decorridos quatro anos do cumprimento integral da pena anterior, foi ele novamente condenado pelo mesmo crime à pena de um ano de detenção. Mesmo sendo o agente reincidente, se socialmente recomendável, conforme previsto no §3° do art. 44 do Código Penal, pode o juiz substituir a pena privativa de liberdade por restritiva de direitos.

d) Tício, capaz e devidamente habilitado, após ingerir substância entorpecente, assustou-se ao desviar o veículo que dirigia de um buraco na pista, perdendo o controle do automóvel e vindo a causar a morte de uma criança. Pelo resultado praticado, foi condenado por homicídio culposo, com as penas alteradas pela Lei n° 13.546/17, a seis anos de reclusão. Nessa situação, Tício tem direito à substituição da pena privativa de liberdade por pena restritiva de direitos.

COMENTÁRIOS

Alternativa "a": considerada a natureza do crime, a quantidade da pena e as circunstâncias favoráveis, seria mais benéfico ao réu ter a pena privativa de liberdade substituída pela restritiva de direitos.

Alternativa "b": segundo a orientação sumulada do STJ, é incabível a substituição da pena privativa de liberdade pela restritiva de direitos em crimes e contravenções cometidos com violência ou grave ameaça contra a mulher no âmbito doméstico e familiar (súmula 588).

Alternativa "c": um dos requisitos para a substituição da pena privativa de liberdade pela restritiva de direitos é o de que o agente não seja reincidente em crime doloso. O § 3º do art. 44 do CP permite a substituição no caso de reincidência se, em face de condenação anterior, a medida seja socialmente recomendável, mas desde que a reincidência não se tenha operado em virtude da prática do mesmo crime. Sinfrônio não pode ser beneficiado porque é reincidente no mesmo delito.

Alternativa "d": para que a pena privativa de liberdade seja substituída pela restritiva de direitos, a pena aplicada não pode ser superior a quatro anos, a não ser que se trate de crime culposo, em que a quantidade da pena não importa. No caso, a condenação a seis anos de reclusão foi imposta pela prática de homicídio culposo (na direção de veículo automotor) qualificado pela influência de substância que causa dependência (art. 302, § 3º, do CTB).

Alternativa correta: letra "d".

---

107. (ACAFE – Delegado de Polícia – SC/2014) Analise as afirmações a seguir a assinale a alternativa correta. De acordo com o Código Penal, as penas restritivas de direitos são, dentre outras:

I. Perda de bens e valores e prestação pecuniária.

II. Prestação de serviço à comunidade ou a entidades públicas.

III. Interdição temporária de direitos.

IV. Limitação de fim de semana e interdição permanente de direitos.

a) Todas as afirmações estão corretas.

b) Apenas I, II e IV estão corretas.

c) Apenas II e IV estão corretas.

d) Apenas III e IV estão corretas.

e) Apenas I, II, III estão corretas.

COMENTÁRIOS

Item I: a perda de bens e valores, sanção alternativa introduzida pela Lei 9714/98, dar-se-á, ressalvada a legislação especial, em favor do Fundo Penitenciário Nacional, e seu valor terá como teto – o que for maior – o montante do prejuízo causado ou do provento criminoso obtido pelo agente ou por terceiro (art. 45, § 3º do CP). Já a prestação pecuniária consiste no pagamento em dinheiro à vítima, a seus dependentes ou a entidade pública ou privada com destinação social, de importância fixada pelo juiz, não inferior a 1 (um) salário mínimo nem superior a 360 (trezentos e sessenta) salários mínimos.

Item II: a prestação de serviços, aplicável às condenações superiores a seis meses de privação da liberdade, consiste na execução de atividades à comunidade ou a entidades públicas (ex.: hospitais, escolas, orfanatos, programas comunitários). Será prestada de forma gratuita (art. 30 da LEP), sem gerar vínculo empregatício com o Estado (art. 28, § 2º, LEP), devendo ser observadas, para a atribuição das tarefas, as aptidões do reeducando. Para cada dia de condenação imposto na sentença, uma hora de serviço deverá ser prestado, cuidando-se para que as tarefas não prejudiquem a jornada normal de trabalho do condenado. Quando a pena substituída for superior a um ano, é facultado ao condenado cumprir a pena substitutiva em menor tempo, nunca inferior à metade da pena privativa de liberdade fixada (art. 46, § 4º do CP).

Item III: existem cinco espécies de pena de interdição temporária de direitos, previstas no art. 47 do CP: **(i)** Proibição do exercício de cargo, função ou atividade pública, bem como de mandato eletivo; **(ii)** Proibição do exercício de profissão, atividade ou ofício que dependam de habilitação especial, de licença ou autorização do poder público; Essas duas primeiras são específicas, só podendo ser aplicadas aos crimes cometido no exercício de cargo, função, atividade, profissão ou ofício, com violação de deveres a estes inerentes (CP, art. 56); **(iii)** A suspensão de autorização ou de habilitação para dirigir veículo (art. 47, III do CP). Essa espécie de pena restritiva de direitos foi tacitamente revogada pelo CTB (Lei nº 9.503/97); **(iv)** Proibição de frequentar determinados lugares; **(v)** Proibição de inscrever-se em concurso, avaliação ou exame públicos. Inovação trazida pela Lei 12.550/11, esta proibição deve ser aplicada, em especial (e não exclusivamente), aos candidatos que concorrerem, direta ou indiretamente, para as fraudes de certames públicos, compreendendo concurso público, avaliação ou exame públicos, processo seletivo para ingresso no ensino superior, exame ou processo seletivo previstos em lei (art. 311-A do CP).

Item IV: embora exista a limitação de fim de semana, que consiste na obrigação de permanecer, aos sábados e domingos, por 5 (cinco) horas diárias, em casa de albergado ou outro estabelecimento adequado, não existe pena de interdição permanente de direitos.

Alternativa correta: letra "e".

23. PENA DE MULTA

---

108. (FUNIVERSA – Delegado de Polícia – DF/2015) Acerca das penas pecuniárias, assinale a alternativa correta.

a) A pena de multa, após o trânsito em julgado da sentença condenatória, será considerada dívida de valor, aplicando-se-lhe as normas da legislação relativa à dívida ativa da fazenda pública, inclusive no que concerne às causas interruptivas e suspensivas da prescrição.

b) Caso sobrevenha doença mental ao condenado, há reflexos em relação à pena privativa de liberdade que lhe tenha sido cominada, mas não à pena de multa aplicada pelo juiz.

c) É imprescritível a pena de multa, conforme expressa disposição do CP que, por sua vez, é reflexo do princípio constitucional da intranscendência.

d) Para fins de fixação da pena de multa, a quantidade de dias-multa será fixada pelo juiz conforme as condições financeiras do condenado.

e) O juiz poderá deixar de aplicar a pena de multa, ainda que prevista como preceito secundário, se observar que o condenado não tem condições de pagá-la.

COMENTÁRIOS

Alternativa "a": transcreve o art. 51 do Código Penal antes da alteração promovida pela Lei 13.964/19. O não pagamento voluntário da multa implicava na sua conversão em privativa de liberdade. Com o advento da Lei nº 9.268/96, **não mais se admite a conversão**, encarando-se a multa não paga como **dívida de valor**, sobre a qual incidem as regras relativas à execução fiscal. De qualquer forma, a pena de multa, mesmo considerada dívida de valor, mantém seu caráter penal, respeitando o princípio da pessoalidade da pena, não podendo passar da pessoa do condenado. A Lei 13.964/19 alterou a redação do dispositivo para deixar claro que a competência para a cobrança da multa é do juiz da execução penal.

Alternativa "b": de acordo com o art. 52 do Código Penal, se ao condenado sobrevém doença mental, suspende-se a execução da pena de multa.

Alternativa "c": a pena de multa prescreve na forma do art. 114 do Código Penal: a) dois anos, quando a multa for a única cominada ou aplicada; b) no mesmo prazo estabelecido para prescrição da pena privativa de liberdade, quando a multa for alternativa ou cumulativamente cominada ou cumulativamente aplicada.

Alternativa "d": num primeiro momento, em que o magistrado deve fixar a quantidade de dias-multa, variando de no mínimo de 10 a no máximo 360 (art. 49, CP), trabalha com o **critério trifásico descrito no artigo 68 do Código Penal**, aquilatando as circunstâncias judiciais (art. 59 do CP), seguidas das agravantes e atenuantes, encerrando com as causas de aumento e diminuição de pena. Depois de calculada a quantidade de dias-multa, o magistrado decide o valor de cada um, não podendo ser inferior a um trigésimo do maior salário mínimo mensal vigente ao tempo do fato, nem superior a 5 (cinco) vezes esse salário. Nesse momento, observa-se, principalmente, **a situação econômica do sentenciado** (art. 60, CP). Se, em virtude da situação econômica do réu, o juiz verificar que, embora aplicada no máximo, essa pena é ineficaz, poderá elevá-la até o triplo (art. 60, § 1º, do CP), podendo chegar 5.400 salários mínimos.

Alternativa "e": não há disposição legal que dispense a pena de multa para a situação em que o agente não tem condição de pagá-la.

Alternativa correta: letra "a".

24. APLICAÇÃO DA PENA

109. (FGV - Delegado de Polícia - PC - RN/2021) Gerson foi condenado, por decisão transitada em julgado em 16/11/2015, à pena de 1 ano e 6 meses de reclusão, pela prática do crime de furto consumado em 08/08/2013. Em 20/02/2020, Gerson teve sua punibilidade extinta pela prescrição da pretensão executória. Em 30/11/2020, Gerson foi denunciado pela prática do crime de roubo consumado em 25/11/2020. Sendo esses os únicos delitos por ele praticados, Gerson, quanto aos seus antecedentes criminais:

a) será considerado reincidente, mas a mesma condenação não poderá servir para fins de maus antecedentes;

b) será considerado reincidente e possuidor de maus antecedentes;

c) não será considerado reincidente, mas sua condenação servirá para fins de maus antecedentes;

d) não será considerado reincidente ou possuidor de maus antecedentes, pois o crime anteriormente praticado prescreveu;

e) não será considerado reincidente ou possuidor de maus antecedentes, pois ultrapassado o período depurador de cinco anos do trânsito em julgado da condenação.

COMENTÁRIOS

A prescrição da pretensão executória extingue a pena aplicada, sem, contudo, rescindir a sentença condenatória, que produz efeitos penais e extrapenais, a exemplo da reincidência. Dessa forma, como a extinção da punibilidade ocorreu em 20/02/2020 e Gerson cometeu novo crime em 30/11/2020, deve ser considerado reincidente, pois o art. 64, inc. I, do CP exclui a reincidência se entre a data do cumprimento ou extinção da pena e a infração posterior tiver decorrido período de tempo superior a 5 (cinco) anos, o que não ocorreu. Tratando-se de circunstância agravante, deve incidir na segunda fase de aplicação da pena. A mesma condenação não pode servir como maus antecedentes (primeira fase de aplicação), porque a incidência simultânea dessa circunstância é *bis in idem* (cf. súmula 241 do STJ).

Alternativa correta: letra "a" (responde, também, as demais alternativas).

110. (Vunesp - Delegado de Polícia - PC - BA/2018) A respeito da Teoria das Penas, assinale a alternativa correta.

a) A finalidade da pena, na teoria relativa, é prevenir o crime. Na vertente preventiva-geral, o criminoso é punido a fim de impedir que ele volte a praticar novos crimes.

b) A finalidade da pena, na teoria relativa, é prevenir o crime. Na vertente preventiva especial, de acentuado caráter intimatório, o criminoso é punido para servir de exemplo aos demais cidadãos.

c) A finalidade da pena, na teoria absoluta, é castigar o criminoso, pelo mal praticado. O mérito dessa teoria foi introduzir, no Direito Penal, o princípio da proporcionalidade de pena ao delito praticado.

d) A finalidade da pena, para a teoria eclética, é ressocializar o criminoso. O mérito dessa teoria foi humanizar as penas impostas, impedindo as cruéis e humilhantes.

e) O ordenamento jurídico brasileiro adota a teoria absoluta, tendo a pena apenas o fim de ressocializar o criminoso.

COMENTÁRIOS

Alternativa "a": na teoria relativa, de fato a pena atua como um instrumento de prevenção, um meio para alcançar determinadas finalidades. Mas, de acordo com a prevenção geral negativa, a pena deve coagir psicologicamente a coletividade, intimidando-a. Na perspectiva da prevenção geral positiva, o objetivo da pena é demonstrar a vigência da lei (existência, validade e eficiência).

Alternativa "b": sob o enfoque da prevenção especial negativa, a pena deve servir para inibir a reincidência. E, segundo a prevenção especial positiva, a preocupação é a ressocialização do delinquente.

Alternativa "c": para os absolutistas, a imposição da pena é uma decorrência lógica da delinquência, visando apenas a retribuir o mal causado.

Alternativa "d": para os **ecléticos,** responsáveis pela reunião das teorias absolutas e preventivas, não é possível dissociar uma e outra finalidade da pena, porque a imposição da sanção penal é sempre um castigo e um meio para prevenir (prevenção geral e especial).

Alternativa "e": o Código Penal não se pronunciou sobre qual teoria adotou, mas modernamente entende-se que a pena tem tríplice finalidade (polifuncional): a) retributiva; b) preventiva; c) reeducativa, cada uma dessas identificada em um momento próprio, específico.

Alternativa correta: letra "c".

---

111. (Vunesp – Delegado de Polícia – CE/2015) A Constituição da República de 1988 (art. 5º, XLVII) veda expressamente a existência de pena de morte (salvo em caso de guerra declarada), além de vedar as penas

a) de caráter perpétuo; de trabalhos forçados; infamantes e cruéis.

b) de caráter perpétuo; de trabalhos forçados; de banimento e cruéis.

c) de banimento e cruéis.

d) de caráter perpétuo; de trabalhos forçados; de banimento; infamantes e cruéis.

e) de trabalhos forçados; infamantes e cruéis.

COMENTÁRIOS

A Constituição Federal de 1988 disciplina quais penas **não** serão admitidas em nosso ordenamento. Assim, *"não haverá penas: a) de morte, salvo em caso de guerra declarada, nos termos do art. 84, XIX; b) de caráter perpétuo; c) de trabalhos forçados; d) de banimento; e) cruéis"* (art. 5º, XLVII, CF/88). Nas palavras de Luigi Ferrajoli: "um Estado que mata, que tortura, que humilha o cidadão, não só perde qualquer legitimidade, como contradiz a sua própria razão de ser, colocando-se no mesmo nível dos delinquentes" (*Direito e Razão – teoria do garantismo penal*, p. 90-1).

A pena de morte, em regra, está proibida, mas a própria CF/88 abre exceção, podendo ser aplicada (por fuzilamento) por tribunais militares, em caso de guerra externa, nas hipóteses definidas no Código Penal Militar.

As penas de caráter perpétuo são igualmente vedadas, opção política confirmada pela simples leitura do artigo 75 do Código Penal.

No Brasil, nenhum preso pode ser obrigado a cumprir pena mediante trabalhos forçados. Essa pena proibida não se confunde, de modo algum, com o trabalho estabelecido na Lei de Execução Penal (Lei nº 7.210/84), que, embora seja obrigatório (art. 31) e constitua dever do preso (art. 38, V), não é pena, possui finalidade educativa e produtiva (art. 28), sendo, ainda, remunerado (art. 29).

A pena de banimento, que constitui a expulsão do nacional, nato ou naturalizado, do nosso território, também não é admitida.

Por fim, a ninguém pode ser imposta pena **ofensiva à dignidade da pessoa humana,** vedando-se reprimenda indigna, cruel, desumana ou degradante. Este mandamento guia o Estado na criação, aplicação e execução das leis penais. A pena privativa de liberdade, permitida no Brasil, não pode ser executada em celas escuras e insalubres, forma cruel e desumano de execução.

Alternativa correta: letra "b" (responde, também, as demais alternativas).

---

112. (ACAFE – Delegado de Polícia – SC/2014) De acordo com o Código Penal, assinale a alternativa correta.

a) Quando o agente, mediante mais de uma ação ou omissão, pratica dois ou mais crimes da mesma espécie e, pelas condições de tempo, lugar, maneira de execução e outras semelhantes, devem os subsequentes ser havidos como continuação do primeiro, aplica-se-lhe a pena de um só dos crimes, se idênticas, ou a mais grave, se diversas, aumentada, em qualquer caso, de um terço até a metade.

b) Quando o agente, mediante mais de uma ação ou omissão, pratica dois ou mais crimes, idênticos ou não, aplicam-se cumulativamente as penas privativas de liberdade em que haja incorrido. No caso de aplicação cumulativa de penas de reclusão e de detenção, executa-se primeiro esta.

c) Quando o agente, mediante uma só ação ou omissão, pratica dois ou mais delinquências, idênticos ou não, aplica-se-lhe a mais grave das penas cabíveis ou, se iguais, somente uma delas, mas aumentada de um terço até metade.

d) Para efeito de reincidência, não prevalece a condenação anterior, se entre a data do cumprimento ou extinção da pena e a infração posterior tiver decorrido período de tempo superior a 5 (cinco) anos, computado o período de prova da suspensão ou do livramento condicional, se não ocorrer revogação.

e) A execução da pena privativa de liberdade não superior a seis anos poderá ser suspensa por dois a quatro anos, desde que o condenado seja maior de setenta anos de idade, ou razões de saúde justifiquem a suspensão.

COMENTÁRIOS

Alternativa "a": narra a hipótese de continuidade delitiva, mas se equivoca a respeito da aplicação do sistema de exasperação, pois o aumento da pena, no caso, varia de um sexto a dois terços. O aumento levará em consideração a quantidade de infrações praticadas.

Alternativa "b": descreve o concurso material de delitos, mas se equivoca quanto à ordem de execução quando aplicadas cumulativamente penas de reclusão e de detenção. Nos termos da parte final do artigo 69 do Código Penal, em caso de aplicação cumulativa de penas de **reclusão e de detenção**, deverá ser executada primeiramente a pena de reclusão.

Alternativa "c": faz referência ao concurso formal próprio, mas se equivoca a respeito da fração de aumento imposta. O juiz aplica uma só pena, se idênticas, ou a maior, se diferentes, aumentada de um **sexto até metade**.

Alternativa "d": o Brasil adotou o **sistema da temporariedade da reincidência**, anunciando, no art. 64, I, do Código Penal, o seu **período depurador**: "não prevalece a condenação anterior, se entre a data do cumprimento ou extinção da pena e a infração posterior tiver decorrido período de tempo superior a 5 (cinco) anos, computado o período de prova da suspensão ou do livramento condicional, se não ocorrer revogação". Ex.: No ano de 2000, JOÃO foi condenado definitivamente pelo crime de homicídio ao cumprimento de 6 anos de reclusão. Em 2006 a sanção foi integralmente executada. Em 2012, JOÃO pratica novo crime. Na sentença do novo crime, o magistrado não pode reconhecer a agravante da reincidência, porque superado o período depurador. A condenação anterior servirá, no entanto, como maus antecedentes (circunstância judicial norteadora da pena-base).

Alternativa correta: letra "d".

---

113. (Fundação Aroeira – Delegado de Polícia – TO/2014) Nos crimes cometidos sem violência ou grave ameaça à pessoa, o agente que voluntariamente repara o dano, depois do recebimento da denúncia ou da queixa, mas antes do julgamento,

a) ficará com sua pena inalterada.

b) terá a pena reduzida de um a dois terços.

c) terá a pena atenuada.

d) ficará isento de pena.

COMENTÁRIOS

Alternativa "b": para que a pena seja reduzida de um a dois terços, caracterizando-se o arrependimento posterior, a reparação do dano deve ocorrer até o recebimento da denúncia.

Alternativa "c" (responde, também, a alternativa "a"): se o agente autor de crime sem violência ou grave ameaça a pessoa repara o dano após o recebimento da denúncia ou da queixa, mas antes do julgamento, incide a circunstância atenuante estabelecida no art. 65, inciso III, *b*, do Código Penal.

Alternativa "d": a reparação do dano não é causa de isenção de pena. Há hipóteses em que a reparação acarreta a extinção da punibilidade, como ocorre no pagamento do tributo devido nos crimes contra a ordem tributária e no peculato culposo quando a reparação precede a sentença irrecorrível.

Alternativa correta: letra "c".

25. CONCURSO DE CRIMES

---

114. (CEBRASPE – 2023 – PC/AL – Delegado) No que diz respeito ao direito penal, julgue o item a seguir.

Configurado o concurso formal impróprio ou o crime continuado, adota-se o sistema da exasperação da pena.

COMENTÁRIOS

Define-se o concurso formal como a prática de uma conduta que resulta em mais de uma infração penal. Se o agente atua com desígnios autônomos em relação aos múltiplos resultados, o concurso formal é denominado *impróprio*. Essa circunstância faz que se modifique a forma de aplicação da pena, pois, enquanto no concurso formal próprio incide sistema da exasperação (o juiz aplica a pena a mais grave ou, se iguais, somente uma delas, mas aumentada, em qualquer caso, de um sexto até metade), no concurso formal impróprio as penas são somadas, como no concurso material, tendo em vista que os resultados foram individualmente pretendidos.

No crime continuado, no qual o agente, mediante mais de uma ação ou omissão, pratica dois ou mais crimes da mesma espécie e, pelas condições de tempo, lugar, maneira de execução e outras semelhantes, devem os subsequentes ser havidos como continuação do primeiro, incide o sistema da exasperação: aplica-se a pena de um só dos crimes, se idênticas, ou a mais grave, se diversas, aumentada, em qualquer caso, de um sexto a dois terços. O aumento é baseado no número de infrações cometidas (súmula 659 do STJ).

Alternativa correta: "errado".

---

115. (Cespe – Delegado de Polícia – PC – PB/2022) O roubo perpetrado contra diversas vítimas em um único evento, estando comprovados os desígnios autônomos do autor do fato, configura

a) crime único.

b) concurso formal impróprio.

c) crime continuado.

d) concurso material.

e) concurso formal próprio.

COMENTÁRIOS

Alternativa "a" (responde, também, as alternativas "b" e "e"): o concurso formal ou ideal está regulado no art. 70 do Código Penal. Age em concurso formal o sujeito que, mediante uma só ação ou omissão, pratica dois ou mais crimes, idênticos ou não. São, portanto, requisitos do concurso formal de delitos (A) a unicidade da conduta e (B) a pluralidade de crimes. Ex.: JOÃO, conduzindo seu automóvel, com manifesta imprudência, perde o controle de direção do veículo e atropela ANTONIO e MARIA, causando a morte dos pedestres. JOÃO praticou dois homicídios culposos na direção de veículo automotor (art. 302 do CTB), em concurso formal. A doutrina classifica essa forma de concurso em: a) homogêneo: os crimes decorrentes da conduta única são da mesma espécie; b) heterogêneo: os crimes são de espécies distintas; c) próprio, perfeito ou normal: o agente, apesar de provocar dois ou mais resultados, não age com desígnios autônomos, isto é, não tem intenção independente em relação a cada crime; d) impróprio, imperfeito ou anormal: o sujeito age com desígnios autônomos. Esta espécie só tem cabimento nos crimes dolosos.

As regras de aplicação da pena vão depender do tipo de concurso formal (se perfeito ou imperfeito): a) aplicação da pena no concurso formal perfeito (ou próprio): incide o sistema da exasperação: o juiz aplica uma só pena, se idênticas, ou a maior, se diferentes, aumentada de um sexto até metade. Quanto maior o número de infrações, maior deve ser o aumento; b) aplicação da pena no concurso formal imperfeito (impróprio): no concurso formal imperfeito, o agente pratica uma única conduta, entretanto seu objetivo é provocar dois ou mais crimes. Por haver desígnios autônomos, as penas deverão ser somadas, aplicando-se a mesma regra do concurso material de delitos.

Alternativa "c": no crime continuado, o agente, mediante mais de uma ação ou omissão, pratica dois ou mais crimes da mesma espécie e, pelas condições de tempo, lugar, maneira de execução e outras semelhantes, devem os subsequentes ser havidos como continuação do primeiro. Nesse caso, aplica-se a pena de um só dos crimes, se idênticas, ou a mais grave, se diversas, aumentada, em qualquer caso, de um sexto a dois terços, conforme o número de infrações cometidas (súmula 659 do STJ). Não é o caso do enunciado, em que o roubo ocorreu em um único evento.

Alternativa "d": o concurso material se caracteriza quando o agente, mediante mais de uma ação ou omissão, pratica dois ou mais crimes, idênticos ou não. Nesse caso, aplicam-se cumulativamente as penas privativas de liberdade em que haja incorrido. No exemplo do enunciado não houve mais de uma ação.

Alternativa correta: letra "b".

---

116. (UFPR - Delegado de Polícia - PC - PR/2021) Considere o seguinte caso hipotético:

A.A. descobriu que seus sócios, B.B. e C.C., desviaram recursos substanciais da empresa para contas bancárias de familiares destes. Com o propósito de se vingar, A.A. chamou os sócios B.B. e C.C. para uma reunião entre os três. Anteriormente, A.A. havia envenenado o café que B.B. e C.C. sempre consumiam nessas ocasiões, sendo que A.A. não tomava café. B.B. e C.C. tomaram o café e morreram em decorrência da ingestão do veneno.

A partir das noções sobre o concurso de crimes, é correto afirmar que A.A. cometeu dois crimes de homicídio qualificado em:

a) continuidade delitiva.

b) continuidade delitiva especial.

c) concurso formal próprio.

d) concurso formal impróprio.

e) concurso material.

COMENTÁRIOS

Alternativa "a": caracteriza-se a continuidade delitiva genérica quando o agente, mediante mais de uma ação ou omissão, pratica dois ou mais crimes da mesma espécie e, pelas condições de tempo, lugar, maneira de execução e outras semelhantes, devem os subsequentes ser havidos como continuação do primeiro. Não é o caso do exemplo do enunciado, em que A.A. praticou apenas uma conduta.

Alternativa "b": o crime continuado específico tem as mesmas características do genérico, acrescentadas a outros três pressupostos: que os crimes sejam dolosos, com vítimas diferentes, cometidos com violência ou grave ameaça à pessoa.

Alternativa "c": o concurso formal próprio decorre da prática de apenas uma ação ou omissão por meio da qual o agente comete mais de um crime, sem, contudo, desígnios autônomos entre eles. A pena é imposta sob o sistema da exasperação: o juiz aplica uma só pena, se idênticas, ou a maior, se diferentes, aumentada de um sexto até metade. Quanto maior o número de infrações, maior deve ser o aumento.

Alternativa "d": o concurso formal impróprio também decorre da prática de apenas uma ação ou omissão por meio da qual o agente comete mais de um crime, mas, neste caso, há desígnios autônomos. É exatamente a situação hipotética do enunciado, na qual A.A., querendo matar seus dois sócios, por meio de apenas uma conduta envenenou o café que ambos tomaram em seguida, provocando sua morte. Neste caso, as penas são somadas.

Alternativa "e": o concurso material pressupõe a prática de mais de um crime por meio de mais de uma ação ou omissão.

Alternativa correta: letra "d".

---

117. (Nucepe - Delegado de Polícia - PC - PI/2018) Com relação ao Direito Penal e as Súmulas do STJ e STF, é CORRETO afirmar, no entendimento sumulado que:

a) Há crime, mesmo quando ocorre a preparação do flagrante pela polícia, havendo então a prova de que ocorreu a consumação.

b) O crime de extorsão consuma-se quando se prova a obtenção da vantagem indevida.

c) Há crime de latrocínio, quando o homicídio se consuma, quando há prova de que ocorreu a subtração de bens da vítima.

d) Não se admite continuidade delitiva nos crimes contra a vida.

e) A sentença concessiva do perdão judicial é declaratória da extinção da punibilidade, subsistindo ainda efeito condenatório.

COMENTÁRIOS

Questão ANULADA.

Alternativa "a": segundo a súmula 145 do STF, "Não há crime, quando a preparação do flagrante pela polícia torna impossível a sua consumação". Trata-se da situação em que o agente é ardilosamente induzido à prática do delito, tornando impossível, pela adoção de providências prévias, a consumação. O provocador não pode ser confundido com o agente infiltrado e com o agente disfarçado. O infiltrado imerge em organização criminosa, envolvendo-se com seus membros e adotando postura estrategicamente complacente com as práticas criminosas. O disfarçado, por sua vez, com aparência de um cidadão comum, sem infiltrar-se no grupo criminoso, oculta sua real identidade e coleta elementos que indiquem a conduta criminosa preexistente do sujeito ativo. A Lei 13.964/19 (Pacote Anticrime) inseriu no art. 33 da Lei 11.343/06 uma figura equiparada ao tráfico consistente em vender ou entregar drogas ou matéria-prima, insumo ou produto químico destinado à preparação de drogas, sem autorização ou em desacordo com a determinação legal ou regulamentar, a agente policial disfarçado, quando presentes elementos probatórios razoáveis de conduta criminal preexistente.

Alternativa "b": o crime de extorsão é formal (ou de consumação antecipada), perfazendo-se no momento em que o agente emprega os meios aptos a constranger a vítima a lhe proporcionar indevida vantagem econômica (súmula 96 do STJ). O recebimento da vantagem é simples exaurimento.

Alternativa "c": a consumação do latrocínio se dá com a ocorrência da morte, independentemente de ter havido a subtração (súmula 610 do STF).

Alternativa "d": esta assertiva havia sido inicialmente considerada correta com base na súmula 605 do STF, segundo a qual "Não se aplica continuidade delitiva aos crimes contra a vida". Ocorre que a referida súmula é anterior à reforma de 1984, que alterou o artigo 71 do CP, autorizando a continuidade delitiva mesmo nos crimes cometidos com violência ou grave ameaça. Conclui-se que o entendimento sumulado está superado.

Alternativa "e": há divergência doutrinária a respeito da natureza jurídica da sentença concessiva do perdão judicial, lecionando alguns ser condenatória (o juiz deve primeiro declarar a procedência da ação para depois perdoar, livrando o réu de alguns efeitos, entre os quais a inclusão do seu nome no rol dos culpados, reincidência e aplicação de medidas de segurança), enquanto outros sustentam se tratar de sentença declaratória de extinção de punibilidade. Segundo a súmula 18 do STJ, "A sentença concessiva do perdão judicial é declaratória da extinção da punibilidade, não subsistindo qualquer efeito condenatório".

118. (FUNIVERSA - Delegado de Polícia - DF/2015) Giordano, ao dirigir seu automóvel de maneira negligente, perdeu o controle do carro, matando cinco pessoas e lesionando gravemente outras cinco.

Considerando a situação hipotética apresentada, assinale a alternativa correta.

a) Giordano agiu em continuidade delitiva, devendo ser-lhe aplicada a pena mais grave, aumentada de um sexto até a metade.

b) Atualmente, considera-se que tais situações devem ser entendidas como crime único, aplicando-se apenas uma das penas, ou seja, a mais leve.

c) Giordano praticou crimes em concurso material e responderá pela pena de cada um deles.

d) Giordano praticou crimes em concurso formal, devendo a pena dos crimes ser somada, visto que, nesse caso, o cúmulo material é mais favorável que a exasperação.

e) Giordano praticou crimes em concurso formal, devendo ser-lhe aplicada a pena mais grave, aumentada de um sexto até a metade.

COMENTÁRIOS

Alternativa "a": não há continuidade delitiva, que pressupõe pluralidade de condutas: o agente **mediante mais de uma ação ou omissão, pratica dois ou mais crimes** da mesma espécie e, pelas condições de tempo, lugar, maneira de execução e outras semelhantes, devem os subsequentes ser havidos como continuação do primeiro.

Alternativa "b": ignora as regras do concurso de crimes.

Alternativa "c": o concurso material também pressupõe diversas condutas: o agente, **mediante mais de uma ação ou omissão**, pratica dois ou mais crimes, idênticos ou não.

Alternativa "d": somadas as penas dos crimes relativos à conduta de Giordano, sua situação seria mais grave do que se aplicado o sistema da exasperação. Admite-se o denominado *concurso material benéfico* apenas quando o agente puder ser prejudicado pela aplicação da pena mais grave aumentada até a metade.

Alternativa "e": no exemplo citado, Giordano, praticando uma só ação (dirigindo de maneira negligente), cometeu dez crimes (cinco de homicídio e cinco de lesão corporal). No caso, seguindo a regra do sistema da exasperação, aplica-se a pena do homicídio (mais grave), aumentada de um sexto até a metade, considerado o número de infrações cometidas.

Alternativa correta: letra "e".

119. (FUNIVERSA – Delegado de Polícia – DF/2015) Com relação aos elementos do conceito analítico de infração penal, ao concurso de crimes, à causalidade no direito penal e à Lei nº 9.605/1998, que dispõe sobre os crimes contra o meio ambiente, assinale a alternativa correta.

a) O erro de tipo permissivo afasta a punição pela denominada culpa imprópria.

b) Nos termos da Lei nº 9.605/1998, que dispõe sobre os crimes contra o meio ambiente, constitui causa especial de aumento de pena o fato de o agente ter praticado crime ambiental em unidade de conservação ambiental.

c) Na teoria da imputação objetiva, o resultado será objetivamente imputável ao autor se, uma vez hipoteticamente eliminada a sua conduta, o resultado não se concretizar.

d) Conforme a doutrina majoritária, o consentimento do ofendido configura causa supralegal de exclusão da culpabilidade.

e) No concurso formal impróprio, por haver desígnios autônomos, as penas dos crimes em concurso serão cumuladas, ainda que os diferentes resultados tenham sido praticados mediante uma só ação.

COMENTÁRIOS

Alternativa "a": pela **teoria limitada da culpabilidade**, a descriminante putativa sobre pressupostos da situação fática tem a mesma natureza do erro de tipo (art. 20 do CP), no que se denomina *erro de tipo permissivo*. Se inevitável, além do dolo, exclui a culpa (isentando o agente de pena); se evitável, exclui o dolo, **mas não isenta o agente de pena, subsistindo o crime culposo quando previsto em lei (culpa imprópria)**.

Alternativa "b": o fato de o agente cometer crime em unidade de conservação ambiental não aumenta a pena dos crimes ambientais em geral, mas apenas do art. 29, que pune as condutas de matar, perseguir, caçar, apanhar, utilizar espécimes da fauna silvestre, nativos ou em rota migratória, sem a devida permissão, licença ou autorização da autoridade competente, ou em desacordo com a obtida.

Alternativa "c": a imputação objetiva determina, ao contrário do que aponta a assertiva, que sejam considerados, além do nexo físico (causa/efeito), também critérios normativos no momento da atribuição do resultado, pois, de acordo com a causalidade vigente, situações absurdas proporcionadas pela *conditio sine qua non* (e, não raras vezes, pela causalidade adequada) somente eram evitadas em razão da análise do dolo e da culpa.

Para essa teoria, o desvalor da ação, até então subjetivo, mera finalidade, adquire uma face objetiva: **a criação (ou incremento) de um risco juridicamente proibido**. Somente ações intoleravelmente perigosas são desvaloradas pelo direito. Ao desvalor do resultado também se soma uma nova percepção: nem toda causação de lesão a bem jurídico referida a uma finalidade é desvalorada; apenas o será a causação em que haja a **realização, no resultado, do risco criado pelo autor** (GRECO, Luís. *Um panorama da Teoria da Imputação Objetiva*. Rio de Janeiro: Lumen Juris, 2005, p. 11-13). Em síntese, a **criação ou incremento de um risco proibido** e a **realização do risco no resultado,** além da exigência de que **esse resultado fique dentro do alcance do tipo** compõem o **nexo normativo**, elemento que enriquece o estudo da causalidade corrigindo as distorções geradas pela teoria da equivalência. A análise deste nexo **antecede** a indagação sobre dolo e culpa, isto é, verifica se o resultado previsto na parte objetiva do tipo pode ou não ser atribuído ao agente, antes mesmo de pesquisar o elemento subjetivo.

Alternativa "d": o consentimento do ofendido pode, conforme o caso, afastar a ilicitude ou a tipicidade (se o dissentimento integrar o próprio tipo).

Alternativa "e": no concurso formal impróprio, o sujeito age com desígnios autônomos em relação aos diversos crimes decorrentes da única conduta. Esta espécie só tem cabimento nos crimes dolosos e nela se aplica o sistema do cúmulo material de penas, ao contrário do que ocorre no concurso formal próprio, em que incide o sistema da exasperação.

Alternativa correta: letra "e".

120. (FUNCAB – Delegado de Polícia – RO/2014) Em relação ao concurso de crimes, é INCORRETO afirmar:

a) No concurso formal perfeito, aplica-se ao agente a mais grave das penas cabíveis ou, se iguais, somente uma delas, mas aumentada, em qualquer caso, de um sexto até metade.

b) No concurso material, aplica-se a regra da cumulação das penas.

c) No concurso formal heterogêneo, uma só ação dá causa a diversos crimes de natureza diversa como, por exemplo, lesão corporal e homicídio.

d) Não é admitido, no ordenamento jurídico brasileiro, o reconhecimento do crime continuado entre infrações da mesma espécie, praticadas em condições de tempo e de lugar semelhantes, sob o mesmo modo de agir, contra vítimas diferentes, cometidas com violência ou grave ameaça à pessoa.

e) No concurso formal imperfeito, aplicam-se ao agente as penas cumulativamente.

COMENTÁRIOS

Alternativa "a": o concurso formal perfeito (ou próprio) está previsto no artigo 70, *caput*, do Código Penal. Age em concurso formal o sujeito que, mediante uma só ação ou omissão, pratica dois ou mais crimes, idênticos ou não. Nessa espécie de concurso incide o sistema da exasperação: o juiz aplica uma só pena, se idênticas, ou a maior, se diferentes, aumentada de um **sexto até metade**. Quanto maior o número de infrações, maior deve ser o aumento.

Alternativa "b": dá-se o concurso material (ou real) quando o agente, mediante mais de uma ação ou omissão, pratica dois ou mais crimes, idênticos ou não, aplicando-se cumulativamente as penas privativas de liberdade em que haja incorrido. Na **aplicação da pena**, o juiz seguirá o sistema do **cúmulo material**.

Alternativa "c": a doutrina classifica o concurso formal em: a) homogêneo: os crimes decorrentes da conduta única são da mesma espécie; b) heterogêneo: os crimes são de espécies distintas.

Alternativa "d": ao contrário, é possível se caracterizar a continuidade delitiva nos crimes dolosos, contra vítimas diferentes, cometidos com violência ou grave ameaça à pessoa. No caso, poderá o juiz, considerando a culpabilidade, os antecedentes, a conduta social e a personalidade do agente, bem como os motivos e as circunstâncias, aumentar a pena de um só dos crimes, se idênticas, ou a mais grave, se diversas, até o triplo, observadas as regras do parágrafo único do art. 70 (a aplicação da pena no triplo não pode ultrapassar o que seria cabível no concurso material) e do art. 75 (máximo de quarenta anos de cumprimento) do Código Penal. Trata-se do denominado *crime continuado específico*.

Alternativa "e": o concurso formal imperfeito é aquele em que o agente, mediante uma só ação ou omissão, pratica dois ou mais crimes, idênticos ou não, decorrentes de desígnios autônomos. Por haver desígnios autônomos, as penas deverão ser **somadas,** aplicando-se a mesma regra do concurso material de delitos.

Alternativa correta: letra "d".

26. ERRO NA EXECUÇÃO

121. (FUNIVERSA - Delegado de Polícia - DF/2015) A respeito do erro de execução, do denominado *dolus generalis*, das normas penais em branco e dos crimes previstos na parte especial do CP, assinale a alternativa correta.

a) A complementação da Lei de Drogas por portaria do Ministério da Saúde configura hipótese da chamada norma penal em branco homogênea heteróloga.

b) Suponha que "A" coloque sonífero na bebida de "B" a fim de subtrair-lhe os pertences (celular, bolsa, cartão de crédito). Neste caso, ausente a violência ou a grave ameaça, "A" responderá por furto ou estelionato, a depender das circunstâncias concretas e do dolo.

c) Quanto ao erro de execução, o ordenamento jurídico brasileiro adotou a teoria da equivalência, e não a teoria da concretização.

d) Suponha que "A" tenha atirado contra "B" com o propósito de matá-lo. "A" acredita ter consumado o crime por meio dos tiros. Em seguida, joga o corpo de "B" em um rio, com a intenção de ocultar o cadáver. Posteriormente, descobre-se que "B" estava vivo quando foi jogado no rio e que morreu por afogamento. Nesta hipótese, conforme a doutrina majoritária, "A" poderá responder, a depender do caso, por homicídio doloso tentado em concurso material com homicídio culposo ou por homicídio doloso tentado em concurso material com ocultação de cadáver. Não se admite que "A" responda por homicídio doloso consumado, porque "A" já não possuía animus necandi no momento em que arremessou o corpo de "B" no rio.

e) Desde que esteja fora do expediente, pratica omissão de socorro o policial que, podendo impedir roubo praticado diante de si, decide permanecer inerte.

COMENTÁRIOS

Alternativa "a": a norma penal em branco heteróloga ou heterovitelina é uma espécie de norma penal em branco imprópria em que o complemento normativo emana do próprio legislador, de instância legislativa diversa (norma incompleta e seu complemento integram estruturas normativas diversas). No caso dos crimes relativos às drogas, em que o complemento se dá por portaria do Ministério da Saúde, a norma penal em branco é própria, pois o seu complemento normativo não emana do legislador, mas sim de fonte normativa diversa.

Alternativa "b": "A" responde, no exemplo citado, por roubo na modalidade em que o agente, pretendendo se apoderar do patrimônio alheio, lança mão de qualquer meio diverso da violência e da grave ameaça, mas capaz de impossibilitar a vítima de resistir ou defender-se (emprego de drogas, soníferos, hipnose etc.).

Alternativa "c": segundo o art. 73 do Código Penal, quando, por acidente ou erro no uso dos meios de execução, o agente, ao invés de atingir a pessoa que pretendia ofender, atinge pessoa diversa, responde como se tivesse praticado o crime contra aquela. O fundamento, no caso, é a teoria da equivalência porque a lei trata o objeto jurídico atingido como equivalente ao que o agente pretendia atingir. Se aplicada a teoria da concretização, isso não ocorreria, e o agente iria responder de acordo com o bem jurídico concretamente atingido.

Alternativa "d": aplica-se, no caso, o conceito de dolo geral ou erro sucessivo, que ocorre quando o agente, supondo já ter alcançado um resultado por ele visado, pratica nova ação que efetivamente o provoca. É o erro sobre o nexo causal, em que o resultado desejado se produz, mas com nexo diverso, de maneira diferente da planejada pelo agente. Divide-se em **duas** espécies: a) a **primeira** é o **erro sobre o nexo causal em sentido estrito**. Ocorre quando o agente, mediante **um só ato**, provoca o resultado visado, porém com outro nexo de causalidade. Ex.: "A" empurra a "B" de um penhasco para que ele morra afogado, porém, durante a queda, "B" bate a cabeça contra uma rocha e morre em razão de um traumatismo craniano; b) a **segunda** é o **dolo geral** ou ***aberratio causae***, espécie em que o agente, mediante conduta desenvolvida em **pluralidade de atos**, provoca o resultado pretendido, porém com outro nexo, como no exemplo da assertiva. A **consequência, segundo o entendimento majoritário,** é a punição do agente por um só crime (***princípio unitário***), desejado desde o início, a título de dolo, considerando-se, aliás, o nexo ocorrido (e não o pretendido).

Alternativa "e": o policial, mesmo fora do expediente, não perde a qualidade de agente público de segurança, obrigado por lei a evitar o crime que eventualmente presenciar. Em razão disso, se testemunha um roubo e permanece inerte, responderá por omissão imprópria, desde que as circunstâncias lhe permitissem agir, pois o art. 13, § 2º, do Código Penal estabelece claramente que o dever de evitar o resultado cabe a quem deve e **pode** agir.

Alternativa correta: letra "c".

122. (Delegado de Polícia – SP/ 2011 – ACADEPOL) Na aberratio ictus

a) o agente erra a pessoa que pretendia atingir.

b) o agente erra no uso dos meios de execução.

c) o agente erra sobre a qualificadora.

d) o agente erra o objeto que pretendia atingir.

e) ocorre erro sobre o nexo causal.

COMENTÁRIOS

Alternativa "a": no erro sobre a pessoa, o agente, pensando atingir uma vítima, confunde-se, atingindo pessoa diversa da que pretendia. Nesse caso, deve-se levar em conta, para fins de aplicação de pena, as qualidades da pessoa visada (art. 20, § 3º, do CP). Por exemplo, João, querendo matar o próprio pai, pressentindo e supondo a aproximação do genitor, atira, vindo a matar seu vizinho. Sobre o fato incide a agravante prevista no artigo 61, II, "e", 1ª figura (crime contra ascendente).

Alternativa "b": na *aberratio ictus* (erro na execução), o agente, querendo atingir determinada pessoa, por inabilidade ou outro motivo qualquer, erra na execução do crime, atingindo pessoa diversa da pretendida. Não se confunde com o erro sobre a pessoa. Neste (sobre a pessoa), o agente, apesar de perfeito na execução, atinge vítima equivocadamente representada; naquele (*aberratio ictus*), o agente, apesar de representar bem a vítima, erra na execução do crime. Ex.: "A" aponta a arma para seu pai, entretanto, por falta de habilidade com aquela arma, acaba atingindo um vizinho que passava do outro lado da rua. São duas as possíveis consequências do erro na execução: a) se o agente atingir apenas a pessoa diversa da pretendida, será punido pelo crime, considerando-se, contudo, as condições e qualidades da vítima visada (pai), e não da vítima efetivamente atingida (vizinho). Neste caso, temos uma hipótese de *aberratio ictus* de resultado único (ou com unidade simples); b) se o agente atingir a pessoa diversa da pretendida e também a pessoa que pretendia atingir, será punido em concurso formal pelos dois crimes. No exemplo acima, se "A" atingir seu pai e seu vizinho (este por acidente), será punido por homicídio doloso contra o seu pai e homicídio culposo contra o vizinho em concurso formal de delitos (art. 70 do Código Penal). Nesta situação, temos uma hipótese de *aberratio ictus* com unidade complexa ou resultado duplo.

Alternativa "c": o erro sobre as qualificadoras constitui erro de tipo acidental que incide sobre circunstância que qualifica o crime. O erro afasta a qualificadora, mas mantém íntegro o tipo básico, permitindo a punição do agente. O exemplo citado na doutrina é o do agente que furta um veículo utilizando chave verdadeira imaginando ser falsa.

Alternativa "d": o erro sobre o objeto (erro de tipo acidental) não tem previsão legal, mas é discutido pela doutrina. Trata-se da hipótese em que o agente confunde o objeto material (coisa) visado, atingindo outro que não o desejado. Ex.: a pessoa ingressa numa loja para subtrair um relógio de ouro, mas acaba furtando um relógio dourado, confundindo, portanto, o objeto visado. Note que somente haverá esta espécie de erro se a confusão de objetos materiais não interferir na essência do crime, pois, caso contrário, deve ser tratado como erro de tipo essencial (ex: senhora que cultiva no quintal da sua casa pé de maconha, imaginando ser planta ornamental). A consequência do erro sobre o objeto é punição do agente pela conduta praticada, respondendo pelo delito considerando-se o objeto material (coisa) efetivamente atingido. Percebe-se, portanto, que o erro sobre o objeto não exclui dolo, não exclui a culpa e não isenta o agente de pena, considerando-se na sua punição o objeto diverso do pretendido.

Alternativa "e": o erro sobre o nexo causal é o caso em que o resultado desejado se produz, mas com nexo diverso, de maneira diferente da planejada pelo agente. Esta espécie de erro subdivide-se em duas categorias: a) *erro sobre o nexo causal em sentido estrito*: a conduta, que se desenvolve num só ato, provoca o resultado desejado, porém com nexo diverso (o agente quer matar a vítima por afogamento; joga seu corpo de cima de uma ponte e esta, antes de atingir a água, bate a cabeça numa pedra e morre em razão de traumatismo craniano); b) *dolo geral*: a conduta, que se desenvolve em dois atos, provoca o resultado desejado, porém com nexo diverso (a vítima é atingida por um tiro e desmaia; imaginando estar ela morta, o atirador joga seu corpo no rio, mas a morte ocorre em razão de afogamento). Nas duas hipóteses o agente responde por homicídio doloso consumado (e não tentativa de homicídio doloso em concurso com homicídio culposo).

Alternativa correta: letra "b".

27. SUSPENSÃO CONDICIONAL DA PENA

123. (Cespe – Delegado de Polícia – PC – PB/2022) Em relação ao livramento condicional e à suspensão condicional da pena, é correto afirmar que

a) a execução da pena privativa de liberdade não superior a dois anos poderá ser suspensa desde que o condenado não seja reincidente em crime doloso ou culposo.

b) as penas relativas a infrações diversas não podem ser somadas para efeito do livramento condicional.

c) a execução da pena privativa de liberdade não superior a quatro anos poderá ser suspensa quando o condenado for idoso.

d) cabe livramento condicional ao condenado que cumprir mais de dois terços da pena, independentemente de ser reincidente específico em crime hediondo.

e) a condenação anterior a uma pena de multa não impede a concessão da suspensão condicional da pena.

COMENTÁRIOS

Alternativa "a": no caso de condenação anterior, o que impede a suspensão condicional da pena é a reincidência em crime doloso.

Alternativa "b": não há impedimento à soma das penas; ao contrário, o art. 84 do CP é expresso: as penas que correspondem a infrações diversas *devem* somar-se para efeito do livramento.

Alternativa "c": nos termos do art. 77, § 2º, do CP, a execução da pena privativa de liberdade, não superior a quatro anos, poderá ser suspensa, por quatro a seis anos, desde que o condenado seja maior de setenta anos de idade, ou razões de saúde justifiquem a suspensão. Nota-se, portanto, que não basta ao condenado ser idoso, isto é, ter idade igual a sessenta anos.

Alternativa "d": o cumprimento de mais de dois terços da pena é necessário para a concessão do livramento condicional ao condenado por crime hediondo, prática de tortura, tráfico ilícito de entorpecentes e drogas afins, tráfico de pessoas e terrorismo, desde que o apenado não seja reincidente específico em crimes dessa natureza.

Alternativa "e": nos termos do art. 77, § 1º, do Código Penal, a condenação anterior a pena de multa não impede a concessão da suspensão condicional na pena. Ratificando o teor legal, a súmula nº 499 do STF prescreve que *"Não obsta à concessão do sursis a condenação anterior à pena de multa"*.

Alternativa correta: letra "e".

28. LIVRAMENTO CONDICIONAL

124. (Cespe - Delegado de Polícia - PE/2016) A respeito do livramento condicional, assinale a opção correta.

a) O benefício do livramento condicional é um direito subjetivo do condenado, a ser concedido pelo juiz na sentença condenatória, desde que o réu preencha os requisitos legais subjetivos e objetivos, no momento da sentença penal condenatória, de modo a substituir a pena privativa de liberdade e restritiva de direitos por liberdade vigiada e condicionada.

b) Caso o liberado condicionalmente seja condenado irrecorrivelmente por crime praticado durante o gozo do livramento condicional, sendo a nova pena imposta a privativa de liberdade, haverá a revogação obrigatória do livramento condicional e o tempo do período de prova será considerado para fins de desconto na pena.

c) Em caso de prática de crime durante o período de prova do livramento condicional, o juiz não poderá prorrogar o benefício, devendo declarar extinta a punibilidade quando, ao chegar o fim daquele período fixado, o beneficiário não for julgado em processo a que responde por crime cometido na vigência do livramento.

d) Entre outros requisitos legais, segundo o CP, em caso de crime doloso cometido com violência ou grave ameaça à pessoa, a concessão do livramento condicional ao condenado ficará também subordinada à constatação de condições pessoais que façam presumir que o liberado não voltará a delinquir.

e) A prática de falta grave, devidamente apurada em procedimento disciplinar, interrompe o requisito temporal para a concessão do livramento condicional.

COMENTÁRIOS

Alternativa "a": o livramento condicional não é, de fato, um benefício que está à mercê da vontade do julgador, mas é um claro direito subjetivo do apenado, desde que preenchidos os requisitos objetivos e subjetivos contemplados na lei. Não se trata, no entanto, de benefício concedido na sentença condenatória, mas apenas no decorrer da execução da pena, pelo juiz da execução.

Alternativa "b": se o agente for condenado irrecorrivelmente a pena privativa de liberdade por crime cometido durante a vigência do benefício, a revogação é obrigatória e **não** se desconta na pena o tempo em que esteve solto o condenado em virtude da demonstração de sua desadaptação à liberdade (art. 88 do CP). Deve-se observar também que não se concederá, em relação à mesma pena, novo livramento. Nada obsta que o preso obtenha o livramento condicional em relação à segunda infração penal, desde que cumprida a primeira (art. 88 do CP). Por fim, o restante da pena cominada ao crime não pode somar-se à nova pena para efeito da concessão do novo livramento (se a nova pena for inferior a dois anos, incabível, também em relação a esta, o benefício).

Alternativa "c": de acordo com o artigo 89 do Código Penal, o juiz não poderá declarar extinta a pena enquanto não passar em julgado a sentença em processo a que responde o liberado, por crime cometido na vigência do livramento. Da simples leitura do dispositivo, conclui-se: crime cometido antes da vigência do período de prova não prorroga o livramento; inquérito policial também não tem força para gerar esse efeito. O STJ firmou o entendimento de que não se trata de prorrogação automática (súmula 617).

Alternativa "d": de acordo com o art. 83, parágrafo único, do CP, o condenado por crime doloso cometido com violência ou grave ameaça a pessoa só pode ser beneficiado pelo livramento condicional se constatadas condições pessoais que façam presumi-lo não inclinado a voltar a delinquir. O instrumento adequado para aferir essa condição é o exame criminológico. Anote-se que este exame era obrigatório antes da Lei 10.792/03, tendo sido suprimido. Não obstante, entendem os Tribunais Superiores que o juiz, fundamentando a sua necessidade, poderá determinar a sua realização. Assim tem decidido, pacífica e reiteradamente, o STF: "Prevalece nesta Corte o entendimento no sentido de que a alteração do artigo 112 da LEP pela Lei 10.792/2003 não vedou a realização do exame criminológico, quando necessário para a avaliação do sentenciado, tampouco proibiu a sua utilização para a formação do convencimento do magistrado sobre o direito de promoção para regime mais brando. IV – O entendimento deste Supremo Tribunal Federal, consubstanciado na Súmula Vinculante 26, é de que, "para efeito de progressão de regime no cumprimento de pena por crime hediondo ou equiparado, o juízo da execução observará a inconstitucionalidade do art. 2.º da Lei n.º 8.072, de 25 de julho de 1990, sem prejuízo de avaliar se o condenado preenche, ou não, os requisitos objetivos e subjetivos do benefício, podendo determinar, para tal fim, de modo fundamentado, a realização do exame criminológico". V – No caso dos autos, o acórdão proferido pelo Tribunal de Justiça do Estado de São Paulo está em consonância com a jurisprudência desta Corte, pois ao concluir pela necessidade de realização do exame criminológico apresentou fundamentação idônea" (HC 137.315/SP, DJe 13/02/2017). Note-se que, com a entrada em vigor da Lei 14.843/24, o exame criminológico voltou a ser expresso na Lei de Execução Penal em relação à progressão de regime (art. 112, § 1º e art. 114, II), mas não ao livramento condicional.

Alternativa "e": conforme determina a súmula nº 441 do STJ, a falta grave não interrompe o prazo para obtenção de livramento condicional.

Alternativa correta: letra "d".

29. EFEITOS DA CONDENAÇÃO

125. (Cespe – Delegado de Polícia – PC – PB/2022) Suponha que Alan e Valério tenham sido condenados criminalmente e as respectivas sentenças tenham assim transitado em julgado: Alan sentenciado a pena privativa de liberdade, e Valério, a pena restritiva de direito. Nessa situação, em relação aos direitos políticos,

a) Alan os perderá por cassação, e os de Valério serão suspensos enquanto durarem os efeitos da condenação.
b) Valério os perderá por cassação, e os de Alan serão suspensos enquanto durarem os efeitos da condenação.
c) Alan e Valério os perderão por cassação.
d) Alan e Valério permanecerão a exercê-los.
e) Alan e Valério os terão suspensos enquanto durarem os efeitos da condenação.

COMENTÁRIOS

Alternativa "a" (responde, também, as alternativas "b" e "c"): a cassação de direitos políticos é vedada por expressa disposição constitucional (art. 15). É possível a perda ou a suspensão, nos seguintes casos: I - cancelamento da naturalização por sentença transitada em julgado; II - incapacidade civil absoluta; III - condenação criminal transitada em julgado, enquanto durarem seus efeitos; IV - recusa de cumprir obrigação a todos imposta ou prestação alternativa, nos termos do art. 5º, VIII; V – improbidade administrativa, nos termos do art. 37, § 4º.

Alternativa "d" (responde, também, a alternativa "e"): a condenação criminal transitada em julgado suspende os direitos políticos até que a pena seja extinta. Um dos questionamentos sobre a limitação da suspensão dos direitos políticos é relativo à condenação na qual a pena privativa de liberdade é substituída por restritiva de direitos, que, sabemos, não implica recolhimento ao cárcere e constitui medida alternativa aplicada, no geral, em decorrência de crimes de menor gravidade (culposos; se dolosos, sem violência ou grave ameaça a pessoa e com penas relativamente baixas – até quatro anos). Essa situação envolvendo as penas restritivas de direitos foi analisada pelo Supremo Tribunal Federal no julgamento do Recurso Extraordinário 601.182/MG. Após o voto do ministro Marco Aurélio afirmando que a suspensão dos direitos políticos contraria os princípios constitucionais da individualização da pena e da proporcionalidade, o ministro Alexandre de Moraes abriu a divergência para impor a suspensão independentemente da qualidade da pena fixada na sentença condenatória. O que importa, segundo a Constituição Federal, é a condenação transitada em julgado pela prática de uma conduta criminosa. A divergência foi seguida pela maioria, firmando-se a seguinte tese: "A suspensão de direitos políticos prevista no artigo 15, inciso III, da Constituição Federal, aplica-se no caso de substituição da pena privativa de liberdade pela restritiva de direitos". Dessa forma, tanto Alan quanto Valério têm seus direitos políticos suspensos em virtude de suas condenações.

Alternativa correta: letra "e".

126. (Fundação Aroeira – Delegado de Polícia – TO/2014) Nos crimes praticados com abuso de poder ou violação de dever para com a administração pública, a perda de cargo, função pública ou mandato eletivo constitui efeito da condenação, quando aplicada pena privativa de liberdade por tempo igual ou superior a

a) seis meses.
b) um ano.
c) dois meses.
d) três anos.

COMENTÁRIOS

De acordo com o art. 92, inciso I, do Código Penal, há a perda de cargo, função pública ou mandato eletivo quando aplicada pena privativa de liberdade por tempo igual ou superior a um ano, nos crimes praticados com abuso de poder ou violação de dever para com a Administração Pública, ou quando for aplicada pena privativa de liberdade por tempo superior a quatro anos nos demais casos. Apesar de a condenação à pena restritiva de direitos, multa ou privativa de liberdade inferior a 1 ano (nos crimes com abuso ou violação de dever funcional) ou não superior a 4 anos (nos demais casos) não gerar o efeito do art. 92 do CP, nada impede a perda do cargo público na esfera administrativa (improbidade), ante a independência das instâncias.

Alternativa correta: letra "b" (responde, também, as demais alternativas).

30. MEDIDAS DE SEGURANÇA

127. (CEBRASPE – 2023 – PC/AL – Delegado) No que diz respeito ao direito penal, julgue o item a seguir.

A liberação do preso internado em hospital de custódia será sempre condicional, devendo ser restabelecida a situação anterior se o agente, antes do decurso de um ano, praticar fato indicativo de persistência de sua periculosidade.

COMENTÁRIOS

Nos termos do art. 96 do CP, são espécies de medidas de segurança: a) Detentiva: consiste na internação em hospital de custódia e tratamento psiquiátrico ou, à falta, em outro estabelecimento adequado. Representa uma forma de privação de liberdade do agente; b) Restritiva: consiste na sujeição ao tratamento ambulatorial. O agente permanece livre, porém submetido ao tratamento médico adequado.

Segundo o disposto no art. 97, § 3º, do CP, após a desinternação ou a liberação do tratamento ambulatorial, se o agente, no prazo de um ano, praticar fato indicativo de persistência de sua periculosidade (não necessariamente fato previsto como crime), será restabelecida a medida de segurança anteriormente aplicada. Por esse motivo a doutrina afirma que a desinternação é condicional.

Não é demais ressaltar que, apesar do que dispõe o Código Penal, a Resolução 487/23 do CNJ proíbe a internação em instituição de caráter asilar, como os hospitais de custódia e tratamento psiquiátrico e estabelecimentos congêneres, como hospitais psiquiátricos (arts. 3º, VIII e 13, § 1º). A medida de segurança deve ser cumprida em leito de saúde mental em Hospital Geral ou outro equipamento de saúde referenciado pelo Centro de Atenção Psicossocial da Rede de Atenção Psicossocial.

Alternativa correta: "certo".

128. (Cespe – Delegado de Polícia – AL/ 2012 – Adaptada) Com relação às causas extintivas da punibilidade, julgue os itens a seguir.

Tratando-se de sentença na qual é imposta medida de segurança ao acusado inimputável, o tempo de seu cumprimento, independentemente da cessação da periculosidade, não poderá ultrapassar o limite máximo da pena abstratamente aplicada ao crime.

COMENTÁRIOS

O Código Penal, ao disciplinar o prazo da medida de segurança, estabelece apenas que o mínimo será de um a três anos, sem se referir ao máximo. Todavia, o entendimento de que o prazo da medida de segurança é indeterminado passou a ter sua constitucionalidade questionada, sendo que o STF se manifestou no sentido de que deve ser observado o prazo máximo previsto também para a execução das penas (atualmente, quarenta anos) (HC 107432/RS). O STJ, por sua vez, já se posicionou em sentido ainda mais avançado, na medida em que decidiu que o tempo de duração da medida de segurança não deve ultrapassar o limite máximo da pena cominada ao delito cometido pelo inimputável (súmula nº 527).

Alternativa correta: "certo".

31. AÇÃO PENAL

129. (FGV – Delegado de Polícia – SC/2024) Túlio, 41 anos, se desentendeu com seu vizinho Hugo, 74 anos, em razão de conflitos referentes a vaga de estacionamento na garagem do prédio. Indignado pelo fato de Hugo ter parado em sua vaga, Túlio proferiu palavras ofensivas como "velho safado", bem como ameaçou espancá-lo caso o fato viesse a se repetir. No dia seguinte, Hugo compareceu à delegacia de polícia e registrou ocorrência pelos crimes de injúria e ameaça, manifestando o desejo de representar criminalmente contra Túlio. Tendo em vista este cenário, assinale a afirmativa correta.

a) O Ministério Público poderá oferecer denúncia pelos crimes de injúria qualificada e ameaça.
b) O Ministério Público poderá oferecer a denúncia pelo crime de ameaça e Hugo deverá oferecer queixa-crime caso pretenda ajuizar ação penal para julgar o crime de injúria.
c) Apesar de o crime de injúria ser crime de ação penal privada, o Ministério Público poderá oferecer

denúncia por ameaça e injúria, em razão do concurso de crimes.

d) O crime de ameaça é classificado como crime de ação penal pública incondicionada, já o crime de injúria simples é crime de ação penal privada.

e) Tendo em vista que a vítima é pessoa idosa, os crimes de injúria e ameaça são processados por meio de ação penal pública incondicionada.

COMENTÁRIOS

Alternativa "a": a conduta de ofender o idoso o chamando de "velho safado" corresponde ao crime de injúria qualificada tipificada no art. 140, § 3º, do CP. Nos termos do art. 145, parágrafo único, essa modalidade de injúria é processada mediante ação penal pública condicionada a representação. Dá-se o mesmo no crime de ameaça, tipificado no art. 147 do CP. Por isso, se Hugo compareceu na delegacia de polícia e representou criminalmente contra seu vizinho, o Ministério Público pode oferecer denúncia pelos dois crimes.

Alternativa "b": em regra, os crimes contra a honra são de ação penal privada. Mas, no caso da injúria qualificada, como vimos, essa regra é afastada.

Alternativa "c": o concurso de crimes não tem relevância para determinar a espécie de ação penal.

Alternativa "d": ver comentários às assertivas "a" e "b".

Alternativa "e": a condição de pessoa idosa não impõe que a ação penal seja pública incondicionada.

Alternativa correta: letra "a".

130. (Fundação Aroeira - Delegado de Polícia - TO/2014) É crime contra o patrimônio, em que somente se procede mediante representação,

a) o furto de coisa comum.

b) a alteração de limites.

c) o dano simples.

d) a fraude à execução.

COMENTÁRIOS

Alternativa "a": nos termos do art. 156, § 1º, do Código Penal a ação penal no crime de furto de coisa comum, em que o condômino, coerdeiro ou sócio subtrai, para si ou para outrem, a quem legitimamente a detém, a coisa comum, é pública condicionada a representação.

Alternativa "b": no crime de alteração de limites (art. 161 do Código Penal), se a propriedade é particular, e não há emprego de violência, somente se procede mediante queixa.

Alternativa "c": o crime de dano em sua forma básica (art. 163, *caput*, do Código Penal) é de ação penal privada.

Alternativa "d": a fraude à execução (art. 179 do Código Penal) também é crime de ação penal privada.

Alternativa correta: letra "a".

131. (Fundação Aroeira - Delegado de Polícia - TO/2014) É de ação penal de iniciativa privada personalíssima do ofendido, o crime de

a) conhecimento prévio de impedimento.

b) simulação de autoridade para celebração de casamento.

c) simulação de casamento.

d) induzimento a erro essencial e ocultação de impedimento.

COMENTÁRIOS

Alternativa "a": o conhecimento prévio de impedimento, em que o agente contrai casamento conhecendo a existência de impedimento que lhe cause a nulidade absoluta (art. 237 do Código Penal), é de ação penal pública incondicionada.

Alternativa "b": atribuir-se falsamente autoridade para celebração de casamento (art. 238 do Código Penal) é crime de ação penal pública incondicionada.

Alternativa "c": o ato de simular casamento mediante engano de outra pessoa (art. 239 do Código Penal) é de ação penal pública incondicionada.

Alternativa "d": de acordo com o art. 236, parágrafo único, do Código Penal a ação penal, no crime de induzimento a erro essencial e ocultação de impedimento, depende de queixa do contraente enganado e não pode ser intentada senão depois de transitar em julgado a sentença que, por motivo de erro ou impedimento, anule o casamento. Na ação penal privada personalíssima, não há, em nenhuma hipótese, a substituição do titular da ação penal. No caso de morte do ofendido, extingue-se a punibilidade. Se o ofendido for incapaz, deve-se aguardar a cessação da causa da incapacidade para que ele próprio ajuíze a ação penal.

Alternativa correta: letra "d".

32. EXTINÇÃO DA PUNIBILIDADE

132. (Vunesp - Delegado de Polícia - PC - SP/2022) Júpiter está arrumando a ligação elétrica de sua casa, com ajuda de Jano, seu amigo, que lhe segura a escada. Deixando de observar um dever objetivo de cuidado, Júpiter faz uma ligação equivocada e recebe uma alta descarga de energia, sofrendo inutilização permanente de membro. No mesmo incidente, Jano sofre uma lesão corporal leve. Em outro cenário, Saturno, pai dedicado e amoroso, está dando banho em seu filho, Nemestrino. Imprudentemente, Saturno deixa Nemestrino cair no chão, o que causa a morte imediata do bebê. No que concerne à lesão corporal sofrida por Jano e ao homicídio praticado por Saturno, o perdão judicial, ao menos em tese:

a) aplica-se ao primeiro caso e depende de concordância da mãe de Nemestrino para aplicação ao segundo.

b) aplica-se ao segundo caso, mas não ao primeiro.
c) não se aplica a nenhum dos casos.
d) aplica-se a ambos os casos.
e) aplica-se ao primeiro caso, mas não ao segundo.

COMENTÁRIOS

O perdão judicial (art. 107, IX, CP) é o instituto pelo qual o juiz, não obstante a prática de um fato típico e antijurídico por um sujeito comprovadamente culpado, deixa de aplicar, nas situações taxativamente previstas em lei, o preceito sancionador cabível, consideradas determinadas circunstâncias que concorrem para o evento. Em casos tais, o Estado perde o interesse de punir.

Em ambas as situações descritas no enunciado é admissível o perdão judicial. No homicídio culposo, o § 5º do art. 121 admite que o juiz deixe de aplicar a pena se as consequências da infração atingem o próprio agente de forma tão grave que a sanção penal se torne desnecessária. É o caso do pai que, por inobservância do dever de cuidado, provoca a morte do próprio filho. O resultado de sua conduta é tão avassalador que a punição criminal se torna vazia de sentido.

O mesmo ocorre na lesão corporal culposa. No caso de Júpiter, as consequências de sua conduta, que lhe provocou a inutilização de um membro, foram mais severas a ele mesmo do que a Jano, que sofreu apenas uma lesão leve. O art. 129, § 8º, do CP faz expressa referência à aplicação do perdão judicial na lesão corporal culposa.

Alternativa correta: letra "d" (responde, também, as demais alternativas).

---

133. (FGV - Delegado de Polícia - PC - AM/2022) No dia 13 de dezembro de 2021, Joaquim trafegava em seu veículo automotor, em via urbana, no Município de Manaus, com sinalização expressa de velocidade máxima de 40 km/h, por estar em área escolar. No entanto, violando seu dever de cuidado, fez o carro alcançar a marca de 80 km/h, vindo a atropelar motociclista que trafegava pela mesma via, que, em virtude das lesões sofridas, veio a falecer no local.

Instaurada a devida investigação, enquanto se aguardava a elaboração das peças técnicas, surgiu a informação de que a escola havia sido desativada e que o local passou a ter nova velocidade limite, de 90 km/h, determinada por ato administrativo municipal. Diante dessa hipótese assinale a afirmativa correta.

a) Não há alteração da situação jurídico-penal, pois não houve modificação do fim de proteção do tipo penal.
b) Houve abolitio criminis, em razão da alteração ocorrida na norma integradora, acarretando extinção da punibilidade.
c) Houve abolitio criminis, em razão da sucessão de normas convocadas pelos elementos normativos.
d) Houve abolitio criminis, em razão da ocorrência de novatio legis administrativa, que favorece o agente.
e) Não há alteração da situação jurídico-penal, em razão da incidência da regra do tempus regit actum.

COMENTÁRIOS

A abolição do crime representa a supressão da figura criminosa. Trata-se da revogação de um tipo penal pela superveniência de lei descriminalizadora. A *abolitio criminis* é fenômeno verificado sempre que o legislador, atento às mutações sociais (e ao princípio da intervenção mínima), resolve não mais incriminar determinada conduta, retirando do ordenamento jurídico-penal a infração que a previa, julgando que o Direito Penal não mais se faz necessário à proteção de determinado bem jurídico. É o que ocorreu, por exemplo, com o crime de adultério, tipificado no art. 240 do CP e revogado pela Lei nº 11.106/2005.

Não é disso que trata o enunciado. No momento em que Joaquim atropelou o motociclista, trafegava imprudentemente em velocidade superior à permitida naquela via. O fato de, posteriormente, as condições da via e as limitações de tráfego terem se alterado é irrelevante do ponto de vista da lei penal no tempo, pois essa alteração não decorreu da percepção de que o Direito Penal não era mais necessário para punir condutas imprudentes.

Alternativa correta: letra "a" (responde, também, as demais alternativas).

---

134. (FGV - Delegado de Polícia - PC - AM/2022) Determinado agente foi imputado pela prática de crime de roubo, na forma simples. No curso da instrução, a partir do surgimento de novas provas, foi realizado o aditamento à denúncia, com inclusão de dois novos coautores, com a caracterização de concurso de agentes entre estes e o agente original. O recebimento do aditamento à denúncia

a) sempre constitui marco interruptivo da pretensão punitiva e produz efeitos relativos a todos os acusados.
b) sempre constitui marco interruptivo da pretensão punitiva, mas não produz efeitos relativos ao réu original.
c) constitui, ressalvados os casos de cumprimento de pena e reincidência, marco interruptivo da pretensão punitiva, mas não produz efeitos relativos ao réu original.
d) constitui, ressalvados os casos de cumprimento de pena e reincidência, marco interruptivo da pretensão punitiva e produz efeitos relativos a todos os acusados.
e) não produz efeitos no marco interruptivo da pretensão punitiva, posto já operados com a imputação original, a inclusão superveniente de novos imputados.

COMENTÁRIOS

O art. 117, inc. I, do CP dispõe que a prescrição se interrompe pelo recebimento da denúncia ou da queixa. O recebimento de aditamento feito à denúncia para simples correção de irregularidades não interrompe a prescrição. É o caso do aditamento que não relata fatos novos, mas apenas confere definição jurídica diversa da que foi inicialmente veiculada na acusação. No caso de inclusão de novo réu, o STJ se orienta no sentido de que incide a regra interruptiva: "De acordo com entendimento firmado por este Superior Tribunal de Justiça, o recebimento do aditamento da denúncia, para fins de inclusão de corréu anteriormente não mencionado na inicial acusatória, é considerado causa interruptiva da prescrição, nos termos do artigo 117, inciso I, do Código Penal" (EDcl no AgRg no AREsp 1.884.479/SP, j. 14/12/2021).

O § 1º do mesmo art. 117 dispõe que, excetuados os casos dos incisos V (início ou continuação do cumprimento da pena) e VI (reincidência), a interrupção da prescrição produz efeitos relativamente a todos os autores do crime.

Alternativa correta: letra "d" (responde, também, as demais alternativas).

---

135. (FGV – Delegado de Polícia – PC – AM/2022) No que toca ao acórdão condenatório, assinale a afirmativa correta.

a) Interrompe a prescrição, desde que aumente a pena anteriormente imposta.

b) Interrompe a prescrição, desde que não importe em diminuição da pena anteriormente imposta.

c) Não interrompe a prescrição, quando meramente confirmatório da sentença de primeiro grau.

d) Sempre interrompe a prescrição, desde que o fato seja posterior ao julgamento do HC 176.473/PR pelo STF.

e) Sempre interrompe a prescrição, inclusive quando confirmatório da sentença de primeiro grau.

COMENTÁRIOS

O art. 117, inc. IV, do CP dispõe que a prescrição é interrompida pela publicação da sentença ou acórdão condenatórios recorríveis. Há quem sustente que a interrupção decorre apenas de acórdãos condenatórios em ações penais originárias e os reformatórios da absolvição em primeira instância. Por isso, tendo havido condenação em primeira instância, o acórdão que simplesmente a confirme, negando provimento ao recurso da defesa, ou que somente majore a pena, não interrompe o prazo prescricional. Outra orientação sustenta que a interrupção do prazo prescricional se dá inclusive pelo acórdão que se limita a confirmar a condenação de primeira instância, a reduzir ou a aumentar a pena. É a orientação adotada pelo STF (HC 176.473/RR, j. 27/04/2020) e pelo STJ (REsp 1.930.130/MG, j. 10/08/2022). Note-se que as decisões proferidas pelo próprio STJ em recurso interposto contra o acórdão confirmatório da pronúncia ou da condenação não se inserem no conceito do art. 117, incisos III e IV, do Código Penal como causa interruptiva da prescrição (STJ - HC 826.977/SP, j. 05/12/2023).

Alternativa correta: letra "e" (responde, também, as demais alternativas).

---

136. (Cespe – Delegado de Polícia – PC – PB/2022) Extinguem a punibilidade do agente

a) renúncia e perempção na ação pública condicionada.

b) decadência e retratação na ação pública incondicionada.

c) retratação e perdão aceito na ação pública condicionada.

d) perdão aceito e perempção na ação privada propriamente dita.

e) decadência e renúncia na ação privada subsidiária da pública.

COMENTÁRIOS

Alternativa "a": a perempção é uma sanção processual ao querelante inerte ou negligente. Incide somente na ação penal privada exclusiva ou personalíssima. A renúncia ao direito de agir é um ato unilateral do ofendido (ou de seu representante legal) abdicando do direito de promover a ação penal privada. É possível sua aplicação, excepcionalmente, na ação pública condicionada a representação. É sempre pré-processual (antes do oferecimento da denúncia ou queixa), podendo ser expressa ou tácita.

Alternativa "b": a decadência e a retratação não existem na ação penal pública incondicionada.

Alternativa "c": embora na ação penal pública condicionada o ofendido possa se retratar da representação, não existe a possibilidade de perdão do ofendido, exclusivo da ação penal privada.

Alternativa "d": o perdão aceito do ofendido tem por fundamento o princípio da disponibilidade, próprio da ação penal privada. É o ato pelo qual o ofendido ou seu representante legal desiste de prosseguir com o andamento de processo já em curso. É cabível somente na ação penal de iniciativa privada e pode ser processual (concedido no bojo dos autos) ou extraprocessual (em cartório, por exemplo), expresso ou tácito. É ato bilateral, que não produz efeitos se o querelado o recusa.

Alternativa "e": a ação penal privada subsidiária da pública pode ser ajuizada nas situações em que o Ministério Público permanece inerte. Nesse caso, não há extinção da punibilidade pela decadência, nem se fala em renúncia. Observado o prazo prescricional, o Ministério Público pode, a qualquer momento, exercer o direito de ação.

Alternativa correta: letra "d".

137. (Instituto AOCP - Delegado de Polícia - PC - PA/2021) Referente ao Direito Penal, assinale a alternativa correta.

a) São exemplos de crimes que não admitem a tentativa: os preterdolosos, os unissubsistentes, os omissivos próprios e os de perigo concreto.

b) Os crimes próprios são incompatíveis com a coautoria, haja vista que são delitos em que o tipo penal exige uma situação de fato ou de direito diferenciada por parte do sujeito ativo.

c) Nos crimes cometidos sem violência ou grave ameaça à pessoa, reparado o dano ou restituída a coisa, até o recebimento da denúncia ou da queixa, por ato voluntário do agente, a pena será reduzida de um terço até a metade.

d) O indulto extingue os efeitos primários da condenação (pretensão executória), mas não atinge os efeitos secundários, penais ou extrapenais.

e) Em relação ao concurso formal próprio, o Código Penal adotou o sistema da exasperação, aplicando-se a pena de qualquer dos crimes, se idênticos, ou então a mais grave, aumentada, em qualquer caso, de um sexto até dois terços.

COMENTÁRIOS

Alternativa "a": nos crimes preterdolosos, o agente não quer o resultado agravador, que lhe é imputado a título de culpa. Logo, essa espécie de crime é de fato incompatível com a tentativa (a doutrina aponta a possibilidade da tentativa quando frustrada a conduta antecedente - dolosa, verificando-se somente o resultado qualificador - culposo). Os crimes unissubsistentes, porque se consumam com apenas um único ato, também não permitem o raciocínio da tentativa. Os crimes omissivos próprios são exemplos de crimes unissubsistentes. Já os crimes de perigo concreto são, em tese, compatíveis com a tentativa. O crime de incêndio, por exemplo, se consuma no momento em que o fogo se propala, gerando efetivo, concreto perigo comum. É pacífica a admissibilidade da tentativa de incêndio doloso (a mecha acesa é atirada para dentro de uma casa, mas não se comunica o fogo a objeto algum, porque os moradores conseguem evitar).

Alternativa "b": a coautoria é compatível com os crimes próprios tanto se todos os autores forem dotados da característica necessária para a incidência da norma específica quanto se apenas um deles o for e esta característica ingressar na esfera de conhecimento dos demais. Assim, o peculato pode ser cometido por dois funcionários públicos conluiados ou por um funcionário público e um particular que tenha conhecimento de que seu comparsa exerce a função pública e pratica o crime se valendo da facilidade que o cargo lhe proporciona. São os crimes de mão própria, em regra, que não comportam a coautoria, pois somente podem ser cometidos por determinado agente designado no tipo penal.

Alternativa "c": no arrependimento posterior a pena pode reduzida de 1/3 a 2/3.

Alternativa "d": efetivamente, o indulto atinge apenas os efeitos executórios penais da condenação, subsistindo o crime, a condenação irrecorrível e seus efeitos secundários (penais e extrapenais). Nesse sentido, a súmula 631 do STJ.

Alternativa "e": a aplicação da pena no concurso formal próprio segue, de fato, o sistema da exasperação. O aumento, contudo, varia de 1/6 até 1/2.

Alternativa correta: letra "d".

138. (Inst. Acesso - Delegado de Polícia - PC - ES/2019) "A extinção da punibilidade significa o desaparecimento do poder de punir do Estado em relação a fatos definidos como crimes, pela ocorrência de eventos, situações ou acontecimentos determinados na lei como causas de extinção da punibilidade (art. 107, CP)." (SANTOS, Juarez Cirino dos. Direito Penal Parte Geral. 5ª ed., Florianópolis: Conceito, 2012).

Tendo em vista as causas de extinção de punibilidade conhecidas em âmbito de Direito Penal, assinale a alternativa correta com relação ao indulto.

a) seus efeitos atingem quaisquer crimes previstos no ordenamento jurídico pátrio.

b) o indulto individual ou graça depende exclusivamente, para sua concessão, de pedido provocado por petição do condenado.

c) trata-se de benefício concedido exclusivamente pelo Presidente da República por meio de lei delegada.

d) pode ser delegado pelo Presidente da República aos Ministros de Estado, ao Procurador-Geral da República ou ao Defensor Público-Geral Federal.

e) é atribuição privativa do Presidente da República, podendo ser delegada, na forma estabelecida na Constituição Federal, aos Ministros de Estado, ao Procurador-Geral da República ou ao Advogado--Geral da União.

COMENTÁRIOS

Alternativa "a": há limitações à incidência do indulto. O inciso I do art. 2º da Lei 8.072/90 determina que os crimes hediondos e equiparados são insuscetíveis de anistia, graça e indulto.

Alternativa "b": são legitimados para requerer o beneplácito o próprio condenado, o Ministério Público, o Conselho Penitenciário ou a autoridade administrativa (art. 188 da LEP).

Alternativa "c" (responde, também, as alternativas "d" e "e"): o indulto é concedido pelo Presidente da República via decreto presidencial (art. 84, XII, CF/88 – ato administrativo), podendo ser delegada a atribuição aos Ministros de Estado, ao Procurador Geral da República ou ao Advogado Geral da União.

Alternativa correta: letra "e".

139. (Vunesp – Delegado de Polícia – PC – SP/2018) No que concerne ao art. 107 do CP, que enumera as causas extintivas da punibilidade, trata-se de rol

a) exemplificativo, já que são admitidas pela legislação causas ali não contidas, como, por exemplo, o cumprimento da suspensão condicional do processo.
b) taxativo, já que não admite exceção.
c) taxativo, uma vez que as causas supralegais de extinção da punibilidade não são reconhecidas pela jurisprudência.
d) exemplificativo, já que são admitidas pela legislação causas ali não contidas, como, por exemplo, a incapacidade mental superveniente ao crime.
e) exemplificativo, já que são admitidas pela legislação causas ali não contidas, como, por exemplo, o indulto.

COMENTÁRIOS

O artigo 107 do Código Penal apresenta um rol meramente exemplificativo de causas que fazem desaparecer o direito de o Estado aplicar a pena, o que significa que outras normas podem dispor sobre o tema. É o que faz, a título de exemplo, o artigo 312, §3º, do Código Penal, anunciando que a reparação do dano (ou restituição da coisa) no peculato culposo atua como causa extintiva de punibilidade. Outro exemplo: a Lei nº 13.254/16, que criou o Regime Especial de Regularização Cambial e Tributária (RERCT), estabelece diversas causas extintivas de punibilidade além daquelas elencadas no art. 107. Se, antes do trânsito em julgado da decisão criminal, o agente efetua a entrega da declaração dos recursos, bens e direitos sujeitos à regularização, paga integralmente o imposto devido e a multa, extingue-se a punibilidade dos seguintes crimes: a) art. 1º e incisos I, II e V do art. 2º da Lei 8.137/90; b) tipificados na Lei nº 4.729/65; c) art. 337-A do Código Penal; d) arts. 297, 298, 299 e 304 do Código Penal, quando exaurida sua potencialidade lesiva com a prática dos crimes mencionados nas alíneas anteriores; e) caput e parágrafo único do art. 22 da Lei nº 7.492/86; f) art. 1º da Lei nº 9.613/98, quando o objeto do crime for bem, direito ou valor proveniente, direta ou indiretamente, dos crimes previstos nas alíneas anteriores. Como menciona a própria assertiva, o cumprimento da suspensão condicional do processo também extingue a punibilidade (art. 89, § 5º, da Lei 9.099/95). Ademais, admite-se também causa supralegal de extinção da punibilidade, citando-se como exemplo a súmula nº 554 do STF, cuja interpretação *contrario sensu* conduz à inteligência de que o pagamento do cheque sem fundos antes do recebimento da denúncia é causa que extingue o direito de punir. Com a entrada em vigor da Lei 13.964/19 (Pacote Anticrime), outra causa extintiva da punibilidade foi introduzida em nosso ordenamento: o cumprimento do acordo de não persecução penal (art. 28-A, § 13, do CPP).

Alternativa correta: letra "a" (responde, também, as demais alternativas).

140. (ACAFE – Delegado de Polícia – SC/2014) De acordo com o Código Penal, dentre outras, extingue-se a punibilidade nas seguintes situações, exceto:

a) anistia, graça ou indulto.
b) renúncia do direito de queixa ou pelo perdão aceito, nos crimes de ação privada.
c) doença incapacitante irreversível do agente.
d) prescrição, decadência ou perempção.
e) retroatividade de lei que não mais considera o fato como criminoso e pela morte do agente.

COMENTÁRIOS

Alternativa "a": prevê o Código Penal como causas extintivas da punibilidade a anistia, a graça e o indulto (art. 107, inc. II), formas de renúncia do Estado ao seu direito de punir, sendo perfeitamente cabíveis também nos crimes de ação penal privada, casos em que se transfere para o particular apenas o **direito de perseguir a punição**.

Alternativa "b": a renúncia e o perdão aceito também são causas extintivas da punibilidade. Por renúncia entende-se o **ato unilateral do ofendido** (ou de seu representante legal), abdicando do direito de promover a ação penal privada, extinguindo-se, por conseguinte, o direito de punir do Estado (art. 107, V, primeira parte, do CP). Já o perdão é o ato pelo qual o ofendido ou seu representante legal desiste de prosseguir com o andamento de processo já em curso, desculpando o ofensor pela prática do crime. A renúncia é possível na ação penal privada e na ação penal pública condicionada a representação do ofendido. O perdão, por sua vez, é exclusivo da ação penal privada.

Alternativa "c": de fato, a doença que incapacite permanentemente o agente não é causa de extinção da punibilidade. A respeito da superveniência de doença mental, dois dispositivos tratam do assunto: arts. 108 e 183, ambos da LEP. Analisando o caso concreto, o juiz da execução optará entre uma simples internação para tratamento e cura de doença passageira, hipótese em que o tempo de tratamento é considerado pena cumprida, ou a substituição da pena privativa de liberdade em medida de segurança em se tratando de anomalia não passageira, seguindo, no caso, os ditames dos arts. 96 e ss. do CP. De acordo com o STJ, no entanto, a medida de segurança não pode ultrapassar a pena aplicada na sentença, sob pena de ofensa à coisa julgada: "Em se tratando de medida de segurança aplicada em substituição à pena corporal, prevista no art. 183 da Lei de Execução Penal, sua duração está adstrita ao tempo que resta para o cumprimento da pena privativa de liberdade estabelecida na sentença condenatória. Precedentes desta Corte" (HC 373.405/SP, DJe 21/10/2016).

Alternativa "d": são também causas extintivas da punibilidade a prescrição (perda, em face do decurso do tempo, do direito de o Estado punir ou executar uma punição já imposta), a decadência (perda do direito de ação pela consumação do termo prefixado pela lei para o oferecimento da queixa ou representação em razão da inércia do seu titular) e a perempção (sanção processual ao querelante inerte ou negligente).

Alternativa "e": também são causas de extinção da punibilidade a *abolitio criminis* e a morte do agente. Quanto à primeira, é certo que ninguém pode ser punido por fato que lei posterior deixa de considerar crime, cessando em virtude dela a execução e os efeitos penais da sentença condenatória (art. 2º CP). E se extingue a punibilidade pela morte do agente (indiciado, réu, sentenciado ou executado) em decorrência do princípio *mors omnia solvit* (a morte tudo apaga) e do princípio constitucional da personalidade da pena, segundo o qual nenhuma sanção criminal passará da pessoa do delinquente (art. 5°, XLV, CF/88).

Alternativa correta: letra "c".

141. (Fundação Aroeira - Delegado de Polícia - TO/2014) Extingue-se a punibilidade pela retratação do agente, no caso de

a) injúria real.

b) denunciação caluniosa.

c) autoacusação falsa.

d) falso testemunho.

COMENTÁRIOS

Alternativa "a": na injúria real, consistente em violência ou vias de fato, que, por sua natureza ou pelo meio empregado, se considerem aviltantes, não há extinção da punibilidade pela retratação, especialmente porque não seria possível desconstituir a violência ou as vias de fato já empregadas.

Alternativa "b": na denunciação caluniosa, que ocorre quando alguém dá causa à instauração de inquérito policial, de procedimento investigatório criminal, de processo judicial, de processo administrativo disciplinar, de inquérito civil ou de ação de improbidade administrativa contra alguém, imputando-lhe crime, infração ético-disciplinar ou ato ímprobo de que o sabe inocente, não há retratação extintiva da punibilidade.

Alternativa "c": também não há retratação extintiva da punibilidade no crime de acusar-se, perante a autoridade, de crime inexistente ou praticado por outrem.

Alternativa "d": há extinção da punibilidade, nos termos do art. 342, § 2º, do Código Penal, nas hipóteses em que o agente se retrata do conteúdo falsamente declarado antes de proferida a sentença. Retratar-se, no caso, não significa apenas negar ou confessar a prática do delito. É muito mais. É escusar-se, retirando do mundo o que afirmou (retroceder na mentira), ou revelando o que ocultou, demonstrando sincero arrependimento. Como bem realça Magalhães Noronha: "Há de ser completa: sem reticências, ambiguidades e dubiedades: o que se colima é o restabelecimento do verdadeiro" (*Direito penal*, v. 4, p. 393).

Alternativa correta: letra "d".

142. (FUNCAB - Delegado de Polícia - ES/2013) A Portaria n° 104/2011, do Gabinete do Ministério da Saúde, definiu a relação de doenças de notificação compulsória em todo o território nacional. Joaquim, médico, ao tomar conhecimento de um paciente que estava com uma patologia descrita na referida normativa, por amizade ao mesmo, não comunicou a doença aos órgãos competentes, motivo pelo qual, ao ser descoberto tal fato, foi processado criminalmente. Na hipótese de antes do julgamento, ser editada nova normativa, retirando a referida patologia do rol de doenças de notificação compulsória, pode-se afirmar que:

a) deve incidir a retroatividade da *lex mitior*, considerando que alterou a matéria da proibição.

b) deve incidir a retroatividade do abolitio criminis, considerando que se alterou a matéria da proibição.

c) trata-se de lei excepcional ou temporária, portanto pode ser condenado, consoante preconiza o artigo 3° do CP.

d) não há como incidir a retroatividade da lei penal, em face de não ter sido alterado a matéria da proibição.

e) deve ocorrera ultra-atividade da lei penal, pois se trata de norma penal em branco stricto sensu.

COMENTÁRIOS

Alternativa "a": não se trata simplesmente de *lex mitior*, nova lei que de qualquer modo beneficia o réu. A revogação do complemento da norma penal em branco acarreta a *abolitio criminis*.

Alternativa "b": Alberto Silva Franco (*Código penal e sua interpretação jurisprudencial.* Parte Geral. Tomo I. v.1. 6. ed. São Paulo: RT, 1997, p. 36), seguido pelo STF (HC 73168) leciona que a alteração de um complemento de uma norma penal em branco homogênea sempre teria efeitos retroativos, vez que a norma complementar, como lei ordinária que é, também foi submetida a rigoroso e demorado processo legislativo. Tratando-se de norma penal em branco heterogênea (de que trata o exemplo do enunciado), se a **legislação complementar não se reveste de excepcionalidade e nem traz consigo a sua autorrevogação**, como é caso das portarias sanitárias estabelecedoras das moléstias cuja notificação é compulsória, **a legislação complementar, então, pela sua característica, se revogada ou modificada, poderá conduzir também à descriminalização**.

Alternativa "c": não há indicação de que se trata de complemento dotado de excepcionalidade (editado em função de algum evento transitório) ou de temporariedade (instituído por um prazo determinado).

Alternativa "d": a lei penal de que trata o enunciado é em branco, sendo que o complemento, que contém a lista de doenças de notificação compulsória, é justamente o que fundamenta a matéria de proibição. Por isso, revogado o complemento em relação a doença específica, não há mais crime a ser imputado àqueles que deixaram de notificá-la.

Alternativa "e": o fato de a norma penal em branco ser própria (ou em sentido estrito, vez que o complemento emana de fonte normativa diversa) não atrai a característica da ultra-atividade, que possibilita a aplicação da lei penal mesmo após a sua revogação ou cessação de efeitos, como ocorre nos casos de excepcionalidade e de temporariedade.

Alternativa correta: letra "b".

---

143. (UEL – Delegado de Polícia – PR/2013) Quanto à anistia, à graça e ao indulto, considere as afirmativas a seguir.

I. A anistia e o indulto são atos privativos do Presidente da República, enquanto a graça é concedida pelo Congresso Nacional.

II. A anistia pode ser recusada pelo destinatário, admitindo inclusive revogação, enquanto a graça e o indulto não podem ser recusados, inadmitindo revogação.

III. A anistia tem natureza objetiva, dirigindo-se aos fatos, enquanto a graça em sentido estrito e o indulto destinam-se a determinados indivíduos, particular ou coletivamente considerados.

IV. A graça e o indulto pressupõem o trânsito em julgado da sentença penal condenatória e não extinguem os seus efeitos penais.

Assinale a alternativa correta.

a) Somente as afirmativas I e II são corretas.
b) Somente as afirmativas I e IV são corretas.
c) Somente as afirmativas III e IV são corretas.
d) Somente as afirmativas I, II e III são corretas.
e) Somente as afirmativas II, III e IV são corretas.

COMENTÁRIOS

Item I: na anistia o Estado, por meio de lei penal, devidamente discutida no Congresso Nacional e sancionada pelo Executivo federal, por razões de clemência, política, social etc., esquece um fato criminoso, apagando seus efeitos penais (principais e secundários). A graça e o indulto, por sua vez, são concedidos pelo Presidente da República, via decreto presidencial (art. 84, XII, CF/88 – ato administrativo), podendo ser delegada a atribuição aos Ministros de Estado, ao Procurador Geral da República ou ao Advogado Geral da União.

Item II: uma vez concedida a anistia (renunciando o Estado seu poder de punir), não pode lei superveniente impedir seus efeitos extintivos da punibilidade; deve ser respeitada a garantia constitucional da proibição da retroatividade maléfica, ocorrendo o mesmo com a graça e o indulto. A anistia, a graça e o indulto podem ser condicionados ou incondicionados, sendo que, na primeira hipótese, podem ser recusados.

Item III: a anistia abrange fatos, não indivíduos, não obstante seja possível que a lei estabeleça condições àquele que venha a se beneficiar da extinção da punibilidade. Já a graça e o indulto recaem sobre indivíduos: a primeira de forma particularizada; o segundo coletivamente.

Item IV: entende-se que a graça e o indulto pressupõem condenação definitiva para a sua concessão, que abrange apenas o cumprimento da pena, mantendo-se íntegros os efeitos penais e civis do decreto condenatório.

Alternativa correta: letra "c".

---

144. (Cespe – Delegado de Polícia – AL/ 2012) Com relação às causas extintivas da punibilidade, julgue os itens a seguir.

Na hipótese de concurso de crimes, a extinção da punibilidade pela prescrição incidirá sobre a pena cominada por cada crime, isoladamente.

COMENTÁRIOS

O art. 72 do Código Penal dispõe que, no concurso de crimes, as penas de multa são aplicadas distinta e integralmente. A pena de multa não obedece às regras diferenciadas do tratamento dispensado ao concurso de crimes. Para a fixação da multa, portanto, só se aplica uma regra: aplicação distinta e integral. Não se descarta doutrina lecionando que essa regra não serve para o crime continuado. Para fins de aplicação de pena, no direito brasileiro, o crime continuado, por ficção jurídica, é considerado crime único. Logo, aplica-se a pena de multa uma única vez. Nesse sentido vem decidindo o **STJ**: *"A pena de multa, aplicada no crime continuado, escapa à norma contida no art. 72 do Código Penal.' (REsp nº 68.186/DF, Relator Ministro Assis Toledo, in DJ 18/12/1995). As penas de multa, no caso de concurso de crimes, material e formal, aplicam-se cumulativamente, diversamente do que ocorre com o crime continuado, induvidoso concurso material de crimes gravado pela menor culpabilidade do agente, mas que é tratado como crime único pela lei penal vigente, como resulta da simples letra dos artigos 71 e 72 do Código Penal, à luz dos artigos 69 e 70 do mesmo diploma legal."* (STJ – Sexta Turma – REsp 607.929 – Rel. Min. Hamilton Carvalhido – DJ 25/06/2007. Cf. também STJ – Sexta Turma – HC 221.782 – Rel. Min. Vasco Della Giustina (Des. Convocado TJ/RS) – DJe 11/04/2012).

Alternativa correta: "certo".

32.1. PRESCRIÇÃO

---

145. (CEBRASPE – 2023 – PC/AL – Delegado) Pedro ingressou na residência de sua avó Teresa e subtraiu o pequeno cofre do quarto, levando-o para um beco. Sem saber o segredo do cofre, abriu-o com um maçarico e subtraiu as joias de seu interior. Em seguida, levou as peças a uma tradicional joalheria da cidade e vendeu-as a João, comerciante de 20 anos, que comprou os objetos sem se importar em apurar a origem.

Considerando essa situação hipotética, julgue o item que se segue.

O prazo prescricional do crime cometido por João será reduzido pela metade, e eventual recebimento da denúncia interromperá a prescrição.

COMENTÁRIOS

O art. 115 do CP dispõe que o prazo prescricional é reduzido pela metade quando o criminoso era, ao tempo do crime, menor de 21 anos. Considerando que João tinha 20 anos quando adquiriu as joias furtadas, o prazo prescricional da receptação deve ser reduzido. No mais, o recebimento da denúncia, de fato, interrompe o prazo, como dispõe o art. 117, I, do CP.

Alternativa correta: "certo".

---

146. (Cespe – Delegado de Polícia – PC – PB/2022) Em 16/11/2011, um indivíduo, réu primário com 21 anos de idade à época, cometeu furto simples (art. 155, caput, Código Penal - pena de reclusão, de um a quatro anos, e multa). A denúncia foi oferecida em 10/11/2015 e recebida em 16/11/2015. Após a tramitação regular do processo, esse indivíduo foi condenado à pena de dois anos de reclusão, sentença publicada em 16/11/2018. Apenas a defesa recorreu, e o acórdão publicado em 16/11/2021 reduziu a pena para um ano de reclusão. A partir dessa situação hipotética, é correto afirmar que

a) o juiz deveria ter reconhecido, com base na pena aplicada na sentença, a prescrição virtual ocorrida entre a data do fato e a do recebimento da denúncia.
b) não ocorreu prescrição nem em razão da pena em abstrato nem em razão da pena em concreto.
c) houve, devido à pena em concreto final, prescrição retroativa entre a data do fato e a do recebimento da denúncia.
d) houve, por pena em concreto final, prescrição retroativa entre o recebimento da denúncia e a sentença, pois há causa de redução do prazo prescricional.
e) ocorreu, em razão da pena efetivamente aplicada, a prescrição superveniente entre a data de publicação da sentença e a do julgamento do acórdão.

COMENTÁRIOS

Alternativa "a": a prescrição denominada *virtual* é criação jurisprudencial, com a finalidade de antecipar o reconhecimento da prescrição retroativa. O seu fundamento reside na falta de interesse de agir do Estado no prosseguimento da ação penal cuja sentença, dadas as circunstâncias do crime e condições do próprio réu, fixará a pena em patamares mínimos, conduzindo o juízo, no futuro, ao certo reconhecimento da prescrição retroativa. Não se trata, portanto, de o juiz reconhecer, com base na pena aplicada na sentença, a prescrição ocorrida entre a data do fato e a do recebimento da denúncia. Esta, aliás, é uma forma de prescrição retroativa vedada desde a edição da Lei 12.234/10 (art. 110, § 1º, do CP).

Alternativa "b" (responde, também, as alternativas "c" e "e"): no cômputo da prescrição no exemplo do enunciado, interessam-nos três marcos interruptivos: o recebimento da denúncia, a publicação da sentença condenatória e a publicação do acórdão confirmatório da condenação. A pena do furto simples varia entre um e quatro anos. A prescrição em abstrato ocorre, portanto, em oito anos (art. 109, inc. IV, do CP). Cometido o crime, a prescrição foi interrompida quatro anos depois (16/11/2015). A publicação da sentença condenatória ocorreu três anos depois (16/11/2018), interrompendo-se novamente a prescrição. Considerando que a pena foi estabelecida em dois anos, temos o prazo prescricional reduzido para quatro anos (art. 109, inc. V, do CP). Devemos notar, desde já, que não houve a prescrição retroativa, pois o período decorrido entre o cometimento do crime e o recebimento da denúncia não pode ser computado para esse efeito (art. 110, § 1º, do CP), e, entre o recebimento da denúncia e a publicação da sentença condenatória, decorreram apenas três anos. Outros três anos se passaram entre a publicação da sentença condenatória e a publicação do acórdão confirmatório da condenação. Mas, ainda que a pena tenha sido reduzida para um ano, o prazo prescricional permanece o mesmo (art. 109, inc. V, do CP). Conclui-se, portanto, não ter havido a prescrição.

Alternativa "d": nos termos do art. 115 do CP, o prazo prescricional é reduzido pela metade se, na data do crime, o agente é *menor* de vinte e um anos. Segundo o enunciado, o criminoso já havia completado vinte e um anos ao cometer o furto. Logo, não há redução.

Alternativa correta: letra "b".

---

147. (FGV – Delegado de Polícia – PC – RN/2021) Prescrição é a perda pelo Estado do direito de punir ou executar a pena em razão do decurso do tempo, tratando-se de causa de extinção da punibilidade. Sobre o tema, analise as afirmativas a seguir.

I. O termo inicial da prescrição da pretensão punitiva é o do dia em que cessar a permanência, em crimes desta natureza.
II. A publicação do acórdão condenatório interrompe o prazo da prescrição da pretensão executória.
III. A desclassificação posterior pelo Tribunal do Júri faz desaparecer a causa de interrupção da prescrição em razão da pronúncia.

Está correto somente o que se afirma em:

a) I;
b) II;
c) III;
d) I e III;
e) II e III.

COMENTÁRIOS

Item I: segundo o disposto no art. 111, inc. III, do CP, nos crimes permanentes a prescrição começa a correr a partir da cessação da permanência, isto é, a partir do dia em que finda para o agente seu poder sobre o curso da ação criminosa. Se a consumação se protrai no tempo, nada mais natural do que iniciar a contagem do prazo prescricional no momento em que cessa a conduta. Esse termo inicial se aplica em crimes como extorsão mediante sequestro, algumas modalidades de receptação (transportar, conduzir, ocultar), algumas de tráfico de drogas (expor à venda, ter em depósito, transportar, trazer consigo, guardar) e até mesmo em crimes ambientais, como já decidiu o STJ a respeito do impedimento à regeneração de florestas e demais formas de vegetação (art. 48 da Lei 9.605/98), quando alguém edifica na área destruída e impossibilita que a vegetação se recomponha (AgRg no REsp 1.840.129/RN, Rel. Min. Reynaldo Soares da Fonseca, j. 04/08/2020).

Item II: a publicação do acórdão condenatório interrompe a contagem da prescrição da pretensão *punitiva*. Note-se que o acordão confirmatório da condenação de primeira instância também interrompe a prescrição: "Nos termos do inciso IV do artigo 117 do Código Penal, o Acórdão condenatório sempre interrompe a prescrição, inclusive quando confirmatório da sentença de 1° grau, seja mantendo, reduzindo ou aumentando a pena anteriormente imposta" (STF: HC 176.473/RR, Rel. Min. Alexandre de Moraes, j. 27/04/2020). No mesmo sentido, o STJ: "O acórdão condenatório de que trata o inciso IV do art. 117 do Código Penal interrompe a prescrição, inclusive quando confirmatório de sentença condenatória, seja mantendo, reduzindo ou aumentando a pena anteriormente imposta" (REsp 1.930.130/MG, j. 10/08/2022).

Item III: a pronúncia é causa interruptiva da prescrição ainda que haja desclassificação, pelos jurados, para crime de competência da vara criminal comum. É o que se depreende da súmula nº 191 do STJ: "A pronúncia é causa interruptiva da prescrição, ainda que o Tribunal do Júri venha a desclassificar o crime".

Alternativa correta: letra "a".

---

148. (UFPR – Delegado de Polícia – PC – PR/2021) Considere o seguinte caso hipotético:

J.J. respondeu processo pelo crime de peculato (art. 312 do Código Penal) cometido no dia 30/09/2010, quando tinha 66 anos de idade. A denúncia foi oferecida pelo Ministério Público em 16/10/2014 e recebida pelo(a) Magistrado(a) competente no dia 18/10/2014. O processo tramitou regularmente e J.J. foi condenado a cumprir pena de 2 anos de reclusão, em regime inicial semiaberto, e ao pagamento de 10 dias-multa no valor de 1/30 do salário mínimo vigente à época do fato. A sentença foi proferida em 16/11/2016 e publicada no dia 18/11/2016. Não houve interposição de recurso pelas partes e foi certificado o trânsito em julgado, ocorrido em 05/12/2016. Em 20/10/2018 se iniciou o cumprimento da pena.

A partir das normas aplicáveis à extinção da punibilidade, é correto afirmar que nesse caso:

a) houve prescrição da pretensão punitiva pela pena em abstrato.
b) houve prescrição da pretensão punitiva intercorrente (subsequente) pela pena em concreto.
c) houve prescrição da pretensão punitiva retroativa pela pena em concreto.
d) houve somente prescrição da pretensão executória.
e) não houve prescrição.

COMENTÁRIOS

Alternativa "a": tendo o Estado a tarefa de buscar a punição do delinquente, deve dizer até quando essa punição lhe interessa (não se pode eternizar o direito de punir). Sendo incerto o *quantum* (ou tipo) da pena que será fixada pelo juiz na sentença, o prazo prescricional é resultado da combinação da pena máxima prevista abstratamente no tipo imputado ao agente e a escala do art. 109 do CP. Essas são as características da prescrição em abstrato – ou propriamente dita –, que não estão presentes no enunciado, tendo em vista que a sentença condenatória foi proferida.

Alternativa "b": tampouco se trata da prescrição intercorrente, a qual é computada da publicação da sentença ou do acórdão penal condenatório até a data do trânsito em julgado. Como informa o enunciado, entre a publicação da sentença e o trânsito em julgado se passaram apenas alguns dias.

Alternativa "c" (responde, também, a alternativa "e"): trata-se, efetivamente, da prescrição retroativa. Tal qual a prescrição intercorrente ou superveniente, a prescrição retroativa tem por base a pena concreta. Apesar de reconhecida após o trânsito em julgado para a acusação, a prescrição retroativa tem por termo data anterior à da publicação da sentença, do que advém o adjetivo "retroativa". Com efeito, a peculiaridade da prescrição da pretensão punitiva retroativa é que se deve contar o prazo prescricional retroativamente, ou seja, da data do recebimento da denúncia ou da queixa até a publicação da sentença condenatória. No caso, como a pena imposta é de dois anos de reclusão, a prescrição se daria em quatro anos (art. 109, inc. V, do CP). No entanto, na data da sentença J.J. já havia completado setenta anos de idade, razão pela qual o prazo prescricional deve ser reduzido pela metade (art. 115). Considerando que a denúncia foi recebida em 18/10/2014 e a sentença foi publicada em 16/11/2016, deve ser extinta a punibilidade pela prescrição retroativa.

Alternativa "d": não se trata de prescrição da pretensão executória, incidente nas situações em que, transitada em julgado a sentença condenatória para ambas as partes, o Estado não executa a pena imposta. No caso, como já destacamos nos comentários ao item anterior, houve prescrição da pretensão punitiva porque, com base na pena imposta e nas características pessoais do condenado, incide a prescrição retroativa em razão do tempo decorrido entre o recebimento da denúncia e a publicação da sentença condenatória. Há uma diferença substancial nos efeitos: na prescrição retroativa, a sentença condenatória é rescindida, não se operando qualquer efeito (penal ou extrapenal). Reconhecida a prescrição da pretensão executória, extingue-se a pena aplicada, sem, contudo, rescindir a sentença condenatória (que produz efeitos penais e extrapenais, a exemplo da reincidência).

Alternativa correta: letra "c".

149. (Instituto AOCP – Delegado de Polícia – PC – PA/2021) Analise a seguinte situação hipotética: Romeu, funcionário público, praticou dois crimes de peculato (art. 312, caput, CP), devendo o segundo, pelas condições de tempo, local, modo de execução e outras semelhantes, ser considerado continuação do primeiro. Foi regularmente processado e condenado, com a aplicação da pena privativa de liberdade no patamar mínimo. Nesse caso, considerando que ocorreu o trânsito em julgado da sentença penal condenatória para ambas as partes, a extinção da punibilidade pela prescrição ocorrerá em

a) quatro anos.
b) oito anos.
c) doze anos.
d) dezesseis anos.
e) vinte anos.

COMENTÁRIOS

A pena cominada ao peculato varia entre dois e doze anos de reclusão. No caso da continuidade delitiva, o juiz aplica a pena de um crime, aumentada de um sexto a dois terços, como dispõe o art. 71 do CP. Ocorre que, no concurso de crimes, a extinção da punibilidade incide sobre a pena de cada um, isoladamente (art. 119, CP), lembrando que, "em caso de continuidade delitiva, a prescrição regula-se pela pena imposta na sentença, não se computando o acréscimo decorrente da continuação" (súmula nº 497, STF). À época da edição da súmula (1969), muito anterior à redação atual do art. 119, o STF decidia reiteradamente (não sem acalorados debates, como se extrai do julgamento proferido no RHC 43.740, DJ 15/06/1967) que, ao inserir na lei a possibilidade de continuidade delitiva, o legislador pretendera beneficiar o autor de condutas que, por suas características, haviam de ser consideradas como se fossem apenas uma ação delituosa. Se o intuito do legislador havia sido beneficiar o agente no momento da aplicação da pena, seria ilógico, para calcular a prescrição, fazer incidir a fração de aumento. Logo, como a pena de Romeu foi imposta no mínimo, a prescrição ocorre em quatro anos (art. 109, inc. V, do CP).

Alternativa correta: letra "a" (responde, também, as demais alternativas).

150. (UEG – Delegado de Polícia – PC – GO/2018) "Com efeito, é sabido que a prescrição é um instituto vocacionado a realizar a estabilização das situações jurídicas em razão do decurso do tempo, com a finalidade de proporcionar a paz social mediante a promoção da segurança jurídica, sendo certo que, embora possua um fundamento comum, suas características diferem em cada ramo do Direito em que se faça presente." (STJ, RMS 043771, DJe 03/05/2018, Rel. Min. Assusete Magalhães).

No Código Penal brasileiro, verifica-se que a prescrição,

a) no caso de concurso de crimes, incidirá sobre o somatório das respectivas penas.
b) no caso de evadir-se o condenado ou de revogar-se o livramento condicional, é regulada pelo tempo que resta da pena.
c) no caso de pena de multa, ocorrerá em três anos, quando a multa for a única cominada ou aplicada.
d) quando o criminoso era, na data da sentença, maior de sessenta anos, tem seu prazo reduzido pela metade.
e) antes de transitar em julgado a sentença final, começa a correr, nos crimes permanentes, a partir do dia em que se iniciou a permanência.

COMENTÁRIOS

Alternativa "a": nos termos do art. 119 do CP, no caso de concurso de crimes a prescrição incide sobre a pena de cada um, isoladamente.

Alternativa "b": anuncia o artigo 113 do Código Penal que a prescrição da pretensão executória se regula com base no *quantum* restante da pena nos casos de revogação do livramento condicional e evasão do condenado.

Alternativa "c": está errada a assertiva. Quando a multa for a única cominada ou aplicada, a prescrição ocorre em dois anos, como estabelece o art. 114, inc. I, do CP.

Alternativa "d": a prescrição é reduzida da metade se, na data da sentença, o agente tem mais de setenta anos (art. 115 do CP).

Alternativa "e": a prescrição da pretensão punitiva nos crimes permanentes começa a correr do dia em que cessa a permanência (art. 111, inc. III, do CP).

Alternativa correta: letra "b".

151. (Cespe – Delegado de Polícia – GO/2017) Assinale a opção correta, acerca de extinção da punibilidade.

a) Uma lei de anistia pode ser revogada por lei posterior, diante de mudança de opinião do Congresso Nacional a respeito da extinção de punibilidade concedida.
b) Graça e indulto somente podem ser concedidos pelo presidente da República, uma vez que tais prerrogativas são insuscetíveis de delegação.
c) A punibilidade de qualquer crime pode ser extinta por meio de graça e indulto.
d) O instituto da prescrição atinge a pretensão de punir ou de executar a pena.
e) A anistia ou abolitio criminis é causa extintiva de punibilidade discutida no âmbito do Poder Legislativo.

COMENTÁRIOS

Alternativa "a": uma vez concedida a anistia (renunciando o Estado a seu poder de punir), não pode lei superveniente impedir os efeitos extintivos da punibilidade; deve ser respeitada a garantia constitucional da proibição da retroatividade maléfica.

Alternativa "b": a graça e o indulto são concedidos pelo presidente da República, via decreto presidencial (art. 84, XII, CF/88 – ato administrativo), podendo ser delegada a atribuição aos ministros de Estado, ao Procurador Geral da República ou ao Advogado Geral da União.

Alternativa "c": a graça e o indulto não podem ser concedidos nos crimes hediondos e equiparados.

Alternativa "d": a prescrição pode ser da pretensão punitiva ou da pretensão executória.

A primeira ocorre antes do trânsito em julgado da sentença, impedindo o Estado de acionar o Poder Judiciário na busca da aplicação da lei penal ao fato cometido pelo agente, ou, caso exercido o direito de ação, impedindo-o de ver julgado, definitivamente, o processo em curso. É calculada de acordo com os prazos do art. 109 do CP e com base na pena abstratamente cominada ao delito.

A segunda é a prescrição de pena *in concreto* (pena efetivamente imposta), que tem como pressuposto sentença condenatória com trânsito em julgado para ambas as partes (decisão definitiva, irrecorrível) e que se verifica, com base na pena aplicada, dentro dos prazos estabelecidos pelo artigo 109 do CP, os quais são aumentados de 1/3 se o condenado é reincidente.

Alternativa "e": anistia e *abolitio criminis* não se confundem. Na anistia, o Estado, por meio de lei penal, devidamente discutida no Congresso Nacional e sancionada pelo Executivo federal, por razões de clemência, política, social etc., esquece um fato criminoso, apagando seus efeitos penais (principais e secundários). Já a abolição do crime representa simplesmente a supressão da figura criminosa. Trata-se da revogação de um tipo penal pela superveniência de lei descriminalizadora.

Alternativa correta: letra "d".

---

152. (FUNCAB - Delegado de Polícia - PA/2016) Perivaldo, nascido em 12/05/1992, encaminhou no dia 08/05/2013 um e-mail a Cremílson, funcionário público, injuriando-o em razão da função por ele desempenhada. A mensagem foi lida pelo ofendido em 15/05/2013, ocasião em que procurou a delegacia de Polícia local, confeccionando o respectivo boletim de ocorrência e representando contra o autor do fato. Rejeitadas as medidas despenalizadoras da Lei n° 9.099, o Ministério Público ofereceu denúncia contra o autor, a qual foi recebida em decisão publicada em 01/10/2013. Contudo, como o magistrado da Comarca local acumulava funções em outras duas Varas, até o dia 20/11/2014 ainda não havia sentença prolatada nos autos. Considerando que a pena máxima no crime de injúria é de seis meses de detenção e, quando praticada contra funcionário público no exercício de suas funções, sofre aumento de 1/3, analise a situação proposta, assinalando, ao final, a resposta correta.

a) Ocorreu a extinção da punibilidade, pois transcorreu o prazo prescricional da pretensão punitiva pela pena em abstrato, fixado em um ano.
b) Não ocorreu a extinção da punibilidade, pois não houve o transcurso do prazo prescricional da pretensão punitiva pela pena em abstrato, fixado em dois anos.
c) Não ocorreu a extinção da punibilidade, pois não houve o transcurso do prazo prescricional da pretensão punitiva pela pena em abstrato, fixado em três anos.
d) Não ocorreu a extinção da punibilidade, uma vez que o STJ já decidiu pela imprescritibilidade da injúria majorada.
e) Não ocorreu a extinção da punibilidade, pois não houve o transcurso do prazo prescricional da pretensão punitiva pela pena em abstrato, fixado em um ano e meio.

COMENTÁRIOS

Alternativa "a" (responde, também, as alternativas "b", "c" e "e"): o crime de injúria, ainda que majorado, prescreve abstratamente em três anos. No exemplo do enunciado, o prazo é reduzido pela metade porque, ao tempo do crime, o agente contava menos de vinte e um anos de idade (note-se que, embora no momento da consumação da injúria o agente já tivesse completado vinte e um anos, o tempo do crime é o da ação – art. 4º do CP). O recebimento da denúncia, ocorrido em 01/10/2013, interrompe o prazo prescricional, que se inicia novamente. Considerando o tempo decorrido entre essa interrupção e o dia 20/11/2014, não houve o decurso do prazo prescricional.

Alternativa "d": de fato, há decisão do STJ a respeito da imprescritibilidade do crime de injúria, mas não da forma majorada. Quando vigorava a redação anterior do § 3º do art. 140 do CP, o STJ decidiu que a injúria racial se inseria na esfera do racismo, somando-se as definições da Lei nº 7.716/89 (AgR no REsp 686.965/DF). O mesmo decidiu o STF (HC 154.248/DF). Com a entrada em vigor da Lei 14.532/23, a injúria racial não integra mais a qualificadora do art. 140. Trata-se, atualmente, de um crime autônomo tipificado no art. 2º-A da Lei 7.716/89.

Alternativa correta: letra "e".

---

153. (Cespe - Delegado de Polícia - PE/2016) A respeito da prescrição penal, assinale a opção correta.

a) Caso o tribunal do júri venha a desclassificar o crime para outro que não seja de sua competência, a pronúncia não deverá ser considerada como causa interruptiva da prescrição.
b) A reincidência penal caracteriza causa interruptiva do prazo da prescrição da pretensão punitiva.
c) Para crimes praticados em 2016, a prescrição retroativa deverá ser regulada pela pena aplicada, tendo-se por termo inicial data anterior à da denúncia ou da queixa.

d) O prazo de prescrição da pretensão executória deverá iniciar-se no dia em que transitar em julgado a sentença condenatória para a acusação, ainda que haja recurso exclusivo da defesa em tramitação contra a sentença condenatória.

e) No caso de revogação do livramento condicional, a prescrição deverá ser regulada pelo total da pena aplicada na sentença condenatória, não se considerando o tempo de cumprimento parcial da reprimenda antes do deferimento do livramento.

COMENTÁRIOS

Alternativa "a": a decisão de pronúncia, assim como a confirmatória, constitui causa interruptiva da prescrição, conforme estabelece o artigo 117, incisos II e III, do Código Penal. De acordo com a súmula nº 191 do STJ, a pronúncia é causa interruptiva da prescrição ainda que o tribunal do júri venha a desclassificar o crime.

Alternativa "b": a reincidência não influi no prazo da prescrição da pretensão punitiva (súmula nº 220 do STJ), muito embora tenha importantes reflexos quando da análise da prescrição da pretensão executória: se anterior à condenação, provoca aumento do prazo prescricional (art. 110, *caput*, CP); se posterior, é causa interruptiva.

Alternativa "c": apesar de reconhecida após o trânsito em julgado para a acusação, a prescrição retroativa tem por termo data anterior à da publicação da sentença. Esta espécie de prescrição teve seus contornos substancialmente alterados em decorrência da Lei nº 12.234/2010, que modificou a redação do Código Penal, revogando o artigo 110, § 2º e tratando do tema no § 1º do mesmo dispositivo. Assim, se antes a prescrição retroativa podia ter como termo inicial data anterior ao recebimento da denúncia ou queixa, agora esta possibilidade não mais existe.

Alternativa "d". o art. 112, inciso I, do Código Penal dispõe que a prescrição da pretensão executória começa a correr do dia em que transita em julgado a sentença condenatória para a acusação ou a que revoga a suspensão condicional da pena ou o livramento condicional. Note-se, contudo, que o STF e o STJ firmaram orientação de que o termo inicial é o trânsito em julgado para ambas as partes: a) STF: "O prazo para a prescrição da execução da pena concretamente aplicada somente começa a correr do dia em que a sentença condenatória transita em julgado para ambas as partes, momento em que nasce para o Estado a pretensão executória da pena, conforme interpretação dada pelo Supremo Tribunal Federal ao princípio da presunção de inocência (art. 5º, inciso LVII, da Constituição Federal) nas ADC 43, 44 e 54" (ARE 848.107/DF, j. 30/06/2023); b) "Necessário o alinhamento dos julgados do Superior Tribunal de Justiça com o posicionamento adotado nas recentes decisões monocráticas proferidas no âmbito do Supremo Tribunal Federal, bem como nos seus órgãos colegiados. O Tribunal Pleno fixou a orientação de que '[a] prescrição da pretensão executória, no que pressupõe quadro a revelar a possibilidade de execução da pena, tem como marco inicial o trânsito em julgado, para ambas as partes, da condenação'. Logo, 'enquanto não proclamada a inadmissão de recurso de natureza excepcional, tem-se o curso da prescrição da pretensão punitiva, e não a da pretensão executória' (AI 794.971/RJ-AgR, rel. do ac. Min. Marco Aurélio, DJe de 28/06/21) (ARE 1.301.223 AgR-ED, Relator Min. Dias Toffoli, Primeira Turma, DJe 29/04/2022). (...) Assim, por já ter havido manifestação do Plenário da Suprema Corte sobre a controvérsia e em razão desse entendimento estar sendo adotado pelos Ministros de ambas as Turmas do STF, essa orientação deve passar a ser aplicada nos julgamentos do Superior Tribunal de Justiça, uma vez que não há mais divergência interna naquela Corte sobre o assunto (AgRg no RHC 163.758/SC, rel. Ministra Laurita Vaz, Sexta Turma, DJe de 27/06/2022), (AgRg no REsp 2.000.360/PR, rel. Ministro Olindo Menezes (Desembargador convocado do TRF 1ª Região), Sexta Turma, DJe de 15/08/2022)" (AgRg no REsp 1.983.259/PR, j. 26/10/2022).

Alternativa "e": revogado o livramento condicional, a prescrição será regulada pelo tempo que resta da pena. Note-se, todavia, que devemos diferenciar duas situações: se o motivo da revogação do livramento condicional foi a condenação definitiva por um crime praticado anteriormente ao benefício, computa-se na pena a cumprir o tempo em que esteve solto. Entretanto, se a condenação definitiva tiver sido em razão da prática de crime cometido durante o período de livramento condicional, este período não é computado como pena cumprida (art. 88 do Código Penal).

Alternativa correta: letra "d".

154. (Vunesp - Delegado de Polícia - SP/2014) Em regra geral, a prescrição antes de transitar em julgado a sentença final

a) é chamada, pela doutrina, de prescrição intercorrente.

b) é chamada, pela doutrina, de prescrição retroativa.

c) regula-se pelo mínimo da pena privativa de liberdade cominada ao crime.

d) regula-se pela pena aplicada na sentença de primeiro grau.

e) regula-se pelo máximo da pena privativa de liberdade cominada ao crime.

COMENTÁRIOS

Alternativa "a": na prescrição intercorrente, há trânsito em julgado para a acusação. Neste caso, fixada a reprimenda, ainda que provisoriamente, transitando esta em julgado para a acusação (ou sendo o seu recurso improvido), não mais existe razão para se levar em conta a pena máxima, já que, mesmo diante do recurso da defesa, é proibida a *reformatio in pejus*. Surge, então, um novo norte, qual seja, a pena recorrível efetivamente aplicada. Portanto, a pena concreta, aplicada na sentença, é o parâmetro para o cálculo da prescrição intercorrente.

Alternativa "b": tal qual a prescrição intercorrente ou superveniente, a prescrição retroativa tem por base a pena concreta. Apesar de reconhecida após o trânsito em julgado para a acusação, a prescrição retroativa tem por termo data anterior à da publicação da sentença, do que advém o adjetivo "retroativa". Com efeito, a peculiaridade da prescrição da pretensão punitiva retroativa é que se deve contar o prazo prescricional retroativamente, ou seja, da data do recebimento da denúncia ou da queixa até a publicação da sentença condenatória.

Alternativa "e" (responde, também, as alternativas "c" e "d"): é o que dispõe o art. 109, *caput*, do Código Penal: "A prescrição, antes de transitar em julgado a sentença final, salvo o disposto no § 1º do art. 110 deste Código, regula-se pelo máximo da pena privativa de liberdade cominada ao crime (...)". Tendo o Estado a tarefa de buscar a punição do delinquente, deve dizer até quando essa punição lhe interessa (não podendo eternizar o direto de punir). Sendo incerto o *quantum* (ou tipo) da pena que será fixada pelo juiz na sentença, o prazo prescricional é resultado da combinação da pena máxima prevista abstratamente no tipo imputado ao agente e a escala do art. 109 do Código Penal.

Alternativa correta: letra "e".

33. HOMICÍDIO

155. (CEBRASPE – Delegado de Polícia – PE/2024) De acordo com o que prevê o Código Penal (CP) acerca dos crimes contra a pessoa, caracteriza, obrigatoriamente, uma qualificadora do crime de homicídio o seu cometimento

a) contra vítima menor de 14 anos, apenas quando praticado na modalidade culposa.

b) por motivo de vingança.

c) contra a mulher, apenas no caso de menosprezo ou discriminação em razão do seu gênero.

d) com emprego de arma de fogo de uso restrito.

e) contra primo de policial civil, em razão da função exercida.

COMENTÁRIOS

Alternativa "a": o homicídio *doloso* cometido contra menor de quatorze anos **é qualificado.**

Alternativa "b": a vingança *pode* qualificar o homicídio por motivo torpe, dependendo da causa que a originou. Nesse sentido, aliás, decidiu o STJ: "4. O motivo do crime – ceifar a vida da vítima para vingar a morte do irmão –, embora reprovável, não pode ser considerado abjeto, repugnante e vil, afastando-se a torpeza como qualificadora do delito, por manifesta improcedência. 5. A vingança como motivo é aquela que mais vivamente ofende a moralidade média, o senso ético social comum. É o motivo abjeto, repugnante, indigno. A realidade fática, as características do acontecimento, as peculiaridades relevantes e as condições das pessoas envolvidas é que nortearão o intérprete na acolhida ou na repulsa do gravame (REsp 1637001/PR, Rel. Ministro ROGERIO SCHIETTI CRUZ, SEXTA TURMA, julgado em 12/12/2017, DJe 19/12/2017). 6. Assim, A vingança, por si só, não substantiva o motivo torpe; a sua afirmativa, contudo, não basta para elidir a imputação de torpeza do motivo do crime, que há de ser aferida à luz do contexto do fato (STF, HC 83.309/MS, Primeira Turma, Rel. Min. Sepúlveda Pertence, DJ de 06/02/2004)" (REsp 1.816.313/PB, j. 10/09/2019).

Alternativa "c": a qualificadora do feminicídio incide no caso de menosprezo ou discriminação à condição de mulher e também no caso de violência doméstica e familiar.

Alternativa "d": efetivamente, o emprego de arma de fogo de uso restrito – ou proibido – qualifica o homicídio.

Alternativa "e": o homicídio é qualificado quando cometido contra autoridade ou agente descrito nos arts. 142 e 144 da Constituição Federal, integrantes do sistema prisional e da Força Nacional de Segurança Pública, no exercício da função ou em decorrência dela, ou contra seu cônjuge, companheiro ou parente consanguíneo até terceiro grau, em razão dessa condição. Considerando que primos são parentes em quarto grau, no homicídio cometido contra primo de policial civil, ainda que em razão da função exercida, não incide esta qualificadora.

Alternativa correta: letra "d".

156. (CEBRASPE – 2023 – PC/AL – Delegado) Em relação aos crimes contra a pessoa e contra a fé pública, julgue o item a seguir:

Segundo o Superior Tribunal de Justiça, não caracteriza *bis in idem* o reconhecimento das qualificadoras de motivo torpe e feminicídio no homicídio praticado contra mulher em situação de violência doméstica e familiar.

COMENTÁRIOS

Para nós, a qualificadora do feminicídio é subjetiva, pressupondo motivação especial: o homicídio deve ser cometido contra a mulher por razões da condição de sexo feminino. Mesmo no caso do inciso I do § 2º-A, o fato de a conceituação de violência doméstica e familiar ser um dado objetivo, extraído da lei, não afasta a subjetividade. Isso porque o § 2º-A é apenas explicativo; a qualificadora está verdadeiramente no inciso VI, que, ao estabelecer que o homicídio se qualifica quando cometido por razões da condição do sexo feminino, deixa evidente que isso ocorre pela motivação, não pelos meios de execução. Mas, logo em seguida à inserção da qualificadora no Código Penal, tivemos decisão pioneira do TJDFT em sentido contrário, argumentando que a qualificadora é objetiva: "A inclusão da qualificadora agora prevista no art. 121, § 2º, inciso VI, do CP, não poderá servir apenas como substitutivo das qualificadoras de motivo torpe ou fútil, que são de natureza subjetiva, sob pena de menosprezar o esforço do legislador. A Lei 13.104/2015 veio a lume na esteira da doutrina inspiradora da Lei Maria da Penha, buscando conferir maior proteção à mulher brasileira, vítima de condições culturais atávicas que lhe impuseram a subserviência ao homem. Resgatar a dignidade perdida ao longo da história da dominação masculina foi a ratio essendi da nova lei, e o seu sentido teleológico estaria perdido se fosse simplesmente substituída a torpeza pelo feminicídio. Ambas as qualificadoras podem coexistir perfeitamente, porque é diversa a natureza de cada uma: a torpeza continua ligada umbilicalmente à motivação da ação homicida, e o feminicídio ocorrerá toda vez que, objetivamente, haja uma agressão à mulher proveniente de convivência doméstica familiar. 3 Recurso provido" (Acórdão n.904781, 20150310069727RSE, j. 29/10/2015). O STJ tem seguido o mesmo passo, com decisões semelhantes em ambas as Turmas com competência criminal: "2. Não há dúvidas acerca da natureza subjetiva da qualificadora do motivo torpe, ao passo que a natureza do feminicídio, por se ligar à condição especial da vítima, é objetiva, não havendo, assim, qualquer óbice à sua imputação simultânea. 3. É inviável o afastamento da qualificadora do feminicídio mediante a análise de aspectos subjetivos da motivação do crime, dada a natureza objetiva da referida qualificadora, ligada à condição de sexo feminino" (REsp 1.739.704/RS, j. 18/09/2018).

Alternativa correta: "certo".

157. (Cespe - Delegado de Polícia - PC - RJ/2022) Desolados após a morte dos pais em um acidente de trânsito, os irmãos Paulo e Roberto, com 21 anos e 19 anos de idade, respectivamente, fizeram um pacto de suicídio a dois em 20/2/2022: fecharam as portas e janelas do apartamento, e Paulo abriu a válvula de gás. Após poucos minutos, ambos desmaiaram. Os vizinhos sentiram o forte odor de gás e arrombaram o apartamento, evitando o óbito dos irmãos. Em decorrência da queda da própria altura, Paulo sofreu lesão corporal leve, e Roberto, lesão corporal gravíssima. Acerca dessa situação hipotética, é correto afirmar que

a) Paulo e Roberto não poderão ser responsabilizados criminalmente, por se tratar de autolesões.
b) Paulo deverá responder pelo crime de homicídio na forma tentada (art. 121 c/c art. 14, inc. II, do Código Penal), e Roberto, pelo crime de induzimento, instigação ou auxílio a suicídio ou a automutilação na forma simples (art. 122, caput, do Código Penal).
c) Paulo deverá responder pelo crime de induzimento, instigação ou auxílio a suicídio ou a automutilação na forma qualificada (art. 122, § 1.°, do Código Penal), e Roberto não poderá ser responsabilizado criminalmente.
d) Paulo deverá responder pelo crime de induzimento, instigação ou auxílio a suicídio ou a automutilação na forma qualificada (art. 122, § 1.°, do Código Penal), e Roberto, pelo crime de induzimento, instigação ou auxílio a suicídio ou a automutilação na forma simples (art. 122, caput, do Código Penal).
e) Paulo deverá responder pelo crime de homicídio na forma tentada (art. 121 c/c art. 14, inc. II, do Código Penal), e Roberto não poderá ser responsabilizado criminalmente.

COMENTÁRIOS

Paulo deve responder pelo crime de homicídio tentado porque sua conduta (abertura da válvula de gás) foi eficaz para provocar a morte de seu irmão, morte que somente não ocorreu em virtude da pronta ação dos vizinhos, que sentiram o forte odor e socorreram os dois indivíduos. O fato de ter havido antes um pacto de suicídio não atrai, para Paulo, as disposições do art. 122 do CP, tendo em vista que sua conduta consistiu de fato em meio executório para a morte de outra pessoa. Paulo poderia responder por induzir ou instigar seu irmão ao suicídio se, tendo feito isso, deixasse que ele praticasse sozinho os atos necessários para provocar a própria morte.

Roberto, por sua vez, responde pelo crime do art. 122 em razão do pacto de suicídio firmado com seu irmão. Considerando que, em razão das manobras suicidas, Paulo sofreu apenas lesão corporal leve, Roberto responde pela forma simples do crime.

Alternativa correta: letra "b" (responde, também, as demais alternativas).

158. (Cespe - Delegado de Polícia - PC - PB/2022) O feminicídio - crime cometido contra a vida da mulher devido à sua condição de sexo feminino - tem aumento de pena se praticado

a) contra vítima menor de dezoito anos de idade.
b) contra vítima portadora de doença degenerativa que acarrete condição limitante.
c) durante a gestação ou nos seis meses após o parto.
d) na presença física ou virtual de descendente, ascendente ou irmão da vítima.
e) contra vítima com idade maior ou igual a sessenta e cinco anos.

COMENTÁRIOS

Alternativa "a": não há causa de aumento de pena no homicídio cometido contra menor de dezoito anos. Se a vítima é menor de quatorze anos, o crime é qualificado.

Alternativa "b": o feminicídio tem a pena aumentada de 1/3 a 1/2 se cometido contra pessoa com deficiência ou portadora de doenças degenerativas que acarretem condição limitante ou de vulnerabilidade física ou mental. O conceito de pessoa com deficiência é trazido pelo art. 2º da Lei nº 13.146/15. Doenças degenerativas que provoquem limitação ou vulnerabilidade física ou mental podem ser a esclerose múltipla, a esclerose lateral amiotrófica, o Parkinson, o Alzheimer, a osteoporose, a arteriosclerose, o diabetes e alguns tipos de câncer, por exemplo.

Alternativa "c": a pena do feminicídio é aumentada se o crime é cometido durante a gestação ou nos três meses posteriores ao parto.

Alternativa "d": há causa de aumento de pena no feminicídio cometido na presença física ou virtual de descendente ou ascendente da vítima. O irmão não é mencionado na lei.

Alternativa "e": a pena do feminicídio é aumentada se a vítima é maior de sessenta anos.

Alternativa correta: letra "b".

---

159. (FGV – Delegado de Polícia – PC – RN/2021) No dia 01/03/2014, Vitor, 60 anos, desferiu um golpe de faca no peito de sua namorada Clara, 65 anos, que foi a causa eficiente de sua morte, pois descobrira que a vítima mantinha uma relação extraconjugal com o vizinho. Foi instaurado inquérito policial para apurar o evento, entrando em vigor, no curso das investigações, a Lei n° 13.104/2015, passando a prever a qualificadora do feminicídio. As investigações somente foram concluídas em 25/01/2021.

Considerando apenas as informações expostas, a autoridade policial deverá indiciar Vitor pela prática do crime de homicídio:

a) com causa de aumento de pena, sem a qualificadora pela condição de mulher da vítima;
b) sem qualquer causa de aumento de pena e sem a qualificadora pela condição de mulher da vítima;
c) com a qualificadora pela condição de mulher da vítima, bem como causa de aumento de pena;
d) com a qualificadora pela condição de mulher da vítima, sem qualquer causa de aumento de pena;
e) com a qualificadora pela condição de mulher da vítima, além de causa de diminuição de pena pelo relevante valor moral.

COMENTÁRIOS

A Lei 13.104/15 inseriu no art. 121 do Código Penal a qualificadora do feminicídio, consistente em matar mulher por razões da condição de sexo feminino, isto é, no contexto da violência doméstica e familiar ou por menosprezo ou discriminação à condição de mulher. Em vigor a partir de março de 2015, a lei não abrange fatos anteriores, como o do enunciado, ocorrido em 2014, porque se trata de *novatio legis in pejus*. A retroatividade, nesse caso, é vedada.

Mas, como a vítima tinha sessenta e cinco anos de idade, o homicídio cometido por Vitor é majorado na forma do § 4º do art. 121, segundo o qual o homicídio doloso tem a pena aumentada de 1/3 (um terço) se o crime é praticado contra pessoa menor de quatorze ou maior de sessenta anos.

Alternativa correta: letra "a" (responde, também, as demais alternativas).

---

160. (Instituto AOCP – Delegado de Polícia – PC – PA/2021) Em determinado restaurante, almoçam João, Pedro e José. Pedro se retira para ir ao banheiro. Nesse momento, João aproveita a oportunidade e solicita que José passe o sal, a fim de salgar excessivamente a comida de Pedro. José, agindo culposamente, entrega veneno no lugar. João, notável químico, percebe o engano de José e, mesmo assim, coloca o veneno na comida de Pedro, que o ingere e vem a falecer em seguida. Considerando o caso hipotético narrado, assinale a alternativa correta.

a) Trata-se de hipótese de erro determinado por terceiro, na qual o agente provocador atua culposamente e, por isso, responde pelo crime de homicídio culposo.
b) Trata-se de hipótese de concurso de pessoas, na qual ambos respondem pelo homicídio qualificado, João como autor e José na condição de coautor.
c) Não se trata de hipótese de erro determinado por terceiro e também não há concurso de pessoas. João responde por homicídio qualificado doloso e José por homicídio culposo.
d) Não se trata de hipótese de erro determinado por terceiro e também não há concurso de pessoas. João responde por homicídio qualificado doloso e José permanecerá impune.
e) Trata-se de hipótese de concurso de pessoas, na qual ambos respondem pelo homicídio qualificado, João como autor e José na condição de partícipe.

COMENTÁRIOS

O enunciado não retrata um erro determinado por terceiro, em que figuram dois personagens: o agente provocador e o agente provocado. Trata-se de erro não espontâneo que leva o provocado à prática do delito. No caso, João solicitou o sal, mas José, por descuido, lhe entregou veneno. Haveria erro determinado por terceiro se, por exemplo, José tivesse solicitado o sal e João lhe transmitisse, dolosamente, o frasco de veneno. Nesse caso, sim, José teria servido de instrumento da conduta dolosa de João (autor mediato). No caso, há homicídio doloso na conduta de João porque, ao perceber o engano de José, ainda assim depositou o veneno na comida de Pedro. O homicídio é, ademais, qualificado pelo emprego insidioso do veneno.

E por que não há concurso de pessoas? Porque não há vínculo subjetivo entre João e José, que responde por homicídio culposo porque, como destaca expressamente o enunciado, agiu culposamente.

Alternativa correta: letra "c" (responde, também, as demais alternativas).

---

161. (Fundatec – Delegado de Polícia – PC – RS/2018) Vitalina quer matar o marido Aderbal, envenenado. Coloca veneno no café com leite que acabou de preparar para ele. Enquanto aguardava o marido chegar na cozinha, para tomar a bebida, distraiu-se e não percebeu que a filha Ritinha entrou no local e tomou a bebida, preparada para o pai. Ritinha, socorrida pela mãe, morre a caminho do hospital. Nessa hipótese, considerando o Código Penal e a doutrina, assinale a alternativa correta.

a) Vitalina deverá responder por homicídio culposo, já que não teve a intenção de matar a filha.

b) Na hipótese de Vitalina vir a ser condenada, o juiz sentenciante poderá aplicar a ela o perdão judicial.

c) Vitalina deverá responder por homicídio doloso, restando configurada situação denominada de aberratio ictus por acidente.

d) Vitalina não responderá por homicídio, em razão de ter havido aberratio ictus.

e) Vitalina responderá por homicídio doloso, restando configurada situação de aberratio ictus por erro no uso dos meios de execução.

COMENTÁRIOS

Alternativa "a": considerando que nos casos de *aberratio ictus* a imputação se dá como se a vítima pretendida houvesse sido atingida, Vitalina responde por homicídio doloso, como se tivesse matado seu marido.

Alternativa "b": tratando-se de homicídio doloso, não há possibilidade de aplicar o perdão judicial.

Alternativa "c" (responde, também, a alternativa "e"): a doutrina moderna, percebendo que o art. 73 do CP anuncia que o engano pode derivar de "acidente ou erro no uso dos meios de execução", diferencia a *aberratio ictus* em duas espécies: a) a primeira, *aberratio ictus* por acidente, caracteriza-se por não haver erro no golpe, mas desvio na execução, podendo a pessoa visada estar ou não no local. É o caso do exemplo do enunciado, em que Vitalina pretendia envenenar o marido quando ele tomasse o café, mas quem acabou envenenada foi sua filha; b) na segunda, *erro no uso dos meios (instrumentos) de execução*, existe erro no golpe, ou, em outras palavras, desvio na execução em razão da inabilidade do agente no manuseio ou uso dos meios utilizados na execução do crime. Neste caso, a vítima se encontra no local da execução do delito. Ex.: "A" percebe seu pai se aproximando e mira corretamente visando atingir o ascendente, mas, por inabilidade, acaba atingindo o seu vizinho.

Alternativa "d": a *aberratio ictus* é um erro acidental, que **não** exclui o dolo, não exclui a culpa e não gera isenção de pena.

Alternativa correta: letra "c".

---

162. (Cespe - Delegado de Polícia - PC - SE/2018) Em um clube social, Paula, maior e capaz, provocou e humilhou injustamente Carlos, também maior e capaz, na frente de amigos. Envergonhado e com muita raiva, Carlos foi à sua residência e, sem o consentimento de seu pai, pegou um revólver pertencente à corporação policial de que seu pai faz parte. Voltando ao clube depois de quarenta minutos, armado com o revólver, sob a influência de emoção extrema e na frente dos amigos, Carlos fez disparos da arma contra a cabeça de Paula, que faleceu no local antes mesmo de ser socorrida.

Acerca dessa situação hipotética, julgue os próximos itens.

162.1. Carlos agiu sob o pálio da excludente de legítima defesa justificante.

COMENTÁRIOS

Segundo se extrai do art. 25 do CP, são requisitos da legítima defesa: a) **agressão injusta**: entende-se por agressão a conduta (ação ou omissão) humana que ataca ou coloca em perigo bens jurídicos de alguém. Injusta é a agressão contrária ao direito, não necessariamente típica; b) **atual ou iminente**: agressão atual é a presente, a que está ocorrendo. Iminente é a que está prestes a ocorrer. Não se admite legítima defesa contra agressão passada (vingança) ou futura (mera suposição); c) **uso moderado dos meios necessários**: com o presente requisito, o legislador quer assegurar proporcionalidade entre o ataque e a defesa. Para repelir a injusta agressão (ataque), deve o agredido usar de forma moderada o meio necessário que servirá na sua defesa (contra-ataque); d) **proteção do direito próprio ou de outrem**: admite-se legítima defesa no resguardo de qualquer bem jurídico (vida, integridade física, honra, patrimônio, dignidade sexual etc.) próprio (legítima defesa própria ou *in persona*) ou alheio (legítima defesa de terceiro ou *ex persona*); e) **conhecimento da situação de fato justificante**: deve o agente conhecer as circunstâncias do fato justificante, demonstrando ter ciência de que está agindo diante de um ataque atual ou iminente (requisito subjetivo). A provocação e a humilhação praticadas por Paula contra Carlos não caracterizam agressão injusta. E ainda que assim não fosse, a conduta de Carlos, que foi à sua residência para se armar e voltou ao local, seria de qualquer forma incompatível com o ato de repelir uma agressão injusta atual ou iminente.

Alternativa correta: "errado".

162.2. Carlos agiu sob o pálio da legítima defesa putativa.

COMENTÁRIOS

Há duas formas de fantasiar uma descriminante: a) na primeira, o agente supõe agir sob o manto de uma justificante em razão de erro quanto à sua existência ou seus limites. Apesar de conhecer a situação de fato, ignora a ilicitude do comportamento; b) na segunda (prevista no art. 20, § 1º, do CP), o agente se engana quanto aos pressupostos fáticos do evento. Supõe estar diante de uma situação de fato que, na realidade, não existe. O enunciado não retrata nenhuma das duas situações.

Alternativa correta: "errado".

162.3. Por ter agido influenciado por emoção extrema, Carlos poderá ser beneficiado pela incidência de causa de diminuição de pena.

COMENTÁRIOS

Há situações em que o homicídio pode ser privilegiado, quando então a pena pode ser reduzida de um sexto a um terço. Uma das circunstâncias que privilegiam o homicídio é o estado anímico do agente. Segundo o art. 121, § 1º, do CP, ocorre quando a conduta se dá sob o domínio de violenta emoção, logo em seguida a injusta provocação da vítima. Neste caso, o sujeito ativo, diante da injusta provocação da vítima, reage de imediato, dominado por intenso choque emocional, capaz de anular sua capacidade de autocontrole durante o cometimento do crime. Não é o caso do exemplo do enunciado, em que Carlos agiu apenas influenciado (não dominado) por violenta emoção, já passados quarenta minutos da provocação injusta.

Alternativa correta: "errado".

162.4. Incide a favor de Carlos circunstância atenuante que tem efeito sobre a culpabilidade.

COMENTÁRIOS

Embora, como vimos no item anterior, não incida causa de diminuição relativa ao domínio de violenta emoção, o art. 65, inc. III, *c*, do CP contempla uma atenuante de pena para as situações em que o crime é cometido sob a *influência* de violenta emoção, provocada por ato injusto da vítima. Neste caso, não se exige que o agente atue *dominado* pela emoção, nem há necessidade de que a ação se dê logo em seguida à injusta provocação.

Alternativa correta: "certo".

162.5. A culpabilidade de Carlos poderá ser afastada por inexigibilidade de conduta diversa.

COMENTÁRIOS

Para a reprovação social, não basta que o autor do fato lesivo seja imputável e tenha possibilidade de lhe conhecer o caráter ilícito. Exige-se, ainda, que nas circunstâncias tivesse a possibilidade de atuar de acordo com o ordenamento jurídico. Caso não haja esta possibilidade, a culpabilidade é afastada por inexigibilidade de conduta diversa, o que não ocorre no exemplo do enunciado, em que era perfeitamente possível que Carlos atuasse conforme o ordenamento jurídico.

Alternativa correta: "errado".

162.6. Na situação considerada, em que Paula foi vitimada por Carlos por motivação torpe, caso haja vínculo familiar entre eles, o reconhecimento das qualificadoras da motivação torpe e de feminicídio não caracterizará bis in idem.

COMENTÁRIOS

No julgamento do HC 430.222/MG (j. em 15/03/2018), o STJ negou a ordem sob – dentre outros – o argumento de que as qualificadoras do motivo torpe e do feminicídio não são incompatíveis porque não têm a mesma natureza: enquanto a primeira é subjetiva, esta última é dotada de índole objetiva.

Alternativa correta: "certo".

163. (IBADE – Delegado de Polícia – AC/2017) Horácio, traficante de drogas, é integrante de uma facção criminosa instalada em certa comunidade carente. Lucinda, ao seu turno, mora em comunidade dominada por facção criminosa rival. Devido ao preço do aluguel, Lucinda se muda para a mesma comunidade de Horácio, que, ao descobrir a origem de Lucinda, decide matá-la. Assim, usando uma arma de fogo adquirida exclusivamente para aquela finalidade, Horácio vai à casa de Lucinda e derruba a porta. Após percorrer alguns cômodos, Horácio descobre o quarto de seu alvo, encontrando Lucinda sentada em uma cadeira de rodas. Só então descobre que a mulher é tetraplégica. Não obstante, Horácio coloca em prática sua intenção criminosa e mata a vítima com um tiro na testa. Considerando apenas as informações contidas no enunciado, pode- se dizer que Horácio praticou crime de:

a) feminicídio majorado
b) homicídio qualificado pelos motivos determinantes e pelo modo de execução.
c) homicídio qualificado pelos motivos determinantes.
d) homicídio qualificado pelo modo de execução.
e) Feminicídio

COMENTÁRIOS

Alternativa "a" (responde, também, a alternativa "e"): não se trata de feminicídio, pois Horácio não matou porque a vítima era do sexo feminino, pressuposto para que incida a qualificadora do art. 121, § 2º, inciso VI, do CP.

Alternativa "b" (responde, também, a alternativa "d"): também não se trata de qualificadora pela forma de execução, pois nenhuma das circunstâncias dos incisos III e IV do § 2º do art. 121 está presente na descrição do enunciado. Note-se que o fato de Lucinda ser tetraplégica não torna o homicídio qualificado pelo recurso que torna impossível a defesa, pois a tetraplegia é uma condição da vítima, não um meio de execução do homicídio. O recurso que torna impossível a defesa é aquele que segue a fórmula das primeiras expressões do inciso IV (traição, emboscada ou dissimulação), ou seja, é o recurso que impede a defesa porque utilizado com certa surpresa, impedindo que a vítima perceba a ação do homicida.

Alternativa "c": Horácio responde pelo homicídio qualificado pelo motivo torpe, pois, segundo se extrai do enunciado, matou Lucinda pelo fato de ser ela procedente de uma comunidade dominada por facção rival. O motivo torpe corresponde à razão vil, ignóbil, repugnante, abjeta de matar alguém.

Alternativa correta: letra "c".

164. (Vunesp – Delegado de Polícia – SP/2014) "X" estaciona seu automóvel regularmente em uma via pública com o objetivo de deixar seu filho, "Z", na pré-escola, entretanto, ao descer do veículo para abrir a porta para "Z", não percebe que, durante esse instante, a criança havia soltado o freio de mão, o suficiente para que o veículo se deslocasse e derrubasse um idoso, que vem a falecer em razão do traumatismo craniano causado pela queda. Em tese, "X"

a) responderá pelo crime de homicídio culposo com pena mais severa do que a estabelecida no Código Penal, nos termos do Código de Trânsito Brasileiro.

b) responderá pelo crime de homicídio culposo, entretanto, a ele poderá ser aplicado o perdão judicial.

c) não responde por crime algum, uma vez que não agiu com dolo ou culpa.

d) responderá pelo crime de homicídio doloso por dolo eventual.

e) responderá pelo crime de homicídio culposo em razão de sua negligência.

COMENTÁRIOS

Conforme narra o enunciado, "X" estacionou seu veículo regularmente e dele se retirou momentaneamente apenas com a finalidade de abrir a porta para seu filho. Neste ínterim, a criança soltou o freio de mão do automóvel, fazendo com que este se deslocasse e atingisse um idoso. Nesta situação, é certo que "X" não agiu com dolo (direto ou eventual), pois não quis nem assumiu o risco de atingir o idoso; também não há culpa, pois, diante das circunstâncias, não é possível estabelecer previsibilidade de que, estacionado o veículo de forma regular, com a adoção dos cuidados necessários, a criança agiria repentinamente para fazê-lo se deslocar. Por isso, "X" não praticou conduta criminosa.

Alternativa correta: letra "c" (responde, também, as demais alternativas).

---

165. (UEL – Delegado de Polícia – PR/2013) Leia o texto a seguir.

Paulo, diante de séria discussão com Pedro, dirigiu-se até a sua residência e, visando causar mal injusto contra este, apanhou uma arma de fogo e, de dentro de seu quintal mas em direção à via pública, efetuou vários disparos contra a pessoa de Pedro. Vale ressaltar que Paulo tinha registro de sua arma de fogo e que Pedro foi socorrido por terceiros e não veio a óbito.

Diante do caso exposto, Paulo responderá pelo crime de

a) tentativa de homicídio, em concurso material com o crime de disparo de arma de fogo, por força do Art. 69 do Código Penal.

b) tentativa de homicídio, em concurso formal com o crime de disparo de arma de fogo, por força do Art. 70 do Código Penal.

c) tentativa de homicídio, não respondendo pelo crime de disparo de arma de fogo, haja vista que este é crime subsidiário.

d) tentativa de homicídio, em continuidade delitiva com o crime de disparo de arma de fogo, por força do Art. 71 do Código Penal.

e) disparo de arma de fogo, não respondendo pela tentativa de homicídio, haja vista que o crime definido no Art. 15 da Lei10.826/2003 tutela a segurança pública.

COMENTÁRIOS

O art. 15 da Lei nº 10.826/03 tipifica a conduta de disparar arma de fogo ou acionar munição em lugar habitado ou em suas adjacências, em via pública ou em direção a ela. Ocorre que, por expressa disposição do mesmo artigo, este crime só se verifica quando a conduta não tenha como finalidade a prática de outro delito. No exemplo citado, Paulo não pretendia simplesmente efetuar disparos de arma de fogo em direção à via pública, mas almejava, como de fato ocorreu, atingir Pedro, que não morreu por ter sido prontamente socorrido. Dessa forma, Paulo será responsabilizado por tentativa de homicídio, conduta que se sobrepõe àquela estabelecida no Estatuto do Desarmamento.

Alternativa correta: letra "c" (responde, também, as demais alternativas).

---

166. (FUNCAB – Delegado de Polícia – ES/2013) Crisântemo não possuía as pernas e utilizava uma cadeira de rodas para se locomover. Em um determinado dia, estando em seu sítio, percebeu quando elementos furtavam frutas em seu pomar. Gritou e pediu insistentemente que se afastassem e fossem embora. Como os elementos continuassem a subtrair-lhe as frutas, efetuou um disparo com sua espingarda, calibre 38, contra os mesmos, tendo o disparo transfixado um deles e lesionado outro que, em razão dos ferimentos, permaneceram quarenta dias internados em um hospital público da cidade. Após restar provado todo esse episódio, pode-se afirmar que Crisântemo

a) praticou o crime de tentativa de homicídio qualificado pelo motivo torpe, tendo ocorrido *aberratio ictus*.

b) praticou o crime de tentativa de homicídio qualificado pelo motivo fútil, tendo ocorrido *aberratio ictus*.

c) não praticou crime, pois se utilizou do meio necessário, portanto excluindo a ilicitude.

d) praticou o crime de lesão corporal grave consumada, tendo ocorrido *aberratio ictus*.

e) praticou o crime de lesão corporal gravíssima consumada, tendo ocorrido *aberratio delicti*.

COMENTÁRIOS

Alternativa "a": não há motivo torpe, pois a razão do crime não foi vil, ignóbil, mas desproporcional em relação à ofensa.

Alternativa "b": embora a assertiva tenha sido considerada correta, parece-nos que apenas parte dela assim se revela. É fato que se Crisântemo efetuou disparo de arma de fogo contra os indivíduos agiu, quando menos, com dolo eventual de matar. Se o fato ocorreu tão somente porque lhe furtavam frutas do pomar, não há dúvida de que o motivo é fútil. Não vislumbramos, todavia, erro na execução, pois em nenhum momento o enunciado aponta que Crisântemo pretendia atingir determinado furtador e, por erro, acabou por atingir dois. Narra-se apenas que o mesmo tiro, disparado a esmo, transfixou um deles e alcançou outro. Diante disso, conclui-se ter havido duas tentativas de homicídio em concurso formal.

Alternativa "c": Crisântemo até poderia defender seu patrimônio, inclusive utilizando a arma de fogo, se aquele era o único meio de que dispunha. Deveria, no entanto, ter atuado proporcionalmente, disparando para o alto, por exemplo, não diretamente contra quem não lhe oferecia nenhum perigo pessoal.

Alternativa "d" (responde, também, a alternativa "e"): não há lesão corporal porque a forma como ocorreu o disparo revela a assunção do risco de causar a morte, não o propósito de ferir.

Alternativa correta: letra "b".

167. (FUNCAB – Delegado de Polícia – ES/2013) Adriana, desejando a morte de sua amiga Leda, por vingança, mediante ameaça com uma faca, obrigou-a a ingerir "chumbinho", substância utilizada para matar ratos, a despeito das súplicas da vítima que sabia que a ingestão daquela substância poderia levá-la a morte. Após a ingestão do veneno, a vítima permaneceu agonizando por duas horas, vindo a óbito. Logo, Adriana deve responder pelo crime de homicídio doloso:

a) simples consumado.
b) qualificado por meio insidioso.
c) qualificado por meio cruel.
d) duplamente qualificado por motivo torpe e por meio insidioso.
e) duplamente qualificado por motivo torpe e por meio cruel.

COMENTÁRIOS

Alternativa "c" (responde, também, as alternativas "a" e "b"): verifica-se o meio cruel, já que o emprego da substância venenosa aumentou inutilmente o sofrimento da vítima. Note que o crime não se qualifica, neste caso, pelo emprego de veneno, pois, sendo este um meio insidioso (traiçoeiro, enganador) de cometer o crime, é imprescindível que a vítima desconheça que ingere substância letal.

Alternativa "d" (responde, também, a alternativa "e"): embora não se tenha considerado dessa forma na questão, entendemos que pode ou não a vingança constituir motivo torpe, dependendo da causa que a originou. Nesse sentido, aliás, decidiu o STJ: "4. O motivo do crime – ceifar a vida da vítima para vingar a morte do irmão –, embora reprovável, não pode ser considerado abjeto, repugnante e vil, afastando-se a torpeza como qualificadora do delito, por manifesta improcedência. 5. A vingança como motivo é aquela que mais vivamente ofende a moralidade média, o senso ético social comum. É o motivo abjeto, repugnante, indigno. A realidade fática, as características do acontecimento, as peculiaridades relevantes e as condições das pessoas envolvidas é que nortearão o intérprete na acolhida ou na repulsa do gravame (REsp 1637001/PR, Rel. Ministro ROGERIO SCHIETTI CRUZ, SEXTA TURMA, julgado em 12/12/2017, DJe 19/12/2017). 6. Assim, A vingança, por si só, não substantiva o motivo torpe; a sua afirmativa, contudo, não basta para elidir a imputação de torpeza do motivo do crime, que há de ser aferida à luz do contexto do fato (STF, HC 83.309/MS, Primeira Turma, Rel. Min. Sepúlveda Pertence, DJ de 06/02/2004)" (REsp 1.816.313/PB, j. 10/09/2019). Na mesma linha, entendeu o STF: "a vingança, por si só, não consubstancia o motivo torpe; a sua afirmativa, contudo, não basta para elidir a imputação de torpeza do motivo do crime, que há de ser aferida à luz do contexto do fato." (HC 83.309-MS, DJ 6/2/2004).

Alternativa correta: letra "c".

168. (FGV – Delegado de Polícia – MA/2012) Juca, transtornado, após ter flagrado seu pai praticando violência sexual com sua irmã de apenas 05 anos de idade, que vem a falecer em razão da violência praticada, desfere uma facada contra a cabeça do seu genitor que também vem a falecer. Após desferir o golpe contra seu pai, e certificar-se da morte deste, Juca foge levando o relógio que a vítima usava na ocasião. O agressor sexual era solteiro e possuía somente estes dois filhos. Mais tarde, com a prisão de Juca, o fato foi levado ao conhecimento da autoridade policial.

Com base no exposto, assinale a alternativa que apresenta a tipificação correta.

a) Juca deverá responder por homicídio qualificado pelo meio cruel (Art. 121, § 2°, III, do CP) e por furto simples (Art. 155, do CP).
b) Juca deverá responder por homicídio privilegiado (Art. 121, § 1°, do CP) e por furto simples (Art. 155, do CP).
c) Juca não deverá responder por qualquer crime por ter agido escorado pela excludente de ilicitude da legítima defesa de terceiro.
d) Juca deverá responder por homicídio privilegiado (Art. 121, § 1°, do CP).
e) Juca deverá responder por homicídio privilegiado (Art. 121, § 1°, do CP) e por roubo simples (Art. 157, do CP).

COMENTÁRIOS

Há homicídio privilegiado pelo relevante valor moral, ligado aos interesses individuais, particulares do agente, entre eles os sentimentos de piedade, misericórdia e compaixão. Não se trata (ao menos pelo que indica o enunciado) de domínio de violenta emoção logo após injusta provocação da vítima, pois, nada obstante seja possível a provocação indireta, isto é, dirigida contra terceira pessoa ou até mesmo contra um animal, não há indicação de que Juca estava dominado pela violenta emoção. Também não é caso de legítima defesa de terceiro, pois, de acordo com a narrativa, a morte da criança ocorreu antes. No mais, Juca não responde pelo furto porque, morrendo seu pai, o relógio lhe foi automaticamente transmitido (note que o próprio enunciado sinaliza neste sentido ao destacar que o agressor sexual era solteiro e tinha como filhos somente a vítima da agressão sexual e o homicida), afastando o crime patrimonial, que não pode recair sobre bem do próprio agente. É certo que o art. 1814 do Código Civil dispõe ser excluído da sucessão o autor de homicídio doloso contra a pessoa a ser sucedida. Ocorre que, nos termos do art. 1815, a exclusão deve ser declarada por sentença, ou seja, não é automática.

Alternativa correta: letra "d" (responde, também, as demais alternativas).

169. (FUNCAB - Delegado de Polícia - RJ/2012) Osvaldo, desejando matar, disparou seu revólver contra Arnaldo, que, em razão do susto, desmaiou. Osvaldo, acreditando piamente que Arnaldo estava morto, colocou-o em uma cova rasa que já havia cavado, enterrando-o, vindo a vítima a efetivamente morrer, em face da asfixia. Assim, Osvaldo praticou:

a) homicídio qualificado pela asfixia e homicídio culposo, bem como ocultação de cadáver.
b) homicídio qualificado pela asfixia e ocultação de cadáver.
c) homicídio simples e ocultação de cadáver.
d) homicídio culposo.
e) homicídio simples.

COMENTÁRIOS

Alternativa "a": não se descarta a existência de orientação doutrinária minoritária no sentido de que, em situações dessa natureza, o agente deve responder por tentativa de homicídio e por homicídio culposo. Não há possibilidade, no entanto, de responsabilização por homicídio doloso consumado e por homicídio culposo: ou a morte se deu por dolo ou por culpa. Além disso, não há ocultação de cadáver no exemplo narrado porque, no momento em que Osvaldo enterrou Arnaldo, não havia cadáver, pois a vítima ainda não havia morrido.

Alternativas "b", "c" e "d": ver comentários às demais assertivas.

Alternativa "e": trata-se de situação em que o agente atuou por dolo geral (ou erro sucessivo), em que, supondo já ter alcançado o resultado visado (homicídio por disparo de arma de fogo), pratica nova ação que efetivamente o provoca (enterro da vítima). Verifica-se, neste caso, a *aberratio causae*, espécie de erro sobre o nexo causal (erro de tipo acidental) em que o agente, mediante conduta desenvolvida em pluralidade de atos, provoca o resultado pretendido, porém com outro nexo. Não se aplica, no exemplo citado, a qualificadora do homicídio por asfixia porque Osvaldo não atuou com dolo sobre esta circunstância, pois acreditava que Arnaldo já estava morto em decorrência dos disparos quando o enterrou. Atribuir-lhe a circunstância qualificadora sem o dolo caracterizaria responsabilidade objetiva.

Alternativa correta: letra "e".

170. (Delegado de Polícia - SC / 2008 - ACADEPOL) Analise as alternativas e assinale a **correta**.

a) Tentativa cruenta de homicídio é aquela que causa sofrimento desnecessário à vítima ou revela uma brutalidade incomum, em contraste com o mais elementar sentimento de piedade humana.
b) O latrocínio (roubo qualificado com resultado morte) é uma modalidade especial de homicídio.
c) O crime de homicídio não pode ser causado por omissão.
d) As circunstâncias legais contidas na figura típica do homicídio privilegiado são de natureza subjetiva.

COMENTÁRIOS

Alternativa "a": a tentativa cruenta é aquela em que, embora o agente não consiga atingir seu intento, a vítima é atingida, independentemente da intensidade.

Alternativa "b": o latrocínio é modalidade do crime de roubo (art. 157, § 3º, do Código Penal), competindo seu julgamento ao juízo singular, não ao tribunal do júri (Súmula 603 STF).

Alternativa "c": é perfeitamente possível o cometimento do homicídio por omissão na situação em que o agente tem o dever de agir para evitar o resultado, como no caso, por exemplo, do policial que presencia uma agressão homicida e nada faz para impedi-la.

Alternativa "d": as circunstâncias que privilegiam o homicídio têm caráter subjetivo. As duas primeiras "privilegiadoras" estão umbilicalmente ligadas à razão de ser do crime. Motivo de *relevante valor social* diz respeito aos interesses de toda uma coletividade, logo, nobre e altruístico (ex.: indignação contra um traidor da pátria). Já o *relevante valor moral* liga-se aos interesses individuais, particulares do agente, entre eles os sentimentos de piedade, misericórdia e compaixão. A última "privilegiadora" relaciona-se com o estado anímico do agente (homicídio emocional). Neste caso, o sujeito ativo, logo em seguida a injusta provocação da vítima, reage, de imediato, sob *intenso* choque emocional, capaz de anular sua capacidade de autocontrole durante o cometimento do crime.

Alternativa correta: letra "d".

171. (Delegado de Polícia - SC / 2008 - ACADEPOL) Em relação ao crime de homicídio, marque **V** ou **F**, conforme as afirmações a seguir sejam **verdadeiras** ou **falsas**.

( ) O "outro crime" de que fala a qualificadora do homicídio sob o inciso V do § 2º do artigo 121 (conexão teleológica) do Código Penal somente pode ser executado pelo agente do homicídio.

( ) Na "emboscada" o sujeito ativo aguarda ocultamente a passagem ou chegada da vítima, que se encontra desprevenida, para o fim de atacá-la. É inerente a esse recurso a premeditação.

( ) A multiplicidade de golpes de arma branca contra a vítima não qualifica, por si só, o crime de homicídio pelo emprego de meio cruel.

( ) A causa privilegiadora do "relevante valor moral" é incompatível com o homicídio cometido com o emprego de veneno.

( ) O homicídio é crime comum.

A sequência **correta**, de cima para baixo, é:

a) F – V – V – F – V

b) V – V – V – F – V

c) F – F – V – V – F

d) V – F – F – F – V

COMENTÁRIOS

Primeiro item: "Outro crime" de que trata a qualificadora pode ser de autoria do próprio homicida ou de pessoa diversa (ex.: matar para assegurar a impunidade do irmão autor de um assalto a um banco).

Segundo item: *Emboscada* pressupõe ocultamento do agente, que ataca a vítima com surpresa. Denota essa circunstância maior covardia e perversidade por parte do delinquente, que age em premeditação.

Terceiro item: O meio cruel é aquele em que o agente, para cometer o homicídio, provoca na vítima sofrimento maior do que o comum, desnecessário. A multiplicidade de golpes, por si só, não é capaz de configurar a qualificadora, devendo ser aferido se a vítima foi efetivamente submetida a maior sofrimento.

Quarto item: Trata-se, no caso, do homicídio qualificado-privilegiado, em que a circunstância que diminui a pena, de caráter subjetivo, é compatível com a qualificadora do emprego de veneno, de natureza objetiva.

Quinto item: Crime comum é aquele que pode ser cometido por qualquer pessoa. Considerando que o tipo penal do homicídio não exige nenhuma qualidade especial por parte do sujeito ativo, diz-se que o homicídio é crime comum.

Alternativa correta: letra "a".

34. INDUZIMENTO, INSTIGAÇÃO OU AUXÍLIO A SUICÍDIO OU A AUTOMUTILAÇÃO

172. (CEBRASPE – 2023 – PC/AL – Delegado) Em relação aos crimes contra a pessoa e contra a fé pública, julgue o item a seguir.

A instigação à prática da automutilação ou a prestação de auxílio material para que a vítima o faça configura o crime de lesão corporal, que pode variar conforme a gravidade da lesão.

COMENTÁRIOS

Os atos de induzir ou instigar alguém a praticar automutilação ou prestar-lhe auxílio material para que o faça correspondem ao crime do art. 122 do CP (induzimento, instigação ou auxílio a suicídio ou a automutilação), não ao crime de lesão corporal. A redação atual do art. 122 é conferida pela Lei 13.968/19, que passou a tipificar conjuntamente o induzimento, a instigação e o auxílio ao suicídio e à automutilação. A nosso ver, errou o legislador. Misturou, no mesmo tipo, comportamentos manifestamente distintos.; cumulou na mesma redação típica crime doloso contra a vida e crime de natureza diversa. Não que a participação em automutilação não merecesse punição própria; apenas deveria estar tipificada em outro dispositivo, como, por exemplo, art. 129-A, topograficamente mais coerente. A pena cominada aos dois comportamentos também merece críticas, pois as condutas relativas ao suicídio e à automutilação têm exatamente as mesmas consequências penais, algo absolutamente desproporcional em virtude das diferenças essenciais entre as condutas punidas: enquanto as primeiras buscam a eliminação da vida, as outras se limitam à lesão corporal.

Alternativa correta: "errado".

35. ABORTO

173. (Cespe – Delegado de Polícia – PC – RJ/2022) Ao analisar sob o prisma jurídico-penal um abortamento, o delegado de polícia deverá verificar se a interrupção da gravidez, nas circunstâncias em que ocorreu, era permitida. Acerca do abortamento permitido, assinale a opção correta.

a) Conforme entendimento majoritário do STF, o abortamento de feto anencefálico é possível, haja vista a tese de que a gestante que opta pela interrupção da gravidez atua em estado de necessidade.

b) Deve ser responsabilizado por aborto culposo o médico que, por erro vencível, diagnostique uma gravidez com sério risco para a vida da gestante e realize a intervenção abortiva por equívoco.

c) Consoante o STJ, a Síndrome de Body Stalk autoriza a intervenção abortiva porque, embora exista uma mínima chance de salvar o feto e garantir o nascimento com vida, determina a morte da gestante durante o parto, cuidando-se de abortamento terapêutico.

d) Em discussão acerca da possibilidade de aborto no primeiro trimestre de gravidez, ministro do STF proferiu voto defendendo a inexistência de aborto criminoso nesse período, invocando para tanto, entre outros argumentos, o critério da proporcionalidade.

e) No aborto sentimental ou humanitário, dado que a ocorrência de um estupro nem sempre será verificável de plano, exige-se ordem judicial, sem a qual a intervenção será criminosa.

COMENTÁRIOS

Alternativa "a": o Supremo Tribunal Federal, na ADPF 54, reconheceu que, diante de uma deformação irreversível do feto, há de se lançar mão dos avanços médicos tecnológicos, postos à disposição da humanidade não para simples inserção, no dia a dia, de sentimentos mórbidos, mas, justamente, para fazê-los cessar. No caso da anencefalia, a ciência médica atua com margem de certeza igual a 100%. Dados merecedores da maior confiança evidenciam que fetos anencefálicos morrem no período intrauterino em mais de 50% dos casos. A gestante convive diuturnamente com a triste realidade e a lembrança ininterrupta do feto, que nunca poderá se tornar um ser vivo. Se assim é – e ninguém ousa contestar –, trata-se de situação concreta que foge à glosa própria ao aborto – que conflita com a dignidade humana, a legalidade, a liberdade e a autonomia de vontade. A decisão não se baseou no estado de necessidade, mas na liberdade sexual e reprodutiva, na garantia de saúde, dignidade e autodeterminação.

Alternativa "b": não existe no Direito Penal brasileiro a figura do aborto culposo. Todas as formas tipificadas de aborto são dolosas.

Alternativa "c": o aborto terapêutico – ou necessário – é admitido no art. 128, inc. I, do CP e ocorre se não há outro meio de salvar a vida da gestante. A Síndrome de Body Stalk não se relaciona com a situação em que há mínima chance de salvar o feto e garantir o nascimento com vida, mas provável morte da gestante durante o parto. Trata-se de uma condição em que o feto é malformado em virtude de inexistente ou reduzida vascularização, que provoca inevitavelmente a morte quando acontece o parto. Por outro lado, nem sempre provoca riscos para a gestante. No REsp 1.467.888/GO, o STJ abordou essa questão. No recurso não se discutia, propriamente, a autorização para o aborto, mas a tentativa de um terceiro, por via judicial, impedi-lo. Em um dos tópicos do acórdão, assentou-se: "Reproduzidas, salvo pela patologia em si, todos efeitos deletérios da anencefalia, hipótese para qual o STF, no julgamento da ADPF 54, afastou a possibilidade de criminalização da interrupção da gestação, também na síndrome de body-stalk, impõe-se dizer que a interrupção da gravidez, nas circunstâncias que experimentou a recorrente, era direito próprio, do qual poderia fazer uso, sem risco de persecução penal posterior e, principalmente, sem possibilidade de interferências de terceiros, porquanto, *ubi eadem ratio, ibi eadem legis dispositio.* (Onde existe a mesma razão, deve haver a mesma regra de Direito)".

Alternativa "d": no HC 124.306 (DJe 17/03/2017), a 1ª T do STF, concedeu a ordem para revogar a prisão cautelar decretada em processo que apurava a prática de aborto consentido, fundamentando a decisão, dentre outras, na tese de que a interrupção da gravidez no primeiro trimestre não deve ser criminalizada, a exemplo do que já ocorre em países democráticos e desenvolvidos, como os Estados Unidos, Alemanha, França, Reino Unido e Holanda. Conforme se extrai do acórdão, "é preciso conferir interpretação conforme a Constituição aos próprios arts. 124 a 126 do Código Penal – que tipificam o crime de aborto – para excluir do seu âmbito de incidência a interrupção voluntária da gestação efetivada no primeiro trimestre. A criminalização, nessa hipótese, viola diversos direitos fundamentais da mulher, bem como o princípio da proporcionalidade. 4. A criminalização é incompatível com os seguintes direitos fundamentais: os direitos sexuais e reprodutivos da mulher, que não pode ser obrigada pelo Estado a manter uma gestação indesejada; a autonomia da mulher, que deve conservar o direito de fazer suas escolhas existenciais; a integridade física e psíquica da gestante, que é quem sofre, no seu corpo e no seu psiquismo, os efeitos da gravidez; e a igualdade da mulher, já que homens não engravidam e, portanto, a equiparação plena de gênero depende de se respeitar a vontade da mulher nessa matéria. 5. A tudo isto se acrescenta o impacto da criminalização sobre as mulheres pobres. É que o tratamento como crime, dado pela lei penal brasileira, impede que estas mulheres, que não têm acesso a médicos e clínicas privadas, recorram ao sistema público de saúde para se submeterem aos procedimentos cabíveis. Como consequência, multiplicam-se os casos de automutilação, lesões graves e óbitos. 6. A tipificação penal viola, também, o princípio da proporcionalidade por motivos que se cumulam: (i) ela constitui medida de duvidosa adequação para proteger o bem jurídico que pretende tutelar (vida do nascituro), por não produzir impacto relevante sobre o número de abortos praticados no país, apenas impedindo que sejam feitos de modo seguro; (ii) é possível que o Estado evite a ocorrência de abortos por meios mais eficazes e menos lesivos do que a criminalização, tais como educação sexual, distribuição de contraceptivos e amparo à mulher que deseja ter o filho, mas se encontra em condições adversas; (iii) a medida é desproporcional em sentido estrito, por gerar custos sociais (problemas de saúde pública e mortes) superiores aos seus benefícios".

Alternativa "e": o inciso II do art. 128 trata do aborto no caso de gravidez resultante de estupro (aborto sentimental). Se, no tocante ao "aborto terapêutico", é a preocupação de salvar a vida da gestante que informa o preceito, em relação ao inciso II o motivo consiste em que nada justificaria impor-se à vítima do atentado sexual, ofendida em sua honra, uma maternidade que talvez lhe fosse odiosa e sempre relembraria o triste acontecimento de sua vida. É desnecessária decisão judicial que autorize o aborto. Tampouco se exige eventual julgamento do processo-crime relativo ao estupro, pois, a essa altura, devido à demora, a criança já teria nascido. De rigor, no entanto, que se colha o consentimento da gestante ou, se incapaz, de seu representante legal.

Alternativa correta: letra "d".

---

174. (Inst. Acesso – Delegado de Polícia – PC – ES/2019) Ana, após realizar exame médico, descobriu estar grávida. Estando convicta de que a gravidez se deu em decorrência da prática de relação sexual extraconjugal que manteve com Pedro, seu colega de faculdade, e temendo por seu matrimônio decidiu por si só que iria praticar um aborto. A jovem comunicou a Pedro que estava grávida e pretendia realizar um aborto em uma clínica clandestina. Pedro, por sua vez, procurou Robson, colega que cursava medicina, e o convenceu a praticar o aborto em Ana. Assim, alguns dias depois de combinar com Pedro, Robson encontrou Ana e realizou o procedimento de aborto.

Sobre a questão apresentada, é correto afirmar que a conduta de Ana se amolda ao crime previsto no

a) art. 124, segunda parte, do Código Penal (consentimento para o aborto). Robson, por sua vez, tem sua conduta subsumida ao crime previsto no art. 126, do Código Penal (aborto provocado por terceiro com consentimento). Já Pedro responderá como partícipe no crime de Robson.
b) art. 124, segunda parte, do Código Penal (consentimento para o aborto). Robson, por sua vez, tem sua conduta subsumida ao crime previsto no art. 124, segunda parte, do Código Penal. Já Pedro responderá como partícipe no crime de Ana.
c) art. 125, segunda parte, do Código Penal (consentimento para o aborto). Robson, por sua vez, tem sua conduta subsumida ao crime previsto no art. 124 do Código Penal (aborto provocado por terceiro sem consentimento). Já Pedro responderá como partícipe no crime de Robson.
d) art. 124, primeira parte, do Código Penal (autoaborto). Robson, por sua vez, tem sua conduta subsumida ao crime previsto no art. 126 do Código Penal (aborto provocado por terceiro com consentimento). Já Pedro responderá como partícipe no crime de Ana.
e) art. 126, primeira parte, do Código Penal (autoaborto). Robson, por sua vez, tem sua conduta subsumida ao crime previsto no art. 124 do Código Penal (aborto provocado por terceiro com consentimento). Já Pedro responderá como participe no crime de Ana.

COMENTÁRIOS

No crime de aborto se identifica uma das exceções pluralistas à teoria monista, aplicada como regra no concurso de pessoas. Segundo esta teoria, ainda que o fato criminoso tenha sido praticado por vários agentes, conserva-se único e indivisível, sem qualquer distinção entre os sujeitos. Todos e cada um, sem distinção, são responsáveis pela produção do resultado, em concepção derivada da equivalência das condições (todos os que concorrem para o crime respondem pelo seu resultado) e também fundamentada em questões de política criminal, em que se prefere punir igualmente os vários agentes que, de alguma forma, contribuíram para a prática de determinada infração penal. Já de acordo com a teoria pluralista, a cada um dos agentes se atribui conduta, elemento psicológico e resultado específicos, razão pela qual há delitos autônomos cominados individualmente.

O aborto se adéqua à teoria pluralista porque a mulher que o provoca ou que consente para sua realização responde na forma do art. 124 do Código Penal, ao passo que o indivíduo que provoca o aborto com o consentimento da gestante responde na forma do art. 126. Se o aborto for provocado sem o consentimento da gestante, há ainda outro tipo penal (art. 125).

No caso do enunciado, Ana responde pelo crime do art. 124, segunda parte, porque consentiu que alguém provocasse o aborto de seu filho (não houve, portanto, autoaborto). Robson responde pelo art. 126 porque aceitou promover o aborto com o consentimento de Ana. Pedro, por sua vez, responde como partícipe da conduta de Robson porque o induziu a provocar o aborto em Ana. O induzimento é uma forma de participação moral em que o partícipe faz nascer no agente o propósito, até então inexistente, de cometer o crime.

Alternativa correta: letra "a" (responde, também, as demais alternativas).

---

175. (Vunesp - Delegado de Polícia - SP/2014) "X" recebe recomendação médica para ficar de repouso, caso contrário, poderia sofrer um aborto. Ocorre que "X" precisa trabalhar e não consegue fazer o repouso desejado e, por essa razão, acaba expelindo o feto, que não sobrevive. Em tese, "X"

a) não praticou crime algum.
b) praticou o crime de aborto doloso.
c) praticou o crime de aborto culposo.
d) praticou o crime de lesão corporal qualificada pela aceleração do parto.
e) praticou o crime de desobediência.

COMENTÁRIOS

Alternativa "a" (responde, também, as alternativas "b" e "c"): no exemplo citado, não se extrai, da conduta de "X", o propósito de causar em si o aborto, razão pela qual não é possível imputá-la a prática criminosa. Pode-se até aventar o fato de que, contrariada a recomendação médica de repouso, era previsível a ocorrência do resultado, surgindo daí a culpa. Ocorre que o aborto é punido apenas na forma dolosa, o que torna atípica, de qualquer maneira, a conduta de "X". E mesmo na hipótese em que fosse possível a punição pela culpa, se "X" efetivamente precisava trabalhar, não lhe restando a alternativa do repouso, haveria inexigibilidade de conduta diversa, o que afastaria a culpabilidade.

Alternativa "d": está errada a assertiva por diversas razões: a) não houve lesão corporal, mas apenas esforço físico que causou o aborto; b) mesmo que "X" houvesse se lesionado, não seria possível que respondesse por lesão corporal contra si, pois a autolesão não é punível; c) não podemos confundir, como decorrência da lesão corporal, a aceleração de parto com o aborto. No primeiro caso, em decorrência da lesão, o feto é expulso, com vida, antes do tempo normal (parto prematuro), tratando-se de lesão corporal grave (art. 129, § 1º, inciso IV, do Código Penal). No segundo, o feto é expulso sem vida, considerando-se de natureza gravíssima a lesão (§ 2º, inciso V).

Alternativa "e": não há crime de desobediência, que consiste em desobedecer a ordem legal de funcionário público.

Alternativa correta: letra "a".

176. (FUNCAB - Delegado de Polícia - ES/2013) Anderson, ginecologista, foi procurado por Zéfira, que estava grávida de seu amante Josenildo. Zéfira solicitou que Anderson interrompesse sua gravidez, mediante a utilização de uma curetagem, objetivando esconder a traição. Anderson, que era inimigo de Josenildo, efetuou um procedimento cirúrgico causando a expulsão do embrião e, para se vingar de Josenildo, retirou os dois ovários de Zéfira. Assim, pode-se afirmar:

a) Zéfira deve responder pelo crime de aborto provocado com o consentimento da gestante (artigo 124 do CP), em concurso de agentes com Anderson.
b) Anderson deve responder pelo crime de aborto com o consentimento da gestante (artigo 126 do CP) com a causa de aumento de pena prevista no artigo 127 do CP.
c) Anderson deve responder pelo crime de aborto com o consentimento da gestante (artigo 126 do CP) e lesão corporal gravíssima (se resulta perda ou inutilização de função - artigo 129, § 2°, III do CP), em concurso formal.
d) Anderson deve responder pelo crime de aborto com o consentimento da gestante (artigo 126 do CP) e lesão corporal gravíssima (se resulta perda ou inutilização de função - artigo 129, § 2°, III, do CP), em concurso material.
e) Anderson deve responder pelo crime de lesão corporal gravíssima (se resulta aborto).

COMENTÁRIOS

Alternativa "a": Zéfira responde por consentir que outrem lhe tenha provocado o aborto, mas o médico, em exceção pluralista à teoria monista, será responsabilizado por crime diverso (provocar aborto com o consentimento da gestante).

Alternativa "b": Anderson não será responsabilizado por aborto majorado porque a lesão corporal não decorreu culposamente do aborto, mas foi cometida com propósito específico.

Alternativa "c": Anderson deverá responder por aborto com o consentimento da gestante porque ocasionou, com o consentimento válido da gestante, a interrupção da gravidez, destruindo o produto da concepção. Em virtude de ter realizado a esterilização involuntária em Zéfira, há também o crime de lesão corporal de natureza gravíssima pela perda da função reprodutiva. Os crimes serão imputados a Anderson na forma de concurso formal impróprio, pois, de uma conduta (o procedimento cirúrgico), ainda que cindida em diversos atos (ação única desdobrada), decorreram dois resultados com desígnios autônomos.

Alternativa "d": não se trata de concurso material porque a conduta de Anderson foi única, embora dividida em vários atos e com desígnios autônomos.

Alternativa "e": não houve lesão corporal da qual decorreu aborto culposo. Ambos os resultados foram alcançados por dolo.

Alternativa correta: letra "c".

177. (Delegado de Polícia - SP/ 2011 - ACADEPOL) O aborto provocado pela gestante é crime

a) formal.
b) de mão própria.
c) de conduta vinculada.
d) de concurso necessário.
e) de mera conduta.

COMENTÁRIOS

Alternativa "a": o crime de aborto é material, ou seja, pressupõe a ocorrência do resultado naturalístico. No crime formal, a norma penal também descreve um resultado que, contudo, não precisa ocorrer para a consumação. Logo, o crime se consuma no momento da ação, sendo o resultado mero exaurimento (ex.: extorsão mediante sequestro).

Alternativa "b": crime de mão própria é aquele que somente pode ser cometido por determinado agente designado no tipo penal. Exige-se a atuação pessoal do sujeito ativo, que não pode ser substituído por mais ninguém. Diferencia-se do crime próprio por não admitir coautoria, sendo inaplicável o raciocínio de que ao terceiro se comunicam as circunstâncias pessoais. A participação, por sua vez, é admitida também neste último, já que o partícipe não incursiona pela conduta típica, mas apenas contribui para a realização do tipo.

Alternativa "c": o crime de conduta vinculada é aquele que somente pode ser cometido por meio das condutas previstas no tipo, o que não se coaduna com o aborto, que pode ser alcançado de qualquer forma.

Alternativa "d": crime de concurso necessário é aquele em que o próprio tipo penal pressupõe a reunião de agentes para que se caracterize, como ocorre com a associação criminosa e a associação para o tráfico. No caso do aborto provocado pela gestante, não há concurso de agentes. Note que, ainda que a gestante consinta que outra pessoa provoque seu aborto, as condutas não se subsumirão ao mesmo tipo penal, pois enquanto a gestante responde de acordo com o art. 124 do Código Penal, o terceiro que provocou o aborto terá sua conduta vinculada ao art. 126.

Alternativa "e": o crime de mera conduta é aquele sem resultado naturalístico (descrito ou efetivamente produzido), em que a lei descreve apenas uma conduta, consumando-se o crime no momento em que esta é praticada (ex.: porte ilegal de arma de fogo).

Alternativa correta: letra "b".

178. (Delegado de Polícia – TO 2008 – CESPE – Adaptada) No que tange à parte especial do Código Penal, julgue o item a seguir.

O Código Penal brasileiro permite três formas de abortamento legal: o denominado aborto terapêutico, empregado para salvar a vida da gestante; o aborto eugênico, permitido para impedir a continuação da gravidez de fetos ou embriões com graves anomalias; e o aborto humanitário, empregado no caso de estupro.

COMENTÁRIOS

A questão trata de uma das hipóteses em que o aborto é permitido na forma do artigo 128 do Código Penal. De acordo com a maioria da doutrina, o artigo em comento traz duas causas especiais de exclusão da ilicitude. Nesse sentido é o escólio de Mirabete: "São causas excludentes da criminalidade, embora a redação do dispositivo pareça indicar causas de ausência de culpabilidade ou punibilidade" (*Manual de direito penal:* parte especial. São Paulo: Atlas, v. 2, p. 68). Cezar Roberto Bitencourt explica: "É uma forma diferente e especial de o legislador excluir a ilicitude de uma infração penal sem dizer que 'não há crime', como faz no art. 23 do mesmo diploma legal" (*Tratado de direito penal – Parte especial*, v. 2, p. 168).

O aborto terapêutico (ou necessário), efetivamente, é permitido para salvar a vida da gestante, pressupondo três requisitos: a) *aborto praticado por médico:* caso seja necessária a realização do aborto por pessoa sem a habilitação profissional do médico (parteira, farmacêutico etc.), apesar de o fato ser típico, estará o agente acobertado pela descriminante do estado de necessidade (art. 24); b) *o perigo de vida da gestante:* não basta o perigo para a saúde; c) *a impossibilidade do uso de outro meio para salvá-la:* não pode o médico escolher o meio mais cômodo, pois se houver outra maneira, que não a interrupção da gravidez, para salvar a vida da gestante, o agente responderá pelo crime.

De igual forma, permite-se o aborto humanitário (ou sentimental), que depende de três condições: a) *que o seja praticado por médico:* caso realizado por pessoa sem habilitação legal, haverá o crime, não se ajustando qualquer causa legal (ou extralegal) de justificação; b) *que a gravidez seja resultante de estupro;* c) *prévio consentimento da gestante ou seu representante legal:* de preferência, que esse consentimento seja o mais formal possível (acompanhado de boletim de ocorrência), inclusive com testemunhas.

Já quanto ao aborto eugênico, o nosso Estatuto Penal, na sua Exposição de Motivos, foi claro ao incriminá-lo. O tema, todavia, despertou na doutrina, na jurisprudência e na sociedade importante discussão quando a questão envolve feto anencéfalo, isto é, o embrião, feto ou recém-nascido que, por malformação congênita, não possui uma parte do sistema nervoso central, ou melhor, faltam-lhe os hemisférios cerebrais e tem uma parcela do tronco encefálico (bulbo raquidiano, ponte e pedúnculos cerebrais).

De um lado, temos aqueles que, seguindo a doutrina cristã, pregam que tal comportamento, egoístico, fere os princípios da fé. Lutam, arduamente, contra a pecaminosa interrupção da gravidez.

Do outro, os etiquetados *liberais*, admitem essa espécie de abortamento, levantando em seu favor argumentos vários, desde os sociológicos, passando pelos emocionais, sem esquecerem dos jurídicos (em especial, o respeito ao princípio da dignidade da pessoa humana). Aqui se sustenta: não sacrificar o feto é, talvez, sacrificar, num futuro próximo e iminente, duas vidas: a do próprio feto e a da sua gestante.

A discussão chegou aos Tribunais Superiores. Provocado a se manifestar, o Supremo Tribunal Federal, na ADPF 54 ajuizada pela Confederação Nacional dos Trabalhadores na Saúde (CNTS), reconheceu que, diante de uma deformação irreversível do feto, há de se lançar mão dos avanços médicos tecnológicos, postos à disposição da humanidade não para simples inserção, no dia-a-dia, de sentimentos mórbidos, mas, justamente, para fazê-los cessar. No caso da anencefalia, a ciência médica atua com margem de certeza igual a 100%. Dados merecedores da maior confiança evidenciam que fetos anencefálicos morrem no período intrauterino em mais de 50% dos casos. A gestante convive diuturnamente com a triste realidade e a lembrança ininterrupta do feto, dentro de si, que nunca poderá se tornar um ser vivo. Se assim é – e ninguém ousa contestar –, trata-se de situação concreta que foge à glosa própria ao aborto – que conflita com a dignidade humana, a legalidade, a liberdade e a autonomia de vontade.

Alternativa correta: "errado".

36. LESÃO CORPORAL

179. (FGV – Delegado de Polícia – PC – RN/2021) Saulo se desentendeu, na fila do caixa de um supermercado, com outra consumidora, Viviane, que estava no 8º mês de gestação, e lhe desferiu um fortíssimo soco no rosto. Em razão do golpe, Viviane perdeu o equilíbrio e caiu com a barriga no chão. Ao ser levada ao hospital, foi constatado que Viviane apresentava lesão leve na face, mas que havia perdido o bebê em decorrência da queda.

Considerando o estado gravídico evidente de Viviane, a conduta praticada por Saulo configura o crime de:

a) lesão corporal seguida de morte;
b) lesão corporal qualificada pelo aborto;
c) aborto na modalidade dolo eventual, apenas;
d) aborto culposo, ficando a lesão corporal absorvida;
e) lesão corporal leve em concurso formal com aborto na forma culposa.

COMENTÁRIOS

Alternativa "a": não se trata de lesão corporal seguida de morte, na qual o agente tem o dolo de ferir, mas acaba provocando involuntariamente a morte da vítima.

Alternativa "b" (responde, também, a alternativa "e"): a lesão corporal é considerada gravíssima se dela resulta o aborto. Aqui, pune-se a lesão a título de dolo e o aborto a título de culpa (crime preterdoloso ou preterintencional). É a conduta de Saulo, que pretendia ferir Viviane, mas acabou provocando também, sem intenção, o aborto.

Alternativa "c": é possível a prática do aborto com dolo eventual, por exemplo, na situação em que alguém agride uma mulher grávida com chutes no ventre aceitando a possibilidade da morte do feto. Mas não é o que retrata o enunciado.

Alternativa "d": não existe crime de aborto culposo. Todas as modalidades de aborto (arts. 124, 125 e 126 do CP) são dolosas.

Alternativa correta: letra "b".

---

180. (Vunesp – Delegado de Polícia – CE/2015) Se da lesão corporal dolosa resulta morte e as circunstâncias evidenciam que o agente não quis o resultado morte, nem assumiu o risco de produzi-lo, configura(m)-se

a) lesão culposa e homicídio culposo, cujas penas serão aplicadas cumulativamente.

b) lesão corporal seguida de morte.

c) homicídio culposo qualificado pela lesão.

d) homicídio doloso (dolo eventual).

e) homicídio doloso (dolo indireto).

COMENTÁRIOS

Alternativa "a": não seria possível que o agente respondesse por homicídio culposo porque sua conduta inicial tinha o propósito de lesionar. Por isso, alcançando seu intento (lesão), do qual decorre a morte não intencional da vítima, o crime é de lesão corporal qualificada pela morte.

Alternativa "b": o § 3º do art. 129 do Código Penal incrimina a lesão corporal seguida de morte, chamada pela doutrina de *homicídio preterdoloso*, hipótese em que o agente, querendo apenas ofender a integridade ou a saúde de outrem, acaba por matá-lo culposamente. Aqui falta ao autor o *animus necandi*, pois sua atuação se dá apenas com a intenção de ofender a integridade corporal ou a saúde da vítima (a intenção é produzir um dano menor do que o alcançado). No dizer de Magalhães Noronha: "É no § 3º do art. 129 onde melhor o Código define o crime preterdoloso ou preterintencional. O verbo *resultar* indica o nexo de causalidade material entre a ação do agente e o evento *morte*, e as expressões *não quis o resultado, nem assumiu o risco de produzi-lo*, excluem taxativamente o dolo direto e eventual" (*Direito penal*, v. 2, p. 74). São elementos da figura criminal em estudo: 1) uma conduta dolosa, dirigida à ofensa da integridade corporal ou da saúde de outrem; 2) resultado culposo mais grave (morte); 3) nexo entre a conduta e o resultado.

Alternativa "c": não existe, evidentemente, nenhuma figura de homicídio culposo qualificado por lesão. Caso haja uma morte decorrente da inobservância do dever de cuidado, a lesão lhe é obviamente inerente e compõe o próprio tipo do homicídio.

Alternativa "d": não se trata de homicídio com dolo eventual porque, na lesão corporal da qual decorre a morte, o agente não assume o risco de matar. Sua intenção é somente ferir.

Alternativa "e": como já destacado, o único dolo presente na lesão corporal seguida de morte é a lesão. Não é possível, portanto, atribuir ao agente a responsabilidade pela morte na modalidade de dolo indireto (que abarca o alternativo e o eventual).

Alternativa correta: letra "b".

---

181. (ACAFE – Delegado de Polícia – SC/2014) De acordo com o Código Penal, a lesão corporal que tem cominada pena de reclusão de um a cincos anos, dentre outras, são as que resultam em:

a) deformidade permanente.

b) incapacidade permanente para o trabalho.

c) enfermidade incurável e aborto.

d) perda ou inutilização do membro, sentido ou função.

e) perigo de vida.

COMENTÁRIOS

Alternativa "a": se da ofensa à integridade corporal decorre deformidade permanente, considera-se gravíssima a lesão, o que eleva a pena para reclusão de dois a oito anos. Consiste a deformidade permanente no dano estético, aparente, considerável, irreparável pela própria força da natureza e capaz de provocar impressão vexatória (desconforto para quem olha e humilhação para a vítima).

Alternativa "b": a incapacidade permanente para o trabalho também torna gravíssima a lesão corporal, elevando a pena para reclusão de dois a oito anos.

Alternativa "c": tanto a enfermidade incurável quanto o aborto tornam gravíssima a lesão corporal, aplicando-se também a pena de reclusão de dois a oito anos. Note-se que se pune aqui a lesão a título de dolo e o abortamento (interrupção da gravidez) a título de culpa (crime preterdoloso ou preterintencional). Não se confunde com o art. 127, 1.ª parte, do Código Penal, que retrata situação completamente oposta.

Alternativa "d": a perda ou inutilização do membro, sentido ou função também torna gravíssima a lesão corporal. Tratando-se de órgãos duplos, a lesão, para ser qualificada como gravíssima, deve atingir ambos.

Alternativa "e": a lesão corporal da qual decorre perigo de vida é grave, qualificada, conforme estabelece o art. 129, § 1º, do Código Penal, e tem pena de reclusão variável entre um e cinco anos. Trata-se da probabilidade séria, concreta e imediata do êxito letal, devidamente comprovado por perícia. Percebe-se, assim, que o perigo deve ser presente, real, e não somente opinado, resultado de simples conjecturas. Esta qualificadora só admite o preterdolo (dolo na conduta e culpa no resultado). Se o ofensor considerou, por um momento apenas, a possibilidade de matar a vítima (dolo no resultado), teremos configurado o crime de homicídio tentado.

Alternativa correta: letra "e".

182. (FUNCAB – Delegado de Polícia – ES/2013) Joseval, no calor de uma discussão com Marinalda, sua namorada, por divergências esportivas, pois torcem para times distintos, desferiu um soco no rosto desta, que resultou em lesão, após o que Marinalda passou a não sentir mais paladar. Assim, Joseval:

a) deve responder pelo crime de lesão corporal simples.
b) deve responder pelo crime de lesão corporal grave.
c) deve responder pelo crime de lesão corporal gravíssima.
d) deve responder pelo crime de violência doméstica.
e) não deve responder por crime algum, pois a imputabilidade fica excluída pela emoção ou pela paixão.

COMENTÁRIOS

Alternativa correta: letra "c" (responde, também, as alternativas "a" e "b"): há lesão corporal no ato de ofender, direta ou indiretamente, a integridade corporal ou a saúde de outrem, quer causando uma enfermidade, quer agravando a que já existe. No exemplo citado, a lesão é gravíssima porque a falta de paladar constitui a perda de sentido de que trata o art. 129, § 2º, inciso III, do Código Penal. Note-se que, conforme as circunstâncias, a agressão cometida durante a relação de namoro pode caracterizar violência doméstica e familiar contra a mulher (STJ: HC 371.002/SP, j. 20/04/2017). Nesse caso, a lesão corporal pode ser qualificada na forma do § 13 do art. 129, inserido no Código Penal pela Lei 14.188/21. Mas a qualificadora do § 13, aplicável no caso de lesão corporal simples, cede, se for o caso, seu lugar aos §§ 1º, 2º ou 3º do art. 129, e não há disposição que determine o aumento da pena porque a lesão, qualificada na forma daqueles dispositivos, foi praticada no âmbito doméstico ou familiar contra a mulher ou por menosprezo ou discriminação à condição de mulher. Nesse caso, a circunstância especial deve ser considerada na aplicação da pena-base, considerando que a violência doméstica contra a mulher possui uma reprovabilidade mais acentuada que a violência doméstica contra homem, exatamente por reforçar a discriminação de gênero, que fomenta uma violência mais incisiva sobre um grupo vulnerável. Partindo, portanto, do pressuposto de que a agressão cometida por Joseval contra Marinalda se enquadra no conceito de violência praticada por razões da condição do sexo feminino, o crime seria o do art. 129, § 2º, inciso III (porque a vítima perdeu o paladar), com a pena-base aumentada em razão das circunstâncias.

Alternativa "d": não existe "crime de violência doméstica". Pode haver, no caso da lesão corporal cometida no contexto doméstico e familiar contra a mulher, a incidência do § 13 do art. 129, como vimos nos comentários ao item anterior.

Alternativa "e": nos termos do art. 28, inciso I, do Código Penal a emoção e a paixão não excluem a imputabilidade penal, a não ser, no caso desta última, que se trate de um estado patológico que impeça o indivíduo de entender o caráter ilícito do fato e de se determinar de acordo com este entendimento. A emoção pode servir como circunstância atenuante (artigo 65, III, "c", do Código Penal) ou como causa de diminuição de pena (artigos 121, § 1º, e 129, § 4º, ambos do Código Penal), desde que o agente atue dominado pela violenta emoção, logo em seguida a injusta provocação da vítima.

Alternativa correta: letra "c".

37. ABANDONO DE INCAPAZ

183. (FUNCAB – Delegado de Polícia – ES/2013) Gertrudes, para ir brincar o carnaval, deixou dormindo em seu apartamento seus filhos Lúcio, de cinco anos de idade, e Lígia, de sete anos de idade. As crianças acordaram e, por se sentirem sós, começaram a chorar. Os vizinhos, ouvindo os choros e chamamentos das crianças pela janela do apartamento, que ficava no terceiro andar do prédio, arrombaram a porta, recolheram as crianças e entregaram-nas ao Conselho Tutelar. Logo, pode-se afirmar que Gertrudes deve responder pelo crime de:

a) perigo a vida ou saúde de outrem e os vizinhos não praticaram crime, pois estavam agindo em legítima defesa de terceiros.
b) abandono de incapaz e os vizinhos não praticaram crime, pois estavam agindo em legítima defesa de terceiros.
c) perigo a vida ou saúde de outrem e os vizinhos não praticaram crime, pois estavam agindo em estado de necessidade de terceiros.
d) abandono de incapaz e os vizinhos não praticaram crime, pois estavam agindo em estado de necessidade de terceiros.
e) pelo crime de abandono material e os vizinhos não praticaram crime, pois estavam agindo em estado de necessidade exculpante de terceiros.

COMENTÁRIOS

Alternativa "a": não se trata de perigo para a vida ou saúde de outrem, em que a conduta típica é a de expor a vida ou a saúde de outrem a perigo direto e iminente, o que não ocorreu. Além do fato de ter sido o delito cometido pela mãe (que tem obrigação de cuidado), não houve exposição das crianças a perigo direto e iminente, mas aos riscos concretos resultantes do abandono. Não se trata de legítima defesa de terceiro porque não havia, contra as crianças, agressão injusta direta ou iminente, mas, sim, uma situação de perigo.

Alternativa "b": ver comentários às alternativas "a" e "d".

Alternativa "c": ver comentários às alternativas "a" e "d".

Alternativa "d": o núcleo do tipo do abandono de incapaz é o verbo *abandonar* pessoa indefesa. Abandonar significa *deixar ao abandono, desassistido, desamparado*, traduzindo, no caso, uma ação ou omissão infringente da obrigação da respectiva guarda e assistência. Pode ser praticado mediante *ação* (levar a vítima a um local ermo e ali deixá-la) ou *omissão* (afastar-se da vítima do lugar onde se encontra, deixando-a à própria sorte), como ocorre no exemplo citado no enunciado, sendo indiferente se o abandono foi temporário ou definitivo, desde que por tempo juridicamente relevante, suficiente para colocar o incapaz em risco. Os vizinhos, com efeito, não respondem pela violação de domicílio porque, diante da situação de perigo a que estavam submetidas as crianças, não havia opção a não ser forçar a entrada no imóvel e ampará-las.

Alternativa "e": o crime de abandono material tem lugar nas situações em que alguém: a) deixa, sem justa causa, de prover a subsistência do cônjuge, ou de filho menor de dezoito anos ou inapto para o trabalho, ou de ascendente inválido ou maior de sessenta anos, não lhes proporcionando os recursos necessários ou faltando ao pagamento de pensão alimentícia judicialmente acordada, fixada ou majorada; b) deixa, sem justa causa, de socorrer descendente ou ascendente, gravemente enfermo. Não é do que trata o exemplo. No mais, o estado de necessidade que abona a conduta dos vizinhos não é o exculpante, mas o justificante, pois adota-se, no Código Penal, a teoria unitária: se o direito sacrificado é de igual ou menor valor que o protegido, pode-se invocar a descriminante do estado de necessidade (como no exemplo); se o bem jurídico sacrificado for mais valioso que o protegido, haverá redução de pena.

Alternativa correta: letra "d".

38. OMISSÃO DE SOCORRO

184. (Vunesp – Delegado de Polícia – PC – SP/2022) O crime de omissão de socorro, do art. 135 do CP,

a) tem pena aumentada de metade se da omissão resulta lesão corporal de qualquer natureza e triplicada se resulta morte.

b) não se consuma em caso de risco pessoal do sujeito ativo que se omite, desde que seja pedido socorro da autoridade pública.

c) tem sujeito ativo próprio e sujeito passivo impróprio.

d) consuma-se ainda que a vítima esteja morta.

e) é classificado como comissivo por omissão.

COMENTÁRIOS

Alternativa "a": a pena da omissão de socorro é aumentada de metade se da omissão resulta lesão corporal de *natureza grave*.

Alternativa "b": duas são as formas de praticar a omissão de socorro: a) o agente, deixando de atender ao que determinado pela norma, não presta auxílio pessoal à vítima (assistência imediata); b) ou, quando sem condições de prestá-lo, não solicita socorro à autoridade pública (assistência mediata). A lei limita o dever de agir (socorrer), ao estabelecer a seguinte condição: "quando possível fazê-lo sem risco pessoal". Justifica-se a limitação porque o contrário consistiria em negar o estado de necessidade, aplicável a qualquer infração penal e que permite o sacrifício de um bem jurídico para a preservação de outro de valor equivalente ou superior.

Alternativa "c": qualquer pessoa pode praticar o crime, não se exigindo nenhuma qualidade especial do agente (crime comum). Segundo a enumeração do art. 135, são pessoas a quem a assistência deve ser prestada: a) a criança abandonada ou extraviada; b) o inválido ou ferido desamparado; c) o que se achar em grave e iminente perigo.

Alternativa "d": tratando-se apenas de um cadáver, não pode haver perigo à vida ou à saúde que imponha a prestação de socorro.

Alternativa "e": a omissão de socorro é um crime omissivo próprio, que se perfaz com a simples omissão.

Alternativa correta: letra "b".

185. (IBADE – Delegado de Polícia – AC/2017) Naiara, adolescente, ao chegar à própria casa depois do colégio, encontra seu pai caído, com um ferimento na cabeça, aparentemente produzido por disparo de arma de fogo realizado por ele mesmo, todavia ainda respirando. Desesperada, corre até a casa de seu tio Hermínio, cunhado da vítima, solicitando ajuda. Como houvera uma rusga entre Hermínio e a vítima, aquele se recusa a prestar auxílio, limitando-se a dizer à sobrinha: "tomara que morra". Naiara, então, vai à casa de um vizinho, que se compromete a ajudá-la. Ao retornarem ao local do fato, encontram a vítima ainda viva, mas dando seus últimos suspiros, vindo a óbito em menos de um minuto. Do momento em que Naiara viu a vítima ferida até sua morte não transcorreram mais do que quinze minutos. Realizado o exame cadavérico, o laudo pericial indica que o ferimento seria inexoravelmente fatal, ainda que o socorro tivesse sido prestado de imediato. Nesse contexto, com base nos estudos sobre a omissão e acerca do bem jurídico-penal, é correto afirmar que a conduta de Hermínio caracteriza:

a) homicídio qualificado.

b) induzimento, instigação ou auxílio ao suicídio.

c) homicídio culposo.

d) conduta atípica.

e) omissão de socorro.

COMENTÁRIOS

Alternativa "a": não é possível considerar a ocorrência de homicídio doloso, pois Hermínio não tinha o dever de agir para evitar o resultado, isto é, não estava presente nenhuma das situações de relevância da omissão (art. 13, § 2º, do CP).

Alternativa "b": tampouco é possível aventar a possibilidade de induzimento, instigação ou auxílio ao suicídio, pois Hermínio não fez nascer na vítima a ideia e a vontade do suicídio; não reforçou a vontade mórbida preexistente na vítima; nem prestou assistência material para que o suicídio ocorresse.

Alternativa "c": também não se trata de homicídio culposo, pois não houve, da parte de Hermínio, conduta imprudente, negligente ou imperita que tenha causado o homicídio.

Alternativa "d" (responde, também, a alternativa "e"): para que ocorra a omissão de socorro, é indispensável que o sujeito ativo esteja na presença da vítima em perigo. Cezar Roberto Bitencourt explica: "O sujeito ativo deve estar no lugar e no momento em que o periclitante precisa de socorro; caso contrário, se estiver ausente, embora saiba do perigo e não vá ao seu encontro para salvá-lo, não haverá o crime, pois o crime é omissivo, e não comissivo. Poderá nesse caso haver egoísmo, insensibilidade, displicência, indiferença pela 'sorte' da vítima, mas esses sentimentos, ainda que eticamente possam ser censuráveis, não tipificam a omissão de socorro, pois, como lembrava Magalhães Noronha, 'um código penal não é um código de ética'" (Tratado de Direito Penal , v. 2, p. 287).

Alternativa correta: letra "d".

39. MAUS-TRATOS

186. (Vunesp – Delegado de Polícia – CE/2015) O crime de maus-tratos tem pena aumentada de 1/3 (art. 136, § 3º do CP) se

a) praticado contra ascendente, descendente, irmão ou cônjuge.

b) resulta em lesão corporal, ainda que leve.

c) o agente prevalece-se de relações familiares ou domésticas.

d) praticado contra pessoa menor de 14 anos.

e) praticado por agente público.

COMENTÁRIOS

Alternativa "a": não há disposição legal que majore a pena quando os maus-tratos são praticados contra ascendente, descendente, irmão ou cônjuge. Pode, no entanto, incidir a circunstância agravante do art. 61, inciso II, alínea *e*, do Código Penal.

Alternativa "b": a pena do crime de maus-tratos é aumentada (por qualificadora) se a lesão corporal decorrente (culposa) é de natureza grave. No caso, a pena, que na figura básica varia de dois meses a um ano de detenção, passa para reclusão de um a quatro anos.

Alternativa "c": não há disposição legal que majore a pena quando o agente se prevalece de relações familiares ou domésticas. Pode, no entanto, incidir a circunstância agravante do art. 61, inciso II, alínea *f*, do Código Penal.

Alternativa "d": consiste o crime de maus-tratos em expor a perigo a vida ou a saúde de pessoa sob sua autoridade, guarda ou vigilância, para fim de educação, ensino, tratamento ou custódia, quer privando-a de alimentação ou cuidados indispensáveis, quer sujeitando-a a trabalho excessivo ou inadequado, quer abusando de meios de correção ou disciplina. Infligir maus-tratos é tratar pessoa com violência, bater, espancar, maltratar, açoitar, mutilar, lesar fisicamente, obrigar contra a natureza, produzir padecimentos, submeter a sofrimentos de ordem física e mental, submeter mediante emprego de utensílios e aparelhos, sujeitar a trabalho excessivo ou inadequado para a sua estrutura e/ou idade, privar de alimentação etc.

Trata-se de crime próprio, que só pode ser cometido por aquele que, em razão de direito privado, público ou administrativo, tenha autoridade, guarda ou vigilância em relação à vítima. E somente podem figurar como sujeitos passivos aqueles que se encontram sob o poder disciplinar do agente, pessoas subordinadas ao sujeito ativo para fins de educação, ensino, tratamento ou custódia (a esposa e o filho maior de idade não podem ser vítimas do delito, vez que não são subordinados à autoridade do agente). O § 3º do art. 136 do Código Penal, acrescentado pela Lei 8.069/90, prevê causa de aumento de pena nas hipóteses em que o crime seja cometido contra menores de 14 anos. Constituindo a pouca idade da vítima causa de aumento de pena, afasta-se, automaticamente, a incidência da circunstância agravante prevista no art. 61, II, *h*, em razão do princípio do *non bis in idem*.

Alternativa "e": não há majoração da pena quando o agente é servidor público. É possível, todavia, incidir a circunstância agravante do art. 61, inciso II, alínea *g*, do Código Penal.

Alternativa correta: letra "d".

40. CRIMES CONTRA A HONRA

187. (FGV – Delegado de Polícia – SC/2024) Gílson, 20 anos, trabalhava como gerente da pizzaria MASSA DELÍCIA. Todavia, em razão de sucessivos atrasos no expediente de trabalho, os empregadores o demitiram por justa causa. Inconformado, Gílson passou a atacar a reputação da empresa em suas redes sociais, proferindo declarações que apontavam suposta falta de qualidade e de higiene no preparo das pizzas naquele estabelecimento comercial. A conduta de Gílson configura

a) fato atípico.

b) crime de difamação.

c) crime de injúria.

d) crime de calúnia.

e) crime de constrangimento ilegal.

COMENTÁRIOS

Alternativa "a" (responde, também, a alternativa "b"): a conduta de Gilson corresponde ao crime de difamação, que consiste na imputação (atribuição) de fato determinado que, embora sem revestir caráter criminoso, é ofensivo à reputação da pessoa a quem se atribui. A pessoa jurídica, segundo maioria da doutrina, pode ser vítima, ainda que a ofensa não atinja, diretamente ou indiretamente, as pessoas dos seus diretores.

Alternativa "c": a injúria consiste em ofender a dignidade ou o decoro de alguém. Ao contrário da calúnia e da difamação, não há, em regra, imputação de fatos, mas emissão de conceitos negativos sobre a vítima (fatos vagos, genéricos, difusos também configuram injúria). A pessoa jurídica, por não possuir honra subjetiva, não pode ser sujeito passivo desse crime.

Alternativa "d": a calúnia consiste em imputar a alguém, implícita ou explicitamente, mesmo que de forma reflexa, determinado fato criminoso, sabidamente falso. Gilson não imputou a ninguém um fato criminoso.

Alternativa "e": há constrangimento ilegal na conduta de constranger alguém, mediante violência ou grave ameaça, ou depois de lhe haver reduzido, por qualquer outro meio, a capacidade de resistência, a não fazer o que a lei permite, ou a fazer o que ela não manda. O enunciado não narra que Gilson tenha constrangido alguém nesses termos.

Alternativa correta: letra "b".

---

188. (CEBRASPE – 2023 – PC/AL – Delegado) Em relação aos crimes contra a pessoa e contra a fé pública, julgue o item a seguir.

Segundo o Supremo Tribunal Federal, não é imprescritível o crime de injúria racial, previsto no artigo 140, § 3.°, do Código Penal. – ERRADO

COMENTÁRIOS

Desde a edição da Lei 14.532/23, o art. 140, § 3º, do CP não trata da qualificadora da injúria racial, que passou a um tipo penal autônomo no art. 2º-A da Lei 7.716/89.

Por muitos anos a doutrina e a jurisprudência alertaram que a qualificadora da injúria não se confundia com o crime de racismo, este tipificado na Lei 7.716/89. No crime de racismo teria que existir segregação (marginalização) em função de raça, cor, etnia, religião ou procedência nacional. Impedir alguém, por exemplo, de ingressar numa festa por causa de sua cor sempre foi encarado como racismo, delito inafiançável e imprescritível por expressa disposição constitucional (art. 5º, XLII). Já a ofensa envolvendo raça, cor, etnia, religião ou origem da vítima, sem segregação, era injúria qualificada.

A diferença entre as condutas repercutia em alguns aspectos práticos, pois enquanto o racismo é inafiançável, imprescritível e de ação penal pública incondicionada, a injúria era tratada como crime afiançável, prescritível e de ação penal pública condicionada a representação do ofendido. Mas isso mudou, começando pela jurisprudência. O STJ, julgando agravo regimental no recurso especial nº 686.965/DF, inseriu a injúria racial na seara dos crimes de racismo, tornando-a imprescritível, pois cometida com sentido de segregação, somando-se às definições da Lei nº 7.716/89. O STF seguiu a mesma linha no julgamento do *habeas corpus* 154.248/DF (j. 28/10/2021). Segundo o tribunal, a Constituição Federal, que é expressa a respeito da imprescritibilidade do racismo, não distingue quais tipos penais podem ser assim classificados, ou seja, não limita a incidência de medidas mais severas às condutas tipificadas na Lei 7.716/89.

Depois da intervenção dos tribunais, interveio o legislador. A Lei 14.532/23 modificou o conteúdo da qualificadora do art. 140, §3º, do CP. Excluem-se da forma qualificada da injúria ofensas com elementos referentes a raça, cor, etnia ou procedência nacional. Essas modalidades de preconceito migraram para a Lei 7.716/89, não havendo mais dúvidas de que devem sofrer as mesmas consequências do crime de racismo: imprescritibilidade, inafiançabilidade e incondicionalidade da ação penal pública.

Alternativa correta: "errado".

---

189. (CEBRASPE – 2023 – PC/AL – Delegado) Em relação aos crimes contra a pessoa e contra a fé pública, julgue o item a seguir.

A retratação da calúnia feita antes da sentença acarreta a extinção da punibilidade do agente, independentemente de aceitação do ofendido.

COMENTÁRIOS

Dispõe o art. 143 do CP que o querelado (ofensor) pode, antes da sentença, retratar-se da calúnia ou difamação, ficando isento de pena. Retratar-se não significa apenas confessar a prática da ofensa; é muito mais. É escusar-se, retirando do mundo o que afirmou, demonstrando sincero arrependimento. Trata-se de uma causa de extinção da punibilidade que torna o ofensor imune à pena (nada obsta a ação cível).

A retratação dispensa a concordância do ofendido (ato unilateral). O art. 143 foi alterado pela Lei 13.188/15, que lhe acrescentou parágrafo único, anunciando que, nos casos em que o querelado tenha praticado a calúnia ou a difamação utilizando-se de meios de comunicação, a retratação dar-se-á, se assim desejar o ofendido, pelos mesmos meios em que se praticou a ofensa. Nessa hipótese, portanto, o ofendido deve ser ouvido para manifestar se deseja (ou não) que a retratação se dê pelos mesmos meios em que foi praticado o crime. De qualquer forma, isso não quer dizer que, para operar seus efeitos, a retratação dependa da aceitação do ofendido. Foi o que decidiu a Corte Especial do STJ (AP 912/RJ, Rel. Min. Laurita Vaz, j. 03/03/2021).

Alternativa correta: "certo".

---

190. (FGV – Delegado de Polícia – PC – RN/2021) Enquanto realizava compras em uma famosa loja de grife da cidade, Roberto iniciou discussão com a vendedora Joana, vindo a afirmar, na presença de quinze clientes, que o mau atendimento só poderia ter sido causado por uma "negrinha que deveria estar comendo banana". Joana ficou envergonhada com toda a situação, optando por ir para casa e não contar a ninguém sobre o ocorrido. Contudo, a proprietária do estabelecimento compareceu em sede policial e narrou os fatos. Considerando apenas as informações expostas, é correto afirmar que o delegado:

a) deverá instaurar inquérito policial, pois o crime em tese praticado foi de injúria racial sem causa de aumento, que é de ação penal pública incondicionada;
b) não poderá instaurar inquérito policial, pois o crime em tese praticado foi de injúria racial majorada, que exige representação da vítima;
c) deverá instaurar inquérito policial, pois foi praticado crime de racismo, que é de ação penal pública incondicionada;
d) não poderá instaurar inquérito policial, pois foi praticado crime de injúria racial simples, que é de ação penal privada;
e) deverá instaurar inquérito policial, pois o crime praticado foi de injúria racial majorada, que é de ação penal pública incondicionada.

COMENTÁRIOS

A injúria consiste em insultar alguém, ofendendo-lhe a dignidade ou o decoro. Até a entrada em vigor da Lei 14.532/23, caso o insulto fosse proferido por meio de elementos referentes a raça, cor, etnia, religião, origem ou a condição de pessoa idosa ou portadora de deficiência, o crime se qualificava (art. 140, § 3º, do CP). No caso da conduta de Roberto, o crime seria ainda majorado na forma do art. 141, inc. III, pois cometido na presença de quinze pessoas.

Atualmente, contudo, a qualificadora do § 3º do art. 140 incide apenas na utilização de elementos referentes a religião ou à condição de pessoa idosa ou com deficiência. Injuriar alguém em razão de raça, cor, etnia ou procedência nacional é crime de racismo tipificado no art. 2º-A da Lei 7.716/89.

Na sistemática anterior, o STJ e o STF haviam julgado que a injúria racial estava na seara dos crimes relativos ao racismo, somando-se às definições da Lei nº 7.716/89, o que a tornava imprescritível. No que tange à ação penal, sustentávamos então que se a injúria racial devia ser equiparada ao racismo para efeitos prescricionais, seria incoerente manter a necessidade de representação do ofendido. Em primeiro lugar, porque não parece razoável sustentar que a conduta injuriosa ofende, mais do que a vítima, principalmente a dignidade do ser humano – como argumentou a min. Cármen Lúcia –, e ao mesmo tempo conferir a apenas uma pessoa o poder de autorizar o Ministério Público a processar o ofensor. Além disso, se o propósito da interpretação compreensiva do crime de racismo era diminuir a possibilidade de a injúria permanecer impune pelo esgotamento do prazo fatal de oito anos (art. 109, inc. IV), como aceitar a possibilidade da decadência em exíguos seis meses?

Na vigência da Lei 14.532/23 não há mais discussão: integrada expressamente à Lei 7.716/89, a injúria racial é também de ação penal pública incondicionada. Dessa forma, atualmente seria correta a alternativa "c".

Alternativa correta: letra "b" (responde, também, as demais alternativas).

---

191. (UFPR – Delegado de Polícia – PC – PR/2021) Durante um acalorado debate motivado por questões políticas, X.X. afirmou, de dedo em riste, que Y.Y. era um "tremendo corrupto metido a santo, um baita de um hipócrita!". Com base no exposto, é correto afirmar que X.X. cometeu o crime de:

a) injúria preconceituosa.
b) injúria na forma simples.
c) difamação.
d) calúnia.
e) injúria real.

COMENTÁRIOS

Alternativa "a": a injúria preconceituosa consiste na utilização de elementos referentes a religião ou à condição de pessoa idosa ou portadora de deficiência. A injúria cometida com esses elementos é qualificada (art. 140, § 3º, do CP).

Alternativa "b": X.X. cometeu o crime de injúria na forma simples, pois ofendeu a honra subjetiva de pessoa determinada (Y.Y.), atribuindo-lhe conceitos negativos.

Alternativa "c": a difamação consiste na imputação de fato determinado que, embora sem revestir caráter criminoso, é ofensivo à reputação da pessoa a quem se atribui. No exemplo do enunciado não houve a imputação de fato.

Alternativa "d": tampouco se trata de calúnia, consistente na imputação de fato criminoso sabidamente falso.

Alternativa "e": a injúria real é tipificada no § 2º do art. 140 e consiste em violência ou vias de fato, que, por sua natureza ou pelo meio empregado, se considerem aviltantes. No caso, o agente atua com o propósito de ofender, ultrajar a vítima. Temos como exemplos mais marcantes: puxar as orelhas ou os cabelos, cuspir em alguém ou em sua direção etc.

Alternativa correta: letra "b".

---

192. (IBADE – Delegado de Polícia – AC/2017) Acerca dos crimes contra a honra, é correto afirmar que:

a) apenas a calúnia, considerados lodos os crimes contra a honra, pode ter a pessoa morta como sujeito passivo do delito, hipótese em que o bem jurídico atingido será a honra objetiva ou externa do morto.
b) não comete crime de calúnia quem, com intenção de ampliar a lesão à honra do ofendido, propala ou divulga a imputação prévia feita por outrem,

sabendo da falsidade da imputação, hipótese capaz de gerar apenas responsabilidade civil.

c) xingar um homem casado de "corno" ou "cornudo" é uma hipótese de injúria reflexa, dando azo ao concurso formal de crimes.

d) o crime de calúnia pressupõe a falsidade da imputação, cuja ciência deve integrar o dolo do agente, de modo que somente se admitirá dolo direto no referido delito.

e) escarnecer de alguém por motivo de crença e de forma privada caracteriza crime de ultraje a culto, que prevalecerá sobre o crime de injúria.

COMENTÁRIOS

Alternativa "a": a calúnia contra os mortos também é punida (art. 138, § 2º), mas, sendo a honra um atributo dos vivos, seus parentes é que serão os sujeitos passivos, interessados na preservação da sua memória. Neste caso, a queixa (art. 145 do CP) será movida pelo seu cônjuge (ou companheiro/companheira), ascendente, descendente ou irmão (arts. 30 e 31 do CPP). Dessa forma, o morto não é sujeito passivo da calúnia.

Alternativa "b": segundo o art. 138, § 1º, do CP, é crime a conduta de propalar ou divulgar a calúnia, tornando pública a falsa imputação de crime. Aqui o agente, embora não tenha criado o fato desonroso, amplia a sua potencialidade lesiva, repetindo o que soube.

Alternativa "c": a denominada injúria reflexa se caracteriza quando, para ofender a honra subjetiva de alguém, o agente lhe imputa uma qualidade que acaba refletindo em outra pessoa, igualmente ofendida. É o caso do marido chamado de "corno", pois, nesta situação, o ofensor atinge tanto o marido quanto a esposa, a quem se atribui infidelidade. E, como são dois bens jurídicos ofendidos por meio de apenas uma conduta, nada impede o concurso formal.

Alternativa "d": no art. 138, *caput*, do CP, o dolo pode ser direto ou eventual.

Alternativa "e": o ultraje a culto (art. 208 do CP) consiste em escarnecer de alguém publicamente, por motivo de crença ou função religiosa. A conduta deve ser, portanto, pública. No delito contra a honra, o agente atribui ao crente, pessoalmente, qualidade negativa em face da sua crença.

Alternativa correta: letra "c".

---

193. (NUCEPE – Delegado de Polícia – PI/2014) No que se refere aos crimes contra a pessoa, assinale a alternativa INCORRETA.

a) Não se pune o aborto se a gravidez resulta de estupro, sobretudo se é precedido de consentimento da gestante.

b) Na injúria há imputação de fato ofensivo à dignidade ou ao decoro da vítima.

c) Mãe que intencionalmente deixa de amamentar o filho, causando-lhe a morte por inanição, pratica crime comissivo por omissão.

d) Nos crimes perpetrados contra pessoa maior de sessenta anos, incidirá a agravante de um terço da pena, exceto no caso de injúria.

e) No crime de difamação admite-se a exceção da verdade se o ofendido é funcionário público e a ofensa é relativa ao exercício de suas funções.

COMENTÁRIOS

QUESTÃO ANULADA.

Alternativa "a": está errada a assertiva porque embora seja excluído o crime de aborto se a gravidez resulta de estupro, isso não ocorre "sobretudo" se houver consentimento da gestante. O consentimento, pelo texto expresso da lei, é imprescindível para que se realize o procedimento legal. Se não houver expressa concordância da gestante, perfaz-se o crime do art. 125 do Código Penal.

Alternativa "b": originariamente, esta era a assertiva considerada incorreta. E, efetivamente, não trata do crime de injúria, que não consiste em imputação de fato. Na injúria, o agente emite conceitos negativos sobre a vítima (fatos vagos, genéricos, difusos também configuram injúria). Se houver a imputação (atribuição) de fato determinado que, embora sem revestir caráter criminoso, seja ofensivo à reputação da pessoa a quem se atribui, o crime será o de difamação.

Alternativa "c": está correta a assertiva. Em decorrência da norma insculpida no artigo 13, § 2º, do Código Penal, que estabelece a "relevância da omissão", tornando-a típica (através da adequação indireta), a mãe que deixa de amamentar seu filho é responsabilizada penalmente porque a sua omissão, por não ter evitado o resultado, é tratada como se fosse a ação do causador.

Alternativa "d": está errada a assertiva, demasiadamente genérica e tecnicamente equivocada. É fato que os crimes contra a honra, que estão incluídos no rol dos crimes contra a pessoa, se cometidos contra pessoa maior de sessenta anos ou portadora de deficiência, têm a pena aumentada em um terço, exceto no caso de injúria (em que a condição de ser a vítima idosa qualifica o crime). Não é possível afirmar, contudo, que o aumento incide "nos crimes contra a pessoa", que abarcam todo o Título I da Parte Especial do Código Penal. Além disso, não se trata de agravante, mas de causa de aumento de pena.

Alternativa "e": está correta a assertiva. Na difamação, a exceção da verdade somente se admite se o ofendido é funcionário público (art. 327 do CP) e a ofensa é relativa ao exercício de suas funções (art. 139, parágrafo único). Nesse caso, provando o ofensor a verdade da imputação, exclui-se a ilicitude da sua conduta (a tipicidade permanece, já que a falsidade não integra o tipo).

---

194. (Delegado de Polícia – SP/ 2011 – ACADEPOL) Admite exceção da verdade o crime de

a) calúnia, se o fato é imputado à presidente da república.
b) injúria, independentemente de qualquer requisito.
c) difamação, se o ofendido é funcionário público e a ofensa é relativa ao exercício de suas funções.
d) difamação, independentemente de qualquer requisito.
e) calúnia, independentemente de qualquer requisito.

COMENTÁRIOS

Alternativa "a": embora seja possível, em regra, a exceção da verdade no crime de calúnia, se o alvo da ofensa for o presidente da república não haverá espaço para a prova da verdade da imputação (art. 138, § 3º, inciso II, do Código Penal).

Alternativa "b": na injúria, como não há imputação de fato, mas a opinião que o agente emite sobre o ofendido, a exceção da verdade nunca é permitida.

Alternativa "c" (responde, também, a alternativa "d"): a exceção da verdade na difamação somente se admite se o ofendido é funcionário público (art. 327 do CP) e a ofensa é relativa ao exercício de suas funções (art. 139, parágrafo único). Nesse caso, provando o ofensor a verdade da imputação, exclui-se a ilicitude da sua conduta (a tipicidade permanece, já que a falsidade não integra o tipo).

Alternativa "e": a exceção da verdade, no crime de calúnia, pode ser obstada nas hipóteses do art. 138, § 3º, do Código Penal: a) se, constituindo o fato imputado crime de ação privada, o ofendido não foi condenado por sentença irrecorrível; b) se o fato é imputado a qualquer das pessoas indicadas no nº I do art. 141 (presidente da república ou chefe de governo estrangeiro); c) se do crime imputado, embora de ação pública, o ofendido foi absolvido por sentença irrecorrível.

Alternativa correta: letra "c".

41. CONSTRANGIMENTO ILEGAL

195. (Vunesp – Delegado de Polícia – PC – SP/2018) No que concerne ao crime de constrangimento ilegal (CP, art. 146), é correto afirmar que

a) se tipifica o crime, apenas, pela ação violenta, não havendo previsão legal para punição por mera grave ameaça.
b) qualifica o tipo a concorrência de 3 (três) ou mais agentes.
c) tipifica o crime a coação exercida para impedir suicídio, o que se explica pelo fato de o suicídio não ser penalmente relevante.
d) tipifica o crime a intervenção médica ou cirúrgica, sem o consentimento do paciente ou de seu representante legal, mesmo se justificada por iminente perigo de vida.
e) se consuma quando a vítima, sem norma legal que a obrigue a tanto, faz ou deixa de fazer, cedendo à determinação do agente.

COMENTÁRIOS

Alternativa "a": o constrangimento ilegal tem três meios de execução: *violência, grave ameaça* e *outros meios* capazes de reduzir a resistência da vítima. Por violência entende-se a *vis corporalis*, isto é, o efetivo exercício de força física ou mecânica sobre a vítima ou terceira pessoa, desde que, nesse caso, atinja indiretamente o indivíduo coagido. *Ameaça* é a *vis compulsiva*, a violência moral, o ultimato, a manifestação (por palavras, escritos, sinais) do propósito de causar a alguém, direta ou indiretamente, atual ou iminentemente, um mal injusto e grave (suficiente para amedrontar), ainda que o seu autor, de fato, não tenha intenção de realizá-lo. Por fim, refere-se o Código a outro qualquer meio que reduza a capacidade de resistência da vítima (violência imprópria).

Alternativa "b": há majorante de pena na situação em que o constrangimento ilegal é praticado por ao menos quatro pessoas.

Alternativa "c": o tipo do constrangimento ilegal contém disposição expressa no sentido de que não se compreende em suas disposições a coação exercida para impedir suicídio (art. 146, § 3º, inc. II, do CP). Uma primeira corrente (Cezar Bitencourt e Damásio de Jesus) sustenta tratar-se de causa excludente da tipicidade; para a segunda (Nélson Hungria e Mirabete), majoritária, o parágrafo tem a natureza de causa especial de exclusão da ilicitude (forma *sui generis* de estado de necessidade de terceiro).

Alternativa "d": também há exclusão expressa do constrangimento ilegal na intervenção médica ou cirúrgica, sem o consentimento do paciente ou de seu representante legal, se justificada por iminente perigo de vida (art. 146, § 3º, inc. I, do CP).

Alternativa "e": consuma-se o constrangimento ilegal no momento em que a vítima, constrangida, faz ou deixa de fazer algo (ainda que parcialmente) contrário à sua vontade, obedecendo, assim, o que imposto pelo agente.

Alternativa correta: letra "e".

42. AMEAÇA

196. (UFPR – Delegado de Polícia – PC – PR/2021) Tomando-se como parâmetro o tipo penal de ameaça, previsto no art. 147 do Código Penal (Ameaçar alguém, por palavra, escrito ou gesto, ou qualquer outro meio simbólico, de causar-lhe mal injusto e grave), é uma conduta tipificada nesse artigo:

a) a advertência de um juiz à testemunha compromissada das penas do crime de falso testemunho caso o depoimento seja mentiroso.
b) a promessa de inscrição da dívida em órgãos de proteção de crédito, por parte de um funcionário da empresa de cobrança.

c) a promessa de chamar a polícia caso não se diminua o som de ruidosa festa que avança na madrugada, por parte de um vizinho.

d) a promessa de "xingar muito nas redes sociais" se um determinado show for cancelado, por parte de um fã de uma banda.

e) o envio de fotos do(a) antigo(a) parceiro(a) perfuradas na parte dos olhos e sujas de sangue, por parte de um(a) ex-namorado(a).

COMENTÁRIOS

O art. 147 do CP pune a conduta de ameaçar alguém por palavra, escrito ou gesto, ou qualquer outro meio simbólico, de causar-lhe mal injusto e grave. O conceito de ameaça é assim exposto por Paulo José da Costa Jr.: "Consiste o delito de ameaça (*menaces, Bedrohung*) em promessa de causar a alguém um dano injusto. O verbo contido no tipo ameaçar significa intimidar, anunciar um mal injusto e grave. Para que possa intimidar, o mal anunciado deverá ser grave. E para que se configure o crime, deverá o mal ser injusto, contra jus" (Comentários ao Código Penal. 6. ed. São Paulo: Saraiva, 2000, p. 437). Como estampado no art. 147, o crime é de execução livre, podendo ser praticado *por palavra, escrito ou gesto, ou qualquer outro meio simbólico*. Assim, pode o agente servir-se de palavras, faladas ou escritas, mímica (ex.: gesto de sacar uma arma) ou outros meios capazes de simbolizar o mal que pretende causar. É exatamente o caso da assertiva "e".

As demais assertivas não retratam promessas de mal injusto e grave, seja porque a mensagem emitida é devida (advertência do juiz sobre o falso testemunho, aviso de inscrição da dívida não paga, promessa de chamar a polícia caso o incômodo permaneça), seja porque, apesar de injusta, a conduta não caracteriza efetiva promessa de mal grave ("xingar" nas redes sociais porque um show foi cancelado).

Alternativa correta: letra "e" (responde, também, as demais alternativas).

43. SEQUESTRO E CÁRCERE PRIVADO

197. (Vunesp – Delegado de Polícia – PC – SP/2022) O crime de sequestro e cárcere privado do art. 148 do CP,

a) tem como bens jurídicos tutelados a liberdade individual e o patrimônio.

b) é classificado como crime continuado, tendo em vista que a ação se protrai no tempo.

c) apenas se consuma se o agente tem intenção de obter vantagem econômica.

d) não admite tentativa.

e) é qualificado se a vítima é cônjuge do agente, independentemente de serem, um(a) ou outro(a), homem ou mulher.

COMENTÁRIOS

Alternativa "a": o patrimônio não é um bem jurídico tutelado no crime de sequestro e cárcere privado, tipificado no art. 148 do CP, que não se confunde com a extorsão mediante sequestro (art. 159).

Alternativa "b": o crime cuja consumação se protrai no tempo é o permanente, não o continuado (art. 71 do CP).

Alternativa "c": o crime do art. 148 não exige nenhuma intenção especial. Se o agente sequestra alguém com a intenção de obter vantagem como condição ou preço do resgate, há extorsão mediante sequestro.

Alternativa "d": o crime do art. 148 é plurissubsistente, razão por que é admissível a tentativa.

Alternativa "e": o § 1º, inc. I, do art. 148 qualifica o crime se a vítima é ascendente, descendente, cônjuge ou companheiro do agente ou maior de 60 (sessenta) anos.

Alternativa correta: letra "e".

44. INVASÃO DE DISPOSITIVO INFORMÁTICO

198. (Fundatec – Delegado de Polícia – PC – RS/2018) Em relação ao crime de invasão de dispositivo informático, analise as seguintes assertivas, com base na Lei, doutrina e jurisprudência majoritárias:

I. A conduta incriminada pelo artigo 154-A do Código Penal somente permite seu processamento, através de ação penal pública condicionada à representação, em toda e qualquer hipótese, por expressa disposição legal.

II. Aquele que aproveita a ausência momentânea de um colega de trabalho em sua mesa para acessar o computador dele, que ficou ligado e sem nenhum tipo de dispositivo de segurança, tendo acesso a fotos íntimas de tal colega, pratica o crime de invasão de dispositivo informático.

III. O crime é considerado pela doutrina como um crime formal, portanto a simples invasão de computador alheio, desde que o objetivo seja obter, adulterar ou destruir dados ou informações ou instalar vulnerabilidades, para obter vantagem ilícita, já configura o tipo penal, sem a necessidade de que algum prejuízo econômico efetivamente ocorra.

IV. Isolda, namorada de Juca, desconfiada de uma suposta traição, instalou um código malicioso no computador dele, para ter controle remoto da máquina. Com isso, passou a monitorar a navegação de Juca na internet. Ela praticou o crime de invasão de dispositivo informático qualificado.

Quais estão corretas?

a) Apenas II e IV.

b) Apenas III e IV.

c) Apenas I, II e III.

d) Apenas I, III e IV.

e) I, II, III e IV.

COMENTÁRIOS

Item I: no crime de invasão de dispositivo informático, a ação penal é em regra condicionada à representação da vítima, salvo se o crime é cometido contra a administração pública direta ou indireta de qualquer dos Poderes da União, Estados, Distrito Federal ou Municípios ou contra empresas concessionárias de serviços públicos, hipóteses em que a ação será pública incondicionada (art. 154-B do CP).

Item II: a assertiva estava incorreta quando elaborada a questão, mas, atualmente, devido às alterações promovidas pela Lei 14.155/21, está de acordo com as disposições do art. 154-A do CP. Originalmente, o crime consistia em invadir dispositivo informático alheio, conectado ou não à rede de computadores, **mediante violação indevida de mecanismo de segurança** e com o fim de obter, adulterar ou destruir dados ou informações sem autorização expressa ou tácita do titular do dispositivo ou de instalar vulnerabilidades para obter vantagem ilícita. Segundo a redação atual, o crime consiste em invadir dispositivo informático de uso alheio, conectado ou não à rede de computadores, com o fim de obter, adulterar ou destruir dados ou informações sem autorização expressa ou tácita do usuário do dispositivo ou de instalar vulnerabilidades para obter vantagem ilícita. Nota-se que o tipo não pressupõe mais que haja violação indevida de mecanismo de segurança. Antes, a violação era um meio necessário para que o invasor respondesse criminalmente pela invasão com a finalidade de obter, adulterar ou destruir dados ou informações ou de instalar vulnerabilidades no aparelho. A ausência de dispositivo de segurança, ou o seu não acionamento, impedia a configuração típica. Exatamente com o propósito de evitar essa restrição, o tipo penal foi alterado para possibilitar a punição do simples ato de invadir o dispositivo informático com o fim de obter, adulterar ou destruir dados ou informações ou de instalar vulnerabilidades para obter vantagem ilícita.

Item III: trata-se de crime formal (ou de consumação antecipada), perfazendo-se no momento em que o agente invade o dispositivo informático da vítima, independentemente da produção do resultado visado pelo invasor (obtenção, adulteração ou destruição de dados ou informações da vítima ou obtenção de vantagem ilícita).

Item IV: uma das formas de cometer o crime – e que o qualifica – é a invasão para controle remoto não autorizado do dispositivo. Aqui, o dispositivo informático do agente passa a se denominar *guest* (hóspede), e o da vítima, *host* (hospedeiro). A Lei 14.155/21 alterou a pena da forma qualificada (§ 3º), que variava entre 6 (seis) meses a 2 (dois) anos e passou a ser de 2 (dois) a 5 (cinco) anos de reclusão, além da multa.

Alternativa correta: letra "b".

45. FURTO

199. (CEBRASPE – Delegado de Polícia – PE/2024) No que se refere aos crimes contra o patrimônio previstos no CP, de acordo com a jurisprudência do Superior Tribunal de Justiça (STJ), a restituição imediata, voluntária e integral do bem furtado constitui, por si só, motivo suficiente para

a) conversão do fato em irrelevante penal.

b) incidência do princípio da insignificância.

c) aplicação do instituto do arrependimento eficaz.

d) aplicação do instituto do arrependimento posterior.

e) desclassificação do crime para mera contravenção penal.

COMENTÁRIOS

Alternativa "a" (responde, também, a alternativa "b"): de acordo com o que decidiu o STJ sob o rito dos recursos repetitivos, a imediata restituição do bem subtraído não é suficiente para a incidência do princípio da insignificância: "A restituição imediata e integral do bem furtado não constitui, por si só, motivo suficiente para a incidência do princípio da insignificância" (REsp 2.062.095/AL, j. 25/10/2023).

Alternativa "c": o arrependimento eficaz ocorre nas situações em que o agente esgota os meios de execução do crime, mas, em seguida, atua positivamente para impedir a consumação. No caso do furto, podemos exemplificar com a situação na qual o agente chega a se apoderar do bem, mas imediatamente se arrepende, antes que haja efetiva inversão da posse, e recoloca o objeto em seu lugar. Impedida a consumação por ato do próprio sujeito ativo, não se imputa a tentativa. No caso do enunciado, se ocorre a restituição do bem, ainda que imediata, é pressuposto que o crime tenha se consumado.

Alternativa "d": de fato, caso o furtador efetue a restituição imediata, voluntária e integral do bem furtado, é possível a incidência do arrependimento posterior, que permite a redução da pena de 1/3 a 2/3.

Alternativa "e": não há contravenção penal correspondente à conduta de que trata o enunciado.

Alternativa correta: letra "d".

200. (CEBRASPE – Delegado de Polícia – PE/2024) João, às 4 h da manhã, arrombou o cadeado da residência de Sebastião, adentrando o interior da casa da vítima. De forma sorrateira e sem fazer barulho, para evitar que acordasse a família da vítima, que lá dormia, João subtraiu uma televisão de 48 polegadas, levando-a consigo. Dez minutos após sair da casa de Sebastião, ao ser abordado por policiais militares, João acabou confessando a prática delituosa. Na situação hipotética apresentada, segundo o entendimento jurisprudencial do STJ, João praticou

a) furto simples com a causa de aumento relativa ao repouso noturno.

b) furto qualificado.

c) furto qualificado com causa de aumento relativa ao repouso noturno.

d) tentativa de furto com causa de aumento de pena relativa ao repouso noturno.

e) tentativa de furto qualificado com causa de aumento de pena relativa ao repouso noturno.

COMENTÁRIOS

Alternativa "a": não se trata de furto simples, pois, segundo o enunciado, João arrombou o cadeado para entrar na residência, o que corresponde à qualificadora do rompimento de obstáculo.

Alternativa "b": efetivamente, o furto é qualificado pelo rompimento de obstáculo. Trata-se da destruição ou rompimento de obstáculo colocado de forma a impedir a subtração da coisa. Assim, pode-se exemplificar como sendo a degradação, arrombamento, rompimento, fratura, demolição, destruição, total ou parcial, de quaisquer objetos (fechaduras, cadeados, cofres etc.) ou construções (muros, tetos, portas, janelas etc.), que dificultem a subtração da coisa visada pelo agente.

Alternativa "c": embora o furto narrado no enunciado tenha sido cometido de madrugada, se é qualificado não incide a causa de aumento relativa ao repouso noturno, segundo a orientação firmada pelo STJ sob o rito dos recursos repetitivos (REsp 1.890.981/SP, j. 25/05/2022).

Alternativa "d" (responde, também, a alternativa "e"): o furto narrado no enunciado se consumou, pois João se apoderou do bem e foi surpreendido por policiais apenas dez minutos depois. Recordemos que no furto se aplica a teoria da *amotio*, segundo a qual a consumação ocorre quando a coisa passa para o poder do agente, mesmo que não haja posse mansa e pacífica e mesmo que a posse dure curto espaço de tempo. Não é necessário sequer que o bem saia da esfera patrimonial da vítima.

Alternativa correta: letra "b".

201. (CEBRASPE - 2023 - PC/AL - Delegado) Pedro ingressou na residência de sua avó Teresa e subtraiu o pequeno cofre do quarto, levando-o para um beco. Sem saber o segredo do cofre, abriu-o com um maçarico e subtraiu as joias de seu interior. Em seguida, levou as peças a uma tradicional joalheria da cidade e vendeu-as a João, comerciante de 20 anos, que comprou os objetos sem se importar em apurar a origem.

Considerando essa situação hipotética, julgue o item que se segue.

O ato praticado por Pedro configura crime de furto qualificado pelo rompimento de obstáculo e o praticado por João, crime de receptação qualificada.

COMENTÁRIOS

Pedro responde por furto simples porque, considerando o narrado no enunciado, simplesmente ingressou na residência de sua avó e subtraiu o cofre. O fato de ter utilizado um maçarico para abri-lo e dele retirar as joias não torna qualificada a subtração, pois o objeto do delito foi o cofre juntamente com seu conteúdo. Logo, não é possível afirmar que Pedro rompeu obstáculo *para cometer o furto*, pois, no momento em que cofre foi aberto, o crime já se havia consumado. Quanto à conduta de João, deve-se destacar que o fato de não ter apurado a origem das joias não faz presumir que sabia se tratar de produto de crime. Talvez fosse o caso de receptação culposa, em que o agente adquire ou recebe coisa que, por sua natureza ou pela desproporção entre o valor e o preço, ou pela condição de quem a oferece, deve presumir-se obtida por meio criminoso. Mas a questão também não apresenta informação suficiente para que se alcance esta conclusão. O fato é que, em casos dessa natureza, é imprescindível apurar detalhadamente as circunstâncias para que seja possível fazer a imputação mais adequada.

Alternativa correta: "errado".

202. (FGV - Delegado de Polícia - PC - AM/2022) O princípio da insignificância é compatível com o furto praticado

a) por escalada.

b) por arrombamento.

c) durante o repouso noturno.

d) em concurso de pessoas.

e) por clandestinidade.

COMENTÁRIOS

Alternativa "a" (responde, também, as alternativas "b" e "d"): a jurisprudência dos tribunais superiores era amplamente refratária à insignificância quando incidente alguma das qualificadoras do furto, que tornam consideravelmente mais grave o crime. Ultimamente, no entanto, tem havido certa mitigação baseada na análise das circunstâncias concretas das condutas criminosas. Em resumo, a regra é de que a presença das qualificadoras impede a insignificância, mas, em situações excepcionais, ainda assim a tipicidade pode ser afastada "[...] 3. O princípio da insignificância é verdadeiro benefício na esfera penal, razão pela qual não há como deixar de se analisar o passado criminoso do agente, sob pena de se instigar a multiplicação de pequenos crimes pelo mesmo autor, os quais se tornariam inatingíveis pelo ordenamento penal. Imprescindível, no caso concreto, porquanto, de plano, aquele que é contumaz na prática de crimes não faz jus a benesses jurídicas. 4. Na espécie, a conduta é referente a um furto qualificado pelo concurso de agentes de produtos alimentícios avaliados em R$ 62,29. 5. Assim, muito embora a presença da qualificadora possa, à primeira vista, impedir o reconhecimento da atipicidade material da conduta, a análise conjunta das circunstâncias demonstra a ausência de lesividade do fato imputado, recomendando a aplicação do princípio da insignificância [...]" (STJ: HC 553.872/SP, j. 11/02/2020).

Alternativa "c": a regra é de que não se aplica a insignificância no furto cometido durante o repouso noturno, especialmente se concorre alguma qualificadora: "O entendimento do Tribunal de origem encontra-se em consonância com a jurisprudência desta Corte, firme no sentido da inaplicabilidade do princípio da insignificância às hipóteses de furto qualificado pelo rompimento de obstáculo e cometido em horário de repouso noturno por réu que ostenta maus antecedentes" (AgRg no AREsp 2.128.909/SC, j. 06/09/2022).

Alternativa "e": a prática de um furto às escondidas – aliás, extremamente comum – não impede a incidência do princípio da insignificância, cujos requisitos gerais são: a) a mínima ofensividade da conduta do agente; b) a ausência de periculosidade social da ação; c) o reduzido grau de reprovabilidade do comportamento; d) a inexpressividade da lesão jurídica causada.

Alternativa correta: letra "e".

---

203. (Cespe – Delegado de Polícia – PC – RJ/2022) Depois de assistir a um filme na última sessão do cinema local, Renata dirigiu-se à sua casa. Durante o trajeto, ela notou que havia esquecido um equipamento eletrônico sobre a poltrona da sala de cinema, então retornou ao local. Lá, foi impedida pelo porteiro de entrar. Ela apresentou a ele o ingresso, no qual constava a poltrona que ocupava, pedindo-lhe que buscasse o equipamento deixado no local. Enquanto a conversa entre o porteiro e Renata ocorria, Estela, funcionária do cinema, encontrou o equipamento sobre a poltrona da sala de cinema e, percebendo que alguém o esquecera, levou-o consigo, com intenção de incorporação patrimonial. Logo em seguida, o porteiro entrou na sala, foi à poltrona indicada no ingresso apresentado por Renata, e nada encontrou. Disse, então, a Renata para retornar no dia seguinte, pois existia no local um setor de achados e perdidos, onde os empregados do cinema deviam deixar coisas alheias porventura localizadas no estabelecimento. Chegando à sua casa com o equipamento, Estela mostrou-o ao seu marido, Alexandre, que descobriu seu valor: R$ 3.000. Visando ao lucro, Alexandre decidiu anunciá-lo à venda em um site da Internet, pelo valor de R$ 1.500. No dia seguinte, Renata, após não encontrar o objeto no setor de achados e perdidos do cinema, resolveu pesquisar na Internet por produtos idênticos expostos à venda. Assim acabou localizando seu pertence. Como o equipamento apresentava características únicas, ela o identificou sem nenhuma dúvida. Passando-se por compradora, Renata marcou um encontro com Alexandre, para ver o equipamento. Em seguida, ela foi à delegacia de polícia local e pediu auxílio para recuperar a coisa, o que efetivamente ocorreu, sendo certo que Alexandre estava em seu poder.

Alexandre foi conduzido à delegacia, aonde pouco depois chegou Estela. Ouvidos formalmente na presença de um advogado, ambos confessaram o ocorrido. Com base nessa situação hipotética, é correto afirmar que

a) Estela praticou furto, e Alexandre cometeu receptação.
b) Estela praticou crime de apropriação de coisa achada, e Alexandre cometeu receptação qualificada.
c) Estela praticou crime de furto, e Alexandre cometeu receptação qualificada.
d) Estela praticou crime de furto, e Alexandre não cometeu crime.
e) Estela praticou crime de apropriação de coisa achada, e Alexandre cometeu receptação.

COMENTÁRIOS

Estela, efetivamente, é autora do crime de furto, que consiste em subtrair, para si ou para outrem, coisa alheia móvel. Note-se que, como deixa claro o enunciado, Estela encontrou o equipamento sobre a poltrona e percebeu imediatamente que alguém o esquecera, levando-o em seguida. Isso caracteriza o furto e afasta a apropriação de coisa achada, na qual alguém acha coisa alheia perdida e dela se apropria. O aparelho pertencente a Renata não estava perdido.

Alexandre, por sua vez, não cometeu crime. Isso porque o furto foi praticado unicamente por Estela, que, no momento exato da subtração, o consumou. Logo, não há concurso de pessoas nesse caso. Tampouco é possível imputar o crime de receptação, pois Alexandre não praticou nenhuma das condutas típicas do art. 180 do CP. Ciente do furto, ele simplesmente anunciou o aparelho para venda.

Alternativa correta: letra "d" (responde, também, as demais alternativas).

---

204. (UEG – Delegado de Polícia – PC – GO/2018) Sobre o crime de furto, previsto no artigo 155 do Código Penal, tem-se o seguinte:

a) A lei penal admite, em certas hipóteses, ação penal pública condicionada à representação para o crime de furto.
b) O Superior Tribunal de Justiça admite a aplicação, no furto qualificado pelo concurso de agentes, da majorante do roubo.
c) O Superior Tribunal de Justiça entende que a existência de sistema de vigilância realizado por monitoramento eletrônico torna impossível a configuração do crime de furto.
d) A expressão "pequeno valor", requisito para o reconhecimento do furto privilegiado, equivale, na jurisprudência, a "valor insignificante".
e) A jurisprudência do Superior Tribunal de Justiça não admite o reconhecimento do privilégio nas hipóteses de furto qualificado.

COMENTÁRIOS

Alternativa "a": a ação penal no crime de furto é em regra pública incondicionada. Há, no entanto, no art. 182 do CP, algumas situações – denominadas *escusas relativas* – em que a ação penal é pública condicionada. Trata-se do crime cometido em prejuízo do cônjuge judicialmente separado, de irmão ou de tio ou sobrinho, com quem o agente coabita.

Alternativa "b": questão interessante surge quando se observa a desproporcionalidade criada pelo legislador ao qualificar a pena do crime de furto, no caso de concurso de agentes, de forma mais drástica do que a do roubo, em idêntica situação fática. No furto, dobra-se a reprimenda básica, passando de 1 a 4 anos, para 2 a 8 anos; no roubo (crime mais grave), aumenta-se a pena de 1/3 a 1/2. Diante desse quadro, alguns, por questão de equidade, desconsideram a qualificadora do furto, aplicando à hipótese o patamar de aumento previsto no roubo, isto é, no caso de furto qualificado pelo concurso de agentes, ao invés de dobrar a pena básica, preferem aumentá-la de 1/3 a 1/2. Em que pese o esforço de justiça, os tribunais têm negado o contorcionismo, como se percebe da Súmula 442 do STJ: "É inadmissível aplicar, no furto qualificado, pelo concurso de agentes, a majorante do roubo".

Alternativa "c": a vigilância constante em supermercado (física ou eletrônica) não torna, por si só, o crime impossível, devendo ser aquilatado, no caso concreto, a absoluta (ou relativa) ineficácia do meio. Neste sentido é a jurisprudência do STJ (súmula nº 567).

Alternativa "d": o pequeno valor do prejuízo (requisito do furto privilegiado) não se confunde com o prejuízo insignificante. Este, se presente, exclui a tipicidade (material).

Alternativa "e": o STJ editou a súmula nº 511 no sentido de que "É possível o reconhecimento do privilégio previsto no § 2º do art. 155 do CP nos casos de crime de furto qualificado, se estiverem presentes a primariedade do agente, o pequeno valor da coisa e a qualificadora for de ordem objetiva".

Alternativa correta: letra "a".

205. (IBADE – Delegado de Polícia – AC/2017) Apropriar-se de coisa que está em sua detenção – embora vigiada –, com dolo de assenhoramento surgido posteriormente ao recebimento da coisa e valendo-se de concurso de pessoas na execução da conduta, configura crime de:

a) furto qualificado.
b) apropriação indébita.
c) apropriação indébita qualificada.
d) furto.
e) estelionato.

COMENTÁRIOS

Alternativa "a" (responde, também, as alternativas "b", "c" e "d"): não se trata de apropriação indébita, mas de furto, porque, para que ocorra a apropriação, a posse ou a detenção exercida pelo agente deve ser desvigiada (confiada sem vigilância). Se, por exemplo, os funcionários de um estabelecimento comercial se aproveitam de momento de distração do patrão para se apropriar de mercadorias que detinham sob vigilância, serão autores de furto qualificado pelo concurso de pessoas, e não de apropriação indébita.

Alternativa "e": não se trata de estelionato porque, neste crime, o agente induz ou mantém alguém em erro, mediante artifício, ardil, ou qualquer outro meio fraudulento, para obter vantagem em prejuízo alheio. Não há, portanto, apropriação da coisa.

Alternativa correta: letra "a".

206. (Cespe – Delegado de Polícia – PE/2016) Nos últimos tempos, os tribunais superiores têm sedimentado seus posicionamentos acerca de diversos institutos penais, criando, inclusive, preceitos sumulares. Acerca desse assunto, assinale a opção correta segundo o entendimento do STJ.

a) É possível a consumação do furto em estabelecimento comercial, ainda que dotado de vigilância realizada por seguranças ou mediante câmara de vídeo em circuito interno.
b) A conduta de atribuir-se falsa identidade perante autoridade policial é considerada típica apenas em casos de autodefesa.
c) O tempo máximo de duração da medida de segurança pode ultrapassar o limite de trinta anos, uma vez que não constitui pena perpétua.
d) No que diz respeito à progressão de regime prisional de condenado por crime hediondo cometido antes ou depois da vigência da Lei nº 11.464/2007, é necessária a observância, além de outros requisitos, do cumprimento de dois quintos da pena, se primário, e, de três quintos, se reincidente, para a obtenção do benefício.
e) A incidência da causa de diminuição de pena prevista no tipo penal de tráfico de drogas implica o afastamento da equiparação existente entre o delito de tráfico ilícito de drogas e os crimes hediondos, por constituir novo tipo penal, sendo, portanto, o tráfico privilegiado um tipo penal autônomo, não equiparado a hediondo.

COMENTÁRIOS

Alternativa "a": a vigilância constante em supermercado (física e eletrônica) não torna, por si só, o crime impossível, devendo ser aquilatado, no caso concreto, a absoluta (ou relativa) ineficácia do meio. Aliás, muitos estabelecimentos são dotados de invejável aparato de segurança, o que não impede que sejam furtados, jamais recuperando a res. Pensar que o sistema de vigilância, por si só, exclui o crime, é fomentar a sorte dos delinquentes que farão desses locais seus preferidos para a prática da subtração, pois, na pior das hipóteses, terão que devolver o que apoderado antes de sair do estabelecimento (eis o castigo...). Nesse sentido é a jurisprudência do STJ (súmula nº 567).

Alternativa "b": a orientação jurisprudencial é dominante no sentido de que atribuir-se falsa identidade é crime, ainda que o agente o faça no intuito de autodefesa. O STJ inclusive sumulou esse entendimento: "A conduta de atribuir-se falsa identidade perante autoridade policial é típica, ainda que em situação de alegada autodefesa" (súmula nº 522).

Alternativa "c": o tempo de cumprimento da medida de segurança não deve suplantar o limite máximo da pena cominada ao fato previsto como crime praticado pelo inimputável (súmula nº 527 do STJ).

Alternativa "d": até a entrada da Lei nº 11.464/07 em vigor, a Lei nº 8.072/90 estabelecia regime integralmente fechado para o cumprimento da pena nos crimes hediondos e equiparados. A partir da vigência daquela Lei, estabeleceu-se a progressão de regime após o cumprimento de dois quintos da pena, se o apenado fosse primário, e de três quintos, se reincidente. Ocorre que a alteração foi promovida apenas após o Supremo Tribunal Federal ter declarado inconstitucional a regra sobre o regime integralmente fechado, oportunidade em que o tribunal, por falta, até então, de disposição específica, determinou que se aplicassem, sobre os crimes hediondos e equiparados, as regras então vigentes na Lei nº 7.210/84 a respeito da progressão de regime (cumprimento de um sexto da pena). Por isso, para os autores de tais delitos ocorridos até a entrada em vigor da Lei nº 11.464/07, a nova sistemática não retroagiu, pois mais rigorosa. Para esses crimes, portanto, continuaram a incidir as regras da Lei de Execução Penal. Neste sentido: STF, HC 100.328/SP; STJ, súmula nº 471. Note-se que, após a entrada em vigor da Lei 13.964/19 (Pacote Anticrime), o art. 112 da LEP passou a disciplinar integralmente a progressão de regime, que, para os crimes hediondos e equiparados, ocorre após o cumprimento de: a) 40% (quarenta por cento) da pena, se o apenado for primário; b) 50% (cinquenta por cento) da pena, se, primário o condenado, o crime hediondo ou equiparado tiver resultado morte; c) 60% (sessenta por cento) da pena, se o condenado for reincidente na prática de crime hediondo ou equiparado; d) 70% (setenta por cento) da pena, se o condenado for reincidente em crime hediondo ou equiparado com resultado morte.

Alternativa "e": à época da elaboração da questão, o entendimento dominante era no sentido de que a causa de diminuição de pena no crime de tráfico não retirava sua hediondez, tanto que, em 2014, o STJ editou a súmula nº 512 exatamente nesses termos. Ocorre que, julgando o habeas corpus 118.533/MS, o STF decidiu que o privilégio não se harmoniza com a hediondez do crime de tráfico: "O crime de tráfico privilegiado de drogas não tem natureza hedionda. Por conseguinte, não são exigíveis requisitos mais severos para o livramento condicional (Lei 11.343/2006, art. 44, parágrafo único) e tampouco incide a vedação à progressão de regime (Lei 8.072/1990, art. 2º, § 2º) para os casos em que aplicada a causa de diminuição prevista no art. 33, § 4°, Lei 11.343/2006. Com base nessa orientação, o Plenário, por maioria, concedeu a ordem de "habeas corpus" para afastar a natureza hedionda de tal delito. No caso, os pacientes foram condenados pela prática de tráfico privilegiado, e a sentença de 1º grau afastara a natureza hedionda do delito. Posteriormente, o STJ entendera caracterizada a hediondez, o que impediria a concessão dos referidos benefícios – v. Informativos 791 e 828. O Tribunal superou a jurisprudência que se firmara no sentido da hediondez do tráfico privilegiado. Sublinhou que a previsão legal seria indispensável para qualificar um crime como hediondo ou equiparado. Assim, a partir da leitura dos preceitos legais pertinentes, apenas as modalidades de tráfico de entorpecentes definidas no art. 33, "caput" e § 1º, da Lei 11.343/2006 seriam equiparadas a crimes hediondos. Entendeu que, para alguns delitos e seus autores, ainda que se tratasse de tipos mais gravemente apenados, deveriam ser reservadas algumas alternativas aos critérios gerais de punição. A legislação alusiva ao tráfico de drogas, por exemplo, prevê a possibilidade de redução da pena, desde que o agente seja primário e de bons antecedentes, não se dedique a atividades criminosas e nem integre organização criminosa. Essa previsão legal permitiria maior flexibilidade na gestão da política de drogas, pois autorizaria o juiz a avançar sobre a realidade pessoal de cada autor. Além disso, teria inegável importância do ponto de vista das decisões de política criminal" (HC 118.533/MS, j. 23/06/2016). Em razão disso, o STJ cancelou a súmula nº 512. Note-se que, para afastar definitivamente qualquer controvérsia no âmbito da progressão de regime, o legislador inseriu na LEP disposição expressa no sentido de que o tráfico privilegiado não é considerado hediondo (art. 112, § 5º, com redação dada pela Lei 13.964/19). Ainda a esse respeito, o STF editou a súmula vinculante 59, segundo a qual "É impositiva a fixação do regime aberto e a substituição da pena privativa de liberdade por restritiva de direitos quando reconhecida a figura do tráfico privilegiado (art. 33, § 4º, da Lei 11.343/06) e ausentes vetores negativos na primeira fase da dosimetria (art. 59 do CP), observados os requisitos do art. 33, § 2º, alínea c e do art. 44, ambos do Código Penal".

Alternativa correta: letra "a".

---

207. (ACAFE – Delegado de Polícia – SC/2014) De acordo com o Código Penal analise as afirmações a seguir e assinale a alternativa correta.

I. Comete crime de injúria escarnecer de alguém publicamente, por motivo de crença ou função religiosa; impedir ou perturbar cerimônia ou prática de culto religioso; vilipendiar publicamente ato ou objeto de culto religioso.

II. Considera-se qualificado o furto cometido com destruição ou rompimento de obstáculo à subtração da coisa, bem como com abuso de confiança, ou mediante fraude, escalada ou destreza.

III. A extinção da punibilidade de crime que é pressuposto, elemento constitutivo ou circunstância agravante de outro não se estende a este. Nos crimes conexos, a extinção da punibilidade de um deles não impede, quanto aos outros, a agravação da pena resultante da conexão.

IV. Comete crime de estupro quem constrange mulher, mediante violência ou grave ameaça, a ter conjunção carnal ou a praticar ou permitir que com ele se pratique outro ato libidinoso.

a) Apenas I, III e IV estão corretas.

b) Apenas II e III estão corretas.

c) Apenas II, III e IV estão corretas.

d) Apenas a afirmação IV está correta.

e) Todas as afirmações estão corretas.

COMENTÁRIOS

Item I: escarnecer de alguém publicamente, por motivo de crença ou função religiosa; impedir ou perturbar cerimônia ou prática de culto religioso; e vilipendiar publicamente ato ou objeto de culto religioso, são condutas integrantes do mesmo tipo penal, consistente no ultraje a culto e impedimento ou perturbação de ato a ele relativo (art. 208 do Código Penal). A primeira conduta, em razão da forma como é praticada, pode se aproximar do crime de injúria qualificada (art. 140, § 3º, do Código Penal), mas com ele não se confunde. No art. 208 o agente passa a zombar da vítima em razão da sua opção religiosa; já no delito contra a honra, o agente atribui ao crente qualidade negativa em face da sua crença.

Item II: o crime de furto, efetivamente, pode ser qualificado se cometido com: a) destruição ou rompimento de obstáculo à subtração da coisa: pode-se exemplificar como sendo a degradação, arrombamento, rompimento, fratura, demolição, destruição, total ou parcial, de quaisquer objetos (fechaduras, cadeados, cofres etc.) ou construções (muros, tetos, portas, janelas etc.), que dificultem a subtração da coisa visada pelo agente; b) com abuso de confiança: exige-se um especial vínculo de lealdade ou de fidelidade entre a vítima e o agente, sendo irrelevante, por si só, a simples relação de emprego ou de hospitalidade (nesse sentido: *RT* 571/391); c) fraude (visa a diminuir a vigilância da vítima e possibilitar a subtração), escalada (uso de via anormal para ingressar no local em que se encontra a coisa visada, não necessariamente por meio de subida, mas com a utilização de qualquer meio incomum) ou destreza (peculiar habilidade física ou manual). A Lei 14.155/21 inseriu no art. 155 do CP o § 4º-B, que qualifica o crime em razão de uma forma específica de fraude: a cometida por meio de dispositivo eletrônico ou informático. Até que entrasse em vigor o § 4º-B, as subtrações cometidas nessas circunstâncias se subsumiam à qualificadora do § 4º, inc. II, com pena de dois a oito anos. No entanto, em razão dos prejuízos provocados e da maior dificuldade de apuração revelada nesses casos, o legislador decidiu inserir no art. 155 uma qualificadora específica para as situações em que o furto mediante fraude é cometido por meio de dispositivo eletrônico ou informático. A pena passa a ser de quatro a oito anos, além da multa.

Item III: a assertiva se refere ao art. 108 do Código Penal. Da leitura do dispositivo, extraímos as seguintes regras: **a)** a extinção da punibilidade de um crime que é pressuposto de outro não afeta este outro (ex.: a extinção da punibilidade do crime de furto não afeta o crime de receptação ou do favorecimento pessoal ou real etc.); **b)** a extinção da punibilidade de um crime que é elemento constitutivo de outro, não afeta este outro (ex.: a prescrição do delito de sequestro não atinge a extorsão mediante sequestro – art. 159 do CP); **c)** a extinção da punibilidade de um crime que é circunstância agravante (entenda-se também causa de aumento de pena ou qualificadora) de outro, não afeta este outro (ex.: a extinção da punibilidade da lesão corporal de natureza grave não atinge o estupro qualificado); **d)** nos crimes conexos, a extinção da punibilidade de um deles não impede, quanto aos outros, a agravação da pena resultante da conexão (ex.: praticado homicídio para assegurar a impunidade e a vantagem de um crime – furto, por exemplo – o crime doloso contra a vida continua sendo qualificado, ainda que o Estado veja extinto o direito de punir o delito patrimonial pela prescrição).

Item IV: pune-se, no estupro, o *ato de libidinagem* violento, coagido, obrigado, forçado, buscando o agente constranger a vítima à conjunção carnal (conjunção normal entre sexos opostos) ou praticar ou permitir que com ele se pratique outro ato libidinoso. Da simples leitura do tipo penal percebe-se que o delito abrange não só o fato de o autor constranger sua vítima à prática de ato libidinoso (com efetiva participação do ofendido), como também a situação em que faz com que aquela permita que com ela seja praticado tal ato (existe uma atitude passiva do ofendido).

Alternativa correta: letra "c".

---

208. (Vunesp – Delegado de Polícia – SP/2014) Para subtrair um automóvel, "X", de forma violenta, danificou a sua porta. Nesse caso, "X" deverá responder

a) pelo crime de roubo, visto que se utilizou de violência para danificar a porta.

b) apenas pelo crime de furto, em razão do princípio da subsidiariedade.

c) apenas pelo crime de furto, em razão do princípio da consunção.

d) pelos crimes de furto e de dano.

e) apenas pelo crime de furto, em razão do princípio da especialidade.

COMENTÁRIOS

Alternativa "a": a configuração do crime de roubo pressupõe violência ou grave ameaça contra a pessoa.

Alternativa "b": não se trata do princípio da subsidiariedade, em que a norma dita subsidiária atua somente quando o fato não se subsuma a crime mais grave, como no caso do disparo de arma de fogo, punido autonomamente apenas se a conduta não se dirige à prática de delito mais grave. Não é o que ocorre no exemplo do enunciado, em que uma infração penal é meio para a prática de outra.

Alternativa "c" (responde, também, a alternativa "d"): no princípio da consunção, verifica-se a continência de tipos, ou seja, o crime previsto por uma norma (consumida) não passa de uma fase de realização do crime previsto por outra (consuntiva) ou é uma forma normal de transição para o último (crime progressivo). Os fatos aqui não se acham em relação de espécie e gênero, mas de parte a todo, de meio a fim. No exemplo citado, o dano causado no veículo foi um meio para que se tornasse possível a subtração do mesmo bem, resumindo-se tudo a um só delito (furto).

Alternativa "e": não se trata do princípio da especialidade, em que se afasta a lei geral para a incidência da lei especial, aquela que contém todos os elementos da norma geral, acrescida de outros que a tornam distinta (chamados de especializantes).

Alternativa correta: letra "c".

---

209. (Cespe – Delegado de Polícia – BA/2013 – Adaptada) Acerca da parte geral do direito penal e seus Institutos, julgue os itens seguintes.

Considere que Marcos, penalmente imputável, subtraia de seu genitor de sessenta e oito anos de idade, um relógio de alto valor. Nessa situação, o autor não pode beneficiar-se da escusa penal absolutória, em razão da idade da vítima.

COMENTÁRIOS

O art. 183 do Código Penal, no inciso III, obsta a incidência da escusa absolutória nos crimes patrimoniais se o fato é praticado contra pessoa com idade igual ou superior a sessenta anos.

Alternativa correta: "certo".

---

210. (Cespe – Delegado de Polícia – BA/2013 – Adaptada) No que se refere às contravenções penais, aos crimes em espécie e às leis penais extravagantes, julgue os itens a seguir com base na jurisprudência dos tribunais superiores.

Considere que João, por vários meses, tenha captado sinal de televisão a cabo por meio de ligação clandestina e que, em razão dessa ligação, considerável valor econômico tenha deixado de ser transferido à prestadora do serviço. Nessa situação hipotética, considerando-se o entendimento do Superior Tribunal de Justiça a respeito da matéria, João praticou o crime de furto de energia.

COMENTÁRIOS

Efetivamente, há decisões no STJ a respeito da possibilidade de equiparação do sinal de TV a cabo à energia de que trata o art. 155, § 3º, do CP. Como exemplo: "Assim não fosse, tomando-se por base apenas os fatos relatados na inicial do mandamus impetrado na origem e no aresto objurgado, não se constata qualquer ilegalidade passível de ser remediada por este Sodalício, pois o sinal de TV a cabo pode ser equiparado à energia elétrica para fins de incidência do artigo 155, § 3º, do Código Penal. Doutrina. Precedentes" (RHC 30.847/RJ, DJe 04/09/2013). Mas o tribunal já decidiu também em sentido contrário: "1. A jurisprudência do Superior Tribunal de Justiça se inclinava no sentido de que o furto de sinal de televisão por assinatura se enquadraria na figura típica do art. 155, § 3.º, do Código Penal. 2. O Supremo Tribunal Federal, no julgamento do HC n.º 97.261/RS, entendeu que o sinal de televisão não se equipararia à energia elétrica, bem assim que não haveria subtração na hipótese de captação indevida de sinal, motivo pelo qual a conduta não se amoldaria ao crime do art. 155, § 3.º, do Código Penal. Asseverou também que a ausência de previsão de sanção no art. 35 da Lei n.º 8.977/1995, que definiu a captação clandestina de sinal como ilícito penal, somente poderia ser suprida por outra lei, não podendo ser utilizado o preceito secundário de outro tipo penal, sob pena de haver indevida analogia in malam partem. Precedente da Sexta Turma desta Corte Superior. 3. Recurso especial desprovido" (REsp 1.838.056/RJ, Rel. Min. Laurita Vaz, j. 09/06/2020). O STF, de fato, já decidiu que o sinal de TV não pode ser objeto de equiparação, porque essa manobra constitui analogia *in malam partem* (HC 97.261/RS, DJe 12/04/2011).

Alternativa correta: "certo".

---

211. (UEL – Delegado de Polícia – PR/2013) Sobre o crime de furto descrito no Art. 155 do Código Penal, atribua V (verdadeiro) ou F (falso) às afirmativas a seguir.

( ) Tem por objeto material a coisa alheia móvel, entendendo-se por coisa qualquer substância corpórea, material, ainda que não tangível, suscetível de apreensão e transporte, incluindo os corpos gasosos, os instrumentos e os títulos, quando não forem documentos, as árvores, os navios, as aeronaves, englobando tudo aquilo que pode ser destacado e subtraído.

( ) Tem como sujeito ativo qualquer pessoa, sendo considerado como qualquer pessoa até mesmo o proprietário, desde que o bem esteja na posse de terceiro. Tem como sujeito passivo a pessoa física ou jurídica, titular da posse, incluída a detenção ou a propriedade.

( ) O elemento subjetivo do tipo é o dolo, consistente na vontade de subtrair coisa móvel. No entanto, não é necessário que a vontade abranja o elemento normativo "alheia".

( ) Para tipificação do furto privilegiado, é necessária a presença de dois requisitos cumulados, ou seja, que o criminoso seja primário e que a coisa seja de pequeno valor. Sendo o réu reincidente, mesmo que a coisa seja de pequeno valor, não há a tipificação do furto privilegiado.

( ) Para tipificar a qualificadora "com destruição ou rompimento de obstáculo à coisa", é necessário que a violência empregada seja não só contra o obstáculo, mas contra a coisa também.

Assinale a alternativa que contém, de cima para baixo, a sequência correta.

a) V, V, F, F, F.

b) V, F, V, F, F.

c) V, F, F, V, F.

d) F, V, V, F, V.

e) F, V, F, V, V.

COMENTÁRIOS

Primeiro item: a conduta punida no tipo em estudo é apoderar-se o agente, para si ou para outrem, de coisa alheia móvel, tirando-a de quem a detém (diminui-se o patrimônio da vítima). O apoderamento pode ser direto (apreensão manual) ou indireto (valendo-se de interposta pessoa ou até animais). Da análise do art. 155 do Código Penal, fica claro que o objeto material do crime deve ser *coisa alheia móvel*, economicamente apreciável. O interesse apenas moral da coisa, segundo alguns, também configura o crime, pois não deixa de integrar o patrimônio de alguém.

Segundo item: não se exigindo qualidade especial do agente (delito comum), qualquer pessoa pode ser sujeito ativo do furto, salvo o proprietário. Este, subtraindo coisa sua que se encontra na legítima posse de terceiro, pratica qual infração penal? Para a maioria, conforme o caso, haverá o delito de exercício arbitrário das próprias razões (arts. 345 e 346, ambos do CP).

Terceiro item: a voluntariedade no crime de furto é o dolo, consistente na vontade consciente de apoderar-se definitivamente de coisa alheia, para si ou para outrem. Se o agente não tem o propósito de subtrair coisa *alheia*, imaginando, por exemplo, que se trata de coisa própria, haverá erro de tipo.

Quarto item: de acordo com o disposto no art. 155, § 2º, do Código Penal, se o criminoso é primário, e é de pequeno valor a coisa furtada, o juiz pode substituir a pena de reclusão pela de detenção, diminuí-la de um a dois terços, ou aplicar somente a pena de multa. Sobre a primariedade, encontramos duas orientações divergentes: para uns, é o não reincidente, ainda que tenha no passado várias condenações (*RF* 257/274; *RJTJSP* 9/533; *JTACrimSP* 44/418 e 27/283; *RTJ* 62/182); já para outros (minoria) é o que, na data da sentença, não ostenta qualquer condenação irrecorrível pretérita (*RTJ* 71/840; *JTACrim* SP 39/127; *RF* 274/274; *RJTJSP* 30/375).

Quinto item: sabendo que o rompimento de obstáculo para qualificar o crime há de ser exterior à coisa subtraída, lembra a doutrina que se a violência for exercida contra o próprio objeto visado não incide a qualificadora.

Alternativa correta: letra "c".

---

212. (UEPA – Delegado de Polícia – PA/2013) Usando um crachá que o identificava como oficial de justiça, um homem entrou no escritório de uma empresa, supostamente para entregar uma intimação ao proprietário. Enquanto a secretária foi chamar o chefe, o visitante se aproveitou de que ficara só na sala para guardar em sua pasta um notebook e um tablet, retirando-se em seguida. Constatando-se posteriormente que o suposto oficial de justiça havia falsificado o crachá, deveria ser indiciado:

a) apenas por estelionato, ficando a falsificação de documento público absorvida por ser o meio executivo da fraude cometida.

b) apenas por furto qualificado, porque a despeito de haver fraude na conduta do agente, ele na verdade subtraiu bens da vítima.

c) apenas por furto qualificado pelo abuso de confiança, porque o cidadão comum tem natural confiança na autoridade pública.

d) por falsificação de documento público, uso de documento falso e estelionato, em concurso material.

e) por falsificação de documento público e estelionato, em concurso material.

COMENTÁRIOS

Alternativa "a" (responde, também, as alternativas "d" e "e"): não há estelionato, mas furto mediante fraude. A rigor, todavia, deveria o agente responder pela falsificação de documento público. Com efeito, narra o enunciado que o furtador falsificou um crachá que o identificava como oficial de justiça para utilizá-lo na execução da fraude, que, por sua vez, possibilitaria o furto. Se considerarmos, neste contexto, o entendimento firmado a respeito do estelionato cometido com o uso de documento falso (se o falso se exaure no estelionato é por este absorvido), alcançaremos a conclusão de que houve concurso material, pois o documento falsificado pelo agente poderia ser utilizado em incontáveis outros furtos, sem que, portanto, tivesse a potencialidade lesiva esgotada naquela fraude.,

Alternativa "b": se o agente empregou o ardil para que a vítima, iludida, não percebesse que estava sendo despojada de seus bens, há crime de furto qualificado pela fraude. Situação diversa seria se o sujeito, fazendo-se passar por oficial de justiça que cumpria mandado para sequestro de um bem, obtivesse este mesmo bem a partir da indução da vítima a erro. No primeiro caso, a fraude foi empregada para que a diminuição da vigilância tornasse possível a subtração; no segundo, a fraude teria sido utilizada para fazer com que a vítima incidisse em erro e entregasse espontaneamente o objeto ao agente.

Alternativa "c": não há abuso de confiança no furto narrado no enunciado. Para que se caracterize esta qualificadora exige-se um especial vínculo de lealdade ou de fidelidade entre a vítima e o agente, o que não ocorre.

Alternativa correta: letra "b".

---

213. (FUNCAB – Delegado de Polícia – RJ/2012) Manoel pediu ao pai, recém-chegado aos 50 anos, que adiantasse a sua legítima, no que não foi atendido, pois este sabia que Manoel se tornara dependente de drogas, logo dilapidaria seu patrimônio com o vício. Insatisfeito e aproveitando-se de uma viagem de seu pai, Manoel convidou Antônio e Joaquim, parceiros na utilização de "maconha", a sacarem do poder de seu pai as joias que herdaria, pois com a venda destas lucraria mais de R$ 1.000.000,00. Madalena, amiga de Joaquim, a seu pedido e sabendo dos propósitos dele, ensinou-o a abrir o cofre onde as joias se encontravam. Manoel, para não ser descoberto, no dia da empreitada foi para o clube, possibilitando ser visto por várias pessoas, o que lhe daria um álibi. Antônio e Joaquim dirigiram-se para a residência do pai de Manoel, local em que o primeiro abriu a porta da casa com uma gazua, o que possibilitou a Joaquim entrar e retirar as joias do cofre. Com medo de ser descoberto, posteriormente, Manoel solicitou ao seu amigo Paulo que guardasse temporariamente as joias. Após duas semanas do ocultamento das joias por Paulo, estas foram transportadas para outro Estado por Pedro, a pedido de José, primo de Manoel, sendo certo que nem Pedro, tampouco José, sabiam que as joias eram produto de crime. Já em outro Estado, as joias foram vendidas para Cláudia, que trabalhava como joalheira em sua residência, por preço vil, tendo esta percebido desde logo a origem ilícita da mercadoria. Ao tomar conhecimento do desaparecimento das joias, o pai de Manoel dirigiu-se à Delegacia de Polícia e ofereceu *notitia criminis*. Após investigação, restou provada toda empreitada delitiva. Assim:

a) Manoel, Antônio, Joaquim e Madalena são coautores do crime de furto qualificado por rompimento de obstáculo, abuso de confiança e emprego de chave falsa, enquanto que Paulo, José, Pedro e Cláudia são coautores do crime de receptação.

b) Antônio e Joaquim, na qualidade de autores, e Madalena, figurando como cúmplice por auxílio, devem ser responsabilizados por crime de furto qualificado. Não se poderá responsabilizar Manoel, José e Pedro. Paulo pode ser condenado por favorecimento real e Cláudia por receptação qualificada.

c) Paulo poderá ser condenado pelo crime de receptação própria, enquanto Manoel é o autor intelectual do crime de furto, portanto ainda terá sua pena agravada. Antônio e Joaquim são autores diretos do crime de furto, restando unicamente a Madalena a cumplicidade material. José pode ser condenado pelo crime de receptação imprópria, Pedro por receptação própria e Cláudia por receptação simples.

d) Madalena é cúmplice por auxílio intelectual no crime de furto, enquanto Manoel poderá ser condenado por furto com abuso de confiança, com pena agravada pelo fato do ofendido ser seu genitor. Antônio poderá ser condenado pelo crime de furto com emprego de chave falsa e Joaquim pelo crime de furto com rompimento de obstáculo. Paulo responde pelo crime de favorecimento pessoal. As condutas de José e Pedro são atípicas. Cláudia pode ser condenada pelo crime de receptação culposa.

e) Cláudia comete crime de receptação qualificada. Pedro praticou conduta atípica e José pode ser condenado por receptação dolosa imprópria. Paulo pode ser condenado por receptação dolosa própria, já Madalena, Antônio e Joaquim são autores do crime de furto qualificado e a conduta de Manoel é atípica.

COMENTÁRIOS

Alternativa "a": como ressaltado nos comentários à alternativa "b", Manoel não pode ser punido pelo furto em virtude da incidência de escusa absolutória. No mais, o exemplo não narra rompimento de obstáculo para a subtração da coisa (nem para entrar na residência nem para abrir o cofre). Tampouco se vislumbra a qualificadora do abuso de confiança, pois não há indicação de que o furto tenha sido facilitado por especial vínculo de lealdade ou de fidelidade entre a vítima e os agentes. Também não é possível punir Paulo, José e Pedro por receptação; o primeiro porque não cometeu este delito (mas favorecimento real), e os demais porque não incidiram em nenhum tipo penal.

Alternativa "b". não obstante Manoel tenha sido autor intelectual do furto, em cuja organização tomou parte diretamente, não será responsabilizado porque incide, no caso, a escusa absolutória prevista no art. 181, inciso II, do Código Penal (crime patrimonial cometido contra ascendente). Antônio e Joaquim responderão na qualidade de autores do crime de furto qualificado pelo emprego de chave falsa, sendo que Madalena atuou como partícipe, pois, sabendo que Joaquim pretendia subtrair as joias do cofre, transmitiu-lhe as instruções para que o compartimento de segurança fosse aberto (tratou-se, pois, de auxílio). A Paulo será atribuído o delito de favorecimento real, pois, sem que tomasse parte no furto ou receptasse as joias em proveito próprio ou alheio, prestou a Manoel auxílio destinado a tornar seguro o proveito do crime. Pedro e José não praticaram condutas típicas porque ignoravam que as joias eram produto de infração penal; logo, não agiram com dolo. Finalmente, se, pelas circunstâncias em que as joias lhe foram oferecidas, Cláudia, no exercício de atividade comercial de joalheira, percebeu que aqueles objetos eram de origem ilícita, será punida por receptação qualificada.

Alternativa "c": ver comentários às assertivas anteriores.

Alternativa "d": a participação e Madalena não foi intelectual, pois não houve, de sua parte, induzimento ou instigação a que os demais cometessem o furto. Houve, sim, auxílio relativo às instruções para a abertura do cofre. Paulo não responde por favorecimento pessoal porque não auxiliou autor de crime a se subtrair à ação de autoridade; o auxílio prestado foi real, ou seja, para tornar seguro o proveito do crime. Quanto ao mais, aplicam-se as mesmas considerações já tecidas nas assertivas anteriores.

Alternativa "e": ver comentários às assertivas anteriores. Acrescentamos, somente, que a conduta de Manoel não é atípica. Trata-se, tão somente, da incidência de causa de isenção de pena.

Alternativa correta: letra "b".

214. (Delegado de Polícia – MT/ 2010 – UNEMAT) Assinale a afirmativa correta a respeito dos crimes de furto, com base no entendimento dos Tribunais Superiores.

a) Adota-se a teoria da *amotio*, segundo a qual o crime se consuma quando o agente desloca ou remove a *res* furtiva da esfera de vigilância da vítima, sendo imprescindível a posse mansa e pacífica da mesma.

b) O agente que emprega fraude para alterar o medidor de energia elétrica comete o crime de furto de energia elétrica.
c) A pessoa que se conduz à subtração de dinheiro do bolso da vítima, sem que esta provenha de qualquer valor em ambos os bolsos, responderá pelo crime de tentativa de furto.
d) Configura crime de estelionato e não de furto a ação de pessoa que simula interesse na compra de uma motocicleta, a pretexto de testá-la, e acaba dela se apossando.
e) A ligação direta realizada para efeito de subtração de veículo não pode ser considerada a qualificadora do inciso III, § 4º, art. 155, CP, consistente em chave falsa.

COMENTÁRIOS

Alternativa "a": embora nos tribunais superiores seja adotada a *amotio*, para esta teoria dá-se a consumação quando a coisa subtraída passa para o poder do agente, mesmo que num curto espaço de tempo, independentemente de deslocamento ou posse mansa e pacífica. A respeito, decidiu o STJ: "A Terceira Seção desta Corte, ao apreciar o Recurso Especial representativo de controvérsia nº 1.524.450/RJ, firmou o entendimento no sentido de que consuma-se o crime de furto com a posse de fato da res furtiva, ainda que por breve espaço de tempo e seguida de perseguição ao agente, sendo prescindível a posse mansa e pacífica ou desvigiada (AgRg no REsp 1483770/RS, Rel. Ministro NEFI CORDEIRO, SEXTA TURMA, julgado em 4/2/2016, DJe 16/2/2016)" (AgInt no REsp 1.662.616/MG, DJe 25/09/2017).

Alternativa "b": o agente que emprega fraude para alterar o medidor de energia elétrica comete o crime de estelionato (STJ: HC 67.829/SP).

Alternativa "c": neste caso, há crime impossível em razão da absoluta impropriedade do objeto, já que a pretendida vítima não carrega dinheiro, ou seja, a pessoa que representa o ponto de incidência da ação delituosa (objeto material) não serve à consumação do delito.

Alternativa "d": há, no caso, crime de furto (STJ: REsp 672987/MT), pois o agente não emprega fraude para que a vítima lhe entregue o bem, considerando que a detenção para o teste é momentânea. A fraude é empregada para que o agente tenha acesso facilitado ao veículo e possa subtraí-lo durante a realização do teste.

Alternativa e": a ligação direta para movimentação de veículo a motor não foi prevista em lei como qualificadora, razão pela qual não se pode equipará-la à chave falsa ou ao rompimento de obstáculo à subtração da coisa (*JUTACRIM* 20/304). Todavia, ressaltamos a existência de decisões no sentido de que a ligação direta configura a qualificadora do rompimento de obstáculo (*RJDTACRIM* 19/110).

Alternativa correta: letra "e".

215. (Delegado de Polícia – PB / 2008 – CESPE) Considera-se famulato o furto

a) praticado em estado de extrema miserabilidade, para evitar perigo maior decorrente da ausência de alimentação, situação em que há estado de necessidade, não se incluindo no conceito, entretanto, o furto de bens supérfluos.
b) de gados pertencentes a terceira pessoa, espalhados por currais, com ânimo de assenhoramento definitivo pelo autor do crime.
c) praticado pelo empregado, aproveitando-se de tal situação, de bens pertencentes ao empregador.
d) de energia elétrica.
e) de bens de uso comum do povo, que possam ter algum valor econômico.

COMENTÁRIOS

Alternativa "a": neste caso, tem-se o furto famélico. A jurisprudência tem reconhecido o estado de necessidade (art. 24 do CP), desde que presentes os seguintes requisitos (ônus da defesa): a) que o fato seja praticado para mitigar a fome; b) que seja o único e derradeiro recurso do agente (inevitabilidade do comportamento lesivo); c) que haja a subtração de coisa capaz de diretamente contornar a emergência; d) a insuficiência dos recursos adquiridos pelo agente com o trabalho ou a impossibilidade de trabalhar.

Alternativa "b": o furto nestas condições é denominado *abigeato*.

Alternativa "c": o famulato é o furto cometido pelo empregado com abuso de sua condição, isto é, valendo-se da facilidade que a função lhe proporciona e da confiança que lhe é depositada.

Alternativa "d": o furto consiste na subtração de coisa alheia móvel para si ou para outrem. O § 3º equipara à coisa móvel a energia elétrica e outras (genética, mecânica, térmica e a radioatividade), desde que tenham valor econômico. Não há, no entanto, denominação específica a esta modalidade de furto.

Alternativa "e": a subtração de bens, genericamente apontados, com valor econômico intrínseco, perfaz o crime de furto, sem denominação específica.

Alternativa correta: letra "c".

46. ROUBO

216. (CEBRASPE – Delegado de Polícia – PE/2024) De acordo com o entendimento do STJ, ainda que o agente não seja reincidente em crime doloso e as circunstâncias judiciais lhes sejam favoráveis, é vedada a substituição da pena privativa de liberdade por outra pena restritiva de direitos na hipótese de condenação por

a) furto qualificado.
b) roubo tentado praticado com simulacro de arma de fogo.

c) homicídio culposo.

d) peculato doloso.

e) corrupção ativa.

COMENTÁRIOS

Alternativa "a" (responde, também, as alternativas "c", "d" e "e"): nos termos do art. 44, I, do CP, a substituição por pena restritiva de direitos **é possível se** aplicada pena privativa de liberdade não superior a quatro anos e o crime não for cometido com violência ou grave ameaça à pessoa ou, qualquer que seja a pena aplicada, se o crime for culposo. Portanto, nos crimes mencionados nas assertivas "a", "c", "d" e "e", a substituição é possível se obedecido o limite da pena imposta.

Alternativa "b": como vimos nos comentários à assertiva anterior, a substituição da pena privativa de liberdade por restritiva de direitos pressupõe que o crime tenha sido cometido sem violência ou grave ameaça à pessoa. O roubo se caracteriza pelo cometimento de violência ou grave ameaça. Ainda que o agente empregue um simulacro de arma de fogo, isso é suficiente para caracterizar a ameaça e, portanto, afastar a possibilidade de substituir a pena. É a orientação firmada pelo STJ sob o rito dos recursos repetitivos: "Portanto, a utilização do simulacro de arma de fogo para prática do crime de roubo, configura, sim, grave ameaça nos termos do art. 157 do Código Penal, subsumindo-se ao disposto no art. 44, I, do Código Penal, impedindo a substituição da pena privativa de liberdade por restritivas de direitos" (REsp 1.994.182/RJ, j. 13/12/2023).

Alternativa correta: letra "b".

---

217. (CEBRASPE – Delegado de Polícia – PE/2024) De acordo com o entendimento jurisprudencial do STJ, o agente que, mediante violência ou grave ameaça pelo uso de arma fogo, subtrai coisa alheia móvel para usá-la, sem intenção de tê-la como própria, ou seja, sem o ânimo de apossamento definitivo, configura

a) conduta atípica.

b) tentativa de roubo.

c) constrangimento ilegal.

d) furto consumado.

e) roubo consumado.

COMENTÁRIOS

Segundo a orientação majoritária, o roubo de uso é crime, não importando se a real intenção do agente é subtrair para ficar ou subtrair apenas para usar momentaneamente (o uso da coisa é um dos poderes inerentes à propriedade, da qual o agente se investe mediante violência ao real proprietário). Há, inclusive, decisão do STJ nesse sentido: "1. O crime de roubo é um delito complexo que possui como objeto jurídico tanto o patrimônio como também a integridade física e a liberdade do indivíduo. O art. 157 do Código Penal exige para a caracterização do crime, que exista a subtração de coisa móvel alheia, para si ou para outrem, mediante grave ameaça ou violência a pessoa ou reduzindo à impossibilidade de resistência. 2. O ânimo de apossamento – elementar do crime de roubo – não implica, necessariamente, o aspecto de definitividade. Ora, apossar-se de algo é ato de tomar posse, dominar ou assenhorar-se do bem subtraído, que pode trazer o intento de ter o bem para si, entregar para outrem ou apenas utilizá-lo por determinado período, como no caso em tela. 3. O agente que, mediante grave ameaça ou violência, subtrai coisa alheia para usá-la, sem intenção de tê-la como própria, incide no tipo previsto no art. 157 do Código Penal" (REsp 1.323.275/GO, j. 24/04/2014).

Alternativa correta: letra "e" (responde, também, as demais alternativas).

---

218. (Fumarc – Delegado de Polícia – PC – MG/2018) Com relação aos crimes patrimoniais, é CORRETO afirmar:

a) A Lei n° 13.645/18 introduziu novas modalidades qualificadas ao crime de furto, mas excluiu o uso de armas brancas da figura majorada de roubo.

b) O agente que, durante a prática do crime de roubo a posto de gasolina, acaba por matar o proprietário do estabelecimento e um cliente que lá se encontrava, fugindo em seguida com o dinheiro do caixa e o carro do cliente, responde por um só crime de latrocínio, crime complexo em que a pluralidade de vítimas serve apenas para fixação da pena.

c) O roubo próprio se distingue do impróprio porque, enquanto aquele pode ser praticado por qualquer pessoa, o último somente pode ser realizado por determinados agentes, não sendo crime comum.

d) Segundo entendimento jurisprudencial majoritário, a mera presença de sistema eletrônico de vigilância em estabelecimento comercial torna o crime de furto impossível mediante a absoluta ineficácia do meio.

COMENTÁRIOS

✪ **Nota do autor:** a questão foi ANULADA porque, na alternativa correta ("a"), a lei que modificou certos crimes patrimoniais (Lei 13.654/18) foi citada erroneamente.

Alternativa "a": a Lei 13.654/18 promoveu diversas modificações nos tipos penais do furto e do roubo. Basicamente, no furto inseriu os §§ 4º-A e 7º, qualificadoras para punir com maior rigor, respectivamente, o furto com emprego de explosivo ou de artefato análogo que cause perigo comum e a subtração de substâncias explosivas ou de acessórios que, conjunta ou isoladamente, possibilitem sua fabricação, montagem ou emprego. No roubo, revogou o inciso I do § 2º do art. 157 (que majorava a pena quando houvesse emprego de arma, inclusive branca), inseriu o inciso VI no mesmo parágrafo para punir com mais rigor a subtração de substâncias explosivas ou de acessórios que, conjunta ou isoladamente, possibilitem sua fabricação, montagem ou emprego e inseriu o § 2º-A com novas majorantes (2/3) consistentes em emprego de arma de fogo e destruição ou rompimento de obstáculo mediante o emprego de explosivo ou de artefato análogo que cause perigo comum. Além disso, dividiu o § 3º em dois incisos e aumentou a pena máxima para as situações em que do roubo decorre lesão grave. Note-se, a respeito do emprego de arma, que a Lei 13.964/19 (Pacote Anticrime), promoveu novas modificações. Em primeiro lugar, inseriu no § 2º do art. 157 o inc. VII para majorar a pena se a violência ou a grave ameaça é exercida com emprego de arma branca, assim considerados todos os objetos confeccionados sem finalidade bélica, porém capazes de intimidar, ferir o próximo (ex.: faca de cozinha, navalha, foice, tesoura, guarda-chuva, pedra, pedaços de vidro, etc.). Além disso, a mesma lei inseriu no art. 157 o § 2º-B, que dobra a pena do roubo se a violência ou a grave ameaça é exercida com emprego de arma de fogo de uso restrito ou proibido.

Alternativa "b": no exemplo citado, houve duas mortes (proprietário do posto e um cliente) e duas subtrações (dinheiro do caixa e carro do cliente), razão pela qual hão de ser imputados dois crimes de latrocínio.

Alternativa "c": a diferença entre o roubo próprio e o roubo impróprio não reside na qualidade do sujeito ativo, mas no momento em que se emprega a violência ou a grave ameaça. No roubo próprio, o agente emprega a violência ou a ameaça para efetuar a subtração, ao passo que no impróprio tais meios de execução são empregados para assegurar a impunidade do crime ou a detenção da coisa já apoderada.

Alternativa "d": o STJ sumulou a orientação segundo a qual a vigilância constante – física ou eletrônica – em estabelecimento comercial não torna, por si só, impossível o crime de furto (súmula nº 567).

219. (Cespe – Delegado de Polícia – GO/2017) Álvaro e Samuel assaltaram um banco utilizando arma de fogo. Sem ter ferido ninguém, Álvaro conseguiu fugir. Samuel, nervoso por ter ficado para trás, atirou para cima e acabou atingindo uma cliente, que faleceu. Dias depois, enquanto caminhava sozinho pela rua, Álvaro encontrou um dos funcionários do banco e, tendo sido por ele reconhecido como um dos assaltantes, matou-o e escondeu seu corpo.

Acerca dessa situação hipotética, assinale a opção correta.

a) Álvaro cometeu os crimes de roubo qualificado e homicídio simples.

b) Samuel cometeu os crimes de roubo simples e homicídio culposo.

c) Álvaro cometeu os crimes de roubo e homicídio qualificados.

d) Álvaro cometeu o crime de homicídio qualificado e será responsabilizado pelo resultado morte ocorrido durante o roubo.

e) Álvaro e Samuel cometeram o crime de roubo qualificado pelo resultado morte.

COMENTÁRIOS

Álvaro responde por homicídio qualificado porque o praticou para garantir a impunidade do roubo anteriormente cometido. Trata-se da denominada conexão consequencial.

Além disso, Álvaro deve responder pelo latrocínio porque, embora não tenha sido o autor do disparo que causou a morte, nessas situações em que os agentes atuam em unidade de desígnios e mediante divisão de tarefas, exercendo pleno domínio do fato, todos assumem o risco de que um resultado mais grave possa ocorrer. É o que tem decidido o STF (RHC 133.575/PR, j. 21/02/2017).

Alternativa correta: letra "d" (responde, também, as demais alternativas).

220. (Vunesp – Delegado de Polícia – CE/2015) Aquele que com prévia intenção de vantagem patrimonial seduz outra pessoa, convidando-a à pratica de ato sexual e, durante o coito, amarra a vítima ao leito, impossibilitando sua reação, a fim de que possa subtrair-lhe os pertences pessoais (dinheiro, telefone celular e automóvel), comete crime de

a) extorsão mediante sequestro.

b) extorsão.

c) roubo.

d) furto.

e) estelionato.

COMENTÁRIOS

Alternativa "a": não se trata de extorsão mediante sequestro, pois o agente não sequestrou a vítima com o fim de obter, para si ou para outrem, alguma vantagem como condição ou preço do resgate.

Alternativa "b": tampouco se trata de extorsão, consistente em constranger alguém, mediante violência ou grave ameaça, e com o intuito de obter para si ou para outrem indevida vantagem econômica, a fazer, tolerar que se faça ou deixar de fazer alguma coisa. Houve, de fato, subtração.

Alternativa "c": no exemplo citado, o agente, de fato, cometeu o crime de roubo, pois subtraiu os objetos, para si, com emprego de violência (constrangimento físico para retirar da vítima os meios de defesa). Aliada ao crime de roubo, parece-nos ter havido a violação sexual mediante fraude, delito em que ocorre o estelionato sexual, comportamento caracterizado quando o agente, sem emprego de qualquer espécie de violência, pratica com a vítima *ato de libidinagem* (conjunção carnal ou ato diverso de natureza libidinosa), usando de *fraude* ou *outro meio que impeça ou dificulte a livre manifestação de vontade da vítima*. No caso, a fraude consistiu em seduzir a vítima com o propósito de roubá-la em seguida, o que, aliás, faz incidir o parágrafo único do art. 215 do Código Penal, segundo o qual se o crime é cometido com o fim de obter vantagem econômica, aplica-se também multa.

Alternativa "d": também não é possível falar em furto em virtude do emprego de violência para empreender a subtração.

Alternativa "e": o agente não obteve, para si ou para outrem, vantagem ilícita, em prejuízo alheio, induzindo ou mantendo alguém em erro, mediante artifício, ardil, ou qualquer outro meio fraudulento. A fraude, no caso, serviu para a prática da relação sexual, que serviria para proporcionar as circunstâncias ideais para o roubo.

Alternativa correta: letra "c".

221. (FUNCAB – Delegado de Polícia – RJ/2012) Portando ilegalmente, exclusivamente para aquela ação, uma arma de fogo de calibre permitido, Norberto constrange um transeunte e, mediante grave ameaça, subtrai para si os seus pertences.

Nesse contexto, afirma-se que:

a) o autor responde somente pelo crime de roubo, não pelo de porte de arma de fogo, pois a pena do crime patrimonial já engloba a reprovabilidade do delito previsto na lei especial, consequência da unidade fática entre ambos, aplicando-se o princípio da consunção.

b) há apenas crime de roubo, solucionando-se o caso pelo princípio da especialidade, pois o delito patrimonial, ao estabelecer a grave ameaça como meio executório, insere o porte de arma em sua estrutura típica, acrescido de elementos especializantes.

c) será o porte de arma absorvido pelo crime de roubo em virtude da substituição do dolo, característica da progressão criminosa, que determina o reconhecimento do conflito aparente de normas.

d) aplica-se ao caso o princípio da subsidiariedade, pois nas condutas há diferentes graus de lesão à mesma objetividade jurídica, em uma relação de continente e conteúdo.

e) tutelando bens jurídicos distintos, as normas penais referentes aos crimes de porte de arma de fogo e roubo figurarão em concurso material de delitos, aplicando-se ao caso o sistema do cúmulo material das penas.

COMENTÁRIOS

Alternativa "a" (responde, também, a alternativa "e"): se Norberto empregou a arma de fogo para o cometimento do roubo, responderá por este delito com a pena majorada. Restará afastado o delito de porte ilegal de arma de fogo pela incidência do princípio da consunção: o porte de arma é uma fase de realização da subtração.

Alternativa "b": a grave ameaça contida no crime de roubo não tem nenhuma relação típica com o porte de arma, que não integra o tipo penal.

Alternativa "c": na progressão criminosa, o agente substitui o seu dolo, dando causa a resultado mais grave. O agente deseja praticar um crime menor e o consuma. Depois, delibera praticar um crime maior e também o concretiza, atentando contra o mesmo bem jurídico. O exemplo do enunciado revela uma situação de antefato impunível, ou seja, um fato anterior que está na linha de desdobramento da ofensa mais grave. É o caso, também, da violação de domicílio para praticar o furto. O delito antecedente (antefato impunível) não é passagem necessária para o crime-fim (distinguindo-se do crime progressivo), é apenas um meio para alcançá-lo. Outros furtos ocorrem sem haver violação de domicílio. Também não há substituição do dolo (diferentemente da progressão criminosa).

Alternativa "d": não há relação de subsidiariedade no caso. Uma lei tem caráter subsidiário relativamente a outra (principal) quando o fato por ela incriminado é também incriminado por outra, tendo um âmbito de aplicação comum, mas abrangência diversa. A relação entre as normas (subsidiária e principal) é de maior ou menor gravidade. A norma dita subsidiária atua apenas quando o fato não se subsuma a crime mais grave. Não é, conforme já destacado nos comentários ao item "a", o que ocorre.

Alternativa correta: letra "a".

47. EXTORSÃO

222. (FUNCAB – Delegado de Polícia – RO/2014) De acordo com o Código Penal, a conduta conhecida como "sequestro relâmpago" {em que os agentes abordam a vítima, restringem sua liberdade, e com ela deslocam-se a caixas eletrônicos, com o intuito de fazer saques em dinheiro) enquadra-se no crime de:

a) roubo.

b) extorsão mediante sequestro.

c) constrangimento ilegal.

d) extorsão.

e) sequestro.

COMENTÁRIOS

O § 3º do art. 158 do Código Penal, introduzido pela Lei 11.923/2009, qualifica o crime de extorsão quando cometido mediante a restrição da liberdade da vítima, e essa condição é necessária para a obtenção da vantagem econômica. A pena de reclusão passa a ser de 6 (seis) a 12 (doze) anos, além da multa. Se resulta lesão corporal grave ou morte, aplicam-se as penas previstas no art. 159, §§ 2º e 3º, respectivamente.

Antes da novel Lei, a tipificação do sequestro relâmpago gerava indisfarçável controvérsia (na doutrina e na jurisprudência), havendo três correntes: **a)** art. 157, § 2º, V, do CP (privação da liberdade como causa de aumento); **b)** art. 158 do CP (restrição da liberdade como circunstância judicial desfavorável); **c)** art. 159 do CP (privação da liberdade como elementar do tipo).

Não era incorreto o entendimento de que referido comportamento (popularmente chamado de sequestro relâmpago) configurava qualquer um dos três tipos penais, a depender do *modus operandi* utilizado pelo agente: **a)** se, para subtrair a coisa alheia móvel, o agente precisou privar a vítima da sua liberdade de locomoção, temos o crime de roubo majorado pelo sequestro; **b)** se, para receber a indevida vantagem econômica, o agente, dependendo da colaboração da vítima, restringe sua liberdade de locomoção, configurado estará o crime de extorsão (hoje, qualificada pelo sequestro); **c)** se a vantagem depender do comportamento de terceiro, servindo a rápida privação da liberdade da vítima como forma de coagi-lo a entregar a recompensa exigida, extorsão mediante sequestro.

E, caso se caracterize a extorsão qualificada do § 3º, decidiu o STJ ser possível a incidência da majorante do § 1º caso o crime seja cometido por duas ou mais pessoas ou com emprego de arma: "Em extorsão qualificada pela restrição da liberdade da vítima, sendo essa condição necessária para a obtenção da vantagem econômica (art. 158, § 3º, do CP), é possível a incidência da causa de aumento prevista no § 1º do art. 158 do CP (crime cometido por duas ou mais pessoas ou com emprego de arma). A Lei nº 11.923/2009 não cria um novo delito autônomo chamado de "sequestro relâmpago", sendo apenas um desdobramento do tipo do crime de extorsão, uma vez que o legislador apenas definiu um *modus operandi* do referido delito. É pressuposto para o reconhecimento da extorsão qualificada a prática da ação prevista no *caput* do art. 158 do CP, razão pela qual não é possível dissociar o crime qualificado das circunstâncias a serem sopesadas na figura típica do art. 158. Assim, tendo em vista que o texto legal é dotado de unidade e que as normas se harmonizam, conclui-se, a partir de uma interpretação sistemática do art. 158 do CP, que o seu § 1º não foi absorvido pelo § 3º, pois, como visto, o § 3º constitui-se qualificadora, estabelecendo outro mínimo e outro máximo da pena abstratamente cominada ao crime; já o § 1º prevê uma causa especial de aumento de pena. Dessa forma, ainda que topologicamente a qualificadora esteja situada após a causa especial de aumento de pena, com esta não se funde, uma vez que tal fato configura mera ausência de técnica legislativa, que se explica pela inserção posterior da qualificadora do § 3º no tipo do art. 158 do CP, que surgiu após uma necessidade de reprimir essa modalidade criminosa. Ademais, não há qualquer impedimento do crime de extorsão qualificada pela restrição da liberdade da vítima ser praticado por uma só pessoa sem o emprego de arma, o que configuraria o crime do § 3º do art. 158 do CP sem a causa de aumento do § 1º do art. 158. Em circunstância análoga, na qual foi utilizada majorante prevista topologicamente em parágrafo anterior à forma qualificada, tal como na hipótese, o STJ decidiu que, sendo compatível o privilégio do art. 155, § 2º, do CP com as hipóteses objetivas de furto qualificado (REsp 1.193.194-MG, Terceira Seção, recurso representativo de controvérsia, DJe 28/8/2012), *mutatis mutandis*, não há incompatibilidade entre o furto qualificado e a causa de aumento relativa ao seu cometimento no período noturno (AgRg no AREsp 741.482-MG, Quinta Turma, DJe 14/9/2015; e HC 306.450-SP, Sexta Turma, DJe 17/12/2014)" (REsp 1.353.693/RS, DJe 21/9/2016).

Alternativa correta: letra "d" (responde, também, as demais alternativas).

---

223. (FGV - Delegado de Polícia - MA/2012) Maria é casada com José, mas é amante de João. O casal de amantes resolve simular o sequestro de Maria para que José pague o respectivo resgate. João liga para José e anuncia o sequestro de sua esposa e cobra a quantia de 500 mil reais para que Maria seja libertada.

José, acreditando que sua esposa realmente estivesse sequestrada, até porque ela estava desaparecida há mais de 24 horas, efetua o respectivo pagamento. Meses depois, o fato é descoberto e o caso é levado à sua consideração para a devida capitulação.

A partir do exposto, assinale a afirmativa correta.

a) Maria e João deverão responder pelo crime de extorsão mediante sequestro qualificado por ter durado mais de 24 horas (Art. 159, § 1°, do CP).

b) João deverá responder pelo crime de extorsão mediante sequestro qualificado por ter durado mais de 24 horas (Art. 159, § 1°, do CP), ficando Maria isenta de pena porque o crime foi praticado contra seu esposo na constância do casamento (Art. 181, I, do CP).

c) João deverá responder pelo crime de estelionato (Art. 171 do CP), ficando Maria isenta de pena porque o crime foi praticado contra seu esposo na constância do casamento (Art. 181, I, do CP).

d) Maria e João deverão responder pelo crime de extorsão majorada (Art. 158, § 1°, do CP).

e) João deverá responder pelo crime de extorsão majorada (Art. 158, § 1° do CP), ficando Maria isenta de pena porque o crime foi praticado contra seu esposo na constância do casamento (Art. 181, I, do CP).

COMENTÁRIOS

Alternativa "a": não há extorsão mediante sequestro porque a privação da liberdade não existiu. Tratou-se apenas de criação para que servisse de pretexto para a extorsão.

Alternativa "b" (responde, também, a alternativa "e"): como já ressaltado, não se trata de extorsão mediante sequestro. Além disso, não se aplica a escusa absolutória em favor de Maria pois o art. 183, inciso I, do Código Penal afasta a isenção de pena se o crime é de roubo ou de extorsão ou, no geral, quando há emprego de grave ameaça ou violência a pessoa.

Alternativa "c": não se trata do crime de estelionato, pois não houve simples obtenção de vantagem ilícita, em prejuízo alheio, por induzimento ou manutenção de alguém em erro, mediante artifício, ardil, ou algum outro meio fraudulento. Houve, efetivamente, o emprego de grave ameaça para constranger alguém a fazer algo (no caso, pagar determinada quantia).

Alternativa "d": há o crime de extorsão porque José foi constrangido, mediante grave ameaça, a pagar a quantia de quinhentos mil reais em benefício de João e Maria. A extorsão, no caso, é majorada porque cometida pelos dois indivíduos em conluio. É certo que ao contrário do que preconiza o § 2º, II, do art. 157, a circunstância majorante do concurso de agentes no crime de extorsão exige que, efetivamente, duas ou mais pessoas executem o núcleo constranger (a mera participação não serve para constituir a causa de aumento). No exemplo citado, embora somente João tenha efetuado a ligação para exigir o pagamento, não é possível considerar Maria mera partícipe, pois o delito foi arquitetado por ambos, que agiram em coautoria.

Alternativa correta: letra "d".

48. EXTORSÃO MEDIANTE SEQUESTRO

224. (IBADE - Delegado de Polícia - AC/2017) Sobre o crime de extorsão mediante sequestro, é correto afirmar que:

a) a consumação do crime do art. 159 do CP se opera com a exigência de uma vantagem como condição ou preço do resgate, o que faz com que o delito seja doutrinariamente classificado como crime formal.

b) o crime é hediondo mesmo em sua forma simples, dispensando a verificação de resultados morte ou lesão corporal de natureza grave para a incidência da Lei n° 8.072, de 1990.

c) o concurso de pessoas é uma das circunstâncias qualificadoras concernentes ao crime de extorsão mediante sequestro, nos mesmos moldes do furto e diferentemente do que ocorre no roubo, no qual a pluralidade de agentes tem a natureza de causa de aumento da pena.

d) há, no art. 159 do Código Penal, previsão expressa de delação premiada, determinando diminuição da pena ao participante que revelar o crime à autoridade, permitindo a libertação do sequestrado ou a recuperação do produto ou do proveito do crime.

e) ocorre a forma qualificada da extorsão mediante sequestro, entre outras hipóteses, quando a restrição à liberdade da vítima dura mais de quinze dias, mas nunca em tempo inferior.

COMENTÁRIOS

Alternativa "a": o crime de extorsão mediante sequestro é formal, porém não se consuma com a exigência da vantagem, mas com a privação da liberdade da vítima. E o eventual recebimento do resgate é mero exaurimento, a ser considerado pelo magistrado na dosagem da pena.

Alternativa "b": o art. 1º, inciso IV, da Lei 8.072/90 estabelece a hediondez sobre a extorsão mediante sequestro e suas formas qualificadas (art. 159, caput, e §§ 1º, 2º e 3º do CP).

Alternativa "c": o que qualifica a extorsão mediante sequestro não é o simples concurso de pessoas, mas o fato de ter sido cometida por associação criminosa (art. 159, § 1º, do CP).

Alternativa "d": o art. 159, § 4º, do CP não contempla a colaboração que conduza à recuperação do produto ou do proveito do crime. Terá sua pena reduzida de um a dois terços o concorrente que denunciar o crime à autoridade facilitando a libertação do sequestrado.

Alternativa "e": a qualificadora baseada na restrição da liberdade por mais de quinze dias é relativa ao crime de sequestro (art. 148, § 1º, inciso III, do CP). A extorsão mediante sequestro é qualificada se a retenção da vítima dura mais de vinte e quatro horas (art. 159, § 1º, do CP).

Alternativa correta: letra "b".

49. EXTORSÃO INDIRETA

225. (Vunesp - Delegado de Polícia - CE/2015) O filho de João tem grave problema de saúde e precisa realizar custoso procedimento cirúrgico, que a família não tem condição de pagar. Imagine que Pedro empresta R$ 50.000,00 a João, mas como garantia de tal dívida exige que João, de próprio punho e em documento escrito, confesse ter traído a própria esposa, bem como ter fraudado a empresa em que ambos trabalham, desviando recursos em proveito próprio. João cede à exigência a fim de obter o empréstimo. A conduta de Pedro

a) é isenta de pena, por incidir causa supra legal que afasta a culpabilidade, qual seja, o consentimento da vítima.

b) configura exercício arbitrário das próprias razões.

c) é atípica, por ausência de previsão legal.

d) configura constrangimento ilegal.

e) configura extorsão indireta.

COMENTÁRIOS

Alternativa "a": o consentimento do ofendido pode, conforme o caso, afastar a ilicitude ou a tipicidade (se o dissentimento integrar o próprio tipo). No exemplo do enunciado, ademais, não faria sentido invocar o consentimento do ofendido porque um de seus requisitos é a validade, isto é, a liberdade e a consciência no momento da sua emissão. É dizer: não se admite o consentimento se sua obtenção ocorre mediante fraude, coação, erro etc.

Alternativa "b": não se trata de exercício arbitrário das próprias razões porque esse delito consiste em fazer justiça pelas próprias mãos, para satisfazer pretensão, embora legítima, salvo quando a lei o permite. Não existe, no exemplo, nenhuma pretensão legítima por parte de Pedro.

Alternativa "d": não há constrangimento ilegal porque a conduta de Pedro não consistiu em constranger João, mediante violência ou grave ameaça, ou depois de lhe haver reduzido, por qualquer outro meio, a capacidade de resistência, a não fazer o que a lei permite, ou a fazer o que ela não manda.

Alternativa "e" (responde, também, a alternativa "c"): consiste a extorsão indireta em exigir ou receber, como garantia de dívida, abusando da situação de alguém, documento que pode dar causa a procedimento criminal contra a vítima ou contra terceiro. Cuida-se de crime de ação múltipla, cujas condutas nucleares são: *exigir* e *receber*. Na primeira (exigir), a iniciativa da obtenção da garantia parte do agente, que obriga a vítima a entregar-lhe o documento. Na ação de receber, o agente aceita como garantia da dívida documento capaz de ensejar instauração de procedimento criminal contra a vítima (a iniciativa é dela). Qualquer das condutas previstas no dispositivo deve ser intentada mediante o abuso da situação em que se encontra a vítima (pessoa aflita compelida a entregar o documento em razão da situação periclitante em que se encontra). Nota-se que nem sempre tal circunstância é criada pelo próprio agente, podendo ele dela se valer de forma indireta (daí o *nomem iuris* do delito), como, aliás, ocorre no exemplo do enunciado.

Alternativa correta: letra "e"

50. DANO

226. (FUNCAB – Delegado de Polícia – PA/2016) Bráulio, inconformado com uma mensagem privada de conteúdo romântico observada no aparelho de telefonia celular de sua namorada, decide dele se apossar como vingança. Contudo, enfrenta oposição da namorada, que se posta entre o autor e o aparelho. Assim, Bráulio, para assegurar seu intento, empurra com violência a namorada contra a parede, ferindo-a levemente. Assegurando a posse do telefone, Bráulio deixa a casa da namorada, vai até um terreno baldio e, pegando uma grande pedra que ali se encontra, com ela golpeia o aparelho, de modo a torná-lo inservível, o que era sua intenção desde o início. Analisando o caso proposto, assinale a opção que corretamente realiza a subsunção do comportamento do autor à norma penal.

a) Dano qualificado.

b) Furto e lesão corporal.

c) Lesão corporal.

d) Roubo.

e) Dano qualificado e lesão corporal.

COMENTÁRIOS

Alternativa "a": não pode haver somente o crime de dano qualificado porque há regra expressa determinando a aplicação da pena relativa à violência.

Alternativa "b" (responde, também, a alternativa "d"): não é possível atribuir ao agente a prática de crimes consistentes em subtração porque, como deixa claro o enunciado, seu dolo não era o de se apoderar do aparelho para subtraí-lo para si ou para outrem, mas para destruí-lo, o que de fato foi feito.

Alternativa "c": tampouco é possível limitar a imputação à lesão corporal porque, como narra o enunciado, houve a destruição do patrimônio alheio, conduta esta praticada por meio de violência.

Alternativa "e": o crime de dano se caracteriza por três verbos nucleares: destruir (demolir, arruinar, devastar), inutilizar (tornar inválido, comprometer o uso, fazer falhar) e deteriorar (pôr em mau estado, degenerar, tornar economicamente inferior) coisa alheia. É qualificado quando se emprega violência (que abrange as vias de fato) ou grave ameaça como meios para assegurar sua execução (meios para que o agente possa danificar a coisa), como no exemplo do enunciado. No caso da violência, dispõe expressamente o preceito secundário do art. 163, parágrafo único, do CP que se aplica em concurso a pena, que no caso é a da lesão corporal de natureza leve.

Alternativa correta: letra "e".

51. APROPRIAÇÃO INDÉBITA

227. (FGV – Delegado de Polícia – PC – AM/2022) Quanto ao delito de apropriação indébita, em caso de bem de valor inferior a um salário mínimo e sendo primário o agente, é correto afirmar que

a) não há qualquer afetação da configuração do crime.

b) há expectativa ao reconhecimento da forma privilegiada.

c) há direito subjetivo à aplicação de atenuante obrigatória.

d) há direito subjetivo ao reconhecimento da forma privilegiada.

e) há incidência do princípio da insignificância.

COMENTÁRIOS

O art. 170 do CP dispõe que, no crime de apropriação indébita, aplica-se o § 2º do art. 155. Este dispositivo trata do denominado "furto privilegiado": se o criminoso é primário, e é de pequeno valor a coisa furtada, o juiz pode substituir a pena de reclusão pela de detenção, diminuí-la de um a dois terços, ou aplicar somente a pena de multa.

A coisa de pequeno valor, no conceito assentado da jurisprudência, é aquela que não ultrapassa a importância de um salário mínimo (RT 657/323), predominando o entendimento de que deve ser analisado o valor do objeto por ocasião do crime.

De acordo com o STJ, trata-se de um direito subjetivo do agente: "No que se refere à figura do furto privilegiado, o art. 155, § 2º, do Código Penal impõe a aplicação do benefício penal na hipótese de adimplemento dos requisitos legais da primariedade e do pequeno valor do bem furtado, assim considerado aquele inferior ao salário mínimo ao tempo do fato, tratando-se, pois, de direito subjetivo do réu, embora o dispositivo legal empregue o verbo "poder", não configurando mera faculdade do julgador a sua concessão, conforme o reconhecido na sentença condenatória" (AgRg nos EDcl no HC 511.233/SP, j. 13/04/2021).

Alternativa correta: letra "d" (responde, também, as demais alternativas).

228. (Delegado de Polícia – TO 2008 – CESPE – Adaptada) No que tange à parte especial do Código Penal, julgue o item a seguir.

Considere a seguinte situação hipotética.

João entregou a Manoel certa quantia em dinheiro para que, em prazo determinado, a entregasse a uma terceira pessoa. Ao fim do prazo, Manoel se apossou do montante, tendo se utilizado do dinheiro para gastos pessoais.

Nessa situação, a conduta de Manoel caracteriza o crime de apropriação indébita.

COMENTÁRIOS

O crime de apropriação indébita se caracteriza pela apropriação (assenhoramento) de coisa alheia móvel, de que tem a posse ou detenção, passando a agir arbitrariamente como se dono fosse. Não pode ser empregada, na execução do crime, violência, grave ameaça ou fraude, pois, do contrário, configurar-se-á delito de roubo (ar. 157) ou estelionato (art. 171).

O bem jurídico tutelado é, a exemplo dos demais delitos contra o patrimônio, a propriedade. Todavia, como bem destaca Noronha, "a apropriação indébita não se caracteriza pela violação exclusiva do direito de propriedade. E os autores que assim pensam costumam dar um exemplo que ilustra sua afirmação. É o do credor pignoratício que, por qualquer razão, confia a terceiro o objeto dado em garantia, ocorrendo que esse depositário, ao invés de guardá-la, dela se apropria, entregando-a ao devedor-proprietário daquela coisa. Nesta hipótese não se pode falar em lesão do direito de propriedade, já que o proprietário se beneficiou. Mas houve lesão patrimonial. O credor pignoratício ficou sem sua garantia, sobre a qual tinha um direito que lhe integrava o patrimônio. Por outro lado, parece-nos exato que o depositário se apropriou da coisa, portando-se em relação a ela, como se dono fosse, pois, dela dispondo, praticou ato inerente ao domínio" (*Código Penal brasileiro*, v. 5, 2.ª parte, 1958, p. 16).

A posse ou a detenção exercida pelo agente deve ser *desvigiada* (confiada sem vigilância), como é o caso do exemplo citado na assertiva. Se o funcionário, no estabelecimento comercial, aproveita-se de momento de distração do patrão para se apropriar de mercadorias, será autor de furto, e não de apropriação indébita.

A posse ou detenção deve, também, ser *legítima* (com a concordância expressa ou tácita do proprietário).

A ação do agente deve recair sobre *coisa alheia móvel* (possível de ser transportada de um local para outro).

Tratando-se de crime material, a consumação ocorre no momento em que o agente transforma a posse ou detenção que exerce sobre o bem em domínio, isto é, quando pratica (exterioriza) atos inerentes à qualidade de dono, incompatíveis com a possibilidade de ulterior restituição da coisa.

A possibilidade de ocorrência de tentativa é tema controvertido na doutrina. Apesar disso, entendemos possível a tentativa, como no exemplo em que o agente é surpreendido pelo proprietário no momento em que está vendendo a coisa, sendo impedido de concretizar o negócio (somente não se pode identificar a tentativa quando o ato de vontade do agente não é perceptível exteriormente).

Alternativa correta: "certo".

52. ESTELIONATO

229. (Cespe – Delegado de Polícia – PC – RJ/2022) Bráulio, policial civil em férias, estava na DP em que trabalha esperando um inspetor de polícia amigo, com o qual havia combinado de almoçar. Nesse momento, chegou ao local Patrícia, mãe de Gabriel, que fora preso em flagrante delito por furto no dia anterior. Patrícia se dirigiu a Bráulio e disse que estava ali para pagar a fiança do filho. Bráulio, a fim de agilizar o procedimento e sair logo para o almoço, acessou o sistema informatizado e verificou que Gabriel fora autuado por furto qualificado, insuscetível de fiança (o que, inclusive, encontrava-se mencionado na decisão do delegado plantonista). Ainda assim, Bráulio disse que a fiança foi fixada no valor de um salário mínimo e recolheu para si a quantia entregue por Patrícia. Nessa situação hipotética, Bráulio cometeu crime de

a) apropriação indébita.
b) apropriação de coisa havida por erro.
c) peculato por erro de outrem.
d) estelionato.
e) peculato.

COMENTÁRIOS

Alternativa "a": a apropriação indébita (art. 168 do CP) consiste em apropriar-se de coisa alheia móvel, de que tem a posse ou a detenção. Bráulio não tinha a posse do dinheiro para dele se apropriar.

Alternativa "b": a apropriação de coisa havida por erro é tipificada no art. 169 do CP. À semelhança do art. 168, somente um verbo constitui o núcleo do tipo: apropriar-se. Trata-se, portanto, de uma espécie de apropriação indébita. A diferença entre as duas figuras criminosas é a forma como a coisa chega às mãos do agente. Na primeira (art. 168), o proprietário, baseado normalmente em situação de confiança, entrega a coisa ao autor; na segunda (art. 169), o agente adquire a posse ou detenção por erro, caso fortuito ou força da natureza (não há deliberação do *dominus*). Mas, como já ressaltamos, Bráulio não se apropriou de nada.

Alternativa "c": o peculato por erro de outrem (art. 313 do CP) ocorre quando o agente público se apropria de dinheiro ou qualquer utilidade que, no exercício do cargo, recebeu por erro de outrem. Também não é o caso, não fosse por outro motivo, porque Bráulio não estava no exercício de seu cargo.

Alternativa "d": trata-se, efetivamente, de estelionato (art. 171 do CP), no qual o agente obtém, para si ou para outrem, vantagem ilícita, em prejuízo alheio, induzindo ou *mantendo* alguém em erro, mediante artifício, ardil ou qualquer outro meio fraudulento. O erro de Patrícia não foi induzido, mas espontâneo, pois imaginou que pudesse pagar fiança arbitrada pela autoridade policial, o que não era o caso. Bráulio, no entanto, a manteve em erro e recebeu o dinheiro para si como se tivesse recolhido a fiança.

Alternativa "e": no peculato (art. 312 do CP), o agente público se apropria de dinheiro, valor ou qualquer outro bem móvel, público ou particular, de que tem a posse em razão do cargo, ou o desvia, em proveito próprio ou alheio. Há também a figura do peculato-furto, na qual, embora não tendo a posse do dinheiro, valor ou bem, o agente o subtrai, ou concorre para que seja subtraído, em proveito próprio ou alheio, valendo-se de facilidade que lhe proporciona a qualidade de funcionário. Nenhuma dessas figuras corresponde à conduta de Bráulio.

Alternativa correta: letra "d".

230. (Cespe – Delegado de Polícia – PC – RJ/2022) Atanagildo ofereceu ação indenizatória contra empresa concessionária de energia elétrica, sustentando, em sua petição inicial, a interrupção no fornecimento de eletricidade por diversos dias consecutivos. A fim de não realizar o pagamento de custas processuais, Atanagildo se declarou hipossuficiente. Contudo, logo restou demonstrado pela empresa que Atanagildo não era hipossuficiente, bem como que, embora realmente o fornecimento de energia tenha sido interrompido na região por problemas técnicos, a suposta casa de Atanagildo não passava de um terreno, no qual não havia construções nem sequer um medidor de consumo de energia. Assim, o magistrado encaminhou cópias dos documentos à Delegacia de Polícia da área, a fim de apurar a existência de crimes. Considerando-se essa situação hipotética, é correto afirmar que Atanagildo praticou

a) conduta atípica.
b) tentativa de estelionato e uso de documento falso.
c) tentativa de estelionato e falsidade ideológica.
d) tentativa de estelionato.
e) falsidade ideológica.

COMENTÁRIOS

A conduta praticada por Atanagildo é atípica. O estelionato consiste em obter, para si ou para outrem, vantagem ilícita, em prejuízo alheio, induzindo ou mantendo alguém em erro, mediante artifício, ardil, ou qualquer outro meio fraudulento. O STJ se orienta no sentido de que o uso de processo judicial para, mediante fraude ou ardil, ludibriar a Justiça e auferir lucros ou vantagens indevidas, mesmo sabendo da inidoneidade da demanda, não se subsume ao tipo penal (AgRg no RHC 101.804/SP, j. 05/03/2020).

O STJ também tem decidido reiteradamente que o ato de firmar declaração inverídica de pobreza para fins processuais ou de inserir outras informações correlatas que não correspondem à realidade não constitui falsidade ideológica (HC 664.970/PR, j. 25/08/2021).

Alternativa correta: letra "a".

231. (Cespe – Delegado de Polícia – PC – PB/2022) Conforme entendimento do STJ, o uso fraudulento de material transparente nas fases "a" e "b" do medidor de consumo de energia elétrica que permita a alteração do relógio para reduzir a quantidade registrada e consumida e induza a erro a companhia de eletricidade, gerando a obtenção de vantagem ilícita, configura o crime de

a) modificação não autorizada de sistema de informações.
b) dano.
c) furto.
d) estelionato.
e) apropriação indébita.

COMENTÁRIOS

Alternativa "a": o art. 313-B do CP tipifica as condutas de modificar ou alterar, o funcionário, sistema de informações ou programa de informática sem autorização ou solicitação de autoridade competente. Trata-se de um crime funcional contra a Administração Pública, sem nenhuma relação com a conduta mencionada no enunciado.

Alternativa "b": ainda que a conduta de alterar o relógio medidor possa danificá-lo, o propósito do agente não é esse, mas a alteração para diminuir o registro do consumo elétrico. O dano é simplesmente um meio para um crime mais grave.

Alternativa "c": haveria furto, por exemplo, se o responsável pelo imóvel fizesse uma ligação direta do poste ou de um vizinho para consumir a energia elétrica sem registro no relógio medidor. Mas não é o caso, como veremos nos comentários à próxima assertiva.

Alternativa "d": se o responsável pelo imóvel altera o relógio medidor para registrar menos energia do que o consumo efetivo, há estelionato. A conduta, de fato, consiste em obter vantagem ilícita (redução do valor da fatura), em prejuízo alheio, induzindo em erro a distribuidora de energia, mediante fraude (alteração do medidor).

Alternativa "e": a apropriação indébita consiste em apropriar-se de coisa alheia móvel de que tem a posse ou a detenção. Não é disso que trata o enunciado.

Alternativa correta: letra "d".

232. (FGV – Delegado de Polícia – PC – RN/2021) Haroldo convence Bruna a aplicarem um golpe no casal de noivos Marcos e Fátima, apresentando-se como organizadores de casamento. Após receberem do casal vultosa quantia para a organização das bodas, Haroldo e Bruna mudaram de cidade e trocaram de telefone. Percebendo que haviam sido vítimas de um golpe, Marcos e Fátima registraram os fatos na delegacia, demonstrando interesse em ver os autores responsabilizados pelo crime de estelionato. Após o registro da ocorrência, Bruna, arrependida, por conta própria, efetuou a devolução ao casal de parte do dinheiro que havia recebido. Considerando que houve reparação parcial do dano:

a) a conduta de Haroldo e Bruna tornou-se atípica, tratando-se de mero ilícito civil;

b) Haroldo responderá por estelionato consumado, enquanto Bruna terá sua tipicidade afastada pela reparação parcial do dano;

c) Haroldo e Bruna responderão por estelionato, devendo Bruna ter sua pena diminuída pelo arrependimento posterior;

d) Haroldo responderá por estelionato tentado, enquanto Bruna terá sua tipicidade afastada pela reparação parcial do dano;

e) Haroldo e Bruna responderão por estelionato, sem a causa de diminuição da pena pelo arrependimento posterior.

COMENTÁRIOS

Alternativa "a" (responde, também, a alternativa "b"): a reparação do dano no estelionato não torna a conduta atípica, menos ainda se for apenas parcial, como no exemplo do enunciado.

Alternativa "c" (responde, também, as alternativas "d" e "e"): Haroldo e Bruna devem responder por estelionato sem a diminuição de pena relativa ao arrependimento posterior. O estelionato se tipificou na forma consumada porque os agentes obtiveram vantagem ilícita em prejuízo de Marcos e Fátima, que efetuaram o pagamento em razão da fraude empregada. E não há arrependimento posterior porque, não obstante Bruna tenha se arrependido antes do recebimento da denúncia, não reparou integralmente o dano, o que impede a incidência do art. 16 do CP: "No que tange à causa de diminuição do art. 16 do CP, é entendimento desta Corte que 'a causa de diminuição de pena relativa ao artigo 16 do Código Penal (arrependimento posterior) somente tem aplicação se houver a integral reparação do dano ou a restituição da coisa antes do recebimento da denúncia, variando o índice de redução da pena em função da maior ou menor celeridade no ressarcimento do prejuízo à vítima. Na espécie, não foi preenchido o requisito relativo à reparação integral do dano, eis que as instâncias de origem consignaram que houve apenas devolução parcial'" (STJ: AgRg nos EDcl no REsp 1.710.029/RN, j. 08/06/2021). Caso houvesse se caracterizado o arrependimento posterior pela ação de Bruna, vale destacar que há controvérsia sobre a comunicabilidade da causa de diminuição de pena ao coautor que não tomou a iniciativa de reparar o dano. Há quem sustente que se trata de circunstância objetiva, que, portanto, deve se comunicar (STJ: REsp 1.187.976/SP, j. 07/11/2013). Há, por outro lado, quem defenda que a voluntariedade exigida pelo art. 16 impede o benefício ao coautor: "5. Filio-me ao entendimento de que diante da própria literalidade do art. 16 do Código Penal, que exige ato voluntário do agente para reparar o dano ou restituir a coisa até o recebimento da denúncia, não se admite a incidência da causa especial de diminuição de pena quando a reparação se der por ato de terceira pessoa, como na espécie. 6. No mesmo sentido: AgRg no REsp 1.799.096/RS, Rel. Ministro SEBASTIÃO REIS JÚNIOR, SEXTA TURMA, julgado em 13/10/2020, DJe 19/10/2020; AgRg no AREsp 1.467.975/DF, Rel. Ministra LAURITA VAZ, SEXTA TURMA, julgado em 23/06/2020, DJe 04/08/2020; AgRg no AREsp 868.942/SP, Rel. Ministro JORGE MUSSI, QUINTA TURMA, julgado em 13/03/2018, DJe 04/04/2018; HC 92.004/PR, Rel. Ministro NAPOLEÃO NUNES MAIA FILHO, QUINTA TURMA, julgado em 05/05/2009, DJe 01/06/2009" (STJ: HC 504.602/SC, j. 09/03/2021).

Alternativa correta: letra "e".

233. (UFPR – Delegado de Polícia – PC – PR/2021) Suponha que um sujeito se passe por policial rodoviário para abordar motoristas numa estrada pouco movimentada e assim cobrar propina para não multar supostas irregularidades encontradas nos veículos. Essa conduta praticada pelo falso policial deve ser tipificada como:

a) corrupção passiva.

b) concussão.

c) extorsão.

d) furto.

e) estelionato.

COMENTÁRIOS

Alternativa "a": o sujeito ativo da corrupção passiva é apenas o funcionário público, que pode cometer o crime ainda que fora da função ou antes de assumi-la, desde que seja em razão dela. O enunciado se refere apenas a um indivíduo que se passa por policial, razão por que não pode haver o crime de corrupção.

Alternativa "b": a concussão também só pode ser cometida por funcionário público, ainda que fora da função ou antes de assumi-la, mas em razão dela.

Alternativa "c": o enunciado não descreve um crime de extorsão, pois não se refere ao ato de constranger alguém mediante violência ou grave ameaça.

Alternativa "d": tampouco se trata de furto, que consiste em subtrair, para si ou para outrem, coisa móvel alheia.

Alternativa "e": se o indivíduo simula a qualidade de funcionário público para abordar as pessoas e cobrar propina em razão de irregularidades nos veículos, pratica estelionato, pois obtém, para si, vantagem ilícita em prejuízo alheio, induzindo outras pessoas em erro mediante ardil. Em suma, pune-se no estelionato quem, por meio da astúcia, da esperteza, do engodo, da mentira, procura despojar a vítima do seu patrimônio fazendo com que ela entregue voluntariamente a coisa visada, evitando, assim, retirá-la por meios violentos.

Alternativa correta: letra "e".

234. (FUNCAB – Delegado de Polícia – RJ/2012) Walter, motoboy de uma farmácia, após receber de um cliente um cheque de R$ 20,00, entrega ao estabelecimento a quantia em espécie, mantendo-se na posse do título. Em seguida, o adultera, modificando o valor original para R$ 2.000,00.

De posse do documento adulterado, vai até o banco para descontá-lo, mas o gerente, percebendo a fraude, liga para a Delegacia da área, alertando sobre o fato. Ao perceber a chegada da viatura, Walter deixa apressadamente a instituição financeira, abandonando, no local, o título falsificado. Nesse contexto, é correto afirmar que a conduta de Walter:

a) configura crime de estelionato, na forma tentada, pois o delito foi interrompido por circunstâncias alheias à sua vontade.
b) se amolda ao tipo penal da apropriação indébita, na forma tentada, pois o delito foi interrompido por circunstâncias alheias à sua vontade.
c) é tipificada como crime de furto mediante fraude, na forma tentada, pois o delito foi interrompido por circunstâncias alheias à sua vontade.
d) caracteriza crime de falsificação de documento público, pois, havendo desistência voluntária, o autor só responde pelos atos até então praticados.
e) é atípica, pois ocorreu a desistência voluntária e a falsidade existente resta absorvida pela finalidade patrimonial.

COMENTÁRIOS

Alternativa "a": se o agente alterou o título de crédito e se dirigiu ao banco para sacar o valor correspondente, pode-se afirmar que a potencialidade lesiva do falso se exauriria no estelionato, razão por que apenas este último crime remanesce (súmula nº 17 do STJ). Não houve, todavia, o saque porque o gerente do banco percebeu a fraude e acionou a polícia, impedindo que a vantagem fosse obtida e perfazendo-se a tentativa.

Alternativa "b": não há apropriação indébita, que consiste em apropriar-se de coisa alheia móvel, de que tem a posse ou a detenção. O fato de o agente ter tomado o cheque para si não caracteriza a apropriação, pois a posse ou a detenção exercida deve ser *desvigiada* (confiada sem vigilância), o que não se verifica. E mesmo que assim não fosse, Walter não se apoderou simplesmente do cheque, mas o substituiu pelo valor correspondente em dinheiro, sem nenhum prejuízo patrimonial ao estabelecimento comercial do qual era empregado.

Alternativa "c": não se trata de furto mediante fraude, em que o sujeito ativo emprega um artifício para diminuir a vigilância da vítima e tornar possível a subtração. Não é o que se extrai do exemplo citado.

Alternativa "d" (responde, também, a alternativa "e"): conforme já ressaltamos, a potencialidade lesiva do falso se exauriria no estelionato, que absorve o delito anterior. Ademais, não houve desistência voluntária, mas tentativa, pois Walter não efetuou o saque apenas porque sua conduta foi descoberta pelo gerente do banco.

Alternativa correta: letra "a".

---

235. (FGV - Delegado de Polícia - MA/2012) Com o escopo de obter indevida vantagem econômica, Jorgina adquire mercadorias em um Supermercado e efetua o pagamento com um cheque roubado, ocasião em que apresentou uma carteira de identidade falsa, eis que houve troca de fotografia, em nome do titular do cheque. O fato foi descoberto pelo caixa do estabelecimento comercial que desconfiou do nervosismo apresentado pela "cliente".

Com base no exposto, assinale a alternativa que capitule o fato.

a) Artigo 171, c/c 14, II, do CP (estelionato tentado), de acordo com a Súmula 17, do STJ.
b) Artigo 304, c/c 297, do CP (uso de documento público falso), devendo o crime mais grave prevalecer sobre o crime fim de menor gravidade.
c) Artigos 171, c/c 14, II, 297 (falsificação de documento público) e 304 (o uso de documento falso), na forma do Art. 69, (concurso material) todos do CP.
d) Artigos 171, c/c 14, II, 304 c/c 297, na forma do Art. 70 (concurso formal), todos do CP.
e) Artigos 171, c/c 14, II, 297 e 304 c/c 297, na forma do Art. 70 (concurso formal), todos do CP.

COMENTÁRIOS

Alternativa "b": existe o posicionamento de que o crime de falso absorve o estelionato, se o documento for público (como no caso), já que a pena do *falsum* é mais severa (princípio da absorção). Não é, todavia, o que predomina.

Alternativa "c" (responde, também, a alternativa "e"): não se trata de concurso material, tendo em vista a conduta única. Além disso, não se imputa a Jorgina a falsificação do documento, pois o enunciado não menciona ter sido ela a responsável pela troca da fotografia. Se assim fosse, deveria ser punida pela falsificação; o uso seria considerado *post factum* impunível.

Alternativa "d" (responde, também, a alternativa "a"): Jorgina responderá pelo estelionato na forma tentada, pois não conseguiu obter a vantagem econômica em virtude de seu engendro criminoso ter sido descoberto pelo funcionário do estabelecimento. Além disso, deverá ser punida pelo uso de documento falso, vez que utilizou documento de identidade, com a foto trocada, em nome do titular do cheque roubado. Note-se que neste caso não se aplica a súmula nº 17 do STJ, que estabelece a absorção do falso pelo estelionato, pois a potencialidade lesiva da utilização de documento de identidade falsificado não se exaure no estelionato (o documento poderia ser empregado inúmeras outras vezes, ao contrário do que ocorreria se Jorgina falsificasse um cheque e efetuasse o saque no próprio banco, impedindo a circulação por endosso). Ambos os delitos são imputados a Jorgina em concurso formal, pois o uso do documento e o estelionato foram cometidos por meio da mesma conduta.

Alternativa correta: letra "d".

236. (Delegado de Polícia - SP/ 2011 - ACADEPOL) Com relação ao objeto material do crime de estelionato, é correto afirmar que se configura

a) somente com o emprego de meio fraudulento.
b) somente com a obtenção da vantagem ilícita, sendo irrelevante a caracterização do prejuízo alheio.
c) somente com a caracterização do prejuízo alheio, sendo irrelevante que a vantagem obtida pelo agente seja ilícita.
d) exclusivamente com o emprego de artificio, ardil ou qualquer outro meio fraudulento.
e) obrigatoriamente com a obtenção da vantagem ilícita e o prejuízo alheio.

COMENTÁRIOS

Da simples leitura do tipo percebe-se que, para existir o crime, necessário se faz a presença de três elementos:

I) fraude: lesão patrimonial realizada por meio de malicioso engano, podendo ser o artifício (encenação material mediante uso de objetos ou aparatos aptos a enganar, como o "bilhete premiado", a utilização de disfarce etc.), o ardil (astúcia, conversa enganosa); ou qualquer outro meio fraudulento (como o silêncio, por exemplo, que consistiria no estelionato por omissão). O meio escolhido deve, no entanto, ser apto a ludibriar alguém, caso contrário, haverá crime impossível (art. 17 do CP);

II) vantagem ilícita: se a vantagem for devida estar-se-á diante do crime de exercício arbitrário das próprias razões. Há divergência no tocante à natureza da vantagem (se deve ser econômica ou não necessariamente). Leciona Fragoso que "por vantagem ilícita deve entender-se qualquer utilidade ou proveito de ordem patrimonial, que o agente venha a ter em detrimento do sujeito passivo sem que ocorra justificação legal." (Lições de direito penal: parte especial. São Paulo: José Bushatsky, v. 2, p. 349). Em sentido contrário, Bitencourt, para quem mostra-se indiferente a natureza da vantagem visada pelo agente, exigindo-se somente que seja injusta: "O argumento de que a natureza econômica da vantagem é necessária, pelo fato de o estelionato estar localizado no Título que disciplina os crimes contra o patrimônio, além de inconsistente, é equivocado. Uma coisa não tem nada que ver com a outra: os crimes contra o patrimônio protegem a inviolabilidade patrimonial da sociedade em geral e da vítima em particular, o que não se confunde com a vantagem ilícita conseguida pelo agente. Por isso, não é a vantagem obtida que deve ter natureza econômica; o prejuízo sofrido pela vítima é que deve ter essa qualidade." (Tratado de Direito Penal: parte especial, v. 3, p. 276).

III) prejuízo alheio: para a caracterização do crime, a vítima deve sofrer um prejuízo patrimonial que corresponda à vantagem indevida obtida pelo agente. Aliás, quando o tipo se refere à "vantagem indevida", isto é, "vantagem ilícita" e "prejuízo alheio", fica claro que a primeira pressupõe o segundo, já que quem obtém ilicitamente algum bem, está evidentemente lesando o patrimônio do tertius e está lhe proporcionando um "prejuízo".

Alternativa correta: letra "e" (responde, também, as demais alternativas).

53. RECEPTAÇÃO

237. (FGV - Delegado de Polícia - SC/2024) Vander planejava fazer uma viagem de férias no final do ano pelo litoral do Nordeste. Assim, juntou suas economias e comprou um carro usado para dirigir na viagem. O automóvel foi vendido dentro dos valores praticados no mercado. Em razão do tempo exíguo, Vander, todavia, não investigou a procedência do veículo, tendo acreditado na indicação de seu amigo Tobias, como se verifica em mensagens trocadas via aplicativo por meio de seu telefone celular. No dia 31 de dezembro de 2022 Vander, em viagem, foi parado em uma blitz. Na ocasião, um agente da Polícia Rodoviária Federal constatou que o carro que Vander acabara de adquirir era proveniente de roubo. Vander foi preso em flagrante pelo crime de receptação. Diante do cenário ora descrito, assinale a opção que indica a tese defensiva que pode ser invocada em favor de Vander.

a) Exclusão da culpabilidade por obediência hierárquica.
b) Exclusão da culpabilidade por coação moral irresistível.
c) Atipicidade da conduta por incidência do princípio da insignificância.
d) Atipicidade da conduta por ausência de dolo.
e) Exclusão da ilicitude pelo exercício regular do direito.

COMENTÁRIOS

Alternativa "a": a obediência hierárquica é uma excludente da culpabilidade por inexigibilidade de conduta diversa. Seu requisito básico é a ordem de superior hierárquico, que, na situação do enunciado, não existe.

Alternativa "b": a coação moral irresistível também exclui a culpabilidade por inexigibilidade de conduta diversa. O enunciado não narra que Vander tenha sido coagido por alguém.

Alternativa "c": como desdobramento lógico da fragmentariedade, temos o princípio da insignificância. Ainda que o legislador crie tipos incriminadores em observância aos princípios gerais do Direito Penal, poderá ocorrer situação em que a ofensa concretamente perpetrada seja diminuta, isto é, incapaz de atingir materialmente e de forma relevante e intolerável o bem jurídico protegido. Nesses casos, estaremos diante do que se denomina "infração bagatelar", ou "crime de bagatela", que exclui a tipicidade material. É o caso, por exemplo, de quem furta um tubo de creme dental em uma farmácia. Também não é disso que trata o enunciado.

Alternativa "d": o crime de receptação consiste em adquirir, receber, transportar, conduzir ou ocultar, em proveito próprio ou alheio, coisa que sabe ser produto de crime, ou influir para que terceiro, de boa-fé, a adquira, receba ou oculte. É imprescindível, portanto, o dolo em relação à origem criminosa do bem. Como deixa claro o enunciado, Vander não tinha conhecimento de que o veículo era roubado. Ainda que possa ter faltado maior diligência na aquisição do veículo, não é possível, apenas por isso, imputar-lhe o crime, mesmo na modalidade culposa, tendo em vista que o enunciado não indica nenhuma das circunstâncias do § 3º do art. 180.

Alternativa "e": o exercício regular de direito é uma causa de justificação que compreende condutas do cidadão comum autorizadas pela existência de direito definido em lei e condicionadas à regularidade do exercício desse direito. O enunciado não trata de nenhuma situação dessa natureza.

Alternativa correta: letra "d".

---

238. (FUNCAB - Delegado de Polícia - PA/2016) Considerando apenas as informações contidas nas alternativas, assinale aquela que corretamente indica uma hipótese de crime de receptação.

a) Josefina celebra contrato de penhor, entregando uma joia ao credor pignoratício. Posteriormente, ainda na vigência do contrato, a joia é furtada por terceiro. Ciente do furto e vislumbrando na hipótese uma forma de pagar menos para reaver seu patrimônio, Josefina procura o autor do crime patrimonial prévio e dele compra a joia furtada.

b) Ribamar, colecionador de carros antigos percebendo a falta, em lojas especializadas, de uma determinada autopeça para reposição, encomenda a Servílio a referida peça, consciente de que este, motivado pela encomenda, roubará um carro para cumprir o avençado, o que efetivamente ocorre. Assim, Ribamar ingressa na posse da peça desejada.

c) Cristóvão compra de Amílcar uma motosserra por preço irrisório, sabendo que o vendedor está dispondo do bem por preço inferior ao do mercado porque usou a ferramenta para a prática de um homicídio e quer dela se livrar.

d) Teobaldo tem seu telefone celular furtado. Para reaver o aparelho, liga para o autor do crime, passando a negociar sua entrega. Assim, concretizado o ajuste, Teobaldo paga o valor exigido, recebendo de volta o telefone.

e) Elesbão, camelô, conscientemente expõe à venda cigarros de importação proibida, os quais adquiriu de um amigo que sabe ser contrabandista.

COMENTÁRIOS

Alternativa "a": excepcionalmente, pode figurar como sujeito ativo do crime de receptação o proprietário do bem, caso o objeto esteja na posse legítima de terceiro. É o caso de quem adquire do furtador o próprio bem que havia dado em penhor.

Alternativa "b": não há receptação no caso porque, se Ribamar encomendou a peça sabendo que Servilio roubaria um carro para consegui-la, sua responsabilidade criminal se dá na esfera do concurso de pessoas, especificamente na qualidade de partícipe do roubo.

Alternativa "c": não existe receptação porque, neste crime, pune-se a aquisição de um objeto que seja produto, não instrumento de crime.

Alternativa "d": Teobaldo não praticou receptação porque, embora tenha adquirido o telefone celular que havia sido furtado, tratava-se de um bem de sua propriedade.

Alternativa "e": não há a receptação do art. 180 do CP neste caso porque o tipo penal do contrabando contém uma figura especial (equiparada à básica) que pune quem vende, expõe à venda, mantém em depósito ou, de qualquer forma, utiliza em proveito próprio ou alheio, no exercício de atividade comercial ou industrial, mercadoria proibida pela lei brasileira.

Alternativa correta: letra "a".

54. ESCUSAS ABSOLUTÓRIAS

239. (CEBRASPE - 2023 - PC/AL - Delegado) Pedro ingressou na residência de sua avó Teresa e subtraiu o pequeno cofre do quarto, levando-o para um beco. Sem saber o segredo do cofre, abriu-o com um maçarico e subtraiu as joias de seu interior. Em seguida, levou as peças a uma tradicional joalheria da cidade e vendeu-as a João, comerciante de 20 anos, que comprou os objetos sem se importar em apurar a origem.

Considerando essa situação hipotética, julgue o item que se segue.

Em se tratando do crime cometido por Pedro, é prevista a exclusão ilicitude em razão de Pedro ser neto da vítima, bastando, para tanto, que não haja a representação.

COMENTÁRIOS

O art. 181, II, do Código Penal dispõe que é isento de pena quem comete crime patrimonial contra ascendente ou descendente. O dispositivo abrange os parentes em linha reta, sem grau de limitação e independentemente da natureza do parentesco. Não se trata de exclusão da ilicitude, mas de causa pessoal de isenção de pena.

O enunciado não indica a idade da avó de Pedro, mas devemos destacar que se o crime é praticado contra pessoa com idade igual ou superior a sessenta anos, a escusa absolutória é afastada (art. 183, III, do CP).

Alternativa correta: "errado".

---

240. (FGV - Delegado de Polícia - PC - RN/2021) Renan convence Patrick a furtarem bens de uma residência, que estava desabitada. No dia seguinte, o dono da casa, João, 51 anos, toma conhecimento do ocorrido e aciona a polícia, que, após investigação, identifica Renan e Patrick, apurando no curso do inquérito que Renan sabia que o imóvel era de seu pai adotivo, o que Patrick desconhecia. Com base nessas informações, as condutas de Renan e Patrick podem ser assim tipificadas:

a) nenhum dos dois responderá por furto qualificado, considerando que foi praticado contra ascendente de Renan e que tal circunstância se comunica objetivamente a Patrick;

b) o fato praticado por Renan é atípico, pois a vítima era seu ascendente, enquanto Patrick responderá por furto simples, pois a circunstância tem natureza subjetiva;

c) os dois poderão ser condenados por furto qualificado, pois o desconhecimento de Patrick quanto à condição do lesado afasta a relevância desta circunstância para ambos;

d) ambos responderão por furto qualificado, pois a circunstância especial somente incidiria caso Renan possuísse parentesco sanguíneo com a vítima;

e) Renan estará isento de pena, enquanto Patrick responderá por furto qualificado, pois a condição de descendente de Renan possui natureza subjetiva e não se comunica a Patrick.

COMENTÁRIOS

O art. 181 do Código Penal, visando à manutenção da harmonia em família, prevê duas causas pessoais de isenção de pena (imunidade absoluta) para aqueles que cometem crimes contra o patrimônio: a) quando a vítima é seu cônjuge (na constância da sociedade conjugal); b) quando a vítima é ascendente ou descendente, sendo irrelevante a natureza do parentesco. O inciso II, referindo-se aos ascendentes e descendentes, abrange os parentes em linha reta, sem grau de limitação e *independentemente da natureza do parentesco* (inclui-se, portanto, a adoção). A respeito da incidência desta escusa absolutória, decidiu o STJ: "1. A escusa absolutória prevista no artigo 181, inciso II, alínea "b", do Código Penal, que isenta de pena quem comete determinados delitos patrimoniais em prejuízo de ascendente ou descendente (civil ou natural), não se aplica ao parentesco por afinidade, devendo ser adotada uma interpretação restritiva da norma. 2. Embora seja extremamente plausível a aplicação do dispositivo em tela nas hipóteses de paternidade socioafetiva, é incabível sua extensão ao padrasto, parente por afinidade em linha reta ascendente, com amparo na mera existência de união estável com a mãe biológica ou no longo convívio entre aquele e o descendente desta, se não comprovado o vínculo da filiação socioafetiva. 3. Recurso especial improvido" (REsp 1.709.971/RS, Rel. Min. maria Thereza de Assis Moura, j. 01/03/2018). Por isso, Renan não deve ser punido pelo furto.

O benefício não se estende a Patrick – que responde por furto qualificado pelo concurso de pessoas –, porque o art. 183, inc. II dispõe que as escusas não se aplicam ao estranho que participa do crime. Se alguém comete um furto contra seu próprio pai contando com a ajuda de um amigo, este último indivíduo não se beneficia da imunidade porque, nesse caso, não há relação familiar a ser protegida. Note-se que a incidência do art. 181 em relação ao filho não faz desaparecer o crime, mas somente impõe isenção de pena.

Alternativa correta: letra "e" (responde, também, as demais alternativas).

55. VIOLAÇÃO DE DIREITO AUTORAL

241. (CEBRASPE – 2023 – PC/AL – Delegado) No que concerne à violência doméstica e familiar contra a mulher, aos crimes contra a pessoa com deficiência e contra a pessoa idosa e à proteção intelectual ao programa de computação, julgue o item a seguir, com base na legislação específica e na jurisprudência do Superior Tribunal de Justiça.

A pessoa que reproduzir programa de computador, ainda que em parte, para fins de comércio mesmo com a autorização do autor, cometerá crime contra a propriedade intelectual.

COMENTÁRIOS

O art. 12 da Lei 9.609/98 pune, com detenção de seis meses a dois anos, o ato de violar direitos de autor de programa de computador. Nos termos do parágrafo único, o crime é qualificado se a violação consiste na reprodução, por qualquer meio, de programa de computador, no todo ou em parte, para fins de comércio. O próprio tipo penal, no entanto, contém um elemento normativo, pois a reprodução só é criminosa se feita sem autorização expressa do autor ou de quem o represente. Não faz sentido, de fato, punir criminalmente quem reproduz o *software* com autorização do titular.

Alternativa correta: "errado".

242. (Cespe – Delegado de Polícia – GO/2017) Considerando o entendimento dos tribunais superiores e o posicionamento doutrinário dominante quanto à matéria de que tratam a Lei de Delitos Informáticos e os dispositivos legais que disciplinam a propriedade industrial, a propriedade intelectual de programa de computador e os direitos autorais, assinale a opção correta.

a) Embora o elemento subjetivo dos crimes de violação de direito autoral seja o dolo, admite-se a modalidade culposa em relação a algumas figuras típicas.

b) Tratando-se de crime contra a propriedade imaterial com fundamento em apreensão e em perícia, e sendo o caso de ação penal privativa do ofendido, a decadência opera-se em seis meses, a contar da data da homologação do laudo pericial pelo competente juízo.

c) Em se tratando de crimes contra a propriedade intelectual de programa de computador, a ação penal é privativa do ofendido, mesmo em caso de prática de crime tributário conexo.

d) As limitações aos direitos autorais previstas na legislação de regência constituem causas de exclusão de tipicidade.

e) A invasão de computador de instituição bancária mediante violação indevida de senhas e mecanismos de segurança, com o fim de subtrair e transferir valores de número indeterminado de correntistas, caracteriza o crime de invasão de dispositivo informático em sua forma qualificada.

COMENTÁRIOS

Alternativa "a": as modalidades de violação de direito autoral tipificadas no art. 184 do CP são somente dolosas.

Alternativa "b": conforme dispõe o art. 529 do CPP, nos crimes de ação privada, não será admitida queixa com fundamento em apreensão e em perícia se decorrido o prazo de trinta dias após a homologação do laudo. Não observado esse prazo, a ação penal estará, fatalmente, fulminada pela decadência, a exigir a extinção da punibilidade do suposto autor do delito, ex vi do disposto no art. 107, inc. IV, do Código Penal.

Alternativa "c": o art. 12 da Lei 9.609/98 pune a conduta de violar direitos de autor de programa de computador. Segundo o § 3º do mesmo dispositivo, a ação penal é, em regra, privada, mas passa a ser pública incondicionada quando, em decorrência de ato delituoso, resultar sonegação fiscal, perda de arrecadação tributária ou prática de quaisquer dos crimes contra a ordem tributária ou contra as relações de consumo.

Alternativa "d". a própria lei que dispõe acerca dos direitos autorais (Lei 9.610/98) prevê, em seu art. 46, algumas condutas que não constituem ofensa aos direitos do autor (exclusão da tipicidade), que, embora revestidos de proteção, mostram-se, assim, limitados. Note-se que o legislador expressou somente a exclusão da tipicidade em relação aos §§ 1º, 2º e 3º do art. 184 do CP, omitindo-se com relação ao caput. No entanto, a doutrina é copiosa no sentido de estender a aplicação do dispositivo ao tipo básico, não se concebendo que a violação simples, mediante uma das ações previstas no art. 46, seja crime, quando as formas qualificadas, praticadas do mesmo modo, "não constituem ofensa aos direitos autorais".

Alternativa "e": para que ocorra o crime de invasão de dispositivo informático mediante violação indevida de mecanismo de segurança, é necessário que o agente atue com o fim de obter, adulterar ou destruir dados ou informações. No exemplo da assertiva, em que o agente tinha o propósito de subtrair e transferir valores das contas bancárias, há atos executórios do crime de furto qualificado pela fraude.

Alternativa correta: letra "d".

---

243. (Cespe - Delegado de Polícia - BA/2013 - Adaptada) No que se refere às contravenções penais, aos crimes em espécie e às leis penais extravagantes, julgue os itens a seguir com base na jurisprudência dos tribunais superiores.

O dolo direto ou eventual é elemento subjetivo do delito de violação de direito autoral, não havendo previsão para a modalidade culposa desse crime.

COMENTÁRIOS

A voluntariedade no crime de violação de direito autoral é o dolo, consubstanciado na vontade consciente de violar os direitos do autor, sendo desnecessário o intuito de lucro (havendo essa finalidade, o crime passa a ser qualificado – § 1º do art. 184 do CP). O tipo penal não admite a modalidade culposa. Sendo assim, se o agente pratica a violação supondo que a obra caiu em domínio público, incorrerá em erro de tipo, sendo impunível sua conduta (art. 20 do CP).

Alternativa correta: "certo".

56. OCULTAÇÃO DE CADÁVER

244. (FUNCAB - Delegado de Polícia - ES/2013) Quanto ao crime de ocultação de cadáver, é INCORRETO afirmar:

I. O sujeito passivo é a coletividade.

II. É crime vago.

III. Possui sujeito passivo determinado.

IV. Não importa se o cadáver era de uma criança, de um jovem, de uma grávida, pois morto é o objeto material do delito.

Indique a opção que contempla a(s) assertiva(s) correta(s).

a) I, II, III e IV.

b) I, II e III, apenas.

c) I, II e IV, apenas.

d) II, III e IV, apenas.

e) III, apenas.

COMENTÁRIOS

✪ **Nota do autor:** a questão foi ANULADA porque, inicialmente, determina que se considere a assertiva incorreta. Em seguida, no entanto, impõe a opção correta. Logo, não há como responder.

Item I: está correta a assertiva. Sujeito passivo será a coletividade, bem como, secundariamente, a família do morto.

Item II: se o sujeito passivo é a coletividade, é correto afirmar que o crime de ocultação de cadáver é vago, pois não tem sujeito passivo primário determinado.

Item III: está errada a assertiva, pois o crime, como já ressaltado, é vago.

Item IV: a questão foi elaborada a partir do julgamento do HC 145.928/SP pelo STJ. No caso concreto, o agente havia sido condenado por dois crimes: homicídio majorado pelo fato de ter sido cometido contra maior de sessenta anos e ocultação de cadáver. Ao aplicar a pena deste último delito, contudo, o juiz fez incidir a agravante referente ao cometimento do crime contra maior de sessenta anos. Ocorre que o objeto material, neste caso, é o cadáver, não a pessoa, razão pela qual, independentemente da condição do morto (criança, maior de sessenta anos, gestante), não é possível considerar suas condições pessoais enquanto estava vivo. Daí porque o tribunal, instado a se manifestar, assentou o que expressa a assertiva e afastou a agravante.

57. ESTUPRO

245. (FGV - Delegado de Polícia - PC - AM/2022) Na hipótese de um agente ter praticado um crime de estupro e um crime de atentado violento ao pudor, contra a mesma vítima e no mesmo contexto fático, a partir do advento da Lei nº 12.015/2009, deverá responder por

a) concurso material.
b) concurso formal próprio.
c) concurso formal impróprio.
d) continuidade delitiva.
e) crime único.

COMENTÁRIOS

Antes da Lei 12.015/09, entendia-se que o autor de estupro e de atentado violento ao pudor contra a mesma vítima e no mesmo contexto fático praticava dois crimes em concurso. A Lei 12.015/09 revogou o tipo penal do atentado violento ao pudor e integrou a conduta ao tipo do estupro, o que provocou a seguinte dúvida: as condutas correspondentes a conjunção carnal e a atos libidinosos diversos, contra a mesma vítima e no mesmo contexto, continuariam a ensejar o concurso de crimes? O STJ se orienta no sentido de que o autor de crime cometido nessas circunstâncias tem direito à aplicação retroativa da Lei 12.015/09, de modo a ser reconhecida a ocorrência de crime único, devendo a prática de ato libidinoso diverso da conjunção carnal ser valorada na aplicação da pena-base referente ao crime de estupro (HC 396.186/SP, DJe 31/08/2017).

Alternativa correta: letra "e" (responde, também, as demais alternativas).

246. (Vunesp - Delegado de Polícia - PC - BA/2018) A respeito dos crimes sexuais, previstos no Título VI, do Código Penal, assinale a alternativa correta.

a) Não se tipifica crime de estupro se o agente é cônjuge da vítima, já que o casamento impõe aos cônjuges o dever de prestação sexual.
b) A prática de conjunção carnal ou outro ato libidinoso com menor de 18 (dezoito) anos é estupro de vulnerável, previsto no artigo 217-A do Código Penal.
c) A prática de conjunção carnal ou qualquer outro ato libidinoso com adolescente de idade entre 14 (catorze) e 18 (dezoito) anos, em situação de prostituição, é atípica.
d) Os crimes sexuais, com exceção do estupro de vulnerável, são processáveis mediante ação penal pública condicionada à representação.
e) Haverá aumento de pena se o agente transmite à vítima doença sexualmente transmissível de que sabe ou deveria saber ser portador.

COMENTÁRIOS

Alternativa "a": no passado já se entendeu não criminosa a conjunção carnal violenta praticada pelo homem em face da sua mulher. Entendia-se, no caso, presente a descriminante do exercício regular de um direito (art. 23, III, do CP). Esta tese, hoje, encontra-se ultrapassada. Não existe justa causa. Não há dúvida de que a conjunção carnal é débito conjugal, porém, não justifica o crime (exercício irregular de um direito). Reforçando a possibilidade de crime sexual entre cônjuges, temos a Lei 11.106/05, que inseriu uma causa de aumento de pena nesta situação (art. 226, II, do CP), bem como a Lei 11.340/2006, que etiqueta esse comportamento como violência doméstica e familiar contra a mulher (art. 7º, III).

Alternativa "b": estupro de vulnerável existe diante da relação sexual com menor de quatorze anos, não com menor de dezoito.

Alternativa "c": se o adolescente entre quatorze e dezoito anos é submetido a prostituição ou a outra forma de exploração sexual, quem com ele pratica a relação sexual responde pela forma equiparada do art. 218-B do CP.

Alternativa "d": desde a entrada em vigor da Lei 13.718/18, que alterou o art. 225 do CP, a ação penal em todos os crimes contra a dignidade sexual é pública incondicionada.

Alternativa "e": o art. 234-A do CP estabelece algumas causas de aumento de pena para os crimes sexuais. Tomemos como exemplo o crime de estupro durante o qual o agente transmite à vítima doença sexual de que sabe (dolo direto) ou deveria saber (dolo eventual) ser portador. Neste caso, a pena do estupro é aumentada de um a dois terços. Nos casos de transmissão de doença sexual, antes da Lei 12.015/2009 o agente respondia pelo crime sexual em concurso formal impróprio com o crime do art. 130 do CP. Agora, caso efetivamente ocorra a transmissão, parece óbvio que o crime de perigo de contágio de moléstia venérea fica absorvido, servindo somente como majorante, evitando-se *bis in idem*. Se, no entanto, durante o estupro o agente apenas expõe a vítima ao perigo de contágio, há concurso formal – próprio ou impróprio, conforme o caso – entre o crime contra a dignidade sexual e o perigo de contágio venéreo.

Alternativa correta: letra "e".

247. (IBADE - Delegado de Polícia - AC/2017) Assinale a alternativa que corretamente apresenta uma hipótese de estupro, na forma consumada ou tentada (art. 213 do CP).

a) Aproveitar-se do pouco espaço para locomoção em um coletivo lotado para beliscar as nádegas de uma mulher, que, desconhecendo a autoria do fato, fica impedida de agir contra o autor.

b) Valer-se de violência contra pessoa portadora de deficiência mental, possuidora de discernimento para o exercício da sexualidade, para com ela praticar ato libidinoso diverso da conjunção carnal.

c) Propor a um adolescente de quinze anos, por aplicativo de mensagens instantâneas, um encontro sexual para a prática de coito anal, sendo a proposta prontamente refutada pelo adolescente.

d) Manter relações sexuais, mediante remuneração, com adolescente de quatorze anos completos, o qual esteja submetido à prostituição.

e) Manipular, sob a roupa, a genitália de pessoa completamente bêbada, que esteja desacordada em virtude da severa ingestão de álcool.

COMENTÁRIOS

Alternativa "a": a assertiva não revela o crime de estupro porque a conduta do sujeito que beliscou as nádegas da passageira não consistiu em constrangimento mediante violência ou grave ameaça. Faltou, portanto, a elementar do estupro.

Alternativa "b". se a vítima, embora portadora de deficiência mental, teria discernimento para a prática de um ato sexual, não se trata de estupro de vulnerável (art. 217, § 1º, do CP), mas do tipo básico do estupro, tipificado no art. 213 do CP. Note-se, aliás, que o art. 6º, inciso II, da Lei 13.146/15 estabelece que a deficiência – inclusive mental – não afeta a plena capacidade civil da pessoa, mesmo para exercer direitos sexuais e reprodutivos. Por isso é que o só fato de a vítima ter uma doença mental não a torna vulnerável, razão por que, ao contrário do que ocorre em relação ao caput do art. 217-A, deve-se apurar a vulnerabilidade no caso concreto.

Alternativa "c": esta assertiva tampouco caracteriza o crime de estupro, mesmo tentado, também porque não se menciona o emprego de constrangimento mediante violência ou grave ameaça. Note-se que também não há o crime do art. 241-D do ECA, que pune as condutas de aliciar, assediar, instigar ou constranger, por qualquer meio de comunicação, criança, com o fim de com ela praticar ato libidinoso. O adolescente, portanto, não é sujeito passivo desse delito.

Alternativa "d": não retrata constrangimento mediante violência ou grave ameaça. Há, no caso, o crime do art. 218-B, § 2º, inciso II, do CP, consistente em praticar conjunção carnal ou outro ato libidinoso com alguém menor de dezoito e maior de catorze anos submetido a prostituição ou outra forma de exploração sexual.

Alternativa "e": no exemplo narrado na assertiva, em que há a prática de um ato libidinoso sobre alguém que, por sua condição de embriaguez, não podia oferecer resistência, há crime de estupro de vulnerável.

Alternativa correta: letra "b".

248. (Cespe – Delegado de Polícia – GO/2017) Desde os quinze anos de idade, Mariana, adolescente, vive maritalmente com Alfredo, um médico respeitado de quarenta anos de idade. Inicialmente, ela fazia trabalhos domésticos na casa de Alfredo, que tendo achado interessante ter uma companheira nova, convenceu a família de Mariana de que seria melhor para ela casar-se logo, com alguém de posses que pudesse cuidar dela. A família da menina, então, concordou com Alfredo, tendo-a obrigado a ir morar com ele. Ambos casaram-se formalmente quando Mariana completou dezesseis anos de idade.

Desde o início da convivência dos dois, Mariana era obrigada a fazer sexo com Alfredo, mesmo contra sua vontade, e era proibida de sair e ter amizades com pessoas de sua idade, sob o argumento de que ela lhe devia obediência por ele ser seu responsável legal, já que ela era menor de dezoito anos idade. Após várias tentativas de fuga, Mariana, então com dezessete anos de idade, conseguiu pular a janela, depois de ter sido novamente violentada, e procurou uma delegacia em busca de ajuda.

Na delegacia, o agente recusou-se a registrar o boletim de ocorrência, por ter achado que a adolescente não tinha cara de mulher séria e contava mentiras. Em vez de encaminhar a menina ao Instituto Médico Legal ou ao hospital para exames, o agente mandou-a de volta para casa, tendo oferecido a viatura para acompanhá-la. No mesmo dia, Alfredo matou Mariana. Exumado o corpo da moça, encontraram-se sinais de violência sexual e presença de material biológico nos órgãos genitais de Mariana e embaixo de suas unhas.

Considerando a situação hipotética precedente e a respeito de crimes contra a administração pública, contra a dignidade sexual e contra a pessoa, assinale a opção correta.

a) Sendo Mariana menor de dezoito anos de idade e estando sob a responsabilidade de Alfredo, não se configurou o crime de cárcere privado.

b) Como Mariana era casada com Alfredo, o agente agiu corretamente ao mandá-la de volta para casa.

c) O agente cometeu o crime de concussão ao deixar de registrar o boletim de ocorrência.

d) Como Mariana morreu, Alfredo não poderá ser responsabilizado por estupro se nenhum dos parentes da vítima oferecer a representação em seu lugar.

e) Alfredo será indiciado pelos crimes de estupro com causa de aumento de pena, homicídio qualificado e cárcere privado.

COMENTÁRIOS

Questão Anulada.

Alternativa "a": está errada a assertiva. Como destaca o enunciado, Mariana foi obrigada pela família a ir morar com Alfredo. Sua permanência ali era, portanto, forçada, tanto que o próprio agente a impedia de sair e de ter amizades com pessoas de sua idade. Por isso, caracteriza-se o crime do art. 148 do CP, consistente em privar alguém de sua liberdade, mediante sequestro ou cárcere privado, na forma qualificada do § 1º, incisos I (vítima cônjuge), III (privação de liberdade por mais de quinze dias), IV (vítima menor de dezoito anos) e V (fins libidinosos).

Alternativa "b": está errada a assertiva. O fato de Alfredo ser casado com Mariana não poderia fundamentar a atitude do agente policial, pois os crimes por ela relatados não são afastados em razão do matrimônio.

Alternativa "c": está errada a assertiva. O crime de concussão consiste em exigir, para si ou para outrem, direta ou indiretamente, ainda que fora da função ou antes de assumi-la, mas em razão dela, vantagem indevida. Não foi essa a conduta cometida pelo agente policial. E, ressalte-se, o enunciado também não revela a ocorrência do crime de prevaricação, que pressupõe que o agente público retarde ou deixe de praticar, indevidamente, ato de ofício, ou o pratique contra disposição expressa de lei, para satisfazer interesse ou sentimento pessoal, propósito específico não mencionado.

Alternativa "d": à época da elaboração da questão a assertiva já poderia ser considerada errada, pois, sendo a vítima menor de dezoito anos, a ação penal seria pública incondicionada. Atualmente, em nenhum caso de estupro a ação depende de representação, tendo em vista a alteração promovida pela Lei 13.718/18 no art. 225 do CP.

Alternativa "e": está correta assertiva, embora incompleta. Alfredo cometeu os crimes de estupro qualificado (vítima menor de dezoito anos) e majorado (por ser cônjuge), porque obrigava Mariana a manter relações sexuais. Responde também por feminicídio (homicídio qualificado na forma do art. 121, § 2º, inciso VI, do CP), além do já mencionado cárcere privado.

249. (Delegado de Polícia - ES/ 2011 - CESPE - Adaptada) Em decorrência das recentes alterações legislativas referentes a política criminal no cenário dos crimes sexuais, julgue o item.

O agente que, mediante violência, constranger mulher adulta à prática de conjunção carnal e ato libidinoso consistente em sexo oral responderá por dois delitos, em continuidade delitiva.

COMENTÁRIOS

Antes da Lei nº 12.015/09, o Código Penal punia, separadamente, os crimes de estupro e de atentado violento ao pudor (arts. 213 e 214). Com isso, havia concurso de crimes caso o agente submetesse a vítima a conjunção carnal e a atos libidinosos dela diversos e entendia-se que o agente, nesse caso, pratica duas condutas (impedindo reconhecer-se o concurso formal) gerando dois resultados de espécies diferentes (incompatível com a continuidade delitiva). Contudo, com a novel Lei, percebe-se na doutrina (e na jurisprudência) a saudável discussão entre duas correntes:

I. desde logo defendemos, com Rogério Greco, que o crime de estupro passou a ser de conduta múltipla ou de conteúdo variado. Praticando o agente mais de um núcleo, dentro do mesmo contexto fático, não se desnatura a unidade do crime (dinâmica que, no entanto, não pode passar imune na oportunidade da análise do art. 59 do CP). A mudança é benéfica para o acusado, devendo retroagir para alcançar os fatos pretéritos (art. 2º, parágrafo único, do CP). Ausente a unidade de contexto, aplica-se o concurso de delitos, material, formal ou continuidade delitiva, a depender do caso concreto. Aliás, com a reforma da Parte Geral do Código Penal, em 1984, inexiste qualquer óbice em se considerar a continuidade delitiva no crime de estupro, mesmo que praticado em face de vítimas diversas (RT 703/336).

II. Vicente Greco Filho ensina que a alteração legislativa tornou o crime do art. 213 daqueles em que a alternatividade ou cumulatividade são igualmente possíveis e que precisam ser analisadas à luz dos princípios da especialidade, subsidiariedade e da consunção, incluindo-se neste o da progressão. Vemos, nas diversas violações do tipo, delito único se uma conduta absorve a outra ou se é fase de execução da seguinte, igualmente violada. Se não for possível ver nas ações ou atos sucessivos ou simultâneos nexo causal, teremos, então, delitos autônomos. Para referido mestre, não é possível aplicar a regra da continuidade delitiva no caso de conjunção carnal seguida de outro ato sexual, vez que a reunião dos fatos diversos em apenas um tipo penal não tem o condão de unificar sua natureza (http://www2ºabsp.org.br/asp/comssoes/mulher/eventos/vicente_filho.pdf.).

O STJ vem decidindo no sentido de que o autor de conjunção carnal violenta e de atos libidinosos diversos cometidos no mesmo contexto fático responde por crime único. Mas nada impede o concurso delitivo se as ações se distanciarem no tempo: "3. Não se desconhece a jurisprudência desta Corte, de que atos libidinosos diversos da conjunção carnal, quando realizados no mesmo contexto fático, são absorvidos pelo estupro. (Precedentes). 4. Entretanto, no caso em tela, a despeito de próximos no tempo, o agravante praticou ao menos 3 atos sexuais contra a vítima em momentos distintos – entre 1:30 horas e 5:20 horas da madrugada" (AgRg no HC 319.068/PI, j. 05/04/2022).

Alternativa correta: "errado".

58. VIOLAÇÃO SEXUAL MEDIANTE FRAUDE

250. (UEG - Delegado de Polícia - GO/2013) Madame Pink, recém-casada, procura o médico ginecologista para realizar exames preventivos de rotina. Antes de iniciar o exame, o médico pede que a paciente se dispa. Logo após ela se deitar na maca ginecológica, acaricia sua vagina e nela introduz seu dedo. Nesse caso, o médico responderá por

a) estupro de vulnerável

b) estupro

c) assédio sexual

d) violação sexual mediante fraude

COMENTÁRIOS

Alternativa "a": não se trata de estupro de vulnerável porque este crime pressupõe que a vítima seja menor de quatorze anos; que, por enfermidade ou deficiência mental, não tenha o necessário discernimento para a prática do ato; ou que, por qualquer outra causa, não possa oferecer resistência. Se Madame Pink estivesse, por exemplo, sedada durante o procedimento médico o crime seria o de estupro de vulnerável.

Alternativa "b": não se trata do crime de estupro porque o médico não lançou mão de violência ou de grave ameaça para praticar o ato libidinoso.

Alternativa "c": o exemplo tampouco revela o crime de assédio sexual, consistente em constranger alguém com o intuito de obter vantagem sexual, prevalecendo-se o agente da sua condição de superior hierárquico ou ascendência (condição de mando) inerentes ao exercício de emprego, cargo ou função.

Alternativa "d": pune-se o estelionato sexual, comportamento caracterizado quando o agente, sem emprego de qualquer espécie de violência, pratica com a vítima *ato de libidinagem* (conjunção carnal ou ato diverso de natureza libidinosa), usando de *fraude* ou *outro meio que impeça ou dificulte a livre manifestação de vontade da vítima*. A fraude, no caso, consistiu no fato de que o médico se valeu de sua condição, pediu à vítima que se despisse e aproveitou o momento para praticar o ato libidinoso.

Alternativa correta: letra "d".

59. ESTUPRO DE VULNERÁVEL

251. (Cespe – Delegado de Polícia – PC – PB/2022) Considerando o entendimento do STJ em relação a crimes sexuais, assinale a opção correta.

a) A contemplação lasciva configura ato libidinoso constitutivo de estupro e de estupro de vulnerável, sendo irrelevante, para a consumação dos delitos, que haja contato físico entre ofensor e vítima.

b) Pelos princípios da adequação social e proporcionalidade, o beijo lascivo não configura estupro quando a vítima é maior de 14 anos, independentemente do emprego de força física, cabendo desclassificação para crime menos grave.

c) Pelo princípio da especialidade, é cabível a desclassificação do crime de estupro de vulnerável para o de importunação sexual, posto que ambos têm como elemento do tipo penal a violência ou grave ameaça.

d) Pelo princípio da legalidade, não é possível a configuração do crime de assédio sexual na relação entre professor e aluno bem como entre líder religioso e fiel, por ser elemento do tipo penal a subordinação laboral.

e) No crime de estupro em que a vulnerabilidade decorre de deficiência mental, a fundamentação do juiz está vinculada à conclusão da perícia quanto ao discernimento e à possibilidade de resistência à prática sexual.

COMENTÁRIOS

Alternativa "a": no estupro de vulnerável, o STJ já considerou perfeita a conduta típica em situação na qual a vítima foi encontrada nua na presença do autor do crime, que a contemplava lascivamente: "O delito imputado ao recorrente se encontra em capítulo inserto no Título VI do CP, que tutela a dignidade sexual. Cuidando-se de vítima de dez anos de idade, conduzida, ao menos em tese, a motel e obrigada a despir-se diante de adulto que efetuara pagamento para contemplar a menor em sua nudez, parece dispensável a ocorrência de efetivo contato físico para que se tenha por consumado o ato lascivo que configura ofensa à dignidade sexual da menor. Com efeito, a dignidade sexual não se ofende somente com lesões de natureza física. A maior ou menor gravidade do ato libidinoso praticado, em decorrência a adição de lesões físicas ao transtorno psíquico que a conduta supostamente praticada enseja na vítima, constitui matéria afeta à dosimetria da pena, na hipótese de eventual procedência da ação penal [...]" (RHC 70.976/MS, DJe 10/8/2016).

Alternativa "b": o beijo lascivo acompanhado de violência pode caracterizar o crime de estupro. O STJ decidiu ter se caracterizado o estupro qualificado na situação em que o agente, pretendendo se envolver lascivamente com uma adolescente de quinze anos, levou-a ao chão e, imobilizando-a com o joelho, "roubou-lhe" um beijo (REsp 1.611.910/MT, DJe 27/10/2016).

Alternativa "c": a importunação sexual (art. 215-A do CP) e o estupro de vulnerável (art. 217-A) não têm a violência como elemento típico. Embora o estupro de vulnerável possa também envolver violência ou grave ameaça contra a pessoa, a importunação sexual jamais pode ser cometida nessas circunstâncias. O tipo penal do art. 215-A consiste em praticar contra alguém e *sem a sua anuência* ato libidinoso com o objetivo de satisfazer a própria lascívia ou a de terceiro. A falta de anuência não pode se dar em razão de violência ou ameaça, pois, nesse caso, há estupro. A controvérsia envolvendo a desclassificação do estupro de vulnerável para a importunação tem outra origem. No estupro de vulnerável pode não haver propriamente um constrangimento à prática de relações sexuais. Nos casos em que são cometidos atos como beijos e toques lascivos sobre a roupa, sem que se identifiquem o constrangimento e o contato efetivamente sexual, há quem sustente que a tipificação se afaste do art. 217-A e se assente na importunação sexual, mais adequada, segundo se argumenta, para lidar com situações que não chegam efetivamente ao contato sexual. O STJ, contudo, firmou orientação de isso não é possível: "Presente o dolo específico de satisfazer à lascívia, própria ou de terceiros, a prática de ato libidinoso com menor de 14 anos configura o crime de estupro de vulnerável (art. 217-A do CP), independentemente da ligeireza ou da superficialidade da conduta, não sendo possível a desclassificação para o delito de importunação sexual (art. 215-A do CP)" (REsp 1.959.697/SC, j. 08/06/2022).

Alternativa "d": o STJ já decidiu que é possível o assédio sexual entre professor e aluno: "3. Insere-se no tipo penal de assédio sexual a conduta de professor que, em ambiente de sala de aula, aproxima-se de aluna e, com intuito de obter vantagem ou favorecimento sexual, toca partes de seu corpo (barriga e seios), por ser propósito do legislador penal punir aquele que se prevalece de sua autoridade moral e intelectual – dado que o docente naturalmente suscita reverência e vulnerabilidade e, não raro, alcança autoridade paternal – para auferir a vantagem de natureza sexual, pois o vínculo de confiança e admiração criado entre aluno e mestre implica inegável superioridade, capaz de alterar o ânimo da pessoa constrangida. 4. É patente a aludida "ascendência", em virtude da "função" desempenhada pelo recorrente – também elemento normativo do tipo –, devido à atribuição que tem o professor de interferir diretamente na avaliação e no desempenho acadêmico do discente, contexto que lhe gera, inclusive, o receio da reprovação. Logo, a "ascendência" constante do tipo penal objeto deste recurso não deve se limitar à ideia de relação empregatícia entre as partes. Interpretação teleológica que se dá ao texto legal" (REsp 1.759.135/SP, j. 13/08/2019).

Alternativa "e": de acordo com o STJ, o juiz não está vinculado à existência de laudo pericial para apurar a capacidade de discernimento: "Para fins de caracterização da vulnerabilidade da vítima maior de idade e portadora de enfermidade mental, é permitido ao Magistrado, mesmo que sem a presença de laudo pericial, aferir a existência do necessário discernimento para a prática do ato ou a impossibilidade de oferecer resistência à prática sexual, desde que mediante decisão devidamente fundamentada, atendendo ao princípio do livre convencimento motivado" (HC 542.030/MS, j. 06/02/2020).

Alternativa correta: letra "a".

---

252. (FGV – Delegado de Polícia – PC – RN/2021) Maicon, 25 anos, e Maria, 13 anos, que não era mais virgem, iniciaram relacionamento amoroso, com a concordância dos pais da menor. Após dois meses de namoro, ainda antes do aniversário de 14 anos de Maria, o casal praticou relação sexual, o que ocorreu com o consentimento de Joana, mãe da adolescente, que, após conversar com Maicon, incentivou o ato sexual entre os dois como prova de amor. Tomando conhecimento do ocorrido dias depois, André, pai de Maria, ficou indignado com o ato sexual e registrou o fato na delegacia. Diante desse quadro, é correto afirmar que:

a) Maicon e Joana responderão por estupro de vulnerável, na forma majorada;

b) Maicon responderá por estupro de vulnerável e Joana, por corrupção de menores;

c) o fato será atípico, porque houve consentimento expresso da representante legal da vítima;

d) o fato será atípico, pois a vítima, apesar da idade, não era mais virgem e inexperiente;

e) Maicon e Joana responderão por estupro de vulnerável, não incidindo qualquer majorante.

COMENTÁRIOS

Alternativa "a" (responde, também, as alternativas "c", "d" e "e"): uma das modalidades do estupro de vulnerável, tipificada no *caput* do art. 217-A do CP, é a prática de conjunção carnal ou outros atos libidinosos com menor de quatorze anos. Nesse caso, a conduta se tipifica independentemente do consentimento do menor ou de suas experiências sexuais anteriores – como dispõe o § 5º do art. 217-A – ou de outras circunstâncias, como a autorização do responsável legal pelo menor. No exemplo do enunciado, Maicon responde por estupro de vulnerável porque praticou relação sexual com Maria quando ela tinha treze anos de idade. Joana, mãe da vítima, responde também pelo crime. É interessante notar que, geralmente, a responsabilidade do genitor que sabe da prática criminosa e não a impede é imposta na forma de omissão imprópria (art. 13, § 2º, *a*, do CP), pois os pais têm a obrigação legal de zelar pelos filhos. Mas, no caso do enunciado, não há omissão de Joana, que, antes da relação sexual, conversou com Maicon e *incentivou* a prática do ato. Joana é, portanto, partícipe do crime porque induziu ou instigou (o enunciado não deixa isso claro) a prática do crime. Tendo em vista que a responsabilidade de Joana decorre de participação, não da função de garante, é possível majorar a pena na forma do art. 226, inc. II, do CP (crime cometido por ascendente). Há controvérsia se, nesse caso, pode incidir a majorante do concurso de pessoas. Comentando o então único aumento por concurso de agentes nos crimes sexuais (art. 226, inc. I), Bento de Faria admitia a majoração apenas se houvesse atos simultâneos contra a vítima, o que exclui a participação por instigação ou induzimento (*Código Penal brasileiro*. Rio de Janeiro: Livraria Jacintho Editora, 1943. v. 5, p. 98). Já para Heleno Fragoso, se o legislador quisesse restringir o aumento a formas específicas de concurso, teria redigido a majorante de acordo com essa intenção (*Lições de direito penal:* parte especial. São Paulo: José Bushatsky, 1958. v. 2, p. 547). Note-se, por fim, que apesar de a jurisprudência do STJ afirmar, como regra, a existência do crime independentemente de circunstâncias como consentimento dos pais e do vulnerável, há decisões que, ante as peculiaridades do caso concreto, afastam o crime. São casos em que a diferença de idade entre o agente e o vulnerável não é muito grande, houve o nascimento de filhos e a formação de um núcleo familiar que, ante a possível condenação, seria prejudicado: "Admite-se o distinguishing quanto ao Tema 918/STJ (REsp 1.480.881/PI), na hipótese em que a diferença de idade entre o acusado e a vítima não se mostrou tão distante quanto do acórdão paradigma (o réu possuía 19 anos de idade, ao passo que a vítima contava com 12 anos de idade), bem como há concordância dos pais da menor somado a vontade da vítima de conviver com o réu e o nascimento do filho do casal, o qual foi registrado pelo genitor" (Processo em segredo de justiça, j. 16/05/2023).

Alternativa "b": a corrupção de menores a que se refere a assertiva é o art. 218 do CP, que pune a conduta de induzir alguém menor de quatorze anos a satisfazer a lascívia de outrem. Mas o ato que o menor vulnerável é induzido a praticar não pode consistir em conjunção carnal ou atos libidinosos diversos da cópula normal, casos em que se configura o crime de estupro de vulnerável, tanto para quem induz quanto para quem pratica os atos.

Alternativa correta: letra "a".

---

253. (Fundatec - Delegado de Polícia - PC - RS/2018) Analise as seguintes situações hipotéticas, e assinale a alternativa correta.

a) Viriato amordaça Gezilda, para que ela não grite por socorro. Em seguida, pratica conjunção carnal com ela, sem perceber que a vítima está se engasgando devido à mordaça utilizada por ele. Gezilda, que é maior de idade e capaz, morre sufocada. Viriato deverá responder por estupro e homicídio culposo, em concurso material.

b) Zezão aborda a vítima Vitinha, maior de idade e capaz, em via pública, arrasta-a para um terreno abandonado. Ao perceber que será estuprada, Vitinha entra em luta corporal com Zezão e acaba sendo morta, porque Zezão efetuou um disparo, empregando uma arma de fogo que levava consigo. Em seguida, Zezão realiza atos sexuais com Vitinha. Nessa hipótese, Zezão responderá tão somente pelos crimes de estupro e homicídio qualificado, em concurso material.

c) Beraldo aborda a vítima Zequinha, 11 anos de idade, em via pública, levando-o para um edifício em construção, oferecendo a ele dinheiro e doces, para que fizesse sexo oral em Beraldo. Após o ato, com medo de ser identificado, Beraldo mata Zequinha com uma pedrada na cabeça. Beraldo deverá responder pelo crime de estupro de vulnerável, qualificado pela morte de Zequinha.

d) Tiburcio, imputável, tio de Adalgisa, 09 anos de idade, em uma ocasião em que foi visitar a irmã, mãe da menor, aproveitou-se de um momento em que esteve sozinho com Adalgisa, tirou a roupa da menina, pedindo que fizesse poses sensuais, fotografando-a em tal condição. No mesmo dia, porém, mais tarde, oferecendo a ela doces, fez com que praticasse sexo oral nele. Tibúrcio responderá pela prática de estupro de vulnerável, em concurso material com o crime previsto no artigo 240 do Estatuto da Criança e do Adolescente, ambos os delitos em suas formas majoradas pela condição de ser tio da menor.

e) Tyrapele, cirurgião plástico, anestesiou a paciente Suzi, 25 anos e, em seguida, praticou ato libidinoso diverso da conjunção carnal com ela, aproveitando-se de que Suzi estava inconsciente e sem condições de oferecer resistência. Nesse caso, praticou o crime denominado violação sexual mediante fraude.

COMENTÁRIOS

Alternativa "a": o fato narrado revela a prática de estupro qualificado pela morte, figura preterdolosa, em que a morte da vítima decorre de culpa. Neste caso, a pena passa de seis a dez para doze a trinta anos de reclusão.

Alternativa "b": Zezão deve responder, em concurso material, pelos crimes de estupro tentado e homicídio doloso. É possível também sustentar a ocorrência de vilipêndio a cadáver, mas há certa controvérsia neste ponto devido à discussão a respeito do elemento subjetivo específico do art. 211 do CP. Há quem sustente ser indispensável a presença do elemento moral, consistente no desejo de desprezar o corpo sem vida, com intenção de depreciá-lo, o que caracterizaria a necessidade da presença do elemento subjetivo especial do injusto, posicionamento encampado por Fragoso, mas contestado por Bento de Faria.

Alternativa "c": Beraldo deve responder pelo estupro de vulnerável em concurso material com o homicídio qualificado pela conexão consequencial, pois o assassinato foi cometido para ocultar a ocorrência de um crime passado. O estupro de vulnerável pode ser qualificado pela morte, mas a figura é preterdolosa, ou seja, a morte deve decorrer de culpa.

Alternativa "d": o ato de fotografar a criança nua caracteriza o crime do art. 240 do ECA, que consiste em produzir, reproduzir, dirigir, fotografar, filmar ou registrar, por qualquer meio, cena de sexo explícito ou pornográfica, envolvendo criança ou adolescente. A pena é de reclusão de quatro a oito anos. E fazer com que a criança pratique sexo oral configura o crime de estupro de vulnerável, punido com reclusão de oito a quinze anos. As penas devem ser somadas em concurso material, pois Tiburcio praticou duas condutas que deram ensejo a duas infrações penais.

Alternativa "e": dá-se a violação sexual mediante fraude quando o agente, sem emprego de qualquer espécie de violência, pratica *ato de libidinagem* (conjunção carnal ou ato diverso de natureza libidinosa), usando de *fraude* ou *outro meio que impeça ou dificulte a livre manifestação de vontade da vítima*. Mas a fraude utilizada na execução do crime não pode anular a capacidade de resistência, caso em que estará configurado o delito de estupro de vulnerável (art. 217-A do CP). Assim, não pratica estelionato sexual (art. 215 do CP), mas estupro de vulnerável (art. 217-A do CP), o agente que usa psicotrópicos para vencer a resistência da vítima e com ela praticar atos de libidinagem.

Alternativa correta: letra "d".

---

254. (FGV - Delegado de Polícia - MA/2012) No ano de 2011, Giovane, com a anuência de sua companheira

Fernanda, pratica com Pérola, filha desta e sua enteada, de apenas, 10 anos, atos libidinosos diversos, o que ocorreu em três dias distintos no mesmo mês, sempre agindo da mesma forma e nas mesmas condições. O fato foi levado ao conhecimento da autoridade policial que instaurou o procedimento próprio.

Diante deste quadro, assinale a alternativa que indica os crimes pelos quais Giovane e Fernanda deverão responder.

a) Giovane deverá responder por estupro com a causa de aumento por ser a vítima sua enteada, por três vezes, na forma continuada, e Fernanda não praticou qualquer fato típico.

b) Giovane deverá responder por estupro de vulnerável com a causa de aumento por ser a vítima sua enteada, por três vezes, na forma continuada, e Fernanda não praticou qualquer fato típico.

c) Giovane deverá responder por estupro de vulnerável com a causa de aumento por ser a vítima sua enteada, por três vezes, na forma continuada, e Fernanda pela mesma infração por força de sua omissão, eis que tinha o dever jurídico de impedir o resultado.

d) Giovane deverá responder por estupro de vulnerável, por três vezes, na forma continuada, e Fernanda pela mesma infração por força de sua omissão, eis que tinha o dever jurídico de impedir o resultado, com relação a ela incidindo a causa de aumento por ser a vítima sua filha.

e) Giovane deverá responder por estupro de vulnerável com a causa de aumento por ser a vítima sua enteada, por três vezes, em concurso material, e Fernanda pela mesma infração por força de sua omissão, eis que tinha o dever jurídico de impedir o resultado.

COMENTÁRIOS

Houve, no caso, estupro de vulnerável porque Giovane praticou ato libidinoso com menor de catorze anos. Incide a majorante prevista no art. 226, inciso II, do Código Penal porque a vítima era enteada do autor do crime. Justifica-se o agravamento da pena em razão da maior reprovação moral da conduta, em que o agente abusa das relações familiares, de intimidade ou de confiança que mantém com a vítima. Tratando-se de três condutas cometidas nas mesmas circunstâncias de tempo, local e modo de execução, incidem as regras do crime continuado, aplicando-se a pena de acordo com o sistema da exasperação. Fernanda responderá pelo mesmo delito, pois, na condição de mãe da vítima, tinha por lei obrigação de cuidado, proteção e vigilância a fim de que impedisse o crime, caracterizando-se a omissão imprópria de que trata o art. 13, § 2º, *a*, do Código Penal. Neste caso, contudo, não haverá a majorante relativa à ascendência sobre a vítima, pois esta circunstância já foi considerada para tipificar a omissão, e sua incidência para também aumentar a pena seria *bis in idem*.

Alternativa correta: letra "c" (responde, também, as demais alternativas).

60. SATISFAÇÃO DE LASCÍVIA MEDIANTE PRESENÇA DE CRIANÇA OU ADOLESCENTE

255. (CEBRASPE – Delegado de Polícia – PE/2024) Considere que João tenha induzido Maria, menor de 14 anos, a satisfazer a lascívia de Paulo, seu irmão. Nesse caso, João praticou o crime de

a) importunação sexual.

b) estupro de vulnerável.

c) registro não autorizado da intimidade sexual.

d) satisfação de lascívia mediante presença de criança ou adolescente.

e) corrupção sexual de menores.

COMENTÁRIOS

Alternativa "a": a importunação sexual é tipificada no art. 215-A do CP e consiste em praticar contra alguém e sem a sua anuência ato libidinoso com o objetivo de satisfazer a própria lascívia ou a de terceiro. De acordo com o enunciado, João não praticou nenhum ato libidinoso contra Maria.

Alternativa "b": para que haja estupro de vulnerável (art. 217-A), é necessário que o agente tenha conjunção carnal ou pratique outro ato libidinoso com ela, o que não ocorreu no exemplo do enunciado.

Alternativa "c": o registro não autorizado de intimidade sexual (art. 216-B) consiste em produzir, fotografar, filmar ou registrar, por qualquer meio, conteúdo com cena de nudez ou ato sexual ou libidinoso de caráter íntimo e privado sem autorização dos participantes. Tampouco corresponde à conduta de João.

Alternativa "d": o crime mencionado na assertiva (art. 218-A) consiste em praticar, na presença de alguém menor de 14 (catorze) anos, ou induzi-lo a presenciar, conjunção carnal ou outro ato libidinoso, a fim de satisfazer lascívia própria ou de outrem. João não praticou nenhum ato libidinoso na presença de Maria.

Alternativa "e": a conduta de João corresponde, de fato, ao crime de corrupção de menores, tipificado no art. 218 do CP. O crime se verifica quando o sujeito ativo induz (alicia, persuade) menor de 14 anos a satisfazer a lascívia (sensualidade, libidinagem, luxúria) de outrem. Note-se que, diferentemente do lenocínio comum, no art. 218 o ato que o menor vulnerável é induzido a praticar não pode consistir em conjunção carnal ou atos libidinosos diversos da cópula normal, casos em que, ocorrendo a sua prática efetiva, há estupro de vulnerável (art. 217-A do CP), tanto para quem induz quanto para quem participa diretamente. O crime do art. 218 se limita, portanto, às práticas sexuais meramente contemplativas, como, por exemplo, induzir alguém menor de 14 anos a se despir com sensualidade ou a se vestir com determinada fantasia para satisfazer a luxúria de alguém.

Alternativa correta: letra "e".

256. (Cespe – Delegado de Polícia – PC – RJ/2022) Em 10/1/2022, Fernando, com 38 anos de idade, adicionou à sua rede social Caio, com 13 anos de idade, dizendo-lhe ter a mesma faixa etária e manifestando interesse por jogos eletrônicos. A partir de então, passaram a manter conversas diárias, que, com a conquista da confiança de Caio, ganharam conotação pessoal acerca da vida íntima do adolescente, como sua relação familiar, ambiente escolar e círculo de amizade. Em dado momento, Fernando pediu a Caio que ligasse a webcam, e assim o menino o fez. Então, Fernando, também com sua câmera ligada, se despiu e começou a se masturbar, exibindo-se para Caio, como forma de satisfazer a própria lascívia. Em seguida, Fernando convidou Caio para ir até sua casa. Contudo, Caio ficou assustado e contou para os pais, que bloquearam o perfil de Fernando e se dirigiram à delegacia de polícia, para comunicarem a ocorrência. Nessa situação hipotética, Fernando praticou

a) conduta atípica penalmente.
b) o crime de estupro de vulnerável, na forma tentada, previsto no art. 217-A do Código Penal.
c) o crime de corrupção de menores, previsto no art. 218 do Código Penal.
d) o crime de assediar e constranger criança via meio de comunicação, com o fim de com ela praticar ato libidinoso, previsto no art. 241-D do Estatuto da Criança e do Adolescente.
e) o crime de satisfação de lascívia mediante presença de criança ou adolescente, previsto no art. 218-A do Código Penal.

COMENTÁRIOS

Alternativa "a" (responde, também, a alternativa "e"): a conduta de Fernando não é atípica, mas correspondente ao crime de satisfação de lascívia mediante presença de criança ou adolescente, tipificado no art. 218-A do CP. O crime consiste em praticar, na presença de alguém menor de quatorze anos, ou induzi-lo a presenciar, conjunção carnal ou outro ato libidinoso, a fim de satisfazer lascívia própria ou de outrem. No exemplo do enunciado, o adolescente não estava fisicamente presente, pois o contato ocorreu por meio de dispositivo informático. Isso, no entanto, não deve impedir a incidência do tipo penal, a exemplo do que já foi decidido a respeito do estupro de vulnerável: "Prova amplamente incriminatória. Relatos coerentes e convincentes da vítima, criança de apenas 10 anos de idade à época dos fatos, dando conta de que, em duas oportunidades, manteve contato com o réu, pessoa que conheceu pela internet, por meio de WebCam, oportunidade em que ele se despiu, passando a praticar masturbação, instando-o a também manipular seu pênis, com o que concordou, ambos se masturbando simultaneamente. A palavra da vítima, em delitos que atentam contra a dignidade sexual, porque geralmente praticados sem testemunhas, assume especial relevância, principalmente quando encontra amparo no restante do contexto probatório, notadamente os diálogos anexados aos autos, dos quais se depreende claramente que o réu efetivamente praticava atos libidinosos diversos da conjunção carnal com o menor. Relatos vitimários corroborados, ainda, pelas declarações de seu genitor, acerca da descoberta dos abusos e deflagração da investigação policial, em consonância com os dizeres dos policiais civis que atuaram na ocorrência, esclarecendo que o increpado foi localizado por meio dos IP's dos locais onde ele utilizava o perfil falso que mantinha na rede social Facebook. Acusado que, embora negando ter se masturbado na frente da vítima, admitiu, em seu interrogatório judicial, que em uma oportunidade visualizou o menino manipulando o órgão genital por meio da WebCam, sustentando que "ambos se estimularam a se exibir". Ação delituosa praticada pelo indigitado que se enquadra perfeitamente na conceituação de atos libidinosos diversos da conjunção carnal, dedicados a satisfazer a libido deturpada do agente. Tipo penal que pode se configurar a despeito da ausência de contato físico, quando suficiente a mera "contemplação lasciva". Precedentes do E. STJ. Tipicidade incontroversa" (TJRS. Apelação nº 70080331317, j. 30/01/2020).

Alternativa "b": não há indicação de que Fernando praticou ato libidinoso com o menor. Note-se que a narrativa do enunciado é diferente daquela transcrita nos comentários à assertiva anterior.

Alternativa "c": a corrupção de menores do art. 218 do CP consiste em induzir alguém menor de catorze anos a satisfazer a lascívia de outrem. Não foi o que ocorreu.

Alternativa "d": o art. 241-D do ECA tipifica as condutas de aliciar, assediar, instigar ou constranger, por qualquer meio de comunicação, criança, com o fim de com ela praticar ato libidinoso. Ressalte-se, em primeiro lugar, que, segundo a definição do próprio ECA (art. 2º), Caio não é criança, mas adolescente, pois tem treze anos de idade. Além disso, a conduta de Fernando não consistiu simplesmente em assediar o adolescente para com ele praticar atos libidinosos. O enunciado deixa claro que Fernando se despiu e começou a se masturbar, exibindo-se para Caio, como forma de satisfazer a própria lascívia. Logo, o crime não é o do art. 241-D.

Alternativa correta: letra "e".

257. (Inst. Acesso – Delegado de Polícia – PC – ES/2019) A profissional do sexo Gumercinda atende a seus clientes no local onde reside juntamente com seu filho Joaquim de dez anos. O local é bastante exíguo, tendo pouco mais de quinze metros quadrados, onde existem apenas um quarto e um banheiro, ficando a cama onde Joaquim dorme ao lado da cama da mãe. Em uma determinada madrugada, Gumercinda acerta um "programa sexual" com Caio e o leva até sua casa. Durante o ato sexual, Joaquim acorda e presencia tudo, sem que Gumercinda ou Caio percebam que ele está assistindo à cena. No dia seguinte, Joaquim vai para a escola e conta o fato a um amigo, o qual, por sua vez, relata a história para Joana, sua mãe. Esta, abismada com a história, procura a delegacia do bairro e narra os fatos acima descritos.

Diante desta situação hipotética, assinale a alternativa correta do ponto de vista legal.

a) Gumercinda e Caio responderão pelo delito de satisfação de lascívia mediante a presença de criança ou adolescente.

b) Gumercinda e Caio não cometeram nenhum crime.

c) Gumercinda e Caio praticaram exploração sexual de criança ou adolescente.

d) Gumercinda e Caio praticaram crime previsto no Estatuto da Criança e do Adolescente.

e) Apenas Gumercinda responderá pelo delito de satisfação de lascívia mediante a presença de criança ou adolescente.

COMENTÁRIOS

Alternativa "a" (responde, também, as alternativas "b" e "e"): o art. 218-A do CP pune, com reclusão de dois a quatro anos, as condutas de praticar, na presença de alguém menor de quatorze anos, ou induzi-lo a presenciar, conjunção carnal ou outro ato libidinoso, a fim de satisfazer lascívia própria ou de outrem. Em nenhuma das hipóteses a vítima participa do ato sexual, limitando-se a observar, pois, caso contrário, haverá estupro de vulnerável (art. 217-A do CP). Para que se caracterize o crime, a conduta deve ser dolosa, isto é, o agente deve agir com a vontade consciente de praticar uma das condutas do tipo, vontade esta acrescida da finalidade especial de satisfazer a lascívia (desejo sexual), própria ou de outrem.

O enunciado deixa claro que Gumercinda e Caio não perceberam que a criança estava assistindo à relação sexual, razão pela qual o fato é atípico.

Alternativa "c": também não se pode falar em exploração sexual de criança ou adolescente, tipificada no art. 218-B do CP e que consiste em submeter, induzir ou atrair à prostituição ou outra forma de exploração sexual alguém menor de dezoito anos ou que, por enfermidade ou deficiência mental, não tem o necessário discernimento para a prática do ato, facilitá-la, impedir ou dificultar que a abandone. Note-se que embora o texto legal faça referência ao menor de dezoito anos, deve-se considerar como potencial vítima deste delito apenas o menor entre quatorze e dezoito anos, pois a exploração sexual de alguém menor de quatorze tipifica o estupro de vulnerável. De qualquer forma, o enunciado não dá nenhuma indicação da ocorrência deste crime.

Alternativa "d": não incide, igualmente, nenhum dos crimes tipificados no Estatuto da Criança e do Adolescente.

Alternativa correta: letra "b".

61. FAVORECIMENTO DA PROSTITUIÇÃO OU DE OUTRA FORMA DE EXPLORAÇÃO SEXUAL DE CRIANÇA OU ADOLESCENTE OU DE VULNERÁVEL

258. (FUNCAB - Delegado de Polícia - PA/2016) Hospedando-se em uma cidade conhecida por seu intenso turismo sexual, Romildo entra em contato telefônico com Demétrio, notório intermediador de encontros sexuais entre clientes e adolescentes submetidas à prostituição, e solicita os serviços de uma prostituta, deixando clara sua preferência por mulheres que não tenham completado 18 anos. Demétrio, assim, encaminha Maitê, adolescente de 16 anos de idade, ao hotel em que Romildo se encontra hospedado. No local, a adolescente é barrada pelo gerente Gastão, que, percebendo nela uma profissional do sexo, questiona sua idade, sendo-lhe respondido por Maitê que conta com 18 anos. Gastão acredita na mentira contada pela adolescente, precoce em seus atributos corporais, embora não tome o cuidado de solicitar seu documento de identidade, autorizando-a a subir ao quarto de Romildo. Efetivamente, Romildo e a adolescente mantêm relações sexuais mediante remuneração, sendo parcela do lucro auferido por Maitê posteriormente repassado a Demétrio. Analisando o caso concreto, é correto afirmar que:

a) Demétrio cometeu crime de rufianismo (art. 230, CP); Romildo cometeu crime equiparado ao favorecimento da prostituição ou de outra forma de exploração sexual de criança ou adolescente ou de vulnerável (art. 218-B, § 2º, I, CP); Gastão também cometeu crime equiparado ao favorecimento da prostituição ou de outra forma de exploração sexual de criança ou adolescente ou de vulnerável (art. 218-B, § 2°, II, CP).

b) Demétrio cometeu o crime de favorecimento da prostituição ou de outra forma de exploração sexual de criança ou adolescente ou de vulnerável {art. 218-B, § 1º, CP); Romildo cometeu crime equiparado ao favorecimento da prostituição ou de outra forma de exploração sexual de criança ou adolescente ou de vulnerável {art. 218-B, § 2º, I, CP); Gastão também cometeu crime equiparado ao favorecimento da prostituição ou de outra forma de exploração sexual de criança ou adolescente ou de vulnerável (art. 218-B, § 2º, II, CP).

c) Demétrio cometeu o crime de favorecimento da prostituição ou de outra forma de exploração sexual de criança ou adolescente ou de vulnerável {art. 218-B, § 1º, CP); Romildo cometeu crime equiparado ao favorecimento da prostituição ou de outra forma de exploração sexual de criança ou adolescente ou de vulnerável (art. 218-B, § 2º, I, CP); Gastão não cometeu crime.

d) Demétrio cometeu o crime de rufianismo (art. 230 do CP); Romildo cometeu crime equiparado ao favorecimento da prostituição ou de outra forma de exploração sexual de criança ou adolescente ou de vulnerável (art. 218-B, § 2º, I, CP); Gastão não cometeu crime.

e) Demétrio cometeu o crime de favorecimento da prostituição ou de outra forma de exploração sexual de criança ou adolescente ou de vulnerável (art. 218-B, § 1º, CP); Romildo cometeu crime de estupro de vulnerável (art. 217- A, CP); Gastão não cometeu crime.

COMENTÁRIOS

Alternativa "a" (responde, também, a alternativa "d"): a conduta de Demétrio não se subsume ao rufianismo porque este crime consiste apenas em tirar proveito da prostituição alheia, participando diretamente de seus lucros ou fazendo-se sustentar, no todo ou em parte, por quem a exerça. No crime do art. 218-B (e no art. 228, seu equivalente) o agente toma parte diretamente na atividade, submetendo, induzindo ou atraindo a vítima à prostituição, atividade que sequer pressupõe intuito de lucro (por isso existe o § 1º no art. 218-B).

Alternativa "c" (responde, também, a alternativa "b"): Demétrio, na qualidade de quem submetia Maitê, de dezesseis anos de idade, a prostituição, e com intuito de lucro, responde pelo art. 218-B, caput e § 1º do CP). Romildo, por ter mantido relações sexuais com Maitê, sabendo que se tratava de menor de dezoito anos submetida a prostituição, responde pela conduta equiparada tipificada no art. 218-B, § 2º, inciso I. Por fim, Gastão não é responsabilizado porque não obstante o proprietário, o gerente ou o responsável pelo local em que se verifique a exploração sexual também possa cometer o crime, seu dolo foi excluído pelo erro de tipo, pois, pela aparência de Maitê, acreditou ele que se tratasse de maior de idade. Ainda que o fato de não ter sido solicitado o documento de identidade possa ser considerado um descuido, o que poderia, segundo a disciplina do erro de tipo, excluir o dolo mas manter a culpa (erro inescusável), não existe punição porque o tipo do art. 218-B do CP não contempla a forma culposa.

Alternativa "e": Romildo não praticou crime de estupro de vulnerável porque este delito consiste em manter relação sexual com menor de quatorze anos, mas o enunciado indica que Maitê tinha dezesseis.

Alternativa correta: letra "c".

62. CASA DE PROSTITUIÇÃO

259. (Delegado de Polícia - ES/ 2011 - CESPE - Adaptada) Em decorrência das recentes alterações legislativas referentes a política criminal no cenário dos crimes sexuais, julgue o item.

Considere a seguinte situação hipotética.

- Determinado cidadão, penalmente responsável, estabeleceu em determinada cidade, e com evidente intuito lucrativo, uma casa destinada a encontros libidinosos e outras formas de exploração sexual, facilitando, com isso, a prostituição. Na data de inauguração da casa, a polícia, em ação conjunta com fiscais do município, interditaram o estabelecimento, impedindo, de pronto, o seu funcionamento. Nessa situação hipotética, a conduta do cidadão caracteriza a figura tentada do crime anteriormente definido como casa de prostituição, nos moldes do atual art. 229 do Código Penal.

COMENTÁRIOS

Tratando-se de crime habitual, que depende, para a consumação, da reiteração de atos, não há possibilidade de tentativa. No exemplo descrito, a conduta do cidadão que estruturou o local para a exploração de casa de prostituição será considerada simplesmente atos preparatórios.

Alternativa correta: "errado".

63. RUFIANISMO

260. (Fundação Aroeira - Delegado de Polícia - TO/2014) Correrão em segredo de justiça os processos em que se apurarem crimes de

a) ultraje a culto.

b) rufianismo.

c) vilipendio.

d) aliciamento para o fim de emigração.

COMENTÁRIOS

São duas as ações nucleares típicas do rufianismo: *tirar* proveito da prostituição ou *fazer-se* sustentar, no todo ou em parte, por quem a exerça. Na primeira (*rufianismo ativo*), o rufião obtém vantagem proveniente *diretamente* dos lucros auferidos pela prostituta (formando, mal comparando, uma sociedade empresarial), embora deles não necessite para seu sustento. Não é necessário que o agente tome a iniciativa requerendo participação (a espontaneidade do oferecimento por parte da meretriz é indiferente à configuração do delito, *RT* 288/176). Já na segunda modalidade (*rufianismo passivo*) o agente participa *indiretamente* do proveito da prostituição, vivendo às custas da meretriz, recebendo dinheiro, alimentação, vestuário, moradia e outros benefícios de que necessita para sua manutenção. Nas duas formas de execução, a vantagem direta ou indireta deve ser proveniente da prostituição (se originário de outras formas de renda por parte da meretriz, o delito não se configurará). Nos termos do art. 234-B do Código Penal, os processos dos crimes previstos no Título VI da Parte Especial do Código Penal (crimes contra a dignidade sexual), dentre os quais o rufianismo, correrão em segredo de justiça.

Alternativa correta: letra "b" (responde, também, as demais alternativas).

64. ATO OBSCENO

261. (Vunesp – Delegado de Polícia – SP/2014) "X", em um cinema, durante a exibição de um filme que continha cenas de sexo, é flagrado por policiais expondo e manipulando sua genitália. Tal conduta, em tese,

a) tipifica o crime de mediação para satisfazer a lascívia de outrem.

b) tipifica o crime de ato obsceno.

c) tipifica o crime de favorecimento da prostituição.

d) não tipifica crime algum, em razão da existência de excludente de ilicitude.

e) não tipifica crime algum, uma vez que "X" estava em local apropriado para a prática desse tipo de conduta.

COMENTÁRIOS

Alternativa "a": não há mediação para servir à lascívia de outrem, em que, como a denominação indica, se induz (alicia, persuade) alguém a satisfazer a lascívia de outra pessoa.

Alternativa "b": consiste o crime em *praticar* ato obsceno em lugar público, ou aberto ou exposto ao público. Para que se configure, é imprescindível que o ato ocorra em local público, aberto ou exposto ao público. O lugar público é aquele plenamente acessível a qualquer pessoa, em qualquer ocasião (ruas, praças etc.). O lugar aberto ao público, também frequentado por número indeterminado de pessoas, está sujeito a condições que estabeleçam o momento apropriado para o acesso (restaurantes, teatros, cinemas etc.), como no exemplo citado no enunciado.

Alternativa "c": a conduta descrita no enunciado em nada se relaciona com o favorecimento da prostituição, consistente em induzir ou atrair alguém à prostituição ou outra forma de exploração sexual, facilitá-la, impedir ou dificultar que alguém a abandone.

Alternativa "d": as excludentes da ilicitude são o estado de necessidade, a legítima defesa, o exercício regular de direito e o estrito cumprimento do dever legal, além do consentimento do ofendido em alguns casos em que o bem atingido é disponível. Nenhuma dessas hipóteses se faz presente no exemplo descrito no enunciado.

Alternativa "e": o cinema não é apropriado a este tipo de conduta por ser um espaço aberto ao público.

Alternativa correta: letra "b".

65. BIGAMIA

262. (FUNCAB – Delegado de Polícia – ES/2013) Túlio, em razão de seu casamento com Maria, declarou no cartório de registro de pessoas naturais que era divorciado, sendo o matrimônio com Maria consumado. Entretanto, Túlio era casado com Claudia, mas estavam separados de fato há muitos anos. Serviram como testemunhas Joana e Paulo, primos de Túlio, que tinham conhecimento do casamento e da separação de fato deste com Claudia. Assim pode-se afirmar:

I. Houve o crime de falsidade ideológica praticado por Túlio, mas que restará absorvido pelo princípio da especialidade.

II. Trata-se de crime próprio, sendo coautores Joana e Paulo, primos de Túlio.

III. A anulação do casamento de Túlio com Claudia pelo motivo da bigamia, tornaria inexistente o crime de bigamia.

IV. O objeto material desse crime é Claudia.

Indique a opção que contempla a(s) assertiva(s) correta(s).

a) I, II, III e IV.

b) I, II e III, apenas.

c) II, apenas.

d) III, apenas.

e) IV, apenas.

COMENTÁRIOS

Item I: de fato, se, ao contrair o casamento Túlio se declarou falsamente divorciado, fez inserir, em documento público, declaração falsa com o fim de alterar a verdade sobre fato juridicamente relevante. Não será punido por falsidade ideológica, contudo, porque esta conduta foi um meio para a bigamia; neste caso, aplica-se o princípio da consunção (não o da especialidade referido na assertiva).

Item II: o crime próprio a que se refere a assertiva é a bigamia, que somente pode ser praticada por pessoa já casada. Quanto ao concurso das testemunhas da solenidade matrimonial, embora seja possível, não é unânime que se trate de coautoria. Há entendimento no sentido de que as testemunhas que afirmam a inexistência de impedimento, sabendo que um dos nubentes é pessoa já casada, respondem como partícipes (Luiz Regis Prado, *Curso de direito penal brasileiro:* parte especial, p. 437).

Item III: é certo que o art. 235, § 2º, do Código Penal dispõe que anulado por qualquer motivo o primeiro casamento, ou o outro por motivo que não a bigamia, considera-se inexistente o crime. Deve ser observado, contudo, que embora a lei mencione qualquer motivo da anulação do primeiro casamento, exclui-se a própria bigamia pelo simples fato de que não será capaz de anular o casamento que a antecedeu. Obviamente, se o primeiro casamento é válido, o segundo, contraído criminosamente, não lhe poderá causar a invalidade.

Item IV: Cláudia é sujeito passivo secundário da bigamia.

Alternativa correta: letra "c".

66. ABANDONO MATERIAL

263. (IBADE – Delegado de Polícia – AC/2017) No que tange aos crimes contra a família, assinale a resposta correta.

a) O crime de abandono intelectual pode ocorrer quando os pais, sem justa causa, deixam de matricular o filho no ensino fundamental ou no ensino médio, ou quando o obrigam a faltar repetidas vezes, prejudicando seu desempenho escolar.

b) O crime de conhecimento de prévio impedimento é uma norma penal em branco homogênea, cuja ação penal dependerá de queixa do contraente enganado.

c) Aquele que falsifica documentos com o exclusivo objetivo de contrair novas núpcias, já sendo casado, comete crimes de bigamia e contra a fé pública, em concurso.

d) Comete crime de abandono material quem, sendo solvente e sem motivo justo, com o único propósito de deixar de pagar pensão alimentícia fixada em acordo judicialmente homologado, abandona o emprego, gerando situação de necessidade – não suprida por outrem – para o alimentando.

e) A subtração de incapazes é crime expressamente subsidiário, além de classificado pela doutrina como permanente, de modo que seu prazo prescricional tem termo inicial quando o incapaz é restituído.

COMENTÁRIOS

Alternativa "a": a respeito da instrução primária, expressão que integra o tipo, até 2005, entendia-se por filho em período escolar aquele com idade entre sete e quatorze anos. Com o advento da Lei 11.114/2005, foi alterada a Lei de diretrizes e bases da educação nacional, fixando a idade mínima para ingresso no ensino fundamental aos seis anos (arts. 6º e 32 da Lei 9.394/96). Em 2009, a Emenda Constitucional nº 59 estabeleceu a garantia de educação básica e gratuita dos quatro aos dezessete anos de idade. Regulamentando a nova disposição constitucional, a Lei nº 12.796/13 alterou novamente as diretrizes e bases da educação nacional, dispondo que a educação básica e gratuita, dos quatro aos dezessete anos de idade, se organiza da seguinte forma: a) pré-escola; b) ensino fundamental; c) ensino médio. E o art. 6º da Lei nº 9.394/96, também modificado, impõe aos pais e responsáveis a obrigação de efetuar a matrícula das crianças na educação básica a partir dos quatro anos de idade. Note-se que faltas que prejudicam a frequência escolar, por si, não caracterizam o crime.

Alternativa "b": o crime de contrair casamento conhecendo a existência de impedimento que lhe cause a nulidade absoluta (art. 237 do CP) é de ação penal pública incondicionada. Não se confunde com o crime do art. 236 (induzimento a erro essencial e ocultação de impedimento), cuja ação penal é privada personalíssima, pois só pode ser movida pelo contraente enganado.

Alternativa "c": está errada a assertiva, pois, se o crime de falso é um meio para o cometimento da bigamia, o crime contra a família absorve o crime contra a fé pública.

Alternativa "d": o art. 244 do Código Penal, em seu parágrafo único, estabelece que nas mesmas penas do caput (detenção de um a quatro anos e multa) incide quem, sendo solvente, frustra ou ilide, de qualquer modo, inclusive por abandono injustificado de emprego ou função, o pagamento de pensão alimentícia judicialmente acordada, fixada ou majorada. Pune-se, principalmente, o ato daquele que abandona o emprego, sem justa causa, com a finalidade de evitar que lhe sejam descontados valores referentes à obrigação alimentar. A lei não pune somente aquele que abandona o emprego, mas quem de qualquer modo frustra ou ilide o pagamento de pensão alimentícia.

Alternativa "e": há divergência a respeito da natureza do crime de subtração de incapazes. Trata-se, de fato, de delito subsidiário, que fica absorvido se a subtração é praticada com finalidade que ultrapassa a simples retirada do incapaz, como na hipótese em que o agente visa a praticar extorsão mediante sequestro. No entanto, enquanto para Mirabete, Fragoso e Luiz Regis Prado o crime é permanente, para Guilherme de Souza Nucci é instantâneo. Dessa forma, se se considera permanente o delito, a prescrição se inicia no dia em que cessada a permanência. Do contrário, conta-se a prescrição a partir do ato de consumação que caracteriza o crime instantâneo.

Alternativa correta: letra "d".

67. ABANDONO MORAL

264. (Delegado de Polícia – MT/ 2010 – UNEMAT) O Título VII do Código Penal, sob a rubrica "Dos Crimes contra a Família", tutela a instituição do casamento e da organização familiar que dela decorre.

Acerca desta espécie de crime, é **correto** afirmar.

a) O delito de bigamia se consuma no momento da lavratura do assento no livro de Registro.

b) A pessoa que faz falsa declaração, promovendo o registro civil de nascimento inexistente, comete o crime de falsidade ideológica.

c) A meretriz que permite que seu filho, menor de 18 (dezoito) anos, resida em casa de prostituição, comete o delito de abandono moral, previsto no art. 247, do CP.

d) O delito intitulado "parto suposto" consubstancia na conduta da mãe que dá parto próprio como alheio.

e) O pagamento, a *posteriori* da prisão civil, de pensão alimentícia judicialmente acordada, impede a consumação do crime de abandono material

COMENTÁRIOS

✪ **Nota do autor:** o delito do art. 247 do Código Penal, apesar de desprovido de rubrica indicativa do *nomen iuris*, foi batizado pela doutrina (aceito pela jurisprudência) de *abandono moral*. A tutela recai sobre a organização da família na formação dos filhos, buscando-se evitar situações que o conduzam à corrupção de caráter.

Alternativa "a": o crime de bigamia se consuma no momento em que é declarado perfeito o segundo casamento, isto é, quando manifestada a vontade de ambos os nubentes (dispensando a lavratura do termo).

Alternativa "b": o indivíduo que promove, no registro civil, a inscrição de nascimento inexistente comete o crime tipificado no art. 241 do Código Penal, punido com reclusão de dois a seis anos. Trata-se de forma especial de praticar falsidade ideológica (art. 299), que, no entanto, fica absorvida pelo crime fim (art. 241).

Alternativa "c": cometem o crime de abandono moral os pais do menor e também aqueles que sobre ele exerçam poder, guarda ou vigilância. Se a mãe de alguém menor de dezoito anos permite que seu filho resida em casa de prostituição, estará configurado o crime, lembrando que o tipo não contém qualquer elemento que indique a necessidade de reiteração de atos.

Alternativa "d": há o crime do art. 242 do Código Penal quando a mulher, sem gerar falso registro, atribui a si mesma a maternidade de uma criança não originária de seu ventre (parto alheio como próprio). A conduta inversa, isto é, dar parto próprio como alheio, não configura este crime, podendo tipificar o delito de falsidade ideológica (art. 299 do CP).

Alternativa "e": uma vez consumado o crime de abandono material pela falta do pagamento de pensão alimentícia, a quitação do débito não tem o condão de afastar a figura criminosa.

Alternativa correta: letra "c".

68. EXPLOSÃO

265. (Delegado de Polícia – PB / 2008 – CESPE) Acerca dos crimes contra a incolumidade pública e contra a família, assinale a opção correta.

a) O crime de incêndio é de perigo abstrato. Dessa maneira, é típica a conduta do agente que cause incêndio em uma casa em ruínas, inabitada e localizada em local solitário.

b) O crime de explosão é mais severamente punido se a substância utilizada para a explosão for dinamite.

c) No crime de uso de gás tóxico ou asfixiante, se o agente, embora não querendo o resultado morte, ocasioná-lo culposamente, responderá pelos dois crimes: uso de gás tóxico ou asfixiante e homicídio culposo, em concurso formal.

d) O crime de conhecimento prévio de impedimento admite quer o dolo direto, quer o dolo eventual para a sua configuração.

e) O crime de abandono intelectual perfaz-se caso o pai, sem justa causa, deixa de matricular seu filho em idade escolar primária em escola pública ou particular, ainda que forneça instrução em casa à criança.

COMENTÁRIOS

Alternativa "a": o crime de incêndio é de perigo concreto, em que se tipifica a causação de incêndio que exponha a perigo a vida, a integridade física ou o patrimônio de outrem.

Alternativa "b": nos termos do art. 251, *caput*, do Código Penal, pune-se com reclusão de três a seis anos o ato de expor a perigo a vida, a integridade física ou o patrimônio de outrem, mediante explosão, arremesso ou simples colocação de engenho de dinamite ou de substância de efeitos análogos, sendo que o § 1º reduz a pena para reclusão de um a quatro anos se a substância utilizada não é dinamite ou explosivo de efeitos análogos.

Alternativa "c": no crime de uso de gás tóxico ou asfixiante, ocorrendo a morte culposa, o agente responderá por crime único, mas, nos termos do art. 258, segunda parte, do Código Penal, aplica-se a pena cominada ao homicídio culposo, aumentada de um terço.

Alternativa "d": conforme se extrai do texto expresso do art. 237 do Código Penal, o crime se perfaz se o agente contrair casamento, conhecendo (dolo direto) a existência de impedimento que lhe cause a nulidade absoluta.

Alternativa "e": o tema não é pacífico. Embora Fernando Capez (*Curso de Direito Penal:* parte especial, vol. 3, 2003, p. 153) sustente que a educação da criança em casa torna o fato atípico, Regis Prado leciona "a *ratio legis* da incriminação é a de compelir os pais a providenciar a escolarização do filho, oferecendo-lhe a educação fundamental no estabelecimento de ensino regular – e não fora dele. Aliás, acentua-se, corroborando tal entendimento, que apenas naquele local pode o menor, 'convivendo intimamente com os colegas e respectivas famílias, participando das atividades desenvolvidas pela agência educativa, formar integralmente sua personalidade, preparando-se para a vida em sociedade'. Não fosse assim, 'não haveria como justificar a expressão – idade escolar – utilizada pelo legislador ao estruturar a figura definida no art. 246 do Código Penal. Idade *escolar*, ao que tudo indica, significa aquela em que deve ter lugar a entrada na *escola*'." (*Curso de direito penal brasileiro:* parte especial, p. 532).

Alternativa correta: letra "b".

69. ASSOCIAÇÃO CRIMINOSA

266. (FUNCAB – Delegado de Polícia – RO/2014) De acordo com a atual redação do artigo 288 do Código Penal, o crime de "associação criminosa" estará configurado quando se associarem:

a) 2 (duas) ou mais pessoas, para o fim específico de cometer crimes.

b) 2 (duas) pessoas, para o fim específico de cometer crimes.

c) de 2 (duas) a 3 (três) pessoas para o fim específico de cometer crimes, somente se disso resulte consumação do crime.

d) 3 (três) ou mais pessoas, para o fim específico de cometer crimes.

e) 2 (duas) pessoas, para o fim específico de cometer crimes, ainda que disso não resulte consumação do crime.

COMENTÁRIOS

Na associação criminosa, pune-se a associação entre três ou mais pessoas para o fim específico de cometer crimes (uma *indeterminada* série de crimes). A Lei nº 12.850/13 modificou o art. 288 do Código Penal em alguns aspectos. Inicialmente, o *nomen iuris* passou de quadrilha ou bando para associação criminosa. Além disso, alterou-se o número mínimo de agentes que devem se associar para caracterizar o crime, isso para diferenciá-lo da organização criminosa, agora definida e tipificada nos artigos 1º e 2º da Lei nº 12.850/13, e que exige o número mínimo de quatro agentes. Houve, também, mudança no parágrafo único, que antes dobrava a pena do crime quando sua prática envolvia agentes armados. Atualmente, a associação criminosa terá a pena aumentada até a metade se os agentes estiverem armados ou se houver a participação de criança ou adolescente.

Alternativa correta: letra "d" (responde, também, as demais alternativas).

267. (UEG – Delegado de Polícia – GO/2013) Conceitua-se o crime de quadrilha ou bando como a reunião estável e permanente (que não significa perpétua), para o fim de perpetração de uma indeterminada série de crimes. Nesse sentido:

a) trata-se de crime de concurso necessário de condutas paralelas.

b) é necessário para a configuração do delito que os componentes da associação criminosa se conheçam reciprocamente.

c) necessária se faz a identificação de todos os componentes da quadrilha para o aperfeiçoamento do tipo.

d) a extinção da punibilidade de um dos membros da quadrilha afasta o crime.

COMENTÁRIOS

✪ **Nota do autor:** a questão foi elaborada antes da Lei nº 12.850/13, que modificou a redação do art. 288 do Código Penal e alterou sua denominação, que passou a ser "associação criminosa".

Alternativa "a": o crime de associação criminosa é plurissubjetivo, pois o concurso de agentes é imprescindível para sua configuração (crime de concurso necessário). As condutas perpetradas, no caso, são paralelas, pois todos pretendem alcançar um fim único.

Alternativa "b": para a configuração do crime, basta que se demonstre a associação entre ao menos três indivíduos para o fim específico de cometer crimes, sem que se exija conhecimento recíproco entre eles. É possível, por exemplo, que "A" conheça "B" e "C", que, por sua vez, não se conhecem; "A" organiza a associação criminosa para o fim de cometer estelionatos e distribui tarefas aos outros dois, que cometem os crimes cada um à sua maneira e continuam sem se conhecer. Não haverá óbice à caracterização do crime de associação.

Alternativa "c": de igual forma, a identificação de todos os membros não é um pressuposto para a tipificação a associação criminosa.

Alternativa "d": a extinção da punibilidade que beneficie um dos componentes da associação não produz nenhum efeito sobre a caracterização do delito.

Alternativa correta: letra "a".

70. CONSTITUIÇÃO DE MILÍCIA PRIVADA

268. (FGV – Delegado de Polícia – PC – AM/2022) Sobre o delito de constituição de milícia privada, assinale a afirmativa correta.

a) A pessoa que contribui economicamente, a qualquer título, com a milícia privada, responde pela conduta de custear.

b) A permanência e estabilidade do grupo criminoso, por não constar do tipo, não deve ser exigida.

c) Diante da ausência de referência expressa, a reunião de duas pessoas é suficiente para caracterizar o delito.

d) O tipo penal exige um especial fim de agir, consistente na prática de crimes previstos no Código Penal.

e) Custear é uma forma de induzimento, com sentido especificamente econômico.

COMENTÁRIOS

Alternativa "a": uma das condutas nucleares típicas do art. 288-A do CP é *custear*. Não se trata de uma simples contribuição financeira, mas de efetivamente financiar o grupo, arcando com suas despesas. Por isso, não responde por essa conduta quem apenas contribui economicamente. Nada impede, contudo, que responda na qualidade de partícipe.

Alternativa "b": não importa o núcleo típico praticado, estamos diante de comportamentos cometidos por associados (fundadores ou não) do grupo criminoso, demandando, sempre, estabilidade e durabilidade da associação. Essas características são os marcos distintivos deste crime para o mero concurso de agentes.

Alternativa "c": há duas orientações a esse respeito. A primeira é no sentido de que o número de agentes deve coincidir com o da associação criminosa, atualmente três ou mais pessoas. A segunda se alinha ao conceito de organização criminosa, definida e tipificada na Lei nº 12.850/13, que exige o número mínimo de quatro pessoas.

Alternativa "d": o tipo subjetivo da constituição de milícia privada é o dolo aliado a um elemento subjetivo especial do injusto, que é a finalidade de cometer crimes, sem a qual o delito não se configura. De acordo com o STJ, o tipo penal é taxativo e, consequentemente, restritivo a respeito da finalidade de cometer crimes tipificados apenas no Código Penal: "Depreende-se da interpretação literal da norma acima descrita [art. 288-A], que o legislador restringiu as hipóteses para a caracterização da milícia privada à prática dos crimes previstos no Código Penal. Desse modo, deve prevalecer a desclassificação para o delito de associação criminosa armada, pois a ampliação do alcance da norma disposta no art. 288-A do Código Penal, para incluir no âmbito de atuação do grupo criminoso os crimes previstos em legislação extravagante, não pode ser admitida, na medida em que a interpretação extensiva em prejuízo ao réu (*in malam partem*) é vedada no âmbito do direito penal" (REsp 1.986.629/RJ, j. 08/08/2023). Nesse ponto, não sem razão, alerta Rogério Greco: "Essa finalidade tem que ser analisada com reservas. Isso porque a forma como está redigido o artigo nos leva a acreditar que qualquer infração penal poderia ser objeto do delito em estudo, quando, na verdade, não podemos chegar a essa conclusão. Assim, por exemplo, não seria razoável imputar a uma organização paramilitar a prática de delito tipificado no art. 288-A quando a finalidade do grupo era a de praticar, reiteradamente, crimes contra a honra. Para essas infrações penais, se praticadas em quadrilha ou bando, já temos o delito previsto no art. 288 do mesmo diploma repressivo. Assim, de acordo com nossa posição, embora a parte final do art. 288-A diga que haverá crime de constituição de milícia particular quando o agente constituir, organizar ou integrar, manter ou custear organização paramilitar, milícia particular, grupo ou esquadrão com a finalidade de praticar qualquer dos crimes previstos no Código Penal, temos de limitar esses crimes àqueles que dizem respeito às atividades normalmente praticadas pelas milícias (...) a exemplo do crime de homicídio, lesão corporal, extorsão, seqüestros, ameaças etc." (*Curso de Direito Penal*: parte especial, vol. 4, p. 230).

Alternativa "e": a conduta de custear não é uma forma de induzimento. Trata-se de efetivamente tomar parte no grupo promovendo seu financiamento.

Alternativa correta: letra "d".

---

269. (Cespe – Delegado de Polícia – PE/2016) O CP, em seu art. 14, assevera que o crime estará consumado quando o fato reunir todos os elementos da definição legal. Para tanto, necessária será a realização de um juízo de subsunção do fato à lei. Acerca do amoldamento dos fatos aos tipos penais, assinale a opção correta.

a) A conduta de constituir, organizar, integrar, manter ou custear organização paramilitar, milícia particular, grupo ou esquadrão com a finalidade de praticar qualquer dos crimes previstos no CP configura crime contra a paz pública, sendo considerada como crime vago, uma vez que o sujeito passivo é a coletividade.

b) A doutrina e a jurisprudência são unânimes ao afirmar que configura crime de desacato quando um tenente da polícia militar, no exercício de sua função, ofende verbalmente, em razão da função exercida, um de seus subordinados.

c) Amolda-se no tipo legal de calúnia, previsto nos crimes contra a honra, a conduta de instaurar investigação policial contra alguém, imputando-lhe crime de que se sabe ser inocente.

d) Constituem crime de corrupção ativa, praticado por particular contra a administração geral, as condutas de dar, oferecer ou prometer dinheiro ou qualquer outra vantagem a testemunha, perito, contador, tradutor ou intérprete, para fazer afirmação falsa, negar ou calar a verdade em depoimento, perícia, cálculos, tradução ou interpretação.

e) A fraude processual será atípica, se a inovação artificiosa do estado de coisa, de pessoa ou de lugar, com o fim de induzir a erro o juiz, ocorrer antes de iniciado o processo penal.

COMENTÁRIOS

Alternativa "a": o art. 288-A do CP pune, com reclusão de quatro a oito anos, as condutas de constituir, organizar, integrar, manter ou custear organização paramilitar, milícia particular, grupo ou esquadrão com a finalidade de praticar qualquer dos crimes previstos no Código Penal. Quanto ao sujeito passivo, o crime é classificado como *vago*, pois quem sofre as consequências da conduta é indeterminado, representado por uma coletividade.

Alternativa "b": discute-se se o funcionário público pode ser também sujeito ativo do crime de desacato (e, nesse contexto, se pode cometer o crime tendo como alvo da ofensa um seu subordinado), surgindo três posições, bem resumidas por Mirabete, todas acrescidas de referências jurisprudenciais: "O funcionário público também pode ser autor de desacato, desde que despido dessa qualidade ou fora de sua própria função (*RT* 561/354, 565/342; *JTACrSP* 70/130 e 372; *RTJ* 103/1.196). Discute-se, porém, se é possível falar em desacato quando o agente é funcionário público e a ofensa se refere às funções públicas. Numa primeira posição, entende-se que não há desacato na ofensa praticada por funcionário público contra outro funcionário público, já que o delito somente pode ser cometido por *extraneus* em se tratando de crime praticado por particular contra a Administração Pública (*RT* 397, 286, 452/384, 487/289). Em uma segunda orientação, há desacato quando a ofensa é praticada pelo servidor contra seu superior hierárquico, inocorrendo o delito quando os sujeitos ativo e passivo são funcionários públicos em iguais funções e categorias (*RT* 241/413, 409/297, 453/400, 507/328; *JTACrSP* 44/415, 45/345). Na terceira posição, com a qual concordamos, não há que se fazer distinção, ocorrendo o ilícito independentemente da função que exerçam os sujeitos ativo e passivo, ou de subordinação hierárquica (*JTACrSP* 73/235; *RT* 656/334)" (*Manual de direito penal:* parte especial, v. 3,

p. 357). Partidário da terceira corrente, ensina Noronha: "Se o ofendido, no delito em apreço, é primacialmente a Administração Pública ou o Estado, o superior, que ofende o inferior, ofende, como qualquer outra pessoa, a administração, não podendo ele sobrepor-se a esta. É óbvio que, tutelando-se a administração, protegem-se seus agentes, não se excluindo os humildes e modestos. Há a considerar ainda o seguinte. Se o delito em estudo pode ser cometido pelo particular, que não é nem superior nem inferior hierárquico do funcionário, não se vê por que, em se tratando de servidores públicos, há de se atentar à relação hierárquica, quando está em jogo *o mesmo bem jurídico e quando o funcionário, ao cometer tal crime, despe-se dessa qualidade, agindo e sendo considerado como particular*" (*Direito penal*, v. 4, p. 328).

Alternativa "c": caluniar alguém consiste em imputar-lhe falsamente fato definido como crime. Se o agente der causa à instauração de investigação policial contra alguém, imputando-lhe crime de que o sabe inocente, o crime será o de denunciação caluniosa.

Alternativa "d": dar, oferecer ou prometer dinheiro ou qualquer outra vantagem a testemunha, perito, contador, tradutor ou intérprete, para fazer afirmação falsa, negar ou calar a verdade em depoimento, perícia, cálculos, tradução ou interpretação é crime, mas não de corrupção ativa tipificado no art. 333 do CP; o crime é de corrupção ativa de testemunha, perito, contador, tradutor ou intérprete, tipificado no art. 343 do CP (a rubrica não é prevista em lei; foi introduzida, para fins didáticos, pela doutrina).

Alternativa "e": o crime de fraude processual consiste em inovar artificiosamente, na pendência de processo civil ou administrativo, o estado de lugar, de coisa ou de pessoa, com o fim de induzir a erro o juiz ou o perito (art. 347 do CP). De acordo com o parágrafo único do art. 347, as penas se aplicam em dobro se a inovação se destina a produzir efeito em processo penal, ainda que não iniciado. Logo, esta última circunstância não torna o fato atípico.

Alternativa correta: letra "a".

71. MOEDA FALSA

270. (Delegado de Polícia – ES/ 2011 – CESPE – Adaptada) Acerca das disposições constitucionais e legais aplicáveis ao processo penal, julgue o item a seguir.

Em crimes de moeda falsa, a jurisprudência predominante do STF é no sentido de reconhecer como bem penal tutelado não somente o valor correspondente à expressão monetária contida nas cédulas ou moedas falsas, mas a fé pública, a qual pode ser definida como bem intangível, que corresponde, exatamente, à confiança que a população deposita em sua moeda.

COMENTÁRIOS

O STF firmou o entendimento de que no crime de moeda falsa a objetividade jurídica é também a fé pública aliada à credibilidade no sistema financeiro. O tribunal chegou a esse entendimento após apreciar a possibilidade de aplicação do princípio da insignificância em benefício do autor do delito de moeda falsa. Considera-se materialmente típica a conduta, independentemente do valor da cédula, porque esta circunstância não é a única a ser considerada, já que a contrafação de moedas abala a confiança da população e, em larga medida, especialmente se difusa, pode provocar efeitos negativos no sistema econômico (AgRg no AREsp 1.012.476/SP, DJe 26/04/2017). Baseado no mesmo fundamento, o STJ decidiu que não se aplica o arrependimento posterior no crime de moeda falsa (REsp 1.242.294/PR, DJe 03/02/2015).

Alternativa correta: "certo"

72. PETRECHOS PARA FALSIFICAÇÃO DE MOEDA

271. (Delegado de Polícia – AP / 2010 – FGV) Relativamente ao tema dos crimes contra a fé pública, analise as afirmativas a seguir.

I. O crime de atestado médico falso só é punido com detenção se há intuito de lucro.

II. A simples posse de qualquer objeto especialmente destinado à falsificação de moeda constitui crime punido com pena de reclusão.

III. A reprodução ou alteração de selo ou peça filatélica que tenha valor para coleção constitui modalidade criminosa, independentemente dessa reprodução ou a alteração estar visivelmente anotada no verso do selo ou peça.

Assinale:

a) se somente a afirmativa I estiver correta.

b) se somente a afirmativa II estiver correta.

c) se somente a afirmativa III estiver correta.

d) se somente as afirmativas II e III estiverem corretas.

e) se todas as afirmativas estiverem corretas.

COMENTÁRIOS

Item I: o ato de dar o médico, no exercício da sua profissão, atestado falso é punido com detenção de um mês a um ano. Se há intuito de lucro, aplica-se também multa.

Item II: a posse de qualquer objeto especialmente destinado à falsificação de moeda constitui o crime de petrechos para falsificação de moeda, punido com reclusão de dois a seis anos e multa.

Item III: o art. 303 do Código Penal pune a conduta de reproduzir ou alterar selo ou peça filatélica que tenha valor para coleção, *salvo* quando a reprodução ou a alteração está visivelmente anotada na face ou no verso do selo ou peça.

Alternativa correta: letra "b".

73. FALSIFICAÇÃO DE DOCUMENTO PÚBLICO

272. (FUNCAB - Delegado de Polícia - PA/2016) Etevaldo, depois de ingressar na posse de uma carteira de habilitação pertencente a outrem, aproveitando-se de sua semelhança fisionômica para com o titular do documento, adultera o nome ali constante, substituindo-o pelo seu. Considerando que a adulteração não era perceptível *ictu oculi* e que o autor pretendia utilizar o documento para conduzir irregularmente veículo automotor, é correto afirmar que Etevaldo cometeu crime de:

a) falsificação de documento público.

b) uso de documentos de identidade alheia.

c) falsa identidade.

d) uso de documento falso, na norma tentada.

e) falsidade ideológica de documento público.

COMENTÁRIOS

Alternativa "a": se Etevaldo adulterou os dados impressos em carteira de habilitação, praticou a conduta de alterar documento público verdadeiro, tipificada no art. 297 do CP.

Alternativa "b": o art. 308 do CP pune as condutas de usar, como próprio, passaporte, título de eleitor, caderneta de reservista ou qualquer documento de identidade alheia. Neste caso, não há nenhuma alteração, mas tão somente o uso do documento pertencente a outra pessoa.

Alternativa "c": o crime de falsa identidade consiste apenas em atribuir-se (imputar-se) ou atribuir a terceiro falsa identidade para obter vantagem, em proveito próprio ou alheio, ou para causar dano a outrem. Há o crime quando o agente, por escrito ou verbalmente: a) se faz passar por terceira pessoa, existente ou fictícia; b) faz com que terceiro se passe por outro indivíduo, real ou não. Não se trata de alterar nenhum tipo de documento.

Alternativa "d": tampouco é possível falar em uso de documento falso. Inicialmente porque, se Etevaldo mesmo cometeu a falsificação, não pode responder pelo uso, considerado *post factum* impunível. Além disso, entende-se que o crime de uso de documento falso é unissubsistente, ou seja, a conduta não admite fracionamento, razão por que não pode ocorrer tentativa (que de resto não teria mesmo se verificado, tendo em vista que o enunciado não narra, referente ao uso, nada além da cogitação, fase impunível do iter criminis).

Alternativa "e": não se trata de falsidade ideológica porque este crime consiste em omitir, em documento público ou particular, declaração que dele devia constar, ou nele inserir ou fazer inserir declaração falsa ou diversa da que devia ser escrita, com o fim de prejudicar direito, criar obrigação ou alterar a verdade sobre fato juridicamente relevante. Não se trata, portanto, de alterar um documento materialmente verdadeiro.

Alternativa correta: letra "a".

74. FALSIFICAÇÃO DE DOCUMENTO PARTICULAR

273. (Fundação Aroeira - Delegado de Polícia - TO/2014) A falsificação de cartão de crédito ou de débito da Caixa Econômica Federal configura o crime de

a) falsificação de papéis públicos.

b) falsificação de documento público.

c) falsificação de documento particular.

d) falsidade ideológica.

COMENTÁRIOS

Alternativa "a": a falsificação de papeis públicos consiste em falsificar, fabricando-os ou alterando-os: I - selo destinado a controle tributário, papel selado ou qualquer papel de emissão legal destinado à arrecadação de tributo; II - papel de crédito público que não seja moeda de curso legal; III - vale postal; IV - cautela de penhor, caderneta de depósito de caixa econômica ou de outro estabelecimento mantido por entidade de direito público; V - talão, recibo, guia, alvará ou qualquer outro documento relativo a arrecadação de rendas públicas ou a depósito ou caução por que o poder público seja responsável; VI - bilhete, passe ou conhecimento de empresa de transporte administrada pela União, por Estado ou por Município.

Alternativa "b": não há crime de falsificação de documento público, pois, não obstante o cartão tenha sido emitido pela Caixa Econômica Federal (empresa pública), a lei o equipara ao documento particular.

Alternativa "c": a Lei 12.737/12 acrescentou um parágrafo ao art. 298, anunciando equiparar-se a documento particular o cartão de crédito ou débito. Explica Nucci: "O cartão de crédito ou débito, por si mesmo, não é um documento (base material disposta a estampar informe ou outro dado), mas assim será considerado para fins de falsificação. Enquanto a nota promissória e o cheque são títulos de crédito equiparados a documento público, pois podem circular no comércio, gerando maiores danos a terceiros, o cartão de crédito e débito é equiparado a documento particular, cuja pena é menor. A diferença é consistente, pois o cartão não circula" (*Código Penal Comentado*, p 1137).

Alternativa "d": não há falsidade ideológica, que consiste em omitir, em documento público ou particular, declaração que dele devia constar, ou nele inserir ou fazer inserir declaração falsa ou diversa da que devia ser escrita, com o fim de prejudicar direito, criar obrigação ou alterar a verdade sobre fato juridicamente relevante. No exemplo citado no enunciado, houve falsificação material.

Alternativa correta: letra "c".

75. FALSIDADE IDEOLÓGICA

274. (FGV – Delegado de Polícia – PC – AM/2022) Quanto ao crime de falsidade ideológica, assinale a afirmativa correta.

a) O elemento "devia constar" é elemento normativo do tipo, que pode converter-se em lei penal em branco se o dever for legal.

b) Não é possível a configuração do delito na modalidade crime omissivo.

c) Na inserção indireta, a terceira pessoa deve ter conhecimento de que confecciona o documento de maneira falsa.

d) No caso de concurso de pessoas, é possível que um agente responda por inserir e, outro, por fazer inserir.

e) O delito é despido de especial de agir, bastando a declaração de conteúdo falso.

COMENTÁRIOS

Alternativa "a": uma das formas de praticar a falsidade ideológica é omitir o que devia constar no documento. O agente, ao confeccionar o documento (público ou particular), deixa de mencionar informação que nele devia ser inserida. Trata-se de um elemento normativo, porque demanda um juízo de valor do magistrado, que deve analisar a espécie de documento e quais informações deviam nele constar. Caso a elaboração de determinado documento seja disciplinada em lei que disponha sobre as informações que devem ser inseridas, pode-se considerar que se trata de norma penal em branco, pois a tipificação da conduta omissiva deve ser completada por outra norma.

Alternativa "b": a primeira conduta tipificada no art. 299 do CP é omissiva própria: "Omitir, em documento público ou particular, declaração que dele devia constar (...)".

Alternativa "c": na falsidade ideológica indireta, o agente se vale de um terceiro para, nos termos do tipo penal, "fazer inserir declaração falsa ou diversa da que devia ser escrita". Nesse caso, o terceiro é um instrumento inconsciente. Se tem conhecimento da falsidade, não se cogita a modalidade indireta do crime, mas sim o concurso de pessoas.

Alternativa "d": não é possível que, no mesmo contexto, um indivíduo responda pela conduta de inserir e outro, em concurso, responda por fazer inserir. Como vimos nos comentários à assertiva anterior, a conduta de fazer inserir pressupõe que um terceiro seja utilizado como instrumento para a falsidade ideológica. Se "A" determina a "B" que elabore um documento ideologicamente falso, e este último indivíduo é consciente da falsidade, a conduta imputada deve ser "inserir declaração falsa ou diversa da que devia ser escrita". "B" responde por elaborar diretamente o documento; "A" deve ser considerado partícipe, ou mesmo coautor, se as circunstâncias forem adequadas para aplicar a teoria do domínio do fato.

Alternativa "e": exige-se, na falsidade ideológica, o elemento subjetivo do tipo, consistente no propósito de lesar direito, criar obrigação ou alterar a veracidade sobre fato juridicamente relevante.

Alternativa correta: letra "a".

275. (UEL – Delegado de Polícia – PR/2013) Assinale a alternativa que apresenta, corretamente, afirmações quanto ao crime de falsidade ideológica tipificado no Art. 299 do Código Penal.

a) Na conduta de fazer inserir, mesmo que o funcionário público tenha conhecimento da inverdade declarada, este não responde pelo crime.

b) Trata-se de um crime material, estando o crime consumado no momento em que a falsidade produz prejuízo a terceiro.

c) Promover a inscrição de nascimento inexistente aumenta a pena da sexta parte nos moldes do Parágrafo Único do Art. 299 do Código Penal, por se tratar de assento de registro civil.

d) No crime de falsidade ideológica de documento público, as condutas de omitir ou inserir demandam a participação de funcionário público na condição de sujeito ativo.

e) Se o sujeito ativo for funcionário público, a pena é aumentada da sexta parte, mesmo que este não se tenha prevalecido de seu cargo.

COMENTÁRIOS

Alternativa "a": se o funcionário público tem conhecimento da inverdade declarada e, ainda assim, a insere no documento, responde pelo crime.

Alternativa "b": consuma-se o delito com a prática de uma das figuras típicas previstas no art. 299 do Código Penal. Tratando-se de crime formal, dispensa-se ocorrência de dano efetivo, sendo suficiente que o documento ideologicamente falso tenha potencialidade lesiva (se o falsário usa o documento, o crime previsto no art. 304 do CP fica absorvido).

Alternativa "c": neste caso, há crime específico, tipificado no art. 241 do Código Penal: "Promover no registro civil a inscrição de nascimento inexistente". Trata-se de forma especial de praticar falsidade ideológica (art. 299), que, no entanto, fica absorvida pelo crime fim (art. 241).

Alternativa "d": parece-nos inadequado afirmar que a falsidade ideológica, nas modalidades *omitir* e *inserir*, sempre pressupõe a conduta de funcionário público se o documento for público. É possível que o particular figure sozinho como sujeito ativo da falsidade ideológica de documento público, como ocorre, por exemplo, na situação em que o proprietário de automóvel preenche o documento de venda com valor diverso daquele que efetivamente balizou o negócio jurídico com a finalidade de prejudicar direito de credores. Bem assim, o particular pode cometer o crime quando insere, em testamento particular (equiparado a documento público), declaração falsa com a finalidade de prejudicar direito de um herdeiro necessário.

Alternativa "e": por disposição expressa do art. 299, parágrafo único, do Código Penal, aumenta-se a pena da falsidade ideológica se o agente é funcionário público, e comete o crime prevalecendo-se do cargo.

Alternativa correta: letra "d".

276. (FUNCAB – Delegado de Polícia – RJ/2012) Entre as hipóteses a seguir consignadas, assinale aquela que corresponde a crime de falsidade ideológica (art. 299 do CP).

a) Rildo, desempregado, tencionando trabalhar como motorista, após obter um espelho de Carteira Nacional de Habilitação não preenchido, embora verdadeiro, nele consigna seus dados pessoais e imprime sua foto, passando-se por pessoa habilitada para conduzir veículo automotor, sem de fato o ser.

b) Aderbal, de forma fraudulenta, consigna, na Carteira de Trabalho e Previdência Social de um empregado de sua empresa, salário inferior ao efetivamente recebido por ele, visando a reduzir seus gastos para com o INSS.

c) Magnólia, com intenção de integrar à sua família o filho de outrem, registra a criança em seu nome, como se sua mãe fosse, valendo-se, para tanto, da desatenção do funcionário do Cartório de Registro Civil das Pessoas Naturais, que deixa de exigir a documentação pertinente ao ato.

d) Tibúrcio, funcionário público do instituto responsável por manter atualizados os registros de antecedentes criminais em determinado Estado-Membro, aproveitando-se de sua atribuição funcional, entra com sua senha no sistema informatizado do órgão e inclui, fraudulentamente, na folha de antecedentes de seu vizinho, crime por ele não praticado, em vingança por conta de uma rixa antiga.

e) A fim de auxiliar uma amiga a contratar financiamento para a aquisição de eletrodomésticos, Alberico, sócio-gerente em uma empresa têxtil, valendo-se de sua posição, assina declaração afirmando que tal pessoa trabalha de forma remunerada naquele estabelecimento empresarial, o que não condiz com a realidade.

COMENTÁRIOS

Alternativa "a": neste caso, Rildo cometeu o crime de falsificação de documento público. Houve falsificação parcial, pois, valendo-se de formulário verdadeiro, o agente adicionou, nos espaços em branco, novos elementos. Ressaltamos que este exemplo não caracteriza o abuso do papel em branco, tendo em vista que, de qualquer forma, Rildo não teria legitimidade para preencher o documento. A este respeito, leciona Hungria: "Somente haverá falsidade ideológica quando o papel tiver sido *confiado* ao agente, para ulterior preenchimento, *ex vi legis* ou *ex contractu*; se o agente se tivesse *apossado* (à revelia do signatário) do papel que preencheu, o crime a reconhecer seria o de *falsidade material* (art. 297 ou 298, conforme se trate de documento público ou particular). É esta, aliás, a solução sugerida pelo Código Italiano. E outra não pode ser a decisão no caso em que o papel tenha sido voluntariamente entregue pelo signatário, mas para fim outro que não o de preenchê-lo, como, por exemplo, para orientar quanto ao seu nome e endereço, a pessoa que o recebe" (*Comentários ao Código Penal*, v. 9, p. 279).

Alternativa "b": a conduta descrita na assertiva caracteriza forma equiparada à falsificação de documento público. O art. 297, § 3º, inciso II, do Código Penal prevê punição para aquele que insere ou faz inserir, na Carteira de Trabalho ou em documento que deva produzir efeito perante a Previdência Social, declaração falsa ou diversa da que deveria ter sido escrita. Procura-se, aqui, evitar que a seguridade social seja prejudicada por gastos indevidos ou por prejuízos na arrecadação. Isto porque a carteira de trabalho serve como base para se obter o valor das contribuições previdenciárias do empregado.

Alternativa "c": há, no exemplo citado, o crime de registrar como seu o filho de outrem, tipificado no art. 242 do Código Penal. Esta prática é conhecida como "adoção à brasileira", bastante utilizada pelos agentes para burlarem o procedimento legal da adoção.

Alternativa "d": o crime correspondente ao exemplo descrito na assertiva é o de inserir, o funcionário autorizado, dados falsos nos sistemas informatizados ou bancos de dados da Administração Pública para causar dano (art. 313-A do Código Penal).

Alternativa "e": no exemplo citado, Alberico inseriu, em documento particular, declaração falsa com o fim de alterar a verdade sobre fato juridicamente relevante. Tratando-se de crime formal, dispensa-se ocorrência de dano efetivo, sendo suficiente que o documento ideologicamente falso tenha potencialidade lesiva.

Alternativa correta: letra "e".

76. FALSIDADE DE ATESTADO MÉDICO

277. (IBADE – Delegado de Polícia – AC/2017) O crime de falsidade de atestado médico:

a) resta caracterizado quando uma pessoa adultera um atestado verdadeiro, a fim de ampliar seus dias de afastamento do trabalho.

b) exige: em sua forma simples, especial fim de agir

c) além de exigir uma falsidade material, é classificado como crime comum.

d) é uma forma de falsidade ideológica, tipificado de forma autônoma devido à especialidade.

e) está arrolado entre os crimes contra a saúde pública.

COMENTÁRIOS

Alternativa "a": se alguém adultera um atestado verdadeiro, há falsificação material de documento.

Alternativa "b": o elemento subjetivo do crime de falsidade de atestado médico é o dolo, consistente na vontade consciente de praticar uma das condutas típicas elencadas no dispositivo. Não se exige finalidade especial por parte do agente.

Alternativa "c": não se trata de falsificação material nem de crime comum, tendo em vista que só o médico pode praticá-lo. Assim, tratando-se de delito próprio, exclui-se do espectro da incriminação o dentista, o veterinário, o enfermeiro, etc., que incorrerão, caso falsifiquem atestados, nas penas previstas no art. 299, aliás, muito mais severas.,

Alternativa "d": consiste o crime de falsidade de atestado médico em dar o médico, no exercício regular da profissão, atestado falso, isto é, escrever o médico informações (total ou parcialmente) inverídicas, entregando, em seguida, o documento ideologicamente falso ao interessado. Trata-se, portanto, de uma forma especial de falsidade ideológica.

Alternativa "e": se trata de crime contra a fé-pública.

Alternativa correta: letra "d".

77. USO DE DOCUMENTO FALSO

278. (Inst. Acesso – Delegado de Polícia – PC – ES/2019) No dia 09/07/2017, Henrique foi parado em uma fiscalização da Operação Lei Seca. Após solicitar a Carteira Nacional de Habilitação (CNH) de Henrique, o policial militar que participava da operação suspeitou do documento apresentado. Procedeu então à verificação na base de dados do DETRAN e confirmou a suspeita, não encontrando o número de registro que constava na CNH, embora as demais informações (nome e CPF), a respeito de Henrique, estivessem corretas. Questionado pelo policial, Henrique confessou que havia adquirido o documento com Marcos, seu vizinho, que atuava como despachante, tendo pago R$ 2.000,00 pelo documento. Afirmou ainda que sequer havia feito prova no DETRAN. Acrescente-se que, durante a instrução criminal, ficou comprovado que, de fato, Henrique obteve o documento de Marcos, sendo este o autor da contrafação. Além disso, foi verificado por meio de perícia judicial que, no estado em que se encontra o documento, e em face de sua aparência, pode iludir terceiros como se documento idôneo fosse. Logo, pode-se afirmar que a conduta de Henrique se amolda ao crime de

a) falsificação de documento público, previsto no caput do art. 297 do Código Penal.
b) uso de documento falso, previsto no art. 304 do Código Penal.
c) falsa identidade, previsto no art. 307 do Código Penal.
d) falsidade ideológica, previsto no caput art. 299 do Código Penal.
e) falsificação de documento particular, previsto no caput do art. 298 do Código Penal.

COMENTÁRIOS

Alternativa "a": Henrique não pode responder por falsificação de documento público porque, como deixa claro o enunciado, o autor da contrafação foi Marcos.

Alternativa "b": de fato, Henrique deve ser responsabilizado por uso de documento falso, que consiste em *fazer uso* de qualquer dos papéis falsificados ou alterados a que se referem os arts. 297 a 302 do CP como se fossem verdadeiros. No caso, a carteira de habilitação é um documento público, e Henrique será responsabilizado com a mesma reprimenda cominada à falsificação. Note-se que o fato de o documento ter sido solicitado pelo Policial Militar não afasta a tipicidade, pois Henrique o portava justamente para fazer uso em uma eventual fiscalização. A punição só pode ser afastada em situações excepcionais, como decidiu o STJ: "2. Se o investigado, em abordagem de rotina, afirma ao agente da Polícia Rodoviária Federal não possuir Carteira Nacional de Habilitação, identificando-se por meio de Carteira de Identidade, e, logo em seguida, o policial avista, em sua carteira aberta, documento similar à CNH que o investigado lhe entrega, admitindo tratar-se de documento falso, não há como se reconhecer na conduta, a priori, o elemento de vontade (de fazer uso de documento falso) necessário à caracterização do delito do art. 304 do CP, situação em que a apresentação do documento falso à autoridade policial federal não tem o condão de deslocar a competência para o julgamento da ação penal para a Justiça Federal" (CC 148.592/RJ, j. 08/02/2017).

Alternativa "c": o crime de falsa identidade consiste em atribuir-se (imputar-se) ou atribuir a terceiro falsa identidade para obter vantagem, em proveito próprio ou alheio, ou para causar dano a outrem. Assim, há o crime quando o agente, por escrito ou verbalmente: a) se faz passar por terceira pessoa, existente ou fictícia; b) faz com que terceiro se passe por outro indivíduo, real ou não. Mas a conduta não pode consistir no uso de um documento falsificado, caso em que incide o art. 304 do CP.

Alternativa "d": não há falsidade ideológica na conduta de Henrique porque este crime, tipificado no art. 299 do CP, consiste em omitir, em documento público ou particular, declaração que dele devia constar, ou nele inserir ou fazer inserir declaração falsa ou diversa da que devia ser escrita, com o fim de prejudicar direito, criar obrigação ou alterar a verdade sobre fato juridicamente relevante.

Alternativa "e": como já ressaltamos, Henrique não responde pela falsificação. Mas, ainda que respondesse, não seria por falsificação de documento particular, tendo em vista que a carteira de habilitação tem natureza de documento público.

Alternativa correta: letra "b".

78. FALSA IDENTIDADE

279. (CEBRASPE – 2023 – PC/AL – Delegado) Em relação aos crimes contra a pessoa e contra a fé pública, julgue o item a seguir.

A conduta de atribuir-se falsa identidade perante autoridade policial é atípica quando ocorre em evidente exercício de autodefesa.

COMENTÁRIOS

De acordo com a orientação jurisprudencial majoritária, é crime atribuir-se falsa identidade perante autoridade, ainda que com intenção de autodefesa: a) STF: "O Plenário do Supremo Tribunal Federal (RE RE 640.139-RG, Rel. Min. Dias Toffoli), ao reconhecer a repercussão geral do tema discutido neste processo, reafirmou a jurisprudência da Corte no sentido de que 'o princípio constitucional da autodefesa (art. 5º, inciso LXIII, da CF/88) não alcança aquele que atribui falsa identidade perante autoridade policial com o intento de ocultar maus antecedentes, sendo, portanto, típica a conduta praticada pelo agente (art. 307 do CP)'" (HC 112846/MG, Rel. Min. Roberto Barroso, DJe 01/10/2014); b) STJ: "A conduta de atribuir-se falsa identidade perante autoridade policial é típica, ainda que em situação de alegada autodefesa" (Súmula nº 522).

Alternativa correta: "errado".

280. (Inst. Acesso – Delegado de Polícia – PC – ES/2019) Marque a alternativa correta do ponto de vista legal.

a) No crime de estupro, aumenta-se a pena de metade se resultar a gravidez da vítima.

b) Luiz, delegado de polícia civil, lotado em uma determinada delegacia de polícia, deixou, por indulgência, de responsabilizar o inspetor Amâncio após tomar conhecimento de que este teria praticado uma determinada infração. Nesse contexto, pode-se afirmar que o delegado praticou, em tese, o crime de condescendência criminosa.

c) No crime de incêndio, aumenta-se a pena em dois terços se o delito for praticado em galeria de mineração.

d) Aquele que dolosamente retém documento de identidade de terceira pessoa responde pelo delito de supressão de documento.

e) No crime de Falsa Identidade, o agente não apresenta nenhum documento de identidade para se identificar.

COMENTÁRIOS

Alternativa "a": o art. 234-A, inc. III, do CP aumenta a pena *de metade a dois terços* se da conduta do agente resulta gravidez.

Alternativa "b": o crime de condescendência criminosa (art. 320 do CP) consiste em deixar o funcionário, por indulgência, de responsabilizar subordinado que *cometeu infração no exercício do cargo* ou, quando lhe falte competência, não levar o fato ao conhecimento da autoridade competente. A assertiva não menciona que Amâncio cometeu infração no exercício do cargo de inspetor.

Alternativa "c": o art. 250, § 1º, do CP aumenta a pena do incêndio em *um terço* na situação descrita.

Alternativa "d": a supressão de documentos (art. 305 do CP) consiste em *destruir* (arruinar, eliminar), *suprimir* (extinguir, acabar) ou *ocultar* (esconder, sonegar), em benefício próprio ou de outrem, ou em prejuízo alheio, documento público ou particular verdadeiro (se falso, não há o crime), de que não podia dispor. A simples retenção de documento de identidade não caracteriza o crime, mas contravenção penal (Lei 5.553/68).

Alternativa "e": a falsa identidade, tipificada no art. 307, é cometida por meio da atribuição, a si ou a terceiro, de falsa identidade para obter vantagem em proveito próprio ou alheio, ou para causar dano a outrem. É o caso de alguém que se faz passar por terceira pessoa, existente ou fictícia, ou que faz com que terceiro se passe por outro indivíduo, real ou não. A atribuição da falsa identidade não pode consistir na apresentação de um documento falso, caso em que o crime é mais grave (art. 304 do CP), e, na verdade, sequer pressupõe a apresentação de um documento, tendo em vista que pode ser cometida inclusive verbalmente.

Alternativa correta: letra "e".

79. FRAUDES EM CERTAMES DE INTERESSE PÚBLICO

281. (Inst. Acesso – Delegado de Polícia – PC – ES/2019) A respeito do peculato, assinale a opção correta.

a) Celecanto é o responsável por organizar um determinado concurso para o provimento de um cargo efetivo na administração pública federal. Omena, seu amigo de longa data, toma conhecimento de que ele está participando da banca examinadora e, em nome de sua antiga amizade, decide pedir a ele que lhe passe as questões que serão objeto da prova na semana seguinte. Celecanto fica bastante ofendido com o pedido e informa que nunca faria isso, mas que, como Omena era seu amigo de longa data, forneceria a ele um relação de cinco livros que foram utilizados pelos integrantes da banca do concurso para realizarem a prova e que não constavam expressamente do edital que foi divulgado. Essa atitude de Celecanto configura a prática do delito de fraude em certames de interesse público.

b) Segundo o STJ, nenhum dos crimes contra a administração pública admite a incidência do princípio da insignificância.

c) O crime de peculato-apropriação consuma-se a partir do momento em que o funcionário público passa a obter vantagem em relação ao objeto material do delito, ainda que esta não seja necessariamente de caráter econômico, uma vez que o bem jurídico tutelado é a administração pública.

d) Segundo a jurisprudência do STJ, a conduta de agente público pertencente à administração pública fazendária que procede à prévia correção quanto aos aspectos gramaticais e técnicos das impugnações administrativas feitas pelos administrados perante a administração pública fazendária, comete o delito previsto no art. 3°, III da Lei 8.137/90.

e) Na hipótese de peculato culposo, caso o agente repare o dano após a sentença irrecorrível, haverá a redução de metade da pena cominada abstratamente ao referido delito.

COMENTÁRIOS

Alternativa "a": o art. 311-A do CP pune a conduta de quem *utiliza* (emprega, aplica) ou *divulga* (torna público, ainda que para apenas uma pessoa), *indevidamente* (sem justo motivo), com o fim de beneficiar a si ou a outrem, ou de comprometer a credibilidade do certame, conteúdo sigiloso de concurso público, avaliação ou exame públicos, processo seletivo para ingresso no ensino superior ou exame ou processo seletivo previstos em lei. O conteúdo sigiloso de que trata o tipo abrange não apenas as perguntas e respostas, mas também outros dados secretos que, se utilizados indevidamente, geram desigualdade na disputa.

Alternativa "b": a assertiva está errada porque, não obstante o STJ tenha editado a súmula 599, segundo a qual o princípio da insignificância é inaplicável aos crimes contra a Administração Pública, há situações em que o tribunal admite o benefício. É o caso do descaminho, tipificado no art. 334 do CP. Segundo estabeleceu o tribunal no tema 157 dos recursos repetitivos, "Incide o princípio da insignificância aos crimes tributários federais e de descaminho quando o débito tributário verificado não ultrapassar o limite de R$ 20.000,00, a teor do disposto no artigo 20 da Lei 10.522/2002, com as atualizações efetivadas pelas Portarias 75 e 130, ambas do Ministério da Fazenda".

Alternativa "c": o crime de peculato próprio, na sua primeira modalidade (apropriação), se consuma no momento em que o funcionário se apropria do dinheiro, valor ou bem móvel de que tem posse em razão do cargo, dispondo do objeto material como se dono fosse, *v.g.*, retendo-o, alienando-o etc.

Alternativa "d": no julgamento do REsp 1.770.444/DF (j. 08/11/2018), o STJ afastou a tipicidade da conduta praticada por auditora da Receita Federal que havia feito correções de ordem técnica, estilística e gramatical em impugnações administrativas promovidas por particular. Segundo a decisão, embora a conduta pudesse ser questionada sob o ponto de vista ético, não se demonstrou que a funcionária pública se valeu de sua condição para influenciar eventual julgamento favorável ao terceiro. O fato de a auditora ser capaz de orientar a redação da impugnação administrativa envolve um conhecimento técnico não necessariamente ligado à função pública desempenhada. Qualquer pessoa, mesmo sem função pública, que tivesse tal conhecimento poderia fazer o mesmo.

Alternativa "e": está errada a assertiva porque, no peculato culposo, se a reparação do dano é posterior à sentença irrecorrível, reduz de metade a *pena imposta* (não a cominada ao delito).

Alternativa correta: letra "a".

---

282. (NUCEPE – Delegado de Polícia – PI/2014) No que se refere aos crimes contra a fé pública, assinale a alternativa INCORRETA.

a) Para caracterização do crime de uso de documento falso, é necessário que o documento falso seja efetivamente utilizado em sua destinação específica.

b) A falsidade é material quando o vício incide sobre o aspecto físico do documento, a sua forma.

c) O crime de moeda falsa não prevê qualquer modalidade culposa.

d) No crime de falsificação de documento público, se o agente é funcionário público e se prevalece do cargo para cometê-lo, sua pena será aumentada em um sexto.

e) A denominada "cola eletrônica" consistente na utilização de conteúdo sigiloso em certames de interesse público não pode ser considerada crime.

COMENTÁRIOS

Alternativa "a": de acordo com Noronha (*Direito Penal*, v. 4, p. 174), para a caracterização do crime de uso de documento falso, basta que o escrito saia da esfera de disponibilidade do agente, ainda que empregado em finalidade diversa daquela a que se destinava. Contudo, não sem razão, discorda a maioria, sustentando haver crime somente quando utilizado o documento material ou ideologicamente falso em sua específica destinação probatória.

Alternativa "b": na falsidade material, pune-se quem falsificar (contrafazer) documento público, ou alterar (modificar) documento público verdadeiro. A *falsificação* pode ser *total*, hipótese em que o documento é inteiramente criado, ou *parcial*, adicionando-se, nos espaços em branco da peça escrita, novos (e relevantes) elementos.

Alternativa "c": não há modalidade culposa no crime de moeda falsa.

Alternativa "d": o art. 297, § 1º, do Código Penal traz uma causa de aumento de pena se o crime é cometido por funcionário público, desde que se prevaleça do cargo que ocupa.

Alternativa "e". pune-se, no art. 311-A do Código Penal, a conduta de quem *utiliza* (emprega, aplica) ou *divulga* (efeito de tornar público, propagar), *indevidamente* (sem justo motivo), com o fim de beneficiar a si ou a outrem, ou de comprometer a credibilidade do certame, conteúdo sigiloso (abrangendo não apenas as perguntas e respostas, mas também outros dados secretos que, se utilizados indevidamente, geram desigualdade na disputa) de: **I)** concurso público (instrumento de acesso a cargos e empregos públicos); **II)** avaliação ou exame públicos (qualquer espécie de avaliação do conhecimento promovida pela Administração Pública ou entidade conveniada, abrangendo, por exemplo, o exame escrito no processo de habilitação de motorista); **III)** processo seletivo para ingresso no ensino superior (englobando vestibulares e demais formas de avaliação seletiva para ingresso no ensino superior, como, por exemplo, a prova do ENEM); **IV)** exame ou processo seletivo previstos em lei (compreendendo, por exemplo, o exame da OAB, previsto na Lei 8.906/94).

Antes da inserção desse tipo penal, a "cola eletrônica" (utilização de aparelho transmissor e receptor em prova), uma das formas mais corriqueiras de fraudar os certames de interesse público, foi julgada atípica pelos Tribunais Superiores. O Supremo Tribunal Federal, no julgamento do Inquérito nº 1.145, decidiu que a referida fraude não se enquadraria nos tipos penais em vigor, em face do princípio da reserva legal e da proibição de aplicação da *analogia in malam partem*. (Cf. Informativo STF nº 453, de 18 e 19 de dezembro de 2006). No mesmo sentido o Superior Tribunal de Justiça (ROHC nº 4593/PR).

Apesar de muitos acreditarem que a "cola eletrônica", agora, passou a ser crime, pensamos que a tipicidade vai depender da análise do caso concreto. Se o modo de execução envolve terceiro que, tendo acesso privilegiado ao gabarito da prova, revela ao candidato de um concurso público as respostas aos quesitos, pratica, junto com o candidato beneficiário, o crime do art. 311-A (aquele, por divulgar, e este, por utilizar o conteúdo secreto em benefício próprio). Já nos casos em que o candidato, com ponto eletrônico no ouvido, se vale de terceiro expert para lhe revelar as alternativas corretas, permanece fato atípico (apesar de seu grau de reprovação social), pois os sujeitos envolvidos (candidato e terceiro) não trabalharam com conteúdo sigiloso (o gabarito continuou secreto para ambos).

Alternativa correta: letra "e".

80. CRIMES CONTRA A ADMINISTRAÇÃO PÚBLICA

80.1. PECULATO

283. (UEG – Delegado de Polícia – PC – GO/2018) Sobre o crime de peculato, previsto no Código Penal, verifica-se que,

a) na modalidade apropriação, pode se dar em favor de terceira pessoa.

b) como regra, admite a aplicação do princípio da insignificância, segundo a jurisprudência do Superior Tribunal de Justiça.

c) na modalidade desvio, não admite coautoria.

d) na modalidade culposa, a reparação do dano antes de sentença irrecorrível reduz à metade a pena imposta.

e) na modalidade furto, é prescindível que o agente se valha da facilidade que lhe proporciona a qualidade de funcionário.

COMENTÁRIOS

Alternativa "a": no peculato-apropriação, o agente se apodera de dinheiro, valor ou qualquer outro bem móvel que tem sob sua posse legítima, passando, arbitrariamente, a comportar-se como se dono fosse, sendo que, por expressa disposição do art. 312 do CP, a apropriação pode se dar em proveito próprio ou alheio.

Alternativa "b": o STJ se orienta no sentido de que, em regra, não incide o princípio da insignificância nos crimes contra a Administração Pública (súmula 599).

Alternativa "c": na hipótese do desvio (ou malversação), o funcionário dá destinação diversa à coisa, em benefício próprio ou de outrem, podendo o proveito ser material ou moral, auferindo vantagem outra que não necessariamente a de natureza econômica. É também pressuposto desta modalidade criminosa que o funcionário tenha a posse lícita do bem e que, depois, o desvie. Nada impede que o fato seja cometido em coautoria.

Alternativa "d": no peculato culposo, a reparação do dano, se precede à sentença irrecorrível, *extingue a punibilidade*. A redução da pena ocorre quando a reparação é posterior à sentença irrecorrível.

Alternativa "e": no peculato-furto, o agente, também servidor público típico ou atípico, não tem a posse, mas, *valendo-se da facilidade* que a condição de funcionário lhe concede, subtrai (ou concorre para que seja subtraída) coisa do ente público ou de particular sob custódia da administração. É pressuposto do crime que o agente se valha, para galgar a subtração, de alguma facilidade proporcionada pelo seu cargo, emprego ou função. Sem esse requisito, haverá apenas furto (art. 155 do CP).

Alternativa correta: letra "a".

284. (Vunesp – Delegado de Polícia – SP/2014) O crime de peculato

a) consiste em solicitar ou receber, para si ou para outrem, direta ou indiretamente, vantagem indevida.

b) é crime contra a administração da justiça.

c) consiste em dar às verbas ou rendas públicas aplicação diversa da estabelecida em lei.

d) embora seja crime próprio, admite a participação de agentes que não sejam funcionários públicos.

e) mediante erro de outrem tem a mesma pena do crime de peculato.

COMENTÁRIOS

Alternativa "a": as condutas de solicitar ou receber, para si ou para outrem, direta ou indiretamente, ainda que fora da função ou antes de assumi-la, mas em razão dela, vantagem indevida, ou aceitar promessa de tal vantagem caracterizam o crime de corrupção passiva (art. 317 do Código Penal).

Alternativa "b": o peculato é crime contra a administração pública.

Alternativa "c": dar às verbas ou rendas públicas aplicação diversa da estabelecida em lei caracteriza o crime de emprego irregular de verbas públicas (art. 315 do Código Penal).

Alternativa "d": apesar de próprio, o peculato admite o concurso de pessoas estranhas aos quadros da administração, *ex vi* do disposto no art. 30 do CP, salientando-se apenas que deve a condição pessoal do autor ingressar na esfera de conhecimento do *extraneus*, caso contrário responderá este por crime outro, como, *v.g.*, apropriação indébita.

Alternativa "e": ao peculato é cominada pena de dois a doze anos de reclusão, ao passo que a lei estabelece ao peculato mediante erro de outrem a pena de reclusão de um a quatro anos.

Alternativa correta: letra "d".

285. (FGV - Delegado de Polícia - MA/2012) Com relação ao crime de peculato, assinale a afirmativa incorreta.

a) É possível que a pessoa que não é funcionário público venha a responder por peculato.
b) O carcereiro que recebe os objetos do preso e deles se apropria, responde por peculato.
c) O funcionário público que deixa o cofre da repartição aberto, do que se aproveita outro funcionário para se apropriar de bens público, responde por peculato culposo, ficando extinta a punibilidade se ocorre a reparação do dano antes da sentença.
d) O funcionário público que ao visitar um colega de outro órgão e se aproveita para subtrair bem público, responde por peculato furto.
e) É possível a tentativa no crime de peculato, salvo na modalidade culposa.

COMENTÁRIOS

Alternativa "a": apesar de próprio, o peculato admite o concurso de pessoas estranhas aos quadros da administração, *ex vi* do disposto no art. 30 do CP, salientando-se apenas que deve a condição pessoal do autor ingressar na esfera de conhecimento do *extraneus*; caso contrário responderá este por crime outro, como, *v.g.*, apropriação indébita.

Alternativa "b": o *caput* do art. 312 do Código Penal estabelece o peculato como a conduta de apropriar-se o funcionário público de dinheiro, valor ou qualquer outro bem móvel, público **ou particular**, de que tem a posse em razão do cargo, ou desviá-lo, em proveito próprio ou alheio. Se o carcereiro recebe, em razão do cargo, objetos pertencentes ao preso, e deles se apropria, há peculato apropriação,

Alternativa "c": configura-se o peculato culposo quando o funcionário público, através de manifesta negligência, imprudência ou imperícia, infringe o dever de cuidado objetivo, criando condições favoráveis à prática do peculato doloso, em qualquer de suas modalidades (apropriação, desvio, subtração ou concurso para esta), como no exemplo citado. Neste caso, havendo a reparação do dano precedente à sentença irrecorrível, extingue-se a punibilidade; se, no entanto, for posterior, reduz-se de metade a pena imposta.

Alternativa "d": para que o agente seja responsabilizado por peculato furto, deve cometer o fato se *valendo da facilidade* que a condição de funcionário lhe concede. Sem esse requisito, haverá apenas furto (art. 155 do CP). No exemplo citado, em que o agente, não obstante seja funcionário público, subtrai bem de órgão ao qual não é vinculado, enquanto visita um amigo, há apenas crime patrimonial.

Alternativa "e": podendo a execução do peculato ser fracionada em vários atos - *crime plurissubsistente* -, a tentativa mostra-se perfeitamente possível.

Alternativa correta: letra "d".

80.2. *PECULATO MEDIANTE ERRO DE OUTREM*

286. (Delegado de Polícia - MG/ 2008 - ACADEPOL - PC/MG) Com relação aos crimes contra a administração Pública, assinale a afirmativa INCORRETA.

a) Configura a concussão a exigência feita por funcionário público para si, de vantagem indevida, não importando que esteja ele afastado da função pública que exerça, desde que dela se valha.
b) Funcionário público que, mantendo vítima em erro, apropria-se de quantia de dinheiro que lhe foi entregue no exercício de sua função, comete o crime de peculato mediante erro de outrem, inserido no art. 313 do Código Penal.
c) No crime de peculato culposo, a reparação do dano precedente à sentença irrecorrível é causa de extinção da punibilidade.
d) Para a configuração do crime de corrupção passiva, não é imprescindível a concomitante ocorrência do delito de corrupção ativa, não sendo o crime necessariamente bilateral.

COMENTÁRIOS

✪ **Nota do autor:** o peculato mediante erro de outrem se assemelha à figura da apropriação de coisa havida por erro, aqui qualificada pela condição funcional do sujeito ativo.

Alternativa "a": no crime de concussão a conduta típica consiste em *exigir* o agente, por si ou por interposta pessoa, explícita ou implicitamente, vantagem indevida, abusando da sua autoridade pública como meio de coação (*metus publicae potestatis*), ainda que fora da função ou antes de assumi-la, mas em razão dela. Trata-se de uma forma especial de extorsão, executada por funcionário público.

Alternativa "b": o peculato mediante erro de outrem consiste no fato de o agente inverter, no exercício do seu cargo, a posse de valores recebidos por erro de terceiro. O bem apoderado, ao contrário do que ocorre no peculato apropriação, não está *natural-*

mente na posse do agente, derivando de erro alheio. A assertiva está errada porque o erro do ofendido deve ser espontâneo, pois, se provocado pelo funcionário, poderá configurar o crime de estelionato (art. 171 do CP).

Alternativa "c": conforme dispõe o art. 312, § 3º, do Código Penal: "No caso do parágrafo anterior [peculato culposo], a reparação do dano, se precede à sentença irrecorrível, extingue a punibilidade; se lhe é posterior, reduz de metade a pena imposta.". Tal benefício, limitado à modalidade culposa, não exclui as sanções de ordem administrativa.

Alternativa "d": a caracterização da corrupção passiva dispensa a simultânea ocorrência da corrupção ativa, pois uma das ações nucleares típicas estabelecidas no art. 317 do Código Penal é a de *solicitar*, sendo que o crime se consuma no exato momento da solicitação, ainda que a obtenção da vantagem não se concretize.

Alternativa correta: letra "b".

80.3. INSERÇÃO DE DADOS FALSOS EM SISTEMA DE INFORMAÇÕES

287. (Vunesp - Delegado de Polícia - PC - SP/2022) Assinale a alternativa que apresenta crime próprio quanto ao sujeito ativo.

a) Inserção de dados falsos em sistema de informações.

b) Fraudes em certames de interesse público.

c) Usurpação de função pública.

d) Corrupção ativa.

e) Subtração ou inutilização de livro ou documento.

COMENTÁRIOS

Alternativa "a": o art. 313-A do CP pune as condutas de inserir ou facilitar, o funcionário autorizado, a inserção de dados falsos, alterar ou excluir indevidamente dados corretos nos sistemas informatizados ou bancos de dados da Administração Pública com o fim de obter vantagem indevida para si ou para outrem ou para causar dano. Sujeito ativo é somente o funcionário público autorizado, isto é, aquele que estiver lotado na repartição encarregada de cuidar dos sistemas informatizados ou banco de dados da Administração Pública. Desconsidera-se, no caso, a definição ampla trazida pela norma do art. 327 do Código Penal.

Alternativa "b": o crime do art. 311-A do CP é comum, razão pela qual qualquer pessoa que participa do certame, seja como candidato, seja como integrante, direto ou indireto, da estrutura organizadora pode praticá-lo.

Alternativa "c": sujeito ativo da usurpação de função pública (art. 328) é o particular que desempenha, indevidamente, uma função pública, podendo contar com auxílio de terceiros (crime comum). Expressiva parcela da doutrina entende possível figurar como sujeito ativo o funcionário público, quando exerce, abusivamente, função estranha à de que está encarregado. Eis o escólio de Cezar Roberto Bitencourt: "Sujeito ativo pode ser qualquer pessoa, até mesmo o funcionário público incompetente ou investido em outra função, ou, em outros termos, quando o funcionário pratica atividade atribuída a outro agente público, absolutamente estranha àquela a que está investido" (Tratado de Direito Penal, v. 5, p. 189).

Alternativa "d": a corrupção ativa (art. 333) é crime comum, não se exigindo nenhuma qualidade especial do corruptor. Mesmo o funcionário público, despido dessa qualidade, pode figurar como autor da infração.

Alternativa "e": a subtração ou inutilização de livro ou documento (art. 337) é crime comum, podendo ser praticado por qualquer pessoa, inclusive por funcionário público, desde que não incumbido *ratione officii* da guarda dos objetos materiais (livro, processo ou documento), caso em que se tipifica a conduta do art. 314.

Alternativa correta: letra "b".

80.4. CONCUSSÃO

288. (Cespe - Delegado de Polícia - PC - RJ/2022) A respeito dos crimes contra a administração pública, assinale a opção correta.

a) A conduta de médico particular solicitar o pagamento de valor em dinheiro para atender paciente pelo Sistema Único de Saúde não configura crime funcional, pois o agente não se enquadra no conceito de funcionário público para fins penais.

b) Comete o crime de prevaricação funcionário público que, por indulgência, deixa de responsabilizar subordinado que tenha cometido infração no exercício do cargo.

c) Particular que aquiesce com a exigência de funcionário público, quando este comete o crime de concussão, entregando-lhe o valor pedido em razão do exercício de sua função, não comete nenhum crime nesse caso.

d) O crime de corrupção passiva somente se configura com a efetiva prática ou omissão da conduta funcional do servidor, já que o chamado ato de ofício integra o tipo penal.

e) Quem oferece dinheiro a perito para que este elabore laudo favorável à sua pretensão comete crime de corrupção ativa, definido no art. 333 do Código Penal.

COMENTÁRIOS

Alternativa "a": o médico particular credenciado ao SUS é considerado funcionário público para fins penais. Dessa forma, se solicita dinheiro para atender os pacientes, responde por corrupção passiva. Mas, segundo decidiu o STJ, tratando-se apenas de reembolso por procedimento não garantido na rede pública, o fato é atípico (HC 541.447/SP, j. 14/09/2021).

Alternativa "b": comete condescendência criminosa – e não prevaricação – quem deixa, por indulgência, de responsabilizar subordinado que cometeu infração no exercício do cargo ou, quando lhe falte competência, não leva o fato ao conhecimento da autoridade competente.

Alternativa "c": há concussão na conduta do funcionário público que exige, para si ou para outrem, direta ou indiretamente, ainda que fora da função ou antes de assumi-la, mas em razão dela, vantagem indevida. Quem cede à exigência não responde pelo crime, a exemplo, aliás, de quem entrega a vantagem solicitada pelo funcionário público corrupto.

Alternativa "d": a corrupção passiva consiste em solicitar ou receber, para si ou para outrem, direta ou indiretamente, ainda que fora da função ou antes de assumi-la, mas em razão dela, vantagem indevida, ou aceitar promessa de tal vantagem. O crime se consuma com a solicitação da vantagem, com a aceitação da promessa ou com o recebimento, dependendo das circunstâncias. Não se exige, para a tipificação, prática ou omissão funcional do servidor. Aliás, se, em consequência da vantagem ou promessa, o funcionário retarda ou deixa de praticar qualquer ato de ofício ou o pratica infringindo dever funcional, incide a causa de aumento de pena do § 1º do at. 317 do CP.

Alternativa "e": quem oferece dinheiro para que o perito elabore laudo favorável à sua pretensão não comete corrupção ativa, mas sim o crime do art. 343 do CP: dar, oferecer ou prometer dinheiro ou qualquer outra vantagem a testemunha, perito, contador, tradutor ou intérprete, para fazer afirmação falsa, negar ou calar a verdade em depoimento, perícia, cálculos, tradução ou interpretação.

Alternativa correta: letra "c".

---

289. (FGV – Delegado de Polícia – PC – RN/2021) João, fiscal de um Município do Estado Alfa, passava por uma rua de comércio popular com a família, quando seu filho avistou um comerciante vendendo balões de personagens infantis e insistiu que queria um. João, então, se dirigiu ao vendedor e exigiu que ele lhe desse o balão pretendido pelo filho, que estava sendo vendido para outro casal, dizendo que trabalhava para a Prefeitura e que, se não fosse atendido, chamaria a guarda municipal para apreender os objetos e lavrar o auto próprio. Ao proceder da forma narrada, João praticou, em tese, a conduta tipificada como:

a) extorsão;

b) concussão;

c) corrupção passiva;

d) exercício arbitrário das próprias razões;

e) corrupção passiva, mas João terá sua tipicidade afastada pelo princípio da insignificância.

COMENTÁRIOS

Alternativa "a": a extorsão consiste em *constranger*, isto é, obrigar, coagir alguém a fazer algo, tolerar que se faça ou deixar de fazer alguma coisa, sempre mediante violência (física) ou grave ameaça. Não corresponde à conduta de João.

Alternativa "b": a conduta típica da concussão consiste em *exigir*, por si ou por interposta pessoa, explícita ou implicitamente, vantagem indevida, abusando da sua autoridade pública como meio de coação (*metus publicae potestatis*). O agente público pode agir no exercício da função ou *em razão dela*, como fez João ao exigir, referindo-se a seu cargo público, que o vendedor lhe desse o bem. Neste ponto, devemos destacar alguns traços distintivos entre o crime de concussão e a espécie de abuso de autoridade tipificada no art. 33 da Lei 13.869/19. No *caput* do art. 33, a lei especial pune o agente público que, com a finalidade específica de prejudicar outrem ou beneficiar a si mesmo ou a terceiro, ou, ainda, por mero capricho ou satisfação pessoal, exige informação ou cumprimento de obrigação, inclusive o dever de fazer ou de não fazer, sem expresso amparo legal. Esse tipo penal não se confunde com a concussão porque não envolve a exigência de *vantagem indevida*. A finalidade específica de beneficiar a si mesmo ou a terceiro – um pressuposto de todos os tipos penais de abuso de autoridade – não consiste em obter alguma vantagem direta como contraprestação, pois, no caso, o benefício consiste na própria obtenção da informação exigida ou no cumprimento de obrigação sem amparo legal.

Alternativa "c": a corrupção passiva se caracteriza pelos atos de *solicitar* ou receber, para si ou para outrem, direta ou indiretamente, ainda que fora da função ou antes de assumi-la, mas em razão dela, vantagem indevida, ou aceitar promessa de tal vantagem. O enunciado destaca que João *exigiu* a vantagem, razão pela qual não se tipifica a corrupção.

Alternativa "d": no exercício arbitrário das próprias razões a pretensão deve ser legítima (assentada em um direito) ou, ao menos, revestida de legitimidade (suposta, putativa). Evidentemente, não é o caso da conduta de João.

Alternativa "e": caso se tratasse de corrupção passiva, não incidiria o princípio da insignificância, vedado em situações dessa natureza (cf. súmula 599 do STJ).

Alternativa correta: letra "b".

---

290. (Delegado de Polícia – MT/ 2010 – UNEMAT) Considere a descrição típica contida no artigo 316, "caput", do Código Penal: "Exigir, para si ou para outrem, direta ou indiretamente, ainda que fora da função ou antes de assumi-la, mas em razão dela, vantagem indevida".

Sobre o exposto, assinale a alternativa **incorreta.**

a) No crime de concussão, o Estado é o sujeito passivo principal e o particular é o sujeito passivo secundário.

b) Reputa-se consumado o crime de concussão com a mera exigência da vantagem indevida, independentemente da sua obtenção.

c) Policial militar, que exige para si vantagem ilícita em razão da função, não comete o crime de concussão, e sim um tipo próprio previsto no Código Penal Militar.

d) O elemento normativo "vantagem ilícita" contido no tipo refere-se a qualquer tipo de proveito proibido, ainda que não econômico e patrimonial.

e) A pessoa que, simulando ser funcionário público, exige a vantagem ilícita para si, em razão da suposta função, comete crime de concussão.

COMENTÁRIOS

Alternativa "a": sujeito passivo primário da concussão é a Administração Pública, concomitantemente com a pessoa constrangida, sujeito passivo secundário.

Alternativa "b": consistindo a conduta criminosa em *exigir*, fica claro, desde logo, tratar-se de delito formal (ou de consumação antecipada), perfazendo-se com a mera coação, independente da obtenção da repugnante vantagem. Aliás, o seu recebimento espelha simples exaurimento (interferindo na pena) e não elemento constitutivo do crime. Nesse sentido, decidiu o STJ: "No crime de concussão, a situação de flagrante delito configura-se pela exigência – e não pela entrega – da vantagem indevida. Isso porque a concussão é crime formal, que se consuma com a exigência da vantagem indevida. Assim, a eventual entrega do exigido se consubstancia mero exaurimento do crime previamente consumado" (HC 266.460/ES, DJe 17/06/2015).

Alternativa "c": o art. 305 do Código Penal Militar pune a conduta de exigir, para si ou para outrem, direta ou indiretamente, ainda que fora da função ou antes de assumi-la, mas em razão dela, vantagem indevida.

Alternativa "d": ao se referir a *vantagem indevida*, entende-se que a lei buscou incriminar qualquer tipo de proveito proibido, ainda que não econômico e patrimonial, como, *v.g.*, a sentimental, sexual etc. Respeitáveis opiniões, porém, lecionam que o conteúdo da vantagem indevida deve ser, necessariamente, de natureza econômica. Nesse sentido, Rui Stoco (*Código Penal e sua interpretação:* doutrina e jurisprudência. 8. ed. São Paulo: RT, 2007, p. 3.854).

Alternativa "e": está errada porque o agente visado pela lei é o funcionário público no sentido amplo do direito penal (art. 327 do CP), incluindo também aquele que, apenas nomeado, embora ainda não esteja no exercício da sua função, atue criminosamente em razão dela. Aquele que somente simula a condição de funcionário para exigir a vantagem não comete concussão, mas extorsão, se empregada violência ou grave ameaça, pois, caso assim não seja, há estelionato.

Alternativa correta: letra "e".

80.5. CORRUPÇÃO PASSIVA

291. (Vunesp - Delegado de Polícia - PC - SP/2022) Assinale a alternativa correta no que concerne aos crimes contra a Administração.

a) O crime de advocacia administrativa apenas se consuma se o interesse patrocinado pelo agente for ilegítimo.

b) O crime de corrupção passiva apenas se consuma quando há solicitação, recebimento ou aceitação de promessa indevida pelo funcionário.

c) O crime de concussão apenas se consuma quando a vantagem exigida é efetivamente auferida.

d) O crime de abandono de função apenas se consuma se do fato resultar prejuízo público.

e) O crime de modificação ou alteração não autorizada de sistema de informações apenas se consuma se houver dano para a Administração ou para o administrado.

COMENTÁRIOS

Alternativa "a": a conduta típica do art. 321 do CP é patrocinar, direta ou indiretamente, ainda que não no exercício do cargo, emprego ou função, mas valendo-se da sua qualidade de funcionário, interesse privado perante a Administração Pública. O crime se perfaz inclusive se o interesse patrocinado é legítimo. Se ilegítimo, incide a qualificadora do parágrafo único.

Alternativa "b": nas modalidades solicitar e aceitar promessa de vantagem, o crime de corrupção passiva (art. 317) é de natureza formal, consumando-se ainda que a gratificação não se concretize. Já na modalidade receber, o crime é material, exigindo efetivo enriquecimento ilícito do autor.

Alternativa "c": o crime de concussão (art. 316) se consuma com a exigência indevida. O recebimento é considerado tão somente o exaurimento do crime, e deve influenciar a aplicação da pena-base.

Alternativa "d": o abandono de função (art. 323) se perfaz pela ausência injustificada do agente público por tempo suficiente para criar a possibilidade concreta (real e efetiva) de dano para a Administração Pública. Não se exige o prejuízo, que, se presente, qualifica o crime (§ 1º).

Alternativa "e": o crime do art. 313-B do CP consiste simplesmente na modificação ou alteração do sistema ou programa de informática, objetos materiais do tipo penal. Se há dano para a Administração Pública ou para o administrado, a pena é aumentada de um terço até a metade.

Alternativa correta: letra "b".

292. (IBADE - Delegado de Polícia - AC/2017) Setembrino, oficial de Justiça, recebe ligação de um amigo, o qual solicita a protelação do cumprimento de certa decisão judicial. A fim de atender ao pedido do amigo, o funcionário público retarda o ato de ofício. Nesse contexto, é correto dizer que Setembrino cometeu:

a) Mero ato de improbidade administrativa.

b) desobediência.

c) corrupção passiva majorada.

d) corrupção passiva privilegiada.

e) prevaricação.

COMENTÁRIOS

Alternativa "b": o agente não desobedeceu a ordem legal de funcionário público, mas apenas retardou o ato que deveria cumprir por dever de ofício.

Alternativa "c": não se trata de corrupção passiva majorada, na qual, em consequência de vantagem ou promessa, o funcionário retarda ou deixa de praticar qualquer ato de ofício ou o pratica infringindo dever funcional. O enunciado não menciona o oferecimento ou o recebimento de vantagem.

Alternativa "d" (responde, também, a alternativa "a"): na figura privilegiada da corrupção passiva, o agente, sem visar a satisfazer interesse próprio (auri sacra fames), cede a pedido, pressão ou influência de outrem (art. 317, § 2º, do CP). "É o caso dos famigerados 'favores' administrativos, comuns na reciprocidade do tráfico de influências. Também, corriqueiros na corrupção paroquial das administrações locais" (Fazzio Júnior, Waldo. Corrupção no poder público, p. 190).

Alternativa "e": também não se trata de prevaricação porque, conforme narra o enunciado, Setembrino não retardou indevidamente ato de ofício para satisfazer a interesse ou sentimento pessoal. Apenas atendeu ao pedido do amigo.

Alternativa correta: letra "d".

293. (Vunesp - Delegado de Polícia - CE/2015) Marcelo é aprovado em concurso público para o cargo de Delegado de Polícia. Sabe que seu vizinho tem expedido em seu desfavor mandado de prisão. Mesmo antes de assumir o cargo, Marcelo procura seu vizinho, que é proprietário de automóvel de luxo, e solicita-lhe comprar o veículo por 1/3 do preço de mercado, insinuando de modo implícito que caso a proposta não seja aceita efetuará sua prisão tão logo assuma o cargo público. O vizinho não cede e Marcelo, mesmo após assumir o cargo, não toma qualquer atitude em desfavor de seu vizinho. Marcelo praticou

a) corrupção passiva.

b) estelionato, na modalidade tentada.

c) meros atos preparatórios.

d) corrupção passiva, na modalidade tentada.

e) concussão.

COMENTÁRIOS

Alternativa "a" (responde, também, a alternativa "d"): caracteriza-se o crime de corrupção passiva por solicitar ou receber, para si ou para outrem, direta ou indiretamente, ainda que fora da função ou **antes de assumi-la, mas em razão dela**, vantagem indevida, ou aceitar promessa de tal vantagem. No exemplo, em que Marcelo fez a solicitação antes de assumir o cargo de delegado, mas em razão dele, perfaz-se o crime. Trata-se, aliás, de crime consumado, pois a modalidade *solicitar* é formal, independente da efetiva obtenção da vantagem.

Alternativa "b": não se trata de estelionato, crime patrimonial consistente em obter, para si ou para outrem, vantagem ilícita, em prejuízo alheio, induzindo ou mantendo alguém em erro, mediante artifício, ardil, ou qualquer outro meio fraudulento. Poderia haver estelionato se Marcelo, sem ostentar nenhum vínculo com o serviço público, se apresentasse a seu vizinho como delegado de polícia e lhe solicitasse a vantagem para deixar de prendê-lo.

Alternativa "c": não é possível falar em atos preparatórios porque Marcelo praticou o núcleo do tipo da corrupção passiva. Caso a lei não admitisse que o agente cometesse o delito antes mesmo de assumir a função pública, o fato seria atípico ou poderia, como destacamos na assertiva anterior, configurar o estelionato.

Alternativa "e": não se trata de concussão porque Marcelo não exigiu a vantagem, mas a solicitou. Na exigência feita pelo *intraneus* há sempre algum tipo de constrição, influência intimidativa sobre o particular ofendido, havendo necessariamente algo de coercitivo. O agente impõe, ordena, de forma intimidativa ou coativa, a vantagem que almeja e a que não faz jus. Não é o caso do exemplo do enunciado.

Alternativa correta: letra "a".

294. (Fundação Aroeira - Delegado de Polícia - TO/2014) K. S., funcionário público, solicita, para si, indiretamente, uma determinada quantia em dinheiro de M. F, para não multá-lo. Sabendo-se que M. F. não pagou a propina para K. S., este deve responder por crime de

a) corrupção passiva, na forma consumada.

b) prevaricação, na forma tentada.

c) corrupção ativa, na forma tentada.

d) concussão, na forma consumada.

COMENTÁRIOS

Alternativa "a": nas modalidades *solicitar* e *aceitar promessa de vantagem*, o crime de corrupção passiva é de natureza formal, consumando-se ainda que a gratificação não se concretize.

Alternativa "b": não há prevaricação, que ocorre quando o agente público retarda ou deixa de praticar, indevidamente, ato de ofício, ou o pratica contra disposição expressa de lei, para satisfazer interesse ou sentimento pessoal. Não é o caso do exemplo citado no enunciado.

Alternativa "c": o crime de corrupção ativa é cometido pelo particular contra a Administração em geral e consiste em oferecer ou prometer vantagem indevida a funcionário público, para determiná-lo a praticar, omitir ou retardar ato de ofício.

Alternativa "d": o agente público não solicita, mas exige, para si ou para outrem, direta ou indiretamente, ainda que fora da função ou antes de assumi-la, mas em razão dela, vantagem indevida.

Alternativa correta: letra "a".

80.6. PREVARICAÇÃO

295. (FUNCAB – Delegado de Polícia – ES/2013) Josefina, chefe de uma seção da Secretaria de Estado de Saúde, tomou conhecimento de que um funcionário de sua repartição havia subtraído uma impressora do órgão público. Por compaixão, em face de serem muito amigos, Josefina não leva o fato ao conhecimento dos seus superiores, para que as medidas cabíveis quanto à responsabilização do servidor fossem adotadas. Portanto, Josefina:

a) não obrou para crime algum, haja vista não ter competência para responsabilizar o seu subordinado.
b) obrou para crime de condescendência criminosa, haja vista ter competência para responsabilizar o seu subordinado.
c) obrou para crime de condescendência criminosa, haja vista não ter competência para responsabilizar o seu subordinado, mas o dever de levar o fato ao conhecimento da autoridade competente.
d) obrou para crime de corrupção passiva, haja vista a compaixão ser uma vantagem indevida.
e) obrou para crime de prevaricação.

COMENTÁRIOS

Alternativa "d": não há crime de corrupção passiva, que consiste em solicitar ou receber, para si ou para outrem, direta ou indiretamente, ainda que fora da função ou antes de assumi-la, mas em razão dela, vantagem indevida, ou aceitar promessa de tal vantagem.

Alternativa "e" (responde, também, as alternativas "a", "b" e "c"): o candidato, na leitura da questão, pode ter ficado entre duas respostas: prevaricação e condescendência criminosa. Apesar de os dois comportamentos se aproximarem, a diferença se estabelece, principalmente, pelo móvel do crime. No primeiro (prevaricação), o agente busca satisfazer interesse ou sentimento pessoal. Já na condescendência criminosa, o agente tolera, admite um comportamento que demandaria sua eficiente intervenção. O problema anuncia que a servidora agiu movida por compaixão, configurando, portanto, prevaricação, delito previsto no art. 319 do CP.

Alternativa correta: letra "e".

296. (Delegado de Polícia – BA/ 2008 – ACADEPOL) Em relação ao crime de prevaricação, pode-se afirmar:

a) Não há, para configuração do delito, a necessidade de satisfazer interesse ou sentimento pessoal.
b) Exige a lei, para configuração do delito, o dolo específico em satisfazer interesse ou sentimento pessoal.
c) Basta que o funcionário público retarde ou deixe de praticar indevidamente ato de ofício, ou praticá-lo contra disposição expressa de lei.
d) Basta que o funcionário público satisfaça interesse alheio.
e) Basta que o funcionário público exija para si ou para outrem vantagem indevida.

COMENTÁRIOS

O crime de prevaricação se caracteriza pelo dolo do agente, ou seja, vontade consciente de retardar, omitir ou praticar ilegalmente ato de ofício, acrescido do intuito de satisfazer interesse ou sentimento pessoal (elemento subjetivo do tipo), colocando o seu interesse particular acima do interesse público.

O interesse, porém, não deve ser de natureza material, pois, como explica Basileu Garcia, outro seria o delito: "Se o funcionário infringe a lei ou pratica indevidamente ato de ofício de maneira abusiva, porque tem em vista uma vantagem pecuniária, suponhamos, incide no campo da corrupção passiva, e não no campo da prevaricação, – delito menos grave, ao qual se destinam penas reduzidas. 'Sentimento pessoal' são palavras que abrangem enorme variedade de motivos. O ódio, a que se referia a lei precedente: o despeito, a inveja e mesmo o amor e a simples amizade. É possível prevaricar visando-se prejudicar e visando-se favorecer a alguém." (Dos crimes contra administração pública. *Justitia*, v. 6, São Paulo, 1948, p. 60).

Alternativa correta: letra "b" (responde, também, as demais alternativas).

80.7. PREVARICAÇÃO IMPRÓPRIA

296.1. (Cespe – Delegado de Polícia – PC – RJ/2022) Em uma investigação policial realizada para apurar o golpe conhecido como falso sequestro, em que uma pessoa telefona para outra, afirmando, falsamente, ter sequestrado alguém de sua família e exigindo determinada quantia pecuniária para liberá-la, apurou-se que as chamadas eram efetuadas de telefones celulares que se encontravam dentro de determinado presídio público. Então, realizou-se uma operação policial no estabelecimento prisional, tendo sido apreendidos 27 aparelhos celulares. No curso investigatório, também se apurou que o visitante Maycon era responsável por promover a entrada dos aparelhos telefônicos no presídio e que o visitante Wellington era responsável por trazer novos chips com planos pré-pagos para os aparelhos, enquanto

Gilberto, policial penal, fazia vista grossa, deixando de vetar aos presos o acesso aos aparelhos. Gilberto agia assim por ordem de José Augusto, diretor da unidade, que recebia a quantia mensal de R$ 20 mil para a manutenção do esquema. A partir dessa situação hipotética e da jurisprudência do STJ, assinale a opção correta.

a) O golpe conhecido como falso sequestro configura o crime de estelionato.
b) José Augusto cometeu o crime de corrupção ativa, previsto no art. 333 do Código Penal.
c) A posse de telefone celular por pessoa presa, mesmo que esta não tenha participado de sua introdução no presídio, configura o crime de favorecimento específico, previsto no artigo 349-A do Código Penal.
d) Maycon e Wellington cometeram o crime de favorecimento específico, previsto no artigo 349-A do Código Penal.
e) Gilberto cometeu a modalidade específica do crime de prevaricação, previsto no art. 319-A do Código Penal.

COMENTÁRIOS

Alternativa "a": o denominado *golpe do falso sequestro* se caracteriza pela ação do criminoso que telefona para alguém fingindo-se sequestrador de um familiar dessa pessoa, e a ameaça gravemente caso um depósito em dinheiro não seja feito em determinada conta bancária para que a imaginária vítima seja libertada. Essa conduta se subsume ao tipo da extorsão, não do estelionato.

Alternativa "b": José Augusto, diretor do presídio que recebe dinheiro para permitir a entrada dos aparelhos de comunicação, comete o crime de corrupção passiva.

Alternativa "c": o crime do art. 349-A do CP consiste em ingressar, promover, intermediar, auxiliar ou facilitar a entrada de aparelho telefônico de comunicação móvel, de rádio ou similar, sem autorização legal, em estabelecimento prisional. O preso que é apenas surpreendido com o aparelho no estabelecimento não comete esse crime. Responde por falta disciplinar de natureza grave (art. 50, inc. VII, da Lei 7.210/84).

Alternativa "d": o crime do art. 349-A é comum, normalmente executado por familiares ou pessoas próximas ao preso, em dia de visita. Pune-se o agente que ingressar, promover (agenciar), intermediar (interceder), auxiliar (assistir) ou facilitar (ajudar) a entrada de aparelho telefônico de comunicação móvel, de rádio ou similar, em estabelecimento prisional (local onde se recolhem presos, provisórios ou definitivos). O encerramento genérico do tipo penal com a expressão "ou similar" permite ao juiz realizar interpretação analógica para abranger qualquer aparelho que transmite informação. Mas o legislador não se atentou para incriminar expressamente a entrada dos acessórios dos aparelhos de comunicação, como chips, baterias, carregadores etc. No âmbito da execução penal, ao julgar situações relativas à prática de falta grave, o STJ firmou orientação no sentido de que a posse de acessórios essenciais para o funcionamento do aparelho telefônico também deve ser punida, pois a *ratio essendi* da norma é proibir a comunicação entre os presos ou destes com o meio externo. Entender em sentido contrário, permitindo a entrada fracionada do celular, seria estimular a burla às medidas disciplinares da Lei de Execução Penal (súmula 660). A 5ª Turma do tribunal, no entanto, julgou que a conduta de introduzir *chip* de telefone em estabelecimento prisional não se adéqua ao tipo penal do art. 349-A, que não contempla essa ação específica. Se o tipo penal não é expresso, é impossível ao intérprete alargá-lo para abranger a conduta (HC 619.776/DF, j. 20/04/2021). Conclui-se, portanto, que Maycon – responsável por promover a entrada dos aparelhos telefônicos – é autor do crime, mas Wellington – responsável por introduzir *chips* para os aparelhos – não o é.

Alternativa "e": o art. 319-A do CP tipifica a denominada *prevaricação imprópria*, consistente em deixar o agente público de cumprir seu dever funcional de vedar ao preso o acesso a aparelho que possibilite a comunicação com outros presos (do mesmo estabelecimento ou não) ou com o ambiente externo (qualquer pessoa situada fora do ambiente carcerário). O sujeito ativo não é qualquer funcionário público, mas quem, no exercício das suas funções, tem o dever de evitar o acesso do preso aos aparelhos de comunicação proibidos (Diretor de Penitenciária, carcereiro, policial na escolta etc.). Gilberto, diretor da unidade, cometeu este crime.

Alternativa correta: letra "e".

80.8. ADVOCACIA ADMINISTRATIVA

297. (Delegado de Polícia – BA/ 2008 – ACADEPOL) Constitui crime de advocacia administrativa o fato de um

a) agente público empregar de violência ou grave ameaça para obter vantagem para si ou para outro.
b) agente público solicitar ou receber vantagem para praticar ato irregular.
c) funcionário público patrocinar interesse privado, advogando, defendendo, apadrinhando ou pleiteando favorecer um interesse particular alheio perante a administração pública e valendo-se de sua condição de funcionário.
d) indivíduo retardar ou deixar de praticar ato de ofício para satisfazer interesse ou sentimento pessoal.
e) agente público exigir vantagem para praticar ato irregular.

COMENTÁRIOS

Alternativa "a": se o funcionário público emprega violência ou grave ameaça para obter vantagem, haverá o crime de extorsão.

Alternativa "b": se o agente solicita ou recebe vantagem para praticar ato irregular, haverá o crime de corrupção passiva.

Alternativa "c": nos termos do art. 321 do Código Penal, há advocacia administrativa quando alguém patrocina, direta ou indiretamente, interesse privado perante a administração pública, valendo-se da qualidade de funcionário. Patrocinar corresponde a defender, pleitear, advogar junto a companheiros ou superiores hierárquicos o interesse particular. Para que se configure o crime do art. 321 do CP, não basta que o agente ostente a condição de funcionário público, mas é necessário e indispensável que pratique a ação aproveitando-se das facilidades que sua qualidade de funcionário lhe proporciona.

Alternativa "d": se o agente retardar ou deixar de praticar ato de ofício para satisfazer interesse ou sentimento pessoal haverá o crime de prevaricação.

Alternativa "e": o ato do agente público que exige (com o sentido de constrição, influência intimidativa sobre o particular ofendido, sem violência ou grave ameaça) vantagem para praticar ato irregular constitui o crime de concussão.

Alternativa correta: letra "c".

80.9. VIOLAÇÃO DE SIGILO FUNCIONAL

298. (UEG – Delegado de Polícia – GO/2013) O Código Penal descreve, no art. 325, o crime de violação de sigilo funcional (revelar fato de que tem ciência em razão do cargo e que deva permanecer em segredo, ou facilitar-lhe a revelação: Pena – detenção, de seis meses a dois anos, ou multa, se o fato não constitui crime mais grave). Sobre referido tipo penal, verifica-se:

a) cuida-se de crime comum, na medida em que o particular a quem o segredo é transmitido, mesmo que não tenha concorrido para o crime, também responderá pelo delito.
b) o segredo revelado pode dizer respeito tanto ao de interesse público quanto ao de interesse privado, para atrair o tipo penal.
c) se ao tempo da ação o agente já não era mais servidor público, não incidirá na norma proibitiva, exceto se estiver aposentado ou em disponibilidade.
d) pratica o delito o servidor público que revela ou facilita a revelação do fato sigiloso, mesmo tendo ciência do fato fora de sua atribuição ou competência.

COMENTÁRIOS

Alternativa "a": o crime é próprio, pois somente pode ser cometido pelo funcionário público.

Alternativa "b": o crime do art. 325 do Código Penal é cometido por funcionário público contra a Administração em geral. Logo, o segredo de que teve conhecimento o agente deve versar sobre interesse da Administração, em que a manutenção é essencial para o regular andamento das atividades administrativas.

Alternativa "c": pratica este delito o funcionário público, na acepção ampla da palavra (art. 327 do CP). É ensinamento predominante na doutrina que, mesmo o funcionário aposentado ou afastado da sua função pode cometer o crime, pois não se desvincula totalmente dos deveres para com a Administração Pública. *De lege ferenda*, somos inteiramente favoráveis à inclusão do funcionário aposentado no rol do sujeito ativo do crime de violação de sigilo funcional. Contudo, não havendo equiparação expressa nesse sentido, tal entendimento cuida-se, na verdade, de analogia *in malam partem*, ferindo o princípio da legalidade.

Alternativa "d": alerta a doutrina que deve o funcionário público saber do segredo em razão do seu cargo ou função que exerce, isto é, deve estar entre as suas atribuições o conhecimento do fato secreto. Caso contrário, poderá haver outro crime (art. 154 do CP).

Alternativa correta: letra "c".

80.10. USURPAÇÃO DE FUNÇÃO PÚBLICA

299. (Vunesp – Delegado de Polícia – CE/2015) O crime de usurpação de função pública é qualificado se

a) do fato resulta prejuízo patrimonial para a Administração.
b) do fato o agente aufere vantagem.
c) ocorre em local ermo ou de difícil acesso ou durante repouso noturno.
d) praticado mediante o uso de uniforme ou insígnias ou qualquer outro elemento distintivo da atividade usurpada.
e) praticado em concurso de pessoas.

COMENTÁRIOS

Alternativa "a": não há qualificadora para o fato de resultar da usurpação prejuízo patrimonial para a Administração, embora isso deva ser considerado na aplicação da pena na qualidade de circunstância judicial (consequências do crime).

Alternativa "b": há usurpação de função pública (art. 328 do Código Penal) quando o agente assume, exerce ou desempenha indevidamente uma atividade pública, de natureza civil ou militar, gratuita ou remunerada, permanente ou temporária, executando atos inerentes ao ofício arbitrariamente ocupado. Se do fato o agente aufere, para si ou para terceiro, vantagem (não só patrimonial), a pena será majorada, nos termos do parágrafo único. O terceiro beneficiado que recebe a vantagem, concorrendo para a usurpação, responderá como partícipe do crime.

Alternativa "c": não há nenhuma referência legal ao fato de o crime de usurpação de função pública ocorrer em local ermo ou de difícil acesso ou durante repouso noturno.

Alternativa "d": o uso indevido de uniforme, distintivo ou insígnia, se militar, a que o agente não tenha direito, caracteriza o crime do art. 172 do Código Penal Militar.

Alternativa "e": também não há qualificadora para o caso de a usurpação ser cometida em concurso de pessoas.

Alternativa correta: letra "b".

80.11. DESACATO

300. (CEBRASPE - Delegado de Polícia - PE/2024) Carlos, policial militar, em policiamento ostensivo, deu ordem legal de parada ao veículo dirigido por Marcos, que tinha acabado de praticar um roubo. Mesmo recebendo a ordem de parada do policial, Marcos saiu em fuga, tendo sido capturado posteriormente. Na situação hipotética apresentada, conforme o entendimento do STJ, Marcos praticou

a) roubo, apenas.
b) roubo em concurso com o crime de desacato.
c) roubo em concurso com o crime de resistência.
d) roubo em concurso com o crime de desobediência.
e) roubo em concurso com o crime de evasão mediante violência contra a pessoa.

COMENTÁRIOS

Alternativa "a" (responde, também, a alternativa "d"): ao analisarmos a tipificação da desobediência em virtude da evasão à ordem de parada no trânsito, devemos diferenciar das situações: a) a ordem parte de um agente público em fiscalização de trânsito: não há crime, pois o Código de Trânsito contém sanção administrativa específica e suficiente para punir o motorista rebelde (art. 195, que impõe multa de natureza grave), mesmo que a fiscalização seja exercida por um policial (STJ: AgRg no REsp 1.872.022/MS, j. 16/06/2020); b) a ordem parte de agente público em policiamento ostensivo: neste caso, em que a polícia atua para prevenir e reprimir infrações penais, o motorista que não cumpre a determinação comete desobediência, ainda que o faça para evitar a prisão por outro crime: "O acusado tem direito constitucional de permanecer calado, de não produzir prova contra si e, inclusive, de mentir acerca do fato criminoso. Contudo, a pretexto exercer tais prerrogativas, não pode praticar condutas consideradas penalmente relevantes pelo ordenamento jurídico, pois tal situação caracteriza abuso do direito, desbordando a respectiva esfera protetiva'. Assim, o entendimento segundo o qual o indivíduo, quando no seu exercício de defesa, não teria a obrigação de se submeter à ordem legal oriunda de funcionário público pode acarretar o estímulo à impunidade e dificultar, ou até mesmo impedir, o exercício da atividade policial e, consequentemente, da segurança pública" (STJ: REsp 1.859.933/SC, j. 09/03/2022). Dessa forma, Marcos deve responder pelo roubo em concurso com a desobediência.

Alternativa "b": não há desacato, pois Marcos não ofendeu o policial militar.

Alternativa "c": tampouco há crime de resistência, pois Marcos não se opôs à execução da ordem legal de Carlos mediante violência ou ameaça.

Alternativa "e": o crime mencionado na assertiva, como indica sua denominação, se caracteriza por evadir-se ou tentar evadir-se o preso ou o indivíduo submetido a medida de segurança detentiva, usando de violência contra a pessoa. O enunciado não indica a prática de violência por Marcos, que aliás sequer estava preso.

Alternativa correta: letra "d".

301. (FUNCAB - Delegado de Polícia - PA/2016) Sobre as garantias penais e processuais previstas na Convenção Americana sobre Direitos Humanos, é correto afirmar que:

a) a duração razoável do processo, no que concerne à pessoa privada de sua liberdade, não encontra referência explícita na Convenção, ao contrário da necessária e imediata apresentação da pessoa a um juiz, expressamente mencionada.
b) a Comissão Interamericana de Direitos Humanos (CIDH), analisando o art. 13 do Pacto de São José da Costa Rica, entendeu que a incriminação do desacato não é compatível com o texto da Convenção.
c) determina a Convenção que todo processo penal deve ser público, sendo vedada qualquer espécie de sigilo, a fim de que a sociedade possa fiscalizar a correta aplicação das garantias processuais.
d) o Pacto de São José da Costa Rica estabelece a presunção de inocência enquanto não provada legalmente a culpa da pessoa, repudiando expressamente a execução da pena após sentença condenatória em segunda instância.
e) a teoria concepcionista, que, em linhas gerais, estabelece a proteção à vida desde o momento da concepção, encontra respaldo no art. 4. da Convenção e determina de forma inquestionável o momento em que surge a vida intrauterina e, consequentemente, a interpretação sobre a abrangência do abortamento criminoso.

COMENTÁRIOS

Alternativa "a": a Convenção Americana sobre Direitos Humanos, no art. 7, item 5, estabelece expressamente o direito a um julgamento dentro de prazo razoável.

Alternativa "b": baseando-se nessa orientação da Comissão, o STJ, no julgamento do REsp 1.640.084/SP (DJe 01/02/2017), proferido pela 5ª Turma, considerou o crime de desacato incompatível com a Convenção Americana sobre os Direitos Humanos porque privilegia a preponderância do Estado sobre o indivíduo. Em seguida, no entanto, decidiu-se afetar à Terceira Seção o julgamento do HC 379.269/MS (DJe 30/06/2017) para que a questão fosse pacificada pelo órgão que reúne as duas turmas com competência criminal no STJ. Desta feita, o tribunal concluiu que o desacato continua sendo crime.

Posteriormente, o STF encampou a tese de que a tipificação do desacato permanece vigente (ADPF 496/DF, Rel. Min. Roberto Barroso, j. 22/06/2020).

Alternativa "c": o art. 8, item 5 da Convenção Americana sobre Direitos Humanos estabelece que o processo penal deve ser público, salvo no que for necessário para preservar os interesses da justiça.

Alternativa "d": no art. 8º, item 2, o Pacto de São José da Costa Rica estabelece, de fato, o direito à presunção de inocência. Não há, todavia, nenhuma vedação expressa à prisão após decisão judicial de segunda instância.

Alternativa "e": embora o art. 4º da Convenção Americana sobre Direitos Humanos estabeleça a proteção desde a concepção, não o faz em termos absolutos para determinar a abrangência do aborto criminoso. Segundo o dispositivo, todos têm o direito de que se respeite sua vida, e esse direito deve ser protegido pela lei, em geral, desde o momento da concepção, vedada a privação arbitrária da vida.

Alternativa correta: letra "b".

80.12. TRÁFICO DE INFLUÊNCIA

302. (Cespe – Delegado de Polícia – PC – PB/2022) O particular que solicita vantagem econômica de suspeito sob falso pretexto de exercer influência sobre o delegado responsável pelo inquérito policial, para que não o indicie, pratica

a) exploração de prestígio.

b) tráfico de influência.

c) advocacia administrativa.

d) corrupção ativa.

e) corrupção passiva.

COMENTÁRIOS

Alternativa "a": a exploração de prestígio consiste em solicitar ou receber dinheiro ou qualquer outra utilidade a pretexto de influir em juiz, jurado, órgão do Ministério Público, funcionário de justiça, perito, tradutor, intérprete ou testemunha (art. 357 do CP). A condição especial do servidor invocado pelo agente (juiz, jurado, órgão do Ministério Público, funcionário de justiça, perito, tradutor, intérprete ou testemunha) é o que diferencia este crime daquele tipificado no art. 332 do CP (tráfico de influência).

Alternativa "b": no exemplo descrito, o agente comete tráfico de influência. Pratica esse crime quem, simulando prestígio com determinado servidor, solicita (pede), exige (impõe), cobra (reclama) ou obtém (adquire), para si ou para outrem, vantagem ou promessa de vantagem, de qualquer natureza, como preço da mediação. Frise-se que, para a configuração do delito, é preciso que a aludida influência seja fraudulenta (simulada), pois se presente e real, outro poderá ser o crime (corrupção).

Alternativa "c": na advocacia administrativa o agente, que deve ser funcionário público, patrocina, direta ou indiretamente, interesse privado perante a administração pública, valendo-se da qualidade de funcionário (art. 321 do CP).

Alternativa "d": a corrupção ativa consiste em oferecer ou prometer vantagem indevida a funcionário público, para determiná-lo a praticar, omitir ou retardar ato de ofício (art. 333 do CP).

Alternativa "e": a corrupção passiva, praticada necessariamente por funcionário público, consiste em solicitar ou receber, para si ou para outrem, direta ou indiretamente, ainda que fora da função ou antes de assumi-la, mas em razão dela, vantagem indevida, ou aceitar promessa de tal vantagem (art. 317 do CP).

Alternativa correta: letra "b".

80.13. RESISTÊNCIA

303. (Delegado de Polícia – BA/ 2008 – ACADEPOL) No crime de resistência, é necessário que haja, na oposição do ato legal,

a) violência e grave ameaça.

b) violência ou ameaça.

c) grave ameaça.

d) constrangimento ilegal.

e) violência e ameaça.

COMENTÁRIOS

O crime de resistência se caracteriza por opor-se à execução de ato legal, mediante violência ou ameaça a funcionário competente para executá-lo ou a quem lhe esteja prestando auxílio.

Como se pode notar, o tipo pressupõe *violência* (emprego de força física) ou *ameaça* (constrangimento moral), não necessariamente grave.

Bem assim, não é necessário que o agente atue com violência *e* ameaça, bastando uma circunstância para que o crime se configure.

Alternativa correta: letra "b" (responde, também, as demais alternativas).

80.14. CORRUPÇÃO ATIVA

304. (NUCEPE – Delegado de Polícia – PI/2014) Quanto aos crimes praticados contra a Administração Pública é CORRETO afirmar:

a) O funcionário que, nos crimes de peculato, reparar o dano até a publicação da sentença condenatória, fará jus à extinção da punibilidade.

b) Constitui crime de corrupção ativa prometer vantagem indevida a funcionário público, para determiná-lo omitir ato de ofício.

c) Nos crimes de favorecimento pessoal e real, caso o sujeito ativo seja ascendente ou descendente do criminoso, fica isento de pena.

d) O agente que pede dinheiro a pretexto de influir em ato a ser praticado pelo representante do Ministério Público incorre em crime de tráfico de influência.

e) Comete crime contra as finanças públicas gestor que ordenar, autorizar ou executar ato que acarrete aumento de despesa total com pessoal nos doze meses anteriores ao final do mandato ou da legislatura.

COMENTÁRIOS

Alternativa "a": a extinção da punibilidade no peculato é possível apenas na modalidade culposa, se o agente reparar o dano antes da sentença irrecorrível; se a reparação for posterior, reduz de metade a pena imposta. No peculato doloso, se houver a reparação do dano antes do julgamento, pode incidir a atenuante estabelecida no art. 65, inciso III, alínea *b*, do Código Penal).

Alternativa "b": o crime de corrupção ativa é de ação múltipla, composto de dois núcleos alternativos: *oferecer* (apresentar) ou *prometer* (obrigar-se a dar) a funcionário público vantagem indevida, com o fim de ver retardado ou omitido ou praticado ato funcional. Note-se que a lei fala em oferecimento ou promessa para determinar o funcionário *a praticar, omitir ou retardar ato de ofício*. Dessa forma, fica claro que o particular não é alcançado pela figura típica quando ofereça ou prometa vantagem, ou a entrega efetivamente, ao funcionário, *depois* de ter ele praticado o desejado ato. Em síntese, ao contrário do que vimos na corrupção passiva (art. 317 do CP), pune-se somente a corrupção ativa *antecedente*, mas não a *subsequente*. É o que resulta da locução *para determiná-lo* (*RT* 672/298).

Alternativa "c": é só no favorecimento pessoal que, se quem presta o auxílio é ascendente, descendente, cônjuge ou irmão do criminoso, há isenção de pena.

Alternativa "d": no caso, existe o crime de exploração de prestígio, consistente em solicitar ou receber dinheiro ou qualquer outra utilidade, a pretexto de influir em juiz, jurado, órgão do Ministério Público, funcionário de justiça, perito, tradutor, intérprete ou testemunha.

Alternativa "e": conforme dispõe o art. 359-G do Código Penal, é crime ordenar, autorizar ou executar ato que acarrete aumento de despesa total com pessoal, **nos cento e oitenta dias** anteriores ao final do mandato ou da legislatura.

Alternativa correta: letra "b".

80.15. DESCAMINHO

305. (FGV – Delegado de Polícia – PC – AM/2022) Quanto ao crime de descaminho, assinale a afirmativa correta.

a) Cuidando-se de crime material, mostra-se irrelevante o parcelamento do tributo.

b) Cuidando-se de crime material, mostra-se irrelevante o pagamento do tributo.

c) Cuidando-se de crime formal, mostra-se irrelevante o pagamento do tributo.

d) Cuidando-se de crime formal, a consumação do crime depende da constituição definitiva do crédito.

e) Cuidando-se de crime material, a consumação do crime depende da constituição definitiva do crédito.

COMENTÁRIOS

O STF tem decidido que o descaminho é crime formal, razão pela qual não se exige efetivo prejuízo ao erário para a consumação; basta a ilusão de direito ou imposto. Em decorrência desse entendimento, a orientação do tribunal é de que o esgotamento da via administrativa é dispensável (HC 121.798/BA, j. 29/05/2018). O STJ segue a mesma linha: "Nos termos do art. 334 do Código Penal, o crime de descaminho se perfaz com o ato de iludir o pagamento de imposto devido pela entrada de mercadoria no país. Desnecessária, portanto, a apuração administrativo-fiscal do montante que deixou de ser recolhido para a configuração do delito. O mesmo raciocínio deve ser aplicado ao delito de contrabando" (REsp 1.964.529/CE, j. 07/06/2022).

A extinção da punibilidade pelo pagamento do tributo iludido só se justificaria se a conclusão fosse de que se trata de delito material, tipificando-se somente após o lançamento definitivo; do contrário, se basta a importação fraudulenta, tornando-se irrelevante apurar o valor do prejuízo ao erário, também não há relevância na reparação eventualmente promovida (STJ: AgRg no REsp 1.810.491/SP, j. 27/10/2020).

Alternativa correta: letra "c" (responde, também, as demais alternativas).

306. (FGV – Delegado de Polícia – PC – AM/2022) O princípio da insignificância é admitido na doutrina e na jurisprudência em relação ao delito de

a) descaminho.

b) uso de documento falso.

c) supressão de documento.

d) roubo simples.

e) contrabando.

COMENTÁRIOS

Alternativa "a": o STF tem decisões nas quais admite o princípio da insignificância no descaminho quando o valor do tributo iludido não supera os R$ 20.000,00 (HC 139.393/PR, DJe 02/05/2017). O STJ também decide nesse sentido: "Incide o princípio da insignificância aos crimes tributários federais e de descaminho quando o débito tributário verificado não ultrapassar o limite de R$ 20.000,00, a teor do disposto no artigo 20 da Lei 10.522/2002, com as atualizações efetivadas pelas

Portarias 75 e 130, ambas do Ministério da Fazenda" (Tema 157 dos recursos repetitivos).

Embora ainda não seja possível falar em mudança de orientação, temos decisões do STF sinalizando que o tribunal pode modificar sua postura diante de situações relativas à importação de mercadorias sem o pagamento de impostos. Com efeito, no julgamento do HC 128.063/PR, em 10/04/2018, a Primeira Turma decidiu que norma relativa à ação fiscal não tem influência na atuação do Ministério Público na seara penal. Em seu voto, o ministro Alexandre de Moraes destacou que o altíssimo número de casos de importações irregulares evidencia a inadequação de aplicar o princípio da insignificância com fundamento em norma de execução fiscal, que, inclusive, não veda peremptoriamente a execução abaixo dos limites a que se refere, mas permite que se adote uma estratégia para que sejam cobrados somente os créditos com maior chance de pagamento. Seguiu a mesma linha o julgamento do HC 149.114/PR (j. 16/10/2018), no qual o ministro Marco Aurélio já havia negado medida liminar lançando mão dos mesmos argumentos utilizados na apreciação do *habeas corpus* anterior. Tendo em vista os argumentos lançados pelos ministros, nota-se nessas decisões a tendência de pura e simplesmente vedar o princípio da insignificância ao menos na grande maioria dos crimes de descaminho, pois se descartou a influência não só das portarias ministeriais sobre cobrança tributária, mas também de leis relativas à execução fiscal, que não poderiam limitar a ação penal. Assim, somente se inseriria no âmbito da insignificância o não pagamento de tributo de valor realmente baixo, que se adequasse aos mesmos critérios já utilizados em outros crimes para a análise da irrelevância penal.

Alternativa "b": a orientação majoritária do STJ é de que o princípio da insignificância não é aplicável no crime de uso de documento falso, pois não é possível mensurar o seu valor (AgRg no AREsp 1.585.414/TO, j. 19/05/2020). Não obstante, o tribunal já admitiu a insignificância em crime de uso de atestado médico falsificado: "Dessarte, sem o objetivo de refutar o entendimento sedimentado no Superior Tribunal de Justiça e no Supremo Tribunal Federal sobre a impossibilidade de aplicação do princípio da insignificância aos crimes contra a fé pública, entendo que as particularidades do caso concreto não atraem a incidência do direito penal, pois, na espécie, as sanções previstas na lei trabalhista são suficientes para reprovação do fato (princípio da intervenção mínima)" (AgRg no AREsp 1.563.049/BA, j. 20/02/2020).

Alternativa "c": não há orientação que permita a insignificância na supressão de documentos.

Alternativa "d": os crimes cometidos com violência ou grave ameaça contra a pessoa são incompatíveis com a insignificância (STJ: AgRg no HC 739.630/RS, j. 17/05/2022).

Alternativa "e": embora, no geral, a insignificância não seja admitida no contrabando (STJ: AgRg no REsp 1.993.858/SP, j. 24/05/2022), há situações em que se permite o afastamento da tipicidade material, como na importação de medicamentos para uso próprio (STJ: AgRg no REsp 1.724.405/RS, j. 18/10/2018) e na importação de maços de cigarro: "O princípio da insignificância é aplicável ao crime de contrabando de cigarros quando a quantidade apreendida não ultrapassar 1.000 (mil) maços, seja pela diminuta reprovabilidade da conduta, seja pela necessidade de se dar efetividade à repressão ao contrabando de vulto, excetuada a hipótese de reiteração da conduta, circunstância apta a indicar maior reprovabilidade e periculosidade social da ação" (REsp 1.977.652/SP, j. 13/09/2023).

Alternativa correta: letra "a".

80.16. CRIMES EM LICITAÇÕES E CONTRATOS ADMINISTRATIVOS

307. (FGV – Delegado de Polícia – PC – RN/2021) Para regulamentar o disposto no artigo 37, inciso XXI, da Constituição da República de 1988, foi editada a Lei nº 8.666/1993, que instituiu normas de licitações e contratos da Administração Pública, e definiu diversos crimes com as respectivas penas, além de regras de processos e de aplicação da resposta penal.

Sobre tais disposições legais, de acordo com a jurisprudência dos Tribunais Superiores:

a) a ação penal, independentemente da natureza culposa ou dolosa do delito, será pública condicionada à representação;
b) o crime de dispensar ou inexigir licitação fora das hipóteses previstas em lei prescinde do dolo específico de causar dano ao erário;
c) o crime de fraudar o caráter competitivo do procedimento licitatório é formal e prescinde da existência de prejuízo ao erário;
d) o interrogatório, por se tratar de lei especial, ocorre logo após o recebimento da denúncia, impedindo a aplicação da regra geral que prevê a sua realização ao final da instrução;
e) a conduta de devassar o sigilo de proposta apresentada em procedimento licitatório configura infração de menor potencial ofensivo, não sendo punido aquele que apenas contribui para que terceiro viole o sigilo.

COMENTÁRIOS

✪ **Nota do autor:** a Lei 14.133/21 revogou os artigos 89 a 108 da Lei 8.666/93 e inseriu no Código Penal um capítulo específico para os crimes licitatórios. Os comentários às assertivas serão feitos com fundamento na lei em vigor.

Alternativa "a": a ação penal nos crimes licitatórios é sempre pública incondicionada. O revogado art. 100 da Lei 8.666/93 dispunha expressamente a esse respeito. A Lei 14.133/21 não repetiu a regra no Código Penal, e nem seria necessário, porque, se a lei silencia, segue-se a regra da ação penal incondicionada.

Alternativa "b": atualmente, o art. 337-E do Código Penal pune as condutas de admitir, possibilitar ou dar causa à contratação direta fora das hipóteses previstas em lei. Este crime corresponde ao art. 89 da Lei 8.666/93.

Ainda sob a vigência da lei anterior, o STJ firmou a orientação de que só há crime se o agente público tem o propósito de causar dano ao erário e se o dano efetivamente ocorre: "1. Nos termos da jurisprudência do Superior Tribunal de Justiça firmada a partir do julgamento da APn n. 480/MG, a consumação do crime do art. 89 da Lei n. 8.666/1993 exige a demonstração do dolo específico, ou seja, a intenção de causar dano ao Erário e a efetiva ocorrência de prejuízo aos cofres públicos" (HC 588.359/PE, j. 08/09/2020).

Alternativa "c": o art. 337-F do Código Penal pune as condutas de frustrar ou fraudar, com o intuito de obter para si ou para outrem vantagem decorrente da adjudicação do objeto da licitação, o caráter competitivo do processo licitatório. Na Lei 8.666/93 o tipo correspondente era o art. 90. Consuma-se o delito com a prática de qualquer ato voltado à frustração ou à fraude do caráter competitivo de uma licitação. Não se exige a efetiva obtenção da vantagem decorrente da adjudicação, nem tampouco que se demonstre o prejuízo ao erário. É a orientação do STJ (súmula 645, editada sob a vigência da lei anterior).

Alternativa "d": o art. 104 da Lei 8.666/93 dispunha que, "Recebida a denúncia e citado o réu, terá este o prazo de 10 (dez) dias para apresentação de defesa escrita, contado da data do seu interrogatório, podendo juntar documentos, arrolar as testemunhas que tiver, em número não superior a 5 (cinco), e indicar as demais provas que pretenda produzir". O dispositivo foi revogado e o Código Penal, evidentemente, não trata do procedimento. De qualquer forma, mesmo antes já se seguia a regra do interrogatório ao final da instrução.

Alternativa "e": o revogado art. 94 da Lei 8.666/93 punia com detenção de dois a três anos as condutas de devassar o sigilo de proposta apresentada em procedimento licitatório, ou proporcionar a terceiro o ensejo de devassá-lo. Não se tratava, portanto, de crime de menor potencial ofensivo. E o indivíduo que contribuísse para que terceiro violasse o sigilo respondia também na forma do *caput*. Atualmente o crime é tipificado de forma idêntica no art. 337-J do CP.

Alternativa correta: letra "c".

80.17. DENUNCIAÇÃO CALUNIOSA

308. (FGV – Delegado de Polícia – PC – AM/2022) No dia 29 de novembro de 2017, na sede do Distrito Policial, Maria compareceu para dar causa à instauração de investigação policial em desfavor de João, imputando-lhe a autoria de tentativa de homicídio de que ela sabia ser João inocente. Segundo consta dos autos, Maria teria narrado à autoridade policial que seu irmão João, em 28 de novembro de 2017, havia acelerado o veículo que conduzia, em sua direção, no interior do estacionamento do Esporte Clube Manaus, tudo com a intenção de matá-la. Tais notícias foram então registradas no Boletim de Ocorrência 171/2017 daquela unidade policial, o que ocasionou a instauração de inquérito policial para investigação.

Também no dia 29 de novembro de 2017, na mesma unidade policial, João compareceu para registrar ocorrência (Boletim de Ocorrência 173/2017), consistente em lesões corporais graves realizadas por Maria, haja vista ter alegado que Maria se jogou sobre o capô do seu carro em movimento e, quando parou seu carro, foi veementemente agredido. Tais fatos foram incorporados no mesmo inquérito policial. No decorrer das investigações, teria ficado afinal apurado que Maria teria se colocado intencionalmente na frente do carro conduzido por João, que trafegava em baixa velocidade no interior do estacionamento, consoante laudo pericial e, ademais, tendo em vista as declarações das testemunhas presenciais, culminando com a sugestão de arquivamento da investigação daquela hipotética tentativa de homicídio. Quanto ao delito de denunciação caluniosa referido, é correto afirmar que

a) não há configuração do delito, pois houve a investigação de outros fatos diversos, o que retira a tipicidade da conduta de Maria.
b) há configuração do delito, pois o crime consiste em fazer a autoridade policial investigar ilícito de que sabe inocente o investigado.
c) não há configuração do delito, pois houve a investigação de outros fatos diversos, o que retira a ilicitude da conduta de Maria.
d) há configuração do delito, pois o crime consiste em fazer a autoridade policial investigar qualquer fato.
e) não há configuração do delito, pois houve a investigação de outros fatos diversos, o que retira a culpabilidade da conduta de Maria.

COMENTÁRIOS

Alternativa "a" (responde, também, as alternativas "c" e "e"): a investigação sobre condutas ocorridas no mesmo contexto não afasta o crime de denunciação caluniosa. É preciso atentarmos para o fato de que Maria deu causa à instauração do inquérito policial imputando a João um crime de cuja falsidade tinha plena consciência. As demais apurações que se somaram a isso são indiferentes para a caracterização da denunciação caluniosa.

Alternativa "b": o crime de denunciação caluniosa consiste em dar causa à instauração de inquérito policial, de procedimento investigatório criminal, de processo judicial, de processo administrativo disciplinar, de inquérito civil ou de ação de improbidade administrativa contra alguém, imputando-lhe crime, infração ético-disciplinar ou ato ímprobo de que o sabe inocente. Tendo em vista que Maria sabia da inocência de João – o que se provou no próprio inquérito –, deve responder nos termos do art. 339 do CP.

Alternativa "d": a denunciação caluniosa não consiste em imputar falsamente "qualquer fato", mas sim crime, infração ético-disciplinar ou ato ímprobo.

Alternativa correta: letra "b".

309. (Cespe – Delegado de Polícia – PC – PB/2022) O filho de um tesoureiro furtou certa quantia em dinheiro da associação em que o pai trabalha. O tesoureiro, sabendo do fato, atribuiu a autoria do delito ao faxineiro da associação após, por insistência da diretoria, ter registrado a ocorrência policial e solicitado instauração do inquérito policial. Considerando-se as informações apresentadas, é correto afirmar que, nesse caso, o tesoureiro responderá por

a) calúnia.

b) favorecimento real.

c) falso testemunho.

d) comunicação falsa de crime.

e) denunciação caluniosa.

COMENTÁRIOS

Alternativa "a": comete o crime de calúnia quem apenas imputa falsamente a alguém fato definido como crime (art. 138 do CP). O exemplo do enunciado vai além, pois a falsa imputação é acompanhada da instauração de inquérito policial.

Alternativa "b": o favorecimento real é um delito no qual alguém presta a criminoso, fora dos casos de coautoria ou de receptação, auxílio destinado a tornar seguro o proveito do crime (art. 349 do CP). É o caso, por exemplo, de quem esconde o produto do roubo apenas para evitar que o autor seja surpreendido com o objeto em seu poder.

Alternativa "c": o falso testemunho corresponde a fazer afirmação falsa, ou negar ou calar a verdade como testemunha, perito, contador, tradutor ou intérprete em processo judicial, ou administrativo, inquérito policial, ou em juízo arbitral (art. 342 do CP). Não é o caso do enunciado.

Alternativa "d": na comunicação falsa de crime ou contravenção, o agente provoca a ação de autoridade comunicando-lhe a ocorrência de crime ou de contravenção que sabe não se ter verificado (art. 340 do CP). Neste caso, não há imputação da infração penal a uma pessoa específica. Há simplesmente a comunicação de um fato que não ocorreu.

Alternativa "e": comete denunciação caluniosa quem dá causa à instauração de inquérito policial, de procedimento investigatório criminal, de processo judicial, de processo administrativo disciplinar, de inquérito civil ou de ação de improbidade administrativa contra alguém, imputando-lhe crime, infração ético-disciplinar ou ato ímprobo de que o sabe inocente (art. 339 do CP). No exemplo do enunciado, o tesoureiro da associação, ciente de que o autor do crime foi seu filho, registra a ocorrência e provoca a instauração de inquérito policial imputando a autoria ao faxineiro. Comete, portanto, denunciação caluniosa.

Alternativa correta: letra "e".

310. (FUNCAB – Delegado de Polícia – PA/2016) Acerca dos crimes contra a Administração pública, assinale a resposta correta.

a) O crime de denunciação caluniosa (art. 339 do CP), além de outros requisitos de configuração, exige que a imputação sabidamente falsa recaia sobre vítima determinada, ou, ao menos, determinável.

b) Para a configuração do crime de peculato-furto {art. 312, § 1°, CP) é suficiente que o sujeito ativo, funcionário público, subtraia um bem móvel particular que esteja sob a guarda da Administração pública.

c) Considera-se funcionário público, para efeitos penais, quem exerce múnus público, assim entendido o ônus ou encargo para com o poder público, como no caso do curador.

d) Nos crimes de inserção de dados falsos em sistemas de informações (art. 313-A do CP) e modificação ou alteração não autorizada de sistema de informações (art. 313-B do CP) se exige que figure, como sujeito ativo da conduta, o funcionário público autorizado.

e) Ao contrário do que ocorre na extorsão, o crime de concussão é classificado como delito material, operando-se quando o agente aufere a vantagem indevida almejada.

COMENTÁRIOS

Alternativa "a": o tipo da denunciação caluniosa pune a conduta daquele que dá causa (provoca), direta ou indiretamente (por interposta pessoa) a instauração de procedimento oficial, imputando a determinada pessoa, sabidamente inocente, a prática de crime (existente ou não), infração ético-disciplinar ou ato ímprobo de que o sabe inocente. Se o agente provoca a autoridade a agir por meio de uma falsa imputação genérica, sem que seja possível determinar a pessoa, há comunicação falsa de crime (art. 340 do CP), não denunciação caluniosa (art. 339).

Alternativa "b": para que cometa o peculato-furto, o funcionário público deve se valer da facilidade que lhe proporciona o cargo. Se, apesar de ser agente público, pratica a subtração da mesma forma como qualquer outra pessoa o faria, responde pelo crime de furto.

Alternativa "c": não se pode confundir função pública com encargo público (munus publicum), hipótese esta não abrangida pela expressão "funcionário público".

Alternativa "d": o crime cujo polo ativo pressupõe funcionário público autorizado é somente o de inserção de dados falsos em sistema de informações. A modificação ou alteração não autorizada de sistema de informações não contém esse requisito.

Alternativa "e": o crime de concussão é formal, consumando-se com a simples exigência de vantagem pelo funcionário público. O efetivo recebimento é considerado apenas o exaurimento do crime.

Alternativa correta: letra "a".

80.18. COMUNICAÇÃO FALSA DE CRIME

311. (Vunesp – Delegado de Polícia – SP/2014) Levar ao conhecimento da autoridade policial a ocorrência de um crime, por vingança, sabedor de que o suposto fato criminoso jamais ocorreu, supostamente, tipifica o delito de

a) fraude processual.
b) exercício arbitrário das próprias razões.
c) comunicação falsa de crime ou de contravenção.
d) denunciação caluniosa.
e) falso testemunho.

COMENTÁRIOS

Alternativa "a": a fraude processual ocorre na situação em que alguém inova artificiosamente, na pendência de processo civil ou administrativo, o estado de lugar, de coisa ou de pessoa, com o fim de induzir a erro o juiz ou o perito (art. 347 do Código Penal).

Alternativa "b": dá-se o exercício arbitrário das próprias razões quando alguém faz justiça pelas próprias mãos, para satisfazer pretensão, embora legítima (art. 345 do Código Penal).

Alternativa "c": consiste o crime em *provocar*, isto é, dar causa (ocasionar) a inócua ação estatal repressiva (policial ou judicial), comunicando-lhe infração penal inexistente ou essencialmente diversa da verdadeiramente ocorrida (houve um furto e noticia-se um estupro).

Alternativa "d": na denunciação caluniosa, o agente dá causa à instauração de inquérito policial, de procedimento investigatório criminal, de processo judicial, de processo administrativo disciplinar, de inquérito civil ou de ação de improbidade administrativa contra alguém, imputando-lhe crime, infração ético-disciplinar ou ato ímprobo de que o sabe inocente. Não se trata, pois, de simples comunicação de um fato inexistente.

Alternativa "e": o falso testemunho ocorre quando alguém faz afirmação falsa, ou nega ou cala a verdade como testemunha, perito, contador, tradutor ou intérprete em processo judicial, ou administrativo, inquérito policial, ou em juízo arbitral.

Alternativa correta: letra "c".

80.19. EXERCÍCIO ARBITRÁRIO DAS PRÓPRIAS RAZÕES

312. (Vunesp – Delegado de Polícia – PC – SP/2022) A ausência de violência na ação daquele que, sem expressa permissão legal, faz justiça pelas próprias mãos, para satisfazer pretensão, embora legítima,

a) torna o fato atípico.
b) é causa de diminuição de pena.
c) torna o fato lícito.
d) torna a ação penal privada.
e) possibilita a aplicação de perdão judicial.

COMENTÁRIOS

Alternativa "a" (responde, também, a alternativa "c"): a conduta de fazer justiça pelas próprias mãos para satisfazer pretensão, embora legítima, salvo quando a lei o permite não é atípica se cometida sem violência. É tipificada no *caput* do art. 345 do CP. Caso o agente empregue violência, aplicam-se as penas em concurso.

Alternativa "b": a ausência de atos violentos tampouco faz incidir causa de diminuição de pena.

Alternativa "d": a natureza da ação penal varia de acordo com o *modus operandi* do agente. Se a conduta se der sem a utilização de violência, a ação penal será privada. Entretanto, se empregada violência, a ação passa a ser pública incondicionada.

Alternativa "e": não há permissão legal para conceder o perdão judicial.

Alternativa correta: letra "d".

80.20. FALSO TESTEMUNHO

313. (FGV – Delegado de Polícia – PC – RN/2021) Gustavo, ouvido na condição de testemunha em ação penal, prestou declarações falsas em busca de auxiliar seu amigo Luiz, que figurava como réu no processo. Dias depois, após alegações finais apresentadas pelo Ministério Público, mas antes da sentença, Gustavo se arrependeu de sua conduta, comparecendo em juízo e apresentando declarações no sentido de que tinha prestado informações na condição de testemunha que não condiziam com a realidade, se retratando daquelas declarações prestadas em audiência.

O magistrado competente determinou a reprodução da prova, bem como a extração de cópias para apurar o ocorrido. Com base nas informações expostas, a autoridade policial deverá concluir que Gustavo praticou a conduta tipificada abstratamente como crime de:

a) falso testemunho, punível na modalidade tentada, com causa de aumento de pena pela circunstância de as declarações se destinarem a produzir prova em processo penal;
b) falso testemunho, punível na forma consumada, com causa de aumento de pena pela circunstância de as declarações se destinarem a produzir prova em processo penal;
c) falso testemunho, punível na modalidade tentada, sem qualquer causa de aumento de pena;
d) falso testemunho, punível na forma consumada, sem qualquer causa de aumento de pena;
e) falso testemunho, mas o fato não será punível em razão da retratação realizada.

COMENTÁRIOS

O crime de falso testemunho é de ação múltipla e comporta as seguintes ações nucleares: a) *fazer afirma-*

ção falsa: aqui o agente distorce a verdade com o intuito de beneficiar ou prejudicar o réu (falsidade positiva); b) *negar a verdade*: nesse caso o agente sabe a verdade, mas, quando indagado, nega-a (falsidade negativa); c) *calar a verdade* (reticência): aqui, diferentemente das condutas anteriores, o agente, sabendo da verdade ou relevância dos fatos, simplesmente não se pronuncia (nada afirma ou nega, apenas silencia).

Tratando-se de crime formal, o falso testemunho não pressupõe ato ou evento posterior à ação típica. Desse modo, consuma-se no momento em que a testemunha termina seu depoimento, lavrando sua assinatura. Não obstante, o § 2º do art. 342 dispõe sobre a extinção da punibilidade na situação em que o agente se retrata do conteúdo declarado. A retratação deve ser feita *opportuno tempore*, isto é, antes de prolatada *sentença* no processo do *falsum*, evitando-se, dessa maneira, eventual (mas não necessário) erro judiciário. De acordo com a orientação atualmente majoritária, deve também ser feita no mesmo processo em que foi cometido o falso testemunho (STJ: REsp 1.838.766/SP, Rel. Min. Sebastião Reis Júnior, j. 11/09/2019). Considerando que, arrependido, Gustavo se retratou de seu depoimento mentiroso antes que o juiz proferisse a sentença, incide a causa extintiva da punibilidade.

Alternativa correta: letra "e" (responde, também, as demais alternativas).

80.21. FAVORECIMENTO PESSOAL

314. (Vunesp – Delegado de Polícia – PC – SP/2022) Considere a seguinte hipótese: Arthur foi denunciado por Crime Contra a Organização do Trabalho, pois tem como meio de vida recrutar trabalhadores, mediante fraude, com o fim de levá-los para território estrangeiro. Octavio, seu melhor amigo, que é sabedor da ação penal e proprietário de uma casa de veraneio em outra Comarca, atende, a pedido de Arthur, e permite que ele utilize a referida casa como moradia provisória – o que realmente ocorre – com o intuito de evitar que o amigo seja citado na ação penal. Em face do exposto, é correto afirmar que

a) Octavio praticou favorecimento pessoal, na modalidade privilegiada.

b) Octavio praticou favorecimento real e não lhe socorre qualquer causa de isenção.

c) Octavio praticou favorecimento pessoal, na modalidade qualificada.

d) Octavio praticou favorecimento real, mas não será punido em razão de causa de isenção de pena, tendo em vista a amizade íntima.

e) Arthur e Octávio praticaram fraude processual.

COMENTÁRIOS

Alternativa "a": no favorecimento pessoal (art. 348 do CP) o agente auxilia a subtrair-se à ação de autoridade pública autor de crime a que é cominada pena de reclusão (*caput*) ou outra espécie de pena (§ 1º – forma privilegiada). O art. 206 do CP pune com detenção de um a três anos a conduta de recrutar trabalhadores, mediante fraude, com o fim de levá-los para território estrangeiro. Se Octávio auxiliou Arthur a se furtar da citação na ação penal, cometeu o crime contra a administração da Justiça.

Alternativa "b": o favorecimento real (art. 349) consiste em prestar a criminoso, fora dos casos de coautoria ou de receptação, auxílio destinado a *tornar seguro o proveito do crime*.

Alternativa "c": não existe qualificadora no crime de favorecimento pessoal.

Alternativa "d": como vimos, não se caracterizou o crime de favorecimento real. De qualquer forma, é importante destacar que a amizade íntima é indiferente para a tipificação, inclusive no favorecimento pessoal, afastado apenas se quem presta o auxílio é ascendente, descendente, cônjuge ou irmão do criminoso.

Alternativa "e": não se trata de fraude processual (art. 347), que consiste em inovar artificiosamente, na pendência de processo civil ou administrativo, o estado de lugar, de coisa ou de pessoa, com o fim de induzir a erro o juiz ou o perito.

Alternativa correta: letra "a".

80.22. FAVORECIMENTO REAL

315. (Delegado de Polícia – PI / 2009 – NUCEPE) Sobre os crimes contra a administração da Justiça, assinale a opção correta.

a) O crime de denunciação caluniosa consiste em imputar a alguém, que se sabe inocente, a prática de crime, pois se a imputação for de prática de contravenção penal restará configurado apenas um crime contra a honra.

b) O crime de autoacusação falsa constitui-se na conduta de acusar-se perante a autoridade de crime ou contravenção inexistente ou praticado por outrem.

c) A pessoa que ameaça testemunha, para que esta omita informação no curso de inquérito policial, não pode responder por coação no curso do processo, mas deverá responder por crime de ameaça.

d) O crime de favorecimento real constitui prestar a criminoso auxílio destinado a tornar seguro o proveito do crime. Este crime é comum, pois, em tese, pode ser praticado por qualquer pessoa, independentemente do grau de parentesco.

e) Exigir dinheiro a pretexto de influir em ato praticado por funcionário público, no exercício da função, constitui o crime de exploração de prestígio.

COMENTÁRIOS

Alternativa "a": o crime de denunciação caluniosa consiste em dar causa à instauração de inquérito policial, de procedimento investigatório criminal, de processo judicial, de processo administrativo disciplinar, de inquérito civil ou de ação de improbidade administrativa contra alguém, imputando-lhe crime, infração ético-disciplinar ou ato ímprobo de que o sabe inocente. A pena é de reclusão de dois a oito anos, diminuída de metade se a imputação for de contravenção penal.

Alternativa "b": a autoacusação falsa não se verifica quando o agente se acusa, perante a autoridade, de contravenção inexistente ou praticada por outrem.

Alternativa "c": o crime de coação no curso do processo consiste em usar de violência ou grave ameaça, com o fim de favorecer interesse próprio ou alheio, contra autoridade, parte, ou qualquer outra pessoa que funciona ou é chamada a intervir em processo judicial, policial ou administrativo, ou em juízo arbitral.

Alternativa "d": o crime de favorecimento real consiste em prestar a criminoso, fora dos casos de coautoria ou de receptação, auxílio destinado a tornar seguro o proveito do crime. Trata-se de um crime comum, podendo ser praticado por qualquer pessoa, excetuando-se, obviamente, aquele que contribuiu, de alguma forma, no crime antecedente.

Alternativa "e": a conduta de quem exige vantagem a pretexto de influir em ato praticado por funcionário público no exercício da função caracteriza o crime de tráfico de influência.

Alternativa correta: letra "d".

80.23. INTRODUÇÃO DE APARELHO DE COMUNICAÇÃO, SEM AUTORIZAÇÃO LEGAL, EM ESTABELECIMENTO PRISIONAL

316. (IBADE – Delegado de Polícia – AC/2017) Atendendo ao pedido do marido que se encontra preso, Silmara, durante visita, ingressa no presídio com um aparelho de telefonia móvel, entregando-o ao cônjuge. Saliente-se que o ingresso do aparelho só foi possível porque o agente penitenciário Ferdinando, ao se distrair, esqueceu de revistar a bolsa que Silmara trazia consigo. Dias depois, o detento Josimar pede ao marido de Silmara para usar o aparelho de telefonia, sendo certo que, durante a ligação, Josimar é flagrado pelo diretor da penitenciária, que apreende o aparelho. Considerando que o art. 180 do Código Penal incrimina a receptação; que o art. 319 do CP traz em seu bojo o delito de prevaricação; que o art. 319-A contempla a prevaricação imprópria; e que o art. 349- A do CP prevê a conduta de favorecimento real impróprio, é correto afirmar que:

a) Silmara praticou o crime do art. 349-A do Código Penal; o agente penitenciário não praticou crime; Josimar praticou o crime do art. 180 do Código Penal.

b) Silmara praticou o crime do art. 349-A do Código Penal; o agente penitenciário e Josimar não praticaram crime.

c) Silmara não praticou crime: o agente penitenciário cometeu o crime do art. 319 do Código Penal; Josimar praticou o crime do art. 180 do Código Penal.

d) Silmara praticou o crime do art. 349-A do Código Penal; o agente penitenciário cometeu o crime do art. 319-A do Código Penal; Josimar praticou o crime do art. 180 do Código Penal.

e) Silmara praticou o crime do art. 349-A do Código Penal; o agente penitenciário cometeu o crime do art. 319 do Código Penal; Josimar praticou o crime do art. 180 do Código Penal.

COMENTÁRIOS

Silmara cometeu o crime relativo ao ingresso de aparelho telefônico de comunicação móvel, sem autorização legal, em estabelecimento prisional. Note-se que o crime é de mera conduta, consumando-se com a prática de qualquer um dos núcleos, independentemente de ter o aparelho chegado a seu destinatário. A natureza do crime parece incompatível com a tentativa.

O agente penitenciário não cometeu infração penal porque, apesar de ser crime o ato de deixar de cumprir o dever de vedar ao preso o acesso a aparelho telefônico, de rádio ou similar que permita a comunicação com outros presos ou com o ambiente externo (art. 319-A do CP), trata-se de infração dolosa. De acordo com o enunciado, o agente deixou de fazer a revista por descuido, o que poderia caracterizar a culpa, que, no entanto, não é tipificada.

Josimar não cometeu receptação porque sua conduta não corresponde a nenhuma das condutas que caracterizam esse delito, tampouco se identifica o elemento subjetivo da receptação.

Finalmente, destaque-se que o marido de Silmara responde pelo cometimento de falta grave durante a execução da pena (art. 50, inciso VII, da LEP).

Alternativa correta: letra "b" (responde, também, as demais alternativas).

80.24. PATROCÍNIO SIMULTÂNEO OU TERGIVERSAÇÃO

317. (Vunesp – Delegado de Polícia – PC – SP/2022) Lucius, advogado, representando seu cliente Maximus, protocola petição inicial de ação de despejo em face de Claudius. Ocorre que, em audiência, após descobrir que Claudius fora seu amigo de infância – fato do qual não se lembrava quando da propositura da ação – Lucius renuncia regularmente aos poderes outorgados por Maximus, colhe procuração de Claudius e começa a defendê-lo na mesma ação. No curso da defesa de Claudius, Lucius utiliza-se de fatos que lhe foram narrados por Maximus e que não eram do conhecimento de Claudius, fatos esses que são essenciais para que a ação seja julgada improcedente. Nesse caso, é correto afirmar que Lucius praticou

a) crime de tergiversação.

b) crime de advocacia administrativa.

c) fato atípico à luz do Direito Penal.

d) crime de patrocínio infiel.

e) crime de exercício ilegal da profissão.

COMENTÁRIOS

Alternativa "a" (responde, também, a alternativa "c"): o parágrafo único do art. 355 do CP traz duas formas de infidelidade profissional. Na primeira – patrocínio simultâneo – o advogado ou procurador, concomitantemente, zela (ainda que por interposta pessoa) os interesses de partes contrárias; na segunda – patrocínio sucessivo (ou tergiversação) – o causídico renuncia ao mandato de uma parte (ou por ela é dispensado) e passa, em seguida, a representar a outra. Reforçando a diferença exposta, lembremos a lição de Hungria: "Na hipótese de patrocínio simultâneo, o advogado ou procurador, abertamente ou per *interpostam personam*, fica, *ab initio*, a duas amarras ou servindo a dois amos com interesses reciprocamente hostis; na segunda hipótese, tradicionalmente denominada 'tergiversação' (do latim *tergum vertere*, voltar as costas) o agente é um desertor ou trânsfuga, ou um patrono inescrupuloso, que, abandonando a causa de seu constituinte (ou depois de despedido por este), passa a defender a causa da parte contrária" (Comentários ao Código Penal, v. 9, p. 526).

Alternativa "b": o crime de advocacia administrativa (art. 321) consiste em patrocinar, direta ou indiretamente, interesse privado perante a administração pública, valendo-se da qualidade de funcionário.

Alternativa "d": o patrocínio infiel é tipificado no *caput* do art. 355 e consiste em trair dever profissional. Trai o advogado ou procurador que, ao patrocinar (onerosa ou gratuitamente) uma causa em juízo, atua irregularmente, tomando decisões contrárias ao interesse daquele que representa. O crime pode ser cometido tanto por ação (se manifesta no processo de forma contrária aos interesses da parte defendida; faz acordo prejudicial aos interesses do cliente) quanto omissão (não recorre; deixa ocorre a perempção).

Alternativa "e": o Decreto-lei 3.688/41, no art. 47, pune a conduta de exercer profissão ou atividade econômica ou anunciar que a exerce, sem preencher as condições a que por lei está subordinado o seu exercício. Essa conduta não corresponde, como se nota, à situação hipotética do enunciado.

Alternativa correta: letra "a".

80.25. EXPLORAÇÃO DE PRESTÍGIO

318. (IBADE – Delegado de Polícia – AC/2017) Jomar alega ser capaz de influir na decisão a ser tomada por um Juiz de Direito, solicitando certa quantia em dinheiro a Ovídio para garantir uma sentença favorável aos interesses deste. Jomar insinua, ainda, que parte do dinheiro será direcionada ao Juiz. Considerando que todas as alegações são fraudulentas, majoritariamente se afirma que a conduta de Jomar:

a) é atípica.

b) configura crime de estelionato.

c) afeta a honra objetiva do magistrado, existindo calúnia.

d) caracteriza exploração de prestigio.

e) se subsome ao tipo penal que prevê o tráfico de influência.

COMENTÁRIOS

Alternativa "b": estelionato, propriamente dito, é crime patrimonial. A exploração de prestígio, assim como o tráfico de influência, não deixa de ser uma forma de estelionato, pois o agente busca obter vantagem alardeando uma influência que não tem. Mas como o bem jurídico, neste caso, é a moralidade na Administração Pública, pune-se especificamente para a proteção desse bem jurídico.

Alternativa "c": está errada a assertiva, pois não se trata de imputar falsamente ao magistrado a prática de fato definido como crime, mas de usar uma influência inexistente sobre o magistrado para obter vantagem.

Alternativa "d" (responde, também, as alternativas "a" e "e"): segundo o art. 357 do CP, comete o delito de exploração de prestígio aquele que, fraudulentamente, alardeia deter grande influência junto a funcionário público, buscando, com isso, obter para si injusta vantagem das vítimas que nele confiaram. A condição especial do servidor invocado pelo agente (juiz, jurado, órgão do Ministério Público, funcionário de justiça, perito, tradutor, intérprete ou testemunha) é o que diferencia este crime daquele previsto no art. 332 do CP (tráfico de influência). No exemplo do enunciado, Jomar ainda tem a pena aumentada por ter insinuado que parte do dinheiro seria destinada ao juiz (parágrafo único do art. 357).

Alternativa correta: letra "d".

80.26. DESOBEDIÊNCIA A DECISÃO JUDICIAL SOBRE PERDA OU SUSPENSÃO DE DIREITO

319. (UEG – Delegado de Polícia – GO/2013) Cabelo de Anjo, servidor público estadual efetivo, lotado em uma secretaria estadual, no exercício de função gratificada, após concluída investigação e oferecimento de denúncia pelo Ministério Público em razão da prática de atos de corrupção por uma organização criminosa estabelecida dentro do órgão da qual ele era integrante, teve decretado o afastamento cautelar (suspensão da função pública), nos termos do que determina o Código de Processo Penal. Não obstante o afastamento, continuou a frequentar a repartição pública, inclusive praticando atos inerentes à função. Diante dessas circunstâncias, em qual infração estaria incurso Cabelo de Anjo?

a) Desobediência judicial sobre perda ou suspensão de direito (art. 359, CP)
b) Usurpação de função pública (art. 328, CP)
c) Exercício funcional ilegalmente antecipado ou prolongado (art. 324, CP)
d) Desobediência (art. 330, CP)

COMENTÁRIOS

Alternativa "a": se Cabelo de Anjo havia sido cautelarmente afastado da função mas não observou a decisão, retomando o exercício por sua iniciativa, exerceu função após ter sido impedido por decisão judicial de natureza penal (conforme já decidiu o STF, a civil não gera o crime, *RTJ* 79/401).

Alternativa "b": não há usurpação de função pública, consistente em assumir, exercer ou desempenhar indevidamente uma atividade pública, de natureza civil ou militar, gratuita ou remunerada, permanente ou temporária, executando atos inerentes ao ofício arbitrariamente ocupado. No caso, Cabelo de Anjo não usurpa função porque é funcionário público, embora esteja cautelarmente afastado.

Alternativa "c": o exercício funcional ilegalmente antecipado ou prolongado se caracteriza por entrar o agente no exercício de função pública antes de satisfeitas as exigências legais, ou continuar a exercê-la, sem autorização, depois de saber oficialmente que foi exonerado, removido, substituído ou suspenso. A situação de Cabelo de Anjo não revela nenhuma destas circunstâncias, nem mesmo a suspensão, sanção disciplinar aplicada no âmbito administrativo. Trata-se de medida cautelar aplicada no curso de processo penal.

Alternativa "d": não há, por fim, a desobediência do art. 330 do Código Penal porque este dispositivo se refere à regra geral de não acatar a ordem legal de funcionário público. O delito de que trata o enunciado é especial, aplicando-se especificamente nos casos de decisão judicial que suspendeu ou privou o exercício de função, atividade, direito, autoridade ou múnus.

Alternativa correta: letra "a".

81. LEIS ESPECIAIS

81.1. LEI DE DROGAS

320. (CEBRASPE - 2023 - PC/AL - Delegado) A respeito do tráfico ilícito e uso indevido de substâncias entorpecentes, de crime organizado, dos crimes de tortura e dos crimes hediondos, julgue o item que se segue.

A resposta do dependente de drogas aos recursos extra-hospitalares é irrelevante em eventual indicação de internação.

COMENTÁRIOS

A Lei 13.840/19 inseriu na Lei 11.343/06 uma seção específica para disciplinar o tratamento do usuário ou dependente de drogas (art. 23-A). No que concerne à internação, há duas possibilidades: a) voluntária: com o consentimento do dependente de drogas; b) involuntária: sem o consentimento do dependente, a pedido de familiar ou do responsável legal ou, na absoluta falta deste, de servidor público da área de saúde, da assistência social ou dos órgãos públicos integrantes do Sisnad, com exceção de servidores da área de segurança pública, que constate a existência de motivos que justifiquem a medida. Em qualquer das modalidades, a internação deve ser o último recurso a ser utilizado, ou seja, só é indicada quando os recursos extra-hospitalares se mostram insuficientes.

Alternativa correta: "certo".

321. (Vunesp - Delegado de Polícia - PC - SP/2022) Nos termos da Lei n° 11.343/2006 (Lei Antidrogas), é correto afirmar que

a) para garantia do cumprimento da medida educativa de prestação de serviço à comunidade, havendo recusa injustificada, poderá o juiz submetê-lo, sucessivamente a admoestação verbal e multa.
b) o tratamento do usuário ou dependente de drogas deverá ser ordenado em uma rede de atenção à saúde, incluindo excepcionalmente formas de internação a ser realizada exclusivamente em hospitais.
c) fica instituída a Semana Nacional de Políticas sobre Drogas, comemorada anualmente, na quarta semana de setembro.
d) quem adquirir ou guardar para consumo pessoal drogas sem autorização ou em desacordo com determinação legal ou regulamentar será submetido à pena de detenção.
e) o tratamento do usuário ou dependente de drogas deverá ser ordenado em uma rede de atenção à saúde que contempla, como exceção, a modalidade de internação involuntária, apenas por determinação judicial.

COMENTÁRIOS

Alternativa "a": o art. 28 da Lei 11.343/06 estabelece, no § 6º, que, para garantia do cumprimento das medidas educativas de advertência sobre os efeitos das drogas, prestação de serviços à comunidade e comparecimento a programa ou curso educativo a que injustificadamente se recuse o agente, poderá o juiz submetê-lo, sucessivamente a: I – admoestação verbal; II – multa.

Alternativa "b": de acordo com o disposto no art. 23-A da Lei 11.343/06, o tratamento do usuário ou dependente de drogas deverá ser ordenado em uma rede de atenção à saúde, com prioridade para as modalidades de tratamento ambulatorial, incluindo excepcionalmente formas de internação *em unidades de saúde* e hospitais gerais.

Alternativa "c": nos termos do art. 19-A da Lei 11.343/06, a Semana Nacional de Políticas sobre Drogas é comemorada anualmente na *quarta semana de junho*.

Alternativa "d": o art. 28 da Lei 11.343/06, que tipifica as condutas mencionadas na assertiva, não impõe pena privativa de liberdade.

Alternativa "e": de acordo com o art. 23-A, § 2º, da Lei 11.343/06, a internação de dependentes de drogas é realizada em unidades de saúde ou hospitais gerais. Quando involuntária, a internação se dá sem o consentimento do dependente, a pedido de familiar ou do responsável legal ou, na absoluta falta deste, de servidor público da área de saúde, da assistência social ou dos órgãos públicos integrantes do Sisnad – com exceção de servidores da área de segurança pública – que constate a existência de motivos que justifiquem a medida (§ 3º, II).

Alternativa correta: letra "a".

---

322. (Cespe – Delegado de Polícia – PC – RJ/2022) Soraia possui doença neurológica para a qual existe indicação terapêutica do uso de canabidiol. A fim de controlar os sintomas da doença, ela importou medicamentos à base de canabidiol, amparada em decisão judicial, embora sem autorização da Agência Nacional de Vigilância Sanitária (ANVISA). Como os medicamentos são caros, Soraia requereu, judicialmente, autorização para plantio de Cannabis sativa e consectária extração do óleo necessário ao tratamento. O magistrado, ao se pronunciar, negou a liminar pleiteada, sustentando que a autorização para plantio só poderia ser concedida pela ANVISA. Irresignada, Soraia viajou ao exterior, para a aquisição de algumas poucas sementes de Cannabis, com as quais pretendia iniciar o cultivo clandestino para utilização própria. Ao retornar ao Brasil, o carro de Soraia foi parado em uma blitz, tendo os policiais encontrado as sementes em seu poder. Para se defender, Soraia decidiu demonstrar o propósito terapêutico de sua iniciativa, levando os policiais espontaneamente à sua casa, onde estavam cópias de prontuários, receitas e atestados médicos. Lá os policiais encontraram diversos utensílios destinados ao cultivo das plantas psicotrópicas, além de frascos do medicamento outrora adquirido mediante decisão judicial autorizativa. A respeito dessa situação hipotética, assinale a opção correta.

a) Soraia praticou comportamento penalmente típico, mas estava amparada pelo estado de necessidade.

b) A manutenção dos utensílios para cultivo de drogas destinadas a consumo pessoal é crime autônomo expressamente previsto na Lei n.º 11.343/2006.

c) A aquisição dos medicamentos, a importação das sementes e a posse dos utensílios mencionados não constituem infrações penais previstas na Lei n.º 11.343/2006.

d) A aquisição dos medicamentos à base de canabidiol foi criminosa, já que foi realizada sem autorização da ANVISA.

e) A importação de sementes de Cannabis sativa constitui crime previsto na Lei n.º 11.343/2006, salvo se for autorizada, pois as sementes são matéria-prima para a produção de drogas.

COMENTÁRIOS

O crime de tráfico de drogas pode se caracterizar pela prática de numerosas condutas. No *caput* do art. 33 da Lei 11.343/06 são tipificadas condutas relativas às drogas propriamente ditas, ao passo que no § 1º há condutas equiparadas, ou seja, punidas com a mesma reclusão de cinco a quinze anos, dentre as quais destacamos as de importar, exportar, remeter, produzir, fabricar, adquirir, vender, expor à venda, oferecer, fornecer, ter em depósito, transportar, trazer consigo ou guardar, ainda que gratuitamente, sem autorização ou em desacordo com determinação legal ou regulamentar, matéria-prima, insumo ou produto químico destinado à preparação de drogas.

Matéria-prima é a substância principal que se utiliza, ainda que eventualmente, no fabrico da droga; insumo é o elemento necessário, não necessariamente indispensável, para produzir a droga; já o produto químico é a substância resultante de uma elaboração química destinado à preparação de drogas. No que tange às sementes de maconha, o fato de que delas não é possível extrair o tetrahidrocanabinol não era, no geral, considerado para estabelecer a atipicidade de condutas relativas à importação. A 5ª Turma do STJ tem diversos julgados a esse respeito (REsp 1.723.739/SP, j. 23/10/2018). Mas a 6ª Turma vinha decidindo que a importação de pequena quantidade de sementes de maconha para uso próprio é conduta atípica, pois, no caso, descaracteriza-se o tráfico e, ao mesmo tempo, não há correspondência no art. 28 da Lei 11.343/06 (AgRg no AgInt no REsp 1.616.707/CE, j. 26/06/2018).

A controvérsia a respeito da tipicidade chegou ao STF, que concedeu *habeas corpus* (144.161 e 142.987) por considerar atípica a importação de sementes de maconha porque, dentre outras razões, não se pode tê-las por matéria-prima para a produção de droga. Naqueles julgados, afirmou o ministro Edson Fachin que "A matéria-prima e o insumo devem ter condições e qualidades químicas para, mediante transformação ou adição, produzir a droga ilícita, o que não é o caso, uma vez que as sementes não possuem a substância psicoativa".

Ao mesmo tempo, as turmas com competência criminal do STJ divergiam a respeito da solução adequada. Mas, em 2020, a Terceira Seção do tribunal julgou embargos de divergência e dirimiu o conflito: a importação de pequena quantidade de sementes de maconha não é crime (EREsp 1.624.564/SP, j. 14/10/20). Em 2023, a Terceira Seção estabeleceu que "O plantio e a aquisição das sementes da *Cannabis sativa*, para fins medicinais, não configuram conduta criminosa, independente da regulamentação da ANVISA" (AgRg no HC 783.717/PR, j. 13/09/2023).

Em relação à conduta de possuir maquinário, aparelho, instrumento ou qualquer objeto destinado à fabricação, preparação, produção ou transformação de drogas, sem autorização ou em desacordo com determinação legal ou regulamentar, o STJ já decidiu que se trata de crime subsidiário em relação ao tráfico, e não é possível que alguém o pratique se possui maquinário ou outros instrumentos com a finalidade de fabricar ou preparar drogas para uso pessoal (RHC 135.617/PR, j. 14/09/2021).

Alternativa correta: letra "c" (responde, também, as demais alternativas).

---

323. (Cespe - Delegado de Polícia - PC - PB/2022) Assinale a opção correta acerca do entendimento dos tribunais superiores em relação ao crime de tráfico ilícito de substâncias entorpecentes.

a) incidência da atenuante da confissão espontânea no crime de tráfico ilícito de entorpecentes não exige o reconhecimento da traficância pelo acusado, bastando a mera admissão da posse ou propriedade para uso próprio.

b) A importação de pequena quantidade de sementes da planta conhecida como maconha é atípica.

c) Não se admite a substituição das penas privativas de liberdade por restritivas de direitos nas condenações por tráfico de drogas.

d) A existência de ações penais em curso e registros de atos infracionais serve para impedir o reconhecimento do tráfico privilegiado.

e) O crime de tráfico de drogas é equiparado a hediondo, ainda que em sua forma privilegiada.

COMENTÁRIOS

Alternativa "a": para se beneficiar da atenuante da confissão espontânea, o acusado de tráfico de drogas deve confessar esse crime; se confessa a posse da droga, mas alega que o propósito era o consumo pessoal, não incide a atenuante (súmula 630 do STJ).

Alternativa "b": de fato, o STJ tem julgado que a importação de pequena quantidade de sementes de *Cannabis* **não se subsume a nenhum dos tipos penais da Lei 11.343/06, como vimos nos comentários à questão anterior.**

Alternativa "c": se cumpridos os requisitos do Código Penal, é possível a substituição da pena privativa de liberdade por restritiva de direitos no crime de tráfico (STJ - AgRg no HC 749.854/RS, j. 13/09/2022). A propósito, a súmula vinculante 59 estabelece que "É impositiva a fixação do regime aberto e a substituição da pena privativa de liberdade por restritiva de direitos quando reconhecida a figura do tráfico privilegiado (art. 33, § 4º, da Lei 11.343/2006) e ausentes vetores negativos na primeira fase da dosimetria (art. 59 do CP), observados os requisitos do art. 33, § 2º, 'c', e do art. 44, ambos do Código Penal".

Alternativa "d": a Terceira Seção do STJ firmou a orientação de que "É vedada a utilização de inquéritos e/ou ações penais em curso para impedir a aplicação do art. 33, § 4º, da Lei n. 11.343/2006" (REsp 1.977.027/PR, j. 10/08/2022).

Alternativa "e": o tráfico de drogas no qual incide a minorante do § 4º do art. 33 da Lei 11.343/06 não é considerado hediondo (STJ - AgRg no HC 678.922/SP, j. 14/09/2021).

Alternativa correta: letra "b".

---

324. (UFPR - Delegado de Polícia - PC - PR/2021) Sobre os tipos penais previstos na Lei de Drogas (Lei nº 11.343/2006), e considerando a interpretação que lhes é dada pelo STJ, assinale a alternativa correta.

a) A comprovação da materialidade do delito de posse de drogas para uso próprio não depende da elaboração de laudo de constatação da substância entorpecente que evidencie a natureza e a quantidade da substância apreendida.

b) Para a configuração do crime de associação para o tráfico de drogas é indispensável que haja a apreensão de drogas na posse direta do agente.

c) A conduta de posse de droga para consumo próprio foi descriminalizada pela referida lei, tendo havido, portanto, abolitio criminis.

d) O tráfico ilícito de drogas na sua forma privilegiada não é crime equiparado a hediondo.

e) Prescrevem em 4 anos a imposição e a execução das penas referentes à conduta de posse de droga para consumo próprio.

COMENTÁRIOS

Alternativa "a": o STJ firmou a tese de que "**A comprovação da materialidade do delito de posse de drogas para uso próprio (artigo 28 da Lei n.11.343/06) exige a elaboração de laudo de constatação da substância entorpecente que evidencie a natureza e a quantidade da substância apreendida" (Edição nº 60 - Lei de Drogas II).** Tratando-se de tipo penal que faz referência a substância proibida, por sua vez elencada em ato administrativo do Ministério da Saúde, é imprescindível a apreensão de determinada quantidade para que se efetue o exame toxicológico. Se não apreendida a substância, ou se por outro motivo não se providencia o exame pericial, é impossível comprovar a materialidade delitiva, pois de simples depoimentos, ou mesmo de confissões, não se pode inferir qual a natureza da substância. Vários precedentes da tese versavam sobre a punição da posse de drogas no interior de estabelecimentos prisionais, o que, além das consequências estabelecidas na Lei 11.343/06, provoca a responsabilização por falta grave: *"A jurisprudência do STJ firmou "a orientação no sentido da imprescindibilidade do laudo toxicológico para comprovar a materialidade da infração disciplinar e a natureza da substância encontrada com o apenado no interior de estabelecimento prisional" (HC n. 373.648/MG, Rel. Min. JOEL ILAN PACIORNIK, QUINTA TURMA, julgado em 16/2/2017, DJe 24/2/2017)"* (AgRg no HC 448.115/SP, j. 23/04/2019).

Alternativa "b": o STJ também firmou a tese de que, "Para a configuração do crime de associação para o tráfico de drogas, previsto no art. 35 da Lei n. 11.343/2006, é irrelevante a apreensão de drogas na posse direta do agente" (Edição nº 126 - Lei de Drogas IV). O crime de associação para o tráfico consiste na reunião de duas ou mais pessoas para o fim de praticar, reiteradamente ou não, os crimes de tráfico de drogas (nas formas básica ou equiparada - art. 33, *caput* e § 1º) ou de tráfico de maquinário, aparelho, instrumento ou qualquer objeto destinado à fabricação, preparação, produção ou transformação de drogas (art. 34). A consumação ocorre independentemente do efetivo cometimento do crime visado (que, caso venha a ocorrer, é imputado em concurso). Basta que se demonstre o ânimo de associação de caráter duradouro e estável. É natural, portanto, que se dispense a apreensão de droga na posse direta do agente para sua punição pela associação para o tráfico.

Alternativa "c": não é orientação do STJ que a conduta tipificada no art. 28 da Lei 11.343/06 foi descriminalizada. É, aliás, tese do tribunal que houve somente despenalização (Edição nº 45 - Lei de Drogas I): "ainda prevalece neste Superior Tribunal de Justiça o entendimento de que não houve a descriminalização do porte de drogas para uso próprio com a entrada em vigor da Lei n. 11.343/2006, mas mera despenalização, tendo em vista a previsão de penas alternativas para o infrator" (HC 666.646/TO, j. 24/08/2021).

Alternativa "d": sabe-se que, no delito de tráfico (art. 33, *caput*, da Lei nº 11.343/06) e nas formas equiparadas (§ 1º), as penas podem ser reduzidas de um sexto a dois terços, desde que o agente seja primário (não reincidente), de bons antecedentes e não se dedique às atividades criminosas nem integre organização criminosa (em resumo: abrange somente o traficante agindo de modo individual e ocasional). Os requisitos são subjetivos e cumulativos, isto é, faltando um deles, inviável a benesse legal. A orientação atual do STJ é de que essa modalidade de tráfico de drogas não é hedionda: "[...] Além disso, a Terceira Seção desta Corte, em 23/11/2016, ao julgar a Petição n. 11.796/DF, cancelou o enunciado n. 512 da Súmula deste Superior Tribunal de Justiça, firmando tese no sentido de que o tráfico ilícito de drogas, na sua forma privilegiada (art. 33, § 4º, da Lei n. 11.343/2006), não é crime equiparado a hediondo [...]" (AgRg no HC 678.922/SP, j. 14/09/2021). Ainda a esse respeito, o STF editou a súmula vinculante 59, segundo a qual "É impositiva a fixação do regime aberto e a substituição da pena privativa de liberdade por restritiva de direitos quando reconhecida a figura do tráfico privilegiado (art. 33, § 4º, da Lei 11.343/06) e ausentes vetores negativos na primeira fase da dosimetria (art. 59 do CP), observados os requisitos do art. 33, § 2º, alínea c e do art. 44, ambos do Código Penal".

Alternativas "e": a Lei 11.343/06 trata especificamente do prazo prescricional referente à conduta de posse de droga para consumo próprio. O art. 30 dispõe que a prescrição ocorre em dois anos.

Alternativa correta: letra "d".

---

325. (FGV - Delegado de Polícia - PC - RN/2021) Maria, 61 anos, primária e de bons antecedentes, é responsável pela criação de três netos com idades entre 10 e 16 anos. Em dificuldade financeira, aceita proposta de um vizinho para levar 1 kg de maconha da cidade de Natal, onde reside, para Mossoró, no mesmo Estado, recebendo um salário mínimo pelo serviço. Maria, porém, foi flagrada por policiais militares em abordagem de rotina quando transportava a droga em uma bolsa que estava no maleiro do ônibus intermunicipal por ela utilizado, admitindo a empreitada criminosa. Diante desse quadro fático, o comportamento de Maria configura, de acordo com a jurisprudência dos Tribunais Superiores, crime de:

a) tráfico majorado pela infração ter sido praticada no interior de transporte público, não fazendo jus à forma privilegiada;
b) tráfico majorado pela infração ter sido praticada no interior de transporte público, reconhecida a forma privilegiada;
c) tráfico privilegiado sem causa de aumento, admitindo a substituição da pena privativa de liberdade por restritiva de direitos;
d) tráfico privilegiado sem causa de aumento, não podendo a pena privativa de liberdade ser substituída por restritiva de direitos por ter natureza assemelhada aos crimes hediondos;
e) tráfico majorado em razão da intermunicipalidade do transporte, não sendo aplicável a causa de diminuição de pena decorrente do tráfico privilegiado.

COMENTÁRIOS

Maria é autora do crime de tráfico, porque transportou droga, sem autorização e em desacordo com determinação legal ou regulamentar (art. 33 da Lei 11.343/06). O indivíduo que transporta drogas nas circunstâncias em que Maria agiu é conhecido como "mula", porque carrega a substância em benefício de alguém.

No exemplo do enunciado, há duas questões importantes que devemos abordar: a incidência da majorante pelo crime cometido em transporte público e da minorante do tráfico privilegiado.

A causa de aumento de pena não incide neste caso porque, como têm decidido o STJ e o STF, apenas se justifica o aumento quando o agente utiliza o transporte público para efetivamente comercializar a droga. O simples transporte da substância não atrai a majorante: 1) "O entendimento deste Superior Tribunal é de que, para a caracterização da majorante do art. 40, III, da Lei n. 11.343/2006, é necessária a efetiva oferta ou a comercialização da droga no interior do veículo público, não bastando, para a sua incidência, o só fato de o agente ter se utilizado dele como meio de locomoção e transporte da substância ilícita" (STJ: HC 455.652/SP, j. 04/09/2018); 2) "TRÁFICO DE DROGAS - CAUSA DE AUMENTO - TRANSPORTE PÚBLICO. O que previsto no inciso III do artigo 40 da Lei nº 11.343/2006, relativamente ao transporte público, pressupõe o tráfico no respectivo âmbito, e não a simples locomoção do detentor da droga" (STF: HC 120.275/PR, j. 15/05/2018).

Quanto à incidência da causa de diminuição de pena em favor do agente que serve de transportador da droga, há quem sustente que o fato é indicativo bastante de participação em organização criminosa, fator impeditivo da minorante. O STJ tem tanto decisões nas quais aplica a minorante quanto outras nas quais a afasta, sempre considerando o caso concreto. Em síntese, o tribunal não considera que o fato de o agente servir de transportador da droga caracteriza uma presunção absoluta de que integra a organização criminosa à qual esteja servindo. São as circunstâncias da prática criminosa que indicam a extensão de sua colaboração: "Nos termos da jurisprudência desta Corte Superior, o fato de o agente haver atuado como "mula" no transporte da droga não pode — como numa relação, pura e simples, de causa e efeito — levar à conclusão de que ele seria integrante de organização criminosa e, como tal, não seria merecedor da causa especial de diminuição de pena prevista no § 4º do art. 33 da Lei n. 11.343/2006. A diferenciação deve ser feita, inequivocamente, caso a caso, com base em elementos objetivos e concretos dos autos" (AgRg no AREsp 1.834.952/SP, j. 21/09/2021). Com isso, o tribunal segue o entendimento firmado pelo STF (HC 203.825 AgR/PR, j. 15/09/2021). O enunciado não menciona que Maria servia a uma organização criminosa, mas que aceitou uma proposta feita por seu vizinho. Por isso, é possível a aplicação da causa de diminuição de pena.

Alternativa correta: letra "c" (responde, também, as demais alternativas).

326. (FGV – Delegado de Polícia – PC – RN/2021) Após receber informação de que uma grande quantidade de droga estaria chegando a certa comunidade, a polícia civil planejou uma operação objetivando a apreensão do material entorpecente e a prisão de vários traficantes. Joaquim, policial civil lotado na delegacia em que a operação era planejada, no momento de sua execução, ciente de que o líder do tráfico do local era um antigo colega de infância, acende, escondido, fogos de artifício que ficavam na comunidade para acionamento em diligências policiais. Em razão do aviso, a diligência tem resultado negativo, ninguém sendo preso e não sendo apreendida qualquer droga.

O comportamento de Joaquim foi descoberto, devendo ele responder pelo(s) seguinte(s) crime(s) previsto(s) na Lei nº 11.343/2006:

a) associação para o tráfico, apenas;
b) tráfico de drogas, apenas;
c) colaboração ou informante do tráfico, apenas;
d) associação para o tráfico e colaboração ou informante do tráfico, em concurso material;
e) tráfico de drogas e associação para o tráfico, em concurso material.

COMENTÁRIOS

Alternativa "a": não é possível atribuir a Joaquim o crime de associação para o tráfico, porque falta em sua conduta o propósito de se associar a outros indivíduos para praticar o crime de tráfico. O art. 35 da Lei 11.343/06 é punido a título de dolo (*animus associativo*), aliado ao fim específico de traficar drogas ou maquinários. Não há indicação a esse respeito no enunciado.

Alternativa "b": tampouco é possível atribuir a Joaquim o crime de tráfico, pois sua conduta não corresponde a nenhuma ação nuclear típica do art. 33 da Lei 11.343/06, nem mesmo sob a forma de participação.

Alternativa "c" (responde, também, a alternativa "d"): o art. 37 da Lei 11.343/06 pune a conduta de colaborar, como informante, com grupo, organização ou associação destinados à prática de qualquer dos crimes previstos nos arts. 33, *caput* e § 1º, e 34. Uma das formas de cometer o crime é informar, por meio de fogos, sobre a chegada da polícia. Para Andrey Borges de Mendonça e Paulo Roberto Galvão de Carvalho: "Apesar de não expresso no dispositivo legal, entendemos que a conduta do informante colaborador necessariamente precisa ser eventual. Seria somente a conduta daquele agente que, sem estabelecer qualquer vínculo associativo com os destinatários das informações, contribui eventualmente com informes, seja mediante remuneração ou por qualquer outra vantagem. Comprovando-se que a contribuição não se mostra eventual, mas permanente e estável, com o estabelecimento de verdadeira societas sceleris com os destinatários da informação, a conduta não mais se tipificará no delito em estudo, mas sim na associação para o tráfico" (*Lei de Drogas*. São Paulo: Método, 2006. p. 141). Assim já decidiu o STJ: "1. A conduta de olheiro tanto pode se enquadrar no delito tipificado no artigo 37 como nos artigos 33 ou 35 da Lei n. 11.343/2006, a depender da comprovação da estabilidade ou não do vínculo" (AgRg no REsp 1.738.851/RJ, j. 21/08/2018). A conduta de Joaquim, segundo o enunciado, foi eventual.

Alternativa "d": ver comentários às assertivas anteriores.

Alternativa correta: letra "c".

327. (Fundatec – Delegado de Polícia – PC – RS/2018) Analise as assertivas a seguir, de acordo com o disposto na Lei nº 11.343/2006, Lei de Drogas, e em cotejo com o entendimento dos Tribunais Superiores:

I. Para a incidência da majorante de pena, prevista no artigo 40, inciso V da referida Lei, ao crime de tráfico de drogas interestadual, de acordo com entendimento do Superior Tribunal de Justiça, basta que esteja demonstrado, de forma inequívoca, que o traficante tinha intenção de extrapolar as fronteiras de um Estado, mesmo que assim não consiga.

II. A partir de entendimento recente do Supremo Tribunal Federal, pode-se dizer que nem todo o crime de tráfico de drogas pode ser considerado crime equiparado a hediondo.

III. Aquele que oferece droga, eventualmente e sem objetivo de lucro, à pessoa de seu relacionamento, para juntos a consumirem, pratica crime de menor potencial ofensivo.

IV. Aquele que pratica conduta de tráfico de drogas, descrita no caput do artigo 33 da referida Lei, pode ter sua pena reduzida nos mesmos patamares propostos no Código Penal para a minorante da tentativa, desde que seja primário, de bons antecedentes, não se dedique às atividades criminosas nem integre organização criminosa.

Quais estão corretas?

a) Apenas I.

b) Apenas II.

c) Apenas III e IV.

d) Apenas I, II e III.

e) I, II, III e IV.

COMENTÁRIOS

Item I: assim como no tráfico transnacional, no interestadual a majorante se aplica pela comprovação da destinação da droga, dispensando-se a transposição de divisas entre os estados (súmula 587 do STJ).

Item II: era pacífico no STJ o entendimento de que a causa de diminuição de pena não retirava a hediondez do crime de tráfico, tanto que, em 2014, o tribunal editou a súmula nº 512 exatamente nesses termos. Ocorre que, em 23/06/2016, julgando o *habeas corpus* 118.533/MS, relatado pela Min. Cármen Lúcia, o STF decidiu que o privilégio não se harmoniza com a hediondez do crime de tráfico, razão pela qual, uma vez aplicada a minorante, afasta-se o caráter hediondo do delito. Em razão disso, o STJ cancelou a súmula nº 512. Note-se que, para afastar definitivamente qualquer controvérsia no âmbito da progressão de regime, o legislador inseriu na LEP disposição expressa no sentido de que o tráfico privilegiado não é considerado hediondo (art. 112, § 5º, com redação dada pela Lei 13.964/19).

Item III: o art. 33 da Lei 11.343/06 tipifica, além do tráfico de drogas, algumas outras condutas de menor gravidade, uma delas a de oferecer droga, eventualmente e sem objetivo de lucro, a pessoa de seu relacionamento, para juntos a consumirem. A pena cominada varia de seis meses a um ano, o que faz do crime uma infração de menor potencial ofensivo.

Item IV: o crime de tráfico pode ter a pena diminuída se o agente for primário, de bons antecedentes, não se dedicar às atividades criminosas nem integrar organização criminosa. A diminuição varia de um sexto a dois terços. A causa de diminuição de pena relativa à tentativa (art. 14, parágrafo único, do CP) varia de um a dois terços.

Alternativa correta: letra "d".

---

328. (Cespe – Delegado de Polícia – GO/2017) Vantuir e Lúcio cometeram, em momentos distintos e sem associação, crimes previstos na Lei de Drogas (Lei n.° 11.343/2006). No momento da ação, Vantuir, em razão de dependência química e de estar sob influência de entorpecentes, era inteiramente incapaz de entender o caráter ilícito do fato. Lúcio, ao agir, estava sob efeito de droga, proveniente de caso fortuito, sendo também incapaz de entender o caráter ilícito do fato.

Nessas situações hipotéticas, qualquer que tenha sido a infração penal praticada,

a) Vantuir terá direito à redução de pena de um a dois terços e Lúcio será isento de pena.

b) somente Vantuir será isento de pena.

c) Lúcio e Vantuir serão isentos de pena.

d) somente Lúcio terá direito à redução de pena de um a dois terços.

e) Lúcio e Vantuir terão direito à redução de pena de um a dois terços.

COMENTÁRIOS

O art. 45 da Lei 11.343/06 estabelece causa de isenção de pena.

Na primeira parte do art. 45 está previsto o caso de inimputabilidade do agente que, em razão da dependência de droga, era, ao tempo da ação ou da omissão, qualquer que tenha sido a infração penal praticada, inteiramente incapaz de entender o caráter ilícito do fato ou de determinar-se de acordo com esse entendimento. Adotou-se o critério biopsicológico, isto é, não basta ser dependente, mas é preciso que o agente, em face da dependência, seja inteiramente incapaz de entender o caráter ilícito do fato ou de determinar-se de acordo com esse entendimento. É o caso de Vantuir.

Ficará também isento de pena o agente que, sob o efeito, proveniente de caso fortuito ou força maior, de droga, era, ao tempo da ação ou da omissão, qualquer que tenha sido a infração penal praticada, inteiramente incapaz de entender o caráter ilícito do fato ou de determinar-se de acordo com esse entendimento. Cuida-se da ingestão não voluntária do psicotrópico, fruto de ignorância (caso fortuito) ou coação (força maior). Para o reconhecimento da exculpante devem estar presentes os seguintes requisitos: a) ingestão acidental da droga (não voluntária), fruto de caso fortuito (ex.: tomar substância desconhecendo seu efeito inebriante) ou força maior (ex.: ser forçado por terceira pessoa a tomar droga); b) ficar o agente, no momento da conduta, em razão do efeito do psicotrópico, inteiramente incapaz de entender o caráter ilícito do fato ou de determinar-se de acordo com esse entendimento. É o caso de Lúcio.

E, segundo o disposto no art. 46, o agente que, ao tempo da ação ou da omissão, não possua a plena capacidade de entender o caráter ilícito do fato ou de determinar-se de acordo com esse entendimento, terá a pena reduzida de um a dois terços.

Alternativa correta: letra "c" (responde, também, as demais alternativas).

329. (Cespe - Delegado de Polícia - GO/2017) Considerando o disposto na Lei n.º 11.343/2006 e o posicionamento jurisprudencial e doutrinário dominantes sobre a matéria regida por essa lei, assinale a opção correta.

a) Em processo de tráfico internacional de drogas, basta a primariedade para a aplicação da redução da pena.

b) Dado o instituto da delação premiada previsto nessa lei, ao acusado que colaborar voluntariamente com a investigação policial podem ser concedidos os benefícios da redução de pena, do perdão judicial ou da aplicação de regime penitenciário mais brando.

c) É vedada à autoridade policial a destruição de plantações ilícitas de substâncias entorpecentes antes da realização de laudo pericial definitivo, por perito oficial, no local do plantio.

d) Para a configuração da transnacionalidade do delito de tráfico ilícito de drogas, não se exige a efetiva transposição de fronteiras nem efetiva coautoria ou participação de agentes de estados diversos.

e) O crime de associação para o tráfico se consuma com a mera união dos envolvidos, ainda que de forma individual e ocasional.

COMENTÁRIOS

Alternativa "a": para a aplicação da causa de diminuição de pena no crime de tráfico, é preciso que o agente seja primário, de bons antecedentes, não se dedique às atividades criminosas nem integre organização criminosa (art. 33, § 4º, da Lei 11.343/06).

Alternativa "b": o art. 41 da Lei 11.343/06 estabelece apenas a redução da pena, desde que o indiciado ou acusado colabore voluntariamente com a investigação policial e o processo criminal na identificação dos demais coautores ou partícipes do crime e na recuperação total ou parcial do produto do crime.

Alternativa "c": o art. 32 da Lei 11.343/06 determina a imediata destruição das plantações ilícitas pelo delegado de polícia, que deve recolher quantidade suficiente para exame pericial e lavrar auto de levantamento das condições encontradas, com a delimitação do local, asseguradas as medidas necessárias para a preservação da prova.

Alternativa "d": o STJ firmou o entendimento de que a transnacionalidade do crime de tráfico dispensa a movimentação entre fronteiras, bastando que se revele a intenção de que a droga seja destinada ao exterior: *"A majorante do tráfico transnacional de drogas (art. 40, I, da lei 11.343/06) se configura com a prova da destinação internacional das drogas, ainda que não consumada a transposição de fronteiras" (súmula 607).*

Alternativa "e": a associação para o tráfico se caracteriza pela existência de duas ou mais pessoas agrupadas de forma estável e permanente para o fim de praticar, reiteradamente ou não, qualquer dos crimes previstos nos arts. 33, caput e § 1º e 34 da Lei 11.343/06.

Alternativa correta: letra "d".

330. (FUNCAB - Delegado de Polícia - PA/2016) Jeremias integra de forma estável e permanente a estrutura da facção criminosa instalada em determinada comunidade, exercendo dupla função: é responsável por manter droga em depósito para revenda e, em outras oportunidades, serve como "fogueteiro", em razão do que aciona fogos de artifício toda vez que percebe a ação de policiais ou de grupos rivais naquela localidade, a fim de alertar os demais integrantes de sua facção. Nesse contexto, é correto afirmar que Jeremias pratica o(s) crime(s) previsto(s) no(s) artigo(s):

a) 33, da Lei n. 11.343, de 2006.

b) 33, 35 e 37, da Lei n. 11.343, de 2006.

c) 33 e 35, da Lei n. 11.343, de 2006.

d) 33 e 37, da Lei n. 11.343, de 2006.

e) 35, da Lei n. 11.343, de 2006.

COMENTÁRIOS

O art. 35 da Lei 11.343/06 traz modalidade especial de associação criminosa (art. 288 do CP). Contudo, a associação para o tráfico exige apenas duas pessoas (e não três), agrupadas de forma estável e permanente, para o fim de praticar, reiteradamente ou não, qualquer dos crimes previstos nos arts. 33, caput e § 1º (tráfico de drogas e condutas equiparadas) e 34 (tráfico de maquinário) da mesma lei. Dessa forma a conduta de Jeremias se subsume ao tipo do art. 35.

Além disso, se Jeremias era responsável pela manutenção da droga em depósito, há o crime do art. 33, caput, imputado em concurso material com a associação para o tráfico.

Os fatos descritos no enunciado não caracterizam a infração penal tipificada no art. 37 da Lei 11.343/06, que consiste em colaborar, como informante, com grupo, organização ou associação destinados à prática de qualquer dos crimes previstos nos arts. 33, caput e § 1º, e 34 desta Lei. Normalmente, a conduta de "fogueteiro", também praticada por Jeremias, se enquadra no tipo do art. 37, mas só o pode cometer o agente que não faça parte da associação, pois o tipo consiste justamente em colaborar com ela. Se o agente já a integra, a colaboração é intrínseca às suas atividades.

Alternativa correta: letra "c" (responde, também, as demais assertivas).

331. (Cespe – Delegado de Polícia – PE/2016) Se determinada pessoa, maior e capaz, estiver portando certa quantidade de droga para consumo pessoal e for abordada por um agente de polícia, ela

a) estará sujeita à pena privativa de liberdade, se for reincidente por este mesmo fato.

b) estará sujeita à pena privativa de liberdade, se for condenada a prestar serviços à comunidade e, injustificadamente, recusar a cumprir a referida medida educativa.

c) estará sujeita à pena, imprescritível, de comparecimento a programa ou curso educativo.

d) poderá ser submetida à pena de advertência sobre os efeitos da droga, de prestação de serviço à comunidade ou de medida educativa de comparecimento a programa ou curso educativo.

e) deverá ser presa em flagrante pela autoridade policial.

COMENTÁRIOS

Alternativa "a": a infração do art. 28 não é punida, em nenhuma hipótese, com pena privativa de liberdade. A reincidência influencia apenas na duração das medidas citadas nos comentários à assertiva "d". Em regra, tais medidas são aplicadas pelo prazo máximo de cinco meses; no caso de reincidência, o prazo pode dobrar (art. 28, §§ 3º e 4º).

Alternativa "b": se o agente for condenado a prestação de serviços à comunidade, mas se recusar a cumprir a medida, o § 6º do art. 28 estabelece a aplicação de admoestação verbal e multa.

Alternativa "c": nos termos do art. 30 da Lei nº 11.343/06, as penas relativas à infração do art. 28 prescrevem em dois anos.

Alternativa "d": o art. 28 da Lei nº 11.343/06 pune as condutas de adquirir, guardar, ter em depósito, transportar ou trazer consigo, para consumo pessoal, drogas sem autorização ou em desacordo com determinação legal ou regulamentar. Não há cominação de pena privativa de liberdade para esta infração, à qual os incisos do art. 28 impõem: I – advertência sobre os efeitos das drogas; II – prestação de serviços à comunidade; III – medida educativa de comparecimento a programa ou curso educativo.

Alternativa "e": o art. 48, § 2º, da Lei nº 11.343/06 é expresso ao dispor que a conduta do art. 28 não acarreta prisão em flagrante. A autoridade deve providenciar o imediato encaminhado do agente ao juízo competente ou, na falta deste, deve o agente assumir o compromisso de a ele comparecer, lavrando-se termo circunstanciado e providenciando-se as requisições dos exames e perícias necessários.

Alternativa correta: letra "d".

332. (Cespe – Delegado de Polícia – PE/2016) O ordenamento penal brasileiro adotou a sistemática bipartida de infração penal – crimes e contravenções penais –, cominando suas respectivas penas, por força do princípio da legalidade. Acerca das infrações penais e suas respectivas reprimendas, assinale a opção correta.

a) O crime de homicídio doloso praticado contra mulher é hediondo e, por conseguinte, o cumprimento da pena privativa de liberdade iniciar-se-á em regime fechado, em decorrência de expressa determinação legal.

b) No crime de tráfico de entorpecente, é cabível a substituição da pena privativa de liberdade por restritiva de direitos, bem como a fixação de regime aberto, quando preenchidos os requisitos legais.

c) Constitui crime de dano, previsto no CP, pichar edificação urbana. Nesse caso, a pena privativa de liberdade consiste em detenção de um a seis meses, que pode ser convertida em prestação de serviços à comunidade.

d) O STJ autoriza a imposição de penas substitutivas como condição especial do regime aberto.

e) O condenado por contravenção penal, com pena de prisão simples não superior a quinze dias, poderá cumpri-la, a depender de reincidência ou não, em regime fechado, semiaberto ou aberto, estando, em quaisquer dessas modalidades, obrigado a trabalhar.

COMENTÁRIOS

Alternativa "a": o homicídio doloso não é hediondo somente pelo fato de ser cometido contra mulher. Há a qualificadora do feminicídio – que torna o crime hediondo –, mas que não trata de situação em que o crime é simplesmente cometido contra mulher, referindo-se ao homicídio em que a morte da mulher ocorre em razão da condição do sexo feminino (leia-se, violência de gênero quanto ao sexo). A incidência da qualificadora reclama situação de violência praticada contra a mulher, em contexto caracterizado por relação de poder e submissão, praticada por homem ou mulher sobre mulher em situação de vulnerabilidade. Além disso, ainda que se trate de crime hediondo, somente este motivo não torna fechado o regime inicial de cumprimento da pena, em virtude do pronunciamento de inconstitucionalidade do art. 2º, § 1º, da Lei nº 8.072/90 no HC 111.840/ES.

Alternativa "b": o Supremo Tribunal Federal, em controle incidental de constitucionalidade (HC 97.256/RS) considerou inaplicável a vedação, contida nos arts. 33, § 4º e 44 da Lei nº 11.343/06, à substituição da pena privativa de liberdade por restritiva de direitos no crime de tráfico de drogas. Bem assim, o art. 2º, § 1º, da Lei nº 8.072/90, que estabelece o regime inicial fechado para crimes hediondos e equiparados, foi considerado incidentalmente inconstitucional pelo Supremo quando do julgamento do HC 111.840/ES, sendo certo que tal dispositivo se aplicava ao crime de tráfico, pois a Lei nº 11.343/06 silencia a respeito do regime de cumprimento da pena nos crimes sobre os quais dispõe. Por isso, conclui-se ser possível aplicar, no crime de tráfico, a substituição da pena privativa de liberdade por restritiva de direitos, assim como é permitida a imposição de regime inicial aberto, se preenchidos os requisitos legais. Nesse sentido, a propósito, é a súmula vinculante 59.

Alternativa "c": a pichação é uma espécie de dano tipificado na Lei nº 9.605/98, especificamente no art. 65, que comina pena de detenção de três meses a um ano, além da multa.

Alternativa "d": de acordo com o art. 115 da Lei nº 7.210/84, o juiz pode estabelecer condições especiais para a concessão de regime aberto, sem prejuízo das condições gerais e obrigatórias. O STJ, no entanto, sumulou o entendimento de que "É inadmissível a fixação de pena substitutiva (art. 44 do CP) como condição especial ao regime aberto" (súmula nº 493).

Alternativa "e": a prisão simples, atualmente, é a espécie de pena cominada às contravenções penais. Será cumprida, sem rigor penitenciário, em estabelecimento especial ou seção especial de prisão comum, em regime semiaberto ou aberto (art. 6º, LCP). Não existe previsão de regime prisional fechado, independentemente de ser o condenado reincidente ou não, nem sequer por meio da regressão.

Alternativa correta: letra "b".

---

333. (Cespe - Delegado de Polícia - PE/2016) Na análise das classificações e dos momentos de consumação, busca-se, por meio da doutrina e da jurisprudência pátria, enquadrar consumação e tentativa nos diversos tipos penais. A esse respeito, assinale a opção correta.

a) Conforme orientação atual do STJ, é imprescindível para a consumação do crime de furto com a posse de fato da res furtiva, ainda que por breve espaço de tempo, a posse mansa, pacífica e desvigiada da coisa, caso em que se deve aplicar a teoria da ablatio.

b) A extorsão é considerada pelo STJ como crime material, pois se consuma no momento da obtenção da vantagem indevida.

c) O crime de exercício ilegal da medicina, previsto no CP, por ser crime plurissubsistente, admite tentativa, desde que, iniciados os atos executórios, o agente não consiga consumá-lo por circunstâncias alheias a sua vontade.

d) Por ser crime material, o crime de corrupção de menores consuma-se no momento em que há a efetiva prova da prática do delito e a efetiva participação do inimputável na empreitada criminosa. Assim, se o adolescente possuir condenações transitadas em julgado na vara da infância e da juventude, em decorrência da prática de atos infracionais, o crime de corrupção de menores será impossível, dada a condição de inimputável do corrompido.

e) Segundo o STJ, configura crime consumado de tráfico de drogas a conduta consistente em negociar, por telefone, a aquisição de entorpecente e disponibilizar veículo para o seu transporte, ainda que o agente não receba a mercadoria, em decorrência de apreensão do material pela polícia, com o auxílio de interceptação telefônica.

COMENTÁRIOS

Alternativa "a": tanto a jurisprudência do STF (HC 135.674/PE, DJe 13/10/2016) quanto a do STJ dispensam, para a consumação do furto, que o bem saia da esfera de vigilância da vítima, bastando que o agente tenha a posse, ainda que momentânea, do objeto subtraído. A respeito: "A Terceira Seção desta Corte, ao apreciar o Recurso Especial representativo de controvérsia n.º 1.524.450/RJ, firmou o entendimento no sentido de que consuma-se o crime de furto com a posse de fato da res furtiva, ainda que por breve espaço de tempo e seguida de perseguição ao agente, sendo prescindível a posse mansa e pacífica ou desvigiada (AgRg no REsp 1483770/RS, Rel. Ministro NEFI CORDEIRO, SEXTA TURMA, julgado em 4/2/2016, DJe 16/2/2016)" (AgInt no REsp 1.662.616/MG, DJe 25/09/2017).

Alternativa "b": para a maioria, o crime de extorsão é formal (ou de consumação antecipada), perfazendo-se no momento em que o agente emprega os meios aptos a constranger a vítima a lhe proporcionar indevida vantagem econômica (o enriquecimento indevido constitui mero exaurimento, a ser considerado na fixação da pena). Há, contudo, minoria sustentando ser o crime material, não bastando, segundo pensam, o emprego de violência ou grave ameaça. Além do constrangimento violento ou atemorizante, para a consumação do crime mostra-se indispensável a obtenção da vantagem indevida. No entanto, o STJ, ao editar a súmula 96, dirimiu a questão: "O crime de extorsão consuma-se independentemente da obtenção da vantagem indevida".

Alternativa "c": a tentativa do crime de exercício ilegal da medicina é inadmissível, já que se trata de crime habitual. Há doutrina sustentando a possibilidade de tentativa nas situações em que o agente adota todas as providências necessárias para o exercício da profissão de médico, dentista ou farmacêutico, mas é surpreendido quando iria iniciá-la. Não nos parece, todavia, correta esta consideração, pois, se o crime é habitual, ou o agente comete reiteradas vezes a ação típica e consuma o delito, ou não o faz e o fato permanece atípico. A tentativa de cometer atos habituais não é caso de tipificação penal.

Alternativa "d": a orientação da jurisprudência do STJ é no sentido de que, para a caracterização do crime de corrupção de menores é dispensável a demonstração do efetivo corrompimento: "A configuração do crime do art. 244-B do ECA independe da prova da efetiva corrupção do menor, por se tratar de delito formal" (súmula 500).

Alternativa "e": O STJ se orienta no sentido de que algumas das modalidades do crime de tráfico de drogas são formais, dispensando portanto resultado naturalístico. No caso em que o agente negocia a droga por telefone e disponibiliza o transporte para recebê-la, caracteriza-se, segundo o tribunal, o tráfico consumado na modalidade *adquirir*: "Deste modo, a negociação com aquisição da droga e colaboração para seu transporte, de droga que veio a ser apreendida, constitui conduta descrita na imputação e típica, presente se encontrando a materialidade do imputado crime de drogas. Frise-se que a modalidade de tráfico (adquirir), segundo o Supremo Tribunal Federal, completa-se no instante em que ocorre a avença entre o comprador e o vendedor", sem exigência de nenhum outro requisito (HC 71853/RJ, Rel. Min. Maurício Corrêa, Julgado em 07/05/1995, 2ª Turma, DJ de 19/5/1995). Nesse contexto, não há como afastar o entendimento adotado pela sentença que assim referiu: Portanto, as provas coligidas permitem a convicção segura de que Narcélio, após previamente adquirir metade do entorpecente, através de negócio realizado pela via telefônica, enviou caminhão de sua propriedade para auxiliar Marcelo a distribuir as drogas, proceder que também configurou o seu pagamento pela parte que lhe coube. Tal conduta, indubitavelmente, encontra adequação típica no art. 12 da Lei 6.368/76, tanto no verbo adquirir quanto no verbo ter em depósito, à medida que, tendo Narcélio adquirido metade do entorpecente, tornou-se responsável pelo seu depósito, mantido no interior do município de Pato Bragado-PR, onde acabou apreendido pela Polícia Militar (fl. 156/157)" (HC 212.528/SC, DJe 23/09/2015).

Alternativa correta: letra "e".

334. (FUNIVERSA - Delegado de Polícia - DF/2015) Em relação à Lei nº 11.343/2006, que dispõe sobre o tráfico ilícito e o uso indevido de substâncias entorpecentes, assinale a alternativa correta.

a) Na mencionada lei, não se prevê como típica a conduta do sujeito viciado que oferece droga eventualmente, sem intuito de lucro, a um amigo, a fim de juntos a consumirem.

b) Segundo essa lei, não configura causa de aumento de pena a transnacionalidade do delito de tráfico ilícito de entorpecentes.

c) A referida lei promoveu a descriminalização do uso indevido de substâncias entorpecentes.

d) Consoante a referida norma, não é típica a conduta de induzimento ao uso indevido de droga.

e) De acordo com essa lei, as plantações ilícitas serão imediatamente destruídas pelo delegado de polícia, que recolherá quantidade suficiente para exame pericial.

COMENTÁRIOS

Alternativa "a": o fato de o agente oferecer droga, eventualmente e sem objetivo de lucro, a pessoa de seu relacionamento, para juntos a consumirem, não é causa de aumento do crime de tráfico, mas uma forma privilegiada de cometer o mesmo crime. Nesse caso, a pena é de detenção de seis meses a um ano, e pagamento de setecentos a mil e quinhentos dias-multa, sem prejuízo das penas previstas no art. 28 da Lei nº 11.343/06 (advertência sobre os efeitos das drogas; prestação de serviços à comunidade; medida educativa de comparecimento a programa ou curso educativo).

Alternativa "b": o art. 40, inciso I, da Lei nº 11.343/06 aumenta a pena do tráfico de um sexto a dois terços se a natureza, a procedência da substância ou do produto apreendido e as circunstâncias do fato evidenciarem a transnacionalidade do delito.

Alternativa "c": de acordo com o entendimento dominante (STF RE 430105 QO/RJ), embora o artigo 28 da Lei nº 11.343/06 não comine pena privativa de liberdade, a infração mantém seu caráter criminoso. O STF, no entanto, julga atualmente o recurso extraordinário nº 635.659, no qual se discute a constitucionalidade do art. 28. Para Gilmar Mendes, que já apresentou seu voto, as sanções descritas no dispositivo passam a ter caráter exclusivamente administrativo, pois a punição criminal "estigmatiza o usuário e compromete medidas de prevenção e redução de danos, bem como gera uma punição desproporcional ao usuário, violando o direito à personalidade". Os ministros Roberto Barroso e Edson Fachin também consideraram inconstitucional a criminalização, mas limitaram seus votos à maconha, a que se referem os fatos tratados no recurso.

Alternativa "d": é crime, punido com detenção de um a três anos, e multa, induzir, instigar ou auxiliar alguém ao uso indevido de droga. Este crime, na vigência da Lei nº 6.368/76, era punido com a mesma pena do tráfico. A Lei nova, acreditando que o fato não trazia tamanha gravidade, o privilegiou, preferindo pena menos severa. Trata-se de *novatio legis in mellius*, devendo retroagir a fim de alcançar os fatos pretéritos, ainda que em fase de execução (art. 2º, parágrafo único, do CP).

Alternativa "e": nos termos do art. 32 da Lei nº 11.343/06, as plantações ilícitas serão imediatamente destruídas pelo delegado de polícia, que recolherá quantidade suficiente para exame pericial, de tudo lavrando auto de levantamento das condições encontradas, com a delimitação do local, asseguradas as medidas necessárias para a preservação da prova. A destruição se dá na forma do art. 50-A (que trata da situação em que as drogas são apreendidas sem a ocorrência de prisão em flagrante), no prazo máximo de trinta dias.

Alternativa correta: letra "e".

335. (FUNCAB - Delegado de Polícia - RO/2014) Em relação à Lei n° 11.343/2006 (Lei Antidrogas), no crime de tráfico de drogas, são causas que aumentam a pena do referido delito de um sexto a dois terços, EXCETO:

a) o agente praticar o crime prevalecendo-se de função pública ou no desempenho de missão de educação, poder familiar, guarda ou vigilância,

b) quando caracterizado o tráfico entre Estados da Federação ou entre estes e o Distrito Federal.

c) o agente oferecer droga, eventualmente e sem objetivo de lucro, à pessoa de seu relacionamento, para juntos a consumirem.

d) o crime tiver sido praticado com violência, grave ameaça, emprego de arma de fogo, ou qualquer processo de intimidação difusa ou coletiva.

e) a natureza, a procedência da substância ou do produto apreendido e as circunstâncias do fato evidenciarem a transnacionalidade do delito.

COMENTÁRIOS

Alternativa "a": o art. 40, inciso II, da Lei nº 11.343/06 aumenta de um sexto a dois terços as penas previstas nos arts. 33 a 37 quando o agente praticar o crime prevalecendo-se de função pública ou no desempenho de missão de educação, poder familiar, guarda ou vigilância. A causa especial de aumento do inciso II alcança aquele que praticar o crime *prevalecendo-se de* *função pública* (art. 327 do CP). Nesse caso, o agente, tendo por mister prevenir (e combater) a criminalidade, passa a comercializar drogas, valendo-se, para tanto, das facilidades que seu cargo, emprego ou função lhe proporciona (policiais, delegados de polícia, promotores, juízes etc.). A pena será também majorada se o agente comete o crime no *desempenho de missão de educação*. Apesar de não possuir dever de prevenir crimes, o educador tem como missão a educação do pupilo. Aqui, ao invés de contribuir na sua formação e desenvolvimento físico, intelectual e moral, o introduz, de qualquer modo, no "mundo das drogas". Cometer o delito no *desempenho do poder familiar, guarda ou vigilância* também gera aumento de pena. A punição é mais severa porque, também nestes casos, o autor do crime exerce papel educacional e de orientação, ainda que sem relação com função pública.

Alternativa "b": o art. 40, inciso V, da Lei nº 11.343/06 aumenta de um sexto a dois terços as penas previstas nos arts. 33 a 37 quando caracterizado o tráfico entre Estados da Federação ou entre estes e o Distrito Federal. Temos aqui o tráfico doméstico (interestadual), da competência da Justiça Estadual, ditada pela prevenção do local da apreensão da droga (art. 71 do CPP). Os tribunais superiores uniformizaram entendimento de que, para a incidência da majorante, basta a intenção de o agente querer fazer com a droga saia dos limites do Estado (STJ: súmula 587; STF: HC 122791/MS, DJe 26/11/2015).

Alternativa "c": efetivamente, o fato de o agente oferecer droga, eventualmente e sem objetivo de lucro, a pessoa de seu relacionamento, para juntos a consumirem, não é causa de aumento do crime de tráfico, mas uma forma privilegiada de cometer o mesmo crime. Nesse caso, a pena é de detenção de seis meses a um ano, e pagamento de setecentos a mil e quinhentos dias-multa, sem prejuízo das penas previstas no art. 28 da Lei nº 11.343/06 (advertência sobre os efeitos das drogas; prestação de serviços à comunidade; medida educativa de comparecimento a programa ou curso educativo). Na vigência da lei anterior, discutia-se o correto enquadramento típico da conduta daquele que, gratuitamente, cedia droga à terceira pessoa, para juntos a consumirem. Para uma primeira corrente, a conduta se ajustava ao art. 12 (tráfico de drogas, atual art. 33), vez que o tipo não diferenciava (e continua não diferenciando) a finalidade visada com a cessão. Para outros, inexistente o objetivo de lucro (mercancia), a hipótese, por questão de equidade, melhor se amoldava ao art. 16 (porte para uso, atual art. 28). Hoje, a tormentosa questão parece resolvida, prevendo a nova Lei tipo específico (art. 33, § 3º), de menor potencial ofensivo, para o agente que oferece droga, eventualmente e sem objetivo de lucro, a pessoa de seu relacionamento, para juntos a consumirem.

Alternativa "d": o art. 40, inciso IV, da Lei nº 11.343/06 aumenta de um sexto a dois terços as penas previstas nos arts. 33 a 37 quando o crime tiver sido praticado com violência, grave ameaça, emprego de arma de fogo, ou qualquer processo de intimidação difusa ou coletiva.

Alternativa "e": o art. 40, inciso I, da Lei nº 11.343/06 aumenta de um sexto a dois terços as penas previstas nos arts. 33 a 37 quando a natureza, a procedência da substância ou do produto apreendido e as circunstâncias do fato evidenciarem a transnacionalidade do delito. A Lei nova, diferentemente da anterior, preferiu a expressão *transnacional* (situação ou ação além das nossas fronteiras) ao invés de *internacional* (situação ou ação concernente a duas ou mais nações). Com a mudança, foram atendidas as recomendações internacionais, em especial da Convenção de Palermo. A diferença é significativa. Antes, ao referir-se a tráfico internacional, não gerava o aumento o simples fato da aquisição da droga na Bolívia, exigindo-se vínculo entre nacionais e estrangeiros em atividade (*RT* 666/325). Com a mudança basta que a infração tenha a sua execução iniciada ou terminada fora dos limites do nosso território (em águas internacionais, por exemplo). Para a sua configuração dispensa-se a habitualidade (RT 736/710).

Alternativa correta: letra "c".

336. (FUNCAB – Delegado de Polícia – ES/2013) João morava em uma comunidade onde havia comércio ilegal de cannabis sativa, razão por que era constante a ação da polícia no local. "Dedinho", responsável pelo comércio ilegal de drogas na comunidade, objetivando não ser incomodado em suas vendas, e buscando não perder a sua mercadoria, contratou João para soltar rojões quando os policiais chegassem à entrada da comunidade, o que se deu por muitas vezes. Assim, João:

a) praticou o crime de associação para o tráfico de drogas ilícitas (artigo 35 da Lei n° 11.343/2006).
b) praticou o crime de quadrilha ou bando (artigo 288 do CP).
c) colaborou como informante do tráfico de drogas ilícitas (artigo 37 da Lei n° 11.343/2006).
d) deve responder como partícipe do tráfico de drogas ilícitas (artigo 33 da Lei n° 11.343/2006).
e) deve responder como coautor do tráfico de drogas ilícitas (artigo 33 da Lei n° 11.343/2006).

COMENTÁRIOS

Alternativa "a": não há associação para o tráfico porque, como vimos, há tipo específico para a conduta de João, que não se associou a "Dedinho" para o fim de praticar, reiteradamente ou não, algum dos crimes previstos nos arts. 33, *caput* e § 1º, e 34 da Lei nº 11.343/06.

Alternativa "b": também não há a associação criminosa de que trata o art. 288 do Código Penal. Ainda que se tratasse de associação de agentes para o fim de cometer crimes, verificando-se que os delitos visados são relacionados ao comércio de drogas, aplica-se o art. 35 da Lei nº 11.343/06.

Alternativa "c": o art. 37 da Lei nº 11.343/06 pune a conduta de colaborar, como informante, com grupo, organização ou associação destinados à prática de qualquer dos crimes previstos nos arts. 33, *caput* e § 1º, e 34 da mesma Lei. Houve quem sustentasse a *abolitio criminis* da conduta descrita no enunciado, que antes se subsumia ao art. 12, § 2º, III, da Lei nº 6.368/76, pois o informante de que trata o art. 37 da atual Lei de Drogas não seria aquele que, sob a égide da lei anterior, contribuía de qualquer forma para incentivar ou difundir o uso indevido ou o tráfico. A Primeira Turma do STF, todavia, firmou o entendimento de que a conduta de "fogueteiro" se subsume ao art. 37: "A conduta do "fogueteiro do tráfico", antes tipificada no art. 12, § 2º, da Lei 6.368/76, encontra correspondente no art. 37 da Lei que a revogou, a Lei 11.343/06, não cabendo falar em abolitio criminis. 2. O informante, na sistemática anterior, era penalmente responsável como coautor ou partícipe do crime para o qual colaborava, em sintonia com a teoria monística do art. 29 do Código Penal: "Quem, de qualquer modo, concorre para o crime incide nas penas a este cominadas, na medida de sua culpabilidade". 3. A nova Lei de Entorpecentes abandonou a teoria monística, ao tipificar no art. 37, como autônoma, a conduta do colaborador, aludindo ao informante (o "fogueteiro", sem dúvida, é informante), e cominou, em seu preceito secundário, pena de 2 (dois) a 6 (seis) anos de reclusão, e o pagamento de 300 (trezentos) a 700 (setecentos) dias-multa, que é inferior à pena cominada no art. 12 da Lei 6.368/76, expressando a mens lege que a conduta a ser punida mais severamente é a do verdadeiro traficante, e não as periféricas. 4. A revogação da lei penal não implica, necessariamente, descriminalização de condutas. Necessária se faz a observância ao princípio da continuidade normativo-típica, a impor a manutenção de condenações dos que infringiram tipos penais da lei revogada quando há, como in casu, correspondência na lei revogadora" (HC 106.155/RJ, DJe 17/11/2011).

Alternativa "d" (responde, também, a alternativa "e"): João não responde pelo crime de tráfico porque não tomou parte no delito diretamente, mas colaborou para que "Dedinho" desempenhasse a traficância. Há, como vimos, tipo penal específico ao qual se subsume esta conduta.

Alternativa correta: letra "c".

---

337. (FUNCAB – Delegado de Polícia – RJ/2012) Em busca domiciliar judicialmente autorizada, policiais civis encontram, em certo apartamento, escondidos em um fundo falso de armário, dezenas de invólucros contendo cocaína, já embalada para revenda, bem como um grande pacote contendo cocaína compactada, destinada à embalagem em porções menores, material este que pertencia ao ocupante do imóvel, preso em flagrante delito. No mesmo esconderijo estava uma lata de solvente orgânico, popularmente conhecido por thinner, destinada exclusivamente à inalação pelo detido (ocupante do imóvel). Com o aprofundamento da investigação, constata-se que o proprietário do imóvel, mesmo ciente de que drogas seriam armazenadas naquele local, alugara o imóvel ao detido, razão pela qual resta também indiciado. Verifica-se, por fim, que o contato estabelecido entre o ocupante e o proprietário do imóvel decorrera de uma eventualidade, sendo o aluguel firmado por apenas poucas semanas, embora com remuneração acima do valor de mercado. Analisando o caso concreto, assinale a resposta que corretamente tipifica as condutas narradas.

a) artigos 28 e 33, caput, da Lei n° 11.343/2006, no caso do ocupante; e 33, caput, da Lei n° 11.343/2006, no caso do proprietário do imóvel.
b) artigo 33, caput, da Lei n° 11.343/2006 para o ocupante do imóvel; e artigo 33, § 1°, III, da mesma lei, para o proprietário.
c) artigos 28, 33, caput, e 35 da Lei n° 11.343/2006, tanto no caso do ocupante, quanto no caso do proprietário do imóvel.
d) artigos 28, 33, caput, e 35, da Lei n° 11.343/2006 para o ocupante do imóvel; e 33, § 1°, III, e 35, da mesma lei, para o proprietário.
e) artigo 33, caput, da Lei n° 11.343/2006, tanto no caso do ocupante, quanto no caso do proprietário do imóvel.

COMENTÁRIOS

Alternativa "b" (responde, também, a alternativa "a"): o ocupante do imóvel responderá por guardar a droga, com a finalidade de destiná-la a consumo, sem autorização ou em desacordo com determinação legal ou regulamentar. O fato de o agente ter em sua posse solvente com o propósito de inalá-lo não atrai o art. 28 da Lei nº 11.343/06, pois não se trata de droga. O proprietário do imóvel será responsabilizado na forma do art. 33, § 1º, inciso III, da Lei nº 11.343/06, pois consentiu que outrem utilizasse seu imóvel para o tráfico ilícito de drogas. Não importa, para a caracterização do crime, que o aluguel seja eventual (como citado no exemplo) ou mesmo que o proprietário permita a ocupação gratuitamente; se tem conhecimento de que em seu imóvel há o tráfico de drogas e, ainda assim, consente, será responsabilizado.

Alternativa "c": não incide o art. 35 da Lei nº 11.343/06 porque não houve, entre o ocupante e o proprietário do imóvel, associação para o fim de praticar, reiteradamente ou não, o crime de tráfico. O simples aluguel do imóvel, mesmo com a ciência do proprietário a respeito do que ocorreria ali, não caracteriza a referida associação, pois este indivíduo não toma parte no tráfico em si, nem aluga o imóvel com propósito de se beneficiar do tráfico. Quanto ao art. 28 da Lei nº 11.343/06, como já ressaltamos, não tem incidência porque a substância apreendida para consumo próprio (solvente) não é droga.

Alternativa "d" (responde, também, a alternativa "e"): além de não se caracterizar a posse de droga para uso pessoal e a associação para o tráfico, o proprietário não responde pelo tráfico de drogas, pois, conforme já destacado, seu dolo se limitou a alugar o imóvel sabendo que no local ocorreria a mercancia ilícita.

Alternativa correta: letra "b".

81.2. CRIMES CONTRA A ORDEM TRIBUTÁRIA, ECONÔMICA E CONTRA AS RELAÇÕES DE CONSUMO

338. (UFPR – Delegado de Polícia – PC – PR/2021) Diversas são as hipóteses em que o contribuinte possui o dever de prestar declarações às autoridades fazendárias, sendo que o ato daquele que reduz ou suprime tributo por omitir informação ou prestar declaração falsa às autoridades fazendárias constitui a conduta típica descrita no art. 1°, I, da Lei n° 8.137/1990, hipótese de crime material contra a ordem tributária. Sobre os crimes materiais contra a ordem tributária, assinale a alternativa correta.

a) A conduta descrita no art. 1°, I, da Lei n° 8.137/1990 depende da constituição definitiva do tributo para a sua caracterização típica, nos termos da Súmula Vinculante n° 24 do STF.

b) De acordo com o STJ, com relação aos crimes materiais contra a ordem tributária, o prazo prescricional começa a contar da ação ou omissão típica, sendo irrelevante o momento da constituição do tributo.

c) O STJ entende que aquele que deixa de fornecer nota fiscal, nos termos do art. 1°, V, da Lei n° 8.137/1990, na mesma linha da tipificação descrita no art. 1°, I, da Lei 8.137/1990, pratica crime material contra a ordem tributária, sendo indispensável nessa hipótese a constituição do tributo para a caracterização típica.

d) Com base em entendimento consolidado nos tribunais superiores, por incidência do princípio da insignificância, é formalmente atípica a conduta de quem, por meio de declaração falsa, suprime tributo no valor de R$ 30.000,00.

e) O STF não admite a aplicação da Súmula Vinculante n° 24 a fatos anteriores à sua edição, por se tratar de hipótese de retroação de norma mais gravosa ao réu.

COMENTÁRIOS

Alternativa "a": a súmula vinculante 24 é expressa a respeito da necessidade de constituição definitiva do tributo no inciso I do art. 1º da Lei 8.137/90.

Alternativa "b": os crimes materiais contra a ordem tributária, segundo o disposto na súmula vinculante 24, *se tipificam* somente depois do lançamento definitivo do tributo. Se é assim, é também a partir do lançamento definitivo que o começa a correr o prazo prescricional: "Não há falar em prescrição da pretensão punitiva, uma vez que, nos termos da Súmula Vinculante n. 24, o termo inicial da prescrição dos crimes materiais tributários é a data do lançamento definitivo, após o encerramento do procedimento administrativo-fiscal, visto que, somente a partir daí, consoante entendimento do Supremo Tribunal Federal, está caracterizado o elemento normativo do tipo penal e preenchida a condição objetiva de punibilidade" (STJ: AgRg no REsp 1.913.320/PR, j. 23/03/2021).

Alternativa "c": o crime tipificado no inciso V do art. 1º da Lei 8.137/90 é formal, não material, razão pela qual não se submete ao disposto na súmula vinculante 24: "Nos termos da jurisprudência desta Corte, o crime descrito no art. 1°, inciso V, da Lei n. 8.137/1990 ostenta natureza formal" (STJ: AgRg no AREsp 1.831.656/SC, j. 11/05/2021).

Alternativa "d": no geral, entende-se que se aplica o princípio da insignificância quando o valor dos tributos suprimidos não ultrapassa os R$ 20.000,00: "Assim, a tese fixada passa a ser a seguinte: incide o princípio da insignificância aos crimes tributários federais e de descaminho quando o débito tributário verificado não ultrapassar o limite de R$ 20.000,00 (vinte mil reais), a teor do disposto no art. 20 da Lei n. 10.522/2002, com as atualizações efetivadas pelas Portarias n. 75 e 130, ambas do Ministério da Fazenda" (STJ: AgRg no REsp 1.877.935/RS, j. 23/02/2021).

Alternativa "e": o STF não restringe a incidência da súmula vinculante 24 a fatos posteriores à sua edição. A súmula não corresponde à *novatio legis in pejus* (porque, indiretamente, impede o curso da prescrição), mas tão somente à consolidação da jurisprudência do tribunal a respeito da necessidade de constituir definitivamente o tributo para que haja tipificação penal (RHC 122.774/RJ, j. 19/05/2015). O STJ, aliás, segue a mesma linha: "Apesar da conduta que gerou o ilícito tributário ter sido praticada na década de 1990, é cabível a aplicação da Súmula Vinculante n. 24 do STF para análise de prescrição, pois o referido enunciado pacificou a jurisprudência, motivo pelo qual não se configura desrespeito a irretroatividade da lei penal gravosa, inexistindo limite temporal de sua aplicação a fatos posteriores a 2003" (AgRg no REsp 1.909.009/SP, j. 22/06/2021).

Alternativa correta: letra "a".

339. (FGV – Delegado de Polícia – PC – RN/2021) Sávio possui um pequeno comércio de venda de material de escritório. Considerando a situação financeira precária da empresa e procurando reduzir o valor do tributo devido, Sávio praticou uma série de condutas que, em tese, tipificariam o delito do artigo 1°, inciso I, da Lei n° 8.137/1990 (constitui crime contra a ordem tributária suprimir ou reduzir tributo, ou contribuição social e qualquer acessório, mediante as seguintes condutas: inciso I - omitir informação, ou prestar declaração falsa às autoridades fazendárias).

Sobre o delito tipificado na referida legislação, e de acordo com a posição da jurisprudência dos Tribunais Superiores, é correto afirmar que:

a) o prazo prescricional começa a contar da data da conduta de omitir informação;

b) é punível quando praticado através de conduta dolosa ou culposa, comissiva ou omissiva;

c) é, em tese, de natureza material, pois somente estará configurado com o lançamento definitivo do tributo;

d) é classificado como formal, restando consumado com a omissão da informação capaz de reduzir o tributo devido;

e) permite que a expressividade do valor do tributo sonegado possa ser concomitantemente utilizada para elevar a pena base e depois como majorante na terceira etapa ao aplicar a pena.

COMENTÁRIOS

Alternativa "a" (responde, também, as alternativas "c" e "d"): considerando que o crime tipificado no inc. I do art. 1º da Lei 8.137/90 é material, tipifica-se somente com a constituição definitiva do tributo, como dispõe a súmula vinculante 24. Se é assim, o prazo prescricional também se inicia quando o tributo é constituído, pois, antes disso, não há crime.

Alternativa "b": o crime do art. 1º da Lei 8.137/90 só pode ser cometido dolosamente. Não se pune a modalidade culposa.

Alternativa "e": o art. 12, inc. I, da Lei 8.137/90 admite o aumento da pena quando o crime provoca grave dano à coletividade. Caso o juiz considere a expressividade do valor sonegado, deve fazê-lo na primeira *ou* na terceira fase de aplicação da pena. A incidência concomitante é *bis in idem*: "Quanto ao grave dano à coletividade, importa consignar que este pode ser sopesado ou na primeira ou na terceira fase da dosimetria, ficando apenas vedado o bis in idem" (STJ: AgRg no AREsp 1.194.509/MG, j. 08/02/2018).

Alternativa correta: letra "c".

---

340. (Cespe - Delegado de Polícia - GO/2017) Considere os seguintes atos, praticados com o objetivo de suprimir tributo:

1) Marcelo prestou declaração falsa às autoridades fazendárias;
2) Hélio negou-se a emitir, quando isso era obrigatório, nota fiscal relativa a venda de determinada mercadoria;
3) Joel deixou de fornecer nota fiscal relativa a prestação de serviço efetivamente realizado.

Nessas situações, conforme a Lei n.º 8.137/1990 e o entendimento do STF, para que o ato praticado tipifique crime material contra a ordem tributária, será necessário o prévio lançamento definitivo do tributo em relação a

a) Hélio e Joel.
b) Marcelo apenas.
c) Hélio apenas.
d) Joel apenas.
e) Hélio, Marcelo e Joel.

COMENTÁRIOS

A súmula vinculante 24 estabelece que "Não se tipifica crime material contra a ordem tributária, previsto no art. 1º, incisos I a IV, da Lei nº 8.137/90, antes do lançamento definitivo do tributo". Das condutas citadas nos itens 1, 2 e 3, apenas a de Marcelo constitui crime material contra a ordem tributária, pois tipificada no art. 1º, inciso I, da Lei 8.137/90. As demais integram o tipo do inciso V, que é crime formal, razão pela qual não estão abrangidos pelas disposições da súmula.

Alternativa correta: letra "b" (responde, também, as demais alternativas).

---

341. (ACAFE - Delegado de Polícia - SC/2014) Identifique o que constitui crime contra a ordem tributária e assinale a alternativa correta.

I. Adquirir, distribuir e revender derivados de petróleo, gás natural e suas frações recuperáveis, álcool etílico, hidratado carburante e demais combustíveis líquidos carburantes, em desacordo com as normas estabelecidas na forma da lei.
II. Usar gás liquefeito de petróleo em motores de qualquer espécie, saunas, caldeiras e aquecimento de piscinas, ou para fins automotivos, em desacordo com as normas estabelecidas na forma da lei.
III. Negar ou deixar de fornecer, quando obrigatório, nota fiscal ou documento equivalente, relativa a venda de mercadoria ou prestação de serviço, efetivamente realizada, ou fornecê-la em desacordo com a legislação.
IV. Sem autorização legal, produzir, adquirir, transportar, industrializar, ter consigo, consumir ou comercializar produtos ou matéria-prima pertencentes à União.

a) Apenas II e III estão corretas.
b) Apenas a afirmação III está correta.
c) Apenas II e IV estão corretas.
d) Apenas I, II e IV estão corretas.
e) Todas as afirmações estão corretas.

COMENTÁRIOS

Item I: descreve o crime contra a ordem econômica tipificado no art. 1º, inciso I, da Lei nº 8.176/91, punido com detenção de um a cinco anos: "adquirir, distribuir e revender derivados de petróleo, gás natural e suas frações recuperáveis, álcool etílico, hidratado carburante e demais combustíveis líquidos carburantes, em desacordo com as normas estabelecidas na forma da lei". Trata-se de norma penal em branco, pois o dispositivo traz um elemento normativo consistente na expressão "em desacordo com as normas estabelecidas na forma da lei". Neste caso, as normas são geralmente estabelecidas pela Agência Nacional do Petróleo (ex.: quantidade de etanol na gasolina).

Item II: traz outro crime contra a ordem econômica, tipificado no mesmo dispositivo mencionado no comentário anterior, agora no inciso II.

Item III: o art. 1º, inciso V, da Lei nº 8.137/90 pune, com reclusão de um a cinco anos, as condutas de negar ou deixar de fornecer, quando obrigatório, nota fiscal ou documento equivalente, relativa a venda de mercadoria ou prestação de serviço efetivamente realizada, ou fornecê-la em desacordo com a legislação. Note-se que este crime, embora esteja no art. 1º e seja cometido para suprimir ou reduzir tributo ou contribuição social e qualquer acessório, não está abrangido pela súmula vinculante nº 24, que dispõe expressamente que o entendimento nela sintetizado se aplica aos crimes materiais contra a ordem tributária estabelecidos no art. 1º, incisos I a IV, da Lei nº 8.137/90.

Item IV: trata do crime contra a ordem econômica tipificado no art. 2º, § 1º, da Lei nº 8.176/91, relativo à usurpação contra o patrimônio da União. A pena é de detenção de um a cinco anos, e multa.

Alternativa correta: letra "b".

342. (Cespe – Delegado de Polícia – BA/2013 – Adaptada) Em relação aos crimes contra a administração pública e aos delitos praticados em detrimento da ordem econômica e tributária e em licitações e contratos públicos, julgue os itens.

Servidor público que, na qualidade de agente fiscal, exigir vantagem indevida para deixar de emitir auto de infração por débito tributário e de cobrar a consequente multa responderá, independentemente do recebimento da vantagem, pela prática do crime de concussão, previsto na parte especial do Código Penal (CP).

COMENTÁRIOS

A conduta do servidor público, nesta situação, se subsume ao art. 3º, inciso II, da Lei nº 8.137/90: "exigir, solicitar ou receber, para si ou para outrem, direta ou indiretamente, ainda que fora da função ou antes de iniciar seu exercício, mas em razão dela, vantagem indevida; ou aceitar promessa de tal vantagem, para deixar de lançar ou cobrar tributo ou contribuição social, ou cobrá-los parcialmente". A norma do referido dispositivo é especial em relação ao tipo da concussão, que é afastado.

Alternativa correta: "errado".

343. (FUNCAB – Delegado de Polícia – RJ/2012) Constitui crime contra as relações de consumo, EXCETO:

a) fraudar preços por meio de divisão em partes de bem ou serviço, habitualmente oferecido à venda em conjunto.
b) formar acordo, convênio, ajuste ou aliança entre ofertantes, visando à fixação artificial de preços ou quantidades vendidas ou produzidas.
c) deixar de organizar dados fáticos, técnicos e científicos que dão base à publicidade.
d) favorecer ou preferir, sem justa causa, comprador ou freguês, ressalvados os sistemas de entrega ao consumo por intermédio de distribuidores ou revendedores.
e) fraudar preços por meio de junção de bens ou serviços, comumente oferecidos à venda em separado.

COMENTÁRIOS

Alternativa "a": constitui crime contra as relações de consumo, nos termos do art. 7º, inciso IV, *b*, da Lei nº 8.137/90 o ato de fraudar preços por meio de divisão em partes de bem ou serviço, habitualmente oferecido à venda em conjunto.

Alternativa "b": a assertiva revela um crime contra a ordem econômica. O art. 4º, inciso II, *a*, da Lei nº 8.137/90 pune a conduta de formar acordo, convênio, ajuste ou aliança entre ofertantes, visando à fixação artificial de preços ou quantidades vendidas ou produzidas. Trata-se de um crime formal, que não depende de nenhum dano à economia em decorrência do acordo para a fixação dos preços dissimulados.

Alternativa "c": deixar de organizar dados fáticos, técnicos e científicos que dão base à publicidade é crime previsto no art. 69 da Lei nº 8.078/90.

Alternativa "d": é crime contra as relações de consumo, tipificado no art. 7º, inciso I, da Lei nº 8.137/90, favorecer ou preferir, sem justa causa, comprador ou freguês, ressalvados os sistemas de entrega ao consumo por intermédio de distribuidores ou revendedores.

Alternativa "e": fraudar preços por meio de junção de bens ou serviços, comumente oferecidos à venda em separado é delito tipificado no art. 7º, inciso IV, *c*, da Lei nº 8.137/90.

Alternativa correta: letra "b".

344. (Delegado de Polícia – PA/ 2009 – MOVENS) A evasão tributária e a elisão tributária são institutos de direito tributário. A respeito dos crimes contra a ordem tributária, assinale a opção correta.

a) A evasão tributária é mecanismo lícito.
b) A ação de sonegar ou reduzir tributo, contribuição social e acessórios independe de prejuízo, porque se trata de crime de mera conduta.
c) Em regra, e para a maioria dos doutrinadores, a elisão tributária configura ilícito tributário.
d) Falsificar ou alterar nota fiscal, fatura ou duplicata será considerado conduta típica penal somente quando houver repercussão jurídica e se ficar provado que ocorreu prejuízo para o credor da competência.

COMENTÁRIOS

Alternativa "a" (responde, também, a alternativa "c"): a evasão e a elisão são formas de evitar o pagamento do tributo. A evasão ocorre por meio da utilização de expedientes ilícitos, como a omissão de informações e a declaração falsa. A elisão, por outro lado, consiste na utilização de meios legais para adoção de planejamento tributário visando evitar o fato gerador do tributo.

Alternativa "b": está errada porque o ato de sonegação de tributo (art. 1º da Lei nº 8.137/90) consiste claramente em crime material, que exige a ocorrência de prejuízo ao erário para que se configure.

Alternativa "d": a conduta de falsificar ou alterar nota fiscal, fatura, duplicata, nota de venda ou qualquer outro documento relativo à operação tributável, é uma das formas de cometer a sonegação de tributos tipificada no art. 1º da Lei nº 8.137/90, que é crime material.

Alternativa correta: letra "d".

345. (Delegado de Polícia – GO/ 2008 – UEG) Agente fiscal que solicita de contribuinte vantagem para deixar de lançar contribuição social devida comete

a) crime de corrupção passiva.

b) crime contra a ordem tributária.

c) crime de excesso de exação.

d) crime de prevaricação.

COMENTÁRIOS

Alternativa "b" (responde, também, a alternativa "a"): não se trata de corrupção passiva (art. 317 do Código Penal), mas de crime contra a ordem tributária, porque a Lei nº 8.137/90 tipifica especificamente, no art. 3º, a conduta de solicitar ou receber, para si ou para outrem, direta ou indiretamente, ainda que fora da função ou antes de iniciar seu exercício, mas em razão dela, vantagem indevida; ou aceitar promessa de tal vantagem, para deixar de lançar ou cobrar tributo ou contribuição social, ou cobrá-los parcialmente. Note-se que o mesmo dispositivo tipifica uma forma especial de concussão, prevendo também a ação nuclear *exigir*.

Alternativa "c": o excesso de exação se caracteriza pelo fato de o funcionário exigir tributo ou contribuição social que sabe ou deveria saber indevido, ou, quando devido, emprega na cobrança meio vexatório ou gravoso, que a lei não autoriza.

Alternativa "d": o crime de prevaricação consiste em retardar ou deixar de praticar, indevidamente, ato de ofício, ou praticá-lo contra disposição expressa de lei, para satisfazer interesse ou sentimento pessoal. Não há, no caso, solicitação de vantagem.

Alternativa correta: letra "b".

81.3. ARMA DE FOGO

346. (Vunesp – Delegado de Polícia – PC – SP/2022) Nos termos da Lei n° 10.826/2003 (Estatuto do Desarmamento), é correto afirmar que

a) o crime de Omissão de Cautela é considerado doloso e apenado com detenção.

b) todos os crimes tipificados na referida legislação são apenados com reclusão.

c) o crime de disparo de arma de fogo é apenado com detenção.

d) o crime de posse ou porte ilegal de arma de fogo de uso proibido é considerado hediondo.

e) a referida legislação contempla diversos crimes dolosos e culposos.

COMENTÁRIOS

Alternativa "a": o art. 13, *caput*, da Lei 10.826/03 pune a conduta de deixar de observar as cautelas necessárias para impedir que menor de 18 (dezoito) anos ou pessoa portadora de deficiência mental se apodere de arma de fogo que esteja sob sua posse ou que seja de sua propriedade. Trata-se de crime culposo e omissivo próprio.

Alternativa "b": os crimes dos arts. 12 e 13 da Lei 10.826/03 são apenados com detenção.

Alternativa "c": o crime de disparo de arma de fogo, tipificado no art. 15 da Lei 10.826/03, é punido com dois a quatro anos de reclusão, além da multa.

Alternativa "d": efetivamente, o crime de posse ou porte ilegal de arma de fogo de uso proibido, tipificado no art. 16, § 2º, da Lei 10.826/03, é considerado hediondo. Mas, note-se, não por disposição da própria Lei 10.826/03 – como indica o enunciado da questão –, mas do art. 1º, parágrafo único, inc. II, da Lei 8.072/90.

Alternativa "e": o único crime culposo na Lei 10.826/03 é tipificado no *caput* do art. 13. Os demais crimes são dolosos.

Alternativa correta: letra "a".

347. (FGV – Delegado de Polícia – PC – AM/2022) Determinada guarnição policial militar recebeu a notícia de que, durante a realização de festa em uma casa em bairro residencial, o vizinho, insatisfeito com o barulho, teria entrado em calorosa discussão, sendo visto com arma de fogo em sua cintura, no jardim da sua residência. Os militares procederam ao local e, mencionando o motivo do acionamento, pediram para fazer uma busca na residência, o que foi autorizado de forma consciente pelo seu único morador. Os policiais imediatamente encontraram uma pistola .380, devidamente municiada, na gaveta de móvel na sala de estar.

Indagado sobre a propriedade da arma e sobre o fato de estar circulando com a pistola na cintura em seu jardim, o morador admitiu ter se enervado com a festa do vizinho, apresentando, na sequência, um certificado de registro de arma de fogo, vencido há dois anos, bem como o registro de atirador desportivo. Diante da situação, tendo como provada a manutenção da arma de fogo no interior da residência, bem como a circulação armada no jardim do imóvel, é correto afirmar que o sujeito

a) deve responder por porte de arma de fogo.

b) deve responder por posse de arma de fogo.

c) deve responder por porte e posse de arma de fogo, em concurso material.

d) deve responder por porte e posse de arma de fogo, em concurso formal.

e) deve ter a arma de fogo apreendida, com aplicação de multa, sem responder por crime.

COMENTÁRIOS

A posse legal de arma de fogo pressupõe o registro. Nos termos do art. 5º da Lei 10.826/03, o registro autoriza o proprietário a manter a arma de fogo exclusivamente no interior de sua residência ou domicílio, ou dependência desses, ou, ainda, no seu local de trabalho, desde que seja ele o titular ou o responsável legal pelo estabelecimento ou empresa. Se o proprietário da arma a mantém nos limites indicados no dispositivo, mas não tem o registro, comete o crime de posse ilegal de arma de fogo. E se, titular do registro, leva a arma consigo para fora dos locais indicados, responde por porte ilegal de arma de fogo.

No exemplo do enunciado, o dono da arma não pode responder por porte ilegal porque não há indicação de que tenha deixado sua residência levando consigo o artefato. Também não há crime de posse ilegal, tendo em vista que, como tem decidido o STJ, para a caracterização do crime o registro vencido não equivale à falta de registro. Trata-se de infração administrativa que provoca a apreensão da arma de fogo (HC 587.834/SP, j. 18/08/2020).

Alternativa correta: letra "e" (responde, também, as demais alternativas).

---

348. (FGV - Delegado de Polícia - PC - AM/2022) No dia 22 de fevereiro de 2022, José foi abordado por guarnição policial militar, enquanto conduzia veículo automotor em via pública, em blitz regularmente realizada. No interior da mala do veículo foram encontradas vinte e cinco munições de fuzil calibre 7.65, de marcas variadas.

Conduzido à unidade de polícia judiciária, durante a lavratura do seu auto de prisão em flagrante, confessou estar trabalhando para Carlos e Eduardo, tendo pleno conhecimento do material que transportava, mas que a contratação e o destino final teriam sido determinados pelos dois. Analisando a hipótese, sobre o crime de porte de arma de fogo, na modalidade transportar, é correto afirmar que

a) não admite coautoria ou participação.
b) admite participação por instigação, mas não coautoria.
c) admite participação por induzimento, mas não coautoria.
d) admite participação material, mas não coautoria.
e) admite coautoria ou participação.

COMENTÁRIOS

O concurso de pessoas pode ocorrer por coautoria ou por participação. Em síntese, autor é quem realiza a ação nuclear típica ou quem controla finalisticamente o fato. Verifica-se a coautoria nas hipóteses em que dois ou mais indivíduos, ligados subjetivamente, praticam a conduta (comissiva ou omissiva) que caracteriza o delito. A coautoria, em última instância, é a própria autoria delineada por vários indivíduos. Partícipe é quem realiza atos que de alguma forma concorrem para o crime, sem ingressar na ação nuclear típica. A participação pode ocorrer por via moral ou material. A participação moral se dá por instigação ou por induzimento. A instigação ocorre quando o partícipe reforça ideia já existente na mente do autor, estimulando-o à prática delituosa, sem nela tomar parte (pode se dar na cogitação, nos atos preparatórios e até durante a execução). O induzimento consiste em faz nascer no agente o propósito, até então inexistente, de cometer o crime (ocorre na cogitação). A participação material, por sua vez, ocorre por meio do auxílio ao autor do crime (figura do cúmplice). O partícipe facilita a execução do delito, prestando adequada assistência ao autor principal, sem, contudo, tomar parte na execução da ação nuclear típica. Pode ser prestado durante os atos preparatórios ou executórios. Caso ocorra após a consumação, somente se considera o concurso de pessoas se tiver havido a combinação anterior.

Não há o que impeça o concurso de pessoas no porte ilegal de arma de fogo, munições ou acessórios. É possível que, em coautoria, dois indivíduos transportem uma arma de um lugar a outro, como também é possível que alguém induza ou instigue outra pessoa a transportar a arma. É do que trata o enunciado, segundo o qual Carlos e Eduardo determinaram que José transportasse as munições, razão pela qual devem responder juntamente com ele.

Alternativa correta: letra "e" (responde, também, as demais alternativas).

---

349. (Cespe - Delegado de Polícia - PC - RJ/2022) Cada uma das opções a seguir apresenta uma situação hipotética a ser julgada com base nas incriminações contidas nos artigos 14 e 16, caput e §§ 1.° e 2.°, da Lei n.° 10.826/2003. Assinale a opção cuja situação hipotética contempla uma conduta que — formal e materialmente — encontra adequação típica em um dos mencionados dispositivos.

a) Sem contar com expressa autorização do secretário de estado responsável pela administração penitenciária, Paulo César, policial penal do Estado do Rio de Janeiro, porta em via pública, junto à cintura, uma pistola calibre .380 municiada, devidamente registrada em seu nome.
b) Leonardo, guarda municipal de um município mineiro com 4.000 habitantes, autorizado pelo poder público local e satisfeitas as disposições regulamentares, porta em serviço um revólver calibre .38, de propriedade do município; ao ser escalado para um curso de aperfeiçoamento no Rio de Janeiro, leva a arma municiada no porta-luvas de seu carro.
c) Gustavo, policial civil aposentado, com teste de aptidão psicológica em dia, contratado para trabalhar em uma segurança privada, mantém consigo, de forma velada, uma arma de fogo de uso permitido, municiada e registrada em seu nome.
d) Bernardo compra regularmente uma pistola calibre .40 e, por razões estéticas, desejando ostentar sua capacidade patrimonial, banha a arma em ouro, o que modifica suas características físicas, mas não prejudica os caracteres alfanuméricos de identificação.
e) Victor possui em sua casa uma prensa para recarga de munições recém-adquirida, pois tem o objetivo de vender munições recarregadas informalmente; todavia, antes que possa fazer uso do equipamento,

a prensa é apreendida durante o cumprimento de mandado de busca domiciliar pela Polícia Civil.

COMENTÁRIOS

Alternativa "a": o art. 6º, inc. VII, da Lei 10.826/03 dispõe que os integrantes do quadro efetivo de agentes e guardas prisionais podem portar arma de fogo. O § 1º-B do art. 6º dispõe que a arma pode ser de propriedade particular ou fornecida pela respectiva corporação ou instituição, mesmo que os agentes estejam fora de serviço, desde que: I – submetidos a regime de dedicação exclusiva; II – sujeitos à formação funcional, nos termos do regulamento; III – subordinados a mecanismos de fiscalização e de controle interno. Considerando que a assertiva não menciona o descumprimento desses requisitos, conclui-se que Paulo César não cometeu crime.

Alternativa "b": o art. 6º, inc. III e IV, da Lei 10.826/03 admite o porte de arma para "os integrantes das guardas municipais das capitais dos Estados e dos Municípios com mais de 500.000 (quinhentos mil) habitantes, nas condições estabelecidas no regulamento desta Lei" (inc. III), bem como para "os integrantes das guardas municipais dos Municípios com mais de 50.000 (cinqüenta mil) e menos de 500.000 (quinhentos mil) habitantes, quando em serviço" (inc. IV). No julgamento da ADI 5538, o STF declarou a inconstitucionalidade total do inciso IV, e, sobre o inciso IIII, invalidou as expressões "das capitais dos Estados" e "com mais de 500.000 (quinhentos mil) habitantes". Dessa forma, é garantido o porte de arma a guardas municipais independentemente do número de habitantes do município e ainda que fora de serviço. Ocorre que o § 1º do art. 6º, ao tratar do porte de arma válido em todo o território nacional, não menciona os guardas municipais. Por isso, Leonardo não poderia portar a arma de fogo para a viagem ao Rio de Janeiro, e deve responder pelo crime do art. 14 da Lei 10.826/03.

Alternativa "c": o art. 30 do Decreto 9.847/19 dispõe que, para manterem a autorização do porte de arma de fogo de sua propriedade, os integrantes das Forças Armadas e os servidores dos órgãos, instituições e corporações mencionados nos incisos II, V, VI e VII do *caput* do art. 6º da Lei 10.826/03 transferidos para a reserva remunerada ou aposentados deverão submeter-se, a cada dez anos, aos testes de avaliação psicológica a que faz menção o art. 4º, inc. III. A assertiva menciona que Gustavo está apto psicologicamente para o porte da arma, razão por que não responde por nenhum crime.

Alternativa "d": o art. 16, § 1º, da Lei 10.826/03 contém duas figuras criminosas relativas à modificação da arma de fogo: I – suprimir ou alterar marca, numeração ou qualquer sinal de identificação de arma de fogo ou artefato; II – modificar as características de arma de fogo, de forma a torná-la equivalente a arma de fogo de uso proibido ou restrito ou para fins de dificultar ou de qualquer modo induzir a erro autoridade policial, perito ou juiz. Se a modificação não se insere nessas figuras, não há crime.

Alternativa "e": o art. 16, § 1º, inc. VI, da Lei 10.826/03 pune as condutas de produzir, recarregar ou reciclar, sem autorização legal, ou adulterar, de qualquer forma, munição ou explosivo. Considerando que Victor somente adquiriu a prensa para recarregar munições, mas não chegou a utilizá-la, sua conduta se resumiu a atos preparatórios do crime.

Alternativa correta: letra "b".

---

350. (Cespe – Delegado de Polícia – PC – PB/2022) Tendo como base as disposições estabelecidas na Lei n.° 10.826/2003 e a jurisprudência do STJ e do STF acerca da matéria, assinale a opção correta.

a) Não afasta a tipicidade da conduta criminosa o fato de a arma de fogo apreendida ter sido declarada absolutamente ineficaz por meio de perícia realizada no curso da ação penal.

b) Não se admite a incidência do princípio da insignificância aos crimes previstos na referida lei, ainda que seja apreensão de pouca munição desacompanhada de arma de fogo, por se tratar de infrações penais de perigo abstrato.

*c) Configura o delito de porte de arma, e não de posse de arma de fogo, a conduta do caminhoneiro que seja surpreendido transportando em seu caminhão revólver de uso permitido, sem autorização e em desacordo com determinação legal ou regulamentar.

d) O indivíduo que carrega consigo silenciador, desacompanhado de qualquer arma de fogo ou munição, não pratica crime, pois a essa lei não prevê punição para a posse ou porte de acessórios.

e) A pena referente ao delito de posse de arma de fogo de uso permitido, prevista no art. 12 da referida lei, é aumentada de metade se a conduta criminosa for praticada por integrante de empresas de segurança privada e de transporte de valores.

COMENTÁRIOS

Alternativa "a": se o exame pericial efetuado na arma de fogo apreendida atesta sua incapacidade para efetuar disparos, o fato é atípico: "provada, todavia, por perícia a inaptidão da arma para produzir disparos, não há que se falar em tipicidade da conduta" (STJ – AgRg no HC 626.888/MS, j. 02/08/2022).

Alternativa "b": o STJ tem decisões segundo as quais, em determinadas situações, a conduta que envolve ínfima quantidade de munições é atípica pela incidência do princípio da insignificância: "Quando apreendida ínfima quantidade de munição sem arma de fogo, deve ser reconhecida a atipicidade material da conduta prevista no art. 12 da Lei n. 10.826/2003, aplicando-se o princípio da insignificância" (STJ – AgRg no HC 728.937/MG, j. 16/08/2022).

Alternativa "c": o art. 12 da Lei 10.826/03 pune as condutas de possuir ou manter sob sua guarda arma de fogo, acessório ou munição, de uso permitido, em desacordo com determinação legal ou regulamentar, no interior de sua residência ou dependência desta, ou, ainda no seu local de trabalho, desde que seja o titular ou o responsável legal do estabelecimento ou empresa. Há quem sustente que o caminhão deve ser considerado a residência do caminhoneiro, que, portanto, se surpreendido com uma arma de fogo irregular, deveria responder por posse ilegal. O STJ, contudo, afasta essa possibilidade: "1. Caracteriza-se o delito de posse irregular de arma de fogo quando ela estiver guardada no interior da residência (ou dependência desta) ou no trabalho do acusado, evidenciado o porte ilegal se a apreensão ocorrer em local diverso. 2. O caminhão, ainda que seja instrumento de trabalho do motorista, não pode ser considerado extensão de sua residência, nem local de seu trabalho, mas apenas instrumento de trabalho. 3. No caso concreto, o recorrente foi surpreendido com a arma na cabine do caminhão, no interior de uma bolsa de viagem. Assim sendo, fica evidente que ele portava, efetivamente, a arma de fogo, que estava ao seu alcance, possibilitando a utilização imediata. 4. Ante a impossibilidade de desclassificação do crime de porte de arma para o delito de posse, está superada a irresignação no tocante à incidência da abolitio criminis temporária. 5. Recurso ordinário a que se nega provimento" (RHC 31.492/SP, j. 13/08/2013).

Alternativa "d": o art. 16 da Lei 10.826/03 pune condutas relativas a arma de fogo, acessório ou munição de uso restrito. O silenciador é um acessório classificado como de uso restrito pelo art. 15, § 2º, *a*, do Anexo I do Decreto 10.030/19. Logo, seu porte é criminoso.

Alternativa "e": o art. 20 da Lei 10.826/03 aumenta de metade a pena de certos crimes praticados por integrante dos órgãos e empresas referidas nos arts. 6º, 7º e 8º. Os crimes são os dos arts. 14, 15, 16, 17 e 18. Não se inclui, portanto, a posse ilegal de arma de uso permitido.

Alternativa correta: letra "c".

---

351. (FGV - Delegado de Polícia - PC - RN/2021) Vanda, funcionária de uma empresa de segurança particular, recebe de seu chefe, Eric, ordem para levar uma arma de fogo a um dos seguranças que estava em serviço e havia esquecido o seu equipamento na empresa. Temendo ser demitida, apesar da inexistência de ameaça neste sentido, Vanda cumpre a ordem recebida, ciente da conduta criminosa que estaria perpetrando, mas no caminho é parada por policiais militares. Considerando os fatos acima narrados, as condutas de ambos podem ser assim classificadas:

a) Vanda e Eric praticaram crime de transporte ilegal de arma de fogo, em concurso de pessoas;

b) Eric praticou crime de transporte ilegal de arma de fogo, enquanto Vanda ficará isenta de pena, por tratar-se de ordem não manifestamente ilegal;

c) Vanda responderá por transporte ilegal de arma de fogo, enquanto Eric ficará isento de pena, pois não praticou qualquer conduta;

d) Eric responderá por transporte ilegal de arma de fogo, enquanto Vanda terá a ilicitude de sua conduta afastada, por inexigibilidade de conduta diversa;

e) Eric responderá por transporte ilegal de arma de fogo, enquanto Vanda terá sua culpabilidade afastada, pois agiu em estrita obediência hierárquica.

COMENTÁRIOS

Alternativa "a": o art. 14 da Lei 10.826/03 pune, dentre várias outras condutas, o ato de transportar arma de fogo, acessório ou munição, de uso permitido, sem autorização e em desacordo com determinação legal ou regulamentar. Se Vanda, embora funcionária da empresa de segurança, não tem o porte, não pode trafegar com a arma, ainda que sob o pretexto de entregá-la ao funcionário que a havia esquecido. Por isso, responde pelo crime juntamente com Eric, que determinou sua prática.

Alternativa "b": não se pode afirmar que a ordem não era manifestamente ilegal, tendo em vista que o próprio enunciado destaca que Vanda estava ciente de sua conduta criminosa.

Alternativa "c": Eric não pode ser isento de punição porque, sabendo que a arma não poderia ser transportada por Vanda, ordenou que o fosse.

Alternativa "d": a inexigibilidade de conduta diversa, se presente, afasta a culpabilidade, não a ilicitude.

Alternativa "e": a inexigibilidade de conduta diversa decorrente da obediência hierárquica pressupõe que a ordem não seja manifestamente ilegal, o que não é o caso. Além disso, entende-se como ordem de superior hierárquico a manifestação de vontade emanada de um detentor de *função pública* dirigida a um *agente público* hierarquicamente inferior, destinada à realização de uma ação ou abstenção. Vanda e Eric integram os quadros de uma empresa de segurança particular.

Alternativa correta: letra "a".

---

352. (UFPR - Delegado de Polícia - PC - PR/2021) Sobre os crimes previstos no Estatuto do Desarmamento (Lei nº 10.826/2003), e considerando a interpretação que lhes é dada pelo STJ, assinale a alternativa correta.

a) O crime de posse irregular de arma de fogo, acessório ou munição de uso permitido é crime de perigo concreto, e o bem jurídico tutelado é a incolumidade física.

b) A abolitio criminis temporária, prevista nos artigos 5°, § 3°, e 30, durante a sua vigência temporal, abrangeu todos os crimes previstos na Lei n° 10.826/2003.

c) A atipicidade de conduta do agente que detém posse de arma de fogo sem autorização e em desacordo com a determinação legal/regulamentar deve ser reconhecida quando a total ineficácia dessa arma for demonstrada por laudo pericial.

d) A comprovação da lesividade da conduta é indispensável para a caracterização típica do crime de "disparar arma de fogo ou acionar munição em lugar habitado ou em suas adjacências, em via pública ou em direção a ela".

e) A comprovação da internacionalidade da ação é dispensável para a configuração do tráfico internacional de arma de fogo, acessório ou munição, bastando que se comprove a procedência estrangeira do artefato.

COMENTÁRIOS

Alternativa "a": para o STJ, o crime de posse irregular de arma de fogo, acessório ou munição de uso permitido é de perigo abstrato: "[...] os crimes previstos nos arts. 12, 14 e 16 da Lei n. 10.826/2003 são de perigo abstrato, sendo desnecessário perquirir sobre a lesividade concreta da conduta, porquanto o objeto jurídico tutelado não é a incolumidade física e sim a segurança pública e a paz social, colocadas em risco com a posse de munição, ainda que desacompanhada de arma de fogo, revelando-se despicienda a comprovação do potencial ofensivo do artefato através de laudo pericial. Por esses motivos, via de regra, inaplicável [...]" (AgRg no REsp 1.695.811/SP, j. 14/09/2021).

Alternativa "b": o tribunal não estende a *abolitio criminis* temporária a todos os crimes da Lei 10.826/03. Aliás, nem mesmo ao porte ilegal de arma. De acordo com a súmula 513, "A abolitio criminis temporária prevista na Lei n. 10.826/2003 aplica-se ao crime de posse de arma de fogo de uso permitido com numeração, marca ou qualquer outro sinal de identificação raspado, suprimido ou adulterado, praticado somente até 23/10/2005".

Alternativa "c": *se a arma de fogo é comprovadamente ineficaz para efetuar disparos, afasta-se a tipicidade, pois nem mesmo o perigo abstrato pode subsistir:* "1. A Terceira Seção deste Tribunal Superior possui entendimento pacífico de que o tipo penal de posse ou porte ilegal de arma de fogo cuida de delito de perigo abstrato, sendo irrelevante a demonstração de seu efetivo caráter ofensivo. 2. In casu, contudo, como ficou demonstrada, por laudo pericial, a total ineficácia da arma de fogo (inapta a disparar), deve ser reconhecida a atipicidade da conduta perpetrada, diante da caracterização de crime impossível dada a absoluta ineficácia do meio" (STJ: AgRg no REsp 1.394.230/SE, j. 23/10/2018).

Alternativa "d": o art. 15 da Lei 10. 826/03 tipifica o disparo de arma de fogo e o acionamento de munição em lugar habitado ou em suas adjacências, em via pública ou em direção a ela. Trata-se de crime de perigo abstrato, que dispensa a comprovação de efetivo risco a alguém: "O disparo de arma de fogo em local habitado configura o tipo penal descrito no art. 15 da Lei n. 10.826/2003, crime de perigo abstrato que presume o dano à segurança pública e prescinde, para sua caracterização, de comprovação da lesividade ao bem jurídico tutelado" (STJ: AgRg no AREsp 1.354.944/SP, j. 13/11/2018).

Alternativa "e": para a caracterização do tráfico internacional de arma de fogo, acessório ou munição não basta que se demonstre a procedência estrangeira do artefato. É necessário comprovar a transnacionalidade da conduta: "para a configuração do tráfico internacional de arma de fogo não basta apenas a procedência estrangeira do armamento ou munição, sendo necessário que se comprove a internacionalização da ação" (CC 133.823/PR, j. 08/10/2014).

Alternativa correta: letra "c".

---

353. (FGV – Delegado de Polícia – PC – RN/2021) Após discutir com alguns vizinhos, Lúcio efetuou disparos de arma de fogo para o alto na via pública, atingindo o telhado de uma das casas, o que fez com que os moradores da localidade, dois dias depois, registrassem o fato na delegacia de polícia. A autoridade policial representou pela busca e apreensão de eventual prova de crime na residência de Lúcio, o que foi deferido pelo juízo competente. No cumprimento do mandado, foi apreendida na residência uma arma de fogo sem registro, sendo certo que Lúcio não tinha autorização legal para portar ou possuir qualquer tipo de arma.

Restando comprovados os fatos por prova oral e pericial, Lúcio:

a) responderá pelos crimes de posse de arma de fogo e de disparo de arma de fogo, na forma continuada;

b) responderá apenas pelo crime de disparo de arma de fogo, ficando o crime de posse absorvido pela consunção;

c) responderá pelos crimes de posse de arma de fogo e de disparo de arma de fogo, em concurso material;

d) responderá apenas pelo crime de posse de arma de fogo, configurando o disparo pós-fato impunível;

e) não responderá por qualquer delito, pois os crimes de posse e disparo de arma de fogo exigem perigo concreto.

COMENTÁRIOS

Alternativa "a": não se trata de crime continuado, pois nas condutas de Lúcio não estão presentes os elementos descritos no art. 71 do CP: a pratica de dois ou mais crimes *da mesma espécie*, que, pelas condições de tempo, lugar, maneira de execução e outras semelhantes, devem ser tratados como se um fosse continuação do outro.

Alternativa "b" (responde, também, a alternativa "c"): como destaca claramente o enunciado, os crimes de posse e de disparo foram praticados em contextos fáticos diversos, razão por que não há consunção entre eles. O STJ admite a absorção, desde que haja uma relação de dependência, em que a posse (ou porte) seja apenas um meio necessário para o disparo: "1. Aplica-se o princípio da consunção aos crimes de porte ilegal e de disparo de arma de fogo ocorridos no mesmo contexto fático, quando presente nexo de dependência entre as condutas, considerando-se o porte crime-meio para a execução do disparo de arma de fogo. 2. Concluindo o Tribunal de origem, com apoio no conjunto probatório dos autos, que os crimes de posse e de disparo de arma de fogo não foram praticados no mesmo contexto fático, porquanto se aperfeiçoaram em momentos diversos e com desígnios autônomos, a reversão do julgado encontra óbice na Súmula 7/STJ" (AgRg no AREsp 1.211.409/MS, j. 08/05/2018). Trata-se, portanto, de concurso material no qual houve duas condutas (posse e disparo) que resultaram em dois crimes.

Alternativa "d": não é possível atribuir ao disparo da arma a qualidade de pós-fato impunível, um exaurimento do crime principal praticado pelo mesmo indivíduo, que não é punido pela segunda conduta. O disparo não pode ser considerado simples exaurimento da posse.

Alternativa "e": os crimes de posse e de disparo de arma de fogo são de perigo abstrato.

Alternativa correta: letra "c".

---

354. (Inst. Acesso - Delegado de Polícia - PC - ES/2019) O Estatuto da Criança e do Adolescente (ECA) traz em seu bojo normas para a proteção à criança e ao adolescente. Além disso, define crimes, visando à proteção de bens jurídicos considerados relevantes. O Estatuto do Desarmamento (ED), por sua vez, veio regulamentar o registro, posse e comercialização de armas de fogo, bem como criar restrições e consequentes sanções se descumpridas as determinações legais. Em observância aos crimes previstos no art. 242 do ECA (Lei n° 8.069/90), e no art. 16, caput e parágrafo único, inciso V do ED (Lei n° 10.826/2003), podemos considerar INCORRETO afirmar que:

a) nos casos em que o agente praticar conduta de vender, entregar ou fornecer, ainda que gratuitamente, munição ou explosivo a criança ou adolescente, prevalece a aplicação do ECA.

b) a partir da conduta prevista no ED, aquele que vender, entregar ou fornecer, ainda que gratuitamente, arma de fogo de uso restrito ou permitido a criança ou adolescente estará sujeito a pena cominada para o crime de posse ou porte ilegal de arma de fogo de uso restrito.

c) nos casos em que o agente praticar conduta de vender, fornecer, ainda que gratuitamente, ou entregar, de qualquer forma, a criança ou adolescente arma branca, prevalece a aplicação do ECA

d) com o advento do ED, foi derrogada a proibição de vender, fornecer, ainda que gratuitamente, ou entregar, de qualquer forma, a criança ou adolescente arma de fogo.

e) nos casos em que o agente praticar conduta de vender, entregar ou fornecer, ainda que gratuitamente, acessório, munição ou explosivo a criança ou adolescente, prevalece a aplicação do ED.

COMENTÁRIOS

✪ **Nota do autor:** a Lei 13.964/19 modificou a redação do art. 16 do Estatuto do Desarmamento. A lei retirou do *caput* a referência às armas de fogo, munições e acessórios de uso proibido, que passaram ao § 2° para qualificar o crime, cuja forma básica agora se limita a punir condutas relativas a armas, munições e acessórios de uso restrito. Assim, as formas equiparadas do antigo parágrafo único passaram a integrar o elenco do § 1°.

Alternativa "a" (responde, também, as alternativas "d" e "e"): o § 1° do art. 16 da Lei 10.826/03 pune especificamente, no inciso V, as condutas de vender, entregar ou fornecer, ainda que gratuitamente, arma de fogo, acessório, munição ou explosivo a criança ou adolescente.

Alternativa "b": o crime tipificado no art. 16, § 1°, inc. V, da Lei 10.826/03 é equiparado à posse e ao porte ilegal de arma de fogo de uso restrito.

Alternativa "c": o art. 242 do ECA pune as condutas de vender, fornecer, ainda que gratuitamente, ou entregar, de qualquer forma, a criança ou adolescente arma, munição ou explosivo. O dispositivo foi parcialmente revogado pelo art. 16, § 1°, inc. V, da Lei 10.826/03, razão pela qual atualmente abrange instrumentos aptos para o ataque e defesa, desde que não alcançados pelo Estatuto do Desarmamento. Em síntese, somente armas brancas como: punhais, adagas, sabres, espadas, facas, lanças, cassetetes, bastões, soco inglês etc.

Alternativa correta: letra "a".

---

355. (Cespe - Delegado de Polícia - PC - SE/2018 - Adaptada) Julgue os itens seguintes, referentes a crimes de trânsito e a posse e porte de armas de fogo, de acordo com a jurisprudência e legislação pertinentes.

355.1. O porte de arma de fogo de uso permitido sem autorização, mas desmuniciada, não configura o delito de porte ilegal previsto no Estatuto do Desarmamento, tendo em vista ser um crime de perigo concreto cujo objeto jurídico tutelado é a incolumidade física.

COMENTÁRIOS

O porte ilegal de arma de fogo é classificado como crime de perigo abstrato, que dispensa a demonstração de efetivo risco à incolumidade pública, bem jurídico tutelado. Por esta razão, o porte de arma desmuniciada é considerado criminoso: "1. O posicionamento perfilhado pelo Tribunal de origem coaduna-se com a jurisprudência deste Superior Tribunal de Justiça, que é no sentido de que o crime previsto no art. 14 da Lei n. 10.826/2003 é de perigo abstrato, sendo desnecessário perquirir sobre a lesividade concreta da conduta, porquanto o objeto jurídico tutelado não é a incolumidade física, e sim a segurança pública e a paz social, colocadas em risco com a posse da arma de fogo, ainda que desprovida de munição, revelando-se despicienda a comprovação do potencial ofensivo do artefato através de laudo pericial" (AgRg no AREsp 1.320.612/MS, j. 23/10/2018).

Alternativa correta: "errado".

355.2. Situação hipotética: Um policial militar reformado foi preso em flagrante delito por portar arma de fogo de uso permitido, sem autorização legal e sem o devido registro do armamento. Assertiva: Nessa situação, a autoridade policial não poderá conceder fiança, porquanto o Estatuto do Desarmamento prevê que o fato de a arma não estar registrada no nome do agente torna inafiançável o delito.

COMENTÁRIOS

O art. 14, parágrafo único, da Lei 10.826/03 de fato estabelece que o crime de porte ilegal de arma de fogo é inafiançável, exceto se a arma estiver registrada em nome do agente. A regra, no entanto, foi considerada inconstitucional pelo STF: "(...) A proibição de estabelecimento de fiança para os delitos de "porte ilegal de arma de fogo de uso permitido" e de "disparo de arma de fogo", mostra-se desarrazoada, porquanto são crimes de mera conduta, que não se equiparam aos crimes que acarretam lesão ou ameaça de lesão à vida ou à propriedade (...)" (ADI 3112).

Alternativa correta: "errado".

356. (IBADE – Delegado de Polícia – AC/2017) Acerca do Estatuto do Desarmamento (Lei 10.826/2003), assinale a alternativa correta.

a) O crime de porte ilegal de arma de fogo de use permitido é inafiançável.

b) O proprietário responsável de empresa de segurança e transporte de valores que deixar de registrar ocorrência policial e de comunicar à Polícia Federal perda, furto, roubo ou outras formas de extravio de arma de fogo que esteja sob sua guarda, nas primeiras 24 (vinte quatro) horas depois de ocorrido o fato, incorrerá no crime de omissão de cautela.

c) De acordo com a recente decisão do Superior Tribunal de Justiça, aquele que mantiver em seu poder uma arma de fogo de calibre permitido com registro vencido, incorrerá na prática do crime de porte ilegal de arma de fogo.

d) No crime de comércio ilegal de arma de fogo, a pena é aumentada em um terço se a arma de fogo, acessório ou munição forem de uso proibido ou restrito.

e) O crime de omissão de cautela consiste em deixar de observar as cautelas necessárias para impedir que menor de 14 (catorze) anos ou pessoa portadora de deficiência mental se apodere de arma de fogo que esteja sob sua posse.

COMENTÁRIOS

Alternativa "a": embora o parágrafo único do art. 14 da Lei 10.826/03 estabeleça a inafiançabilidade do crime de porte ilegal de arma de fogo, o Supremo Tribunal Federal julgou a disposição inconstitucional (ADI 3112-1) porque, tratando-se de crime de mera conduta, não violento e que não expõe a risco direto a vida ou o patrimônio, não é razoável impedir o direito a fiança.

Alternativa "b": o art. 13 da Lei 10.826/03 contém em seu parágrafo único um tipo derivado segundo o qual nas mesmas penas do caput (detenção de um a dois anos e multa) incorrem o proprietário ou diretor responsável de empresa de segurança e transporte de valores que deixarem de registrar ocorrência policial e de comunicar à Polícia Federal perda, furto, roubo ou outras formas de extravio de arma de fogo, acessório ou munição que estejam sob sua guarda, nas primeiras 24 (vinte quatro) horas depois de ocorrido o fato.

Alternativa "c": de acordo com decisão proferida pela Corte Especial do STJ, a conduta de manter sob guarda, no interior de residência, arma de fogo de uso permitido com registro vencido não configura o crime do art. 12 da Lei 10.826/2003 (APN 686/AP, DJe 29/10/2015).

Alternativa "d": no comércio ilegal de arma de fogo, o fato de se tratar de arma, munição ou acessório de uso proibido ou restrito aumenta a pena de metade, não de um terço (art. 19 da Lei 10.826/03).

Alternativa "e": o crime consiste em deixar de observar as cautelas necessárias para impedir que menor de dezoito anos – não menor de quatorze – ou pessoa portadora de deficiência mental se apodere de arma de fogo que esteja sob sua posse ou que seja de sua propriedade.

Alternativa correta: letra "b".

357. (Cespe – Delegado de Polícia – GO/2017) Considerando o atual entendimento dos tribunais superiores quanto aos institutos do Código de Defesa do Consumidor, do Estatuto do Desarmamento e do Estatuto da Criança e do Adolescente (ECA), assinale a opção correta.

a) Ao estabelecer prazo para a regularização dos registros pelos proprietários e possuidores de armas de fogo, o Estatuto do Desarmamento criou situação peculiar e temporária de atipicidade das condutas de posse e porte de arma de fogo de uso permitido e restrito.

b) Aquele que fornece a adolescente, ainda que gratuitamente, arma de fogo, acessório ou munição de uso restrito ou proibido fica sujeito à sanção penal prevista no ECA, em decorrência do princípio da especialidade.

c) Pessoa jurídica não pode figurar como sujeito passivo de infração penal consumerista, porquanto não se enquadra no conceito de consumidor.

d) A conduta daquele que promove propaganda enganosa capaz de induzir o consumidor a se comportar de maneira prejudicial à sua saúde somente é penalmente punível diante da ocorrência de resultado danoso.

e) O porte ou a posse simultânea de duas ou mais armas de fogo de uso restrito ou proibido não configura concurso formal, mas crime único, pois a situação de perigo é uma só.

COMENTÁRIOS

Alternativa "a": a *abolitio criminis* temporária abrangia tão somente a posse de arma de fogo, não o porte. Além disso, a posse de arma de fogo de uso restrito foi abrangida pela *abolitio* somente até 23/10/2005. Após essa data, e até 31/12/2009, somente a posse de armas de fogo de uso permitido estava abrangida: "É atípica a conduta relacionada ao crime de posse de arma de fogo, acessórios e munição, seja de uso permitido, restrito, proibido ou com numeração raspada, incidindo a chamada abolitio criminis temporária, se praticada no período compreendido entre 23/12/2003 e 23/10/2005. O respectivo termo final foi prorrogado até 31/12/2008 pela Medida Provisória 417, de 31/1/2008, convertida na Lei 11.706/2008, que deu nova redação aos artigos 30 a 32 da Lei 10.826/2003, somente para os possuidores de armamentos de uso permitido, não mais albergando o delito previsto no artigo 16 do Estatuto do Desarmamento. Na mesma esteira, a Lei 11.922, de 13/4/2009, prorrogou o prazo previsto no artigo 30 da Lei 10.826/2003 até 31/12/2009 apenas no que toca ao crime de posse de arma de uso permitido" (HC 405.337/SP, DJe 11/10/2017).

Alternativa "b": vender, entregar ou fornecer, ainda que gratuitamente, arma de fogo, acessório, munição ou explosivo a criança ou adolescente é crime tipificado no art. 16, § 1º, inciso V, da Lei 10.826/03.

Alternativa "c": de acordo com o art. 2º do CDC, consumidor é toda pessoa física ou jurídica que adquire ou utiliza produto ou serviço como destinatário final. Dessa forma, se, por exemplo, uma pessoa jurídica utiliza, na qualidade de destinatária final, os serviços de reparação de seus computadores, prestados por uma assistência técnica que emprega, sem autorização, peça ou componentes de reposição usados, há o crime do art. 70 do CDC.

Alternativa "d": o art. 68 do CDC pune as condutas de fazer ou promover publicidade que sabe ou deveria saber ser capaz de induzir o consumidor a se comportar de forma prejudicial ou perigosa a sua saúde ou segurança. Trata-se de crime formal, que dispensa qualquer resultado naturalístico.

Alternativa "e": caso o agente porte ou mantenha sob sua posse mais de uma arma de fogo de uso restrito, haverá apenas um crime. Note-se, no entanto, que o STJ tem decidido pela existência de concurso formal no caso de porte ou posse de arma de fogo de uso permitido e de uso restrito, pois, no caso, a conduta se subsume a tipos penais diversos: "As condutas de possuir arma de fogo e munições de uso permitido e de uso restrito, apreendidas em um mesmo contexto fático, configuram concurso formal de delitos" (AgRg no REsp 1.619.960/MG, DJe 01/08/2017).

Alternativa correta: letra "e".

358. (FUNCAB – Delegado de Polícia – PA/2016) Sobre os crimes previstos no Estatuto do Desarmamento, assinale a resposta correta.

a) O crime previsto no art. 14 do Estatuto (porte ilegal de arma de fogo de uso permitido) versa sobre armas de fogo e munições, não contemplando os acessórios entre suas elementares.

b) Entende-se como posse de arma de fogo a conduta de possuir ou manter arma em casa ou local de trabalho, qualquer que seja ele, em desacordo com determinação legal ou regulamentar.

c) Comete o crime do art. 14 do Estatuto o praticante de tiro esportivo que transporta arma de fogo municiada, quando a guia de tráfego autoriza apenas o transporte de arma desmuniciada.

d) Para a consumação da infração penal prevista no art. 13 do Estatuto, basta que o sujeito ativo omita as cautelas necessárias para impedir que pessoas menores de 18 anos ou portadores de deficiência mental se apoderem de munições.

e) O porte de simulacro de arma de fogo de uso restrito caracteriza o crime previsto no art. 16 do Estatuto.

COMENTÁRIOS

Alternativa "a": o art. 14 da Lei 10.826/03 inclui os acessórios de armas de fogo. Acessórios de arma, segundo o Anexo III do Decreto 10.030/19, são os "artefatos listados nominalmente na legislação como Produto Controlado pelo Exército - PCE que, acoplados a uma arma, possibilitam a alteração da configuração normal do armamento, tal como um supressor de som."

Alternativa "b": o crime de posse de arma de fogo (art. 12 da Lei 10.826/03) ocorre quando o agente possui ou mantém sob sua guarda arma de fogo, acessório ou munição, de uso permitido, em desacordo com determinação legal ou regulamentar, no interior de sua residência ou dependência desta, ou, ainda no seu local de trabalho, mas desde que seja o titular ou o responsável legal do estabelecimento ou empresa. Dessa forma, se a conduta é praticada por um funcionário do estabelecimento, o crime é o do art. 14.

Alternativa "c": o art. 14 da Lei 10.826/03 pune as condutas de portar, deter, adquirir, fornecer, receber, ter em depósito, transportar, ceder, ainda que gratuitamente, emprestar, remeter, empregar, manter sob guarda ou ocultar arma de fogo, acessório ou munição, de uso permitido, sem autorização e em desacordo com determinação legal ou regulamentar. No caso do transporte pelo praticante de tiro esportivo, há uma autorização (porte de trânsito, por meio de guia de tráfego expedida pelo Comando do Exército), que estabelece as condições em que a arma pode ser transportada. A propósito, o art. 33, § 1º, do Decreto 11.615/23 dispõe que essa autorização permite o trânsito com armas de fogo registradas nos acervos das pessoas a que se refere o *caput*, desmuniciadas, acompanhadas da munição acondicionada em recipiente próprio. Caso se constate o transporte de forma diversa daquela estabelecida na guia, há o crime, como já decidiu o STJ (RHC 34.579/RS, DJe 06/05/2014).

Alternativa "d": se refere ao art. 13 da Lei 10.826/03, porque o tipo penal não faz menção a munições, mas somente a arma de fogo, e que esteja sob a responsabilidade do omitente. Consiste o crime em deixar de observar as cautelas necessárias para impedir que menor de dezoito anos ou pessoa portadora de deficiência mental se apodere de arma de fogo que esteja sob a posse ou que seja de propriedade do agente.

Alternativa "e": embora a fabricação de simulacro de arma de fogo seja proibida, seu porte não caracteriza nenhum crime da Lei 10.826/03.

Alternativa correta: letra "c".

359. (Cespe - Delegado de Polícia - PE/2016) Lucas, delegado de polícia de determinado estado da Federação, em dia de folga, colidiu seu veículo contra outro veículo que estava parado em um sinal de trânsito. Sem motivo justo, o delegado sacou sua arma de fogo e executou um disparo para o alto. Imediatamente, Lucas foi abordado por autoridade policial que estava próxima ao local onde ocorrera o fato.

Nessa situação hipotética, a conduta de Lucas poderá ser enquadrada como

a) crime inafiançável.
b) contravenção penal.
c) crime, com possibilidade de aumento de pena, devido ao fato de ele ser delegado de polícia.
d) crime insuscetível de liberdade provisória.
e) atípica, devido ao fato de ele ser delegado de polícia.

COMENTÁRIOS

Alternativa "a": não se trata de crime inafiançável porque não obstante o parágrafo único do art. 15 contenha disposição sobre a inafiançabilidade, o STF, ao julgar a ADI 3112, considerou que "A proibição de estabelecimento de fiança para os delitos de "porte ilegal de arma de fogo de uso permitido" e de "disparo de arma de fogo", mostra-se desarrazoada, porquanto são crimes de mera conduta, que não se equiparam aos crimes que acarretam lesão ou ameaça de lesão à vida ou à propriedade".

Alternativa "c" (responde, também, as alternativas "b" e "e"): o art. 15 da Lei nº 10.826/03 pune, com reclusão de dois a quatro anos, a conduta de disparar arma de fogo ou acionar munição em lugar habitado ou em suas adjacências, em via pública ou em direção a ela, desde que essa conduta não tenha como finalidade a prática de outro crime (subsidiariedade expressa). No exemplo do enunciado, a pena é aumentada da metade em virtude do disposto no art. 20, que impõe maior reprimenda a agentes que, dentre outras situações, integram os quadros das polícias civis.

Alternativa "d": a Lei nº 10.826/03 não trata da vedação à liberdade provisória no crime de disparo de arma de fogo. O art. 21 estabelece que apenas os crimes previstos nos arts. 16, 17 e 18 são insuscetíveis de liberdade provisória. Todavia, por meio da mesma ADI 3112, o STF considerou inconstitucional o dispositivo, "visto que o texto magno não autoriza a prisão ex lege, em face dos princípios da presunção de inocência e da obrigatoriedade de fundamentação dos mandados de prisão pela autoridade judiciária competente".

Alternativa correta: letra "c".

360. (FUNIVERSA - Delegado de Polícia - DF/2015) Acerca dos crimes e das contravenções penais previstos na legislação penal especial, assinale a alternativa correta.

a) Não há previsão de crimes culposos na lei que dispõe sobre os crimes contra o meio ambiente.
b) A prescrição dos crimes falimentares rege-se pelas disposições do CP, começando o prazo prescricional a correr do dia da decretação da falência, da concessão da recuperação judicial ou da homologação do plano de recuperação extrajudicial.
c) A tentativa de contravenção penal é causa de diminuição da pena de um a dois terços.
d) A obtenção, para uso próprio, de documento particular ideologicamente falso, para fins eleitorais, é punível segundo as disposições do CP, não havendo previsão específica de crime no Código Eleitoral.
e) O crime de comércio ilegal de arma de fogo, previsto no Estatuto do Desarmamento, é suscetível de liberdade provisória.

COMENTÁRIOS

QUESTÃO ANULADA.

✪ **Nota do autor:** a questão foi anulada porque há duas alternativas corretas ("b" e "e").

Alternativa "a": está errada a assertiva. Há inúmeras condutas culposas tipificadas na Lei nº 9.605/98 (ex.: arts. 38, parágrafo único; 38-A, parágrafo único; 40, § 3º; 49, parágrafo único).

Alternativa "b": está correta a assertiva. Por expressa disposição do art. 182 da Lei nº 11.101/05, a prescrição dos crimes nela previstos é regida pelas disposições do Código Penal, mas começa a correr do dia da decretação da falência, da concessão da recuperação judicial ou da homologação do plano de recuperação extrajudicial.

Alternativa "c": está errada a assertiva, pois, nos termos do art. 4º do Decreto-lei nº 3.688/41, é impunível a tentativa de contravenção penal.

Alternativa "d": está errada a assertiva. O Código Eleitoral tipifica, no art. 354, a conduta de obter, para uso próprio ou de outrem, documento público ou particular, material ou ideologicamente falso para fins eleitorais. A pena é a mesma cominada à falsificação ou à alteração (reclusão de dois a seis anos, se o documento for público; reclusão de até cinco anos, se for particular).

Alternativa "e": está correta a assertiva. Originalmente, o art. 21 da Lei nº 10.826/03 estabelecia que os crimes previstos nos arts. 16, 17 e 18 eram insuscetíveis de liberdade provisória. O STF, no entanto, por meio da ADI 3112, considerou inconstitucional o dispositivo, afastando a proibição. Na mesma ação, aliás, decidiu-se que a vedação à fiança, contida nos arts. 14 e 15, também é inconstitucional.

361. (Cespe - Delegado de Polícia - BA/2013 - Adaptada) Em relação aos crimes contra a administração pública e aos delitos praticados em detrimento da ordem econômica e tributária e em licitações e contratos públicos, julgue os itens.

Servidor público alfandegário que, em serviço de fiscalização fronteiriça, permitir a determinado indivíduo penalmente imputável adentrar o território nacional trazendo consigo, sem autorização do órgão competente e sem o devido desembaraço, pistola de calibre 380 de fabricação estrangeira deverá responder pela prática do crime de facilitação de contrabando, com infração do dever funcional excluída a hipótese de aplicação do Estatuto do Desarmamento.

COMENTÁRIOS

Na situação descrita no enunciado, a conduta do servidor se subsume ao art. 18 da Lei nº 10.826/03, que pune a conduta de importar, exportar, **favorecer a entrada ou saída do território nacional**, a qualquer título, de arma de fogo, acessório ou munição, sem autorização da autoridade competente. Incide, no caso, o princípio da especialidade, em decorrência do qual o art. 318 do Código Penal deve ser afastado.

Alternativa correta: "errado".

362. (Delegado de Polícia - MT/ 2010 - UNEMAT) Tendo em vista que o controle das armas de fogo é medida necessária para evitar a degradação da segurança pública, assinale a alternativa correta.

a) Estatuto do Desarmamento não faz restrição à venda de simulacros e réplicas de arma de fogo.

b) Constitui *bis in idem* o concurso material entre os crimes de homicídio e porte ilegal de arma de fogo quando o primeiro é cometido com a utilização do artefato proibido, ainda que a arma já esteja em poder do agente há algum tempo.

c) Um tiro desferido em condomínio fechado, com exceção das hipóteses de loteamento, não importa na figura típica de disparo de arma de fogo, eis que não há via pública.

d) Agente que é preso em flagrante em posse de duas armas de fogo, sendo uma de uso permitido e a outra de numeração raspada, responderá por dois crimes: posse de arma de fogo de uso permitido e de uso restrito.

e) A pessoa, possuindo autorização para o porte de arma de fogo permitido, que adentra em local público com a arma, não comete qualquer crime, mas tão somente sanção administrativa.

COMENTÁRIOS

Alternativa "a": está errada a assertiva. Nos termos do art. 26 da Lei nº 10.826/03 são vedadas a fabricação, a venda, a comercialização e a importação de brinquedos, réplicas e simulacros de armas de fogo, que com estas se possam confundir. O parágrafo único excepciona dispondo que a proibição não abarca as réplicas e os simulacros destinados à instrução, ao adestramento, ou à coleção de usuário autorizado, nas condições fixadas pelo Comando do Exército.

Alternativa "b": neste caso, em que o porte de arma não foi utilizado exclusivamente como meio para o homicídio, é válido o concurso material de crimes.

Alternativa "c": o art. 15 da Lei nº 10.826/03 pune a conduta de disparar arma de fogo ou acionar munição *em lugar habitado ou em suas adjacências*, em via pública ou em direção a ela, desde que essa conduta não tenha como finalidade a prática de outro crime.

Alternativa "d": havia no STJ decisões no sentido de que, neste caso, o crime é único (HC 148.349/SP). Atualmente, no entanto, a orientação é diversa: "As condutas de possuir arma de fogo e munições de uso permitido e de uso restrito, apreendidas em um mesmo contexto fático, configuram concurso formal de delitos" (HC 467.756/RJ, j. 09/04/2019).

Alternativa "e": o art. 14 da Lei nº 10.826/03 pune a conduta de portar, deter, adquirir, fornecer, receber, ter em depósito, transportar, ceder, ainda que gratuitamente, emprestar, remeter, empregar, manter sob guarda ou ocultar arma de fogo, acessório ou munição, de uso permitido, *sem autorização e em desacordo com determinação legal ou regulamentar.* Dessa forma, quem porta arma, independentemente do local, com autorização, não comete crime. Entretanto, o art. 51 do Decreto 11.615/23 dispõe que o titular de porte de arma de fogo para defesa pessoal não poderá conduzi-la ostensivamente ou com ela adentrar ou permanecer em locais públicos, sob pena de cassação do porte e apreensão da arma.

Alternativa correta: letra "e".

81.4. CRIMES AMBIENTAIS

363. (UFPR - Delegado de Polícia - PC - PR/2021) Sobre os crimes contra o meio ambiente (Lei n° 9.605/1998), considere as seguintes afirmativas:

1. Com relação aos crimes ambientais de menor potencial ofensivo, não é possível ao infrator a realização de suspensão condicional do processo.

2. De acordo com o entendimento atual do STF, a responsabilização penal da pessoa jurídica por crimes ambientais, prevista no art. 3° da Lei n° 9.605/1998, fica condicionada à simultânea persecução penal de pessoa física (teoria da dupla imputação).

3. A prática de crime ambiental em domingos ou feriados constitui circunstância que agrava a pena, quando não constitui ou qualifica o crime.

4. De acordo com o STF, compete à Justiça Federal processar e julgar o crime ambiental de caráter transnacional que envolva animais silvestres ameaçados de extinção e espécimes exóticas ou protegidas por compromissos internacionais assumidos pelo Brasil.

Assinale a alternativa correta.

a) Somente a afirmativa 2 é verdadeira.

b) Somente as afirmativas 1 e 3 são verdadeiras

c) Somente as afirmativas 3 e 4 são verdadeiras.

d) Somente as afirmativas 1, 2 e 4 são verdadeiras.

e) As afirmativas 1, 2, 3 e 4 são verdadeiras.

COMENTÁRIOS

Item 1: é possível a suspensão condicional do processo nos crimes ambientais. Mas devem ser observadas algumas circunstâncias especificas dos crimes dessa natureza, como dispõe o art. 28 da Lei 9.605/98.

Item 2: a orientação atual do STF dispensa a responsabilização simultânea entre a pessoa jurídica e a pessoa física responsável pela administração (RE 548.181/PR, DJe 19/06/2013).

Item 3: efetivamente, o art. 15, inc. II, *h*, da Lei 9.605/98 dispõe que a pena é agravada se o crime é praticado em domingos ou feriados, desde que essa circunstância não constitua ou qualifique a ação delituosa. Também não se aplica a agravante se a circunstância é estabelecida como causa especial de aumento de pena, como no art. 53, inc. II, *e*, que impõe aumento de 1/6 a 1/3 nos crimes contra a flora.

Item 4: segundo o STF, o tráfico de animais silvestres envolvendo outros países reclama interesse da União não somente em razão de compromissos internacionais firmados na seara ambiental, mas também em virtude do controle de entrada e saída de animais, por meio do qual se garante a segurança ambiental (RE 835.558/SP, j. 09/02/2017).

Alternativa correta: letra "c".

364. (IBADE – Delegado de Polícia – AC/2017) Acerca da Lei dos Crimes Ambientais e a jurisprudência do Supremo Tribunal Federal, pode-se afirmar que:

a) Constituição Federal condiciona a responsabilização penal da pessoa jurídica por crimes ambientais à simultânea persecução penal da pessoa física em tese responsável no âmbito da empresa.

b) compete à Justiça Federal o julgamento dos crimes ambientais.

c) em crimes ambientais: o cumprimento do Termo de Ajustamento de Conduta, com consequente extinção de punibilidade, não pode servir de salvo-conduto para que o agente volte a poluir.

d) o crime de impedir o nascimento de nova vegetação (art. 48 da Lei nº 9.605/1998) se consuma instantaneamente.

e) não se aplica o princípio da insignificância quanto aos crimes previstos na Lei de Crimes Ambientais, considerando que o bem jurídico tutelado é o meio ambiente, indispensável à sobrevivência da sociedade.

COMENTÁRIOS

Alternativa "a": o STF firmou a orientação de que a responsabilização penal da pessoa jurídica independe da mesma consequência para a pessoa física. Argumentou-se que a obrigatoriedade de dupla imputação caracterizaria afronta ao art. 225, § 3º, da Constituição Federal, pois condicionaria a punição da pessoa jurídica à condenação simultânea da pessoa física (RE 548.181/PR, DJe 19/06/2013). E, seguindo a mesma tendência, o STJ tem decidido que a imputação criminal pode recair exclusivamente na pessoa jurídica (RMS 39.173/BA, DJe 13/08/2015).

Alternativa "b": nem todos os crimes ambientais são de competência da Justiça Federal. Segundo o STF, os crimes ambientais devem se submeter à competência da Justiça Federal sempre que: a) atentarem contra bens, serviços ou interesses da União ou de suas entidades autárquicas; b) previstos também em tratado ou convenção internacional, tiverem a execução iniciada no País, mas o resultado tenha ou devesse ter ocorrido no estrangeiro, ou o inverso; c) tiverem sido cometidos a bordo de navios ou aeronaves; d) houver grave violação de direitos humanos; e) guardarem conexão ou continência com outro crime de competência federal, ressalvada a competência da Justiça Militar e da Justiça Eleitoral (RE 835.558/SP, j. 09/02/2017).

Alternativa "c": julgando um *habeas corpus* no qual se pretendia o trancamento da ação penal por ausência de justa causa em virtude da formalização anterior de termo de ajustamento de conduta, o STF não concedeu a ordem e destacou exatamente que "Em crimes ambientais, o cumprimento do Termo de Ajustamento de Conduta, com consequente extinção de punibilidade, não pode servir de salvo-conduto para que o agente volte a poluir" (HC 92.921/BA, DJe 26/09/2008).

Alternativa "d": o STF já fez referência ao art. 48 da Lei 9.605/98 como infração penal permanente (HC 107.412/SP, DJe 23/05/2012).

Alternativa "e": o STF aplica ou afasta o princípio da insignificância nos crimes ambientais conforme a gravidade concreta do delito cometido. Já negou o afastamento da tipicidade material num caso de pesca ilegal em que a quantidade de peixes apreendida em poder do agente, contra quem pesavam registros de conduta semelhantes, e a utilização de aparelhos, petrechos, técnicas e métodos não permitidos sinalizavam relevante lesão ao meio ambiente (HC 135.404/PR, DJe 02/08/2017). Mas, em outro processo, o tribunal aplicou a insignificância porque, no caso, o agente estava numa pequena embarcação, pescando com vara, linha e anzol, instrumentos de baixa potencialidade lesiva ao meio ambiente (Inq. 3788/DF, DJe 14/06/2016).

Alternativa correta: letra "c".

365. (Cespe - Delegado de Polícia - PE/2016) Se uma pessoa física e uma pessoa jurídica cometerem, em conjunto, infrações previstas na Lei nº 9.605/1998 – que dispõe sobre as sanções penais e administrativas derivadas de condutas e atividades lesivas ao meio ambiente, e dá outras providências –,

a) as atividades da pessoa jurídica poderão ser totalmente suspensas.
b) a responsabilidade da pessoa física poderá ser excluída, caso ela tenha sido a coautora das infrações.
c) a pena será agravada, se as infrações tiverem sido cometidas em sábados, domingos ou feriados.
d) a pena será agravada, se ambas forem reincidentes de crimes de qualquer natureza.
e) será vedada a suspensão condicional da pena aplicada.

COMENTÁRIOS

Alternativa "a": o art. 22 da Lei nº 9.605/98, que dispõe a respeito das penas restritivas de direitos à pessoa jurídica, estabelece, no inciso I, a possibilidade de suspensão parcial ou total de atividades, aplicada quando as atividades desenvolvidas pelo ente fictício não estiverem obedecendo às disposições legais ou regulamentares relativas à proteção do meio ambiente.

Alternativa "b": conforme dispõe o artigo 3º, parágrafo único, da Lei nº 9.605/98 a responsabilidade das pessoas jurídicas não exclui a das pessoas físicas autoras, coautoras ou partícipes do mesmo fato. Deve ser ressaltado, no entanto, que a responsabilidade da pessoa jurídica não é absolutamente vinculada à da pessoa física. A tendência atualmente, tanto no STJ quanto no STF, é de que se admita a responsabilidade autônoma do ente fictício: "1. Conforme orientação da 1ª Turma do STF, "O art. 225, § 3º, da Constituição Federal não condiciona a responsabilização penal da pessoa jurídica por crimes ambientais à simultânea persecução penal da pessoa física em tese responsável no âmbito da empresa. A norma constitucional não impõe a necessária dupla imputação." (RE 548181, Relatora Min. ROSA WEBER, Primeira Turma, julgado em 6/8/2013, acórdão eletrônico DJe-213, divulg. 29/10/2014, public. 30/10/2014). 2. Tem-se, assim, que é possível a responsabilização penal da pessoa jurídica por delitos ambientais independentemente da responsabilização concomitante da pessoa física que agia em seu nome. Precedentes desta Corte" (RMS 39173/BA, DJe 13/08/2015).

Alternativa "c": a agravante do art. 15, inciso II, *h*, da Lei nº 9.605/98 contempla apenas o fato de o crime ter sido cometido em domingos e feriados, não em sábados.

Alternativa "d": nos termos do art. 15, inciso I, da Lei nº 9.605/98 é circunstância agravante a reincidência nos crimes de natureza ambiental.

Alternativa "e": a Lei nº 9.605/98 contempla a suspensão condicional da pena no art. 16, segundo o qual o benefício pode ser concedido nos casos de condenação a pena privativa de liberdade não superior a três anos.

Alternativa correta: letra "a".

366. (FUNCAB - Delegado de Polícia - ES/2013) Lauro lançou detritos orgânicos em um rio que corta a sua fazenda tornando impróprio o consumo das águas dos lençóis subterrâneos pela população vizinha que deles se utilizava através de poços, pois na localidade não existia distribuição pública de rede de abastecimento de águas. Por constatação dos órgãos de Saúde Pública, o consumo das águas dos poços poderia causar danos à saúde humana. Assim, a Lauro:

a) deve ser imputado o crime de causar poluição, preconizado no artigo 54 da Lei n° 9.605/1998.
b) deve ser imputado o crime de perigo para a vida ou saúde de outrem, preconizado no artigo 132 do CP.
c) deve ser imputado o crime de lesão corporal tentada, preconizado no artigo 129 c/c artigo 14, II, ambos do CP.
d) deve ser imputado o crime de envenenamento de água potável, preconizado no artigo 270 do CP.
e) não pode ser imputado crime, uma vez que os lençóis são subterrâneos.

COMENTÁRIOS

Alternativa "a" (responde, também, a alternativa "e"): consiste o crime em causar poluição de qualquer natureza em níveis tais que resultem ou possam resultar em danos à saúde humana, ou que provoquem a mortandade de animais ou a destruição significativa da flora. A pena cominada varia de um a quatro anos de reclusão.

Alternativa "b": o crime do art. 132 do Código Penal consiste em expor a vida ou a saúde de outrem a perigo direto e iminente. Para que se caracterize este delito, deve haver a criação de uma situação concreta e efetiva de perigo a alguém, do que não trata o exemplo.

Alternativa "c": não há nenhuma relação entre o exemplo descrito no enunciado e o crime de lesão corporal, consistente em ofender a integridade corporal de alguém.

Alternativa "d": não se trata também do art. 270 do Código Penal. Há quem sustente que a primeira parte do art. 270 ("envenenar água potável, de uso comum ou particular") foi derrogada pelo art. 54 da Lei 9.605/98. Neste sentido, argumenta Luiz Regis Prado: "A primeira parte do *caput* do art. 270 do Código Penal foi derrogada, implicitamente, pelo art. 54 da Lei 9.605/1998. Isso no que diz respeito ao envenenamento de água potável destinada ao consumo humano. No que tange ao envenenamento de substância alimentícia ou medicinal, permanece vigente o Código Penal. Foi a amplitude dos termos utilizados pela lei ambiental – poluição *de qualquer natureza* – que propiciou a revogação parcial do art. 270, tendo em vista que engloba toda a poluição, inclusive a hídrica. Aliás, mais certeza se tem quando se visualiza o previsto no § 2º, III, do art. 54 da Lei dos Crimes Ambientais, pois essa circunstância qualificadora será imposta quando a poluição hídrica causada torne necessária a interrupção do abastecimento público de água de uma comunidade." (*Curso de direito penal brasileiro:* parte especial, v. 3, p. 721).

Alternativa correta: letra "a".

81.5. LAVAGEM DE DINHEIRO

367. (UFPR – Delegado de Polícia – PC – PR/2021) Sobre o crime de lavagem de dinheiro, nos termos da Lei n° 9.613/1998, com as alterações advindas da Lei n° 12.683/2012, assinale a alternativa correta.

a) A lavagem de dinheiro tipifica a conduta de ocultar ou dissimular a natureza, origem, localização, disposição, movimentação ou propriedade de bens, direitos ou valores provenientes, direta ou indiretamente, de crime, não abrangendo a contravenção penal como hipótese de infração penal antecedente.

b) O crime de lavagem de dinheiro não admite a modalidade tentada.

c) Não é possível a imputação simultânea, ao mesmo réu, da infração antecedente e do crime de lavagem, ainda que sejam verificados atos diversos e autônomos daquele ato que compõe a realização da primeira infração penal.

d) Não é necessário que o autor do crime de lavagem de dinheiro tenha sido autor ou partícipe da infração penal antecedente, basta que tenha ciência da origem ilícita dos bens, direitos e valores e concorra dolosamente para sua ocultação ou dissimulação.

e) Não é qualquer crime que pode ser considerado antecedente da lavagem, mas apenas aqueles previstos em rol taxativo.

COMENTÁRIOS

Alternativa "a": a lavagem de dinheiro abrange a contravenção penal, porque o art. 1º da Lei 9.613/98 dispõe que o crime consiste em ocultar ou dissimular a natureza, origem, localização, disposição, movimentação ou propriedade de bens, direitos ou valores provenientes, direta ou indiretamente, de *infração penal* (não necessariamente crime). Nada impede, por exemplo, a lavagem de recursos provenientes da exploração ilegal de jogos de azar.

Alternativa "b": a Lei 9.613/98 é expressa a respeito da possibilidade de tentativa no art. 1º, § 3º.

Alternativa "c": é plenamente possível que o mesmo indivíduo seja responsabilizado pela lavagem de dinheiro e pela infração que a antecedeu, como no caso do agente público que recebe a indevida vantagem proveniente da corrupção passiva e, em seguida, pratica atos para dissimular a origem dos recursos.

Alternativa "d": de fato, é dispensável que o autor da lavagem de dinheiro tenha praticado a infração penal antecedente. A Lei 9.613/98 admite tanto a responsabilidade penal do próprio autor do crime antecedente quanto de outro indivíduo que, sabendo da origem ilícita de bens, direitos ou valores, pratica alguma das condutas típicas. Aliás, é comum que o autor da infração penal antecedente "terceirize" a lavagem a pessoas especializadas nessa espécie de crime.

Alternativa "e": desde a edição da Lei 12.683/12, que extinguiu o rol taxativo de crimes que integravam o art. 1º da Lei 9.613/98, em tese qualquer infração penal compatível com a ocultação ou a dissimulação de bens pode anteceder a lavagem.

Alternativa correta: letra "d".

368. (UEG – Delegado de Polícia – GO/2013) O crime de lavagem de capitais consubstancia-se no ato ou no conjunto de atos praticados pelo agente com a finalidade de dar aparência lícita a ativos (bens, direitos ou valores) provenientes de ilícito penal (infração antecedente), cujo aperfeiçoamento ocorre após processos complexos, na busca da referida finalidade. Desse modo, quando o agente lavador efetua vários depósitos fracionados em uma única ou várias contas bancárias, cujo beneficiário é um único sujeito, constituindo a somatória desses valores expressiva quantia em dinheiro, tem-se o que a doutrina denomina de

a) mescla

b) ocultação

c) cegueira deliberada

d) estruturação

COMENTÁRIOS

Alternativa "a": verifica-se a mescla, na lavagem, nas hipóteses em que o agente promove a fusão de recursos lícitos e ilícitos, normalmente em pessoas jurídicas, para que, ao final, todo o produto da movimentação seja considerado proveniente da atividade econômica regularmente desempenhada.

Alternativa "b": nos crimes relativos à lavagem de capital, a ocultação ocorre para evitar que os órgãos de fiscalização localizem o ativo ilícito, o que normalmente se dá por meio de contas bancárias fraudulentas e operações comerciais em nome de terceiros ("laranjas"), estes muitas vezes alheios à movimentação.

Alternativa "c": a teoria da cegueira deliberada, proveniente do direito norte-americano, se aplica àquelas situações em que alguém se envolve com o agente da lavagem, recebendo ativos provenientes de crimes, fingindo não perceber que se trata de uma manobra criminosa. Poderia ser o caso, por exemplo, de quem vende imóvel avaliado em alguns milhões e recebe o acordado em dinheiro vivo, em situação que indique o propósito dissimulador ou ocultador daquele adquire o bem.

Alternativa "d": há estruturação, no crime de lavagem, nas situações em que o agente promove a divisão dos ativos financeiros em diversas frações a fim de que não sejam detectadas pelos órgãos reguladores e de fiscalização, que monitoram, normalmente, movimentações a partir de determinado valor.

Alternativa correta: letra "d".

369. (FUNCAB – Delegado de Polícia – RJ/2012) Oto, a fim de dificultar eventual investigação, depositou vários cheques de terceiros, recebidos como produto de concussão da qual participou, em contas-correntes de três empresas de sua propriedade, às quais esperava ter acesso. Observando o caso concreto, analise as assertivas abaixo:

I. Oto deve responder por favorecimento real e lavagem de capitais.

II. A figura de lavagem de capitais é caracterizada pela ocultação ou dissimulação da origem, da localização, da disposição, da movimentação ou da propriedade dos valores respectivos, provenientes, direta ou indiretamente, de qualquer infração penal.

III. Se reconhecido que Oto praticou o crime de lavagem de capitais, resta excluída sua participação no crime de concussão.

IV. O tipo de lavagem de dinheiro não reclama nem o êxito definitivo da ocultação ou dissimulação, visado pelo agente, nem o vulto e a complexidade dos exemplos de requintada "engenharia financeira" transnacional.

Agora, indique a opção que contempla apenas as assertivas verdadeiras.

a) I e II.
b) II e III.
c) III e IV.
d) I e III.
e) II e IV.

COMENTÁRIOS

Item I: se Oto participou do crime de concussão, sua responsabilidade penal não pode se limitar ao favorecimento real, cujo tipo penal, de resto, exclui expressamente os casos de coautoria (ou participação). Impõe-se, dessa forma, estabelecer a punição por concussão e por lavagem de capitais.

Item II: de acordo com o art. 1º da Lei nº 9.613/98, caracterizam a lavagem as condutas de ocultar ou dissimular a natureza, origem, localização, disposição, movimentação ou propriedade de bens, direitos ou valores provenientes, direta ou indiretamente, de infração penal.

Item III: a punição do crime antecedente não provoca nenhum efeito prejudicial em relação à punição da lavagem de capitais. Aplicam-se as penas relativas a ambos os crimes na forma de concurso material.

Item IV: repete acórdão do STF sobre o tema: "Lavagem de dinheiro: L. 9.613/98: caracterização. O depósito de cheques de terceiro recebidos pelo agente, como produto de concussão, em contas-correntes de pessoas jurídicas, às quais contava ele ter acesso, basta a caracterizar a figura de "lavagem de capitais" mediante ocultação da origem, da localização e da propriedade dos valores respectivos (L. 9.613, art. 1º, caput): o tipo não reclama nem êxito definitivo da ocultação, visado pelo agente, nem o vulto e a complexidade dos exemplos de requintada "engenharia financeira" transnacional, com os quais se ocupa a literatura" (RHC 80.826/SP, DJ 18/06/2001).

Alternativa correta: letra "e".

81.6. CRIMES CONTRA O SISTEMA FINANCEIRO NACIONAL

370. (Delegado de Polícia – RN / 2008 – CESPE) Paulo e Pedro, ambos funcionários públicos, em coautoria, retardaram, contra disposição expressa de lei, ato de ofício necessário ao regular funcionamento do Sistema Financeiro Nacional. Com base nessa situação hipotética, assinale a opção correta.

a) Paulo e Pedro praticaram o delito de prevaricação.
b) Os objetos jurídicos do delito praticado são a credibilidade do sistema financeiro e a proteção ao investidor.
c) O delito em espécie pode ser punido tanto na forma culposa como na dolosa.
d) No delito em questão, se Paulo, em confissão espontânea, revelar à autoridade policial ou judicial toda a trama delituosa, terá a sua pena reduzida pela metade.
e) A ação penal, no crime em comento, será promovida pelo MP estadual, perante a justiça estadual.

COMENTÁRIOS

Alternativa "a": não há prevaricação (art. 319 do Código Penal) porque há delito específico na Lei nº 7.492/86 para o funcionário público que omite, retarda ou pratica ato relativo ao Sistema Financeiro Nacional contra disposição expressa de lei (art. 23).

Alternativa "b": punindo as condutas de omitir, retardar ou praticar, o funcionário público, contra disposição expressa de lei, ato de ofício necessário ao regular funcionamento do sistema financeiro nacional, bem como a preservação dos interesses e valores da ordem econômico-financeira, o art. 23 da Lei nº 7.492/86 protege tanto a credibilidade do sistema financeiro quanto o investidor.

Alternativa "c": o art. 23 da Lei nº 7.492/86 pune apenas a forma dolosa.

Alternativa "d": o art. 25, § 2º, da Lei nº 7.492/86 permite a redução da pena dos crimes nela previstos, cometidos em associação criminosa ou coautoria, quando o coautor ou partícipe, através de confissão espontânea, revelar à autoridade policial ou judicial toda a trama delituosa. Neste caso, terá a sua pena reduzida de um a dois terços (não de metade).

Alternativa "e": o art. 26 da Lei nº 7.492/86 dispõe que a ação penal, nos crimes nela previstos, será promovida pelo Ministério Público Federal, perante a Justiça Federal.

Alternativa correta: letra "b".

81.7. EXECUÇÃO PENAL

371. (CEBRASPE – Delegado de Polícia – PE/2024) Acerca dos ditames legais referentes ao instituto da saída temporária, assinale a opção correta, com base na Lei n.º 7.210/1984 (Lei de Execução Penal – LEP).

a) O condenado em regime inicial semiaberto poderá usufruir do benefício de saída temporária imediatamente após o início do cumprimento da pena.

b) Se primário, o condenado por delito hediondo praticado após a vigência da Lei n.º 13.964/2019 somente fará jus ao benefício de saída temporária após o cumprimento de 40% da pena, independentemente de seu total.

c) Não terá direito à saída temporária o condenado que estiver cumprindo pena pela prática de crime hediondo que tenha resultado em morte.

d) A lei determina que o gozo do benefício da saída temporária deve ocorrer sem vigilância direta, impedindo, portanto, que o juízo determine a utilização de equipamento de monitoração eletrônica pelo condenado.

e) A autorização para saída temporária será concedida pelo prazo de sete a quinze dias, podendo ser renovada mais quatro vezes durante o ano.

COMENTÁRIOS

Alternativa "a": nos termos do art. 123, II, da LEP, a saída temporária pode ser concedida após o cumprimento mínimo de 1/6 da pena, se o condenado for primário, ou 1/4, se reincidente.

Alternativa "b": o cumprimento de ao menos 40% da pena é exigido para a progressão de regime do condenado pela prática de crime hediondo ou equiparado, se for primário. Na saída temporária não há regra semelhante.

Alternativa "c": na redação conferida ao art. 122, § 2º, da LEP pela Lei 13.964/19 (vigente quando aplicada esta prova), não tinha direito à saída temporária o condenado por praticar crime hediondo com resultado morte. Atualmente, segundo a redação conferida pela Lei 14.843/24, o benefício é vedado ao condenado por praticar crime hediondo ou com violência ou grave ameaça contra pessoa. A vedação, portanto, ficou mais ampla.

Alternativa "d": é plenamente possível ao juiz determinar a vigilância eletrônica ao conceder a saída temporária. Essa possibilidade é expressa nos arts. 122, § 1º e 146-B, II, da LEP.

Alternativa "e": a regra sobre a extensão da saída temporária estava no art. 124 da LEP: "Art. 124. A autorização será concedida por prazo não superior a 7 (sete) dias, podendo ser renovada por mais 4 (quatro) vezes durante o ano". O dispositivo foi revogado pela Lei 14.843/24, que deixou sem disciplina a forma de concessão da saída temporária. Isso ocorreu porque a mesma lei extinguiria o benefício para visita à família e participação em atividades que concorressem para o retorno ao convívio social (art. 122, I e III). Permaneceria apenas a saída para frequência a curso supletivo profissionalizante ou de instrução do 2º grau ou superior (art. 122, II), cuja disciplina passou ao § 3º do art. 122. Diante disso, o art. 124 perderia a razão de existir. Mas a revogação da saída temporária nas situações citadas foi vetada pelo presidente da República, que, no entanto, não vetou a revogação do art. 124. É provável, de qualquer maneira, que até a correção desse erro continuem a ser aplicadas as mesmas regras.

Alternativa correta: letra "c".

372. (CEBRASPE – Delegado de Polícia – PE/2024) Ainda no que se refere à Lei de Execução Penal e às suas alterações, assinale a opção correta.

a) O condenado por crime doloso praticado com violência grave contra a pessoa, bem como por crime contra a vida, contra a liberdade sexual ou por crime sexual contra vulnerável, poderá ser submetido, a critério do juiz, à identificação do perfil genético, mediante extração de DNA, a partir de técnica adequada e indolor, por ocasião do ingresso no estabelecimento prisional.

b) É autorizada a utilização da amostra biológica eventualmente coletada do condenado por crime doloso praticado com violência grave contra a pessoa, bem como por crime contra a vida, contra a liberdade sexual ou por crime sexual contra vulnerável, para fins de busca familiar, caso o condenado não tenha familiares conhecidos.

c) A pena privativa de liberdade será executada em forma progressiva com a transferência para regime menos rigoroso, a ser determinada pelo juiz, quando o preso tiver cumprido ao menos 30% da pena, se o apenado for primário e o crime tiver sido cometido com violência à pessoa ou grave ameaça.

d) No caso de mulher gestante ou que seja mãe ou responsável por crianças ou pessoas com deficiência, um dos requisitos para a progressão de regime é o cumprimento de ao menos um oitavo da pena no regime anterior.

e) O condenado que cumpre pena em regime aberto e o que usufrui liberdade condicional poderão remir, por trabalho, parte do tempo de execução da pena ou do período de prova, à razão de um dia de pena a cada três dias de trabalho.

COMENTÁRIOS

Alternativa "a": nos termos do art. 9º-A da LEP, o condenado por crime doloso praticado com violência grave contra a pessoa, bem como por crime contra a vida, contra a liberdade sexual ou por crime sexual contra vulnerável, *será submetido, obrigatoriamente* (e não "poderá ser", como afirma a assertiva), à identificação do perfil genético, mediante extração de DNA (ácido desoxirribonucleico), por técnica adequada e indolor, por ocasião do ingresso no estabelecimento prisional.

Alternativa "b": o § 5º do art. 9º-A da LEP é expresso e taxativo: a amostra biológica coletada só poderá ser utilizada para o único e exclusivo fim de permitir a identificação pelo perfil genético, não estando autorizadas as práticas de fenotipagem genética ou de busca familiar.

Alternativa "c": exige-se, na progressão de regime, o cumprimento de ao menos 30% da pena se o condenado é *reincidente* em crime cometido com violência à pessoa ou grave ameaça. Se o condenado é primário, exige-se o cumprimento de 25% da pena.

Alternativa "d": no caso de mulher gestante ou mãe ou responsável por crianças ou pessoas com deficiência, as regras da progressão de regime são específicas. Por isso, exige-se o cumprimento de ao menos 1/8 da pena no regime anterior. São também pressupostos cumulativos: I – não ter cometido crime com violência ou grave ameaça a pessoa; II – não ter cometido o crime contra seu filho ou dependente; III – ser primária e ter bom comportamento carcerário, comprovado pelo diretor do estabelecimento; IV – não ter integrado organização criminosa.

Alternativa "e": nos termos do art. 126 da LEP, pode remir, por trabalho ou por estudo, parte do tempo de execução da pena o condenado que cumpre a pena em regime fechado ou semiaberto.

Alternativa correta: letra "d".

---

373. (CEBRASPE - Delegado de Polícia - PE/2024) No que se relaciona ao indulto individual, julgue os itens a seguir.

I. O indulto individual poderá ser provocado por petição do condenado, por iniciativa do Ministério Público, do Conselho Penitenciário, ou da autoridade administrativa.

II. A petição do indulto, acompanhada dos documentos que a instruírem, será entregue ao Conselho Penitenciário, para a elaboração de parecer e posterior encaminhamento ao Ministério da Justiça.

III. O indulto individual não poderá ser concedido pelo Conselho Penitenciário sem iniciativa prévia do Ministério Público e da autoridade administrativa.

IV. Se o sentenciado for beneficiado por indulto coletivo, o juiz, de ofício, a requerimento do interessado, do Ministério Público, ou por iniciativa do Conselho Penitenciário ou da autoridade administrativa, providenciará escolta policial para a condução do apenado ao instituto de criminalística.

Estão certos apenas os itens

a) I e II.

b) I e III.

c) II e IV.

d) I, III e IV.

e) II, III e IV.

COMENTÁRIOS

Item I: antes da Lei de Execução Penal, o instituto da graça e do indulto era trabalhado somente no CPP, que no art. 734 dispõe: "A graça poderá ser provocada por petição do condenado, de qualquer pessoa do povo, do Conselho Penitenciário, ou do Ministério Público, ressalvada, entretanto, ao Presidente da República, a faculdade de concedê-la espontaneamente". Lendo o artigo, conclui-se que a graça era concedida mediante provocação ou de ofício pelo presidente da República. Contudo, com o advento da LEP, o capítulo da graça e do indulto no CPP se aplica subsidiariamente, apenas nos pontos em que a LEP for omissa. Diferentemente do CPP, no art. 188 a LEP proibiu o presidente da República de conceder a graça de ofício, sempre demandando pedido do interessado: "O indulto individual poderá ser provocado por petição do condenado, por iniciativa do Ministério Público, do Conselho Penitenciário, ou da autoridade administrativa".

Item II: acompanhada dos documentos que a instruírem, a petição será entregue ao Conselho Penitenciário para fins de elaboração de parecer. O Conselho, à vista dos autos do processo e do prontuário, promoverá as diligências que entender necessárias e fará, em relatório, a narração do ilícito penal e dos fundamentos da sentença condenatória, a exposição dos antecedentes do condenado e do procedimento deste depois da prisão, emitindo seu parecer sobre o mérito do pedido e esclarecendo qualquer formalidade ou circunstâncias omitidas na petição (art. 190 da LEP). Emitido o parecer, os autos serão encaminhados ao Ministério da Justiça, que só então submeterá ao presidente da República para conceder (por meio de decreto) ou negar o pedido.

Item III: o Conselho Penitenciário não concede o indulto individual. Como vimos acima, é um dos legitimados para provocá-lo.

Item IV: não há previsão legal – e nem haveria motivo – para a determinação de escolta policial nesse caso. Nos termos dos arts. 192 e 193 da LEP, se o condenado for beneficiado pelo indulto coletivo, o juiz declarará extinta a pena ou ajustará a execução aos termos do decreto, no caso de comutação.

Alternativa correta: letra "a".

---

374. (Vunesp - Delegado de Polícia - PC - SP/2022) De acordo com o que determina expressamente o art. 33 do CP, o condenado por crime contra a Administração Pública

a) terá a progressão de regime do cumprimento da pena condicionada à reparação do dano que causou, ou à devolução do produto do ilícito praticado, com os acréscimos legais.

b) nos crimes praticados com abuso de poder ou violação de dever para com a Administração Pública perderá o cargo automaticamente quando condenado, independentemente da pena aplicada.

c) não pode gozar de suspensão condicional da pena, independentemente da quantidade de pena aplicada.

d) terá decretada por sentença a perda da remuneração e de qualquer direito à aposentadoria, inclusive sobre valores previamente pagos a título de contribuição para tal fim.

e) não tem direito à reabilitação.

COMENTÁRIOS

Alternativa "a": nos termos do art. 33, § 4º, do CP, o condenado por crime contra a Administração Pública terá a progressão de regime do cumprimento da pena condicionada a mais um requisito objetivo: a reparação do dano que causou ou a devolução do produto do ilícito praticado, com os acréscimos legais. De acordo com o STJ, incide este requisito apenas se a sentença condenatória impôs a reparação do dano ou a devolução do ilícito. Se não o fez, o juiz da execução penal não pode condicionar a progressão ao cumprimento do disposto no § 4º (HC 686.334/PE, j. 14/09/2021).

Alternativa "b": a perda do cargo nos crimes praticados com abuso de poder ou violação de dever para com a Administração Pública depende, em primeiro lugar, de a pena aplicada ser privativa de liberdade igual ou superior a um ano. Além disso, a perda não é automática, pois o parágrafo único do art. 92 do CP impõe ao juiz que fundamente na sentença o efeito da condenação.

Alternativa "c": não há impedimento para a suspensão condicional da pena nos crimes cometidos contra a Administração Pública.

Alternativa "d": não há no art. 33 do CP nenhuma disposição nesse sentido.

Alternativa "e": tampouco há limitação ao direito à reabilitação (art. 93 do CP).

Alternativa correta: letra "a".

375. (FGV - Delegado de Polícia - PC - AM/2022) A concessão de prisão domiciliar prevista no Art. 117 da Lei de Execução Penal tem como pressuposto

a) a execução da penal em regime aberto.

b) a inexistência de estabelecimento no regime semiaberto.

c) a inexistência de estabelecimento no regime aberto.

d) o risco de contágio pela Covid-19.

e) a obtenção de permissão para sair do estabelecimento.

COMENTÁRIOS

O art. 117 da Lei de Execução Penal dispõe que somente se admitirá o recolhimento do beneficiário de *regime aberto* em residência particular quando se tratar de: I - condenado maior de 70 (setenta) anos; II - condenado acometido de doença grave; III - condenada com filho menor ou deficiente físico ou mental; IV - condenada gestante. É importante lembrarmos que, nos termos da lei, o regime aberto é cumprido na casa do albergado. Por basear-se na autodisciplina e no senso de responsabilidade, essa modalidade de regime permite que o condenado trabalhe, frequente curso ou exerça outra atividade lícita fora do estabelecimento, tudo sem vigilância (ausência de obstáculos físicos contra a fuga), e se recolha no período noturno e nos dias de folga (prisão noturna, art. 36 do CP).

Nas situações descritas no art. 117 da LEP, admite-se que o regime aberto seja cumprido em residência particular. Note-se, contudo, que o STJ tem admitido, em situações excepcionais, a prisão domiciliar também nos regimes semiaberto e fechado: "Esta Corte Superior entende que, embora o art. 117 da Lei de Execuções Penais estabeleça como requisito para a concessão de prisão domiciliar o cumprimento da pena no regime prisional aberto, é possível a extensão do benefício aos condenados recolhidos no regime fechado ou semiaberto desde que configurada a excepcionalidade do caso concreto, com demonstração da imprescindibilidade da medida" (AgRg no HC 709.660/PR, j. 14/06/2022).

Alternativa correta: letra "a" (responde, também, as demais alternativas).

376. (FGV - Delegado de Polícia - PC - AM/2022) O apenado comete falta disciplinar de natureza grave, devidamente apurada em Procedimento Administrativo Disciplinar. Nesse caso, nos termos do Art. 118, inciso I, da Lei n° 7.210/84,

a) impõe-se a regressão de regime, uma vez que a lei não concede ao juiz discricionariedade.

b) é facultada ao juiz da execução a imposição de regressão de regime, diante de sua discricionariedade.

c) é facultada ao juiz da execução a manutenção do regime em que submetido o apenado, após avaliação em audiência de justificação.

d) é facultada ao juiz da execução a manutenção do regime em que submetido o apenado, em razão da função reintegradora do agente à sociedade.

e) é facultada ao juiz da execução a manutenção do regime em que submetido o apenado, em razão da necessidade de ressocialização, reeducação e reabilitação.

COMENTÁRIOS

Alternativa "a" (responde, também, as alternativas "b" e "c"): o art. 118, inc. I, da LEP dispõe que a execução da pena privativa de liberdade se sujeita à forma regressiva, com a transferência para qualquer dos regimes mais rigorosos, quando o condenado pratica fato definido como crime doloso ou falta grave. De acordo com o STJ, "não cabe ao magistrado proceder à análise do conteúdo da falta disciplinar para verificar a possibilidade de regressão, já que o dispositivo em comento não concede essa margem de discricionariedade ao julgador" (REsp 1.960.812/RS, j. 14/12/2021).

Alternativa "d" (responde, também, a alternativa "e": exatamente porque a pena também tem funções de reabilitação e ressocialização, o cometimento de falta grave impõe a regressão de regime. O condenado que comete falta disciplinar demonstra inadequação e pouca disposição de se submeter a regras. Para que seja possível ao menos tentar sua completa reintegração, é importante que a execução penal disponha de mecanismos de punição capazes de impor a disciplina.

Alternativa correta: letra "d".

377. (FGV - Delegado de Polícia - PC - AM/2022) Em relação à concessão de benefícios de execução penal, assinale a afirmativa correta.

a) O preenchimento de requisitos de ordem objetiva para obtenção de benefícios é suficiente.

b) O preenchimento de requisitos de ordem subjetiva para obtenção de benefícios é suficiente.

c) O comportamento do sentenciado durante a execução só pode ser avaliado por comissão técnica específica.

d) A longa pena a ser cumprida, por si só, é inapta para se aferir o mérito do executado.

e) A gravidade abstrata do crime constitui fundamento idôneo para negar o benefício.

COMENTÁRIOS

Alternativa "a" (responde, também, as alternativas "b", "c" e "d"): para a obtenção de benefícios durante a execução, a extensão da pena é, em si, irrelevante. Há tanto requisitos de ordem objetiva quanto requisitos de ordem subjetiva que devem ser cumpridos. Para a progressão de regime, o condenado deve cumprir determinada porcentagem da pena (art. 112, incs. I a VIII, da LEP), mas também deve ostentar boa conduta carcerária. Da mesma forma, o livramento condicional tem como pressupostos o cumprimento de frações da pena e o atendimento a requisitos subjetivos como o bom comportamento durante a execução, o bom desempenho em trabalhos que lhe tenham sido atribuídos e a aptidão para prover à sua subsistência. Os requisitos de ordem subjetiva, aliás, devem ser comprovados pelo diretor do estabelecimento e pelos resultados do exame criminológico (cf. art. 112, § 1º, da LEP, com redação dada pela Lei 14.843/24).

Alternativa "e": nenhum benefício da execução penal pode ser negado com fundamento na gravidade abstrata do crime.

Alternativa correta: letra "d".

378. (FGV - Delegado de Polícia - PC - RN/2021) Enquanto cumpria pena em regime semiaberto, identificou-se que Gabriel tinha uma faca escondida embaixo de sua cama. Após observância de todas as formalidades legais, foi confirmada a conduta de Gabriel, sendo a informação encaminhada para o Poder Judiciário.

Considerando apenas as informações expostas, a conduta de Gabriel:

a) não configura falta grave por ausência de previsão legal;

b) configura falta grave e permite a regressão de regime e perda da integralidade dos dias remidos;

c) configura falta grave, permitindo a regressão de regime, mas não a perda de qualquer dia remido a partir do trabalho;

d) permite o reconhecimento de falta grave e, consequentemente, a regressão de regime e a perda de parte dos dias remidos;

e) não permite consequências em relação à progressão ou aos dias remidos, mas tão só a aplicação de regime disciplinar diferenciado.

COMENTÁRIOS

Alternativa "a" (responde, também, as alternativas "b", "c" e "d"): o preso que traz consigo ou guarda indevidamente instrumentos como facas, canivetes, estiletes ou outros objetos capazes de ofender a integridade física de alguém comete falta grave (art. 50, inc. III, da LEP). Importante ressaltar que a falta se caracteriza pela simples posse do instrumento, dispensado o efetivo porte ou o uso. Tampouco se exige, por ausência de previsão legal, exame pericial para atestar a potencialidade lesiva do artefato, bastando a sua apreensão (STJ: AgRg no HC 475.585/DF, j. 07/11/2019). Cumpridas as formalidades legais para demonstrar a prática da infração disciplinar (procedimento administrativo disciplinar - súmula 533 do STJ – ou audiência de justificação – STJ: AgRg no HC 442.560/PR, j. 02/03/2021; STF: 972.598/RS, j. 04/05/2020), o condenado fica sujeito à regressão de regime (art. 118, inc. I, da LEP) e pode perder até 1/3 dos dias remidos (art. 127 da LEP). No mais, devemos atentar para o fato de que a prática de falta grave interrompe a contagem do prazo para a progressão de regime, o qual se reinicia a partir do cometimento dessa infração (súmula 534 do STJ).

Alternativa "e": a conduta praticada por Gabriel não o sujeita ao regime disciplinar diferenciado, que, nos termos do art. 52, *caput*, da LEP é cabível quando a prática de fato previsto como crime doloso – que também constitui falta grave – ocasiona a subversão da ordem ou disciplina internas.

Alternativa correta: letra "d".

379. (FGV - Delegado de Polícia - PC - RN/2021) A legislação penal vigente dispõe que as penas privativas de liberdade deverão ser executadas em forma progressiva, devendo o apenado satisfazer requisitos de ordem objetiva e subjetiva para progredir de regime. Sobre o processo de execução penal, dispõe a lei que:

a) poderá ser fixada, como condição para progressão para regime aberto, a prestação de serviços à comunidade;

b) a falta grave, quando admitida pelo apenado, poderá ser reconhecida independentemente de processo administrativo;

c) nos crimes praticados com violência, a realização do exame criminológico é indispensável;

d) a previsão de determinada conduta como falta grave não exige respeito ao princípio da legalidade e, consequentemente, da irretroatividade da lei mais gravosa;

e) não poderá ser concedido livramento condicional ao apenado reincidente na prática de crimes hediondos com resultado morte, apesar de possível, em tese, a progressão de regime.

COMENTÁRIOS

Alternativa "a": o ingresso do condenado no regime aberto pressupõe o cumprimento das seguintes condições: I - permanecer no local que for designado durante o repouso e nos dias de folga; II - sair para o trabalho e retornar nos horários fixados; III - não se ausentar da cidade onde reside sem autorização judicial; IV - comparecer em Juízo para informar e justificar as suas atividades quando for determinado. É possível, no entanto, que, considerando as características do condenado, o juiz estabeleça outras condições – denominadas *especiais* –, o que não significa impor pena que a lei não comina ao delito praticado, respeitando o princípio da legalidade. Nesse contexto, o STJ firmou a orientação de que as condições especiais do regime aberto não podem corresponder a penas restritivas de direitos (súmula nº 493). A vedação decorre da natureza das penas restritivas, que, segundo o art. 44 do CP, são autônomas e visam a substituir a sanção corporal. Em razão, portanto, do caráter substitutivo das penas restritivas, não é possível cumulá-las com a pena privativa de liberdade a ser cumprida em regime aberto, ainda que a título de condição especial para a progressão de regime.

Alternativa "b": para que se reconheça a prática de falta grave, é necessário que o diretor do estabelecimento prisional instaure procedimento administrativo disciplinar, no qual o condenado terá oportunidade de exercer sua defesa (súmula 533 do STJ). Dispensa-se o procedimento, no entanto, se o condenado é submetido diretamente a audiência de justificação com a presença do Ministério Público e do defensor, como têm decidido o STJ (AgRg no HC 442.560/PR, j. 02/03/2021) e o STF: "No sistema de jurisdição una, o procedimento judicial conta com mais e maiores garantias que o procedimento administrativo, razão pela qual o segundo pode ser revisto judicialmente, prevalecendo a decisão judicial sobre a administrativa. Por outro lado, em um sistema congestionado como o da Execução Penal, qualquer atividade redundante ou puramente formal significa desvio de recursos humanos da atividade principal do Juízo, inclusive e notadamente a de assegurar os benefícios legais para que ninguém permaneça no cárcere por período superior à condenação. Desse modo, a apuração de falta grave em procedimento judicial, com as garantias a ele inerentes, perante o juízo da Execução Penal não só é compatível com os princípios do contraditório e da ampla defesa (art. 5º, LIV e LV, da CF) como torna desnecessário o prévio procedimento administrativo, o que atende, por igual, ao princípio da eficiência de que cuida o art. 37 da Constituição Federal" (972.598/RS, j. 04/05/2020).

Alternativa "c": Originalmente, o exame criminológico era considerado obrigatório na execução da pena no regime fechado, e facultativo na pena cumprida no regime semiaberto, em especial quando se tratava de condenação por crime doloso praticado com violência ou grave ameaça à pessoa. Com a Lei 10.792/03, os tribunais superiores firmaram a orientação de que o exame passou a ser facultativo, independentemente do regime de cumprimento de pena, devendo o magistrado fundamentar sua necessidade aquilatando as peculiaridades do caso concreto. Com a entrada em vigor da Lei 14.843/24, o exame criminológico voltou a ser expresso na Lei de Execução Penal (art. 112, § 1º e art. 114, II).

Alternativa "d": a LEP, no art. 45, *caput*, traz a garantia da legalidade para o campo do regime disciplinar prisional, firmando, na execução penal, os princípios da legalidade, da reserva legal e da taxatividade: "Não haverá falta nem sanção disciplinar sem expressa e anterior previsão legal ou regulamentar".

Alternativa "e": de acordo com o art. 112, inc. VIII, da LEP, o condenado reincidente em crime hediondo ou equiparado com resultado morte deve cumprir 70% (setenta por cento) da pena para progredir de regime, vedado o livramento condicional. Trata-se do prazo mais rigoroso previsto na atual redação do art. 112. Para essa espécie de crime, o legislador indisfarçavelmente implementou tratamento diferenciado, deveras rigoroso, não somente dificultando a progressão de regime, como também vedando o benefício do livramento condicional.

Alternativa correta: letra "e".

---

380. (Instituto AOCP – Delegado de Polícia – PC – PA/2021) As sinale a alternativa correta considerando as disposições da Lei de Execução Penal (Lei nº 7.210/1984).

a) O isolamento, a suspensão e a restrição de direitos não poderão exceder a trinta dias, ressalvada a hipótese do regime disciplinar diferenciado.

b) A autoridade administrativa poderá decretar o isolamento preventivo do faltoso pelo prazo de até quinze dias.

c) O mandato dos membros do Conselho Nacional de Política Criminal e Penitenciária terá duração de três anos, renovado um terço a cada ano.

d) Se, intimado pessoalmente ou por edital com prazo de trinta dias, o réu não comparecer injustificadamente à audiência admonitória, a suspensão ficará sem efeito e será executada imediatamente a pena.

e) Os estabelecimentos penais destinados a mulheres serão dotados de berçário, onde as condenadas possam cuidar de seus filhos, inclusive amamentá-los, no mínimo, até dois anos de idade.

COMENTÁRIOS

Alternativa "a": o art. 58 da LEP anuncia que o isolamento, a suspensão e a restrição de direitos não podem exceder a trinta dias, ressalvadas as situações em que o preso é submetido ao regime disciplinar diferenciado, que pode chegar a dois anos (art. 52). Ressalte-se que o prazo legal é o limite, mas as sanções podem ser aplicadas por menos tempo, conforme a necessidade. Embora o art. 58 imponha o máximo de trinta dias, as Regras de Mandela prescrevem que o confinamento solitário deve prolongar-se por no máximo quinze dias consecutivos (preceito 44), havendo, nesse tanto, um indisfarçável conflito entre a nossa legislação e a norma internacional de direitos humanos. Nesses casos, deve prevalecer o documento internacional ratificado pelo Brasil, ingressando no nosso ordenamento com hierarquia superior à lei ordinária.

Alternativa "b": de acordo com o art. 60 da LEP, a autoridade administrativa pode decretar o isolamento preventivo do faltoso pelo prazo de até *dez dias*.

Alternativa "c": como dispõe o art. 63, parágrafo único, da LEP, o mandato dos membros do Conselho terá duração de 2 (dois) anos, renovado 1/3 (um terço) em cada ano. O Conselho Nacional de Política Criminal e Penitenciária é um órgão vinculado ao Ministério da Justiça, com sede em Brasília, e já existia mesmo antes da vigência da LEP (desde 1980). Com o advento da Lei 12.847/13, o Conselho passou a compor, também, o Sistema Nacional de Prevenção e Combate à Tortura (artigo 2º, § 1º).

Alternativa "d": a assertiva trata da suspensão condicional da pena. Segundo o art. 161 da LEP, se, intimado pessoalmente ou por edital com prazo de *vinte dias*, o réu não comparecer injustificadamente à audiência admonitória, a suspensão ficará sem efeito e será executada imediatamente a pena. Note-se que o não comparecimento injustificado à audiência admonitória é causa de *cassação*, e não de revogação do benefício.

Alternativa "e": o art. 83, § 2º, da LEP dispõe que os estabelecimentos penais destinados a mulheres serão dotados de berçário, onde as condenadas possam cuidar de seus filhos, inclusive amamentá-los, no mínimo, até *seis meses* de idade. O dispositivo atende a uma garantia constitucional: "às presidiárias serão asseguradas condições para que possam permanecer com seus filhos durante o período de amamentação" (art. 5º, L). No mesmo sentido, o preceito 29 das Regras de Mandela.

Alternativa correta: letra "a".

---

381. (Fundatec – Delegado de Polícia – PC – RS/2018) A respeito da execução da pena privativa de liberdade, analise as assertivas a seguir, de acordo com a Lei de Execução Penal, a jurisprudência do Supremo Tribunal Federal e a doutrina majoritária, respectivamente.

I. Em relação ao trabalho do preso, é possível afirmar que o trabalho externo é autorizado aos condenados que cumprem pena no regime fechado, desde que em serviços ou obras públicas, que poderão ser realizados por órgãos da administração direta ou indireta, ou entidades privadas, desde que tomadas as medidas contra fuga e em favor da disciplina, ou seja, com escolta.

II. A necessidade de respeito à integridade física e moral do preso fez com que, atualmente, o entendimento jurisprudencial seja pela impossibilidade do uso de algemas, a menos que haja resistência e fundado receio de fuga ou perigo à integridade física do preso, o que não inclui riscos à integridade física de terceiras pessoas, pois, nesse caso, serão cabíveis outras providências.

III. É possível aplicar-se o regime disciplinar diferenciado ao preso provisório ou ao condenado sob o qual recaiam fundadas suspeitas de envolvimento ou participação, a qualquer título, em organização terrorista.

Quais estão corretas?

a) Apenas I.
b) Apenas II.
c) Apenas III.
d) Apenas I e III.
e) I, II e III.

COMENTÁRIOS

Item I: segundo o art. 36 da Lei nº 7.210/84, o trabalho externo será admissível para os presos em regime fechado em serviço ou obras públicas realizadas por órgãos da Administração Direta ou Indireta, ou entidades privadas, desde que tomadas as cautelas contra a fuga e em favor da disciplina.

Item II: a respeito do uso de algemas, temos a súmula vinculante nº 11, segundo a qual só se permite a imobilização do agente "em casos de resistência e de fundado receio de fuga ou de perigo à integridade física própria ou alheia, por parte do preso ou de terceiros, justificada a excepcionalidade por escrito, sob pena de responsabilidade disciplinar, civil e penal do agente ou da autoridade e de nulidade da prisão ou do ato processual a que se refere, sem prejuízo da responsabilidade civil do Estado". Nota-se, pois, que o uso de algemas pode ser fundamentado inclusive no risco à integridade física de terceiros.

Item III: conforme dispõe o art. 52, § 1º, inc. II, da LEP, fica sujeito ao regime disciplinar diferenciado o preso provisório ou o condenado sob o qual recaiam fundadas suspeitas de envolvimento ou participação, a qualquer título, em organizações criminosas. A repressão ao crime organizado é disciplinada na Lei 12.850/13, cujo art. 1º, § 2º, inc. II estabelece que suas disposições se aplicam "às organizações terroristas, entendidas como aquelas voltadas para a prática dos atos de terrorismo legalmente definidos".

Alternativa correta: letra "d".

382. (ACAFE – Delegado de Polícia – SC/2014) De acordo com o Código de Penal e com relação ao cumprimento da pena em regime fechado, analise as afirmações a seguir a assinale a alternativa correta.

I. O condenado fica sujeito a trabalho no período diurno e a isolamento durante o repouso noturno.

II. O trabalho será em comum dentro do estabelecimento, na conformidade das aptidões ou ocupações anteriores do condenado, desde que compatíveis com a execução da pena.

III. O trabalho externo é inadmissível.

IV. O trabalho externo é admissível, desde que o condenado frequente cursos supletivos profissionalizantes, de instrução de segundo grau ou superior.

a) Apenas I, II e III estão corretas.

b) Apenas I e II estão corretas.

c) Apenas II, III e IV estão corretas.

d) Todas as afirmações estão corretas.

e) Todas as afirmações estão incorretas.

COMENTÁRIOS

Item I: o art. 34, § 1º, do Código Penal dispõe que, no regime fechado, o condenado fica sujeito a trabalho no período diurno e a isolamento durante o repouso noturno. A labuta se realiza dentro do próprio estabelecimento prisional e de acordo com as aptidões do reeducando (sempre que possível). A lei admite, em caráter excepcional, o trabalho externo, desde que autorizado pelo juiz ou diretor do estabelecimento, a ser realizado em obras ou serviços públicos. Pressupõe, no entanto, que o condenado tenha demonstrado aptidão, bem como cumprido, pelo menos, um sexto da pena, tomando-se as cautelas contra a fuga e em favor da disciplina (art. 34, § 3º, CP e art. 37 da LEP).

Item II: o art. 34, § 2º, do Código Penal estabelece que o trabalho no regime fechado será em comum dentro do estabelecimento, na conformidade das aptidões ou ocupações anteriores do condenado, desde que compatíveis com a execução da pena.

Item III: é possível o trabalho externo no regime fechado, em serviços ou obras públicas realizadas por órgãos da Administração direta ou indireta, ou entidades privadas, desde que tomadas as cautelas contra a fuga e em favor da disciplina (arts. 34, § 3º, do Código Penal e 36 da Lei nº 7.210/84).

Item IV: para que se defira o trabalho externo do preso em regime fechado, analisa-se a aptidão, a disciplina e a responsabilidade do agente, pressupondo-se o cumprimento mínimo de 1/6 (um sexto) da pena.

Alternativa correta: letra "b".

383. (UEPA – Delegado de Polícia – PA/2013) Dispondo sobre os direitos e garantias fundamentais dos brasileiros e estrangeiros residentes no país, a Constituição de 1988, em seu art. 5°, XLVIII, determina que "a pena será cumprida em estabelecimentos distintos, de acordo com a natureza do delito, a idade e o sexo do apenado". Esta norma garante o princípio:

a) da legalidade, porque não se pode impor ao apenado o cumprimento de pena em estabelecimento que não esteja regulamentado por lei específica.

b) da culpabilidade, porque não se pode impor ao réu uma pena sem a comprovação de sua culpa, por sentença condenatória transitada em julgado.

c) da humanidade, porque evita a imposição de penas proscritas do ordenamento jurídico brasileiro.

d) da individualização da pena, porque impõe ao Estado o dever de classificar os apenados a partir de características pessoais concretas, prevenindo problemas como o da "contaminação carcerária".

e) da pessoalidade ou intranscendência da pena, porque assegura aos familiares do apenado não sofrerem os constrangimentos do cárcere.

COMENTÁRIOS

Alternativa "a": em vários dispositivos da Lei nº 7.210/84 a legalidade é anunciada. No art. 2º, por exemplo, "A jurisdição penal dos Juízes ou Tribunais da Justiça ordinária, em todo o Território Nacional, será exercida, no processo de execução, na conformidade desta Lei e do Código de Processo Penal". O art. 3º, por sua vez: "Ao condenado e ao internado serão assegurados todos os direitos não atingidos pela sentença ou pela lei". A distinção entre estabelecimentos prisionais de acordo com a as características do apenado e do delito por ele cometido, contudo, não se baseia na legalidade, mas na individualização da pena.

Alternativa "b": a culpabilidade que fundamenta a aplicação da pena em nada se relaciona com o estabelecimento em que a reprimenda, uma vez estabelecida, será cumprida.

Alternativa "c": o princípio da humanidade, de fato, fundamenta a proibição de determinadas penas como a de morte, a de caráter perpétuo, a de trabalhos forçados, a de banimento e as cruéis. Isto, no entanto, não guarda ligação com a colocação do preso em estabelecimento adequado.

Alternativa "d": além da disposição constitucional, o art. 5º da Lei nº 7.210/84 estabelece que "Os condenados serão classificados, segundo os seus antecedentes e personalidade, para orientar a individualização da execução penal" (art. 5º da LEP). Em síntese, a pena será individualizada conforme a personalidade e antecedentes do agente, bem como o tipo de delito por ele praticado (item 26 da Exposição de Motivos da LEP).

Alternativa "e": a intranscendência da pena não exibe ligação nenhuma com o estabelecimento em que se dará o seu cumprimento.

Alternativa correta: letra "d".

81.8. CRIMES RESULTANTES DE PRECONCEITO DE RAÇA OU DE COR

384. (Cespe - Delegado de Polícia - PC - PB/2022) No que concerne às disposições estabelecidas na Lei n.° 7.716/1989 e decisões do STF acerca dos crimes nela previstos, assinale a opção correta.

a) Em decorrência de vedação constitucional, não será concedida liberdade provisória aos presos em flagrante por prática de racismo, com ou sem fiança.

b) Admite-se a substituição da pena privativa de liberdade por restritivas de direitos, se preenchidos os requisitos do Código Penal.

c) Se os crimes previstos nesse dispositivo legal forem praticados por servidor público no exercício de suas funções, a perda do cargo é efeito automático da condenação.

d) O crime de racismo é imprescritível e punido com reclusão, devendo as condenações decorrentes de sua prática ser cumpridas em regime inicialmente fechado.

e) O conceito de racismo, segundo os tribunais superiores, não engloba condutas homofóbicas, dada a inexistência de previsão legal nesse sentido.

COMENTÁRIOS

Alternativa "a": a Constituição Federal dispõe que "a prática do racismo constitui crime inafiançável e imprescritível, sujeito à pena de reclusão, nos termos da lei". Não há, portanto, vedação à liberdade provisória.

Alternativa "b": efetivamente, uma vez preenchidos os requisitos do Código Penal, é possível a substituição da pena privativa de liberdade por restritiva de direitos nos crimes de racismo.

Alternativa "c": o art. 18 da Lei 7.716/89 dispõe que a perda do cargo não é um efeito automático da condenação; deve ser motivadamente declarado na sentença.

Alternativa "d": os crimes tipificados na Lei 7.716/89 são, de fato, apenados com reclusão. Mas não é obrigatório o cumprimento da pena em regime inicial fechado.

Alternativa "e": no julgamento da ADO 26, o STF decidiu que condutas homofóbicas e transfóbicas ajustam-se, por identidade de razão e mediante adequação típica, aos preceitos primários de incriminação definidos na Lei 7.716/89. O tribunal também decidiu que atos ofensivos à honra praticados nesse contexto podem ser enquadrados como injúria racial (STF. Plenário. MI-ED 4.733/DF, j. 22/08/2023)

Alternativa correta: letra "b".

385. (UFPR - Delegado de Polícia - PC - PR/2021) Sobre a possibilidade de incidência da Lei n° 7.716/1989 às condutas homofóbicas ou transfóbicas, de acordo com o entendimento atual do STF, firmado no julgamento da Ação Direta de inconstitucionalidade por Omissão (ADO) n° 26, considere as seguintes afirmativas:

1. Até que o Congresso Nacional edite lei específica, as condutas homofóbicas e transfóbicas, reais ou supostas, se enquadram nos crimes previstos na Lei n° 7.716/1989.

2. O exercício da liberdade religiosa pode caracterizar a prática de homotransfobia caso venha a configurar discurso de ódio.

3. O conceito de racismo ultrapassa aspectos estritamente biológicos ou fenotípicos e alcança comportamentos de negação da dignidade e da humanidade daqueles que integram os grupos vulneráveis vítimas da homotransfobia.

4. É típica a conduta de quem, por homofobia ou transfobia, recusa ou impede acesso a estabelecimento comercial, negando-se a servir, atender ou receber cliente ou comprador.

Assinale a alternativa correta.

a) Somente a afirmativa 1 é verdadeira.

b) Somente as afirmativas 2 e 3 são verdadeiras.

c) Somente as afirmativas 2 e 4 são verdadeiras.

d) Somente as afirmativas 1, 3 e 4 são verdadeiras.

e) As afirmativas 1, 2, 3 e 4 são verdadeiras.

COMENTÁRIOS

Em 2019, o Supremo Tribunal Federal julgou a Ação Direta de Inconstitucionalidade por Omissão (ADO) 26, na qual se pretendia o reconhecimento da omissão do Congresso Nacional na criminalização de atos de discriminação contra homossexuais e transexuais. Além disso, baseando-se no princípio da proporcionalidade, especificamente no aspecto que veda a proteção deficiente, pedia-se que tais atos fossem inseridos "no conceito ontológico-constitucional de racismo". Por maioria, o tribunal julgou procedente a ação e firmou a seguinte tese, que se refere aos três primeiros itens do enunciado: "1. Até que sobrevenha lei emanada do Congresso Nacional destinada a implementar os mandados de criminalização definidos nos incisos XLI e XLII do art. 5º da Constituição da República, as condutas homofóbicas e transfóbicas, reais ou supostas, que envolvem aversão odiosa à orientação sexual ou à identidade de gênero de alguém, por traduzirem expressões de racismo, compreendido este em sua dimensão social, ajustam-se, por identidade de razão e mediante adequação típica, aos preceitos primários de incriminação definidos na Lei nº 7.716, de 08.01.1989, constituindo, também, na hipótese de homicídio doloso, circunstância que o qualifica, por configurar motivo torpe (Código Penal, art. 121, § 2º, I, "in fine"); 2. A repressão penal à prática da homotransfobia não alcança nem restringe ou limita o exercício da liberdade religiosa, qualquer que seja a denominação confessional professada, a cujos fiéis e ministros (sacerdotes, pastores, rabinos, mulás ou clérigos muçulmanos e líderes ou celebrantes das religiões afro-brasileiras, entre outros) é assegurado o direito de pregar e de divulgar, livremente, pela palavra, pela imagem ou por qualquer outro meio, o seu pensamento e de externar suas convicções de acordo com o que se contiver em seus livros e códigos sagrados, bem assim o de ensinar segundo sua orientação doutrinária e/ou teológica, podendo buscar e conquistar prosélitos e praticar os atos de culto e respectiva liturgia, independentemente do espaço, público ou privado, de sua atuação individual ou coletiva, desde que tais manifestações não configurem discurso de ódio, assim entendidas aquelas exteriorizações que incitem a discriminação, a hostilidade ou a violência contra pessoas em razão de sua orientação sexual ou de sua identidade de gênero; 3. O conceito de racismo, compreendido em sua dimensão social, projeta-se para além de aspectos estritamente biológicos ou fenotípicos, pois resulta, enquanto manifestação de poder, de uma construção de índole histórico-cultural motivada pelo objetivo de justificar a desigualdade e destinada ao controle ideológico, à dominação política, à subjugação social e à negação da alteridade, da dignidade e da humanidade daqueles que, por integrarem grupo vulnerável (LGBTI+) e por não pertencerem ao estamento que detém posição de hegemonia em uma dada estrutura social, são considerados estranhos e diferentes, degradados à condição de marginais do ordenamento jurídico, expostos, em consequência de odiosa inferiorização e de perversa estigmatização, a uma injusta e lesiva situação de exclusão do sistema geral de proteção do direito".

No que tange ao item 4, tendo em vista que, como se extrai da tese acima transcrita, o STF determinou a aplicação da Lei 7.716/89, o ato de recusar ou impedir o acesso de homossexuais ou transexuais a estabelecimento comercial, negando-se a servir, atender ou receber cliente ou comprador tipifica o crime do art. 5º, punido com reclusão de um a três anos.

Alternativa correta: letra "e".

---

386. (Cespe – Delegado de Polícia – GO/2017) Uma jovem de vinte e um anos de idade, moradora da região Sudeste, inconformada com o resultado das eleições presidenciais de 2014, proferiu, em redes sociais na Internet, diversas ofensas contra nordestinos. Alertada de que estava cometendo um crime, a jovem apagou as mensagens e desculpou-se, tendo afirmado estar arrependida. Suas mensagens, porém, têm sido veiculadas por um sítio eletrônico que promove discurso de ódio contra nordestinos.

No que se refere à situação hipotética precedente, assinale a opção correta, com base no disposto na Lei n.º 7.716/1989, que define os crimes resultantes de preconceito de raça e cor.

a) Independentemente de autorização judicial, a autoridade policial poderá determinar a interdição das mensagens ou do sítio eletrônico que as veicula.

b) Configura-se o concurso de pessoas nessa situação, visto que o material produzido pela jovem foi utilizado por outra pessoa no sítio eletrônico mencionado.

c) O crime praticado pela jovem não se confunde com o de injúria racial.

d) Como se arrependeu e apagou as mensagens, a jovem não responderá por nenhum crime.

e) A conduta da jovem não configura crime tipificado na Lei n.º 7.716/1989.

COMENTÁRIOS

Alternativa "a": se o crime do art. 20 é cometido por intermédio dos meios de comunicação social ou publicação de qualquer natureza, o juiz – não a autoridade policial – poderá determinar a interdição das respectivas mensagens ou páginas de informação na rede mundial de computadores.

Alternativa "b": não há concurso de pessoas neste caso, pois, a partir do momento em que a jovem praticou a discriminação, seu crime consumou-se. Se, posteriormente, alguém decidiu publicar, em outros locais, as mensagens produzidas por ela, pretendendo com isso replicar a discriminação, há outro crime, cometido pelo responsável pela nova publicação.

Alternativa "c" (responde, também, a alternativa "e"): o crime a que se refere o enunciado é o tipificado no art. 20 da Lei 7.716/89, consistente em praticar, induzir ou incitar a discriminação ou preconceito de raça, cor, etnia, religião ou procedência nacional. Segundo Guilherme de Souza Nucci, "é preciso considerar que o art. 20 da Lei 7.716/89 diz respeito à ofensa a um grupo de pessoas e não somente a um indivíduo, enquanto o art. 140, § 3º, do CP, ao contrário, refere-se a uma pessoa, embora valendo-se de instrumentos relacionados a um grupo de pessoas" (Leis Penais e Processuais Penais Comentada - Vol. 2, 2017, p. 961). Atualmente, a injúria racial não é uma qualificadora do art. 140, mas um crime autônomo tipificado no art. 2º-A da Lei 7.716/89. Não obstante, a mesma distinção permanece entre essa conduta e aquelas tipificadas no art. 20 da Lei 7.716/89.

Alternativa "d": o fato de a autora ter se arrependido e apagado as mensagens não afasta o crime já consumado.

Alternativa correta: letra "c".

---

387. (Cespe – Delegado de Polícia – PE/2016) Da sentença penal se extraem diversas consequências jurídicas e, quando for condenatória, emergem-se os efeitos penais e extrapenais. Acerca dos efeitos da condenação penal, assinale a opção correta.

a) A licença de localização e de funcionamento de estabelecimento onde se verifique prática de exploração sexual de pessoa vulnerável, em caso de o proprietário ter sido condenado por esse crime, não será cassada, dada a ausência de previsão legal desse efeito da condenação penal.

b) A condenação por crime de racismo cometido por proprietário de estabelecimento comercial sujeita o condenado à suspensão do funcionamento de seu estabelecimento, pelo prazo de até três meses, devendo esse efeito ser motivadamente declarado na sentença penal condenatória.

c) Segundo o CP, constitui efeito automático da condenação a perda de cargo público, quando aplicada pena privativa de liberdade por tempo igual ou superior a um ano, nos crimes praticados com abuso de poder ou violação de dever para com a administração pública.

d) A condenação por crime de tortura acarretará a perda do cargo público e a interdição temporária para o seu exercício pelo dobro do prazo da pena aplicada, desde que fundamentada na sentença condenatória, não sendo efeito automático da condenação.

e) A condenação penal pelo crime de maus-tratos, com pena de detenção de dois meses a um ano ou multa, ocasiona a incapacidade para o exercício do poder familiar, quando cometido pelo pai contra filho, devendo ser motivado na sentença condenatória, por não ser efeito automático.

COMENTÁRIOS

Alternativa "a": o art. 218-B, § 2º, inciso II, do CP pune, com as mesmas penas do *caput*, o proprietário, o gerente ou o responsável pelo local em que alguém submeter, induzir ou atrair à prostituição ou outra forma de exploração sexual alguém menor de dezoito anos ou que, por enfermidade ou deficiência mental, não tem o necessário discernimento para a prática do ato, facilitá-la, impedir ou dificultar que a abandone. Neste caso, é efeito obrigatório da condenação a cassação da licença de localização e de funcionamento do estabelecimento.

Alternativa "b": a Lei nº 7.716/89 define diversos crimes resultantes do preconceito de raça ou de cor. Como efeito da condenação, o art. 16 estabelece a perda do cargo ou função pública, para o servidor público, e a suspensão do funcionamento do estabelecimento particular por prazo não superior a três meses, desde que – nos termos do art. 18 – devidamente motivados na sentença.

Alternativa "c": a perda de cargo público é efeito da condenação quando aplicada pena privativa de liberdade por tempo igual ou superior a um ano nos crimes praticados com abuso de poder ou violação de dever para com a administração pública (art. 92, inciso I, *a*, do CP). Não se trata, no entanto, de efeito automático, pois, por expressa disposição do art. 92, parágrafo único, do CP, deve o juiz fundamentar sua incidência.

Alternativa "d": no art. 1º, § 5º, da Lei nº 9.455/97, temos, como efeito administrativo da condenação, a perda obrigatória do cargo, função ou emprego público e ainda na interdição (também obrigatória) para o seu exercício pelo dobro do prazo da pena aplicada. Diferentemente do que ocorre no art. 92 do Código Penal, aqui os efeitos são automáticos, não sendo necessário que conste da sentença.

Alternativa "e": o art. 92, inciso II, do CP estabelece como efeito da condenação a incapacidade para o exercício do poder familiar, da tutela ou da curatela nos crimes dolosos sujeitos à pena de reclusão cometidos contra outrem igualmente titular do mesmo poder familiar, contra filho, filha ou outro descendente ou contra tutelado ou curatelado. No caso do crime de maus-tratos, a forma básica do *caput* é punida com detenção, razão pela qual a condenação não acarreta o mencionado efeito.

Alternativa correta: letra "b".

81.9. CONTRAVENÇÕES PENAIS

388. (Cespe - Delegado de Polícia - PE/2016) O brasileiro nato, maior e capaz, que praticar vias de fato contra outro brasileiro nato

a) será considerado reincidente, caso tenha sido condenado, em território estrangeiro, por contravenção penal.

b) poderá ser condenado a penas de reclusão, de detenção e de multa.

c) responderá por contravenção penal no Brasil, ainda que a conduta tenha sido praticada em território estrangeiro.

d) responderá por contravenção, na forma tentada, se tiver deixado de praticar o ato por circunstâncias alheias a sua vontade.

e) responderá por contravenção penal e, nesse caso, a ação penal é pública incondicionada.

COMENTÁRIOS

Alternativa "a": de acordo com o disposto no art. 7º do Decreto-lei nº 3.688/41, há reincidência quando o agente pratica uma contravenção depois de passar em julgado a sentença que o tenha condenado, no Brasil ou no estrangeiro, por qualquer crime, ou, no Brasil, por motivo de contravenção. Logo, não será reincidente no Brasil quem tenha sido condenado por contravenção penal no estrangeiro.

Alternativa "b": não se aplica, pelo cometimento de contravenção penal, pena de reclusão ou de detenção. O art. 5º do Decreto-lei nº 3.688/41 contempla as penas de prisão simples e de multa.

Alternativa "c": está errada a assertiva porque nos termos do art. 2º do Decreto-lei nº 3.688/41 a lei brasileira só é aplicável à contravenção praticada no território nacional.

Alternativa "d": embora em tese seja possível ao agente tentar cometer a contravenção penal de vias de fato, dispõe o art. 4º do Decreto-lei nº 3.688/41 que a tentativa é impunível.

Alternativa "e": o art. 17 do Decreto-lei nº 3.688/41 dispõe que nas contravenções penais a ação penal é pública, devendo a autoridade proceder de ofício. Há, todavia, certa discussão a respeito da ação penal na contravenção de vias de fato, sustentando alguns que a regra estabelecida para a lesão corporal de natureza leve (condicionada a representação) lhe deve ser estendida. O STF, porém, já decidiu em sentido contrário (HC 86.058/RJ, DJ 09/02/2007). Como também o STJ, num caso de violência doméstica e familiar contra a mulher: "A Lei de Contravenções Penais (Decreto Lei nº 3.688/41) continua em pleno vigor e nela há expressa previsão legal de que a ação penal é pública incondicionada, conforme disciplina o seu artigo 17" (HC 302.387/RS, DJe 01/08/2016).

Alternativa correta: letra "e".

389. (FUNIVERSA – Delegado de Polícia – DF/2015) No que se refere às leis penais especiais, assinale a alternativa correta.

a) Os crimes definidos na lei de licitações podem sujeitar os seus autores, quando servidores públicos, às sanções penais e à perda do cargo, do emprego, da função ou do mandato eletivo, mas, apenas, se os delitos, de fato, se consumarem.

b) A prática rotineira de jornais e programas televisivos transmitirem trechos de conversas telefônicas interceptadas por autoridade policial, conduta, que, em regra, atrapalha as investigações policiais, deve-se especialmente ao fato de a lei de regência não ter previsto como crime o ato de realizar interceptação de comunicações telefônicas sem autorização judicial.

c) Configura contravenção penal a retenção de documento de identificação pessoal, ainda que apresentado por meio de fotocópia autenticada.

d) A chamada propaganda enganosa, ou seja, a afirmação falsa ou enganosa sobre natureza, característica ou qualidade de produto ou serviço nas relações de consumo, pode gerar indenização por danos morais, mas não constitui infração penal.

e) O Estatuto do Índio, ao preceituar sobre as disposições penais, trata de diversas situações de crimes praticados contra os índios, mas não dispõe sobre qualquer benesse em caso de crime praticado por índio.

COMENTÁRIOS

Alternativa "a": havia na Lei 8.666/93 disposição expressa, no art. 83, de que os crimes nela definidos, *ainda que simplesmente tentados*, sujeitavam os seus autores, quando servidores públicos, além das sanções penais, à perda do cargo, emprego, função ou mandato eletivo. A nova Lei de Licitações transferiu toda a disciplina dos crimes licitatórios para o Código Penal, que não contém regra específica semelhante, aplicando-se, no que concerne aos efeitos da condenação, as disposições dos arts. 91 a 92.

Alternativa "b": a Lei nº 9.296/96, que trata da interceptação de comunicações telefônicas, tipifica a conduta de efetuar interceptação sem autorização judicial. O crime está no art. 10 da Lei e é punido com reclusão de dois a quatro anos, e multa.

Alternativa "c": nos termos do art. 1º da Lei nº 5.553/68, não é permitido a nenhuma pessoa física, bem como a nenhuma pessoa jurídica, de direito público ou de direito privado, reter qualquer documento de identificação pessoal, ainda que apresentado por fotocópia autenticada. Para assegurar o cumprimento dessa regra, o art. 3º dispõe constituir contravenção penal, punível com pena de prisão simples de um a três meses ou multa, a retenção de qualquer documento a que se refere o art. 1º

Alternativa "d": o art. 67 da Lei nº 8.078/90 pune com detenção de três meses a um ano, e multa, as condutas de fazer ou promover publicidade que sabe ou deveria saber ser enganosa ou abusiva.

Alternativa "e": o art. 56 da Lei nº 6.001/73 estabelece que no caso de condenação de índio por infração penal, a pena deverá ser atenuada e na sua aplicação o juiz atenderá também ao grau de integração do silvícola. Além disso, o parágrafo único dispõe que as penas de reclusão e de detenção serão cumpridas, se possível, em regime especial de semiliberdade, no local de funcionamento do órgão federal de assistência aos índios mais próximos da habitação do condenado.

Alternativa correta: letra "c".

81.10. ESTATUTO DA CRIANÇA E DO ADOLESCENTE

390. (FGV – Delegado de Polícia – PC – AM/2022) Dentre os delitos de posse, é possível sua divisão em grupos determinados. Assinale a opção que corresponde à infração penal em casos em que o autor possui objetos precedentes da comissão de um delito.

a) Possuir material de pornografia infantil.

b) Posse de arma de fogo de uso permitido.

c) Porte de arma de fogo de uso proibido.

d) Possuir programa de computador para fraude.

e) Possuir chaves falsas ou alteradas para prática de furto.

COMENTÁRIOS

Alternativa "a": o art. 241-B da Lei 8.069/90 tipifica as condutas de adquirir, possuir ou armazenar, por qualquer meio, fotografia, vídeo ou outra forma de registro que contenha cena de sexo explícito ou pornográfica envolvendo criança ou adolescente. O material que o agente possui, nesse caso, provém necessariamente do cometimento de um crime, pois os atos antecedentes de produzir, dirigir, fotografar, filmar ou registrar cena de sexo explícito ou pornográfica envolvendo criança ou adolescente são em si criminosos (art. 240 da Lei 8.069/90).

Alternativa "b" (responde, também, a alternativa "c"): nos crimes envolvendo posse e porte de arma de fogo, a arma não necessariamente provém de um crime.

Alternativa "d": da mesma forma, o *software* utilizado para cometer fraudes não é obrigatoriamente criminoso.

Alternativa "e": o art. 24 do Decreto-lei 3.688/41 pune as condutas de fabricar, ceder ou vender gazua ou instrumento empregado usualmente na prática de crime de furto. A posse de instrumentos dessa natureza também é considerada contravenção penal (art. 25), desde que o autor já tenha sido condenado por furto ou roubo ou seja conhecido como vadio ou mendigo. A contravenção do art. 25, no entanto, foi julgada inconstitucional pelo STF (RE 583.523/RS, j. 03/10/2013).

Alternativa correta: letra "a".

---

391. (Instituto AOCP - Delegado de Polícia - PC - PA/2021) Em relação ao Estatuto da Criança e do Adolescente (Lei n° 8.069/1990), assinale a alternativa correta.

a) É obrigatória a aplicação a todas as crianças, nos seus primeiros vinte e quatro meses de vida, de protocolo ou outro instrumento construído com a finalidade de facilitar a detecção, em consulta pediátrica de acompanhamento da criança, de risco para o seu desenvolvimento psíquico.

b) A permanência da criança e do adolescente em programa de acolhimento institucional não se prolongará por mais de doze meses, salvo comprovada necessidade que atenda ao seu superior interesse, devidamente fundamentada pela autoridade judiciária.

c) A prestação de serviços comunitários consiste na realização de tarefas gratuitas de interesse geral, por período não excedente a seis meses, junto a entidades assistenciais, hospitais, escolas e outros estabelecimentos congêneres, bem como em programas comunitários ou governamentais.

d) A liberdade assistida será fixada pelo prazo mínimo de doze meses, podendo a qualquer tempo, ser prorrogada, revogada ou substituída por outra medida, ouvido o orientador, o Ministério Público e o defensor.

e) O adotante há de ser, pelo menos, doze anos mais velho do que o adotando.

COMENTÁRIOS

Alternativa "a": entre os dispositivos que tutelam os direitos fundamentais da criança e do adolescente, o art. 14, § 5º, da Lei 8.069/90 dispõe que é obrigatória a aplicação a todas as crianças, nos seus primeiros *dezoito meses* de vida, de protocolo ou outro instrumento construído com a finalidade de facilitar a detecção, em consulta pediátrica de acompanhamento da criança, de risco para o seu desenvolvimento psíquico. Esse dispositivo foi inserido no ECA pela Lei 13.438/17 e instituiu um procedimento que já vinha sendo tomado em vários lugares do país por meio de um protocolo denominado IRDI (Indicadores Clínicos de Risco para o Desenvolvimento Infantil).

Alternativa "b": de acordo com o art. 19, § 2º, do ECA, a permanência da criança e do adolescente em programa de acolhimento institucional não se prolongará por mais de *dezoito meses*, salvo comprovada necessidade que atenda ao seu superior interesse, devidamente fundamentada pela autoridade judiciária. O acolhimento institucional (art. 101, inc. VII) consiste na permanência da criança ou do adolescente em uma entidade de atendimento, governamental ou não. Somente o juiz da Vara da Infância e da Juventude pode determinar o encaminhamento de crianças e adolescentes à unidade de acolhimento. É obrigatório o acompanhamento individualizado do caso, inclusive com manutenção de cadastros de crianças e adolescentes acolhidos, com informações sobre a situação jurídica de cada um dos menores e sobre as providências adotadas para promover a reintegração familiar, ou, se não for possível, a colocação em família substituta.

Alternativa "c": a prestação de serviços à comunidade é uma das medidas socioeducativas que podem ser impostas a adolescentes autores de atos infracionais. Segundo o art. 117 do ECA, consiste na realização de tarefas gratuitas de interesse geral, por período não excedente a seis meses, junto a entidades assistenciais, hospitais, escolas e outros estabelecimentos congêneres, bem como em programas comunitários ou governamentais. Sua principal finalidade é despertar no adolescente o seu papel na sociedade (titular de direitos e sujeito a obrigações).

Alternativa "d": de acordo com o disposto no art. 118, § 2º, do ECA, a liberdade assistida será fixada pelo prazo mínimo de *seis meses*.

Alternativa "e": o adotante – obrigatoriamente maior de dezoito anos – deve ser, pelo menos, dezesseis anos mais velho do que o adotando (art. 42, *caput* e § 3º).

Alternativa correta: letra "c".

---

392. (Vunesp - Delegado de Polícia - PC - BA/2018) Caio, a dois dias de completar 18 anos, portando uma faca, abordou Tícia e, mediante ameaça de morte, exigiu a entrega do celular. O roubo somente não se consumou, em razão da intervenção de Semprônia, policial à paisana, que monitorava o local. Dado o flagrante, o menor foi encaminhado à Autoridade Policial, que lavrou o Auto de Apreensão. Em vista da gravidade do ato infracional praticado, mesmo comparecendo a mãe na Delegacia, Caio não foi liberado. Tendo a apreensão se realizado na quinta-feira, Caio somente foi encaminhado ao Ministério Público na segunda-feira, quando já atingira a maioridade. O Ministério Público, após ouvir Caio, decidiu pela concessão da remissão, mediante a imediata inserção em regime de semiliberdade. Homologada a proposta pelo Juiz, Caio imediatamente iniciou a medida socioeducativa determinada. Diante da situação hipotética e, tendo em conta o Estatuto da Criança e do Adolescente, assinale a alternativa correta.

a) Dado que o ato infracional praticado por Caio envolveu violência e grave ameaça, o instituto da remissão a ele não se aplicaria, em vista da vedação legal.
b) A despeito de ser aplicável o instituto da remissão, Caio não poderia ser inserido em regime de semiliberdade, em vista da vedação legal de aplicação imediata de pena privativa de liberdade.
c) Ainda que praticado o fato enquanto menor, tendo atingido a maioridade, Caio não mais se sujeitaria à legislação especial.
d) A Autoridade Policial, ao deixar de encaminhar Caio ao Ministério Público no tempo devido, em tese, praticou o crime previsto no artigo 231, do ECA (deixar de comunicar a apreensão do adolescente à autoridade judicial), processável por ação penal pública condicionada.
e) A remissão implica o reconhecimento de responsabilidade e prevalece para efeito de antecedentes.

COMENTÁRIOS

Alternativa "a": a disciplina legal da remissão no ECA (arts. 126 a 128) não impede sua concessão nos atos infracionais cometidos com violência ou ameaça, embora devam ser observados as circunstâncias e consequências do fato, o contexto social, bem como a personalidade do adolescente e sua maior ou menor participação no ato infracional. Assim, ainda que não se impeça *a priori* a remissão, o caso concreto pode indicar sua inadequação.

Alternativa "b": o art. 127 do ECA é expresso ao dispor que a remissão pode incluir a aplicação de qualquer das medidas previstas em lei, exceto a colocação em regime de semiliberdade e a internação.

Alternativa "c": de acordo com o art. 2º, parágrafo único, do ECA, nos casos expressos em lei as disposições do Estatuto se aplicam às pessoas entre dezoito e vinte e um anos de idade. Se, por exemplo, alguém comete um ato infracional violento dias antes de completar dezoito anos, a medida socioeducativa de internação pode durar até três anos, adentrando, portanto, no período de maioridade. A este respeito, o STJ editou a súmula 605: *"A superveniência da maioridade penal não interfere na apuração de ato infracional nem na aplicabilidade de medida socioeducativa em curso, inclusive na liberdade assistida, enquanto não atingida a idade de 21 anos"*.

Alternativa "d": inicialmente, destaque-se que todos os crimes tipificados no ECA são de ação penal pública incondicionada (art. 127). Além disso, a conduta do delegado se subsume ao art. 230, parágrafo único, do ECA, que pune aquele que procede à apreensão sem observância das formalidades legais. O art. 231 tipifica a conduta de deixar a autoridade policial responsável pela apreensão de criança ou adolescente de fazer imediata comunicação à autoridade judiciária competente e à família do apreendido ou à pessoa por ele indicada. No caso, infere-se que a família foi comunicada, tanto que a mãe do menor acompanhou a apreensão. O enunciado não deixa claro que a autoridade judiciária deixou de ser imediatamente comunicada, mas apenas que a apresentação do menor ao Ministério Público não foi feita no momento adequado. Esta irregularidade infringe o disposto no art. 175, segundo o qual "Em caso de não liberação, a autoridade policial encaminhará, desde logo, o adolescente ao representante do Ministério Público, juntamente com cópia do auto de apreensão ou boletim de ocorrência". Diante disso, conclui-se que a apreensão não seguiu as formalidades legais.

Alternativa "e": o art. 127 do ECA é expresso ao dispor que a remissão não implica necessariamente o reconhecimento ou comprovação da responsabilidade, nem prevalece para efeito de antecedentes.

Alternativa correta: letra "b".

---

393. (Cespe – Delegado de Polícia – GO/2017) Com base no disposto no ECA, assinale a opção correta.

a) Cabe à autoridade judiciária ou policial competente a aplicação das medidas específicas de proteção relacionadas no ECA, mediante prévia notificação do conselho tutelar.
b) É cabível a aplicação de medida socioeducativa de internação ao penalmente imputável com idade entre dezoito e vinte e um anos e que era menor à época da prática do ato infracional.
c) Não há prazo mínimo para o cumprimento da liberdade assistida fixada pelo ECA, sendo o limite fixado de acordo com a gravidade do ato infracional e as circunstâncias de vida do adolescente.
d) O crime de corrupção de menores se consuma quando o infrator pratica infração penal com o menor ou o induz a praticá-la, sendo imprescindível, para sua configuração, a prova da efetiva corrupção do menor.
e) O ECA prevê expressamente os prazos de prescrição das medidas socioeducativas.

COMENTÁRIOS

Alternativa "a": a autoridade policial não aplica as medidas específicas de proteção (art. 101 do ECA), determinadas pela autoridade judiciária e, em alguns casos, pelo Conselho Tutelar.

Alternativa "b": a regra é de que as disposições do ECA sejam aplicadas até que a pessoa complete dezoito anos de idade. Há situações, no entanto, em que o ato infracional é praticado antes dos dezoito anos, mas a decisão é proferida quando o agente já completou a maioridade. Nesses casos, é possível a aplicação excepcional do ECA até a idade de vinte e um anos.

Alternativa "c": nos termos do art. 118, § 2º, do ECA, a liberdade assistida será determinada pelo prazo mínimo de seis meses.

Alternativa "d": o crime de corrupção de menores é formal, ou seja, é suficiente, para a consumação, que o menor pratique (ou seja induzido a praticar) infração penal, dispensando a prova da subsequente corrupção (súmula 500 do STJ).

Alternativa "e": o ECA não dispõe sobre o prazo prescricional das medidas socioeducativas. Convencionou-se, no entanto, como dispõe a súmula 338 do STJ, que a prescrição é aplicável.

Alternativa correta: letra "b".

---

394. (ACAFE – Delegado de Polícia – SC/2014) Analise as afirmações a seguir, identifique as que podem ser consideradas práticas de crime contra a criança e assinale a alternativa correta.

I. Deixar a autoridade policial responsável pela sua apreensão de fazer imediata comunicação à autoridade judiciária competente e à família do apreendido ou à pessoa por ele indicada.

II. Recusar fornecer autorização para viajar dentro do país, quando a criança viajar acompanhada apenas por um dos genitores.

III. Subtrair criança ou adolescente ao poder de quem o tem sob sua guarda em virtude de lei ou ordem judicial, com o fim de colocação em lar substituto.

IV. Vender, fornecer, ainda que gratuitamente, ministrar ou entregar, de qualquer forma, à criança ou adolescente, sem justa causa, produtos cujos componentes possam causar dependência física ou psíquica, ainda que por utilização indevida.

a) Todas as afirmações estão corretas.
b) Apenas I, II e III estão corretas.
c) Apenas III e IV estão corretas.
d) Apenas II e IV estão corretas.
e) Apenas I, III e IV estão corretas.

COMENTÁRIOS

Item I: é crime, punido com detenção de seis meses a dois anos, deixar a autoridade policial responsável pela apreensão de criança ou adolescente de fazer imediata comunicação à autoridade judiciária competente e à família do apreendido ou à pessoa por ele indicada (art. 231 da Lei nº 8.069/90). Tratando-se de crime próprio, somente a autoridade policial poderá praticá-lo. Entende-se como tal o delegado de polícia incumbido de lavrar o auto de apreensão, excluídos outros agentes policiais, como investigadores ou policiais militares, já que não são eles os responsáveis pela formalização da apreensão e, portanto, pelo comunicado à autoridade judiciária. Note-se que não há modalidade culposa, de maneira que, havendo a omissão negligente da autoridade policial, o fato será atípico, não obstante possa haver responsabilidade administrativa.

Item II: não existe, na Lei nº 8.069/90, nenhuma conduta relativa à recusa de fornecer autorização de viagem.

Item III: está correta a assertiva. O art. 237 da Lei nº 8.069/90 pune, com reclusão de dois a seis anos, e multa, a conduta de subtrair criança ou adolescente ao poder de quem o tem sob sua guarda em virtude de lei ou ordem judicial, com o fim de colocação em lar substituto. A subtração, como se nota, pode ocorrer tanto na hipótese em que a guarda é estabelecida em virtude de lei (no caso dos pais, por exemplo) ou de ordem judicial (no caso de suspensão do poder familiar). Dessa forma, a depender da situação jurídica que sustenta a guarda, até mesmo os pais destituídos do poder familiar podem praticar o crime. O tipo subjetivo é o dolo, consistente na vontade consciente de praticar a conduta nuclear típica, acrescido da especial finalidade de colocar a criança ou o adolescente na companhia de outra família. A finalidade especial que anima o agente diferencia este crime daquele previsto no art. 249 do CP.

Item IV: a assertiva pode ser considerada correta se comparada com a redação original do art. 243 da Lei nº 8.069/90. No entanto, este dispositivo sofreu alteração promovida pela Lei nº 13.106/15. Desde então, pune-se, com detenção de dois a quatro anos, e multa, vender, fornecer, servir, ministrar ou entregar, ainda que gratuitamente, de qualquer forma, a criança ou a adolescente, bebida alcoólica ou, sem justa causa, outros produtos cujos componentes possam causar dependência física ou psíquica. Antes da Lei nº 13.106/15, o art. 243 do ECA punia: "Vender, fornecer ainda que gratuitamente, ministrar ou entregar, de qualquer forma, a criança ou adolescente, sem justa causa, produtos cujos componentes possam causar dependência física ou psíquica, ainda que por utilização indevida". Agora, com a nova Lei, o mesmo artigo pune vender, fornecer, servir, ministrar ou entregar, ainda que gratuitamente, de qualquer forma, a criança ou a adolescente, bebida alcóolica. Além disso, o dispositivo pune, como já fazia antes da alteração, as mesmas condutas que, sem justa causa, envolvam outros produtos cujos componentes possam causar dependência física ou psíquica. A alteração é pertinente porque, diante da redação anterior, o STJ vinha considerando que a conduta de fornecer de alguma forma bebida alcoólica a crianças ou adolescentes não se subsumia ao crime do ECA. Em interpretação sistemática com o art. 81 do ECA, que diferencia, em seus incisos, as bebidas alcoólicas dos produtos cujos componentes possam causar dependência física ou psíquica, a conclusão possível era pela aplicação estrita do princípio da legalidade para excluir esta conduta do âmbito do tipo do art. 243 e subsumi-la à contravenção penal tipificada no art. 63, inciso I, do Decreto-lei nº 3.688/41 (HC 167.659/MS, j. 07/02/2013). Em vigor a Lei nº 13.106/15, foi revogada expressamente a contravenção penal (art. 63, I). A conduta de vender bebida alcóolica passa, agora, a se subordinar às disposições do ECA, com tratamento muito mais severo (pena de detenção de dois a quatro anos ante a prisão simples de dois meses a um ano da contravenção revogada).

Alternativa correta: letra "e".

81.11. CRIME ORGANIZADO

395. (Vunesp – Delegado de Polícia – PC – SP/2018) No que concerne às disposições da Lei nº 12.850/2013 (Lei de Combate às Organizações Criminosas), é correto afirmar que

a) na hipótese de colaboração premiada, o prazo para oferecimento de denúncia, relativo ao colaborador, poderá ser suspenso por até 6 (seis) meses, improrrogáveis, até que sejam cumpridas as medidas de colaboração, suspendendo-se o respectivo prazo prescricional.

b) na hipótese de colaboração premiada, o prazo para oferecimento de denúncia ou o processo, relativos ao colaborador, poderá ser suspenso por até 6 (seis) meses, prorrogáveis por igual período, até que sejam cumpridas as medidas de colaboração, não sendo suspenso o respectivo prazo prescricional.

c) o Delegado de Polícia terá acesso, independentemente de autorização judicial, apenas aos dados cadastrais do investigado que informem exclusivamente a qualificação pessoal, a filiação e o endereço mantidos pela Justiça Eleitoral, empresas telefônicas, instituições financeiras, provedores de internet e administradoras de cartão de crédito.

d) nos crimes previstos na referida lei, observadas as disposições do Código de Processo Penal, a instrução criminal deverá ser encerrada no prazo de 120 (cento e vinte) dias quando o réu estiver preso, prorrogáveis em até igual período, por decisão fundamentada, somente na hipótese de fato procrastinatório atribuível ao réu.

e) a infiltração de agentes de polícia em tarefas de investigação dependerá de representação do Delegado de Polícia, descrevendo indícios seguros na necessidade de obter as informações por meio desta operação, ao juiz competente que poderá autorizar, de forma circunstanciada, motivada e sigilosa, cientificando, posteriormente, o Ministério Público para o devido acompanhamento.

COMENTÁRIOS

Alternativa "a" (responde, também, a alternativa "b"): o prazo para oferecimento de denúncia relativa ao colaborador poderá ser suspenso por até seis meses, *prorrogáveis por igual período*, até que sejam cumpridas as medidas de colaboração, suspendendo-se o respectivo prazo prescricional (art. 4º, § 3º, da Lei 12.850/13).

Alternativa "c": o art. 15 da Lei 12.850/13 permite o livre acesso da autoridade policial e do Ministério Público a dados cadastrais do investigado, independentemente de prévia autorização judicial. Como dado cadastral, segundo se infere da norma, deve-se entender aquele relativo à qualificação pessoal (estado civil, profissão, número do telefone, RG, CPF, etc.), à filiação e ao endereço do averiguado. Esses dados são mantidos nos cadastros da Justiça Eleitoral, empresas de telefonia, instituições financeiras provedores de internet e administradoras de cartão de crédito e sua divulgação – insiste-se – prescinde de ordem judicial. De se observar, porém, que as informações prestadas devem se restringir, única e exclusivamente, aos dados cadastrais. É dizer: pode o delegado de polícia determinar que o banco informe o nome completo de um correntista, mas seria abusiva a pretensão no sentido de que extratos bancários da conta corrente do investigado lhe fossem enviados. Isso porque o mero acesso a dados cadastrais não implica em quebra de sigilo pessoal, quer de ordem fiscal, quer mesmo de comunicação. Avançar, porém, da mera informação cadastral para atingir dados protegidos pelo sigilo importaria na necessidade de prévia autorização judicial, sob pena de configurar evidente inconstitucionalidade, dada à notória ilicitude da prova, por violação ao postulado do inc. XII, do art. 5º da Constituição.

Alternativa "d": o art. 22, parágrafo único, da Lei 12.850/13 estabelece que a instrução criminal deve ser encerrada em prazo razoável, o qual não poderá exceder a cento e vinte dias quando o réu estiver preso, prorrogáveis em até igual período, por decisão fundamentada, *devidamente motivada pela complexidade da causa* ou por fato procrastinatório atribuível ao réu.

Alternativa "e": o Ministério Público também pode requerer a infiltração. Além disso, na hipótese de representação do delegado de polícia, antes de deferir a medida deve o juiz competente ouvir o Ministério Público. E a representação do delegado ou o requerimento do Ministério Público deve conter a demonstração da necessidade da medida, o alcance das tarefas dos agentes e, quando possível, os nomes ou apelidos das pessoas investigadas e o local da infiltração.

Alternativa correta: letra "c".

396. (Vunesp – Delegado de Polícia – PC – BA/2018) Considere o seguinte caso hipotético.

O criminoso "X", integrante de uma determinada organização criminosa, após a sentença que o condenou pela prática do crime, decide voluntariamente e na presença de seu defensor, colaborar com as investigações. Nas suas declarações, "X" revela toda a estrutura hierárquica e a divisão de tarefas da organização. Alguns dias após, arrepende-se e decide retratar-se das declarações prestadas. Diante do exposto e nos termos da Lei nº 12.850/2013, é correto afirmar que

a) na hipótese de retratação, as provas produzidas pelo colaborador não poderão ser utilizadas em seu desfavor, mas apenas em detrimento dos interesses dos coautores e partícipes.

b) a colaboração premiada é retratável a qualquer tempo, sendo necessário colher a retratação por escrito e desconsiderar integralmente as provas produzidas.

c) após a prolação da sentença, é vedada a retratação, portanto, no presente caso, não há possibilidade de se reconhecer o pedido do criminoso.

d) a colaboração premiada implica em renúncia ao direito ao silêncio, ficando o criminoso sujeito ao compromisso de dizer a verdade; assim sendo, a retratação implicará o cometimento de outro crime.

e) a colaboração premiada, antes ou após a sentença, é irretratável, portanto as provas autoincriminatórias produzidas pelo colaborador poderão ser utilizadas em seu desfavor.

COMENTÁRIOS

Alternativa "a" (responde, também, a alternativa "e"): segundo o art. 4º, § 10, da Lei 12.850/13, é possível a retratação, caso em que as provas autoincriminatórias produzidas pelo colaborador não poderão ser utilizadas exclusivamente em seu desfavor. Claro, ele aceitara o acordo com a justificada expectativa de receber algum favor legal. Por isso mesmo, delatou comparsas, forneceu detalhes da organização e, por conseguinte, admitiu sua participação no esquema criminoso. Na medida em que se frustra o acordo de colaboração, não faria sentido que todo esse material probatório se voltasse contra o colaborador, sobretudo quando não submetido a princípios caros ao processo penal, de caráter constitucional, como o contraditório e a ampla defesa.

Alternativa "b": a retratação somente é possível antes da homologação judicial. Depois disso, o conteúdo da colaboração passa a compor o acervo probatório, não mais se admitindo que uma das partes conteste os seus termos.

Alternativa "c": o que importa para impedir a retratação é a homologação judicial. Se a colaboração pode ser feita após a sentença (art. 4º, § 5º), evidentemente a sentença não pode ser um marco impeditivo.

Alternativa "d": de fato, segundo o art. 4º, § 14, da Lei 12.850/13, o colaborador renuncia ao direito ao silêncio e está sujeito ao compromisso legal de dizer a verdade. Mas, como a própria lei admite a retratação, nenhum crime decorre de seu exercício.

Alternativa correta: letra "a".

---

397. (IBADE – Delegado de Polícia – AC/2017) Consoante à legislação que dispõe sobre o Crime organizado (Lei nº 12.850/2013), considera-se organização criminosa:

a) a associação de 4 (quatro) ou mais pessoas estruturalmente ordenada e caracterizada pela divisão de tarefas, ainda que informalmente, com objetivo de obter, direta ou indiretamente, vantagem de qualquer natureza, mediante a prática de infrações penais cujas penas máximas sejam superiores a 4 (quatro) anos, ou que sejam de caráter transnacional.

b) a associação de 3 (três) ou mais pessoas estruturalmente ordenada e caracterizada pela divisão de tarefas, ainda que informalmente, com objetivo de obter, direta ou indiretamente, vantagem de qualquer natureza, mediante a prática de infrações penais cujas penas máximas sejam superiores a 4 (quatro) anos, ou que sejam de caráter transnacional.

c) a associação de 5 (cinco) ou mais pessoas estruturalmente ordenada e caracterizada pela divisão de tarefas, ainda que informalmente, com objetivo de obter, direta ou indiretamente, vantagem de qualquer natureza, mediante a prática de infrações penais cujas penas máximas sejam superiores a 4 (quatro) anos, ou que sejam de caráter transnacional.

d) a associação de 4 (quatro) ou mais pessoas estruturalmente ordenada e caracterizada pela divisão de tarefas, ainda que informalmente, com objetivo de obter, direta ou indiretamente, vantagem de qualquer natureza, mediante a prática de infrações penais cujas penas máximas sejam superiores a 6 (seis) anos, ou que sejam de caráter transnacional.

e) a associação de 3 (três) ou mais pessoas estruturalmente ordenada e caracterizada pela divisão de tarefas, ainda que informalmente, com objetivo de obter, direta ou indiretamente, vantagem de qualquer natureza, mediante a prática de infrações penais cujas penas máximas sejam superiores a 6 (seis) anos, ou que sejam de caráter transnacional.

COMENTÁRIOS

A Lei 12.850/13 definiu, no § 1º do art. 1º, organização criminosa como sendo a associação de 4 (quatro) ou mais pessoas estruturalmente ordenada e caracterizada pela divisão de tarefas, ainda que informalmente, com objetivo de obter, direta ou indiretamente, vantagem de qualquer natureza, mediante a prática de infrações penais cujas penas máximas sejam superiores a 4 (quatro) anos, ou que sejam de caráter transnacional. Em relação à Lei 12.694/12, alterou-se o número mínimo de integrantes (de 3 para 4). Antes, a delinquência estruturada, para alcançar seu objetivo (obter, direta ou indiretamente, vantagem de qualquer natureza), tinha que praticar crimes cujas penas máximas fossem iguais ou superiores a 4 anos (ou de caráter transnacional). Agora, a organização persegue o mesmo objetivo, mas mediante a prática de infrações penais (abrangendo contravenções) cujas penas máximas sejam superiores a 4 (quatro) anos (ou de caráter transnacional).

Alternativa correta: letra "a" (responde, também, as demais alternativas).

398. (FUNIVERSA – Delegado de Polícia – DF/2015) Assinale a alternativa correta acerca da Lei nº 12.850/2013 (crime organizado).

a) O agente infiltrado não tem direito de usufruir das medidas de proteção a testemunhas.

b) É punível, no âmbito da infiltração, a prática de crime pelo agente infiltrado no curso da investigação, quando inexigível conduta diversa.

c) A infiltração de agentes de polícia em tarefas de investigação pode decorrer de representação do delegado de polícia ou de requerimento do Ministério Público e será obrigatoriamente precedida de autorização judicial.

d) O agente infiltrado que se vê obrigado a praticar crime, sob pena de expor sua verdadeira identidade aos membros da organização criminosa, encontra-se amparado por estado de necessidade ou excludente de culpabilidade, a depender das circunstâncias, conforme expresso na Lei nº 12.850/2013.

e) Considera-se organização criminosa a associação de três ou mais pessoas estruturalmente ordenada e caracterizada pela divisão de tarefas.

COMENTÁRIOS

Alternativa "a": há expressa disposição, no art. 14, inciso II, da Lei nº 12.850/13, de que é direito do agente infiltrado ter sua identidade alterada, aplicando-se, no que couber, o disposto no art. 9º da Lei nº 9.807/99, bem como usufruir das medidas de proteção a testemunhas. Trata-se de medida com objetivo de preservar a incolumidade física do agente infiltrado. E não apenas dele, mas também de sua família bem como de todos que lhe são próximos.

Alternativa "b" (responde, também, a alternativa "d"): se do agente infiltrado é inexigível conduta diversa, exclui-se um dos elementos da culpabilidade, o que obsta a punição pelo fato típico e ilícito por ele cometido. Há, aliás, expressa disposição nesse sentido no art. 13, parágrafo único, da lei nº 12.850/13. Com essa solução, sendo o agente infiltrado induzido, instigado ou auxiliado a praticar um crime no âmbito da organização, respeitando a proporcionalidade e sem extrapolar a finalidade da investigação, sendo dele inexigível conduta diversa, exclui-se apenas a culpabilidade, permanecendo típico e ilícito o injusto, o que possibilita, de acordo com a teoria da acessoriedade limitada (ou média), a punição dos partícipes (integrantes da organização) pelo delito praticado.

Alternativa "c": de acordo com o art. 10 da Lei nº 12.850/13, a infiltração de agentes de polícia em tarefas de investigação, representada pelo delegado de polícia ou requerida pelo Ministério Público, após manifestação técnica do delegado de polícia quando solicitada no curso de inquérito policial, será precedida de circunstanciada, motivada e sigilosa autorização judicial, que estabelecerá seus limites.

Anote-se que a infiltração aqui examinada somente pode ser efetuada por "agentes de polícia". Assim, ao contrário da revogada Lei nº 9034/95, que permitia essa infiltração "por agentes de polícia ou de inteligência", a legislação em comento autoriza essa investigação apenas àqueles primeiros. Como "agentes de polícia" devem ser entendidos os membros das corporações elencadas no art. 144 da Constituição Federal, a saber: Polícia Federal propriamente dita, rodoviária e ferroviária; e Polícia Estadual (civil, militar e corpo de bombeiros), observadas, nesta última hipótese, a organização própria de cada unidade da federação. Mas nem todos estes órgãos possuem atribuições investigativas. Com efeito, o inc. I deste dispositivo constitucional atribui à polícia federal a tarefa de "apurar infrações penais". Já o inc. IV, § 4º do art. 144 da CF, comina às polícias civis estaduais essa tarefa investigativa. São, portanto, os policiais federais e civis aqueles habilitados a servirem como agentes infiltrados.

Alternativa "e": nos termos do art. 1º, § 1º, da Lei nº 12.850/13, considera-se organização criminosa a associação de **quatro ou mais pessoas** estruturalmente ordenada e caracterizada pela divisão de tarefas, ainda que informalmente, com objetivo de obter, direta ou indiretamente, vantagem de qualquer natureza, mediante a prática de infrações penais cujas penas máximas sejam superiores a quatro anos, ou que sejam de caráter transnacional.

Alternativa correta: letra "c".

399. (Vunesp – Delegado de Polícia – CE/2015) Sobre a Lei de Organizações Criminosas, Lei nº 12.850/2013, é correto afirmar que

a) alterou (aumentando para 2 a 4 anos e multa) as penas previstas para o delito do artigo 342 do Código Penal (Crime de falso testemunho).

b) pode ter por objeto a investigação de qualquer crime, desde que apenado com reclusão.

c) define organização criminosa como sendo, dentre outros, uma associação de no mínimo cinco agentes.

d) o acordo de colaboração realizado entre o delegado de polícia, o investigado e o defensor somente será válido se formalizado na presença de um juiz, que em seguida o homologará.

e) autoriza a infiltração, por policias, em atividade de investigação, independentemente da existência de investigação formal iniciada, exatamente para preservar o sigilo das investigações.

COMENTÁRIOS

Alternativa "a": com a tipificação do falso testemunho e falsa perícia, procurou-se resguardar o prestígio da Justiça. A pena cominada ao crime, no entanto, deixava a desejar. Punido com reclusão de 1 a 3 anos, sendo primário o agente (e preenchidos os demais requisitos de ordem subjetiva), só não admitia a suspensão condicional do processo se praticado mediante suborno ou se cometido com o fim de obter prova destinada a produzir efeito em processo penal, ou em processo civil em que for parte entidade da administração pública direta ou indireta, casos em que incide majorante de 1/6 a 1/3, elevando a pena mínima acima de 1 ano (art. 342, § 1º, do CP). Em razão da pena máxima, ainda que majorada nos termos do citado parágrafo, não ultrapassava 4 anos, inexistindo condições legais para o juiz decretar a preventiva do agente não reincidente (art. 313, I, CPP). Portanto, andou bem o legislador ao majorar os limites mínimos e máximos do preceito secundário. A gravidade do delito em questão, que importa na falsidade de testemunho ou perícia, mostrava-se incompatível com o favor legal, resultando em uma resposta branda e desproporcional à reprovabilidade da conduta. De sorte que, aumentada a pena mínima para dois anos, não mais há que se falar na aplicação do "sursis" processual. A pena máxima cominada ao crime, com a mudança, pode ultrapassar 4 anos se praticado mediante suborno ou se cometido com o fim de obter prova destinada a produzir efeito em processo penal, ou em processo civil em que for parte entidade da administração pública direta ou indireta, condição para a prisão preventiva, mesmo no caso de agente primário.

Alternativa "b": as infrações penais que podem servir de fundamento para a constituição da organização criminosa são aquelas cujas penas máximas sejam superiores a quatro anos, ou que sejam de caráter transnacional. Não há, portanto, limitação quanto à reclusão.

Alternativa "c": nos termos do art. 1º, § 1º, da Lei nº 12.850/13, considera-se organização criminosa a associação de **quatro ou mais pessoas** estruturalmente ordenada e caracterizada pela divisão de tarefas, ainda que informalmente, com objetivo de obter, direta ou indiretamente, vantagem de qualquer natureza, mediante a prática de infrações penais cujas penas máximas sejam superiores a quatro anos, ou que sejam de caráter transnacional.

Alternativa "d": o art. 4º, § 6º, da Lei nº 12.850/13 dispõe que o juiz **não participará das negociações realizadas** entre as partes para a formalização do acordo de colaboração, que **ocorrerá entre o delegado de polícia, o investigado e o defensor**, com a manifestação do Ministério Público, ou, conforme o caso, **entre o Ministério Público e o investigado ou acusado e seu defensor**. Após a realização do acordo, será ele remetido ao juiz para homologação (§ 7º).

Alternativa "e": a infiltração de agentes policiais, representada pelo delegado de polícia ou requerida pelo Ministério Público, só pode ser decretada no curso de inquérito policial.

Alternativa correta: letra "a".

81.12. LEI MARIA DA PENHA

400. (CEBRASPE – Delegado de Polícia – PE/2024) Há quase duas décadas, vigora no Brasil a Lei n.º 11.340/2006, denominada Lei Maria da Penha. Com relação a este diploma legal, assinale a opção correta.

a) Verificada a existência de risco atual ou iminente ou à integridade física e psicológica da mulher em situação de violência doméstica e familiar, a autoridade policial, quando o município não for sede de comarca, poderá aplicar, provisoriamente, até deliberação judicial, a medida protetiva de urgência consistente em encaminhamento da ofendida e seus dependentes a programa oficial ou comunitário de proteção ou de atendimento.

b) Resta configurada a violência doméstica e familiar contra a mulher em qualquer ação ou omissão baseada no gênero que lhe cause morte, lesão, sofrimento físico, sexual ou psicológico e dano moral ou patrimonial, em qualquer relação íntima de afeto, na qual o agressor conviva ou tenha convivido com a ofendida, desde que haja ou tenha havido coabitação.

c) Uma das formas de violência doméstica e familiar contra a mulher é a violência psicológica, entendida como qualquer conduta que configure calúnia, difamação ou injúria.

d) O delegado de polícia, nos termos da Lei Maria da Penha, assegurará à mulher em situação de violência doméstica e familiar, para preservar sua integridade física e psicológica, acesso prioritário à remoção quando servidora pública, integrante da administração direta ou indireta.

e) Nas causas decorrentes da prática de violência doméstica e familiar contra a mulher, a ofendida tem a opção de propor ação de divórcio ou de dissolução de união estável em juizado de violência doméstica e familiar contra a mulher.

COMENTÁRIOS

Alternativa "a": o art. 12-C da Lei 11.340/06 dispõe que ante a existência de risco atual ou iminente à vida ou à integridade física ou psicológica da mulher em situação de violência doméstica e familiar, ou de seus dependentes, o agressor será imediatamente afastado do lar, domicílio ou local de convivência com a ofendida: I – pela autoridade judicial; II – pelo delegado de polícia, quando o Município não for sede de comarca; III – pelo policial, quando o Município não for sede de comarca e não houver delegado disponível no momento da denúncia. A assertiva está errada porque menciona medida que não está no art. 12-C, mas sim no art. 23, I (encaminhamento da ofendida e seus dependentes a programa oficial ou comunitário de proteção ou de atendimento), e porque mistura os termos dos incisos do art. 12-C.

Alternativa "b": a existência – atual ou prévia – de coabitação é dispensável para caracterizar a violência doméstica e familiar contra a mulher (súmula 600 do STJ).

Alternativa "c": de acordo com o art. 7º, II, da Lei 11.340/06, a violência psicológica deve ser entendida como qualquer conduta que cause à mulher dano emocional e diminuição da autoestima ou que lhe prejudique e perturbe o pleno desenvolvimento ou que vise degradar ou controlar suas ações, comportamentos, crenças e decisões, mediante ameaça, constrangimento, humilhação, manipulação, isolamento, vigilância constante, perseguição contumaz, insulto, chantagem, violação de sua intimidade, ridicularização, exploração e limitação do direito de ir e vir ou qualquer outro meio que lhe cause prejuízo à saúde psicológica e à autodeterminação.

Alternativa "d": nos termos do art. 9º, § 2º, é o juiz quem deve assegurar à mulher em situação de violência doméstica e familiar, para preservar sua integridade física e psicológica, acesso prioritário à remoção quando servidora pública, integrante da administração direta ou indireta.

Alternativa "e": a Lei 13.894/19 inseriu na Lei Maria da Penha o art. 14-A, segundo o qual a ofendida tem a opção de propor ação de divórcio ou de dissolução de união estável no Juizado de Violência Doméstica e Familiar contra a Mulher – que, note-se, não tem competência para a pretensão relacionada à partilha de bens.

Alternativa correta: letra "e".

401. (UFPR – Delegado de Polícia – PC – PR/2021) Sobre Lei nº 11.340/2006, a qual cria os mecanismos para coibir a violência doméstica e familiar contra a mulher, assinale a alternativa correta.

a) O crime de lesão corporal leve, praticado contra a mulher no âmbito das relações domésticas e familiares, deve ser processado mediante ação penal pública condicionada à representação.

b) Presentes os requisitos, é possível a realização de transação penal nos crimes que envolvem violência doméstica e familiar contra a mulher.

c) Não é possível a aplicação do princípio da insignificância nos delitos praticados com violência ou grave ameaça no âmbito das relações domésticas e familiares contra a mulher.

d) O sujeito passivo da violência doméstica objeto da Lei Maria da Penha é apenas a mulher, e o sujeito ativo é apenas o homem.

e) O descumprimento de medida protetiva de urgência configura o crime de desobediência em face da inexistência de outras sanções previstas no ordenamento jurídico para a hipótese.

COMENTÁRIOS

Alternativa "a": o STF, em sede de controle concentrado de constitucionalidade (ADI 4424), estabeleceu que a ação penal nos crimes de lesão corporal dolosa (mesmo que de natureza leve) cometidos contra a mulher no ambiente doméstico e familiar é pública incondicionada, dispensando, portanto, o pedido-autorização da ofendida. E o STJ, seguindo a orientação, editou a súmula nº 542.

Alternativa "b": o art. 41 da Lei 11.340/06 proíbe a concessão dos benefícios da Lei 9.099/95 aos autores de crimes cometidos com violência doméstica e familiar contra a mulher, independentemente da pena prevista. Reiterando a disposição legal, o STJ editou a súmula 536.

Alternativa "c": a aplicação do princípio da insignificância não é irrestrita. Os tribunais superiores estabelecem alguns requisitos necessários para que se possa alegar a insignificância da conduta. São eles: (A) a mínima ofensividade da conduta do agente, (B) a ausência de periculosidade social da ação, (C) o reduzido grau de reprovabilidade do comportamento e, por fim, (D) a inexpressividade da lesão jurídica causada. Baseando-se nesses requisitos, a insignificância é afastada nas infrações penais (crimes e contravenções) envolvendo violência doméstica e familiar contra a mulher. O STJ editou, a esse respeito, a súmula 589.

Alternativa "d": o sujeito ativo da violência doméstica de que trata a Lei Maria da Penha pode ser homem ou mulher. Aliás, como destaca o art. 5º, parágrafo único, as relações que podem levar à violência doméstica e familiar independem de orientação sexual.

Alternativa "e": o descumprimento de medida protetiva de urgência caracteriza o crime do art. 24-A da Lei 11.340/06: "Descumprir decisão judicial que defere medidas protetivas de urgência previstas nesta Lei". Esse dispositivo foi inserido pela Lei 13.641/18. Antes, havia certa controvérsia a respeito das consequências para quem descumprisse as medidas protetivas. Havia quem sustentasse a tipificação do crime de desobediência, mas o STJ firmou a orientação de que o sistema processual já dispunha suficientemente bem sobre as medidas adequadas, capazes de evoluir até a prisão preventiva.

Alternativa correta: letra "c".

402. (FGV – Delegado de Polícia – PC – RN/2021) Noeli compareceu à delegacia de polícia para registrar boletim de ocorrência contra seu companheiro Erson pelo crime de ameaça. Após chegar em casa, Noeli ouve pedido de desculpa de seu companheiro e apelos para que desista da representação. Considerando o disposto na legislação aplicável, quanto à possibilidade de retratação da representação apresentada, Noeli:

a) não poderá desistir da representação, por tratar-se de ação pública;

b) poderá se retratar perante a autoridade policial até o oferecimento da denúncia;

c) poderá se retratar perante o juiz, em audiência especial, até o recebimento da denúncia;

d) poderá se retratar perante o juiz ou a autoridade policial até a sentença;

e) não poderá se retratar após o oferecimento da denúncia, ainda que na presença do juiz e acompanhada de advogado.

COMENTÁRIOS

O art. 16 da Lei 11.340/06 dispõe que, nas ações penais públicas condicionadas à representação da ofendida, só se admite a retratação à representação perante o juiz, em audiência especialmente designada com tal finalidade, antes do recebimento da denúncia e ouvido o Ministério Público. O STF (ADI 4424) e o STJ (súmula 542) decidiram que não há necessidade de representação no crime de lesão corporal cometido contra a mulher no âmbito doméstico e familiar. O art. 16, contudo, continua eficaz em relação a todos os outros crimes que, no Código Penal ou em legislação esparsa, exigem a representação como condição prévia de procedibilidade. Dentre eles, é possível destacar a ameaça (art. 147 do CP). No exemplo do enunciado, uma vez que tenha representado, Noeli só pode se retratar em juízo. O STJ firmou a tese de que a audiência não pode ser designada de ofício pelo juiz com o objetivo de confirmar a representação. Sua realização somente é necessária caso a vítima tenha manifestado a intenção de se retratar (REsp 1.977.547/MG, j. 08/03/2023). O mesmo decidiu o STF (ADI 7.267/DF, j. 21/08/2023)

Alternativa correta: letra "c".

---

403. (FGV – Delegado de Polícia – PC – RN/2021) Paula namorou João por onze meses, tendo dado fim ao relacionamento em razão do comportamento ciumento e agressivo deste. Três meses após, João, inconformado com o fim do relacionamento, abordou Paula na saída do seu trabalho e, após desferir um soco em seu rosto, causando-lhe lesão leve, ainda a perseguiu até sua casa, ameaçando-a de morte caso não retomasse o namoro. Temendo a reação de João, Paula registrou o ocorrido, sendo os fatos confirmados por perícia e testemunhas que presenciaram o evento. João foi denunciado pelos crimes de lesão corporal e ameaça.

Diante do que foi acima narrado, é correto constatar que:

a) o fato não se encaixa na Lei Maria da Penha, pois ocorrido após o fim do relacionamento entre João e Paula;
b) caso condenado, João poderá ter sua pena privativa de liberdade substituída por restritiva de direitos;
c) a natureza leve da lesão causada tornou indispensável a representação da vítima para denúncia do crime de lesão;
d) caso condenado, em razão da natureza dos delitos, João não poderá apelar em liberdade;
e) caso condenado por pena de até dois anos, João poderá ser beneficiado com a aplicação do sursis da pena, não sendo cabível, contudo, a suspensão condicional do processo.

COMENTÁRIOS

Alternativa "a": o fato descrito no enunciado se subsume à Lei Maria da Penha, pois o fim do relacionamento não é fator impeditivo: "As condutas perpetradas no contexto da relação íntima de afeto que tiveram o agravante e a vítima (ex-namorados) ensejam a aplicação da Lei Maria da Penha" (AgRg nos EDcl no AREsp 1.638.190/RJ, j. 24/11/2020).

Alternativa "b": é impossível a substituição da pena privativa de liberdade por restritiva de direitos nos crimes cometidos com violência ou grave ameaça contra a mulher no ambiente doméstico ou familiar (súmula 588 do STJ).

Alternativa "c": o crime de lesão corporal de natureza leve cometido contra a mulher no âmbito doméstico ou familiar é de ação penal pública incondicionada (súmula 542 do STJ).

Alternativa "d": não há regra que imponha a prisão para que o condenado possa apelar contra a sentença condenatória.

Alternativa "e": embora não seja possível a substituição da pena privativa de liberdade por restritiva de direitos, nada impede a suspensão condicional da pena nos crimes cometidos com violência ou ameaça contra a mulher no ambiente doméstico ou familiar: "A jurisprudência desta Corte é firme em assinalar ser possível a concessão de suspensão condicional da pena aos crimes e às contravenções penais praticados em contexto de violência doméstica, desde que preenchidos os requisitos previstos no art. 77 do Código Penal, nos termos reconhecidos na sentença condenatória restabelecida" (STJ: AgRg no REsp 1.691.667/RJ, j. 02/08/2018). A suspensão condicional do processo, por outro lado, é vedada (súmula 536 do STJ).

Alternativa correta: letra "e".

---

404. (UEG – Delegado de Polícia – PC – GO/2018) Preenchidos os requisitos legais para concessão da benesse, é possível aplicar ao crime de lesão corporal de natureza leve praticado em situação de violência doméstica e familiar contra a mulher a

a) transação penal.
b) suspensão condicional da pena.
c) suspensão condicional do processo.
d) absolvição, com base no princípio da insignificância.
e) substituição da pena privativa de liberdade por restritiva de direitos.

COMENTÁRIOS

Alternativa "a" (responde, também, a alternativa "c"): segundo o art. 41 da Lei 11.340/06, aos crimes cometidos com violência doméstica e familiar contra a mulher, independentemente da pena prevista, não se aplicam os benefícios da Lei 9.099/95. No mesmo sentido é a súmula 536 do STJ.

Alternativa "b": segundo o art. 77 do Código Penal, a execução da pena privativa de liberdade não superior a dois anos pode ser suspensa, por dois a quatro anos, desde que: I – o condenado não seja reincidente em crime doloso; II – a culpabilidade, os antecedentes, a conduta social e personalidade do agente, bem como os motivos e as circunstâncias autorizem a concessão do benefício; III – Não seja indicada ou cabível a substituição prevista no art. 44 deste Código. Embora a disciplina legal envolvendo crimes cometidos com violência doméstica e familiar contra a mulher restrinja bastante a concessão de determinados benefícios, nada impede a suspensão condicional da pena.

Alternativa "d": baseando-se nos requisitos para a aplicação do princípio da insignificância (mínima ofensividade da conduta do agente, ausência de periculosidade social da ação, reduzido grau de reprovabilidade do comportamento e inexpressividade da lesão jurídica causada) e na especial gravidade das infrações penais cometidas contra a mulher no âmbito doméstico e familiar, os tribunais superiores têm afastado a insignificância nestes casos. O STJ editou inclusive a súmula 589 a este respeito.

Alternativa "e": a súmula 588 do STJ dispõe que a pena restritiva de direitos é vedada diante da prática de crime ou contravenção penal cometido com violência ou grave ameaça contra a mulher no ambiente doméstico.

Alternativa correta: letra "b".

---

405. (Cespe – Delegado de Polícia – GO/2017) À luz do posicionamento jurisprudencial e doutrinário dominantes acerca das disposições da Lei n.° 11.340/2006 (Lei Maria da Penha), assinale a opção correta.

a) Caracteriza o crime de desobediência o reiterado descumprimento, pelo agressor, de medida protetiva decretada no âmbito das disposições da Lei Maria da Penha.

b) Em se tratando dos crimes de lesão corporal leve e ameaça, pode o Ministério Público dar início a ação penal sem necessidade de representação da vítima de violência doméstica.

c) No caso de condenação à pena de detenção em regime aberto pela prática do crime de ameaça no âmbito doméstico e familiar, é possível a substituição da pena pelo pagamento isolado de multa.

d) No âmbito de aplicação da referida lei, as medidas protetivas de urgência poderão ser concedidas independentemente de audiência das partes e de manifestação do Ministério Público, o qual deverá ser prontamente comunicado.

e) Afasta-se a incidência da Lei Maria da Penha na violência havida em relações homoafetivas se o sujeito ativo é uma mulher.

COMENTÁRIOS

Alternativa "a": muito se debateu a respeito da caracterização do crime de desobediência em virtude do descumprimento de medidas protetivas estabelecidas na Lei Maria da Penha. Não eram poucos os que advogavam a tese de que descumprir medida protetiva imposta por decisão judicial nada mais era do que desobedecer a uma ordem legal de funcionário público. Esta orientação, todavia, não encontrou ressonância no STJ, que, considerando a natureza progressiva das medidas protetivas, que poderiam evoluir até mesmo à prisão preventiva caso as mais brandas se mostrassem insuficientes para proteger a vítima, vinha afastando o crime (HC 338.613/SC, DJe 19/12/2017). Note-se, no entanto, que a entrada em vigor da Lei 13.641/18 pôs fim à celeuma: insere-se na Lei 11.340/06 um tipo penal específico para punir a desobediência a decisões judiciais que impõem medidas protetivas. De acordo com o art. 24-A da Lei 11.340/06, pune-se com detenção de três meses a dois anos a conduta de descumprir decisão judicial que defere medidas protetivas de urgência previstas na mesma lei.

Alternativa "b": a ação penal é pública incondicionada na lesão corporal leve, mas não na ameaça, que ainda pressupõe representação da vítima.

Alternativa "c": o art. 17 da Lei 11.340/06 proíbe expressamente a substituição da pena privativa de liberdade por pena consistente no pagamento isolado de multa. Aliás, a súmula 588 do STJ estabelece que "A prática de crime ou contravenção penal contra a mulher com violência ou grave ameaça no ambiente doméstico impossibilita a substituição da pena privativa de liberdade por restritiva de direitos". Note-se, ainda, que o STJ decidiu ser impossível a aplicação isolada de pena de multa nos casos de violência doméstica e familiar contra a mulher, ainda que essa pena seja cominada de forma autônoma no preceito secundário do tipo penal – como ocorre, por exemplo, na ameaça, apenada com detenção de um a seis meses *ou* multa (REsp 2.049.327/RJ, j. 14/06/2023).

Alternativa "d": é expresso, no art. 19, § 1º, da Lei 11.340/06 que as medidas protetivas de urgência podem ser concedidas de imediato, independentemente de audiência das partes e de manifestação do Ministério Público, que, no entanto, deve ser comunicado prontamente.

Alternativa "e": é possível a aplicação da Lei Maria da Penha inclusive nas situações em que o sujeito ativo da violência doméstica é uma mulher. O STJ já decidiu, por exemplo, pela aplicação da lei diante da agressão das filhas contra a mãe: "1. Nos termos do artigo 5º, inciso III, da Lei 11.340/2006, é possível a caracterização de violência doméstica e familiar nas relações entre filhas e mãe, desde que os fatos tenham sido praticados em razão da relação de intimidade e afeto existente. 2. Na hipótese dos autos, tanto o magistrado de origem quanto a autoridade apontada como coatora consignaram a existência da relação de vulnerabilidade a que estava sendo submetida a mãe em relação às filhas agressoras, circunstância que justifica a incidência da Lei Maria da Penha" (HC 277.561/AL, DJe 13/11/2014).

Alternativa correta: letra "d".

---

406. (FUNCAB – Delegado de Polícia – PA/2016) Adamastor, em ação baseada no gênero, praticou vias de fato contra sua sogra Carmelita, com quem coabitava, razão pela qual foram deferidas pelo juízo competente medidas protetivas que obrigaram o agressor a afastar-se do lar e a manter certa distância em relação à ofendida.

Adamastor, no entanto, manifestou sua irresignação judicialmente, pleiteando a revogação das medidas com esteio nos seguintes argumentos: (I) a Lei n° 11.340 não se aplicaria às relações de parentesco por afinidade; (II) igualmente, o diploma não teria incidência sobre as contravenções penais, por força de seu art. 41; e (III) a Lei n° 11.340 seria inconstitucional, por criar situação de desigualdade entre os gêneros masculino e feminino. Assim, com esteio na jurisprudência dominante nos tribunais superiores, a irresignação de Adamastor:

a) não merece prosperar.
b) merece prosperar, com esteio no terceiro argumento.
c) merece prosperar, com esteio nos dois primeiros argumentos.
d) merece prosperar, com esteio no primeiro argumento.
e) merece prosperar, com esteio no segundo argumento.

COMENTÁRIOS

A pretensão de Adamastor não pode, de fato, prosperar.

No que tange à aplicação das disposições da Lei Maria da Penha em razão de parentesco por afinidade, há decisão do STJ tratando expressamente da possibilidade: "2. A Lei Maria da Penha objetiva proteger a mulher da violência doméstica e familiar que, cometida no âmbito da unidade doméstica, da família ou em qualquer relação íntima de afeto, cause-lhe morte, lesão, sofrimento físico, sexual ou psicológico, e dano moral ou patrimonial. 3. Estão no âmbito de abrangência do delito de violência doméstica e podem integrar o polo passivo da ação delituosa as esposas, as companheiras ou amantes, bem como a mãe, as filhas, as netas do agressor e também a sogra, a avó ou qualquer outra parente que mantém vínculo familiar ou afetivo com ele" (HC 310.154/RS, DJe 13/05/2015).

Quanto à incidência da Lei Maria da Penha sobre contravenções penais, a controvérsia reside no fato de que o art. 41, que veda a aplicação da Lei 9.099/95 aos crimes cometidos com violência doméstica e familiar contra a mulher, não faz menção expressa às contravenções. A orientação dominante, no entanto, é de que a Lei 11.340/06 veda a aplicação dos institutos despenalizadores da Lei 9.099/95 a qualquer infração penal cometida mediante violência doméstica e familiar contra a mulher: "Os institutos despenalizadores da Lei 9.099/95, dentre eles a suspensão condicional do processo, não têm aplicação no tocante às contravenções penais contempladas pela Lei Maria da Penha" (AgRg no REsp 1.662.511/RS, DJe 11/05/2017).

Por fim, a questão da inconstitucionalidade da Lei 11.340/06 já foi amplamente debatida e afastada pelos tribunais superiores sob o argumento da necessidade de conferir maior proteção às mulheres vítimas de violência doméstica e familiar. Ao julgar a ADC 19, asseverou o STF "que, ao criar mecanismos específicos para coibir e prevenir a violência doméstica contra a mulher e estabelecer medidas especiais de proteção, assistência e punição, tomando como base o gênero da vítima, o legislador teria utilizado meio adequado e necessário para fomentar o fim traçado pelo referido preceito constitucional [§ 8º do art. 226]. Aduziu-se não ser desproporcional ou ilegítimo o uso do sexo como critério de diferenciação, visto que a mulher seria eminentemente vulnerável no tocante a constrangimentos físicos, morais e psicológicos sofridos em âmbito privado".

Alternativa correta: letra "a" (responde, também, as demais alternativas).

---

407. (Cespe – Delegado de Polícia – PE/2016) Alexandre, sob o efeito de bebida alcoólica, agrediu fisicamente sua esposa Ana, causando-lhe lesões corporais.

Nessa situação hipotética, após a constatação da prática de violência contra Ana, o juiz poderá

a) dispensar a intervenção do MP, quando não for parte, em eventual causa cível decorrente do fato.
b) determinar, se a ofendida requerer, que Alexandre se afaste do lar, independentemente de manifestação do MP.
c) restringir ou suspender a visita do agressor aos seus dependentes, caso o casal tenha filhos menores.
d) substituir eventual pena de Alexandre por cessão de cestas básicas.
e) substituir eventual pena de Alexandre por multa.

COMENTÁRIOS

QUESTÃO ANULADA.

Alternativa "a": está errada a assertiva porque o art. 25 da Lei nº 11.340/06 é expresso ao dispor que "O Ministério Público intervirá, quando não for parte, nas causas cíveis e criminais decorrentes da violência doméstica e familiar contra a mulher". No âmbito do Juizado de Violência Doméstica e Familiar contra a Mulher, a atuação do Ministério Público é obrigatória, seja a ação de índole civil ou criminal. É que a situação da mulher agredida sempre recomendará essa participação e, por isso mesmo, a lei confere ao *parquet* a iniciativa das medidas relacionadas no dispositivo que vem adiante. Se proposta a ação principal (por exemplo, de separação judicial perante a Vara da Família), essa intervenção somente se justificará em virtude da hipossuficiência dos envolvidos (v.g., pedido de separação judicial cumulado com alimentos em favor de filhos incapazes), ou em razão da idade de uma das partes (art. 74, II, do Estatuto da Pessoa Idosa) etc. Note-se que o promotor de justiça, mesmo oficiando num feito em razão da hipossuficiência (ou incapacidade) de uma das partes, conserva sua liberdade de opinião, não ficando adstrito, cegamente, aos interesses da parte assistida, o que torna possível que opine, inclusive, em desfavor dela.

Alternativa "b": está correta a assertiva. Uma das medidas protetivas estabelecidas no art. 22 da Lei nº 11.340/06 é o afastamento do lar, domicílio ou local de convivência com a ofendida (inciso II). De acordo com o art. 19, tais medidas poderão ser concedidas pelo juiz, a requerimento do Ministério Público ou a pedido da ofendida (*caput*), como também podem ser concedidas de imediato, independentemente de audiência das partes e de manifestação do Ministério Público, devendo este ser prontamente comunicado (§ 1º).

Alternativa "c": também está correta. O art. 22, inciso IV, da Lei nº 11.340/06 permite que o juiz imponha ao agressor a restrição ou a suspensão de visitas aos dependentes menores, ouvida a equipe de atendimento multidisciplinar ou serviço similar. Optou o legislador pela utilização da expressão *dependentes*, mas nos parece que teria sido mais adequada a alusão a qualquer incapaz que, de algum modo, conviva com o agressor. Com isso incluiria, além dos filhos, é claro, também o enteado, aquele de quem o agente seja guardião, tutor etc.; também todo aquele que, embora não vinculado por laço de parentesco ou por determinação judicial, prive de relação doméstica com o agressor. De qualquer sorte, a falta de melhor técnica na redação decerto não inibe o juiz de estender a proteção a todas as pessoas acima mencionadas.

Alternativa "d" (responde, também, a alternativa "e"): está errada a assertiva porque o art. 17 da Lei nº 11.340/06 dispõe ser "vedada a aplicação, nos casos de violência doméstica e familiar contra a mulher, de penas de cesta básica ou outras de prestação pecuniária, bem como a substituição de pena que implique o pagamento isolado de multa". Com a vigência da Lei nº 9.099/95, houve uma evidente vulgarização das alternativas à pena de natureza real, em especial a (desenfreada) imposição do pagamento de cestas básicas, que nem pena é! Como resposta, o legislador, por meio do art. 17, vedou a aplicação, nos casos de violência doméstica e familiar contra mulher, de penas de cesta básica ou outras de prestação pecuniária, bem como a substituição de pena que implique o pagamento isolado de multa. A intenção é ver o agressor cumprir pena de caráter pessoal, isto é, privativa de liberdade ou restritiva de direitos (prestação de serviços à comunidade, limitação de fim de semana ou interdição temporária de direitos), mais adequada ao tipo de crime (e autor) em análise.

408. (NUCEPE – Delegado de Polícia – PI/2014) Segundo pesquisa realizada pelo Instituto de Pesquisa Econômica Aplicada – IPEA no período de 2009 a 2011, o Piauí figura em último lugar no "ranking" dos feminicídios, com uma taxa de 2,71 mortes para cada 100 mil mulheres. A mesma pesquisa, analisando o impacto da Lei nº11.340/06, constatou não ter havido influência capaz de reduzir o número de mortes de mulheres, posto que as taxas permaneceram estáveis antes e depois da vigência da mencionada lei. Referido diploma legal buscou coibir a violência contra a mulher através de mecanismos jurídicos consistentes na prevenção e enfrentamento àquela violência, EXCETO,

a) possibilidade de decretação de prisão preventiva pelo descumprimento de medidas protetivas de urgência.

b) possibilidade da adoção de medidas protetivas de urgência que obrigam o agressor e que protegem a ofendida.

c) inaplicabilidade da Lei nº 9.099/95 aos crimes praticados com violência doméstica e familiar contra a mulher, independentemente da pena prevista.

d) interpretação atendendo aos fins sociais a que a lei se destina e, especialmente, as condições peculiares das mulheres em situação de violência doméstica e familiar.

e) possibilidade de concessão de medida protetiva de urgência a requerimento do Ministério Público, a pedido da ofendida ou por representação do Delegado de Polícia.

COMENTÁRIOS

Alternativa "a": de acordo com o disposto no art. 20 da Lei nº 11.340/06, em qualquer fase do inquérito policial ou da instrução criminal, caberá a prisão preventiva do agressor, decretada pelo juiz, de ofício, a requerimento do Ministério Público ou mediante representação da autoridade policial. O art. 313, inciso III, do Código de Processo Penal, por sua vez, permite a preventiva se o crime envolver violência doméstica e familiar contra a mulher, para garantir a execução das medidas protetivas de urgência. Como adverte Guilherme de Souza Nucci é "fundamental muita cautela para tomar essa medida. Há delitos incompatíveis com a decretação de prisão preventiva. Ilustrando: a lesão corporal possui pena de detenção de três meses a três anos; a ameaça, de detenção de um a seis meses, ou multa. São infrações penais que não comportam preventiva, pois a pena a ser aplicada, no futuro, seria insuficiente para 'cobrir' o tempo de prisão cautelar (aplicando-se, naturalmente, a detração, conforme art. 42 do CP). Leve-se em conta, inclusive, para essa ponderação, que vigora no Brasil a chamada 'política da pena mínima', vale dizer, os juízes, raramente, aplicam pena acima do piso e, quando o fazem, é uma elevação ínfima, bem distante do máximo" (*Leis penais e processuais penais comentadas*. São Paulo: Ed. RT, 2006. p. 877).

Alternativa "b": as medidas protetivas de urgência que obrigam o agressor e as que protegem a ofendida são tratadas separadamente, em três dispositivos da Lei nº 11.340/06: arts. 22, 23 e 24.

Alternativa "c": conforme dispõe o art. 41 da Lei nº 11.340/06, aos crimes praticados com violência doméstica e familiar contra a mulher, independentemente da pena prevista, não se aplica a Lei nº 9.099/95. A despeito de inúmeras críticas que foram lançadas, não há dúvida que a opção do legislador foi a mais franca possível no sentido de afastar, peremptoriamente, do âmbito do JECrim o julgamento dos crimes perpetrados com violência doméstica e familiar contra a mulher. O principal argumento para essa postura se funda, em síntese, na banalização do crime praticado contra a mulher, decorrente da brandura da resposta penal proposta pela Lei 9.099/1995.

Alternativa "d": de acordo com o art. 4º da Lei nº 11.340/06, na interpretação dessa Lei, serão considerados os fins sociais a que ela se destina e, especialmente, as condições peculiares das mulheres em situação de violência doméstica e familiar. Ao ressaltar que o intérprete da lei deve levar em conta os fins sociais, o legislador tomou de empréstimo ideia contida na Lei de Introdução às normas do Direito Brasileiro (Dec.-lei 4.657/42), que em seu art. 5º dispõe que "na aplicação da lei, o juiz atenderá aos fins sociais a que ela se dirige (...)". Trata-se da chamada interpretação sociológica, cujo método se baseia na adaptação do sentido da lei às realidades sociais, cabendo ao intérprete acompanhar as mudanças que o cercam, os impactos que tais alterações causam na sociedade, enfim, conferir à norma um significado que a insira no contexto em que concebida.

Alternativa "e": as medidas protetivas de urgência de que trata a Lei nº 11.340/06 não podem ser objeto de representação da autoridade policial. O juiz as concederá, de acordo com o art. 19, atendendo a requerimento do Ministério Público ou a pedido da ofendida.

Alternativa correta: letra "e".

81.13. CRIMES HEDIONDOS

409. (CEBRASPE - Delegado de Polícia - PE/2024) Acerca da Lei n.º 8.072/1990 (Lei de Crimes Hediondos), assinale a opção correta.

a) Após as alterações promovidas na Lei de Crimes Hediondos pelo Pacote Anticrime, o crime de roubo circunstanciado, em qualquer de suas modalidades, passou a ser considerado delito hediondo.

b) O delito de furto qualificado pelo emprego de explosivo ou de artefato análogo que cause perigo comum é insuscetível de indulto.

c) O delito de extorsão, quando praticado com emprego de arma de fogo, é inafiançável.

d) Nos crimes hediondos, a prisão temporária terá o prazo de trinta dias, podendo ser prorrogada, de forma automática, por igual período.

e) O condenado unicamente por crime de importunação sexual somente poderá obter livramento condicional após o cumprimento de mais de dois terços da pena.

COMENTÁRIOS

Alternativa "a": denomina-se "circunstanciado" o roubo em que incidem causas de aumento de pena. Nem todas as modalidades do roubo com a pena majorada são hediondas. A Lei 8.072/90 faz menção ao roubo circunstanciado pela restrição de liberdade da vítima (art. 157, § 2º, inciso V) e pelo emprego de arma de fogo, tanto de uso permitido quanto de uso restrito ou proibido (art. 157, § 2º-A, inciso I; art. 157, § 2º-B). Além disso, é também hediondo o roubo qualificado pelo resultado lesão corporal grave ou morte (art. 157, § 3º).

Alternativa "b": quando cometido com o emprego de explosivo ou de artefato análogo que cause perigo comum (art. 155, § 4º-A), o furto é classificado como hediondo, razão pela qual é insuscetível de anistia, graça e indulto (art. 2º, I, da Lei 8.072/90).

Alternativa "c": o crime de extorsão é hediondo quando qualificado pela restrição da liberdade da vítima, ocorrência de lesão corporal ou morte. O emprego de arma de fogo é majorante que não faz da extorsão um crime hediondo, razão pela qual nada impede a fiança nesse caso.

Alternativa "d": efetivamente, nos crimes hediondos a prisão temporária tem o prazo de trinta dias, prorrogável por igual período. A prorrogação, contudo, não é automática. Deve ser fundamentada e só ocorre em caso de extrema e comprovada necessidade.

Alternativa "e": a importunação sexual é tipificada no art. 215-A do CP e consiste em praticar contra alguém e sem a sua anuência ato libidinoso com o objetivo de satisfazer a própria lascívia ou a de terceiro. Não se trata de um crime hediondo. Dessa forma, a concessão do livramento condicional segue a regra dos incisos I e II do art. 83 do CP: I – cumprido mais de um terço da pena se o condenado não for reincidente em crime doloso e tiver bons antecedentes; II – cumprida mais da metade se o condenado for reincidente em crime doloso.

Alternativa correta: letra "b".

410. (Cespe - Delegado de Polícia - PC - PB/2022) Considerando as disposições penais e processuais penais estabelecidas na Lei n.° 8.072/1990 (Lei de Crimes Hediondos) e a jurisprudência dos tribunais superiores acerca da matéria, assinale a opção correta.

a) Os crimes hediondos e equiparados estão listados na Constituição Federal, não dispondo o legislador ordinário de liberdade para ampliar tal rol.

b) O prazo de prisão temporária para os crimes hediondos e equiparados é de 30 dias, não sendo admitida prorrogação, porque ele já é ampliado em relação ao regramento da Lei n.° 7.960/1989.

c) Se associação criminosa destinada à prática de crimes hediondos for desmantelada em razão de informações fornecidas por participante ou associado do grupo criminoso, este receberá perdão judicial.

d) O rol de crimes hediondos inclui o roubo qualificado por lesão corporal grave, porém não abrange o homicídio simples, salvo se praticado em atividade típica de grupo de extermínio.

e) Os crimes hediondos são insuscetíveis de anistia, graça, indulto, liberdade provisória e fiança.

COMENTÁRIOS

Alternativa "a": a Constituição Federal dispõe apenas que "a lei considerará crimes inafiançáveis e insuscetíveis de graça ou anistia a prática da tortura, o tráfico ilícito de entorpecentes e drogas afins, o terrorismo e os definidos como crimes hediondos, por eles respondendo os mandantes, os executores e os que, podendo evitá-los, se omitirem" (art. 5º, XLIII). O rol dos hediondos está na Lei 8.072/90, que pode ser alterada para ampliar ou reduzir os crimes que se inserem nessa classificação.

Alternativa "b": o prazo da prisão temporária nos crimes hediondos é de trinta dias, prorrogáveis por igual período em caso de extrema e comprovada necessidade. A propósito, no julgamento das ADIs 3360 e 4109, o STF impôs os seguintes requisitos cumulativos para a decretação da prisão temporária: 1) se a prisão for imprescindível para as investigações do inquérito policial, constatada a partir de elementos concretos, e não meras conjecturas, vedada a sua utilização como prisão para averiguações, em violação ao direito à não autoincriminação, ou quando fundada no mero fato de o representado não ter residência fixa; 2) se houver fundadas razões de autoria ou participação do indiciado nos crimes descritos no artigo 1°, inciso III, da Lei 7.960/1989, vedada a analogia ou a interpretação extensiva do rol previsto; 3) se for justificada em fatos novos ou contemporâneos; 4) se for adequada à gravidade concreta do crime, às circunstâncias do fato e às condições pessoais do indiciado; 5) se não for suficiente a imposição de medidas cautelares diversas, previstas nos artigos 319 e 320 do Código de Processo Penal (CPP).

Alternativa "c": o art. 8º, parágrafo único, da Lei 8.072/90 dispõe que o participante e o associado que denunciar à autoridade o grupo criminoso, possibilitando seu desmantelamento, terá a pena reduzida de um a dois terços.

Alternativa "d": efetivamente, desde a Lei 13.964/19, o roubo qualificado pela lesão corporal de natureza grave é classificado como hediondo. O homicídio, por sua vez, é hediondo em todas as suas formas qualificadas, mas o homicídio simples só é hediondo se cometido em atividade típica de grupo de extermínio.

Alternativa "e": os crimes hediondos não são insuscetíveis de liberdade provisória.

Alternativa correta: letra "d".

411. (Cespe - Delegado de Polícia - GO/2017) A respeito de crimes hediondos, assinale a opção correta.

a) Embora tortura, tráfico de drogas e terrorismo não sejam crimes hediondos, também são insuscetíveis de fiança, anistia, graça e indulto.

b) Para que se considere o crime de homicídio hediondo, ele deve ser qualificado.

c) Considera-se hediondo o homicídio praticado em ação típica de grupo de extermínio ou em ação de milícia privada.

d) O crime de roubo qualificado é tratado pela lei como hediondo.

e) Aquele que tiver cometido o crime de favorecimento da prostituição ou outra forma de exploração sexual no período entre 2011 e 2015 não responderá pela prática de crime hediondo.

COMENTÁRIOS

Alternativa "a": os crimes de tráfico, terrorismo e tortura não são hediondos, mas equiparados a estes, razão pela qual seus autores sofrem as mesmas consequências estabelecidas pela Constituição e pela Lei 8.072/90 aos crimes hediondos. Embora haja certa divergência a respeito da proibição do indulto no crime de tortura, já que a Lei 9.455/97, assim como a Constituição, proíbe expressamente apenas a anistia e a graça, entende-se majoritariamente que o indulto está inserido no poder de graça do presidente da República, razão por que não pode ser concedido no crime de tortura. Guilherme de Souza Nucci, por exemplo, ensina que, "onde se lê graça, deve-se ler igualmente indulto, pois este nada mais é do que o perdão coletivo (igualmente concedido pelo Presidente da República, por decreto, a quem queira). Aliás, não fosse essa a melhor interpretação e o Presidente não poderia conceder graça, pois esta modalidade de perdão não está elencada dentre as suas atribuições (o art. 84 da CF menciona somente indulto e comutação). Mas, por certo, tanto pode o Chefe do Executivo conceder um (graça) como o outro (indulto) – e assim vem sendo feito desde a edição da Constituição de 1988. Logo, é vedada concessão tanto de um (graça) quanto de outro (indulto) à tortura, por força do art. 5.º, XLIII, da CF" (Leis Penais e Processuais Penais Comentada- Vol. 2, 2017, p. 961).

Alternativa "b": o homicídio simples também pode ser hediondo, desde que cometido em atividade típica de grupo de extermínio.

Alternativa "c": o homicídio cometido em ação de milícia privada, por si, não é hediondo.

Alternativa "d": originalmente, apenas o roubo qualificado pela morte (latrocínio) era classificado como hediondo. Mas, desde a edição da Lei 13.964/19 (Pacote Anticrime), o roubo qualificado pela lesão corporal grave também é hediondo. A mesma lei, aliás, inseriu no rol da hediondez o roubo cometido com restrição de liberdade da vítima e o roubo cometido com emprego de arma de fogo (de uso permitido, restrito ou proibido).

Alternativa "e": a rigor, a assertiva está correta. Em 2014, a Lei 12.978 incluiu no rol dos hediondos o crime de favorecimento da prostituição ou de outra forma de exploração sexual de criança ou adolescente ou de vulnerável (art. 218-B do CP). Logo, aquele que cometeu o delito em 2015 deve ser responsabilizado pela prática de crime hediondo. Ocorre que o nomen iuris mencionado na assertiva não corresponde ao art. 218-B, mas ao art. 228 do CP (favorecimento da prostituição ou outra forma de exploração sexual), que nunca foi hediondo. Dessa forma, não importa quando tenha sido cometido, o crime do art. 228 não acarreta a seu autor os consectários da Lei 8.072/90.

Alternativa correta: letra "a".

412. (FUNIVERSA - Delegado de Polícia - DF/2015) A respeito dos crimes hediondos, assinale a alternativa correta com base na legislação de regência.

a) O crime de epidemia com resultado morte não é considerado hediondo.

b) Os crimes hediondos são insuscetíveis de anistia, graça e indulto, embora lhes seja admitida fiança.

c) A pena do condenado por crime hediondo deverá ser cumprida em regime integralmente fechado, apesar de haver precedente jurisprudencial em que se admite o cumprimento da pena em regime inicialmente fechado.

d) Se o crime hediondo de extorsão mediante sequestro for cometido por quadrilha ou bando, o coautor que denunciá-lo à autoridade, facilitando a libertação do sequestrado, será beneficiado com a redução da pena de um a dois terços.

e) Entre os crimes hediondos previstos na lei, apenas as condutas consumadas são consideradas hediondas; as tentadas configuram a modalidade simples de crime.

COMENTÁRIOS

Alternativa "a": o crime de epidemia de que decorra morte está no rol dos crimes hediondos (art. 1º, inciso VII, da Lei nº 8.072/90).

Alternativa "b": conforme dispõe o art. 5º, inciso XLIII, da CF, "A lei considerará crimes inafiançáveis e insuscetíveis de graça ou anistia a prática de tortura, o tráfico ilícito de entorpecentes e drogas afins, o terrorismo e os definidos como crimes hediondos, por eles respondendo os mandantes, os executores e os que, podendo evitá-los, se omitirem".

Alternativa "d": o § 4º do art. 159 do Código Penal (inserido pela Lei nº 8.072/90) prevê a delação premiada, causa especial de redução de pena para o concorrente da extorsão mediante sequestro que denunciar à autoridade, facilitando a libertação do sequestrado. Da simples leitura do dispositivo, extraímos seus requisitos: **a)** que o crime tenha sido cometido em concurso de pessoas; **b)** que um dos concorrentes denuncie (*rectius*: esclareça, dá conhecimento) à autoridade (Delegado, Promotor, Juiz etc.); **c)** facilitando a libertação do sequestrado (não sendo suficiente, para seu reconhecimento, a mera intencionalidade do agente). Trata-se de causa obrigatória de redução de pena, isto é, presentes os seus requisitos, é direito subjetivo do réu ver sua pena diminuída proporcionalmente ao maior ou menor auxílio prestado (aferido pela presteza na liberação do sequestrado).

Alternativa "c": o regime integralmente fechado, originalmente estabelecido na Lei nº 8.072/90, foi considerado inconstitucional pelo STF. Modificada a lei para impor apenas o regime inicial fechado, houve também declaração de inconstitucionalidade (HC 111.840/ES). Dessa forma, o regime inicialmente fechado só é possível, inclusive nos crimes hediondos, se a quantidade da pena ou as circunstâncias do caso concreto assim justificarem.

Alternativa "e": se o crime está no rol dos hediondos, não importa que tenha havido ou não consumação; aplicam-se todos os efeitos da Lei nº 8.072/90.

Alternativa correta: letra "d".

81.14. TORTURA

413. (CEBRASPE – 2023 – PC/AL – Delegado) A respeito do tráfico ilícito e uso indevido de substâncias entorpecentes, de crime organizado, dos crimes de tortura e dos crimes hediondos, julgue o item que se segue.

A caracterização da conduta de submeter pessoa presa a sofrimento mental, por intermédio da prática de ato não previsto em lei, como crime de tortura dispensa para seu aperfeiçoamento, o especial fim de agir por parte do agente.

COMENTÁRIOS

O art. 1º, § 1º, da Lei 9.455/97 pune a conduta de quem submete pessoa presa ou sujeita a medida de segurança a sofrimento físico ou mental, por intermédio da prática de ato não previsto em lei ou não resultante de medida legal. O dispositivo constitui expressão do art. 5.º, XLIX, da CF, que dispõe: "é assegurado aos presos o respeito à integridade física e moral".

Nesta modalidade do crime, o sujeito ativo pode ser qualquer pessoa (crime comum). Exige-se, no entanto, uma qualidade especial do sujeito passivo: estar preso (provisória ou definitivamente, compreendendo-se também os jovens infratores apreendidos, internados ou em estado de semiliberdade) ou submetido a medida de segurança (internação ou tratamento ambulatorial).

Aqui o tipo subjetivo se contenta com o dolo, não exigindo finalidade especial animando o agente. O crime se consuma com a submissão da vítima a sofrimento físico ou mental, e, por se tratar de crime plurissubsistente, é possível a tentativa.

Alternativa correta: "certo".

414. (Cespe - Delegado de Polícia - PC - PB/2022) Assinale a opção correta em relação às disposições estabelecidas na Lei n.º 9.455/1997.

a) A configuração do crime de tortura exige a prática de violência.

b) Para a caracterização do delito de tortura, é necessário que a conduta criminosa se destine a atingir um fim específico, como a obtenção de informação, declaração ou confissão sobre determinado fato.

c) O agente que se omite em face das condutas previstas nessa lei quando tinha o dever de apurá-las incorre nas mesmas penas previstas para os crimes nela descritos.

d) A perda do cargo público não é efeito automático da sentença que condena o servidor público pela prática do crime de tortura.

e) Não se exige que o sujeito ativo da tortura seja agente público para a caracterização dessa infração penal.

COMENTÁRIOS

Alternativa "a": nem sempre a tortura é cometida mediante violência. O art. 1º, inc. I, da Lei 9.455/97 dispõe: "constranger alguém com emprego de violência ou grave ameaça, causando-lhe sofrimento físico ou mental: (...)". É possível, portanto, cometer o crime mediante grave ameaça.

Alternativa "b": o fim de obter informação, declaração ou confissão da vítima ou de terceira pessoa pode ser um propósito de cometer a tortura, mas não é o único. É possível também, por exemplo, torturar alguém para provocar ação ou omissão de natureza criminosa. Ou também torturar sem uma finalidade específica, mas em razão de discriminação racial ou religiosa, ou também como forma de aplicar castigo pessoal ou medida de caráter preventivo.

Alternativa "c": de acordo com o art. 1º, § 2º, da Lei 9.455/97, quem se omite em face das condutas tipificadas nos dispositivos anteriores quando tinha o dever de evitá-las ou apurá-las incorre na pena de detenção de um a quatro anos. Essa pena é específica para o omitente.

Alternativa "d": o § 5º do art. 1º da Lei 9.455/97 dispõe que a condenação acarretará a perda do cargo, função ou emprego público e a interdição para seu exercício pelo dobro do prazo da pena aplicada. Ao contrário de outros dispositivos que se referem à necessidade de motivar a perda do cargo na sentença condenatória, o § 5º não impõe essa formalidade.

Alternativa "e": ao contrário do que ocorre em outros países, onde a tortura foi tipificada como um crime especial, traduzindo-se num comportamento abusivo de poder no trato dos direitos fundamentais do cidadão, colocando em mira a conduta de funcionários públicos, a Lei 9.455/97, em regra, etiquetou a tortura como delito comum, isto é, pode ser praticado por qualquer pessoa, sem a necessidade de qualidade ou condição especial do torturador.

Alternativa correta: letra "e".

415. (FGV – Delegado de Polícia – PC – RN/2021) A Lei nº 9.455/1997 tipifica o crime de tortura e aponta as suas diversas espécies. Sobre o delito em questão, analise as afirmativas a seguir.

I admite tentativa;

II. é insuscetível de graça ou anistia, mas permite o indulto;

III. pode ser praticado por conduta comissiva ou omissiva.

Está correto somente o que se afirma em:

a) I;

b) III;

c) I e II;

d) I e III;

e) II e III.

COMENTÁRIOS

Item I (responde, também, o item III): a maior parte das condutas tipificadas na Lei 9.455/97 admite a tentativa: a) tortura cometida com o fim de obter informação, declaração ou confissão da vítima ou de terceira pessoa (tortura-prova): o crime se consuma com o constrangimento causador de sofrimento à vítima, dispensando a efetiva obtenção da informação almejada. Por se tratar de crime plurissubsistente, a tentativa é perfeitamente possível; b) tortura para provocar ação ou omissão de natureza criminosa (tortura para a prática de crime): o crime se consuma com o constrangimento da vítima, desde que ocorra o sofrimento físico ou mental, conhecida a vontade do agente, sem que seja necessário que o torturado pratique a ação ou omissão criminosa. Assim como na figura anterior, a tentativa é possível; c) tortura em razão de discriminação racial ou religiosa (tortura discriminatória). A consumação se perfaz com o constrangimento da vítima, juntamente com seu sofrimento, sendo perfeitamente possível a tentativa; d) tortura na qual o agente submete alguém sob sua guarda, poder ou autoridade, com emprego de violência ou grave ameaça, a intenso sofrimento físico ou mental, como forma de aplicar castigo pessoal ou medida de caráter preventivo (tortura castigo): consuma-se com a submissão da vítima a intenso sofrimento físico ou mental, mediante violência ou grave ameaça, atrelada às finalidades previstas no tipo penal, sendo possível a tentativa; e) tortura na qual o agente submete pessoa presa ou sujeita a medida de segurança a sofrimento físico ou mental, por intermédio da prática de ato não previsto em lei ou não resultante de medida legal: o crime se consuma com a submissão da vítima a sofrimento físico ou mental. Tratando-se de crime plurissubsistente, é possível a tentativa; f) conduta de quem se omite em face de quaisquer das ações anteriores, quando tinha o dever de evitá-las ou apurá-las: cuida-se de crime omissivo próprio, consumando-se com um não fazer, razão pela qual *não admite* a tentativa (crime de mera conduta).

Item II: a Lei 8.072/90 vedou aos crimes hediondos e equiparados (categoria na qual se inclui a tortura) anistia, graça e *indulto*. Nota-se que a Lei 9.455/97 foi mais benevolente, proibindo à tortura somente anistia e graça (silenciando sobre o indulto). Essa postura do legislador despertou discussão na doutrina. Para Ricardo Antonio Andreucci "é certo que a Lei de Tortura, posterior, específica, vedou apenas a concessão de graça ou anistia, silenciando a respeito do indulto, o que revela o intuito do legislador de permitir tal benefício (Legislação Penal Especial, p. 354). Guilherme de Souza Nucci, por sua vez, ensina que, "onde se lê graça, deve-se ler igualmente indulto, pois este nada mais é do que o perdão coletivo (igualmente concedido pelo Presidente da República, por decreto, a quem queira). Aliás, não fosse essa a melhor interpretação e o Presidente não poderia conceder graça, pois esta modalidade de perdão não está elencada dentre as suas atribuições (o art. 84 da CF menciona somente indulto e comutação). Mas, por certo, tanto pode o Chefe do Executivo conceder um (graça) como o outro (indulto) – e assim vem sendo feito desde a edição da Constituição de 1988. Logo, é vedada concessão tanto de um (graça) quanto de outro (indulto) à tortura, por força do art. 5.º, XLIII, da CF." (*Leis Penais e Processuais penais Comentadas*, p. 744).

Alternativa correta: letra "d".

---

416. (UEG – Delegado de Polícia – PC – GO/2018) Na hipótese de um servidor público ser condenado pelo crime de tortura qualificada pelo resultado morte a uma pena de doze anos de reclusão, referida condenação acarretará a perda do cargo, função ou emprego público e a interdição para seu exercício por

a) cinco anos
b) dez anos
c) doze anos
d) vinte e quatro anos
e) trinta e seis anos

COMENTÁRIOS

Determina o art. 1º, § 5º, da Lei 9.455/97 que a condenação acarretará a perda do cargo, função ou emprego público e a interdição para o seu exercício *pelo dobro do prazo da pena aplicada*. Logo, se o agente foi condenado a doze anos de reclusão, a interdição deve durar vinte e quatro anos. Temos aqui uma consequência administrativa da condenação. Diferentemente do que ocorre no art. 92 do CP (em que se exige manifestação expressa do juiz a respeito dos efeitos da condenação), aqui os efeitos são automáticos, não sendo necessário que constem da sentença.

Alternativa correta: letra "d" (responde, também, as demais alternativas).

---

417. (Vunesp – Delegado de Polícia – CE/2015) Pode-se afirmar sobre o crime de tortura, regulado pela Lei nº 9.455/97, que

a) será sempre de competência da Justiça Federal, independentemente do lugar do crime.
b) é crime equiparado ao hediondo, caso ocorra o resultado morte.
c) quando praticado pelo militar, ele será julgado pela Justiça Militar.
d) o condenado por crime de tortura poderá perder o cargo, função ou emprego público, desde que este efeito seja expressamente declarado na sentença.
e) as lesões leves suportadas pela vítima serão absorvidas pelo crime de tortura.

COMENTÁRIOS

✪ **Nota do autor:** o crime de tortura foi tipificado por vários países como um crime especial, traduzindo-se num comportamento abusivo de poder no trato dos direitos fundamentais do cidadão. Colocam em mira a conduta de funcionários públicos. A Lei nº 9.455/97 não etiquetou a tortura como crime especial, mas como crime comum, que pode ser praticado por qualquer pessoa. O bem jurídico tutelado, como explicado por Alberto Silva Franco, tem um caráter bifronte, tutelando as garantias constitucionais básicas do cidadão não apenas em relação aos agravos realizados por funcionários públicos, mas também no que tange aos abusos praticados por qualquer pessoa.

Alternativa "a": não há regra que imponha a competência da Justiça Federal para julgar o crime de tortura em todas as hipóteses. A competência da Justiça Federal tem lugar nas situações descritas no art. 109 da Constituição Federal. Isso não quer dizer que a Justiça Federal jamais será competente para julgar o crime de tortura, que pode ser a ela submetido, por exemplo, na hipótese de extraterritorialidade incondicionada de que trata o art. 2º da Lei nº 9.455/97.

Alternativa "b": está errada a assertiva porque a tortura é crime equiparado a hediondo em todas as suas formas.

Alternativa "c": em outubro de 2017, entrou em vigor a Lei 13.491, que modificou o conceito de crime militar. De acordo com a nova redação do art. 9º, inciso II, do CPM, consideram-se crimes militares, em tempos de paz, os previstos no próprio CPM **e (inclusive)** os previstos na legislação penal. Antes, o inciso II dispunha que os crimes militares eram aqueles previstos no CPM, **embora também o fossem com igual definição na lei penal comum.** Não mais. Agora são militares os crimes tipificados no CPM **e também** os tipificados na legislação penal comum, desde que praticados na forma de uma das alíneas no inciso II. Dessa forma, o crime de tortura praticado por policial militar em serviço ou em razão da função se subsume à atual definição de crime militar e pode ser julgado pela Justiça Militar.

Alternativa "d": determina o § 5º do art. 1º da Lei nº 9.455/97 que a condenação acarretará a perda do cargo, função ou emprego público e a interdição para o seu exercício pelo dobro do prazo da pena aplicada. Temos aqui uma consequência administrativa da condenação por crimes tipificados nesta lei. Diferentemente do que ocorre nos arts. 91 e 92 do CP (em que se exige manifestação expressa do juiz a respeito dos efeitos da condenação), aqui os efeitos são automáticos, não sendo necessário que conste da sentença.

Alternativa "e": no crime de tortura, a ocorrência de lesão corporal de natureza grave faz incidir a qualificadora do art. 1º, § 3º. Se, todavia, a lesão corporal for de natureza leve, será considerada integrada ao emprego da violência que caracteriza o crime.

Alternativa correta: letra "e".

418. (ACAFE – Delegado de Polícia – SC/2014) De acordo com a legislação em vigor, assinale a alternativa correta.

a) Deixar de observar as cautelas necessárias para impedir que menor de 21 (vinte e um) anos ou pessoa portadora de deficiência motora se apodere de arma de fogo que esteja sob sua posse ou que seja de sua propriedade, sujeita o agente a uma pena de um a dois anos de detenção e multa.

b) Violar direitos de autor de programa de computador que consista na reprodução, por qualquer meio, de programa de computador, no todo ou em parte, para fins de comércio, sem autorização expressa do autor ou de quem o represente, sujeita o agente a uma pena de seis meses a dois anos de detenção ou multa.

c) Constitui crime de tortura constranger alguém com emprego de violência ou grave ameaça, causando-lhe sofrimento físico ou mental, com o fim de obter informação, declaração ou confissão da vítima ou de terceira pessoa.

d) Não constitui crime publicar anúncio de publicidade de estabelecimentos autorizados a realizar transplantes e enxertos, relativo a estas atividades.

e) Ocultar ou dissimular a natureza, origem, localização, disposição, movimentação ou propriedade de bens, direitos ou valores provenientes, direta ou indiretamente, de infração administrativa, sujeita o agente a uma pena de três a dez anos de reclusão e multa.

COMENTÁRIOS

Alternativa "a": o crime de omissão de cautela na guarda de arma de fogo, tipificado no art. 13 da Lei nº 10.826/03, consiste em deixar de observar as cautelas necessárias para impedir que **menor de dezoito anos** ou pessoa portadora de **deficiência mental** (não motora) se apodere de arma de fogo que esteja sob sua posse ou que seja de sua propriedade.

Alternativa "b": ao crime nela descrito, tipificado no art. 12, § 1º, da Lei nº 9.609/98, é cominada pena de um a quatro anos, e multa.

Alternativa "c": o art. 1º, inciso I, alínea *a*, da Lei nº 9.455/97 pune a conduta de constranger alguém com emprego de violência ou grave ameaça, causando-lhe sofrimento físico ou mental, com o fim de obter informação, declaração ou confissão da vítima ou de terceira pessoa. Na presente figura, age o torturador com o fim de obter informação, declaração ou confissão da vítima ou de terceira pessoa. Sendo crime comum, estarão incluídas tanto a conduta do policial que pratica a violência contra uma pessoa para dela obter uma informação, como a do particular (credor) que se utiliza da violência para conseguir de alguém (devedor) a confissão de uma dívida. O crime se consuma com o constrangimento causador de sofrimento à vítima, dispensando a efetiva obtenção da informação almejada. Por se tratar de crime plurissubsistente, a tentativa é perfeitamente possível.

Alternativa "d": a Lei nº 9.434/97, que dispõe sobre a remoção de órgãos, tecidos e partes do corpo humano para fins de transplante e tratamento e dá outras providências, estabelece, no art. 11, ser proibida a veiculação, através de qualquer meio de comunicação social de anúncio que configure: a) publicidade de estabelecimentos autorizados a realizar transplantes e enxertos, relativa a estas atividades; b) apelo público no sentido da doação de tecido, órgão ou parte do corpo humano para pessoa determinada identificada ou não, ressalvado o disposto no parágrafo único; c) apelo público para a arrecadação de fundos para o financiamento de transplante ou enxerto em benefício de particulares. A publicação de anúncio ou apelo público em desacordo com o disposto no art. 11 é crime punido com pagamento de 100 a 200 dias-multa.

Alternativa "e": configuram lavagem de dinheiro as condutas de ocultar ou dissimular a natureza, origem, localização, disposição, movimentação ou propriedade de bens, direitos ou valores provenientes, direta ou indiretamente, de **infração penal** (não administrativa).

Alternativa correta: letra "c".

81.15. CRIMES CONTRA AS RELAÇÕES DE CONSUMO

419. (Cespe – Delegado de Polícia – PE/2016) Ana contratou Cláudio, prestador de serviços, para consertar seu aparelho de televisão. Sem autorização de Ana e sem motivo justo, Cláudio utilizou, dolosamente, peças de reposição usadas na reparação do aparelho.

Nessa situação hipotética, a conduta de Cláudio é considerada

a) crime previsto no Código de Defesa do Consumidor (CDC).

b) crime previsto no CP.

c) crime previsto na Lei nº 8.137/1990, que define crimes contra a ordem tributária, econômica e contra as relações de consumo, e dá outras providências.

d) atípica, pois não há lei que preveja essa conduta como crime.

e) contravenção penal.

COMENTÁRIOS

O art. 70 da Lei nº 8.078/90 pune, com detenção de três meses a um ano, a conduta de empregar, na reparação de produtos, peça ou componentes de reposição usados, sem autorização do consumidor. Note-se que o tipo contém um elemento normativo, pois só existe o crime se a conduta ocorrer sem autorização do consumidor. Há quem considere esta figura delituosa um exemplo de criminalização exagerada, que ignora o princípio da *ultima ratio*, pois o fato poderia ser satisfatoriamente apurado e punido no âmbito administrativo (com multa ou interdição do estabelecimento, por exemplo).

Alternativa correta: letra "a" (responde, também, as demais alternativas).

420. (ACAFE – Delegado de Polícia – SC/2014) Considerando as disposições da Lei 8.078/90, que cuida da proteção do consumidor e da Lei 1521/51, relativa aos crimes contra a economia popular, assinale a alternativa correta.

a) Constituem crimes contra as relações de consumo omitir dizeres ou sinais ostensivos sobre a nocividade ou periculosidade de produtos, nas embalagens, nos invólucros, recipientes ou publicidade e deixar de organizar dados fáticos, técnicos e científicos que dão base à publicidade.

b) Constitui crime contra a economia popular o fornecedor colocar no mercado de consumo produto ou serviço que sabe ou deveria saber apresentar alto grau de nocividade ou periculosidade à saúde ou segurança.

c) Constitui crime contra as relações de consumo misturar gêneros e mercadorias de espécies diferentes, expô-los à venda ou vendê-los, como puros, misturar gêneros e mercadorias de qualidades desiguais para expô-los à venda ou vendê-los por preço marcado para os de mais alto custo.

d) Constitui crime contra a economia popular executar serviços sem a prévia elaboração de orçamento e autorização expressa do consumidor, ressalvadas as decorrentes de práticas anteriores entre as partes.

e) Constitui crime contra a economia popular restringir direitos ou obrigações fundamentais inerentes à natureza do contrato, de tal modo a ameaçar seu objeto ou equilíbrio contratual.

COMENTÁRIOS

✪ **Nota do autor:** a questão foi ANULADA porque apresenta duas alternativas corretas ("a" e "c").

Alternativa "a": está correta a assertiva, que descreve dois fatos tipificados na Lei nº 8.078/90: a) o art. 63, que pune, com detenção de seis meses a dois, e multa, a conduta de omitir dizeres ou sinais ostensivos sobre a nocividade ou periculosidade de produtos, nas embalagens, nos invólucros, recipientes ou publicidade; b) e o art. 69, que pune, com detenção de um a seis meses, ou multa, a conduta omissiva de deixar de organizar dados fáticos, técnicos e científicos que dão base à publicidade.

Alternativa "b": está errada a assertiva. Não é crime, evidentemente, dispor ao consumidor produto ou serviço que apresente alto grau de nocividade ou periculosidade à saúde ou segurança, pois há inúmeros produtos que, não obstante sejam nocivos, são de utilização indispensável. É, no entanto, obrigação do fornecedor informar, de maneira ostensiva e adequada, a respeito da nocividade, sob pena de se caracterizar o delito do art. 63 da Lei nº 8.078/90.

Alternativa "c": também está correta. A assertiva aponta se tratar de crime contra as relações de consumo as condutas de misturar gêneros e mercadorias de espécies diferentes, expô-los à venda ou vendê-los, como puros, misturar gêneros e mercadorias de qualidades desiguais para expô-los à venda ou vendê-los por preço marcado para os de mais alto custo. A conduta está descrita entre os crimes contra a economia popular (art. 2º, inciso V, da Lei nº 1.521/5). Embora o enunciado da questão faça referência somente às Leis nº 8.078/90 e 1.521/51, esta conduta é também tipificada na Lei nº 8.137/90 dentre os crimes contra as relações de consumo (art. 7º, inciso III). Daí porque a possibilidade de que a assertiva seja também considerada correta, acarretando a anulação da questão.

Alternativa "d": está errada a assertiva, que não descreve conduta criminosa. É, sim, prática abusiva, inserida no art. 39, inciso VI, da Lei nº 8.078/90.

Alternativa "e": está errada a assertiva, que também não se refere a conduta criminosa. O ato de restringir direitos ou obrigações fundamentais inerentes à natureza do contrato, de tal modo a ameaçar seu objeto ou equilíbrio contratual, faz com que se presuma exagerada a vantagem contratual no que concerne às cláusulas abusivas (art. 51 da Lei nº 8.078/90).

81.16. ESTATUTO DA PESSOA IDOSA

421. (ACAFE – Delegado de Polícia – SC/2014) Analise as afirmações a seguir, identifique o que constitui crime praticado contra o idoso e assinale a alternativa correta.

I. Obstar o acesso de alguém a qualquer cargo público por motivo de idade.

II. Recusar, retardar ou dificultar atendimento ou deixar de prestar assistência à saúde, sem justa causa, a pessoa com mais de 55 anos.

III. Deixar de cumprir, retardar ou frustrar, sem justo motivo, a execução de ordem judicial expedida nas ações em que for parte ou interveniente pessoa com mais de 65 anos.

IV. Reter o cartão magnético de conta bancária relativa a benefícios, proventos ou pensão de pessoa com mais de 70 anos, bem como qualquer outro documento, com objetivo de assegurar recebimento ou ressarcimento de dívida.

a) Todas as afirmações estão corretas.

b) Apenas II e III estão corretas.

c) Apenas I, II e III estão corretas.

d) Apenas I, III e IV estão corretas.

e) Apenas III e IV estão corretas.

COMENTÁRIOS

Item I: de acordo com o art. 100, inciso I, da Lei nº 10.741/03 é crime, punido com reclusão de seis meses a um ano, e multa, a conduta de obstar o acesso de alguém a qualquer cargo público por motivo de idade. A idade a que se refere o tipo penal é a de sessenta anos ou mais, pois a conduta é tipificada no Estatuto da Pessoa Idosa, que considera essa faixa etária para efeito de proteção especial.

Item II: a Lei nº 10.741/03 estabelece proteção especial aos indivíduos com idade igual ou superior a sessenta anos (art. 1º).

Item III: o art. 101 da Lei nº 10.741/03 pune, com detenção de seis meses a um ano, e multa, as condutas de deixar de cumprir, retardar ou frustrar, sem justo motivo, a execução de ordem judicial expedida nas ações em que for parte ou interveniente o idoso. Considerando que a assertiva menciona pessoa de sessenta e cinco anos, que se enquadra na definição do art. 1º, está correta.

Item IV: o art. 104 da Lei nº 10.741/03 pune, com detenção de seis meses a dois anos, e multa, a conduta de reter o cartão magnético de conta bancária relativa a benefícios, proventos ou pensão do idoso, bem como qualquer outro documento com objetivo de assegurar recebimento ou ressarcimento de dívida. Na definição de idoso se subsume, evidentemente, o maior de setenta anos.

Alternativa correta: letra "d".

---

422. (Delegado de Polícia – AP / 2010 – FGV) Relativamente ao Estatuto da Pessoa Idosa (Lei nº 10.741/2003), analise as afirmativas a seguir:

I. O Estatuto da Pessoa Idosa é destinado a regular os direitos assegurados às pessoas com idade igual ou superior a 65 (sessenta e cinco) anos.

II. Os crimes definidos no Estatuto da Pessoa Idosa são de ação penal pública incondicionada, não se lhes aplicando os arts. 181 e 182 do Código Penal.

III. Aos crimes previstos no Estatuto da Pessoa Idosa, cuja pena máxima privativa de liberdade não ultrapasse 2 (dois) anos, aplica-se o procedimento previsto na Lei nº 9.099, de 26 de setembro de 1995, e, subsidiariamente, no que couber, as disposições do Código Penal e do Código de Processo Penal.

Assinale:

a) se somente a afirmativa I estiver correta.

b) se somente a afirmativa II estiver correta.

c) se somente a afirmativa III estiver correta.

d) se somente as afirmativas II e III estiverem corretas.

e) se todas as afirmativas estiverem corretas.

COMENTÁRIOS

Item I: nos termos do art. 1º da Lei nº 10.741/03, o Estatuto é "destinado a regular os direitos assegurados às pessoas com idade igual ou superior a 60 (sessenta) anos.".

Item II: o art. 95 da Lei nº 10.741/03 dispõe que os crimes nela definidos são de ação penal pública incondicionada, não se lhes aplicando os arts. 181 e 182 do Código Penal.

Item III: o art. 94 da Lei nº 10.741/03 dispõe que aos crimes previstos nesta Lei, cuja pena máxima privativa de liberdade *não ultrapasse quatro anos*, aplica-se o procedimento previsto na Lei nº 9.099/95 e, subsidiariamente, no que couber, as disposições do Código Penal e do Código de Processo Penal. Note que o dispositivo foi questionado no STF por meio de ação direta de inconstitucionalidade (ADI 3096-5), na qual se decidiu, conferindo interpretação conforme a Constituição Federal, que se aplica unicamente o rito sumaríssimo disciplinado na Lei nº 9.099/95, que, especialmente pela celeridade, beneficia o idoso. Excluiu-se qualquer possibilidade de aplicação de medidas despenalizadoras e interpretação favorável ao autor do crime.

Alternativa correta: letra "b".

81.17. CRIMES DE TRÂNSITO

423. (CEBRASPE – Delegado de Polícia – PE/2024) A respeito dos crimes de trânsito, julgue os itens a seguir, com base na Lei n.º 9.503/1997.

I. A penalidade de suspensão ou de proibição de se obter a permissão ou a habilitação para dirigir veículo automotor não se inicia enquanto o sentenciado, por efeito de condenação penal, estiver em regime aberto, na modalidade de prisão domiciliar.

II. Constitui crime, punido com reclusão, a participação, na direção de veículo automotor, na via pública, em corrida, disputa ou competição automobilística ou ainda em exibição ou demonstração de perícia em manobra de veículo automotor, não autorizada pela autoridade competente, que gere situação de risco à incolumidade pública ou privada.

III. Em determinados crimes previstos no Código de Trânsito Brasileiro, é permitida a substituição de pena privativa de liberdade por pena restritiva de direitos, na modalidade de prestação de serviços à comunidade, consistente em trabalho, aos fins de semana, em equipes de resgate dos corpos de bombeiros e em outras unidades móveis especializadas no atendimento a vítimas de trânsito.

Assinale a opção correta.

a) Nenhum item está certo.

b) Apenas o item I está certo.

c) Apenas o item II está certo.

d) Apenas o item III está certo.

e) Todos os itens estão certos.

COMENTÁRIOS

Item I: o art. 293, § 2º, da Lei 9.503/97 dispõe que a penalidade de suspensão ou de proibição de se obter a permissão ou a habilitação para dirigir veículo automotor não se inicia enquanto o sentenciado, por efeito de condenação penal, estiver recolhido a estabelecimento prisional. Dessa forma, a regra não se aplica no caso de prisão domiciliar.

Item II: de fato, é crime participar, na direção de veículo automotor, em via pública, de corrida, disputa ou competição automobilística ou ainda de exibição ou demonstração de perícia em manobra de veículo automotor, não autorizada pela autoridade competente, gerando situação de risco à incolumidade pública ou privada. O tipo penal é o do art. 308 da Lei 9.503/97. A pena na forma básica (*caput*), no entanto, não é de reclusão, mas de detenção.

Item III: de acordo com o art. 312-A da Lei 9.503/97, nos crimes tipificados entre os arts. 302 e 312, se o juiz substitui a pena privativa de liberdade por pena restritiva de direitos, esta deverá ser de prestação de serviço à comunidade ou a entidades públicas, em uma das seguintes atividades: a) trabalho, aos fins de semana, em equipes de resgate dos corpos de bombeiros e em outras unidades móveis especializadas no atendimento a vítimas de trânsito; b) trabalho em unidades de pronto-socorro de hospitais da rede pública que recebem vítimas de sinistro de trânsito e politraumatizados; c) trabalho em clínicas ou instituições especializadas na recuperação de sinistrados de trânsito; d) outras atividades relacionadas a resgate, atendimento e recuperação de vítimas de sinistros de trânsito. Segundo Diego Luiz Victório Pureza: "Em que pese a nobre intenção do legislador em criar sanções pedagógicas no sentido de conscientizar o infrator da responsabilidade de conduzir veículo automotor seguindo todas as normas de segurança viária, com a devida vênia entendemos se tratar de sanções absolutamente inócuas. Isso porque, sabendo que em serviços de resgate e atendimento a feridos somente profissionais devidamente habilitados poderão atuar, o condenado ficará impossibilitado de efetivamente trabalhar. Será um mero expectador [sic]. Com isso, a pena se resumirá em períodos em que o condenado observará profissionais socorrendo e prestando pronto atendimento às vítimas de trânsito – correndo o risco, inclusive, de atrapalhar os profissionais com sua presença nos respectivos locais ou ocupando espaço em viaturas de socorro" (Leis Penais Especiais. Coleção Sinopse para Concursos, v. 4. Salvador: Editora Juspodivm, 2021, p. 452).

Alternativa correta: letra "d".

---

424. (UFPR – Delegado de Polícia – PC – PR/2021) O art. 306 do Código de Trânsito Brasileiro assim dispõe:

Art. 306. Conduzir veículo automotor com capacidade psicomotora alterada em razão da influência de álcool ou de outra substância psicoativa que determine dependência: Penas - detenção, de seis meses a três anos, multa e suspensão ou proibição de se obter a permissão ou a habilitação para dirigir veículo automotor.

§ 1° As condutas previstas no caput serão constatadas por: I - concentração igual ou superior a 6 decigramas de álcool por litro de sangue ou igual ou superior a 0,3 miligrama de álcool por litro de ar alveolar; ou II - sinais que indiquem, na forma disciplinada pelo Contran, alteração da capacidade psicomotora.

A partir do exposto, e de acordo com a interpretação do STJ, assinale a alternativa que apresenta a classificação desse crime e sua correspondente demonstração da efetiva potencialidade lesiva da conduta para a caracterização típica, respectivamente.

a) Crime de perigo abstrato - demonstração desnecessária.
b) Crime de perigo concreto - demonstração desnecessária.
c) Crime de perigo abstrato - demonstração indispensável.
d) Crime de perigo concreto - demonstração indispensável.
e) Crime de perigo concreto - demonstração presumida.

COMENTÁRIOS

O crime de perigo dispensa a efetiva lesão, configurando-se com a simples exposição do bem jurídico a perigo, que pode ser: a) concreto: nessa modalidade, exige-se efetiva comprovação de risco para o bem jurídico; b) abstrato, presumido ou de simples desobediência: a própria lei presume perigosa a ação, dispensando-se a comprovação de que houve efetivo perigo ao bem jurídico tutelado. De acordo com o STJ, a embriaguez na direção de veículo automotor é crime de perigo abstrato: "A jurisprudência sedimentada desta Corte Superior de Justiça está fixada no sentido de que é de perigo abstrato o delito previsto no art. 306 do Código de Trânsito Brasileiro, sendo desnecessária a demonstração da efetiva potencialidade lesiva da conduta; e de que, para a tipificação do citado crime, a partir da vigência das Leis n. 11.705/2008 e 12.760/2012, não há exigência quanto a estar comprovada a modificação da capacidade motora do Agente. Assim, não há falar em absolvição ao argumento de que não ficou demonstrada a alteração da capacidade psicomotora" (AgRg no AgRg no AREsp 1.829.045/GO, j. 17/08/2021).

Alternativa correta: letra "a" (responde, também, as demais alternativas).

---

425. (FGV – Delegado de Polícia – PC – RN/2021) Durante almoço comemorativo, José emprestou seu carro a Matheus, para que ele fosse buscar sua namorada, ciente de que este não possuía carteira de habilitação. Quando trafegava normalmente pela via pública, Matheus foi parado em blitz rotineira, sendo constatado que não possuía a devida autorização legal para dirigir.

Diante desse quadro fático, de acordo com as previsões legais e jurisprudência do Superior Tribunal de Justiça:

a) José responderá pelo crime de entregar veículo automotor a pessoa não habilitada, enquanto Matheus deverá ser absolvido em razão da atipicidade comportamental;

b) José e Matheus não responderão por qualquer infração penal, pois suas condutas não geraram qualquer perigo de dano ao bem jurídico protegido;

c) a conduta de José é atípica, devendo Matheus responder pelo crime de dirigir veículo em via pública sem a devida permissão ou habilitação;

d) caso viesse a causar lesão culposa em terceiro, Matheus responderia pelos crimes de lesão culposa na direção de veículo automotor e de dirigir em via pública sem a devida permissão ou habilitação, em concurso material;

e) José responderá pelo crime de entregar veículo automotor a pessoa não habilitada, enquanto Matheus responderá pelo crime de dirigir veículo em via pública sem a devida permissão ou habilitação.

COMENTÁRIOS

Alternativa "a" (responde, também, as alternativas "b", "c" e "e"): José deve responder pelo crime tipificado no art. 310 da Lei 9.503/97. Matheus não cometeu crime porque, embora a conduta de dirigir sem habilitação esteja tipificada no art. 309 da Lei 9.503/97, o crime é de perigo concreto, ou seja, é necessário que o motorista gere perigo de dano, o que não ocorreu, tendo em vista que Matheus trafegava normalmente quando foi submetido à fiscalização. Note-se que José deve ser responsabilizado porque o crime do art. 310 é de perigo abstrato (súmula 575 do STJ).

Alternativa "d": se, conduzindo o veículo sem habilitação, Matheus provocasse lesão corporal culposa em alguém, não haveria concurso de crimes. A conduta se subsumiria ao art. 303 da Lei 9.503/97 – que pune a lesão corporal –, com a pena majorada em virtude da inabilitação (§ 1º do art. 303).

Alternativa correta: letra "a".

---

426. (Inst. Acesso – Delegado de Polícia – PC – ES/2019) Em relação às infrações penais relacionadas ao trânsito, assinale a opção correta.

a) O fato de dirigir perigosamente automóvel sem ser habilitado, vindo a causar lesão corporal em transeunte, implica o delito de lesão corporal culposa (art. 303 do CTB - Lei 9.503/97), o qual, em regra, é de ação penal pública condicionada a representação do ofendido. Contudo, caso a vítima não ofereça a representação para a deflagração da ação penal por tal delito, poderá o ministério público deflagrar a ação penal em desfavor do agente pelo delito previsto no artigo 309 do CTB - Lei 9.503/97, consoante entendimento do STJ.

b) O crime de conduzir automóvel sem possuir permissão para dirigir ou habilitação é classificado como sendo de perigo concreto, cuja tipificação exige a prova de geração do perigo de dano, sendo desnecessário que a condução do veículo ocorra em via pública.

c) A contravenção de falta de habilitação para dirigir veículo ainda se encontra em vigor em relação às embarcações a motor, sendo que sua caracterização também exige a prova da geração de perigo de dano.

d) A embriaguez ao volante é crime de perigo concreto, sendo necessário ainda para a sua configuração, que tal delito seja perpetrado em via pública.

e) O fato de o agente descumprir, deliberadamente, a decisão proferida por autoridade administrativa de trânsito, determinando a suspensão para dirigir veículo automotor, não caracteriza, segundo o STJ, o delito previsto no art. 307 do CTB.

COMENTÁRIOS

Alternativa "a": o art. 303 do Código de Trânsito tipifica a lesão corporal culposa, que, segundo o § 1º, pode ter a pena aumentada de um terço à metade se o motorista não for habilitado para conduzir o veículo. Ocorre que o Código de Trânsito tipifica de forma autônoma no art. 309 a conduta de dirigir veículo automotor, em via pública, sem habilitação e gerando perigo de dano. Em regra, quando o motorista não habilitado comete a lesão corporal, o crime autônomo do art. 309 não se tipifica, porque a falta de habilitação é uma causa de aumento de pena específica do crime de dano à integridade física: "A jurisprudência deste Superior Tribunal de Justiça firmou-se no sentido de que o crime de lesão corporal culposa (art. 303 do CTB) absorve o delito de direção sem habilitação (art. 309 do CTB), funcionando este como causa de aumento de pena (art. 303, parágrafo único, do CTB). Destarte, extinta a punibilidade do agente em face da expressa renúncia da vítima ao direito de representação pelo delito de lesão corporal, também fica extinta a punibilidade com relação ao crime de direção sem habilitação, menos grave, porquanto absorvido. (HC 25.082/SP, Rel. Min. Laurita Vaz, Quinta Turma, DJ 12/04/2004)" (HC 299.223/RJ, j. 24/05/2016). Mas há decisões posteriores nas quais o tribunal concluiu que, extinta a punibilidade relativamente à lesão corporal por ausência de representação da vítima, a falta de habilitação deve ser punida autonomamente: "A jurisprudência dominante nesta Corte Superior rechaça a aplicação do princípio da consunção entre os tipos penais previstos nos arts. 303 e 309 do Código de Trânsito Brasileiro – CTB (lesão corporal na direção de veículo e dirigir veículo sem a devida habilitação), por tutelarem bens jurídicos diversos e não guardarem relação de crime meio e crime fim entre si" (AgRg no RHC 117.454/PR, j. 21/11/2019).

Alternativa "b": somente se pune o motorista que dirige sem habilitação se a provocação de perigo de dano ocorrer na via pública.

Alternativa "c": de fato, o art. 32 do Decreto-lei nº 3.688/41 foi revogado pelo art. 309 da Lei nº 9.503/97 no tocante à direção de veículo na via pública sem habilitação. A contravenção permanece em vigor quanto à condução de embarcação a motor em águas públicas. Mas, ao contrário do crime do art. 309 do CTB, a contravenção dispensa prova da geração de perigo de dano.

Alternativa "d": note-se inicialmente que o crime de conduzir veículo automotor com capacidade psicomotora alterada em razão da influência de álcool ou de outra substância psicoativa que determine dependência é de perigo abstrato, isto é, dispensa prova da geração de perigo de dano a bem jurídico alheio. Além disso, a atual redação do tipo, conferida pela Lei 12.760/12, não faz referência à necessidade de que a conduta ocorra em via pública. A Lei 9.503/97 rege o trânsito de qualquer natureza nas vias terrestres do território nacional abertas à circulação (art. 1º). São vias terrestres urbanas e rurais as ruas, as avenidas, os logradouros, os caminhos, as passagens, as estradas e as rodovias, que terão seu uso regulamentado pelo órgão ou entidade com circunscrição sobre elas, de acordo com as peculiaridades locais e as circunstâncias especiais (art. 2º, caput). Para os efeitos das leis de trânsito, são consideradas vias terrestres as praias abertas à circulação pública, as vias internas pertencentes aos condomínios constituídos por unidades autônomas e as vias e áreas de estacionamento de estabelecimentos privados de uso coletivo (art. 2º, parágrafo único).

Alternativa "e": o art. 307 do CTB pune a conduta de violar a suspensão ou a proibição de se obter a permissão ou a habilitação para dirigir veículo automotor imposta com fundamento no próprio Código de Trânsito. A violação ocorre no momento em que o agente, embora impedido de dirigir, coloca em movimento o veículo. Enquanto a proibição de se obter a permissão ou a habilitação é imposta apenas por via judicial (o rol do art. 256 do CTB não contempla esta medida entre as competências da autoridade de trânsito), a suspensão pode ser decretada tanto judicial quanto administrativamente. Ao tratar da conduta criminosa de violação à restrição de direito imposta, o art. 307 do CTB não é expresso em relação a qual forma de suspensão pode servir de pressuposto para a tipificação, isto é, se somente a judicial ou se também a administrativa. Em decisão proferida no HC 427.472/SP (j. 23/08/2018), o STJ adotou a tese de que somente é típico o descumprimento da decretação judicial: "A controvérsia jurídica cinge-se a analisar se a tipicidade requerida pela descrição penal do art. 307 do CTB abrange tanto a restrição administrativa quanto a judicial que impõe a suspensão ou a proibição de se obter a permissão ou a habilitação para dirigir veículo automotor. A suspensão da habilitação para dirigir veículo automotor, antes restrita a mera penalidade de cunho administrativo, passou a ser disciplinada como sanção criminal autônoma, tanto pelo Código Penal - CP, ao defini-la como modalidade de pena restritiva de direitos, como pelo Código de Trânsito Brasileiro - CTB, ao definir penas para o denominados "crimes de trânsito". Dessarte, resta evidente que o legislador quis qualificar a suspensão ou proibição para dirigir veículo automotor como pena de natureza penal, deixando para a hipótese administrativa o seu viés peculiar. A conduta de violar decisão administrativa que suspende a habilitação para dirigir veículo automotor não configura o crime do artigo 307, caput, do CTB, embora possa constituir outra espécie de infração administrativa, segundo as normas correlatas., pois, dada a natureza penal da sanção, somente a decisão lavrada por juízo penal pode ser objeto do descumprimento previsto no tipo do art. 307, caput, do CTB no referido tipo" (HC 427.472/SP, j. 23/08/2018).

Alternativa correta: letra "e".

427. (Inst. Acesso - Delegado de Polícia - PC - ES/2019) João, muito feliz com seu noivado com Isabel, marcou um churrasco comemorativo com os familiares de ambos. A comemoração foi marcada para o dia 21/07/2017 e ocorreu na casa de Isabel. O festejo teve início às 12 horas, perdurando até às 22 horas. Por volta das 23 horas, João se despediu da noiva e partiu para casa em seu carro. No caminho de regresso, João - que estava com sua capacidade psicomotora visivelmente alterada, em decorrência de bebida alcoólica que ingeriu durante a comemoração - subiu com seu carro em uma calçada e atropelou Marcos, causando-lhe lesões leves, em diversas partes do corpo. João pediu socorro, ligando para o corpo de bombeiros e a polícia. Com a chegada dos policiais João foi submetido ao teste de dosagem alcoólica no ar expirado (exame de bafômetro), que fez voluntariamente. Constatou-se que a concentração de álcool por litro de seu sangue era superior à quantidade permitida na lei. Marcos, por sua vez, foi atendido e encaminhado para um hospital.

Tendo em vista a situação narrada e as regras sobre os crimes de trânsito constantes no Código de Trânsito Brasileiro (CTB - Lei nº 9.503/97), é INCORRETO afirmar que, no presente caso, incide

a) uma causa especial de aumento de pena conforme determina o § 1° do art. 303 combinado com o art. 302, § 1°, II todos do CTB.

b) o § 2° do art. 291 do CTB e deverá ser lavrado um termo circunstanciado sobre a ocorrência.

c) o § 2° do art. 291 do CTB e deverá ser aberto inquérito policial para investigar a infração.

d) o rol de crimes previstos nos art. 303, caput, (lesão corporal culposa na direção de veículo automotor) bem como o previsto no art. 306, caput, (condução de veículo automotor com capacidade psicomotora alterada em razão da influência de álcool) ambos do CTB, todos fundamentados pelo art. 69 do Código Penal (CP).

e) a circunstância prevista no art. 291, § 1°, I do CTB, em razão da lesão corporal culposa decorrente da condução de veículo automotor sob a influência de álcool e se afasta, portanto, a possibilidade da aplicação de benefícios presente na Lei 9.099/95.

COMENTÁRIOS

Alternativa "a": de fato, incide causa de aumento neste caso, pois João atropelou a vítima na calçada. O art. 303, § 1º, do CTB determina que sejam aplicadas à lesão corporal as mesmas majorantes incidentes no homicídio praticado na direção de veículo automotor. O art. 302 do CTB, que tipifica o homicídio, no § 1º, inc. II aumenta a pena de 1/3 a 1/2 se o crime é cometido na faixa de pedestres ou na calçada. Segundo o STJ, não é necessário que o motorista esteja de fato trafegando sobre a calçada; basta que, por qualquer razão, o veículo se projete sobre ela e atinja o pedestre (AgRg nos EDcl no REsp 1.499.912/SP, j. 05/03/2020).

Alternativa "b" (responde, também, as alternativas "c" e "e"): o art. 291 do CTB estabelece que aos crimes cometidos na direção de veículos automotores aplicam-se as normas gerais do CP e do CPP, a não ser que o próprio CTB disponha de modo diverso. Aplicam-se também os arts. 74, 76 e 88 da Lei 9.099/95, exceto se o agente estiver: I - sob a influência de álcool ou qualquer outra substância psicoativa que determine dependência (que é o caso de João); II - participando, em via pública, de corrida, disputa ou competição automobilística, de exibição ou demonstração de perícia em manobra de veículo automotor, não autorizada pela autoridade competente; III - transitando em velocidade superior à máxima permitida para a via em 50 km/h. Nestes casos, não se aplicam os arts. 74, 76 e 88 da Lei 9.099/95 e a autoridade policial *deve instaurar inquérito policial* para a investigação da infração penal (não se lavra, portanto, termo circunstanciado).

Alternativa "d": o art. 303 do CTB pode ser qualificado quando o agente conduz o veículo com capacidade psicomotora alterada em razão da influência de álcool ou de outra substância psicoativa que determine dependência. É necessário, todavia, que o crime resulte em lesão corporal de natureza grave ou gravíssima. Como narra o enunciado, Marcos sofreu apenas lesões leves, o que, portanto, afasta a qualificadora. Neste caso, imputam-se em concurso o crime do art. 303, *caput* e o crime do art. 306, que pune a condução sob a influência de álcool.

Alternativa correta: letra "b".

428. (Vunesp - Delegado de Polícia - PC - BA/2018) Considere o seguinte caso hipotético.

A velocidade máxima permitida na Rua A é de 50 Km/h. "Y", conduzindo seu veículo a 120 Km/h pela Rua A, atropela "Z", provocando-lhe lesões corporais. Diante do exposto e considerando que "Y" cometeu um crime culposo de trânsito nos termos da Lei nº 9.503/1997, é correto afirmar que a conduta de "Y" tipifica o crime de

a) lesão corporal culposa na direção de veículo automotor, de ação penal pública condicionada e com possibilidade de aplicação da composição dos danos civis prevista na Lei nº 9.099/95.
b) lesão corporal culposa na direção de veículo automotor, de ação penal pública condicionada e com possibilidade de aplicação da transação penal prevista na Lei nº 9.099/95.
c) lesão corporal culposa na direção de veículo automotor, de ação penal pública incondicionada, não sendo possível a aplicação da transação penal prevista na Lei nº 9.099/95.
d) lesão corporal culposa na direção de veículo automotor, de ação penal pública incondicionada e com possibilidade de aplicação da composição dos danos civis prevista na Lei nº 9.099/95.
e) tentativa de homicídio na direção de veículo automotor, de ação penal pública incondicionada, não sendo possível a aplicação da transação penal prevista na Lei nº 9.099/95.

COMENTÁRIOS

O art. 303 do CTB pune a conduta de praticar lesão corporal culposa na direção de veículo automotor. No exemplo do enunciado, sem observar o dever objetivo de cuidado decorrente da direção de um veículo, pois trafegava em velocidade muito acima da permitida, "Y" atropelou "Z", causando-lhe ferimentos. A lesão corporal culposa na direção de veículo automotor normalmente se submete à regra da ação penal pública condicionada a representação do ofendido, como estabelece o art. 291, § 1º, do CTB. O mesmo dispositivo, no entanto, afasta a regra nas situações em que, no momento do acidente, o motorista transitava em velocidade superior à máxima permitida para a via em 50 km/h. Segundo o enunciado, a velocidade em que "Y" trafegava superava em 70 km/h a máxima permitida no local, razão por que a ação penal é pública incondicionada. Pela mesma razão, afasta-se a possibilidade de transação penal.

Alternativa correta: letra "c" (responde, também, as demais alternativas).

429. (Cespe - Delegado de Polícia - PC - SE/2018 - Adaptada) Julgue os itens seguintes, referentes a crimes de trânsito e a posse e porte de armas de fogo, de acordo com a jurisprudência e legislação pertinentes.

Situação hipotética: Após grave colisão de veículos, pessoas que transitavam pelo local — condutores de outros veículos e pedestres alheios ao evento — deixaram, sem justificativa, de prestar imediato socorro às vítimas. Assertiva: Nessa situação, os terceiros não envolvidos no acidente não responderão pelo crime de omissão de socorro previsto no Código de Trânsito Brasileiro.

COMENTÁRIOS

O art. 304 do CTB pune a conduta de deixar o condutor do veículo, na ocasião do sinistro, de prestar imediato socorro à vítima, ou, não podendo fazê-lo diretamente, por justa causa, deixar de solicitar auxílio da autoridade pública. Para a maioria da doutrina, o sujeito ativo do crime é apenas o condutor do veículo diretamente relacionado com o acidente de trânsito com a vítima, mas que não tenha agido com culpa (hipótese em que comete os crimes de homicídio culposo ou lesão culposa com causa de aumento específica – inc. III do § 1º do art. 302). Assim, condutores de outros veículos e pedestres alheios ao evento podem responder apenas por omissão de socorro tipificada no art. 135 do Código Penal, não por crime de trânsito.

Alternativa correta: "certo".

---

430. (FUNCAB - Delegado de Polícia - PA/2016) Ao manobrar veículo automotor no interior de uma garagem particular, Felisberto, descuidadamente, atropela a amiga Marinalva, que orientava a manobra, a qual sofre lesões corporais de natureza leve. Durante a investigação do fato, descobre-se que Felisberto não possuía permissão ou habilitação para dirigir veículos automotores. Contudo, logo depois, a vítima comparece à Delegacia de Polícia e se retrata da representação anteriormente oferecida. Passados seis meses, é correto afirmar que Felisberto:

a) poderá ser criminalmente responsabilizado por lesão corporal culposa na direção de veículo automotor {art. 303 da Lei n° 9.503).
b) não poderá ser criminalmente responsabilizado.
c) poderá ser criminalmente responsabilizado por contravenção penal de dirigir veículo sem habilitação (art. 32 do Decreto-Lei n° 3.688).
d) poderá ser criminalmente responsabilizado por dirigir veículo automotor sem permissão ou habilitação, ou quando cassado o direito de dirigir (art. 309da Lein°9.503).
e) poderá ser criminalmente responsabilizado por lesão corporal culposa na direção de veículo automotor majorada (art. 303, parágrafo único, da Lei n° 9.503).

COMENTÁRIOS

Inicialmente, destacamos a divergência a respeito da existência de crime de trânsito na situação descrita no enunciado, que ocorreu em uma garagem particular.

Há quem sustente que como nos tipos do homicídio culposo (art. 302) e da lesão corporal culposa (art. 303) o Código de Trânsito não faz referência à expressão via pública, como faz, por exemplo, no art. 309, a lesão e o homicídio involuntários cometidos na direção de veículo automotor se subsumem à lei de trânsito independentemente do local em que ocorram.

Mas há os que limitam a incidência dos crimes de trânsito com base no disposto no art. 2º do CTB, segundo o qual "São vias terrestres urbanas e rurais as ruas, as avenidas, os logradouros, os caminhos, as passagens, as estradas e as rodovias, que terão seu uso regulamentado pelo órgão ou entidade com circunscrição sobre elas, de acordo com as peculiaridades locais e as circunstâncias especiais. E, de acordo com o parágrafo único, "Para os efeitos deste Código, são consideradas vias terrestres as praias abertas à circulação pública, as vias internas pertencentes aos condomínios constituídos por unidades autônomas e as vias e áreas de estacionamento de estabelecimentos privados de uso coletivo". Logo, garagens particulares não estariam inseridas no campo de incidência das leis de trânsito. Era o que defendiam, por exemplo, Fernando Capez e Victor Eduardo Rios Gonçalves ao comentar os aspectos criminais da lei de trânsito antes da modificação introduzida no parágrafo único acima citado pela Lei 13.146/15: "não se considera via pública o interior de fazenda particular, o interior de garagem da própria residência (...)" (Aspectos Criminais do Código de Trânsito Brasileiro. São Paulo: Saraiva, 1998, p. 27).

De qualquer forma, Felisberto não poderia sofrer punição porque, tanto no CTB quanto no CP, a ação penal na lesão corporal culposa é pública condicionada a representação. Se Marinalva se retratou da representação anteriormente oferecida e decorreu o prazo decadencial, extinguiu-se a punibilidade. Ressalte-se, por fim, que, mesmo que se considere a possibilidade de incidência das leis de trânsito na situação descrita no enunciado, não haveria o crime pela condução de veículo sem habilitação, pois o art. 309, como já mencionamos, faz menção expressa à prática da conduta em via pública.

Alternativa correta: letra "b" (responde, também, as demais alternativas).

---

431. (FUNIVERSA - Delegado de Polícia - DF/2015) Em relação à Lei nº 9.503/1997, que trata dos crimes de trânsito, assinale a alternativa correta.

a) De acordo com a referida lei, constitui crime de trânsito punido com detenção a conduta do agente que trafegue em velocidade incompatível com a segurança nas proximidades de escolas, gerando perigo de dano.
b) Não há, na lei, previsão de pena de reclusão, sendo os crimes previstos puníveis com detenção e(ou) multa.
c) Não é prevista, entre as penalidades constantes na lei, multa reparatória.
d) Consoante essa norma, é circunstância que pode agravar a penalidade do crime de trânsito, conforme a apreciação subjetiva do juiz, ter o condutor do veículo cometido a infração sobre faixa de trânsito destinada a pedestre.
e) Uma das críticas que a doutrina faz ao legislador em relação aos crimes de trânsito se relaciona à ausência de previsão legal de benefício ao condutor do veículo que, após a prática da infração, preste pronto e integral socorro à vítima.

COMENTÁRIOS

Alternativa "a": é crime tipificado no art. 311 da Lei nº 9.503/97 trafegar em velocidade incompatível com a segurança nas proximidades de escolas, hospitais, estações de embarque e desembarque de passageiros, logradouros estreitos, ou onde haja grande movimentação ou concentração de pessoas, gerando perigo de dano. De se ver que o legislador não utilizou a expressão "velocidade superior à permitida para o local", mas, ao contrário, se contentou com a mera "velocidade incompatível". É que, por vezes, embora o motorista trafegue na velocidade permitida, ela se revela incompatível, em determinada situação concreta. Tomemos o exemplo de um estádio de futebol, no horário de saída dos torcedores. A velocidade indicada para o local é de 60 Km/h, já que se trata de uma via coletora (art. 61, inc. I, *b* do CTB; a definição de *via coletora* é obtida no anexo I do CTB). Mas isso em um dia de trânsito normal, sem grande aglomeração de pessoas. Ninguém, com um mínimo de cuidado, irá, à saída do estádio, trafegar com seu veículo na velocidade permitida pelo local. Há, portanto, diferença entre velocidade "não permitida" e velocidade "incompatível". O legislador se satisfaz com a segunda. Também por isso é desnecessária, para a configuração do delito em estudo, que a velocidade seja "medida por instrumento ou equipamento hábil", exigível para a caracterização da infração administrativa prevista no art. 218 do CTB. A aferição da "velocidade incompatível" será feita pelo juiz, à luz do caso concreto, podendo se valer, para tanto, de prova testemunhal.

Alternativa "b": é possível, nos crimes de trânsito, a aplicação de pena de reclusão nas formas qualificadas do homicídio culposo, da lesão corporal culposa e da participação de competição em via pública.

Alternativa "c": a Lei nº 9.503/97 dispõe a respeito da multa reparatória. Segundo o art. 297, consiste no pagamento, mediante depósito judicial em favor da vítima, ou seus sucessores, de quantia calculada com base no disposto no art. 49, § 1º, do Código Penal, sempre que houver prejuízo material resultante do crime. Dá-se, assim, uma valorização da vítima, tão ignorada em nosso sistema, mais preocupado com a relação entre Estado e réu. Nesse passo o CTB seguiu orientação inaugurada pela Lei nº 9.099/95, fortemente comprometida com a figura do ofendido, cuja presença é reclamada para fins de transação penal e suspensão condicional do processo. Afinal, no dizer de Antonio Scarance Fernandes, "é possível prever no âmbito criminal a conciliação entre os dois envolvidos na infração: agente e ofendido" e, ainda, que "estudos recentes vêm acentuando ser em muitos casos mais importante do que o processo e a condenação, a conciliação entre o autor e a vítima, com positivas repercussões na estabilidade social" (*O Papel da Vítima no Processo Criminal*, São Paulo: Malheiros, 1995, p. 22). Assim, a sentença penal condenatória, ao fixar um valor determinado, valerá como título judicial, a ser executado no juízo cível, nos termos do art. 515, inc. VI, do Código de Processo Civil. Prescinde-se, assim, de qualquer espécie de liquidação, posto que o valor – repita-se – já vem apontado na decisão.

Alternativa "d": a circunstância agravante de ter o agente cometido o crime de trânsito sobre faixa destinada a pedestres não é de apreciação subjetiva do juiz. Trata-se de um dado objetivo, extraído das circunstâncias fáticas.

Alternativa "e": a Lei nº 9.503/97 trata de forma mais branda o condutor de veículo que, nos casos de acidentes de trânsito de que resulte vítima, preste-lhe pronto e integral socorro. De acordo com o art. 301, não se imporá a prisão em flagrante, nem se exigirá fiança.

Alternativa correta: letra "a".

---

432. (FUNCAB - Delegado de Polícia - RO/2014) No homicídio culposo cometido na direção de veículo automotor, a pena é aumentada de um terço à metade, se o agente estiver:

a) na direção de veículo de transporte coletivo de passageiros, quando em serviço.
b) com a Carteira Nacional de Habilitação incompatível com a da categoria do veículo,
c) conduzindo veículo com placas falsas.
d) com a Carteira Nacional de Habilitação suspensa.
e) utilizando veículo em que tenha sido adulterado equipamento que afete a sua segurança.

COMENTÁRIOS

Alternativa "a": no homicídio cometido na direção de veículo automotor (art. 302 da Lei nº 9.503/97), aumenta-se a pena quando o agente, no exercício de sua profissão ou atividade, está conduzindo veículo de transporte de passageiros. Daquele que faz do transporte de passageiros ou de carga a sua profissão ou atividade, é lícito se exigir um maior cuidado no exercício de seu mister. Afinal, no dizer de Heleno Cláudio Fragoso, "o motorista profissional está adstrito as mais graves responsabilidades. Se se trata de um profissional, é maior a medida do dever de cuidado e a responsabilidade da falta de atenção, diligência ou cautelas exigíveis" (*apud* Carlos de Barros Monteiro, *Crimes de Trânsito,* São Paulo: Juarez de Oliveira, 1999, p. 119). É por isso que o legislador pune mais gravemente a conduta do agente que se encontre em tais condições. Exige-se, no entanto, que o condutor esteja no exercício de sua profissão ou atividade. A simples *carona*, por exemplo, não configura a majorante em caso de culpa do motorista, por se tratar de transporte eventual, sem caráter de habitualidade.

Alternativa "b": se o agente cometer o homicídio de trânsito com a carteira nacional de habilitação incompatível com a da categoria do veículo, incidirá circunstância agravante (art. 298, inciso IV, da Lei nº 9.503/98).

Alternativa "c": de igual forma, é agravante dos crimes de trânsito a utilização de veículo sem placas, com placas falsas ou adulteradas (art. 298, inciso II).

Alternativa "d": se o agente conduzir veículo automotor violando a suspensão do direito de dirigir, haverá crime autônomo (art. 307).

Alternativa "e": é circunstância agravante o cometimento de crime de trânsito com a utilização veículo em que tenham sido adulterados equipamentos ou características que afetem a sua segurança (art. 298, inciso VI).

Alternativa correta: letra "a".

433. (FUNCAB - Delegado de Polícia - RJ/2012) Condutor do veículo A, dirigindo imprudentemente, colide na traseira do veículo B, o qual atinge pedestre na calçada, causando-lhe lesões corporais leves, não sendo possível ao condutor do veículo B evitar o resultado. O condutor do veículo A foge, e, em seguida, o condutor do veículo B também empreende fuga do local, ambos deixando de prestar socorro à vítima. Somente o condutor do veículo B é perseguido e preso por policiais militares. Na qualidade de Delegado de Polícia a quem o fato foi apresentado, assinale a alternativa que corretamente tipifica o comportamento do condutor do veículo B.

a) Lesão corporal culposa sem causa de aumento de pena, do Código de Trânsito Brasileiro.

b) Lesão corporal culposa com causa de aumento de pena, do Código de Trânsito Brasileiro.

c) Omissão de socorro do Código de Trânsito Brasileiro.

d) Lesão corporal culposa sem causa de aumento de pena e omissão de socorro, ambos do Código de Trânsito Brasileiro, em concurso material.

e) Lesão corporal culposa com causa de aumento de pena e omissão de socorro, ambos do Código de Trânsito Brasileiro, em concurso material.

COMENTÁRIOS

Não é possível que "B" responda por lesão corporal culposa na direção de veículo automotor porque não praticou nenhuma conduta, afinal, seu automóvel foi projetado contra o pedestre por impulso do veículo conduzido por "A". No entanto, ainda que não o tenha causado, "B" se envolveu em acidente de trânsito, razão pela qual tinha a obrigação de providenciar socorro à vítima; como não o fez, será responsabilizado nos termos do art. 304 da Lei nº 9.503/97: "Deixar o condutor do veículo, na ocasião do sinistro, de prestar imediato socorro à vítima, ou, não podendo fazê-lo diretamente, por justa causa, deixar de solicitar auxílio da autoridade pública".

Alternativa correta: letra "c" (responde, também, as demais alternativas).

434. (FGV - Delegado de Polícia - MA/2012) Paulo dirigia seu veículo em que estavam sua filha Juliana e uma amiga desta de nome Janaína. Na ocasião, em excessiva velocidade, perde a direção do veículo e invade a mão contrária, colidindo com um caminhão que vinha em sua mão correta de direção.

Do acidente, resultaram as mortes de Juliana e Janaína, sem que Paulo sofresse qualquer lesão. Paulo foi denunciado pela prática do injusto do Art. 302, da Lei nº 9.503/97 (homicídio culposo no trânsito), por duas vezes, na forma do Art. 70, do CP (concurso formal).

No curso da instrução, a culpa de Paulo foi demonstrada, ficando comprovada a sua primariedade, bons antecedentes, excelente comportamento social, sendo o fato dos autos um caso isolado, nunca tendo se envolvido em outro acidente, apesar de possuir carteira de habilitação há mais de 20 anos. A defesa requereu ao final a extinção da punibilidade pelo perdão judicial, eis que uma das vítimas era sua própria filha. Diante desse quadro

a) Paulo não faz jus ao perdão (Art. 107, IX, do CP), eis que tal causa de extinção da punibilidade não se aplica aos crimes da Lei nº 9.503/97, porquanto o artigo que dispunha de tal regra na referida lei especial foi vetado.

b) Paulo terá direito ao perdão somente com relação à morte de sua filha, devendo ser condenado com relação à morte de Janaína.

c) Paulo terá direito ao perdão judicial com relação a ambos os crimes.

d) Paulo somente terá direito ao perdão se houver a concordância dos pais de Janaína.

e) Paulo não terá direito ao perdão judicial, sob pena de tal decisão impedir a reparação civil respectiva.

COMENTÁRIOS

Embora a assertiva "c" tenha sido considerada correta, devemos destacar a existência de divergência sobre se o perdão judicial deve ser estendido em situações dessa natureza. Há quem sustente a possibilidade de estender o perdão judicial ao crime relativo à pessoa com quem o agente não tem vínculo afetivo direto se demonstrado que, em relação à outra vítima, as consequências do crime para o agente são de tal forma graves que tornam vazio o caráter retributivo da pena. A orientação tem certo sentido, pois, se de uma conduta decorrem, por exemplo, dois homicídios, um deles de pessoa ligada intimamente ao agente, o que lhe causa sofrimento atroz, maior do que a reprimenda lhe poderia impingir, é difícil estabelecer a cisão deste sofrimento para que o agente seja perdoado por uma morte e seja punido pela outra. Embora tenham ocorrido duas mortes, a conduta foi uma só; ou o agente sofre barbaramente pelas consequências desta única conduta, e por isso deve ser perdoado, ou não sofre, e deve ser punido.

Por outro lado, há aqueles que sustentam ser imprescindível a demonstração de vínculo afetivo, uma vez que a aplicação indistinta acarretaria a banalização do instituto, prestigiando a impunidade. Neste sentido, destacamos a seguinte decisão do STJ: "1. Conquanto o texto do § 5º do art. 121 do Código Penal não tenha definido o caráter e a extensão das consequências do crime imprescindíveis à concessão do perdão judicial, não deixa dúvidas quanto à forma grave com que elas devem ter atingido o agente, a ponto de tornar desnecessária e até mesmo exacerbada a aplicação de sanção penal. 2. A análise do grave sofrimento, apto a ensejar a inutilidade da função retributiva da pena, deve ser aferida de acordo com o estado emocional de que é acometido o sujeito ativo do crime, em decorrência da sua ação culposa, razão pela qual a doutrina, quando a avaliação está voltada para o sofrimento psicológico do agente, enxerga no § 5º a exigência da prévia existência de um vínculo, de um laço de conhecimento entre os envolvidos, para que seja "tão grave" a consequência do crime ao agente. Isso porque a interpretação dada é a de que, na maior parte das vezes, só sofre intensamente aquele réu que, de forma culposa, matou alguém conhecido e com quem mantinha laços afetivos. 3. Assim, havendo o Tribunal a quo entendido não estar demonstrado nos autos, de forma inconteste, que o acusado mantinha, embora de natureza diversa, fortes vínculos afetivos com ambas as vítimas, de modo a justificar o profundo sofrimento psíquico derivado da provocação de suas mortes, não há que se falar em malferimento à lei federal, pois inviável, consoante precedentes desta Corte Superior, a dupla aplicação do perdão judicial. 4. Entender pela desnecessidade do vínculo seria abrir uma fenda na lei, que se entende não haver desejado o legislador, pois, além de difícil aferição – o tão intenso sofrimento –, serviria como argumento de defesa para todo e qualquer caso de delito de trânsito com vítima fatal. 5. A revisão desse entendimento, tal qual perquirido pelo recorrente, que afirma existir farto acervo probatório a demonstrar os laços de amizade com a segunda vítima, demandaria imersão vertical sobre o conjunto fático-probatório delineado nos autos, procedimento vedado em recurso especial, a teor da Súmula n. 7 do STJ. 6. Malgrado a instituição do concurso formal de crimes tenha intensão de beneficiar o acusado, estabelecendo o legislador um sistema de exasperação da pena que fixa a punição com base em apenas um dos crimes, não se deixou de acrescentar a previsão de imposição de uma cota-parte, apta a representar a correção também pelos demais delitos. Ainda assim, não há referência à hipótese de extensão da absolvição, da extinção da punibilidade, ou mesmo, da redução da pena pela prática de nenhum dos delitos, tanto que dispõe, o art. 108 do Código Penal, in fine, que, "nos crimes conexos, a extinção da punibilidade de um deles não impede, quanto aos outros, a agravação da pena resultante da conexão" . 7. Tratando-se o perdão judicial de uma causa de extinção da punibilidade de índole excepcional, somente pode ser concedido quando presentes os seus requisitos, devendo-se analisar cada delito de per si, e não de forma generalizada, como quando ocorre a pluralidade de delitos decorrentes do concurso formal de crimes" (REsp 1.444.699/RS, DJe 09/06/2017).

Alternativa correta: letra "c".

81.18. JUIZADOS ESPECIAIS CRIMINAIS

435. (Vunesp – Delegado de Polícia – CE/2015) Com relação aos Juizados Especiais Criminais, instituídos pela Lei nº 9.099/95, pode-se afirmar que

a) têm competência para crimes e contravenções penais cuja pena máxima não seja superior a um ano.

b) se o autor do fato não for localizado para sua citação pessoal, os autos serão redistribuídos para o juízo comum.

c) têm competência para processar e julgar crime e contravenções penais que se iniciam por ação penal pública, com exclusão das ações penais privadas.

d) não têm competência para processar e julgar réus reincidentes.

e) não têm competência para processar e julgar delitos praticados com violência ou ameaça à pessoa.

COMENTÁRIOS

Alternativa "a": as infrações penais de menor potencial ofensivo, de competência dos Juizados Especiais Criminais, são aquelas cuja pena máxima não ultrapasse os dois anos (art. 61).

Alternativa "b": não há, de acordo com o rito da Lei nº 9.099/95, citação por edital no processo por infração penal de menor potencial ofensivo. Se o agente não for localizado, redistribuem-se os autos ao juízo comum para que ocorra o chamamento por edital, seguindo-se o rito sumário (arts. 66, parágrafo único, da Lei nº 9.099/95 e 538 do Código de Processo Penal).

Alternativa "c": a competência dos Juizados Especiais Criminais não é determinada pela natureza da ação penal, mas pelo máximo da pena cominada à infração.

Alternativa "d": também não há nenhuma relação entre a reincidência do réu e a competência dos Juizados Especiais Criminais.

Alternativa "e": não há também limitação, na competência dos Juizados Especiais Criminais, quanto aos crimes cometidos com violência ou grave ameaça a pessoa, a não ser que se trate de violência doméstica e familiar contra a mulher, situação em que a Lei nº 11.340/06 veda a aplicação dos benefícios da Lei nº 9.099/95.

Alternativa correta: letra "b".

436. (UEL – Delegado de Polícia – PR/2013) Em relação ao procedimento previsto na Lei dos Juizados Especiais Criminais, assinale a alternativa correta.

a) A composição dos danos civis, nos casos de ação penal pública condicionada ou privada, acarreta renúncia ao direito de representação ou queixa.

b) No caso de aceitação da proposta de transação penal, o juiz aplicará a multa, importando em reincidência caso o infrator venha a delinquir novamente.

c) O não oferecimento da representação durante a realização da audiência preliminar implica em decadência imediata do direito de representação.

d) O número máximo de testemunhas a serem ouvidas em audiência, tanto para a acusação quanto para a defesa, será de cinco para cada crime imputado ao réu.

e) Uma vez oferecida a denúncia ou queixa, o juiz a receberá, determinando, no mesmo despacho, a citação do réu e a sua intimação a comparecer na audiência de instrução e julgamento.

COMENTÁRIOS

Alternativa "a": de acordo com o art. 74, parágrafo único, da Lei nº 9.099/95, tratando-se de ação penal de iniciativa privada ou de ação penal pública condicionada à representação, o acordo homologado acarreta a renúncia ao direito de queixa ou representação.

Alternativa "b": o art. 76, § 4º, da Lei nº 9.099/95 dispõe que, aceita a proposta do Ministério Público pelo autor da infração, o Juiz aplicará a pena restritiva de direitos ou multa, que não importará em reincidência, sendo registrada apenas para impedir novamente o mesmo benefício no prazo de cinco anos.

Alternativa "c": segundo o art. 75, parágrafo único, da Lei nº 9.099/95, o não oferecimento da representação na audiência preliminar não implica decadência do direito, que poderá ser exercido no prazo previsto em lei.

Alternativa "d": há controvérsia a respeito do número de testemunhas admitidas nos Juizados Especiais Criminais, pois a Lei nº 9.099/95 silencia a este respeito. Há quem sustente a analogia com o art. 34 da referida Lei, que, ao dispor sobre o número de testemunhas na seara civil, impõe limitação de três para cada parte. Outros, porém, defendem a aplicação da regra relativa ao procedimento sumário (cinco testemunhas para a acusação e cinco para a defesa).

Alternativa "e": nos Juizados Especiais Criminais, oferecida a denúncia ou queixa, será reduzida a termo, entregando-se cópia ao acusado, que com ela ficará citado e imediatamente cientificado da designação de dia e hora para a audiência de instrução e julgamento (art. 78 da Lei nº 9.099/95). Aberta a audiência, será dada a palavra ao defensor para responder à acusação, após o que o Juiz receberá, ou não, a denúncia ou queixa; havendo recebimento, serão ouvidas a vítima e as testemunhas de acusação e defesa, interrogando-se a seguir o acusado, se presente, passando-se imediatamente aos debates orais e à prolação da sentença.

Alternativa correta: letra "a".

437. (Cespe – Delegado de Polícia – AL/ 2012 – Adaptada) Com base na interpretação doutrinária majoritária e no entendimento dos tribunais superiores, julgue os itens.

Para a aplicação dos benefícios da lei dos juizados especiais no caso de crime continuado ou concurso formal de crimes, deve-se analisar a pena máxima com o aumento máximo previsto para cada uma dessas formas de concurso.

COMENTÁRIOS

A assertiva está correta a depender do benefício da Lei nº 9.099/95. Na análise do cabimento da transação penal, se houve concurso formal de delitos ou crime continuado, considera-se a pena máxima cominada aumentada no máximo pelo sistema da exasperação. Esta é a lição de Guilherme de Souza Nucci (*Leis Penais e Processuais penais Comentadas*, p. 780) e também a orientação do STJ: "No caso de concurso de crimes, a pena considerada para fins de apresentação da proposta de transação penal (Lei nº 9.099, art. 76), será o resultado da soma, no caso de concurso material, ou a exasperação, na hipótese de concurso formal ou crime continuado, das penas máximas cominadas aos delitos. Com efeito, se desse somatório resultar um período de apenamento superior a 2 (dois) anos, fica afastada a possibilidade de aplicação do benefício da transação penal" (HC 29.001/SC, DJ 24/11/2003). Para a suspensão condicional do processo, contudo, o critério é diverso, pois o que se considera é a pena mínima (que não pode superar um ano). Neste caso, pondera-se a pena mínima do crime mais grave com a fração mínima de aumento em decorrência do sistema da exasperação. A respeito da suspensão condicional do processo no concurso de crimes, destacamos as súmulas nº 723 do STF (Não se admite a suspensão condicional do processo por crime continuado, se a soma da pena mínima da infração mais grave com o aumento mínimo de um sexto for superior a um ano) e 243 do STJ (O benefício da suspensão do processo não é aplicável em relação às infrações penais cometidas em concurso material, concurso formal ou continuidade delitiva, quando a pena mínima cominada, seja pelo somatório, seja pela incidência da majorante, ultrapassar o limite de um (01) ano).

Alternativa correta: "certo".

81.19. CRIMES FALIMENTARES

438. (Cespe – Delegado de Polícia – GO/2017) Com base no disposto na Lei n.° 11.101/2005 e no Decreto-Lei n.° 201/1967, assinale a opção correta.

a) O princípio da bagatela aplica-se aos crimes de responsabilidade praticados por prefeitos no exercício do mandato.

b) A Lei n.° 11.101/2005 aplica-se às sociedades de economia mista detentoras de capital público e privado.

c) Findo o mandato de prefeito, veda-se a instauração de processo criminal com base em conduta tipificada no Decreto-Lei n.° 201/1967, sendo incabível o oferecimento de denúncia.

d) Em se tratando de recuperação judicial, extrajudicial e falência do empresário e da sociedade empresária, aplicam-se as normas do Código de Processo Penal, inexistindo fase de investigação judicial.

e) Os vereadores, assim como os prefeitos municipais, respondem como autores ou sujeitos ativos das condutas penais definidas no Decreto-Lei n.° 201/1967.

COMENTÁRIOS

Alternativa "a": há decisões conflitantes entre o STF e o STJ a respeito da possibilidade de aplicar o princípio da insignificância nos crimes de responsabilidade cometidos por prefeitos. O STF já decidiu ser possível: "Ex-prefeito condenado pela prática do crime previsto no art. 1º, II, do Decreto-Lei 201/1967, por ter utilizado máquinas e caminhões de propriedade da Prefeitura para efetuar terraplanagem no terreno de sua residência. 3. Aplicação do princípio da insignificância. Possibilidade. 4. Ordem concedida" (HC 104.286/SP, DJe 20/05/2011). O STJ, por outro lado, afastou a causa excludente da tipicidade material: "Entende essa Corte que não se pode aplicar o princípio bagatelar a casos análogos ao da presente hipótese, dada a condição do paciente – ocupante do cargo de Prefeito Municipal – e a relevância dos bens juridicamente tutelados pelo tipo penal infringido, quais sejam, a probidade administrativa e a moralidade pública" (HC 248.440/BA, DJe 23/08/2016).

Alternativa "b": o art. 2º da Lei 11.101/05 estabelece expressamente que as disposições da Lei de Falências não se aplicam a empresas públicas e a sociedades de economia mista.

Alternativa "c": é orientação sumulada do STF a possibilidade de processar o agente que cometeu crime de responsabilidade mesmo após a cessação do mandato de prefeito: "A extinção do mandato do prefeito não impede a instauração de processo pela prática dos crimes previstos no art. 1º do Dl. 201/67".

Alternativa "d": a Lei 11.101/05 extinguiu a figura do inquérito judicial, presente no Decreto-lei 7.661/45, razão pela qual, por disposição da própria lei, aplicam-se as regras do Código de Processo Penal quanto ao procedimento (sumário – arts. 531 e ss) e, no mais, no que não forem incompatíveis com a Lei de Falências.

Alternativa "e": os vereadores não podem figurar no polo ativo das condutas tipificadas no art. 1º do Decreto-lei 201/67. Trata-se de crimes que só podem ser cometidos por prefeitos.

Alternativa correta: letra "d".

81.20. CRIMES CONTRA A PROPRIEDADE INDUSTRIAL

439. (ACAFE – Delegado de Polícia – SC/2014) De acordo com a legislação em vigor, assinale a alternativa correta.

a) Comete crime de concorrência desleal, na forma da Lei 9.279/96, que regula direitos e obrigações relativos à propriedade industrial, quem usa expressão ou sinal de propaganda alheios, ou os imita, de modo a criar confusão entre os produtos ou estabelecimentos, bem como se atribui, como meio de propaganda, recompensa ou distinção que não obteve.

b) São considerados crimes contra a fauna, consoante a Lei 9.605/98, que dispõe sobre as sanções penais e administrativas derivadas de condutas e atividades lesivas ao meio ambiente, receber ou adquirir, para fins comerciais ou industriais, madeira, lenha, carvão e outros produtos de origem vegetal, sem exigir a exibição de licença do vendedor, outorgada pela autoridade competente, e sem munir-se da via que deve acompanhar o produto até final beneficiamento.

c) Não será admitida a interceptação de comunicações telefônicas na hipótese de o fato investigado constituir infração penal punida, no máximo, com pena de multa, consoante disposto na Lei 9.296/96.

d) A interceptação das comunicações telefônicas, na forma da Lei 9.296/96, poderá ser determinada pelo juiz ou promotor, de ofício, ou a requerimento da autoridade policial, na investigação criminal e na instrução processual penal.

e) No homicídio culposo cometido na direção de veículo automotor, a pena é aumentada de um sexto a um terço se o agente praticá-lo em faixa de pedestres ou na calçada, conforme disposto na Lei 9.503/97, que instituiu o Código de Trânsito Brasileiro.

COMENTÁRIOS

Alternativa "a": de acordo com o art. 195, inciso IV, da Lei nº 9.279/96, comete crime de concorrência desleal o agente que usa expressão ou sinal de propaganda alheios, ou os imita, de modo a criar confusão entre os produtos ou estabelecimentos. E conforme dispõe o inciso VII, ocorre o mesmo crime quando o agente se atribui, como meio de propaganda, recompensa ou distinção que não obteve. A pena, para ambos os casos, é de detenção de três meses a um ano, ou multa.

Alternativa "b": a conduta nela descrita, tipificada no art. 46 da Lei nº 9.605/98, é crime contra a flora, não contra a fauna.

Alternativa "c": a assertiva está correta, embora não retrate literalmente o texto da Lei nº 9.296/96, que, em seu art. 2º, dispõe ser inadmissível a interceptação telefônica se o fato investigado constituir infração penal punida, no máximo, com pena de detenção. Ora, se não se admite a diligência investigativa no caso de o crime ser punido no máximo com detenção, é evidente que se a punição mais rigorosa for a multa a medida também não será possível. Note se que os tribunais superiores não invalidam o meio probatório se, no bojo de investigação sobre crime apenado com reclusão, houver a apuração de crime que enseje pena de detenção, se as infrações forem conexas (STJ: HC 144.137/ES; STF: AI 626214 AgR/MG).

Alternativa "d": a interceptação de comunicações telefônicas só pode ser determinada pelo juiz, de ofício ou a requerimento da autoridade policial, na investigação criminal, ou do representante do Ministério Público, na investigação criminal e na instrução processual penal.

Alternativa "e": o fato de o agente cometer o homicídio de trânsito em faixa de pedestres ou na calçada aumenta a pena de um terço a metade (art. 302, § 1º, da Lei nº 9.503/97).

Alternativa correta: letra "a".

81.21. CRIMES ELEITORAIS

440. (ACAFE – Delegado de Polícia – SC/2014) São considerados crimes eleitorais, dentre outros, exceto:

a) Majorar os preços de utilidades e serviços necessários à realização de eleições, tais como transporte e alimentação de eleitores, impressão, publicidade e divulgação de matéria eleitoral.
b) Valer-se o servidor público da sua autoridade para coagir alguém a votar ou não votar em determinado candidato ou partido.
c) Perturbar ou impedir de qualquer forma o alistamento.
d) Usar camisas, bonés, broches ou dísticos que revelem a manifestação da preferência do eleitor por partido político, coligação ou candidato.
e) Fazer propaganda, qualquer que seja a sua forma, em língua estrangeira.

COMENTÁRIOS

Nota do autor: de acordo com o art. 284 do Código Eleitoral, sempre que o preceito secundário dos delitos nele tipificados não indicar o grau mínimo, entende-se que será ele de quinze dias para a pena de detenção e de um ano para a de reclusão.

Alternativa "a": é crime, punido com pagamento de 250 a 300 dias-multa, majorar os preços de utilidades e serviços necessários à realização de eleições, tais como transporte e alimentação de eleitores, impressão, publicidade e divulgação de matéria eleitoral (art. 303 do Código Eleitoral).

Alternativa "b": o art. 300 do Código Eleitoral pune, com detenção de até seis meses, e pagamento de 60 a 100 dias-multa, a conduta de se valer o servidor público da sua autoridade para coagir alguém a votar ou não votar em determinado candidato ou partido.

Alternativa "c": são tipificadas, e punidas com detenção de quinze dias a seis meses, ou pagamento de 30 a 60 dias-multa, as condutas perturbar ou impedir de qualquer forma o alistamento (art. 293 do Código Eleitoral).

Alternativa "d": efetivamente, não há crime relativo ao uso, pelo eleitor, de camisas, bonés, broches ou dísticos que revelem a manifestação de sua preferência por partido político, coligação ou candidato. Aliás, o art. 39-A da Lei nº 9.504/97 estabelece expressamente ser permitida, no dia das eleições, a manifestação individual e silenciosa da preferência do eleitor por partido político, coligação ou candidato, revelada exclusivamente pelo uso de bandeiras, broches, dísticos e adesivos. Ressalte-se, no entanto, que o fornecimento de determinados objetos pelo candidato é proibido (art. 39, § 6º: "É vedada na campanha eleitoral a confecção, utilização, distribuição por comitê, candidato, ou com a sua autorização, de camisetas, chaveiros, bonés, canetas, brindes, cestas básicas ou quaisquer outros bens ou materiais que possam proporcionar vantagem ao eleitor").

Alternativa "e": fazer propaganda, qualquer que seja a sua forma, em língua estrangeira, é crime tipificado no art. 335 do Código Eleitoral, punido com detenção de três a seis meses, e pagamento de 30 a 60 dias-multa.

Alternativa correta: letra "d".

81.22. TERRORISMO

441. (Vunesp - Delegado de Polícia - PC - SP/2018) Nos termos da Lei nº 13.260/2016 (Lei Antiterrorismo), assinale a alternativa correta.

a) Os crimes previstos na referida Lei são praticados contra o interesse da União, cabendo à Polícia Federal a investigação criminal, em sede de inquérito policial.
b) Aquele que for flagrado constituindo uma organização terrorista, não cometerá um crime, estando sujeito a responsabilização por realizar atos preparatórios do terrorismo.
c) O terrorismo consistirá sempre na prática por mais de um indivíduo de atos criminosos por razões de xenofobia, discriminação ou preconceito de raça, cor, etnia e religião, quando cometidos com a finalidade de provocar terror social ou generalizado.
d) São atos de terrorismo incendiar, depredar, saquear, destruir ou explodir meios de transporte ou qualquer bem público ou privado.
e) São atos de terrorismo incendiar, interferir, sabotar ou danificar sistemas de informática ou bancos de dados, quando cometidos com a finalidade de provocar terror social ou generalizado.

COMENTÁRIOS

Alternativa "a": há expressa disposição no art. 11 da Lei 13.260/16 no sentido de que os crimes de terrorismo nela tipificados se presumem praticados contra o interesse da União, razão pela qual a investigação deve ser atribuída à Polícia Federal e o julgamento é de competência da Justiça Federal.

Alternativa "b": o art. 3º da Lei 13.260/16 tipifica as condutas de promover, constituir, integrar ou prestar auxílio, pessoalmente ou por interposta pessoa, a organização terrorista.

Alternativa "c": o terrorismo não pressupõe multiplicidade de agentes. O art. 2º da Lei 13.260/16 é expresso ao dispor que o terrorismo pode ser praticado *por um ou mais indivíduos* por razões de xenofobia, discriminação ou preconceito de raça, cor, etnia e religião, quando cometidos com a finalidade de provocar terror social ou generalizado, expondo a perigo pessoa, patrimônio, a paz pública ou a incolumidade pública.

Alternativa "d": o art. 2º, § 1º, inc. II, do projeto que se transformou na Lei 13.260/16 contemplava como atos de terrorismo as condutas de incendiar, depredar, saquear, destruir ou explodir meios de transporte ou qualquer bem público ou privado. O dispositivo, no entanto, foi vetado porque apresentava "definições excessivamente amplas e imprecisas, com diferentes potenciais ofensivos, cominando, contudo, em penas idênticas, em violação ao princípio da proporcionalidade e da taxatividade. Além disso, os demais incisos do parágrafo já garantem a previsão das condutas graves que devem ser consideradas 'ato de terrorismo'".

Alternativa "e": o art. 2º, § 1º, inc. III, do projeto que se transformou na Lei 13.260/16 também contemplava como atos de terrorismo as condutas de incendiar, interferir, sabotar ou danificar sistemas de informática ou bancos de dados, mas o dispositivo foi vetado sob a mesma justifica transcrita nos comentários à assertiva anterior.

Alternativa correta: letra "a".

81.23. ABUSO DE AUTORIDADE

442. (Vunesp – Delegado de Polícia – PC – SP/2022) É correto afirmar que a Lei n° 13.869/2019 (Lei de Abuso de Autoridade) alterou a Lei n° 8.906/1994 (Estatuto da Advocacia e a OAB) a fim de:

a) tipificar como crime apenado com detenção a conduta de violar determinados direitos ou prerrogativas previstos na referida legislação.

b) alterar a tipificação de uma conduta anteriormente descrita como contravenção penal, para crime apenado com reclusão.

c) alterar o rol de prerrogativas dos advogados, ampliando e prevendo como crime apenado com reclusão, a violação de direito ou prerrogativas.

d) prever como crime inafiançável e apenado com detenção a violação de direito ou prerrogativas dos advogados.

e) alterar o rol de prerrogativas dos advogados, ampliando e prevendo como crime apenado com detenção, a violação de qualquer direito ou prerrogativas, previstos na legislação.

COMENTÁRIOS

Alternativa "a": efetivamente, a Lei 13.869/19 inseriu no Estatuto da Advocacia e da OAB o art. 7º-B para tipificar a conduta de violar direito ou prerrogativa de advogado previstos nos incisos II, III, IV e V do *caput* do art. 7º do mesmo estatuto. Tais prerrogativas consistem em: a) inviolabilidade do escritório ou local de trabalho, bem como dos instrumentos de trabalho, da correspondência escrita, eletrônica, telefônica e telemática, desde que relativas ao exercício da advocacia; b) comunicação com clientes, pessoal e reservadamente, mesmo sem procuração, quando estes se acharem presos, detidos ou recolhidos em estabelecimentos civis ou militares, ainda que considerados incomunicáveis; c) ter a presença de representante da OAB, quando preso em flagrante, por motivo ligado ao exercício da advocacia, para lavratura do auto respectivo, sob pena de nulidade e, nos demais casos, a comunicação expressa à seccional da OAB; d) não ser recolhido preso, antes de sentença transitada em julgado, senão em sala de Estado Maior, com instalações e comodidades condignas, e, na sua falta, em prisão domiciliar. Note-se que o dispositivo inserido pela Lei de Abuso de Autoridade havia sido vetado pelo presidente da República, para quem "A propositura legislativa gera insegurança jurídica, pois criminaliza condutas reputadas legítimas pelo ordenamento jurídico. Ressalta-se que as prerrogativas de advogados não geram imunidade absoluta, a exemplo do direito à inviolabilidade do escritório de advocacia e a própria Lei nº 8.906, de 1996, com redação dada pela Lei nº 11.767, de 2008, que permite a limitação desse direito quando o próprio advogado seja suspeito da prática de crime, notadamente concebido e consumado no âmbito desse local de trabalho, sob pretexto de exercício da profissão, conforme entendimento do Supremo Tribunal Federal (v.g. INQ. 2424, Rel. Min. Cezar Peluso, p., j. 26/11/2008". Não obstante, o Congresso Nacional rejeitou o veto. E a Lei 14.365/22 alterou a pena cominada ao crime, que atualmente varia entre dois e quatro anos de detenção, além da multa.

Alternativa "b": a Lei 13.869/19 não alterou a tipificação de contravenção penal para crime apenado com reclusão. A propósito, os crimes de abuso de autoridade propriamente ditos (arts. 9º a 38) são todos apenados com detenção.

Alternativa "c" (responde, também, a alternativa "e"): a Lei 13.869/19 não ampliou o rol de prerrogativas dos advogados. Apenas tipificou como crime a violação de algumas prerrogativas, como vimos nos comentários à alternativa "a".

Alternativa "d": não se trata de crime inafiançável.

Alternativa correta: letra "a".

443. (Cespe – Delegado de Polícia – PC – PB/2022) Em relação à Lei n.° 13.869/2019 e a seus dispositivos, que se referem aos crimes abuso de autoridade, assinale a opção correta.

a) A prática de crime de abuso de autoridade pressupõe vínculo estatutário do agente ativo com a administração pública.

b) Alguns dos delitos previstos nessa lei processam-se mediante ação penal pública condicionada à representação.

c) Um dos efeitos da condenação pela prática de abuso de autoridade é a perda do cargo público, que deverá ser fundamentada e pode ser aplicada em caso de reincidência, ainda que não específica.

*d) Sem prejuízo das disposições do Código Penal, essa lei admite a substituição das penas privativas de liberdade por restritivas de direitos, entre as quais a suspensão do exercício do cargo, da função ou do mandato por prazo determinado.

e) A configuração dos crimes de abuso de autoridade exige elemento subjetivo específico ou, então, na modalidade culposa, negligência, imprudência ou imperícia no desempenho da função pública.

COMENTÁRIOS

Alternativa "a": o art. 2º da Lei 13.869/19 é expresso no sentido de que é sujeito ativo do abuso de autoridade qualquer agente público, *servidor ou não*, da administração direta, indireta ou fundacional de qualquer dos Poderes da União, dos Estados, do Distrito Federal, dos Municípios e de Território.

Alternativa "b": todos os crimes de abuso de autoridade são de ação penal pública incondicionada.

Alternativa "c": efetivamente, a perda do cargo público é um efeito da condenação que deve ser motivadamente declarado na sentença condenatória. Mas, além disso, o agente deve ser reincidente específico em crime de abuso de autoridade (art. 4º, parágrafo único, da Lei 13.869/19).

Alternativa "d": o art. 5º, inc. II, da Lei 13.869/19 admite, como pena restritiva de direitos, a suspensão do exercício do cargo, da função ou do mandato, pelo prazo de 1 (um) a 6 (seis) meses, com a perda dos vencimentos e das vantagens.

Alternativa "e": não existe modalidade culposa nos crimes de abuso de autoridade.

Alternativa correta: letra "d".

---

444. (UFPR - Delegado de Polícia - PC - PR/2021) Sobre a Lei nº 13.869/2019, que dispõe sobre os crimes de abuso de autoridade, assinale a alternativa correta.

a) O interrogatório pode ser realizado em período de repouso noturno, sem que a realização do ato constitua abuso de autoridade nas hipóteses de cumprimento de prisão preventiva, temporária e captura em flagrante, ainda que sem a concordância do preso.

b) É típica a conduta da autoridade que deixa de comunicar imediatamente a prisão de qualquer pessoa e o local onde se encontra esse preso à sua família ou à pessoa por ele indicada.

c) Os crimes de abuso de autoridade só se processam mediante representação da vítima.

d) É atípica a conduta da autoridade que prossegue com o interrogatório de pessoa que tenha decidido exercer o direito ao silêncio.

e) A divergência na interpretação de lei ou na avaliação de fatos e provas não serve como fundamento para afastar a configuração de abuso de autoridade.

COMENTÁRIOS

Alternativa "a": é crime submeter alguém a interrogatório policial durante o período de repouso noturno, a não ser que o indivíduo tenha sido capturado em flagrante delito ou se ele, devidamente assistido, consentir em prestar declarações (art. 18 da Lei 13.869/19). Diante da ressalva do flagrante, o art. 18, tratando do interrogatório policial, alcança, basicamente, as hipóteses das prisões temporária e preventiva, fundamentadas, respectivamente, no art. 1º da Lei 7.960/1989 e no art. 311 do Código de Processo Penal. Nessas duas situações, o interrogatório policial não pode ser realizado durante o período de repouso noturno.

Alternativa "b": a conduta descrita na assertiva é tipificada no art. 12, parágrafo único, inc. III, da Lei 13.869/19. Diferentemente do que ocorre no *caput*, em que o agente deixa, injustificadamente, de comunicar a prisão em flagrante à autoridade judiciária no prazo legal, o inciso II, inicialmente, não se limita à prisão em flagrante, sendo a comunicação cabível, portanto, em qualquer modalidade de prisão, seja ela temporária, preventiva ou, até mesmo, a prisão em virtude do não pagamento de pensão alimentícia. A palavra *imediatamente* deve ser entendida no seu sentido literal, ou seja, tão logo a prisão ocorra. A comunicação pode ser feita através dos diversos meios de comunicação, a exemplo de uma ligação telefônica, mensagens de texto em telefones celulares, diretamente, por meio dos agentes de segurança pública, enfim, o que importa é que as pessoas referidas no inciso II tomem conhecimento imediato da prisão e do local onde se encontra o preso. Não se exige, portanto, qualquer formalidade.

Alternativa "c": os crimes de abuso de autoridade são todos de ação penal pública incondicionada (art. 3º da Lei 13.869/19).

Alternativa "d": o art. 15 da Lei 13.869/19 tipifica a conduta de constranger a depor, sob ameaça de prisão, pessoa que, em razão de função, ministério, ofício ou profissão, deva guardar segredo ou resguardar sigilo. Equipara-se a essa conduta o ato de prosseguir com o interrogatório de pessoa que tenha decidido exercer o direito ao silêncio (parágrafo único, inc. I). Dispõe o art. 186 do Código de Processo Penal, aplicado, no que couber, à fase investigativa (art. 6º do CPP), que, devidamente qualificado e cientificado do inteiro teor da acusação, o acusado será informado pelo juiz, antes de iniciar o interrogatório, do seu direito de permanecer calado e de não responder perguntas que lhe forem formuladas, sendo que o seu silêncio não importará em confissão e não poderá ser interpretado em prejuízo da defesa. O interrogatório, assim, dever ser interrompido, sem mais perguntas. Na prática, verifica-se muitas vezes que inúmeras perguntas são feitas, sendo que o investigado/acusado tem de exercitar esse direito em cada uma delas. O tipo do art. 15 foi elaborado para esclarecer, de forma contundente, que uma vez manifestado o direito ao silêncio o ato deve ser interrompido, sem mais perguntas. Qualquer ato tendente a dar continuidade, forçando ou mesmo constrangendo o indivíduo a cada pergunta feita, será considerado abuso de autoridade.

Alternativa "e": o art. 1º, § 2º, da Lei 13.869/19 é expresso: "A divergência na interpretação de lei ou na avaliação de fatos e provas não configura abuso de autoridade". Discute-se na doutrina a natureza jurídica do § 2º do art. 1º. Há quem sustente que se trata de causa excludente da ilicitude. A nosso ver, se o citado parágrafo exclui a ilicitude, então foi confirmada a tipicidade. Presente a tipicidade, forçoso concluir que o agente ou autoridade agiu (ou não agiu, nos casos de omissão) com a finalidade específica de prejudicar outrem ou beneficiar a si mesmo ou a terceiro, ou, ainda, por mero capricho ou satisfação pessoal. Parece desarrazoado. Entendemos que o § 2º exclui o dolo caracterizador do crime. Não sem razão foi colocado logo em seguida ao parágrafo que cuida da finalidade especial que anima o agente ou a autoridade. Logo, a divergência na interpretação de lei ou na avaliação de fatos e provas exclui o dolo configurador do crime de abuso de autoridade.

Alternativa correta: letra "b".

81.24 CRIMES CONTRA O ESTADO DEMOCRÁTICO DE DIREITO E INSERIR A QUESTÃO

445. (CEBRASPE – Delegado de Polícia – PE/2024) Entre os crimes contra as instituições democráticas, a conduta de tentar depor, por meio de grave ameaça, o governo legitimamente constituído é considerada

a) atípica.

b) crime definido pelo CP como golpe de Estado, devendo ser aplicada a redução da pena de um a dois terços em razão da tentativa.

c) crime definido pelo CP como golpe de Estado, não havendo previsão de redução da pena em razão da tentativa.

d) crime à luz do Código Penal, inclusive quando praticada por meio de manifestação crítica aos poderes constitucionais.

e) crime definido pelo CP como violência política, quando ocasionar a destruição de estabelecimentos, instalações ou serviços destinados à defesa nacional.

COMENTÁRIOS

Alternativa "a" (responde, também, as alternativas "b" e "c"): o art. 359-M do CP pune, com reclusão de quatro a doze anos, a conduta de tentar depor, por meio de violência ou grave ameaça, o governo legitimamente constituído. Trata-se do crime de golpe de Estado. Como se nota, a própria tipificação faz referência à conduta tentada. Essa espécie delitiva é denominada "crime de atentado", pois não se aplica a regra estabelecida no art. 14, parágrafo único, do CP, segundo a qual, salvo disposição em contrário, pune-se a tentativa com a pena correspondente ao crime consumado, diminuída de um a dois terços. É claro que somente pode ser punida a tentativa de golpe, visto que, se bem-sucedida a ação, o novo regime jamais puniria seus criminosos. Ao contrário, seriam rotulados como heróis. Por isso o tipo penal só faz referência à tentativa.

Alternativa "d": o art. 359-T do CP é expresso no sentido de que não constitui crime contra o Estado Democrático de Direito a manifestação crítica aos poderes constitucionais nem a atividade jornalística ou a reivindicação de direitos e garantias constitucionais por meio de passeatas, de reuniões, de greves, de aglomerações ou de qualquer outra forma de manifestação política com propósitos sociais. A nosso ver, não se trata de causa excludente de ilicitude, enquanto exercício regular de direito, pois os direitos à liberdade de expressão e de manifestação não constituem uma mera permissão jurídica; o exercício desses direitos não pressupõe a existência de um fato típico. Nessa perspectiva, a natureza jurídica do art. 359-T se aproxima mais de uma excludente de tipicidade, diante da ausência de dolo orientado à prática de algum dos atos contra o Estado Democrático de Direito.

Alternativa "e": o crime de violência política é tipificado no art. 359-P e consiste em restringir, impedir ou dificultar, com emprego de violência física, sexual ou psicológica, o exercício de direitos políticos a qualquer pessoa em razão de seu sexo, raça, cor, etnia, religião ou procedência nacional. Não se relaciona, portanto, com a conduta de tentar depor, por meio de grave ameaça, o governo legitimamente constituído.

Alternativa correta: letra "c".

Direito Penal

Rogério Sanches Cunha

✦ DICAS

1. NOÇÕES GERAIS DE DIREITO PENAL

- Diferenças entre Direito Penal, Criminologia e Política Criminal:

Direito penal	Criminologia	Política criminal
Analisando os fatos humanos indesejados, define quais devem ser rotulados como infrações penais, anunciando as respectivas sanções.	Ciência empírica que estuda o crime, a pessoa do criminoso, da vítima e o comportamento da sociedade.	Trabalha as estratégias e meios de controle social da criminalidade.
Se ocupa do crime enquanto norma	Se ocupa do crime enquanto fato	Se ocupa do crime enquanto valor

- A "privatização" do direito penal é a expressão utilizada por parte da doutrina para destacar o (atual e crescente) **papel da vítima** no âmbito criminal. Depois de anos relegada ao segundo (ou terceiro) plano, passou a vítima a ter inúmeros institutos penais e processuais penais criados sob seu enfoque, preponderando seu interesse sobre o punitivo do Estado. O dano causado pelo crime finalmente encontra-se na linha de ação do juízo criminal. Parece-nos que o divisor de águas veio com a criação da Lei 9.099/95, prevendo uma etapa de composição civil entre os envolvidos no crime, acordo que, uma vez homologado, conduz à renúncia do direito de queixa ou representação (art. 74 da Lei dos Juizados Especiais.
- O funcionalismo é um movimento da atualidade, uma corrente doutrinária que visa a analisar a real função do Direito Penal. Muito embora não haja pleno consenso acerca da sua teorização, sobressaem-se dois segmentos importantes: o **funcionalismo teleológico** e o **funcionalismo sistêmico**. Para o **funcionalismo teleológico (ou moderado)**, que tem como maior expoente Claus Roxin, a função do Direito Penal é **assegurar bens jurídicos**, assim considerados aqueles valores indispensáveis à convivência harmônica em sociedade, valendo-se de medidas de política criminal. Já de acordo com o **funcionalismo sistêmico (ou radical)**, defendido por Günther Jakobs, a função do Direito Penal é a de **assegurar o império da norma**, ou seja, resguardar o sistema, mostrando que o direito posto existe e não pode ser violado. Quando o Direito Penal é chamado a atuar, o bem jurídico protegido já foi violado, de modo que sua função primordial não pode ser a segurança de bens jurídicos, mas sim a garantia de validade do sistema.
- A teoria garantista penal de Ferrajoli tem sua base fincada em dez **axiomas** ou **implicações dêonticas** que não expressam proposições assertivas, mas proposições prescritivas; não descrevem o que ocorre, mas prescrevem o que deva ocorrer; não enunciam as condições que um sistema penal efetivamente satisfaz, mas as que deva satisfazer em adesão aos seus princípios normativos internos e/ou a parâmetros de justificação externa. Cada um dos axiomas do garantismo proposto por Luigi Ferrajoli se relaciona com um princípio. Vejamos:

Axioma	Princípio correlato
Nulla poena sine crimine	Princípio da retributividade ou da consequencialidade da pena em relação ao delito
Nullum crimen sine lege	Princípio da legalidade
Nulla lex (poenalis) sine necessitate	Princípio da necessidade ou da economia do direito penal
Nulla necessitas sine injuria	Princípio da lesividade ou da ofensividade do evento
Nulla injuris sine acione	Princípio da materialidade ou da exterioridade da ação
Nulla actio sine culpa	Princípio da culpabilidade
Nulla culpa sine judicio	Princípio da jurisdicionariedade
Nullum judicio sine accusatione	Princípio acusatório
Nullum accusatio sine probatione	Princípio do ônus da prova ou da verificação
Nulla probatio sine defensione	Princípio da defesa ou da falseabilidade

2. FONTES DO DIREITO PENAL

- A Constituição Federal situa-se no rol das fontes imediatas. Muito embora a lei detenha a exclusividade no tocante à criação das infrações penais e das respectivas sanções, não se pode deixar de constatar que a Carta Magna nos revela direito penal, estabelecendo alguns patamares abaixo dos quais a intervenção penal não se pode colocar. Esses patamares são verdadeiros mandados de criminalização, porque vinculam o legislador ordinário, reduzindo a sua margem de atuação para obrigá-lo a proteger (de forma suficiente/eficiente) certos temas (bens ou interesses). É o que ocorre, por exemplo, com o crime de racismo (art. 5º, XLII, CF/88), com os crimes hediondos e equiparados (art. 5º, XLIII, CF/88), com a ação de grupos armados contra a ordem constitucional e o Estado Democrático (art. 5º, XLIV, CF/88) e com os crimes ambientais (art. 225, § 3º, CF/88).
- Flávio Monteiro de Barros, concordando com Luiz Vicente Cernichiaro, inclui também, como fonte mediata do Direito Penal, os atos administrativos. Observa ser comum à sua utilização nas chamadas normas penais em branco, servindo de complemento da conduta criminosa (art. 33 da Lei nº 11.343/06, em que se necessita de complemento para definir que substâncias podem ser definidas como drogas).
- Importante esclarecer que os tratados e convenções não são instrumentos hábeis à criação de crimes ou cominação de penas para o direito interno (apenas para o direito internacional). Assim, antes do advento das Leis 12.694/12 e 12.850/13 (que definiram, sucessivamente, organização criminosa), o STF manifestou-se pela inadmissibilidade da utilização do conceito de organização criminosa dado pela Convenção de Palermo, trancando a ação penal que deu origem à impetração, em face da atipicidade da conduta (HC nº 96007).
- Qual a finalidade do costume no ordenamento jurídico-penal? Apesar de não possuir o condão de criar ou revogar crimes e sanções, o costume é importantíssimo vetor de interpretação das normas penais. Em outras palavras, é possível o uso do costume segundo a lei (*secundum legem*), atuando dentro dos limites do tipo penal. Esse costume interpretativo possibilita a adequação do tipo às exigências éticas coletivas, *v.g.*, como ocorre na definição do que seja *repouso noturno*, expressão constante do artigo 155, § 1º, do Código Penal. Neste caso, é evidente a importância do costume, já que, em grandes centros urbanos, o período de descanso será diverso daquele observado em pequenas comunidades do interior.

3. INTERPRETAÇÃO DA LEI PENAL

- Resumo das formas de interpretação da lei penal:

Interpretação quanto ao sujeito	Interpretação quanto ao modo	Interpretação quanto ao resultado
Autêntica ou Legislativa Doutrinária Jurisprudencial	Literal Teleológica Histórica Sistemática Progressiva Lógica	Declarativa Restritiva Extensiva

- Sobre a interpretação da lei penal, destaca-se a extensiva, mais precisamente, a discussão se pode (ou não) ser em prejuízo do réu. Lembremos que a interpretação extensiva se dá quando o intérprete amplia o significado de uma palavra para alcançar o real significado da norma. Para Nucci, é indiferente se a interpretação extensiva beneficia ou prejudica o réu, "pois a tarefa do intérprete é conferir aplicação lógica ao sistema normativo, evitando-se contradições e injustiças" (*Manual de Direito Penal.* 6ª ed. São Paulo: RT, 2009, p. 91-92). Luiz Regis Prado, partidário do mesmo entendimento, citando nosso Código Penal, dá alguns exemplos: "o art. 130 do Código Penal (perigo de contágio venéreo) inclui não só o perigo, mas também o próprio contágio de moléstia grave; no art. 168 (apropriação indébita), a expressão "coisa alheia" inclui a coisa comum; o art. 235 (bigamia) refere-se não apenas à bigamia, mas também à poligamia; o art. 260 (perigo de desastre ferroviário) envolve, além do serviço ferroviário, o serviço de metrô" (*Curso de Direito Penal Brasileiro.* Vol. 1. 8ª ed. São Paulo: RT, 2008, p. 179).
- A interpretação *sui generis* se subdivide em **exofórica** e **endofórica,** dependendo do conteúdo que complementará o sentido da norma interpretada. **Exofórica** ocorre quando o significado da norma interpretada não está no ordenamento normativo. A palavra "tipo", por exemplo, presente no art. 20 do CP, tem seu significado extraído da doutrina (e não da lei). Será **endofórica** quando o texto normativo interpretado toma de empréstimo o sentido de outros textos do próprio ordenamento, ainda que não sejam da mesma Lei. Esta espécie está presente na norma penal em branco (assunto que aprofundamos no tópico princípio da legalidade).

4. TEORIA GERAL DA NORMA PENAL

- Os princípios podem ser explícitos, positivados no ordenamento, ou implícitos, quando derivam daqueles expressamente previstos e que decorrem de interpretação sistemática de determinados dispositivos. Como exemplo dos primeiros, temos o da individualização da pena, insculpido no artigo 5º, inciso XLVI, da Constituição Federal, do qual deriva, implicitamente, o da proporcionalidade, segundo o qual se deve estabelecer um equilíbrio entre a gravidade da infração praticada e a severidade da pena, seja em abstrato, seja em concreto.

- Quando se pensa em princípio da legalidade (art. 1º do CP), não basta a existência de lei que institua o crime e que comine a pena, sendo imprescindível a concorrência de outros subprincípios: a) lei anterior (*praevia*): é vedada a edição de leis incriminadoras com aplicação retroativa. Uma vez em vigor, a lei somente poderá ser aplicada sobre fatos a ela supervenientes, e não sobre acontecimentos passados, salvo se para beneficiar o agente; b) lei escrita (*lex scripta*): veda-se a utilização do direito consuetudinário quando se trata de norma incriminadora; c) lei estrita (*lex stricta*): se a incriminação de determinado fato não foi prevista expressamente pelo legislador, é vedado ao intérprete aplicar a analogia para estender a abrangência de outra norma para punir ou agravar a pena do autor desse fato. O que se proíbe, portanto, é a analogia *in malam partem*, sendo possível se para beneficiar o réu; d) lei certa (*lex certa*): a lei penal não pode ser indeterminada, provida de conteúdo demasiadamente genérico e que dificulte sua interpretação, especialmente no que tange à conduta incriminada.
- Não se confundem os princípios da responsabilidade pessoal, da responsabilidade subjetiva e da culpabilidade: a) responsabilidade pessoal: proíbe-se o castigo penal pelo fato de outrem, ainda que a pena seja estritamente pecuniária (pena de multa). Inexiste, portanto, responsabilidade penal coletiva no Direito Penal; b) princípio da responsabilidade subjetiva: não basta que o fato seja materialmente causado pelo agente, só podendo haver responsabilização se o fato foi querido, desejado, previsível; c) princípio da culpabilidade: postulado limitador do direito de punir. Assim, só pode o Estado punir agente imputável, com potencial consciência da ilicitude, quando dele exigível conduta diversa.
- A proporcionalidade deve ser observada em dois momentos distintos: a) no plano abstrato: deve o legislador, ao tornar típico determinado fato, atentar-se para o liame existente entre a conduta e suas consequências, a fim de estabelecer a reprimenda em patamar adequado não somente à reparação pelo dano ao bem jurídico tutelado como também para atender integralmente às finalidades da pena; b) no plano concreto: não é só o legislador quem está obrigado a observar o princípio da proporcionalidade, mas também o julgador. Este, antes de estabelecer a reprimenda, deverá observar, dentro dos limites estabelecidos pela lei, as circunstâncias e as características da prática da infração penal, para, somente após, aplicá-la em concreto. Assim, por exemplo, deve ser mais severamente punido o agente que, num crime de roubo, emprega violência, do que aquele que, nas mesmas circunstâncias, efetua a subtração somente mediante grave ameaça.
- De acordo com o Estatuto de Roma (Decreto nº 4.388/2002), podemos enumerar três consequências extraídas do princípio da presunção de inocência: **(A)** Qualquer restrição à liberdade do investigado/acusado somente se admite após sua condenação definitiva, não evitando, porém, a prisão cautelar ao longo da persecução criminal, desde que imprescindível, exigindo-se adequada fundamentação; **(B)** Cumpre à acusação o dever de demonstrar a responsabilidade do réu, e não a este comprovar sua inocência (o ônus da prova incumbe sempre ao titular da ação penal); **(C)** A condenação deve derivar da certeza do julgador, sendo que eventual dúvida será interpretada em favor do réu (*in dubio pro reo*).
- A lei penal em branco (própria ou imprópria) pode ser complementada por normas oriundas de instâncias federativas diversas (Poderes Executivo ou Legislativo Federal, Estadual ou Municipal). O art. 63 da Lei dos Crimes Ambientais (Lei 9.605/98), por exemplo, pune com reclusão, de 1 a 3 anos, e multa, "alterar aspecto ou estrutura de edificação ou local especialmente protegido por lei, ato administrativo ou decisão judicial em razão de seu valor paisagístico, ecológico, turístico ou artístico, histórico, cultural, religioso, arqueológico, etnográfico ou monumental, sem autorização da autoridade competente ou em desacordo com a concedida". Nestes casos, a lei ou ato administrativo criado para proteger a edificação pode ser municipal. O mesmo pode ocorrer no art. 268 do CP, como decidiu o STF: "O art. 268 do Código Penal veicula norma penal em branco que pode ser complementada por atos normativos infralegais editados pelos entes federados (União, Estados, Distrito Federal e Municípios), respeitadas as respectivas esferas de atuação, sem que isso implique ofensa à competência privativa da União para legislar sobre direito penal (CF, art. 22, I)" (ARE 1.418.846/RS, Rel. Min. Rosa Weber, j. 24/03/2023).
- Da sucessão de leis no tempo podem advir cinco possibilidades: 1) *novatio legis* incriminadora: é irretroativa; 2) *novatio legis in pejus* (*lex gravior*): também é irretroativa; 3) *novatio legis in mellius* (*lex mitior*): é retroativa; 4) lei intermediária: a lei intermediária (ou intermédia) é aquela que deverá ser aplicada porque benéfica ao réu, muito embora não fosse a lei vigente ao tempo do fato, tampouco seja a lei vigente no momento do julgamento; 4) *abolitio criminis*: trata-se da revogação de um tipo penal pela superveniência de lei descriminalizadora e consequente extinção do *jus puniendi* (direito de punir) e *jus punitionis* (direito de executar a punição).
- A lei penal não incriminadora pode ser dividida em: 1) permissiva justificante: a lei penal não incriminadora que torna lícita determinadas condutas que, normalmente, estariam sujeitas à reprimenda estatal, como ocorre, por exemplo, com a legítima defesa; 2) permissiva exculpante: elimina a culpabilidade, como é o caso da embriaguez acidental completa; 3) explicativa ou interpretativa: destina-se a esclarecer o conteúdo da norma, como o artigo 327 do Código Penal, que trata do conceito de funcionário público para fins penais; 4) complementar: que tem a função de delimitar a aplicação das leis incriminadoras, como ocorre com o artigo 5º do Código Penal, que dispõe sobre a aplicação da lei penal no território brasileiro; 5) lei penal de extensão ou

integrativa: utilizada para viabilizar a tipicidade de alguns fatos, como fazem os artigos 14, II e o artigo 29 do Código Penal – a tentativa e a participação seriam condutas atípicas não fossem tais normas.

- A lei penal tem as seguintes características: a) exclusividade: somente ela (lei) define infrações (crimes e contravenções) e comina sanções penais (penas e medidas de segurança); b) imperatividade: é imposta a todos, independentemente da vontade de cada um; c) generalidade: todos devem acatamento à lei penal, mesmo os inimputáveis, vez que passíveis de medida de segurança; d) impessoalidade: dirige-se abstratamente a fatos (futuros) e não a pessoas, além de ser produzida para ser imposta a todos os cidadãos, indistintamente.

5. EFICÁCIA DA LEI PENAL NO TEMPO

- Duas correntes discutem sobre a possibilidade de aplicação da lei penal mais benéfica quando ela ainda está no período de *vacatio legis*.

1ª corrente:	2ª corrente:
capitaneada por Alberto Silva Franco, para quem o *tempus vacationes* tem como fulcro primordial a necessidade de que a lei promulgada se torne conhecida. Não faz sentido, portanto, que aqueles que já se inteiraram do teor da lei nova fiquem impedidos de lhe prestar obediência, desde logo, quanto a seus preceitos mais brandos, quando, em razão da retroatividade benéfica, mais cedo ou mais tarde isso teria que acontecer.	no período de *vacatio legis* a lei penal não possui eficácia jurídica ou social, devendo imperar a lei vigente. Fundamenta-se esta corrente no fato de que a lei no período de *vacatio legis* não passa de mera expectativa de lei. Esta é a corrente predominante, defendida por Frederico Marques, Damásio de Jesus e Guilherme de Souza Nucci.

- Discute-se na doutrina a possibilidade de a alteração jurisprudencial retroagir para alcançar fatos praticados na vigência de entendimento diverso. Imaginemos, por exemplo, um roubo praticado com emprego de arma de brinquedo. Antes de outubro de 2001, havia Súmula no STJ (nº 174) autorizando o aumento da pena mesmo quando cometido o crime com arma de brinquedo. Depois de outubro, o STJ cancelou a referida Súmula. Os fatos pretéritos, julgados com o aumento, poderiam ser beneficiados com a alteração do entendimento da Corte? A Constituição Federal de 1988 se refere somente à retroatividade da lei (proibindo quando maléfica e fomentando quando benéfica). De igual modo, o Código Penal não disciplinou a possibilidade da retroatividade da jurisprudência. O entendimento que prevalece é o de que a extra-atividade só se refere à lei, não se estendendo à jurisprudência. O STJ tem julgados nos quais afasta a possibilidade de revisão criminal em virtude da mudança de orientação jurisprudencial sobre determinado tema: "1. Este Tribunal Superior de Justiça possui entendimento remansoso de que "o art. 621, inciso I, do Código de Processo Penal, determina que caberá revisão criminal 'quando a sentença condenatória for contrária a texto expresso da lei', o que não pode ser confundido com mudança de orientação jurisprudencial a respeito da interpretação de determinado dispositivo legal". (REsp 706.042/RS, Rel. Min. JOSÉ ARNALDO DA FONSECA, QUINTA TURMA, DJ 07/11/2005) 2. A análise de matéria constitucional não é de competência desta Corte, mas sim do Supremo Tribunal Federal, por expressa determinação da Constituição Federal. 3. Agravo regimental a que se nega provimento" (AgRg no REsp 1447604/SC, Rel. Ministra Maria Thereza de Assis Moura, DJe 29/8/2014). O STF já proferiu decisão no mesmo sentido: "Os preceitos constitucionais relativos à aplicação retroativa da norma penal benéfica, bem como à irretroatividade da norma mais grave ao acusado, *ex vi* do artigo 5º, XL, da Constituição Federal, são inaplicáveis aos precedentes jurisprudenciais. Precedentes: HC 75.793, Primeira Turma, Rel. Min. Sepúlveda Pertence, DJ de 31/3/2008; ADC 43- MC, Tribunal Pleno, Redator p/ Acórdão: Min. Edson Fachin, DJe de 7/3/2018" (HC 161.452 AgR, Rel. Min. Luiz Fux, j. 06/03/2020). Não obstante, o STJ admite a revisão criminal para aplicar retroativamente entendimento jurisprudencial benigno em situações de grande relevância, como a declaração de inconstitucionalidade de dispositivo legal (RvCr 5.627/DF, Rel. Min. Joel Ilan Paciornik, j. 13/10/2021).

- Quadro resumo a respeito das distinções entre *abolitio criminis* e continuidade normativo-típica:

Abolitio criminis	Continuidade normativa típica
Supressão da figura criminosa	Supressão formal do crime
A conduta não será mais punida (o fato deixa de ser punível)	O fato permanece punível (a conduta criminosa migra para outro tipo penal)
A intenção do legislador é não mais considerar o fato criminoso	A intenção do legislador é manter o caráter criminoso do fato

- Competência para julgamento na sucessão de leis penais:

	Lei penal benigna	
Espécie	Que representa mera aplicação matemática	Que implica juízo de valor
Juízo competente	Juízo da execução	Juízo da revisão criminal
Exemplo	Lei A com pena de 2 a 4 anos. Lei posterior B cria diminuição de pena quando o agente é menor de 21 anos na data do fato (o juiz, no caso, pesquisa, simplesmente, se o reeducando, por ocasião dos fatos, era menor de 21 anos, não exigindo juízo de valor).	Lei A, dispondo sobre a conduta de subtrair coisa alheia móvel, é alterada pela Lei B, que cria causa de diminuição aplicável se *de pequeno valor a coisa subtraída*. "Pequeno valor" exige mais do que uma simples operação matemática, demandando juízo de valor.

6. EFICÁCIA DA LEI PENAL NO ESPAÇO

- Na solução das possíveis colisões sobre a lei penal no espaço, seis princípios são utilizados. São eles: a) princípio da territorialidade: aplica-se a lei penal do local do crime; b) princípio da nacionalidade ou personalidade ativa: aplica-se a lei do país a que pertence o agente; c) princípio da nacionalidade ou personalidade passiva: aplica-se a lei penal da nacionalidade do agente somente quando atingir um bem jurídico de seu próprio Estado ou de um concidadão; d) princípio da defesa ou real: aplica-se a lei penal da nacionalidade da vítima ou do bem jurídico; e) princípio da justiça penal universal ou da justiça cosmopolita: o agente fica sujeito à lei do país onde for encontrado. Esse princípio está normalmente presente nos tratados internacionais; f) princípio da representação, do pavilhão, da substituição ou da bandeira: a lei penal nacional aplica-se aos crimes cometidos em aeronaves e embarcações privadas, quando praticados no estrangeiro e aí não sejam julgados.
- Tabela a respeito dos princípios da lei penal no espaço aplicados no art. 7º do Código Penal:

Dispositivos	Princípio	Extraterritorialidade
Art. 7º, I, *a*, *b*, *c*	Princípio da defesa	Incondicionada
Art. 7º, I, *d*	Princípio da justiça universal*	Incondicionada
Art. 7º, II, *a*	Princípio da justiça universal	Condicionada
Art. 7º, II, *b*	Princípio da nacionalidade ativa	Condicionada
Art. 7º, II, *c*	Princípio da representação*	Condicionada
Art. 7º, § 3º	Princípio da nacionalidade passiva*	Hipercondicionada
* A doutrina diverge sobre qual princípio adotado pelo art. 7º, I, "d" ("crime de genocídio, quando o agente for brasileiro ou domiciliado no Brasil"). Apesar de prevalecer da justiça universal, temos corrente lecionando tratar-se do princípio da defesa (ou real) (Fragoso, ob. cit., p. 141); para outros, da personalidade ou nacionalidade ativa (MASSON, Cléber. Direito Penal Esquematizado – Parte Geral. 2ª ed. São Paulo: Método, 2009, p. 132).		

- Apesar de invioláveis, as sedes da representação diplomática não são consideradas extensão do território estrangeiro.
- Aplica-se a lei brasileira ao crime cometido a bordo de embarcação privada estrangeira de passagem pelo mar territorial brasileiro? A Lei nº 8.617/93 regula o **direito de passagem inocente**. Para que seja reconhecido esse direito, o navio privado deve utilizar o mar territorial brasileiro somente como caminho (passagem) para seu destino, sem pretensão de atracar no nosso território. Nesse caso, ocorrendo crime a bordo da embarcação, não se aplicará a lei brasileira, desde que não seja prejudicial à paz, à boa ordem ou à segurança do Brasil, devendo ser contínua e rápida.
- Assim como a prática de um crime pode fracionar-se em **tempos diversos**, pode também se desenvolver em **lugares diversos**, percorrendo o território de dois ou mais países igualmente soberanos, gerando conflito internacional de jurisdição (**crime à distância**). Três teorias buscam resolver tal conflito:

Teoria da atividade (da ação)	Teoria do resultado (do efeito)	Teoria da ubiquidade
É o local da conduta criminosa. Exemplo: local dos disparos	É o local da consumação. Exemplo: local da morte (no hospital).	Tanto o lugar da ação quanto o do resultado.

- Cometido um crime no estrangeiro e identificada a necessidade de extraterritorialidade da nossa lei, em qualquer das suas espécies, é preciso apontar o órgão jurisdicional competente para a aplicação da lei penal brasileira, bem como o território para o processo e julgamento. Imaginemos que Caio, brasileiro residente em Portugal, mate dolosamente um cidadão português. Caio foge e retorna ao território brasileiro antes do fim das investigações. A lei brasileira alcança este fato (art. 7º, inc. II, *b*). De acordo com o STJ (CC 115.375), compete à Justiça Estadual a aplicação da nossa lei, salvo se, no caso específico, se fizer presente uma das hipóteses constitucionais que atraem a competência da Justiça Federal (art. 109, CF/88). No nosso exemplo, nada justifica o interesse da União.

  Há, todavia, situações em que o STJ considera presente o interesse da União, como, por exemplo, em virtude da negativa de extradição pelo Brasil. No julgamento do RHC 97.535 (j. 01/08/2018), o tribunal invocou precedente da Terceira Seção para estabelecer a competência da Justiça Federal para julgar brasileiro nato autor de homicídio cometido no Paraguai e cuja extradição foi negada diante da vedação constitucional à entrega de nacionais para julgamento em países estrangeiros. De acordo com o julgamento do recurso em *habeas corpus*, incide, no caso, "o Decreto n. 4.975/2004, que incorporou ao ordenamento jurídico brasileiro o Tratado de Extradição entre o Governo da República Federativa do Brasil e os Estados partes do Mercosul, no qual estabelece que, na impossibilidade de extradição do acusado por ser nacional da parte requerida, a obrigação de 'promover o julgamento do indivíduo' (art. 11.3, do Tratado de Extradição). A competência da Justiça Federal para processar o feito se extrai da matéria – cooperação internacional, com esteio no art. 109, III, IV e X, da Constituição Federal". Considerando que compete à União manter relações com estados estrangeiros e cumprir os tratados firmados, é dela a competência para a *persecutio criminis* nas situações em que o crime é praticado por brasileiros no exterior, incide a norma interna, mas não é possível a extradição. O recorrente interpôs recurso extraordinário no STF, ao qual foi dado provimento para fixar a competência da Justiça Estadual. Em decisão monocrática baseada em precedentes do STF, o ministro Marco Aurélio concluiu que o simples fato de o crime ter sido cometido no exterior e de a extradição ter sido negada não atrai a competência da Justiça Federal, atrelada aos estritos limites impostos pela Constituição Federal (RE 1.175.638/PR, j. 02/04/2019). Em decisão posterior, no entanto, a 1ª Turma atribuiu a competência à Justiça Federal: "1. Em se tratando de cooperação internacional em que o Estado Brasileiro se compromete a promover o julgamento criminal de indivíduo cuja extradição é inviável em função de sua nacionalidade, exsurge o interesse da União, o que atrai a competência da Justiça Federal para o processamento e julgamento da ação penal, conforme preceitua o art. 109, III, da Constituição Federal. 2. No caso dos autos, trata-se de imputação da prática dos crimes de homicídio triplamente qualificado, ocultação de cadáver e roubo, praticados por brasileiro em território português. Diante desse cenário, faz-se imperiosa a incidência do art. 5º, 1, da Convenção de Extradição entre os Estados Membros da Comunidade dos Países de Língua Portuguesa, promulgada pelo Decreto 7.935/2013. 3. Agravo Regimental a que se nega provimento" (RE 1.270.582 AgR/MG, j. 31/08/20).

- Tabela a respeito da aplicação da lei penal sobre crimes praticados a bordo de navios e aeronaves:

Embarcações e aeronaves	Será aplicada a lei brasileira
Públicas ou a serviço do governo brasileiro:	quer se encontrem em território nacional ou estrangeiro.
Mercantes ou particulares brasileiras:	se estiverem em alto-mar ou no espaço aéreo correspondente.
Estrangeiras:	apenas quando privadas em território brasileiro.

7. EFICÁCIA DA LEI PENAL EM RELAÇÃO ÀS PESSOAS

- A lei penal se aplica a todos, nacionais ou estrangeiros, por igual, não existindo privilégios pessoais (art. 5º, *caput*, e inc. I, da CF/88). Há, no entanto, pessoas que, em virtude das suas funções ou em razão de regras internacionais, gozam de imunidades. Longe de uma garantia pessoal, trata-se de necessária *prerrogativa funcional*, proteção ao cargo ou função desempenhada pelo seu titular.

- Não se deve confundir o agente consular com o agente diplomático. Os agentes consulares, em razão das suas funções meramente administrativas, não desfrutam de imunidade diplomática. A sua imunidade é restrita aos atos de ofício, por isso chamada de imunidade relativa. Dentro desse espírito, tratando-se de crime comum (*v.g.* homicídio culposo), são punidos de acordo com a lei brasileira; já no caso de delito funcional, isto é, relacionados diretamente com a função consular (*v.g* fraude na concessão de passaportes), incide a imunidade, ficando sujeitos à lei do país de origem.

- A natureza jurídica da imunidade absoluta é questão controvertida na doutrina: a) Pontes de Miranda, Nélson Hungria e José Afonso da Silva entendem ser causa excludente de crime; b) Basileu Garcia considera a imunidade absoluta causa que se opõe à formação do crime; c) Aníbal Bruno considera-a causa pessoal (funcional) de isenção de pena; d) Magalhães Noronha entende ser causa de irresponsabilidade; e) para José Frederico Marques, trata-se de causa de incapacidade pessoal penal por razões políticas.

- O STF confere um caráter amplo à imunidade absoluta (art. 53, *caput*, CF/88) nas situações em que o indivíduo está nas dependências do parlamento. E, mesmo que o parlamentar esteja fora, a imunidade permanece se a manifestação tiver vínculo com o mandato: "A imunidade é absoluta quanto às manifestações proferidas no interior da respectiva casa legislativa. O parlamentar também é imune em relação a manifestações proferidas fora do recinto parlamentar, desde que ligadas ao exercício do mandato. Precedentes. Possível reinterpretação da imunidade material absoluta, tendo em vista a admissão de acusação contra parlamentar em razão de palavras proferidas no recinto da respectiva casa legislativa, mas supostamente dissociadas da atividade parlamentar – PET 5.243 e INQ 3.932, rel. min. Luiz Fux, julgados em 21.6.2016. Caso concreto em que, por qualquer ângulo que se interprete, as declarações estão abrangidas pela imunidade. Declarações proferidas pelo Deputado Federal querelado no Plenário da Câmara dos Deputados. Palavras proferidas por ocasião da prática de ato tipicamente parlamentar – voto acerca da autorização para processo contra a Presidente da República. Conteúdo ligado à atividade parlamentar. 3. Absolvição por atipicidade da conduta" (STF - Pet. 6.156/DF, Rel. Min. Gilmar Mendes, DJe 28/09/2016). O tribunal, no entanto, já afastou a imunidade no caso de manifestação que, embora proferida no parlamento, extrapolou suas dependências, por considerá-la desvinculada do mandato: "In casu, (i) a entrevista concedida a veículo de imprensa não atrai a imunidade parlamentar, porquanto as manifestações se revelam estranhas ao exercício do mandato legislativo, ao afirmar que "não estupraria" Deputada Federal porque ela "não merece"; (ii) o fato de o parlamentar estar em seu gabinete no momento em que concedeu a entrevista é fato meramente acidental, já que não foi ali que se tornaram públicas as ofensas, mas sim através da imprensa e da internet; (...) (i) A imunidade parlamentar incide quando as palavras tenham sido proferidas do recinto da Câmara dos Deputados: "Despiciendo, nesse caso, perquirir sobre a pertinência entre o teor das afirmações supostamente contumeliosas e o exercício do mandato parlamentar" (Inq. 3814, Primeira Turma, Rel. Min. Rosa Weber, unânime, j. 07/10/2014, DJE 21/10/2014). (ii) Os atos praticados em local distinto escapam à proteção da imunidade, quando as manifestações não guardem pertinência, por um nexo de causalidade, com o desempenho das funções do mandato parlamentar" (Inq. 3.932/DF, Rel. Min. Luiz Fux, DJe 09/09/2016).

- Por meio de questão de ordem na Ação Penal 937, decidiu o STF que: **1) a prerrogativa de foro se limita aos crimes cometidos no exercício do cargo e em razão dele; 2) a jurisdição do STF se perpetua caso tenha havido o encerramento da instrução processual – leia-se: intimação das partes para apresentação das derradeiras alegações – antes da extinção do mandato**.
- E nos casos em que o deputado federal se elege senador, ou vice-versa, mantém-se o foro por prerrogativa de função no STF sobre crimes cometidos no mandato anterior? A rigor, a decisão tomada na AP 937 deveria impedir a permanência de inquéritos policiais e de ações penais no STF, pois, se o foro por prerrogativa existe no caso de crimes cometidos no exercício do cargo e em razão dele, a extinção do mandato faria desaparecer a prerrogativa. Ainda que, em virtude da eleição, o agente permaneça com foro perante o mesmo tribunal, trata-se de cargos distintos e de crimes cometidos em outras circunstâncias. Mas, por maioria, ao julgar a Pet. 9189 (j. 12/05/2021), o STF decidiu que, no caso de mandatos cruzados na esfera federal, o foro por prerrogativa permanece sobre crimes cometidos no exercício do cargo anterior.
- Entendia-se que o foro por prerrogativa de função, previsto na CF/88, prevalecia sobre a competência constitucional do Tribunal do Júri (era a Carta Maior excepcionando-se a si mesma). Dentro desse espírito, caso praticasse crime doloso contra a vida, o congressista seria julgado perante o STF, enquanto o parlamentar estadual, pelo Tribunal de Justiça (ou Tribunal Regional Federal, se o caso). Esta regra, contudo, não se aplicava aos vereadores, sem prerrogativa de foro, salvo se prevista na Constituição Estadual. Se a competência do Júri está estampada na Constituição Federal, nos crimes dolosos contra a vida os vereadores sempre permaneceram sujeitos à decisão do Conselho de Sentença. Nesse sentido, aliás, foi editada a Súmula Vinculante nº 45: "A competência constitucional do tribunal do júri prevalece sobre o foro por prerrogativa de função estabelecido exclusivamente pela constituição estadual". Ocorre que, com a decisão do STF na Ação Penal 937, na qual se estabeleceu que a prerrogativa de foro se aplica apenas para crimes cometidos no exercício do cargo e em razão dele, parece-nos que a súmula está desidratada. A prerrogativa não subsistirá em relação aos crimes dolosos contra a vida, salvo em casos raríssimos, como, por exemplo, membro do Ministério Público, no cumprimento de diligências, ceifa a vida de alguém no exercício da sua função. Eventual excesso no desempenho do seu mister será aquilato pelo Tribunal de Justiça (e não pelo Conselho de Sentença).
- Note-se que o julgamento do STF na AP 937 também modifica o sistema de prerrogativa de foro para deputados estaduais, que respondem no TJ, TRF ou TRE apenas quando cometem crimes no exercício e em razão do cargo. Assim, por exemplo, o deputado estadual acusado de indevida apropriação de verbas indenizatórias será julgado pelo TJ, mas o acusado de compra de votos será julgado pela primeira instância da Justiça Eleitoral.
- De acordo com o STJ, a superveniente aposentadoria de magistrado cessa a competência do tribunal para o processamento e julgamento do feito (Processo sob segredo de justiça, j. 07/12/2022).

8. EFICÁCIA DA SENTENÇA ESTRANGEIRA, CONTAGEM DE PRAZO, CONFLITO APARENTE DE NORMAS

- No julgamento do HC 171.118/SP (j. 12/11/2019), o STF concluiu que o art. 8º do CP "deve ser lido em conformidade com os preceitos convencionais e a jurisprudência da Corte Interamericana de Direitos Humanos, vedando-se a dupla persecução penal por idênticos fatos". No caso, o agente havia praticado tráfico de drogas e lavagem de dinheiro por meio de condutas que abarcaram os territórios do Brasil e da Suíça. Foi processado e condenado no país europeu, mas, considerando as disposições do art. 6º do CP, segundo o qual o crime se considera praticado no lugar em que ocorreu a ação ou omissão, no todo ou em parte, bem como onde se produziu ou deveria produzir-se o resultado (teoria da ubiquidade), foi processado também no Brasil pelos mesmos fatos, situação à qual se aplicaria o disposto no art. 8º do CP: "A pena cumprida no estrangeiro atenua a pena imposta no Brasil pelo mesmo crime, quando diversas, ou nela é computada, quando idênticas". Baseando-se nas regras do Pacto Internacional sobre Direitos Civis e Políticos e da Convenção Americana de Direitos Humanos, o STF concluiu que é vedada a dupla persecução penal em jurisdições de países distintos. O min. Gilmar Mendes destacou que o Código Penal deve ser interpretado em conformidade com os direitos estampados nos tratados internacionais, pois a jurisprudência do tribunal admite o controle de convencionalidade das normas infraconstitucionais devido ao *status* normativo supralegal dos tratados de direitos humanos, que, embora estejam abaixo da Constituição, estão acima das leis infraconstitucionais. Note-se, contudo, que o tribunal não impôs uma vedação absoluta à dupla persecução, permitida quando o processo tramitado no estrangeiro for considerado injusto ou ilegítimo, privado, em suma, do cumprimento de obrigações processuais positivas. É uma forma de compatibilizar as garantias internacionais com a soberania dos Estados.
- Em matéria penal, devem ser diferenciados os prazos processuais e os prazos penais. Os prazos processuais penais seguirão a regra do artigo 798, § 1º, do Código de Processo Penal, não se computando o dia do começo, mas incluindo-se o do vencimento. O prazo que terminar em domingo ou feriado considerar-se-á prorrogado até o imediato dia útil (art. 798, § 3º) e a intimação feita na sexta-feira conduz ao início do prazo processual na segunda-feira seguinte – ou primeiro dia útil que se seguir (súmula

nº 310 do STF). Ao contrário do que ocorre com os prazos processuais, os prazos penais são improrrogáveis e na sua contagem o dia do começo é incluído no cálculo (art. 10, CP). Tal forma de cômputo se aplica a todos os prazos da lei material, tais como os de duração das penas, do sursis, do livramento condicional, da prescrição, da decadência, etc. Seguimos, para tanto, o calendário comum (gregoriano). A diferença na contagem dos prazos foi fixada apenas e tão somente para favorecer o réu. Na contagem dos prazos processuais, não se considerando o dia de início, dá-se ao agente "um dia a mais" para lançar mão da providência processual adequada. Em contrapartida, como os prazos penais sempre correm em favor do réu, começam a ser contados um dia antes, sem possibilidade de prorrogação. Assim, se a prescrição se verifica no dia 22 de agosto, um domingo, será este o marco da extinção da punibilidade do Estado, por favorecer o agente

- São três os princípios que solucionam o conflito aparente de normas:

  (A) especialidade: está previsto no artigo 12 do Código Penal e determina que se afaste a lei geral para aplicação da lei especial. Entende-se como lei especial aquela que contém todos os elementos da norma geral, acrescida de outros que a tornam distinta (chamados de "especializantes"). O tipo especial preenche integralmente o tipo geral, com a adição de elementos particulares. Ex.: o tráfico de drogas é especial em relação ao contrabando;

  (B) subsidiariedade: uma lei tem caráter subsidiário quando o fato por ela incriminado é também incriminado por outra, em um âmbito de aplicação comum, mas com abrangência diversa. A relação entre as normas subsidiária e principal é de maior ou menor gravidade, e não de espécie e gênero, como na especialidade. A norma dita subsidiária atua apenas quando o fato não se subsume à norma principal. A subsidiariedade pode ser expressa ou tácita. É expressa quando a lei a prevê explicitamente, anunciando a não aplicação da norma menos grave quando presente a mais grave, normalmente utilizando expressões como "se o fato não constitui crime mais grave" (art. 132 do CP) e "se o fato não constitui elemento de crime mais grave" (art. 307 do CP). Há subsidiariedade tácita quando um delito de menor gravidade cede diante da presença de outro de maior gravidade e integra, na qualidade de elementar, a descrição típica dele. É, por exemplo, subsidiário o dano em relação ao furto cometido mediante rompimento de obstáculo, pois integra o tipo penal qualificado.

  (C) consunção ou absorção: no princípio da consunção, ou da absorção, ocorre a continência de tipos, ou seja, o crime previsto por uma norma (consumida) não passa de uma fase de realização do crime previsto por outra (consuntiva) ou é uma forma normal de transição para o último (crime progressivo). Os fatos aqui não se acham em relação de espécie e gênero, mas de parte a todo, de meio a fim. Podemos falar em princípio da consunção nas seguintes hipóteses: (I) Crime progressivo: quando, para alcançar um resultado/crime mais grave, o agente passa, necessariamente, por um crime menos grave. No homicídio, por exemplo, é preciso antes praticar a lesão corporal, um mero crime de passagem para matar alguém; (II) Progressão criminosa: o agente substitui o seu dolo e dá causa a resultado mais grave. Deseja praticar um crime menor e o consuma; em seguida, decide cometer um crime de maior gravidade e também o concretiza, atentando contra o mesmo bem jurídico. É o caso de alguém que inicialmente pretende apenas provocar lesão corporal, porém, após consumar os ferimentos, decide ceifar a vida do ferido, causando-lhe a morte. Somente incidirá a norma referente ao crime de homicídio (art. 121 do Código Penal), absorvendo-se a lesão corporal; (III) "Antefactum" impunível: são fatos anteriores que estão na linha de desdobramento da ofensa mais grave. É o caso da violação de domicílio para praticar o furto. Note que o delito antecedente (antefato impunível) não é passagem necessária para o crime-fim (distinguindo-se do crime progressivo), é apenas um meio para alcançá-lo. Outros furtos ocorrem sem haver violação de domicílio. Também não há substituição do dolo (diferentemente da progressão criminosa; (IV) "Postfactum" impunível: representa o exaurimento do crime principal praticado pelo mesmo indivíduo, que não é punido pela segunda conduta. Alguém que furta um automóvel e depois o danifica não pratica furto e dano. A conduta se subsume apenas ao furto, e o dano é considerado um fato posterior impunível.

9. DO CRIME

- Quanto ao concurso de pessoas, o crime pode ser classificado em: a) monossubjetivo: cuida-se de infração penal que pode ser praticada por uma ou mais pessoas. Diante de tal circunstância, afirma-se que se trata de crime de concurso eventual de pessoas. É o caso, por exemplo, dos delitos de roubo (art. 157 do CP), furto (art. 155 do CP), homicídio (art. 121 do CP), etc.; b) crime plurissubjetivo: representa espécie de infração penal que, para ser cometida, exige a participação de uma pluralidade de agentes. Chama-se, portanto, de crime de concurso necessário de pessoas, classificando-se em: 1) crime plurissubjetivo de condutas paralelas: quando todos, pretendendo alcançar um fim único, auxiliam-se mutuamente na execução do tipo penal, como ocorre na associação criminosa; 2) crime plurissubjetivo de condutas divergentes: quando os agentes dirigem suas ações uns contra os outros, como acontece na rixa; 3) crime plurissubjetivo de condutas bilaterais: quando o tipo pressupõe a atuação de dois agentes cujas condutas são propensas a se encontrar – pois partem de pontos opostos –, a exemplo do que ocorre na bigamia.
- Não se confundem o crime de resultado cortado e o mutilado de dois atos: no primeiro, o resultado visado dependerá de ato de terceiro e não do pró-

prio sujeito ativo; neste, a ocorrência do ato futuro está na esfera de decisão do agente.

- Resumo das diferenças entre crime e contravenção:

	CRIME	CONTRAVENÇÃO PENAL
Tipo de pena privativa de liberdade	Reclusão/detenção e/ou multa	Prisão simples e/ou multa
Espécie de ação penal	Ação penal privada e ação penal pública (condicionada ou incondicionada)	Ação penal pública incondicionada
Punição da tentativa	Pune a tentativa	Não pune a tentativa.
Regras da extraterritorialidade	Admite extraterritorialidade da lei penal.	Não admite a extraterritorialidade da lei
Competência para processo e julgamento	Justiça Federal e Justiça Estadual	Justiça Estadual (salvo na hipótese de foro por prerrogativa de função federal ou nacional).
Limite de cumprimento da pena	40 anos	5 anos
Período de prova do sursis	2 a 4 anos ou 4 a 6 anos	1 a 3 anos
Cabimento da prisão preventiva e temporária	Cabe nas hipóteses do artigo 313 do CPP e artigo 1º, III, da Lei nº 7.960/89	Não cabe
Possibilidade de confisco	Só instrumentos do crime podem ser confiscados	Não se admite confisco de instrumento de contravenções

- O crime, quanto ao sujeito ativo, classifica-se em comum, quando o tipo penal não exige qualidade ou condição especial do agente (homicídio – art. 121 do CP); próprio, quando o tipo penal exige qualidade ou condição especial do agente (peculato – art. 312 do CP) e de mão própria, quando além de exigir o tipo qualidade ou condição especial do agente, a execução do crime somente pode ser praticada por ele, caracterizando infração penal de conduta infungível (falso testemunho – art. 342 do CP).
- Classifica-se o sujeito passivo em: a) sujeito passivo **constante (mediato, formal, geral ou genérico)**: será sempre o Estado, interessado na manutenção da paz pública e da ordem social. As normas penais emanam do Estado, de modo que, sendo ele titular do mandato proibitivo, será sempre lesado pela conduta do sujeito ativo; b) sujeito passivo **eventual (imediato, material, particular ou acidental)**: é o titular do interesse penalmente protegido.
- A doutrina clássica classifica o sujeito passivo eventual em **comum** ou **próprio**, a depender se o tipo exige ou não qualidade ou condição especial do ofendido. No crime de homicídio, por exemplo, a vítima pode ser qualquer pessoa (sujeito passivo comum), enquanto no crime de infanticídio somente poderá ser vítima o nascente ou o neonato (sujeito passivo próprio). No caso de sujeitos ativo e passivo comuns, classifica-se o crime como **bicomum**; quando próprios, denomina-se **crime bipróprio**.
- Alguns tipos penais protegem mais de um interesse jurídico, classificados como **crimes pluriofensivos**. O crime de roubo, por exemplo, protege não apenas o patrimônio, mas a incolumidade pessoal de quem é constrangida na subtração de coisa alheia móvel. Se, de um lado, é possível que uma norma proteja mais de um bem jurídico, **não é possível** haver crime **sem** objeto jurídico. Isto porque a criminalização de comportamentos é norteada pelo princípio da exclusiva proteção de bens jurídicos (vide tópico sobre princípios gerais do direito penal, *supra*). Pode-se dizer, deste modo, que crime sem objeto jurídico não é crime. Se houver algum tipo penal sem objeto jurídico deverá ser expurgado do Código Penal.
- Em resumo, a conduta, primeiro elemento do fato típico, pode ser definida das seguintes formas:

TEORIA CAUSALISTA	Conduta é um movimento corporal (ação) voluntário que produz uma modificação no mundo exterior perceptível pelos sentidos
TEORIA NEOKANTISTA	Conduta é um comportamento (ação ou omissão) voluntário que produz uma modificação no mundo exterior perceptível pelos sentidos.
TEORIA FINALISTA	Conduta é comportamento humano voluntário psiquicamente dirigido a um fim
TEORIA SOCIAL DA AÇÃO	Conduta é comportamento humano voluntário psiquicamente dirigido a um fim socialmente reprovável.
FUNCIONALISMO MODERADO (ROXIN)	Conduta aparece como comportamento humano voluntário, causador de relevante e intolerável lesão ou perigo de lesão ao bem jurídico tutelado pela norma penal.
FUNCIONALISMO RADICAL (JAKOBS)	Conduta é comportamento humano voluntário causador de um resultado evitável, violador do sistema, frustrando as expectativas normativas.

- Não se confundem os movimentos reflexos e as ações em curto-circuito:

Movimentos reflexos	Ações em curto-circuito
Impulso completamente fisiológico, **desprovido de vontade.**	Movimento relâmpago, provocado pela excitação de diversos órgãos, **acompanhado de vontade.**
Ex.: por conta de um susto causado pelo bater inesperado de uma porta, FULANO, por mero impulso, movimentou os braços atingindo o rosto de pessoa que estava ao seu lado.	Ex.: durante uma partida de futebol, tomados pela excitação do jogo e da torcida, uma multidão invade o campo para protestar com violência contra a injusta marcação de pênalti.

- É importante notar que o dolo de segundo grau **não** se confunde com o dolo eventual:

Dolo de 2º grau	Dolo eventual
O resultado paralelo é certo e necessário (*as consequências secundárias são inerentes aos meios escolhidos*). Ex.: quero matar um piloto de avião. Para tanto, coloco uma bomba na aeronave. Sei que a explosão no ar causará a morte dos demais tripulantes (a morte dos tripulantes é consequência certa e imprescindível).	O resultado paralelo é incerto, eventual, possível, desnecessário (*não é inerente ao meio escolhido*). Ex.: quero matar um motorista com um tiro. A morte dos demais passageiros do carro é um resultado eventual, que aceito como possível (a morte dos demais passageiros é desnecessária ao fim almejado).

- São espécies de culpa:

a) Culpa consciente, com previsão **ou** *ex lascivia*: o agente prevê o resultado, mas espera que ele não ocorra, supondo poder evitá-lo com a sua habilidade (mais que previsibilidade, existe previsão);

b) Culpa inconsciente, sem previsão **ou** *ex ignorantia*: o agente não prevê o resultado, que, entretanto, era previsível. Neste caso, qualquer outra pessoa, naquelas circunstâncias, poderia prever a ocorrência daquele resultado;

c) Culpa própria ou culpa propriamente dita: é aquela em que o agente não quer e não assume o risco de produzir o resultado, mas acaba lhe dando causa por negligência, imprudência ou imperícia;

d) Culpa imprópria ou culpa por equiparação, por assimilação, ou por extensão: é aquela em que o agente, por erro evitável, imagina certa situação de fato que, se presente, excluiria a ilicitude do seu comportamento (descriminante putativa). Provoca intencionalmente determinado resultado típico, mas responde por culpa por razões de política criminal.

- São elementos do crime preterdoloso:

a) a conduta dolosa visando determinado resultado,

b) a provocação de resultado culposo mais grave que o desejado,

c) o nexo causal entre conduta e o resultado e

d) tipicidade, pois não se pune o crime preterdoloso sem previsão expressa em lei.

Percebe-se que o resultado que agrava a pena deve ser ao menos previsível. Caso seja imprevisível, não é possível imputá-lo ao agente, ainda que haja nexo causal. Por esse motivo, o resultado mais grave que advém de caso fortuito ou força maior não pode ser atribuído ao sujeito ativo.

- Não se deve confundir o erro de tipo com erro de fato. Erro de fato é o erro do agente que recai puramente sobre situação fática; já o erro de tipo recai não só sobre os requisitos ou elementos fático-descritivos do tipo (que para serem conhecidos não necessitam de nenhum juízo de valor – por exemplo: filho, no art. 123; gestante, no art. 125, etc.) – como também sobre requisitos jurídico-normativos do tipo (que para serem conhecidos necessitam de juízo de valor – por exemplo: coisa *alheia*, no art. 155; *documento público*, no art. 297 etc.).

- Erro de tipo é figura distinta também do erro de proibição:

Erro de tipo	Erro de proibição
Há falsa percepção da realidade que circunda o agente	O agente percebe a realidade, equivocando-se sobre regra de conduta.
O agente não sabe o que faz.	O agente sabe o que faz, mas ignora ser proibido.
"A" sai de festa com guarda-chuva e percebe que pegou guarda-chuva de terceiro	"A" encontra guarda-chuva na rua e acredita que não tem obrigação de devolver, porque "achado não é roubado".

- Não podemos confundir tipo proibitivo com tipo mandamental:

Tipo proibitivo	Tipo mandamental
Descreve conduta desvaliosa	Descreve conduta valiosa
É violado por ação (o agente realiza o que o tipo proíbe)	É violado por omissão (o agente não realiza o que o tipo manda)

- A relevância da omissão não se resume ao **dever** de agir, pressupondo-se também que ao agente seja **possível** atuar para evitar o resultado. Com efeito, não se presume a responsabilidade penal simplesmente em razão da omissão por parte de quem estava obrigado ao contrário. Impõe-se a análise concreta dos acontecimentos para estabelecer se, naquelas circunstâncias, havia a possibilidade de o agente atuar para afastar a ocorrência do resultado lesivo ao bem jurídico que devia proteger.

- Note-se que nem todas as alterações exteriores provocadas pela conduta são resultados do crime, sendo assim considerados somente aqueles previstos no tipo penal. Desse modo, resultado naturalístico do furto será a subtração do objeto pertencente à vítima, como um veículo, por exemplo, e não os transtornos que a falta desse objeto possa causar, como a dificuldade de locomoção. Será essa uma consequência do crime, que, todavia, não deverá ser tida como um indiferente penal, já que o juiz deverá analisá-la no momento da dosimetria da pena, por expressa previsão do artigo 59 do Código Penal.

- Quanto ao nexo de causalidade, temos, em síntese, o seguinte:

a) Adotou-se, quanto ao nexo de causalidade, no art. 13, *caput*, do Código Penal, a teoria da equivalência dos antecedentes causais (teoria da equivalência das condições, teoria da condição simples, teoria da condição generalizadora ou da *conditio sine qua non*), atribuída a Maximilian von Buri e Stuart. Mill, que a teriam desenvolvido no ano de 1873. Em resumo, para esta teoria, todo fato sem o qual o resultado não teria ocorrido é causa. Sabendo que antecedendo um resultado temos inúmeros fatos, como saber quais são ou não causas do evento? Deve-se somar à teoria da *conditio sine qua non* o método ou teoria da eliminação hipotética dos antecedentes causais. Idealizado pelo professor sueco Thyrén, em 1894, este método é empregado no campo mental da suposição ou da cogitação: causa é todo fato que, suprimido mentalmente, o resultado não teria ocorrido como ocorreu ou no momento em que ocorreu.

b) O artigo 13, § 1º anuncia a causalidade adequada (ou teoria da condição qualificada ou individualizadora), preconizada por Von Kries. Considera causa a pessoa, fato ou circunstância que, além de praticar um antecedente indispensável à produção do resultado, realize uma atividade adequada à sua concretização. Na determinação da causalidade adequada, o que importa é se há um nexo normal prendendo o atuar do agente como causa ao resultado como efeito.

c) Há, ainda, a teoria da imputação objetiva, desenvolvida para delimitar a imputação do resultado, evitando o regresso ao infinito gerado pela causalidade simples (teoria da equivalência dos antecedentes causais). Como forma de corrigir essa injustiça, a imputação objetiva determina que sejam considerados, além do nexo físico (causa/efeito), também critérios normativos no momento da atribuição do resultado, pois, de acordo com a causalidade vigente, situações absurdas proporcionadas pela *conditio sine qua non* somente são evitadas em razão da análise do dolo e da culpa. Em síntese, a criação ou incremento de um risco proibido e a realização do risco no resultado, além da exigência de que esse resultado fique dentro do alcance do tipo compõem o nexo normativo, elemento que enriquece o estudo da causalidade corrigindo as distorções geradas pela teoria da equivalência. A análise deste nexo antecede a indagação sobre dolo e culpa, isto é, verifica se o resultado previsto na parte objetiva do tipo pode ou não ser atribuído ao agente, antes mesmo de pesquisar o elemento subjetivo.

d) Quanto às hipóteses de relevância da omissão, a alínea *c* do artigo 13, § 2º, do Código Penal traz a obrigação de evitar o resultado quando, no âmbito social, o agente produz o perigo, devendo, portanto, se empenhar para que o resultado danoso não ocorra. No entanto, o campo de incidência da expressão *"conduta anterior"* faz com que seja necessária uma delimitação da situação de garante do agente, já que a aplicação indistinta do dispositivo pode trazer consequências práticas injustas e absurdas. Parece-nos que a solução adequada para a aplicação desse dispositivo é a seguinte: nos crimes dolosos omissivos impróprios, deve o agente se abster do dever de agir com o objetivo de alcançar ou assumindo o risco de produzir o resultado criminoso que poderia ter sido impedido por sua intervenção. Se, no entanto, o agente tem a consciência de que não observa o dever de agir, mas o resultado não era querido ou aceito por ele (apenas previsível), deverá responder pelo crime culposo, caso haja essa previsão.

- Sobre a tipicidade, temos, em síntese:

Teorias tradicionais	Tipicidade penal = tipicidade formal (mero ajuste do fato à norma penal incriminadora).
Teorias modernas	Tipicidade penal = tipicidade formal + tipicidade material (relevância da lesão ou perigo de lesão ao bem jurídico tutelado). 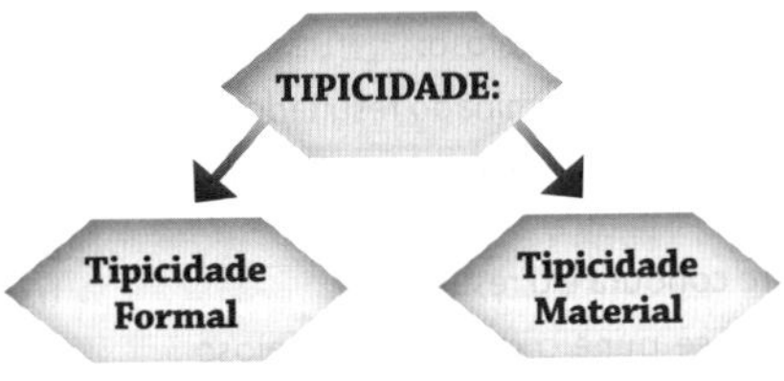
Teoria da Tipicidade conglobante (Zaffaroni)	A tipicidade penal = tipicidade formal + tipicidade conglobante (soma da **tipicidade material** e **atos antinormativos**). 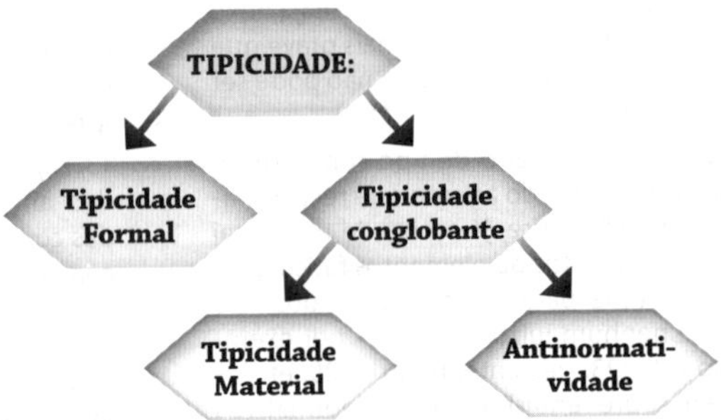

- As normas de extensão, que permitem a subsunção indireta, podem ser:

a) Norma de extensão temporal: a conduta de "tentar matar alguém" somente é punível em razão da norma descrita no artigo 14, II, do Código Penal. Sem essa norma, lendo o artigo 121 do Estatuto Repressor, a conclusão seria pela atipicidade do comportamento;

b) Norma de extensão pessoal e espacial: o artigo 29 do Código Penal, que dispõe sobre o concurso de pessoas, reflete uma norma auxiliar, cuja existência permite a subsunção indireta da conduta do partícipe (que não realiza o núcleo do tipo, mas, de qualquer modo, concorre para o delito). Note-se que aquele que praticar a conduta de "vigiar o local enquanto alguém realiza o crime de homicídio" é um fato, *a priori*, atípico, porque não se encontra previsto em qualquer norma penal. Contudo, conjugando o artigo 29 com o artigo 121, ambos do Código Penal, é possível realizar a adequação típica, punindo aquele que se limitou a vigiar, como partícipe, permitindo a execução de um homicídio;

c) Norma de extensão causal: insculpida no artigo 13, § 2º, do Código Penal, a regra estabelece a "relevância da omissão", tornando-a típica (através da adequação indireta). Se não fosse o dispositivo mencionado, a mãe que deixa de amamentar a sua filha não seria responsabilizada penalmente, porque a sua omissão, de fato, não causou a morte (mas sim a inanição). Graças ao referido dispositivo, por não ter evitado o resultado, é equiparada ao seu causador.

- Questão importante levantada pela doutrina diz respeito à relação entre a tipicidade e a ilicitude: assim, comprovado o fato típico, qual a consequência no campo da ilicitude? Excluída a ilicitude, o fato permanece típico? Quatro teorias debatem o tema:

a) Teoria da autonomia ou absoluta independência: defendida por Ernst Ludwig von Beling (1906), para esta teoria a tipicidade não tem qualquer relação com a ilicitude. Primeiro se comprova o fato típico para, num segundo momento, demonstrar a ilicitude, tratando-se de substratos absolutamente independentes na construção analítica do crime;

b) Teoria da indiciariedade ou da *"ratio cognoscendi"*: idealizada por Mayer em 1915, entende que a existência do fato típico gera uma presunção (relativa) de que é também ilícito. Não há (ao contrário da anterior) uma absoluta independência entre esses dois substratos, mas uma relativa dependência;

c) Teoria da absoluta dependência ou *"ratio essendi"*: encampada por Mezger em 1930, cria o conceito de tipo total do injusto, levando a ilicitude para o campo da tipicidade. Em outras palavras, a ilicitude é a essência da tipicidade, numa absoluta relação de dependência entre esses elementos do delito;

d) Teoria dos elementos negativos do tipo: o tipo penal é composto de elementos positivos (expressos) aos quais se somam elementos negativos (implícitos), quais sejam, causas excludentes de ilicitude. Para que o comportamento do agente seja típico não basta realizar os elementos positivos expressos no tipo, mas não pode configurar qualquer dos elementos negativos. O crime de homicídio deverá ser lido: "matar alguém (elemento positivo expresso), desde que não esteja presente uma excludente de ilicitude (elemento negativo implícito)".

- O estado de necessidade é faculdade ou direito? Segundo Nélson Hungria, a justificante retrata uma faculdade, pois, diante do perigo, abre-se a possibilidade de ação para a preservação do bem jurídico. De acordo com o autor, não se pode ter como direito o estado de necessidade porque a um direito corresponde necessariamente uma obrigação, mas, no contexto dessa justificante, nenhum dos titulares dos bens jurídicos envolvidos está obrigado a suportar a lesão. Aníbal Bruno, por sua vez, entende se tratar de um direito, mas exercido contra o estado (não contra o titular do bem jurídico lesado), que está obrigado, diante da caracterização da eximente, a reconhecer a inexistência do crime. Pode-se dizer que nenhuma das orientações deve ser completamente refutada, mas antes combinadas, pois ao mesmo tempo em que o estado de necessidade traduz uma faculdade entre os titulares dos bens jurídicos, caracteriza-se como um direito perante o estado.

- Síntese das teorias envolvendo o estado de necessidade:

	PROPORCIONALIDADE		
	Bem protegido	**Bem sacrificado**	**Estado de necessidade**
Teoria Diferenciadora	Valor maior ou igual	Valor menor ou igual	Justificante
	Valor menor	Valor maior	Exculpante
Teoria Unitária	Valor maior ou igual	Valor menor ou igual	Justificante
	Valor menor	Valor maior	Hipótese de redução de pena

- O estado de necessidade é comunicável? Considerando que o estado de necessidade exclui a ilicitude, se o fato típico for cometido por mais de um agente em coautoria ou participação, todos serão beneficiados pela excludente.

- A doutrina aponta as seguintes espécies de legítima defesa:

a) legítima defesa defensiva, quando a reação não constitui fato típico (ex: para repelir a agressão, "A" imobiliza o agressor) e legítima defesa agressiva, quando a reação constitui fato típico (ex: "A" atira no agressor);

b) legítima defesa subjetiva: excesso exculpável, relacionado a profunda revolta de ânimo que acomete o agente. Neste caso, inicialmente, a conduta estava respaldada pela justificante, mas a situação em que se encontra o sujeito faz surgir nele um estado de pânico que lhe retira a capacidade de atuar racionalmente.

c) legítima defesa putativa: a agressão injusta é imaginada pelo agente, que tem uma falsa percepção da realidade. Não exclui a ilicitude. Se o erro for inevitável, isenta o agente de pena; se evitável, responde por crime culposo;

d) legítima defesa sucessiva: ocorre na repulsa contra o excesso abusivo do agente.

- Legítima defesa e erro na execução: o agente, ao repelir a injusta agressão a direito seu ou de outrem, pode, por erro, atingir bem jurídico de um inocente. Nesse caso, parece evidente a situação de *aberratio ictus* e, consoante a regra do artigo 73 do Código Penal, a infeliz reação deve ser considerada como se praticada contra o real agressor, não descaracterizando a legítima defesa. Suponhamos que um atirador de elite, atuando na defesa da vítima sob a mira da arma de um perigoso latrocida, erra a execução e acaba por atingir a pessoa ameaçada (e não o agressor). Apesar de sofrer consequências na esfera civil, na criminal o atirador está acobertado pela descriminante da legítima defesa.
- Legítima defesa recíproca:

Possibilidades	Cabimento
Leg. Defesa real x Leg. Defesa real	Não é admitida. A legítima defesa real não é uma agressão injusta, pressuposto desta descriminante
Leg. Defesa real x Leg. defesa putativa	É admitida. A legítima defesa putativa é injusta, autorizando reação legítima do agredido.
Leg. Defesa real x Estado de necessidade real	Não é admitida. Quem age em estado de necessidade protege, de acordo com o direito, um bem da vida, não caracterizando agressão injusta, pressuposto da legítima defesa

- Em resumo, assim podemos definir as principais diferenças entre a legítima defesa e o estado de necessidade:

Estado de necessidade	Legítima defesa
Conflito entre vários bens jurídicos diante da mesma situação de perigo.	Ameaça ou ataque a um bem jurídico
Pressupõe um perigo + atual + sem destinatário certo.	Pressupõe agressão humana + atual ou iminente + injusta + dirigida (com destinatário certo).
Os interesses em conflito são legítimos	Os interesses do agressor são ilegítimos
Conclusão: é possível estado de necessidade recíproco.	Conclusão: não é possível legítima defesa recíproca.

- A Lei 13.964/19 (Pacote Anticrime) inseriu no art. 25 do Código Penal um parágrafo que dispõe o seguinte: "Observados os requisitos previstos no *caput* deste artigo, considera-se também em legítima defesa o agente de segurança pública que repele agressão ou risco de agressão a vítima mantida refém durante a prática de crimes". A alteração não parece trazer reflexos práticos, servindo, quando muito, como instrumento para melhor compreensão do instituto da legítima defesa no dia a dia dos agentes policiais e de segurança pública. Com efeito, se a justificante só tem cabimento quando observados os requisitos do *caput* do art. 25, estamos, ao fim e ao cabo, diante de um simples exemplo. Em outras palavras, mesmo antes da alteração legal, justificaria a sua conduta pela legítima defesa o agente policial ou de segurança pública que, na situação descrita, usando moderadamente dos meios necessários, prevenisse injusta agressão ou risco de agressão a vítima mantida refém durante a prática de crimes. Não bastasse, o parágrafo único inserido foge do ordinário, pois casuístico, ignorando o caráter genérico e impessoal que se exige do legislador na criação de tipos, incriminadores ou permissivos.
- Ao julgar a ADPF 779 (j. 01/08/2023), o STF decidiu que sustentar a tese da legítima defesa da honra no tribunal do júri é inconstitucional: "O Tribunal, por unanimidade, julgou integralmente procedente o pedido formulado na presente arguição de descumprimento de preceito fundamental para: (i) firmar o entendimento de que a tese da legítima defesa da honra é inconstitucional, por contrariar os princípios constitucionais da dignidade da pessoa humana (art. 1º, III, da CF), da proteção à vida e da igualdade de gênero (art. 5º, *caput*, da CF); (ii) conferir interpretação conforme à Constituição aos arts. 23, inciso II, e 25, *caput* e parágrafo único, do Código Penal e ao art. 65 do Código de Processo Penal, de modo a excluir a legítima defesa da honra do âmbito do instituto da legítima defesa e, por consequência, (iii) obstar à defesa, à acusação, à autoridade policial e ao juízo que utilizem, direta ou indiretamente, a tese de legítima defesa da honra (ou qualquer argumento que induza à tese) nas fases pré-processual ou processual penais, bem como durante o julgamento perante o tribunal do júri, sob pena de nulidade do ato e do julgamento; (iv) diante da impossibilidade de o acusado beneficiar-se da própria torpeza, fica vedado o reconhecimento da nulidade, na hipótese de a defesa ter-se utilizado da tese com esta finalidade. Por fim, julgou procedente também o pedido sucessivo apresentado pelo requerente, de forma a conferir interpretação conforme à Constituição ao art. 483, III, § 2º, do Código de Processo

Penal, para entender que não fere a soberania dos veredictos do Tribunal do Júri o provimento de apelação que anule a absolvição fundada em quesito genérico, quando, de algum modo, possa implicar a repristinação da odiosa tese da legítima defesa da honra".

- O particular pode invocar a descriminante do estrito cumprimento do dever legal? A doutrina diverge. Mirabete entende ser exclusiva dos agentes do Estado (abrangendo o particular somente quando no exercício de função pública) (*Manual de Direito Penal – Parte Geral*, 23ª ed. São Paulo: Ed. Atlas, 2006, p. 189). A maioria, no entanto, discorda. Flávio Monteiro de Barros, por exemplo, lembra que: "O advogado processado pelo delito de falso testemunho, porque se recusou a depor sobre fatos envolvendo segredo profissional, pode invocar a justificativa do estrito cumprimento do dever legal. Se, porém, o cliente havia autorizado a revelação do segredo, o advogado que, mesmo assim, recusa-se a depor pode invocar a excludente do exercício regular de direito" (*Direito Penal – Parte Geral*. São Paulo: Editora Saraiva, 2003, p. 343).
- A prática de determinados esportes pode gerar lesão corporal e até morte. Porém, não se pode ignorar que o Estado incentiva a prática esportiva (Lei Geral do Esporte – arts. 3º a 10, abrangendo as modalidades violentas). O atleta, no seu mister, pode invocar a descriminante do exercício regular de direito.
- Quanto às ofendículas, eventualmente poderemos nos deparar com casos de pessoas inocentes, ou seja, que não pretendem agredir de qualquer forma o bem protegido, serem vitimadas pelas armadilhas. Deve-se cuidar, todavia, para que cada caso seja apreciado com suas nuanças próprias, isto para não haver o perigo de justificar-se com muita facilidade ações tresloucadas de pessoas imprudentes. Em cada caso concreto, faz-se mister a verificação profunda das razões de ter sido o inocente atingido, devendo o autor responder sempre que se houver culposamente (culpa em sentido lato). Se o uso das *offendicula* se traduz como um direito do cidadão em defender seu patrimônio, tal direito, como todos os demais, deve ser utilizado com prudência e consciência, para que não sejam ultrapassadas as raias do razoável, colocando-se em risco a segurança das demais pessoas.
- Percebemos cada vez mais a doutrina classificando o excesso nas justificantes em *extensivo* e *intensivo*, sem qualquer amparo legal, gerando, não raras vezes, confusão desnecessária (começando pela divergência do que vem a ser um e outro). Zaffaroni e Pierangeli bem observam:

  "'Excesso' significa 'passar dos limites' de uma dessas causas eximentes, mas, para 'passar dos limites', será sempre necessário se ter estado, em algum momento, dentro deles.

  De conformidade com este conceito de excesso, haverá excesso nas eximentes quando, por exemplo, na legítima defesa, a ação desenvolvida em resposta à agressão se prolongue para depois de cessada essa agressão; quando, no cumprimento de um dever, tenham cessado as circunstâncias que criam esse dever e a ação continua; quando, no estado de necessidade, a ação se prolongue, muito embora a situação de necessidade não mais persista. Contrariamente, não haverá 'excesso' quando a defesa não tenha sido necessária ou moderada, ou quando, na necessidade, se dispusesse de outro meio menos lesivo, porque, em nenhum desses casos, o autor teria atuado dentro dos limites da eximente, e, portanto, nunca poderia ter 'excedido'.

  Na doutrina tem-se distinguido entre um 'excesso extensivo' e um 'excesso intensivo', sendo o primeiro aquele que, na sua conduta, o sujeito continua a atuar mesmo quando cessada a situação de justificação ou de atipicidade, ou seja, este é o único conceito de excesso que, na nossa opinião, se pode admitir, enquanto o excesso chamado 'intensivo', seria aquele em que o sujeito realiza uma ação que não completa os respectivos requisitos em cada uma das correspondentes eximentes. Este conceito de 'excesso intensivo' não é propriamente um excesso, porque, quando não ocorrem os requisitos da eximente, em momento algum ela ocorreu, e, portanto, não se pode 'exceder'. Em definitivo, esta confusa classificação do 'excesso' amplia indevidamente o conceito e leva à introdução, pela via do suposto 'excesso intensivo' (que é uma contradictio in adjecto), um sistema de atenuantes que a lei não admite, e ao qual nos referimos: o das chamadas 'eximentes incompletas'" (Manual de direito penal brasileiro – Parte Geral. Vol. 1. 8ª ed. São Paulo: RT, 2009, p. 566).

- Síntese a respeito das teorias da culpabilidade:

<table>
<tr><th colspan="4">Teorias da Culpabilidade</th></tr>
<tr><th>Teoria Psicológica da Culpabilidade</th><th>Teoria Psicológica Normativa</th><th>Teoria Extremada da Culpabilidade</th><th>Teoria Limitada da Culpabilidade</th></tr>
<tr><th>Base causalista</th><th>Base neokantista</th><th>Base finalista</th><th>Base finalista</th></tr>
<tr>
<td>Pressuposto:
Imputabilidade
Espécies:
• dolo; e
• culpa</td>
<td>Elementos:
• Imputabilidade
• Exigibilidade de conduta diversa
• Culpa
• Dolo normativo (composto de: consciência, vontade e consciência atual da ilicitude).</td>
<td>Elementos:
• Imputabilidade
• Exigibilidade de conduta diversa
• Consciência (potencial) da ilicitude
Obs. 1: dolo e culpa migram para o fato típico
Obs. 2: o dolo passou a ser natural, composto de: consciência e vontade).
Obs. 3: o elemento normativo do dolo deixa de ser elemento do dolo passando a ser elemento da própria culpabilidade, porém não mais atual, mas sim potencial.</td>
<td>Elementos:
• Imputabilidade
• Exigibilidade de conduta diversa
• Consciência potencial da ilicitude
Obs.: a teoria limitada diferencia-se da extremada em razão do entendimento acerca da natureza jurídica do art. 20, 1º do CP.
T. Extremada – erro de proibição.
T. Limitada – erro de tipo.</td>
</tr>
</table>

- Culpabilidade formal e culpabilidade material: a culpabilidade formal é aquela definida em abstrato, que serve ao legislador na edição da lei para cominar os limites máximos e mínimos de pena atribuída a determinada infração penal. A culpabilidade **material** é estabelecida no caso concreto, dirigida a um agente culpável que cometeu um fato típico e ilícito, para a fixação da pena pelo juiz. Este viés da culpabilidade está positivado no artigo 59, *caput*, do Código Penal, que permite considerar "graus de culpabilidade" do agente, análise que influenciará na pena concretamente aplicada.
- O sonâmbulo é considerado portador de doença mental? Não, figurando o sonambulismo como causa de exclusão da própria conduta.
- A doutrina alerta que a carência de certos sentidos pode caracterizar deficiência psíquica. Com relação ao surdo-mudo, é a perícia que deve fixar o grau de seu retardamento sensorial que, aliado à maior ou menor capacidade de entendimento e autodeterminação do agente no momento da conduta, podem equiparar-se aos oligofrênicos (art. 26, *caput*, do CP).
- Resumo a respeito da embriaguez e sua relevância para a culpabilidade:

<table>
<tr><th rowspan="2">Embriaguez acidental</th><td>Caso fortuito</td><td>O agente ignora o efeito inebriante da substância.</td><td>Completa: isenta o agente de pena art. 28, § 1º, CP.</td><td rowspan="2">Obs.: para que a embriaguez isente de pena ela precisa ser acidental.</td></tr>
<tr><td>Força Maior</td><td>O agente é obrigado a ingerir a substância.</td><td>Incompleta: diminui a pena dos termos do art. 28, 2º, CP.</td></tr>
<tr><th rowspan="2">Embriaguez não acidental</th><td>Voluntária</td><td>O agente quer se embriagar</td><td>Completa</td><td rowspan="2">Obs.: em nenhum caso a embriaguez não acidental exclui a imputabilidade (art. 28, II, CP).</td></tr>
<tr><td>Culposa</td><td>Negligência</td><td>Incompleta</td></tr>
<tr><th>Embriaguez Patológica</th><td>Doentia</td><td>Pode configurar anomalia psíquica</td><td>Será tratada como doente mental, aplicando o art. 26 do CP.</td><td></td></tr>
<tr><th>Embriaguez Preordenada</th><td>Embriaguez voluntária + Finalidade de praticar o crime</td><td>A embriaguez é o meio de que o agente se vale para praticar o delito.</td><td>É considerada circunstância agravante de pena (art. 61, II, "l", CP).</td><td></td></tr>
</table>

- Quanto à potencial consciência da ilicitude, note que não se exige do sujeito ativo uma compreensão técnica, um conhecimento jurídico sobre o enquadramento jurídico do evento praticado, mas apenas que tenha condições de perceber que o seu comportamento não encontra respaldo no direito, sendo por ele reprovado. É suficiente a percepção leiga, uma **valoração paralela na esfera do profano.**

- Não se admite a coação irresistível da sociedade. *"A sociedade não pode delinquir, pois onde ela existe, aí está também o Direito. Assim, a coação irresistível há que partir de uma pessoa, ou de um grupo, nunca da sociedade"* (TJSP – AC – Rel. Cunha Bueno – RT 477/342)

- Resumo sobre a coação moral:

	Se a coação for irresistível	**Se a coação for resistível**
Coator	Responde, como autor, pelo crime praticado pelo coagido + crime de tortura (art. 1º, I, "b", da Lei nº 9.455/97).	Responde, também, pelo crime praticado pelo coagido + agravante do art. 62, II, do CP.
Coagido	Isento de pena por inexigibilidade de conduta diversa.	Responde pelo crime praticado + atenuante do art. 65, III, "c", do CP.

- Resumo sobre a obediência hierárquica:

	OBEDIÊNCIA HIERÁRQUICA		
	Se a ordem não for manifestamente ilegal	**Se a ordem for manifestamente ilegal**	**Se a ordem for legítima**
Superior	Responde, como autor mediato, pelo crime praticado pelo subordinado.	Responde pelo crime praticado pelo subordinado.	Não há crime (estrito cumprimento de um dever legal)
Subordinado	Isento de pena por inexigibilidade de conduta diversa.	Responde pelo crime praticado, mas poderá ter a pena atenuada em razão do artigo 65, III, "c", do CP.	Não há crime (estrito cumprimento de um dever legal)

10. *ITER CRIMINIS*

- São teorias que buscam diferenciar atos preparatórios de atos executórios: a) teoria da hostilidade ao bem jurídico ou critério material: idealizada por Nélson Hungria, entende por atos executórios aqueles que atacam o bem jurídico, criando-lhe uma situação concreta de perigo; b) teoria objetivo-formal: ato executório é o que inicia a realização do núcleo do tipo (início do constrangimento, no crime de estupro, art. 213, CP). Ambas, todavia, são insuficientes à explicação da consumação, já que a primeira acaba por abranger condutas muito distantes da execução, enquanto a segunda acaba por excluir atos que, a rigor, já deveriam ser considerados como execução do crime; c) teoria objetivo-individual: atos executórios são aqueles que, de acordo com o plano do agente, realizam-se no período imediatamente anterior ao começo da execução típica. O STJ já decidiu, em um caso de roubo, que se aplica a teoria objetivo-formal: "1. A despeito da vagueza do art. 14, II, do CP, e da controvérsia doutrinária sobre a matéria, aplica-se o mesmo raciocínio já desenvolvido pela Terceira Seção deste Tribunal (CC 56.209/MA), por meio do qual se deduz a adoção da teoria objetivo-formal para a separação entre atos preparatórios e atos de execução, exigindo-se para a configuração da tentativa que haja início da prática do núcleo do tipo penal. 2. O rompimento de cadeado e a destruição de fechadura de portas da casa da vítima, com o intuito de, mediante uso de arma de fogo, efetuar subtração patrimonial da residência, configuram meros atos preparatórios que impedem a condenação por tentativa de roubo circunstanciado. 3. Agravo conhecido, para admitir o recurso especial, mas negando-lhe provimento." (AREsp 974.254/TO, j. 21/09/2021).

- O momento consumativo varia conforme a natureza do crime: a) crime material ou de resultado: neste, o tipo penal descreve a conduta e o resultado (naturalístico), exigindo, para a consumação, a efetiva modificação do mundo exterior (exs.: homicídio, art. 121, CP e furto, art. 155, CP); b) crime formal ou de consumação antecipada: aqui a norma penal também descreve um comportamento seguido de um resultado naturalístico, mas dispensa a modificação no mundo exterior, contentando-se, para a consumação, com a prática da conduta típica. O crime, portanto, se consuma no momento da ação, sendo o resultado mero exaurimento (ex: extorsão, art. 158, CP e extorsão mediante sequestro, art. 159, CP); c) crime de mera conduta (ou simples atividade): tratando-se de delito sem resultado naturalístico, a lei descreve apenas uma conduta, consumando-se o crime no momento em que esta é praticada (ex: violação de domicílio, art. 150, CP); d) crime permanente: nos crimes permanentes, a consumação se protrai no tempo, prolongando-se até que o agente cesse a conduta delituosa (ex: sequestro e cárcere privado, art. 148, CP); e) crime habitual: para a consumação, exige-se a reiteração da conduta típica (ex: curandeirismo, art. 284, CP); f) crime qualificado pelo resultado: nesta espécie, a consumação se dá com a produção do resultado que agrava especialmente a pena (ex: lesão corporal seguida de morte, art. 129, § 3º, CP); g) crime omissivo próprio: consuma-se no momento em que o agente se abstém de realizar a conduta devida, imposta pelo tipo mandamental (omissão de notificação de doença, art. 269, CP; omissão de socorro, art. 135, CP); h) crime omissivo impróprio: também denominado crime comissivo por omissão, tem sua consumação reconhecida com a produção do resultado naturalístico ("crime do garantidor", art. 13, § 2º, CP).

- São espécies de tentativa: a) quanto ao *iter criminis* percorrido: 1) tentativa imperfeita (ou inacabada): o agente é impedido de prosseguir no seu intento, deixando de praticar todos os atos executórios à sua disposição. Neste caso, o sujeito ativo não logra executar todos os atos que pretendia; a execução é interrompida antes de ser esgotada (ex.: João, munindo com seis projéteis a arma escolhida para matar Antonio, é impedido, por populares, de efetuar o segundo disparo, evitando a morte da vítima); 2) tentativa perfeita (ou acabada ou crime falho ou crime frustrado): o agente, apesar de praticar todos os atos executórios à sua disposição, não consegue consumar o crime por circunstâncias alheias à sua vontade. Nesta hipótese, a execução se esgota, tendo o sujeito feito tudo o que pretendia fazer, mas, por motivos vários, o resultado não se verificou (ex.: João dispara os seis tiros que tinha à disposição para matar ANTONIO, porém, ainda assim, não consegue alcançar o seu objetivo, sendo a vítima socorrida eficazmente); b) quanto ao resultado produzido na vítima (objeto material): 1) tentativa branca ou incruenta: o golpe desferido não atinge o corpo da vítima, não gerando lesão efetiva, palpável à integridade corporal do ofendido; 2) tentativa vermelha ou cruenta: a vítima é efetivamente atingida; c) quanto à possibilidade de alcançar o resultado: 1) tentativa idônea: o resultado, apesar de possível de ser alcançado, só não ocorre por circunstâncias alheias à vontade do agente; 2) tentativa inidônea: aqui, o crime mostra-se impossível na sua consumação (art. 17 do CP) por absoluta ineficácia do meio empregado ou por absoluta impropriedade do objeto material.

- Não admitem a tentativa: a) crimes culposos (salvo a culpa imprópria); b) crimes preterdolosos; c) crimes unissubsistentes; d) crimes omissivos próprios; e) contravenções penais (veja-se que o denominado "crime anão" é compatível com o *conatus*, porém a lei optou por não punir o agente quando a consumação não ocorre por circunstâncias alheias à sua vontade); f) crimes de atentado ou de empreendimento (embora exista a tentativa, por opção legislativa a punição é a mesma do delito na forma consumada); g) crimes habituais; h) crimes condicionados ao implemento de um resultado (condição objetiva de punibilidade): somente são puníveis se o resultado descrito na norma se verificar.
- É possível tentativa no dolo eventual? Apesar de haver doutrina lecionando não ser possível tentativa no dolo eventual, argumentando que, nessa espécie, o agente não tem vontade de realizar o resultado (apenas o aceita como possível), prevalece a tese em sentido contrário. A lei equiparou, em termos de *vontade*, o dolo eventual ao dolo direto, sendo possível o *conatus* nos dois casos.
- O Código Penal Militar adotou, também, a teoria objetiva em relação à tentativa. Entretanto, prevê aquele diploma a interessante possibilidade de aplicação da pena consumada, no caso de excepcional gravidade da conduta praticada. CPM. *Art. 30, parágrafo único. Pune-se a tentativa com a pena correspondente ao crime, diminuída de um a dois terços, podendo o juiz, no caso de excepcional gravidade, aplicar a pena do crime consumado.*
- Predomina na doutrina que a natureza jurídica da desistência voluntária e do arrependimento eficaz é de causa pessoal extintiva da punibilidade (Nélson Hungria e Aníbal Bruno, dentre outros). Há também corrente que entende que a natureza jurídica é de causa excludente da tipicidade (José Frederico Marques e Heleno Cláudio Fragoso).

- Comparando a tentativa simples com a desistência voluntária, temos:

	Tentativa simples (art. 14, I, do CP)	**Desistência voluntária (art. 15, 1ª parte, do CP)**
Elementos	Início da não execução Não consumação por circunstâncias alheias a vontade do agente. Resultado possível	Início da não execução Não consumação por circunstâncias inerentes a vontade do agente. Resultado possível
Dolo	Dolo de consumação	Dolo abandonado
Fórmula de Frank	O agente quer prosseguir, mas não pode.	O agente pode prosseguir, mas não quer.
Consequências	Diminuição de pena de 1/3 a 2/3 (regra)	O agente só responde pelos atos já praticados (se típicos).

- Relevância da interferência externa:

Interferência	Instituto	Exemplo
Externa objetiva	Tentativa	Disparo de alarme sonoro
Externa subjetiva	Desistência voluntária	Pedido de terceiro

- Vejamos um resumo das distinções e semelhanças entre a desistência voluntária e o arrependimento eficaz.

Desistência voluntária	Arrependimento eficaz
Art. 15, 1ª parte, CP	Art. 15, 2ª parte, CP
Espécie de tentativa abandonada	Espécie de tentativa abandonada
A execução se inicia, mas não se conclui	A execução se inicia e se conclui
Exige voluntariedade	Exige voluntariedade e eficácia
Ocorre durante a execução	Ocorre após a execução

Desistência voluntária	Arrependimento eficaz
O agente abandona o seu dolo antes de esgotar os atos executórios	O agente esgota os atos executórios, mas consegue impedir o resultado
O crime não se consuma por circunstâncias inerentes à vontade do agente	O crime não se consuma por circunstâncias inerentes à vontade do agente
Pune-se pelos atos já praticados	Pune-se pelos atos já praticados
É incompatível com os crimes culposos	É incompatível com os crimes culposos

- O art. 10 da Lei nº 13.260/16, que tipifica o crime de terrorismo, criou mais uma hipótese de desistência voluntária, que, no entanto, muito se diferencia da estabelecida no art. 15 do Código Penal porque, ao contrário dela, que pressupõe o abandono de atos executórios, admite o benefício na situação em que o agente abandona atos preparatórios. Criou-se, portanto, uma desistência voluntária antecipada.
- Na desistência voluntária do art. 15 do CP, admitida entre os atos executórios e a consumação, estimula-se que o agente atue para evitar a consumação do crime, a lesão ao bem jurídico tutelado. O art. 10 da Lei nº 13.260/16 tem o propósito de evitar que o agente (que já começou os atos preparatórios) pratique atos de execução.
- Interrompidos os atos preparatórios por deliberação do agente, sua responsabilidade se dá apenas pelos atos já praticados, como dispõe a parte final do art. 15 do CP. Consequentemente, não sofrerá imputação pelo crime de terrorismo em nenhuma das suas formas, mas responde pelos atos praticados se forem previstos noutros dispositivos penais: porte de explosivos, porte de arma, falsidade de um documento etc., diversos dos tipificados na lei de terrorismo.
- E que se note: se a desistência voluntária antecipada não se confunde com a do Código Penal, menos ainda se aproxima do arrependimento eficaz, que pressupõe o esgotamento do processo executório seguido de conduta positiva para evitar a consumação.
- Sobre a tentativa idônea e a tentativa inidônea temos, em síntese:

TENTATIVA IDÔNEA	TENTATIVA INIDÔNEA
Início da execução	Início da execução
Não consumação por circunstâncias alheias à vontade do agente	Não consumação por circunstâncias alheias à vontade do agente
Dolo de consumação	Dolo de consumação
Resultado possível (ainda que relativamente) de ser alcançado	Resultado absolutamente impossível de ser alcançado

- A recusa da vítima impede o arrependimento posterior? O art. 16 do Código Penal não elencou como requisito para o reconhecimento do arrependimento posterior a aceitação da vítima. Entende-se, dessa maneira, que se houver voluntariedade na reparação, deverá ser reconhecido o benefício. Neste caso, o infrator deverá restituir o bem à autoridade policial ou, em último caso, depositá-lo em juízo.

11. CONCURSO DE PESSOAS

- Qual a teoria adotada pelo nosso Código Penal na definição de autor do crime? De acordo com a maioria, o art. 29 do Código Penal é campo fértil para a teoria **objetivo-formal**. Essa conclusão deriva não apenas do disposto no item 25 da Exposição de Motivos do nosso Estatuto Repressor, mas também, como ressalta Mirabete, porque a diferença *"está na natureza das coisas, na espécie diferente de causas do resultado por parte de duas ou mais pessoas, devendo ser assinalada a distinção entre autor, coautor e partícipe"* (Manual de Direito Penal – Parte Geral, 23ª ed. São Paulo. Ed. Atlas, 2006, p. 228). A doutrina, no entanto, tem adotado cada vez mais a teoria do domínio do fato (seguida pelos tribunais superiores).
- O autor mediato não se confunde com o partícipe:

AUTOR MEDIATO	PARTÍCIPE
Sua conduta é principal	Sua conduta é acessória
Detém o domínio do fato	Não detém o domínio do fato

- A participação numa conduta delituosa pode ser material ou moral. Por participação material, entende-se a conduta do sujeito que auxilia o autor do delito, prestando lhe assistência de natureza material (emprestar arma para o homicida). A participação moral compreende o induzimento (agente que faz nascer a ideia de prática delituosa na mente do autor) e a instigação (agente que reforça ideia já existente na mente do autor) ao cometimento de um delito por um determinado indivíduo.
- É possível, no âmbito da conduta acessória, a participação em cadeia e a participação sucessiva. A participação em cadeia ocorre quando alguém induz ou instiga outrem a induzir, instigar ou auxiliar terceira pessoa a praticar um crime. Ex.: JOÃO induz ANTONIO a induzir JOSÉ para que este preste auxílio a AUGUSTO na prática de um roubo. Já a participação sucessiva ocorre quando o mesmo agente é instigado, induzido ou auxiliado por duas ou mais pessoas, sem que estas tomem conhecimento umas das outras, a praticar uma infração penal. Ex.: JOÃO induz ANTONIO a praticar um estelionato e este, em contato com JOSÉ, é por ele auxiliado.
- A autoria delitiva é explicada por meio das seguintes teorias:

Teoria restritiva ou objetiva:	Teoria extensiva ou subjetiva ou unitária:	Teoria do domínio do fato:
autor é o sujeito que pratica a conduta descrita no tipo penal. Esta é a teoria que prevalece na nossa doutrina e sua correta compreensão perpassa pela necessidade de complementação pela noção de autor mediato;	autor é todo aquele que, de alguma forma, colabora para a prática do fato típico. Não promove a distinção entre autor e partícipe do delito;	autor do delito é quem tem o domínio final sobre o fato, quem tem o poder de decisão, realizando ou não o verbo nuclear.

- É possível coautoria em crime omissivo próprio? A coautoria em crimes omissivos próprios é objeto de divergência. Para Mirabete, se dois agentes, diante de situação em que alguém se encontra em perigo, decidem não prestar socorro, embora pudessem fazê-lo sem risco pessoal, respondem individualmente pela omissão, sem que se caracterize o concurso de pessoas (Manual de Direito Penal – Parte Geral, 23ª ed. São Paulo. Ed. Atlas, 2006, p. 233).
- E nos crimes omissivos impróprios? Cabe coautoria? Apesar de haver corrente em sentido contrário, nos parece perfeitamente possível a coautoria em crimes omissivos impróprios, desde que os vários garantes, com dever jurídico de evitar aquele determinado resultado, de comum acordo, deixam de agir.
- Síntese a respeito das teorias relativas à punição do partícipe:

Teoria da Acessoriedade Mínima:	Teoria da Acessoriedade Média ou Limitada:	Teoria da Acessoriedade Máxima:	Teoria da Hiperacessoriedade:
impõe a responsabilização do partícipe desde que a conduta principal pratica pelo autor seja típica. A adoção dessa teoria possibilitaria, de maneira absolutamente desproporcional, que o partícipe que induzisse um sujeito a agir em legítima defesa seria responsabilizado pela conduta principal do mesmo, enquanto este último estaria acobertado por uma causa de exclusão de ilicitude.	define que a punição da participação depende da ocorrência de um fato principal típico e ilícito, não havendo necessidade de que este seja culpável. Segundo a doutrina majoritária, esta foi a **teoria adotada** pelo nosso Código Penal.	a punição da participação decorrerá da verificação da prática de uma conduta típica, ilícita e culpável.	indica que para ocorrer a responsabilização do partícipe a conduta principal pratica pelo autor deverá ser típica, ilícita, culpável e, ainda, punível.

- Abstratamente, o autor e o partícipe incorrem na mesma pena, pois, em virtude do disposto no art. 29 do Código Penal, todos os que concorrem para o crime incidem nas penas a este cominadas. A aplicação concreta da pena, todavia, variará tanto sobre os coautores quanto sobre os partícipes em virtude da culpabilidade demonstrada por cada integrante da empreitada criminosa, conforme determina a parte final do art. 29 do Código Penal. Se, por exemplo, durante um roubo, praticado em concurso, JOÃO utiliza grave ameaça e ANTONIO emprega violência, este último poderá ter a pena maior do que seu comparsa, não obstante sejam coautores do delito, pois o grau de culpabilidade exibido por cada um deles é diverso.
- A parte final do § 1º do art. 29 dispõe que "a pena pode ser diminuída de um sexto a um terço" se a participação for de menor importância, surgindo daí o questionamento sobre a obrigatoriedade ou a facultatividade da diminuição caso o juiz observe a diminuta importância da participação. Para Mirabete a redução da pena é facultativa: "Podendo o juiz deixar de aplicá-la, mesmo convencido da apoucada importância da contribuição causal para o delito. Assim, poderá ocorrer em relação ao sujeito que, embora emprestando um modesto e desnecessário auxílio, revele uma vontade dirigida ao delito em intensidade semelhante à dos demais sujeitos, circunstância que pode autorizar um juízo de equiparação no plano da culpabilidade" (Manual de Direito Penal - Parte Geral, 23ªed. São Paulo. Ed. Atlas, 2006, p. 237-8). Com o devido respeito, discordamos. A participação de menor importância, como vimos, é a de reduzida eficácia causal, isto é, aquela que, no plano concreto, embora contribua para o alcance do resultado, não o determina. Tratando-se de critério objetivo, a ser aplicado à luz do caso concreto, não nos parece correto invocar aspectos subjetivos, que a lei não exige, para impedir a redução da pena se a contribuição do partícipe efetivamente não revela, diante da equivalência dos antecedentes, maior relevância para o sucesso da empresa criminosa.
- De acordo com o disposto no art. 31 do Código Penal, não se pune, salvo disposição em contrário, o ajuste (acordo promovido entre suas ou mais pessoas), a determinação (ordem emanada de pessoa determinada), a instigação (reforço da ideia já existente na mente do autor) e o auxílio (assistência material), se o crime não chega, pelo menos, a ser tentado. Afasta-se esta regra nas hipóteses em que houver "disposição expressa em contrário", que é o caso da associação criminosa (art. 288 do CP) e da incitação ao crime, em que o ajuste, a determinação, a instigação e o auxílio podem configurar crimes autônomos. Com efeito, abstraída a exceção estabelecida pelo dispositivo, não seria admitida a punição de indivíduos que se associassem para o fim de cometer crimes, a não ser que estes efetivamente viessem a ocorrer, pois o ajuste, no caso, seria impunível. Da mesma forma, o sujeito que incitasse (forma de instigar), publicamente, a prática de crime, não poderia ser responsabilizado a menos que alguém cometesse o delito objeto da incitação.

12. TEORIA GERAL DAS PENAS

- Em síntese, são estes os momentos pelos quais passa a sanção penal, sob a perspectiva das funções da pena:

Momento de aplicação da pena	Finalidades da aplicação da pena
PENA EM ABSTRATO (pena cominada)	PREVENÇÃO GERAL Visa à sociedade e atua antes da prática do delito.
PENA EM CONCRETO (pena aplicada)	PREVENÇÃO ESPECIAL NEGATIVA Visa ao delinquente, buscando evitar a reincidência.
	RETRIBUIÇÃO Visa a retribuir com o mal o mal causado.
PENA NA EXECUÇÃO (pena executada)	PREVENÇÃO GERAL POSITIVA Visa ao delinquente, objetivando ressocializá-lo

- A resposta para o crime tem sofrido o influxo de novas ideias, voltadas para uma solução cada vez menos retributiva (meramente punitiva) e mais construtiva (reparadora). Distinguindo o enfoque retribucionista do restaurativista, apresentamos o quadro abaixo:

JUSTIÇA RETRIBUTIVA	JUSTIÇA RESTAURATIVA
O crime é ato contra a sociedade, representada pelo Estado (vítima formal e constante).	O crime é ato que afeta autor, vítima e a sociedade.
A responsabilidade do agente é individual.	Propõe responsabilidade social pelo ocorrido, concitando, por isso, a comunidade para participar da solução para o crime.
O interesse na punição é público.	O interesse maior é reparar o dano, envolvendo, para tanto, os personagens do crime.
Predomina a indisponibilidade da ação penal.	Predomina a disponibilidade da ação penal.
O foco é punir o infrator.	O foco é reparar o dano.
Como resposta estatal, predominam as penas privativas de liberdade.	Predomina a reparação do dano e das penas alternativas à privativa de liberdade.
Campo fértil para penas cruéis e desumanas.	As penas, quando necessárias, são proporcionais e humanizadas.
Percebe-se a pouca assistência à vítima.	O espírito é assistir a vítima

- Com a prática do crime, nasce para o Estado o dever/poder de punir o infrator, aplicando-se a sanção penal cominada no preceito incriminador. No entanto, na tarefa de aplicar a pena, o Estado-Juiz deverá observar os princípios (expressos e implícitos) previstos na CF/88: a) Princípio da legalidade (reserva legal e anterioridade); b) Princípio da personalidade ou intransmissibilidade; c) Princípio da individualização da pena; d) Princípio da proporcionalidade; e) Princípio da inderrogabilidade ou inevitabilidade da pena; f) Princípio da dignidade da pessoa humana; g) Princípio da vedação do *bis in idem*.
- Apesar de a proibição constitucional da pena de morte admitir somente uma exceção (guerra declarada), a doutrina elenca outras duas: a) A Lei nº 7.565/86, no seu artigo 303, § 2º, autoriza o "abate" de aeronave considerada hostil ou suspeita sobrevoando o espaço aéreo nacional. Trata-se da medida de destruição, que consiste no disparo de tiros, feitos pela aeronave de interceptação, com a finalidade de provocar danos e impedir o prosseguimento do voo da aeronave rotulada invasiva e somente poderá ser utilizada como último recurso e após o cumprimento de todos os procedimentos que previnam a perda de vidas inocentes, no ar ou em terra (art. 5º do Decreto nº 5.144/2004). Embora haja formalidades a serem observadas antes do "abate", o fato é que, dada as condições de urgência, representa sanção capital; b) De igual modo, o artigo 24 da Lei de Crimes Ambientais (Lei nº 9.605/98) prescreve como pena à pessoa jurídica causadora de danos ao meio ambiente o encerramento das suas atividades, o que, sob certa ótica, configura também pena de morte.
- No Brasil nenhum preso pode ser obrigado a cumprir pena mediante trabalhos forçados. Essa pena proibida não se confunde, de modo algum, com o trabalho estabelecido na Lei de Execução Penal (Lei nº 7.210/84), que, embora seja obrigatório (art. 31) e constitua dever do preso (art. 38, V), não é pena, possui finalidade educativa e produtiva (art. 28), sendo, ainda, remunerado (art. 29).
- Entende-se, majoritariamente, que o princípio da vedação ao *bis in idem* não é absoluto. O próprio Estatuto de Roma, em seu artigo 20, 3, prevê a possibilidade de julgamento por mesmo fato nos casos dos crimes de genocídio, crimes de guerra e crimes contra a humanidade, desde que o primeiro tribunal a realizar o julgamento tenha tentado subtrair a competência do Tribunal Internacional ou não tenha havido a imparcialidade necessária à ação da justiça. Entre nós, a exceção ao princípio do *non bis in idem* se encontra no artigo 8º, que autoriza novo julgamento e condenação pelo mesmo fato, nos casos de extraterritorialidade da lei penal brasileira.
- Alguns estranham o fato de o Brasil ter subscrito, sem ressalvas, o Estatuto de Roma (criador do Tribunal Penal Internacional) que, no seu artigo 77, 1, "b", autoriza, nos crimes afetos à sua jurisdição, a imposição de pena de prisão perpétua. A uma, deve ser lembrado que o Estatuto não admite ressalvas pelo país signatário. A duas, o conflito entre nossa CF (que proíbe pena perpétua) e o Estatuto (que permite essa pena) é meramente **aparente**, como bem explica Valério Mazzuoli: "A C.F. quando prevê a vedação de pena de caráter perpétuo está direcio-

nando seu comando tão somente para o legislador interno brasileiro, não alcançando os legisladores estrangeiros e tampouco os legisladores internacionais" (*Tribunal Penal Internacional e o direito brasileiro*. 2 ed. São Paulo: Premier Máxima, 2008, p. 90).

- Síntese sobre o sistema trifásico de aplicação da pena:

SISTEMA TRIFÁSICO		
PRECEITO SECUNDÁRIO SIMPLES/PRECEITO SECUNDÁRIO QUALIFICADO		
1ª FASE: fixar a pena-base atentando-se para as circunstâncias judiciais (art. 59 do CP)	**2ª FASE:** fixar a pena intermediária, considerando as agravantes (arts. 61 e 62 do CP) e atenuantes (arts. 65 e 66 do CP).	**3ª FASE:** fixar a pena definitiva, aplicando as causas de aumento e diminuição de pena
* Fixada a pena definitiva, deve o Juiz anunciar o regime para seu inicial cumprimento * Por fim, deve aquilatar os requisitos que permitem: (A) substituição da pena privativa de liberdade por sanção alternativa ou (B) a suspensão condicional de execução da pena (*sursis*)		

- Segundo decidiu o STJ no HC 501.114/SP (j. 10/03/2020), não há nada a reparar na sentença que, não obstante tenha deixado de nominar a circunstância judicial do art. 59, fez referência ao fato que justifica o aumento da pena. E, mesmo no caso em que se trate de menção errônea de alguma das circunstâncias, basta que se faça a correção, sem redução da pena: "2. Se existe uma circunstância judicial específica destinada à valoração do passado desabonador do réu (antecedentes), revela-se uma imprecisão intitulá-la de personalidade ou de conduta social negativas. 3. Todavia, não se pode perder de vista que a dicção legal não impõe ao julgador a obrigatoriedade de nomear as circunstâncias legais. O que é cogente na tarefa individualizadora da pena-base é indicar peculiaridades concretas dos autos, relacionadas às oito vetoriais do art. 59 do CP. Se a sentença mencionar várias condenações definitivas anteriores do réu para aumentar a sanção básica, sem dar título algum à circunstância, não haverá vício no *decisum*. 4. As instâncias ordinárias mencionaram cinco condenações definitivas da paciente como justificativa para o recrudescimento da reprimenda na primeira fase da dosimetria. Entretanto, os registros não foram corretamente designados como maus antecedentes, mas sim como conduta social. O erro do pronunciamento está relacionado somente à atecnia na nomeação da circunstância legal. Assim, em *habeas corpus*, deve ser corrigida a palavra imprópria, para que o dado concreto levado em conta pelo juiz seja chamado de maus antecedentes. 5. A motivação da decisão (anotações criminais anteriores), que permitiu ao operador do direito expor a razão da escolha da sanção ao fato sob julgamento e possibilitou à defesa compreender e fiscalizar sua atuação, permanece hígida. O fundamento está relacionado à justa reprovação e prevenção do crime e não pode, portanto, ser desconsiderado apenas porque houve imprecisão na sua classificação, caso contrário seria conferido à ré, em igual intensidade, a mesma retribuição cabível aos agentes neófitos em práticas ilícitas, o que afrontaria o princípio da igualdade".
- A Terceira Seção do STJ firmou a orientação de que é possível aumentar a pena-base em homicídios que vitimam pessoas entre quatorze e dezoito anos, tendo em vista que matar alguém nessa idade traz consequências mais graves, inclusive para a família, do que as provocadas em crimes contra pessoas de mais idade. Havia divergência entre a 5ª e a 6ª Turmas do tribunal a esse respeito. A 5ª Turma admitia o aumento (AgRg no HC n. 334.899/RS, DJe 13/03/2020), ao passo que a 6ª Turma o recusava por considerar que a idade da vítima é "inerente ao delito" (AgRg no REsp n. 1.695.315/PA, DJe 11/05/2018). No julgamento conjunto, assentou-se que "deve prevalecer a orientação no sentido de que a tenra idade da vítima (menor de 18 anos de idade) é elemento concreto e transborda aqueles inerentes ao crime de homicídio, sendo apto, pois, a justificar o agravamento da pena-base, mediante valoração negativa das consequências do crime, ressalvada, para evitar *bis in idem*, a hipótese em que aplicada a causa de aumento prevista no art. 121, § 4º (parte final), do Código Penal" (AgRg no REsp 1.851.435/PA, j. 12/08/2020).
- O STJ firmou a orientação de que as circunstâncias judiciais relativas à personalidade e à conduta social (art. 59) não podem ser associadas a condenações anteriores para aumentar a pena-base (REsp 1.794.854/DF, j. 23/06/2021).
- Nada impede que a legislação especial traga, para os crimes de que dispuser, atenuantes e agravantes próprias. É o que ocorre, por exemplo, com a Lei de Crimes Ambientais, que prevê agravantes e atenuantes específicas para estes crimes.
- Agravante não articulada na denúncia pode ser reconhecida? Nos termos do artigo 385 do Código de Processo Penal, entende-se perfeitamente possível reconhecer circunstância agravante não articulada na denúncia.
- A disciplina da reincidência é diversa para crimes e contravenções. Vejamos.

Passado	Presente	Consequência
Condenação penal definitiva por crime no Brasil ou no estrangeiro	Cometimento de novo CRIME	Reincidência (art. 63 do CP)
Condenação penal definitiva por crime no Brasil ou no estrangeiro	Cometimento de CONTRAVENÇÃO penal	Reincidência (art. 7º da LCP)
Condenação penal definitiva por contravenção penal praticada no Brasil	Cometimento de nova CONTRAVENÇÃO	Reincidência (art. 7º da LCP)
Condenação penal definitiva por contravenção praticada no Brasil	Cometimento de CRIME	Não gera reincidência, por ausência de previsão. Contudo, gera maus antecedentes.
Condenação penal definitiva por contravenção penal praticada no estrangeiro.	Cometimento de CRIME ou CONTRAVENÇÃO.	Não gera reincidência (art. 7º da LCP).

- A dicção do art. 63 do Código Penal (*"depois de transitar em julgado"*) permite a conclusão de que se o novo crime for praticado no dia do trânsito em julgado do primeiro não gera reincidência, embora seja apto a gerar maus antecedentes.
- A **prova da reincidência** deve ser feita através de certidão cartorária. Contudo, o STJ tem flexibilizado esta exigência, admitindo a comprovação através de folha de antecedentes criminais. Nesse sentido é a súmula 636: "A folha de antecedentes criminais é documento suficiente a comprovar os maus antecedentes e a reincidência".
- De acordo com o STJ, se o reconhecimento equivocado de reincidência gerar prejuízo ao condenado, é devida indenização por erro judiciário (REsp 1.243.516/SP, DJe 30/9/2016).
- O Brasil adotou o sistema da temporariedade da reincidência. Dispõe o art. 64, I, do CP que "não prevalece a condenação anterior, se entre a data do cumprimento ou extinção da pena e a infração posterior tiver decorrido período de tempo superior a 5 (cinco) anos, computado o período de prova da suspensão ou do livramento condicional, se não ocorrer revogação". Dessa forma, se alguém comete outra infração penal após o decurso de cinco anos da extinção ou do cumprimento da pena anterior não é mais possível fazer incidir a agravante da reincidência na segunda fase de aplicação da pena. Há quem sustente a tese de que a superação do quinquênio depurador deve afastar tanto a circunstância agravante (reincidência) quanto o aumento fundamentado na circunstância judicial dos antecedentes, pois não se pode admitir que uma condenação anterior tenha efeitos perpétuos e contrarie o propósito, demonstrado pelo legislador nas regras da reincidência, de apagar da vida do indivíduo as faltas passadas. Em virtude da relevância do tema e da controvérsia que o vinha cercando, o STF reconheceu a repercussão geral no RE 593.818 RG/SC, julgado pelo plenário em 17/08/2020. Por maioria, o tribunal decidiu que o limite de cinco anos não se aplica aos maus antecedentes. Posteriormente, em 25/04/2023, ajustou a tese firmada para estabelecer que o aumento não é obrigatório, competindo ao juiz afastá-lo caso o considere desnecessário: "Não se aplica ao reconhecimento dos maus antecedentes o prazo quinquenal de prescrição da reincidência, previsto no artigo 64, inciso I, do Código Penal, podendo o julgador, fundamentada e eventualmente, não promover qualquer incremento da pena-base em razão de condenações pretéritas, quando as considerar desimportantes, ou demasiadamente distanciadas no tempo, e, portanto, não necessárias à prevenção e repressão do crime, nos termos do comando do artigo 59 do Código Penal". O STJ também admite que os maus antecedentes sejam afastados quando as condenações passadas são muito antigas: "Excepcionalmente, 'quando os registros da folha de antecedentes do réu são muito antigos, como no presente caso, admite-se o afastamento de sua análise desfavorável, em aplicação à teoria do direito ao esquecimento. Não se pode tornar perpétua a valoração negativa dos antecedentes, nem perenizar o estigma de criminoso para fins de aplicação da reprimenda, pois a transitoriedade é consectário natural da ordem das coisas. Se o transcurso do tempo impede que condenações anteriores configurem reincidência, esse mesmo fundamento – o lapso temporal – deve ser sopesado na análise das condenações geradoras, em tese, de maus antecedentes'" (AgRg no HC 693.127/SP, j. 14/12/2021).
- O STJ firmou a tese de que é possível, na segunda fase da dosimetria da pena, a compensação integral da atenuante da confissão espontânea com a agravante da reincidência, seja ela específica ou não. Todavia, nos casos de multirreincidência, deve ser reconhecida a preponderância da agravante prevista no art. 61, I, do Código Penal, sendo admissível a sua compensação proporcional com a atenuante da confissão espontânea, em estrito atendimento aos princípios da individualização da pena e da proporcionalidade (REsp 1.931.145/SP, j. 22/06/2022).
- A súmula 545 do STJ dispõe: "Quando a confissão for utilizada para a formação do convencimento do julgador, o réu fará jus à atenuante prevista no art. 65, III, d, do Código Penal". A 5ª Turma do tribunal decidiu, no entanto, que, para a incidência da atenuante, basta a confissão, ainda que o juiz não expresse que a considerou para formar sua convicção: "1. O Ministério Público, neste recurso especial, sugere uma interpretação a contrario sensu da Súmula 545/STJ para concluir que, quando a confissão não for utilizada como um dos fundamentos da sentença condenatória, o réu, mesmo tendo confessado, não fará jus à atenuante respectiva. 2. Tal compreensão,

embora esteja presente em alguns julgados recentes desta Corte Superior, não encontra amparo em nenhum dos precedentes geradores da Súmula 545/ STJ. Estes precedentes instituíram para o réu a garantia de que a atenuante incide mesmo nos casos de confissão qualificada, parcial, extrajudicial, retratada, etc. Nenhum deles, porém, ordenou a exclusão da atenuante quando a confissão não for empregada na motivação da sentença, até porque esse tema não foi apreciado quando da formação do enunciado sumular. 3. O art. 65, III, "d", do CP não exige, para sua incidência, que a confissão do réu tenha sido empregada na sentença como uma das razões da condenação. Com efeito, o direito subjetivo à atenuação da pena surge quando o réu confessa (momento constitutivo), e não quando o juiz cita sua confissão na fundamentação da sentença condenatória (momento meramente declaratório). 4. Viola o princípio da legalidade condicionar a atenuação da pena à citação expressa da confissão na sentença como razão decisória, mormente porque o direito subjetivo e preexistente do réu não pode ficar disponível ao arbítrio do julgador. 5. Essa restrição ofende também os princípios da isonomia e da individualização da pena, por permitir que réus em situações processuais idênticas recebam respostas divergentes do Judiciário, caso a sentença condenatória de um deles elenque a confissão como um dos pilares da condenação e a outra não o faça. 6. Ao contrário da colaboração e da delação premiadas, a atenuante da confissão não se fundamenta nos efeitos ou facilidades que a admissão dos fatos pelo réu eventualmente traga para a apuração do crime (dimensão prática), mas sim no senso de responsabilidade pessoal do acusado, que é característica de sua personalidade, na forma do art. 67 do CP (dimensão psíquico-moral). 7. Consequentemente, a existência de outras provas da culpabilidade do acusado, e mesmo eventual prisão em flagrante, não autorizam o julgador a recusar a atenuação da pena, em especial porque a confissão, enquanto espécie sui generis de prova, corrobora objetivamente as demais. 8. O sistema jurídico precisa proteger a confiança depositada de boa-fé pelo acusado na legislação penal, tutelando sua expectativa legítima e induzida pela própria lei quanto à atenuação da pena. A decisão pela confissão, afinal, é ponderada pelo réu considerando o trade-off entre a diminuição de suas chances de absolvição e a expectativa de redução da reprimenda. 9. É contraditória e viola a boa-fé objetiva a postura do Estado em garantir a atenuação da pena pela confissão, na via legislativa, a fim de estimular que acusados confessem; para depois desconsiderá-la no processo judicial, valendo-se de requisitos não previstos em lei. 10. Por tudo isso, o réu fará jus à atenuante do art. 65, III, "d", do CP quando houver confessado a autoria do crime perante a autoridade, independentemente de a confissão ser utilizada pelo juiz como um dos fundamentos da sentença condenatória. 11. Recurso especial desprovido, com a adoção da seguinte tese: "o réu fará jus à atenuante do art. 65, III, 'd', do CP quando houver admitido a autoria do crime perante a autoridade, independentemente de a confissão ser utilizada pelo juiz como um dos fundamentos da sentença condenatória, e mesmo que seja ela parcial, qualificada, extrajudicial ou retratada" (REsp 1.972.098/SC, j. 14/06/2022).

- Como regra, consagrou-se na jurisprudência que o agravamento da pena pela reincidência deve ser de 1/6. Nesse contexto, se o magistrado concluir pela aplicação de fração outra, está obrigado a fundamentar sua decisão de maneira adequada, sob pena de nulidade. No caso da reincidência específica, a orientação é de que apenas circunstâncias excepcionais, devidamente explicitadas na sentença, justificam a incidência de fração maior: "A reincidência específica como único fundamento só justifica o agravamento da pena em fração mais gravosa que 1/6 em casos excepcionais e mediante detalhada fundamentação baseada em dados concretos do caso" (STJ – REsp nº 2.003.716/RS, j. 25/10/2023).
- **Não** hão de ser confundidas, sob nenhum aspecto, as causas de aumento e de diminuição de pena com as circunstâncias agravantes e atenuantes. Podemos dizer que a principal diferença entre elas é o efeito: as majorantes e minorantes podem elevar a pena para além do patamar máximo, bem como reduzir para aquém do limite mínimo da pena cominada (enquanto as agravantes e atenuantes, como visto, não têm esse condão). Vejamos, de forma esquematizada, as suas características:

Agravantes Atenuantes	Causas de Aumento Causas Diminuição da Pena
Também chamadas circunstâncias legais.	Também chamadas majorantes e minorantes.
São consideradas na **2ª fase** de aplicação da pena.	São consideradas na **3ª fase** do cálculo da pena.
Estão localizadas **somente** na parte geral do CP (sem prejuízo de outras circunstâncias na legislação extravagante).	Estão localizadas tanto na parte geral como na parte especial (bem como em legislação extravagante)
Não há previsão legal para o *quantum* de aumento ou de diminuição.	O *quantum* de aumento ou diminuição tem **previsão legal** e pode ser: • fixo: ex. – art. 121, §2º-B (no homicídio cometido contra menor de 14 anos, a pena é aumentada de 2/3 se o autor é ascendente da vítima). • variável: ex. – art. 14, parágrafo único (na tentativa, a pena do crime é reduzida de 1/3 a 2/3).
O juiz **está adstrito** aos limites legais (pena cominada), não podendo elevar a pena-base além do máximo, nem aquém do mínimo	O juiz **não** está adstrito aos limites legais. Uma causa de aumento pode elevar a pena além da sanção máxima em abstrato; a causa de diminuição pode reduzir a pena aquém do mínimo abstratamente previsto no tipo.

- No concurso entre causas de aumento e de diminuição, o juiz deverá seguir o seguinte roteiro:

CONCURSO ENTRE CAUSAS DE AUMENTO E DE DIMINUIÇÃO	
Se concorrerem duas causas de aumento genéricas?	O juiz aplicará, isoladamente, as duas causas de aumento.
Se concorrerem duas causas de diminuição genéricas?	O juiz aplicará, cumulativamente, as duas causas de diminuição.
Se concorrerem uma causa de aumento e uma causa de diminuição, ambas gerais?	O juiz deve aplicar as duas causas, cumulativamente, primeiro aumentando e, em seguida, sobre o resultado da operação anterior, diminuir a pena.
Se concorrerem causas de aumento específicas?	Pode o juiz limitar-se a um só aumento, prevalecendo a que mais aumente (art. 68, parágrafo único).
Se concorrerem causas de diminuição específicas?	Pode o juiz limitar-se a uma só diminuição, prevalecendo a que mais diminua (art. 68, parágrafo único)
Se concorrerem uma causa de aumento e uma causa de diminuição, ambas específicas?	O juiz deve aplicar as duas causas, cumulativamente, primeiro aumentando e, em seguida, sobre o resultado da operação anterior, diminuir a pena.
Se concorrerem causas de aumento genéricas e específicas?	O juiz aplicará, isoladamente, os dois aumentos
Se concorrerem causas de diminuição genérica e específica?	O juiz aplicará, cumulativamente, as duas diminuições.

- Quanto à reparação do dano e seu reflexo na aplicação da pena, deve ser lembrado que: a) em se tratando de crime sem violência ou grave ameaça à pessoa, a reparação do dano ou restituição da coisa até o recebimento da denúncia ou queixa serve como causa de diminuição de pena, prevista no art. 16 do CP; b) no estelionato na modalidade de emissão de cheques sem fundos, a reparação do dano antes do recebimento da inicial obsta a instauração da ação penal (Súmula 554 do STF, *a contrario sensu*; c) nos crimes de menor potencial ofensivo, segundo procedimento previsto na Lei nº 9.099/95, permite-se às partes a composição civil dos danos (art. 74 da Lei). Havendo, por ocasião desta conciliação, reparação do dano ou restituição da coisa, ocorrerá a extinção da punibilidade (vide parágrafo único do dispositivo); d) a reparação do dano também é uma das condições para o acordo de não persecução penal (art. 28-A do CPP).
- Síntese das regras gerais para o regime inicial:

Espécies de pena privativa de liberdade	Regimes iniciais de cumprimento de pena possíveis		
Reclusão	Fechado	Semiaberto	Aberto
Detenção	Não admite regime inicial fechado (só por meio da regressão)	Semiaberto	Aberto
Prisão simples	Não admite regime inicial fechado (nem mesmo por meio da regressão)	Semiaberto	Aberto

- As penas restritivas de direitos dividem-se em **reais** (prestação pecuniária e perda de bens e valores) e **pessoais** (prestação de serviço à comunidade ou a entidades públicas, interdição temporária de direitos e limitação de fim de semana). São, ao todo, cinco espécies:

Classificação das penas restritivas de direito	
Reais	**Pessoais**
Prestação pecuniária art. 45, § 1º	Prestação de serviços à comunidade art. 46
Perda de bens e valores art. 45, § 3º	Interdição temporária de direitos art. 47
	Limitação de fins de semana art. 48

- Qual o prazo da pena restritiva? As penas restritivas de direitos terão a mesma duração da pena privativa de liberdade substituída (art. 55 do CP). Esta regra, entretanto, comporta **exceções**: **1ª)** Penas restritivas de natureza real – a prestação pecuniária e a perda de bens e valores se esgotam no momento em que são adimplidas as obrigações respectivas (art. 55, *caput*, CP); **2ª)** Prestação de serviços à comunidade – esta espécie de pena restritiva de direito poderá ser cumprida em até metade do tempo da pena privativa de liberdade, se a pena for superior a 1 (um) ano (art. 55 c/c art. 46, § 4º, ambos do CP); **3ª)** Impedimento de comparecimento às proximidades de arena esportiva – prevista na Lei Geral do Esporte (art. 201, § 2º, da Lei 14.597/23), esta pena restritiva de direitos pode ter duração **superior** à pena abstratamente prevista no preceito sancionador.
- O autor de crime preterdoloso, para valer-se dos benefícios da substituição da prisão por penas alternativas, deve preencher os requisitos do crime doloso ou culposo? O crime preterdoloso está na categoria dos crimes de duplo resultado. O dolo do agente abrange resultado menos grave (ex: vontade de ferir), sendo-lhe atribuído o resultado mais grave (ex: a morte involuntária) a título de culpa.

Apesar de prevalecer o contrário, entendemos que o autor deve obedecer aos mesmos requisitos do crime doloso, pois antes de integralizar-se o resultado culposo mais grave realiza-se, por completo, um crime doloso (menos grave).

- O STJ decidiu ser impossível reconverter a pena restritiva de direitos em privativa de liberdade a pedido do condenado que sequer iniciou o cumprimento da reprimenda. Para o tribunal, cabe ao juiz estabelecer a pena adequada, não ao condenado escolher aquela de sua conveniência (REsp 1.524.484/PE, DJe 25/5/2016).
- O emprego de simulacro de arma de fogo no roubo configura a grave ameaça e, portanto, impede a substituição da pena privativa de liberdade por restritiva direitos (STJ: REsp 1.994.182/RJ, j. 13/12/2023).
- O STJ firmou três teses a respeito da detração em virtude do recolhimento domiciliar imposto como cautelar: "4. Delimitadas as teses jurídicas para os fins dos arts. 927, III, 1.039 e seguintes do CPC/2015: 4.1. O período de recolhimento obrigatório noturno e nos dias de folga, por comprometer o status libertatis do acusado deve ser reconhecido como período a ser detraído da pena privativa de liberdade e da medida de segurança, em homenagem aos princípios da proporcionalidade e do non bis in idem. 4.2. O monitoramento eletrônico associado, atribuição do Estado, não é condição indeclinável para a detração dos períodos de submissão a essas medidas cautelares, não se justificando distinção de tratamento ao investigado ao qual não é determinado e disponibilizado o aparelhamento. 4.3. As horas de recolhimento domiciliar noturno e nos dias de folga devem ser convertidas em dias para contagem da detração da pena. Se no cômputo total remanescer período menor que vinte e quatro horas, essa fração de dia deverá ser desprezada." (REsp 1.977.135/SC, j. 23/11/2022).
- Quadro esquemático sobre o cálculo da pena de multa:

Cálculo da pena de multa		
Etapas	**Mínimo**	**Máximo**
1ª – Fixação da quantidade de dias-multa	10 dias	360 dias
2ª – Cálculo do valor de um dia-multa	1/30 avos do salário mínimo	5x o valor do salário mínimo (podendo ser triplicado – art. 60, § 1º, do CP)
3ª – Multiplica-se a quantidade de dias-multa pelo valor apurado	Ex: 10 dias-multa x 1/30 do salário mínimo = 1/3 do salário mínimo.	

- Síntese a respeito das modalidades de concurso de crimes:

	Requisitos	**Sistema adotado**	**Aumento**
Concurso material	• Pluralidade de condutas • Pluralidade de crimes	Cúmulo material	As penas são somadas

	Requisitos	**Sistema adotado**	**Aumento**
Concurso formal (próprio)	• Unidade de conduta • Pluralidade de crimes	Exasperação	1/6 até 1/2
Concurso formal impróprio	• Unidade de conduta • Pluralidade de crimes • Desígnios autônomos	Cúmulo material	As penas são somadas
Crime continuado genérico	• Pluralidade de condutas • Pluralidade de crimes da mesma espécie • Elo de continuidade	Exasperação	1/6 até 2/3, de acordo com o número de infrações (súmula 659 STJ)
Crime continuado específico	• Os mesmos do continuado genérico • Crimes dolosos • Vítimas diferentes • Violência ou grave ameaça à pessoa	Exasperação	1/6 até 3x

- A súmula 605 do STF anuncia que *"Não se admite continuidade delitiva nos crimes contra a vida"*. Ocorre que a referida súmula é anterior à reforma de 1984, que alterou a Parte Geral do Código Penal, que, no art. 71, autoriza expressamente a continuidade delitiva inclusive nos crimes cometidos com violência ou grave ameaça à pessoa (crime continuado específico). O fato de não haver, antes, disposição específica a respeito do crime continuado específico fazia que os tribunais fossem provocados a decidir se, a despeito do silêncio da lei, essa possibilidade podia ser admitida. Após algumas decisões em recursos extraordinários, o STF editou a súmula 605. Analisando precedentes (como, por exemplo, o RE 91.563/SP, j. 29/02/1980), vemos que a continuidade era afastada porque incompatível com crimes que atingissem bens jurídicos personalíssimos, que restariam desprotegidos se as diversas condutas fossem resumidas a apenas uma. Muito embora a argumentação continue válida, a vedação contida na súmula não tem mais lugar devido à expressa disposição legal que admite a continuidade delitiva em crimes dolosos cometidos com violência ou grave ameaça contra vítimas diferentes. O emprego de violência e de ameaça contra a pessoa atinge a integridade física e a liberdade individual, bens jurídicos sem dúvida personalíssimos. Mas, diante da disposição da lei, não é mais possível invocar a súmula.

- Há quem sustente que, havendo no mesmo contexto fático concurso formal e crime continuado, a fração de aumento relativa ao primeiro deve ser desprezada, sob pena de *bis in idem*. O STJ já decidiu nesse sentido (HC 441.763/SP, j. 07/06/2018). Há, no entanto, decisões em sentido diverso relativamente à sonegação de tributos: "É possível a cumulação das causas de aumento de pena da continuidade delitiva e do concurso formal, quando em delitos fiscais, o sujeito ativo, mediante uma única ação ou omissão, sonega o pagamento de diversos tributos, reiterando a conduta por determinado período, além de concorrer para a prática do delito previsto no art. 337-A, do CP" (AgRg no REsp 2.018.231/MG, j. 30/10/2023; HC 441.763/SP, j. 07/06/2018).
- Quando o juiz não reconhece o crime continuado na sentença, cabe ao juiz das execuções essa tarefa (artigo 66 da Lei nº 7.210/84). Exemplo: três roubos cometidos em três comarcas vizinhas. Cada juiz condena pelo crime ocorrido no seu território (não tendo havido reunião dos processos – Código de Processo Penal, artigo 82). É na Vara das Execuções que se fará o reconhecimento do crime continuado, em incidente de unificação de penas.
- A doutrina moderna diferencia duas espécies de *aberratio actus*:

a) por acidente: não há erro no golpe, mas desvio na execução, podendo a pessoa visada estar ou não no local. Ex.: a mulher, querendo matar o marido, coloca veneno na sua marmita. O marido acordou e foi trabalhar deixando a marmita em casa. Quem comeu a comida envenenada foi o filho do casal;

b) erro no uso dos instrumentos de execução: aqui temos erro no golpe, estando a pessoa visada no local. Ex.: por erro de pontaria, ao invés de atingir seu vizinho, o agente acaba por atingir seu pai que se encontrava próximo.

- Admite-se a imposição de medida de segurança decorrente da prática de **contravenção penal**, tendo em vista que, apesar de a Lei de Contravenções Penais não dispor sobre o tema, o artigo 12 do Código Penal preceitua serem aplicáveis as suas regras gerais quando a legislação especial for omissa.
- Em sintonia com a garantia constitucional estampada no art. 5º, XLVII, "b" (vedação da pena de caráter perpétuo), o art. 75 do CP anuncia o tempo máximo de cumprimento das penas privativas de liberdade. Antes da Lei 13.964/19, era de 30 anos; com a citada lei o máximo passou para 40 anos. Para os efeitos do art. 75, no "tempo de cumprimento das penas privativas de liberdade" se inclui o período em que o condenado esteve em livramento condicional, ou seja, o dispositivo não limita seus efeitos ao período em que o agente ficou efetivamente segregado: "1. Com o norte dos princípios da isonomia e da razoabilidade, pode-se afirmar que o instituto do livramento condicional deve produzir os mesmos efeitos para quaisquer dos apenados que nele ingressem e tais efeitos ao apenado não devem ser alterados no decorrer do período de prova, ressalvado o regramento legal a respeito da revogação, devendo o término do prazo do livramento condicional coincidir com o alcance do limite do art. 75 do CP. Um dia em livramento condicional corresponde a um dia em cumprimento de pena privativa de liberdade, exceto em hipótese de revogação, observado o disposto no art. 88 do CP e 141 da LEP. 1.1. Uma análise topográfica da LEP ampara uma interpretação no sentido de que o livramento condicional configura forma de cumprimento das penas privativas de liberdade, embora as condicionantes sejam restritivas de liberdade. 2. Cumpre ressaltar que a consideração do período de prova para alcance do limite do art. 75 do CP não se confunde com o requisito objetivo para obtenção do direito ao livramento condicional. Em termos práticos, o Juiz da Execução Penal, para conceder o livramento condicional, observará a pena privativa de liberdade resultante de sentença(s) condenatória(s) (Súmula n. 715 do SUPREMO TRIBUNAL FEDERAL – STF). Alcançado o requisito objetivo para fins de concessão do livramento condicional, a duração dele (o período de prova) será correspondente ao restante de pena privativa de liberdade a cumprir, limitada ao disposto no art. 75 do CP" (STJ: REsp 1.922.012/RS, j. 05/10/2021).

- Quadro esquemático sobre os sistemas do *sursis*:

SISTEMAS		
Franco Belga	**Anglo-americano**	**"Probation of first offenders"**
O réu é **processado**; É reconhecida sua **culpa**; Existe **condenação**; Suspende-se a execução **da pena.**	O réu é **processado**; É reconhecida sua **culpa;** Suspende-se **o processo**, **evitando a imposição da pena.**	O réu é processado; Suspende-se o processo **sem reconhecimento de culpa.**
Art. 77 a 82 do CP	Não está previsto no nosso ordenamento	Art. 89 da Lei nº 9.099/95

- Existe algum tipo de "sursis" incondicionado? Não existe "sursis" sem condições a serem observadas pelo beneficiário, o que seria uma contradição nos próprios termos. Caso o magistrado sentenciante não determine as condições a serem obedecidas pelo condenado, deve o autor da ação opor Embargos de Declaração (art. 382, CPP ou art. 619, CPP, em sede de acórdão condenatório) a fim de sanar a omissão.

- Para facilitar ao leitor, reproduzimos as várias espécies de *sursis* num quadro, destacando as semelhanças e diferenças entre os institutos:

	"Sursis" Simples	"Sursis" especial	"Sursis" etário	"Sursis" humanitário
Previsão legal	art. 77 c/c o art. 78, § 1º, CP	art. 77 c/c. o art. 78, § 2º	art. 77, § 2º, 1ª parte, CP	art. 77, § 2º, 2ª parte, CP
Pressupostos	Pena imposta não superior a dois anos (considerando o concurso de crimes);		Pena imposta não superior a quatro anos (considerando o concurso de crimes);	
	Período de prova variando de 2 a 4 anos;		Período de prova variando de 4 a 6 anos;	
	–	Reparação do dano ou comprovada impossibilidade de fazê-lo;	Maior de 70 anos;	–
	–	Condições favoráveis (art. 59).	–	Condenado doente;
No primeiro ano o beneficiário	sujeita-se às condições do art. 78, § 1º, CP.	sujeita-se às condições do art. 78, § 2º, CP	sujeita-se às condições do art. 78, § 1º ou § 2º, do CP, dependendo se reparou o dano ou se comprovou a impossibilidade de fazê-lo.	
Requisitos	• condenado não reincidente em crime doloso; • circunstâncias judiciais favoráveis; • não indicada ou cabível restritiva de direitos.			

- Apresentamos a seguir um quadro esquemático a respeito das distinções existentes entre as situações de revogação, prorrogação e cassação do *sursis*:

Revogação obrigatória	Revogação facultativa	Cassação	Prorrogação
Condenação definitiva por crime doloso, antes ou depois do início do período de prova;	Descumprimento das demais condições;	não comparecimento injustificado na audiência admonitória	Beneficiário **processado** por outro crime ou contravenção;
Não reparação do dano sem motivo determinado;	Condenação definitiva por crime culposo ou contravenção penal a pena diversa da multa.	provimento de recurso da acusação contra a concessão da medida alternativa;	Quando **facultativa a revogação**, o juiz pode, ao invés de decretá-la, prorrogar o período de prova até o máximo, se este não foi o fixado.
Descumprimento injustificado do art. 78, § 1º, CP.		o condenado recusa as condições atreladas ao benefício.	

- Não se pode confundir ***prorrogação*** com ***suspensão*** do livramento condicional. Vejamos:

PRORROGAÇÃO (ART. 89 do CP)	SUSPENSÃO (ART. 145 LEP)
Pressupõe cometimento de crime na vigência do livramento	Pressupõe cometimento de crime na vigência do livramento
Impede o juiz de julgar extinta a pena (prorrogando o período de prova)	Autoriza o juiz a ordenar o recolhimento cautelar do liberado (suspendendo sua vida em liberdade)
Prorroga-se o período de prova até o julgamento definitivo	O recolhimento persiste enquanto necessário, não podendo, obviamente, exceder o prazo previsto para a pena em cumprimento.

- Discute-se se a prorrogação do livramento condicional é automática ou se depende de decisão judicial. Havia decisões tanto no STJ quanto no STF impondo a necessidade de prorrogação expressa. Esta orientação se firmou ultimamente em diversos julgados nos quais os tribunais superiores estabelecem que, transcorrido o período do livramento sem que o juiz o prorrogue – ou suspenda –, a pena deve ser declarada extinta (STF: HC 119.938/RJ, rel. min. Rosa Weber, j. 03/06/2014; STJ: HC 454.451/SP, rel. min. Felix Fischer, j. 11/09/2018). No STJ, a edição da súmula 617 dirimiu qualquer dúvida que pudesse restar sobre a orientação quanto à impossibilidade de se prorrogar automaticamente o livramento condicional.

- A Lei nº 13.344/16 modificou o inc. V do art. 83 do CP. De acordo com a nova redação, para a concessão do livramento condicional devem ser cumpridos mais de dois terços da pena nos casos de condenação por crime hediondo, prática da tortura, tráfico ilícito de entorpecentes e drogas afins, tráfico de pessoas e terrorismo, se o apenado não for reincidente específico em crimes dessa natureza. Acrescentou-se, portanto, o crime de tráfico de pessoas (art. 149-A) entre aqueles que pressupõem o cumprimento de fração maior da pena para que o agente seja beneficiado pelo livramento condicional.

- O Pacote Anticrime (Lei 13.964/19) inseriu novo requisito para a concessão do livramento condicional: o não cometimento de falta grave nos últimos doze meses. Segundo o STJ, trata-se de elemento objetivo que não impede a análise dos requisitos subjetivos para a concessão do benefício: "O requisito previsto no art. 83, III, b, do Código Penal, inserido pela Lei n. 13.964/2019 da comprovada ausência de falta grave nos últimos 12 meses, constitui pressuposto objetivo para a concessão do livramento condicional. Tal critério não limita a análise ao requisito subjetivo, inclusive quanto a fatos anteriores à vigência da Lei 13.964/2019, de forma devidamente fundamenta, do mérito do apenado" (AgRg no Ag em REsp Nº 1.961.889/MG, j. 16/11/2021).

- É também requisito do livramento condicional o bom comportamento durante toda a execução da pena. De acordo com o STJ, essa análise não sofre limitação temporal, diferentemente do requisito sobre a inexistência de falta grave nos doze meses anteriores à pretensão: "A valoração do requisito subjetivo para concessão do livramento condicional – bom comportamento durante a execução da pena (art. 83, inciso III, alínea a, do Código Penal) – deve considerar todo o histórico prisional, não se limitando ao período de 12 meses referido na alínea b do mesmo inciso III do art. 83 do Código Penal" (REsp 1.970.217/MG, j. 24/05/2023). E o fato de o condenado ter se reabilitado de uma falta disciplinar cometida não o torna necessariamente apto a obter o benefício: "A circunstância de o paciente já haver se reabilitado, pela passagem do tempo, desde o cometimento das sobreditas faltas, não impede que se invoque o histórico de infrações praticadas no curso da execução penal, como indicativo de mau comportamento carcerário" (AgRg no HC 665.369/SP, j. 25/05/2021).
- De acordo com o Código Penal, a medida de segurança pode ser de duas espécies: a) detentiva: representa a internação em hospital de custódia e tratamento psiquiátrico. Aplica-se aos crimes punidos com pena de reclusão; b) restritiva: corresponde ao tratamento ambulatorial. Cabe, em regra, na hipótese do crime punido com detenção, salvo se o grau de periculosidade do agente indicar necessidade da internação. Esta regra que vincula a medida detentiva aos crimes punidos com reclusão e a medida restritiva aos punidos com detenção deriva do disposto no art. 97 do CP. É preciso atentar, no entanto, para o disposto na Resolução 487/23 do CNJ, que proíbe a internação em instituição de caráter asilar, como os hospitais de custódia e tratamento psiquiátrico e estabelecimentos congêneres, como hospitais psiquiátricos (arts. 3º, VIII e 13, § 1º). A medida de segurança deve ser cumprida em leito de saúde mental em Hospital Geral ou outro equipamento de saúde referenciado pelo Centro de Atenção Psicossocial da Rede de Atenção Psicossocial.
- No julgamento do EREsp 998.128/MG (j. 27/11/2019), a Terceira Seção do STJ estabeleceu que o fator determinante para a imposição de medida de segurança não é a natureza da pena que seria imposta ao imputável, mas sim o nível de periculosidade do inimputável. Se o exame que conclui pela inimputabilidade estabelece que não há um elevado grau de periculosidade, a medida de segurança restritiva é suficiente, ainda que o fato seja punido com reclusão: "4. Hipótese em que se verifica posicionamento dissonante entre as Turmas que compõem a Terceira Seção desta Corte quanto ao direito federal aplicável (art. 97 do CP. "Se o agente for inimputável, o juiz determinará sua internação (art. 26). Se, todavia, o fato previsto como crime for punível com detenção, poderá o juiz submetê-lo a tratamento ambulatorial"). 5. A doutrina brasileira majoritariamente tem se manifestado acerca da injustiça da referida norma, por padronizar a aplicação da sanção penal, impondo ao condenado, independentemente de sua periculosidade, medida de segurança de internação em hospital de custódia, em razão de o fato previsto como crime ser punível com reclusão. 6. Para uma melhor exegese do art. 97 do CP, à luz dos princípios da adequação, da razoabilidade e da proporcionalidade, não deve ser considerada a natureza da pena privativa de liberdade aplicável, mas sim a periculosidade do agente, cabendo ao julgador a faculdade de optar pelo tratamento que melhor se adapte ao inimputável. 7. Deve prevalecer o entendimento firmado no acórdão embargado, no sentido de que, em se tratando de delito punível com reclusão, é facultado ao magistrado a escolha do tratamento mais adequado ao inimputável, nos termos do art. 97 do Código Penal".
- Agente imputável na época dos fatos deve cumprir pena; o inimputável, medida de segurança; já em se tratando de semi-imputável, pena (diminuída) ou medida e segurança, dependendo do caso concreto. Em síntese:

DATA DOS FATOS	CONSEQUÊNCIA JURÍDICA
Agente imputável	Pena
Agente inimputável	Medida de segurança
Agente semi-imputável	Pena ou medida de segurança (sistema vicariante)

- Adotando-se a tese de que a sanção penal da medida de segurança não pode ter prazo indeterminado, exigindo um limite máximo de cumprimento (para uns, 40 anos; para outros, da pena máxima em abstrato cominada ao delito), surge a seguinte questão: O que fazer quando escoado o limite e a periculosidade do agente persistir? Deve-se buscar, perante o Juízo cível, a internação do agente, a ser promovida com fundamento na Lei nº 10.216/01.
- Os efeitos da condenação são penais ou extrapenais. Os efeitos penais são divididos em *principais* (imposição da sanção penal e sua execução forçada) e *secundários* (maus antecedentes e reincidência como condições desfavoráveis do agente; conversão das penas restritivas de direitos; interrupção do prazo prescricional; revogação do *sursis* e do livramento condicional etc.). Os efeitos extrapenais são também repartidos em dois: *genéricos* (arts. 91 do CP) e *específicos* (art. 92 do CP). Numa análise topográfica, pode-se concluir que o confisco alargado (art. 91-A) é efeito genérico da condenação, tanto que inserido no ambiente do art. 91. Contudo, como sua incidência depende da verificação de particularidades do caso concreto, ligada à análise casuística do patrimônio do condenado frente à licitude de sua fonte de renda, parece-nos mais adequada a corrente que leciona tratar-se de efeito específico. Temos, em resumo:

Dispositivo	Efeitos	Efeitos automáticos?
Art. 91	I - tornar certa a obrigação de indenizar o dano causado pelo crime; II - a perda em favor da União, ressalvado o direito do lesado ou de terceiro de boa-fé: a) dos instrumentos do crime, desde que consistam em coisas cujo fabrico, alienação, uso, porte ou detenção constitua fato ilícito; b) do produto do crime ou de qualquer bem ou valor que constitua proveito auferido pelo agente com a prática do fato criminoso.	Sim, pois o art. 91 não se refere à necessidade de fundamentação. Trata-se, portanto, de uma decorrência de qualquer sentença condenatória compatível com esta espécie de efeito.
Art. 91-A	Perda, como produto ou proveito do crime, dos bens correspondentes à diferença entre o valor do patrimônio do condenado e aquele que seja compatível com o seu rendimento lícito.	Não, tendo em vista o disposto nos §§ 3º e 4º do art. 91-A, os quais exigem, respectivamente, que o Ministério Público faça o pedido na denúncia e que o juiz declare, na sentença condenatória, o valor da diferença apurada no patrimônio e os bens cuja perda está sendo decretada.
Art. 92	I - a perda de cargo, função pública ou mandato eletivo: a) quando aplicada pena privativa de liberdade por tempo igual ou superior a um ano, nos crimes praticados com abuso de poder ou violação de dever para com a Administração Pública; b) quando for aplicada pena privativa de liberdade por tempo superior a 4 (quatro) anos nos demais casos. II – a incapacidade para o exercício do poder familiar, da tutela ou da curatela nos crimes dolosos sujeitos à pena de reclusão cometidos contra outrem igualmente titular do mesmo poder familiar, contra filho, filha ou outro descendente ou contra tutelado ou curatelado; III - a inabilitação para dirigir veículo, quando utilizado como meio para a prática de crime doloso.	Não, tendo em vista o disposto no parágrafo único do art. 92, segundo o qual estes efeitos devem ser motivadamente declarados na sentença

- A Lei 13.964/19 (Pacote Anticrime) introduziu no Código Penal o art. 91-A, que disciplina o chamado *confisco alargado* (*confisco ampliado ou perda alargada*), uma espécie de *efeito secundário da sentença penal condenatória* que consiste na perda de bens equiparados ao produto ou proveito do crime. O dispositivo elenca alguns pressupostos necessários que delimitam seu cabimento:

  a) **condenação por crime com pena máxima superior a seis anos:** a lei exige uma condenação pela prática de crime cuja pena máxima seja superior a 06 (seis) anos de reclusão. Trata-se de requisito objetivo que atinge, por exemplo, crimes contra a Administração Pública como peculato, corrupção ativa e passiva e concussão; crimes contra o patrimônio como furto qualificado, roubo, extorsão, extorsão mediante sequestro e receptação qualificada; crimes financeiros como lavagem de dinheiro e gestão fraudulenta ou temerária de instituição financeira.

  b) **Incompatibilidade do patrimônio com a renda lícita do agente**: para a decretação do confisco alargado se faz necessária a demonstração da incompatibilidade/desproporcionalidade do patrimônio do condenado com o seu rendimento lícito, juízo central para a aplicação da medida. Assentado nos elementos que constituem a norma em estudo, o órgão acusador deve comprovar a evolução patrimonial em patamares desproporcionais à renda do agente, e deve fazê-lo com elementos probatórios colhidos ainda na fase investigativa. Tanto é assim que o § 3º do art. 91-A impõe que o Ministério Público faça na denúncia o pedido expresso de decretação da perda e aponte a diferença apurada.

- O confisco alargado não se confunde com o confisco por equivalência, inserido nos §§ 1º e 2º do art. 91 pela Lei 12.694/12. O primeiro se caracteriza por uma extensão do perdimento a bens que, embora não estejam ligados diretamente ao crime que está sendo julgado, de alguma forma provêm de atividades ilegais, tanto que seu conjunto é incompatível com o rendimento lícito do condenado. Já o segundo se impõe nas situações em que o produto ou o proveito direto do crime julgado não é encontrado ou se localiza no exterior, quando então se autoriza a medida sobre bens equivalentes que possam constituir o patrimônio lícito do condenado.

- Note-se que o § 5º do art. 91-A alarga também o perdimento dos instrumentos utilizados para a prática de crimes por organizações criminosas e milícias. O art. 91, inc. II, alínea *a*, ao dispor sobre o perdimento dos instrumentos do crime, impõe que se trate de objetos cujo fabrico, alienação, uso, porte ou detenção constitua fato ilícito. O § 5º do art. 91-A, ao contrário, dispõe que o perdimento deve ocorrer (em favor da União ou do Estado, dependendo da Justiça onde tramita a ação penal) ainda que os instrumentos não ponham em perigo a segurança das pessoas, a moral ou a ordem pública, nem ofereçam sério risco de ser utilizados para o cometimento de novos crimes. Se no perdimento do art. 91 se busca preservar a fruição de objetos que, embora momentaneamente usados para a prática de crimes, são de uso lícito e podem continuar a ser utilizados nessa qualidade pelo próprio agente ou por pessoas próximas, o mesmo cuidado não se justifica no caso de crimes cometidos por organizações criminosas ou milícias, cujos atos jamais serão considerados lícitos e, portanto, os instrumentos utilizados o serão sempre para finalidade espúria.

- Os efeitos políticos da condenação, apesar de ainda dispostos no art. 92, não mais se submetem às regras do Código Penal, sendo consequência de toda e qualquer condenação criminal transitada em julgado, mesmo que não declarada expressamente na sentença. Independem, ainda, da natureza do crime, da qualidade e *quantum* da pena efetivamente imposta. Nem mesmo o fato de ter sido o agente, eventualmente, beneficiado com a suspensão condicional da pena impede a perda do mandato eletivo, isso tudo em virtude do disposto no artigo 15, inciso III, da CF/88. Embora haja decisões restringindo a sua aplicação, entendendo que a suspensão dos direitos políticos do condenado somente se permite quando o cumprimento da reprimenda corporal torna inviável o exercício de tais direitos, ou quando há limitações que implicam horários de recolhimento ao cárcere, o STF, ao julgar o RE 601.182/MG (j. 08/05/2019), firmou em repercussão geral a tese de que "A suspensão de direitos políticos prevista no artigo 15, inciso III, da Constituição Federal, aplica-se no caso de substituição da pena privativa de liberdade pela restritiva de direitos".
- A legislação extravagante também pode cuidar das consequências da condenação. Apontamos, sem pretensão de exaurir a matéria, alguns diplomas que trazem previsões específicas e, pelo princípio da especialidade, devem ser aplicados:

Leis	Efeitos	Efeito automático?
Art. 1º, § 5º, da Lei 9.455/97 (Tortura)	Perda do cargo, função ou emprego público e interdição para seu exercício pelo dobro do prazo da pena aplicada	Sim, de acordo com a orientação majoritária (STJ - AgRg no AREsp 1.131.443/MT, j. 09/12/2020)
Art. 2º, § 6º, da Lei 12.850/13 (Crime organizado)	Perda do cargo, função, emprego ou mandato eletivo e interdição para o exercício de função ou cargo público pelo prazo de oito anos subsequentes ao cumprimento da pena	Sim
Art. 16 da Lei 7.716/89 (Preconceito racial)	Perda do cargo ou função pública, para o servidor público, e suspensão do funcionamento do estabelecimento particular por prazo não superior a três meses	Não
Art. 7º, inc. I e II, da Lei 9.613/98 (Lavagem de dinheiro)	I) Perda, em favor da União ou dos Estados (nos casos de competência da Justiça Estadual), de todos os bens, direitos e valores relacionados, direta ou indiretamente, à prática dos crimes de lavagem, inclusive aqueles utilizados para prestar a fiança, ressalvado o direito do lesado ou de terceiro de boa-fé II) Interdição do exercício de cargo ou função pública de qualquer natureza e de diretor, de membro de conselho de administração ou de gerência das pessoas jurídicas referidas no art. 9º, pelo dobro do tempo da pena privativa de liberdade aplicada	Sim, segundo tem decidido o STJ (AgRg no REsp 1.840.416/PR, j. 06/10/2020)
Art. 181 da Lei 11.101/05 (Falência)	I) Inabilitação para o exercício de atividade empresarial II) Impedimento para o exercício de cargo ou função em conselho de administração, diretoria ou gerência das sociedades sujeitas à Lei 11.101/05 III) Impossibilidade de gerir empresa por mandato ou por gestão de negócio	Não
Art. 530-G do CPP (Procedimento dos crimes contra a propriedade imaterial)	O juiz, ao prolatar a sentença condenatória, poderá determinar a destruição dos bens ilicitamente produzidos ou reproduzidos e o perdimento dos equipamentos apreendidos, desde que precipuamente destinados à produção e reprodução dos bens, em favor da Fazenda Nacional, que deverá destruí-los ou doá-los aos Estados, Municípios e Distrito Federal, a instituições públicas de ensino e pesquisa ou de assistência social, bem como incorporá-los, por economia ou interesse público, ao patrimônio da União, que não poderão retorná-los aos canais de comércio	Não
Art. 4º da Lei 13.869/19 (Abuso de autoridade)	I) Obrigação de indenizar o dano causado pelo crime, devendo o juiz, a requerimento do ofendido, fixar na sentença o valor mínimo para reparação dos danos causados pela infração, considerando os prejuízos sofridos II) Inabilitação para o exercício de cargo, mandato ou função pública, pelo período de um a cinco anos III) Perda do cargo, do mandato ou da função pública	A obrigação de indenizar é automática. No entanto, para que o juiz fixe na sentença o valor mínimo, deve haver requerimento do ofendido. Os demais efeitos (II e III) não são automáticos e pressupõem a reincidência em crime de abuso de autoridade

- Segundo decidiu o STJ, *é* possível considerar, para a aplicação dos efeitos da condenação do art. 92, inciso I, alínea *a*, do CP, que o crime foi cometido com violação de dever para com a Administração Pública mesmo em situações nas quais o agente público não tenha se valido do cargo. O tribunal julgou válida a perda do cargo de um policial militar condenado a menos de quatro anos de pena privativa de liberdade por ter ele cometido um roubo tentado. Embora não estivesse ele no exercício do cargo no momento da conduta, tratou-se de evidente violação do dever para com a Administração Pública (REsp 1561248/GO, DJe 01/12/2015).
- Não há incompatibilidade entre o efeito de perda do cargo previsto no art. 92, I, do Código Penal e a substituição da pena privativa de liberdade por restritiva de direitos (AgRg no REsp 2.060.059/MG, j. 30/11/2023).
- Havendo pluralidade de condenações, a reabilitação só pode ser requerida após o transcurso do período de dois anos **a partir do cumprimento da última sanção penal**.
- Na hipótese de indeferimento do pleito de reabilitação, o mesmo poderá ser renovado, a qualquer tempo, desde que seja instruído com novos elementos comprobatórios dos requisitos necessários (art. 94, parágrafo único, CP).
- Em relação ao bom comportamento público e privado (art. 94, II, CP), o STJ decidiu que o acordo de não persecução penal, embora sem o efeito de gerar reincidência ou maus antecedentes, pode impedir a reabilitação (REsp 2.059.742/RS, j. 28/11/2023).

13. AÇÃO PENAL

- As condições da ação são divididas em gerais ou genéricas e especiais ou específicas:

a) **Genéricas** são condições exigidas em todas as ações penais. A doutrina majoritária menciona três, embora haja quem sustente haver quatro:

1) **Possibilidade jurídica do pedido:** o pedido formulado, isto é, o provimento jurisdicional solicitado, deve encontrar amparo no ordenamento jurídico. O fato narrado, em suma, tem que encontrar amparo no direito vigente. Faltando qualquer um dos requisitos do fato punível, o pedido é juridicamente impossível.

2) **Legitimidade *ad causam*** (para a causa): a legitimidade ativa pertence ao Ministério Público (na ação pública) ou à vítima (na ação privada); a passiva exige, em regra, pessoa (humana) que tenha 18 anos ou mais na data do fato (agente imputável).

3) **Interesse de agir:** interesse significa necessidade, adequação e utilidade do provimento jurisdicional. No âmbito penal, o interesse de agir é inerente à ação penal (porque sem intervenção do juízo jamais se aplica pena criminal). Em cada caso concreto cabe ao juiz examinar, portanto, os aspectos pertinentes à adequação do provimento solicitado e sua utilidade (para dirimir o conflito);

4) **Justa causa:** significa presença de *fumus boni iuris*, isto é, lastro probatório mínimo. Caso uma ação penal (pública ou privada) venha a ser intentada sem nenhuma prova a respeito da existência do fato ou sobre a autoria, impõe-se sua rejeição liminar.

b) **Específicas**: são condições especiais exigidas em determinadas ações penais, como a representação da vítima e a requisição do Ministro da Justiça.

- A indivisibilidade não se discute na ação penal privada. Há, todavia, polêmica no que concerne à aplicação deste princípio à ação penal pública. Norberto Avena ensina vigorar nesta espécie de ação penal a divisibilidade, pois, "havendo mais de um suposto autor do crime, nada impede que venha o Ministério Público a ajuizar a ação penal apenas em relação a um ou alguns deles, relegando-se tal propositura quanto aos demais, para momento posterior. Esse procedimento do Ministério Público pode justificar-se tanto na necessidade de serem buscados maiores elementos para amparar o processo penal em relação aos investigados que não constaram no polo passivo da inicial, como em questão de estratégia processual" (*Processo Penal Esquematizado*, p. 165).
- Na continuidade delitiva (artigo 71 do Código Penal), o prazo decadencial deve ser considerado em relação a cada delito, ou seja, para cada um dos atos isoladamente. Em se tratando de crime permanente, o prazo fatal começa a fluir apenas depois de cessada a permanência.
- Quadro resumo sobre a ação penal:

Tipos de ação penal		Legitimidade
Ação penal pública (denúncia)	Incondicionada	Ministério Público.
	Condicionada a representação	Ministério Público (mediante representação do ofendido ou representante legal)
	Condicionada a requisição	Ministério Público (mediante requisição do Ministro da Justiça)
Ação penal privada (queixa)	Exclusiva ou propriamente dita	Ofendido (ou seu representante legal)
	Personalíssima	Somente o ofendido
	Subsidiária da pública	Ofendido (ou seu representante legal)

- Temos doutrina lembrando da ação penal *pública subsidiária da pública*, caso em que o Ministério Público Federal, constatando a inércia do Ministério Público estadual, pode agir, mesmo em crimes que não são, originariamente, da sua atribuição. Citam como exemplos, o Decreto-lei nº 201/67 (art. 2º, § 2º) e o Código Eleitoral (art. 357, §§ 3º e 4º). Prevalece, no entanto, que estes dispositivos não foram recepcionados pela CF/88.
- Não foram recepcionados os arts. 26 e 531, ambos do Código de Processo Penal, que previam o chamado "processo judicialiforme". Antes da Constituição de 1988, o juiz e o delegado de polícia podiam iniciar a ação penal nas contravenções, o que não é mais possível em razão da modificação do cenário jurídico imposta pela nova ordem constitucional.

- Há divergência no que concerne à cessação do prazo decadencial se proposta a ação penal privada perante juízo incompetente. Norberto Avena expõe o assunto da seguinte forma: "Entendemos, porém, que deverá haver a interrupção do prazo decadencial, tal qual tivesse a ação penal sido deduzida no juízo competente, pois, apesar do equívoco no ajuizamento, é certo que o ofendido não se manteve inerte no prazo legal. E a inércia é o fundamento da decadência do direito na ação penal privada. Assim, constatando não ser competente, deverá o magistrado encaminhar a inicial acusatória ao juízo que o seja, para que lá seja recebida e processada a queixa-crime, independente da circunstância eventual de, ao aportar naquele juízo a ação penal, já se ter esgotado o prazo de seis meses" (*Processo Penal Esquematizado*, 2ª ed. São Paulo: Editora Método, 2010, p. 177).
- Quanto à representação do ofendido, a desnecessidade de se observar forma específica é pacífica tanto na doutrina quanto na jurisprudência. Não há um formulário específico a ser preenchido, nem um padrão com texto obrigatório: basta qualquer manifestação escrita no sentido de querer representar.
- A representação não vincula o Ministério Público, titular privativo da ação penal, no que concerne à *opinio delicti*, pois ao órgão do *parquet* cabe analisar se os fatos apurados permitem o oferecimento da denúncia. Ou seja, mesmo que a vítima representar pela instauração da ação penal, sem os elementos probatórios mínimos, não há como o representante do Ministério Público oferecer a denúncia, sob pena de ser rejeitada pelo juiz, com base no art. 395 do Código de Processo Penal.
- No que concerne à representação na hipótese de coautoria, em que só tenha havido menção a um dos autores do fato criminoso, é possível ao Ministério Público denunciar todos os que concorreram para a infração penal, fenômeno conhecido como critério de extensibilidade da denúncia.
- O Ministério Público, na ação penal privada, participa como fiscal da lei. Por isso, é possível que adite a queixa em relação a aspectos formais. Reina na doutrina o dissenso a respeito da possibilidade de o Ministério Público aditar a queixa para incluir outro agente. Para alguns, agindo como fiscal da lei e zelando pela indivisibilidade da ação penal, poderá o membro do Ministério Público incluir novo réu mediante aditamento. Outros, no entanto, sustentam que o Ministério Público não pode aditar a denúncia para esta finalidade, pois que se trata de legitimidade exclusiva da vítima para agir. Neste caso, a exclusão de um dos agentes caracterizaria renúncia ao direito de queixa sobre ele, o que redundaria na renúncia também em relação ao querelado, em razão do disposto no art. 49 do Código de Processo Penal.
- Na ação penal privada subsidiária, o Ministério Público tem os seguintes poderes:

a) Pode, desde logo, repudiar a queixa; nesse caso, todavia, passa a contar com a obrigação de oferecer denúncia substitutiva. Denúncia substitutiva, portanto, é a que deve ser oferecida pelo Ministério Público no lugar da ação penal privada subsidiária (Código de Processo Penal, art. 29) que foi refutada (repudiada);

b) Se o Ministério Público não repudiar a queixa subsidiária ele pode: aditá-la (com totais poderes de incluir novos autores, novos fatos etc.), intervir em todos os termos do processo, fornecer provas ou indicações delas e interpor recursos;

c) De outro lado, se o querelante negligenciar, deve o Ministério Público retomar a ação como parte principal.

- No caso de vítima pobre, à Defensoria Pública cabe promover a ação penal privada subsidiária da pública, nos termos do art. 4º da Lei Complementar nº 80/94, com redação dada pela Lei Complementar nº 132/09, desde que já tenha sido criada e estruturada, caso contrário, a titularidade continua com o Ministério Público.

14. EXTINÇÃO DA PUNIBILIDADE

- Punibilidade é o direito que tem o Estado de aplicar a sanção penal prevista na norma incriminadora, contra quem praticou a infração penal. A punibilidade não integra o conceito analítico de crime, sendo sua consequência jurídica (efeito do crime). Extinta a punibilidade, não desaparece o crime, somente seu efeito.
- Em resumo (e relembrando):

CRIME			EFEITO
FATO TÍPICO	**ILICITUDE**	**CULPABILIDADE**	**PUNIBILIDADE**
O princípio da insignificância aparece como sua causa supralegal de extinção	Admite causa supralegal de exclusão: consentimento do ofendido	A inexigibilidade de conduta diversa é a porta de entrada das causas supralegais de exclusão (desobediência civil, por exemplo)	O rol de causas extintivas no art. 107 é meramente exemplificativo. A Súmula 554 do STF anuncia causa supralegal que faz desaparecer o direito de o Estado punir o agente

- Não podemos confundir causas extintivas da punibilidade com causas de exclusão da punibilidade e condições objetivas de punibilidade:

a) nas causas extintivas, o direito de punir nasce, mas desaparece em razão de fato/evento superveniente. Por exemplo, no crime perseguido mediante ação penal de iniciativa exclusiva da vítima, não sendo proposta a ação penal (queixa-crime) no prazo legal, ocorre a decadência, extinguindo o direito de punir do Estado.

b) na causa de exclusão, o direito de punir sequer nasce, levando em conta, em regra, determinadas condições pessoais do agente. No furto praticado pela mulher em face do marido, por exemplo, o Estado, no art. 181, I, do CP, por razões de política criminal, anuncia, desde logo, que não tem interesse em punir o fato.

c) a condição objetiva de punibilidade, por sua vez, suspende o direto de punir até o advento de um fato/evento futuro e incerto, não abrangido pelo dolo do agente, pressuposto para a concretização da punibilidade. Para que a lei penal brasileira seja aplicada ao crime praticado por brasileiro no estrangeiro, concretizando o direito de punir pátrio, é necessário que o fato seja punível também no país em que foi cometido (art. 7º, § 2º, "b", do CP).

- Note que, uma vez concedida a anistia (renunciando o Estado seu poder de punir), não pode lei superveniente impedir seus efeitos extintivos da punibilidade; deve ser respeitada a garantia constitucional da proibição da retroatividade maléfica.
- Discute-se a natureza jurídica do instituto da *abolitio criminis*. Uma primeira corrente (Flávio Monteiro de Barros) ensina que a natureza da *abolitio* é de causa extintiva da tipicidade, extinguindo, por conseguinte, a punibilidade. Para outra, adotada pelo Código Penal, a descriminalização representa causa extintiva da punibilidade, o que consta expressamente do seu artigo 107, III.
- Sobre o prazo decadencial, temos, em resumo:

Ação penal pública condicionada à representação e ação penal privada	Ação penal privada subsidiária da pública
O prazo decadencial tem como termo inicial o dia em que se conhece a autoria.	O termo inicial da decadência começa a ser contado do dia em que se esgota o prazo para o oferecimento da denúncia.
Se decorrer o prazo de 6 meses, ocorre decadência extinguindo a punibilidade.	Se decorrer o prazo de 6 meses, ocorre decadência **sem** a extinção da punibilidade, pois o MP continua legitimado para ajuizar a ação penal.

- Interessante notar que, prevendo o CP marcos iniciais diferentes, poderá haver prescrição sem haver decadência e, da mesma maneira, haver decadência sem que exista prescrição. Com efeito. A contagem do prazo prescricional, em regra, é contada da data em que a infração se consumou (art. 111 do CP); a contagem da decadência, em regra, da data em que se tomou conhecimento da autoria do fato (art. 103 do CP). Suponhamos que JOÃO teve seu carro danificado (crime previsto no art. 163 do CP, de iniciativa privada), e não conseguiu apurar a autoria. Depois de três anos, o Estado perde o direito de punir pela prescrição (não havendo decadência). Por outro lado, se JOÃO, logo após o dano, conhece a autoria, mas demora sete meses para oferecer a queixa, ocorre a decadência (e não a prescrição).
- De acordo com a jurisprudência dominante, configura-se a perempção quando da não apresentação de contrarrazões a recurso do querelado. Por outro lado, não ocorre perempção na hipótese de apresentação de razões recursais intempestivas.
- As distinções entre decadência, prescrição e perempção podem ser resumidas da seguinte forma:

Decadência	Prescrição	Perempção
Atinge diretamente o direito de ação.	Atinge diretamente o direito de punir ou executar punição já imposta.	Atinge o direito de prosseguir na ação.
Só ocorre nos crimes de ação penal privada e nos crimes de ação penal pública condicionada a representação do ofendido (6 meses).	Pode ocorrer tanto nas ações penais públicas (condicionadas ou não), quanto nas ações penais privadas (não importando a espécie).	Só ocorre nos crimes de ação penal privada (exclusiva ou personalíssima)
Sempre ocorre antes da ação penal	Pode ocorrer a qualquer momento, inclusive após o trânsito em julgado da sentença.	Só ocorre após o início da ação penal.

- Os crimes, ordinariamente, por mais graves que sejam, prescrevem. A Constituição Federal estabeleceu como regra a prescritibilidade, anotando o legislador constituinte ordinário as exceções. Com efeito, são imprescritíveis (A) o crime de racismo, tipificado na Lei nº 7.716/89 (art. 5º, XLII, CF/88); (B) os delitos praticados por grupos armados, civis ou militares, contra a ordem constitucional e o Estado Democrático (art. 5º, XLIV, CF/88).
- A Lei nº 13.254/16, que criou o Regime Especial de Regularização Cambial e Tributária (RERCT), para declaração voluntária de recursos, bens ou direitos de origem lícita, não declarados ou declarados com omissão ou incorreção em relação a dados essenciais, remetidos ou mantidos no exterior, ou repatriados por residentes ou domiciliados no País, conforme a legislação cambial ou tributária, estabelece diversas causas extintivas de punibilidade além daquelas elencadas no rol exemplificativo do art. 107 do Código Penal. Se, antes do trânsito em julgado da decisão criminal, o agente efetua a entrega da declaração dos recursos, bens e direitos sujeitos à regularização, paga integralmente o imposto devido e a multa, extingue-se a punibilidade dos seguintes crimes:

a) art. 1º e incisos I, II e V do art. 2º da Lei 8.137/90;

b) tipificados na Lei nº 4.729/65;

c) art. 337-A do Código Penal;

d) arts. 297, 298, 299 e 304 do Código Penal, quando exaurida sua potencialidade lesiva com a prática dos crimes mencionados nas alíneas anteriores;

e) caput e parágrafo único do art. 22 da Lei nº 7.492/86;

f) art. 1º da Lei nº 9.613/98, quando o objeto do crime for bem, direito ou valor proveniente, direta ou indiretamente, dos crimes previstos nas alíneas anteriores.

- A Lei nº 12.650/12 acrescentou ao art. 111 do Código Penal o inciso V com um novo termo inicial da prescrição, específico para os crimes contra a dignidade sexual praticados contra crianças e adolescentes. Posteriormente, a Lei 14.344/22 modificou a redação para incluir também quaisquer crimes que envolvam violência contra a criança e o adolescente. O objetivo dessa regra é evitar a impunidade sobretudo de crimes praticados contra crianças e adolescentes dentro do ambiente doméstico. Isso porque a vítima menor de idade, muitas vezes, sente-se intimidada, constrangida, com medo de revelar sua submissão a atos violentos (afinal, é comum que a vítima seja dependente do próprio agressor). Tratando-se de *novatio legis in pejus*, não retroage para alcançar os fatos praticados antes do advento da Lei 12.650/12 (para os crimes contra a dignidade sexual) e da Lei 14.344/22 (para os crimes que envolvam violência contra criança ou adolescente).
- O art. 115 do CP determina a redução do prazo prescricional pela metade caso o agente tenha completado setenta anos na data da sentença. Segundo o STF, não se aplica a redução se essa idade é atingida após a sentença mas antes do trânsito em julgado (HC 129.696/SP, j. 19/4/2016). De acordo com o STJ, "sentença" deve ser compreendida como a primeira decisão condenatória, seja a de primeira instância, seja a do tribunal que reforma a absolvição: "Para fins de reconhecimento da extinção da punibilidade pela prescrição da pretensão punitiva, não é possível a redução do prazo prescricional prevista no art. 115 do Código Penal na hipótese em que o réu completou 70 anos somente após a sentença condenatória, ainda que em decisão confirmatória posterior tenha havido redução não substancial do quantum de pena arbitrado. Isso porque o termo sentença, contido no art. 115 do Código Penal, refere-se à primeira decisão condenatória, seja a do juiz singular ou a proferida pelo Tribunal, não se operando a redução do prazo prescricional quando o édito repressivo é "confirmado" em sede de apelação ou em recurso de natureza extraordinária" (EDcl nos EDcl no AgRg no AREsp 1.078.688/SP, j. 11/12/2018). Mas, para o tribunal, a redução é cabível se o réu atinge a idade entre a sentença condenatória e o julgamento dos embargos de declaração, tendo em vista que a decisão que julga os embargos integra a própria sentença (EDcl no AgRg no REsp 1.877.388/CE, j. 02/05/2023).
- Resumo relativo aos termos iniciais da prescrição da pretensão punitiva em abstrato:

Crime	Termo inicial da prescrição	Art. 111
Consumado	data da consumação	Inciso I
Tentado	data do último ato executório	Inciso II
Permanente	data em que cessou a permanência	Inciso III
Crime de bigamia, falsificação ou alteração de assentamento de registro civil	data em que o fato se tornou conhecido	Inciso IV
Nos crimes contra a dignidade sexual ou que envolvam violência contra a criança e o adolescente, previstos no CP ou em legislação especial	data em que a vítima completar 18 (dezoito) anos, salvo se a esse tempo já houver sido proposta a ação penal.	Inciso V

- Quadro síntese da disciplina da prescrição retroativa após a alteração promovida pela Lei nº 12.234/10:

Antes da Lei nº 12.234/2010	Depois da Lei nº 12.234/2010
Art. 110, § 2º, CP: *"A prescrição, de que trata o parágrafo anterior, pode ter por termo inicial data anterior à do recebimento da denúncia ou da queixa".*	Art. 110, § 1º, CP: *"A prescrição, depois da sentença condenatória com trânsito em julgado para a acusação ou depois de improvido seu recurso, regula-se pela pena aplicada, não podendo, em nenhuma hipótese, ter por termo inicial data anterior à da denúncia ou queixa".*
A prescrição retroativa poderia abranger período anterior ao recebimento da denúncia ou queixa.	Hoje **só se admite prescrição retroativa entre o recebimento da inicial e a condenação**
A mudança legislativa é prejudicial ao réu, de modo que não se aplica retroativamente. Fatos praticados antes desta lei permanecem com a possibilidade de aplicação da prescrição retroativa com termo inicial anterior ao recebimento da denúncia ou queixa.	

- São hipóteses de prescrição da pretensão punitiva da multa:

Hipótese	Prescrição	Fundamento
Pena pecuniária é a única cominada	Opera-se em dois anos, contados nos termos do art. 111 do CP	Art. 114, I, CP
Pena de multa cominada cumulativamente com pena privativa de liberdade*	Prescreve junto com a pena mais grave	Art. 118, CP
Pena de multa cominada alternativamente com pena de prisão	Prescreve junto com a pena de prisão	Art. 118, CP
*. Ainda que a pena privativa de liberdade seja convertida em restritiva de direitos, não é possível aplicar o artigo 114, I, CP. Neste sentido: "A pena restritiva de direitos é de natureza jurídica distinta da pena de multa. Inaplicabilidade, portanto, do inciso I do art. 114 do CP. Disposição legal que estabelece, de modo particularizado, o prazo prescricional de 2 (dois) anos para a pena de multa, quando essa multa 'for a única cominada ou aplicada', o que não é a hipótese dos autos". (STF – Primeira Turma – HC 101669 – Rel. Min. Dias Toffoli – DJe 30/11/2010)		

- São hipóteses de prescrição da pretensão executória da multa:

Hipótese	Prescrição	Fundamento
Pena de multa aplicada cumulativamente com pena privativa de liberdade	Prescreve junto com a pena privativa de liberdade, mais grave	Art. 118, CP
Pena de multa é a única aplicada na sentença	Prescreve em dois anos, contados da data do trânsito em julgado para a acusação	Art. 114, CP

- A Terceira Seção do STJ firmou a orientação de que o termo inicial da prescrição da pretensão executória é o trânsito em julgado para ambas as partes: "Necessário o alinhamento dos julgados do Superior Tribunal de Justiça com o posicionamento adotado nas recentes decisões monocráticas proferidas no âmbito do Supremo Tribunal Federal, bem como nos seus órgãos colegiados. O Tribunal Pleno fixou a orientação de que "[a] prescrição da pretensão executória, no que pressupõe quadro a revelar a possibilidade de execução da pena, tem como marco inicial o trânsito em julgado, para ambas as partes, da condenação". Logo, "enquanto não proclamada a inadmissão de recurso de natureza excepcional, tem-se o curso da prescrição da pretensão punitiva, e não a da pretensão executória" (AI 794.971/RJ-AgR, rel. do ac. Min. Marco Aurélio, DJe de 28/06/21) (ARE 1.301.223 AgR-ED, Relato Min. Dias Toffoli, Primeira Turma, DJe 29/04/2022). Conforme orientação da Sexta Turma do STJ, não há que se falar em prescrição da pretensão executória, porque, ainda que haja, no STF, reconhecimento de repercussão geral - ARE 848.107/DF (Tema n. 788) -, pendente de julgamento, "[o] Plenário do Supremo Tribunal Federal, no julgamento do AI 794.971-AgR/RJ (Rel. para acórdão Ministro Marco Aurélio, DJe 25/06/2021), definiu que o dies a quo para a contagem da prescrição da pretensão executória é o trânsito em julgado para ambas as partes. Assim, por já ter havido manifestação do Plenário da Suprema Corte sobre a controvérsia e em razão desse entendimento estar sendo adotado pelos Ministros de ambas as Turmas do STF, essa orientação deve passar a ser aplicada nos julgamentos do Superior Tribunal de Justiça, uma vez que não há mais divergência interna naquela Corte sobre o assunto (AgRg no RHC 163.758/SC, rel. Ministra Laurita Vaz, Sexta Turma, DJe de 27/06/2022), (AgRg no REsp 2.000.360/PR, rel. Ministro Olindo Menezes (Desembargador convocado do TRF 1ª Região), Sexta Turma, DJe de 15/08/2022)" (AgRg no REsp 1.983.259/PR, j. 26/10/2022). O ARE 848.107/DF – citado no acórdão – foi julgado pelo STF, que chegou à mesma conclusão: "O prazo para a prescrição da execução da pena concretamente aplicada somente começa a correr do dia em que a sentença condenatória transita em julgado para ambas as partes, momento em que nasce para o Estado a pretensão executória da pena, conforme interpretação dada pelo Supremo Tribunal Federal ao princípio da presunção de inocência (art. 5º, inciso LVII, da Constituição Federal) nas ADC 43, 44 e 54" (ARE 848.107/DF, j. 30/06/2023).
- O art. 116, parágrafo único, do Código Penal estabelece que, depois de transitar em julgado a sentença condenatória, a prescrição não corre durante o tempo em que o condenado está preso por outro motivo. A expressão "preso por outro motivo" significa que o agente deve estar necessariamente em regime fechado? De acordo com o STJ, não. Ainda que o condenado esteja cumprindo pena em regime aberto, a causa suspensiva incide normalmente (AgRg no RHC 123.523/SP, j. 13/04/2020).
- O art. 117, inc. IV, do Código Penal dispõe que a prescrição é interrompida pela publicação da sentença ou acórdão condenatórios recorríveis. Há quem sustente que a lei contempla somente os acórdãos condenatórios em ações penais originárias e os reformatórios da absolvição em primeira instância. Por isso, tendo havido condenação em primeira instância, o acórdão que simplesmente a confirma, negando provimento ao recurso da defesa, ou que somente majora a pena, não interrompe o prazo prescricional. Outra orientação sustenta que a interrupção do prazo prescricional se dá inclusive pelo acórdão que se limita a confirmar a condenação de primeira instância ou a aumentar a pena. Em abril de 2020, ao julgar o HC 176.473/RR, o pleno do STF firmou a orientação de que o acórdão confirmatório também interrompe a prescrição: "Nos termos do inciso IV do artigo 117 do Código Penal, o Acórdão condenatório sempre interrompe a prescrição, inclusive quando confirmatório da sentença de 1º grau, seja mantendo, reduzindo ou aumentando a pena anteriormente imposta" (HC 176.473/RR, Rel. Min. Alexandre de Moraes, j. 27/04/2020). No STJ a orientação majoritária era de que o acórdão confirmatório não interrompia a prescrição (AgRg nos EDcl no AREsp 359.573/SP, j. 05/09/2019), mas, desde que o STF estabeleceu a tese contrária, o tribunal modificou sua orientação (REsp 1.930.130/MG, j. 10/08/2022).
- Segundo o STJ, as decisões proferidas pelo próprio tribunal em recurso interposto contra o acórdão confirmatório da pronúncia ou da condenação não se inserem no conceito do art. 117, incisos III e IV, do Código Penal como causa interruptiva da prescrição (HC 826.977/SP, j. 05/12/2023).
- Não se pode confundir renúncia com perdão do ofendido:

Renúncia (art. 107, V, primeira parte)	Perdão do ofendido (art. 107, V, segunda parte)
Decorrente do princípio da oportunidade	Decorrente do princípio da disponibilidade
Ato unilateral	Ato bilateral

Cabível, em regra, em ação penal privada (exceção – art. 74 da lei nº 9.099/95, abrangendo a ação penal pública condicionada)	Cabível apenas na ação penal privada.
Obsta a formação do processo penal	Pressupõe processo penal em curso

- O perdão do ofendido é cabível somente na ação penal, podendo ser (a) processual (concedido no bojo dos autos) ou extraprocessual (em cartório, por exemplo), (b) expresso ou tácito (tácito é o perdão que resulta da prática de ato incompatível com a vontade de prosseguir na ação – art. 106, § 1º, CP). Diferentemente da renúncia, trata-se de ato bilateral, não produzindo efeitos se o querelado o recusa (art. 106, inciso III, do Código Penal). Imprescindível, portanto, que o perdão seja aceito, expressa ou tacitamente. Não obstante, não é dado ao querelado (suposto autor do fato) impor condições à aceitação; de igual modo, a vítima não pode impor exigências para que perdoe. Em outras palavras, tanto o perdão quanto a aceitação são atos incondicionais: perdoa-se sem exigências e se aceita sem condições.
- O perdão pode ser oferecido depois do início da ação até o trânsito em julgado final. Não é admissível o perdão depois que passa em julgado a sentença condenatória (art. 106, § 2º, do CP), pois nesse momento entra-se na fase de execução e não se tolera mais nenhuma intervenção do ofendido, ainda que a ação seja exclusivamente privada.
- O perdão judicial constitui causa extintiva de punibilidade que, diferente do perdão do ofendido, não precisa ser aceito para gerar efeitos:

PERDÃO ACEITO	PERDÃO JUDICIAL
Concedido pela vítima (ou seu representante legal)	Concedido pelo juiz
Para extinguir a punibilidade, precisa ser aceito (ato bilateral)	Dispensa ser aceito para extinguir a punibilidade (ato unilateral)
Cabível somente em crimes perseguidos mediante ação penal de iniciativa privada	Cabível nas hipóteses expressamente previstas em lei, não importando a espécie de ação penal do crime

- A Lei de Contravenções Penais tem disposição expressa no sentido de que *"No caso de ignorância ou de errada compreensão da lei, quando escusáveis, a pena pode deixar de ser aplicada"* (art. 8º, LCP). Trata-se de hipótese específica de perdão judicial diante da ignorância da lei – em regra inescusável.

15. CRIMES CONTRA A PESSOA

- Flávio A. Monteiro de Barros, transcrevendo na íntegra a lição de Euclides Custódio da Silveira, nos traz interessante problema referente a crime de homicídio praticado por xifópagos (irmãos ligados um ao outro, desde o apêndice xifoide até o umbigo). Apesar de magro o seu interesse prático, existe uma curiosidade teórica: "Dado que a deformidade física não impede o reconhecimento da imputabilidade criminal, a conclusão lógica é que responderão como sujeitos ativos. Assim, se os dois praticarem um homicídio, conjuntamente ou de comum acordo, não há dúvida que responderão ambos como sujeitos ativos, passíveis de punição. Todavia, se o fato é cometido por um, sem ou contra a vontade do outro, impor-se-á a absolvição do único sujeito ativo, se a separação cirúrgica é impraticável por qualquer motivo, não se podendo excluir sequer a recusa do inocente, que àquela não está obrigado. A absolvição se justifica, como diz Manzini, porque, conflitando o interesse do Estado ou da sociedade com o da liberdade individual, esta é que tem de prevalecer. Se para punir um culpado é inevitável sacrificar um inocente, a única solução sensata há de ser a impunidade" (*Crimes contra a pessoa*, p. 12). Flávio Monteiro, no entanto, discordando da conclusão dada ao caso, prefere ensinar que o xifópago autor do crime deve ser processado e condenado por homicídio, inviabilizando-se, porém, o cumprimento da reprimenda, tendo em vista o princípio da intransmissibilidade da pena. Se, no futuro, o outro também vier a delinquir e a ser condenado, ambos poderão cumprir as respectivas penas.
- Para que haja o crime de homicídio, não é necessário que se trate de vida viável (vitalidade, capacidade de vida autônoma), bastando a prova de que a vítima nasceu viva e com vida estava no momento da conduta criminosa do agente (qualquer antecipação da morte, ainda que abreviada por poucos segundos, é homicídio).
- A eutanásia pode ser ativa ou passiva. Será ativa quando presentes atos positivos com o fim de matar alguém, eliminando ou aliviando seu sofrimento. A passiva se dá com a omissão de tratamento ou de qualquer meio capaz de prolongar a vida humana, irreversivelmente comprometida, acelerando o processo morte. Não se pode confundir eutanásia com ortotanásia e distanásia. Como bem esclarece Regis Prado, "A ortotanásia tem certa relação com eutanásia passiva, mas apresenta significado distinto desta e oposto da distanásia. O termo ortotanásia (do grego *orthos*, correto, e *thanatus*, morte) indica a morte certa, justa, em seu momento oportuno. Destarte, corresponde à supressão de cuidados de reanimação em pacientes em estado de coma profundo e irreversível, em estado terminal ou vegetativo. De outra parte, a distanásia (do grego, *dys*, mau, anômalo, e *thanatus*, morte) refere-se ao prolongamento do curso natural da morte – e não da vida – por todos os meios existentes, apesar de aquela ser inevitável, sem ponderar os benefícios ou prejuízos (sofrimento) que podem advir ao paciente" (*Tratado de Direito Penal Brasileiro*, v. 4, p. 66).
- Já decidiu o STJ que eventual altercação anterior entre a vítima e o autor do homicídio não afasta, por si, a qualificadora do motivo fútil: "A anterior

discussão entre a vítima e o autor do homicídio, por si só, não afasta a qualificadora do motivo fútil. Precedente citado: AgRg no AREsp 31.372-AL, Sexta Turma, DJe 21/3/2013; AgRg no AREsp 182.524-DF, Quinta Turma, DJe 17/12/2012" (AgRg no AREsp 1.449.089/PB, j. 18/06/2019).

- O STJ chegou a decidir que o dolo eventual no homicídio é incompatível com a qualificadora do motivo fútil (HC 307.617/SP, DJe 16/5/2016). Há, no entanto, decisões posteriores admitindo a compatibilidade sob o argumento de que o dolo do agente não se confunde com a motivação do crime (REsp 1.779.570/RS, j. 13/08/2019).
- O tribunal também considera compatível o dolo eventual com o motivo torpe: "A jurisprudência desta Corte reconhece a compatibilidade entre o dolo eventual e as qualificadoras de ordem subjetiva, como o motivo torpe" (AgRg no HC 504.202/RJ, j. 04/06/2019).
- Há também decisão na qual se conclui pela compatibilidade entre o dolo eventual e as qualificadoras objetivas do art. 121, § 2º, incisos III (emprego de veneno, fogo, explosivo, asfixia, tortura ou outro meio insidioso ou cruel, ou de que possa resultar perigo comum) e IV (à traição, de emboscada, ou mediante dissimulação ou outro recurso que dificulte ou torne impossível a defesa do ofendido): "1. A jurisprudência desta Corte e do SUPREMO TRIBUNAL FEDERAL – STF oscila a respeito da compatibilidade ou incompatibilidade do dolo eventual no homicídio com as qualificadoras objetivas (art. 121, § 2º, III e IV). Precedentes. 1.1. Aqueles que compreendem pela incompatibilidade do dolo eventual com as qualificadoras objetivas do art. 121, § 2º, III e IV, do CP, escoram tal posição na percepção de que o autor escolhe o meio e o modo de proceder com outra finalidade, lícita ou não, embora seja previsível e admitida a morte. 1.2. Tal posicionamento, retira, definitivamente do mundo jurídico, a possibilidade fática de existir um autor que opte por utilizar meio e modo específicos mais reprováveis para alcançar fim diverso, mesmo sendo previsível o resultado morte e admissível a sua concretização. Ainda, a justificativa de incompatibilidade entre o dolo eventual e as qualificadoras objetivas, inexistência de dolo direto para o resultado morte, se contrapõe à admissão nesta Corte de compatibilidade entre o dolo eventual e o motivo específico e mais reprovável (art. 121, § 2º, I e II, do CP). 1.3. Com essas considerações, elege-se o posicionamento pela compatibilidade, em tese, do dolo eventual também com as qualificadoras objetivas (art. 121, § 2º, III e IV, do CP). Em resumo, as referidas qualificadoras serão devidas quando constatado que o autor delas se utilizou dolosamente como meio ou como modo específico mais reprovável para agir e alcançar outro resultado, mesmo sendo previsível e tendo admitido o resultado morte" (REsp 1.836.556/PR, j. 15/06/2021).
- No que concerne à comunicabilidade da qualificadora do motivo torpe ao mandante do homicídio, a 6ª Turma do STJ afirma que, embora a paga ou promessa de recompensa não seja uma elementar do homicídio, pode se comunicar ao mandante, caso o motivo que o levou a determinar a morte de alguém seja torpe, desprezível ou repugnante (REsp 1.209.852/PR, j. 15/12/2015). A 5ª Turma firmou a orientação de que, por não se tratar de elementar, mas sim de circunstância de caráter pessoal, a paga ou promessa de recompensa não se comunica ao mandante (REsp 1.973.397/MG, j. 06/09/2022).
- Quantas pessoas devem, no mínimo, integrar o "grupo" de extermínio ou a milícia privada que majoram a pena do homicídio doloso? O texto é totalmente silente. Duas são as conclusões possíveis e já presentes fomentando a discussão na doutrina. A primeira é no sentido de que o número de agentes deve coincidir com o da associação criminosa (art. 288 do CP), qual seja, três ou mais pessoas. A segunda (à qual nos filiamos) se alinha ao conceito de organização criminosa, definida e tipificada na Lei nº 12.850/13, exigindo no mínimo de quatro pessoas.
- Deve ser observado que a Lei nº 8.072/90 não foi alterada pela Lei nº 12.720/12, não abrangendo no rol dos crimes hediondos o homicídio (simples) praticado por milícia privada, em que pese, nesses casos, não se imaginar um homicídio, com esses predicados, ser julgado como "simples", apresentando-se, na esmagadora maioria das vezes, impregnado de circunstâncias qualificadoras (motivo torpe, motivo fútil, meio cruel etc.).
- A Lei 13.104/15 inseriu o inciso VI para incluir no § 2º do art. 121 do Código Penal o feminicídio, entendido como a morte de mulher em razão da condição do sexo feminino (leia-se, violência de gênero quanto ao sexo). A incidência da qualificadora reclama situação de violência praticada contra a mulher, em contexto caracterizado por relação de poder e submissão, praticada por homem ou mulher sobre mulher em situação de vulnerabilidade. Com a novel Lei, o feminicídio passa a configurar a sexta forma qualificada do crime de homicídio. O § 2º-A foi acrescentado para esclarecer quando a morte da mulher deve ser considerada em razão da condição do sexo feminino: I – violência doméstica e familiar (art. 5º da Lei nº 11.340/06); II – menosprezo ou discriminação à condição de mulher (neste caso tipo se torna aberto, pois compete ao julgador estabelecer, diante do caso concreto, se o homicídio teve como móvel a diminuição da condição feminina).
- A Lei nº 13.104/15 também acrescentou no art. 121 o § 7º, majorante que eleva de um terço até a metade a pena do feminicídio se o crime for praticado:

  a) durante a gestação ou nos três meses posteriores ao parto: se ocorre a morte do feto, é possível imputar o feminicídio majorado em concurso com o aborto. Segundo o STJ, não há *bis in idem*, pois enquanto no tipo do aborto se tutela a vida do feto, a majorante considera a maior vulnerabilidade da vítima (REsp 1.860.829/RJ, j. 15/09/2020);

b) contra pessoa maior de sessenta anos, com deficiência ou com doenças degenerativas que acarretem condição limitante ou de vulnerabilidade física ou mental: o conceito de pessoa com deficiência é trazido pelo art. 2º da Lei nº 13.146, de 06 de julho de 2015. E, com a alteração promovida pela Lei 13.771/18, majora-se também a pena se a vítima tem alguma doença degenerativa que provoque limitação ou vulnerabilidade física ou mental, como esclerose múltipla, esclerose lateral amiotrófica, Parkinson, Alzheimer, osteoporose, arteriosclerose, diabetes e alguns tipos de câncer;

c) na presença física ou virtual de descendente ou de ascendente da vítima: expressa o texto legal que o comportamento criminoso ocorra na *presença* do ascendente ou do descendente da vítima. Diante do atual estágio de interação humana, em que ambientes de presença virtual são capazes de tornar a comunicação por meio de áudio e vídeo muito próxima da realidade, já sustentávamos, quando o § 7º foi incluído pela Lei 13.104/15, a possibilidade de interpretação extensiva do vocábulo *presença* para nele abarcar outras formas de interação que não a física, como chamadas com vídeo pela *internet* (Skype, por exemplo). Com a modificação promovida pela Lei 13.771/18, a majoração pela presença virtual é expressa;

d) em descumprimento das medidas protetivas de urgência previstas nos incisos I, II e III do art. 22 da Lei Maria da Penha: por meio da Lei 13.771/18, inseriu-se nova majorante para as situações em que o homicida comete o crime apesar da existência de medidas protetivas contra si decretadas nos termos da Lei Maria da Penha. O inciso I do art. 22 estabelece a medida de suspensão da posse ou restrição do porte de armas; o inciso II consiste no afastamento do lar, domicílio ou local de convivência com a ofendida; e no inciso III temos a proibição de determinadas condutas, entre as quais: a) aproximação da ofendida, de seus familiares e das testemunhas, fixando o limite mínimo de distância entre estes e o agressor; b) contato com a ofendida, seus familiares e testemunhas por qualquer meio de comunicação; c) frequentação de determinados lugares a fim de preservar a integridade física e psicológica da ofendida. Desde a entrada em vigor da Lei 13.641/18, o descumprimento de medidas protetivas é crime punido com detenção de três meses a dois anos, mas, se ocorre no mesmo contexto da prática do homicídio, incide apenas a causa de aumento, afastando-se a figura criminosa autônoma diante do *bis in idem* provocado pela imputação simultânea.

- O STJ tem decidido que as qualificadoras do motivo torpe e do feminicídio não são incompatíveis porque não têm a mesma natureza: enquanto a primeira é subjetiva, esta última é dotada de índole objetiva (AgRg no AREsp 1.166.764/MS, j. 06/06/2019).
- A Lei 13.142/15 alterou o § 2º do art. 121 do Código Penal para nele inserir o inciso VII, que qualifica o homicídio se cometido contra autoridade ou agente descrito nos arts. 142 e 144 da Constituição Federal, integrantes do sistema prisional e da Força Nacional de Segurança Pública, no exercício da função ou em decorrência dela, ou contra seu cônjuge, companheiro ou parente consanguíneo até 3º grau, em razão dessa condição. Trata-se de norma penal em branco, pois deve ser complementada pelos artigos 142 e 144 da Constituição Federal, que nos indicam alguns dos agentes de segurança pública cujo homicídio faz incidir a qualificadora. Note-se que a Emenda Constitucional 104/19 inseriu no art. 144 da CF/88 a denominada "polícia penal", incumbida da segurança do sistema prisional da União, dos Estados e do Distrito Federal. Com a criação desta polícia, os atuais cargos de agentes penitenciários e equivalentes têm sua natureza modificada para a carreira policial, com incumbências específicas e restritas ao setor penitenciário. As polícias penais estaduais e a distrital se subordinam aos governadores, embora esta última seja mantida por recursos da União.
- O inciso VII é uma das qualificadoras do homicídio que não tem correspondente agravante no art. 61 do Código Penal (a outra é o inciso VIII). Normalmente, quando alguém comete um homicídio com a incidência de mais de uma qualificadora, sustenta-se que uma delas sirva para qualificar o delito e as demais sejam consideradas na segunda fase de aplicação da pena. Se, no entanto, em conjunto com a qualificadora do inciso VII incidir outra, utilizada pelo juiz para qualificar o delito, o fato de o sujeito ativo ter matado agente de segurança pública deverá ser considerado na aplicação da pena base (circunstâncias do crime).
- A Lei 13.964/19 inseriu no § 2º do art. 121 o inciso VIII, segundo o qual o homicídio é qualificado se cometido com emprego de arma de fogo de uso restrito ou proibido. O dispositivo havia sido vetado pelo presidente da República: "A propositura legislativa, ao prever como qualificadora do crime de homicídio o emprego de arma de fogo de uso restrito ou proibido, sem qualquer ressalva, viola o princípio da proporcionalidade entre o tipo penal descrito e a pena cominada, além de gerar insegurança jurídica, notadamente aos agentes de segurança pública, tendo em vista que esses servidores poderão ser severamente processados ou condenados criminalmente por utilizarem suas armas, que são de uso restrito, no exercício de suas funções para defesa pessoal ou de terceiros ou, ainda, em situações extremas para a garantia da ordem pública, a exemplo de conflito armado contra facções criminosas". Os argumentos não foram suficientes para convencer o legislador, que decidiu resgatar a disposição original do projeto aprovado e derrubou o veto.

A qualificadora é uma norma penal em branco, pois os conceitos relativos às armas de uso restrito e às armas de uso proibido devem ser obtidos no art. 3º, parágrafo único, do Anexo I do Decreto 10.030/19. Além disso, a Portaria 1.222/19, expedida pelo Comandante do Exército, elenca, no anexo B, os calibres nominais de armas e munições de uso restrito (o que faz do inciso VIII uma norma penal em branco ao quadrado, pois seu complemento imediato deve ser também integrado com outra norma).

Assim como acontece em outros crimes cometidos com o emprego de arma de fogo – como o roubo –, em regra a posse e o porte ilegais são absorvidos pelo homicídio, pois considerados apenas meios para alcançar o resultado pretendido (ceifar a vida de alguém). Não se exclui, no entanto, a possibilidade de concurso de crimes se as condutas estiverem destacadas no tempo, em distintos contextos fáticos.

- Com a entrada em vigor da Lei 14.344/22, o homicídio passou a ter mais uma qualificadora: quando a vítima é menor de 14 anos. Note-se que, antes da Lei 14.344/2022, o homicídio contra menor de 14 anos sofria aumento de pena, fosse por conta da segunda parte do § 4º do art. 121, fosse em razão do § 7º do mesmo artigo, este exclusivo do feminicídio. Com a alteração promovida, quando praticado contra pessoa menor de 14 anos o crime de homicídio é qualificado, não podendo incidir também majorante com o mesmo fundamento, sob pena de *bis in idem*. Recomenda a boa técnica legislativa nova redação aos parágrafos que aumentam a pena do crime contra a vida de criança e adolescente menor de 14 anos. Esse cuidado foi observado no § 7º do art. 121, mas não no § 4º, que permaneceu com a mesma redação. Mas existe uma razão para essa manutenção. É que o § 4º do art. 121 serve para majorar a pena do crime de lesão corporal (art. 129, § 7º). Se fosse revogada a circunstância da "pessoa menor de 14 anos", o crime de lesão corporal perderia essa causa de aumento, que, no seu âmbito, tem aplicação plena, pois a idade da vítima não aparece como qualificadora.
- A Lei 14.344/22 incluiu no art. 121 o § 2º-B, que aumenta de 1/3 (um terço) à metade a pena do homicídio contra menor de 14 anos se a vítima é pessoa com deficiência ou portadora de doença que implique o aumento de sua vulnerabilidade. A deficiência pode ser física ou mental. Ser portador de doença também permite a majoração, desde que implique o aumento da vulnerabilidade do menor de 14 anos. Pode ser uma depressão ou até câncer, ficando sua confirmação na dependência do caso concreto.
- Nas mesmas circunstâncias, a pena é aumentada de 2/3 (dois terços) se o autor é ascendente, padrasto ou madrasta, tio, irmão, cônjuge, companheiro, tutor, curador, preceptor ou empregador da vítima ou por qualquer outro título tiver autoridade sobre ela. Aqui o aumento diz respeito ao parentesco entre a vítima e o agente, bem como a outras relações pessoais existentes entre eles. Justifica-se o agravamento da pena em razão da maior reprovação moral da conduta, hipótese em que o agente abusa das relações familiares, de intimidade ou de confiança que mantém com pessoa menor de 14 anos. O crime cometido por professor contra aluno também deve atrair a majorante. Ao menos assim já decidiu o STJ ao analisar o art. 226, inciso II, que apresenta idêntica redação (AgRg nos EDcl no AgRg nos EDcl no REsp 1.699.724/SP, j. 19/03/2019).
- A Lei 14.811/24 inseriu outra majorante no § 2º-B do art. 121. Aumenta-se a pena de 2/3 se o crime é praticado em instituição de educação básica pública ou privada. Trata-se de uma reação aos ataques cometidos em escolas do país nos últimos anos e que vitimaram diversas crianças de tenra idade. A sordidez de condutas dessa natureza, que atingem as pessoas mais vulneráveis em ambientes onde menos se espera que isso possa ocorrer, justifica a elevação da pena. A majorante é uma norma penal em branco, pois se refere ao crime cometido em instituição de educação básica, cujo conceito deve ser obtido na Lei de Diretrizes e Bases da Educação (Lei 9.394/96), que no art. 4º, I se refere à pré-escola, ao ensino fundamental e ao ensino médio.
- A Lei 13.968/19 promoveu importantes alterações no art. 122 do CP, que passou a tipificar conjuntamente o induzimento, a instigação e o auxílio ao suicídio e à automutilação. Errou o legislador. Misturou, no mesmo tipo, comportamentos manifestamente distintos. Cumulou na mesma redação típica crime doloso contra a vida e crime de natureza diversa. Não que o delito de participação em automutilação não merecesse punição própria. Apenas deveria estar tipificado em artigo outro, como, por exemplo, art. 129-A, topograficamente mais coerente. As penas cominadas aos dois comportamentos também merecem críticas. As condutas relativas ao suicídio e à automutilação têm exatamente as mesmas consequências penais, algo absolutamente desproporcional em virtude das diferenças essenciais entre elas: enquanto as primeiras buscam a eliminação da vida, as outras se limitam à lesão corporal.
- Sabendo que o suicídio se dá com a eliminação da própria vida, realizada de forma *voluntária* e *consciente* (capacidade de discernimento), claro está que apenas a pessoa *capaz* pode ser sujeito passivo. Tratando-se de "suicida" *incapaz* de entender o significado de sua ação e de determinar-se de acordo com esse entendimento, deixa de haver supressão *voluntária* e *consciente* da própria vida, logo, não há suicídio. Nesse caso, estamos diante de um delito de homicídio, encarando-se *a incapacidade da vítima* como mero instrumento daquele que lhe provocou a morte. Esta ressalva, sempre enfatizada pela doutrina, passou a integrar expressamente o tipo penal após as alterações promovidas pela Lei 13.968/19. Com efeito, o § 7º do art. 122 dispõe que se o suicídio se consuma e a conduta se volta contra alguém menor de quatorze anos ou que não tem o necessário discernimento para a prática do ato, ou que,

por qualquer outra causa, não pode oferecer resistência, responde o agente pelo crime de homicídio (art. 121 do CP).

Aliás, por conta dessa lição, concluímos que o legislador, nas disposições do § 6º, errou novamente. De acordo com esse dispositivo, se da tentativa de suicídio resulta lesão corporal de natureza gravíssima, e a conduta é praticada contra alguém nas mesmas condições de incapacidade de discernimento, responde o agente pelo crime tipificado no § 2º do art. 129 do CP. Aqui reside o equívoco. Deveria ter seguido o mesmo raciocínio do §7º. Se o agente induz, instiga ou auxilia alguém a cometer um suicídio que não se consuma por circunstâncias alheias à sua vontade, e a pessoa visada é incapaz de discernir, o correto é imputar ao participante do evento o delito de homicídio (tentado), e não a lesão corporal dolosa. Percebam que ele não participou de suicídio (evento que nunca existiu, por falta de capacidade da vítima). Na verdade, usou o incapaz como instrumento para que ele ceifasse sua própria vida. Somos obrigados a aplicar, no caso, o tipo e as penas do art. 121 do CP, na forma tentada, e não o art. 129, §2º, anunciado pelo §6º do art. 122.

- No caso da automutilação com resultado morte de alguém menor de quatorze anos ou sem discernimento, também se aplica o § 7º do art. 122. Mais um erro do legislador. Como pode o agente responder por um crime doloso contra a vida se a morte, no caso, é culposa? O incapaz é, na verdade, um instrumento nas "mãos" do agente, que busca vê-lo ferido. Não participa de automutilação (que pressupõe capacidade do automutilado). Na verdade, ofende efetivamente a incolumidade física do incapaz. Somos obrigados a concluir que o agente, no caso, deve responder pelo tipo e nas penas do art. 129, §3º (lesão corporal seguida de morte), delito preterdoloso, de competência do juiz singular. Assim, não apenas se corrige a falta de técnica na imputação legal, mas também se prestigia a proporcionalidade na pena.
- Desde a entrada em vigor da Lei 14.811/24, é hediondo o crime de induzimento, instigação ou auxílio a suicídio ou a automutilação realizado por meio da rede de computadores, de rede social ou transmitido em tempo real.
- No clássico exemplo do *duelo americano*, no qual duas pessoas, diante de duas armas, estando apenas uma carregada, combinam tirar a sorte sobre qual delas deva suicidar-se, o sobrevivente responde pelo crime do art. 122 do Código Penal, pois induziu, instigou ou mesmo auxiliou o perdedor a se matar.
- Alertamos que para a caracterização do infanticídio não basta que a mãe mate o filho durante ou logo após o parto, *sob a influência do estado puerperal*: é preciso, também, que haja uma relação de causa e efeito entre tal estado e o crime, pois nem sempre ele produz perturbações psíquicas na parturiente (*RT* 488/323 e 491/292).
- Nos termos do que dispõe o art. 20, § 3º, do CP, o erro quanto à pessoa contra a qual o crime é praticado não isenta o agente de pena. Contudo, neste caso, não se consideram as condições ou qualidades da vítima real, senão as da pessoa contra quem o agente queria praticar o crime (vítima virtual). Assim, se a mãe, sob influência do estado puerperal, logo após o parto, pensando ser seu filho (vítima virtual), acaba, por engano, matando filho alheio (vítima real), pratica o crime de infanticídio (putativo).
- No infanticídio, dependendo do grau de desequilíbrio fisiopsíquico oriundo do parto, pode a gestante ser considerada portadora de doença ou perturbação da saúde mental, aplicando-se as disposições dos arts. 26, *caput* ou parágrafo único, do CP caso tenha ela, em razão da causa biológica, retirada total ou parcialmente a capacidade de entendimento ou de autodeterminação.
- No aborto, a gravidez interrompida deve ser normal. Se *extrauterina* ou *molar*, a sua interrupção não caracteriza o crime. Na primeira (extrauterina), o embrião não se desenvolve na cavidade uterina, mas, por exemplo, na trompa (gravidez tubária), no ovário (gravidez ovárica) ou no tubo que atravessa a parede uterina (intersticial). A evolução dessa gravidez pode gerar a morte da gestante. Na segunda (molar), o produto da concepção apresenta-se degenerado, incapaz de vida nova.
- Prevalece o entendimento de que o sujeito passivo, no crime de aborto, é o produto da concepção (óvulo, embrião ou feto). "Pouco importa seja o feto uma *spes personae*; deve ele, mesmo assim, ser protegido pela tutela da lei, pois a vida humana, em seu infinito mistério, merece respeito, mesmo quando a ordem jurídica se encontra em presença não apenas de um homem (pessoa), mas de uma *spes hominis*" (Magalhães Noronha, *Direito Penal* cit., v. 2, p. 52).
- O aborto só é punível a título de dolo, consistente na consciente vontade de interromper a gravidez (ou consentir para tanto). Nélson Hungria admite também o dolo eventual, exemplificando com o caso da mulher que, sabendo-se grávida, tenta suicidar-se, resultando o aborto. Para nós, a depender do estágio da gravidez, a conduta da gestante no suicídio frustrado pode ser punida a título de dolo de 2º. grau. Suponhamos que uma mulher tenta eliminar sua própria vida, grávida de 2 meses. O sucesso no seu intento tem a morte do feto como consequência necessária (e certa quanto a ocorrência), e não resultado eventual (possível de ocorrer).
- O art. 126, parágrafo único, do Código Penal desconsidera a vontade positiva da gestante quando menor de 14 anos, alienada ou débil mental, ou se o seu consentimento foi obtido mediante fraude, grave ameaça ou violência. Nessas hipóteses, aplica-se ao terceiro provocador a pena do art. 125, ficando a gestante isenta de sanção penal (porque irresponsável).

- Para que incida a majorante do art. 127 do CP não é indispensável que o aborto se consume. Basta que a gestante sofra lesão grave ou que venha a morrer. Essa conclusão decorre do próprio texto da lei, que determina o acréscimo quando as lesões graves ou a morte constituem consequências do aborto ou dos meios empregados para provocá-lo.
- Quanto à lesão corporal, inúmeros são os doutrinadores que lecionam ser a integridade física um bem indisponível, nada representando eventual consentimento do ofendido. Quer nos parecer que essa lição é por demais simplista (e já ultrapassada), não se coadunando com a realidade que se nos apresenta. Cezar Bitencourt, com maestria, sustenta que, "no ordenamento jurídico brasileiro, a integridade física apresenta-se como *relativamente disponível*, desde que não afronte interesses maiores e não ofenda aos bons costumes, de tal sorte que as pequenas lesões podem ser livremente consentidas, como ocorre, por exemplo, com as perfurações do corpo para a colocação de adereços, antigamente limitados aos brincos de orelhas. Ademais, seguindo essa linha de raciocínio, a caminho da disponibilidade, a própria ação penal perdeu seu caráter publicístico absoluto, passando a ser condicionada à representação do ofendido, quando se tratar de lesão corporal de natureza leve ou culposa" (Direito Penal, vol. 2, p. 155).
- Cortar os cabelos de outrem pode constituir crime de lesão corporal, mas é indispensável que a ação provoque uma alteração desfavorável no aspecto exterior do indivíduo, de acordo com os padrões sociais médios (*JTAERGS* 94/109). Há quem sustente, no caso, a configuração do delito de injúria real (*RT* 438/441). Entendemos que as duas posições são possíveis, tudo a depender do dolo que animou o agente.
- O § 1º do art. 129 do Código Penal traz lesões qualificadas pelo resultado, podendo o evento ser querido ou aceito pelo agente (dolo, direto ou eventual) ou culposamente provocado (culpa), hipótese configuradora do preterdolo. Excepcionalmente, porém, algumas qualificadoras são punidas somente a título de preterdolo, pois, se dolosas também no consequente, outro será o delito. São elas o perigo de vida (§ 1º, II) e abortamento (§ 2º, V).
- Questão que tem gerado polêmica sobre a qualificadora de debilidade permanente de membro, sentido ou função é a perda dos dentes, lecionando a maioria que a solução deve ser buscada por meio da perícia, modo seguro e capaz de determinar, com base no caso concreto, se a perda de um ou outro dente causou redução ou enfraquecimento do aparelho da mastigação. O mesmo raciocínio deve ser utilizado no caso da perda de um dedo. De acordo com o que já decidiu o STJ, a perda de dois dentes deve ser tratada como debilidade, não como deformidade permanente (REsp 1.620.158/RJ, DJe 20/9/2016).
- Ainda a respeito da perda dos dentes, o STJ decidiu que se a lesão é resultado das agressões sofridas, a existência de concausa anterior relativamente independente não impede a condenação pelo crime de lesão corporal grave: "A existência de concausa anterior relativamente independente não impede a condenação pelo crime de lesão corporal grave. Isso porque, na situação em análise, caso a conduta do agente fosse mentalmente suprimida, a vítima não teria perdido os dois dentes naquele momento. Destaca-se, ainda, que o magistrado sentenciante entendeu que a perda dos dois dentes encontra desdobramento causal das agressões sofridas. Dessa forma, não obstante a existência da doença preexistente que causa a perda precoce dos dentes, a vítima somente perdeu os dentes em tal oportunidade em razão da conduta do agente" (Processo em segredo de justiça, j. 13/03/2023).
- Considera-se de natureza gravíssima a lesão se dela resulta o abortamento. Aqui, pune-se a lesão a título de dolo e o abortamento (interrupção da gravidez) a título de culpa (crime preterdoloso ou preterintencional). Não se confunde com o art. 127, 1.ª parte, que veicula algo completamente oposto. A diferença está retratada, de maneira ímpar, nas lições de Nélson Hungria: "Há que distinguir entre a hipótese do inciso V do § 2º do art. 129 e a do art. 127, 1.ª parte, pois há uma inversão de situações: na primeira, a lesão é querida e o aborto não; na segunda, o aborto é que é o resultado visado, enquanto a lesão não é querida, nem mesmo eventualmente" (*Comentários ao Código Penal*, v. 5, p. 327). É indispensável que o agente tenha conhecimento da gravidez da vítima (ou que sua ignorância tenha sido inescusável), jamais querendo ou aceitando o resultado mais grave, caso em que haveria o abortamento criminoso (art. 125 do CP).
- Na lesão corporal gravíssima, segundo o STJ, a realização de cirurgia estética que repare os efeitos da lesão não afasta a qualificadora da deformidade permanente, pois "o fato criminoso é valorado no momento de sua consumação, não o afetando providências posteriores, notadamente quando não usuais (pelo risco ou pelo custo, como cirurgia plástica ou de tratamentos prolongados, dolorosos ou geradores do risco de vida) e promovidas a critério exclusivo da vítima" (HC 306.677/RJ, DJe 28/5/2015).
- Ainda sobre a deformidade, devido a circunstâncias como a sede e a extensão das lesões, a forma como o crime é praticado, a idade ou as condições da vítima, é possível a ocorrência de danos psicológicos graves, como transtorno de estresse pós-traumático e depressão, que podem inclusive alterar – ou deformar – permanentemente a saúde mental. Mas os danos psicológicos, por si, não são capazes de qualificar a lesão. A deformidade permanente deve sempre estar associada ao aspecto físico da pessoa (STJ: HC 689.921/SP, j. 08/03/2022).
- Na lesão corporal cometida contra a mulher no âmbito doméstico e familiar não se aplica o prin-

cípio da insignificância, como decidiu o STF (RHC 133.043/MT, j. 10.5.2016). No mesmo sentido é a súmula nº 589 do STJ: "É inaplicável o princípio da insignificância nos crimes ou contravenções penais praticadas contra a mulher no âmbito das relações domésticas".

- A Lei 13.142/15 também alterou o art. 129 do Código Penal para acrescentar o § 12, que majora a pena da lesão corporal (dolosa, leve, grave, gravíssima ou seguida de morte) de um a dois terços quando praticada contra autoridade ou agente descrito nos arts. 142 e 144 da Constituição Federal, integrantes do sistema prisional e da Força Nacional de Segurança Pública, no exercício da função ou em decorrência dela, ou contra seu cônjuge, companheiro ou parente consanguíneo até 3º. grau, em razão dessa condição. As lesões gravíssimas e seguidas de morte cometidas nestas condições são hediondas (art. 1º, inc. I-A, da Lei 8.072/90).
- Introduzida pela Lei 14.188/21, a qualificadora do § 13 do art. 129 incide na lesão corporal de natureza leve da qual é vítima a mulher ferida no ambiente doméstico e familiar, ou ainda por preconceito, menosprezo ou discriminação quanto ao sexo. A lesão corporal leve, até o advento da Lei 14.188/2021, tinha duas modalidades no art. 129. A simples, do *caput*, punida com detenção de 3 meses a 1 ano, e a qualificada do § 9º, quando cometida contra ascendente, descendente, irmão, cônjuge ou companheiro, ou com quem conviva ou tenha convivido, ou, ainda, prevalecendo-se o agente das relações domésticas, de coabitação ou de hospitalidade, esta punida com detenção de 3 meses a 3 anos. Esta última era qualificada pela relação com a vítima, não pelo resultado. Nas duas figuras (*caput* e § 9º), o legislador objetiva a proteção de pessoas de ambos os sexos. O § 13 é reservado à mulher agredida no contexto doméstico ou familiar ou em razão de preconceito ou discriminação quanto ao sexo.
- É interessante notar que, incidentes as circunstâncias do § 9º bem como alguma das qualificadoras dos §§ 1º, 2º ou 3º do art. 129, o § 10 determina que se imponha a pena da respectiva qualificadora, aumentada em 1/3 (um terço) em razão da violência doméstica. A Lei 14.188/2021, no entanto, não inseriu disposição semelhante. A qualificadora do § 13, aplicável no caso de lesão corporal simples, cede, se for o caso, seu lugar aos §§ 1º, 2º ou 3º, e não há disposição que determine o aumento da pena porque a lesão, qualificada na forma daqueles dispositivos, foi praticada no âmbito doméstico ou familiar contra a mulher ou por menosprezo ou discriminação à condição de mulher. Nesse caso, a circunstância especial deve ser considerada na aplicação da pena-base, considerando que a violência doméstica contra a mulher possui uma reprovabilidade mais acentuada que a violência doméstica contra homem, exatamente por reforçar a discriminação de gênero, que fomenta uma violência mais incisiva sobre um grupo vulnerável.
- É possível a imputação simultânea da qualificadora por violência de gênero e da agravante do art. 61, II, *f*, do CP (crime praticado com abuso de autoridade ou em que o agente se vale de relações domésticas, de coabitação ou de hospitalidade, ou pratica violência contra a mulher na forma da lei específica), embora não se afaste a possibilidade de *bis in idem*: "Cinge-se a controvérsia à incidência da agravante do art. 61, II, "f", do Código Penal (CP) quando adotado o rito da Lei n. 11.340/2006 (Lei Maria da Penha). A figura qualificada do crime de lesão corporal prevista no § 9º, ou a causa de aumento, § 10, e a agravante genérica não possuem o mesmo âmbito de incidência, não redundando, pois, em uma dupla punição pelo mesmo fato. A causa de aumento do § 10 do art. 129 do CP pune mais gravemente o agente que pratica a lesão corporal utilizando-se das relações familiares ou domésticas, circunstância que torna a vítima mais vulnerável ao seu agressor e também eleva as chances de impunidade do agente. Nessa hipótese, a vítima pode ser tanto homem quanto mulher, já que a ação não é movida pelo gênero do ofendido. Assim, nesse caso, há maior reprimenda em razão da violência doméstica. De outro lado, a agravante genérica prevista no art. 61, II, "f", do CP visa punir o agente que pratica crime contra a mulher em razão de seu gênero, cometido ou não no ambiente familiar ou doméstico. Destarte, nessa alínea, prevê-se um agravamento da penalidade em razão da violência de gênero. Ou seja, a aplicação conjunta da agravante e da causa de aumento pune o agressor pela violência doméstica contra a mulher. Tanto não há bis in idem que o legislador inseriu novo parágrafo no art. 129 do CP (§ 13), para punir com maior severidade exatamente a lesão corporal praticada contra a mulher, em razão da condição do sexo feminino, a denotar que o § 9º não abordava essa circunstância específica. Não se olvida, contudo, que é possível cogitar-se a ocorrência de bis in idem em determinadas hipóteses de aplicação conjunta dos dois dispositivos em comento, como, por exemplo, quando se está diante apenas da circunstância de o crime ter sido cometido com prevalecimento das 'relações domésticas, de coabitação ou de hospitalidade'" (STJ – AgRg no REsp 1.998.980/GO, j. 08/05/2023).
- No art. 130 o Código Penal não indica quais as *moléstias venéreas* que integram o tipo penal, fazendo apenas referência genérica e indeterminada (norma penal em branco), o que demanda complemento para se alcançar a clareza e exatidão exigida por lei (art. 1º do CP). Tal complemento nos é dado por normas do âmbito do Ministério da Saúde, aliás, a exemplo do que já ocorre com a expressão *drogas* trazida pela Lei 11.343/2006.
- No crime de perigo de contágio venéreo (art. 130 do CP), como tratar a situação em que da prática do ato de libidinagem ocorre o contágio da vítima, resultado que não faz parte da vontade do agente? Entende a maioria da doutrina que a efetiva contaminação do ofendido constituirá mero exaurimento,

a ser considerada pelo magistrado na fixação da pena. Heleno Fragoso, no entanto, sustentando que o delito em tela é sempre subsidiário (um soldado de reserva), ensina que, no caso do efetivo contágio, deve o agente responder pelas lesões dele resultantes, a despeito do dolo de perigo ((*Direito penal*, v. 2, p. 80). Esse é também o entendimento de Magalhães Noronha, ensinando que: "Se resultar contágio efetivo, haverá o crime de lesão corporal, que também é a ofensa à saúde" (*Direito Penal – Parte Especial*, v. 1, p. 73).

- O crime do art. 131 também não etiquetou quais as *moléstias graves* que integram o tipo penal, fazendo apenas referência genérica e indeterminada (norma penal em branco). Desse modo, sua clareza é retirada de complemento do âmbito dos Regulamentos do Ministério da Saúde. Encontramos, no entanto, posição em outro sentido, lecionando que o tipo em estudo descreve um elemento normativo que exige, para a sua compreensão, uma atividade médica valorativa, pericialmente averiguada, independentemente de constarem ou não de regras do Executivo.
- No art. 132 do Código Penal, havendo dolo de dano, ou seja, pretendendo o agente atingir a vida ou a saúde de alguém, responderá por outro crime (tentativa de homicídio ou tentativa de lesão corporal).
- No art. 132 do Código Penal, se da conduta perigosa criada pelo agente sobrevier dano para a vítima, deve ser perguntado: o novo evento é mais ou menos relevante que a exposição a perigo? Se mais (ex.: morte), responderá o autor por homicídio culposo, isso em razão da subsidiariedade expressa do crime de perigo; se menos relevante (ex.: ofensa à integridade física), e demonstrado o dolo de risco apenas, o agente responderá pelo crime de perigo e não de lesão corporal culposa.
- No abandono de incapaz, não haverá o crime se o responsável fica próximo da vítima, vigiando para que alguém a recolha, ou, então, no caso de a vítima ser abandonada em ambiente rodeado de assistência (ex.: hospital). Em nenhuma das hipóteses, à evidência, ocorre o perigo concreto para o "abandonado".
- Considerando que no crime do art. 135 do Código Penal o dever de assistência é imposição que recai em todos, sem distinção, o crime em tela não admite coautoria. Assim, se várias pessoas negam a assistência, todas respondem pelo crime de omissão de socorro. Contudo, se apenas uma socorre a vítima necessitada, não o fazendo as outras, desaparece o delito, sendo a obrigação de natureza solidária (nesse sentido: *RT* 497/337).
- Indispensável, na omissão de socorro, que o sujeito ativo esteja na presença da vítima em perigo. Cezar Roberto Bitencourt explica: "O sujeito ativo deve estar no lugar e no momento em que o periclitante precisa de socorro; caso contrário, se estiver ausente, embora saiba do perigo e não vá ao seu encontro para salvá-lo, não haverá o crime, pois, o crime é omissivo, e não comissivo. Poderá nesse caso haver egoísmo, insensibilidade, displicência, indiferença pela 'sorte' da vítima, mas esses sentimentos, ainda que eticamente possam ser censuráveis, não tipificam a omissão de socorro, pois, como lembrava Magalhães Noronha, 'um código penal não é um código de ética'." (*Direito penal*, v. 2, p. 287).
- A Lei 12.653/12 acrescentou à Parte Especial do CP, mais precisamente no Capítulo III (Da periclitação da vida e da saúde), outra forma de omissão de socorro, praticada mediante o condicionamento de atendimento médico-hospitalar emergencial, punida com 3 meses a 1 ano, e multa (infração penal de menor potencial, salvo na forma qualificada pela morte). Consiste em negar atendimento emergencial, exigindo do potencial paciente (ou de seus familiares), como condição para a execução dos procedimentos de socorro: a) cheque caução (cheque em garantia), nota promissória (promessa de pagamento) ou de qualquer garantia (endosso de uma duplicata ou letra de câmbio, por exemplo); b) o preenchimento prévio de formulários administrativos, quase sempre na forma de contratos de adesão favorecendo abusivamente uma das partes (o hospital).
- Discute-se se o companheiro da mãe da vítima pode praticar, em face desta, o crime de maus-tratos. Para uma primeira corrente, embora não sendo pai, pode figurar como sujeito ativo se restar comprovado que, na ocasião dos fatos, encontrava-se a vítima sob a autoridade, guarda e vigilância do agente (*RJDTACrimSP* 17/119); há, entretanto, uma segunda corrente, ensinando inexistir o crime de maus-tratos carecendo o agente de poder correcional, assegurado pela relação de parentesco (*JTACrimSP* 87/290).
- Para que fique caracterizado o crime de rixa, é insuficiente a participação de apenas dois contendores. O crime se caracteriza exatamente pela ação individual de mais de dois rixosos, agredindo-se reciprocamente e de maneira generalizada.
- O crime de rixa se consuma com o início do conflito, isto é, com a efetiva troca de agressões entre os rixosos. Trata-se de crime de perigo presumido (ou abstrato), punindo-se a simples troca de agressões, pouco importando haja ou não ferimentos (a não ser para majorar a pena quando graves ou provocadores de morte).
- No caso da rixa qualificada pela morte, se o agente dela tomou parte e saiu antes da morte da vítima, responde pelo crime qualificado, pois se entende que, com sua conduta anterior, criou condições para o desfecho morte. Não bastasse, é sabido que a rixa é uma só. Não se pode cindi-la em partes. Aliás, muitas vezes aquele que se retirou do tumulto foi o principal causador da batalha.
- Quadro resumo a respeito das características dos crimes contra a honra:

	CONDUTA	HONRA OFENDIDA
Calúnia (art. 138 CP)	Imputar determinado fato previsto como crime, sabidamente falso.	Honra objetiva (reputação).
Difamação (art. 139 CP)	Imputar determinado fato não criminoso, porém desonroso, não importando se verdadeiro ou falso.	Honra objetiva (reputação).
Injúria (art. 140 CP)	Atribuir qualidade negativa.	Honra subjetiva (dignidade/decoro, autoestima).

- Se praticados dois ou mais delitos contra a honra (ainda que diversos) em contextos fáticos autônomos, perfeitamente possível se mostra o concurso de infrações (o STJ decidiu ser possível, na divulgação de uma única carta, a coexistência das três figuras criminosas relativas à lesão da honra – RHC 41.527/RJ, DJe 11/03/2015). A dificuldade surge quando praticados no mesmo contexto de fato: a) temos decisões reconhecendo, na hipótese, a continuidade delitiva, pois ofendem o mesmo bem jurídico (*RT* 545/344); b) há corrente preferindo aplicar ao caso o princípio da consunção, isto é, o crime mais leve é absorvido pelo mais grave, não importando a espécie de honra ofendida (*RT* 682/363); c) pensamos possível o concurso de delitos somente quando da(s) conduta(s) são atingidas honras diferentes. Assim, admitimos o concurso, material ou formal, a depender do caso, entre calúnia (ou difamação) e injúria.
- O art. 7º, § 2º, do Estatuto da OAB enunciava a imunidade do advogado em relação aos crimes de injúria, difamação e desacato em qualquer manifestação de sua parte, no exercício de sua atividade, em juízo ou fora dele, sem prejuízo das sanções disciplinares perante a OAB por excessos cometidos. Percebam que o dispositivo havia alargado a inviolabilidade, que alcançava também o desacato e manifestações extraprocessuais. Acertadamente, o STF, em ação direta de inconstitucionalidade ajuizada pela AMB (Associação dos Magistrados do Brasil), julgou inconstitucional o dispositivo, limitando a indenidade aos crimes contra a honra. Mas a Lei 14.365/22 acabou por revogar o §2º do art. 7º, razão por que, atualmente, a imunidade do advogado se fundamenta inteiramente no art. 142, I, do CP, que abrange apenas a ofensa irrogada em juízo, na discussão da causa. É, portanto, mais restrita do que a imunidade garantida anteriormente no Estatuto da OAB.
- A autocalúnia é punida? Se o agente, perante a autoridade, assumir crime inexistente, ou a responsabilidade de delito que não praticou, dando ensejo a investigações ou diligências inúteis, prejudicando, o bom andamento do aparelhamento estatal, pratica o crime de autoacusação falsa (art. 341 do CP).
- Pacificou-se entendimento, tanto na doutrina quanto na jurisprudência, de que o consentimento da vítima exclui o delito de calúnia (a honra é disponível). Contudo, tal anuência tem de ser manifestada pela própria vítima, não admitindo consentimento dado por interposta pessoa (representante), vez que o bem jurídico (honra) não lhe pertence.
- Exigindo-se seriedade na conduta do agente, não incide no crime de calúnia (inexistindo dolo) aquele que age com intenção de brincar (*animus jocandi*), aconselhar (*animus consulendi*), narrar fato, próprio da testemunha (*animus narrandi*), corrigir (*animus corrigendi*) ou defender direito (*animus defendendi*).
- O art. 139 do CP não contém a previsão de "propalar ou divulgar" a difamação, como faz o art. 138 (calúnia). A omissão, à primeira vista, pode levar o incauto a pensar que o fato seria atípico. No entanto, pensamos que todo aquele que propala ou divulga fato desonroso imputado a alguém acaba também por difamá-lo, isto é, pratica nova difamação.
- A autoinjúria é crime? Pierangeli, citando Noronha, responde: "Não existe o delito de *autoinjúria*, a menos que o dito e a expressão ultrapassem a órbita da personalidade do indivíduo. Se um desbriado, *v.g.*, se chama de *esposo traído* ou se diz filho de meretriz, injuria a esposa e a genitora." (*Manual de direito penal brasileiro:* parte especial, p. 217).

  Sabendo que uma língua, em princípio, apresenta, pelo menos, três tipos de diferenças internas, a depender do espaço geográfico onde foi proferida (variações diatópicas), a camada sociocultural dos envolvidos (variações diastráticas) e modalidade expressiva utilizada pelo agente (variações diafásicas), pode a mesma expressão variar de um indiferente penal até a mais feroz ofensa. Por isso, Manzini divide a injúria em absoluta ou relativa: "A primeira existe quando a expressão tem por si mesma e para qualquer um significado ofensivo constante e unívoco, como certas palavras ou gestos, criados exatamente para manifestar desprezo, escárnio etc. É relativa quando a expressão que a concretiza assume caráter ofensivo, se proferida em determinadas circunstâncias ou condições de forma, tom, modo, lugar, tempo, pessoa etc." (Apud Magalhães Noronha, ob. cit., v. 2, p. 124).
- A injúria que não chegou ao conhecimento da vítima em face da sua *morte superveniente* configura qual crime? Parece-nos evidente que o caso espelha tentativa de injúria (se a vítima, no entanto, já estava morta antes da execução – *fato desconhecido do agente* –, não há crime contra a honra, por absoluta impropriedade do objeto, art. 17 do CP).
- Segundo decidiu o STJ no julgamento do REsp 1.765.673/SP (j. 26/05/2020), não se caracteriza o crime de injúria se não há ao menos previsibilidade de que a ofensa à honra subjetiva chegue ao conhecimento da vítima. No caso julgado, duas pessoas conversavam pelo telefone quando uma delas injuriou uma terceira pessoa, que, por acaso, estava ouvindo o diálogo pela extensão telefônica. Como não havia o propósito de ofender a honra subjetiva

– pois as palavras não foram dirigidas a quem estava sendo ofendido –, julgou-se atípico o fato.

- O § 3º do art. 140 qualifica a injúria movida por preconceito. O crime se qualificava se o ofensor utilizasse elementos referentes a raça, cor, etnia, religião, origem ou a condição de pessoa idosa ou portadora de deficiência. Mas, atualmente, excluem-se da forma qualificada da injúria ofensas com elementos referentes a raça, cor, etnia ou procedência nacional. Essas modalidades de preconceito migraram para o art. 2º-A da Lei 7.716/89. Curiosamente, não migrou do § 3º o preconceito religioso, igualmente objeto da Lei 7.716/89, faltando, nesse tanto, atenção da Casa de Leis. No que se refere ao preconceito religioso, o intérprete deve redobrar a atenção. Se o caso espelhar ofensas, será o crime do art. 140, §3º, do CP; se indicar segregação ou incentivo à segregação, crime da Lei 7.716/89.
- Para a configuração da majorante do art. 141, III, computa-se a vítima do crime contra a honra? Noronha responde: "Têm todo o cabimento as observações de Manzini: no número mínimo exigido não entra a pessoa do ofendido; se, entretanto, o agente ofende vários indivíduos, cada um será terceiro em relação à ofensa a um deles." (*Direito penal*, v. 2, p. 132).
- Nos crimes de calúnia e difamação a retratação, em regra, dispensa a concordância do ofendido (ato unilateral). Contudo, o art. 143 do CP foi alterado pela Lei nº 13.188/15, que nele acrescentou parágrafo único anunciando que, nos casos em que o querelado tenha praticado a calúnia ou a difamação utilizando-se de meios de comunicação, a retratação dar-se-á, se assim desejar o ofendido, pelos mesmos meios em que se praticou a ofensa. Nessa hipótese, portanto, o ofendido deve ser ouvido para manifestar se deseja (ou não) que a retratação se dê pelos mesmos meios em que foi praticado o crime.
- Quando vigorava a Lei 7.170/83 (Lei de Segurança Nacional), se a vítima de calúnia ou difamação fosse o presidente da República, do Senado Federal, da Câmara dos Deputados ou do Supremo Tribunal Federal, e o agente tivesse motivação e objetivos políticos, o crime, em face do princípio da especialidade, seria o do art. 26 daquele diploma legal. Com a revogação operada pela Lei 14.197/21, não houve tipificação de delito semelhante no Título XII do CP. Nesse caso, há continuidade normativo-típica nos crimes contra a honra do CP. A Lei 14.197/21 modificou o inciso II do art. 141 para aumentar a pena também quando a vítima dos crimes contra a honra for o presidente do Senado Federal, da Câmara dos Deputados ou do Supremo Tribunal Federal.
- O art. 141, inciso IV, do CP aumenta a pena do crime contra a honra cometido contra criança, adolescente, pessoa maior de sessenta anos ou pessoa com deficiência, exceto quando incidente o § 3º o art. 140. Esta majorante foi inserida no CP pelo Estatuto da Pessoa Idosa. A Lei 14.344/22 alterou a redação do dispositivo para inserir entre as vítimas do crime mais grave a criança e o adolescente. No caso da injúria qualificada contra idoso ou deficiente (art. 140, §3º), é inaplicável esta causa de aumento, sob pena de *bis in idem*. A cautela a respeito do *bis in idem*, contudo, só existe no caso de vítima idosa ou deficiente, pois o citado parágrafo do art. 140 não contempla a discriminação por se tratar de vítima criança ou adolescente.
- O art. 141, § 2º, do CP triplica a pena nos casos em que o crime contra a honra é cometido ou divulgado em quaisquer modalidades das redes sociais da rede mundial de computadores. Este parágrafo havia sido vetado pelo presidente da República, para quem "A propositura legislativa, ao promover o incremento da pena no triplo quando o crime for cometido ou divulgado em quaisquer modalidades das redes sociais da rede mundial de computadores, viola o princípio da proporcionalidade entre o tipo penal descrito e a pena cominada, notadamente se considerarmos a existência da legislação atual que já tutela suficientemente os interesses protegidos pelo Projeto, ao permitir o agravamento da pena em um terço na hipótese de qualquer dos crimes contra a honra ser cometido por meio que facilite a sua divulgação. Ademais a substituição da lavratura de termo circunstanciado nesses crimes, em razão da pena máxima ser superior a dois anos, pela necessária abertura de inquérito policial, ensejaria, por conseguinte, superlotação das delegacias, e, com isso, redução do tempo e da força de trabalho para se dedicar ao combate de crimes graves, tais como homicídio e latrocínio".

  De fato, o crime cometido por meio de redes sociais já podia ter a pena majorada na forma do inciso III do mesmo artigo (na presença de várias pessoas ou por meio que facilite a divulgação). O legislador, no entanto, não foi convencido pelo argumento presidencial e derrubou o veto.

  O que pode ser considerado uma rede social para os efeitos da majorante? Em dezembro de 2019, o Conselho Nacional de Justiça editou a Resolução 305, que estabelece os parâmetros para o uso das redes sociais pelos membros do Poder Judiciário. De acordo com o parágrafo único do art. 2º, são considerados redes sociais os "sítios da internet, plataformas digitais e aplicativos de computador ou dispositivo eletrônico móvel voltados à interação pública e social, que possibilitem a comunicação, a criação ou o compartilhamento de mensagens, de arquivos ou de informações de qualquer natureza". Parece um bom parâmetro para a interpretação desta causa de aumento de pena, pois especifica que rede social é um mecanismo voltado à interação pública e social, o que exclui meios de contato privado. Assim, podem ser consideradas redes sociais plataformas como Facebook, Twitter, Instagram, YouTube, LinkedIn, Pinterest e grupos ou canais de acesso aberto no Telegram. Excluem-se, por outro lado, meios dedicados à comunicação privada como o Skype, o próprio Telegram utilizado com acesso restrito e o WhatsApp, ainda que, no caso deste último, se trate de grupos, que, pelas características do aplicativo, são restritos a pessoas individualmente adicionadas pelos administradores.

Embora a Lei 13.964/19 tenha entrado em vigor em janeiro de 2020, os efeitos da majorante só se iniciam com a promulgação presidencial em 2021, quando o Congresso Nacional votou a derrubada do veto. A norma não alcança os crimes cometidos nesse intervalo.

- Forçar alguém, mediante violência ou grave ameaça, a não praticar um *ato imoral* (porém lícito) configura o crime de constrangimento ilegal. Nesse sentido, alerta Noronha: "Ora, se o ato é imoral, porém admitido em lei, como negar-se que o agente constrangeu a outrem a não praticar o que a lei permite? Entre a moral e o direito há uma zona, em que a pessoa é livre de agir, não nos parecendo que alguém, em nome de princípios éticos, possa atentar contra a liberdade de outrem." (*Direito penal*, v. 2, p. 150).
- É possível constranger ilegalmente alguém por meio da omissão? Pierangeli, citando Aníbal Bruno, assim responde: "Tem-se veiculado tal possibilidade, exemplificada com a não alimentação de um doente pela enfermeira que quer obrigá-lo a determinado comportamento. Parece-nos que Aníbal Bruno deixa perfeitamente solucionada a questão. Diz o mestre pernambucano: 'O deixar fazer é uma espécie de omissão, mas há diferença perceptível entre omitir alguma coisa e deixar que alguma coisa se pratique. A omissão neste último caso será omissão da resistência, mas não é essa omissão de resistência que o agente procura obter, mas o ato positivo, ou negativo que a resistência procuraria impedir'. Não se trata, pois, de uma omissão por omissão, de um omitir-se voluntário, mas uma inação forçada pelo constrangimento que, embora exteriorize uma conduta, fica esta apoiada na ausência de reprovabilidade (de culpabilidade)." (*Manual de direito penal brasileiro:* parte especial, p. 239).
- A Lei 14.811/24 inseriu no Código Penal o art. 146-A, que tipifica o crime de intimidação sistemática (*bullying*). Embora mais comumente praticada entre crianças e adolescentes – tanto que sua tipificação se dá por meio de uma lei que institui medidas de proteção à criança e ao adolescente contra a violência nos estabelecimentos educacionais –, a intimidação sistemática dispensa qualidades especiais tanto do sujeito ativo (que, obviamente, não poderia mesmo se restringir a um inimputável) quanto do sujeito passivo. Trata-se, portanto, de crime comum, que pode ser cometido por e contra qualquer pessoa.
- Para que se caracterize o crime do art. 146-A, a intimidação deve ser sistemática, ou seja, persistente, constante. Atos intimidativos isolados não são o bastante, tanto que o tipo penal também se refere ao modo repetitivo como deve ocorrer a conduta. Trata-se, portanto, de crime habitual. É também uma característica da intimidação sistemática a falta de motivação aparente, ou seja, o intimidador se volta contra alguém pelo simples prazer de lhe infligir humilhações, sem que haja uma razão manifesta para isso.
- A intimidação pode ser individual ou em grupo, contra uma ou mais pessoas. Os atos de intimidação sistemática envolvem: a) quem intimida: a palavra *bullying* se origina do inglês e deriva de *bully*, que em nosso idioma pode ser chamado de "valentão", autor dos atos intimidatórios; b) o intimidado: é o indivíduo que sofre a violência física ou psicológica, não raro por ter atributos corporais ou comportamentais destoantes dos padrões observados em certa época e em determinado local; c) o espectador: embora não seja obrigatório que haja alguém presenciando a intimidação, grande parte de seu atrativo, do ponto de vista de quem a pratica, está na presença de outras pessoas que testemunhem as humilhações sofridas pela vítima. Essas pessoas podem se omitir ante os atos que presenciam tanto por medo de se tornarem elas próprias vítimas quanto por considerarem que se trata de algo normal, irreverente e aceitável nas relações sociais.
- A intimidação sistemática é um crime subsidiário, com ressalva expressa de sua incidência apenas se a conduta não constitui crime mais grave. Se, por exemplo, a intimidação ocorre para que a vítima se torne a tal ponto amedrontada que facilite ao agente o abuso sexual, pune-se diretamente este ato, e os intimidatórios precedentes devem ser avaliados na aplicação da pena-base. Da mesma forma, se a intimidação é praticada para que isso facilite ao agente se apoderar de bens da vítima, pune-se apenas o crime patrimonial.
- Embora seja subjacente à prática do *bullying* o propósito de humilhar e discriminar alguém, não há esse elemento subjetivo especial no tipo. Os atos de intimidação, humilhação ou discriminação são formas de praticar o crime, mas não é preciso demonstrar que o agente atuou com alguma intenção específica.
- A Lei 14.132/21 inseriu no Código Penal o art. 147-A, denominado "crime de perseguição". Sua finalidade é a tutela da liberdade individual, abalada por condutas que constrangem alguém a ponto de invadir severamente sua privacidade e de impedir sua livre determinação e o exercício de liberdades básicas. O tipo penal surgiu com a justificativa de suprir uma lacuna e de tornar proporcional a pena para uma conduta que, embora muitas vezes tratada como algo de menor importância, pode ter efeitos – especialmente psicológicos – muito prejudiciais na vida de quem a sofre. Até a criação deste crime, a maior parte dos atos de perseguição se inseriam no art. 65 do Decreto-lei 3.688/41, cuja pena de prisão simples variando de quinze dias a dois meses era considerada insuficiente, um claro exemplo de proteção deficiente. Com a Lei 14.132/21, a contravenção foi revogada e a perseguição passou a ser punida com reclusão de um a quatro anos.
- O ato de perseguição do art. 147-A não se restringe às situações de violência doméstica e familiar contra a mulher (aliás, não se limita nem mesmo a vitimar mulheres, embora seja o mais comum). Há inúmeros casos em que a fixação "doentia" se inicia entre

pessoas que não tinham qualquer relação afetiva. São os casos de colegas de estudo ou de trabalho, do empregado que, dispensado, passa a perseguir o empregador, ou do empregador que, por alguma razão, persegue o empregado provocando sua demissão ou impedindo-o de conseguir outro emprego (*stalking* ocupacional). De qualquer forma, o art. 7º da Lei 11.340/06 apresenta uma definição de violência psicológica que pode nos auxiliar na interpretação deste tipo penal. Segundo a lei especial, há essa forma de violência em qualquer conduta que provoque dano emocional e diminuição da autoestima, que prejudique e perturbe o pleno desenvolvimento da vítima ou que vise a degradar ou controlar suas ações, comportamentos, crenças e decisões, mediante ameaça, constrangimento, humilhação, manipulação, isolamento, vigilância constante, perseguição contumaz, insulto, chantagem, violação de sua intimidade, ridicularização, exploração e limitação do direito de ir e vir ou qualquer outro meio que lhe cause prejuízo à saúde psicológica e à autodeterminação.

- Na vigência do art. 65 da Lei das Contravenções Penais, decidiu o STJ que a contratação de um detetive particular não é suficiente para justificar ação penal por perturbação da tranquilidade (RHC 140.114/DF, j. 09/03/2021). E pensamos que o raciocínio não será diferente diante do novo tipo do art. 147-A do CP. Não custa lembrar que a Lei nº 13.432/17 regulamentou a profissão de detetive particular, criando normas a serem observadas para o seu regular exercício. Assim, quando regular o exercício da atividade, não há que se cogitar de crime.
- O crime do art. 147-A é habitual, tendo em vista que o tipo penal é expresso sobre a necessidade de a perseguição ser praticada reiteradamente. Apenas um ato importuno, ainda que restrinja momentaneamente a capacidade de locomoção ou invada a privacidade de alguém, não caracteriza este crime, embora seja possível que a conduta se adéque a outro tipo penal, como a da ameaça, por exemplo.
- Embora a Lei Maria da Penha contemple a violência psicológica no art. 7º, inc. II, até a entrada em vigor da Lei 14.188/2021 não havia no ordenamento jurídico brasileiro um tipo penal correspondente. Era contraditório constar expressamente essa forma de violência em uma das leis mais conhecidas e importantes do país, que a define como uma "violação dos direitos humanos" (art. 6º), e, ao mesmo tempo, a conduta correspondente não configurar necessariamente um ilícito penal. Diversas condutas consistentes em violência psicológica – como manipulação, humilhação, ridicularização, rebaixamento, vigilância, isolamento – não configuravam, na imensa maioria dos casos, infração penal. Apesar de serem ilícitos civis, não eram criminosas. Não raras vezes, vítimas compareciam perante autoridades para registrar boletins de ocorrência por violência psicológica e eram informadas de que a conduta não configurava infração penal (sequer contravenção). Com a inserção do art. 147-B no Código Penal, essa lacuna é preenchida e passa a ser crime praticar violência psicológica contra a mulher.
- Nota-se que a redação do art. 147-B é muito semelhante à do art. 7º, inc. II, da Lei n. 11.340/2006. Há, contudo, determinados meios de praticar a violência psicológica que não foram repetidos no tipo penal. De fato, o dispositivo da lei especial menciona, por exemplo, vigilância constante, perseguição contumaz e violação de intimidade, que propositalmente não compõem o tipo penal da violência psicológica para evitar sobreposição com o comportamento incriminado no art. 147-A do CP (crime de perseguição ou *stalking*).
- O tipo penal não se restringe aos campos afetivo, doméstico e familiar de que trata a Lei Maria da Penha (art. 5º, inc. I, II e III). Abrange outras formas de violência contra a mulher ocorridas no âmbito estatal ou comunitário. O art. 147-B é mais amplo, aplicando-se a diversas formas de violência de gênero contra a mulher, na linha do que estabelece a Convenção de Belém do Pará (Decreto n. 1.973/1996 – art. 2º). O crime pode ocorrer, portanto, em estabelecimentos de ensino, serviços de saúde (violência obstétrica), templos religiosos, locais públicos, ambientes de trabalho, serviços de atendimento à mulher. E, além das tradicionais condutas de controle, isolamento, humilhação por parte de parceiros, a descrição ampla do tipo penal permite, por exemplo, que se considerem violência psicológica condutas como a de autoridade policial que ridiculariza e humilha a mulher durante atendimento ou a pressiona a não registrar ocorrência e a "fazer as pazes com o agressor", desde que se gere um dano emocional. Condutas como ameaças, humilhações ou insultos que não derivem das relações de gênero podem configurar outras infrações penais, como constrangimento ilegal, ameaça ou injúria.
- O tipo penal do art. 147-B não exige habitualidade (reiteração de condutas), consumando-se com apenas um ato, cuja gravidade concreta já cause um dano emocional significativo. Certamente, relações abusivas e violentas que se prolongam no tempo gerarão danos emocionais e, portanto, configurarão o delito. Nessa situação, não sendo possível separar atos individualizados de danos emocionais específicos, o conjunto dos atos abusivos será considerado como uma conduta única. Caso haja reiteradas condutas de violência psicológica, não é necessário que todas sejam imputadas individualmente, sob pena de inviabilizar a denúncia do Ministério Público. Basta que se faça referência ao período aproximado em que ocorreram as condutas e que os danos emocionais sejam comprovados. Esse entendimento já é utilizado pelos Tribunais para o caso de estupros reiterados no âmbito doméstico contra pessoa vulnerável (STJ: RHC 129.490/BA, j. 25/05/2021). A prescrição será regulada pela prática do último ato de violência psicológica individualizado.
- Quanto ao sequestro ou cárcere privado, tratando-se de crime de execução livre, a privação da liberdade pode ser antecedida de violência, grave ameaça ou mesmo fraude (induzir a vítima em erro). Pode ser praticado por *ação* (afastar a vítima do lugar em que vive para outro) ou *omissão* (médico que não concede alta para paciente já curado).
- A respeito do tempo de duração do sequestro ou cárcere privado, temos duas correntes: a) a primeira ensina ser irrelevante o tempo de privação, configurando-se o delito a partir do momento em

que a vítima teve subtraído seu direito de locomoção, pouco importando se por tempo mais ou menos longo (*RT* 742/613 e 731/564); b) a segunda exige que o tempo seja juridicamente relevante, sendo a privação momentânea mera tentativa (ou um constrangimento ilegal – art. 146 do CP). Nesse sentido, *RT* 551/324 e 504/312.

- Desde a entrada em vigor da Lei 14.811/24, é hediondo o crime de sequestro e cárcere privado cometido contra menor de 18 anos.
- No julgamento do RE 398.041/PA, o STF considerou, por maioria, que "Quaisquer condutas que possam ser tidas como violadoras não somente do sistema de órgãos e instituições com atribuições para proteger os direitos e deveres dos trabalhadores, mas também dos próprios trabalhadores, atingindo-os em esferas que lhes são mais caras, em que a Constituição lhes confere proteção máxima, são enquadráveis na categoria dos crimes contra a organização do trabalho, se praticadas no contexto das relações de trabalho. Nesses casos, a prática do crime prevista no art. 149 do Código Penal (Redução à condição análoga a de escravo) se caracteriza como crime contra a organização do trabalho, de modo a atrair a competência da Justiça federal (art. 109, VI da Constituição) para processá-lo e julgá-lo." Nesta ocasião, contudo, três ministros consideraram que a análise da competência (se estadual ou federal) deve recair sobre a abrangência da lesão ao bem jurídico tutelado. Dentro desse espírito, entendeu-se que a competência federal, fixada pelo art. 109, inciso VI, da Constituição, deve incidir apenas naqueles casos em que esteja patente a ofensa a *princípios básicos sobre os quais se estrutura o trabalho em todo o país*. Quer isto dizer que, abstratamente, não se pode considerar a redução a condição análoga à de escravo como crime que atinge a organização do trabalho. Assim, nos casos, por exemplo, em que apenas um trabalhador é atingido pela conduta do agente, não há ofensa à organização do trabalho, senão à sua liberdade individual, competindo à justiça estadual a apreciação da causa. O Tribunal reiterou a orientação de que a competência é da Justiça Federal ao julgar o RE 541.627/PA e o RE 459.510/MT, este em decisão de 26/11/2015.
- A liberdade humana é bem disponível. Contudo, no caso da redução a condição análoga à de escravo, salienta a doutrina que a liberdade da vítima é inalienável, comovida pelo grau de submissão (domínio) a que fica sujeito o "trabalhador", de nada representando o seu consentimento.
- De acordo com o STJ, a efetiva restrição de liberdade das vítimas é prescindível para a configuração do crime de redução a condição análoga à de escravo (REsp 1.969.868/MT, j. 12/09/2023).
- A Lei 13.344/16, que dispõe sobre prevenção e repressão ao tráfico interno e internacional de pessoas e sobre medidas de atenção às vítimas, alterou o Código Penal para revogar os arts. 231 e 231-A – que tipificavam, respectivamente, o tráfico internacional e o tráfico interno de pessoas – e para inserir o art. 149-A, que reúne as condutas que compunham os dispositivos revogados. Resumidamente, temos o seguinte:

Tráfico (interno) nacional

Antes da Lei 13.344/16	Depois da Lei 13.344/16
Art. 231-A do CP (crime contra a dignidade sexual)	Art. 149-A do CP (crimes contra a liberdade do indivíduo)
Art. 231-A. Promover ou facilitar o deslocamento de alguém dentro do território nacional para o exercício da prostituição ou outra forma de exploração sexual: Pena – reclusão, de 2 (dois) a 6 (seis) anos. § 1º Incorre na mesma pena aquele que agenciar, aliciar, vender ou comprar a pessoa traficada, assim como, tendo conhecimento dessa condição, transportá-la, transferi-la ou alojá-la.	Art. 149-A CP. Agenciar, aliciar, recrutar, transportar, transferir, comprar, alojar ou acolher pessoa, mediante grave ameaça, violência, coação, fraude ou abuso, com a finalidade de: I – remover-lhe órgãos, tecidos ou partes do corpo; II – submetê-la a trabalho em condições análogas à de escravo; III – submetê-la a qualquer tipo de servidão; IV – adoção ilegal; ou V – exploração sexual Pena – reclusão de 4 (quatro) a 8 (oito) anos, e multa.
§ 2º A pena é aumentada da metade se: I – a vítima é menor de 18 (dezoito) anos; II – a vítima, por enfermidade ou deficiência mental, não tem o necessário discernimento para a prática do ato; III – se o agente é ascendente, padrasto, madrasta, irmão, enteado, cônjuge, companheiro, tutor ou curador, preceptor ou empregador da vítima, ou se assumiu, por lei ou outra forma, obrigação de cuidado, proteção ou vigilância; ou IV – há emprego de violência, grave ameaça ou fraude.	§ 1º A pena é aumentada de um terço até a metade se: I – o crime for cometido por funcionário público no exercício de suas funções ou a pretexto de exercê-las; II – o crime for cometido contra crianças, adolescentes ou pessoa idosa ou com deficiência; III – o agente se prevalecer de relações de parentesco, domésticas, de coabitação, de hospitalidade, de dependência econômica, de autoridade ou de superioridade hierárquica inerente ao exercício de emprego, cargo ou função;
§ 3º Se o crime é cometido com o fim de obter vantagem econômica, aplica-se também multa.	*** A pena de multa foi cumulada com a pena privativa no preceito secundário, independentemente do fim almejado pelo agente. Essa finalidade, no entanto, pode ser considerada pelo juiz na fixação da pena-base.
*** Não tem minorante correspondente, considerando o juiz as condições pessoais do agente na fixação da pena-base (art. 59 do CP).	§ 2º A pena é reduzida de um a dois terços se o agente for primário e não integrar organização criminosa.

Tráfico (internacional) transnacional

Antes da Lei 13.344/16	Depois da Lei 13.344/16
Art. 231 do CP (crime contra a dignidade sexual)	Art. 149-A, § 1º., IV, do CP (crimes contra a liberdade do indivíduo)
Art. 231. Promover ou facilitar a entrada, no território nacional, de alguém que nele venha a exercer a prostituição ou outra forma de exploração sexual, ou a saída de alguém que vá exercê-la no estrangeiro. Pena – reclusão, de 3 (três) a 8 (oito) anos. § 1º Incorre na mesma pena aquele que agenciar, aliciar ou comprar a pessoa traficada, assim como, tendo conhecimento dessa condição, transportá-la, transferi-la ou alojá-la.	Art. 149-A CP. Agenciar, aliciar, recrutar, transportar, transferir, comprar, alojar ou acolher pessoa, mediante grave ameaça, violência, coação, fraude ou abuso, com a finalidade de: I – remover-lhe órgãos, tecidos ou partes do corpo; II – submetê-la a trabalho em condições análogas à de escravo; III – submetê-la a qualquer tipo de servidão; IV – adoção ilegal; ou V – exploração sexual Pena – reclusão de 4 (quatro) a 8 (oito) anos, e multa.
§ 2º A pena é aumentada da metade se: I – a vítima é menor de 18 (dezoito) anos; II – a vítima, por enfermidade ou deficiência mental, não tem o necessário discernimento para a prática do ato; III – se o agente é ascendente, padrasto, madrasta, irmão, enteado, cônjuge, companheiro, tutor ou curador, preceptor ou empregador da vítima, ou se assumiu, por lei ou outra forma, obrigação de cuidado, proteção ou vigilância; ou IV – há emprego de violência, grave ameaça ou fraude.	§ 1º. A pena é aumentada de um terço até a metade se: (...) IV – a vítima do tráfico de pessoas for retirada do território nacional.
§ 3º Se o crime é cometido com o fim de obter vantagem econômica, aplica-se também multa.	*** A pena de multa foi cumulada com a pena privativa no preceito secundário, independentemente do fim almejado pelo agente. Essa finalidade, no entanto, pode ser considerada pelo juiz na fixação da pena-base.
*** Não tem minorante correspondente, considerando o juiz as condições pessoais do agente na fixação da pena-base (art. 59 do CP).	§ 2º. A pena é reduzida de um a dois terços se o agente for primário e não integrar organização criminosa.

- No tráfico transnacional, o legislador incorreu num erro grosseiro. Antes a Lei punia como tal a conduta que promovesse ou facilitasse a entrada ou a saída da vítima traficada. Agora, pune apenas como tráfico a conduta que visa a retirar a vítima do nosso território ("exportação"). Diante desse quadro, pergunta-se: e como trabalhar o comportamento daquele que promove a entrada da vítima no nosso país na condição de objeto traficado ("importação")? Em respeito ao princípio da legalidade, certamente não configura o crime majorado (art. 149-A, § 1º., IV, CP), mas não deve ser tratado, obviamente, como um indiferente penal. Responde o traficante, a depender da conduta praticada, pela figura fundamental (art. 149-A do CP), mantendo, no entanto, o rótulo de tráfico transnacional (pois extrapola as fronteiras do nosso país), inclusive para fins de competência para o processo e julgamento (que, no caso de transnacionalidade, é da Justiça Federal).
- Antes da Lei 13.344/16, o emprego da violência (física e moral) ou fraude servia como majorante de pena no tráfico de pessoas. Nessa ordem, a maioria da doutrina lecionava que o consentimento da vítima era irrelevante. Com o advento da Lei 13.344/16, o legislador migrou essas condutas do rol de majorantes para a execução alternativa do crime de tráfico de pessoas. Sem violência, coação, fraude ou abuso não há crime. Diante desse novo cenário, o consentimento válido da pessoa exclui a tipicidade, seguindo, nesse ponto, o Protocolo Adicional à Convenção das Nações Unidas contra o Crime Organizado Transnacional relativo à Prevenção, Repressão e Punição do Tráfico de Pessoas (artigo 3º, "a" e "b").
- Desde a entrada em vigor da Lei 14.811/24, é hediondo o crime de tráfico de pessoas cometido contra criança ou adolescente.
- Na violação de correspondência, o marido que, indevidamente, lê correspondência dirigida à sua mulher (ou vice-versa), segundo respeitável parcela da doutrina, não pratica o crime em estudo, considerando a comunhão de interesses que envolvem os cônjuges. Damásio, seguindo a opinião de Hungria, ensina: "Cremos que não há delito. A vida em comum produz tal comunhão de interesses, de intimidade entre os cônjuges, que é incorreto afirmar-se existir delito quando, por exemplo, a mulher lê uma carta dirigida ao marido. Pode ser um ato indelicado, mas não criminoso. Nos termos do art. 1.566, II, do Código Civil, a vida em comum é dever de ambos os cônjuges." (*Direito penal – Parte Especial*, v. 2, p. 281).
- A Lei 14.155/21 alterou o art. 154-A do Código Penal, que tipifica o crime de invasão de dispositivo informático. Inicialmente, destacam-se as modificações na pena, que antes era de detenção de três meses a um ano, e multa, mas atualmente é de reclusão de um a quatro anos, além da multa. O § 2º, embora tenha mantido seu núcleo para aumentar a pena se da invasão resulta prejuízo econômico, teve as frações modificadas: antes, o aumento variava entre

1/6 e 1/3; agora, varia entre 1/3 e 2/3. O § 3º também manteve sua essência para qualificar o crime se da invasão resulta a obtenção de conteúdo de comunicações eletrônicas privadas, segredos comerciais ou industriais, informações sigilosas definidas em lei, ou o controle remoto não autorizado do dispositivo invadido. A pena, no entanto, que antes consistia em reclusão de seis meses a dois anos, passou a ser de reclusão de dois a cinco anos.

- O *caput* do art. 154-A sofreu algumas alterações que ampliam a incidência do tipo penal. Originalmente, o crime consistia em invadir **dispositivo informático alheio**, conectado ou não à rede de computadores, **mediante violação indevida de mecanismo de segurança e** com o fim de obter, adulterar ou destruir dados ou informações sem autorização expressa ou tácita do **titular do dispositivo** ou de instalar vulnerabilidades para obter vantagem ilícita. Segundo a redação atual, o crime consiste em invadir **dispositivo informático de uso alheio**, conectado ou não à rede de computadores, com o fim de obter, adulterar ou destruir dados ou informações sem autorização expressa ou tácita do **usuário do dispositivo** ou de instalar vulnerabilidades para obter vantagem ilícita. Nota-se, primeiramente, que o tipo penal não exige mais que o dispositivo informático seja de propriedade alheia, bastando que esteja sendo utilizado por outra pessoa. Dessa forma, ainda que o agente seja o proprietário do aparelho, pode cometer o crime se esse aparelho estiver sendo utilizado por alguém. E, por coerência, a lei agora faz referência à falta de autorização expressa ou tácita do usuário do dispositivo, não mais do titular.
- Além das características destacadas no item anterior, o tipo não pressupõe mais que haja violação indevida de mecanismo de segurança. Antes, a violação era um meio necessário para que o invasor respondesse criminalmente pela invasão com a finalidade de obter, adulterar ou destruir dados ou informações ou de instalar vulnerabilidades no aparelho. A ausência de dispositivo de segurança, ou o seu não acionamento, impedia a configuração típica. Exatamente com o propósito de evitar essa restrição, o tipo penal foi alterado para possibilitar a punição do simples ato de invadir o dispositivo informático com o fim de obter, adulterar ou destruir dados ou informações ou de instalar vulnerabilidades para obter vantagem ilícita.
- Nos crimes definidos no art. 154-A, somente se procede mediante representação, salvo se o crime é cometido contra a administração pública direta ou indireta de qualquer dos Poderes da União, Estados, Distrito Federal ou Municípios ou contra empresas concessionárias de serviços públicos (Art. 154-B).

16. CRIMES CONTRA O PATRIMÔNIO

- O objeto da tutela penal no furto é bastante discutido na doutrina. Para Hungria, protege-se somente a *propriedade* (*Comentários ao Código Penal*. Rio de Janeiro, v. 7 (1958), p. 17). Já Noronha inclui na proteção também a *posse* (*Código Penal brasileiro comentado*, v. 5, 1.ª parte, 1958, p. 7). Ficamos com a maioria, para quem a tutela agasalha a propriedade, posse e detenção *legítimas* de coisa móvel (Delmanto, *Código Penal comentado*. 7 ed. Rio de Janeiro: Renovar, 2007, p. 453, e Fragoso, *Lições de direito penal:* parte especial. São Paulo: José Bushatsky, 1958, v. 1, p. 175). Protegendo somente a posse *legítima*, ladrão que subtrai ladrão pratica furto, tendo como vítima, porém, o real dono da coisa (legítimo possuidor).
- Não se exigindo qualidade especial do agente (delito comum), qualquer pessoa pode ser sujeito ativo do furto, salvo o proprietário. Este, subtraindo coisa sua que se encontra na legítima posse de terceiro, pratica qual infração penal? Para a maioria, conforme o caso, haverá o delito de exercício arbitrário das próprias razões (arts. 345 e 346, ambos do CP). Já Magalhães Noronha, argumentando seu escólio com um interessante caso de direito real de garantia (penhor), afirma haver furto, pois, a despeito de ter ocorrido subtração de coisa própria, há um sujeito ativo (o dono), um sujeito passivo (o credor), uma ação criminosa (o apoderamento), um objeto material (a coisa) e há lesão a um bem jurídico (o direito real de garantia do credor), afastando-se, desse modo, a incidência do art. 346 do CP.
- A remoção de tecidos, órgãos ou partes do corpo de pessoa ou cadáver em desacordo com as disposições legais pode configurar o delito descrito no tipo do art. 14 da Lei 9.434/97 (Lei de Transplante de Órgãos).
- No crime de furto incide o privilégio se é de pequeno valor a coisa furtada. O pequeno valor do prejuízo (requisito do furto privilegiado) não se confunde com o prejuízo insignificante. Este, se presente, exclui a tipicidade (material), ao passo que aquele enseja a substituição da pena de reclusão pela de detenção, a diminuição de um a dois terços ou a aplicação somente da pena de multa.
- No furto majorado, pensamos que a incidência da majorante depende de o crime ser praticado em *local de moradia* (não necessariamente imóvel, podendo, por exemplo, ser um *trailer*), habitado e com seus moradores repousando (nesse sentido: *RT* 714/393). A maioria, porém, discorda (*RT* 688/325, 679/386 e 637/366). Noronha, por exemplo, sustenta existir a agravante "quando o furto se dá durante o tempo em que a cidade ou local repousa, o que não importa necessariamente seja a casa habitada ou estejam seus moradores dormindo. Podem até estar ausentes, ou ser desabitado o lugar do furto. A Exposição de Motivos parece dar-nos razão: 'É prevista como agravante especial do furto a circunstância de ter sido o crime praticado durante o período de sossego noturno'. *Período de sossego noturno* é o tempo em que a vida das cidades e dos campos desaparece, em que seus habitantes se retiram, e as ruas e as estradas se despovoam, facilitando essas circunstâncias a prática do crime. Seja ou não habitada a casa, estejam

ou não seus moradores dormindo, cabe a majoração se o crime ocorreu naquele período" (Código Penal brasileiro comentado, v. 5, p. 107). A propósito, o STJ decidiu que a majorante incide independentemente de as vítimas estarem ou não dormindo no momento do crime. Também não importa o local da ocorrência do furto, se em estabelecimento comercial, via pública, residência desabitada ou em veículos, bastando que o ocorra, obrigatoriamente, à noite e em situação de repouso (REsp 1.979.989/RS, j. 22/06/2022).

- O STJ vinha decidindo que a majorante relativa ao furto cometido durante o repouso noturno se aplicava tanto ao *caput* quanto às qualificadoras do art. 155. A Terceira Seção do tribunal, contudo, firmou a orientação de que a causa de aumento não se aplica ao furto qualificado: "1. Na formulação de precedente judicial, sobretudo diante de sua carga vinculatória, as orientações jurisprudenciais, ainda que reiteradas, devem ser reexaminadas para que se mantenham ou se adéquem à possibilidade de evolução de entendimento. 2. A interpretação sistemática pelo viés topográfico revela que a causa de aumento de pena relativa ao cometimento do crime de furto durante o repouso noturno, prevista no art. 155, § 1º, do CP, não incide nas hipóteses de furto qualificado, previstas no art. 155, § 4º, do CP. 3. A pena decorrente da incidência da causa de aumento relativa ao furto noturno nas hipóteses de furto qualificado resulta em quantitativo que não guarda correlação com a gravidade do crime cometido e, por conseguinte, com o princípio da proporcionalidade. 4. Tese jurídica: A causa de aumento prevista no § 1° do art. 155 do Código Penal (prática do crime de furto no período noturno) não incide no crime de furto na sua forma qualificada (§ 4°). 5. Recurso especial parcialmente provido" (REsp 1.890.981/SP, j. 25/05/2022).
- Segundo o entendimento sumulado do STJ, a vigilância constante – física ou eletrônica – em estabelecimento comercial não torna, por si só, impossível o crime de furto (súmula nº 567). Mas, baseado na situação concreta em que o sistema de vigilância impediria a consumação, o STF concedeu *habeas corpus* considerando a caracterização do crime impossível (HC 144.851/SP, j. 22/08/2017).
- Aplica-se o princípio da insignificância quando o furto é qualificado por alguma das circunstâncias do § 4º do art. 155? No geral, o princípio da insignificância tem sido admitido em furtos cometidos sem o emprego de meios que por si tornam o fato mais grave e por indivíduos que não fazem da ação criminosa um meio de vida. Não obstante o valor irrisório do objeto subtraído no furto, há fatores que podem confirmar a tipicidade material, como o rompimento de obstáculo, a escalada, a fraude e o concurso de agentes. Além disso, no caso daquele que comete reiterados crimes, ainda que os prejuízos individualmente considerados sejam reduzidos, não é socialmente adequado que a Justiça criminal ignore o todo e acabe incentivando a reiteração delitiva. A jurisprudência dos tribunais superiores era amplamente refratária à insignificância quando incidente alguma das qualificadoras do furto, que tornam consideravelmente mais grave o crime (tanto que dobram a pena). Ultimamente, no entanto, tem havido certa mitigação baseada na análise das circunstâncias concretas das condutas criminosas. Em resumo, a regra é de que a presença das qualificadoras impede a insignificância (STJ – HC 605.552/SP, j. 06/10/2020; AgRg no AREsp 1.632.350/MS, j. 01/09/2020), mas, em situações excepcionais, ainda assim a tipicidade pode ser afastada (STJ – HC 553.872/SP, j. 11/02/2020).
- Outra circunstância que no geral afasta a insignificância do furto é a reincidência do autor. Considera-se que reconhecer a atipicidade material quando o agente se dedica a práticas criminosas funciona como um incentivo à delinquência, ainda que, no caso em particular, a conduta não seja de grande relevância (STJ: AgRg no REsp 1.817.683/SP, j. 27/08/2019). O STF segue a mesma linha. Em decisão proferida no HC 135.164/MT (j. 23/04/2019), o tribunal considerou que a contumácia delitiva obsta o benefício. Nota-se, no entanto, que o tribunal considerou possível a imposição do regime inicial aberto, apesar da reincidência. No caso submetido a julgamento, o paciente, com maus antecedentes e reincidente, havia sido processado pelo furto de peças de roupa no valor de R$ 130,00. Foi absolvido em primeira instância por incidência do princípio da insignificância, mas o Tribunal de Justiça reformou a decisão para condená-lo, tendo em vista que suas circunstâncias pessoais não eram condizentes com a atipicidade material. Ao julgar o *habeas corpus*, o STF reconheceu a impropriedade da aplicação do princípio da insignificância diante da reiteração criminosa, mas estabeleceu a possibilidade de imposição do regime aberto nos casos em que, abstraída a circunstância pessoal desfavorável, a bagatela seria reconhecida.
- O STJ firmou a orientação de que a restituição imediata e integral do bem furtado não constitui, por si só, motivo suficiente para a incidência do princípio da insignificância (REsp 2.062.375/AL, j. 25/10/2023).
- A qualificadora da escalada no crime de furto deve ser comprovada mediante exame pericial. Contudo, circunstâncias excepcionais podem dispensar o exame: "Não se olvida que esta Corte firmou a orientação de ser imprescindível, nos termos dos arts. 158 e 167 do CPP, a realização de exame pericial para o reconhecimento das qualificadoras de escalada e arrombamento no caso do delito de furto (art. 155, § 4º, II, do CP), quando os vestígios não tiverem desaparecido e puderem ser constatados pelos peritos. Contudo, importa ressaltar a orientação de que, "'excepcionalmente, quando presentes nos autos elementos aptos a comprovar a escalada de forma inconteste, pode-se reconhecer o suprimento da prova pericial [...]' (AgRg no HC 556.549/SC, Ministro Reynaldo Soares da Fonseca, Quinta Turma, DJe

1/3/2021)" (AgRg no HC 691.823/SC, Ministro Sebastião Reis Júnior, Sexta Turma, DJe 30/9/2021). No caso, a circunstância qualificadora foi comprovada pela prova oral, inclusive pela confissão do próprio réu, além da existência de laudo papiloscópico que identificou impressões digitais no local apontado pela vítima como sendo o local onde o réu pulou o muro" (AgRg no REsp 1.895.487/DF, j. 26/04/2022).

- Para a configuração da qualificadora do § 5º do artigo 155 do Código Penal não basta que a subtração seja de veículo automotor. É indispensável que seu destino seja outro Estado ou o exterior. Veja-se que, se o agente conseguir consumar a subtração, mas for detido antes de chegar em outro Estado ou país, responderá por furto (simples ou qualificado por alguma das hipóteses do § 4º), mas não por tentativa de furto qualificado pelo § 5º, porque não se pode cogitar de tentativa em uma hipótese em que a subtração se consumou. Nessa modalidade de furto, vislumbra-se o *conatus* apenas na hipótese do agente que, previamente intencionado a transportar o veículo para outro Estado ou país, apodera-se do bem, passa a ser perseguido de imediato até que transponha a divisa, mas acaba sendo preso sem que tenha conseguido a posse tranquila do bem.
- O § 5º do artigo 155 do Código Penal menciona "outro Estado", mas não diz nada sobre o Distrito Federal. A maioria entende estar implícito, e, uma parte, ser impossível essa consideração, vez que se trataria de analogia in malam partem. Todavia, deve-se interpretar o dispositivo de acordo com o sentido pretendido pelo legislador, sendo certo que não foi sua pretensão excluir a Capital da República, já que tal entendimento poderia transformá-la em local de "desova" de veículos subtraídos, ante a ausência de punição mais severa.
- O STJ e o STF firmaram o entendimento de que a consumação do furto ocorre no momento da inversão da posse, ainda que não mansa e pacífica, mesmo que a coisa não saia da esfera de vigilância da vítima (STJ: HC 454.133/GO, j. 16/08/2018; STF: HC 135.674/PE, DJe 13/10/2016). O mesmo entendimento é adotado quanto ao crime de roubo (STJ: súmula nº 582; STF: RHC 111.627/RJ, DJe 12/03/2014).
- A Lei 13.654/18 inseriu no art. 155 do CP o § 4º-A, que pune com reclusão de 4 (quatro) a 10 (dez) anos – além da multa – o furto cometido com emprego de explosivo ou de artefato análogo que cause perigo comum. Aos autores desta conduta vinham sendo imputados, normalmente, os crimes de furto qualificado pelo rompimento de obstáculo e de explosão majorada pelo fato de o crime ter sido cometido com intuito de obter vantagem pecuniária. Além disso, imputavam-se – caso as circunstâncias o permitissem – os crimes de associação criminosa ou de organização criminosa. Embora pudesse haver alguma divergência a respeito da possibilidade de imputar os crimes em concurso, era o que vinha prevalecendo. O Ministério Público de São Paulo, por exemplo, tem tese no sentido da aplicação do concurso formal impróprio (tese 383). A partir da Lei 13.654/18 – independentemente da orientação antes adotada – o concurso entre os delitos de furto e de explosão deixa de existir para ceder lugar à qualificadora. A Lei 13.964/19 (Pacote Anticrime) inseriu o furto qualificado pelo emprego de explosivo no rol dos crimes hediondos.
- A Lei 13.654/18 inseriu também no art. 155 o § 7º, que pune com reclusão de 4 (quatro) a 10 (dez anos) – além da multa – a subtração de substâncias explosivas ou de acessórios que, conjunta ou isoladamente, possibilitem sua fabricação, montagem ou emprego. Trata-se, portanto, de punir com mais gravidade a subtração do próprio explosivo e de acessórios, independentemente de sua utilização. A aquisição de explosivos por criminosos que se dedicam a praticar furtos mediante o uso desses artefatos pode ocorrer de diversas formas. É possível que um grupo criminoso faça a aquisição de forma clandestina. Há notícias, por exemplo, de condenação de militares que promoviam a venda ilegal de explosivos a associações criminosas dedicadas à subtração de caixas eletrônicos (http://correio.rac.com.br/_conteudo/2015/02/capa/campinas_e_rmc/243014-ex-militares-sao-condenados-por-venda-de-armas-do-exercito.html). Mas é também comum a subtração que vitima quem armazena os explosivos de forma legal. Em tais casos, é possível que a subtração se dê tanto pelo próprio grupo que utilizará os explosivos posteriormente quanto por criminosos que atuam somente com a finalidade de suprir a demanda dos furtadores. No primeiro caso, não há nenhum óbice ao concurso de crimes, ou seja, a imputação deve ser relativa ao furto qualificado do explosivo em concurso material com o furto qualificado pelo emprego do explosivo antes subtraído. Trata-se, evidentemente, de condutas absolutamente distintas, que atingem patrimônios diversos e que, portanto, não se podem confundir. Note-se que a Lei 13.964/19 (Pacote Anticrime) tornou hediondo o furto qualificado pelo emprego de explosivo (§ 4º-A), mas não o furto de substância explosiva (§ 7º).
- A Lei 14.155/21 inseriu no art. 155 a qualificadora do furto mediante fraude cometida por meio de dispositivo eletrônico ou informático, conectado ou não à rede de computadores, com ou sem a violação de mecanismo de segurança ou a utilização de programa malicioso, ou por qualquer outro meio fraudulento análogo (§ 4º-B). A pena é de reclusão de quatro a oito anos e multa. Para esse efeito, dispositivo eletrônico ou informático pode ser conceituado como qualquer aparelho com capacidade de armazenar e processar automaticamente informações/programas: computador, *notebook*, *tablet*, *smartphone*. Como destaca o próprio dispositivo legal, é indiferente o fato de o dispositivo estar ou não conectado à rede interna ou externa de computadores (*intranet* ou *internet*), embora seja recorrente a prática do crime por meio de *internet*. Pouco importa, também,

a forma como o agente comete a fraude, ou seja, se viola mecanismo de segurança, se utiliza componentes ou arquivos maliciosos, se simplesmente acessa o dispositivo após ter obtido uma senha, se induz a vítima a praticar algum ato que a distraia e facilite a subtração. Qualquer manobra fraudulenta que, envolvendo dispositivo eletrônico ou informático, resulta em subtração atrai a qualificadora.

- Se o agente utiliza a invasão de dispositivo informático para cometer o furto, o crime do art. 154-A é absorvido, e o ato de invasão pode ser considerado na aplicação da pena-base do furto qualificado pelo § 4º-B, tendo em vista a maior gravidade da conduta.
- Lembramos que a qualificadora do § 4º-B se refere a um meio de cometer a fraude, que mantém o pressuposto do inc. II do § 4º: a manobra ardilosa visa a afastar a vigilância da vítima e possibilitar a subtração. O bem é retirado sem que a vítima o perceba. Não se trata de induzir alguém em erro para que entregue voluntariamente o bem (fazendo uma transferência bancária, por exemplo), caso em que ocorre estelionato.
- O § 4º-C, também inserido pela Lei 14.155/21, traz circunstâncias em que a pena da qualificadora do § 4º-B é majorada. De acordo com o inciso I, aumenta-se de 1/3 a 2/3 a pena se o crime é praticado por meio de servidor mantido fora do território nacional. Justifica-se a elevação da pena em razão das barreiras naturalmente impostas à investigação. Essa circunstância não determina, por si só, a competência da Justiça Federal. O inciso II aumenta a pena de 1/3 até o dobro se o crime é praticado contra idoso ou vulnerável. É idosa a pessoa com idade igual ou superior a sessenta anos, como dispõe o art. 1º da Lei 10.741/03. A lei não conceitua, para os efeitos do furto, quem pode ser considerado vulnerável. O conceito pode ser obtido no art. 217-A, ou seja, podemos considerar vulneráveis o menor de quatorze anos e a pessoa que, por enfermidade ou deficiência mental, é mais suscetível de sofrer a subtração.
- O sócio de fato pode cometer o delito de furto de coisa comum (art. 156 do Código Penal)? Fragoso responde: "Deverá sempre reconhecer-se o crime do art. 156 do CP se o agente supõe, erroneamente, ser alheia a coisa comum objeto da ação" (*Lições de Direito Penal, Parte Geral.*, v. 1, p. 193).
- No crime de roubo (próprio ou impróprio), a jurisprudência é copiosa no sentido de que o princípio da insignificância ou da bagatela não tem aplicação, independentemente do valor do objeto subtraído. Neste sentido: "Quanto ao pleito de reconhecido da atipicidade material da conduta imputada ao réu em razão do pequeno valor da *res furtivae,* a jurisprudência do Superior Tribunal de Justiça afasta a aplicabilidade do princípio da insignificância em crimes cometidos mediante o uso de violência ou grave ameaça, como o roubo. Precedentes" (HC 395.469/SP, DJe 28/06/2017). Também é inaplicável, segundo precedentes do STF, o privilégio previsto para o furto (*RT* 445/482).
- No crime de roubo, questão capaz de gerar alguma controvérsia, a respeito do concurso de agentes, é a que diz respeito à presença dos partícipes no evento. Assim como no furto, há quem sustente a necessidade de que todos os agentes se façam presentes no momento da ação, ainda que não cooperem materialmente, e há aqueles que consideram dispensável a prática de atos executórios por todos os agentes. Ainda a respeito do concurso de pessoas, apesar de haver divergência, tem-se decidido não configurar *bis in idem* a condenação do réu pelos crimes de bando e roubo qualificado pelo concurso de pessoas porque as infrações são distintas e independentes (*RT* 631/321, 719/412). No cômputo mínimo de duas pessoas, devemos considerar eventuais inimputáveis ou agentes não identificados.
- No que diz respeito à tentativa no roubo impróprio, para parcela da doutrina não se admite, pois ou a violência é empregada, e tem-se a consumação, ou não é empregada, e o que se apresenta é o crime de furto (nesse sentido *RT* 840/652). A maioria da doutrina moderna, contudo, discorda, reconhecendo o *conatus* quando o agente, após apoderar-se do bem, tenta empregar violência ou grave ameaça, mas não consegue.
- É possível a imputação simultânea dos crimes de associação criminosa e de roubo majorado pelo emprego de arma de fogo e pelo concurso de agentes, pois as condutas não se confundem, perfazem-se em momentos distintos e atingem bens jurídicos diversos (STJ - AgRg no HC 470.629/MS, j. 19/03/2019). Também é possível imputar o crime de roubo majorado pelo emprego de arma de fogo em concurso com o porte ilegal de arma. Embora, em regra, o porte de arma seja absorvido pelo crime patrimonial, o concurso é viável quando as condutas são destacadas, ou seja, quando a arma não é utilizada simplesmente como meio para o cometimento do roubo (HC 494.860/SP, j. 14/05/2019).
- Segundo decidiu o STF no HC 147.584/RJ (j. 02/06/2020), o indivíduo que simula um roubo contra si e outra pessoa visando a se apoderar de dinheiro pertencente à empresa em que ambos trabalham é sujeito ativo de subtração violenta, não de estelionato. No caso julgado, dois indivíduos, funcionários de determinada empresa, haviam sido incumbidos de ir ao banco para sacar a quantia de R$ 31.000,00. Um deles, sem o conhecimento do companheiro de trabalho, combinou com seu cunhado o roubo do dinheiro. Cumprindo o plano criminoso, este último indivíduo abordou seu comparsa e o outro funcionário da empresa quando ambos deixaram o banco e, simulando portar arma de fogo, subtraiu o dinheiro, que estava dividido em dois envelopes, carregados separadamente por cada um dos funcionários. No dia seguinte, arrependido, o funcionário que havia articulado o crime o confessou a seu patrão. O STF não admitiu a desclassificação da conduta porque, não obstante o roubo tenha sido simulado entre uma das vítimas e o assaltante, a outra vítima não tinha

ciência de nada e foi efetivamente submetida à grave ameaça, sentindo-se, portanto, intimidada, tanto que entregou o dinheiro que estava em seu poder. Além disso, o tribunal manteve a majorante relativa ao concurso de pessoas, pois ainda que o funcionário que havia planejado a subtração não tenha ameaçado diretamente seu colega, a vinculação com seu cunhado, que empregou a grave ameaça, representa o concurso de agentes.

- O STJ tem decidido, quanto ao crime de roubo, que a majorante relativa ao transporte de valores incide quando a subtração ocorre contra funcionário dos Correios: "A pena do delito de roubo é majorada se a vítima está em serviço de transporte de valores e o agente conhece tal circunstância, salientando-se que o termo "transporte de valores" deve abranger outros bens e produtos de valor econômico. Na hipótese, as vítimas eram funcionários da Empresa Brasileira de Correios e Telégrafos, que transportavam produtos cosméticos de expressivo valor econômico e liquidez" (REsp 1.309.966/RJ, j. 26/08/2014). A competência para o julgamento do roubo cometido em agência dos Correios será determinada de acordo com a natureza daquele estabelecimento: se próprio dos Correios, o julgamento se dá na Justiça Federal; se franqueado, na Justiça Estadual. É o que tem decidido a Terceira Seção do STJ (CC 145.800/TO, j. 13/04/2016).
- A Lei 13.654/18 também alterou o art. 157 do CP. A primeira modificação que se destaca é a revogação do inciso I do § 2º do art. 157. De acordo com o dispositivo revogado, a pena do roubo sofria aumento de um terço à metade se a violência ou a ameaça fosse exercida com emprego de arma. A revogação do inciso I do § 2º se seguiu da inserção do § 2º-A, que, no inciso I, majora a pena se a violência ou a ameaça é exercida com emprego de arma de fogo. Tem-se, portanto, que o legislador optou, naquele momento, por excluir da abrangência da majorante os objetos que, embora possam ser utilizados para intimidar, não são concebidos com esta finalidade. Inúmeras foram as críticas ao procedimento adotado pelo legislador, pois, além de desconsiderar um fator que sem dúvida torna mais grave o crime, a restrição promovida foi benéfica, ou seja, retroagiu para retirar a majorante de roubos que haviam sido cometidos com objetos outros que não armas de fogo (STJ: REsp 1.519.860/RJ, j. 17/05/2018), não obstante o STJ tenha decidido que o emprego de arma branca era apto a fundamentar o aumento da pena-base devido às circunstâncias mais graves do roubo, e esta operação poderia ser feita até mesmo em grau de recurso sobre fatos cometidos ainda sob a vigência da majorante revogada, sem que se cogitasse a ocorrência de *reformatio in pejus* (AgRg no REsp 1.818.235/RS, Rel. Min. Jorge Mussi, j. 19/09/2019; REsp 1.921.190/MG, j. 25/05/2022).

  Para reparar o equívoco, a Lei 13.964/19 (Pacote Anticrime) inseriu no § 2º do art. 157 o inciso VII, que majora a pena do roubo cometido com emprego de arma branca, assim considerados todos os objetos confeccionados sem finalidade bélica, porém capazes de intimidar, ferir o próximo (ex.: faca de cozinha, navalha, foice, tesoura, guarda-chuva, pedra, pedaços de vidro, etc.). Com a majorante ressuscitada, para os fatos cometidos a partir de sua vigência não há mais necessidade de fundamentar o aumento da pena-base em razão da maior gravidade da conduta cometida com armas brancas.

  Em resumo, o emprego de arma branca majora a pena do roubo na forma do art. 157, § 2º, inc. VII (1/3 a 1/2), ao passo que o emprego de arma de fogo majora a pena na forma do art. 157, § 2º-A, inc. I (2/3). Caso a arma de fogo seja de uso restrito ou proibido, a pena do *caput* do art. 157 é aplicada em dobro (outra majorante inserida pela Lei 13.964/19).
- No inciso II do § 2º-A do art. 157 a Lei 13.654/18 inseriu majorante para as situações em que há destruição ou rompimento de obstáculo mediante o emprego de explosivo ou de artefato análogo que cause perigo comum. Trata-se aqui da situação na qual o agente emprega violência ou grave ameaça a pessoa para praticar a subtração por meio de explosivos. Imaginemos o caso em que um grupo criminoso invade um estabelecimento comercial durante o expediente, subjuga as pessoas presentes e instala um dispositivo explosivo para abrir um cofre. Imputa-se o crime de roubo com pena majorada em dois terços.
- Ainda no campo das majorantes, o § 2º do art. 157 passa a contar com o inciso VI, que aumenta a pena de um terço à metade se a subtração for de substâncias explosivas ou de acessórios que, conjunta ou isoladamente, possibilitem sua fabricação, montagem ou emprego.
- A Lei 13.654/18 também promoveu duas modificações no § 3º do art. 157, que qualifica o roubo pela lesão corporal grave e pela morte. O § 3º foi dividido em dois incisos, que tratam, respectivamente, da lesão corporal grave e da morte. Além disso, a pena máxima relativa à primeira qualificadora aumentou de quinze para dezoito anos.
- Em razão da modificação introduzida na Lei 8.072/90 pela Lei 13.964/19 (Pacote Anticrime), é considerado hediondo o roubo cometido com restrição à liberdade de locomoção da vítima (art. 157, § 2º, inciso V), com emprego de arma de fogo (art. 157, § 2º-A, inciso I) ou de arma de fogo de uso proibido ou restrito (art. 157, § 2º-B) e o qualificado pelo resultado lesão corporal grave ou morte (art. 157, § 3º).
- A Lei 13.964/19 (Pacote Anticrime) tornou hediondo o furto qualificado pelo emprego de explosivo, mas não o fez em relação ao roubo majorado pela mesma circunstância, omissão inexplicável que torna desproporcionais as consequências penais para estes crimes. De fato, não é nada razoável impor um tratamento muito mais severo ao autor do furto e não o fazer ao autor do roubo, crime que, além do emprego de explosivo, carrega circuns-

tâncias de especial gravidade como a violência e a grave ameaça a pessoa.

- No art. 157, § 3º, do Código Penal, utilizando a lei a expressão *"se da violência resulta..."*, entende-se que não há qualificadora quando o resultado decorre do emprego de grave ameaça, hipótese em que haverá crime de roubo em concurso com o delito de homicídio ou de lesão corporal grave, podendo este ser doloso ou culposo, dependendo das circunstâncias fáticas. Há decisões, minoritárias, no sentido de que, mesmo sendo a morte decorrência da grave ameaça, caracteriza latrocínio, bastando o nexo causal objetivo (nesse sentido, *RT* 620/333). Do mesmo modo, há julgados reconhecendo o latrocínio quando, durante o assalto, a vítima sai correndo na direção de rodovia, sendo atropelada (*JTJ* 158/304).
- O STF estabeleceu a responsabilidade penal por latrocínio do agente que, em unidade de desígnios, toma parte no roubo em que perece a vítima, ainda que não tenha sido ele o causador direto da morte. O tribunal já havia se manifestado no sentido de que o coautor do roubo armado responde pelo latrocínio ainda que o disparo tenha sido efetuado só pelo comparsa. No novo julgamento, a orientação foi reiterada, destacando-se que, no caso concreto, foi apurado que o impetrante havia contribuído ativamente para o cometimento do crime, em unidade de desígnios e mediante divisão de tarefas com os demais, exercendo pleno domínio do fato e assumindo o risco de que um resultado mais grave viesse a ocorrer (RHC 133.575/PR, j. 21/02/2017).
- No latrocínio, a existência de doença cardíaca de que padecia a vítima é concausa preexistente relativamente independente, razão pela qual não se afasta a imputação da qualificadora: "No caso, o laudo pericial não atestou que a morte tenha sido causada exclusivamente pela doença cardíaca preexistente da vítima. Ao contrário, consignou-se que o infarto 'pode ter sido ajudado pelo stress sofrido na data do óbito, pois há sinais de violência e tortura encontrados no exame' -, o que evidencia que a vítima apenas veio a falecer, exatamente, durante o crime praticado pelos acusados, que a agrediram severamente. Considerando que a doença cardíaca, *in casu*, é concausa preexistente relativamente independente, não há como afastar o resultado mais grave (morte) e, por consequência, a imputação de latrocínio" (STJ – HC 704.718/SP, j. 16/05/2023).
- Segundo tem decidido o STJ, a subtração de apenas um patrimônio, ainda que haja pluralidade de vítimas, não impede o reconhecimento de crime único de latrocínio: "É certo que o entendimento adotado pelas instâncias ordinárias encontra respaldo na jurisprudência do STJ, no sentido de que há concurso formal impróprio no crime de latrocínio quando, não obstante houver a subtração de um só patrimônio, o animus necandi seja direcionado a mais de um indivíduo, ou seja, a quantidade de latrocínios será aferida a partir do número de vítimas em relação às quais foi dirigida a violência, e não pela quantidade de patrimônios atingidos. No entanto, essa posição destoa da orientação do Supremo Tribunal Federal, que têm afastado o concurso formal impróprio, e reconhecido a ocorrência de crime único de latrocínio, nas situações em que, embora o animus necandi seja dirigido a mais de uma pessoa, apenas um patrimônio tenha sido atingido. Por essa razão, mostra-se prudente proceder ao overruling da jurisprudência deste Tribunal Superior, adequando-a à firme compreensão do STF acerca do tema" (STJ: AgRg no AREsp 2.119.185/RS, j. 13/09/2023).
- Baseando-se no amplo alcance da promessa de mal injusto e grave que caracteriza a extorsão, decidiu o STJ que o crime pode ser cometido por membro de congregação religiosa que, sob o pretexto de realizar rituais de cura espiritual, constrange alguém a lhe proporcionar vantagem econômica mediante constante e grave ameaça de que entidades sobrenaturais poderão prejudicar o ameaçado. Para o tribunal, não há dúvida de que a ampla liberdade de culto é garantida pela Constituição Federal, que, no entanto, não admite condutas que, sob a camuflagem do exercício da religião, permitem a obtenção de vantagens econômicas constrangendo diretamente pessoas determinadas, incutindo-lhes o temor de que sejam física ou espiritualmente prejudicadas caso não efetuem pagamentos em dinheiro ou mediante entrega de bens (REsp 1.299.021/SP, DJe 23/02/2017).
- Discutia-se na doutrina se a extorsão qualificada na forma do § 3º com resultado morte era hedionda. Isto porque o art. 1º, inc. III, da Lei 8.072/90 era expresso apenas em relação à hediondez da extorsão qualificada pela morte (§ 2º do art. 158), silenciando-se quanto ao resultado mais grave decorrente da restrição da liberdade (§ 3º). À época já defendíamos que a morte da vítima tornava, sim, hediondo o crime, visto que esta circunstância não é mais do que um desdobramento formal do tipo do art. 158, § 2º, tendo o legislador preservado a matéria criminosa, explicitando, somente, um novo *modus operandi*. O tipo penal do § 3º não é autônomo, ao contrário, é derivado e meramente explicativo de uma forma de extorsão. Em outras palavras, a qualificadora com resultado morte já estava contida no parágrafo anterior, especificando-se, no derradeiro parágrafo, um meio de execução próprio (restrição da liberdade de locomoção da vítima). Com a introdução formal da qualificadora do § 3º no rol dos crimes hediondos por meio da Lei 13.964/19 (Pacote Anticrime), a discussão perde sentido para os crimes cometidos após a entrada em vigor da alteração legal. Atualmente, a Lei 8.072/90 é expressa no sentido de que é hedionda a extorsão qualificada pela restrição da liberdade da vítima, ocorrência de lesão corporal ou morte.
- Conforme decidiu o STJ, a majorante do § 1º do art. 158 se aplica também à qualificadora do § 3º (REsp 1.353.693/RS, DJe 21/9/2016).

- Ao contrário do que preconiza o § 2º, II, do art. 157, do Código Penal a circunstância majorante do concurso de agentes no crime de extorsão exige que, efetivamente, duas ou mais pessoas executem o núcleo constranger (a mera participação não serve para constituir a causa de aumento). Concorrentes inimputáveis ou não identificados serão computados no número mínimo para caracterizar o aumento.
- Comparando as penas dos crimes de roubo e extorsão, quando praticados com privação da liberdade da vítima, temos doutrina tecendo severas críticas, alegando desproporcionalidade. Nucci discorda e assim justifica: "Outra polêmica gerada pela Lei 11.923/2009, inserindo a figura típica do art. 158, § 3º, do Código Penal, é a pretensa lesão ao princípio da proporcionalidade. Diz-se que as penas são muito elevadas e não estariam em harmonia com outros delitos. Para a figura simples, prevê-se sanção de reclusão de 6 a 12 anos. Em nosso entendimento, há perfeita proporcionalidade. A extorsão cometida com emprego de arma ou por duas ou mais pessoas pode redundar na pena de 5 anos e 4 meses a 15 de reclusão. Ora, a extorsão com restrição da liberdade que, invariavelmente, é cometida com emprego de arma e mediante concurso de duas ou mais pessoas, atinge 6 a 12 anos. Está aquém do mal prometido contra a vítima, que, além de sofrer o constrangimento mediante emprego de arma e concurso de pessoas, como regra, ainda tem a liberdade restringida, sofrendo trauma psicológico em grande parte das vezes. O mesmo se diga do roubo com emprego de arma ou concurso de duas ou mais pessoas (reclusão, de cinco anos e 4 meses a 15 anos)." (*Manual de Direito Penal*, 5.ed., São Paulo: Ed. RT, 2009, p. 720).
- Pessoa jurídica pode ser vítima do crime de extorsão mediante sequestro? Rogério Greco entende que sim e logo exemplifica: "Também é possível que a pessoa jurídica goze do *status* de sujeito passivo do delito de extorsão mediante sequestro, uma vez que seus sócios podem, por exemplo, ser privados da sua liberdade, para que se efetue o pagamento do resgate por intermédio do patrimônio da pessoa jurídica a eles pertencente." (*Curso de Direito Penal:* parte especial, v. 3, p. 116).
- Ao contrário do delito previsto no art. 158, o tipo da extorsão mediante sequestro não menciona a necessidade de ser a vantagem indevida, mas "qualquer vantagem". Entretanto, a interpretação literal art. 159 não é a mais acertada. Primeiramente, porque a vantagem deve ser econômica, porquanto se trata de delito patrimonial. Ademais, sustenta Hungria que a menção expressa é dispensável: "Desde que a sua ilegitimidade resulta de ser exigida como preço da cessão de um crime. Se o sequestro visa à obtenção de vantagem *devida*, o crime será o de 'exercício arbitrário das próprias razões' (CP, art. 345) em concurso formal com o de sequestro (art. 148)." (*Comentários ao Código Penal*, v. 7, p. 72).
- O art. 159, § 1º, do Código Penal se refere, ainda, ao crime de quadrilha ou bando, embora a Lei nº 12.850/13 tenha alterado o *nomen iuris* do delito insculpido no art. 288 para *associação criminosa*, além de lhe modificar o número mínimo de integrantes, que passou a ser de três. Na prática, todavia, nenhuma alteração ocorre no trato da matéria, pois não houve *abolitio criminis*, incidindo o princípio da continuidade normativo-típica. Dessa forma, onde se lê, no § 1º do art. 159, *quadrilha ou bando*, deve-se considerar *associação criminosa*.
- No crime de extorsão indireta (art. 160 do Código Penal), se, após obter o documento, o agente ensejar o início de procedimento criminal, sabendo inocente o imputado, haverá concurso material com denunciação caluniosa (art. 339 do CP). Não se deve cogitar, no caso, da absorção, pois, além da extorsão consumar-se com a mera exigência ou o recebimento do documento, protege bem jurídico diverso da denunciação caluniosa.
- No crime de esbulho possessório, exigindo o tipo que o imóvel seja *alheio*, fica claro que o proprietário do terreno, ocupado por terceiros, não comete o delito. Assim, sempre que o proprietário reivindicar por suas próprias mãos a posse do que lhe pertence, fora dos casos em que a lei civil autoriza essa recuperação, pode ele incidir nas penas do crime de exercício arbitrário das próprias razões (art. 345 do CP). Nesse sentido: *RT* 481/329.
- Sujeito passivo do esbulho possessório é aquele que detém a posse direta do imóvel invadido. Segundo o STJ, no caso do imóvel alienado fiduciariamente, apenas o devedor é vítima, pois o credor tem apenas a posse indireta. No entanto, isso não afasta o interesse do credor na apuração do crime. Por isso, tratando-se da Caixa Econômica Federal, a competência de julgamento é da Justiça Federal: "[...] 2. A Caixa Econômica Federal, enquanto credora fiduciária e, portanto, possuidora indireta, não é a vítima do referido delito. Contudo, no âmbito cível, possui a empresa pública federal legitimidade concorrente para propor eventual ação de reintegração de posse, diante do esbulho ocorrido. A sua legitimação ativa para a ação possessória demonstra a existência de interesse jurídico na apuração do crime, o que é suficiente para fixar a competência penal federal, nos termos do art. 109, inciso IV, da Constituição da República. 3. Os imóveis que integram o Programa Minha Casa Minha Vida são adquiridos, em parte, com recursos orçamentários federais. Tal fato evidencia o interesse jurídico da União na apuração do crime esbulho possessório em relação a esse bem, ao menos enquanto for ele vinculado ao mencionado Programa, ou seja, quando ainda em vigência o contrato por meio do qual houve a compra do bem e no qual houve o subsídio federal, o que é a situação dos autos" (CC 179.467/RJ, j. 09/06/2021).
- O crime de dano pode ser cometido pelo condômino? Fazendo uma analogia (*in bonam partem*)

com o furto de coisa comum (artigo 156, § 2º), já decidiu o STF: "Pode ser agente ativo do crime de dano o condômino que danifica dolosamente coisa comum, salvo se a coisa é fungível e o prejuízo não excede o valor da parte a que tem direito o autor do fato" (*RT* 543/433).

- Preso que danifica a cela para fugir pratica o crime de dano? Para aqueles que entendem indispensável o *animus nocendi*, o fato será atípico, vez que a intenção do preso, no caso, é somente a de fugir. É a orientação do STJ: "Nos termos da jurisprudência desta Corte, para que se possa falar em crime de dano qualificado contra patrimônio da União, Estado ou Município, mister se faz a comprovação do elemento subjetivo do delito, qual seja, o animus nocendi, caracterizado pela vontade de causar prejuízo ao erário. Nesse passo, a destruição, deterioração ou inutilização das paredes ou grades de cela pelo detento, com vistas à fuga de estabelecimento prisional, ou, ainda, da viatura na qual o flagranteado foi conduzido à delegacia de polícia, demonstra tão somente o seu intuito de recuperar a sua liberdade, sem que reste evidenciado o necessário dolo específico de causar dano ao patrimônio público" (HC 503.970/SC, j. 30/05/2019). Já para aqueles que entendem dispensável, não exigindo o tipo a finalidade especial (causar prejuízo), há o crime, não importando se a intenção do agente era somente a de se evadir (*RT* 782/590). Essa segunda posição foi acolhida pelo STF: "Comete o crime de dano qualificado (art. 163, parágrafo único, III, do CP) o preso que, para evadir-se, danifica o estabelecimento prisional. O dolo específico – vontade dirigida a causar dano em coisa alheia – não é indispensável à caracterização do delito" (HC 73.189/MS, rel. Min. Carlos Velloso, j. 23.02.1996).
- Importa ressaltar que o crime de dano é subsidiário, configurando-se somente na hipótese em que o agente não pretende conduta criminosa posterior (e mais grave). Sendo assim, se pratica um dano ao patrimônio para lhe facilitar, por exemplo, a subtração de outros bens, o crime de dano será absorvido (configurando o rompimento ou a destruição de obstáculo qualificadora do furto). O mesmo raciocínio se aplica caso o dano tenha sido praticado após a subtração, para facilitar a fuga do criminoso.
- Nas qualificadoras do crime de dano, a redação do art. 163, parágrafo único, inciso III, do Código Penal mencionava a União, o Estado e o Município, silenciando a respeito do Distrito Federal. Em decisões nas quais se discutia a prática de danos contra o patrimônio do Distrito Federal e da Caixa Econômica Federal antes da alteração promovida pela Lei 13.531/17, o STJ firmou a orientação de que o tratamento do fato como dano qualificado constitui analogia *in malam partem* (AgRg no REsp 1.628.623/DF, DJe 28/04/2017; EREsp 1.896.620/ES, j. 02/03/2023). Com o advento da Lei 13.531/2017, passa a incidir o aumento quando o objeto material dos crimes envolver não apenas bens do patrimônio da União, Estado, Município, sociedade de economia mista, empresa concessionária de serviços públicos, mas também do Distrito Federal, de autarquia, fundação pública e empresa pública.
- O STJ já decidiu que compete à Justiça Estadual, por inexistência de lesão a bens, serviços ou interesses da União, o julgamento do crime de dano ao patrimônio público cometido no entorno de área tombada pelo Instituto do Patrimônio Histórico e Artístico Nacional – IPHAN (CC 145.337/AM, DJe 19/04/2016).
- Discute-se se o proprietário do imóvel pode praticar o crime de introdução ou abandono de animais em propriedade alheia. Noronha entende ser possível nos casos em que o imóvel se encontra na legítima posse de terceiro (*Código Penal brasileiro comentado*, p. 444). Hungria, por sua vez, discorda, apontando a exigência de a propriedade ser alheia, sempre (*Código Penal*, v. 7, p. 113).
- É possível apropriação indébita de coisa *fungível*? Já se decidiu que não descaracteriza o crime a fungibilidade dos bens, salvo se o contrato ou qualquer outra forma de ajuste entre as partes consignar a possibilidade de o depositário deles usufruir, substituindo-os por outros da mesma espécie, qualidade e quantidade (*RT* 787/717).
- A exemplo do furto cometido com a intenção única de uso, ocorrendo tal circunstância, elide-se a configuração da apropriação indébita, exatamente pela inexistência da intenção de se apropriar definitivamente da coisa.
- Note-se que o agente, ao obter a posse ou detenção, não pode ter a intenção (pretérita) de já se apropriar do bem. Se assim age, utilizando, por exemplo, um contrato de locação como artifício para cometer a apropriação, pratica estelionato (art. 171 do CP).
- A pena da apropriação indébita é majorada se o agente comete o crime na qualidade de *síndico* (art. 168, § 1º, II). Segundo decidiu o STJ, trata-se do administrador judicial na falência – que o revogado Decreto-lei nº 7.661/45 denominava *síndico* –, excluindo-se da incidência da causa de aumento o síndico de condomínio (REsp 1.552.919/SP, DJe 01/06/2016).
- O STJ já decidiu que responde por apropriação indébita majorada o fiel depositário em penhora judicial sobre o faturamento (AgRg no REsp 1.871.947/PR, j. 26/04/2022). Mas, de acordo com o STF, não comete este crime o sócio administrador, nomeado depositário judicial, que deixa de transferir o montante penhorado do faturamento da empresa para a conta judicial determinada pelo juízo da execução, pois, no caso, não existe a elementar "coisa alheia" de que o agente possa se apropriar (HC 215.102/PR, j. 17/10/2023).
- O STJ decidiu que o princípio da insignificância não se aplica na apropriação indébita majorada em razão de ofício, emprego ou profissão do agente. Para o tribunal, ainda que o prejuízo seja diminuto,

a condição do agente torna a conduta grave a ponto de justificar concretamente a presença da tipicidade material (RHC 351.173/SC, DJe 20/09/2016).

- Para a maioria, a apropriação indébita previdenciária é crime omissivo, que depende de regulamentação de leis previdenciárias estabelecendo o prazo em que deve ser repassada a contribuição, bem como a forma em que o repasse deverá ocorrer. Já de acordo com a lição de Luiz Flávio Gomes e Alice Bianchini (*Crimes previdenciários*, v. 1, p. 32), o crime é comissivo omissivo (misto), pois, em primeiro lugar, temos um comportamento ativo (comissivo) que consiste em recolher as contribuições dos contribuintes. Depois advém um comportamento omissivo, deixar de repassar.
- Na apropriação indébita previdenciária, há divergência quanto à exigência de finalidade específica (intuito de fraudar a Previdência Social) Há quem sustente – a maioria – que, ao contrário da apropriação indébita comum – cuja conduta típica é "apropriar-se" –, a apropriação indébita previdenciária não pressupõe finalidade especial porque consiste apenas em "deixar de repassar". Por outro lado, há quem defenda, tal como na apropriação indébita comum, o *animus rem sibi habendi*, o especial fim de apropriar-se dos valores que deveriam ser destinados ao órgão previdenciário. Sem esta finalidade, argumentam, não é possível caracterizar-se a apropriação, seja qual for a modalidade.

  O STJ adotou a primeira tese e tem reiteradamente decidido que a finalidade especial é dispensável: "O posicionamento consolidado no âmbito da Terceira Seção deste Tribunal Superior é no sentido de que o tipo penal do artigo 168-A, do Código Penal, constitui crime omissivo próprio, que se consuma com o não recolhimento da contribuição previdenciária dentro do prazo e das formas legais, inexigindo a demonstração do dolo específico" (AgRg no AREsp 1.126.307/SP, j. 06/12/2018). Segue-se, com isso, a orientação do STF: "A jurisprudência deste Supremo Tribunal Federal é firme no sentido de que para a configuração do delito de apropriação indébita previdenciária não é necessário um fim específico, ou seja, o *animus rem sibi habendi*, bastando para nesta incidir a vontade livre e consciente de não recolher as importâncias descontadas dos salários dos empregados da empresa pela qual responde o agente" (HC 122.766 AgR/SP, DJe 13/11/2014).
- O crime de apropriação indébita previdenciária é material e pressupõe a constituição definitiva do crédito tributário: "O crime de apropriação indébita previdenciária, previsto no art. 168-A, § 1º, I, do Código Penal, possui natureza de delito material, que só se consuma com a constituição definitiva, na via administrativa, do crédito tributário, consoante o disposto na Súmula Vinculante n. 24 do Supremo Tribunal Federal" (STJ – REsp 1.982.304/SP, j. 17/10/2023).
- Não obstante tipifiquem condutas absolutamente diversas, o STJ considerou que os arts. 168-A e 337-A podem gerar continuidade delitiva: "é possível o reconhecimento da continuidade delitiva entre o crime de sonegação previdenciária (art. 337-A do CP) e o crime de apropriação indébita previdenciária (art. 168-A do CP) praticados na administração de empresas de um mesmo grupo econômico. Apesar de os crimes estarem tipificados em dispositivos distintos, são da mesma espécie, pois violam o mesmo bem jurídico, a previdência social" (REsp 1.212.911/RS). Há, no entanto, decisões posteriores que rechaçam a continuidade delitiva: "I - Os delitos de apropriação indébita previdenciária e de sonegação de contribuição previdenciária, previsto nos arts. 168-A e 337-A, ambos do Código Penal, embora sejam do mesmo gênero, são de espécies diversas, porquanto os tipos penais descrevem condutas absolutamente distintas. II - Esta Corte Superior tem entendimento consolidado no sentido de que é impossível o reconhecimento da continuidade delitiva entre crimes de espécies distintas. Precedentes." (AgRg no AREsp 1.172.428/SP, j. 12/06/2018).
- No julgamento dos REsp 1.688.878/SP e 1.709.029/MG pelo rito dos repetitivos, estabeleceu-se no STJ a orientação de que se considera materialmente atípico o fato envolvendo apropriação indébita previdenciária no valor de até R$ 20.000,00 - Tema 157: "Incide o princípio da insignificância aos crimes tributários federais e de descaminho quando o débito tributário verificado não ultrapassar o limite de R$ 20.000,00 (vinte mil reais), a teor do disposto no art. 20 da Lei n. 10.522/2002, com as atualizações efetivadas pelas Portarias 75 e 130, ambas do Ministério da Fazenda" (O art. 20 da Lei 10.522/02 foi alterado pela Lei 13.874/19 e não trata mais do valor mínimo para a execução fiscal. Atualmente, o valor é determinado por ato do Procurador-Geral da Fazenda Nacional. A modificação, contudo, não reflete na orientação jurisprudencial sobre a insignificância). Não obstante, esta conclusão é objeto de crítica e tem sido limitada, pois há entre os ministros quem considere despropositado impedir a aplicação da lei penal com fundamento nos critérios meramente financeiros que norteiam a regra estabelecida sobre a execução fiscal. Em 2019, julgando agravo regimental em revisão criminal, a Terceira Seção do tribunal decidiu que o princípio da insignificância não se aplica nos crimes de apropriação indébita previdenciária e de sonegação de contribuição previdenciária (AgRg na RvCr 4881/RJ, j. 22/05/2019). O tribunal se baseou em precedentes do STF segundo os quais a previdência social é bem supraindividual, incompatível com a tese da bagatela (HC 102.550/PR, j. 20/09/2011).
- Exige o tipo do estelionato a presença do elemento subjetivo, consistente na obtenção da vantagem em proveito próprio ou de terceiro. Se o agente emprega os meios fraudulentos com a mera finalidade, por exemplo, de prejudicar a vítima, sem visar locupletamento seu ou de outrem, o estelionato não se caracterizará.

- A fraude em certames de interesse público (concurso público, avaliação ou exame públicos, processo seletivo para ingresso no ensino superior ou exame ou processo seletivo previstos em lei) pode configurar o crime previsto no art. 311-A, criado pela Lei 12.550/11.
- Note-se que, no estelionato, a defraudação de coisa *penhorada* não se amolda ao tipo do art. 171, § 2º, inciso III, do Código Penal, vez que a *penhora*, que se destina a servir de garantia à execução, não se confunde com o *penhor*, que é garantia de débito. Nesta hipótese, duas consequências podem advir: a) se a defraudação da penhora levar o devedor à insolvência, tem-se a prática do crime de fraude à execução (art. 179 do CP); b) se, mesmo com a fraude, ao devedor restam bens aptos a garantir o débito, estar-se-á diante de mero ilícito civil, que, todavia, poderá ensejar prisão por depósito infiel (prisão esta de questionável constitucionalidade).
- O privilégio, no crime de estelionato, aplica-se somente ao "caput" do art. 171 do CP, ou também às formas equiparadas trazidas no parágrafo seguinte (§ 2º)? Apesar de haver corrente em sentido contrário, parece-nos um contrassenso não estender o benefício às variações do crime, previstas nos incisos do parágrafo seguinte (algumas, aliás, menos perigosas que o comportamento do *caput*). Tratar diferentes crimes da mesma natureza é desrespeitar o princípio constitucional da proporcionalidade.
- Com a entrada em vigor da Lei 14.155/21, o crime de estelionato também passou a contar com uma qualificadora (§ 2º-A) semelhante à inserida no furto (com pena idêntica: reclusão de quatro a oito anos, além da multa). Neste caso, contudo, a lei não faz referência específica a dispositivo eletrônico ou informático, que, no furto, pode ser invadido por meio de manobras fraudulentas. A invasão é justamente o que possibilita a subtração sem que a vítima se dê conta. No caso do estelionato, é mais grave a conduta de quem obtém vantagem utilizando informações fornecidas pela vítima ou por terceiro induzido em erro:
  a) por meio de redes sociais: atualmente são muito comuns os anúncios promovidos em redes sociais como Facebook e Instagram. Não raro, são anúncios fraudulentos, manobras ardilosas para atrair pessoas que forneçam seus dados;
  b) por contatos telefônicos: são também muito comuns as fraudes cometidas por meio telefônico. Uma situação que se vê com certa frequência é o envio de mensagem (por *WhatsApp*, por exemplo) na qual o estelionatário se identifica como amigo ou familiar da vítima e lhe pede um depósito bancário devido a uma emergência. Sem dar-se conta, a vítima efetua o depósito na conta do criminoso;
  c) pelo envio de correio eletrônico fraudulento: neste caso, a vítima recebe um e-mail fraudulento, muitas vezes imitando os caracteres de empresas ou organizações conhecidas e, a partir do acesso por meio do *link* disponibilizado, insere dados de cartão de crédito ou efetua pagamentos de compras simuladas, o que proporciona a vantagem ao estelionatário;
  d) por qualquer outro meio fraudulento análogo: nesta fórmula analógica se inserem quaisquer outras práticas fraudulentas cometidas por meios eletrônicos ou informáticos, como páginas na *internet*, por exemplo, em que a vítima não é diretamente abordada pelo estelionatário, como nas modalidades anteriores, mas é induzida em erro por fatores diversos (simulação de um estabelecimento comercial regularmente constituído; cópia de outra página conceituada etc.).
- No caso do § 2º-A do art. 171, ao contrário do que acontece no furto, a vítima, ao fornecer informações que possibilitam a prática do crime, integra diretamente o ardil preparado pelo estelionatário para obter a vantagem indevida. Ilustremos com exemplos ambas as figuras para bem diferenciá-las: a) Aproveitando a vulnerabilidade de pessoas que utilizam uma rede pública de *internet*, um *hacker* intercepta a conexão e obtém dados de acesso a contas bancárias. Com esses dados à disposição, acessa as contas e transfere quantias em dinheiro para outra conta da qual efetua saques. É um caso típico de furto mediante fraude, no qual a manobra ardilosa (interceptar os dados transmitidos entre o usuário e o ponto de conexão) é utilizada para que as vítimas sejam despojadas de seus bens sem que nada percebam; b) Pretendendo adquirir um televisor, um indivíduo faz uma pesquisa na *internet* e encontra a página de uma conhecida rede varejista na qual o produto está sendo anunciado por um preço muito abaixo das concorrentes. Insere seus dados pessoais e bancários sem saber que, na verdade, se trata de uma página clonada, que apenas copia os caracteres da famosa rede varejista, para induzir as pessoas em erro. Efetuado o pagamento, o dinheiro é creditado ao autor da fraude, que evidentemente não pretende entregar o produto anunciado. Nesse exemplo, ao contrário do anterior, a vítima tem participação direta, pois, induzida por um anúncio enganoso, fornece os dados para que o autor da fraude possa obter a vantagem. Trata-se, portanto, de estelionato.
- Houve ainda duas alterações relativas a causas de aumento de pena para o estelionato. O § 2º-B foi inserido no art. 171 para majorar de 1/3 a 2/3 a pena se o crime é praticado mediante a utilização de servidor mantido fora do território nacional. O § 4º, por sua vez, foi modificado para aumentar de 1/3 (um terço) ao dobro a pena se o crime é cometido contra idoso ou vulnerável. Há um detalhe importante em relação ao § 4º, que integra o art. 171 desde a edição da Lei 13.228, em 2015. O dispositivo determinava a aplicação da pena em dobro no caso da vítima idosa. A redação atual impõe um aumento variável

entre 1/3 e o dobro, ou seja, a majorante passou a ser mais branda, e pode retroagir para beneficiar condenados pela prática de estelionato contra idosos se as circunstâncias concretas não justificam a manutenção do aumento no máximo.

- No caso do estelionato previdenciário, o STJ firmou a tese de que a tipicidade material está sempre presente, ainda que o prejuízo causado pela conduta fraudulenta seja diminuto (afasta-se, portanto, o princípio da insignificância). Não obstante o crime seja fundamentalmente contra o patrimônio, a conduta que atinge um órgão da Administração Pública exerce efeitos deletérios também sobre a moral administrativa e a própria fé pública. Especialmente quando se trata de um órgão de previdência social, com o qual a maior parcela da população é obrigada a contribuir no presente para financiar os benefícios futuros, é imprescindível que todos tenham a confiança de que os recursos depositados estão sendo bem geridos e que condutas arquitetadas para dilapidá-los sejam reprimidas com severidade (AgRg no REsp 1.770.833/AL, j. 13/12/2018).
- Ainda quanto ao estelionato previdenciário, são basicamente duas as situações em que pode ocorrer:
  a) O benefício é fraudulento na origem, ou seja, é criado com ardil, sem qualquer atendimento aos requisitos legais: Esta conduta pode ser cometida tanto pelo próprio beneficiário quanto por alguém que viabiliza o benefício a um terceiro. Temos no primeiro caso, por exemplo, a conduta de alguém que falsifica documentos para obter uma aposentadoria por invalidez; no segundo caso podemos citar a conduta do funcionário do INSS que – normalmente por meio de corrupção – lança mão de fraude para criar o benefício em favor de um cidadão que não se qualificaria para recebê-lo.
  b) O benefício é devido, mas alguém utiliza o cartão previdenciário do beneficiário, após sua morte, para continuar a receber os valores. Trata-se da situação em que, apesar da morte do beneficiário, o instituto de previdência não é notificado e continua a disponibilizar o benefício, do que se aproveitam terceiros – normalmente familiares.

  Em decorrência das situações descritas nos itens *a* e *b*, a natureza do crime será:

  1) Permanente, caso o fraudador seja o próprio beneficiário, pois se compreende a obtenção da vantagem como produto de reiteração de condutas baseada no ato fraudulento cometido pelo próprio agente (STJ: AgRg no AgRg no AREsp 992.285/RJ, j. 20/06/2017; STF: HC 121.390/MG, j. 24/02/2015).
  2) Instantâneo de efeitos permanentes, caso a conduta fraudulenta seja praticada em favor de terceiro que receberá o benefício indevido. Neste caso, o agente comete apenas uma conduta, da qual outra pessoa se beneficia reiteradamente (razão dos efeitos permanentes) (STJ: RHC 66.487/PB, j. 17/03/2016; STF: HC 112.095/MA, j. 16/10/2012).
  3) Continuado, caso alguém permaneça recebendo o benefício que, devido na origem, deveria ter cessado em virtude da morte do beneficiário. Em virtude das mesmas circunstâncias de tempo, local e modo de execução, considera-se como se uma obtenção de vantagem fosse continuação de outra (STJ: AgRg no REsp 1.378.323/PR, j. 26/08/2014).
- A devolução dos valores indevidamente recebidos por meio do estelionato previdenciário – em qualquer das formas acima – não acarreta a extinção da punibilidade diante da inaplicabilidade das disposições relativas ao pagamento do tributo nos delitos contra a ordem tributária. É possível apenas a incidência da causa de diminuição de pena relativa ao arrependimento posterior (STJ: AgRg no REsp 1.770.833/AL, j. 06/02/2018).
- O STJ afastou a insignificância na conduta de um indivíduo que, na qualidade de médico em um hospital universitário federal, por diversas vezes registrou o ponto e se retirou em seguida sem cumprir a carga horária a que estava obrigado. Denunciado e condenado por estelionato, o médico alegava que, em processo administrativo, a própria entidade vítima havia reconhecido a inexistência de prejuízo relevante, mas o STJ concluiu que a intervenção penal é plenamente justificável: "A jurisprudência desta Corte Superior de Justiça não tem admitido, nos casos de prática de estelionato qualificado, a incidência do princípio da insignificância, inspirado na fragmentariedade do Direito Penal, em razão do prejuízo aos cofres públicos, por identificar maior reprovabilidade da conduta delitiva. Destarte, incabível o pedido de trancamento da ação penal, sob o fundamento de inexistência de prejuízo expressivo para a vítima, porquanto, em se tratando de hospital universitário, os pagamentos aos médicos são provenientes de verbas federais" (AgRg no HC 548.869/RS, j. 12/05/2020)".
- A Lei 13.964/19 (Pacote Anticrime) inseriu no art. 171 o § 5º, que modifica a natureza da ação penal, antes pública incondicionada (com as exceções do art. 182 do CP). Atualmente, a ação penal é pública condicionada a representação, exceto se a vítima for:
  a) a Administração Pública, direta ou indireta;
  b) criança ou adolescente: segundo a definição do art. 2º da Lei 8.069/90, criança é a pessoa de até doze anos de idade incompletos, e adolescente aquela entre doze e dezoito anos de idade. É importante notar que, no estelionato, a vítima deve ter capacidade para ser iludida, pois, do contrário, pode ocorrer abuso de incapazes (art. 173 do CP), no qual uma das condutas punidas é a de abusar, em proveito próprio ou alheio, de necessidade, paixão ou inexperiência de

menor, induzindo-o à prática de ato suscetível de produzir efeito jurídico em prejuízo próprio ou de terceiro. Neste crime, como se nota, não basta que se trate de um menor; é necessário que o agente obtenha proveito em razão de sua necessidade, paixão ou inexperiência. Assim, evita-se o conflito entre o estelionato contra criança ou adolescente e o abuso de incapazes apurando se a vítima sofreu o crime em razão de necessidade, paixão ou inexperiência. Tratando-se, por exemplo, de um adolescente já com certa experiência enganado como o seria outra pessoa também menos atenta, o crime é de estelionato com ação penal pública incondicionada.

c) pessoa com deficiência mental: a nosso ver, esta disposição não tem nenhum efeito, pois o ardil que vitima o deficiente mental se insere necessariamente no art. 173 do CP, que pune na qualidade de abuso de incapazes a conduta de abusar, em proveito próprio ou alheio, da alienação ou debilidade mental de outrem, induzindo-o à prática de ato suscetível de produzir efeito jurídico em prejuízo próprio ou de terceiro. Ao contrário do que ocorre no abuso contra menor, em que o tipo agrega um elemento sem o qual o crime não se caracteriza (necessidade, paixão ou inexperiência da vítima), o abuso contra deficiente mental se dá única e exclusivamente em razão da condição da pessoa. O tipo não traz nenhum elemento somado a essa condição para que se perfaça o crime. Por isso, o emprego de fraude que acarrete prejuízo ao deficiente mental e vantagem ao agente será sempre vinculado ao art. 173.

d) maior de 70 (setenta) anos de idade ou incapaz: a regra da ação penal, diferentemente do que ocorre na majorante do § 4º do art. 171, não utiliza o conceito legal de idoso, que, nos termos do art. 1º da Lei 10.741/03, é a pessoa com idade igual ou superior a sessenta anos. Somente se a vítima superar os setenta anos idade é que a ação penal se tornará pública incondicionada. Segundo o art. 4º do Código Civil, além dos menores entre dezesseis e dezoito anos (já inclusos no inciso II do § 5º), são incapazes, relativamente a certos atos ou à maneira de os exercer: a) os ébrios habituais e os viciados em tóxico; b) aqueles que, por causa transitória ou permanente, não puderem exprimir sua vontade; d) os pródigos.

- Tendo em vista que a necessidade de representação no estelionato traz consigo institutos extintivos da punibilidade, a regra do § 5º deve ser analisada sob a perspectiva da aplicação da lei penal no tempo. Aqui temos de diferenciar duas hipóteses: a) se a incoativa ainda não foi oferecida, deve o MP aguardar a oportuna representação da vítima ou o decurso do prazo decadencial, cujo termo inicial, para os fatos pretéritos, é o da vigência da nova lei; b) se a inicial (denúncia) já foi ofertada, trata-se de ato jurídico perfeito, que não é alcançado pela mudança. Não nos parece correto o entendimento de que a vítima deve ser chamada para manifestar seu interesse em ver prosseguir o processo. Essa lição transforma a natureza jurídica da representação de condição de procedibilidade em condição de prosseguibilidade. A lei não exigiu essa manifestação (como fez no art. 88 da Lei 9.099/1995). Em decisão proferida em 24 de março de 2021, a Terceira Seção do STJ decidiu que a necessidade de representação retroage apenas nos casos em que a denúncia não tenha sido oferecida (HC 610.201/SP, Rel. Min. Ribeiro Dantas, j. 24/03/2021). Seguiu-se, com isso, a orientação que vinha sendo adotada pela 1ª Turma do STF (HC 187.341/SP, Rel. Min. Alexandre de Moraes, j. 13/10/2020). A 2ª Turma, por outro lado, decidia que a necessidade de representação devia retroagir inclusive nas ações penais em curso (HC 180.421 AgR/SP, Rel. Min. Edson Fachin, j. 22/06/2021). Em razão dessa divergência, o plenário do tribunal julgou agravo regimental em *habeas corpus* em que se discutia a extensão da retroatividade. Por maioria, concluiu-se que a norma é retroativa inclusive nas ações penais em trâmite (HC 208.817 AgR/RJ, j. 13/04/2023).
- A Lei 14.478/22 inseriu no Código Penal o art. 171-A para tipificar a fraude com a utilização de ativos virtuais, valores mobiliários ou ativos financeiros. A definição de ativos virtuais nos é dada pela própria Lei 14.478/22, que também trata do que está excluído desse rol (art. 3º). Os valores mobiliários são aqueles elencados no art. 2º da Lei 6.385/76. O crime também pode ocorrer quando a conduta recai em "quaisquer outros ativos financeiros". O legislador insere um elemento normativo que encerra o tipo penal de forma genérica, permitindo ao intérprete encontrar outros ativos que geram um retorno para o investidor, seja uma pessoa física ou uma empresa. Trata-se de algo abrangente em que se inserem moedas, depósitos bancários, títulos públicos, dentre outros que não se incluam nas definições específicas já mencionadas. Títulos de crédito são abrangidos pelo tipo penal apenas quando tratados como ativos financeiros ou valores mobiliários. Um exemplo é a nota comercial. Também são exemplos o Certificado de Depósito Agropecuário (CDA) e o Warrant Agropecuário (WA), negociados nos mercados de bolsa e de balcão como ativos financeiros (art. 16 da Lei 11.076/04). Certificados de depósito bancário (CDB), letras de crédito do agronegócio (LCA), letras de crédito imobiliário (LCI) também são títulos de crédito considerados ativos financeiros.
- A fraude com a utilização de ativos financeiros pode se assemelhar ao disposto no art. 2º, inc. IX, da Lei 1.521/51. O que basicamente diferencia ambos os crimes é a abrangência da conduta. Crime patrimonial, a fraude com a utilização de ativos financeiros deve ter como alvos pessoas determinadas, ao passo que a conduta do crime contra a economia popular

tem uma característica difusa, com potencial para atingir número indeterminado de indivíduos. Essa é a distinção promovida pelo STJ nas análises de possíveis conflitos entre o estelionato e a Lei 1.521/51 (RHC 161.635/DF, j. 23/08/2022).

- No art. 171-A o dolo consiste na vontade consciente de praticar uma das condutas típicas. Além disso, há um elemento subjetivo específico: a finalidade de obter vantagem ilícita, em prejuízo alheio. Nota-se que a conduta distintiva do estelionato se transforma, na fraude com ativos financeiros, em finalidade especial.
- O crime do art. 171-A é formal. Diferentemente do que ocorre no estelionato, crime de duplo resultado que se consuma após a efetiva obtenção de vantagem indevida correspondente a um prejuízo para a vítima, a fraude com ativos financeiros dispensa a vantagem e a correlata lesão patrimonial. Isso porque, como já adiantamos no item anterior, neste crime a obtenção da vantagem é um elemento que anima o agente, não uma parte da conduta. Basta a operação fraudulenta para que o crime se consume, independentemente da obtenção de lucro e da provocação de prejuízos.
- No crime de duplicata simulada, a doutrina diverge no que tange à consumação. Para Bitencourt (Tratado de Direito Penal, v. 3, p. 294) e Damásio de Jesus (*Direito penal – Parte Especial*, v. 2, p. 451), o crime se consuma com a colocação do título em circulação. Já para Capez, atento à redação dada ao artigo pela Lei 8.137/90, que substituiu a ação de *expedir* pela de *emitir*, não mais se exige a efetiva circulação, bastando a simples criação do título. Todos concordam, no entanto, que o crime é formal, dispensando efetivo dano, o qual, se sobrevier, configurará mero exaurimento (*Direito Penal – Parte Especial*, v. 2, p. 517).
- O delito de fraude no comércio se assemelha àquele do art. 171, § 2º, IV, do Código Penal, que pune a conduta de quem defrauda substância, qualidade ou quantidade de coisa que deve entregar a alguém. A distinção reside no fato de, no dispositivo em comento, a proteção recair exclusivamente sobre as relações comerciais, mencionando expressamente o texto legal que a conduta deve se dar no exercício de atividade comercial.
- No delito do art. 176 do Código Penal, em todas as modalidades, deve o agente faltar ao pagamento por inexistência de recursos disponíveis, consistindo a fraude no silêncio quanto a esta circunstância. Logo, nos casos em que o agente, dispondo de numerário bastante, recusar-se a realizar o pagamento, não configura o presente delito, mas reprovável ato de calote, que pertence ao âmbito do direito civil. É o caso da "pendura".
- Quem recebe um objeto proveniente de delito, em boa-fé, e depois conhecendo essa origem viciosa, o oculta, responde como receptador? O dolo deve, necessariamente, preceder (ou ser contemporâneo) a qualquer das condutas previstas no tipo, pois, contrariamente, não haverá receptação.
- Existe receptação (própria ou imprópria) de coisa produto de ato infracional? Para Fragoso, se a lei se refere somente a *crime*, sem qualquer referência ao ato infracional, a receptação será atípica (*Lições de direito penal:* parte especial, v. 2, p. 421-422). Noronha discorda, ensinando: "Pode tratar-se ainda de irresponsável (art. 22 [anterior à Reforma de 1984]), que a situação jurídica de quem, em proveito próprio ou alheio, adquire, recebe ou oculta a coisa, não mudará. Não se aplicam, dessarte, ao nosso Código, as palavras de Von Liszt: 'Se a ação principal foi praticada por um indivíduo sem imputabilidade, como tal ação não é *punível*, não pode dar-se receptação, mas é possível que se dê o delito de desvio'. Não têm cabida, porque, ao contrário do § 250 do Código Alemão, nosso estatuto não se refere a ação *punível*, e sim a crime, o qual não desaparece porque excluída a responsabilidade de quem o praticou" (*Código Penal brasileiro comentado*, p. 417). O mesmo autor afirma que a receptação será punível ainda que o autor do crime anterior esteja isento de pena em razão da disposição do art. 181 do Código Penal.
- Para que se configure a receptação (própria ou imprópria), é imprescindível a existência de delito precedente, figurando como objeto material a coisa produto de *crime*, não necessariamente contra o patrimônio (restrição não prevista, nem implicitamente, no tipo penal). Sendo vedada a analogia incriminadora, forçoso é convir que *coisa produto de contravenção penal* não gera receptação.
- A doutrina, na sua maioria, explica ser admissível a tentativa somente na receptação própria. Ousamos discordar. É possível que o intermediário (receptação imprópria) busque influir no convencimento do terceiro de boa-fé por escrito, caso em que a execução admitirá fracionamento (carta interceptada antes de atingir seu destino).
- Segundo já decidiu o STF, o princípio da insignificância é incompatível com o crime de receptação: "A jurisprudência do Supremo Tribunal Federal não admite o reconhecimento do princípio da insignificância, no caso de que se trata, tendo em vista que 'o delito de receptação (art. 180 do CP) traz consigo um enorme número de outros crimes, inclusive mais graves, pois é nele que se encontra incentivo para a prática de diversos crimes contra o patrimônio, a exemplo do furto e do roubo. É nesse contexto que se deve avaliar a reprovabilidade da conduta, e não apenas na importância econômica do bem subtraído ou, como no caso sob exame, no valor pago pelo paciente para, ilicitamente, adquirir um produto de crime' (HC 111.608, Rel. Min. Ricardo Lewandowski)" (HC 163.263 AgR/SP, j. 01/03/2019). O STJ, no entanto, não impõe a mesma restrição: "O pequeno valor do carrinho de mão receptado de propriedade de uma empreiteira, que representa menos de 5% do salário mínimo vigente à época dos fatos - R$ 30,00, denota não relevante interesse social na onerosa interven-

ção estatal, ainda que se trate de réu reincidente por embriaguez ao volante e desobediência" (HC 570.838/PR, j. 19/05/2020).

- Apesar de crime acessório (pressupõe outro para sua existência), na punição da receptação não é necessário que se comprove a autoria do crime pretérito, nem que seu autor seja punido, bastando que haja prova da ocorrência do injusto penal, consoante o disposto no § 4º.
- A Lei 13.531/2017 alterou o § 6º do art. 180 para incluir na majorante da receptação o fato cometido contra o patrimônio do Distrito Federal, de autarquia, de fundação pública ou de empresa pública. Antes a pena era elevada somente nas hipóteses em que o agente praticava o crime contra bens e instalações do patrimônio da União, de Estado, de Município, de empresa concessionária de serviços públicos ou de sociedade de economia mista.
- Caso o crime de receptação seja cometido por meio da utilização de veículo automotor, o condenado em decisão judicial transitada em julgado terá cassado seu documento de habilitação ou será proibido de obter a habilitação pelo prazo de cinco anos (art. 278-A do CTB, inserido pela Lei 13.804/19). Decorrido o prazo, o condutor poderá obter nova habilitação, desde que se submeta ao procedimento necessário (§ 1º). E, no caso do condutor preso em flagrante, poderá o juiz, em qualquer fase da investigação ou da ação penal, se houver necessidade para a garantia da ordem pública, como medida cautelar, de ofício, ou a requerimento do Ministério Público, ou ainda mediante representação da autoridade policial, decretar, em decisão motivada, a suspensão da permissão ou da habilitação para dirigir veículo automotor, ou a proibição de sua obtenção (§ 2º).
- Nota-se que tendo em vista o objetivo da escusa absolutória (manutenção da harmonia familiar), aqueles que vivem em união estável dela poderão se beneficiar, já que o art. 226, § 3º, da CF dispõe que, "para efeito da proteção do Estado, é reconhecida a união estável entre o homem e a mulher como entidade familiar, devendo a lei facilitar sua conversão em casamento". O STF, ao julgar a ADI 4277 e a ADPF 132, reconheceu a união estável para casais do mesmo sexo. Logo, parece claro que a referida decisão repercute na seara penal, mais precisamente nas escusas absolutórias, admitindo-se a aplicação do art. 181, I, nas relações homoafetivas.
- Na escusa relativa, relativamente ao irmão, mais uma vez mostra-se inadequado o texto do Código Penal, já que diferencia (a *contrario sensu*) entre o legítimo e o ilegítimo, quando a discriminação é vedada pela Constituição da República.
- Com o advento da Lei nº 11.340/2006 (define violência doméstica e familiar contra a mulher), encontramos doutrina no sentido de que os crimes patrimoniais praticados *contra a mulher*, no âmbito doméstico e familiar, mesmo que sem violência, também não permitem as imunidades dos artigos 181 e 182 do Código Penal. Ousamos discordar. A uma, deve ser alertado que o Estatuto da Pessoa Idosa, para impedir as escusas quando a vítima é pessoa idosa, foi expresso (diferente da Lei Maria da Penha, que nada dispôs nesse sentido, nem implicitamente); a duas, não permitir a imunidade para o marido que furta a mulher, mas permiti-la quando a mulher furta o marido, é ferir, de morte, o princípio constitucional da isonomia (aliás, a Lei nº 11.340/2006 deve garantir à mulher *vítima* de violência doméstica e familiar especial proteção, e não simplesmente à mulher, mesmo quando autora!).
- Diferentemente do que fez no Estatuto da Pessoa Idosa, o legislador, quando criou o Estatuto da Pessoa com Deficiência, lamentavelmente não alterou o art. 183 do Código Penal, permitindo em crimes contra o patrimônio, sem violência ou grave ameaça, previstos no Tit. II da Parte Especial do CP, cometidos em face do deficiente, a incidência das imunidades absolutas e relativas dos arts. 181 e 182. Os operadores do Direito, diante da novel Lei, já questionam: tais dispositivos (arts. 181 e 182 do CP) incidem nos crimes contra o patrimônio, cometidos sem violência ou grave ameaça a pessoa com deficiência, previstos naquele Estatuto? É o caso, por exemplo, dos arts. 89 e 91. Certamente muitos vão defender a sua aplicação, ostentando a bandeira da analogia *in bonam partem*. Entendemos, depois de muita reflexão sobre o tema, que deve prevalecer o princípio da especialidade, isto é, crimes contra o patrimônio cometidos em face a pessoa com deficiência previstos no respectivo Estatuto ou qualquer outra lei especial não são alcançados pelas citadas imunidades. Conclusão diversa redundaria numa clara proteção deficitária do Estado. Não se pode ignorar que, na esmagadora maioria das vezes, quem tutela o patrimônio da pessoa com deficiência é seu parente próximo (cônjuge, companheiro, ascendente, descendente ou irmão). Garantir-lhes, desde logo, causa especial de exclusão de punibilidade quando arbitrariamente atacam a fortuna da pessoa com deficiência soa como indisfarçável absurdo.

17. CRIMES CONTRA A ORGANIZAÇÃO DO TRABALHO

- Guilherme de Souza Nucci, lembrando as lições de Hungria, observa que o crime do art. 197 do Código Penal é modalidade especial de constrangimento ilegal, no qual a pessoa jurídica não pode figurar como vítima. Contudo: "Somente o ser humano pode ser vítima da violência ou da grave ameaça, abrindo ou fechando o que lhe pertence. Não tem cabimento dizer, por exemplo, que a loja fechada pelo empregado que sofreu a violência, tem por sujeito passivo a pessoa jurídica, uma vez que foi o vendedor que *fechou* o estabelecimento e este não lhe pertence. Eis por que é inadequado dizer que a pessoa jurídica é o sujeito passivo" (*Código Penal comentado*, p. 937).

- Pessoa jurídica pode ser vítima do crime de boicotagem violenta (art. 198 do Código Penal)? Bitencourt, lembrando haver divergência, explica: "Embora não seja desarrazoado o entendimento de Regis Prado quando sustenta que a *pessoa jurídica* pode ser sujeito passivo do crime de boicotagem violenta, não nos parece tecnicamente adequado à norma proibitiva. Com efeito, qualquer das duas figuras descritas no dispositivo em exame exige que a conduta de constranger seja praticada contra *alguém*, e, em nosso vernáculo, não há espaço para abranger como 'alguém' uma ficção, em vez da pessoa natural." (Tratado de Direito Penal, v. 3, p. 406).
- No art. 199 do Código Penal, observa Bitencourt (*Tratado de Direito Penal*: Parte Especial, vol. 3, p. 412) estar criminalizada a conduta de constranger a vítima a participar (ou não) em *determinado* sindicato ou em *determinada* associação profissional. "O constrangimento a participar ou não participar, genericamente, de qualquer sindicato ou associação não tipifica esse crime, mas tão somente o crime de constrangimento ilegal (art. 146)". Pelos mesmos motivos, pressupondo o crime uma ação obstativa da participação em determinado sindicato, não se insere no núcleo do tipo a conduta destinada a afastar alguém de cargo sindical (*RJDTACRIM* 23/118).
- No art. 200 do Código Penal, na hipótese de abandono coletivo de trabalho, o crime é plurissubjetivo, sendo necessária a presença de no mínimo três empregados (parágrafo único). Já na suspensão do trabalho (*lockout*), os empregadores é que figurarão como autores do delito. A lei, nesta hipótese, nada menciona acerca da necessidade de haver um grupo mínimo de agentes, porém, a maioria da doutrina entende evidente essa condição, já que o texto prevê a conduta de *participar*, que naturalmente pressupõe a pluralidade de pessoas.
- Diverge a doutrina no tocante à revogação do art. 201 do Código Penal pela Lei nº 7.783/89, que regulamentou o direito de greve. Para aqueles que o consideram revogado, o argumento para tanto reside no fato de que o mencionado diploma legal permite greve em serviços essenciais e, além disso, a própria norma constitucional, ao garantir esse direito, não excepcionou, bem como não foi objeto de Lei Complementar a regulamentá-la (Luiz Regis Prado, Curso de Direito Penal Brasileiro – vol. 3 – Parte Especial, pp. 137/139). Para outros, como Mirabete, o artigo 201 permanece em vigor, mas não basta que a obra seja pública ou o interesse seja coletivo. É preciso que seja essencial para a preservação do interesse público (ob. cit. p. 378).
- No crime do art. 202, o dolo consiste na vontade de praticar uma das ações típicas previstas. Além disso, deve haver a finalidade especial de impedir ou embaraçar o curso normal do trabalho. Sem o motivo determinante da ação delituosa não se pode inferir a prática do delito previsto no art. 202 do CP, sob qualquer de suas formas (*RT* 564/425). É esse elemento subjetivo do tipo que diferencia o crime em apreço da invasão de domicílio, do esbulho possessório, do furto e do dano.
- Diferenças entre os delitos de frustração de direito assegurado por lei trabalhista e de redução a condição análoga à de escravo:

	Redução a condição análoga a de escravo (art. 149 do CP)	**Frustração de direito assegurado por lei trabalhista (art. 203 do CP)**
Tutela:	Liberdade pessoal	Regularidade das relações de trabalho
Tipo subjetivo:	Há uma sujeição de domínio. Clara desumanização do trabalhador por meio de restrições de direitos ou condições de trabalho	A finalidade é frustrar a aplicação da legislação trabalhista ou impossibilitar o desligamento do serviço.

- À época da elaboração do Código Penal de 1940, a Constituição de 1937 previa regra que vedava a contratação de estrangeiros em maior número do que brasileiros em empresas nacionais. Essa previsão foi repetida nos textos constitucionais subsequentes, até a Emenda Constitucional 1 de 1969. Com a promulgação da *Charta Magna* de 1988, passou-se a garantir a igualdade entre brasileiros e estrangeiros residentes no país, sendo a todos assegurado o livre exercício de qualquer trabalho, ofício ou profissão, respeitando-se as qualificações profissionais que a lei estabelecer. Proibiu-se, assim, a discriminação de estrangeiros no preenchimento de postos de trabalho. Dentro desse espírito, há posicionamento doutrinário negando a recepção do art. 204 do CP (bem como de qualquer outra norma, injustificadamente, discriminatória) pela Constituição Federal de 1988.
- O médico que continua a exercer a profissão após ter sua inscrição cancelada no Conselho Federal de Medicina pratica o delito do art. 205 (exercício e atividade com infração de decisão administrativa) ou do art. 282 do Código Penal (exercício ilegal da medicina)? De acordo com a jurisprudência do STF, a conduta típica prevista no art. 205 do CP, por ser específica, exclui a do art. 282 também do CP, portanto, o médico, que, após ter cancelada a sua inscrição pelo Conselho Federal de Medicina, continua a exercer a profissão, pratica o delito de exercício de atividade com infração de decisão administrativa (RT 748/544).
- Quanto ao art. 206 do Código Penal, deve ser observado que o tipo penal prevê o recrutamento de mais de um trabalhador, pois que utilizado o vocábulo no plural (*trabalhadores*). O que se discute na doutrina é o número mínimo exigido para a tipificação. Para uns (Celso Delmanto, *Código Penal comentado*, p. 577), bastam dois trabalhadores recrutados para a ocorrência do fato delituoso. Já para outros (Mira-

bete, *Manual de direito penal:* parte especial, v. 2, p. 386; Bitencourt, Tratado de Direito Penal, v. 3, p. 440), exige-se o recrutamento de pelo menos três trabalhadores, pois o Código Penal, quando se contenta com o número mínimo de dois, o diz expressamente.

- No art. 207 do Código Penal, Luiz Regis Prado (*Curso de direito penal brasileiro:* parte especial, p. 186), não sem razão, sustenta que a localidade para a qual serão enviados os trabalhadores deve ser afastada da origem, sob pena de não se ofender o bem jurídico.

18. CRIMES CONTRA O RESPEITO AOS MORTOS

- No art. 209 do Código Penal, embora a maioria, ante a ausência de previsão legal, não exija do agente qualquer finalidade especial (bastando que, de forma consciente, queira ou assuma o risco de perturbar ou impedir enterro ou cerimônia fúnebre), Noronha pensa diferente: "Não existe o crime sem dolo genérico. A respeito do *específico*, reina divergência. Cremos, entretanto, que é mister esse outro dolo, que é o fim ou o escopo de transgredir ou violar o sentimento de piedade para os que não mais vivem. É o que especifica o crime. Se, p. ex., um parente do morto, indignado com a empresa funerária, pela má qualidade do esquife enviado, o danifica ou destrói (ainda que o corpo ali esteja), não cremos haver praticado o delito em apreço, pois o objetivo da pessoa é justamente protestar contra o que reputa falta de consideração ou deferência para o ente querido" (*Direito penal*, v. 3, p. 81).
- Quanto ao crime do art. 210 do Código Penal, para Damásio de Jesus, "a sepultura vazia ou o monumento erigido à memória de alguém, que não contenham sequer partes de um cadáver, não constituem objeto material do delito" (*Direito penal*, v. 3, p. 78). No mesmo sentido é a lição de Luiz Regis Prado (*Curso de direito penal brasileiro:* parte especial, p. 225).
- No art. 211 do Código Penal, note-se que, para que seja considerado cadáver, não basta ao corpo humano estar sem vida, sendo imprescindível que mantenha os traços mínimos identificadores da aparência humana, ou seja, que não tenha sido atingido pela decomposição cadavérica. Assim, não são objetos do crime em estudo o esqueleto, as cinzas, as múmias e as partes do corpo incapazes de se reconhecer como tal. Havendo, por exemplo, subtração de múmia, poderá o agente incorrer na prática do crime de furto, tendo em vista não se tratar de coisa excluída do comércio.
- As partes do corpo do cadáver a que se refere o art. 211 do Código Penal são aquelas separadas em razão das circunstâncias da morte (como a explosão), bem como as retiradas do corpo humano após a morte. Deve-se atentar para o fato de que as partes amputadas de um corpo vivo não são protegidas pelo dispositivo em apreço, que trata da tutela do respeito aos mortos.
- Luiz Regis Prado, ao discorrer sobre o objeto material do art. 212 do Código Penal (cadáver ou suas cinzas), faz o seguinte apontamento: "Quanto ao objeto material desse dispositivo, é muito importante esclarecer que tanto pode ser o *cadáver* (corpo humano inanimado, inclusive o natimorto), as *partes deste* ou suas *cinzas* (resíduos de cremação). Embora o legislador não tenha expressamente incluído o termo 'partes dele', como o fez o legislador de 1969 [no Código Penal que não chegou a vigorar], é perfeitamente possível que aquelas sejam objeto de proteção desse dispositivo, com base no argumento a *minori ad maius*. Ora, não seria lógico salientar que constitui crime escarrar sobre as cinzas de um cadáver, enquanto o mesmo ato praticado sobre um membro (*v.g.*, tronco, braço, cabeça) de uma pessoa falecida constitua conduta atípica" (*Curso de direito penal brasileiro:* parte especial, p. 243).

19. CRIMES CONTRA A DIGNIDADE SEXUAL

- O bem jurídico protegido na tipificação do estupro é a dignidade sexual do ofendido, é o direito de dispor do corpo, a tutela do critério de eleição sexual de que goza na sociedade. É direito seu que não desaparece ainda que se dê à vida licenciosa, como no caso da prostituta, que, mesmo mercadejando com o corpo, conserva a faculdade de aceitar ou recusar o parceiro que o solicita.
- Antes da reforma promovida pela Lei 12.015/09, a doutrina discutia a necessidade (ou não) de finalidade específica animando o agente no cometimento do crime de estupro. Mirabete entende imprescindível sua presença, e, comentando o artigo antes da reforma, argumentava: "A vontade de constranger, obrigar, forçar a mulher é o dolo do delito de estupro. Exige-se, porém, o elemento subjetivo do injusto (dolo específico), que é o intuito de manter conjunção carnal" (*Manual de direito penal*: parte especial, v. 2, p. 409). Já Fernando Capez, com a maioria, ensina que nenhuma finalidade específica é necessária para que se configure o crime de estupro: "Entendemos que não é exigida nenhuma finalidade especial, sendo suficiente a vontade de submeter a vítima à prática de relações sexuais completas. O que pode causar certa dúvida é o fato de que tal crime exige a finalidade de satisfação da lascívia para a sua caracterização. Ocorre que se trata de um delito de tendência, em que tal intenção se encontra ínsita no dolo, ou seja, na vontade de praticar a conjunção carnal. Deste modo, o agente que constrange mulher mediante o emprego de violência ou grave ameaça à prática de cópula vagínica não age com nenhuma finalidade específica, apenas atua com a consciência e vontade de realizar a ação típica e com isso satisfazer sua libido (o até então chamado dolo genérico)" (Direito Penal –

Parte Especial, v. 3, p. 6-7). A Lei 12.015/2009 não foi capaz de esclarecer a divergência. Mas resulta claro que da noção do dolo, nos crimes sexuais, faz parte a intenção de realizar ato de libidinagem, ou seja, a intenção sexual é inerente ao dolo, nos delitos contra a dignidade sexual.

- Decidiu o STJ ter se caracterizado o crime de estupro qualificado na situação em que o agente, pretendendo se envolver lascivamente com uma adolescente de quinze anos, levou-a ao chão e, imobilizando-a com o joelho, "roubou-lhe" um beijo (REsp 1.611.910/MT, DJe 27/10/2016). E decisões posteriores têm seguido a mesma linha: "(...) 3. O estupro é, pois, crime complexo em sentido amplo, constituindo-se de constrangimento ilegal voltado para uma finalidade específica, consistente em conjunção carnal ou outro ato libidinoso. Ademais, a execução desta conduta típica especial de constrangimento ilegal possui elementos especializantes de meio de execução, consistentes na violência (vis absoluta ou vis corporalis) ou grave ameaça (vis compulsiva). A grave ameaça, também conhecida como violência moral, é a promessa de realização de mal grave, futuro e sério contra a vítima (direta ou imediata) ou pessoa que lhe é próxima (indireta ou mediata). Por sua vez, a violência caracteriza-se pelo emprego de força física sobre a vítima, consistente em lesões corporais ou vias de fato. Pode ser direta ou imediata, quando dirigida contra o ofendido, ou indireta ou mediata, se voltada contra pessoa ou coisa ligada à vítima por laços de parentesco ou afeto. 4. O beijo lascivo ingressa no rol dos atos libidinosos e, se obtido mediante violência ou grave ameaça, importa na configuração do crime de estupro. Evidentemente, não são lascivos os beijos rápidos lançados na face ou mesmo nos lábios, sendo preciso haver beijos prolongados e invasivos, com resistência da pessoa beijada, ou então dos beijos eróticos lançados em partes impudicas do corpo da vítima. Por conseguinte, verificar-se-á estupro mediante violência caso a conduta do beijo invasivo busque a satisfação da lascívia, desde que haja intuito de subjugar, humilhar, submeter a vítima à força do agente, consciente de sua superioridade física. 5. No caso, resta evidente a utilização de força física, conquanto ausentes vestígios de lesão, para beijar a vítima contra sua vontade, e ainda lhe esfregar o órgão genital ereto, tendo o recorrente parado apenas por ter sido impedido por testemunha. Em tese, tal conduta amolda-se à hipótese típica do crime de estupro, para realização de atos libidinosos, cometido por meio de violência, consistente no emprego de força física contra a vítima, subjugando-a pela superioridade física do agente, até porque aquela possui limitações físicas decorrentes da ataxia cerebelar" (RHC 93.906/PA, j. 21/03/2019).

- Responde como partícipe do estupro quem garante as condições para sua ocorrência, mas não ingressa diretamente na ação típica: "Com efeito, no caso em tela, verifica-se que o recorrido G A dos S, apesar de não ter presenciado o ato, contribuiu e facilitou a conduta delituosa do comparsa, não havendo dúvidas quanto à sua participação no delito de estupro. O Código Penal, ao tratar do concurso de agentes, adota, como regra, a teoria monista, segundo a qual, presentes a pluralidade de agentes e a convergência de vontades voltada à prática da mesma infração penal, todos aqueles que contribuem para o delito incidem nas penas a ele cominadas, na medida da sua culpabilidade. Nos termos do art. 29 do Código Penal, a participação ocorre quando o agente, não praticando atos executórios do crime, concorre de qualquer modo para sua realização. Esta Corte Superior de Justiça, ao interpretar o referido artigo, entende que é parte passiva legítima na ação quem, de qualquer modo, concorre para o crime, ainda que não tenha praticado a conduta prevista no núcleo do tipo penal. [...] No caso, o ora recorrido, G A dos S, no momento em que aderiu à determinação do comparsa, saindo do veículo com a vítima F S de C para vigiá-lo e impedir qualquer reação por parte deste, facilitou e assegurou a consumação do delito, concorrendo para a conduta típica, nos exatos termos do art. 29 do Código Penal. Logo, é forçoso reconhecer a procedência da sentença, ao concluir que o ora recorrido participou do crime de estupro contra a vítima, pois permitiu, de fato, que com esta fosse praticado atos libidinosos" (STJ: REsp 1.799.010/GO, j. 23/04/2019).

- Nos termos da Lei 14.069/20, a condenação provoca a inserção do agente no Cadastro Nacional de Pessoas Condenadas por Crime de Estupro, o qual deve conter ao menos as seguintes informações:

  a) características físicas, fotos e dados de identificação datiloscópica: a Lei 12.037/09 admite a identificação criminal – que inclui o processo datiloscópico e o fotográfico (art. 5º) – em situações específicas, que não estão relacionadas à natureza do crime, mas sim à dúvida sobre a verdadeira identidade de quem é apontado como suspeito de um crime e à necessidade da identificação para as investigações policiais. A criação deste cadastro inclui uma forma de identificação obrigatória, ligada à natureza do crime cometido e que deve ser promovida após a condenação, caso não o tenha sido antes.

  b) identificação do perfil genético: o art. 9º-A da Lei 7.210/84 impõe a identificação do perfil genético de condenados por crime doloso praticado com violência grave contra a pessoa, bem como por crime contra a vida, contra a liberdade sexual ou por crime sexual contra vulnerável. Essa identificação (tratando-se da fase de execução da pena) não serve, necessariamente, para subsidiar investigação criminal em curso ou para esclarecer dúvida eventualmente gerada pela identificação civil (ou mesmo datiloscópica), tendo como fim principal abastecer banco de dados sigiloso (podendo servir para investigação futura). A coleta de perfil genético durante a fase de investigação policial obedece às disposições previstas na Lei 12.037/09, que permite a extração de material genético, mediante autorização judicial, caso seja essencial à investigação.

c) local de moradia e atividade laboral desenvolvida, nos últimos 3 (três) anos, em caso de concessão de livramento condicional: são condições obrigatórias para o livramento condicional que o condenado comunique periodicamente ao juiz sua ocupação e não mude do território da comarca onde tramita a execução sem autorização (art. 132, § 1º, da LEP). É possível, ainda, impor a obrigação de que o condenado não mude de residência sem a devida comunicação (§ 2º). Não há, portanto, maiores dificuldades no abastecimento do cadastro no que tange às informações sobre a moradia e a atividade profissional desenvolvida pelo condenado em liberdade antecipada.

Nota-se que as informações contidas no cadastro criado pela Lei 14.069/20 de alguma forma já existiam, mas passam a ser compiladas especificamente com a finalidade de acompanhar criminosos sexuais.

- Sobre o revogado art. 214 do CP, que tipificava o atentado violento ao pudor, o STJ firmou o entendimento de que a revogação não autoriza a conclusão de que houve *abolitio criminis*. Aplica-se, no caso, o princípio da continuidade normativo-típica (HC 238.917/SP, DJe 22/03/2017).
- No art. 215 do Código Penal, é necessário que a fraude seja capaz de iludir alguém, analisando-se, para tanto, não só o meio empregado, como também as condições do ofendido, que poderão variar conforme o caso concreto (o local em que vive a vítima, o seu grau de instrução, a forma como foi educada etc.).
- A Lei 13.718/18 introduziu no Código Penal o art. 215-A, que tipifica a importunação sexual nos seguintes termos: "Praticar contra alguém e sem a sua anuência ato libidinoso com o objetivo de satisfazer a própria lascívia ou a de terceiro". Antes do art. 215-A, condutas relativas à importunação de conotação sexual normalmente se subsumiam, conforme o caso, ao art. 61 ou ao art. 65 do Decreto-lei 3.688/41. O art. 61, revogado expressamente pela Lei 13.718/18, consistia em importunar alguém, em lugar público ou acessível ao público, de modo ofensivo ao pudor. Já o art. 65, revogado pela Lei 14.132/21 (que tipificou o crime de perseguição no art. 147-A do CP), punia a conduta de molestar alguém ou perturbar-lhe a tranquilidade, por acinte ou por motivo reprovável.
- O preceito secundário do art. 215-A contém subsidiariedade expressa: aplicam-se as penas da importunação sexual se a conduta não caracteriza crime mais grave. Por isso, a falta de anuência da vítima não pode consistir em nenhuma forma de constrangimento, que aqui deve ser compreendido no sentido próprio que lhe confere o tipo do estupro – obrigar alguém à prática de ato de libidinagem –, não no sentido usual, de mal-estar, de situação embaraçosa, ínsita ao próprio tipo do art. 215-A e um de seus fundamentos.
- Existe assédio sexual se o empregador assedia sua subalterna para favorecer sexualmente seu filho (do empregador)? Na lição de Fernando Capez, "a vantagem ou favorecimento sexual pode ser para o próprio agente ou para outrem (p. ex., um amigo), ainda que este desconheça esse propósito do agente. Caso o terceiro tenha ciência e queira a obtenção desses benefícios sexuais, haverá o concurso de pessoas" (*Curso de direito penal:* parte especial. São Paulo: Saraiva, 2004, v. 3, p. 44-45).
- A doutrina discute se é possível o assédio sexual do professor contra o aluno. A controvérsia nasce a partir da interpretação que se pode conferir às expressões "superioridade hierárquica" e "ascendência", condições elementares do tipo. Para Guilherme de Souza Nucci (*Código Penal comentado*, p. 985), ambas são inerentes ao exercício de emprego, cargo ou função, mas a superioridade hierárquica retrata uma *relação laboral no âmbito público*, enquanto a ascendência espelha a mesma relação, porém no *campo privado*. Dentro desse espírito, não configura o crime a mera relação entre docente e aluno, por ausência do vínculo de trabalho entre os dois sujeitos. Luiz Regis Prado (*Curso de direito penal brasileiro:* parte especial, p. 288) discorda, assim argumentando: "*Superior hierárquico*, como elemento normativo do tipo, é condição que decorre de uma relação laboral, tanto no âmbito da Administração Pública como da iniciativa privada, em que determinado agente, por força normativa ou por contrato de trabalho, detém poder sobre outro funcionário ou empregado, no sentido de dar ordens, fiscalizar, delegar, ou avocar atribuições, conceder privilégios (*v.g.*, promoção, gratificação etc.), existindo uma carreira funcional, escalonada em graus. Na *ascendência*, elemento normativo do tipo, não se exige uma carreira funcional, mas apenas uma relação de domínio, de influência, de respeito e até mesmo de temor reverencial (*v.g.*, relação professor-aluno em sala de aula)". É a orientação adotada pelo STJ: "3. Insere-se no tipo penal de assédio sexual a conduta de professor que, em ambiente de sala de aula, aproxima-se de aluna e, com intuito de obter vantagem ou favorecimento sexual, toca partes de seu corpo (barriga e seios), por ser propósito do legislador penal punir aquele que se prevalece de sua autoridade moral e intelectual – dado que o docente naturalmente suscita reverência e vulnerabilidade e, não raro, alcança autoridade paternal – para auferir a vantagem de natureza sexual, pois o vínculo de confiança e admiração criado entre aluno e mestre implica inegável superioridade, capaz de alterar o ânimo da pessoa constrangida. 4. É patente a aludida "ascendência", em virtude da "função" desempenhada pelo recorrente – também elemento normativo do tipo –, devido à atribuição que tem o professor de interferir direta-

mente na avaliação e no desempenho acadêmico do discente, contexto que lhe gera, inclusive, o receio da reprovação. Logo, a "ascendência" constante do tipo penal objeto deste recurso não deve se limitar à ideia de relação empregatícia entre as partes. Interpretação teleológica que se dá ao texto legal" (REsp 1.759.135/SP, j. 13/08/2019).

- No tocante ao momento consumativo do assédio sexual, há duas correntes. Para uns, o crime se perfaz com o constrangimento (ainda que representado por um só ato), independentemente da obtenção da vantagem sexual visada. Assim lecionam Mirabete (*Manual de direito penal*, v. 2, p. 422) e Fernando Capez (Direito Penal, v. 3, p. 45); para outros, o crime é habitual, sendo necessária a prática de reiterados atos constrangedores.
- A Lei 13.772/18 inseriu no Código Penal o art. 216-B para tornar crime o registro não autorizado da intimidade sexual. O tipo preenche a lacuna que existia em relação à punição da conduta de indivíduos que registravam a prática de atos sexuais entre terceiros em ambientes privados. Trata-se da prática conhecida como *voyeurismo*. Embora se tratasse de conduta que violava gravemente a intimidade e que já podia dar ensejo a indenização por danos morais, o ato de quem, por exemplo, instalava um equipamento de gravação nas dependências de um imóvel para captar imagens íntimas sem o consentimento dos ocupantes não se subsumia a nenhum tipo penal.
- O *caput* do art. 217-A do Código Penal pune o agente que tem conjunção carnal ou pratica outro ato libidinoso com vítima menor de 14 anos (*caput*). Há quem sustente que a vulnerabilidade do menor deve ser apurada no caso concreto, mas prevalece tese diversa. Leciona a maioria da doutrina não haver espaço para discussão a respeito da presunção de vulnerabilidade, pois a lei nada presume. Sua redação é clara e inequívoca: proíbe-se a relação sexual com menor de quatorze anos. Foi este o manifesto propósito do legislador com a revogação do art. 224 – este sim expresso sobre a presunção de violência. Fosse para se perpetuar o debate, seria evidentemente desnecessária qualquer alteração. Tanto é assim que a justificação do projeto que originou a Lei 12.015/09 foi emitida nos seguintes termos: "Esse artigo [217-A], que tipifica o estupro de vulneráveis, substitui o atual regime de presunção de violência contra criança ou adolescente menor de 14 anos, previsto no art. 224 do Código Penal. Apesar de poder a CPMI advogar que é absoluta a presunção de violência de que trata o art. 224, não é esse o entendimento em muitos julgados. O projeto de reforma do Código Penal, então, **destaca a vulnerabilidade de certas pessoas**, não somente crianças e adolescentes com idade até 14 anos, mas também a pessoa que, por enfermidade ou deficiência mental, não possuir discernimento para a prática do ato sexual, e aquela que não pode, por qualquer motivo, oferecer resistência; e com essas pessoas considera como crime ter conjunção carnal ou praticar outro ato libidinoso; **sem entrar no mérito da violência e sua presunção. Trata-se de objetividade fática**" – grifamos.

  E, atendendo ao propósito da lei, o STJ firmou o entendimento no sentido de afastar pretensões para apurar concretamente a vulnerabilidade (súmula nº 593). Não obstante ter-se pacificado a matéria, decidiu o legislador inserir, no próprio tipo penal, disposição expressa (§ 5º do art. 217-A) de que manter relação sexual com menor de quatorze anos é sempre crime, ainda que a vítima tenha consentido, ou mesmo que se demonstre sua experiência sexual anterior. Dessa forma, a nova disposição legal não modifica, na prática, a orientação que já vinha sendo adotada a respeito do estupro de vulnerável em razão da idade. Apenas torna inequívoca, pela via legislativa, a interpretação já consagrada sobre o *caput* do art. 217-A.

  Note-se que o STJ firmou a tese de que a aplicação da súmula 593 a fatos ocorridos antes de sua edição não caracteriza retroatividade maléfica: "O enunciado da Súmula n.º 593/STJ não constitui *novatio legis in pejus*, mas apenas apresenta a adequada interpretação das modificações introduzidas pela Lei n.º 12.015/2009. Portanto, um vez que a referida Lei estava em vigor na data do delito ora apurado, não há hipótese de violação à irretroatividade de lei penal mais gravosa" (AgRg no REsp 1.765.591/ES, j. 23/04/2019).
- Apesar da orientação firmada sobre a caracterização do crime independentemente de apurações a respeito da vulnerabilidade da vítima, considerando as circunstâncias particulares do caso concreto, o STJ afastou o crime em situação na qual, após o início do relacionamento envolvendo uma menor de quatorze anos, formou-se um núcleo familiar com o nascimento de um filho, amparado e sustentado pelo agente. O tribunal concluiu que manter a condenação por estupro de vulnerável seria uma subversão do Direito Penal: "Admite-se o *distinguishing* quanto ao Tema 918/STJ (REsp 1.480.881/PI), na hipótese em que a diferença de idade entre o acusado e a vítima não se mostrou tão distante quanto do acórdão paradigma (o réu possuía 19 anos de idade, ao passo que a vítima contava com 12 anos de idade), bem como há concordância dos pais da menor somado a vontade da vítima de conviver com o réu e o nascimento do filho do casal, o qual foi registrado pelo genitor" (Processo em segredo de justiça, j. 16/05/2023).
- De acordo com o que decidiu o STJ, o crime de estupro de vulnerável pode se caracterizar inclusive em situações nas quais não há contato físico entre o agente e a vítima (RHC 70.976/MS, DJe 10/8/2016).
- O fato de a vítima do crime ser uma criança é elemento ínsito ao tipo penal e, portanto, não pode ser utilizado para a incidência da agravante do art. 61, inciso II, h, do CP: "O artigo 217-A do Código Penal dispõe sobre o crime de estupro cometido contra

pessoa menor de 14 anos, o que torna inviável à exasperação da pena, na segunda fase da dosimetria, em razão da incidência da agravante prevista no art. 61, II, h, do Código Penal (crime cometido contra criança), sob pena de *bis in idem*. Na espécie, deve ser afastada a referida agravante, diante da ocorrência de bis in idem" (STJ: HC 396.017/SP, j. 22/08/2017). A tenra idade da vítima, no entanto, pode ser utilizada como circunstância judicial para aumentar a pena-base (STJ: AgRg no AREsp 1.635.033/PA, j. 23/06/2020).

- Se a vítima, embora consciente, está completamente imobilizada, sem capacidade motora de oferecer resistência, caracteriza-se o estupro de vulnerável: "1. Verifique-se que, apesar de a reprovação da violência não sofrer alteração deontológica significativa - ambos sendo igualmente reprováveis e abjetos, a vítima sem potencial motor ou a vítima com relativo potencial motor -, é certo que, quando se encontra completamente imobilizada, ela está, de fato e de direito, incapacitada de oferecer resistência, completamente vulnerável, à revelia da sorte escolhida por seu agressor unilateralmente. 2. Se completamente inerte e incapaz de usar seu potencial motor (oferecer resistência) contra a violência sexual, haverá crime de estupro de vulnerável (art. 217-A do CP). Se ainda lhe restar capacidade de discernir sobre a ilicitude da conduta, possibilidade de ofertar alguma resistência e não houver elementos biológicos incapacitantes, haverá o crime de estupro do art. 213 do CP. [...] 4. Agressão sexual contra vítima completamente impossibilitada de esboçar reação (vítima amarrada com as mãos para trás) configura estupro de vulnerável (art. 217-A, § 1º, do CP)" (STJ: REsp 1.706.266/MT, j. 18/10/2018).
- De acordo com o STJ, o juiz não está vinculado à existência de laudo pericial para apurar a capacidade de discernimento de alguém para manter relações sexuais: "Para fins de caracterização da vulnerabilidade da vítima maior de idade e portadora de enfermidade mental, é permitido ao Magistrado, mesmo que sem a presença de laudo pericial, aferir a existência do necessário discernimento para a prática do ato ou a impossibilidade de oferecer resistência à prática sexual, desde que mediante decisão devidamente fundamentada, atendendo ao princípio do livre convencimento motivado" (HC 542.030/MS, j. 06/02/2020).
- Sempre se discutiu (na doutrina e jurisprudência) se o estupro contra vulnerável, sem violência ou grave ameaça, era ou não hediondo (antigo art. 224 do CP). A Lei 12.105/2009 colocou uma pá de cal na discussão, incluindo, expressamente, o art. 217-A no rol de delitos hediondos. No entanto, para aqueles que negavam o caráter hediondo ao crime, a mudança é irretroativa.
- Nos casos em que são cometidos atos como beijos e toques lascivos sobre a roupa em menores de quatorze anos, sem que se identifiquem o constrangimento e o contato efetivamente sexual, há quem defenda que a tipificação se afaste do art. 217-A e se assente na importunação sexual, mais adequada, segundo se argumenta, para lidar com situações que não chegam efetivamente ao contato sexual. O STJ, contudo, se orienta no sentido de que não é possível promover a desclassificação: "Presente o dolo específico de satisfazer à lascívia, própria ou de terceiro, a prática de ato libidinoso com menor de 14 anos configura o crime de estupro de vulnerável (art. 217-A do CP), independentemente da ligeireza ou da superficialidade da conduta, não sendo possível a desclassificação para o delito de importunação sexual (art. 215-A do CP)" (REsp 1.959.697/SC, j. 08/06/2022).
- No estupro de vulnerável cometido em continuidade delitiva, é possível a aplicação da fração máxima de majoração prevista no art. 71, *caput*, do CP, ainda que não haja a delimitação precisa do número de atos sexuais praticados, desde que o longo período de tempo e a recorrência das condutas permita concluir que houve sete ou mais repetições (STJ – REsp 2.050.195/RJ, j. 17/10/2023).
- Antes da Lei 12.015/2009 o lenocínio típico (alcovitaria) estava previsto somente no art. 227 do CP, punido com reclusão de 1 a 3 anos em se tratando de vítima adulta (art. 227, *caput*); reclusão de 2 a 5 anos, quando a vítima era adolescente maior de 14 anos (art. 227, § 1º); se não maior de 14 anos, reclusão de 2 a 8 anos, presumindo-se a violência (art. 224, *a*). Esta última hipótese, com o advento da nova Lei passou a configurar crime autônomo (art. 218 do CP), punido com reclusão de 2 a 5 anos.
- No crime do art. 218-A do CP, exige-se a presença física (in loco) do menor? Apesar de haver corrente lecionando que o avanço tecnológico autoriza o crime sem a presença física da vítima, Bitencourt discorda e assim argumenta: "O texto legal utiliza os vocábulos 'na presença de alguém menor' e 'induzi-lo a presenciar', ou seja, com os termos 'presença' e 'presenciar', fica claro que o menor vulnerável deve encontrar-se, fisicamente, no local onde se realiza a cena de libidinagem. Tais termos têm significado muito específico, iniludível de que o indivíduo deve estar, pessoalmente ou, dito de outra forma, 'de corpo presente' onde se desenrola o acontecimento libidinoso (...) e não indiretamente, via qualquer mecanismo tecnológico, físico ou virtual, como permitiria o mundo tecnológico" (Tratado de Direito Penal, vol. 4, p. 117).
- A prostituta pode ser vítima do delito do art. 218-B? Quando impedida de deixar a prostituição, sim (contudo, por já se dedicar, por conta própria, ao comércio carnal, não será possível, obviamente, induzir, atrair ou facilitar o seu ingresso na libertinagem).
- A respeito do art. 218-B do Código Penal, observa Bitencourt: "Embora o texto legal não diga, faz-se necessário que o menor não tenha menos de 14 anos, pois, nesse caso, o crime poderá ser o estupro de vulnerável (art. 217-A). Ainda poderá figurar

como sujeito passivo quem, por enfermidade ou deficiência mental, não tem o necessário discernimento para a prática do ato. Nessa última hipótese, a exploração sexual não pode atingir o nível da prática do ato de libidinagem, sob pena de poder configurar o estupro de vulnerável já mencionado" (Tratado de Direito Penal, vol. 4, p. 122).

- No julgamento do HC 371.633/SP (j. 19/03/2019), o STJ estabeleceu que, no crime do art. 218-B, § 2º, inc. I, do CP (praticar conjunção carnal ou outro ato libidinoso com menor entre quatorze e dezoito anos explorado sexualmente em prostituição), é desnecessária a exploração do menor por um terceiro para que o "cliente" seja responsabilizado pelo crime. No caso julgado, o próprio agente havia abordado alguns adolescentes e lhes oferecido dinheiro e alimentos para que com ele mantivessem relação sexual em diversas ocasiões. Segundo se decidiu, nessa situação se confundiam na mesma pessoa as características de explorador e usuário do serviço de prostituição, e não há nada que impeça a punição de acordo com a figura típica. O tribunal também manteve a continuidade delitiva em razão dos diversos encontros, pois não se exige relacionamento habitual para a caracterização do crime. Basta um evento em que alguém pratique atos de libidinagem com menor entre quatorze e dezoito anos submetido a exploração sexual para que se tipifique o delito. Logo, múltiplos encontros resultam em concurso de crimes.
- No mesmo julgamento foi abordada a questão relativa à vulnerabilidade de menores submetidos a exploração sexual. Inicialmente, o tribunal pontuou a diferença entre a vulnerabilidade dos arts. 217-A, 218 e 218-A e a do art. 218-B. No primeiro caso, em que se pune a relação sexual com *menor* de quatorze anos, não se discute a maturidade sexual ou a capacidade de consentimento. O mesmo se dá nos artigos 218 e 218-A, em que o sujeito passivo, embora não envolvido diretamente em relações sexuais, também é *menor* de quatorze anos. Mas a vulnerabilidade do art. 218-B tem natureza diversa, pois a tutela penal recai em *maiores* de quatorze anos, razão pela qual é necessário apurar se a pessoa tem o necessário discernimento para a prática do ato. No caso julgado, concluiu-se que os menores eram vulneráveis, pois a proposta para as relações sexuais envolveu ofertas em dinheiro e de alimentos, o que evidencia que a situação miserável das vítimas serviu para que o agente se aproveitasse para satisfazer a própria lascívia.
- Ainda sobre o crime do art. 218-B, o STJ decidiu que não se exige habitualidade. Trata-se de crime instantâneo, que se consuma no momento em que o agente obtém a anuência para práticas sexuais com a vítima menor de idade, mediante artifícios como a oferta de dinheiro ou outra vantagem, ainda que o ato libidinoso não seja efetivamente praticado (Processo sob segredo de justiça, j. 20/09/2022).
- A Lei 13.718/18 inseriu no Código Penal o art. 218-C, que tipifica o crime de divulgação de cena de estupro ou de cena de estupro de vulnerável, de cena de sexo ou de pornografia. Os objetos materiais do crime são fotografias, vídeos ou outros registros audiovisuais que:

  a) contenham cena de estupro ou de estupro de vulnerável: trata-se de violência sexual real, ao mesmo tempo registrada e depois difundida por qualquer meio. O tipo menciona também as cenas de estupro de vulnerável, mas devemos ter em mente que o vulnerável aqui é apenas quem, por enfermidade ou deficiência mental, não tem o necessário discernimento para a prática do ato, ou que, por qualquer outra causa, não pode oferecer resistência. Tratando-se de estupro de vulnerável menor de quatorze anos, a difusão das imagens não caracteriza este crime, mas um dos correlatos tipificados no ECA (arts. 241 ou 241-A);

  b) façam apologia ou induzam a sua prática: não é necessário que as imagens veiculem cenas sexuais. O que se busca punir é a divulgação de material que de alguma forma faça apologia ou induza a prática de estupro, como um vídeo em que alguém defenda a legitimidade da prática ou de alguma forma a conclame;

  c) consistam em registros de cenas de sexo, nudez ou pornografia sem o consentimento da vítima: não se trata de cenas de violência sexual, mas de sexo, nudez ou pornografia sem que a pessoa fotografada ou gravada tenha dado consentimento para a difusão. É o caso, por exemplo, do casal que grava a si mesmo, ou permite que outrem o faça, e um deles, ou terceiro, promove a difusão das imagens sem autorização.
- Note-se que no art. 218-C não tem lugar, ao contrário do que ocorre no art. 287 do CP, a discussão sobre a necessidade de que a apologia se refira a crime já ocorrido. O art. 287 pune a apologia de *fato criminoso*, o que, para parcela da doutrina, restringe a abrangência do tipo a crimes já ocorridos, pois, do contrário, há apenas incitação. O art. 218-C, no entanto, não contém a expressão *fato criminoso*, referindo-se apenas à apologia do estupro.
- O crime do art. 218-C é expressamente subsidiário, ou seja, tem lugar apenas se a conduta não constitui crimes mais graves, que, no caso, são os artigos 241 e 241-A do ECA. O art. 218-C, aliás, é uma combinação dos núcleos típicos que compõem os dois dispositivos que visam à proteção de crianças e adolescentes. Dessa forma, se a conduta consiste em vender ou expor à venda fotografia, vídeo ou outro registro audiovisual com cena envolvendo criança ou adolescente, o crime é o do art. 241 do ECA, punido com reclusão de quatro a oito anos. Tratando-se das demais condutas envolvendo menores de idade, o crime é o do art. 241-A, punido com reclusão de três a seis anos.

- O crime do art. 218-C pode de alguma forma se relacionar com o art. 216-B na medida em que não se descarta a possibilidade de que o mesmo indivíduo faça o registro ilegal da intimidade alheia e, em seguida, torne o conteúdo público, normalmente pela rede mundial de computadores. Neste caso, qual a solução adequada: a absorção de uma figura típica pela outra ou a imputação de dois crimes em concurso? Ambas as soluções são possíveis, a depender das circunstâncias em que são cometidas as condutas. De fato, não é possível afirmar *a priori* que o registro indevido é essencialmente um meio para a divulgação, nem tampouco que se trata necessariamente de condutas distintas. Imaginemos que alguém instale câmeras de vídeo em quartos de motel para captar imagens de encontros sexuais que ocorrem naquelas dependências. Em seguida, a mesma pessoa divulga na internet as imagens gravadas. Só com estes dados não é possível estabelecer se é o caso de aplicar a regra do concurso de crimes ou a da absorção. É preciso analisar maiores detalhes não somente sobre o lapso temporal entre uma conduta e outra como também sobre a intenção do agente no momento em que decide registrar a intimidade alheia. Em resumo, podemos estabelecer o seguinte: a) se a intenção do agente é efetuar o registro para sua própria satisfação e, em momento distinto, decide divulgar o conteúdo, é possível sustentar a diversidade de contextos fáticos que dá ensejo ao concurso de delitos; b) se, por outro lado, efetua o registro já com o intento de divulgar as imagens, a conduta relativa ao art. 216-B pode ser considerada apenas um meio de obtenção de conteúdo para posterior compartilhamento por sistema de comunicação de massa, de informática ou de telemática, aplicando-se portanto a consunção; c) dá-se também a absorção se a divulgação é simultânea ao registro, isto é, se o agente capta as imagens e as transmite em forma de *streaming*, possibilitando o acesso em tempo real pelos usuários de sistemas de informática ou telemática.
- A Lei 13.718/18 modificou o art. 225 do CP para alterar a sistemática da ação penal, que passa a ser sempre pública incondicionada. Com a reforma que havia sido introduzida pela Lei 12.015/09, a ação penal era pública condicionada a representação, desde que a vítima não fosse menor de dezoito anos ou vulnerável. A partir da Lei 13.718/18 não existe mais distinção. Entendemos que, neste caso, a ação penal, para os crimes praticados antes da vigência da nova lei, deve continuar sendo pública condicionada a representação, vez que, do contrário, estar-se-ia subtraindo institutos extintivos da punibilidade ao acusado. A mudança da titularidade da ação penal é matéria de processo penal, mas conta com reflexos penais imediatos. Daí a imperiosa necessidade de tais normas (processuais, mas com reflexos penais diretos) seguirem a mesma orientação jurídica das normas penais. Quando a inovação é desfavorável ao réu, não retroage.
- O art. 61, II, *f*, do Código Penal agrava a pena de quem comete crime com abuso de autoridade (nas relações privadas) ou prevalecendo-se de relações domésticas, de coabitação ou de hospitalidade ou com violência contra a mulher (Lei 11.340/06). Considerando que o fundamento da majorante do art. 226, II é o abuso das relações familiares, de intimidade ou de confiança que o criminoso mantém com a vítima, é natural que se considere *bis in idem* a incidência simultânea da mencionada agravante e da causa de aumento de pena nos casos em que o abuso nas relações domésticas decorre da relação de parentesco. O STJ, no entanto, firmou tese em sentido contrário: "Não caracteriza *bis in idem* a utilização da agravante genérica prevista no art. 61, II, f, do Código Penal e da majorante específica do art. 226, II, do Código Penal, tendo em vista que a circunstância utilizada pelo Tribunal de origem para agravar a pena foi a prevalência de relações domésticas no ambiente intrafamiliar e para aumentá-la na terceira fase, em razão da majorante específica, utilizou-se da condição de padrasto da vítima, que são situações distintas" (AgRg no REsp 1.872.170/DF, Rel. Min. Ribeiro Dantas, j. 09/06/2020).
- Em recurso ordinário em *habeas corpus*, o STF foi provocado a decidir a respeito do alcance da expressão *ascendente*, contida na redação da majorante do art. 226, inciso II, do CP. Sustentava-se no recurso que o bisavô não poderia sofrer o aumento da pena. O STF, todavia, negou provimento ao recurso e estabeleceu que o bisavô é ascendente para os efeitos da majorante, pois o art. 1591 do Código Civil dispõe serem parentes em linha reta as pessoas que estão umas para com as outras na relação de ascendentes e descendentes, ao passo que o art. 1594 determina que na linha reta os graus de parentesco são contados pelo número de gerações. Não há na lei nenhuma referência a limites no número de gerações para que seja estabelecida a relação de parentesco por ascendência. Dessa forma, para qualquer efeito legal, são ascendentes de alguém *todos* os parentes em linha reta provenientes das gerações anteriores. Destacou o tribunal, ademais, que o próprio caso concreto evidenciava a relevância da relação de parentesco entre a vítima e seu bisavô, que cometeu violência sexual por aproximadamente três anos, o que demonstra a proximidade e a confiança que caracterizam as relações familiares e que justificam a existência da causa de aumento de pena (RHC 138.717/PR, j. 23/05/2017).
- A Lei 13.718/18 inseriu no art. 226 o inciso IV, que aumenta de um a dois terços a pena nas formas coletiva e corretiva do estupro. A forma coletiva se caracteriza pelo concurso de dois ou mais agentes; a corretiva é cometida com o propósito de controlar o comportamento social ou sexual da vítima.
- No crime de mediação para servir a lascívia de outrem (art. 227 do Código Penal), embora o tipo penal não faça nenhuma ressalva no tocante às qua-

lidades morais da vítima, tem-se entendido que, tratando-se de pessoa inteiramente corrompida, afeita à vida sexual promíscua, o delito não se configura, pois que a conduta punível é a de *induzir*, não sendo possível que ocorra contra quem já é dado a práticas dessa natureza (nesse sentido: *RT* 487/347).

- Profunda inovação introduzida pela Lei nº 12.015/2009 foi substituir *casa de prostituição ou lugar destinado a encontro para fins libidinosos* por *estabelecimento em que ocorra a exploração sexual*, expressão muito mais pertinente (para o fim de incriminação da conduta), permitindo abranger não só os prostíbulos, mas qualquer espaço que venha a servir de abrigo habitual para a prática de comportamentos contra a dignidade sexual de alguém, ou seja, comportamentos que denotem "exploração" sexual, ainda que eventualmente licenciado. Assim, mesmo não olvidando permanecer doutrina em sentido contrário, a intenção do legislador parece ser punir também hotéis, motéis, hospedarias e até restaurantes, desde que destinados, habitualmente, à exploração sexual.
- O art. 229 do Código Penal veicula um crime habitual, conclusão que se extrai do núcleo típico *manter*, isto é, comportamento costumeiro, corrente e reiterado. E decidiu o STJ que não há o crime se não demonstrada a violação da liberdade de quem exerce a mercancia sexual: "1. Mesmo após as alterações legislativas introduzidas pela Lei nº 12.015/2009, a conduta consistente em manter Casa de Prostituição segue sendo crime tipificado no artigo 229 do Código Penal. Todavia, com a novel legislação, passou-se a exigir a "exploração sexual" como elemento normativo do tipo, de modo que a conduta consistente em manter casa para fins libidinosos, por si só, não mais caracteriza crime, sendo necessário, para a configuração do delito, que haja exploração sexual, assim entendida como a violação à liberdade das pessoas que ali exercem a mercancia carnal. 2. Não se tratando de estabelecimento voltado exclusivamente para a prática de mercancia sexual, tampouco havendo notícia de envolvimento de menores de idade, nem comprovação de que o recorrido tirava proveito, auferindo lucros da atividade sexual alheia mediante ameaça, coerção, violência ou qualquer outra forma de violação ou tolhimento à liberdade das pessoas, não há falar em fato típico a ser punido na seara penal" (REsp 1.683.375/SP, rel. Min. Maria Thereza de Assis Moura, j. 14/08/2018).
- O crime de *rufianismo* (art. 230 do Código Penal) não se confunde com o lenocínio, pois neste o agente, depois de servir como intermediário de uma relação sexual, em regra afasta-se da vítima, não buscando, necessariamente, lucro. Também a desnecessidade de compartilhar lucro é o marco que diferencia o crime do art. 230 daquele previsto no art. 229 (casa de prostituição).
- O ato obsceno não se confunde com a importunação sexual (art. 215-A do CP), que pressupõe a prática de ato libidinoso direcionado a alguém contra sua vontade. Responde por importunação sexual quem, por exemplo, se masturba em frente a alguém porque aquela pessoa lhe desperta um impulso sexual; mas pratica o crime em estudo quem se masturba em uma praça pública sem visar a alguém específico, apenas para ultrajar ou chocar os frequentadores do local.
- Não haverá o crime de ato obsceno se o ato for praticado em lugar que não ofereça a publicidade requerida para que se ofenda a coletividade. Assim, se o agente se envolve, por exemplo, em ato sexual em um terreno, público, aberto ou exposto ao público, sem a possibilidade de ser presenciado (difícil acesso, condições climáticas, horário avançado) não haverá o crime.
- Sabendo que a mulher pode ser sujeito ativo de estupro, tendo um homem como vítima, haverá o aumento de pena previsto no art. 234 do CP quando, nessa condição, engravidar? Cezar Roberto Bitencourt considera inaplicável a majorante: "Certamente, a previsão legal não admite essa conotação, pois não passaria de *mutatis mutandis*, uma espécie de autolesão, que não representa maior desvalor do resultado da conduta para a vítima" (Tratado de Direito Penal, v. 4, p. 201). Entendemos, todavia, cabível o aumento, pois a lei não diferencia a pessoa grávida. Aliás, quando o homem (vulnerável, por exemplo) é vítima, a gravidez da autora do crime é para ele consequência grave, merecendo incidir o aumento. Não bastasse, a concepção durante um ato de estupro, por si, é bastante para tornar mais grave a conduta, que tem repercussão social muito maior.

20. PROMOÇÃO DE MIGRAÇÃO ILEGAL

- A Lei nº 13.445/17 introduziu no Código Penal o art. 232-A, que tipifica o crime de promoção de migração ilegal. O crime não tem nenhuma relação com a dignidade sexual, embora tenha sido inserido no Título VI da Parte Especial. Não tem conotação sexual e não se confunde, de forma nenhuma, com o tráfico de pessoas para exploração sexual, que antes da Lei nº 13.344/16 fazia parte do mesmo Capítulo V do Título VI. Trata-se, simplesmente, de viabilizar a entrada no território brasileiro de estrangeiro que não cumpre os requisitos legais estabelecidos na própria Lei de Migração.
- No crime do art. 232-A do CP, a ação nuclear de *promover* a entrada ilegal de estrangeiro deve ser interpretada de forma ampla, punindo-se quem agencia a vinda do estrangeiro, quem o transporta para o território nacional, quem o recebe no momento do ingresso ou quem de qualquer forma pratica algum ato com o propósito de tornar possível a entrada do estrangeiro sem a observância das disposições legais, sendo que a entrada ilegal pode ocorrer tanto por meio de desvio dos postos de imigração

(ex.: o agente promove a entrada do estrangeiro por fronteira terrestre ou marítima onde não existe forma de controle) quanto mediante utilização de meios fraudulentos perante o controle de imigração (ex.: documentos falsos).

Para os efeitos do crime, é *estrangeiro* qualquer pessoa que não se insira em nenhuma das qualificações de brasileiro nato ou naturalizado de que trata o art. 12 da CF.

- O que se entende, para os efeitos do art. 232-A do CP, por *território nacional*? Parece-nos mais adequada a referência apenas ao território físico. É somente no momento da entrada no território físico que os órgãos de fiscalização de fronteiras podem exercer o controle da entrada de pessoas no território brasileiro. Não faz sentido aplicar o conceito extenso de território (art. 5º, §§ 1º e 2º, CP) neste caso porque em determinadas situações o crime se perfaria muito antes de ser possível qualquer tipo de controle. Seria o caso, por exemplo, do agente que, com intuito de promover a entrada de estrangeiro ilegal no Brasil, o introduzisse em uma embarcação pública brasileira atracada em outro país. O crime se consumaria imediatamente, com a mera entrada do estrangeiro na embarcação. De igual forma, pensamos que a promoção de entrada ilegal de brasileiro em país estrangeiro só ocorre se houver o ingresso do nacional no território físico de outro país. Trata-se, aqui, da situação em que criminosos agenciam a ida de nacionais sem vistos para residir em outros países. Talvez a situação mais comum seja a de brasileiros que emigram aos Estados Unidos passando pelo México, guiados pelos denominados "coiotes".
- O tipo do art. 232-A do CP contém um elemento subjetivo: a finalidade especial de obter vantagem econômica. Com isso afasta-se a possibilidade de punição se alguém praticar uma das modalidades do tipo com o intuito de simplesmente auxiliar a pessoa que pretende ingressar ilegalmente no território nacional ou em país estrangeiro.
- Tendo em vista os bens jurídicos tutelados, a competência para julgar a promoção de migração ilegal é da Justiça Federal.

21. CRIMES CONTRA A FAMÍLIA

- No tocante ao sujeito ativo do crime de bigamia, há entendimentos no sentido de que as testemunhas que afirmam a inexistência de impedimento, sabendo que um dos nubentes é pessoa já casada, respondem como partícipes (Luiz Regis Prado, *Curso de direito penal brasileiro:* parte especial, p. 437).
- Contrair novo casamento quando separado judicialmente no primeiro não elide o crime de bigamia, vez que, até a decretação do divórcio, o vínculo matrimonial permanece (*RT* 733/554). O mesmo raciocínio ocorre com a declaração de ausência.
- No crime do art. 236 do Código Penal, apesar de a lei silenciar, a doutrina ensina que a ocultação deve ser comissiva (uma ação), pois a forma omissiva (silêncio, inação) é um indiferente penal.
- Sobre o registro de nascimento inexistente, lembra Regis Prado: "É bem possível que o agente seja pessoa estranha à família daqueles indicados como pais da criança inexistente ou, ainda, oficial do Registro Civil. O médico que forneça atestado de nascimento inexistente e as testemunhas do suposto nascimento podem figurar como partícipes do delito em estudo. De outro lado, são coautores do delito o pai e a mãe fictícios que promovem a falsa inscrição no Registro Civil" (*Curso de direito penal brasileiro:* parte especial, v. 3, p. 484).
- No crime de abandono material, a omissão de assistência a número plural de parentes não desnatura a unidade do crime, pois o bem jurídico protegido é a família (neste sentido: *RT* 518/385).
- No crime de entrega de filho menor a pessoa inidônea, percebe-se que a lei não se contenta com a simples entrega do menor à pessoa inidônea sendo imprescindível que esta pessoa possa atingir o infante material ou moralmente. Será perigo material aquele capaz de causar algum dano físico, como lesões, doenças, inclusive decorrentes de trabalho excessivo, a entrega a um ébrio, a um toxicômano. Perigo moral se dá quando capaz de causar dano psíquico no menor, seja pela atividade que irá realizar juntamente com a pessoa à qual foi entregue (viver com pessoa que exerça indústria perigosa), seja pelo que irá presenciar por parte dessa pessoa (viver com meretriz).
- A respeito do abandono intelectual, alerta Regis Prado: "Em que pese sustentar que não se perfaz o abandono intelectual quando a educação do menor é ministrada em casa, é forçoso reconhecer que a *ratio legis* da incriminação é a de compelir os pais a providenciar a escolarização do filho, oferecendo-lhe a educação fundamental no estabelecimento de ensino regular – e não fora dele. Aliás, acentua-se, corroborando tal entendimento, que apenas naquele local pode o menor, 'convivendo intimamente com os colegas e respectivas famílias, participando das atividades desenvolvidas pela agência educativa, formar integralmente sua personalidade, preparando-se para a vida em sociedade'. Não fosse assim, 'não haveria como justificar a expressão – idade escolar – utilizada pelo legislador ao estruturar a figura definida no art. 246 do Código Penal. Idade *escolar*, ao que tudo indica, significa aquela em que deve ter lugar a entrada na *escola*'" (*Comentários ao Código Penal*. 2. ed. São Paulo: RT, 2003, p. 532). Essa orientação não é compartilhada por Damásio: "A Carta Magna, após qualificar a educação como direito social (art. 6º), impõe aos pais o dever de "educar" os filhos (art. 229). Não dispõe sobre a obrigação de educá-los em "escola" (pública ou particular). [...] Se a CF impõe aos pais o dever de "educação" e, se ela pode ser escolar e domiciliar, admitindo as duas, esta última não pode ser considerada ilegal. O art. 246 do CP, portanto, não tipifica o fato do pai que deixa de matricular o filho na escola, mas sim o que não lhe

providencia o devido ensino, seja formal ou domiciliar. Por isso, este não pode ser considerado delito de abandono intelectual. Falta-lhe tipicidade, sem necessidade de socorrer-se da eventual análise da elementar "sem justa causa" (elemento normativo do tipo)" (Disponível em http://www.cartaforense.com.br/conteudo/colunas/educacao-domiciliar-constitui-crime/5439).

- No crime de subtração de incapazes (art. 249 do Código Penal), não se exige finalidade especial por parte do agente, devendo-se ressaltar que, se agiu com outro propósito mais grave que a simples subtração, responderá pelo fato pretendido, se ilícito for, na medida de sua culpabilidade.

22. CRIMES CONTRA A INCOLUMIDADE PÚBLICA

- É pacífica a admissibilidade da tentativa de incêndio doloso. Alguns exemplos elucidam bem a questão: a mecha acesa é atirada para dentro de uma casa, mas não se comunica o fogo a objeto algum, porque os moradores conseguiram retirá-la a tempo; o fogo da mecha comunica-se a um móvel da casa, mas, antes de atingir a construção, é apagado por outrem; já predisposto o meio de eclosão do incêndio, é descoberto e inutilizado por terceiros (Nélson Hungria, *Comentários ao Código Penal*, v. 9, p. 27).
- No crime de explosão, ao se referir a substância de efeitos análogos à dinamite, o tipo penal condiciona a apuração à realização de perícia no artefato utilizado pelo agente, a fim de que se constate se sua capacidade lesiva se aproxima daquela verificada na própria dinamite.
- Nos crimes de incêndio, explosão e uso de gás tóxico ou asfixiante, não se exige finalidade especial por parte do agente. Se existir fim específico orientando o comportamento do agente – como, por exemplo, intuito de matar alguém – verificando-se também a ocorrência de perigo à coletividade, há divergência se o caso retrata concurso formal com o delito de homicídio qualificado, tentado ou consumado, ou se as infrações penais contra a incolumidade pública ficarão absorvidas pelo crime contra a vida.
- No art. 253 do Código Penal, o legislador incrimina o que caracterizaria meros atos preparatórios para a prática do crime de uso de gás tóxico e asfixiante, considerando crime seu manuseio ou o de substâncias destinadas à sua fabricação.
- Consiste a figura típica do perigo de inundação em *remover* (deslocar, tirar), *destruir* (eliminar, estragar) ou *inutilizar* (anular, tornar inútil), em prédio próprio ou alheio, expondo a perigo a vida, a integridade física ou o patrimônio de outrem, *obstáculo natural* (margem de um rio) ou *obra destinada a impedir inundação* (barragem, comporta etc.). Observa Delmanto (*Código Penal Comentado*, p. 665) a inexistência de punição para a conduta daquele que coloca obstáculo capaz de causar inundação, podendo configurar, por exemplo, a infração penal do art. 132 do CP. Alertamos, porém, que o caso pode configurar o crime anterior (provocar inundação).
- O crime do art. 260 do Código Penal (perigo de desastre ferroviário) pode ocorrer tanto por ação quanto por omissão, como no caso do funcionário do serviço ferroviário que deixa de operar a chave de desvio, podendo fazê-lo, sabendo que dois veículos irão passar pelo mesmo local, gerando perigo de colisão ou sua efetiva ocorrência.
- O conhecido "surf ferroviário" (jovens se equilibrando sobre a composição do trem em andamento) configura o crime? A jurisprudência não tem admitido, não vislumbrando no comportamento do "surfista urbano" outra intenção que não a de expor a perigo a própria vida, faltando, portanto, o elemento subjetivo do tipo, consistente na vontade livre e consciente de criar situação concreta de perigo de desastre ferroviário (*RT* 798/681).
- O movimento de greve pode configurar o crime de atentado contra a segurança de serviço de utilidade pública? A jurisprudência nega: "Atentado contra a segurança de serviço de utilidade pública. Não caracterização. Obstrução de entrada e saída de funcionários e veículos da CMTC por grevistas. Condutas que não criaram qualquer perigo ao transporte coletivo" (*JTJ* 174/302).
- O crime de interrupção ou perturbação de serviço telegráfico, telefônico, informático, telemático ou de informação de utilidade pública se consuma com a prática de algum dos atos previstos no tipo, ou seja, interromper, perturbar, impedir ou dificultar. Trata-se de infração de perigo abstrato e, portanto, prescindível comprovação de sua efetiva ocorrência. Em sentido contrário, no entanto, leciona Bento de Faria: "Considerados esses fatos como vinculados ao gênero dos delitos contra a incolumidade pública, daí resulta, como condição para punibilidade, que o fato deve acarretar o seu prejuízo concreto, ou seja, a *efetiva* interrupção ou perturbação do serviço ou o impedimento ou obstáculos que dificultem o respectivo restabelecimento" (*Código Penal brasileiro comentado*: parte especial, v. 5, p. 322).
- Quanto ao art. 267 do Código Penal, ressalte-se que não se confunde a epidemia com a endemia (moléstia infecciosa que ocorre *habitualmente* e com incidência significativa em determinada população) e pandemia (enfermidade amplamente disseminada, ou seja, que atinge várias nações).
- O crime do art. 268 do Código Penal (infração de medida sanitária preventiva) consiste em *infringir* (desrespeitar, transgredir) *determinação do poder público* (leis, decretos, portarias etc.), destinada a impedir introdução ou propagação de doença contagiosa, o que pode se dar de maneira comissiva ou omissiva. Na lição de Fragoso: "Pela classificação do dispositivo legal exame, pode-se concluir que as doenças contagiosas a que se refere são apenas as

que atingem ao ser humano (não se contemplando aqui as epizootias e epifitias)" (*Lições de direito penal:* parte especial, v. 3, p. 683). Note-se que não configura o crime a violação de qualquer dispositivo de regulamentação sanitária, mas única e tão somente aquele voltado ao impedimento de introdução ou propagação de doença contagiosa.

- O art. 268 do CP é uma norma penal em branco, pois depende da existência de outra regra (determinação do poder público) para que possa ter eficácia jurídica e social. A regra complementar pode ser editada na forma de lei, decreto ou ato administrativo; e, obviamente, deve estar entre as competências do órgão da qual emana.

  Seria possível a complementação por normas estaduais e municipais? Andreas Eisele afirma que não. Analisando as situações em que normas editadas pelo poder público em 2020, durante a pandemia de coronavírus, podiam servir de complemento para o art. 268, o autor afasta a possibilidade de que normas estaduais e municipais assumam essa qualidade, sob pena de tornar caótica a legislação penal no território nacional, onde uma conduta poderia ser típica em um município e atípica em outro vizinho (COVID-19: Isolamento social e Direito Penal, disponível em https://meusitejuridico.editorajuspodivm.com.br/2020/04/23/covid-19-isolamento-social-e-direito-penal/. Acesso em 02/11/2020). O STF, no entanto, admite a possibilidade de que o art. 268 seja complementado por normas estaduais e municipais: "O art. 268 do Código Penal veicula norma penal em branco que pode ser complementada por atos normativos infralegais editados pelos entes federados (União, Estados, Distrito Federal e Municípios), respeitadas as respectivas esferas de atuação, sem que isso implique ofensa à competência privativa da União para legislar sobre direito penal (CF, art. 22, I)" (RG no RE 1.418.846 AgR/RS, j. 24/03/2023).

- No crime do art. 268, a revogação da norma sanitária retroage para tornar o fato atípico? A retroatividade benéfica no caso da revogação do complemento da norma penal em branco é um tanto controversa. A nosso ver, no caso específico do art. 268 tudo depende do contexto, isto é, se a norma foi ou não editada em caráter excepcional: a) Quando a legislação complementar não se reveste de excepcionalidade, sua revogação pode conduzir também à descriminalização. Digamos que o poder público revogue um ato administrativo por considerar que há outras medidas mais eficazes para evitar a propagação de uma doença contagiosa ordinária. Nesse caso, não nos parece razoável insistir na punição de alguém que tenha descumprido a medida revogada; b) Já na legislação complementar de caráter excepcional a revogação não conduz à descriminalização. Se a revogação se impõe porque cessaram as circunstâncias excepcionais que haviam justificado a adoção de medidas específicas de contenção da doença em determinado período, aplica-se o disposto no art. 3º do Código Penal, que torna a complementação ultra-ativa, incidindo sobre fatos ocorridos durante sua vigência mesmo após a revogação.

  Imaginemos medidas adotadas no ano de 2020 durante a pandemia do coronavírus. Em razão da Portaria 188, de 03 de fevereiro de 2020, emitida pelo Ministro da Saúde, que declarou emergência em saúde pública de importância nacional, e da Lei 13.979/20 (dispõe sobre as medidas para enfrentamento da emergência declarada), incontáveis normas foram editadas para estabelecer desde medidas restritivas ao funcionamento do comércio e ao direito de ir e vir até disposições que obrigavam os cidadãos a adotar determinadas condutas. Sem a pretensão de entrar no mérito da correção e da constitucionalidade de várias das normas editadas, podemos concluir, genericamente, que, cessada a situação de emergência e esgotadas as finalidades das ações de contenção da doença, eventuais procedimentos penais instaurados em virtude do descumprimento das regras de caráter sanitário não podem sofrer nenhum efeito extintivo da tipicidade.

- Quanto ao art. 270 do Código Penal, são três os objetos materiais do delito: a) *água potável*, aquela destinada ao consumo humano para ingestão ou preparo de alimentos. Pode ser de uso comum (poço artesiano em uma pequena vila; riacho que serve a uma comunidade; reservatório que abastece uma cidade) ou particular (depósito de uma grande empresa); b) *substância alimentícia*, podendo ser líquida ou sólida, desde que se destine à alimentação humana; c) ou *substância medicinal*, isto é, destinada ao uso interno ou externo para cura, tratamento ou prevenção de moléstias.

- No art. 272 do Código Penal, é imprescindível que a substância seja destinada ao consumo e que a nocividade tenha a capacidade de causar efetivo dano ao organismo de quem a ingerir, seja pela degradação, seja pela falta de nutrientes (a ser apurado mediante perícia). Além disso, não pode visar pessoa determinada, pois que, neste caso, outro poderá ser o delito.

- De acordo com o art. 273, § 1º-A, incluem-se entre os produtos a que se refere o *caput*: os *medicamentos* (substância utilizada no tratamento de enfermidade), as *matérias-primas* (substâncias a partir das quais são fabricados os medicamentos), os *insumos farmacêuticos* (outros componentes da produção dos medicamentos), os *cosméticos* (produtos que se destinam a manter ou melhorar a aparência), os *saneantes* (produtos purificadores, desinfetantes) e os de *uso em diagnóstico* (usados para a busca da cura e da casa da afecção). Encontramos doutrina criticando essa equiparação, pois afronta, segundo pensam, o princípio da razoabilidade. Obviamente, a adulteração de um produto cosmético, que se destina exclusivamente a melhorar ou conservar a aparência de uma pessoa, ou de um simples saneante, que possui caráter meramente purificador ou desinfetante, não pode ser considerada tão grave a ponto de ser submetida a um instituto reservado a fatos envolvidos em especial seriedade.

- O § 1º-B do art. 273 do Código Penal determina que se sujeita às mesmas penas do *caput* quem importa, vende, expõe à venda, tem em depósito para vender ou, de qualquer forma, distribui ou entrega a consumo produtos que, apesar de não falsificados, corrompidos, alterados ou adulterados, encontram-se numa das seguintes condições: I – sem registro, quando exigível, no órgão de vigilância sanitária competente; II – em desacordo com a fórmula constante do registro previsto no inciso anterior; III – sem as características de identidade e qualidade admitidas para a sua comercialização; IV – com redução de seu valor terapêutico ou de sua atividade; V – de procedência ignorada; VI – adquiridos de estabelecimento sem licença da autoridade sanitária competente. Nesse ponto, não se tratando de produto falsificado (logo, materialmente apto ao consumo), questiona-se a necessidade do Direito Penal. A infração, segundo pensamos, seria melhor resolvida no âmbito administrativo, respeitando-se, desse modo, o princípio da ofensividade ou lesividade (que exige, na incriminação, a presença de relevante e intolerável lesão ou perigo de lesão ao bem jurídico tutelado). Questiona-se, ainda, a proporcionalidade da pena, pois o legislador pune com a mesma intensidade duas situações diametralmente opostas (no *caput* e § 1º, produto *falsificado*; no § 1º-B, produto não *corrompido*). Julgando *habeas corpus* que versava sobre a conduta tipificada no § 1º-B, inciso V, o STJ considerou inconstitucional a pena cominada em razão da desproporcionalidade em relação a condutas muito mais graves, como a extorsão mediante sequestro e o estupro de vulnerável. Concluiu o tribunal que, no lugar da reprimenda estabelecida no Código Penal, deve-se aplicar a do art. 33, *caput*, da Lei 11.343/06 (AI no HC 239.363/PR, Rel. Min. Sebastião Reis Júnior, DJe 10/4/2015). Seria cabível a minorante do tráfico privilegiado? Apesar de certa divergência entre as turmas que compõem a Terceira Seção, o tribunal tem decidido que é possível inclusive a diminuição da pena com base no § 4º do art. 33 da Lei 11.343/06: "1. Em recentes julgados, aos quais passo a me filiar, a Quinta Turma desta Corte Superior reconheceu a possibilidade de aplicação da minorante prevista no art. 33, § 4º, da Lei n. 11.343/2006, nas hipóteses de crime de falsificação, corrupção, adulteração ou alteração de produto destinado a fins terapêuticos ou medicinais. 2. A Corte Especial do Superior Tribunal de Justiça, no julgamento da Arguição de Inconstitucionalidade no Habeas Corpus n. 239.363/PR, declarou a inconstitucionalidade do preceito secundário do art. 273, § 1º-B, do Código Penal, autorizando a aplicação analógica das penas previstas para o crime de tráfico de drogas. [...] Analisando o referido julgado, esta colenda Quinta Turma firmou o entendimento de que, diante da ausência de ressalva em sentido contrário, é possível a aplicação da causa de diminuição prevista no § 4º do art. 33 da Lei 11.343/2006 no cálculo da pena dos condenados pelo delito previsto no art. 273, § 1º-B, do Estatuto Repressivo. Precedentes (AgRg no AgRg no AREsp n. 1.610.153/PE, Ministro Jorge Mussi, Quinta Turma, DJe 29/6/2020). 3. Agravo regimental desprovido." (AgRg no AREsp 1.726.469/DF, j. 02/03/2021). E a Terceira Seção do tribunal decidiu que é possível o ajuizamento de revisão criminal para adequar a pena à orientação mais recente: "Declarada a inconstitucionalidade do preceito secundário previsto no art. 273, § 1º-B, do Código Penal pela Corte Especial do Superior Tribunal de Justiça, no julgamento da Arguição de Inconstitucionalidade no *Habeas Corpus* 239.363/PR, as Turmas que compõem a Terceira Seção do STJ passaram a determinar a aplicação da pena prevista no crime de contrabando ou no crime de tráfico de drogas do art. 33 da Lei de Drogas. A partir da solução da *quaestio*, verifica-se oscilação na jurisprudência desta Corte. Destarte, a maioria dos julgadores da Terceira Seção passou a adotar a orientação de aplicação da minorante prevista no § 4º do art. 33 da Lei n. 11.343/2006 nos crimes previstos no art. 273, § 1º-B, do Código Penal. Assim, embora não tenha havido necessariamente alteração jurisprudencial, e sim mudança de direcionamento, ainda que não pacífica, a respeito do tema, a interpretação que deve ser dada ao artigo 621, I, do CPP é aquela de acolhimento da revisão criminal para fins de aplicação do entendimento desta Corte mais benigno e atual." (RvCr 5.627/DF, j. 13/10/2021).

- O STF julgou inconstitucional a pena cominada para o crime tipificado no art. 273, § 1º-B, inc. I (medicamento sem registro). A maioria dos ministros considerou desproporcional a pena, maior do que a cominada para crimes mais graves, e decidiu repristinar, para o inciso I do § 1º-B, a pena cominada ao art. 273 antes da Lei 9.677/98 (que também incluiu no tipo penal o dispositivo sob julgamento). Firmou-se a seguinte tese de repercussão geral: "É inconstitucional a aplicação do preceito secundário do art. 273 do Código Penal, com redação dada pela Lei nº 9.677/98 (reclusão, de 10 a 15 anos, e multa), à hipótese prevista no seu § 1º-B, I, que versa sobre importar, vender, expor à venda, ter em depósito para vender ou, de qualquer forma, distribuir ou entregar produto sem registro no órgão de vigilância sanitária. Para estas situações específicas, fica repristinado o preceito secundário do art. 273, na sua redação originária (reclusão, de 1 a 3 anos, e multa)". Firmada em 2021 no RE 979.962/RS, a tese foi reformulada em 2023 para se estender, além de quem importa, a quem vende, armazena e distribui o produto.

- Note-se que o álcool pode ser registrado na ANVISA como saneante, cosmético ou medicamento, a depender da finalidade e das características do produto. O saneante, na qualidade de desinfetante de uso geral, é para limpeza em superfícies como mesas, cadeiras, maçanetas, corrimãos, e não deve ser utilizado para assepsia pessoal, pois pode provocar reações. O cosmético e o medicamento têm basicamente a mesma finalidade, ou seja, o uso pessoal, diferenciando-se apenas em algumas características relativas à produção e ao registro na ANVISA. A falsificação do álcool, líquido ou em gel, em qualquer das formas mencionadas, caracteriza o crime do art. 273.

- O STJ tem decidido que o princípio da insignificância é inaplicável no crime do art. 273 do CP: "Este Superior Tribunal de Justiça tem entendimento firme no sentido de ser inaplicável o princípio da insignificância ao crime capitulado no art. 273 do Código Penal, já que a conduta traz prejuízos efetivos à saúde pública" (AgRg no AREsp 1.909.408/SC, j. 05/10/2021).
- Segundo o STJ, não há exercício ilegal da medicina na conduta do agente que pratica acupuntura (RHC 66.641/SP, DJe 10/3/2016).

23. CRIMES CONTRA A PAZ PÚBLICA

- Para que se caracterize o delito de incitação ao crime não basta que o agente incite publicamente a prática de delitos de forma genérica, devendo apontar fato determinado, como, por exemplo, conclamar publicamente titulares de determinado direito a fazer justiça com suas próprias mãos, o que constitui o crime de exercício arbitrário das próprias razões. Na lição de Hungria, o crime não se configura nas hipóteses em que o agente simplesmente apresenta uma tese de que certa conduta deve ser descriminalizada: "É bem de ver que se não apresenta o crime quando apenas se faz a defesa de uma tese sobre a ilegitimidade ou sem-razão da incriminação de tal ou qual fato, como, por exemplo, o *homicídio eutanásico*, o *crime de Otelo* etc. Não há, aqui, o *animus instigandi delicti*, mas apenas uma opinião no sentido da exclusão do crime, *de lege ferenda" (Comentários ao Código Penal*, v. 9, p. 171).
- No art. 286 do Código Penal, a consumação ocorre com a incitação dirigida a número indeterminado de pessoas, independentemente da prática do crime incitado (perigo abstrato). Aliás, vindo o instigado a praticar o crime, o instigador poderá (se comprovado o nexo causal) responder também por ele, em concurso material (art. 69 do CP).
- A Lei n. 14.197/21 trouxe para o Código Penal conduta semelhante à prevista no art. 23, inc. II, da revogada Lei de Segurança Nacional, inserindo-a como parágrafo único do art. 286 do CP: "Incorre na mesma pena quem incita, publicamente, animosidade entre as Forças Armadas, ou delas contra os poderes constitucionais, as instituições civis ou a sociedade". Não se trata, portanto, de novidade em nosso ordenamento jurídico. Estamos diante de *delito de clima*, assim chamado por criar uma atmosfera favorável à prática de crimes ou à propagação do ódio. Situa-se na categoria dos crimes de expressão política, desenvolvida pelas doutrinas alemã e italiana, orientando-se, pela sua composição típica, para a punição de determinadas formas de expressão situadas no espaço público aberto, a que presida uma determinada motivação política que o legislador enquadra como lesiva de bens públicos (MATOS, Nuno Igreja. Discursos políticos e direito penal: a posição referente do direito fundamental à liberdade de expressão e os crimes de expressão política. *Anatomia do crime: Revista de Ciências Jurídico-Criminais*, n. 6, p. 97-127, 2017, p. 116).
- As diferenças entre o parágrafo único do art. 286 e o dispositivo revogado da Lei de Segurança Nacional se resumem em duas: o art. 23 não exigia que a incitação fosse pública, o que é perfeitamente natural, dado que, tratando-se à época de um regime essencialmente repressivo, seria temerária uma conduta dessa ordem ser praticada às claras; e não eram mencionados os "poderes constitucionais", que, no entanto, estavam inseridos dentre as "instituições civis". Do exposto, concluímos que há espaço para defender a continuidade normativo-típica, desde que a instigação tenha se dado *publicamente*, é dizer, dirigida ao público em geral. Caso a conduta tenha sido praticada com restrição à publicidade, com receptores específicos da instigação, não há correspondência no dispositivo inserido no CP. Logo, nesse caso, inegável a ocorrência de *abolitio criminis*.
- Apologia (art. 287 do Código Penal) de crime culposo é típica? Na lição de Fragoso, não é punível, pois "não pode haver instigação, direta ou indireta, à prática de um ato involuntário" (*Lições de direito penal:* parte especial, v. 3, p. 752).
- O STF, no julgamento da ADPF 187, por unanimidade, decidiu ser legal (e legítima) a reunião de pessoas para manifestarem publicamente sua posição em favor da legalização das drogas ("marcha da maconha"). Os Ministros, em resumo, argumentaram tratar-se de um movimento social espontâneo que reivindica, por meio de livre manifestação de pensamento, a possibilidade da discussão democrática do modelo proibicionista (o consumo de drogas) e dos efeitos que esse modelo produz em termos de incremento da violência.
- É possível uma pessoa pertencer a mais de uma associação criminosa? Magalhães Noronha, tratando, na época, da quadrilha ou bando, responde: "Escreve Maggiore que 'a permanência inalterada e por isso o delito é único e idêntico, quando uma pessoa faça parte contemporânea e necessariamente de diversas associações para delinquir (em tempo e lugar eventualmente diversos)'. Não concordamos com o insigne autor. A participação da mesma pessoa em mais de uma quadrilha faz com que ela pratique diversos crimes. Inexiste permanência de delito único, mas, realmente, vários deles, integrados pelas diversas associações criminosas de que faz parte o agente, constituindo todas elas distintas violações da lei e,

portanto, apresentando-se em relação ao associado um concurso material de delitos. O que a lei pune é *associar-se* e se ele mais de uma vez se associa, não vemos como se negar a pluralidade de crimes" (*Direito penal*, v. 4, p. 114-115).

- De acordo com o STJ, é possível a coexistência de múltiplas associações criminosas, ainda que com núcleos idênticos, desde que a alteração de composição demonstre que efetivamente se trata de diversas associações (AgRg no CC 148.154/SP, DJe 09/11/2016).
- Deve ser lembrado que a manutenção da associação criminosa após a condenação ou mesmo a denúncia constitui novo e idêntico crime formal. Inocorre *bis in idem* na nova imputação (*RSTJ* 78/369).
- Com o advento da Lei 11.343/2006, a associação estável e permanente, de duas ou mais pessoas, para a prática do tráfico de drogas ou maquinários, se enquadra no art. 35 da Lei de Drogas, com pena de reclusão variando de 3 a 10 anos, sem prejuízo da multa.
- A Lei nº 12.720/12 acrescentou o art. 288-A no Código Penal com o especial propósito de endurecer as consequências jurídicas no combate às ações dos denominados *grupos de extermínio* e das milícias privadas. O art. 288-A tipifica as condutas de constituir, organizar, integrar, manter ou custear organização paramilitar, milícia particular, grupo ou esquadrão com a finalidade de praticar qualquer dos crimes previstos no CP. Considerando ser vedada a analogia *in malam partem*, somente se configura o crime se a atuação do grupo criminoso se restringe aos delitos previstos no Código Penal (STJ: REsp 1.986.629/RJ, j. 08/08/2023).

24. CRIMES CONTRA A FÉ PÚBLICA

- De acordo com a doutrina de Fragoso, somente se configura o crime de moeda falsa se a alteração for no sentido de atribuir maior valor à cédula ou à moeda metálica. Assim, se o agente altera somente números ou símbolos que nada têm a ver com o aumento do valor da moeda, não pratica o crime em apreço. Bem assim, não ocorre o delito na hipótese em que a alteração faz com que o valor nominal seja diminuído em relação ao verdadeiro (*Lições de direito penal:* parte especial. São Paulo: José Bushatsky, v. 3, p. 775).
- No crime de moeda falsa, apesar de alguns ensinarem que o privilégio (art. 289, § 2º) se pratica com dolo subsequente, não nos parece. Esse elemento – *dolo* – deve ser simultâneo à conduta, sob pena de se descaracterizar o crime. O que ocorre é que o dolo só integra a conduta de repassar a moeda que o agente descobriu ser falsa após tê-la recebido. Ainda no que tange ao tipo subjetivo, não se admite o dolo eventual, pois o texto legal menciona expressamente a necessidade de o agente restituir a moeda à circulação *depois de conhecer a falsidade*.
- A competência para o julgamento do crime de moeda falsa é da Justiça Federal.
- Segundo a orientação adotada pelos tribunais superiores, o crime de moeda falsa não pode ser atingido pelo princípio da insignificância, pois a objetividade jurídica não é o valor econômico da moeda, mas a higidez do sistema monetário: a) STJ: "Não se cogita a aplicação do princípio da insignificância ao crimes de moeda falsa, pois o bem jurídico protegido de forma principal é a fé pública, ou seja, a segurança da sociedade, sendo irrelevante o número de notas, o seu valor ou o número de lesados" (HC 439.958/SP, j. 26/06/2018); b) STF: "Descabe cogitar da insignificância do ato praticado uma vez imputado o crime de circulação de moeda falsa" (HC 126.285/MG, DJe 27/09/2016); c) STF: "Ambas as Turmas do Supremo Tribunal Federal já consolidaram o entendimento de que é "inaplicável o princípio da insignificância aos crimes de moeda falsa, em que objeto de tutela da norma a fé pública e a credibilidade do sistema financeiro, não sendo determinante para a tipicidade o valor posto em circulação" (HC 105.638, Rel. Min. Rosa Weber). Precedentes" (HC 108193/SP, Rel. Min. Roberto Barroso, DJe 25/09/2014). E, na mesma esteira, o STJ decidiu que não se aplica a regra do arrependimento posterior se o agente repara o dano que causou à pessoa que recebeu a moeda falsa, pois, neste crime, a relevância não está no prejuízo patrimonial, mas na fragilização da confiança que deve ser depositada no sistema monetário (REsp 1.242.294/PR, Rel. originário Min. Sebastião Reis Júnior, Rel. para acórdão Min. Rogerio Schietti Cruz, DJe 3/2/2015).
- Sobre o objeto material no crime de petrechos para falsificação de moeda, leciona Fragoso: "Diante de nossa lei, todavia, não se exige que a destinação exclusiva dos objetos (de resto, raríssima), seja a fabricação de moeda falsa: basta que por sua natureza sejam especialmente (geralmente ou em regra) destinados àquele fim. Não se pode excluir integralmente uma indagação sobre a destinação subjetiva (fim a que o agente destinava os objetos) no reconhecimento da existência da ação delituosa. A fórmula do nosso código é perigosa e exige do julgador meticuloso exame de todos os indícios" (Direito penal. São Paulo: Saraiva, v. 3 (1971), p. 789).
- A prova de que os petrechos podem ser destinados à falsificação depende de perícia (subsistindo o crime ainda que se conclua ser o objeto capaz de realizar, em parte, a contrafação).
- Note-se que, a exemplo do que ocorre nos demais delitos contra a fé pública, na falsificação de papeis públicos (art. 293 do Código Penal) o documento falsificado deve ser apto a iludir, pois se grosseira a falsificação, não se configura o crime em estudo. Mostra-se, portanto, imprescindível a realização do exame pericial nas peças fabricadas ou adulteradas.
- Guilherme de Souza Nucci, não sem razão, observa que a figura delituosa do art. 293, § 1º, inc. III, acrescentada pela Lei 11.035/2004, é desnecessária, pois

"qualquer pessoa que utilize produto contendo selo falsificado, em última análise, está usando o próprio selo, pois se beneficia justamente do não pagamento do tributo devido. Logo, fazer uso de selo falsificado é mais do que suficiente (como constava na antiga redação do § 1º do art. 293), não havendo necessidade alguma de inserir outras figuras, como vender mercadoria contendo selo falsificado, pois, nesta situação, está-se usando o selo do mesmo modo." (*Código Penal comentado*, p. 1122).

- No art. 296 do Código Penal, sinal público de tabelião é o escrito que integra sua assinatura, destinado a demonstrar a veracidade de seu ato ao atestar determinado documento. Não tipifica o delito do art. 296, II, do CP, quando o acusado falsifica o carimbo para reconhecimento de firma em tabelionato. Esse carimbo não é sinal público (*RT* 571/394).
- Quanto ao art. 297 do Código Penal, Bitencourt, apesar de reconhecer doutrina em sentido contrário, entende que, para fins penais, não são documentos as cópias reprográficas, sejam ou não autenticadas. Ensina que as cópias não possuem a natureza jurídica de documentos, sendo meras reproduções. Ousamos discordar. Quando autenticadas por oficial público ou conferidas em cartório, com os respectivos originais, assumem a condição de documento, podendo provar determinada situação jurídica (nesse sentido: art. 425, III, CPC).
- De acordo com o STJ, o crime de falsificação do art. 297 do CP se tipifica ainda que o documento seja de origem estrangeira, pois a lei não distingue o documento expedido por autoridade nacional daquele proveniente de órgão estrangeiro (REsp 1.568.954/SP, DJe 07/11/2016).
- Os documentos escritos a lápis, ainda que emanados do funcionário no exercício de suas funções, não serão considerados públicos, tendo em vista a insegurança em relação à manutenção de sua integridade.
- O conceito de documento particular se extrai por exclusão, isto é, todo aquele não compreendido como público ou equiparado a público. É a peça escrita confeccionada sem a intervenção de funcionário público, mas que, em razão de sua natureza e relevância, deve ser objeto da tutela penal.
- A Lei nº 12.737/12, para fins do disposto no art. 298 do Código Penal, equiparou a documento particular o cartão de crédito ou débito. De acordo com o STJ, ainda que praticada antes da entrada em vigor da Lei, é típica a conduta de falsificar, no todo ou em parte, cartão de crédito ou débito. Argumentou o tribunal que a expressão *documento particular*, contida no art. 298 do CP, é um elemento normativo que depende de valoração, sendo que a jurisprudência já admitia que os cartões de débito e crédito se inserissem no conceito de documento particular para efeito de proteção penal contra a falsificação. A lei unicamente passou a tratar de forma expressa o que os tribunais já aceitavam (REsp 1.578.479/SC, DJe 03/10/2016).
- Na falsidade ideológica, como caracterizar a conduta daquele que abusa do papel em branco assinado? Hungria responde: "Somente haverá falsidade ideológica quando o papel tiver sido *confiado* ao agente, para ulterior preenchimento, *ex vi legis* ou *ex contractu*; se o agente se tivesse *apossado* (à revelia do signatário) do papel que preencheu, o crime a reconhecer seria o de *falsidade material* (art. 297 ou 298, conforme se trate de documento público ou particular). É esta, aliás, a solução sugerida pelo Código Italiano. E outra não pode ser a decisão no caso em que o papel tenha sido voluntariamente entregue pelo signatário, mas para fim outro que não o de preenchê-lo, como, por exemplo, para orientar quanto ao seu nome e endereço, a pessoa que o recebe" (*Comentários ao Código Penal*, v. 9, p. 279).
- O STJ tem decidido reiteradamente que o ato de firmar declaração inverídica de pobreza para fins processuais não constitui falsidade ideológica (AgRg no RHC 43.279/SP, DJe 19/12/2016).
- Já se decidiu também não haver falsidade ideológica na inserção de dados inverídicos em petição judicial, vez que se trata de simples alegações, posteriormente debatidas em juízo (HC 379.353/SP, DJe 07/02/2017).
- Da mesma forma, o STJ decidiu que a inserção de informação falsa em currículo Lattes *também não caracteriza o crime de falsidade ideológica porque, tratando-se de página eletrônica em que o usuário insere informações apenas mediante o uso de login e senha, não é possível certificar a identidade de quem faz a inserção.* Além disso, assim como já vinha decidindo a respeito das declarações de pobreza e das petições iniciais, o tribunal ponderou que as informações constantes do *Lattes* – assim como de qualquer outro currículo – são verificáveis, isto é, não fazem prova por si (RHC 81.451/RJ, DJe 31/8/2017).
- Consuma-se a falsidade ideológica com a prática de uma das figuras típicas previstas no art. 299, independentemente de ter sido produzido algum resultado. Tratando-se de crime formal, dispensa-se ocorrência de dano efetivo, sendo suficiente que o documento ideologicamente falso tenha potencialidade lesiva. Considerando o momento consumativo, a Terceira Seção do STJ julgou procedente revisão criminal para considerar prescrito o crime em situação na qual, inicialmente, duas pessoas haviam sido inseridas falsamente como sócias de uma empresa e, anos depois, os sócios verdadeiros continuaram sendo omitidos em alterações do contrato social. Em resumo, nos anos de 2003 e 2007 alterações no contrato social de uma construtora fizeram constar os nomes de suas pessoas que, na realidade, não eram sócias. A inserção de sócios "fantasmas" constituiu, pois, o crime de falsidade ideológica. Ocorre que, em 2010 e 2011, novas alterações contratuais foram feitas, e nessas ocasiões a

informação verdadeira a respeito dos sócios foi omitida. Diante desses fatos, a condenação não havia sido baseada apenas na inserção de dados falsos, mas também na posterior omissão da informação que deveria constar no contrato. Mas o STJ considerou como momento consumativo – e portanto marco inicial da prescrição – apenas o ato em que os sócios "fantasmas" foram inseridos no contrato social, tendo em vista que as alterações contratuais posteriores não versavam sobre o quadro societário (RvCr 5.233/DF, j. 13/05/2020).

- No falso reconhecimento de firma ou letra, Bento de Faria entende que o agente reconhecedor é responsável não somente a título de dolo, mas também de culpa, nas hipóteses em que reconhece como verdadeira firma ou letra que não o seja sem tomar as cautelas necessárias (*Código Penal brasileiro comentado*: parte especial, p. 457). Ousamos discordar, já que, nas hipóteses em que o legislador deseja a punição da negligência, o faz expressamente no tipo penal respectivo (art. 18, parágrafo único, do CP), o que não ocorreu no dispositivo em apreço.
- O art. 303 do Código Penal foi substituído pelo art. 39 da Lei 6.538/78, preservando a redação do preceito primário (*Reproduzir ou alterar selo ou peça filatélica de valor para coleção, salvo quando a reprodução ou a alteração estiver visivelmente anotada na face ou no verso do selo ou peça*), reduzindo-se a pena máxima para 2 (dois) anos, tornando a infração de menor potencial ofensivo.
- De acordo com Noronha (Código Penal brasileiro comentado. 1972., v. 4, p. 174), para a caracterização do crime de uso de documento falso, basta que o escrito saia da esfera de disponibilidade do agente, ainda que empregado em finalidade diversa daquela a que se destinava. Contudo, não sem razão, discorda a maioria, sustentando haver crime somente quando utilizado o documento material ou ideologicamente falso em sua específica destinação probatória. Como nos demais casos envolvendo crimes de falso, o documento, referindo-se a fato juridicamente relevante, deve ser apto a iludir (o falso grosseiro é meio ineficaz para ludibriar a fé pública, configurando delito impossível, art. 17 do CP). A prova da falsidade (e da sua capacidade de iludir), em regra, depende de perícia.
- Conforme o STJ, não obstante tenha pena mais grave, o crime de uso de documento falso pode ser absorvido pelo descaminho, desde que se trate de etapa executória deste último, nele exaurindo-se a potencialidade lesiva do falso (AgRg no REsp 1.349.157/RS, j. 26/06/2018).
- No preceito secundário do art. 307 do Código Penal, observa-se que a lei promove uma ressalva, determinando a punição somente se a falsa identidade não constitui elemento para crime mais grave. Trata-se, pois, de delito subsidiário, ficando absorvido se a intenção do agente é praticar estelionato, violação sexual mediante fraude, simulação de casamento etc. (nesses casos, a identificação mentirosa constitui o meio para a prática de crime mais grave).
- A Lei 14.562/23 ampliou as condutas puníveis na adulteração de sinal identificador de veículo. No *caput* do art. 311 do CP há mais uma conduta típica: suprimir. Além disso, há menção expressa a mais caracteres identificadores que podem ser adulterados – monobloco, motor, placa de identificação – e a outros veículos além dos automotores: elétricos, híbridos, reboques, semirreboques ou suas combinações. A norma atual sana a controvérsia relativa às adulterações cometidas em reboques e semirreboques, que, segundo havia decidido o STJ, eram atípicas (RHC 98.058/MG, j. 24/09/2019).
- A simples substituição de placas de um veículo pelas de outro (sem adulterar ou remarcar número) configura o crime? A redação anterior do art. 311 já não abrangia expressamente essa conduta, e a Lei 14.562/23 não corrigiu a falha. Não obstante, a jurisprudência do STJ há muito firmou o entendimento de que o fato é típico: "É pacífica a jurisprudência em ambas as turmas que "a conduta consistente na troca de placas de veículo automotor configura o crime previsto no art. 311, caput, do Código Penal, tendo em vista a adulteração dos sinais identificadores" (AgRg no AREsp 1.352.798/MS, j. 27/11/2018).
- É crime, também, alterar o número da placa do veículo com fita adesiva (STJ – AgRg no REsp 1.451.060/SP, DJe 15/08/2016).
- O inciso III do § 2º do art. 311 (inserido pela Lei 14.562/23) tipifica uma espécie de receptação, e com isso resolve uma antiga controvérsia: discutiam-se as consequências da conduta de quem, por exemplo, adquirisse veículo ciente de que seu sinal de identificação havia sido adulterado. Para alguns, havia crime de receptação (art. 180 do CP); para outros, o fato era atípico. Com a Lei 14.562/23, a discussão está superada. Note-se que o inciso III menciona a ciência a respeito da adulteração e da remarcação, mas não da supressão de sinal identificador. A depender das circunstâncias, essa omissão legal pode tornar o fato atípico. Conduzir um veículo cujas placas tenham sido suprimidas para evitar a identificação em um radar, por exemplo, não pode ser considerado crime, a não ser que o próprio condutor tenha praticado a supressão, caso em que sua conduta se subsume ao *caput*.
- No art. 311-A do Código Penal, se o modo de execução envolve terceiro que, tendo acesso privilegiado ao gabarito da prova, revela ao candidato de um concurso público as respostas aos quesitos, este indivíduo pratica o crime, juntamente com o candidato beneficiário (um deles, por divulgar; o outro, por utilizar o conteúdo secreto em benefício próprio). Já nos casos em que o candidato, com ponto eletrônico no ouvido, se vale de terceiro expert para lhe revelar as alternativas corretas, o fato permanece atípico (apesar de seu grau de reprovação social), pois os sujeitos envolvidos (candidato e terceiro)

não trabalharam com conteúdo sigiloso (o gabarito continuou secreto para ambos). Em resumo:

Cola eletrônica valendo-se de conteúdo SIGILOSO	Cola eletrônica NÃO se valendo de conteúdo SIGILOSO
Crime, art. 311-A CP	Fato atípico

25. CRIMES CONTRA A ADMINISTRAÇÃO PÚBLICA

- Não se pode confundir função pública com encargo público (*munus publicum*), hipótese esta não abrangida pela expressão "funcionário público".
- Para nós, o advogado contratado por meio de convênio entre a Procuradoria-Geral do Estado e a Ordem dos Advogados do Brasil, para atuar na justiça gratuita, exerce *encargo público* (e não função pública), não se ajustando ao conceito de funcionário público para fins penais. O STJ, no entanto, tem se posicionado em sentido contrário, enquadrando o profissional que atua nessa qualidade (justiça gratuita) na definição do art. 327: "'O advogado que, por força de convênio celebrado com o Poder Público, atua de forma remunerada em defesa dos agraciados com o benefício da Justiça Pública, enquadra-se no conceito de funcionário público para fins penais (Precedentes)' (REsp. n. 902.037/SP, Rel. Min. FELIX FISCHER, Quinta Turma, julgado em 17/4/2007, DJ de 4/6/2007). Precedentes. Sendo equiparado a funcionário público, possível a adequação típica aos crimes previstos nos artigos 312 e 317 do Código Penal" (HC 264.459/SP, DJe 16/03/2016).
- No âmbito da equiparação a funcionário público para fins penais, o STF já decidiu que organizações sociais que celebram contrato de gestão com o poder público são entidades paraestatais, razão pela qual seus diretores podem ser considerados funcionários públicos (HC 138.484/DF, rel. Min. Marco Aurélio, j. 11/09/2018). Na mesma linha, segundo o STJ, a administração de loterias é atividade típica da Administração Pública, que a delega por regime de permissão. Por isso, o administrador pode ser equiparado a funcionário público para fins penais (AREsp 679.651/RJ, rel. Min. Joel Ilan Paciornik, j. 11/09/2018). Da mesma forma, o estagiário que exerce sua atividade em empresa pública pode ser equiparado a funcionário público para fins penais e responde por crime funcional (REsp 1.303.748/AC, rel. Min. Sebastião Reis Junior, j. 25/06/2012).
- Os titulares de cartórios de notas e de registro são considerados servidores públicos para fins penais, pois, por meio de concurso público, recebem delegação do poder público para atuação na esfera cartorária. Além disso, o art. 24 da Lei nº 8.935/94 estabelece que à responsabilidade criminal se aplicam, no que couber, as disposições relativas aos crimes contra a Administração Pública. O mesmo não ocorre, todavia, com os funcionários dos respectivos cartórios, que são contratados livremente e não ocupam cargo público, ainda que se sujeitem, em certos aspectos, à legislação que regula a organização judiciária.
- O STJ excluiu do conceito de funcionário público para fins penais os dirigentes do "Sistema S": "A hipótese trata de recurso ordinário em habeas corpus interposto contra acórdão que denegou a impetração originária ao argumento de que os elementos descritos na denúncia revelam a necessidade de apuração da participação do paciente no crime capitulado no art. 312 do Código Penal (peculato). Sustenta-se, em suma, ausência de justa causa para a ação penal, por crer na atipicidade da conduta por impossível caracterização do crime de Peculato por conduta de gestor do "Sistema S", por se tratar de entidade privada, na esteira da jurisprudência consolidada do STJ. De início, cumpre destacar que é incontroverso que o tipo penal previsto no art. 312 do CP refere-se a crime próprio de funcionário público contra a administração pública. Também é inquestionável que esse campo da sujeição ativa tem seus contornos traçados pelo art. 327 do CP, em conformidade com a acepção mais ampla do termo, para além das estreitas estremaduras do Direito Administrativo. No entanto, o parágrafo 1º, que encontra limite na condicionante na exigência de exercício de "atividade típica de Administração Pública", permite conceber seu espraiamento para sujeitos que exerçam atividades genuinamente privadas, ainda que alavancadas por algum fomento público. No caso, supostamente, o paciente teria autorizado o pagamento indevido de vultosas gratificações a empregados, diretores e prestadores de serviços. Embora não se alegasse qualquer vantagem pecuniária que o paciente obtivera, a ele se atribuiu a condição de funcionário público por equiparação, à força da incorreta aplicação da norma extensiva do art. 327, § 1º, do Código Penal. Nessa linha intelectiva, conclui-se que ausente justa causa para a ação penal, mercê da atipicidade da conduta por impossível caracterização do crime de peculato por conduta de gestor do "Sistema S", formado por entidades privadas, na esteira da jurisprudência consolidada do Superior Tribunal de Justiça" (RHC 163.470/DF, j. 21/06/2022).
- O art. 327, § 2º, do CP contém uma causa de aumento de pena para as situações em que os autores dos crimes praticados por funcionário público contra a Administração Pública forem ocupantes de cargos em comissão ou de função de direção ou assessoramento de órgão da administração direta, sociedade de economia mista, empresa pública ou fundação instituída pelo poder público. De acordo com o STJ, a simples menção ao cargo é insuficiente para a incidência do aumento: "(...) Por outro lado, a mera afirmação de que o denunciado ocupava o cargo de desembargador, assim como o cargo de parlamentar federal, é insuficiente para a incidência da aludida causa de aumento de pena. Nesse sentido, [...] essa causa de aumento, consoante

remansosa jurisprudência [no STF] é inaplicável pelo mero exercício do mandato popular: a circunstância de imposição hierárquica deve estar descrita e não é presumível apenas pelo exercício destes cargos. Esse entendimento prevaleceu em recentes julgados [do] Supremo Tribunal Federal em casos análogos (Inq 3.983 Rel. Min. Teori Zavascki, Tribunal Pleno, DJe de 12/05/2016; e Inq 3.997 Rel. Min. Teori Zavascki, Tribunal Pleno, DJe de 26/09/2016). A jurisprudência [do STF] (Inq 2.606, Rel. Min. Luiz Fux, Tribunal Pleno, DJe de 02/12/2014), exige, especificamente, para sua incidência, uma imposição hierárquica (Inq 2.191, Rel. Min. Carlos Britto, Tribunal Pleno, DJe de 08/05/2009), que não se acha narrada nos autos, o que inviabiliza (reitera-se: em juízo de subsunção teórica: de aptidão de os fatos descritos - se comprovados - virem a se subsumir nos tipos imputados) seu acatamento imputativo. (STF, Inq 3980, Rel. Min. Edson Fachin, Segunda Turma, julgado em 06/03/2018, DJe-113 08/06/2018). Em suma, "[é] incabível a causa de aumento do art. 327, § 2º, do Código Penal pelo mero exercício do mandato parlamentar, sem prejuízo da causa de aumento contemplada no art. 317, § 1º. A jurisprudência [do STF], conquanto revolvida nos últimos anos (Inq 2606, Relator(a): Min. Luiz Fux, Tribunal Pleno, julgado em 11/11/2014, DJe-236 [...] 02-12-2014), exige uma imposição hierárquica ou de direção (Inq 2191, Relator(a): Min. Carlos Britto, Tribunal Pleno, julgado em 08/05/2008, [...] DJe-084 [...] 08-05-2009) que não se acha nem demonstrada nem descrita nos presentes autos." (STF, Inq 3983, Rel. Min. Teori Zavascki, Tribunal Pleno, julgado em 03/03/2016, DJe-095 12/05/2016). No presente caso, o MPF deixou de descrever a presença da "circunstância de imposição hierárquica" (STF, Inq 3980, supra), donde a impossibilidade de ela ser presumida "apenas pelo exercício d[o] cargo" de desembargador. (STF, Inq 3980, supra)" (AgRg na APn 970-DF, j. 04/05/2022).

- Assim como ocorre no furto, deve estar presente, no peculato, a intenção de não devolver a coisa ao real proprietário (*animus rem sibi habendi*). Assim, se o agente desde o início quer apenas utilizar a coisa subtraída, restituindo-a imediata e integralmente ao seu dono, não pratica qualquer ilícito penal.

- No peculato, tema bastante controvertido nasce quando se busca o real significado da elementar *posse*. Abrangeria ela também a mera *detenção*? Apesar de haver corrente sustentando que sim, preferimos não misturar os institutos. Aliás, o próprio Código Penal os separa claramente, bastando observar a redação do art. 168, oportunidade em que o legislador foi expresso em alcançar as duas situações (*posse* e *detenção*). Assim, a indevida inversão da detenção exercida por um funcionário público configura peculato furto (art. 312, § 1º).

- De acordo com o que concluiu o STJ – baseando-se na jurisprudência do STF – os conselhos de fiscalização profissionais exercem função típica do Estado, razão pela qual é possível o cometimento do crime de peculato envolvendo tais entidades (AgRg no REsp 1.520.702/RJ, DJe 23/09/2016).

- O mesmo tribunal considera que o servidor público que recebe seus vencimentos, mas não presta o serviço não comete o crime de peculato, que pressupõe apropriação, desvio ou furto. A conduta do servidor é atípica, embora possa ensejar punições disciplinares e por improbidade administrativa (RHC 60.601/SP, DJe 19/08/2016).

- Segundo decidiu a Corte Especial do STJ na APn 814/DF (j. 06/11/2019), caracteriza-se o crime de peculato na conduta do administrador público que ordena o desconto de parcelas de empréstimos consignados dos salários de servidores públicos e não as repassa à instituição financeira que concedeu o crédito: "De início, ressalta-se que a diferença entre manipulação de dinheiro público ou particular tem especial importância na análise da questão do dolo na obtenção de proveito próprio ou alheio com desvio de finalidade das verbas e da simples aplicação inadequada dessa mesma verba. Essa discussão, que eventualmente surge na hipótese de o administrador público dar destino diverso ao previsto para a verba, mas ainda no âmbito público, a exemplo de deslocar montante que seria aplicado à saúde para a pavimentação de rodovia. Contudo, sendo o dinheiro particular, esse tipo de controvérsia se desfaz, pois não é dado ao administrador deslocar esse dinheiro para nenhuma outra finalidade que não a ajustada. Assim, tratando-se de aplicação de dinheiro particular e tendo o administrador público traído, evidentemente, a confiança que lhe fora depositada, ao dar destinação diversa à ajustada, não é requisito para a configuração do crime a demonstração do proveito próprio ou alheio. Mesmo que necessário fosse, sendo o dinheiro de servidores, ou seja, particular, o proveito exsurge do fato em si. O peculato-desvio é crime formal que se consuma no instante em que o funcionário público dá ao dinheiro ou valor destino diverso do previsto. A obtenção do proveito próprio ou alheio não é requisito para a consumação do crime, sendo suficiente a mera vontade de realizar o núcleo do tipo. Desse modo, configura peculato-desvio a retenção dos valores descontados da folha de pagamento dos servidores públicos que recebiam seus vencimentos já com os descontos dos valores de retenção a título de empréstimo consignado, mas, por ordem de administrador, os repasses às instituições financeiras credoras não eram realizados".

- Não há crime de peculato, segundo o STJ, no recebimento da remuneração pelo funcionário "fantasma": "Nos termos da jurisprudência deste STJ, não é típico o ato do servidor que se apropria de valores que já lhe pertenceriam, em razão do cargo por ele ocupado. Assim, a conduta da funcionária poderia ter repercussões disciplinares ou mesmo no âmbito da improbidade administrativa, mas não se ajusta ao delito de peculato, porque seus vencimentos efetivamente lhe pertenciam. Se o servidor merecia perceber a remuneração, à luz da ausência da contraprestação respectiva, é questão a ser discutida na esfera administrativo-sancionadora, mas não na instância penal, por falta de tipicidade" (AgRg no AREsp 2.073.825/RS, j.16/08/2022).

- A extinção da punibilidade no peculato, limitada à modalidade culposa, é restrita à seara penal, sem excluir as sanções de ordem administrativa.
- Requer o art. 312 do Código Penal que o agente inverta posse alcançada "em razão do cargo", ou seja, posse inerente às suas atribuições normais, não havendo peculato quando a entrega do bem tenha acontecido meramente "por ocasião do cargo", sem qualquer vínculo com a competência funcional por ele exercida. Inexistindo relação entre a posse invertida e o ofício desempenhado pelo agente, estará configurado o delito de apropriação indébita; alcançada a posse da coisa mediante engodo, ardil ou outro meio fraudulento, haverá o crime de estelionato; se, entretanto, decorre de violência ou grave ameaça, estaremos diante de um delito de roubo.
- A orientação firmada pela jurisprudência do STJ é no sentido de que não se aplica o princípio da insignificância nos crimes contra a Administração Pública, pois, nestes casos, não está em pauta apenas o prejuízo patrimonial que a conduta pode causar, buscando-se preservar, além do patrimônio, a moralidade administrativa (súmula 599). Não se ignora, todavia, que o STF já se posicionou favoravelmente à aplicação do princípio da insignificância num caso de peculato em que o agente público subtraíra um farol de milha que guarnecia uma motocicleta apreendida. Naquele caso, em que o bem havia sido avaliado em treze reais, o tribunal concluiu pela atipicidade material considerando a irrelevância da ofensa à probidade administrativa (HC 112.388/SP, DJe 14/09/2012).
- Se há desvio de verba, mas em proveito da própria administração, com utilização diversa da prevista em sua destinação, temos configurado o crime do art. 315 do CP.
- Haverá o crime de peculato culposo se o agente público negligente concorre para a prática de delito não funcional, como, por exemplo, um furto? Apesar da maioria negar, entendemos possível, vez que a ação delituosa do servidor é idêntica e o dano à administração exatamente o mesmo. "De qualquer modo, estranho seria que a lei visse peculato no concurso culposo de funcionário, dando oportunidade a que outro se apoderasse de valores da repartição e se quedasse indiferente quando, no mesmo caso, a subtração fosse executada por particular, evidente, assim, maior culpa do funcionário" (Stoco, Rui et al. *Código Penal e sua interpretação jurisprudencial – Parte Especial*, p. 3.832).
- No peculato mediante erro de outrem (art. 313 do Código Penal), não é necessária a existência do dolo no momento do recebimento da coisa, mas deve existir no instante em que o funcionário dela se apropria: "Convém ponderar que o agente público nem sempre percebe, desde logo, que lhe estão transmitindo dinheiro ou utilidade, por equívoco. A consciência do erro alheio pode advir posteriormente. O crime é o mesmo. Ciente da origem errônea e indevida de sua posse, aproveita-se da situação para apropriar-se. A consciência da antijuridicidade e vontade de realizar o ato injusto estão presentes. Depois, o verbo típico não é *receber* coisa advinda de erro alheio, mas, isto sim, *apropriar-se* dela. Entre a recepção pura e simples e a apropriação insere-se a transformação da boa-fé em má-fé. Apropriando-se, o agente público viola o dever jurídico de restituir o que não é seu" (Fazzio Júnior, Waldo. *Corrupção no Poder Público*. São Paulo: Atlas, 2002, p. 110).
- No crime de inserção de dados falsos em sistema de informações, o tipo menciona como sujeito ativo o funcionário autorizado. Para o Professor Guilherme de Souza Nucci, "a limitação não deveria ter sido estabelecida e qualquer funcionário público que tivesse acesso ao sistema, por qualquer meio que fosse, alterando-o, deveria ser igualmente punido" (*Código Penal comentado*, p. 1173). A opção restritiva não induz, porém, concluirmos ser atípica a conduta quando praticada por funcionário desautorizado. Observa Rui Stoco: "Não sendo o funcionário autorizado, sua conduta não se subsume apenas ao novo delito de 'inserção de dados falsos em sistema de informações', mas se o legislador equiparou o funcionário público ao particular, quando não esteja autorizado a operar o sistema, caberá então concluir que não ficará impune. Inserir dados falsos, alterar ou excluir indevidamente dados corretos nos sistemas informatizados é o mesmo que falsificá-los. O banco de dados constitui um documento virtual, que pode ser materializado de diversas formas. Está-se diante de um falso ideológico, em que o agente – funcionário público – comete o crime prevalecendo-se do cargo, subsumindo-se a hipótese, em tese, no art. 299 e seu parágrafo único" (*Código Penal e sua interpretação:* doutrina e jurisprudência, p. 3.837).
- A distinção mais significativa entre os crimes de inserção de dados falsos em sistema de informações (art. 313-A) e o de modificação ou alteração não autorizada de sistema de informações (art. 313-B) é que naquele pune-se a inserção ou facilitação de dados falsos ou alteração ou exclusão indevida de dados corretos nos sistemas informatizados ou bancos de dados da Administração Pública, enquanto neste último o que se coíbe é a ação física de modificar ou alterar o próprio sistema ou programa de informática. Naquele o agente não ingressa no sistema operacional (*software*), mas apenas falsifica os arquivos do programa. Neste o funcionário altera a própria programação a fim de modificar o meio e modo de geração e criação de arquivos e dados. Se aquela outra figura aproxima-se da falsidade ideológica, nesta tem-se a falsificação e adulteração física ou material de toda uma programação (*Código Penal e sua interpretação:* doutrina e jurisprudência, p. 3.840).

- O crime tipificado no art. 314 não se confunde com aquele tipificado no art. 305, tendo este por objetivo a frustração da fé pública, em proveito próprio ou de outrem, enquanto que aquele, de natureza subsidiária, se consuma pela simples sonegação, inutilização ou extravio do livro ou documento público, sem a finalidade específica de tirar proveito ou de beneficiar terceiro.
- No art. 315 do Código Penal (emprego irregular de verbas ou rendas públicas), não se descarta a dirimente da *inexigibilidade de conduta diversa*, como no exemplo do comandante que (fora dos casos de perigo atual) desvia dinheiro para abastecer viaturas de policiamento preventivo, com o objetivo de não deixar a população local desprotegida.
- No crime de concussão, tratando-se de policial militar, o crime será o do art. 305 do Código Penal Castrense. "Igualmente, caracteriza-se, em tese, como crime militar ou de concussão o praticado por funcionário público municipal, agindo na qualidade de secretário de junta de serviço militar, em face do que conjugadamente dispõe o parágrafo único do art. 124 da Constituição Federal, o art. 9º, III, *a*, do CPM, e o art. 11, § 1º, da Lei 4.375/64, já que, de certa forma, o delito atinge a ordem da administração militar, ao menos em sua imagem perante a opinião pública, mesmo que vítimas, sob aspecto patrimonial, sejam outros cidadãos e não a administração." (Fazzio Júnior, Waldo. *Corrupção no poder público*, p. 155).
- Haverá o crime de concussão quando a indevida vantagem exigida é para a própria administração pública? Apesar de haver corrente em sentido contrário, nos parece que a moralidade administrativa (bem jurídico imediatamente tutelado) é, do mesmo modo, violada, caracterizando o crime do art. 316 do CP.
- No crime de concussão, consistindo a conduta em *exigir*, fica claro, desde logo, tratar-se de delito formal (ou de consumação antecipada), perfazendo-se com a mera coação, independente da obtenção da repugnante vantagem. Aliás, o seu recebimento espelha simples exaurimento (interferindo na pena) e não elemento constitutivo do crime. É nesse sentido a orientação do STJ: "Muito embora o recebimento da quantia exigida seja fato irrelevante para a consumação do delito de concussão, sendo mero exaurimento, tem-se que tal circunstância pode ser sopesada, no caso concreto, para demonstrar a maior reprovabilidade da empreitada criminosa, que atingiu o seu fim ilícito. Muito embora o recebimento da quantia exigida seja fato irrelevante para a consumação do delito de concussão, sendo mero exaurimento, tem-se que tal circunstância pode ser sopesada, no caso concreto, para demonstrar a maior reprovabilidade da empreitada criminosa, que atingiu o seu fim ilícito" (AgRg no REsp 1.708.286/SP, j. 30/05/2019).
- O STF decidiu que o fato de o crime de concussão ter sido cometido por policial civil autoriza a exasperação da pena (HC 132.990/PE, j. 16/08/2016). No mesmo sentido, o STJ: "Com efeito, o fato de o crime de concussão estar elencado entre os crimes praticados por funcionário público contra a administração em geral não torna elementar do crime a circunstância de o acusado ser investigador da polícia civil. De fato, não é possível considerar a maior censurabilidade da conduta em razão de o réu ser funcionário público, porque referida circunstância faz parte do tipo penal. Mas a atuação como "investigador da polícia civil, a quem competia agir no combate à criminalidade", desborda do tipo penal, sendo um plus na culpabilidade que, por certo, autoriza sua valoração negativa" (AgRg no REsp 1.366.683/PR, j. 14/11/2017).
- Note-se, no entanto, que, ao julgar embargos de divergência no recurso especial 1.196.136/RO (DJe 01/08/2017), o STJ considerou inadmissível aumentar a pena-base dos crimes de corrupção passiva e de concussão por ter o funcionário público agido por cobiça e com a intenção de obter lucro fácil. Ora, os atos de solicitar e exigir vantagem indevida no exercício da função pública não têm outro propósito senão o de obter lucro fácil. É justamente porque a condição de funcionário público lhe facilita a prática do ato ilegal do qual provém a vantagem que o agente lança mão do cargo para cometer o crime. Trata-se, portanto, de circunstância que fundamenta a tipificação penal.
- Considerável parcela da doutrina ensina que o delito de excesso de exação, em sua primeira parte, pune também a modalidade culposa, conforme se extrai da expressão "deveria saber indevido". Tal entendimento, contudo, é contestado pela maioria, para quem o legislador, ao empregar a referida expressão, buscou punir a conduta dolosa, porém do tipo eventual, desconsiderando a forma culposa. Guilherme de Souza Nucci ensina que o elemento subjetivo do tipo é o dolo, nas modalidades direta ('que sabe') e indireta ('que deveria saber').
- No excesso de exação, pune-se o funcionário que se excede na cobrança de tributo ou contribuição social, seja porque cobra demandando imperiosamente o que não é devido, seja porque utiliza meio vergonhoso (vexatório) ou que traz ao contribuinte maiores ônus na cobrança do que é devido. De acordo com o STJ, se há dúvida interpretativa a respeito da legislação tributária que fundamenta a cobrança, afasta-se o crime, que só se tipifica se o agente tem consciência de que atua em excesso: "O tipo do art. 316, § 1º, do Código Penal, pune o excesso na cobrança pontual de tributos (exação), seja por não ser devido o tributo, ou por valor acima do correto, ou, ainda, por meio vexatório ou gravoso, ou sem autorização legal. Ademais, o elemento subjetivo do crime é o dolo, consistente na vontade do agente de exigir tributo ou contribuição que sabe ou deveria saber indevido, ou, ainda, de empregar meio vexatório ou gravoso na cobrança de tributo ou contribuição devidos. E, consoante a doutrina, 'se a dúvida é escusável diante da complexidade de determinada lei tributária, não se configura o delito'. Outrossim, ressalta-se que 'tampouco existe crime quando o agente encontra-se em erro, equivocando-se na interpretação e aplicação das normas tributárias que instituem

e regulam a obrigação de pagar'. Nesse palmilhar, a relevância típica da conduta prevista no art. 316, § 1º, do Código Penal depende da constatação de que o agente atuou com consciência e vontade de exigir tributo acerca do qual tinha ou deveria ter ciência de ser indevido. Deve o titular da ação penal pública, portanto, demonstrar que o sujeito ativo moveu-se para exigir o pagamento do tributo que sabia ou deveria saber indevido. Na dúvida, o dolo não pode ser presumido, pois isso significaria atribuir responsabilidade penal objetiva ao registrador que interprete equivocadamente a legislação tributária [...]" (REsp 1.943.262/SC, Rel. Min. Antonio Saldanha Palheiro, j. 05/10/2021).

- É possível praticar corrupção passiva por omissão? Antonio Pagliaro e Paulo José da Costa Jr. respondem: "Com respeito à dúvida sobre se a corrupção passiva pode ser realizada mediante omissão, isto é, através de violação do dever de recusar a vantagem, necessário observar o quanto segue. Os casos que se pretende enquadrar no conceito de recebimento ou aceitação mediante omissão são comportamentos omissivos só aparentemente. Trata-se, na realidade, de verdadeiros comportamentos positivos, como no caso de receber de presente o objeto que já se possui. Ou, então, o agente se calar, numa situação concreta em que o silêncio configura verdadeira aceitação de promessa" (*Dos crimes contra a Administração Pública*. 2 ed. São Paulo: Malheiros, 1999, p. 111).
- Para a existência do crime de corrupção passiva, deve haver um nexo entre a vantagem solicitada ou aceita e a atividade exercida pelo corrupto. Assim, embora funcionário público, caso não seja o agente competente para a realização do ato comercializado, não há que se falar em crime de corrupção, faltando-lhe um dos extremos legais constitutivos do tipo, podendo, nessa hipótese, ocorrer exploração de prestígio, estelionato etc. Em julgamento de recurso especial, no entanto, o STJ afastou o requisito do nexo entre a comercialização do ato e a atribuição do funcionário público para praticá-lo. No caso julgado (REsp 1.745.410/SP, rel. Min. Laurita Vaz, j. 02/10/2018), dois funcionários públicos que trabalhavam em um aeroporto aceitaram vantagem indevida para facilitar o ingresso irregular de estrangeiro em território nacional, embora não exercessem função de controle imigratório. Para o STJ, tais indivíduos cometeram o crime de corrupção passiva, ainda que sua função não pudesse ser diretamente utilizada para que fosse atingido o propósito do corruptor. Argumentou-se na decisão que se faz necessária uma mudança de perspectiva para conferir maior possibilidade de punição adequada a atos relativos ao comércio da função pública, o que se faz tanto para prestigiar a probidade administrativa quanto para potencializar os princípios da proporcionalidade e da isonomia. Segundo a ministra Laurita Vaz, a expressão "em razão dela" (ou seja, da função), contida no tipo do art. 317, permite que sejam abrangidos atos indiretamente ligados à função exercida pelo agente.
- O médico servidor do SUS que solicita vantagem para prestar atendimento garantido pelo sistema comete corrupção passiva. Mas, segundo decidiu o STJ, tratando-se apenas de reembolso por procedimento não garantido na rede pública, o fato é atípico: "A questão que se coloca é se o recebimento de ressarcimento pelos gastos decorrentes do uso do equipamento de videolaparoscopia, técnica cirúrgica não coberta pelo SUS, configura ou não vantagem indevida para fins penais. Na dicção do art. 317 do CP, configura o crime de corrupção passiva a conduta de 'solicitar ou receber, para si ou para outrem, direta ou indiretamente, ainda que fora da função ou antes de assumi-la, mas em razão dela, vantagem indevida, ou aceitar promessa de tal vantagem'. Não se ignora que a Lei Orgânica do Sistema Único de Saúde (Lei n. 8.080/1990) e a Portaria n. 113/1997 do Ministério da Saúde vedam a cobrança de valores do paciente ou familiares a título de complementação, dado o caráter universal e gratuito do sistema público de saúde, entendimento reforçado pelo STF no julgamento do RE n. 581.488/RS, com repercussão geral, em que se afastou a possibilidade de "diferença de classe" em internações hospitalares pelo SUS (relator Ministro Dias Toffoli, Plenário, DJe de 8/4/2016). Assim, sob o aspecto administrativo, se eventualmente comprovada a exigência de complementação de honorários médicos ou a dupla cobrança por ato médico realizado, estaria configurada afronta à legislação citada, bem como aos arts. 65 e 66 do Código de Ética Médica. Todavia, a tipificação do art. 317 do CP exige a comprovação de recebimento de vantagem indevida pelo médico, não configurada quando há mero ressarcimento ou reembolso de despesas, conquanto desatendidas as normas administrativas. Com efeito, o uso da aparelhagem de videolaparoscopia importam em custos de manutenção e reposição de peças, não sendo razoável obrigar o médico a suportar tais gastos, em especial quando houver aquiescência da vítima à adoção da técnica cirúrgica por lhe ser notoriamente mais benéfica em relação à cirurgia tradicional ou 'aberta'. Desse modo, o reembolso dos gastos pelo uso do equipamento não representa o recebimento de vantagem pelo acusado, não demonstrada a elementar normativa do art. 317 do Código Penal" (HC 541.447/SP, Rel. Min. João Otávio de Noronha, j. 14/09/2021).
- Não se desconsideram na doutrina pátria aqueles que entendem que o art. 317 deve ser interpretado com certa parcimônia, de modo que não se subsume como criminoso o recebimento (solicitado ou não) de meras dádivas e outras vantagens provenientes de amizade, gratidão, cortesia e motivos semelhantes. Segundo entendem, o costume, em toda a parte, o consente. Lembram legislações alienígenas que excluem expressamente do domínio da corrupção a atribuição de serviços extraordinários, quando feita com consentimento de superior hierárquico (assim o Código búlgaro, art. 428). Sobre o assunto, conferir estudo elaborado por Costa e

Silva, A. J. da. Corrupção passiva e corrupção e ativa. *Justitia*, v. 27, 4º trim. 1959.

- O STJ considerou legítima a exasperação da pena da corrupção passiva na situação em que o agente público cometeu o crime contra beneficiários do INSS – normalmente pessoas modestas e humildes – circunstância indicativa de maior reprovabilidade. Além disso, considerou-se mais grave a conduta porque o agente encaminhava as pessoas a outros estabelecimentos para que fizessem os pagamentos indevidos sem que os demais funcionários públicos da repartição percebessem (REsp 145.2935/PE, DJe 17/03/2017).
- Na prevaricação, havendo certa discricionariedade na conduta escolhida, não há que se falar em crime. Assim, Delegado de Polícia de plantão que baixa portaria para apurar fato delituoso ao invés de autuar em flagrante delito os suspeitos do crime, realiza opção justificável, que se insere no âmbito de suas atribuições.
- Quanto à possibilidade da tentativa de prevaricação, Magalhães Noronha entende possível apenas nas formas comissivas, hipótese em que o delito permite o fracionamento da sua execução. Eis a sua lição: "O ato do funcionário pode ser fracionável ou oferecer um iter, uma trajetória, que é interrompida, antes que o sujeito ativo alcance seu objetivo, isto é, a prática consumada ou terminada do ato, e já agora, não se negará a tentativa" (Direito penal interpretado, v. 4, p. 279).
- No art. 319-A do Código Penal (prevaricação imprópria), apesar do tipo incriminador referir-se somente a Diretor de Penitenciária (e não a diretor de estabelecimentos penais, como por exemplo, comandante de *colônia agrícola, industrial ou similar, a casa de albergado, o centro de observação e a cadeia pública*), tais personagens foram alcançados pela expressão seguinte (mais genérica): *agente público*. Já o diretor de *hospital de custódia e tratamento psiquiátrico* não, pois falando o tipo em *preso*, não abrange o inimputável internado ou em tratamento.
- Ainda quanto ao art. 319-A, o encerramento genérico (aparelho telefônico, de rádio *ou similar*) permite ao juiz realizar interpretação analógica, abrangendo qualquer aparelho de transmissão de informação. Lamentamos haver o legislador esquecido de incriminar a entrada dos acessórios dos aparelhos de comunicação, como *chips*, baterias, carregadores etc. O STJ, no entanto, ao julgar situações relativas à falta grave na execução penal, orienta-se no sentido de que a posse de acessórios, essenciais para o funcionamento do aparelho telefônico, também deve ser punida, pois a *ratio essendi* da norma é proibir a comunicação entre os presos ou destes com o meio externo. Entender em sentido contrário, permitindo a entrada fracionada do celular, seria estimular a burla às medidas disciplinares da Lei de Execução Penal (AgRg no REsp 1.708.448/RJ, rel. Min. Joel Ilan Paciornik, j. 07/06/2018). E, segundo o mesmo tribunal, é prescindível, para a configuração da falta grave, a realização de perícia no aparelho telefônico ou nos componentes essenciais a fim de demonstrar seu funcionamento (HC 395.878/PR, rel. Min. Felix Fischer, j. 27/06/2017). Note-se, no entanto, que a 5ª Turma, em julgamento proferido no dia 20/04/2021 sobre o crime do art. 349-A (que tem a mesma fórmula genérica), decidiu que a conduta de introduzir *chip* de telefone em estabelecimento prisional não se adéqua ao tipo penal, que não contempla essa ação específica. Se a lei não é expressa, é impossível ao intérprete alargá-la para abranger a conduta (HC 619.776/DF).
- No crime de condescendência criminosa, exige-se que o agente tenha conhecimento não apenas da infração ocorrida, mas também da sua autoria. Dentro desse espírito, ao contrário do que ensina Fernando Henrique Mendes de Almeida (*Dos crimes contra a administração pública*, p. 105), parece claro não existir a modalidade culposa.
- No mesmo delito, se o superior hierárquico se omite por sentimento outro que não indulgência, espírito de tolerância ou concordância, o crime poderá ser outro, como, por exemplo, prevaricação ou corrupção passiva.
- Quanto ao crime de advocacia administrativa, entende a doutrina que, ao ser empregada no tipo a expressão *patrocínio*, buscou o legislador limitar a incriminação às hipóteses em que o agente defende interesse alheio, não existindo a infração quando o funcionário pleiteia interesse próprio.
- Não importa, no crime de advocacia administrativa, o fato de ser lícito ou ilícito o interesse apadrinhado pelo funcionário, configurando-se, em qualquer uma das hipóteses, o crime em tela. Aliás, se o interesse visado for ilegítimo, incidirá a agravante do parágrafo único.
- A advocacia administrativa na esfera tributária é tipificada no art. 3º, III, da Lei 8.137/90, que pune com reclusão, de um a quatro anos, além de multa, aquele que "patrocinar, direta ou indiretamente, interesse privado perante a administração fazendária, valendo-se da qualidade de funcionário público". O STJ deu provimento ao recurso especial para afastar a tipicidade da conduta praticada por auditora da Receita Federal que havia feito correções de ordem técnica, estilística e gramatical em impugnações administrativas promovidas por particular. Segundo a decisão, embora a conduta pudesse ser questionada sob o ponto de vista ético, não se demonstrou que a funcionária pública se valeu de sua condição para influenciar eventual julgamento favorável ao terceiro. O fato de a auditora ser capaz de orientar a redação da impugnação administrativa envolve um conhecimento técnico não necessariamente ligado à função pública desempenhada. Qualquer pessoa, mesmo sem função pública, que tivesse tal conhecimento poderia fazer o mesmo (REsp 1.770.444/DF, j. 08/11/2018).
- Cuidando-se de fato semelhante relacionado com licitação pública, aplica-se o art. 337-G do Código Penal: "Patrocinar, direta ou indiretamente, interesse privado

perante a Administração Pública, dando causa à instauração de licitação ou à celebração de contrato cuja invalidação vier a ser decretada pelo Poder Judiciário".

- Sob a vigência da Lei 4.898/65, havia quem defendesse a revogação tácita do art. 322 do Código Penal. Esse era o entendimento pacificado no extinto Tribunal de Alçada Criminal do Estado de São Paulo, seguido da esmagadora maioria da nossa doutrina, que argumentava se tratar de lei que havia regulado inteiramente a punição dos crimes de abuso de poder, classe a que pertence o delito de violência arbitrária. Mas havia decisões nas quais os tribunais superiores estabeleciam a plena vigência do art. 322, como aquela proferida pelo STJ no HC 48.083/MG (j. 20.11.2007). Naquele julgamento, invocou-se a lição de Magalhães Noronha, para quem "a lei [4.898/65], no art. 3º, fica em generalidades, e, no art. 4º, quando define especificamente crimes, não reproduz os incisos I, II e IV do parágrafo único do art. 350 do Código, que nem por isso estão revogados. Não se poderá objetar que esses incisos estão compreendidos na disposição genérica do art. 3.º, pois, se assim fosse, também nele estariam compreendidos - máxime em suas alíneas a e i - quase todos os delitos previstos no art. 4º, desnecessários sendo, consequentemente, as alíneas a, b, c, d e e deste. A razão do art. 3º parece-nos outra. É que a lei teve em vista, principalmente, o processo para os crimes de abuso de autoridade, e, assim, no referido artigo, tratou de genericamente mencionar delitos tipificados, em regra, em outras leis, que terão esse rito quando se verificar o referido abuso. Assim, por exemplo, o art. 3.º, b, alude à inviolabilidade domiciliar, e a transgressão dela é crime definido no art. 150 do Código; consequentemente, quando praticado por autoridade, o processo será o da lei n. 4.898." (in DIREITO PENAL, vol. 4, E. Magalhães Noronha, Ed. Saraiva, 24ª edição, 2003, páginas. 283 e 414)". Com a entrada em vigor da Lei 13.869/19, que, dispondo sobre o abuso de autoridade, revogou expressa e integralmente a Lei 4.898/65, há mais razão para sustentar a vigência do art. 322 do CP, que trata como crime praticado por funcionário público contra a Administração Pública em geral a conduta genérica de praticar violência no exercício de função ou a pretexto de exercê-la. A Lei 13.869/19 não tem disposição semelhante, e, quando menciona a prática de violência por agentes estatais, o faz para punir condutas praticadas em contextos específicos (cf. arts. 13, 22, § 1º, inc. I e 24). Além disso, a Lei 13.869/19 é expressa no sentido de que as condutas nela tipificadas constituem crime de abuso de autoridade quando praticadas pelo agente com a *finalidade específica de prejudicar outrem ou beneficiar a si mesmo ou a terceiro, ou, ainda, por mero capricho ou satisfação pessoal* (art. 1º, § 1º). No art. 322, por outro lado, o dolo consiste na vontade consciente de praticar a violência arbitrária.

- No abandono de função, é corrente a lição de não existir o delito no caso de suspensão, ainda que prolongada, do trabalho por parte de funcionário público quando se trata de ato coletivo buscando reivindicações de categoria, é dizer, nos casos de greve ainda não declarada ilegal.

- Quanto ao crime de violação de sigilo funcional, alerta a doutrina que deve o funcionário público saber do segredo em razão do seu cargo ou função que exerce, isto é, deve estar entre as suas atribuições o conhecimento do fato secreto. Caso contrário, poderá haver outro crime (art. 154 do CP). Dessa forma, o STF, no famigerado caso da transgressão do painel eletrônico de votação do Senado Federal, rejeitou a denúncia contra dois parlamentares e uma servidora pública federal pela suposta prática do delito de violação do sigilo funcional (art. 325 do CP), entendendo que o crime pressupõe que o fato revelado tenha chegado ao conhecimento do agente *em razão do exercício do cargo*, o que não ocorrera na espécie, já que nenhum dos denunciados possuía acesso à informação violada, sigilosa para todos, em razão da função exercida (Inq. 1.879-DF, rel. Min. Ellen Gracie, j. 10.09.2003).

- Para a caracterização do crime de violação de sigilo funcional, mostra-se indiferente que a revelação se dê a outro funcionário sem acesso ao segredo, ou a um particular estranho à administração.

- O Pacote Anticrime modificou a Lei 11.671/08 (que dispõe sobre os estabelecimentos penais federais de segurança máxima) para incluir regras relativas ao monitoramento no parlatório e nas áreas comuns. De acordo com o art. 3º, § 2º, da Lei 11.671/08, tais áreas devem contar com aparelhos de monitoramento de áudio e vídeo, com a finalidade de preservar a ordem interna e a segurança pública (é vedado, no entanto, o uso dos aparelhos nas celas e no atendimento advocatício, exceto se houver expressa autorização judicial). Segundo o § 5º, a revelação indevida do conteúdo do monitoramento tipifica a violação de sigilo funcional.

- Caso o detetive particular efetue investigações de cunho penal, qual delito comete? A doutrina, antes da Lei nº 13.432/17, divergia, a saber: a) para uma primeira corrente, a investigação particular configurava o crime do art. 328 do Código Penal (usurpação de função pública), não importando a inexistência de função pública com a denominação de detetive; b) outra ensinava não constituir delito, ao conceber como lícito o trabalho exercido pelo detetive particular, que se submetia à legislação própria para a atividade profissional de prestação de serviço de investigação (Lei 3.099, de 24 de fevereiro de 1957). O crime se configuraria, apenas, se o particular se identificasse como policial, agindo como se fosse servidor público executando um ato oficial.

  A Lei 13.432/17 buscou colocar uma pá de cal na discussão, dispondo sobre o exercício da profissão de detetive particular. Para os fins desta Lei, considera-se detetive particular o profissional que, habitualmente, por conta própria ou na forma de sociedade civil ou empresarial, planeje e execute coleta de dados e informações de natureza não criminal, com conhecimento técnico e utilizando recursos e meios tecnológicos permitidos, visando ao esclarecimento de assuntos de interesse privado do contratante (art. 2º). A lei permite, no art. 5º, que o detetive particular colabore com a investigação policial em curso, desde que expressamente autorizado por contrato e aceito pelo delegado de polícia, que poderá rejeitá-lo a qualquer tempo. O diploma, contudo, proíbe o detetive colaborador de participar diretamente das diligências policiais (art. 10, inc. IV), o que ocorreria, por exemplo, caso cumprisse um mandado de busca e apreensão.

Logo, se o detetive exercer atividades de investigação criminal fora dos casos de colaboração com a autoridade policial, ou agir sem contrato, ou, ainda, continuar atuando depois de rejeitado pela Autoridade Policial, incorrerá nas penas do art. 328 do Código Penal, que trata da usurpação de função pública. O delito se consuma com a efetiva prática de pelo menos um ato inerente ao ofício indevidamente desempenhado, não se exigindo reiteração de condutas ou consequências danosas para a administração. Aliás, no caso de reiteração de comportamentos "se forem praticados vários atos no exercício da função, a lesão típica se protrai e a consumação se desloca no tempo e no lugar em que for realizado o último ato (crime eventualmente permanente)", como explicam Antonio Pagliaro e Paulo José da Costa Jr. (*Dos crimes contra a Administração Pública*, Ed. Malheiros, 1999 p. 186. No caso de o agente auferir, para si ou para terceiro, vantagem (não só as patrimoniais), a pena será majorada, nos termos do parágrafo único do art. 328 do CP.

- No delito de resistência, a oposição deve ser positiva, não se considerando crime a "resistência passiva", destituída de qualquer conduta agressiva por parte do agente (ex.: a fuga, recusa em fornecer nome ou abrir portas, xingamentos), podendo configurar, conforme o caso, crime de desobediência (art. 330) ou desacato (art. 331).
- Em que pese a lição de Hungria, prevalece no nosso ordenamento jurídico (diferentemente de alguns estrangeiros) que a força física caracterizadora do crime de resistência deve consistir num ataque direto à pessoa do executor, não abrangendo o emprego de violência sobre coisa (chutes contra a viatura), ajustando-se, nesse caso, ao delito de dano.
- Para uma parcela da doutrina, estando o agente embriagado, exclui-se o dolo configurador do crime da resistência (*RT* 719/444, 566/321 e 525/366). Para outra, pode o estado de embriaguez excluir o elemento subjetivo do crime quando intenso, isto é, caso de intoxicação alcoólica dominante (*RT* 383/227). Ambas as lições, no entanto, afrontam claramente o disposto no art. 28, II, do CP, servindo a embriaguez como causa de exclusão da imputabilidade somente quando *completa* e *acidental* (*RT* 541/388, 518/350 e 501/309).
- Quanto aos sujeitos ativos do crime de desobediência, importa destacarmos a lição de Noronha: "Não comungamos da opinião do provecto Bento de Faria, de que necessariamente há de existir relação de subordinação hierárquica do desobediente para com o sujeito passivo (...). Não há tal, mesmo porque o desobediente pode ser o particular, como se falou. Certo é, porém, que o ofendido deve ser *funcionário* competente para emitir *ordem legal*, ou seja, funcionário, cujo conceito é dado pelo direito administrativo, não tendo, agora, aplicação o art. 327 do Código, havendo já, por mais de uma vez, se lembrado que, para o Estatuto dos Funcionários Públicos Civis da União, *funcionário é a pessoa legalmente investida em cargo público, e este é o criado por lei, com denominação própria, em número certo e pago pelos cofres públicos*" (*Direito penal*, v. 4, p. 324).
- Ressaltamos inexistir o crime de desobediência quando a rebeldia se dá para não se produzir prova contra si mesmo, desdobramento lógico da garantia constitucional ao silêncio. Assim, não se cogita do crime na negativa do réu ao exame para a pesquisa e dosagem de álcool de seu sangue (*RT* 435/413); na recusa ao exame hematológico em ação de investigação de paternidade (*RT* 720/448).
- O STJ decidiu que não se caracteriza o crime de desobediência na situação em que o Defensor Público Geral não atende a requisição judicial para a nomeação de defensor público que deveria atuar em ação penal em andamento. De acordo com o tribunal, a imputação do crime neste caso viola a autonomia da Defensoria Pública, que tem exclusiva atribuição para definir os critérios de atuação dos defensores (HC 310.901/SC, DJe 28/06/2016).
- A Terceira Seção do STJ firmou a orientação de que a desobediência à ordem legal de parada, emitida por agentes públicos no policiamento ostensivo para a prevenção e repressão de crimes, constitui o crime de desobediência: "O STJ já decidiu que "os direitos ao silêncio e de não produzir prova contra si mesmo não são absolutos, razão pela qual não podem ser invocados para a prática de outros delitos. Embora por fatos diversos, aplica-se ao presente caso a mesma solução jurídica decidida pela Terceira Seção desta Corte Superior quando do julgamento do REsp n. 1.362.524/MG, submetido à sistemática dos recursos repetitivos, no qual foi fixada a tese de que 'típica é a conduta de atribuir-se falsa identidade perante autoridade policial, ainda que em situação de alegada autodefesa'" (HC 369.082/SC, Rel. Min. Felix Fischer, Quinta Turma, julgado em 27/6/2017, DJe 1º/8/2017). Conforme apontado pelo Ministério Público Federal em seu parecer, "a possibilidade de prisão por outro delito não é suficiente para afastar a incidência da norma penal incriminadora, haja vista que a garantia da não autoincriminação não pode elidir a necessidade de proteção ao bem jurídico tutelado pelo crime de desobediência. [...] O acusado tem direito constitucional de permanecer calado, de não produzir prova contra si e, inclusive, de mentir acerca do fato criminoso. Contudo, a pretexto exercer tais prerrogativas, não pode praticar condutas consideradas penalmente relevantes pelo ordenamento jurídico, pois tal situação caracteriza abuso do direito, desbordando a respectiva esfera protetiva". Assim, o entendimento segundo o qual o indivíduo, quando no seu exercício de defesa, não teria a obrigação de se submeter à ordem legal oriunda de funcionário público pode acarretar o estímulo à impunidade e dificultar, ou até mesmo impedir, o exercício da atividade policial e, consequentemente, da segurança pública" (REsp 1.859.933/SC, j. 09/03/2022).
- Quanto ao crime de desacato, a Exposição de Motivos da Parte Especial do Código Penal (item 85) ressalta: "O desacato se verifica não só quando o

funcionário se acha no exercício da função (seja, ou não, o ultraje infligido *propter officium*), senão também quando se acha *extra officium*, desde que a ofensa seja *propter officium*". Assim, conclui-se: o crime configura-se ainda que o funcionário público não esteja no regular exercício de sua função, *mas é ofendido em razão dela* (nexo funcional).

- Nélson Hungria entende que o dolo do desacato é incompatível com o estado de exaltação ou ira. O mesmo fundamento doutrinário é encontrado nas lições Washington de Barros Monteiro (O crime de desacato, *RT* 319/11), para o qual o crime pressupõe do agente ânimo calmo. Ousamos discordar. No crime de desacato, o fato de o agente estar nervoso e ter perdido o autocontrole não é suficiente para afastar o dolo do delito, principalmente considerando que ninguém desacata outrem estando em seu perfeito controle e com ânimo refletido (*RJDTACRIM* 36/176).
- O STJ, no julgamento do REsp 1.640.084/SP (DJe 01/02/2017), proferido pela 5ª Turma, considerou o crime de desacato incompatível com a Convenção Americana sobre os Direitos Humanos porque privilegia a preponderância do Estado sobre o indivíduo.

  Em seguida, no entanto, decidiu-se afetar à Terceira Seção o julgamento do HC 379.269/MS (DJe 30/06/2017) para que a questão fosse pacificada pelo órgão que reúne as duas turmas com competência criminal no STJ.

  Desta feita, o tribunal concluiu que o desacato continua sendo crime. A tipificação penal da ofensa contra o funcionário público no exercício de suas funções é uma proteção adicional que não impede a liberdade de expressão, desde que exercida sem exageros. E afastar a figura criminosa do desacato não traria mudança significativa nos limites do direito de expressão, pois o exagero poderia de qualquer forma ser punido como injúria majorada. Logo, o esforço para discernir a censura do insulto permaneceria. O importante não é afastar *a priori* a possibilidade de punição do desacato, mas, mantendo a proteção ao exercício da função pública, exercer o controle sobre eventuais abusos desse exercício. Noutras palavras, compete ao Poder Judiciário garantir tanto a punição do exagero do direito de crítica à atividade desempenhada pelo funcionário público quanto a punição do abuso na reação do funcionário diante de uma crítica justa proferida pelo cidadão. Posteriormente, o STF encampou a tese de que a tipificação do desacato **permanece hígida**, pois o tratamento conferido à liberdade de expressão pela norma de direito internacional não difere daquele disposto na Constituição Federal. O direito não é absoluto, tanto que o ordenamento constitucional tutela a honra e a intimidade, em face das quais a liberdade de manifestação do pensamento sofre limitações e pode ser objeto de punição no caso de abuso (ADPF 496/DF, Rel. Min. Roberto Barroso, j. 22/06/2020).
- Síntese das distinções havidas entre os crimes de estelionato, tráfico de influência e exploração de prestígio:

Estelionato – 171	**Tráfico de Influência – 332**	**Exploração de Prestígio – 357**
Crime contra o patrimônio	**Crime contra a Administração Pública**	**Crime contra a Administração da Justiça**
Crime comum	Crime comum	Crime comum
Consiste em "obter" vantagem ilícita em prejuízo alheio mediante fraude (artifício, ardil ou qualquer outro meio fraudulento).	Consiste em solicitar, exigir, cobrar ou obter vantagem ou promessa de vantagem a pretexto de influir em ato praticado por funcionário público	Solicitar ou receber (dinheiro ou utilidade) a pretexto de influir em juiz, jurado, órgão do Ministério Público, funcionário de justiça, perito, tradutor, intérprete ou testemunha
O agente visa obter vantagem ilícita em prejuízo alheio	O agente visa obter vantagem ilícita	O agente visa obter vantagem ilícita
Consuma-se com o duplo resultado (vantagem ilícita e prejuízo alheio) – o delito é material	Consuma-se com a solicitação, exigência, cobrança (delito formal) ou com a obtenção da vantagem (delito material).	Consuma-se com a solicitação (delito formal) ou com o recebimento (delito material)

- Inexiste a corrupção ativa quando a oferta ou promessa tem o fim de impedir ou retardar ato *ilegal*. Doutrinariamente se ensina também não haver corrupção ativa nos casos em que o particular se limita a pedir ao servidor "dar um jeitinho" ou "quebrar o galho".
- A possibilidade da tentativa no crime de corrupção ativa depende do *modus operandi* escolhido pelo corruptor, isto é, se a corrupção for praticada por meio verbal ou gestual, o crime será unissubsistente, não comportando fracionamento da execução; já na forma escrita é possível o *conatus* quando interceptada a comunicação, deixando de atingir o servidor destinatário por circunstâncias alheias à vontade do agente.
- Há corrupção ativa quando o agente oferece a policiais vantagem indevida para que deixem de apreender droga trazida para consumo próprio. Em recurso julgado pelo STJ, alegava-se que, diante da inexistência de prisão em flagrante, não havia ato de ofício que obrigasse os agentes públicos. O tribunal, contudo, refutou a tese: "Consoante previsão do artigo 333 do Código Penal, o delito de corrupção ativa ocorre com a conduta de oferecer ou

prometer vantagem indevida a funcionário público, para determiná-lo a praticar, omitir ou retardar ato de ofício. Assim, o entendimento de que não há ato de ofício a ser praticado por policiais quando abordam sujeito na posse de drogas está em dissonância com as disposições legais e a jurisprudência desta Corte. O artigo 28 da Lei de Drogas, ainda que não preveja pena privativa de liberdade, permanece como crime. Não houve descriminalização da conduta, mas tão somente sua despenalização, vez que a norma especial conferiu tratamento penal mais brando aos usuários de drogas. Com efeito, este Superior Tribunal de Justiça, alinhando-se ao "entendimento firmado pela Corte Suprema no julgamento do RE 430.150/RJ, sedimentou orientação de que a Lei n. 11.343/2006 não descriminalizou a conduta que tipificou no art. 28, que, portanto, continua a configurar crime. Ocorreu mera despenalização, assim entendida como a ausência de previsão, para o tipo, de pena privativa de liberdade como sanção" (HC 406.905/SP, Rel. Ministro Felix Fischer, Quinta Turma, julgado em 7/11/2017, DJe 13/11/2017)" (AgRg no HC 623.436/SC, Quinta Turma, Rel. Min. Ribeiro Dantas, DJe de 17/12/2021). Em casos dessa natureza, muito embora não se imponha a prisão em flagrante, é obrigação do policial conduzir o autor do fato diretamente ao juízo competente ou, na falta deste, à delegacia, lavrando-se, neste caso, o respectivo termo circunstanciado e providenciando-se as requisições dos exames e perícias necessários, nos termos do artigo 48, §§ 2º e 3º, da Lei n. 11.343/2006. Cumpre ressaltar, ainda, que para a configuração do delito de corrupção ativa, a norma penal sequer exige que o ato de ofício tenha sido efetivamente praticado, até porque, em se constatando que o funcionário retardou ou omitiu ato de ofício, ou o praticou infringindo dever funcional, incidirá a causa de aumento de pena prevista no parágrafo único do artigo 333 do Código Penal" (AREsp 2.007.599/RJ, Rel. Min. Jesuíno Rissato (Desembargador convocado do TJDFT), j. 03/05/2022).

- Na execução do contrabando (art. 334-A do Código Penal), o agente, mediante qualquer meio, *importa* ou *exporta* mercadoria (coisa móvel), absoluta ou relativamente proibida (não abrangendo produtos de importação temporariamente suspensa). No descaminho (art. 334 do Código Penal), o agente busca *iludir*, mediante artifício, ardil ou qualquer outro meio fraudulento, o pagamento de direito ou imposto devido em face da entrada ou saída da mercadoria *não proibida*. Pratica o crime, segundo exemplifica Noronha (Direito Penal, v. 4, p. 349), aquele que emprega no produto rótulos ou letreiros falsos, não correspondentes à quantidade ou qualidade real da mercadoria.

- A tentativa pode ocorrer tanto no contrabando quanto no descaminho (delitos plurissubsistentes). Na primeira hipótese, a forma tentada estará configurada quando, preparado para entrar ou sair do país com a mercadoria proibida, o agente tem sua conduta interrompida por circunstâncias alheias à sua vontade. Já no descaminho, o agente, embora tenha empregado os meios necessários, não logra êxito em iludir a autoridade.

- Os tribunais superiores vinham se manifestado contrariamente à aplicação do princípio da insignificância no crime de contrabando. Diferentemente do descaminho, não se trata apenas de prejuízo tributário, pois a importação de produtos proibidos pode causar danos de maior gravidade. Assim, já se confirmou a tipicidade da importação: a) de medicamentos (STJ: AgRg no REsp 1.500.691/SP, DJe 26/10/2016); b) de arma de pressão, independentemente do calibre (STJ: AgRg no REsp 1.479.836/RS, DJe 24/08/2016); c) de colete balístico (STJ: RHC 62.851/PR, DJe 26/02/2016); d) de peças de máquinas de jogo – "caça-níqueis" (STJ: EREsp 1.230.325/RS, DJe 05/05/2015). Apesar disso, o STJ já considerou materialmente atípica a conduta de importação ilegal de medicamento para uso pessoal e em pequena quantidade (AgRg no REsp 1.572.314/RS, DJe 10/02/2017). O tribunal também já decidiu, sob o rito dos repetitivos, que o princípio da insignificância é aplicável ao crime de contrabando de cigarros quando a quantidade apreendida não ultrapassar 1.000 (mil) maços, seja pela diminuta reprovabilidade da conduta, seja pela necessidade de se dar efetividade à repressão ao contrabando de vulto, excetuada a hipótese de reiteração da conduta, circunstância apta a indicar maior reprovabilidade e periculosidade social da ação (REsp 1.971.993/SP, j. 13/09/2023).

- No crime de descaminho, os tribunais superiores admitem a aplicação do princípio da insignificância àquelas hipóteses em que as mercadorias apreendidas são em pequena quantidade, com valores ínfimos e sem destinação comercial. Isto porque, em virtude do baixo valor dos tributos incidentes sobre tais bens, o fisco não promove a execução de seus créditos, utilizando-se do já conhecido argumento de que a instauração de um processo executivo fiscal, diante de um valor irrelevante a ser recebido, não será compensada no momento do pagamento. Havia divergência entre o STF e o STJ a respeito do valor máximo do tributo sonegado. O STF há tempos considera o valor de R$ 20 mil, antes previsto no artigo 20 da Lei 10.522/02, atualizado pelas portarias 75/12 e 130/12 do Ministério da Fazenda (O art. 20 da Lei 10.522/02 foi alterado pela Lei 13.874/19 e não trata mais do valor mínimo para a execução fiscal. Atualmente, o valor é determinado por ato do Procurador-Geral da Fazenda Nacional. A modificação, contudo, não reflete na orientação jurisprudencial sobre a insignificância). Já o STJ insistia na tese de que a insignificância só se aplicava se o valor questionado fosse igual ou inferior a R$ 10 mil, pois o Judiciário devia seguir os parâmetros descritos em lei federal, e não em portaria administrativa da Fazenda Federal. O tribunal, no entanto, acabou por adequar sua orientação à da Corte Suprema num julgamento sob o rito dos recursos repetitivos, cujo tema (157) tem a seguinte redação: "Incide o princípio da insignificância aos crimes tributários federais e de descaminho quando o débito tributário verificado não ultrapassar o limite de R$ 20.000,00, a teor do disposto no artigo 20 da Lei 10.522/2002, com as atualizações efetivadas pelas Portarias 75 e 130, ambas do Ministério da Fazenda". Embora ainda não seja possível falar em nova mudança de orientação, temos decisões do STF sinalizando que o tribunal pode modificar sua postura diante de situações relativas à importação de mercadorias sem o pagamento de impostos. Com efeito, no julgamento do HC 128.063/PR, em 10/04/2018, a Primeira Turma decidiu que norma relativa à ação fiscal não tem influência na atuação do Ministério Público na seara penal. Em seu voto, o ministro Alexandre de Moraes destacou que o altíssimo número de casos de importações irregulares evidencia a inadequação de aplicar o princípio da insignificância com fundamento em norma de execução fiscal, que, inclusive, não veda peremptoriamente a execução abaixo dos limites a que se refere, mas permite que se adote uma estratégia para que sejam cobrados somente os créditos com maior chance de pagamento. Seguiu a mesma linha o julgamento do HC 149.114/PR em (j. 16/10/2018), no qual o ministro Marco Aurélio já havia negado medida liminar lançando mão dos mesmos argumentos utilizados na apreciação do *habeas corpus* anterior. Também neste julgamento, o ministro Alexandre de Moraes se referiu à necessidade de coibição de práticas semelhantes, nas quais são utilizadas "mulas do descaminho", que, já contando que não serão responsabilizadas, tomam o cuidado de importar mercadorias cujo tributo não ultrapasse o limite estabelecido. Tendo em vista os argumentos lançados pelos ministros, nota-se nestas decisões a tendência de pura e simplesmente vedar o princípio da insignificância ao menos na grande maioria dos crimes de descaminho, pois se descartou a influência não só das portarias ministeriais sobre cobrança tributária, mas também de leis relativas à execução fiscal, que não poderiam limitar a ação penal. Assim, somente se inseriria no âmbito da insignificância o não pagamento de tributo de valor realmente baixo, que se adequasse aos mesmos critérios já utilizados em outros crimes para a análise da irrelevância penal.

- Ainda quanto ao descaminho, o princípio da insignificância tem sido afastado no caso de reiteração criminosa, que revela verdadeiro meio de vida criminoso, situação em que a medida se torna socialmente inadequada. Sob o rito dos repetitivos, o STJ firmou a tese de que "A reiteração da conduta delitiva obsta a aplicação do princípio da insignificância ao crime de descaminho - independentemente do valor do tributo não recolhido -, ressalvada a possibilidade de, no caso concreto, se concluir que a medida é socialmente recomendável. A contumácia pode ser aferida a partir de procedimentos penais e fiscais pendentes de definitividade, sendo inaplicável o prazo previsto no art. 64, I, do CP, incumbindo ao julgador avaliar o lapso temporal transcorrido desde o último evento delituoso à luz dos princípios da proporcionalidade e razoabilidade" (REsp 2.091.652/MS, j. 28/02/2024).
- O STF tem decidido que o descaminho é crime formal, que, portanto, não pressupõe efetivo prejuízo ao erário para a consumação; basta a ilusão de direito ou imposto. Em decorrência desse entendimento, a orientação do tribunal se dá na direção de que o esgotamento da via administrativa (lançamento definitivo) é dispensável (RHC 135.549AgR/BA, DJe 22/09/2017). O STJ segue a mesma linha (AgRg no AREsp 1.034.891/SP, DJe 23/06/2017).
- Também em razão da natureza formal do descaminho, o STJ tem adotado a orientação de que o parcelamento e o pagamento do tributo não têm nenhum efeito sobre o andamento da ação penal (EDcl no AgRg no AREsp 769.526/SP, DJe 08/03/2018).
- Segundo o STJ, a causa de aumento relativa ao descaminho cometido por via área incide inclusive quando o crime é cometido por meio de voos regulares: "Incide a causa especial de aumento de pena prevista no § 3º do art. 334 do Código Penal quando se tratar de descaminho praticado em transporte aéreo, não sendo relevante o fato de o voo ser regular ou clandestino" (AgRg no AREsp 2.197.959/SP, j. 28/02/2023). Mas o STF adota orientação diversa: "No cenário atual, não há sentido lógico que justifique um aumento de pena tão expressivo pelo simples fato de ser o crime praticado em transporte regular. Essa posição tornaria a majorante quase a regra na aplicação do tipo penal na realidade prática, o que findaria por desvirtuar a estruturação normativa da norma incriminadora. Diante disso, a majorante somente pode ser aplicada quando houver uma maior reprovabilidade da conduta, caracterizada pela atuação do imputado no sentido de dificultar a fiscalização estatal, por meio da clandestinidade" (HC 162.553 AgR/CE, j. 14/09/2021).
- Caso o contrabando ou o descaminho seja cometido por meio da utilização de veículo automotor, o condenado em decisão judicial transitada em julgado terá cassado seu documento de habilitação ou será proibido de obter a habilitação pelo prazo de cinco anos (art. 278-A do CTB, inserido pela Lei 13.804/19). Decorrido o prazo, o condutor poderá obter nova habilitação, desde que se submeta ao procedimento necessário (§ 1º). E, no caso do condutor preso em flagrante, poderá o juiz, em qualquer fase da investigação ou da ação penal, se houver necessidade para a garantia da ordem pública, como medida cautelar, de ofício, ou a requerimento do Ministério Público, ou ainda mediante representação da autoridade policial, decretar, em decisão motivada, a suspensão da permissão ou da habilitação para dirigir veículo automotor, ou a proibição de sua obtenção (§ 2º).
- Existe tormentosa discussão na doutrina sobre a total ou apenas parcial revogação art. 335 do

Código Penal (impedimento, perturbação ou fraude de concorrência). Para Mirabete: "As condutas mencionadas no dispositivo passaram a figurar como infrações penais previstas na Lei 8.666, de 21.06.1993, que regulamenta o art. 37, inciso XXI, da Constituição Federal e institui normas para as licitações e contratos da Administração Pública (arts. 89 a 98). Revogado está, portanto, o art. 335, *caput*, do Código Penal" (*Manual de direito penal*, v. 3, p. 375). No mesmo sentido, Antonio Pagliaro e Paulo José da Costa Jr. (*Dos crimes contra a Administração Pública*, p. 246). Contudo, basta uma simples leitura do artigo para concluirmos que a revogação operada foi apenas parcial, pois as normas criminais relativas às licitações não disciplinam o impedimento, a perturbação ou a fraude em *hasta pública*.

- Sobre o art. 337 do Código Penal, discute-se a consequência da pronta restauração do documento inutilizado, que, para uns, se trata de circunstância a ser considerada pelo magistrado na fixação da pena. Para outros, descaracteriza o crime, permanecendo, conforme o caso, mero desacato. Aliás, Mirabete lembra que já se optou: "Pelo simples desacato na ação do réu que arrebatou e inutilizou auto de prisão em flagrante no momento em que lhe foi apresentado para assinar, sendo imediatamente reconstituído (*RT* 416/101; *RJTJESP* 13/494)" (*Manual de direito penal*, v. 3, p. 380).
- Apesar de a maioria da doutrina classificar a sonegação de contribuição previdenciária como crime *omissivo*, entendemos correta a opinião de Luiz Flávio Gomes, para quem o crime é *comissivo de conduta mista*, assim justificando sua posição: "É comissivo porque a norma final é proibitiva (está proibido suprimir ou reduzir contribuição social). Mas ao mesmo tempo a forma de realização das condutas é omissiva. O que está proibido, no final, não é só o ato da omissão. Mais que isso: é preciso que da omissão surja um resultado jurídico: supressão ou redução da contribuição devida. Assim o bem jurídico resulta lesado" (*Crimes previdenciários*, p. 81).
- Na sonegação de contribuição previdenciária, Cezar Roberto Bitencourt entende indispensável a presença do fim especial do agente. Explica o autor: "Acreditamos ser indispensável o *elemento subjetivo especial do injusto*, representado pelo *especial fim* de fraudar a previdência social" (*Tratado de Direito Penal – Parte Especial*, v. 5, p. 285). No mesmo sentido, Antonio Lopes Monteiro lembra: "Toda a tradição de nosso Direito, em termos de sonegação fiscal, exige que a conduta tenha a finalidade específica de sonegação, e não outra" (*Crimes contra a Previdência Social*, p. 57-58). Mas, assim como ocorre na apropriação indébita previdenciária, o entendimento do STJ é no sentido de que se dispensa finalidade específica por parte do agente (AgRg no AREsp 840.609/SP, DJe 22/03/2017). O mesmo já decidiu o STF (HC 113.418/PB, DJe 17/10/2013).
- O STJ decidia que o princípio da insignificância incidia no crime do art. 337-A quando o valor da contribuição previdenciária não ultrapassasse os R$ 10.000,00, assim como ocorria em outros delitos envolvendo tributos (AgRg no REsp 1.609.757/SP, DJe 08/03/2018). Mas, desde o julgamento dos REsp 1.688.878/SP e 1.709.029/MG pelo rito dos repetitivos, estabeleceu-se a orientação de que se considera materialmente atípico o fato envolvendo sonegação no valor de até R$ 20.000,00 (tema 157: "Incide o princípio da insignificância aos crimes tributários federais e de descaminho quando o débito tributário verificado não ultrapassar o limite de R$ 20.000,00 (vinte mil reais), a teor do disposto no art. 20 da Lei n. 10.522/2002, com as atualizações efetivadas pelas Portarias 75 e 130, ambas do Ministério da Fazenda"). Não obstante, esta conclusão é objeto de crítica e tem sido limitada, pois há entre os ministros quem considere despropositado impedir a aplicação da lei penal com fundamento nos critérios meramente financeiros que norteiam a regra estabelecida sobre a execução fiscal. Em 2019, julgando agravo regimental em revisão criminal, a Terceira Seção do tribunal decidiu que o princípio da insignificância não se aplica nos crimes de apropriação indébita previdenciária e de sonegação de contribuição previdenciária (AgRg na RvCr 4881/RJ, j. 22/05/2019). O tribunal se baseou em precedentes do STF segundo os quais a previdência social é bem supraindividual, incompatível com a tese da bagatela (HC 102.550/PR, j. 20/09/2011).
- Tratando-se de crime material que envolve sonegação de tributos, exige-se o lançamento definitivo para que a ação penal seja deflagrada (STJ: HC 324.131/SP, DJe 23/09/2015).
- A pena do art. 337-B do Código Penal é aumentada de um terço, se, em razão da vantagem recebida ou promessa ou oferta, o funcionário público estrangeiro retarda ou omite ato de ofício, ou o pratica infringindo dever funcional. O que seria mero exaurimento aqui foi erigido à categoria de majorante (causa de aumento de pena), considerando o legislador a maior gravidade espelhada pelos desdobramentos advindos do comportamento do agente.
- O tipo do art. 337-C do Código Penal é idêntico ao previsto no art. 332, com as seguintes *especializantes*: a) o agente alega exercer influência sobre funcionário público estrangeiro (art. 337-D); b) o ato praticado se refere à transação comercial internacional.
- A Lei 14.133/21 (Lei de Licitações e Contratos Administrativos) inseriu no Título XI da Parte Especial do Código Penal o capítulo II-B. A lei transferiu para o Código toda a disciplina dos crimes cometidos nos processos licitatórios e nos contratos administrativos. Foram inseridos onze tipos penais entre os artigos 337-E e 337-O: a) art. 337-E: contratação direta ilegal; b) art. 337-F: frustração do caráter competitivo de licitação; c) art. 337-G: patrocínio de contratação indevida; d) art. 337-H: modificação ou pagamento irregular em contrato administrativo; e) art. 337-I: perturbação de processo licitatório; f) art. 337-J: violação de sigilo em licitação; g) art. 337-K:

afastamento de licitante; h) art. 337-L: fraude em licitação ou contrato; i) art. 337-M: contratação inidônea; j) art. 337-N: impedimento indevido; k) art. 337-O: omissão grave de dado ou de informação por projetista.

- Na Lei 8.666/93, todos os crimes eram apenados com detenção, o que impedia o início do cumprimento da pena em regime fechado. Dos novos tipos penais, somente os arts. 337-I e 337-J continuam punidos com detenção. Nos demais, portanto, é admissível o regime inicial fechado na execução da pena.
- O art. 89 da Lei 8.666/93 punia, além da indevida contratação fora das hipóteses legais, também deixar de observar as formalidades pertinentes à dispensa ou à inexigibilidade. Esse comportamento, contudo, não foi reproduzido no art. 337-E. Estamos diante de indisfarçável *abolitio criminis* (art. 2º do CP). E, para tanto, existe explicação. Houve um avanço na incorporação do processo administrativo e sua importância na Administração Pública. Não se consegue imaginar um contrato sem prévio procedimento. A Lei 14.133/21, nesse cenário, claramente se desprende de formalismos que não comprometem o interesse público, razão por que não faz qualquer sentido um tipo penal punindo a simples inobservância de solenidades.
- O STJ firmou a orientação de que a punição por dispensar ou inexigir licitação pressupõe tanto a finalidade específica de causar prejuízo ao erário quanto a provocação efetiva do prejuízo: "1. Nos termos da jurisprudência do Superior Tribunal de Justiça firmada a partir do julgamento da APn n. 480/MG, a consumação do crime do art. 89 da Lei n. 8.666/1993 exige a demonstração do dolo específico, ou seja, a intenção de causar dano ao Erário e a efetiva ocorrência de prejuízo aos cofres públicos. 2. Hipótese em que o paciente, prefeito do município, foi condenado como incurso no art. 89 da Lei n. 8.666/1993, por ter, juntamente com os membros da comissão de licitação, fracionado o serviço de transporte escolar em vários roteiros para, considerando o valor isolado de cada uma das linhas, dispensar o processo licitatório, em desacordo com o que determina o art. 23, §§ 2º e 5º e art. 24, II, da Lei n. 8.666/1993. 3. Observa-se, contudo, a existência de condenação baseada no dolo genérico (dispensa ou inexigibilidade de licitação, fora das hipóteses legais, com o objetivo de direcionamento da contratação), o que, segundo a jurisprudência desta Corte, não é suficiente para sustentar o decreto condenatório. 4. A sentença não fez qualquer referência à existência de deliberada intenção de causar prejuízos à Administração Pública ou à efetiva ocorrência do dano. Ao contrário, o magistrado de primeiro grau reconhece que os serviços foram prestados e, ao afastar a conduta prevista no art. 1º, inciso I, do Decreto-Lei n. 201/67, afirma, categoricamente, inexistir nos autos provas suficientes para comprovar o dolo do denunciado de efetuar pagamentos aos contratados superiores aos ajustados, sem qualquer justificativa para tanto" (HC 588.359/PE, j. 08/09/2020).
- O tipo penal do art. 90 da Lei 8.666/93 continha a expressão "mediante ajuste, combinação ou qualquer outro expediente", inexistente no art. 337-F do CP. A ausência desse elemento normativo não tem nenhuma relevância para a incidência do tipo penal, porque, a rigor, tratava-se de uma redundância absolutamente dispensável. De fato, afirmar que a frustração e a fraude devem se dar mediante ajuste, combinação *ou qualquer outro expediente* é afirmar o óbvio: que o crime é de ação livre, e todas as condutas cometidas com o propósito de afastar da licitação o seu caráter competitivo são abrangidas pelo tipo penal.
- No art. 337-F do CP não se exige a efetiva obtenção da vantagem decorrente da adjudicação, nem tampouco que se demonstre o prejuízo ao erário. É a orientação do STJ a respeito da conduta antes tipificada no art. 90 da Lei 8.666/93 (súmula 645).
- Especial em relação ao art. 321, o tipo penal do patrocínio de contratação indevida (art. 337-G) contém elementos distintivos marcantes. Em primeiro lugar, é pressuposto que o ato do servidor público resulte na instauração de licitação ou na celebração de contrato decorrente do processo instaurado. Além disso, o crime somente se perfaz se o Poder Judiciário invalidar a licitação ou o contrato.
- Ao contrário da advocacia administrativa (art. 321 do CP), o art. 337-G não exige que o agente se beneficie da qualidade de funcionário público para praticar o crime.
- O tipo penal do art. 337-H não contém nenhuma referência a finalidade específica. Os motivos que levam o agente a admitir, possibilitar ou dar causa a modificação ou prorrogação ilegal do contrato são indiferentes para a tipicidade, pois o que a lei pretende punir é a inobservância das regras que determinam as possibilidades de alteração ou prorrogação. No entanto, em julgamentos relativos ao art. 92 da Lei 8.666/93 (que também não exigia fim especial de agir), o STJ firmou a orientação de que o agente público deve ser movido pelo propósito de causar prejuízo ao erário (AgRg no REsp 1.883.931/RS, j. 22/09/2020).
- O art. 337-K tipifica o crime de afastamento de licitante. Ao tratar das definições relativas ao processo licitatório, o art. 6º da Lei 8.666/93 não trazia o conceito de licitante, o que provocava certa controvérsia a respeito do que se entendia por licitante para os efeitos da infração penal então tipificada no art. 95 daquela lei. Havia na doutrina quem o definisse como o indivíduo que já tivesse oferecido a proposta no processo licitatório iniciado. Outros enxergavam no tipo penal a possibilidade de incluir o indivíduo capaz de integrar o processo e que houvesse manifestado essa intenção. Com a entrada em vigor da nova Lei de Licitações e Contratos Administrativos, o debate tende a se esgotar, pois o art. 6º, inc. IX define o licitante como a "pessoa física ou jurídica, ou consórcio de pessoas jurídicas, que participa ou manifesta a intenção de participar de processo licitatório, sendo-lhe equiparável, para os fins desta Lei, o fornecedor ou o prestador de serviço que, em atendimento à solicitação da Administração, ofe-

rece proposta". Nesse caso não há dúvida de que já se inclui no conceito de licitante quem exterioriza a intenção de integrar o certame.

- Sob a vigência do art. 96 da Lei 8.666/93, dizia-se que a conduta praticada para fraudar a contratação de serviços não era tipificada, pois o dispositivo contemplava expressamente apenas a licitação que tivesse por objeto a aquisição ou venda de bens e mercadorias. Essa restrição não existe mais, pois, no *caput*, o tipo do art. 337-L trata genericamente da fraude à licitação ou ao contrato dela decorrente, sem especificar o objeto do certame ou da avença formalizada. E, nos incisos I e IV, a prestação de serviços é mencionada de forma expressa.
- Segundo decidiu o STJ, se o delito do revogado art. 96, inciso II, da Lei 8.666/1993 (atual art. 337-L, inciso II, do CP) tipifica o ato de fraudar, em prejuízo da Administração Pública, licitação ou contrato dela decorrente, mediante fornecimento, como verdadeira, de mercadoria falsificada, e, se, ao final da instrução penal, se constata não ter havido o prejuízo, em razão de circunstâncias alheias à vontade do agente, tem-se como caracterizada a tentativa (AgRg no REsp 1.935.671/RS, j. 27/06/2023).
- Para que se perfaça o crime do art. 337-M, a declaração de inidoneidade deve ter sido aplicada em um processo administrativo com decisão definitiva. Se o licitante foi declarado inidôneo, mas ainda há recurso administrativo capaz de reverter a decisão, sua participação em outro certame e sua contratação não podem ser consideradas criminosas. Aliás, tanto o servidor público quanto o particular devem ter conhecimento da inidoneidade. Se, por alguma falha, o agente responsável pelo procedimento licitatório não souber da declaração de inidoneidade, ou se, pelo mesmo motivo, o particular não tiver sido cientificado de que recebeu a sanção, o fato será atípico por ausência de dolo. Note-se, contudo, que um crime não é dependente do outro. Se o servidor público não tem conhecimento da sanção, mas o particular, sabendo que não pode participar da licitação, ainda assim o faz, comete o crime mesmo diante da atipicidade da conduta do servidor. E o inverso, obviamente, também é verdadeiro.
- De acordo com o art. 337-P, a aplicação da pena de multa nos crimes licitatórios segue a metodologia de cálculo prevista no próprio Código Penal para os crimes em geral, observada a regra específica segundo a qual a multa não pode ser inferior a dois por cento do valor do contrato licitado ou celebrado com contratação direta. Dessa forma, se pela metodologia seguida na Parte Geral do Código o total da multa for menor do que o percentual determinado no art. 337-P, o juiz sentenciante deve fazer o ajuste baseado no valor do contrato administrativo celebrado irregularmente.
- Quanto ao art. 338 do Código Penal, ressalte-se que, para haver a tipificação da conduta, é indispensável que, após a edição do decreto de expulsão, o agente tenha efetivamente saído do país, retornando em seguida (não configura o crime a recusa do estrangeiro expulso em deixar o país).
- A respeito do crime de denunciação caluniosa, alertamos que, apesar de a *calúnia* compor uma das formas da denunciação caluniosa, não estamos diante de um crime complexo. Com efeito, é sabido que o crime complexo, propriamente dito, nasce da fusão de *dois ou mais* tipos legais (art. 101 do CP). Lendo com atenção o art. 339 do CP no que se refere à imputação de crime, logo percebemos a presença de apenas *um crime*, qual seja, o de calúnia (art. 138 – imputar a alguém falsamente fato definido como crime), acrescido do elemento *dar causa à instauração de procedimento oficial contra alguém*. Ora, esse elemento, por si só, não constitui delito autônomo. Dentro desse espírito, não há que se falar em crime complexo, mas sim em *crime progressivo*, no qual o agente, para alcançar o crime desejado, necessariamente viola outra norma penal menos grave (calúnia), que fica absorvida.
- A doutrina tradicional, de forma quase unânime, alerta que, nas situações em que a conduta consiste em imputar falsamente a inocente um delito de ação penal privada ou pública condicionada a representação, somente a vítima (ou seu representante legal) pode praticar o crime do art. 339. Assim, por exemplo, uma denunciação caluniosa versando sobre ameaça só poderia ser praticada pela falsa "vítima" (ou seu representante), titular do direito de representação, condição para o início das investigações e da ação penal. Essa lição tem de ser atualizada com a atual estrutura típica, que contempla outros procedimentos além da investigação criminal, todos de instauração independente da manifestação de vontade do ofendido. Logo, se Beltrano, funcionário público, acusar falsamente Fulano, seu colega, de ter ameaçado Sicrano no exercício da função, Fulano (vítima da denunciação caluniosa) poderá sofrer, por exemplo, um processo administrativo (que não depende da vontade de Sicrano) e configurado estará o delito do art. 339.
- Não se reconhece o crime de denunciação caluniosa quando abolida a ilicitude do fato injustamente imputado a outrem ou quando extinto o direito de punir do Estado, porque nessas hipóteses a autoridade competente não pode agir. Essa lição merece ser atualizada com as Leis 10.028/00 e 14.110/20, pois a circunstância extintiva da punibilidade impede, sem dúvida, a investigação criminal ou o processo penal, mas não inibe, por si só, a instauração dos demais procedimentos referidos no tipo, isto é, o processo administrativo, o processo judicial civil, o inquérito civil ou a ação de improbidade. Dentro desse espírito, a injusta imputação de um crime já prescrito a alguém que se sabe inocente pode, ainda assim, ensejar a instauração de procedimento investigatório extrapenal, configurando o delito de denunciação caluniosa.
- No art. 339, o Código Penal, até o advento da Lei 10.028/2000, previa a punição ao agente que tivesse dado causa à instauração de *investigação policial* ou *processo judicial*. Com o aparecimento dessa lei, foram acrescentadas ao tipo mais três hipóteses que, no entendimento do legislador, faziam jus a proteção penal: o inquérito civil, a investigação administrativa e a ação de improbidade administra-

tiva. A Lei 14.110/20 modificou novamente a redação do tipo, que passou a se referir a inquérito policial, procedimento investigatório criminal, processo judicial, processo administrativo disciplinar, inquérito civil e ação de improbidade administrativa.

Vejamos, então, cada conduta separadamente:

a) o tipo começa punindo aquele que, mediante notícia mentirosa, dá causa à instauração de *inquérito policial*. Sob a vigência da redação anterior, que se referia apenas a "investigação policial", havia quem sustentasse que a caracterização do crime dependia da efetiva formação do inquérito (*RT* 504/301). Essa orientação não prevalecia na doutrina, para a qual bastava a simples leitura do tipo incriminador para concluir que a imputação causadora de qualquer ato de investigação policial (simples e informal movimentação da autoridade no sentido de apurar os fatos) seria o suficiente para caracterizar o crime. Atualmente, o crime se perfaz apenas com a efetiva instauração do inquérito pela autoridade policial, e não mais com atos de investigação prévios.

b) em seguida, pune-se o agente que, imbuído de má-fé, dá causa à instauração de procedimento investigatório criminal. Trata-se de procedimento tipicamente conduzido pelo Ministério Público para investigar a prática de crimes de ação pública. É disciplinado por meio da Resolução 181/2017 do Conselho Nacional do Ministério Público, e sua finalidade – como o inquérito policial – é preparar e embasar, se for o caso, o ajuizamento da ação penal.

c) pune-se também o ato de provocar o ajuizamento de processo judicial, de natureza civil ou penal.

d) com o advento da Lei 10.028/2000, passou a configurar o crime do art. 339 do CP a conduta daquele que, maliciosamente, desse causa à instauração de *investigação administrativa*. A nova redação conferida pela Lei 14.110/20 trata de *processo administrativo disciplinar*. A doutrina divergia a respeito da abrangência da expressão "investigação administrativa". Havia quem defendesse que se tratava tão somente do processo administrativo instaurado para apurar a conduta do agente público, excluídas, portanto, as sindicâncias, simples procedimentos preparatórios para a investigação interna de condutas anômalas (Masson). Outros já sustentavam que a expressão abrangia tanto as sindicâncias quanto os processos administrativos de toda ordem (Nucci).

A redação atual sem dúvida restringe o alcance do tipo, que compreende apenas o processo administrativo, excluídos atos instrutórios anteriores.

e) outra inovação trazida pela Lei 10.028/2000 foi a tipificação como denunciação caluniosa do comportamento do agente que, ilicitamente, dá causa à instauração de *inquérito civil*, isto é, procedimento investigatório, previsto na Lei da Ação Civil Pública (Lei 7.347/85), que serve ao Ministério Público (titular exclusivo) para apurar lesão ou perigo de lesão a interesses difusos e coletivos indisponíveis.

f) também por meio da Lei 10.028/2000, entendeu o legislador por bem punir como denunciação caluniosa a conduta daquele que dá causa à instauração de ação de improbidade administrativa, sabendo que o denunciado é inocente.

- Até o advento da Lei 14.110/20, as condutas falsamente imputadas, embora pudessem originar procedimentos de índole extrapenal – como o inquérito civil, o processo administrativo e a ação de improbidade –, deveriam se basear em um crime, pois era exigência expressa do tipo que alguém desse causa a um dos procedimentos oficiais imputando a determinada pessoa, sabidamente inocente, a prática de crime. Atualmente, o tipo também se refere a infração ético-disciplinar e a ato ímprobo. Se, antes, para que fosse punida a conduta de dar causa ao ajuizamento de uma ação de improbidade era necessário que o ato ímprobo falsamente atribuído correspondesse também a um crime – o que nem sempre acontece –, a Lei 14.110/20 mudou o cenário para permitir que a imputação falsa de qualquer ato de improbidade caracterize o crime se disso decorrer a instauração da ação correspondente. Ilustremos com um exemplo: antes, quem imputasse falsamente um ato de peculato de uso a um agente público, dando causa a uma ação de improbidade administrativa, não cometia denunciação caluniosa, porque essa modalidade de peculato, embora punível na esfera da improbidade, não é, em regra, criminosa. Com a alteração do tipo, a mesma imputação caracteriza a denunciação caluniosa, pois não se exige mais que o ato falsamente imputado seja criminoso. Da mesma forma, se alguém imputa falsamente a um funcionário público a prática de infração ético-disciplinar e dá causa à instauração de processo administrativo, comete denunciação caluniosa ainda que a infração não seja também tipificada como crime.
- Em razão das características do tipo do art. 339 antes da Lei 14.110/20, quem desse causa à instauração de ação de improbidade imputando falsamente a alguém um ato exclusivamente ímprobo respondia pelo crime do art. 19 da Lei 8.429/92 ("Constitui crime a representação por ato de improbidade contra agente público ou terceiro beneficiário quando o autor da denúncia o sabe inocente"). Ao conferir maior abrangência ao art. 339 do CP, a Lei 14.110/20 revogou tacitamente o dispositivo da Lei de Improbidade Administrativa.
- Segundo decidiu o STJ, a propositura da ação penal em razão da prática do crime do art. 339 se subordina à conclusão do procedimento a que o agente injustamente deu causa: "4. Ainda que os fatos não deixem de revelar, em verdade, um conflito societário interno nas empresas e seus sócios, e considerada a instauração do segundo inquérito, por suposta denunciação caluniosa, somente se poderia falar nesse crime (denunciação caluniosa) se o primeiro inquérito tivesse terminado com o reconhecimento da inocência do (ora) denunciante, nos termos do art. 339 do Código Penal, o que não é o caso, pois a investigação dos fatos contra o diretor, bem ou mal, ainda se encontra em curso. 5. Somente com o desfecho da primeira investigação, com o arquivamento do inquérito ou a absolvição do imputado no processo penal, é que seria possível vislumbrar a incidência (ou

não) das elementares do crime de denunciação caluniosa. Aí sim se saberá se os diretores que pediram a primeira investigação agiram cientes da inocência do investigado" (AgRg no RHC 141.307/SP, Rel. Ministro Olindo Menezes (desembargador convocado do TRF 1ª Região), j. 14/09/2021).

- O STJ considerou caracterizado o crime de denunciação caluniosa em decorrência da conduta de advogado que, sem ter seus interesses – ou de seu cliente – atendidos no decorrer de processo em que atuava, imputou a magistrado, perante órgãos de correição, a prática de diversos crimes, sabendo-os inverídicos. Considerou-se que, não obstante o advogado tenha a prerrogativa de atuar plenamente para atender a pretensão de quem representa, a atuação deve ser pautada pela ética, vedando-se o abuso de direito, de forma que se respeite a honra objetiva e subjetiva, a dignidade, a liberdade de pensamento e a íntima convicção do magistrado (AgRg no HC 339.782/ES, DJe 12/05/2016).
- A Lei 13.834/19 inseriu no Código Eleitoral um tipo muito semelhante à denunciação caluniosa do art. 339 do CP, que se diferencia sobretudo pelo propósito sob o qual atua o agente: a finalidade eleitoral. O tipo está no art. 326-A e consiste no seguinte: *"Dar causa à instauração de investigação policial, de processo judicial, de investigação administrativa, de inquérito civil ou ação de improbidade administrativa, atribuindo a alguém a prática de crime ou ato infracional de que o sabe inocente, com finalidade eleitoral"*.

  O novo tipo penal pune a conduta daquele que dá causa (provoca), direta ou indiretamente (por interposta pessoa) a instauração de procedimento oficial, imputando a *determinada* pessoa, sabidamente inocente, a prática de crime ou ato infracional. Há uma nota distintiva, neste ponto, no tipo da denunciação caluniosa eleitoral: a menção expressa ao ato infracional, inexistente na redação do art. 339 do CP. Assim, se no crime tipificado no Código Penal pode haver discussão sobre a possibilidade de que alguém cometa a denunciação caluniosa imputando falsamente um crime a alguém menor de dezoito anos (que, a rigor, não pode ter contra si um crime imputado), na denunciação caluniosa eleitoral a dúvida é absolutamente afastada.

  Antes da inserção do 326-A no Código Eleitoral, quem cometesse denunciação caluniosa no contexto eleitoral respondia penalmente como incurso no art. 339 do CP, cuja competência era da Justiça Federal, pois, afetada a administração da Justiça Eleitoral, considerava-se prejudicado um interesse da União (art. 109, inc. IV, da Constituição Federal). Com a nova tipificação específica, a competência passa a ser da Justiça Eleitoral.
- Comunicação falsa de crime ou contravenção (art. 340 do Código Penal) perante policiais militares configura o ilícito penal? Mirabete, citando jurisprudência, responde: "Não se deve reconhecer o ilícito na falsa comunicação de crime perante policiais militares, já que a lei se refere a ação da 'autoridade' e não se pode equiparar aqueles a esta, impedindo o princípio da reserva legal tal conceito amplo (*RJDTACRIM* 28/57)" (*Manual de direito penal*, v. 3, p. 398).
- A notícia de fato atípico (dano culposo, por exemplo) ou infração penal não mais punível (prescrição, decadência etc.) está fadada ao insucesso, configurando hipótese de crime impossível (art. 17 do CP).
- No crime de autoacusação falsa (art. 341 do Código Penal), não importam os motivos do agente, conforme escreve Magalhães Noronha. "Podem ser nobres ou torpes e o delito ocorre. Assim, tanto é criminoso quem atribui a si próprio, por compaixão, amor (tal qual ocorre no romance de Jacob Wassermann, o Processo Maurizius) etc., o crime que outrem cometeu, como quem o faz para se livrar de processo por delito mais grave: dizer que agrediu levemente uma pessoa, quando no mesmo instante, em local diverso, assassinou terceiro; se o faz por dinheiro, dádivas etc." (*Direito penal*, v. 4, p. 384).
- Processo anulado faz desaparecer falso testemunho? Noronha responde: "O ser nulo o ato constituído pelo depoimento falso não pode excluir o crime, o que é evidente, pois é justamente a falsidade que se pune. Igual consideração cabe ao prestado perante autoridade incompetente: embora lhe faleça competência, ela está no exercício da função, não se podendo a testemunha furtar ao dever de falar a verdade. Pode acontecer, entretanto, que o depoimento falso seja prestado em processo que depois vem a ser anulado; como também suceder que o próprio testemunho seja nulo por outra razão que não a própria falsidade. Já agora, não ocorre o delito, pois nulo o depoimento não pode produzir efeito" (*Direito penal*, v. 4, p. 390). No mesmo sentido é a lição de Hungria (*Comentários ao Código Penal*, v. 9, p. 485).
- A falsidade, no crime do art. 342 do Código Penal, não se extrai da comparação do depoimento da testemunha e a realidade dos fatos (teoria objetiva), mas sim do contraste do depoimento e a ciência da testemunha (teoria subjetiva). Assim sendo, perfeitamente possível o falso testemunho sobre fato verdadeiro, como no caso do agente que detalha minuciosamente episódios verdadeiros (ocorridos) que jamais presenciou.
- Ensina a maioria da doutrina que somente restará caracterizado o crime de falso testemunho se a falsidade incidir sobre episódio relevante, que possa influenciar no momento decisório (*RT* 674/293), o que não significa que o falso se caracteriza somente quando exerça influência sobre qualquer decisão. O efetivo equívoco do Juiz, como efeito da conduta, mostra-se meramente casual e circunstancial, dele não dependendo a existência do crime (basta a simples possibilidade de dano). Assim, se através de outros elementos, o juiz não foi levado a erro, desprezando, na sua decisão, aquela peça, o fato não se torna impunível (*RT* 787/592).
- O falso testemunho é delito formal ou de consumação antecipada, não exigindo para sua caracterização ato ou evento posterior. Desse modo, consuma-se no momento em que a testemunha (tradutor ou intérprete) termina seu depoimento,

lavrando sua assinatura. É pacífico o entendimento do STJ neste sentido (AgRg no AREsp 603.029/SP, DJe 29/05/2017).

- A sentença no processo em que ocorreu o falso testemunho não é condição para que o agente seja processado pelo crime, conforme decidiu o STJ (HC 327.947/RS, DJe 01/08/2016).
- O § 2º do art. 342 do CP prevê extinção de punibilidade nas hipóteses em que o agente se retrata do conteúdo declarado antes de proferida a sentença. A retratação deve ser feita *opportuno tempore*, isto é, antes de prolatada *sentença* no processo do *falsum*, evitando-se, dessa maneira, eventual (mas não necessário) erro judiciário. De acordo com a orientação atualmente majoritária, deve também ser feita no mesmo processo em que foi cometido o falso testemunho (STJ: REsp 1.838.766/SP, j. 11/09/2019).
- Inexiste o delito do art. 343 do Código Penal (corrupção ativa de testemunha, perito, contador, tradutor ou intérprete) quando a pessoa que o agente suborna é a própria vítima do processo. Isto porque, mesmo que esta falseie a verdade a pedido do réu, não comete o crime de falso testemunho.
- A respeito do crime de coação no curso do processo, entende a doutrina (e jurisprudência, *RT* 512/356) que a reiteração de coações, dentro do mesmo contexto fático, não desnatura a unidade do crime, devendo, contudo, ser considerada pelo juiz na fixação da pena (art. 59 do CP).
- Alertamos que, para a caracterização da coação no curso do processo, indispensável se mostra a existência de procedimento em curso, consoante acentua Noronha: "É necessário que a violência física ou moral recaia sobre as pessoas mencionadas – juiz, delegado de polícia, promotor de justiça, autor, réu, perito, testemunha, escrivão, jurado, tradutor, intérprete etc. – quando estejam intervindo em processo ou sejam chamados a intervir. A violência, por exemplo, exercida contra um juiz, sem que ocorra essa circunstância, constituirá outro delito" (*Direito penal*, v. 4, p. 397).
- Imaginemos um corréu ameaçando o outro para que este não confesse o delito praticado (ou que o assuma como único autor): temos nesses casos, sem dúvida, o crime de coação no curso do processo.
- De acordo com o STJ, caracteriza o crime do art. 344 do Código Penal a coação cometida no decurso de Procedimento Investigatório Criminal instaurado no âmbito do Ministério Público, pois, além desse procedimento servir aos mesmos propósitos do inquérito policial, o tribunal já havia reconhecido a ocorrência do delito diante de ameaças proferidas antes ainda da formalização da investigação (HC 315.743/ES, DJe 26/8/2015).
- A Lei 14.245/21 inseriu no art. 344 uma causa de aumento de 1/3 (um terço) até a metade da pena se o processo envolver crime contra a dignidade sexual. Apelidada desde logo como "Lei Mariana Ferrer", essa lei surgiu após a divulgação de imagens de uma audiência em que a vítima de estupro teve sua intimidade inutilmente exposta pela defesa. Seu objetivo central é reprimir e prevenir a chamada "revitimização", ou vitimização secundária. Além de criar a majorante na coação do curso do processo, a lei inseriu os arts. 400-A e 474-A no CPP, e, no art. 81 da Lei 9.099/95, o § 1º-A para dispor que nas audiências de instrução e julgamento – em especial nas que apurem crimes contra a dignidade sexual –, todas as partes e os demais sujeitos processuais presentes no ato devem zelar pela integridade física e psicológica da vítima, sob pena de responsabilização civil, penal e administrativa, cabendo ao juiz garantir o cumprimento da lei, vedadas: a) a manifestação sobre circunstâncias ou elementos alheios aos fatos objeto de apuração nos autos; b) a utilização de linguagem, de informações ou de material que ofendam a dignidade da vítima ou de testemunha.

  No que concerne à majorante, somos obrigados a reconhecer sua pouca utilidade, pois o constrangimento que se busca prevenir e punir, em regra, não ocorre com violência ou grave ameaça, pressuposto do crime de coação no curso do processo. Ocorre mediante outros meios, como humilhação, manipulação, chantagem e ridicularização. Portanto, quando se discute a responsabilidade penal dos sujeitos processuais por ações ou omissões ocorridas na audiência de instrução e julgamento, e, em especial, nas que apurem crimes contra a dignidade sexual de vítima mulher, enxerga-se, com mais ênfase, o delito do art. 147-B do CP (violência psicológica). Claro que não descartamos outras infrações penais, a depender do caso concreto e das condições pessoais da vítima (calúnia, difamação, injúria etc.). No caso de constrangimento cometido por agente público, pode-se cogitar, ainda, o crime do art. 33, *caput*, da Lei de Abuso de Autoridade.
- A doutrina diverge quanto ao momento consumativo do crime de exercício arbitrário das próprias razões. A primeira corrente sustenta que o delito é formal, consumando-se antecipadamente com o emprego dos meios a fim de que seja satisfeita a pretensão. A segunda (majoritária), ensina ser o delito material, exigindo, para a sua caracterização, a efetiva satisfação da pretensão (Nelson Hungria, *Comentários ao Código Penal*. Rio de Janeiro, v. 9 (1959), p. 498; Heleno Fragoso, *de direito penal:* parte especial. São Paulo: José Bushatsky, v. 4 (1959), p. 1.031; e Mirabete, *Manual de direito penal* cit., v. 3, p. 418). Noronha, adepto da primeira (minoritária), assim justifica a sua posição: "Discordamos dos eminentes Profs. Nélson Hungria e Heleno C. Fragoso, ao sustentarem ponto de vista contrário: consuma-se com a satisfação da pretensão. A oração do Código não comporta esse entendimento: tal satisfação é o escopo ou fim do agente, constituindo o dolo específico; não necessita ser alcançado. Completa-se o crime com o emprego ou uso do meio arbitrário com o fim de satisfazer uma pretensão" (*Direito penal*. São Paulo: Saraiva, v. 4 (1972), p. 401).
- A natureza da ação penal no exercício arbitrário das próprias razões varia de acordo com o *modus operandi* intentado pelo agente. Se a ação se der sem a utilização de violência, a ação penal será privada.

Entretanto, se empregada violência, a ação passa a ser pública incondicionada.

- Segundo o STJ, há crime de exercício arbitrário das próprias razões – e não roubo – na conduta da prostituta que se apodera, mediante violência, de objeto pertencente a alguém que tenha solicitado serviços sexuais sem efetuar o pagamento (HC 211.888/TO, DJe 7/6/2016).
- Somente estará configurado o delito do art. 346 do Código Penal se a coisa é retirada da esfera de poder do terceiro sem o seu consentimento. Se o terceiro possuidor licitamente concorda com a transferência ao proprietário, o fato será um indiferente penal.
- O crime de fraude processual não se confunde com o estelionato, pois, no caso, o destinatário da fraude não será qualquer pessoa, mas, sim, juiz ou perito. Eis a lição de Damásio de Jesus: "Denominado 'estelionato processual', na verdade a fraude processual se distingue do estelionato. Neste, a fraude visa a permitir que o sujeito venha a obter vantagem ilícita em prejuízo alheio. Na fraude processual a intenção do agente é enganar o juiz ou perito" (*Direito penal – Parte Especial*, v. 4, p. 327).
- A Lei 13.964/19 inseriu no Código de Processo Penal alguns dispositivos que tratam da cadeia de custódia, que, na definição do art. 158-A, é "o conjunto de todos os procedimentos utilizados para manter e documentar a história cronológica do vestígio coletado em locais ou em vítimas de crimes, para rastrear sua posse e manuseio a partir de seu reconhecimento até o descarte". O art. 158-C dispõe, no § 2º, que é proibida a entrada em locais isolados, assim como a remoção de quaisquer vestígios de locais de crime antes da liberação pelo perito responsável, tipificando-se o crime de fraude processual em caso de descumprimento. No entanto, o dispositivo deve ser lido de acordo com as características do tipo penal da fraude processual, que não pode se caracterizar pela simples entrada em local isolado, nem mesmo pela mera retirada de vestígios. O crime pressupõe que o agente atue não apenas com dolo de inovar no processo, mas também com a especial finalidade de induzir em erro o juiz ou o perito. Caso não estejam bem identificados o dolo e o elemento subjetivo específico, o fato será atípico.
- O delito de favorecimento pessoal só ocorre se o auxílio prestado for concreto (efetivo). Desse modo, não responderá por crime o advogado que oculta das autoridades o paradeiro de seu cliente, desde que, evidentemente, não tenha prestado amparo material para que este se escondesse (*RJDTACRIM* 27/240).
- Adverte a doutrina (e a jurisprudência) que o favorecimento pessoal deve ser prestado após a prática do crime anterior. Não há, no caso, contribuição alguma para concepção ou execução do crime anterior, de que o agente só veio a ter conhecimento depois de praticado. Se prometido o auxílio em momento anterior ou se prestado durante a prática criminosa, não responderá o agente pelo delito previsto no art. 348, mas por coautoria ou participação no crime precedente.
- O comportamento do art. 349 do Código Penal (favorecimento real) não se confunde com aquele descrito no artigo anterior (favorecimento pessoal), extraindo-se a diferença da simples leitura dos tipos penais: no favorecimento *pessoal* se busca a fuga do criminoso (por isso *pessoal*); já no favorecimento *real* presta-se auxílio não ao criminoso em si, mas indiretamente, assegurando, para ele, a ocultação da coisa, proveito do crime (*real*).
- Persiste o crime de favorecimento real ainda que o auxílio seja prestado a menor infrator (ver: Jutacrim 96/311). Assim, agente que se dispõe a descontar cheque subtraído de terceiro por menor infrator, visando assegurar proveito para o adolescente, comete favorecimento real.
- A introdução de aparelho de comunicação no presídio, antes de março de 2007, não gerava, em regra, qualquer consequência para o preso surpreendido na sua posse, para o agente público que omitisse seu dever de vedar a sua entrada ou mesmo para o particular que o introduzisse no sistema penitenciário. Os dois primeiros comportamentos, com o advento da Lei 11.466/2007, foram tipificados como falta grave (art. 50, VII, da LEP) e crime (art. 319-A do CP), respectivamente. O legislador havia se esquecido de tipificar a conduta do particular que introduzisse o aparelho no estabelecimento prisional. Para suprir essa lacuna, promulgou-se a Lei 12.012/2009, que inseriu no Código Penal o art. 349-A.

Art. 319-A do CP	Art. 349-A do CP	Art. 50, VII, LEP
Sujeito ativo: Diretor de Penitenciária e/ou agente público.	Sujeito ativo: qualquer pessoa.	Autor: preso (provisório ou definitivo).
Conduta criminosa: Deixar de cumprir seu dever de vedar ao preso o acesso a aparelho telefônico, de rádio ou similar, que permita a comunicação com outros presos ou com o ambiente externo:	Conduta criminosa: Ingressar, promover, intermediar, auxiliar ou facilitar a entrada de aparelho telefônico de comunicação móvel, de rádio ou similar, sem autorização legal, em estabelecimento prisional.	Falta disciplinar: ter em sua posse, utilizar ou fornecer aparelho telefônico, de rádio ou similar, que permita a comunicação com outros presos ou com o ambiente externo.
Consequência penal: detenção de 3 meses a 1 ano.	Consequência penal: detenção de 3 meses a 1 ano.	Consequência administrativa: sanção disciplinar, perda dos dias remidos e do período permissivo para progressão de regime.

- O crime do art. 349-A é de mera conduta, consumando-se com a prática de qualquer um dos núcleos, ainda que o aparelho não chegue até seu destinatário. O STJ já decidiu que a tentativa é admissível sobre a ação típica "ingressar" na situação em que a revista pessoal revela o aparelho antes da efetiva entrada no estabelecimento (AREsp 2.104.638/RJ, j. 07/11/2023).

- No art. 351 do Código Penal, a doutrina dispensa, para a caracterização do delito, a prévia custódia do preso em delegacia ou penitenciária, bastando que esteja custodiado pela autoridade, ainda que em trânsito de um local a outro.
- Apesar de haver decisão em sentido contrário (*RT* 392/329; 484/298), não se pode abranger pela redação do art. 351 do Código Penal a facilitação de fuga do adolescente regularmente apreendido, pois o tipo é omisso, não cabendo integração analógica (art. 1º do CP).
- A fuga *sem violência à pessoa* não configura o crime do art. 352 do Código Penal, podendo, eventualmente, constituir em falta grave, prevista no art. 50, II, da LEP; a fuga *com violência contra a coisa* (p. ex.: grade da cela) pode, conforme o caso, configurar crime de dano (qualificado se a coisa for pública).
- Proibida a analogia incriminadora (art. 1º do CP), não se cogita do crime do art. 353 na hipótese de arrebatamento de pessoa submetida à medida de segurança (ou de adolescente apreendido) com a finalidade de maltratá-la. Em casos tais, a retirada do internado da custódia da autoridade será atípica, respondendo o agente somente por eventual conduta posterior praticada contra o arrebatado (morte, lesões corporais etc.).
- No art. 354 do Código Penal (motim de presos), o não acatamento de uma determinação, por si só, não caracteriza o crime, mas somente transgressão disciplinar.
- Da simples leitura do tipo penal percebe-se que o art. 354 não compreende o motim nos hospitais de custódia ou outro estabelecimento destinado aos indivíduos submetidos à *medida de segurança*. A hipótese, então, configura outro crime (lesões corporais, resistência etc.).
- O patrocínio infiel (art. 355 do Código Penal) deve ser empreendido em causa judicial, pouco importando sua natureza ou espécie (civil, penal, de jurisdição contenciosa ou voluntária etc.). Dentro desse espírito, a atuação *extrajudicial* do profissional (em fase de inquérito policial ou civil, sindicância, mera consulta etc.), não caracteriza o crime, sendo o agente passível, apenas, de punição disciplinar.
- É irrelevante, para a configuração do crime de exploração de prestígio (art. 357 do Código Penal), que a influência seja real, exagerada ou falsa. Basta que o agente anuncie tal poder. Desnecessário, ainda, a identidade do funcionário de quem se alega desfrutar de prestígio, não sendo preciso, sequer, que tenha existência real. Também não é preciso que o apontado seja o funcionário capaz de praticar o ato que leva o agente a obter ou pretender a vantagem.
- Note-se que o art. 359 do Código Penal não se confunde com aquele previsto no art. 330, havendo entre ambos clara relação de especialidade (gênero/espécie). Assim, na desobediência *geral* (art. 330 do CP), o agente desatende ordem legal emanada de funcionário público competente. Já na desobediência *especial* (art. 359 do CP), o sujeito ativo descumpre determinada decisão judicial, mais precisamente, aquela que lhe afasta da função, atividade, direito, autoridade ou múnus que exercia.
- O tipo do art. 359 do Código Penal não abrange as decisões de natureza administrativa, cujo descumprimento pode fundamentar a punição na forma do art. 324 do CP.
- A tipificação dos delitos contra as finanças públicas dá *efetividade* não apenas à Lei de Responsabilidade Fiscal (Lei Complementar 101/2000), mas também ao mandamento constitucional previsto no art. 37, *caput*: "A administração pública direta e indireta de qualquer dos Poderes da União, dos Estados, do Distrito Federal e dos Municípios obedecerá aos princípios da legalidade, impessoalidade, moralidade, publicidade e eficiência (...)". É o socorro do Direito Penal (princípio da subsidiariedade) no resgate da responsabilidade na gestão fiscal (respeito às contas públicas), coibindo a ação ímproba dos responsáveis pela administração dos mais variados entes da Federação.
- Da simples leitura do art. 359-A do Código Penal fica claro que o fato praticado pelo administrador será típico se o compromisso assumido se der *sem autorização legislativa*. Nesse tanto, lembra Bitencourt: "*Autorização legislativa* não se confunde com *autorização legal*. Alguns órgãos públicos não têm seus atos condicionados à autorização legislativa, como autarquias, empresas públicas ou o Poder Judiciário, o Ministério Público etc. Essas instituições, órgãos ou entidades públicas, em regra, têm suas atividades, atos e ações disciplinadas em lei e não apenas em autorização legislativa" (Tratado de Direito Penal, v. 5, p. 462).
- De acordo com a maioria da doutrina (Mirabete, *Manual de direito penal*, v. 3, p. 460); Damásio de Jesus, *Direito Penal – Parte Especial*, v. 4, p. 393), o art. 359-B do Código Penal é crime de mera conduta, consumando-se a partir da vigência da ordem ou com a autorização expedida pelo agente público. Já para Cezar Roberto Bitencourt (*Tratado de Direito Penal – Parte Especial*, v. 5, p. 470), o delito estará consumado somente a partir do momento em que a ordem ou autorização é *executada*, inscrevendo-se a despesa em restos a pagar.
- A condenação pelo art. 359-C do Código Penal deve especificar as despesas contraídas nos dois últimos quadrimestres do mandato e que não puderam ser

pagas no mesmo exercício financeiro ou no exercício seguinte. Essa análise não pode ser global, considerando a iliquidez total do caixa, sob pena de prejudicar a ampla defesa (STJ – HC 723.644/SP, j. 07/03/2023).

- No art. 359-D precisa ser observado que não basta o mero desatendimento ao princípio da legalidade para fazer subsumir a conduta à norma. Indispensável se mostra a lesão ao bem jurídico tutelado. Ensinam Luiz Flávio Gomes e Alice Bianchini: "Pode ocorrer, entretanto, que a despesa, ainda que não autorizada por lei, venha a ser plenamente justificada. A inexistência de autorização constitui, tão somente, indício de irregularidade, havendo necessidade, para se criminalizar a conduta, que se verifique, diretamente, a existência de uma lesão, não justificada, ao bem jurídico. Quando devidamente explicável a despesa, deslegitimada encontra-se a possibilidade de se punir a conduta, ao menos penalmente. O controle a ser exercido pelos órgãos que a LRF designa deve ir além do mero aspecto de legalidade, 'sempre que necessário, para efetivar o comando da legitimidade e eficiência'." (*Crimes de responsabilidade fiscal*, p. 50).
- O crime do art. 359-G não se confunde com aquele previsto no art. 359-C. Diferencia Bitencourt: "A proibição constante do art. 359-C é abrangente, genérica, englobando toda e qualquer despesa, enquanto a criminalização deste art. 359-G é restrita, específica, limitando-se à despesa com pessoal. Por fim, o prazo depurador do primeiro dispositivo é de oito meses (dois quadrimestres), enquanto o do segundo é de seis meses (180 dias). Significa dizer que, embora já esteja proibida a assunção de obrigação a ser resgatada no ano seguinte, a partir do oitavo último mês, será possível efetuar gastos com pessoal, antes de ingressar no sexto mês. E não há nisso nenhum paradoxo, na medida em que a especificidade dos encargos acaba autorizando essa *práxis*" (*Tratado de Direito Penal – Parte Especial*, v. 5, p. 505).
- Para Mirabete (*Manual de direito penal* cit., v. 3, p. 467), o crime do art. 359-H, nas duas primeiras modalidades (*ordenar* ou *autorizar*), consuma-se no momento em que o agente determina ou permite a oferta ou colocação, independentemente da efetiva circulação do título no mercado financeiro, não reconhecendo, desse modo, campo para a tentativa. Já Cezar Bitencourt entende imprescindível o cumprimento da ordem ou autorização (efetiva circulação do título), caso em que o *conatus* parece possível (*Tratado de direito penal:* parte especial, v. 5, p. 509).

26. CRIMES CONTRA O ESTADO DEMOCRÁTICO DE DIREITO

- A Lei de Segurança Nacional (7.170/83) foi revogada pela Lei 14.197/21, que, sob o manto da tutela ao Estado Democrático de Direito, confere a devida proteção a bens jurídicos de extrema importância, a saber: *a soberania nacional, as instituições democráticas, o regular funcionamento das instituições democráticas no processo eleitoral, o regular funcionamento dos serviços essenciais e a cidadania*.
- Qual a natureza dos crimes contra o Estado Democrático de Direito? Seriam crimes políticos? A nosso ver, a caracterização de um crime como político depende de seu contexto. Crimes políticos não ocorrem num Estado Democrático de Direito, salvo para defendê-lo, razão pela qual o contexto em que cometida uma infração penal é de fundamental importância para estabelecer sua natureza política. Afirmar que um crime é político apenas porque é visado um determinado bem jurídico, como a soberania, é dar ares de dignidade a imperdoáveis condutas. No Brasil, vivemos na democracia, com todas as suas imperfeições, constituindo-se a República em Estado Democrático de Direito. Desse modo, os crimes que atingem os bens jurídicos tutelados pelo Título XII do CP não são políticos, mas *comuns*.
- De quem é a competência para processo e julgamento dos crimes contra o Estado Democrático de Direito? Depende. É certamente da Justiça Federal a competência para julgar os crimes contra a soberania nacional e os crimes contra as instituições democráticas, pois evidente o interesse da União (art. 109, IV, da CF/88). Já nos crimes contra o funcionamento das instituições democráticas no processo eleitoral, a competência nos parece ser da Justiça Eleitoral. Apenas no caso do crime do art. 359-N, quando atenta contra o exercício do mandato, é da Justiça comum, estadual ou federal, a depender do caso concreto. Impedir ou dificultar, com emprego de violência física, sexual ou psicológica, o exercício do mandato de um parlamentar ou chefe do executivo municipal ou estadual é da competência da Justiça estadual. Se o crime atinge um congressista ou o presidente da República, a competência é da Justiça Federal, pois patente o interesse da União (art. 109, IV, CF/88). O crime de sabotagem (art. 359-R), envolvendo estabelecimentos, instalações ou serviços destinados à defesa nacional, é de competência da Justiça Federal (art. 109, IV, da CF/88). O crime do art. 359-S, vetado pelo presidente da República, é mais um caso em que a competência, da Justiça comum, seria estadual ou federal a depender das circunstâncias do caso concreto, não sendo demais lembrar que o interesse da União não se presume, devendo sempre ser demonstrado.
- O art. 359-tipifica o atentado à soberania. As condutas guardam similitude com dois tipos penais que estavam presentes na Lei de Segurança Nacional, a saber, os arts. 8º e 9º. Vejamos o quadro comparativo:

Crimes contra o Estado Democrático de Direito	Lei de Segurança Nacional
Atentado à soberania Art. 359-I. Negociar com governo ou grupo estrangeiro, ou seus agentes, com o fim de provocar atos típicos de guerra contra o País ou invadi-lo: Pena – reclusão, de 3 (três) a 8 (oito) anos. § 1º Aumenta-se a pena de metade até o dobro, se declarada guerra em decorrência das condutas previstas no *caput* deste artigo. § 2º (...)	Art. 8º - Entrar em entendimento ou negociação com governo ou grupo estrangeiro, ou seus agentes, para provocar guerra ou atos de hostilidade contra o Brasil. Pena: reclusão, de 3 a 15 anos. Parágrafo único - Ocorrendo a guerra ou sendo desencadeados os atos de hostilidade, a pena aumenta-se até o dobro.
Atentado à soberania Art. 359-I. (...): § 2º Se o agente participa de operação bélica com o fim de submeter o território nacional, ou parte dele, ao domínio ou à soberania de outro país: Pena – reclusão, de 4 (quatro) a 12 (doze) anos.	Art. 9º - Tentar submeter o território nacional, ou parte dele, ao domínio ou à soberania de outro país. Pena: reclusão, de 4 a 20 anos. Parágrafo único - Se do fato resulta lesão corporal grave, a pena aumenta-se até um terço; se resulta morte aumenta-se até a metade.

Pode-se dizer, assim, que há possibilidade de se considerar presente a continuidade normativo-típica.

- Para o cometimento do crime de atentado à soberania, o sujeito ativo não deve necessariamente buscar que o Estado estrangeiro declare guerra contra o Brasil, mas apenas que pratique *atos típicos de guerra*, aqueles cometidos com força armada, que lesionem ou exponham a perigo de lesão a integridade do território brasileiro ou nossa soberania, ou agentes brasileiros.
- As condutas descritas no *caput* e no § 2º do art. 359-I são dolosas. Somente se configuram se o agente negociar com governo estrangeiro ou seus agentes, com intenção de atingir a integridade territorial e a soberania da República Federativa do Brasil, provocando atos de guerra contra nosso país, sua invasão ou submissão do território, ou parte dele, ao domínio ou à soberania de outra nação. Portanto, há no *caput* dois elementos subjetivos do tipo, que são alternativos: a negociação deve ter a finalidade de provocar atos de guerra contra o Brasil ou sua invasão. No § 2º, idem. O intérprete depara-se com os seguintes elementos subjetivos alternativos: o agente deve participar de operação bélica com a finalidade de submeter o território brasileiro, ou parte dele, ao domínio ou à soberania de outro país.
- A pena prevista para as condutas do *caput* do art. 359-I é de reclusão de 3 a 8 anos. Porém, se declarada guerra em decorrência delas, o que seria mero exaurimento aparece como majorante, elevando a pena de metade até o dobro, conforme previsto no § 1º do mesmo dispositivo. Nesse tanto, chamamos a atenção para um detalhe. É que provocar atos típicos de guerra ou a invasão do território – resultado dispensável buscado pelo agente e descrito no *caput* – não se confunde com a declaração de guerra, pressuposto da majorante prevista no § 1º. Se, em razão das negociações, efetivamente ocorrerem atos típicos de guerra contra o País ou sua invasão, deve o juiz considerar o crime esgotado na fixação da pena-base (art. 59 do CP). Se, mais do que atos típicos, provocar declaração de guerra, leia-se, ato formal em qualquer país, até em respeito às regras de direito internacional, teremos a incidência da causa de aumento. Para ficar mais claro nosso raciocínio: suponhamos que um país negocie com o agente uma breve incursão ao território brasileiro, apenas por provocação, apesar se tratar de típico ato de guerra. Caso o Brasil não venha a declarar guerra, preferindo o apaziguamento, não haverá a incidência da causa de aumento, não obstante ter a agressão se realizado; se declarada a guerra, aumenta-se a pena, ainda que, depois, nenhum tiro sequer seja disparado.
- O art. 359-J tipifica o atentado à integridade nacional. A conduta guarda similitude com o art. 11 da revogada Lei de Segurança Nacional. Vejamos o quadro comparativo:

Crimes contra o Estado Democrático de Direito	Lei de Segurança Nacional
Atentado à integridade nacional Art. 359-J. Praticar violência ou grave ameaça com a finalidade de desmembrar parte do território nacional para constituir país independente: Pena – reclusão, de 2 (dois) a 6 (seis) anos, além da pena correspondente à violência.	Art. 11 – Tentar desmembrar parte do território nacional para constituir país independente. Pena: reclusão, de 4 a 12 anos.

Uma diferença salta aos olhos: como o art. 11 tipificava um crime de atentado, qualquer tentativa de desmembramento do território nacional, mesmo que não violenta, poderia configurar o crime. Assim, na hipótese em que o Estado da Federação usasse seu aparato governamental para realizar consulta de caráter oficial à população, com vistas a declarar a separação da Federação, haveria o crime do art. 11, que em nenhum momento exigia a prática de violência ou grave ameaça. Com a Lei 14.197/21, somente pode-se falar em continuidade normativo-típica se eventual conduta anterior tiver sido praticada com violência ou grave ameaça. Não temos notícia disso. Houvesse algum caso concreto, a nova lei deveria ser aplicada retroativamente, pois se revela mais benéfica quanto à pena cominada.

- A simples defesa da ideia da formação de um país independente, por meio do desmembramento do território nacional, não subsume ao disposto no art. 359-J, sendo imprescindível o emprego de violência ou grave ameaça. Ou seja, é necessário que ocorra efetiva tentativa violenta de desmembramento de parte do território nacional para constituir país independente. E consultas populares informais, constituem o crime ora em comento? Também não. É possível que determinado grupo, para disseminar suas ideias separatistas, decida fazer uma consulta informal à população, por meio da *internet* ou mesmo com o oferecimento de urnas e cédulas em "postos de votação". Tais consultas, carentes de qualquer valor jurídico, não constituem atos materiais de tentativa de desmembramento, sendo puramente um modo de propagar determinadas ideias. E estas, por mais estranhas que sejam, não podem ser impedidas de circular (eventualmente, poderá incidir outro tipo penal, o que seria o caso de movimento separatista que tivesse como fundamento ideias racistas). E mesmo que um Estado da Federação, valendo-se do próprio aparato de governo, realizasse consulta oficial à população com vistas a declarar a separação da Federação, em nosso entender, não haveria o crime em tela, pois, para que ocorra a tipicidade, é imprescindível a prática de violência ou grave ameaça. Mas a falta de tipicidade penal não impede que a União intervenha no Estado, com base no art. 34, I, da CF, para "manter a integridade nacional".
- O crime do art. 359-J é doloso e há previsão de elemento subjetivo do tipo: a finalidade de desmembrar parte do território nacional para constituir país independente, ou seja, para que ali tome lugar um sujeito de direito internacional totalmente distinto da República Federativa do Brasil, com apropriação de parte do território desta.
- Discordamos de que o crime de atentado à integridade nacional desaparecerá se houver sucesso na empreitada, como entendia Guilherme de Souza Nucci, nos comentários da revogada Lei 7.170/83 (Leis Penais e Processuais Penais Comentadas, p. 824). Mesmo ocorrendo o desmembramento, a República Federativa do Brasil continuará existindo, seu ordenamento jurídico terá sido violado e continuará a merecer reparação, podendo os responsáveis ser processados pelo cometimento do crime do art. 359-J. Certamente, vistos como heróis no novo país, aqui deverão ser tratados como criminosos, ainda que, então, na qualidade de "estrangeiros".
- O art. 359-K do CP tipifica o crime de espionagem. O dispositivo traz algumas semelhanças com o agora extinto crime do art. 13 da Lei de Segurança Nacional. Vejamos o quadro comparativo:

Crimes contra o Estado Democrático de Direito	Lei de Segurança Nacional
Espionagem Art. 359-K. Entregar a governo estrangeiro, a seus agentes, ou a organização criminosa estrangeira, em desacordo com determinação legal ou regulamentar, documento ou informação classificados como secretos ou ultrassecretos nos termos da lei, cuja revelação possa colocar em perigo a preservação da ordem constitucional ou a soberania nacional: Pena – reclusão, de 3 (três) a 12 (doze) anos. § 1º Incorre na mesma pena quem presta auxílio a espião, conhecendo essa circunstância, para subtraí-lo à ação da autoridade pública. § 2º Se o documento, dado ou informação é transmitido ou revelado com violação do dever de sigilo: Pena – reclusão, de 6 (seis) a 15 (quinze) anos.	Art. 13 – Comunicar, entregar ou permitir a comunicação ou a entrega, a governo ou grupo estrangeiro, ou a organização ou grupo de existência ilegal, de dados, documentos ou cópias de documentos, planos, códigos, cifras ou assuntos que, no interesse do Estado brasileiro, são classificados como sigilosos. Pena: reclusão, de 3 a 15 anos. Parágrafo único – Incorre na mesma pena quem: I – com o objetivo de realizar os atos previstos neste artigo, mantém serviço de espionagem ou dele participa; II – com o mesmo objetivo, realiza atividade aerofotográfica ou de sensoriamento remoto, em qualquer parte do território nacional; III – oculta ou presta auxílio a espião, sabendo-o tal, para subtraí-lo à ação da autoridade pública;
§ 3º Facilitar a prática de qualquer dos crimes previstos neste artigo mediante atribuição, fornecimento ou empréstimo de senha, ou de qualquer outra forma de acesso de pessoas não autorizadas a sistemas de informações: Pena – detenção, de 1 (um) a 4 (quatro) anos. § 4º Não constitui crime a comunicação, a entrega ou a publicação de informações ou de documentos com o fim de expor a prática de crime ou a violação de direitos humanos.	IV – obtém ou revela, para fim de espionagem, desenhos, projetos, fotografias, notícias ou informações a respeito de técnicas, de tecnologias, de componentes, de equipamentos, de instalações ou de sistemas de processamento automatizado de dados, em uso ou em desenvolvimento no País, que, reputados essenciais para a sua defesa, segurança ou economia, devem permanecer em segredo.

- É estranha a opção feita pelo legislador no *caput* do art. 359-K, pois não se pune o ato, em si, de acesso ou obtenção não autorizada do documento ou informação, o que seria de se esperar, já que, por vezes, o próprio acesso do sujeito ativo a eles já terá o condão de colocar em perigo a preservação da ordem constitucional ou a soberania nacional. Preferiu o legislador, como se vê, punir apenas a entrega, é dizer, a transferência da informação a governo estrangeiro, a seus agentes, ou a organização criminosa estrangeira.
- Quanto ao objeto material, o tipo penal do art. 359-K menciona *documento ou informação classificados como secretos ou ultrassecretos nos termos da lei*. Cremos que a menção a *informação*, ao lado de *documento*, se deve

ao fato de que a primeira pode ter sido captada pela simples via oral, sendo assim depois entregue ao ator estrangeiro. A Lei n. 12.527/2011 (regulamentada pelo Decreto n. 7.724/2012), classifica as informações e os documentos conforme o grau (ultrassecreto, secreto e sigiloso) e o tempo de duração do sigilo. Considera imprescindíveis à segurança da sociedade ou do Estado e, portanto, passíveis de classificação, as informações cuja divulgação ou acesso irrestrito possam: (i) pôr em risco a defesa e a soberania nacionais ou a integridade do território nacional; (ii) prejudicar ou pôr em risco a condução de negociações ou as relações internacionais do País, ou as que tenham sido fornecidas em caráter sigiloso por outros Estados e organismos internacionais; (iii) pôr em risco a vida, a segurança ou a saúde da população; (iv) oferecer elevado risco à estabilidade financeira, econômica ou monetária do País; (v) prejudicar ou causar risco a planos ou operações estratégicos das Forças Armadas; (vi) prejudicar ou causar risco a projetos de pesquisa e desenvolvimento científico ou tecnológico, assim como a sistemas, bens, instalações ou áreas de interesse estratégico nacional; (vii) pôr em risco a segurança de instituições ou de altas autoridades nacionais ou estrangeiras e seus familiares; ou (viii) comprometer atividades de inteligência, bem como de investigação ou fiscalização em andamento, relacionadas com a prevenção ou repressão de infrações (art. 25).

- Qual a diferença entre o crime do art. 359-K e o do art. 153, § 1º-A do CP, que tipifica a divulgação de informações sigilosas da administração pública? Nesse parágrafo do art. 153, a ação incriminada é a indevida revelação de informações *sigilosas ou reservadas*, definidas em lei, constantes ou não nos bancos de dados da Administração Pública; no art. 359-K, *caput*, a informação ou documento, além de ser *secreto ou ultrassecreto*, é revelado a governo estrangeiro, ou seu agente, ou a organização criminosa estrangeira. Logo, trata-se de uma revelação a destinatários específicos, delimitados pela lei. Ademais, a revelação deve ser capaz de colocar em perigo a preservação da ordem constitucional ou a soberania nacional, enquanto na indevida divulgação do segredo do § 1º-A do art. 153 não há previsão de dano a outrem, bastando a mera revelação.

- Não obstante o *nomen juris* do art. 359-K, a conduta do § 1º corresponde não a um ato de espionagem propriamente dito, mas a uma especial forma de favorecimento pessoal. Trata-se, assim, de *delito acessório* (ou parasitário) ficando a sua tipificação na dependência da prática de um crime antecedente. Da leitura do tipo penal verifica-se, com clareza, a presença de um requisito indispensável para a sua tipificação: *a atividade anterior de espionagem*, podendo ser tanto a conduta descrita no *caput* quanto no § 3º do art. 359-K. Note-se que não há disposição semelhante à do § 2º do art. 348 do CP, que prevê modalidade de escusa absolutória, tornando imune o agente quando o criminoso auxiliado é seu *ascendente, descendente, cônjuge ou irmão*. Porém, como a escusa citada está fundada na inexigibilidade de conduta diversa, abre-se caminho para a tese supralegal.

- No § 3º do art. 359-K, o que, em regra, seria participação na prática nas demais condutas de espionagem, tipificadas no *caput* e § 1º, incluindo a forma qualificada do § 2º, passa a ser incriminado de forma autônoma, criando o legislador uma figura especial. Excepciona-se a teoria monista ou unitária trazida pelo art. 29 do CP. A conduta deve ser comparada a uma participação de menor importância nos demais crimes, tendo em vista que o legislador nitidamente procurou sancioná-la de modo bem mais brando, abrindo caminho para a fixação do regime aberto, substituição da pena privativa de liberdade por restritiva de direito e, em tese, até mesmo a suspensão condicional do processo.

- O § 4º do art. 359-K traz causas que excluem a tipicidade: "Não constitui crime a comunicação, a entrega ou a publicação de informações ou de documentos com o fim de expor a prática de crime ou a violação de direitos humanos". O dispositivo foi claramente criado para proteção do interesse público do direito à informação. Com efeito, o Título XII do CP não foi concebido para proteção do Estado – como era o espírito da revogada Lei de Segurança Nacional –, mas do Estado Democrático de Direito, que busca assegurar o respeito a direitos humanos. As práticas de condutas violadoras dos direitos humanos devem ser reveladas, expostas e sancionadas, não se podendo aceitar que fiquem acobertadas por qualquer forma de sigilo, salvo o das investigações ou do processo eventualmente instaurado, se imposto pelo juiz, em caso de necessidade, e desde que em respeito às permissões constitucionais (arts. 5º, LX, e 93, IX, CF). Mesmo assim, a revelação por aquele que não tenha o dever de sigilo, como os membros da imprensa, não configura crime algum.

- O art. 359-L pune a abolição violenta do Estado Democrático de Direito. Trata-se de uma forma de golpe, que não se restringe à mera mudança ilegal de governo, mas do próprio sistema democrático, por meio de ação sobre os poderes constitucionais. O delito guarda semelhança com os tipos penais dos arts. 17 e 18 da revogada Lei de Segurança Nacional:

Crimes contra o Estado Democrático de Direito	Lei de Segurança Nacional
Abolição violenta do Estado Democrático de Direito Art. 359-L. Tentar, com emprego de violência ou grave ameaça, abolir o Estado Democrático de Direito, impedindo ou restringindo o exercício dos poderes constitucionais: Pena – reclusão, de 4 (quatro) a 8 (oito) anos, além da pena correspondente à violência.	Art. 17 - Tentar mudar, com emprego de violência ou grave ameaça, a ordem, o regime vigente ou o Estado de Direito. Pena: reclusão, de 3 a 15 anos. Parágrafo único. Se do fato resulta lesão corporal grave, a pena aumenta-se até a metade; se resulta morte, aumenta-se até o dobro. Art. 18 - Tentar impedir, com emprego de violência ou grave ameaça, o livre exercício de qualquer dos Poderes da União ou dos Estados. Pena: reclusão, de 2 a 6 anos.

O novo crime do art. 359-L é, na verdade, uma mescla das condutas antes previstas nos arts. 17 e 18 da Lei de Segurança Nacional, havendo continuidade normativo-típica.

- Pode-se dizer que, geralmente, golpe é a mudança de regime por meios violentos ou pela grave ameaça das armas. O art. 359-L busca punir justamente a tentativa dessa mudança inconstitucional e ilegal. É claro que somente pode ser punida a *tentativa* de golpe, visto que, se bem-sucedido o *putsch*, o novo regime jamais puniria seus criminosos. Ao contrário, seriam rotulados como heróis.
- O crime do art. 359-L se consuma com a própria tentativa de golpe, ou seja, com a prática de atos concretos, por meio de violência ou grave ameaça, que busquem a mudança do regime democrático vigente. Não se trata da mera associação de pessoas com tal objetivo, tampouco da realização de discursos ou disseminação dessas ideias. Trata-se, efetivamente, de se tentar o golpe. Sendo crime de atentado, a tentativa é prevista como a própria conduta típica, não sendo possível a aplicação do art. 14, parágrafo único, do CP.
- O golpe de Estado é tipificado no art. 359-M. Guarda semelhança, embora tênue, com o art. 17 da Lei de Segurança Nacional:

Crimes contra o Estado Democrático de Direito	Lei de Segurança Nacional
Golpe de Estado Art. 359-M. Tentar depor, por meio de violência ou grave ameaça, o governo legitimamente constituído: Pena – reclusão, de 4 (quatro) a 12 (doze) anos, além da pena correspondente à violência.	Art. 17 - Tentar mudar, com emprego de violência ou grave ameaça, a ordem, o regime vigente ou o Estado de Direito. Pena: reclusão, de 3 a 15 anos. Parágrafo único. Se do fato resulta lesão corporal grave, a pena aumenta-se até a metade; se resulta morte, aumenta-se até o dobro.

A semelhança é tênue, dissemos, porque no art. 17 havia menção a mudança violenta, ou mediante grave ameaça, do "regime vigente", que pode ser compreendido como o governo, no âmbito da linguagem usada na época: o "regime" era o cívico-militar, com governos eleitos indiretamente pelo Congresso Nacional, mas, de fato, constituído previamente por deliberação da cúpula militar. O art. 17, assim, pretendia punir a tentativa violenta de mudança de governo/regime e, nessa linha de interpretação, pode-se considerar existir continuidade normativo-típica.

- O tipo do art. 359-M não menciona o governante em si, ou seja, se Presidente da República, Governador ou Prefeito, mas "o governo". Assim, pensamos que o dispositivo em questão se aplica apenas à deposição do governo na esfera da União, pois o dispositivo está sob o *nomen juris* "Golpe de Estado", expressão usada para deposição do chefe de governo do país, do "Estado" enquanto pessoa jurídica de direito internacional. O tipo não pode estar a tratar também de Governador ou Prefeito, pois, ainda que se tente a deposição violenta de um destes, não se terá "golpe de Estado".
- Errou o legislador ao usar a expressão "legitimamente constituído" no art. 359-M, dando azo a interpretações de atipicidade se, na opinião do intérprete, o governo não podia mais ser considerado "legítimo". Ora, sob pena de inconstitucionalidade, legítimo só pode ser o governo eleito democraticamente, dentro dos ditames legais e constitucionais, somente sendo possível a saída do cargo, a partir daí, com a anulação da eleição, renúncia, *impeachment*, prática de crime durante o exercício das funções ou falecimento.
- O crime do art. 359-M se consuma com a própria tentativa de golpe, ou seja, com a prática de atos concretos, por meio de violência ou grave ameaça, que busquem a deposição do governo. Não se trata da mera associação de pessoas com tal objetivo, tampouco a realização de discursos ou disseminação dessas ideias. Trata-se, efetivamente, de se tentar o golpe. Sendo crime de atentado, a tentativa é prevista como a própria conduta típica, não sendo possível a aplicação do art. 14, parágrafo único, do CP.
- O art. 359-N pune a interrupção do processo eleitoral. O objeto material do crime é o sistema eletrônico de votação, leia-se, urna eletrônica, que registra os votos por meio de um display de cédula aliado a componentes mecânicos ou eletro-ópticos que podem ser ativados pelo eleitor (tipicamente botões ou uma tela tátil), processando, assim, os dados por meio de um programa de computador e registrando-os em componentes de memória. Encerrada a eleição, a urna organiza os dados coletados em tabelas armazenadas num componente de memória removível com uma cópia impressa. O sistema também pode fornecer um meio para transmitir boletins de voto individuais ou totais de votos para um local central para consolidar e relatar os resultados de maneira regionalizada. Para a caracterização do crime deve o agente violar esse mecanismo de segurança (senha, chave de segurança, mecanismos de criptografia, assinatura digital, mecanismos de controle e acesso, mecanismos de certificação etc.). A ausência de dispositivo de segurança, ou o seu não acionamento, impede a configuração típica. Comprovando-se que a urna estava desprovida de proteção, por óbvio, todos os votos nela armazenados devem ser descartados. Aliás, esse requisito é o que nos obriga a concluir que o novo crime não revogou o art. 72 da Lei 9.504/97.
- Quanto ao momento consumativo do art. 359-N, há duas orientações possíveis. A primeira é de que o crime é material apenas no verbo *impedir*, demandando o resultado buscado pelo agente. Já em relação ao núcleo *perturbar*, o crime é formal, caso em que o resultado aparece como mero exaurimento. A segunda orientação possível é de que se trata de crime de atentado, punindo-se a tentativa (perturbar) e a consumação (impedir) com a mesma pena,

sem espaço para a diminuição no caso do *conatus*. Em tipo semelhante da Lei 12.850/13 (art. 2º, §1º), o STJ decidiu que o crime é material nos dois verbos nucleares (REsp 1.817.416/SC, j. 03/08/2021). Se adotada aqui a mesma orientação, a consumação depende da efetiva obstrução da eleição ou da aferição de seu resultado, admitindo a tentativa.

- O art. 359-P tipifica o crime de violência política. O delito do art. 359-P acabou por revogar o art. 326-B do Código Eleitoral, introduzido pela Lei 14.192, também promulgada em 2021:

Crimes contra o Estado Democrático de Direito	**Código Eleitoral**
Violência política Art. 359-P. Restringir, impedir ou dificultar, com emprego de violência física, sexual ou psicológica, o exercício de direitos políticos a qualquer pessoa em razão de seu sexo, raça, cor, etnia, religião ou procedência nacional: Pena – reclusão, de 3 (três) a 6 (seis) anos, e multa, além da pena correspondente à violência.	Art. 326-B. Assediar, constranger, humilhar, perseguir ou ameaçar, por qualquer meio, candidata a cargo eletivo ou detentora de mandato eletivo, utilizando-se de menosprezo ou discriminação à condição de mulher ou à sua cor, raça ou etnia, com a finalidade de impedir ou de dificultar a sua campanha eleitoral ou o desempenho de seu mandato eletivo. Pena - reclusão, de 1 (um) a 4 (quatro) anos, e multa. Parágrafo único. Aumenta-se a pena em 1/3 (um terço), se o crime é cometido contra mulher: I - gestante; II - maior de 60 (sessenta) anos; III - com deficiência.

A mudança legislativa, revogando o art. 326-B do Código Eleitoral, não implica em *abolitio criminis*, mas em continuidade normativo-típica. É que todos os comportamentos descritos no art. 359-P estavam estampados no anterior – mas eram punidos menos rigorosamente. Deve ser observada, portanto, a sanção do crime do art. 326-B do CE para os fatos pretéritos, evitando-se, assim, retroatividade maléfica da norma penal.

- A violência política consiste em *restringir* (limitar), *impedir* (bloquear, inibir) ou *dificultar* (atrapalhar), com emprego de violência física, sexual ou psicológica, o exercício de direitos políticos a qualquer pessoa em razão de seu *sexo, raça, cor, etnia, religião* ou *procedência nacional*. Ao prever três núcleos, o legislador criou um crime de ação múltipla ou conteúdo variado. A prática de mais de um núcleo, no mesmo contexto fático, não desnatura a unidade do crime, mas deve ser considerada pelo juiz na fixação da pena-base (art. 59 do CP).
- O art. 359-R tipifica o crime de sabotagem. Guarda alguma semelhança com o art. 15 da revogada Lei de Segurança Nacional, mas foi muito mais econômico, como se nota:

Crimes contra o Estado Democrático de Direito	**Lei de Segurança Nacional**
Sabotagem Art. 359-R. Destruir ou inutilizar meios de comunicação ao público, estabelecimentos, instalações ou serviços destinados à defesa nacional, com o fim de abolir o Estado Democrático de Direito: Pena – reclusão, de 2 (dois) a 8 (oito) anos.	Art. 15 - Praticar sabotagem contra instalações militares, meios de comunicações, meios e vias de transporte, estaleiros, portos, aeroportos, fábricas, usinas, barragem, depósitos e outras instalações congêneres. Pena: reclusão, de 3 a 10 anos. § 1º - Se do fato resulta: a) lesão corporal grave, a pena aumenta-se até a metade; b) dano, destruição ou neutralização de meios de defesa ou de segurança; paralisação, total ou parcial, de atividade ou serviços públicos reputados essenciais para a defesa, a segurança ou a economia do País, a pena aumenta-se até o dobro; c) morte, a pena aumenta-se até o triplo. § 2º - Punem-se os atos preparatórios de sabotagem com a pena deste artigo reduzida de dois terços, se o fato não constitui crime mais grave.

Houve parcial continuidade normativo-típica em relação à Lei de Segurança Nacional, desde que a conduta eventualmente cometida sob sua égide tenha sido dirigida a meios de comunicação ou instalações militares. Quanto às demais condutas do *caput* e § 1º do art. 15, que não foram repetidas nos novos tipos do Título XII do CP, haverá continuidade normativo-típica com delitos do CP (arts. 121, 129, 163, parágrafo único, III, 260, 261, 265), do CPM (arts. 263, 264), da Lei de Terrorismo (art. 2º, § 1º, IV) ou do Código Brasileiro de Telecomunicações (art. 70). O § 2º do art. 15, que permitia a punição a atos preparatórios, não encontra similar atualmente, visto que constitui exceção em nosso direito penal, que em regra admite a punição apenas se o agente iniciou a execução do crime descrito no tipo penal.

- A palavra "sabotagem" vem somente inscrita no *nomen juris* do art. 359-R, já que os núcleos do tipo são *destruir* (demolir, arruinar, devastar) e *inutilizar* (tornar inválido, comprometer o uso, fazer falhar), ou seja, é um crime de ação múltipla. Andou bem o legislador nesse ponto, evitando o emprego da expressão "praticar sabotagem", que se fazia presente no art. 15 da revogada Lei 7.170/1983. Não era tarefa fácil estabelecer uma definição jurídica para tal expressão, de modo a precisar o seu alcance, o que era absolutamente necessário, visto que a História nos revela ser hábito dos regimes autoritários, quando confrontados com o fracasso de suas políticas ou simplesmente quando veem necessidade de perseguir seus opositores, atribuir a inocentes a culpa por suas próprias falhas, inventando atos de sabotagem. Além do que, tratava-se de uma exigência decorrente do próprio princípio da legalidade.

- O art. 359-R tipifica um crime doloso, acrescido de elemento subjetivo: as condutas devem ser guiadas pela intenção especial de abolir o Estado Democrático de Direito. À falta dessa especial intenção, o fato sai do âmbito de aplicação do art. 359-R e ingressa no art. 163, parágrafo único, III), no CPM (art. 264), na Lei de Terrorismo (art. 2º, § 1º, IV) ou do Código Brasileiro de Telecomunicações (art. 70).
- O art. 359-T anuncia o óbvio: não constitui crime contra o Estado Democrático de Direito a manifestação crítica aos poderes constitucionais nem a atividade jornalística ou a reivindicação de direitos e garantias constitucionais por meio de passeatas, reuniões, greves, aglomerações ou qualquer outra forma de manifestação política com propósitos sociais. A natureza jurídica do art. 359-T será palco de debate. Certamente uns defenderão que, por ausência de dolo, exclui a tipicidade da conduta. O dolo do agente, um dos elementos para a caracterização do fato típico, não estaria orientado para a prática de atos contra o Estado Democrático, mas dentro desse ambiente – e até mesmo fomentado por ele. Trata-se do exercício do direito à livre manifestação e expressão. Ausente o dolo, a conduta do agente não se amoldaria a qualquer tipo penal do Título XII. Outros vão sustentar o exercício regular de direito (art. 23, III, *in fine*, do CP), uma descriminante diante da atuação do agente conforme o direito. Seguimos, desde logo, a primeira corrente. Não se trata de exercício regular de direito, pois os direitos à liberdade de expressão e de manifestação não constituem uma mera permissão jurídica, razão pela qual seu exercício não pressupõe um fato típico. Nessa perspectiva, a natureza jurídica do art. 359-T se aproxima mais de uma excludente de tipicidade, diante da ausência de dolo orientado a prática de algum dos atos contra o Estado Democrático de Direito.

27. LEIS ESPECIAIS

- Há quem sustente, com base no princípio da intervenção mínima, que as contravenções penais, em sua maioria absoluta, são inadequadas e não cumprem o papel reservado ao Direito Penal, de interferência apenas nas situações em que as demais formas de solução de conflitos não sejam suficientes (*ultima ratio*), razão pela qual deveriam ser revogadas e o tratamento de questões consideradas de menor relevância deveria ser restrito a âmbito administrativo. No entanto, o Decreto-lei 3.688/41 tem sido aplicado em diversas situações. O STJ já decidiu, por exemplo, que o porte de arma branca, tipificado no art. 19, ainda está em vigor: "Como cediço, em relação às armas de fogo, o art. 19 da Lei de Contravenção Penal foi tacitamente revogado pelo art. 10 da Lei n. 9.437/1997, que, por sua vez, também foi revogado pela Lei n. 10.826/2003. Assim, o porte ilegal de arma de fogo caracteriza, atualmente, infração aos arts. 14 ou 16 do Estatuto do Desarmamento, conforme seja a arma permitida ou proibida. Entrementes, permaneceu vigente o referido dispositivo do Decreto-lei n. 3.688/1941 quanto ao porte de outros artefatos letais, como as armas brancas. Desse modo, a jurisprudência do STJ é firme no sentido da possibilidade de tipificação da conduta de porte de arma branca como contravenção prevista no art. 19 do Decreto-lei n. 3.688/1941, não havendo que se falar em violação ao princípio da intervenção mínima ou da legalidade" (RHC 56.128/MG, j. 10/03/2020).
- A modalidade do crime contra a economia popular tipificada no inc. IX do art. 2º, da Lei nº 1.521/51 é reconhecida atualmente nas ações de cambistas, daqueles que promovem pirâmides e também em algumas espécies de jogos eletrônicos, como o videopôquer.
- Lesiona-se no genocídio bem jurídico supraindividual, consistente na existência do grupo, bem como bens jurídicos individuais (vida humana) dos membros dos grupos. Estaremos diante de caso de concurso de crimes (genocídio e homicídios), portanto. Não é outro o entendimento do STF (RE 351487/RR, j. 03/08/2006).

  Pela descrição do art. 1º da Lei nº 2.889/56, percebemos que o crime de genocídio pode se consumar mediante a prática de crimes contra a vida (art. 1º, *a*) ou não. Caso ocorram os mencionados crimes contra a vida, que atraem a competência do Tribunal do Júri, o crime de genocídio também será julgado pelo mesmo órgão em virtude da conexão. Se, todavia, o genocídio se consumar mediante as demais modalidades enumeradas no dispositivo, haverá a competência do juízo monocrático.

  Ainda no que tange à competência para julgamento do crime, importante esclarecer que ela será da Justiça Federal quando envolver direitos indígenas, a teor do art. 109, IX, CF. Por esta razão, o genocídio praticado contra indígenas é crime federal (STF, RE 179485/AM, Rel. Min. Marco Aurélio. j. 06/12/94). Na hipótese mencionada anteriormente, em que o genocídio será julgado pelo Tribunal do Júri, se estivermos diante de crime praticado em detrimento de indígenas teremos o Júri Federal.
- A respeito da aplicação da pena no genocídio, leciona Guilherme de Souza Nucci que "é natural supor que, ilustrando com o homicídio, a morte de uma pessoa, com a finalidade especial supracitada, é suficiente para a aplicação da pena de *um* genocídio, fundada no homicídio qualificado (reclusão, de 12 a 30 anos). Entretanto, se matar cinquenta pessoas, com o mesmo intuito, não deve receber a mesma pena (reclusão, de 12 a 30 anos), como se tivesse cometido um único genocídio, mas, ao contrário, torna-se indispensável a aplicação do concurso de crimes (material, formal ou continuado, conforme o caso)" (Leis Penais e Processuais Penais Comentadas. 10ª ed. Rio de Janeiro: Forense, 2017, vol. 2, p. 477).
- A Lei nº 2.889/56 tipifica no art. 2º uma espécie de associação criminosa para a prática de genocídio. A conduta consiste em associarem-se (agregar-se, reunir-se em sociedade) mais de três pessoas para a prática dos crimes descritos no art. 1º.

- Quanto aos crimes de responsabilidade, note-se que, tratando-se de desvio de verba cuja prestação de contas deveria ser feita a órgão federal, a competência para julgamento é da justiça federal, conforme estabelece a súmula 208 do STJ ("Compete à Justiça Federal processar e julgar prefeito municipal por desvio de verba sujeita a prestação de contas perante órgão federal").
- No julgamento de mérito da ADPF 347 (j. 04/10/2023), o STF reconheceu o estado de coisas inconstitucional no sistema carcerário brasileiro e o considerou responsável pela violação massiva de direitos fundamentais dos presos. As normas internacionais, a Constituição Federal e a Lei de Execução Penal asseguram que os presos não podem ser submetidos a penas de caráter cruel, garantem-lhes o respeito à integridade física e moral e o cumprimento da pena em estabelecimentos distintos de acordo com a natureza do delito, a idade e o sexo do apenado. A Lei de Execução Penal ainda assegura a assistência material, jurídica, educacional, social, religiosa, além do acesso à saúde, aos alojamentos com ocupação e dimensões adequadas, ao trabalho e ao estudo. O desrespeito a essas normas impede a adequada prestação de serviços e viola bens essenciais que integram o mínimo existencial.
- Na execução penal, o Conselho Penitenciário tem função consultiva (emitir parecer em pedidos de indulto e comutação de pena), função fiscalizatória (inspecionar os estabelecimentos e serviços penais, bem como supervisionar os patronatos) e, ainda, a incumbência de apresentar no 1º (primeiro) trimestre de cada ano, ao Conselho Nacional de Política Criminal e Penitenciária, relatório dos trabalhos efetuados no exercício anterior. Ressalte-se que esse rol não é taxativo, pois dentre os artigos da Lei de Execução Penal existem outras atividades atribuídas ao Conselho (ex.: arts. 137, 143, 144, 145, 146 etc.).
- O art. 82, § 1º, da Lei 7.210/84 dispõe que a mulher e o maior de sessenta anos, separadamente, serão recolhidos a estabelecimento próprio e adequado à sua condição pessoal. De acordo com o STJ, é dever do Judiciário indagar à pessoa autodeclarada parte da população transexual acerca da preferência pela custódia em unidade feminina, masculina ou específica, se houver, e, na unidade escolhida, preferência pela detenção no convívio geral ou em alas ou celas específicas (HC 861.817/SC, j. 06/02/2024).
- Não existe previsão de remição pelo trabalho para quem cumpre a pena em regime aberto ou desfruta do livramento condicional.
- Para que seja possível a remição da pena pelo trabalho não basta a atividade esporádica, ocasional. Deve haver certeza de efetivo trabalho do condenado, bem como conhecimento dos dias trabalhados. Exige-se que a atividade seja ordenada, empresarial e, antes de mais nada, remunerada, garantidos ao sentenciado os benefícios da Previdência Social, com o fim de educar o preso, entendendo-se o presídio como verdadeira empresa.
- Síntese das disposições dos artigos 108 e 183 da Lei nº 7.210/84 no que concerne à superveniência de doença mental no condenado:

Art. 108 da LEP	Art. 183 da LEP
Aplicável no caso de anomalia passageira	Aplicável no caso de anomalia não passageira
A medida de segurança é reversível	A medida de segurança é irreversível
O tempo de internação é computado como de cumprimento de pena (deve observar o prazo da pena corporal imposta)	O tempo de internação não é computado como de cumprimento de pena, seguindo as regras dos arts. 96 e ss. do CP
Transcorrido o prazo de duração da pena sem o restabelecimento do internado, a pena deve ser considerada extinta pelo seu cumprimento.	Deve o juiz fixar prazo mínimo de internação, variando de 1 a 3 anos (art. 97, § 1º, CP).

- O excesso e o desvio de execução não se confundem. Mirabete, lembrando as lições de Renan Severo Teixeira da Cunha, explica: "o excesso está carregado de conteúdo quantitativo e o desvio está carregado de conteúdo qualitativo. Assim ocorre o primeiro quando, por exemplo, a autoridade administrativa ultrapassa, em quantidade, a punição, fazendo com que o condenado cumpra uma sanção administrativa além do limite fixada na lei, enquanto existirá o desvio quando ela se afasta dos parâmetros legais estabelecidos, como por exemplo, manter o condenado em um regime quando já faz jus a outro. Além disso, é de notar-se que o excesso só ocorre com a violação de direito do sentenciado, enquanto no desvio pode ser que seja ele beneficiado. Há desvio, por exemplo, quando se concede permissão de saída em hipótese não prevista, se dispensa injustificadamente o condenado do trabalho prisional, não se instaura o procedimento disciplinar após a prática da falta etc." (*Execução Penal*. 9ª ed. São Paulo: Atlas, 2000).
- O exame criminológico, usado para individualizar determinadas execuções envolvendo fatos mais graves e/ou presos rotulados como perigosos, serve, não raras vezes, para orientar o magistrado nos incidentes de progressão e livramento condicional, não se confundindo com o exame de classificação tratado no artigo 5º da Lei nº 7.210/84. Vejamos, em resumo, as diferenças no quadro abaixo:

EXAME DE CLASSIFICAÇÃO	EXAME CRIMINOLÓGICO
Amplo e genérico	**Específico**
orienta o modo de cumprimento da pena., guia seguro visando a ressocialização.	busca construir um prognóstico de periculosidade – temibilidade – do reeducando, partindo do binômio delito-delinquente.
envolve aspectos relacionados à personalidade do condenado, seus antecedentes, sua vida familiar e social, sua capacidade laborativa.	envolve a parte psicológica e psiquiátrica, atestando a maturidade do condenado, sua disciplina e capacidade de suportar frustrações (prognóstico criminológico).

- Originalmente, o exame criminológico era considerado obrigatório na execução da pena no regime fechado, e facultativo na pena cumprida no regime semiaberto, em especial quando se tratava de condenação por crime doloso praticado com violência ou grave ameaça à pessoa. Com a entrada em vigor da Lei 10.792/03, os tribunais superiores firmaram a orientação de que o exame passou a ser facultativo, independentemente do regime de cumprimento de pena, devendo o magistrado fundamentar sua necessidade aquilatando as peculiaridades do caso concreto. Com a entrada em vigor da Lei 14.843/24, o exame criminológico voltou a ser expresso na Lei de Execução Penal. O art. 112, § 1º dispõe que em todos os casos tratados no dispositivo o apenado somente terá direito à progressão de regime se ostentar boa conduta carcerária, comprovada pelo diretor do estabelecimento e pelos resultados do exame criminológico, respeitadas as normas que vedam a progressão. O art. 114, II, por sua vez, dispõe que somente pode ingressar no regime aberto o condenado que apresentar, pelos seus antecedentes e pelos resultados do exame criminológico, fundados indícios de que irá ajustar-se, com autodisciplina, baixa periculosidade e senso de responsabilidade, ao novo regime.
- O Ministério Público é instituição permanente, essencial à função jurisdicional do Estado, incumbindo-lhe a defesa da ordem jurídica, do regime democrático e dos interesses sociais e individuais indisponíveis (art. 127 CF/88). Dentro desse espírito, determina o art. 67 a obrigatória intervenção do Ministério Público na fase da execução da pena e da medida de segurança, fiscalizando e intervindo nos procedimentos judiciais (recorrendo, requerendo etc.).
- Nos termos do que disposto no art. 196 da LEP, o Ministério Público tem o prazo de 3 (três) dias para manifestação nos autos de execução, quando não figure como requerente da medida.
- A Lei 13.964/19 (Pacote Anticrime) inseriu no art. 52 da Lei de Execução Penal o § 3º para dispor que se houver indícios de que o preso exerce liderança em organização criminosa, associação criminosa ou milícia privada, ou que tenha atuação criminosa em dois ou mais Estados da Federação, o regime disciplinar diferenciado será obrigatoriamente cumprido em estabelecimento prisional federal. Note-se que a mesma lei inseriu no art. 52 o § 1º, o qual dispõe que, além da situação disciplinada no *caput*, o regime disciplinar diferenciado é aplicado aos presos provisórios ou condenados (a) que apresentem alto risco para a ordem e a segurança do estabelecimento penal ou da sociedade; ou (b) sob os quais recaiam fundadas suspeitas de envolvimento ou participação, a qualquer título, em organização criminosa, associação criminosa ou milícia privada, independentemente da prática de falta grave.
- O STF decidiu, na execução das reprimendas aplicadas na ação penal 470, que o pagamento da pena de multa é necessário para o deferimento da progressão de regime. Não se trata, destacamos, de aplicar a norma estabelecida no art. 33, § 4º, do Código Penal, segundo a qual o condenado por crime contra a administração pública tem a progressão de regime condicionada à reparação do dano que causou ou à devolução do produto do ilícito praticado. O tribunal decidiu, efetivamente, sobre a pena de multa, o que, com a devida vênia, não nos parece adequado, pois desvirtua o propósito da Lei 9.268/96, que modificou o tratamento conferido à pena de multa ao vedar sua conversão em privativa de liberdade no caso de não pagamento. Se a inadimplência impede que se decrete a prisão, é certo que não pode impedir a progressão de regime, em cujos requisitos, de resto, não se inclui o adimplemento da pena pecuniária.
- Ainda no tocante à pena de multa, o STF estabeleceu que, em virtude da natureza de sanção penal – não alterada pela Lei 9.268/96 –, cabe ao Ministério Público promover a execução na própria Vara de Execuções Penais. O tribunal apreciou conjuntamente a ADI 3150 e uma questão de ordem na Ação Penal 470. A ação direta de inconstitucionalidade havia sido ajuizada pelo Procurador-Geral da República para que o tribunal conferisse interpretação conforme ao art. 51 do Código Penal e estabelecesse a legitimidade do Ministério Público e a competência da Vara de Execuções Penais para a execução da pena de multa. Já na questão de ordem questionava-se decisão do ministro Barroso, que havia estabelecido, com base no art. 164 da LEP, a legitimidade do Ministério Público para executar multa imposta na AP 470, mas a União sustentava que a Lei 9.268/96 havia revogado tacitamente o disposto na Lei de Execução Penal, razão por que caberia à Procuradoria da Fazenda Nacional executar a sanção imposta naquela condenação. Segundo o ministro Barroso – que foi acompanhado pela maioria –, a alteração promovida pela Lei 9.268/96 não alterou a natureza da pena de multa, que continuou a ser uma espécie de sanção penal, tanto que na própria AP 470 o STF impôs o pagamento da multa como condição para a progressão de regime. O art. 164 da LEP, portanto, continua em vigor e é claro ao estabelecer a legitimidade do Ministério Público, a quem cabe a fiscalização da execução penal. Para adequar o texto legal à decisão do STF, a Lei 13.964/19 (Pacote Anticrime) alterou a redação do art. 51 do CP, que passou a prever expressamente a competência do juízo da execução penal, no qual, evidentemente, deve atuar o Ministério Público. Aboliu-se a legitimidade subsidiária da procuradoria da Fazenda Pública.
- Na esteira da decisão proferida pelo STF na ADI 3150, o STJ modificou sua orientação e concluiu que o inadimplemento da pena de multa impede a extinção da punibilidade: "A Terceira Seção desta Corte Superior, sob a égide dos recursos repetitivos, firmou posicionamento no sentido de que, uma vez extinta, pelo seu cumprimento, a pena privativa de liberdade ou a restritiva de direitos que a substituir, o inadimplemento da pena de multa não obsta a

extinção da punibilidade do apenado, porquanto, após a nova redação dada ao art. 51 do Código Penal, pela Lei n. 9.268/1996, a pena pecuniária passou a ser considerada dívida de valor, adquirindo caráter extrapenal. Porém, o Supremo Tribunal Federal, ao julgar a ADI n. 3.150/DF, declarou que, à luz do preceito estabelecido pelo inciso XLVI do art. 5º da Constituição Federal, a multa, ao lado da privação de liberdade e de outras restrições (perda de bens, prestação social alternativa e suspensão ou interdição de direitos), é espécie de pena aplicável em retribuição e em prevenção à prática de crimes, não perdendo sua natureza de sanção penal. Em recente julgado, a Sexta Turma deste Superior Tribunal de Justiça já alterou o entendimento sobre a matéria, acompanhando a Corte Suprema. Dessarte, as declarações de constitucionalidade ou de inconstitucionalidade são dotadas de eficácia contra todos e efeito vinculante em relação aos órgãos do Poder Judiciário. Assim, não se pode mais declarar a extinção da punibilidade pelo cumprimento integral da pena privativa de liberdade quando pendente o pagamento da multa criminal" (AgRg no REsp 1.850.903/SP, j. 28/04/2020).

- Mas é preciso diferenciar a inadimplência da impossibilidade de efetuar o pagamento em razão da inexistência de recursos financeiros. As decisões que os tribunais superiores vêm proferindo sobre a vinculação entre o pagamento da multa, a progressão de regime e a extinção da pena visam sobretudo a evitar que condenados – especialmente por crimes financeiros e tráfico de drogas – deixem deliberadamente de efetuar o pagamento de multas elevadas e, ainda assim, obtenham benefícios da execução penal e tenham a pena extinta porque cumpriram a privação de liberdade. Mas é injusto igualar essa situação à de indivíduos que simplesmente não dispõem de recursos para efetuar o pagamento. Nesse caso, como a inadimplência é involuntária, não é possível vincular a obtenção de benefícios e a extinção da pena ao pagamento: "O inadimplemento da pena de multa, mesmo após o cumprimento da pena de prisão ou da pena restritiva de direitos, não impede a extinção da punibilidade, desde que o condenado alegue hipossuficiência, salvo se o juiz competente, em decisão devidamente fundamentada, entenda de forma diferente, indicando especificamente a capacidade de pagamento da penalidade pecuniária" (STJ. REsp 2.024.901/SP, j. 28/02/2024). Na decisão, o STJ concluiu que basta a alegação de hipossuficiência para que a falta de pagamento da multa deixe de obstar a extinção da pena. Caso entenda de forma diversa, deve o juiz, em decisão fundamentada, indicar concretamente a possibilidade de pagamento. Em decisão posterior, no entanto, o STF decidiu que a inadimplência impede a extinção da pena, exceto se comprovada a impossibilidade de pagar, ainda que em parcelas: "O Tribunal, por unanimidade, deu parcial provimento ao pedido, para conferir ao art. 51 do Código Penal interpretação no sentido de que, cominada conjuntamente com a pena privativa de liberdade, a pena de multa obsta o reconhecimento da extinção da punibilidade, salvo na situação de comprovada impossibilidade de seu pagamento pelo apenado, ainda que de forma parcelada, acrescentando, ainda, a possibilidade de o juiz de execução extinguir a punibilidade do apenado, no momento oportuno, concluindo essa impossibilidade de pagamento através de elementos comprobatórios constantes dos autos, nos termos do voto do Relator" (ADI 7.032/DF, j. 22/03/2024).
- Em razão do cometimento de falta grave, segundo o STJ, é obrigatória a perda dos dias remidos, cabendo ao magistrado apenas o juízo discricionário a respeito da fração da perda (AgRg no REsp 1.430.097/PR, DJe 6/4/2015).
- Sempre que há notícia de falta disciplinar, é indispensável que o condenado tenha a oportunidade de exercer a ampla defesa e o contraditório antes de sofrer as consequências. A esse respeito, o STJ editou a súmula 533. Mas a súmula tem sido relativizada em situações nas quais, embora não tenha sido instaurado o procedimento pelo diretor do estabelecimento prisional, o condenado foi ouvido em audiência judicial a respeito de sua falta disciplinar. É a tese firmada pelo STF: "A oitiva do condenado pelo Juízo da Execução Penal, em audiência de justificação realizada na presença do defensor e do Ministério Público, afasta a necessidade de prévio Procedimento Administrativo Disciplinar (PAD), assim como supre eventual ausência ou insuficiência de defesa técnica no PAD instaurado para apurar a prática de falta grave durante o cumprimento da pena" (RE 972.598/RS, j. 04/05/2020). O STJ tem seguido a mesma orientação (AgRg no HC 442.560/PR, j. 02/03/2021).
- Admite-se, de acordo com o STJ, a remição de pena quando o condenado em regime fechado ou semiaberto desempenha atividade laborativa extramuros, pois o art. 126, *caput* e § 1º, inciso I, da Lei 7.210/84, não faz distinção a respeito do local em que o trabalho é exercido (súmula 562).
- A remição só é possível em atividade laboral com controle de frequência, não se admitindo o autocontrole de carga horária: "O STJ consolidou o entendimento de que a realização de trabalho externo deve ser compatível com a fiscalização do cumprimento da pena exigida pela Lei de Execução Penal, no sentido de que 'embora se reconheça o valor do labor na ressocialização e na recuperação da dignidade do apenado, sem indicação do local do trabalho e de algum tipo de controle de horário e de frequência das atividades de vendedor autônomo, de mercadoria própria, não há falar em deferimento do trabalho externo. O pedido é incompatível com a fiscalização do cumprimento da pena exigida pela Lei de Execuções Penais'. (AgRg no HC 490.890/TO, Rel. Ministro Rogério Schietti Cruz, Sexta Turma, DJe 17/6/2020). No caso, o pedido de remição por trabalho é orientado por autodeclaração por ser o apenado o proprietário de propriedade rural e, por-

tanto, explorador de atividade econômica. A hipótese não se subsume ao requisito do art. 126 da LEP, tendo em vista que o pedido é incompatível com a fiscalização do cumprimento da pena exigida pela Lei de Execuções Penais, não se admitindo o auto controle de carga horária como produtor rural" (AgRg no HC 709.901/RJ, j. 27/09/2022).

- Considerando que o art. 126 da Lei nº 7.210/84, que disciplina a remição pelo trabalho e pelo estudo, tem o propósito de garantir a ressocialização do condenado, e tendo ainda em vista o fato de que não é imprescindível que a atividade desempenhada esteja expressa na lei para garantir a remição, o STJ considera possível o benefício em decorrência da leitura e da resenha de livros (HC 413.501/SP, j. 26/06/2018).
- Também decidiu o STJ, por analogia *in bonam partem*, que o desempenho de atividade musical pelo preso atende ao propósito de ressocialização tanto porque promove uma formação profissional quanto porque proporciona ao condenado um aprimoramento cultural, que pode ser um fator a contribuir para sua reinserção social (REsp 1.666.637/ES, j. 26/09/2017).
- O STJ já admitiu a remição pelo estudo desempenhado por meio de cursos do Instituto Universal Brasileiro, seguindo a tendência de promover a abreviação da pena por meio da analogia *in bonam partem*. O ministro Reynaldo Soares da Fonseca fez referência ao parecer emitido pelo Ministério Público, segundo o qual "A LEP não exige fiscalização por parte do estabelecimento prisional - óbice apontado pelo Juízo de 1º grau ao deferimento da remição. Exige, como acima mencionado, a certificação pela autoridade educacional competente do curso frequentado". Desta forma, apresentados os cerificados de conclusão do curso, deferiu-se a remição (HC 418.309/SP, j. 20/02/2018).
- De acordo com o que decidiu o STJ, a remição pelo trabalho beneficia o condenado mesmo na situação em que a atividade laborativa efetivamente desempenhada o tenha sido sem autorização do juízo ou da direção do estabelecimento prisional (HC 346.948/RS, DJe 29/6/2016).
- O STJ se orienta no sentido de que a remição ficta não pode ser imposta como regra em virtude da deficiente estrutura carcerária (EDcl no AgRg nos EDcl no AREsp 1.697.170/SP, j. 23/03/2021). Não obstante, a Terceira Seção do tribunal, julgando sob o rito dos recursos repetitivos, admitiu a remição ficta em razão da impossibilidade de exercer o trabalho e o estudo durante a pandemia do coronavírus (REsp 1.953.607/SC, julgado em 14/09/2022). Mas essa decisão não se aplica no caso de trabalho eventual, pois não se pode presumir que deixou de ser oferecido e exercido em razão do estado pandêmico (HC 684.875/DF, j. 21/03/2023).
- O art. 127 da Lei de Execução Penal determina a perda de até 1/3 dos dias remidos em caso de falta grave. De acordo com o STJ, a especial gravidade da falta cometida pode justificar a perda na fração máxima (HC 394.884/SC, DJe 23/05/2017).
- Se o agente cumpre pena privativa de liberdade e, no curso da execução, é submetido a medida de segurança em virtude de sentença absolutória imprópria proferida em decorrência de outro fato, não se impõe, segundo o STJ, a conversão em medida de segurança da pena que vinha sendo cumprida. De acordo com o tribunal, é possível, sem ofensa ao sistema vicariante, o cumprimento simultâneo das sanções decorrentes de fatos diversos (HC 275.635/SP, DJe 15/3/2016).
- De acordo com o STJ, o período compreendido entre a publicação do decreto e a decisão que concede o indulto pleno não é abarcado pela extinção da punibilidade, ou seja, deve ser utilizado para a liquidação de novas execuções penais. De acordo com o tribunal, o "indulto não é aplicado de forma automática. Necessita, assim, de um procedimento judicial em que o juiz da execução irá avaliar se o apenado preenche, ou não, os requisitos insculpidos no decreto presidencial. Embora haja doutrina que defenda ser meramente declaratória a decisão concessiva de indulto, os decretos presidenciais, em geral, possuem condições objetivas e subjetivas que necessitam de avaliação judicial. Nessa medida, esse trâmite processual certamente levará um espaço de tempo para ser cumprido, o que afasta a possibilidade de publicação do decreto concessivo do benefício em um dia e, já no dia seguinte, a sua aplicação no caso concreto" (REsp 1.557.408/DF, DJe 24/2/2016).
- A comutação de penas deve ser negada se o apenado tiver praticado falta disciplinar de natureza grave nos doze meses anteriores à publicação do Decreto de indulto, mesmo que a respectiva decisão homologatória tenha sido proferida posteriormente (STJ - EREsp 1.549.544/RS, DJe 30/9/2016).
- Tendo em vista que os requisitos gerais para a concessão do indulto são estabelecidos no próprio decreto presidencial, pois fazem parte da competência privativa do presidente da República, só é possível negar o benefício se o condenado não atender às disposições estritas do decreto. Em razão disso, o STJ decidiu que se o ato de concessão não estabelece que o indulto é incabível se, em algum momento da execução penal, o condenado teve o livramento condicional revogado por descumprir algum dos requisitos, não é possível negar o benefício com esse fundamento (AgRg no HC 537.982/DF, j. 13/04/2020).
- Considerou-se que a decisão do juiz da execução que simplesmente indefere o pedido para retirada do equipamento de monitoramento eletrônico, sem justificar a necessidade da manutenção da vigilância, é ilegal. Não é possível manter a medida com a simples alegação de que se trata da melhor forma de fiscalizar o agente que exerce trabalho externo, sem esclarecimentos acerca do caso concreto (STJ - HC 351.273/CE, DJe 09/02/2017).

- Segundo tem decidido o STJ, a violação de equipamento de monitoramento eletrônico imposto ao condenado caracteriza falta grave e autoriza a regressão de regime, pois a manutenção do aparelho junto ao corpo do agente é ordem à qual se vincula a liberdade vigiada, e, uma vez descumprida a determinação, viola-se o disposto no art. 39, incs. II e IV, da LEP (HC 460.440/RS, j. 18/09/2018). A violação do perímetro permitido para deslocamento também caracteriza falta disciplinar (AgRg no HC 509.270/SP, j. 17/11/2020).
- Também caracteriza falta grave a posse de droga para uso próprio no interior do estabelecimento prisional: "Apesar de o tipo não mais cominar pena privativa de liberdade, não houve descriminalização da conduta prevista no art. 28 da Lei n. 1.343/2006. Assim, a teor dos precedentes desta Corte, a posse de drogas no curso da execução, ainda que para uso próprio, constitui falta grave, nos moldes do art. 52 da LEP, pois o preso que pratica fato previsto como crime doloso durante o resgate das penas não demonstra comportamento adequado, apto a atrair os benefícios do sistema progressivo" (STJ: AgRg no HC 528.947/DF, j. 26/11/2019).
- O art. 111 da Lei de Execução Penal disciplina a unificação das penas. Quando houver mais de uma condenação contra a mesma pessoa, no mesmo processo ou em processos distintos, deve o juiz somar as penas impostas, observando a possibilidade de detração e a remição, determinando, então, o regime inicial para seu cumprimento. Como regra, a pena de reclusão deve ser cumprida, inicialmente, em regime fechado, semiaberto ou aberto. A de detenção, em regime semiaberto ou aberto, salvo necessidade de transferência a regime fechado. O STJ, no entanto, tem decidido que é possível a unificação das penas de reclusão e de detenção, na fase de execução penal, para fim de fixação do regime prisional inicial (AgRg no REsp 2.053.887/MG, j. 15/05/2023).
- O STJ também decidiu que a data-base para a progressão de regime é aquela em que cumpridos os requisitos. Com isso, o tribunal não só adequou seu entendimento ao do STF como também passou a adotar a mesma regra que já aplicava para a incidência dos efeitos das faltas graves: o dia do cometimento da falta, não da publicação da decisão que a reconhecia (HC 369.774/RS, DJe 07/12/2016).
- A disciplina da progressão de regime foi radicalmente alterada pela Lei 13.964/19 (Pacote Anticrime). Vejamos, a seguir, as diferenças entre as redações do art. 112 da Lei de Execução Penal:

<table>
<tr>
<td>Art. 112. A pena privativa de liberdade será executada em forma progressiva com a transferência para regime menos rigoroso, a ser determinada pelo juiz, quando o preso tiver cumprido ao menos um sexto da pena no regime anterior e ostentar bom comportamento carcerário, comprovado pelo diretor do estabelecimento, respeitadas as normas que vedam a progressão.
§ 1º A decisão será sempre motivada e precedida de manifestação do Ministério Público e do defensor.
§ 2º Idêntico procedimento será adotado na concessão de livramento condicional, indulto e comutação de penas, respeitados os prazos previstos nas normas vigentes.
§ 3º No caso de mulher gestante ou que for mãe ou responsável por crianças ou pessoas com deficiência, os requisitos para progressão de regime são, cumulativamente:
I - não ter cometido crime com violência ou grave ameaça a pessoa;
II - não ter cometido o crime contra seu filho ou dependente;
III - ter cumprido ao menos 1/8 (um oitavo) da pena no regime anterior;
IV - ser primária e ter bom comportamento carcerário, comprovado pelo diretor do estabelecimento;
V - não ter integrado organização criminosa.
§ 4º O cometimento de novo crime doloso ou falta grave implicará a revogação do benefício previsto no § 3º deste artigo.</td>
<td>Art. 112. A pena privativa de liberdade será executada em forma progressiva com a transferência para regime menos rigoroso, a ser determinada pelo juiz, quando o preso tiver cumprido ao menos:
I - 16% (dezesseis por cento) da pena, se o apenado for primário e o crime tiver sido cometido sem violência à pessoa ou grave ameaça;
II - 20% (vinte por cento) da pena, se o apenado for reincidente em crime cometido sem violência à pessoa ou grave ameaça;
III - 25% (vinte e cinco por cento) da pena, se o apenado for primário e o crime tiver sido cometido com violência à pessoa ou grave ameaça;
IV - 30% (trinta por cento) da pena, se o apenado for reincidente em crime cometido com violência à pessoa ou grave ameaça;
V - 40% (quarenta por cento) da pena, se o apenado for condenado pela prática de crime hediondo ou equiparado, se for primário;
VI - 50% (cinquenta por cento) da pena, se o apenado for:
a) condenado pela prática de crime hediondo ou equiparado, com resultado morte, se for primário, vedado o livramento condicional;
b) condenado por exercer o comando, individual ou coletivo, de organização criminosa estruturada para a prática de crime hediondo ou equiparado; ou
c) condenado pela prática do crime de constituição de milícia privada;
VII - 60% (sessenta por cento) da pena, se o apenado for reincidente na prática de crime hediondo ou equiparado;
VIII - 70% (setenta por cento) da pena, se o apenado for reincidente em crime hediondo ou equiparado com resultado morte, vedado o livramento condicional.
§ 1º Em todos os casos, o apenado só terá direito à progressão de regime se ostentar boa conduta carcerária, comprovada pelo diretor do estabelecimento, respeitadas as normas que vedam a progressão.</td>
</tr>
</table>

	§ 2º A decisão do juiz que determinar a progressão de regime será sempre motivada e precedida de manifestação do Ministério Público e do defensor, procedimento que também será adotado na concessão de livramento condicional, indulto e comutação de penas, respeitados os prazos previstos nas normas vigentes.
	§ 3º No caso de mulher gestante ou que for mãe ou responsável por crianças ou pessoas com deficiência, os requisitos para progressão de regime são, cumulativamente:
	I - não ter cometido crime com violência ou grave ameaça a pessoa;
	II - não ter cometido o crime contra seu filho ou dependente;
	III - ter cumprido ao menos 1/8 (um oitavo) da pena no regime anterior;
	IV - ser primária e ter bom comportamento carcerário, comprovado pelo diretor do estabelecimento;
	V - não ter integrado organização criminosa.
	§ 4º O cometimento de novo crime doloso ou falta grave implicará a revogação do benefício previsto no § 3º deste artigo.
	§ 5º Não se considera hediondo ou equiparado, para os fins deste artigo, o crime de tráfico de drogas previsto no § 4º do art. 33 da Lei nº 11.343, de 23 de agosto de 2006.
	§ 6º O cometimento de falta grave durante a execução da pena privativa de liberdade interrompe o prazo para a obtenção da progressão no regime de cumprimento da pena, caso em que o reinício da contagem do requisito objetivo terá como base a pena remanescente.
	§ 7º O bom comportamento é readquirido após 1 (um) ano da ocorrência do fato, ou antes, após o cumprimento do requisito temporal exigível para a obtenção do direito.

- Discute-se se o inc. VII do art. 112 abrange somente a reincidência específica em crime hediondo ou equiparado. Temos corrente lecionando que o dispositivo não cuida da reincidência específica. Sendo o reeducando reincidente, específico ou não, se cumpre pena por crime hediondo ou equiparado deve observar a porcentagem de 60% para progredir de regime. A Terceira Seção do STJ, contudo, firmou a orientação de que o condenado por crime hediondo que seja reincidente só deve cumprir a fração maior para a progressão se a reincidência for específica. Caso contrário, deve cumprir a fração correspondente ao condenado primário (inc. V), tendo em vista que a lei não traz regra própria para sua situação: "1. A Lei n. 13.964/2019, intitulada Pacote Anticrime, promoveu profundas alterações no marco normativo referente aos lapsos exigidos para o alcance da progressão a regime menos gravoso, tendo sido expressamente revogadas as disposições do art. 2º, § 2º, da Lei n. 8.072/1990 e estabelecidos patamares calcados não apenas na natureza do delito, mas também no caráter da reincidência, seja ela genérica ou específica. 2. Evidenciada a ausência de previsão dos parâmetros relativos aos apenados condenados por crime hediondo ou equiparado, mas reincidentes genéricos, impõe-se ao Juízo da execução penal a integração da norma sob análise, de modo que, dado o óbice à analogia in malam partem, é imperiosa a aplicação aos reincidentes genéricos dos lapsos de progressão referentes aos sentenciados primários. 3. Ainda que provavelmente não tenha sido essa a intenção do legislador, é irrefutável que de lege lata, a incidência retroativa do art. 112, V, da Lei n. 7.210/1984, quanto à hipótese da lacuna legal relativa aos apenados condenados por crime hediondo ou equiparado e reincidentes genéricos, instituiu conjuntura mais favorável que o anterior lapso de 3/5, a permitir, então, a retroatividade da lei penal mais benigna. 4. Dadas as ponderações acima, a hipótese em análise trata da incidência de lei penal mais benéfica ao apenado, condenado por estupro, porém reincidente genérico, de forma que é mister o reconhecimento de sua retroatividade, dado que o percentual por ela estabelecido – qual seja, de cumprimento de 40% das reprimendas impostas –, é inferior à fração de 3/5, anteriormente exigida para a progressão de condenados por crimes hediondos, fossem reincidentes genéricos ou específicos. 5. Recurso especial representativo da controvérsia não provido, assentando-se a seguinte tese: É reconhecida a retroatividade do patamar estabelecido no art. 112, V, da Lei n. 13.964/2019, àqueles apenados que, embora tenham cometido crime hediondo ou equiparado sem resultado morte, não sejam reincidentes em delito de natureza semelhante" (REsp 1.910.240/MG, j. 26/05/2021). É a mesma orientação firmada pelo STF em repercussão geral: "Tendo em vista a legalidade e a taxatividade da norma penal (art. 5º, XXXIX, CF), a alteração promovida pela Lei 13.964/2019 no art. 112 da LEP não autoriza a incidência do percentual de 60% (inc. VII) aos condenados reincidentes não específicos para o fim de progressão de regime. Diante da omissão legislativa, impõe-se a analogia in bonam partem, para aplicação, inclusive retroativa, do inciso V do artigo 112 da LEP (lapso temporal de 40%) ao condenado por crime hediondo ou equiparado sem resultado morte reincidente não específico" (ARE 1.327.963/SP, j. 17/09/2021).

- A mesma controvérsia destacada no item anterior se repete no inc. VIII do art. 112: discute-se se o dispositivo abrange somente a reincidência específica em crime hediondo ou equiparado com resultado morte. O STJ já decidiu que, tratando-se de condenação anterior por crime que não seja hediondo ou equiparado com resultado morte, a solução deve ser mais branda para o condenado, que deve cumprir 50% da pena para progredir: "1. Com a entrada em vigor da Lei n. 13.964/19 (Pacote Anticrime), foi revogado expressamente o art. 2º, § 2º, da Lei n. 8.072/90 (art. 19 da Lei n. 13.964/19), passando a progressão de regime, na Lei de Crimes Hediondos, a ser regida pela Lei n. 7.210/84 (Lei de Execução Penal – LEP), a qual, em seu art. 112, modificou a sistemática da progressão de regime, introduzindo critérios e percentuais distintos e específicos para cada grupo, a depender da natureza do crime. 2. No presente caso, o recorrido foi sentenciado por crime hediondo com resultado morte, tendo sido reconhecida sua reincidência devido à condenação definitiva anterior pela prática de crimes comuns. Entretanto, diante da inexistência de previsão a disciplinar a progressão de regime para a hipótese dos autos, uma vez que os percentuais de 60% e 70% foram destinados aos reincidentes específicos, a nova lei deve ser interpretada mediante a analogia in bonam partem, aplicando-se, para o condenado por crime hediondo, com resultado morte, que seja reincidente genérico, o percentual de 50%, previsto no inciso VI do art. 112 da Lei de Execução Penal" (AgRg no REsp 1.932.143/MG. Rel. Min. Joel Ilan Paciornik, j. 14/09/2021).
- A condenada gestante, mãe ou responsável por crianças ou pessoas com deficiência pode se submeter a regras específicas de progressão. São requisitos cumulativos para a progressão especial: *I – não ter cometido crime com violência ou grave ameaça a pessoa; II – não ter cometido o crime contra seu filho ou dependente; III – ter cumprido ao menos 1/8 (um oitavo) da pena no regime anterior; IV – ser primária e ter bom comportamento carcerário, comprovado pelo diretor do estabelecimento; V – não ter integrado organização criminosa.* Há quem sustente que a expressão "organização criminosa" não se refere especificamente à definição da Lei 12.850/13, estendendo-se a qualquer forma de sociedade delitiva, como a associação criminosa (art. 288 do CP) e a associação para o tráfico (art. 35 da Lei 11.343/06). O STJ, contudo, afastou essa possibilidade no caso de uma condenada por associação para o tráfico que pleiteara a progressão de regime sob as regras especiais e teve negado o benefício sob o argumento de que "organização criminosa" é uma expressão genérica que abrangeria outros crimes além daquele tipificado na lei especial. Segundo o tribunal, a expressão tem definição jurídica própria e, na qualidade de norma híbrida, ligada ao status libertatis, o inciso V deve ser interpretado de forma restritiva, e não ampliativa (HC 522.651/SP, Rel. Min. Laurita Vaz, j. 04/08/2020).
- No caso de condenações subsequentes que se insiram em diferentes regras do art. 112, o STJ decidiu que é possível a execução em separado: "Após as alterações promovidas pela Lei n. 13.964/2019, é possível a execução em separado de cada uma das guias de execução, de modo que o cálculo para obtenção de benefícios que dizem respeito à execução penal deve considerar a primariedade em parte da pena, a reincidência comum em outra e a reincidência específica apenas nas guias que dizem respeito a crimes de mesma natureza" (HC 654.870/MG, j. 20/09/2022).
- O STJ tem decidido que o condenado por tráfico privilegiado pode ser beneficiado pelo indulto, tendo em vista que esta modalidade do crime não é hedionda: "Nos termos do precedente jurisprudencial da Sexta Turma do STJ,'[e]mbora a conduta delituosa do agente que é beneficiado com a minorante prevista no § 4º do art. 33 da Lei n. 11.343/2006 continue sendo a de tráfico de drogas (haja vista que o § 4º não prevê uma nova conduta típica ou um tipo penal autônomo, mas tão somente uma causa especial de diminuição de pena), é possível favorecê-lo com a concessão de graça ou anistia (e, consequentemente, de indulto), por não existir, em sua conduta, o caráter de acentuado grau de reprovabilidade que é inerente aos crimes hediondos e aos a eles equiparados' (HC 411.328/SP, Rel. Ministro ROGERIO SCHIETTI CRUZ, SEXTA TURMA, julgado em 03/10/2017, DJe 09/10/2017)" (HC 458.735/MG, j. 04/10/2018). Note-se que, para afastar definitivamente qualquer controvérsia no âmbito da progressão de regime, o legislador inseriu na LEP disposição expressa no sentido de que o tráfico privilegiado não é considerado hediondo (art. 112, § 5º, com redação dada pela Lei 13.964/19).
- O STF decidiu ser legítima a decisão judicial que estabelece calendário anual para a concessão de saídas temporárias (HC 130.502/RJ, 21/06/2016).
- Pode ser negado o indulto por falta grave cometida antes da edição do Decreto, ainda que a homologação judicial da falta disciplinar tenha ocorrido depois (STF - RHC 133.443/SC, j. 04/10/2016).
- O art. 122, § 2º, da LEP (com redação conferida pela Lei 14.843/24) veda a saída temporária ao condenado que cumpre pena por praticar crime hediondo ou com violência ou grave ameaça contra pessoa.
- A contagem do prazo da saída temporária é feita em dias, não em horas, razão pela qual o STF denegou a ordem em *habeas corpus* em que se pretendia a liberação do condenado à 00h do primeiro dia, não às 12h, sob o pretexto de que a liberação tardia prejudicaria a completa fruição do benefício (HC 130.883/SC, j. 31/05/2016).
- Não se aplica limite temporal à análise do requisito subjetivo para concessão de saída temporária, devendo ser considerado todo o período de execução da pena, a fim de se averiguar o mérito do apenado (STJ – HC 795.970/SC, j. 14/03/2023).

- Não há constrangimento ilegal se, não obstante esteja em estabelecimento prisional caracterizado pelo maior rigor, o condenado está apartado dos outros presos, em ala adaptada para o regime legalmente determinado e se está sendo submetido às regras específicas desse regime (STF - Reclamação 25.123/SC, j. 18/04/2017).
- Para o STJ, a maior liberdade de movimentação característica do regime semiaberto não significa que o condenado pode ir aonde quiser. Embora as restrições sejam menores e as regras de disciplina devam ser menos rígidas, trata-se do cumprimento de pena em regime de liberdade ainda restrita, que deve ser disciplinada pelas autoridades da execução penal. Por essa razão, o tribunal negou *habeas corpus* que tratava da situação na qual um condenado a 59 (cinquenta e nove) anos de reclusão, logo após progredir para o regime semiaberto, pediu para realizar visitas periódicas à sua família, mas os juízos da execução e de segunda instância haviam indeferido o pleito sob o argumento de que a progressão ainda era recente e que os benefícios compatíveis com o regime semiaberto deveriam ser concedidos gradativamente, conforme o agente demonstrasse aptidão (AgInt no HC nº 410.342/RJ, DJe 04/12/2017).
- O STJ considerou válida a proibição de visitas de um preso por parte de sua companheira, condenada por tráfico de drogas justamente porque havia tentado ingressar no presídio, num dia de visitação, com noventa e um gramas de maconha. Na decisão, a Sexta Turma do STJ reconheceu a existência de divergência, no âmbito do próprio tribunal, a respeito da possibilidade de proibição de visitas em situações semelhantes. Pontuou-se, no entanto, que as divergências não correspondem à possibilidade abstrata de restringir o direito à visitação, mas dizem respeito à análise dos casos concretos, no quais foram consideradas as circunstâncias para concluir pela possibilidade ou pela impossibilidade de restrição (REsp 1.690.426/DF, j 10/10/2017).
- É possível que, por falha pessoal ou devido à falta de documentos comprobatórios, o juiz deixe de reconhecer a reincidência na sentença condenatória, que transita em julgado e dá ensejo ao início da execução da pena sem que esta importante característica pessoal seja revelada no processo de conhecimento. Mas nada impede que, já no processo de execução da pena, o juiz tome ciência de que o condenado é reincidente. É certo que a sentença condenatória não pode ser corrigida pelo juiz da execução no tocante à quantidade da pena e à forma inicial de execução. Se o juiz que impõe a condenação não aumenta a pena nem estabelece o regime inicial adequado devido a algum equívoco na identificação da reincidência, cabe ao Ministério Público interpor recurso de apelação para a reforma da sentença. Uma vez certificado o trânsito em julgado, não é possível que o órgão de execução refaça o processo trifásico para agravar a pena, nem tampouco que corrija o regime inicial. Ocorre que a reincidência também tem efeitos na execução. O livramento condicional, por exemplo, é concedido após o cumprimento de determinada fração da pena, e esta fração varia conforme o condenado seja primário ou reincidente. Desde a edição da Lei 13.964/19, as regras relativas à progressão de regime também são profundamente influenciadas pela reincidência (art. 112, incisos I a VIII, da LEP), embora já o fossem, em certa medida, mesmo antes da alteração legal, nos casos de crimes hediondos ou equiparados. Nestes casos, havia certa divergência a respeito da possibilidade de o juiz da execução invocar a reincidência não reconhecida na sentença condenatória. A Terceira Seção do STJ decidiu que o procedimento é legal: "A reincidência pode ser admitida pelo juízo das execuções penais para análise da concessão de benefícios, ainda que não reconhecida pelo juízo que prolatou a sentença condenatória" (REsp 2.055.920/MG, j. 17/10/2023).
- A prisão domiciliar prevista no art. 117 da Lei de Execução Penal não se confunde com aquelas tratadas nos artigos 318 e 318-A do CPP:

	Prisão domiciliar	
	Art. 117 LEP:	**Arts. 318 e 318-A CPP:**
Natureza Jurídica	Substitui casa do albergado (regime aberto), não substituindo penitenciária (regime fechado) ou colônia agrícola, industrial ou similar (regime semiaberto).	Substitui prisão preventiva.
	Prisão penal.	Medida cautelar.
Hipóteses de Cabimento	Condenado maior de 70 anos (não foi alterado pelo Estatuto da Pessoa Idosa).	Maior de 80 anos.
	Condenado acometido de doença grave (doença cujo tratamento fica difícil ou impossível no sistema penitenciário). O STF entendeu que o HIV por si só não é doença grave.	Extremamente debilitado por doença grave.

Hipóteses de Cabimento		Imprescindível aos cuidados especiais de pessoa menor de 6 anos de idade ou com deficiência.
	Condenada gestante.	Gestante.
	Condenada com filho menor ou deficiente. Obs.: em face do art. 5º, I, CF (isonomia do homem com a mulher), o art. 117, III da LEP também será aplicado ao sentenciado do sexo masculino, desde que comprove a dependência do filho.	Mãe ou responsável por crianças ou pessoas com deficiência.
		Homem, caso seja o único responsável pelos cuidados do filho de até 12 (doze) anos de idade incompletos.
Atenção	De acordo com o STJ, admite-se a concessão da prisão domiciliar quando o sentenciado se encontra cumprindo pena em estabelecimento destinado ao regime mais rigoroso, por inexistência de vaga, situações que poderiam resultar em desvio de execução.	
	O condenado beneficiado pelo art. 117 da LEP pode ser obrigado ao uso de aparelho que permita sua monitoração eletrônica (art. 146-B, IV da LEP).	O preso provisório em regime domiciliar também pode ser obrigado a usar aparelho de monitoração eletrônica (art. 319, IX do CPP).

- Não viola o sistema vicariante a submissão do condenado semi-imputável a tratamento contra o vício em drogas como condição especial para o regime aberto, pois isso não se confunde com o tratamento ambulatorial, que tem a natureza de medida de segurança (STJ: AgRg no REsp 2.026.477/SP, j. 27/11/2023).
- É possível a penhora de até 1/4 do pecúlio obtido pelo condenado para saldar a pena de multa determinada em sentença condenatória (STJ - REsp 2.113.000/SP, j. 2/4/2024).
- O crime de gestão fraudulenta (art. 4º da Lei nº 7.492/86) é formal, consumando-se independentemente de prejuízo ao patrimônio da instituição financeira ou dos investidores (STJ: AgRg no AREsp 926.372/SP, DJe 02/02/2017).
- O crime de gestão fraudulenta é próprio, pois só o responsável pela gestão financeira da instituição pode cometê-lo. Mas nada impede o concurso com terceiros não integrantes da gestão, desde que evidente a ciência de sua contribuição para a fraude: "A condenação de terceiro pelo crime do art. 4º, caput, da Lei n. 7.492/1986 exige a demonstração concreta, por meio de elementos de provas, da ciência de que os atos para os quais estava concorrendo tinham por finalidade a gestão fraudulenta da instituição financeira" (STJ - REsp 2.116.936/BA, j. 12/3/2024).
- Se o agente, com o intuito de enganar representante de instituição bancária para obter financiamento, apresenta documento falso ou comete outro tipo de fraude, pode se caracterizar o crime do art. 19 da Lei nº 7.492/86. Há o crime contra o sistema financeiro – de competência da Justiça Federal – se os recursos obtidos no financiamento tiverem destinação específica, diferenciando-se assim do mútuo realizado a título pessoal (STJ: CC 151.188/SP, DJe 23/06/2017). Este crime, a propósito, se consuma no momento em que assinado o contrato de obtenção de financiamento mediante fraude (STJ – AgRg no REsp 2.002.450/SE, j. 17/04/2023).
- A caracterização do crime de gestão fraudulenta não depende de oferecimento ou negociação de títulos fraudulentos (art. 7º da Lei nº 7.492/86). Por isso, a absolvição do agente quanto a este último delito não impede sua condenação pelo primeiro (STJ: HC 285.587/SP, DJe 28/03/2017).
- Para a tipificação da conduta de gestão fraudulenta de instituição financeira, a operadora de plano de saúde não se equipara à empresa que se constitui sob a forma de seguradora (art. 1º, parágrafo único, I, da Lei nº 7.492/86). Embora seja possível que empresas que operam planos de saúde sejam equiparadas a instituições financeiras, isso só ocorre se sua constituição se der na forma de seguradoras especializadas nesse seguro. Ocorre que empresas operadoras de planos de saúde podem assumir as mais diversas naturezas constitutivas, como cooperativas, sociedades simples, sociedades empresárias ou entidades de autogestão. É analogia *in malam partem* equiparar estas últimas a instituições financeiras (STJ: CC 148.110/MG, j. 23/11/2016).
- O art. 21 da Lei nº 7.492/86 pune as condutas de atribuir-se ou atribuir a terceiro falsa identidade para realização de operação de câmbio. No julgamento do REsp 1.595.546/PR (j. 02/05/2017) o STJ decidiu que o crime se caracteriza inclusive quando o agente determina que terceira pessoa realize a operação de câmbio em seu lugar, ainda que esta pessoa não se apresente com identidade falsa. Considerou-se que a utilização dos denominados "laranjas" caracteriza o crime porque as operações são realizadas nessas circunstâncias para ocultar o verdadeiro titular das moedas cambiadas e, com isso, impedir sua identificação e a efetiva fiscalização das movimentações no mercado de câmbio.
- A respeito dos crimes contra o sistema financeiro, Guilherme de Souza Nucci aponta uma inconsistência no art. 23 da Lei nº 7.492/86: "O tipo não deixa de se apresentar contraditório, ao misturar condutas basicamente omissivas (omitir e retardar) com outra, comissiva, afirmando dever a atuação ou inação ser

contrária à disposição expressa de lei. Ora, é razoável que o funcionário possa deixar de fazer o que deveria ou atrasar o que não poderia, *contra o disposto em lei*; porém, torna-se bem mais difícil imaginar que o funcionário *pratique* ato de ofício necessário ao regular funcionamento do sistema financeiro e para a preservação dos interesses e valores da ordem econômico-financeira *contra a lei*. Se está realizando ato para preservar o regular funcionamento do sistema financeiro, não teria sentido *agir contra a lei*, a menos que se deduza ser esta um fator de instabilidade contra o sistema financeiro" (*Leis Penais e Processuais Penais Comentadas*, p. 1116).

- A Lei 14.532/23 inseriu na Lei 7.716/89 o crime de injúria racial (art. 2º-A), modificou a redação do § 2º do art. 20, acrescentou no mesmo artigo os parágrafos 2º-A e 2º-B, e ainda incluiu os artigos 20-A, 20-B, 20-C e 20-D. Em síntese, temos o seguinte:

<table>
<tr><td>Art. 2º-A</td><td>O § 3º do art. 140 do CP qualificava a injúria consistente na utilização de elementos referentes a raça, cor, etnia, religião, origem ou a condição de pessoa idosa ou portadora de deficiência. Decisões do STJ (AgRg no REsp 686.965/DF) e do STF (HC 154.248/DF) inseriram a injúria racial na seara dos crimes de racismo, tornando-a imprescritível, pois cometida com sentido de segregação, somando-se às definições da Lei nº 7.716/89. Depois da intervenção dos tribunais, interveio o legislador. A Lei 14.532/23 modifica o conteúdo da qualificadora do art. 140, § 3º, do CP, excluindo da forma qualificada da injúria ofensas com elementos referentes a raça, cor, etnia ou procedência nacional. Essas modalidades de preconceito migraram para a Lei 7.716/89, no art. 2º-A.</td></tr>
<tr><td>Art. 20, § 2º</td><td>Antes, o § 2º qualificava o crime se qualquer das condutas fosse cometida "por intermédio dos meios de comunicação social ou publicação de qualquer natureza". Atualmente, o crime é qualificado se "cometido por intermédio dos meios de comunicação social, de publicação em redes sociais, da rede mundial de computadores ou de publicação de qualquer natureza".

A redação foi atualizada para abranger expressamente meios de interação pessoal e comunicação inexistentes – ou ainda muito incipientes – em 1997, quando a qualificadora foi incluída na Lei 7.716/89. Nesse caso, como os atos de discriminação podem ser dirigidos a milhões de pessoas simultaneamente, o que potencializa a lesividade da conduta, justifica-se a elevação da pena.

Note-se que, antes da Lei 14.532/23, o § 2º fazia referência expressa ao caput, ou seja, não abrangia a figura do § 1º. A atual redação inclui o § 1º, que, no entanto, tem a mesma pena da figura qualificada do § 2º. Logo, a incidência pura e simples da qualificadora do § 2º nas condutas tipificadas no dispositivo precedente não agrava a situação do autor do crime. Caso as condutas do § 1º sejam cometidas em contexto que autoriza a qualificação, o juiz deve promover a adequação da pena com base nas circunstâncias judiciais – em especial, circunstâncias e consequências do crime (art. 59 do CP).</td></tr>
<tr><td>Art. 20, § 2º-A</td><td>O dispositivo inserido é uma qualificadora para as situações em que as condutas do art. 20 são cometidas no contexto de atividades esportivas, religiosas, artísticas ou culturais destinadas ao público. O número elevado de pessoas que frequentam essas atividades pode favorecer a prática, o induzimento e a incitação à discriminação e ao preconceito, o que eleva a reprovabilidade da conduta. As situações mais recorrentes desta prática talvez sejam as discriminações cometidas entre as torcidas de futebol.

Além de a pena passar a ser de reclusão de 2 (dois) a 5 (cinco) anos, impõe-se, cumulativamente, uma pena restritiva de direitos consistente na proibição de frequência, por 3 (três) anos, a locais destinados a práticas esportivas, artísticas ou culturais voltadas ao público, conforme o caso. Trata-se de mais uma situação em que a pena restritiva de direitos, em geral autônoma e substitutiva da pena privativa de liberdade, é cominada diretamente no preceito secundário do tipo penal.

O dispositivo se refere à proibição de frequentar locais destinados a práticas esportivas, artísticas ou culturais, conforme o caso. Isso indica uma interpretação restritiva da proibição, isto é, o local que o condenado fica impedido de frequentar deve ter natureza semelhante àquele em que o crime foi cometido.</td></tr>
<tr><td>Art. 20, § 2º-B</td><td>Este dispositivo se dedica à repressão do preconceito religioso. Equiparam-se à tipificação do caput, sem prejuízo da pena correspondente à violência, os atos de obstar, impedir ou empregar violência contra quaisquer manifestações ou práticas religiosas. Esta figura não se confunde com a injúria qualificada pelo preconceito religioso, em que não existe óbice, impedimento ou emprego de violência contra manifestações ou práticas religiosas, mas sim ofensas pessoais em que se utilizam elementos relativos à religião.</td></tr>
<tr><td>Art. 20-A</td><td>Este dispositivo contém uma causa de aumento de pena (1/3 a 1/2), quando qualquer dos crimes da Lei 7.716/89 ocorrer em contexto ou com intuito de descontração, diversão ou recreação.

O racismo na sua faceta recreativa é abordado na obra escrita por Adilson José Moreira, doutor em Direito Constitucional Comparado pela Faculdade de Direito da Universidade de Harvard. Para Moreira, a conceituação de Racismo Recreativo é de "um projeto de dominação que procura promover a reprodução de relações assimétricas de poder entre grupos raciais por meio de uma política cultural baseada na utilização do humor como expressão e encobrimento de hostilidade racial" (Racismo Recreativo. 4ª ed. São Paulo: Jandaíra, 2020, p. 148).

Partindo desse pressuposto, há quem sustente a invalidade da tese do animus jocandi como excludente do elemento subjetivo do crime. A "piada" serviria, no caso, para camuflar uma prática racista, configurando, na realidade, postura aversiva a determinada raça. Podemos invocar aqui o debate a respeito da necessidade do elemento subjetivo especial nos crimes de racismo. Para os defensores de que a tipificação pressupõe a finalidade especial, determinadas manifestações jocosas não devem ser abrangidas pelo tipo penal, ao passo que os adeptos da absoluta desnecessidade de elementos subjetivos especiais veem no art. 20-A a prova de que, para a lei, manifestações racistas praticadas em contexto ou com intuito de descontração, diversão ou recreação são sempre criminosas.</td></tr>
</table>

Art. 20-B	Os crimes tipificados nos arts. 2º-A e 20 da Lei 7.716/89 têm as penas aumentadas de 1/3 a 1/2 quando praticados por funcionário público no exercício de suas funções ou a pretexto de exercê-las. A definição de funcionário público, segundo o próprio art. 20-B, é a do art. 327 do CP. O dispositivo pretende reprimir tanto a vitimização primária – quando o funcionário público pratica a discriminação originariamente – quanto a vitimização secundária – quando o funcionário público ligado aos órgãos de persecução penal discrimina a vítima de um crime precedente.
Art. 20-C	Este dispositivo estabelece um guia interpretativo das situações que podem ensejar a aplicação da Lei 7.716/89. O juiz deve considerar como discriminatória qualquer atitude ou tratamento dado à pessoa ou a grupos minoritários que cause constrangimento, humilhação, vergonha, medo ou exposição indevida, e que usualmente não se dispensaria a outros grupos em razão da cor, etnia, religião ou procedência. Em resumo, o juiz deve considerar o contexto social em que a conduta foi cometida, e, analisando-o, questionar se o mesmo ocorreria em outros grupos raciais, étnicos, religiosos ou nacionais.
Art. 20-D	É obrigatório em todos os atos processuais, cíveis e criminais, que a vítima dos crimes de racismo seja acompanhada de advogado ou defensor público. A intenção é garantir a maior segurança possível na defesa dos direitos da pessoa ofendida por atos de racismo. A lei não menciona o acompanhamento durante o inquérito policial, razão por que a autoridade policial não é obrigada a observar a imposição do art. 20-D durante os atos investigatórios. Mas, obviamente, se a vítima estiver acompanhada por um defensor, sua presença nos atos do inquérito deve ser garantida.

- A Lei nº 13.441/17 inseriu no Estatuto da Criança e do Adolescente os artigos 190-A, B, C, D e E para dispor a respeito da infiltração virtual de agentes policiais com a finalidade de investigar delitos relativos à dignidade sexual de crianças e adolescentes, cujos atos de execução, ou mesmo preparatórios, sejam cometidos pela internet. Dentre as disposições, podemos destacar:

  a) Os crimes cuja investigação enseja a infiltração virtual são aqueles relativos à pornografia envolvendo crianças e adolescentes, abrangendo-se todas as formas tipificadas na Lei nº 8.069/90, ou seja, a produção e a distribuição do material, a aquisição e o armazenamento, a simulação da participação em cenas de sexo explícito e o aliciamento para praticar ato libidinoso com criança. Além disso, permite-se a infiltração virtual para investigar os crimes de invasão de dispositivo informático, estupro de vulnerável, corrupção de menores, satisfação de lascívia mediante presença de criança ou adolescente e favorecimento da prostituição ou de outra forma de exploração sexual de criança ou adolescente ou de vulnerável.

  b) Tal como ocorre nas demais formas de infiltração, a virtual pressupõe autorização judicial e oitiva do Ministério Público.

  c) O prazo a priori estabelecido para a infiltração é de noventa dias. Isso constitui apenas um parâmetro inicial, nada impedindo, como prevê o texto legal, que prorrogações ocorram na medida em que se revelarem necessárias à elucidação dos fatos, desde que o total não exceda a setecentos e vinte dias.

  d) A necessidade da infiltração deve ser demonstrada, pois se trata de uma espécie de *ultima ratio* dos meios de investigação, ou seja, é uma forma de apuração de crimes da qual se deve lançar mão apenas quando imprescindível, se não houver nada tão ou mais eficiente. Nessa esteira, o § 3º do art. 190-A é expresso no sentido de que a infiltração não será deferida se a prova dos crimes de que trata o *caput* puder ser obtida por outros meios.

  e) O art. 190-C estabelece uma causa de atipicidade em favor do agente que oculta a sua identidade para, por meio da internet, colher indícios de autoria e materialidade dos crimes de que trata o *caput* do art. 190-A. Dessa forma, com a finalidade de identificar determinado criminoso e de comprovar que se trata de alguém que armazena e transmite imagens pornográficas de crianças e adolescentes para posteriormente submetê-los a prostituição ou outra forma de exploração sexual, o agente infiltrado pode receber tais imagens, pode armazená-las para posteriormente juntá-las ao relatório da investigação, como também pode transmiti-las caso seja necessário para não dispersar a confiança dos criminosos investigados. O mesmo pode ser dito de produções pornográficas envolvendo crianças e adolescentes: se o agente policial registra, com finalidade probatória, algo que está sendo transmitido via internet não há crime de sua parte. Se, no entanto, o agente infiltrado, além de lidar com essas imagens, decidir encontrar uma criança ou um adolescente com a finalidade de praticar atos libidinosos, ainda que sob o pretexto da investigação, parece óbvia a caracterização do excesso punível.

- O STJ há muito firmou a orientação de que as medidas socioeducativas podem ser executadas ainda que sobrevenha a maioridade. Para afastar definitivamente qualquer controvérsia, a Terceira Seção do tribunal aprovou a súmula 605, segundo a qual "A superveniência da maioridade penal não interfere na apuração de ato infracional nem na aplicabilidade de medida socioeducativa em curso, inclusive na liberdade assistida, enquanto não atingida a idade de 21 anos". É possível, no entanto, que o juiz fundamente a inocuidade da medida socioeducativa porque o agente, já maior de idade, continua a cometer crimes e está preso preventivamente: "Inicialmente, destaque-se que a Lei n. 12.594/2012, que instituiu o Sistema Nacional de Atendimento Socioeducativo - SINASE, estabelece no art. 46, § 1º, o seguinte: 'no caso de o maior de 18 (dezoito) anos, em cumprimento de medida socioeducativa, responder a processo-crime, caberá à autoridade judiciária decidir sobre eventual extinção da execução, cientificando da decisão o juízo criminal competente'. No caso, o juízo de piso fundamentou a extinção da medida no fato de o adolescente ter alcançado a maioridade penal e na existência de novo fato delituoso enquanto estava em liberdade, entendendo o magistrado que não restam objetivos pedagógicos na presente execução de medida socioeducativa. Não se verifica manifesta ilegalidade na decisão, visto que a extinção da medida socioeducativa pela superveniência de processo-crime após adolescente completar 18 anos de idade constitui uma faculdade, devendo o julgador fundamentar sua decisão, nos termos do art. 46, §1º, da Lei n. 12.594/2012. Desse modo, o juízo da execução da medida de internação fundamentou validamente a desnecessidade dessa medida, porque já não mais cumpre a finalidade socioeducativa, pois o paciente com 20 anos de idade continua praticando delitos e encontra-se preso preventivamente. Ademais, a finalidade das medidas previstas no Estatuto da Criança e Adolescente é distinta da pena por prática criminosa, pois enquanto aquela visa educar e socializar o adolescente, esta visa retribuir e reprimir condutas delituosas" (HC 551.319/RS, j. 12/05/2020).

- A prescrição também atinge os atos infracionais, como dispõe a súmula 338 do STJ. Aplicam-se analogicamente as disposições do Código Penal, inclusive o art. 115, que diminui de metade o prazo devido à idade do autor na data do fato. Abstratamente, considera-se o prazo máximo da medida socioeducativa de internação – que é de três anos – face ao disposto no art. 109, inc. IV, do Código Penal, que impõe prazo de oito anos, diminuído de metade em virtude da regra do art. 115, resultando, portanto, em quatro anos. Dá-se o mesmo se imposta medida socioeducativa por prazo indeterminado, como tem reiterado o STJ: [...] Diante disso, a jurisprudência desta Corte firmou o entendimento de que, uma vez aplicada medida socioeducativa sem termo final, deve ser considerado o período máximo de 3 anos de duração da medida de internação para o cálculo do prazo prescricional da pretensão socioeducativa, e não o tempo da medida, que poderá efetivamente ser cumprida até que o envolvido complete 21 anos de idade" (AgRg no REsp 1.856.028/SC, j. 12/05/2020). No caso de medida socioeducativa com prazo certo, aplica-se a mesma regra geral, mas agora se considera o tempo da medida efetivamente imposta: "Imposta medida a medida liberdade assistida pelo prazo de seis meses, em sentença transitada em julgado, o lapso prescricional é de 1 (um) ano e 6 (seis), a teor do disposto no art. 109, inciso VI, c.c. art. 115, ambos do Código Penal. Este período transcorreu sem notícia do início do cumprimento da medida pelo adolescente, motivo pelo qual, sem a ocorrência de causas interruptivas, há de se reconhecer a extinção da pretensão socioeducativa" (AgRg no AREsp 1.219.149/SP, j. 10/04/2018).
- A figura criminosa do art. 231 da Lei nº 8.069/90 não se confunde com a anterior. Naquela se pune quem efetua a indevida apreensão do menor, ao passo que nesta a apreensão é regular, pois que deriva de uma situação de flagrância, mas a autoridade se omite no dever de informar a ocorrência ao magistrado e à família do apreendido ou à pessoa indicada por ele.
- O art. 232 da Lei nº 8.069/90 pune a conduta de submeter criança ou adolescente sob sua autoridade, guarda ou vigilância a vexame ou a constrangimento. O dispositivo da lei especial prevalece quando se tratar de fato praticado por agente do Estado, cuja conduta é tipificada no art. 13, inc. II, da Lei 13.869/19.
- O tipo do art. 234 da Lei nº 8.069/90 contém um elemento normativo consistente na imediatidade da liberação. O termo *imediata* contido no dispositivo comporta valoração, sendo certo que, em se tratando de privação da liberdade, a interpretação deve se render à literalidade, ou seja, a liberação deve ocorrer no exato momento em que a autoridade tem conhecimento da ilegalidade.
- No art. 237 da Lei nº 8.069/90, a subtração de criança ou adolescente pode ocorrer tanto na hipótese em que a guarda é estabelecida em virtude de lei (no caso dos pais, por exemplo) como naquela situação em que a guarda decorre de ordem judicial (no caso de suspensão do poder familiar). Dessa forma, a depender da situação jurídica que sustenta a guarda, até mesmo os pais destituídos do poder familiar podem praticar o crime.
- Desde a entrada em vigor da Lei 14.811/24, são hediondos os crimes tipificados nos artigos 240, § 1º e 241-B da Lei 8.069/90.
- Note-se que o legislador não incluiu como sujeito passivo no art. 241-D da Lei nº 8.069/90 o adolescente, o que, para alguns, se justifica em razão do maior discernimento de que este normalmente dispõe para evitar a ação do agente. Não bastasse, não são todos os casos de contato sexual com menores de idade que configuram, por si sós, crime contra a liberdade sexual, pois quando maior de catorze anos não incide o tipo penal do artigo 217-A do Código Penal.
- Segundo o STJ, não há consunção entre o armazenamento e o compartilhamento de material pornográfico infanto-juvenil: "Os tipos penais trazidos nos arts. 241-A e 241-B do Estatuto da Criança e do Adolescente são autônomos, com verbos e condutas distintas, sendo que o crime do art. 241-B não configura fase normal, tampouco meio de execução

para o crime do art. 241-A, o que possibilita o reconhecimento de concurso material de crimes" (REsp 1.971.049/SP, j. 03/08/2023).

- No julgamento do REsp 1.579.578/PR (j. 04/02/2020), relativo a crimes de armazenar e compartilhar material com pornografia infantil, o STJ descartou o aumento da pena-base em razão da personalidade ou da conduta social de um condenado que, segundo o apurado, demonstrava "grande interesse" pelo material apreendido em seu poder. Para o tribunal, ainda que exacerbado, o interesse do agente por imagens ou vídeos de crianças e adolescentes em cenas pornográficas é inerente às figuras criminosas do ECA, razão pela qual já é considerado na cominação da pena-base.
- Na Lei nº 8.069/90, para evitar discussões a respeito da interpretação do que se pode entender como cena de sexo explícito ou pornográfica, o próprio legislador firmou o conceito (art. 241-E). Ocorre que, conforme se pode notar, houve certa delimitação no conceito legal apresentado, podendo ocorrer hipóteses em que mesmo não havendo atividade sexual explícita, real ou simulada, ou mesmo exibição de órgão genital, o material produzido seja inadequado, como, por exemplo, a tomada de imagens em poses sensuais. Guilherme de Souza Nucci critica a atitude do legislador sob o fundamento de que a tentativa de clarificar a redação dos tipos penais acabou por delimitar a sua incidência (*Leis penais e processuais penais comentadas*, 2009, p. 270). Sob outro prisma, todavia, pode ser encarada a iniciativa: o de efetivamente delimitar a incidência dos tipos penais, tornando sua aplicação mais segura e menos receptiva a interpretações por demais extensivas.
- De acordo com o STF, o julgamento dos crimes tipificados nos arts. 241, 241-A e 241-B da Lei nº 8.069/90 é de competência da Justiça Federal quando tais delitos forem cometidos por meio da rede mundial de computadores e: a) o fato esteja previsto como crime no Brasil e no estrangeiro; b) o Brasil seja signatário de convenção ou tratado internacional por meio do qual assume o compromisso de reprimir criminalmente aquela espécie delitiva; e c) a conduta tenha ao menos se iniciado no Brasil e o resultado tenha ocorrido, ou devesse ter ocorrido no exterior, ou reciprocamente. Assim ocorre porque se trata da situação em que, nos termos do art. 109, inciso V, da Constituição Federal, aos juízes federais compete processar e julgar os crimes previstos em tratado ou convenção internacional, quando, iniciada a execução no País, o resultado tenha ou devesse ter ocorrido no estrangeiro, ou reciprocamente (RE 628.624/MG, DJe 09/11/2015). O STJ, explicitando a disciplina da competência para julgamento (e referindo-se, no caso concreto, ao art. 241-A), decidiu, por meio de sua Terceira Seção, que a competência da Justiça Federal se impõe quando constatada a internacionalidade do delito. Caso contrário, a competência é da Justiça Estadual (CC 150.564/MG, DJe 02/05/2017).
- De se notar que o art. 242 da Lei nº 8.069/90 foi parcialmente revogado pelo art. 16, § 1º, inciso III, da Lei nº 10.826/03. Seu objeto material, agora, abrange instrumento apto para ataque e defesa, desde que não alcançado pelo Estatuto do Desarmamento. Em síntese, somente arma branca, tal como: punhal, adaga, sabres, espadas, floretes, machado de guerra, lança, porrete, cassetete, conjunto arco e flecha, estilingue, soco inglês etc. Compete ao magistrado, no momento da dosagem da pena, aquilatar o grau de perigo da arma branca fornecida ao menor, individualizando a reprimenda.
- O art. 243 da Lei nº 8.069/90 foi modificado pela Lei nº 13.106/15 e passou a punir expressamente as condutas de vender, fornecer, servir, ministrar ou entregar, ainda que gratuitamente, de qualquer forma, a criança ou a adolescente, bebida alcoólica. Em vigor a Lei nº 13.106/15, revogou-se a contravenção penal tipificada no art. 63, inciso I, do Decreto-lei nº 3.688/41, à qual, segundo o STJ, subsumia-se a conduta agora tipificada no Estatuto da Criança e do Adolescente (HC 167.659/MS, j. 07/02/2013).
- O inciso I do art. 2º da Lei 8.072/90 determina que os crimes hediondos e equiparados são insuscetíveis de anistia, graça e indulto. A Constituição Federal, contudo, é menos restritiva, já que, no inciso XLIII do art. 5º, impede somente a concessão de anistia e graça, nada mencionando acerca da proibição do indulto. Diante desse quadro, inevitável o questionamento: a ampliação pelo legislador ordinário é constitucional? Temos duas correntes:

1) se as causas extintivas da punibilidade vedadas no texto constitucional eram duas, não poderia a lei infraconstitucional estatuir uma terceira limitação. Observa-se, ainda, que a concessão do indulto está entre as atribuições privativas do Presidente da República, não podendo o legislador ordinário limitá-lo no exercício dessa atribuição.
2) em sentido contrário, o Supremo Tribunal Federal firmou entendimento no sentido de ser o indulto modalidade do poder de graça do Presidente da República, e, por isso, alcançado pela vedação constitucional. Não bastasse, a Constituição Federal trouxe vedações mínimas, permitindo ao legislador ordinário ampliá-las. Aliás, o Pretório Excelso entende haver ampla aplicação tanto do texto constitucional quanto da Lei 8.072/90 até mesmo para os crimes praticados anteriormente à sua vigência: "Indulto (D. 3.299/99): exclusão da graça dos condenados por crime hediondo, que se aplica aos que hajam cometido antes da Lei 8.072/90 e da Constituição de 1988, ainda quando não o determine expressamente o decreto presidencial: validade, sem ofensa à garantia constitucional da irretroatividade da lei penal mais gravosa, não incidente na hipótese, em que a exclusão questionada traduz exercício do poder do Presidente da República de negar o indulto aos condenados pelos delitos que o

decreto especifique: precedentes." (RHC 84572/RJ, 1.ª T., rel. Min. Marco Aurélio, relator p/Acórdão Min. Sepúlveda Pertence, *DJ* 03.12.2004).

- Nos crimes contra o consumidor, há na doutrina quem critique a tipificação da conduta de que trata o art. 70 da Lei nº 8.078/90. Manoel Pedro Pimentel destaca o seguinte: "Imagine-se a hipótese de uma avaria mecânica em um veículo na estrada, em lugar ermo, onde a assistência mecânica só possa ser dada por um prestador de serviços que ali seja encontrado. O proprietário do veículo confia o reparo ao mecânico e ausenta-se do local, durante o trabalho de reparação. O mecânico, não dispondo de peça ou de componente de reposição novos, utiliza-se de produto já usado e procede ao conserto, sem autorização do proprietário. Diante do texto da lei, o crime está cometido, mesmo que o mecânico informe ao proprietário que se utilizou de peça ou componente já usado, por não dispor de outros novos. Se o consumidor concordar, a autorização será dada *a posteriori*, hipótese em que desaparecerá a incriminação. Mas, se o consumidor não concordar, poderá formular acusação contra o prestador de serviços, que se verá em extrema dificuldade para defender-se, porque somente poderá invocar a não exigibilidade de outra conduta, que, sendo excludente de culpabilidade, apenas poderá vir a ser reconhecida no final do processo, ao qual deverá responder o mecânico, circunstância que nos parece extremamente injusta, mas que está admitida pela formulação do tipo penal" (*Aspectos penais do Código de Defesa do Consumidor*, p. 254. *Apud* Nucci, Guilherme de Souza. *Leis Penais e Processuais Penais Comentadas*, p. 144/145).
- A respeito dos crimes materiais contra a ordem tributária da Lei nº 8.137/90, de acordo com o STF, não se sustenta a alegação de retroatividade *in malam partem* na aplicação da súmula vinculante nº 24 aos fatos ocorridos antes de sua edição, pois o tribunal apenas consolidou o entendimento já firmado anteriormente sobre a matéria, sem promover inovação (RHC 122.774/RJ, DJe 11/06/2015).
- De acordo com o STJ, tendo havido a inscrição definitiva do crédito tributário, o reconhecimento da prescrição na execução fiscal não afasta a tipicidade do crime contra a ordem tributária (RHC 67.771/MG, DJe 17/3/2016).
- O art. 2º da Lei 8.137/90 pune, no inciso II, a conduta de deixar de recolher, no prazo legal, valor de tributo ou de contribuição social, descontado ou cobrado, na qualidade de sujeito passivo de obrigação e que deveria recolher aos cofres públicos. Em fatos que envolvem o Imposto sobre Circulação de Mercadorias e Serviços (ICMS), há certa controvérsia a respeito do alcance do tipo, que estabelece uma espécie de apropriação indébita tributária: seria aplicável apenas e tão somente ao substituto tributário ou abarcaria também quem destaca o ICMS na nota fiscal, repassa o valor respectivo ao consumidor, mas não o recolhe ao fisco estadual?

  O tipo penal pune a conduta de deixar de recolher valor de tributo ou de contribuição social descontado **ou cobrado**. Os que advogam a tese de que o crime se caracteriza fora das situações de substituição o fazem baseados no fato de que se trata de um tributo efetivamente cobrado, mas não repassado ao fisco. O tipo, portanto, abarcaria duas situações: o não recolhimento do tributo descontado por substituição e o não recolhimento do tributo cobrado (repassado ao consumidor).

  Havia no STJ certa divergência a respeito da caracterização do crime no caso do tributo cobrado. A Sexta Turma, por exemplo, tem decisões nas quais considera que o autor da conduta é simples inadimplente, não sujeito ativo de crime tributário (REsp 1.543.485/GO, j. 05/04/2016). A Quinta Turma, por outro lado, tem decisões em sentido contrário (RHC 44.465/SC, j. 18/06/2015). Mas, no julgamento do HC 399.109/SC, realizado 22/08/2018, a Terceira Seção do STJ dirimiu a divergência para estabelecer, por maioria, a tipicidade da conduta:

  "1. Para a configuração do delito de apropriação indébita tributária - tal qual se dá com a apropriação indébita em geral - o fato de o agente registrar, apurar e declarar em guia própria ou em livros fiscais o imposto devido não tem o condão de elidir ou exercer nenhuma influência na prática do delito, visto que este não pressupõe a clandestinidade. 2. O sujeito ativo do crime de apropriação indébita tributária é aquele que ostenta a qualidade de sujeito passivo da obrigação tributária, conforme claramente descrito pelo art. 2º, II, da Lei n. 8.137/1990, que exige, para sua configuração, seja a conduta dolosa (elemento subjetivo do tipo), consistente na consciência (ainda que potencial) de não recolher o valor do tributo devido. A motivação, no entanto, não possui importância no campo da tipicidade, ou seja, é prescindível a existência de elemento subjetivo especial. 3. A descrição típica do crime de apropriação indébita tributária contém a expressão "descontado ou cobrado", o que, indiscutivelmente, restringe a abrangência do sujeito ativo do delito, porquanto nem todo sujeito passivo de obrigação tributária que deixa de recolher tributo ou contribuição social responde pelo crime do art. 2º, II, da Lei n. 8.137/1990, mas somente aqueles que "descontam" ou "cobram" o tributo ou contribuição. 4. A interpretação consentânea com a dogmática penal do termo "descontado" é a de que ele se refere aos tributos diretos quando há responsabilidade tributária por substituição, enquanto o termo "cobrado" deve ser compreendido nas relações tributárias havidas com tributos indiretos (incidentes sobre o consumo), de maneira que não possui relevância o fato de o ICMS ser próprio ou por substituição, porquanto, em qualquer hipótese, não haverá ônus financeiro para o contribuinte de direito. 5. É inviável a absolvição sumária pelo crime de apropriação indébita tributária, sob o fundamento de que o não recolhimento do ICMS em operações próprias é atípico, notadamente quando a denúncia descreve fato que contém a necessária adequação típica e não há excludentes de ilicitude, como ocorreu no caso. Eventual dúvida quanto ao dolo de se apropriar há que ser esclarecida com a instrução criminal. 6. Habeas corpus denegado". Ainda sobre o tema, o STJ editou a súmula 658: "O crime de apropriação indébita tributária pode ocorrer tanto em operações próprias, como em razão de substituição tributária".

No julgamento do recurso interposto contra a decisão acima transcrita, o STF chegou à mesma conclusão e firmou a seguinte tese: "O contribuinte que, de forma contumaz e com dolo de apropriação, deixa de recolher o ICMS cobrado do adquirente da mercadoria ou serviço incide no tipo penal do art. 2º, II, da Lei nº 8.137/1990" (RHC 163.334/SC, j. 18/12/2019). Nota-se que a tese firmada pelo tribunal inclui a contumácia como requisito para a tipificação. Com base nisso, ao julgar o AgRg no REsp 1.867.109/SC (j. 25/08/2020), o STJ afastou a punição porque o não recolhimento do tributo havia se limitado a um mês.

- O STJ tem se orientado francamente no sentido de que o crime do art. 7º, inc. IX, da Lei 8.137/90 (vender, ter em depósito para vender ou expor à venda ou, de qualquer forma, entregar matéria-prima ou mercadoria em condições impróprias ao consumo) pressupõe a realização de exame de corpo de delito, razão por que não basta a apreensão de produtos aparentemente impróprios para uso e consumo. Vê-se, desse modo, que para o STJ a disposição do art. 18, § 6º, inciso I, do CDC não tem nenhum efeito na esfera criminal. A presunção, pela lei consumerista, de que o prazo de validade vencido torna o produto impróprio para o consumo visa sobretudo a viabilizar a atuação preventiva dos órgãos de defesa do consumidor e de vigilância sanitária, que podem efetuar a apreensão e adotar as medidas cabíveis na esfera administrativa (multa, interdição, etc.). Mas, no âmbito criminal, a impropriedade do produto deve ser apurada concretamente (AgRg no REsp 1.733.358/SC, j. 11/09/2018).

- Nos crimes contra a ordem tributária, há quem sustente que a Lei nº 12.382/11 dispôs sobre a extinção da punibilidade apenas quanto ao **parcelamento** do débito, sem qualquer efeito sobre § 2º do art. 9º da Lei 10.684/2003, que estabelece a extinção da punibilidade pelo **pagamento**. São situações diversas o pagamento direto e o pagamento precedido de parcelamento do débito tributário, razão por que há duas frentes de extinção da punibilidade nos crimes tributários com características distintas. Note-se que tanto o STJ quanto o STF já decidiram que, no pagamento direto, inclusive a quitação posterior ao trânsito em julgado pode beneficiar o agente, porque a Lei nº 10.684/03 não estabelece marco temporal, e não cabe ao Judiciário julgar lastreado em limites inexistentes (STF: RHC 128.245/SP, DJe 21/10/2016 ; STJ : HC 362.478/SP, DJe 20/09/2017).

- No que concerne à competência para o julgamento dos crimes contra a ordem econômica tipificados na Lei nº 8.176/91, já decidiu o STF, quanto à venda de gasolina adulterada, competir à justiça estadual apreciar o fato, pois não se aplica, no caso, o artigo 109, inciso VI, da Constituição Federal, que determina a competência da justiça federal para julgar os crimes contra a organização do trabalho e, nos casos determinados por lei, contra o sistema financeiro e a ordem econômico-financeira. Isto porque a Lei nº 8.176/91 não traz regra relativa a respeito, aplicando-se a competência residual estadual (RE 459513).

- Note-se que, por expressa disposição legal, ainda que em outra circunstância fosse considerado de menor potencial ofensivo, o crime praticado no contexto da violência doméstica e familiar contra a mulher impede a proposta de transação penal ou de suspensão condicional do processo (artigo 41 da Lei nº 11.340). Veda-se, também, independentemente das circunstâncias, a substituição da pena privativa de liberdade por restritiva de direitos na lesão corporal cometida no âmbito doméstico e familiar (STF: HC 129.446/MS, DJe 06/11/2015; STJ: súmula 588).

- Nos crimes previstos na Lei nº 9.279/96, intitulados *crimes contra a propriedade industrial*, a ação penal será em regra privada, com exceção do delito tipificado no art. 191, que pune a conduta de reproduzir ou imitar, de modo que possa induzir em erro ou confusão, armas, brasões ou distintivos oficiais nacionais, estrangeiros ou internacionais, sem a necessária autorização, no todo ou em parte, em marca, título de estabelecimento, nome comercial, insígnia ou sinal de propaganda, ou usar essas reproduções ou imitações com fins econômicos. Neste caso, a ação penal será pública incondicionada.

- O art. 1º da Lei 9.455/97 pune a tortura em dois incisos. O inciso I, na alínea *a*, tipifica a denominada *tortura-prova*, consistente em constranger alguém com emprego de violência ou grave ameaça, causando-lhe *sofrimento físico ou mental*, com o fim de obter informação, declaração ou confissão da vítima ou de terceira pessoa. Já o inciso II trata da *tortura-castigo*, consistente em submeter alguém, sob sua guarda, poder ou autoridade, com emprego de violência ou grave ameaça, a *intenso* sofrimento físico ou mental, como forma de aplicar castigo pessoal ou medida de caráter preventivo. Nota-se, pois, que as duas condutas se diferenciam pela intensidade do sofrimento causado, inexistente na primeira. Por esta razão, o STJ decidiu que a condenação pela prática da tortura-prova dispensa a comprovação de intenso sofrimento (REsp nº 1.580.470/PA, j. 24/08/2018).

- A tortura-castigo pode ser imputada juntamente com a agravante genérica relativa à prática do crime contra descendente, sem que se cogite *bis in idem*: "O dispositivo legal em questão diz que constitui crime de tortura 'submeter alguém, sob sua guarda, poder ou autoridade, com emprego de violência ou grave ameaça, a intenso sofrimento físico ou mental, como forma de aplicar castigo pessoal ou medida de caráter preventivo.' Nota-se que o tipo penal descrito no art. 1°, II, da Lei n. 9.455/1997 caracteriza--se como um crime específico, uma vez que requer uma condição especial do agente, ou seja, é um delito que somente pode ser perpetrado por uma pessoa que tenha a vítima sob sua guarda, poder ou autoridade. Já a agravante prevista no art. 61, II, alínea e, do Código Penal diz respeito à prática do crime contra um descendente, independentemente de estar ou não sob a guarda, poder ou autoridade do autor do delito. Essa circunstância objetiva não constitui um elemento essencial do tipo penal que resultou na condenação do acusado. A finalidade dessa agravante é majorar a pena daqueles que violam o dever legal e moral de apoio mútuo entre parentes. No caso, observa-se uma maior censurabilidade na conduta do réu, uma vez que ele perpetrara o crime de tortura contra sua própria filha adolescente, o que contraria sua função de garantidor, que impõe o dever de zelar pelo bem-estar e proteção da menor. Portanto, a agravante descrita no art. 61, II, alínea e, do Código Penal, prevê a prática do crime contra descendente, que pode ou não estar sob aguarda, poder ou autoridade do autor do delito de tortura castigo previsto no art. 1°, II, da Lei n. 9.455/1997, não se confundido com elementar do tipo, bem como não caracterizando *bis in idem*" (STJ: Processo em segredo de justiça, j.12/12/2023).

- O artigo 1º, § 4º, da Lei nº 9.455/97 estabelece causas de aumento de pena, sendo que o inciso I majora a reprimenda se o crime é cometido por agente público. Entretanto, nas situações em que o crime é próprio (exigindo do agente qualidade funcional), entende a doutrina que não se aplica a causa de aumento, sob pena de *bis in idem*.
- No art. 1º, § 5º, da Lei nº 9.455/97, temos, como efeito administrativo da condenação, a perda obrigatória do cargo, função ou emprego público e ainda na interdição (também obrigatória) para o seu exercício pelo dobro do prazo da pena aplicada. Diferentemente do que ocorre no art. 92 do Código Penal, aqui os efeitos são automáticos, não sendo necessário que conste da sentença.
- Ainda quanto ao art. 1º, § 5º, da Lei nº 9.455/97, reconhece-se o acerto do legislador ao limitar o tempo de interdição (o dobro da pena aplicada), por não existir no nosso ordenamento nenhuma pena de caráter perpétuo. Logo, decorrido o prazo, o condenado poderá assumir novo cargo, emprego ou função, porém jamais reintegrar-se na situação anterior (apesar do silencio da nova lei, trata-se de decorrência lógica do art. 93, parágrafo único, do CP).
- Sabe-se que o STF considerou incidentalmente inconstitucional, quando do julgamento do HC 111.840/ES, dispositivo da Lei nº 8.072/90 (art. 2º, § 1º) que impunha aos condenados por crime hediondos e equiparados (dentre os quais a tortura) o regime inicial fechado. Em decorrência desse julgamento, passou-se a entender ter perdido efeito o disposto no art. 1º, § 7º, da Lei nº 9.455/97, que contém disposição idêntica. O mesmo STF, todavia, julgando o HC 123316/SE, concluiu não haver incompatibilidade entre o disposto na Lei nº 9.455/97 e sua prévia manifestação a respeito dos crimes hediondos, pois a disciplina relativa à tortura é específica e decorrente de opção do legislador ordinário em consonância com os postulados constitucionais.
- O art. 183 da Lei 9.472/97, pune, com detenção de dois a quatro anos (aumentada de metade se houver danos a terceiros) a conduta de desenvolver clandestinamente atividades de telecomunicação.

  Segundo já decidiu o STF, a exploração de serviço de internet não autorizado é atípica, pois a atividade desenvolvida irregularmente não se insere na definição de serviço de telecomunicação, mas na de serviço de valor adicionado, que, segundo o art. 61 da Lei 9.472/97, "é a atividade que acrescenta, a um serviço de telecomunicações que lhe dá suporte **e com o qual não se confunde**, novas utilidades relacionadas ao acesso, armazenamento, apresentação, movimentação ou recuperação de informações" – grifamos. Diante disso, e como a tipicidade deve ser estrita, o STF considerou que a conduta não se subsume ao tipo penal que havia sido imputado ao agente (HC 127.978/PB, j. 24/10/2017). O STJ, todavia, vem decidindo em sentido contrário (HC 515.028/SP, j. 20/08/2019).

  Estabelecida no STJ a tipicidade em tese da conduta, o tribunal vinha sendo provocado a respeito da incidência do princípio da insignificância, que, segundo o STF, pode ser aplicado na transmissão clandestina de sinal de rádio quando atestada a incapacidade de interferência (HC 126.592/BA, julgado em 24/02/2015). O STJ, no entanto, firmou a orientação de que a tipicidade material está sempre presente no art. 183 da Lei 9.472/97 (súmula 606).
- Originalmente, o art. 302 da Lei nº 9.503/97 punia, no *caput*, com pena de detenção de dois a quatro anos, a conduta de praticar homicídio culposo na direção de veículo automotor e, no parágrafo único, trazia causas de aumento de pena. A partir da vigência da Lei nº 12.971/14, ao *caput* do art. 302 se somaram dois parágrafos: o primeiro dispunha a respeito das mesmas majorantes e o segundo trazia uma qualificadora.

  A nova qualificadora se referia ao fato de o agente causar a morte conduzindo veículo automotor com capacidade psicomotora alterada em razão da influência de álcool ou de outra substância psicoativa que determinasse dependência ou participando, em via, de corrida, disputa ou competição automobilística ou ainda de exibição ou demonstração de perícia em manobra de veículo automotor, não autorizada pela autoridade competente, hipótese em que a pena passava a ser de reclusão de dois a quatro anos. A então nova legislação não alterava o *quantum* da pena em relação ao *caput*, mas modificava sua natureza, que passava de detenção para reclusão, com a clara intenção de possibilitar ao juiz a imposição de regime inicial fechado nos casos de agente reincidente, providência impossível na figura básica do crime diante da vedação a que a pena de detenção tenha seu início no regime mais severo.

De acordo ainda com a ordenação da Lei nº 12.971/14, o art. 308 passou a conter dois parágrafos: o primeiro qualificando o crime e impondo pena de reclusão de três a seis anos se de sua prática resultar lesão corporal de natureza grave; o segundo, também qualificador, estabelecendo pena de reclusão de cinco a dez anos se da conduta do *caput* resultar a morte. Em ambos os casos, a lei estabelece que estas disposições incidem se as circunstâncias demonstrarem que o agente não quis o resultado nem assumiu o risco de produzi-lo (a lesão ou a morte hão de ser, necessariamente, culposas).

A modificação introduzida pela Lei nº 12.971/14 no art. 302 causou dois problemas: um relativo ao concurso entre o homicídio e a embriaguez na direção de veículo automotor, outro concernente ao conflito entre o § 2º do art. 302 e o § 2º do art. 308:

a) Homicídio x embriaguez: a embriaguez na direção de veículo automotor era, originalmente – além de infração penal autônoma tipificada no art. 306 –, causa de aumento de pena do homicídio culposo. Posteriormente, a causa de aumento foi revogada pela Lei nº 11.705/08, com o propósito de tornar possível o concurso de crimes entre o homicídio e a embriaguez. Com a introdução da qualificadora do § 2º do art. 302, promovida pela Lei nº 12.971/14, o concurso de crimes se tornou novamente impossível, pois a embriaguez servia para qualificar o homicídio. Por isso, o concurso entre os delitos seria considerado *bis in idem*.

b) Homicídio culposo qualificado x competição não autorizada qualificada: vigorando a Lei nº 12.971/14, havia disposições conflitantes a respeito da morte culposa, no contexto de competição não autorizada, cometida na direção de veículo automotor. Neste caso, indagava-se: quando da competição ilegal decorresse a morte, o agente tinha sua conduta subsumida ao art. 302, § 2º ou ao art. 308, § 2º? E havia dois posicionamentos: 1) devia ser aplicado o art. 302 porque, instalado o conflito, era a norma mais favorável ao agente; 2) devia ser aplicado o art. 308, pois, no desencadeamento dos fatos, o que ocorre primeiro é a competição ilegal; o condutor do veículo que participa, em via pública, de competição automobilística não autorizada pela autoridade competente, causando perigo de dano à incolumidade alheia, consuma o crime do art. 308, independentemente de qualquer resultado lesivo a terceiro; se há morte, esta provém daquele fato. Ora, se a morte decorre do fato consumado, é natural que este seja qualificado pelo resultado mais grave. Seria irrazoável, e ilógico, considerar a competição como qualificadora do crime de homicídio se, em todos os casos, a morte havia de ser decorrência involuntária da conduta anterior. Tratava-se, simplesmente, de prestigiar a aplicação do princípio da especialidade.

Para dirimir estas questões, a Lei nº 13.281/16 revogou o § 2º do art. 302. Assim, o homicídio cometido na direção de veículo automotor por agente embriagado passou a ensejar novamente o concurso entre os arts. 302 e 306. Além disso, ocorrida a morte culposa em competição não autorizada, o crime é o do art. 308, § 2º.

No entanto, a entrada em vigor da Lei nº 13.546/2017 impõe nova disciplina na relação entre os crimes de homicídio e lesão corporal e o crime de embriaguez ao volante, afastando-se novamente a possibilidade de concurso.

Com efeito, a nova lei acrescenta nos artigos 302 e 303 parágrafos que tratam a embriaguez como circunstância qualificadora dos crimes de homicídio e lesão corporal culposos.

No caso do homicídio, se o motorista causador da morte estiver dirigindo sob a influência de álcool ou qualquer outra substância psicoativa que determine dependência, a pena passa a ser de reclusão de cinco a oito anos (art. 302, § 3º). Já no caso da lesão corporal culposa, se o agente estiver com capacidade psicomotora alterada em razão da influência de álcool ou de outra substância psicoativa que determine dependência, e se do crime resultar lesão corporal de natureza grave ou gravíssima, a pena passa a ser de reclusão de dois a cinco anos.

- A Lei nº 13.546/2017 também alterou o *caput* do art. 308 do CTB para incluir, entre as situações nas quais o crime se verifica, a exibição ou demonstração de perícia em manobra de veículo automotor.

  Embora a exibição de perícia caracterizasse infração administrativa no mesmo dispositivo da competição (art. 174 do CTB) e já impedisse a transação penal nos crimes de trânsito (art. 291, § 1º, II, do CTB), não integrava o tipo penal do art. 308. Agora, além da competição ("racha"), é crime efetuar manobras nas quais o motorista pretende demonstrar especial habilidade, como o vulgarmente denominado "cavalo-de-pau", as manobras de contraesterço e a técnica de andar com a motocicleta em apenas uma roda, isso desde que o condutor esteja na via pública, não tenha autorização da autoridade competente e gere situação de risco à incolumidade pública ou privada.

- Os crimes de trânsito são agravados quando cometidos com dano potencial para duas ou mais pessoas ou com grande risco de grave dano patrimonial a terceiros (art. 298, I, da Lei 9.503/97). A agravante se aplica inclusive nos crimes culposos: "De fato, a doutrina e a jurisprudência majoritárias somente admitem a incidência das agravantes previstas no inciso II do artigo 61 do Código Penal aos crimes dolosos, por absoluta incompatibilidade com o delito culposo, cujo resultado é involuntário. Contudo, verifica-se, em relação a agravante do art. 298, I, do CTB ("dano potencial para duas ou mais pessoas ou com grande risco de grave dano patrimonial a terceiros"), que a norma visou proteger do autor do homicídio culposo, além da vítima, as demais pessoas que forem colocadas em risco, bem como o patrimônio de terceiros. Não há, pois, nenhuma incompatibilidade entre a referida agravante e as figuras típicas culposas, que também têm o potencial de colocar em risco outras pessoas além da vítima" (STJ: AgRg no AREsp 2.391.112/SP, j. 12/09/2023).

- O art. 298, inciso VII, da Lei nº 9.503/97 agrava a pena do crime de trânsito se cometido sobre faixa de trânsito temporária ou permanentemente destinada a pedestres. Vale observar, contudo, que este dispositivo terá restrita aplicação prática. É que, na imensa maioria dos casos, ele incidirá nos crimes de homicídio culposo ou lesões corporais culposas. Para estes crimes, porém, já está prevista causa de aumento de pena idêntica, como se vê do disposto no inc. II do § 1º art. 302. Por óbvio que não poderá o juiz considerar, primeiro, a agravante genérica em estudo e, depois, a causa de aumento de pena, pois incorreria em inadmissível *bis in idem*. Havendo, portanto, regra específica e tratando-se de homicídio culposo ou lesões corporais culposas, deverá optar pelo reconhecimento, apenas, da causa de aumento de pena, a ser sopesada na terceira fase da dosagem da reprimenda, nos termos do art. 68 do Código Penal. Pode-se imaginar, de qualquer sorte, a agravante genérica sendo aplicada aos crimes do art. 306 (embriaguez ao volante), do art. 308 (participação em "racha"), do art. 309 (falta de habilitação) e do art. 311 (velocidade incompatível com o local).

- O art. 302, § 1º, inc. II, da Lei 9.503/97 majora a pena do homicídio culposo na direção de veículo automotor cometido na calçada. De acordo com o que decidiu o STJ, a incidência da majorante não pressupõe que o motorista esteja de fato trafegando sobre a calçada; basta que, por qualquer razão, o veículo se projete sobre ela e atinja o pedestre (AgRg nos EDcl no REsp 1.499.912/SP, j. 05/03/2020).

- Há quem entenda que a imposição, ao motorista profissional, da suspensão ou proibição de se obter a permissão ou a habilitação para dirigir veículo automotor se traduziria em verdadeira inconstitucionalidade, na medida em que ele se acharia privado de exercer sua profissão. Prevalece, no entanto, o entendimento de que essa pena tem expressa previsão legal e, portanto, sua imposição é obrigatória, em atendimento ao mandamento legal. É a posição do Superior Tribunal de Justiça: "De acordo com a jurisprudência deste Superior Tribunal de Justiça, os motoristas profissionais - mais do que qualquer outra categoria de pessoas - revelam maior reprovabilidade ao praticarem delito de trânsito, merecendo, pois, a reprimenda de suspensão do direito de dirigir, expressamente prevista no art. 302 do CTB, de aplicação cumulativa com a pena privativa de liberdade. Dada a especialização, deles é de se esperar maior acuidade no trânsito" (AgRg no REsp 1.771.437/CE, j. 11/06/2019). No mesmo sentido decidiu o STF em sede de repercussão geral: "É constitucional a imposição da pena de suspensão de habilitação para dirigir veículo automotor ao motorista profissional condenado por homicídio culposo no trânsito" (RE 607.107/MG, j. 12/02/2020).

- Discussão que animou a doutrina, logo após a entrada em vigor da Lei nº 9.503/97, dizia respeito à possibilidade de aplicação do perdão judicial aos crimes de trânsito. Isto porque o art. 300, que trazia esta possibilidade, foi vetado. Surgiram, pois, duas correntes: a daqueles que sustentavam a inaplicabilidade do instituto aos crimes de trânsito e a daqueles que defendiam a aplicação das normas relativas ao homicídio culposo e à lesão corporal culposa estabelecidas no Código Penal. O segundo entendimento acabou por prevalecer, pois, conforme consta das razões do veto ao art. 300, a exclusão se deu porque o Código Penal trata da matéria de forma mais ampla, o que tornaria desnecessária sua inclusão no Código de Trânsito. E que se note: segundo o STJ, o perdão judicial concedido em relação a determinado homicídio culposo não se estende a outro crime pelo simples fato de ambos terem sido cometidos em concurso formal. Afastou-se a causa extintiva da punibilidade sobre um dos homicídios julgados sob o fundamento de que se exige efetiva ligação subjetiva entre o autor do crime e a vítima para que se chegue ao ponto de considerar desnecessária a pena diante do impacto emocional que o resultado provocou no próprio autor (REsp 1.444.699/RS, j. 01/06/2017).

- O art. 304 da Lei nº 9.503/97 pune aquele o condutor de veículo que deixar, na ocasião do sinistro, de prestar imediato socorro à vítima, ou, não podendo fazê-lo diretamente, por justa causa, deixar de solicitar auxílio da autoridade pública. O parágrafo único do mesmo dispositivo estabelece a punição mesmo nas situações em que a omissão seja suprida por terceiros ou que se trate de vítima com morte instantânea ou com ferimentos leves. Sendo a morte instantânea, podendo ser constatada de plano, sem qualquer dificuldade, haveria por que exigir do motorista a prestação de socorro ao falecido? Suponha-se um acidente no qual a vítima tenha sua cabeça decepada. De que adiantará o socorro a ela prestado? Bruno Amaral Machado chega mesmo a agitar com a inconstitucionalidade deste dispositivo, nos seguintes termos: "Não se afasta a inconstitucionalidade do mencionado dispositivo legal por flagrante violação ao princípio da lesividade. No art. 304 a objetividade jurídica é a solidariedade que deve existir entre os homens, em especial ao condutor envolvido no acidente. Com isso, por intermédio da imposição penal desse dever, a norma protege também a vida e a incolumidade pessoal do cidadão. Ora, se não há mais vida, não há como se ofender, com a omissão, a objetividade jurídica inerente àquele delito" (*Omissão de socorro e vítima com morte instantânea*. Boletim IBCCRIM. São Paulo, n.66, p. 11, maio 1998).

- Ao julgar a validade da norma insculpida no art. 305 do Código de Trânsito Brasileiro, que pune, com detenção de seis meses a um ano, a conduta de afastar-se o condutor do veículo do local do sinistro, para fugir à responsabilidade penal ou civil que lhe possa ser atribuída, o STF a considerou constitucional (RE 971.959). Argumentaram os ministros que o dispositivo não estabelece uma espécie de omissão de socorro. O propósito do art. 305 é forçar o motorista a permanecer no local a fim de não impedir (ou, pelo menos, dificultar), a apuração dos fatos. Aliás, o motorista que permanece no local do acidente não é (e não deve ser) compelido a produzir provas contra si mesmo. Em nenhum momento da apuração do crime, com efeito, pode ser ele obrigado a praticar qualquer ação que lhe incrimine, nem pode ser obrigado a prestar esclarecimentos, porque a ordem constitucional lhe assegura o direito ao silêncio. O que se pretende é simplesmente a manutenção da sede do acidente para que os órgãos responsáveis possam promover a devida apuração. A orientação foi reiterada no julgamento da ADC 35 (j. 13/10/2020).
- O STJ já decidiu que o crime de lesão corporal leve na direção de veículo não permite a absorção da embriaguez ao volante: "Não é possível reconhecer a consunção do delito previsto no art. 306, do CTB (embriaguez ao volante) pelo crime do art. 303 (lesão corporal culposa na direção de veículo automotor). Isso porque um não é meio para a execução do outro, sendo infrações penais autônomas que tutelam bens jurídicos distintos (REsp 1.629.107/DF, j. 20/03/2018). Tampouco é aplicável a consunção entre a embriaguez ao volante e a condução de veículo automotor sem habilitação (art. 309): "É inaplicável a consunção entre o delito de embriaguez ao volante e o de condução de veículo automotor sem habilitação" (Súmula 664 do STJ).
- Quanto ao art. 308 da Lei nº 9.503/97, deve ser observado que o legislador não se satisfez com a mera prática do "racha", exigindo mais um dado para a tipificação do delito consistente no dano potencial à incolumidade pública ou privada. Mesmo que remoto, esse dano deve ser demonstrado. Quisesse o legislador que a conduta fosse punida pelo simples fato de participar de um "racha" e, seguramente, teria repetido a redação do art. 173 do CTB ("disputar corrida por espírito de emulação") ou do art. 174 do mesmo *codex* ("promover, na via, competição esportiva, eventos organizados, exibição e demonstração de perícia em manobra de veículo, ou deles participar, como condutor, sem permissão da autoridade de trânsito com circunscrição sobre a via"). Nestas duas infrações administrativas não é feita qualquer menção a dano contra terceiros, o simples fato de realizar a conduta já as configura. Quando o legislador incluiu, para caracterização do crime, a expressão "que resulte dano potencial à incolumidade pública ou privada", é porque reclamou um *plus*, sob pena da lei conter palavras mortas, o que não é admitido pela hermenêutica.
- A respeito do art. 309 da Lei nº 9.503/97, segundo Vicente Greco Filho, a expressão *via pública* compreende "não somente as vias de tráfego livre, como também as de tráfego restrito, desde que de utilização comum" (*apud*, Ruy Castro de Barros Monteiro, *Crimes de Trânsito*, p. 167). Para Damásio de Jesus, "é a via por onde transitam os membros da coletividade: autopistas, rodovias, ruas, avenidas, alamedas, travessas, desvios, becos etc." (*Crimes de trânsito*, p. 157). A questão torna-se um pouco mais complicada quando se parte da análise do geral para o particular. Assim, por exemplo, o pátio de estacionamento de um *shopping center* ou de um supermercado, pode ser considerado uma via pública, para os fins previstos no CTB? Destacamos o entendimento de Walter Cruz Swensson, ao alertar que, para que fique caracterizada uma infração de trânsito, "é necessário que os atos sejam praticados enquanto o veículo estiver sendo movimentado, estacionado ou trafegando em via pública ou em local, mesmo em se tratando de imóvel pertencente a particular, ao qual tem acesso o público (estacionamentos de lojas, restaurantes, supermercados, shopping centers, pátios de postos de serviços, etc.) (*Procedimentos e Prática de Trânsito*. São Paulo: Oliveira Mendes, 1998, p.14).
- O STJ considerou que o crime do art. 310 da Lei nº 9.503/97 (permitir, confiar ou entregar a direção de veículo automotor a pessoa não habilitada, com habilitação cassada ou com o direito de dirigir suspenso) é de perigo abstrato e, ao contrário do art. 309, não pressupõe a geração de perigo de dano (súmula nº 575).
- Tendo em vista que a redação do artigo 311 da Lei nº 9.503/97 não faz menção a "veículo automotor", há quem entenda que esse delito pode ser cometido por quem conduz veículo elétrico ou de tração humana ou animal. Nesse sentido, Ariosvaldo de Campos Pires e Sheila Jorge Selim de Sales (*Crimes de Trânsito na Lei n. 9.503/97*. Belo Horizonte: Del Rey, 1998, p. 22). Não concordamos totalmente com esse posicionamento. Com efeito, o Código trata de veículo automotor, ou seja, aquele que se amolda à definição contida no anexo I do *codex*, assim considerado "todo veículo a motor de propulsão que circule por seus próprios meios, e que serve normalmente para o transporte viário de pessoas e coisas, ou para a tração viária de veículos utilizados para o transporte de pessoas e coisas. O termo compreende os veículos conectados a uma linha elétrica e que não circulam sobre trilhos (ônibus elétrico)". Em tal definição se incluem os veículos elétricos, como os bondes ou ônibus, cujo condutor pode ser sujeito ativo deste crime. Não se incluem, obviamente, os veículos de tração humana ou animal, a exemplo de carroças, charretes etc., quer em virtude de não se incluírem na definição de veículo automotor, quer

porque dificilmente ocorreria de alguém ser capaz de com eles trafegar em velocidade incompatível, dada a própria natureza de seus propulsores.

- A Lei 14.071/20 inseriu no Código de Trânsito Brasileiro o art. 312-B com o propósito de vedar a substituição da pena privativa de liberdade em determinadas situações, embora não o tenha feito adequadamente. Com efeito, dispõe o art. 312-B que "Aos crimes previstos no § 3º do art. 302 e no § 2º do art. 303 deste Código não se aplica o disposto no inciso I do *caput* do art. 44 do Decreto-Lei nº 2.848, de 7 de dezembro de 1940 (Código Penal)". Ocorre que o inciso I apenas contém um dos requisitos para que se aplique a pena restritiva de direitos, cuja existência é de fato fundamentada no *caput* do art. 44. Ao dispor que nos referidos crimes não se aplica o inciso I, o art. 312-B na verdade afasta a necessidade de que sejam cumpridas as disposições do próprio inciso I (que, de resto, não influenciavam mesmo a substituição nos crimes culposos, baseada no inciso III). A intenção, obviamente, foi impedir a substituição da pena a favor de quem comete homicídio culposo ou lesão corporal culposa de natureza grave ou gravíssima enquanto dirige embriagado, mas teria sido melhor adotar a fórmula "é vedada a substituição das penas privativas de liberdade por restritivas de direitos", semelhante ao que faz a Lei 11.343/06. Aliás, a menção à Lei 11.343/06 nos faz recordar que o Supremo Tribunal Federal não tem aceitado vedações abstratas a benefícios como a substituição da pena. No julgamento do HC 97.256/RS, o tribunal decidiu "que é vedado subtrair da instância julgadora a possibilidade de se movimentar com certa discricionariedade nos quadrantes da alternatividade sancionatória". Por isso, concedeu a ordem para afastar os impedimentos contidos na parte final do art. 44 e no § 4º do art. 33 da Lei 11.343/06. Caso se questione a Lei 14.071/20 nesse ponto, a tendência é que também seja declarada incompatível com a garantia constitucional da individualização da pena.
- O art. 29, § 2º, da Lei nº 9.605/98, prevê a possibilidade de perdão judicial no caso de guarda doméstica de espécie silvestre não considerada ameaçada de extinção, consideradas as circunstâncias do fato. A Lei, todavia, não especifica quais circunstâncias devem ser tomadas em consideração para fundamentar o perdão. De acordo com Guilherme de Souza Nucci, "o ideal é projetá-las para o contexto do art. 59 do Código Penal. Idealiza-se, pois, um agente que tenha bons antecedentes e conduta social, motivação generosa, além de ter seguido regras sociais convencionais. Em suma, é o perdão judicial previsto para os *donos de papagaios* e animais semelhantes" (*Leis Penais e Processuais Penais Comentadas*, p. 911-912).
- Note-se que a desconsideração da personalidade da pessoa jurídica estabelecida no artigo 4º da Lei nº 9.605/98 diz respeito apenas à esfera cível, não se aplicando à criminal. Com efeito, considerando o princípio da personalidade da pena, para que sejam responsabilizados conjuntamente com a pessoa jurídica, os sócios deverão ser condenados como coautores, respondendo cada qual de acordo com a culpa (em sentido amplo) estritamente estabelecida.
- A Lei nº 13.052/14 modificou a Lei nº 9.605/98 no que concerne à destinação de animais silvestres apreendidos em razão de infrações administrativas e criminais. De acordo com a nova redação do art. 25, § 1º, os animais apreendidos "serão prioritariamente libertados em seu habitat ou, sendo tal medida inviável ou não recomendável por questões sanitárias, entregues a jardins zoológicos, fundações ou entidades assemelhadas, para guarda e cuidados sob a responsabilidade de técnicos habilitados". O § 2º, por sua vez, dispõe que enquanto os animais não forem entregues às instituições mencionadas no § 1º "o órgão autuante zelará para que eles sejam mantidos em condições adequadas de acondicionamento e transporte que garantam o seu bem-estar físico". A propósito, o STF decidiu ser ilegítima a interpretação legal que autorize o abate de animais apreendidos em situação de maus-tratos (ADPF 640/DF, j. 20/09/2021).
- O princípio da insignificância nos crimes ambientais é tema recorrente de julgamentos nos tribunais superiores, que o têm aplicado ou rejeitado com base nas circunstâncias do caso concreto. Dessa forma, o STF já negou o afastamento da tipicidade material num caso de pesca ilegal em que a quantidade de peixes apreendida em poder do agente, contra quem pesavam registros de conduta semelhantes, e a utilização de aparelhos, petrechos, técnicas e métodos não permitidos sinalizavam relevante lesão ao meio ambiente (HC 135.404/PR, DJe 02/08/2017). Mas, em outro processo, o tribunal aplicou a insignificância porque, no caso, o agente estava numa pequena embarcação, pescando com vara, linha e anzol, instrumentos de baixa potencialidade lesiva ao meio ambiente (Inq. 3788/DF, DJe 14/06/2016). O STJ segue a mesma linha: considerou insignificante a conduta do agente que, não obstante estivesse pescando ilegalmente, fazia-o com vara de molinete, linhas e isopor, em clara conduta amadora e em situação na qual os peixes foram devolvidos vivos às águas (REsp 1.409.051/SC, DJe 28/04/2017). Por outro lado, negou em outro caso a insignificância porque, embora nenhum peixe houvesse sido apreendido, a pesca era praticada com petrechos proibidos, capazes de colocar em risco a fauna por alcançar indistintamente os espécimes, nas diversas fases do ciclo vital. Considerou-se que a captura dos animais é mero exaurimento da figura típica da pesca ilegal (AgRg no REsp 1.651.092/SC, DJe 13/06/2017).
- Com fundamento nas disposições constitucionais relativas à proteção ao meio ambiente, decidiu o STF que o crime ambiental de caráter transnacional que envolva animais silvestres ameaçados de extinção e espécimes exóticos ou protegidos por compromissos internacionais assumidos pelo Bra-

sil é de competência da Justiça Federal. Segundo o tribunal, os crimes ambientais devem se submeter à competência da Justiça Federal sempre que: a) atentarem contra bens, serviços ou interesses da União ou de suas entidades autárquicas; b) previstos também em tratado ou convenção internacional, tiverem a execução iniciada no País, mas o resultado tenha ou devesse ter ocorrido no estrangeiro, ou o inverso; c) tiverem sido cometidos a bordo de navios ou aeronaves; d) houver grave violação de direitos humanos; e) guardarem conexão ou continência com outro crime de competência federal, ressalvada a competência da Justiça Militar e da Justiça Eleitoral (RE 835.558/SP, j. 09/02/2017).

- O STJ decidiu que o crime de poluição (art. 54 da Lei 9.605/98) pode assumir caráter permanente: "Destarte, necessário verificar, no caso aqui tratado, qual o elemento volitivo do autor no que se refere aos efeitos da primeira conduta criminosa - poluição. *In casu*, o que se extrai do aresto hostilizado, às fls. 544/548, é que a empresa agravante armazenou seu lixo industrial, no município de Ulianópolis, e, dessa conduta, resultou poluição grave da área degradada, sendo que, até o momento de prolação do julgado, não teria tomado providências para reparar o dano, caracterizando a continuidade da prática infracional. [...] Ao que se tem, a conduta criminosa ultrapassou a ação inicial, ou seja, os efeitos decorrentes da poluição permaneceram diante da própria omissão da empresa recorrente em corrigir ou diminuir os efeitos geradores da conduta inaugural. Assim, no caso em exame, entendo que o crime de poluição qualificada é permanente, diante da continuidade da prática infracional, ainda que por omissão da parte autora, que foi prontamente notificada a reparar o dano causado – retirar os resíduos e assim não o fez (fl. 596). [...] Esta Corte tem se posicionado pela impossibilidade de aferição do transcurso do lapso prescricional quanto a delito cometido em desfavor do meio ambiente, quando pautado na continuidade das atividades ilícitas. [...] A meu ver, esse posicionamento vem tomando força e deve ser a linha de orientação a ser seguida, considerado o bem jurídico-constitucional de elevado valor a que a lei faz referência - direito ao meio ambiente ecologicamente equilibrado - que legitima a intervenção do Estado no controle das ações praticadas a seu desfavor, devendo ser promovida a efetiva aplicação das normas penais" (REsp 1.847.097/PA, j. 05/03/2020).
- A respeito da lavagem de dinheiro, de acordo com a doutrina, embora a modificação introduzida na Lei nº 9.613/98, quanto aos crimes antecedentes à lavagem, seja positiva por permitir que a ocultação, dissimulação ou integração de bens, direitos ou valores ocorra sobre o objeto de qualquer infração penal, há de se evitar a aplicação da lei sobre fatos antecedentes considerados de bagatela, sob pena de desvirtuar o propósito do legislador. A respeito, pontua Luiz Flávio Gomes: "Não é qualquer ofensa que constitui o delito de lavagem de dinheiro. Os órgãos encarregados da investigação e processamento da lavagem de dinheiro não podem bagatelarizar a lei, admitindo sua incidência em qualquer caso. Da lei não constou nenhum critério objetivo para definir o que é relevante e o que não é. Como linha de princípio, pensamos que o mesmo critério reinante do princípio da insignificância e vigente para os crimes tributários deve valer para a lavagem" (Disponível em http://www.institutoavantebrasil.com.br/artigos-do-prof-lfg/pela-nao-bagatelarizacao-da-lavagem-de-dinheiro-sujo/).
- A respeito dos crimes tipificados no Estatuto da Pessoa Idosa, o STF decidiu, na ação direta de inconstitucionalidade nº 3096-5, conferindo interpretação conforme a Constituição Federal, que se aplica unicamente o rito sumaríssimo disciplinado na Lei nº 9.099/95, vedadas a transação penal e a suspensão condicional do processo. Nucci, no entanto, comentando a Lei nº 10.741/03 antes do julgamento da ação, considerava até mesmo esta interpretação incorreta: "Não se pode subtrair a garantia constitucional da ampla defesa, implementando procedimento célere para crime comum, sob a ótica de ser a vítima pessoa idosa. Ademais, não haverá maior ou menor proteção a quem tenha mais de 60 anos se for adotado o procedimento da Lei 9.099/95, mas somente um estreitamento da amplitude de defesa, o que é inconstitucional. Em nosso prisma, é inaplicável, de toda forma, o art. 94 da Lei 10.741/2003" (*Código Penal comentado*. 6. ed. São Paulo: RT, 2009, p. 660).
- De acordo com decisão proferida pela Corte Especial do STJ, a conduta de manter sob guarda, no interior de sua residência, arma de fogo de uso permitido com registro vencido não configura o crime do art. 12 da Lei 10.826/2003 (APN 686/AP, DJe 29/10/2015). Essa orientação tem sido reiterada (RHC 80.365/SP, DJe 22/03/2017).
- O STF decidiu ser atípica a conduta de quem porta, como pingente, munição desacompanhada de arma de fogo (HC 133984/MG, j. 17.5.2016).
- Tem-se decidido que, em determinadas situações, o porte de ínfima quantidade de munições é atípico pela incidência do princípio da insignificância: "1. Consoante a jurisprudência do Supremo Tribunal Federal e do Superior Tribunal de Justiça, apesar da posse ilegal de munição configurar crime de mera conduta e de perigo abstrato, nas hipóteses de apreensão de pequena quantidade de projéteis desacompanhados de armamento capaz de deflagrá-los, é cabível o reconhecimento da atipicidade material da conduta, haja vista a ausência de lesão ou probabilidade de dano ao bem jurídico tutelado pela norma penal. Precedentes. 2. No caso concreto, denunciado pela prática do crime previsto no art. 16 da Lei n. 10.826/2003, o réu foi absolvido pelo Tribunal de origem, que entendeu sem tipicidade material a conduta de possuir e manter sob a guarda, no

interior do imóvel onde reside, apenas 7 (sete) munições de uso restrito, sem a arma de fogo necessária para deflagrá-las" (STJ: AgRg no REsp 1.828.540/SP, j. 22/10/2019).

- O STJ julgou típica a conduta do vigia que, autorizado a exercer sua atividade armado nas dependências da empresa, foi flagrado portando o artefato na via pública (REsp 1.456.633/RS, DJe 13/4/2016).
- O tribunal também julgou típica a conduta de delegado de polícia que havia portado e possuído arma de fogo registrada tão somente em órgão estadual de controle, e em nome de terceiro. Argumentou-se que a autorização legal para o porte não dispensa o cumprimento dos requisitos para a aquisição e o registro de arma de fogo, ou seja, é preciso que os agentes de segurança pública autorizados cumpram o disposto na lei, que não se contenta com o registro em órgãos secundários, mas exige o certificado de registro expedido pela Polícia Federal após autorização do órgão federal de controle de armas (Sinarm). O tribunal também afastou alegação de atipicidade pela incidência dos princípios da adequação social e da lesividade, pois, além de não ser possível considerar socialmente aceito ou tolerado o comportamento de um agente de segurança pública que mantinha arma de fogo ilegal, o caso concreto revelava especial gravidade porque, mesmo no âmbito do órgão de fiscalização estadual, o registro da arma não era atualizado havia anos, indicando que o artefato circulava sem nenhum controle (RHC 70.141/RJ, DJe 16/2/2017).
- É atípica a conduta de colecionador, com registro para a prática desportiva e guia de tráfego, que se dirigia ao clube de tiros sem portar consigo a guia de trânsito da arma de fogo (STJ: AgRg no AgRg no RHC 148.516/SC, j. 09/08/2022).
- Segundo decidiu o STJ, o crime de tráfico internacional de arma de fogo (art. 18 da Lei nº 10.826/03) – de competência da Justiça Federal (STJ: CC 126.235/PR, DJe 18/11/2016) – é autônomo em relação ao porte da arma. No feito julgado sustentava-se que o crime de tráfico só se configuraria em conjunto com o porte, pois, sem esta conduta, não haveria possibilidade de internacionalização. O tribunal, no entanto, afastou a tese afirmando que se trata de delitos que não se atraem, pois têm natureza absolutamente diversa (REsp 1.661.226/RS, DJe 24/05/2017).
- O mesmo tribunal já se pronunciou no sentido de que, independentemente da quantidade de armas, munições ou acessórios traficados, é impossível a desclassificação para o crime de contrabando porque incide, no caso, o princípio da especialidade (AgRg no REsp 1.498.667/PR, DJe 08/05/2017).
- Assim como tem acontecido no crime de porte ilegal de arma, é irrelevante, para a caracterização do tráfico, que a arma ilegalmente importada esteja desacompanhada de munição, pois trata-se de crime de perigo abstrato (STJ: REsp 1.392.567/PR, DJe 28/04/2017).
- A Lei 13.497/17 alterou a Lei 8.072/90 para dispor sobre a hediondez do crime de posse ou porte ilegal de arma de fogo de uso restrito ou proibido (art. 16 da Lei 10.826/03). Posteriormente, a Lei 13.964/19 (Pacote Anticrime) modificou a abrangência da hediondez nos crimes relativos às armas de fogo. De acordo com o art. 1º, parágrafo único, inc. II, III e IV, da Lei 8.072/90, são hediondos: a) a posse ou o porte ilegal de arma de fogo de uso proibido (a lei não menciona mais a arma de uso restrito); b) o comércio ilegal de armas de fogo (art. 17 da Lei 10.826/03); c) o tráfico internacional de arma de fogo, acessório ou munição (art. 18 da Lei 10.826/03).
- Não se confundem o artigo 13 da Lei nº 10.826/03 (Deixar de observar as cautelas necessárias para impedir que menor de 18 (dezoito) anos ou pessoa portadora de deficiência mental se apodere de arma de fogo que esteja sob sua posse ou que seja de sua propriedade) e o artigo 242 da Lei nº 8.069/90 (Vender, fornecer ainda que gratuitamente ou entregar, de qualquer forma, a criança ou adolescente arma, munição ou explosivo). Isto porque o fato tipificado no Estatuto do Desarmamento é omissivo e decorre de culpa, ao passo que o tipificado no Estatuto da Criança e do Adolescente é comissivo e doloso.
- Além da hipótese de cassação do porte e apreensão da arma portada ostensivamente em locais públicos como igrejas, escolas, estádios desportivos, clubes, agências bancárias ou outros locais onde haja aglomeração de pessoas em decorrência de eventos de qualquer natureza, o art. 51 do Decreto 11.615/23 prevê a mesma consequência quando o titular do porte esteja trazendo o armamento em estado de embriaguez ou sob o efeito de drogas ou medicamentos que provoquem alteração do desempenho intelectual ou motor.
- A Lei 13.964/19 modificou a estrutura típica do art. 16 da Lei 10.826/03. Em sua redação original, o dispositivo punia no *caput*, com reclusão de três a seis anos, e multa, condutas relativas à posse e ao porte ilegais de armas de fogo, munições e acessórios de uso proibido e restrito. O parágrafo único trazia condutas equiparadas. Com a modificação, o *caput* se limita a punir condutas praticadas com armas de fogo, munições e acessórios de uso restrito. O § 1º traz as mesmas figuras equiparadas e, no § 2º, há uma qualificadora para as situações em que as condutas anteriores são cometidas com armas de fogo de uso proibido. Neste caso, a pena passa a ser de reclusão de quatro a doze anos.
- Embora o artigo 180 da Lei nº 11.101/05 mencione genericamente que a sentença que decreta a falência, concede a recuperação judicial ou concede a recuperação extrajudicial é condição objetiva de punibilidade das infrações penais descritas neste diploma, há determinadas infrações penais falenciais que não se vinculam a esta condição. São aquelas infrações que necessariamente ocorrem após a decretação da falência ou a concessão da recuperação, como os artigos 172, 174, 175, 176 e 177.

- A respeito da Lei nº 11.340/06, destaca-se que configura a violência doméstica e familiar contra a mulher a violência física (lesão corporal), a violência psicológica (dano emocional e diminuição da autoestima), violência sexual (constrangimento a presenciar, a manter ou a participar de relação sexual não desejada, mediante intimidação, ameaça, coação ou uso da força; induzimento a comercializar ou a utilizar, de qualquer modo, a sua sexualidade; impedimento de usar qualquer método contraceptivo ou constrangimento ao matrimônio, à gravidez, ao aborto ou à prostituição, mediante coação, chantagem, suborno ou manipulação; limitação ou anulação do exercício dos direitos sexuais e reprodutivos); violência patrimonial (qualquer conduta que configure retenção, subtração, destruição parcial ou total de objetos, instrumentos de trabalho, documentos pessoais, bens, valores e direitos ou recursos econômicos, incluindo os destinados a satisfazer as necessidades); violência moral (qualquer conduta que configure calúnia, difamação ou injúria). A violência doméstica e familiar contra a mulher pode se caracterizar independentemente de coabitação (súmula 600 do STJ), impede a aplicação do princípio da insignificância (súmula 589 do STJ) e também obsta a substituição da pena privativa de liberdade por restritiva de direitos (súmula 588 do STJ).
- As medidas protetivas elencadas o artigo 22 da Lei nº 11.340/06 são adjetivadas pelo legislador como de urgência, assim como aquelas previstas no art. 23 e 24. Há no STJ decisões segundo as quais as medidas protetivas de urgência previstas nos incisos I, II e III do art. 22 têm natureza de cautelares penais, razão pela qual é dispensável a citação do requerido para apresentar contestação, tampouco se admite a possibilidade de decretação da revelia nos moldes da lei processual civil (STJ: REsp 2.009.402/GO, j. 08/11/2022). Embora sem se opor à desnecessidade de contestação e à inviabilidade de decretar a revelia, há decisões que tratam as medidas protetivas não como medida cautelar, mas sim como tutela inibitória, inexistindo prazo geral para que ocorra a reavaliação de tais medidas, sendo necessário que, para sua eventual revogação ou modificação, o juízo se certifique, mediante contraditório, de que houve alteração do contexto fático e jurídico (REsp 2.036.072/MG, j. 22/08/2023).
- A medida protetiva estabelecida no art. 22, inciso II, da Lei nº 11.340/06 nada reflete a medida cautelar prevista no art. 7º, § 1º, da Lei do Divórcio (Lei 6.515/77) e no art. 1.562 do Código Civil. Em todas as hipóteses, o provimento abrange apenas aqueles que são casados. Isto é óbvio. Quando o instituto é tratado na Lei do Divórcio, somente pode ser cogitado quando há um casamento. O mesmo se dá em relação ao Código Civil, em que a regra é inserida em capítulo que trata de casamento. Nem por isso se deve concluir que a medida da Lei 11.340/06 não possa proteger, também, a companheira, assim entendida aquela que mantém, com homem, uma união estável, "configurada na convivência pública, contínua e duradoura e estabelecida com o objetivo de constituição de família", na definição do *caput* do art. 1.723 do Código Civil. Tampouco está excluída da esfera de proteção a concubina, que, impedida de casar, mantém uma relação não eventual com um homem, conforme a letra do art. 1.727 do mencionado *Codex*. E é do espírito da lei a proteção, também, da homossexual feminina que demonstre a necessidade de afastamento do lar da companheira.
- De acordo com o art. 12-C da Lei 11.340/06, verificada a existência de risco atual ou iminente à vida ou à integridade física ou psicológica da mulher em situação de violência doméstica e familiar, ou de seus dependentes, o agressor será imediatamente afastado do lar, domicílio ou local de convivência com a ofendida: I - pela autoridade judicial; II - pelo delegado de polícia, quando o Município não for sede de comarca; III - pelo policial, quando o Município não for sede de comarca e não houver delegado disponível no momento da denúncia. Não se trata, todavia, de atuação simultânea, mas sim subsidiária, como se extrai claramente do dispositivo legal. Com efeito, no caso de risco atual ou iminente à vida ou à integridade física da vítima, a lei estabelece que, em primeiro lugar, a autoridade judicial aplique a medida de afastamento. Caso o local não seja sede de comarca, isto é, caso se trate de um município (normalmente de pequeno porte) que não conte com varas judiciais e faça parte de comarca instalada em outro município, a medida pode ser concedida pelo delegado de polícia, que, aliás, ao receber a comunicação do crime tem mais condições de avaliar, ainda que superficialmente, as condições físicas e psicológicas da vítima e a real situação a que está submetida. Finalmente, caso o município não seja sede de comarca e, por alguma circunstância, não haja delegado disponível no momento da comunicação do crime, a medida pode ser concedida pelo policial (civil ou militar).
- Em seu art. 12, a Lei 11.340/06 disciplina as medidas que autoridade policial deve adotar em todos os casos de violência doméstica e familiar contra a mulher. São medidas preliminares que possibilitam à autoridade reunir elementos que possam demonstrar os indícios de crime e que justifiquem a tomada de outras providências, como a concessão de medidas protetivas de urgência. Uma dessas medidas é a identificação do agressor e a juntada de folha de antecedentes criminais que indiquem a existência de mandado de prisão e o registro de outras ocorrências policiais contra ele. Pois no ensejo dessas pesquisas a Lei 13.880/19 inseriu no art. 12 o inciso VII-A, que impõe à autoridade policial a obrigação de verificar se há em nome do agressor registro de posse ou porte de arma de fogo, e, em caso positivo, juntar aos autos essa informação, bem como notificar a ocorrência à instituição responsável pela concessão do registro ou da emissão do porte. Desta forma, uma vez praticada uma infração

penal que se insira no conceito de violência doméstica e familiar contra a mulher, além das medidas de praxe para viabilizar a investigação a autoridade policial deve pesquisar a existência de registro de arma de fogo em nome do agressor e, uma vez identificado o registro, a mesma autoridade deve notificar a Polícia Federal, que, nos termos do art. 5º, § 1º, da Lei 10.826/03 é o órgão competente para a expedição tanto do registro da arma quanto da autorização para o porte. Uma vez juntada a informação a respeito do registro da arma e adotadas as demais medidas cabíveis na forma do art. 12, os autos são remetidos ao juiz, que, conforme dispõe o novo inciso IV do art. 18 – também inserido pela Lei 13.880/19 – deve determinar a apreensão imediata de arma de fogo que estiver sob a posse do agressor. Não é, portanto, a autoridade policial a legitimada para determinar a apreensão; a ela cabe apenas adotar as providências iniciais para apurar se existe o registro. Note-se que a medida não é exatamente uma novidade, mas sim uma forma de conferir maior efetividade a algo já presente na redação original da Lei 11.340/06. Isto porque o art. 22, que dispõe sobre as medidas protetivas de urgência que obrigam o agressor, traz já no inciso I a suspensão da posse ou restrição do porte de armas, com comunicação ao órgão competente. O que a Lei 13.880/19 permite é que, no mesmo expediente em que a ofendida requer a medida protetiva, o juiz determine simultaneamente a apreensão da arma. Pressupõe-se que as restrições aqui mencionadas se refiram a uma arma regular, ou seja, devidamente registrada e com autorização para porte, se for o caso. Isto porque se a arma for ilegal a situação do agressor se agrava e sua conduta, a partir daí, passa a configurar um dos delitos tipificados nos arts. 12, 14 ou 16 da Lei 10.826/03. E mais, nesses casos, a arma apreendida deverá ser destruída, conforme dispõe o art. 25, *caput*, do Estatuto do Desarmamento.

- As alíneas *a*, *b* e *c*, do inciso III do art. 22 da Lei nº 11.340/06 têm por objetivo preservar a incolumidade da vítima, a fim de evitar qualquer aproximação física entre ela e o agressor. Tais medidas não devem se restringir à casa onde mora a vítima. Ao contrário, devem se estender a outros locais. Pode o juiz, assim, impedir que o agressor se aproxime do local de trabalho da vítima, ou que frequente espaços de lazer ocupados por ela, de forma que, estando a ofendida num clube ou num bar, deve o agente, ao constatar esse fato, não ingressar no local ou imediatamente dele se retirar. Ou, ainda, impedir que ambos se valham do mesmo meio de transporte como ônibus, trens etc. Em suma, são sugestões meramente exemplificativas, já que as possibilidades são inúmeras, dependendo do caso concreto. Exigem do julgador, no entanto, certa dose de cautela, sob pena de inibir qualquer espécie de deambulação do agressor, impedindo-o mesmo de se movimentar livremente e podendo configurar verdadeiro constrangimento ilegal.

- Para garantir a execução das medidas protetivas, é cabível a prisão preventiva quando presentes os requisitos expostos nos arts. 312 e 313 do CPP, dentre eles (principalmente), quando a conduta do agente configurar, além de descumprimento de uma medida protetiva, a prática também de um crime.

  Ocorre que, paralelamente à possibilidade de decretação da prisão preventiva, muito se debateu a respeito da caracterização do crime de desobediência tipificado no art. 330 do Código Penal. Com efeito, muitos advogavam a tese de que descumprir medida protetiva imposta por decisão judicial nada mais era do que desobedecer a uma ordem legal de funcionário público. Há, inclusive, decisão do Tribunal de Justiça do Distrito Federal na qual se reconhece o crime (Embargos Infringentes 2013.06.1.000280-8, j. em 08.07.2013). Esta orientação, todavia, não encontrou ressonância no STJ, que, considerando a natureza progressiva das medidas protetivas, que poderiam evoluir até mesmo à prisão preventiva caso as mais brandas se mostrassem insuficientes para proteger a vítima, vinha afastando o crime (HC 338.613/SC, DJe 19/12/2017).

  A entrada em vigor da Lei 13.641/18 põe fim à celeuma: insere-se na Lei 11.340/06 um tipo penal específico para punir a desobediência a decisões judiciais que impõem medidas protetivas. De acordo com o art. 24-A da Lei 11.340/06, pune-se com detenção de três meses a dois anos a conduta de descumprir decisão judicial que defere medidas protetivas de urgência previstas na mesma lei. O crime é próprio, pois só pode ser cometido por quem deve observância às medidas protetivas decretadas. Note-se que a aproximação do réu com o consentimento da vítima torna atípica a conduta de descumprir medida protetiva de urgência (STJ: AgRg no AREsp 2.330.912/DF, j. 22/08/2023).

- É ilegal a fixação indefinida de medida protetiva, devendo o magistrado avaliar periodicamente a pertinência da manutenção da cautela imposta (STJ: HC 605.113/SC, j. 08/11/2022).

- O art. 25 da Lei nº 11.340/06 dispõe que o Ministério Público intervirá, quando não for parte, nas causas cíveis e criminais decorrentes da violência doméstica e familiar contra a mulher. Deve ser destacado, todavia, que o promotor de justiça, mesmo oficiando num feito em razão da hipossuficiência (ou incapacidade) de uma das partes, conserva sua liberdade de opinião e não fica adstrito, cegamente, aos interesses da parte assistida, o que torna possível que opine, inclusive, em desfavor dela.

- Segundo o STJ, constatada a situação de vulnerabilidade, a Lei 11.340/06 pode ser aplicada no caso de agressão cometida pelo neto contra sua avó: "A Lei Maria da Penha objetiva proteger a mulher da violência doméstica e familiar que, cometida no âmbito da unidade doméstica, da família ou em qualquer relação íntima de afeto, cause-lhe morte, lesão, sofrimento físico, sexual ou psicológico, e dano moral ou patrimonial. Estão no âmbito de abrangência do delito de violência doméstica, podendo integrar o polo passivo da ação delituosa as esposas, as companheiras ou amantes, bem como a mãe, as filhas, as netas, a sogra, a avó, ou qualquer outra parente que mantenha vínculo familiar ou afetivo com o agressor. Ainda nesse sentido, é necessária a demonstração da motivação de gênero ou da situação de vulnerabilidade que caracterize a conjuntura da relação íntima do agressor com a vítima. Com efeito, se, no âmbito da unidade doméstica, a vítima encontrar-se em situação de vulnerabilidade decorrente de vínculo familiar, configura-se o contexto descrito no artigo 5º da Lei n. 11.340/2006" (AgRg no AREsp 1.626.825/GO, j. 05/05/2020).

- O STJ já decidiu que as medidas protetivas da Lei 11.340/06 são aplicáveis às mulheres trans em situação de violência doméstica: "A aplicação da Lei Maria da Penha não reclama considerações sobre a motivação da conduta do agressor, mas tão somente que a vítima seja mulher e que a violência seja cometida em ambiente doméstico, familiar ou em relação de intimidade ou afeto entre agressor e agredida. Importa enfatizar que o conceito de gênero não pode ser empregado sem que se saiba exatamente o seu significado e de tal modo que acabe por desproteger justamente quem a Lei Maria da Penha deve proteger: mulheres, crianças, jovens, adultas ou idosas e, no caso, também as trans. Para alicerçar a discussão referente à aplicação do art. 5º da Lei Maria da Penha quando tratar-se de mulher trans, necessária é a diferenciação entre os conceitos de gênero e sexo, assim como breves noções de termos transexuais, transgêneros, cisgêneros e travestis, com a compreensão voltada para a inclusão dessas categorias no abrigo da Lei em comento, tendo em vista a relação dessas minorias com a lógica da violência doméstica contra a mulher. A balizada doutrina sobre o tema leva à conclusão de que as relações de gênero podem ser estudadas com base nas identidades feminina e masculina. Gênero é questão cultural, social, e significa interações entre homens e mulheres. Uma análise de gênero pode se limitar a descrever essas dinâmicas. O feminismo vai além, ao mostrar que essas relações são de poder e que produzem injustiça no contexto do patriarcado. Por outro lado, sexo refere-se às características biológicas dos aparelhos reprodutores feminino e masculino, bem como ao seu funcionamento, de modo que, o conceito de sexo, como visto, não define a identidade de gênero. Em uma perspectiva não meramente biológica, portanto, mulher trans mulher é. Estabelecido entendimento de mulher trans como mulher, para fins de aplicação da Lei n. 11.340/2006, vale lembrar que a violência de gênero é resultante da organização social de gênero, a qual atribui posição de superioridade ao homem. A violência contra a mulher nasce da relação de dominação/subordinação, de modo que ela sofre as agressões pelo fato de ser mulher. Com efeito, a vulnerabilidade de uma categoria de seres humanos não pode ser resumida à objetividade de uma ciência exata. As existências e as relações humanas são complexas e o Direito não se deve alicerçar em argumentos simplistas e reducionistas. Assim, é descabida a preponderância de um fator meramente biológico sobre o que realmente importa para a incidência da Lei Maria da Penha, com todo o seu arcabouço protetivo, inclusive a competência jurisdicional para julgar ações penais decorrentes de crimes perpetrados em situação de violência doméstica, familiar ou afetiva contra mulheres" (Processo sob segredo judicial, j. 05/04/2022).
- Note-se, ainda, que o STJ decidiu ser impossível a aplicação isolada de pena de multa nos casos de violência doméstica e familiar contra a mulher, ainda que essa pena seja cominada de forma autônoma no preceito secundário do tipo penal – como ocorre, por exemplo, na ameaça, apenada com detenção de um a seis meses ou multa: "A intenção do legislador ao impedir [no art. 17 da Lei 11.340/06] a aplicação exclusiva da pena de multa foi a de ampliar a função de prevenção geral das penas impostas nos casos de crimes cometidos nesse contexto. Dessa forma, pretende-se demonstrar à sociedade que a prática de agressão contra a mulher acarreta consequências graves para o autor, que vão além do aspecto financeiro. Tal interpretação implica na compreensão de que a proibição legal também se aplica à hipótese de multa estabelecida como uma pena autônoma na parte secundária do tipo penal, como é o caso do crime de ameaça (art. 147 do Código Penal). Com efeito, a imposição desse tipo de penalidade (multa) em crimes cometidos de acordo com o artigo 5º da Lei n. 11.340/2006 só pode ocorrer de forma cumulativa, nunca de maneira isolada" (REsp 2.049.327/RJ, j. 14/06/2023).
- O art. 16 da Lei 11.340/06 dispõe que a retratação da representação só será admitida perante o juiz, em audiência especialmente designada com tal finalidade, antes do recebimento da denúncia e ouvido o Ministério Público. Para o STF e o STJ, só é necessário designar a audiência se, em algum momento, a vítima manifestou o interesse em se retratar; não é possível fazê-lo para que a vítima simplesmente ratifique a representação já apresentada (STJ: REsp 1.977.547/MG, j. 08/03/2023; STF: ADI 7.267/DF, j. 21/08/2023).
- O art. 28 da Lei 11.343/06 não comina penas privativas ou restritivas de liberdade a quem adquire, guarda, tem em depósito, transporta ou traz consigo droga para consumo pessoal. Há apenas advertência sobre os efeitos das drogas, prestação de serviços à comunidade e medida educativa de comparecimento a programa ou curso educativo. As medidas de prestação de serviços à comunidade e de comparecimento a programa ou curso educativo têm duração máxima de cinco meses (§ 3º). Mas, tratando-se de reincidente, o prazo máximo dobra para dez meses (§ 4º). Segundo decidiu o STJ, somente a condenação pretérita por posse de drogas para uso

próprio pode fundamentar o aumento do tempo de cumprimento das penas cominadas no art. 28: "Não obstante a existência de precedente em sentido diverso (AgRg no HC 497.852/RJ, Rel. Ministra Laurita Vaz, Sexta Turma, julgado em 11/06/2019, DJe 25/06/2019) – em que a reincidência genérica era pela prática dos delitos de roubo e de porte de arma –, em revisão de entendimento, embora não conste da letra da lei, forçoso concluir que a reincidência de que trata o § 4º do art. 28 da Lei n. 11.343/2006 é a específica. Com efeito, a melhor exegese, segundo a interpretação topográfica, essencial à hermenêutica, é de que os parágrafos não são unidades autônomas, estando vinculadas ao *caput* do artigo a que se referem. Vale dizer, aquele que reincidir na prática do delito de posse de drogas para consumo pessoal ficará sujeito a penas mais severas – pelo prazo máximo de 10 meses –, não se aplicando, portanto, à hipótese vertente, a regra segundo a qual ao intérprete não cabe distinguir quando a norma não o fez. Desse modo, condenação anterior por crime de roubo não impede a aplicação das penas do art. 28, II e III, da Lei n. 11.343/2006, com a limitação de 5 meses de que dispõe o § 3º do referido dispositivo legal" (REsp 1.771.304/ES, j. 10/12/2019).

- O STJ se orientava no sentido de que a condenação por porte de drogas para consumo próprio (art. 28 da Lei 11.343/06) gerava reincidência, pois, não obstante tenha havido despenalização em relação a esta infração penal, sua natureza criminosa permanece. A Quinta e a Sexta Turmas do tribunal, no entanto, modificaram sua orientação e têm decidido que embora se mantenha o caráter criminoso da infração, é desproporcional, diante da inexistência de sanção privativa de liberdade, sopesar a condenação para os efeitos da reincidência. Considerar, neste caso, em desfavor do agente a reincidência significa lhe conferir tratamento mais severo do que se houvesse sido condenado por contravenção penal, que, passível de prisão simples, não gera reincidência, como se extrai dos artigos 63 do Código Penal e 7º do Decreto-lei 3.688/41 (cf. REsp 1.672.654/SP, j. 21/08/2018 e HC 453.437/SP, j. 04/10/2018). O STF já decidiu no mesmo sentido (RHC 178.512/SP, j. 22/03/2022).

- Embora atualmente o princípio da insignificância tenha ampla aceitação, especialmente sobre crimes patrimoniais praticados sem violência ou grave ameaça, a jurisprudência dos tribunais superiores não o tem admitido no crime de tráfico de drogas (art. 33 da Lei nº 11.343/06), pois a conduta, ainda que envolva pequena quantidade de droga, mantém seu potencial ofensivo. Nesse sentido, é reiterada a jurisprudência do STJ (AgRg no REsp 1.650.876/SP, DJe 30/08/2017) e do STF (HC 91.759/MG, DJe 30/11/2007).

- A mesma postura é adotada pelos tribunais superiores a respeito da posse de drogas para uso próprio (art. 28 da Lei nº 11.343/06), ainda que seja ínfima a quantidade, pois esta circunstância deve ser avaliada em conjunto com o propósito de prevenção do uso indevido de drogas e da atenção e reinserção social de usuários e dependentes de drogas (STJ: AgRg no REsp 1.639.494/SP, DJe 30/08/2017 e STF: HC 102940/ES). A 1ª Turma do STF, não obstante, já decidiu que o princípio da insignificância pode ser aplicado neste caso (HC 110475/SC).

- O STJ tem diversos julgados abordando a importação de sementes de *Cannabis sativa lineu*. Predominava nas duas Turmas com competência criminal a orientação de que as sementes são matéria-prima para a produção de droga, razão pela qual sua importação deveria ser punida na forma do art. 33, § 1º, da Lei 11.343/06 (AgRg no REsp 1.761.768/SP, j. 25/09/2018). Posteriormente, no entanto, instaurou-se certa divergência em razão de decisões que consideraram o fato atípico (AgRg no AgInt no REsp 1.616.707/CE, j. 26/06/2018). Em 2020, dirimindo a controvérsia, a Terceira Seção do tribunal decidiu que a importação de pequena quantidade de sementes de maconha não é crime. Segundo a ministra Laurita Vaz, as condutas submetidas a julgamento "estão adstritas a ações voltadas para o consumo de droga e aos núcleos verbais de semear, cultivar ou colher plantas destinadas à preparação de pequena quantidade de droga, também para consumo pessoal. Sob essa óptica, o ato de importar pequena quantidade de semente configuraria, em tese, mero ato preparatório para o crime do artigo 28, parágrafo 1º – impunível, segundo nosso ordenamento jurídico". A ministra também destacou que a Lei 11.343/06 "prevê como conduta delituosa o semeio, o cultivo ou a colheita da planta proibida (artigo 33, parágrafo 1º, inciso II; e artigo 28, parágrafo 1º). Embora a semente seja um pressuposto necessário para a primeira ação, e a planta para as demais, a importação (ou qualquer dos demais núcleos verbais) da semente não está descrita como conduta típica na Lei de Drogas» (EREsp 1.624.564/SP, j. 14/10/20). O STF, por sua vez, já concedeu habeas corpus (141.161 e 142.987) por considerar atípica a importação de sementes de maconha porque, dentre outras razões, não se pode tê-las por matéria-prima para a produção de droga. Naqueles julgados, afirmou o ministro Edson Fachin que "A matéria-prima e o insumo devem ter condições e qualidades químicas para, mediante transformação ou adição, produzir a droga ilícita, o que não é o caso, uma vez que as sementes não possuem a substância psicoativa".

- A 5ª e a 6ª Turmas do STJ vinham decidindo ser possível ao Poder Judiciário suprir a avaliação da ANVISA para permitir o cultivo doméstico de *Cannabis* para fins medicinais. A Terceira Seção do tribunal definiu nesse mesmo sentido a orientação sobre a matéria: "Sobre o tema, o entendimento da Quinta Turma passou a corroborar o da Sexta Turma desta Corte proferido no Recurso Especial 1.972.092-SP. Então, ambas as turmas passaram a entender que o plantio e a aquisição das sementes da Cannabis sativa, para fins medicinais, não se trata de conduta criminosa, independende da regulamentação da ANVISA. Após o precedente paradigma da Sexta Turma, formou-se a jurisprudência, segundo a qual, "uma vez que o uso pleiteado do óleo da Cannabis sativa, mediante fabrico artesanal, se dará para fins exclusivamente terapêuticos, com base em receituário e laudo subscrito por profissional médico especializado, chancelado pela ANVISA na oportunidade em que autorizou os pacientes a importarem o medicamento feito à base de canabidiol – a revelar que reconheceu a necessidade que têm no seu uso -, não há dúvidas de que deve ser obstada a iminente repressão criminal sobre a conduta praticada pelos pacientes/ recorridos" (REsp 1.972.092/SP, relator Ministro Rogerio Schietti Cruz, Sexta Turma, DJe 30/6/2022). A Quinta Turma passou a entender que "a ausência de regulamentação administrativa persiste e não tem previsão para solução breve, uma vez que a ANVISA considera que a competência para regular o cultivo de plantas sujeitas a controle especial seria do Ministério da Saúde e este considera que a competência seria da ANVISA", e é inevitável evoluir na análise do tema na seara penal, com o objetivo de superar eventuais óbices administrativos e cíveis, privilegiando-se, dessa forma, o acesso à saúde, por todos os meios possíveis, ainda que pela concessão de salvo-conduto. Então, o referido órgão colegiado entendeu que a matéria diz respeito ao direito fundamental à saúde, constante do art. 196 da Constituição da República, sendo que o direito penal deve objetivar a repressão ao tráfico. No caso, o conjunto probatório em análise aponta que o uso medicinal do óleo extraído da planta Cannabis sativa encontra-se suficientemente demonstrado pela documentação médica, pois foram anexados Laudo Médico e receituários médicos, os quais indicam o uso do óleo medicinal (CBD Usa Hemp 6000mg full spectrum e Óleo CBD/THC 10%). Dessa forma, a questão, aqui tratada, não pode ser objeto da sanção penal, porque se trata do exercício de um Direito Fundamental, constitucionalmente, garantido, isto é, o Direito à Saúde, e a atuação proativa da Quinta e da Sexta Turma do STJ justifica-se juridicamente, pois "vislumbra-se que 'ativismo judicial' é um exercício pró-ativo dos órgãos da função judicial do Poder Público, não apenas de fazer cumprir a lei em seu significado exclusivamente formal, mas é uma atividade perspicaz na interpretação de princípios constitucionais abstratos tais como a dignidade da pessoa humana, igualdade, liberdade, dentre outros" (AgRg no HC 783.717/PR, j. 13/09/2023).

- Ainda sobre matérias-primas, insumos e produtos químicos que atraem a figura do tráfico equiparado, o STJ decidiu que nesse âmbito pode se inserir a cafeína: "[...] Impende anotar, ademais, que a lista da Anvisa pontuada pela defesa, elenca produtos químicos, ou seja, substâncias provenientes de laboratório utilizados para a síntese e a fabricação de entorpecentes. Termo que não se confunde com os de "matéria-prima" ou de "insumo", previstos também no parágrafo único do art. 33 da Lei de Drogas, que tratam de quaisquer elementos usados na composição dos entorpecentes. Conforme pontuado em julgado da Sexta Turma, "[...] a expressão 'matéria-prima' abrange não só as substâncias destinadas exclusivamente à preparação de drogas, mas também aquelas que, eventualmente, se prestam a esse objetivo" (HC 45.003/SP, Rel. Ministro OG FERNANDES, SEXTA TURMA, julgado em 17/09/2009, DJe 26/10/2009) [...]" (HC 441.695/SP, j. 15/10/2019).
- A jurisprudência é copiosa no sentido de ser incabível a descriminante do estado de necessidade em se tratando do crime de tráfico de drogas (art. 33 da Lei nº 11.343/06). Ainda na vigência da lei revogada, assim decidiu o Tribunal de Justiça de São Paulo: "Invocar estado de necessidade em tráfico de entorpecentes, sobre constituir em subversão de valores juridicamente tutelados, fere o senso de justiça da comunidade" (*JTJ* 141/399. No mesmo sentido: "Dificuldade de subsistência por meios lícitos decorrentes de doença, embora grave, não justifica apelo a recurso ilícito, moralmente reprovável e socialmente perigoso, de se entregar o agente a negociação de tóxicos" (*JUTACRIM* 25/214).
- Para se concluir pela prática do crime de tráfico, não basta, em princípio, a *quantidade* (ou *qualidade*) da droga apreendida. Deve-se atentar, ainda, para outros fatores, tais como o local e as condições em que se desenvolveu a ação criminosa, as circunstâncias da prisão, a conduta, a qualificação e os antecedentes do agente. Aliás, já se decidiu: "Os fatores quantidade e qualidade da droga podem induzir tráfico ou uso próprio, na conformidade de diversos outros fatores" (*RT* 524/403).
- No delito de tráfico (art. 33, *caput*, da Lei nº 11.343/06) e nas formas equiparadas (§ 1º), as penas poderão ser reduzidas de um sexto a dois terços, desde que o agente seja primário (não reincidente), de bons antecedentes e não se dedique às atividades criminosas nem integre organização criminosa (em resumo: abrange somente o traficante, agindo de modo individual e ocasional). Os requisitos são subjetivos e cumulativos, isto é, faltando um deles, inviável a benesse legal. O entendimento dominante era no sentido de que a causa de diminuição de pena não retirava a hediondez do crime, tanto que, em 2014, o STJ editou a súmula nº 512 exatamente nesses termos. Ocorre que, em 23/06/2016, julgando o habeas corpus 118.533/MS, relatado pela Min. Cármen Lúcia, o STF decidiu que o privilégio não se harmoniza com a hediondez do crime de tráfico, razão pela qual, uma vez aplicada a minorante, afasta-se o caráter hediondo do delito. Em razão disso, o STJ cancelou a súmula nº 512. Note-se que, para afastar definitivamente qualquer controvérsia no âmbito da progressão de regime, o legislador inseriu na LEP disposição expressa no sentido de que o tráfico privilegiado não é considerado hediondo (art. 112, § 5º, com redação dada pela Lei 13.964/19).
- De acordo com o que decidiu o STJ, não há concurso entre os crimes dos arts. 33 da Lei nº 11.343/06 e 273

do Código Penal na situação em que o agente mantém em depósito e vende ilegalmente medicamentos e substâncias ilegais manipulados, prescritos, alterados ou comercializados que contenham substâncias psicotrópicas classificadas como drogas. Aplica-se, no caso, o princípio da consunção para afastar a incidência da Lei nº 11.343/06 e punir o agente somente pelo delito contra a saúde pública (REsp 1.537.773/SC, DJe 19/9/2016).

- O STJ decidiu, num caso de tráfico de maconha, que o fato de o laudo toxicológico classificar a substância como *Cannabis sativa*, mas não apontar a presença de *tetrahidrocanabinol* (THC), não faz com que se afaste a tipicidade, pois a norma do Ministério da Saúde que elenca as substâncias classificadas como drogas não excepciona: (REsp 1.444.537/RS, DJe 25/4/2016).
- Para o STJ, o fato de o agente trabalhar em atividade lícita ao mesmo tempo em que se dedica ao tráfico de drogas não autoriza a aplicação da minorante do § 4º do art. 33 da Lei nº 11.343/06 (REsp 1.380.741/MG, DJe 25/4/2016).
- Há certa controvérsia a respeito da aplicação da minorante do tráfico em favor do agente que se dedica a servir de transportador da droga (o conhecido "mula"). Há quem sustente que esta circunstância é indicativo bastante de participação em organização criminosa, fator impeditivo da minorante. O STJ tem tanto decisões nas quais aplica a minorante quanto outras nas quais a afasta, sempre considerando o caso concreto. Em síntese, o tribunal não considera que o fato de o agente servir de transportador da droga caracteriza uma presunção absoluta de que integra a organização criminosa à qual esteja servindo. São as circunstâncias da prática criminosa que indicam a extensão de sua colaboração. E, note-se, este papel pode servir inclusive para balizar a quantidade da diminuição da pena, caso a minorante seja aplicada (AgRg no REsp 1.354.656/SP, DJe 18/08/2017; AgRg no HC 241.072/SP, DJe 18/08/2017). Com isso, o tribunal segue o entendimento firmado pelo STF (HC 134.597/SP, DJe 09/08/2016).
- A Terceira Seção do STJ havia firmado a orientação de que inquéritos policiais e ações penais em curso podiam ser utilizados para afastar a causa de diminuição de pena no tráfico sob o argumento da dedicação do agente a atividades criminosas (EREsp 1.431.091/SP, DJe 01/02/2017). O STF, contudo, vem seguindo orientação diversa: "I – A orientação jurisprudencial da Segunda Turma desta Suprema Corte é no sentido de que deve ser idônea a fundamentação para justificar o afastamento da minorante prevista no art. 33, § 4°, da Lei 11.343/2006, sendo insuficiente, por si só, a utilização de inquéritos policiais ou de ações penais sem trânsito em julgado para comprovar a dedicação do paciente a atividades criminosas. II – Ordem de habeas corpus concedida para determinar ao Juízo competente que proceda à nova dosimetria da pena, aplicando a causa especial de redução prevista no § 4º do art. 33 da Lei 11.343/2006, na fração que entenda adequada e suficiente para reprovação e prevenção do crime, com os demais consectários legais. III – Agravo ao qual se nega provimento" (HC 177.629 AgR/MG, j. 29/11/2019). Em razão disso, a Terceira Seção do STJ modificou sua orientação: "É vedada a utilização de inquéritos e/ou ações penais em curso para impedir a aplicação do art. 33, § 4º, da Lei n. 11.343/2006" (REsp 1.977.027/PR, j. 10/08/2022).
- A apreensão de petrechos para a traficância, a depender das circunstâncias do caso concreto, pode afastar a causa de diminuição de pena do art. 33, § 4º, da Lei 11.343/06 em virtude da dedicação à atividade criminosa (AgRg no HC 773.113/SP, j. 04/10/2022).
- Não há *bis in idem*, segundo o STJ, na consideração da presença de criança ou adolescente para caracterizar o crime de associação para o tráfico e para majorar a pena do tráfico (HC 250.455/RJ, DJe 5/2/2016).
- O Superior Tribunal de Justiça, após anos admitindo a combinação de leis na retroatividade da causa de diminuição no crime de tráfico de drogas, editou a Súmula 501, vedando essa possibilidade, sedimentando seu posicionamento exatamente em cima da presente discussão.
- A Lei 13.964/19 (Pacote Anticrime) inseriu no art. 33 da Lei 11.343/06 uma figura equiparada ao tráfico consistente em vender ou entregar drogas ou matéria-prima, insumo ou produto químico destinado à preparação de drogas, sem autorização ou em desacordo com a determinação legal ou regulamentar, a agente policial disfarçado, quando presentes elementos probatórios razoáveis de conduta criminal preexistente. A nova figura criminal trata do agente disfarçado, que não se confunde com o agente provocador nem com o agente infiltrado. O provocador induz ardilosamente a prática do delito, tornando impossível, pela adoção de providências prévias, a consumação O infiltrado imerge em organização criminosa, envolvendo-se com seus membros e adotando postura estrategicamente complacente com as práticas criminosas. O disfarçado, por sua vez, com aparência de um cidadão comum, sem infiltrar-se no grupo criminoso, oculta sua real identidade e coleta elementos que indiquem a conduta criminosa preexistente do sujeito ativo.
- No caso em que o preso solicita a inserção de drogas no presídio, a interceptação da substância impede sua condenação por tráfico de drogas: "A controvérsia consiste em saber se a interceptação da droga por agentes penitenciários antes de ser entregue ao seu destinatário, recolhido em estabelecimento prisional, impede a sua condenação pela prática do delito do art. 33, caput, da Lei n. 11.343/2006, na modalidade "adquirir", que viria, em tese, a ser por esse praticada. No caso, o custodiado não praticou conduta alguma que possa configurar o início do iter criminis do delito descrito no art. 33 da Lei n. 11.343/2006, porquanto limitou-se a solicitar à sua companheira (corré) a entrega da droga no interior

do presídio em que se encontrava recolhido" (STJ – AgRg no REsp 1.999.604/MG, j. 20/03/2023).

- No julgamento do RE 1.347.158/SP (j. 01/10/2021), o STF reconheceu a repercussão geral sobre a constitucionalidade da pena mínima de multa cominada no art. 33 da Lei 11.343/06 (500 dias-multa). O réu alegava desproporcionalidade entre o piso da multa e a renda média nacional. O tribunal negou provimento ao recurso e estabeleceu a seguinte tese: "A multa mínima prevista no artigo 33 da Lei 11.343/06 é opção legislativa legítima para a quantificação da pena, não cabendo ao Poder Judiciário alterá-la com fundamento nos princípios da proporcionalidade, da isonomia e da individualização da pena".
- O art. 34 da Lei 11.343/06 tipifica condutas relativas ao tráfico de maquinário, aparelho, instrumento ou qualquer objeto destinado à fabricação, preparação, produção ou transformação de drogas. Analisando esse tipo penal em comparação com o do art. 33, vê-se que suas condutas podem ser cometidas tanto no mesmo quanto em contextos fáticos totalmente diversos. Com efeito, é plenamente possível que determinado indivíduo adquira um imóvel, maquinários e instrumentos para fabricar e preparar drogas, adquira a matéria prima, prepare a droga e efetue a venda para que alguém a distribua aos usuários. Temos aqui condutas correspondentes a ambos os tipos penais cometidas no mesmo contexto fático, o que pode fazer incidir o princípio da consunção para que o agente seja punido apenas por sua finalidade última: o tráfico de drogas. Se, no entanto, as múltiplas condutas são cometidas em contextos diversos, impõe-se o concurso de delitos, como ocorre, por exemplo, se constatado que alguém cede um imóvel para o comércio de drogas e, em outro local, toma parte na aquisição de matéria prima para a produção de drogas, enquanto se associa com outra pessoa para vender drogas provenientes de um fornecedor internacional. São três crimes absolutamente distintos, que atraem o concurso. A propósito, decidiu o STJ: "Subsiste a condenação dos crimes previstos nos arts. 33 e 34 da Lei 11.343/2006 na hipótese em que os objetos apreendidos não constituem meios necessários ou fase normal de execução do tráfico de drogas, e os maquinários e instrumentos são utilizados para a produção em larga escala, indicando a existência de um verdadeiro laboratório para o fabrico de entorpecente" (AgRg no HC 632.182/SC, j. 25/05/2021).
- Considerando, como vimos, que o crime do art. 34 da Lei 11.343/06 é subsidiário em relação ao tráfico, não é possível que alguém o pratique se possui maquinário ou outros instrumentos com a finalidade de fabricar ou preparar drogas para uso pessoal: "[...] 4. Portanto, ainda que o crime previsto no art. 34 da Lei n. 11.343/2006 possa subsistir de forma autônoma, não é possível que o agente responda pela prática do referido delito quando a posse dos instrumentos se configura como ato preparatório destinado ao consumo pessoal de entorpecente. 5. Considerando que, nos termos do § 1.º do art. 28 da Lei de Drogas, nas mesmas penas do caput incorre quem cultiva a planta destinada ao preparo de pequena quantidade de substância ou produto (óleo), seria um contrassenso jurídico que a posse de objetos destinados ao cultivo de planta psicotrópica, para uso pessoal, viesse a caracterizar um crime muito mais grave, equiparado a hediondo e punido com pena privativa de liberdade de 3 (três) a 10 (dez) anos de reclusão, além do pagamento de vultosa multa [...]" (RHC 135.617/PR, j. 14/09/2021).
- Os incisos I e V do art. 40 da Lei nº 11.343/06 aumentam de um sexto a dois terços a pena do tráfico quando a natureza, a procedência da droga e as circunstâncias do fato evidenciarem a transnacionalidade, bem como se caracterizado o tráfico entre Estados da Federação ou entre estes e o Distrito Federal. Vigora o entendimento de que a transposição de fronteiras ou de divisas é dispensável, bastando que se demonstre, pelas circunstâncias, a intenção de que a droga se destinaria a outro país ou a outro Estado brasileiro (súmulas 587 e 607 do STJ).
- Tanto o STF quanto o STJ consideram inexistir *bis in idem* na tipificação da conduta do tráfico pela importação ou exportação de drogas com a incidência do aumento da pena em virtude da transnacionalidade (STF: HC 132.459/SP, DJe 13/02/2017; STJ: RHC 59.063/SP, j. 07/06/2018).
- O art. 40, inciso III, da Lei nº 11.343/06 contempla uma majorante relativa à prática do tráfico em transportes públicos. O STJ se orienta no sentido de que o aumento só pode ser aplicado se o transporte público for utilizado (ou se o agente pretender utilizá-lo) para o efetivo comércio da droga. Caso sua intenção seja simplesmente se deslocar com drogas utilizando o sistema de transporte público, não há exasperação de pena (HC 455.652/SP, j. 04/09/2018). É também a orientação seguida pelo STF (HC 120.275/PR, j. 15/05/2018).
- Decidiu o STJ que o tráfico cometido nas imediações de igrejas não pode ser majorado na forma do art. 40, inc. III, da Lei 11.343/06, sob pena de se cometer analogia *in malam partem*, tendo em vista que a enumeração do dispositivo é taxativa: "Assim, caso o legislador quisesse punir de forma mais gravosa também o fato de o agente cometer o delito nas dependências ou nas imediações de igreja, o teria feito expressamente, assim como o fez em relação àquele que pratica o crime nas dependências ou nas imediações de estabelecimentos prisionais, de ensino ou hospitalares, de sedes de entidades estudantis, sociais, culturais, recreativas, esportivas, ou beneficentes, de locais de trabalho coletivo, de recintos onde se realizem espetáculos ou diversões de qualquer natureza, de serviços de tratamento de dependentes de drogas ou de reinserção social, de unidades militares ou policiais ou em transportes públicos. Ademais, no Direito Penal incriminador não se admite a analogia *in malam partem*, não se deve inserir no rol das majorantes o fato de o agente

haver cometido o delito nas dependências ou nas imediações de igreja" (HC 528.851/SP, j. 05/05/2020).

- O art. 40, inciso III, da Lei 11.343/06 majora a pena do tráfico cometido nas imediações de estabelecimento de ensino. Não é necessária a comprovação de que o tráfico visa a atingir os estudantes, bastando que ocorra nos arredores. Mas, excepcionalmente, é possível excluir a majorante em razão da ausência de pessoas no estabelecimento: "Sobre a causa especial de aumento de pena em questão, é certo que este Superior Tribunal possui o entendimento de que, "Para a incidência da majorante prevista no art. 40, inciso III, da Lei n. 11.343/2006 é desnecessária a efetiva comprovação de mercancia nos referidos locais, sendo suficiente que a prática ilícita tenha ocorrido em locais próximos, ou seja, nas imediações de tais estabelecimentos, diante da exposição de pessoas ao risco inerente à atividade criminosa da narcotraficância. [...]" (HC 407.487/SP, Rel. Ministra Maria Thereza de Assis Moura, 6ª T., DJe 15/12/2017). Contudo, no caso, verifica-se a presença de uma particularidade que, à luz da *mens legis* da referida majorante, justifica sua não incidência em desfavor do acusado. A razão de ser dessa causa especial de aumento de pena é a de punir, com maior rigor, aquele que, nas imediações ou nas dependências dos locais especificados no inciso III do art. 40 da Lei n. 11.343/2006, dada a maior aglomeração de pessoas, tem como mais ágil e facilitada a prática do tráfico de drogas (aqui incluídos quaisquer dos núcleos previstos no art. 33 da citada lei), justamente porque, em localidades como tais, é mais fácil ao traficante passar despercebido à fiscalização policial, além de ser maior o grau de vulnerabilidade das pessoas reunidas em determinados lugares. Contudo, no caso, o tráfico foi cometido 28/04/2020, momento em que as escolas de ensino do DF estavam fechadas por conta das medidas restritivas de combate à COVID-19, situação que perdurou entre março de 2020 e agosto de 2021, quando as aulas presenciais foram retomadas. Veja-se, portanto, que a proximidade do comércio ilícito de drogas com os estabelecimentos de ensino e esporte foi, na verdade, um elemento meramente acidental, sem nenhuma relação real e efetiva com a traficância. Não há nenhum dado concreto de que haja o réu se aproveitado das facilidades de eventual aglomeração de estudantes, de professores ou mesmo de casual hipossuficiência dos alunos da escola para, a partir delas, implementar o seu negócio ilícito e propagar, com maior facilidade, a venda, a aquisição, a exposição à venda etc. de drogas. Também não creio se haja incrementado o risco a que se poderiam expor os alunos da escola e frequentadores do conjunto poliesportivo em razão da conduta em apreço. Nesse contexto, por mais que tanto a jurisprudência quanto a doutrina entendam ser a majorante descrita no inciso III do art. 40 de caráter precipuamente objetivo (não é, pois, em regra, necessário que se comprove a efetiva mercancia nos locais elencados na lei, tampouco que a substância entorpecente atinja, diretamente, os trabalhadores, os estudantes, as pessoas hospitalizadas etc.), não há como perder de vista a razão de ser da causa especial de aumento de pena em questão" (AgRg no HC 728.750/DF, j. 17/05/2022).

- Ainda quanto à Lei nº 11.343/06, aumenta-se a pena quando o agente financiar ou custear a prática do crime de tráfico (art. 40, inciso VII). Como conciliar esta majorante com o crime do art. 36? A convivência legítima (e constitucional) dos dispositivos é alcançada interpretando-se o delito de sustento (art. 36) como sendo de natureza *habitual*, isto é, exige reiteração de condutas para sua caracterização, e a majorante do art. 40, VII, meramente ocasional. Deve ser observado que o patamar de aumento determinado pelo art. 40 não pode extrapolar o preceito secundário do crime do art. 36, sob pena de se punir infração menos grave de forma mais severa, ferindo, desse modo, o princípio constitucional da proporcionalidade.

- O art. 40, inc. VI, da Lei 11.343/06 majora a pena dos delitos tipificados nos arts. 33 a 37 se o crime *envolver* ou *visar a atingir criança* (menor de 12 anos) ou *adolescente* (com 12 anos completos, porém menor de 18) ou a quem tenha, por qualquer motivo, *diminuída ou suprimida a capacidade de entendimento e determinação* (alienado metal, enfermo, senil, ébrio etc.). O STJ proferiu diversas decisões no sentido de que a prova da menoridade dispensava a apresentação de certidão de nascimento ou documento semelhante, bastando que a condição do menor fosse demonstrada por qualquer meio dotado de fé pública, inclusive boletim de ocorrência baseado na simples declaração do indivíduo (AgInt no AREsp 852.726/SC, j. 17/05/2016). Mas, como havia divergência entre as turmas com competência criminal, a questão foi submetida à Terceira Seção, que, em 2019, impôs a necessidade de comprovação da menoridade por documento hábil (EREsp 1.763.471/DF, j. 14/08/2019). Em seguida, e agora sob o rito dos recursos repetitivos, o tribunal voltou a se debruçar sobre o tema e reiterou a orientação firmada em 2019: "Recurso provido para restabelecer a incidência da majorante prevista no inciso VI do art. 40 da Lei n. 11.343/2006 e, por conseguinte, readequar a pena imposta ao recorrido, nos termos do voto, assentando-se a seguinte tese: 'Para ensejar a aplicação de causa de aumento de pena prevista no art. 40, VI, da Lei n. 11.343/2006 ou a condenação pela prática do crime previsto no art. 244-B da Lei n. 8.069/1990, a qualificação do menor, constante do boletim de ocorrência, deve trazer dados indicativos de consulta a documento hábil – como o número do documento de identidade, do CPF ou de outro registro formal, tal como a certidão de nascimento'" (REsp nº 1.619.265/MG, j. 07/04/2020).

- O art. 42 da Lei nº 11.343/06, determinando que na aplicação da pena prepondere a natureza e a quantidade da droga sobre as circunstâncias do art. 59 do CP, pode não só balizar a extensão da redução da pena do tráfico (art. 33, § 4º) como também pode impedir sua incidência, como vem decidindo o STJ (HC 400.528/SP, DJe 18/08/2017). Há, no entanto, decisão do STF no sentido de que a quantidade da droga não pode isoladamente induzir à conclusão de que a mercancia seja um meio de vida e de que não se trata de conduta ocasional, ou mesmo de que o agente integre organização criminosa (RHC 138.715/MS, DJe 09/06/2017). Note-se, de qualquer forma, algo importantíssimo: as circunstâncias do art. 42 devem ser utilizadas na primeira **ou** na terceira fase de aplicação da pena. Não é possível utilizar o mesmo expediente nas duas fases porque, segundo decidiu o STF em sede de repercussão geral, há *bis in idem* (ARE 666.334 RG/AM, DJe 06/05/2014).

- A respeito ainda da natureza e da quantidade da droga como fatores de análise para a incidência da minorante, decidiu a Terceira Seção do STJ: "A Terceira Seção do STJ, no julgamento do EREsp 1.887.511/SP, da Relatoria do Ministro João Otávio de Noronha, fixou as seguintes diretrizes para a aplicação do art. 33, § 4º, da Lei n. 11.343/2006: "1 - A natureza e a quantidade das drogas apreendidas são fatores a serem necessariamente considerados na fixação da pena-base, nos termos do art. 42 da Lei n. 11.343/2006. 2 - Sua utilização supletiva na terceira fase da dosimetria da pena, para afastamento da diminuição de pena prevista no § 3º do art. 33 da Lei n. 11.343/2016, somente pode ocorrer quando esse vetor conjugado com outras circunstâncias do caso concreto que, unidas, caracterizem a dedicação do agente à atividade criminosa ou a integração a organização criminosa. 3 - Podem ser utilizadas para modulação da causa de diminuição de pena prevista no § 4º do art. 33 da Lei n. 11.343/2006 quaisquer circunstâncias judiciais não preponderantes, previstas no art. 59 do Código Penal, desde que não utilizadas na primeira etapa, para fixação da pena-base". Embora tenha externado, inúmeras vezes, sobre a impossibilidade de se aplicar a minorante especial da Lei de Drogas nos casos de apreensões de gigantescas quantidades de drogas - p. ex. toneladas, 200 ou 300 kg - por ser deduzível que apenas uma pessoa envolvida habitualmente com a traficância teria acesso a esse montante de entorpecente, a questão não merece discussão, uma vez que está superada, diante do posicionamento contrário do Supremo Tribunal Federal. Todavia, proponho a revisão das orientações estabelecidas nos itens 1 e 2 do EREsp 1.887.511/SP, especificamente em relação à aferição supletiva da quantidade e da natureza da droga na terceira fase da dosimetria. No julgamento do ARE 666.334/AM, de Relatoria do Ministro Gilmar Mendes, o Pleno do STF, em análise da matéria reconhecida como de repercussão geral, reafirmou a jurisprudência de que "as circunstâncias da natureza e da quantidade da droga apreendida devem ser levadas em consideração apenas em uma das fases do cálculo da pena". O resultado do julgado foi assim proclamado: "Tese: As circunstâncias da natureza e da quantidade da droga apreendida devem ser levadas em consideração apenas em uma das fases do cálculo da pena. Tema 712: Possibilidade, em caso de condenação pelo delito de tráfico de drogas, de valoração da quantidade e da natureza da droga apreendida, tanto para a fixação da pena-base quanto para a modulação da causa de diminuição prevista no art. 33, § 4º, da Lei 11.343/2006". Portanto, diante da orientação consolidada há tempos pelas Cortes Superiores, não parece adequado o acolhimento da proposta do uso apenas supletivo da quantidade e da natureza da droga na terceira fase da dosimetria. A adoção de tal posicionamento, resultará, em regra, na imposição de penas diminutas - abaixo do patamar de 4 anos de reclusão, como decorrência da incidência da minorante no grau máximo, ressalvados, obviamente, os casos de traficantes reincidentes ou integrantes de grupos criminosos. Sob tal contexto, propõe-se a manutenção do entendimento anterior desta Corte, acolhido em repercussão geral pelo STF, no julgamento do ARE 666.334/AM, sobre a possibilidade de valoração da quantidade e da natureza da droga apreendida, tanto para a fixação da pena-base quanto para a modulação da causa de diminuição prevista no art. 33, § 4º, da Lei 11.343/2006 - neste último caso ainda que sejam os únicos elementos aferidos -, desde que não tenha sido considerada na primeira fase do cálculo da pena. No caso, o Juiz de origem afastou o redutor do tráfico privilegiado por entender que a expressiva quantidade de droga apreendida (147 quilos de maconha) não qualificaria o réu como pequeno e iniciante no comércio ilícito de entorpecentes. Contudo, o STF tem posicionamento firme de que "A quantidade de droga apreendida não é, por si só, fundamento idôneo para afastamento da minorante do art. 33, § 4º, da Lei n. 11.343/2006" (RHC 138.117 AgR, Relatora: Rosa Weber, Primeira Turma, publicado em 6/4/2021). Assim, verificado o atendimento dos requisitos do art. 33, § 4º, da Lei de Drogas, reduz-se a pena em 1/6, atento ao disposto no art. 42 da Lei n. 11.343.2006 (expressiva quantidade de droga apreendida)" (HC 725.534/SP, j. 27/04/2022).
- O art. 42 também pode ser utilizado como parâmetro para estabelecer o regime inicial do cumprimento da pena, neste caso em conjunto com as disposições do art. 33 do CP. E, a depender da situação, a quantidade e a natureza da droga podem justificar o regime inicial mais severo do que a pena, por si, imporia (STJ: HC 396.447/SP, DJe 01/08/2017).
- Para o STJ, não existe *bis in idem* na utilização da natureza e da quantidade da droga para modular a incidência da minorante no tráfico e para estabelecer o regime inicial de cumprimento da pena. Isso decorre do fato de que o regime inicial é uma etapa à parte da aplicação da pena, isto é, não se insere no sistema trifásico, mas se segue a ele (AgRg no AREsp 670.161/MG, DJe 26/05/2017).
- No julgamento do RE 638.491/PR (DJe 23/08/2017), o STF adotou a orientação de que o confisco pode ocorrer pela simples constatação de que determinado bem foi utilizado para o cometimento do tráfico, independentemente de qualquer prova de habitualidade ou de exclusividade. Para o tri-

bunal, basta que se observe o parágrafo único do art. 243 da Constituição Federal, que determina o perdimento de bens apreendidos *em decorrência do tráfico*. Não há, no texto constitucional, nenhum requisito de habitualidade ou de exclusividade na utilização dos bens apreendidos.

- Quanto ao crime de organização criminosa, no número mínimo de quatro integrantes, deve-se computar o agente infiltrado? Certamente teremos doutrina admitindo. Ousamos discordar. O policial infiltrado não pode ser computado, pois não age com o necessário *animus* associativo. A sua finalidade, aliás, é diametralmente oposta, qual seja, desmantelar a sociedade criminosa.
- Tratando-se de delito autônomo, a punição da organização criminosa independe da prática de qualquer crime pela associação, o qual, ocorrendo, gera o concurso material (art. 69 do CP), cumulando as penas. O que já era pacífico na doutrina (seguida pela jurisprudência), agora está expresso no preceito secundário do art. 2º da Lei nº 12.850/13 (reclusão, de 3 a 8 anos, e multa, *sem prejuízo das penas correspondentes às demais infrações penais praticadas*).
- Não nos parece possível a tentativa de cometer o crime de organização criminosa. Os atos praticados com a finalidade de formá-la (anteriores à execução de qualquer dos núcleos) são meramente preparatórios.
- O art. 2º § 1º, da Lei 12.850/13 pune, nas mesmas penas do caput, a obstrução da persecução penal de infração que envolva organização criminosa. Tutela-se a administração da Justiça (e não mais a paz pública, protegida no *caput*). Este dispositivo foi questionado no STF sob o fundamento de que a formulação da ação típica (impedir ou, de qualquer forma, embaraçar investigação) viola o princípio da taxatividade. Mas o tribunal rejeitou a pretensão: "Não viola o princípio constitucional da legalidade (CF/1988, art. 5º, II e XXXIX) a norma penal incriminadora do § 1º do art. 2º da Lei 12.850/2013, na qual apresentadas as condutas delituosas de "impedir" e de "embaraçar" a investigação de infração penal a envolver organização criminosa. Diante da inviabilidade da previsão, de forma exauriente, de todas as possíveis condutas praticáveis por indivíduos pertencentes às organizações criminosas, o legislador – nos limites da sua liberdade de conformação – optou, acertadamente, por descrever, em termos mais abertos, apenas as duas acima registradas, cuja escolha foi adequada para punir o agente que pretende obstruir investigações a abranger organizações criminosas. Ademais, a normatização do preceito primário traz definição clara do bem jurídico tutelado, dos sujeitos ativo e passivo da conduta, bem como dos verbos núcleos do tipo penal" (ADI 5.567/DF, j. 20/11/2023).
- O art. 2º, § 4º, inciso II, da Lei nº 12.850/13 aumenta a pena do crime de organização criminosa se há concurso de funcionário público. Percebam, como destaca o próprio texto legal, que não basta esta circunstância, pois a organização criminosa deve se valer disso para a prática de infração penal (requisitos cumulativos). Em suma, exige-se que a atuação do funcionário seja útil para a associação na busca da vantagem objetivada pelos seus integrantes.
- O art. 2º, § 6º, da Lei nº 12.850/13 cuida de importante efeito extrapenal da sentença penal definitiva, anunciando que a condenação acarretará ao funcionário público a perda do cargo, função, emprego ou mandato eletivo. Como já ocorre na Lei de Tortura (art. 1º., § 5º, Lei n. 9.455/97), o efeito previsto é automático, dispensando motivação do magistrado sentenciante (diferente da regra geral estampada no art. 92, parágrafo único, do CP). Segundo o STF, a perda do cargo não viola o princípio da proporcionalidade: "É compatível com o princípio da proporcionalidade, em sua acepção substancial, a previsão normativa de perda do cargo, função, emprego ou mandato eletivo e da interdição para o exercício de função ou cargo público pelo prazo de 8 anos subsequente ao cumprimento da pena, no caso em que funcionário público esteja envolvido com organizações criminosas (Lei 12.850/2013, art. 2º, § 6º). O Congresso Nacional, dentro do seu espectro de funções constitucionais e por questões de política criminal, delimitou o alcance do efeito automático da sentença penal condenatória aos funcionários públicos que pratiquem os crimes preceituados na lei impugnada, o qual se mostra plenamente justificável em razão da notável reprovabilidade da conduta desses agentes" (ADI 5.567/DF, j. 20/11/2023).
- A Lei nº 13.260/16, atendendo ao mandado de criminalização contido no art. 5º, XLIII da Constituição Federal, foi editada para disciplinar o terrorismo. De acordo com as disposições do art. 2º, *caput*, o crime de terrorismo consiste na prática, por um ou mais indivíduos, dos atos previstos no § 1º, por razões de: a) xenofobia: aversão ao estrangeiro, consistindo basicamente em preconceito em relação à procedência nacional, embora a isso não se restrinja, podendo abranger também outras culturas ou subculturas; b) discriminação ou preconceito de raça, cor, etnia e religião: a Lei n.º 12.288/2010 define a discriminação racial como "toda distinção, exclusão, restrição ou preferência baseada em raça, cor, descendência ou origem nacional ou étnica que tenha por objeto anular ou restringir o reconhecimento, gozo ou exercício, em igualdade de condições, de direitos humanos e liberdades fundamentais nos campos político, econômico, social, cultural ou em qualquer outro campo da vida pública ou privada". O preconceito, no contexto da Lei nº 13.260/16, revela concepções por meio das quais indivíduos categorizam e desqualificam pessoas em virtude de sua raça, cor, etnia, religião ou procedência nacional.

Os atos de terrorismo, punidos com reclusão de doze a trinta anos, consistem em: I – usar ou ameaçar usar, transportar, guardar, portar ou trazer consigo explosivos, gases tóxicos, venenos, conteúdos biológicos, químicos, nucleares ou outros meios capazes de causar danos ou promover destruição em massa; II – sabotar o funcionamento ou apoderar-se, com violência, grave ameaça a pessoa ou servindo-se de mecanismos cibernéticos, do controle total ou parcial, ainda que de modo temporário, de meio de comunicação ou de transporte, de portos, aeroportos, estações ferroviárias ou rodoviárias, hospitais, casas de saúde, escolas, estádios esportivos, instalações públicas ou locais onde funcionem serviços públicos essenciais, instalações de geração ou transmissão de energia, instalações militares, instalações de exploração, refino e processamento de petróleo e gás e instituições bancárias e sua rede de atendimento; III – atentar contra a vida ou a integridade física de pessoa.

De acordo com a lei, para que caracterizem terrorismo tais atos devem ser cometidos com a finalidade de provocar terror social ou generalizado, expondo a perigo pessoa, patrimônio, a paz pública ou a incolumidade pública. Trata-se, portanto, de elemento subjetivo específico do tipo, pois se exige que a conduta seja permeada por uma finalidade especial.

- Há ainda outras condutas tipificadas na Lei nº 13.260/16:

  a) a promoção, constituição, integração ou prestação de auxílio, pessoalmente ou por interposta pessoa, a organização terrorista (art. 3º). Organizações terroristas, segundo definição apresentada pela Lei nº 13.260/16 no art. 1º, § 2º, inciso II, da Lei nº 12.850/13, são aquelas voltadas para a prática dos atos de terrorismo legalmente definidos.

  b) a realização de atos preparatórios de terrorismo com o propósito inequívoco de consumar tal delito (art. 5º). Pune-se neste caso a *preparação da preparação*. Por exemplo: o agente é surpreendido fabricando um explosivo que será utilizado num ato de terrorismo. Pode ser punido com base no art. 5º em virtude de um ato que se encontra numa fase ainda anterior à que normalmente seria tratada como preparação (nesse contexto, aquela fase em que o agente efetivamente se dirige ao local do ato portando o explosivo). No mesmo art. 5º são tipificadas as condutas de recrutar, organizar, transportar ou municiar indivíduos que viajem para país distinto daquele de sua residência ou nacionalidade; e de fornecer ou receber treinamento em país distinto daquele de sua residência ou nacionalidade. Segundo o STJ, tratando-se da punição de atos preparatórios praticados com o "propósito inequívoco" de consumar o crime de terrorismo, devem ser observados os elementos que compõem os aspectos subjetivos desta espécie criminosa, e isto se extrai do art. 2º da Lei 13.260/16. Desta forma, só pode haver ato preparatório de terrorismo se o agente estiver agindo por razões de xenofobia, discriminação ou preconceito de raça, cor, etnia e religião e com a finalidade de provocar terror social ou generalizado. Do contrário, tais atos não podem se subsumir ao art. 5º (HC 537.118/RJ, j. 05/12/2019).

  c) as condutas de receber, prover, oferecer, obter, guardar, manter em depósito, solicitar, investir, de qualquer modo, direta ou indiretamente, recursos, ativos, bens, direitos, valores ou serviços de qualquer natureza, para o planejamento, a preparação ou a execução dos crimes previstos na Lei nº 13.260/16 (art. 6º). Punem-se também os atos de oferecer ou receber, obter, guardar, manter em depósito, solicitar, investir ou de qualquer modo contribuir para a obtenção de ativo, bem ou recurso financeiro, com a finalidade de financiar, total ou parcialmente, pessoa, grupo de pessoas, associação, entidade, organização criminosa que tenha como atividade principal ou secundária, mesmo em caráter eventual, a prática dos crimes previstos na mesma Lei. Trata-se do crime mais grave tipificado nesta Lei, pois enseja reclusão de quinze a trinta anos, contra doze a trinta anos dos atos de terrorismo.

- De acordo com expressa disposição do art. 11 da Lei nº 13.260/16, os crimes de terrorismo são praticados contra o interesse da União. Por isso, a investigação é atribuição da Polícia Federal e a competência de julgamento é da Justiça Federal.

- A Lei nº 13.260/16 manda aplicar aos crimes de terrorismo as técnicas de investigação e os meios extraordinários de obtenção de prova previstos na Lei 12.850/13 – organizações criminosas (art. 3o) – destacando-se: a) colaboração premiada; b) captação ambiental de sinais eletromagnéticos, ópticos ou acústicos; c) ação controlada; d) acesso a registros de ligações telefônicas e telemáticas, a dados cadastrais constantes de bancos de dados públicos ou privados e a informações eleitorais ou comerciais; e) interceptação de comunicações telefônicas e telemáticas, nos termos da legislação específica; f) afastamento dos sigilos financeiro, bancário e fiscal, nos termos da legislação específica; g) infiltração, por policiais, em atividade de investigação; h) cooperação entre instituições e órgãos federais, distritais, estaduais e municipais na busca de provas e informações de interesse da investigação ou da instrução criminal.

- A Lei 13.869/19, que dispõe sobre os crimes de abuso de autoridade, revogou a Lei 4.898/65 (que tipificava os mesmos crimes), o § 2º do art. 150 do CP (que aumentava a pena da violação de domicílio cometida por funcionário público, fora dos casos legais, ou com inobservância das formalidades estabelecidas em lei, ou com abuso do poder) e o art. 350 do CP (que tipificava o crime de ordenar ou executar medida privativa de liberdade individual sem as formalidades legais ou com abuso de poder).

- Logo no seu artigo inaugural, a Lei 13.869/19 anuncia que a existência do crime de abuso de autoridade depende de o agente comportar-se abusivamente com a finalidade específica de prejudicar outrem ou beneficiar a si mesmo ou a terceiro, ou, ainda, por mero capricho ou satisfação pessoal. Desta forma, todos os tipos penais devem ser guiados pela finalidade específica.

- Como forma de evitar a sua reprovação, a Lei 13.869/19 esclarece que a divergência na interpretação de lei ou na avaliação de fatos e provas não configura, por si só, abuso de autoridade. De fato, o projeto que redundou na lei nasceu tipificando o crime de hermenêutica, leia-se, o delito que existe unicamente em virtude da interpretação do operador da lei, sem que haja indícios ou provas da ocorrência de um fato tipificado. A proposta, esdrúxula, não passou pelo crivo dos parlamentares. Ponderamos, porém, que divergências de interpretação ou avaliação, quando patentemente teratológicas, absolutamente anormais, absurdas, assombrosas, não poderão socorrer a autoridade. Vamos imaginar um diretor de penitenciária, interpretando o princípio constitucional da isonomia, entende que nada justifica, no século atual, homens e mulheres cumprirem penas em estabelecimento distintos, colocando ambos os sexos na mesma cela. Essa sua interpretação ao art. 5º da CF é monstruosa. Se ficar demonstrada a finalidade específica de prejudicar outrem ou beneficiar a si mesmo ou a terceiro, ou, ainda, por mero capricho ou satisfação pessoal, responderá pelo abuso (art. 21).

- O *caput* do art. 2º da Lei 13.869/19 dispõe ser sujeito ativo do crime de abuso de autoridade qualquer agente público, servidor ou não, da administração direta, indireta ou fundacional de qualquer dos Poderes da União, dos Estados, do Distrito Federal, dos Municípios e de Território. Em seguida, num *rol meramente exemplificativo*, alerta que a norma inclui mas não se limita a: I – servidores públicos e militares ou pessoas a eles equiparadas; II – membros do Poder Legislativo; III – membros do Poder Executivo; IV – membros do Poder Judiciário; V – membros do Ministério Público; VI – membros dos tribunais ou conselhos de contas. Como se não bastasse, o parágrafo único define "agente público", para os efeitos da lei, como sendo todo aquele que exerce, ainda que transitoriamente ou sem remuneração, por eleição, nomeação, designação, contratação ou qualquer outra forma de investidura ou vínculo, mandato, cargo, emprego ou função em órgão ou entidade abrangido pelo *caput*.
- Em seu art. 4º, a Lei 13.869/19 traz os efeitos da condenação aplicáveis especificamente ao abuso de autoridade: "I - tornar certa a obrigação de indenizar o dano causado pelo crime, devendo o juiz, a requerimento do ofendido, fixar na sentença o valor mínimo para reparação dos danos causados pela infração, considerando os prejuízos por ele sofridos; II - a inabilitação para o exercício de cargo, mandato ou função pública, pelo período de 1 (um) a 5 (cinco) anos; III - a perda do cargo, do mandato ou da função pública. Parágrafo único. Os efeitos previstos nos incisos II e III do caput deste artigo são condicionados à ocorrência de reincidência em crime de abuso de autoridade e não são automáticos, devendo ser declarados motivadamente na sentença".

  Como se percebe, nos incisos do art. 4º o legislador fundiu parte dos arts. 91 e 92 do CP, com o art. 387, IV, do CPP. Mesclou efeitos extrapenais genéricos com específicos, ambos convivendo com a antecipação da reparação de danos líquidos apurados no processo-crime. Acabou, ainda, mesclando efeitos automáticos com não automáticos. Aliás, para estes, criou nova condicionante, qual seja, a reincidência em crimes de abuso de autoridade.

  O primeiro efeito da condenação, trazido pela primeira parte do inciso I do art. 4º, diz respeito a tornar certa a obrigação de indenizar o dano causado pelo crime. Embora sejam independentes as esferas cível e penal, a sentença penal condenatória com trânsito em julgado evidencia, quando possível, o dano causado pelo agente mediante a prática de sua conduta típica, ilícita e culpável, gerando, pois, para a vítima, um título executivo de natureza judicial, conforme previsto pelo inciso VI do art. 515 do Código de Processo Civil. Considerado como efeito automático da sentença penal condenatória com trânsito em julgado, não precisa ser declarado expressamente no *decisum*, pois deflui naturalmente da condenação.

  A segunda parte do inciso I do art. 4º prevê, também, quando houver requerimento do ofendido nesse sentido, a fixação do valor mínimo para reparação dos danos causados pela infração, considerando os prejuízos sofridos. Trata-se, agora, de um efeito específico, não automático da sentença penal condenatória, decorrente da prática de quaisquer dos crimes de abuso de autoridade, devendo, consequentemente, ser expressamente motivado pelo julgador. Na verdade, não havia necessidade de se fazer constar como efeito da condenação essa fixação de valor mínimo para reparação dos danos produzidos pela infração penal e experimentados pela vítima, pois já existe previsão dessa fixação mínima no inciso IV do art. 387 do Código de Processo Penal. No Código de Processo Penal, ao contrário do que ocorre na Lei de Abuso de Autoridade, não há necessidade de qualquer requerimento da vítima para que o juiz fixe esse valor mínimo de reparação dos danos. Como conciliar as duas previsões legais sobre o mesmo tema? Neste caso, deverá ser aplicado o princípio *lex specialis derogat generalis*, ou seja, tratando-se de crime de abuso de autoridade, somente se houver requerimento por parte da vítima é que o julgador deverá fixar esse valor mínimo para a reparação. Se a vítima não tiver feito expressamente o requerimento, caberá tão somente o direito a liquidar, no juízo cível, seu título executivo judicial, vale dizer, a sentença penal condenatória transitada em julgado.

  O inciso II do art. 4º prevê como efeito específico, não automático, dependente de expressa motivação do julgador, a inabilitação para o exercício de cargo, mandato ou função pública, pelo período de 1 (um) a 5 (cinco) anos.

  O inciso III trata da perda do cargo, do mandato ou da função pública. Pode o agente condenado pela prática de abuso de autoridade perder seu cargo, mandato ou função pública sem que, obrigatoriamente, se veja inabilitado para ocupar outro cargo, ou mesmo exercer mandato ou função pública. Os efeitos são, portanto, alternativos ou cumulativos, conforme o caso.
- A Lei de Abuso de Autoridade segue a política de penas alternativas. Em seu art. 5º anuncia que as penas restritivas de direitos substitutivas das privativas de liberdade são as seguintes: I – prestação de serviços à comunidade ou a entidades públicas; II – suspensão do exercício do cargo, da função ou do mandato, pelo prazo de 1 (um) a 6 (seis) meses, com a perda dos vencimentos e das vantagens.

Conforme o disposto no parágrafo único do art. 5º, referidas penas restritivas de direito podem ser aplicadas autônoma ou cumulativamente, isto é, o juiz é quem, fundamentadamente, determina a necessidade de aplicação de uma ou mais penas restritivas de direito, aquilatando as circunstâncias do caso concreto, sem ignorar as condições pessoais do sentenciado.

- Como regra geral, a prestação de serviços à comunidade ou a entidades públicas substitui somente penas privativas de liberdade superiores a seis meses. Este piso de seis meses permanece na Lei de Abuso de Autoridade, que é silente a respeito? Para uns, o silêncio da lei especial elimina o requisito, podendo ser aplicada a prestação de serviços à comunidade mesmo para condenações inferiores a seis meses. Para outros, o silêncio obriga o aplicador a observar a norma geral, isto é, o limite mínimo para a substituição. Não atingindo o patamar de seis meses de pena em concreto, o juiz deve substituir a prisão pela suspensão do exercício do cargo, da função ou do mandato, pelo prazo de 1 (um) a 6 (seis) meses, com a perda dos vencimentos e das vantagens. Com espeque no princípio da razoabilidade, ficamos com a primeira corrente e explicamos com um exemplo para melhor compreensão do leitor. Se o agente consuma qualquer dos crimes de abuso de autoridade, sua pena será de no mínimo seis meses, admitindo prestação de serviços à comunidade. Se o delito, no entanto, for tentado, a pena pode ficar aquém de seis meses, só admitindo, de acordo com a segunda corrente, suspensão do exercício do cargo, da função ou do mandato, pelo prazo de 1 (um) a 6 (seis) meses, com a perda dos vencimentos e das vantagens, sanção alternativa rigorosíssima, conforme explicaremos no próximo item. Ora, como pode um crime tentado sofrer sanção restritiva bem mais rigorosa do que um crime consumado? Eis, aqui, a falta de razoabilidade que nos obriga a concordar com a tese de que o silêncio da Lei de Abuso de Autoridade elimina o piso, podendo ser aplicada a prestação de serviços à comunidade mesmo para condenações inferiores a seis meses.
- Ao contrário do que ocorre com o inciso I do art. 5º da Lei de Abuso de Autoridade, em que a pena restritiva de direitos relativa à prestação de serviços à comunidade ou a entidades públicas terá a mesma duração da pena privativa de liberdade substituída, ressalvado o disposto no § 4º do art. 46 do Código Penal, o inciso II do art. 5º determina que, havendo condenação pela prática de algum dos crimes previstos na Lei 13.869/2019, poderá ser aplicada, em substituição à pena privativa de liberdade, suspensão do exercício do cargo, da função ou do mandato pelo prazo de 1 (um) a 6 (seis) meses, com a perda dos vencimentos e das vantagens. Aqui, como se percebe, o condenado pelo abuso de autoridade será tão somente suspenso do seu cargo, função ou mandato pelo período de 1 (um) a 6 (seis) meses, com a perda dos vencimentos e das vantagens. Em se tratando, por exemplo, de alguém concursado, que ocupa um cargo público, o fato de deixar de receber seus vencimentos e vantagens a ele inerentes poderá deixá-lo em situação muito complicada. Assim, imagine-se a hipótese daquele agente que, condenado pelo crime de abuso de autoridade, viu substituída sua privação de liberdade pela suspensão do exercício do seu cargo durante 6 (seis) meses, deixando de receber seus vencimentos e vantagens durante todo o período da suspensão. Para um agente que tem suas obrigações familiares, a exemplo de pagamentos de contas de água, luz, esgoto, condomínio, escolas dos filhos, alimentação etc., ficar sem receber importará em um sacrifício que atingirá não somente ele mesmo, mas também as pessoas que dele dependem. À primeira vista, o que pode parecer uma sanção branda por ser uma alternativa à prisão é, na verdade, uma dura punição para o condenado.
- Com a entrada em vigor da Lei 14.321/22, a Lei de Abuso de Autoridade passou a tipificar o crime de violência institucional, que consiste em submeter a vítima de infração penal ou a testemunha de crimes violentos a procedimentos desnecessários, repetitivos ou invasivos, que a leve a reviver, sem estrita necessidade, a situação de violência ou outras situações potencialmente geradoras de sofrimento ou estigmatização. Cuida-se de forma específica de violência praticada pelas instituições públicas e seus agentes, não obstante o seu dever de promoção da dignidade e dos direitos humanos em diversos contextos da vida em sociedade.

✦ SÚMULAS DO SUPREMO TRIBUNAL FEDERAL E DO SUPERIOR TRIBUNAL DE JUSTIÇA

1. EFICÁCIA DA LEI PENAL NO TEMPO

1.1. STF

- **Súmula nº 711** – A lei penal mais grave aplica-se ao crime continuado ou ao crime permanente, se a sua vigência é anterior à cessação da continuidade ou da permanência.

1.2. STJ

- **Súmula nº 501** – É cabível a aplicação retroativa da Lei n. 11.343/2006, desde que o resultado da incidência das suas disposições, na íntegra, seja mais favorável ao réu do que o advindo da aplicação da Lei n. 6.368/1976, sendo vedada a combinação de leis.

2. EFICÁCIA DA LEI PENAL EM RELAÇÃO ÀS PESSOAS

2.1. STF

- **Súmula vinculante nº 45** – A competência constitucional do Tribunal do Júri prevalece sobre o foro por prerrogativa de função estabelecido exclusivamente pela constituição estadual.

- **Súmula nº 702** – A competência do Tribunal de Justiça para julgar prefeitos restringe-se aos crimes de competência da justiça comum estadual; nos demais casos, a competência originária caberá ao respectivo tribunal de segundo grau.
- **Súmula nº 451** – A competência especial por prerrogativa de função não se estende ao crime cometido após a cessação definitiva do exercício funcional.

3. CONSUMAÇÃO E TENTATIVA

3.1. STF

- **Súmula nº 145** – Não há crime, quando a preparação do flagrante pela polícia torna impossível a sua consumação.

4. CONCURSO DE PESSOAS

4.1. STF

- **Súmula nº 245** – A imunidade parlamentar não se estende ao corréu sem essa prerrogativa.

5. APLICAÇÃO DA PENA

5.1. STF

- **Súmula nº 719** – A imposição do regime de cumprimento mais severo do que a pena aplicada permitir exige motivação idônea.
- **Súmula nº 718** – A opinião do julgador sobre a gravidade em abstrato do crime não constitui motivação idônea para a imposição de regime mais severo do que o permitido segundo a pena aplicada.

5.2. STJ

- **Súmula nº 659** – A fração de aumento em razão da prática de crime continuado deve ser fixada de acordo com o número de delitos cometidos, aplicando-se 1/6 pela prática de duas infrações, 1/5 para três, 1/4 para quatro, 1/3 para cinco, 1/2 para seis e 2/3 para sete ou mais infrações.
- **Súmula nº 636** – A folha de antecedentes criminais é documento suficiente a comprovar os maus antecedentes e a reincidência.
- **Súmula nº 630** – A incidência da atenuante da confissão espontânea no crime de tráfico ilícito de entorpecentes exige o reconhecimento da traficância pelo acusado, não bastando a mera admissão da posse ou propriedade para uso próprio.
- **Súmula nº 545** – Quando a confissão for utilizada para a formação do convencimento do julgador, o réu fará jus à atenuante prevista no art. 65, III, d, do Código Penal.
- **Súmula nº 493** – É inadmissível a fixação de pena substitutiva (art. 44 do CP) como condição especial ao regime aberto.
- **Súmula nº 444** – É vedada a utilização de inquéritos policiais e ações penais em curso para agravar a pena-base.
- **Súmula nº 443** – O aumento na terceira fase de aplicação da pena no crime de roubo circunstanciado exige fundamentação concreta, não sendo suficiente para a sua exasperação a mera indicação do número de majorantes.
- **Súmula nº 442** – É inadmissível aplicar, no furto qualificado, pelo concurso de agentes, a majorante do roubo.
- **Súmula nº 440** – Fixada a pena-base no mínimo legal, é vedado o estabelecimento de regime prisional mais gravoso do que o cabível em razão da sanção imposta, com base apenas na gravidade abstrata do delito.
- **Súmula nº 269** – É admissível a adoção do regime prisional semiaberto aos reincidentes condenados a pena igual ou inferior a quatro anos se favoráveis as circunstâncias judiciais.
- **Súmula nº 241** – A reincidência penal não pode ser considerada como circunstância agravante e, simultaneamente, como circunstância judicial.
- **Súmula nº 231** – A incidência da circunstância atenuante não pode conduzir à redução da pena abaixo do mínimo legal.
- **Súmula nº 171** – Cominadas cumulativamente, em lei especial, penas privativas de liberdade e pecuniária, é defeso a substituição da prisão por multa.
- **Súmula nº 74** – Para efeitos penais, o reconhecimento da menoridade do réu requer prova por documento hábil.

6. PENA DE MULTA

6.1. STF

- **Súmula nº 693** – Não cabe "habeas corpus" contra decisão condenatória a pena de multa, ou relativo a processo em curso por infração penal a que a pena pecuniária seja a única cominada.

7. AÇÃO PENAL

7.1. STF

- **Súmula nº 714** – É concorrente a legitimidade do ofendido, mediante queixa, e do Ministério Público, condicionada à representação do ofendido, para a ação penal por crime contra a honra de servidor público em razão do exercício de suas funções.

8. CAUSAS EXTINTIVAS DA PUNIBILIDADE

8.1. STJ

- **Súmula nº 631** – O indulto extingue os efeitos primários da condenação (pretensão executória), mas não atinge os efeitos secundários, penais ou extrapenais.
- **Súmula nº 18** – A sentença concessiva do perdão judicial é declaratória da extinção da punibilidade, não subsistindo qualquer efeito condenatório.

9. PRESCRIÇÃO

9.1. STF

- **Súmula nº 497** – Quando se tratar de crime continuado, a prescrição regula-se pela pena imposta na sentença, não se computando o acréscimo decorrente da continuação.

9.2. STJ

- **Súmula nº 438** – É inadmissível a extinção da punibilidade pela prescrição da pretensão punitiva com fundamento em pena hipotética, independentemente da existência ou sorte do processo penal.
- **Súmula nº 415** – O período de suspensão do prazo prescricional é regulado pelo máximo da pena cominada.
- **Súmula nº 338** – A prescrição penal é aplicável nas medidas socioeducativas.
- **Súmula nº 220** – A reincidência não influi no prazo da prescrição da pretensão punitiva.
- **Súmula nº 191** – A pronúncia é causa interruptiva da prescrição, ainda que o tribunal do júri venha a desclassificar o crime.

10. FURTO

10.1. STJ

- **Súmula nº 567** – Sistema de vigilância realizado por monitoramento eletrônico ou por existência de segurança no interior de estabelecimento comercial, por si só, não torna impossível a configuração do crime de furto.
- **Súmula nº 511** – É possível o reconhecimento do privilégio previsto no § 2º do art. 155 do CP nos casos de crime de furto qualificado, se estiverem presentes a primariedade do agente, o pequeno valor da coisa e a qualificadora for de ordem objetiva.

11. ROUBO

11.1. STF

- **Súmula nº 610** – Há crime de latrocínio, quando o homicídio se consuma, ainda que não realize o agente a subtração de bens da vítima.
- **Súmula nº 603** – A competência para o processo e julgamento de latrocínio é do juiz singular e não do tribunal do júri.

11.2. STJ

- **Súmula nº 582** – Consuma-se o crime de roubo com a inversão da posse do bem mediante emprego de violência ou grave ameaça, ainda que por breve tempo e em seguida à perseguição imediata ao agente e recuperação da coisa roubada, sendo prescindível a posse mansa e pacífica ou desvigiada.

12. EXTORSÃO

12.1. STJ

- **Súmula nº 96** – O crime de extorsão consuma-se independentemente da obtenção da vantagem indevida.

13. ESTELIONATO

13.1. STF

- **Súmula nº 554** – O pagamento de cheque emitido sem provisão de fundos, após o recebimento da denúncia, não obsta ao prosseguimento da ação penal.
- **Súmula nº 246** – Comprovado não ter havido fraude, não se configura o crime de emissão de cheque sem fundos.

13.2. STJ

- **Súmula nº 107** – Compete à justiça comum estadual processar e julgar crime de estelionato praticado mediante falsificação das guias de recolhimento das contribuições previdenciárias, quando não ocorrente lesão a autarquia federal.
- **Súmula nº 73** – A utilização de papel moeda grosseiramente falsificado configura, em tese, o crime de estelionato, da competência da justiça estadual.
- **Súmula nº 48** – Compete ao juízo do local da obtenção da vantagem ilícita processar e julgar crime de estelionato cometido mediante falsificação de cheque.
- **Súmula nº 24** – Aplica-se ao crime de estelionato em que figure como vítima entidade autárquica da Previdência Social a qualificadora do § 3º do art. 171 do Código Penal.
- **Súmula nº 17** – Quando o falso se exaure no estelionato, sem mais potencialidade lesiva, é por este absorvido.

14. CRIMES CONTRA A PROPRIEDADE INTELECTUAL

14.1. STJ

- **Súmula nº 574** – Para a configuração do delito de violação de direito autoral e a comprovação de sua materialidade, é suficiente a perícia realizada por amostragem do produto apreendido, nos aspectos externos do material, e é desnecessária a identificação dos titulares dos direitos autorais violados ou daqueles que os representem.
- **Súmula nº 502** – Presentes a materialidade e a autoria, afigura-se típica, em relação ao crime previsto no art. 184, § 2º, do CP, a conduta de expor à venda CDs e DVDs piratas.

15. ESTUPRO DE VULNERÁVEL

15.1. STJ

- **Súmula nº 593** – O crime de estupro de vulnerável se configura com a conjunção carnal ou prática de ato libidinoso com menor de 14 anos, sendo irrelevante eventual consentimento da vítima para a prática do ato, sua experiência sexual anterior ou existência de relacionamento amoroso com o agente.

16. FALSIFICAÇÃO DE DOCUMENTO PÚBLICO

16.1. STJ

- **Súmula nº 104** – Compete à justiça estadual o processo e julgamento dos crimes de falsificação e uso de documento falso relativo a estabelecimento particular de ensino.

- **Súmula nº 62** – Compete à justiça estadual processar e julgar o crime de falsa anotação na Carteira de Trabalho e Previdência Social, atribuído a empresa privada.

17. USO DE DOCUMENTO FALSO

17.1. STF

- **Súmula vinculante nº 36** - Compete à Justiça Federal comum processar e julgar civil denunciado pelos crimes de falsificação e de uso de documento falso quando se tratar de falsificação da Caderneta de Inscrição e Registro (CIR) ou de Carteira de Habilitação de Amador (CHA), ainda que expedidas pela Marinha do Brasil.

17.2. STJ

- **Súmula nº 546** – A competência para processar e julgar o crime de uso de documento falso é firmada em razão da entidade ou órgão ao qual foi apresentado o documento público, não importando a qualificação do órgão expedidor.
- **Súmula nº 200** – O juízo federal competente para processar e julgar acusado de crime de uso de passaporte falso e o do lugar onde o delito se consumou.

18. FALSA IDENTIDADE

18.1. STJ

- **Súmula nº 522** – A conduta de atribuir-se falsa identidade perante autoridade policial é típica, ainda que em situação de alegada autodefesa.

19. CRIMES CONTRA A ADMINISTRAÇÃO PÚBLICA

19.1. STJ

- **Súmula nº 645** – O crime de fraude à licitação é formal, e sua consumação prescinde da comprovação do prejuízo ou da obtenção de vantagem.
- **Súmula nº 599** – O princípio da insignificância é inaplicável aos crimes contra a administração pública.

20. CONTRABANDO E DESCAMINHO

20.1. STJ

- **Súmula nº 151** – A competência para o processo e julgamento por crime de contrabando ou descaminho define-se pela prevenção do juízo federal do lugar da apreensão dos bens.

21. FALSO TESTEMUNHO

21.1. STJ

- **Súmula nº 165** – Compete à justiça federal processar e julgar crime de falso testemunho cometido no processo trabalhista.

22. LEIS ESPECIAIS

22.1. CONTRAVENÇÕES PENAIS

22.1.1. STJ

- **Súmula nº 38** – Compete à justiça estadual comum, na vigência da Constituição de 1988, o processo por contravenção penal, ainda que praticada em detrimento de bens, serviços ou interesse da União ou de suas entidades.

22.2. CRIMES DE RESPONSABILIDADE

22.2.1. STF

- **Súmula vinculante nº 46** – A definição dos crimes de responsabilidade e o estabelecimento das respectivas normas de processo e julgamento são da competência legislativa privativa da União.
- **Súmula nº 703** – A extinção do mandato do prefeito não impede a instauração de processo pela prática dos crimes previstos no art. 1° do Decreto-lei 201/1967.

22.2.2. STJ

- **Súmula nº 209** – Compete à Justiça Estadual processar e julgar prefeito por desvio de verba transferida e incorporada ao patrimônio municipal.
- **Súmula nº 208** – Compete à Justiça Federal processar e julgar prefeito municipal por desvio de verba sujeita a prestação de contas perante órgão federal.
- **Súmula nº 164** – O prefeito municipal, após a extinção do mandato, continua sujeito a processo por crime previsto no art. 1. do Dec. lei n. 201, de 27/02/67.

22.3. EXECUÇÃO PENAL

22.3.1. STF

- **Súmula vinculante nº 56** A falta de estabelecimento penal adequado não autoriza a manutenção do condenado em regime prisional mais gravoso, devendo-se observar, nessa hipótese, os parâmetros fixados no RE 641.320/RS.
- **Súmula vinculante nº 26** – Para efeito de progressão de regime no cumprimento de pena por crime hediondo, ou equiparado, o juízo da execução observará a inconstitucionalidade do art. 2º da Lei nº 8.072, de 25 de julho de 1990, sem prejuízo de avaliar se o condenado preenche, ou não, os requisitos objetivos e subjetivos do benefício, podendo determinar, para tal fim, de modo fundamentado, a realização de exame criminológico.
- **Súmula vinculante nº 9** – O disposto no art. 127 da Lei nº 7.210/1984 (Lei de Execução Penal) foi recebido pela ordem constitucional vigente, e não se lhe aplica o limite temporal previsto no caput do art. 58.
- **Súmula nº 717** – Não impede a progressão de regime de execução da pena, fixada em sentença

não transitada em julgado, o fato de o réu se encontrar em prisão especial.

- **Súmula nº 716** – Admite-se a progressão de regime de cumprimento da pena ou a aplicação imediata de regime menos severo nela determinada, antes do trânsito em julgado da sentença condenatória.
- **Súmula nº 715** – A pena unificada para atender ao limite de trinta anos de cumprimento, determinado pelo art. 75 do Código Penal, não é considerada para a concessão de outros benefícios, como o livramento condicional ou regime mais favorável de execução. (Atualmente, o limite do art. 75 é de 40 anos, como determina a Lei 13.964/19)
- **Súmula nº 700** – É de cinco dias o prazo para interposição de agravo contra decisão do juiz da execução penal.
- **Súmula nº 695** – Não cabe "habeas corpus" quando já extinta a pena privativa de liberdade.
- **Súmula nº 611** – Transitada em julgado a sentença condenatória, compete ao juízo das execuções a aplicação de lei mais benigna.

22.3.2. STJ

- **Súmula nº 662** – Para a prorrogação do prazo de permanência no sistema penitenciário federal, é prescindível a ocorrência de fato novo; basta constar, em decisão fundamentada, a persistência dos motivos que ensejaram a transferência inicial do preso.
- **Súmula nº 661** – A falta grave prescinde da perícia do celular apreendido ou de seus componentes essenciais.
- **Súmula nº 660** – A posse, pelo apenado, de aparelho celular ou de seus componentes essenciais constitui falta grave.
- **Súmula nº 643** – A execução da pena restritiva de direitos depende do trânsito em julgado da condenação.
- **Súmula nº 639** – Não fere o contraditório e o devido processo decisão que, sem ouvida prévia da defesa, determine transferência ou permanência de custodiado em estabelecimento penitenciário federal.
- **Súmula nº 617** – A ausência de suspensão ou revogação do livramento condicional antes do término do período de prova enseja a extinção da punibilidade pelo integral cumprimento da pena.
- **Súmula nº 562** – É possível a remição de parte do tempo de execução da pena quando o condenado, em regime fechado ou semiaberto, desempenha atividade laborativa, ainda que extramuros.
- **Súmula nº 535** – A prática de falta grave não interrompe o prazo para fim de comutação de pena ou indulto.
- **Súmula nº 534** – A prática de falta grave interrompe a contagem do prazo para a progressão de regime de cumprimento de pena, o qual se reinicia a partir do cometimento dessa infração.
- **Súmula nº 533** – Para o reconhecimento da prática de falta disciplinar no âmbito da execução penal, é imprescindível a instauração de procedimento administrativo pelo diretor do estabelecimento prisional, assegurado o direito de defesa, a ser realizado por advogado constituído ou defensor público nomeado.
- **Súmula nº 527** – O tempo de duração da medida de segurança não deve ultrapassar o limite máximo da pena abstratamente cominada ao delito praticado.
- **Súmula nº 526** – O reconhecimento de falta grave decorrente do cometimento de fato definido como crime doloso no cumprimento da pena prescinde do trânsito em julgado de sentença penal condenatória no processo penal instaurado para apuração do fato.
- **Súmula nº 520** – O benefício de saída temporária no âmbito da execução penal é ato jurisdicional insuscetível de delegação à autoridade administrativa do estabelecimento prisional.
- **Súmula nº 493** – É inadmissível a fixação de pena substitutiva (art. 44 do CP) como condição especial ao regime aberto.
- **Súmula nº 491** – É inadmissível a chamada progressão per saltum de regime prisional.
- **Súmula nº 471** – Os condenados por crimes hediondos ou assemelhados cometidos antes da vigência da Lei nº 11.464/2007 sujeitam-se ao disposto no art. 112 da Lei nº 7.210/1984 (Lei de Execução Penal) para a progressão de regime prisional.
- **Súmula nº 441** – A falta grave não interrompe o prazo para obtenção de livramento condicional.
- **Súmula nº 439** – Admite-se o exame criminológico pelas peculiaridades do caso, desde que em decisão motivada.
- **Súmula nº 341** – A frequência a curso de ensino formal é causa de remição de parte do tempo de execução de pena sob regime fechado ou semiaberto.
- **Súmula nº 192** – Compete ao juízo das execuções penais do estado a execução das penas impostas a sentenciados pela justiça federal, militar ou eleitoral, quando recolhidos a estabelecimentos sujeitos à administração estadual.
- **Súmula nº 40** – Para obtenção dos benefícios de saída temporária e trabalho externo, considera-se o tempo de cumprimento da pena no regime fechado.

22.4. ESTATUTO DA CRIANÇA E DO ADOLESCENTE

22.4.1. STJ

- **Súmula nº 605** – A maioridade penal não interfere na apuração de atos infracionais e na execução de medidas socioeducativas.
- **Súmula nº 500** – A configuração do crime do art. 244-B do ECA independe da prova da efetiva corrupção do menor, por se tratar de delito formal.

- **Súmula nº 492** – O ato infracional análogo ao tráfico de drogas, por si só, não conduz obrigatoriamente à imposição de medida socioeducativa de internação do adolescente.
- **Súmula nº 108** – A aplicação de medidas socioeducativas ao adolescente, pela prática de ato infracional, é da competência exclusiva do juiz.

22.5. CRIMES CONTRA A ORDEM TRIBUTÁRIA

22.5.1. STF

- **Súmula vinculante nº 24** – Não se tipifica crime material contra a ordem tributária, previsto no art. 1º, incisos I a IV, da lei nº 8.137/90, antes do lançamento definitivo do tributo.

22.5.2. STJ

- **Súmula nº 658** – O crime de apropriação indébita tributária pode ocorrer tanto em operações próprias, como em razão de substituição tributária.

22.6. LEI Nº 9.099/95

22.6.1. STF

- **Súmula vinculante nº 35** – A homologação da transação penal prevista no artigo 76 da Lei 9.099/1995 não faz coisa julgada material e, descumpridas suas cláusulas, retoma-se a situação anterior, possibilitando-se ao Ministério Público a continuidade da persecução penal mediante oferecimento de denúncia ou requisição de inquérito policial.
- **Súmula nº 723** – Não se admite a suspensão condicional do processo por crime continuado, se a soma da pena mínima da infração mais grave com o aumento mínimo de um sexto for superior a um ano.

22.6.2. STJ

- **Súmula nº 243** – O benefício da suspensão do processo não é aplicável em relação às infrações penais cometidas em concurso material, concurso formal ou continuidade delitiva, quando a pena mínima cominada, seja pelo somatório, seja pela incidência da majorante, ultrapassar o limite de um (01) ano.

22.7. CRIMES CONTRA O SISTEMA DE TELECOMUNICAÇÕES

22.7.1. STJ

- **Súmula nº 606** – Não se aplica o princípio da insignificância aos casos de transmissão clandestina de sinal de internet via radiofrequência que caracterizam o fato típico previsto no artigo 183 da lei 9.472/97.

22.8. CRIMES DE TRÂNSITO

22.8.1. STF

- **Súmula nº 720** – O art. 309 do Código de Trânsito Brasileiro, que reclama decorra do fato perigo de dano, derrogou o art. 32 da Lei das Contravenções Penais no tocante à direção sem habilitação em vias terrestres.

22.8.2. STJ

- **Súmula nº 664** – É inaplicável a consunção entre o delito de embriaguez ao volante e o de condução de veículo automotor sem habilitação.
- **Súmula nº 575** – Constitui crime a conduta de permitir, confiar ou entregar a direção de veículo automotor a pessoa que não seja habilitada, ou que se encontre em qualquer das situações previstas no art. 310 do CTB, independentemente da ocorrência de lesão ou de perigo de dano concreto na condução do veículo.

22.9. ARMAS DE FOGO

22.9.1. STJ

- **Súmula nº 668** – Não é hediondo o delito de porte ou posse de arma de fogo de uso permitido, ainda que com numeração, marca ou qualquer outro sinal de identificação raspado, suprimido ou adulterado.
- **Súmula nº 513** – A 'abolitio criminis' temporária prevista na Lei n. 10.826/2003 aplica-se ao crime de posse de arma de fogo de uso permitido com numeração, marca ou qualquer outro sinal de identificação raspado, suprimido ou adulterado, praticado somente até 23/10/2005.

22.10. LEI MARIA DA PENHA

22.10.1. STJ

- **Súmula nº 600** – Para a configuração da violência doméstica e familiar prevista no artigo 5º da Lei n. 11.340/2006 (Lei Maria da Penha) não se exige a coabitação entre autor e vítima.
- **Súmula nº 589** – É inaplicável o princípio da insignificância nos crimes ou contravenções penais praticados contra a mulher no âmbito das relações domésticas.
- **Súmula nº 588** – A prática de crime ou contravenção penal contra a mulher com violência ou grave ameaça no ambiente doméstico impossibilita a

substituição da pena privativa de liberdade por restritiva de direitos.

- **Súmula nº 542** – A ação penal relativa ao crime de lesão corporal resultante de violência doméstica contra a mulher é pública incondicionada.
- **Súmula nº 536** – A suspensão condicional do processo e a transação penal não se aplicam na hipótese de delitos sujeitos ao rito da Lei Maria da Penha.

22.11. LEI DE DROGAS

22.11.1. STF

- **Súmula vinculante nº 59** – "É impositiva a fixação do regime aberto e a substituição da pena privativa de liberdade por restritiva de direitos quando reconhecida a figura do tráfico privilegiado (art. 33, § 4º, da Lei 11.343/2006) e ausentes vetores negativos na primeira fase da dosimetria (art. 59 do CP), observados os requisitos do art. 33, § 2º, 'c', e do art. 44, ambos do Código Penal."
- **Súmula nº 522** – Salvo ocorrência de tráfico para o Exterior, quando, então, a competência será da Justiça Federal, compete à Justiça dos Estados o processo e julgamento dos crimes relativos a entorpecentes.

22.11.2. STJ

- **Súmula nº 607** – A majorante do tráfico transnacional de drogas (art. 40, I, da lei 11.343/06) se configura com a prova da destinação internacional das drogas, ainda que não consumada a transposição de fronteiras.
- **Súmula nº 587** – Para a incidência da majorante prevista no art. 40, V, da Lei n. 11.343/2006, é desnecessária a efetiva transposição de fronteiras entre estados da Federação, sendo suficiente a demonstração inequívoca da intenção de realizar o tráfico interestadual.

Direito Processual Penal

Ricardo Silvares

TABELA DE INCIDÊNCIA DE QUESTÕES

Distribuição das questões organizada por ordem didática de assuntos		
Assunto	**Número de Questões**	**Peso**
1. PRINCÍPIOS E GARANTIAS	20	5,04%
2. NORMA PROCESSUAL PENAL E SUA APLICAÇÃO	8	2,02%
3. INQUÉRITO POLICIAL E OUTROS PROCEDIMENTOS INVESTIGATÓRIOS	69	17,38%
4. AÇÃO PENAL	17	4,28%
5. COMPETÊNCIA	25	6,30%
6. QUESTÕES PREJUDICIAIS, EXCEÇÕES E INCIDENTES	14	3,53%
7. CITAÇÃO, INTIMAÇÕES E CONTAGEM DE PRAZOS	11	2,77%
8. PROVAS	53	13,35%
9. SENTENÇA	8	2,02%
10. PROCEDIMENTOS	74	18,64%
11. NULIDADES	5	1,26%
12. RECURSOS	8	2,02%
13. HABEAS CORPUS E MANDADO DE SEGURANÇA	6	1,51%
14. MEDIDAS COATIVAS PESSOAIS	64	16,12%
15. MEDIDAS CAUTELARES REAIS	11	2,77%
16. EXECUÇÃO PENAL	4	1,01%
Total	**397**	**100%**

Direito Processual Penal

Ricardo Silvares

✦ QUESTÕES

1. PRINCÍPIOS E GARANTIAS

- CF, art. 5º
- Decreto 678/1992 (Convenção Americana de Direitos Humanos)

---

01. (VUNESP – 2023 – PC/SP – Delegado) O sistema processual penal acusatório antagoniza o sistema inquisitivo, entre outras razões, por

a) determinar a participação do magistrado na discussão do acordo de não persecução penal.

b) possibilitar a decretação da prisão de ofício.

c) adotar a prevalência das regras constitucionais sobre as regras legais.

d) vedar a substituição probatória do órgão de acusação pelo juiz.

e) prever a necessidade de reexame necessário em caso de absolvição.

COMENTÁRIOS

O sistema acusatório é caracterizado pela separação entre as funções de julgar e de acusar (princípio acusatório), bem como pelo fato de que a ação penal não será de iniciativa do órgão julgador. Muitos autores, no Brasil, ainda não entenderam isso e acrescentam uma séria de características que não são definidores do sistema acusatório. No caso da alternativa "a", a participação do magistrado na discussão do acordo de não persecução penal tem relação com o sistema acusatório, visto que não poderia o juiz imiscuir-se em assunto que diz respeito ao manejo da ação penal, ainda que com a utilização de instituto que evita o oferecimento da denúncia. No caso da alternativa "b", a decretação da prisão de ofício pode atingir o sistema acusatório, na medida em que o juiz estaria adiantando providência cautelar não requerida pelo titular da ação penal ou pela autoridade responsável pela investigação. Vale lembrar que o juiz não pode ter qualquer iniciativa na fase de investigação, pois essa etapa está umbilicalmente ligada ao manejo da ação penal. Hoje, o art. 3º-A do CPP deixa isso bem claro. Quanto à alternativa "c", a prevalência das regras constitucionais sobre as legais não guarda qualquer relação com ser ou não acusatório um determinado sistema. A alternativa "d" está correta porque, de fato, tendo o órgão acusatório o ônus de provar as imputações que fez, não pode o juiz substituí-lo nessa atividade, que igualmente está diretamente ligada à própria ideia de ação penal. Isso não impede que, depois, o juiz possa complementar a prova, de ofício, para dirimir dúvida importante para o julgamento do mérito. Por fim, a alternativa "e" está mais ligada à disponibilidade e pessoalidade dos recursos, não exatamente ao sistema acusatório, embora alguns autores tenham feito tal correlação.

Alternativa correta: "d".

---

02. (VUNESP – 2023 – PC/SP – Delegado) De acordo com matéria sumulada,

a) viola as garantias do juiz natural a atração por continência ou conexão do processo do corréu ao foro por prerrogativa de função de um dos denunciados.

b) arquivado o inquérito policial, por despacho do juiz, a requerimento do promotor de justiça, não pode a ação penal ser iniciada, mesmo diante de novas provas.

c) é direito do defensor, no interesse do representado, ter acesso amplo a quaisquer elementos de prova, documentados ou não, em procedimento investigatório realizado por órgão com competência de polícia judiciária.

d) a proibição de liberdade provisória nos processos por crimes hediondos veda o relaxamento da prisão processual por excesso de prazo.

e) no processo penal, a falta da defesa constitui nulidade absoluta, mas a sua deficiência só o anulará se houver prova de prejuízo para o réu.

COMENTÁRIOS

✪ **Nota do autor:** a questão foi inserida neste tópico dos princípios, tendo em vista a alternativa correta.

Alternativa "a": errado. Não viola as garantias do juiz natural, da ampla defesa e do devido processo legal a atração por continência ou conexão do corréu ao foro por prerrogativa de função de um dos denunciados (STF, Súmula 704).

Alternativa "b": errado. Arquivado o inquérito policial, por despacho do juiz, a requerimento do Promotor de Justiça, não pode a ação penal ser iniciada, sem novas provas (STF, Súmula 524). Tal entendimento sumulado tende a ser revisto, não por conta da necessidade de novas provas depois do arquivamento do inquérito, mas porque, com a alteração do art. 28 do CPP, o Ministério Público não mais "requer" ao juiz o arquivamento, mas promove tal ato e comunica o juiz. Este não mais homologa e, assim, determina o arquivamento, mas apenas pode, segundo o STF, se o caso, determinar a remessa do caso ao órgão de revisão do Ministério Público, se entender que o arquivamento contém ilegalidade ou teratologia.

Alternativa "c": errado. É direito do defensor, no interesse do representado, ter acesso amplo aos elementos de prova que, já documentados em procedimento investigatório realizado por órgão com competência de polícia judiciária, digam respeito ao exercício do direito de defesa (Súmula Vinculante 14).

Alternativa "d": errado. Não há qualquer entendimento sumular nesse sentido.

Alternativa "e" certo. É o teor da Súmula 523 do STF.

Alternativa correta: letra "e".

---

03. (Vunesp – Delegado de Polícia – PC – SP/2022) Na evolução do direito processual penal, percebe-se a influência de outros ramos do direito. O_______deu uma atenção ao aspecto subjetivo do crime, combateu a vingança privada, humanizou as penas, reprimiu o uso de ordálias e introduziu as penas privativas de liberdade em substituição às patrimoniais. É correto afirmar que o ramo do direito que corretamente completa o enunciado é:

a) Direito Americano
b) Direito Romano
c) Direito Germânico
d) Direito Francês
e) Direito Canônico

COMENTÁRIOS

Vamos ver como fica o enunciado, quando corretamente preenchido: "Na evolução do direito processual penal, percebe-se a influência de outros ramos do direito. O direito canônico deu uma atenção ao aspecto subjetivo do crime, combateu a vingança privada, humanizou as penas, reprimiu o uso de ordálias e introduziu as penas privativas de liberdade em substituição às patrimoniais". Não era uma questão fácil, pois é comum que se pense ser o direito canônico sinônimo de abusos, torturas etc., isso por conta da Inquisição. Porém, o direito canônico foi possivelmente a primeira sistematização do processo penal, que afastou as ordálias – o Quarto Concílio de Trento, de 1215, proibiu que os membros do clero participassem da aplicação desse tipo de pena – e introduziu as penas privativas de liberdade. A influência sobre o direito europeu foi muito intensa, até mesmo, em certa medida sob o direito inglês, praticamente forçando soluções para substituir as ordálias, o que fez com que o direito das Ilhas Britânicas caminhasse no sentido de estabelecer o julgamento por jurados.

Alternativa correta: letra "e".

---

04. (Cespe – Delegado de Polícia – PC – PB/2022) No processo penal brasileiro, a revisão pro societate

a) permite que o réu seja indiciado e processado mais de uma vez pelo mesmo fato.
b) não é admitida, mesmo que o réu tenha sido absolvido injustamente por decisão já transitada em julgado.
c) é admitida quando a sentença absolutória for proferida por juízo incompetente.
d) não admite o reexame de sentença que extingue a punibilidade com base em falsa certidão de óbito do réu.
e) é assegurada devido à possibilidade do Poder Judiciário de rever os próprios atos de ofício quando eivados de nulidade.

COMENTÁRIOS

Alternativa "a": a vedação do *bis in idem* proíbe que alguém seja processado mais de uma vez pelo mesmo fato, podendo-se incluir aí também o indiciamento. Assim, tenha sido condenado ou absolvido, somente admite-se um processo.

Alternativa "b": absolvições injustas certamente ocorrem e é o preço que se paga pelo devido processo legal, justamente para evitar que condenações injustas ocorram. De qualquer forma, justa ou não a absolvição, esgotados os recursos, ela se torna definitiva.

Alternativa "c": a sentença absolutória proferida por juiz incompetente continua sendo sentença, não sendo ato inexistente. Logo, gera efeitos e impede que haja novo processo.

Alternativa "d": nesse caso, houve fraude, razão pela qual o STF já admitiu o reexame da sentença extintiva da punibilidade.

Alternativa "e": um ato eivado de nulidade pode ser revisto. Uma decisão absolutória não é ato eivado de nulidade, razão pela qual a mesma lógica aqui não se aplica.

Alternativa correta: letra "b".

05. (FGV - Delegado de Polícia - PC - RN/2021) O direito processual penal é regido por diversos princípios, dentre os quais o do nemo tenetur se detegere, pelo qual ninguém será obrigado a produzir prova contra si mesmo. Com base no princípio em questão e na jurisprudência dos Tribunais Superiores:

a) a atribuição de falsa identidade pelo suspeito ou investigado, ainda que em situação de autodefesa, configura fato típico;

b) a recusa do investigado em prestar informações quando intimado em sede policial poderá justificar, por si só, o seu indiciamento pela autoridade policial;

c) as provas que exijam comportamento passivo do investigado não poderão ser produzidas sem sua concordância;

d) a alteração de cena do crime pelo agente não configura fraude processual;

e) apenas o preso poderá valer-se do direito ao silêncio, não se estendendo tal proteção aos investigados.

COMENTÁRIOS

Alternativa a: segundo entendimento do STF e do STJ, a atribuição de falsa identidade pelo suspeito ou investigado, ainda que em situação de autodefesa, configura o crime de falsa identidade. Vide Súmula 522 do STJ.

Alternativa b: a recusa em prestar depoimento é parte do direito a não se autoincriminar, não justificando o indiciamento. Este somente deve ocorrer se o delegado verificar que há prova do crime e indícios suficientes de autoria e participação, segundo sua valoração dos elementos informativos.

Alternativa c: as provas que dependam de comportamento passivo do acusado – como o reconhecimento, que apenas exige dele que fique parado, para ser observado – não dependem de sua concordância, podendo ser conduzido coercitivamente ao local do ato.

Alternativa d: o acusado não tem o direito de falsificar provas ou alterar as existentes e, se o fizer, cometerá crime de fraude processual, além do que poderá até justificar a prisão preventiva, para assegurar a instrução criminal.

Alternativa "e": ninguém é obrigado a se autoincriminar, razão pela qual qualquer indiciado, preso ou não, poderá exercer o direito ao silêncio. Até a testemunha poderá deixar de responder a perguntas que possam incriminá-la.

Alternativa correta: letra a.

06. (Inst. Acesso - Delegado de Polícia - PC - ES/2019) A referida classificação do sistema brasileiro como um sistema acusatório, desvinculador dos papéis dos agentes processuais e das funções no processo judicial, mostra-se contraditória quando confrontada com uma série de elementos existentes no processo." (FERREIRA. Marco Aurélio Gonçalves. A Presunção da Inocência e a Construção da Verdade: Contrastes e Confrontos em perspectiva comparada (Brasil e Canadá). EDITORA LUMEN JURIS, Rio de Janeiro, 2013). Leia o caso hipotético descrito a seguir.

O Ministro OMJ, do Supremo Tribunal Federal, rejeitou o pedido da Procuradoria-Geral da República (PGR), de arquivamento do inquérito aberto para apurar ofensas a integrantes do STF e da suspensão dos atos praticados no âmbito dessa investigação, como buscas e apreensões e a censura a sites. Assinale a alternativa INCORRETA quanto a noção de sistema acusatório.

a) Inquérito administrativo instaurado no âmbito da administração pública.

b) A determinação de ofício de instauração de inquérito policial pelo juiz.

c) A Instauração de inquérito policial pelo Delegado de Polícia.

d) A requisição de instauração de inquérito policial pelo Ministério Público.

e) Inquérito instaurado por comissões parlamentares.

COMENTÁRIOS

✪ **Nota do autor:** apesar da redação deficiente, a questão lida com tema dos sistemas processuais, usando assunto bastante atual. Por isso, é sempre importante que o candidato fique atento ao noticiário.

Alternativa "a": o inquérito policial é um procedimento administrativo, instaurado no âmbito da administração pública, o que está em perfeito acordo com o sistema acusatório. Segundo a saudosa Ada Pellegini Grinover (A iniciativa instrutória do juiz no processo penal acusatório, *Revista Brasileira de Ciências Criminais*, nº 27, 1999), no sistema acusatório "as funções de acusar, defender e julgar são atribuídas a órgãos distintos", enquanto no sistema inquisitório "as funções estão reunidas e o inquisidor deve proceder espontaneamente. É só no processo acusatório que o juízo penal é o *actum trium personarum* (...), enquanto no processo inquisitório a investigação unilateral a tudo se antepõe (...)".

Alternativa "b": segundo entendimento que vem prevalecendo, não deve o juiz imiscuir-se na fase de investigação, nem mesmo para determinar, de ofício, a instauração de procedimento investigatório. Aliás, esse é o entendimento que se pode extrair do julgamento feito pelo próprio STF quanto à constitucionalidade do art. 3º-A do CPP, acrescido pela Lei 13.964/2019. Por isso, respeitosamente, nos parece equivocado que Ministro do STF determine, de ofício, a instauração de inquérito e que este seja presidido também por Ministro da Corte Suprema. Mas é o que vem ocorrendo, segundo entendimento de tal Corte.

Alternativa "c": o delegado de polícia pode, de ofício, instaurar inquérito policial, sempre que tenha conhecimento da prática de infração penal de ação pública incondicionada. Isso está em perfeito acordo com o sistema acusatório.

Alternativa "d": como órgão acusador, pode e deve o Ministério Público ter poderes de requisição, podendo até mesmo fazer a própria investigação. Isso também não atinge o sistema acusatório, pois a separação entre o órgão que acusa e o que julga fica preservada.

Alternativa "e": o inquérito parlamentar é previsto na CF e está em acordo com o sistema acusatório. Vale lembrar que o inquérito parlamentar pode ser usado para a propositura de ação penal.

Alternativa incorreta: letra "b".

---

07. (Vunesp - Delegado de Polícia - PC - SP/2018) Acerca do duplo grau de jurisdição, é correto afirmar que

a) constitui afronta ao princípio do duplo grau de jurisdição a cogitação da existência de um sistema com irrecorribilidade das decisões interlocutórias.

b) a possibilidade de interposição de recurso especial e extraordinário não é manifestação do duplo grau de jurisdição.

c) o exame direto da matéria pelo Tribunal em recurso de apelação constitui supressão do primeiro grau de jurisdição, mas não caracteriza violação do princípio do duplo grau de jurisdição.

d) a garantia do duplo grau de jurisdição vale tanto para o acusado como para o acusador.

e) a Constituição de 1988 assegurou expressamente referido princípio constitucional, dentre vários outros, assim como a Convenção Americana de Direitos Humanos, que assegura a todos os acusados, entre as garantias processuais mínimas, o direito de recorrer da sentença a juiz ou tribunal superior.

COMENTÁRIOS

Alternativa "a": somente as decisões de mérito, que decidem sobre a culpa do acusado, é que devem estar sujeitas, obrigatoriamente, ao duplo grau de jurisdição, cabendo à parte a decisão sobre recorrer ou não. Assim, não fere o duplo grau de jurisdição, por exemplo, a ausência de previsão de recurso contra decisão que recebe a denúncia.

Alternativa "b": a possibilidade de interposição desses recursos realmente não representa manifestação do duplo grau, pois somente cabíveis quando houver decisão de tribunal, ou seja, quando já houver ocorrido recurso anterior (apelação ou em sentido estrito), este sim manifestação de tal princípio.

Alternativa "c": somente haveria supressão de instância se o tribunal analisasse questão não discutida em primeiro grau, sem que sobre ela tenha este proferido qualquer decisão.

Alternativa "d": é garantia do acusado, prevista na Convenção Americana de Direitos Humanos (Pacto de São José da Costa Rica).

Alternativa "e": como visto, está previsto o princípio apenas no Pacto, não na CF.

Alternativa correta: letra "b".

---

08. (UEG - Delegado de Polícia - PC - GO/2018) Dispensa-se a reserva de jurisdição:

a) para a decretação da prescrição.

b) para prisão temporária do investigado.

c) para declarar a cassação da fiança prestada.

d) para a realização de reprodução simulada dos fatos.

e) para requisição, a empresas concessionárias de telecomunicações, de disponibilização de meios técnicos adequados que permitam a localização dos suspeitos de delito em curso.

COMENTÁRIOS

Alternativa "a": somente juiz pode declarar a extinção da punibilidade, elevada, pelo art. 397 do CPP, a causa de absolvição sumária.

Alternativa "b": também somente juiz pode decretar prisão, inclusive a prisão temporária.

Alternativa "c": somente o juiz pode cassar a fiança, desde que presentes as hipóteses legais.

Alternativa "d": nesse caso, a autoridade policial pode determinar a realização desse meio de investigação.

Alternativa "e": segundo expressamente prevê o art. 13-B do CPP, a autoridade policial ou o Ministério Público dependerão de autorização judicial.

Alternativa correta: letra "d".

---

09. (Inst. Acesso - Delegado de Polícia - PC - ES/2019) A referida classificação do sistema brasileiro como um sistema acusatório, desvinculador dos papéis dos agentes processuais e das funções no processo judicial, mostra-se contraditória quando confrontada com uma série de elementos existentes no processo." (FERREIRA. Marco Aurélio Gonçalves. A Presunção da Inocência e a Construção da Verdade: Contrastes e Confrontos em perspectiva comparada (Brasil e Canadá). EDITORA LUMEN JURIS, Rio de Janeiro, 2013). Leia o caso hipotético descrito a seguir.

O Ministro OMJ, do Supremo Tribunal Federal, rejeitou o pedido da Procuradoria-Geral da República (PGR), de arquivamento do inquérito aberto para apurar ofensas a integrantes do STF e da suspensão dos atos praticados no âmbito dessa investigação, como buscas e apreensões e a censura a sites. Assinale a alternativa INCORRETA quanto a noção de sistema acusatório.

a) Inquérito administrativo instaurado no âmbito da administração pública.

b) A determinação de ofício de instauração de inquérito policial pelo juiz.

c) A Instauração de inquérito policial pelo Delegado de Polícia.

d) A requisição de instauração de inquérito policial pelo Ministério Público.

e) Inquérito instaurado por comissões parlamentares.

COMENTÁRIOS

Nota do autor: apesar da redação deficiente, a questão lida com tema dos sistemas processuais, usando assunto bastante atual. Por isso, é sempre importante que o candidato fique atento ao noticiário.

Alternativa "a": o inquérito policial é um procedimento administrativo, instaurado no âmbito da administração pública, o que está em perfeito acordo com o sistema acusatório. Segundo a saudosa Ada Pellegini Grinover (A iniciativa instrutória do juiz no processo penal acusatório, *Revista Brasileira de Ciências Criminais*, nº 27, 1999), no sistema acusatório "as funções de acusar, defender e julgar são atribuídas a órgãos distintos", enquanto no sistema inquisitório "as funções estão reunidas e o inquisidor deve proceder espontaneamente. É só no processo acusatório que o juízo penal é o *actum trium personarum* (...), enquanto no processo inquisitório a investigação unilateral a tudo se antepõe (...)".

Alternativa "b": segundo entendimento que vem prevalecendo, não deve o juiz imiscuir-se na fase de investigação, nem mesmo para determinar, de ofício, a instauração de procedimento investigatório. Por isso, respeitosamente, nos parece equivocado que Ministro do STF determine, de ofício, a instauração de inquérito e que este seja presidido também por Ministro da Corte Suprema. Mas é o que vem ocorrendo, segundo entendimento de tal Corte.

Alternativa "c": o delegado de polícia pode, de ofício, instaurar inquérito policial, sempre que tenha conhecimento da prática de infração penal de ação pública incondicionada. Isso está em perfeito acordo com o sistema acusatório.

Alternativa "d": como órgão acusador, pode e deve o Ministério Público ter poderes de requisição, podendo até mesmo fazer a própria investigação. Isso também não atinge o sistema acusatório, pois a separação entre o órgão que acusa e o que julga fica preservada.

Alternativa "e": o inquérito parlamentar é previsto na CF e está em acordo com o sistema acusatório. Vale lembrar que o inquérito parlamentar pode ser usado para a propositura de ação penal.

Alternativa incorreta: letra "b".

---

10. (IBADE - Delegado de Polícia - AC/2017) Leia as assertivas a seguir.

I. Constituição Brasileira elaborou um catálogo fechado (rol taxativo) de direitos fundamentais com eficácia imediata que contempla inúmeras garantias processuais.

II. Apresenta-se como direito fundamental o de recorrer da condenação e da pena, o chamado duplo grau de jurisdição (art. 8°, item 2, h, da Convenção Americana sobre Direitos Humanos – Pacto de São José da Costa Rica de 1969 e art. 14, item 5 do Pacto Internacional de Direitos Civis e Políticos de 1966).

III. A audiência de custódia tem natureza jurídica de direito fundamental do preso, ex vi, art. 5°, §2° da CF/1988 c/c art. 7°, 5 do Pacto de São José da Costa Rica e art. 9°, 3 do Pacto Internacional de Direitos Civis e Políticos, tendo o STF reconhecido o instituto ao julgar a ADI 5240 afirmando como direito fundamental do preso ser levado sem demora à autoridade judicial.

IV. O preso tem que ser levado sem demora à autoridade prevista em lei, ainda que esta não tenha o poder sobre a liberdade e prisão do apresentado.

Estão corretas apenas as assertivas:

a) I e IV.
b) II e III.
c) I e II.
d) I e III.
e) II e IV.

COMENTÁRIOS

Assertiva I: errado. O rol do art. 5º da CF não é taxativo. O STF já reconheceu a existência de direito fundamental, na própria CF, fora do dispositivo, sendo o caso, por exemplo, do princípio da anualidade dos tributos. Ademais, o próprio art. 5º estabelece que outros direitos fundamentais podem ser previstos em convenções e tratados internacionais do qual o Brasil seja signatário.

Assertiva II: certo. Notem que tal princípio não está previsto na CF, mas em convenção internacional da qual o Brasil é signatário. O problema tem sido os casos da competência originária do STF, visto que não há um tribunal acima deste ao qual recorrer. A solução vem sendo deixar para uma das turmas o julgamento e para o Pleno o recurso. Porém, não se trata propriamente da aplicação do duplo grau.

Assertiva III: certo. De fato, trata-se de direito fundamental e, hoje, há determinação expressa do CNJ para que a Justiça de todos os Estados realizem a audiência de custódia (Resolução 213/2015). Além disso, a reforma trazida pela Lei 13.964/2019 tornou obrigatória a realização da audiência de custódia, sob pena de relaxamento da prisão (art. 310, *caput* e § 4º, CPP).

Assertiva IV: errado. A autoridade deve ser aquela com poder para determinar o relaxamento da prisão, a concessão da liberdade ou que possa decretar a prisão preventiva.

Alternativa correta: letra "b": estão certas as Assertivas II e III.

---

11. (IBADE - Delegado de Polícia - AC/2017) Sobre princípio de processo penal, assinale a alternativa correta.

a) Não se inclui na garantia da ampla defesa, como consectário desta o direito à inviolabilidade da pessoa, dos documentos e do local de trabalho do defensor técnico.

b) O contraditório é a organização dialética do processo através de tese e antítese legitimadoras da síntese, é a afirmação e negação. Ou seja, os atos processuais se desenvolvem de forma unilateral, o que se chama unilateralidade dos atos processuais.

c) No processo penal brasileiro, apesar de inúmeros princípios que lhe emprestam um caráter democrático, não vigora o princípio da identidade física do juiz.

d) A teoria dos cinco componentes, ao proteger a integridade física e espiritual do homem, bem como a Fórmula Objeto de Dürig, ao dizer que a dignidade humana é violada sempre que o homem for coisificado, são importantes contribuições teóricas para a compreensão das dimensões da dignidade e sua repercussão sobre o processo penal, notadamente no que diz respeito às provas.

e) Para a teoria do não prazo, a duração razoável do processo deve ser definida pelo legislador, inclusive em atenção ao princípio da legalidade. Esta inclusive é a orientação do Tribunal Europeu de Direitos Humanos e da Corte Interamericana de Direitos Humanos.

COMENTÁRIOS

Alternativa "a": por óbvio que não é possível a ampla defesa se não se garantir a inviolabilidade da pessoa do defensor técnico, bem como de seus documentos e local de trabalho.

Alternativa "b": dizer que há unilateralidade é a negação do que se afirmou anteriormente. A formulação clássica do princípio do contraditório afirma que este consiste na ciência bilateral dos atos do processo e a possibilidade de contrariá-los. Porém, não é só isso. Contraditório pressupõe conhecimento dos atos e termos do processo, sem dúvida. Mas, implica também na possibilidade efetiva de participar de tais atos, podendo neles influir, como ocorre no caso da produção das provas. E as partes no processo devem atuar em igualdade de condições.

Alternativa "c": vigora expressamente tal princípio. Não decorre do devido processo legal, pois é mera opção do legislador infraconstitucional. Prova disso é que, até 2008, não era aplicado ao processo penal brasileiro. Portanto, não é o princípio da identidade física do juiz uma garantia constitucional por si só. Porém, sua não observância acarreta nulidade da decisão proferida, pois, agora, é regra prevista no CPP. Logo, para que haja o devido processo legal – esta, sim, uma garantia constitucional – deve ser observada a identidade física do juiz. Notem como o princípio do devido processo legal é, de fato, uma síntese dos demais princípios – previstos ou não na CF – aplicáveis ao processo. O § 2º do art. 399 estabelece que o juiz que presidiu a instrução deverá proferir a sentença, com o que o CPP adotou o princípio da identidade física do juiz. A jurisprudência, porém, não tem considerado absoluto o princípio. Nesse sentido, decisão do STJ: "(...) De acordo com o princípio da identidade física do juiz, que passou a ser aplicado também no âmbito do processo penal após o advento da Lei nº 11.719, de 20 de junho de 2008, o magistrado que presidir a instrução criminal deverá proferir a sentença no feito, nos termos do § 2º do artigo 399 do Código de Processo Penal. (...) Em razão da ausência de outras normas específicas regulamentando o referido princípio, nos casos de convocação, licença, promoção ou de outro motivo que impeça o juiz que tiver presidido a instrução de sentenciar o feito, por analogia – permitida pelo artigo 3º da Lei Adjetiva Penal –, deverá ser aplicada a regra contida no artigo 132 do Código de Processo Civil, que dispõe que os autos passarão ao sucessor do magistrado. Doutrina. Precedente. (...) No caso em apreço, o impetrante não se desincumbiu de seu ônus de comprovar que o magistrado que teria presidido a instrução criminal não estaria impedido de proferir a sentença, ou seja, que não seria aplicável quaisquer das hipóteses excepcionais elencadas no citado dispositivo do Código de Processo Civil. (...)" (HC 242.115 – PE. Rel. Min. Jorge Mussi, j. 02.08.2012). Notem como a jurisprudência remete à aplicação, por analogia, do art. 132 do CPC de 1973, já revogado. Com a entrada em vigor do novo CPC, temos um problema: ele não repete a regra do art. 132 acima mencionada. Que fazer? o STJ continua aplicando o mesmo entendimento.

Alternativa "d": segundo o STF, o homem não pode se tornar objeto dos processos estatais, adotando, de modo confesso – como se deu na Extradição 986-BO, Rel. Min. Eros Grau, j. 15.08.2007 –, a fórmula-objeto de Günther Dürig, professor da Universidade de Tübingen. Também tal fórmula foi inspiração para o julgamento do HC 91.952-SP, a partir do qual surgiu a Súmula Vinculante 11, a respeito das algemas.

Alternativa "e": se o prazo é definido pelo legislador, tem-se a aplicação da teoria do prazo fixo, ao invés da teoria do não-prazo. Nesta, não há prazo fixo, mas busca-se maximizar o princípio da duração razoável do processo.

Alternativa correta: letra "d".

---

12. (IBADE – Delegado de Polícia – AC/2017) No que se refere ao tema intervenção corporal, provas e meios de obtenção de provas, leia as afirmativas a seguir.

I. As intervenções corporais são ingerências sobre o corpo vivo da pessoa humana que afetam seus direitos fundamentais. No processo penal apenas o indiciado ou réu pode ser objeto de tal medida.

II. Discute-se na doutrina se a busca pessoal (arts. 244 e 249 CPP) é uma espécie de intervenção corporal considerada pequena ou leve havendo quem sustente que a referida medida sequer se enquadra como intervenção corporal.

III. A Lei nº 13.271/2016, que regulamenta a revista íntima, entrou em vigor trazendo importante instrumento de proteção à dignidade ao prever que a revista íntima em ambiente prisional e sob investigação policial será unicamente realizada por funcionários e servidores femininos.

IV. As intervenções corporais são classificadas como leves e graves, ou ainda, invasivas e não invasivas, conforme o nível de ingerência.

Estão corretas apenas as afirmativas:

a) II e III.

b) I e IV.

c) I e III.

d) I e II.

e) II e IV

COMENTÁRIOS

Afirmativa I: O entendimento que hoje prevalece - que vai no sentido de não ser o acusado objeto do processo, mas sujeito dele, parte dele - é o de que o acusado não pode ser alvo de intervenções corporais sem seu consentimento. Assim, por exemplo, não pode o acusado ser obrigado a fornecer sangue para exame de DNA, visto que não é obrigado a produzir prova contra si mesmo. Consequentemente, não ser dele extraído sangue à força.

Afirmativa II: A busca pessoal, em nosso entender, não é intervenção corporal, pois se busca, não parte do corpo, mas objeto estranho a este.

Afirmativa III: A lei citada proibiu a revista íntima.

Afirmativa IV: As intervenções corporais invasivas não são admitidas em nosso ordenamento para a obtenção de prova contra o imputado.

Alternativa correta: letra "e": estão certas as Afirmativas II e IV.

---

13. (FUNCAB - Delegado de Polícia - PA/2016) Leia as frases a seguir e a partir dos respectivos conteúdos responda.

1. "Esse princípio fundamental de civilidade representa o fruto de uma opção garantista a favor da tutela da imunidade dos inocentes" (Luigi Ferrajoli).
2. "Basta ao corpo social que os culpados sejam geralmente punidos, pois é seu maior interesse que todos os inocentes sem exceção sejam protegidos" (Lauzé di Peret).
3. "A metafísica do direito penal propriamente dita é destinada a proteger os culpados dos excessos da autoridade social; a metafísica do direito processual tem por missão proteger dos abusos e dos erros da autoridade todos os cidadãos inocentes e honestos" (Francesco Carrara).

Qual princípio a seguir melhor sintetiza o conteúdo, as ideias e as preocupações acima expostas?

a) Princípio da verdade real

b) Devido processo penal

c) Ampla defesa e contraditório

d) Nemo tenetur se detegere

e) Presunção da inocência

COMENTÁRIOS

Alternativa "a": boa parte da doutrina e da jurisprudência aponta a existência do princípio da verdade real, aplicável ao processo penal. Ocorre que relutamos em aceitar sua existência. Sem dúvida, o processo penal não pode prescindir da busca da verdade. Mas a verdade buscada no processo não passa de uma reconstrução de fatos ocorridos no passado. Para tal reconstrução, deve-se observar regras - regras probatórias - que limita o que pode e o que não pode ser feito no processo. Assim, não se admite tortura e provas ilícitas em geral. Por isso, preferimos dizer que o processo busca a verdade, mas a verdade possível, processual.

Alternativa "b": trata-se de um princípio síntese, que engloba todos os demais princípios aplicáveis ao processo penal. É chamado também de *due process of law*.

Alternativa "c": ampla defesa e contraditório são princípios basilares do processo penal. De se destacar o seguinte: a ampla defesa deve ser garantida desde a fase investigatória; o contraditório, apenas a partir da fase processual. Segundo o STF: "É direito do defensor, no interesse do representado, ter acesso amplo aos elementos de prova que, já documentados em procedimento investigatório realizado por órgão com competência de polícia judiciária, digam respeito ao exercício do direito de defesa" (Súmula Vinculante 14).

Alternativa "d": a fórmula latina usada aqui é sinônima - embora não uma tradução - do princípio segundo o qual ninguém é obrigado a produzir prova contra si mesmo, ou seja, ninguém é obrigado a se autoincriminar.

Alternativa "e": parte da doutrina brasileira tem dificuldade em usar a expressão "**princípio da presunção de inocência".** No lugar dela, por vezes encontramos a locução princípio da não-culpabilidade ou princípio do estado de inocência. Preferimos a presunção de inocência, inscrita em nossa CF: ninguém poderá ser considerado culpado, enquanto não houver sentença condenatória definitiva. Se não o indivíduo não é culpado, é inocente. Não obstante a disposição constitucional, que estabelece o trânsito em julgado da condenação como o marco a partir do qual cessa a incidência do princípio, o STF, em 2016, passou a entender que a pena já pode ser provisoriamente executada a partir do esgotamento da via recursal ordinária. Depois, voltou atrás e, em 2019, passou novamente a entender que o marco para a execução da pena é o trânsito em julgado da condenação. Agora, com a reforma trazida pela Lei 13.964/2019, mantem-se esse entendimento (art. 283, CPP), mas com uma exceção: em caso de condenação pelo tribunal do júri a uma pena igual ou superior a 15 anos, o juiz poderá determinar o imediato cumprimento da pena, de forma provisória (art. 492, I, *e*).

Alternativa correta: letra "e".

---

14. (FUNCAB - Delegado de Polícia - PA/2016) Lei as assertivas a seguir e responda.

I. As duas últimas hipóteses do art. 302 do CPP [...] é perseguido, logo após, pela autoridade em situação que faça presumir ser autor da infração; [...] é encontrado, logo depois, com instrumentos que façam presumir ser ele autor da infração] não são flagrante, por isso que o legislador consignou; "considera-se em flagrante...". Assim, não se pode permitir que o legislador diminua a garantia constitucional da inviolabilidade do domicílio, ampliando as situações que não são de verdadeiro flagrante. Assim, o ingresso no domicílio sem mandado só pode ocorrer diante de flagrante delito efetivo e real, o que exclui o presumido.

II. A autoridade policial, no âmbito de uma investigação representa pela busca domiciliar apresentando fundamentos fáticos e jurídicos, O Ministério Público manifesta-se favoravelmente. O juiz defere o pleito e expede mandado de busca e apreensão. A ordem do juiz só pode ser cumprida durante o dia.

III. Policiais militares amparados em fundadas razões advindas de denúncia anônima que dá notícia de situação de flagrante delito ingressam de maneira forçada no domicílio sem mandado durante a noite. A prova é lícita se justificada a posteriori.

As assertivas acima espelham respectivamente:

a) I. Interpretação de parte da doutrina sobre a inviolabilidade do domicílio; II. A regência da Constituição de 1988 sobre a inviolabilidade do domicílio; III. O entendimento firmado, em repercussão geral, pela maioria dos Ministros do STF.

b) I. O entendimento de parte da doutrina sobre a geral, pela maioria dos Ministros do STF; II. A interpretação de parte da doutrina sobre a inviolabilidade do domicílio; III. A regência da Constituição de 1988 sobre a inviolabilidade do domicílio.

c) I. O entendimento firmado, em repercussão geral, pela maioria dos Ministros do STJ; II. A interpretação de parte da doutrina sobre a inviolabilidade do domicílio; III. A regência da Constituição de 1988 sobre a inviolabilidade do domicílio.

d) I. A regência da Constituição de 1988 sobre a inviolabilidade do domicílio; II. O entendimento firmado, em repercussão geral, pela maioria dos Ministros do STF; III. A interpretação de parte da doutrina sobre a inviolabilidade do domicílio.

e) I. O entendimento firmado pela maioria dos Ministros do STF; II. A regência da Constituição de 1988 sobre a inviolabilidade do domicílio; III. A interpretação de parte da doutrina sobre a inviolabilidade do domicílio.

COMENTÁRIOS

Alternativa "a" (responde também todas as demais alternativas): I. A jurisprudência não colheu tal entendimento, que ficou restrito a certa parte da doutrina, mais próxima de posições do garantismo de Luigi Ferrajoli, um tanto quanto extremada; II. A autoridade policial pode representar pela busca e apreensão. Embora se entenda que o juiz não é obrigado a ouvir o Ministério Público, tal providência é salutar, visto que se trata do titular da ação penal. Por fim, cabe ao juiz expedir o mandado de busca, que somente poderá ser cumprido durante o dia, como determina a CF. À noite, somente é possível a entrada em residência em caso de flagrante, desastre ou para prestar socorro; III. Cuidado aqui. Em tempos mais recentes, o STF trouxe relevantíssima modificação do entendimento simplista que vigorava até então sobre o assunto na jurisprudência: "(...) A Constituição dispensa o mandado judicial para ingresso forçado em residência em caso de flagrante delito. No crime permanente, a situação de flagrância se protrai no tempo. (...) Período noturno. A cláusula que limita o ingresso ao período do dia é aplicável apenas aos casos em que a busca é determinada por ordem judicial. Nos demais casos – flagrante delito, desastre ou para prestar socorro – a Constituição não faz exigência quanto ao período do dia. (...) Controle judicial a posteriori. Necessidade de preservação da inviolabilidade domiciliar. Interpretação da Constituição. Proteção contra ingerências arbitrárias no domicílio. Muito embora o flagrante delito legitime o ingresso forçado em casa sem determinação judicial, a medida deve ser controlada judicialmente. A inexistência de controle judicial, ainda que posterior à execução da medida, esvaziaria o núcleo fundamental da garantia contra a inviolabilidade da casa (art. 5, XI, da CF) e deixaria de proteger contra ingerências arbitrárias no domicílio (Pacto de São José da Costa Rica, artigo 11, 2, e Pacto Internacional sobre Direitos Civis e Políticos, artigo 17, 1). O controle judicial a posteriori decorre tanto da interpretação da Constituição, quanto da aplicação da proteção consagrada em tratados internacionais sobre direitos humanos incorporados ao ordenamento jurídico. Normas internacionais de caráter judicial que se incorporam à cláusula do devido processo legal. (...) Justa causa. **A entrada forçada em domicílio, sem uma justificativa prévia conforme o direito, é arbitrária. Não será a constatação de situação de flagrância, posterior ao ingresso, que justificará a medida. Os agentes estatais devem demonstrar que havia elementos mínimos a caracterizar fundadas razões (justa causa) para a medida.** (...) Fixada a interpretação de que **a entrada forçada em domicílio sem mandado judicial só é lícita, mesmo em período noturno, quando amparada em fundadas razões, devidamente justificadas a posteriori, que indiquem que dentro da casa ocorre situação de flagrante delito, sob pena de responsabilidade disciplinar, civil e penal do agente ou da autoridade e de nulidade dos atos praticados.** (...)" (RE 603.616-RO, Rel. Min. Gilmar Mendes, j. 05.11.2015, grifos nossos).

Alternativa correta: letra "a"

15. (FUNCAB – Delegado de Polícia – PA/2016) Considerando os princípios constitucionais que regem o processo penal, assinale a alternativa correta.

a) Sobre a duração razoável do processo, duas teorias buscam reger sua aplicação, a saber: a teoria do não prazo e a teoria do prazo fixo.

b) O princípio da dignidade da pessoa humana é um conceito vago e indeterminado e idéias kantianas de autonomia não contribuem para sua determinação.

c) A duração razoável do processo é uma norma programática e por isso não possui qualquer eficácia imediata, dependendo totalmente de norma regulamentadora.

d) O princípio Nemo tenetur se detegere tal qual expresso na jurisprudência do STF traduz-se, exclusivamente, no direito ao silêncio.

e) Para o STF, o princípio da presunção de inocência não possui eficácia irradiante.

COMENTÁRIOS

Alternativa "a": adotou-se no Brasil a teoria do não-prazo. Assim, o processo não tem uma duração determinada (como ocorre quando se adota a teoria do prazo fixo), mas deve-se buscar o máximo de efetividade ao princípio da duração razoável.

Alternativa "b": não é tarefa fácil definir o que vem a representar o princípio da dignidade da pessoa humana, mas é perfeitamente possível aplicá-lo como premissa basilar de todo o nosso ordenamento jurídico. Não se trata, assim, de termo vago e inaplicável, tampouco limitando-se às ideias de Immanuel Kant.

Alternativa "c": trata-se de um princípio, plenamente aplicável. Vide comentário à alternativa "A".

Alternativa "d": o direito ao silêncio é apenas um dos aspectos do princípio segundo o qual ninguém é obrigado a produzir prova contra si mesmo. Portanto, não se resume a ele.

Alternativa "e": possui eficácia irradiante, visto que a presunção de inocência deve ser encarada, inclusive, como norma de tratamento.

Alternativa correta: letra "a".

16. (Cespe – Delegado de Polícia – PE/2016) Em consonância com a doutrina majoritária e com o entendimento dos tribunais superiores, assinale a opção correta acerca dos sistemas e princípios do processo penal.

a) O princípio da obrigatoriedade deverá ser observado tanto na ação penal pública quanto na ação penal privada.

b) O princípio da verdade real vigora de forma absoluta no processo penal brasileiro.

c) Na ação penal pública, o princípio da igualdade das armas é mitigado pelo princípio da oficialidade.

d) O sistema processual acusatório não restringe a ingerência, de ofício, do magistrado antes da fase processual da persecução penal.

e) No sistema processual inquisitivo, o processo é público; a confissão é elemento suficiente para a condenação; e as funções de acusação e julgamento são atribuídas a pessoas distintas.

COMENTÁRIOS

Alternativa "a": o princípio da obrigatoriedade somente se aplica às ações penais públicas, já que, nesse caso, o Ministério Público tem o dever, a obrigação de oferecer a denúncia caso estejam presentes as condições de procedibilidade, prova da ocorrência do crime e indício suficiente de autoria. Somente pode deixar de oferecer a denúncia se houver expressa autorização legal. Nas ações penais privadas, o princípio é outro, o da oportunidade, pois o ofendido ou seu representante legal pode escolher se oferecerá ou não a denúncia.

Alternativa "b": embora o princípio da verdade real seja muito citado por parte da doutrina e especialmente em julgados, inclusive do STJ, a nosso ver ele não existe. O processo deve buscar a verdade, disso não temos dúvida. Porém, deve-se perguntar: qual verdade? É possível acreditar ser tarefa do processo a descoberta da verdade efetiva, substancial, "real"? Cremos ser uma ilusão, que é revelada de modo muito simples: há limites impostos ao juiz quanto à prova, sendo exemplo a proibição de valorar provas ilícitas. Ora, fosse o objetivo do processo a busca da verdade real, tal limitação não seria justificável: tudo seria admitido para buscar a verdade, mas, como sabe o leitor, não é assim. Portanto, o que se busca no processo é a verdade sobre as alegações trazidas pelas partes, mas a verdade possível, a verdade, enfim, processual.

Alternativa c": segundo o princípio da paridade de armas, a Defesa deve ter os mesmos direitos, no processo, que o Ministério Público e vice-versa. É a igualdade formal, que decorre do art. 5º, *caput*, da CF. Mas, há a necessidade também da igualdade substancial, com a criação de mecanismos que garantam, efetivamente, a igualdade entre as partes no processo, já que a realidade mostra que, na prática, há desigualdade de forças entre o acusado – ou a maioria deles, que não possuem recursos para bancar, por exemplo, assistentes técnicos ou investigações privadas – e o Ministério Público. Alguns mecanismos foram criados, como no caso dos embargos infringentes (só possíveis para a Defesa) e a revisão criminal (já que é vedada a revisão *pro societate*, ou seja, revisão só é permitida a favor do acusado). E por que há tal desigualdade na prática? Devido ao princípio da oficalidade, segundo o qual os órgãos responsáveis pela investigação e pela ação penal pública são órgãos do Estado, com funções públicas. Assim, o Ministério Público terá o apoio da Polícia nas investigações, dos órgãos oficiais de perícia etc., o que não ocorre com o acusado. Está nesse aspecto, a nosso ver, a mitigação do princípio da paridade de armas.

Alternativa "d": ao contrário, característica do sistema acusatório é a separação entre as funções de investigar e acusar e a função de julgar. Segundo a saudosa Ada Pellegini Grinover (A iniciativa instrutória do juiz no processo penal acusatório, *Revista Brasileira de Ciências Criminais*, nº 27, 1999), no sistema acusatório "as funções de acusar, defender e julgar são atribuídas a órgãos distintos", enquanto no sistema inquisitório "as funções estão reunidas e o inquisidor deve proceder espontaneamente. É só no processo acusatório que o juízo penal é o *actum trium personarum* (...), enquanto no processo inquisitório a investigação unilateral a tudo se antepõe (...)". No sistema acusatório, os elementos de informação colhidos na fase pré-judicial servem apenas para o convencimento do órgão acusatório, normalmente não podendo fazer parte do processo ou ser valorados pelo julgador como provas. Além disso, no sistema acusatório "o exercício da jurisdição depende de acusação formulada por órgão diverso do juiz (...)" e "todo o processo deve desenvolver-se em contraditório pleno, perante o juiz natural". Assim, regras que permitem ao juiz, de ofício, na fase de investigação, adotar medidas investigativas são, a nosso ver, atentatórias ao sistema acusatório, sendo exemplo, a permissão do art. 156 do CPP para que o juiz determine, de ofício, antes da fase processual, a produção antecipada de provas. Esta até poderá ser realizada em tal fase, mas deverá ser requerida pelo Ministério Público ou por representação da Autoridade Policial. Isso ficou ainda mais claro com a reforma trazida pela Lei 13.964/2019, que reconheceu expressamente a estrutura acusatória de nosso processo (art. 3º-A, CPP), instituindo, ainda, o juiz das garantias, que não poderá agir de ofício na fase de investigação. Esse juiz não poderá ser o mesmo que depois irá julgar o caso, atuando apenas durante a fase investigatória, até o recebimento da denúncia.

Alternativa "e": no sistema inquisitivo, em geral há o caráter do sigilo do processo. Além disso, normalmente, não havia separação efetiva entre as funções de acusar e de julgar. Notem que no Brasil permitia-se, ainda no século XX, que a ação penal, em certos casos, tivesse início por ato do juiz, não do Ministério Público. Mas é correto dizer que a confissão, em tal sistema, é considerada prova muito importante ("a rainha das provas", como já se disse). A consequência, inevitável, é que o processo passou a ser dirigido para a obtenção de tal confissão, o que, em tempos outros, acabou por praticamente trazer para o processo a tortura.

Alternativa correta: letra "c".

---

17. (FUNCAB - Delegado de Polícia - RO/2014) Assinale a alternativa em que se encontra uma característica do sistema acusatório.

a) O julgador é protagonista na busca pela prova.

b) As decisões não precisam ser fundamentadas.

c) A atividade probatória é atribuição natural das partes.

d) As funções de acusar e de julgar são concentradas em uma pessoa.

e) As decisões são sempre sigilosas.

COMENTÁRIOS

Alternativa "a": no sistema acusatório, há maior protagonismo das partes, não do juiz no que tange às provas. Como visto acima, isso não implica, necessariamente em absoluta proibição ao julgador de ter iniciativa probatória na fase judicial. O que não pode existir é iniciativa probatória na fase anterior ao recebimento da denúncia: o juiz das garantias não pode agir de ofício. Na fase processual, o juiz brasileiro ainda preserva poder de determinar a produção de provas, de forma subsidiária, como decidiu o STF ao julgar a constitucionalidade do art. 3º-A do CPP. Por isso, podemos dizer que nosso processo abraça, desde a CF, o sistema acusatório, havendo separação das funções de acusar e de julgar, mas não adota o modelo adversarial, como se dá nos EUA e Inglaterra, por exemplo, mas, um modelo mais parecido com o adotado por diversos países da Europa continental.

Alternativa "b": as decisões devem ser fundamentadas, a fim de que as partes possam exercer o devido controle sobre o raciocínio judicial, que levou ao resultado exposto na sentença. É uma característica importante do sistema acusatório, salvo nos casos de adoção do julgamento por júri.

Alternativa "c" (responde também a alternativa "d"): o que caracteriza o sistema acusatório é a absoluta separação das atividades de acusar, defender e julgar. Além disso, de fundamental importância a imparcialidade do juiz. De outra parte, alguns ordenamentos jurídicos, dentro do sistema acusatório, tiram do juiz qualquer iniciativa probatória, deixando-a inteiramente às partes. É o que se denomina modelo *adversarial*. No Brasil, como visto acima, adotamos o sistema acusatório, cabendo às partes a iniciativa de propor a produção das provas, de modo a levar as fontes de prova ao conhecimento do órgão julgador. Porém, em nosso sistema ainda restam poderes de iniciativa probatória ao juiz, bastando que se verifique o disposto no art. 156 do CPP. Portanto, adotamos o sistema acusatório, mas com um modelo não adversarial, mas inquisitorial (que é diferente de inquisitivo, o oposto de acusatório). Mas, atenção: a possibilidade do juiz agir de ofício na fase processual foi bastante diminuída com a reforma da Lei 13.964/2019. Porém, entendemos que não foi revogado totalmente o art. 156 do CPP, mas apenas quando possibilidade ao juiz agir de ofício na fase investigatória.

Alternativa "e": no sistema acusatório, as decisões são públicas e a exceção é o sigilo.

Alternativa correta: letra "c".

---

18. (NUCEPE - Delegado de Polícia - PI/2014) Em matéria de prova no processo penal, assinale a alternativa INCORRETA.

a) No Sistema Acusatório não há distribuição de cargas probatórias, posto que a carga da prova está inteiramente nas mãos do acusador.

b) O problema da carga probatória é uma regra para o juiz, proibindo-o de condenar alguém cuja culpabilidade não haja sido provada.

c) Incumbe ao acusador provar a presença de todos os elementos que integram a tipicidade, ilicitude e a culpabilidade, bem como a inexistência das causas de justificação.

d) O princípio do contraditório relaciona-se intimamente com o princípio do audiatur et altera pars, com a oitiva de ambas as partes, sob pena de parcialidade do magistrado.

e) Em termos de valoração das provas, o Brasil adota o sistema legal de provas.

COMENTÁRIOS

Alternativa "a": a defesa também tem o direito de produzir provas, mas o ônus de provar a imputação é da acusação. Há quem entenda que à defesa cabe provar as teses exculpatórias, mas esse ponto é muito controvertido e discordamos de tal pensamento.

Alternativa "b": se cabe à acusação apresentar provas que afastem a presunção que favorece o acusado, qual seja, a da inocência, deverá o juiz absolver o acusado se a acusação não logrou trazer provas suficientes para isso. O ônus é dela.

Alternativa "c": é exatamente esse o ônus que recai sobre o órgão acusador. Não cabe ao réu provar que tais requisitos não estão presentes. Aliás, a prova negativa é mesmo impossível.

Alternativa "d": não pensamos que seja propriamente uma questão de parcialidade do julgador. É que o contraditório é o melhor método para a produção da prova, pois esta será debatida, contraprova poderá ser apresentada, enfim, trata-se de meio muito mais apto a se atingir a verdade possível de ser atingida no processo.

Alternativa "e": as provas no Brasil não têm valores, pesos, pré-definidos. Assim, o sistema da prova legal não mais é aplicado por aqui e na maioria dos países – democráticos – do planeta. O único resquício que a doutrina aponta está no parágrafo único do art. 155 do CPP. Na verdade, adotamos o princípio da persuasão racional.

Alternativa correta: letra "e".

---

19. (Vunesp – Delegado de Polícia – SP/2014) A respeito do direito ao silêncio do acusado no inquérito policial, é correto afirmar que

a) não importará em confissão, mas em presunção de culpabilidade.
b) importará em confissão.
c) importará em confissão, exceto se o acusado manifestar o direito constitucional de somente falar em juízo.
d) não importará em confissão, entretanto, poderá constituir elemento para formação do convencimento do juiz em eventual processo penal.
e) não importará em confissão.

COMENTÁRIOS

✪ **Nota do autor:** a questão lida com um aspecto do princípio *nemo tenetur se detegere*, segundo o qual ninguém é obrigado a produzir prova contra si mesmo. Esse aspecto é o direito ao silêncio, previsto na CF (art. 5º, LXIII), garantido também em todos os interrogatórios, tanto na fase policial quanto na judicial. O parágrafo único do art. 186 do CPP, aliás, aplica-se também ao interrogatório feito na fase policial.

Alternativa "a": dizer que o silêncio importa em confissão é a mesma coisa que presumir a culpabilidade. Assim, o direito ao silêncio não pode importar nem numa coisa nem noutra.

Alternativa "c": o silêncio jamais importará em confissão, não havendo exceção.

Alternativa "e" (responde também as alternativas "b" e "d"): o parágrafo único do art. 186 do CPP é expresso: o silêncio do imputado não importa em confissão. Óbvio, pois confissão não é. Além disso, sendo o exercício de um direito, não pode ser usado em prejuízo do imputado, como também afirma o mesmo dispositivo. É verdade que, mais adiante no CPP, no art. 198, há outro dispositivo que afirma poder o juiz usar o silêncio do acusado para formar sua convicção. A nosso ver, porém, do silêncio do acusado não se pode tirar conclusão alguma e o art. 198 é incompatível com a redação do parágrafo único do art. 186. Como este é resultado de modificação legislativa, sendo temporalmente posterior àquele, entendemos que, no mínimo, o art. 198 foi revogado tacitamente. Pode-se mesmo dizer que nem sequer foi recepcionado pela CF de 1988.

Alternativa correta: letra "e".

---

20. (Vunesp – Delegado de Polícia – SP/2014) São princípios constitucionais explícitos do processo penal:

a) ampla defesa e intervenção mínima.
b) presunção de inocência e lesividade.
c) intervenção mínima e duplo grau de jurisdição.
d) presunção de inocência e ampla defesa.
e) lesividade e intervenção mínima.

COMENTÁRIOS

Alternativa "a": o princípio da intervenção mínima é construção da doutrina, que o extrai de outros princípios constitucionais e de direito penal, não se relacionando ao processo penal.

Alternativa "b": o princípio da lesividade também não se encontra explicitado na CF ou na lei, observando-se, porém, que é aplicável ao direito penal.

Alternativa "c": o princípio da intervenção mínima, como visto acima, está ligado ao direito penal. Já o princípio do duplo grau de jurisdição é previsto em nosso ordenamento jurídico, na Convenção Americana de Direitos Humanos, ratificada pelo Brasil e conhecida como Pacto de São José da Costa Rica.

Alternativa "d": estes dois princípios realmente são explícitos, vez que a presunção de inocência está claramente prevista no art. 5º, LVII, da CF ("ninguém será considerado culpado até o trânsito em julgado de sentença penal condenatória"), enquanto que o princípio da ampla defesa está previsto no inciso LV do mesmo dispositivo ("aos litigantes, em processo judicial ou administrativo, e aos acusados em geral são assegurados o contraditório e ampla defesa, com os meios e recursos a ela inerentes").

Alternativa "e": vide alternativas "A" e "B".

Alternativa correta: letra "d".

2. NORMA PROCESSUAL PENAL E SUA APLICAÇÃO

- CPP, arts. 1º a 3º.
- Decreto-lei 3.931/1941.

21. (Vunesp – Delegado de Polícia – PC – SP/2022) No que concerne à interpretação e aplicação da Lei Processual Penal, é correto afirmar que o Código de Processo Penal

a) admite apenas a aplicação da interpretação extensiva.

b) admite a aplicação analógica.

c) admite apenas a aplicação da interpretação analógica.

d) não admite a aplicação da analogia e dos princípios gerais de direito.

e) admite expressamente a interpretação autêntica.

COMENTÁRIOS

A questão é extremamente simples e pode ser considerada fácil, pois a resposta encontra-se no art. 3º do CPP: "A lei processual penal admitirá interpretação extensiva e aplicação analógica, bem como o suplemento dos princípios gerais de direito". A interpretação autêntica, aquela feita pelo legislador, não é expressamente prevista. Portanto, cuidado com essa importante diferença do Processo Penal em relação ao Direito Penal: enquanto neste não se admite a analogia, salvo *in bonam partem*, naquele não há problema na utilização dessa forma de integração do ordenamento jurídico.

Alternativa correta: letra "b".

22. (Cespe – Delegado de Polícia – PC – RJ/2022) Após o advento do neoconstitucionalismo e como seu consequente reflexo, os princípios adquiriram força normativa no ordenamento jurídico brasileiro, e a eficácia objetiva dos direitos fundamentais deu novos contornos ao direito processual penal. A respeito desse assunto, assinale a opção correta à luz do Código de Processo Penal.

a) No Código de Processo Penal, admite-se, dado o princípio do tempus regit actum, a aplicação da interpretação extensiva, mas não a da interpretação analógica.

b) No que diz respeito à interpretação extensiva, admitida no Código de Processo Penal, existe uma norma que regula o caso concreto, porém sua eficácia é limitada a outra hipótese, razão por que é necessário ampliar seu alcance, e sua aplicação não viola o princípio constitucional do devido processo legal.

c) A analogia, assim como a interpretação analógica, não é admitida no Código de Processo Penal em razão do princípio da vedação à surpresa e para não violar o princípio constitucional do devido processo legal.

d) Ante os princípios da proteção e da territorialidade temperada, não se admite a aplicação de normas de tratados e regras de direito internacional aos crimes cometidos em território brasileiro.

e) No Código de Processo Penal, o princípio da proporcionalidade é expressamente consagrado, tanto no que se refere ao aspecto da proibição do excesso quanto ao aspecto da proibição da proteção ineficiente.

COMENTÁRIOS

Alternativa "a": o CPP admite tanto a interpretação extensiva, quanto o emprego da analogia (art. 3º). Não haveria motivo para não se admitir também a interpretação analógica, que não se confunde com esta.

Alternativa "b": a alternativa descreve as linhas gerais do que é a analogia, que, de fato, não viola o princípio do devido processo legal, visto que a CF não exige a legalidade estrita no que respeita ao processo penal, além de a própria lei admitir a analogia, expressamente, o que supre qualquer problema quanto ao procedimento seguido por analogia não estar de acordo com o processo devido.

Alternativa "c": não há surpresa na aplicação da analogia, pois esta é admitida expressamente pelo CPP, de modo que as partes sabem o que pode ser usado no caso concreto.

Alternativa "d": admite-se a aplicação de tratados e convenções, eis que o princípio da territorialidade aqui aplicável é mitigado pela regra do art. 1º, I, do CPP.

Alternativa "e": o princípio não é "expressamente consagrado", se com isso o examinador quis dizer que é previsto em nossa legislação processual. O máximo que o CPP chegou de regular tal princípio foi no art. 282, o fazendo de modo muito criticado pela doutrina, pois bastante atécnico, a começar pela inversão da análise, pois a apreciação da adequação deve sempre preceder a da necessidade da medida. Ademais, o princípio não se aplica apenas às medidas cautelares.

Alternativa correta: letra "b".

23. (Vunesp – Delegado de Polícia – PC – BA/2018) Aplicar-se-á a lei processual penal, nos estritos termos dos arts. 1º, 2º e 3º do CPP,

a) aos processos de competência da Justiça Militar.

b) ultrativamente, mas apenas quando favorecer o acusado.

c) retroativamente, mas apenas quando favorecer o acusado.

d) desde logo, sem prejuízo da validade dos atos realizados sob a vigência da lei anterior.

e) com o suplemento dos princípios gerais de direito sem admitir, contudo, interpretação extensiva e aplicação analógica.

COMENTÁRIOS

Alternativa "a": aos processos de competência da Justiça Militar é aplicado o Código de Processo Penal Militar.

Alternativa "b": a lei processual penal será aplicada de imediato, seja ou não considerada mais favorável ao acusado.

Alternativa "c": a lei processual penal será aplicada a todos os casos em andamento, sem prejuízo dos atos já realizados. No entanto, pensamos que não se trata propriamente de retroação, visto que, se assim fosse, os atos já praticados teriam de ser refeitos, o que não ocorre, por expressa disposição legal (art. 2º). Porém, mesmo que se entenda haver retroação, não há qualquer óbice à aplicação da lei, ainda que desfavorável ao acusado.

Alternativa "d": é o que prevê o art. 2º do CPP.

Alternativa "e": admite-se tanto o emprego dos princípios gerais de direito, da interpretação extensiva e da analogia (art. 3º, CPP).

Alternativa correta: letra "d".

---

24. (Vunesp – Delegado de Polícia – PC – SP/2018) Tício está sendo processado pela prática de crime de roubo. Durante o trâmite do inquérito policial, entra em vigor determinada lei, reduzindo o número de testemunhas possíveis de serem arroladas pelas partes no procedimento ordinário.

A respeito do caso descrito, é correto que

a) não se aplica a lei nova ao processo de Tício em razão do princípio da anterioridade.

b) a lei que irá reger o processo é a lei do momento em que foi praticado o crime, à vista do princípio tempus regit actum.

c) em razão do sistema da unidade processual, pelo qual uma única lei deve reger todo o processo, a lei velha continua ultra-ativa e, por isso, não se aplica a nova lei, mormente por ser esta prejudicial em relação aos interesses do acusado.

d) não se aplica a lei revogada ao processo de Tício em razão do princípio da reserva legal.

e) não se aplica a lei revogada porque a instrução ainda não se iniciara quando da entrada em vigor da nova lei.

COMENTÁRIOS

Alternativa "a": o princípio da anterioridade não se aplica ao processo penal. Na verdade, a lei processual aplica-se de imediato, conforme preceitua o art. 2º do CPP.

Alternativa "b": tal princípio aplica-se ao processo penal se considerarmos que o ato processual rege-se pela lei que estiver em vigor quando for executado, mas não se considerarmos que a lei aplicada é a que estava em vigor quando o crime foi praticado. No direito penal, a afirmativa estaria correta, pois parte-se dessa constatação para analisar qualquer conflito de leis penais no tempo.

Alternativa "c": a ideia de separação das fases do processo é o que se aplica em nosso sistema. Assim, se uma determinada fase processual ainda não se iniciou, pode-se aplicar a lei nova; se já iniciada, mantém-se, para tal fase, a lei em vigor quando ela teve início.

Alternativa "d": o princípio da reserva legal não guarda relação alguma com essa discussão.

Alternativa "e": vide comentários à alternativa "C".

Alternativa correta: letra "e".

---

25. (Cespe – Delegado de Polícia – GO/2017) Relativamente à aplicação da lei processual penal no tempo e no espaço e aos princípios processuais penais constitucionais, assinale a opção correta.

a) O Código de Processo Penal normatiza o processamento das relações processuais penais em curso perante todos os juízos e tribunais brasileiros, aplicando-se, em caráter subsidiário, as normas procedimentais que versem sobre matérias especiais.

b) Segundo entendimento expendido pelo STF, a atração por continência ou conexão do processo do corréu ao foro por prerrogativa de função de um dos denunciados constitui violação das garantias do juiz natural e da ampla defesa.

c) A gravação ambiental por meio de fita magnética, de conversa entre presentes, feita por um dos interlocutores sem o conhecimento do outro é considerada prova ilícita, pois viola preceito constitucional.

d) O princípio da extraterritorialidade adotado pelo direito processual penal brasileiro não ofende a soberania de outros Estados, já que os ordenamentos jurídicos de todas as nações convergem para o combate às condutas delitivas.

e) A lei processual penal tem aplicação imediata e é aplicável tanto nos processos que se iniciarem após a sua vigência, quanto nos processos que já estiverem em curso no ato da sua vigência, e até mesmo nos processos que apurarem condutas delitivas ocorridas antes da sua vigência.

COMENTÁRIOS

Alternativa "a": o art. 1º do CPP estabelece que deve tal Código ser aplicado aos casos processados no Brasil, sem prejuízo de disposições de leis especiais, de tratados ou convenções internacionais etc.

Alternativa "b": segundo o STF, não viola as garantias do juiz natural, da ampla defesa e do devido processo legal a atração por continência ou conexão do corréu ao foro por prerrogativa de função de um dos denunciados (Súmula 704).

Alternativa "c": não se trata de interceptação, mas de gravação clandestina feita por um dos interlocutores, o que o STF e a jurisprudência em geral vêm considerando ser perfeitamente lícita. Interceptação de conversa entre pessoas presentes é realizada por terceiro, não presente, e dependerá de autorização judicial.

Alternativa "d": o Brasil adota o princípio da territorialidade, segundo o qual a lei processual brasileira aplica-se aos processos em curso em nossa Justiça.

Alternativa "e": segundo o art. 2º do CPP, a lei processual penal aplicar-se-á desde logo, sem prejuízo da validade dos atos realizados sob a vigência da lei anterior. Assim, entrando em vigor lei de natureza processual, deve ser prontamente aplicada, inclusive aos processos que já estejam em andamento. Não há necessidade de refazer os atos processuais já realizados, pois a lei processual não retroage, passando a ser aplicada a partir do ponto em que estiver o processo.

Alternativa correta: letra "e":

---

26. (Cespe – Delegado de Polícia – PE/2016) Assinale a opção correta acerca do processo penal e formas de procedimento, aplicação da lei processual no tempo, disposições constitucionais aplicáveis ao direito processual penal e ação civil ex delicto, conforme a legislação em vigor e o posicionamento doutrinário e jurisprudencial prevalentes.

a) No momento da prolação da sentença condenatória, não cabe ao juízo penal fixar valores para fins de reparação dos danos causados pela infração, porquanto tal atribuição é matéria de exclusiva apreciação do juízo cível.

b) Sendo o interrogatório um dos principais meios de defesa, que expressa o princípio do contraditório e da ampla defesa, é imperioso, de regra, que o réu seja interrogado ao início da audiência de instrução e julgamento.

c) É cabível a absolvição sumária do réu em processo comum caso o juiz reconheça, após a audiência preliminar, a existência de doença mental do acusado que, comprovada por prova pericial, o torne inimputável.

d) Lei processual nova de conteúdo material, também denominada híbrida ou mista, deverá ser aplicada de acordo com os princípios de temporalidade de lei penal, e não com o princípio do efeito imediato, consagrado no direito processual penal pátrio.

e) Nos crimes comuns e nos casos de prisão em flagrante, deverá a autoridade policial garantir a assistência de advogado quando do interrogatório do indiciado, devendo nomear defensor dativo caso o indiciado não indique profissional de sua confiança.

COMENTÁRIOS

✪ **Nota do autor:** a questão mistura assuntos muito diversos, mas escolhemos o tema da alternativa correta para inseri-la neste tópico.

Alternativa "a": o CPP agora permite que o juiz fixe, já na sentença penal condenatória, o valor mínimo da reparação pelos danos causados pelo crime, não obstando a que o ofendido busque, no juízo cível, valor ainda maior (art. 387, IV).

Alternativa "b": há controvérsia sobre a natureza do interrogatório. Há posicionamentos em diversos sentidos: que é meio de prova; que é apenas meio de defesa; que é meio híbrido, de prova e de defesa. Seja como for, a maioria dos ritos agora adotados inserem o interrogatório ao final do procedimento instrutório. E com razão: com isso, poderá o acusado escolher o que dirá, com base no que já foi produzido de prova nos autos, dando-se efetividade ao princípio da ampla defesa e também ao do contraditório, pois será a oportunidade de refutar tais provas. O STF – no que vem sendo seguido pelo STJ – entende que tal sistemática deve ser seguida mesmo naqueles procedimentos que colocam o interrogatório no início da instrução (Lei 11.343/2006, CPPM, Lei 8.038/1990).

Alternativa "c": nos procedimentos comuns ordinário e no sumário não há audiência preliminar, que só é prevista para o rito sumaríssimo da Lei 9.099/1995. À parte isso, é certo que o juiz não pode absolver sumariamente o acusado depois da resposta à acusação, com base no art. 397, III, do CPP, pois este exclui, de modo expresso, a inimputabilidade. É que nesse caso a absolvição é do tipo **imprópria**, pois depende do reconhecimento de prova de autoria de um fato típico e antijurídico, o que só se admite depois da regular instrução probatória. Ou seja, esta deverá ser realizada e, na fase normal da sentença, poderá o juiz absolver o acusado e aplicar medida de segurança.

Alternativa "d": é o que prevalece na doutrina e na jurisprudência. Vamos entender o problema. É possível que uma lei tenha conteúdo material (de direito penal) e processual. Um exemplo: o art. 366 do CPP é híbrido, pois trata da citação por edital e suspensão do processo (temas puramente processuais) e da suspensão da prescrição (tema de direito penal). A lei processual, como é cediço, aplica-se desde logo a todos os casos em andamento; a lei penal nova aplica-se aos casos cometidos antes de sua vigência apenas se for favorável ao imputado. Sendo híbrida a lei, o que pode ser aplicado? Tudo ou nada, depende. Se o conteúdo de direito penal da lei for favorável ao acusado, toda a lei híbrida aplica-se ao caso que já estava em andamento quando de sua vigência; do contrário, não se aplica a norma, nem mesmo a parte puramente processual.

Alternativa "e": não há necessidade de nomeação de advogado dativo. O imputado tem o direito de ser acompanhado por advogado em tal ato e a Defensoria Pública deverá ser comunicada da prisão. Mas, repita-se, não há obrigatoriedade da presença do advogado e, portanto, de nomeação de um para tal ato. Mas, atenção, pois temos um ponto novo aqui. A Lei 13.964/2019 introduziu o art. 14-A ao CPP, aplicável aos membros das forças de segurança descritas no art. 144 da CF, indiciados por crime decorrente do uso da força letal em suas atividades: o delegado deverá assegurar que o indiciado esteja assistido por defensor, inclusive comunicando a respectiva instituição a qual este último pertença, para que esta providencie o defensor.

Alternativa correta: letra "d".

27. (ACAFE – Delegado de Polícia – SC/2014) De acordo com a Lei de Introdução ao Código de Processo Penal, assinale a alternativa correta.

a) O juiz da denúncia, ao classificar o crime, apenas quando consumado, não poderá reconhecer a existência de causa especial de diminuição da pena.

b) O juiz da pronúncia, ao classificar o crime, consumado ou tentado, poderá reconhecer a existência de causa especial de diminuição da pena.

c) O juiz da pronúncia, ao classificar o crime, apenas quando tentado, não poderá reconhecer a existência de causa especial de diminuição da pena.

d) Se tiver sido intentada ação pública por crime que, segundo o Código Penal, só admite ação privada, esta, salvo decadência intercorrente, poderá prosseguir nos autos daquela, desde que a parte legítima para intentá-la ratifique os atos realizados e promova o andamento do processo.

e) Se tiver sido intentada ação pública por crime que, segundo o Código Penal, só admite ação privada, esta, salvo prescrição intercorrente, não poderá prosseguir nos autos daquela, desde que a parte legítima para intentá-la ratifique os atos realizados e promova o andamento do processo.

COMENTÁRIOS

✪ **Nota do autor:** a Lei de Introdução do CPP é o Decreto-lei. 3.931/1941. São raras questões que indaguem sobre tal estatuto.

Alternativa "a" (responde também as alternativas "B" e "C"): segundo o art. 7º do Decreto-lei 3.931, o juiz da **pronúncia**, ao classificar o crime, consumado ou tentado, não poderá reconhecer a existência de causa especial de diminuição da pena.

Alternativa "d" (responde também a alternativa "E"): é o que dispõe o art. 5º do Decreto-lei. 3.931/1941.

Alternativa correta: letra "d".

28. (Vunesp – Delegado de Polícia – SP/2014) A lei processual penal

a) tem aplicação imediata, sem prejuízo dos atos realizados sob a vigência de lei anterior.

b) somente pode ser aplicada a processos iniciados sob sua vigência.

c) tem aplicação imediata, devendo ser declarados inválidos os atos praticados sob a vigência de lei anterior.

d) tem aplicação imediata, devendo ser renovados os atos praticados sob a vigência da lei anterior.

e) é retroativa aos atos praticados sob a vigência de lei anterior.

COMENTÁRIOS

Alternativa "a" (responde também a alternativa "e"): nem sempre o que vale para a norma penal, vale para a norma processual penal. Como os leitores já sabem, a norma penal não pode retroagir, salvo para beneficiar o réu. Porém, esqueçam isso no processo penal. Neste, deve ser aplicada a norma em vigor no momento em que o ato processual é realizado. Onde está escrito isso? No art. 2º do CPP. Este dispõe que a lei processual penal aplica-se desde logo, sem prejuízo da validade dos atos realizados sob a vigência da lei anterior. Ou seja, o ato praticado sob a vigência de determinada lei é válido, ainda que ela seja alterada ou revogada. Não há necessidade alguma de repetir o ato processual. Notem bem: não se trata de permitir que a norma processual retroaja, pois isso não ocorre. Simplesmente, tudo o que já foi feito no processo permanece válido, aplicando-se, a partir do ponto em que se está, a nova norma. É verdade que parte da doutrina entende que, no que diz respeito às normas sobre medidas cautelares pessoais privativas ou restritivas da liberdade, por possuírem conteúdo misto, ou seja, penal e processual, deve-se seguir a regra do art. 5º, LV, da CF, que proíbe a retroação de norma penal, salvo para beneficiar o réu. Além disso, entende-se que ainda pode ser aplicado, mesmo que por analogia, o disposto no art. 2º do Decreto-lei 3.931/1941 (Lei de Introdução ao Código de Processo Penal), que prevê, expressamente quanto à prisão preventiva e à fiança, a aplicação da lei mais favorável no caso de intertemporalidade.

Alternativa "b": como visto nos comentários anteriores, uma vez iniciado o processo, deve-se aplicar a lei que estava então em vigor. Se esta é alterada ou revogada, aplica-se, a partir de então, as novas regras, mesmo que se entenda serem mais rigorosas com o acusado.

Alternativa "c" (responde também a alternativa "d"): os atos praticados sob a vigência de determinada lei processual são válidos e continuam válidos mesmo depois de sua revogação ou modificação, não havendo qualquer necessidade de repetição dos atos realizados.

Alternativa correta: letra "a".

3. INQUÉRITO POLICIAL E OUTROS PROCEDIMENTOS INVESTIGATÓRIOS

- CPP, arts. 4º a 23
- Lei 9.099/1995, art. 69
- Lei 12.037/2009, art. 3º
- Lei 12.830/2013
- CF, arts. 58, § 3º, e 129

29. (CEBRASPE – 2023 – PC/AL – Delegado) Em relação ao processo penal brasileiro, julgue o item seguinte.

A representação do ofendido é imprescindível à propositura da ação penal, em se tratando de crime de ação penal pública condicionada à representação, não o sendo, todavia, para a instauração do respectivo inquérito policial.

COMENTÁRIOS

Errado. O art. 5º, § 4º, do CPP exige que haja representação da vítima ou de seu representante legal para que seja possível a instauração do inquérito. Ou seja, a mesma regra aplicável à ação penal vale também para a instauração da investigação.

30. (CEBRASPE - 2023 - PC/AL - Delegado) Em relação ao processo penal brasileiro, julgue o item seguinte.

O delegado de polícia pode requisitar, sem necessidade de autorização judicial, dados e informações cadastrais de suspeito da prática de crime de extorsão mediante sequestro.

COMENTÁRIOS

Certo. O art. 13-A do CPP permite que nos crimes dos arts. 148, 149, 149-A, 158, § 3º, e 159, o delegado de polícia (e o membro do Ministério Público), poderá requisitar os dados cadastrais da vítima ou do investigado. A requisição devera ser atendida em até 24 horas.

31. (CEBRASPE - 2023 - PC/AL - Delegado) Ainda acerca do processo penal brasileiro, julgue o item que se segue.

É imprescindível a presença de defensor no interrogatório realizado em sede extrajudicial.

COMENTÁRIOS

Errado. O defensor pode estar presente no interrogatório realizado em sede extrajudicial, caso assim queira o imputado e indique quem o defende. No entanto, está errado afirmar que é imprescindível a presença do defensor, pois, caso estivesse correta a afirmação, o delegado deveria sempre providenciar tal defesa, o que seria inviável.

32. (CEBRASPE - 2023 - PC/AL - Delegado) Ainda acerca do processo penal brasileiro, julgue o item que se segue.

Conforme entendimento do Supremo Tribunal Federal, é inconstitucional a regra estabelecida pelo Código de Processo Penal segundo a qual é possível condução coercitiva de vítimas durante o inquérito policial.

COMENTÁRIOS

Errado. O art. 201, § 1º, do CPP permite a condução coercitiva da vítima, o que não vem sendo considerado inconstitucional, pois não se confunde com a condução forçada do imputado, para seu interrogatório. Nesse último caso, o STF já entendeu não ser possível a condução coercitiva para o interrogatório, visto que o imputado tem direito ao silêncio.

33. (CEBRASPE - 2023 - PC/AL - Delegado) No que se refere à legislação processual e à jurisprudência pátrias, julgue o item subsequente.

O fato de o inquérito policial ser instaurado por promotor de justiça não impede que o delegado dê prosseguimento ao procedimento e seja eventualmente apontado como autoridade coatora na hipótese de impetração de *habeas corpus*

COMENTÁRIOS

Certo. Nos parece haver um equívoco inicial na questão, pois promotor de justiça não pode instaurar inquérito policial, mas apenas requisitar sua instauração. Nesse caso, quem o instaura é o delegado de polícia, que pode ser apontado como autoridade coatora na hipótese de *habeas corpus*. O promotor pode instaurar procedimento investigatório criminal, regulado pela Resolução 181 do CNMP.

34. (VUNESP - 2023 - PC/SP - Delegado) Delegado de Polícia recebe informação verbal dando conta da possível ocorrência de crime de ação penal pública incondicionada. Nesse caso, de acordo com o art. 5º , § 3º do CPP,

a) deve intimar a vítima para representação, que é condição indispensável para a instauração do inquérito policial.
b) deve verificar a procedência das informações e, havendo confirmação, instaurar inquérito policial.
c) deve aguardar o comparecimento da vítima, a fim de que se colha sua representação.
d) ainda que a informação inicialmente não se confirme, deve ser instaurado inquérito policial, que é o palco para sua cabal apuração.
e) ainda que verificada a procedência das informações não pode ser instaurado inquérito policial, tendo em vista que a informação verbal equivale à informação anônima.

COMENTÁRIOS

No caso trazido pelo enunciado, a resposta está prevista no § 3º do art. 5º do CPP, ou seja, a autoridade policial, verificada a procedência das informações, deverá instaurar inquérito policial. Ou seja, não há necessidade de intimar a vítima antes de instaurar o inquérito, ou de se aguardar representação desta, até porque, como diz o enunciado, trata-se de crime de ação penal pública incondicionada.

Alternativa correta: "b".

35. (VUNESP - 2023 - PC/SP - Delegado) Assinale a alternativa que apresenta o ato. Ato probatório no inquérito policial que é expressamente vedado caso, para sua realização, haja ofensa à moralidade ou ordem pública.

a) Acareação entre acusado e vítima.
b) Acareação entre acusados.
c) Juntada de vídeos ou fotos.
d) Reprodução simulada dos fatos.
e) Apreensão de objetos.

COMENTÁRIOS

O art. 7º do CPP dispõe que, para verificar a possibilidade de haver a infração sido praticada de determinado modo, a autoridade policial poderá proceder à reprodução simulada dos fatos, desde que esta não contrarie a moralidade ou a ordem pública.

Alternativa correta: "d".

---

36. (VUNESP – 2023 – PC/SP – Delegado) Os dados e informações cadastrais de vítimas e suspeitos constantes de órgãos do poder público, bem como de empresas de iniciativa privada, de acordo com o art. 13-A do CPP, podem ser diretamente requisitados pelo Delegado de Polícia no curso de inquérito policial?

a) Sim, desde que haja prévia autorização do Ministério Público.

b) Não, tendo em vista a reserva de jurisdição em tal matéria.

c) Sim, mas os órgãos do poder público bem como as empresas de iniciativa privada devem remeter as informações para a autoridade judicial.

d) Sim, para todos os crimes, vedado o acesso aos dados em caso de contravenção.

e) Sim, mas apenas caso digam respeito a determinados crimes.

COMENTÁRIOS

Notem como esse ponto apareceu em mais de um concurso recente.

A lei não estabelece a necessidade de prévia autorização do Ministério Público, até mesmo porque não há meio de obtenção de prova que tenha como pré-requisito a prévia autorização do *Parquet*, mas, no máximo, sua prévia oitiva. Mas, a autoridade policial não pode requisitar dados cadastrais em todas as investigações, qualquer que seja o crime. Na verdade, o art. 13-A do CPP permite a requisição nas investigações dos crimes dos arts. 148, 149, 149-A, 158, § 3º, e 159,. A requisição devera ser atendida em até 24 horas.

Alternativa correta: "e".

---

37. (VUNESP – 2023 – PC/SP – Delegado) De acordo com o art. 19 do CPP, nos crimes de ação penal privada, finalizado o inquérito policial, os respectivos autos devem

a) ser remetidos ao Chefe de Polícia, para conferência e deliberação.

b) ser remetidos ao órgão ministerial, para oferecimento de denúncia.

c) ser remetidos ao juízo competente ou entregues ao requerente, se assim este solicitar, mediante traslado.

d) aguardar, em sede policial, o oferecimento de queixa-crime.

e) ser arquivados caso a autoridade policial conclua pela inexistência do fato.

COMENTÁRIOS

Notem que a questão pede o que diz a lei e, nesse ponto, o art. 19 determinar que, nos crimes que não sejam de ação penal pública, uma vez encerrado o inquérito, os autos deverão ser remetidos ao juiz ou entregues ao requerente, se este solicitar, mediante traslado. Isso porque cabe apenas ao titular da ação penal privada adotar qualquer providência a partir daí, não cabendo ao Ministério Público tomar qualquer atitude.

Alternativa correta: "c".

---

38. (VUNESP – 2023 – PC/SP – Delegado) A Lei nº 12.830/13, que dispõe sobre a investigação criminal conduzida pelo Delegado de Polícia prescreve expressamente que

a) o indiciamento é ato privativo do Delegado de Polícia, oriundo do livre convencimento desta autoridade e, portanto, prescinde de fundamentação.

b) o Escrivão e o Investigador de Polícia podem desempenhar tarefas privativas de Delegado, desde que prévia e expressamente autorizados por este.

c) ao Delegado deve ser dispensado o mesmo tratamento protocolar que recebem, entre outros, os Magistrados.

d) a apuração de infrações penais exercida pelo Delegado de Polícia, embora não considerada atividade jurídica, é função essencial e exclusiva de Estado.

e) a remoção do Delegado de Polícia, por ser ato inerente à organização interna da Polícia Judiciária, não demanda justificativa ou fundamentação por parte do superior hierárquico que a determina.

COMENTÁRIOS

Alternativa "a": errado. O art. 2º, § 6º, da Lei 12.830/2013 dispõe que o indiciamento é ato privativo do delegado de polícia, mas deve se dar por ato fundamentado, mediante análise técnico-jurídica do fato, que deverá indicar a autoria, materialidade e suas circunstâncias.

Alternativa "b": errado. Não há tal previsão na Lei 12.830, de modo que as funções de delegado de polícia, cargo privativo de bacharel em Direito, somente podem ser exercidas por tal autoridade.

Alternativa "c": certo. É a regra do art. 3º da Lei 12.830.

Alternativa "d": errado. As funções de polícia judiciária e a apuração de infrações penais exercidas pelo delegado de polícia são de natureza jurídica, essenciais e exclusivas de Estado (art. 2º, *caput*, Lei 12.830).

Alternativa "e": errado. A remoção do delegado de polícia dar-se-á somente por ato fundamentado (art. 2º, § 5º, Lei 12.830).

Alternativa correta: letra "c".

39. (FGV - 2024 - PC/SC - Delegado) Sidnei é investigado pela delegada de polícia pelo crime de falso testemunho (Art. 342 *caput* do Código Penal), com pena prevista de reclusão de 2 (dois) anos a 4 (quatro) anos e multa.

Fabiano é investigado pelo delegado de polícia pelo crime de fraude em contrato (Art. 337 - L do Código Penal), com pena prevista de 4 (quatro) anos a 8 (oito) anos e multa.

Ailton é investigado pela delegada de polícia pelo crime de lesão corporal de natureza grave (Art. 129 § 1º, III do Código Penal) com pena de reclusão, de 1 (um) ano a 5 (cinco) anos.

Nos termos preconizados pela Lei no 9.099/1995 e pelo Código de Processo Penal, presentes os demais requisitos legais, avalie se o Ministério Público poderá propor:

I. Acordo de não persecução penal para Sidnei, apenas.
II. Suspensão condicional do processo para Ailton, apenas.
III. Suspensão condicional do processo para Sidnei, Fabiano e Ailton.
IV. Acordo de não persecução penal para Sidnei e Fabiano, apenas.

Está correto apenas o que se afirma em

a) I e II.
b) I e III.
c) II e IV.
d) III.
e) IV.

COMENTÁRIOS

Sidnei fará jus ao acordo de não persecução penal, visto que a pena mínima do delito que cometeu é inferior a 4 anos (art. 28-A, *caput*, CPP). Fabiano não terá direito ao ANPP, pois a pena mínima é igual a 4 anos, tendo que ser inferior a isso. Ailton, por ter cometido crime com violência, não poderá celebrar ANPP e não será cabível a transação penal, visto que não se trata de crime de menor potencial ofensivo, restando apenas a suspensão condicional do processo, pois a pena mínima do crime é de 1 ano, não havendo qualquer vedação a que seja feito tal tipo de acordo para crimes cometidos com violência ou grave ameaça (art. 89, Lei 9.099/1995).

Alternativa correta: "a".

40. (FGV - Delegado de Polícia - PC - AM/2022) Ao chegar a um "local de fato", ainda não sabendo que se trata de um local de crime, de acordo com o Art. 6° do CPP, a primeira providência da Autoridade Policial deve ser a de

a) apreender objetos que tiverem relação com o fato, evitando a perda de objetos potencialmente importantes.
b) ouvir o indiciado, a fim de decidir sobre a necessidade de sua detenção imediata.
c) prender o suspeito, a fim de evitar sua fuga.
d) preservar o local.
e) ouvir o ofendido, para que se defina a área a ser isolada.

COMENTÁRIOS

Vejamos o que diz o art. 6º do CPP, pois nele estão as providências que devem ser tomadas pela autoridade policial ao tomar conhecimento da ocorrência de um crime. Assim, logo que tiver conhecimento da prática da infração penal, a autoridade policial deverá: (i) dirigir-se ao local, providenciando para que não se alterem o estado e conservação das coisas, até a chegada dos peritos criminais; (ii) apreender os objetos que tiverem relação com o fato, após liberados pelos peritos criminais; (iii) colher todas as provas que servirem para o esclarecimento do fato e suas circunstâncias; (iv) ouvir o ofendido; (v) ouvir o indiciado; (vi) proceder a reconhecimento de pessoas e coisas e a acareações; (vii) determinar, se for caso, que se proceda a exame de corpo de delito e a quaisquer outras perícias; (viii) ordenar a identificação do indiciado pelo processo datiloscópico, se possível, e fazer juntar aos autos sua folha de antecedentes; (ix) averiguar a vida pregressa do indiciado, sob o ponto de vista individual, familiar e social, sua condição econômica, sua atitude e estado de ânimo antes e depois do crime e durante ele, e quaisquer outros elementos que contribuírem para a apreciação do seu temperamento e caráter; (x) colher informações sobre a existência de filhos, respectivas idades e se possuem alguma deficiência e o nome e o contato de eventual responsável pelos cuidados dos filhos, indicado pela pessoa presa.

Alternativa correta: letra "d".

41. (Cespe - Delegado de Polícia - PC - RJ/2022) Etelvina foi vítima do crime de roubo com emprego de arma de fogo, numa rua com pouca iluminação em um bairro da Zona Norte do Rio de janeiro. Desesperada, após o assalto, ela saiu pela rua, gritando por socorro. Cerca de 500 m adiante do local do fato, encontrou Osvaldo, policial civil que havia saído da delegacia para jantar. Ele socorreu Etelvina, ouviu o relato dela com a descrição do agente do crime e a levou à delegacia de polícia. Em seguida, com autorização da autoridade policial de plantão, Osvaldo, acompanhado de um colega policial civil de plantão, saiu numa viatura policial, em perseguição do indivíduo com as características mencionadas por Etelvina. Depois de percorrer as proximidades do local do fato durante cerca de uma hora, não logrou êxito em localizá-lo.

A autoridade policial encaminhou todos ao cartório e ouviu o relato de Etelvina em detalhes, embora ela tivesse dito que tudo havia sido muito rápido. Não havia testemunhas do fato, somente o relato de Osvaldo, que disse ter ouvido Etelvina na rua, apavorada. A autoridade policial perguntou a Etelvina se ela teria condições de reconhecer o elemento pelo álbum fotográfico da delegacia, e ela respondeu que sim. Desse modo, o delegado entregou-lhe o álbum, para que ela identificasse o indivíduo. Etelvina olhou todo o álbum fotográfico da delegacia e apontou um indivíduo como o autor do roubo: era Túlio, autor de diversos roubos na circunscrição da delegacia. Nessa situação hipotética, de posse do termo de reconhecimento fotográfico, a autoridade policial deverá, segundo jurisprudência do STJ,

a) instaurar inquérito policial, sem indiciar Túlio, a fim de colher maiores elementos de convicção sobre a autoria e circunstâncias do fato.

b) instaurar inquérito policial, chamar Túlio, para ele dizer se conhece Etelvina, e realizar a acareação do depoimento de ambos, em busca de possíveis divergências.

c) instaurar inquérito policial, indiciando Túlio com base no reconhecimento fotográfico feito por Etelvina, e requerer sua prisão preventiva ao juízo competente, a fim de colher maiores elementos de convicção sobre a autoria e circunstâncias do fato.

d) instaurar inquérito policial, indiciando Túlio com base no reconhecimento fotográfico feito por Etelvina, e requerer sua prisão temporária ao juízo competente, a fim de que o Ministério Público ofereça denúncia contra Túlio.

e) instaurar inquérito policial e requerer a prisão temporária de Túlio, para posterior requerimento de prisão de preventiva e oferecimento de denúncia, diante da insofismável certeza da autoria obtida pelo reconhecimento fotográfico.

COMENTÁRIOS

O entendimento jurisprudencial, ao menos no STJ, é o de que o reconhecimento fotográfico não vinha sendo suficiente para ensejar a condenação ou mesmo a imputação formal de um crime. Sendo assim, não pode a autoridade policial, apenas com base nesse meio de prova, indiciar quem quer que seja, tampouco requerer a decretação de qualquer forma de prisão. Ao mesmo tempo, não pode ignorar tal reconhecimento, que serve como ponto de partida para a investigação. Assim, antes de mais nada, deve o delegado instaurar inquérito policial, para investigar os fatos, podendo localizar o suspeito, chamá-lo à delegacia, inclusive para reconhecimento, e ouvi-lo, caso ele queira prestar suas declarações. Se houver o reconhecimento pessoal positivo, seria possível, em tese, indiciá-lo. No entanto, parece haver uma mudança aqui, a partir do entendimento de que o reconhecimento é irrepetível e de estudos no sentido de que não há diferença de confiabilidade entre o reconhecimento pessoal e o fotográfico. Com isso, passa-se a admitir que o reconhecimento fotográfico seja aceito como uma prova que merece a devida valoração. Esse o caminho seguido pelo CNJ, na Resolução 484/2022. No entanto, para ter alguma possibilidade de ser valorado, deve seguir o procedimento do art. 226 do CPP. Recomendamos a leitura das nossa Dicas, ao final deste capítulo, no ponto em que tratamos da jurisprudência atual acerca do reconhecimento.

Alternativa correta: letra "a".

42. (Cespe – Delegado de Polícia – PC – RJ/2022) Tício é um indivíduo envolvido com atividade ilícita de clonagem de placas e de automóveis, líder de uma organização criminosa na comarca de Cachoeiras de Macacu, município do interior do estado do Rio de Janeiro. Antônio foi vítima da quadrilha de Tício e morreu numa emboscada. Instaurado o competente inquérito policial, as pessoas que foram ouvidas nada souberam informar acerca da autoria do fato e de suas circunstâncias. O auto de exame cadavérico atestou a causa mortis, sem qualquer dúvida: três disparos de arma de fogo na cabeça e dois no peito. A materialidade foi positivada, porém não foi possível apurar a autoria. A autoridade policial encetou todas as diligências possíveis e, após o esgotamento de todas elas, sugeriu, em seu relatório, o arquivamento do inquérito policial (IP), até que surgissem novos elementos. Passados seis meses, a esposa de Antônio compareceu ao gabinete do promotor de justiça, em busca de informações acerca da apuração do fato, e recebeu a notícia de que o IP havia sido arquivado. A esposa, então, disse: — Meu marido foi assassinado pelo Tício. Todo mundo sabe disso. Eu nunca fui ouvida nesse inquérito. Fui diversas vezes à delegacia, e nunca me ouviram. O crime teve motivação por causa de dívidas entre eles. Na casa de Tício estão os documentos e fotos que comprovam o que digo. O irmão de Tício tem consigo escondida a arma do crime até hoje, em sua casa. Impossível não terem processado Tício por esse crime. Nessa situação hipotética,

a) o promotor de justiça que ouviu a esposa de Antônio deverá, em nome do princípio da obrigatoriedade da ação penal pública, provocar o procurador-geral de justiça, para que este determine o desarquivamento do IP e a autoridade policial reinicie as investigações policiais, diante da notícia de novas provas.

b) a autoridade policial deverá, imediatamente e ex officio, reiniciar as investigações policiais, a fim de apurar os fatos diante da notícia de novas provas.

c) conforme estabelece o Código de Processo Penal, o Ministério Público deverá insistir na manutenção do arquivamento do IP, até que surjam novas provas que autorizem o seu desarquivamento.

d) aplica-se a Súmula n.º 524 do STF, pois há novas provas que autorizam a imediata propositura de ação penal.

e) tratando-se de crime de ação penal pública, deverá o Ministério Público, diante das novas provas já alcançadas, determinar ao procurador-geral de justiça que desarquive o IP, a fim de que a autoridade policial reinicie as investigações.

COMENTÁRIOS

Alternativa "a": obviamente, o gabarito levou em conta a nova redação do art. 28 do CPP, segundo o qual o promotor ordena o arquivamento do inquérito e algum órgão do próprio Ministério Público, por exemplo, o Procurador-Geral, confirma o arquivamento. Sendo assim, à vista desses novos elementos trazidos pela esposa da vítima, seria, em tese, possível o desarquivamento. O problema dessa questão é que ela afirma que o promotor precisa pedir ao Procurador-Geral que este determine o desarquivamento, ponto que não é, nem de longe, pacífico, até hoje. Particularmente, entendemos que o promotor nem precisaria pedir ao Procurador-Geral o desarquivamento, até porque este não poderia discordar, sob pena de usurpar as funções do órgão de execução de primeiro grau. Note-se que haverá casos em que sequer o feito será encaminhado ao Procurador-Geral para homologação, visto que o STF, ao julgar constitucionalidade do novo art. 28, acabou por retirar a obrigatoriedade da revisão de cada arquivamento, o que somente ocorrerá, a princípio, se a vítima assim o requerer ou se o juiz, exergando ilegalidade flagrante ou teratologia, encaminhar o caso para tal finalidade. Nesses casos, haverá a homologação pelo Procurador-Geral, o que significa que nos demais haverá o arquivamento, mas sem homologação alguma.

Alternativa "b": tendo sido arquivado o inquérito, o delegado pode apenas informar o promotor sobre os novos elementos informativos, que podem ensejar outras investigações, para que haja o desarquivamento.

Alternativa "c": as novas provas são indicadas pelo depoimento da esposa da vítima e já ensejam o desarquivamento.

Alternativa "d": não há elementos que propiciam a imediata propositura da ação penal, pois a polícia ainda deverá confirmar os dados trazidos pela testemunha. Seu depoimento, sozinho, não representa justa causa para a ação.

Alternativa "e": o promotor não determina nada ao Procurador-Geral.

Alternativa correta: letra "a".

---

43. (Cespe – Delegado de Polícia – PC – RJ/2022) O inquérito policial é atividade investigatória realizada por órgãos oficiais, não podendo ficar a cargo do particular, ainda que a titularidade do exercício da ação penal pelo crime investigado seja atribuída ao ofendido. Considerando-se as características do inquérito policial, é correto afirmar que o texto anterior discorre sobre

a) o procedimento escrito do inquérito policial.
b) a indisponibilidade do inquérito policial.
c) a oficiosidade do inquérito policial.
d) a oficialidade do inquérito policial.
e) a dispensabilidade do inquérito policial.

COMENTÁRIOS

Questão fácil. Trata-se da oficialidade do inquérito policial. Ora, os órgãos responsáveis pela investigação e pela ação penal pública são órgãos do Estado, com funções públicas. No caso do inquérito policial, somente a Polícia Civil, sob a direção de um delegado de polícia, pode instaurá-lo e conduzi-lo.

Alternativa correta: letra "d".

---

44. (Cespe – Delegado de Polícia – PC – RJ/2022) Assinale a opção correta, acerca de inquérito policial.

a) A autoridade policial que preside o inquérito policial para apurar crime de ação penal pública pode, fundamentadamente, decidir sobre a conveniência e(ou) oportunidade de diligências requisitadas pelo Ministério Público.
b) O inquérito policial, consoante o princípio da oficialidade, poderá ser instaurado apenas de ofício pela autoridade policial ou mediante requisição do Ministério Público.
c) Com base em denúncia anônima de fato criminoso, a autoridade policial pode, independentemente de apuração prévia, instaurar inquérito policial com fundamento exclusivo naquela informação anônima.
d) Não se permite ao indiciado qualquer tipo de intervenção probatória durante o inquérito policial.
e) O investigado deve ter acesso a todos os elementos já documentados nos autos do inquérito policial, ressalvadas as diligências em andamento cuja eficácia dependa do sigilo.

COMENTÁRIOS

Alternativa "a": as diligências requisitadas pelo Ministério Público devem ser cumpridas pela autoridade policial, salvo se, evidentemente, se revelarem ilegais, caso em que deverá a autoridade policial comunicar o órgão requisitante sobre a impossibilidade de cumprimento.

Alternativa "b": o inquérito policial pode ser instaurado por representação ou requerimento da vítima também, o que não guarda relação necessária com o princípio da oficialidade.

Alternativa "c": os Tribunais Superiores não admitem a instauração do inquérito policial apenas com base em denúncia anônima. Nesse caso, deve a autoridade policial realizar levantamentos prévios, para verificar se há algum fundamento na denúncia, que justifique a investigação. Se constatar que há, poderá instaurar inquérito.

Alternativa "d": o indiciado pode, sim, solicitar a realização de provas, embora o delegado não esteja obrigado a produzi-las.

Alternativa "e": trata-se do entendimento de decorre da conhecida Súmula Vinculante 14 do STF, que todo candidato ao cargo de delegado tem a obrigação de conhecer.

Alternativa correta: letra "e".

---

45. (Cespe – Delegado de Polícia – PC – PB/2022) Em regra, é possível desarquivar o inquérito policial quando fundamentado na

a) atipicidade do fato.
b) falta de justa causa para a ação penal.
c) decadência do direito de representação do ofendido.
d) comprovação de coação moral irresistível.
e) menoridade do autor do fato.

COMENTÁRIOS

Alternativa "a": quando o arquivamento for fundamentado na atipicidade do fato, não será possível o desarquivamento, uma vez que, se o fato não configurar infração penal, jamais uma prova nova terá o condão de o tornar típico. Não se pode confundir atipicidade com falta de prova de todos os elementos do crime, o que nem sempre é observado por quem determina o arquivamento. Nesse caso, surgindo novas provas que mostrem circunstâncias do caso, antes não conhecidas, e que deixem evidente a tipicidade, poderá ocorrer o desarquivamento. Isso vale mesmo em face da nova redação do art. 28 do CPP? A questão é relevante, pois, pela redação anterior àquela trazida pela Lei 13.964/2019, o juiz homologava o arquivamento e, assim, havia a possibilidade em se falar nos efeitos da coisa julgada. Agora, não havendo mais a homologação pelo juiz, mas apenas uma forma limitada de controle, não se pode mais falar em coisa julgada. Mesmo assim, pensamos que a ideia acima ainda prevalece, pois, caso tenha o Ministério Público promovido o arquivamento com base na atipicidade, nada poderá tornar típico o fato, até por uma questão lógica.

Alternativa "b": a falta de justa causa significa ausência de prova do crime e/ou de indícios suficientes de autoria, o que pode surgir posteriormente, justificando o desarquivamento.

Alternativa "c": a decadência traz a extinção da punibilidade, de modo que, isso ocorrendo e declarada pelo juiz, não haverá mais possibilidade de desarquivar o caso, pois não há revisão *pro societate*. E se o caso for arquivado, sem que o juiz tenha declarado a extinção de punibilidade? Ora, nesse caso, o desarquivamento será inútil, visto que, caso venha o Ministério Público a oferecer denúncia, o juiz deverá rejeitá-la, declarando, então, a extinção da punibilidade.

Alternativa "d": a prova da coação moral irresistível provoca a ausência de culpabilidade, não sendo possível vislumbrar como algo assim poderia ser "desprovado". Vejam: a alternativa diz que houve "comprovação".

Alternativa "e": a menoridade do autor do fato impede o oferecimento de denúncia, não sendo possível que prova nova altere a idade da pessoa.

Alternativa correta: letra "b".

46. (UFPR – Delegado de Polícia – PC – PR/2021) A partir de uma notitia criminis, a autoridade policial da Delegacia de Goioerê/PR instaurou inquérito policial (IP) em desfavor de L.R. pela prática do crime previsto no art. 171, §2°, inciso III, do Código Penal (defraudação de penhor). Após várias diligências, a autoridade entendeu que o fato é atípico. Nesse caso, a autoridade policial deverá:

a) elaborar o relatório e encaminhar o IP à Corregedoria para o arquivamento.
b) elaborar o relatório e encaminhar o IP a juízo.
c) encaminhar o IP ao Ministério Público para o arquivamento.
d) arquivar o IP e comunicar o arquivamento ao Distribuidor Criminal.
e) arquivar o IP e comunicar o arquivamento à Corregedoria da Polícia Civil.

COMENTÁRIOS

Caso o STF não houvesse determinado, quando o concurso foi realizado, a suspensão liminar, em ADI, das novas regras do CPP sobre o juiz das garantias e o arquivamento do inquérito policial, poder-se-ia dizer que o delegado de polícia poderia encaminhar o inquérito diretamente ao Ministério Público, e não ao juízo, pois, pelos novos regramentos, a tramitação do inquérito deverá ser sempre direta entre Ministério Publico e polícia, havendo controle de prazo apenas se estiver preso o imputado. Com o julgamento das ADIs sobre a Lei 13.964, cremos que essa conclusão não se alterou, sendo possível a tramitação direta, mas desde que, antes, seja comunicada a juiz a instauração do inquérito. Nos parece que, hoje, a alternativa correta seria a letra "c" (e não mais a "b").

47. (UFPR – Delegado de Polícia – PC – PR/2021) M.D. recebe uma mensagem via celular com os seguintes dizeres: "Se você chegar perto da minha neta novamente, eu vou acabar com sua raça. Esse é o último aviso". A remetente teria sido J.S., sua vizinha. Após o ocorrido, M.D. procura auxílio na Delegacia de Polícia competente, relatando o ocorrido. Diante do exposto, a providência a ser adotada na delegacia é:

a) Elaboração de Termo Circunstanciado com posterior remessa ao Juizado Especial Criminal.
b) Orientação a M.D. a comparecer previamente em um cartório para lavrar uma ata notarial, pois não se pode instaurar inquérito policial sem que haja provas concretas do suposto crime.
c) Lavratura de Boletim de Ocorrência para dar início ao inquérito policial.
d) Aconselhamento a M.D. para protocolar uma queixa por meio de um advogado, visto que a autoridade policial não pode agir no âmbito da ação penal privada.
e) Instauração de imediato inquérito policial, dada a possibilidade de prisão em flagrante de J.S.

COMENTÁRIOS

O delegado deverá lavrar termo circunstanciado, pois se trata de crime de ameaça, previsto no art. 147 do CP e, assim, de menor potencial ofensivo. A mera notícia da ameaça já é suficiente para isso, não sendo necessário que se faça ata notarial dos dizeres contidos na mensagem. Posteriormente, é certo, poderá ser realizada a perícia. O inquérito não é necessário, pois não se trata de fato sequer complexo.

Alternativa correta: letra a.

48. (UFPR – Delegado de Polícia – PC – PR/2021) A Lei n° 12.037/09 dispõe sobre a identificação criminal do civilmente identificado, regulamentando o art. 5°, inciso

LVIII, da Constituição Federal. A legislação assevera que o civilmente identificado não será submetido a identificação criminal, salvo nos casos previstos na lei. Acerca da identificação criminal, assinale a alternativa correta.

a) Embora apresentado documento de identificação, poderá ocorrer identificação criminal quando o documento apresentado for insuficiente para identificar cabalmente o indiciado.

b) A identificação civil pode ser atestada por documento particular com foto, que permita a identificação efetiva do indiciado.

c) A identificação criminal incluirá o perfil fotográfico e o perfil genético, que serão juntados aos autos de inquérito policial.

d) Os documentos de identificação militares, para as finalidades da lei, têm a validação condicionada à apresentação conjunta do documento de identificação civil.

e) Após o trânsito em julgado da sentença, a autoridade judiciária tem a obrigação legal de determinar a retirada da identificação fotográfica do inquérito ou processo, sob pena de responsabilidade.

COMENTÁRIOS

Alternativa a: a Lei n. 12.037/2009 traz todas as hipóteses que permitem a identificação criminal, não obstante o indivíduo já ser civilmente identificado. Caso o documento apresentado não for suficiente para permitir a identificação, será possível a identificação criminal (art. 3º, II).

Alternativa b: o que atesta a identidade é o documento público, dentre os elencados no art. 2º da Lei 12.037, cujo rol não é taxativo. Portanto, ainda que tenha foto, o documento particular não tem a capacidade de comprovar a identidade.

Alternativa c: a identificação criminal incluirá o processo datiloscópico e o fotográfico, que serão juntados aos autos da comunicação da prisão em flagrante, ou do inquérito policial ou outra forma de investigação (art. 5º, Lei 12.037)). Quando for essencial às investigações, poderá ser também colhido o perfil genético (art. 5º, parágrafo único).

Alternativa d: o documento militar, como documento público que é, basta para comprovar a identificação.

Alternativa e: segundo o art. 7º da mesma Lei, no caso de não oferecimento da denúncia, ou sua rejeição, ou absolvição, é facultado ao indiciado ou ao réu, após o arquivamento definitivo do inquérito, ou trânsito em julgado da sentença, requerer a retirada da identificação fotográfica do inquérito ou processo, desde que apresente provas de sua identificação civil.

Alternativa correta: letra a.

---

49. (FGV – Delegado de Polícia – PC – RN/2021) Após receber os autos de inquérito policial encaminhado pela autoridade policial, o promotor de justiça com atribuição para o caso verificou que não havia indícios suficientes quanto à autoria e materialidade do delito, pois não fora realizada no curso do procedimento administrativo busca e apreensão que entendia imprescindível.

Nesse sentido, o membro do órgão ministerial deverá:

a) promover o arquivamento do inquérito, por tratar-se de hipótese de absolvição sumária;

b) requisitar à autoridade policial que realize, diretamente, a diligência de busca e apreensão pretendida;

c) requerer ao juiz a realização de diligência investigatória antes do oferecimento da denúncia;

d) oferecer a denúncia e, após, requerer ao juiz a realização de diligência investigatória;

e) promover diretamente a realização da diligência investigatória.

COMENTÁRIOS

O fato de não existir prova da materialidade e indícios de autoria pode levar ao arquivamento do caso (e não a absolvição sumária, cabível quando já há processo). Porém, se o promotor vislumbrar a possibilidade de diligência que, em tese, seja capaz de trazer os elementos necessário à denúncia, deve determinar sua realização. No caso, como se trata de busca e apreensão, que depende de autorização judicial prévia, o promotor deverá dirigir pedido de diligência ao juiz, que autorizará ou não. Vindo os autos com as provas necessárias à denúncia, o promotor deverá oferecê-la.

Alternativa correta: letra c.

---

50. (FGV – Delegado de Polícia – PC – RN/2021) A autoridade policial recebeu denúncia anônima sobre a existência de um grupo que se destinava a praticar roubos a agências bancárias.

Diante da notícia recebida, com base no entendimento dos Tribunais Superiores, a autoridade policial:

a) terá discricionariedade para instauração ou não do inquérito policial;

b) não poderá adotar qualquer medida, por tratar-se de denúncia anônima;

c) deverá realizar diligências preliminares para averiguação, antes de instaurar o inquérito policial;

d) deverá instaurar imediatamente inquérito policial para apurar o fato;

e) poderá dispensar o inquérito policial e encaminhar as informações recebidas ao órgão ministerial para o oferecimento imediato de denúncia.

COMENTÁRIOS

O delegado de polícia não pode instaurar inquérito com base em denúncia anônima. Deve, antes disso, investigar e verificar se a denúncia traz algum fundamento e, se positivo, angariar algum elemento informativo mais concreto, para, aí sim, instaurar o procedimento investigatório. É o entendimento, por sinal, do STJ: "(...)Esta Corte

Superior de Justiça, com supedâneo em entendimento adotado por maioria pelo Plenário do Pretório Excelso nos autos do Inquérito nº 1957/PR, tem entendido que a notícia anônima sobre eventual prática criminosa, por si só, não é idônea para a instauração de inquérito policial ou deflagração da ação penal, prestando-se, contudo, a embasar procedimentos investigatórios preliminares em busca de indícios que corroborem as informações da fonte anônima, os quais tornam legítima a persecução criminal estatal. (...)" (HC 233.440-SE, Rel. Min. Jorge Mussi, j. 18.06.2014).

Alternativa correta: letra c

51. (FGV - Delegado de Polícia - PC - RN/2021) Concluídas investigações de inquérito policial, a autoridade policial indiciou Francisco, sem envolvimento anterior com o aparato policial ou judicial pela prática de crimes, como incurso nas sanções penais do delito de lesão corporal de natureza gravíssima (Art. 129, §2°, CP - pena: reclusão de 2 a 8 anos). Tendo Francisco confessado formal e circunstancialmente a prática da infração penal na delegacia, o acordo de não persecução penal, no caso em tela:

a) poderá ser proposto pelo delegado, considerando a confissão e a pena mínima cominada ao delito;
b) não poderá ser proposto, diante da natureza do delito imputado;
c) não poderá ser proposto, pois a pena máxima cominada é superior a quatro anos;
d) poderá ser proposto pelo órgão ministerial, mas não pelo delegado, considerando a pena cominada e a confissão em sede policial;
e) poderá ser proposto pelo órgão ministerial, mas não pelo delegado, e, havendo concordância do indiciado e de sua defesa técnica, independerá de homologação judicial.

COMENTÁRIOS

Primeiramente, que fique bem claro: delegado de polícia não pode propor acordo de não persecução penal, pois somente o Ministério Público tem essa atribuição. No caso trazido pela questão, ainda que o acusado confesse formal e circunstanciadamente o delito, ainda assim não será possível o ANPP, porque o crime foi cometido mediante violência, o que impede a celebração do acordo, conforme previsto no *caput* do art. 28-A do CPP.

Alternativa correta: letra b.

52. (FGV - Delegado de Polícia - PC - RN/2021) No curso de inquérito, a autoridade policial intimou Pedro a, na qualidade de testemunha, prestar informações sobre determinado fato delituoso. Na condição de testemunha, Pedro:

a) não estará obrigado a comparecer à delegacia para prestar informações, tendo em vista a ausência de poder da autoridade policial para tal intimação;
b) estará obrigado a comparecer à delegacia e prestar informações com o dever legal de dizer a verdade, ainda que possua relação de parentesco em linha reta com o investigado;
c) não estará obrigado a comparecer à delegacia, podendo se valer do direito ao silêncio, ainda que não tenha relação com os fatos;
d) estará obrigado a comparecer à delegacia, mas, independentemente da relação com o investigado, não terá a obrigação legal de dizer a verdade, por ainda não haver denúncia;
e) estará obrigado a comparecer à delegacia, mas não precisará responder às perguntas formuladas que puderem resultar em autoincriminação.

COMENTÁRIOS

A testemunha é sempre obrigada a comparecer para prestar depoimento sobre o que saiba, não podendo ocultar a verdade, sob pena de cometimento de crime de falso testemunho. Por isso, caso não compareça, poderá ter a sua condução coercitiva determinada. Porém, sempre que a testemunha tiver algo a dizer que possa incriminá-la, poderá exercer seu direito ao silêncio.

Alternativa correta: letra e.

53. (FGV - Delegado de Polícia - PC - RN/2021) No curso de inquérito policial para investigar a prática de crime sexual, a autoridade policial entendeu necessária a realização de exame de DNA de Leonardo, suspeito do delito, para colher informações sobre a sua autoria. Nesse sentido, a prova em questão:

a) não poderá ser recusada por Leonardo, diante da sua condição de indiciado, independentemente de exigir comportamento ativo ou passivo;
b) poderá ser realizada, independentemente da concordância de Leonardo, ainda que invasiva, mas exige decisão judicial prévia;
c) poderá ser recusada por Leonardo no curso do inquérito policial, mas não no curso de processo judicial;
d) poderá ser realizada sobre material descartado por Leonardo, independentemente de sua concordância;
e) poderá ser realizada independentemente da concordância de Leonardo, ainda que exija comportamento ativo do agente, desde que sujeita ao contraditório e ampla defesa.

COMENTÁRIOS

O delegado de polícia poderá determinar a realização da perícia, desde que colha material biológico do suspeito, tendo este o direito de recusar-se a fornecê-lo, baseando-se no princípio do *nemo tenetur se detegere*. É que, como regra, a coleta do material é invasiva do corpo do indivíduo. Porém, em caso de recusa, o delegado poderá procurar material genético descartado, ou seja, que tenha se soltado do corpo, como fios de cabelo, restos de DNA em escovas de dentes, roupas de baixo, travesseiros e saliva deixada em copos, para ficarmos com alguns exemplos.

Alternativa correta: letra d.

54. (Instituto AOCP - Delegado de Polícia - PC - PA/2021) Analise a seguinte situação hipotética: Por intermédio do noticiário televisivo, Fulano soube que estaria sendo investigado por envolvimento em crimes de fraude à licitação na compra de equipamentos para a Prefeitura de Belém-PA. Cautelosamente, decidiu contratar um advogado para acessar os autos de inquérito policial. Munido de competente procuração, seu procurador se dirige à Delegacia de Polícia para ter vista dos autos da investigação e o servidor que o atende nega acesso ao procedimento, por conveniência policial. A atitude do servidor é

a) correta, pois o sistema investigativo tem discricionariedade para manter-se hígido em relação a interesses privados.

b) equivocada, pois todo inquérito policial deve ser público e acessível a qualquer do povo.

c) correta, pois o princípio constitucional administrativo da publicidade não se aplica ao inquérito policial.

d) equivocada, pois o advogado é indispensável para a administração da segurança pública e da seguridade social.

e) equivocada, pois é direito do defensor, no interesse do representado, ter acesso amplo aos elementos de prova que, já documentados em procedimento investigatório realizado por órgão com competência de polícia judiciária, digam respeito ao exercício do direito de defesa.

COMENTÁRIOS

É discutível a conclusão do gabarito oficial, embora adequada para uma prova da Polícia Civil. O inquérito policial tem caráter sigiloso, segundo costuma dizer a doutrina. Aponta-se, como base legal do art. 20 do CPP. Porém, analise o que diz tal dispositivo: "A autoridade assegurará no inquérito o sigilo necessário à elucidação do fato ou exigido pelo interesse da sociedade". Ora, em nenhum momento o art. 20 diz que o inquérito deve ser sigiloso, mas que pode ser, desde que haja necessidade. Seja como for, tal sigilo não pode ser oposto contra o advogado do indiciado e do membro do Ministério Público. Aliás, a Súmula Vinculante 14 do STF afirma ser direito do defensor, no interesse do representado, ter acesso amplo aos elementos de prova que, já documentados em procedimento investigatório realizado por órgão com competência de polícia judiciária, digam respeito ao exercício do direito de defesa. Logo, admite-se que o sigilo possa prosseguir quanto aos elementos ainda não documentados. Admite-se, também, que o sigilo seja oposto para não prejudicar o andamento de determinadas diligências, sendo exemplos comuns o sigilo sobre futura realização de busca e sobre autorização de interceptação telefônica. No caso da questão, caso o advogado esteja representando alguém que esteja sendo oficialmente investigado, os autores deverão lhes ser franqueados. O que se pode alegar em socorro do policial, nesse caso, é que, oficialmente, há investigação sobre um fato, não sendo Fulano ainda indiciado. Assim, não teria direito de acesso aos autos. Numa prova para concurso de delegado, essa pode ser uma forma correta de se raciocinar.

Alternativa correta: letra c.

55. (Instituto AOCP - Delegado de Polícia - PC - PA/2021) Beltrano, delegado de polícia em Marabá-PA, testemunhou visualmente um roubo tentado contra uma vítima que dirigia seu veículo em uma das avenidas mais movimentadas da municipalidade. O agressor não conseguiu subtrair qualquer bem, pois a vítima acelerou seu automóvel e empreendeu fuga. Não vislumbrando importância no fato, nem visualizando dano à sociedade, Beltrano mantém-se inerte. Considerando a situação hipotética sobre a conduta desse delegado, é correto afirmar que ela

a) fere o princípio da indisponibilidade, uma vez que a autoridade policial não pode determinar o arquivamento do inquérito policial discricionariamente.

b) fere a oficiosidade inerente à função do cargo, vez que, em crimes de ação penal pública incondicionada, como é o roubo, a autoridade policial tem o dever de ofício de proceder à apuração do fato delitivo.

c) assegura a autoritariedade do inquérito policial, pois o procedimento é presidido pelo delegado de polícia, responsável pelo andamento das diligências.

d) assegura a voluntariedade da jurisdição penal, uma vez que a vítima do roubo tentado não procurou a autoridade policial para reclamar do fato criminoso.

e) assegura o sistema inquisitivo de persecução penal, já que a autoridade policial não necessita de impulsão externa para agir e pode, dentro de suas competências funcionais, avaliar a conveniência da instauração de inquérito policial.

COMENTÁRIOS

Tomando conhecimento da prática de crime de ação penal pública incondicionada, o delegado de polícia deverá instaurar inquérito policial ou termo circunstanciado - no caso do furto, inquérito - não tendo opção. Pensamos, porém, que a alternativa b está correta, pois a conduta do delegado também feriu a oficiosidade, pois tem a obrigação de agir de ofício nesse caso.

Alternativa correta: letra b

56. (Instituto AOCP - Delegado de Polícia - PC - PA/2021) Acerca das modificações introduzidas pelo chamado "pacote anticrime" ao Código de Processo Penal, assinale a alternativa correta.

a) Se a vítima, ou seu representante legal, não concordar com o arquivamento do inquérito policial, poderá, no prazo de trinta dias do recebimento da comunicação, submeter a matéria à revisão da instância competente do órgão ministerial, conforme dispuser a respectiva lei orgânica.

b) O processo penal terá estrutura inquisitória, vedadas a iniciativa do juiz na fase instrutória judicial e a substituição da atuação probatória do órgão de acusação.

c) Em todos os casos em que policiais civis ou militares forem investigados, deverão ser citados da instauração do procedimento investigatório, podendo constituir defensor no prazo de até quarenta e oito horas a contar do recebimento da citação.

d) Ordenado o arquivamento do inquérito policial ou de quaisquer elementos informativos da mesma natureza, o órgão do Ministério Público deverá impor sigilo ao procedimento.

e) O inquérito policial terá estrutura acusatória, vedadas a iniciativa do juiz na fase de investigação e a substituição da atuação probatória do órgão de acusação.

COMENTÁRIOS

Alternativa a: a nova redação do art. 28 do CPP traz essa possibilidade, nos exatos termos de seu § 1º. Vale lembrar que o STF reconheceu a constitucionalidade do dispositivo quanto ao pedido de revisão pela vítima.

Alternativas b: segundo o art. 3º-A do CPP, o processo penal tem estrutura acusatória, sendo vedada a iniciativa do juiz na fase de investigação (não na fase instrutória) e a substituição da atividade probatória do órgão de acusação.

Alternativa c: o novo art. 14-A do CPP não prevê essa citação (na verdade, notificação, pois processo ainda não há) em todo e qualquer crime cometido por policial, mas apenas quando envolver o uso de força letal, consumado ou não o delito.

Alternativa d: o sigilo não deve ser imposto após o arquivamento, que deverá ser comunicado à vítima, indiciado e autoridade policial (art. 28).

Alternativa correta: letra a.

57. (Instituto AOCP - Delegado de Polícia - PC - PA/2021) Considerando a seguinte situação hipotética: Denunciado por peculato contra a Câmara dos Vereadores de Ananindeua-PA, Sicrano compareceu à audiência judicial para celebrar acordo de não persecução penal oferecido pelo Ministério Público. Dentre as cláusulas apresentadas, constou que Sicrano deveria cumprir cinco anos de prestação de serviço comunitário e recolher-se em sua residência aos fins de semana por igual prazo de cinco anos. Ao receber o acordo assinado pelas partes, o juiz deve

a) homologar o acordo de não persecução penal e devolver os autos ao Ministério Público para que inicie sua execução perante o juízo de execução penal.

b) não homologar o acordo de não persecução penal, por considerar insuficientes as condições nele dispostas para prevenção e reprovação ao crime.

c) homologar o acordo de não persecução penal e oficiar ao juízo de execução penal para que as cláusulas sejam proporcionalizadas à pena mínima abstratamente prevista na lei penal.

d) não homologar o acordo de não persecução penal, por considerar abusivas as condições dispostas no acordo de não persecução penal, e devolver os autos ao Ministério Público para que seja reformulada a proposta de acordo, com concordância do investigado e seu defensor.

e) não homologar o acordo de não persecução penal, por julgar cabível o oferecimento de suspensão condicional da pena.

COMENTÁRIOS

Nesse caso, o juiz deverá deixar de homologar o acordo e devolvê-lo ao promotor para que o ajuste às previsões do art. 28-A do CPP, especificamente, ao prazo da prestação de serviços à comunidade, pois deve ser observado que deverá se limitar ao prazo da pena mínima - dois anos -, reduzida de um a dois terços. Além disso, o recolhimento no final de semana é medida que não encontra qualquer lógica em relação ao crime cometido, não sendo realmente adequada. Caso o promotor e o indiciado insistam nessas condições, o juiz deverá rejeitar o acordo.

A questão foi anulada.

58. (Inst. Acesso - Delegado de Polícia - PC - ES/2019) "O inquérito policial é um procedimento administrativo, não judicial, e por isso mesmo pode ter caráter explicitamente inquisitorial, isto é, registrar por escrito, com fé pública, emprestada pelo cartório que a delegacia possui, informações obtidas dos envolvidos sem que estes tenham conhecimento das suspeitas contra eles." (LIMA, Roberto Kant de; MOUZINHO, Glaucia. DILEMAS - Vol.9 - no 3 - SET-DEZ 2016 - pp. 505-529). Assinale, a seguir, a característica INCORRETA quanto ao inquérito policial brasileiro.

a) não possui contraditório e ampla defesa.

b) é escrito.

c) é público.

d) é dispensável.

e) é sigiloso.

COMENTÁRIOS

Alternativa "a": o inquérito policial é procedimento inquisitivo, o que significa que não abre espaço para o contraditório. É certo que o investigado pode apresentar requerimentos, mas o atendimento fica a critério da autoridade policial, que deverá verificar se são do interesse da investigação. Discordamos, porém, do gabarito quando afirma não se aplicar o princípio da ampla defesa. Ora, já no inquérito tem o imputado o direito a ela, tanto assim que poderá ser acompanhado de advogado em qualquer ato que contar com sua participação, tem direito ao silêncio, seu defensor terá acesso aos autos, que são indicadores já de um direito de defesa.

Alternativa "b": o inquérito policial, no Brasil, é escrito, o que não impede que certos atos sejam filmados ou gravados.

Alternativa "c": o inquérito policial não é público. O art. 20 do CPP não chega a determinar que o inquérito será sigiloso, mas que poderá ser, conforme for do interesse da investigação. Assim, o acesso a ele pode ser limitado, mas tal limitação não se aplica ao defensor do imputado, ao Ministério Público e ao juiz.

Alternativa "d": o inquérito é dispensável, uma vez que o Ministério Público pode oferecer ação penal com base em elementos de informação que lhe tenham chegado ao conhecimento e em investigação própria. Porém, se a denúncia se basear em elementos informativos obtidos por meio do inquérito, este deverá acompanhar a inicial acusatória.

Alternativa "e": mais uma vez, discordamos do gabarito, embora tenha amparo em boa parte da doutrina. É comum encontrarmos na doutrina a afirmação de que o inquérito é sigiloso. Aponta-se, como base legal, o art. 20 do CPP. Porém, analise o que diz tal dispositivo: "A autoridade assegurará no inquérito o sigilo necessário à elucidação do fato ou exigido pelo interesse da sociedade". Ora, em nenhum momento o art. 20 diz que o inquérito deve ser sigiloso, mas que pode ser, desde que haja necessidade. Seja como for, tal sigilo não pode ser oposto contra o advogado do indiciado e do membro do Ministério Público. Aliás, a Súmula Vinculante 14 do STF afirma ser direito do defensor, no interesse do representado, ter acesso amplo aos elementos de prova que, já documentados em procedimento investigatório realizado por órgão com competência de polícia judiciária, digam respeito ao exercício do direito de defesa. Logo, admite-se que o sigilo possa prosseguir quanto aos elementos ainda não documentados. Admite-se, também, que o sigilo seja oposto para não prejudicar o andamento de determinadas diligências, sendo exemplos comuns o sigilo sobre futura realização de busca e sobre autorização de interceptação telefônica.

Alternativa correta: letra "c".

59. (Inst. Acesso - Delegado de Polícia - PC - ES/2019) "Do ponto de vista criminal, considerando a maneira como o sistema de justiça funcionou, parece que a pena de prisão para o uso de drogas ainda é utilizada (...) Depois da nova Lei de Drogas, os casos de uso de drogas praticamente pararam de chegar ao Judiciário, enquanto os de tráfico de drogas aumentaram, nos sugerindo que os casos de uso passaram a ser resolvidos na rua, de maneira oficiosa pela polícia, através da negociação de 'mercadorias políticas'" (FILHO, Frederico Policarpo Mendonça: DILEMAS: Revista de Estudos de Conflito e Controle Social - Vol. 6 - n° 1 - JAN/FEV/MAR 2013 - pp. 11-37). A partir da situação abordada no texto acima, é correto afirmar que:

a) sendo hipótese de porte de drogas para consumo pessoal, deverá o delegado de polícia instaurar o inquérito policial.

b) ainda que com pouca quantidade de droga o princípio da insignificância não incide no crime de tráfico de drogas, não sendo fundamento para recomendação de arquivamento do inquérito policial por atipicidade.

c) sendo hipótese de porte de drogas para consumo pessoal, deverá o delegado de polícia realizar o termo circunstanciado e lavrar o auto de prisão em Flagrante.

d) sendo pouca a quantidade de droga apreendida, incide o princípio da insignificância no crime de tráfico de drogas, podendo servir de fundamento para o arquivamento do inquérito policial por atipicidade.

e) sendo hipótese de porte de drogas para consumo pessoal, deverá o delegado de polícia realizar o termo circunstanciado e caso o indivíduo se recuse a comparecer no juizado Especial Criminal deverá o delegado representar pela prisão preventiva.

COMENTÁRIOS

Alternativa "a": no caso de porte de drogas para consumo pessoal, previsto no art. 28 da Lei 11.343/2003 (Lei de Drogas), deve a autoridade policial lavrar termo circunstanciado, eis que se trata de infração penal de menor potencial ofensivo.

Alternativa "b" (responde também a alternativa "d"): o crime de tráfico de drogas realmente não admite a aplicação do princípio da insignificância, conforme entendimento majoritário, de modo que, havendo prova da materialidade e indícios suficientes de autoria, deverá o Ministério Público oferecer denúncia, não podendo arquivar o inquérito sob esse fundamento.

Alternativa "c": não se lavra auto de prisão em flagrante nesse caso, conforme previsão expressa do § 2º do art. 48 da Lei de Drogas.

Alternativa "e": no caso, não se aplica a regra geral da Lei 9.099/1995, que realmente permite a lavratura do auto de prisão em flagrante se o agente se recusar a comparecer no Juizado Especial Criminal. Na Lei de Drogas, o § 2º do art. 48 não permite que seja lavrado o auto.

Alternativa correta: letra "b".

60. (Inst. Acesso - Delegado de Polícia - PC - ES/2019) Gerson está respondendo a procedimento investigatório, conduzido por delegado de Polícia Civil. Em meio a investigação foi decretado sigilo do Inquérito policial para assegurar as investigações. Nessa situação hipotética, marque a alternativa CORRETA.

a) O advogado somente terá acesso aos autos do inquérito policial se não for decretado o seu sigilo, caso em que terá que aguardar a instauração do processo judicial.

b) O advogado poderá examinar aos autos do inquérito policial e ainda ter informações sobre os atos de investigação que ainda serão realizados.

c) Nos crimes hediondos o advogado do indiciado não terá acesso aos autos para assegurar a proteção das investigações.

d) O advogado poderá examinar aos autos do inquérito policial ainda que tenha sido decretado o seu sigilo.

e) O sigilo decretado no inquérito policial não impede que os meios de comunicações televisivas tenham acesso, tendo em vista a necessidade de se preservar a ordem pública.

COMENTÁRIOS

Alternativa "a" (responde também as demais alternativas): o STF editou a Súmula Vinculante 14 com o seguinte verbete: "É direito do defensor, no interesse do representado, ter acesso amplo aos elementos de prova que, já documentados em procedimento investigatório realizado por órgão com competência de polícia judiciária, digam respeito ao exercício do direito de defesa". Desse modo, ainda que decretado o sigilo nos autos do inquérito, não poderá ser oposto ao defensor do investigado, que terá acesso ao tudo o que já estiver documentado em seus autos.

Alternativa correta: letra "d".

---

61. (Inst. Acesso – Delegado de Polícia – PC – ES/2019) A Lei n° 13.245/2016 alterou o art. 7° da Lei 8.906/94 (Estatuto da OAB) que garante ao advogado do investigado, o direito de assistir a seus clientes durante a apuração de infrações, inclusive nos depoimentos e interrogatório, podendo apresentar razões e quesitos. Com efeito, Anderson, advogado de José, impugnou a oitiva de duas testemunhas em fase de inquérito policial, alegando que não recebeu notificação informando do dia e hora da oitiva das referidas testemunhas em sede policial. Diante da temática apresentada, assinale a seguir a alternativa correta.

a) O sigilo do inquérito policial impede que o advogado tenha acesso aos atos já documentados em inquérito policial.

b) A Lei n° 13.245/2016 impôs o dever à autoridade policial de intimar previamente o advogado constituído para os atos de investigação, em homenagem ao contraditório e a ampla defesa.

c) A Lei n° 13.245/2016 instituiu a obrigatoriedade do inquérito policial ainda que já haja provas devidamente constituídas.

d) A Lei n° 13.245/2016 não impôs um dever à autoridade policial de intimar previamente o advogado constituído para os atos de investigação.

e) A inquisitorialidade do procedimento investigatório policial é o que impede que o advogado tenha acesso aos atos já documentados em inquérito policial.

COMENTÁRIOS

Alternativa "a": mesmo que tenha sido decretado o sigilo no inquérito policial, terá o advogado do investigado direito de acesso aos elementos de prova já incluídos nos autos do inquérito policial, conforme entendimento do STF exposto na Súmula Vinculante 14.

Alternativa "b": nenhuma previsão foi trazida ao Estatuto da OAB que obrigue o delegado de polícia a intimar o advogado constituído do investigado para os atos de investigação. O investigado tem direito apenas a que seu advogado o acompanhe nos atos que dependam de sua participação.

Alternativa "c": não houve qualquer modificação quanto ao regime do inquérito nesse caso. Ele continua sendo prescindível, eis que o Ministério Público pode oferecer a denúncia com base em elementos informativos pré-constituídos e até mesmo em suas próprias investigações.

Alternativa "d": vide respostas acima.

Alternativa "e": o fato de não imperar o contraditório no inquérito policial não impede, como vimos, que o advogado tenha acesso aos elementos informativos já documentados no inquérito.

Alternativa correta: letra "d".

---

62. (Vunesp – Delegado de Polícia – PC – BA/2018) Do despacho que indeferir o requerimento de abertura de inquérito (CPP, art. 5º, § 2º)

a) caberá recurso para o chefe de Polícia.

b) caberá recurso para o Promotor de Justiça Corregedor da Polícia Judiciária.

c) caberá recurso para o Juiz Corregedor da Polícia Judiciária.

d) caberá recurso para o Desembargador Corregedor Geral de Justiça.

e) não caberá recurso.

COMENTÁRIOS

Há previsão expresssa nesse sentido no art. 5º, § 2º, do CPP.

Alternativa correta: letra "a".

---

63. (Vunesp – Delegado de Polícia – PC – SP/2018) A respeito do inquérito policial, assinale a alternativa correta.

a) Para saber qual é a autoridade policial competente para um certo inquérito policial, utiliza-se o critério ratione loci ou ratione materiae.

b) A autoridade policial poderá arquivar autos de inquérito policial se convencida da inexistência da materialidade delitiva.

c) Logo que tiver conhecimento da prática da infração penal, autoridade policial poderá apreender os objetos que tiverem relação com o fato, após liberados pelos peritos criminais.

d) Como peça obrigatória para o oferecimento da denúncia, os autos de inquérito policial acompanharão a denúncia ou queixa.

e) O inquérito policial é um procedimento administrativo, de natureza acusatória, escrito e sigiloso.

COMENTÁRIOS

Alternativa "a": embora discordemos do emprego do termo "competência" nesse caso, eis que deve ser usado apenas em relação à autoridade judiciária, a alternativa está correta, eis que as atribuições das autoridades policiais podem ser divididas por matéria ou por localização geográfica. Assim, há divisão em relação à matéria entre as polícias federal e estadual e, dentro desta, por tipo de crime, como ocorre, por exemplo, nos lugares onde há delegacias especializadas, que por vezes têm atribuição em todo o Estado. Por outro lado, não havendo especialização, usa-se o critério do *locus comissi delicti*.

Alternativa "b": a autoridade policial é proibida, pelo art. 17 do CPP, de arquivar o inquérito. De acordo com a nova redação dada pela Lei 13.964/2019 ao art. 28 do CPP, interpretada pelo STF, cabe ao Ministério Público promover o arquivamento, notificar a autoridade policial, o ofendido, o investigado e comunicar o juiz, podendo a vítima encaminhar o caso ao órgão de revisão do Parquet e, o juiz, encaminhar o caso para revisão se vislumbrar patente ilegalidade ou teratologia.

Alternativa "c": logo que tiver conhecimento dos fatos, a autoridade policial deverá se dirigir ao local onde estes ocorreram e, somente depois, apreender os objetos de interesse para a investigação, depois de liberados pelos peritos.

Alternativa "d": o inquérito não é peça obrigatória, eis que a denúncia ou queixa poderá ser oferecida com base em outros elementos informativos. Porém, quando a peça acusatória se basear no inquérito, este deverá acompanhá-la.

Alternativa "e": a natureza do inquérito é administrativa, não acusatória.

Alternativa correta: letra "a".

---

64. (UEG - Delegado de Polícia - PC - GO/2018) Sobre o inquérito policial, segundo o Código de Processo Penal, tem-se o seguinte:

a) A representação, no caso de ação penal pública condicionada, pode ser apresentada por procurador.
b) Em regra, irregularidade em ato praticado no inquérito policial gera a nulidade do processo penal dele decorrente.
c) A representação do ofendido é irretratável depois de recebida a denúncia.
d) Da decisão que indefere o requerimento de abertura de inquérito policial formulado pelo ofendido cabe recurso ao Ministério Público.
e) Se o investigado estiver preso em flagrante, o extrapolamento do prazo de conclusão gera nulidade da investigação.

COMENTÁRIOS

Alternativa "a": de fato, a lei assim permite, mas desde que o procurador tenha poderes especiais.

Alternativa "b": a irregularidade de ato praticado no inquérito irá invalidar apenas o ato, o que poderá retirar, eventualmente, o substrato probatório da ação penal, podendo provocar seu trancamento. Por exemplo, se toda a base indiciária foi obtida a partir de uma busca domiciliar considerada ilícita, haverá contaminação dos demais elementos informativos, o que poderá fazer desaparecer a justa causa para a ação penal.

Alternativa "c": a representação do ofendido é irretratável depois de oferecida a denúncia, em regra. No caso da Lei Maria da Penha, pode ocorrer a retratação até antes do recebimento da denúncia.

Alternativa "d": cabe recurso ao chefe da polícia.

Alternativa "e": nesse caso, gera a soltura, o relaxamento da prisão.

Alternativa correta: letra "a".

---

65. (Fumarc - Delegado de Polícia - PC - MG/2018) Sobre o ato de indiciamento realizado no âmbito de investigação criminal conduzida por delegado de polícia, é CORRETO afirmar:

a) É realizado mediante o mesmo grau de certeza de autoria que a situação de suspeito.
b) Não é ato exclusivo do delegado de polícia que conduz a investigação.
c) Não poderá o delegado de polícia retratar sua posição e "desindiciar" o investigado.
d) Resulta de um juízo de probabilidade e não de mera possibilidade sobre a autoria delitiva.

COMENTÁRIOS

Alternativa "a": para o indiciamento, o delegado deve se convencer de que há indícios suficientes de que o suspeito foi o autor do crime.

Alternativa "b": por força da Lei 12.830, não há mais discussão a respeito: é ato privativo de delegado de polícia.

Alternativa "c": embora não prevista em lei, nada impede o delegado de retirar o indiciamento realizado.

Alternativa "d": de fato, deve ser o mesmo juízo feito pelo Ministério Público para o oferecimento da denúncia.

Alternativa correta: letra "d".

---

66. (Cespe - Delegado de Polícia - GO/2017) O Código de Processo Penal prevê a requisição, às empresas prestadoras de serviço de telecomunicações, de disponibilização imediata de sinais que permitam a localização da vítima ou dos suspeitos de delito em curso, se isso for necessário à prevenção e à repressão de crimes relacionados ao tráfico de pessoas. Essa requisição pode ser realizada pelo

a) delegado de polícia, independentemente de autorização judicial e por prazo indeterminado.
b) Ministério Público, independentemente de autorização judicial, por prazo não superior a trinta dias,

renovável por uma única vez, podendo incluir o acesso ao conteúdo da comunicação.

c) delegado de polícia, mediante autorização judicial e por prazo indeterminado, podendo incluir o acesso ao conteúdo da comunicação.

d) delegado de polícia, mediante autorização judicial, devendo o inquérito policial ser instaurado no prazo máximo de setenta e duas horas do registro da respectiva ocorrência policial.

e) Ministério Público, independentemente de autorização judicial e por prazo indeterminado.

COMENTÁRIOS

Alternativa "a" (responde também a alternativa "c"): o prazo é de no máximo 30 dias, podendo ser renovado uma única vez e, como visto acima, dependerá de autorização judicial.

Alternativa "d" (responde também as alternativas "b" e "e"): trata-se de inovação trazida ao CPP pela Lei 13.344/2016. Segundo o art. 13-B do CPP, a requisição pode ser feita pelo delegado de polícia ou pelo Ministério Público, desde que haja autorização judicial. Note-se que não será permitido o acesso ao conteúdo da comunicação. Caso se queira tal acesso, deve haver pedido específico de interceptação. O inquérito deverá ser instaurado no prazo máximo de 72 horas, contado do registro da ocorrência. Sobre o prazo de duração da medida, vide alternativa abaixo.

Alternativa correta: letra "d".

---

67. (IBADE - Delegado de Polícia - AC/2017) Sobre o tema inquérito policial, muito se discutiu doutrinariamente quanto a legalidade de investigação direta pelo Ministério Público. O Supremo Tribunal Federal entendeu pela possibilidade da investigação direta, porém traçou limites. Sobre o tema, leia as assertivas a seguir.

I. Não cabe habeas corpus em razão de investigação instaurada no âmbito do Ministério Público, ainda que esta não esteja em harmonia com os parâmetros fixados pelo STF, vez que se trata de atividade meramente administrativa que nenhum prejuízo gera para a liberdade do investigado.

II. Considerando a natureza subsidiária da investigação do Ministério Público, conforme define o STF, uma vez instaurado o inquérito policial caberá ao Ministério Público a função de controle externo, não havendo sentido a instauração de investigação direta do Ministério Público concorrente a da Polícia.

III. O que a doutrina aponta como Processo Penal Democrático não obsta, em respeito à busca da verdade real, a instauração de dupla investigação, uma presidida pela polícia, outra pelo Ministério Público.

IV. Na decisão do STF foi fixada a natureza subsidiária e excepcional da investigação direta pelo Ministério Público.

Está correto apenas o que se afirma em:

a) II e IV.

b) III e IV.

c) I e IV.

d) I e II.

e) II e III.

COMENTÁRIOS

Assertiva I: O inquérito policial também é um procedimento administrativo e contra ele é cabível habeas corpus. Por óbvio, igualmente é cabível o remédio heroico contra o procedimento investigatório criminal instaurado pelo Ministério Público, sempre que houver ilegalidade ou abuso de poder.

Assertiva II: Discordamos do gabarito, visto que a investigação do Ministério Público não é "subsidiária" apenas e pode haver, de modo concomitante, os dois procedimentos. É natural que, numa prova para delegado de polícia, haja o entendimento visto na assertiva. Mas está errado! Vejam o que decidiu o STF: "(...) Questão constitucional com repercussão geral. Poderes de investigação do Ministério Público. Os artigos 5º, incisos LIV e LV, 129, incisos III e VIII, e 144, inciso IV, § 4º, da Constituição Federal, não tornam a investigação criminal exclusividade da polícia, nem afastam os poderes de investigação do Ministério Público. Fixada, em repercussão geral, tese assim sumulada: 'O Ministério Público dispõe de competência para promover, por autoridade própria, e por prazo razoável, investigações de natureza penal, desde que respeitados os direitos e garantias que assistem a qualquer indiciado ou a qualquer pessoa sob investigação do Estado, observadas, sempre, por seus agentes, as hipóteses de reserva constitucional de jurisdição e, também, as prerrogativas profissionais de que se acham investidos, em nosso País, os Advogados (Lei 8.906/94, artigo 7º, notadamente os incisos I, II, III, XI, XIII, XIV e XIX), sem prejuízo da possibilidade - sempre presente no Estado democrático de Direito - do permanente controle jurisdicional dos atos, necessariamente documentados (Súmula Vinculante 14), praticados pelos membros dessa instituição'. Maioria. (...)"(RE 593.727-MG, Rel. Min. Gilmar Mendes, j. 14.05.2015). É certo, porém, que na doutrina há, principalmente dentre delegados, entendimento no sentido da assertiva. Mas, repita-se: errado!

Assertiva III: Mais uma vez, não concordamos com o gabarito. Não fere o Estado Democrático do Direito a existência de duas investigações. O que fere é a inexistência dela. Mais uma vez, o entendimento adotado pelo gabarito é feito sob medida para se adequar àquilo que os delegados defendem, o que é perfeitamente compreensível, embora pouco científico. Uma última observação: não comungamos do entendimento de que existe o mencionado princípio da verdade real. Pensamos que a verdade buscada no processo é aquela possível de ser atingida, observando-se os limites impostos à toda e qualquer investigação, incluindo a proibição de uso de provas ilícitas, tortura etc. Fosse a verdade "real" a buscada no processo, não haveria tais limites. Evidentemente, deve-

-se buscar a verdade, mas é ilusão afirmar a existência de uma verdade "real".

Assertiva IV: Mais uma vez discordamos. Não foi isso o que entendeu o STF. Em julgado mais antigo, talvez. Mas no RE 593.727, visto acima, não. Vide comentários à assertiva II.

Alternativa correta: letra "a": estão certas as Assertivas II e IV.

---

68. (IBADE – Delegado de Polícia – AC/2017) No plano da teoria do garantismo, para Ferrajoli, em sua clássica obra Direito e Razão, na lógica do Estado de Direito, as funções de polícia judiciária deveriam ser organizadas de forma independente não apenas funcional, mas, também hierárquica e administrativamente dos diversos poderes aos quais auxiliam, ou seja, deveria ter a garantia de independência. Tal ideia deita raízes na estrutura acusatória que visa uma investigação isenta na apuração da verdade e não a serviço da acusação. À luz das premissas acima expostas, assinale a opção correta.

a) Cabe ao delegado de polícia arquivar o inquérito policial.
b) A remoção do delegado de polícia dar-se-á somente por ato fundamentado e o indiciamento, que é privativo do delegado de polícia, dar-se-á por ato fundamentado, mediante análise técnico- jurídica do fato, que deverá indicar a autoria, materialidade e suas circunstâncias.
c) O Ministério Público pode não apenas requisitar a instauração do inquérito, como também determinar autoridade policial o indiciamento de um investigado.
d) O inquérito policial ou outro procedimento previsto em lei em curso, conduzido por delegado de polícia, somente poderá ser avocado ou redistribuído por superior hierárquico ou pelo Ministério Público, por motivo de conveniência e oportunidade.
e) Durante a investigação criminal, cabe ao delegado de polícia a requisição de perícia, informações, proceder a buscas domiciliares, buscar e apreender documentos e dados que interessem à apuração dos fatos, independentemente da autorização judicial.

COMENTÁRIOS

✪ Nota do autor: a tal premissa trazida pelo enunciado da questão, além de ser discutível, não traz, na verdade, qualquer reflexo nas alternativas, pois estas tratam de pontos inteiramente regulados pela lei.

Alternativa "a": o delegado de polícia não pode arquivar inquérito policial (art. 17, CPP). O arquivamento, quando deste concurso, somente poderia ser determinado pelo juiz, uma vez que houvesse requerimento do Ministério Público; ou, na nova redação do art. 28 do CPP, o Ministério Público é que promove o arquivamento e comunica ao investigado, à autoridade policial, à vítima e ao juiz, que não mais tem a função de homologação.

Alternativa "b": estes pontos são expressamente regulados pela Lei 12.830/2013. O § 5º do art. 2º dispõe que a remoção do delegado se dá somente por ato fundamentado. E o § 6º diz ser o indiciamento ato privativo do delegado, que deve fundamentar sua realização.

Alternativa "c": o Ministério Público tem poder de requisição para que se instaure inquérito policial. Porém, não pode determinar que o delegado indicie alguma pessoa. O indiciamento, como visto acima, é ato privativo da autoridade policial.

Alternativa "d": o Ministério Público não pode avocar inquérito policial, mas apenas por superior hierárquico do delegado que o preside e, mesmo assim, mediante despacho fundamentado, por motivo de interesse público ou nas hipóteses de inobservância dos procedimentos previstos em regulamento da corporação que prejudique a eficácia da investigação (art. 2º, § 4º, Lei 12.830/2013).

Alternativa "e": a realização de busca e a consequente apreensão somente é possível mediante ordem judicial, salvo se ocorrer situação de flagrância.

Alternativa correta: letra "b".

---

69. (IBADE – Delegado de Polícia – AC/2017) No que tange aos poderes e deveres da autoridade policial na condução do inquérito policial, especialmente, sobre as diretrizes que o Delegado de Polícia deve observar no enfrentamento ao tráfico de pessoas, leia as assertivas a seguir.

I. Quando o delegado de polícia requisitar às empresas prestadoras de serviços meios técnicos de localização de vítima ou suspeitos, como sinais e outras informações, o inquérito policial deverá ser instaurado no prazo máximo de 05 dias, contados da data do registro de ocorrência.
II. Deverá o delegado atender ao princípio da dignidade da pessoa humana e perseguir a promoção e garantia da cidadania e dos direitos humanos.
III. Se necessário à prevenção e à repressão dos crimes relacionados ao tráfico de pessoas, o delegado de polícia poderá requisitar, mediante autorização judicial, às empresas prestadoras de serviço de telecomunicações e/ou telemática que disponibilizem imediatamente os meios técnicos adequados – como sinais, informações e outros – que permitam a localização da vítima ou dos suspeitos do delito em curso.
IV. O Delegado deve observar a não discriminação por motivo de gênero, orientação sexual, origem étnica ou social, procedência, nacionalidade, atuação profissional, raça, religião, faixa etária, situação migratória ou outro status e estar atento ao princípio da transversalidade das dimensões de gênero, orientação sexual, origem étnica ou social, procedência, raça e faixa etária.

Está correto apenas o que se afirma em:

a) I, II e IV.
b) I, II e III.
c) II e IV.
d) I e II.
e) II, III e IV.

COMENTÁRIOS

✪ **Nota do autor**: a questão trata das inovações trazidas ao CPP pela Lei 13.344/2016.

Assertiva I: O prazo máximo é de 72 horas (art. 13-B, § 3º, CPP).

Assertiva II: É óbvio que o delegado deve buscar isso sempre, não só nesse tipo de investigação.

Assertiva III: É o que dispõe o caput do art. 13-B do CPP.

Assertiva IV: Mais uma vez: deve o delegado seguir tais orientações em toda e qualquer investigação, não apenas naquelas referentes ao tráfico de pessoas.

Alternativa correta: letra "e": estão certas as Assertivas II, III e IV.

70. (IBADE – Delegado de Polícia – AC/2017) Logo que tiver conhecimento da prática da infração penal, a autoridade policial deverá:

a) em todos os casos, proceder ao exame de corpo de delito.
b) colher informações sobre a existência de filhos, respectivas idades e se possuem alguma deficiência e o nome e o contato de eventual responsável pelos cuidados dos filhos, indicado pela pessoa presa.
c) prender o réu e proceder a identificação criminal.
d) proceder a busca domiciliar independentemente de autorização judicial.
e) determinar que o inspetor de polícia se dirija ao local do crime e recolha todas as informações e provas, preservando o local até a chegada dos peritos.

COMENTÁRIOS

Alternativa "a": o exame de corpo de delito deve ser requisitado pela autoridade policial sempre que for pertinente.

Alternativa "b": a Lei 13.257/2016 incluiu no art. 6º o inciso X, que dispõe dever a autoridade policial colher informações sobre a existência de filhos, respectivas idades e se possuem alguma deficiência e o nome e o contato de eventual responsável pelos cuidados dos filhos, indicado pela pessoa presa.

Alternativa "c": deve a autoridade policial prender o réu apenas em caso de flagrante ou se existir mandado de prisão. A identificação criminal deve ser realizada se o imputado não for civilmente identificado ou se houver alguma situação que permita tal medida. Do contrário, deve abster-se de fazê-la.

Alternativa "d": busca domiciliar, somente com autorização judicial, ou autorização do morador e em caso de flagrante. Nessas últimas hipóteses, atenção ao decidido pelo STF em tempos mais recentes, que traz relevantíssima modificação do entendimento simplista que vigorava até então sobre o assunto na jurisprudência: "(...) A Constituição dispensa o mandado judicial para ingresso forçado em residência em caso de flagrante delito. No crime permanente, a situação de flagrância se protrai no tempo. (...) Período noturno. A cláusula que limita o ingresso ao período do dia é aplicável apenas aos casos em que a busca é determinada por ordem judicial. Nos demais casos – flagrante delito, desastre ou para prestar socorro – a Constituição não faz exigência quanto ao período do dia. (...) Controle judicial a posteriori. Necessidade de preservação da inviolabilidade domiciliar. Interpretação da Constituição. Proteção contra ingerências arbitrárias no domicílio. Muito embora o flagrante delito legitime o ingresso forçado em casa sem determinação judicial, a medida deve ser controlada judicialmente. A inexistência de controle judicial, ainda que posterior à execução da medida, esvaziaria o núcleo fundamental da garantia contra a inviolabilidade da casa (art. 5, XI, da CF) e deixaria de proteger contra ingerências arbitrárias no domicílio (Pacto de São José da Costa Rica, artigo 11, 2, e Pacto Internacional sobre Direitos Civis e Políticos, artigo 17, 1). O controle judicial a posteriori decorre tanto da interpretação da Constituição, quanto da aplicação da proteção consagrada em tratados internacionais sobre direitos humanos incorporados ao ordenamento jurídico. Normas internacionais de caráter judicial que se incorporam à cláusula do devido processo legal. (...) Justa causa. **A entrada forçada em domicílio, sem uma justificativa prévia conforme o direito, é arbitrária. Não será a constatação de situação de flagrância, posterior ao ingresso, que justificará a medida. Os agentes estatais devem demonstrar que havia elementos mínimos a caracterizar fundadas razões (justa causa) para a medida.** (...) Fixada a interpretação de que **a entrada forçada em domicílio sem mandado judicial só é lícita, mesmo em período noturno, quando amparada em fundadas razões, devidamente justificadas a posteriori, que indiquem que dentro da casa ocorre situação de flagrante delito, sob pena de responsabilidade disciplinar, civil e penal do agente ou da autoridade e de nulidade dos atos praticados.** (...)" (RE 603.616-RO, Rel. Min. Gilmar Mendes, j. 05.11.2015, grifos nossos).

Alternativa "e": o próprio delegado deve dirigir-se ao local.

Alternativa correta: letra "b"

71. (FUNCAB – Delegado de Polícia – PA/2016) Sobre inquérito policial, assinale a resposta correta.

a) Excepcional e fundamentalmente, a autoridade policial poderá mandar arquivar o inquérito para evitar lesão a direitos fundamentais do indiciado.
b) Para o desarquivamento do inquérito policial a autoridade policial necessita de novas provas.
c) O prazo para encerramento do inquérito policial no caso de réu preso, nos termos do código de processo penal é de 30 dias.
d) Nos crimes de ação penal privada, encerrado o inquérito policial a autoridade policial poderá entregá-lo, por traslado, ao ofendido ou seu representante se assim for requerido.
e) No curso do inquérito o ofendido não poderá requerer diligências.

COMENTÁRIOS

Alternativa "a": o art. 17 do CPP deixa claro que a autoridade policial nunca poderá mandar arquivar inquérito policial. Uma vez tendo elaborado o relatório, o delegado deverá encaminhar os autos ao Ministério Público, cabendo ao Promotor de Justiça, se o caso, promover o arquivamento, comunicando, então, a autoridade policial, o investigado, a vítima e o juiz. É o que se depreende da nova redação do art. 28, dada pela Lei 13.964/2019, tal como interpretada pelo STF.

Alternativa "b": a autoridade policial pode fazer novas pesquisas, se tiver notícia de outros elementos de informação. Somente o juiz poderá determinar o desarquivamento do inquérito policial, se realmente houver provas novas (art. 18, CPP).

Alternativa "c": esse é o prazo em caso de imputado solto (não há "réu" no inquérito). Estando preso, o prazo para conclusão é de 10 dias (art. 10, CPP). Em face das alterações trazidas pela Lei 13.964, esse último ponto trará controvérsias. Haverá entendimento de que o prazo, no caso de indiciado preso, fica mantido em 10 dias, que poderá ser prorrogado, uma única vez, por até 15 dias pelo juiz das garantias (art. 3º-B, § 2º, CPP); mas, certamente haverá entendimento de que, agora, o prazo para conclusão do inquérito com indiciado preso será de 15 dias, com a possibilidade prorrogação. Por ora, vem prevalecendo o primeiro entendimento.

Alternativa "d": essa é a regra inscrita no art. 19. Mas a entrega mediante traslado dependerá de pedido do ofendido ou de seu representante legal. Do contrário, os autos serão encaminhados ao Juízo, onde aguardarão da iniciativa do legitimado a propor a queixa-crime.

Alternativa "e": o ofendido e o próprio investigado poderão requerer diligências, mas estas serão realizadas se a autoridade policial entender que são pertinentes (art. 14, CPP).

Alternativa correta: letra "d".

72. (FUNCAB - Delegado de Polícia - PA/2016) Analise as afirmativas a seguir.

I. O arquivamento implícito é uma construção doutrinária. Ele seria, inicialmente, decorrente da omissão do Ministério Público que deixa de narrar na denúncia um fato investigado no inquérito ou um indiciado.

II. Classifica-se, doutrinariamente o arquivamento implícito em objetivo e subjetivo.

III. A jurisprudência do STF é firme em admitir o instituto do arquivamento implícito na ação penal pública.

IV. Uma vez arquivado o inquérito por falta de base para a denúncia, pelo princípio da segurança jurídica, a autoridade policial não poderá fazer novas pesquisas.

Está correto apenas o que se afirma em:

a) III e IV.
b) I e II.
c) I e IV.
d) II e III.
e) I e III.

COMENTÁRIOS

Afirmativa I: Esse entendimento decorre do princípio da obrigatoriedade da ação penal: se o Ministério Público não denunciou um dos indiciados ou não mencionou na denúncia um dos fatos, isso significaria que arquivou o inquérito quanto a eles, ainda que de modo não explícito. Ocorre que a jurisprudência não tem aceito a existência do arquivamento implícito. Por sinal, o STJ tem entendido não ser admissível o arquivamento implícito nas ações penais públicas incondicionadas. Assim, se o Ministério Público não se manifestou quanto a determinado imputado e o não incluiu na denúncia, nada o impedirá de aditar a denúncia caso surjam elementos que assim permitam. Nesse sentido: REsp 1.580.497-AL, Rel. Min. Rogério Schietti Cruz, j. 27.09.2016.

Afirmativa II: O arquivamento implícito subjetivo é aquele em que o Ministério Público deixa de oferecer denúncia contra um dos indiciados e, ao mesmo tempo, deixa de promover o arquivamento quanto a ele. O arquivamento implícito objetivo diz respeito a fato não denunciado e que também não constou de pedido de arquivamento.

Afirmativa III: Ao contrário do afirmado, a jurisprudência do STF é firme no sentido a inexistência de arquivamento implícito do inquérito policial nas ações penais públicas. Nesse sentido: HC 127.011/AgR-RJ, Rel. Min. Cármen Lúcia, j. 12.05.2015.

Afirmativa IV: O art. 18 do CPP permite que a autoridade policial faça novas pesquisas, caso tome conhecimento de novas provas.

Alternativa correta: letra "b": estão certas as Afirmativas I e II.

73. (FUNCAB - Delegado de Polícia - PA/2016) A partir da regência legal sobre organização criminosa e os poderes gerais da requisição, assinale a alternativa correta.

a) O Ministério Público tem poder de requisitar da autoridade policial a instauração de inquérito, a realização de diligência investigatória e o indiciamento de quem entenda ser autor do fato.

b) O delegado de polícia poderá determinar a condução coercitiva do indiciado quando suspeitar que este não atenderá ao seu chamado.

c) Podem realizar acordo de delação premiada o delegado de polícia, o Ministério Público e o Juiz.

d) O delegado de polícia terá acesso, independentemente de autorização judicial, apenas aos dados cadastrais do investigado que informem exclusivamente a qualificação pessoal, a filiação e o endereço mantidos pela Justiça Eleitoral, empresas telefônicas, instituições financeiras, provedores de internet e administradoras de cartão de crédito.

e) O delegado de polícia e o Ministério Público terão acesso, independentemente de autorização judicial, das informações relativas a chamadas originadas e recebidas do telefone do indiciado.

COMENTÁRIOS

Alternativa "a": o erro está no poder de requisitar indiciamento, que não existe. Conforme a Lei 12.830/2013, o indiciamento é ato privativo do delegado de polícia, que deverá fundamentar sua decisão de indiciar pessoa investigada em inquérito policial. Portanto, nem o juiz, nem o Ministério Público podem determinar o indiciamento.

Alternativa "b": a questão é polêmica. Em tese, desde que se verifique que o investigado, chamado, não compareceu, pode-se determinar a condução coercitiva. Aqui, temos um primeiro problema: quem determina? Há posicionamento de que seria a própria autoridade policial. Outro ponto polêmico: se o imputado não é obrigado a produzir prova contra si mesmo, pode ser conduzido coercitivamente? Pensamos que sim, quando o ato que necessite de sua presença não implique em autoincriminação, como ocorre, por exemplo, com a realização de seu reconhecimento. Portanto, não pode haver condução coercitiva para interrogatório, por exemplo. Parece-me que o problema da questão nem foi esse, mas o fato de o delegado ter apenas suspeitado que o imputado não compareceria, quando, na verdade, deveria ter aguardado seu não comparecimento, para somente então determinar a condução coercitiva. O STF entende não ser possível a condução coercitiva para interrogatório, que fique claro.

Alternativa "c": segundo a Lei 12.850/2013, podem realizar o acordo apenas o Ministério Público e a autoridade policial. Ao juiz cabe apenas homologá-lo. O STF decidiu que os delegados podem celebrar o acordo, devendo o juiz, antes de decidir sobre a homologação, ouvir o Ministério Público, sendo condição de validade do acordo.

Alternativa "d": no inquérito policial, de modo geral, pode o delegado de polícia requisitar perícia, informações, documentos e dados que interessem à apuração dos fatos (lei 12.830/2013). Porém, há regras especiais para a investigação de determinadas espécies de crimes, como aqueles resultantes de atividades de organizações criminosas, hipótese tratada na alternativa. Assim, o art. 15 da Lei 12.850/2013 estipula que o delegado de polícia e o Ministério Público terão acesso, independentemente de autorização judicial, apenas aos dados cadastrais do investigado que informem exclusivamente a qualificação pessoal, a filiação e o endereço mantidos pela Justiça Eleitoral, empresas telefônicas, instituições financeiras, provedores de internet e administradoras de cartão de crédito. Já nas investigações sobre os crimes previstos nos arts. 148, 149, 149-A, § 3º do art. 158 e 159 do CP, bem como no art. 239 da Lei 8.069/1990 (ECA), o membro do Ministério Público ou o delegado de polícia poderá requisitar, de quaisquer órgãos do poder público ou de empresas da iniciativa privada, dados e informações cadastrais da vítima ou de suspeitos (art. 13-A, CPP). Se necessário à prevenção e à repressão dos crimes relacionados ao tráfico de pessoas, o membro do Ministério Público ou o delegado de polícia poderão requisitar, mediante autorização judicial, às empresas prestadoras de serviço de telecomunicações e/ou telemática que disponibilizem imediatamente os meios técnicos adequados – como sinais, informações e outros – que permitam a localização da vítima ou dos suspeitos do delito em curso (art. 13-B, CPP).

Alternativa "e": embora haja entendimento de que não há necessidade de autorização judicial nesse caso, entendemos que deve a autoridade policial solicitá-la, pois os dados citados atingem o direito do imputado à intimidade, direito este fundamental, não se tratando de meros dados cadastrais.

Alternativa correta: letra "d".

---

74. (FUNCAB – Delegado de Polícia – PA/2016) A Lei nº 12.830, de 2013, dispõe sobre a investigação criminal conduzida pelo delegado de polícia. Sobre o tema, é correto afirmar que:

a) o indiciamento é ato privativo do delegado, que deve fundamentá-lo através de análise técnico-jurídica do fato, indicando autoria e materialidade, bem como suas circunstâncias.

b) apenas bacharéis em direito podem ocupar o cargo de delegado de polícia, ao qual deverá ser dispensado o mesmo tratamento protocolar dispensado a advogados, defensores públicos e promotores de Justiça, ressalvado o tratamento reservado a magistrados.

c) a lei especifica que a perícia criminal deve ser independente, não se sujeitando a requisições formuladas pelo delegado de polícia.

d) o inquérito policial somente poderá ser avocado e redistribuído pelas corregedorias de polícia, por motivo de interesse público.

e) o delegado goza de inamovibilidade limitada, podendo sua remoção se dar apenas a pedido ou por decisão judicial transitada em julgado.

COMENTÁRIOS

✪ **Nota do autor:** a Lei 12.830/2013 trouxe importantes acréscimos ao regime do inquérito previsto no CPP. Dois pontos são muito importantes: a) o inquérito é presidido exclusivamente por delegado de polícia; b) o indiciamento é ato privativo do delegado, devendo sua decisão de indiciar ser fundamentada.

Alternativa "a": trata-se da previsão contida no art. 2º, § 6º, da Lei 12.830/2013.

Alternativa "b": de fato, o cargo de delegado de polícia é privativo de bacharel em Direito, mas, deve-lhe ser dispensado o mesmo tratamento protocolar que recebem os magistrados, os membros da Defensoria Pública e do Ministério Público e os advogados.

Alternativa "c": o § 2º do art. 1º da Lei 12.830 afirma que o delegado de polícia pode requisitar perícia.

Alternativa "d": O inquérito policial ou outro procedimento previsto em lei em curso somente poderá ser avocado ou redistribuído por superior hierárquico, mediante despacho fundamentado, por motivo de interesse público ou nas hipóteses de inobservância dos procedimentos previstos em regulamento da corporação que prejudique a eficácia da investigação (§ 4º, art. 2º, Lei 12.830).

Alternativa "e": não há a inamovibilidade, própria dos juízes e membros do Ministério Público. Porém, remoção do delegado de polícia dar-se-á somente por ato fundamentado (§ 5º, art. 2º, Lei 12.830).

Alternativa correta: letra "a".

75. (IBADE - Delegado de Polícia - AC/2017) Nos termos do Código de Processo Penal, incumbirá à autoridade policial:

A) representar acerca da prisão preventiva nos crimes dolosos e culposos com pena superior a 04 anos.
b) representar pela interceptação telefônica quando indispensável a investigação de qualquer crime.
c) cumprir os mandados de prisão expedidos pelas autoridades judiciárias.
d) realizar as diligências requisitadas pelo juiz. Ministério Público e pelos advogados.
e) fornecer às autoridades judiciárias as informações necessárias à instrução e julgamento dos processos, salvo nas investigações sobre sigilo.

COMENTÁRIOS

Alternativa "a": não cabe prisão preventiva em crimes culposos. Quando cabível a prisão preventiva, nos crimes dolosos, pode a autoridade policial representar por sua decretação.

Alternativa "b": somente pode representar pela interceptação nos crimes apenas com reclusão.

Alternativa "c": cabe à autoridade policial cumprir os mandados de prisão, muito embora tal tarefa possa ser realizada também por outros servidores públicos, não sendo exclusividade de delegado de polícia.

Alternativa "d": deve cumprir apenas as diligências requisitadas pelo juiz e pelo Ministério Público. No Brasil, os advogados – a defesa em geral – não têm poder de requisição.

Alternativa "e": mesmo havendo sigilo, deve a autoridade policial prestar tais informações.

Alternativa correta: letra "c".

76. (IBADE - Delegado de Polícia - AC/2017) As funções de polícia judiciária e a apuração de infrações penais exercidas pelo delegado de polícia são de natureza jurídica, essenciais e exclusivas de Estado. A Luz do ordenamento jurídico processual, o delegado de polícia, na qualidade de autoridade policial, deve proceder a análise técnico-jurídica do fato e de maneira fundamentada. A impossibilidade de remoção arbitrária e avocatórias buscam assegurar o exercício funcional com independência na condução da investigação e apreciação dos fatos. Com efeito, qual conduta abaixo poderá ser adotada pelo delegado de polícia sem com isso configurar desídia funcional ou prevaricação?

a) Poderá o delegado deixar de acompanhar a vítima para assegurar a retirada de seus pertences do local da ocorrência ou do domicílio familiar quando necessário.
b) Poderá o delegado de polícia deixar de destruir as drogas apreendidas nos flagrantes de tráfico após a determinação judicial de sua destruição, com a guarda de amostra necessária ao laudo definitivo.
c) Na hipótese da iminência ou da prática de violência doméstica e familiar contra a mulher, a autoridade policial que tomar conhecimento da ocorrência poderá deixar de fornecer transporte para a ofendida e seus dependentes para abrigo ou local seguro, mesmo diante de risco de vida para a ofendida.
d) Diante da subtração de um pedaço de carne de alcatra no valor de R$ 16,00 (dezesseis reais), poderá o delegado de polícia deixar de lavrar o auto de prisão em flagrante, procedendo apenas com o registro de ocorrência, decidindo fundamentadamente que não se trata de crime por ausência de tipicidade material, em razão de concluir sua análise técnico-jurídica no sentido de ter incidido no caso o princípio da insignificância.
e) Deixar de instaurar o inquérito policial, mesmo tendo verificado a procedência das informações, por razões de conveniência e oportunidade da investigação.

COMENTÁRIOS

Alternativa "a": sempre que necessária tal atitude do delegado, nos casos de violência doméstica contra mulher, não pode deixar de fazer o acompanhamento (art. 11, II, Lei 11.340/2006).

Alternativa "b": a Lei 11.343/2006 não dá ao delegado tal opção.

Alternativa "c": não há essa opção. Vide inciso III do art. 11 da Lei 11.340.

Alternativa "d": na doutrina, há entendimento de que não cabe ao delegado de polícia fazer tal valoração. Estando presente situação de flagrância, deve lavrar o auto, cabendo ao Ministério Público, titular da ação penal, decidir se é ou não caso de insignificância, podendo, nesse caso, deixar de propor a ação penal. E caberá ao juiz, antes disso, decidir se a prisão deve ser convertida em preventiva ou não. O delegado deve lavrar o auto de prisão e fixar fiança. Mas é certo que na doutrina mais próxima das carreiras policiais, trata-se de entendimento corrente. Minha sugestão é que seja adotado pelo candidato, com o seguinte fundamento: o flagrante depende da existência da prática de crime, de modo que se o delegado constatar a atipicidade material, deverá reconhecê-la e deixar de lavrá-lo.

Alternativa "e": não há conveniência ou oportunidade, as obrigatoriedades da instauração do inquérito policial.

Alternativa correta: letra "d".

77. (IBADE – Delegado de Polícia – AC/2017) Leia as afirmativas a seguir.

I. Com o advento da Lei nº 13.245/2016 que deu nova redação ao art. 7º do Estatuto da OAB (Lei nº 8.906/1994), o inquérito policial deve ser submetido aos princípios da ampla defesa e do contraditório, não tendo o indiciado advogado o delegado não poderá interrogá-lo ou tomar depoimentos de testemunha por ausência de defesa técnica.

II. A Lei nº 13.245/2016 não mudou a estrutura do inquérito ou dos procedimentos investigatórios que continua sendo inquisitiva, mas veio sim fortalecer as prerrogativas da advocacia na esteira do que já preconizava a súmula vinculante 14 (STF).

III. O preso ou indiciado que tenha advogado terá, reflexamente, a garantia de não ver, sob pena de nulidade, a atuação de seu defensor obstada pelo Delegado de Polícia. Todavia, a Lei nº 13.245/2016 não tornou obrigatória, sob pena de nulidade, como ocorre no processo, a intervenção da defesa técnica em todos os atos de investigação, tampouco a ciência e possibilidade de resistência aos atos do inquérito.

IV. O direito do advogado ao acesso a elementos do inquérito alcança inclusive as diligências em andamento.

Estão corretas apenas as afirmativas:

a) II e III.
b) III e IV.
c) II, III e IV.
d) I e IV.
e) I e II.

COMENTÁRIOS

Afirmativa I: errado. Não há tal previsão legal, sequer no Estatuto da OAB. Se o imputado tiver advogado, terá o direito de vê-lo presente ao ato do qual participar. Além disso, há a incidência do princípio da ampla defesa no inquérito, tanto assim que o imputado tem o direito de que seu advogado o acompanhe quando foi ouvido, tem o direito de permanecer calado etc. Porém, não há contraditório: o advogado pode fazer requerimentos, apresentar quesitos, mas o delegado não está obrigado a consultá-lo sempre, a intimá-lo dos atos de investigação, não participará o defensor dos atos que não contem com a presença do imputado, tampouco o delegado é obrigado a atender aos requerimentos da defesa.

Afirmativa II: É exatamente essa a ideia. A alteração legislativa apenas reforçou o papel do advogado no inquérito, mas a estrutura deste não restou modificada. Vejam os comentários que fizemos acima.

Afirmativa III: É o que comentamos na Afirmativa I, à qual remetemos o leitor.

Afirmativa IV: Não alcança, pois a Súmula Vinculante 14 do STF diz que poderá ter acesso apenas às diligências já documentadas nos autos do inquérito.

Alternativa correta: letra "a": estão certas as Afirmativas II e III.

78. (IBADE – Delegado de Polícia – AC/2017) À luz do que dispõe o código de processo penal sobre inquérito policial assinale a alternativa correta.

a) No relatório, a autoridade policial não poderá indicar testemunhas que não tiverem sido inquiridas no inquérito.
b) Quando o fato for de difícil elucidação, estando o indiciado solto ou preso, a autoridade poderá requerer ao juiz a devolução dos autos, para ulteriores diligências, que serão realizadas no prazo marcado pelo juiz.
c) O delegado poderá delegar a oitiva do indiciado e de eventuais testemunhas ao inspetor de polícia.
d) O inquérito deverá terminar no prazo de 03 dias, se o indiciado tiver sido preso em flagrante ou preso preventivamente; contado o prazo, nesta hipótese, a partir do dia em que se executar a ordem de prisão.
e) O inquérito policial deve terminar no prazo de 30 dias, quando o indiciado estiver solto, mediante fiança ou sem ela.

COMENTÁRIOS

Alternativa "a": o § 2º do art. 10 do CPP permite que o delegado indique as testemunhas não ouvidas.

Alternativa "b": quando o concurso foi realizado, o afirmado na alternativa somente seria aplicável quando estivesse solto o indiciado (art. 10, § 3º, CPP), pois, se aplicado o dispositivo a caso com imputado preso, este certamente seria solto pelo juiz. Agora, conforme prevê o novo art. 3º-B, § 2º, inserido pela Lei 13.964/2019, o juiz das garantias poderá prorrogar, uma única vez e por até 15 dias, o inquérito quando estiver preso o indiciado.

Alternativa "c": não poderá delegar, pois a condução do inquérito é atribuição sua.

Alternativa "d": o prazo, como visto acima, é de 10 dias.

Alternativa "e": é o que dispõe o art. 10 do CPP. Se estiver preso o imputado, o prazo para o encerramento do inquérito é de 10 dias. Em face das alterações trazidas pela Lei 13.964, esse último ponto trará controvérsias. Haverá entendimento de que o prazo, no caso de indiciado preso, fica mantido em 10 dias, que poderá ser prorrogado, uma única vez, por até 15 dias pelo juiz das garantias (art. 3º-B, § 2º, CPP); mas, certamente haverá entendimento de que, agora, o prazo para conclusão do inquérito com indiciado preso será de 15 dias, com a possibilidade prorrogação. Não é este o entendimento que vem prevalecendo. Notem que leis especiais podem estabelecer prazos diversos, como faz, por exemplo da Lei de Drogas (Lei 11.343/2006).

Alternativa correta: letra "e".

79. (IBADE - Delegado de Polícia - AC/2017) No que tange à investigação criminal conduzida pelo Delegado de Polícia (Lei nº 12.830/2013), assinale a alternativa correta.

a) As funções de polícia judiciária bem como a administrativa e a apuração de infrações penais exercidas pelo delegado de polícia são de natureza jurídica, essenciais e exclusivas de Estado.

b) O cargo de delegado de polícia é privativo de bacharel em Direito, devendo-lhe ser dispensado o mesmo tratamento protocolar que recebem os magistrados, os membros da Defensoria Pública e do Ministério Público e os advogados.

c) Durante a investigação criminal, cabe ao delegado de polícia a requisição de perícia, desde que autorizada pela autoridade judiciária.

d) A remoção do delegado de polícia dar-se-á somente por ato fundamentado, exceto nos casos previstos em lei.

e) O inquérito policial ou outro procedimento previsto em lei em curso poderá ser avocado ou redistribuído por superior hierárquico, independentemente de despacho fundamentado.

COMENTÁRIOS

✪ **Nota do autor:** as questões comentadas neste capítulo mostram o tanto que a curta Lei 12.830 é importante nos concursos para delegado de polícia.

Alternativa "a": apenas as funções de polícia judiciária e a apuração de infrações penais exercidas pelo delegado de polícia são de natureza jurídica, essenciais e exclusivas de Estado (art. 2º, caput, Lei 12.830).

Alternativa "b": é o que dispõe o art. 3º da Lei 12.830/2013.

Alternativa "c": o delegado pode requisitar perícia, mesmo sem autorização judicial (art. 2º, § 2º, Lei 12.830).

Alternativa "d": a remoção será sempre realizada por ato fundamentado (art. 2º, § 5º, Lei 12.830).

Alternativa "e": a avocação se dará sempre mediante despacho fundamentado, por motivo de interesse público ou nas hipóteses de inobservância dos procedimentos previstos em regulamento da corporação que prejudique a eficácia da investigação.

Alternativa correta: letra "b".

80. (Cespe - Delegado de Polícia - PE/2016) A respeito do inquérito policial, assinale a opção correta, tendo como referência a doutrina majoritária e o entendimento dos tribunais superiores.

a) Por substanciar ato próprio da fase inquisitorial da persecução penal, é possível o indiciamento, pela autoridade policial, após o oferecimento da denúncia, mesmo que esta já tenha sido admitida pelo juízo a quo.

b) O acesso aos autos do inquérito policial por advogado do indiciado se estende, sem restrição, a todos os documentos da investigação.

c) Em consonância com o dispositivo constitucional que trata da vedação ao anonimato, é vedada a instauração de inquérito policial com base unicamente em denúncia anônima, salvo quando constituírem, elas próprias, o corpo de delito.

d) O arquivamento de inquérito policial mediante promoção do MP por ausência de provas impede a reabertura das investigações: a decisão que homologa o arquivamento faz coisa julgada material.

e) De acordo com a Lei de Drogas, estando o indiciado preso por crime de tráfico de drogas, o prazo de conclusão do inquérito policial é de noventa dias, prorrogável por igual período desde que imprescindível para as investigações.

COMENTÁRIOS

Alternativa "a": o indiciamento é ato realizado durante a fase policial. Se já oferecida a peça inicial e recebida esta, não há mais lugar para o indiciamento. Nesse sentido, reiterados julgados do STJ, como o seguinte: "(...)Não se admite a determinação de indiciamento formal do acusado, medida própria do inquérito policial, quando o feito já se encontra na fase judicial. Precedentes. (...)" (HC 293.623-SP, Rel. Min. Maria Thereza de Assis Moura, j. 20.05.2014).

Alternativa "b": o acesso somente se estende aos elementos já documentados nos autos do inquérito. Nesse sentido, claríssima a Súmula 14 do STF: "É direito do defensor, no interesse do representado, ter acesso amplo aos elementos de prova que, já documentados em procedimento investigatório realizado por órgão com competência de polícia judiciária, digam respeito ao exercício do direito de defesa".

Alternativa "c": não pode a autoridade policial instaurar o inquérito, tendo como base tão somente a denúncia anônima. Deve, antes disso, investigar e verificar se a denúncia traz algum fundamento e, se positivo, angariar algum elemento informativo mais concreto, para, aí sim, instaurar o procedimento investigatório. É o entendimento, por sinal, do STJ: "(...)Esta Corte Superior de Justiça, com supedâneo em entendimento adotado por maioria pelo Plenário do Pretório Excelso nos autos do Inquérito nº 1957/PR, tem entendido que a notícia anônima sobre eventual prática criminosa, por si só, não é idônea para a instauração de inquérito policial ou deflagração da ação penal, prestando-se, contudo, a embasar procedimentos investigatórios preliminares em busca de indícios que corroborem as informações da fonte anônima, os quais tornam legítima a persecução criminal estatal. (...)" (HC 233.440-SE, Rel. Min. Jorge Mussi, j. 18.06.2014).

Alternativa "d": a decisão, nesse caso, antes da modificação do art. 28 do CPP pela Lei 13.964/2019, fazia coisa julgada apenas formal, podendo ser proposta a ação penal caso surjam provas novas. É o que se extrai do art. 18 do CPP e da Súmula 524 do STF ("Arquivado o inquérito policial, por despacho do juiz, a requerimento do promotor de justiça, não pode a ação penal ser iniciada sem novas provas"). Note-se que, agora, com a nova redação do art. 28 do CPP, dada pela Lei 13.964/2019, não é mais o juiz que determina o arquivamento: o Ministério Público promove o arquivamento, notifica o ofendido, o investigado e a autoridade policial, e comunica o juiz; a vítima poderá pedir a revisão do arquivamento pelo Procurador-Geral de Justiça, o mesmo podendo determinar o juiz, mas apenas se verificar flagrante ilegalidade ou teratologia. Portanto, não mais fará sentido falar em "coisa julgada", se não há homologação do arquivamento pelo juiz. No entanto, isso não significa que o disposto no art. 18 esteja revogado ou que o teor da Súmula 524 tenha perdido todo sentido: ora, mesmo sendo ordenado o arquivamento pelo Ministério Público, somente poderá ocorrer o desarquivamento e oferecimento de denúncia se novas provas houver. E se o arquivamento se deu por atipicidade? Nesse caso, não há prova nova que torne fato atípico em típico.

Alternativa "e": de acordo com o *caput* do art. 51 da Lei 11.343/2006, o inquérito policial será concluído no prazo de 30 dias, se o indiciado estiver preso, e de 90 dias, quando solto. Por força do que dispõe o parágrafo único, os prazos podem ser duplicados pelo juiz, ouvido o Ministério Público, mediante pedido justificado da autoridade de polícia judiciária. Portanto, pode o prazo chegar a 180 dias, se estiver o indiciado solto.

Alternativa correta: letra "c".

---

81. (Cespe – Delegado de Polícia – PE/2016) Com base nos dispositivos da Lei nº 12.830/2013, que dispõe sobre a investigação criminal conduzida por delegado de polícia, assinale a opção correta.

a) São de natureza jurídica, essenciais e exclusivas de Estado as funções de polícia judiciária e a apuração de infrações penais pelo delegado de polícia.

b) A redistribuição ou a avocação de procedimento de investigação criminal poderá ocorrer de forma casuística, desde que determinada por superior hierárquico.

c) A remoção de delegado de polícia de determinada unidade policial somente será motivada se ocorrer de uma circunscrição para outra, não incidindo a exigência de motivação nas remoções de delegados de uma delegacia para outra no âmbito da mesma localidade.

d) A decisão final sobre a realização ou não de diligências no âmbito do inquérito policial pertence exclusivamente ao delegado de polícia que preside os autos.

e) A investigação de crimes é atividade exclusiva das polícias civil e federal.

COMENTÁRIOS

✪ **Nota do autor:** a Lei 12.830/2013, de texto curto, é muito importante para complementar o estudo do inquérito policial e tem sido cobrada em concursos, sobretudo quando trata do indiciamento.

Alternativa "a": segundo o art. 2º da Lei 12.830/2013, as funções de polícia judiciária e a apuração de infrações penais exercidas pelo delegado de polícia são de natureza jurídica, essenciais e exclusivas de Estado.

Alternativa "b": não mais. Segundo o § 4º do art. 2º da Lei 12.830, o inquérito policial ou outro procedimento previsto em lei em curso somente poderá ser avocado ou redistribuído por superior hierárquico, mediante despacho fundamentado, por motivo de interesse público ou nas hipóteses de inobservância dos procedimentos previstos em regulamento da corporação que prejudique a eficácia da investigação.

Alternativa "c": não há tais limitações à remoção na Lei 12.830. A respeito, consta dela a seguinte regra: "A remoção do delegado de polícia dar-se-á somente por ato fundamentado" (art. 2º, § 5º).

Alternativa "d": é o delegado de polícia quem preside o inquérito policial, como deixa claro o § 1º do art. 2º da Lei 12.830. Porém, pode o Ministério Público requisitar diligências, que deverão ser cumpridas pela autoridade policial. Tal poder do Parquet decorre do próprio texto constitucional (art. 129, VIII).

Alternativa "e": não é exclusividade, eis que outras instituições detêm tal atribuição. Exemplo disso é o Ministério Público, que pode instaurar seus próprios procedimentos investigatórios, como já reconheceu – finalmente – o STF.

Alternativa correta: letra "a":

---

82. (Vunesp – Delegado de Polícia – CE/2015) O inquérito policial, nos crimes em que a ação pública depender de representação, __________; nos crimes de ação privada, a autoridade policial somente poderá proceder a inquérito __________

Assinale a alternativa que preenche, correta e respectivamente, as lacunas.

a) depende de queixa crime para sua instauração ... após colher o consentimento da vítima ou de terceiro patrimonialmente interessado na investigação do fato

b) pode ser instaurado independentemente dela, mas só pode embasar ação penal após manifestação positiva da vítima ... após oferecimento de queixa crime

c) só pode ser iniciado se não houver transcorrido o prazo decadencial de seis meses ... quando acompanharem a representação do ofendido o nome e qualificação de ao menos três testemunhas

d) não poderá sem ela ser iniciado ... a requerimento de quem tenha qualidade para intentá-la

e) depende de queixa crime para sua instauração ... após oferecimento de queixa crime

COMENTÁRIOS

Alternativa "d" (responde também todas as demais alternativas): o inquérito policial, nos crimes em que a ação pública depender de representação, não poderá sem ela ser iniciado; nos crimes de ação privada, a autoridade policial somente poderá proceder a inquérito a requerimento de quem tenha qualidade para intentá-la. É o que dispõem as regras constantes, respectivamente, dos §§ 4º e 5º do art. 5º do CPP.

Alternativa correta: letra "d".

83. (Vunesp – Delegado de Polícia – CE/2015) Prescreve o art. 6º, VIII do CPP: logo que tiver conhecimento da prática da infração penal, a autoridade policial deverá ordenar a identificação do indiciado pelo processo datiloscópico, se possível.

Acerca do tema, a Constituição da República de 1988

a) recepcionou integralmente o CPP.

b) ampliou as hipóteses de identificação criminal, admitindo-a também para testemunhas e declarantes.

c) ampliou os métodos de identificação criminal, admitindo expressamente outros que decorram do progresso científico, tais como os exames de DNA.

d) revogou totalmente o dispositivo do CPP, não admitindo mais a identificação criminal.

e) determina, com exceções previstas em lei, que o civilmente identificado não será submetido à identificação criminal.

COMENTÁRIOS

Alternativa "a": a CF não recepcionou integralmente o CPP, inclusive no que toca à identificação criminal. O inciso VIII do art. 6º trazia uma obrigatoriedade da identificação do imputado, o que já não mais é possível. Hoje, tudo dependerá da presença dos requisitos da Lei 12.037.

Alternativa "b": não há possibilidade de que declarantes e testemunhas sejam submetidas a identificação criminal.

Alternativa "c": a ampliação não foi feita pela CF, mas pela Lei 12.037, que permite a formação do banco de dados de DNA.

Alternativa "d": ainda é admitida a identificação criminal pela CF, desde que presentes as hipóteses da Lei 12.037.

Alternativa "e": é o que garante a CF no inciso LVIII do art. 5º. A Lei que regula a hipótese é a Lei 12.037/2009.

Alternativa correta: letra "e".

84. (FUNIVERSA – Delegado de Polícia – DF/2015) Com base na legislação, na jurisprudência e na doutrina majoritária, assinale a alternativa correta acerca do inquérito policial, da prisão temporária e da participação do Ministério Público na investigação criminal.

a) O inquérito policial é um procedimento administrativo, prevalecendo, na doutrina, o entendimento de que se devem observar todas as garantias ínsitas ao contraditório e à ampla defesa durante o inquérito policial, o que concede ao investigado, por exemplo, o direito à dialeticidade processual e à produção de provas.

b) Conforme o STJ, a participação de um membro do Ministério Público na fase de investigação criminal não acarreta o seu impedimento ou a sua suspeição para o oferecimento da denúncia.

c) Em casos teratológicos, o STF e o STJ têm admitido que a autoridade policial que preside o procedimento administrativo promova o arquivamento do inquérito policial perante o juiz.

d) O descumprimento do prazo previsto em lei para concluir o inquérito policial justifica, ipso facto, o relaxamento da prisão por excesso de prazo.

e) Após recente inovação legislativa, o prazo da prisão temporária foi unificado, independentemente de o crime ser hediondo ou a ele equiparado.

COMENTÁRIOS

Alternativa "a": a doutrina esmagadoramente majoritária reconhece não se aplicar ao inquérito o princípio do contraditório, mas apenas o da ampla defesa. Assim, pode o imputado até requerer a realização de diligências ao delegado, mas este não é obrigado a realizá-las (art. 14, CPP).

Alternativa "b": esse é o entendimento do STJ, exposto em sua Súmula 234.

Alternativa "c": o delegado de polícia não pode arquivar inquérito, nem requerer ao juiz que o faça. Cabe ao Ministério Público promover o arquivamento, conforme se extrai da nova redação dada pela Lei 13.964/2019 ao art. 28 do CPP, e comunicar a autoridade policial, o investigado, a vítima e o juiz, que não mais é responsável pela homologação.

Alternativa "d": a consequência do excesso de prazo para conclusão do inquérito, estando preso o indiciado preventivamente, pode ser a liberdade deste, mas esta não é automática, eis que o juiz pode considerar haver necessidade de mantê-la, ainda que haja tal atraso. Na verdade, como agora prevê o § 2º do art. 3º-B do CPP, o juiz das garantias pode prorrogar, uma única vez e por até 15 dias, o prazo para conclusão do inquérito.

Alternativa "e": não houve tal unificação, pois o regime da prisão temporária não sofreu qualquer modificação recente. Assim, o prazo da prisão, normalmente, é de 5 dias. No caso de crime hediondo, de 30 dias. Ambos podem ser prorrogados uma vez.

Alternativa correta: letra "b".

85. (FUNIVERSA – Delegado de Polícia – DF/2015) Com base na legislação processual penal e na jurisprudência e doutrina majoritária relativas à matéria, assinale a alternativa correta.

a) Da decisão do delegado de polícia que nega pedido de abertura de inquérito policial formulado pelo ofendido ou por seu representante legal, caberá, nos termos do CPP, correição parcial endereçada ao juiz da causa, além de recurso administrativo dirigido ao chefe de polícia.

b) A lei veda, em virtude do princípio do ne bis in idem, a aplicação cumulativa de medidas cautelares diversas da prisão.

c) Na hipótese de descumprimento de medida cautelar pessoal, o juiz poderá, a requerimento do Ministério Público, de seu assistente ou do querelante, substituir a medida ou impor outra em cumulação, sendo-lhe vedado, porém, tomar essas providências de ofício.

d) É vedada a persecução penal fundada exclusivamente em notícia-crime apócrifa ou inqualificada.

e) Em regra, nos crimes de ação penal pública condicionada à representação do ofendido, o inquérito policial somente poderá ser instaurado se o ofendido ou seu representante tiver procedido à representação, devendo esta, ainda, consoante entendimento do STJ, satisfazer formalidades específicas, como ser apresentada ou reiterada, dentro do prazo decadencial, perante a autoridade judicial.

COMENTÁRIOS

Alternativa "a": cabe recurso ao chefe de polícia.,

Alternativa "b": ao contrário, a lei permite a cumulação dessas medidas de modo expresso (art. 282, § 1º, CPP).

Alternativa "c": a alternativa tornou-se correta com a nova redação dada pela Lei 13.964/2019 ao § 4º do art. 282 do CPP, que retirou do juiz a possibilidade de decidir de ofício nesse caso.

Alternativa "d": assim vêm decidindo os Tribunais Superiores. Recebida tal espécie de notícia de crime pelo delegado, este deverá efetuar diligências preliminares, a fim de verificar se há algum fundamento nela. Se houver, poderá instaurar o inquérito. Do contrário, não.

Alternativa "e": não há e nunca houve tal entendimento do STJ. Não há qualquer necessidade de reiteração da representação perante a autoridade judicial e tampouco vem a jurisprudência exigindo grandes formalidades, bastando a inequívoca manifestação da vontade do ofendido.

Alternativa correta: letra "d" (e agora também a "c").

---

86. (FUNIVERSA – Delegado de Polícia – DF/2015) Assinale a alternativa correta em relação ao inquérito policial.

a) Há, no ordenamento jurídico brasileiro, expressa previsão do inquérito policial judicialiforme.

b) Nos crimes em que a ação pública depender de representação, o inquérito não poderá sem ela ser iniciado.

c) O inquérito policial, cuja natureza é cautelar, constitui uma das fases processuais.

d) O inquérito policial é dispensável à propositura da ação penal privada e da ação penal pública condicionada, mas é indispensável à propositura da ação penal pública incondicionada.

e) Segundo jurisprudência pacificada no STF, o poder de investigação do Ministério Público é amplo e irrestrito.

COMENTÁRIOS

Alternativa "a": havia tal previsão no CPP – que permitia que o próprio juiz, de ofício, instaurasse a ação penal –, mas não foi recepcionada pela CF de 1988, que estabeleceu o princípio acusatório. No sistema acusatório, como o leitor sabe, há separação absoluta entre as atividades de acusar e de julgar.

Alternativa "b": é o que está disposto no § 4º do art. 5º do CPP.

Alternativa "c": o inquérito tem natureza administrativa. É fase da persecução penal, a fase preliminar, mas não é fase do processo.

Alternativa "d": o inquérito jamais é indispensável. Pode a inicial acusatória ser proposta à vista de outros procedimentos e elementos informativos.

Alternativa "e": em maio de 2015, decidiu o STF: "(...) Questão constitucional com repercussão geral. Poderes de investigação do Ministério Público. Os artigos 5º, incisos LIV e LV, 129, incisos III e VIII, e 144, inciso IV, § 4º, da Constituição Federal, não tornam a investigação criminal exclusividade da polícia, nem afastam os poderes de investigação do Ministério Público. Fixada, em repercussão geral, tese assim sumulada: 'O Ministério Público dispõe de competência para promover, por autoridade própria, e por prazo razoável, investigações de natureza penal, desde que respeitados os direitos e garantias que assistem a qualquer indiciado ou a qualquer pessoa sob investigação do Estado, observadas, sempre, por seus agentes, as hipóteses de reserva constitucional de jurisdição e, também, as prerrogativas profissionais de que se acham investidos, em nosso País, os Advogados (Lei 8.906/94, artigo 7º, notadamente os incisos I, II, III, XI, XIII, XIV e XIX), sem prejuízo da possibilidade – sempre presente no Estado democrático de Direito – do permanente controle jurisdicional dos atos, necessariamente documentados (Súmula Vinculante 14), praticados pelos membros dessa instituição'. Maioria. (...)"(RE 593.727-MG, Rel. Min. Gilmar Mendes, j. 14.05.2015).

Alternativa correta: letra "b".

---

87. (ACAFE – Delegado de Polícia – SC/2014) De acordo com o Código de Processo Penal, e considerando o inquérito policial nos crimes de ação pública, analise as afirmações a seguir e assinale a alternativa correta.

I. Será iniciado de ofício.

II. Será iniciado mediante requisição da autoridade judiciária ou do Ministério Público, ou a requerimento do ofendido ou de quem tiver qualidade para representá-lo.

III. Do despacho que indeferir o requerimento de abertura de inquérito não caberá recurso.

IV. O inquérito, nos crimes em que a ação pública depender de representação, não poderá sem ela ser iniciado.

a) Todas as afirmações estão corretas.
b) Todas as afirmações estão incorretas.
c) Apenas I, II e III estão corretas.
d) Apenas II e IV estão corretas.
e) Apenas I, II e IV estão corretas.

COMENTÁRIOS

Afirmação I: Caso tenha a autoridade policial notícia do crime de ação penal pública, deverá instaurar, por portaria, o inquérito (art. 5º, I, CPP).

Afirmação II: São as outras possibilidades de se dar início ao inquérito policial para investigação dos crimes de ação penal pública. A previsão está no art. 5º, II, do CPP.

Afirmação III: Caberá recurso ao chefe de polícia (art. 5º, § 2º, do CPP), autoridade cuja identificação dependerá da organização da Polícia em cada Estado.

Afirmação IV: Sem a manifestação de vontade positiva da vítima, impossível a instauração do inquérito nesse caso (art. 5º, § 4º, CPP), e também no caso das ações penais privadas.

Alternativa correta: letra "e": estão certas as Afirmações I, II e IV.

---

88. (ACAFE – Delegado de Polícia – SC/2014) De acordo com o Código de Processo Penal assinale a alternativa correta.

a) A polícia judiciária será exercida pelas autoridades policiais no território de suas respectivas jurisdições e terá por fim a apuração das infrações penais e da sua autoria.
b) Ciente da prática de um crime, a autoridade policial deverá, se possível e conveniente, dirigir-se ao local dos fatos.
c) O ofendido ou seu representante legal e o indiciado poderão requerer qualquer diligência, que sempre será realizada em até 10 dias.
d) A autoridade policial poderá mandar arquivar autos de inquérito.
e) O inquérito, nos crimes em que a ação pública depender de representação, não poderá sem ela ser iniciado, bem como, nos crimes de ação privada, a autoridade policial somente poderá proceder a inquérito a requerimento de quem tenha qualidade para intentá-la.

COMENTÁRIOS

Alternativa "a": a alternativa quase repete integralmente o art. 4º do CPP. Qual o erro? Autoridade policial não exerce jurisdição, o que é parte da soberania do Estado. A autoridade policial atua na sua circunscrição, cumprindo sua atribuição. Essas as palavras mais adequadas ao caso.

Alternativa "b": não é questão de conveniência. O art. 6º, I, do CPP determina a ida da autoridade policial à cena do crime. A lei não faz distinção, mas espera-se que seja cumprida ao menos no que tange aos crimes mais graves. É importante o comparecimento da Autoridade Policial ou, no mínimo, de seus agentes, para que seja possível, por exemplo, apreender objetos de interesse para a investigação. Alguns Estados, com o de São Paulo, por meio da respectiva Secretaria da Segurança Pública, têm disciplina normativa própria sobre a responsabilidade dos peritos, da Polícia Civil e da Polícia Militar na cena do crime, inclusive no que tange a apreensões.

Alternativa "c": o art. 14 do CPP realmente permite que o indiciado e o ofendido façam requerimentos de diligências, mas o cumprimento ficará a critério da autoridade policial. Lembrem-se que não há contraditório na fase de inquérito.

Alternativa "d": jamais. Somente o juiz podia mandar arquivar o inquérito, a requerimento do Ministério Público (art. 17, CPP). Agora, com a nova redação dada pela Lei 13.964/2019 ao art. 28, cabe ao Ministério Público promover o arquivamento, notificar o ofendido, o investigado, a autoridade policial e comunicar o juiz, havendo possibilidade de revisão por órgão do próprio Parquet caso assim requerido pela vítima ou pelo juiz, neste último caso, somente se entender presente flagrante ilegalidade ou teratologia, sendo interpretação do STF.

Alternativa "e": são previsões contidas nos §§ 4º e 5º do art. 5º do CPP.

Alternativa correta: letra "e".

---

89. (ACAFE – Delegado de Polícia – SC/2014) Considere as atitudes que deverão ser tomadas pela autoridade policial logo que tiver conhecimento da prática da infração penal, analise as afirmações a seguir e assinale a alternativa correta de acordo com o Código de Processo Penal.

I. Dirigir-se ao local, providenciando para que não se alterem o estado e conservação das coisas, até a chegada dos peritos criminais.
II. Colher todas as provas que servirem para o esclarecimento do fato e suas circunstâncias.
III. Proceder a reconhecimento de pessoas e coisas e a acareações.
IV. Ordenar a identificação do indiciado pelo processo datiloscópico, se possível, e fazer juntar aos autos sua folha de antecedentes.

a) Todas as afirmações estão corretas.
b) Apenas I, II e III estão corretas.
c) Apenas I, II e IV estão corretas.
d) Apenas III e IV estão corretas.
e) Todas as afirmações estão incorretas.

COMENTÁRIOS

✪ **Nota do autor:** a questão foi ANULADA.

Afirmação I: É o que prevê o inciso I do art. 6º do CPP.

Afirmação II: É a previsão do inciso III do art. 6º do CPP.

Afirmação III: Tais providências estão previstas no inciso VI do art. 6º do CPP.

Afirmação IV: O inciso VIII do art. 6º do CPP realmente prevê isso. Porém, com o advento da CF de 1988, não pode o delegado de polícia determinar a identificação criminal do civilmente identificado, salvo nos casos previstos na Lei 12.037/2009, que estabelece as hipóteses em que o civilmente identificado poderá ser submetido à identificação criminal. Os casos são os seguintes (art. 3º): a) o documento apresentar rasura ou tiver indícios de falsidade; b) o documento apresentado for insuficiente para identificar cabalmente o indiciado; c) o indiciado portar documentos de identidade distintos, com informações conflitantes entre si; d) a identificação criminal for essencial às investigações policiais, segundo despacho da autoridade judiciária competente, que decidirá de ofício ou mediante representação da autoridade policial, do Ministério Público ou da defesa; e) constar de registros policiais o uso de outros nomes ou diferentes qualificações; f) o estado de conservação ou a distância temporal ou da localidade da expedição do documento apresentado impossibilite a completa identificação dos caracteres essenciais. Presentes tais hipóteses, não pode o imputado negar-se a ser identificado, tendo apenas o direito ao silêncio quanto aos fatos apurados. A mesma lei permite também a coleta de material genético do indiciado, para formação de banco de dados. Nesse passo, há intensa polêmica sobre a possibilidade de coleta de material sem a autorização da pessoa.

---

90. (ACAFE – Delegado de Polícia – SC/2014) De acordo com o Código de Processo Penal, especificamente quanto ao Inquérito, assinale a alternativa correta.

a) No relatório, não poderá a autoridade policial indicar testemunhas que não tiverem sido inquiridas.

b) A autoridade policial deverá concluí-lo no prazo de 10 dias, se o indiciado estiver preso preventivamente, contado o prazo a partir do dia seguinte em que se executar a ordem de prisão, ou no prazo de 30 dias, quando estiver solto, mediante fiança ou sem ela.

c) A autoridade policial fará minucioso relatório do que tiver sido apurado e enviará os autos ao juiz competente.

d) A autoridade policial fará minucioso relatório do que tiver sido apurado e enviará os autos ao Ministério Público.

e) Quando o fato for de difícil elucidação e o indiciado estiver preso, a autoridade policial poderá requerer ao juiz a devolução dos autos, para ulteriores diligências, que serão realizadas no prazo de 30 dias.

COMENTÁRIOS

Alternativa "a": ao contrário, o § 2º do art. 10 do CPP dispõe que poderá a autoridade indicar testemunhas que não tiverem sido inquiridas, mencionando o lugar onde possam ser encontradas.

Alternativa "b": o caput do art. 10 do CPP determina que seja contado o dia da prisão. Esse o erro da alternativa.

Alternativa "c": é o relatório final do inquérito, a cargo do delegado de polícia, conforme previsto no art. 10, § 1º, do CPP. Vide comentários à alternativa seguinte.

Alternativa "d": entendemos que, com o advento da Lei 13.964/2019, a tramitação do inquérito deve ser direta entre o Ministério Público e a Polícia. Por isso, feito o relatório, deve o inquérito ser encaminhado ao Ministério Público, não mais ao juiz. Por isso, a alternativa correta, que era a "c" quando o concurso foi realizado, hoje seria a "d".

Alternativa "e": quando o concurso foi realizado e até o julgamento, em agosto de 2023, das ADIs que questionavam a constitucionalidade de novas disposições trazidas pela Lei 13.964/2019, neste caso, especificamente, sobre o juiz das garantias, não era possível a concessão de mais prazo para investigação suplementar se estivesse preso o indiciado. Nesse caso, a necessidade de prosseguimento do inquérito deveria, em regra, levar à soltura do indiciado. Porém, vale lembrar que a Lei 13.964/2019, ao instituir o juiz das garantias, previu a possibilidade de prorrogação do prazo do inquérito em que o investigado estiver preso, por até quinze dias, uma única vez, o que não foi objeto de qualquer reparo pelo STF no julgamento das ADIs.

---

91. (ACAFE – Delegado de Polícia – SC/2014) De acordo com o Código de Processo Penal e Lei 12.830/13, que dispõe sobre a investigação criminal conduzida pelo Delegado de Polícia, assinale a alternativa correta.

a) Ninguém será recolhido à prisão sem que seja exibido o mandado ao respectivo diretor ou carcereiro, exceto por ordem expressa do Delegado de Polícia, com a entrega de cópia assinada pelo executor, devendo ser passado recibo da entrega do preso, com declaração de dia e hora.

b) O indiciamento, privativo do Ministério Público, dar-se-á por ato fundamentado, mediante análise técnico-jurídica do fato, que deverá indicar a autoria, materialidade e suas circunstâncias.

c) A remoção do delegado de polícia dar-se-á somente a requerimento deste, pois possui a garantia constitucional da inamobilidade.

d) Ao delegado de polícia, na qualidade de autoridade policial, cabe a condução da investigação criminal por meio de inquérito policial ou outro procedimento previsto em lei, que tem como objetivo a apuração das circunstâncias, da materialidade e da autoria das infrações penais.

e) Em até 48 (quarenta e oito) horas após a realização da prisão será encaminhado ao juiz competente o auto de prisão em flagrante e, caso o autuado não informe o nome de seu advogado, cópia integral para a Defensoria Pública.

COMENTÁRIOS

Alternativa "a": não tem o delegado de polícia tal poder. O mandado de prisão deve ser exibido. Segundo o caput do art. 288 do CPP: "Ninguém será recolhido à prisão, sem que seja exibido o mandado ao respectivo diretor ou carcereiro, a quem será entregue cópia assinada pelo executor ou apresentada a guia expedida pela autoridade competente, devendo ser passado recibo da entrega do preso, com declaração de dia e hora".

Alternativa "b": o indiciamento é ato privativo do delegado de polícia, conforme também previu a Lei 12.830.

Alternativa "c": o delegado não possui a garantia da inamovibilidade, própria dos membros da Magistratura e do Ministério Público. No entanto, a remoção do delegado de polícia dar-se-á somente por ato fundamentado (art. 2º, § 5º, Lei 12.830/2013).

Alternativa "d": a Lei 12.830/2013 veio justamente deixar claro que apenas delegado de polícia pode presidir inquérito policial ou outro procedimento policial previsto em lei, que, por enquanto, é apenas o termo circunstanciado.

Alternativa "e": o prazo é de 24 horas (art. 306, § 1º, CPP: "Em até 24 (vinte e quatro) horas após a realização da prisão, será encaminhado ao juiz competente o auto de prisão em flagrante e, caso o autuado não informe o nome de seu advogado, cópia integral para a Defensoria Pública"). Recebidos os autos pelo juiz, em até 24 horas depois da prisão, o juiz deverá promover a audiência de custódia (art. 310, com a redação dada pela Lei 13.964/2019). De acordo com o STF, que julgou a constitucionalidade desse dispositivo da Lei 13.964, o juiz poderá, em caso de urgência e se o meio se revelar idôneo, realizar a audiência de custódia por videoconferência. Além disso, ainda que se ultrapasse o prazo de 24 horas, o juiz poderá prorrogá-lo, excepcionalmente, se presentes motivos para isso.

Alternativa correta: letra "d".

---

92. (FUNCAB – Delegado de Polícia – RO/2014) Na condução do inquérito policial, o Delegado de Polícia, sempre pautando suas ações pela legalidade, também se sujeita ao Princípio da Discricionariedade, que possui como característica possibilitarão Delegado de Polícia:

a) a instauração do inquérito mediante critério de conveniência e oportunidade.

b) a definição do rumo das investigações.

c) a substituição do inquérito pela possibilidade de lavratura de termo circunstanciado.

d) a cautela e prudência na condução das diligências de investigação.

e) o arquivamento do inquérito policial.

COMENTÁRIOS

Alternativa "a": a instauração do inquérito policial rege-se pelo princípio da obrigatoriedade. Assim, presentes os requisitos legais, não tem o delegado escolha: deve instaurar o inquérito, para apurar os fatos.

Alternativa "b": o inquérito policial segue regras, que estão expostas no CPP e na Lei 12.830/2013. Porém, a lei processual não diz exatamente qual a ordem das diligências que devem ser realizadas pelo delegado, tampouco quais devem ser feitas. Até porque cada investigação tem suas próprias características. Assim, nesse ponto, tem o delegado total discricionariedade, salvo, evidentemente, no que tange à requisição de laudos, alguns dos quais praticamente obrigatórios para a prova da materialidade do fato.

Alternativa "c": o termo circunstanciado somente pode ser lavrado no caso de infração de menor potencial ofensivo, não sendo, pois, assunto que dependa da discricionariedade do delegado.

Alternativa "d": discricionariedade é a possibilidade de escolha, no caso, quanto a quais diligências realizar e quando. Não tem relação com cautela ou prudência.

Alternativa "e": o delegado de polícia não pode arquivar inquérito policial, conforme expressamente dispõe o art. 17 do CPP.

Alternativa correta: letra "b".

---

93. (NUCEPE – Delegado de Polícia – PI/2014) Após análise das asserções a assinale a alternativa CORRETA seguir,

I. O Ministério Público poderá requisitar a instauração de inquérito policial e acompanhar sua evolução, porém a sua presença é secundária e contingente, pois o órgão encarregado de dirigir o inquérito é a polícia judiciária.

II. O inquérito policial nasce da mera possibilidade, mas objetiva a probabilidade, não sofrendo seu campo probatório nenhuma restrição.

III. O inquérito policial busca a verossimilhança do crime, o *fumus comissi delicti*, inexistindo, pois, a plena discussão das teses fáticas.

IV. A representação criminal é um ato jurídico regido por critérios de oportunidade e conveniência de quem tenha legitimidade para fazê-la, mas o Ministério Público, objetivando o oferecimento da Denúncia, poderá exigí-la do ofendido.

V. O prazo para representar é decadencial de seis meses, contados da data em que ocorrera o fato.

a) Há somente uma assertiva correta.

b) Há duas assertivas corretas.

c) Há três alternativas corretas.

d) Há quatro assertivas corretas.

e) As cinco assertivas estão corretas.

COMENTÁRIOS

Assertiva I: O Ministério Público tem o poder, garantido pela CF, de requisitar a instauração de inquérito policial e de acompanhá-lo. Porém, de fato, o curso do inquérito não depende do Ministério Público, até porque, na prática, o acompanhamento se dá em poucos casos. Ademais, segundo a Lei 12.830/2013, o comando do inquérito é do delegado de polícia, que o preside. Logicamente, pode o Ministério Público requisitar diligências investigatórias, como permite a CF.

Assertiva II: Nem vale comentar o enigmático e infeliz início da assertiva. Vale apenas ressaltar que o inquérito policial, assim como se dá com a instrução judicial, sofre restrições probatórias.

Assertiva III: Infeliz o uso da palavra verossimilhança, já que, usada no âmbito das provas, vem trazendo grandes discussões na doutrina e filosofia, principalmente na estrangeira. À parte isso, é certo que o inquérito busca a prova da ocorrência do crime e indícios de autoria, não uma prova plena desta, que somente defluirá da instrução judicial e das discussões havidas no processo, sob contraditório.

Assertiva IV: O Ministério Público não pode obrigar o ofendido a oferecer representação. Ele a oferece se quiser.

Assertiva V: O prazo é contado da data em que o ofendido veio a saber quem foi o autor do crime.

Alternativa correta: letra "b". Estão certas as Assertivas I e III apenas.

---

94. (Vunesp – Delegado de Polícia – SP/2014) No processo penal, a prova produzida durante o inquérito policial

a) pode ser utilizada por qualquer das partes, bem como pelo juiz.

b) tem o mesmo valor que a prova produzida judicialmente.

c) pode ser utilizada somente pelo juiz.

d) não tem valor legal.

e) deverá ser sempre ratificada judicialmente para ter valor legal.

COMENTÁRIOS

Alternativa "a" (responde também a alternativa "c"): muito embora o inquérito policial seja procedimento de cunho preparatório para a ação penal, os elementos informativos nele produzidos não são de uso exclusivo do Ministério Público, de modo que podem também ser invocados pelo juiz e pela defesa do imputado. Notem, apenas, que o juiz não pode fundamentar sua decisão com base, exclusivamente, nos elementos informativos oriundos do inquérito, salvo as provas cautelares, antecipadas ou irrepetíveis.

Alternativa "b": não tem o mesmo valor. O art. 155 do CPP, aliás, deixa isso claro, já que, conforme expusemos acima, o juiz não poderá fundamentar sua decisão apenas com base naquilo que foi produzido no inquérito, havendo a ressalva quanto às provas cautelares, às antecipadas e às não repetíveis.

Alternativa "d": os elementos informativos produzidos no inquérito têm valor legal, tanto que podem servir de base para a propositura da denúncia ou da queixa-crime. Além disso, pode o juiz basear sua decisão em elementos retirados do inquérito, desde que não se baseie só neles para decidir.

Alternativa "e": nem sempre. As provas antecipadas, as cautelares e as não repetíveis não podem, em geral, ser ratificadas judicialmente, dada sua natureza. Por exemplo, não é possível repetir em juízo a interceptação telefônica feita durante o inquérito.

Alternativa correta: letra "a".

---

95. (Vunesp – Delegado de Polícia – SP/2014) Nos termos do parágrafo terceiro do art. 5º do CPP: "Qualquer pessoa do povo que tiver conhecimento da existência de infração penal em que caiba ação pública poderá, verbalmente ou por escrito, comunicá-la à autoridade policial, e esta, verificada a procedência das informações, mandará instaurar inquérito policial". Assim, é correto afirmar que

a) sempre que tomar conhecimento da ocorrência de um crime, a autoridade policial deverá, por portaria, instaurar inquérito policial.

b) por delatio criminis entende-se a autorização formal da vítima para que seja instaurado inquérito policial.

c) o inquérito policial será instaurado pela autoridade policial apenas nas hipóteses de ação penal pública.

d) a notícia de um crime, ainda que anônima, pode, por si só, suscitar a instauração de inquérito policial.

e) é inadmissível o anonimato como causa suficiente para a instauração de inquérito policial na modalidade da delatio criminis, entretanto, a autoridade policial poderá investigar os fatos de ofício.

COMENTÁRIOS

Alternativa "a": nem sempre. Se o crime for de ação penal privada, o delegado dependerá de requerimento do ofendido ou de seu representante legal. Já se o crime for de ação penal pública condicionada, dependerá de representação do ofendido ou do representante legal.

Alternativa "b": a autorização da vítima é a representação – no caso de crime de ação penal pública condicionada – ou o requerimento para instauração do inquérito – no caso de ação penal privada. *Delatio criminis* é a forma como qualquer pessoa noticia um crime à autoridade policial. Se a comunicação for feita pelo ofendido, é chamada de *notitia criminis*.

Alternativa "c": o inquérito policial sempre será instaurado pela autoridade policial, pois é privativo de delegado de polícia, conforme prevê a Lei 12.830/2013. Cuidado: o delegado instaura o inquérito, mas pode depender de representação da vítima ou de requerimento dela, conforme o crime seja de ação penal pública condicionada ou de ação penal privada, respectivamente.

Alternativa "e" (responde também a alternativa "d"): como visto acima, ao tomar conhecimento de um crime, pode a Autoridade Policial, de ofício, investigar os fatos. O problema está na questão do anonimato: e se foi essa a forma pela qual o delegado tomou conhecimento da infração penal? Nesse caso, não pode a autoridade policial instaurar o inquérito, tendo como base tão somente a denúncia anônima. Deve, antes disso, investigar e verificar se a denúncia traz algum fundamento e, se positivo, angariando algum elemento informativo mais concreto, pode instaurar o procedimento investigatório. É o entendimento, por sinal, do STJ: "(...)Esta Corte Superior de Justiça, com supedâneo em entendimento adotado por maioria pelo Plenário do Pretório Excelso nos autos do Inquérito nº 1957/PR, tem entendido que a notícia anônima sobre eventual prática criminosa, por si só, não é idônea para a instauração de inquérito policial ou deflagração da ação penal, prestando-se, contudo, a embasar procedimentos investigatórios preliminares em busca de indícios que corroborem as informações da fonte anônima, os quais tornam legítima a persecução criminal estatal. (...)" (HC 233.440-SE, Rel. Min. Jorge Mussi, j. 18.06.2014).

Alternativa correta: letra "e".

96. (Fundação Aroeira - Delegado de Polícia - TO/2014) Os autos de inquérito policial que apuram crimes de ação penal pública poderão ser arquivados

a) pela autoridade policial, em virtude de requisição do Secretário de Segurança Pública.
b) pelo juiz de direito, em virtude de requerimento do órgão do Ministério Público.
c) pelo escrivão, em virtude de determinação do chefe de polícia.
d) pela Corregedoria de Polícia, em virtude de representação do ofendido.

COMENTÁRIOS

✪ **Nota do autor: não há mais alternativa correta.**

Alternativa "a": como visto, o delegado de polícia não pode arquivar o inquérito e muito menos pode o Secretário de Segurança Pública ordenar que o arquive.

Alternativa "b": o inquérito podia ser arquivado apenas pelo juiz de direito, a requerimento do Ministério Público. Nem este e tampouco o delegado poderiam determinar o arquivamento. Aliás, a proibição do arquivamento pelo delegado está explicitada no art. 17 do CPP. Porém, com a alteração no art. 28 do CPP trazida pela Lei 13.964/2019, cabe ao Ministério Público promover o arquivamento do inquérito. Como já exposto anteriormente, após promover o arquivamento, o promotor de justiça deverá notificar a autoridade policial, a vítima e o investigado, bem como comunicar o juiz. O STF, nas ADI sobre o art. 28, não parece ter visto necessidade de remessa automática para revisão, o que dependerá da iniciativa da vítima ou do juiz, neste último caso, apenas se vislumbrar flagrante ilegalidade ou teratologia.

Alternativa "c": se o delegado não pode determinar o arquivamento, muito menos pode o escrivão, ainda que por ordem do "chefe de polícia", isso porque este também não tem poder de arquivar o procedimento investigatório.

Alternativa "d": a Corregedoria da Polícia não tem poderes para arquivar inquérito policial. Vide os comentários à alternativa "b" para o novo procedimento trazido pela Lei 13.964/2019, tal como interpretado pelo STF.

97. (Fundação Aroeira - Delegado de Polícia - TO/2014) Suponha que o Delegado de Polícia seja amigo íntimo ou inimigo capital do investigado no inquérito policial. Neste caso, por se tratar de motivo legal, dispõe o Código de Processo Penal que a autoridade policial deverá declarar-se

a) absolutamente incompetente.
b) relativamente incompetente.
c) impedida.
d) suspeita.

COMENTÁRIOS

Alternativa "a" (responde também a alternativa "b"): autoridade policial não tem competência, mas atribuição. Competência é parte da jurisdição do Estado, exercida pelo juiz.

Alternativa "c": não é caso de impedimento, mas de suspeição, sendo aplicável o inciso I do art. 254 do CPP.

Alternativa "d": aplica-se, aqui, a regra do art. 107, do CPP, que dispõe: "Não se poderá opor suspeição às autoridades policiais nos atos do inquérito, mas deverão elas declarar-se suspeitas, quando ocorrer motivo legal".

Alternativa correta: letra "d".

4. AÇÃO PENAL

- CF, arts. 5º, LIX, 129, I
- CPP, arts. 24 a 62

98. (FGV - 2024 - PC/SC - Delegado) Instaurado inquérito policial, a requerimento do ofendido, para apurar a prática de crime de ação penal de iniciativa privada, a investigação é concluída e aponta como autores Júlio e Tavares. O querelante oferece queixa-crime em face de Júlio deixando de incluir Tavares na peça exordial.

Em relação à situação-problema e à ação penal de iniciativa privada, analise as afirmativas a seguir:

I. O oferecimento de queixa-crime contra somente um dos supostos autores do fato importa em renúncia tácita ao direito de querela, cuja eficácia se estende a todos, conforme disposição do Código de Processo Penal.

II. Pelo princípio da indivisibilidade da ação penal de iniciativa privada, a renúncia tácita ou o perdão tácito será extensivo a todos os possíveis autores; todavia, não produzirá efeito para aquele que manifestar recusa.

III. O perdão do ofendido, concedido a um dos querelados, mesmo em sede policial, resultará em desistência ao exercício do direito de queixa e aproveitará a todos, nos termos do Código de Processo Penal.

Está correto o que se afirma em

a) I, apenas.
b) I e II, apenas.
c) II e III, apenas.
d) II, apenas.
e) III, apenas.

COMENTÁRIOS

Afirmativa I: certo. O oferecimento de queixa-crime contra somente um dos supostos autores do fato importa em renúncia tácita ao direito de querela, cuja eficácia se estende a todos, conforme disposição do art. 48 Código de Processo Penal. Isso se dá em razão da indivisibilidade da ação penal privada.

Afirmativa II: errado. O erro da afirmativa está em considerar que a renúncia permite a recusa do querelado. Na verdade, havendo renúncia, expressa ou tácita, à ação penal privada, esta não será proposta. Apenas o perdão, depois de já proposta a ação, é que depende da aceitação do querelado.

Afirmativa III: errado. O perdão é concedido apenas depois de já proposta a queixa. O que pode ocorrer antes é a renúncia ao direito de queixa.

Alternativa correta: "a".

---

99. (FGV – 2024 – PC/SC – Delegado) Concluídas as investigações e relatado o Inquérito policial pela delegada de polícia, sem especificar as condutas dos envolvidos, o Ministério Público ofereceu denúncia contra Armando, Baeta, Gal e mais cinco pessoas, imputando-lhes a prática dos crimes de falsidade ideológica e de corrupção ativa, tipificados no art. 299 e no art. 333, respectivamente, ambos do Código Penal.

A peça acusatória não descreveu quais teriam sido os atos concretos praticados ou omitidos pelos réus, nem a vinculação da conduta individual de cada agente aos eventos delituosos. Segundo constou na denúncia, os acusados, pelo fato de serem sócios majoritários, atuaram em concurso de pessoas. O órgão do Parquet, por essa razão, limitou-se a empregar os verbos (núcleos do tipo penal) sempre na terceira pessoa do plural.

A partir da situação-problema, nos termos do Código de Processo Penal e da Jurisprudência dos Tribunais superiores, avalie as afirmativas a seguir e assinale (V) para a verdadeira e (F) para a falsa.

( ) A denúncia deve expor os fatos de modo a permitir a compreensão da imputação e, em consequência, o exercício da ampla defesa, com a indicação da qualificação das pessoas envolvidas, datas e locais dos fatos, bem como a forma de execução dos crimes; no caso de concurso de agentes, a mera invocação da condição de sócios majoritários, sem a correspondente e objetiva descrição típica do fato pode gerar um peça acusatória inepta.

( ) Denomina-se decisão interlocutória simples o provimento jurisdicional que recebe a denúncia ou queixa.

( ) No caso de o juiz rejeitar uma denúncia inepta, a decisão fará coisa julgada formal.

( ) Ampla jurisprudência dos tribunais superiores tem aceitado casos de denúncia que versem sobre delito societário ou de gabinete, não havendo o que se falar em inépcia quando a acusação descreve minimamente o fato tido como criminoso, atribuído a diversas pessoas, ligadas por circunstâncias comuns, de forma a individualizar o quanto possível, as condutas imputadas.

As afirmativas são, respectivamente,

a) F, V, V, V.
b) V, V, V, V.
c) F, V, F, V.
d) V, F, F, F.
e) V, F, F, V.

COMENTÁRIOS

Primeira afirmativa: verdadeira. A afirmativa resume bem o que deve constar da denúncia. Quanto ao problema da inépcia, os tribunais superiores têm sido pacíficos no sentido de que, em caso de crimes que envolvem sócios em empresas – por exemplo, crimes contra a ordem tributária – a inicial deve constar de forma destacada a conduta de cada um deles, não sendo suficiente que descreva a condição de sócio, para afirmar que, assim, tinham conhecimento dos fatos ou poder de direção. Deve-se descrever minimamente as condutas, mostrando, na medida do possível, a contribuição de cada imputado para os fatos.

Segunda afirmativa: verdadeira. É a classificação doutrinária da decisão que recebe a denúncia.

Terceira afirmativa: verdadeira. Fará coisa julgada formal, visto que o Ministério Público somente poderia revertê-la se recorresse. No entanto, poderá oferecer nova denúncia, desde que esta não contenha os vícios da primeira.

Quarta afirmativa: verdadeira. Vide Comentários à primeira afirmativa.

Alternativa correta: "b".

4.1. AÇÃO PENAL PÚBLICA

---

100. (FGV – Delegado de Polícia – PC – AM/2022) Em relação ao juízo de admissibilidade da imputação, é correto afirmar que o magistrado

a) pode determinar a emenda da inicial, fixando prazo, sob pena de rejeição.
b) pode decotar as causas de aumento de penal manifestamente improcedentes.

c) deve rejeitar a inicial de forma integral, caso verifique qualquer incongruência.

d) deve deixar de receber a inicial de forma integral, caso verifique qualquer incongruência.

e) deve receber a denúncia de forma integral e decidir eventual incongruência quando da análise do mérito.

COMENTÁRIOS

Alternativa "a": o juiz não pode determinar ao Ministério Público que emende a denúncia. Se esta se mostrar inepta, deve simplesmente rejeitá-la; do contrário, recebê-la.

Alternativa "b": esse ponto não é tão pacífico, mas admite-se que o juiz pode receber a denúncia, mas sem as causas de aumento que forem manifestamente improcedentes. Isso é importante principalmente naqueles casos em que tais causas de aumento possam influir no procedimento escolhido ou na incidência de mecanismos negociais, como a transação penal, a suspensão condicional do processo ou o acordo de não persecução penal.

Alternativa "c": não é qualquer incongruência que justifica a rejeição da denúncia. A inépcia gera a rejeição, mas, por exemplo, a classificação equivocada do crime, não, pois o juiz poderá, quando da sentença, aplicar o art. 383 do CPP (*emendatio libelli*) e dar a classificação correta.

Alternativa "d": o juiz não deve, como regra, receber apenas parte da denúncia, justamente por conta daquilo que explicamos na alternativa anterior. Além disso, se houver inépcia em relação a uma das imputações, toda a denúncia deverá ser rejeitada.

Alternativa "e": depende. Vejam o que se escreveu acima: em alguns casos, o juiz pode receber a inicial com correção da classificação, desde que isso se mostre necessário, o que normalmente se dá quando pode haver reflexo direto na aplicação de mecanismo negocial.

Alternativa correta: letra "b".

---

101. (UFPR - Delegado de Polícia - PC - PR/2021) Em virtude de ofensa dirigida à T.B., C.L., seu adversário político, foi indiciado por infração ao art. 325 do Código Eleitoral (Difamar alguém, na propaganda eleitoral, ou visando a fins de propaganda, imputando-lhe fato ofensivo à sua reputação. Pena - detenção de três meses a um ano, e pagamento de 5 a 30 dias-multa). O material publicitário foi apreendido, foram ouvidas testemunhas e os autos encontram-se prontos para que seja ofertada a exordial acusatória. Tendo em vista as disposições do Código Eleitoral, assinale a alternativa correta.

a) T.B. não precisará constituir advogado, dado que todos os crimes previstos no Código Eleitoral são de ação penal pública incondicionada.

b) T.B. terá o prazo de 6 meses para exercer o seu direito, sob pena de extinção da punibilidade pela decadência.

c) Caso C.L. venha a ser condenado, caberá recurso para o Tribunal de Justiça do respectivo estado.

d) Caso C.L. venha a ser processado, não será possível a aplicação da transação penal em âmbito eleitoral, instituto exclusivo do Juizado Especial Criminal.

e) T.B deve representar C.L. ao Ministério Público, pois as infrações penais definidas no Código Eleitoral são de ação pública condicionada à representação do ofendido.

COMENTÁRIOS

A questão lida com um tema muito simples: a natureza da ação penal nos crimes eleitorais. A resposta é igualmente fácil: ação penal pública incondicionada (arts. 355 e 357 do Código Eleitoral).

Alternativa correta: letra a.

---

102. (Inst. Acesso - Delegado de Polícia - PC - ES/2019) No que pertine à inépcia da denúncia ou da queixa, é correto afirmar que

a) a doutrina a entende como sinônimo de criptoimputação.

b) ocorre quando, na denúncia/queixa, não há a identificação do acusado com seu verdadeiro nome ou outros qualificativos.

c) sucede quando faltar justa causa para o regular exercício da ação penal.

d) tem cabimento quando ausente uma ou algumas das condições da ação penal.

e) acontece quando a inicial acusatória não contém o rol de testemunhas.

COMENTÁRIOS

Alternativa "a": a palavra criptoimputação não é muito conhecida, tampouco normalmente usada, mas refere-se exatamente à situação em que há grave deficiência da inicial acusatória, a ponto de ser reconhecida sua inépcia.

Alternativa "b": a denúncia pode deixar de indicar o nome do acusado, quando não houver tal informação. O que não pode faltar são elementos que possibilitem sua correta identificação, ainda que por outros meios.

Alternativa "c": a falta de justa causa não é causa de inépcia, mas de condição da ação e pode ensejar sua rejeição.

Alternativa "d": como visto, não se trata de inépcia.

Alternativa "e": o rol de testemunha somente deve constar da denúncia quando o Ministério Público pretender produzir prova oral. Do contrário, não é obrigatório.

Alternativa correta: letra "a".

---

103. (Inst. Acesso - Delegado de Polícia - PC - ES/2019) Delton é proprietário de uma empresa que presta serviços de limpeza de automóveis para a "Lyss United L.A. Brazil", que vende transportes executivos em todo o território nacional. No dia 20 de abril de 2019, é surpreendido por receber uma notificação de que fora homologado o "plano de recuperação extrajudicial" da Lyss United L.A. Brazil e se vê convicto de que algo está errado. Ao procurar identificar os credores da empresa que, assim como ele, tinham valores a receber, percebeu que havia a obrigação de que, aqueles que moravam na cidade de São Paulo, seriam os primeiros a receberem, o que muito o aborreceu, haja vista estar sediado em Curitiba. Certo de que havia algo errado, logo fora se informar sobre o que poderia ter ocorrido, em especial se algum crime fora cometido. Com a leitura da legislação especial, supôs de que a figura típica do "Favorecimento de Credores" era evidente, e começou a armazenar documentos e trocas de e- mail já pensando em ser testemunha do processo criminal que apuraria tal fato, haja vista o Ministério Público também ter sido notificado no dia 20 de abril. Chega o dia 06 de junho e nenhuma ação penal fora deflagrada, assim como alguns dos credores de São Paulo já haviam começado a receber seus créditos. Com o sentimento de injustiça, Delton procura seus advogados para tentar agir de alguma maneira, visando a responsabilização penal daqueles que supostamente favoreceram outros credores.

Sobre as possibilidades de Delton, credor habilitado, é correto afirmar que:

a) Delton pode ajuizar uma Ação Penal Privada subsidiária da Pública, já que superado o prazo de 15 dias, disposto no art. 187, § 1° da Lei 11.101/05, qualquer credor habilitado está apto para fazê-lo.

b) Delton pode ajuizar uma Ação Penal Privada, já que a discriminação causada pela obrigação supostamente fraudulenta, para além de gerar atraso no pagamento, causa danos a sua honra.

c) Delton pode ajuizar uma Ação Penal Privada subsidiária da Pública, já que superado o prazo de 45 dias, disposto no art. 187, § 1° da Lei 11.101/05, qualquer credor habilitado está apto para fazê-lo.

d) Delton poderá ajuizar uma Ação Penal Privada subsidiária da Pública após a superação do prazo de 120 dias disposto no art. 187, § 1°, já que qualquer credor habilitado ou administrador oficial está apto para fazê-lo.

e) Delton não pode ajuizar uma Ação Penal Privada subsidiária da Pública, já que apenas o Administrador Judicial é capaz de fazer isto na hipótese da superação do prazo disposto no art. 187, § 1°da Lei 11.101/05.

COMENTÁRIOS

Alternativa "a" (responde também todas as demais alternativas): os crimes previstos na Lei 11.101/2005 são todos de ação penal pública incondicionada, ou seja, o titular da ação penal será o Ministério Público. Porém, é certo que a Lei possui regramento próprio para o caso de inércia do órgão acusador, caso em que, como se sabe, poderá o legitimado intentar a ação penal privada subsidiária. Segundo o parágrafo único do art. 184 da referida Lei, decorrido o prazo de 15 dias para o oferecimento da denúncia (art. 187, § 1º), qualquer credor habilitado ou o administrador judicial poderá oferecer a queixa subsidiária, observado o prazo decadencial de 6 meses.

Alternativa correta: letra "a".

---

104. (Cespe – Delegado de Polícia – PE/2016) Acerca da ação penal, suas características, espécies e condições, assinale a opção correta.

a) A perempção incide tanto na ação penal privada exclusiva quanto na ação penal privada subsidiária da ação penal pública.

b) Os prazos prescricionais e decadenciais incidem de igual forma tanto na ação penal pública condicionada à representação do ofendido quanto na ação penal pública condicionada à representação do ministro da Justiça.

c) De regra, não há necessidade de a queixa-crime ser proposta por advogado dotado de poderes específicos para tal fim, em homenagem ao princípio do devido processo legal.

d) Tanto na ação pública condicionada à representação quanto na ação penal privada, se o ofendido tiver menos de vinte e um anos de idade e mais de dezoito anos de idade, o direito de queixa ou de representação poderá ser exercido por ele ou por seu representante legal.

e) É concorrente a legitimidade do ofendido, mediante queixa, e do MP, condicionada à representação do ofendido, para a ação penal por crime contra a honra de servidor público em razão do exercício de suas funções.

COMENTÁRIOS

Alternativa "a": a perempção jamais ocorre nas ações penais privadas subsidiárias. É que nelas, em caso de desídia do querelante, o Ministério Público retoma a ação como titular e o processo segue seu curso. Já nas ações penais exclusivamente privadas, a perempção importa em extinção da punibilidade. As causas de perempção estão no art. 60 do CPP: a) quando, iniciada a ação penal privada, o querelante deixar de promover o andamento do processo durante 30 dias seguidos; b) quando, falecendo o querelante, ou sobrevindo sua incapacidade, não comparecer em juízo, para prosseguir no processo, dentro do prazo de 60 (sessenta) dias, qualquer das pessoas a quem couber fazê-lo, ressalvado o disposto no art. 36 do CPP; c) quando o querelante deixar de comparecer, sem motivo justificado, a qualquer ato do processo a que deva estar presente, ou deixar de formular o pedido de condenação nas alegações finais; d) quando, sendo o querelante pessoa jurídica, esta se extinguir sem deixar sucessor. Há mais uma causa: a morte do ofendido em caso de ação penal privada personalíssima.

Alternativa "b": não há diferença alguma quanto aos prazos prescricionais. Porém, no que tange aos prazos decadenciais, vem prevalecendo o entendimento de que não incide nas ações penais públicas condicionadas à requisição do Ministro da Justiça, embora haja entendimento minoritário no sentido contrário.

Alternativa "c": há expressa previsão sobre a necessidade de poderes especiais para o advogado nessa hipótese. Diz o art. 44 do CPP: "A queixa poderá ser dada por procurador com poderes especiais, devendo constar do instrumento do mandato o nome do querelante e a menção do fato criminoso, salvo quando tais esclarecimentos dependerem de diligências que devem ser previamente requeridas no juízo criminal".

Alternativa "d": sendo maior de 18 anos, é o ofendido plenamente capaz, razão pela qual a representação somente pode ser exercida por ele, salvo se, por outro motivo que não a idade, for ele incapaz, caso em que a representação deverá ser apresentada por seu representante legal. Em caso de colidência de interesses entre ambos, caberá a nomeação de curador especial para oferecer a representação.

Alternativa "e": normalmente, esse crime seria de ação penal pública condicionada à representação, por força do disposto no art. 145, parágrafo único, do CP. Porém, firmou-se entendimento na jurisprudência de que pode o funcionário público ofendido oferecer queixa-crime, havendo legitimidade concorrente, portanto. Nesse sentido, a Súmula 714 do STF: "É concorrente a legitimidade do ofendido, mediante queixa, e do Ministério Público, condicionada à representação do ofendido, para a ação penal por crime contra a honra de servidor público em razão do exercício de suas funções".

Alternativa correta: letra "e".

---

105. (FUNCAB – Delegado de Polícia – PA/2016) Sobre ação penal é correto afirmar que:

a) a ação penal privada, em certos casos é personalíssima, só podendo o delegado de polícia instaurar inquérito, exclusivamente, no caso de requerimento do próprio ofendido.

b) na ação penal subsidiária da pública, quando o querelado deixa de comparecer aos atos do processo, ocorre a perempção.

c) quanto ao exercício, classifica-se em pública incondicionada, condicionada a representação do ofendido ou a resolução do Ministério da Justiça.

d) na ação penal privada o querelante tem legitimidade ordinária.

e) a ação penal pública rege-se pelos princípios da obrigatoriedade e disponibilidade, enquanto a privada rege-se pela oportunidade e indivisibilidade.

COMENTÁRIOS

Alternativa "a": só há, atualmente, um caso de ação penal privada personalíssima: o do crime do art. 236 do CP (induzimento a erro essencial e ocultação de impedimento). Nesse caso, o delegado somente pode instaurar inquérito se houver requerimento do ofendido. Se este falecer, haverá perempção e extinção da punibilidade.

Alternativa "b": na ação penal privada subsidiária, se o querelante ficar inerte, não ocorrerá a perempção, mas o Ministério Público reassumirá a titularidade da ação, que não deixa de ser pública.

Alternativa "c": não é resolução, mas requisição do Ministro da Justiça.

Alternativa "d": trata-se de legitimidade extraordinária.

Alternativa "e": a ação penal pública é indisponível, já que, uma vez proposta, não pode o Ministério Público dela desistir.

Alternativa correta: letra "a".

---

106. (ACAFE – Delegado de Polícia – SC/2014) Com relação à Ação Penal e de acordo com o Código de Processo Penal, analise as afirmações a seguir e assinale a alternativa correta.

I. Nos crimes de ação pública, esta será promovida por denúncia do Ministério Público, mas dependerá, quando a lei o exigir, de requisição do Ministro da Justiça, ou de representação do ofendido ou de quem tiver qualidade para representá-lo.

II. No caso de morte do ofendido ou quando declarado ausente por decisão judicial, o direito de representação passará ao cônjuge, ascendente, descendente ou colateral, até o 3° grau.

III. Seja qual for o crime, quando praticado em detrimento do patrimônio ou interesse da União, Estado e Município, a ação penal será pública.

IV. A ação penal, nas contravenções, será iniciada com o auto de prisão em flagrante ou por meio de portaria expedida pela autoridade judiciária ou policial.

a) Todas as afirmações estão corretas.

b) Apenas I, II e III estão corretas.

c) Apenas II e IV estão corretas.

d) Apenas II, III e IV.

e) Apenas I, III e IV estão corretas.

COMENTÁRIOS

✪ **Nota do autor:** a questão foi ANULADA.

Afirmação I: certo. A ação penal pública pode ser de duas espécies: incondicionada ou condicionada. A afirmação trata desta última. Nas ações penais públicas condicionadas, o Ministério Público só poderá oferecer a denúncia se atendida a condição de procedibilidade: ou a representação do ofendido (ou de seu representante legal) ou requisição do Ministro da Justiça, conforme exigido pela lei.

Afirmação II: errado. Segundo o art. 31 do CPP, no caso de morte do ofendido ou quando declarado ausente por decisão judicial, o direito de oferecer queixa ou prosseguir na ação passará ao cônjuge, ascendente, descendente ou irmão.

Afirmação III: certo. É o disposto no § 2º do art. 24 do CPP.

Afirmação IV: errado. A CF de 1988 consagrou o sistema acusatório no processo penal brasileiro, que pressupõe a separação entre as funções de acusar, de defender e de julgar. Portanto, não pode mais o juiz instaurar a ação penal, sem provocação da parte legitimada. Tampouco pode o delegado de polícia dar início à ação, visto que a titularidade da ação penal pública, segundo o art. 129, I, da CF, é do Ministério Público.

107. (Fundação Aroeira – Delegado de Polícia – TO/2014) Nos termos do Código de Processo Penal, o prazo para o oferecimento da denúncia pelo representante do Ministério Público, estando o acusado preso ou solto, será, respectivamente, de

a) cinco e quinze dias.
b) dez e vinte dias.
c) vinte e trinta dias.
d) trinta e sessenta dias.

COMENTÁRIOS

Alternativa "a" (responde também todas as demais alternativas): o prazo para oferecimento da denúncia encontra-se sempre regulamentado na lei. A regra geral está no art. 46 do CPP. Este dispõe que, estando o imputado preso, o prazo será de 5 dias, contado da data em que o órgão do Ministério Público receber os autos do inquérito. Se estiver solto, o prazo será de 15 dias.

Alternativa correta: letra "a".

4.2. AÇÃO PENAL PRIVADA

108. (Vunesp – Delegado de Polícia – PC – SP/2022) Nos termos do Código de Processo Penal, é correto afirmar que a ação penal privada

a) exclusiva, em caso de morte do ofendido antes do início da ação, esta poderá ser intentada, em qualquer prazo, entre outras pessoas, por seu irmão.
b) exclusiva, em caso de morte do ofendido antes do início da ação, esta poderá ser intentada, em qualquer prazo, entre outras pessoas, por seu cônjuge.
c) personalíssima só pode ser intentada pela vítima e, em caso de falecimento antes ou depois do início da ação, não poderá haver substituição para sua propositura ou seu prosseguimento.
d) subsidiária da pública, findo o prazo do Ministério Público para oferecer denúncia, sem qualquer manifestação, poderá o ofendido oferecer a queixa e assumir definitivamente a ação penal, restando apenas ao Ministério Público o direito de aditar a queixa ou intervir no curso do processo.
e) personalíssima só pode ser intentada pela vítima ou por seu representante legal e, em caso de falecimento antes ou depois do início da ação, não poderá haver substituição para sua propositura ou seu prosseguimento.

COMENTÁRIOS

Alternativa "a" (responde também a alternativa "b"): para a sucessão na legitimidade à ação penal exclusivamente privada, há o prazo de 60 dias, que, se não observado, acarreta a extinção da punibilidade por perempção (art. 60, II, CPP). O irmão, nos termos do art. 30, é um dos legitimados, ao lado do cônjuge, ascendente e descendente.

Alternativa "c" (responde também a alternativa "e"): trata-se de caso em que não é possível a substituição processual e, consequentemente, embora não previsto no art. 60 do CPP, ocorrerá a perempção. Além disso, somente a vítima poderá oferecer a queixa, não sendo possível por meio do representante legal.

Alternativa "d": nesse caso, conforme previsto no art. 29 do CPP, o Ministério Público poderá aditar a queixa, repudiá-la e oferecer denúncia substitutiva, intervir em todos os termos do processo, fornecer elementos de prova, interpor recurso e, a todo tempo, no caso de negligência do querelante, retomar a ação como parte principal.

Alternativa correta: letra "c".

109. (UFPR – Delegado de Polícia – PC – PR/2021) V.M. e H.R. são candidatos ao cargo de vereador na cidade de Pérola do Oeste. Em um debate transmitido pela rádio local, V.M. faz inflamado discurso e arremata com a frase de caráter dúbio: "H.R. tem esse expressivo patrimônio porque pegou na mão grande, é amigo do alheio". H.R., sentindo-se profundamente ofendido, procura a tutela de seus direitos por meio de um advogado. Diante do caso prático, assinale a alternativa correta.

a) O advogado poderá ingressar com um Pedido de Explicações, preparatório ao oferecimento da ação penal privada, providência que suspende o prazo decadencial enquanto não houver decisão judicial.
b) O advogado poderá ingressar com um Pedido de Explicações, preparatório ao oferecimento da ação penal privada, providência que não interrompe o prazo decadencial.
c) O advogado poderá ingressar com um Pedido de Explicações, preparatório ao oferecimento da ação penal privada, providência que prorroga o prazo decadencial em 6 meses.
d) Independentemente da propositura do Pedido de Explicações, o prazo para oferecimento da ação penal privada é aumentado em 1/3 em virtude do número potencial de pessoas que tiveram conhecimento da ofensa.
e) O advogado deverá ingressar com um Pedido de Explicações, imprescindível para a propositura da ação penal privada.

COMENTÁRIOS

O art. 144 do CP prevê a possibilidade de que a pessoa que se sinta ofendida pelo comentário peça explicações em juízo, a fim de esclarecer o sentido da afirmação, a fim de que não pairem dúvidas da intenção. O pedido de explicações, porém, não está elencado como causa de suspensão ou interrupção do prazo decadencial. Portanto, o prazo permanece sendo de seis meses. O fato do crime ter sido cometido por meio de comunicação de massa pode aumentar a pena, mas não o prazo para o oferecimento da queixa-crime.

Alternativa correta: lertra b.

110. (FGV – Delegado de Polícia – PC – RN/2021) Ao sair de sua casa, em 17/05/2020, Miriam foi surpreendida por faixa anônima estendida na via pública com diversas ofensas à sua honra. Diante da humilhação sofrida, Miriam deixou o país e foi morar no exterior sem se interessar em descobrir o responsável pelos fatos. Em 03/01/2021, Miriam recebeu mensagem de Sandra, sua antiga vizinha, confessando ser ela a autora das ofensas, bem como esclarecendo que informou os fatos ao delegado de polícia, em razão de seu arrependimento. Miriam entrou em contato com seu advogado, em 25/01/2021, para esclarecimentos jurídicos, informando que permanece no exterior.

O advogado deverá esclarecer naquela data que o crime praticado seria de injúria, de ação penal privada, logo:

a) a abertura do inquérito policial poderá ser determinada pela autoridade policial, diretamente, mas a ação penal depende da iniciativa da vítima;
b) a abertura do inquérito policial não poderá ser determinada pela autoridade policial nem requerida por Miriam, pois operou-se o prazo prescricional para representação;
c) a queixa-crime poderá ser oferecida por Miriam, mas, se através de procurador, exigem-se poderes especiais;
d) a inicial acusatória não poderá ser oferecida por Miriam, pois operou-se o prazo decadencial;
e) a queixa-crime poderá ser oferecida por Miriam, pessoalmente ou por procurador sem poderes especiais.

COMENTÁRIOS

O prazo decadencial de seis meses, no caso de crime de iniciativa privada, somente começa a correr a partir do momento em que a vítima tomou conhecimento da autoria do delito (art. 38, CPP), ou seja, como Miriam tomou conhecimento da autoria apenas em 03.01.2021, terá até o dia 02.07 do mesmo ano para ajuizar a queixa-crime. Caso decida fazê-lo inteiramente por meio de procurador, este deverá ter para si outorgados poderes especiais (art. 44).

Alternativa correta: letra c.

111. (Inst. Acesso – Delegado de Polícia – PC – ES/2019) Marcio, por intermédio de um advogado, ingressou com uma queixa-crime em face de Arnaldo, uma vez que, pelas redes sociais, Arnaldo imputou a ele, falsamente, um fato definido como crime. No curso do processo, Marcio tomou conhecimento por meio de amigos em comum que Arnaldo teria perdido um filho assassinado em um assalto, fato que o comoveu e em sede de alegações finais, Márcio, por seu advogado, postula a absolvição do réu em relação ao crime contra a honra cometido.

Diante desta situação, é correto afirmar que o juiz

a) poderá, ainda assim, condenar o réu, uma vez que a ação penal, nesta hipótese, é privada, cabendo a ele tal decisão.
b) deverá, nestas situações, chamar o autor e o réu a fim de que possa promover a reconciliação entre eles.
c) não terá outra alternativa que não seja reconhecer a extinção da punibilidade de Arnaldo.
d) poderá condenar ou absolver Arnaldo, independentemente do fato de Márcio ter, em sede de alegações finais, postulado a absolvição do agente.
e) ficará obrigado a absolver Arnaldo, porquanto Márcio é o titular da ação penal privada, podendo assim desistir dela a qualquer tempo.

COMENTÁRIOS

Alternativa "a" (responde também a alternativa "d"): o pedido de absolvição apresentado pelo querelante na ação penal exclusivamente privada impede que o juiz condene o acusado, uma vez que importará em perempção, já que deixou de formular pedido condenatório, o que se adequa à hipótese do inciso III do art. 60 do CPP.

Alternativa "b": a fase de composição já passou, tenha o juiz aplicado o procedimento do art. 520 do CPP ou da Lei 9.099/1995 (mais adequado nesse caso, pois se trata de crime de menor potencial ofensivo).

Alternativa "c": sendo caso de perempção, não terá o juiz outra saída senão declarar extinta a punibilidade do querelado.

Alternativa "e": não poderá o juiz julgar o mérito, pois perdeu o Estado o direito de punir, devendo limitar-se a declarar a extinção da punibilidade.

Alternativa correta: letra "c".

112. (Vunesp – Delegado de Polícia – CE/2015) No caso de morte do ofendido,

a) o direito de oferecer queixa passará ao cônjuge, ascendente, descendente ou irmão; nos crimes de ação privada, o juiz, a requerimento da parte que comprovar a sua pobreza, instaurará de ofício a ação penal.
b) o direito de oferecer queixa se extinguirá; nos crimes de ação privada, o juiz, a requerimento da parte que comprovar a sua pobreza, instaurará de ofício a ação penal.
c) o direito de oferecer queixa passará ao cônjuge, ascendente, descendente ou irmão; nos crimes de ação privada, o juiz, a requerimento da parte que comprovar a sua pobreza, nomeará advogado para promover a ação penal.
d) no curso da ação privada, declarar-se-á a extinção da punibilidade do ofensor; nos crimes de ação pública condicionada, o juiz, a requerimento da parte que

comprovar a sua pobreza, nomeará advogado para promover a ação penal.

e) no curso da ação pública condicionada, declarar-se-á a extinção da punibilidade do ofensor; nos crimes de ação pública condicionada, o juiz, a requerimento da parte que comprovar a sua pobreza, nomeará advogado para promover a ação penal.

COMENTÁRIOS

Alternativa "a": não existe mais a possibilidade de início da ação penal pelo próprio juiz, de ofício, tal como ocorria antes da CF de 1988. Esta adotou o sistema acusatório, que pressupõe a separação das funções de julgar e de acusar, e deu ao Ministério Público a titularidade da ação penal pública.

Alternativa "b": já tratamos da segunda parte acima. Não há extinção da ação, por perempção, no caso de morte do ofendido, salvo, segundo pensamos, nos casos de ação penal privada personalíssima. A perempção ocorre se houver a extinção da pessoa jurídica que for autora da queixa-crime, sem deixar sucessor (art. 60, IV, CPP).

Alternativa "c": o CPP estabelece uma sucessão processual no art. 24, § 1º, nos termos vistos na alternativa. O caput do art. 32 realmente estabelece a possibilidade de nomeação de advogado, no caso de ofendido pobre. Pensamos que tal papel pode ser hoje desempenhado pela Defensoria Pública.

Alternativa "d": a morte do querelante não é caso de extinção da punibilidade, salvo, como visto acima, segundo pensamos, no caso de ação penal privada personalíssima.

Alternativa "e": nas ações penais públicas condicionadas, oferecida a representação e a denúncia pelo Ministério Público, não pode mais o ofendido se retratar. Logo, se morrer, nenhuma consequência haverá para a ação penal. Também não há necessidade de nomeação de advogado para que a vítima ofereça representação.

Alternativa correta: letra "c".

113. (ACAFE – Delegado de Polícia – SC/2014) Considere as disposições do Código de Processo Penal quanto à ação penal e assinale a alternativa correta.

a) As fundações, associações ou sociedades legalmente constituídas não poderão exercer a ação penal, pois carecem de personalidade jurídica para esse fim.

b) Será admitida ação pública nos crimes de ação privada, se esta não for intentada no prazo legal, cabendo ao Ministério Público aditar a queixa, repudiá-la e oferecer denúncia substitutiva, intervir em todos os termos do processo, fornecer elementos de prova, interpor recurso e, a todo tempo, no caso de negligência do querelante, retomar a ação como parte principal.

c) As fundações, associações ou sociedades legalmente constituídas só poderão exercer a ação penal se assistidas pelo Ministério Público.

d) Será admitida ação privada nos crimes de ação pública, se esta não for intentada no prazo legal, cabendo ao Ministério Público aditar a queixa, repudiá-la e oferecer denúncia substitutiva, intervir em todos os termos do processo, fornecer elementos de prova, interpor recurso e, a todo tempo, no caso de negligência do querelante, retomar a ação como parte principal.

e) As fundações, associações ou sociedades legalmente constituídas só poderão exercer a ação penal se representadas pelo Ministério Público.

COMENTÁRIOS

Alternativa "a" (responde também as alternativas "c" e "e"): segundo o art. 37 do CPP, as fundações, associações ou sociedades legalmente constituídas poderão exercer a ação penal, devendo ser representadas por quem os respectivos contratos ou estatutos designarem ou, no silêncio destes, pelos seus diretores ou sócios-gerentes.

Alternativa "b": não há ação penal pública subsidiária da ação privada. Só o contrário existe, como visto na alternativa "D". Assim, não intentada a queixa-crime dentro do prazo decadencial, ocorrerá a extinção da punibilidade. Assim, o Ministério Público não tem legitimidade ativa para propor a ação no lugar do ofendido, quando o crime for de ação penal privada.

Alternativa "d": trata-se da chamada ação penal privada subsidiária, garantidas pela CF e regulada pelo art. 29 do CPP. Pressupõe inércia do órgão do Ministério Público, que deixa esgotar o prazo para o oferecimento de denúncia, sem oferecê-la ou sem promover o arquivamento ou mesmo sem requerer mais diligências à polícia. Nesses casos, pode o ofendido ou seu representante legal oferecer a queixa subsidiária. Notem que a ação penal continua sendo pública, tanto que o Ministério Público pode retomar a titularidade da ação.

Alternativa correta: letra "d".

114. (FUNCAB – Delegado de Polícia – ES/2013) Quanto à ação penal de iniciativa privada subsidiária da pública:

I. Quando o Ministério Público oferece denúncia contra uns indiciados e deixa de apresentar denúncia contra alguns dos indiciados, impede a propositura de ação penal privada subsidiária da pública.

II. O crime de homicídio doloso qualificado pode se iniciar por queixa-crime.

III. Cabe perdão do querelante, instituto típico da ação penal de iniciativa privada.

IV. Não se aplica ao crime de abuso de autoridade.

Indique a opção que contempla as assertivas corretas.

a) I, II, III e IV.

b) I, II e III, apenas.

c) I e II, apenas.

d) II e III, apenas.

e) III e IV, apenas.

COMENTÁRIOS

✪ **Nota do autor:** a questão trata da ação penal privada subsidiária, permitida pela CF no inciso LIX do art. 5º ("será admitida ação privada nos crimes de ação pública, se esta não for intentada no prazo legal"). Portanto, o art. 29 do CPP – que também a prevê – foi recepcionado pela nova ordem constitucional. Diz tal dispositivo: "Será admitida ação privada nos crimes de ação pública, se esta não for intentada no prazo legal, cabendo ao Ministério Público aditar a queixa, repudiá-la e oferecer denúncia substitutiva, intervir em todos os termos do processo, fornecer elementos de prova, interpor recurso e, a todo tempo, no caso de negligência do querelante, retomar a ação como parte principal". Nos comentários abaixo, faremos algumas observações importantes sobre o tema. Permita-nos, leitor, trazer importante julgado do STF a respeito desse tema: "Recurso extraordinário com agravo. Repercussão geral. Constitucional. Penal e processual penal. 2. *Habeas corpus*. Intervenção de terceiros. Os querelantes têm legitimidade e interesse para intervir em ação de habeas corpus buscando o trancamento da ação penal privada e recorrer da decisão que concede a ordem. 3. A promoção do arquivamento do inquérito, posterior à propositura da ação penal privada, não afeta o andamento desta. 4. Os fatos, tal como admitidos na instância recorrida, são suficientes para análise da questão constitucional. Provimento do agravo de instrumento, para análise do recurso extraordinário. 5. Direito a mover ação penal privada subsidiária da pública. Art. 5º, LIX, da Constituição Federal. Direito da vítima e sua família à aplicação da lei penal, inclusive tomando as rédeas da ação criminal, se o Ministério Público não agir em tempo. Relevância jurídica. Repercussão geral reconhecida. 6. Inquérito policial relatado remetido ao Ministério Público. Ausência de movimentação externa ao Parquet por prazo superior ao legal (art. 46 do Código de Processo Penal). Surgimento do direito potestativo a propor ação penal privada. 7. Questão constitucional resolvida no sentido de que: (i) o ajuizamento da ação penal privada pode ocorrer após o decurso do prazo legal, sem que seja oferecida denúncia, ou promovido o arquivamento, ou requisitadas diligências externas ao Ministério Público. Diligências internas à instituição são irrelevantes; (ii) a conduta do Ministério Público posterior ao surgimento do direito de queixa não prejudica sua propositura. Assim, o oferecimento de denúncia, a promoção do arquivamento ou a requisição de diligências externas ao Ministério Público, posterior ao decurso do prazo legal para a propositura da ação penal, não afastam o direito de queixa. Nem mesmo a ciência da vítima ou da família quanto a tais diligências afasta esse direito, por não representar concordância com a falta de iniciativa da ação penal pública. 8. Reafirmação da jurisprudência do Supremo Tribunal Federal. 9. Recurso extraordinário provido, por maioria, para reformar o acórdão recorrido e denegar a ordem de habeas corpus, a fim de que a ação penal privada prossiga, em seus ulteriores termos" (ARE 859.251 RG-DF, Rel. Min. Gilmar Mendes, j. 16.04.2015).

Assertiva I: Se o Ministério Público intentou a ação penal no prazo legal, não mais será possível a ação penal privada subsidiária. Vigendo o princípio da obrigatoriedade, se a denúncia não foi oferecida contra todos os envolvidos, é sinal de que entendeu o Ministério Público não haver indícios suficientes contra alguns deles. Assim, não pode o ofendido substituir tal entendimento do *Parquet*, que não permaneceu inerte e, lembrem-se, é o titular da ação penal. A palavra-chave, aqui, leitor, é "inércia", que não existiu.

Assertiva II: Pode, desde que, passado o prazo legal para o oferecimento da denúncia, permanecer inerte o Ministério Público. No caso, a queixa-crime será a peça inaugural da ação penal privada subsidiária, já que, como se sabe, o homicídio doloso é crime de ação penal pública.

Assertiva III: errado. Não cabe, eis que, nos casos aqui tratados, temos crimes de ação penal pública, que não admitem o perdão. Isso não se modifica pelo fato de ser possível a ação penal privada subsidiária.

Assertiva IV: A ação penal privada subsidiária aplica-se a todas as infrações penais de iniciativa pública.

Alternativa correta letra: "c": estão certas as assertivas I e II.

5. COMPETÊNCIA

- CF, arts. 5º, XXXVIII; 29, X; 96, III; 102; 105; 109; 124; 125
- CPP, arts. 69 a 91
- Lei 9.099/1995, art. 63
- Lei 11.101/2005, art. 183
- Lei 11.343/2006, art. 70

115. (FGV – 2024 – PC/SC – Delegado) Um policial civil e um policial militar, agindo em concurso de agentes, subtraíram, no interior de uma organização militar (quartel), uma arma de fogo pertencente à Polícia Militar.

Com base na situação hipotética, com relação à competência para processo e julgamento dos envolvidos é correto afirmar que

a) o policial civil será julgado na justiça comum, e o policial militar, na justiça militar da União.

b) ambos serão julgados na justiça militar estadual, por força da conexão probatória.

c) ambos serão julgados na justiça comum estadual.

d) no concurso entre a jurisdição comum e a militar, prevalecerá a militar.

e) o policial civil será julgado na justiça comum estadual, e o policial militar, na justiça militar estadual.

COMENTÁRIOS

O policial militar cometeu crime militar, nos termos do art. 9º do CPM, razão pela qual deverá ser julgado pela Justiça Militar estadual. O civil não pode ser julgado pela Justiça Militar estadual em hipótese alguma, razão pela qual será inevitável a cisão do processo, de modo que seja julgado na Justiça comum.

Alternativa correta: "e".

---

116. (Vunesp – Delegado de Polícia – PC – SP/2022) Nos termos do Código de Processo Penal, a competência será firmada pela

a) continência, entre outras hipóteses, se, no mesmo caso, duas ou mais infrações tiverem sido umas praticadas para facilitar ou ocultar as outras, ou para conseguir impunidade ou vantagem em relação a qualquer delas.

b) conexão, entre outras hipóteses, quando a prova de uma infração ou de qualquer de suas circunstâncias elementares influir na prova de outra infração.

c) continência, entre outras hipóteses, quando a prova de uma infração, cometida por dolo eventual ou por qualquer de suas circunstâncias elementares, influir na prova de outra infração.

d) conexão, entre outras hipóteses, quando três ou mais pessoas forem acusadas pela mesma infração.

e) conexão, entre outras hipóteses, quando duas ou mais pessoas forem acusadas pela mesma infração.

COMENTÁRIOS

Alternativa "a" (responde também a alternativa "c"): os casos citados são de conexão, não de continência. Esta ocorre quando duas ou mais pessoas forem acusadas pela mesma infração ou no caso de infração cometida em concurso material ou formal, ou em continuidade delitiva (art. 77, CPP).

Alternativa "b": trata-se de uma forma de conexão, prevista no art. 76, III, do CPP.

Alternativa "d": como visto acima, nesse caso há continência, não conexão.

Alternativa "e": a mesma coisa aqui, não fazendo diferença o número de pessoas acusadas, pois, nessa caso, haverá continência, não conexão.

Alternativa correta: letra "b".

---

117. (Vunesp – Delegado de Polícia – PC – SP/2022) Nos termos do Código de Processo Penal, é correto afirmar que a competência será,

a) na hipótese, entre outros, do crime de estelionato, quando praticados mediante emissão de cheques sem suficiente provisão de fundos em poder do sacado, definida pelo local do domicílio da vítima.

b) na hipótese de infração continuada, praticada em território de duas ou mais jurisdições, firmada pelo lugar do último ato de execução.

c) em regra, determinada pelo lugar da infração ou do domicílio ou residência do réu, ou, no caso de tentativa, pelo lugar em que for praticado o último ato de execução.

d) em regra, determinada pelo domicílio ou residência do réu, ou, no caso de tentativa, pelo lugar em que for praticado o último ato de execução.

e) na hipótese de infração permanente, praticada em território de duas ou mais jurisdições, firmada pelo lugar do último ato de execução.

COMENTÁRIOS

Alternativa "a": essa regra é nova e deve aparecer em muitas provas para Delegado de Polícia, como caiu em SP. Ela está no § 4º do art. 70 do CPP e foi introduzida pela Lei 14.155/2021. A competência pelo domicílio da vítima somente é aplicada no estelionato quando este for cometido mediante depósito, mediante emissão de cheques sem suficiente provisão de fundos em poder do sacado ou com o pagamento frustrado ou mediante transferência de valores. Se se tratar de estelionato cometido por outra forma, a regra a ser aplicada é a do *caput* do art. 70, e será competente o local da consumação, que é, em regra, do local da obtenção da vantagem ilícita.

Alternativa "b" (responde também a alternativa "e"): Tratando-se de infração continuada ou permanente, praticada em território de duas ou mais jurisdições, a competência firmar-se-á pela prevenção (art. 71, CPP).

Alternativa "c" (responde também a alternativa "d"): em regra, a competência é fixada, como visto acima, pelo lugar em que se consumar a infração, ou, no caso de tentativa, pelo lugar em que for praticado o último ato de execução (art. 70, *caput*, CPP).

Alternativa correta: letra "a".

---

118. (FGV – Delegado de Polícia – PC – AM/2022) Luiz, vereador na cidade de Natal/RN, incorreu na prática do Art. 1°, incisos I, II e IV, c/c. os artigos 11 e 12, inciso I, todos da Lei n° 8.137/90, consubstanciada em fraude tributária consistente na redução de ICMS devido ao Estado do Amazonas, praticado no âmbito de filial da sucursal da Refinaria de Petróleo de Manguinhos, situada em Comarca de Careiro da Várzea/AM.

Quando do comportamento delitivo do Luiz, havia pedido de recuperação judicial da Refinaria de Petróleo de Manguinhos processado na Comarca de Careiro da Várzea/AM. Posteriormente o TJAM, em sede de exceção de incompetência, acolheu o pedido defensivo e determinou que o processamento da recuperação judicial da Refinaria de Petróleo de Manguinhos passasse para a competência da Comarca do Rio de Janeiro/RJ, em razão deste ser o local da sede do principal estabelecimento comercial da referida empresa. A competência para o processo e o julgamento do crime tributário será

a) da Vara Única da Comarca de Careiro da Várzea/AM.

b) do Tribunal de Justiça do Amazonas.

c) de uma das Varas Criminais da Comarca do Rio de Janeiro/RJ.

d) do Tribunal de Justiça do Rio de Janeiro.

e) do Tribunal de Justiça do Rio Grande do Norte.

COMENTÁRIOS

Os crimes cometidos não têm relação com o aspecto falimentar ou da recuperação judicial, mas, sim, com a Lei 8.137, ou seja, são crimes contra a ordem tributária. Ora, são crimes, ademais, de sonegação de ICMS, imposto que era devido ao Estado do Amazonas. Portanto, o crime se consuma naquele Estado, *ex vi* do disposto no art. 70 do CPP. E mais: somente se consuma, de acordo com o STF, quando ocorre o lançamento do tributo... pelo Fisco do Amazonas. Assim, a competência será daquele Estado. De onde? Ora, no local do cometimento do delito, ou seja, onde se situava a empresa: Careiro da Várzea.

Alternativa correta: letra "a".

---

119. (FGV - Delegado de Polícia - PC - AM/2022) No que toca ao delito do Art. 2° da Lei 12.850/13, em relação às eventuais infrações praticadas no seu âmbito como forma de materialização dos propósitos escusos que motivaram a reunião estruturada dos agentes, assinale a afirmativa correta.

a) Existe separação obrigatória entre o delito de organização criminosa e os demais eventualmente praticados no seu contexto, impondo a tramitação concomitante das respectivas propostas acusatórias perante juízos distintos.

b) Não existe conexão entre o delito de organização criminosa e os demais eventualmente praticados no seu contexto, vedada a tramitação concomitante das respectivas propostas acusatórias perante o mesmo juízo.

c) Existe conexão necessária entre o delito de organização criminosa e os demais eventualmente praticados no seu contexto, obrigando a tramitação concomitante das respectivas propostas acusatórias no mesmo juízo.

d) Não existe conexão necessária entre o delito de organização criminosa e os demais eventualmente praticados no seu contexto, permitindo a tramitação concomitante das respectivas propostas acusatórias perante juízos distintos.

e) Existe conexão necessária entre o delito de organização criminosa e os demais eventualmente praticados no seu contexto, obrigando a tramitação concomitante das respectivas propostas acusatórias no mesmo juízo, a qualquer tempo.

COMENTÁRIOS

A primeira coisa que se deve ter em mente é que a formação de organização criminosa é crime autônomo em relação àqueles que a organização criminosa venha a cometer. No entanto, é possível que haja conexão entre eles, por exemplo, uma conexão probatória, quando os dois crimes poderão ser processados juntos. Mas não há, deixe-se claro, qualquer regra legal que obrigue sempre a reunião de processos ou que exija a separação entre eles. Portanto, pode existir conexão ou não. Se existir, poderá haver reunião de processos, do contrário, não. Imagine uma organização criminosa que se originou em São Paulo, mas cujos membros, eventualmente, praticam um crime em Manaus, por exemplo, tráfico de drogas, pois compraram grande quantidade de droga naquela cidade. Nesse caso, podem perfeitamente ser processados pelo crime que cometeram no Amazonas, bem como, separadamente, pelo delito associativo em São Paulo.

Alternativa correta: letra "d".

---

120. (FGV - Delegado de Polícia - PC - AM/2022) Tratando-se de colaboração premiada, que contém diversos depoimentos, com distintos fatos e sujeitos delatados, é direito do delatado o acesso

a) integral aos elementos de convicção angariados na investigação, desde que não haja diligência em curso.

b) integral aos elementos de convicção angariados na investigação, desde que não haja diligência sensível em curso.

c) somente aos elementos de convicção que lhe digam respeito e estejam vinculados aos fatos objeto da denúncia.

d) somente aos elementos de convicção selecionados pelo magistrado e que não atrapalhem a investigação.

e) somente aos elementos de convicção que tenham sido encartados aos autos, ainda que referentes a terceiros.

COMENTÁRIOS

Cuidado aqui. É verdade que, pela Súmula Vinculante 14, tem o imputado direito a acessar todos os elementos informativos colhidos no curso da investigação, desde que já documentados nos autos. No entanto, no caso da colaboração premiada regulada pela Lei 12.850/2013, há regras mais específicas, a começar pela confidencialidade que marca a negociação entre os órgãos da investigação criminal e o colaborador (art. 3º-B). Além disso, o art. 7º, §§ 2º e 3º preveem, respectivamente, que: o acesso aos autos será restrito ao juiz, ao Ministério Público e ao delegado de polícia, como forma de garantir o êxito das investigações, assegurando-se ao defensor, no interesse do representado, amplo acesso aos elementos de prova que digam respeito ao exercício do direito de defesa, devidamente precedido de autorização judicial, ressalvados os referentes às diligências em andamento; e o acordo de colaboração premiada e os depoimentos do colaborador serão mantidos em sigilo até o recebimento da denúncia ou da queixa-crime, sendo vedado ao magistrado decidir por sua publicidade em qualquer hipótese. Segundo a jurisprudência dos Tribunais Superiores, ademais, o delatado somente terá acesso aos elementos de convicção que lhe digam respeito e estejam vinculados aos fatos objeto da denúncia.

Alternativa correta: letra "c".

121. (Cespe - Delegado de Polícia - PC - RJ/2022) Em janeiro de 2017, policiais militares em serviço apreenderam fuzis e revenderam para traficantes de drogas, de modo que foi instaurado inquérito para apurar crime de comércio ilegal de arma de fogo (art. 17, caput, da Lei n.° 10.826/2003). Considerando essa situação hipotética, assinale a opção correta com base no advento da Lei n.° 13.491/2017 e na jurisprudência majoritária do Superior Tribunal de Justiça.

a) A autoridade policial deve declinar de imediato da sua atribuição e remeter ao órgão com atribuição perante a Justiça Militar, porém se desentranhando os atos investigatórios anteriormente praticados, que devem ser refeitos devido ao princípio constitucional da irretroatividade da lei mais gravosa.

b) A autoridade policial deve declinar de imediato da sua atribuição, remeter ao órgão com atribuição perante a Justiça Militar, e os atos investigatórios praticados anteriormente permanecem válidos, não se aplicando o princípio constitucional da irretroatividade da lei mais gravosa.

c) A autoridade policial deve prosseguir com as investigações, mas os atos investigatórios praticados anteriormente devem ser refeitos devido ao princípio constitucional da irretroatividade da lei mais gravosa.

d) A autoridade policial deve prosseguir com as investigações, pois a Lei n.° 13.491/2017 não se aplica aos policiais militares, mas tão somente aos militares das Forças Armadas.

e) A autoridade policial deve prosseguir com as investigações, e os atos investigatórios praticados anteriormente permanecem válidos, não se aplicando o princípio constitucional da irretroatividade da lei mais gravosa.

COMENTÁRIOS

No caso em tela, antes da modificação trazida pela Lei 13.491/2017, o crime acima não poderia ser considerado crime militar, conforme a redação que possuía o art. 9º do CPM. Porém, com a modificação, todo crime, salvo o de homicídio de civil, tornou-se crime militar, ainda que previsto em lei especial, e desde que cometido nas condições do art. 9º. Assim, a competência passou para a Justiça Militar, para a qual deve ser remetida a investigação, sendo válidas as provas produzidas anteriormente.

Alternativa correta: letra "b".

122. (UFPR - Delegado de Polícia - PC - PR/2021) Versa a Súmula 704 do STF que não viola as garantias do juiz natural, da ampla defesa e do devido processo legal a atração do processo do corréu ao foro por prerrogativa de função de um dos denunciados. Nesse contexto, quando duas ou mais pessoas forem acusadas pela mesma infração, a competência será determinada pelo(a):

a) distinção.

b) prevenção.

c) domicílio da vítima.

d) conjugação de autores.

e) continência.

COMENTÁRIOS

Quando duas ou mais pessoas são acusadas pela mesma infração há a chamada continência, nesse caso, prevista no inciso I do art. 77 do CPP. Assim, conforme a Súmula 704, pode ocorrer a atração da competência para o foro de prerrogativa de um dos acusados, muito embora o STF e o STJ tenham flexibilizado esse entendimento, preferindo o desmembramento nesses casos.

Alternativa correta: letra e.

123. (FGV - Delegado de Polícia - PC - RN/2021) Lucas foi preso em flagrante na cidade de Parnamirim após intensa perseguição policial. De acordo com o que consta do procedimento, Lucas praticou um crime de extorsão qualificada (pena: reclusão, de 6 a 12 anos, e multa) em Natal e, depois, utilizando-se dos mesmos instrumentos do crime, enquanto fugia dos agentes da lei em perseguição, realizou mais dois crimes de furto simples (pena: reclusão, de 1 a 4 anos, e multa) e um de dano qualificado (pena: detenção, de 6 meses a 3 anos, e multa) em Parnamirim, onde veio a ser preso.

Considerando apenas a situação narrada, será competente para julgamento o juízo criminal de:

a) Natal em relação a todos os crimes, em razão da conexão e pelo fato de a pena da extorsão ser mais alta;

b) Parnamirim em relação a todos os delitos, pois, diante da conexão, prevalece o local da prisão em flagrante;

c) Natal em relação ao crime de roubo e Parnamirim em relação aos demais delitos, pois não há conexão na situação narrada;

d) Parnamirim em relação a todos os delitos, pois, diante da conexão, prevalece o local da prática do maior número de infrações penais;

e) Natal em relação ao crime de roubo e Parnamirim em relação aos demais delitos, pois, apesar da conexão, deve ocorrer separação pela diferença territorial dos fatos.

COMENTÁRIOS

Devem ser aplicadas ao caso as regras do CPP sobre conexão, pois é disso que se trata, visto que diversos crimes foram cometidos, um em seguida do outro, pela mesma pessoa (art. 76, I). Como ocorreram em lugares diferentes, aplica-se o disposto no art. 78, II, ou seja, deve-se buscar em qual das localidades ocorreu o crime mais grave. Então, ainda que se aplique as regras de concurso quanto aos crimes ocorridos em Parnamirim, é certo que a extorsão praticada em Natal ainda possui a pena maior, sendo de tal lugar a competência.

Alternativa correta: letra a.

124. (Inst. Acesso - Delegado de Polícia - PC - ES/2019) Manoela exerce atividade de delegada de polícia federal em Vitória-ES. Desconfiada da infidelidade de seu noivo decidiu, fora de suas atribuições e de seu expediente de trabalho, realizar interceptação do telefone celular de seu noivo. Nesta situação hipotética marque a opção CORRETA.

a) A competência será definida pela prevenção, vez que o delito foi praticado por funcionário público federal, mas fora de suas funções.

b) compete a Justiça Federal processar e julgar o delito de interceptação sem autorização, pois que ofende interesse da União, no caso sistema de telecomunicações.

c) compete a Justiça Federal processar e julgar o delito de interceptação sem autorização, pois no caso, o delito foi praticado por funcionário público federal.

d) A competência será sempre da Justiça Estadual, ainda que tenha sido praticado por funcionário público federal no exercício de suas funções.

e) compete a Justiça Estadual processar e julgar o delito de interceptação sem autorização, pois no caso, o agente federal estava fora de suas funções.

COMENTÁRIOS

Alternativa "a" (responde também todas as demais alternativa): a competência para o processamento do crime do art. 10 da Lei 9.296/1996 é da Justiça Estadual, pois tem como sujeito passivo a pessoa interceptada e não a União e tampouco há interesse desta. Além disso, o fato do sujeito ativo ser funcionário público federal não atrai, necessariamente, a competência para a Justiça Federal. Situação diversa seria a do sujeito passivo ser funcionário federal e o crime estar relacionado às suas funções.

Alternativa correta: letra "e".

125. (Inst. Acesso - Delegado de Polícia - PC - ES/2019) Marcelo exerce atividade de camelô na Avenida Central, no Centro, na cidade do Rio de Janeiro, no Estado do Rio de Janeiro, por não aceitar a negociação com agentes de segurança pública, um tipo de "arrego", teve sua mercadoria apreendida visto que comercializava pacotes de cigarro, da marca, "Buenos Tragos", considerada suspeita pelos agentes de segurança. Os cigarros "Buenos Tragos" são oriundos do Paraguai e possuem um preço bem mais abaixo que os nacionais, mas são vendidos de forma clandestina. No entanto, estes cigarros são produtos aprovados pela ANVISA e, portanto, é permitida sua importação e comercializados no Brasil, desde que cumpridas as obrigações legais e tributárias. Vale ressaltar, no entanto, que Marcelo não possuía nota fiscal dos cigarros apreendidos em sua posse. Conduzido a delegacia de Polícia Civil, Marcelo confessou que adquiriu os cigarros de Valentina, uma mulher que também mora em Vitória e fornece mercadorias para os camelôs.

Nessa situação hipotética, de acordo com as regras de competência, marque a alternativa CORRETA.

a) Compete à Justiça Estadual o julgamento dos crimes de contrabando e de descaminho quando apreendido em comércio informal irregular.

b) Compete à Justiça Federal tanto quanto a Justiça Estadual o julgamento dos crimes de contrabando e de descaminho.

c) Compete à Justiça Estadual o julgamento dos crimes de contrabando e de descaminho tendo em vista que a apreensão se deu pela Polícia Militar do Estado.

d) Compete à Justiça Federal o julgamento dos crimes de contrabando e de descaminho, ainda que inexistentes indícios de transnacionalidade na conduta.

e) Compete a Justiça Estadual, pois não houve transnacionalidade na conduta do agente e uma vez que a mercadoria apreendida já havia sido internalizada e Marcelo não concorreu de qualquer forma, seja direta ou indireta, para a efetiva importação desses cigarros.

COMENTÁRIOS

Alternativa "a" (responde também todas as demais alternativas): durante muito tempo entendeu-se que, nesse caso, a competência seria da Justiça Federal. Em 2018, porém, o STJ alterou tal entendimento, passando a exigir prova da transnacionalidade, mas, depois, acabou por voltar atrás. Hoje, prevalece o entendimento de que é competente a Justiça Federal na hipótese de a mercadoria introduzida ilegalmente no território nacional encontrar-se em depósito para fins comerciais, independentemente da prova da internacionalidade da conduta do agente, haja vista o interesse da União advindo da violação a normas federais que visam proteger a saúde pública, regular a livre concorrência no comércio de produtos nacionais, bem como a arrecadação de impostos federais (CC 159.680-MG, Rel. Min. Reynaldo Soares da Fonseca).

Alternativa correta: letra "d".

126. (Vunesp - Delegado de Polícia - PC - BA/2018) Imagine que o indivíduo "1", que tem conta-corrente no banco "2", emitiu cheque sem fundo em desfavor do estabelecimento comercial "3", que efetuou o depósito do cheque no banco "4". De acordo com a jurisprudência dos Tribunais Superiores (Súmula 244 do STJ), o estelionato mediante a emissão de cheque sem provisão de fundos

a) será processado no local da residência de "1".

b) será processado no local em que se situa o banco "2", onde se deu a recusa.

c) será processado no local em que se situa o estabelecimento comercial "3", que recebeu o cheque.

d) será processado no local em que se situa o banco "4", no qual o cheque foi depositado.

e) é fato atípico se recompensado o prejuízo até o recebimento da denúncia.

COMENTÁRIOS

A alternativa correta, quando o concurso foi realizado, era a "b". Porém, o novo § 4º do art. 70 do CPP alterou totalmente o panorama, ao estabelecer que nos crimes previstos no art. 171 do CP, quando praticados mediante depósito, mediante emissão de cheques sem suficiente provisão de fundos em poder do sacado ou com o pagamento frustrado ou mediante transferência de valores, a competência será definida pelo local do domicílio da vítima, e, em caso de pluralidade de vítimas, a competência firmar-se-á pela prevenção. Ou seja, a competência será do local do estabelecimento comercial.

127. (Vunesp – Delegado de Polícia – PC – SP/2018) Assinale a assertiva a seguir que espelha entendimento já sumulado pelos Tribunais Superiores sobre competência.

a) Compete à Justiça Federal processar e julgar crime em que o indígena figure como autor ou vítima.
b) A competência constitucional do Tribunal do Júri prevalece sobre o foro por prerrogativa de função estabelecida pela Constituição Estadual.
c) Compete à Justiça Estadual processar e julgar o crime de falsa anotação na Carteira de Trabalho e Previdência Social, atribuído à empresa privada.
d) Compete à Justiça Militar processar e julgar o policial militar por crime de promover ou facilitar a fuga de preso de estabelecimento penal.
e) O foro competente para o processo e julgamento dos crimes de estelionato, sob a modalidade da emissão dolosa de cheque sem provisão de fundos, é o do local onde se deu a emissão da cártula.

COMENTÁRIOS

✪ **Nota do autor:** o conhecimento sobre as súmulas dos tribunais superiores a respeito de competência é de extrema importância em concursos como este. Fique atento. Ao final desta obra, como sabido, temos uma lista das súmulas que o leitor deverá ter sempre em mente.

Alternativa "a": de acordo com a Súmula 140 do STJ: "Compete à justiça comum estadual processar e julgar crime em que o indígena figure como autor ou vítima".

Alternativa "b": segundo a Súmula Vinculante 45, do STF: "A competência constitucional do tribunal do Júri prevalece sobre o foro por prerrogativa de função estabelecido exclusivamente pela Constituição Estadual". Veja que faltou o "exclusivamente" na alternativa.

Alternativa "c": é o entendimento da Súmula 62 do STJ. O enunciado não foi formalmente cancelado, mas a tendência é que seja superado. Afinal, no julgamento do CC 135.200/SP, Rel. originário Min. Nefi Cordeiro, Rel. para acórdão Min. Sebastião Reis Júnior, julgado em 22/10/2014 (Info 554), o STJ decidiu que compete à Justiça Federal (e não à Justiça Estadual) processar e julgar o crime caracterizado pela omissão de anotação de vínculo empregatício na CTPS (art. 297, § 4º, do CP). Esse mesmo raciocínio pode ser aplicado para a falsa anotação na CTPS (art. 297, § 3º, do CP).

Alternativa "d": se estiver o policial em serviço ao praticar o crime, estará correto tal entendimento e a competência será da Justiça Militar. Por isso, entendemos que deverá ser revogada a Súmula 75 do STJ, que dispõe ser competência da justiça comum. Note-se que tal mudança é consequência da alteração do art. 9º do CPM, que define crimes militares, lembrando que estes são julgados apenas pela Justiça Militar.

Alternativa "e": diz a Súmula 255 do STJ: "Compete ao foro do local da recusa processar e julgar o crime de estelionato mediante cheque sem provisão de fundos".

Alternativa correta: letra "c".

128. (UEG – Delegado de Polícia – PC – GO/2018) Sobre o tratamento dado à competência pelo Código de Processo Penal, tem-se o seguinte:

a) O juiz pode reconhecer, de ofício, incompetência relativa.
b) No caso de ação penal pública condicionada à representação, o ofendido pode preferir o foro de domicílio ou da residência do réu, ainda quando conhecido o lugar da infração.
c) O concurso formal de crimes não configura hipótese de continência.
d) A legislação processual adota a teoria da ubiquidade para determinação do juízo competente pelo lugar da infração.
e) A competência será determinada pela conexão quando duas ou mais pessoas forem acusadas pela mesma infração.

COMENTÁRIOS

Alternativa "a": o juiz pode declarar de ofício a incompetência relativa, não dependendo de exceção da parte, podendo inclusive suscitar conflito de competência.

Alternativa "b": essa possibilidade existe apenas na ação penal privada (art. 73, CPP).

Alternativa "c": é justamente uma das hipóteses de continência. O art. 77, II, do CPP, ainda menciona os artigos da antiga Parte Geral do CP.

Alternativa "d": o art. 70 adota o princípio do resultado.

Alternativa "e": nesse caso, é continência (art. 77, I, CPP).

Alternativa correta: letra "a".

129. (Vunesp – Delegado de Polícia – CE/2015) A competência para a ação penal, caso

a) desconhecido o domicílio do ofendido, será estabelecida pelo local da infração.
b) desconhecido o local da infração, será estabelecida pela residência ou domicílio do réu.
c) desconhecido o domicílio do réu, será estabelecida pela prevenção.
d) se trate de ação privada, ficará a cargo do querelante, que pode escolher entre o local da infração e o da sua própria residência.
e) se trate de crime tentado, será fixada no lugar onde deveria ter se consumado a infração.

COMENTÁRIOS

Alternativa "a": a residência do ofendido não é critério de fixação de competência.

Alternativa "b": a competência é fixada, primeiramente, pelo local da consumação do crime (art. 70, CPP). Porém, não sendo conhecido o lugar da infração, a competência regula-se pelo domicílio ou residência do réu (art. 72).

Alternativa "c": tratando-se de infração continuada ou permanente, praticada em território de duas ou mais jurisdições, a competência firma-se pela prevenção (art. 71, CPP).

Alternativa "d": segundo o art. 73 do CPP, nos casos de exclusiva ação privada, o querelante poderá preferir o foro de domicílio ou da residência do réu, ainda quando conhecido o lugar da infração.

Alternativa "e": no caso do crime tentado, a competência é fixada pelo lugar em que for praticado o último ato de execução (art. 70, CPP).

Alternativa correta: letra "b".

---

130. (Vunesp - Delegado de Polícia - CE/2015) Nos termos do art. 109, § 5º da Constituição da República de 1988, o incidente de deslocamento de competência para a Justiça Federal é cabível nas hipóteses de grave violação de direitos humanos, com a finalidade de assegurar o cumprimento de obrigações decorrentes de tratados internacionais de direitos humanos dos quais o Brasil seja parte. Pode ser suscitado pelo ___________ junto ao _________

Preenchem, correta e respectivamente, as lacunas:

a) Procurador-Geral de Justiça de qualquer Estado ... STF
b) Procurador-Geral da República ou Procurador-Geral de Justiça de qualquer Estado ... STF
c) Órgão Especial de Tribunal de Justiça ... STF
d) Procurador-Geral da República ... STJ
e) Presidente de Tribunal de Justiça ou de Tribunal Regional Federal ... STJ

COMENTÁRIOS

Alternativa "d" (responde também todas as demais alternativas): o incidente de deslocamento de competência, tal como descrito no enunciado, foi trazido à CF pela EC 45/2004. Cabe o pedido ao Procurador-Geral da República e a decisão sobre o deslocamento à Justiça Federal será do STJ. Deferido o pedido, o caso será julgado por juiz federal.

Alternativa correta: letra "d".

---

131. (ACAFE - Delegado de Polícia - SC/2014) De acordo com o Código de Processo Penal analise as afirmações a seguir e assinale a alternativa correta.

I. A competência será, de regra, determinada pelo lugar em que se consumar a infração, ou, no caso de tentativa, pelo lugar em que for praticado o último ato de execução.
II. Se, iniciada a execução no território nacional, a infração se consumar fora dele, a competência será determinada pelo lugar em que tiver sido praticado, no Brasil, o último ato de execução.
III. Quando o último ato de execução for praticado fora do território nacional, será competente o juiz do lugar em que o crime, embora parcialmente, tenha produzido ou devia produzir seu resultado.
IV. Quando incerto o limite territorial entre duas ou mais jurisdições, ou quando incerta a jurisdição, por ter sido a infração consumada ou tentada nas divisas de duas ou mais jurisdições, a competência firmar-se-á pela prevenção.

a) Apenas I, II e III estão corretas.
b) Apenas II, III e IV estão corretas.
c) Apenas II e IV estão corretas.
d) Todas as afirmações estão corretas.
e) Todas as afirmações estão incorretas.

COMENTÁRIOS

✪ **Nota do autor:** a questão lida com as regras constantes do art. 70 e parágrafos do CPP.

Afirmação I: É a regra geral aplicada ao processo penal, conforme previsto no art. 70, *caput*, do CPP. Na Lei 9.099/1995, porém, utiliza-se outro critério: o do lugar da ação ou omissão.

Afirmação II: É a regra do § 1º do art. 70 do CPP.

Afirmação III: É a regra do § 2º do art. 70 do CPP.

Afirmação IV: É a regra do § 3º do art. 70 do CPP.

Alternativa correta: letra "d": todas as afirmações estão certas.

---

132. (NUCEPE - Delegado de Polícia - PI/2014) Em matéria de competência no processo penal, assinale a alternativa INCORRETA.

a) O processo e julgamento dos crimes previstos na Lei nº 9.613/98 (modificada pela Lei nº 12.683/12) obedece às disposições relativas ao procedimento comum dos crimes punidos com reclusão, da competência do juiz singular.

b) Em se tratando de tráfico de drogas, se não ficar comprovada a internacionalidade, a competência é da Justiça Estadual.

c) Se o crime praticado consistir em grave violação dos direitos humanos poderá haver o deslocamento da competência para a Justiça Federal.

d) O juiz natural de caso relacionado a crimes praticados por organização criminosa poderá decidir pela formação de um órgão colegiado, composto por mais um juiz para proferir sentença.

e) Não existe conexão quando o crime é único.

COMENTÁRIOS

Alternativa "a": é o que dispõe o inciso I do art. 2º da Lei 9.613/1998.

Alternativa "b": exato. A competência será da Justiça Federal, se o tráfico foi internacional. Do contrário, não.

Alternativa "c": é o incidente de deslocamento de competência previsto no art. 109, § 5º, da CF.

Alternativa "d". a Lei 12.694/2013 possibilita a formação de tal órgão colegiado. O § 1º do art. 1º dispõe que o juiz poderá instaurar o colegiado, indicando os motivos e as circunstâncias que acarretam risco à sua integridade física em decisão fundamentada, da qual será dado conhecimento ao órgão correcional. O colegiado será formado pelo juiz do processo e por **2 outros juízes** escolhidos por sorteio eletrônico dentre aqueles de competência criminal em exercício no primeiro grau de jurisdição. A competência do colegiado limita-se ao ato para o qual foi convocado (§§ 2º e 3º). Atenção: a definição de organização criminosa prevista na citada lei foi revogada tacitamente pela definição contida na Lei 12.850/2013. A Lei 13.964/2019 ainda introduziu o art. 1º-A, que possibilita a criação de Varas Criminais Colegiadas, que não julgarão apenas organizações criminosas, mas também milícias.

Alternativa "e": lógico, pois conexão pressupõe mais de um fato, que são ligados por determinados requisitos.

Alternativa correta letra: "d".

133. (Fundação Aroeira – Delegado de Polícia – TO/2014) Os irmãos A. R., B. R. e C. R, residentes e domiciliados em Palmas, praticam um roubo em Palmas, três furtos em Porto Nacional, um latrocínio em Miracema do Tocantins e mais dois furtos em Miranorte, onde, finalmente, são presos. Na hipótese, a competência será determinada pela

a) residência dos acusados, prevalecendo a competência de Palmas.

b) continência, prevalecendo a competência de Porto Nacional.

c) conexão, prevalecendo a competência de Miracema do Tocantins.

d) prevenção, prevalecendo a competência de Miranorte.

COMENTÁRIOS

✪ **Nota do autor:** a questão lida com o tema da conexão. Segundo o art. 76 do CPP, a competência será determinada pela conexão: se, ocorrendo duas ou mais infrações, houverem sido praticadas, ao mesmo tempo, por várias pessoas reunidas (conexão intersubjetiva por simultaneidade), ou por várias pessoas em concurso, embora diversos o tempo e o lugar (conexão intersubjetiva por concurso), ou por várias pessoas, umas contra as outras (conexão intersubjetiva por reciprocidade); se, no mesmo caso, houverem sido umas praticadas para facilitar ou ocultar as outras, ou para conseguir impunidade ou vantagem em relação a qualquer delas (conexão objetiva ou teleológica ou finalista); e quando a prova de uma infração ou de qualquer de suas circunstâncias elementares influir na prova de outra infração (conexão instrumental ou probatória).

Alternativa "a": a residência dos acusados somente seria competente para julgá-los se não se conhecesse o local da ocorrência dos crimes, conforme previsão do art. 72, *caput*, do CPP, que obviamente não se aplica ao caso em tela.

Alternativa "b": não há continência nesse caso. Ocorre continência nos casos em que há pluralidade de agentes e infração única ou unidade de agentes e concurso formal de delitos. Há duas formas de continência: a) por cumulação subjetiva: concurso de agentes (art. 77, I, CPP); b) por cumulação objetiva: concurso formal de delitos (art. 70, CP), erro na execução ou *aberratio ictus* (art. 73, CP) e resultado diverso do pretendido ou *aberratio criminis* (art. 74, CP), que são todos casos de concurso formal (art. 77, II, CPP). Nada disso existiu no caso trazido pela questão.

Alternativa "c": caso haja conexão (e também continência) entre crimes, qual o foro que prevalecerá? As regras são as seguintes (art. 78, CPP): a) no concurso entre a competência do júri e a de outro órgão da justiça comum, prevalecerá a competência do júri, b) no concurso de competências da mesma categoria: b.1) preponderará a do lugar da infração, à qual for cominada a pena mais grave; b.2) prevalecerá a do lugar em que houver ocorrido o maior número de infrações, se as respectivas penas forem de igual gravidade; b.3) firmar-se-á a competência pela prevenção, nos outros casos; c) no concurso entre a justiça comum e a especial, prevalecerá esta. Assim, no caso em tela, em que há conexão intersubjetiva por concurso, o crime mais grave é o latrocínio, que ocorreu em Miracema do Tocantins, que, dessa forma, terá competência para processar e julgar todos os crimes a ele conexos.

Alternativa "d": não se aplica a regra da prevenção nesse caso. Por sinal, não faria o menor sentido, vez que o juiz de Miranorte, onde os furtos ocorreram, nada fez no inquérito ou processo, de modo que não teria a menor justificativa aplicar-se a prevenção a ele.

Alternativa correta: letra "c".

134. (UEL - Delegado de Polícia - PR/2013) Quanto à jurisdição, considere as afirmativas a seguir.

I. A inércia, a substitutividade, a inevitabilidade e a inafastabilidade são princípios ou características fundamentais.

II. É o poder-função de aplicar o Direito a um fato concreto, exercido pelos órgãos públicos com essa atribuição.

III. É exercida por meio dos juízes de direito e tribunais regularmente investidos.

IV. Tendo sua origem na autocomposição, a transação penal escapa ao âmbito da jurisdição.

Assinale a alternativa correta.

a) Somente as afirmativas I e II são corretas.

b) Somente as afirmativas I e IV são corretas.

c) Somente as afirmativas III e IV são corretas.

d) Somente as afirmativas I, II e III são corretas.

e) Somente as afirmativas II, III e IV são corretas.

COMENTÁRIOS

Afirmativa I: Estas, são, de fato, as principais características da jurisdição. Assim, por inércia, entende-se que o exercício da jurisdição pelo Estado deve ser provocado, não agindo, em regra, de ofício. Por substitutividade, entende-se que o juiz substitui a vontade das partes pela dele. Por inevitabilidade (ou irrecusabilidade), deve-se entender que a jurisdição não depende da vontade das partes. E, quanto à inafastabilidade, deve-se entender que a lei não poderá excluir da apreciação do Judiciário qualquer lesão ou ameaça de lesão a direito.

Afirmativa II: O exercício da jurisdição é um dos aspectos da soberania estatal, consistindo nesse poder e num dever de aplicar o ordenamento jurídico a determinado fato concreto.

Afirmativa III: De fato, essa ainda é a forma de exercício da jurisdição utilizada pelos Estados modernos, com raras exceções, nos casos de aplicação de leis religiosas, em Estados não laicos.

Afirmativa IV: A transação penal deve ser homologada pelo juiz, não escapando, portanto, à jurisdição.

Alternativa correta: letra "d": estão certas as Afirmativas I, II e III.

135. (UEG - Delegado de Polícia - GO/2013) Cabelo de Anjo, residente em Anápolis/GO, em concurso com Malacúria, residente em Rio Verde/GO, praticaram furto qualificado na cidade de Luziânia/GO. Ato contínuo, a lavagem de dinheiro, delito mais grave, cometida mediante operações financeiras de mascaramento de recursos auferidos pelo furto qualificado, foi perpetrada, pelos mesmos criminosos, em Goiânia/GO. Nesse caso, segundo as regras de competência decorrentes dos critérios originários previstos no Código de Processo Penal, verifica-se que

a) o juízo de Luziânia/GO é o competente para julgar crime de furto qualificado, e o juízo de Goiânia/GO o é para o crime de lavagem de dinheiro, uma vez que é obrigatória a separação dos processos, porquanto praticados em locais diferentes.

b) há conexão entre os dois delitos, sendo prorrogada a competência do juízo de Luizânia/GO, que passará a ser competente para julgar, além do crime de furto qualificado, o crime de lavagem de dinheiro praticado em Goiânia/GO.

c) há conexão entre os dois delitos, sendo prorrogada a competência do juízo de Goiânia/GO, que passará também a ser competente para julgar, além do crime de lavagem de dinheiro, o crime de furto qualificado praticado em Luziânia/GO.

d) a competência será fixada no juízo de Anápolis/GO ou no de Rio Verde/GO que primeiro tomar conhecimento dos fatos, uma vez que os autores do crime residem em municípios diversos e, nesses casos, a competência é fixada pela prevenção.

COMENTÁRIOS

Alternativa "a": realmente, assim seria, caso não houvesse conexão. Porém, havendo esta, normalmente tem-se a reunião dos processos como consequência (art. 79, *caput*, CPP). E, como visto acima, o juiz competente para julgar os dois crimes será o do lugar onde foi cometido o fato mais grave.

Alternativa "c" (responde também as alternativas "b" e "d"): há evidente conexão entre os dois crimes, sendo, no mínimo, de natureza probatória (art. 76, III, CPP). Nesse caso, caberá ao juiz decidir sobre a unidade dos processos. Mas, qual juiz? O da comarca onde foi cometido o crime mais grave, ou seja, onde ocorreu a lavagem de dinheiro, isto é, Goiânia, por força do primeiro critério trazido pelo art. 78, II, do CPP.

Alternativa correta: letra "c".

136. (FUNCAB - Delegado de Polícia - ES/2013) Proprietários de uma empresa, situada em Vitória-ES, adquiriram grandes quantidades de medicamentos de laboratórios idôneos no Brasil, os quais, eram retirados de suas embalagens originais e, após serem adulterados em sua composição química, eram acondicionados em novas embalagens, para em seguida, serem revendidos de forma lícita como remédios genéricos no mercado interno e até no exterior, como Japão, Inglaterra e China, inclusive utilizavam na atividade financeira da empresa, valores provenientes de infrações penais. O Delegado de Polícia de Vitória, tomando conhecimento de tais fatos:

a) deve comunicá-los à Polícia Federal, haja vista as condutas causarem lesão a interesse da União.

b) deve instaurar inquérito policial e, após as conclusões das investigações, remetê-lo à Justiça Federal, em face da competência.

c) deve instaurar inquérito policial e, após as conclusões das investigações, remetê-lo à Justiça Estadual do Espírito Santo, em face da competência.

d) não poderá formalizar qualquer procedimento, em face da atração da Justiça estrangeira para processar e julgar.

e) o crime de lavagem de dinheiro sempre atrai a competência da Justiça Federal.

COMENTÁRIOS

✪ **Nota do autor:** o crime cometido encontra-se previsto no art. 273 do CP.

Alternativa "a": não há interesse direto da União nesse caso.

Alternativa "c" (responde também a alternativa "b"): segundo o STJ: "(...)A competência para processar e julgar o crime do art. 273, §§ 1ºe 1º-B, incisos I, V e VI, do Código Penal, em princípio, é da Justiça Estadual, sendo a Justiça Federal competente quando houver indícios da internacionalidade do delito demonstrada pelo contexto fático. (...)" (CC 104.842-PR, Rel. Min. Arnaldo Esteves Lima, j. 23.06.2010). No caso em tela, não havia importação dos medicamentos e tampouco a atividade era voltada, essencialmente, à exportação. Assim sendo, a competência deve ser realmente da Justiça Estadual.

Alternativa "d": não importa se haverá ou não competência da Justiça estrangeira, conforme a legislação dos outros países. Segundo nossa legislação, há competência do Brasil para julgar o caso e será da Justiça Comum Estadual do Espírito Santo.

Alternativa "e": a questão não fornece elementos suficientes para se afirmar ter havido crime de lavagem de dinheiro. Ainda que houvesse, o julgamento somente seria de competência da Justiça Federal se tivesse sido praticado contra o sistema financeiro e a ordem econômico-financeira, ou em detrimento de bens, serviços ou interesses da União, ou de suas entidades autárquicas ou empresas públicas; ou se a infração penal antecedente fosse de competência da Justiça Federal, o que não é o caso (art. 2º, III, Lei 9.613/1998).

Alternativa correta: letra "c".

137. (FUNCAB – Delegado de Polícia – ES/2013) Policiais militares, em patrulhamento, trocaram tiros com Manoel, Paulo e Pedro, todos foragidos da justiça, culminando com lesões corporais provocadas em Manoel e Paulo. Pode-se afirmar:

a) A Justiça militar é competente para processar e julgar os crimes de lesão corporal cometidos por militares no exercício de sua função, ainda que contra vítima civil, bem como os crimes dolosos contra a vida praticado por militares contra civil.

b) A Justiça militar é competente para processar e julgar os crimes de lesão corporal cometidos por militares no exercício de sua função, ainda que contra vítima civil. A Justiça comum é competente para investigar os crimes dolosos contra a vida praticado por militares contra civil.

c) A Justiça comum é competente para processar e julgar os crimes de lesão corporal cometidos por militares no exercício de sua função, ainda que contra vítima civil, bem como os crimes dolosos contra a vida praticado por militares contra civil.

d) Ficou evidenciado que os policiais militares não agiram em atividade de natureza militar, o que caracteriza a existência de crime castrense.

e) Ficou evidenciado que os policiais militares não agiram em atividade de natureza militar, o que caracteriza a existência de crime comum.

COMENTÁRIOS

✪ **Nota do autor:** foi considerada correta a Alternativa "b". E ela continua correta. Porém, há um ponto que merece ser observado nessa questão, em razão das modificações sofridas pelo art. 9º do CPM, o que alterou a competência para o julgamento dos crimes militares, eis que a própria definição destes foi alterada. Muito importante a modificação trazida ao inciso II do art. 9º, que passou a considerar militares os crimes previstos no CPM **e na legislação penal** (o que inclui o CP) quando praticados: a) por militar em situação de atividade ou assemelhado, contra militar na mesma situação ou assemelhado; b) por militar em situação de atividade ou assemelhado, em lugar sujeito à administração militar, contra militar da reserva, ou reformado, ou assemelhado, ou civil; c) por militar em serviço ou atuando em razão da função, em comissão de natureza militar, ou em formatura, ainda que fora do lugar sujeito à administração militar contra militar da reserva, ou reformado, ou civil; d) por militar durante o período de manobras ou exercício, contra militar da reserva, ou reformado, ou assemelhado, ou civil; e) por militar em situação de atividade, ou assemelhado, contra o patrimônio sob a administração militar, ou a ordem administrativa militar. Assim, crime de lesão corporal praticado por militar em serviço ou atuando em razão da função será julgado pela Justiça Militar.

Alternativa "b" (responde também as alternativas "a" e "c"): o entendimento que prevalecia, antes mesmo da alteração do CPM vista acima, era o de que os **crimes de lesões corporais** cometidos por policiais militares, em razão da função, contra civis, é de competência da Justiça Castrense. Nesse sentido, o posicionamento do STJ: "CONFLITO NEGATIVO DE COMPETÊNCIA. LESÕES CORPORAIS PRATICADAS EM CIVIS POR MILITARES EM FOLGA. AÇÃO PRATICADA EM RAZÃO DA FUNÇÃO E NA CONDIÇÃO DE POLICIAL MILITAR, UTILIZANDO AS ARMAS DA CORPORAÇÃO. PRISÃO EM FLAGRANTE DE CIVIS QUE SUPOSTAMENTE COMETIAM O DELITO DE TRÁFICO DE DROGAS. COMPETÊNCIA DA JUSTIÇA CASTRENSE. O policial militar que, embora de folga, age em razão da função, valendo-se de sua condição e utilizando os armamentos da corporação pratica crime militar nos termos expressos do art. 9º, II, c, do Código Militar, estando sujeito à competência da Justiça Militar. – Verifica-se, *in casu*, que, embora de folga, os policiais militares puseram-se em serviço e agiram em razão da função e em nome da instituição, utilizando-se dos armamentos da corporação, tanto que efetuaram a prisão em flagrante dos civis que supostamente praticavam o delito de tráfico de drogas. Conflito conhecido para declarar a competência do Juízo Auditor da1ª Auditoria de Justiça Militar de Porto Alegre, o suscitado" (CC 131.306-RS, Rel. Min. Marilza Maynard (Des. convocada), j. 26.02.2014). Já o **crime doloso contra a vida** praticado contra civil será sempre de competência da Justiça comum, especificamente, do tribunal do júri. Nesse sentido, a seguinte decisão do STF, já antiga: "PENAL. CRIME DOLOSO CONTRA A VIDA PRATICADO POR POLICIAL MILITAR CONTRA CIVIL. DESCLASSIFICAÇÃO PARA LESÕES CORPORAIS SEGUIDAS DE MORTE, OPERADA PELO TRIBUNAL DO JÚRI. JULGAMENTO EFETUADO PELO PRESIDENTE DO TRIBUNAL DO JÚRI, NA FORMA PREVISTA NO ART. 74, § 3º, PARTE FINAL, E NO ART. 492, § 2º, DO CÓDIGO DE PROCESSO PENAL. ALEGADA OFENSA AO ART. 125, § 4º, DA CONSTITUIÇÃO FEDERAL. A norma do parágrafo único inserido pela Lei nº 9.299/99 no art. 9º do Código Penal redefiniu os crimes dolosos contra a vida praticados por policiais militares contra civis, até então considerados de natureza militar, como crimes comuns. Trata-se, entretanto, de redefinição restrita que não alcançou quaisquer outros ilícitos, ainda que decorrente de desclassificação, os quais permaneceram sob a jurisdição da Justiça Militar, que, sendo de extração constitucional (art. 125, § 4º, da CF), não pode ser afastada, obviamente, por efeito de conexão e nem, tampouco, pelas razões de política processual que inspiraram as normas do Código de Processo Penal aplicadas pelo acórdão recorrido. Recurso provido" (RHC 80.718-RS, Rel. Min. Ilmar Galvão, j. 22.03.2001).

Alternativa "d" (responde também a alternativa "e"): eles agiram no exercício das funções e em razão delas, sendo, pois, atividade militar. Logo, salvo o caso do crime doloso contra a vida de civil, trata-se de crime militar.

Alternativa correta: letra "b".

138. (FUNCAB - Delegado de Polícia - ES/2013) Quanto à existência de conexão entre o crime de contrabando e contravenção penal, pode-se afirmar:

a) Compete ao Juízo Federal processar e julgar o crime de contrabando e contravenção penal conexa.

b) Compete ao Juízo Estadual processar e julgar o crime de contrabando e contravenção penal conexa.

c) Compete a Justiça Federal Criminal, na vigência da Constituição de 1988, o processo por contravenção penal, ainda que praticada em detrimento de bens, serviços ou interesse da União ou de suas entidades.

d) Não cabe desmembramento, em face da competência constitucional.

e) Compete ao Juizado Especial Criminal processar e julgar a conduta relacionada à contravenção, remanescendo a competência do Juízo Federal Criminal para o processo e julgamento do crime de contrabando.

COMENTÁRIOS

Alternativa "a": a Justiça Federal não julga contravenções penais, conforme estabelece a própria CF no inciso IV do art. 109. Por isso, impossível a reunião de processos.

Alternativa "b": a Justiça Estadual não pode julgar crimes de competência da Justiça Federal, como se dá com o contrabando. Assim, a separação do julgamento acaba sendo, nesse caso, obrigatória.

Alternativa "e" (responde também as alternativas "c" e "d") o entendimento que prevalece é o contido na alternativa. Nesse sentido, decisão do STJ, que resume muito bem a questão: "(...)1. Apesar da existência de conexão entre o crime de contrabando e contravenção penal, mostra-se inviável a reunião de julgamentos das infrações penais perante o mesmo Juízo, uma vez que a Constituição Federal expressamente excluiu, em seu art. 109, IV, a competência da Justiça Federal para o julgamento das contravenções penais, ainda que praticadas em detrimento de bens, serviços ou interesse da União. Súmula nº 38/STJ. Precedentes.2. Firmando-se a competência do Juízo Federal para processar e julgar o crime de contrabando conexo à contravenção penal, impõe-se o desmembramento do feito, de sorte que a contravenção penal se já julgada perante o Juízo estadual.3. Conflito conhecido para declarar competente o Juízo de Direito do8º Juizado Especial Criminal do Rio de Janeiro/RJ, o suscitado, para processar e julgar a conduta relacionada à contravenção, remanescendo a competência do Juízo Federal da 9ª Vara Federal Criminal da Seção Judiciária do Rio de Janeiro-RJ, suscitante, para o processo e julgamento do crime de contrabando" (CC 120.406-RJ, Rel. Min. Alderita Ramos de Oliveira (Des. convocada), j. 12.12.2012). A Súmula 38 acima citada diz: "Compete à justiça estadual comum, na vigência da Constituição de 1988, o processo por contravenção penal, ainda que praticada em detrimento de bens, serviços ou interesse da União ou de suas entidades".

Alternativa correta: letra "e".

139. (UEPA - Delegado de Polícia - PA/2013) A jurisdição – função de Estado – se materializa, condiciona e limita pela competência, que define previamente a atuação do órgão jurisdicional a partir de critérios de especialização da justiça, distribuição territorial e divisão de serviço, fundados em normas constitucionais e legais. De acordo com essas normas:

I. A nulidade decorrente de incompetência absoluta pode ser suscitada mesmo após o trânsito em julgado da sentença, condenatória ou absolutória, porque não se pode emprestar legalidade a um ato que violou frontalmente as regras aplicáveis à matéria.

II. A definição de competência segue uma sequência lógica, que começa fixando a competência de justiça para, em seguida, estabelecer o âmbito territorial. Quanto a este, também há uma preferência: o lugar da infração prepondera sobre o domicílio ou residência do réu.

III. A conexão processual conduz à prevalência do juízo mais especializado. Por conseguinte, compete à Justiça Militar julgar os crimes comuns praticados em conexão com crimes militares.

IV. A competência absoluta se origina em norma constitucional, de ordem pública e por isso indisponível pelas partes, cuja violação acarreta em nulidade absoluta. Todavia, decisão proferida por juiz absolutamente incompetente reclama novo pronunciamento judicial para sua desconstituição.

V. Órgão jurisdicional de primeiro grau que conheceu de habeas corpus contra ato ilegal atribuído a delegado de polícia não se torna prevento para conhecer de ação penal futura, pelos mesmos fatos.

A alternativa que contém todas as afirmativas corretas é:

a) I, II e IV
b) I, IV e V
c) II, III e IV
d) II, IV e V
e) III, IV e V

COMENTÁRIOS

Afirmativa I: errado. A nosso ver, a incompetência absoluta pode ser arguida até o trânsito em julgado, em qualquer fase do processo e pode ser arguida mesmo depois do trânsito em julgado, por meio de revisão criminal (admite-se, também, o *habeas corpus*), mas apenas nos casos de sentença condenatória ou absolutória imprópria. Assim, é vedada a arguição *pro societate* depois do trânsito em julgado de decisão absolutória própria.

Afirmativa II: De fato, primeiro deve-se definir qual a Justiça competente, ou seja, se a Federal, a Estadual, a Eleitoral ou Militar. Então, segue-se a definição da competência de foro, que normalmente admite a aplicação do art. 70 e seguintes do CPP. Assim, a competência será, de regra, determinada pelo lugar em que se consumar a infração, ou, no caso de tentativa, pelo lugar em que for praticado o último ato de execução. Se, iniciada a execução no território nacional, a infração se consumar fora dele, a competência será determinada pelo lugar em que tiver sido praticado, no Brasil, o último ato de execução. Quando o último ato de execução for praticado fora do território nacional, será competente o juiz do lugar em que o crime, embora parcialmente, tenha produzido ou devia produzir seu resultado. Quando incerto o limite territorial entre duas ou mais jurisdições, ou quando incerta a jurisdição por ter sido a infração consumada ou tentada nas divisas de duas ou mais jurisdições, a competência firmar-se-á pela prevenção. Não sendo conhecido o lugar da infração, a competência regular-se-á pelo domicílio ou residência do réu.

Afirmativa III: A Justiça Militar julga apenas crimes militares, não os comuns. Estes são julgados pela Justiça comum, Federal ou Estadual. E os crimes militares não podem ser julgados por estas. Assim, em caso de conexão, haverá separação do processo.

Afirmativa IV: Parte minoritária da doutrina entende que a incompetência absoluta provoca a anulação de todos os atos processuais, enquanto a relativa provoca a nulidade apenas dos atos decisórios. Já a posição majoritária entende que deve sempre ser aplicado o art. 567 do CPP, anulando-se apenas os atos decisórios. Sobre o anterior recebimento da denúncia, a posição do STF é a seguinte: "*HABEAS CORPUS*. DENÚNCIA. MINISTÉRIO PÚBLICO ESTADUAL. RATIFICAÇÃO. PROCURADORIA-GERAL DA REPÚBLICA. INQUÉRITO NO ÂMBITO DO STF. LEI Nº 8.038/90. 1. 'Tanto a denúncia quanto o seu recebimento emanados de autoridades incompetentes *rationae materiae* são ratificáveis no juízo competente'. Precedentes. 2. Caso em que a notificação para a apresentação de resposta (art. 4º da Lei nº 8.038/90), fase anterior ao julgamento em que o Tribunal deliberará pelo recebimento ou rejeição da denúncia (art. 6º da Lei nº 8.038/90), não permite se inferir que tenha o relator do inquérito ratificado o ato de recebimento da denúncia, exarado pelo juízo de origem. 3. Alegações formuladas a respeito da inépcia da denúncia que, além de demandarem o exame de provas, insuscetível de realização em sede de habeas corpus, inserem-se no âmbito da deliberação a ser realizado oportunamente pelo Tribunal em julgamento que está previsto no art. 6º da Lei nº 8.038/90. Ordem indeferida" (HC 83.006-SP, Rel. Min. Ellen Gracie, j. 18.06.2003).

Afirmativa V: c. A prevenção pressupõe a prática de algum ato do processo ou de medida a este relativa. O *habeas corpus*, apesar de poder gerar reflexo em inquérito policial, é ação autônoma, de modo que decisão nele proferida não vincula seu prolator à futura ação penal decorrente de procedimento investigatório policial. Assim, deve o *habeas corpus* ser livremente distribuído, salvo disposição legal em contrário. Atenção: uma vez relatado o inquérito e distribuído a uma Vara Criminal, entende-se que a autoridade coatora passa a ser a autoridade judiciária. Nesse caso, vem-se entendendo que o *habeas corpus* contra ato do juiz gera a prevenção da Câmara no Tribunal de Justiça.

Alternativa correta: letra "d": estão certas as afirmativas II, IV e V.

6. QUESTÕES PREJUDICIAIS, EXCEÇÕES E INCIDENTES

▸ CPP, arts. 92 a 124, 145 a 154

140. (CEBRASPE – 2023 – PC/AL – Delegado) Em relação ao processo penal brasileiro, julgue o item seguinte.

Não é cabível exceção de suspeição contra a autoridade policial.

COMENTÁRIOS

Certo. Trata-se de norma legal expressa. O art. 107 do CPP deixa claro que não se poderá opor suspeição às autoridades policiais nos atos do inquérito, mas deverão elas declarar-se suspeitas, quando ocorrer motivo legal.

141. (Cespe – Delegado de Polícia – PC – RJ/2022) Tício está sendo processado criminalmente pela prática de crime de apropriação indébita. Em sua resposta à acusação, Tício alega ser improcedente a imputação, tendo em vista que discute, em ação civil por ele proposta, a legitimidade da posse da coisa móvel. Acerca dessa situação, assinale a opção correta.

a) O juiz poderá suspender a ação penal a depender tão somente da prévia propositura da ação cível pelo acusado.
b) A resolução da questão prejudicial pelo juiz criminal faz coisa julgada.
c) Não há possibilidade de suspensão da ação penal movida contra Tício.
*D) O juiz criminal pode resolver, incidenter tantum, a questão da posse sem que seja necessária a suspensão da ação penal.
e) O juiz deverá suspender a ação penal até que se dirima no juízo cível a questão da legitimidade da posse.

COMENTÁRIOS

Aqui, não se tem questão relacionada ao estado civil das pessoas, de modo que não estamos diante de uma questão prejudicial obrigatória, não sendo aplicável o art. 92 do CPP. Porém, deve-se levar em conta o que dispõe o art. 93, *caput*: "Se o reconhecimento da existência da infração penal depender de decisão sobre questão diversa da prevista no artigo anterior, da competência do juízo cível, e se neste houver sido proposta ação para resolvê-la, o juiz criminal poderá, desde que essa questão seja de difícil solução e não verse sobre direito cuja prova a lei civil limite, suspender o curso do processo, após a inquirição das testemunhas e realização das outras provas de natureza urgente". Portanto, o juiz não é obrigado a suspender o processo criminal, o que significa dizer que, não sendo questão de difícil solução, o próprio juiz criminal poder resolver a questão da posse.

Alternativa correta: letra "d".

142. (Cespe - Delegado de Polícia - PC - PB/2022) Conforme o CPP, o juiz estará impedido de exercer jurisdição no processo se

a) for amigo íntimo ou inimigo de uma das partes.
b) tiver aconselhado uma das partes a respeito do processo.
c) seu cônjuge responder a ação que será julgada pela parte.
*D) seu tio atuou como delegado no inquérito policial.
e) for tutor ou curador de uma das partes do processo.

COMENTÁRIOS

Alternativa "a": esse não é caso de impedimento, mas de suspeição (art. 254, I, CPP).

Alternativa "b": trata-se de outro caso de suspeição (art. 254, IV, CPP).

Alternativa "c": é outro caso de suspeição (art. 254, III, CPP).

Alternativa "d": aqui, temos um caso de impedimento, pois se insere na regra do art. 252, I, do CPP ("tiver funcionado seu cônjuge ou parente, consangüíneo ou afim, em linha reta ou colateral até o terceiro grau, inclusive, como defensor ou advogado, órgão do Ministério Público, autoridade policial, auxiliar da justiça ou perito").

Alternativa "e": também é caso de suspeição (art. 254, V, CPP).

Alternativa correta: letra "d".

143. (UFPR - Delegado de Polícia - PC - PR/2021) G.R., atendido pela Defensoria Pública, fora condenado em regime semiaberto pela prática de crimes de estelionato. Em virtude de seus antecedentes, não foi possível a substituição da pena privativa de liberdade por penas restritivas de direito, porém lhe foi concedido o direito de apelar em liberdade. O oficial de justiça incumbido da intimação da decisão certificou nos autos que o acusado havia sofrido um acidente vascular cerebral (AVC) e que não apresentava condições de entender o conteúdo do mandado de intimação da sentença. Há nos autos a informação de que o defensor apresentou recurso de apelação. Diante do exposto, a solução a ser aplicada nesse caso é:

a) exame das questões recursais, uma vez que o réu está assistido por advogado, mesmo que a situação especial tenha ocorrido posteriormente à sentença.
b) instauração do incidente de insanidade mental, com a suspensão do processo até que o réu se reestabeleça.
c) nomeação de curador especial ao réu para que receba a intimação da decisão e manifeste, em nome do réu, se há interesse em recorrer.
d) nomeação de curador especial ao réu para que acompanhe o trâmite do recurso, uma vez que não havia enfermidade em momento anterior à prolação da sentença.
e) instauração do incidente de insanidade mental, que tramitará em conjunto com o recurso já interposto pela Defensoria.

COMENTÁRIOS

Sempre que houver dúvida sobre a integridade mental do acusado, deverá ser instaurado incidente de insanidade mental (art. 149, CPP), que provocará a suspensão do processo (§ 2º). No caso em tela, caso se constata que há incapacidade mental sobreveio à infração – afinal, o acusado sofreu um AVC depois do crime, durante o processo – o juiz manterá suspenso o processo até que ele se restabeleça (art. 152).

Alternativa correta: letra b.

144. (FGV - Delegado de Polícia - PC - RN/2021) No curso de investigação criminal para apurar a prática de crime sexual por parte de Adonis, a autoridade policial notou que o investigado apresentava sinais de insanidade mental. Nesse sentido, havendo dúvida sobre a integridade mental de Adonis, a instauração de incidente de insanidade mental:

a) não poderá ser determinada na fase de inquérito, pois incabível nesse momento;

b) poderá ser determinada na fase de inquérito diretamente pelo delegado de polícia, de ofício;

c) poderá ser determinada na fase de inquérito pelo juiz, mediante representação do delegado de polícia;

d) poderá ser determinada na fase de inquérito diretamente pelo delegado de polícia, mediante requerimento da parte;

e) poderá ser determinada na fase de inquérito pelo juiz, de ofício ou a requerimento da parte ou representação do delegado de polícia, devendo a autoridade policial nomear curador ao investigado.

COMENTÁRIOS

O incidente de insanidade mental é sempre instaurado pelo juiz, quando tiver dúvidas sobre a integridade mental do imputado, inclusive se tal dúvida surgir ainda na fase de investigação, nesse caso, por representação da autoridade policial (art. 149, § 1º, CPP).

Alternativa correta: letra c.

145. (Vunesp – Delegado de Polícia – PC – SP/2018) Caio está sendo processado criminalmente pela prática de crime de furto e em sua resposta alega ser improcedente a acusação, uma vez que discute na seara cível, em ação por ele proposta, a ilegitimidade da posse da res pela suposta vítima.

Considerando a situação retratada, assinale a alternativa correta.

a) O juiz poderá suspender a ação penal a depender tão somente da prévia propositura da ação cível pelo acusado.

b) O juiz deverá suspender a ação penal até que se dirima no juízo cível a questão da legitimidade da posse.

c) O juiz criminal pode resolver, incidenter tantum, a questão da posse sem que seja necessária a suspensão da ação penal.

d) A resolução da questão prejudicial pelo juiz criminal faz coisa julgada.

e) Não há possibilidade de suspensão da ação penal.

COMENTÁRIOS

O juiz somente deve suspender a ação penal se houver questão prejudicial relativa a estado civil. Nesse caso, deve se aguardar a solução no juízo cível (questão prejudicial obrigatória e heterogênea). É o que determina o art. 92 do CPP. No entanto, no caso em tela, a questão sobre legitimidade da posse do bem não obriga à suspensão do processo criminal, que deve ser determinada se a questão for de difícil solução e não verse sobre direito cuja prova a lei civil limite (art. 93). Portanto, pode o juiz decidir sobre a posse, de modo incidental no processo.

Alternativa correta: letra "c".

146. (Vunesp – Delegado de Polícia – PC – SP/2018) Nos termos do art. 252 do CPP, o juiz não poderá exercer jurisdição no processo em que

a) tiver funcionado seu cônjuge como defensor.

b) for amigo íntimo de qualquer das partes.

c) tiver aconselhado qualquer das partes.

d) for sócio de sociedade interessada no processo.

e) for credor de qualquer das partes.

COMENTÁRIOS

Alternativa "a": a questão quer saber sobre as hipóteses de impedimento do magistrado, que estão no art. 252 do CPP. A hipótese desta alternativa é de impedimento, estando prevista no inciso I do dispositivo citado.

Alternativa "b": trata-se de hipótese de suspeição, dentre as previstas no art. 254 do CPP.

Alternativa "c": trata-se de outra hipótese de suspeição.

Alternativa "d": trata-se de outra hipótese de suspeição. Aliás, é comum questões como esta, que misturam essas hipóteses.

Alternativa "e": também é causa de suspeição prevista no art. 254 do CPP.

Alternativa correta: letra "a".

147. (Cespe – Delegado de Polícia – GO/2017) Com relação a questões e processos incidentes, assinale a opção correta.

a) Não poderá ser arguida a suspeição dos intérpretes.

b) Não poderá ser arguida a suspeição dos funcionários da justiça.

c) Não poderá ser arguida a suspeição do órgão do Ministério Público.

d) Não poderá ser arguida a suspeição das autoridades policiais nos atos do inquérito.

e) Não poderá ser arguida a suspeição dos peritos.

COMENTÁRIOS

Alternativa "a": pode sim, conforme estabelece o art. 105 do CPP.

Alternativa "b": também pode, eis que há previsão no mesmo art. 105.

Alternativa "c": o art. 104 do CPP deixa claro que o órgão do Ministério Público está sujeito a ser alvo de exceção de suspeição.

Alternativa "d": realmente, o CPP não permite que se argúa a suspeição de autoridade policial (art. 107), mas esta deverá declarar-se suspeita, caso haja motivo.

Alternativa "e": a suspeição dos peritos é mencionada no art. 105 do CPP.

Alternativa correta: letra "d".

148. (Cespe - Delegado de Polícia - PE/2016) Em consonância com a doutrina majoritária e com o entendimento dos tribunais superiores, assinale a opção correta acerca dos sujeitos do processo e das circunstâncias legais relativas a impedimentos e suspeições.

a) As disposições relativas ao princípio do juiz natural são analogamente aplicadas ao MP.

b) No curso do inquérito policial, se for constatado que o delegado de polícia seja inimigo pessoal do investigado, este poderá opor exceção de suspeição, sob pena de preclusão do direito no âmbito de eventual ação penal.

c) O corréu pode atuar, no mesmo processo, como assistente da acusação do início da ação penal até seu trânsito em julgado, desde que autorizado pelo representante do parquet.

d) Poderá funcionar como perito no processo aquele que tiver opinado anteriormente sobre o objeto da perícia na fase de investigação criminal, em razão da especificidade da prova pericial.

e) A impossibilidade de identificação do acusado pelo seu verdadeiro nome ou por outros qualificativos que formalmente o individualize impede a propositura da ação penal, mesmo que certa a identidade física do autor da infração penal.

COMENTÁRIOS

Alternativa "a": tudo o que justifica a existência do princípio do juiz natural aplica-se ao princípio do promotor natural, exceto o fato de que este último não é previsto expressamente na CF ou em leis ordinárias. Porém, apesar disso, e embora haja divergências doutrinárias e jurisprudenciais a respeito de sua existência, em geral a doutrina processualista penal tem reconhecido o princípio do promotor natural e o tem tratado como verdadeira garantia do imputado. O CPP determina a aplicação das regras a respeito de impedimentos e suspeições dos juízes também aos membros do Ministério Público (art. 258, CPP).

Alternativa "b": o CPP não admite que seja oposta exceção da suspeição à autoridade policial, mas esta deverá, presente o motivo, declarar-se suspeita (art. 107).

Alternativa "c": corréu jamais poderá ser assistente de acusação, salvo na rara hipótese em que seja, ao mesmo tempo, ofendido em crime conexo. Isso porque somente podem habilitar-se como assistentes o ofendido ou seu representante legal ou, na falta daquele, alguma das pessoas apontadas no art. 31 do CPP (art. 268).

Alternativa "d": o inciso II do art. 279 do CPP impede que, nesse caso, possa atuar como perito.

Alternativa "e": segundo o art. 259 do CPP, a impossibilidade de identificação do acusado com o seu verdadeiro nome ou outros qualificativos não retardará a ação penal, quando certa a identidade física. A qualquer tempo, no curso do processo, do julgamento ou da execução da sentença, se for descoberta a sua qualificação, far-se-á a retificação, por termo, nos autos, sem prejuízo da validade dos atos precedentes.

Alternativa correta: letra "a".

149. (Cespe - Delegado de Polícia - PE/2016) Conforme a legislação em vigor e o posicionamento doutrinário prevalente, assinale a opção correta com relação à competência e às questões e processos incidentes.

a) Todas as infrações penais, incluindo-se as contravenções que atingirem o patrimônio da União, suas autarquias e empresas públicas, serão da competência da justiça federal.

b) O processo incidente surge acessoriamente no processo principal, cujo mérito se confunde com o mérito da causa principal, devendo, assim, tal processo - o incidente - ser resolvido concomitantemente ao exame do mérito da ação penal, sob pena de decisões conflitantes.

c) A restituição de coisas apreendidas no bojo do inquérito policial ainda não concluído poderá ser ordenada pela autoridade policial, quando cabível, desde que seja evidente o direito do reclamante.

d) Havendo fundada dúvida sobre a sanidade mental do indiciado, o delegado de polícia poderá determinar de ofício a realização do competente exame, com o objetivo de aferir a sua imputabilidade.

e) Tratando-se de foro privativo por prerrogativa de função cuja competência para o conhecimento da causa é atribuída à jurisdição colegiada, esta será determinada pelo lugar da infração.

COMENTÁRIOS

Alternativa "a": as contravenções penais nunca são decididas pela Justiça Federal, mesmo em caso de conexão com crime de alçada federal. Por quê? Simples, porque a CF excluiu as contravenções, de modo absoluto, da competência da Justiça Federal (art. 109, IV).

Alternativa "b": justamente porque não há coincidência quanto ao mérito, os incidentes são decididos e normalmente processados separadamente, em apartado.

Alternativa "c": é o que permite o art. 120 do CPP ("A restituição, quando cabível, poderá ser ordenada pela autoridade policial ou juiz, mediante termo nos autos, desde que não exista dúvida quanto ao direito do reclamante"). Se duvidoso esse direito, o pedido de restituição deve ser autuado em apartado, concedendo-se ao requerente o prazo de 5 dias para a prova. Em tal caso, só o juiz criminal poderá decidir a respeito da restituição (art. 120, § 1º).

Alternativa "d": não pode a autoridade policial instaurar incidente de insanidade mental. Nesse caso, percebendo a necessidade do incidente, deverá a autoridade policial representar ao juiz para que este determine a instauração (art. 149, § 1º, CPP).

Alternativa "e": a competência depende do órgão em si. Assim, não importa onde um Deputado Federal tenha cometido o crime, pois competente para julgá-lo será sempre o STF. Outro exemplo: não importa o Estado em que o Promotor de Justiça cometeu o crime, pois será julgado sempre pelo TJ do Estado onde exerce suas funções.

Alternativa correta: letra "c".

150. (Vunesp – Delegado de Polícia – CE/2015) Imagine que durante o curso de processo penal, e tendo como objetivo afastar o juiz da causa, o órgão do Ministério Público ou o defensor do acusado maneje uma queixa crime contra o juiz, a fim de buscar configurar uma inimizade capital. Nessa hipótese, a suspeição (CPP, art. 256)

a) não poderá ser declarada e nem reconhecida.

b) deverá ser reconhecida, impondo-se multa à parte que provocou a situação.

c) deverá ser reconhecida, impondo-se o afastamento do processo e/ou multa à parte que provocou a situação.

d) não poderá ser declarada, apenas reconhecida.

e) não poderá ser reconhecida, apenas declarada.

COMENTÁRIOS

Alternativa "a": a suspeição não poderá ser declarada nem reconhecida, quando a parte injuriar o juiz ou de propósito der motivo para criá-la. É o que dispõe o art. 256 do CPP. Notem como não há nesse caso, efetivamente, inimizade capital, mas, simplesmente, a parte tentou criá-la artificialmente. Tal manobra não pode surtir o efeito buscado, pois, do contrário, a parte poderia valer-se dela para escolher o juiz que quer ver à frente do processo.

Alternativa "b": não teria sentido reconhecer a suspeição do juiz e, ao mesmo tempo, multar a parte que, ardilosamente, tentou criar um falso motivo de suspeição.

Alternativa "c": a parte não pode ser afastada do processo. É parte. Como afastar o Ministério Público? Como afastar o réu? O promotor suspeito ou impedido pode ser afastado, mas não o Ministério Público.

Alternativa "d": se a suspeição foi declarada, estará sendo reconhecida.

Alternativa "e": idem.

Alternativa correta: letra "a".

151. (NUCEPE – Delegado de Polícia – PI/2014) Quanto às questões prejudiciais e processos incidentes, assinale a alternativa CORRETA.

a) As questões prejudiciais podem ser classificadas em obrigatórias e facultativas.

b) O Código de Processo Penal não permite que as exceções sejam declaradas de ofício pelo juiz, independentemente de serem dilatórias ou peremptórias.

c) O juiz dar-se-á por suspeito se tiver aconselhado qualquer das partes.

d) O Ministério Público não poderá ser objeto de suspeição.

e) Não há que se falar em preclusão ou *prorrogatio fori* nos casos de exceção de incompetência absoluta.

COMENTÁRIOS

✪ **Nota do autor:** a questão foi anulada.

Alternativa "a": certo. Haverá **questão prejudicial obrigatória** nos casos em que o reconhecimento do crime depender de outra decisão, no juízo cível, quanto ao estado civil das pessoas, de modo que o juiz deverá suspender o processo criminal até o julgamento daquele outro processo. A questão prejudicial será **facultativa** se não disser respeito a tal tema. Sendo obrigatória a questão prejudicial, o curso da ação penal ficará suspenso até que no juízo cível seja a controvérsia dirimida por sentença passada em julgado, sem prejuízo, entretanto, da inquirição das testemunhas e de outras provas de natureza urgente (art. 92, CPP). Há **questão prejudicial homogênea** quando deva ser decidida também no campo penal (são também consideradas **questões prejudiciais não devolutivas**); e **heterogênea**, quando deva ser decidida em outro ramo do direito (se obrigatórias, são consideradas **questões prejudiciais devolutivas absolutas**; se relativas, **questões prejudiciais devolutivas relativas**). As hipóteses dos arts. 92 e 93 do CPP são dessa espécie. Assim, as questões prejudiciais podem ser classificadas como obrigatórias e facultativas, mas essa, como visto, não é a única classificação aplicável.

Alternativa "b": errado. O juiz pode e deve declarar-se suspeito ou impedido e declarar-se incompetente, sem provocação das partes. Portanto, de ofício. Porém, isso não implica em exceção, pois não há propriamente instauração de um incidente.

Alternativa "c": certo. Trata-se de causa de suspeição prevista no inciso IV do art. 254 do CPP.

Alternativa "d": errado. O Ministério Público poderá dar-se por suspeito ou ser declarado suspeito (art. 258, CPP).

Alternativa "e": certo. Entendemos que, em caso de incompetência absoluta, há possibilidade de ser reconhecida a qualquer tempo.

152. (UEL – Delegado de Polícia – PR/2013) Acerca do incidente de insanidade no Código de Processo Penal, considere as afirmativas a seguir.

I. É inadmissível o exame de sanidade mental antes de iniciar a ação penal, conforme o § 1° do Art. 149 do Código de Processo Penal.

II. Mesmo que o resultado do exame de insanidade comprove a inimputabilidade do denunciado, o representante do Ministério Público, autor da denúncia, estará impedido de requerer a sua absolvição ou a aplicação de medida de segurança.

III. O juiz nomeará curador ao acusado, quando determinar o exame, ficando suspensa a ação penal já iniciada, salvo quanto às diligências que possam ser prejudicadas pelo adiamento.

IV. Quando houver dúvida sobre a integridade mental do acusado, o juiz ordenará de ofício ou a requerimento do Ministério Público, do defensor, do curador, do ascendente, do descendente, do irmão ou do cônjuge que o acusado seja submetido a exame médico-legal.

Assinale a alternativa correta.

a) Somente as afirmativas I e II são corretas.
b) Somente as afirmativas I e IV são corretas.
c) Somente as afirmativas III e IV são corretas.
d) Somente as afirmativas I, II e III são corretas.
e) Somente as afirmativas II, III e IV são corretas.

COMENTÁRIOS

Afirmativa I: Ao contrário do afirmado, o exame de insanidade mental pode ser realizado mesmo antes de iniciado o processo, conforme autoriza o § 1º do art. 149 do CPP.

Afirmativa II: Em regra, sendo inimputável o acusado – ou seja, em razão de doença ou desenvolvimento mental incompleto ou retardado, ao tempo da ação ou omissão, era inteiramente incapaz de entender o caráter ilícito do fato ou determinar-se de acordo com seu entendimento – deve se dar a absolvição (imprópria), aplicando-se medida de segurança. Nada impede que o Ministério Público assim o requeira. A limitação, porém, encontra-se na primeira fase do procedimento dos crimes dolosos contra a vida, vez que, nesse caso, somente será possível a absolvição e a dispensa do julgamento pelo Júri se a inimputabilidade for a única tese defensiva.

Afirmativa III: É a regra procedimental do § 2º do art. 149 do CPP.

Afirmativa IV: É o que dispõe o *caput* do art. 149 do CPP.

Alternativa correta: letra "c": estão certas as Afirmativas III e IV.

---

153. (Cespe – Delegado de Polícia – BA/2013) No que se refere a questões e processos incidentes, julgue os próximos itens.

153.1. A autoridade policial que, na fase de investigação criminal, desconfiar da integridade mental do acusado, poderá, sem suspender o andamento do inquérito policial, determinar, de ofício, que o acusado se submeta a exame de sanidade mental, a ser realizado por peritos oficiais.

COMENTÁRIOS

Nesse caso, cabe à autoridade policial representar ao juiz pela instauração do incidente de insanidade mental (art. 149, § 1º, CPP).

Alternativa correta: "errado".

153.2. A restituição de coisas apreendidas em poder do investigado, no âmbito do inquérito policial, pode ser ordenada pela autoridade policial, desde que não haja vedação legal à restituição das coisas e inexista importância à prova da infração ou desde que a restituição não sirva à reparação do dano causado pelo crime e seja induvidoso o direito do reclamante, após oitiva obrigatória do MP.

COMENTÁRIOS

Vejamos o regramento básico da matéria: a) antes de transitar em julgado a sentença final, as coisas apreendidas não poderão ser restituídas enquanto interessarem ao processo (art. 118, CPP); b) a restituição, quando cabível, poderá ser ordenada pela autoridade policial ou juiz, mediante termo nos autos, desde que não exista dúvida quanto ao direito do reclamante (art. 120); c) se duvidoso esse direito, o pedido de restituição autuar-se-á em apartado, assinando-se ao requerente o prazo de 5 dias para a prova, caso em que só o juiz criminal poderá decidir o incidente (art. 120, § 1º).

Alternativa correta: "certo".

153.3. Se, no curso de uma investigação criminal, a autoridade policial tomar conhecimento de questão prejudicial controversa da qual dependa a existência do crime investigado, a autoridade deverá ordenar a suspensão do procedimento e comunicar o fato ao MP, para que este tome as medidas cabíveis para a solução de controvérsia prejudicial obrigatória.

COMENTÁRIOS

Nesse caso, deve a autoridade policial relatar o inquérito e caberá ao Ministério Público decidir sobre a adoção de tais medidas. A suspensão é somente do processo, quando já houver ação penal e será determinada pelo juiz. Vejam o que diz o art. 92 do CPP: "Se a decisão sobre a existência da infração depender da solução de controvérsia, que o juiz repute séria e fundada, sobre o estado civil das pessoas, o curso da ação penal ficará suspenso até que no juízo cível seja a controvérsia dirimida por sentença passada em julgado, sem prejuízo, entretanto, da inquirição das testemunhas e de outras provas de natureza urgente". E seu parágrafo único dispõe: "Se for o crime de ação pública, o Ministério Público, quando necessário, promoverá a ação civil ou prosseguirá na que tiver sido iniciada, com a citação dos interessados".

Alternativa correta: "errado".

7. CITAÇÃO, INTIMAÇÕES E CONTAGEM DE PRAZOS

- CPP, arts. 351 a 372
- CPC, 253 a 254

---

154. (CEBRASPE – 2023 – PC/AL – Delegado) No que se refere à legislação processual e à jurisprudência pátrias, julgue o item subsequente.

A intimação do militar será feita por intermédio do chefe do respectivo serviço.

COMENTÁRIOS

Certo. O gabarito não é muito preciso. A citação do militar será feita por intermédio do chefe do respectivo serviço (art. 359, CPP). Sendo testemunha, o militar deverá ser requisito à autoridade superior (art. 221, § 2º).

155. (Vunesp – Delegado de Polícia – PC – SP/2022) Nos termos do Código de Processo Penal, é correto afirmar que

a) não se admitirá a intimação por despacho na petição em que for requerida.

b) adiada, por qualquer motivo, a instrução criminal, o juiz marcará desde logo, dia e hora para seu prosseguimento, intimando-se as partes por edital.

c) verificando que o réu se oculta para não ser citado, o oficial de justiça certificará a ocorrência e procederá à citação por edital.

d) verificando que o réu se oculta para não ser citado, o oficial de justiça certificará a ocorrência e procederá à citação com hora certa.

e) quando o réu estiver fora do território da jurisdição do juiz processante, será citado mediante edital.

COMENTÁRIOS

Alternativa "a": é admitida a intimação por despacho na petição em que for requerida (art. 371, CPP).

Alternativa "b": segundo o art. 372 do CPP, adiada, por qualquer motivo, a instrução criminal, o juiz marcará desde logo, na presença das partes e testemunhas, dia e hora para seu prosseguimento, do que se lavrará termo nos autos.

Alternativa "c" (responde também a alternativa "d"): verificando que o réu se oculta para não ser citado, o oficial de justiça certificará a ocorrência e procederá à citação com hora certa (art. 362, CPP). Portanto, não se trata de hipótese em que o acusado não é encontrado, porque não reside no endereço que dele se conhece. Aqui, a situação é diferente: o acusado, dolosamente, se esconde para não ser citado, mas sabe-se que se encontra num determinado endereço.

Alternativa "e": nesse caso, estando em lugar certo e sabido, fora da área de competência do juiz processante, deverá ser citado pessoalmente, devendo ser expedida carta precatória para tanto.

Alternativa correta: letra "d".

156. (FGV – Delegado de Polícia – PC – AM/2022) No processo penal, a prerrogativa da contagem de prazos em dobro compete

a) aos integrantes da assistência judiciária organizada e mantida pelo Estado.

b) aos defensores dativos.

c) aos núcleos de prática jurídica pertencentes às universidades.

d) aos institutos de direito de defesa.

e) ao Ministério Público.

COMENTÁRIOS

No processo penal, a prerrogativa de contagem de prazos em dobro compete aos integrantes da assistência judiciária organizada e mantida pelo Estado. O art. 44, I, da Lei Complementar 80/1994 garante o prazo em dobro à Defensoria Pública, que é a forma, por excelência, de assistência judiciária organizada e mantida pelo Estado. Os defensores dativos e o Ministério Público não têm tal prerrogativa.

Alternativa correta: letra "a".

157. (Cespe – Delegado de Polícia – PC – PB/2022) Assinale a opção correta em relação à citação e à intimação no processo penal

a) Os prazos são contados da data da intimação, e não da juntada aos autos do mandado ou da carta precatória.

b) É válida a citação por edital de réu preso na mesma comarca do juízo processante quando este não tem ciência do fato.

c) O processo ficará suspenso caso o réu seja citado pessoalmente e, injustificadamente, deixe de comparecer em juízo.

d) A intimação do membro do Ministério Público, do assistente de acusação e do defensor do réu é pessoal.

e) É nula a citação por edital que indica o dispositivo da lei penal, mas não transcreve nem resume a inicial.

COMENTÁRIOS

Alternativa "a": no processo penal, essa é, de fato, a regra, diferente do que sempre se fez no processo civil. Vejam a Súmula 710 do STF: "No processo penal, contam-se os prazos da data da intimação, e não da juntada aos autos do mandado ou da carta precatória ou de ordem".

Alternativa "b": nesse caso, não se admite como válida tal citação, pois o juiz tem a obrigação de saber que a pessoa está presa em sua comarca. Somente se admite a validade se a prisão for em outro Estado. Eis a Súmula 351 do STF: "É nula a citação por edital de réu preso na mesma unidade da federação em que o juiz exerce a sua jurisdição".

Alternativa "c": se o acusado for pessoalmente citado e deixar de comparecer, o processo prosseguirá, podendo o juiz aplicar a revelia. Somente haverá a suspensão, nos termos do que dispõe o art. 366 do CPP, se o acusado for citado por edital e não comparecer ou deixar de constituir defensor.

Alternativa "d": a intimação do Ministério Público e do Defensor Público é pessoal. Em regra, a intimação do defensor não é pessoal, assim como do assistente de acusação.

Alternativa "e": segundo o entendimento do STF: "Não é nula a citação por edital que indica o dispositivo da lei penal, embora não transcreva a denúncia ou queixa, ou não resuma os fatos em que se baseia" (Súmula 366).

Alternativa correta: letra "a".

158. (UFPR – Delegado de Polícia – PC – PR/2021) P.W., citado por edital, não compareceu ao processo nem constituiu advogado. Diante disso, o juiz suspendeu o processo e o prazo prescricional, bem como determinou a produção antecipada de provas consideradas urgentes. Fundamentado na ausência de P.W., o juiz decretou a sua prisão preventiva, objetivando a instrução do processo até final julgamento. Diante do exposto, assinale a alternativa correta.

a) O juiz se equivocou ao suspender o processo e o prazo prescricional, pois a citação editalícia, como modalidade de citação ficta, permite o trâmite regular do feito.

b) O fato de o acusado não ter comparecido após a citação editalícia não autoriza o juiz a decretar a prisão, dado que são necessários outros requisitos.

c) O juiz agiu corretamente ao decretar a prisão, posto que somente dessa forma conseguirá dar andamento regular ao processo.

d) O juiz se equivocou ao determinar a produção antecipada das provas, pois o acusado deverá primeiro ser interrogado para, depois, possibilitar-se a produção dessas provas.

e) O juiz agiu corretamente ao suspender o processo e o prazo prescricional, mas deverá nomear defensor dativo que acompanhe o pedido de liberdade.

COMENTÁRIOS

Trata-se da aplicação do art. 366 do CPP. Nesse caso, o juiz agiu corretamente ao suspender o processo e o prazo prescricional, tal como determina o dispositivo legal, mas não ao decretar a prisão. Embora esta seja possível no caso, somente deverá ser decretada se estiverem presentes os requisitos do art. 312 do CPP, bem como alguma das condições do art. 313. Ou seja, não basta que a pessoa simplesmente tenha sido citada por edital. A determinação de produção antecipada das provas consideradas urgentes está correta, justamente em face da urgência detectada e justificada pelo juiz. Vide, STJ, **Súmula 455:** "A decisão que determina a produção antecipada de provas com base no art. 366 do CPP deve ser concretamente fundamentada, não a justificando unicamente o mero decurso do tempo".

Alternativa correta: letra b.

159. (Vunesp – Delegado de Polícia – PC – SP/2018) No que se refere à comunicação dos atos processuais, assinale a alternativa correta.

a) A citação por procuração é aceita desde que o procurador tenha poderes especiais para tanto.

b) Existem três formas de citação: a real, a ficta e a editalícia.

c) A ausência de citação é causa de nulidade absoluta no processo, mas a inobservância das formalidades da citação gera nulidade relativa do ato.

d) Ao verificar que o réu se oculta para não ser citado, dar-se-á a citação por edital.

e) No caso de citação do militar, além do mandado de citação, que deverá ser cumprido por oficial de justiça, também é necessária a notificação do chefe da repartição pública em que o militar estiver lotado.

COMENTÁRIOS

Alternativa "a": a citação deverá ser sempre pessoal, salvo quando não encontrado o acusado, admitindo-se, então, a citação por edital. A citação com hora certa também é admitida em nosso processo penal, mas equivale à pessoal.

Alternativa "b": a citação ficta é a editalícia. Existe, ainda, como vimos a citação com hora certa.

Alternativa "c": nos dois casos há nulidade sanável. O art. 570 do CPP, a esse respeito, dispõe que a falta ou a nulidade da citação, da intimação ou notificação estará sanada, desde que o interessado compareça, antes de o ato consumar-se, embora declare que o faz para o único fim de argui-la. O juiz ordenará, todavia, a suspensão ou o adiamento do ato, quando reconhecer que a irregularidade poderá prejudicar direito da parte. Porém, sentenciado o processo sem citação anterior, entendemos que não mais poderá ser sanada e a nulidade obrigatoriamente deverá ser declarada, obviamente, se o acusado não tiver comparecido.

Alternativa "d": nesse caso, utiliza-se a citação com hora certa, prevista no art. 362 do CPP.

Alternativa "e": segundo o art. 358 do CPP, a citação do militar far-se-á por intermédio do chefe do respectivo serviço.

Alternativa correta: letra "c".

160. (UEG – Delegado de Polícia – PC – GO/2018) Sobre o procedimento processual penal, verifica-se o seguinte:

a) O Ministério Público possui prazo em dobro para interpor apelação criminal.

b) Em caso de revelia do acusado regularmente citado, presumir-se-ão verdadeiros os fatos narrados na denúncia.

c) Admite-se a citação por hora certa no processo penal.

d) Ocorre emendatio libelli quando o juiz entende cabível nova definição jurídica do fato, em consequência de prova existente nos autos de elemento ou circunstância da infração penal não contida na acusação.

e) No processo penal não se aplica o princípio da identidade física do juiz.

COMENTÁRIOS

✪ **Nota do autor:** inserimos a questão neste tópico apenas porque a alternativa correta trata de citação.

Alternativa "a": o Ministério Público não possui tal prerrogativa no processo penal, para ele correndo normalmente os prazos recursais.

Alternativa "b": a revelia do acusado não implica em confissão no processo penal. Aliás, em regra, nem mesmo se confessar se tomará tal confissão como verdade, devendo ser corroborada por outros elementos.

Alternativa "c": admite-se, de fato, a citação com hora certa, para usarmos a dicção do CPP.

Alternativa "d": nesse caso, temos a *mutatio libelli*, não podendo o juiz dar definição diversa, salvo se o Ministério Público aditar a denúncia,

Alternativa "e": aplica-se, conforme previsto no art. 399, § 2º, do CPP.

Alternativa correta: letra "c".

161. (Cespe - Delegado de Polícia - GO/2017) Com referência a citação e intimação no processo penal, assinale a opção correta.

a) A citação do réu preso poderá ser cumprida na pessoa do procurador por ele constituído na fase policial.

b) As intimações dos defensores públicos nomeados pelo juízo devem ser realizadas mediante publicação nos órgãos incumbidos da publicidade dos atos judiciais da comarca, e não os havendo, pelo escrivão, por mandado ou via postal.

c) Os prazos para a prática de atos processuais contam-se da data da intimação e não da juntada aos autos do mandado ou da carta precatória ou de ordem.

d) Em função dos princípios da simplicidade, informalidade e economia processual, é admissível a citação por edital e por hora certa nos procedimentos sumaríssimos perante juizado especial criminal.

e) No procedimento comum, não se admite a citação ficta nem tampouco a contumácia do réu.

COMENTÁRIOS

Alternativa "a": a citação do preso deverá ser sempre pessoal.

Alternativa "b": os Defensores Públicos têm a prerrogativa de serem intimados pessoalmente. Aliás, o STJ decidiu que os membros da Defensoria devem ser intimados das decisões proferidas nos autos mediante abertura de vista.

Alternativa "c": é entendimento pacífico no processo penal, tanto que o STF editou a Súmula 710.

Alternativa "d": é expressamente vedada a citação por edital no âmbito dos Juizados Especiais Criminais. Havendo necessidade de tal tipo de citação, devem os autos ser encaminhados ao juízo criminal comum, adotando-se, então, o rito sumário.

Alternativa "e": a citação por edital e a citação com hora certa são perfeitamente possíveis nos ritos ordinário e sumário.

Alternativa correta: letra "c".

162. (Vunesp - Delegado de Polícia - SP/2014) No processo penal, as intimações

a) serão sempre pessoais.

b) do defensor constituído serão feitas pelo órgão incumbido da publicidade.

c) não são obrigatórias quando se trata do Ministério Público.

d) são atos que, se desrespeitados, causam nulidade absoluta do processo.

e) serão pessoais, salvo se o réu estiver preso.

COMENTÁRIOS

Alternativa "a": como visto na alternativa anterior, a intimação do defensor constituído poderá se dar, em regra, por publicação em órgão incumbido da publicidade dos atos do processo. A mesma regra aplica-se ao advogado do querelante e ao assistente de acusação. Ademais, não se esqueçam que também é possível no processo penal a intimação ficta, isto é, por edital.

Alternativa "b": é o que dispõe o § 1º do art. 370 do CPP. No caso dos defensores nomeados (dativos) e Defensores Públicos, a intimação deverá ser pessoal, assim ocorrendo também com o Ministério Público.

Alternativa "c": no caso do Ministério Público, as intimações são não só obrigatórias, mas devem ser pessoais, ou seja, feitas ao membro do *Parquet* que oficiar no feito.

Alternativa "d": nem sempre haverá nulidade absoluta do processo, mas, quando muito, dos atos subsequentes à intimação não realizada ou realizada com algum vício e, ainda assim, se demonstrado prejuízo.

Alternativa "e": vide alternativas anteriores. Estando o réu preso, ele deverá ser pessoalmente intimado.

Alternativa correta: letra "b".

163. (Vunesp - Delegado de Polícia - SP/2014) Quando o réu estiver fora do território da jurisdição processante,

a) será citado mediante carta precatória.

b) será citado por hora certa.

c) será julgado à revelia.

d) deverá ser dispensado de comparecer nas audiências, devendo ser interrogado por videoconferência.

e) deverá solicitar que o processo seja remetido para a comarca de sua residência, a fim de que possa se defender melhor dos fatos que lhe são imputados na denúncia.

COMENTÁRIOS

Alternativa "a": a citação é, em regra, pessoal. Assim sendo, se estiver o acusado em comarca distinta daquela onde tramita o processo, deve o juiz determinar a expedição de carta precatória (art. 353, CPP), garantindo-se, desse modo, que a citação pessoal ocorra.

Alternativa "b": a citação por hora certa pressupõe que o acusado esteja em local certo, mas se ocultando para não ser citado pelo oficial de justiça. Nesse caso, procede-se nos termos do art. 362 do CPP. Notem uma coisa: a citação por hora certa pode ocorrer tanto no juízo natural do processo, quanto na comarca para a qual for encaminhada carta precatória para citação, desde que, num destes locais, se constate a presença do acusado, mas sua ocultação para não ser citado.

Alternativa "c": como visto acima, será pessoalmente citado e, em regra, deve ser expedida carta precatória para tal finalidade.

Alternativa "d": não será dispensado das audiências. Porém, em situações excepcionais, previstas no art. 185, § 2º, e no art. 217, ambos do CPP, poder-se-á fazer uso da videoconferência.

Alternativa "e": o foro do domicílio do acusado não é causa de modificação da competência territorial, uma vez já firmada e fora das hipóteses dos arts. 72 e 73 do CPP. Lembrando: (a) o art. 72 diz que, não sendo conhecido o lugar da infração, a competência será do foro do domicílio do acusado; (b) o art. 73 dispõe que nos casos de exclusiva ação privada, o querelante poderá preferir o foro de domicílio ou da residência do réu, ainda quando conhecido o lugar da infração.

Alternativa correta: letra "a".

---

164. (UEG – Delegado de Polícia – GO/2013) Segundo o Código de Processo Penal, a citação do réu preso será feita

a) por hora certa.

b) por edital, independentemente de onde o réu se encontrar preso.

c) mediante requisição à autoridade prisional, dispensando-se o mandado.

d) pessoalmente.

COMENTÁRIOS

Alternativa "a": a citação por hora certa somente será realizada se o réu estiver se ocultando para não ser citado.

Alternativa "b": a citação deve ser sempre pessoal, caso estiver preso o réu. Porém, como visto acima, se estiver preso em outro Estado da Federação e isso não for de conhecimento do juiz, admite-se, sem que haja nulidade, a citação por edital.

Alternativa "c": não é dispensado o mandado de citação, sendo necessário, além da requisição à autoridade prisional.

Alternativa "d": a citação do réu preso será sempre pessoal (art. 360, CPP). Porém, tal regra foi relativizada pela jurisprudência: não há nulidade na citação por edital de réu que estiver preso em outro Estado da Federação (e tal circunstância não for de conhecimento do juízo, obviamente). É o que se pode extrair da Súmula 351 do STF, que diz haver nulidade se o réu estiver preso na mesma unidade da Federação e for citado por edital.

Alternativa correta: letra "d".

8. PROVAS

- CF, art. 5º, X, XI, XII e LVI
- CPP, arts. 155 a 250

---

165. (CEBRASPE – 2023 – PC/AL – Delegado) Em relação ao processo penal brasileiro, julgue o item seguinte.

A quebra na cadeia de custódia da prova resulta, necessariamente, em nulidade absoluta, tornando inadmissível a prova produzida.

COMENTÁRIOS

Errado. De acordo com a maioria da doutrina e a jurisprudência majoritária, a quebra da cadeia de custódia não implica em nulidade absoluta ou em inadmissibilidade da prova, mas apenas deverá ser considerada no momento de sua valoração. Vale lembrar que o papel da cadeia de custódia é apenas de assegurar a confiabilidade da prova, garantindo que o objeto sob perícia é o mesmo encontrado, por exemplo, na cena do crime, numa busca, ou que não tenha sofrido qualquer modificação desde sua obtenção. Parte da doutrina, com algum apoio em precedentes do STJ, ainda sem que se possa afirmar se tratar de jurisprudência consolidada, tem visto a cadeia de custódia na prova digital como relativo à própria existência da prova, de forma que sua quebra representaria nulidade.

---

166. (CEBRASPE – 2023 – PC/AL – Delegado) Em relação ao processo penal brasileiro, julgue o item seguinte.

É desnecessário sujeitar a vítima ao procedimento legal de reconhecimento de pessoa se ela for capaz de individualizar o agente.

COMENTÁRIOS

Certo. Esse é um ponto importante, pois, se a pessoa, por exemplo, a vítima, já tinha conhecimento de quem era o autor do crime, não se faz o reconhecimento, mas apenas a identificação do suspeito. A Resolução 484 do CNJ, que trata do reconhecimento, faz essa distinção. A importância: para a individualização não há necessidade de observância do regramento aplicável ao reconhecimento.

---

167. (CEBRASPE – 2023 – PC/AL – Delegado) Ainda acerca do processo penal brasileiro, julgue o item que se segue.

Sempre serão declaradas nulas as provas derivadas das ilícitas, em razão de preceito constitucional.

COMENTÁRIOS

Errado. As teorias "dos frutos da árvore envenenada" e "da fonte independente" – criações da jurisprudência da Suprema Corte norte-americana – foram claramente adotadas na reforma sofrida pelo CPP em 2008, bastando verificar a redação dada o § 1º do art. 157. Enquanto o *caput* proíbe a valoração das provas ilícitas – consideradas inadmissíveis, devendo ser desentranhadas dos autos – o referido parágrafo afirma: "São também inadmissíveis as provas derivadas das ilícitas" (frutos da árvore envenenada"), "salvo quando não evidenciado o nexo de causalidade entre umas e outras, ou quando as derivadas puderem ser obtidas por uma fonte independente das primeiras". O que se deve entender por "fonte independente"? Diz o § 2º: "aquela que por si só, seguindo os trâmites típicos e de praxe, próprios da investigação ou instrução criminal, seria capaz de conduzir ao fato objeto da prova". A doutrina vem criticando tal definição, por entender ter feito o legislador uma pequena confusão entre "fonte independente" e "descoberta inevitável", outra das criações da Suprema Corte norte-americana. De fato, a definição contida no § 2º do art. 157 do CPP brasileiro descreve a situação de "descoberta inevitável". Então, o que seria a fonte independente? No caso da fonte independente, a prova tem duas origens, sendo uma delas ilícita. Assim, pode-se perfeitamente suprimir a fonte ilegal, que ainda assim subsistirá a fonte lícita.

168. (VUNESP – 2023 – PC/SP – Delegado) No que concerne à prova em matéria de estado das pessoas, o CPP determina, no parágrafo único do art. 155, que

a) serão observadas as restrições estabelecidas na lei civil.
b) são admitidas todas que não são vedadas pela legislação processual em geral.
c) apenas se admitem documentos públicos em sua forma original.
d) não se reproduzem em sede judicial as irrepetíveis.
e) são vedadas as vexatórias ou que atentem contra a moral e ordem pública.

COMENTÁRIOS

A regra, em nosso processo penal, é do livre convencimento motivado para a decisão do processo, havendo algumas poucas limitações. O art. 155, em seu *caput*, estabelece que o juiz não pode formar sua convicção com base exclusivamente em elementos informativos da fase pré-processual, salvo quanto às provas antecipadas, cautelares e não repetíveis. Outra limitação é aquela mencionada na alternativa "a", ou seja, somente quanto ao estado das pessoas serão observadas as restrições previstas na lei civil

Alternativa correta: "a".

169. (VUNESP – 2023 – PC/SP – Delegado) Nos crimes que envolvem violência doméstica e familiar contra mulher, violência contra criança, adolescente, idoso ou pessoa com deficiência,

a) a autoridade policial nomeará curador para a vítima.
b) fica vedada a fixação de fiança pela autoridade policial em caso de flagrante delito.
c) quando da lavratura da portaria, a autoridade policial deverá notificar o órgão ministerial responsável pela tutela do respectivo interesse.
d) terá prioridade, sobre os demais crimes, a realização de exame de corpo de delito.
e) o inquérito correrá sob sigilo.

COMENTÁRIOS

Alternativa "a": errado. Não há qualquer imposição legal de nomeação de curador para a vítima, que poderá, se assim desejar, ser acompanhada de advogado e ter a devida orientação jurídica.

Alternativa "b": errado. Não há vedação a que autoridade policial fixe fiança nesses casos, salvo se se tratar do crime do art. 24-A da Lei Maria da Penha, caso em que somente o juiz poderá arbitrar fiança, como prevê seu § 2º.

Alternativa "c": errado. Tampouco há essa exigência legal.

Alternativa "d": certo. Aqui, há previsão legal expressa de prioridade nessas hipóteses, como previsto no parágrafo único do art. 158 do CPP.

Alternativa "e": não há previsão legal de sigilo nesses inquéritos.

Alternativa correta: "d".

170. (VUNESP – 2023 – PC/SP – Delegado) No que concerne à cadeia de custódia, o ato de transferir o vestígio de um local para o outro, utilizando as condições adequadas, de modo a garantir a manutenção de suas características originais, bem como o controle de sua posse, denomina-se:

a) armazenamento.
b) transporte.
c) fixação.
d) coleta.
e) preservação.

COMENTÁRIOS

✪ **Nota do autor:** a questão exigia o conhecimento da lei, que traz as etapas no seu art. 158-B do CPP, mas também das etapas em si, o que muito melhor do que simplesmente decorar tudo.

Alternativa "a": errado. Armazenamento é o procedimento referente à guarda, em condições adequadas, do material a ser processado, guardado para realização de contraperícia, descartado ou transportado, com vinculação ao número do laudo correspondente

Alternativa "b": certo. O enunciado descreve o transporte, nos termos do inciso VI do art. 158-B.

Alternativa "c": errado. Fixação é a descrição detalhada do vestígio conforme se encontra no local de crime ou no corpo de delito, e a sua posição na área de exames, podendo ser ilustrada por fotografias, filmagens ou croqui, sendo indispensável a sua descrição no laudo pericial produzido pelo perito responsável pelo atendimento.

Alternativa "d": errado. Coleta é o ato de recolher o vestígio que será submetido à análise pericial, respeitando suas características e natureza.

Alternativa "e": errado. O início da cadeia de custódia pode se dar pela preservação do local do crime.

Alternativa correta: letra "b".

---

171. (VUNESP - 2023 - PC/SP - Delegado) No que concerne à escuta especializada e o depoimento especial, prescritos na Lei nº 13.431/17:

a) determina-se que o acusado do crime apenas tenha contato visual com a vítima, mas sempre na presença da autoridade policial ou judiciária.

b) a escuta especializada consiste no procedimento de oitiva de criança ou adolescente vítima ou testemunha de violência perante autoridade policial ou judiciária.

c) o depoimento especial consiste no procedimento de entrevista sobre situação de violência com criança ou adolescente perante órgão da rede de proteção, limitado o relato estritamente ao necessário para o cumprimento de sua finalidade.

d) tratam-se de procedimentos facultativos para as vítimas e testemunhas de violência entre 18 (dezoito) e 21 (vinte e um) anos.

e) proíbe-se a gravação de áudio e vídeo, a fim de preservar a privacidade da vítima.

COMENTÁRIOS

Alternativa "a": errado. A criança ou o adolescente será resguardado de qualquer contato, ainda que visual, com o suposto autor ou acusado, ou com outra pessoa que represente ameaça, coação ou constrangimento (art. 9º, Lei 13.431/2017).

Alternativa "b": errado. Escuta especializada é o procedimento de entrevista sobre situação de violência com criança ou adolescente perante órgão da rede de proteção, limitado o relato espontâneo e estritamente ao necessário para o cumprimento de sua finalidade (art. 7º, Lei 13.431/2017).

Alternativa "c": errado. Depoimento especial é o procedimento de oitiva de criança ou adolescente vítima ou testemunha de violência perante autoridade policial ou judiciária (art. 8º, Lei 13.431/2017). Também conhecido como depoimento sem dano, é realizado de forma multidisciplinar (com auxílio especialmente de assistente social ou psicólogo), permitindo um ambiente menos constrangedor e mais propício para a busca da verdade.

Alternativa "d": certo. É facultativo nesses casos, pois somente há obrigatoriedade para adoção da escuta especializada e depoimento especial se se tratar de criança ou adolescente.

Alternativa "e": errado. Ao contrário, o depoimento será gravado em áudio e vídeo (art. 12, VI, Lei 13.431).

Alternativa correta: letra "d".

---

172. (FGV - 2024 - PC/SC - Delegado) A estrutura de garantias constitucionais organizada para manter firme o axioma *Nulla poena sine probatione* exige dos Poderes Públicos, sobretudo do Poder Judiciário, do Ministério Público e dos organismos policiais, a observância na busca, aquisição, proposição e avaliação dos elementos probatórios. Nesse compasso, a fim de evitar erros judiciários que levem à condenação de pessoas inocentes, impedir o incremento da seletividade penal e do racismo estrutural, o Conselho Nacional de Justiça, por meio da Resolução nº 484, de 19 de dezembro de 2022, estabeleceu diretrizes para a realização e avaliação do reconhecimento de pessoas em inquéritos policiais, procedimentos de investigação e processos criminais, nos termos do Art. 226 do Código de Processo Penal.

Fonte: CNJ. (Resolução 484/2019). https://atos.cnj.jus.br.

A respeito da prova no Processo Penal, considerando as disposições do Código de Processo Penal, da Constituição da Federal de 1988, das leis processuais penais, e da Jurisprudência recente do Superior Tribunal de Justiça e do Supremo Tribunal Federal, analise as afirmativas a seguir e assinale V para a verdadeira e F para a falsa.

( ) O reconhecimento fotográfico pode ser considerado um meio de prova irritual, pois colhida sem a observância dos elementos ou modelos previstos em lei.

( ) A confissão é um meio de prova retratável e divisível.

( ) O reconhecimento de pessoas, por sua natureza, consiste em prova irrepetível.

As afirmativas são, respectivamente,

a) V – V – V.

b) F – F – V.

c) V – F – V.

d) V – V – F.

e) F – V – V.

COMENTÁRIOS

Primeira afirmativa: falsa. Não seria irritual, mas meio de prova atípico, visto que o CPP apenas menciona o reconhecimento pessoal. Não obstante, a Resolução 484 deixou claro ser perfeitamente possível realizar o reconhecimento fotográfico, observando-se o rito prescrito para o reconhecimento pessoal.

Segunda afirmativa: verdadeira. A confissão é retratável e divisível, isso porque o acusado pode voltar atrás no que declarou, além do que o juiz pode considerar provado parte do que foi trazido na confissão. Por exemplo, o juiz pode considerar que a confissão da autoria da morte da vítima possui amparo em outras provas, o mesmo não ocorrendo com a alegação de legítima defesa,

Terceira afirmativa: verdadeira. A própria Resolução 484 afirma essa irrepetibilidade. Ela é baseada na constatação empírica, baseada em experimentos, de que, uma vez realizado o reconhecimento, a memória humana fica comprometida, de modo que qualquer novo ato de reconhecimento não terá valor epistêmico.

Alternativa correta: "e".

173. (FGV - 2024 - PC/SC - Delegado) Uma pessoa passava pela roleta de uma estação do metrô, com uma mochila nas costas, quando foi abordada por dois agentes de segurança da empresa. Acreditando que se tratava de vendedor ambulante, os agentes fizeram uma busca pessoal e encontraram na mochila dois pacotes de *Cannabis sativa* (maconha).

Com relação aos termos estritos da narrativa, nos termos da legislação processual penal e no contexto da busca pessoal, analise as afirmativas a seguir.

I. A pessoa abordada pelos agentes na estação metroviária não tinha a obrigação de se sujeitar à revista pessoal, ante a inexistência de disposição legal que autorize a prática desse ato.

II. É lícita a prova obtida, pois qualquer pessoa do povo está autorizada, pelo Código de Processo Penal, a realizar busca pessoal em quem se encontrar em situação de fundada suspeita.

III. A busca pessoal constitui violação à privacidade e à intimidade e é proibida pela Constituição, salvo se houver permissão da pessoa a que se pretende ver submetida à revista, ou se a abordagem for realizada na presença de 3 (três) pessoas.

Está correto o que se afirma em

a) I, II e III.

b) I, III, apenas.

c) II e III, apenas.

d) I, apenas.

e) II, apenas.

COMENTÁRIOS

Afirmativa I: certo. Os agentes da estação não tinham o direito de revista a bolsa do cidadão, ainda mais sob a alegação de busca de produtos para venda no local. Os agentes não possuem autorização legal para assim agir. O máximo que poderiam fazer era verificar se ele iria ou não vender e, se positivo, impedi-lo.

Afirmativa II: errado. Qualquer do povo pode prender quem está em situação de flagrante evidente, verificável de plano. Não tem o direito de efetuar busca pessoal, veicular ou residencial em busca de uma situação flagrancial.

Afirmativa III: errado. Não há qualquer violação à CF, pois o direito à privacidade pode ceder em face da segurança da coletividade, desde que esteja presente a fundada suspeita de que o indivíduo traga algum objeto ilícito, que represente a prática de crime.

Alternativa correta: "d".

174. (FGV - 2024 - PC/SC - Delegado) "O convencimento não deve ser, em outros termos, fundado em apreciações subjetivas do juiz; deve ser tal que os fatos e provas submetidos a seu juízo, se o fossem desinteressados ao de qualquer outro cidadão razoável, deveriam produzir, também neste, a mesma convicção que naquele".

MALATESTA, Nicola Framarino Del. A Lógica das provas. Bookseller, 1996, vol. 13ª ed. (1912), p. 51.

Quanto ao sistema geral de avaliação das provas aplicado ao processo penal, encontra-se o relacionado

a) à identidade física do juiz, no qual exige a presença física do magistrado, presidindo a instrução e avaliando todas as provas apresentadas pelas partes.

b) ao sistema misto, pois impede que o juiz tenha iniciativa na fase de investigação, abrangendo a impossibilidade de se insurgir contra o arquivamento manejado pelo titular da ação penal.

c) à persuasão racional, como regra. O magistrado tem ampla liberdade na valoração das provas, mas não é dado ao juiz fundamentar a sua decisão exclusivamente nos elementos informativos colhidos na investigação, exceto no caso de provas cautelares, não repetíveis e antecipadas.

d) à certeza moral do juiz, nos casos relacionados às decisões do juiz presidente e a dos jurados do Tribunal do Júri, as quais não precisam ser fundamentadas.

e) à íntima convicção, como regra. É permitido ao juiz valorar as provas com ampla liberdade, decidindo de modo a aplicar o direito objetivo, a partir da sua convicção, sem a necessidade de submeter-se a um sistema tarifado.

COMENTÁRIOS

O sistema de avaliação de provas vigente em nosso sistema processual penal é o da persuasão racional, pois o magistrado tem liberdade para valorar as provas, estando sujeito a poucas regras que limitam tal atividade, sendo a mais importante aquela prevista no art. 155 do CPP, que é repetida pela alternativa "c". No júri, evidentemente, por não haver qualquer fundamentação da decisão, prevalece a livre convicção dos jurados.

Alternativa correta: "c".

175. (FGV - 2024 - PC/SC - Delegado) Demétrio é investigado e indiciado pela prática do crime de receptação qualificada. Demétrio comparece à delegacia com a sua defesa técnica e explica que gostaria de prestar esclarecimentos acerca dos fatos por considerar que a investigação é totalmente improcedente. O delegado de polícia, porém, conclui o inquérito sem ouvir as declarações do imputado por considerá-las irrelevantes; pois, segundo ele, além de dispor de todo o acervo probatório sobre a materialidade delitiva, e para não causar atropelo à persecução penal, o investigado poderia fazer uso do direito ao silêncio.

Em relação à situação-problema hipotética, considerando as disposições do Código de Processo Penal, da Constituição da República, e da Jurisprudência atualizada dos Tribunais Superiores, avalie as afirmativas a seguir e assinale (V) para a verdadeira e (F) para a falsa.

( ) Embora não exista propriamente uma dialética na fase da persecução criminal, as declarações do imputado, quando deseja prestá-las, em sede policial, não poderão ser interpretadas como tumulto ou retardamento às investigações, pois elas podem esclarecer fatos, circunstâncias, e podem evitar a inobservância das normas constitucionais e legais na fase pré-processual.

( ) No curso do inquérito policial, conforme a disciplina do Código de Processo Penal, o imputado deve ser ouvido e não interrogado. Todavia, as declarações prestadas pelo investigado devem ser regidas pelas normas processuais relacionadas ao interrogatório judicial.

( ) Em âmbito judicial, formada a sua convicção acerca da autoria do crime, a dispensa do interrogatório do acusado, por parte do juiz, não deve conduzir à nulidade processual, se existirem outros meios probatórios disponíveis para a formação da verdade real.

( ) No modelo acusatório, o interrogatório do acusado, para além de ser um ato personalíssimo e defensivo, é ato tipicamente judicial; entretanto, em sede policial, considerando o interrogatório como um meio de prova e meio de defesa, o investigado deverá ser advertido pelo delegado de polícia de que o seu silêncio poderá prejudicar a sua defesa.

As afirmativas são, respectivamente,

a) V – V – F – F.
b) V – V – F – V.
c) F – V – F – V.
d) F – F – V – F.
e) V – V – V – F.

COMENTÁRIOS

Primeira afirmativa: verdadeira. A afirmativa explica com precisão a razão pela qual cabe o interrogatório na fase policial. Completamos, lembrando que, apesar de não haver a incidência do contraditório na fase investigativa, sempre defendemos que a ampla defesa já atua, embora sob limites, visto que o imputado pode perfeitamente deixar de produzir prova contra sim, permanecer em silêncio no interrogatório ou dar a versão que quiser, o que pode ser importante para até mesmo evitar a propositura da ação penal.

Segunda afirmativa: verdadeira. Temos dúvidas sobre se está correta tal afirmação. Pela letra da lei, estaria, visto que o interrogatório é regido apenas em sua modalidade judicial, enquanto que, na etapa anterior, o CPP trata apenas da oitiva do imputado. No entanto, não se pode deixar de considerar que há, sim, interrogatório e que as disposições do CPP está sujeitas a serem assim interpretadas.

Terceira afirmativa: falsa. No Brasil, o interrogatório é etapa obrigatória da instrução processual, devendo ser seu último ato. O acusado não é obrigado a comparecer ao ato ou, se comparecer, não é obrigado a dizer nada.

Quarta afirmativa: falsa. Sempre que ouvido, o imputado deverá ser advertido de que tem o direito de permanecer em silêncio e que seu silêncio não poderá prejudica-lo. O interrogatório judicial é ato judicial, mas com a participação das partes, que podem dirigir perguntas ao acusado. Finalmente, isso não tem relação algum com o fato de ser ou não acusatório o sistema.

Alternativa correta: "a".

---

176. (FGV - 2024 - PC/SC - Delegado) É assente no mundo jurídico que o processo penal, lastreado pelo Princípio Constitucional da não-culpabilidade, deve tutelar, com segurança e eficiência, a atividade probatória, por meio de um rigoroso sistema de controles epistêmicos, standards probatórios que poderão garantir segurança jurídica ao processo criminal.

Com relação aos vestígios, exames e perícias, analise as afirmativas a seguir:

I. Quando o mecanismo de prospecção e preservação das provas não é quebrado, mantendo íntegra a história cronológica do vestígio, o juiz não poderá rejeitar o laudo pericial no todo ou em parte.

II. No caso de lesão corporal, quando desaparecem os vestígios, a elaboração dos laudos poderá ser realizada por outros meios, como a apresentação de fotos que tenham sido tiradas à época da agressão, prontuários médicos fornecidos por postos de saúde e hospitais, entre outros elementos que tenham condições de formar um acervo probatório capaz de demonstrar a materialidade delitiva.

III. Quanto à guarda do vestígio, o lacre rompido do recipiente deverá ser acondicionado no interior do novo recipiente, de acordo com a literalidade do Código de Processo Penal.

Está correto o que se afirma em

a) I, II e III.
b) I, apenas.
c) II, apenas.
d) II, III, apenas.
e) I e IIII, apenas.

COMENTÁRIOS

Afirmativa I: errado. A preservação da cadeia de custódia tem relação com a credibilidade da prova, portanto, sendo tema relacionada à sua valoração pelo juiz. Nesse passo, o magistrado pode sempre rejeitar o laudo, no todo ou em parte. O art. 182 do CPP não foi revogado.

Afirmativa II: certo. Trata-se, segundo parte da doutrina, do exame de corpo de delito indireto.

Afirmativa III: certo. É o que dispõe o § 5º do art. 158-D do CPP.

Alternativa correta: "d".

177. (Vunesp – Delegado de Polícia – PC – SP/2022) Nos que concerne à cadeia de custódia e das perícias previstas no Código de Processo Penal, é correto afirmar:

a) vestígio é todo material encontrado e recolhido no local da infração, que se relaciona ou não com a infração penal, mas que poderá receber essa denominação pelo Delegado de Polícia.

b) após a realização da perícia, o material deverá ser devolvido ao Delegado de Polícia, que poderá determinar a remessa à central de custódia, quando então deverá nela permanecer.

c) caso a central de custódia não possua espaço para armazenar determinado material, deverá o Ministério Público determinar as condições de depósito do referido material em local diverso, mediante requerimento do diretor do órgão central de perícia oficial de natureza criminal.

d) o início da cadeia de custódia dá-se com a apreensão dos objetos pela autoridade policial, assim como com procedimentos policiais ou periciais nos quais seja detectada a existência de vestígio.

e) considera-se cadeia de custódia o conjunto de todos os procedimentos utilizados para manter e documentar a história cronológica do vestígio coletado em locais ou em vítimas de crimes, para rastrear sua posse e manuseio a partir de seu reconhecimento até o descarte.

COMENTÁRIOS

Alternativa "a": desde a Lei Anticrime, temos uma definição legal de "vestígio". Segundo o § 3º do art. 158-A do CPP: "Vestígio é todo objeto ou material bruto, visível ou latente, constatado ou recolhido, que se relaciona à infração penal". Portanto, não depende de qualquer juízo de valor do delegado.

Alternativa "b": em razão do respeito à cadeia de custódia das provas, após a realização da perícia, o material deverá ser devolvido à central de custódia, devendo nela permanecer (art. 158-F, CPP).

Alternativa "c": atenção, pois agora há regras para cada detalhe da cadeia de custódia. Assim, caso a central de custódia não possua espaço ou condições de armazenar determinado material, deverá a autoridade policial ou judiciária determinar as condições de depósito do referido material em local diverso, mediante requerimento do diretor do órgão central de perícia oficial de natureza criminal (art. 158-F, parágrafo único, CPP).

Alternativa "d": o início da cadeia de custódia dá-se com a preservação do local de crime ou com procedimentos policiais ou periciais nos quais seja detectada a existência de vestígio (art. 158-A, § 1º, CPP).

Alternativa "e": evidente que a Lei 13.964/2019, que introduziu as regras sobre cadeia de custódia, não deixaria de conceituá-la. Assim, o art. 158-A do CPP considera cadeia de custódia o conjunto de todos os procedimentos utilizados para manter e documentar a história cronológica do vestígio coletado em locais ou em vítimas de crimes, para rastrear sua posse e manuseio a partir de seu reconhecimento até o descarte.

Alternativa correta: letra "e".

178. (FGV – Delegado de Polícia – PC – AM/2022) O Art. 158 do CPP ilustra a importância do exame de corpo de delito, necessário nos casos em que a infração deixar vestígios. Sobre o corpo de delito, é correto afirmar que

a) corpo de delito é o nome técnico dado ao corpo da vítima.

b) a confissão do acusado supre a necessidade da realização do exame de corpo de delito.

c) corpo de delito corresponde ao exame do corpo da vítima.

d) o corpo de delito é a base residual do crime e pode corresponder a pessoas ou coisas.

e) pelo princípio da ampla defesa e do contraditório, é permitido aos advogados das partes a requisição do exame de corpo de delito bem como a formulação de quesitos.

COMENTÁRIOS

Alternativa "a" (responde também as alternativas "c" e "d"): a ideia de corpo de delito vai além do mero objeto do crime, abrangendo também todo e qualquer vestígio que tenha sido deixado pelo autor do delito e que seja passível de exame pericial. A ideia de corpo de delito já foi ainda mais ampla, abrangendo a própria noção de comprovação da autoria. É, como diz a alternativa "d", a base residual do crime e pode corresponder a pessoas ou coisas, não só o corpo da vítima, portanto.

Alternativa "b": sempre que houve vestígios, cabe a realização do exame de corpo de delito e a confissão do acusado nunca poderá supri-lo (art. 158, *caput*, CPP).

Alternativa "e": os advogados das partes podem requerer a produção de exame pericial, o que poderá ser deferido pelo juiz, quando pertinente. Não podem, portanto, requisitar a perícia. De qualquer modo, podem, sim, apresentar quesitos (art. 159, § 3º, CPP), e constituir assistente técnico.

Alternativa correta: letra "d".

179. (FGV – Delegado de Polícia – PC – AM/2022) De acordo com o Art. 160 do CPP, os peritos elaborarão o laudo pericial, no qual deverão descrever minuciosamente o que examinarem e responder aos quesitos formulados. Em relação ao laudo pericial, está correto afirmar que

a) de acordo com Art. 169 do CPP, é obrigação do perito instruir seu laudo com fotografias, desenhos ou esquemas elucidativos.

b) o laudo pericial será elaborado em prazo máximo de 10 dias, de acordo com a Lei nº 8.862/94.

c) o laudo pericial será elaborado no prazo máximo de 10 dias, podendo ser prorrogado, em casos excepcionais, a requerimento dos peritos.

d) o laudo pericial será elaborado em prazo determinado pela Autoridade em documento de requisição do exame, não havendo padronização quanto ao tempo, devido à diferença de complexidade entre os casos.

e) os laudos periciais serão sempre assinados por dois peritos.

COMENTÁRIOS

O gabarito inicial indicava a alternativa "c" como correta (e estava), mas a questão foi anulada.

Alternativa "a": embora recomendável – e, hoje, não se entende o motivo para não se fazer isso –, o emprego de fotografias ainda é, nos termos do art. 169 do CPP, facultativa nesse tipo de perícia. Diz o dispositivo: "Para o efeito de exame do local onde houver sido praticada a infração, a autoridade providenciará imediatamente para que não se altere o estado das coisas até a chegada dos peritos, que poderão instruir seus laudos com fotografias, desenhos ou esquemas elucidativos".

Alternativa "b" (responde também as alternativas "c" e "d"): de acordo com o parágrafo único do art. 160 do CPP, acrescentado pela Lei 8.862/1994, o laudo pericial será elaborado no prazo máximo de 10 dias, podendo este prazo ser prorrogado, em casos excepcionais, a requerimento dos peritos. Ademais, não é a autoridade policial que elabora o laudo, mas o perito.

Alternativa "e": o exame de corpo de delito e outras perícias serão realizados por perito oficial, no singular, portador de diploma de curso superior. Na falta de perito oficial, o exame será realizado por duas pessoas idôneas, portadoras de diploma de curso superior preferencialmente na área específica, dentre as que tiverem habilitação técnica relacionada com a natureza do exame (art. 159, CPP).

Alternativa correta: letra "c".

180. (FGV – Delegado de Polícia – PC – AM/2022) Sobre o reconhecimento fotográfico, de acordo com a atual orientação do STJ, é correto afirmar que

a) o reconhecimento fotográfico, realizado na investigação com base em buscas das vítimas em fotos constantes de rede social, é suficiente para embasar a sentença condenatória.

b) o reconhecimento fotográfico, realizado na investigação, com posterior confirmação por prova testemunhal em juízo, é suficiente para embasar a sentença condenatória.

c) a inobservância total ou parcial dos preceitos do Art. 226 do CPP, em relação ao reconhecimento fotográfico, interfere na legitimidade do decreto condenatório.

d) a inobservância total ou parcial dos preceitos do Art. 226 do CPP, em relação ao reconhecimento pessoal, interfere na legitimidade do decreto condenatório.

e) o reconhecimento fotográfico realizado na investigação serve apenas como prova inicial, dependendo de posteriormente haver reconhecimento pessoal.

COMENTÁRIOS

O STJ, durante muito tempo, entendeu que a não observância do art. 226 do CPP no reconhecimento fotográfico não gerava, necessariamente, qualquer nulidade nessa prova, até porque não tinha a tal Corte muita preocupação com essa espécie probatória que, para muitos na doutrina, é atípica. Mais recentemente, o STJ passou a se debruçar sobre o reconhecimento como prova, incluindo o fotográfico. Restaram claros dois posicionamentos: o reconhecimento, pessoal ou fotográfico, deve seguir o art. 226; o reconhecimento, sozinho, pode não ser suficiente para justificar o decreto condenatório, devendo, a depender do caso, estar acompanhado de outras provas, sobretudo o reconhecimento pessoal.

Alternativa correta: letra "e".

181. (Cespe – Delegado de Polícia – PC – RJ/2022) A autoridade policial, no curso de uma investigação de crime de organização criminosa do art. 2.° da Lei n.° 12.850/2013, formula requisição direta a provedor de conexão, com fundamento no art. 15 dessa mesma lei, para o fornecimento de dados cadastrais vinculados a determinado endereço de Internet Protocol e da porta lógica, em datas e horários especificados, sobretudo de informações sobre o nome completo do usuário, a filiação, as contas de email associadas e demais dados existentes. Considerando essa situação hipotética, assinale a opção correta.

a) O direito à proteção dos dados pessoais nos meios digitais não está expressamente previsto na Constituição da República Federativa do Brasil de 1988.

b) As contas do email são abrangidas pela definição de dados cadastrais que não são protegidos pelo direito à privacidade.

c) O pedido final de "demais dados existentes" não ofende o direito à privacidade.

d) A obtenção de dados pessoais do investigado por meio de fontes abertas se sujeita sempre ao princípio da reserva da jurisdição.

e) A integridade da prova digital diz respeito à garantia da não alteração do dado coletado durante o tratamento e assegura a possibilidade do exercício da ampla defesa e do contraditório por parte do investigado na persecução criminal.

COMENTÁRIOS

Alternativa "a": o direito à proteção dos dados pessoais está expressamente previsto no inciso LXXIX do art. 5º da CF, inclusive nos meios digitais.

Alternativa "b": contas de e-mail são protegidas pelo direito à privacidade, de modo que a autoridade policial somente poderá ter acesso ao seu conteúdo se obtiver autorização judicial.

Alternativa "c": os "demais dados existentes" podem ofender o direito à privacidade, pois podem incluir dados que não são apenas cadastrais, mas de conteúdo das próprias comunicações, o que depende de autorização judicial.

Alternativa "d": dados abertos são aqueles disponíveis na internet para consulta, sem restrição do detentor, que não dependem, por óbvio, de autorização judicial.

Alternativa "e": a integridade da prova digital é dos temas mais difíceis atualmente, inclusive no que diz respeito à cadeia de custódia. Há quem defenda que qualquer violação da cadeia de custódia da prova digital, ao contrário do que ocorre com as demais provas, acarreta sua total nulidade. Tudo está ligado à questão da preservação dos dados coletados, de forma que se assegure que aquilo que foi colhido em determinada data não poderia ser de forma alguma alterada pelos responsáveis pela apreensão e manutenção da prova.

Alternativa correta: letra "e".

---

182. (Cespe – Delegado de Polícia – PC – RJ/2022) Uma operação policial foi deflagrada para coibir a atividade ilícita de determinados ferros-velhos na região da Baixada Fluminense, onde, segundo as investigações, carros, produtos de furto e roubos, eram cortados e suas peças eram vendidas no mercado paralelo em todo o estado. Atuaram na operação 80 agentes de polícia e 10 delegados, que, munidos de mandados de busca e apreensão e mandados de prisão, prenderam 40 pessoas, recuperaram 120 automóveis furtados e roubados e centenas de peças diversas de automóveis, além de terem efetuado a prisão em flagrante de 60 pessoas. Na operação, também foram apreendidos telefones celulares, chips, documentos de propriedade de veículos e diversas placas de identificação veicular. Em um desses ferros-velhos, Orozimbo, advogado, encontrava-se ao lado de um automóvel produto de crime. Conforme filmagens apreendidas pela polícia, ele havia chegado ao local nesse automóvel, minutos antes da chegada dos policiais. Ainda, um dos presos em flagrante disse, no momento da prisão, que grande parte dos documentos dos carros furtados e roubados apreendidos estava no escritório do advogado Orozimbo, guardados para serem negociados com integrantes de quadrilha que vendia carros no Paraguai. Os celulares apreendidos com quatro dos presos foram desbloqueados pelos titulares das linhas, espontânea e consentidamente, e mostravam conversas em grupos de aplicativos de mensagem com o chefe de quadrilha, nominado de Thief. Fotos e vídeos de integrantes da quadrilha, agindo nas ruas da cidade, também foram encontrados nos celulares. Os documentos pessoais de Thief (passaporte, identidade e CPF) ficavam no escritório de Orozimbo, guardados num cofre. Considerando essa situação hipotética, assinale a opção correta.

a) Eventual procedimento de busca e apreensão no escritório do advogado Orozimbo será protegido pela inviolabilidade relativa, por existirem indícios da sua participação nos crimes objeto da operação.

b) A realização de busca e apreensão no escritório do advogado Orozimbo não é admissível, por ser assegurada pela lei a inviolabilidade absoluta de seu escritório ou local de trabalho.

c) É admissível a realização de busca e apreensão no escritório do advogado Orozimbo, para apreensão de todo e qualquer material que lá estiver, inclusive os de eventuais sócios dele, considerando-se a prática do crime investigado.

d) A realização de busca e apreensão no escritório do advogado Orozimbo somente poderá ocorrer se se tratar da prática de crime inafiançável cuja pena seja superior a oito anos de reclusão.

e) Orozimbo não poderá ser preso em flagrante delito, porque, sendo advogado, possui imunidade profissional que impede sua prisão.

COMENTÁRIOS

O escritório do advogado possui inviolabilidade, como garantia da própria profissão (art. 7º, II, Estatuto da OAB). Porém, essa inviolabilidade é relativa. De acordo com o § 6º do art. 7º do mesmo Estatuto, presentes indícios de autoria e materialidade da prática de crime por parte de advogado, a autoridade judiciária competente poderá decretar a quebra da inviolabilidade de que trata o inciso II do *caput* do artigo, em decisão motivada, expedindo mandado de busca e apreensão, específico e pormenorizado, a ser cumprido na presença de representante da OAB, sendo, em qualquer hipótese, vedada a utilização dos documentos, das mídias e dos objetos pertencentes a clientes do advogado averiguado, bem como dos demais instrumentos de trabalho que contenham informações sobre clientes. Ademais, o advogado pode, sim, ser preso em flagrante, se presente alguma hipótese do art. 302 do CPP.

Alternativa correta: letra "a".

---

183. (Cespe – Delegado de Polícia – PC – PB/2022) No que se refere à prova pericial no curso do processo judicial, é permitido às partes

I requerer a oitiva dos peritos para esclarecerem a prova ou para responderem a quesitos.

II demandar esclarecimentos dos peritos desde que os quesitos ou questões sejam encaminhados com antecedência mínima de 15 dias.

III arguir o impedimento legal do perito.

Assinale a opção correta.

a) Apenas o item I está certo.

b) Apenas o item III está certo.

c) Apenas os itens I e II estão certos.

d) Apenas os itens I e III estão certos.

e) Todos os itens estão certos.

COMENTÁRIOS

Item I: certo. Segundo o inciso I do § 5º do art. 159 do CPP, durante o curso do processo judicial, é permitido às partes, quanto à perícia, requerer a oitiva dos peritos para esclarecerem a prova ou para responderem a quesitos, desde que o mandado de intimação e os quesitos ou questões a serem esclarecidas sejam encaminhados com antecedência mínima de 10 dias, podendo apresentar as respostas em laudo complementar.

Item II: errado. Como visto acima, o prazo é de 10 dias de antecedência mínima.

Item III: certo. O art. 279 do CPP traz os casos de impedimento dos peritos, que hoje se resumem as hipóteses de seus incisos II e III: os que tiverem prestado depoimento no processo ou opinado anteriormente sobre o objeto da perícia; os analfabetos e os menores de 21 anos. Assim, as partes poderão arguir o impedimento legal.

Alternativa correta: letra "d".

---

184. (Cespe - Delegado de Polícia - PC - PB/2022) De acordo com o entendimento dos tribunais superiores, é lícita a prova obtida

a) em revista pessoal feita por agentes de segurança privada que trabalham em estação de metrô.

b) por busca e apreensão de documento no interior de veículo automotor utilizado para passeio, sem prévia autorização judicial.

c) pela polícia, por meio da extração de conversas do celular apreendido do preso no momento do flagrante, sendo desnecessária prévia autorização judicial.

d) por meio de revista íntima realizada em visitante de estabelecimento prisional, ainda que motivada por denúncia anônima.

e) por meio de abertura de cartas, correspondências ou qualquer encomenda postada nos Correios.

COMENTÁRIOS

Alternativa "a": a revista pessoal não poderá ser realizada, segundo os Tribunais Superiores, por aqueles que não exercem função de polícia, como é o caso dos agentes de segurança privada. No entanto, há que se fazer uma ponderação: se os agentes detiverem uma pessoa que tenha acabado de cometer um crime e, em revista para segurança dos próprios agentes, fizerem revista e encontrarem objeto ilícito, nos parece razoável afirmar a licitude dessa prova, eis que não houve realização de atividade típica de polícia. Mas o ponto não seria pacífico nos Tribunais Superiores.

Alternativa "b": a busca realizada em automóvel, sem mandado, depende da existência de fundada suspeita de que no interior do carro há objeto ilícito, como droga ou arma, pois os Tribunais Superiores vêm equiparando essa situação à da revista pessoal. No entanto, se o que se procura é um documento, cuja posse é lícita, haverá necessidade, em regra, de prévia autorização judicial.

Alternativa "c": o acesso aos dados armazenados no aparelho de celular depende de prévia autorização judicial, como vem decidindo reiteradamente os Tribunais Superiores.

Alternativa "d": a revista íntima vem sendo rechaçada pelos Tribunais Superiores, que exigem meios menos invasivos para saber se a pessoa carrega em seus orifícios algum objeto ilícito. É, em tese, possível a revista íntima se presente fundada suspeita, pois se trata de forma de revista pessoal, que não pode ser feita de modo sistemático, apenas porque a pessoa pretende ingressar no presídio.

Alternativa "e": a CF traz a inviolabilidade da comunicação postal, não se admitindo a abertura de cartas ou correspondências, pois não há exceção. O STF já admitiu em caso de presos, invocando o princípio da proporcionalidade.

Alternativa correta: letra "b".

---

185. (Cespe - Delegado de Polícia - PC - PB/2022) Em relação à prova criminal, é correto afirmar que,

a) na falta de perito oficial, o exame será realizado por duas pessoas idôneas, com formação superior preferencialmente na área técnica relacionada à perícia.

b) a confissão formal do acusado pode suprir a ausência do exame de corpo de delito nos crimes que deixam vestígios.

c) na sentença, o juiz não pode desconsiderar integralmente as conclusões de laudo pericial elaborado por perito oficial.

d) o exame deve ser realizado por dois peritos oficiais sob pena de nulidade, sendo admitida a elaboração do laudo por aquele que participou da diligência de apreensão.

e) para a comprovação da materialidade do crime de violação de direito autoral, é necessária a perícia de todo o produto apreendido para verificar a exata extensão do dano.

COMENTÁRIOS

Alternativa "a": o § 1º do art. 159 do CPP dispõe que, na falta de perito oficial, o exame será realizado por 2 pessoas idôneas, portadoras de diploma de curso superior preferencialmente na área específica, dentre as que tiverem habilitação técnica relacionada com a natureza do exame.

Alternativa "b": a confissão do acusado jamais pode suprir a ausência do exame de corpo de delito, consoante a regra expressa do art. 158, *caput*, do CPP. O maior erro judiciário ocorrido no Brasil se deu por não se observar essa premissa: dois homens foram condenados pela morte de uma pessoa, por conta de suas confissões, extraídas na base de tortura, estando, porém, viva a "vítima".

Alternativa "c": o juiz não fica adstrito às conclusões do laudo, podendo aceitá-lo ou rejeitá-lo, no todo ou em parte (art. 182, CPP), evidentemente, desde que o faça de modo fundamentado.

Alternativa "d": em regra, o exame de corpo de delito e outras perícias serão realizados por um perito oficial, portador de diploma de curso superior. O art. 279 do CPP traz os casos de impedimento dos peritos, que hoje se resumem as hipóteses de seus incisos II e III: os que tiverem prestado depoimento no processo ou opinado anteriormente sobre o objeto da perícia; os analfabetos e os menores de 21 anos. Apenas isso.

Alternativa "e": para a configuração do delito de violação de direito autoral e a comprovação de sua materialidade, é suficiente a perícia realizada por amostragem do produto apreendido, nos aspectos externos do material, e é desnecessária a identificação dos titulares dos direitos autorais violados ou daqueles que os representem (STJ, Súmula 574).

Alternativa correta: letra "a".

186. (UFPR – Delegado de Polícia – PC – PR/2021) Conforme a doutrina de Gustavo Badaró, "o ônus da prova é a faculdade de os sujeitos parciais produzirem as provas sobre as afirmações de fatos relevantes para o processo, cujo exercício poderá levá-los a obter uma posição de vantagem ou impedir que sofram um prejuízo".

(BADARÓ, Gustavo. Processo penal. Rio de Janeiro: Campus Jurídico / Elsevier, 2012, p. 272.)

A respeito do "ônus da prova", considere as seguintes afirmativas:

1. A dúvida sobre a tipicidade da conduta (incluindo a ação ou a omissão) levará a um julgamento absolutório.
2. O ônus da prova da autoria delitiva, bem como da participação no concurso de agentes, pesa sobre a acusação.
3. A acusação tem o ônus de provar o elemento subjetivo do delito.
4. Em caso de "fundada dúvida" sobre a excludente de ilicitude, vigora o princípio do in dubio pro societat.

Assinale a alternativa correta.

a) Somente a afirmativa 4 é verdadeira.
b) Somente as afirmativas 1 e 4 são verdadeiras.
c) Somente as afirmativas 2 e 3 são verdadeiras.
d) Somente as afirmativas 1, 2 e 3 são verdadeiras.
e) As afirmativas 1, 2, 3 e 4 são verdadeiras.

COMENTÁRIOS

1-), 2-) e 3-) A presunção de inocência, como princípio e regra de tratamento, faz com que o órgão de acusação tenha o ônus de comprovar a imputação e, caso não se desimcumba a contento, permanecendo a dúvida, a regra é a absolvição, pois, *in dubio pro reo*. Isso se aplica também quando a dúvida se relaciona com a própria tipicidade da conduta, com a presença de elemento subjetivo da conduta, prova da autoria ou mesmo da participação no concurso de agentes.

4-) O princípio *in dubio pro societate* não se aplica nesse caso, pois, havendo dúvida sobre excludente de ilicitude, há dúvida sobre a inocência do acusado, o que se resolve com a absolvição. *In dubio pro reo*, portanto.

Alternativa correta: letra d.

187. (FGV – Delegado de Polícia – PC – RN/2021) Após a expedição de mandado de busca e apreensão em determinado endereço, policiais compareceram à residência de Antônio para apreender documentos referentes à investigação da prática do crime de lavagem de dinheiro. Os policiais nada encontraram na diligência, mas acharam uma conta de luz de outro endereço em nome do investigado. Os policiais, então, se dirigiram imediatamente ao novo endereço, e, após tocarem a campainha e não serem atendidos, arrombaram a porta do apartamento, na presença de um vizinho. No local, foram encontrados diversos documentos que demonstravam a prática do crime objeto da investigação. Considerando a legislação vigente, a prova obtida será:

a) válida, por tratar-se de encontro fortuito de provas;
b) nula, pois a busca e apreensão sempre exige a presença física do morador;
c) nula, pois, diante da ausência do morador, era indispensável para a validade a presença de duas testemunhas para o arrombamento do local;
d) nula, pois realizada em local distinto daquele constante do mandado de busca e apreensão;
e) válida, pois obtida em outro domicílio que comprovadamente também seria do investigado contra o qual deferida a medida original.

COMENTÁRIOS

A apreensão realizada no segundo endereço é ilícita, pois foi obtida a partir da invasão de domicílio sem autorização judicial, visto que não havia mandado para o endereço da diligência, não sendo possível "aproveitar" o mandado emitido para outro endereço, ainda que do mesmo investigado. Sendo assim, nenhuma prova obtida no segundo endereço poderá ser usada, pois todas devem ser consideradas ilícitas, nos termos do art. 157 do CPP.

Alternativa correta: letra d.

188. (Instituto AOCP – Delegado de Polícia – PC – PA/2021) A respeito da cadeia de custódia, assinale a alternativa correta.

a) O início da cadeia de custódia dá-se com o ato de transferir o vestígio de um local para o outro, utilizando as condições adequadas.
b) Uma das etapas da cadeia de custódia, o armazenamento, consiste no procedimento por meio do qual cada vestígio coletado é embalado de forma individualizada, de acordo com suas características físicas, químicas e biológicas, para posterior análise, com anotação da data, hora e nome de quem realizou a coleta e o acondicionamento.
c) É proibida a entrada em locais isolados bem como a remoção de quaisquer vestígios de locais de crime antes da liberação por parte do perito responsável, sendo tipificada como fraude processual a sua realização.

d) O recipiente para acondicionamento do vestígio será determinado pela natureza do material e só poderá ser aberto pelo perito que vai proceder à análise, pela autoridade policial e, motivadamente, por pessoa autorizada.

e) Após a realização da perícia, o material deverá ser devolvido à central de custódia, devendo nela iniciar o procedimento de descarte.

COMENTÁRIOS

Alternativa a: o início da cadeia de custódia dá-se com a preservação do local de crime ou com procedimentos policiais ou periciais nos quais seja detectada a existência de vestígios (art. 158-A, § 1º, CPP).

Alternativa b: a alternativa descreve a etapa de coleta, não de armazenagem. Este é o procedimento referente à guarda, em condições adequadas, do material a ser processado, guardado para realização de contraperícia, descartado ou transportado, com vinculação ao número do laudo correspondente (art. 158-B, IX, CPP).

Alternativa c: é o que dispõe o art. 158-C, § 2º, do CPP

Alternativa d: o recipiente só poderá ser aberto pelo perito que vai proceder à análise e, motivadamente, por pessoa autorizada (art. 158-D, § 3º, CPP).

Alternativa e: não deve o material ser descartado, mas ali permanecer (art. 158-F, CPP).

Alternativa correta: letra c.

189. (Inst. Acesso – Delegado de Polícia – PC – ES/2019) Antônio foi preso em flagrante sob a acusação da prática de tráfico de drogas. A polícia apreendeu seu telefone celular. O Delegado abriu o aplicativo Whatsapp no celular do suspeito e verificou que, nas conversas de Antônio, as mensagens comprovaram que ele realmente negociava drogas, e assumia a prática de outros crimes graves. As referidas mensagens foram transcritas pelo escrivão e juntadas ao inquérito policial, em forma de certidão. Nessa situação hipotética, de acordo com as regras de admissibilidade das provas no processo penal brasileiro, marque a alternativa CORRETA.

a) é necessário ordem judicial, tanto para a apreensão de telefone celular, como também para o acesso às mensagens de whatsapp.

b) tendo em vista que é dispensável ordem judicial para a apreensão de telefone celular, também não é necessária autorização para o acesso as mensagens de whatsapp, visto que se trata de medida implícita à apreensão.

c) é necessário somente requisição do Ministério Público para o acesso às mensagens de whatsapp.

d) como se trata de procedimento preliminar investigatório, não é necessário a prévia autorização judicial para que a autoridade policial possa ter acesso ao whatsapp da pessoa que foi presa em flagrante delito.

e) é necessária prévia autorização judicial para que a autoridade policial possa ter acesso ao whatsapp da pessoa que foi presa em flagrante delito.

COMENTÁRIOS

Alternativa "a": sendo o caso de prisão em flagrante, o aparelho de telefonia celular, que estava em poder do agente no momento do crime, poderá ser apreendido, não havendo, para tanto, necessidade de mandado de busca. Para acesso ao conteúdo armazenado no aparelho, porém, exige-se ordem judicial, que, na fase de investigação, deverá ser dada pelo juiz das garantias (art. 3º-B, XI, c, do CPP), quando e se cessar a suspensão da eficácia das novas regras.

Alternativa "b": o acesso ao conteúdo armazenado no aparelho, em especial às comunicações realizadas por meio de aplicativos, não está incluído de modo implícito na apreensão realizada por força do flagrante. O STJ admite o acesso apenas se for urgente e se houver, por exemplo, risco à vida de alguma vítima. Exceção, portanto.

Alternativa "c": o MP não tem poder para determinar o acesso aos dados do celular, havendo, nesse caso, reserva de jurisdição.

Alternativa "d": vide respostas acima.

Alternativa "e": como visto, para que haja o acesso ao que estiver armazenado, haverá necessidade de ordem judicial. É o entendimento pacífico no STJ. Caso tivesse sido expedido mandado de busca do aparelho, o acesso aos dados estaria incluído. Afinal, de nada serve a apreensão de um aparelho desse tipo, senão para se saber o que nele está armazenado.

Alternativa correta: letra "e".

190. (Inst. Acesso – Delegado de Polícia – PC – ES/2019) O Código de Processo Penal estabelece em seu art. 260 que "Se o acusado não atender à intimação para o interrogatório, reconhecimento ou qualquer outro ato que, sem ele, não possa ser realizado, a autoridade poderá mandar conduzi-lo à sua presença." Em 2018, ao tratar da condução coercitiva, o STF determinou que a expressão "para o interrogatório", prevista no art. 260 do CPP, não foi recepcionada pela Constituição Federal. Assim, não se pode fazer a condução coercitiva do investigado, ou réu, com o objetivo de submetê-lo ao interrogatório sobre os fatos. Quanto a condução coercitiva de investigados, ou de réus, para interrogatório sobre fatos podemos afirmar que pode ensejar a:

I. a responsabilidade disciplinar, civil e penal do agente ou da autoridade que determinou.

II. a ilicitude das provas obtidas.

III. a responsabilidade civil do Estado.

IV. a Nulidade do ato jurídico.

Assinale a alternativa correta:

a) Todas as afirmativas estão corretas.

b) I e III estão erradas.

c) Apenas estão erradas a I e IV.

d) Todas as afirmativas estão erradas.

e) Apenas estão corretas a II e IV.

COMENTÁRIOS

Afirmativa I: A condução coercitiva para interrogatório, em face da decisão do STF, pode ensejar a responsabilidade disciplinar, civil e penal do responsável pela medida. Diga-se, por sinal, que a nova Lei de Abuso de Autoridade prevê a punição para essa conduta.

Afirmativa II: Havendo violação a norma constitucional, a prova produzida a partir da condução coercitiva – e todas aquelas que dela derivarem – será considerada ilícita, nos termos do art. 157 do CPP.

Afirmativa III: Obviamente, o Estado poderá ser obrigado a indenizar pelo dano causado ao cidadão.

Afirmativa IV: O ato do interrogatório, maculado pela ilicitude, deverá ser anulado.

Alternativa correta: letra "a".

191. (Vunesp – Delegado de Polícia – PC – BA/2018) No que concerne aos sistemas de avaliação das provas, o julgamento realizado pelos Juízes leigos (jurados) no Tribunal do Júri é exemplo do que a doutrina classifica como sistema

a) da prova livre.

b) legal ou tarifado.

c) da íntima convicção.

d) da persuasão racional.

e) da livre convicção motivada.

COMENTÁRIOS

Enquanto o juiz togado é guiado pelo princípio da persuasão racional – segundo o qual o juiz deve formar sua convicção de acordo com as provas coligidas sob contraditório, dentre outras, devendo sempre fundamentar e esclarecer como chegou ao resultado –, os jurados guiam-se pela íntima convicção, visto que decidem de acordo com a consciência deles, sem necessidade de motivação, e não necessariamente segundo as provas dos autos.

Alternativa correta: letra "c".

192. (Vunesp – Delegado de Polícia – PC – SP/2018) No que se refere à prova testemunhal, assinale a alternativa correta.

a) Não se admite no processo/inquérito policial a presença de testemunhas indiretas, que são as que depõem sobre conhecimentos obtidos por intermédio de terceiros.

b) É característica do testemunho a sua objetividade, isto é, a testemunha, como regra geral, depõe sobre fatos percebidos pelos seus sentidos, sem emissão de juízos de valor ou opinião pessoal.

c) A oitiva das testemunhas acontece no lugar que for a ela conveniente.

d) A judicialidade não é característica da prova testemunhal, à vista de sua produção se dar também em inquérito policial.

e) Informantes não são classificados como testemunhas por conta das informações sigilosas que detêm.

COMENTÁRIOS

Alternativa "a": não há tal vedação probatória no processo penal brasileiro, por isso, é possível a oitiva das testemunhas de "ouvir dizer", o que em outros ordenamentos é conhecida como *hearsay evidence*, nem sempre admitida em juízo.

Alternativa "b": esse é o ponto essencial quanto às testemunhas, pois, do contrário, cairíamos no subjetivismo ou estaríamos, a depender da opinião externada, transformando a testemunhas em perito.

Alternativa "c": a oitiva das testemunhas ocorre na delegacia ou distrito policial – se ouvida durante o inquérito – ou no fórum – se ouvida durante a fase processual. Excepcionalmente, poderá ser ouvida em casa ou hospital ou mesmo, a depender da autoridade, em local por esta estabelecido.

Alternativa "d": a "prova testemunhal" se dá em juízo, sob o contraditório. A colheita de depoimentos na fase policial representa, não uma colheita de "prova", mas de elementos informativos.

Alternativa "e": informantes são testemunhas, sempre que ouvidos formalmente. Se não ouvidos, não são fontes de prova.

Alternativa correta: letra "b".

193. (Vunesp – Delegado de Polícia – PC – SP/2018) A respeito da prova, é correto afirmar:

a) não se admite a produção de provas não disciplinadas em lei, sob pena de violação do princípio da taxatividade.

b) a produção da chamada prova emprestada deve obedecer ao procedimento previsto no CPP, sob pena de seu não aproveitamento.

c) fonte de prova é o instrumento por meio do qual se introduzem no processo os elementos probatórios.

d) meio de prova é tudo que é idôneo a fornecer o resultado apreciável para a decisão do juiz.

e) elemento de prova é o dado bruto que se extrai da fonte da prova, ainda não valorado pelo juiz.

COMENTÁRIOS

Alternativa "a": admite-se a chamada prova atípica, desde que não proibida, como é aceito pela doutrina e jurisprudência, utilizando-se, nesse campo, de modo subsidiário e por analogia, o CPC, que admite expressamente.

Alternativa "b": não há procedimento previsto no CPP para a prova emprestada, ao contrário do que ocorre, por exemplo no Código italiano. Os parâmetros são fornecidos pela doutrina e jurisprudência. A doutrina normalmente considera somente ser admissível a prova emprestada se houver, entre os processos em que foi produzida e aquele no qual será utilizada, identidade de partes e tiver sido produzida sob contraditório, ou seja, na presença de um mesmo acusado. Há corrente que defende ser necessário que a prova tenha sido produzida perante o mesmo juiz. No entanto, não têm os Tribunais Superiores acompanhado tais entendimentos. O STJ entende, por exemplo, que a prova emprestada pode ser utilizada, mesmo não havendo identidade de partes entre os dois processos e desde que garantidos o contraditório e a ampla defesa.

Alternativa "c": esse é o "meio" de prova. A "fonte" é de onde provém o "elemento" de prova. Por exemplo: a testemunha é fonte de prova, fornecendo elementos de prova, por meio da prova testemunhal.

Alternativa "d": nem tudo que é idôneo é meio de prova, pois há em nosso processo vedação às provas ilícitas.

Alternativa "e": eis uma definição do que é "elemento" de prova. Vide alternativa "c".

Alternativa correta: letra "e".

---

194. (UEG – Delegado de Polícia – PC – GO/2018) O Código de Processo Penal dispõe que, nos casos de busca e apreensão:

a) A busca pessoal independe de mandado, no caso de prisão.

b) Caso o morador se recuse a colaborar com a diligência, será permitido o emprego de força contra sua pessoa para o descobrimento do que se procura.

c) Não sendo encontrada a pessoa ou coisa procurada, dispensa-se a lavratura do auto circunstanciado.

d) Quando ausentes os moradores da casa objeto de busca, devem ser intimadas a assistir a diligência duas pessoas idôneas.

e) Na impossibilidade de indicação precisa do local em que será realizada a diligência, admite-se a expedição de mandado de busca e apreensão genérico.

COMENTÁRIOS

Alternativa "a": é a permissão trazida pelo art. 244 do CPP.

Alternativa "b": será permitida o emprego de força contra coisas existentes no interior da casa, mas apenas se o morador recalcitrar, tentar impedir a busca (art. 245, § 3º, CPP).

Alternativa "c": deve ser sempre lavrado o auto circunstanciado, relatando as diligências realizadas.

Alternativa "d": basta que seja chamado a assistir qualquer vizinho para assistir a diligência, se houver e esiver presente.

Alternativa "e": o mandado não será genérico, devendo indicar, o mais precisamente possível, segundo a lei, o local em que será realizada a diligência.

Alternativa correta: letra "a".

---

195. (Fumarc – Delegado de Polícia – PC – MG/2018) Em matéria de provas no processo penal, é CORRETO afirmar:

a) A absolvição independe de o acusado provar o alegado.

b) A declaração de ilicitude de uma prova necessariamente implica nulidade absoluta de todo o processo.

c) A prova testemunhal não poderá ser determinada de ofício pelo juiz.

d) Não há contaminação da prova quando ficar evidenciado seu nexo causal com a prova originária.

COMENTÁRIOS

Alternativa "a": o alegado por ele, quis dizer a alternativa. Evidentemente, o acusado não tem de provar nada, eis que o ônus da acusação é de quem acusa, embora haja entendimento de que cabe ao réu demonstrar as causas exculpatórias que alegar. Discordamos, porém.

Alternativa "b": a ilicitude de uma prova apenas afeta aquelas que dela derivem, aplicando-se, aqui, o art. 157 do CPP, que trouxe para nosso ordenamento a teoria dos frutos da árvore venenosa. Assim, o dispositivo do Código diz: "São também inadmissíveis as provas derivadas das ilícitas, salvo quando não evidenciado o nexo de causalidade entre umas e outras, ou quando as derivadas puderem ser obtidas por uma fonte independente das primeiras".

Alternativa "c": a produção de qualquer prova, nos termos de nosso ordenamento jurídico, em especial o que dispõe o art. 156 do CPP, pode ser determinada de ofício pelo juiz.

Alternativa "d": ao contrário, nesse caso há contaminação. Se ausente o nexo, aí sim não atuará a contaminação.

Alternativa correta: letra "a".

---

196. (Cespe – Delegado de Polícia – GO/2017) Suponha que o réu em determinado processo criminal tenha indicado como testemunhas o presidente da República, o presidente do Senado Federal, o prefeito de Goiânia – GO, um desembargador estadual aposentado, um vereador e um militar das Forças Armadas. Nessa situação hipotética, conforme o Código de Processo Penal, poderão optar pela prestação de depoimento por escrito

a) o presidente do Senado Federal e o desembargador estadual.

b) o prefeito de Goiânia – GO e o militar das Forças Armadas.

c) o desembargador estadual e o vereador.

d) o presidente da República e o presidente do Senado Federal.

e) o presidente da República e o vereador.

COMENTÁRIOS

Alternativa "d" (responde também todas as demais alternativas): somente o Presidente e o Vice-Presidente da República, os presidentes do Senado Federal, da Câmara dos Deputados e do Supremo Tribunal Federal é que poderão escolher a forma escrita do depoimento, quando forem arrolados como testemunhas (art. 221, caput, CPP).

Alternativa correta: letra "d":

---

197. (IBADE – Delegado de Polícia – AC/2017) A cláusula constitucional do *due process of law* – que se destina a garantir a pessoa do acusado contra ações eventualmente abusivas do Poder Público – tem, no dogma da inadmissibilidade das provas ilícitas ou ilegítimas, uma de suas projeções concretizadoras mais expressivas, na medida em que o réu tem o impostergável direito de não ser denunciado, de não ser julgado e de não ser condenado com base em elementos instrutórios obtidos ou produzidos com desrespeito aos limites impostos pelo ordenamento jurídico ao poder persecutório e ao poder investigatório do Estado.

(STF, HC 69912, Min. Celso de Mello).

A par de tal orientação jurisprudencial é possível afirmar corretamente:

a) As provas ilícitas são inadmissíveis e a ilicitude só poderá ser excluída, excepcionalmente, em razão da boa-fé do agente, nos casos de organização criminosa e tráfico.
b) As provas ilícitas são inadmissíveis, sendo a doutrina pacífica no sentido de que não podem servir nem mesmo quando forem as únicas capazes de demonstrar a inocência do réu,
c) As informações colhidas na fase do inquérito que dão esteio à acusação devem guardar perfeita obediência ao princípio da legalidade sobre pena de refletir na rejeição da denúncia por falta de justa causa produzida licitamente.
d) As provas derivadas das ilícitas não são alcançadas pela inadmissibilidade.
e) Em nenhuma hipótese os vícios do inquérito policial serão considerados, uma vez que se trata de fase administrativa que não contamina o processo penal.

COMENTÁRIOS

Alternativa "a": nosso ordenamento não adotou o princípio da boa-fé, para inclusão de provas que normalmente seriam consideradas ilícitas. Se presente a causa da ilicitude e ausentes as situações do art. 157 do CPP que permitem, ainda assim, a utilização da prova, esta será inadmissível, com ou seu boa-fé.

Alternativa "b": trata-se de questão muito polêmica. A nosso ver, em nenhuma hipótese é admitida a prova ilícita. Mas a doutrina majoritária afirma ser possível a produção de prova ilícita *pro reo*. Uma corrente minoritária entende que a prova ilícita pode ser admitida até mesmo contra o réu, aplicando-se o princípio da proporcionalidade. Nossa posição: a proibição da prova ilícita é regra e não admite a aplicação do princípio da proporcionalidade, além do que, normalmente, não teremos prova realmente ilícita quando utilizada a favor do réu (ex.: se este, para provar que é inocente, intercepta clandestinamente uma linha telefônica, poderá, em tese, alegar ter agido em estado de necessidade; logo, se existente este, o fato será lícito e, assim, a prova não será ilícita). Mas, reconhecemos, somos minoria.

Alternativa correta: letra "c" (responde também a alternativa "e"): os elementos informativos colhidos no inquérito devem ter, em sua produção, observada a legalidade. Do contrário, o elemento informativo poderá ser considerado ilícito e, portanto, nulo, não podendo ser usado para embasar a denúncia. Embora isso não leve à nulidade do próprio inquérito, pode levar ao não recebimento da inicial acusatória.

Alternativa "d": são alcançadas pela inadmissibilidade, conforme estabelece o art. 157 do CPP.

Alternativa correta: letra "c".

---

198. (IBADE – Delegado de Polícia – AC/2017) No que tange à regência do código de processo penal sobre reconhecimento de pessoas, leia as assertivas a seguir.

I. A pessoa que tiver de fazer o reconhecimento será convidada a descrever a pessoa que deva ser reconhecida.
II. A pessoa, cujo reconhecimento se pretender, será colocada, se possível, ao lado de outras que com ela tiverem qualquer semelhança, convidando-se quem tiver de fazer o reconhecimento a apontá-la, não sendo possível, serão apresentadas fotografias de pessoas diversas para quem tiver que proceder o reconhecimento de pessoa.
III. Se houver razão para recear que a pessoa chamada para o reconhecimento, por efeito de intimidação ou outra influência, não diga a verdade em face da pessoa que deve ser reconhecida, a autoridade providenciará para que esta não veja aquela, seja em sede policial, no curso da instrução criminal ou no plenário do júri.
IV. Do ato de reconhecimento lavrar-se-á auto pormenorizado, subscrito pela autoridade, pela pessoa chamada para proceder ao reconhecimento e por duas testemunhas presenciais.

Está correto apenas o que se afirma em:

a) I e IV.
b) I, III e IV.
c) I e III.
d) II, III e IV.
e) I e II.

COMENTÁRIOS

Item I: Trata-se de parte do procedimento do reconhecimento pessoal trazido pelo art. 226. I, do CPP.

Item II: Não há qualquer menção ao uso de fotografias no procedimento do reconhecimento. Aliás, muito se debate na doutrina sobre a validade do reconhecimento fotográfico, sendo meio de prova claramente atípico.

Item III: Entendemos que o réu sempre poderá ser retirado da sala quando do depoimento da testemunha, caso não seja possível o uso de videoconferência. Isso, em nosso entender, aplica-se até mesmo ao tribunal do júri. Porém, o item mistura isso com o ato do reconhecimento. Nesse caso, a testemunha precisa ver a pessoa a ser reconhecida, embora esta não precise ver que a está reconhecendo, embora tenha o direito de conhecer sua identidade.

Item IV: É o que determina o inciso IV do art. 226 do CPP.

Alternativa correta: letra "a": estão certos os Itens I e IV.

---

199. (IBADE – Delegado de Polícia – AC/2017) Segundo o código de processo penal o mandado de busca domiciliar deverá:

a) indicar ainda que de Forma genérica e indeterminada a casa na qual se realizará a diligência, precisando com tudo a região da busca.

b) indicar, o mais precisamente possível, a casa em que será realizada a diligência e o nome do respectivo proprietário ou morador; ou, no caso de busca pessoal, o nome da pessoa que terá de sofrê-la ou os sinais que a identifiquem.

c) em qualquer caso, permitir a apreensão de documento em poder do defensor do acusado.

d) ser subscrito pelo escrivão de polícia pela autoridade policiai.

e) mencionar ainda que de forma genérica o motive e os fins da diligência.

COMENTÁRIOS

Alternativa "b" (responde também todas as demais alternativas): segundo o art. 243 do CPP, o mandado de busca deverá: (i) indicar, o mais precisamente possível, a casa em que será realizada a diligência e o nome do respectivo proprietário ou morador; ou, no caso de busca pessoal, o nome da pessoa que terá de sofrê-la ou os sinais que a identifiquem; (ii) mencionar o motivo e os fins da diligência; (iii) ser subscrito pelo escrivão e assinado pela autoridade que o fizer expedir.

Alternativa correta: letra "b".

---

200. (IBADE – Delegado de Polícia – AC/2017) No que tange ao acesso ao conteúdo das mensagens de aplicativos como Whatsapp e o registro de chamadas originadas e recebidas em aparelhos celulares apreendidos pela polícia por ocasião da prisão em flagrante, leia as afirmativas a seguir.

I. Segundo a jurisprudência do STJ é ilegal o acesso a mensagens e dados do aplicativo Whatsapp sem prévia autorização judicial por se tratar de violação ao direito à intimidade do preso. As informações, ainda que armazenadas nos dispositivos encontram proteção no Marco Civil da Internet.

II. Segundo a jurisprudência do STF, o fato de ter sido verificado o registro das últimas chamadas efetuadas e recebidas pelos dois celulares apreendidos em poder do co-réu, cujos registros se encontravam gravados nos próprios aparelhos, não configura quebra do sigilo telefônico, pois não houve requerimento à empresa responsável pelas linhas telefônicas, no tocante à lista geral das chamadas originadas e recebidas, tampouco conhecimento do conteúdo das conversas efetuadas por meio destas linhas. Portanto, independem de autorização judicial.

III. Segundo a jurisprudência do STJ, dados armazenados em telefone celular não estão submetidos à cláusula da reserva jurisdicional.

IV. Mesmo os temas de reserva de jurisdição podem ser objeto de restrição pelas comissões parlamentares de inquérito, pois possuem poderem típicos das autoridades judiciárias.

Está correto o que se afirma apenas em:

a) II e III.

b) II e IV.

c) I e III.

d) III e IV.

e) I e II.

COMENTÁRIOS

Afirmativa I: É exatamente esta a reiterada posição do STJ, conforme se verifica no REsp 1.675.501-MG, Rel. Min. Sebastião Reis Júnior, j. 17.10.2017. Assim, para que polícia tenha acesso ao conteúdo das mensagens ainda armazenadas no celular apreendido, deve haver prévia autorização judicial.

Afirmativa II: Diferentemente do caso do *Whatsapp*, em que o conteúdo da troca de mensagens (ou seja, da "conversa") é acessada pela polícia, a relação das últimas ligações telefônicas registradas no celular não atinge o sigilo das comunicações, pois não se tem acesso ao conteúdo da comunicação em si, tampouco fere a intimidade. Há que tomar todas as cautelas mesmo nesse caso, uma vez que o STJ decidiu que há violação dos dados armazenados, o que necessitaria de ordem judicial (RHC 61.754-MS, Rel. Min. Reynaldo Soares da Fonseca, j. 25.10.2016).

Afirmativa III: Como visto acima, o conteúdo de mensagens trocadas por meio de aplicativos está protegido pelo sigilo constitucional.

Afirmativa IV: As CPIs não podem requisitar informações sujeitas à reserva de jurisdição, como a interceptação das comunicações e a busca e apreensão domiciliar. Tampouco podem determinar prisões preventivas ou temporárias.

Alternativa correta: letra "e": estão certas as Afirmativas I e II.

201. (IBADE – Delegado de Polícia – AC/2017) Acerca do sigilo das operações de instituições financeiras (Lei Complementar nº 105/2001, pode-se afirmar:

a) Independe de prévia autorização do Poder Judiciário a prestação de informações e o fornecimento de documentos sigilosos solicitados por comissão de inquérito administrativo destinada a apurar responsabilidade de servidor público por infração praticada no exercício de suas atribuições.

b) A quebra de sigilo poderá ser decretada, quando necessária para apuração de ocorrência de qualquer ilícito, em qualquer fase do inquérito ou do processo judicial.

c) A revelação de informações sigilosas, mesmo com o consentimento expresso dos interessados, constitui violação do dever de sigilo.

d) O sigilo, inclusive quanto a contas de depósitos, aplicações e investimentos mantidos em instituições financeiras, pode ser oposto ao Banco Central do Brasil.

e) A quebra de sigilo, fora das hipóteses autorizadas nesta Lei Complementar, constitui crime e sujeita os responsáveis à pena de detenção, de um a quatro anos.

COMENTÁRIOS

Alternativa "a": dependem de prévia autorização do Poder Judiciário a prestação de informações e o fornecimento de documentos sigilosos solicitados por comissão de inquérito administrativo destinada a apurar responsabilidade de servidor público por infração praticada no exercício de suas atribuições, ou que tenha relação com as atribuições do cargo em que se encontre investido (art. 3º, § 1º, LC 105).

Alternativa "b": é o que dispõe o § 4º do art. 1º da LC 105, que traz um rol apenas exemplificativo de crimes.

Alternativa "c": nesse caso não há violação, conforme deixa claro o § 3º, V, do art. 1º da LC 105.

Alternativa "d": o sigilo não pode ser oposto ao Banco Central nesses casos (art. 2º, § 1º, LC 105).

Alternativa "e": faltou mencionar a pena de multa (art. 10, LC 105).

Alternativa correta: letra "b".

202. (Cespe – Delegado de Polícia – PE/2016) De acordo com a doutrina majoritária e com o entendimento dos tribunais superiores, assinale a opção correta relativamente à prova no processo penal.

a) Para a caracterização do crime de lesão corporal de natureza grave que resulte na incapacidade da vítima para as ocupações habituais por mais de trinta dias, é imprescindível a realização de exame complementar e a comprovação da incapacidade mediante prova pericial.

b) É nula a prova colhida em interceptação telefônica deferida por juiz estadual no curso de investigação criminal que, a posteriori, venha a se declarar incompetente por entender que a causa deverá ser processada e julgada no âmbito federal.

c) Em decorrência do princípio da ampla defesa, autoriza-se a inclusão, no processo, de provas obtidas ilicitamente, desde que favoráveis à defesa.

d) Dado o princípio da verdade real que rege o processo penal, os fatos notórios, os fatos incontroversos e aqueles que contêm presunção absoluta dependem de prova hábil para a sua convalidação.

e) Conforme a legislação processual pátria, a vítima não é qualificada como testemunha, não integrando, portanto, o número máximo de testemunhas a serem arroladas; todavia, a condição de ofendido não exclui a responsabilidade pelo crime de falso testemunho, caso, em seu depoimento, falte ou omita a verdade.

COMENTÁRIOS

✪ **Nota do autor:** a questão foi ANULADA.

Alternativa "a": errado. O erro, a nosso ver, está em afirmar que há necessidade de exame de corpo de delito complementar e comprovação da incapacidade por prova pericial, ou seja, por outra perícia. Na verdade, tratamos aqui da mesma perícia, ou seja, do exame de corpo de delito complementar, realizado após o decurso do prazo, em que se verificará ou não a incapacidade.

Alternativa "b": errado. Se nada havia nos autos, quando da autorização da medida de interceptação, que indicasse a competência da Justiça Federal, podia o juiz autorizá-la. Se, depois, constatar-se ser competente a Justiça Federal, remete-se o feito a esta, sem prejuízo dos elementos de prova colhidos. Não há nulidade, portanto. Nesse sentido: STJ, RHC 47.405-MT, Rel. Min. Nefi Cordeiro, j. 13.09.2016. Trata-se da aplicação da teoria do juízo aparente.

Alternativa "c": errado; a nosso ver; certo, segundo a posição majoritária da doutrina sobre a prova ilícita e sua utilização a favor do acusado. Porém, tal entendimento é questionável e explicamos o motivo. Nos filiamos, nesse ponto, à divisão apresentada por Robert Alexy, jurista alemão, que trouxe importante distinção entre normas-princípio e normas-regras que tratam de direitos fundamentais. As primeiras admitem ponderação, ou seja, a aplicação da regra da proporcionalidade; as demais, não. Para parte da doutrina, a proibição da prova ilícita é regra, não admitindo, assim, a ponderação. Concordamos com esse entendimento. O que isso quer dizer? Significa que, sendo hipótese de prova ilícita, ela não pode ser admitida no processo penal, como prevê regra específica da CF. Entretanto, caso se considere que a proibição da utilização da prova ilícita é um princípio, então é possível sua utilização no processo, desde que *pro reo*. Mas, atenção: aqueles que entendem totalmente inadmissíveis as provas ilícitas no processo e que isso é uma regra afirmam que, quando utilizadas pelo acusado para proteção de sua liberdade, há a incidência de causa de exclusão da ilicitude, sendo, consequentemente, lícita a prova, podendo, assim, ser perfeitamente utilizada, pois não incidente a regra mencionada. Para estes, portanto, não há utilização de prova ilícita *pro* *reo* – vez que a prova ilícita não pode de modo algum ser utilizada –, mas prova lícita utilizada pelo acusado.

Alternativa "d": errado. Segundo o art. 374 do novo CPC, **não dependem de prova** os fatos (a) notórios, (b) afirmados por uma parte e confessados pela parte contrária, (c) admitidos no processo como incontroversos e (d) em cujo favor milita presunção legal de existência ou de veracidade. Tal dispositivo pode ser aplicado ao processo penal por analogia? A nosso ver, sim, com duas exceções: os fatos incontroversos e aqueles confessados pelo acusado. Como é cediço, a confissão do acusado não é absoluta no processo penal, não sendo presumida a veracidade de seu conteúdo, que deve ser valorado em conjunto com os demais elementos de prova constantes do processo (art. 197, CPP). Notem que há regra expressa no sentido de proibir que a confissão supra a falta do exame de corpo de delito (art. 158). Portanto, nem que o acusado admita determinado fato, ainda assim não se poderá dizer que é incontroverso, pois pode não haver prova suficiente de sua existência. O processo, como já afirmamos em outro momento acima, não pode prescindir da busca da verdade, da verdade possível, processual, que não pode ser obtida a todo custo, estando sujeita às limitações à prova (como a proibição da prova ilícita) impostas pela CF e pela legislação processual.

Alternativa "e": errado. A vítima não é testemunha, tanto que é tratada, no que tange aos meios de prova, de modo separado pelo legislador. Até mesmo no art. 400 do CPP, momento em que é regulado o procedimento a ser adotado na audiência de instrução, há clara diferenciação entre vítima e testemunha, pois ali consta que o juiz ouvirá o ofendido e as testemunhas arroladas. Assim, a rigor, não há sequer necessidade de que a vítima seja arrolada pela acusação, pois deverá ser ouvida sempre que possível (v. o art. 201). E mais: não entra no número de pessoas que podem ser arroladas pelas partes.

---

203. (Vunesp – Delegado de Polícia – CE/2015) Determina o art. 156 do CPP que a prova da alegação incumbirá a quem a fizer. Tal norma

a) é relativizada, pois o juiz pode ordenar, mesmo antes de iniciada a ação penal, a produção antecipada de provas consideradas urgentes e relevantes.

b) é corolário do Estado Democrático de Direito, pois apenas ao acusado, tecnicamente assistido por advogado, é franqueado o direito de provar o que entende relevante para o sucesso de seus argumentos.

c) consagra o princípio da imparcialidade da jurisdição, pois ao Estado-Juiz é defeso realizar diligências de ofício no curso do processo.

d) consagra o princípio do in dubio pro reo, pois o juiz não pode determinar de ofício a produção de prova que aproveite a tese da parte autora.

e) consagra o princípio da inércia judicial, pois o julgador não poderá determinar a produção de provas no curso da ação penal.

COMENTÁRIOS

Alternativa "a": o próprio art. 156 do CPP permite que o juiz tenha a iniciativa da prova. Porém, o referido artigo prevê duas situações. Leiam o dispositivo, pois é importante. Ambos geram muito discussão na doutrina e, para nós, a possibilidade de o juiz determinar a produção de provas, de ofício, antes de iniciada a ação penal, ou seja, ainda na fase de investigação, é inconstitucional e, agora, vedada pelo disposto no art. 3º-A do CPP, incluído pela Lei 13.964/2019. O juiz não pode ser "investigador", não pode meter-se na investigação, salvo para assegurar as garantias constitucionais, o que se dá, por exemplo, quando decide requerimento sobre prisão cautelar, buscas, interceptações de comunicação etc.

Alternativa "b": o ônus da prova é da acusação, não do acusado. Este tem o direito à prova, mas não para provar sua inocência, pois o ônus não é dele, mas para provar os fatos que possam interessar à sua defesa, mesmo que seja apenas para gerar dúvida na mente do julgador.

Alternativa "c": embora haja opiniões contrárias, prevalece o entendimento majoritário de que o juiz pode, na fase processual, determinar a produção de prova, de ofício, a fim de esclarecer algum ponto relevante. É a posição do STF. Mas, atenção: a doutrina adverte, com razão, que o juiz não pode suprir deficiência da acusação, quando esta não se desincumbiu de seu ônus de provar a imputação feita contra o réu. Isso ficou explícito na parte final do novo art. 3º-A do CPP.

Alternativa "d": a prova determinada, de ofício, pelo juiz pode aproveitar à parte acusadora, muito embora, repita-se, não pode o juiz tomar o lugar da acusação, quando esta não conseguir provar a imputação feita contra o acusado.

Alternativa "e": como visto acima, o art. 156 do CPP permite que o juiz determine, de ofício, a produção de provas.

Alternativa correta: letra "a".

---

204. (Vunesp – Delegado de Polícia – CE/2015) Em matéria de prova, vige no processo penal o livre convencimento motivado. Todavia, o STJ fixou entendimento (súmula 74) estabelecendo que

a) para a decretação da extinção da punibilidade pela morte do acusado, é necessário que venha aos autos original ou cópia autenticada de certidão de óbito.

b) a prova de idade de acusado maior de 70 anos, a fim de obter o benefício da prescrição pela metade, faz-se apenas por documento oficial válido e original.

c) o reconhecimento da menoridade do acusado requer prova por documento hábil.

d) a renúncia ao direito de queixa deve ser feita por escrito e na presença de testemunhas numerárias.

e) a delação premiada só é válida se colhida na presença de órgão do Ministério Público e advogado constituído.

COMENTÁRIOS

Alternativa "a": não é o que diz a Súmula 74, que trata de outro ponto, mas acreditamos que é exigível a certidão de óbito antes de declarar extinta a punibilidade, com base no art. 107, I, do CP. O STF, aliás, entende que não tem efeito a decisão que extinguiu a punibilidade, se prolatada com base em certidão de óbito falsa.

Alternativa "b": mais uma vez, a Súmula 74 não trata disso, mas o raciocínio é o mesmo: a idade deve ser provada por certidão de nascimento ou outro documento hábil, como certidão de casamento. Porém, pensamos que, em caso de dúvida e inexistentes os registros, deve-se aplicar o princípio do favor *rei ou in dubio pro reo*.

Alternativa "c": tal entendimento do STJ, exposto na Súmula 74, não poderia ser outro. No processo penal, há regra explícita sobre a prova a respeito do estado da pessoa, que deve seguir as restrições da lei civil (art. 155, parágrafo único, CPP). E idade prova-se com certidão de nascimento ou outro documento hábil, reconhecido pela lei civil.

Alternativa "d": não há necessidade destas formalidades para a renúncia ao direito de queixa. Aliás, esta pode mesmo ser tácita.

Alternativa "e": não há necessidade de tais formalidades, pois pode ser colhida pela autoridade policial, tendo o delator o direito de ser assistido por advogado. O Ministério Público deverá ser comunicado.

Alternativa correta: letra "c".

205. (FUNIVERSA - Delegado de Polícia - DF/2015) Assinale a alternativa correta a respeito de prova, indiciamento e inquérito policial, com base na legislação, na jurisprudência e na doutrina majoritária.

a) Conforme a lei, o indiciamento é ato privativo do delegado de polícia ou do órgão do Ministério Público, devendo ocorrer por meio de ato fundamentado, que, mediante análise técnico-jurídica do fato, deverá indicar a autoria, a materialidade e suas circunstâncias.

b) O relatório de inquérito policial, a ser redigido pela autoridade que o preside, é indispensável para o oferecimento da denúncia ou da queixa-crime pelo titular da ação penal.

c) As provas ilegítimas são as obtidas por meio de violação de normas de direito material, ao passo que as provas ilícitas são as obtidas por meio de violação de normas de direito processual.

d) Consoante o Código de Processo Penal (CPP), admitem-se as provas derivadas das ilícitas, desde que não evidenciado o nexo de causalidade entre umas e outras, ou que as derivadas possam ser obtidas por uma fonte independente das primeiras.

e) No ordenamento jurídico brasileiro, não se adota a denominada teoria da árvore dos frutos envenenados, de modo que a prova derivada da prova ilícita tem existência autônoma e deverá ser apreciada em juízo.

COMENTÁRIOS

Alternativa "a": a lei mencionada é a Lei 12.830/2013, que estabelece ser o indiciamento ato privativo apenas do delegado de polícia, não podendo ser realizado por membro do Ministério Público.

Alternativa "b": nem o inquérito é indispensável, o que dirá seu relatório.

Alternativa "c": é o contrário. As provas ilegítimas são aquelas produzidas com violação a regra de direito processual. As ilícitas são as obtidas com violação a normas constitucionais que garantam direitos fundamentais ou de direito material.

Alternativa correta: letra "d" (responde também a alternativa "e"): as teorias "dos frutos da árvore envenenada" e "da fonte independente" – criações da jurisprudência da Suprema Corte norte-americana – foram claramente adotadas na reforma sofrida pelo CPP em 2008, bastando verificar a redação dada ao § 1º do art. 157. Enquanto o *caput* proíbe a valoração das provas ilícitas – consideradas inadmissíveis, devendo ser desentranhadas dos autos – o referido parágrafo afirma: "São também inadmissíveis as provas derivadas das ilícitas" (frutos da árvore envenenada"), "salvo quando não evidenciado o nexo de causalidade entre umas e outras, ou quando as derivadas puderem ser obtidas por uma fonte independente das primeiras". O que se deve entender por "fonte independente"? Diz o § 2º: "aquela que por si só, seguindo os trâmites típicos e de praxe, próprios da investigação ou instrução criminal, seria capaz de conduzir ao fato objeto da prova". A doutrina vem criticando tal definição, por entender ter feito o legislador uma pequena confusão entre "fonte independente" e "descoberta inevitável", outra das criações da Suprema Corte norte-americana. De fato, a definição contida no § 2º do art. 157 do CPP brasileiro descreve a situação de "descoberta inevitável". Então, o que seria a fonte independente? No caso da fonte independente, a prova tem duas origens, sendo uma delas ilícita. Assim, pode-se perfeitamente suprimir a fonte ilegal, que ainda assim subsistirá a fonte lícita.

Alternativa correta: letra "d".

206. (FUNIVERSA - Delegado de Polícia - DF/2015) À luz da legislação processual penal e da jurisprudência e doutrina majoritária a respeito da matéria, assinale a alternativa correta.

a) De acordo com o CPP, em regra, o exame de corpo de delito será realizado por ao menos dois peritos oficiais portadores de diploma de curso superior.

b) Conforme o STF, a perícia sobre a aptidão da arma de fogo para efetuar disparos é necessária para que se configure o crime de roubo circunstanciado por emprego de arma de fogo.

c) Em se tratando de crime de falsificação de documento público, a falta de perícia, por ter-se recusado o réu a colaborar para a realização de exame grafotécnico, não pode ser suprida por outros meios de prova.

d) Durante o inquérito policial, as medidas cautelares pessoais poderão ser decretadas pelo juiz mediante representação da autoridade policial, de ofício ou após requerimento do Ministério Público.
e) Conforme dispositivo expresso no CPP, a prisão preventiva em nenhum caso será decretada se o juiz verificar que o agente praticou o fato por estado de necessidade.

COMENTÁRIOS

Alternativa "a": basta um perito oficial, portador de diploma de curso superior (art. 159, caput, CPP).

Alternativa "b": o STF não possui tal entendimento jurisprudencial.

Alternativa "c": o réu não é obrigado a fornecer prova contra si mesmo, mas a ausência do exame pode ser suprida por outras provas, desde que aptas as trazerem a certeza necessária sobre a ocorrência da falsificação.

Alternativa "d": o juiz não pode decretar as medidas cautelares pessoais, de ofício, na fase de investigação. Agora, com a alteração do § 2º do art. 282 do CPP pela Lei 13.964/2019, nem na fase judicial poderá decretá-las de ofício.

Alternativa "e": é o que se pode depreender do § 1º do art. 310 do CPP.

Alternativa correta: letra "e".

207. (FUNIVERSA - Delegado de Polícia - DF/2015) A respeito do depoimento de testemunhas, é correto afirmar que

a) é vedada a retirada do réu da sala de audiências, sob pena de violação aos princípios constitucionais da ampla defesa e do contraditório.
b) a adoção do sistema acusatório implica a inadmissibilidade da condução coercitiva de testemunha, devendo o caso ser solucionado a partir do sistema de distribuição do ônus da prova.
c) a ex-esposa do acusado de determinado crime poderá recusar-se a depor, mesmo que já separada judicialmente do réu.
d) não se deferirá o compromisso de dizer a verdade ao menor de dezoito anos de idade.
e) são proibidas de depor as pessoas que, em razão de função, ministério, ofício ou profissão, devam guardar segredo, ainda que desobrigadas dessa guarda pela parte interessada.

COMENTÁRIOS

Alternativa "a": de acordo com o art. 217 do CPP, se o juiz verificar que a presença do réu poderá causar humilhação, temor, ou sério constrangimento à testemunha ou ao ofendido, de modo que prejudique a verdade do depoimento, fará a inquirição por videoconferência e, somente na impossibilidade dessa forma, determinará a retirada do réu, prosseguindo na inquirição, com a presença do seu defensor.

Alternativa "b": a parte não tem como obrigar a testemunha a comparecer. Somente o juiz tem tal poder, inclusive de fazê-lo coercitivamente. Sem isso, não há como se garantir o direito à prova, parte importante do sistema acusatório.

Alternativa "c": é o que prevê o art. 206 do CPP, quando usa a antiga expressão "desquitado".

Alternativa "d": o menor de 18 anos tem o dever de dizer a verdade. Se o não fizer, comete ato infracional de falso testemunho. Assim, deve ser compromissado. Porém, se for menor de 14 anos, apesar de passível de cometer ato infracional – desde que tenha pelo menos 12 – o art. 208 do CPP dispensa o compromisso.

Alternativa "e": se desobrigadas, podem depor, desde que queiram (art. 207, CPP).

Alternativa correta: letra "c".

208. (ACAFE - Delegado de Polícia - SC/2014) Sobre a Prova, de acordo com o Código de Processo Penal, é correto afirmar:

a) São admissíveis as provas derivadas das ilícitas quando não evidenciado o nexo de causalidade entre umas e outras, ou quando as derivadas puderem ser obtidas por uma fonte dependente das primeiras.
b) O juiz formará sua convicção pela livre apreciação da prova produzida em contraditório judicial, não podendo fundamentar sua decisão exclusivamente nos elementos informativos colhidos na investigação, ressalvadas as provas cautelares, não repetíveis e antecipadas.
c) Considera-se fonte independente a prova que por si só seria incapaz de conduzir ao fato objeto da prova.
d) Preclusa a decisão de desentranhamento da prova declarada inadmissível, esta não será inutilizada por decisão judicial.
e) O juiz formará sua convicção pela livre apreciação da prova produzida em contraditório judicial, podendo fundamentar sua decisão exclusivamente nos elementos informativos colhidos na investigação, ressalvadas as provas cautelares, não repetíveis e antecipadas.

COMENTÁRIOS

Alternativa "a": as provas derivadas das consideradas ilícitas são também ilícitas, salvo quando não evidenciado o nexo de causalidade entre umas e outras, ou quando as derivadas puderem ser obtidas por uma fonte independente das primeiras, conforme dispõe o art. 157 do CPP. É a aplicação da teoria dos frutos da árvore envenenada, de origem norte-americana.

Alternativa "b" (responde também a alternativa "e"): a alternativa repete os dizeres do art. 155 do CPP, que representa o reconhecimento, na lei processual, de modo expresso, do que a doutrina de há muito já vinha dizendo: o juiz deve fundamentar sua decisão em provas produzidas sob o contraditório, salvo as três exceções previstas no próprio dispositivo citado. Nas exceções estão, por exemplo, as perícias realizadas na fase de inquérito e que não mais podem ser repetidas.

Alternativa "c": o § 2º do art. 157 do CPP dispõe ser a fonte independente "aquela que por si só, seguindo os trâmites típicos e de praxe, próprios da investigação ou instrução criminal, seria capaz de conduzir ao fato objeto da prova". A doutrina vem criticando tal definição, por entender ter feito o legislador uma pequena confusão entre "fonte independente" e "descoberta inevitável", outra das criações da Suprema Corte norte-americana. De fato, a definição contida no § 2º do art. 157 do CPP brasileiro descreve a situação de "descoberta inevitável". Então, o que seria a fonte independente? No caso da fonte independente, a prova tem duas origens, sendo uma delas ilícita. Assim, pode-se perfeitamente suprimir a fonte ilegal, que ainda assim subsistirá a fonte lícita.

Alternativa "d": preclusa a decisão de desentranhamento da prova declarada inadmissível, esta será inutilizada por decisão judicial, facultado às partes acompanhar o incidente (art. 157, § 3º, CPP).

Alternativa correta: letra "b".

209. (ACAFE – Delegado de Polícia – SC/2014) Analise as afirmações a seguir e assinale a alternativa correta, considerando as disposições do Código de Processo Penal em relação à realização do interrogatório do réu por videoconferência, medida excepcional que visa atender, dentre outras, as seguintes finalidades:

I. Prevenir risco à segurança pública, quando exista fundada suspeita de que o preso integre organização criminosa ou de que, por outra razão possa fugir durante o deslocamento.

II. Viabilizar a participação do réu no referido ato processual quando haja relevante dificuldade para seu comparecimento em juízo, por enfermidade ou outra circunstância pessoal.

III. Minimizar os deslocamentos entre o local de detenção e o Fórum, de maneira a otimizar o trânsito em locais reconhecidamente sujeitos a congestionamentos.

IV. Aferir a influência do réu no ânimo de testemunha ou da vítima, desde que seja possível colher o depoimento destas por videoconferência.

a) Apenas I, II e IV estão corretas.
b) Apenas I e II estão corretas.
c) Apenas II e III estão corretas.
d) Apenas II, III e IV estão corretas.
e) Todas as afirmações estão corretas.

COMENTÁRIOS

Afirmação I: É a previsão do art. 185, § 2º, I, do CPP.

Afirmação II: É a hipótese do art. 185, § 2º, II, do CPP.

Afirmação III: Essa não é justificativa para a realização do interrogatório por videoconferência, eis que não prevista nos quatro incisos do art. 185, § 2º do CPP.

Afirmação IV: Na verdade, o motivo relacionado às testemunhas que pode justificar a videoconferência é outro: impedir a influência do réu no ânimo de testemunha ou da vítima, desde que não seja possível colher o depoimento destas por videoconferência (art. 185, § 2º, III, CPP).

Alternativa correta: letra "b": estão certas as Afirmações I e II.

210. (ACAFE – Delegado de Polícia – SC/2014) Considerando o Código de Processo Penal e as finalidades da busca e apreensão domiciliar realizada pelo Delegado de Polícia, analise as afirmações a seguir e assinale a alternativa correta.

I. Prender criminosos ou apreender coisas achadas ou obtidas por meios criminosos.

II. Apreender quaisquer cartas, desde que já abertas, destinadas ao acusado ou em seu poder.

III. Apreender pessoas vítimas de crimes ou quaisquer outras que estejam no domicílio.

IV. Colher qualquer elemento de convicção.

a) Todas as afirmações estão corretas.
b) Apenas II e IV estão corretas.
c) Apenas I, II e III estão corretas.
d) Apenas I e IV estão corretas.
e) Apenas a afirmação I está correta.

COMENTÁRIOS

Afirmação I: O art. 240, § 1º, do CPP elenca as finalidades da busca e apreensão. O contido na Afirmação está nas alíneas "a" e "b".

Afirmação II: A lei menciona tal hipótese, não fazendo distinção entre cartas abertas ou fechadas. Na verdade, inclui ambas (art. 240, § 1º, "f", CPP). Porém, há entendimentos de que a apreensão de cartas infringe o inciso XII do art. 5º do CF, que traz a inviolabilidade absoluta da correspondência. Outro entendimento é o de que, inviolável é a comunicação, ou seja, a transmissão da correspondência entre o emitente e o destinatário. Assim, tendo este recebido a carta e estando ela aberta, poderá ser apreendida.

Afirmação III: Buscar vítimas de crimes pode ser objeto desse meio de obtenção de provas (art. 240, § 1º, "g"). No entanto, o mesmo não se pode dizer quanto às "outras pessoas" que estiverem no local, salvo se estas estiverem envolvidas no crime.

Afirmação IV: É o previsto no art. 240, § 1º, "h", do CPP.

Alternativa correta: letra "d": estão certas as Afirmações I e IV.

211. (ACAFE – Delegado de Polícia – SC/2014) Considere o Código de Processo Penal quanto ao exame de corpo de delito e perícias em geral, analise as afirmações a seguir e assinale a alternativa correta.

I. Quando a infração deixar vestígios será indispensável o exame de corpo de delito, direto ou indireto, não podendo supri-lo a confissão do acusado.
II. O assistente técnico atuará a partir de sua indicação pelo juiz e antes da conclusão dos exames e elaboração do laudo pelos peritos oficiais, sendo as partes intimadas desta decisão.
III. Na falta de perito oficial, o exame será realizado por 2 (duas) pessoas idôneas, portadoras de diploma de curso superior indispensavelmente na área específica relacionada com a natureza do exame.
IV. Serão facultadas ao Ministério Público, ao assistente de acusação, ao ofendido, ao querelante e ao acusado, a formulação de quesitos e indicação de assistente técnico.

a) Apenas I e IV estão corretas.
b) Apenas I, II e III estão corretas.
c) Apenas II e III estão corretas.
d) Apenas II e IV estão corretas.
e) Apenas II, III e IV estão corretas.

COMENTÁRIOS

Afirmação I: Trata-se de regra importante, inscrita no art. 158 do CPP. Notem a parte final: ausente o exame de corpo de delito, a prova da materialidade do crime não pode ser suprida pela confissão isolada. Já atuamos em caso no qual um homem apareceu numa delegacia de polícia e admitiu ter matado a própria companheira – a família dela, por sinal, desconhecia seu paradeiro. O tal homem levou o delegado ao local onde teria enterrado o corpo, mas este não foi encontrado. Como não havia prova da materialidade, por meio do exame de corpo de delito, tampouco testemunhas do suposto homicídio, nada pôde ser feito contra o tal homem, eis que a confissão, sozinha, é incapaz de provar a ocorrência do crime que deixa vestígios.

Afirmação II: O assistente técnico atuará a partir de sua admissão pelo juiz e somente após a conclusão dos exames e elaboração do laudo pelos peritos oficiais, sendo as partes intimadas desta decisão (art. 159, § 4º, CPP).

Afirmação III: Na falta de perito oficial, o exame será realizado por 2 (duas) pessoas idôneas, portadoras de diploma de curso superior preferencialmente na área específica, dentre as que tiverem habilitação técnica relacionada com a natureza do exame (art. 159, § 1º, CPP).

Afirmação IV: É o que permite o § 3º do art. 159 do CPP, sendo inovação trazida ao nosso processo penal em 2008.

Alternativa correta: letra "a": estão certas as Afirmações I e IV.

212. (ACAFE – Delegado de Polícia – SC/2014) De acordo com o Código de Processo Penal, assinale a alternativa correta.

a) O exame de corpo de delito poderá ser feito em qualquer dia e a qualquer hora.
b) A autópsia será feita pelo menos doze horas depois do óbito, salvo se os peritos, pela evidência dos sinais de morte, julgarem que possa ser feita antes daquele prazo, o que declararão no auto.
c) Proceder-se-á, sempre, a avaliação de coisas destruídas, deterioradas ou que constituam produto do crime.
d) Para o efeito de exame do local onde houver sido praticada a infração, a autoridade providenciará imediatamente para que não se altere o estado das coisas até a chegada dos parentes, que poderão instruir os laudos com fotografias, desenhos ou esquemas elucidativos.
e) Nos casos de morte violenta bastará o simples exame externo do cadáver, quando houver infração penal que apurar ou quando as lesões internas não permitirem precisar a causa da morte ou a verificação de alguma circunstância relevante.

COMENTÁRIOS

Alternativa "a": é a regra do art. 161 do CPP, que não admite exceção.

Alternativa "b": o prazo é de 6 horas, não de 12, conforme dispõe o art. 162, caput, do CPP. Parece-nos muito ligada tal regra à nossa cultura, em que os mortos devem ser logo sepultados. Em alguns países, os prazos são muito maiores, de dias, não de horas.

Alternativa "c": tais exames serão realizados apenas quando necessário (art. 172, CPP).

Alternativa "d": até a chegada dos peritos, não dos parentes (art. 169, CPP).

Alternativa "e": a regra é a seguinte: nos casos de morte violenta, bastará o simples exame externo do cadáver, quando não houver infração penal que apurar, ou quando as lesões externas permitirem precisar a causa da morte e não houver necessidade de exame interno para a verificação de alguma circunstância relevante (parágrafo único do art. 162, CPP).

Alternativa correta: letra "a".

213. (FUNCAB – Delegado de Polícia – RO/2014) No que se refere ao estudo das provas no processo penal, sabe-se que a autoridade judiciária se sujeita ao Princípio da Persuasão Racional (ou do Livre Convencimento Motivado), que tem por característica:

a) a impossibilidade de vincular o convencimento judicial à atuação das partes, por existir autonomia da autoridade judiciária para buscar as provas.
b) a possibilidade de a autoridade judiciária se valer de provas ilícitas para a formação do convencimento judicial.
c) a necessidade de a autoridade judiciária explicitar os motivos de fato e de direito que foram relevantes para a formação do seu convencimento.
d) a preponderância da prova pericial sobre a prova testemunhai.
e) a maior valoração que a lei confere à confissão.

COMENTÁRIOS

Alternativa "a": o juiz tem alguma iniciativa probatória, embora limitada (v. art. 156, CPP). Na fase investigatória, o juiz das garantias não terá qualquer iniciativa probatória; na fase judicial, o juiz da instrução e julgamento terá iniciativa, desde que não seja para suprir o ônus da acusação (art. 3º-A, CPP). Assim, primordialmente, caberá às partes propor a produção das provas, de modo a levar ao conhecimento do juiz as fontes de prova, para que este decida com base nelas.

Alternativa "b": tanto a CF quanto o CPP proíbem a valoração de provas ilícitas.

Alternativa "c": o juiz tem livre convicção para decidir, conforme estabelece o art. 155 do CPP, mas está limitado a decidir com base nas provas produzidas nos autos e, preferencialmente, nas provas produzidas sob contraditório. O método racional de decisão pressupõe controle pelas partes, de modo que o juiz deverá decidir motivadamente, mostrando o raciocínio por ele feito, sua análise das provas, o que o levou a chegar a determinado resultado.

Alternativa "d": não há preponderância entre as provas. Não há hierarquia entre elas. Cada prova deve ser avaliada em conjunto com as demais, podendo o juiz até mesmo desconsiderar as provas periciais, desde que mostre, em sua fundamentação, o motivo de assim agir.

Alternativa "e": a confissão já foi considerada a "rainha das provas". Tinha valor absoluto. Resultado: o processo passou a ser a busca da confissão e o método usado era a tortura. Ridículo. A confissão, como qualquer outra prova, deve ser avaliada em conjunto com os demais elementos dos autos, não tendo valor absoluto, podendo até ser descartada.

Alternativa correta: letra "c".

214. (NUCEPE - Delegado de Polícia - PI/2014) O art. 157 do Código de Processo penal preleciona serem "[...] inadmissíveis, devendo ser desentranhadas do processo, as provas ilícitas, assim entendidas as obtidas em violação a normas constitucionais ou legais". Em vista do exposto, analise as afirmativas a seguir, assinalando a alternativa INCORRETA.

I - Dar-se-á a prova ilegítima ante a violação de uma regra de direito processual penal no momento da sua produção em juízo.

II- A prova ilícita é aquela que viola regra de direito material ou a Constituição no momento da sua coleta, senso, assim, exterior ao processo.

III - O princípio da contaminação da prova ilícita tem sua origem na expressão fruits of the poisonous tree cunhada em caso pela Corte Suprema estadunidense.

a) Estão corretas as assertivas I e II.

b) Estão corretas as assertivas II e III.

c) As assertivas I e II estão incorretas.

d) A assertiva III está incorreta.

e) Todas as assertivas estão corretas.

COMENTÁRIOS

✪ **Nota do autor:** a questão foi ANULADA.

Assertiva I: certo. A doutrina brasileira, desde importante obra de Ada Pellegrini Grinover, baseada na doutrina italiana de Nuvolone, passou a diferenciar as provas ilegais em duas espécies: provas ilícitas e provas ilegítimas. As provas ilícitas são aquelas produzidas em violação a princípios constitucionais ou regras de direito material. As provas ilegítimas são aquelas produzidas com violação a regras de direito processual. As primeiras são inadmissíveis e não podem ingressar no processo. Se ingressarem, deverão ser desentranhadas. As segundas acarretam a nulidade do ato, possibilitando sua repetição. O art. 157 do CPP não fez essa diferenciação, o que tem gerado discussões na doutrina.

Assertiva II: certo. Normalmente, a prova ilícita é produzida fora – geralmente, antes – da fase judicial, daí porque não podem ingressar, pois inadmissíveis, no processo. A prova é ilícita quando viola norma de direito material e normas constitucionais que estabeleçam direitos ou garantias fundamentais. Portanto, não é simplesmente, violação à Constituição de modo geral. Preferimos não dizer que a assertiva está errada. Ela está certa, desde que feitos os reparos observados.

Assertiva III: certo. É também chamada de *taint doctrine*. "Contaminada" é a prova derivada da ilícita, sendo também inadmissível, conforme estabelece os parágrafos do art. 157 do CPP.

215. (NUCEPE - Delegado de Polícia - PI/2014) Acerca da prova no processo penal, pode-se afirmar:

a) não se pode confundir o exame de corpo de delito com as perícias em geral.

b) nos crimes de estupro e tortura o Delegado de Polícia, por ocasião da requisição pericial, restringirá seus quesitos ao âmbito do corpo de delito e aos elementos jurídicos que caracterizam aqueles crimes.

c) a confissão do acusado é suficiente para a comprovação da materialidade do delito.

d) a materialidade dos crimes que deixam vestígios será comprovada mediante exame de corpo de delito que só poderá ser do tipo direto.

e) no caso da maconha, o princípio ativo tetrahidrocanabinol – THC, poderá ser atestado por fotografia ou depoimentos atestando o seu aspecto físico ou olfativo.

COMENTÁRIOS

Alternativa "a": o exame de corpo de delito é uma perícia que versa sobre o objeto sobre o qual recaiu a infração penal, como uma pessoa, por exemplo. O ordenamento jurídico processual brasileiro também prevê outras espécies de perícias.

Alternativa "b": os quesitos formulados aos peritos não devem versar sobre aspectos jurídicos caracterizadores da tipicidade penal. Cabe ao delegado formular quesitos que tratem tão somente de aspectos objetivos, dos quais poderão ser extraídas conclusões jurídicas pela autoridade policial, mas, sobretudo, pelo Ministério Público e pelo juiz.

Alternativa "c": a confissão, sozinha, não pode ser aceita para provar a materialidade do crime, conforme estabelece o art. 158 do CPP.

Alternativa "d": o exame de corpo de delito poderá ser realizado indiretamente, com base, por exemplo, em documentos hospitalares.

Alternativa "e": somente poderá ser atestado por exame químico-toxicológico, único com aptidão de detectar, com a certeza necessária, o princípio ativo da "maconha".

Alternativa correta: letra "a".

216. (Vunesp – Delegado de Polícia – SP/2014) No delito de homicídio, o exame de corpo de delito

a) é prova pericial fundamental, sem a qual não pode haver o oferecimento da denúncia.
b) deve, em regra, ser realizado por perito oficial, portador de diploma de curso superior.
c) é dispensável, no caso de confissão do crime.
d) é dispensável, caso existam outras provas da prática delituosa.
e) deve ser realizado por dois peritos médicos pertencentes ao Instituto Médico Legal.

COMENTÁRIOS

Alternativa "a": a denúncia contendo imputação de homicídio pode ser oferecida ainda que não haja nos autos o laudo de exame de corpo de delito, desde que haja certeza da ocorrência do crime, por exemplo, por meio da prova testemunhal. Depois, o laudo poderá vir para os autos.

Alternativa "b" (responde também a alternativa "e"): essa é a regra para todos os crimes que deixam vestígios. A realização da perícia por perito oficial, portador de diploma de curso superior é regra prevista no art. 159, *caput*, do CPP. Não havendo perito oficial, o exame pericial deverá ser realizado por 2 pessoas idôneas, portadoras de diploma de curso superior preferencialmente na área específica, dentre as que tiverem habilitação técnica relacionada com a natureza do exame (art. 159, § 1º).

Alternativa "c": a ausência da prova da materialidade do crime – feita pelo exame de corpo de delito – não poderá ser suprida pela confissão do acusado. É a regra do art. 158 do CPP. Saibam os leitores que um dos maiores erros judiciários ocorridos no Brasil – o "caso dos irmãos Naves", em uma cidade mineira – ocorreu porque se aceitou a confissão dos acusados como prova da morte da vítima. Esta, porém, não havia morrido e as confissões foram obtidas mediante tortura. Faz sentido, portanto, a proibição do art. 158.

Alternativa "d": o exame de corpo de delito não é dispensável. Tendo o crime deixado vestígios, ele deverá ser realizado, conforme a exigência do art. 158 do CPP. Apenas se desaparecidos os vestígios é que se admite que a prova seja feita por meio de testemunhas (mas não, repita-se, pela confissão do réu).

Alternativa correta: letra "b".

217. (Fundação Aroeira – Delegado de Polícia – TO/2014) Uma vez arroladas como testemunhas, o Código de Processo Penal determina que serão inquiridas em local, dia e hora, previamente ajustados entre elas e o juiz, as seguintes autoridades, entre outras:

a) Delegados de polícia.
b) Vereadores de Capitais.
c) Secretários de Estado.
d) Membros dos Tribunais de Contas dos Municípios.

COMENTÁRIOS

Alternativa "a": os delegados de polícia não estão incluídos na regra vista acima, não tendo, até o momento, tal prerrogativa.

Alternativa "b": os vereadores também não possuem a prerrogativa vista aqui.

Alternativa "c": realmente, a lei processual prevê que certas autoridades terão prerrogativas no caso de ser necessária a oitiva como testemunha. A regra geral está no *caput* do art. 221 do CPP, nada impedindo que lei especial traga outras hipóteses. Diz o referido dispositivo que o Presidente e o Vice-Presidente da República, os senadores e deputados federais, os ministros de Estado, os governadores de Estados e Territórios, **os secretários de Estado** – como afirma a alternativa – os prefeitos do Distrito Federal e dos Municípios, os deputados às Assembleias Legislativas Estaduais, os membros do Poder Judiciário, os ministros e juízes dos Tribunais de Contas da União, dos Estados, do Distrito Federal, bem como os do Tribunal Marítimo serão inquiridos em local, dia e hora previamente ajustados entre eles e o juiz.

Alternativa "d": somente se aplica a prerrogativa aos membros dos tribunais de conta da União, dos Estados e do Distrito Federal.

Alternativa correta: letra "c".

9. SENTENÇA

- CF, art. 92, IX
- CPP, art. 381 a 392

218. (FGV – Delegado de Polícia – PC – AM/2022) João foi investigado, processado e julgado pelo fato de, em comunhão de ações e desígnios com outra pessoa não identificada, ter receptado veículo automotor VW/Saveiro, placa SAV-1234/AM, contendo diversos pares de calçados na caçamba, tudo pertencente à sociedade empresária AM Pé Descalço Ltda. Após a instrução criminal, o magistrado julgou procedente a denúncia, condenando João pelo delito de receptação. Posteriormente, surgiu a informação de que, em verdade, João teria tomado lugar de roubo, mediante grave ameaça exercida com o emprego de arma de fogo contra o motorista e o ajudante da VW/Saveiro, o que foi devidamente registrado em sede policial.

Diante desse cenário, é correto afirmar que

a) a condenação anterior pelo crime de receptação, ainda que indevida, impede o novo processo e o julgamento pelo crime de roubo.

b) a condenação anterior pelo crime de receptação, por ser indevida, não impede o novo processo e o julgamento pelo crime de roubo.

c) o crime de roubo é delito autônomo, que atingiu vítimas distintas, caracterizando novo delito e permitindo o processo e o julgamento de João.

d) o surgimento de prova nova superveniente afasta os efeitos da coisa julgada material no presente caso, permitindo o processo e o julgamento de João pelo crime de roubo.

e) operada a rescisão da coisa julgada, por ação específica, fica autorizado o processo e o julgamento de João pelo crime de roubo.

COMENTÁRIOS

Caso a prova de que o acusado foi o autor do roubo, e não de receptação da mercadoria com ele encontrada, tivesse sido produzida ainda durante a instrução criminal, caberia ao Ministério Público aditar a denúncia, para alterar a imputação inicial, o que é chamado de *mutatio libelli* pela doutrina e encontra-se regulado no art. 384 do CPP. No entanto, no caso em tela, já havia sentença quando se descobriu a nova prova. Se já tiver havido trânsito em julgado, essa circunstância, por si, impede que seja alterada a imputação: esta, apresentada pelo Ministério Público, já foi definitivamente julgada e se erro houve, só pode ser corrigido se o prejudicado foi o condenado, pois não há revisão criminal *pro societate*. Se não ocorreu o trânsito em julgado, mesmo assim não é possível o aditamento, pois este só é possível em primeiro grau, visto não ser possível reabrir a instrução em sede de apelação. Aliás, há a Súmula 453 do STF: "Não se aplicam à segunda instância o art 384 e parágrafo único do Código de Processo Penal, que possibilitam dar nova definição jurídica ao fato delituoso, em virtude de circunstância elementar não contida explícita ou implicitamente na denúncia ou queixa".

Alternativa correta: letra "a".

219. (FGV – Delegado de Polícia – PC – AM/2022) Durante determinada investigação, a autoridade policial é procurada pelo advogado de Maria, afirmando que a investigada deseja realizar acordo de colaboração premiada. Após historiar os fatos de que tem conhecimento, durante as rodadas de negociação, a investigada aponta as provas que possui. O acordo é formalizado e submetido ao Ministério Público, que o endossa e encaminha ao Poder Judiciário. O magistrado competente, após a adoção dos protocolos necessários, homologa o acordo. Enquanto a investigação tem prosseguimento, agora com a colaboração direta de Maria, o Promotor de Justiça atenta que há processo em curso na Vara Criminal, em que a colaboradora pode servir como testemunha, pugnando por sua oitiva, o que é deferido pelo Juízo. No dia aprazado, a colaboradora não comparece, em que pese devidamente intimada. O Ministério Público postula a condução coercitiva dela. Diante deste cenário, assinale a afirmativa correta.

a) A condução coercitiva foi extirpada do ordenamento jurídico, diante do reconhecimento da inconstitucionalidade por violação da garantia contra a autoincriminação.

b) A colaboradora, na condição de responsável criminal, não pode ser conduzida coercitivamente, diante da garantia contra a autoincriminação.

c) A condução coercitiva era reservada aos investigados e réus, não tendo previsão de sua aplicação para testemunhas, informantes ou peritos.

d) A colaboradora, ainda que na condição de responsável criminal, pode ser conduzida coercitivamente, pois tem o dever de colaborar com a Justiça de forma genérica.

e) A colaboradora, ainda que na condição de responsável criminal, pode ser conduzida coercitivamente, desde que seu dever de colaboração com a Justiça conste do acordo.

COMENTÁRIOS

A condução coercitiva não foi extirpada de nosso ordenamento. Na verdade, o investigado e até mesmo o acusado podem ser conduzidos coercitivamente se, devidamente intimados, não comparecerem a ato em que sua presença é imprescindível. Obviamente, não é o caso de uma condução coercitiva para ser interrogado, pois o imputado tem direito ao silêncio; por outro lado, é o caso do reconhecimento pessoal, pois não se trata de ato que exija postura ativa do imputado e, portanto, não tem ele direito a não comparecer nesse caso. Na hipótese da questão, temos uma acusada que celebrou colaboração premiada e, enquanto ré, abriu mão de seu direito ao silêncio e tem o compromisso de dizer a verdade. Isso nos casos em que figura como imputada. E quando for arrolada como testemunha? Em tese, uma testemunha pode ser conduzida coercitivamente, mas, sendo uma colaboradora e havendo possibilidade de que seu depoimento possa autoincriminá-la, tudo dependerá do que constar do acordo: se o seu dever de colaborar como testemunha estiver presente, poderá ser conduzida coercitivamente e, sua negativa de colaborar poderá gerar a rescisão do acordo de colaboração; se não estiver presente, poderá deixar de comparecer, sob a alegação de não se autoincriminar, caso em que a condução coercitiva será indevida.

Alternativa correta: letra "e".

220. (UFPR - Delegado de Polícia - PC - PR/2021) T.A. foi processado e julgado por infração ao art. 180, §1°, do Código Penal (receptação qualificada - pena de reclusão de 3 a 8 anos e multa). Ao final, foi condenado a uma pena de 5 anos em regime inicialmente fechado, justificada na reincidência específica. A sentença refutou a tese de insuficiência probatória alegada pela defesa e deixou de apreciar pedido de desclassificação, acatando de forma integral e remissiva os argumentos da acusação expostos nas alegações finais. A partir da narrativa, assinale a alternativa correta.

a) A sentença de T.A. poderá ser anulada, pois a motivação deixa de apreciar pedido de desclassificação formulado pela defesa.

b) A falta de valoração da prova ou ausência de apreciação de argumento invocado pela defesa de T.A. é sanável a partir de embargos declaratórios.

c) A defesa de T.A. poderá alegar que a motivação per relationem acarreta a nulidade da sentença por vício de fundamentação.

d) A falta de motivação é nulidade sanável, que pode ser reconhecida por meio de apelação, revisão criminal ou mediante habeas corpus a ser manejado pela defesa de T.A.

e) É discricionariedade do juiz refutar os argumentos ou considerar as provas invocadas insuficientes, não acarretando nulidade a simples ausência de valoração de prova produzida unilateralmente pela defesa de T.A.

COMENTÁRIOS

A defesa poderá alegar que houve vício de fundamentação, pela utilização da motivação per relationem, muito embora esta seja admitida pelos Tribunais Superiores. Nesse caso, haveria, segundo a tese defensiva, carência de fundamentação, causa de nulidade, conforme o art. 564, V, do CPP. O art. 315, § 2º, estabelece as situações em que não se considera ter havido fundamentação adequada. Embora não haja menção à motivação per relationem, pode-se dizer que o inciso IV permite a aplicação ao caso do enunciado, pois o juiz não abordou todos os argumentos da parte.

Alternativa correta: letra c.

221. (UFPR - Delegado de Polícia - PC - PR/2021) I.R. foi acusado pela prática do crime descrito no art. 54 da Lei 9.605/98 (Causar poluição de qualquer natureza em níveis tais que resultem ou possam resultar em danos à saúde humana, ou que provoquem a mortandade de animais ou a destruição significativa da flora. Pena: reclusão, de um a quatro anos, e multa). Narra a denúncia que I.R. teria, de forma dolosa, adredemente combinado com D.L., causado poluição na área da Reserva Indígena Tekohá Anetete, localizada em Diamante D'Oeste - PR.

Considerando as informações apresentadas, assinale a alternativa correta.

a) Ainda que I.R. tenha praticado crime de menor potencial ofensivo, é incabível a transação penal, visto que o crime foi praticado dentro de reserva indígena.

b) Por determinação expressa da lei, I.R. não poderá ser beneficiado pela suspensão condicional da pena.

c) Por se tratar de crime ocorrido dentro de reserva indígena, a ação penal resta condicionada à representação da Fundação Nacional do Índio (FUNAI).

d) Eventual sentença condenatória em desfavor de I.R. poderá fixar valor mínimo para reparação dos danos causados pela infração.

COMENTÁRIOS

Alternativa a: o crime em tela, com pena máxima superior a dois anos, não pode ser considerado de menor potencial ofensivo.

Alternativa b: o art. 16 da Lei 9.605 permite expressamente a aplicação da suspensão condicional da pena, desde que esta não ultrapasse 3 anos.

Alternativa c: a ação penal, nesse caso, é pública incondicionada.

Alternativa d: o art. 20 da Lei 9.605 prevê expressamente a possibilidade de fixação do valor mínimo de reparação dos danos ambientais, considerando os prejuízos sofridos pelo ofendido e pelo meio ambiente.

Alternativa correta: d.

222. (UFPR - Delegado de Polícia - PC - PR/2021) S.R. foi acusado de prática do crime de extorsão (art. 158, CP). Embora tenha respondido todo o processo sujeito à restrição de liberdade, foi absolvido por falta de provas (CPP, art. 386, inciso VII - não existir prova suficiente para a condenação). Irresignado com a decisão, o Ministério Público apelou.

Sobre a apelação da sentença criminal absolutória, é correto afirmar:

a) Mesmo que haja recurso ordinário de apelação por parte da acusação, o réu absolvido, se estiver preso, deverá ser colocado imediatamente em liberdade.

b) O réu somente poderá ser colocado em liberdade se não houver apelo do Ministério Público.

c) O recurso de apelação tem efeito suspensivo somente quando é interposto pelo Ministério Público.

d) O réu poderá ser colocado em liberdade somente quando houver o trânsito em julgado da sentença absolutória.

e) A privação de liberdade, nesse caso, poderá ser substituída por medida cautelar diversa da prisão, enquanto o recurso estiver pendente.

COMENTÁRIOS

O cerne da questão aqui é a seguinte: a apelação contra sentença absolutória tem efeito suspensivo? A resposta é negativa. O art. 596 do CPP deixa absolutamente claro que a interposição de recurso, nesse caso, não impede que o acusado seja colocado em liberdade.

Alternativa correta: letra a.

223. (Vunesp - Delegado de Polícia - PC - SP/2018) Acerca das sentenças e decisões em geral, afirma-se corretamente:

a) a possibilidade de o juiz dar ao fato definição jurídica diversa daquela constante da denúncia, prevista no art. 383, do Código de Processo Penal, depende de requerimento do Ministério Público, titular da ação penal.

b) sentença subjetivamente plúrima é a sentença proferida por mais de um órgão, composto por julgadores de natureza diversa, como são as sentenças do tribunal do júri.

c) a sentença que extingue o processo sem julgamento do mérito é denominada sentença definitiva lato sensu.

d) em caso de aditamento da denúncia, previsto no art. 384 do Código de Processo Penal, o juiz não ficará adstrito na sentença aos termos do aditamento, podendo de forma fundamentada decidir de forma diversa.

e) só fazem coisa julgada material as sentenças de mérito.

COMENTÁRIOS

Alternativa "a": o juiz pode fazê-lo de ofício, eis que não está alterando os fatos imputados, mas simplesmente dando a eles definição jurídica diversa. O art. 383 do CPP traz a chamada *emendatio libelli*

Alternativa "b": é a sentença proferida por órgão colegiado.

Alternativa "c": é uma sentença terminativa.

Alternativa "d": uma vez recebido o aditamento, o juiz deverá julgar o caso levando em consideração os fatos trazidos à denúncia aditada. Vale lembrar que isso decorre do princípio da correlação entre acusação e sentença.

Alternativa "e": as sentenças terminativas, que nao julgam o mérito, como a impronúncia, não geram efeito de coisa julgada material. Assim, surgindo prova nova, poderá ser proposta nova denúncia.

Alternativa correta: letra "e".

224. (FUNIVERSA - Delegado de Polícia - DF/2015) Com relação à sentença no processo penal, é correto afirmar que

a) o réu não poderá apelar sem que tenha sido recolhido à prisão em caso de sentença penal condenatória em que tenha sido decretada sua prisão preventiva, sob pena de deserção.

b) o juiz, ao prolatar sentença penal condenatória, poderá, segundo entendimento do STJ, fixar valor mínimo para a reparação dos danos causados pela infração, considerando os prejuízos sofridos pelo ofendido, desde que haja pedido expresso e formal nesse sentido.

c) ocorre a *mutatio libelli* quando o juiz, sem modificar a descrição do fato contida na denúncia ou na queixa, atribuir-lhe definição jurídica diversa.

d) é vedado ao juiz, em caso de ação penal pública, proferir sentença penal condenatória, caso o Ministério Público tenha requerido a absolvição do réu em face do princípio da correlação ou congruência.

e) o juiz que entender, por ocasião da prolação da sentença, que não há prova suficiente para a condenação, deverá converter o feito em diligência para que o inquérito policial seja retomado.

COMENTÁRIOS

Alternativa "a": não há mais essa causa de deserção, pois feria a presunção de inocência e o direito ao recurso. A respeito, o STJ editou a Súmula 347: "O conhecimento de recurso de apelação do réu independe de sua prisão".

Alternativa "b": tal exigência de pedido expresso e formal sempre nos pareceu relevante, embora nada conste a respeito no art. 387 do CPP. Porém, a nosso ver, o pedido é necessário, até para que o valor da reparação possa ser discutido, sob contraditório, no processo. O STJ entende que o pedido deve estar contido já na inicial acusatória.

Alternativa "c": a *mutatio libelli* pressupõe alteração na imputação fática da denúncia, mediante prévio aditamento pelo Ministério Público. A respeito, vejam a disposição do art. 384 do CPP.

Alternativa "d": por tal princípio, não pode o juiz decidir além, fora da imputação contida na denúncia, embora passa dar-lhe outra classificação jurídica. Porém, pode condenar o réu, mesmo que tenha o Ministério Público requerido a absolvição (art. 385, CPP).

Alternativa "e": deverá absolver o réu por falta de provas (art. 386, VII, CPP).

Alternativa correta: letra "b".

225. (Delegado de Polícia - MT/ 2010 - UNEMAT) Com respeito ao princípio da correlação, segundo doutrina majoritária, na situação em que o *Parquet* oferece exordial acusatória em face de um acusado, em decorrência do crime de roubo, capitulando este nas penas do art. 157, do Código Penal, e no curso da instrução processual penal sobrevém prova de que, na realidade, não houve violência ou grave ameaça na conduta do agente, ficando, contudo assente a subtração. Nesse caso, devera o juiz:

a) desclassificar o crime e sentenciar, sem abertura de vista ao Ministério Público, eis que caso de *emendatio libelli*

b) julgar improcedente a denúncia, absolvendo o réu.

c) determinar a intimação das partes para nova produção de provas.

d) oferecer transação penal.

e) desclassificar o crime e abrir vista ao Ministério Público para fins de *muttatio libelli.*

COMENTÁRIOS

✪ **Nota do autor:** pontos dos mais importantes no estudo da sentença são os da *mutatio libelli* e *emendatio libelli*. Por isso, não nos furtaremos em repetir noutros comentários o que em seguida se exporá. A *mutatio libelli* é tratada pelo art. 384 do CPP, que dispõe em seu *caput*: "Encerrada a instrução probatória, se entender cabível nova definição jurídica do fato, em consequência de prova existente nos autos de elemento ou circunstância da infração penal não contida na acusação, o Ministério Público deverá aditar a denúncia ou queixa, no prazo de 5 (cinco) dias, se em virtude desta houver sido instaurado o processo em crime de ação pública, reduzindo-se a termo o aditamento, quando feito oralmente". Na verdade, o que define a *mutatio libelli* é o fato de a nova definição jurídica do fato resultar de prova de algum elemento ou circunstância do delito não contido na denúncia, advindo, normalmente, no curso da instrução. Então, pouco importando qual a pena resultante, o Ministério Público poderá aditar a denúncia, para incluir o fato, já que é deste, e não de sua classificação jurídica, que o acusado se defende. Outra situação é a da *emendatio libelli*, tratada no art. 383: o fato está todo narrado na denúncia, o acusado dele defendeu-se e, no momento da sentença, o juiz dá definição jurídica diversa daquela até então constante da acusação. Nesse caso, dispensável o aditamento, ainda que a pena resultante seja maior. É certo, porém, que existe posicionamento, minoritário, no sentido de que, na *emendatio libelli*, antes de proferir a decisão, se verificar que será possível dar outra classificação jurídica para o fato já descrito na inicial, deve o juiz ouvir pelo menos o acusado.

Alternativa "a" (responde, também, a alternativa "e"): o crime de roubo pressupõe a subtração, tendo este ponto em comum com o furto. Portanto, a subtração está descrita na denúncia. Logo, se durante a instrução de acusação de roubo não restar provada a grave ameaça ou a violência, mas apenas a subtração, entendemos não ser necessário o aditamento da denúncia, pois esta já contém uma imputação de furto implícita. Portanto, é caso de *emendatio libelli* e poderá o juiz proferir sentença, classificando o caso como furto.

Alternativa "b": deve o juiz aplicar o art. 383 do CPP, não sendo o caso de absolvição, mas de desclassificação do delito.

Alternativa "c": na aplicação do art. 383 do CPP, não há nova imputação, não sendo prevista possibilidade de nova produção de provas.

Alternativa "d": se cabível a transação penal após a desclassificação por força do art. 383 do CPP, deve o juiz providenciar audiência para tal finalidade. Em caso de furto, normalmente não estão presentes os requisitos objetivos da Lei 9.099/1995, em razão da pena cominada a tal crime.

Alternativa correta: letra "a".

10. PROCEDIMENTOS

10.1. PROCEDIMENTOS COMUNS ORDINÁRIO E SUMÁRIO

▸ CPP, arts. 394 a 411

---

226. (Vunesp - Delegado de Polícia - PC - SP/2022) Nos termos do Código de Processo Penal, é correto afirmar que

a) no procedimento ordinário, oferecida a denúncia ou queixa, o juiz, se não a rejeitar liminarmente, recebê-la-á e ordenará a citação do acusado para responder à acusação, por escrito, no prazo de 15 (quinze) dias.

b) no caso de citação por edital, o prazo para a defesa começará a fluir a partir do comparecimento pessoal do acusado ou do defensor constituído.

c) no caso de citação por edital, o prazo para a defesa começará a fluir a partir da publicação pela imprensa.

d) no procedimento sumário, oferecida a denúncia ou queixa, o juiz, se não a rejeitar liminarmente, recebê-la-á e ordenará a citação do acusado para responder à acusação, por escrito, no prazo de 15 (quinze) dias.

e) no caso de citação por edital, o prazo para a defesa começará a fluir a partir da ciência do acusado ou do defensor constituído.

COMENTÁRIOS

Alternativa "a" (responde também a alternativa "d"): a alternativa quase repete o *caput* do art. 396 do CPP, pois erra no final, quanto ao prazo de resposta do réu, que é de 10 dias. Tal regra vale tanto para o procedimento ordinário, quanto para o sumário.

Alternativa "b" (responde também as alternativas "c" e "e"): a regra está no parágrafo único do art. 396 do CPP. Há lógica nisso: se houve citação por edital, em regra, há a suspensão do processo (art. 396) e, por isso, não haveria lógica alguma se qualquer prazo corresse durante tal período.

Alternativa correta: letra "b".

---

227. (UFPR - Delegado de Polícia - PC - PR/2021) Nas palavras de Aury Lopes Junior, "o processo penal admite distintas relações configuráveis entre os atos, fazendo com que o processo de conhecimento comporte diferentes ritos, em função da natureza do delito ou mesmo da pessoa envolvida (prerrogativa de função)".

(LOPES JUNIOR, Aury. Direito processual penal. 16 ed. São Paulo: Saraiva Educação, 2019. p. 723.)

A respeito do procedimento comum (ritos ordinário, sumário e sumaríssimo), considere as seguintes afirmativas:

1. A partir da determinação expressa do art. 394-A do CPP (Os processos que apurem a prática de crime hediondo terão prioridade de tramitação em todas

as instâncias), quando se tratar de crime hediondo, deverá ser aplicado o rito sumaríssimo, devido a sua maior celeridade.

2. Nos ritos ordinário e sumário, da decisão que recebe a denúncia ou queixa, como regra, não cabe recurso; mas caberá recurso sem sentido estrito da decisão que não as recebe.
3. A audiência de instrução e julgamento é o principal ato do procedimento comum (seja ele ordinário ou sumário), na medida em que é o momento de produção e coleta da prova, debates entre acusação e defesa, e no qual é proferida a decisão do caso penal.
4. O rito sumário destina-se ao processamento dos crimes cuja sanção máxima cominada seja inferior a 4 anos de pena privativa de liberdade, mas somente será utilizado quando não for cabível o rito sumaríssimo.

Assinale a alternativa correta.

a) Somente a afirmativa 4 é verdadeira.
b) Somente as afirmativas 1 e 2 são verdadeiras.
c) Somente as afirmativas 1 e 3 são verdadeiras.
d) Somente as afirmativas 2, 3 e 4 são verdadeiras.
e) As afirmativas 1, 2, 3 e 4 são verdadeiras.

COMENTÁRIOS

1-) Os crimes hediondos, pela própria gravidade da pena, normalmente comportarão o rito ordinário, por força da pena cominada e conforme o disposto no art. 394 do CPP. Assim, a regra afirmada pela Afirmativa não existe.

2-) A decisão que não recebe a denúncia é passível de recurso em sentido estrito (art. 581, I, CPP), não havendo previsão de recurso para o recebimento da inicial.

3-) Tanto o procedimento ordinário quanto o sumário possuem a concentração da audiência, quando se fará a instrução, os debates e o julgamento. Essa a regra.

4-) Trata-se da observância das regras previstas no art. 594 do CPP. Importante observar a ressalva feita pela alternativa, pois sendo o crime de menor potencial ofensivo, será aplicado o procedimento sumaríssimo.

Alternativa correta: letra d.

---

228. (UEG - Delegado de Polícia - PC - GO/2018) É instituto exclusivo da fase processual (i. e., judicial) da persecução penal:

a) Sequestro de bens imóveis.
b) Quebra de sigilo telemático.
c) Incidente de insanidade mental.
d) Habilitação de assistente de acusação.
e) Medida cautelar de proibição de ausentar-se da comarca.

COMENTÁRIOS

Alternativa "a": o sequestro pode ser determinado em qualquer fase.

Alternativa "b": também é possível a quebra do sigilo telemático em qualquer fase da persecução.

Alternativa "c": o incidente de insanidade pode ser instaurado em qualquer fase, até na execução da pena.

Alternativa "d": o CPP parece limitar à fase processual, razão pela qual não se tem admitido na fase de investigação.

Alternativa "e": prevista dentre as medidas do art. 319 do CPP, tal proibição pode ser determinada já na fase de investigação.

Alternativa correta: letra "d".

---

229. (ACAFE - Delegado de Polícia - SC/2014) De acordo com o Código de Processo Penal, assinale a alternativa correta.

a) Somente depois do interrogatório, nos casos da ação pública, poderá intervir, como assistente do Ministério Público, o ofendido ou seu representante legal.
b) Nenhum acusado, ainda que ausente ou foragido, será processado ou julgado sem defensor.
c) Ao corréu, no mesmo processo, será facultado intervir como assistente do Ministério Público.
d) A admissão do Assistente de Acusação será determinada pelo juiz independentemente de previamente ouvir o Ministério Público.
e) Da decisão que não admitir o Assistente de Acusação, caberá recurso, devendo, inclusive, constar dos autos o pedido e a decisão.

COMENTÁRIOS

✪ **Nota do autor:** inserimos a questão no tópico sobre procedimentos, mas observamos que se aplica a todos os procedimentos, não só aos ritos ordinário e sumário.

Alternativa "a": o ofendido ou seu representante legal poderá intervir, como assistente do Ministério Público, em todos os termos da ação pública (art. 268, CPP).

Alternativa "b": é a regra do art. 261 do CPP, que consagra o princípio constitucional da ampla defesa. Assim, é obrigatória a defesa técnica no processo penal, não podendo o acusado - salvo se advogado - defender-se sem ajuda profissional. A nulidade seria absoluta, por ausência de defesa (STF, Súmula 523).

Alternativa "c": o corréu não pode intervir, no mesmo processo, como assistente da acusação (art. 270, CPP).

Alternativa "d": o Ministério Público sempre deverá ser previamente ouvido a respeito da habilitação de assistente de acusação no processo (art. 271, § 1º, CPP).

Alternativa "e": não há recurso cabível (art. 273, CPP), mas a parte interessada poderá manejar mandado de segurança.

Alternativa correta: letra "b".

230. (ACAFE - Delegado de Polícia - SC/2014) Ante as disposições do Código de Processo Penal, analise as afirmações a seguir.

I. O procedimento comum será ordinário, sumário ou sumaríssimo.

II. O procedimento será ordinário quando tiver por objeto crime cuja sanção máxima cominada for igual ou superior a 3 (três) anos de pena privativa de liberdade.

III. O procedimento será sumário sempre que tiver por objeto crime cuja sanção máxima cominada seja inferior a 3 (três) anos de pena privativa de liberdade.

IV. O procedimento será sumaríssimo para as infrações penais de menor potencial ofensivo, na forma da lei.

Assinale a alternativa correta.

a) Apenas I, II e III estão corretas.
b) Apenas II e III estão corretas.
c) Apenas II, III e IV estão corretas.
d) Apenas I e IV estão corretas.
e) Todas as afirmações estão corretas.

COMENTÁRIOS

Afirmação I: É o que estabelece o § 1º do art. 394 do CPP.

Afirmação II: O procedimento será ordinário, quando tiver por objeto crime cuja sanção máxima cominada for igual ou superior a 4 anos de pena privativa de liberdade.

Afirmação III: O procedimento será sumário, quando tiver por objeto crime cuja sanção máxima cominada for inferior a 4 anos de pena privativa de liberdade.

Afirmação IV: Como prevê o inciso III do § 1º do art. 394 do CPP. O rito do procedimento sumaríssimo não está no CPP, mas na Lei 9.099/1995.

Alternativa correta: letra "d": estão certas as Afirmações I e IV.

231. (FUNCAB - Delegado de Polícia - RO/2014) O procedimento ordinário expressamente previsto no Código de Processo Penal possui características que o diferenciam do procedimento especial previsto para os crimes dolosos contra a vida. Dito isso, analise as proposições e assinale a alternativa que se adequa ao procedimento ordinário.

a) Não há previsão legal para o recebimento da denúncia após a citação e apresentação da resposta escrita.
b) É cabível o julgamento antecipado da lide.
c) Podem ser arroladas até cinco testemunhas pelo autor da ação para cada imputação formulada.
d) Não é aplicável o Princípio da Identidade Física do juiz.
e) O Ministério Público deve ser intimado após a apresentação da resposta escrita.

COMENTÁRIOS

Alternativa "a": a denúncia já foi recebida quando houve a citação e a resposta. É assim também no rito dos crimes dolosos contra a vida. Há respeitável entendimento de que tal recebimento da denúncia foi meramente provisório e que o juiz, em face da resposta do acusado, não sendo caso de absolvição sumária dentre as hipóteses do art. 397 do CPP, poderia rejeitar a denúncia ou confirmar o recebimento de modo definitivo. Essa alternativa comporta mais de um entendimento, cuidado.

Alternativa "b": o art. 397 do CPP prevê a possibilidade do julgamento antecipado do feito – não gostamos da palavra "lide" usada no processo penal –, em face apenas da resposta à acusação, apresentada pelo réu depois da citação. O juiz pode julgar antecipadamente, note-se, apenas para absolver o acusado, nas hipóteses previstas no art. 397.

Alternativa "c": podem ser arroladas até 8 testemunhas por fato imputado, tal como também se dá na primeira fase do procedimento dos crimes dolosos contra a vida.

Alternativa "d": é aplicável por expressa previsão legal (art. 399, § 2º, CPP).

Alternativa "e": não há tal previsão, ao contrário do que ocorre no rito do júri. A nosso ver, deve o juiz ouvir o Ministério Público, sobretudo quando o acusado, na resposta, traz alegação que pode resultar na aplicação do art. 397 do CPP, ou seja, na absolvição sumária. Mas, admitimos, não há previsão legal para isso no rito ordinário.

Alternativa correta: letra "b".

232. (Vunesp - Delegado de Polícia - SP/2014) O minucioso relatório policial que encerra determinado inquérito conclui pela ocorrência do crime de estelionato praticado por "X". O promotor de justiça, entretanto, com base nas descrições contidas no referido documento, denuncia "X" pela prática do crime de furto mediante fraude. Ao receber a peça acusatória, o magistrado

a) deverá, em juízo preliminar, modificar a classificação jurídica do crime feita na denúncia, a fim de que fique em consonância com o relatório policial, sob pena de inépcia da denúncia.
b) poderá, em juízo preliminar, modificar a classificação jurídica do crime feita no relatório policial, a fim de que fique em consonância com a denúncia, sob pena de nulidade da sentença.
c) poderá devolver os autos ao delegado de polícia responsável, caso entenda que a classificação do crime deva ser retificada.
d) se não a rejeitar preliminarmente, deverá recebê-la e ordenar a citação do réu "X" para responder à acusação por crime de furto mediante fraude.
e) deverá devolver os autos ao delegado de polícia responsável pelo relatório, a fim de que seja feita a retificação da classificação do crime, sob pena de inépcia da denúncia.

COMENTÁRIOS

✪ **Nota do autor:** inserimos a questão no tópico dos procedimentos, pois entendemos que trata de assunto relacionado ao papel do juiz na análise da denúncia a ele oferecida. Em geral, o ato de recebimento da denúncia é o primeiro ato do procedimento, ainda que se entenda que tal análise seja apenas provisória.

Alternativa "d" (responde também a alternativa "a"): deve ficar claro que a opinião do delegado de polícia não vincula o membro do Ministério Público, de modo que este pode oferecer denúncia com imputação de crime diverso, por exemplo, daquele constante do indiciamento. Assim, havendo justa causa e não sendo inepta a denúncia, deverá o juiz recebê-la e, depois, determinar a citação do réu. Poderia o juiz receber a denúncia, mas dando ao fato outra classificação jurídica? As opiniões são divididas, mas prevalece na doutrina o entendimento de que não pode. Por quê? Primeiro, porque o imputado defende-se dos fatos trazidos na denúncia, não de sua classificação jurídica. Ademais, porque o juiz não fica vinculado à classificação trazida na denúncia, podendo dar outra classificação posteriormente, quando da prolação da sentença, sem necessidade de aditamento (art. 383, CPP). Mas, admite-se tal modificação da classificação jurídica já no recebimento da denúncia, se aquela trouxer, de imediato, importantes reflexos processuais para o imputado. Nesse sentido: STJ, HC 103.763-MG, Rel. Min. Felix Fischer, j. 17.02.2009.

Alternativa "b": não pode o juiz modificar o relatório da autoridade policial e nem haveria qualquer necessidade disso, visto que tal peça do inquérito não gera qualquer efeito na ação penal.

Alternativa "c": a opinião jurídica do delegado deve ser respeitada, não podendo ser modificada por ordem do Ministério Público ou do juiz. E, como visto acima, nem haveria qualquer necessidade, eis que as conclusões do relatório final do inquérito não vinculam a etapa seguinte.

Alternativa "e": como vimos, as conclusões do delegado não vinculam o promotor de justiça, de modo que jamais será a denúncia inepta por esse motivo.

Alternativa correta: letra "d".

10.2. PROCEDIMENTO SUMARÍSSIMO (LEI Nº 9.099/1995)

▸ Lei 9.099/1995, arts. 69 a 82

233. (VUNESP – 2023 – PC/SP – Delegado) O empregador, que não teve participação na ação criminosa, mas é responsável civil pelo empregado que pratica um crime de menor potencial ofensivo que cause prejuízo patrimonial à vítima, nos termos da Lei nº 9.099/95:

a) não tem qualquer participação no sistema dos Juizados Especiais Criminais.
b) se possível, deve comparecer à audiência preliminar, a fim de que possa participar da tentativa de composição civil dos danos.
c) não tendo participação na ação criminosa, não tem legitimidade para atuar nos autos que apuram conduta de terceiro.
d) a fim de evitar ser criminalmente processado pode, se assim entender conveniente, aceitar proposta de aplicação imediata de pena não privativa de liberdade.
e) pode aceitar acordo de suspensão condicional do processo, mediante reparação do dano, se assim entender conveniente.

COMENTÁRIOS

O art. 72 da Lei 9.099/1995 expressamente prevê a possibilidade de o responsável civil estar presente na audiência, para realização da conciliação. Diz o dispositivo: "Na audiência preliminar, presente o representante do Ministério Público, o autor do fato e a vítima e, se possível, o responsável civil, acompanhados por seus advogados, o Juiz esclarecerá sobre a possibilidade da composição dos danos e da aceitação da proposta de aplicação imediata de pena não privativa de liberdade". Mas, evidentemente, o responsável civil jamais será responsabilizado criminalmente, mas apenas poderá ser instado a reparar o dano. Como consequência, não poderá celebrar transação penal, tampouco será possível que figure como réu, razão pela qual não poderá celebrar a suspensão condicional do processo.

Alternativa correta: letra "b".

234. (FGV – Delegado de Polícia – PC – AM/2022) Dentro do modelo de Direito Penal Consensual, os institutos despenalizadores ganharam especial relevo no sistema brasileiro. No entanto, esses institutos geralmente estão associados a uma determinada categoria de infrações penais, não tendo incidência às demais.

Assinale a opção que corresponde a um instituto que, observados seus requisitos legais, tem incidência em infrações penais, independentemente da sua categoria.

a) Composição dos danos civis.
b) Transação penal.
c) Acordo de não persecução penal.
d) Sursis.
e) Suspensão condicional do processo.

COMENTÁRIOS

Alternativa "a": a composição civil dos danos somente gera efeitos concretos nos crimes de ação penal pública condicionada à representação e na ação penal privada, pois, nos dois casos, e desde que sejam infrações de menor potencial ofensivo, ocorre a perda do direito de representar e de oferecer queixa. Vê-se, portanto, o âmbito limitado desse instituto consensual.

Alternativa "b": a transação penal também somente é aplicada às infrações de menor potencial ofensivo, conforme dispõe a Lei 9.099/1995, ao menos, como regra.

Alternativa "c": o ANPP pode ser aplicado para diversos crimes, mas desde que não caiba transação penal e desde que a pena mínima seja inferior a 4 anos, praticados sem violência ou grave ameaça (art. 28-A, CPP).

Alternativa "d": o *sursis* depende de condenação a pena não superior a 2 anos. Não se trata propriamente de um instituto consensual, do processo penal.

Alternativa "e": a suspensão condicional do processo não abarca crimes de uma determinada categoria, mas qualquer delito, desde que a pena mínima não supere um ano.

Alternativa correta: letra "e".

---

235. (Cespe - Delegado de Polícia - PC - PB/2022) Considerando o sistema de juizados especiais criminais, previsto na Lei n.° 9.099/1995, e a jurisprudência do STJ e STF sobre a matéria, assinale a opção correta.

a) Tratando-se de crime de ação penal privada ou pública condicionada à representação, a realização de composição civil dos danos entre autor e vítima gera a extinção da punibilidade.

b) Admite-se transação penal para os crimes dolosos com pena máxima inferior ou igual a 2 anos e para os delitos culposos, independentemente da sanção aplicada.

c) A sentença que homologa a transação penal faz coisa julgada material, e o descumprimento do acordo deve ser resolvido por meio de execução na esfera cível.

d) O procedimento de apuração de infrações de menor potencial ofensivo não admite a realização de exames periciais, haja vista a necessidade de brevidade na conclusão do processo.

e) A despeito da omissão legislativa, é permitida a realização de transação penal para os crimes de ação penal privada, por se tratar de direito subjetivo do autor do fato.

COMENTÁRIOS

Alternativa "a": trata-se da regra do parágrafo único do art. 74 da Lei 9.099/1995.

Alternativa "b": a transação penal é cabível nos crimes de menor potencial ofensivo, considerados, nos termos do art. 61 da Lei 9.099, as contravenções penais e os crimes a que a lei comine pena máxima não superior a 2 anos, cumulada ou não com multa, dolosos ou culposos.

Alternativa "c": a homologação da transação penal faz coisa julgada formal, de modo que, descumprido o acordo, poderá ser oferecida denúncia. Eis o teor da Súmula Vinculante 35: "A homologação da transação penal prevista no artigo 76 da Lei 9.099/1995 não faz coisa julgada material e, descumpridas suas cláusulas, retoma-se a situação anterior, possibilitando-se ao Ministério Público a continuidade da persecução penal mediante oferecimento de denúncia ou requisição de inquérito policial". É diferente da composição civil dos danos: ainda que não seja cumprida, restará apenas a execução civil.

Alternativa "d": os exames periciais são fundamentais para comprovação de certos delitos, o que não pode ser dispensado nem mesmo no procedimento da Lei 9.099.

Alternativa "e": a jurisprudência admite a transação penal nos crimes de ação penal privada, tendo a vítima legitimidade para celebrar o acordo. No entanto, não se trata de direito subjetivo, conforme entendimento jurisprudencial.

Alternativa correta: letra "a".

---

236. (Cespe - Delegado de Polícia - PC - PB/2022) Durante a pandemia, A, B e C foram encaminhados ao juizado especial criminal por terem praticado, respectivamente: omissão de notificação de doença (art. 269 CP, pena de detenção, de seis meses a dois anos, e multa); fornecimento de remédio em desacordo com receita médica (art. 280 CP, pena de detenção, de um a três anos, ou multa), e charlatanismo (art. 283 CP, pena de detenção, de três meses a um ano, e multa). Nesse caso,

a) são cabíveis transação penal e suspensão condicional do processo para A, B e C.

b) é cabível transação penal somente para C.

c) é cabível transação penal para A, B e C.

d) é cabível suspensão condicional do processo apenas para C.

e) é cabível suspensão condicional do processo para A, B e C.

COMENTÁRIOS

Nos casos acima, é cabível transação penal para A e C, tendo em vista que os crimes possuem penas máximas não superiores a 2 anos (art. 76, Lei 9.099/1995). Não há alternativa, porém, que abarque essa hipótese. Por outro lado, como todos os crimes possuem pena mínima igual ou inferior a 1 ano, todos estão sujeitos à suspensão condicional do processo (art. 89).

Alternativa correta: letra "e".

---

237. (Inst. Acesso - Delegado de Polícia - PC - ES/2019) A respeito da Lei 9.099/95, assinale a alternativa correta.

a) O instituto da composição dos danos civis, previsto na lei 9.099/95, uma vez homologado pelo juiz, acarretará, independentemente da natureza da ação penal do crime de menor potencial ofensivo, a extinção da punibilidade do agente.

b) As disposições da lei 9.099/95 não se aplicam no âmbito da justiça militar.

c) Não se aplica no âmbito da lei 9.099/95 o princípio da identidade física do juiz.

d) De acordo com o STF, a sentença de homologação da transação penal faz coisa julgada material.

e) No âmbito do juizado especial criminal, não se admite, em nenhuma hipótese, a citação pela via editalícia.

COMENTÁRIOS

Alternativa "a": a composição dos danos civis acarretará a extinção da punibilidade do agente apenas se o crime for de ação penal pública condicionada ou ação penal privada, pois, nesses casos, implicará, respectivamente, em renúncia ao direito de representação e de queixa (art. 74, parágrafo único, Lei 9.099/1995).

Alternativa "b": as disposições da Lei 9.099/1995 realmente não se aplicam ao âmbito da Justiça Militar, conforme prevê o art. 90-A da Lei 9.099. No entanto, no âmbito da Justiça Militar da União pode um civil ser julgado por crime militar, segundo alguns entendimentos (na Justiça Militar Estadual isso não é possível). Nesse caso, pode-se aplicar ao civil a transação penal e a suspensão condicional do processo.

Alternativa "c": o princípio da identidade física do juiz aplica-se ao processo penal brasileiro, não importando a competência.

Alternativa "d": ao contrário do afirmado, segundo o STF: "A homologação da transação penal prevista no artigo 76 da Lei 9.099/1995 não faz coisa julgada material e, descumpridas suas cláusulas, retoma-se a situação anterior, possibilitando-se ao Ministério Público a continuidade da persecução penal mediante oferecimento de denúncia ou requisição de inquérito policial" (Súmula Vinculante 35).

Alternativa "e": trata-se de vedação implícita contida na Lei 9.099, uma vez que o art. 66, caput, determina que a citação será pessoal; e o parágrafo único, que, não sendo encontrado o denunciado, deverá o feito ser remetido para o juízo criminal comum.

Alternativa correta: letra "e".

238. (Vunesp – Delegado de Polícia – PC – BA/2018) Nos termos do art. 69, parágrafo único, da Lei nº 9.099/95, ao autor do fato típico definido como crime de menor potencial ofensivo, após a lavratura do termo circunstanciado, caso se comprometa a comparecer junto ao Juizado Especial Criminal, não se imporá prisão em flagrante,

a) desde que primário.

b) desde que imediatamente restitua o prejuízo da vítima.

c) a menos que se trate de reincidente específico.

d) mas a liberdade pode ser condicionada, pela autoridade policial, ao estabelecimento e à aceitação de imediata pena restritiva de direito.

e) nem se exigirá fiança.

COMENTÁRIOS

Alternativa "a": o enunciado reproduz quase que todo o teor do parágrafo único do art. 69 da Lei 9.099/1995, tendo faltado apenas a parte final. Na sistemática adotada, não importa se o acusado é primário ou reincidente: sempre será dispensada a lavratura do auto de prisão em flagrante se o autor do fato se comprometer a comparecer ao juizado.

Alternativa "b": não há tal exigência na lei. A composição civil poderá ser tentada quando da audiência preliminar.

Alternativa "c": nem mesmo quando o autor do fato for reincidente específico será possível fugir da regra geral.

Alternativa "d": a aceitação da pena restritiva de direito será realizada quando da audiência preliminar, após proposta de transação apresentada pelo Ministério Público ou pelo querelado.

Alternativa "e": eis o que faltava para completar o parágrafo único do art. 69 da Lei 9.099.

Alternativa correta: letra "e".

239. (UEG – Delegado de Polícia – PC – GO/2018) Sobre o processamento dos crimes de menor potencial ofensivo, verifica-se o seguinte:

a) A intimação das partes pode ser feita por qualquer meio idôneo de comunicação, inclusive eletrônico.

b) A homologação da transação penal prevista no artigo 76 da Lei n. 9.099 de 1995 faz coisa julgada material.

c) Não é admitida, nos crimes de menor potencial ofensivo, a realização de perícia criminal.

d) A suspensão condicional do processo será revogada se, no curso do prazo, o beneficiário vier a ser indiciado por outro crime.

e) Sendo caso de denúncia, é imprescindível o retorno dos autos à autoridade policial para instauração do respectivo inquérito.

COMENTÁRIOS

Alternativa "a": admite-se a intimação por meios eletrônicos, tendo em vista a preocupação com a celeridade e informalidade que permeia o procedimento das infrações penais de menor potencial ofensivo.

Alternativa "b": não faz coisa julgada material, tanto assim que, descumprido o acordo, poderá ser oferecida a denúncai (STF, Sümula Vinculante 35).

Alternativa "c": evidentemente, é admitida a realização de perícia, até porque se trata de matéria probatória, o que não e dispensado apenas porque temos um rito simplificado.

Alternativa "d": será revogada a suspensão se o autor do fato vier a ser processado por outro crime.

Alternativa "e": a denúncia poderá ser oferecida com base no termo circunstanciado, inclusive oralmente, ao final da audiência preliminar.

Alternativa correta: letra "a".

240. (Cespe - Delegado de Polícia - GO/2017) Acerca de investigação criminal e juizados especiais criminais, assinale a opção correta.

a) No juizado especial criminal, é inadmissível a transação penal caso se comprove que o autor da infração foi condenado em sentença definitiva por crime ou contravenção penal de caráter culposo ou doloso.

b) Para definição da competência do juizado especial criminal no concurso material de crimes, a soma das penas máximas cominadas para cada crime não pode exceder a dois anos.

c) Não se admite a transação penal nem a composição civil dos danos nos processos de competência dos juizados especiais criminais que, por motivo de conexão ou continência, tiverem sua competência deslocada para o tribunal do júri.

d) O delegado-geral de polícia civil, no âmbito estadual, ou o delegado regional, no âmbito territorial, poderão, mediante despacho fundamentado, avocar ou determinar a redistribuição de autos de inquérito policial, sempre que a infração penal a ser apurada for de interesse do Poder Executivo da respectiva unidade da Federação.

e) Caberá recurso especial contra a decisão da turma recursal dos juizados especiais criminais que negue provimento a recurso interposto contra sentença penal condenatória, caso seja demonstrada ofensa a dispositivo de norma infraconstitucional.

COMENTÁRIOS

Alternativa "a": o que impede a transação penal é a condenação definitiva, pela prática de crime, à pena privativa de liberdade.

Alternativa "b": para aferição da existência de hipótese de competência do Juizado Especial Criminal, não pode o delito ter pena máxima superior a dois anos, que é justamente aquilo que o caracteriza como crime de menor potencial ofensivo. Havendo mais de um crime, o resultado da aplicação das regras dos concursos material e formal não pode ser superior a 2 anos.

Alternativa "c": ao contrário, o parágrafo único do art. 60 da Lei 9.099/1995 permite expressamente a aplicação de tais institutos.

Alternativa "d": o superior hierárquico poderá avocar o inquérito, de modo fundamentado, desde que haja interesse público.

Alternativa "e": o STJ não admite recurso especial contra decisão da turma recursal (Súmula 203).

Alternativa correta: letra "b".

241. (IBADE - Delegado de Polícia - AC/2017) Leia as assertivas a seguir.

I. A autoridade policial que tomar conhecimento da ocorrência de infração de menor potencial ofensivo lavrará termo circunstanciado e o encaminhará imediatamente ao Juizado, com o autor do fato e a vítima, providenciando-se as requisições dos exames periciais necessários.

II. No crime de lesão corporal no âmbito da violência doméstica contra a mulher, a autoridade policial, lavrará o termo circunstanciado, porém este não será encaminhado ao juizado especial criminal e sim ao juizado de violência doméstica familiar.

III. No crime de lesão corporal no âmbito da violência doméstica contra a mulher, ao autor do fato que, após a lavratura do termo circunstanciado, for imediatamente encaminhado ao juizado ou assumir o compromisso de a ele comparecer será arbitrada fiança ou, em caso de negativa, será imposta a prisão em flagrante.

IV. Nas infrações penais de menor potencial ofensivo, ao autor do fato que, após a lavratura do termo, for imediatamente encaminhado ao juizado ou assumir o compromisso de a ele comparecer, não se imporá prisão em flagrante, nem se exigirá fiança.

Está correto o que se afirma apenas em:

a) I e IV.

b) II e III.

c) I e II.

d) II e IV.

e) I e III.

COMENTÁRIOS

Item I: É o disposto no art. 69, caput, da Lei 9.099/1995.

Item II: Nesse caso, por não ser possível a aplicação da Lei 9.099/1995 aos casos de violência doméstica contra mulher, deverá a autoridade policial instaurar inquérito policial e, ao final das investigações, encaminhá-lo à Justiça criminal comum ou a uma vara especializada em violência doméstica.

Item III: Não sendo possível a aplicação da Lei 9.099 aos casos de violência doméstica contra mulher, o delegado deverá lavrar auto de prisão em flagrante e não serão os autos encaminhados, como vimos, ao Juizado Especial Criminal.

Item IV: É o que dispõe o parágrafo único do art. 69 da Lei 9.099.

Alternativa correta: letra "a". Estão certos os Itens I e IV.

242. (IBADE - Delegado de Polícia - AC/2017) No que concerne à legislação que dispõe sobre os Juizados Especiais Cíveis e Criminais (Lei n° 9.099/1995), pode-se afirmar que:

a) a composição dos danos civis será reduzida a escrito e, homologada pelo Juiz mediante sentença irrecorrível, não pode ser executado no juízo civil competente.

b) a autoridade policial que tomar conhecimento da ocorrência lavrará termo circunstanciado e o encaminhará em até 24 {vinte e quatro) horas ao Juizado, com o autor do fato e a vítima, providenciando-se as requisições dos exames periciais necessários.

c) ao autor do fato que, após a lavratura do termo circunstanciado, for imediatamente encaminhado ao juizado ou assumir o compromisso de a ele comparecer, não se imporá prisão em flagrante, podendo-se exigir fiança a critério da autoridade policial.

d) consideram-se infrações penais de menor potencial ofensivo, para os efeitos desta Lei, as contravenções penais e os crimes a que a lei comine pena máxima não superior a 1 (um) ano, cumulada ou não com multa.

e) havendo representação ou tratando-se de crime de ação penal pública incondicionada, não sendo caso de arquivamento, o Ministério Público poderá propor a aplicação imediata de pena restritiva de direitos ou multas, a ser especificada na proposta.

COMENTÁRIOS

Alternativa "a": a acordo homologado terá eficácia de título a ser executado no juízo cível (art. 74, Lei 9.099).

Alternativa "b": o art. 69 da Lei 9.099 fala em encaminhar a pessoa "imediatamente", não no prazo de 24 horas. Na prática, isso não é feito, porque não há plantão permanente do juizado, como parece ter sido a ideia original do legislador. Ideia, diga-se, impraticável do ponto de vista prático, inclusive econômico.

Alternativa "c": não se imporá fiança, conforme estabelece o art. 69, parágrafo único, da Lei 9.099.

Alternativa "d": pena máxima não superior a 2 anos, é o correto.

Alternativa "e": trata-se de proposta de transação penal, de que fala o art. 76 da Lei 9.099/1995.

Alternativa correta: letra "e".

---

243. (FUNIVERSA – Delegado de Polícia – DF/2015) Gustavo constrangeu, mediante grave ameaça, um colega de trabalho a agir de maneira vexatória.

Com base nessa situação hipotética e na Lei nº 9.099/1995, que dispõe sobre os juizados especiais criminais, assinale a alternativa correta.

a) Se Gustavo descumprir transação penal, o Ministério Público estará autorizado a denunciá-lo, independentemente de representação da vítima.

b) O crime de constrangimento ilegal, praticado por Gustavo, não se submete à lei dos juizados especiais criminais por não ser considerado de menor potencial ofensivo.

c) A autoridade policial que tomar conhecimento da ocorrência poderá optar entre lavrar termo circunstanciado ou instaurar o competente inquérito policial.

d) Caso Gustavo, após o procedimento adotado pela autoridade policial, seja imediatamente encaminhado ao juizado ou assuma o compromisso de a este comparecer, a ele não se imporá prisão em flagrante, mas a autoridade policial poderá exigir-lhe fiança.

e) Se Gustavo, após o procedimento adotado pela autoridade policial, for imediatamente encaminhado ao juizado ou assumir o compromisso de a este comparecer, a ele será imposta prisão em flagrante.

COMENTÁRIOS

Alternativa "a" (responde também a alternativa "b"): o crime de constrangimento ilegal é de menor potencial ofensivo, eis que sua pena máxima não ultrapassa dois anos (art. 61, Lei 9.099/1995) e não depende de representação. Em caso de descumprimento da transação penal, pode o Ministério Publico oferecer denúncia. Esse não é o entendimento de parte da doutrina. E também não era o entendimento do STJ: a transação penal homologada, segundo o entendimento contrário ao da alternativa, faz coisa julgada formal e material e, assim, em caso de descumprimento do acordo, não pode ser proposta a ação penal contra o autor do fato. Porém, tal entendimento veio aos poucos sendo alterado e com razão a nosso ver. Muito importante verificar o seguinte julgado, que resume a questão: "(...)1. No âmbito desta Corte Superior de Justiça consolidou-se o entendimento no sentido de que a sentença homologatória da transação penal possui eficácia de coisa julgada formal e material, o que a torna definitiva, motivo pelo qual não seria possível a posterior instauração de ação penal quando descumprido o acordo homologado judicialmente. 2. Contudo, o Supremo Tribunal Federal, ao examinar o RE 602.072/RS, cuja repercussão geral foi reconhecida, entendeu de modo diverso, assentando a possibilidade de ajuizamento de ação penal quando descumpridas as condições estabelecidas em transação penal, compreensão que passou a ser adotada pela Terceira Seção deste Sodalício. (...)" (HC 184.821 – SC, Rel. Min. Jorge Mussi, 20.11.2012). O STF editou a Súmula Vinculante 35, com o seguinte enunciado: "A homologação da transação penal prevista no artigo 76 da Lei 9.099/1995 não faz coisa julgada material e, descumpridas suas cláusulas, retoma-se a situação anterior, possibilitando-se ao Ministério Público a continuidade da persecução penal mediante oferecimento de denúncia ou requisição de inquérito policial".

Alternativa "c": a autoridade policial não tem opção, pois, havendo infração de menor potencial ofensivo, deve lavrar termo circunstanciado.

Alternativa "d" (responde também a alternativa "e"): não deve ser exigida fiança nesse caso, tampouco poderá ser lavrado o flagrante (art. 69, parágrafo único, Lei 9.099/1995).

Alternativa correta: letra "a".

244. (Fundação Aroeira – Delegado de Polícia – TO/2014) Nos termos da Lei nº 9.099/1995, as partes serão intimadas da data da sessão de julgamento da apelação na Turma Recursal

a) por mandado.

b) por qualquer meio hábil de comunicação.

c) pela correspondência com aviso de recebimento.

d) pela imprensa.

COMENTÁRIOS

Alternativa correta: letra "d" (responde todas as demais alternativas): a intimação, no caso da apelação interposta sob o rito do Juizado Especial Criminal, se dará pela imprensa, como diz explicitamente o § 4º do art. 82 da Lei 9.099/1995: "As partes serão intimadas da data da sessão de julgamento pela imprensa".

Alternativa correta: letra "d".

245. (Fundação Aroeira – Delegado de Polícia – TO/2014) Os Juizados Especiais Criminais são órgãos da Justiça Ordinária, criados pela União, pelo Distrito Federal, pelos Territórios e Estados, para conciliação, processo, julgamento e execução, nas causas de sua competência, com seus processos orientados pelos critérios da oralidade, simplicidade, informalidade, economia processual e celeridade, buscando, sempre que possível, a conciliação ou a transação. Nesse sentido, no tocante aos Juizados Especiais Criminais, consoante a Lei nº 9.099/1995,

a) o autor do fato que, após a lavratura do termo, for imediatamente encaminhado ao juizado ou assumir o compromisso de a ele comparecer, mediante fiança, não estará sujeito à prisão em flagrante.

b) o juiz poderá determinar, em caso de violência doméstica, como medida de cautela, a retirada da vítima do lar, domicílio ou local de convivência com o autor.

c) as contravenções e os crimes apenados com detenção que a lei comine pena máxima não superior a dois anos são considerados infrações penais de menor potencial ofensivo.

d) a autoridade policial que tomar conhecimento da ocorrência lavrará termo circunstanciado e o encaminhará imediatamente ao juizado, com o autor do fato e a vítima.

COMENTÁRIOS

Alternativa "a": o autor do fato, nesse caso, não estará sujeito à prisão em flagrante, não sendo exigível a fiança (art. 69, parágrafo único, Lei 9.099/1995).

Alternativa "b": aqui, menciona-se medida protetiva aplicável aos casos de violência doméstica, cometida contra mulher, nos termos da Lei 11.340/2006, não da Lei 9.099. Aliás, a primeira, ou seja, a Lei "Maria da Penha" proíbe a aplicação da Lei 9.099 aos casos nela tratados.

Alternativa "c": as contravenções são infrações de menor potencial ofensivo, sempre. Quanto aos crimes, são assim considerados aqueles a que a lei comine pena privativa de liberdade – reclusão ou detenção – máxima não superior a 2 anos, cumulada ou não com multa (art. 61, Lei 9.099/1995).

Alternativa "d": é o que prevê o art. 69, *caput*, da Lei 9.099/1995. Na prática, contudo, dificilmente há o encaminhamento imediato ao Juizado Especial Criminal, pois não foi estruturado em nosso país para possibilitar o cumprimento de tal regra. Por vezes, o legislador é ambicioso demais ou pensa viver em país com pouco crime e população diminuta. Então, na prática, lavra-se o termo circunstanciado e o autor do fato assina o compromisso de comparecer ao Juizado quando chamado.

Alternativa correta: letra "d".

246. (UEL – Delegado de Polícia – PR/2013) No que diz respeito aos Juizados Especiais Criminais, conforme a Lei nº 9.099/1995, assinale a alternativa correta.

a) A proposta de transação penal é admissível, mesmo que o agente tenha sido beneficiado com outra proposta em menos de cinco anos.

b) A proposta de transação penal é admissível, mesmo que o indivíduo tenha sido beneficiado anteriormente, no prazo de cinco anos, pela aplicação de pena restritiva ou multa.

c) A suspensão condicional da pena é instituto previsto na Lei nº 9.099/1995 e é proposta sem proibições, reparações ou obrigações perante o juízo.

d) Caso uma pessoa seja surpreendida praticando uma infração penal de menor potencial ofensivo, será presa em flagrante e recolhida à prisão.

e) Não encontrado o acusado para ser citado, o juiz encaminhará as peças existentes ao juízo comum.

COMENTÁRIOS

Alternativa "a": trata-se de hipótese em que não se admite a transação penal, conforme previsto no art. 76, § 2º, II, da Lei 9.099.

Alternativa "b": é a mesma situação da alternativa anterior. A transação penal diz respeito à aplicação antecipada de pena de multa ou restritiva de direitos, de modo que, se alguém já foi assim beneficiado nos cinco anos anteriores, não fará jus à nova transação.

Alternativa "c": ao contrário, trata-se de suspensão **condicional** do processo. Ou seja, por definição, tem condições. E o art. 89 da Lei 9.099/1995 dispõe que as condições podem ser: (a) reparação do dano, salvo impossibilidade de fazê-lo; (b) proibição de frequentar determinados lugares; (c) proibição de ausentar-se da comarca onde reside, sem autorização do Juiz; (d) comparecimento pessoal e obrigatório a juízo, mensalmente, para informar e justificar suas atividades. Além disso, o Juiz poderá especificar outras condições a que fica subordinada a suspensão, desde que adequadas ao fato e à situação pessoal do acusado. É possível prestação pecuniária, como condição judicial? A prestação pecuniária é possível, conforme entendimento da 5ª Turma do STJ: "(...)É pacífico o entendimento da Quinta Turma desta Corte no sentido de que é cabível a imposição de prestação de serviços à comunidade ou de prestação pecuniária como condição especial para a concessão do benefício da suspensão condicional do processo, desde que estas se mostrem adequadas ao caso concreto, observando-se os princípios da adequação e da proporcionalidade. (...)" (HC 225.166 – BA, Rel. Min. Laurita Vaz, j. 15.08.2013). Porém, a 6ª Turma do mesmo Tribunal Superior tinha entendimento diametralmente oposto: "(...)Interpretando a Lei nº 9.099/1995, a Sexta Turma adotou o entendimento de que é inadmissível a fixação de prestação de serviços à comunidade ou de prestação pecuniária, que têm caráter de sanção penal, como condição para a suspensão condicional do processo. (...)" (AgRg no REsp 1.265.083 – RS, Rel. Min. Sebastião Reis Júnior, j. 04.02.2014). Hoje, mesmo a 6ª Turma do STJ passou a acompanhar a 5ª Turma. Nesse sentido: "(...) Não há óbice a que se estabeleçam, no prudente uso da faculdade judicial disposta no art. 89, § 2º, da Lei nº 9.099/1995, obrigações equivalentes, do ponto de vista prático, a sanções penais (tais como as penas de prestação de serviços comunitários ou a prestação pecuniária), mas que, para os fins do sursis processual, se apresentam tão somente como **condições** para sua incidência. (...)" (RHC 51.557-PR, Rel. Min. Rogério Schietti Cruz, j. 22.09.2015).

Alternativa "d": nesse caso, não se faz, a princípio, a prisão em flagrante, mas desde que o autor do fato for imediatamente encaminhado ao juizado ou assumir o compromisso de a ele comparecer (art. 69, parágrafo único, Lei 9.099/1995).

Alternativa "e": trata-se de característica importante do procedimento sumaríssimo, qual seja, não se determina a citação por edital. Assim, não sendo encontrado o acusado para ser citado, o feito deve ser remetido ao juízo comum (art. 66, parágrafo único, Lei 9.099/1995), o qual adotará, a partir daí, o procedimento sumário (art. 538, CPP).

Alternativa correta: letra "e".

---

247. (UEG – Delegado de Polícia – GO/2013) Sobre os juizados especiais criminais, tem-se o seguinte:

a) os crimes de menor potencial ofensivo praticados em detrimento de bens, serviços ou interesses de autarquias federais ou da União são, conforme previsão constitucional, de competência da justiça dos estados.

b) segundo o Supremo Tribunal Federal, a suspensão condicional do processo representa um direito subjetivo do imputado, podendo ser proposta pelo Ministério Público ou pelo magistrado, desde que, atendidos os requisitos de ordem objetiva, o acusado confesse a prática criminosa.

c) é possível, segundo entendimento atual do Superior Tribunal de Justiça, a revogação do benefício de suspensão condicional do processo após o término do período de prova, desde que os fatos ensejadores da revogação tenham ocorrido durante esse período.

d) os efeitos da transação penal, conforme o Superior Tribunal de Justiça, poderão ser, por ser objeto de sentença meramente homologatória, afastados mediante ação anulatória, a ser ajuizada, pelo autor do fato, perante o juízo cível.

COMENTÁRIOS

Alternativa "a": nesse caso, são de competência dos Juizados Especiais Criminais da Justiça Federal

Alternativa "b": de acordo com o STF: "Reunidos os pressupostos legais permissivos da suspensão condicional do processo, mas se recusando o promotor de justiça a propô-la, o juiz, dissentindo, remeterá a questão ao procurador-geral, aplicando-se por analogia o art. 28 do Código de Processo Penal" (Súmula 696). Assim, cabe ao Ministério Público a proposta, não ao juiz. Ademais, o entendimento que prevalece é o de que não se trata de direito subjetivo do réu (STF, RHC 115.997-PA, Rel. Min. Cármen Lúcia, j. 12.11.2013). Por fim, não há necessidade alguma de que o acusado confesse.

Alternativa "c": trata-se de situação comum, ou seja, verifica-se que o acusado foi processado durante o curso da suspensão, mas tal verificação dá-se somente ao final do período do benefício. Nesse caso, o STJ vem entendendo que pode haver a revogação da suspensão e o prosseguimento do processo. Nesse sentido: "(...) É entendimento assente no Superior Tribunal de Justiça que o benefício da suspensão condicional do processo pode ser revogado mesmo após o transcurso do período de prova, desde que a causa da revogação tenha ocorrido durante o referido lapso temporal. (...)" (AgRg no AREsp 559.292-SP, Rel. Min. Sebastião Reis Júnior, j. 02.10.2014).

Alternativa "d": a ação anulatória somente é possível na transação do processo civil, ou seja, do acordo civil homologado. No Juizado Especial Criminal, a homologação da transação penal é passível de Apelação e, a nosso ver, se não mais cabível o recurso, de revisão criminal *pro reo*.

Alternativa correta: letra "c".

10.3. PROCEDIMENTO DOS PROCESSOS DE COMPETÊNCIA DO TRIBUNAL DO JÚRI

- CF, art. 5º, XXXVIII
- CPP, arts. 406 a 497

---

248. (Vunesp – Delegado de Polícia – PC – SP/2022) Com relação à sentença, é correto afirmar que o Código de Processo Penal determina que

a) na decisão condenatória do Tribunal do Júri a uma pena igual ou superior a 15 (quinze) anos de reclusão, poderá o tribunal atribuir efeito suspensivo à apelação, apenas quando verificado que o recurso levanta questão substancial.

b) a decisão condenatória do Tribunal do Júri a uma pena igual ou superior a 15 (quinze) anos de reclusão, com quatro ou mais condenados, terá efeito suspensivo.

c) a apelação interposta contra decisão condenatória do Tribunal do Júri a uma pena igual ou superior a 15 (quinze) anos de reclusão não terá efeito suspensivo.

d) na decisão condenatória do Tribunal do Júri a uma pena igual ou superior a 15 (quinze) anos de reclusão, poderá o tribunal atribuir efeito suspensivo à apelação, apenas quando verificado que o recurso não tem propósito meramente protelatório.

e) a apelação interposta contra decisão condenatória do Tribunal do Júri a uma pena igual ou superior a 10 (dez) anos de reclusão não terá efeito suspensivo.

COMENTÁRIOS

A questão lida com uma nova regra, polêmica, trazida pela Lei 13.964/2019, que permite a execução antecipada da pena, mesmo antes do trânsito em julgado. Se é verdade que o STF somente admite a execução provisória depois do trânsito em julgado, há precedentes no sentido de que, sendo a condenação pelo Júri, em razão do princípio da soberania dos veredictos, tal entendimento deve ser mitigado. O STF está decidindo esse ponto, mas a votação ainda não terminou até a edição dessa obra. Mas, vamos à questão. A regra do art. 492, I, "e", do CPP, afirma que o juiz, em caso de veredicto condenatório dos jurados, mandará o acusado recolher-se ou recomendá-lo-á à prisão em que se encontra, se presentes os requisitos da prisão preventiva, ou, no caso de condenação a uma pena igual ou superior a 15 anos de reclusão, determinará a execução provisória das penas, com expedição do mandado de prisão, se for o caso, sem prejuízo do conhecimento de recursos que vierem a ser interpostos.

Alternativa correta: letra "c".

249. (Delegado de Polícia - MG/ 2011 - ACADEPOL) Sobre o tribunal do júri é INCORRETO afirmar:

a) Nas comarcas de mais de 100.000 (cem mil) habitantes serão alistados de 300 (trezentos) a 700 (setecentos) jurados.

b) Se o interesse da ordem pública reclamar o juiz poderá, logo após o interrogatório do acusado, determinar o desaforamento do julgamento.

c) O serviço de jurado é obrigatório e somente compreenderá maiores de 18 anos.

d) Os jurados poderão formular perguntas às testemunhas por intermédio do juiz-presidente.

COMENTÁRIOS

Alternativa "a": é o art. 425 do CPP que regula este ponto: "Anualmente, serão alistados pelo presidente do Tribunal do Júri de 800 (oitocentos) a 1.500 (um mil e quinhentos) jurados nas comarcas de mais de 1.000.000 (um milhão) de habitantes, de 300 (trezentos) a 700 (setecentos) nas comarcas de mais de 100.000 (cem mil) habitantes e de 80 (oitenta) a 400 (quatrocentos) nas comarcas de menor população".

Alternativa "b": o juiz não poderá determinar o desaforamento, mas poderá suscitá-lo ao tribunal. O desaforamento poderá ser requerido pelo Ministério Público, pelo Assistente de Acusação, pelo querelante, pelo acusado e pelo próprio juiz, devendo ser decidido pelo Tribunal – TJ ou TRF. Os motivos: interesse da ordem pública ou dúvida sobre a imparcialidade do júri ou mesmo a segurança pessoal do acusado. Assim, o Tribunal pode determinar o desaforamento do julgamento para outra comarca da mesma região, preferindo-se as mais próximas, desde que, obviamente, os mesmos motivos que o justificaram não estiverem presentes. É o que se extrai do art. 427 do CPP. Além disso, conforme dispõe o art. 428, o desaforamento também poderá ser determinado, em razão do comprovado excesso de serviço, ouvidos o juiz presidente e a parte contrária, se o julgamento não puder ser realizado no prazo de 6 meses, contado do trânsito em julgado da decisão de pronúncia.

Alternativa "c": é o que dispõe o *caput* do art. 436 do CPP, que dispõe: "O serviço do júri é obrigatório. O alistamento compreenderá os cidadãos maiores de 18 (dezoito) anos de notória idoneidade".

Alternativa "d": há essa possibilidade, prevista no § 2º do art. 473 do CPP.

Alternativa correta: letra "b".

250. (Delegado de Polícia - SP/ 2011 - ACADEPOL) Quanto ao procedimento do júri, é correto afirmar que

a) a competência material prevista na Constituição Federal de 1988 não pode ser ampliada pelo legislador ordinário.

b) o libelo-crime acusatório e o desaforamento foram excluídos em recente reforma realizada no procedimento.

c) a pronúncia é uma decisão interlocutória mista não terminativa e pode ser impugnada mediante interposição de recurso em sentido estrito, no prazo de 5 dias.

d) caso haja prova da inexistência do fato, o juiz deverá impronunciar o acusado, cabendo nesta hipótese a interposição de recurso de apelação, no prazo de 5 dias.

e) não há prazo expressamente previsto em lei para o encerramento da primeira fase do procedimento do júri.

COMENTÁRIOS

Alternativa "a": pode ser ampliada. O art. 5º, XXXVIII, *d*, da CF garante a competência do tribunal do júri para julgamento dos crimes dolosos contra a vida. Ou seja, salvo exceções previstas pelo próprio constituinte originário (ex.: foro por prerrogativa de função), todos os crimes dolosos contra a vida serão julgados pelo tribunal popular. No entanto, nada há na CF que impeça a inserção de outros crimes na competência do júri, bastando previsão a respeito na legislação ordinária.

Alternativa "b": o libelo foi eliminado pela reforma de 2008, mas não o desaforamento, que continua sendo previsto nos arts. 427 e 428 do CPP.

Alternativa "c": muita polêmica existiu quanto à natureza jurídica da pronúncia. Para alguns, trata-se de sentença, havendo quem dissesse se tratar de sentença processual. Antes da reforma de 2008 no rito do Júri, a pronúncia realmente era chamada de sentença. Outros entendem se tratar de decisão interlocutória. Após a reforma, a pronúncia passou a ser chamada de decisão, não mais de sentença (art. 421, CPP). Concordamos com este último entendimento. A pronúncia é decisão interlocutória mista não terminativa, eis que apenas encerra uma etapa do procedimento escalonado.

Alternativa "d": trata-se de novidade trazida pela reforma de 2008. Antes, seria o caso de impronúncia. Porém, agora, provada a inexistência do fato, deverá o juiz absolver sumariamente o acusado, nos termos do art. 415, I, do CPP. Cabível será a apelação, conforme previsão do art. 416. O prazo é de 5 dias (art. 593).

Alternativa "e": há prazo sim. Está no art. 412 do CPP e é de 90 dias.

Alternativa correta: letra "c".

---

251. (Delegado de Polícia - MT/ 2010 - UNEMAT) Quanto ao procedimento escalonado do Tribunal do Júri, é **correto** afirmar que:

a) sustentando a defesa tese desclassificatória, deverá este quesito ser elaborado após o referente à autoria.

b) a sentença de pronúncia é decisão interlocutória simples.

c) no procedimento do júri foi prevista a possibilidade de absolvição sumária após análise da resposta à acusação pelo juiz.

d) ante a possibilidade de intimação por edital da sentença de pronúncia, prevalece o entendimento de que a sessão plenária poderá ser realizada sem a intimação pessoal do réu.

e) compete ao juiz singular a apreciação acerca da necessidade de desaforamento, eis que este é que tem condições de avaliar a existência dos motivos relevantes em sua comarca.

COMENTÁRIOS

Nota do autor: a questão traz alguns pontos verdadeiramente polêmicos, ainda não solucionados na doutrina e na jurisprudência. Vejamos.

Alternativa "a": primeiro, deve o juiz submeter à votação dos jurados quesito referente à existência do fato, para então inquirir sobre a autoria. Somente depois deve ser decidido quesito sobre eventual desclassificação do crime (art. 483, § 4º, CPP).

Alternativa "b": muita polêmica existiu quanto à natureza jurídica da pronúncia. Como visto em questão anterior, para alguns, trata-se de sentença. Antes da reforma de 2008 no rito do Júri, a pronúncia realmente era chamada de sentença. Outros entendem se tratar de decisão interlocutória. Após a reforma, a pronúncia passou a ser chamada de decisão, não mais de sentença (art. 421, CPP). Concordamos com este último entendimento. Porém, é uma decisão interlocutória simples? Não. Costuma dizer a doutrina que a decisão interlocutória simples é mais do que um despacho, tendo certo grau de decisão, como ocorre no caso de recebimento da denúncia. Já a pronúncia é decisão interlocutória mista não terminativa, eis que apenas encerra uma etapa do procedimento escalonado. A impronúncia, ao contrário, é uma decisão interlocutória mista terminativa, pois põe fim ao procedimento, sem julgamento do mérito.

Alternativa "c": no rito específico do Júri (arts. 406 a 497, CPP) realmente não há previsão da possibilidade de absolvição sumária depois da resposta à acusação, tal como previsto no art. 397. No entanto, há quem entenda que este último dispositivo deve ser aplicado ao rito do Júri. E há margem para tal entendimento: apesar de o § 3º do art. 394 afirmar que, nos processos de competência do Tribunal do Júri, o procedimento observará as disposições estabelecidas nos arts. 406 a 497 do Código, o § 4º diz que as disposições dos arts. 395 a 398 aplicam-se a todos os procedimentos penais de primeiro grau, não excetuando o Júri. A alternativa foi considerada incorreta, numa interpretação restrita do CPP, o que está em consonância com o entendimento majoritário: por ser especial, o procedimento dos crimes dolosos contra a vida já possui uma fase intermediária, em que poderá, ao final dela, ser proferida sentença absolutória, evitando o julgamento pelo Júri, tornando dispensável a aplicação do art. 397.

Alternativa "d": de fato, o art. 420, parágrafo único, do CPP permite que o acusado solto que não for encontrado poderá ser intimado da decisão de pronúncia por edital. Então, quando da realização do julgamento, deverá ser tentada a intimação pessoal, que não pode ser dispensada. Somente se não encontrado novamente o acusado é que poderá ser determinada a intimação por edital, daí porque a alternativa foi considerada errada. Há entendimento, que cremos minoritário, de que o julgamento somente poderá ser realizado se houver intimação pessoal. Discordamos, já que o art. 457, *caput*, diz que o julgamento não será adiado pelo não comparecimento do acusado solto, do assistente ou do advogado do querelante, que tiver sido regularmente intimado. Desde que tenha sido tentada a intimação pessoal, é perfeitamente regular a intimação por edital.

Alternativa "e": a competência para decisão de pedido de desaforamento é do Tribunal de Justiça (ou Tribunal Regional Federal), conforme deixa claro o art. 427 do CPP.

Alternativa correta: letra "a".

---

252. (Delegado de Polícia - PA/ 2009 - MOVENS) Antônio, com intenção homicida, desfechou dois tiros de pistola em Bruno, na cidade de Altamira-PA. Gravemente ferido, Bruno foi levado para Belém, onde foi internado em unidade hospitalar com melhor estrutura que aquela do município onde ocorreram os disparos. Apesar do esforço dos integrantes da equipe médica, Bruno veio a falecer seis meses após o fato, em consequência dos ferimentos provocados pela arma de Antônio.

Considerando essa situação hipotética, assinale a opção correta.

a) A competência para processar e julgar o delito é do tribunal do júri de Belém-PA, pois o Código de Processo Penal, em relação ao lugar do crime, adotou a teoria do resultado.

b) Na instrução preliminar do júri, o juiz, ao receber a denúncia ou a queixa, deverá ordenar a citação do acusado para responder à acusação, por escrito, no prazo de dez dias.

c) No procedimento do júri, a acusação deverá arrolar testemunhas na denúncia, até o máximo de cinco.

d) Nessa situação, a competência para processar e julgar o delito será determinada pela prevenção, ou seja, a autoridade judicial que primeiro tomar conhecimento do fato delituoso será competente para dar início à persecução criminal.

COMENTÁRIOS

Alternativa "a" (responde, também, a alternativa "d"): cuidado: o art. 70 do CPP diz que a competência será, de regra, determinada pelo lugar em que se consumar a infração, ou, no caso de tentativa, pelo lugar em que for praticado o último ato de execução. Assim, pode parecer que, no caso do homicídio, a competência seria de Belém, ou seja, local da morte da vítima – e, portanto, da consumação do crime. No entanto, é pacífico o entendimento de que, no caso do homicídio, a competência é do local onde ocorreu a conduta, não o resultado. Nesse sentido, decisão do STJ, que sintetiza a discussão a respeito do tema: "(...) 1. Segundo o disposto no inciso I do art. 69 do Código de Processo Penal, tem-se como regra para a determinação da competência jurisdicional o lugar da infração penal, sendo o que se denomina de competência ratione loci, visto ser o local que presumivelmente é tido como o que permite uma natural fluidez na produção probatória em juízo, razão pela qual deve o agente ser aí punido. 2. A competência para o processamento e julgamento da causa, em regra, é firmada pelo foro do local em que ocorreu a consumação do delito (*locus delicti commissi*), com a reunião de todos os elementos típicos, ou, no caso de tentativa, pelo lugar em que for praticado o último ato de execução. Adotou-se a teoria do resultado. (Art. 70, caput, do CPP). 3. No caso concreto, aplicando-se simplesmente o art. 70 do Código de Processo Penal, teríamos como Juízo competente o da comarca de Nazaré Paulista/SP, onde veio a falecer a vítima. 4. O princípio que rege a fixação de competência é de interesse público, objetivando alcançar não só a sentença formalmente legal, mas, principalmente, justa, de maneira que a norma prevista no caput do art. 70 do Código de Processo Penal não pode ser interpretada de forma absoluta. 5. Partindo-se de uma interpretação teleológica da norma processual penal, em caso de crimes dolosos contra a vida, a doutrina, secundada pela jurisprudência, tem admitido exceções nas hipóteses em que o resultado morte ocorrer em lugar diverso daquele onde se iniciaram os atos executórios, ao determinar que a competência poderá ser do local onde os atos foram inicialmente praticados. 6. O motivo que levou o legislador a estabelecer como competente o local da consumação do delito foi, certamente, o de facilitar a apuração dos fatos e a produção de provas, bem como o de garantir que o processo possa atingir à sua finalidade primordial, qual seja, a busca da verdade real. 7. Embora, no caso concreto, os atos executórios do crime de homicídio tenham se iniciado na comarca de Guarulhos/SP, local em que houve, em tese, os disparos de arma de fogo contra a vítima, e não obstante tenha se apurado que a causa efetiva da sua morte foi asfixia por afogamento, a qual ocorreu em represa localizada na comarca de Nazaré Paulista/SP, tem-se que, sem dúvidas, o lugar que mais atende às finalidades almejadas pelo legislador ao fixar a competência de foro é o do local em que foram iniciados os atos executórios, o Juízo de Guarulhos/SP, portanto. 8. O local onde o delito repercutiu, primeira e primordialmente, de modo mais intenso deve ser considerado para fins de fixação da competência. (...)" (HC 196.458-SP, Rel. Min. Sebastião Reis Júnior, j. 06.12.2011).

Alternativa "b": é o que determina o art. 406, *caput*, do CPP.

Alternativa "c": na denúncia, pode o Ministério Público arrolar até o máximo de 8 testemunhas (art. 406, § 2º, CPP), entendendo a jurisprudência que tal número se conta por fato criminoso imputado.

Alternativa correta: letra "b".

---

253. (Delegado de Polícia – RN/ 2008 – CESPE) Com base nas recentes alterações legislativas levadas a efeito no rito do tribunal do júri, julgue os itens subsequentes.

I. Deve o juiz, ao citar o denunciado, determinar que este apresente resposta escrita à acusação. Se o réu, citado, não apresentá-la, deverá o magistrado nomear defensor para que o faça, concedendo-lhe vista dos autos.

II. Atualmente, a audiência deve ser una, como regra, sendo o interrogatório o último ato da instrução.

III. Da decisão de pronúncia será cabível o recurso em sentido estrito, já para a impronúncia e para a absolvição sumária recorre-se mediante apelação.

IV. Com a nova sistemática do rito do júri, após preclusa a decisão de pronúncia, não é mais necessária a apresentação da acusação de forma articulada (libelo).

V. Atualmente, os apartes já fazem parte da legislação codificada, cabendo ao juiz presidente regulamentá-los durante os debates.

A quantidade de itens certos é igual a

a) 1.
b) 2.
c) 3.
d) 4.
e) 5.

COMENTÁRIOS

✪ **Nota do autor:** as alterações legislativas mencionadas são decorrência da Lei 11.689/2011.

Item I: certo. É exatamente o que preveem os arts. 406 e 408 do CPP. O prazo para apresentação da resposta à acusação é de 10 dias.

Item II: certo. Essa foi uma das mais marcantes modificações havidas no procedimento do Júri. Antes, eram marcadas três audiências para a realização da primeira fase do procedimento do Júri (ou seja, a fase anterior ao julgamento pelo Tribunal do Júri e que serve justamente para que o juiz verifique estarem presentes os requisitos para tal julgamento): uma para o interrogatório, outra para oitiva das pessoas arroladas pela acusação e outra para aquelas arroladas pela defesa. Agora, diz o art. 411, *caput*, do CPP que na audiência de instrução, proceder-se-á à tomada de declarações do ofendido, se possível, à inquirição das testemunhas arroladas pela acusação e pela defesa, nesta ordem, bem como aos esclarecimentos dos peritos, às acareações e ao reconhecimento de pessoas e coisas, interrogando-se, em seguida, o acusado e procedendo-se o debate. E, para não deixar qualquer dúvida, o § 2º dispõe que as provas serão produzidas em uma só audiência, podendo o juiz indeferir as consideradas irrelevantes, impertinentes ou protelatórias.

Item III: certo. Trata-se de outra modificação ocorrida em 2008. Antes, somente era cabível recurso em sentido estrito. Agora, cabe tal recurso apenas contra a decisão de pronúncia (art. 581, IV, CPP), enquanto que contra a absolvição sumária e a impronúncia deve ser interposta apelação (art. 416).

Item IV: certo. Realmente, foi extinto o libelo. Agora, resta apenas a fase do art. 422 do CPP, em que as partes podem formular requerimentos e arrolar as pessoas que desejam ouvir em Plenário.

Item V: certo. O legislador houve por bem incluir os apartes, verdadeira praxe existente no Júri há longo tempo. Diz o art. 497, XII, do CPP que cabe ao juiz-presidente regulamentar, durante os debates, a intervenção de uma das partes, quando a outra estiver com a palavra, podendo conceder até 3 minutos para cada aparte requerido, que serão acrescidos ao tempo desta última.

Alternativa correta: letra "e": todos os itens estão certos.

---

254. (Delegado de Polícia - SC/ 2008 - ACADEPOL) O veredicto do Tribunal do Júri enquadrou o réu "Antares" como incurso no art. 121, § 2º, inciso II, do Código Penal (homicídio qualificado pelo motivo fútil).

Para chegar a esta conclusão, os jurados fizeram a avaliação da prova pelo sistema:

a) do livre arbítrio do juiz.
b) do livre convencimento ou da persuasão racional do juiz.
c) da identidade física do juiz com o réu.
d) da íntima convicção ou da certeza moral do juiz.

COMENTÁRIOS

Alternativa "a": o livre arbítrio não é conceito aplicável às decisões no processo penal. O juiz, os jurados, o promotor, o advogado, todos, enfim, segundo determinadas correntes filosóficas ou religiosas, possuem livre-arbítrio, o que não guarda relação com o sistema utilizado em nosso ordenamento para que o jurado tome sua decisão sobre o processo que está a julgar. Nesse caso, a expressão correta é "livre convencimento".

Alternativa "b": este é o princípio adotado em nosso CPP, fora dos casos do Júri. Com efeito, o art. 155 dispõe: "O juiz formará sua convicção pela livre apreciação da prova produzida em contraditório judicial, não podendo fundamentar sua decisão exclusivamente nos elementos informativos colhidos na investigação, ressalvadas as provas cautelares, não repetíveis e antecipadas". Com isso, pretende afastar a já superada ideia de "prova legal", ou seja, a determinação apriorística, pelo legislador, do valor de determinadas provas (prova tarifada). O único resquício encontra-se no parágrafo único do mesmo art. 155, que estipula: "Somente quanto ao estado das pessoas serão observadas as restrições estabelecidas na lei civil". Assim, o princípio do livre convencimento do juiz é o adotado em nosso ordenamento processual penal, mas exigindo racionalidade na apreciação da prova, a partir de regras sobre a admissibilidade. Assim, se tem o juiz liberdade de avaliação das provas introduzidas no processo, por outro lado há controles prévios de racionalidade, que operam no momento da admissão da prova. Por isso, a regra do art. 155 deixa claro que o juiz somente poderá valorar as provas produzidas em contraditório, ressalvadas "as provas cautelares, não repetíveis e antecipadas".

Alternativa "c": o princípio da identidade física do juiz não diz respeito ao mecanismo de decisão, mas simplesmente é uma regra que obriga o juiz a sentenciar o caso, se ele presidiu a instrução do processo (art. 399, § 2º, CPP: "O juiz que presidiu a instrução deverá proferir a sentença").

Alternativa "d": o jurado decide através de voto secreto, não justificado, não fundamentado, consistindo apenas em uma resposta "sim" ou "não", a quesito formulado pelo juiz-presidente do Tribunal do Júri. Assim, o conselho de sentença pode decidir como bem entender, ou seja, com base em tudo que lhe for exibido em plenário, nos argumentos das partes etc., já que a decisão é sigilosa, e desprovida de fundamentação. O jurado decide de acordo com a sua consciência e os ditames da justiça, em resumo.

Alternativa correta: letra "d".

255. (Delegado de Polícia – PB/ 2008 – CESPE) Acerca do procedimento relativo aos processos da competência do tribunal do júri, assinale a opção correta.

a) Após o trânsito em julgado da sentença de pronúncia, é dada vista dos autos ao órgão do MP, pelo prazo de cinco dias, para oferecimento do libelo crime acusatório.

b) A intimação da sentença de pronúncia, em caso de crime inafiançável, é necessariamente pessoal, não prosseguindo o processo até que o réu seja intimado da sentença de pronúncia, caso em que ocorre a chamada crise de instância.

c) Ainda que preclusa a decisão de pronúncia, havendo circunstância superveniente que altere a classificação do crime, o juiz deve ordenar a remessa dos autos ao MP.

d) O desaforamento ocorre necessariamente para a comarca mais próxima, onde inexistem os motivos ensejadores do pedido.

e) O julgamento é adiado pelo não comparecimento de acusado solto, ainda que regularmente intimado e sem que tenha dado justificativa.

COMENTÁRIOS

Alternativa "a": desde a reforma dos procedimentos ocorrida em 2008 não mais existe o libelo. Agora, de acordo com o art. 422 do CPP, após a preclusão da decisão de pronúncia, ao receber os autos, o presidente do Tribunal do Júri determinará a intimação do órgão do Ministério Público ou do querelante, no caso de queixa, e do defensor, para, no prazo de 5 dias, apresentarem rol de testemunhas que irão depor em plenário, até o máximo de 5, oportunidade em que poderão juntar documentos e requerer diligência.

Alternativa "b": esse era o procedimento adotado até 2008, ou seja, o processo simplesmente permanecia suspenso até que o acusado fosse encontrado para ser intimado da pronúncia em caso, por exemplo, de homicídio. Agora, o acusado poderá ser intimado da pronúncia por edital e o feito prosseguirá (art. 420, parágrafo único, CPP).

Alternativa "c": isso significa que a acusação pode ser alterada, mesmo depois de preclusa a pronúncia, mas antes, evidentemente, de ter sido o acusado julgado. É o que prevê o § 1º do art. 421 do CPP. Assim, se a acusação for de tentativa de homicídio e, depois da pronúncia, a vítima vier a falecer em razão daquela conduta tratada no processo, poderá o Ministério Público aditar a acusação, o mesmo fazendo o juiz quanto à pronúncia, caso considere existente o nexo causal entre a conduta e o resultado morte.

Alternativa "d": o desaforamento poderá ser requerido pelo Ministério Público, pelo Assistente de Acusação, pelo querelante, pelo acusado e pelo próprio juiz, devendo ser decidido pelo Tribunal – geralmente, o Tribunal de Justiça. Os motivos: interesse da ordem pública ou dúvida sobre a imparcialidade do júri ou mesmo a segurança pessoal do acusado. Também é possível o desaforamento, em razão da demora para a realização do julgamento. Assim, o Tribunal pode determinar o desaforamento do julgamento para outra comarca da mesma região, preferindo-se as mais próximas (ou seja, não é obrigatória a transferência para as mais próximas), desde que, obviamente, os mesmos motivos que o justificaram não estiverem presentes. É o que se extrai do art. 427 do CPP.

Alternativa "e": se o acusado, solto, não comparecer e nem justificar sua ausência, o julgamento não será adiado, pois poderá ser realizado sem sua presença. Se preso, deverá ser levado para o julgamento, mas, caso queira e assim expresse, também poderá deixar de comparecer (art. 457, *caput*, e § 2º, CPP).

Alternativa correta: letra "c".

10.4. PROCEDIMENTOS ESPECIAIS DO CPP E LEGISLAÇÃO PROCESSUAL ESPECIAL

- CPP, arts. 513 a 530-I
- Decreto-lei 1002/1969 (CPPM)
- Lei 1.521/1951
- Lei 4.737/1965
- Lei 4.898/1965
- Lei 8.069/1990
- Lei 9.296/1996
- Lei 9.455/1997
- Lei 9.503/1997
- Lei 9.605/1998
- Lei 9.609/1998
- Lei 9.613/1998
- Lei 9.807/1999
- Lei 10.741/2003
- Lei 11.101/2005
- Lei 11.340/2006
- Lei 11.343/2006
- Lei 12.850/2013

256. (FGV – 2024 – PC/SC – Delegado) No contexto da violência doméstica e familiar contra a mulher, avalie se as afirmativas a seguir são verdadeiras (V) ou falsas (F).

( ) As medidas protetivas de urgência, previstas na Lei nº 11.340/2006, poderão ser aplicadas cumulativamente, diferentemente das medidas cautelares alternativas dispostas no Código de Processo Penal, as quais não podem ser aplicadas de forma cumulada, tendo em vista o princípio *ne bis in idem*.

( ) Independentemente de autorização judicial, o delegado de polícia, quando o município não for sede de comarca, poderá tomar medidas para o imediato afastamento do agressor do local de convivência com a ofendida.

( ) As medidas protetivas de urgência serão concedidas em juízo de cognição sumária a partir do depoimento da ofendida perante a autoridade policial ou a partir da apresentação de suas alegações escritas.

( ) Segundo a Lei nº 11.340/06, as medidas protetivas de urgência poderão ser concedidas de imediato, independentemente de audiência das partes e de manifestação do Ministério Público. Todavia, o órgão do Parquet deverá ser comunicado prontamente sobre a medida.

As afirmativas são, respectivamente,

a) F – V – V – F.
b) V – F – V – F.
c) F – V – V – V.
d) V – F – F – V.
e) F – V – F – F.

COMENTÁRIOS

Primeira afirmativa: falsa. As medidas cautelares previstas no art. 319 do CPP podem ser aplicadas de forma isolada ou cumulativamente, assim como as medidas protetivas de urgência da Lei Maria da Penha.

Segunda afirmativa: verdadeira. De acordo com o art. 12-C, II, da Lei 11.340/2006, verificada a existência de risco atual ou iminente à vida ou à integridade física ou psicológica da mulher em situação de violência doméstica e familiar, ou de seus dependentes, o agressor será imediatamente afastado do lar, domicílio ou local de convivência com a ofendida pelo delegado de polícia, quando o Município não for sede de comarca.

Terceira afirmativa: verdadeira. De acordo com o art. 19, § 4º, da Lei Maria da Penha, as medidas protetivas de urgência serão concedidas em juízo de cognição sumária a partir do depoimento da ofendida perante a autoridade policial ou da apresentação de suas alegações escritas e poderão ser indeferidas no caso de avaliação pela autoridade de inexistência de risco à integridade física, psicológica, sexual, patrimonial ou moral da ofendida ou de seus dependentes.

Quarta afirmativa: verdadeira. É o que dispõe o § 1º do art. 19 da Lei Maria da Penha.

Alternativa correta: "c".

257. (Vunesp – Delegado de Polícia – PC – SP/2022) Nos termos da Lei nº 11.340/2006 (Lei "Maria da Penha"), é correto afirmar que:

a) a conduta que configure calúnia, difamação ou injúria, contra mulher, trata-se de uma forma de violência doméstica caracterizada pela violência física.

b) na hipótese de prisão em flagrante por descumprimento de decisão judicial que deferiu medidas protetivas de urgência, apenas a autoridade judicial poderá conceder fiança.

c) é direito da mulher em situação de violência doméstica e familiar o atendimento policial e pericial especializado, prestado por servidores – exclusivamente do sexo feminino.

d) em qualquer fase do inquérito policial ou da instrução criminal, caberá a prisão preventiva do agressor, decretada pelo juiz, somente mediante requerimento do Ministério Público.

e) A conduta de descumprir decisão judicial que defere medidas protetivas de urgência previstas tipifica um crime apenado com reclusão.

COMENTÁRIOS

Alternativa a: o art. 7º da Lei Maria da Penha traz as formas de violência, dividindo-as em física, psicológica, sexual, patrimonial e moral. A calúnia, difamação ou injúria é forma de violência moral, pois são explicitamente mencionadas no inciso V.

Alternativa b: trata-se da regra contida no § 2º do art. 24-A da Lei Maria da Penha, com o objetivo evidente de dificultar que o agressor saia deixe a delegacia em liberdade, depois de ser preso em flagrante por descumprimento de medida protetiva.

Alternativa "c": antevendo as dificuldades práticas e as diferentes realidades do País, o legislador não exige que o atendimento seja feito exclusivamente por servidoras, mas é dado preferência a elas, consoante a redação do art. 10-A, *caput*, da Lei Maria da Penha.

Alternativa "d": o art. 20, *caput*, da Lei Maria da Penha permite que a prisão preventiva seja decretada pelo juiz também em razão de representação da autoridade policial. Além disso, em regra que traz polêmica, permite que o juiz decrete de ofício, em qualquer fase da persecução, o que conflita com a sistemática do CPP quanto à prisão. No entanto, há quem afirme que, por se tratar de lei especial e de situação que específica, a regra pode ser diversa. Particularmente, vemos óbice no decreto prisional de ofício na fase de investigação, pois feriria o sistema acusatório. Aliás, certamente isso será revisto quando e se ganhar eficácia o novo art. 3º-A do CPP, trazido pela Lei 13.964/2019.

Alternativa correta: letra "b".

258. (Vunesp – Delegado de Polícia – PC – SP/2022) Nos termos da Lei nº 9.296/1996 (Lei de Interceptação Telefônica), é correto afirmar:

a) excepcionalmente, o juiz poderá admitir que o pedido seja formulado verbalmente, desde que estejam presentes os pressupostos que autorizem a interceptação das comunicações telefônicas, caso em que a concessão será condicionada à sua redução a termo.

b) a interceptação das comunicações telefônicas somente poderá ser determinada pelo juiz a requerimento da autoridade policial, na investigação criminal, exigindo-se que, do referido requerimento, conste a necessidade de se utilizar o meio de investigação na apuração realizada.

c) a interceptação das comunicações telefônicas não poderá ser determinada de ofício pelo juiz, sendo admitida apenas na hipótese de requerimento do representante do Ministério Público, devidamente fundamentado, demonstrando a necessidade de se utilizar esse meio de investigação.

d) a interceptação das comunicações telefônicas poderá ser determinada pelo juiz a requerimento da autoridade policial, do representante do Ministério Público ou do Assistente de Acusação, na investigação criminal, nas hipóteses de crimes punidos com pena de detenção ou reclusão.

e) o juiz decidirá sobre o pedido de interceptação das comunicações telefônicas, no prazo máximo de quarenta e oito horas, em despacho fundamentado, definindo a autoria ou a participação em infração penal.

COMENTÁRIOS

Alternativa "a": a alternativa repete a regra do § 1º do art. 4º da Lei 9.296/1996. Note-se como o dispositivo não se esqueceu de exigir que os requisitos para a interceptação devem estar presentes.

Alternativa "b" (responde também a alternativa "c"): a interceptação telefônica pode ser determinada pelo juiz mesmo durante a fase processual, o que não é muito comum. Na fase de investigação, pode ser determinada por representação da autoridade policial ou requerimento do Ministério Público. Na fase processual, apenas o Ministério Público pode provocar a autorização judicial. A lei permite que o juiz também determine a interceptação de ofício, o que é regra de duvidosa constitucionalidade, sobretudo quando se estiver na fase de investigação, tendo em vista violação, em tese, do sistema acusatório. Sempre deverá ser demonstrada a necessidade desse meio de obtenção de prova.

Alternativa "d": o assistente de acusação não possui legitimidade legal para requerer a interceptação, além do que a lei é clara no sentido de que não pode ser determinada se o crime investigado for punido com detenção (art. 2º, III, Lei 9.296/1996).

Alternativa "e": o prazo é de 24 horas (art. 4º, § 2º, Lei 9.296). Não há necessidade de que o juiz defina a autoria, até porque pode-se estar em curso uma investigação, em que a interceptação é fundamental justamente para a apuração da autoria.

Alternativa correta: letra "a".

259. (FGV – Delegado de Polícia – PC – AM/2022) A interceptação de comunicações telefônicas depende de decisão judicial fundamentada, a qual não excederá quinze dias, renovável por igual período, apontando a indispensabilidade do meio de prova, indícios razoáveis de autoria e fato investigado constituir infração penal punida com pena de reclusão, que poderá ser determinada de ofício ou por representação da autoridade policial ou do Parquet, devendo, nesses casos, o pedido demonstrar a necessidade da medida, com indicação dos meios a serem empregados.

Quanto ao uso da fundamentação per relationem, na jurisprudência do STJ, na interceptação telefônica é correto afirmar que

a) a utilização da técnica, seja para fim de reafirmar a fundamentação de decisões anteriores, seja para incorporar à nova decisão os termos de manifestação ministerial anterior, não implica vício de fundamentação.

b) não se admite a utilização da técnica da fundamentação per relationem para justificar a quebra do sigilo das comunicações telefônicas ou sua prorrogação.

c) a existência de representação da autoridade policial é suficiente para a aplicação da técnica da fundamentação per relationem, ainda que não haja incorporação formal na decisão judicial.

d) a existência de manifestação do Ministério Público é suficiente para a aplicação da técnica da fundamentação per relationem, ainda que não haja incorporação formal na decisão judicial.

e) a utilização da técnica, para fim de reafirmar a fundamentação de decisões anteriores, depende de prévia decisão judicial fundamentada de forma autônoma.

COMENTÁRIOS

O STJ – e, diga-se, também o STF – admitem que seja empregada a técnica de fundamentação *per relationem*. Assim, o juiz pode fazer menção à própria representação da autoridade policial para trazer os elementos que justificam a interceptação telefônica. Pode, inclusive, fazer referência a fundamentos de decisões anteriores para justificar a prorrogação da interceptação. O problema é que, por vezes, os juízes são tão suscintos, inclusive ao fazer a referência, que o STJ acaba anulando a interceptação. Assim, o juiz deve referir-se aos fundamentos da representação – ou do parecer do Ministério Público ou do requerimento deste –, aos fatos mencionados, sem necessidade de copiar o que foi afirmado ou de repetir tudo na decisão.

Alternativa correta: letra "a".

260. (FGV – Delegado de Polícia – PC – AM/2022) Sobre o acesso do agente delatado aos atos judiciais de homologação dos acordos de colaboração premiada e seus termos, após o recebimento da denúncia, assinale a afirmativa correta.

a) Por não constituírem fonte de prova, não estão acobertados pelo enunciado da Súmula Vinculante 14.

b) Por constituírem meio de obtenção de prova e elementos de prova, estão acobertados pelo enunciado da Súmula Vinculante 14.

c) Por não constituírem objeto de prova, não estão acobertados pelo enunciado da Súmula Vinculante 14.

d) Por constituir meio de análise da prova, estão acobertados pelo enunciado da Súmula Vinculante 14.

e) Por não constituírem meio de prova, não estão acobertados pelo enunciado da Súmula Vinculante 14.

COMENTÁRIOS

Essa questão é interessante, pois ela traz duas coisas diversas e importantes. De um lado, uma classificação das provas; de outro, a questão do acesso à delação premiada. Reparem que a questão fala em objeto da prova, fonte de prova, meio de prova, meio de obtenção de prova e elemento de prova. Vamos ver esses conceitos. A palavra "prova" tem natureza polissêmica, havendo pelo menos três acepções diferentes dela: prova como "demonstração", como "experimentação" e como "desafio". Cabe à doutrina trazer ao âmbito jurídico uma maior precisão conceitual, a fim de que fenômenos distintos sejam nominados de modo específico. A primeira definição a ser feita refere-se à *fonte de prova*. De acordo com Antonio Magalhães Gomes Filho, usa-se a expressão "para designar as *pessoas* ou *coisas* das quais pode-se conseguir a prova (*rectius*, o *elemento* de prova), resultando disso a sua usual classificação em *fontes pessoais* (testemunhas, vítima, acusado, peritos) e *fonte reais* (documentos, em sentido amplo)" (Notas sobre a terminologia da prova (reflexos no processo penal brasileiro), p. 308). *Elemento de prova*, por sua vez, na definição do mesmo autor, é o *dado objetivo* que confirma ou nega uma alegação a respeito de um fato que interessa à decisão da causa. "Constituem *elementos de prova*, por exemplo, a declaração de uma testemunha sobre determinado fato, a opinião de um perito sobre a matéria de sua especialidade, o conteúdo de um documento etc.". *Meios de prova* (ou *de produção de* prova) são os "*instrumentos* ou *atividades* por intermédio dos quais os dados probatórios (*elementos* de prova) são introduzidos e fixados no processo (*produção* da prova)". Já os *meios de obtenção de prova* "dizem respeito a certos procedimentos (em geral, *extraprocessuais*) regulados pela lei, com o objetivo de conseguir provas materiais, e que podem ser realizados por outros funcionários (policiais, por exemplo)". Sobre o *objeto da prova*, Jordi Ferrer Beltrán observa ser comum na doutrina e na jurisprudência afirmações de que o que se prova no processo são os *fatos*. Ou seja, o objeto da prova, segundo tal concepção, é sempre um fato. Contudo, afirma, essa não é uma boa maneira de posicionar-se diante do problema. Ora, não se pode provar uma mesa ou um contrato, por exemplo: a única coisa que se pode provar no processo é o enunciado que afirma a existência de uma mesa ou de um contrato. Portanto, segundo Beltrán, o *objeto da prova é a alegação das partes sobre os fatos*, não os fatos em si mesmos. Esse é também o posicionamento de Giulio Ubertis, Manuel Miranda Estrampes e, dentre nós, Antonio Magalhães Gomes Filho e Gustavo Badaró. Do exposto, pode-se concluir que o objeto da prova é a afirmação que se faz sobre o fato, não o fato em si. A colaboração premiada costuma ser classificada como meio de obtenção de prova, sendo o colaborador fonte de prova, fornecendo elementos de prova. Quando depõe em juízo, usa-se a prova testemunhal ou o interrogatório como meio de prova. Sendo, essencialmente, na investigação, meio de obtenção de prova, os atos de homologação estão acobertados pela Súmula Vinculante 14.

Alternativa correta: letra "b".

261. (FGV – Delegado de Polícia – PC – AM/2022) Após conturbada e conflitiva separação, um casal com filhos de 15 e 10 anos de idade, realizou divórcio judicial, oportunidade em que, dentre outros temas, foi fixada a questão da pensão a ser paga para os filhos que ficariam sob os cuidados maternos.

Sem que a relação marital fosse retomada em qualquer momento, quando o filho mais velho completou 21 anos, o genitor informou à ex-esposa que ingressaria com o pedido de exclusão do dever alimentar, o que gerou novo atrito. A genitora afirmou que o préstimo de alimentos deveria prosseguir, pois o filho estava tentando o ingresso no ensino superior. O genitor, então, respondeu de forma agressiva, que o filho não teria futuro, pois seguia o modelo materno de incapacidade laboral e cognitiva, sendo fadado, portanto, a ser um "zé ninguém", tal qual a ex-esposa era. Acrescentou que ela ficava infantilizando os filhos, não permitindo que ganhassem independência e ela que se virasse para bancar aquela situação vergonhosa. Sobre a possibilidade de configuração de ilícito penal, assinale a afirmativa correta.

a) Não há configuração de qualquer crime da Lei Maria da Penha, em razão do tempo passado entre o divórcio e o fato.

b) Embora o relacionamento entre os dois tenha se encerrado, as agressões verbais decorreram da relação havida.

c) Não há qualquer motivação de gênero no caso concreto, a ensejar a configuração de crime da Lei Maria da Penha.

d) Há configuração de crime da Lei Maria da Penha, pois a dinâmica envolve agressões de homem contra mulher.

e) Embora referente à relação havida entre o casal, a inexistência de lesão física impede a incidência da Lei Maria da Penha.

COMENTÁRIOS

No caso, há evidente incidência da Lei Maria da Penha, não porque há uma agressão moral de um homem contra uma mulher, mas porque tal agressão contém um claro menosprezo à condição feminina, espelhando todo o preconceito de uma sociedade machista e patriarcal. O fato da violência psicológica ter sido praticado por ex-marido não afasta a aplicação da Lei. Afinal, como afirma o art. 5º, III: "Para os efeitos desta Lei, configura violência doméstica e familiar contra a mulher qualquer ação ou omissão baseada no gênero que lhe cause morte, lesão, sofrimento físico, sexual ou psicológico e dano moral ou patrimonial (...) em qualquer relação íntima de afeto, na qual o agressor conviva ou tenha convivido com a ofendida, independentemente de coabitação".

Alternativa correta: letra "b".

262. (FGV – Delegado de Polícia – PC – AM/2022) Durante determinada investigação, a autoridade policial é procurada pelo advogado de Mônica, afirmando que a investigada deseja realizar acordo de colaboração premiada. Após historiar os fatos de que tem conhecimento, durante as rodadas de negociação, a investigada aponta as provas que possui. O acordo é formalizado e submetido ao Ministério Público, que o endossa e encaminha ao Poder Judiciário. O magistrado competente, após a adoção dos protocolos necessários, homologa o acordo. Enquanto a investigação tem prosseguimento, agora com a colaboração direta de Mônica, o Promotor de Justiça atenta que há processo em curso na Vara Criminal, em que a colaboradora pode servir como testemunha, pugnando por sua oitiva, o que é deferido pelo Juízo. No dia aprazado, a colaboradora comparece, mas, quando da abertura do ato, seu advogado afirma que ela se valerá do direito constitucional de silêncio, de forma integral, recusando-se a responder a qualquer tipo de perguntar. O patrono alega que ela, apesar de não figurar formalmente como imputada naquela ação penal, pode sua situação jurídica pessoal agravada. Diante deste cenário, é correto afirmar que

a) na condição de corresponsável criminal, a colaboradora pode se valer do direito ao silêncio, sem que isso repercuta de qualquer forma nos benefícios pactuados no acordo.
b) na condição de colaboradora, Mônica não pode invocar a garantia do direito ao silêncio, pois renunciou à cláusula constitucional quando assinou o acordo de colaboração.
c) devem ser declarados nulos os depoimentos prestados pela colaboradora, em virtude do uso da garantia do direito ao silêncio.
d) deve ser declarado nulo o acordo de colaboração premiada firmado pela colaboradora, em virtude do uso da garantia do direito ao silêncio.
e) o uso do direito ao silêncio é válido, cabendo a análise, no juízo que homologou o acordo de colaboração premiada, sobre a cassação ou afetação dos benefícios pactuados.

COMENTÁRIOS

Quando alguém celebra acordo de não persecução penal, segundo o § 14 do art. 4º da Lei 12.850/2013, deve renunciar ao direito ao silêncio e passar a ter o dever de dizer a verdade. Isso é do interesse tanto da acusação quanto daquele que seja eventualmente delatado, pois este terá o direito de formular perguntas ao colaborador. Isso não quer dizer que o colaborador não possa usar o direito ao silêncio. Pode, como qualquer outra pessoa contra a qual pesa ou poder pesar uma imputação criminal. No entanto, o uso do silêncio pelo colaborador tem seu preço: trata-se de violação do acordo que celebrou; logo, pode ocorrer uma rescisão do acordo ou pode perder os benefícios pactuados ou, pelos menos, parte deles.

Alternativa correta: letra "e".

263. (Cespe – Delegado de Polícia – PC – RJ/2022) Em relação à colaboração premiada, assinale a opção correta

a) A colaboração premiada é benefício de natureza personalíssima cujos efeitos, no entanto, são extensíveis a corréus.
b) Em caso de conflito de interesses entre a parte que pretende a colaboração e seu advogado ou defensor público, ou em se tratando de colaborador hipossuficiente, deve prevalecer o interesse manifestado pela defesa técnica (advogado constituído ou defensor público), porquanto esta é a mais habilitada para avaliar a conveniência e oportunidade do prosseguimento da proposta.
c) A homologação do acordo de colaboração premiada determina, necessariamente, a efetivação dos benefícios nele acertados.
d) Cabe ao órgão julgador da ação penal que vier a ser deflagrada sobre fatos objeto da colaboração decidir sobre a extensão e a aplicabilidade dos benefícios pactuados no acordo de colaboração homologado.
e) Apesar de ser um negócio jurídico processual personalíssimo, o acordo de colaboração premiada, conforme entendimento unânime do Pleno do STF, pode ser impugnado por coautores ou partícipes do colaborador na organização criminosa e nas infrações penais por ela praticadas.

COMENTÁRIOS

Alternativa "a": se é personalíssima, e é, não pode ter seus efeitos extensíveis a corréus. Na verdade, sendo personalíssima a colaboração, todos os efeitos são negociados entre os órgãos da acusação e o imputado, não atingindo aqueles que não participam do acordo. Não por acaso, o § 1º do art. 4º da Lei 12.850/2013 afirma que a concessão do benefício levará em conta a personalidade do colaborador, a natureza, as circunstâncias, a gravidade e a repercussão social do fato criminoso e a eficácia da colaboração.

Alternativa "b": de acordo com o § 2º do art. 3º-C da Lei 12.850/2013, em caso de eventual conflito de interesses, ou de colaborador hipossuficiente, o celebrante deverá solicitar a presença de outro advogado ou a participação de defensor público.

Alternativa "c": como visto acima, nem sempre, pois tudo dependerá da eficácia da colaboração, dentre outros fatores (art. 4º, § 1º, Lei 12.850). Em regra, tendo cumprido sua parte na colaboração, tem o colaborador direito aos benefícios pactuados.

Alternativa "d": sempre caberá ao juiz ou órgão julgador aplicar os benefícios, conforme a eficácia da colaboração, dentre outros fatores. Não é o Ministério Público que aplica o benefício, tampouco é automático. Não se admite uma administrativização desse instituto consensual.

Alternativa "e": os tribunais superiores relutam em aceitar tal espécie de impugnação, embora haja posições o sentido de sua possibilidade. Portanto, não se trata do entendimento do Pleno do STF.

Alternativa correta: letra "d".

264. (Cespe – Delegado de Polícia – PC – RJ/2022) Quanto à colaboração premiada, assinale a opção correta.

a) O marco de confidencialidade do acordo de colaboração premiada é o momento em que as partes firmam termo de confidencialidade para prosseguimento das tratativas.

b) O acordo de colaboração premiada é negócio jurídico processual e meio de prova, que pressupõe utilidade e interesse públicos.

c) A proposta de acordo de colaboração premiada não poderá ser sumariamente indeferida.

d) A proposta de colaboração premiada deve estar instruída com procuração do interessado com poderes específicos para iniciar o procedimento de colaboração e suas tratativas, ou firmada pessoalmente pela parte que pretende a colaboração e seu advogado ou defensor público. Nenhuma tratativa sobre colaboração premiada deve ser realizada sem a presença de advogado constituído ou defensor público.

e) O acordo de colaboração premiada e os depoimentos do colaborador serão mantidos em sigilo até o recebimento da denúncia ou da queixa-crime, sendo facultado ao magistrado decidir por sua publicidade no caso de relevante interesse público.

COMENTÁRIOS

Alternativa "a": o recebimento da proposta para formalização de acordo de colaboração demarca o início das negociações e constitui o marco de confidencialidade (art. 3º-B, *caput*, Lei 12.850/2013).

Alternativa "b": o acordo de colaboração premiada é negócio jurídico processual e meio de obtenção de prova, que pressupõe utilidade e interesse públicos (art. 3º-A, Lei 12.850).

Alternativa "c": a proposta de acordo de colaboração premiada poderá ser sumariamente indeferida, com a devida justificativa, cientificando-se o interessado (art. 3º-B, § 1º, Lei 12.850).

Alternativa "d": a alternativa repete o teor do *caput* do art. 3º-C e de seu § 1º, da Lei 12.850.

Alternativa "e": o acordo de colaboração premiada e os depoimentos do colaborador serão mantidos em sigilo até o recebimento da denúncia ou da queixa-crime, sendo vedado ao magistrado decidir por sua publicidade em qualquer hipótese (art. 7º, § 3º, Lei 12.850).

Alternativa correta: letra "d".

265. (Cespe – Delegado de Polícia – PC – RJ/2022) Com relação à investigação e aos meios de obtenção de prova, julgue os itens a seguir.

I. A infiltração virtual de agentes de polícia será autorizada pelo prazo de até seis meses, sem prejuízo de eventuais renovações, mediante ordem judicial fundamentada, desde que o total não exceda a 720 dias e seja comprovada sua necessidade.

II. A ação de agentes de polícia infiltrados virtuais somente é admitida com o fim de investigar os crimes previstos na Lei n.° 12.850/2013 e outros a eles conexos.

III. Para a apuração do crime de lavagem ou ocultação de bens, direitos e valores, admite-se a utilização da ação controlada e da infiltração de agentes.

Assinale a opção correta.

a) Nenhum item está certo.

b) Apenas o item I está certo.

c) Apenas o item II está certo.

d) Apenas os itens I e III estão certos.

e) Apenas os itens II e III estão certos.

COMENTÁRIOS

Item I: certo. Considerando as disposições da Lei 12.850 a respeito do tema, pode-se dizer que a infiltração de agentes de polícia em tarefas de investigação, por representação pelo delegado de polícia ou requerida pelo Ministério Público, após manifestação técnica do delegado de polícia quando solicitada no curso de inquérito policial, será precedida de circunstanciada, motivada e sigilosa autorização judicial, que estabelecerá seus limites. Além disso, a infiltração será autorizada pelo prazo de até 6 meses, sem prejuízo de eventuais renovações, desde que comprovada sua necessidade. Vide art. 10 da Lei.

Item II: errado. A infiltração de agentes na internet é também prevista para investigação de crimes contra a dignidade sexual de crianças e adolescentes, conforme art. 190-A e seguintes do ECA.

Item III: certo. É o que prevê expressamente o § 6º do art. 1º da Lei 9.613/1998.

Alternativa correta: letra "d".

266. (Cespe – Delegado de Polícia – PC – RJ/2022) Segundo o que dispõe a Lei n.° 12.850/2013 (Organização Criminosa) e sua interpretação no Supremo Tribunal Federal, assinale a opção correta.

a) A infiltração de agentes de polícia em tarefas de investigação dependerá de representação do delegado de polícia, que deverá descrever indícios seguros da necessidade de obter as informações por meio dessa operação ao juiz competente, que poderá autorizar a medida, de forma circunstanciada, motivada e sigilosa e, tendo em vista a urgência da medida, ouvirá, em seguida à sua decisão, o Ministério Público para o devido acompanhamento.

b) O delegado de polícia pode formalizar acordos de colaboração premiada somente na fase de inquérito policial e desde que ouvido o membro do Ministério Público, o qual deverá se manifestar, sem caráter vinculante, previamente à decisão judicial. Os dispositivos da Lei n.° 12.850/2013, que preveem essa possibilidade, são constitucionais e não ofendem a titularidade da ação penal pública conferida ao Ministério Público pela Constituição.

c) A ação controlada de que trata essa lei consiste em retardar a intervenção policial relativa à ação praticada por organização criminosa ou a ela vinculada, desde que mantida sob observação e acompanhamento para que a medida legal se concretize no momento mais eficaz à formação de provas e obtenção de informações, não sendo necessária a comunicação prévia da referida ação.

d) O acordo de colaboração premiada, além de meio de obtenção de prova, constitui-se em um negócio jurídico processual personalíssimo, cuja conveniência e oportunidade estão submetidas à discricionariedade regrada do Ministério Público, submetendo-se ao escrutínio do Estado-juiz. Trata-se de ato voluntário, insuscetível de imposição judicial, e se o membro do Ministério Público se negar à realização do acordo, deve fazê-lo motivadamente, podendo essa recusa ser objeto de controle por órgão superior no âmbito do Ministério Público.

e) Mesmo sem ter assinado o acordo de colaboração premiada, o acusado pode colaborar fornecendo as informações e provas que possuir e, ao final, na sentença, o juiz irá analisar esse comportamento processual e poderá conceder benefício ao acusado mesmo sem ter havido a prévia celebração e homologação do acordo de colaboração premiada, ou seja, o acusado pode receber a sanção premiada mesmo sem a celebração do acordo, caso o magistrado entenda que sua colaboração tenha sido eficaz.

COMENTÁRIOS

Alternativa "a": segundo o *caput* do art. 10 da Lei 12.850, a infiltração de agentes de polícia em tarefas de investigação, representada pelo delegado de polícia ou requerida pelo Ministério Público, após manifestação técnica do delegado de polícia quando solicitada no curso de inquérito policial, será precedida de circunstanciada, motivada e sigilosa autorização judicial, que estabelecerá seus limites. Porém, na hipótese de representação do delegado de polícia, o juiz competente, antes de decidir, deverá ouvir o Ministério Público (§ 1º).

Alternativa "b": embora o STF tenha considerado de acordo com a CF a regra da Lei 12.850 que permite aos delegados negociar com o imputado o acordo de colaboração, mais recentemente, considerou a anuência do Ministério Público um requisito essencial para a validade do acordo, sem o que não pode ser homologado pelo juiz.

Alternativa "c": segundo o *caput* do art. 8º da Lei 12.850, consiste a ação controlada em retardar a intervenção policial ou administrativa relativa à ação praticada por organização criminosa ou a ela vinculada, desde que mantida sob observação e acompanhamento para que a medida legal se concretize no momento mais eficaz à formação de provas e obtenção de informações. Contudo, o retardamento da intervenção policial ou administrativa será previamente comunicado ao juiz competente que, se for o caso, estabelecerá os seus limites e comunicará ao Ministério Público.

Alternativa "d": não há previsão legal de revisão, por órgão superior do Ministério Público, da recusa motivada da celebração do acordo de colaboração.

Alternativa "e": embora tenha sido considerada correta a alternativa e ela esteja de acordo com o entendimento atual do STF, na doutrina o posicionamento não é pacífico, pois muitos, como nós, entendem que o juiz não pode aplicar os benefícios legais àquele que não celebrou o acordo, nos termos da Lei 12.850.

Alternativa correta: letra "e".

---

267. (Cespe - Delegado de Polícia - PC - PB/2022) No que se refere à posição dos tribunais superiores em relação à Lei n.° 11.340/2006 (Lei Maria da Penha), assinale a opção correta.

a) A posterior reconciliação entre vítima e agressor é fundamento suficiente para afastar a necessidade de fixação do valor mínimo previsto no art. 387, inciso IV, do Código de Processo Penal, pois não se pode exigir da vítima que tome a iniciativa de cobrar tal valor após o restabelecimento da relação afetiva.

b) Se preenchidos os requisitos da Lei n.° 9.099/1995, cabe transação penal aos crimes submetidos ao rito da Lei Maria da Penha.

c) Não se admite a substituição da pena privativa de liberdade por restritiva de direitos no caso de condenação pela contravenção de perturbação de tranquilidade.

d) Aplicam-se as disposições da Lei n.° 11.340/2003 às situações em que o agressor seja do sexo feminino, desde que comprovada a coabitação entre autor e vítima.

e) Não atrai a incidência dessa lei a hipótese em que um filho pratique violência física contra seu pai idoso.

COMENTÁRIOS

Alternativa "a": o valor mínimo da reparação do dano não pode ser afastado por conta da reconciliação, visto que se trata de consequência automática da condenação, não sendo escolha do imputado.

Alternativa "b": é expressamente vedada pela Lei Maria da Penha a incidência das regras da Lei 9.099/1995, incluindo as medidas despenalizadoras. O STJ editou, a respeito, a Súmula 536: "A suspensão condicional do processo e a transação penal não se aplicam na hipótese de delitos sujeitos ao rito da Lei Maria da Penha".

Alternativa "c": não há qualquer vedação legal à substituição das espécies de pena, o que pode ser realizado, desde que preenchidos todos os requisitos da Lei, uma vez que o delito não é cometido com violência ou grave ameaça.

Alternativa "d": o agressor pode ser do sexo feminino, desde que a vítima seja mulher, mas não é necessária a coabitação, pois o art. 5º, III, da Lei 11.340/2006 é expresso nesse sentido.

Alternativa "e": a Lei Maria da Penha protege a mulher, não o homem, ainda que idoso. Esse o entendimento que prevalece hoje, inclusive nos Tribunais Superiores.

Alternativa correta: letra "e".

---

268. (Instituto AOCP - Delegado de Polícia - PC - PA/2021) A respeito da Lei Federal nº 12.850/2013, que define organização criminosa e dispõe sobre a investigação criminal, os meios de obtenção da prova, as infrações penais correlatas e o procedimento criminal, assinale a alternativa correta.

a) A proposta de acordo de colaboração premiada não poderá ser sumariamente indeferida antes de notificado o interessado para manifestação nos autos.

b) Na hipótese de não ser celebrado o acordo por iniciativa do celebrante, este ainda poderá se valer das informações ou das provas apresentadas pelo colaborador, de boa-fé, para qualquer outra finalidade, contanto que lícitas e regulares.

c) A infiltração de agentes de polícia em tarefas de investigação, representada pelo delegado de polícia ou requerida pelo Ministério Público, será autorizada pelo prazo peremptório de seis meses.

d) Um dos direitos do agente infiltrado é recusar ou fazer cessar a atuação infiltrada.

e) Consiste a ação controlada em retardar a intervenção policial ou administrativa relativa à ação praticada por organização criminosa ou a ela vinculada, desde que mantida sob observação e acompanhamento para que a medida legal se concretize no momento mais eficaz à formação de provas e obtenção de informações, independente de prévia autorização judicial.

COMENTÁRIOS

Alternativa "a": a proposta de acordo de colaboração premiada poderá ser sumariamente indeferida, com a devida justificativa, cientificando-se o interessado (art. 3º-B, § 1º, Lei 12.850/2013).

Alternativa "b": ao contrário, a lei veda tal utilização, pois o colaborador, ao fornecer as provas, estava de boa-fé, esperando ser beneficiado (art. 3º-B, § 6º, Lei 12.850)

Alternativa "c": o prazo não é peremptório, pois poderá ser prorrogado pelo juiz, desde que se mostre justificado (art. 10, § 3º, Lei 12.850).

Alternativa "d": esses direitos estão previstos no art. 14, I, da mesma lei citada acima.

Alternativa "e": o § 1º do art. 8º da Lei 12.850 exige que haja prévia comunicação ao juiz, ao qual caberá estabelecer seus limites e comunicar o Ministério Público.

Alternativa correta: letra "d".

---

269. (Inst. Acesso - Delegado de Polícia - PC - ES/2019) O Legislador brasileiro adotou, a partir de 2013, o termo "Organizações Criminosas" para tratar o tema, tão falado na mídia e na sociedade, das atividades reconhecidas como "Crime Organizado". Por ensejar, para alguns, uma maior complexidade de aplicação de recursos e pessoas, de uma logística própria, que passaria despercebida ou pelo menos dificultaria os meios cotidianos de investigação e apuração de responsabilidades, a Lei 12.850/13, para além de trazer a definição objetiva de "Organização Criminosa", traz também regras específicas para o procedimento. Uma delas, disposta no Capítulo III, se dá no âmbito da "Investigação e dos Meios de Obtenção de Prova".

Sobre estes, assinale a alternativa correta:

a) Em nenhuma fase da persecução penal será afastado os sigilos financeiro, bancário e fiscal.

b) Em qualquer fase da persecução penal, será permitido, sem prejuízo de outros, já previstos em lei, a colaboração premiada como meio de obtenção de prova.

c) Apenas após o recebimento da denúncia, será permitido, sem prejuízo de outros já previstos em lei, a colaboração premiada como meio de obtenção de prova.

d) Apenas após o recebimento da denúncia, será permitido, sem prejuízo de outros já previstos em lei, a prisão preventiva como meio de obtenção de prova.

e) Em qualquer fase da persecução penal, será permitido, sem prejuízo de outros já previstos em lei, a prisão preventiva como meio de obtenção de prova.

COMENTÁRIOS

Alternativa "a": ao contrário do afirmado, o inciso VI do art. 3º da Lei 12.850 traz expressa a possibilidade de afastamento dos sigilos financeiro, bancário e fiscal, nos termos da legislação específica (LC 105/2001 e CTN).

Alternativa "b": a colaboração premiada é meio de obtenção de prova expressamente previsto e minuciosamente regulado pela Lei 12.850, e vem sendo amplamente utilizado em investigações sobre organizações criminosas.

Alternativa "c": o acordo de colaboração premiada poderá ser celebrado ainda na fase de investigação. Nesse caso, a Lei 12.850 admite que a própria autoridade policial o celebre, o que já foi considerado constitucional pelo STF.

Alternativa "d" (responde também a alternativa "E"): a prisão preventiva pode ser decretada antes do recebimento da denúncia, durante a fase de investigação, como admite o regime geral do art. 311 do CPP. E a alternativa contém erro grave: a prisão preventiva é medida cautelar pessoal, não sendo, portanto, meio de obtenção de prova.

Alternativa correta: letra "b".

270. (Inst. Acesso – Delegado de Polícia – PC – ES/2019) Hans Staden é um famoso colecionador e vendedor de artigos raros de antiguidade, em especial obras de arte da região Bávara da Alemanha. Para comemorar suas recentes aquisições, fez uma exposição na cidade de seus avós, uns dos primeiros colonos alemães no Brasil, Sontag Martins, na serra capixaba. Lá pode vender algumas dessas obras, todavia, em especial pelo clima de festividades, não deu seguimento ao seu procedimento de venda com o devido cadastramento dos compradores e demais detalhes próprios das obrigações e responsabilidades dispostas no art. 10 da Lei 9.613/98.

Ao passar dos dias, ainda com sua consciência pesada por não cumprir o procedimento padrão, pensa em viajar pela Europa e evitar o desdobramento de qualquer Ação Penal que se inicie, pois crê que "se não for achado, qualquer processo ficará suspenso aguardando minha volta".

Nessa situação hipotética, sobre a disciplina imposta pela Lei 9.613/98 e as garantias processuais, está correto afirmar que caso Hans Staden não comparecesse ou não constituísse advogado:

a) seria citado por edital e o feito seria continuado até o julgamento, sendo um defensor dativo nomeado para a defesa técnica.
b) tal motivo, de acordo com a Lei 9.613/98, seria o suficiente para a sua condução coercitiva.
c) seria citado por edital e o feito seria suspenso assim como o curso do prazo prescricional.
d) tal motivo, de acordo com a Lei 9.613/98, seria o suficiente para a decretação de sua prisão preventiva.
e) tal motivo, de acordo com a Lei 9.613/98, seria o suficiente para a decretação de sua prisão temporária.

COMENTÁRIOS

Alternativa "a" (responde também a alternativa "C"): a Lei 9.613/1998 possui tratamento específico a respeito do tema. No regime geral do CPP, o art. 366, na hipótese do enunciado, não permitiria o prosseguimento do processo, que seria suspenso até que o acusado comparecesse ou constituísse advogado. No regime da Lei de Lavagem, o § 2º do art. 2º determina que o art. 366 do CPP não será aplicado, de modo que o processo prosseguirá e ao acusado será nomeado defensor.

Alternativa "b": não se trata de condução coercitiva, até porque não se tem conhecimento de seu paradeiro. Mesmo que se soubesse a localização fora do país, o correto seria utilizar um mecanismo de cooperação internacional, seja o auxílio direto ou a carta rogatória, para a citação.

Alternativa "d": a prisão preventiva poderá ser decretada nesse caso, mas desde que se tenha elementos para indicar que os requisitos do art. 312 estão presentes (garantia da ordem pública ou da ordem econômica, conveniência da instrução criminal ou assegurar a aplicação futura da lei penal).

Alternativa "e": esgotada a fase de investigação, não mais será cabível a prisão temporária. Além disso, convém lembrar que a Lei 7.960/1989 possui um rol taxativo e somente para assegurara a investigação dos crimes nele constantes é que se admite tal espécie de prisão.

Alternativa correta: letra "a".

271. (Inst. Acesso – Delegado de Polícia – PC – ES/2019) O meio ambiente é protegido pela legislação brasileira através das diferentes responsabilidades atribuídas a cada agente ou instituição voltada para tal fim. Dentre as garantias do cumprimento da Lei estão as sanções penais e administrativas dispostas na Lei 9.605/98. Seguindo a sistemática legal, que encontra na Constituição Federal/CF 88 seu norteador hermenêutico e nos outros diplomas legais ferramentas para a garantia de Direitos, determinadas infrações ambientais, observada suas cominações legais, permitem a aplicação imediata da pena restritiva de direitos ou multa.

Segundo a Lei 9.605/98, a aplicação imediata da pena restritiva de direitos ou multa:

a) é possível com a prévia composição do dano.
b) não é possível.
c) não é aplicável porque não existe transação penal ambiental.
d) é possível com a prévia recomposição do dano.
e) é possível com a prévia reparação do dano.

COMENTÁRIOS

Alternativa "a" (responde também todas as demais alternativas): o enunciado refere-se a certas infrações penais contidas na Lei 9.605/1998 que são de menor potencial ofensivo. Nesse caso, o art. 27 da Lei determina que a proposta de aplicação imediata de pena restritiva de direitos ou multa somente poderá ser formulada desde tenha havido a prévia composição do dano ambiental, salvo em caso de comprovada impossibilidade.

Alternativa correta: letra "a".

272. (Inst. Acesso – Delegado de Polícia – PC – ES/2019) A Lei 8.072/90 já foi alvo de muitas controvérsias e, por isso, diversas alterações. Da obrigação do regime fechado, como início do cumprimento da pena, à frações diferenciadas na execução penal, a própria criação da Lei e sua contextualização na sociedade brasileira ainda é alvo de críticas. Em relação ao processo penal e às alterações feitas nesta Lei, assinale a seguir a afirmativa correta.

a) Os prazos processuais podem ser diminuídos quando se tratar de processos que versarem sobre crimes hediondos.

b) Os prazos processuais podem ser diminuídos, apenas para a defesa, quando se tratar de processos que versarem sobre crimes hediondos.

c) A Lei 13.285/16 estabeleceu prioridade de tramitação dos processos que versarem sobre crimes hediondos apenas quando envolverem tipos da Lei 11.343/06.

d) Os prazos processuais podem ser relativizados para uma maior celeridade nos processos que versarem sobre crimes hediondos.

e) A Lei 13.285/16 estabeleceu a prioridade de tramitação dos processos que versarem sobre crimes hediondos.

COMENTÁRIOS

Alternativa "a": não há qualquer previsão de diminuição de prazos processuais apenas porque se trata de crime hediondo.

Alternativa "b": como visto, não há previsão de diminuição de prazos e muito menos para a defesa, especificamente, o que violaria o princípio da ampla defesa.

Alternativa "c" (responde também a alterativa "e"): os processos referentes a crimes hediondos terão, todos, prioridade de tramitação, conforme a atual redação do art. 394-A do CPP.

Alternativa "d": não há qualquer regra a esse respeito.

Alternativa correta: letra "e".

273. (Vunesp – Delegado de Polícia – PC – BA/2018) A retratação da representação, de acordo com o art. 25 do CPP e do art. 16 da Lei nº 11.340/06 (Lei Maria da Penha), respectivamente,

a) é admitida até o recebimento da denúncia; não é admitida.

b) é admitida até o recebimento da denúncia; só será admitida perante o juiz, antes do recebimento da denúncia.

c) é inadmitida; só será admitida perante o juiz, antes do recebimento da denúncia.

d) é inadmitida depois de oferecida a denúncia; não é admitida.

e) é inadmitida depois de oferecida a denúncia; só será admitida perante o juiz, antes do recebimento da denúncia.

COMENTÁRIOS

De acordo com a sistemática do art. 25 do CPP, a representação é retratável até o oferecimento da denúncia; na sistemática do art. 16 da Lei Maria da Penha, a retratação é possível mesmo depois de oferecida a denúncia, mas antes de seu recebimento, desde que seja feita em audiência judicial, designada especificamente para essa finalidade.

Alternativa correta: letra "e".

274. (Vunesp – Delegado de Polícia – PC – SP/2018) É correto afirmar a respeito do crime de disparo de arma de fogo, previsto na Lei nº 10.826/2003 (Estatuto do Desarmamento), que

a) é inafiançável, de perigo abstrato e que não admite a suspensão condicional do processo.

b) se trata de crime comum, de perigo abstrato e que não admite a suspensão condicional do processo.

c) se trata de crime próprio, afiançável e que admite a suspensão condicional do processo.

d) não admite a suspensão condicional do processo, é afiançável e trata-se de crime de mão-própria.

e) é inafiançável, de perigo concreto e que admite a suspensão condicional do processo.

COMENTÁRIOS

Alternativa "a": o crime de disparo de arma de fogo é de perigo abstrato, não cabendo a aplicação da suspensão condicional do processo, pois a pena mínima, de dois anos de reclusão, é superior ao patamar estabelecido pelo art. 89 da Lei 9.099. Porém, é afiançável, pois, no parágrafo único do art. 15, da Lei 10.826 foi considerado inconstitucional pela ADIN 3.112.

Alternativa "b": realmente se trata de crime de perigo abstrato, comum, e que não comporta a suspensão condicional do processo.

Alternativa "c": vide comentários acima.

Alternativa "d": não se trata de crime de mão própria.

Alternativa "e": como visto, é afiançável e de perigo abstrato.

Alternativa correta: letra "b".

275. (Fumarc – Delegado de Polícia – PC – MG/2018) Considerando exclusivamente o disposto na Lei n° 11.343/06 acerca do procedimento de destruição de drogas apreendidas no curso de investigações, é CORRETO afirmar:

a) Nos termos da Lei n° 11.343/06, a destruição de drogas apreendidas sem a ocorrência de prisão em flagrante será feita por incineração, no prazo máximo de 30 (trinta) dias contados da data da determinação judicial.

b) Na hipótese de ocorrência de prisão em flagrante, a Lei n° 11.343/06 estabelece que a destruição das drogas apreendidas será executada pelo delegado de polícia competente, no prazo de 15 (quinze) dias, na presença do Ministério Público e da autoridade sanitária, levando em consideração a necessária determinação judicial para a destruição.

c) Na hipótese de ocorrência de prisão em flagrante, a Lei n° 11.343/06 estabelece que a destruição das drogas será executada pelo delegado de polícia competente, no prazo de 15 (quinze) dias, sem necessidade de presença do Ministério Público e da autoridade sanitária, guardando-se amostra necessária à realização do laudo definitivo.

d) A destruição de drogas apreendidas sem a ocorrência de prisão em flagrante será feita por incineração, no prazo máximo de 15 (quinze) dias, contados da data da apreensão, guardando-se amostra necessária à realização do laudo definitivo.

COMENTÁRIOS

Em caso de flagrante, a destruição das drogas será executada pelo delegado de polícia competente no prazo de 15 dias na presença do Ministério Público e da autoridade sanitária (art. 50, § 4º, Lei 11.343). Porém, a destruição de drogas apreendidas sem a ocorrência de prisão em flagrante será feita por incineração, no prazo máximo de 30 dias contado da data da apreensão, guardando-se amostra necessária à realização do laudo definitivo (art. 50-A).

Alternativa correta: letra "b".

---

276. (Fumarc - Delegado de Polícia - PC - MG/2018) Sobre a ação controlada prevista na Lei 12.850/13, é CORRETO afirmar:

a) A intervenção policial ou administrativa poderá ser postergada sem que exista prévia comunicação ao juízo competente.

b) Consiste na imediata intervenção policial ou administrativa relativa à ação praticada no âmbito de organização criminosa ou a esta vinculada.

c) Mesmo que envolva a transposição de fronteiras, não haverá necessidade de cooperação do país tido como provável destino do investigado.

d) Poderá ter seus limites definidos pelo juiz competente.

COMENTÁRIOS

Alternativa "a": o § 1º do art. 8º da Lei 12.850/2013 exige prévia comunicação ao juiz.

Alternativa "b": ao contrário, trata-se de postergar a atuação policial, para momento mais oportuno, visando uma eficaz coleta de prova.

Alternativa "c": segundo o art. 9º da Lei 12.850, se a ação controlada envolver transposição de fronteiras, o retardamento da intervenção policial ou administrativa somente poderá ocorrer com a cooperação das autoridades dos países que figurem como provável itinerário ou destino do investigado, de modo a reduzir os riscos de fuga e extravio do produto, objeto, instrumento ou proveito do crime.

Alternativa "d": poderá o juiz fazer tal limitação, razão pela qual deve ser previamente comunicado pela polícia.

Alternativa correta: letra "d".

---

277. (Fumarc - Delegado de Polícia - PC - MG/2018) Em matéria de colaboração premiada, prevista na Lei 12.850/13, é CORRETO afirmar:

a) A ação penal poderá deixar de ser proposta temporariamente contra o colaborador até o cumprimento das medidas de colaboração.

b) A homologação do acordo de colaboração premiada independe de efetividade das informações repassadas pelo colaborador.

c) O acordo de colaboração deixa de ser sigiloso assim que oferecida a denúncia.

d) O Ministério Público não poderá dispor da ação penal caso o colaborador não seja o líder da organização e seja o primeiro a prestar efetiva colaboração.

COMENTÁRIOS

Alternativa "a": segundo o § 3º do art. 4º da Lei 12.850, o prazo para oferecimento de denúncia ou o processo, relativos ao colaborador, poderá ser suspenso por até 6 meses, prorrogáveis por igual período, até que sejam cumpridas as medidas de colaboração, suspendendo-se o respectivo prazo prescricional.

Alternativa "b": ao contrário, a efetividade das informações prestadas serão essenciais, tanto que deverá ser analisada na sentença, a fim de que o juiz possa premiar o colaborador.

Alternativa "c": o acordo deixa de ser sigiloso assim que recebida a denúncia e não simplesmente depois de oferecida.

Alternativa "d": trata-se de verdadeira imunidade que a Lei 12.850 autoriza que seja dada pelo Ministério Público se o colaborador não for o líder da organização criminosa e tiver sido o primeiro a colaborar.

Alternativa correta: letra "a".

---

278. (Fumarc - Delegado de Polícia - PC - MG/2018) Em relação aos aspectos processuais da lei de lavagem de dinheiro (Lei 9.613/98), pode-se afirmar:

a) A alienação de bens objeto de medidas assecuratórias depende da existência de trânsito em julgado de sentença condenatória.

b) A competência para o julgamento do delito de lavagem de dinheiro será da justiça federal.

c) A denúncia deverá ser instruída com indícios suficientes da existência de infração penal antecedente.

d) A persecução penal em juízo depende da comprovação, mediante sentença condenatória, de infrações penais antecedentes.

COMENTÁRIOS

Alternativa "a": não há necessidade do trânsito em julgado para a alienação dos bens sequestrados, apreendidos etc., havendo autorização legal para a alienação antecipada (art. 4º-A, Lei 9.613).

Alternativa "b": a competência será da Justiça Federal somente se praticado contra o sistema financeiro e a ordem econômico-financeira, ou em detrimento de bens, serviços ou interesses da União, ou de suas entidades autárquicas ou empresas públicas; ou quando a infração penal antecedente for de competência da Justiça Federal (art. 2º, III, Lei 9.613).

Alternativa "c": bastam os indícios da infração penal antecedente, não havendo necessidade de prova conclusiva ou de condenação por tais crimes.

Alternativa "d": vide comentário acima.

Alternativa correta: letra "c".

279. (IBADE – Delegado de Polícia – AC/2017) Em todos os casos de violência doméstica e familiar contra a mulher, feito o registro da ocorrência, deverá a autoridade policial adotar, de imediato, os seguintes procedimentos, sem prejuízo de outros previstos no Código de Processo Penal:

I. ouvir a ofendida, lavrar o boletim de ocorrência e tomar a representação a termo, se apresentada.
II. determinar que se proceda ao exame de corpo de delito da ofendida e requisitar outros exames periciais necessários.
III. remeter, no prazo de 72 (setenta e duas) horas, expediente apartado ao juiz com o pedido da ofendida, para a concessão de medidas protetivas de urgência.
IV. ouvir o agressor e as testemunhas. Caso entenda desnecessária a oitiva do agressor, poderá o Delegado dispensá-lo ouvindo apenas a vítima e as testemunhas.

Está correto o que se afirma apenas em:

a) II e III.
b) II e IV.
c) I e III.
d) I e II.
e) III e IV.

COMENTÁRIOS

Item I: É o que prevê o art. 12, I, da Lei 11.340/2006.

Item II: É o que prevê o art. 12, IV, da Lei Maria da Penha.

Item III: O prazo é de 48 horas (art. 12, III, Lei 11.340).

Item IV: Deve o agressor ser ouvido, não havendo a previsão da dispensa.

Alternativa correta: letra "d": estão certos os Itens I e II.

280. (FUNCAB – Delegado de Polícia – PA/2016) Analise as afirmativas a seguir.

I. Em razão da decisão do STF a ação penal no crime de lesão corporal, ainda que leve, no âmbito da violência doméstica contra a mulher, é pública incondicionada, não sendo possível a retratação em sede policial. Não obstante, nos demais crimes de ação penal pública condicionada, como a ameaça no âmbito da violência doméstica, é admissível a renúncia ou retratação da representação pela mulher perante a autoridade policial.
II. No atendimento à mulher em situação de violência doméstica a autoridade policial deverá garantir à vítima proteção policial quando necessário, bem como fornecer transporte para a ofendida para abrigo ou local seguro.
III. Por força da inviolabilidade constitucional do domicílio e dos demais princípios que asseguram um processo penal garantista, a autoridade policial não poderá acompanhar a ofendida para assegurar a retirada de seus pertences do domicílio familiar.

Está correto apenas o que se afirma em:

a) II e III.
b) II.
c) I.
d) III.
e) I e II.

COMENTÁRIOS

Afirmativa I: O erro da alternativa está em dizer ser possível a retratação da representação perante a autoridade policial. Na verdade, a Lei Maria da Penha permite a retratação – que considera renúncia –, mas desde que seja realizada em audiência judicial designada especialmente para tal finalidade. Nesse caso, a retratação pode ocorrer mesmo depois de oferecida a denúncia, mas antes de seu recebimento. Essa regra é diferente daquela constante do CPP, que admite a retratação até o oferecimento da inicial acusatória.

Afirmativa II: São medidas previstas nos incisos I e III do art. 11 da Lei 11.340/2006.

Afirmativa III: Ao contrário, o acompanhamento está previsto no art. 11, IV, da Lei Maria da Penha.

Alternativa correta: letra "b": apenas a Afirmativa II está certa.

281. (Cespe – Delegado de Polícia – PE/2016) Godofredo tem a obrigação legal de cuidar de determinado idoso, mas o abandonou em um hospital – conduta prevista no art. 98, do Estatuto da Pessoa Idosa, com pena de detenção de seis meses a três anos e multa. Paulo negou trabalho a um idoso, com a justificativa de que o pretendente ao emprego encontrava-se em idade avançada – conduta enquadrada no art. 100, II, do Estatuto do Idoso, com pena de reclusão de seis meses a um ano e multa.

Nessas situações, as medidas despenalizadoras, previstas na Lei nº 9.099/1995 (lei dos juizados especiais),

a) poderão beneficiar ambos os acusados, desde que haja anuência das vítimas.
b) poderão beneficiar Paulo, com a transação penal, ao passo que Godofredo, com a suspensão condicional do processo.
c) não poderão beneficiar Godofredo nem Paulo.
d) poderão beneficiar apenas Godofredo.
e) poderão beneficiar apenas Paulo.

COMENTÁRIOS

✪ **Nota do autor:** o Estatuto do Idoso foi trazido pela Lei 10.741/2003.

Alternativa "b" (responde também todas as demais alternativas): o art. 94 do Estatuto permite a aplicação da Lei 9.099/1995 mesmo quando a pena máxima cominada chegue a até 4 anos de privação de liberdade. Porém, o STF deu a tal regra interpretação conforme a Constituição na ADIN 3.096-DF (Rel. Min. Cármen Lúcia, j. 16.06.2010): "(...) Art. 94 da Lei nº 10.741/2003: interpretação conforme à Constituição do Brasil, com redução de texto, para suprimir a expressão "do Código Penal e". Aplicação apenas do procedimento sumaríssimo previsto na Lei nº 9.099/95: benefício do idoso com a celeridade processual. Impossibilidade de aplicação de quaisquer medidas despenalizadoras e de interpretação benéfica ao autor do crime. 3. Ação direta de inconstitucionalidade julgada parcialmente procedente para dar interpretação conforme à Constituição do Brasil, com redução de texto, ao art. 94 da Lei nº 10.741/2003". Portanto, aplica-se apenas o procedimento da Lei 9.099/1995, mas não seus institutos despenalizadores, como a transação penal e a suspensão condicional do processo. Assim, quanto aos respectivos patamares de pena que permitem a aplicação da transação penal e a suspensão condicional do processo, deve seguir o Estatuto do Idoso a regra geral da Lei 9.099/1995, não a do art. 94 da Lei 10.741. Apenas o procedimento sumaríssimo será seguido, ainda que a pena máxima seja superior a 2 anos, mas desde que não ultrapasse 4 anos. Diante disso, pode-se concluir que Paulo poderá ser beneficiado pela transação penal, pois o crime cometido encontra-se dentro do patamar das infrações penais de menor potencial ofensivo (pena máxima não superior a 2 anos); e Godofredo poderá ser beneficiado apenas com a suspensão condicional do processo, pois a pena mínima insere-se no requisito do art. 89 da Lei 9.099.

Alternativa correta: letra "b".

---

282. (Cespe – Delegado de Polícia – PE/2016) Sebastião, Júlia, Caio e Marcela foram indiciados por, supostamente, terem se organizado para cometer crimes contra o Sistema Financeiro Nacional. No curso do inquérito, Sebastião e Júlia, sucessivamente com intervalo de quinze dias, fizeram acordo de colaboração premiada.

Nessa situação hipotética, no que se refere à colaboração premiada,

a) nos depoimentos que prestarem, Sebastião e Júlia terão direito ao silêncio e à presença de seus defensores.
b) o MP poderá não oferecer denúncia contra Sebastião, caso ele não seja o líder da organização criminosa.
c) o MP poderá não oferecer denúncia contra Júlia, ainda que a delação de Sebastião tenha sido a primeira a prestar efetiva colaboração.
d) Sebastião e Júlia poderão ter o benefício do perdão judicial, independentemente do fato de as colaborações terem ocorrido depois de sentença judicial.
e) o prazo para o oferecimento da denúncia em relação aos delatores poderá ser suspenso pelo período, improrrogável, de até seis meses.

COMENTÁRIOS

✪ **Nota do autor:** a conduta em questão enquadra-se no crime do art. 2º da Lei 12.850/2013, presumindo-se presente os demais requisitos do art. 1º, § 1º, da mesma lei: "Considera-se organização criminosa a associação de 4 (quatro) ou mais pessoas estruturalmente ordenada e caracterizada pela divisão de tarefas, ainda que informalmente, com objetivo de obter, direta ou indiretamente, vantagem de qualquer natureza, mediante a prática de infrações penais cujas penas máximas sejam superiores a 4 (quatro) anos, ou que sejam de caráter transnacional". Tal lei permite a colaboração premiada e é a que melhor a regula em nosso ordenamento. Segundo o art. 4º, o juiz poderá, a requerimento das partes, conceder o perdão judicial, reduzir em até 2/3 a pena privativa de liberdade ou substituí-la por restritiva de direitos daquele que tenha colaborado efetiva e voluntariamente com a investigação e com o processo criminal, desde que dessa colaboração advenha um ou mais dos seguintes resultados: (i) a identificação dos demais coautores e partícipes da organização criminosa e das infrações penais por eles praticadas; (ii) a revelação da estrutura hierárquica e da divisão de tarefas da organização criminosa; (iii) a prevenção de infrações penais decorrentes das atividades da organização criminosa; (iv) a recuperação total ou parcial do produto ou do proveito das infrações penais praticadas pela organização criminosa; (v) a localização de eventual vítima com a sua integridade física preservada. Em qualquer caso, a concessão do benefício levará em conta a personalidade do colaborador, a natureza, as circunstâncias, a gravidade e a repercussão social do fato criminoso e a eficácia da colaboração.

Alternativa "a": esse aspecto da colaboração premiada é importante: nos depoimentos que prestar, o colaborador renunciará, na presença de seu defensor, ao direito ao silêncio e estará sujeito ao compromisso legal de dizer a verdade (art. 4º, § 14, Lei 12.850/2013).

Alternativa "b" (responde também a alternativa "c"): o § 4º do art. 4º da Lei 12.850 trouxe nítida exceção ao princípio da obrigatoriedade da ação penal, permitindo que o Ministério Público deixe de oferecer denúncia se o imputado não for o líder da organização e tiver sido o primeiro a prestar efetiva colaboração.

Alternativa "d": não é possível o perdão judicial nessa hipótese, já que, se a colaboração for posterior à sentença, a pena somente poderá ser reduzida até a metade ou será admitida a progressão de regime ainda que ausentes os requisitos objetivos.

Alternativa "e": o prazo para oferecimento de denúncia ou o processo, relativos ao colaborador, poderá ser suspenso por até 6 meses, prorrogáveis por igual período, até que sejam cumpridas as medidas de colaboração, suspendendo-se o respectivo prazo prescricional (art. 4º, § 3º, Lei 12.850/2013).

Alternativa correta: letra "b".

283. (Vunesp – Delegado de Polícia – CE/2015) Assinale alternativa que contempla todas as hipóteses de decretação de interceptação telefônica (art. 3º, Lei nº 9.296/96).

a) Pelo juiz, a requerimento da autoridade policial, na investigação criminal; ou pelo juiz, a requerimento do representante do Ministério Público, na investigação criminal e na instrução processual penal.

b) Pelo juiz, a requerimento da autoridade policial, na investigação criminal; ou a requerimento do representante do Ministério Público ou da autoridade policial, na instrução processual penal.

c) Pelo juiz, a requerimento da autoridade policial, na investigação criminal; ou a requerimento do representante do Ministério Público, na investigação criminal e na instrução processual penal.

d) Pelo juiz, de ofício, ou a requerimento da autoridade policial, na investigação criminal; ou a requerimento do representante do Ministério Público ou da autoridade policial, na instrução processual penal.

e) Pelo juiz, de ofício, ou a requerimento da autoridade policial, na investigação criminal; ou a requerimento do representante do Ministério Público, na investigação criminal e na instrução processual penal.

COMENTÁRIOS

Alternativa "a": o Ministério Público também pode requerer a interceptação na fase de investigação, não é só a autoridade policial.

Alternativa "b": o delegado não pode pedir a interceptação na fase judicial. Cabe apenas ao Ministério Público fazê-lo.

Alternativa "c": a alternativa não menciona a possibilidade, trazida pela lei, de decisão de ofício pelo juiz. Porém, observe-se que, em face do novo art. 3º-A do CPP – com eficácia suspensa por liminar do STF – certamente prevalecerá a tese de que o juiz não pode determinar, de ofício, a interceptação telefônica na fase de investigação. Na fase judicial, em que é raríssimo determinar-se a interceptação, certamente prevalecerá a restrição do citado dispositivo quanto ao juiz não poder suprir a atividade probatória do Ministério Público.

Alternativa "d": como visto, o delegado não pode requerer a interceptação na fase judicial.

Alternativa "e": aqui, repete-se os termos do art. 3º da Lei 9.296/1996. A nosso ver, não pode o juiz determinar, de ofício, na fase de investigação, a interceptação telefônica. Trata-se de meio de investigação de prova, não sendo papel do juiz meter-se na investigação. Portanto, para nós, a parte da lei que determina a decisão de ofício, na fase policial, é inconstitucional, pois fere o princípio acusatório. E agora, além disso, choca-se com o disposto no art. 3º-A do CPP, incluído pela Lei 13.964/2019.

Alternativa correta: letra "e".

284. (FUNIVERSA – Delegado de Polícia – DF/2015) A respeito do tráfico ilícito de drogas e do uso indevido de substância entorpecente, assinale a alternativa correta à luz da lei que rege a matéria.

a) A lavratura do auto de prisão em flagrante do autor de crime de tráfico e o estabelecimento da materialidade do delito prescindem de laudo de constatação da natureza e da quantidade da droga.

b) É cabível a prisão em flagrante do usuário de substância entorpecente, havendo, ou não, concurso de crime com o delito de tráfico ilícito de entorpecentes.

c) É vedado à autoridade policial, ao encerrar inquérito relativo a crime de tráfico, indicar a quantidade e a natureza da substância ou do produto apreendido.

d) O inquérito policial relativo ao crime de tráfico de substância entorpecente será concluído no prazo de trinta dias se o indiciado estiver preso e, no de noventa dias, se estiver solto.

e) A destruição das drogas apreendidas somente poderá ser executada pelo juiz de direito ou pela pessoa indicada pelo respectivo tribunal, vedando-se tal conduta ao delegado de polícia.

COMENTÁRIOS

Alternativa "a": segundo o § 1º do art. 50 da Lei 11.343, para efeito da lavratura do auto de prisão em flagrante e estabelecimento da materialidade do delito, é suficiente o laudo de constatação da natureza e quantidade da droga, firmado por perito oficial ou, na falta deste, por pessoa idônea.

Alternativa "b": aquele que for flagrado apenas pelo crime de posse de droga para consumo próprio jamais poderá ser preso, vez que não há previsão de pena privativa de liberdade, sendo desproporcional qualquer prisão cautelar. Ademais, deve-se aplicar o regime da Lei 9.099/1995, que também restringe a possibilidade de prisão em flagrante.

Alternativa "c": o art. 52, I, da Lei 11.343 diz que, ao relatar o inquérito, a autoridade policial relatará sumariamente as circunstâncias do fato, justificando as razões que a levaram à classificação do delito, indicando a quantidade e natureza da substância ou do produto apreendido, o local e as condições em que se desenvolveu a ação criminosa, as circunstâncias da prisão, a conduta, a qualificação e os antecedentes do agente.

Alternativa "d": é o que dispõe o art. 51 da Lei 11.343/2006.

Alternativa "e": recebida cópia do auto de prisão em flagrante, o juiz, no prazo de 10 dias, certificará a regularidade formal do laudo de constatação e determinará a destruição das drogas apreendidas, guardando-se amostra necessária à realização do laudo definitivo. A destruição das drogas será executada pelo delegado de polícia competente no prazo de 15 dias na presença do Ministério Público e da autoridade sanitária (art. 50, §§ 3º e 4º, Lei 11.343).

Alternativa correta: letra "d".

285. (ACAFE - Delegado de Polícia - SC/2014) De acordo com a legislação em vigor, assinale a alternativa correta.

a) Segundo dispõe a Lei 12.037/09, é recomendado mencionar a identificação criminal do indiciado em atestados de antecedentes ou em informações não destinadas ao juízo criminal, antes do trânsito em julgado da sentença condenatória.

b) Consoante a Lei 12.850/13, considera-se organização criminosa, a associação de 3 (três) ou mais pessoas estruturalmente ordenada e caracterizada pela divisão de tarefas, com objetivo de obter, direta ou indiretamente, vantagem de qualquer natureza, mediante a prática de infrações penais cujas penas máximas sejam superiores a 5 (cinco) anos, ou que sejam de caráter transnacional.

c) Conforme disposto na Lei 12.037/09, a interceptação de comunicação telefônica de qualquer natureza ocorrerá nos mesmos autos do inquérito policial ou do processo criminal, preservando-se o sigilo das diligências, gravações e transcrições respectivas.

d) Na forma da Lei 9.807/99, as medidas de proteção requeridas por vítimas ou por testemunhas de crimes que estejam coagidas ou expostas a grave ameaça em razão de colaborarem com a investigação ou processo criminal serão prestadas pela União, pelos Estados e pelos Municípios, no âmbito das respectivas competências, na forma de programas especiais organizados.

e) São considerados hediondos, na forma da Lei 8.072/84, dentre outros, os crimes de latrocínio, extorsão qualificada pela morte, extorsão mediante sequestro e na forma qualificada, falsificação, corrupção, adulteração ou alteração de produto destinado a fins terapêuticos ou medicinais.

COMENTÁRIOS

Alternativa "a": é vedado mencionar a identificação criminal do indiciado em atestados de antecedentes ou em informações não destinadas ao juízo criminal, antes do trânsito em julgado da sentença condenatória (art. 6º, Lei 12.037/2009).

Alternativa "b": de acordo com o § 1º do art. 1º da Lei 12.850/2013, considera-se organização criminosa a associação de 4 ou mais pessoas estruturalmente ordenada e caracterizada pela divisão de tarefas, ainda que informalmente, com objetivo de obter, direta ou indiretamente, vantagem de qualquer natureza, mediante a prática de infrações penais cujas penas máximas sejam superiores a 4 anos, ou que sejam de caráter transnacional.

Alternativa "c": a lei que trata das interceptações telefônicas é a Lei 9.296/1996. A interceptação ocorrerá em autos apartados (art. 8º). O sigilo só pode ser oposto à defesa enquanto estiver sendo realizada a interceptação. Depois, o réu e seu defensor têm o direito de conhecer o resultado da medida.

Alternativa "d": tal lei menciona a União, os Estado e o Distrito Federal, apenas (art. 1º).

Alternativa "e": a Lei dos Crimes Hediondos é a Lei 8.072/1990. Falsificação e corrupção não estão no rol legal dos crimes hediondos.

Alternativa correta: letra "e".

286. (ACAFE - Delegado de Polícia - SC/2014) Analise as afirmações a seguir e assinale a alternativa correta, observando-se configurar violência doméstica e familiar contra a mulher qualquer ação ou omissão baseada no gênero que lhe cause morte, lesão, sofrimento físico, sexual ou psicológico e dano moral ou patrimonial, que tenha lugar:

I. no âmbito da família, compreendida como a comunidade formada por indivíduos que são ou se consideram aparentados, unidos por laços naturais, por afinidade ou por vontade expressa.

II. em qualquer relação íntima de afeto, na qual o agressor conviva ou tenha convivido com a ofendida, desde que com ela tenha coabitado.

III. no âmbito da unidade doméstica, compreendida como o espaço de convívio permanente de pessoas, com ou sem vínculo familiar, inclusive as esporadicamente agregadas.

IV. no âmbito do trabalho, desde que a ofendida seja empregada doméstica e a violência seja perpetrada na residência onde presta seus serviços.

a) Apenas I, II e IV estão corretas.

b) Apenas II e III estão corretas.

c) Apenas I, III e IV estão corretas.

d) Apenas III e IV estão corretas.

e) Todas as afirmações estão corretas.

COMENTÁRIOS

Afirmação I: É o que dispõe o art. 5º, II, da Lei 11.340/2006 (Lei Maria da Penha).

Afirmação II: O correto é: em qualquer relação íntima de afeto, na qual o agressor conviva ou tenha convivido com a ofendida, independentemente de coabitação (art. 5º, III, Lei 11.340).

Afirmação III: É a descrição do inciso I do art. 5º da Lei Maria da Penha.

Afirmação IV: Essa hipótese ingressa na definição do inciso I do art. 5º da Lei 11.340: âmbito da unidade doméstica, compreendida como o espaço de convívio permanente de pessoas, com ou sem vínculo familiar, inclusive as esporadicamente agregadas.

Alternativa correta: letra "c": estão certas as Afirmações I, III e IV.

287. (Fundação Aroeira – Delegado de Polícia – TO/2014) Conforme o inciso XII, parte final, do art. 5º da Constituição Federal, é inviolável o sigilo da correspondência e das comunicações telegráficas, de dados e das comunicações telefônicas, salvo, no último caso, por ordem judicial, nas hipóteses e na forma que a lei estabelecer para fins de investigação criminal ou instrução processual penal. Acerca das interceptações de comunicações telefônicas, de qualquer natureza, para prova em investigação criminal ou em instrução processual penal, conforme disciplina a Lei nº 9.296/1996,

a) a interceptação da comunicação telefônica, de informática ou telemática, poderá ser determinada pelo juiz, de ofício ou a requerimento da autoridade policial, pelo representante do Ministério Público, na investigação criminal e na instrução processual penal.

b) a interceptação de comunicações telefônicas será admitida, mesmo quando a prova puder ser feita por outros meios disponíveis e o fato investigado constituir infração penal punida com detenção, devendo ser descrita com clareza a situação objeto da investigação, inclusive com a indicação dos investigados.

c) o pedido de interceptação deve ser feito na forma escrita, sendo que o juiz inadmitirá qualquer pedido formulado verbalmente, ainda que estejam presentes os pressupostos que autorizem a interceptação.

d) a realização de interceptação de comunicações telefônicas, ou a quebra de segredo da Justiça, sem autorização judicial ou com objetivos não autorizados em lei, constitui crime punido com detenção.

COMENTÁRIOS

Alternativa "a": o art. 3º da Lei 9.296/1996 permite que o juiz determine a interceptação telefônica, de ofício, em qualquer fase da persecução penal, o que é questionado por parte da doutrina, visto que a iniciativa probatória do magistrado, na fase investigatória, feriria o princípio acusatório. Seja como for, a lei prevê tal possibilidade. Além disso, o juiz poderá determinar a interceptação à vista de requerimento do Ministério Público, feito tanto na fase de inquérito quanto na processual, ou à vista de representação da autoridade policial, na fase de investigação.

Alternativa "b": a busca de prova por meio da interceptação telefônica deve ser subsidiária, é dizer, somente deve-se empregar tal meio de investigação se a prova não puder ser obtida por outros meios. Além disso, não se defere a interceptação se o crime investigado for apenado com detenção. Finalmente, a indicação dos investigados deve constar da ordem autorizadora, bem como dos pedidos eventualmente feitos. Porém, a impossibilidade de tal indicação não impede que seja autorizado o meio de investigação aqui tratado. Tudo isso encontra-se disciplinado no art. 2º da Lei 9.296/1996.

Alternativa "c": a lei citada permite que o pedido de interceptação seja apresentado verbalmente, excepcionalmente. Nesse caso, a concessão fica condicionada à redução a termo da solicitação (art. 4º, § 1º).

Alternativa "d": o crime em tela é previsto no art. 10 da Lei 9.296, sendo, contudo, apenado com reclusão, de 2 a 4 anos, e multa.

Alternativa correta: letra "a".

288. (Fundação Aroeira – Delegado de Polícia – TO/2014) A Lei nº 11.343/2006 institui o Sistema Nacional de Políticas Públicas sobre Drogas, prescreve medidas para prevenção do uso indevido, atenção e reinserção social de usuários e dependentes de drogas, estabelece normas para repressão à produção não autorizada e ao tráfico ilícito de drogas, define crimes e dá outras providências. Considerando os dispositivos dessa lei,

a) a autoridade de polícia judiciária, ocorrendo prisão em flagrante, fará, imediatamente, comunicação ao Ministério Público, remetendo-lhe cópia do auto lavrado, do qual será dada vista ao juiz competente em 24 (vinte e quatro) horas.

b) o inquérito policial será concluído no prazo de 30 (trinta) dias, se o indiciado estiver preso, e de 90 (noventa) dias, quando solto, podendo os prazos serem duplicados, conforme os critérios de oportunidade e conveniência da autoridade de polícia judiciária.

c) o indiciado ou acusado que colaborar voluntariamente com a investigação policial e o processo criminal na identificação dos demais coautores ou partícipes do crime e na recuperação total ou parcial do produto do crime, no caso de condenação, terá pena reduzida de um terço a dois terços.

d) a conduta de adquirir drogas, sem autorização ou em desacordo com determinação legal ou regulamentar, não está sujeita à prisão em flagrante, devendo o autor do fato, nesse caso, ser imediatamente encaminhado ao juízo competente, lavrando-se termo circunstanciado.

COMENTÁRIOS

Alternativa "a": a comunicação ao juiz deve ser imediata, com envio a ele de cópia do auto lavrado. Então, o juiz, no prazo de 24 horas, dará vista ao Ministério Público (art. 50, lei 11.343). Atenção: não se dá "vista" de procedimento a juiz, mas às partes.

Alternativa "b": o erro da alternativa está no seu final, pois a prorrogação deve ser determinada pelo juiz, ouvido o Ministério Público (art. 51, parágrafo único, Lei 11.343/2006), não devendo levar em consideração critérios de conveniência e oportunidade da autoridade policial. Na verdade, esta deverá justificar seu pedido, mostrando ser necessária a prorrogação para a continuidade das investigações. Dúvida que pode surgir é a seguinte: a prorrogação pelo juiz é necessária, tendo em vista as novas disposições trazidas pela Lei 13.964/2019 ao CPP? Devem surgir dois entendimentos: a Lei 11.343 é especial e seus dispositivos devem ser mantidos. Pensamos, porém, que, tendo em vista a criação do juiz das garantias pela Lei 13.964, a prorrogação do prazo, estando solto o indiciado, não mais ficará a cargo do juiz, mas do próprio Ministério Público. O juiz somente atuará quando estiver preso o indiciado. Os prazos, contudo, devem ser os da Lei 11.343.

Alternativa "c": a Lei 11.343/2006 – Lei de Drogas – possui hipótese própria de colaboração processual, também chamada da delação premiada. Nesse caso, a alternativa está a repetir o teor do art. 41 da lei.

Alternativa "d": o que afirma a alternativa somente se aplica à aquisição de drogas para consumo pessoal.

Alternativa correta: letra "c".

---

289. (UEL – Delegado de Polícia – PR/2013) Segundo a Lei n° 11.340/2006, assinale a alternativa correta.

a) A prisão preventiva do agressor é medida cabível em qualquer fase do inquérito policial ou da instrução processual, desde que requerida pela ofendida ou pelo Ministério Público.

b) As medidas protetivas de urgência poderão ser requeridas pela autoridade policial, em qualquer momento da investigação.

c) Após fixadas as medidas protetivas, ainda que sofram alterações, deverão ser mantidas até o julgamento final do processo.

d) É facultada ao juiz a aplicação de pena pecuniária nos casos de violência doméstica e familiar contra a mulher, quando comprovado prejuízo.

e) O juiz poderá aplicar de imediato ao agressor a medida protetiva de afastamento do lar e prestação de alimentos provisionais, em conjunto ou separadamente.

COMENTÁRIOS

Alternativa "a": na verdade, caberá a prisão preventiva em qualquer fase do inquérito policial ou da instrução criminal, decretada pelo juiz, de ofício, a requerimento do Ministério Público ou mediante representação da autoridade policial (art. 20, *caput*, Lei 11.340). Há questionamentos quanto à possibilidade de o juiz decretar a prisão preventiva, de ofício, na fase do inquérito policial, seja porque isso feriria o princípio acusatório, seja porque iria de encontro à proibição existente no art. 311 do CPP. Em nosso entender, com a nova redação dada ao art. 311 do CPP pela Lei 13.964/2019, o juiz não pode mais decretar a prisão preventiva de ofício, mesmo na fase processual.

Alternativa "b": as medidas protetivas de urgência poderão ser concedidas pelo juiz, a requerimento do Ministério Público ou a pedido da ofendida (art. 19, *caput*, Lei 11.340).

Alternativa "c": ao contrário, conforme a necessidade, poderá ocorrer alterações das medidas protetivas. Com efeito, o § 2º do art. 19 da Lei 11.340 dispõe que as medidas protetivas de urgência serão aplicadas isolada ou cumulativamente, e poderão ser substituídas a qualquer tempo por outras de maior eficácia, sempre que os direitos reconhecidos na Lei forem ameaçados ou violados. Além disso, o § 3º admite que o juiz possa, a requerimento do Ministério Público ou a pedido da ofendida, conceder novas medidas protetivas de urgência ou rever aquelas já concedidas, se entender necessário à proteção da ofendida, de seus familiares e de seu patrimônio, ouvido o Ministério Público.

Alternativa "d": o art. 17 da Lei Maria da Penha, com redação curiosa, veda, nos casos de violência doméstica e familiar contra a mulher, "penas de cesta básica" – que, no fundo, não existem em nosso ordenamento – ou outras de prestação pecuniária, bem como a substituição de pena que implique o pagamento isolado de multa.

Alternativa "e": a Lei 11.340/2006 (Lei Maria da Penha) traz medidas protetivas de urgência para a ofendida, mas também outras que obrigam o agressor da mulher. O art. 22 traz estas últimas. Com base nele, pode-se dizer que o juiz poderá determinar: (a) a suspensão da posse ou restrição do porte de armas, com comunicação ao órgão competente; (b) o afastamento do lar, domicílio ou local de convivência com a ofendida; (c) a proibição de determinadas condutas, entre as quais: (c.1) aproximação da ofendida, de seus familiares e das testemunhas, fixando o limite mínimo de distância entre estes e o agressor; (c.2) contato com a ofendida, seus familiares e testemunhas por qualquer meio de comunicação; (c.3) frequentação de determinados lugares a fim de preservar a integridade física e psicológica da ofendida; (d) restrição ou suspensão de visitas aos dependentes menores, ouvida a equipe de atendimento multidisciplinar ou serviço similar; (e) prestação de alimentos provisionais ou provisórios; (f) comparecimento do agressor a programas de recuperação e reeducação; e (Incluído pela Lei nº 13.984, de 2020); (g) acompanhamento psicossocial do agressor, por meio de atendimento individual e/ou em grupo de apoio. (Incluído pela Lei nº 13.984, de 2020).

Alternativa correta: letra "e".

---

290. (UEL – Delegado de Polícia – PR/2013) Com relação à Lei de Drogas, Lei n° 11.343/2006, considere as afirmativas a seguir.

I. No crime de tráfico, o laudo definitivo da substância deve ser anexado antes de se efetuar a remessa do inquérito policial ao juiz competente.

II. No crime de tráfico, a prisão em flagrante deve ser imediatamente informada ao magistrado.

III. No crime de uso de droga, é possível a transação penal.

IV. Nos crimes de drogas, o prazo para conclusão de inquérito policial poderá ser duplicado, desde que haja requerimento do delegado, seja ouvido o Ministério Público e deferido pelo magistrado.

Assinale a alternativa correta.

a) Somente as afirmativas I e II são corretas.

b) Somente as afirmativas I e IV são corretas.

c) Somente as afirmativas III e IV são corretas.

d) Somente as afirmativas I, II e III são corretas.

e) Somente as afirmativas II, III e IV são corretas.

COMENTÁRIOS

Afirmativa I: Segundo o art. 50, § 1º, da Lei 11.343/2006 (Lei de Drogas), é suficiente o laudo de constatação da natureza e quantidade da droga, firmado por perito oficial ou, na falta deste, por pessoa idônea.

Afirmativa II: A comunicação imediata do flagrante ao juiz é previsão do *caput* do art. 50 da Lei de Drogas. Aliás, não só no crime de tráfico, vez que o art. 306 do CPP também determina a comunicação da prisão de qualquer pessoa ao juiz, de imediato, seja qual for o crime cometido.

Afirmativa III: O crime do art. 28 da Lei 11.343/2006 é passível de transação penal, conforme disposição expressa do § 1º do art. 48.

Afirmativa IV: A Lei de Drogas realmente prevê tal possibilidade e exige que o Ministério Público seja previamente ouvido a respeito da duplicação do prazo (art. 51, parágrafo único). Por sinal, o prazo para conclusão do inquérito é de 30 dias, se estiver preso o indiciado, ou de 90 dias, se solto. Como visto acima, já há questionamentos sobre a aplicação da sistemática trazida pela Lei 13.694/2019 ao CPP. Pensamos, ao menos por ora, que a duplicação do prazo poderá ser autorizada pelo Ministério Público se o indiciado estiver solto; e pelo juiz das garantias, se estiver preso.

Alternativa correta: letra "e": estão certas as Afirmativas II, III e IV.

---

291. (FUNCAB – Delegado de Polícia – ES/2013) No tocante à investigação criminal pertinente aos crimes de tráfico de drogas, leia as assertivas a seguir e marque a alternativa correta.

I. O laudo prévio pode ser realizado por um só perito oficial, entretanto o laudo definitivo deverá ser realizado por dois peritos oficiais, ficando impedido de participar do laudo definitivo o perito que participar do laudo prévio, sob pena de nulidade.

II. O inquérito policial será concluído no prazo de trinta dias, se o indiciado estiver preso e de noventa dias, se o indiciado estiver solto.

III. Tratando-se do crime preceituado no artigo 33, § 3° da Lei n° 11.343/2006 (Oferecer droga, eventualmente e sem objetivo de lucro, à pessoa de seu relacionamento, para juntos a consumirem), o inquérito policial deve ser instaurado de plano pela autoridade policial.

IV. Findos os prazos preceituados na Lei n° 11.343/2006, a autoridade policial remeterá os autos do inquérito policial ao Juízo, sem prejuízo de diligências complementares necessárias ou úteis à plena elucidação do fato, cujo resultado deverá ser encaminhado ao juízo competente até três dias antes da audiência de instrução e julgamento.

a) Apenas I e III estão corretas.
b) Apenas II e III estão corretas.
c) Apenas II e IV estão corretas.
d) Apenas I, II e IV estão corretas.
e) Apenas II, III e IV estão corretas.

COMENTÁRIOS

Assertiva I: O laudo prévio poderá ser realizado por um só perito ou, ainda, por pessoa idônea, conforme dispõe o § 1º do art. 50 da Lei 11.343/2006. Além disso, o perito que subscreveu o laudo prévio não fica impedido de participar da elaboração do laudo definitivo (§ 2º). O laudo definitivo pode ser subscrito por apenas um perito oficial, como permite a regra geral do art. 159, *caput*, do CPP.

Assertiva II: É o que dispõe o art. 51, *caput*, da Lei 11.343/2006.

Assertiva III: Trata-se, a nosso ver, de infração de menor potencial ofensivo, devendo ser lavrado termo circunstanciado.

Assertiva IV: É exatamente o que dispõe o art. 52, parágrafo único, I, da Lei 11.343/2006.

Alternativa correta: letra "C": as assertivas II e IV estão corretas.

---

292. (UEG – Delegado de Polícia – GO/2013) Sobre a interceptação das comunicações, tem-se o seguinte:

a) é cabível, em regra, a interceptação telefônica para apuração de ato infracional ou para fins civis, comerciais, industriais ou que envolvam direitos difusos.
b) segundo o Superior Tribunal de Justiça, é possível a autorização de interceptação telefônica independentemente da existência de inquérito policial.
c) segundo o Superior Tribunal de Justiça, a prisão em flagrante ocorrida em razão do monitoramento telefônico é nula, uma vez que configura hipótese de flagrante preparado.
d) já se consolidou o entendimento de que a prova emprestada, mesmo se na origem forem respeitados o contraditório e a ampla defesa, é inadmissível.

COMENTÁRIOS

✪ **Nota do autor:** não obstante as interceptações telefônicas serem autêntico meio de obtenção (ou de investigação) de prova, preferimos tratar do assunto neste tópico, onde deixamos as questões que contenham aspectos sobre leis processuais especiais.

Alternativa "a": não é possível que o juiz autorize a Interceptação telefônica para tais finalidades, uma vez que a CF apenas a permite em investigação criminal ou instrução de processo penal (art. 5º, XII). Porém, a jurisprudência tem admitido a utilização em outras espécies de procedimentos como prova emprestada.

Alternativa "b": a Lei 9.296/1996 não diz que a interceptação deve ser realizada apenas quando já existente inquérito policial. Reparem que o art. 1º e o inciso I do art. 3º falam em investigação criminal. Assim, o STJ tem entendido que, de fato, pode haver interceptação mesmo antes de instaurado o inquérito. Nesse sentido: "(...) INTERCEPTAÇÕES TELEFÔNICAS AUTORIZADAS SEM INQUÉRITO POLICIAL INSTAURADO. DESNECESSIDADE. INDÍCIOS SUFICIENTES DE AUTORIA E MATERIALIDADE DELITIVA. EIVA NÃO CARACTERIZADA. 1. A anterior instauração de inquérito policial não é imprescindível para que seja permitida a interceptação telefônica, bastando que existam indícios razoáveis da autoria ou participação do acusado em infração penal. Precedentes. 2. No caso em tela, da documentação que instrui a impetração, constata-se que apesar do monitoramento telefônico dos investigados haver sido permitido quando ainda não havia inquérito policial contra eles instaurado, durante as apurações o procedimento foi regularmente iniciado, tendo a autoridade policial, durante o seu transcurso, representado pela quebra do sigilo telefônico de vários acusados. (...)" (HC 171.453-SP, Rel. Min. Jorge Mussi, j. 07.02.2013). Particularmente, temos restrições a tal entendimento. É que, especificamente no caso da Polícia, as investigações são realizadas no bojo do inquérito policial, até para que seja possível o controle de suas atividades.

Alternativa "c": ao contrário, o entendimento do STJ é de que se trata de flagrante esperado e, portanto, legal: "PENAL E PROCESSUAL PENAL. *HABEAS CORPUS* SUBSTITUTIVO DE RECURSO ORDINÁRIO. ARTIGOS 157, § 2º, INCISOS I E II, 288, PARÁGRAFO ÚNICO, E 299, CAPUT, DO CÓDIGO PENAL. FLAGRANTE ESPERADO. LEGALIDADE. EXCESSO DE PRAZO. RÉU FORAGIDO. I – Não há que se confundir flagrante preparado, modalidade que conduz à caracterização do crime impossível, com o flagrante esperado, que é plenamente admitido pela legislação penal e processual penal. II – Verifica-se o flagrante esperado na hipótese em que policiais, após obterem, por meio de interceptação telefônica judicialmente autorizada, informações de que quadrilha armada pretende realizar roubo em estabelecimento industrial, consegue, por meio de ação tempestiva, evitar a consumação da empreitada criminosa. (...)" (HC 84.141-SP, Rel. Min. Felix Fischer, j. 20.11.2007).

Alternativa "d": ao contrário, o entendimento que prevalece é o de que a prova emprestada é possível desde que, na origem, tenham sido respeitados o contraditório e a ampla defesa. Na doutrina exige-se que o contraditório tenha contado com a participação da defesa do acusado contra quem, no outro processo, se pretenda utilizar a prova por empréstimo. Há posicionamento de que a prova emprestada deve ter sido produzida perante o mesmo órgão jurisdicional competente para julgar o caso onde ela será utilizada. Uma posição menos rigorosa prega que basta que a prova tenha sido produzida sob contraditório judicial.

Alternativa correta: letra "b".

293. (Cespe – Delegado de Polícia – BA/2013) Determinado policial militar efetuou a prisão em flagrante de Luciano e o conduziu à delegacia de polícia. Lá, com o objetivo de fazer Luciano confessar a prática dos atos que ensejaram sua prisão, o policial responsável por seu interrogatório cobriu sua cabeça com um saco plástico e amarrou-o no seu pescoço, asfixiando-o. Como Luciano não confessou, o policial deixou-o trancado na sala de interrogatório durante várias horas, pendurado de cabeça para baixo, no escuro, período em que lhe dizia que, se ele não confessasse, seria morto. O delegado de polícia, ciente do que ocorria na sala de interrogatório, manteve-se inerte. Em depoimento posterior, Luciano afirmou que a conduta do policial lhe provocara intenso sofrimento físico e mental.

Considerando a situação hipotética acima e o disposto na Lei Federal nº 9.455/1997, julgue os itens subsequentes.

293.1. O delegado não pode ser considerado coautor ou partícipe da conduta do policial, pois o crime de tortura somente pode ser praticado de forma comissiva.

COMENTÁRIOS

O delegado de polícia pode responder pelo crime de tortura, na forma prevista no § 2º do art. 1º da Lei 9.455/1997, que traz uma forma omissiva de conduta. Diz o dispositivo: "Aquele que se omite em face dessas condutas, quando tinha o dever de evitá-las ou apurá-las, incorre na pena de detenção de um a quatro anos". As condutas referidas são aquelas previstas no inciso I e no § 1º do art. 1º, incluindo a conduta do policial que praticou os atos de tortura descritos no enunciado, que configuram, especificamente, o disposto na alínea *a* do inciso I do art. 1º ("Constitui crime de tortura: I – constranger alguém com emprego de violência ou grave ameaça, causando-lhe sofrimento físico ou mental: a) com o fim de obter informação, declaração ou confissão da vítima ou de terceira pessoa").

293.2. Para a comprovação da materialidade da conduta do policial, é imprescindível a realização de exame de corpo de delito que confirme as agressões sofridas por Luciano.

Alternativa correta: "errado".

COMENTÁRIOS

Não é imprescindível a realização de exame de corpo de delito, já que nem todos os "métodos" de tortura deixam vestígios. Não havendo vestígios, será desnecessário o exame (ar. 158, CPP). Ainda que tenham deixado vestígios, caso estes tenham desaparecido, pode a prova testemunhal e o relato da vítima suprir a falta do laudo. É o que dispõe o art. 167 ("Não sendo possível o exame de corpo de delito, por haverem desaparecido os vestígios, a prova testemunhal poderá suprir-lhe a falta").

Alternativa correta: "errado".

294. (Cespe – Delegado de Polícia – BA/2013) Um delegado de polícia, tendo recebido denúncia anônima de que Mílton estaria abusando sexualmente de sua própria filha, requereu, antes mesmo de colher provas acerca da informação recebida, a juiz da vara criminal competente a interceptação das comunicações telefônicas de Mílton pelo prazo de quinze dias, sucessivamente prorrogado durante os quarenta e cinco dias de investigação.

Kátia, ex-mulher de Mílton, contratou o advogado Caio para acompanhar o inquérito policial instaurado.

Mílton, então, ainda no curso da investigação, resolveu interceptar, diretamente e sem o conhecimento de Caio e Kátia, as ligações telefônicas entre eles, tendo tomado conhecimento, devido às interceptações, de que o advogado cometera o crime de tráfico de influência. Em razão disso, Mílton procurou Kátia e solicitou que ela concordasse com a divulgação do conteúdo das gravações telefônicas, ao que Kátia anuiu expressamente. Mílton, então, apresentou ao delegado o conteúdo das gravações, que foram utilizadas para subsidiar ação penal iniciada pelo MP contra Caio, pela prática do crime de tráfico de influência.

Com base nessa situação hipotética, julgue os itens seguintes, a respeito das interceptações telefônicas.

294.1. O fato de Kátia – que era interlocutora dos diálogos gravados – ter consentido posteriormente com a divulgação do conteúdo das gravações não legitima o ato nem justifica sua utilização como prova.

COMENTÁRIOS

Certo. O STJ já julgou caso idêntico e entendeu que a gravação não poderia ser usada como prova: (...)TRÁFICO DE INFLUÊNCIA (ARTIGO 332 DO CÓDIGO PENAL). GRAVAÇÃO DE CONVERSA TELEFÔNICA ENTRE O PACIENTE, ADVOGADO, E SUA CLIENTE EFETUADA POR TERCEIRO. AUSÊNCIA DE PRÉVIA AUTORIZAÇÃO JUDICIAL. SIGILO VIOLADO. ILICITUDE DA PROVA. CONSTRANGIMENTO ILEGAL CARACTERIZADO. 1. A interceptação telefônica é a captação de conversa feita por um terceiro, sem o conhecimento dos interlocutores, que depende de ordem judicial, nos termos do inciso XII do artigo 5º da Constituição Federal. 2. A escuta é a captação de conversa telefônica feita por um terceiro, com o conhecimento de apenas um dos interlocutores, ao passo que a gravação telefônica é feita por um dos interlocutores do diálogo, sem o consentimento ou a ciência do outro. 3. Na hipótese, embora as gravações tenham sido implementadas pelo esposo da cliente do paciente com a intenção de provar a sua inocência, é certo que não obteve a indispensável prévia autorização judicial, razão pela qual se tem como configurada a interceptação de comunicação telefônica ilegal. 4. O fato da esposa do autor das interceptações – que era uma interlocutora dos diálogos gravados de forma clandestina – ter consentido posteriormente com a divulgação dos seus conteúdos não tem o condão de legitimar o ato, pois no momento da gravação não tinha ciência do artifício que foi implementado pelo seu marido, não se podendo afirmar, portanto, que, caso soubesse, manteria tais conversas com o seu advogado pelo telefone interceptado. 5. Aplicação da norma contida no artigo 157, caput, do Código de Processo Penal, com a redação que lhe foi dada pela Lei nº 11.690/08. (...)" (HC 161.053-SP, Rel. Min. Jorge Mussi, j. 27.11.2012).

294.2. O delegado de polícia não poderia ter determinado a instauração de inquérito policial exclusivamente com base na denúncia anônima recebida.

COMENTÁRIOS

É o entendimento que tem prevalecido em nossos tribunais. Nesse sentido, a seguinte decisão do STJ: "(...) Conquanto não possa servir como parâmetro único da persecução penal, a *delatio criminis* anônima pode servir para dar início às investigações e colheitas de elementos acerca da possível prática de infração penal, de sorte a desencadear medidas cautelares de maior peso. (...) Na hipótese em apreço, constata-se que a comunicação anônima foi o único dado que serviu para embasar a interceptação telefônica autorizada judicialmente, que ensejou as quebras de sigilos de outros terminais, bem como as prorrogações posteriores, inexistindo a realização de diligências prévias à medida constritiva extrema. (...) Evidente a flagrante ilegalidade, visto que, em decorrência da suposta prática de tráfico de entorpecentes e associação, a quebra do sigilo, a prisão, a denúncia e a condenação do paciente estão intimamente amparadas nos informes apócrifos recebidos pela autoridade policial, que não se esmerou em realizar procedimentos investigatórios preliminares, antes da requisição da interceptação telefônica. (...)" (HC 229.205-RS, Rel. Min. Maria Thereza de Assis Moura, j. 08.04.2014).

Alternativa correta: "certo".

294.3. A interceptação telefônica solicitada pelo delegado de polícia e autorizada judicialmente é nula, haja vista ter sido sucessivamente prorrogada pelo magistrado por prazo superior a trinta dias, o que contraria a previsão legal de que o prazo da interceptação telefônica não pode exceder quinze dias, renovável uma vez por igual período.

O entendimento prevalecente nos nossos Tribunais Superiores é o de que pode haver prorrogações sucessivas das interceptações telefônicas, desde que se mostrem necessárias e haja a devida fundamentação pelo juiz.

Alternativa correta: "errado".

294.4. A interceptação telefônica realizada por Mílton é ilegal, porquanto desprovida da necessária autorização judicial.

COMENTÁRIOS

Certo. Qualquer interceptação telefônica deve contar com a autorização judicial, sob pena de evidente ilegalidade, impossibilitando o uso dos elementos de prova em inquérito ou processo.

Alternativa correta: "certo".

295. (Cespe – Delegado de Polícia – BA/2013) João, preso em flagrante pela prática do crime de roubo, foi encaminhado à delegacia de polícia, onde apresentou a carteira nacional de habilitação para identificar-se, visto que não portava sua carteira de identidade. Ainda assim, o delegado determinou que João fosse submetido à perícia dactiloscópica.

Com base nessa situação hipotética, julgue os itens que se seguem à luz do disposto na Lei nº 12.037/2009.

295.1. Nos termos da Lei nº 12.037/2009, a identificação criminal de João se justifica pelo fato de ele estar sendo indiciado pela prática de crime de roubo.

COMENTÁRIOS

A regra é: o civilmente identificado não será submetido a identificação criminal, salvo nas hipóteses previstas na própria Lei 12.037/2009, dentre as quais não se inclui o simples fato de o sujeito ser indiciado pela prática de roubo. Os casos previstos na lei são os seguintes(art. 3º): a) o documento apresentar rasura ou tiver indícios de falsidade; b) o documento apresentado for insuficiente para identificar cabalmente o indiciado; c) o indiciado portar documentos de identidade distintos, com informações conflitantes entre si; d) a identificação criminal for essencial às investigações policiais, segundo despacho da autoridade judiciária competente, que decidirá de ofício ou mediante representação da autoridade policial, do Ministério Público ou da defesa; e) constar de registros policiais o uso de outros nomes ou diferentes qualificações; f) o estado de conservação ou a distância temporal ou da localidade da expedição do documento apresentado impossibilite a completa identificação dos caracteres essenciais.

Alternativa correta: "errado".

295.2. Ao determinar a identificação criminal de João, o delegado praticou o delito de constrangimento ilegal.

COMENTÁRIOS

A nosso ver, trata-se de crime de abuso de autoridade.

Alternativa correta: "errado".

296. (FUNCAB – Delegado de Polícia – ES/2013) Quanto aos processos ou procedimentos que tenham por objeto crimes praticados por organizações criminosas, o Juiz poderá decidir:

I. Pela formação de colegiado para a prática de qualquer ato processual, especialmente decretação de prisão ou de medidas assecuratórias, concessão de liberdade provisória ou revogação de prisão.

II. Pela formação de colegiado para a prática de qualquer ato processual, especialmente sentença, progressão ou regressão de regime de cumprimento de pena, concessão de liberdade condicional.

III. Pela formação de colegiado para a prática de qualquer ato processual, especialmente transferência de preso para estabelecimento prisional de segurança máxima.

IV. Pela formação de colegiado para a prática de qualquer ato processual, especialmente inclusão do preso no regime disciplinar diferenciado.

Indique a opção que contempla a(s) assertiva(s) correta(s).

a) I, II, III e IV.

b) II, III e IV, apenas.

c) III e IV, apenas.

d) I e IV, apenas.

e) I, apenas.

COMENTÁRIOS

Assertiva I: Segundo o art. 1º da Lei 12.694/2012, em processos ou procedimentos que tenham por objeto crimes praticados por organizações criminosas, o juiz poderá decidir pela formação de colegiado para a prática de qualquer ato processual, especialmente: (i) decretação de prisão ou de medidas assecuratórias; (ii) concessão de liberdade provisória ou revogação de prisão; (iii) sentença; (iv) progressão ou regressão de regime de cumprimento de pena; (v) concessão de liberdade condicional; (vi) transferência de preso para estabelecimento prisional de segurança máxima; e (vii) inclusão do preso no regime disciplinar diferenciado. A definição de organização criminosa contida em tal lei foi, a nosso ver, revogada por aquela constante da Lei 12.850/2013. A Lei 13.964/2019 acrescentou à Lei 12.694 a possibilidade de criação de Varas Criminais Colegiadas, para julgar casos envolvendo organizações criminosas e milícias.

Assertiva II: . Vide resposta à assertiva anterior.

Assertiva III: Vide resposta à assertiva I.

Assertiva IV: . Vide resposta à assertiva I.

Alternativa correta: letra "a": todas as assertivas estão certas.

297. (FUNCAB – Delegado de Polícia – ES/2013) Quanto à interceptação de comunicações telefônicas, para prova em investigação criminal, é correto afirmar:

a) É impossível a prorrogação do prazo de autorização para a interceptação telefônica, mesmo que sucessivas.

b) Para fundamentar o pedido de interceptação, a lei apenas exige relatório circunstanciado da polícia com a explicação das conversas e da necessidade da continuação das investigações.

c) É exigida a transcrição total das conversas interceptadas.

d) A interceptação telefônica de forma fundamentada, legal e legítima, as informações e provas coletadas dessa diligência não podem subsidiar denúncia com base em crimes puníveis com pena de detenção, mesmo que conexos aos primeiros tipos penais que justificaram a interceptação.

e) Na linha do artigo 6°, caput, da Lei n° 9.296/1996, a obrigação de cientificar o Ministério Público das diligências efetuadas não é prioritariamente da polícia.

COMENTÁRIOS

Alternativa "a": é possível a prorrogação, conforme permite o art. 5º da Lei 9.296/1996. Houve discussão sobre se seria possível apenas uma prorrogação ou sucessivas prorrogações. Predomina o entendimento de que são possíveis prorrogações sucessivas, de 15 dias cada, desde que cada uma seja devidamente fundamentada e se mostrem necessárias.

Alternativa "b": segundo a Lei 9.296/1996, deve ser descrita com clareza a situação objeto da investigação, inclusive com a indicação e qualificação dos investigados, salvo impossibilidade manifesta, devidamente justificada (art. 2º, parágrafo único). Além disso, o pedido de interceptação de comunicação telefônica conterá a demonstração de que a sua realização é necessária à apuração de infração penal, com indicação dos meios a serem empregados (art. 4º). Para a renovação da interceptação – que parece ser o caso da alternativa – além do visto acima, deve ser comprovada a indispensabilidade de tal meio de obtenção de prova.

Alternativa "c": o § 1º do art. 6º da Lei 9.296/1996 dispõe que, no caso de a diligência possibilitar a gravação da comunicação interceptada, será determinada a sua transcrição. No entanto, a jurisprudência vem dispensando a transcrição das conversas, sobretudo a transcrição integral, por perito. É o posicionamento do STJ, por exemplo: "*HABEAS CORPUS*. RECEPTAÇÃO E QUADRILHA (ARTIGOS 180, § 1º, E 288, PARÁGRAFO ÚNICO, DO CÓDIGO PENAL). ALEGADA NULIDADE DA AÇÃO PENAL ANTE A AUSÊNCIA DE JUNTADA DA TRANSCRIÇÃO INTEGRAL DAS INTERCEPTAÇÕES TELEFÔNICAS REALIZADAS NO CURSO DO INQUÉRITO. MATÉRIA NÃO APRECIADA PELA CORTE DE ORIGEM. SUPRESSÃO DE INSTÂNCIA. NÃO CONHECIMENTO DO WRIT. 1. A questão referente à nulidade do feito em face da ausência de juntada aos autos da íntegra das transcrições das interceptações telefônicas não foi objeto de análise perante a Corte de origem, o que impede a sua apreciação diretamente por este Superior Tribunal de Justiça, sob pena de indevida supressão de instância. 2. Ainda que assim não fosse, há que se considerar que o entendimento predominante é no sentido da desnecessidade de transcrição integral do conteúdo da quebra do sigilo das comunicações telefônicas, bastando que se confira às partes acesso aos diálogos interceptados. Precedentes do STJ e do STF. 3. No caso dos autos, as mídias contendo as interceptações telefônicas ficaram à disposição das partes durante a instrução, além de terem sido juntadas aos autos, a pedido do órgão ministerial, as degravações referentes às escutas realizadas e pertinentes ao caso em tela, o que afasta a existência de qualquer constrangimento ilegal a ser sanado por esta Corte Superior de Justiça. 4. Writ não conhecido" (HC 109.493-MT, Rel. Min. Jorge Mussi, j. 01.03.2011).

Alternativa "d": não é possível autorizar a interceptação para apurar infração penal punida com detenção. Porém, autorizada para apuração de crime apenado com reclusão, a prova obtida pode ser usada, se descoberto, fortuitamente, crime apenado com detenção. Neste sentido, o posicionamento do STF: "(...) O Supremo Tribunal Federal, como intérprete maior da Constituição da República, considerou compatível com o art. 5º, XII e LVI, o uso de prova obtida fortuitamente através de interceptação telefônica licitamente conduzida, ainda que o crime descoberto, conexo ao que foi objeto da interceptação, seja punido com detenção. (...)" (AI 626.214 AgR-MG, Rel. Min. Joaquim Barbosa, j. 21.09.2010). Também, do STJ: "(...) Em princípio, havendo o encontro fortuito de notícia da prática futura de conduta delituosa, durante a realização de interceptação telefônica devidamente autorizada pela autoridade competente, não se deve exigir a demonstração da conexão entre o fato investigado e aquele descoberto, a uma, porque a própria Lei nº 9.296/96 não a exige, a duas, pois o Estado não pode se quedar inerte diante da ciência de que um crime vai ser praticado e, a três, tendo em vista que se por um lado o Estado, por seus órgãos investigatórios, violou a intimidade de alguém, o fez com respaldo constitucional e legal, motivo pelo qual a prova se consolidou lícita. (...) A discussão a respeito da conexão entre o fato investigado e o fato encontrado fortuitamente só se coloca em se tratando de infração penal pretérita, porquanto no que concerne as infrações futuras o cerne da controvérsia se dará quanto a licitude ou não do meio de prova utilizado e a partir do qual se tomou conhecimento de tal conduta criminosa. (...)" (HC 69.552-PR, Rel. Min. Felix Fischer, j. 06.02.2007).

Alternativa "e": o art. 6º citado acima determina que cabe à autoridade policial comunicar o Ministério Público da realização da interceptação, que poderá ser acompanhada por este último órgão.

Alternativa correta: letra "b".

---

298. (FUNCAB – Delegado de Polícia – ES/2013) Quanto aos programas especiais de proteção a vítimas e a testemunhas ameaçadas, é INCORRETO afirmar que compreendem, dentre outras, as seguintes medidas, aplicáveis isolada ou cumulativamente em benefício da pessoa protegida, segundo a gravidade e as circunstâncias de cada caso:

I. Segurança na residência, sem o controle de telecomunicações, e apoio do órgão executor do programa para o cumprimento de obrigações civis e administrativas que exijam o comparecimento pessoal.

II. Escolta e segurança nos deslocamentos da residência, inclusive para fins de trabalho ou para a prestação de depoimentos e preservação da identidade, imagem e dados pessoais.

III. Transferência de residência ou acomodação provisória em local compatível com a proteção, bem como suspensão temporária das atividades funcionais, sem prejuízo dos respectivos vencimentos ou vantagens, quando servidor público ou militar.

IV. Ajuda financeira mensal para prover as despesas necessárias à subsistência individual ou familiar, no caso de a pessoa protegida estar impossibilitada de desenvolver trabalho regular ou de inexistência de qualquer fonte de renda.

Indique a opção que contempla a(s) assertiva(s) correta(s).

a) I, II, III e IV.
b) II, III e IV, apenas.
c) III e IV, apenas.
d) I e IV, apenas.
e) I, apenas.

COMENTÁRIOS

✪ **Nota do autor:** a questão foi ANULADA. Cremos que a primeira assertiva pode trazer dúvidas, mas, a nosso ver, todas estão corretas.

Assertiva I: O art. 7º, I, da Lei 9.807/1999 diz que os programas de proteção compreendem, dentre outras, algumas medidas, aplicáveis isolada ou cumulativamente em benefício da pessoa protegida, segundo a gravidade e as circunstâncias de cada caso, dentre as quais a segurança na residência, incluindo o controle de telecomunicações. Isso não quer dizer que sempre deva haver o controle de comunicações. Assim, não se pode dizer que a assertiva está incorreta por conta disso. Além disso, o inciso IX incluiu o apoio do órgão executor do programa para o cumprimento de obrigações civis e administrativas que exijam o comparecimento pessoal.

Assertiva II: É o que garante o art. 7º, II e IV, da Lei 9.807/1999.

Assertiva III: É o que garante o art. 7º, III e VI, da Lei 9.807/1999.

Assertiva IV: É o que garante o art. 7º, V, da Lei 9.807/1999.

---

299. (FUNCAB – Delegado de Polícia – ES/2013) Quanto à Lei nº 9.605/1998, que dispõe sobre as sanções penais e administrativas derivadas de condutas e atividades lesivas ao meio ambiente, é correto afirmar:

a) Os animais apreendidos serão entregues a jardins zoológicos, fundações ou entidades assemelhadas, independentemente de ficarem sob a responsabilidade de técnicos habilitados.
b) Tratando-se de produtos perecíveis ou madeiras, estes irão a hasta pública, sendo o resultado depositado em favor do meio ambiente.
c) Os produtos e subprodutos da fauna perecíveis serão preservados como prova do crime.
d) Os instrumentos utilizados na prática da infração serão vendidos, garantida a sua descaracterização por meio da reciclagem.
e) Nas infrações penais previstas nessa lei, a ação penal é pública condicionada à representação.

COMENTÁRIOS

Alternativa "a": segundo o § 1º da Lei 9.605/1998, os animais serão libertados em seu *habitat* ou entregues a jardins zoológicos, fundações ou entidades assemelhadas, desde que fiquem sob a responsabilidade de técnicos habilitados.

Alternativa "b": tratando-se de produtos perecíveis ou madeiras, serão estes avaliados e doados a instituições científicas, hospitalares, penais e outras com fins beneficentes (art. 25, § 2º, Lei 9.605/1998).

Alternativa "c": os produtos e subprodutos da fauna não perecíveis serão destruídos ou doados a instituições científicas, culturais ou educacionais (art. 25, § 3º, Lei 9.605/1998).

Alternativa "d": é o que dispõe o § 4º do art. 25 da Lei 9.605/1998.

Alternativa "e": na Lei 9.605/1998, a ação penal é pública incondicionada, por expressa disposição do art. 26.

Alternativa correta: letra "d".

11. NULIDADES

- CF, art. 5º
- CPP, arts. 563 a 573

---

300. (Vunesp – Delegado de Polícia – PC – SP/2022) Nos termos do Código de Processo Penal, é correto afirmar que

a) as omissões da denúncia ou da queixa, da representação, ou, nos processos das contravenções penais, da portaria ou do auto de prisão em flagrante poderão ser supridas a todo o tempo, antes do oferecimento da denúncia.
b) a nulidade por ilegitimidade do representante da parte poderá ser sanada até a citação do acusado, implicando em ratificação dos atos processuais.
c) não será declarada a nulidade de ato processual que não houver influído na apuração da verdade substancial ou na decisão da causa.
d) a falta ou a nulidade da citação, da intimação ou notificação não será considerada sanada pelo comparecimento do interessado.
e) a incompetência do juízo anula todos os atos, decisórios ou não, devendo o processo, quando for declarada a nulidade, ser remetido ao juiz competente.

COMENTÁRIOS

Alternativa "a": as omissões mencionadas poderão ser suprimidas a todo tempo, antes da sentença final (art. 569, CPP). Cuidado aqui: a menção à "portaria" é indevida, pois, embora esteja na lei, trata de situação superada com a CF de 1988. É que, aqui, portaria não é simplesmente o ato de instauração do inquérito, mas da própria ação penal, dos tempos em que o delegado podia iniciá-la nas contravenções, o que, como se sabe, não pode mais.

Alternativa "b": a nulidade desse tipo pode ser a todo tempo sanada, mediante ratificação dos atos processuais (art. 568, CPP).

Alternativa "c": é o que diz o art. 566 do CPP. Assim, ainda que haja nulidade, se não influiu em nada na apuração dos fatos ou na solução da causa criminal, não poderá ser declarada.

Alternativa "d": ao contrário, o comparecimento do interessado supre a falha da comunicação, conforme estabelece o art. 570 do CPP.

Alternativa "e": a incompetência do juízo anula somente os atos decisórios, devendo o processo, quando for declarada a nulidade, ser remetido ao juiz competente (art. 567).

Alternativa correta: letra "c".

301. (Vunesp – Delegado de Polícia – PC – SP/2018) Sobre as nulidades, é correto afirmar:

a) para fins de convalidação dos atos processuais, as nulidades da sentença condenatória deverão ser alegadas na execução da pena, sob pena de con- validação.

b) a preclusão não se aplica às nulidades por expressa disposição legal.

c) segundo o princípio da instrumentalidade das formas, não se anula um ato se, embora praticado em desacordo com a forma prevista em lei, atingiu o seu fim.

d) a não intervenção do Ministério Público na ação privada subsidiária da pública gera nulidade absoluta.

e) o princípio do interesse aplica-se tanto às nulidades absolutas como às relativas.

COMENTÁRIOS

Alternativa "a": as nulidades da sentença condenatória deverão ser alegadas na apelação.

Alternativa "b": a preclusão aplicam-se às nulidades, eis que o CPP, em duas regras, deixa isso claro. No art. 571 traz regras quanto ao momento em que deverão ser arguidas certas nulidades. E no art. 572, prevê que algumas nulidades serão consideradas sanadas, "se não forem arguidas, em tempo oportuno, de acordo com o disposto no artigo anterior".

Alternativa "c": é a ideia do *pas de nullité sans grief*, inscrita no art. 563 do CPP.

Alternativa "d": gera nulidade apenas relativa, eis que o Ministério Público não é o titular da ação penal privada.

Alternativa "e": aplica-se apenas às nulidades relativas. Segundo o art. 565 do CPP: "Nenhuma das partes poderá argüir nulidade a que haja dado causa, ou para que tenha concorrido, ou referente a formalidade cuja observância só à parte contrária interesse".

Alternativa correta: letra "c".

302. (FUNCAB – Delegado de Polícia – RO/2014) No estudo das nulidades, a doutrina converge no sentido de reconhecer a aplicabilidade do princípio da instrumentalidade das formas, a viabilizar o não reconhecimento da nulidade pelo juízo quando, em uma análise prévia, verifica a incidência de medidas sanatórias (ou de convalidação), possibilitando a preservação do ato viciado (praticado em desconformidade com o modelo legal) como válido. Qual é a medida sanatória que supre a irregularidade da citação?

a) O suprimento

b) O comparecimento

c) A ratificação

d) A preclusão

e) A retificação

COMENTÁRIOS

Alternativa "b" (responde também todas as demais alternativas): a resposta é dada pelo próprio CPP, que, no art. 570, dispõe: "A falta ou a nulidade da citação, da intimação ou notificação estará sanada, desde que o interessado compareça, antes de o ato consumar-se, embora declare que o faz para o único fim de argui-la. O juiz ordenará, todavia, a suspensão ou o adiamento do ato, quando reconhecer que a irregularidade poderá prejudicar direito da parte".

Alternativa correta: letra "b".

303. (Vunesp – Delegado de Polícia – SP/2014) Segundo o princípio da *pas de nullité sans grief*,

a) não há diferença entre nulidades absolutas e relativas.

b) no processo penal há prevalência do interesse do réu.

c) nenhum ato será declarado nulo, se da nulidade não resultar prejuízo.

d) o réu tem direito de ser julgado por um juiz previamente determinado por lei.

e) é garantida publicidade aos atos processuais, sob pena de nulidade.

COMENTÁRIOS

Alternativa "a": há diferenças. Segundo a doutrina, nas nulidades absolutas o prejuízo é presumido. Assim, a parte não precisa demonstrar que foi prejudicada pelo ato viciado. No entanto, a presunção não é absoluta e o STF tem mostrado uma tendência a exigir a comprovação, sempre, do prejuízo. Ademais, a nulidade absoluta pode ser arguida a todo tempo, salvo se já houver sentença absolutória com trânsito em julgado. No caso da nulidade relativa, deve ser comprovado o prejuízo à parte que a arguir. Além disso, deve ser arguida no momento oportuno, sob pena de preclusão. Quais são estes momentos? São os seguintes: (a) as nulidades da instrução criminal ocorridas na primeira fase do procedimento do Júri, ocorridas depois da resposta à acusação, devem ser arguidas na fase das alegações finais orais ou nos memoriais; (b) as nulidades ocorridas depois da pronúncia, mas antes da designação do julgamento devem ser arguidas na fase do art. 422 do CPP; (c) as nulidade ocorridas depois da fase de preparação do julgamento pelo Júri (art. 422), mas antes do julgamento devem ser arguidas no julgamento, após o pregão; (d) as nulidade ocorridas no julgamento em plenário do Júri devem ser arguidas de imediato; (e) nos procedimentos comuns ordinário e sumário, as nulidades ocorridas até a citação devem ser arguidas na resposta à acusação; se ocorridas depois, a arguição se dará até as alegações finais orais ou nos memoriais; (f) nestes casos, se ocorridas depois da sentença, devem ser arguidas no recurso.

Alternativa "b": o princípio citado no enunciado não guarda relação alguma com a afirmação da alternativa, até porque aquele aplica-se também quando a nulidade é arguida pelo acusado.

Alternativa "c": este é o sentido do aforismo francês, que pode ser assim traduzido: não há nulidade, sem prejuízo. Tal princípio é também denominado "da transcendência", tendo sido acolhido por nossa lei processual (art. 563, CPP: "Nenhum ato será declarado nulo, se da nulidade não resultar prejuízo para a acusação ou para a defesa"). A doutrina, porém, afirma que a nulidade absoluta traz uma presunção de prejuízo, que não precisa de demonstração. No entanto, o STF tem se afastado de tal entendimento, exigindo prova do prejuízo até mesmo em caso de nulidade absoluta. Nesse sentido: "(...) entendimento deste Tribunal é o de que, para o reconhecimento de eventual nulidade, ainda que absoluta, faz-se necessária a demonstração do prejuízo, o que não ocorreu na espécie. Nesse sentido, o STF tem reafirmado que a demonstração de prejuízo, 'a teor do art. 563 do CPP, é essencial à alegação de nulidade, seja ela relativa ou absoluta, eis que (...) o âmbito normativo do dogma fundamental da disciplina das nulidades *pas de nullité sans grief* compreende as nulidades absolutas' (...)" (HC 120.880-MG, Rel. Min. Ricardo Lewandowski, j. 01.04.2014).

Alternativa "d": trata-se do princípio do juiz natural, que nada se relaciona com o aforismo do enunciado.

Alternativa "e": a publicidade no processo é a regra, por força do que dispõe o inciso IX do art. 93 da CF, que nada diz respeito ao aforismo mencionado no enunciado. Mas, aproveitando o ensejo, tratemos da regra da publicidade. Como toda regra, ela possui exceções, como o próprio dispositivo constitucional acima indicado deixa claro. Pode-se dizer que há duas espécies de publicidade: a interna e a externa. A interna é a publicidade voltada às partes do processo e aos que atuam nele. Nesse caso, não se pode evitar que as partes tenham acesso aos atos processuais, sob pena de atingir o direito à ampla defesa. É certo, embora raro, que o juiz possa evitar que, durante a tramitação do processo, tenha o acusado acesso a determinados atos, a fim de garantir sua eficácia – é o exemplo da busca determinada já no curso da ação penal. Mas, como dissemos, o sigilo interno do processo é mais raro, sendo a regra a publicidade. A externa é a publicidade voltada àquelas pessoas que não são partes no processo, como a imprensa e o público em geral. Nesse caso, a publicidade continua a ser a regra, mas tanto a CF quanto a lei processual admitem restrições, por questões de segurança, proteção da intimidade, ordem pública etc.

Alternativa correta: letra "c".

304. (Delegado de Polícia – SP/ 2011 – ACADEPOL) O princípio segundo o qual somente será declarada a nulidade se houver influenciado na apuração da verdade ou na decisão da causa é chamado de

a) consequencialidade.
b) instrumentalidade das formas.
c) interesse
d) prejuízo.
e) suprimento.

COMENTÁRIOS

Alternativa "a": o princípio da consequencialidade prega que a nulidade de um ato, uma vez declarada, causará a dos atos que dele diretamente dependam ou sejam consequência.

Alternativa "b": o princípio da instrumentalidade das formas prega que não há nulidade a ser reconhecida quando o ato, posto tenha sido praticado de forma diversa da prevista em lei, atingiu sua finalidade ou não tenha contribuído para apuração da verdade real ou na decisão da causa. É previsto no art. 566 do CPP.

Alternativa "c": segundo o princípio do interesse, nenhuma das partes poderá arguir nulidade referente a formalidade cuja observância só à parte contrária interesse; e nenhuma das partes poderá arguir nulidade a que haja dado causa, ou para que tenha concorrido.

Alternativa "d": conforme o princípio do prejuízo ou da transcendência, nenhum ato será declarado nulo, se da nulidade não resultar prejuízo para a acusação ou para a defesa (*pas de nullité sans grief*).

Alternativa "e": de acordo com o princípio da convalidação ou da sanabilidade, as nulidades relativas poderão ser sanadas e o ato aproveitado. Uma das formas é o suprimento, trazendo à denúncia ou queixa algo que faltava, como, por exemplo, suprimento relativo à representação. Eis o que dispõe o art. 569 do CPP: "As omissões da denúncia ou da queixa, da representação, ou, nos processos das contravenções penais, da portaria ou do auto de prisão em flagrante, poderão ser supridas a todo o tempo, antes da sentença final".

Alternativa correta: letra "b".

12. RECURSOS

- CF, arts. 102, II e II, e 105, II e III
- CPP, arts. 574 a 620 e 639 a 646
- Lei 7.210/1984, art. 197
- Lei 9.099/1995, arts. 82 e 83

305. (VUNESP – 2023 – PC/SP – Delegado) Salvo a hipótese de má-fé, a parte não será prejudicada pela interposição de um recurso por outro. Se o juiz, desde logo, reconhecer a impropriedade do recurso interposto pela parte,

a) ordenará a manifestação da parte contrária.
b) deverá reconhecer que o recurso é deserto.
c) decidirá por seu não conhecimento, apontando a falta de adequação.
d) determinará que o escrivão certifique a boa-fé do recorrente.
e) mandará processá-lo de acordo com o rito do recurso cabível.

COMENTÁRIOS

O art. 579 do CPP, no *caput*, dispõe que, salvo a hipótese de má-fé, a parte não será prejudicada pela interposição de um recurso por outro. Então, o parágrafo único determina que, se o juiz, desde logo, reconhecer a impropriedade do recurso interposto pela parte, mandará processá-lo de acordo com o rito do recurso cabível.

Alternativa correta: letra "e".

---

306. (FGV – Delegado de Polícia – PC – AM/2022) Contra a decisão que determina a soltura do acusado preso preventivamente é cabível o recurso em sentido estrito. No entanto, tal recurso é despido de efeito suspensivo.

Caso se pretenda atribuir efeito suspensivo a esse recurso, é admissível o manejo de

a) agravo regimental.
b) correição parcial.
c) mandado de segurança.
d) ação cautelar inominada.
e) poder geral de cautela.

COMENTÁRIOS

O recurso em sentido estrito não possui efeito suspensivo, como corretamente afirma o enunciado da questão. Como conseguir tal efeito? O Ministério Público, durante muito tempo, manejou o mandado de segurança, até que o STJ, por meio da Súmula 604, fechou essa porta ("O mandado de segurança não se presta para atribuir efeito suspensivo a recurso criminal interposto pelo Ministério Público"). A solução vem sendo o manejo de uma ação cautelar inominada, direcionada ao tribunal, concomitantemente ao recurso, para que seja dado a este efeito suspensivo, demonstrando-se, evidentemente, a necessidade do efeito. Nem todos os tribunais aceitam isso, pois não é incomum que alguns confundam tal ação cautelar com o mandado de segurança.

Alternativa correta: letra "d".

---

307. (Inst. Acesso – Delegado de Polícia – PC – ES/2019) A resolução do TSE n° 23.396/2013 diz que "a ação penal eleitoral observará os procedimentos previstos no Código Eleitoral, com a aplicação obrigatória dos artigos 395, 396, 396-A, 397 e 400 e do Código de Processo Penal, com redação dada pela Lei n° 11.971, de 2008. Após esta fase, aplicar-se-ão os artigos 359 e seguintes do Código Eleitoral".

Em que pese toda a discussão jurisprudencial acerca do art. 359 da Lei 4.737/65, o rito eleitoral é diferenciado do resto do Direito, haja vista todas as peculiaridades próprias do ramo, em especial pelo objetivo final quanto à lisura do processo eleitoral. Prazos próprios, contagem que ignora finais de semana e feriados, uma legislação altamente fluída, haja vista o poder dos tribunais em regularem a atividade, não só por seus entendimentos em julgados, mas principalmente pelas resoluções editadas pelo Tribunal Superior Eleitoral (TSE) e pelos Tribunais Regionais Eleitorais (TRE's).

No Processo Penal forma é garantia, e dentro do rito da ação penal eleitoral, é correto afirmar que das decisões finais de condenação ou absolvição cabe recurso para o Tribunal Regional, a ser interposto no prazo de:

a) 15 (quinze) dias.
b) 5 (cinco) dias.
c) 20 (vinte) dias.
d) 3 (três) dias.
e) 10 (dez) dias.

COMENTÁRIOS

Alternativa "a" (responde também todas as demais alternativas): como visto no enunciado, o TSE entende que deve ser aplicado o Código Eleitoral a partir do art. 359, aplicando-se, antes, as disposições do CPP citadas acima. Sendo assim, o prazo para o recurso das decisões de condenação ou de absolvição será de 10 dias, ex vi do disposto no art. 362 do Código Eleitoral.

Alternativa correta: letra "e".

---

308. (Vunesp – Delegado de Polícia – PC – SP/2018) Tício foi absolvido da acusação de prática do crime de homicídio qualificado. Inconformado com a decisão, o Ministério Público interpõe recurso de apelação por entender ser a decisão manifestamente contrária a prova dos autos. Dado provimento ao recurso e submetido a novo julgamento pelo Tribunal do Júri, Tício é agora condenado pela prática do crime de homicídio qualificado à pena de 12 anos de reclusão.

Com base em tais informações, afirma-se corretamente:

a) o efeito devolutivo da apelação contra decisões do Júri não é adstrito aos fundamentos da sua interposição.
b) não se cogita a possibilidade de interposição de recurso de apelação quando houver injustiça no tocante à aplicação da pena.
c) no caso das sentenças do júri, a apelação é recurso vinculado e não de fundamentação livre.
d) com base no princípio da ampla defesa, é possível que a defesa interponha recurso de apelação contra a sentença condenatória pelo mesmo fundamento (decisão contrária à prova dos autos).
e) não era dado ao Tribunal de Justiça prover o recurso interposto pelo Ministério Público, violando assim o direito fundamental da soberania dos vereditos do Tribunal do Júri.

COMENTÁRIOS

Alternativa "a": ao contrário, fica o tribunal limitado, adstrito aos fundamentos da interposição do recurso. É posição pacífica na jurisprudência, tendo sido editada, nesse sentido, a Súmula 713 pelo STF.

Alternativa "b": uma das possibilidades de recurso contra as decisões do tribunal do júri é justamente essa, assim como ocorre com qualquer outra sentença. E esse ponto é importante: a apelação que tenha esse fundamento não está a atacar o veredicto dos jurados, mas a sentença do juiz-presidente e, portanto, poderá o tribunal reformar a sentença, a fim de fazer alterações na pena fixada, desde que mantenha os parâmetros fáticos-jurídicos fixados pelo conselho de sentença.

Alternativa "c": o art. 593 do CPP estabelece apenas quatro fundamentos para o recurso contra as decisões do júri: nulidade posterior à pronúncia; sentença do juiz-presidente contrária à lei expressa ou à decisão dos jurados; erro ou injustiça no tocante à fixação da pena ou medida de segurança; e decisão dos jurados manifestamente contrária à prova dos autos.

Alternativa "d": quando se alega ter sido a decisão manifestamente contrária à prova dos autos, está-se atacando, não a sentença, mas o veredicto dos jurados e, por isso mesmo, o tribunal recursal não poderá reformá-lo, mas anulá-lo, para que outro julgamento se realize. Só é possível a anulação por esse motivo uma única vez.

Alternativa "e": nenhuma decisão pode estar alijada de controle judicial, nem mesmo a dos jurados. Por isso, reconhece-se que o recurso que ataque a decisão pelo mérito é possível, devendo o julgamento ser anulado se o veredicto foi manifestamente contrário à prova dos autos.

Alternativa correta: letra "c".

309. (Vunesp – Delegado de Polícia – CE/2015) Qual o recurso cabível e em qual prazo deve ser manejado contra decisão denegatória de *habeas corpus* proferida por uma vara criminal em primeiro grau de jurisdição?

a) Apelação; 5 dias.
b) Recurso em sentido estrito; 2 dias.
c) Recurso em sentido estrito; 5 dias.
d) Apelação; 2 dias.
e) Recurso em sentido estrito; 10 dias.

COMENTÁRIOS

Alternativa "c" (responde também todas as demais alternativas): o recurso cabível contra a denegação do *habeas corpus* em primeira instância é o recurso em sentido estrito (art. 581, X, CPP). O prazo para interposição é de 5 dias (art. 586, *caput*). Para arrazoar, 2 dias (art. 588, *caput*, CPP).

Alternativa correta: letra "c".

310. (FUNCAB – Delegado de Polícia – RO/2014) Com base nas ponderações doutrinárias acerca da teoria geral dos recursos, aponte a alternativa que prevê as características fundamentais dos recursos.

a) Alguns recursos criam uma nova relação processual, outros não, mas sempre têm por objeto a impugnação de um ato judicial.
b) Todo recurso é voluntário, prolonga a mesma relação processual e impugna decisão judicial.
c) O recurso pode ser voluntário ou obrigatório, prolonga a mesma relação processual e impugna decisão judicial.
d) O recurso pode ser voluntário ou obrigatório, cria uma nova relação processual e impugna decisão judicial.
e) Todo recurso é obrigatório, cria uma nova relação processual e impugna decisão judicial.

COMENTÁRIOS

Alternativa "b" (responde também todas as demais alternativas): no Brasil, adota-se o princípio da voluntariedade dos recursos, ou seja, as partes não são obrigadas a recorrer da decisão, mesmo no caso do Ministério Público. Este não é obrigado a recorrer jamais, porém, se recorrer, fica impedido de desistir do recurso. De outra parte, o recurso é sempre contra decisão judicial e não inicia uma nova relação processual, pois se trata do mesmo processo, entre as mesmas partes, sendo julgado pelo mesmo Estado-juiz. Ainda há no Brasil casos, poucos, de recurso de ofício pelo juiz, ou seja, de reexame obrigatório, sendo o mais usado aquele que se dá quando o juiz concede ordem de *habeas corpus*. Outro caso é da decisão que julga procedente pedido de reabilitação criminal.

Alternativa correta: letra "b".

311. (Vunesp – Delegado de Polícia – SP/2014) Cabe recurso de ofício da sentença

a) que conceder habeas corpus.
b) que absolver o réu por inexistência do crime.
c) de pronúncia.
d) de absolvição sumária.
e) que denegar habeas corpus.

COMENTÁRIOS

✪ **Nota do autor:** o recurso de ofício é, na verdade, um reexame necessário da decisão. Há casos em que a lei exige que a decisão judicial seja necessariamente revista, é dizer, novamente analisada pelo tribunal, independentemente de recurso de algum interessado.

Alternativa "a" (responde também a alternativa "e"): hoje em dia, esta hipótese é praticamente a única em que se exige o reexame necessário, pelo menos no sentido de que acaba sendo, na prática, a única usada (também é cabível quando há decisão concessiva de reabilitação – art. 746, CPP). Mas, notem: apenas no caso em que juiz singular concede a ordem de *habeas corpus* (art. 574, I, CPP), já que a lei fala em "sentença". No caso de denegação, não há o reexame necessário, sendo preciso que o impetrante, se o caso, interponha recurso em sentido estrito (art. 581, X). Também não há reexame necessário no caso de concessão do *writ* por acórdão.

Alternativa "b": não há previsão de reexame necessário nesse caso, sendo necessário que a parte sucumbente interponha recurso de apelação.

Alternativa "c": contra a decisão de pronúncia cabe recurso em sentido estrito, não sendo hipótese de reexame necessário.

Alternativa "d": a sentença de absolvição sumária proferida na primeira fase do procedimento dos crimes dolosos contra a vida comporta apelação (art. 416, CPP), não sendo caso de reexame necessário. Aqui, há a necessidade de um esclarecimento. O art. 574 do CPP prevê o reexame necessário em dois casos, sendo o primeiro deles a sentença concessiva de *habeas corpus*. O segundo caso é previsto nos seguintes termos: "da [sentença] que absolver desde logo o réu com fundamento na existência de circunstância que exclua o crime ou isente o réu de pena, nos termos do art. 411". Tratava o citado art. 411, antes da reforma de 2008, da absolvição sumária no procedimento da primeira fase do Júri. Hoje, o art. 411 trata de assunto diverso. Assim, prevalece o entendimento de que o inciso II do art. 574 do CPP não mais é aplicável.

Alternativa correta: letra "a".

---

312. (Vunesp – Delegado de Polícia – SP/2014) Dentre os recursos a seguir, aquele em que não é possível a desistência é:

a) apelação.

b) em qualquer recurso interposto pelo Defensor Público.

c) protesto por novo júri.

d) em qualquer recurso interposto pelo Ministério Público.

e) recurso em sentido estrito.

COMENTÁRIOS

Alternativa "a": pode haver desistência da apelação, desde que não pelo Ministério Público.

Alternativa "b": o Defensor Público pode desistir do recurso que tenha interposto, desde que seja conveniente para a Defesa do acusado.

Alternativa "c": não existe mais o protesto por novo júri desde 2008, quando foi extinto este recurso pela reforma processual então ocorrida.

Alternativa "d": para o Ministério Público, os recursos são indisponíveis, tal como ocorre com a ação penal. É verdade que o membro do Ministério Público não é obrigado a interpor o recurso, mas, uma vez que o faça, não poderá dele desistir (art. 576, CPP). Já o acusado, em geral, não possui tal impedimento, podendo desistir de qualquer um que tenha interposto.

Alternativa "e": pode haver desistência do recurso em sentido estrito pelo acusado, mas não pelo Ministério Público.

Alternativa correta: letra "d".

13. *HABEAS CORPUS* E MANDADO DE SEGURANÇA

- CF, art. 5º, LXVIII e LXIX
- CPP, arts. 647 a 667
- Lei 12.016/2009

---

313. (FGV – 2024 – PC/SC – Delegado) Garantia constitucional de proteção da liberdade de locomoção, o *habeas corpus* é instrumento jurídico que possui contornos específicos no sistema processual penal. Com relação a este *writ* constitucional, analise as afirmativas a seguir:

I. O *habeas corpus* poderá ser impetrado contra decisão que recebe denúncia sem justa causa, ainda que o imputado se encontre no gozo da sua liberdade de locomoção.

II. No caso de um juiz determinar o comparecimento de um investigado ao instituto de criminalística, com o objetivo de submetê-lo a exame grafotécnico, a decisão é passível de impetração de habeas corpus preventivo, visando a expedição de salvo conduto.

III. É cabível a impetração de habeas corpus contra ato praticado por delegado de polícia que determinou instauração de inquérito policial em crime de ação penal de inciativa privada, sem a manifestação de interesse do ofendido.

IV. De acordo com o Código de Processo Penal, o pedido de informações à autoridade coatora é facultativo, exceto no caso de habeas corpus de competência originária dos tribunais.

Está correto o que se afirma em

a) I, II, III, apenas.

b) I, II, III e IV.

c) II, III e IV, apenas.

d) II, apenas.

e) II, III, apenas.

COMENTÁRIOS

Afirmativa I: certo. Admite-se o *habeas corpus* contra decisão que recebe a denúncia, visto que a própria existência do processo, desprovido de justa causa, representa constrangimento ilegal, passível de potencialmente atingir o cidadão em seu direito de ir e vir. Ademais, vale lembrar que não existe previsão de recurso contra a decisão que recebe a denúncia.

Afirmativa II: certo. Tendo em vista que o imputado não é obrigado a fornecer material para o exame grafotécnico, tendo em vista que tal ato poderá fornecer prova contra si mesmo, a determinação judicial para que o faça está sujeita a ser contestada por meio de *habeas corpus*.

Afirmativa III: certo. A instauração, nesse caso, é manifestamente ilegal, estando sujeita a ser impugnada pelo *habeas corpus*, única medida aplicável para sanar o erro.

Afirmativa IV: errado. As informações podem ser, se necessárias, sempre requisitadas à autoridade coatora no *habeas corpus*, em qualquer instância (art. 662/664, CPP).

Afirmativa correta: "a".

---

314. (FGV – Delegado de Polícia – PC – RN/2021) No curso de inquérito policial, a autoridade policial indiciou Napoleão pela prática do crime de homicídio qualificado, em que pese os elementos de informação colhidos demonstrassem de maneira clara que o investigado agiu em legítima defesa. Visando combater tal decisão e buscar o "trancamento" do inquérito policial, o advogado de Napoleão poderá:

a) interpor recurso para o chefe de polícia;
b) impetrar habeas corpus, sendo competente para julgamento um juiz de 1° grau;
c) impetrar habeas corpus, sendo competente para julgamento o Tribunal de Justiça respectivo;
d) interpor recurso em sentido estrito, sendo competente para julgamento um juiz de 1° grau;
e) impetrar habeas corpus para análise pelo chefe de polícia.

COMENTÁRIOS

O trancamento do inquérito policial não pode ser obtido por meio de recurso, pois não há previsão de recurso para isso. Resta apenas um caminho: o *habeas corpus*, que deverá ser dirigido ao juiz de primeiro grau, pois, no caso, ainda terá como autoridade coatora a autoridade policial. O novo art. 3º-B, IX, do CPP – com eficácia suspensa por decisão liminar do STF em ADI – prevê a possibilidade de o juiz das garantias trancar o inquérito. Pensamos, porém, que esse dispositivo, para estar de acordo com a CF, deverá ser visto como descrevendo um *habeas corpus*. Vale lembrar, ainda, que o juiz, concedendo o *writ*, deverá encaminhá-lo ao tribunal para revisão necessária da decisão.

Alternativa correta: letra b.

---

315. (Instituto AOCP – Delegado de Polícia – PC – PA/2021) Quanto à ação de ordem de ***habeas corpus***, assinale a alternativa INCORRETA.

a) Não se conhece de recurso de *habeas corpus* cujo objeto seja resolver sobre o ônus das custas, por não estar mais em causa a liberdade de locomoção.
b) Não cabe *habeas corpus* originário para o tribunal pleno de decisão de turma, ou do plenário, proferida em *habeas corpus* ou no respectivo recurso.
c) Não compete ao Supremo Tribunal Federal conhecer de *habeas corpus* impetrado contra decisão do relator que, em *habeas corpus* requerido a Tribunal Superior, indefere a liminar.
d) Não cabe *habeas corpus* contra decisão condenatória a pena de multa, ou relativo a processo em curso por infração penal a que a pena pecuniária seja a única cominada.
e) Compete subsidiariamente ao Supremo Tribunal Federal o julgamento de *habeas corpus* contra decisão de Juizados Especiais Criminais.

COMENTÁRIOS

Alternativa a: é o teor da Súmula 395 do STF.

Alternativa b: é o que diz a Súmula 606 do STF.

Alternativa c: é a Súmula 691 do STF.

Alternativa d: trata-se de entendimento da Súmula 696 do STF.

Alternativa e: contra decisão do juizado especial criminal cabe habeas corpus às turmas recursais. E contra ato das turmas recursais, de qual órgão judicial é a competência? O STF emitiu a Súmula 690, em que afirmou competir àquele Tribunal Superior o julgamento de *habeas corpus* contra decisão de turma recursal de juizados especiais criminais. Ou seja, seguindo-se esse entendimento, a assertiva estaria certa. Porém, tal posicionamento foi alterado pelo próprio STF, que vem entendendo competir o julgamento de referida ação constitucional aos Tribunais de Justiça e Tribunais Regionais Federais. Nesse sentido: "COMPETÊNCIA – HABEAS CORPUS – DEFINIÇÃO. A competência para o julgamento do habeas corpus é definida pelos envolvidos – paciente e impetrante. COMPETÊNCIA – HABEAS CORPUS – ATO DE TURMA RECURSAL. Estando os integrantes das turmas recursais dos juizados especiais submetidos, nos crimes comuns e nos de responsabilidade, à jurisdição do tribunal de justiça ou do tribunal regional federal, incumbe a cada qual, conforme o caso, julgar os habeas impetrados contra ato que tenham praticado. COMPETÊNCIA – HABEAS CORPUS – LIMINAR. Uma vez ocorrida a declinação da competência, cumpre preservar o quadro decisório decorrente do deferimento de medida acauteladora, ficando a manutenção, ou não, a critério do órgão competente" (HC 86.834-SP, Rel. Min. Marco Aurélio, j. 23.08.2006). Cremos que tal entendimento deve ser igualmente seguido no caso de mandado de segurança. Note-se que se o *habeas corpus* for interposto contra ato de juiz de direito (singular) do Juizado Especial Criminal, a competência será da própria Turma Recursal.

Alternativa incorreta: letra e.

316. (IBADE – Delegado de Polícia – AC/2017) Sobre habeas corpus assinale a alternativa correta.

a) Não cabe habeas corpus contra ato de Delegado de Polícia.

b) O delegado de polícia não pode impetrar habeas corpus.

c) Para a doutrina, o habeas corpus, a revisão criminal e o mandado de segurança não são recursos e sim ações autônomas de impugnação.

d) O habeas corpus não pode ser concedido de ofício pelo Juiz ou tribunal.

e) O habeas corpus contra ato de Delegado de Polícia deve ser julgado pelo Tribunal de Justiça.

COMENTÁRIOS

Alternativa "a": lógico que cabe. É possível habeas corpus contra prisão ilegal feita por delegado ou contra instauração de inquérito policial em caso de fato atípico, apenas para ficarmos com dois exemplos comuns.

Alternativa "b": qualquer pessoa pode impetrar habeas corpus a favor de outra.

Alternativa "c": é essa a natureza desses meios de impugnação. O habeas corpus e o mandado de segurança, por exemplo, são considerados verdadeiras ações de natureza constitucional. Cuidado aqui, porque o CPP indica que o habeas corpus e a revisão criminal são recursos. Não são.

Alternativa "d": tanto o juiz quanto o tribunal podem conceder habeas corpus de ofício. Por sinal, os tribunais superiores passaram a entender que o habeas corpus não pode ser usado como sucedâneo recursal ou de revisão criminal. Nesses casos, os tribunais não conhecem o habeas corpus. Porém, ocorre, algumas vezes, algo curioso: embora não conheçam da ação de habeas corpus, como tomaram os ministros conhecimento do abuso, concedem a ordem de ofício.

Alternativa "e": deve ser julgado pelo juiz de direito, em primeiro grau.

Alternativa correta: letra "c".

317. (NUCEPE – Delegado de Polícia – PI/2014) Maria foi denunciada pela prática do crime de furto na modalidade simples. O Ministério Público, considerando estarem presentes as condições para propositura da suspensão condicional do processo prevista no art.89 da Lei nº 9.099/95, oferecera mencionada proposta que fora aceita por Maria e homologada pelo magistrado, tendo este suspendido o processo pelo prazo de dois anos com imposição das condições a serem cumpridas nesse prazo. Considerando a narrativa, assinale a assertiva CORRETA.

a) Maria poderá impetrar *habeas corpus* objetivando o trancamento da ação penal por ausência de justa causa, embora tenha aceitado a proposta.

b) Maria não poderá impetrar habeas corpus uma vez concordado com a suspensão condicional do processo, renuncia ao interesse de agir.

c) Não cabe habeas corpus no âmbito dos Juizados Especiais Criminais.

d) Inexiste previsão legal para trancamento de ação penal via habeas corpus por ausência de justa causa.

e) Só é possível trancamento da ação penal nos casos de decisões que extinguem a punibilidade.

COMENTÁRIOS

Alternativa "a" (responde também a alternativa "b"): a jurisprudência tem sido pacífica nesse sentido. Ou seja, pode o réu aceitar a proposta de suspensão condicional do processo, garantindo, assim, tal benefício e, ao mesmo tempo, questionar, pela via do *habeas corpus* – portanto, fora do processo, por meio de impugnação autônomo – os requisitos para o recebimento da denúncia, entre os quais a justa causa. O réu, nesse caso, tem interesse de agir, vez que sua liberdade encontra-se limitada – afinal, a ele foram impostas condições para a suspensão – sendo legítima a propositura do habeas corpus.

Alternativa "c": cabe habeas corpus, que deverá ser julgado pelas Turmas Recursais.

Alternativa "d": há previsão para concessão de *habeas corpus* em caso de ausência de justa causa no inciso I do art. 648 do CPP.

Alternativa "e": é cabível o trancamento também nos casos em que há ilegitimidade de parte, atipicidade e, de modo geral, ausência de justa causa.

Alternativa correta: letra "a".

318. (FUNCAB – Delegado de Polícia – ES/2013) Quanto às Turmas Recursais dos Juizados Especiais Criminais, está correto afirmar:

I. O Supremo Tribunal Federal não é competente para processamento e julgamento de mandado de segurança contra atos das Turmas Recursais dos Juizados Especiais Criminais.

II. O Supremo Tribunal Federal é competente para processamento e julgamento de habeas corpus contra atos das Turmas Recursais dos Juizados Especiais Criminais.

III. Cabe habeas corpus, mandado de segurança e revisão criminal contra atos das Turmas Recursais dos Juizados Especiais Criminais.

IV. Não cabe recurso extraordinário contra atos das Turmas Recursais dos Juizados Especiais Criminais.

Indique a opção que contempla a(s) assertiva(s) correta(s).

a) I, II, III e IV.

b) I, II e III, apenas.

c) III e IV, apenas.

d) II e III, apenas.

e) IV, apenas.

COMENTÁRIOS

✪ **Nota do autor:** a questão foi ANULADA.

Assertiva I: certo. Segundo o STF: "(...) O julgamento do mandado de segurança contra ato de turma recursal cabe à própria turma, não havendo campo para atuação quer de tribunal de justiça, quer do Superior Tribunal de Justiça. (...)" (AI 666.523 AgR-BA, Rel. p/ acórdão Min. Marco Aurélio, j. 26.10.2010). Mais recentemente: "MANDADO DE SEGURANÇA – EMBARGOS DE DECLARAÇÃO RECEBIDOS COMO RECURSO DE AGRAVO – IMPUGNAÇÃO DE DECISÕES OU DE ATOS EMANADOS, QUER DE TURMAS RECURSAIS VINCULADAS AO SISTEMA DOS JUIZADOS ESPECIAIS, QUER DE MAGISTRADOS QUE NELAS ATUAM – AUSÊNCIA DE COMPETÊNCIA ORIGINÁRIA DO SUPREMO TRIBUNAL FEDERAL – RECONHECIMENTO, EM TAL HIPÓTESE, DA COMPETÊNCIA ORIGINÁRIA DA PRÓPRIA TURMA RECURSAL DOS JUIZADOS ESPECIAIS – PRECEDENTES – RECURSO DE AGRAVO IMPROVIDO" (MS 32.620 ED-RJ, Rel. Min. Celso de Mello, j. 30.09.2014).

Assertiva II: errado. Como vimos mais acima, o STF emitiu a Súmula 690, em que afirmou competir àquele Tribunal Superior o julgamento de *habeas corpus* contra decisão de turma recursal de juizados especiais criminais. Ou seja, seguindo-se esse entendimento, a assertiva estaria certa. Porém, tal posicionamento foi alterado pelo próprio STF, que vem entendendo competir o julgamento de referida ação constitucional aos Tribunais de Justiça e Tribunais Regionais Federais. Nesse sentido: "COMPETÊNCIA – HABEAS CORPUS – DEFINIÇÃO. A competência para o julgamento do habeas corpus é definida pelos envolvidos – paciente e impetrante. COMPETÊNCIA – HABEAS CORPUS – ATO DE TURMA RECURSAL. Estando os integrantes das turmas recursais dos juizados especiais submetidos, nos crimes comuns e nos de responsabilidade, à jurisdição do tribunal de justiça ou do tribunal regional federal, incumbe a cada qual, conforme o caso, julgar os habeas impetrados contra ato que tenham praticado. COMPETÊNCIA – HABEAS CORPUS – LIMINAR. Uma vez ocorrida a declinação da competência, cumpre preservar o quadro decisório decorrente do deferimento de medida acauteladora, ficando a manutenção, ou não, a critério do órgão competente" (HC 86.834-SP, Rel. Min. Marco Aurélio, j. 23.08.2006). Cremos que tal entendimento deve ser igualmente seguido no caso de mandado de segurança. Note-se que se o *habeas corpus* for interposto contra ato de juiz de direito (singular) do Juizado Especial Criminal, a competência será da própria Turma Recursal.

Assertiva III: certo. Como visto acima, cabe *habeas corpus* e mandado de segurança. Além disso, admite-se também a revisão criminal, que será de competência da própria turma recursal.

Assertiva IV: certo. O STF tem conhecido os recursos extraordinários interpostos contra decisões de turmas recursais.

14. MEDIDAS COATIVAS PESSOAIS

▸ CPP, arts. 282 a 350

319. (VUNESP – 2023 – PC/SP – Delegado) Em caso de prisão em flagrante, a autoridade policial pode conceder fiança?

a) Sim, mas apenas na hipótese de infração cuja pena privativa de liberdade máxima não seja superior a 4 anos.
b) Sim, mas apenas quando se tratar de crime de menor potencial ofensivo.
c) Não.
d) Sim, mas apenas na hipótese de crime sem violência ou grave ameaça.
e) Sim, mas apenas quando verificar que o fato foi praticado em legítima defesa, estado de necessidade ou estrito cumprimento do dever legal.

COMENTÁRIOS

A questão é bem simples, e solucionada pelo art. 322 do CPP, que deixa claro ser possível à autoridade policial conceder fiança, nos casos de infração cuja pena privativa de liberdade máxima não seja superior a 4 anos. Nos demais casos, somente o juiz pode fixar a fiança.

Alternativa correta: letra "a".

320. (FGV – 2024 – PC/SC – Delegado) O delegado de polícia indiciou e representou pela prisão temporária de Dorival Silva pela prática do crime constante no art. 155, § 4º-A do Código Penal (furto qualificado pelo emprego de explosivo ou de artefato análogo que cause perigo comum), e por considerar sua custódia imprescindível para as investigações. O Juiz aceitou os argumentos da autoridade policial e expediu mandado de prisão pelo prazo de 30 (trinta) dias.

Decorrido o prazo contido no mandado de prisão, o delegado responsável pela custódia, independentemente de nova ordem da autoridade judicial, manteve Dorival preso na carceragem, em decorrência da gravidade do crime, e a fim de assegurar possível fuga do indiciado.

Com base estritamente nos fatos narrados e nos termos das Leis nº 7.960/89 e nº 8.072/90, avalie as afirmativas a seguir:

I. Decorrido o prazo contido no mandado de prisão, a autoridade responsável pela custódia deveria ter posto imediatamente o preso em liberdade.
II. A prisão é ilegal, pois o prazo máximo da prisão temporária para o crime narrado é de 5 (cinco) dias, prorrogável por mais 5 (cinco) dias, em caso de extrema e comprovada necessidade.
III. A prorrogação da custódia temporária pelo delegado, independentemente da expedição de novo

mandado, está em conformidade com a legislação processual, em decorrência do perigo abstrato gerado pelo estado de liberdade do imputado.

Está correto o que se afirma em

a) I e II, apenas.
b) II e III, apenas.
c) II, apenas.
d) III, apenas.
e) I, apenas.

COMENTÁRIOS

Afirmativa I: certo. O § 7º do art. 2º da Lei 7.960/1989 é expressa: decorrido o prazo contido no mandado de prisão, a autoridade responsável pela custódia deverá, independentemente de nova ordem da autoridade judicial, pôr imediatamente o preso em liberdade, salvo se já tiver sido comunicada da prorrogação da prisão temporária ou da decretação da prisão preventiva.

Afirmativa II: errado. Trata-se de crime hediondo (art. 1º, IX, Lei 8.072/1990), razão pela qual o prazo de prisão temporária pode ser de até 30 dias (art. 2º, § 4º, Lei 8.072).

Afirmativa III: errado. O delegado jamais poderá prorrogar a prisão temporária, o que dependerá sempre de decisão judicial.

Alternativa correta: "e".

---

321. (FGV – 2024 – PC/SC – Delegado) No curso do inquérito policial, a prisão preventiva do indiciado foi decretada como garantia da ordem pública. Instaurada a ação penal, verificando que o réu tinha residência e emprego certos, e bons antecedentes, o juiz revogou a prisão. Ainda durante a instrução, testemunhas arroladas pela acusação passaram a receber ameaças do acusado.

De acordo com a narrativa e em relação às medidas cautelares pessoais, analise as afirmativas a seguir:

I. O juiz poderá redecretar a prisão do acusado, para garantia da aplicação da lei penal, pois a medida visa assegurar diretamente a eficácia do resultado do processo, com um possível provimento condenatório; presentes, todavia, os indícios suficientes do crime e de sua autoria.

II. O juiz poderá redecretar a custódia cautelar de caráter instrumental, por conveniência da instrução criminal, estando presentes o *fumus commissi delicti* e o *periculum libertatis*.

III. Ainda que a redecretação da prisão preventiva não seja admitida na fase em que se encontra o processo, o perigo gerado pelo estado de liberdade do imputado pode justificar a aplicação de medidas cautelares pessoais.

IV. Não é dado ao juiz redecretar a prisão preventiva, cabendo ao tribunal, em recurso exclusivo da acusação, postular a manutenção ou não da custódia cautelar.

Está correto o que se afirma em

a) I, apenas.
b) II, apenas.
c) III, apenas.
d) I e II, apenas.
e) III e IV, apenas.

COMENTÁRIOS

Afirmativa I: errado. A prisão, assim como qualquer outra medida cautelar pessoal, pode ser novamente decretada pelo juiz, sempre que se mostrar necessário, ainda que tenha, antes, a revogado. É o que prevê o § 5º do art. 282 do CPP. Em nossa opinião, a prisão seria cabível, presentes os pressupostos do art. 312, por conveniência da instrução e não exatamente para assegurar a aplicação da lei penal, o que seria o caso se houvesse risco de fuga.

Afirmativa II: certo. Vide comentário anterior.

Afirmativa III: errado. Como visto, nova decretação da prisão é perfeitamente possível.

Afirmativa IV: errado. Vide Comentários anteriores.

Alternativa correta: "b".

---

322. (Vunesp – Delegado de Polícia – PC – SP/2022) Nos termos do Código de Processo Penal, é correto afirmar no que concerne à fiança que

a) não será concedida fiança nos crimes de abuso de autoridade.
b) o valor em que consistir a fiança será recolhido obrigatoriamente ao depositário público, juntando-se aos autos os respectivos conhecimentos.
c) para determinar o valor da fiança, a autoridade terá em consideração, exclusivamente, a natureza da infração e a vida pregressa do acusado.
d) a fiança, que será sempre definitiva, consistirá em depósito de dinheiro, pedras, objetos ou metais preciosos, títulos da dívida pública, federal, estadual ou municipal, ou em hipoteca inscrita em primeiro lugar.
e) o réu afiançado não poderá, sob pena de quebramento da fiança e multa, ausentar-se por mais de 5 (cinco) dias de sua residência, sem comunicar ao Ministério Público o lugar onde será encontrado.

COMENTÁRIOS

Alternativa "a": na Lei 13.869/2019 (Lei de Abuso de Autoridade), não há vedação expressa à concessão de fiança.

Alternativa "b": segundo o *caput* do art. 331 do CPP, o valor em que consistir a fiança será recolhido à repartição arrecadadora federal ou estadual, ou entregue ao depositário público, juntando-se aos autos os respectivos conhecimentos.

Alternativa "c": os critérios para fixação da fiança estão no art. 326 do CPP: "Para determinar o valor da fiança, a autoridade terá em consideração a natureza da infração, as condições pessoais de fortuna e vida pregressa do acusado, as circunstâncias indicativas de sua periculosidade, bem como a importância provável das custas do processo, até final julgamento".

Alternativa "d": a alternativa repete o teor do *caput* do art. 330 do CPP.

Alternativa "e": o imputado que pagar fiança não poderá, sob pena de quebramento da fiança, mudar de residência, sem prévia permissão da autoridade processante, ou ausentar-se por mais de 8 (oito) dias de sua residência, sem comunicar àquela autoridade o lugar onde será encontrado.

Alternativa correta: letra "d".

---

323. (Vunesp – Delegado de Polícia – PC – SP/2022) No que concerne às medidas cautelares previstas no Código de Processo Penal, é correto afirmar que

a) ressalvados, exclusivamente, os casos de urgência, o juiz, ao receber o pedido de medida cautelar, determinará a intimação da parte contrária, para se manifestar no prazo de 5 (cinco) dias, acompanhada de cópia do requerimento e das peças necessárias, permanecendo os autos em juízo.

b) o juiz poderá, de ofício ou a pedido das partes, revogar a medida cautelar ou substituí-la quando verificar a falta de motivo para que subsista, sendo-lhe vedada nova decretação.

c) no caso de descumprimento de qualquer das obrigações impostas, o juiz, de ofício ou mediante requisição do Ministério Público ou do querelante, deverá substituir a medida, decretando a prisão preventiva.

d) as medidas cautelares serão decretadas pelo juiz a requerimento das partes ou, quando no curso da investigação criminal, por representação da autoridade policial ou mediante requerimento do Ministério Público.

e) ninguém poderá ser preso senão por ordem escrita e fundamentada da autoridade judiciária competente, em virtude de condenação criminal transitada em julgado.

COMENTÁRIOS

✪ **Nota do autor**: não foi feliz o examinador nessa questão, pois menciona "medidas cautelares previstas no Código de Processo Penal", sem especificar a que exatamente se refere. Ora, no CPP há medidas cautelares patrimoniais (reais) e pessoais (que chamamos de medidas coativas pessoais). Certamente, o examinador não se preocupou com isso, seguindo a nomenclatura do CPP, que se refere às primeiras como "medidas assecuratórias".

Alternativa "a": o art. 282, § 3º, do CPP traz muito mais detalhes do que a alternativa contém. Com efeito, segundo a regra legal, ressalvados os casos de urgência ou de perigo de ineficácia da medida – e não apenas de urgência –, o juiz, ao receber o pedido de medida cautelar, determinará a intimação da parte contrária, para se manifestar no prazo de 5 dias, acompanhada de cópia do requerimento e das peças necessárias, permanecendo os autos em juízo, e os casos de urgência ou de perigo deverão ser justificados e fundamentados em decisão que contenha elementos do caso concreto que justifiquem essa medida excepcional.

Alternativa "b": não há vedação a uma nova decretação. O § 5º do art. 282 do CPP explica que o juiz poderá, de ofício ou a pedido das partes, revogar a medida cautelar ou substituí-la quando verificar a falta de motivo para que subsista, bem como voltar a decretá-la, se sobrevierem razões que a justifiquem.

Alternativa "c": no caso de descumprimento de qualquer das obrigações impostas, o juiz, mediante requerimento do Ministério Público, de seu assistente ou do querelante, poderá substituir a medida, impor outra em cumulação, ou, em último caso, decretar a prisão preventiva, desde que presentes os requisitos do art. 312 do CPP (art. 282, § 4º).

Alternativa "d": é o que prevê o § 2º do art. 282 do CPP. Note-se uma coisa muito importante nessa regra, que foi alterada pela Lei 13.964/2019: o juiz não pode decretar medida cautelar pessoal de ofício. Portanto, depende de representação da autoridade policial ou de requerimento das "partes".

Alternativa "e": ninguém poderá ser preso senão em flagrante delito ou por ordem escrita e fundamentada da autoridade judiciária competente, em decorrência de prisão cautelar ou em virtude de condenação criminal transitada em julgado (art. 282, *caput*, CPP).

Alternativa correta: letra "d".

---

324. (FGV – Delegado de Polícia – PC – AM/2022) Quanto à prisão preventiva, assinale a afirmativa correta.

a) A conversão do flagrante em prisão preventiva constitui novo título a justificar a privação da liberdade, mas não sana nulidade decorrente da ausência de realização de audiência de custódia.

b) Para a decretação da custódia preventiva e, também, para a imposição de quaisquer das medidas cautelares alternativas à prisão, não se exige que haja provas sólidas e conclusivas acerca da autoria delitiva.

c) A prisão preventiva é compatível com a presunção de não culpabilidade do acusado ainda que decorra, automaticamente, da natureza abstrata do crime ou do ato processual praticado.

d) Deve ficar concretamente evidenciado, na forma do Art. 282, § 6°, do CPP, que, presentes os motivos que autorizam a segregação provisória, é suficiente e adequada a sua substituição por outras medidas cautelares.

e) A prisão preventiva é compatível com a presunção de não culpabilidade do acusado ainda que assuma natureza de antecipação da pena, desde que apoiada em motivos e fundamentos concretos e contemporâneos.

COMENTÁRIOS

Alternativa "a": a prisão em flagrante, para boa parte da doutrina, é uma prisão pré-cautelar, que não se sustenta, como ocorria antes de 2011. Desde então, o juiz deve decidir se decreta a prisão preventiva, pois, do contrário, o preso deverá ser solto. Tal decretação é o que se chama de "conversão" do flagrante em preventiva. Em regra, isso deve ser feito na audiência de custódia, cuja não realização traz, sim, nulidade da prisão (art. 310, CPP).

Alternativa "b": não se exige provas sólidas de autoria para a o decreto prisional, pois o art. 312 do CPP exige apenas indício de autoria. Isso serve para qualquer medida cautelar diversa da prisão.

Alternativa "c": a prisão preventiva não pode ser decretada, segundo os tribunais superiores, apenas em razão da gravidade abstrata do crime ou porque foi o acusado condenado na sentença. Sempre se deverá demonstrar os requisitos do art. 312 e as condições do art. 313 do CPP.

Alternativa "d": a prisão preventiva poderá ser decretada como *ultima ratio*, ou seja, quando as medidas cautelares diversas não forem suficientes e adequadas no caso concreto. Assim, se houver necessidade da prisão, esta poderá ser decretada.

Alternativa "e": a prisão preventiva não pode ser decretada como antecipação da pena. Ainda que condenação haja, se não houve razões concretadas para o decreto prisional, o imputado deverá poder recorrer em liberdade.

Alternativa correta: letra "b".

---

325. (FGV – Delegado de Polícia – PC – AM/2022) A partir da interpretação conforme a Constituição conferida pelo Supremo Tribunal Federal, a prisão temporária passou a contar com nova apresentação.

Assinale a opção que corresponde a um desses novos elementos.

a) Imprescindibilidade para a investigação preliminar em geral, a partir de elementos concretos, sendo proibida sua utilização como prisão para averiguações.

b) Se houver fundadas razões de autoria do indiciado nos crimes previstos no Art. 1°, inciso III, da Lei n° 7.960/89, admitida a interpretação extensiva do rol.

c) For justificada em fatos novos ou contemporâneos que fundamentem a medida cautelar, com base no Art. 312, § 2°, do CPP.

d) A medida cautelar for adequada à gravidade em abstrato do crime, às circunstâncias do fato e às condições pessoais do indiciado.

e) Puder ser cumulada com a imposição de medidas cautelares diversas, previstas nos artigos 319 e 320, ambos do CPP.

COMENTÁRIOS

Na ADI 3.360, o STF fixou o entendimento de que a decretação de prisão temporária autoriza-se quando, cumulativamente: 1) for imprescindível para as investigações do inquérito policial (art. 1º, I, Lei 7.960/1989) (*periculum libertatis*), constatada a partir de elementos concretos, e não meras conjecturas, vedada a sua utilização como prisão para averiguações, em violação ao direito à não autoincriminação, ou quando fundada no mero fato de o representado não possuir residência fixa (inciso II); 2) houver fundadas razões de autoria ou participação do indiciado nos crimes previstos no art. 1º, III, Lei 7.960/1989 (*fumus comissi delicti*), vedada a analogia ou a interpretação extensiva do rol previsto no dispositivo; 3) for justificada em fatos novos ou contemporâneos que fundamentem a medida (art. 312, § 2º, CPP); 4) a medida for adequada à gravidade concreta do crime, às circunstâncias do fato e às condições pessoais do indiciado (art. 282, II, CPP); 5) não for suficiente a imposição de medidas cautelares diversas, previstas nos arts. 319 e 320 do CPP (art. 282, § 6º, CPP), no que foi acompanhado pela Ministra Rosa Weber; e dos votos dos Ministros Roberto Barroso, Luiz Fux (Presidente) e Nunes Marques, que acompanhavam a Ministra Cármen Lúcia (Relatora), pediu vista dos autos o Ministro Alexandre de Moraes. Plenário, Sessão Virtual de 20.8.2021 a 27.8.2021.

Alternativa correta: letra "c".

---

326. (FGV – Delegado de Polícia – PC – AM/2022) Em relação à prisão preventiva, quanto à contemporaneidade, é correto afirmar que

a) a fuga constitui o fundamento da cautelaridade, em juízo prospectivo.

b) o critério temporal é subjetivo, sendo balizado por medidas exclusivamente aritméticas.

c) a inequívoca periculosidade deve ser somada a outro elemento ou fator externo à atividade.

d) a distância temporal desde a prática criminosa impede o reconhecimento da contemporaneidade.

e) para seu exame, basta a análise do tempo entre os fatos e o decreto prisional.

COMENTÁRIOS

Alternativa "a": a fuga é uma possibilidade concreta em alguns casos, o que pode ser usada como fundamento de cautelaridade, num juízo prospectivo.

Alternativa "b": se o critério temporal é subjetivo, não pode ser balizado por critérios aritméticos, pois são afirmações contraditórias.

Alternativa "c": a periculosidade evidente do imputado é um elemento de contemporaneidade que pode ser usado para justificar a prisão preventiva, tendo em vista o risco de reiteração criminosa e, portanto, para garantia da ordem pública.

Alternativa "d" (responde também a alternativa "e"): não impede, justamente porque a contemporaneidade não se trata de critério aritmético, como sinônimo de fator que ocorre, no sentido de que tem início, no momento em que se decreta a prisão. O fato de ter passado algum tempo desde o crime não é impedimento para o decreto prisional, desde que se mostre que, no momento deste há razões para se decretar a prisão, como risco de fuga, risco de ameaça a testemunhas ou de destruição de provas, para ficarmos nesses exemplos.

Alternativa correta: letra "a".

327. (Cespe – Delegado de Polícia – PC – RJ/2022) Rosmênio ingressou no estacionamento de um grande supermercado com a intenção de subtrair um automóvel. De posse do material necessário, abriu um veículo, fez ligação direta, mas foi impedido de sair do local pela ação dos seguranças. Levado à delegacia de polícia da circunscrição, a autoridade policial o autuou no crime de furto qualificado tentado, cuja pena privativa de liberdade é de 2 a 8 anos de reclusão. Considerando-se o instituto da fiança, é correto afirmar que, nessa situação hipotética,

a) a autoridade judicial somente poderá conceder fiança nos crimes patrimoniais sem violência e grave ameaça.

b) é admissível a concessão de fiança pela autoridade policial, por se tratar de crime tentado.

c) é inadmissível a concessão de fiança pela autoridade judicial, dada a gravidade do crime.

d) a fiança nos crimes patrimoniais exige que o investigado ou acusado indenize o lesado, antes de ser colocado em liberdade.

e) a autoridade policial não poderá conceder fiança, por se tratar de crime qualificado, ainda que tentado.

COMENTÁRIOS

O art. 322 do CPP dispõe que a autoridade policial poderá conceder fiança nos casos de infração cuja pena privativa de liberdade máxima não seja superior a 4 anos. Portanto, no caso, a autoridade policial poderia conceder a fiança, mesmo porque, no cálculo, deve ser levada em consideração a diminuição da pena pela tentativa. Não há, como visto, qualquer restrição sobre ser "grave" ou não o crime, qualificado ou não. Tampouco há exigência de que o imputado indenize o lesado para fazer jus à fiança. Esta, em caso de condenação, poderá ser usada para ressarcir o prejuízo da vítima.

Alternativa correta: letra "b".

328. (Cespe – Delegado de Polícia – PC – RJ/2022) Juvenal e Gisele são inspetores de polícia lotados em delegacia de repressão a entorpecentes. Por determinação da autoridade policial titular da unidade, iniciaram uma investigação a fim de identificar uma rede de distribuição de drogas em festas rave na região da Zona Oeste do Rio de Janeiro. Vestidos com trajes esportivos e da moda, eles se misturaram aos frequentadores da festa e passaram a observar todo o ambiente, enquanto dançavam e bebiam para disfarçar qualquer conotação policial dos seus atos. Assim, identificaram um local onde grande quantidade de drogas era armazenada. Identificaram os indivíduos que distribuíam as drogas e o modus operandi que usavam para chegar até ali com as drogas: usavam falsos caminhões de lixo. Levantadas essas informações, Juvenal e Gisele acionaram seus colegas de profissão pelo rádio. O local foi cercado, e todos os envolvidos foram presos, tendo sido apreendida grande quantidade de drogas. Nessa situação hipotética, houve

a) flagrante próprio, que autoriza a prisão em flagrante de todos os envolvidos, nos exatos limites do art. 302 do Código de Processo Penal.

b) flagrante provocado, disciplinado pela Súmula n.º 145 do STF, o que impede a prisão em flagrante de todos os envolvidos.

c) flagrante esperado, nos exatos limites da Súmula n.º 145 do STF.

d) flagrante diferido, em decorrência da ação controlada desenvolvida pela equipe de policiais que se infiltrou no local.

e) flagrante presumido, porque os envolvidos foram encontrados no momento da ação criminosa.

COMENTÁRIOS

Alternativa "a": tratou-se, de fato, de flagrante próprio, pois a prisão ocorreu quando o crime estava sendo cometido, visto que havia a prática de tráfico, na modalidade de portar e ter em depósito, que são formas permanentes.

Alternativa "b": o flagrante não foi provocado, eis que interferência alguma no *iter criminis* foi provocada pelos policiais.

Alternativa "c": pode-se até falar em flagrante esperado, pois os policiais sabiam que constatariam a prática do crime de tráfico. No entanto, não se aplica, no caso, a Súmula 145, pois o flagrante preparado é, em regra, legal, pois não se confunde com a interferência policial que faz com que o agente cometa o crime, que é a caracterização do flagrante preparado.

Alternativa "d": não se tratou de ação controlada, pois, constatado o crime, a polícia agiu e prendeu os responsáveis.

Alternativa "e": o flagrante presumido está previsto no inciso IV do art. 302 do CPP e não e aplica aqui, pois se a pessoa foi encontrada com a droga, não se tratou de presunção de que outro crime foi cometido, mas, sim, do cometimento, em si, do tráfico.

Alternativa correta: letra "a".

329. (Cespe – Delegado de Polícia – PC – RJ/2022) Em relação à prisão domiciliar, medidas cautelares, fiança e execução penal, assinale a opção correta.

a) A medida cautelar de suspensão do exercício de função pública para os que pratiquem crimes no exercício da referida função ou atividade de natureza econômica ou financeira que guarde relação com crimes de caráter econômico ou financeiro não pode ser reconhecida porque é incompatível com o direito constitucional do livre exercício do trabalho.

b) A medida cautelar de internação provisória do acusado só poderá ser deferida se o crime for praticado mediante violência ou grave ameaça e desde que os peritos concluam ser o acusado inimputável ou semi- imputável, com risco de reiteração do crime.

c) É cabível a substituição da prisão preventiva pela prisão domiciliar aos acusados primários e de bons antecedentes e que sejam responsáveis pelos cuidados de filho de até seis anos de idade incompletos, desde que utilizem aparelho de monitoração eletrônica a distância.

d) É cabível a substituição da execução da prisão em regime aberto pelo recolhimento em residência particular quando o condenado tiver mais de 80 anos de idade.

e) Para que haja a possibilidade de quebramento da fiança na hipótese de nova infração penal dolosa, é necessário o trânsito em julgado do crime posteriormente verificado, perdendo o acusado o valor integralmente recolhido da caução processual.

COMENTÁRIOS

Alternativa "a": a medida cautelar de suspensão do exercício de função pública ou de atividade de natureza econômica ou financeira é compatível com o direito constitucional do livre exercício do trabalho, não havendo posição em sentido contrário nos Tribunais Superiores. Note-se que o exercício de função pública, trabalho ou profissão está sempre sujeito à observância da lei, em sentido amplo, de modo que não pode servir de fachada para a prática de crimes. Assim, sempre que se perceber que a mantença da pessoa na função ou no trabalho específico pode prejudicar a instrução criminal, dado o potencial de destruição de provas, ou trazer a reiteração da conduta delitiva, pode ser determinada a suspensão, até como alternativa à prisão preventiva, que, por óbvio, também impede o exercício da função ou atividade profissional ou laboral

Alternativa "b": esses são os requisitos do inciso VII do art. 319 do CPP. Excepcionalmente, mesmo sem perícia, mas com suficiente comprovação médica da condição da saúde mental, os juízes têm preferido decretar a internação provisória, no lugar da prisão preventiva. É bem razoável, até que seja concluída a perícia.

Alternativa "c": a prisão domiciliar não exige, necessariamente, o emprego de monitoração eletrônica, mesmo porque nem sempre está disponível. Além disso, a idade do filho está errada: é de até 12 anos incompletos.

Alternativa "d": nesse caso, não precisa ter 80 anos, mas basta ser maior de 70 (art. 117, I, LEP).

Alternativa "e": o quebramento da fiança ocorre com a nova prática de crime doloso, não sendo necessário a condenação, com trânsito em julgado (art. 341, V, CPP).

Alternativa correta: letra "b".

---

330. (Cespe – Delegado de Polícia – PC – RJ/2022) Assinale a opção correta no que concerne a prisão e medidas cautelares.

a) Por ser a prisão medida urgente, admite-se que ela seja efetuada em qualquer lugar e dia, e a qualquer hora.

b) Dispensa-se a assinatura no mandado de prisão quando a autoridade judiciária responsável por sua expedição se fizer presente em seu cumprimento.

c) A falta de exibição de mandado não obsta a prisão se a infração for inafiançável.

d) Tanto o ato de prisão quanto a aplicação de medidas cautelares requerem que sejam observados a necessidade, a adequação, a regulamentação, os usos e costumes e os princípios gerais de direito.

e) Ao juiz é proibido dispensar a manifestação da parte contrária antes de decidir sobre o pedido de medida cautelar.

COMENTÁRIOS

Alternativa "a": a prisão poderá ser efetuada em qualquer dia e a qualquer hora, respeitadas as restrições relativas à inviolabilidade do domicílio (art. 283, § 2º, CPP).

Alternativa "b": o mandado de prisão deverá sempre ser lavrado pelo escrivão e assinado pelo juiz, conforme art. 285, parágrafo único, "a", do CPP.

Alternativa "c": segundo o art. 287 do CPP, se a infração for inafiançável, a falta de exibição do mandado não obstará a prisão, e o preso, em tal caso, será imediatamente apresentado ao juiz que tiver expedido o mandado, para a realização de audiência de custódia.

Alternativa "d": a prisão preventiva e as medidas cautelares devem observar a necessidade e a adequação, tais como reguladas pela lei, não sendo aplicáveis, no caso, os usos e costumes. No caso, a legalidade é garantia. O art. 282 do CPP fala em necessidade para aplicação da lei penal, para a investigação ou a instrução criminal e, nos casos expressamente previstos, para evitar a prática de infrações penais; e em adequação da medida à gravidade do crime, circunstâncias do fato e condições pessoais do indiciado ou acusado.

Alternativa "e": nos casos de urgência ou de perigo de ineficácia da medida, o juiz pode dispensar a manifestação da defesa daquele que será objeto da medida cautelar (art. 282, § 3º).

Alternativa correta: letra "c".

---

331. (Cespe – Delegado de Polícia – PC – PB/2022) Um indivíduo está sendo investigado em dois inquéritos policiais, em um pela prática do crime de sequestro e cárcere privado (art. 148, caput, CP, pena de reclusão de um a três anos) e em outro pela prática de estelionato (art. 171, caput, CP, reclusão de um a cinco anos, e multa). Considerando-se os crimes mencionados, é correto afirmar que

a) os dois crimes não admitem decretação de prisão provisória.

b) os dois crimes admitem a decretação de prisão preventiva.

c) os dois crimes admitem a decretação de prisão temporária.

d) o primeiro crime admite somente prisão temporária, e o segundo, apenas prisão preventiva.

e) o primeiro crime admite somente prisão preventiva, e o segundo, apenas prisão temporária.

COMENTÁRIOS

A prisão temporária somente é possível se o crime estiver no rol do art. 1º, III, da Lei 7.960/1989. E nesse rol está o delito de sequestro e cárcere privado, mas não o de estelionato. Já quanto à prisão preventiva, o art. 313, I, do CPP, a limita aos crimes cujas penas máximas sejam superiores a 4 anos, não abrangendo, assim, o crime do art. 148 do CP, mas, sim, o do art. 171.

Muito importante conhecer o que foi decidido na ADI 3.360. Na decisão, o STF deu interpretação conforme a Constituição Federal ao art. 1º da Lei 7.960/1989 e fixou o entendimento de que a decretação de prisão temporária autoriza-se quando, cumulativamente: 1) for imprescindível para as investigações do inquérito policial (art. 1º, I, Lei 7.960/1989) (periculum libertatis), constatada a partir de elementos concretos, e não meras conjecturas, vedada a sua utilização como prisão para averiguações, em violação ao direito à não autoincriminação, ou quando fundada no mero fato de o representado não possuir residência fixa (inciso II); 2) houver fundadas razões de autoria ou participação do indiciado nos crimes previstos no art. 1º, III, Lei 7.960/1989 (fumus comissi delicti), vedada a analogia ou a interpretação extensiva do rol previsto no dispositivo; 3) for justificada em fatos novos ou contemporâneos que fundamentem a medida (art. 312, § 2º, CPP); 4) a medida for adequada à gravidade concreta do crime, às circunstâncias do fato e às condições pessoais do indiciado (art. 282, II, CPP); 5) não for suficiente a imposição de medidas cautelares diversas, previstas nos arts. 319 e 320 do CPP (art. 282, § 6º, CPP).

Alternativa correta: letra "d".

332. (Cespe - Delegado de Polícia - PC - PB/2022) Um indivíduo foi preso em flagrante pela prática de homicídio doloso simples (art.121, caput, CP, pena de reclusão, de seis a vinte anos). Nesse caso, na audiência de custódia,

a) não cabe liberdade provisória por tratar-se de crime hediondo contra a vida.

b) considerando-se a pena abstrata do crime, somente se admite liberdade provisória sem fiança.

c) admite-se conversão em prisão temporária pelo prazo de 30 dias, prorrogáveis por igual período.

d) caberia concessão de liberdade provisória mediante o pagamento de fiança arbitrada pelo delegado.

e) admite-se liberdade provisória mediante o pagamento de fiança arbitrada pelo juiz independentemente de oitiva do MP.

COMENTÁRIOS

Alternativa "a": não há mais qualquer vedação à concessão de liberdade provisória nos crimes hediondos, somente não sendo possível fixar fiança. O homicídio simples, porém, não é hediondo.

Alternativa "b": admite-se a liberdade provisória com ou sem fiança, pois não há limitação em relação à pena.

Alternativa "c": por não ser crime hediondo, a prisão temporária no homicídio simples fica limitada a 5 dias, prorrogáveis por mais 5.

Alternativa "d": o delegado não poderá arbitrar fiança, tendo em vista que a pena máxima supera 4 anos (art. 322, *caput*, CPP).

Alternativa "e": o juiz terá 48 horas para arbitrar a fiança, embora, como houve flagrante, certamente deverá decidir a respeito na audiência de custódia. De fato, o juiz não precisa ouvir o Ministério Público para conceder a fiança, embora, como hoje existe audiência de custódia, o *Parquet* estará presente e poderá se manifestar.

Alternativa correta: letra "e".

333. (FGV - Delegado de Polícia - PC - RN/2021) Mendel foi preso em flagrante pela prática do crime de furto, punível com pena de reclusão de 1 a 4 anos e multa, constando de sua folha de antecedentes criminais diversos outros processos pela prática de delitos da mesma natureza. Após Mendel ser apresentado à autoridade policial, o delegado de polícia:

a) poderá conceder liberdade provisória com ou sem fiança;

b) poderá arbitrar fiança, cumulada com outras medidas cautelares alternativas;

c) poderá arbitrar fiança e deixar de lavrar o auto de prisão em flagrante, diante da pena máxima em abstrato do delito;

d) poderá deixar de arbitrar fiança, caso presentes requisitos que autorizem a decretação da prisão preventiva;

e) não poderá arbitrar fiança, em razão da pena máxima cominada ao delito.

COMENTÁRIOS

A autoridade policial poderá conceder fiança nesse caso, tendo em vista que a pena não ultrapassa 4 anos e há a autorização legal do art. 322 do CPP. A fiança, nesse caso, funcionará como contracautela e o delegado não poderá simplesmente liberar o preso sem ao menos aplicá-la. Porém, com base no art. 324, IV, o delegado poderá negar a fiança, sempre que verificar ser cabível, no caso, a prisão preventiva. Assim, deverá encaminhar o preso ao juiz, para audiência de custódia.

Alternativa correta: letra d.

334. (FGV – Delegado de Polícia – PC – RN/2021) Policiais militares obtiveram a informação de que uma oficina mecânica agiria como desmanche de carros roubados e que, naquela noite, receberia um determinado veículo que fora roubado no dia anterior. Com essa informação, os policiais se dirigiram até o local de funcionamento da oficina e aguardaram a chegada do referido veículo. Após o carro adentrar a oficina, os policiais invadiram o local e prenderam em flagrante os donos da oficina pelo crime de receptação qualificada. A situação apresentada trata da hipótese de:

a) flagrante preparado, sendo legal;

b) flagrante forjado, sendo ilegal;

c) flagrante esperado, sendo legal;

d) flagrante preparado, sendo ilegal;

e) flagrante esperado, sendo ilegal.

COMENTÁRIOS

Não há, nesse caso, flagrante preparado, pois o crime ocorreu independentemente da ação dos policiais, que, portanto, em nada influenciaram na iniciativa da conduta do criminoso. Logo, o que se tem é o flagrante esperado, em que a polícia, sabendo que o crime ocorrerá, coloca-se em situação de impedir o criminoso de consumá-lo e de prendê-lo. Não há, então, qualquer ilegalidade nesse caso.

Alternativa correta: c.

335. (FGV – Delegado de Polícia – PC – RN/2021) Giovani foi preso em flagrante pela prática do crime de homicídio qualificado, sendo lavrado o auto de prisão respectivo em 18/12/2020.

Considerando que até o dia 22/12/2020 o preso, sem qualquer motivação idônea, ainda não havia sido apresentado ao juiz para realização de audiência de custódia, a prisão:

a) será mantida, pois a realização da audiência de custódia é facultativa;

b) tornou-se ilegal, devendo ser relaxada pelo delegado de polícia;

c) será mantida, pois a audiência de custódia será dispensável quando tratar-se de crime hediondo ou inafiançável;

d) tornou-se ilegal, devendo ser relaxada pela autoridade judiciária competente;

e) será mantida, pois a legislação vigente não prevê a realização de audiência de custódia.

COMENTÁRIOS

Quando ocorre a prisão em flagrante, a audiência de custódia é obrigatória, e deverá ser realizada em até 24 horas, como consta do art. 310 do CPP. Assim, se passado o prazo não tiver sido realizada a audiência, a prisão torna-se ilegal e, por isso, deverá ser relaxada pelo juiz.

Alternativa correta: letra d.

336. (Instituto AOCP – Delegado de Polícia – PC – PA/2021) Em ronda ostensiva, a polícia militar de Paragominas-PA interceptou Fulano exibindo porte de arma de fogo de uso proibido, no período noturno, e prendeu em flagrante o agente, homem hígido de 25 anos de idade. Encaminhado à Delegacia de Polícia para autuação e interrogatório, Fulano foi alertado de que sua prisão em flagrante provavelmente seria homologada e convertida em prisão preventiva pelo Poder Judiciário, vez que possui maus antecedentes. Ciente da iminente possibilidade, questionou a autoridade policial se poderia requerer, por meio de advogado, transferência da cadeia pública local para a prisão domiciliar. Considerando esse caso hipotético, nessas circunstâncias, a resposta correta é

a) Fulano não pode ser transferido para prisão domiciliar, pois praticou crime mediante violência ou grave ameaça, condições que impossibilitam o benefício em qualquer caso.

b) Fulano poderá ser transferido para a prisão domiciliar se comprovar ser imprescindível aos cuidados especiais de pessoa menor de seis anos de idade ou com deficiência ou, ainda, se for o único responsável pelos cuidados do filho de até doze anos de idade incompletos.

c) Fulano poderá ser transferido para a prisão domiciliar se comprovar estar extremamente debilitado por motivo de doença grave.

d) Fulano não poderá ser transferido para a prisão domiciliar, pois essa modalidade de cárcere só se destina a mulheres mães de crianças até 12 anos de idade e agentes com idade acima de 80 anos.

e) Fulano poderá ser transferido para a prisão domiciliar se comprovar ser imprescindível aos cuidados especiais de pessoa menor de doze anos de idade ou com deficiência psicomotora.

COMENTÁRIOS

Segundo art. 317 do CPP, a prisão domiciliar consiste no recolhimento do indiciado ou acusado em sua residência, só podendo dela ausentar-se com autorização judicial, podendo ser determinada quando o agente for: maior de 80 anos; extremamente debilitado por motivo de doença grave; imprescindível aos cuidados especiais de pessoa menor de 6 anos de idade ou com deficiência; gestante; mulher com filho de até 12 anos de idade incompletos; e homem, caso seja o único responsável pelos cuidados do filho de até 12 anos de idade incompletos (art. 318, I a VI). Atenção para o art. 318-A: a prisão preventiva imposta à mulher gestante ou que for mãe ou responsável por crianças ou pessoas com deficiência será substituída por prisão domiciliar, desde que: (i) não tenha cometido crime com violência ou grave ameaça a pessoa; (ii) não tenha cometido o crime contra seu filho ou dependente.

Alternativa correta: letra b.

337. (Instituto AOCP – Delegado de Polícia – PC – PA/2021) Considere a seguinte situação hipotética: Sicrano foi preso por agentes da Polícia Civil de Parauapebas-PA após ter sido localizado em sua residência portando dez quilos de substâncias listadas como entorpecentes químicos proibidos pela legislação (heroína). A diligência policial foi fruto de interceptação telefônica, seguida de campana policial, ambas judicialmente autorizadas. Em seguida, Sicrano foi encaminhado à Delegacia de Polícia para apresentação. Desses fatos, é correto afirmar que

a) Sicrano não poderia ter sido preso, pois não havia mandado judicial competente para prendê-lo.
b) Sicrano estava em situação de flagrante, pois, além de o delito de tráfico de drogas ser crime permanente, foi encontrado com objetos que fizeram presumir ser ele autor da infração.
c) por ter sido preso após investigação pretérita, a audiência de custódia de Sicrano é dispensável na forma da lei.
d) não havendo autoridade no lugar em que se tiver efetuado a prisão, o preso livrar-se-á solto.
e) depois de interrogado, Sicrano deve ter sua prisão em flagrante homologada pela autoridade policial, com arbitramento de fiança, ou convertida em custódia preventiva pelo juízo competente.

COMENTÁRIOS

Alternativas a e b: tratou-se de prisão em flagrante delito, tendo a autoridade policial realizado campana e outros meios de investigação, tendo elementos que justificavam a entrada no local onde foram encontradas as drogas.

Alternativa c: a audiência de custódia é sempre obrigatória, conforme preconiza o art. 310 do CPP.

Alternativa d: nesse caso, o preso deverá ser apresentado à autoridade do lugar mais próximo (art. 308, CPP).

Alternativa e: não será cabível fiança, pois se trata de crime equiparado a hediondo e, assim inafiançável.

Alternativa correta: letra b.

---

338. (Inst. Acesso – Delegado de Polícia – PC – ES/2019) João Pedro foi abordado por policiais militares que faziam ronda próximo a uma Universidade particular. Ao perceberem a atitude suspeita de João, os policiais resolveram proceder a revista pessoal e identificaram que João portava um cigarro de maconha para consumo pessoal. Nessa situação hipotética, a expressão "não se imporá prisão em flagrante", descrita no art. 48 da lei 11.343/06, significa que é vedado a autoridade policial:

a) Efetuar a condução coercitiva até a delegacia de polícia.
b) Efetuar a lavratura do auto de prisão em flagrante.
c) Lavrar o termo circunstanciado.
d) Apreender o objeto de crime.
e) Realizar a captura do agente.

COMENTÁRIOS

Alternativa "a" (responde todas as demais alternativas): no caso, o agente cometeu o crime do art. 28 da Lei de Drogas, que não comina pena privativa de liberdade. Somente isso já seria suficiente para se afirmar não ser possível a prisão em flagrante, eis que uma medida pré-cautelar – tampouco uma cautelar – poderia ter efeito mais gravoso do que a própria sanção penal cominada, pois feriria a proporcionalidade. Atento a isso, no art. 48 da mesma Lei, o legislador vedou a prisão em flagrante, o que significa que o agente pode ser capturado, é dizer, detido e levado à unidade policial, mas não poderá ser lavrado o auto de prisão. Na delegacia, será apenas lavrado termo circunstanciado.

Alternativa correta: letra "b".

---

339. (Inst. Acesso – Delegado de Polícia – PC – ES/2019) A Lei n° 12.403/2011 inseriu no ordenamento jurídico brasileiro as medidas cautelares diversas da prisão, de forma que a privação da liberdade fosse considerada como medida cautelar excepcional. Assim, assinale qual a alternativa correta a respeito desse instituto.

a) Na audiência de custódia é obrigatória a presença e oitiva dos agentes policiais responsáveis pela prisão ou pela investigação.
b) A audiência de custódia ainda não está regulamentada por lei no Brasil. A concretude desse instinto se deu em razão da previsão na Convenção Americana de Direitos Humanos e por ato normativo do CNJ.
c) A audiência de custódia não é compreendida como um direito humano nos estatutos internacionais.
d) A audiência de custódia está devidamente regulamentada, na lei 12.850/13, no Brasil.
e) Para o STJ a alegação de nulidade da prisão em flagrante em razão da não realização de audiência de custódia no prazo legal não fica superada com a conversão do flagrante em prisão preventiva.

COMENTÁRIOS

✪ Nota do autor: por conta da Lei 13.964/2019, não há mais alternativa correta.

Alternativa "a": a Resolução 213/2015 foi editada pelo CNJ a fim de se observar o disposto no art. 9º, item 3, do Pacto Internacional de Direitos Civis e Políticos das Nações Unidas, bem como no art. 7º, item 5, da Convenção Americana sobre Direitos Humanos (Pacto de São José da Costa Rica). A Resolução, ao contrário do afirmado, proíbe a presença e oitiva dos agentes que realizaram a prisão. A Lei 13.964/2019 introduziu a necessidade de audiência de custódia no CPP (art. 310).

Alternativa "b": hoje, o próprio CPP prevê a audiência de custódia (vide, por exemplo, o caput do art. 310), depois de modificado pela Lei 13.964/2019.

Alternativa "c": ser ouvido por um juiz depois da prisão é direito humano previsto no Pacto Internacional de Direitos Civis e Políticos das Nações Unidas e na Convenção Americana sobre Direitos Humanos.

Alternativa "d": a Lei 12.850 não tem relação com audiência de custódia, mas com a investigação dos crimes cometidos por organização criminosa.

Alternativa "e": tendo havido decretação da prisão preventiva, entende o STJ que fica superada a alegação de nulidade da prisão em flagrante pela falta de realização de audiência de custódia (RHC 76.906-SP, Rel. Maria Thereza de Assis Moura, j. 10.11.2016).

340. (Vunesp - Delegado de Polícia - PC - BA/2018) No que concerne à prisão em flagrante, à prisão temporária e à prisão preventiva, assinale a alternativa correta, nos estritos termos legais e constitucionais.

a) Nenhuma delas tem prazo máximo estabelecido em lei.

b) A primeira pode ser realizada pela autoridade policial, violando domicílio e sem ordem judicial, a qualquer horário do dia ou da noite.

c) A segunda somente é cabível em crimes hediondos ou assemelhados, podendo durar 30 (trinta) ou 60 (sessenta) dias.

d) A segunda demanda ordem judicial e prévio parecer favorável do Ministério Público.

e) A terceira pode ser decretada de ofício pelo Juiz durante o inquérito policial.

COMENTÁRIOS

Alternativa "a": a prisão temporária tem como uma de suas características a ter prazo máximo definido em lei. Assim, normalmente, só pode ser decretada por no máximo 5 dias (no caso dos crimes hediondos, por 30 dias). É possível a prorrogação, pelo mesmo prazo, apenas uma vez.

Alternativa "b": a prisão em flagrante independe de ordem judicial, sendo prevista na própria CF e por ela permitida, a qualquer hora do dia ou da noite, mesmo com entrada forçada em domicílio.

Alternativa "c": a prisão temporária é aplicada para crimes que fazem parte do rol da Lei 7.960/1989, que inclui crimes hediondos e comuns.

Alternativa "d": a prisão temporária demanda prévio parecer do Ministério Público, sempre que a representação por sua decretação partir do delegado de polícia. No entanto, o juiz poderá decretá-la mesmo que o parecer ministerial tenha sido desfavorável.

Alternativa "e": o juiz não pode decretar de ofício a prisão preventiva, nem mesmo na fase judicial, ao menos depois das modificações trazidas pela Lei 13.964/2019 ao CPP. Vide a nova redação do art. 311.

Alternativa correta: letra "b".

341. (Vunesp - Delegado de Polícia - PC - SP/2018) Em relação à prisão em flagrante, assinale a alternativa correta.

a) A autoridade policial somente poderá conceder fiança nos casos de infração cuja pena privativa de liberdade máxima não seja superior a 2 anos.

b) O delito putativo por obra do agente provocador é contemplado na lei e mesmo na doutrina como espécie do chamado quase-flagrante.

c) Para existir a prisão em flagrante nas hipóteses de perseguição é necessário que o agente seja preso em até 24 horas após o fato.

d) A atribuição para a lavratura do auto de prisão em flagrante é da autoridade policial do local em que ocorrer a prisão-captura, mesmo que esta se dê em local diverso do da prática do crime.

e) Chama-se flagrante impróprio a situação de prisão em que o agente é surpreendido quando acabou de cometer o delito.

COMENTÁRIOS

Alternativa "a": a autoridade policial poderá conceder fiança desde que a pena máxima não seja superior a 4 anos (art. 322, caput, CPP).

Alternativa "b": quase-flagrante é o flagrante impróprio, irreal, previsto no inciso IV do art. 302 do CPP: " é encontrado, logo depois, com instrumentos, armas, objetos ou papéis que façam presumir ser ele autor da infração". O delito putativo por obra do agente provocador é considerado crime impossível, pois se trata do flagrante preparado.

Alternativa "c": desde que não cesse a perseguição, não há qualquer limite temporal para a realização da prisão em flagrante.

Alternativa "d": essa é a regra aplicável aos flagrantes, lembrando-se ainda que, conforme disposto no art. 308 do CPP, não havendo autoridade no lugar em que se tiver efetuado a prisão, o preso será logo apresentado à do lugar mais próximo.

Alternativa "e": trata-se do flagrante próprio (art. 302, II, CPP).

Alternativa correta: letra "d".

342. (Vunesp - Delegado de Polícia - PC - SP/2018) A prisão temporária é cabível

a) quando imprescindível para as investigações do inquérito policial nos crimes, entre outros, de latrocínio e epidemia com resultado morte, pelo prazo de trinta dias, prorrogável por igual período em caso de extrema e comprovada necessidade.

b) quando imprescindível para as investigações do inquérito policial nos crimes, entre outros, de latrocínio e roubo, pelo prazo de trinta dias, prorrogável por igual período em caso de extrema e comprovada necessidade.

c) quando imprescindível para as investigações do inquérito policial ou instrução processual, nos crimes, entre outros, de latrocínio e sequestro ou cárcere privado, pelo prazo de trinta dias, prorrogável por igual período em caso de extrema e comprovada necessidade.

d) quando imprescindível para as investigações do inquérito policial ou instrução processual, nos crimes, entre outros, de latrocínio e roubo, pelo prazo de trinta dias, prorrogável por igual período em caso de extrema e comprovada necessidade.

e) quando imprescindível para as investigações do inquérito policial, decretada de ofício pelo magistrado ou a requerimento do Delegado de Polícia, nos crimes, entre outros, de latrocínio e estupro, pelo prazo de trinta dias, prorrogável por igual período em caso de extrema e comprovada necessidade.

COMENTÁRIOS

Alternativa "a": são crimes do rol da Lei 7.960/1989, hediondos, razão pela qual a prisão temporária poderá ser decretada por até 30 dias, conforme previsto na Lei 8.072/1990.

Alternativa "b": o roubo, na modalidade simples, não é crime hediondo, salvo quando majorado pelo emprego de arma, privação da liberdade da vítima, resultado morte ou lesão corporal grave, conforme modificações trazidas pela Lei 13.964/2019 à Lei dos Crimes Hediondos. Portanto, fora dessas hipóteses, o prazo para a prisão temporária será de 5 dias.

Alternativa "c": o crime de sequestro e cárcere privado, embora esteja no rol da Lei 7.960, não é crime hediondo e, assim, o prazo também, será de 5 dias.

Alternativa "d": não é possível a prisão temporária na fase processual. Trata-se de medida cautelar própria da fase investigatória.

Alternativa "e": o magistrado não pode decretar a prisão temporária de ofício, sempre dependendo de requerimento do Ministério Público ou de representação da autoridade policial. Neste último caso, deverá ouvir o Parquet.

Alternativa correta: letra "a".

343. (UEG - Delegado de Polícia - PC - GO/2018) Segundo o Código de Processo Penal, é cabível a prisão domiciliar, em substituição à prisão preventiva, quando o agente for:

a) magistrado.

b) Ministro de Estado.

c) pessoa maior de setenta anos.

d) pessoa portadora de diploma de ensino superior.

e) homem, caso seja o único responsável pelos cuidados do filho de até doze anos de idade incompletos.

COMENTÁRIOS

Alternativa "a": o magistrado terá direito à prisão especial, que não se confunde com prisão domiciliar.

Alternativa "b": o Ministro de Estado também está sujeito apenas à prisão especial.

Alternativa "c": somente terá direito se for maior de 80 anos (art. 318, I, CPP).

Alternativa "d": também é caso apenas de prisão especial.

Alternativa "e": é hipótese do inciso VI do art. 318 do CPP.

Alternativa correta: letra "e".

344. (UEG - Delegado de Polícia - PC - GO/2018) Sobre a prisão, tem-se o seguinte:

a) A prisão temporária, presentes os seus requisitos, poderá ser decretada no curso da ação penal.

b) A Constituição da República Federativa do Brasil prevê a incomunicabilidade do preso durante o estado de defesa.

c) Nos crimes hediondos, a prisão temporária tem, em regra, a duração de trinta dias.

d) Após a alteração legislativa promovida pela Lei n. 12.403, de 2011, é possível a decretação de prisão preventiva pelo juiz, de ofício, durante a investigação penal.

e) É causa de revogação da prisão preventiva o extrapolamento, pela autoridade policial, do prazo de conclusão do inquérito policial.

COMENTÁRIOS

Alternativa "a": a prisão temporária deverá ser decretada apenas na fase investigatória, não na fase processual.

Alternativa "b": não há permissão expressa para a incomunicabilidade em hipótese alguma.

Alternativa "c": esse prazo é previsto na Lei 8.072/1990.

Alternativa "d": o art. 311 do CPP proíbe que o juiz decrete a prisão preventiva de ofício na fase de investigação. Na fase processual, havia essa possibilidade, até que o dispositivo citado fosse modificado pela Lei 13.964/2019.

Alternativa "e": não necessariamente, pois o excesso de prazo é tratado pela jurisprudência, não considerando de modo isolado, mas globalmente.

Alternativa correta: letra "c".

345. (Fumarc - Delegado de Polícia - PC - MG/2018) Sobre o regime jurídico da liberdade provisória, é CORRETO afirmar:

a) A cassação da fiança poderá ocorrer com a inovação da classificação do delito tido, inicialmente, como afiançável.

b) Não poderá haver reforço da fiança mediante inovação da classificação do delito.

c) O pagamento da fiança poderá ser dispensado pela autoridade policial, em face da situação econômica do preso.

d) O quebramento injustificado da fiança importará na perda da totalidade do seu valor.

COMENTÁRIOS

Alternativa "a": Trata-se de hipótese de cassação prevista no art. 339 do CPP. Note-se que a cassação ocorre quando não era cabível a sua concessão ou quando, concedida porque cabível segundo a classificação jurídica que havia, há uma alteração desta, que torna o delito insuscetível de fiança.

Alternativa "b": o art. 340 do CPP prevê três hipóteses em que o juiz deverá exigir o reforço da fiança, sendo o terceiro caso justamente o descrito na alternativa.

Alternativa "c": a fiança somente poderá ser dispensada pelo juiz, conforme se verifica com a combinação dos arts. 325, § 1º, I e 350 do CPP.

Alternativa "d": segundo o art. 343 do CPP, o quebramento injustificado da fiança importará na perda de metade do seu valor, cabendo ao juiz decidir sobre a imposição de outras medidas cautelares ou, se for o caso, a decretação da prisão preventiva.

Alternativa correta: letra "a".

346. (Cespe – Delegado de Polícia – GO/2017) Pedro, Joaquim e Sandra foram presos em flagrante delito. Pedro, por ter ofendido a integridade corporal de Lucas, do que resultou debilidade permanente de um de seus membros; Joaquim, por ter subtraído a bicicleta de Lúcio, de vinte e cinco anos de idade, no período matutino — Lúcio a havia deixado em frente a uma padaria; e Sandra, por ter subtraído o carro de Tomás mediante grave ameaça.

Considerando-se os crimes cometidos pelos presos, a autoridade policial poderá conceder fiança a

a) Joaquim somente.
b) Pedro somente.
c) Pedro, Joaquim e Sandra.
d) Pedro e Sandra somente.
e) Joaquim e Sandra somente.

COMENTÁRIOS

Alternativa "a" (responde também todas as demais alternativas): Pedro foi preso por ter, em tese, cometido o crime do art. 129, § 1º, III, do CP, com pena de reclusão, de 1 a 5 anos. Trata-se de crime afiançável, mas somente o juiz pode arbitrar a fiança, visto que a pena máxima ultrapassa 4 anos. Joaquim cometeu o crime de furto, previsto no art. 155, caput, do CP, com pena de reclusão, de 1 a 4 anos, e multa. É afiançável e a fiança pode ser aplicada pela própria autoridade policial. Sandra cometeu crime de roubo, previsto no art. 157, caput, do CP, com pena de reclusão, de 4 a 10 anos, e multa. Novamente, trata-se de crime afiançável, mas a fiança somente pode ser aplicada pelo juiz.

Alternativa correta: letra "a".

347. (Cespe – Delegado de Polícia – GO/2017) No que tange ao procedimento criminal e seus princípios e ao instituto da liberdade provisória, assinale a opção correta.

a) O descumprimento de medida cautelar imposta ao acusado para não manter contato com pessoa determinada é motivo suficiente para o juiz determinar a substituição da medida por prisão preventiva, já que a aplicação de outra medida representaria ofensa ao poder imperativo do Estado além de ser incompatível com o instituto das medidas cautelares.
b) Concedida ao acusado a liberdade provisória mediante fiança, será inaplicável a sua cumulação com outra medida cautelar tal como a proibição de ausentar-se da comarca ou o monitoramento eletrônico.
c) Compete ao juiz e não ao delegado a concessão de liberdade provisória, mediante pagamento de fiança, a acusado de crime hediondo ou tráfico ilícito de entorpecente.
d) Caso, após sentença condenatória, advenha a prescrição da pretensão punitiva e seja declarada extinta a punibilidade por essa razão, os valores recolhidos a título de fiança serão integralmente restituídos àquele que a prestou.
e) Ofenderá o princípio constitucional da ampla defesa e do contraditório a defesa que, firmada por advogado dativo, se apresentar deficiente e resultar em prejuízo comprovado para o acusado.

COMENTÁRIOS

Alternativa "a": entendo que o juiz pode, sim, decretar a prisão preventiva em caso de descumprimento da medida cautelar diversa da prisão (art. 312, parágrafo único, CPP). Porém, considerando-se que a prisão preventiva deve ser aplicada somente em último caso, deve o juiz primeiro substituir a medida ou impor mais uma, se isso mostrar-se suficiente (art. 282, § 4º, CPP). Nesses casos, dependerá de requerimento, pois não pode decretar tais medidas, nesse momento, de ofício.

Alternativa "b": qualquer das medidas cautelares diversas da prisão previstas no art. 319 e 320 do CPP podem ser aplicadas de modo isolada ou cumulada (art. 282, § 1º), o que se aplica inclusive à fiança.

Alternativa "c": crimes hediondos e aqueles a eles equiparados, como o tráfico ilícito de drogas, são inafiançáveis, ou seja, até pode ser concedida liberdade provisória, mas jamais por meio do arbitramento de fiança.

Alternativa "d": a fiança será devolvida se o acusado for absolvido ou se o processo for extinto, ou ainda se a fiança for julgada sem efeito (art. 337, CPP).

Alternativa "e": esse entendimento está de acordo com o posicionamento do STF. Segundo a Suprema Corte, haverá nulidade relativa em caso de deficiência da defesa, o que demanda comprovação de prejuízo ao acusado.

Alternativa correta: letra "e".

348. (Cespe – Delegado de Polícia – GO/2017) Será cabível a concessão de liberdade provisória ao indivíduo que for preso em flagrante devido ao cometimento do crime de

I. estelionato;

II. latrocínio;

III. estupro de vulnerável.

Assinale a opção correta.

a) Apenas os itens I e III estão certos.

b) Apenas os itens II e III estão certos.

c) Todos os itens estão certos.

d) Apenas o item I está certo.

e) Apenas os itens I e II estão certos.

COMENTÁRIOS

Alternativa "c": todos os itens estão certos. O STF, de modo sistemático, vem considerando inconstitucional qualquer regra que proíba a concessão de liberdade provisória. Assim, mesmo que o crime seja inafiançável, hediondo ou não, será possível a liberdade provisória, pura e simplesmente, ou com aplicação de alguma medida cautelar diversa da prisão, salvo a fiança, se esta for proibida no caso (como se dá no latrocínio e no estupro de vulnerável, ambos crimes hediondos). Porém, a Lei 13.964/2019 trouxe um caso de proibição de liberdade provisória para dentro do CPP. Trata-se do § 2º do art. 310, que permite ao juiz denegar a liberdade provisória se o preso for reincidente ou que integra organização criminosa armada ou milícia, ou que porta arma de fogo de uso restrito. Resta saber o que decidirá o STF a respeito, mas ousamos antecipar possível decisão de inconstitucionalidade, ao menos se mantida a jurisprudência até aqui aplicada.

Alternativa correta: letra "c".

349. (Cespe – Delegado de Polícia – GO/2017) Com relação à prisão temporária, assinale a opção correta.

a) A prisão temporária poderá ser decretada pelo juiz de ofício ou mediante representação da autoridade policial ou requerimento do Ministério Público.

b) Conforme o STJ, a prisão temporária não pode ser mantida após o recebimento da denúncia pelo juiz.

c) São três os requisitos indispensáveis para a decretação da prisão temporária, conforme a doutrina majoritária: imprescindibilidade para as investigações; existência de indícios de autoria ou participação; e indiciado sem residência fixa ou identificação duvidosa.

d) É cabível a prisão temporária para a oitiva do indiciado acerca do delito sob apuração, desde que a liberdade seja restituída logo após a ultimação do ato.

e) A prisão temporária poderá ser decretada tanto no curso da investigação quanto no decorrer da fase instrutória do competente processo criminal.

COMENTÁRIOS

Alternativa "a": o juiz não pode decretar a prisão temporária de ofício. Aliás, o juiz não pode decretar qualquer prisão de ofício, seja a fase que estiver o caso.

Alternativa "b" (responde também a alternativa "e"): a prisão temporária é medida cautelar que busca acautelar o inquérito policial, ou seja, a fase de investigação. Por isso, não tem cabimento na fase judicial. Por isso, recebida a denúncia, caso entenda o juiz que a prisão deve prosseguir, deverá decretar a prisão preventiva.

Alternativa "c": Muito importante conhecer o que foi decidido na ADI 3.360. Na decisão, o STF deu interpretação conforme a Constituição Federal ao art. 1º da Lei 7.960/1989 e fixou o entendimento de que a decretação de prisão temporária autoriza-se quando, cumulativamente: 1) for imprescindível para as investigações do inquérito policial (art. 1º, I, Lei 7.960/1989) (periculum libertatis), constatada a partir de elementos concretos, e não meras conjecturas, vedada a sua utilização como prisão para averiguações, em violação ao direito à não autoincriminação, ou quando fundada no mero fato de o representado não possuir residência fixa (inciso II); 2) houver fundadas razões de autoria ou participação do indiciado nos crimes previstos no art. 1º, III, Lei 7.960/1989 (fumus comissi delicti), vedada a analogia ou a interpretação extensiva do rol previsto no dispositivo; 3) for justificada em fatos novos ou contemporâneos que fundamentem a medida (art. 312, § 2º, CPP); 4) a medida for adequada à gravidade concreta do crime, às circunstâncias do fato e às condições pessoais do indiciado (art. 282, II, CPP); 5) não for suficiente a imposição de medidas cautelares diversas, previstas nos arts. 319 e 320 do CPP (art. 282, § 6º, CPP).

Alternativa "d": não é prevista a prisão temporária apenas para se ouvir o indiciado. Ele, por sinal, tem o direito de permanecer calado.

Alternativa correta: letra "b".

350. (IBADE – Delegado de Polícia – AC/2017) Tendo em vista a correta classificação, considera-se em flagrante delito quem:

a) é encontrado, logo depois, com instrumentos armas, objetos ou papéis que façam presumir ser ele autor da infração, ou seja, flagrante impróprio.

b) acaba de cometer a infração penal, ou seja, flagrante próprio.

c) é perseguido, logo após, pela autoridade, pelo ofendido ou por qualquer pessoa em situação que faça presumir ser autor da infração, ou seja, flagrante presumido.

d) é preso por flagrante provocado.

e) está cometendo a infração penal, ou seja, crime imperfeito.

COMENTÁRIOS

Alternativa "b" (responde também todas as demais alternativas): segundo a doutrina, com base no CPP, as espécies de flagrante são: a) flagrante próprio ou propriamente dito ou real ou verdadeiro (art. 302, I e II, CPP: o imputado está cometendo a infração penal ou acaba de cometê-la); b) flagrante impróprio ou irreal ou quase flagrante (art. 302, III, CPP: o imputado é perseguido, logo após, pela autoridade, pelo ofendido ou por qualquer pessoa, em situação que faça presumir ser autor da infração); c) flagrante presumido ou ficto ou assimilado (art. 302, IV, CPP: o imputado é encontrado, logo depois, com instrumentos, armas, objetos ou papéis que façam presumir ser ele autor da infração).

Alternativa correta: letra "b".

---

351. (FUNCAB – Delegado de Polícia – PA/2016) Bentinho, que é médico, vinha conduzindo seu veículo falando ao celular e não percebeu a retenção do trânsito e atingiu a traseira da motocicleta conduzida por Capitu. Prontamente parou o veículo, chamou o socorro e prestou os primeiros atendimentos à vítima que ficou gravemente ferida. Com a chegada da ambulância, Capitu foi removida para a emergência hospitalar, porém, veio a falecer no caminho. A polícia militar preservou o local do acidente, conduziu e apresentou Bentinho à autoridade policial. A autoridade policial, após advertir do direito ao silêncio, verificou que o conduzido portava CNH regular e em seguida ouviu Bentinho que confessou conduzir o veículo e falar ao celular, bem como ouviu as demais testemunhas que confirmaram a narrativa. Como deve proceder a Autoridade Policial?

a) Deverá lavrar o auto de prisão em flagrante e representar pela suspensão da habilitação de dirigir veículo.
b) Por se tratar de pena máxima de 04 anos, o delegado deverá arbitrar fiança.
c) O Delegado de Polícia deverá lavrar o auto de prisão em flagrante.
d) O delegado deverá registrar a ocorrência, instaurar inquérito por portaria, não impor ao indiciado a prisão em flagrante e nem exigir fiança.
e) Deverá lavrar o termo circunstanciado e encaminhar ao Juizado Especial Criminal.

COMENTÁRIOS

Alternativa "a": a autoridade policial pode representar ao juiz pela determinação da suspensão de habilitação para dirigir, mas somente se necessária a medida para garantia da ordem pública (art. 294, caput, CTB).

Alternativa "d" (responde também as alternativas "b" e "c"): o autor do delito cometeu o crime do art. 302 do CTB (Lei 9.503/1997), ou seja, homicídio culposo na condução de veículo automotor. Nesse caso, é possível a prisão em flagrante. Porém, no caso específico da questão, o autor prestou socorro e permaneceu na cena do crime, razão pela qual deve ser aplicado o disposto no art. 301, que determina: "Ao condutor de veículo, nos casos de acidentes de trânsito de que resulte vítima, não se imporá a prisão em flagrante, nem se exigirá fiança, se prestar pronto e integral socorro àquela".

Alternativa "e": não poderá lavrar termo circunstanciado, eis que não se trata de crime de menor potencial ofensivo.

Alternativa correta: letra "d".

---

352. (Cespe – Delegado de Polícia – PE/2016) Considerando a doutrina majoritária e o entendimento dos tribunais superiores, assinale a opção correta a respeito da prisão.

a) O flagrante diferido que permite à autoridade policial retardar a prisão em flagrante com o objetivo de aguardar o momento mais favorável à obtenção de provas da infração penal prescinde, em qualquer hipótese, de prévia autorização judicial.
b) Para a admissibilidade de prisão temporária exige-se, cumulativamente, a presença dos seguintes requisitos: imprescindibilidade para as investigações, não ter o indiciado residência fixa ou não fornecer dados esclarecedores de sua identidade e existência de indícios de autoria em determinados crimes.
c) Configura crime impossível o flagrante denominado esperado, que ocorre quando a autoridade policial, detentora de informações sobre futura prática de determinado crime, se estrutura para acompanhar a sua execução, efetuando a prisão no momento da consumação do delito.
d) Havendo conversão de prisão temporária em prisão preventiva no curso da investigação policial, o prazo para a conclusão das investigações, no âmbito do competente inquérito policial, iniciar-se-á a partir da decretação da prisão preventiva.
e) Havendo mandado de prisão registrado no Conselho Nacional de Justiça (CNJ), a autoridade policial poderá executar a ordem mediante certificação em cópia do documento, desde que a diligência se efetive no território de competência do juiz processante.

COMENTÁRIOS

Alternativa "a": a Lei 11.343/2006 (Lei de Drogas) é expressa no sentido de exigir, em tal hipótese, autorização judicial (art. 53).

Alternativa "b": não há a cumulação destes três requisitos. Na verdade, exige-se sempre a presença do requisito referente ao rol de crimes da Lei 7.960/1989, ou seja, somente pode ser decretada a prisão temporária se a investigação disser respeito a um dos crimes do catálogo legal e houver indícios de sua prática. Então, soma-se a esse requisito um dos outros dois citados na alternativa: imprescindibilidade para as investigações ou falta de elementos de identidade do suspeito.

Alternativa "c": não há crime impossível nesse caso, mas flagrante legítimo e que poderá ser classificado como flagrante próprio (art. 302, I, CPP). O flagrante preparado é que torna impossível a consumação do crime e, por isso, é considerada a hipótese como de crime impossível (STF, Súmula 145). No flagrante preparado, é a polícia que provoca a atuação criminosa, ao contrário do que se dá no flagrante esperado.

Alternativa "d": o prazo para conclusão das investigações começa e ser contado a partir da instauração do inquérito, caso esteja solto o imputado e normalmente é de 30 dias. Porém, estando preso, o prazo é de 10 dias, contado a partir do dia em que se executar a ordem de prisão (art. 10, CPP). Assim, sendo preso em flagrante e convertida tal prisão em preventiva, entendemos que o prazo começou já no dia em que houve a prisão em flagrante. Porém, há controvérsia na doutrina quanto ao que ocorre no caso de prisão temporária. O prazo de 10 dias do art. 10 do CPP não entra em conflito com o prazo normal da prisão temporária, que é de 5 dias, prorrogável por mais 5. Porém, há evidente conflito se se tratar de crime hediondo ou assemelhado, em que o prazo sobe para 30 dias, prorrogável por mais 30. Ou seja, enquanto o prazo para conclusão do inquérito é de 10 dias, o prazo de prisão temporária, em tal caso, pode chegar a 60 dias. E lembrem-se que a prisão temporária só pode ser decretada no curso do inquérito. Nesse caso, estamos com a corrente jurisprudencial, majoritária, que entende seguir o inquérito o prazo da prisão temporária. Porém, ainda é possível pensar em outra hipótese, que é a da questão: decretada a prisão temporária, pode ser decretada a prisão preventiva, uma vez esgotada a primeira, ainda no curso do inquérito. Nesse caso, pensamos que, de fato, é possível considerar que o prazo de 10 dias do art. 10 do CPP somente começará a correr a partir do momento da decretação da preventiva, que é o momento em que esta estará "valendo", é dizer, substituindo a prisão temporária. Esse ponto, advirta-se, não é tão pacífica como pode parecer. E tem mais: com o advento do § 2º do art. 3º-B do CPP, trazido pela Lei 13.964/2019, a situação complica-se, pois o dispositivo permite que o juiz das garantias prorrogue o inquérito, uma única vez, por até 15 dias, caso o indiciado esteja preso. Há entendimento de que o prazo, portanto, passou de 10 para 15 dias. Mas, é certo que também há entendimento de que o prazo para conclusão do inquérito continua sendo de 10 dias, podendo o juiz prorrogá-lo por até mais 15 dias.

Alternativa "e": qualquer agente policial poderá efetuar a prisão determinada no mandado de prisão registrado no CNJ, ainda que fora da competência territorial do juiz que o expediu (art. 289-A, § 1º, CPP). Além disso, qualquer agente policial poderá efetuar a prisão decretada, ainda que sem registro no CNJ, adotando as precauções necessárias para averiguar a autenticidade do mandado e comunicando ao juiz que a decretou, devendo este providenciar, em seguida, o registro.

Alternativa correta: letra "d".

---

353. (Cespe – Delegado de Polícia – PE/2016) Acerca das alterações processuais assinaladas pela Lei nº 12.403/2011, do instituto da fiança, do procedimento no âmbito dos juizados especiais criminais e das normas processuais pertinentes à citação e intimação, assinale a opção correta.

a) Se o acusado, citado por edital, não comparecer nem constituir advogado, será decretada a revelia e o processo prosseguirá com a nomeação de defensor dativo.
b) Em homenagem ao princípio da ampla defesa, será sempre pessoal a intimação do defensor dativo ou constituído pelo acusado.
c) O arbitramento de fiança, tanto na esfera policial quanto na concedida pelo competente juízo, independe de prévia manifestação do representante do MP.
d) Nos procedimentos previstos na Lei nº 9.099/1995, em se tratando de ação penal pública condicionada à representação e não havendo conciliação na audiência preliminar, caso o ofendido se manifeste pelo não oferecimento de representação, o processo será julgado extinto de imediato, operando-se a decadência do direito de ação.
e) No caso de prisão em flagrante, a autoridade policial somente poderá conceder fiança se a infração penal for punida com detenção e prisão simples; nas demais situações, a fiança deverá ser requerida ao competente juízo.

COMENTÁRIOS

Alternativa "a": nesse caso, será o processo suspenso (e o prazo prescricional) suspenso, não podendo prosseguir (art. 366, CPP).

Alternativa "b": o defensor dativo será intimado pessoalmente; o constituído, pelo diário oficial (art. 370, §§ 1º e 4º, CPP).

Alternativa "c": realmente, não há previsão alguma de prévia ouvida do Ministério Público nesses casos. A nosso ver, isso somente se justifica nos casos em que a fiança pode ser arbitrada já pela autoridade policial, mas não no caso de fiança arbitrada pelo juiz. Pensamos que deve o titular da ação penal, ou seja, o Ministério Público ser ouvido antes de o juiz decidir por aplicar tal medida cautelar diversa da prisão. Mas, repita-se, a lei não exige isso.

Alternativa "d": entende-se que poderá o ofendido oferecer nova representação enquanto não decorrido o prazo decadencial.

Alternativa "e": a autoridade policial pode arbitrar fiança nos crimes apenados com até 4 anos de pena máxima (art. 322, CPP).

Alternativa correta: letra "c".

---

354. (Cespe – Delegado de Polícia – PE/2016) Considerando-se que João tenha sido indiciado, em inquérito policial, por, supostamente, ter cometido dolosamente homicídio simples, e que Pedro tenha sido indiciado, em inquérito policial, por, supostamente, ter cometido homicídio qualificado, é correto afirmar que, no curso dos inquéritos,

a) se a prisão temporária de algum dos acusados for decretada, ela somente poderá ser executada depois de expedido o mandado judicial.

b) João e Pedro podem ficar presos temporariamente, sendo igual o limite de prazo para a decretação da prisão temporária de ambos.

c) o juiz poderá decidir sobre a prisão temporária de qualquer um dos acusados ou de ambos, independentemente de ouvir o MP, sendo suficiente, para tanto, a representação da autoridade policial.

d) o juiz poderá decretar, de ofício, a prisão temporária de Pedro mas não a de João.

e) o juiz poderá decretar, de ofício, a prisão temporária de João e de Pedro.

COMENTÁRIOS

Alternativa "a": é exigência legal que a prisão temporária somente poderá ser executada depois de expedido o mandado judicial (art. 2º, § 5º, Lei 7.960/1989).

Alternativa "b": o homicídio simples, em regra, não é crime hediondo, portanto, está sujeito à regra segundo a qual a prisão temporária pode ser decretada por 5 dias, prorrogável por mais 5 dias. O crime de homicídio qualificado é hediondo e, assim, a prisão temporária poderá ser decretada por 30 dias, prorrogável por igual período.

Alternativa "c": havendo representação da autoridade policial, antes de decretar a prisão temporária deverá o juiz ouvir o Ministério Público (art. 2º, § 1º, Lei 7.960).

Alternativa "d" (responde também a alternativa "e"): em nenhuma hipótese, o juiz poderá decretar a prisão temporária de ofício (art. 2º, caput, Lei 7.960), dependendo de representação da autoridade policial ou de requerimento do Ministério Público.

Alternativa correta: letra "a".

---

355. (Vunesp – Delegado de Polícia – CE/2015) A prisão temporária é cabível (I) quando imprescindível para as investigações do inquérito policial; (II) quando o indiciado não tiver residência fixa ou não fornecer elementos necessários ao esclarecimento de sua identidade e (III) quando houver fundadas razões, de acordo com qualquer prova admitida na legislação penal, de autoria ou participação do indiciado em alguns crimes expressamente citados no texto da Lei nº 7.960/90, entre eles

a) a corrupção passiva (CP, art. 317).

b) a falsificação, corrupção, adulteração ou alteração de produto destinado a fins terapêuticos ou medicinais (CP, art. 273).

c) a concussão (CP, art. 316).

d) o contrabando (CP, art. 334).

e) os contra o sistema financeiro (Lei nº 7.492/86).

COMENTÁRIOS

Alternativa "a": nenhuma das formas de corrupção admite a prisão temporária, pois nada consta do rol legal.

Alternativa "b": embora seja crime hediondo, não faz parte do rol da Lei 7.960. Pode-se discutir se, diante da redação do § 4º do art. 2º da Lei 8.072/1990, os crimes hediondos seriam automaticamente passíveis de prisão temporária.

Alternativa "c": a extorsão admite a prisão temporária, mas a concussão não.

Alternativa "d": o contrabando não faz parte do rol da Lei 7.960.

Alternativa "e": o enunciado descreve os requisitos para a decretação da prisão temporária. E, como é possível perceber, há um rol de crimes na Lei 7.960/1989 – o enunciado errou o ano da lei –, de modo a não ser possível a decretação de tal espécie de prisão cautelar em crime que esteja fora dele. Assim, pode ser decretada a temporária em crime contra o sistema financeiro, pois está no rol (art. 1º, III, o).

Alternativa correta: letra "e".

---

356. (Vunesp – Delegado de Polícia – CE/2015) De acordo com o art. 289-A, § 1º do CPP,

a) qualquer agente policial poderá efetuar a prisão determinada no mandado de prisão registrado no Conselho Nacional de Justiça, ainda que fora da competência territorial do juiz que o expediu, mas desde que o juiz do local da prisão seja previamente comunicado e lance seu "cumpra-se".

b) qualquer agente policial poderá efetuar a prisão determinada no mandado de prisão registrado no Conselho Nacional de Justiça, ainda que fora da competência territorial do juiz que o expediu.

c) apenas o agente policial lotado em unidade sujeita à competência territorial do juiz que expediu o mandado de prisão poderá efetuar a prisão determinada no respectivo mandado fora da competência territorial do juiz que o expediu, mas desde que o mandado seja registrado no Conselho Nacional de Justiça.

d) apenas o agente policial lotado em unidade sujeita à competência territorial do juiz que expediu o mandado de prisão poderá efetuar a prisão determinada no respectivo mandado fora da competência territorial do juiz que o expediu.

e) qualquer agente policial poderá efetuar a prisão determinada no mandado de prisão registrado no Conselho Nacional de Justiça, mas apenas no território de competência do juiz que o expediu.

COMENTÁRIOS

Alternativa "b" (responde também todas as demais alternativas): o art. 289-A, § 1º, do CPP dispõe que qualquer agente policial poderá efetuar a prisão determinada no mandado de prisão registrado no Conselho Nacional de Justiça, ainda que fora da competência territorial do juiz que o expediu. Notem como muitas vezes o examinador quer testar o conhecimento do candidato quanto à letra da lei, pura e simplesmente.

Alternativa correta: letra "b".

357. (FUNIVERSA - Delegado de Polícia - DF/2015) Com base na legislação, na jurisprudência e na doutrina majoritária, assinale a alternativa correta no que se refere a prova, prisão preventiva, liberdade provisória e excludente de ilicitude.

a) Não se admite liberdade provisória em crime hediondo.

b) Dada a adoção do sistema acusatório no processo penal brasileiro, não cabe ao réu o ônus de provar a causa excludente de ilicitude.

c) De acordo com o CPP, a falta de exame complementar não pode ser suprida por meio de prova testemunhal.

d) Conforme dispositivo expresso no CPP, não se admite prisão preventiva em crime culposo.

e) Suponha-se que o juiz decrete a prisão preventiva do investigado, em virtude do descumprimento de outras medidas cautelares pessoais. Nesse caso, prescinde-se de que o crime seja punido com pena privativa de liberdade máxima superior a quatro anos.

COMENTÁRIOS

Alternativa "a": admite-se, conforme vêm decidindo os Tribunais Superiores. O que se não admite é a concessão de liberdade provisória por meio de fiança.

Alternativa "b": não cabe ao réu provar que é inocente. Sabemos que há vozes respeitáveis que sustentam caber-lhe o ônus da prova das causas de exclusão da ilicitude. Porém, a nosso ver, todo o ônus da prova recai sobre a acusação. No entanto, isso não guarda relação tão direta assim com o sistema acusatório, mas com o regime de ônus da prova.

Alternativa "c": se desaparecidos os vestígios do crime, o próprio exame de corpo de delito pode ser suprido pela prova testemunhal, não havendo exclusão do laudo complementar (art. 167, CPP).

Alternativa "d": embora não haja vedação expressa, ela decorre do teor do art. 313 do CPP e seus incisos, que sempre exigem como condição para a preventiva a prática de crime doloso.

Alternativa "e": trata-se de hipótese autônoma do § 1º do art. 313 do CPP. Por isso, não há necessidade de que se submeta também à condição do inciso I. Temos, portanto, hipótese que alguns chamam de prisão preventiva sancionadora, pois se trata de sanção processual pelo descumprimento das medidas cautelares antes aplicadas.

Alternativa correta: letra "e".

358. (FUNIVERSA - Delegado de Polícia - DF/2015) Considera-se flagrante diferido o(a)

a) modalidade de flagrante proibida pela legislação processual penal brasileira, em que a autoridade policial, tendo notícia da prática de futura infração, coloca-se estrategicamente de modo a impedir a consumação do crime.

b) obtido a partir de uma provocação do agente criminoso para controlar a ação delituosa e evitar o crime, com base na política criminal hodierna.

c) realizado em momento imediatamente após a prática do crime, se o agente for encontrado com instrumentos, armas, objetos ou papéis que façam presumir ser ele o autor da infração.

d) ação policial de monitoramento e controle das ações criminosas desenvolvidas, transferindo-se o flagrante para momento de maior visibilidade das responsabilidades penais.

e) lavrado quando o agente é perseguido, logo após o crime, pela autoridade policial, pelo ofendido ou por qualquer pessoa em situação que indique ser ele o autor da infração.

COMENTÁRIOS

Alternativa "d" (responde também todas as demais alternativas): é o retardamento do flagrante, permitido pelas Leis 11.343/2006 e 12.850/2013. Uma vez havendo situação de flagrância, a autoridade policial tem o dever de efetuar a prisão. Porém, em casos de tráfico de drogas e de criminalidade organizada, pode ser muito mais eficaz deixar para efetuar o flagrante posteriormente, retardando-se a ação, a fim de, por exemplo, seguir os criminosos e obter saldo maior na operação policial, com a descoberta de outros membros, de dinheiro escondido, mais droga etc.

Alternativa correta: letra "d".

359. (FUNIVERSA - Delegado de Polícia - DF/2015) Acerca da fiança e da liberdade provisória, assinale a alternativa correta.

a) A fiança poderá ser dispensada, se assim recomendar a situação econômica do preso, observados os critérios legais.

b) A liberdade provisória, conforme a atual sistemática do CPP, será concedida sempre com fiança.

c) A autoridade policial poderá conceder fiança nos casos de infração penal punida com detenção ou prisão simples, independentemente da duração da pena.

d) Denomina-se quebra da fiança o não pagamento desta no prazo legal.

e) Em se tratando de prisão civil, é cabível a concessão de fiança pela autoridade policial.

COMENTÁRIOS

Alternativa "a": é o que permite o art. 325, § 1º, I, do CPP.

Alternativa "b": poderá ser concedida a liberdade sem fiança, com fiança ou com qualquer outra das medidas cautelares previstas no art. 319 do CPP.

Alternativa "c": a autoridade policial somente poderá conceder fiança nos casos de infração cuja pena privativa de liberdade máxima não seja superior a 4 anos (art. 322, caput, CPP).

Alternativa "d": as hipóteses de quebra da fiança estão previstas nos arts. 327 e 341 do CPP. Não há prazo legal para o pagamento da fiança. Uma vez concedida, poderá ser paga até o trânsito em julgado da sentença. O não pagamento implica em mantença da prisão, não em quebra da fiança.

Alternativa "e": não cabe fiança em prisão civil (art. 324, II, CPP).

Alternativa correta: letra "a".

360. (ACAFE - Delegado de Polícia - SC/2014) Considere o Código de Processo Penal quanto as medidas cautelares, analise as afirmações a seguir e assinale a alternativa correta.

I. As medidas cautelares serão decretadas pelo juiz, de ofício ou a requerimento das partes ou, quando no curso da investigação criminal, por representação da autoridade policial ou mediante requerimento do Ministério Público.

II. Não será permitido o emprego de força, mesmo a indispensável, no caso de resistência ou de tentativa de fuga do preso.

III. A prisão preventiva será determinada quando não for cabível a sua substituição por outra medida cautelar.

IV. As medidas cautelares serão decretadas pelo juiz e não poderão ser aplicadas cumulativamente.

a) Apenas I e III estão corretas.

b) Apenas II e III estão corretas.

c) Apenas III e IV estão corretas.

d) Apenas I, II e III estão corretas.

e) Todas as afirmações estão corretas.

COMENTÁRIOS

Afirmação I: A questão trata das medidas cautelares pessoais (preferimos chamá-las medidas coativas pessoais, pois pensamos não ter caráter cautelar, por exemplo, a prisão preventiva para garantia da ordem pública ou da ordem econômica, embora as consideremos constitucionais), que já não mais se resumem às prisões preventiva e temporária, eis que houve a inclusão de diversas outras, por meio dos arts. 319 e 320 do CPP. O teor da afirmação estava com o disposto no § 2º do art. 282 do CPP antes das alterações trazidas pelo Pacote Anticrime. Atualmente, o referido dispositivo estabelece o seguinte: "As medidas cautelares serão decretadas pelo juiz a requerimento das partes ou, quando no curso da investigação criminal, por representação da autoridade policial ou mediante requerimento do Ministério Público".

Afirmação II: O uso da força é exceção, permitida justamente no caso de resistência ou tentativa de fuga (art. 284, CPP).

Afirmação III: É o que diz o § 6º do art. 282 do CPP. É a aplicação da regra da proporcionalidade: havendo necessidade de aplicação de medida cautelar, deve-se aplicar apenas aquela necessária, entendida como sendo a menos restritiva a direitos fundamentais. Assim, a prisão preventiva, sendo, dentre as medidas coativas, a mais limitadora de direitos, deve ser usada somente em último caso.

Afirmação IV: Poderão ser aplicadas cumulativamente, como autoriza o § 1º do art. 282 do CPP.

Alternativa correta: letra "a": estão certas as Afirmações I e III.

361. (ACAFE - Delegado de Polícia - SC/2014) Analise os crimes a seguir, identifique os passíveis de decretação de prisão temporária quando houver fundadas razões de autoria ou participação do indiciado e assinale a alternativa correta.

I. Homicídio de qualquer natureza e tráfico de drogas.

II. Sequestro, cárcere privado e estupro.

III. Extorsão mediante sequestro e crimes contra o sistema financeiro.

IV. Furto, roubo e extorsão.

a) Apenas I, II e III estão corretos.

b) Apenas I e III estão corretos.

c) Apenas II e III estão corretos.

d) Apenas III e IV estão corretos.

e) Todos estão corretos.

COMENTÁRIOS

✪ **Nota do autor:** Muito importante conhecer o que foi decidido na ADI 3.360. Na decisão, o STF deu interpretação conforme a Constituição Federal ao art. 1º da Lei 7.960/1989 e fixou o entendimento de que a decretação de prisão temporária autoriza-se quando, cumulativamente: 1) for imprescindível para as investigações do inquérito policial (art. 1º, I, Lei 7.960/1989) (periculum libertatis), constatada a partir de elementos concretos, e não meras conjecturas, vedada a sua utilização como prisão para averiguações, em violação ao direito à não autoincriminação, ou quando fundada no mero fato de o representado não possuir residência fixa (inciso II); 2) houver fundadas razões de autoria ou participação do indiciado nos crimes previstos no art. 1º, III, Lei 7.960/1989 (fumus comissi delicti), vedada a analogia ou a interpretação extensiva do rol previsto no dispositivo; 3) for justificada em fatos novos ou contemporâneos que fundamentem a medida (art. 312, § 2º, CPP); 4) a medida for adequada à gravidade concreta do crime, às circunstâncias do fato e às condições pessoais do indiciado (art. 282, II, CPP); 5) não for suficiente a imposição de medidas cautelares diversas, previstas nos arts. 319 e 320 do CPP (art. 282, § 6º, CPP).

Afirmação I: Só é passível de prisão temporária o homicídio doloso nas modalidades simples quando praticado em grupo de extermínio (art. 121, caput, CP) e qualificada (art. 121, § 2º, CP).

Afirmação II: Estão no rol do art. 1º, III, da Lei 7.960, respectivamente, nas alíneas "b" e "f".

Afirmação III: Também estão no rol do art. 1º, III, da Lei 7.960, respectivamente, nas alíneas "e" e "o".

Afirmação IV: O furto não é passível de prisão temporária, salvo se cometido com emprego de explosivo ou dispositivo que cause perigo comum, pois nesse caso torna-se hediondo, o que, segundo alguns, permite a prisão temporária, apesar de não fazer parte do rol da Lei 7.960.

Alternativa correta: letra "C": estão certas as Afirmações II e III.

---

362. (FUNCAB – Delegado de Polícia – RO/2014) A ordem ou o "comando implícito de soltura" é característica peculiar de uma prisão cautelar, no caso, a prisão:

a) preventiva decorrente de conversão.

b) em flagrante.

c) temporária.

d) preventiva decretada no curso do processo.

e) domiciliar decretada no curso do processo.

COMENTÁRIOS

Alternativa "a" (responde também a alternativa "d"): a prisão preventiva, seja de que tipo for, uma vez decretada, perdura até que outra ordem a revogue. Portanto, não há o tal comando implícito de soltura.

Alternativa "b": a prisão em flagrante, segundo boa parte da doutrina, tem natureza pré-cautelar. Uma vez preso em flagrante, há necessidade de que o juiz analise a situação, seja para decretar a preventiva (conversão), seja para relaxar a prisão, ou ainda para conceder a liberdade provisória. A soltura, portanto, não é automática, dependendo sempre de decisão judicial.

Alternativa "c": a prisão temporária possui prazo determinado pela lei, de modo que, vencido, deve o preso ser imediatamente liberado. Isso é o que se denomina "comando implícito de soltura".

Alternativa "e": a prisão domiciliar é forma substitutiva da prisão preventiva, mas depende da existência dos requisitos desta. Assim, somente pode cessar por ordem do juiz.

Alternativa correta: letra "c".

---

363. (FUNCAB – Delegado de Polícia – RO/2014) Sabe-se que a prisão em flagrante se desdobra em dois momentos sucessivos: em um primeiro momento, ocorre a apreensão física do infrator e; em um momento posterior, a lavratura ou a documentação da prisão no respectivo auto. Dito isso, analise as proposições e assinale a alternativa correta.

a) Após a lavratura ou a documentação da prisão, o auto de prisão em flagrante deverá ser encaminhado ao juiz competente.

b) Não cabe apreensão física de Juiz de Direito que pratica infração afiançável.

c) Não há discussão doutrinária acerca da possibilidade de a autoridade judiciária lavrar o auto de prisão em flagrante, essa possibilidade decorre da lei.

d) O denominado flagrante facultativo viabiliza que a autoridade policial não lavre ou documente a prisão.

e) Não cabe apreensão física de pessoa que pratica infração de menor potencial ofensivo.

COMENTÁRIOS

Alternativa "a": uma vez ocorrendo a captura e a lavratura do auto de prisão em flagrante, deve esta ser comunicada ao juiz imediatamente e o auto a ele encaminhado em até 24 horas, justamente para que haja o controle das garantias fundamentais pelo Poder Judiciário. Vejam, a respeito, o art. 306 do CPP. Cabe ao juiz realizar a audiência de custódia (art. 310, *caput*).

Alternativa "b": a captura, ou seja, a apreensão física é possível, mas não a lavratura da prisão em flagrante. Simplesmente é lavrada uma ocorrência e comunicado dos fatos o Tribunal de Justiça.

Alternativa "c": há muita discussão doutrinária. Para nós, o juiz não pode, no sistema acusatório, lavrar auto de prisão em flagrante. Ademais, somente delegado de polícia instaura e preside inquérito (Lei 12.830/2013) e, lembrem-se, a lavratura do auto de prisão em flagrante é uma das formas de se iniciar um inquérito.

Alternativa "d": o flagrante facultativo é aquele realizado por qualquer do povo. É previsto no art. 301 do CPP. Ninguém, salvo a autoridade policial e seus agentes, é obrigado a prender outrem em flagrante, embora possa fazê-lo.

Alternativa "e": a pessoa pode ser levada à delegacia, mas será liberada, se se comprometer a comparecer perante o juizado especial criminal. Ou seja, não se lavra, em regra, o flagrante (art. 69, parágrafo único, Lei 9.099/1995).

Alternativa correta: letra "a".

---

364. (NUCEPE – Delegado de Polícia – PI/2014) Na atual processualística penal, com as modificações implementadas pela Lei nº 12.403/11, pode-se afirmar que

a) a prisão preventiva poderá ser decretada de ofício pelo juiz no curso da ação penal ou na fase pré-processual.

b) a prisão temporária, assim como a prisão preventiva, está submetida à presença do *fumus comissi delicti* e ao *periculum libertatis*.

c) o princípio da provisionalidade das prisões cautelares refere-se à adequação e proporcionalidade da imposição da medida.

d) a prisão em flagrante, uma vez comunicada ao magistrado e por ele convalidada, manter-se-á eficaz.

e) a prisão preventiva não existe sem prévio flagrante.

COMENTÁRIOS

Alternativa "a": o juiz não pode decretar a prisão preventiva de ofício, mesmo na fase judicial, conforme estabelece a nova redação do art. 311 do CPP dada pela Lei 13.964/2019.

Alternativa "b": é o requisito da cautelaridade. Diz-se que, para a concessão de uma medida com natureza cautelar deve haver fumus boni iuris e periculum in mora. No processo penal, porém, entendemos que é melhor usar os termos fumus comissi delicti e periculum libertatis. Assim, deve existir indícios de autoria e prova do crime, bem como a necessidade da medida para acautelar o inquérito (no caso da temporária ou da preventiva) ou o processo (no caso da preventiva).

Alternativa "c": também conhecido como princípio da precariedade ou da provisoriedade, refere-se à possibilidade de se submeter a matéria a uma constante revisão por parte do juiz, de modo que, uma prisão antes negada poderá, depois, ser decretada e vice-versa, tudo a depender de sua necessidade (v. art. 282, §§ 5º e 6º, CPP).

Alternativa "d": a prisão em flagrante, segundo muitos na doutrina, tem natureza apenas pré-cautelar e, para que a prisão se mantenha, deverá o juiz converter a prisão em flagrante em preventiva, do contrário haverá evidente constrangimento ilegal, passível de caracterização de crime de abuso de autoridade.

Alternativa "e": a prisão preventiva não depende de prévio flagrante. São coisas absolutamente distintas e reguladas separadamente. O flagrante pode ser convertido em preventiva, mas esta pode ser decretada, mesmo estando solto o imputado, sem ter sido flagrado a cometer o fato.

Alternativa correta: letra "b".

---

365. (NUCEPE – Delegado de Polícia – PI/2014) Quanto ao novo regime da liberdade provisória é INCORRETO afirmar:

a) no sistema brasileiro, a liberdade provisória se situa após a prisão em flagrante e antes da prisão preventiva, como medida impeditiva da prisão cautelar.

b) não é uma medida originária, senão substitutiva da prisão em flagrante.

c) a afiançabilidade não é condição sine qua non para a concessão da liberdade provisória.

d) mesmo em crime hediondo ou qualquer outro crime inafiançável poderá o juiz conceder liberdade provisória.

e) o delegado de polícia poderá conceder fiança em qualquer crime cuja pena mínima não exceda 4 anos.

COMENTÁRIOS

Alternativa "a": uma vez preso em flagrante o imputado, deve o juiz analisar, primeiramente, a legalidade da prisão. Se ilegal, deverá relaxá-la. Se legal, deverá decidir, em primeiro lugar, se deve conceder a liberdade, com ou sem imposição de medida cautelar, entre as quais a fiança. Somente então, em último caso, pode decretar a prisão preventiva.

Alternativa "b": a liberdade provisória é a regra. Consideramos pouco apropriado dizer que a liberdade provisória "substitui" a prisão em flagrante. Pensamos que a prisão em flagrante não se sustenta por si só, sendo necessária uma decisão judicial após a prisão. Um dos posicionamentos do juiz pode ser o de conceder a liberdade, restabelecendo a regra geral.

Alternativa "c": a liberdade provisória pode ser concedida sem qualquer medida cautelar ou pode ser concedida com medida cautelar, inclusive a fiança.

Alternativa "d": a liberdade pode ser concedida nesses casos, conforme já decidiram o STF e o STJ, mas não poderá ser imposta a fiança.

Alternativa "e": o erro está na afirmação de que o patamar refere-se à pena mínima, quando, na verdade, refere-se à máxima, conforme a regra do art. 322, caput, do CPP. Acima desse patamar, apenas o juiz poderá conceder a fiança, como medida cautelar diversa da prisão preventiva.

Alternativa correta: letra "e".

---

366. (Vunesp – Delegado de Polícia – SP/2014) Em relação ao tema prisão, é correto afirmar que

a) o emprego de força para a realização da prisão será permitido sempre que a autoridade policial julgar necessário, não existindo restrição legal.

b) a prisão poderá ser efetuada em qualquer dia e a qualquer hora, respeitadas as restrições relativas à inviolabilidade de domicílio.

c) a prisão cautelar somente ocorre durante o inquérito policial.

d) em todas as suas hipóteses, é imprescindível a existência de mandado judicial prévio.

e) a prisão preventiva somente ocorre durante o processo judicial.

COMENTÁRIOS

Alternativa "a": na verdade, a regra é a de que não será permitido o emprego de força, salvo se for indispensável em caso de resistência ou de tentativa de fuga do preso (art. 284, CPP).

Alternativa "b": a prisão não poderá ser feita em qualquer dia ou qualquer hora, salvo o caso de flagrante. É que, estando o imputado em sua casa – "asilo inviolável do indivíduo", na dicção de nossa CF –, não poderá ser dada execução ao mandado de prisão à noite, salvo com a concordância do morador (art. 5º, XI). O CPP regula a questão. Vejam que o art. 293 dispõe que: "Se o executor do mandado verificar, com segurança, que o réu entrou ou se encontra em alguma casa, o morador será intimado a entregá-lo, à vista da ordem de prisão. Se não for obedecido imediatamente, o executor convocará duas testemunhas e, sendo dia, entrará à força na casa, arrombando as portas, se preciso; sendo noite, o executor, depois da intimação ao morador, se não for atendido, fará guardar todas as saídas, tornando a casa incomunicável, e, logo que amanheça, arrombará as portas e efetuará a prisão". Importa lembrar, ainda, que o Código Eleitoral também traz restrições à possibilidade da prisão em datas próximas ao pleito.

Alternativa "c": a prisão cautelar que somente ocorre no inquérito policial é a prisão temporária (a doutrina, hoje, em geral, vem entendendo que a prisão em flagrante é pré-cautelar, eis que não se sustenta sozinha, necessitando de conversão em prisão preventiva). Mas, há outra forma de prisão cautelar, qual seja, a prisão preventiva, que pode ser decretada tanto na fase de inquérito, quanto na fase processual (art. 311, CPP).

Alternativa "d": não há necessidade de mandado judicial prévio no caso de prisão em flagrante. Para a preventiva e a temporária, a ordem judicial prévia é imprescindível.

Alternativa "e": como visto acima, o art. 311 do CPP permite a decretação da prisão preventiva também na fase do inquérito. Nesse caso, porém, o juiz sempre dependerá de representação da autoridade policial ou de requerimento do Ministério Público, não podendo decretá-la de ofício. A restrição agora também se aplica à fase processual.

Alternativa correta: letra "b".

---

367. (Vunesp – Delegado de Polícia – SP/2014) A fiança

a) poderá ser prestada em todas as hipóteses de prisão, salvo no caso de prisão em decorrência de pronúncia.
b) poderá ser prestada em qualquer termo do processo, inclusive após o trânsito em julgado da sentença.
c) poderá ser prestada em qualquer termo do processo, enquanto não transitar em julgado a sentença condenatória.
d) somente poderá ser prestada durante o inquérito policial.
e) poderá ser prestada nas hipóteses de prisão temporária.

COMENTÁRIOS

Alternativa "a": a nosso ver, não existe mais a prisão em virtude de pronúncia, que já foi obrigatória até meados dos anos 70 do século XX. Pensamos que, a partir da reforma de 2008, existe a prisão preventiva, que não decorre da pronúncia em si, mas que é decretada quando da prolação desta, porque o juiz verificou haver necessidade da custódia cautelar. Quanto à afirmação contida na alternativa, é certo que o juiz poderá arbitrar a fiança mesmo nesse caso, já que a prisão preventiva pode ser substituída por outra medida cautelar, se esta se mostrar mais adequada.

Alternativa "c" (responde também a alternativa "b"): a fiança é medida cautelar pessoal, diversa da prisão. Assim, pode ser concedida pelo juiz (em alguns casos, pelo delegado) e prestada pelo imputado em qualquer momento do processo, até o trânsito em julgado (art. 334, CPP), pois, a partir daí, temos o cumprimento da pena, não mais uma prisão cautelar.

Alternativa "d": como medida cautelar que é, a fiança poderá ser prestada também durante o processo, não só após a prisão em flagrante, que dá início a inquérito.

Alternativa "e": não poderá. A prisão temporária é modalidade de prisão provisória aplicável apenas à fase do inquérito. Nesse caso, findo o prazo da prisão, o imputado é solto. Se não se mostrar necessária, o juiz a revoga. A fiança é cabível em caso de prisão em flagrante ou mesmo de prisão preventiva.

Alternativa correta: letra "c".

---

368. (Fundação Aroeira – Delegado de Polícia – TO/2014) Caberá prisão temporária quando houver fundadas razões, de acordo com qualquer prova admitida na legislação penal, de autoria ou participação do indiciado, entre outros crimes, em

a) lesão corporal seguida de morte.
b) redução a condição análoga à de escravo.
c) tráfico internacional de pessoa para exploração sexual.
d) crimes contra o sistema financeiro.

COMENTÁRIOS

✪ **Nota do autor:** a prisão temporária é uma das espécies de prisão cautelar, de natureza provisória, prevista em nosso ordenamento, sendo aplicável apenas na fase do inquérito policial, não da ação penal. A outra espécie é a prisão preventiva.

Alternativa "a": o crime de lesão corporal seguida de morte, do art. 129, § 3º, do CP, não consta do rol da Lei 7.960/1989.

Alternativa "b": embora gravíssimo – pelo fato em si, mas não tanto pela pena cominada – o crime de redução à condição análoga a de escravo não é passível, por si só, de prisão temporária, por não fazer parte do rol da Lei 7.960.

Alternativa "c": também não faz parte do rol da Lei 7.960. Mas, atenção: se houver sequestro ou cárcere privado, será possível a prisão temporária (art. 1º, III, *b*).

Alternativa "d": a prisão temporária é regulada pela Lei 7.960/1989, que traz um rol taxativo de crimes, de modo que somente poderá ser decretada a medida nas investigações sobre tais delitos. E a alínea *o* do inciso III do art. 1º da citada lei prevê a possibilidade da prisão temporária nos crimes contra o sistema financeiro da Lei 7.492/1986.

Alternativa correta: letra "d".

369. (Fundação Aroeira - Delegado de Polícia - TO/2014) Se assim recomendar a situação econômica do preso, a fiança poderá ser dispensada, e também

a) reduzida até o máximo de um terço ou aumentada em até cem vezes.

b) reduzida até o máximo de dois terços ou aumentada em até mil vezes.

c) reduzida até o máximo de metade ou aumentada em até dez vezes.

d) reduzida até o máximo de três quintos ou aumentada em até cinquenta vezes.

COMENTÁRIOS

✪ Nota do autor: a esta altura, os leitores já perceberam que a fundação responsável pela questão aprecia muito que o candidato conheça o texto da lei. Então, uma recomendação: estudem, tendo ao lado o texto legal e o leiam, sempre.

Alternativa correta: letra "b" (responde todas as demais alternativas): o art. 325, § 1º, do CPP, resolve o problema. Diz o dispositivo que, se assim recomendar a situação econômica do preso, a fiança poderá ser: (i) dispensada; (ii) reduzida até o máximo de 2/3; ou (iii) aumentada em até mil vezes.

370. (Fundação Aroeira - Delegado de Polícia - TO/2014) A fiança ficará sem efeito e o acusado será recolhido à prisão, quando ele

a) deixar de reforçar a fiança, nas hipóteses legais.

b) descumprir cautelar imposta cumulativamente.

c) resistir injustificadamente à ordem judicial.

d) praticar nova infração penal dolosa.

COMENTÁRIOS

Alternativa "a" (responde todas as demais alternativas): Cabe observar, primeiramente, que o art. 340 do CPP, traz os casos em que há necessidade de reforço da fiança já fixada anteriormente. Os casos são os seguintes: (i) quando a autoridade tomar, por engano, fiança insuficiente; (ii) quando houver depreciação material ou perecimento dos bens hipotecados ou caucionados, ou depreciação dos metais ou pedras preciosas; (iii) quando for inovada a classificação do delito. Então, caso o imputado não reforce a fiança, essa ficará sem efeito e ele será recolhido à prisão (art. 340, parágrafo único).

Alternativa correta: letra "a".

371. (Fundação Aroeira - Delegado de Polícia - TO/2014) Entende-se que a prisão preventiva possui caráter *rebus sic stantibus* porque o juiz

a) poderá revogá-la se, no correr do processo, verificar a falta de motivo para que subsista, bem como de novo decretá-la, se sobrevierem razões que a justifiquem.

b) deverá sempre motivar a decisão que decretar, substituir ou denegar esta modalidade de prisão cautelar.

c) poderá decretá-la de ofício exclusivamente no curso da ação penal, sendo proibido esse tipo de decretação na fase da investigação policial.

d) poderá decretá-la quando houver prova da existência do crime e indício suficiente de autoria.

COMENTÁRIOS

Alternativa "a": a prisão preventiva não é medida cautelar obrigatória no processo, de modo que somente deverá ser imposta ao imputado se for efetivamente adequada e necessária, tomando-se por base o caso concreto e os requisitos do art. 312 do CPP. Ademais, ainda que decretada, a decisão poderá ser revista a qualquer tempo pelo magistrado, inclusive para revogá-la, se a julgar não mais necessária. O contrário também é verdadeiro: mesmo tendo deixado de decretá-la em determinado momento do processo, é certo que poderá o juiz rever a decisão e impor a medida se, durante o feito, passar a ser necessária. É esse o sentido de se verificar ter a prisão preventiva caráter *rebus sic stantibus*. O § 5º do art. 282 do CPP é claro nesse sentido: "O juiz poderá, de ofício ou a pedido das partes, revogar a medida cautelar ou substituí-la quando verificar a falta de motivo para que subsista, bem como voltar a decretá-la, se sobrevierem razões que a justifiquem".

Alternativa "b": sem dúvida nenhuma, o juiz sempre deverá motivar tal espécie de decisão. Mas, não é isso o que significa ter a prisão preventiva caráter *rebus sic stantibus*.

Alternativa "c": como visto acima, não é isso o caráter *rebus sic stantibus* da prisão preventiva. Mas, atenção: o juiz realmente não poderá decretá-la, de ofício, na fase pré-processual, e nem mesmo na fase processual. Nas duas fases, dependerá o juiz de requerimento do Ministério Público ou de representação da autoridade policial (art. 311, CPP, com a redação dada pela Lei 13.964/2019).

Alternativa "d": são os pressupostos da prisão preventiva, previstos no art. 312 do CPP. Não guardam, porém, relação com o caráter *rebus sic stantibus*.

Alternativa correta: letra "a".

372. (Fundação Aroeira - Delegado de Polícia - TO/2014) A privação cautelar da liberdade individual reveste-se de caráter excepcional, somente devendo ser decretada em situações de absoluta necessidade, como quando for imprescindível para as investigações do inquérito policial. Nesse sentido, acerca da prisão temporária, nos termos da Lei nº 7.960/1989,

a) será decidida pelo juiz, na hipótese de representação da autoridade policial, em vinte quatro horas, sendo prescindível, nesse caso, o parecer do Ministério Público.

b) será cabível quando houver fundadas razões, de acordo com qualquer prova admitida na legislação penal, de autoria ou participação do indiciado em qualquer tipo de crime de homicídio.

c) será decretada pelo juiz, em face da representação da autoridade policial, e terá o prazo improrrogável de cinco dias.

d) poderá o juiz, de ofício, determinar que o preso lhe seja apresentado, solicitar informações da autoridade policial e submetê-lo a exame de corpo de delito.

COMENTÁRIOS

Alternativa "a": o juiz não pode decretar a prisão temporária de ofício, realmente dependendo de requerimento do Ministério Público ou de representação da autoridade policial. Neste último caso, necessariamente deverá o magistrado ouvir o Ministério Público antes de decidir, tendo prazo de 24 horas para exarar a decisão (art. 2º, §§ 1º e 2º, Lei 7.960).

Alternativa "b": somente é cabível a prisão temporária se o homicídio for doloso (simples, mas cometido em grupo de extermínio; e qualificado), não havendo previsão alguma de sua decretação na hipótese de homicídio culposo.

Alternativa "c": o prazo é prorrogável uma vez. Além disso, pode o juiz decretar a prisão temporária também diante de requerimento do Ministério Público, como vimos acima.

Alternativa "d": um poder pouco exercido na prática pelos juízes é o de exigir que o preso temporário lhe seja apresentado. Dado o histórico brasileiro de violação de direitos humanos, deveria ser mais utilizado. Este poder está previsto no § 3º do art. 2º da Lei 7.960/1989 e pode ser exercido de ofício pelo magistrado ou a requerimento do Ministério Público ou do advogado. Ademais, da mesma forma, a lei prevê o poder do juiz de solicitar informações e esclarecimentos da autoridade policial e também de determinar que o preso seja submetido a exame de corpo de delito.

Alternativa correta: letra "d".

---

373. (UEL – Delegado de Polícia – PR/2013) Sobre o tema prisão, assinale a alternativa correta.

a) A prisão em virtude de mandado entender-se-á feita desde que o executor fazendo-se conhecer do réu lhe apresente o mandado e o intime a acompanhá-lo.

b) A prisão poderá ser efetuada em qualquer dia e qualquer hora, impondo-se prioritariamente sobre qualquer restrição relativa à inviolabilidade do domicílio.

c) A falta de testemunhas da infração impedirá o auto de prisão em flagrante, sendo o preso solto sob fiança.

d) Se a infração for inafiançável, a falta de exibição do mandado impedirá a prisão e a consequente condução do suspeito ao juízo.

e) Será admissível a prisão mediante ordem escrita da autoridade competente, com devida fundamentação, sem exceção.

COMENTÁRIOS

✪ **Nota do autor:** notem como a solução da questão não exige do candidato nada mais que o conhecimento do texto legal.

Alternativa "a": a alternativa repete exatamente o teor do art. 291 do CPP. É simples: a ordem de prisão existe, tendo sido emanada por juiz, sendo demonstrada pela mera exibição do mandado. O art. 291 é regra antiga do CPP e não sofreu qualquer modificação até hoje.

Alternativa "b": já vimos mais acima que o mandado não poderá ser cumprido à noite, se estiver o indivíduo a ser preso em algum domicílio. Nesse caso, a polícia dependerá da autorização do morador. Isso não quer dizer que a polícia não possa entrar em algum domicílio durante a noite, já que isso é possível no caso de prisão em flagrante.

Alternativa "c": a falta de testemunhas da infração penal não impede a lavratura do auto de prisão em flagrante. Nesse caso, o auto deverá ser assinado, além do condutor, por no mínimo duas testemunhas que hajam presenciado a apresentação do preso à autoridade policial (art. 304, § 2º, CPP).

Alternativa "d": a falta do mandado não impede a realização da prisão, desde que, evidentemente, ele exista e se trate de crime inafiançável. Nesse caso, o preso deverá ser imediatamente apresentado ao juiz que expediu o mandado (art. 287, CPP).

Alternativa "e": a regra é que a prisão somente poderá ser realizada se houver ordem escrita de autoridade judicial, fundamentada, conforme estipula o art. 283 do CPP. Porém, o mesmo dispositivo dispõe também ser cabível a prisão em flagrante, que não depende de ordem judicial escrita, podendo ser realizada por qualquer pessoa, à vista das situações de flagrância do art. 302.

Alternativa correta: letra "a".

---

374. (UEL – Delegado de Polícia – PR/2013) Em relação à prisão temporária, considere as afirmativas a seguir.

I. O prazo da prisão temporária é de cinco dias, sem prorrogação.

II. O despacho que decretar a prisão temporária deverá ser fundamentado.

III. Decorrido o prazo de cinco dias de detenção, o preso deverá ser posto imediatamente em liberdade, salvo se já tiver sido decretada sua prisão preventiva.

IV. A prisão temporária pode ser decretada se for imprescindível para as investigações do inquérito policial.

Assinale a alternativa correta.

a) Somente as afirmativas I e II são corretas.

b) Somente as afirmativas I e IV são corretas.

c) Somente as afirmativas III e IV são corretas.

d) Somente as afirmativas I, II e III são corretas.

e) Somente as afirmativas II, III e IV são corretas.

COMENTÁRIOS

Afirmativa I: O prazo da prisão temporária é, em regra de 5 dias, sendo de 30, no caso dos crimes previstos na Lei 8.072/1990 (Lei dos Crimes Hediondos). Em ambos os casos, é permitida uma prorrogação.

Afirmativa II: Óbvio, pois ninguém poderá ser preso, senão por ordem fundamentada de autoridade judicial, salvo o caso de flagrante (art. 5º, LXI, CF).

Afirmativa III: Findo o prazo fixado na decisão judicial para a duração da prisão temporária, o preso deverá ser posto imediatamente em liberdade, não havendo necessidade de contramandado ou alvará de soltura (art. 2º, § 7º, Lei 7.960/1989).

Afirmativa IV: Trata-se de um dos requisitos para a prisão temporária, previsto no inciso I, do art. 1º da Lei 7.960/1989. Deve-se combinar tal requisito com o rol de crimes previsto no mesmo art. 1º, de modo que somente em tais hipóteses será cabível a prisão temporária. Ademais, ainda dentro do rol, será possível a prisão quando o indicado não tiver residência fixa ou não fornecer elementos necessários ao esclarecimento de sua identidade.

Alternativa correta: letra "e": estão certas as Afirmativas II, III e IV.

---

375. (Cespe - Delegado de Polícia - BA/2013) Determinado cidadão, maior, capaz, réu em processo penal sob a acusação de crime de latrocínio na comarca de Catu - BA, tendo sido contra ele expedido mandado de prisão preventiva, devidamente registrado no banco de dados do Conselho Nacional de Justiça, foi abordado por agentes da delegacia de homicídios de Salvador - BA, no curso de investigação policial por outros delitos perpetrados na capital baiana. Após consulta ao sistema informatizado de capturas, e tendo sido o seu nome localizado, foi-lhe dada voz de prisão. Nesse momento, o cidadão empreendeu fuga em um veículo na direção ao interior do estado e, imediatamente perseguido pelos agentes policiais, foi interceptado e preso na Comarca de Feira de Santana - BA.

Com base na situação hipotética apresentada acima, julgue os itens subsequentes.

375.1. A decretação da prisão preventiva submete-se aos requisitos fáticos e normativos estabelecidos no CPP, sendo admitida em qualquer fase da persecução criminal, seja de ofício, seja por representação da autoridade policial, a requerimento do MP, do querelante ou do assistente de acusação.

COMENTÁRIOS

A prisão preventiva depende dos pressupostos e requisitos estabelecidos no art. 312 do CPP, bem como das condições do art. 313. Pode ser decretada em qualquer fase da persecução criminal. O juiz não poderá decretá-la de ofício, mas dependerá de requerimento do Ministério Público, do querelante ou do assistente, ou de representação da autoridade policial (art. 311).

Alternativa correta: "errado".

375.2. Nessa situação, por força do disposto contido no CPP, deverão os agentes apresentar o cidadão à autoridade policial de Feira de Santana - BA e, nessa ocasião, ele será informado de seus direitos constitucionais. Caso não apresente o nome de seu advogado, a defensoria pública será cientificada da prisão. A autoridade policial, após execução das formalidades legais, comunicará da prisão ao juízo do local de cumprimento da medida, o qual informará ao juízo que a decretou.

COMENTÁRIOS

O art. 290 do CPP dispõe que se o réu, sendo perseguido, passar ao território de outro município ou comarca, o executor poderá efetuar a prisão no lugar onde o alcançar, apresentando-o imediatamente à autoridade local, que, depois de lavrado, se for o caso, o auto de flagrante, providenciará a remoção do preso. Portanto, deverá ser apresentado à autoridade de Feira de Santana. Deve, então, ser aplicado o § 3º do art. 289-A, que estabelece: "A prisão será imediatamente comunicada ao juiz do local de cumprimento da medida o qual providenciará a certidão extraída do registro do Conselho Nacional de Justiça e informará ao juízo que a decretou". Também deve ser aplicado o § 4º do mesmo dispositivo, que estabelece dever o preso ser informado de seus direitos, nos termos do inciso LXIII do art. 5º da CF e, caso o autuado não informe o nome de seu advogado, será comunicado à Defensoria Pública.

Alternativa correta: "certo".

---

376. (UEPA - Delegado de Polícia - PA/2013) Dentre as reformas recentes do Código de Processo Penal, uma das mais importantes, se deu através da Lei nº. 12.403, de 2011, que representa um esforço por diminuir o uso excessivo da prisão não decorrente de condenação penal transitada em julgado. De acordo com as novas normas:

I. O Código de Processo Penal deixa claro que a aplicação de medidas cautelares deve ser considerada antes da decretação da prisão, dando especial ênfase à necessidade e à adequação da medida adotada ao caso concreto e às características pessoais do acusado.

II. Em caso de prisão em flagrante, se o juiz verificar a regularidade formal do auto respectivo (oitiva do condutor e das testemunhas e interrogatório do réu, nesta ordem), havendo prova da materialidade delitiva e indícios de autoria, deverá homologar o auto e manter o acusado preso.

III. A prisão preventiva continua possível em qualquer fase da investigação ou da ação penal, sob os mesmos fundamentos (garantia a ordem pública ou econômica, conveniência da instrução criminal ou para assegurar a aplicação da lei penal), ficando vedada, todavia, a sua imposição de ofício pelo juiz, que sempre a decretará atendendo a requerimento do Ministério Público, querelante ou assistente de acusação.

IV. O papel do delegado de polícia foi valorizado, porque agora ele pode conceder fiança, sem deliberação judicial, mesmo para crimes punidos com reclusão, desde que a pena seja limitada a quatro anos.

V. A possibilidade de fiança foi ampliada pela eliminação de previsões discriminatórias (que negavam esse direito aos mendigos e vadios) ou excessivamente subjetivas (porque baseadas em "clamor público"), de modo que o critério para a inafiançabilidade passou a ser a natureza dos delitos, independentemente de quem os tenha praticado ou das reações sociais que despertem.

Após análise das afirmativas acima, assinale a alternativa correta.

a) Há três assertivas corretas e a II é uma das erradas, porque mesmo se o auto de prisão em flagrante estiver regular, deve o juiz relaxar a prisão, aplicar outra medida cautelar ou conceder liberdade provisória, se não houver motivos concretos para decretar a custódia preventiva.

b) Há duas assertivas corretas e a III é uma das erradas, porque as mudanças operadas na lei não retiraram do juiz a faculdade de decretar a custódia preventiva de ofício, desde que declarando motivos concretos e que extrapolem a mera prova da materialidade e indícios de autoria delitiva.

c) Há duas assertivas corretas e a V é uma das erradas, porque continuam inafiançáveis os crimes na hipótese de cabimento da prisão preventiva, o que se faz por critérios relacionados, ao menos alguns deles, à pessoa do acusado.

d) Há uma única assertiva incorreta, a I, porque as novas medidas cautelares são analisadas mediante critérios diferentes dos pressupostos da prisão e, inclusive, a "ênfase à necessidade e à adequação da medida adotada ao caso concreto e às características pessoais do acusado" diz respeito à prisão e não às cautelares.

e) Há três assertivas corretas e a IV é uma das erradas, porque a concessão de fiança para crimes punidos com penas de até quatro anos de reclusão continua sendo uma atribuição do juiz.

COMENTÁRIOS

Alternativa letra "a" (responde, também, a alternativa "e"): as três assertivas corretas são: I, IV e V. A assertiva I é correta em virtude de uma interpretação sistemática das disposições referentes às medidas cautelares pessoais. Chamamos a atenção, primeiramente, para o disposto no art. 282 do CPP, muito importante, pois afirma que qualquer medida cautelar - inclusive a prisão preventiva - somente deve ser imposta ao acusado se necessária para aplicação da lei penal, para a investigação ou a instrução criminal e, nos casos expressamente previstos, para evitar a prática de infrações penais; e se adequada à gravidade do crime, circunstâncias do fato e condições pessoais do indiciado ou acusado. Trata-se de indisfarçável tentativa de trazer para o texto legal dois dos requisitos do princípio da proporcionalidade, quais seja, necessidade e adequação. Além disso, o § 6º do art. 282 dispõe que a prisão preventiva será determinada quando não for cabível a sua substituição por outra medida cautelar, dentre as previstas no art. 319. Ou seja, primeiramente deve o juiz verificar se é cabível alguma medida cautelar diversa da prisão, somente devendo aplicar esta última se necessária. A assertiva IV é correta porque o art. 322, *caput*, que dispõe: "A autoridade policial somente poderá conceder fiança nos casos de infração cuja pena privativa de liberdade máxima não seja superior a 4 (quatro) anos". Ou seja, inclui crimes apenas com reclusão. A assertiva V é correta porque os crimes passaram a ser, em regra, afiançáveis e critérios de inafiançabilidade mudaram. Assim, lembrem que a própria CF estabelece os casos de inafiançabilidade no art. 5º, incisos XLII ("a prática do racismo constitui crime inafiançável e imprescritível, sujeito à pena de reclusão, nos termos da lei"), XLIII ("a lei considerará crimes inafiançáveis e insuscetíveis de graça ou anistia a prática da tortura, o tráfico ilícito de entorpecentes e drogas afins, o terrorismo e os definidos como crimes hediondos, por eles respondendo os mandantes, os executores e os que, podendo evitá-los, se omitirem") e XLIV (constitui crime inafiançável e imprescritível a ação de grupos armados, civis ou militares, contra a ordem constitucional e o Estado Democrático). O CPP não mais adota o critério da pena para a inafiançabilidade de um crime, como ocorria anteriormente às mudanças introduzidas pela Lei 12.403. Agora, os impedimentos para a fiança estão nos art. 323 (que apenas repete as proibições constitucionais) e 324 (que traz as seguintes proibições: aos que, no mesmo processo, tiverem quebrado fiança anteriormente concedida ou infringido, sem motivo justo, qualquer das obrigações a que se referem os arts. 327 e 328; em caso de prisão civil ou militar; e quando presentes os motivos que autorizam a decretação da prisão preventiva). A assertiva II está errada porque o juiz deve sempre verificar a regularidade do auto de prisão em flagrante, de modo que, estando irregular, deve relaxar a prisão. Porém, estando regular, deve decidir se concede a liberdade ao preso, com ou sem imposição de medida cautelar (dentre as previstas nos arts. 319 e 320 do CPP, entre as quais inclui-se a fiança). Finalmente, entendendo ser o caso de prisão preventiva, deve decretá-la. Ou seja, não basta a homologação do laudo para que o imputado permaneça preso, sendo necessária a decretação da prisão preventiva (art. 310, CPP). A alternativa, a nosso ver, não está totalmente correta, porque diz ser possível o relaxamento da prisão ainda que esteja regular a prisão. Ora, se a prisão estiver formalmente em ordem, não será o caso de relaxamento, como visto antes.

Alternativa "b": vide comentários à alternativa anterior quanto às três assertivas corretas. Realmente, a assertiva III está errada, mas não exatamente pelos motivos expostos na alternativa, mas porque o juiz ainda podia decretar a prisão de ofício na fase judicial, somente dependendo de requerimento da autoridade policial ou de representação do Ministério Público na fase de investigação (art. 311, CPP). Atualmente, com o advento do Pacote Anticrime (Lei 13.964/2019), caberá a prisão preventiva decretada pelo juiz, a requerimento do Ministério Público, do querelante ou do assistente, ou por representação da autoridade policial.

Alternativa "c": vide comentários à alternativa "A" quanto às três assertivas corretas, dentre as quais inclui-se a V.

Alternativa "d": vide comentários à alternativa "A" quanto a ser correta a assertiva I. Observo que o disposto no art. 282 do CPP aplica-se a todas as medidas cautelares, inclusive a prisão preventiva.

Alternativa correta: letra "a".

377. (FUNCAB – Delegado de Polícia – ES/2013) Quanto à prisão processual de natureza cautelar, é correto afirmar:

a) A prisão após o trânsito em julgado da condenação pode ser decretada a título cautelar, em face da execução da pena imposta.
b) A privação cautelar da liberdade individual, qualquer que seja a modalidade autorizada pelo ordenamento positivo, se traduz em execução provisória da futura condenação.
c) Revela-se absolutamente constitucional a utilização, com fins punitivos, da prisão cautelar, pois esta pode se destinar a punir o indiciado.
d) Os elementos próprios à tipologia, bem como as circunstâncias da prática delituosa, são suficientes para respaldara prisão preventiva.
e) Réu que não comparece à delegacia de polícia para depoimento, não autoriza a custódia cautelar.

COMENTÁRIOS

Alternativa "a": prisão após o trânsito em julgado da condenação é pena, tendo natureza definitiva, não sendo prisão cautelar.

Alternativa "b" (responde, também, a alternativa "c"): a prisão antes do trânsito em julgado da sentença condenatória é sempre de natureza cautelar, não podendo ser considerada pena ou sequer antecipação da execução, sob pena de violação ao princípio da presunção de inocência. Ocorre que, mais recentemente, o STF, no julgamento do HC 126.292-SP, modificou o entendimento que até então mantinha sobre o alcance do princípio da presunção de inocência. Assim, a Corte Suprema entendeu possível o início da execução da pena imediatamente depois do julgamento do recurso em segunda instância. Portanto, o STF passou a entender ser possível a prisão para cumprimento da pena ainda que haja recurso especial ou extraordinário pendente, isso porque não mais será possível a discussão do fato e da prova, não havendo mais, a partir daí, a presunção da inocência. Porém, em 2019, a Corte Suprema voltou atrás e restabeleceu seu entendimento anterior: a prisão antes do trânsito em julgado da sentença condenatória é de natureza cautelar. Para complicar, vem a Lei 13.964/2019 e acrescenta a alínea *e* ao inciso I do art. 492 do CPP, de modo que o juiz, em caso de condenação pelo júri a uma pena igual ou superior a 15 anos, poderá determinar o imediato cumprimento da pena. Resta saber como se posicionará o STF em face dessa nova regra.

Alternativa "d": não basta a prova da existência do crime e indício suficiente de autoria (o que a doutrina chama de *fumus comissi delicti*). Estes são apenas pressupostos estabelecidos pelo art. 312 do CPP para a prisão preventiva, que foram acrescidos pela Lei 13.964 de mais um: indício de perigo gerado pelo estado de liberdade do imputado. Além disso, deve estar presente pelo menos um dos requisitos do mesmo dispositivo, a saber: decretação como garantia da ordem pública, da ordem econômica, por conveniência da instrução criminal, ou para assegurar a aplicação da lei penal. Esses requisitos representam o que a doutrina chama de *periculum libertatis*. Vejam que a Lei 13.964 cometeu uma impropriedade técnica, trazendo uma fórmula genérica ("perigo gerado pelo estado de liberdade do imputado") aos pressupostos, que corresponde, na verdade, ao *periculum libertatis*. Por fim, alguma das condições do art. 313 também devem estar presentes: (i) crimes dolosos punidos com pena privativa de liberdade máxima superior a 4 anos; (ii) imputado com condenação por outro crime doloso, em sentença transitada em julgado, ressalvado o disposto no inciso I do *caput* do art. 64 do CP; (iii) crime que envolva violência doméstica e familiar contra a mulher, criança, adolescente, idoso, enfermo ou pessoa com deficiência, para garantir a execução das medidas protetivas de urgência; (iv) existência de dúvida sobre a identidade civil da pessoa ou quando esta não fornecer elementos suficientes para esclarecê-la, devendo o preso ser colocado imediatamente em liberdade após a identificação, salvo se outra hipótese recomendar a manutenção da medida.

Alternativa "e": o imputado não é obrigado a produzir prova contra si mesmo. Consequentemente, não é obrigado a dizer nada em seu interrogatório. Portanto, o fato de não comparecer à delegacia para prestar declarações não justifica a decretação de sua prisão temporária ou preventiva. Faça-se uma correção: se ainda estamos na fase de investigação, não se deve chamar o imputado de réu, mas de suspeito, averiguado, indiciado (se tiver sido indiciado) ou simplesmente imputado, como chamamos no início da frase.

Alternativa correta: letra "e".

378. (UEG – Delegado de Polícia – GO/2013) Sobre a prisão em flagrante, tem-se o seguinte:

a) o auto de prisão em flagrante deverá ser lavrado pela autoridade do local do crime onde foi efetivada a captura, sob pena de nulidade absoluta.
b) em até 24 (vinte e quatro) horas da realização da prisão, será entregue ao preso, mediante recibo, a nota de culpa, assinada pelo juiz, sendo que a errônea capitulação dos fatos no mencionado documento gera nulidade do flagrante.
c) o reconhecimento da nulidade do auto de prisão em flagrante atinge unicamente o seu valor como instrumento de coação cautelar, não tendo repercussão no processo-crime.
d) a falta de comunicação, no prazo legal, da prisão em flagrante à autoridade judiciária nulifica-a, devendo o magistrado, após oitiva do Ministério Público, determinar seu imediato relaxamento.

COMENTÁRIOS

Alternativa "a": não há nulidade absoluta nesse caso. É certo que a comunicação deve ser feita ao juiz competente, para que possa decidir sobre a prisão e a liberdade do preso.

Alternativa "b": a nota de culpa deve ser assinada pelo delegado de polícia, não pelo juiz. O erro não gera, necessariamente, o relaxamento da prisão.

Alternativa "c": a nulidade do auto de prisão em flagrante implica em seu relaxamento, conforme determina o art. 310 do CPP. Porém, não contamina a ação penal posterior, visto que os vícios do inquérito não têm tal efeito.

Alternativa "d": não há nulidade do flagrante, mas ilegalidade da prisão, que poderá, por esse motivo, ser relaxada.

Alternativa correta: letra "c".

---

379. (FUNCAB - Delegado de Polícia - ES/2013) Marque a resposta correta.

a) Trata-se de flagrante diferido quando policiais, realizando uma busca pessoal, colocam no bolso da vítima da busca determinada quantidade de droga.

b) Havendo concurso material de delitos, somam-se as penas mínimas abstratas cominadas, para o exame do cabimento da fiança.

c) Se, na fase policial, foi o delito tipificado como afiançável e, o Ministério Público denuncia como inafiançável, fica o Magistrado obrigado a efetuar a cassação da fiança anteriormente concedida.

d) A proibição de liberdade provisória por crimes hediondos veda o relaxamento da prisão processual.

e) A autoridade policial somente poderá conceder fiança nos casos de infração cuja pena privativa de liberdade máxima não seja superior a cinco anos.

COMENTÁRIOS

Alternativa "a": trata-se de flagrante forjado, que constitui, para os agentes públicos, a prática de crime de denunciação caluniosa.

Alternativa "b": não é a pena que determina o cabimento ou não da fiança, embora possa determinar o seu valor ou se a autoridade policial pode aplicá-la. Nesses casos, deve-se somar as penas máximas, não as mínimas.

Alternativa "c": se o crime foi considerado inafiançável, a fiança deverá ser cassada, conforme determina o art. 339 do CPP: "Será também cassada a fiança quando reconhecida a existência de delito inafiançável, no caso de inovação na classificação do delito".

Alternativa "d": primeiro, deve-se observar que não há mais vedação à liberdade provisória por crimes hediondos. Segundo, ainda que houvesse, sempre que a prisão for ilegal, deve ser relaxada.

Alternativa "e": a autoridade policial somente poderá conceder fiança nos casos de infração cuja pena privativa de liberdade máxima não seja superior a 4 anos (art. 322, CPP).

Alternativa correta: letra "c".

---

380. (FUNCAB - Delegado de Polícia - ES/2013) Romualdo e Paulo subtraíram pertences de Cláudia, utilizando-se para tanto de um punhal, que possuía o cabo cravejado com pedras. Logo após ter sofrido a subtração de seus pertences, Cláudia comunicou o fato a policiais civis da delegacia de polícia próxima, onde lhe apresentaram um álbum fotográfico da distrital, tendo Cláudia reconhecido Romualdo. Os policiais, então, saíram em diligência e lograram êxito em deter Romualdo que contribuiu para as investigações fornecendo o nome de seu comparsa, culminando, a seguir, com a detenção de Paulo, bem como apreenderam a arma e recuperaram a res furtiva com Paulo. Você, Delegado de Plantão, apreciando toda a ocorrência e confirmando os fatos deverá:

a) autuá-los em flagrante delito, pois se trata de flagrante ficto.

b) autuá-los em flagrante delito, pois se trata de flagrante próprio.

c) autuá-los em flagrante delito, pois se trata de quase flagrante.

d) autuá-los em flagrante delito, pois se trata de flagrante impróprio.

e) libertá-los após colher suas declarações, pois não estavam mais em flagrante delito.

COMENTÁRIOS

✪ **Nota do autor:** segundo a doutrina, com base no CPP, as espécies de flagrante são: a) flagrante próprio ou propriamente dito ou real ou verdadeiro (art. 302, I e II, CPP: o imputado está cometendo a infração penal ou acaba de cometê-la); b) flagrante impróprio ou irreal ou quase flagrante (art. 302, III, CPP: o imputado é perseguido, logo após, pela autoridade, pelo ofendido ou por qualquer pessoa, em situação que faça presumir ser autor da infração); c) flagrante presumido ou ficto ou assimilado (art. 302, IV, CPP: o imputado é encontrado, logo depois, com instrumentos, armas, objetos ou papéis que façam presumir ser ele autor da infração).

Alternativa "a" (responde também a alternativa "e"): é bem clara, a nosso ver, a situação de flagrante ficto quanto a Paulo, vez que ele foi encontrado, logo depois do crime, com a arma do crime e os objetos subtraídos. Porém, não é tão clara assim quanto a Romualdo, mas, como autoridade policial, diante do reconhecimento da vítima e o encontro deste último logo depois do crime, com confissão, admitimos possa ser realizado o flagrante.

Alternativa "b": não há flagrante próprio, pois não foram os imputados detidos quando cometiam ou quando acabavam de cometer o crime.

Alternativa "c" (responde também a alternativa "d"): não houve perseguição, logo, não há quase flagrante, também conhecido como flagrante impróprio.

Alternativa correta: letra "a".

381. (FUNCAB - Delegado de Polícia - ES/2013) Altair foi detido e conduzido à delegacia de polícia da circunscrição, em face de estar portando uma pistola, calibre 45, com numeração raspada. Como se tratava de uma cidade do interior, que não tinha autoridade policial todos os dias para apreciar as ocorrências policiais, Vanessa, Escrivã de Polícia, por ser altamente competente e diligente, lavrou um auto de flagrante delito e deu nota de culpa a Altair, por crime previsto no Estatuto do Desarmamento. Assim, pode-se afirmar:

a) O auto de prisão em flagrante lavrado pela Escrivã de Polícia Vanessa é nulo, bem como serão nulos todos os atos decorrentes, inclusive a ação penal e futura condenação decorrentes desse auto de prisão em flagrante serão nulas.

b) O auto de prisão em flagrante lavrado pela Escrivã de Polícia Vanessa é nulo, mas a ação penal e futura condenação decorrentes desse auto de prisão em flagrante não serão nulas.

c) O auto de prisão em flagrante lavrado pela Escrivã de Polícia Vanessa poderá ser convalidado com a posterior assinatura da autoridade policial, bem como serão nulos todos os atos decorrentes, inclusive ação penal e futura condenação decorrentes desse auto de prisão em flagrante serão nulas.

d) O auto de prisão em flagrante lavrado pela Escrivã de Polícia Vanessa não pode ser atacado por habeas corpus, em face de não haver nulidade em sede de inquérito policial.

e) O auto de prisão em flagrante lavrado pela Escrivã de Polícia Vanessa é nulo, entretanto permanecem os efeitos coercitivos da medida cautelar.

COMENTÁRIOS

Alternativa "b" (responde também a alternativa "a"): nesse caso, houve flagrante, mas não havia autoridade policial para presidir a lavratura do auto de prisão. Que fazer? A solução está no art. 308 do CPP: "Não havendo autoridade no lugar em que se tiver efetuado a prisão, o preso será logo apresentado à do lugar mais próximo". E se a falta fosse de escrivão? A solução encontra-se no art. 305: "Na falta ou no impedimento do escrivão, qualquer pessoa designada pela autoridade lavrará o auto, depois de prestado o compromisso legal". Portanto, não houve observância do art. 308 do CPP, razão pela qual o auto de prisão é nulo e, consequentemente, deve a prisão ser relaxada (não impede que o juiz a relaxe e decrete a prisão preventiva). Mas, atenção: a nulidade do auto afeta a prisão, mas não a futura ação penal, eis que nulidade de atos do inquérito não contamina a ação.

Alternativa "c": não será possível a convalidação do auto de prisão. Este será nulo, sem possibilidade de conserto. Mas, como visto, isso não contamina a futura ação penal.

Alternativa "d": a nulidade do auto existiu e pode ser atacado por *habeas corpus*, até para que se obtenha o relaxamento da prisão.

Alternativa "e": a prisão é atingida pela nulidade do auto. Note-se que, segundo a doutrina, a prisão em flagrante não é medida cautelar, mas pré-cautelar, até porque não se sustenta por si só. A medida cautelar seria a prisão preventiva, caso decretada pelo juiz, à vista do flagrante realizado.

Alternativa correta: letra "b".

382. (FUNCAB - Delegado de Polícia - ES/2013) Quanto às medidas cautelares, é correto afirmar:

I. As medidas cautelares poderão ser decretadas pelo Juiz, quando houver necessidade para a investigação criminal e, nos casos expressamente previstos, para evitar a prática de infrações penais, mediante representação da autoridade policial.

II. Nos casos de urgência ou de perigo de ineficácia da medida, o Juiz, ao receber o pedido de medida cautelar, determinará a intimação da parte contrária, acompanhada de cópia do requerimento e das peças necessárias, permanecendo os autos em juízo.

III. No caso de descumprimento de qualquer das obrigações impostas, o Juiz não poderá substituir a medida, impor outra em cumulação ou decretar a prisão preventiva.

IV. A prisão preventiva não poderá ser determinada quando não for cabível a sua substituição por outra medida cautelar.

Indique a opção que contempla a(s) assertiva(s) correta(s).

a) I, II, III e IV.

b) I, II e III, apenas.

c) I e II, apenas.

d) IV, apenas.

e) I, apenas.

COMENTÁRIOS

✪ **Nota do autor:** a questão foi ANULADA.

Assertiva I: errado. Presumimos que a assertiva se refere às medidas cautelares pessoais do CPP. Estas não podem ser decretadas de ofício pelo juiz; na fase de investigação, poderão ser decretadas pelo juiz, atendendo representação da autoridade policial ou requerimento do Ministério Público (art. 282, § 2º, CPP). Ocorre que a alternativa está a repetir dois requisitos da prisão temporária, que é medida cautelar pessoal, mas que não está prevista no CPP.

Assertiva II: errado. A regra é que o atingido pela medida seja intimado pelo juiz quando receber pedido de aplicação de medida cautelar pessoal. Portanto, a regra é que se estabeleça o contraditório. A exceção é justamente o caso de urgência ou de perigo de ineficácia da medida (art. 282, § 3º, CPP).

Assertiva III: errado. Ao contrário do afirmado, no caso de descumprimento de qualquer das obrigações impostas, o juiz, a requerimento das partes, poderá substituir a medida, impor outra em cumulação, ou, em último caso, decretar a prisão preventiva (art. 282, § 4º, CPP).

Assertiva IV: errado. Não poderá ser decretada a prisão preventiva quando for cabível a aplicação de outra medida cautelar menos gravosa. A regra legal é: "A prisão preventiva será determinada quando não for cabível a sua substituição por outra medida cautelar (art. 319)" (art. 282, § 6º, CPP).

15. MEDIDAS CAUTELARES REAIS

- CPP, arts. 125 a 144

383. (FGV – Delegado de Polícia – PC – AM/2022) Dentre as medidas cautelares disponíveis para a tutela processual penal, existe o denominado sequestro especial de bens. Além dos indícios veementes da responsabilidade, os quais serão comunicados ao juiz em segredo, por escrito ou por declarações orais reduzidas a termo, constituem requisitos da medida cautelar

a) ter sido praticado crime contra a Administração Pública, demonstração do enriquecimento ilícito dos agentes infratores e a indicação dos bens.
b) ter sido praticado crime contra o patrimônio, demonstração do enriquecimento ilícito dos agentes infratores e a indicação dos bens.
c) ter sido praticado crime contra a Administração Pública, demonstração do enriquecimento sem causa dos agentes infratores e a indicação dos bens.
d) ter sido praticado crime contra o patrimônio, demonstração do enriquecimento ilícito dos agentes infratores e a indicação de valores.
e) ter sido praticado crime contra a administração pública, demonstração do enriquecimento sem causa dos agentes infratores e a indicação de valores.

COMENTÁRIOS

Esse ponto não costuma ser tão cobrado em concursos, ou ao menos não costumava. Trata-se de medida cautelar patrimonial, semelhante ao sequestro, mas que não está prevista no CPP, mas sim no Decreto-lei 3.240/1941. Há na doutrina quem afirme ter sido tal Decreto-lei revogado pelo CPP, pois são do mesmo ano. No STJ, porém, prevalece o entendimento de que ainda está em vigor. Essa espécie de sequestro é aplicável quando o crime gerar prejuízo à Fazenda Pública e, para sua decretação, é necessário que haja indícios veementes da responsabilidade, os quais serão comunicados ao juiz em segredo, por escrito ou por declarações orais reduzidas a termo, e com indicação dos bens que devam ser objeto da medida. E um aspecto muito importante: pode recair sobre todos os bens do imputado, ainda que não sejam proveitos do crime.

Alternativa correta: letra "a".

384. (FGV – Delegado de Polícia – PC – AM/2022) Assinale a opção que apresenta uma exigência para a realização do sequestro criminal do Art. 126 do CPP.

a) Indícios veementes da proveniência ilícita dos bens, demonstração do nexo causal, a fumaça e a probabilidade de que os bens tenham sido adquiridos com os proventos do crime.
b) Indícios suficientes da proveniência ilícita dos bens, demonstração do nexo causal, a fumaça e a probabilidade de que os bens tenham sido adquiridos com os proventos do crime.
c) Fundadas razões da proveniência ilícita dos bens, demonstração do nexo causal, a fumaça e a probabilidade de que os bens tenham sido adquiridos com os proventos do crime.
d) Indícios suficientes da proveniência ilícita dos bens, demonstração do nexo causal, a fumaça e a possibilidade de que os bens tenham sido adquiridos com os proventos do crime.
e) Fundadas razões da proveniência ilícita dos bens, demonstração do nexo causal, a fumaça e a possibilidade de que os bens tenham sido adquiridos com os proventos do crime.

COMENTÁRIOS

O sequestro do CPP está previsto em seus arts. 125 a 132 e não possui as mesmas características do que se viu na questão anterior, pois somente atinge os bens que foram adquiridos com os proventos do crime: se alguém rouba um banco e com o dinheiro compra um imóvel, este pode ser objeto de sequestro. De acordo com art. 126, para a decretação do seqüestro, bastará a existência de indícios veementes da proveniência ilícita dos bens.

Alternativa correta: letra "a".

385. (FGV – Delegado de Polícia – PC – RN/2021) Em 28/11/2020, foi aberto inquérito policial para investigar a prática do crime de comércio ilegal de armas por parte de Flávio. No curso da investigação, foram obtidos indícios veementes de que Flávio adquiriu um imóvel com o dinheiro proveniente do crime, posteriormente alienado a seu sogro. Sendo esse o único bem que constava em nome do investigado antes da alienação, o seu sequestro:

a) não poderá ser requerido pela autoridade policial ao juiz, pois o bem já se encontra em nome de terceiro;
b) poderá ser requerido pela autoridade policial ao juiz, mesmo antes do oferecimento da denúncia;
c) não poderá ser requerido pela autoridade policial ao juiz, por se tratar de bem imóvel;
d) poderá ser requerido pela autoridade policial ao juiz, sem a possibilidade de oposição de embargos de terceiro;
e) não poderá ser requerido pela autoridade policial ao juiz, dado não haver condenação a demonstrar a prova efetiva da proveniência ilícita do bem.

COMENTÁRIOS

Tendo em vista que se trata de provento do crime, pois Flávio adquiriu o imóvel com o dinheiro obtido na atividade criminosa, é cabível o sequestro, tendo em vista o disposto no art. 125. Tal medida cautelar patrimonial poderá ser requerida mesmo antes de ser oferecida a denúncia, por representação da autoridade policial. A alternativa correta, letra b, possui uma impropriedade técnica, pois o delegado não "requer", por não possuir capacidade postulatória, mas representa ao juiz 9art. 127).

Alternativa correta: letra b.

---

386. (FUNCAB - Delegado de Polícia - RO/2014) A empresa XYZ, ao transportar madeira irregularmente por uma estrada rondoniense em um caminhão adaptado para a prática, foi surpreendida por fiscais, que apreenderam o veículo. Após processo administrativo, com o regular julgamento do auto de infração, a empresa perdeu para o Estado os bens apreendidos na fiscalização. Após os acontecimentos narrados, o juiz penal, no bojo de inquérito policial sobre o mesmo fato:

a) ainda que determine a liberação do veículo, a decisão proferida só revogará a apreensão pela falta administrativa com natureza cautelar, não a atingindo após a apreciação e o julgamento do auto de infração.
b) poderá determinar a liberação do veículo, decisão que só produzirá efeitos após a revisão da decisão administrativa pelo órgão competente, que deverá, necessariamente, respeitar a decisão do juízo penal.
c) poderá determinar a liberação do veículo, decisão deverá ser cumprida imediatamente pela administração pública, independentemente da decisão administrativa.
d) ainda que determine a liberação do veículo, a decisão proferida não alcançará a apreensão pela infração administrativa.
e) poderá determinar a liberação do veículo, desde que haja prévia composição do dano ambiental.

COMENTÁRIOS

Alternativa "d" (responde também todas as demais alternativas): parece-nos que a apreensão deu-se fora do inquérito policial, por órgão de fiscalização. Depois, isso gerou a instauração do inquérito. Houve, em âmbito administrativo, fora do inquérito, a apreensão. Por isso, a nosso ver, não pode o juiz, no inquérito, determinar a liberação, porque no inquérito não houve apreensão. Se o fizer, isso não atinge a apreensão realizada em outro procedimento administrativo. Cabe ao interessado ajuizar a medida mais apropriada, como mandado de segurança, para, aí sim, conseguir uma ordem judicial que deverá ser aplicável ao procedimento administrativo.

Alternativa correta: letra "d".

---

387. (UEG - Delegado de Polícia - GO/2013) Sobre as medidas assecuratórias, tem-se que, segundo o Código de Processo Penal:

a) são instrumentos processuais cuja finalidade é, cumulativa e exclusivamente, garantir o pagamento das despesas processuais, assegurar o pagamento da pena de multa e ressarcir o acusado em caso de absolvição ou anulação do processo.
b) o arresto prévio à hipoteca legal é medida assecuratória que incide sobre os bens móveis e imóveis adquiridos com proventos da prática criminosa, ou seja, sobre os lucros obtidos de forma indireta pelo crime.
c) o sequestro se presta a salvaguardar possível ressarcimento em face da prática do crime, enquanto a hipoteca legal visa, tão somente, a evitar que o bem móvel produto ou provento da prática do crime pereça antes de solvida a discussão da causa.
d) o juiz, de ofício, a requerimento do Ministério Público ou do ofendido, ou mediante representação da autoridade policial, poderá ordenar o sequestro em qualquer fase do processo ou ainda antes de oferecida a denúncia ou queixa.

COMENTÁRIOS

Alternativa "a": as medidas cautelares reais - ou medidas assecuratórias, como as chama o CPP - podem ter diversas finalidades, como assegurar futuro confisco do produto ou do provento do crime; garantir a obrigação de indenizar o ofendido; garantir o pagamento das custas do processo e o pagamento da multa. Tais medidas não têm a finalidade de assegurar o pagamento de indenização ao acusado, em caso de absolvição ou anulação do processo.

Alternativa "b": a medida assecuratória que incide sobre os proventos do crime é o sequestro, tanto no que respeita aos bens móveis quanto aos imóveis (arts. 125 e 132, CPP). O objetivo é assegurar o confisco previsto no art. 91, II, *b*, do CP e, também, o pagamento dos custos do processo e da pena de multa. O arresto prévio à hipoteca legal incide apenas sobre os bens imóveis, tendo como objetivo primordial assegurar a futura indenização ao ofendido, como efeito da condenação (art. 91, I, CP). Pode incidir sobre bens móveis, desde que o responsável não possua bens imóveis ou os possua de valor insuficiente (art. 137, CPP).

Alternativa "c": como visto acima, o sequestro tem como objetivo evitar que os proventos do crime desapareçam, impedindo a incidência do confisco previsto no art. 91, II, *b*, do CP. A hipoteca legal tem como objetivo primordial evitar que os bens imóveis do responsável pela indenização à vítima (art. 91, I, CP) tenham sua propriedade transferida a outrem, tendo, portanto, o objetivo de garantir tal ressarcimento.

Alternativa "d": é o que dispõe o art. 127 do CPP. Há quem entenda não ser possível o juiz decretar o sequestro de ofício, antes de oferecida a denúncia ou a queixa, pois isso infringiria o princípio acusatório, estando o juiz fazendo um pré-julgamento antes mesmo de iniciado o processo. No entanto, não tem sido este o entendimento prevalecente, eis que, segundo se alega, a vedação da atuação do juiz, de ofício, antes da fase processual, estaria relacionada apenas à produção de provas, ou seja, de elementos de convicção, bem como de medidas cautelares pessoais, neste último caso, por expressa disposição legal, inexistente no caso das medidas cautelares reais. Porém, esse entendimento não deve mais prevalecer se o caso ainda estiver na fase da investigação, eis que o art. 3º-A do CPP, introduzido pela Lei 13.964/2019, não permite a iniciativa do juiz nesse caso.

Alternativa correta: letra "d".

388. (FGV – Delegado de Polícia – MA/2012) As medidas assecuratórias possuem uma natureza acautelatória. Buscam proteger a efetividade do procedimento ou garantir o ressarcimento ou reparação civil do dano causado pela infração penal.

A esse respeito, assinale a afirmativa correta.

a) De acordo com o CPP, a restituição de coisas apreendidas poderá ser feita pela autoridade policial quando não existir dúvida acerca do direito do reclamante, ainda que as coisas sejam apreendidas em poder de terceiro de boa-fé.

b) Não poderá ser feito o sequestro de bens imóveis adquiridos com proveito do crime quando transferidos para terceiros.

c) A hipoteca legal, que poderá ser requerida pelo ofendido em qualquer fase do processo, exige a certeza da infração e indícios suficientes da autoria.

d) O mandado que autoriza realização de busca e apreensão em determinada favela, sem especificar as casas atingidas, pode ser considerado válido.

e) A autoridade policial poderá adentrar na residência de determinada pessoa, a qualquer hora do dia ou da noite, se houver consentimento do morador, flagrante delito, situação de desastre ou mandado judicial.

COMENTÁRIOS

Alternativa "a": a regra geral está no art. 120 do CPP, cujo *caput* afirma que a restituição, quando cabível, poderá ser ordenada pela autoridade policial ou juiz, mediante termo nos autos, desde que não exista dúvida quanto ao direito do reclamante. Porém, se duvidoso esse direito, o pedido de restituição autuar-se-á em apartado, assinando-se ao requerente o prazo de 5 dias para a prova. Em tal caso, só o juiz criminal poderá decidir o incidente (§ 1º). O incidente autuar-se-á também em apartado e só a autoridade judicial o resolverá, se as coisas forem apreendidas em poder de terceiro de boa-fé, que será intimado para alegar e provar o seu direito, em prazo igual e sucessivo ao do reclamante, tendo um e outro dois dias para arrazoar (§ 2º). Sobre o pedido de restituição será sempre ouvido o Ministério Público (§ 3º). Em caso de dúvida sobre quem seja o verdadeiro dono, o juiz remeterá as partes para o juízo cível, ordenando o depósito das coisas em mãos de depositário ou do próprio terceiro que as detinha, se for pessoa idônea (§ 4º).

Alternativa "b": o sequestro dos proventos da infração poderá ser determinado ainda que os bens já tenham sido transferidos a terceiro, conforme autoriza expressamente o art. 125 do CPP.

Alternativa "c": é o que dispõe o *caput* do art. 134 do CPP. Quando se diz "certeza da infração", quer-se com isso dizer que há prova da ocorrência do crime. Quanto à autoria, bastam indícios. Não há necessidade de que os bens imóveis atingidos sejam aqueles obtidos com os ganhos do crime, isso porque a hipoteca legal pode ter simplesmente como objetivo o de assegurar que haja bens suficientes para que, em caso de condenação, seja possível a reparação dos danos ao ofendido.

Alternativa "d": casa situada em favela é domicílio de alguém, é casa. Ou seja, barraco e mansão são a mesma coisa aos olhos da lei. Assim, para a realização de busca e apreensão, deve ser cumprido o que dispõe o inciso I do art. 243 do CPP. Ou seja, exige-se que o mandado indique, o mais precisamente possível, a casa em que será realizada a diligência e o nome do respectivo proprietário ou morador. Portanto, na favela ou no condomínio fechado, deve a autorização judicial para a busca indicar as casas que poderão ser revistadas.

Alternativa "e": a CF diz ser a casa asilo inviolável do indivíduo, ninguém nela podendo penetrar sem consentimento do morador, salvo em caso de flagrante delito ou desastre, ou para prestar socorro, ou, durante o dia, por determinação judicial (art. 5º, XI). Assim, o cumprimento do mandado de busca somente pode ocorrer de dia. Entendemos, contudo, que pode o morador autorizar a autoridade policial a ingressar em sua residência e fazer buscas, de noite, mesmo sem mandado.

Alternativa correta: letra "c".

389. (Delegado de Polícia – SP/ 2011 – ACADEPOL) Relativamente aos bens móveis e imóveis ou valores consistentes em produtos decorrentes da prática dos crimes previstos na Lei sobre Drogas (Lei nº 11 343/06) é correto afirmar que

a) o pedido de restituição será conhecido pelo juiz independentemente do comparecimento pessoal do acusado a juízo.

b) acusado poderá apresentar ou requerer a produção de provas acerca da origem lícita do bem, a qualquer tempo, independente de concessão judicial.

c) a ordem de sequestro de bens ou valores poderá ser suspensa pelo juiz quando sua execução comprometer as investigações.

d) os veículos e aeronaves apreendidos ficarão sob a custódia da autoridade judicial.

e) a utilização de veículos e aeronaves apreendidos é expressamente proibida.

COMENTÁRIOS

✪ **Nota do autor:** a nosso ver, a questão refere-se aos proventos ou proveitos do crime. No tráfico, o autor aufere lucro e adquire bens móveis ou imóveis. Estes não são produto do tráfico, mas proveito deste.

Alternativa "a": o § 3º do art. 60 da Lei 11.343/2006 ("Nenhum pedido de restituição será conhecido sem o comparecimento pessoal do acusado, podendo o juiz determinar a prática de atos necessários à conservação de bens, direitos ou valores").

Alternativa "b": não é a qualquer tempo e depende da autorização judicial. Com efeito, o § 1º do art. 60 da Lei 11.343/2006 diz que: "Decretadas quaisquer das medidas previstas neste artigo, o juiz facultará ao acusado que, no prazo de 5 (cinco) dias, apresente ou requeira a produção de provas acerca da origem lícita do produto, bem ou valor objeto da decisão". No caso, as medidas são a apreensão ou qualquer outra de natureza assecuratória (sequestro, normalmente).

Alternativa "c": é o que prevê o § 4º do art. 60 da Lei 11.343/2006 ("A ordem de apreensão ou sequestro de bens, direitos ou valores poderá ser suspensa pelo juiz, ouvido o Ministério Público, quando a sua execução imediata possa comprometer as investigações"). É que, por vezes, o sequestro pode revelar uma investigação em andamento, inviabilizando, por exemplo, outras medidas, como busca, interceptação e mesmo a prisão.

Alternativa "d": o art. 62, *caput*, da Lei 11.343/2006 determina que os veículos, embarcações, aeronaves e quaisquer outros meios de transporte, os maquinários, utensílios, instrumentos e objetos de qualquer natureza, utilizados para a prática dos crimes definidos na própria lei, após a sua regular apreensão, ficarão sob custódia da autoridade de polícia judiciária, excetuadas as armas, que serão recolhidas na forma de legislação específica.

Alternativa "e": ao contrário, o § 1º do art. 62 da Lei 11.343/2006 autoriza o uso: "Comprovado o interesse público na utilização de qualquer dos bens mencionados neste artigo, a autoridade de polícia judiciária poderá deles fazer uso, sob sua responsabilidade e com o objetivo de sua conservação, mediante autorização judicial, ouvido o Ministério Público".

Alternativa correta: letra "c".

---

390. (Delegado de Polícia – AP/ 2010 – FGV) Relativamente ao tema *medidas assecuratórias*, analise as afirmativas a seguir:

I. Caberá o sequestro dos bens imóveis, adquiridos pelo indiciado com os proventos da infração, ainda que já tenham sido transferidos a terceiro.

II. O sequestro será levantado se a ação penal não for intentada no prazo de sessenta dias, contado da data em que ficar concluída a diligência.

III. O juiz poderá ordenar o sequestro ainda antes de oferecida a denúncia ou queixa mediante representação da autoridade policial.

Assinale:

a) se somente a afirmativa I estiver correta.
b) se somente a afirmativa II estiver correta.
c) se somente a afirmativa III estiver correta.
d) se somente as afirmativas II e III estiverem corretas.
e) se todas as afirmativas estiverem corretas.

COMENTÁRIOS

✪ **Nota do autor:** o CPP prevê três medidas assecuratórias, quais sejam, o sequestro (para os proventos do crime), o arresto (que normalmente irá assegurar a reparação do dano) e a especialização da hipoteca legal (idem). O arresto pode ser subsidiário ou preparatório à especialização da hipoteca.

Item I: O sequestro pode recair sobre bens móveis ou imóveis que tenham procedência ilícita, ou seja, que sejam proveitos do crime. Ex.: alguém pratica tráfico de drogas e, com o dinheiro ganho em tal atividade, compra uma mansão. É possível o sequestro de tal imóvel, inclusive quando já tenha sido passado para o nome de terceira pessoa (art. 125, CPP).

Item II: É o que dispõe o art. 131, I, do CPP. Mas, atenção: não obstante os protestos da doutrina, há julgados que acabaram por desconsiderar tal prazo devido à complexidade do caso concreto.

Item III: Dispõe o art. 127 do CPP: "O juiz, de ofício, a requerimento do Ministério Público ou do ofendido, ou mediante representação da autoridade policial, poderá ordenar o sequestro, em qualquer fase do processo ou ainda antes de oferecida a denúncia ou queixa". Pensamos que, em virtude do disposto no art. 3º-A do CPP, não poderá o juiz decretar de ofício o sequestro na fase investigatória.

Alternativa correta: letra "e". Todas as afirmativas estão corretas.

---

391. (Delegado de Polícia – AP/ 2010 – FGV) Relativamente ao tema *medidas assecuratórias*, analise as afirmativas a seguir:

I. Constituem modalidades de medidas assecuratórias previstas expressamente no Código de Processo Penal o sequestro, o arresto, a hipoteca legal e a medida cautelar de indisponibilidade de bens.

II. A hipoteca legal sobre os imóveis do indiciado poderá ser decretada pelo juiz, de ofício, a requerimento do Ministério Público ou do ofendido, ou mediante representação da autoridade policial, desde que haja certeza da infração e indícios suficientes da autoria.

III. Passando em julgado a sentença condenatória, serão os autos de hipoteca ou arresto remetidos ao juiz do cível.

Assinale:

a) se somente a afirmativa I estiver correta.
b) se somente a afirmativa II estiver correta.
c) se somente a afirmativa III estiver correta.
d) se somente as afirmativas II e III estiverem corretas.
e) se todas as afirmativas estiverem corretas.

COMENTÁRIOS

Item I: As medidas assecuratórias previstas no CPP são apenas três: sequestro, arresto e especialização da hipoteca legal.

Item II: De acordo com o art. 134 do CPP, a hipoteca legal sobre os imóveis do indiciado poderá ser requerida pelo ofendido em qualquer fase do processo, desde que haja certeza da infração e indícios suficientes da autoria. O art. 142 possibilita que o Ministério Público apresente tal requerimento se houver interesse da Fazenda Pública, ou se o ofendido for pobre e o requerer. Há vozes na doutrina que entendem não ser mais possível ao Ministério Público apresentar tal requerimento.

Item III: É o que dispõe o art. 143 do CPP. O arresto e a hipoteca têm o objetivo de garantir a indenização, que decorre da sentença condenatória, bem como as despesas processuais e as penas pecuniárias. A indenização ao ofendido tem preferência (art. 140).

Alternativa correta: letra "c": está correta a afirmativa III.

---

392. (Delegado de Polícia – AP/ 2010 – FGV) Relativamente ao tema *medidas assecuratórias*, analise as afirmativas a seguir:

I. O depósito e a administração dos bens arrestados ficam sujeitos ao regime do processo civil.

II. Quando os bens arrestados forem coisas fungíveis e facilmente deterioráveis, serão avaliados e levados a leilão público, depositando-se o dinheiro apurado, ou entregues as coisas ao terceiro que as detinha, se este for pessoa idônea e assinar termo de responsabilidade.

III. Das rendas dos bens móveis arrestados poderão ser fornecidos recursos arbitrados pelo juiz para a manutenção do indiciado e de sua família.

Assinale:

a) se somente a afirmativa I estiver correta.

b) se somente a afirmativa II estiver correta.

c) se somente a afirmativa III estiver correta.

d) se somente as afirmativas II e III estiverem corretas.

e) se todas as afirmativas estiverem corretas.

COMENTÁRIOS

✪ **Nota do autor:** deflui do disposto no art. 140 do CPP que o arresto é uma garantia para o ressarcimento do dano causado pelo delito, mas também para o pagamento das despesas processuais e da pena pecuniária. Esta parte do CPP sofreu algumas mudanças em 2012, pela Lei 12.694.

Item I: É o que dispõe expressamente o art. 139 do CPP, com a redação que lhe foi dada pela Lei 11.435/2006.

Item II: Esta é uma tendência das legislações mundiais. A Lei 12.694/2012 incluiu no CPP o art. 144-A, que dispõe: "O juiz determinará a alienação antecipada para preservação do valor dos bens sempre que estiverem sujeitos a qualquer grau de deterioração ou depreciação, ou quando houver dificuldade para sua manutenção". Trata-se de dispositivo mais amplo do aquele que vigorava quando este concurso foi realizado. Mas entendemos que a afirmativa deve ser considerada correta, eis que seu conteúdo não contraria o atual texto legal, mas é hipótese que nele se insere.

Item III: É a previsão do art. 137, § 2º, do CPP.

Alternativa correta: letra "e": todas as afirmativas estão corretas.

---

393. (Delegado de Polícia – MT/ 2010 – UNEMAT) Com relação às medidas assecuratórias previstas no CPP, assinale a alternativa **correta.**

a) A medida legal do sequestro não incidirá sobre os bens previstos na Lei nº 8.009/90, consistentes em bens de família.

b) Com a decretação do sequestro, perde-se o direito de obtenção dos frutos.

c) A espécie de sentença que autoriza o cancelamento da hipoteca é a absolutória irrecorrível.

d) A Lei de Drogas, diversamente do Código de Processo Penal, descuidou-se da hipótese de suspensão do sequestro de bens.

e) A hipoteca legal não impede a alienação do bem.

COMENTÁRIOS

Alternativa "a": o sequestro incide sobre os proventos do crime, ou seja, sobre bens com origem ilícita (art. 125, CPP). Logo, se o acusado, com os proventos do crime, adquire um imóvel – único bem de família – este poderá ser sequestrado.

Alternativa "b": não há regra prevendo a proibição de obtenção dos frutos do bem sequestrado enquanto não transitar em julgado a sentença condenatória.

Alternativa "c": o art. 141 do CPP inclui também a hipótese de decisão extintiva da punibilidade, não somente aquela que absolve o acusado.

Alternativa "d": o § 4º do art. 60 da Lei 11.343/2006 (Lei de Drogas) prevê a suspensão do sequestro e da ordem de apreensão. Não há tal regra no CPP.

Alternativa "e": a hipoteca legal é uma garantia que recai sobre o bem imóvel. Assim, caso o juiz determine a inscrição da hipoteca, o bem ficará gravado e poderá a garantia ser executada, no juízo cível, uma vez transitada em julgado a sentença condenatória criminal, pouco importando se o acusado tenha alienado o bem.

Alternativa correta: letra "e".

16. EXECUÇÃO PENAL

- Lei 7.210/1984 (LEP)

---

394. (Instituto AOCP – Delegado de Polícia – PC – PA/2021) Considerando as recentes alterações legislativas, assinale a alternativa correta sobre a Lei de Execução Penal.

a) O cometimento de falta grave durante a execução da pena privativa de liberdade interrompe o prazo para a obtenção da progressão no regime de cumprimento da pena, caso em que o reinício da contagem do requisito objetivo terá como base a pena remanescente.

b) O regime disciplinar diferenciado não será aplicado aos presos provisórios, mas para os condenados, nacionais ou estrangeiros, que apresentem alto risco para a ordem e a segurança do estabelecimento penal ou da sociedade.

c) A ausência de vigilância direta impede a utilização de equipamento de monitoração eletrônica pelo condenado, quando assim determinar o juiz da execução.

d) A autorização para saída temporária do condenado será concedida por prazo não superior a catorze dias, podendo ser renovada por mais seis vezes durante o ano.

e) A pena privativa de liberdade será executada em forma progressiva com a transferência para regime menos rigoroso, a ser determinada pelo juiz, quando o preso tiver cumprido ao menos vinte por cento da pena, se o apenado for primário e o crime tiver sido cometido sem violência à pessoa ou grave ameaça.

COMENTÁRIOS

Alternativa a: de acordo com a Súmula 534 do STJ: "A prática de falta grave interrompe a contagem do prazo para a progressão de regime de cumprimento de pena, o qual se reinicia a partir do cometimento dessa infração". Claro que, pena cumprida é pena extinta, razão pela qual a contagem recomeça tendo como base o restante da pena.

Alternativa b: a Lei 13.964/2019 alterou o art. 52 da LEP. Agora, a prática de fato previsto como crime doloso constitui falta grave e, quando ocasionar subversão da ordem ou disciplina internas, sujeitará o preso provisório, ou condenado, nacional ou estrangeiro, sem prejuízo da sanção penal, ao regime disciplinar diferenciado, com as seguintes características: (i) duração máxima de até 2 anos, sem prejuízo de repetição da sanção por nova falta grave de mesma espécie; (ii) recolhimento em cela individual; (iii) visitas quinzenais, de 2 pessoas por vez, a serem realizadas em instalações equipadas para impedir o contato físico e a passagem de objetos, por pessoa da família ou, no caso de terceiro, autorizado judicialmente, com duração de 2 horas; (iv) direito do preso à saída da cela por 2 (duas) horas diárias para banho de sol, em grupos de até 4 presos, desde que não haja contato com presos do mesmo grupo criminoso; (v) entrevistas sempre monitoradas, exceto aquelas com seu defensor, em instalações equipadas para impedir o contato físico e a passagem de objetos, salvo expressa autorização judicial em contrário; (vi) fiscalização do conteúdo da correspondência; (vii) participação em audiências judiciais preferencialmente por videoconferência, garantindo-se a participação do defensor no mesmo ambiente do preso. O RDD também será aplicado aos presos provisórios ou condenados, nacionais ou estrangeiros que apresentem alto risco para a ordem e a segurança do estabelecimento penal ou da sociedade ou sob os quais recaiam fundadas suspeitas de envolvimento ou participação, a qualquer título, em organização criminosa, associação criminosa ou milícia privada, independentemente da prática de falta grave. Outra novidade é que, existindo indícios de que o preso exerce liderança em organização criminosa, associação criminosa ou milícia privada, ou que tenha atuação criminosa em dois ou mais Estados da Federação, o RDD será obrigatoriamente cumprido em estabelecimento prisional federal. Nesses casos, o RDD deverá contar com alta segurança interna e externa, principalmente no que diz respeito à necessidade de se evitar contato do preso com membros de sua organização criminosa, associação criminosa ou milícia privada, ou de grupos rivais. Passou a ser possível a prorrogação sucessiva do RDD, por períodos de um ano, se existirem indícios de que o preso continua apresentando alto risco para a ordem e a segurança do estabelecimento penal de origem ou da sociedade ou mantém os vínculos com organização criminosa, associação criminosa ou milícia privada, considerados também o perfil criminal e a função desempenhada por ele no grupo criminoso, a operação duradoura do grupo, a superveniência de novos processos criminais e os resultados do tratamento penitenciário.

Alternativa c: o uso de equipamento de monitoração serve justamente para que se dispense a vigilância direta (art. 122, § 1º, LEP).

Alternativa d: o prazo não podia ser superior a 7 dias, conforme dispunha o art. 124 da LEP, que foi revogado pela Lei 14.843/2024. Hoje, não há mais prazo definido pela lei, para hipótese de saída temporária que restou prevista, depois de sua quase total extinção pela referida lei.

Alternativa e: o mínimo de pena que deve ser cumprido nessas hipóteses é de 16% (art. 112, I, LEP).

Alternativa correta: letra a.

---

395. (IBADE – Delegado de Polícia – AC/2017) A prática de fato previsto como crime doloso constitui falta grave e, quando ocasione subversão da ordem ou disciplina internas, sujeita o preso provisório, ou condenado, sem prejuízo da sanção penal, ao regime disciplinar diferenciado, com a seguinte característica, nos moldes da Lei de Execução Penal:

a) duração máxima de trezentos e sessenta dias, sem prejuízo de repetição da sanção por nova falta grave de mesma espécie, até o limite da metade da pena aplicada.

b) recolhimento em cela com. no máximo. 3 detentos.

c) visitas semanais de duas pessoas, sem contar as crianças, com duração de uma hora.

d) duração máxima de trezentos e sessenta dias, sem prejuízo de repetição da sanção por nova falta grave de mesma espécie, até o limite de um terço da pena aplicada.

e) o preso terá direito à saída da cela por 2 horas diárias para banho de sol.

COMENTÁRIOS

✪ **Nota do autor: as mudanças trazidas à Lei 7.210/1984 (LEP) pela Lei 13.964/2019 alteraram o resultado dessa questão, que não mais possui alternativa correta. Assim, de acordo com a nova redação dada ao art. 52 da LEP,** a prática de fato previsto como crime doloso constitui falta grave e, quando ocasionar subversão da ordem ou disciplina internas, sujeitará o preso provisório, ou condenado, nacional ou estrangeiro, sem prejuízo da sanção penal, ao regime disciplinar diferenciado, com as seguintes características: (i) duração máxima de até 2 anos, sem prejuízo de repetição da sanção por nova falta grave de mesma espécie; (ii) recolhimento em cela individual; (iii) visitas quinzenais, de 2 pessoas por vez, a serem realizadas em instalações equipadas para impedir o contato físico e a passagem de objetos, por pessoa da família ou, no caso de terceiro, autorizado judicialmente, com duração de 2 horas; (iv) direito do preso à saída da cela por

2 (duas) horas diárias para banho de sol, em grupos de até 4 (quatro) presos, desde que não haja contato com presos do mesmo grupo criminoso; (v) entrevistas sempre monitoradas, exceto aquelas com seu defensor, em instalações equipadas para impedir o contato físico e a passagem de objetos, salvo expressa autorização judicial em contrário; (vi) fiscalização do conteúdo da correspondência; (vii) participação em audiências judiciais preferencialmente por videoconferência, garantindo-se a participação do defensor no mesmo ambiente do preso. O regime disciplinar diferenciado também será aplicado aos presos provisórios ou condenados, nacionais ou estrangeiros que apresentem alto risco para a ordem e a segurança do estabelecimento penal ou da sociedade ou sob os quais recaiam fundadas suspeitas de envolvimento ou participação, a qualquer título, em organização criminosa, associação criminosa ou milícia privada, independentemente da prática de falta grave. Existindo indícios de que o preso exerce liderança em organização criminosa, associação criminosa ou milícia privada, ou que tenha atuação criminosa em 2 ou mais Estados da Federação, o regime disciplinar diferenciado será obrigatoriamente cumprido em estabelecimento prisional federal. O regime disciplinar diferenciado poderá ser prorrogado sucessivamente, por períodos de um ano, existindo indícios de que o preso continua apresentando alto risco para a ordem e a segurança do estabelecimento penal de origem ou da sociedade; mantém os vínculos com organização criminosa, associação criminosa ou milícia privada, considerados também o perfil criminal e a função desempenhada por ele no grupo criminoso, a operação duradoura do grupo, a superveniência de novos processos criminais e os resultados do tratamento penitenciário.

396. (FUNCAB - Delegado de Polícia - ES/2013) Quanto ao sistema de acompanhamento da execução das penas, da prisão cautelar e da medida de segurança, é correto afirmar que a autoridade policial, por ocasião da prisão, deve providenciar o lançamento dos dados ou das informações referentes:

I. ao tipo penal e pena em abstrato e comunicação da prisão à família e ao defensor.

II. ao nome, filiação, data de nascimento e sexo.

III. à utilização de equipamento de monitoração eletrônica.

IV. à data da prisão ou da internação.

Estão corretas:

a) I, II, III e IV.
b) I, II e III, apenas.
c) I, II e IV, apenas.
d) III e IV, apenas.
e) I e III, apenas.

COMENTÁRIOS

✪ **Nota do autor:** o sistema de acompanhamento da execução das penas é regulado pela Lei 12.714/2013, que estipula, no art. 2º, quais os dados que devem ser nele lançados e, no art. 3º, quais são as autoridades responsáveis pelo lançamento. Atenção para esta lei, que é recente e novidade em concursos.

Assertiva I: É o que prevê o art. 2º, III e IV, combinado com o art. 3º, I, da Lei 12.714/2013.

Assertiva II: É a previsão do art. 2º, I, combinado com o art. 3º, I, da Lei 12.714/2013.

Assertiva III: O lançamento de tal dado cabe ao magistrado que proferiu a decisão (art. 3º, II, Lei 12.714/2013).

Assertiva IV: É o que prevê o art. 2º, II, combinado com o art. 3º, I, da Lei 12.714/2013.

Alternativa correta: letra "c": estão certas as assertivas I, II e IV.

397. (UEPA - Delegado de Polícia - PA/2013) De acordo com a Lei de Execução Penal é correto afirmar que:

a) indivíduo que tenha sido condenado, em processos distintos, a duas penas privativas de liberdade em regime inicial semiaberto, pode iniciar a execução em regime fechado, se o somatório das penas importar em valor incompatível com esse regime.
b) a inclusão do apenado no regime aberto depende da comprovação de que o mesmo já está trabalhando, porque deve comprovar a capacidade prévia de sustentar-se por meios lícitos.
c) a regressão de regime pode ser imposta ao apenado que, no curso da execução, seja condenado, por sentença transitada em julgado, pela prática de crime doloso ou, nos termos do regulamento da casa penal, da prática de falta grave.
d) o regime disciplinar diferenciado pode ser imposto tanto ao condenado quanto ao preso provisório, tendo como fundamento a prática de qualquer crime doloso, porque todos os crimes dolosos constituem faltas graves.
e) razões de segurança ou disciplinares autorizam o diretor do estabelecimento penal a suspender ou restringir certos direitos do preso, dentre eles o de receber visitas íntimas, mas não pode ser suspenso o direito às visitas normais dos familiares, porque essa é uma condição básica de ressocialização.

COMENTÁRIOS

Alternativa "a": quando ocorrem duas condenações em processos distintos, o juiz responsável pela execução das penas deve unificá-las. Então, procederá nos termos do art. 111 da LEP: "Quando houver condenação por mais de um crime, no mesmo processo ou em processos distintos, a determinação do regime de cumprimento será feita pelo resultado da soma ou unificação das penas, observada, quando for o caso, a detração ou remição". Então, é possível que um acusado seja condenado em dois processos distintos, num caso, a 6 anos de reclusão em regime semiaberto e, noutro, a 7 anos, no mesmo regime, resultando numa pena unificada de 13 anos, que deverá ser cumprida no regime inicial fechado (art. 33, § 2º, *a*, CP).

Alternativa "b": de acordo com o art. 113 da LEP, o ingresso do condenado em regime aberto supõe a aceitação de seu programa e das condições impostas pelo Juiz. E somente poderá ingressar no regime aberto o condenado que: (i) estiver trabalhando ou comprovar a possibilidade de fazê-lo imediatamente; (ii) apresentar, pelos seus antecedentes ou pelo resultado dos exames a que foi submetido, fundados indícios de que irá ajustar-se, com autodisciplina e senso de responsabilidade, ao novo regime (art. 115). Em alguns casos, o trabalho poderá ser dispensado.

Alternativa "c": segundo o art. 118 da LEP, a regressão de regime é possível se o condenado praticar fato definido como crime doloso ou falta grave; ou sofrer condenação, por crime anterior, cuja pena, somada ao restante da pena em execução, torne incabível o regime.

Alternativa "d": como prevê o art. 52 da LEP, não basta a prática de crime doloso, mas deve ocasionar subversão da ordem ou disciplina internas para que seja aplicado o regime disciplinar diferenciado.

Alternativa "e": podem ser suspensos ou restringidos, por ato motivado do diretor do estabelecimento, os seguintes direitos do preso: (i) proporcionalidade na distribuição do tempo para o trabalho, o descanso e a recreação; (ii) visita do cônjuge, da companheira, de parentes e amigos em dias determinados; (iii) contato com o mundo exterior por meio de correspondência escrita, da leitura e de outros meios de informação que não comprometam a moral e os bons costumes.

Alternativa correta: letra "a".

Direito Processual Penal

Ricardo Silvares

✦ DICAS (RESUMO)

1. PRINCÍPIOS E GARANTIAS

- **CF, art. 5º**

1.1. DECRETO 678/1992 (CONVENÇÃO AMERICANA DE DIREITOS HUMANOS)

- **Princípio da presunção de inocência** (ou **da não culpabilidade** ou **do estado de inocência**): decorre do art. 5º, LVII, da CF. Significa que ninguém pode ser considerado culpado antes que advenha sentença penal condenatória com trânsito em julgado. Disso decorrem diversas consequências, sendo importante sublinhar: a) o acusado não tem que provar sua inocência, cabendo a prova da culpabilidade à parte acusadora; b) é possível execução provisória da pena? Segundo o STF, não, salvo para fins de progressão de regime ou aplicação de regime menos severo (aliás, vejam o teor das Súmulas 716 e 717). O STF vinha admitindo a execução provisória da pena se o recurso especial ou extraordinário manejado após o esgotamento da via recursal ordinária mostrava-se claramente protelatório. Então, em 2016, deu a Suprema Corte brasileira um passo adiante: no julgamento do HC 126.292-SP, o STF modificou o entendimento que até então mantinha sobre o alcance do princípio da presunção de inocência. Assim, a Corte Suprema entendeu possível o início da execução da pena imediatamente depois do julgamento do recurso em segunda instância, ou seja, do esgotamento da via recursal ordinária. Portanto, o STF passou a entender ser possível a prisão para cumprimento da pena ainda que haja recurso especial ou extraordinário pendente – em outras palavras, execução provisória – isso porque não mais seria possível a discussão do fato e da prova, não havendo mais, a partir daí, a presunção de inocência. Tal decisão causou polêmica nos meios jurídicos e acabou revista pela Suprema Corte em 2019. Portanto, no STF permanece o entendimento de que a CF estabeleceu claramente um marco para o fim dos efeitos da presunção de inocência, qual seja, o trânsito em julgado, o que traz limite hermenêutico de difícil transposição. Porém, o art. 492, I, "e", do CPP, criado pela Lei 13.964/2019 ("Lei Anticrime"), estabelece que o juiz poderá determinar a execução provisória da pena se o acusado for condenado, em julgamento pelo tribunal do júri, a uma pena igual ou superior a 15 anos de reclusão. Sustenta-se que, nesse caso, não haveria inconstitucionalidade, uma vez que a condenação é resultado de veredicto dos jurados, sendo aplicável o princípio constitucional da soberania dos veredictos. A regra vem gerando polêmica, seja porque não previu a possibilidade de execução provisória sempre que houver condenação pelo júri (afinal, este também é soberano quando a pena final é menor que 15 anos!), seja porque, no sentido inverso, estaria contrariando o entendimento do STF e a regra constitucional da presunção de inocência. De qualquer modo, o próprio STF irá decidir se a norma é constitucional e se realmente a possibilidade de pronta execução da pena imposta no júri se limitará às condenações iguais ou acima de 15 anos.
  - havendo presunção de inocência, para que o acusado seja condenado é necessário que ela seja afastada pelas provas produzidas na instrução criminal. Logo, havendo dúvida, o acusado não poderá ser condenado (*in dubio pro reo*).
  - no caso da pronúncia, o juiz deve ter certeza da materialidade do crime doloso contra a vida, é dizer, que tal crime ocorreu. Em caso de dúvida, deve impronunciar o réu. O mesmo vale para a existência de indícios suficientes de autoria: se o juiz não estiver convencido de que eles existem deve impronunciar o réu. Portanto, notem: ao contrário do que tradicionalmente se afirma, não se aplica, mesmo nesse caso, o brocardo *in dubio pro societate*, mas também o *in dubio pro reo*, sendo esse o atual entendimento do STF a respeito do tema. Há muita resistência do Ministério Público a esse entendimento.
- **Princípio da ampla defesa**: decorre do art. 5º, LV, da CF, que assegura a ampla defesa, aos litigantes, em processo judicial ou administrativo, e aos acusados em geral, com os meios e recursos a ela inerentes. Assim, todo acusado tem direito à defesa técnica, devendo o Estado providenciá-la, caso aquele não possa fazê-lo (art. 5º, LXXIV, CF). O acusado também tem direito à autodefesa, mas se trata de opção dele, que pode ou não exercê-la (ou seja, o acusado pode confessar o delito, negá-lo, silenciar a respeito etc.). A defesa técnica deve ser efetiva e a falta dela constitui nulidade absoluta. Já sua insuficiência, de acordo com entendimento do STF (Súmula 523), é causa de nulidade apenas relativa, devendo ser demonstrado prejuízo ao acusado. É importante observar que a Defesa deve ter acesso à todas as provas dos autos e a todas as informações nele disponíveis, inclusive na fase policial (v. STF, Súmula Vinculante 14). Entendemos que o princípio da ampla defesa deve ser aplicado já na fase investigatória.
- **Princípio do nemo tenetur se detegere**: é o direito de não produzir prova contra si mesmo. A CF reconhece ter o acusado direito ao silêncio, devendo ser advertido de sua existência (art. 5º, LXIII). Porém, o direito ao silêncio é apenas uma das facetas do princípio. Há outras consequências:

- além de poder manter-se em silêncio, não sendo obrigado a dizer nada, nem a confessar, o acusado não pode ser obrigado a dizer a verdade. Não se trata de direito de mentir, mas simplesmente que a mentira, nesse caso, não é sancionada. Mas, cuidado: o objetivo de mentir deve ser o de se proteger, o que significa que, caso a mentira prejudique terceiro, inclusive com imputação de crime a este, poderá o acusado responder pelo crime de denunciação caluniosa. Notem: a mentira não pode servir para a prática de crime. Por isso, não se tem admitido que o acusado minta sobre sua identidade, cometendo o delito de falsa identidade, caso o faça;
- o imputado tem o direito de não praticar qualquer ato que possa incriminá-lo. Mas, o direito somente abarca os comportamentos ativos do imputado, caso em que sempre se dependerá de seu consentimento. Não por outro motivo, o STF já considerou que o imputado não tem a obrigação de fornecer material para perícia grafotécnica ou de voz. O mesmo não se pode dizer quanto ao reconhecimento: o acusado não pode se recusar a ser submetido a reconhecimento;
- o imputado não pode se sujeitar a coleta de provas incriminadoras invasivas sem o seu consentimento: por prova invasiva, entende-se aquela que, para sua produção, exige que haja intervenção no corpo do imputado, com penetração de instrumentos ou substâncias, com ou sem extração de parte do organismo. Havendo permissão, a prova é lícita. E mais: se o imputado, involuntariamente, fornecer o material (pensem em um filtro de cigarro fumado por ele e recolhido pela polícia em um cinzeiro), este poderá ser usado. A mera inspeção corporal não configura invasão.

• **Princípio do contraditório**: também chamado por alguns de "princípio da bilateralidade da audiência", decorre do mesmo art. 5º, LV, da CF, que o afirma ao lado da ampla defesa. A formulação clássica do princípio do contraditório afirma que este consiste na ciência bilateral dos atos do processo e a possibilidade de contrariá-los. Porém, não é só isso. Contraditório pressupõe conhecimento dos atos e termos do processo, sem dúvida. Mas, implica na possibilidade efetiva de participar de tais atos, podendo neles influir, como ocorre no caso da produção das provas. E as partes no processo devem atuar em seus atos em igualdade de condições. Importante observar que todas as provas devem ser produzidas sob o contraditório, pois as partes têm o direito de presenciar sua produção e, mais importante, de influir na produção e, por via de consequência, no convencimento do juiz. É por isso que o art. 155 do CPP determina que o juiz deve formar sua convicção pela livre apreciação da prova produzida em contraditório judicial, não podendo fundamentar sua decisão exclusivamente nos elementos informativos colhidos na investigação (pois na fase de investigação, posto tenha a Defesa acesso aos autos – STF, Súmula Vinculante 14 –, não vige o contraditório), ressalvadas as provas cautelares, não repetíveis e antecipadas. Nestes três últimos casos ocorre o que a doutrina chama de "contraditório diferido". Na fase investigatória, não incide o princípio do contraditório: o fato de poder o advogado do investigado acompanhar alguns atos, formular requerimentos, apresentar argumentos, não significa que há contraditório, mas apenas a incidência da garantia da ampla defesa;
  - assim, temos o **contraditório real**: as partes atuam na formação da prova (contraditório para a prova);
  - e temos o **contraditório diferido**: atua depois da formação da prova (contraditório sobre a prova).

• **Princípio da paridade de armas** (ou **da igualdade de partes**): a Defesa deve ter os mesmos direitos, no processo, que o Ministério Público e vice-versa. É a igualdade formal, que decorre do art. 5º, *caput*, da CF. Mas, há a necessidade também da igualdade substancial, com a criação de mecanismos que garantam, efetivamente, a igualdade entre as partes no processo, já que a realidade mostra que, na prática, há desigualdade de forças entre o acusado – ou a maioria deles, que não possuem recursos para bancar, por exemplo, assistentes técnicos ou investigações privadas – e o Ministério Público. Alguns mecanismos foram criados, como no caso dos embargos infringentes (só possíveis para a Defesa) e a revisão criminal (já que é vedada a revisão *pro societate*, ou seja, revisão só é permitida a favor do acusado).

• **Princípios do juiz imparcial e do juiz natural**: decorrem de dois dispositivos da CF, quais sejam, os incisos XXXVII (não haverá juízo ou tribunal de exceção) e LIII (ninguém será processado nem sentenciado senão pela autoridade competente) do art. 5º, sendo a garantia do juiz imparcial implícita. A Lei 13.964/2019 trouxe uma nova regra ao CPP, contida no art. 3º A, segundo a qual, reafirmada a estrutura acusatória do processo penal brasileiro, não pode o juiz ter iniciativa na fase de investigação, tampouco substituir a atividade probatória da acusação na fase processual (o que não o impede de determinar diligências para sanar dúvida ao final da instrução, como decidiu o STF no julgamento das ADIs 6.298, 6.299, 6.300 e 6.305). Tais regras, além de reforçar o sistema acusatório, têm como objetivo tornar o juiz mais imparcial. É a mesma ideia que permeia a criação do juiz das garantias Bastante explícito, a nosso ver, é a garantia do juiz natural, já que os dois dispositivos asseguram que sempre haverá um juiz com competências previamente definidas, de modo que, ocorrendo um crime, já se saberá qual magistrado deverá julgá-lo (na realidade, já se saberá se deverá ser julgado por vara especializada ou se deverá ocorrer distribuição a uma das varas da comarca). Além disso, nenhum tribunal especial não previsto na CF poderá ser formado para julgar um caso determinado.

• **Princípio da motivação**: decorre da regra decorrente do inciso IX do art. 93 do texto constitucional (todos os julgamentos dos órgãos do Poder Judiciário serão públicos, e fundamentadas todas as decisões, sob pena de nulidade). Isso inclui não somente as decisões finais, mas também, segundo boa parte da doutrina, as interlocutórias. Esse entendimento foi ainda mais reforçado pelo novo § 2º do art. 315 do CPP, trazido pela Lei 13.964/2019. Segundo esse importante dispositivo, nenhuma decisão interlocutória, sentença ou acórdão será considerada fundamentada se: (i) limitar-se à indicação, à reprodução ou à paráfrase de ato normativo, sem explicar sua relação com a causa ou a questão decidida; (ii) empregar conceitos jurídicos indeterminados, sem explicar o motivo concreto de sua incidência no caso; (iii) invocar motivos que se prestariam a justificar qualquer outra decisão; (iv) não enfrentar todos os argumentos deduzidos no processo capazes de, em tese, infirmar a conclusão adotada pelo julgador; (v) limitar-se a invocar precedente ou enunciado de súmula, sem identificar seus fundamentos determinantes nem demonstrar que o caso sob julgamento se ajusta àqueles fundamentos; (vi) deixar de seguir enunciado de súmula, jurisprudência ou precedente invocado pela parte, sem demonstrar a existência de distinção no caso em julgamento ou a superação do entendimento. Trata-se de nítida transposição das regras do § 1º do art. 489 do CPC para o processo penal.

- **Princípio da publicidade**: decorre do inciso LX do art. 5º ("a lei só poderá restringir a publicidade dos atos processuais quando a defesa da intimidade ou o interesse social o exigirem"), e do inciso IX do art. 93 (todos os julgamentos dos órgãos do Poder Judiciário serão públicos, e fundamentadas todas as decisões, sob pena de nulidade, podendo a lei limitar a presença, em determinados atos, às próprias partes e a seus advogados, ou somente a estes, em casos nos quais a preservação do direito à intimidade do interessado no sigilo não prejudique o interesse público à informação), ambos do texto constitucional. Por isso, a Súmula Vinculante 14 do STF, que dispôs ser direito do defensor, no interesse do representado, ter acesso amplo aos elementos de prova que, já documentados em procedimento investigatório realizado por órgão com competência de polícia judiciária, digam respeito ao exercício do direito de defesa. De se notar que as restrições à publicidade dos atos processuais são aquelas acima mencionadas, podendo a lei infraconstitucional regulá-las, como faz o CPP no art. 782, por exemplo. Assim, pode-se dizer que a regra é a da **publicidade interna**, ou seja, publicidade às partes e aos que atuam no processo, podendo haver restrições à **publicidade externa**. Não se considera haver qualquer infringência à regra constitucional na chamada "sala secreta" ou "sala especial" no Tribunal do Júri (ou seja, a recolha dos jurados para a votação, caso não seja possível a realização desta no próprio Plenário, depois de esvaziado). Vejam, adiante, algumas noções sobre o sigilo na fase investigatória.
- **Princípio do duplo grau de jurisdição**: não possui previsão no texto da CF, mas é reconhecido pela doutrina com base no art. 8º, *h*, da Convenção Americana de Direitos Humanos (Pacto de São José da Costa Rica), referendado pelo Decreto 678/1992. Há divergência no STF quanto à natureza jurídica das disposições da referida convenção, havendo, de um lado, entendimento de que teriam *status* de norma constitucional e, por outro, de que teriam natureza supralegal (vem prevalecendo este último entendimento). De qualquer modo, os dispositivos da Convenção integram nosso ordenamento jurídico. Mas, há exceção evidente ao princípio: casos de competência originária dos Tribunais. Assim, por exemplo, no caso de competência originária do Supremo Tribunal Federal, não caberá recurso a outro tribunal, pois este simplesmente inexiste. No máximo, como visto na Ação Penal 470, que tramitou no STF, são aceitos embargos de declaração – que até podem ter efeitos infringentes, ou seja, modificadores do resultado – e embargos infringentes, desde que haja previsão legal ou regimental.
- **Princípio da oficialidade**: significa que os órgãos responsáveis pela investigação e pela ação penal pública são órgãos do Estado, com funções públicas. No caso da ação penal pública, a titularidade é privativa do Ministério Público, conforme o disposto no art. 129, I, da CF, sendo possível, apenas em caso de inércia de tal órgão, a ação penal privada subsidiária da pública.
- **Princípio da obrigatoriedade**: preenchidos os requisitos legais, os órgãos incumbidos de investigar e de promover a ação penal pública são obrigados a fazê-lo. O Ministério Público, por sinal, não pode desistir da ação ou de recurso que tenha interposto, nem o Delegado de Polícia pode arquivar o inquérito policial (**princípio da indisponibilidade**). O princípio não se aplica à ação penal privada. A lei somente autoriza que o Ministério Público deixe de propor ação penal em alguns casos, como nos casos de crimes de menor potencial ofensivo (Lei 9.099/1995), pois há previsão de transação penal previamente ao momento do oferecimento da denúncia. Aceita a transação pelo autor do fato, a ação deixa de ser proposta. Há flexibilização do princípio também nos casos em que há acordo de leniência. Além disso, a Lei 12.850/2013 autoriza que o Ministério Público deixe de propor a ação penal contra membro de organização criminosa que tenha, dentro de certas condições, colaborado para as investigações. Vejam abaixo, no tópico sobre ação penal, outras exceções ao princípio apontadas pela doutrina.
- **Princípio da duração razoável do processo**: trata-se de garantia do acusado, prevista no inciso LXXVIII do art. 5º da CF. Não há previsão legal sobre o que seja prazo razoável ou quais as consequências da não observância da garantia. No entanto, é certo que pode acarretar a concessão da liberdade ao acusado que estiver preso provisoriamente.

- **Princípio do devido processo legal** (**due process ou law**): decorre da previsão do art. 5º, LIV, da CF (ninguém será privado da liberdade ou de seus bens sem o devido processo legal). Segundo a doutrina, divide-se em **devido processo legal substantivo** (substantive due process) e **devido processo legal processual** (procedural due process). O primeiro significa que as leis devem ser razoáveis e racionais quando se referem a atos do Estado e o segundo, na verdade, engloba diversos outros princípios, sendo o que alguns denominam de "princípio síntese" (ou seja, nele estão englobados os princípios do juiz natural, do contraditório, ampla defesa, juiz imparcial etc.).
- **Princípio do Promotor Natural**: significa que o Procurador-Geral não pode nomear livremente qualquer membro do Ministério Público para atuar em casos determinados, escolhidos por ele, havendo necessidade de previsão – antecipada, por regramentos internos – de qual órgão ministerial deve atuar em determinadas situações. Há muita controvérsia sobre a existência deste princípio, posto não previsto expressamente no texto constitucional. Normalmente, entre os membros do Ministério Público, há a aceitação de sua existência: haverá sempre uma regra de distribuição de feitos predeterminada, que não pode ser alterada, exceto nos casos expressamente previstos pela lei, evitando-se o acusador de exceção (assim como não pode haver tribunal de exceção). Na Lei 8.625/1993 (Lei Orgânica Nacional no Ministério Público) encontram-se hipóteses em que é possível um feito passar de um membro do Ministério Público a outro, como o art. 10, IX, *g* (pode o Procurador-Geral, por ato excepcional e fundamentado, designar membro da instituição, submetendo sua decisão previamente ao Conselho Superior do Ministério Público) e o art. 24 (o Procurador-Geral de Justiça poderá, com a concordância do Promotor de Justiça titular, designar outro Promotor para funcionar em feito determinado, de atribuição daquele). É importante que se observe não ter o STF reconhecido, até agora, explicitamente, na CF, a existência de tal princípio, embora, por vezes, o cite sem entrar numa discussão mais aprofundada do tema. Segundo pensamos, a existência do princípio vem sendo reconhecida pela doutrina processualista penal, até como uma das garantias formadoras do devido processo legal.
- **Princípio da Verdade Real**: muito se afirma que o processo penal, diferentemente do processo civil, não se contenta com a verdade formal, mas deve o Magistrado buscar uma reconstrução histórica fidedigna dos fatos. Um certo "princípio da verdade real" é frequentemente citado em manifestações do Ministério Público e mesmo em Acórdãos dos Tribunais, inclusive do STJ. No entanto, a doutrina vem questionando sua existência. É que a lei estabelece diversas restrições ao juiz quanto ao que pode ser aceito como prova, havendo a proibição das provas ilícitas e daquelas não produzidas sob o contraditório (se únicas nos autos). Entendemos, porém, que o processo não pode e não deve prescindir da busca da verdade, mas, ao mesmo tempo, não deve iludir-se com a ideia de que seja capaz de atingir a "verdade real". No processo, atinge-se a verdade processual possível, dentro dos limites impostos pela CF e pela lei.
- **Princípio da identidade física do juiz**: foi adotado em nosso CPP na reforma de 2008, por meio da redação do § 2º do art. 399 do CPP, que diz: "O juiz que presidiu a instrução deverá proferir a sentença". O CPC de 1973 também possuía previsão a respeito, no art. 132, que passou a ser aplicado ao processo penal por analogia. Assim, conforme o dispositivo do CPC revogado, o juiz, titular ou substituto que concluir a audiência julgará a lide, salvo se estiver convocado, licenciado, afastado por qualquer motivo, promovido ou aposentado, casos em que passará os autos ao seu sucessor. No entanto – e aqui há que se ter cautelar –,**o novo CPC**, não contém disposição alguma a respeito do assunto. A nosso ver, deve ser aplicada a mesma solução dada pelo revogado CPC, mas não porque este, nesse ponto, continua em vigor – pois não continua –, mas por segurança jurídica. Entendemos que a solução até aqui seguida pela maioria da doutrina e da jurisprudência é razoável e deveria continuar a ser adotada. Tudo dependerá da posição jurisprudencial, que poderá mudar.
- **Princípio da proporcionalidade**: segundo alguns, trata-se de uma regra, não de um princípio. Seja como for, trata-se de princípio – vamos tratá-lo assim – que busca justamente a proteção dos direitos fundamentais frente às restrições que podem ser impostas, inclusive no processo penal;

– no processo penal, muito influente foi a obra de Nicolas Gonzales Cuellar Serrano. Assim, tem-se entendido que qualquer restrição a direito fundamental depende, primeiramente, da **legalidade**, ou seja, de previsão em lei, com a respectiva regulamentação, da restrição. Ex.: previsão legal da interceptação telefônica, com a respectiva regulamentação;

– finalidade legítima, do ponto de vista constitucional, da medida restritiva. Assim, não se pode justificar a prisão temporária, por exemplo, com base no argumento de que, uma vez preso e isolado, o imputado poderá vir a confessar o crime, o que atentaria contra a dignidade humana;

– qualquer restrição deve ser judicialmente autorizada e de modo motivado;

– diz-se, ainda, que a proporcionalidade possui requisitos intrínsecos, também chamados de subprincípios:

  - adequação: será adequada a medida restritiva que for apta a se atingir o fim buscado com ela;
  - necessidade: dentre as medidas adequadas, deve o Estado escolher a menos gravosa, ou

seja, a restrita em menor grau o direito fundamental atingido;

- proporcionalidade em sentido estrito: é a ponderação entre a restrição causada ao direito fundamental e o fim buscado por meio dela.

2. NORMA PROCESSUAL PENAL E SUA APLICAÇÃO

- **CPP, arts. 1º a 3º**
- **Aplicação da lei penal no espaço**: a regra é a aplicação da *lex fori*, ou seja, a regra da territorialidade, que encontra exceção no próprio art. 1º, I, do CPP: aplica-se o CPP aos casos que devam ser julgados em território brasileiro, salvo disposições em contrário previstas em tratados, convenções ou regras de direito internacional.
- **Aplicação da lei penal no tempo**: a regra geral do art. 2º o CPP estabelece que a lei processual penal aplica-se desde logo, sem prejuízo da validade dos atos realizados sob a vigência da lei anterior. Portanto, alterada a lei processual, a nova deve ser aplicada, sem prejuízo do que já ocorreu no processo. No entanto, a doutrina vem entendendo que, no que tange às normas a respeito de medidas cautelares pessoais privativas ou restritivas da liberdade, por possuírem conteúdo misto, ou seja, penal e processual, deve seguir a regra do art. 5º, LV, da CF, que proíbe a retroação de norma penal, salvo para beneficiar o réu. Além disso, entende que ainda pode ser aplicado, mesmo que por analogia, o disposto no art. 2º do Decreto-lei 3.931/1941 (Lei de Introdução ao Código de Processo Penal), que prevê expressamente, quanto à prisão preventiva e à fiança, a aplicação da lei mais favorável no caso de intertemporalidade. Portanto:

– no caso de normas puramente processuais, aplica-se, como visto, o art. 2º do CPP;

– no caso de normas mistas (híbridas), ou seja, que misturem aspectos penais e processuais, o aspecto penal deve prevalecer, de modo que a nova lei não se aplicará se os dispositivos de natureza penal forem mais gravosos ao imputado. Não confundam normas mistas com as heterotópicas, que são normas que possuem uma única natureza (ex.: natureza processual), mas que se encontra em diploma legislativa com outro caráter (ex.: natureza processual, mas inserida no CP).

- **Analogia**: o art. 3º do CPP permite a aplicação da interpretação extensiva e da analogia. Para a aplicação desta última, deve haver lacuna, que pode ser integrada por meio de analogia. Para tanto, toma-se a regra existente para situações semelhantes, aplicando-se para aquela em que há a lacuna: *ubi eadem ratio, ibi eadem jus* (onde a mesma razão de fato, o mesmo direito)
- O CPC pode ser aplicado ao processo penal por analogia. O fundamento é o próprio art. 3º do CPP, não o art. 15 do CPC (que não menciona o processo penal).

3. JUIZ DAS GARANTIAS

- **CPP, arts. 3º-A a 3º-F**

* A Lei 13.964/2019 introduziu em nosso processo penal o que chamou de juiz das garantias.

* Primeiramente, agora o CPP deixa claro que o nosso processo penal possui uma estrutura acusatória, ou seja, em que há clara divisão de tarefas, não podendo o julgador participar da investigação ou ter nela qualquer iniciativa (art. 3º-A). Isso é importante: o juiz não poderá agir de ofício nessa fase. Veremos que a reforma trazida pela Lei 13.964 alterou diversos pontos do CPP para mantê-lo fiel a essa premissa. Além disso, o juiz não pode agir para substituir a atuação probatória do órgão acusador.

* Na persecução penal atuarão dois tipos de juízes: o juiz das garantias e o juiz da instrução julgamento. O primeiro atuará até o oferecimento da denúncia, conforme decidiu o STF nas ADIs 6.298, 6.299. 6.300 e 6.305 (portanto, não até a fase do art. 399 do CPP, como estava na lei); o segundo, a partir desse momento, até a sentença. Porém, de acordo com o que decidiu o STF, não haverá juiz das garantias: a) processos de competência originária dos tribunais, os quais são regidos pela Lei no 8.038/1990; b) processos de competência do tribunal do júri; c) casos de violência doméstica e familiar; e d) infrações penais de menor potencial ofensivo.

* Ao juiz de garantias cabe o controle da legalidade da investigação criminal e a salvaguarda dos direitos individuais cuja franquia tenha sido reservada à autorização judicial prévia. Compete-lhe, conforme os incisos do art. 3º-B do CPP, dentre outras coisas:

– receber a comunicação imediata da prisão, nos termos do inciso LXII do **caput** do art. 5º da Constituição Federal;

– receber o auto da prisão em flagrante para o controle da legalidade da prisão, observado o disposto no art. 310 do CPP;

– zelar pela observância dos direitos do preso, podendo determinar que este seja conduzido à sua presença, a qualquer tempo;

– ser informado sobre a instauração de qualquer investigação criminal;

– decidir sobre o requerimento de prisão provisória ou outra medida cautelar, observado o disposto no § 1º do art. 3º-B do CPP;

– prorrogar a prisão provisória ou outra medida cautelar, bem como substituí-las ou revogá-las, assegurado, no primeiro caso, o exercício do contraditório em audiência pública e oral, na forma do disposto neste Código ou em legislação especial pertinente. Nas ADIs acima citadas, o STF atribuiu interpretação conforme ao dispositivo, para prever que o exercício do contraditório será "preferencialmente" em audiência pública e oral;

- decidir sobre o requerimento de produção antecipada de provas consideradas urgentes e não repetíveis, assegurados o contraditório e a ampla defesa em audiência pública e oral. Do mesmo modo, o STF atribuiu interpretação conforme, no sentido de que o juiz pode deixar de realizar a audiência quando houver risco para o processo, ou diferi-la em caso de necessidade;
- prorrogar a prisão provisória ou outra medida cautelar, bem como substituí-las ou revogá-las, assegurado, no primeiro caso, o exercício do contraditório em audiência pública e oral, na forma do disposto neste Código ou em legislação especial pertinente;
- determinar o trancamento do inquérito policial quando não houver fundamento razoável para sua instauração ou prosseguimento. Nesse caso, assim pensamos, deve-se entender que o juiz terá proferido decisão de *habeas corpus*, estando sujeita à revisão automática pela segunda instância, sem prejuízo de eventual recurso em sentido estrito;
- prorrogar o prazo de duração do inquérito, estando o investigado preso, em vista das razões apresentadas pela autoridade policial;
- determinar o trancamento do inquérito policial quando não houver fundamento razoável para sua instauração ou prosseguimento;
- requisitar documentos, laudos e informações ao delegado de polícia sobre o andamento da investigação;
- decidir sobre os requerimentos de:

a) interceptação telefônica, do fluxo de comunicações em sistemas de informática e telemática ou de outras formas de comunicação;

b) afastamento dos sigilos fiscal, bancário, de dados e telefônico;

c) busca e apreensão domiciliar;

d) acesso a informações sigilosas;

e) outros meios de obtenção da prova que restrinjam direitos fundamentais do investigado;

- julgar o *habeas corpus* impetrado antes do oferecimento da denúncia;
- determinar a instauração de incidente de insanidade mental;
- decidir sobre o recebimento da denúncia ou queixa, nos termos do art. 399 do CPP. Esse dispositivo foi considerado inconstitucional pelo STF, que atribuiu interpretação conforme, no sentido de que a atuação do juiz de garantias termina com o oferecimento da denúncia);
- assegurar prontamente, quando se fizer necessário, o direito outorgado ao investigado e ao seu defensor de acesso a todos os elementos informativos e provas produzidos no âmbito da investigação criminal, salvo no que concerne, estritamente, às diligências em andamento;
- deferir pedido de admissão de assistente técnico para acompanhar a produção da perícia;
- decidir sobre a homologação de acordo de não persecução penal ou os de colaboração premiada, quando formalizados durante a investigação;
- outras matérias inerentes às atribuições definidas no *caput* do art. 3º-B do CPP.

* Nas ADIs acima citadas, o STF atribuiu interpretação conforme aos incisos IV, VIII e IX, para que todos os atos praticados pelo Ministério Público como condutor de investigação penal se submetam ao controle judicial, fixando o prazo de até 90 dias, contados da publicação da ata do julgamento, para os representantes do Ministério Público encaminharem, sob pena de nulidade, todos os PIC e outros procedimentos de investigação criminal, mesmo que tenham outra denominação, ao respectivo juiz natural, independentemente de já ter sido implementado o juiz de garantias.

* Além disso, atribuiu interpretação conforme ao § 1º do art. 3º-B do CPP, para estabelecer que o preso em flagrante ou por força de mandado de prisão provisória será encaminhado à presença do juiz das garantias, no prazo de 24 horas, salvo impossibilidade fática, momento em que se realizará a audiência com a presença do ministério público e da defensoria pública ou de advogado constituído, cabendo, excepcionalmente, o emprego de videoconferência, mediante decisão da autoridade judiciária competente, desde que este meio seja apto à verificação da integridade do preso e à garantia de todos os seus direitos.

* Outros pontos relevantes da decisão do STF nas ADIs citadas:

- foi atribuída interpretação conformeao § 1º do art. 3º-B do CPP, para estabelecer que o preso em flagrante ou por força de mandado de prisão provisória será encaminhado à presença do juiz das garantias, no prazo de 24 horas, salvo impossibilidade fática, momento em que se realizará a audiência com a presença do ministério público e da defensoria pública ou de advogado constituído, cabendo, excepcionalmente, o emprego de videoconferência, mediante decisão da autoridade judiciária competente, desde que este meio seja apto à verificação da integridade do preso e à garantia de todos os seus direitos;
- foi atribuída interpretação conforme ao § 2º do art. 3º-B do CPP, para assentar que: a) o juiz pode decidir de forma fundamentada, reconhecendo a necessidade de novas prorrogações do inquérito, diante de elementos concretos e da complexidade da investigação; e b) a inobservância do prazo previsto em lei não implica a revogação automática da prisão preventiva, devendo o juízo competente ser instado a avaliar os motivos que a ensejaram, nos termos da ADI nº 6.581;
- foi declarada a inconstitucionalidade do termo "Recebida" contido no § 1º do art. 3º-C do CPP, e atribuída interpretação conforme ao dispositivo

para assentar que, oferecidaa denúncia ou queixa, as questões pendentes serão decididas pelo juiz da instrução e julgamento.

* As decisões proferidas pelo juiz das garantias não vinculam o juiz da instrução e julgamento, que, segundo decidiu o STF, após o oferecimento da denúncia ou queixa, deverá reexaminar a necessidade das medidas cautelares em curso, no prazo máximo de 10 (dez) dias.

* Extrai-se dos §§ 3º e 4º do art. 3º-C, que os autos que compõem as matérias de competência do juiz das garantias ficarão acautelados na secretaria desse juízo, à disposição do Ministério Público e da defesa, e não serão apensados aos autos do processo enviados ao juiz da instrução e julgamento, ressalvados os documentos relativos às provas irrepetíveis, medidas de obtenção de provas ou de antecipação de provas, que deverão ser remetidos para apensamento em apartado. Isso significa que o inquérito policial não mais será apensado aos autos do processo enviados ao juiz da instrução e julgamento? Há entendimento nesse sentido, mas sempre entendemos ser equivocado. Para nós, não serão apensados apenas os autos das medidas que necessitarem de decisão judicial prévia, como da busca e apreensão, por exemplo. O inquérito continuará a ser apensado. O STF, nas ADIs, resolveu, por unanimidade, declarar a inconstitucionalidade, com redução de texto, dos refereidos parágrafos, atribuindo interpretação conforme para entender que os autos que compõem as matérias de competência do juiz das garantias serão remetidos ao juiz da instrução e julgamento. Além disso, como o recebimento da denúncia será tarefa do juiz da instrução, por óbvio que o IP acompanhará a denúncia.

* O art. 3º-D dispunha que o juiz que, na fase de investigação, praticar qualquer ato incluído nas competências do juiz das garantias ficará impedido de funcionar no processo. Porém, nas mesmas ADIs, o STF declarou a inconstitucionalidade formal do dispositivo.

* O STF também decidiu dar interpretação conforme ao parágrafo único do art. 3º-F, para assentar que a divulgação de informações sobre a realização da prisão e a identidade do preso pelas autoridades policiais, ministério público e magistratura deve assegurar a efetividade da persecução penal, o direito à informação e a dignidade da pessoa submetida à prisão.

4. INQUÉRITO POLICIAL E OUTROS PROCEDIMENTOS INVESTIGATÓRIOS

- **CPP, arts. 4º a 23**
- **Lei 9.099/1995, art. 69**
- **Lei 12.037/2009, art. 3º**
- **Lei 12.830/2013**
- **CF, arts. 58, § 3º, e 129**
- O Inquérito Policial (IP) é conduzido pela Polícia Judiciária, função exercida, nos Estados, pela Polícia Civil e, no âmbito da União, pela Polícia Federal (art. 144, § 1º, IV, e § 4º, da CF). Estão excluídos das atribuições de tais Polícias os crimes militares.
- O IP é presidido por Delegado de Polícia (estadual ou federal), tendo como objetivo a apuração da materialidade e autoria das infrações penais.
- Segundo a Lei 12.830/2013, as funções de polícia judiciária e a apuração de infrações penais exercidas pelo delegado de polícia são de natureza jurídica, essenciais e exclusivas de Estado.
- Cabe ao Delegado de Polícia, segundo a mesma Lei 12.830/2013, a condução das investigações realizadas por meio de IP.
- Tem o IP natureza administrativa e serve de base para a propositura de ação penal (portanto, é um procedimento administrativo preparatório).
- O IP tem natureza inquisitória, é escrito e, segundo costuma dizer a doutrina, sigiloso.
  - É inquisitório, pois não se aplica o princípio do contraditório, o que não quer dizer que não deva ser aplicado outro: o princípio da ampla defesa;
  - Quanto ao sigilo, é certo que não se aplica aos advogados, em virtude do disposto no art. 7º, XIV, do Estatuto da Advocacia e a Ordem dos Advogados do Brasil (Lei 8.906/1994), que garante que tais profissionais possam examinar autos de inquérito policial em qualquer repartição policial. E a Súmula Vinculante 14 do Supremo Tribunal Federal dispõe ser direito do defensor, no interesse do representado, ter acesso amplo aos elementos de prova que, já documentados em procedimento investigatório realizado por órgão com competência de polícia judiciária, digam respeito ao exercício do direito de defesa. Normalmente, para afirmar que o inquérito é sigiloso, baseia-se a doutrina no art. 20 do CPP. Mas, notem: tal dispositivo na verdade não diz que o IP deve ser sigiloso. Não. Ali afirma-se apenas que a autoridade policial deve assegurar o sigilo necessário para as investigações. Ou seja, assegurar o sigilo, quando necessário.
- A doutrina reconhece a existência de investigações que não são feitas pela Polícia Judiciária: a) inquéritos parlamentares, realizados pelas Comissões Parlamentares de Inquérito ou pelas próprias polícias da Câmara dos Deputados e do Senado Federal, em caso de crimes cometidos em suas dependências (STF, Súmula 397); b) inquéritos policiais militares, conduzido por autoridades militares; c) investigações de infrações penais cometidas por Juízes de Direito e Promotores de Justiça, que são conduzidas pela cúpula das respectivas instituições; d) investigações de infrações penais de

pessoas com prerrogativa de função pelos Tribunais Superiores.

- O inquérito civil previsto na Lei 7.347/1985 (que trata da ação civil pública) não é instaurado para apurar crime, mas como preparação para a ação mencionada. No entanto, pode ser usada para embasar a denúncia no âmbito criminal.

- O Ministério Público tem poderes de investigação, conforme já decidiu o STF, no RE 595.727-MG: "(...) Questão constitucional com repercussão geral. Poderes de investigação do Ministério Público. Os artigos 5º, incisos LIV e LV, 129, incisos III e VIII, e 144, inciso IV, § 4º, da Constituição Federal, não tornam a investigação criminal exclusividade da polícia, nem afastam os poderes de investigação do Ministério Público. Fixada, em repercussão geral, tese assim sumulada: 'O Ministério Público dispõe de competência para promover, por autoridade própria, e por prazo razoável, investigações de natureza penal, desde que respeitados os direitos e garantias que assistem a qualquer indiciado ou a qualquer pessoa sob investigação do Estado, observadas, sempre, por seus agentes, as hipóteses de reserva constitucional de jurisdição e, também, as prerrogativas profissionais de que se acham investidos, em nosso País, os Advogados (Lei 8.906/94, artigo 7º, notadamente os incisos I, II, III, XI, XIII, XIV e XIX), sem prejuízo da possibilidade – sempre presente no Estado democrático de Direito – do permanente controle jurisdicional dos atos, necessariamente documentados (Súmula Vinculante 14), praticados pelos membros dessa instituição'. Maioria. (...)" (RE 593.727-MG, Rel. Min. Gilmar Mendes, j. 14.05.2015). Tal poder é regulamentado pela Resolução 181 do CNMP, alterada pela Resolução 183.

* A Lei 13.432/2017 regulamentou a profissão de detetive particular. A nova legislação deixou claro que o detetive somente pode realizar investigações de natureza não-criminal, embora possa colaborar com a polícia nos inquéritos, caso a autoridade policial assim o autorize. Se o detetive realizar investigações, há entendimento de que estará a praticar crime de usurpação de função pública. Porém, outro entendimento entende que não se pode proibir investigações e que o detetive particular poderá agir no âmbito da investigação defensiva.

- De qualquer modo, o IP é dispensável, conforme se depreende dos arts. 12, 27, 39, § 5º, e 46, § 1º, do CPP. Portanto, com base em outros tipos de informações (peças de informação, termos circunstanciados no caso dos delitos de menor potencial ofensivo, etc.), pode a ação penal ser oferecida.

- ***Notitia criminis***: é o conhecimento do crime por parte da autoridade policial. A doutrina costuma dividi-la em três espécies:

– ***notitia criminis* de cognição imediata ou espontânea**: se dá nas hipóteses em que a própria autoridade policial, em suas atividades rotineiras (ex.: leitura de jornal), toma conhecimento da infração penal;

– ***notitia criminis* de cognição mediata ou provocada**: a autoridade policial toma conhecimento da infração penal por meio de comunicado escrito;

– ***notitia criminis* de cognição coercitiva**: a autoridade policial toma conhecimento da infração quando alguém lhe é apresentado preso em flagrante.

- **Obs.:** *delatio criminis* é a comunicação da infração penal à autoridade policial feita por quem não é o ofendido ou seu representante legal. Pode ser apresentar tanto sob a forma de *notitia criminis* de cognição imediata quanto como mediata.

ESPÉCIE DE AÇÃO	INÍCIO DO IP
Ação penal pública incondicionada **CPP, arts. 5º, *caput*, e 8º**	• de ofício, pela Autoridade Policial, que elabora portaria inaugural • por requisição do Ministério Público • por requisição do juiz (há quem entenda que isso atinge o sistema acusatório, sendo inconstitucional) • por requerimento do ofendido • por auto de prisão em flagrante
Ação penal pública condicionada **CPP, art. 5º, § 4º**	• depende de representação do ofendido ou seu procurador • ou de requisição do Ministro da Justiça, quando cabível
Ação penal privada **CPP, art. 5º, § 5º**	• depende de requerimento do ofendido
Foro por prerrogativa de função	• depende de autorização do Tribunal competente para julgar o caso

- Não há um rito a ser seguido pela autoridade policial. Porém, os arts. 6º e 7º do CPP trazem algumas indicações de como deverá proceder o delegado. Assim, diz tal dispositivo legal que, logo que tiver conhecimento da prática da infração penal, a autoridade policial deverá:

– dirigir-se ao local, providenciando para que não se alterem o estado e conservação das coisas, até a chegada dos peritos criminais;

– apreender os objetos que tiverem relação com o fato, após liberados pelos peritos criminais;

– colher todas as provas (leia-se: elementos informativos) que servirem para o esclarecimento do fato e suas circunstâncias;

- ouvir o ofendido;
- ouvir o indiciado, devendo o respectivo termo ser assinado por duas testemunhas que lhe tenham ouvido a leitura;
- proceder a reconhecimento de pessoas e coisas e a acareações;
- determinar, se for caso, que se proceda a exame de corpo de delito e a quaisquer outras perícias;
- ordenar a identificação do indiciado pelo processo datiloscópico, se possível, e fazer juntar aos autos sua folha de antecedentes;

o **identificação criminal** em caso de a pessoa já ser civilmente identificada: o assunto é regulado pela Lei 12.037/2009, que estabelece os casos em que o civilmente identificado poderá ser submetido à identificação criminal. São tantas as hipóteses previstas, que haverá a possibilidade de que seja realizada a identificação criminal, ainda que o indivíduo seja civilmente identificado. Os casos são os seguintes (art. 3º):

▪ o documento apresentar rasura ou tiver indícios de falsidade;

▪ o documento apresentado for insuficiente para identificar cabalmente o indiciado;

▪ o indiciado portar documentos de identidade distintos, com informações conflitantes entre si;

▪ a identificação criminal for essencial às investigações policiais, segundo despacho da autoridade judiciária competente, que decidirá de ofício ou mediante representação da autoridade policial, do Ministério Público ou da defesa;

▪ constar de registros policiais o uso de outros nomes ou diferentes qualificações;

▪ o estado de conservação ou a distância temporal ou da localidade da expedição do documento apresentado impossibilite a completa identificação dos caracteres essenciais.

- averiguar a vida pregressa do indiciado, sob o ponto de vista individual, familiar e social, sua condição econômica, sua atitude e estado de ânimo antes e depois do crime e durante ele, e quaisquer outros elementos que contribuírem para a apreciação do seu temperamento e caráter;
- colher informações sobre a existência de filhos, respectivas idades e se possuem alguma deficiência e o nome e o contato de eventual responsável pelos cuidados dos filhos, indicado pela pessoa presa;
- proceder à reprodução simulada dos fatos, desde que esta não contrarie a moralidade ou a ordem pública, caso necessária para verificar a possibilidade de haver a infração sido praticada de determinado modo.

* O CPP possui novas disposições a respeito das investigações dos crimes previstos nos arts. 148, 149 e 149-A, no § 3º do art. 158 e no art. 159 do CP, e no art. 239 do ECA. Nesses casos, o membro do Ministério Público ou o delegado de polícia poderá requisitar, de quaisquer órgãos do poder público ou de empresas da iniciativa privada, *dados* e *informações cadastrais* da vítima ou de suspeitos. A requisição será atendida no prazo de 24 horas.

* Outra disposição nova é a seguinte: se necessário à prevenção e à repressão dos *crimes relacionados ao tráfico de pessoas*, o membro do Ministério Público ou o delegado de polícia poderão requisitar, mediante autorização judicial, às empresas prestadoras de serviço de telecomunicações e/ou telemática que disponibilizem imediatamente os meios técnicos adequados – como sinais (posicionamento da estação de cobertura, setorização e intensidade de radiofrequência), informações e outros – que permitam a localização da vítima ou dos suspeitos do delito em curso. Mas atenção:

- o sinal não permitirá acesso ao conteúdo da comunicação de qualquer natureza, que dependerá de autorização judicial, conforme disposto na Lei 9.296/1996;
- deverá ser fornecido pela prestadora de telefonia móvel celular por período não superior a 30 dias, renovável por uma única vez, por igual período;
- para períodos superiores, haverá necessidade de ordem judicial;
- na hipótese prevista neste artigo, o inquérito policial deverá ser instaurado no prazo máximo de 72 horas, contado do registro da respectiva ocorrência policial;
- não havendo manifestação judicial no prazo de 12 horas, a autoridade competente requisitará às empresas prestadoras de serviço de telecomunicações e/ou telemática que disponibilizem imediatamente os meios técnicos adequados – como sinais, informações e outros – que permitam a localização da vítima ou dos suspeitos do delito em curso, com imediata comunicação ao juiz. Este dispositivo é de duvidosa constitucionalidade, visto que, se estamos diante de hipótese em que há necessidade de ordem judicial, esta é imprescindível, não podendo ser obtida posteriormente.

* Há regras novas no ECA (Lei 8.069/1990) sobre infiltração policial na internet nas investigações sobre crimes contra a dignidade sexual de crianças e adolescentes (arts. 190-A a 190-E):

- a infiltração será precedida de autorização judicial devidamente circunstanciada e fundamentada, que estabelecerá os limites da infiltração para obtenção de prova, ouvido o Ministério Público;
- dar-se-á mediante requerimento do Ministério Público ou representação de delegado de polícia e conterá a demonstração de sua necessidade, o alcance das tarefas dos policiais, os nomes ou apelidos das pessoas investigadas e, quando possível, os dados de conexão ou cadastrais que permitam a identificação dessas pessoas;

- não poderá exceder o prazo de 90 dias, sem prejuízo de eventuais renovações, desde que o total não exceda a 720 dias e seja demonstrada sua efetiva necessidade, a critério da autoridade judicial;
- a infiltração não será admitida se a prova puder ser obtida por outros meios;
- as informações da operação de infiltração serão encaminhadas diretamente ao juiz responsável pela autorização da medida, que zelará por seu sigilo;
- antes da conclusão da operação, o acesso aos autos será reservado ao juiz, ao Ministério Público e ao delegado de polícia responsável pela operação, com o objetivo de garantir o sigilo das investigações;
- concluída a investigação, todos os atos eletrônicos praticados durante a operação deverão ser registrados, gravados, armazenados e encaminhados ao juiz e ao Ministério Público, juntamente com relatório circunstanciado;
- os atos eletrônicos registrados serão reunidos em autos apartados e apensados ao processo criminal juntamente com o inquérito policial, assegurando-se a preservação da identidade do agente policial infiltrado e a intimidade das crianças e dos adolescentes envolvidos.

• **Indiciamento**: o CPP não define critério algum. Porém, a Lei 12.830/2013, em seu art. 2º, § 6º, diz ser o indiciamento ato privativo do delegado de polícia, devendo se dar por ato fundamentado, mediante análise técnico-jurídica do fato, que deverá indicar a autoria, materialidade e suas circunstâncias. Trata-se de ato por meio do qual a Autoridade Policial indica quem, segundo os indícios coligidos no IP, é o autor da infração penal. O indiciamento deve ser feito durante o IP, sendo pacífico na jurisprudência o entendimento de que não cabe quando já há denúncia oferecida. A jurisprudência admite o "desindiciamento", por meio de *writ* de *habeas corpus*.

• **Incomunicabilidade do preso**: é vedada pela CF durante o estado de defesa, conforme regra expressa (art. 136, § 3º, IV). É certo que o art. 21 do CPP a prevê. No entanto, se mesmo durante o estado de defesa ela é vedada, entende-se que com mais razão ainda a incomunicabilidade não é possível em condições de normalidade institucional. Logo, concordamos com o entendimento segundo o qual o art. 21 do CPP não foi recepcionado pela CF de 1988. Há, é verdade, entendimento contrário. Mas, vale lembrar que até quem entende cabível a incomunicabilidade reconhece não valer para o advogado do preso e para o membro do Ministério Público. Com efeito, é prerrogativa do membro do Ministério Público o acesso ao indiciado preso, a qualquer momento, mesmo quando decretada a sua incomunicabilidade (art. 41, IX, Lei 8.625/1993). Já quanto aos advogados, diz o art. 7º, III, do Estatuto da Advocacia e a Ordem dos Advogados do Brasil (Lei 8.906/1994) ser direito do advogado "comunicar-se com seus clientes, pessoal e reservadamente, mesmo sem procuração, quando estes se acharem presos, detidos ou recolhidos em estabelecimentos civis ou militares, ainda que considerados incomunicáveis".

PRAZOS PARA ENCERRAMENTO DO IP		
	imputado solto	**imputado preso**
Regra geral (CPP)	30 dias, prorrogáveis	10 dias
PF (art. 66, Lei 5.010/1966)	30 dias, prorrogáveis	15 dias
Lei 11.343/2006 (Lei de Drogas)	90 dias, podendo ser duplicado	30 dias, podendo ser duplicado
IPM	40 dias, prorrogáveis por mais 20 dias	20 dias
Crimes contra a economia popular (Lei 1.521/1951, art. 10, § 1º)	10 dias	10 dias

• A Lei 13.964/2019 trouxe um ponto que pode gerar dúvida, isso porque o juiz das garantias poderá prorrogar o prazo de duração do inquérito, por apenas uma vez, por até 15 dias, se o indiciado estiver preso (art. 3º B, § 2º, CPP). Pergunta-se: o prazo para conclusão do inquérito policial de indiciado preso, que não seja da Polícia Federal, passou a ser de 15 dias ou fica mantido o prazo de 10 dias visto na tabela acima? Haverá as duas posições: agora, o prazo passou a ser de 15 dias; o prazo continua de 10 dias, mas poderá ser prorrogado pelo juiz das garantias por até 15 dias. Uma observação: a prorrogação de prazo no caso de indiciado solto não será mais autorizada pelo juiz, mas, em nosso entender, pelo Ministério Público.

• **Arquivamento do inquérito policial**: **o arquivamento do inquérito policial** não pode ser determinado pela autoridade policial ou de ofício pela autoridade judiciária. Tivemos uma importante mudança trazida pela Lei 13.964/2019, que determinou: caber apenas ao Ministério Público ordenar o arquivamento do inquérito.

Assim, antes da Lei 13.964, em termos de arquivamento, devia-se seguir o procedimento previsto em lei para seu controle, descrito no art. 28 do CPP e no art. 62, IV, da Lei Complementar 75/1993, respectivamente, para os arquivamentos em geral e para os celebrados pelo Ministério Público Federal.

Com efeito, alguns caminhos se abriamm, conforme se tratasse de arquivamento promovido por órgão do Ministério Público Federal ou dos Ministérios Públicos dos Estados.

No primeiro caso, antes mesmo da nova sistemática trazida pela Lei n. 13.964/2013, o controle já era realizado, em regra por órgão interno, a saber, as Câmaras de Coordenação e Revisão do Ministério Público Federal, conforme previsão do art. 62, IV, da Lei Complementar 75/1993. Portanto, nesse ponto, a nova redação do art. 28 do CPP não causaria maiores alterações de procedimento.

A situação tornou-se mais complexa no âmbito dos Ministérios Públicos dos Estados, pois os arquivamentos de sua lavra são regidos pelo art. 28, que teve a redação e toda a sua sistemática alterada pela Lei n. 13.964/2019, mas com o formato anterior ainda aplicado até o julgamento das ADIs 6.298, 6.299. 6.300 e 6.305, o que ocorreu em 24 de agosto de 2023, deixando, porém, diversas questões no ar.

Assim, aplicando-se o regime anterior de arquivamento, conforme a redação antiga do art. 28 do CPP, pode-se traçar o seguinte procedimento: cabia ao Ministério Público exarar manifestação formal de arquivamento, encaminhando-a ao juiz, que fazia o controle. Ou seja, o Ministério Público requeria o arquivamento e o juiz o determinava, do contrário, cabeia-lhe encaminhar os autos ao Procurador-Geral de Justiça (no âmbito dos Ministérios Públicos estaduais).

Aplicando-se a nova redação do art. 28, chegava-se a um novo procedimento. Assim, ordenado o arquivamento pelo(a) Promotor(a), caberia a este(a) comunicar a vítima, o investigado e a autoridade policial, remetendo os autos, em seguida, para o órgão de revisão do próprio *Parquet*, conforme dispusesse a respectiva lei orgânica (art. 28, CPP). Se a vítima, ou seu representante legal, não concordasse com o arquivamento do inquérito policial, poderia, no prazo de 30 dias do recebimento da comunicação, submeter a matéria à revisão da instância competente do órgão ministerial, conforme dispusesse a respectiva lei orgânica. Nas ações penais relativas a crimes praticados em detrimento da União, Estados e Municípios, a revisão do arquivamento do inquérito policial poderia ser provocada pela chefia do órgão a quem couber a sua representação judicial.

O que decidiu o STF? Embora ainda pairam dúvidas a respeito do tema, ao menos até a data em que este livro foi terminado, objetivamente, a Corte:

- por maioria, atribuiu interpretação conforme ao *caput* do art. 28 do CPP, alterado pela Lei no 13.964/2019, para assentar que, ao se manifestar pelo arquivamento do inquérito policial ou de quaisquer elementos informativos da mesma natureza, o órgão do Ministério Público submeterá sua manifestação ao juiz competente e comunicará à vítima, ao investigado e à autoridade policial, podendo encaminhar os autos para o Procurador-Geral ou para a instância de revisão ministerial, quando houver, para fins de homologação, na forma da lei;
- por unanimidade, atribuiu interpretação conforme ao § 1º do art. 28 do CPP, incluído pela Lei no 13.964/2019, para assentar que, além da vítima ou de seu representante legal, a autoridade judicial competente também poderá submeter a matéria à revisão da instância competente do órgão ministerial, caso verifique patente ilegalidade ou teratologia no ato do arquivamento.

Duas observações, para dois casos mais específicos:

- *Arquivamento pelo Procurador-Geral da República nos feitos de sua atribuição originária*: não há mais necessidade de homologação pelo STF;
- *Arquivamento pelo Procurador-Geral de Justiça nos feitos de sua atribuição originária*: desnecessária qualquer decisão do Tribunal de Justiça, já que o arquivamento é obrigatório. Porém, o interessado que discordar da decisão do Procurador-Geral de Justiça poderá provocar a revisão do ato pelo Colégio de Procuradores de Justiça, nos termos do art. 12, XI, da Lei 8.625/1993, segundo procedimento regulado por cada lei orgânica estadual;

Arquivamento e coisa julgada material: quando surgiu a nova redação do art. 28 do CPP, passou-se a dizer que não haveria mais que se falar em coisa julgada, eis que o arquivamento não contaria mais com a homologação do juiz. Porém, após a decisão do STF nas ADIs vistas acima, pairecem dúvidas sobre o tema, visto que já há vozes dizer que, embora não seja o juiz que determina o arquivamento, deve ainda assim aceita-lo, com o que se poderia reconhecer a coisa julgada material sempre que houver o arquivamento por atipicidade da conduta ou causa de exclusão da ilicitude. Porém, atenção: segundo o STF, o arquivamento do inquérito policial em razão do reconhecimento de excludente de ilicitude não faz coisa julgada material (HC 125.101-SP, Rel. para o Acórdão Min. Dias Toffoli, j. 25.08.2015, Informativo 796).

5. AÇÃO PENAL

- **CF, arts. 5º, LIX, 129, I**
- **CPP, arts. 24 a 62**
- **Condições da ação**:
  - possibilidade jurídica do pedido (fato que é crime + punibilidade);
  - interesse de agir (interesse + adequação);
  - legitimidade de partes (ativa e passiva);
  - justa causa (fundamento probatório mínimo).

- **Obs.:** além das condições genéricas da ação penal acima mencionadas, é possível vislumbrar diversas hipóteses de condições específicas. Exs: representação do ofendido ou do representante legal nas ações penais públicas condicionadas; provas novas, no caso em que o inquérito policial tiver sido arquivado; laudo pericial nos crimes contra a propriedade imaterial. São também chamadas **condições de procedibilidade**.
  - O novo CPC não menciona mais "condições da ação". Entende-se, porém, que não deixou de reconhecer sua existência, eis que há menções a "interesse e legitimidade" (arts. 17, 337, XI, 485, VI). Porém, não há qualquer menção à possibilidade jurídica do pedido. A doutrina já vinha, de há muito, negando que era realmente uma condição da ação
- No CPP, o art. 395, II, diz que o juiz deve rejeitar a denúncia ou queixa quando faltar condição para o exercício da ação penal.
- Corrente minoritária entende que as condições da ação no processo penal são específicas deste: prática de fato aparentemente criminoso, punibilidade concreta, legitimidade de parte e justa causa
- Segue um quadro comparativo, com os princípios mais cobrados em concursos e as principais características das espécies de ação penal.

ESPÉCIES E CARACTERÍSTICAS DAS AÇÕES PENAIS		
	Princípios	**Características**
Ação penal pública incondicionada	**oficialidade**: é promovida por um órgão do Estado (Ministério Público) **obrigatoriedade**: presentes a materialidade da infração penal e indícios suficientes de autoria, o Ministério Público tem o dever de propor a ação penal (salvo exceções legais) **indisponibilidade**: o Ministério Público não pode desistir da ação penal ou de eventual recurso interposto, mas pode, em alegações finais ou parecer em 2º grau, opinar pela absolvição do acusado ou desclassificação da infração penal	não depende da vontade do ofendido ou de requisição de autoridade inicial = denúncia
Ação penal pública condicionada à representação do ofendido ou de seu representante legal	**oficialidade**: é promovida por um órgão do Estado (Ministério Público) **obrigatoriedade**: havendo representação e presentes a materialidade da infração penal e indícios suficientes de autoria, o Ministério Público tem o dever de propor a ação penal (salvo exceções legais) **indisponibilidade**: o Ministério Público não pode desistir da ação penal ou de eventual recurso interposto, mas pode, em alegações finais ou parecer em 2º grau, opinar pela absolvição do acusado ou desclassificação da infração penal	Representação do ofendido ou de seu representante legal = condição de procedibilidade para a propositura da ação penal A representação não vincula o Ministério Público: este não está obrigado a propor a ação penal se ausentes prova da ocorrência do delito ou indícios suficientes de autoria Retratação da representação: possível só até o oferecimento da denúncia. No caso da Lei 11.340 (Maria da Penha), a vítima pode se retratar ("renunciar") até antes do recebimento da denúncia O direito de representar está sujeito a prazo decadencial, normalmente de 6 meses, contado do dia em que veio a saber quem é o autor do crime (art. 103, CP) Inicial = denúncia

ESPÉCIES E CARACTERÍSTICAS DAS AÇÕES PENAIS		
	Princípios	**Características**
Ação penal pública condicionada à requisição do Ministro da Justiça	**oficialidade**: é promovida por um órgão do Estado (Ministério Público) **obrigatoriedade**: havendo requisição e presentes a materialidade da infração penal e indícios suficientes de autoria, o Ministério Público tem o dever de propor a ação penal (salvo exceções legais) **indisponibilidade**: o Ministério Público não pode desistir da ação penal ou de eventual recurso interposto, mas pode, em alegações finais ou parecer em 2º grau, opinar pela absolvição do acusado ou desclassificação da infração penal	Requisição do Ministro da Justiça = condição de procedibilidade para a propositura da ação penal Hipóteses do art. 7º, § 3º, CP (caso de extraterritorialidade da lei penal brasileira) e do art. 145, parágrafo único, CP (crime contra a honra do Presidente da República ou de chefe de governo estrangeiro) A requisição é ato administrativo discricionário A requisição não vincula o Ministério Público: este não está obrigado a propor a ação penal se ausentes prova da ocorrência do delito ou indícios suficientes de autoria A requisição não admite retratação e não está sujeita a prazo decadencial, embora haja entendimentos em contrário Inicial = denúncia
Ação penal privada subsidiária da pública	Não se aplicam os princípios da ação penal pública, já que não há obrigatoriedade da propositura da queixa, pois ela é proposta por particular. Mas, atenção: o perdão do ofendido e a renúncia não geram efeitos, já que o Ministério Público assumirá a ação penal	Admitida nos crimes de ação pública, se esta não for intentada no prazo legal Pode o Ministério Público aditar a queixa, repudiá-la e oferecer denúncia substitutiva, intervir em todos os termos do processo, fornecer elementos de prova, interpor recurso e, a todo tempo, no caso de negligência do querelante, retomar a ação como "parte principal" O direito à queixa subsidiária está sujeito a prazo decadencial, de 6 meses, contado do dia em que se esgota o prazo para oferecimento da denúncia (art. 103, CP) Não ocorre perempção, pois, em caso de negligência do querelante, o Ministério Público tem o dever de retomar a ação como "parte principal" Inicial = queixa
Ação penal exclusivamente privada	**princípio da oportunidade**: o titular do direito de queixa não é obrigado a propô-la **princípio da disponibilidade**: o titular do direito pode a ele renunciar, pode desistir da ação e perdoar o acusado **princípio da indivisibilidade**: a ação penal privada deve ser intentada contra todos os envolvidos no delito, não podendo o querelante escolher quem irá processar. Assim, a renúncia em relação a um dos querelados, importa em renúncia ao direito de queixa a todos; e o perdão a um deles aproveitará a todos, salvo aquele que recusá-lo	Prazo decadencial é de 6 meses, normalmente; Está sujeita à perempção: a) quando, iniciada a ação penal, o querelante deixar de promover o andamento do processo durante 30 dias seguidos; b) quando, falecendo o querelante, ou sobrevindo sua incapacidade, não comparecer em juízo, para prosseguir no processo, dentro do prazo de 60 (sessenta) dias, qualquer das pessoas a quem couber fazê-lo, ressalvado o disposto no art. 36 do CPP; c) quando o querelante deixar de comparecer, sem motivo justificado, a qualquer ato do processo a que deva estar presente, ou deixar de formular o pedido de condenação nas alegações finais; d) quando, sendo o querelante pessoa jurídica, esta se extinguir sem deixar sucessor Inicial = queixa

ESPÉCIES E CARACTERÍSTICAS DAS AÇÕES PENAIS		
	Princípios	**Características**
Ação penal privada personalíssima	Idem, quanto aos princípios da ação penal exclusivamente privada	Hipótese: art. 236, CP (crime de "induzimento a erro essencial e ocultação de impedimento", relacionado a casamento), em que a queixa penal só pode ser proposta pelo contraente do casamento que foi enganado e por mais ninguém Demais características idênticas às da ação penal exclusivamente privada Em caso de falecimento do querelante, entende-se haver perempção, não sendo possível a substituição processual

- **Exceções ao princípio da obrigatoriedade (segundo a doutrina)**:

- transação penal (art. 76, Lei 9.099/1995);
- colaboração premiada específica (art. 4º, § 4º, Lei 12.850/2013):
- colaborador que não for líder da organização criminosa;
- que for o primeiro a prestar efetiva colaboração
- acordo de leniência (arts. 86 e 87, Lei 12.529/2011);
- termos de ajustamento de conduta (art. 5º, § 6º, Lei 7.347/1985);
- parcelamento do débito tributário (art. 83, § 2º, Lei 9.430/1996).
- acordo de não persecução penal (art. 28-A, CPP).

- Outros princípios invocados pela doutrina:

- ***ne procedat iudex ex officio***: o juiz não pode iniciar o processo de ofício. Aplica-se a todas as espécies de ações penais;
- ***ne bis in idem***: ninguém pode ser processado duas vezes pelo mesmo fato, com a mesma imputação. Aplica-se a todas as espécies de ações penais;
- **oficiosidade**: as autoridades públicas devem agir de ofício nas ações penais públicas incondicionadas;
- **autoritariedade**: nas ações penais públicas, a persecução penal fica a carga da autoridade pública. Aplica-se às ações penais privadas apenas quanto à fase pré-processual;
- **instranscendência**: as ações penais, públicas e privadas, devem ser propostas apenas em face daquele contra o qual há indícios de autoria.

- **Legitimidade para oferecer representação (e queixa, de modo geral)**:

- ofendido com 18 anos de idade ou mais: cabe a ele próprio oferecer a representação;
- ofendido menor de 18 anos ou com doença ou retardo mental: representação cabe ao representante legal; se não tiver representante legal ou caso haja interesses colidentes entre eles, a representação caberá a um curador especial, nomeado por juiz competente para o processo penal;
- ofendido maior de 16 e menor de 18 anos, casado: não possuindo representante legal em virtude da emancipação civil, há duas hipóteses: a) nomeação de curador especial; b) aguarda-se que atinja a idade de 18 anos, para que possa ter legitimidade para oferecer a representação, não correndo o prazo decadencial.
- pessoa jurídica: a representação cabe a quem os represente, segundo seus estatutos ou contratos sociais; na ausência de previsão, caberá aos diretores ou sócios que exerçam função de gerência;
- em caso de morte do ofendido (ou declarado ausente por decisão judicial): a representação cabe, nessa ordem, ao cônjuge (não inclui o companheiro, pois isso aumentaria o alcance do direito de punir, segundo entendimento aparentemente majoritário; a nosso ver, deve incluir o companheiro), ascendente, descendente e irmão.

- A representação, em regra, é retratável somente até o **oferecimento** da denúncia (não o recebimento, que é ato posterior, do juiz). Nesse sentido, regra expressa do art. 25 do CPP. Mas há uma exceção. O art. 16 da Lei 11.340/2006 (Lei Maria da Penha) possibilita a retratação feita pela ofendida, em audiência especialmente designada para tal fim, ainda que a denúncia já tenha sido oferecida, mas antes de seu recebimento pelo juiz. Na ADI 7.267, o STF deu interpretação conforme à Constituição ao artigo 16 da Lei Maria da Penha, de modo a reconhecer a inconstitucionalidade da designação, de ofício, da audiência nele prevista, assim como da inconstitucionalidade do reconhecimento de que eventual não comparecimento da vítima de violência doméstica implique "retratação tácita" ou "renúncia tácita ao direito de representação".

- Normalmente, em se tratando de crime de lesão corporal leve, ainda que cometido no âmbito doméstico, nos termos do § 9º do art. 129 do CP, haverá a necessidade de representação da vítima. Porém, em se tratando de violência contra a mulher, deve ser aplicada a Lei 11.340/2006 (Lei Maria da

Penha), não se exigindo a representação, ainda que leve a lesão corporal. É que a necessidade de representação em crime de lesão corporal leve foi introduzida em nosso ordenamento pela Lei 9.099/1995, pois, até então, o crime do art. 129, *caput*, era de ação penal pública incondicionada. Então, adveio a Lei 11.340/2006 que, em seu art. 41, previu a inaplicabilidade da Lei 9.099/1995 em casos de violência doméstica. Então, a doutrina e a jurisprudência se dividiram a respeito: o que não é aplicado da Lei 9.099, tudo ou apenas a transação penal? A questão nunca foi pacífica, nem no STJ, bastando verificar o Recurso Especial 1.127.981-PE (Rel. Min. Gilson Dipp, j. 22.11.2011), do qual se depreende a necessidade da representação. Ocorre que, em 2012, o STF, na ADI 4424 – portanto, com efeitos vinculantes e *erga omnes* – decidiu pela constitucionalidade do art. 41 da Lei Maria da Penha e, assim, que não é necessária a representação da ofendida em casos de lesões corporais leves (v. Informativo 654). No STJ, há a Súmula 536: "A suspensão condicional do processo e a transação penal não se aplicam na hipótese de delitos sujeitos ao rito da Lei Maria da Penha".

- **Prazo decadencial para a queixa ou representação**: normalmente, de 6 meses, contado do dia em que o ofendido veio a conhecer a autoria da infração penal.
  - no caso de legitimidade do representante legal, há duas posições:
    - a inércia do representante não implica na decadência do direito para o ofendido, que poderá exercê-lo quando completar 18 anos (não há decadência de direito que não pode ser exercido);
    - a decadência para o representante legal afeta o direito do ofendido, pois o prazo decadencial não pode ser dividido.
- **Extinção da punibilidade na ação penal privada**
  - **Prescrição**: aplicável a todas as espécies de ação, inclusive a privada;
  - **Decadência**: perda do direito de oferecer a queixa (e também a representação na ação penal pública condicionada);
  - **Renúncia**: ato unilateral do ofendido, realizado antes do processo;
    - **expressa**: por escrito, assinada pelo ofendido ou por seu representante legal ou por procurador com poderes especiais;
    - **tácita**: prática, pelo ofendido, de ato incompatível com a vontade de oferecer a queixa-crime, ou seja, de ver o autor da infração penal processado;
    - renúncia quanto a um dos autores do crime implica em renúncia contra todos;
  - **Perdão do ofendido**: ato bilateral, realizado no curso do processo, que depende de aceitação do querelado;
    - **expresso** ou **tácito**;
    - pode ser oferecido até o trânsito em julgado da sentença condenatória;
    - oferecido por um dos ofendidos, não atinge o direito das demais vítimas em prosseguir com o processo;
    - oferecido a um dos querelados, deve ser estendido a todos os demais;
    - aceito por um dos querelados, não implica em aceitação pelos demais;
    - a aceitação pode ser **processual** ou **extraprocessual**, **expressa** ou **tácita**. O silêncio importa em aceitação;
  - **Perempção**: inércia ou desídia do titular da ação penal privada;
    - quando, iniciada a ação penal privada, o querelante deixar de promover o andamento do processo durante 30 dias seguidos;
    - quando, falecendo o querelante, ou sobrevindo sua incapacidade, não comparecer em juízo, para prosseguir no processo, dentro do prazo de 60 dias, qualquer das pessoas a quem couber fazê-lo, ressalvado o disposto no art. 36 do CPP;
    - quando o querelante deixar de comparecer, sem motivo justificado, a qualquer ato do processo a que deva estar presente, ou deixar de formular o pedido de condenação nas alegações finais;
    - quando, sendo o querelante pessoa jurídica, esta se extinguir sem deixar sucessor.
- **Requisitos da denúncia e da queixa**
  - endereçamento;
  - exposição do fato criminoso com todas as suas circunstâncias;
  - qualificação do acusado ou dados que permitam individualizá-lo;
  - classificação do crime;
  - rol de testemunhas, se se pretender usar tal meio de produção de prova;
  - subscrição pelo membro do Ministério Público (denúncia) ou pelo advogado do querelante, com poderes especiais (queixa na ação penal privada);
    - na ação penal privada, a procuração deve mencionar o nome do querelado e o fato criminoso, entendendo a jurisprudência não haver necessidade de descrição minuciosas deste. Tais irregularidades são consideradas sanadas se o querelante também assinar a queixa.
    - prevalece o entendimento de que as irregularidades na procuração podem ser sanadas a qualquer tempo, mesmo depois do decurso do prazo decadencial.
  - pessoa jurídica: a representação cabe a quem os represente, segundo seus estatutos ou contratos sociais; na ausência de previsão, caberá aos diretores ou sócios que exerçam função de gerência;
  - em caso de morte do ofendido (ou declarado ausente por decisão judicial): a representação cabe, nessa ordem, ao cônjuge (não inclui o companhei-

ro, pois isso aumentaria o alcance do direito de punir, segundo entendimento aparentemente majoritário; a nosso ver, deve incluir o companheiro), ascendente, descendente e irmão.

- A representação, em regra, é retratável somente até o **oferecimento** da denúncia (não o recebimento, que é ato posterior, do juiz). Nesse sentido, regra expressa do art. 25 do CPP. Mas há uma exceção. O art. 16 da Lei 11.340/2006 (Lei Maria da Penha) possibilita a retratação feita pela ofendida, em audiência especialmente designada para tal fim, ainda que a denúncia já tenha sido oferecida, mas antes de seu recebimento pelo juiz.
- Normalmente, em se tratando de crime de lesão corporal leve, ainda que cometido no âmbito doméstico, nos termos do § 9º do art. 129 do CP, haverá a necessidade de representação da vítima. Porém, em se tratando de violência contra a mulher, deve ser aplicada a Lei 11.340/2006 (Lei Maria da Penha), não se exigindo a representação, ainda que leve a lesão corporal. É que a necessidade de representação em crime de lesão corporal leve foi introduzida em nosso ordenamento pela Lei 9.099/1995, pois, até então, o crime do art. 129, *caput*, era de ação penal pública incondicionada. Então, adveio a Lei 11.340/2006 que, em seu art. 41, previu a inaplicabilidade da Lei 9.099/1995 em casos de violência doméstica. Então, a doutrina e a jurisprudência se dividiram a respeito: o que não é aplicado da Lei 9.099, tudo ou apenas a transação penal? A questão nunca foi pacífica, nem no STJ, bastando verificar o Recurso Especial 1.127.981-PE (Rel. Min. Gilson Dipp, j. 22.11.2011), do qual se depreende a necessidade da representação. Ocorre que, em 2012, o STF, na ADI 4424 – portanto, com efeitos vinculantes e *erga omnes* – decidiu pela constitucionalidade do art. 41 da Lei Maria da Penha e, assim, que não é necessária a representação da ofendida em casos de lesões corporais leves (v. Informativo 654). No STJ, há a Súmula 536: "A suspensão condicional do processo e a transação penal não se aplicam na hipótese de delitos sujeitos ao rito da Lei Maria da Penha".

- **Prazo decadencial para a queixa ou representação**: normalmente, de 6 meses, contado do dia em que o ofendido veio a conhecer a autoria da infração penal.
  - no caso de legitimidade do representante legal, há duas posições:
    - a inércia do representante não implica na decadência do direito para o ofendido, que poderá exercê-lo quando completar 18 anos (não há decadência de direito que não pode ser exercido);
    - a decadência para o representante legal afeta o direito do ofendido, pois o prazo decadencial não pode ser dividido.
- **Extinção da punibilidade na ação penal privada**
  - **Prescrição**: aplicável a todas as espécies de ação, inclusive a privada;
  - **Decadência**: perda do direito de oferecer a queixa (e também a representação na ação penal pública condicionada);
  - **Renúncia**: ato unilateral do ofendido, realizado antes do processo;
    - **expressa**: por escrito, assinada pelo ofendido ou por seu representante legal ou por procurador com poderes especiais;
    - **tácita**: prática, pelo ofendido, de ato incompatível com a vontade de oferecer a queixa-crime, ou seja, de ver o autor da infração penal processado;
    - renúncia quanto a um dos autores do crime implica em renúncia contra todos;
  - **Perdão do ofendido**: ato bilateral, realizado no curso do processo, que depende de aceitação do querelado;
    - **expresso** ou **tácito**;
    - pode ser oferecido até o trânsito em julgado da sentença condenatória;
    - oferecido por um dos ofendidos, não atinge o direito das demais vítimas em prosseguir com o processo;
    - oferecido a um dos querelados, deve ser estendido a todos os demais;
    - aceito por um dos querelados, não implica em aceitação pelos demais;
    - a aceitação pode ser **processual** ou **extraprocessual**, **expressa** ou **tácita**. O silêncio importa em aceitação;
  - **Perempção**: inércia ou desídia do titular da ação penal privada;
    - quando, iniciada a ação penal privada, o querelante deixar de promover o andamento do processo durante 30 dias seguidos;
    - quando, falecendo o querelante, ou sobrevindo sua incapacidade, não comparecer em juízo, para prosseguir no processo, dentro do prazo de 60 dias, qualquer das pessoas a quem couber fazê-lo, ressalvado o disposto no art. 36 do CPP;
    - quando o querelante deixar de comparecer, sem motivo justificado, a qualquer ato do processo a que deva estar presente, ou deixar de formular o pedido de condenação nas alegações finais;
    - quando, sendo o querelante pessoa jurídica, esta se extinguir sem deixar sucessor.
- **Requisitos da denúncia e da queixa**
  - endereçamento;
  - exposição do fato criminoso com todas as suas circunstâncias;
  - qualificação do acusado ou dados que permitam individualizá-lo;
  - classificação do crime;
  - rol de testemunhas, se se pretender usar tal meio de produção de prova;

- subscrição pelo membro do Ministério Público (denúncia) ou pelo advogado do querelante, com poderes especiais (queixa na ação penal privada);

• na ação penal privada, a procuração deve mencionar o nome do querelado e o fato criminoso, entendendo a jurisprudência não haver necessidade de descrição minuciosas deste. Tais irregularidades são consideradas sanadas se o querelante também assinar a queixa.

• prevalece o entendimento de que as irregularidades na procuração podem ser sanadas a qualquer tempo, mesmo depois do decurso do prazo decadencial.

* **Acordo de não persecução penal (art. 28-A, CPP)**

- o acordo de não persecução penal era previsto apenas na Resolução 181/2017 do CNMP. Agora, foi trazido pela Lei 13.964/2019 ao CPP, muito embora com importantes diferenças, tornando tal tipo de acordo muito semelhante, em sua essência, à transação penal da Lei 9.099/1995. Vejamos seus principais aspectos.

- não sendo caso de arquivamento e tendo o investigado confessado formal e circunstancialmente a prática de infração penal sem violência ou grave ameaça e com pena mínima inferior a 4 anos, o Ministério Público poderá propor acordo de não persecução penal (isto é, pode deixar de oferecer a denúncia), desde que necessário e suficiente para reprovação e prevenção do crime, mediante as seguintes condições ajustadas cumulativa e alternativamente: I - reparar o dano ou restituir a coisa à vítima, exceto na impossibilidade de fazê-lo; II - renunciar voluntariamente a bens e direitos indicados pelo Ministério Público como instrumentos, produto ou proveito do crime; III - prestar serviço à comunidade ou a entidades públicas por período correspondente à pena mínima cominada ao delito diminuída de um a dois terços, em local a ser indicado pelo juízo da execução, na forma do art. 46 do CP; IV - pagar prestação pecuniária, a ser estipulada nos termos do art. 45 do CP, a entidade pública ou de interesse social, a ser indicada pelo juízo da execução, que tenha, preferencialmente, como função proteger bens jurídicos iguais ou semelhantes aos aparentemente lesados pelo delito; ou V - cumprir, por prazo determinado, outra condição indicada pelo Ministério Público, desde que proporcional e compatível com a infração penal imputada;

- o acordo não pode ser feito nas seguintes hipóteses: I - se for cabível transação penal de competência dos Juizados Especiais Criminais, nos termos da lei; II - se o investigado for reincidente ou se houver elementos probatórios que indiquem conduta criminal habitual, reiterada ou profissional, exceto se insignificantes as infrações penais pretéritas; III - ter sido o agente beneficiado nos 5 anos anteriores ao cometimento da infração, em acordo de não persecução penal, transação penal ou suspensão condicional do processo; e IV - nos crimes praticados no âmbito de violência doméstica ou familiar, ou praticados contra a mulher por razões da condição de sexo feminino, em favor do agressor;

- o acordo de não persecução penal será formalizado por escrito e será firmado pelo membro do Ministério Público, pelo investigado e por seu defensor;

- para a homologação do acordo de não persecução penal, será realizada audiência na qual o juiz deverá verificar a sua voluntariedade, por meio da oitiva do investigado na presença do seu defensor, e sua legalidade. Se o juiz considerar inadequadas, insuficientes ou abusivas as condições dispostas no acordo, devolverá os autos ao Ministério Público para que seja reformulada a proposta de acordo, com concordância do investigado e seu defensor;

- o juiz poderá recusar homologação à proposta que não atender aos requisitos legais ou quando não for realizada a adequação. Recusada a homologação, o juiz devolverá os autos ao Ministério Público para a análise da necessidade de complementação das investigações ou o oferecimento da denúncia. O *Parquet* poderá interpor recurso em sentido estrito (o que, segundo entendemos, é inconstitucional, eis que a palavra final sobre o tema, no sistema acusatório, deve ser do próprio órgão acusador);

- homologado judicialmente o acordo, o juiz devolverá os autos ao Ministério Público para que inicie sua execução perante o juízo de execução penal;

- descumpridas quaisquer das condições estipuladas no acordo, o Ministério Público deverá comunicar ao juízo, para fins de sua rescisão e posterior oferecimento de denúncia;

- o descumprimento do acordo de não persecução penal pelo investigado também poderá ser utilizado pelo Ministério Público como justificativa para o eventual não oferecimento de suspensão condicional do processo;

- cumprido integralmente o acordo de não persecução penal, o juízo competente decretará a extinção de punibilidade;

- no caso de recusa, por parte do Ministério Público, em propor o acordo de não persecução penal, o investigado poderá requerer a remessa dos autos a órgão superior, na forma do art. 28 do CPP.

Atenção: segundo precedente do STJ, a mera ausência de confissão do autuado, durante o inquérito policial, não impede que o Ministério Público analise o oferecimento do acordo de não persecução penal (HC 657.165). Veja: "2. A ausência de confissão, como requisito objetivo, ao menos em tese, pode ser aferida pelo Juiz de direito para negar a remessa dos autos à PGJ nos termos do art. 28, § 14, do CPP. Todavia, ao exigir a existência de confissão formal e circunstanciada do crime, o novel art. 28-A do CPP não impõe que tal ato ocorra necessariamente no inquérito, sobretudo quando não consta que o acusado – o qual estava desacompanhado de defesa técnica e ficou em silêncio ao ser interrogado perante a autoridade policial – haja sido informado sobre a possibilidade de celebrar a avença com o Parquet caso admitisse a prática da conduta apurada. 3. Não há como simplesmente considerar ausente o requisito objetivo da confissão sem que, no mínimo, o investigado tenha ciência sobre a existência do novo instituto legal (ANPP) e possa, uma vez equilibrada a assimetria técnico-informacional, refletir sobre o custo-benefício da proposta (...)"

6. AÇÃO CIVIL *EX DELICTO*

- **CPP, arts. 63 a 68**
- No Brasil, adotou-se o sistema da independência entre as instâncias civil e penal, no que toca à reparação do dano causado pela infração penal. Porém, trata-se de uma independência mitigada, eis que pode a ação penal condenatória pode servir de título executivo judicial (ação de execução *ex delicto*), mas, independentemente, é possível o ajuizamento da a ação civil própria (ação civil *ex delicto*).
- Ação penal condenatória com trânsito em julgado = título executivo judicial (ação de execução *ex delicto*).
  - necessidade de prévia liquidação para apuração do montante da indenização;
  - possibilidade de o juiz criminal, na sentença condenatória, fixar um valor mínimo de indenização;
- Legitimidade ativa para a ação civil *ex delicto*:
  - vítima;
  - representante legal;
  - em caso de óbito: herdeiros;
  - Defensoria Pública em caso de hipossuficiência;
  - onde não houver Defensoria Pública: admite-se que seja proposta pelo Ministério Público ou que seja nomeado advogado dativo.
- Competência: juízo cível
- Se proposta a ação cível antes da sentença: o juiz cível pode suspendê-la.

HIPÓTESES DE ABSOLVIÇÃO DO ART. 386, CPP E REFLEXOS NA AÇÃO CIVIL	
Hipótese	**Consequência**
Prova da inexistência do fato	não há responsabilidade civil
Falta de prova da existência do fato	pode haver discussão na esfera civil
Fato não constitui infração penal	pode haver ilícito civil e dever de indenizar
Prova de que o acusado não concorreu para a infração	não há responsabilidade civil
Falta de prova de que o acusado concorreu para a infração	pode haver discussão na esfera civil
Prova de excludente de culpabilidade	pode haver discussão na esfera civil

HIPÓTESES DE ABSOLVIÇÃO DO ART. 386, CPP E REFLEXOS NA AÇÃO CIVIL	
Hipótese	**Consequência**
Prova de excludente de ilicitude	**legítima defesa**: em regra, torna o ato lícito também na esfera civil, sendo exceção o caso de *aberratio ictus* (ou seja, o terceiro atingido pode pedir indenização ao causador do dano, que, por sua vez, tem direito de regresso contra o agressor inicial); **estado de necessidade**: em regra, torna o ato lícito também na esfera civil, sendo exceção o caso em que o lesado não foi o causador do perigo (ou seja, deve ser indenizado, tendo o causador direto do dano direito de regresso contra o causador do perigo); **estrito cumprimento do dever legal**: em regra, torna o ato lícito também na esfera civil. Há corrente que entende haver responsabilidade objetiva do Estado (discordamos: a responsabilidade deriva de ato ilícito, apenas); **exercício regular de direito**: torna o ato lícito também na esfera civil.

7. COMPETÊNCIA

- **CF, arts. 5º, XXXVIII; 29, X; 96, III; 102; 105; 109; 124; 125**
- **CPP, arts. 69 a 91**
- **Lei 9.099/1995, art. 63**
- **Lei 11.101/2005, art. 183**
- **Lei 11.343/2006, art. 70**
- **Jurisdição**: poder-dever pertinente ao Estado de aplicar o direito ao caso concreto.
- **Características**:
  - Investidura: o exercício da jurisdição é feito por magistrado investido na função;
  - Indelegabilidade: não pode ser delegada a outro órgão, salvo precatórias e cartas de ordem;
  - Juiz natural;
  - Inafastabilidade (art. 5º, LIII, CF: a lei não excluirá da apreciação do Poder Judiciário lesão ou ameaça a direito);

- Inevitabilidade ou irrecusabilidade: não está sujeita à vontade das partes;
- Inércia: depende de provocação, em regra.

- **Para exercer a jurisdição há divisão de competências** (v. quadro mais abaixo).
- **Competência absoluta**: tem origem direta em regra trazida pela CF;

- é indisponível ao Ministério Público, querelante e imputado;
- a incompetência absoluta pode ser arguida até o trânsito em julgado, em qualquer fase do processo;
- pode ser arguida mesmo depois do trânsito em julgado, por meio de revisão criminal (admite-se, também, o *habeas corpus*), mas apenas nos casos de sentença condenatória ou absolutória imprópria. Assim, é vedada a arguição *pro societate* depois do trânsito em julgado de decisão absolutória própria;
- não há necessidade de demonstração de prejuízo;
- a incompetência absoluta pode ser declarada de ofício pelo juiz, até a sentença; depois, deverá ser declarada pelo tribunal recursal;
- exs. de competência absoluta: em razão da matéria e por prerrogativa de função.

- **Competência relativa**: tem origem direta em normas infraconstitucionais; indiretamente, em normas constitucionais.

- pode ser prorrogada, caso não alegada a incompetência no momento certo. Normalmente, deve ser alegada por meio de exceção de incompetência, no prazo da resposta à acusação. Se não alegada em exceção, mas na própria resposta, pode ser aceita pelo juiz mesmo assim;
- a incompetência, nesse caso, gera apenas nulidade relativa, devendo ser demonstrado prejuízo à parte;
- a incompetência relativa também pode ser declarada de ofício pelo juiz. A nosso ver de modo equivocado, o STJ estendeu a aplicação da Súmula 33 ao processo penal, de modo que tal Corte veda o reconhecimento da incompetência relativa de ofício pelo juiz. Na verdade, a Súmula 33 tem origem no processo civil, não devendo ser aplicada, *data venia*, ao processo penal;
- entendendo que pode ser declarada de ofício, entende-se que o juiz terá até o início da instrução para declará-la, em virtude de que, hoje, há o princípio da identidade física, de modo que, iniciada a coleta da prova pelo magistrado, estará preclusa a matéria da competência relativa.
- exs. de competência relativa: territorial e por prevenção.

- **Consequências da incompetência**:

- o CPP possui regra a respeito, que está no art. 567: a incompetência anula somente os atos decisórios;
- parte a doutrina entende que tal regra aplica-se apenas à incompetência relativa, já que a incompetência absoluta provoca a anulação de todos os atos, mesmo que não tenham natureza decisória;
- o entendimento jurisprudencial é diverso, ou seja, somente os atos decisórios devem ser anulados, aplicando-se o art. 567 do CPP, devendo o juiz competente ratificar os demais atos. É esse o entendimento do STF. Nesse sentido: "(...) Tanto a denúncia quanto o seu recebimento emanados de autoridades incompetentes ratione materiae são ratificáveis no juízo competente. (...)" (HC 83.006-SP, Rel. Min. Ellen Gracie, j. 18.06.2003);

- **Obs.**: comungamos do entendimento segundo o qual os atos de produção de prova realizados por juiz incompetente devem ser anulados, isso porque hoje vige o princípio da identidade física do juiz. Logo, se ao juiz que presidiu a instrução cabe a prolação da sentença, a produção probatória deverá ser refeita – e não meramente ratificada – pelo juiz competente, para que possa, então, prolatar a decisão.

CRITÉRIOS DOUTRINÁRIOS PARA DIVISÃO DA COMPETÊNCIA	
***Ratione materiae* (matéria)**	Define a Justiça competente, levando em conta: a) a natureza do delito; ou b) a titularidade do bem, valor ou interesse jurídico
***Ratione loci* (territorial)**	Os parâmetros podem ser o lugar da consumação do crime ou do domicílio do acusado: primeiro é necessário estabelecer a competência em razão da matéria (competência de jurisdição); depois, a competência territorial
***Ratione personae* (funcional)**	Leva em conta as funções exercidas por determinadas pessoas (foro por prerrogativa de função): os casos de foro por prerrogativa de função são previstos na CF e superam as demais competências.

- **Competência em razão da matéria:** competência de Justiça, absoluta.

- divide-se em Justiças Comum e Especial:

- as Especiais são: Justiça Eleitoral, Justiça Militar; Justiça do Trabalho (alguns incluem também, para os crimes de responsabilidade, a Justiça Política);
- as Comuns são: Federal e Estadual, que incluem, dentro delas, também os respectivos tribunais do Júri e juizados especiais criminais.

- **Justiça Comum Estadual: competência residual.**

- em caso de conexão com crime de competência da Justiça Federal, prevalecerá a competência desta.

- **Casuística jurisprudencial:**
- Súmula 42, STJ: causas cíveis em que é parte sociedade de economia mista e os crimes praticados em seu detrimento;
- Súmula 53, STJ: civil acusado de prática de crime contra instituições militares estaduais;
- Súmula 62, STJ: crime de falsa anotação na CTPS, atribuído à empresa privada. O enunciado não foi formalmente cancelado, mas a tendência é que seja superado. Afinal, no julgamento do CC 135.200/SP, Rel. originário Min. Nefi Cordeiro, Rel. para acórdão Min. Sebastião Reis Júnior, julgado em 22/10/2014 (Info 554), o STJ decidiu que compete à Justiça Federal (e não à Justiça Estadual) processar e julgar o crime caracterizado pela omissão de anotação de vínculo empregatício na CTPS (art. 297, § 4º, do CP). Esse mesmo raciocínio pode ser aplicado para a falsa anotação na CTPS (art. 297, § 3º, do CP);
- Súmula 73, STJ: uso de papel-moeda grosseiramente falsificado configura estelionato, de competência da Justiça Estadual;
- Súmula 140, STJ: crime em que o indígena figure como autor ou vítima;

– **Justiça Comum Federal:**

- Art. 109, CF: diversas hipóteses (casuística constitucional);
- Regra geral: compete à Justiça Federal o julgamento dos delitos cometidos em detrimento de bens, serviços ou interesse da União, de suas entidades autárquicas ou empresas públicas.
- Exceção: contravenções penais e crimes de competência das Justiças Eleitoral e Militar.
- Casuística jurisprudencial:
- Súmula 91, STJ: cancelada. Agora, crime contra a fauna é competência da Justiça Estadual;
- Súmula 122, STJ: compete à Justiça Federal o processo e julgamento unificado dos crimes conexos de competência federal e estadual, não se aplicando a regra do art. 78, II, a, do CPP;
- Súmula 147, STJ: compete à Justiça Federal processar e julgar os crimes praticados contra funcionário público federal, quando relacionados com o exercício da função;
- Súmula 165, STJ: crime de falso testemunho cometido no processo trabalhista é de competência da Justiça Federal;
- Súmula 208, STJ: prefeito municipal por desvio de verba sujeita à prestação de contas perante órgão federal deve ser julgado pela Justiça Federal;
- Súmula 209, STJ: julgar prefeito por desvio de verba transferida e incorporada ao patrimônio municipal compete à Justiça Estadual;
- Súmula 522, STF: tráfico para o exterior é competência da Justiça Federal.

– **Justiça Militar**: art. 124, CF (Justiça especial): julga os crimes militares;

- *Justiça Militar da União*: julga os membros das Forças Armadas e os civis que incorram em crime militar;
- *Justiça Militar Estadual*: não julga civis, somente PMs (incluindo Bombeiros militares);
  - o *art. 125, § 4º, CF* (cabe processar e julgar os militares dos Estados, nos crimes militares definidos em lei e as ações judiciais contra atos disciplinares militares, ressalvada a competência do júri quando a vítima for civil);
  - o *art. 125, § 5º, CF* (compete aos juízes de direito do juízo militar processar e julgar, singularmente, os crimes militares cometidos contra civis e as ações judiciais contra atos disciplinares militares, cabendo ao Conselho de Justiça, sob a presidência de juiz de direito, processar e julgar os demais crimes militares);
- **Atenção 1**: houve importante modificação no CPM, o que alterou a competência para o julgamento dos crimes militares, eis que a definição destes foi alterada. Muito importante a modificação trazida ao inciso II do art. 9º, que passou a considerar militares os crimes previstos no CPM e na legislação penal (o que inclui o CP) quando praticados: a) por militar em situação de atividade ou assemelhado, contra militar na mesma situação ou assemelhado; b) por militar em situação de atividade ou assemelhado, em lugar sujeito à administração militar, contra militar da reserva, ou reformado, ou assemelhado, ou civil; c) por militar em serviço ou atuando em razão da função, em comissão de natureza militar, ou em formatura, ainda que fora do lugar sujeito à administração militar contra militar da reserva, ou reformado, ou civil; d) por militar durante o período de manobras ou exercício, contra militar da reserva, ou reformado, ou assemelhado, ou civil; e) por militar em situação de atividade, ou assemelhado, contra o patrimônio sob a administração militar, ou a ordem administrativa militar. Assim, por exemplo, abuso de autoridade cometido por policial militar contra civil agora deverá ser julgado pela Justiça Militar;
- **Atenção 2**: no âmbito estadual, os crimes dolosos contra a vida cometidos por militar contra civil continua a ser julgado pelo Tribunal do Júri;
- **Atenção 3**: no âmbito federal, os crimes dolosos contra a vida cometidos por militares das Forças Armadas contra civil, serão da competência da Justiça Militar da União, se praticados no contexto: a) do cumprimento de atribuições que lhes forem estabelecidas pelo Presidente da República ou pelo Ministro de Estado da Defesa; b) de ação que envolva a segurança de instituição militar ou de missão militar, mesmo que não beligerante; ou c) de atividade de natureza militar, de operação de paz, de garantia da lei e da ordem ou de atribuição subsidiária, realizadas em conformidade com o disposto no art. 142 da Constituição Federal e na forma dos

seguintes diplomas legais: Código Brasileiro de Aeronáutica; LC 97/1999; CPPM; Código Eleitoral.

- **Casuística jurisprudencial:**
- Súmula 6, STJ: compete à justiça comum estadual processar e julgar delito decorrente de acidente de trânsito envolvendo viatura de polícia militar, salvo se autor e vítima forem policiais militares em situação de atividade. **Atenção**: em vista das modificações do CPM vistas acima, entendemos que tal Súmula deverá ser revista;
- Súmula 75, STJ: compete à Justiça Comum Estadual julgar policial militar por crime de promover ou facilitar a fuga de preso de estabelecimento penal. **Atenção**: em vista das modificações do CPM vistas acima, entendemos que tal Súmula deverá ser revista;
- Súmula 78, STJ: compete à Justiça Militar Estadual julgar policial de corporação estadual, ainda que o delito tenha sido praticado em outra unidade da federação;
- Súmula 172, STJ: militar por crime de abuso de autoridade, ainda que praticado em serviço é de competência da Justiça Comum Estadual. **Atenção**: em vista das modificações do CPM vistas acima, entendemos que tal Súmula deverá ser revista;

– **Justiça Eleitoral**: crimes eleitorais + HC e MS se houver pertinência temática.

- **crimes eleitorais** são aqueles previstos no Código Eleitoral ou que a lei defina como eleitorais;
- em caso de conexão entre crime eleitoral e crime comum de competência da Justiça Estadual, prevalece a competência da Justiça Eleitoral;
- se houver conexão entre crime eleitoral e crime doloso contra a vida, prevalece o entendimento de que haverá separação: o crime eleitoral será julgado pela Justiça Eleitoral; o crime doloso contra a vida, pelo Tribunal do Júri, instituído na Justiça Comum Estadual. A razão: assim como a competência da Justiça Eleitora está prevista na CF, a do Tribunal do Júri também está;
- havendo conexão entre crime eleitoral e crime de competência da Justiça Comum Federal, embora haja divergências de opinião na doutrina e tenha o MPF defendido a necessidade de separação dos processos, prevalece no STJ e no STF o entendimento de que o julgamento será realizado pela Justiça Eleitoral;
- idem quanto à conexão entre crime eleitoral e crime militar.

– **Justiça do Trabalho**: a Justiça do Trabalho não tem competência para o julgamento de crimes. É verdade que houve casos de julgamento de infrações penais em tal Justiça, em razão da redação dada pela EC 45/2004 ao art. 114, I, IV e IX, da CF. Porém, decidiu o STF não ser cabível tal julgamento: "COMPETÊNCIA CRIMINAL. Justiça do Trabalho. Ações penais. Processo e julgamento. Jurisdição penal genérica. Inexistência. Interpretação conforme dada ao art. 114, incs. I, IV e IX, da CF, acrescidos pela EC nº 45/2004. Ação direta de inconstitucionalidade. Liminar deferida com efeito ex tunc. O disposto no art. 114, incs. I, IV e IX, da Constituição da República, acrescidos pela Emenda Constitucional nº 45, não atribui à Justiça do Trabalho competência para processar e julgar ações penais" (ADI 3.684 MC-DF, Rel. Min. Cezar Peluso, j. 01.02.2007). Porém, isso não quer dizer que não tenha a Justiça do Trabalho competência criminal alguma. Tem: o art. 114, IV, da CF dá-lhe competência para julgar os mandados de segurança, habeas corpus e habeas data, quando o ato questionado envolver matéria sujeita à sua jurisdição.

- **Competência territorial:** relativa. Deve ser verificada depois que se estabelecer a competência de Justiça.

– Regras previstas na legislação infraconstitucional.

– **Teoria do resultado**: art. 70, CPP (lugar em que se consumar a infração, ou, no caso de tentativa, pelo lugar em que for praticado o último ato de execução);

- Exceção: art. 63, Lei 9.099/1995 (teoria da ação: local em que foi praticada a infração penal);

– A jurisprudência vem mitigando o rigor do art. 70.

– Outras regras:

- se, iniciada a execução no território nacional, a infração se consumar fora dele, a competência será determinada pelo lugar em que tiver sido praticado, no Brasil, o último ato de execução;
- quando o último ato de execução for praticado fora do território nacional, será competente o juiz do lugar em que o crime, embora parcialmente, tenha produzido ou devia produzir seu resultado;
- quando incerto o limite territorial entre duas ou mais jurisdições, ou quando incerta a jurisdição por ter sido a infração consumada ou tentada nas divisas de duas ou mais jurisdições, a competência firmar-se-á pela **prevenção**;
- nos crimes previstos no art. 171 do CP, quando praticados mediante depósito, mediante emissão de cheques sem suficiente provisão de fundos em poder do sacado ou com o pagamento frustrado ou mediante transferência de valores, a competência será definida pelo local do domicílio da vítima, e, em caso de pluralidade de vítimas, a competência firmar-se-á pela prevenção;
- tratando-se de infração continuada ou permanente, praticada em território de duas ou mais jurisdições, a competência firmar-se-á pela **prevenção**;
- não sendo conhecido o lugar da infração, a competência regular-se-á pelo **domicílio ou residência do réu**;
- se o réu tiver mais de uma residência, a competência firmar-se-á pela **prevenção**;
- se o réu não tiver residência certa ou for ignorado o seu paradeiro, será competente o juiz que primeiro tomar conhecimento do fato;

- **atenção**: nos casos de **ação exclusivamente privada**, o querelante poderá preferir o foro de domicílio ou da residência do réu, ainda quando conhecido o lugar da infração;
- regras especiais dos arts. 88 a 90, CPP, para **crimes ocorridos a bordo de aeronaves ou embarcações no território nacional**:
- **viagem interna** no território brasileiro: compete o julgamento ao lugar em que primeiro a aeronave pousar ou a embarcação atracar após a infração penal;
- **internacional**: compete ao local da chegada da aeronave ou da embarcação, se veio do estrangeiro para o Brasil e o crime ocorreu em nosso território; ou compete ao lugar da última saída, no caso em que se dirige ao exterior.
- **Casuística jurisprudencial:**
- **Homicídio**: a jurisprudência entende ser competência do lugar da conduta;
- **Crime de estelionato mediante cheque sem fundos**: local da recusa do pagamento pelo sacado;
- **Estelionato mediante falsificação de cheque**: local da obtenção da vantagem ilícita (Súmula 48, STJ);
- **Apropriação indébita**: lugar da alienação da coisa como própria, não o do seu recebimento;
- **Falso testemunho por precatória**: juízo deprecado. E por videoconferência? Entendemos que a competência será do juízo que está efetivamente tomando o depoimento, não do lugar onde está o depoente;
- **Contrabando ou descaminho**: prevenção do Juízo Federal do lugar da apreensão dos bens (Súmula 151, STJ);
- **Uso de passaporte falso**: lugar em que o crime se consumou, sendo competência da Justiça Federal (Súmula 200, STJ).
- **Competência em razão da prerrogativa de foro**: absoluta.

– Matéria regulada na CF, não no CPP.

– Tais competências prevalecem sobre a do Tribunal do Júri.

– No caso de concurso de agentes com prerrogativas de foro diversas, prevalece a do Tribunal com "jurisdição mais ampla". Ex.: concurso entre Desembargador e Promotor de Justiça = competência do Superior Tribunal de Justiça para julgar os dois.

– No caso de concurso de pessoas por crime contra a vida, uma com foro por prerrogativa previsto na CF e outra sem prerrogativa, deve haver a separação de processos, sendo esta última julgada sozinha pelo Tribunal do Júri.

– Em caso de concurso entre Juiz Federal e Juiz de Direito, prevalece a competência do Tribunal Regional Federal.

– Em caso de exceção da verdade em que pessoa com foro de prerrogativa de função é a vítima (ofendido) em crime contra a honra, a *exceptio* deve se processar perante o Tribunal que a julgaria em caso de cometimento de um crime.

– Atenção: o STF entende que as regras sobre o foro por prerrogativa somente se aplicam se o crime for cometido em razão do cargo ou função e durante o seu exercício. Porém, em casos de cargos vitalícios (juízes, membros do Ministério Público), a tendência é a de que esse entendimento não será aplicado, sendo o caso, por exemplo, de desembargador, que sempre será julgado pelo STJ, como tal Corte já decidiu.

FORO POR PRERROGATIVA DE FUNÇÃO – COMPETÊNCIAS	
STF	Membros do "primeiro escalão" dos três Poderes (Presidente da República, Vice-Presidente da República, Ministros, Senadores, Deputados Federais, Ministros do Supremo Tribunal Federal) Alto comando das Forças Armadas Membros do Tribunal de Contas da União Chefes de missão diplomática permanente Membros do Superior Tribunal de Justiça Procurador-Geral da República os titulares dos Ministérios; o Chefe da Casa Civil da Presidência da República; o Chefe da Secretaria de Governo da Presidência da República; o Chefe da Secretaria-Geral da Presidência da República; o Chefe do Gabinete de Segurança Institucional da Presidência da República; o Advogado-Geral da União, até que seja aprovada emenda constitucional para incluí-lo no rol das alíneas *c* e *d* do inciso I do *caput* do art. 102 da Constituição Federal; e o Presidente do Banco Central do Brasil, até que seja aprovada a autonomia da entidade (cuidado para alterações que podem ser feitas a qualquer momento na Lei 13.844/2019)
STJ	Governadores dos Estados e do Distrito Federal Membros dos Tribunais Regionais Federais, dos Tribunais de Justiça, dos Tribunais Regionais do Trabalho, dos Tribunais Regionais Eleitorais, dos Tribunais de Contas dos Estados e do Distrito Federal Procuradores Regionais da República e do Trabalho Procuradores de Justiça do Distrito Federal que atuem perante Tribunal Membros dos Tribunais de Contas dos municípios

FORO POR PRERROGATIVA DE FUNÇÃO – COMPETÊNCIAS	
TRFs	Juízes federais, do trabalho e da Justiça Militar Membros do Ministério Público da União (inclusive do Distrito Federal); Deputados Estaduais, por crime federal Prefeitos municipais, por crime federal
TJs	Juízes de Direito estaduais e do Distrito Federal Membros dos Ministérios Públicos estaduais Deputados Estaduais Prefeitos municipais
TREs	Todos aqueles julgados pelos Tribunais Regionais Federais e Tribunais de Justiça, desde que o crime seja eleitoral

- **Prorrogação da competência.**
- A competência absoluta não pode ser prorrogada e a incompetência, nesse caso, pode ser declarada de ofício pelo juiz.
- A competência relativa é sanável e pode ser prorrogada, portanto, modificada.
- Prorrogação é atribuir competência a órgão judiciário que normalmente não a teria.
- Há alguns casos de prorrogação de competência no ordenamento jurídico brasileiro:
- conexão e continência;
- desaforamento;
- federalização dos crimes em que ocorre grave violação a direitos humanos;
- no caso dos crimes de menor potencial ofensivo:
- necessidade de citação por edital;
- complexidade da causa.
- e, segundo doutrina majoritária, a não oposição de exceção de incompetência, no caso de competência territorial.
- **Conexão**: pluralidade de delitos, cometido por uma pluralidade de agentes ou por apenas um.
- Art. 76, I, CPP: **conexão intersubjetiva** – pluralidade de agentes e de infrações penais. Se subdivide em:
- **conexão intersubjetiva por simultaneidade**: diversas infrações, cometidas ao mesmo tempo (mesmas circunstâncias de tempo e lugar) por várias pessoas reunidas (ex.: torcedores de futebol que depredam os arredores de um estádio);
- **conexão intersubjetiva por concurso**: diversas infrações, cometidas por diversas pessoas, em concurso (i.e., previamente acordadas), mas em circunstâncias de tempo e lugar diversos (ex.: pessoas que praticam vários furtos a caixas eletrônicos em locais e dias diversos);
- **conexão intersubjetiva por reciprocidade**: diversas infrações, cometidas por diversas pessoas, umas contra as outras (ex.: colisão entre dois veículos, com vítimas aos dois condutores, que agiram ambos com culpa). **Atenção**: a rixa não entra nessa classificação, pois, nela, as condutas configuram um só crime.
- Art. 76, II, CPP: **conexão objetiva ou teleológica ou finalista**: duas ou mais infrações cometidas para facilitar ou ocultar as outras, ou para conseguir impunidade ou vantagem em relação a qualquer delas (ex.: crime de ocultação de cadáver em relação ao homicídio; homicídio de uma testemunha de outro crime; lavagem de dinheiro em relação à corrupção passiva).
- Art. 76, III, CPP: **conexão instrumental ou probatória**: a prova de uma infração ou de qualquer de suas elementares influir na prova de outra infração (ex.: receptação e furto do objeto receptado).
- **Continência**: pluralidade de agentes e infração única ou unidade de agentes e concurso formal de delitos.
- Art. 77, I, CPP: **continência por cumulação subjetiva**: concurso de agentes.
- Art. 77, II, CPP: **continência por cumulação objetiva**: concurso formal de delitos (art. 70, CP), erro na execução ou aberratio ictus (art. 73, CP) e resultado diverso do pretendido ou aberratio criminis (art. 74, CP) – são todos casos de concurso formal.
- **Efeito da conexão e da continência**: reunião dos processos.

EXCEÇÕES À REUNIÃO DE PROCESSOS NA CONEXÃO OU CONTINÊNCIA	
Separação obrigatória de processos	**Separação facultativa**
concurso entre jurisdição comum e militar (Súmula 90, STJ: "Compete à Justiça Estadual Militar processar e julgar o policial militar pela prática do crime militar, e à comum pela prática do crime comum simultâneo àquele"	infrações praticadas em circunstâncias de tempo ou de lugar diferentes
concurso entre a jurisdição comum e à da Vara da Infância e Juventude	excessivo número de acusados, a fim de não lhes prolongar a prisão preventiva
concurso entre crime militar e eleitoral	por outro motivo relevante, o juiz reputar conveniente a separação.
superveniência de doença mental em um dos corréus: processo deve ser desmembrado em relação a este, só voltando a ter andamento depois de recuperado o acusado	–

EXCEÇÕES À REUNIÃO DE PROCESSOS NA CONEXÃO OU CONTINÊNCIA	
Separação obrigatória de processos	**Separação facultativa**
suspensão do processo, nos termos do art. 366, CPP: desmembramento em relação ao acusado citado por edital, que não compareceu em juízo nem constituiu defensor.	–

- **Foro prevalente em caso de conexão e continência**:
- no concurso entre a competência do júri e a de outro órgão da jurisdição comum, prevalecerá a competência do júri;
- no concurso de jurisdições da mesma categoria:
- preponderará a do lugar da infração, à qual for cominada a pena mais grave;
- prevalecerá a do lugar em que houver ocorrido o maior número de infrações, se as respectivas penas forem de igual gravidade;
- firmar-se-á a competência pela prevenção, nos outros casos.
- no concurso de jurisdições de diversas categorias, predominará a de maior graduação (aplicável aos casos de foro por prerrogativa de função). Até a Ação Penal 470, em razão da conexão ou continência, o STF julgava não apenas as pessoas com foro por prerrogativa de função, mas também aqueles réus que deveriam ser julgados pela Justiça Comum. Nos casos mais recentes (v. os processos resultantes da chamada "Operação Lava-Jato"), o STF ter determinado a separação, julgando apenas os casos de foro por prerrogativa, deixando o restante para a Justiça Comum;
- no concurso entre a jurisdição comum e a especial, prevalecerá esta:
- no caso de crime militar, não haverá reunião de processos, pois a Justiça Militar não julga crime comum;
- conexão entre crime eleitoral e comum: reunião na Justiça Eleitoral.
- **Absolvição e Desclassificação**: art. 81, CPP.
- Verificada a reunião dos processos por conexão ou continência, ainda que no processo da sua competência própria venha o juiz ou tribunal a proferir sentença absolutória ou que desclassifique a infração para outra que não se inclua na sua competência, continuará competente em relação aos demais processos (art. 81, caput, CPP);
- Reconhecida inicialmente ao júri a competência por conexão ou continência, o juiz, se vier a desclassificar a infração ou impronunciar ou absolver o acusado, de maneira que exclua a competência do júri (ainda na primeira fase do procedimento), remeterá o processo ao juízo competente (art. 81, parágrafo único, CPP);
- se a absolvição do crime doloso contra a vida ocorrer, os jurados continuarão a julgar o crime conexo;
- se os jurados desclassificarem o crime doloso contra a vida para outro que não é da competência do Júri, o juiz-presidente julgará este e o crime conexo.

8. QUESTÕES PREJUDICIAIS, EXCEÇÕES E INCIDENTES

- **Questões prejudiciais**: o reconhecimento da infração penal depende da solução de questão a ser decidida em outro processo.
- A doutrina faz algumas classificações:
- quanto à natureza da questão a ser decidida:
- **prejudicial homogênea**: deve ser decidida também no campo penal;
- **prejudicial heterogênea**: deve ser decidida em outro ramo do direito. As hipóteses dos arts. 92 e 93 são dessa espécie.
- quanto à necessidade de suspensão do processo:
- **prejudicial obrigatória** (art. 92, *caput*, CPP): diz respeito ao estado civil das pessoas. **Consequência**: o curso da ação penal ficará suspenso até que no juízo cível seja a controvérsia dirimida por sentença passada em julgado, sem prejuízo, entretanto, da inquirição das testemunhas e de outras provas de natureza urgente;
- **prejudicial facultativa** (art. 93, CPP): questão diversa do estado civil, sendo discutida em processo cível. **Consequência**: o juiz pode, desde que essa questão seja de difícil solução e não verse sobre direito cuja prova a lei civil limite, suspender o curso do processo, após a inquirição das testemunhas e realização das outras provas de natureza urgente. O juiz marcará o prazo da suspensão, que poderá ser razoavelmente prorrogado, se a demora não for imputável à parte. Expirado o prazo, sem que o juiz cível tenha proferido decisão, o juiz criminal fará prosseguir o processo, retomando sua competência para resolver, de fato e de direito, toda a matéria da acusação ou da defesa. O art. 93, do CPP, não fixa prazo para a suspensão do processo. Pensamos ser razoável o uso, por analogia, do prazo fixado, para caso idêntico, no art. 315, § 2º, do novo CPC: um ano.
- da suspensão caberá recurso em sentido estrito; da denegação, não há recurso previsto;
- a suspensão pode ser determinada de ofício pelo juiz ou a pedido das partes.
- **Exceção de suspeição**.
- Hipóteses de suspeição previstas no art. 254 do CPP, aplicáveis ao juiz e também aos membros do Ministério Público, peritos e intérpretes, serventuários da justiça e jurados.

- Delegado de Polícia pode se dar por suspeito, pois a ele se aplicam as hipóteses acima. Porém, contra ele não se pode opor exceção.
- A suspeição pode ser declarada de ofício ou ser oposta pelas partes, por petição assinada pela parte ou por procurador com poderes especiais.
- Se reconhecer a suspeição, o juiz sustará a marcha do processo, mandará juntar aos autos a petição do recusante com os documentos que a instruam, e por despacho se declarará suspeito, ordenando a remessa dos autos ao substituto.
- Não aceitando a suspeição, o juiz mandará autuar em apartado a petição, dará sua resposta dentro em três dias, podendo instruí-la e oferecer testemunhas, e, em seguida, determinará sejam os autos da exceção remetidos, dentro em vinte e quatro horas, ao juiz ou tribunal a quem competir o julgamento.
- Consequência do reconhecimento pelo Tribunal: anulação dos atos do processo.
- É uma exceção meramente dilatória;
- Como a decisão é proferida pelo tribunal, é possível o manejo dos Recursos Especial e Extraordinário, mas não do Recurso em Sentido Estrito.

• **Exceção de impedimento ou incompatibilidade.**

- Hipóteses de impedimento: art. 252, CPP.

• **Atenção:** o inciso I do art. 252 do CPP afirma haver impedimento do juiz quando "tiver funcionado seu cônjuge ou parente, consanguíneo ou afim, em linha reta ou colateral até o terceiro grau, inclusive, como defensor ou advogado, órgão do MP, autoridade policial, auxiliar da Justiça ou perito". A nosso ver, deve também ser aplicado, por analogia, o art. 144, do novo CPC, que incorporou, em seu inciso VII, a *ratio* da Resolução 200/2015 do CNJ: impedimento no caso "em que figure como parte cliente do escritório de advocacia de seu cônjuge, companheiro ou parente, consanguíneo ou afim, em linha reta ou colateral, até o terceiro grau, inclusive, mesmo que patrocinado por advogado de outro escritório". O STF, porém, já declarou que o art. 144 acima citado não pode ser aplicado em hipótese alguma.

- Hipóteses de incompatibilidade: art. 253, CPP.
- O juiz, o órgão do Ministério Público, os serventuários ou funcionários de justiça e os peritos ou intérpretes abster-se-ão de servir no processo, quando houver incompatibilidade ou impedimento legal, que declararão nos autos.
- Se não se der a abstenção, a incompatibilidade ou impedimento poderá ser arguido pelas partes, seguindo-se o processo estabelecido para a exceção de suspeição (art. 112, CPP).
- Tem natureza meramente dilatória;
- Quanto ao recurso cabível, aplica-se o mesmo princípio da exceção de suspeição.

• **Exceção de incompetência.**

- Deve ser reconhecida de ofício.
- Pode ser oposta, no prazo para resposta à acusação ou defesa prévia, por escrito ou até oralmente (art. 108, CPP).
- Juiz deve autuar a exceção em apartado e ouvir o Ministério Público ou o acusado, em caso de ter o primeiro apresentado a exceção.
- Juiz decide: reconhecendo a incompetência, cabe recurso em sentido estrito; negada, não caberá recurso algum;
- Consequência em caso de reconhecimento da incompetência: remessa ao juízo competente. V. acima os efeitos da incompetência absoluta ou relativa.
- Não oposta exceção em caso de competência territorial (relativa) = preclusão.
- É exceção meramente dilatória.

• **Exceção de litispendência.**

- Ocorre quando há tramitação simultânea de duas ações penais versando sobre o mesmo fato, imputado ao mesmo acusado.
- É exceção peremptória, pois, se reconhecida, põe fim ao segundo processo, no qual deve ser alegada.
- Pode ser alegada de ofício ou pelas partes, a qualquer tempo, não suspendendo o andamento do processo.
- A decisão que a rejeita é irrecorrível. Se reconhecida, quando arguida por uma das partes, cabe recurso em sentido estrito; se reconhecida de ofício, o recurso cabível é a apelação.

• **Exceção de coisa julgada.**

- Fato que já foi decidido em relação a determinado acusado, com trânsito em julgado, não pode ser objeto de nova ação penal em face da mesma pessoa (*non bis in idem*).
- Cabível em caso de coisa julgada material (processo encerrado definitivamente com decisão sobre o mérito), mostrando-se que já houve decisão definitiva quanto ao mesmo fato e acusado em outro processo.
- Não é cabível em relação à coisa julgada formal (ex.: em outro processo, sobre o mesmo fato, houve rejeição da denúncia por falta de indícios suficientes. Havendo novos indícios, pode haver nova denúncia).
- É exceção peremptória, pois leva à extinção do processo. Acolhida por requerimento da parte, cabe recurso em sentido estrito; se de ofício, apelação. Não há recurso em caso de indeferimento.

• **Exceção de ilegitimidade de parte.**

- Pode ser arguida verbalmente ou por escrito, a qualquer tempo.
- Pode ser peremptória, se há ilegitimidade *ad causam* (ex.: Ministério Público oferece denúncia em caso de ação penal privada).

- Pode, também, ter natureza dilatória, pois no caso da ilegitimidade *ad processum* (vício em pressuposto de constituição e desenvolvimento do processo; ex.: representação do ofendido), há possibilidade de que o vício seja sanado.
- A ilegitimidade pode se dar nos polos passivo e ativo.
- Cabe recurso em sentido estrito da decisão que reconhece a ilegitimidade de parte, por exceção; se o reconhecimento se dá de ofício, não há previsão de recurso, embora haja entendimento do cabimento também de recurso em sentido estrito. Contra o indeferimento, não há recurso.

• **Conflito de jurisdição**: há jurisdicionalidade envolvida.

Competência para decidir conflito de jurisdição	
Supremo Tribunal Federal (art. 102, I, *o*, CF)	entre o Superior Tribunal de Justiça e quaisquer tribunais
	entre os Tribunais Superiores
	entre os Tribunais Superiores e qualquer outro tribunal
Superior Tribunal de Justiça (art. 105, I, *d*, CF)	entre quaisquer tribunais, ressalvados os casos acima
	entre tribunal e juízes não vinculados a ele (ex.: conflito entre Tribunal Regional Federal e juiz estadual)
	entre juízes vinculados a tribunais diversos (ex.: entre juízes de Estados diversos)
Tribunal Regional Federal (art. 108, I, *e*, CF)	entre juízes federais da mesma região
	entre juizado especial federal e juiz federal da mesma seção judiciária (STJ, Súmula 428)
Tribunais de Justiça	entre juízes de seus respectivos estados

• **Conflito de atribuições**: nesse caso, não há jurisdicionalidade envolvida.

• **Atenção, muito importante:** o STF entendia caber a ele o julgamento do conflito de atribuições entre membros do Ministério Público Federal e do Ministério Público do Estado: "(...)Com fundamento no art. 102, I, f, da Constituição da República, deve ser conhecido o presente conflito de atribuição entre os membros do Ministério Público Federal e do Estado do Rio de Janeiro diante da competência do Supremo Tribunal Federal para julgar conflito entre órgãos de Ministérios Públicos diversos. (...)" (ACO 1.136-RJ, Rel. Min. Ellen Gracie, j. 04.08.2011). Porém, tal entendimento mudou recentemente. De fato, no julgamento de questão de ordem na ACO 1.567-SP (Rel. Min. Dias Toffoli, j. 17.08.2016), decidiu o STF que tal hipótese de conflito deve ser resolvida internamente pelo Ministério Público, especificamente pelo Procurador-Geral da República. Nesse sentido, o **Informativo 835:** "Cabe ao Procurador-Geral da República a apreciação de conflitos de atribuição entre órgãos do ministério público. Com base nesse entendimento, o Plenário, por maioria, resolveu questão de ordem no sentido do não conhecimento da ação e remeteu os autos ao Procurador-Geral da República. No caso, instaurara-se conflito negativo de atribuições entre ministério público estadual e ministério público federal, para apuração de crime contra o mercado de capitais previsto no art. 27-E da Lei 6.385/1976. O Tribunal consignou que a competência para a apreciação de conflitos de atribuição entre membros do ministério público, por não se inserir nas competências originárias do STF (CF, art. 102, I), seria constitucionalmente atribuída ao Procurador-Geral da República, como órgão nacional do ministério público. Vencidos os Ministros Marco Aurélio e Celso de Mello, que conheciam da ação. Pontuavam que a competência seria do STF e que conclusão diversa culminaria por nulificar, de modo absoluto, a autonomia institucional dos ministérios públicos estaduais". Particularmente, discordamos do novo entendimento do STF, pois entendemos que o Procurador-Geral da República não exerce qualquer chefia sobre os Ministérios Públicos dos Estados. Por isso, **na tabela abaixo, mantivemos nosso entendimento.**

ÓRGÃO RESPONSÁVEL PELA DECISÃO DO CONFLITO DE ATRIBUIÇÕES ENTRE MEMBROS DO MINISTÉRIO PÚBLICO	
Procurador-Geral de Justiça	entre Promotores de Justiça do mesmo Estado
Procurador-Geral da República	entre membros do Ministério Público da União
Supremo Tribunal Federal (nosso posicionamento))	entre membros de Ministérios Públicos estaduais diversos
	entre membro de Ministério Público Estadual e do Ministério Público da União

• **Restituição de coisa apreendida.**

- Antes de transitar em julgado a sentença final, as coisas apreendidas durante busca, ou encontradas na cena do crime, não poderão ser restituídas enquanto interessarem ao processo (art. 118, CPP).
- Delegado de polícia: pode restituir, desde que o direito do requerente seja certo ou quando a coisa não tiver sido apreendida em poder de terceiro de boa-fé.
- Juiz: pode decidir sempre.
- O incidente é autuado em apartado e permite dilação probatória.
- Em caso de dúvida sobre quem seja o verdadeiro dono, o juiz remeterá as partes para o juízo cível,

ordenando o depósito das coisas em mãos de depositário ou do próprio terceiro que as detinha, se for pessoa idônea.

- Cabe apelação da decisão do juiz.

- **Incidente de falsidade.**

- Para se fazer o desentranhamento de um documento dos autos, em razão de suspeita de sua falsidade, deve ser instaurado este incidente, autuando-se a impugnação ao documento em apartado.
- Pode ser instaurado de ofício.
- A arguição de falsidade, feita por procurador, exige poderes especiais.
- É previsto contraditório e dilação probatória.
- Qualquer que seja a decisão, não fará coisa julgada em prejuízo de ulterior processo penal ou civil.

- **Incidente de insanidade mental.**

- Instaurado, de ofício, em caso de dúvida sobre a integridade mental do acusado.
- Também pode ser instaurado a requerimento do Ministério Público, do defensor, do curador, do ascendente, descendente, irmão ou cônjuge do acusado
- Pode ser instaurado ainda na fase do inquérito policial, por representação do delegado.
- O juiz deve nomear curador ao acusado, ficando suspenso o processo, se já iniciada a ação penal, salvo quanto às diligências que possam ser prejudicadas pelo adiamento.

MOMENTO DA INIMPUTABILIDADE	CONSEQUÊNCIA PROCESSUAL
ao tempo da infração	prosseguimento do processo, com a presença do curador (que pode ser o próprio defensor)
doença mental sobreveio à infração penal	suspensão dos processos, até o restabelecimento do acusado
	realização de diligências urgentes
	não há suspensão do prazo prescricional

9. CITAÇÃO, INTIMAÇÃO E CONTAGEM DE PRAZOS

- **CPP, arts. 351 a 372**
- **CPC, 252 a 254**
- **Citação.**

- O processo terá completada a sua formação quando realizada a citação do acusado.
- A citação do acusado deve ser, a princípio, pessoal. Se estiver preso, será necessariamente pessoal. Exceção: militar, que se dará por intermédio do chefe do respectivo serviço.
- Se o réu estiver fora do território de competência do juiz do processo, pode ser feita a citação por carta precatória.
- Somente se o acusado não for encontrado é que será citado por edital, com prazo de 15 dias.
- A citação com hora certa é prevista no art. 362 do CPP, que faz remissão, quanto ao procedimento, aos arts. 227 a 229 do CPC de 1973, já revogado (por isso, deve ser interpretado o dispositivo como se estivesse a, mencionar os arts. 252/254 do novo CPC). As regras do CPC são as seguintes regras: (a) quando, por duas vezes, o oficial de justiça houver procurado o citando em seu domicílio ou residência sem o encontrar, deverá, havendo suspeita de ocultação, intimar qualquer pessoa da família ou, em sua falta, qualquer vizinho de que, no dia útil imediato, voltará a fim de efetuar a citação, na hora que designar; (b) no dia e na hora designados, o oficial de justiça, independentemente de novo despacho, comparecerá ao domicílio ou à residência do citando a fim de realizar a diligência; (c) se o citando não estiver presente, o oficial de justiça procurará informar-se das razões da ausência, dando por feita a citação, ainda que o citando se tenha ocultado em outra comarca, seção ou subseção judiciárias; (d) a citação com hora certa será efetivada mesmo que a pessoa da família ou o vizinho que houver sido intimado esteja ausente, ou se, embora presente, a pessoa da família ou o vizinho se recusar a receber o mandado; (e) da certidão da ocorrência, o oficial de justiça deixará contrafé com qualquer pessoa da família ou vizinho, conforme o caso, declarando-lhe o nome; (f) feita a citação com hora certa, o escrivão ou chefe de secretaria enviará ao réu, executado ou interessado, no prazo de 10 dias, contado da data da juntada do mandado aos autos, carta, telegrama ou correspondência eletrônica, dando-lhe de tudo ciência.

- se feita a citação com hora certa e o acusado não comparecer, ser-lhe-á nomeado defensor dativo.

- O processo seguirá sem a presença do acusado que, citado ou intimado pessoalmente para qualquer ato, deixar de comparecer sem motivo justificado, ou, no caso de mudança de residência, não comunicar o novo endereço ao juízo.
- Estando o acusado no estrangeiro, em lugar sabido, será citado mediante carta rogatória, suspendendo-se o curso do prazo de prescrição até o seu cumprimento.
- Se o acusado, citado por edital, não comparecer, nem constituir advogado, ficarão suspensos o processo e o curso do prazo prescricional, podendo o juiz determinar a produção antecipada das provas consideradas urgentes e, se for o caso, decretar prisão preventiva, se cabível (art. 366, CPP).

- a decisão que determina a produção antecipada de provas com base no art. 366 do CPP deve ser concretamente fundamentada, não a justificando unicamente o mero decurso do tempo (STJ, Súmula 455).

- embora o art. 366 do CPP não estabeleça prazo máximo para a suspensão do processo e do prazo prescricional, a doutrina e a jurisprudência entendem que não poderá ser indefinido. O entendimento majoritário é o de que a suspensão do prescricional regula-se pelo máximo da pena cominada (Súmula 415, Superior Tribunal de Justiça).
- **Intimações.**
- A intimação do acusado deve ser, a princípio, pessoal, aplicando-se as regras referentes à citação.
- A intimação do Ministério Público, do Defensor Público e do defensor dativo será pessoal, com vista dos autos, conforme decidiu o STJ.
- A intimação do defensor constituído, do advogado do querelante e do assistente far-se-á por publicação no órgão incumbido da publicidade dos atos judiciais da comarca, incluindo, sob pena de nulidade, o nome do acusado.
- **Contagem de prazos.**
- No processo penal, contam-se os prazos da data da intimação, e não da juntada aos autos do mandado ou da carta precatória ou de ordem (STF, Súmula 770).
- Os prazos também correm: da audiência ou sessão em que for proferida a decisão, se a ela estiver presente a parte; e do dia em que a parte manifestar nos autos ciência inequívoca da sentença ou despacho.
- Todos os prazos correm em cartório e são contínuos e peremptórios, não se interrompendo por férias, domingo ou dia feriado.
- Não se computa no prazo o dia do começo, incluindo-se, porém, o do vencimento.
- O prazo que terminar em domingo ou dia feriado considerar-se-á prorrogado até o dia útil imediato.
- Quando a intimação tiver lugar na sexta-feira, ou a publicação com efeito de intimação for feita nesse dia, o prazo judicial terá início na segunda-feira imediata, salvo se não houve expediente, caso em que começará no primeiro dia útil que se seguir (STF, Súmula 310).
- A informatização do processo judicial é objeto da Lei 11.419/2006, que, no § 3º do art. 4º, dispõe que a data da publicação será o primeiro dia útil seguinte ao da disponibilização da informação no Diário da Justiça eletrônico. Assim, o prazo começará a ser contado somente no primeiro dia útil seguinte ao considerado como data da publicação (art. 798, § 1º, CPP).

10. PROVAS

- **Terminologia da prova**:
- **elemento de prova**: dado objetivo que confirma ou nega uma afirmação sobre determinado fato. Exs.: declaração da testemunha e o conteúdo de um documento;
- **resultado da prova**: conclusão a que se chega depois do exame dos elementos de prova constantes dos autos;
- **objeto de prova**: é a verdade ou a falsidade de uma afirmação sobre um fato;
- **fonte de prova**: pessoa ou coisa da qual se obtém o elemento de prova (exs.: a testemunha e o documento);
- **meio de prova (ou de produção de prova)**: instrumento ou atividade por meio do qual o elemento de prova é introduzido no processo (exs.: prova testemunhal e prova documental). É realizado pelo juiz do processo, sob o contraditório das partes;
- **meio de investigação de prova (ou de pesquisa de prova)**: procedimento que visa à busca de fontes de prova. Nem sempre é realizado pelo juiz, mas pelo órgão de investigação, fora do processo. Exs.: interceptação telefônica e busca;
- **indício**: possui mais de um significado. Segundo o CPP: é a circunstância conhecida e provada, que, tendo relação com o fato, autorize, por indução, concluir-se a existência de outra ou outras circunstâncias (prova indireta);
- no sentido de prova indireta, indícios são elementos de prova (o CPP os trata como "meio de prova") e, como qualquer outro elemento de prova, deve ser valorado em conjunto com dos demais elementos colhidos no processo. Assim, posto haja quem entenda ser impossível a condenação por indícios, entendemos ser, sim, possível, desde que o conjunto de indícios permitam a certeza necessária para o decreto condenatório;
- quando a lei exige a presença de *indícios suficientes* para o juiz proferir algumas decisões (exs.: pronúncia e decretação da prisão preventiva), está se referindo ao indício como "prova semiplena". Nesses casos, a palavra indício não tem o sentido técnico visto acima, mas apenas quer dizer que há uma probabilidade razoável, por exemplo, de que determinada pessoa tenha sido autora do delito;
- **prova nominada**: meio previsto em lei;
- **prova inominada**: meio não previsto em lei;
- **prova típica**: são os meios previstos e regulados pela lei;
- **prova atípica**: meio não previsto (prova inominada) ou previsto, mas não regulado pela lei;
- **prova anômala**: utilização de meio de prova diversos daquele previsto para a obtenção da prova. Ex.: se se pretende obter a declaração de uma testemunha, deve-se usar o meio "prova testemunhal"; utilizando-se o meio "prova documental", com a juntada de documento escrito, contendo declaração da testemunha, tem-se a prova anômala;
- **prova irritual**: não é seguido o rito previsto na lei para a prova que se quer produzir;

- **provas cautelares**: nelas, há um risco de desaparecimento da fonte da prova, devendo ser realizada fora do contraditório, que será, portanto, diferido (ex.: interceptação telefônica);
- **provas irrepetíveis**: nelas, uma vez produzida, não há possibilidade de sua repetição, pelo desaparecimento ou modificação da fonte de prova. Ex.: exame pericial no cadáver (laudo de exame necroscópico);
- **provas antecipadas**: são produzidas sob contraditório e judicialmente, mas fora do momento previsto no rito processual ou mesmo antes de iniciado o processo, em razão da urgência (ex.: oitiva de testemunha acometida de doença grave e potencialmente fatal, ainda durante a fase de investigação);
- **prova emprestada**: de acordo com a maioria da doutrina, trata-se da utilização em um determinado processo, de prova produzida em outro, neste último caso, sob contraditório e tendo as mesmas partes. Doutrina minoritária entende que em ambos os processos deve atuar o mesmo juiz. Ademais, entende-se não ser possível o empréstimo de elemento informativo produzido em inquérito policial, salvo o caso das provas cautelares e irrepetíveis, em que o contraditório é diferido.

• **Provas ilícitas**: há vedação constitucional à utilização de provas ilícitas no processo penal (art. 5º, LVI, CF: "são inadmissíveis, no processo, as provas obtidas por meios ilícitos"). O CPP traz igualmente tal proibição (art. 157, *caput*: "São inadmissíveis, devendo ser desentranhadas do processo, as provas ilícitas, assim entendidas as obtidas em violação a normas constitucionais ou legais").

- portanto, para o CPP são ilícitas: as provas obtidas em violação a normas constitucionais ou legais;
- na doutrina, há distinção entre provas ilícitas e ilegítimas, proposta por Ada Pellegrini Grinover, baseando-se em entendimento da doutrina italiana. Assim, segundo tal importante jurista, a prova ilegal seria de dois tipos: prova ilegítima (que viola normas processuais para sua produção) e prova ilícita (que viola norma de direito material ou garantias constitucionais). Como visto, não foi feita tal distinção de modo mais claro no art. 157, CPP;
- as teorias "dos frutos da árvore envenenada" e "da descoberta inevitável" – criações da jurisprudência da Suprema Corte norte-americana – foram claramente adotadas na reforma sofrida pelo CPP em 2008, bastando verificar a redação dada ao § 1º do art. 157. Enquanto o *caput* proíbe a valoração das provas ilícitas – consideradas inadmissíveis, devendo ser desentranhadas dos autos – o referido parágrafo afirma: "São também inadmissíveis as provas derivadas das ilícitas" (frutos da árvore envenenada"), "salvo quando não evidenciado o nexo de causalidade entre umas e outras, ou quando as derivadas puderem ser obtidas por uma fonte independente das primeiras". O que se deve entender por "fonte independente"? Diz o § 2º: "aquela que por si só, seguindo os trâmites típicos e de praxe, próprios da investigação ou instrução criminal, seria capaz de conduzir ao fato objeto da prova". A doutrina vem criticando tal definição, por entender ter feito o legislador uma pequena confusão entre "fonte independente" – outra das criações da Suprema Corte norte-americana – e "descoberta inevitável". De fato, a definição contida no § 2º do art. 157 do CPP brasileiro descreve a situação de "descoberta inevitável". Então, o que seria a fonte independente? No caso da fonte independente, a prova tem duas origens, sendo uma delas ilícita. Assim, pode-se perfeitamente suprimir a fonte ilegal, que ainda assim subsistirá a fonte lícita;
- o novo § 5º dispunha que o juiz que conhecer do conteúdo da prova declarada inadmissível não poderá proferir a sentença ou acórdão. O STF, porém, considerou inconstitucional tal norma.

• **Sistemas de avaliação da prova**:

- **sistema da íntima convicção** (ou da certeza moral do juiz): o julgador é livre para apreciar as provas, não sendo sequer obrigado a dar as razões de seu convencimento, não estando sujeito a qualquer restrição legal. Não é adotado como regra no Brasil, já que a CF exige que todas as decisões do Poder Judiciário sejam fundamentadas (art. 93, IX). Como exceção, porém, pode-se dizer que tal sistema foi adotado no Tribunal do Júri, pois os jurados não podem fundamentar seu veredicto, podendo julgar de acordo com sua convicção, ainda que contra a prova dos autos (embora, é certo, isso possa levar a pelo menos uma anulação do julgamento, com realização de outro);
- **sistema das provas legais** (ou da prova tarifada ou da certeza moral do legislador): os meios de prova têm seu valor fixado previamente pelo legislador. Vêm daí algumas afirmações, hoje sem muito sentido, como *testis unus, testis nullus*, às vezes repetida nos debates perante o Tribunal do Júri. Hoje, não há sentido algum em se considerar não provada a afirmação sobre um fato, porque foi atestado por apenas uma testemunha. Há um resquício bem evidente desse sistema em nosso CPP, no parágrafo único do art. 155: "somente quanto ao estado das pessoas serão observadas as restrições [probatórias, esclarecemos] estabelecidas na lei civil". Há quem aponte outro resquício na regra do art. 158, que afirma ser indispensável o exame de corpo de delito quando a infração deixar vestígio.
- **Sistema da persuasão racional** (ou do livre convencimento motivado): o juiz tem liberdade para valorar a prova produzida segundo os ditames constitucionais e legais, devendo motivar sua decisão, revelando como os elementos coligidos o levaram à conclusão exposta. É o sistema adotado como regra em nosso CPP;

• o **art. 155 do CPP** diz que o juiz formará sua convicção pela livre apreciação da prova, mas desde que produzida em contraditório judicial, além do que está limitado na fundamentação de sua decisão, eis que não poderá fundamentá-la exclusivamente nos elementos informativos colhidos na fase investigatória, ressalvadas as provas cautelares, não repetíveis e antecipadas.

- No quadro a seguir, os pontos principais cobrados nos concursos comentados.

Aspectos importantes
Provas periciais
• quando a infração deixar vestígios, será indispensável o exame de corpo de delito, direto ou indireto • não sendo possível o exame de corpo de delito, por haverem desaparecido os vestígios, a prova testemunhal poderá suprir-lhe a falta • a confissão do acusado não pode suprir a falta do exame de corpo de delito, direto ou indireto • as perícias serão realizadas por perito oficial, portador de diploma de curso superior, não havendo mais a exigência de dois peritos • na falta de perito oficial, o exame será realizado por duas pessoas idôneas, portadoras de diploma de curso superior preferencialmente na área específica, dentre as que tiverem habilitação técnica relacionada com a natureza do exame • o juiz não fica adstrito ao laudo, já que pode aceitá-lo ou rejeitá-lo, no todo ou em parte
Prova testemunhal
• a testemunha não pode eximir-se da obrigação de depor • poderão recusar-se a depor: o ascendente ou descendente, o afim em linha reta, o cônjuge, ainda que desquitado, o irmão e o pai, a mãe, ou o filho adotivo do acusado • tais pessoas serão ouvidas, sem o compromisso de dizer a verdade, quando não for possível, por outro modo, obter-se ou integrar-se a prova do fato e de suas circunstâncias • são proibidas de depor as pessoas que, em razão de função, ministério, ofício ou profissão, devam guardar segredo, salvo se, desobrigadas pela parte interessada, quiserem dar o seu testemunho • também não se deferirá o compromisso dizer a verdade aos doentes e deficientes mentais e aos menores de 14 anos • em regra, nos procedimentos comuns, as perguntas serão formuladas pelas partes diretamente à testemunha. Apenas sobre os pontos não esclarecidos, o juiz poderá complementar a inquirição; • se o juiz verificar que a presença do réu poderá causar humilhação, temor, ou sério constrangimento à testemunha ou ao ofendido, de modo que prejudique a verdade do depoimento, fará a inquirição por videoconferência e, somente na impossibilidade dessa forma, determinará a retirada do réu, prosseguindo na inquirição, com a presença do seu defensor; • testemunhas numerárias: são as arroladas pelas partes e que prestam compromisso legal; • testemunhas extranumerárias: são as arroladas pelas partes e que não prestam compromisso legal ou que nada sabem de interesse do feito; são também as ouvidas por iniciativa do juiz; • testemunhas fedatárias (ou impróprias ou instrumentárias): prestam depoimento sobre a regularidade de um ato processual, como se dá no caso de lavratura de flagrante em que não há testemunha da infração penal, mas apenas da prisão em si; • a lei prevê o número máximo de testemunhas (numerárias) que podem ser arroladas, conforme o procedimento. P. ex.: no rito comum ordinário, o número máximo é de 8 testemunhas para a acusação e 8 para cada acusado. Entende-se que o número máximo é por fato imputado no processo.
Interrogatório do imputado
• deve ser feito pessoalmente pelo juiz • excepcionalmente, o juiz, por decisão fundamentada, de ofício ou a requerimento das partes, poderá realizar o interrogatório do réu preso por sistema de videoconferência ou outro recurso tecnológico de transmissão de sons e imagens em tempo real, desde que a medida seja necessária para atender a uma das seguintes finalidades: a) prevenir risco à segurança pública, quando exista fundada suspeita de que o preso integre organização criminosa ou de que, por outra razão, possa fugir durante o deslocamento; b) viabilizar a participação do réu no referido ato processual, quando haja relevante dificuldade para seu comparecimento em juízo, por enfermidade ou outra circunstância pessoal; c) impedir a influência do réu no ânimo de testemunha ou da vítima, desde que não seja possível colher o depoimento destas por videoconferência; d) responder à gravíssima questão de ordem pública antes do interrogatório por videoconferência, o preso poderá acompanhar, pelo mesmo sistema tecnológico, a realização de todos os atos da audiência única de instrução e julgamento;
• o silêncio do imputado não importará em confissão e não poderá ser interpretado em prejuízo de sua defesa (princípio *nemo tenere se detegere*), não devendo ser aplicado o disposto no art. 198, CPP • a confissão não prova automaticamente o envolvimento do imputado no fato: seu valor se aferirá pelos critérios adotados para os outros elementos de prova, e para a sua apreciação o juiz deverá confrontá-la com as demais provas do processo, verificando se entre ela e estas existe compatibilidade ou concordância; • a confissão é divisível e retratável.

Busca e apreensão domiciliar
• a busca e apreensão domiciliar é usada para colher qualquer elemento de convicção, e também para: a) prender criminosos; b) apreender coisas achadas ou obtidas por meios criminosos; c) apreender instrumentos de falsificação ou de contrafação e objetos falsificados ou contrafeitos; d) apreender armas e munições, instrumentos utilizados na prática de crime ou destinados a fim delituoso; e) descobrir objetos necessários à prova de infração ou à defesa do réu; f) apreender cartas, abertas ou não, destinadas ao acusado ou em seu poder, quando haja suspeita de que o conhecimento do seu conteúdo possa ser útil à elucidação do fato; g) apreender pessoas vítimas de crimes • **regra constitucional** (art. 5º, XI): ninguém pode ingressar em casa alheia sem o consentimento do morador, salvo em caso de flagrante delito ou desastre, ou para prestar socorro, ou, durante o dia, por determinação judicial. Ou seja, cumprimento de mandado de busca e apreensão, somente durante o dia; realização de apreensões à noite, somente com o consentimento do morador ou em caso de flagrante delito; • **flagrante em crime permanente: atenção ao decidido pelo STF:** "(...) A Constituição dispensa o mandado judicial para ingresso forçado em residência em caso de flagrante delito. No crime permanente, a situação de flagrância se protrai no tempo. (...) Período noturno. A cláusula que limita o ingresso ao período do dia é aplicável apenas aos casos em que a busca é determinada por ordem judicial. Nos demais casos – flagrante delito, desastre ou para prestar socorro – a Constituição não faz exigência quanto ao período do dia. (...) Controle judicial a posteriori. Necessidade de preservação da inviolabilidade domiciliar. Interpretação da Constituição. Proteção contra ingerências arbitrárias no domicílio. Muito embora o flagrante delito legitime o ingresso forçado em casa sem determinação judicial, a medida deve ser controlada judicialmente. A inexistência de controle judicial ainda que posterior à execução da medida, esvaziaria o núcleo fundamental da garantia contra a inviolabilidade da casa (art. 5º, XI, da CF) e deixaria de proteger contra ingerências arbitrárias no domicílio (Pacto de São José da Costa Rica, artigo 11, 2, e Pacto Internacional sobre Direitos Civis e Políticos, artigo 17, 1). O controle judicial a posteriori decorre tanto da interpretação da Constituição, quanto da, aplicação da proteção consagrada em tratados internacionais sobre direitos humanos incorporados ao ordenamento jurídico. Normas internacionais de caráter judicial que se incorporam à cláusula do devido processo legal. (...) Justa causa. **A entrada forçada em domicílio, sem uma justificativa prévia conforme o direito, é arbitrária. Não será a constatação de situação de flagrância, posterior ao ingresso, que justificará a medida. Os agentes estatais devem demonstrar que havia elementos mínimos a caracterizar fundadas razões (justa causa) para a medida.** (...) Fixada a interpretação de que **a entrada forçada em domicílio sem mandado judicial só é lícita, mesmo em período noturno, quando amparada em fundadas razões, devidamente justificadas a posteriori, que indiquem que dentro da casa ocorre situação de flagrante delito, sob pena de responsabilidade disciplinar, civil e penal do agente ou da autoridade e de nulidade dos atos praticados.** (...)" (RE 603.616-RO, Rel. Min. Gilmar Mendes, j. 05.11.2015, grifos nossos). Esse entendimento do STF é importante, não obstante venha o STJ a trazer exigências mais rigorosas para a busca domiciliar, incluindo a exigência de autorização por escrito do morador do imóvel, gravada em áudio e vídeo.

Exame de alcoolemia (embriaguez ao volante)
• houve questionamentos quanto à confiabilidade do exame; quando à falta de possibilidade de contra prova; e, finalmente, quanto à constitucionalidade de sua previsão, eis que ninguém pode ser obrigado a produzir prova contra si mesmo, razão pela qual também não poderia ser obrigado, ainda que na condução de veículo automotor, a se submeter ao exame pericial; • o problema relacionava-se ao crime previsto no art. 306 do Código de Trânsito Brasileiro, que trazia um tipo penal com elementar de natureza objetiva, qual seja, a direção de veículo automotor tendo o motorista concentração superior a 6 decigramas de álcool etílico por litro de sangue. Para a comprovação dessa elementar, era necessária a realização de perícia. A lei mudou e hoje admite outros meios de provar a embriaguez, como a prova testemunhal, sendo o exame de alcoolemia apenas uma – não mais a única – possibilidade; • o Superior Tribunal de Justiça entendeu não caber *habeas corpus* preventivo para discutir o tema, pois não se pode considerar como fundado receio o simples temor de, porventura, ter de se submeter ao exame ao trafegar pelas ruas em veículo automotor, sem a existência de procedimento investigatório (RHC 27.590-SP, Rel. Min. Maria Thereza de Assis Moura, j. 18.05.2010); • além disso, o Superior Tribunal de Justiça entendeu que ninguém é obrigado a se submeter a tal perícia, em razão do princípio *nemo tenetur se detegere*, mas, ao mesmo tempo afirmou que os exames de alcoolemia (análise do sangue e o etilômetro) podem ser realizados e são perfeitamente legais, desde que a ele se submeta voluntariamente o motorista. Nesse sentido, o importante julgado em sede de Recurso Especial: RE 1.111.566-DF, Rel. Min. Marco Aurélio Bellizze, j. 28.03.2012.

- Atenção para o reconhecimento, como meio de prova, que poderá ser cobrado na próxima prova, em face da jurisprudência do STF e do STJ
- O reconhecimento pessoal vem sendo objeto de diversos estudos doutrinários, com caráter multidisciplinar, tendo em vista a permanente preocupação com as provas que dependem da memória humana e que requerem, por isso, tratamento cuidadoso e especializado. O reconhecimento, muito em razão de erros de julgamento que se tornaram famosos, vem exigindo atenção especial, tanto dos legisladores quanto da doutrina e jurisprudência.
- A doutrina concorda que o reconhecimento é meio de produção de prova, corretamente assim classificado pelo legislador do Código de Processo Penal, uma vez que se trata de uma atividade por meio da qual elementos de prova são introduzidos e fixados no processo. Embora os meios de prova sejam normalmente produzidos durante a instrução, pode o reconhecimento se realizar na fase de investigação, ficando o contraditório diferido.
- O reconhecimento pessoal é prova típica, pois encontra-se previsto no Código processual penal (arts. 226 e seguintes), bem como possui procedimento definido pelo legislador.
- Ademais, embora ainda haja controvérsias na doutrina a respeito do tema, os tribunais superiores vêm inclinando-se pelo caráter irrepetível do reconhecimento. Uma vez realizado, sua repetição não teria mais valor epistêmico, pois a memória da vítima ou testemunha já estaria impregnada pelas informações obtidas no primeiro ato realizado. Esse é o entendimento adotado pelo Conselho Nacional de Justiça, na Resolução nº 484/2022.
- O procedimento previsto no art. 226 do Código de Processo Penal é bastante simples, se comparado com outras legislações. Primeiramente, a pessoa que tiver de fazer o reconhecimento será convidada a descrever o indivíduo a ser reconhecido. Então, a pessoa, cujo reconhecimento se pretender, será colocada, se possível, ao lado de outras que com ela tiverem semelhança, convidando-se quem tiver de fazer o reconhecimento a apontá-la. Assim, o CPP privilegia o alinhamento simultâneo de pessoas, sem maiores detalhamentos. A lei ainda estabelece que, se houver razão para recear que a pessoa chamada para realizar o ato, por intimidação ou outra influência, não diga a verdade diante da pessoa a ser reconhecida, a autoridade providenciará para que esta não veja aquela. Por fim, do ato de reconhecimento lavrar-se-á termo pormenorizado, subscrito pela autoridade, pela pessoa chamada para proceder ao reconhecimento e por duas testemunhas presenciais.
- Até o fim do século passado, a jurisprudência dos tribunais superiores era mais rígida com a necessidade de observância do procedimento previsto em lei. Porém, a partir do novo século, adotou-se postura mais flexível, admitindo-se a validade e possibilidade de valoração do reconhecimento realizado sem as formalidades legais. Tal postura começou a mudar mais recentemente, até que, no STF, consolidou-se o entendimento de que o regime procedimental determinado no art. 226 do CPP não é mera recomendação, mas regime necessário à confiabilidade da informação dependente da memória. Assim, a desconformidade à tipicidade processual deve acarretar a nulidade do ato e sua desconsideração para fins decisórios, justificando-se eventual condenação somente se houver elementos independentes.
- Seguindo essa trilha, no STJ, em 2020, foram fixadas algumas balizas a respeito do reconhecimento: (i) deve observar o procedimento previsto no art. 226 do CPP; (ii) a inobservância do procedimento descrito na referida norma processual torna inválido o reconhecimento da pessoa suspeita e não poderá servir de lastro a eventual condenação, mesmo se confirmado o reconhecimento em juízo; (iii) pode o magistrado realizar, em juízo, o ato de reconhecimento formal, desde que observado o devido procedimento probatório, bem como pode ele se convencer da autoria delitiva a partir do exame de outras provas que não guardem relação de causa e efeito com o ato viciado de reconhecimento; (iv) o reconhecimento do suspeito por mera exibição de fotografia(s) ao reconhecedor, a par de dever seguir o mesmo procedimento do reconhecimento pessoal, há de ser visto como etapa antecedente a eventual reconhecimento pessoal e, portanto, não pode servir como prova em ação penal, ainda que confirmado em juízo. Posteriormente, a Sexta Turma alterou esta última baliza, consignando que não se deve considerar propriamente o reconhecimento fotográfico como etapa antecedente a eventual reconhecimento pessoal, mas apenas como uma possibilidade de, dentre outras diligências investigatórias, apurar a autoria delitiva. Assim, não é necessariamente a prova a ser inicialmente buscada, mas, se for produzida, deve vir amparada em outros elementos de convicção para habilitar o exercício da ação penal.
- Mais recentemente, em julgamento sob o rito dos recursos repetitivos, a Terceira Seção do STJ trouxe outras importantes balizas para o reconhecimento em geral: a) o reconhecimento positivo, que respeite as exigências legais é válido, sem, todavia, força probante absoluta, de sorte que não pode induzir, por si só, à certeza da autoria delitiva, em razão de sua fragilidade epistêmica; b) o reconhecimento de pessoas que obedece às disposições legais (o que não as observa é nulo) não prepondera sobre quaisquer outros meios de prova (confissão, testemunha, perícia, acareação, etc.); ao contrário, deve ser valorado como os demais; c) há diferentes graus de confiabilidade de um reconhecimento, conforme o tempo decorrido desde o crime e a descrição precisa do suspeito, esta sem contradições ao longo

do tempo; d) a confirmação, em juízo, do reconhecimento fotográfico extrajudicial, por si só, não torna o ato seguro e isento de erros involuntários, pois uma vez que a testemunha ou a vítima reconhece alguém como o autor do delito, há tendência, por um viés de confirmação, a repetir a resposta em reconhecimentos futuros, pois sua memória estará mais ativa e predisposta a tanto.

- Por fim, inobstante o CPP não mencione o reconhecimento por fotografia, este vem sendo realizado pela polícia com bastante frequência. Há debate na doutrina a respeito de ser prova atípica ou irritual, mas é certo que há maior rigor, como visto acima, com sua aceitação, sendo certo, porém, que, se realizado, deve igualmente seguir o procedimento previsto no art. 226 do Código. Seguindo orientação mais moderna, baseada em estudos específicos, que não apontam perda de confiabilidade em relação ao reconhecimento pessoal, a Resolução nº 484/2022 acolhe o reconhecimento por fotografia, caso se mostre inviável aquele outro, previsto expressamente em lei.
- Atenção para as importantes novidades trazidas pela Lei 13.431/2017, que regula os depoimentos de crianças e adolescentes, vítimas ou testemunhas de violência. As principais regras são as seguintes:

- cria a noção de **escuta especializada**: é o procedimento de entrevista sobre situação de violência com criança ou adolescente perante órgão da rede de proteção, limitado o relato estritamente ao necessário para o cumprimento de sua finalidade;
- também cria a noção de **depoimento especial**: é o procedimento de oitiva de criança ou adolescente vítima ou testemunha de violência perante autoridade policial ou judiciária;
- principais aspectos:
  - a criança ou o adolescente será resguardado de qualquer contato, ainda que visual, com o suposto autor ou acusado, ou com outra pessoa que represente ameaça, coação ou constrangimento;
  - a escuta especializada e o depoimento especial serão realizados em local apropriado e acolhedor, com infraestrutura e espaço físico que garantam a privacidade da criança ou do adolescente vítima ou testemunha de violência;
  - o depoimento especial reger-se-á por protocolos e, sempre que possível, **será realizado uma única vez**, em sede de **produção antecipada de prova judicial**, garantida a ampla defesa do investigado;
  - o depoimento especial seguirá o rito cautelar de antecipação de prova:
    - quando a criança ou o adolescente tiver menos de 7 anos;
    - em caso de violência sexual.
  - não será admitida a tomada de novo depoimento especial, salvo quando justificada a sua imprescindibilidade pela autoridade competente e houver a concordância da vítima ou da testemunha, ou de seu representante legal;
  - o depoimento especial será colhido conforme o seguinte procedimento:
    - os profissionais especializados esclarecerão a criança ou o adolescente sobre a tomada do depoimento especial, informando-lhe os seus direitos e os procedimentos a serem adotados e planejando sua participação, sendo vedada a leitura da denúncia ou de outras peças processuais;
    - é assegurada à criança ou ao adolescente a livre narrativa sobre a situação de violência, podendo o profissional especializado intervir quando necessário, utilizando técnicas que permitam a elucidação dos fatos;
    - no curso do processo judicial, o depoimento especial será transmitido em tempo real para a sala de audiência, preservado o sigilo;
    - findo o procedimento previsto no inciso II deste artigo, o juiz, após consultar o Ministério Público, o defensor e os assistentes técnicos, avaliará a pertinência de perguntas complementares, organizadas em bloco;
    - o profissional especializado poderá adaptar as perguntas à linguagem de melhor compreensão da criança ou do adolescente;
    - o depoimento especial será gravado em áudio e vídeo.
  - à vítima ou testemunha de violência é garantido o direito de prestar depoimento diretamente ao juiz, se assim o entender;
  - o juiz tomará todas as medidas apropriadas para a preservação da intimidade e da privacidade da vítima ou testemunha;
  - o profissional especializado comunicará ao juiz se verificar que a presença, na sala de audiência, do autor da violência pode prejudicar o depoimento especial ou colocar o depoente em situação de risco, caso em que, fazendo constar em termo, será autorizado o afastamento do imputado;
  - nas hipóteses em que houver risco à vida ou à integridade física da vítima ou testemunha, o juiz tomará as medidas de proteção cabíveis, permitidas pela própria lei, vistas acima;
  - o depoimento especial tramitará em segredo de justiça.

- Finalmente, segundo pensamos, nossa legislação adequou-se às mais modernas legislações internacionais, como a aplicada na Inglaterra e País de Gales, com procedimento semelhante.
- Sobre interceptações telefônicas, v. tópico sobre procedimentos abaixo.

* A Lei 13.964/2019 introduziu no CPP diversas regras sobre a chamada "**cadeia de custódia**" (arts. 158-A a 158-F). De extrema importância o seguinte:

- considera-se cadeia de custódia o conjunto de todos os procedimentos utilizados para manter e documentar a história cronológica do vestígio coletado em locais ou em vítimas de crimes, para rastrear sua posse e manuseio a partir de seu reconhecimento até o descarte;
- o início da cadeia de custódia dá-se com a preservação do local de crime ou com procedimentos policiais ou periciais nos quais seja detectada a existência de vestígio;
- o agente público que reconhecer um elemento como de potencial interesse para a produção da prova pericial fica responsável por sua preservação;
- vestígio é todo objeto ou material bruto, visível ou latente, constatado ou recolhido, que se relaciona à infração penal.

11. SENTENÇA

- *Emendatio libelli*: o juiz pode dar definição jurídica diversa ao fato, conforme autorização do art. 383 do CPP, desde que não modifique a descrição contida na inicial acusatória (denúncia ou queixa), ainda que, em consequência, tenha de aplicar pena mais grave.

- assim, o juiz pode dar outra definição jurídica para o fato (e o réu defendeu-se de tal fato, não da classificação jurídica até então existente), não havendo previsão de manifestação da Defesa ou do Ministério Público e tampouco de produção de novas provas;
- o que o juiz não pode fazer é dar definição jurídica diversa da contida na acusação, se a descrição do fato feita pelo juiz for além dos limites da denúncia ou queixa. Nesses casos, o Ministério Público deverá aditar a denúncia (art. 384, CPP – *mutatio libelli*). Do contrário, o juiz não poderá condenar o acusado por fato do qual não se defendeu. Deve haver correlação entre a acusação e a sentença.

- *Mutatio libelli*: hipótese do art. 384 do CPP: "Encerrada a instrução probatória, se entender cabível nova definição jurídica do fato, em consequência de prova existente nos autos de elemento ou circunstância da infração penal não contida na acusação, o Ministério Público deverá aditar a denúncia ou queixa, no prazo de 5 (cinco) dias, se em virtude desta houver sido instaurado o processo em crime de ação pública, reduzindo-se a termo o aditamento, quando feito oralmente".

- a redação do art. 384, *caput*, e § 5º do CPP mostra que a provocação para o aditamento não deve partir do juiz, mas deve ser iniciativa do próprio Ministério Público. Cabe a tal órgão, em respeito ao sistema acusatório, verificar se é ou não cabível o aditamento;
- se o Ministério Público não fizer o aditamento, o juiz, ao invés de sentenciar, pode encaminhar os autos ao Procurador-Geral de Justiça, para que este verifique se é ou não caso de aditamento, em analogia explícita ao art. 28 do CPP (art. 384, § 1º);
- feito o aditamento, cada parte poderá arrolar até 3 testemunhas, no prazo de 5 dias, ficando o juiz, na sentença, adstrito aos termos do aditamento (§ 4º);
- então, o juiz, a requerimento de qualquer das partes, designará dia e hora para continuação da audiência, com inquirição de testemunhas, novo interrogatório do acusado, realização de debates e julgamento (§ 2º);
- se não admitido o aditamento, o processo prosseguirá (§ 5º), isto é, o juiz deverá prolatar a sentença, ficando adstrito apenas aos fatos já contidos na denúncia.

EMENDATIO LIBELLI	*MUTATIO LIBELLI*
Juiz dá definição jurídica diversa ao fato descrito na denúncia	MP verifica possibilidade de definição jurídica diversa da contida na denúncia
Juiz pode aplicar pena mais grave do que aquela prevista para a definição contida na denúncia ou queixa	Fato novo, surgido da instrução, não descrito na denúncia
Não há necessidade de dar vista dos autos ao MP	MP deve aditar a denúncia
Não há necessidade de aditamento	Recusa do MP: aplicação do art. 28, CPP

- **Absolvição imprópria** ocorre nos casos em que a existência do crime e a autoria são reconhecidas, mas o acusado, por ser inimputável, não é condenado, aplicando-se-lhe medida de segurança (art. 386, VI, CPP). Há uma condenação disfarçada de absolvição, como afirma certa doutrina, cabendo, inclusive, revisão criminal.
- Os casos de **absolvição própria** são os seguintes: a) estar provada a inexistência do fato; b) não haver prova da existência do fato; c) não constituir o fato infração penal; d) estar provado que o réu não concorreu para a infração penal; e) não existir prova de ter o réu concorrido para a infração penal; f) existirem circunstâncias que excluam o crime – causa de exclusão da ilicitude – ou mesmo se houver fundada dúvida sobre sua existência; g) não existir prova suficiente para a condenação.
- O art. 387 e §§ 1º e 2º do CPP dispõem que o juiz, ao proferir **sentença condenatória**: a) mencionará as circunstâncias agravantes ou atenuantes definidas no Código Penal, e cuja existência reconhecer; b) mencionará as outras circunstâncias apuradas e tudo o mais que deva ser levado em conta na aplica-

ção da pena, de acordo com o disposto nos arts. 59 e 60 do Código Penal; c) aplicará as penas de acordo com essas conclusões; d) fixará valor mínimo para reparação dos danos causados pela infração, considerando os prejuízos sofridos pelo ofendido; e) atenderá, quanto à aplicação provisória de interdições de direitos e medidas de segurança, ao disposto no CPP; f) determinará se a sentença deverá ser publicada na íntegra ou em resumo e designará o jornal em que será feita a publicação (art. 73, § 1º, do Código Penal); g) decidirá, fundamentadamente, sobre a manutenção ou, se for o caso, imposição de prisão preventiva ou de outra medida cautelar, sem prejuízo do conhecimento da apelação que vier a ser interposta; h) computará o tempo de prisão provisória, de prisão administrativa ou de internação, no Brasil ou no estrangeiro, para fins de determinação do regime inicial de pena privativa de liberdade. Esta última disposição é mais recente, portanto, **atenção a ela**.

- A Lei 12.736, de 30 de novembro de 2012, modificou o art. 387 do CPP, que era composto do *caput* e de parágrafo único. Agora, possui dois parágrafos, sendo o primeiro praticamente idêntico ao antigo parágrafo único. Já o segundo trouxe a regra da detração vista na letra "h" acima.
- **Eficácia preclusiva subordinante da sentença penal**: a responsabilidade civil é independente da criminal, conforme afirma o art. 935 do CC. Mas tal dispositivo afirma também que não se pode questionar mais sobre a existência do fato, ou sobre quem seja o seu autor, quando estas questões se acharem decididas no juízo criminal. Essa é a ideia da eficácia preclusiva subordinante da sentença penal (v. acima, dicas sobre ação civil *ex delicto*).
- O art. 392 determina que a **intimação da sentença** será feita ao réu, pessoalmente, se estiver preso; ao réu, pessoalmente, ou ao defensor por ele constituído, quando se livrar solto, ou, sendo afiançável a infração, tiver prestado fiança; mediante edital, nesse último caso, se o réu e o defensor que houver constituído não forem encontrados, e assim o certificar o oficial de justiça; ao defensor constituído pelo réu, se este, afiançável, ou não, a infração, expedido o mandado de prisão, não tiver sido encontrado, e assim o certificar o oficial de justiça; nesse último caso, mediante edital, se o defensor que o réu houver constituído também não for encontrado, e assim o certificar o oficial de justiça; mediante edital, se o réu, não tendo constituído defensor, não for encontrado, e assim o certificar o oficial de justiça.

- no caso de sentença condenatória, prevalece o entendimento de que o acusado e seu defensor devem ser intimados separadamente e o prazo para o recurso começa da última intimação;
- se a intimação for por carta precatória, a Súmula 710 do STF estabelece que os prazos são contados da data da intimação e não da juntada do mandado ou da carta aos autos. Em sentido contrário, entendimento é de que começa a correr o prazo recursal a partir da juntada da carta precatória aos autos, devidamente cumprida (STJ, RE 261.360-RS);
- há, também, a Súmula 523 do STF, que estabelece ser a desídia do defensor, que perde o prazo para o recurso, hipótese de nulidade absoluta, por cerceamento de defesa.

12. PROCEDIMENTOS

12.1. PROCEDIMENTOS COMUNS ORDINÁRIO E SUMÁRIO

- O art. 394 do CPP determina que o procedimento será comum ou especial.
- O procedimento comum será **ordinário**, **sumário** ou **sumaríssimo** (§ 1º).

PROCEDIMENTO	PENA PRIVATIVA DE LIBERDADE
Ordinário	máxima igual ou superior a 4 anos
Sumário	máxima inferior a 4 anos
Sumaríssimo	infrações de menor potencial ofensivo

- Nos procedimentos **ordinário** e **sumário**, oferecida a denúncia ou queixa, o juiz, se a não rejeitar liminarmente, recebê-la-á e ordenará a citação do acusado para responder à acusação, por escrito, no prazo de 10 dias. Entendemos que, à vista das disposições trazidas ao CPP pela Lei 13.964/2019, o recebimento da denúncia está a cargo do juiz das garantias, mas a ordem de citação e os passos seguintes devem ficar a cargo do juiz da instrução e julgamento;

- no caso de citação por edital, o prazo para a defesa começará a fluir a partir do comparecimento pessoal do acusado ou do defensor constituído; do contrário, aplica-se o disposto no art. 366 do CPP (suspensão do processo);
- na resposta, o acusado poderá arguir preliminares e alegar tudo o que interesse à sua defesa, oferecer documentos e justificações, especificar as provas pretendidas e arrolar testemunhas, qualificando-as e requerendo sua intimação, quando necessário;
- não apresentada a resposta no prazo legal, ou se o acusado, citado, não constituir defensor, o juiz nomeará defensor para oferecê-la, concedendo-lhe vista dos autos por 10 dias.

- O juiz, depois da resposta do acusado, poderá absolvê-lo sumariamente nos casos especificados nos incisos do art. 397 do CPP, ou seja, quando verificar: a) a existência manifesta de causa excludente da ilicitude do fato; b) a existência manifesta de causa excludente da culpabilidade do agente, salvo inimputabilidade; c) que o fato narrado evidentemente não constitui crime; ou d) estar extinta a punibilidade do agente.

- a nosso ver, o rol do art. 397 do CPP é taxativo, não incluindo a definição de ausência de "justa causa";
- a ausência de alguma das condições da ação – atipicidade do fato, por exemplo – pode levar à absolvição sumária. Porém, as hipóteses do art. 397 do CPP não se limitam à análise das condições da ação, chegando mesmo à análise do mérito (exemplo: existência de causa de exclusão da ilicitude);
- a inimputabilidade é excluída expressamente das causas que podem levar à absolvição sumária nos procedimentos comuns. Nesse caso, deverá a ação prosseguir e, ao final, o juiz proferirá sentença de absolvição imprópria, fixando medida de segurança.

• No **procedimento ordinário**, se o juiz não absolver sumariamente o acusado, designará audiência de instrução e julgamento, a ser realizada no prazo máximo de 60 dias.

- na audiência serão tomadas as declarações do ofendido, serão inquiridas as testemunhas arroladas pela acusação e pela defesa, nesta ordem, serão colhidos os esclarecimentos dos peritos – se houve prévio requerimento das partes –, serão realizadas acareações e reconhecimento de pessoas e coisas, e, ao final, será o acusado interrogado;
- na instrução poderão ser inquiridas até 8 testemunhas arroladas pela acusação e 8 pela defesa, não se computando, nesse número, as que não prestem compromisso e as referidas;
- permite-se o adiamento da audiência se o defensor, por motivo justificado, não puder comparecer. Contudo, o ônus de provar o impedimento do defensor incumbe a este, que deverá fazê-lo até a abertura da audiência e, caso não o faça, o juiz determina o prosseguimento do ato, nomeando defensor substituto, ainda que provisoriamente ou só para o efeito do ato;
- produzidas as provas, ao final da audiência, o Ministério Público, o querelante e o assistente e, a seguir, o acusado poderão requerer diligências cuja necessidade se origine de circunstâncias ou fatos apurados na instrução;
- não havendo requerimento de diligências, ou sendo indeferido, serão oferecidas alegações finais orais por 20 minutos, respectivamente, pela acusação e pela defesa, prorrogáveis por mais 10, proferindo o juiz, a seguir, sentença;

• havendo mais de um acusado, o tempo previsto para a defesa de cada um será individual;

• ao assistente do Ministério Público, após a manifestação desse, serão concedidos 10 minutos, prorrogando-se por igual período o tempo de manifestação da defesa;

• o juiz poderá, considerada a complexidade do caso ou o número de acusados, conceder às partes o prazo de 5 dias sucessivamente para a apresentação de memoriais. Nesse caso, terá o prazo de 10 dias para proferir a sentença;

• havendo necessidade de diligências, não haverá alegações orais em audiência. Assim que realizada a diligência, as partes apresentarão, no prazo sucessivo de 5 dias, suas alegações finais, por memorial, e, no prazo de 10 dias, o juiz proferirá a sentença.

- O juiz que presidiu a instrução deverá proferir a sentença (princípio da identidade física do juiz).

• No **procedimento sumário**, se o juiz não absolver sumariamente o acusado, designará audiência de instrução e julgamento, a ser realizada no prazo máximo de 30 dias.

- na audiência serão tomadas as declarações do ofendido, serão inquiridas as testemunhas arroladas pela acusação e pela defesa, nesta ordem, serão colhidos os esclarecimentos dos peritos – se houve prévio requerimento das partes –, serão realizadas acareações e reconhecimento de pessoas e coisas, e, ao final, será o acusado interrogado;
- na instrução poderão ser inquiridas até 5 testemunhas arroladas pela acusação e 5 pela defesa;
- nenhum ato será adiado, salvo quando imprescindível a prova faltante, determinando o juiz a condução coercitiva de quem deva comparecer.
- as alegações finais serão orais, concedendo-se a palavra, respectivamente, à acusação e à defesa, pelo prazo de 20 minutos, prorrogáveis por mais 10, proferindo o juiz, a seguir, sentença;

• havendo mais de um acusado, o tempo previsto para a defesa de cada um será individual;

• ao assistente do Ministério Público, após a manifestação desse, serão concedidos 10 minutos, prorrogando-se por igual período o tempo de manifestação da defesa;

- não há previsão de diligências complementares;
- O juiz que presidiu a instrução deverá proferir a sentença (princípio da identidade física do juiz).

DIFERENÇAS ENTRE PROCEDIMENTOS ORDINÁRIO E SUMÁRIO		
–	**Ordinário**	**Sumário**
Prazo para realização da audiência	60 dias	30 dias
Número máximo de testemunhas a serem arroladas por cada parte	8	5

Permitidas diligências depois da audiência?	Sim	Não
Previsão de memoriais, em substituição aos debates?	Sim	Não

- A **suspensão condicional do processo** é aplicável a todos os crimes que estiverem dentro dos limites previsto no art. 89 da Lei 9.099/1995.

- a suspensão condicional do processo será aplicada se a pena mínima cominada for igual ou inferior a 1 ano e desde que o acusado não esteja sendo processado ou não tenha sido condenado por outro crime, presentes os demais requisitos que autorizariam a suspensão condicional da pena;

- a suspensão terá duração de 2 a 4 anos;

- entendemos que a proposta de suspensão condicional deve ser feita pelo Promotor de Justiça, titular da ação penal (há, evidentemente, quem entenda que o juiz também pode fazer a proposta, caso o Promotor se recuse a fazê-la). Em caso de recusa do membro do Ministério Público, deve ser aplicado, por analogia, o disposto no art. 28 do CPP. É o entendimento do STF, por meio da Súmula 696: "Reunidos os pressupostos legais permissivos da suspensão condicional do processo, mas se recusando o Promotor de Justiça a propô-la, o juiz, dissentindo, remeterá a questão ao Procurador-Geral, aplicando-se por analogia o art. 28 do Código de Processo Penal". O mesmo se aplica à transação penal. Mas, notem: tal Súmula hoje encontra-se parcialmente prejudicada, pois, apesar de ser possível aplicar o art. 28 nesse caso, o juiz deverá encaminhar os autos ao órgão de revisão estabelecido por cada Ministério Público, que não necessariamente será o Procurador-Geral;

- quanto ao momento, deve o Ministério Público oferecer a proposta de suspensão quando oferecer a denúncia, conforme consta do art. 89 da Lei 9.099/1995. Mas, qual o momento para o acusado aceitá-la? Se o procedimento a ser adotado for o sumaríssimo, da própria Lei 9.099, deve-se ter em mente que, se foi oferecida denúncia, isso significa que não foi possível ou não foi aceita a proposta de transação penal. Então, apresenta o Ministério Público oralmente a denúncia. Se o acusado estiver presente ao ato, é citado. Porém, caso não esteja presente, deve o acusado também é citado posteriormente. Nos dois casos, o acusado deve comparecer à audiência designada, na qual seu defensor apresentará a defesa preliminar, com o que decidirá o juiz se recebe a denúncia. A recebendo, será o acusado instado a se manifestar quanto à proposta de suspensão. Por outro lado, se o procedimento for o ordinário ou o sumário, lembrem-se que o acusado será citado para oferecer resposta à acusação e depois o juiz decidirá se absolve sumariamente o acusado. Caso o não faça, deverá designar audiência una de instrução e julgamento. Não concordamos com o posicionamento segundo o qual deve ser realizada a audiência e, quando do interrogatório (último ato dela), deve o acusado dizer se aceita a proposta de suspensão ou não. A melhor solução, a nosso ver, é outra: decidindo o juiz não ser o caso de absolvição sumária, designa audiência para que o acusado diga se aceita ou não a proposta de suspensão e, caso a aceite, fica prejudicada a realização da audiência de instrução e julgamento, que sequer é marcada. Por fim, ainda quanto a tal tema, se houver a desclassificação do delito quando da sentença ou acórdão e a nova classificação jurídica do crime possibilitar a aplicação da suspensão condicional do processo, deve o juiz ou tribunal dar ao Ministério Público a oportunidade de apresentar a proposta de suspensão.

12.2. PROCEDIMENTO SUMARÍSSIMO (LEI 9.099/1995)

- Adotado para as infrações penais de menor potencial ofensivo e previsto na Lei 9.099/1995.

- **Infrações penais de menor potencial ofensivo**: as contravenções penais e os crimes a que a lei comine pena máxima não superior a 2 anos, cumulada ou não com multa.

- Há crimes em que são previstas penas alternativas: privativa de liberdade ou multa. Como exemplo, vejam o preceito secundário do art. 7º da Lei 8.137/1990: pena de detenção, de 2 a 5 anos, ou multa. Assim, visto sob o ângulo da pena privativa de liberdade, não se trata de infração de menor potencial ofensivo, já que, para isso, a pena máxima não poderia ultrapassar 2 anos; visto sob o prisma da pena de multa, seria crime de menor potencial ofensivo. Então, qual o critério que deve prevalecer? A nosso ver, o da pena privativa de liberdade. Isso porque o legislador, ao definir crime de menor potencial ofensivo levou em conta, essencialmente, a pena privativa de liberdade, de modo que, aquele cuja pena máxima ultrapassar 2 anos não pode ser considerado "de menor potencial ofensivo". Esse é, por sinal, vinha sendo o entendimento de uma das turmas do STJ: "(...) Considera-se crime de menor potencial ofensivo aquele cuja pena máxima não exceda o limite de 2 (dois) anos. (...) No caso, o Agravante foi denunciado pela prática do crime do art. 38 da Lei nº 9.605/98, cuja pena máxima abstratamente cominada é de 3 (três) anos de detenção. E, apesar da previsão de pena alternativa de multa, o critério eleito pelo legislador para definir se a infração reveste-se de menor gravidade e, portanto, se compete o julgamento da causa ao Juizado Especial, é exatamente o quantum máximo da pena privativa de liberdade abstratamente cominada. (...) Agravo regimental desprovido." (AgRg no REsp 1.208.989 – TO, Rel. Min. Laurita Vaz, j. 06.12.2011). Em decisão recente, a 2ª Turma do STF decidiu no mesmo sentido, quanto ao mesmo caso, verbis: "HABEAS CORPUS. PENAL. PROCESSUAL PENAL. CRIME CONTRA O MEIO AMBIENTE. AÇÃO PENAL. COMPETÊNCIA DA JUSTIÇA FEDERAL COMUM. PENA MÁXIMA SUPERIOR A DOIS ANOS. ORDEM DENEGADA. I – A lei prevê como infrações de menor potencial ofensivo as contravenções e os crimes a que a lei comine pena máxima não superior a dois anos, cumulada ou não com multa. II – O Ministério Público denunciou o paciente pela suposta prática do crime previsto no art. 38 da Lei 9.605/1998, que prevê a pena de detenção de um a três anos, ou multa, ou ambas as penas cumulativamente, de modo que não há falar, in casu, de infração de menor potencial ofensivo. Afastada, pois, a competência do Juizado Especial Federal Criminal. III – Ordem denegada" (HC 112.758 – TO, Rel. Min. Ricardo Lewandowski, j. 16.10.2012). Porém, em decisão da 6ª Turma, de 2015, o STJ decidiu que, nesse caso, é cabível a transação: "PROCESSO PENAL. RECURSO ORDINÁRIO EM HABEAS CORPUS. ART. 7.º, IX, DA LEI N.º 8.137/90. PENA MÍNIMA COMINADA IGUAL A DOIS ANOS. PREVISÃO ALTERNATIVA DE MULTA. SUSPENSÃO CONDICIONAL DO PROCESSO. TRANSAÇÃO PENAL. POSSIBILIDADE. RECURSO A QUE SE DÁ PROVIMENTO. 1. O preceito sancionador do delito descrito no art. 7.º, IX, da Lei n.º 8.137/90 comina pena privativa de liberdade mínima igual a dois anos ou multa. 2. Consistindo a pena de multa na menor sanção penal estabelecida para a figura típica em apreço, é possível a aplicação dos arts. 76 e 89 da Lei n.º 9.099/95. 3. Recurso ordinário a que se dá provimento, a fim de que o Ministério Público do Estado de São Paulo se manifeste acerca das propostas de transação penal e suspensão condicional do processo, afastado o argumento referente à pena mínima cominada para o referido crime" (RHC 54. 429-SP, Rel. Min. Maria Thereza de Assis Moura, j. 24.03.2015). Tal decisão pode indicar uma forte tendência de se aceitar a transação penal nesse caso, tal como já ocorreu com a aceitação da suspensão prevista no art. 89 da Lei 9.099.

- O processo perante o Juizado Especial orientar-se-á pelos critérios da oralidade, informalidade, economia processual e celeridade, objetivando, sempre que possível, a reparação dos danos sofridos pela vítima e a aplicação de pena não privativa de liberdade.
  - não se pronunciará qualquer nulidade sem que tenha havido prejuízo;
  - a prática de atos processuais em outras comarcas poderá ser solicitada por qualquer meio hábil de comunicação;
  - serão objeto de registro escrito exclusivamente os atos havidos por essenciais. Os atos realizados em audiência de instrução e julgamento poderão ser gravados em fita magnética ou equivalente;
  - a citação será pessoal e far-se-á no próprio Juizado, sempre que possível, ou por mandado;
  - não encontrado o acusado para ser citado, o Juiz encaminhará as peças existentes ao Juízo comum para adoção do procedimento sumário;
  - a intimação será feita por correspondência, com aviso de recebimento pessoal ou, tratando-se de pessoa jurídica ou firma individual, mediante entrega ao encarregado da recepção, que será obrigatoriamente identificado, ou, sendo necessário, por oficial de justiça, independentemente de mandado ou carta precatória, ou ainda por qualquer meio idôneo de comunicação.
- **Fase preliminar.**
  - não há instauração de inquérito policial, mas é elaborado apenas termo circunstanciado. Se o caso for complexo, deve ser encaminhado ao Juízo criminal comum;
  - é designada audiência preliminar;
- presente o representante do Ministério Público, o autor do fato e a vítima e, se possível, o responsável civil, acompanhados por seus advogados, o Juiz esclarecerá sobre a possibilidade da composição dos danos e da aceitação da proposta de aplicação imediata de pena não privativa de liberdade (transação penal);
- a conciliação pode ser conduzida por conciliador sob orientação do juiz;
- em caso de composição dos danos civis haverá redução desta por escrito e, homologada pelo Juiz mediante sentença irrecorrível, terá eficácia de título a ser executado no juízo cível competente;
- no caso de ação penal privada ou pública condicionada à representação, o acordo homologado acarreta a renúncia ao direito de queixa ou representação;
- não havendo a composição dos danos civis, será dada imediatamente ao ofendido a oportunidade de exercer o direito de representação, que não precisa ser feito no ato, podendo ser exercido posteriormente, enquanto não decorrido o prazo decadencial;
- havendo representação ou tratando-se de crime de ação penal pública incondicionada, não sendo caso de arquivamento, o Ministério Público poderá propor a aplicação imediata de pena restritiva de direitos ou multas, a ser especificada na proposta. É a **transação penal**;
- não poderá haver transação penal se: o autor da infração foi condenado, pela prática de crime, à pena privativa de liberdade, por sentença definitiva; o agente foi beneficiado anteriormente, no prazo de cinco anos, pela aplicação de pena restritiva ou multa, em transação penal; e não indicarem os antecedentes, a conduta social e a personalidade do agente, bem como os motivos e as circunstâncias, ser necessária e suficiente a adoção da medida;
- não pode o juiz propor a transação penal sem a proposta do Ministério Público. Se este se recursar e

o juiz entender que deve ser feita a proposta, deve aplicar, por analogia, o disposto no art. 28 do CPP;

- acolhendo a proposta do Ministério Público aceita pelo autor da infração, o juiz aplicará a pena restritiva de direitos ou multa, que não importará em reincidência, sendo registrada apenas para impedir novamente o mesmo benefício no prazo de cinco anos. Além disso, não constará de certidão de antecedentes criminais, salvo para os fins previstos no mesmo dispositivo, e não terá efeitos civis, cabendo aos interessados propor ação cabível no juízo cível.

- **Procedimento sumaríssimo.**

– se o autor do fato não tiver comparecido à audiência preliminar ou não tiver sido possível o oferecimento de proposta de transação penal por falta de seus requisitos legais, o Ministério Público oferecerá ao Juiz, de imediato, denúncia oral, se não houver necessidade de diligências imprescindíveis. É permitida, também, a queixa oral; pode ser proposta a ação penal se o autor do fato descumprir os termos da transação penal (STF, Súmula Vinculante 35);

– oferecida a denúncia ou queixa, será reduzida a termo, entregando-se cópia ao acusado, que com ela ficará citado e imediatamente cientificado da designação de dia e hora para a audiência de instrução e julgamento. Ou, será feita a citação;

– o acusado deverá trazer suas testemunhas ou apresentar requerimento para intimação, no mínimo cinco dias antes da realização da audiência;

– o ofendido e o responsável civil serão intimados para a audiência de instrução e julgamento, caso não tenham comparecido à audiência preliminar;

– é possível a composição entre as partes mesmo depois de oferecida a denúncia, no caso em que não foi possível fazê-lo na fase anterior. É o que permite o art. 79 da Lei 9.099/1995, que cita expressamente os arts. 72, 73, 74 e 75 da mesma Lei. Admite, também, a doutrina a possibilidade, na mesma hipótese, de que se permita também a transação penal. Porém, ela não importa em retratação da ação penal proposta em caso de ação penal pública, que é irrenunciável, indisponível e obrigatória. Simplesmente, o juiz deixará de receber a denúncia em caso de aceitação da proposta de transação pelo autor do fato e aguardará o cumprimento do acordado;

– aberta a audiência, será dada a palavra ao defensor para responder à acusação, após o que o Juiz receberá, ou não, a denúncia ou queixa; havendo recebimento, serão ouvidas a vítima e as testemunhas de acusação e defesa, interrogando-se a seguir o acusado, se presente, passando-se imediatamente aos debates orais e à prolação da sentença;

– é possível a suspensão condicional do processo (art. 89, Lei 9.099/1995);

– da decisão de rejeição da denúncia ou queixa e da sentença caberá apelação (prazo de interposição: 10 dias), que poderá ser julgada por turma composta de três Juízes em exercício no primeiro grau de jurisdição, reunidos na sede do Juizado (Turma Recursal do Juizado Especial Criminal).

12.3. PROCEDIMENTO DOS PROCESSOS DE COMPETÊNCIA DO TRIBUNAL DO JÚRI

- O procedimento previsto para o julgamento dos crimes dolosos contra a vida (e os conexos a eles) é dividido em duas fases: instrução preliminar (*judicium accusationis*) e julgamento pelo Tribunal do Júri (*judicium causae*).

- **Instrução preliminar (*judicium accusationis*).**

– deve se encerrar em no máximo 90 dias;

– oferecimento da denúncia (ou queixa subsidiária), podendo a acusação arrolar até 8 testemunhas;

– recebimento da denúncia pelo juiz das garantais, seguindo-se a citação do acusado – ordenada pelo juiz da primeira fase do procedimento – para oferecer, em 10 dias, resposta à acusação;

– na resposta, o acusado poderá arguir preliminares e alegar tudo que interesse a sua defesa, oferecer documentos e justificações, especificar as provas pretendidas e arrolar testemunhas, até o máximo de 8, qualificando-as e requerendo sua intimação, quando necessário;

– não apresentada a resposta no prazo legal, o juiz nomeará defensor para oferecê-la em até 10 dias, concedendo-lhe vista dos autos;

– apresentada a defesa, o juiz ouvirá o Ministério Público ou o querelante sobre preliminares e documentos, em 5 dias;

– há posições admitindo a aplicação do art. 397 do CPP (absolvição sumária, antes da instrução);

– então, o juiz determinará a inquirição das testemunhas e a realização das diligências requeridas pelas partes, no prazo máximo de 10 dias;

– na audiência de instrução, proceder-se-á à tomada de declarações do ofendido, se possível, à inquirição das testemunhas arroladas pela acusação e pela defesa, nesta ordem, bem como aos esclarecimentos dos peritos (se houver prévios requerimento das partes e deferimento pelo juiz), às acareações e ao reconhecimento de pessoas e coisas, interrogando-se, em seguida, o acusado e procedendo-se o debate;

– nenhum ato será adiado, salvo quando imprescindível à prova faltante, determinando o juiz a condução coercitiva de quem deva comparecer.

– as alegações serão orais, concedendo-se a palavra, respectivamente, à acusação e à defesa, pelo prazo de 20 minutos, prorrogáveis por mais 10;

- havendo mais de um acusado, o tempo previsto para a acusação e a defesa de cada um deles será individual;
- ao assistente do Ministério Público, após a manifestação deste, serão concedidos 10 minutos, prorrogando-se por igual período o tempo de manifestação da defesa;
- encerrados os debates, o juiz proferirá a sua decisão, ou o fará em 10 dias;
- o juiz poderá proferir as seguintes decisões: pronúncia, impronúncia, absolvição sumária, desclassificação do delito para outro de competência do Juízo criminal comum.

DECISÃO	REQUISITOS	RECURSO
Pronúncia	juiz deve estar convencido da materialidade do fato e da existência de indícios suficientes de autoria ou de participação	recurso em sentido estrito
Impronúncia	juiz que não estiver convencido da materialidade do fato ou da existência de indícios suficientes de autoria ou de participação	apelação
Absolvição sumária	provada a inexistência do fato; ou provado não ser ele autor ou partícipe do fato; ou o fato não constituir infração penal; ou demonstrada causa de isenção de pena (se esta for a única tese defensiva, no caso de inimputabilidade) ou de exclusão do crime	apelação
Desclassificação	juiz se convencer de que o crime não é da espécie "doloso contra a vida"	recurso em sentido estrito

- **Julgamento pelo Tribunal do Júri (*judicium causae*).**

- o acusado deve ser pessoalmente intimado da pronúncia, mas, caso não encontrado, é admitida a intimação por edital;
- preclusa a decisão, o presidente do Tribunal do Júri determinará a intimação do órgão do Ministério Público ou do querelante, no caso de queixa subsidiária, e do defensor, para, no prazo de 5 dias, apresentarem rol de testemunhas que irão depor em plenário, até o máximo de 5, oportunidade em que poderão juntar documentos e requerer diligência;
- **Atenção**: não existe mais o libelo;
  - **desaforamento**: se necessário, poderá ser requerido pelo Ministério Público, pelo Assistente de Acusação, pelo querelante, pelo acusado e pelo próprio juiz, devendo ser decidido pelo Tribunal – geralmente, o Tribunal de Justiça, mas, no caso da Justiça Federal, o respectivo Tribunal Regional Federal. Os motivos: interesse da ordem pública ou dúvida sobre a imparcialidade do júri ou mesmo a segurança pessoal do acusado. Assim, o Tribunal pode determinar o desaforamento do julgamento para outra comarca da mesma região, preferindo-se as mais próximas, desde que, obviamente, os mesmos motivos que o justificaram não estiverem presentes. A demora na realização do julgamento também pode dar causa ao desaforamento: em razão do comprovado excesso de serviço, ouvidos o juiz presidente e a parte contrária, se o julgamento não puder ser realizado no prazo de 6 meses, contado do trânsito em julgado da decisão de pronúncia. A Súmula 712 do STF afirma haver nulidade na decisão que determina o desaforamento do processo sem que a defesa tenha sido ouvida;
- Durante a instrução em plenário, todas as partes e demais sujeitos processuais presentes no ato deverão respeitar a dignidade da vítima, sob pena de responsabilização civil, penal e administrativa, cabendo ao juiz presidente garantir o cumprimento do disposto neste artigo, vedadas: (i) a manifestação sobre circunstâncias ou elementos alheios aos fatos objeto de apuração nos autos; (ii) a utilização de linguagem, de informações ou de material que ofendam a dignidade da vítima ou de testemunhas;
- o Tribunal do Júri é composto pelo juiz togado, que é seu presidente, bem como por 25 jurados, que serão sorteados dentre os alistados, dos quais 7 constituirão o Conselho de Sentença em cada sessão de julgamento;
- **Julgamento:**

- se o Ministério Público não comparecer, o juiz presidente adiará o julgamento para o primeiro dia desimpedido da mesma reunião, cientificadas as partes e as testemunhas. Não pode ser nomeado Promotor de Justiça ou Procurador da República *ad hoc*;
- não havendo escusa legítima para a falta do advogado do acusado, o julgamento será adiado somente uma vez, devendo o réu ser julgado quando chamado novamente. Nesse caso, o juiz intimará a Defensoria Pública para o novo julgamento, que será adiado para o primeiro dia desimpedido, observado o prazo mínimo de 10 dias;
- o julgamento não será adiado pelo não comparecimento do acusado solto, do assistente ou do advogado do querelante, que tiver sido regularmente intimado;

- se o acusado preso não for conduzido, o julgamento será adiado para o primeiro dia desimpedido da mesma reunião, salvo se houver pedido de dispensa de comparecimento subscrito por ele e seu defensor;
- o julgamento não será adiado se a testemunha deixar de comparecer, salvo se uma das partes tiver requerido a sua intimação por mandado, em caráter de imprescindibilidade, e indicando a sua localização. Se, intimada, a testemunha não comparecer, o juiz presidente suspenderá os trabalhos e mandará conduzi-la ou adiará o julgamento para o primeiro dia desimpedido, ordenando a sua condução. E o julgamento será realizado mesmo na hipótese de a testemunha não ser encontrada no local indicado, se assim for certificado por oficial de justiça;
- comparecendo, pelo menos, 15 jurados, o juiz presidente declarará instalados os trabalhos, anunciando o processo que será submetido a julgamento. Do contrário, terá de adiar o julgamento;
- o juiz fará, então, o sorteio dos jurados. O Ministério Público e a defesa, nessa ordem, poderão recusar, sem motivos, até 3 jurados (recusas peremptórias), não havendo limites para recusas motivadas, em caso de suspeição ou impedimento;
- não ocorre mais separação do julgamento em caso de mais de um réu, quando um deles recusar o jurado e o outro, assim como o Ministério Público, aceitá-lo. Só haverá separação se, em razão das recusas, não houver o número mínimo de 7 jurados para a composição do Conselho de Sentença;
- prestado o compromisso pelos jurados, será iniciada a instrução plenária quando o juiz presidente, o Ministério Público, o assistente, o querelante e o defensor do acusado tomarão, sucessiva e diretamente, as declarações do ofendido, se possível, e inquirirão as testemunhas arroladas pela acusação. Os jurados formulam perguntas por intermédio do juiz. **Atenção**: o juiz faz as perguntas primeiro, ao contrário do que ocorre no procedimento comum;
- as partes e os jurados poderão requerer acareações, reconhecimento de pessoas e coisas e esclarecimento dos peritos, bem como a leitura de peças que se refiram, exclusivamente, às provas colhidas por carta precatória e às provas cautelares, antecipadas ou não repetíveis;
- segue o interrogatório do acusado, se presente. O Ministério Público, o assistente, o querelante e o defensor, nessa ordem, poderão formular, diretamente, perguntas ao acusado. Os jurados formulam perguntas por intermédio do juiz.
- **atenção**: por expressa determinação legal (art. 474, § 3º, CPP), não se permitirá o uso de algemas no acusado durante o período em que permanecer no plenário do Júri, salvo se absolutamente necessário à ordem dos trabalhos, à segurança das testemunhas ou à garantia da integridade física dos presentes;
- encerrada a instrução, será concedida a palavra ao Ministério Público, que fará a acusação, nos limites da pronúncia ou das decisões posteriores que julgaram admissível a acusação, sustentando, se for o caso, a existência de circunstância agravante. O assistente falará depois do Ministério Público. Em caso de ação privada subsidiária, falará em primeiro lugar o querelante e, em seguida, o Ministério Público, salvo se este houver retomado a titularidade da ação. Depois da acusação, falará a defesa.

Duração máxima das etapas dos debates em plenário		
Ordem	apenas um acusado	dois ou mais acusados
Acusação	1 hora e 30 minutos	2 horas e 30 minutos
Defesa	1 hora e 30 minutos	2 horas e 30 minutos
Réplica	1 hora	2 horas
Tréplica	1 hora	2 horas

- durante os debates as partes não poderão, sob pena de nulidade, fazer referências: a) à decisão de pronúncia como argumento de autoridade que beneficie ou prejudique o acusado; b) às decisões posteriores que julgaram admissível a acusação (acórdão confirmatório da pronúncia, já havendo caso em que o Tribunal de Justiça paulista anulou julgamento em razão da leitura de acórdão que anulou julgamento sob o fundamento de ter sido a decisão dos jurados manifestamente contrária à prova dos autos) como argumento de autoridade que beneficiem ou prejudiquem o acusado; c) ou à determinação do uso de algemas; d) ao silêncio do acusado ou à ausência de interrogatório por falta de requerimento, em seu prejuízo;
- durante o julgamento não será permitida a leitura de documento ou a exibição de objeto que não tiver sido juntado aos autos com a antecedência mínima de 3 dias úteis, dando-se ciência à outra parte. Compreende-se em tal proibição a leitura de jornais ou qualquer outro escrito, bem como a exibição de vídeos, gravações, fotografias, laudos, quadros, croqui ou qualquer outro meio assemelhado, cujo conteúdo versar sobre a matéria de fato submetida à apreciação e julgamento dos jurados;
- concluídos os debates, o presidente indagará dos jurados se estão habilitados a julgar ou se necessitam de outros esclarecimentos;
- **formulação dos quesitos:** os quesitos serão redigidos em proposições afirmativas, simples e distintas, de modo que cada um deles possa ser respondido com suficiente clareza e necessária precisão. Na sua elaboração, o presidente levará em conta os termos

da pronúncia ou das decisões posteriores que julgaram admissível a acusação, do interrogatório e das alegações das partes. Em seguida, a lei estabelece a ordem dos quesitos, a saber: materialidade do fato; autoria ou participação; se o acusado deve ser absolvido; se existe causa de diminuição de pena alegada pela defesa; se existe circunstância qualificadora ou causa de aumento de pena reconhecidas na pronúncia ou em decisões posteriores que julgaram admissível a acusação. Assim, tanto as agravantes quanto as atenuantes não mais são objeto de quesitação. O pedido de seu reconhecimento deve ser formulado nos debates e dirigido ao juiz-presidente. Ao final, havendo condenação, caberá a este considerá-lo ou não na sentença;

- **votação**: secreta, sob comando do Juiz-Presidente e na presença das partes. Nenhum dos jurados pode manifestar abertamente seu voto, sob pena de anulação imediata do julgamento. O resultado da votação de cada quesito se dará por maioria;
- em caso de desclassificação do crime doloso contra a vida, o juiz-presidente passará a julgar o caso, incluindo os crimes conexos;
- finalmente, o juiz lerá a sentença em Plenário;
- se o acusado for condenado a uma pena igual ou superior a 15 anos de reclusão, o juiz poderá determinar o cumprimento imediato da pena, expedindo, se o caso, o devido mandado de prisão;
- das decisões do Júri cabe apelação;

FUNDAMENTO DA APELAÇÃO	CONSEQUÊNCIA EM CASO DE PROVIMENTO DA APELAÇÃO
nulidade posterior à pronúncia	anulação do julgamento e realização de outro
sentença do juiz-presidente contrária à lei expressa ou à decisão dos jurados	reforma da sentença
erro ou injustiça no tocante à aplicação da pena ou da medida de segurança	reforma da sentença
decisão dos jurados manifestamente contrária à prova dos autos	anulação do julgamento e realização de outro. **Atenção:** por esse fundamento, só se anula o julgamento uma vez

- o Tribunal de Justiça (ou Tribunal Regional Federal) deve se ater ao fundamento apontado pelo Ministério Público para o recurso. Portanto, alegado um dos fundamentos no recurso, o Tribunal de Justiça não pode dar provimento à apelação com base em outro. A respeito, o STF editou a Súmula 713: "O efeito devolutivo da apelação contra decisões do júri é adstrito aos fundamentos da sua interposição";
- se da sentença não for interposta apelação pelo Ministério Público no prazo legal, o ofendido ou qualquer das pessoas enumeradas no art. 31 do CPP, ainda que não se tenha habilitado como assistente, poderá interpor apelação, que não terá, porém, efeito suspensivo (art. 598, CPP). O prazo para interposição de tal recurso será de quinze dias, começando a correr do dia em que terminar o prazo para o Ministério Público apelar. Contudo, se este recomenda aos Jurados a absolvição do acusado e ele é absolvido, não tem o órgão acusatório sucumbência e, portanto, não possui interesse recursal algum. Logo, não era cabível seu recurso. Pensamos, então, que o art. 598 somente se aplica em caso em que o pleito do Ministério Público em plenário não é aceito pelos jurados.

12.4. PROCEDIMENTOS ESPECIAIS DO CPP E LEGISLAÇÃO PROCESSUAL ESPECIAL

- Vejamos algumas dicas sobre alguns dos casos especiais normalmente tratados em questões de concursos.
- **Procedimento para os crimes de responsabilidade dos funcionários públicos.**

– determina o art. 514 do CPP que, nos crimes afiançáveis, estando a denúncia ou queixa em devida forma, o juiz mandará autuá-la e ordenará a notificação do acusado (funcionário público, fora dos casos de foro por prerrogativa de função), para responder por escrito, dentro do prazo de 15 dias; Qual juiz, o das garantias ou o da instrução e julgamento? Para nós, o primeiro.

– em geral, os crimes são afiançáveis, sendo mais fácil descobrir quais são inafiançáveis;

- primeiramente, a própria CF estabelece os casos de inafiançabilidade no art. 5º, incisos XLII ("a prática do racismo constitui crime inafiançável e imprescritível, sujeito à pena de reclusão, nos termos da lei"), XLIII ("a lei considerará crimes inafiançáveis e insuscetíveis de graça ou anistia a prática da tortura, o tráfico ilícito de entorpecentes e drogas afins, o terrorismo e os definidos como crimes hediondos, por eles respondendo os mandantes, os executores e os que, podendo evitá-los, se omitirem". V. Lei 8.072/1990) e XLIV (constitui crime inafiançável e imprescritível a ação de grupos armados, civis ou militares, contra a ordem constitucional e o Estado Democrático);
- o CPP não mais adota o critério da pena para a inafiançabilidade de um crime, como ocorria anteriormente às mudanças introduzidas pela Lei 12.403. Agora, os impedimentos para a fiança estão nos art. 323 (que apenas repete as proibições constitucionais) e 324 (que traz as seguintes proibições: aos que, no mesmo processo, tiverem quebrado fiança anteriormente concedida ou infringido, sem motivo justo, qualquer das obrigações a que se referem os arts. 327 e 328 do CPP; em caso de prisão civil ou

militar; e quando presentes os motivos que autorizam a decretação da prisão preventiva);

- **voltando ao que dispõe o art. 514 do CPP,** no **STJ**, há o entendimento de que não é necessária a resposta preliminar se a ação penal foi instruída por inquérito policial (Súmula 330). Além disso, o mesmo Tribunal entende que a ausência da resposta sequer seria causa de nulidade absoluta, mas apenas relativa. Nesse sentido: HC 126.901-RS, Rel. Min. Maria Thereza de Assis Moura, j. 19.06.2012. O **STF** trilhava também o mesmo caminho da Súmula 330 acima citada, mas, recentemente, alterou seu entendimento, exigindo a aplicação do art. 514 do CPP, salvo se o acusado não mais exerce o cargo público quando da denúncia: HC 110.361-SC, Rel Min. Ricardo Lewandowski, j. 05.06.2012.
- à vista da resposta do acusado, o juiz rejeitará a queixa ou denúncia, em despacho fundamentado, se convencido da inexistência do crime ou da improcedência da ação;
- se receber a inicial acusatória, seguem a citação e o procedimento comum, depois que o juiz das garantias enviar os autos ao juiz da instrução e julgamento.

- **Crimes contra a honra**.

- normalmente, aplica-se o procedimento sumaríssimo aos crimes contra a honra, em razão da pena cominada;
- mas, caso não seja aplicada a Lei 9.099/1995, assim que ofertada a inicial acusatória, em caso de ação penal privada, o juiz oferecerá às partes oportunidade para se reconciliarem, fazendo-as comparecer em juízo e ouvindo-as, separadamente, sem a presença dos seus advogados, não se lavrando termo;

- se depois de ouvir o querelante e o querelado, o juiz achar provável a reconciliação, promoverá entendimento entre eles, na sua presença;
- no caso de reconciliação, depois de assinado pelo querelante o termo da desistência, a queixa será arquivada;
- como visto acima, ação penal privada é disponível, de modo que o querelante comparece se quiser para o ato, podendo haver perempção, se o caso (art. 60, III, CPP: quando o querelante deixar de comparecer, sem motivo justificado, a qualquer ato do processo a que deva estar presente). Mas, **atenção**: no caso em tela, temos a aplicação obrigatória da tentativa de conciliação prevista nos arts. 519/523 do CPP. Aqui a doutrina divide-se: uma corrente entende que, caso uma das partes, ou ambas, não compareça, o feito prossegue, pois entende-se que o querelante ou o querelado não quis a conciliação; outra entende que, se o não comparecimento for do querelado, deve haver condução coercitiva; se for do querelante, deve ser declarada a perempção. Entendo que o querelante e o querelado são obrigados a comparecer, o primeiro sob pena de perempção, o segundo, de condução coercitiva. O art. 520 do CPP diz que o juiz, antes de receber a queixa, **oferecerá** às partes oportunidade para a reconciliação, "fazendo-as comparecer e juízo e ouvindo-as" – é uma imposição legal, não uma opção;

- **exceção da verdade**: quando for oferecida, o querelante poderá contestar a exceção no prazo de dois dias, podendo ser inquiridas as testemunhas arroladas na queixa, ou outras indicadas naquele prazo, em substituição às primeiras, ou para completar o máximo legal;

- **importante**: se o querelante for pessoa com foro por prerrogativa de função, a exceção da verdade deve se processar no tribunal que tem competência para julgá-lo.
- **Procedimento nos crimes contra a propriedade imaterial**.

- o CPP regula o rito para o processamento dos crimes contra a propriedade imaterial nos arts. 524 a 530-I;
- o art. 525 traz verdadeira condição de procedibilidade para o oferecimento da inicial acusatória: no caso de haver o crime deixado vestígio, a queixa ou a denúncia não será recebida se não for instruída com o exame pericial dos objetos que constituam o corpo de delito, admitindo-se que seja suprido por prova testemunhal. Porém, é certo que tal condição somente é exigível nos casos em que o crime deixa vestígios;
- ou seja, pode ser dispensável o exame pericial se a infração for daquelas que não deixam vestígios.

- **Lei de Drogas (Lei 11.343/2006).**

- o inquérito policial será concluído no prazo de 30 dias, se o indiciado estiver preso, e de 90 dias, quando solto, podendo tais prazos serem dobrados (para nós, caberá ao juiz dobrar o prazo apenas se estiver preso o indiciado);
- em qualquer fase da persecução criminal relativa aos crimes previstos na Lei de Drogas, são permitidos, além dos previstos em lei, mediante autorização judicial e ouvido o Ministério Público, os seguintes procedimentos investigatórios: a) a infiltração por agentes de polícia, em tarefas de investigação, constituída pelos órgãos especializados pertinentes; b) a não atuação policial sobre os portadores de drogas, seus precursores químicos ou outros produtos utilizados em sua produção, que se encontrem no território brasileiro, com a finalidade de identificar e responsabilizar maior número de integrantes de operações de tráfico e distribuição, sem prejuízo da ação penal cabível;
- **procedimento**:

- prazo para oferecimento da denúncia: 10 dias;
- podem ser arroladas até 5 testemunhas;
- segue a notificação do acusado para, em 10 dias, oferecer defesa prévia, na qual poderá arguir preliminares e invocar todas as razões de defesa, oferecer documentos e justificações, especificar as provas que pretende produzir e arrolar até 5 testemunhas;

- se a resposta não for apresentada no prazo, o juiz nomeará defensor para oferecê-la em 10 dias, concedendo-lhe vista dos autos no ato de nomeação;
- somente então o juiz das garantias recebe ou rejeita a denúncia;
- recebida a denúncia, os autos serão encaminhados ao juiz da instrução e julgamento, que designará dia e hora para a audiência de instrução e julgamento, que será realizada dentro dos 30 dias seguintes ao recebimento da denúncia, salvo se determinada a realização de avaliação para atestar dependência de drogas, quando se realizará em 90 dias;
- não obstante haver previsão de realização do interrogatório no início da audiência, o STF e o STJ entendem que deve ser realizado ao final, tal como se dá nos ritos ordinário, sumário e sumaríssimo;
- em seguida, será dada a palavra, sucessivamente, ao Ministério Público e ao defensor do acusado, para sustentação oral, pelo prazo de 20 minutos para cada um, prorrogável por mais 10, a critério do juiz;
- encerrados os debates, proferirá o juiz sentença de imediato, ou o fará em 10 dias;
- os crimes praticados nos Municípios que não sejam sede de vara federal serão processados e julgados na vara federal da circunscrição respectiva.
- **Lei "Maria da Penha" (Lei 11.340/2006).**

– a retratação ("renúncia") da representação deve ser feita na presença do juiz (das garantias), conforme expressamente previsto no art. 16 da Lei 11.340/2006, *verbis*: "Nas ações penais públicas condicionadas à representação da ofendida de que trata esta Lei, só será admitida a renúncia à representação perante o juiz, em audiência especialmente designada com tal finalidade, antes do recebimento da denúncia e ouvido o Ministério Público". A representação pode ser feita à própria autoridade policial (art. 12);

– o art. 19, § 1º, admite que as medidas protetivas de urgência possam ser concedidas de imediato, independentemente de audiência das partes e de manifestação do Ministério Público, embora este possa ser prontamente comunicado. As medidas protetivas de urgência serão concedidas em juízo de cognição sumária a partir do depoimento da ofendida perante a autoridade policial ou da apresentação de suas alegações escritas e poderão ser indeferidas no caso de avaliação pela autoridade de inexistência de risco à integridade física, psicológica, sexual, patrimonial ou moral da ofendida ou de seus dependentes. Além disso, as medidas serão concedidas independentemente da tipificação penal da violência, do ajuizamento de ação penal ou cível, da existência de inquérito policial ou do registro de boletim de ocorrência, e vigorarão enquanto persistir risco à integridade física, psicológica, sexual, patrimonial ou moral da ofendida ou de seus dependentes.

– normalmente, em se tratando de crime de lesão corporal leve, ainda que cometido no âmbito doméstico, nos termos do § 9º do art. 129 do CP, haverá necessidade de representação da vítima. Porém, em se tratando de violência contra a mulher, deve ser aplicada a Lei 11.340/2006 (Lei Maria da Penha), não se exigindo a representação, ainda que leve a lesão corporal. É que a necessidade de representação em crime de lesão corporal leve foi introduzida em nosso ordenamento pela Lei 9.099/1995, pois, até então, o crime do art. 129, *caput*, era de ação penal pública incondicionada. Então, adveio a Lei 11.340/2006 que, em seu art. 41, previu a inaplicabilidade da Lei 9.099/1995 em casos de violência doméstica. Então, a doutrina e a jurisprudência se dividiram a respeito: o que não é aplicado da Lei 9.099, tudo ou apenas a transação penal? A questão nunca foi pacífica, nem no STJ, bastando verificar o Recurso Especial 1.127.981-PE (Rel. Min. Gilson Dipp, j. 22.11.2011), do qual se depreende a necessidade da representação. Ocorre que, em 2012, o STF, na ADI 4424 – portanto, com efeitos vinculantes e *erga omnes* – decidiu pela constitucionalidade do art. 41 da Lei Maria da Penha e, assim, que não é necessária a representação da ofendida em casos de lesões corporais leves (v. Informativo 654). No STJ, há a Súmula 536: "A suspensão condicional do processo e a transação penal não se aplicam na hipótese de delitos sujeitos ao rito da Lei Maria da Penha".

- **Lei de Falências e Recuperação Judicial (Lei 11.101/2005).**

– nos crimes falimentares, todas as ações penais são públicas incondicionadas;

– admite-se a ação penal privada subsidiária da pública, que pode ser intentada por qualquer credor habilitado ou pelo administrador judicial. O prazo decadencial é de seis meses;

– o juiz não preside inquérito para apuração de crime falimentar. Este deve ser apurado, se o caso, por inquérito policial, presidido por delegado de polícia;

– intimado da sentença que decreta a falência ou concede a recuperação judicial, o Ministério Público, verificando a ocorrência de qualquer crime previsto nesta Lei, promoverá imediatamente a competente ação penal ou, se entender necessário, requisitará a abertura de inquérito policial;

– compete ao juiz criminal da jurisdição onde tenha sido decretada a falência, concedida a recuperação judicial ou homologado o plano de recuperação extrajudicial, conhecer da ação penal.

- **Interceptação telefônica (Lei 9.296/1996).**

– a interceptação telefônica pode ser determinada pelo juiz, de ofício (se na fase judicial), ou a requerimento da autoridade policial (na investigação criminal) ou do Ministério Público (durante a investigação ou processo). A decisão, na fase de investigação, será do juiz das garantias; na fase judicial, coisa rara de ocorrer, será do juiz da instrução e julgamento;

- excepcionalmente, o juiz poderá admitir que o pedido seja formulado verbalmente, caso em que a concessão será condicionada à sua redução a termo;
- pressupostos:
  - indícios razoáveis da autoria ou participação em infração penal;
  - a prova não puder ser feita por outros meios disponíveis;
  - crime punido com reclusão.
- a interceptação não poderá exceder o prazo de quinze dias, renovável por igual tempo. A jurisprudência dos tribunais superiores admite prorrogações sucessivas, desde que se mostrem necessárias e que as respectivas decisões sejam sempre fundamentadas;
  - no caso de a diligência possibilitar a gravação da comunicação interceptada, será determinada a sua transcrição. Os tribunais superiores, porém, não exigem a transcrição integral das conversas gravadas;
  - os tribunais superiores admitem que os elementos de prova colhidos nas interceptações sejam aproveitados em outras investigações e processos, cíveis, criminais ou administrativos;
- o procedimento ocorrerá em autos apartados, apensados aos autos do inquérito policial ou do processo criminal, preservando-se o sigilo das diligências, gravações e transcrições respectivas;
- a gravação que não interessar à prova será inutilizada por decisão judicial, durante o inquérito, a instrução processual ou após esta, em virtude de requerimento do Ministério Público ou da parte interessada.

- **Crimes contra o meio ambiente (Lei 9.605/ 1998).**

- nos crimes ambientais de menor potencial ofensivo, a proposta de aplicação imediata de pena restritiva de direitos ou multa, prevista no art. 76 da Lei 9.099/1995, somente poderá ser formulada desde que tenha havido a prévia composição do dano ambiental, salvo em caso de comprovada impossibilidade;
- em caso de suspensão condicional do processo (art. 89, Lei 9.099/1995):
  - a declaração de extinção de punibilidade dependerá de laudo de constatação de reparação do dano ambiental, ressalvada a impossibilidade prevista no inciso I do § 1° do artigo 89 da Lei 9.099/1995;
  - na hipótese de o laudo de constatação comprovar não ter sido completa a reparação, o prazo de suspensão do processo será prorrogado, até o período máximo previsto no referido art. 89, acrescido de mais um ano, com suspensão do prazo da prescrição;
  - no período de prorrogação, não se aplicarão as condições dos incisos II, III e IV do § 1° do artigo 89 citado;
  - findo o prazo de prorrogação, proceder-se-á à lavratura de novo laudo de constatação de reparação do dano ambiental, podendo, conforme seu resultado, ser novamente prorrogado o período de suspensão, até o máximo previsto acima;
  - esgotado o prazo máximo de prorrogação, a declaração de extinção de punibilidade dependerá de laudo de constatação que comprove ter o acusado tomado as providências necessárias à reparação integral do dano.

- **Crime contra a economia popular (Lei 1.521/1951):** o art. 7º da Lei 1.521/1951 prevê que os juízes recorrerão de ofício sempre que absolverem os acusados em processo por crime contra a economia popular, ou quando determinarem o arquivamento dos autos do respectivo inquérito policial. Particularmente, entendemos que tais regras que preveem o reexame necessário são contrárias ao sistema acusatório, empregada em nosso sistema processual penal.

- **Lei de Lavagem de Capitais (Lei 9.613/1998).**

- a competência no caso de lavagem de dinheiro dependerá da análise do caso concreto. O próprio art. 2º da Lei 9.613/1998 dispõe ser competente a Justiça Federal: a) quando praticados os crimes contra o sistema financeiro e a ordem econômico-financeira, ou em detrimento de bens, serviços ou interesses da União, ou de suas entidades autárquicas ou empresas públicas; b) quando a infração penal antecedente for de competência da Justiça Federal.
- o art. 4º da Lei 9.613/1998, com a redação dada pela Lei 12.683/2012, dispõe que o juiz, de ofício, a requerimento do Ministério Público ou mediante representação do delegado de polícia, ouvido o Ministério Público em 24 horas, havendo indícios suficientes de infração penal, poderá decretar medidas assecuratórias de bens, direitos ou valores do investigado ou acusado, ou existentes em nome de interpostas pessoas, que sejam instrumento, produto ou proveito dos crimes previstos na referida lei ou das infrações penais antecedentes. E os §§ 2º e 3º realmente preveem que o interessado deve comprovar a licitude do bem para obter a liberação total ou parcial, bem como comparecer pessoalmente. Embora a lei permita que o juiz atue de ofício, entendemos que, por força do disposto no art. 3º-A do CPP, que estabelece a estrutura acusatória do processo penal brasileiro, o juiz somente pode atuar na fase investigatória se provocado;
- o art. 366 do CPP também é aplicado ao delito de lavagem de dinheiro, segundo parte da doutrina. No entanto, a Lei 9.613/1998, em seu art. 2º, § 2º, sempre trouxe regra sobre a não aplicação do art. 366 do CPP aos casos nela tratados. A regra foi mantida e ligeiramente modificada pela Lei 12.683/2012: no processo por crime de lavagem de dinheiro, não se

aplica o art. 366 do CPP, devendo o acusado que não comparecer nem constituir advogado ser citado por edital, prosseguindo o feito até o julgamento, com a nomeação de defensor dativo.

- **Código de Trânsito Brasileiro (Lei 9.503/1997).**
- o art. 291, § 1º, do CTB (Lei 9.503/1997) não permite a aplicação dos arts. 74 (composição dos danos civis em audiência preliminar), 76 (transação penal), e 88 (representação em caso de lesões corporais leves ou culposas) da Lei 9.099/1995 nos casos de crimes de trânsito de lesão corporal culposa quando agente estiver sob a influência de álcool ou qualquer outra substância psicoativa que determine dependência; participando, em via pública, de corrida, disputa ou competição automobilística, de exibição ou demonstração de perícia em manobra de veículo automotor, não autorizada pela autoridade competente; transitando em velocidade superior à máxima permitida para a via em 50 km/h;
- além disso, não basta a instauração de termo circunstanciado, mas de inquérito policial para apurar tal crime em tais condições (§ 2º);
- com tais regras, e considerando que o homicídio culposo e a direção embriagada não são crimes de menor potencial ofensivo, conclui-se que não se deve aplicar o procedimento sumaríssimo quando há influência de álcool.

- **Lei das Organizações Criminosas (Lei 12.850/2013).**
- Considera organização criminosa a associação de 4 ou mais pessoas estruturalmente ordenada e caracterizada pela divisão de tarefas, ainda que informalmente, com objetivo de obter, direta ou indiretamente, vantagem de qualquer natureza, mediante a prática de infrações penais cujas penas máximas sejam superiores a 4 anos, ou que sejam de caráter transnacional;
- Prevê os seguintes meios de prova (embora não os regule todos):
- colaboração premiada;
- captação ambiental de sinais eletromagnéticos, ópticos ou acústicos;
- ação controlada;
- acesso a registros de ligações telefônicas e telemáticas, a dados cadastrais constantes de bancos de dados públicos ou privados e a informações eleitorais ou comerciais;
- interceptação de comunicações telefônicas e telemáticas, nos termos da legislação específica;
- afastamento dos sigilos financeiro, bancário e fiscal, nos termos da legislação específica;
- infiltração, por policiais, em atividade de investigação, na forma do art. 11;
- **Colaboração premiada:** o juiz poderá, a requerimento das partes, conceder o perdão judicial, reduzir em até 2/3 a pena privativa de liberdade ou substituí-la por restritiva de direitos daquele que tenha colaborado efetiva e voluntariamente com a investigação e com o processo criminal, desde que dessa colaboração advenha um ou mais dos seguintes resultados: I – a identificação dos demais coautores e partícipes da organização criminosa e das infrações penais por eles praticadas; II – a revelação da estrutura hierárquica e da divisão de tarefas da organização criminosa; III – a prevenção de infrações penais decorrentes das atividades da organização criminosa; IV – a recuperação total ou parcial do produto ou do proveito das infrações penais praticadas pela organização criminosa; V – a localização de eventual vítima com a sua integridade física preservada.
- nas mesmas hipóteses do caput, o Ministério Público poderá deixar de oferecer denúncia se o colaborador: I – não for o líder da organização criminosa; II – for o primeiro a prestar efetiva colaboração nos termos deste artigo.
- **Ação controlada**: consiste em retardar a intervenção policial ou administrativa relativa à ação praticada por organização criminosa ou a ela vinculada, desde que mantida sob observação e acompanhamento para que a medida legal se concretize no momento mais eficaz à formação de provas e obtenção de informações;
- **Infiltração de agentes de polícia**: permita em tarefas de investigação, representada pelo delegado de polícia ou requerida pelo Ministério Público, após manifestação técnica do delegado de polícia quando solicitada no curso de inquérito policial, será precedida de circunstanciada, motivada e sigilosa autorização judicial, que estabelecerá seus limites.
- será admitida se houver indícios de infração penal envolvendo organização criminosa e se a prova não puder ser produzida por outros meios disponíveis;
- a infiltração será autorizada pelo prazo de até 6 meses, sem prejuízo de eventuais renovações, desde que comprovada sua necessidade. Findo o prazo, um relatório circunstanciado será apresentado ao juiz competente, que imediatamente cientificará o Ministério Público.

13. NULIDADES

- Segundo Gustavo Badaró, os **atos juridicamente inexistentes** "são *não atos*, em relação aos quais não se cogita de invalidação, pois a existência é um *problema que antecede a questão da validade*. Não há que falar em nulidade do ato inexistente. Somente em relação aos atos juridicamente existentes é que se cogita de sua validade ou invalidade, ficando os atos inexistentes fora de tal categoria" (*Processo Penal*. Rio de Janeiro: Campus/Elsevier, 2012, p. 575).
- **Nulidade absoluta**:
- o prejuízo é presumido. Assim, a parte não precisa demonstrar que foi prejudicada pelo ato viciado.

No entanto, a presunção não é absoluta e o STF tem mostrado uma tendência a de exigir a comprovação, sempre, do prejuízo;

- pode ser arguida a todo tempo, em regra. No caso de haver sentença absolutória com trânsito em julgado, não mais poderá ser arguida;

- **Nulidade relativa**:

- deve ser comprovado o prejuízo à parte que arguir a nulidade;

- deve ser arguida no momento oportuno, pena de preclusão. Vejamos tais momentos:

- as nulidades da instrução criminal ocorridas na primeira fase do procedimento do Júri, ocorridas depois da resposta à acusação, devem ser arguidas na fase das alegações finais orais ou nos memoriais;

- as nulidades ocorridas depois da pronúncia, mas antes da designação do julgamento devem ser arguidas na fase do art. 422 do CPP;

- as nulidades ocorridas depois da fase de preparação do julgamento pelo Júri (art. 422), mas antes do julgamento devem ser arguidas no julgamento, após o pregão;

- as nulidades ocorridas no julgamento em plenário do Júri devem ser arguidas de imediato

- nos procedimentos comuns ordinário e sumário, as nulidades ocorridas até a citação devem ser arguidas na resposta à acusação; se ocorridas depois, a arguição se dará até as alegações finais orais ou nos memoriais;

- nestes casos, se ocorridas depois da sentença, devem ser arguidas no recurso.

- **Princípios:**

- **da transcendência ou do prejuízo** (*pas de nullité sans grief*): nenhum ato será declarado nulo, se da nulidade não resultar prejuízo para a acusação ou para a defesa;

- não será declarada a nulidade de ato processual que não houver influído na apuração da verdade substancial ou na decisão da causa;

- **da conservação dos atos processuais**: incompetência do juízo anulará apenas os atos decisórios;

- parte minoritária da doutrina entende que a incompetência absoluta provoca a anulação de todos os atos processuais, enquanto a relativa anula apenas os atos decisórios;

- ocorre que o Supremo Tribunal Federal passou a entender que até mesmo os atos decisórios proferidos por juiz incompetente podem ser ratificados pelo juiz que receber o processo. Nesse sentido: HC 83.006-SP, Rel. Min. Ellen Gracie, j. 18.06.2003.

- **do interesse**: nenhuma das partes poderá arguir nulidade referente a formalidade cuja observância só à parte contrária interesse;

- nenhuma das partes poderá arguir nulidade a que haja dado causa, ou para que tenha concorrido;

- **da instrumentalidade das formas**: não será declarada a nulidade de ato processual que, praticado por outra forma, tiver atingido o seu fim;

- **da oportunidade**: não será declarada nulidade (relativa) se não for arguida, em tempo oportuno;

- **da preclusão lógica**: não será declarada nulidade (relativa) se a parte, ainda que tacitamente, tiver aceito os seus efeitos;

- **da causalidade (ou da consequencialidade)**: a nulidade de um ato, uma vez declarada, causará a dos atos que dele diretamente dependam ou sejam consequência.

	Nulidade absoluta	**Nulidade relativa**
Ocorrência	violação de regras processuais previstas na CF	inobservância da forma do ato
Declaração	pode ser declarada de ofício	depende de provocação das partes para seu reconhecimento
Princípios	da instrumentalidade das formas	da transcendência
	da causalidade (ou da consequencialidade)	da conservação dos atos processuais
		do interesse
		da instrumentalidade das formas
		da oportunidade
		da preclusão lógica
		da causalidade (ou da consequencialidade)

14. RECURSOS

- **Características principais dos recursos:**

- **voluntariedade**: a parte interessada deve manifestar a intenção de recorrer. O reexame necessário da decisão de mérito é previsto em poucas hipóteses: decisão que concede habeas corpus ou a reabilitação; e decisão absolutória de acusados em processo por crime contra a economia popular ou arquivamento do respectivo inquérito policial (art. 7º da Lei 1.521/1951);

- **previsão legal**;

- **interposição antes da preclusão ou da coisa julgada**.

- **Princípios**:

- **duplo grau de jurisdição**: a decisão da matéria de fato e de direito deve ser reexaminada por órgão jurisdicional diverso daquele que a prolatou. O princípio é restringido, no Brasil, nos casos de foro por prerrogativa de função;

- **unirrecorribilidade das decisões**: a cada decisão deve corresponder, normalmente, apenas um recurso;
- **fungibilidade**: salvo a hipótese de má-fé, a parte não será prejudicada pela interposição de um recurso por outro (art. 579, CPP);
- **taxatividade**: o recurso deve estar previsto em lei para ser admitido. Porém, é possível a aplicação de interpretação extensiva e analogia, com um limite: não será admitido o recurso, mesmo nesses casos, se resta claro que a lei quis excluir a possibilidade de recurso na hipótese considerada;
- **voluntariedade**: v. acima;
- **disponibilidade**: cabe à parte decidir se quer ou não recorrer. No caso do Ministério Público, uma vez optando por recorrer, não pode desistir do recurso interposto;
- ***non reformatio in pejus***: em caso de recurso interposto exclusivamente pela defesa, o recorrente não poderá ser prejudicado pela decisão do tribunal. A isso, dá-se também o nome de **efeito prodrômico da sentença**. Inclui-se a proibição à *reformatio in pejus* indireta: havendo recurso exclusivo da defesa que resulte em anulação da decisão, esta quando novamente proferida, não poderá agravar a situação do recorrente.

• **Recurso em sentido estrito**:

- hipóteses de cabimento previstas no art. 581, CPP; embora se diga que o rol não é taxativo, não se pode incluir situações que evidentemente foram excluídas pelo legislador (ex.: há previsão apenas de recurso contra decisão que não receber a denúncia, estando excluída a possibilidade de recurso contra a decisão que a receber);
- prazo para interposição: 5 dias;
- prazo para apresentação de razões e contrarrazões: 2 dias;
- efeito suspensivo: apenas naqueles interpostos contra perda da fiança e decisão que denegar a apelação ou a julgar deserta;
- é previsto juízo de retratação.

• **Apelação**:

- hipóteses de cabimento:

• das sentenças definitivas de condenação ou absolvição proferidas por juiz singular;

• das decisões definitivas, ou com força de definitivas, proferidas por juiz singular nos casos em que não cabe recurso em sentido estrito;

• das decisões de impronúncia e absolvição sumária;

• das decisões do Tribunal do Júri;

• da rejeição da denúncia ou da queixa no procedimento da Lei 9.099/1995;

• da decisão homologatória da transação penal, prevista na Lei 9.099/1995;

- em regra, não terá efeito suspensivo, salvo no caso em que interposta contra sentença condenatória;
- nos crimes de competência do Tribunal do Júri, ou do juiz singular, se da sentença não for interposta apelação pelo Ministério Público no prazo legal, o ofendido ou qualquer das pessoas enumeradas no art. 31 do CPP, ainda que não se tenha habilitado como assistente, poderá interpor apelação, que não terá, porém, efeito suspensivo;
- prazo para interposição: 5 dias;
- prazo para apresentação de razões e contrarrazões:

• crimes: 8 dias;

• para o assistente: 3 dias;

• contravenções penais: 3 dias.

- se o apelante declarar, na petição ou no termo, ao interpor a apelação, que deseja arrazoar na superior instância serão os autos remetidos ao tribunal ad quem onde será aberta vista às partes, observados os prazos legais.

PRAZOS		
–	**INTERPOSIÇÃO**	**RAZÕES E C.R.**
APELAÇÃO	5 dias	8 dias (crime) – 3 dias (contravenções)
R.E.S.E.	5 dias	2 dias

• **Carta testemunhável**:

- o CPP estabelece que deve ser dada carta testemunhável da decisão que denegar o recurso e da que, admitindo embora o recurso, obstar à sua expedição e seguimento para o juízo *ad quem*;
- portanto, se a apelação não for recebida, caberá recurso em sentido estrito (art. 581, XV), mas, caso este não seja recebido pelo juiz, será possível a carta testemunhável;
- a carta testemunhável será requerida ao escrivão, ou ao secretário do tribunal, conforme o caso, nas 48 horas seguintes ao despacho que denegar o recurso, indicando o requerente as peças do processo que deverão ser trasladadas. Então, o escrivão, ou o secretário do tribunal, dará recibo da petição à parte e, no prazo máximo de 5 dias, no caso de recurso em sentido estrito, ou de 60 dias, no caso de recurso extraordinário, fará entrega da carta, devidamente conferida e concertada. E a lei prevê que o escrivão, ou o secretário do tribunal, que se negar a dar o recibo, ou deixar de entregar, sob qualquer pretexto, o instrumento, será suspenso por trinta dias;
- o juiz, ou o presidente do Tribunal de Apelação, em face de representação do testemunhante, imporá a pena e mandará que seja extraído o instrumento,

sob a mesma sanção, pelo substituto do escrivão ou do secretário do tribunal. Se o testemunhante não for atendido, poderá reclamar ao presidente do tribunal *ad quem*, que avocará os autos, para o efeito do julgamento do recurso e imposição da pena;

- extraído e autuado o instrumento, observar-se-á o disposto nos arts. 588 a 592 do CPP, no caso de recurso em sentido estrito;
- o processo da carta testemunhável na instância superior seguirá o processo do recurso denegado e não terá efeito suspensivo;
- o juiz poderá se retratar de sua decisão anterior que não deu seguimento a recurso interposto, não, obviamente, de sua decisão de mérito.

- **Correição parcial**: é classificado como recurso apenas pela doutrina, sendo cabível contra a inversão tumultuária do processo.
- **Embargos de declaração**:

- art. 382, CPP: qualquer das partes poderá, no prazo de 2 dias, pedir ao juiz que declare a sentença, sempre que nela houver obscuridade, ambiguidade, contradição ou omissão;
- art. 619, CPP: aos acórdãos proferidos pelos Tribunais de Apelação, câmaras ou turmas, poderão ser opostos embargos de declaração, no prazo de dois dias contados da sua publicação, quando houver na sentença ambiguidade, obscuridade, contradição ou omissão;
- art. 83, § 2º, da Lei 9.099/1995: a apresentação dos embargos provoca a interrupção do prazo para a interposição da apelação.

- **Protesto por novo Júri**: não existe mais, tendo sido revogado em 2008 os dispositivos que o previam (arts. 607 e 608, CPP).
- **Embargos infringentes e de nulidade**:

- recurso exclusivamente em favor do acusado, contra acórdão não unânime;
- prazo de 10 dias para interposição, a contar da publicação do acórdão;
- serão restritos à matéria objeto de divergência;
- não há vedação a que o Ministério Público interponha tal recurso, razão pela qual entendemos ser possível, desde que o faça em favor do acusado.
- e o caso de acórdão unânime numa parte e não unânime em outra? Cabem embargos infringentes quanto à parte não unânime e recurso especial ou extraordinário quanto à parte unânime? O entendimento era o de que deveriam ser interpostos embargos infringentes e, somente depois do julgamento destes, é que seriam interpostos RE ou REsp. Tal entendimento baseava-se no disposto no art. 498, do CPC revogado. O novo CPC não prevê embargos infringentes. Que fazer? A nosso ver, mais seguro interpor RE ou REsp quanto à parte unânime e embargos infringentes contra a não unânime. Tal entendimento pode trazer de volta duas Súmulas já antigas do STF:
  - **Súmula 354 do STF:** "Em caso de embargos infringentes parciais, é definitiva a parte da decisão embargada em que não houve divergência na votação";
  - **Súmula 355 do STF:** "Em caso de embargos infringentes parciais, é tardio o recurso extraordinário interposto após o julgamento dos embargos, quanto à parte da decisão embargada que não for a por eles abrangida".

- **Agravo em execução**:

- o agravo em execução não terá efeito suspensivo, conforme disposição expressa do art. 197 da LEP;
- o STJ entende não ser cabível a interposição de mandado de segurança para dar efeito suspensivo ao agravo;
- o prazo para a interposição é o mesmo do recurso em sentido estrito, aplicando-se, aqui, o disposto no art. 586 do CPP. A Lei de Execução Penal silencia a respeito, mas esse entendimento encontra-se na Súmula 700 do STF.

15. *HABEAS CORPUS*

- **Habeas corpus**:

- é garantia prevista no art. 5º, LXVIII, CF: conceder-se-á "habeas-corpus" sempre que alguém sofrer ou se achar ameaçado de sofrer violência ou coação em sua liberdade de locomoção, por ilegalidade ou abuso de poder;
- não é recurso, mas ação constitucional;
- protege a liberdade de locomoção;
- portanto, não havendo risco à liberdade de locomoção, não é cabível, sendo utilizado o mandado de segurança;
- muito importante: o STF e o STJ têm limitado a possibilidade de impetração de *habeas corpus* quando for cabível a interposição de recurso ou revisão criminal. Em outras palavras, o *habeas corpus* não pode servir de sucedâneo recursal ou de revisão criminal.

- **Mandado de segurança:**

- é garantia prevista no art. 5º, LXIX, CF: conceder-se-á mandado de segurança para proteger direito líquido e certo, não amparado por "habeas-corpus" ou "habeas-data", quando o responsável pela ilegalidade ou abuso de poder for autoridade pública ou agente de pessoa jurídica no exercício de atribuições do Poder Público;
- não é recurso, mas ação constitucional;
- protege direitos líquidos e certos outros que não o de locomoção;
- regulado pela Lei 12.016/2009.

16. MEDIDAS COATIVAS PESSOAIS

- São de dois tipos as chamadas de medidas cautelares: **prisão** e **medidas cautelares diversas da prisão**

MEDIDAS COATIVAS PESSOAIS	ESPÉCIES
Prisão	• prisão em flagrante delito • prisão temporária • prisão preventiva
Medidas Cautelares Diversas	• comparecimento periódico em juízo, no prazo e nas condições fixadas pelo juiz, para informar e justificar atividades • proibição de acesso ou frequência a determinados lugares quando, por circunstâncias relacionadas ao fato, deva o indiciado ou acusado permanecer distante desses locais para evitar o risco de novas infrações • proibição de manter contato com pessoa determinada quando, por circunstâncias relacionadas ao fato, deva o indiciado ou acusado dela permanecer distante • proibição de ausentar-se da Comarca quando a permanência seja conveniente ou necessária para a investigação ou instrução • recolhimento domiciliar no período noturno e nos dias de folga quando o investigado ou acusado tenha residência e trabalho fixos • suspensão do exercício de função pública ou de atividade de natureza econômica ou financeira quando houver justo receio de sua utilização para a prática de infrações penais • internação provisória do acusado nas hipóteses de crimes praticados com violência ou grave ameaça, quando os peritos concluírem ser inimputável ou semi-imputável (art. 26 do Código Penal) e houver risco de reiteração • fiança, nas infrações que a admitem, para assegurar o comparecimento a atos do processo, evitar a obstrução do seu andamento ou em caso de resistência injustificada à ordem judicial • monitoração eletrônica; • proibição de ausentar-se do país, com entrega do passaporte

- **Características**:

– somente deve ser aplicada medida adequada ao fim que se busca atingir;

– somente deve ser aplicada a medida que realmente se mostre necessária para atingir tal fim, devendo ser escolhida a menos restritiva a direito fundamental;

– as medidas podem ser aplicadas isoladas ou cumuladas;

– as medidas não podem ser aplicadas de ofício pelo juiz, dependendo de representação da autoridade policial ou de requerimento do Ministério Público ou outros legitimados, conforme o caso;

– ressalvados os casos de urgência ou de perigo de ineficácia da medida, o juiz deve ouvir a pessoa que será atingida por ela, que possui o prazo de 5 dias para manifestar-se;

– o juiz pode substituir uma medida por outra ou acrescer alguma àquela já aplicada;

– a prisão preventiva pode ser decretada em caso de descumprimento das medidas cautelares diversas da prisão.

- **Prisão especial:** consiste exclusivamente no recolhimento da pessoa em local distinto da prisão comum. É cabível para algumas pessoas, em caso de prisão provisória, portanto, antes da prisão em razão de condenação definitiva. Tais pessoas permanecerão em quartéis ou em prisão especial. E, não havendo estabelecimento específico para o preso especial, este será recolhido em cela distinta do mesmo estabelecimento. São elas (o rol do CPP é apenas exemplificativo, já que leis especiais podem – e trazem – outros casos, sendo exemplo os **membros do Ministério Público**):

- os ministros de Estado;
- os governadores ou interventores de Estados ou Territórios, o governador do Distrito Federal, seus respectivos secretários, os prefeitos municipais, os vereadores e os chefes de Polícia (Delegado-Geral de Polícia);
- os membros do Parlamento Nacional, do Conselho de Economia Nacional (que não mais existe) e das Assembleias Legislativas dos Estados;
- os cidadãos inscritos no "Livro de Mérito" (v. Decreto-lei 1.706/1939 e sua regulamentação pelo Decreto 5.244/1940);
- os oficiais das Forças Armadas e os militares dos Estados, do Distrito Federal e dos Territórios;
- os magistrados;
- os diplomados por qualquer das faculdades superiores da República também tinham direito à prisão especial, mas, na ADPF 334, o STF declarou a não recepção do dispositivo legal pela Constituição de 1988.
- os ministros de confissão religiosa;

- os ministros do Tribunal de Contas;
- os cidadãos que já tiverem exercido efetivamente a função de jurado, salvo quando excluídos da lista por motivo de incapacidade para o exercício daquela função;
- os delegados de polícia e os guardas-civis dos Estados e Territórios, ativos e inativos.
- O art. 84 da LEP, com as modificações trazidas pela Lei 13.167/2015, passou a exigir a separação de presos provisórios ou condenados, segundo alguns critérios. Assim, os presos provisórios deverão ficar separados da seguinte maneira: (i) acusados pela prática de crimes hediondos ou equiparados; (ii) acusados pela prática de crimes cometidos com violência ou grave ameaça à pessoa; (iii) acusados pela prática de outros crimes ou contravenções diversos dos anteriores
- **Critérios da decretação e escolha das medidas cautelares**:
- deve o juiz (e, como muitas vezes será o requerente, também o Ministério Público) verificar qual o objetivo que pretende atingir com a decretação da medida cautelar (ex.: assegurar a realização da instrução criminal, impedindo intimidação de testemunha; impedir que o acusado fuja, vindo a frustrar a aplicação da lei penal etc.);
- deve estar presente o *fumus comissi delicti*, ou seja, indícios suficientes que indiquem ter o imputado envolvimento na infração penal;
- verificação da presença do *periculim libertatis*, ou seja, do risco efetivo que a liberdade do imputado representa para o fim que se pretende atingir com a medida;
- verificação de quais medidas cautelares, incluindo a prisão preventiva, são adequadas para atingir a finalidade;
- em seguida, dentre as adequadas, qual a necessária, ou seja, aquela que terá eficiência para atingir a finalidade buscada, ao mesmo tempo em que representa uma menor restrição aos direitos fundamentais envolvidos
- a restrição deve ser proporcional à pena que o imputado receberá em caso de condenação, é dizer: se não há probabilidade de cumprir pena privativa de liberdade, mas restritiva de direito, não é cabível a prisão preventiva; se apenas receberá pena privativa de liberdade em regime aberto, idem;
- estes três últimos critérios representam a aplicação do princípio da proporcionalidade;
- notem: o art. 282 do CPP tenta trazer o princípio para a legislação processual, mas o faz de modo invertido.
- **regra**: a prisão preventiva será determinada quando não for cabível a sua substituição por outra medida cautelar (art. 282, § 6º, CPP).
- **Prisão temporária**: prevista na Lei 7.960/1989.
- cabível apenas na fase de investigação;
- não pode ser decretada de ofício pelo juiz, dependendo de representação da autoridade policial ou de requerimento do Ministério Público;
- tem duração máxima de 5 dias, prorrogável, apenas uma vez, por igual período, em caso de comprovada necessidade; nos casos dos crimes previsto na Lei 8.072/1990 (Lei dos Crimes Hediondos), o prazo máximo é de 30 dias, igualmente prorrogáveis;
- é cabível:
- quando imprescindível para as investigações do inquérito policial;
- quando o indicado não tiver residência fixa ou não fornecer elementos necessários ao esclarecimento de sua identidade;
- quando houver fundadas razões, de acordo com qualquer prova admitida na legislação penal, de autoria ou participação do indiciado nos seguintes crimes:
- homicídio doloso;
- sequestro ou cárcere privado;
- roubo;
- extorsão;
- extorsão mediante sequestro;
- estupro;
- epidemia com resultado de morte;
- envenenamento de água potável ou substância alimentícia ou medicinal qualificado pela morte;
- quadrilha ou bando;
- genocídio, em qualquer de suas formas típicas;
- tráfico de drogas;
- crimes contra o sistema financeiro;
- crimes previstos na Lei de Terrorismo.
- Na ADI 3.360, o STF deu interpretação conforme a Constituição Federal ao art. 1º da Lei 7.960/1989 e fixou o entendimento de que a decretação de prisão temporária autoriza-se quando, cumulativamente: 1) for imprescindível para as investigações do inquérito policial (art. 1º, I, Lei 7.960/1989) (periculum libertatis), constatada a partir de elementos concretos, e não meras conjecturas, vedada a sua utilização como prisão para averiguações, em violação ao direito à não autoincriminação, ou quando fundada no mero fato de o representado não possuir residência fixa (inciso II); 2) houver fundadas razões de autoria ou participação do indiciado nos crimes previstos no art. 1º, III, Lei 7.960/1989 (fumus comissi delicti), vedada a analogia ou a interpretação extensiva do rol previsto no dispositivo; 3) for justificada em fatos novos ou contemporâneos que fundamentem a medida (art. 312, § 2º, CPP); 4) a medida for adequada à gravidade concreta do crime, às circunstâncias do fato e às condições pessoais do indiciado (art. 282, II, CPP); 5) não for suficiente a imposição de medidas cautelares diversas, previstas nos arts. 319 e 320 do CPP (art. 282, § 6º, CPP).

- **Prisão em flagrante**: hipóteses previstas no art. 302 do CPP.

ESPÉCIES DE FLAGRANTE DO CPP		
–	**Característica**	**Dispositivo legal**
flagrante próprio ou propriamente dito ou real ou verdadeiro	o imputado está cometendo a infração penal ou acaba de cometê-la	art. 302, I e II
flagrante impróprio ou irreal ou quase flagrante	o imputado é perseguido, logo após, pela autoridade, pelo ofendido ou por qualquer pessoa, em situação que faça presumir ser autor da infração	art. 302, III
flagrante presumido ou ficto ou assimilado	o imputado é encontrado, logo depois, com instrumentos, armas, objetos ou papéis que façam presumir ser ele autor da infração	art. 302, IV

- as autoridades policiais e seus agentes têm a obrigação de prender o imputado em situação de flagrância (**flagrante obrigatório**); qualquer do povo pode efetuar tal prisão (**flagrante facultativo**);
- **flagrante esperado**: a autoridade policial, sabendo que um crime poderá ocorrer em determinado local, em determinada hora, para lá se dirige e, quando realmente a infração se perfaz, efetua a prisão, que é legal;
- **flagrante preparado**: é ilegal, pois há provocação do agente da autoridade policial para que o imputado cometa o crime. Para o Supremo Tribunal Federal, não há crime quando a preparação do flagrante tornou impossível sua consumação (Súmula 145);
- **ação controlada (flagrante prorrogado** ou **retardado** ou **postergado** ou **diferido** ou **estratégico)**: é situação prevista em leis especiais.
- **Lei 12.850/2013**, art. 8º: consiste em retardar a intervenção policial ou administrativa relativa à ação praticada por organização criminosa ou a ela vinculada, desde que mantida sob observação e acompanhamento para que a medida legal se concretize no momento mais eficaz à formação de provas e obtenção de informações. Nesse caso, o retardamento da intervenção policial ou administrativa será previamente comunicado ao juiz competente que, se for o caso, estabelecerá os seus limites e comunicará ao Ministério Público;
- **Lei 11.343/2006**, art. 53, II: a não atuação policial sobre os portadores de drogas, seus precursores químicos ou outros produtos utilizados em sua produção, que se encontrem no território brasileiro, com a finalidade de identificar e responsabilizar maior número de integrantes de operações de tráfico e distribuição, sem prejuízo da ação penal cabível.
- aos casos em que se aplica a Lei 9.099/1995 (ou seja, nas infrações penais de menor potencial ofensivo, excluídos os casos da Lei 11.340/2005, sobre violência doméstica), não se fará o flagrante, devendo ser lavrado termo circunstanciado, desde que o autor do fato seja encaminhado ao juizado ou assumir o compromisso de a ele comparecer;

CASOS ESPECIAIS		
Magistrados	**Membros do Ministério Público**	**Advogados**
só serão presos em flagrante em caso de cometimento de crime inafiançável e a autoridade policial deverá imediatamente comunicar e apresentar o preso ao Presidente do tribunal	só serão presos em flagrante em caso de cometimento de crime inafiançável, quando a autoridade policial deverá comunicar e apresentar o preso ao Procurador-Geral em 24 horas	podem ser presos em flagrante, mas, quando o flagrante ocorrer por motivo de exercício da profissão, somente será possível se o crime for inafiançável, sendo necessária, nesse caso, a presença de representante da Ordem dos Advogados do Brasil durante a lavratura do auto

- apresentado o preso à autoridade competente, ouvirá esta o condutor e colherá, desde logo, sua assinatura, entregando a este cópia do termo e recibo de entrega do preso. Em seguida, procederá à oitiva das testemunhas (testemunhas numerárias) que o acompanharem e ao interrogatório do acusado sobre a imputação que lhe é feita, colhendo, após cada oitiva suas respectivas assinaturas, lavrando, a autoridade, afinal, o auto;
- a doutrina não vê empecilho para lavratura do auto no caso da presença de apenas uma testemunha;
- a falta de testemunhas da infração não impedirá o auto de prisão em flagrante; mas, nesse caso, com o condutor, deverão assiná-lo pelo menos duas pessoas que hajam testemunhado a apresentação do preso à autoridade (testemunhas instrumentais ou indiretas);
- não havendo autoridade no lugar em que se tiver efetuado a prisão, o preso será logo apresentado à do lugar mais próximo;
  - √ a prisão de qualquer pessoa e o local onde se encontre serão comunicados imediatamente ao juiz competente, ao Ministério Público e à família do preso ou à pessoa por ele indicada;

√ atenção: é vedado o uso de algemas em mulheres grávidas durante os atos médico-hospitalares preparatórios para a realização do parto e durante o trabalho de parto, bem como em mulheres durante o período de puerpério imediato (art. 292, CPP).

- ao receber o auto de prisão em flagrante, o juiz deverá realizar a audiência de custódia, com a participação do Ministério Público e de defensor, oportunidade em que poderá, fundamentadamente (art. 310, CPP):

- relaxar a prisão ilegal; ou
- conceder liberdade provisória, com ou sem fiança; ou
- converter a prisão em flagrante em preventiva, quando presentes os requisitos constantes do art. 312 do CPP, e se revelarem inadequadas ou insuficientes as medidas cautelares diversas da prisão.

- invertemos a ordem prevista no art. 310: o juiz somente decretará a prisão preventiva se não for caso de concessão da liberdade provisória, com ou sem aplicação de medida cautelar diversa da prisão;

  O STF assentou o entendimento segundo o qual o juiz poderá em caso de urgência e se o meio se revelar idôneo, poderá realizar a audiência de custódia por videoconferência.

  O STF atribuiu interpretação conforme ao § 4º do art. 310 do CPP, incluído pela Lei no 13.964/2019, para assentar que a autoridade judiciária deverá avaliar se estão presentes os requisitos para a prorrogação excepcional do prazo da realização da audiência de custódia ou para sua realização por videoconferência, sem prejuízo da imediata decretação da prisão preventiva.

  De acordo com o novo § 2º do art. 310 do CPP, se o juiz verificar que o agente é reincidente ou que integra organização criminosa armada ou milícia, ou que porta arma de fogo de uso restrito, deverá denegar a liberdade provisória, com ou sem medidas cautelares. O dispositivo é controverso e gerará arguições de inconstitucionalidade, seja por conta de suas estranhas escolhas (por exemplo, se a arma for de uso proibido, não impera a proibição à liberdade), seja porque o STF vem reconhecendo os vícios de constitucionalidade das leis que proíbem, de antemão, a liberdade provisória.

- **importante**: percebam que a prisão em flagrante não mais se sustenta sozinha. Portanto, para que o imputado permaneça preso, deve ser decretada a prisão preventiva;
- por isso, parte da doutrina tem afirmado que a prisão em flagrante tem natureza "pré-cautelar";
- parte da doutrina também entende que o juiz pode decidir sem ouvir o Ministério Público. Particularmente, entendemos que deve o *Parquet* ser ouvido, até para que diga se há necessidade ou não de aplicação de alguma medida cautelar ou de prisão preventiva. E mais: se há a presença do *fumus comissi delicti* e do *periculum libertatis*.

A Resolução 213/2015 em tela foi editada pelo CNJ a fim de se observar o disposto no o art. 9º, item 3, do Pacto Internacional de Direitos Civis e Políticos das Nações Unidas, bem como no art. 7º, item 5, da Convenção Americana sobre Direitos Humanos (Pacto de São José da Costa Rica). Além do que acima foi trazido sobre essa audiência, vamos verificar também a Resolução, visto que nela está o procedimento.

- Principais aspectos da Resolução:
  - toda pessoa presa em flagrante delito, independentemente da motivação ou natureza do ato, seja obrigatoriamente apresentada, em até 24 horas da comunicação do flagrante, à autoridade judicial competente, e ouvida sobre as circunstâncias em que se realizou sua prisão ou apreensão;
  - a comunicação da prisão em flagrante à autoridade judicial, que se dará por meio do encaminhamento do auto de prisão em flagrante, de acordo com as rotinas previstas em cada Estado da Federação, não supre a apresentação pessoal;
  - no caso de prisão em flagrante delito da competência originária de Tribunal, a apresentação do preso poderá ser feita ao juiz que o Presidente do Tribunal ou Relator designar para esse fim;
  - estando a pessoa presa acometida de grave enfermidade, ou havendo circunstância comprovadamente excepcional que a impossibilite de ser apresentada ao juiz no prazo do caput, deverá ser assegurada a realização da audiência no local em que ela se encontre e, nos casos em que o deslocamento se mostre inviável, deverá ser providenciada a condução para a audiência de custódia imediatamente após restabelecida sua condição de saúde ou de apresentação;
  - a audiência de custódia será realizada na presença do Ministério Público e da Defensoria Pública, caso a pessoa detida não possua defensor constituído no momento da lavratura do flagrante;

- é vedada a presença dos agentes policiais responsáveis pela prisão ou pela investigação durante a audiência de custódia;
- se a pessoa presa em flagrante delito constituir advogado até o término da lavratura do auto de prisão em flagrante, o Delegado de polícia deverá notificá-lo, pelos meios mais comuns, tais como correio eletrônico, telefone ou men-

sagem de texto, para que compareça à audiência de custódia, consignando nos autos. Não havendo defensor constituído, a pessoa presa será atendida pela Defensoria Pública;

- antes da apresentação da pessoa presa ao juiz, será assegurado seu atendimento prévio e reservado por advogado por ela constituído ou defensor público, sem a presença de agentes policiais, sendo esclarecidos por funcionário credenciado os motivos, fundamentos e ritos que versam a audiência de custódia;
- na audiência de custódia, a autoridade judicial entrevistará a pessoa presa em flagrante, devendo:
  - o esclarecer o que é a audiência de custódia, ressaltando as questões a serem analisadas pela autoridade judicial;
  - o assegurar que a pessoa presa não esteja algemada, salvo em casos de resistência e de fundado receio de fuga ou de perigo à integridade física própria ou alheia, devendo a excepcionalidade ser justificada por escrito;
  - o dar ciência sobre seu direito de permanecer em silêncio;
  - o questionar se lhe foi dada ciência e efetiva oportunidade de exercício dos direitos constitucionais inerentes à sua condição, particularmente o direito de consultar-se com advogado ou defensor público, o de ser atendido por médico e o de comunicar-se com seus familiares;
  - o indagar sobre as circunstâncias de sua prisão ou apreensão;
  - o perguntar sobre o tratamento recebido em todos os locais por onde passou antes da apresentação à audiência, questionando sobre a ocorrência de tortura e maus tratos e adotando as providências cabíveis;
  - o verificar se houve a realização de exame de corpo de delito, determinando sua realização nos casos em que:

    não tiver sido realizado;

    os registros se mostrarem insuficientes;

    a alegação de tortura e maus tratos referir-se a momento posterior ao exame realizado;

    o exame tiver sido realizado na presença de agente policial;
  - o abster-se de formular perguntas com finalidade de produzir prova para a investigação ou ação penal relativas aos fatos objeto do auto de prisão em flagrante;
  - o adotar as providências a seu cargo para sanar possíveis irregularidades;
  - o averiguar, por perguntas e visualmente, hipóteses de gravidez, existência de filhos ou dependentes sob cuidados da pessoa presa em flagrante delito, histórico de doença grave, incluídos os transtornos mentais e a dependência química, para analisar o cabimento de encaminhamento assistencial e da concessão da liberdade provisória, sem ou com a imposição de medida cautelar;
- após a oitiva da pessoa presa em flagrante delito, o juiz deferirá ao Ministério Público e à defesa técnica, nesta ordem, reperguntas compatíveis com a natureza do ato, devendo indeferir as perguntas relativas ao mérito dos fatos que possam constituir eventual imputação, permitindo-lhes, em seguida, requerer:
  - o o relaxamento da prisão em flagrante;
  - o a concessão da liberdade provisória sem ou com aplicação de medida cautelar diversa da prisão;
  - o a decretação de prisão preventiva;
  - o a adoção de outras medidas necessárias à preservação de direitos da pessoa presa.

- **Prisão preventiva**:

- pode ser decretada durante a investigação ou durante fase processual. O juiz não pode decretá-la de ofício, mas pode restaurá-la de ofício, quando a tiver revogado;
- devem ser observados os requisitos dos arts. 312 e 313 do CPP.
- particularmente, apreciamos a classificação trazida por Antonio Scarance Fernandes quando à prisão preventiva. Para tal importante autor, há cinco espécies de prisão preventiva: "a prisão preventiva originária, imposta a pessoa solta (arts. 312 e 313, CPP); a prisão preventiva derivada, resultante de conversão de prisão em flagrante (art. 310, II, CPP); a prisão preventiva sancionatória, decretada em caso de descumprimento de outra medida cautelar (art. 312, par. único, CPP); a prisão preventiva protetiva, aplicada para garantir a atuação de medida protetiva em caso de violência doméstica (art. 313, III, CPP) e a prisão preventiva esclarecedora, determinada para que se esclareça a identidade de pessoa suspeita (art. 313, par. único, CPP)" (*Processo constitucional*. 7ª ed., São Paulo: Revista dos Tribunais, 2012, pp. 292-293).

REQUISITOS E CONDIÇÕES PARA A PRISÃO PREVENTIVA	
Art. 312, CPP	1) como garantia da ordem pública; 2) como garantia da ordem econômica; 3) por conveniência da instrução criminal; 4) para assegurar a aplicação da lei penal

Art. 313, CPP	1) crimes dolosos punidos com pena privativa de liberdade máxima superior a 4 anos; 2) se o imputado tiver sido condenado por outro crime doloso, em sentença transitada em julgado, ressalvado o disposto no inciso I do caput do art. 64 do Código Penal 3) se o crime envolver violência doméstica e familiar contra a mulher, criança, adolescente, idoso, enfermo ou pessoa com deficiência, para garantir a execução das medidas protetivas de urgência; 4) quando houver dúvida sobre a identidade civil da pessoa ou quando esta não fornecer elementos suficientes para esclarecê-la, devendo o preso ser colocado imediatamente em liberdade após a identificação, salvo se outra hipótese recomendar a manutenção da medida.

- a prisão preventiva em nenhum caso será decretada se o juiz verificar pelas provas constantes dos autos ter o agente praticado o fato sob manto de excludente de ilicitude (art. 23, CP);
- diz o art. 236 do Código Eleitoral (Lei 4.737/1965) que nenhuma autoridade poderá, desde 5 dias antes e até 48 horas depois do encerramento da eleição, prender ou deter qualquer eleitor, salvo em flagrante delito ou em virtude de sentença criminal condenatória por crime inafiançável, ou, ainda, por desrespeito a salvo-conduto. E o § 1º determina que os membros das mesas receptoras e os fiscais de partido, durante o exercício de suas funções, não poderão ser detidos ou presos, salvo o caso de flagrante delito; da mesma garantia gozarão os candidatos desde 15 dias antes da eleição. Portanto, ainda que o juiz decrete a prisão, não poderá ser cumprido mandado dentro de tal prazo;
- poderá o juiz substituir a prisão preventiva pela domiciliar quando o agente for:
  - maior de 80 anos;
  - extremamente debilitado por motivo de doença grave;
  - imprescindível aos cuidados especiais de pessoa menor de 6 anos de idade ou com deficiência;
  - gestante;
  - mulher com filho de até 12 anos de idade incompletos;
  - homem, caso seja o único responsável pelos cuidados do filho de até 12 anos de idade incompletos.
- a prisão preventiva imposta à mulher gestante ou que for mãe ou responsável por crianças ou pessoas com deficiência será substituída por prisão domiciliar, desde que:

* não tenha cometido crime com violência ou grave ameaça a pessoa;

* não tenha cometido o crime contra seu filho ou dependente.

- Como vimos acima, os arts. 319 e 320 do CPP, com a reforma ocorrida em 2011, trouxe diversas medidas cautelares diversas da prisão. Dentre elas, encontra-se a **fiança**.

FIANÇA – QUEM PODE CONCEDER?	
Autoridade Policial	**Juiz**
pena privativa de liberdade máxima não superior a 4 anos	todos os casos de crimes afiançáveis

- são inafiançáveis:
- crimes de racismo;
- crimes de tortura, tráfico ilícito de entorpecentes e drogas afins, terrorismo e nos definidos como crimes hediondos;
- crimes cometidos por grupos armados, civis ou militares, contra a ordem constitucional e o Estado Democrático;
- não pode ser concedida fiança:
- aos que, no mesmo processo, tiverem quebrado fiança anteriormente concedida ou infringido, sem motivo justo, qualquer das obrigações a que se referem os arts. 327 e 328 do CPP;
- em caso de prisão civil ou militar;
- quando presentes os motivos que autorizam a decretação da prisão preventiva).

PARÂMETROS PARA FIXAÇÃO DA FIANÇA	
Pena privativa de liberdade máxima não superior a 4 anos	**Pena privativa de liberdade máxima superior a 4 anos**
1 a 100 salários mínimos	10 a 200 salários mínimos

- se a situação econômica do preso recomendar, a fiança poderá ser:
- dispensada;
- reduzida até o máximo de 2/3; ou
- aumentada em até 1.000 vezes.
- a fiança poderá ser prestada enquanto não transitar em julgado a sentença condenatória.
- **quebramento** da fiança (importará na perda de metade do seu valor, cabendo ao juiz decidir sobre a imposição de outras medidas cautelares ou, se for o caso, a decretação da prisão preventiva):
- não comparecimento do imputado perante a autoridade, quando tenha sido intimado para atos do inquérito e da instrução criminal e para o julgamento, sem motivo justo;

- mudança de residência, sem prévia permissão da autoridade processante;
- ausência por mais de 8 dias de sua residência, sem comunicar àquela autoridade o lugar onde será encontrado;
- deliberadamente, o imputado praticar ato de obstrução ao andamento do processo;
- descumprimento de medida cautelar imposta cumulativamente com a fiança;
- quando o imputado resistir injustificadamente a ordem judicial;
- quando o imputado praticar nova infração penal dolosa.

– **cassação da fiança:**

- quando não era cabível na espécie de delito;
- quando reconhecida a existência de delito inafiançável, no caso de inovação na classificação do delito.

– fiança **sem efeito** (implica em retorno à prisão): quando não for reforçada. Necessidade de reforço:

- quando a autoridade tomar, por engano, fiança insuficiente;
- quando houver depreciação material ou perecimento dos bens hipotecados ou caucionados, ou depreciação dos metais ou pedras preciosas;
- quando for inovada a classificação do delito.

– **perda** da fiança: se, condenado, o acusado não se apresentar para o início do cumprimento da pena definitivamente imposta.

17. MEDIDAS CAUTELARES REAIS

- O CPP as chama de medidas assecuratórias.
- São as seguintes:

– sequestro de bens imóveis ilícitos;

- o imóvel deve ser produto direto ou indireto do crime;

– sequestro de bens móveis ilícitos;

- produto indireto do crime;
- produto direto: busca e apreensão.

– especialização e registro da hipoteca legal;

- bens de origem lícita;
- necessária para reparação do dano;

– arresto de bens imóveis, de origem lícita, previamente ao registro e especialização da hipoteca;

– arresto de bens móveis;

- bens de origem lícita;
- natureza subsidiária: ausência de bens imóveis ou com valor insuficiente para assegurar a indenização.
- Meios de defesa:

– embargos de terceiro: pessoa estranha ao processo;

– embargos do imputado: para alegação de que o bem é lícito, quando afirmado o contrário;

– embargos do terceiro de boa-fé: adquirente de boa-fé.

18. EXECUÇÃO PENAL

- **Trabalho do preso:**

– o condenado à pena privativa de liberdade está obrigado ao trabalho na medida de suas aptidões e capacidade;

– para o preso provisório, o trabalho não é obrigatório e só poderá ser executado no interior do estabelecimento;

– o trabalho externo será admissível para os presos em regime fechado somente em serviço ou obras públicas realizadas por órgãos da Administração direta ou indireta, ou entidades privadas, desde que tomadas as cautelas contra a fuga e em favor da disciplina.

- **Faltas disciplinares**: classificam-se em leves, médias e graves, as duas primeiras especificadas na legislação local, não na LEP.

configuram falta grave (art. 50, LEP):	• fuga; • incitar ou participar de movimento para subverter a ordem ou a disciplina; • possuir, indevidamente, instrumento capaz de ofender a integridade física de outrem; • provocar acidente de trabalho; • descumprir, no regime aberto, as condições impostas; • inobservar os deveres previstos nos incisos II e V, do artigo 39, da LEP; • ter em sua posse, utilizar ou fornecer aparelho telefônico, de rádio ou similar, que permita a comunicação com outros presos ou com o ambiente externo; • prática de crime doloso (art. 52, LEP); • recusa em se submeter à identificação pelo perfil genético

– **Súmula 441,** Superior Tribunal de Justiça: a falta grave não interrompe o prazo para obtenção de livramento condicional. Também não interrompe o prazo para a comutação das penas, conforme entendimento do mesmo Tribunal Superior. V. Súmulas a respeito de Execução Penal no próximo tópico.

– O cometimento de falta grave durante a execução da pena privativa de liberdade interrompe o prazo para a obtenção da progressão no regime de cumprimento da pena, caso em que o reinício da contagem do requisito objetivo terá como base a pena remanescente.

- **Regime Disciplinar Diferenciado (RDD)**: previsto pelo art. 52 da LEP. Tal dispositivo prevê que a prática de fato previsto como crime doloso constitui falta grave e, quando ocasionar subversão da ordem ou disciplina internas, sujeitará o preso provisório, ou condenado, nacional ou estrangeiro, sem prejuízo da sanção penal, ao regime disciplinar diferenciado, com as seguintes características:

- duração máxima de até 2 anos, sem prejuízo de repetição da sanção por nova falta grave de mesma espécie;
- recolhimento em cela individual;
- visitas quinzenais, de 2 pessoas por vez, a serem realizadas em instalações equipadas para impedir o contato físico e a passagem de objetos, por pessoa da família ou, no caso de terceiro, autorizado judicialmente, com duração de 2 horas;
- direito do preso à saída da cela por 2 (duas) horas diárias para banho de sol, em grupos de até 4 (quatro) presos, desde que não haja contato com presos do mesmo grupo criminoso;
- entrevistas sempre monitoradas, exceto aquelas com seu defensor, em instalações equipadas para impedir o contato físico e a passagem de objetos, salvo expressa autorização judicial em contrário;
- fiscalização do conteúdo da correspondência;
- participação em audiências judiciais preferencialmente por videoconferência, garantindo-se a participação do defensor no mesmo ambiente do preso;
- O regime disciplinar diferenciado também será aplicado aos presos provisórios ou condenados, nacionais ou estrangeiros que apresentem alto risco para a ordem e a segurança do estabelecimento penal ou da sociedade ou sob os quais recaiam fundadas suspeitas de envolvimento ou participação, a qualquer título, em organização criminosa, associação criminosa ou milícia privada, independentemente da prática de falta grave.
- Existindo indícios de que o preso exerce liderança em organização criminosa, associação criminosa ou milícia privada, ou que tenha atuação criminosa em dois ou mais Estados da Federação, o regime disciplinar diferenciado será obrigatoriamente cumprido em estabelecimento prisional federal.
- O regime disciplinar diferenciado poderá ser prorrogado sucessivamente, por períodos de um ano, existindo indícios de que o preso continua apresentando alto risco para a ordem e a segurança do estabelecimento penal de origem ou da sociedade; mantém os vínculos com organização criminosa, associação criminosa ou milícia privada, considerados também o perfil criminal e a função desempenhada por ele no grupo criminoso, a operação duradoura do grupo, a superveniência de novos processos criminais e os resultados do tratamento penitenciário.

- **Unificação das penas**:

- quando houver condenação por mais de um crime, no mesmo processo ou em processos distintos, a determinação do regime de cumprimento será feita pelo resultado da soma ou unificação das penas, observada, quando for o caso, a detração ou remição; e, sobrevindo condenação no curso da execução, somar-se-á a pena ao restante da que está sendo cumprida, para determinação do regime. Por que se dá a soma apenas ao restante da pena que está sendo cumprida? Porque o que já cumpriu não pode ser contada: pena cumprida é pena extinta, como gosta de afirmar a doutrina;
- a pena unificada para atender ao limite de 40 anos de cumprimento, determinado pelo art. 75 do Código Penal, não é considerada para a concessão de outros benefícios, como o livramento condicional ou regime mais favorável de execução (Súmula 715, Supremo Tribunal Federal).

- **Excesso ou desvio de execução**: ocorre sempre que algum ato for praticado além dos limites fixados na sentença, em normas legais ou regulamentares (art. 185, LEP – Lei 7.210/1984). O incidente pode ser suscitado pelo Ministério Público, pela Defensoria Pública, pelo Conselho Penitenciário, pelo sentenciado e por qualquer dos demais órgãos da execução penal. (arts. 81-B, I, *f*, e 186, LEP).
- O art. 84 da LEP, com as modificações trazidas pela Lei 13.167/2015, passou a exigir a separação de presos provisórios ou condenados, segundo alguns critérios. Assim, a separação dos presos condenados dá-se segundo estes critérios: (a) condenados pela prática de crimes hediondos ou equiparados; (b) reincidentes condenados pela prática de crimes cometidos com violência ou grave ameaça à pessoa; (c) primários condenados pela prática de crimes cometidos com violência ou grave ameaça à pessoa; (d) demais condenados pela prática de outros crimes ou contravenções em situação diversa das anteriores.
- **Remição**: o condenado que cumpre a pena em regime fechado ou semiaberto poderá remir, por trabalho ou por estudo, parte do tempo de execução da pena.

- 1 dia de pena a cada 12 horas de frequência escolar – atividade de ensino fundamental, médio, inclusive profissionalizante, ou superior, ou ainda de requalificação profissional – divididas, no mínimo, em 3 dias;
- 1 dia de pena a cada 3 dias de trabalho.

- **Monitoração eletrônica:** o art. 146-B da LEP permite a monitoração eletrônica de presos quando o juiz autorizar a saída temporária no regime semiaberto ou determinar a prisão domiciliar.

- a violação comprovada dos deveres previstos àqueles que estão sob monitoração poderá acarretar, a critério do juiz da execução, ouvidos o Ministério Público e a defesa:

- a regressão do regime;

- a revogação da autorização de saída temporária;
- a revogação da prisão domiciliar;
- advertência, por escrito, para todos os casos em que o juiz da execução decida não aplicar alguma das medidas anteriores.

- o art. 146-D também permite a revogação da monitoração quando se tornar desnecessária ou inadequada; ou se o acusado ou condenado violar os deveres a que estiver sujeito durante a sua vigência ou cometer falta grave;
- assim, não há uma só hipótese em que a revogação da monitoração é obrigatória. É certo que o art. 118, I, permite a regressão em caso de prática de crime doloso ou falta grave, devendo o juiz ouvir, antes, o condenado. De qualquer modo, não há previsão de proibição e nova progressão.

- **Anistia**: é lei de natureza penal. Como tal, sua edição é da competência legislativa da União (art. 22, I, CF) e, portanto, do Congresso Nacional. Além disso, há não pode ser concedida por medida provisória (art. 62, § 1º, *b*, CF). É lei penal de efeito retroativo, que retira as consequências de alguns crimes já praticados, promovendo, no dizer da doutrina, o seu "esquecimento" jurídico.
- A anistia pode ser:

1) especial (para crimes políticos);
2) comum (para crimes não políticos);
3) própria (concedida antes do trânsito em julgado);
4) imprópria (concedida depois do trânsito em julgado);
5) geral ou plena (menciona os fatos e atinge a todos que os cometeram);
6) parcial ou restrita (menciona fatos, mas exige o preenchimento de alguma condição pessoal do criminoso, como a primariedade);
7) incondicionada ou irrestrita (não exige o atendimento de nenhum requisito);
8) condicionada ou restrita (exige o atendimento a certos requisitos, podendo ser recusada pelo anistiado).

- uma vez concedida, a anistia não pode ser revogada, porque a lei posterior revogadora prejudicaria os anistiados, violando o princípio constitucional de que a lei não pode retroagir para prejudicar o acusado (art. 5º, XL);
- a lei que concede a anistia retira todos os efeitos penais, principais e secundários do fato, mas não os efeitos extrapenais;
- não é possível a concessão de anistia aos crimes mencionados na Lei 8.072/1990 (Lei dos Crimes Hediondos).

- **Agravo em execução**: recurso cabível contra decisões proferidas na execução penal.

- o agravo em execução não terá efeito suspensivo, conforme disposição expressa do art. 197 da LEP;
- o Superior Tribunal de Justiça entende não ser cabível a interposição de mandado de segurança para dar efeito suspensivo ao agravo;
- o prazo para a interposição é o mesmo do recurso em sentido estrito, aplicando-se, aqui, o disposto no art. 586 do CPP. A Lei de Execução Penal silencia a respeito, mas esse entendimento encontra-se na Súmula 700 do Supremo Tribunal Federal.

19. COOPERAÇÃO JURÍDICA INTERNACIONAL

- O Brasil nunca editou uma lei geral sobre cooperação jurídica internacional. Ela seria útil para suprir lacunas existentes nos tratados bilaterais de cooperação celebrados com outros países ou nos casos em que não há tratado, mas apenas promessa de reciprocidade.
- Não obstante, o novo CPC trouxe um capítulo inteiro sobre cooperação jurídica internacional e, a nosso ver, poderá fazer o papel da lei geral ainda não editada, já que, como é cediço, o CPC pode ser aplicado subsidiariamente ao processo penal, já que o CPP permite, em caso de lacuna, a aplicação de outros dispositivos legais por analogia.
- Mas, atenção: em primeiro lugar, deve ser aplicado o tratado de cooperação; subsidiariamente, as regras do CPP e do Regimento Interno do STJ, bem como o novo CPC.
- Principais requisitos para a cooperação segundo o novo CPC:
  - Respeito às garantias do devido processo legal
  - Não admissão de atos que contrariem ou que produzam resultados incompatíveis com as normas fundamentais que regem o Estado brasileiro
  - Recusa de pedido que configure manifesta ofensa à ordem pública
  - Igualdade de tratamento entre nacionais e estrangeiros
  - Publicidade processual
    - Se o tratado exigir, deve ser garantido o sigilo
  - Autoridade central
    - Ministério da Justiça – Departamento de Recuperação de Ativos e Cooperação Jurídica Internacional
    - Procuradoria-Geral da República – Assessoria de Cooperação Jurídica Internacional (tratados com Canadá e Portugal)
  - Espontaneidade na transmissão de informações a autoridades estrangeiras
- **Carta Rogatória**: instrumento por meio do qual um Estado pede a uma autoridade judiciária estrangei-

ra a realização de alguma diligência (carta rogatória instrutória), comunicação de ato processual (carta rogatória ordinatória) ou execução de ato processual constritivo (carta rogatória executória).

- **Carta Rogatória Ativa**: encaminhada pelo Estado brasileiro, por intermédio do Ministério das Relações Exteriores ou do Ministério da Justiça;
- **Carta Rogatória Passiva**: de competência do STJ, que deve exarar o *exequatur*, ou seja, determinar, se o caso, seu cumprimento.
- só será expedida se demonstrada previamente a sua imprescindibilidade, arcando a parte requerente com os custos de envio;
- a expedição não suspenderá a instrução criminal e, findo o prazo marcado para o seu cumprimento e poderá realizar-se o julgamento, mas, a todo tempo, a rogatória, uma vez devolvida, será juntada aos autos.
- devem as partes serem intimadas da data da audiência no Estado estrangeiro? Cremos que não. Em primeiro lugar, o art. 222, *caput*, aplicável às precatórias, determina apenas a intimação da expedição da carta, não da data da audiência. Além disso, é pacífico o entendimento de que, intimada a defesa da expedição da carta precatória, torna-se desnecessária intimação da data da audiência no juízo deprecado (STJ, Súmula 273).

• **Pedido de auxílio direto**: diferencia-se das rogatórias porque nele as autoridades brasileiras não proferem *exequatur* e não homologam ato jurisdicional estrangeiro, sendo possível quando há tratados ou convenções a respeito.

- por meio do auxílio direto, as autoridades brasileiras conhecem dos fatos narrados pela autoridade requerente para daí proferir uma decisão nacional;
- o auxílio direto se dá entre autoridades centrais dos dois países;
- hoje, nossa autoridade central é o Ministério da Justiça, que exerce tal função por meio do seu Departamento de Recuperação de Ativos e Cooperação Jurídica Internacional e do Departamento de Estrangeiros;
- podem ser objeto de pedido de auxílio direto uma ampla gama de medidas que variam desde a comunicação de atos processuais, a obtenção de provas, a oitiva de testemunhas, a quebra de sigilo bancário, fiscal e telemático, a localização de bens e indivíduos, o sequestro de bens, o congelamento de contas bancárias até a repatriação de bens ou valores ilicitamente remetidos ao exterior;
- uma vez recebido o pedido de auxílio direito, ele é encaminhado à autoridade competente, que realizará a diligência ou pleiteará a autorização da medida a juízo federal de primeira instância, quando assim a lei o exigir, o que ocorre, como se sabe, quando há necessidade de autorização judicial, em geral em medidas constritivas, como quebra de sigilos e bloqueio de bens;
- assim, mesmo se tratando de cooperação jurídica internacional, a ordem judicial é exigida;
- cabe a Procurador da República oficiar perante a Justiça Federal de primeiro grau em tais casos.

• **Extradição**: consiste na entrega de um indivíduo a um outro país, para que neste ele seja julgado ou para cumpra pena pela qual nele foi condenado.

- a decisão sobre pedido de extradição cabe ao STF, conforme competência expressamente atribuída pela CF (art. 102, I, *g*) e é regulada, basicamente, pela Lei 13.445/2017 e pelo Regimento Interno do mesmo Tribunal
- no processo de extradição não se faz instrução probatória, pois o Estado requerente tem o dever de fornecer todas as informações, por documentos, necessárias para a decisão do STF, comprovando que os requisitos previstos na CF e legislação infraconstitucional brasileiras estão presentes. Porém, o extraditando será interrogado e terá direito à defesa, sem ingressar no mérito da ação que tramita no outro país;
- a Corte Suprema não analisará o mérito da ação penal estrangeira, mas o STF entende que deve haver o exame do mérito (indícios de autoria e prova do crime, pelo menos) da ação penal estrangeira quando se tratar de processo de extradição de brasileiro naturalizado para o exterior
- a prisão preventiva não é mais obrigatória, pois, segundo a Lei 13.445/2017, em caso de urgência, o Estado interessado na extradição poderá, previamente ou conjuntamente com a formalização do pedido extradicional, requerer, por via diplomática ou por meio de autoridade central do Poder Executivo, prisão cautelar com o objetivo de assegurar a executoriedade da medida de extradição que, após exame da presença dos pressupostos formais de admissibilidade exigidos na Lei ou em tratado, deverá representar à autoridade judicial competente, ouvido previamente o Ministério Público Federal. Ou seja, depende de pedido do Estado interessado. E mais: o STF, ouvido o Ministério Público, poderá autorizar prisão albergue ou domiciliar ou determinar que o extraditando responda ao processo de extradição em liberdade, com retenção do documento de viagem ou outras medidas cautelares necessárias, até o julgamento da extradição ou a entrega do extraditando, se pertinente, considerando a situação administrativa migratória, os antecedentes do extraditando e as circunstâncias do caso.

REQUISITOS DA EXTRADIÇÃO	
CONSTITUCIONAIS	**LEGAIS**
a) nenhum brasileiro será extraditado, salvo o naturalizado, em caso de crime comum, praticado antes da naturalização, ou de comprovado envolvimento em tráfico ilícito de entorpecentes e drogas afins, na forma da lei b) não será concedida extradição de estrangeiro por crime político ou de opinião, ficando a cargo do STF decidir sobre o caráter do delito c) aos portugueses com residência permanente no País, se houver reciprocidade em favor de brasileiros, serão atribuídos os direitos inerentes ao brasileiro, salvo os casos previstos na Constituição, ou seja, tais cidadãos, segundo a doutrina, são equiparados aos brasileiros naturalizados, só podendo ser extraditados para Portugal, em virtude de um tratado bilateral entre o Brasil e tal nação (Decreto-legislativo 70.391/1972)	a) a extradição poderá ser concedida quando o governo requerente se fundamentar em tratado, ou quando prometer ao Brasil a reciprocidade b) não poderá ser concedida se o fato que motivar o pedido não for considerado crime no Brasil ou no Estado requerente c) também não será concedida se o Brasil for competente, segundo suas leis, para julgar o crime imputado ao extraditando d) idem, se a lei brasileira impuser ao crime a pena de prisão igual ou inferior a 2 anos e) idem, se o extraditando estiver a responder a processo ou já houver sido condenado ou absolvido no Brasil pelo mesmo fato em que se fundar o pedido f) idem, se estiver extinta a punibilidade pela prescrição segundo a lei brasileira ou a do Estado requerente g) idem, se o extraditando houver de responder, no Estado requerente, perante Tribunal ou Juízo de exceção h) o crime deve ter sido cometido no território do Estado requerente ou serem aplicáveis ao extraditando as leis penais desse Estado i) deve estar o extraditando respondendo a processo investigatório ou a processo penal ou ter sido condenado pelas autoridades judiciárias do Estado requerente a pena privativa de liberdade

REQUISITOS DA EXTRADIÇÃO	
CONSTITUCIONAIS	**LEGAIS**
	j) deve o Estado solicitante se comprometer: 1. a não ser o extraditando preso nem processado por fatos anteriores ao pedido 2. a computar o tempo de prisão que, no Brasil, foi imposta por força da extradição 3. a comutar a pena corporal, perpétua ou de morte em pena privativa de liberdade, respeitado o limite máximo de cumprimento de 30 anos 4. a não ser o extraditando entregue, sem consentimento do Brasil, a outro Estado que o reclame 5. não considerar qualquer motivo político, para agravar a pena 6. não submeter o extraditando a tortura ou a outros tratamentos ou penas cruéis, desumanos ou degradantes

- **Homologação de sentença estrangeira**: o CP, em seu art. 9º, diz que a sentença estrangeira poderá ser homologada para:
- obrigar o condenado à reparação do dano, a restituições e a outros efeitos civis, o que depende de pedido da parte interessada;
- e sujeitá-lo a medida de segurança, que depende da existência de tratado de extradição com o país de cuja autoridade judiciária emanou a sentença, ou, na falta de tratado, de requisição do Ministro da Justiça.

– **Atenção**: não se cumpre no Brasil pena privativa de liberdade decorrente de sentença estrangeira, por falta de previsão legal. O Estado que condenou o indivíduo deve requerer sua extradição;

– de acordo com o art. 105, I, *i*, da CF, a homologação de sentença estrangeira e o *exequatur* às cartas rogatórias que aqui cheguem é competência do STJ, estando revogado o art. 787 do CPP;

– deve ser observado também o Regimento Interno do STJ.;

– para que seja homologada, devem ser estar presentes os requisitos do art. 788 do CPP:

a) estar revestida das formalidades externas necessárias, segundo a legislação do país de origem;

b) haver sido proferida por juiz competente, mediante citação regular, segundo a mesma legislação;

c) ter passado em julgado;

d) estar devidamente autenticada por cônsul brasileiro;

e) estar acompanhada de tradução, feita por tradutor público.

✦ SÚMULAS APLICÁVEIS

⦿ STF

PRINCÍPIOS E GARANTIAS

- **STF – Súmula 523 –** No processo penal, a falta da defesa constitui nulidade absoluta, mas a sua deficiência só o anulará se houver prova de prejuízo para o réu.
- **STF – Súmula 716 –** Admite-se a progressão de regime de cumprimento da pena ou a aplicação imediata do regime menos severo nela determinada, antes do trânsito em julgado da sentença condenatória.
- **STF – Súmula Vinculante 14 –** É direito do defensor, no interesse do representado, ter acesso amplo aos elementos de prova que, já documentados em procedimento investigatório realizado por órgão com competência de polícia judiciária, digam respeito ao exercício do direito de defesa.

INQUÉRITO POLICIAL E OUTROS PROCEDIMENTOS INVESTIGATÓRIOS

- **STF – Súmula 397 –** O poder de polícia da Câmara dos Deputados e do Senado Federal, em caso de crime cometido nas suas dependências, compreende, consoante o regimento, a prisão em flagrante do acusado e a realização do inquérito.
- **STF – Súmula 524 –** Arquivado o inquérito policial, por despacho do juiz, a requerimento do promotor de justiça, não pode a ação penal ser iniciada sem novas provas. **Atenção**: esta súmula poderá ser cancelada por conta das novas regras trazidas ao CPP pela Lei 13.964/2019.
- **STF – Súmula 568 –** A identificação criminal não constitui constrangimento ilegal, ainda que o indiciado já tenha sido identificado civilmente.
- **STF – Súmula Vinculante 14 –** É direito do defensor, no interesse do representado, ter acesso amplo aos elementos de prova que, já documentados em procedimento investigatório realizado por órgão com competência de polícia judiciária, digam respeito ao exercício do direito de defesa.

AÇÃO PENAL

- **STF – Súmula 524 –** Arquivado o inquérito policial, por despacho do juiz, a requerimento do Promotor de Justiça, não pode a ação penal ser iniciada, sem novas provas. **Atenção**: esta súmula poderá ser cancelada por conta das novas regras trazidas ao CPP pela Lei 13.964/2019.
- **STF – Súmula 554 –** O pagamento de cheque emitido sem provisão de fundos, após o recebimento da denúncia, não obsta ao prosseguimento da ação penal
- **STF – Súmula 594 –** Os direitos de queixa e de representação podem ser exercidos, independentemente, pelo ofendido ou por seu representante legal.
- **STF – Súmula 609 –** É pública incondicionada a ação penal por crime de sonegação fiscal.
- **STF – Súmula 709 –** Salvo quando nula a decisão de primeiro grau, o acórdão que provê o recurso contra a rejeição da denúncia vale, desde logo, pelo recebimento dela.
- **STF – Súmula 714 –** É concorrente a legitimidade do ofendido, mediante queixa, e do Ministério Público, condicionada à representação do ofendido, para a ação penal por crime contra a honra de servidor público em razão do exercício de suas funções.

COMPETÊNCIA

- **STF – Súmula Vinculante 36** – Compete à Justiça Federal comum processar e julgar civil denunciado pelos crimes de falsificação e de uso de documento falso quando se tratar de falsificação da caderneta de inscrição e registro (CIR) ou de carteira de habilitação de amador (CHA), ainda que expedidas pela Marinha do Brasil.
- **STF – Súmula Vinculante 45 –** A competência constitucional do tribunal do Júri prevalece sobre o foro por prerrogativa de função estabelecido exclusivamente pela Constituição Estadual.
- **STF – Súmula 498 –** Compete à justiça dos Estados, em ambas as instâncias, o processo e o julgamento dos crimes contra a economia popular.
- **STF – Súmula 521 –** O foro competente para o processo e julgamento dos crimes de estelionato, sob a modalidade da emissão dolosa de cheque sem provisão de fundos, é o do local onde se deu a recusa do pagamento pelo sacado.
- **STF – Súmula 522 –** Salvo ocorrência de tráfico com o exterior, quando, então, a competência será da Justiça Federal, compete à justiça dos Estados o processo e o julgamento dos crimes relativos a entorpecentes.
- **STF – Súmula 555 –** É competente o tribunal de justiça para julgar conflito de jurisdição entre juiz de direito do Estado e a justiça militar local.

- **STF – Súmula 603** – A competência para o processo e julgamento de latrocínio é do juiz singular e não do tribunal do júri.
- **STF – Súmula 702** – A competência do Tribunal de Justiça para julgar prefeitos restringe-se aos crimes de competência da Justiça comum estadual; nos demais casos, a competência originária caberá ao respectivo tribunal de segundo grau.
- **STF – Súmula 703** – A extinção do mandato do prefeito não impede a instauração de processo pela prática dos crimes previstos no art. 1º do DL 201/67.
- **STF – Súmula 704** – Não viola as garantias do juiz natural, da ampla defesa e do devido processo legal a atração por continência ou conexão do corréu ao foro por prerrogativa de função de um dos denunciados.
- **STF – Súmula 706** – É relativa a nulidade decorrente da inobservância da competência penal por prevenção.

CITAÇÃO, INTIMAÇÕES E CONTAGEM DE PRAZOS

- **STF – Súmula 155** – É relativa a nulidade do processo criminal por falta de intimação da expedição de precatória para inquirição de testemunha.
- **STF – Súmula 310** – Quanto a intimação tiver lugar na sexta-feira, ou a publicação com efeito de intimação for feita nesse dia, o prazo judicial terá início na segunda-feira imediata, salvo se não houve expediente, caso em que começará no primeiro dia útil que se seguir.
- **STF – Súmula 351** – É nula a citação por edital de réu preso na mesma unidade da federação em que o juiz exerce a sua jurisdição.
- **STF – Súmula 366** – Não é nula a citação por edital que indica o dispositivo da lei penal, embora não transcreva a denúncia ou queixa, ou nao resuma os fatos em que se baseia.
- **STF – Súmula 707** – Constitui nulidade a falta de intimação do denunciado para oferecer contra-razões ao recurso interposto da rejeição da denúncia, não a suprindo a nomeação de defensor dativo.
- **STF – Súmula 710** – No processo penal, contam-se os prazos da data da intimação, e não da juntada aos autos do mandado ou da carta precatória ou de ordem.

PROCEDIMENTOS

- **Súmula Vinculante 35** – A homologação da transação penal prevista no artigo 76 da Lei 9.099/1995 não faz coisa julgada material e, descumpridas suas cláusulas, retoma-se a situação anterior, possibilitando-se ao Ministério Público a continuidade da persecução penal mediante oferecimento de denúncia ou requisição de inquérito policial.
- **STF – Súmula 156** – É absoluta a nulidade do julgamento, pelo júri, por falta de quesito obrigatório.
- **STF – Súmula 206** – É nulo o julgamento ulterior pelo júri com a participação de jurado que funcionou em julgamento anterior do mesmo processo.
- **STF – Súmula 208** – O assistente do Ministério Público não pode recorrer, extraordinariamente, de decisão concessiva de "habeas-corpus".
- **STF – Súmula 210** – O assistente do Ministério Público pode recorrer, inclusive extraordinariamente, na ação penal, nos casos dos arts. 584, § 1º, e 598 do Código de Processo Penal.
- **STF – Súmula 351** – É nula a citação por edital de réu preso na mesma unidade da federação em que o juiz exerce a sua jurisdição.
- **STF – Súmula 366** – Não é nula a citação por edital que indica o dispositivo da lei penal, embora não transcreva a denúncia ou queixa, ou não resuma os fatos em que se baseia.
- **STF – Súmula 696** – Reunidos os pressupostos legais permissivos da suspensão condicional do processo, mas se recusando o promotor de justiça a propô-la, o juiz, dissentindo, remeterá a questão ao procurador-geral, aplicando-se por analogia o art. 28 do Código de Processo Penal.
- **STF – Súmula 709** – Salvo quando nula a decisão de primeiro grau, o acórdão que provê o recurso contra a rejeição da denúncia vale, desde logo, pelo recebimento dela.
- **STF – Súmula 712** – É nula a decisão que determina o desaforamento de processo da competência do júri sem audiência da defesa.
- **STF – Súmula 723** – Não se admite a suspensão condicional do processo por crime continuado, se a soma da pena mínima da infração

PROVAS

- **STF – Súmula 352** – Não é nulo o processo penal por falta de nomeação de curador ao réu menor que teve a assistência de defensor dativo.

SENTENÇA

- **STF – Súmula 423** – Não transita em julgado a sentença por haver omitido o recurso "ex officio", que se considera interposto "ex lege".
- **STF – Súmula 453** – Não se aplicam à segunda instância o art 384 e parágrafo único do Código de Processo Penal, que possibilitam dar nova definição jurídica ao fato delituoso, em virtude de circunstância elementar não contida explícita ou implicitamente na denúncia ou queixa.

NULIDADES

- **STF – Súmula 155 –** É relativa a nulidade do processo criminal por falta de intimação da expedição de precatória para inquirição de testemunha.
- **STF – Súmula 156 –** É absoluta a nulidade do julgamento, pelo júri, por falta de quesito obrigatório.
- **STF – Súmula 160 –** É nula a decisão do tribunal que acolhe, contra o réu, nulidade não arguida no recurso da acusação, ressalvados os casos de recurso de ofício.
- **STF – Súmula 206 –** É nulo o julgamento ulterior pelo júri com a participação de jurado que funcionou em julgamento anterior do mesmo processo.
- **STF – Súmula 351 –** É nula a citação por edital de réu preso na mesma unidade da federação em que o juiz exerce a sua jurisdição.
- **STF – Súmula 352 –** Não é nulo o processo penal por falta de nomeação de curador ao réu menor que teve a assistência de defensor dativo.
- **STF – Súmula 366 –** Não é nula a citação por edital que indica o dispositivo da lei penal, embora não transcreva a denúncia ou queixa, ou não resuma os fatos em que se baseia.
- **STF – Súmula 431 –** É nulo o julgamento de recurso criminal, na segunda instância, sem prévia intimação, ou publicação da pauta, salvo em habeas-corpus.
- **STF – Súmula 523 –** No processo penal, a falta da defesa constitui nulidade absoluta, mas a sua deficiência só o anulará se houver prova de prejuízo para o réu.
- **STF – Súmula 706 –** É relativa a nulidade decorrente da inobservância da competência penal por prevenção.
- **STF – Súmula 707 –** Constitui nulidade a falta de intimação do denunciado para oferecer contrarrazões ao recurso interposto da rejeição da denúncia, não a suprindo a nomeação de defensor dativo.
- **STF – Súmula 708 –** É nulo o julgamento da apelação se, após a manifestação nos autos da renúncia do único defensor, o réu não foi previamente intimado para constituir outro.
- **STF – Súmula 712 –** É nula a decisão que determina o desaforamento de processo da competência do júri sem audiência da defesa.

RECURSOS

- **STF – Súmula 160 –** É nula a decisão do tribunal que acolhe, contra o réu, nulidade não arguida no recurso da acusação, ressalvados os casos de recurso de ofício.
- **STF – Súmula 208 –** O assistente do Ministério Público não pode recorrer, extraordinariamente, de decisão concessiva de "habeas-corpus".
- **STF – Súmula 210 –** O assistente do Ministério Público pode recorrer, inclusive extraordinariamente, na ação penal, nos casos dos arts. 584, § 1º e 598 do Código de Processo Penal.
- **STF – Súmula 279 –** Para simples reexame da prova não cabe recurso extraordinário.
- **STF – Súmula 280 –** Por ofensa a direito local não cabe recurso extraordinário.
- **STF – Súmula 281 –** É inadmissível o recurso extraordinário, quando couber na justiça de origem, recurso ordinária da decisão impugnada.
- **STF – Súmula 282 –** É inadmissível o recurso extraordinário, quando não ventilada, na decisão recorrida, a questão federal suscitada.
- **STF – Súmula 283 –** É inadmissível o recurso extraordinário, quando a decisão recorrida assenta em mais de um fundamento suficiente e o recurso não abrange todos eles.
- **STF – Súmula 284 –** É inadmissível o recurso extraordinário, quando a deficiência na sua fundamentação não permitir a exata compreensão da controvérsia.
- **STF – Súmula 286 –** Não se conhece do recurso extraordinário fundado em divergência jurisprudencial, quando a orientação do plenário do Supremo Tribunal Federal já se firmou no mesmo sentido da decisão recorrida.
- **STF – Súmula 287 –** Nega-se provimento ao agravo, quando a deficiência na sua fundamentação, ou na do recurso extraordinário, não permitir a exata compreensão da controvérsia.
- **STF – Súmula 288 –** Nega-se provimento a agravo para subida de recurso extraordinário, quando faltar no traslado o despacho agravado, a decisão recorrida, a petição de recurso extraordinário ou qualquer peça essencial à compreensão da controvérsia.
- **STF – Súmula 289 –** O provimento do agravo por uma das turmas do Supremo Tribunal Federal ainda que sem ressalva, não prejudica a questão do cabimento do recurso extraordinário.
- **STF – Súmula 293 –** São inadmissíveis embargos infringentes contra decisão em matéria constitucional submetida ao plenário dos tribunais.
- **STF – Súmula 299 –** O recurso ordinário e o extraordinário interpostos no mesmo processo de mandado de segurança, ou de "habeas-corpus", serão julgados conjuntamente pelo Tribunal Pleno.
- **STF – Súmula 319 –** O prazo do recurso ordinário para o Supremo Tribunal Federal, em "habeas-corpus" ou mandado de segurança, é de cinco dias.
- **STF – Súmula 322 –** Não terá seguimento pedido ou recurso dirigido ao Supremo Tribunal Federal, quando manifestamente incabível, ou apresentado fora do prazo, ou quando for evidente a incompetência do tribunal.

- **STF – Súmula 344 –** Sentença de primeira instância concessiva de "habeas-corpus", em caso de crime praticado em detrimento de bens, serviços ou interesses da união, está sujeita a recurso "ex officio".
- **STF – Súmula 356 –** O ponto omisso da decisão, sobre o qual não foram opostos embargos declaratórios, não pode ser objeto de recurso extraordinário, por faltar o requisito do prequestionamento.
- **STF – Súmula 369 –** Julgados do mesmo tribunal não servem para fundamentar o recurso extraordinário por divergência jurisprudencial.
- **STF – Súmula 395 –** Não se conhece de recurso de habeas corpus cujo objeto seja resolver sobre o ônus das custas, por não estar mais em causa a liberdade de locomoção.
- **STF – Súmula 399 –** Não cabe recurso extraordinário, por violação de lei federal, quando a ofensa alegada for a regimento de tribunal.
- **STF – Súmula 423 –** Não transita em julgado a sentença por haver omitido o recurso "ex officio", que se considera interposto "ex lege".
- **STF – Súmula 428 –** Não fica prejudicada a apelação entregue em cartório no prazo legal, embora despachada tardiamente.
- **STF – Súmula 431 –** É nulo o julgamento de recurso criminal, na segunda instância, sem prévia intimação, ou publicação da pauta, salvo em habeas-corpus.
- **STF – Súmula 448 –** O prazo para o assistente recorrer, supletivamente, começa a correr imediatamente após o transcurso do prazo do Ministério Público.
- **STF – Súmula 453 –** Não se aplicam à segunda instância o art. 384 e parágrafo único do Código de Processo Penal, que possibilitam dar nova definição jurídica ao fato delituoso, em virtude de circunstância elementar não contida explícita ou implicitamente na denúncia ou queixa.
- **STF – Súmula 455 –** Da decisão que se seguir ao julgamento de constitucionalidade pelo Tribunal Pleno, são inadmissíveis embargos infringentes quanto à matéria constitucional.
- **STF – Súmula 640 –** É cabível recurso extraordinário contra decisão proferida por juiz de primeiro grau nas causas de alçada, ou por turma recursal de juizado especial cível e criminal.
- **STF – Súmula 699 –** O prazo para interposição de agravo, em processo penal, é de cinco dias, de acordo com a Lei 8.038/90, não se aplicando o disposto a respeito nas alterações da Lei 8.950/94 ao Código de Processo Civil.
- **STF – Súmula 700 –** É de cinco dias o prazo para interposição de agravo contra decisão do juiz da execução penal.
- **STF – Súmula 705 –** A renúncia do réu ao direito de apelação, manifestada sem a assistência do defensor, não impede o conhecimento da apelação por este interposta.
- **STF – Súmula 707 –** Constitui nulidade a falta de intimação do denunciado para oferecer contrarrazões ao recurso interposto da rejeição da denúncia, não a suprindo a nomeação de defensor dativo.
- **STF – Súmula 708 –** É nulo o julgamento da apelação se, após a manifestação nos autos da renúncia do único defensor, o réu não foi previamente intimado para constituir outro.
- **STF – Súmula 713 –** O efeito devolutivo da apelação contra decisões do júri é adstrito aos fundamentos da sua interposição.

REVISÃO CRIMINAL

- **STF – Súmula 393 –** Para requerer revisão criminal, o condenado não é obrigado a recolher-se à prisão.

HABEAS CORPUS E MANDADO DE SEGURANÇA

- **STF – Súmula 208 –** O assistente do Ministério Público não pode recorrer, extraordinariamente, de decisão concessiva de habeas-corpus.
- **STF – Súmula 344 –** Sentença de primeira instância concessiva de "habeas corpus", em caso de crime praticado em detrimento de bens, serviços ou interesses da União, está sujeita a recurso "ex officio".
- **STF – Súmula 395 –** Não se conhece de recurso de habeas corpus cujo objeto seja resolver sobre o ônus das custas, por não estar mais em causa a liberdade de locomoção.
- **STF – Súmula 606 –** Não cabe habeas corpus originário para o Tribunal Pleno de decisão de turma, ou do plenário, proferida em habeas corpus ou no respectivo recurso.
- **STF – Súmula 691 –** Não compete ao Supremo Tribunal Federal conhecer de habeas corpus impetrado contra decisão do relator que, em habeas corpus requerido a tribunal superior, indefere a liminar.
- **STF – Súmula 692 –** Não se conhece de habeas corpus contra omissão de relator de extradição, se fundado em fato ou direito estrangeiro cuja prova não constava dos autos, nem foi ele provocado a respeito.
- **STF – Súmula 693 –** Não cabe habeas corpus contra decisão condenatória a pena de multa, ou relativo a processo em curso por infração penal a que a pena pecuniária seja a única cominada.
- **STF – Súmula 694 –** Não cabe habeas corpus contra a imposição da pena de exclusão de militar ou de perda de patente ou de função pública.
- **STF – Súmula 695 –** Não cabe habeas corpus quando já extinta a pena privativa de liberdade.

- **STF – Súmula 701** – No mandado de segurança impetrado pelo Ministério Público contra decisão proferida em processo penal, é obrigatória a citação do réu como litisconsorte passivo.

MEDIDAS COATIVAS PESSOAIS

- **STF – Súmula 145** – Não há crime, quando a preparação do flagrante pela polícia torna impossível a sua consumação.
- **STF – Súmula 397** – O poder de polícia da Câmara dos Deputados e do Senado Federal, em caso de crime cometido nas suas dependências, compreende, consoante o regimento, a prisão em flagrante do acusado e a realização do inquérito.
- **STF – Súmula Vinculante 11** – Só é lícito o uso de algemas em casos de resistência e de fundado receio de fuga ou de perigo à integridade física própria ou alheia, por parte do preso ou de terceiros, justificada a excepcionalidade por escrito, sob pena de responsabilidade disciplinar, civil e penal do agente ou da autoridade e de nulidade da prisão ou do ato processual a que se refere, sem prejuízo da responsabilidade civil do Estado.
- **STF – Súmula Vinculante 25** – É ilícita a prisão de depositário infiel, qualquer que seja a modalidade do depósito.

EXECUÇÃO PENAL

- **Súmula vinculante 59** – É impositiva a fixação do regime aberto e a substituição da pena privativa de liberdade por restritiva de direitos quando reconhecida a figura do tráfico privilegiado (art. 33, § 4º, da Lei 11.343/06) e ausentes vetores negativos na primeira fase da dosimetria (art. 59 do CP), observados os requisitos do art. 33, § 2º, alínea c, e do art. 44, ambos do Código Penal.
- **STF – Súmula 611** – Transitada em julgado a sentença condenatória, compete ao juízo das execuções a aplicação de lei mais benigna.
- **STF – Súmula 700** – É de cinco dias o prazo para interposição de agravo contra decisão do juiz da execução penal.
- **STF – Súmula 715** – A pena unificada para atender ao limite de trinta anos de cumprimento, determinado pelo art. 75 do Código Penal, não é considerada para a concessão de outros benefícios, como o livramento condicional ou regime mais favorável de execução.
- **STF – Súmula 716** – Admite-se a progressão de regime de cumprimento da pena ou a aplicação imediata de regime menos severo nela determinada, antes do trânsito em julgado da sentença condenatória.
- **STF – Súmula 717** – Não impede a progressão de regime de execução da pena, fixada em sentença não transitada em julgado, o fato de o réu se encontrar em prisão especial.
- **STF – Súmula Vinculante 5** – A falta de defesa técnica por advogado no processo administrativo disciplinar não ofende a Constituição.
- **STF – Súmula Vinculante 9** – O disposto no artigo 127 da Lei nº 7.210/1984 (Lei de Execução Penal) foi recebido pela ordem constitucional vigente, e não se lhe aplica o limite temporal previsto no caput do artigo 58.
- **STF – Súmula Vinculante 26** – Para efeito de progressão de regime no cumprimento de pena por crime hediondo, ou equiparado, o juízo da execução observará a inconstitucionalidade do art. 2º da Lei n. 8.072, de 25 de julho de 1990, sem prejuízo de avaliar se o condenado preenche, ou não, os requisitos objetivos e subjetivos do benefício, podendo determinar, para tal fim, de modo fundamentado, a realização de exame criminológico.
- **STF – Súmula Vinculante 56** – A falta de estabelecimento penal adequado não autoriza a manutenção do condenado em regime prisional mais gravoso, devendo-se observar, nessa hipótese, os parâmetros fixados no RE 641.320/RS.
- **STJ – Súmula 662** – Para a prorrogação do prazo de permanência no sistema penitenciário federal, é prescindível a ocorrência de fato novo; basta constar, em decisão fundamentada, a persistência dos motivos que ensejaram a transferência inicial do preso.

◉ STJ

INQUÉRITO POLICIAL E OUTROS PROCEDIMENTOS INVESTIGATÓRIOS

- **STJ – Súmula 234** – A participação de membro do Ministério Público na fase investigatória criminal não acarreta seu impedimento ou suspeição para o oferecimento de denúncia.
- **STJ – Súmula 444** – É vedada a utilização de inquéritos policiais e ações penais em curso para agravar a pena-base.

AÇÃO PENAL

* **STJ – Súmula 542** - A ação penal relativa ao crime de lesão corporal resultante de violência doméstica contra a mulher é pública incondicionada

COMPETÊNCIA

- **STJ – Súmula 6** – Compete à justiça comum estadual processar e julgar delito decorrente de acidente de trânsito envolvendo viatura de polícia militar, salvo se autor e vítima forem policiais militares em situação de atividade. **Atenção**: tendo em vista a modificação do art. 9º do CPM, é provável que tal súmula venha a ser revogada.
- **STJ – Súmula 38** – Compete à justiça estadual comum, na vigência da Constituição de 1988, o pro-

cesso por contravenção penal, ainda que praticada em detrimento de bens, serviços ou interesse da União ou de suas entidades.

- **STJ – Súmula 42** – Compete à justiça comum estadual processar e julgar as causas cíveis em que é parte sociedade de economia mista e os crimes praticados em seu detrimento.
- **STJ – Súmula 48** – Compete ao juízo do local da obtenção da vantagem ilícita processar e julgar crime de estelionato cometido mediante falsificação de cheque.
- **STJ – Súmula 53** – Compete à justiça comum estadual processar e julgar civil acusado de prática de crime contra instituições militares estaduais.
- **STJ – Súmula 59** – Não há conflito de competência se já existe sentença com trânsito em julgado, proferida por um dos juízos conflitantes.
- **STJ – Súmula 62** – Compete à justiça estadual processar e julgar o crime de falsa anotação na Carteira de Trabalho e Previdência Social, atribuído a empresa privada.
- **STJ - Súmula 73** - A utilização de papel moeda grosseiramente falsificado configura, em tese, o crime de estelionato, da competência da Justiça Estadual.
- **STJ – Súmula 75** – Compete à justiça comum estadual processar e julgar o policial militar por crime de promover ou facilitar a fuga de preso de estabelecimento penal. **Atenção**: tendo em vista a modificação do art. 9º do CPM, é provável que tal súmula venha a ser revogada.
- **STJ – Súmula 90** – Compete à justiça estadual militar processar e julgar o policial militar pela prática do crime militar, e à comum pela prática do crime comum simultâneo àquele. **Atenção**: tendo em vista a modificação do art. 9º do CPM, é provável que tal súmula venha a ser revogada.
- **STJ – Súmula 104** – Compete à justiça estadual o processo e julgamento dos crimes de falsificação e uso de documento falso relativo a estabelecimento particular de ensino.
- **STJ – Súmula 107** – Compete à justiça comum estadual processar e julgar crime de estelionato praticado mediante falsificação das guias de recolhimento das contribuições previdenciárias, quando não ocorrente lesão à autarquia federal.
- **STJ – Súmula 122** – Compete à justiça federal o processo e julgamento unificado dos crimes conexos de competência federal e estadual, não se aplicando a regra do art. 78, II, "a", do Código de Processo Penal.
- **STJ – Súmula 140** – Compete à justiça comum estadual processar e julgar crime em que o indígena figure como autor ou vítima.
- **STJ – Súmula 147** – Compete à justiça federal processar e julgar os crimes praticados contra funcionário público federal, quando relacionados com o exercício da função.
- **STJ – Súmula 151** – A competência para o processo e julgamento por crime de contrabando ou descaminho define-se pela prevenção do juízo federal do lugar da apreensão dos bens.
- **STJ – Súmula 164** – O prefeito municipal, após a extinção do mandato, continua sujeito a processo por crime previsto no art. 1º do Decreto-lei nº 201, de 27.2.67.
- **STJ – Súmula 165** – Compete à justiça federal processar e julgar crime de falso testemunho cometido no processo trabalhista.
- **STJ – Súmula 172** – Compete à justiça comum processar e julgar militar por crime de abuso de autoridade, ainda que praticado em serviço. **Atenção**: tendo em vista a modificação do art. 9º do CPM, é provável que tal súmula venha a ser revogada.
- **STJ – Súmula 200** – O juízo federal competente para processar e julgar acusado de crime de uso de passaporte falso é o do lugar onde o delito se consumou.
- **STJ – Súmula 206** – A existência de vara privativa, instituída por lei estadual, não altera a competência territorial resultante das leis de processo.
- **STJ – Súmula 208** – Compete à justiça federal processar e julgar prefeito municipal por desvio de verba sujeita a prestação de contas perante órgão federal.
- **STJ – Súmula 209** – Compete à justiça estadual processar e julgar prefeito por desvio de verba transferida e incorporada ao patrimônio municipal.
- **STJ – Súmula 224** – Excluído do feito o ente federal, cuja presença levara o Juiz Estadual a declinar da competência, deve o Juiz Federal restituir os autos e não suscitar conflito.
- **STJ – Súmula 235** – A conexão não determina a reunião dos processos, se um deles já foi julgado.
- **STJ – Súmula 244** – Compete ao foro do local da recusa processar e julgar o crime de estelionato mediante cheque sem provisão de fundos.

Obs.: atenção para o seguinte entendimento do STJ, que flexibilizou a súmula: Na hipótese de importação da droga via correio cumulada com o conhecimento do destinatário por meio do endereço aposto na correspondência, a Súmula 528/STJ deva ser flexibilizada para se fixar a competência no Juízo do local de destino da droga, em favor da facilitação da fase investigativa, da busca da verdade e da duração razoável do processo. STJ. 3ª Seção. CC 177.882-PR, Rel. Min. Joel Ilan Paciornik, julgado em 26/05/2021 (Info 698).

- **STJ – Súmula 546** – A competência para processar e julgar o crime de uso de documento falso é firmada em razão da entidade ou **órgão** ao qual foi apresentado o documento público, não importando a qualificação do **órgão** expedidor.

CITAÇÃO, INTIMAÇÕES E CONTAGEM DE PRAZOS

- **STJ – Súmula 273** – Intimada a defesa da expedição da carta precatória, torna-se desnecessária intimação da data da audiência no juízo deprecado.

PROCEDIMENTOS

- **STJ – Súmula 21** – Pronunciado o réu, fica superada a alegação do constrangimento ilegal da prisão por excesso de prazo na instrução.
- **STJ – Súmula 52** – Encerrada a instrução criminal, fica superada a alegação de constrangimento por excesso de prazo.
- **STJ – Súmula 64** – Não constitui constrangimento ilegal o excesso de prazo na instrução, provocado pela defesa.
- **STJ – Súmula 243** – O benefício da suspensão do processo não é aplicável em relação às infrações penais cometidas em concurso material, concurso formal ou continuidade delitiva, quando a pena mínima cominada, seja pelo somatório, seja pela incidência da majorante, ultrapassar o limite de um (01) ano.
- **STJ – Súmula 330** – É desnecessária a resposta preliminar de que trata o art. 514 do Código de Processo Penal, na ação penal instruída por inquérito policial.
- **STJ – Súmula 337** – É cabível a suspensão condicional do processo na desclassificação do crime e na procedência parcial da pretensão punitiva.
- **STJ – Súmula 415** – O período de suspensão do prazo prescricional é regulado pelo máximo da pena cominada.
- **STJ – Súmula 455** – A decisão que determina a produção antecipada de provas com base no art. 366 do CPP deve ser concretamente fundamentada, não a justificando unicamente o mero decurso do tempo.
- **STJ – Súmula 536** – A suspensão condicional do processo e a transação penal não se aplicam na hipótese de delitos sujeitos ao rito da Lei Maria da Penha.
- **STJ – Súmula 644** – O núcleo de prática jurídica deve apresentar o instrumento de mandato quando constituído pelo réu hipossuficiente, salvo nas hipóteses em que é nomeado pelo juízo.
- **STJ – Súmula 648** – A superveniência da sentença condenatória prejudica o pedido de trancamento da ação penal por falta de justa causa feito em *habeas corpus*.

NULIDADES

- **STJ – Súmula 273** – Intimada a defesa da expedição da carta precatória, torna-se desnecessária intimação da data da audiência no juízo deprecado.

RECURSOS

- **STJ – Súmula 7** – A pretensão de simples reexame de prova não enseja recurso especial.
- **STJ – Súmula 83** – Não se conhece do recurso especial pela divergência, quando a orientação do tribunal se firmou no mesmo sentido da decisão recorrida.
- **STJ – Súmula 86** – Cabe recurso especial contra acórdão proferido no julgamento de agravo de instrumento.
- **STJ – Súmula 123** – A decisão que admite, ou não, recurso especial deve ser fundamentada, com o exame dos seus pressupostos gerais e constitucionais.
- **STJ – Súmula 126** – É inadmissível recurso especial, quando o acórdão recorrido assenta em fundamentos constitucional e infraconstitucional, qualquer deles suficiente, por si só, para mantê-lo, e a parte vencida não manifesta recurso extraordinário.
- **STJ – Súmula 203** - Não cabe recurso especial contra decisão proferida por órgão de segundo grau dos Juizados Especiais.
- **STJ – Súmula 207** – É inadmissível recurso especial quando cabíveis embargos infringentes contra o acórdão proferido no tribunal de origem.
- **STJ – Súmula 211** – É inadmissível recurso especial quanto à questão que, a despeito da oposição de embargos declaratórios, não foi apreciada pelo tribunal *a quo*.
- **STJ – Súmula 216** – A tempestividade de recurso interposto no Superior Tribunal de Justiça é aferida pelo registro no protocolo da secretaria e não pela data da entrega na agência do correio.
- **STJ – Súmula 315** - Não cabem embargos de divergência no âmbito do agravo de instrumento que não admite recurso especial.
- **STJ – Súmula 316** – Cabem embargos de divergência contra acórdão que, em agravo regimental, decide recurso especial.
- **STJ – Súmula 347** – O conhecimento de recurso de apelação do réu independe de sua prisão.
- **STJ – Súmula 579** - Não é necessário ratificar o recurso especial interposto na pendência do julgamento dos embargos de declaração, quando inalterado o resultado anterior.

HABEAS CORPUS E MANDADO DE SEGURANÇA

- **STJ – Súmula 21** – Pronunciado o réu, fica superada a alegação do constrangimento ilegal da prisão por excesso de prazo na instrução.
- **STJ – Súmula 52** – Encerrada a instrução criminal, fica superada a alegação de constrangimento por excesso de prazo.

- **STJ – Súmula 64 –** Não constitui constrangimento ilegal o excesso de prazo na instrução, provocado pela defesa.
- **STJ – Súmula 376 –** Compete a turma recursal processar e julgar o mandado de segurança contra ato de juizado especial.
- **STJ – Súmula 604** - O mandado de segurança não se presta para atribuir efeito suspensivo a recurso criminal interposto pelo Ministério Público.

MEDIDAS COATIVAS PESSOAIS

- **STJ – Súmula 21 –** Pronunciado o réu, fica superada a alegação do constrangimento ilegal da prisão por excesso de prazo na instrução.
- **STJ – Súmula 52 –** Encerrada a instrução criminal, fica superada a alegação de constrangimento por excesso de prazo.
- **STJ – Súmula 64 –** Não constitui constrangimento ilegal o excesso de prazo na instrução, provocado pela defesa.
- **STJ – Súmula 639 –** Não fere o contraditório e o devido processo decisão que, sem ouvida prévia da defesa, determine transferência ou permanência de custodiado em estabelecimento penitenciário federal.

EXECUÇÃO PENAL

- **STJ – Súmula 40 -** Para obtenção dos benefícios de saída temporária e trabalho externo, considera-se o tempo de cumprimento da pena no regime fechado.
- **STJ – Súmula 192 –** Compete ao juízo das execuções penais do Estado a execução das penas impostas a sentenciados pela Justiça Federal, Militar ou Eleitoral, quando recolhidos a estabeleciementos sujeitos à administração estadual.
- **STJ – Súmula 341 –** A frequência a curso de ensino formal é causa de remição de parte do tempo de execução de pena sob regime fechado ou semiaberto.
- **STJ – Súmula 439 –** Admite-se o exame criminológico pelas peculiaridades do caso, desde que em decisão motivada.
- **STJ – Súmula 441 –** A falta grave não interrompe o prazo para obtenção de livramento condicional.
- **STJ – Súmula 471 –** Os condenados por crimes hediondos ou assemelhados cometidos antes da vigência da Lei n. 11.464/2007 sujeitam-se ao disposto no art. 112 da Lei n. 7.210/1984 (Lei de Execução Penal) para a progressão de regime prisional.
- **STJ – Súmula 491 –** É inadmissível a chamada progressão per saltum de regime prisional.
- **STJ – Súmula 493** – É inadmissível a fixação de pena substitutiva (art. 44 do CP) como condição especial ao regime aberto.
- **STJ – Súmula 520** - O benefício de saída temporária no âmbito da execução penal é ato jurisdicional insuscetível de delegação à autoridade administrativa do estabelecimento prisional.
- **STJ - Súmula 521 -** A legitimidade para a execução fiscal de multa pendente de pagamento imposta em sentença condenatória é exclusiva da Procuradoria da Fazenda Pública.
- **STJ – Súmula 526** – O reconhecimento de falta grave decorrente do cometimento de fato definido como crime doloso no cumprimento da pena prescinde do trânsito em julgado de sentença penal condenatória no processo.
- **STJ – Súmula 533 –** Para o reconhecimento da prática de falta disciplinar no âmbito da execução penal, é imprescindível a instauração de procedimento administrativo pelo diretor do estabelecimento prisional, assegurado o direito de defesa, a ser realizado por advogado constituído ou defensor público nomeado. Obs.: O STF fixou a seguinte tese: "A oitiva do condenado pelo Juízo da Execução Penal, em audiência de justificação realizada na presença do defensor e do Ministério Público, afasta a necessidade de prévio Procedimento Administrativo Disciplinar (PAD), assim como supre eventual ausência ou insuficiência de defesa técnica no PAD instaurado para apurar a prática de falta grave durante o cumprimento da pena. Assim sendo, a apuração da prática de falta grave perante o juízo da Execução Penal é compatível com os princípios do contraditório e da ampla defesa (art. 5º, LIV e LV, da CF)" (STF. Plenário. RE 972598, Rel. Roberto Barroso, julgado em 04/05/2020 (Repercussão Geral – Tema 941). Diante disso, o STJ tem se curvado ao entendimento do STF e flexibilizado a súmula. Nesse sentido: STJ. 6ª Turma. AgRg no HC 581.854/PR, Rel. Min. Nefi Cordeiro, julgado em 04/08/2020.
- **STJ – Súmula 534** - A prática de falta grave interrompe a contagem do prazo para a progressão de regime de cumprimento de pena, o qual se reinicia a partir do cometimento dessa infração.
- **STJ – Súmula 535** - A prática de falta grave não interrompe o prazo para fim de comutação de pena ou indulto.
- **STJ – Súmula 562** - É possível a remição de parte do tempo de execução da pena quando o condenado, em regime fechado ou semiaberto, desempenha atividade laborativa, ainda que extramuros.
- **STJ – Súmula 493 -** É inadmissível a fixação de pena substitutiva (art. 44 do CP) como condição especial ao regime aberto.
- **STJ – Súmula 341 –** A frequência a curso de ensino formal é causa de remição de parte do tempo de execução de pena sob regime fechado ou semiaberto.
- **STJ – Súmula 617** - A ausência de suspensão ou revogação do livramento condicional antes do término do período de prova enseja a extinção da punibilidade pelo integral cumprimento da pena.

Criminologia

Fábio Caliari

TABELA DE INCIDÊNCIA DE QUESTÕES

Distribuição das questões organizada por ordem didática de assuntos		
Assunto	**Número de Questões**	**Peso**
1. NASCIMENTO DA CRIMINOLOGIA	10	8,77%
2. CRIMINOLOGIA COMO CIÊNCIA	20	17,54%
3. TEORIAS DA PENA	4	3,51%
4. TEORIAS CRIMINOLÓGICAS	52	45,61%
5. VITIMOLOGIA	14	12,28%
6. PREVENÇÃO E REAÇÃO	14	12,28%
Total	**114**	**100%**

Criminologia

Fábio Caliari

✦ QUESTÕES

1. NASCIMENTO DA CRIMINOLOGIA

01. (VUNESP - 2023 - PC/SP - Delegado) Criminologia é uma ciência que se ocupa do estudo do crime, dentre outros temas relevantes. Diante da premissa exposta, é correto afirmar que a Criminologia

a) é a escolha, pelas autoridades públicas, de estratégias jurídicas de controle social, para a proteção de um bem jurídico, a fim de manter as incidências criminais em níveis aceitáveis.

b) aplica os conhecimentos da Medicina para o esclarecimento de fatos de interesse da Justiça.

c) é uma ciência interdisciplinar, indutiva e empírica.

d) é uma ciência dogmática, enquanto o Direito Penal é uma ciência zetética.

e) dedica-se a elucidar crimes, por meio de busca de vestígios.

COMENTÁRIOS

✪ **Nota do autor:** A finalidade da Criminologia é permitir a **compreensão do fenômeno criminal**, informando a sociedade sobre o crime, o criminoso e a vítima, visando a prevenção e intervenção adequada.

Alternativa "a": A criminologia não é a escolha, pelas autoridades públicas, de estratégias jurídicas de controle social, para a proteção de um bem jurídico, a fim de manter as incidências criminais em níveis aceitáveis.

Alternativa "b": A criminologia não aplica os conhecimentos da Medicina para o esclarecimento de fatos de interesse da Justiça.

Alternativa "c": A criminologia **é** ciência humana do ser, por meio de informações, observação e experiência, portanto, **empírica,** multidisciplinar, donde outras ciências contribuem, influenciam e estão presentes em seu conteúdo de estudo.

Alternativa "d": Assim a Criminologia busca conhecer, explicar e transformar a realidade, portanto empírica.

Alternativa "e": Não é finalidade da criminologia dedica-se a elucidar crimes, por meio de busca de vestígios.

Alternativa correta: letra "c".

02. (CEBRASPE - 2024 - PC/PE - Delegado) Assinale a opção que apresenta corretamente o teórico que classificava os criminosos nas três categorias seguintes: criminoso assassino, criminoso enérgico ou violento, e ladrão ou neurastênico.

a) Cesare Lombroso

b) Enrico Ferri

c) Giovanni Carmignani

d) Francesco Carrara

e) Raffaele Garofalo

COMENTÁRIOS

✪ **Nota do autor: Rafael Garofalo** foi o primeiro a ser reconhecido oficialmente a utilizar a expressão criminologia.

Alternativa "a": Lombroso entendia que o criminoso era um ser atávico, ou seja, **o homem nascia criminoso**, pois essa característica era passada dos ascendentes para os descendentes pelos genes, sendo o homem um criminoso nato.

Alternativa "b": Ferri procurou ao estudar criminosos, fatores econômicos e sociais, o que o permitiu concluir que não bastava a pessoa ser um delinquente nato, era preciso que houvesse certas condições sociais que determinassem a potencialidade do criminoso.

Alternativa "c": Giovanni Carmignani pertencia à escola clássica onde os objetos de estudos eram o delito pena e processo.

Alternativa "d": Os objetos de estudo são o delito, a pena e o processo

Alternativa "e": Raffaele Garofalo classificava os criminosos nas três categorias seguintes: criminoso assassino, criminoso enérgico ou violento, e ladrão ou neurastênico.

Alternativa correta: letra "e".

---

03. (FGV - Delegado de Polícia - PC - AM/2022) "Dos delitos e das penas" é um tratado escrito em 1764 por Cesare Beccaria, e é considerado a expressão do pensamento filosófico e político europeu sobre a pena e as ditas ciências penais - o que conhecemos também como movimentos penais ilustrados.

Considerando este momento da história do pensamento criminológico, avalie as afirmativas a seguir.

I. Os movimentos penais ilustrados são responsáveis pela fundação da criminologia enquanto disciplina e são a base do Direito Penal moderno.

II. As origens iluministas da criminologia encontram-se justamente na ascensão do racionalismo como forma de se opor ao utilitarismo das relações sociais feudais.

III. Embora os fundamentos filosóficos das funções atribuídas à pena sejam historicamente anteriores, a sistematização de uma teoria da pena no século XVIII está associada à limitação do poder punitivo do Estado.

IV. A Escola Clássica italiana, integrante dos movimentos penais ilustrados, foi a única a se aproximar de uma hipótese determinista, pela qual o caráter criminoso do indivíduo é um traço que o diferencia dos demais.

Está correto o que se afirma em

a) I, II e III, apenas.
b) II e IV apenas.
c) III, apenas.
d) I e III, apenas.
e) III e IV, apenas.

COMENTÁRIOS

✪ **Nota do autor:** Reporta-se a obra de Beccaria o nascimento do Direito Penal Moderno, da **Escola Clássica de Criminologia**, além da Escola Clássica de Direito Penal, as ideias e os fundamentos por ele desenvolvidos, criou uma sistematização de três postulados: **legalidade penal, estrita necessidade das incriminações e uma penologia utilitária.**

Alternativa "a": O iluminismo representa uma reação humanitária, decorrente de um movimento de ideias que tem por base a razão e a humanidade.

Alternativa "b": O representa uma reação humanitária, decorrente de um movimento de ideias que tem por base a razão e a humanidade, e na Escola Positiva a responsabilidade social deriva do determinismo.

Alternativa "c": Dos delitos e das penas é um tratado escrito em 1764 por Cesare Beccaria, e é considerado a expressão do pensamento filosófico e político europeu cujas bases estão associadas `limitação do poder punitivo do Estado.

Alternativa "d": O caráter científico da criminologia surge com a Escola Positiva de Lombroso, Ferri e Garofalo, e não com Cesare Bonessana (Marquês de Beccaria), pertencente à Escola Clássica.

Alternativa "e": Na Escola Positiva direito penal é produto social, obra humana. A responsabilidade social deriva do determinismo.

Alternativa correta: letra "c".

---

04. (Instituto AOCP - Delegado de Polícia - PC - PA/2021) A respeito da Escola de Chicago e das teorias que dela decorrem, assinale a alternativa correta.

a) A teoria das zonas concêntricas, de Ernest Burgess, indica que o crescimento das cidades se dá a partir dos respectivos centros e, quanto mais próximo ao centro, mais alta a classe social das pessoas que ali residem.

b) A teoria ecológica entende a cidade como produtora de delinquência, havendo zonas em que a criminalidade seria maior e outras com índices menores de criminalidade.

c) De acordo com a Escola de Chicago e suas teorias derivadas, a relação entre o espaço urbano e a criminalidade é preterida em favor da relação entre o fator biológico e a criminalidade.

d) A atuação da Escola de Chicago foi marcada pelo pragmatismo, inovando pelo método de observação participante, no qual o observador mantém-se equidistante do fenômeno social que estuda, tomando parte da experiência alheia.

e) Segundo a teoria da associação diferencial, iniciada por Edwin Sutherland, a conduta criminosa está relacionada ao meio em que o delinquente vive e com as oportunidades que teve ou deixou de ter durante o processo de formação moral. O autor associa, ainda, a baixa escolaridade com maior índice de propensão delitiva.

COMENTÁRIOS

✪ **Nota do autor:** A observação da criminalidade urbana da escola de Chicago provoca alterações do ponto de vista da política criminal, em especial no que se refere ao controle social informal, pois encontra na **desorganização social** um fator da criminalidade, e por esta razão os estudiosos da escola atribuem à vizinhança, igreja, família e escola importante fator para a organização social, e o controle da criminalidade.

Alternativa "a": A teoria das zonas concêntricas baseia-se na divisão de Chicago em cinco zonas, que a partir do centro, ingressam no território das outras por meio de processos de invasão, dominação e sucessão.

Alternativa "b": A teoria ecológica baseia-se no **contraste de etnias, culturas, religiões**, regiões marcadas pelo conflito e pela desordem como fatores sociais como causadores da criminalidade em zonas coma maiores e menores índices.

Alternativa "c": A Escola de Chicago e suas teorias derivadas não trata de fatores biológicos.

Alternativa "d: A Escola de Chicago baseia-se em estudos empíricos da criminalidade na cidade

Alternativa "e": Na teoria da associação diferencial comportamento criminoso é **aprendido pelo criminoso, mas nunca herdado**, assim o indivíduo é convertido em delinquente quando os **valores de seu grupo lhe ensinam** o crime (**aprendizagem**) por um processo de interação.

Alternativa correta: letra "b".

---

05. (UFPR – Delegado de Polícia – PC – PR/2021) A respeito das escolas criminológicas, é correto afirmar:

a) A escola positivista, cujos representantes principais são Lombroso, Ferri e Garófalo, apresentou uma severa crítica às teses do direito penal do inimigo, contribuindo para o surgimento de doutrinas abolicionistas.

b) A escola liberal clássica do direito penal teve origem no Iluminismo e possibilitou o surgimento de medidas substitutivas da prisão, baseadas na ideia de periculosidade do sujeito delinquente.

c) A escola clássica apresenta duas fases: a filosófica, cujo principal representante é Cesare Beccaria, e a jurídica, representada por Enrico Ferri e seu conceito de crime como ente jurídico.

d) Cesare Beccaria, cujo pensamento é apontado como uma das mais influentes bases da escola clássica, fez uma forte crítica ao sistema penal do Antigo Regime e lançou bases filosóficas limitadoras do poder punitivo estatal.

e) A escola positivista, tributária do método científico- experimental, explica a criminalidade a partir do estudo do homem delinquente, o qual pratica crimes porque é dotado de livre arbítrio.

COMENTÁRIOS

✪ **Nota do autor:** Também conhecido como **período científico do direito penal** onde surgiram as **ciências criminológicas** (segunda metade do século XIX), o delito, a pena e o criminoso passaram a ser observados de outra forma, mais humana e científica, buscando, sobretudo o estudo mais aprofundado deles.

Alternativa "a": A escola positivista, cujos representantes principais são Lombroso, Ferri e Garófalo, não apresentou uma severa crítica às teses do direito penal do inimigo, e tão pouco contribuiu para o surgimento de doutrinas abolicionistas.

Alternativa "b": A Escola Clássica atribuía a responsabilidade do crime ao delinquente que o cometeu, pela escolha feita por este em razão do **livre-arbítrio**, inerente ao homem, afinal é racional e livre para refletir e tomar decisões e agir.

Alternativa "c": A escola clássica apresenta duas fases: a filosófica, cujo principal representante é Cesare Beccaria, e a jurídica, representada por Francesco Carrara e seu conceito de crime como ente jurídico.

Alternativa "d: Cesare Beccaria, cujo pensamento é apontado como uma das mais influentes bases da escola clássica, fez uma forte crítica ao sistema penal do Antigo Regime e lançou bases filosóficas limitadoras do poder punitivo estatal.

Alternativa "e": A escola positivista, tributária do método científico- experimental, explica a criminalidade a partir do estudo do homem delinquente, o qual pratica crimes porque é um episódio de desajustamento social do homem ou fato humano que afeta a sociedade, e consequência de fatores biológicos e físicos, que são elementos casuais do crime.

Alternativa correta: letra "d".

---

06. (Inst. Acesso – Delegado de Polícia – PC – ES/2019) O estudo da pessoa do infrator teve seu protagonismo durante a fase positivista na evolução histórica da Criminologia. Assinale, dentre as afirmativas abaixo, a que descreve corretamente como a criminologia tradicional o examina.

a) A criminologia tradicional examina a pessoa do infrator como uma realidade biopsicopatológica, considerando o White collar biológico e social.

b) A criminologia tradicional examina a pessoa do infrator como um incapaz de dirigir por si mesmo sua vida, cabendo ao Estado tutelá-lo.

c) A criminologia tradicional examina a pessoa do infrator como uma unidade biopsicossocial, considerando suas interdependências sociais.

d) A criminologia tradicional examina a pessoa do infrator como um sujeito determinado pelas estruturas econômicas excludentes, sendo uma vítima do sistema capitalista.

e) A criminologia tradicional examina a pessoa do infrator como alguém que fez mau uso da sua liberdade embora devesse respeitar a lei.

COMENTÁRIOS

✪ **Nota do autor:** A Criminologia também tem por objeto de estudo o criminoso, sendo que na Escola Positiva o foco de atenção passou a ser o delinquente.

Alternativa "a": O delinquente é examinado como unidade biopsicopatológica orientada pelo espírito individualista.

Alternativa "b": A criminologia tradicional examina a pessoa do infrator como uma realidade biopsicopatológica, considerando o determinismo biológico e social.

Alternativa "c": A criminologia tradicional examina a pessoa do infrator como uma realidade biopsicopatológica.

Alternativa "d: A criminologia tradicional examina a pessoa do infrator como uma realidade biopsicopatológica, considerando o determinismo biológico e social, e de realidade ontológica.

Alternativa "e": A criminologia tradicional examina a pessoa do infrator como uma realidade biopsicopatológica, considerando o determinismo biológico e social.

Alternativa correta: letra "a".

07. (Nucepe - Delegado de Polícia - PC - PI/2018) Marque a alternativa CORRETA, no que diz respeito à classificação do criminoso, segundo Lombroso:

a) Criminoso louco: é o tipo de criminoso que tem instinto para a prática de delitos, é uma espécie de selvagem para a sociedade.
b) Criminoso nato: é aquele tipo de criminoso malvado, perverso, que deve sobreviver em manicômios.
c) Criminoso por paixão: aquele que utiliza de violência para resolver problemas passionais, geralmente é nervoso, irritado e leviano.
d) Criminoso por paixão: este aponta uma tendência hereditária, possui hábitos criminosos influenciados pela ocasião.
e) Criminoso louco: é o criminoso sórdido com deficiência do senso moral e com hábitos criminosos influenciados pela situação.

COMENTÁRIOS

✪ **Nota do autor:** Segundo Lombroso o criminoso típico seria uma cópia, uma reprodução nas sociedades modernas do homem primitivo, aparecido, pelo fenômeno do atavismo, no seio social civilizado, com muitos dos seus caracteres somáticos e os mesmos instintos bárbaros, a mesma ferocidade, a mesma falta de sensibilidade moral.

Alternativa "a": Criminoso louco é aquele tipo de criminoso malvado, perverso, louco, que deve sobreviver em manicômios.

Alternativa "b": Criminoso que tem instinto para a prática de delitos, é a espécie de um selvagem para a sociedade.

Alternativa "c": Criminoso por paixão é aquele que utiliza de violência para resolver problemas passionais, geralmente são nervosos, irritados e levianos.

Alternativa "d": Criminoso por paixão é aquele que utiliza de violência para resolver problemas passionais, geralmente são nervosos, irritados e levianos.

Alternativa "e": Criminoso louco é aquele tipo de criminoso malvado, perverso, louco, que deve sobreviver em manicômios.

Alternativa correta: letra "c".

08. (UEG - Delegado de Polícia - PC - GO/2018) Tendo a obra O Homem Deliquente, de Cesare Lombroso (1836-1909), como fundante da Criminologia surgida a partir da segunda metade do século XIX, verifica-se que, segundo a sistematização realizada por Enrico Ferri (1856-1929), o pensamento criminológico positivista assenta-se, dentre outras, na tese de que

a) o livre arbítrio é um conceito chave para o direito penal.
b) os chamados delinquentes poderiam ser classificados como loucos, natos, morais, passionais e de ocasião.
c) a defesa social é tomada como o principal objetivo da justiça criminal.
d) a responsabilidade social, tida como clássica, deveria ser substituída pela categoria da responsabilidade moral para a imputação do delito.
e) a natureza objetiva do crime, mais do que a motivação, deve ser base para medida da pena.

COMENTÁRIOS

✪ **Nota do autor:** Em síntese as principais contribuições de cada um dos pensadores da Escola Positiva são: a) Lombroso distingue criminoso e crime; b) Ferri promove a classificação dos criminosos, e negação do livre arbítrio, a responsabilidade social e os substitutos penais, e c) Garofalo conceitua o crime natural, a temibilidade do agente e o ressarcimento à vítima do crime.

Alternativa "a": O livre arbítrio pertence às ideias da Escola Clássica.

Alternativa "b": Na Escola Positiva os criminosos eram classificados em **nato, louco, habitual, ocasional e passional.**

Alternativa "c": A pena objetiva a defesa social, pressuposto e busca a recuperação e se aproxima da medida de segurança.

Alternativa "d": Na Escola Positiva observa-se uma limitação da responsabilidade moral.

Alternativa "e": Crime é um episódio de desajustamento social do homem ou fato humano que afeta a sociedade, e consequência de fatores biológicos e físicos, que são elementos casuais do crime.

Alternativa correta: letra "c".

09. (UEG - Delegado de Polícia - PC - GO/2018) Para a criminologia positivista, a criminalidade é uma realidade ontológica, pré-constituída ao direito penal, ao qual cabe tão somente reconhecê-la e positivá-la. Neste sentido, tem-se o seguinte:

a) Em seus primeiros estudos, Cesare Lombroso encontrou no atavismo uma explicação para relacionar a estrutura corporal ao que chamou de criminalidade habitual.

b) A periculosidade, ou temerità, tal como conceituada por Enrico Ferri, foi definida como a perversidade constante e ativa a recomendar que esta, e não o dano causado, a medida de proporcionalidade de aplicação da pena.

c) Para Raffaele Garófalo (1851-1934), a defesa social era a luta contra seus inimigos naturais carecedores dos sentimentos de piedade e probidade.

d) Nos marcos do pensamento criminológico positivista, Enrico Ferri, embora discípulo de Lombroso, abandonou a noção de criminalidade centrada em causas de ordem biológica, passando a considerar como centrais as causas ligadas à etiologia do crime, sendo estas: as individuais, as físicas e as sociais.

e) Enrico Ferri e Cesare Lombroso, recorrendo à metáfora da guerra contra o delito, sustentaram a possibilidade de aplicação das penas de deportação ou expulsão da comunidade para aqueles que carecessem do sentido de justiça ou o tivessem aviltado.

COMENTÁRIOS

✪ **Nota do autor:** As principais características da Escola Positiva revelam que o direito penal é produto social, obra humana. A responsabilidade social deriva do determinismo.

Alternativa "a": O criminoso que apresenta sinais de deformação era denominado criminoso nato.

Alternativa "b": Ferri procurou ao estudar criminosos, fatores econômicos e sociais, o que o permitiu concluir que não bastava a pessoa ser um delinquente nato, era preciso que houvesse certas condições sociais que determinassem a potencialidade do criminoso. (Lei de Saturação Criminal).

Alternativa "d": Para Ferri não bastava a pessoa ser um delinquente nato, era preciso que houvesse certas condições sociais que determinassem a potencialidade do criminoso.

Alternativa "c": Segundo Rarofalo delito é um fenômeno natural e social (fatores individuais, físicos e sociais). A pena é defesa social com função preventiva.

Alternativa "e": . Enrico Ferri e Cesare Lombroso não sustentaram a possibilidade de aplicação das penas de deportação ou expulsão da comunidade.

Alternativa correta: letra "c".

---

10. (Vunesp – Delegado de Polícia – SP/2014) A obra O homem delinquente, publicada em 1876, foi escrita por

a) Cesare Lombroso.

b) Enrico Ferri.

c) Rafael Garofalo.

d) Cesare Bonesana.

e) Adolphe Quetelet.

COMENTÁRIOS

✪ **Nota do autor:** Lombroso entendia que o criminoso era um ser atávico, ou seja, **o homem nascia criminoso**, pois essa característica era passada dos ascendentes para os descendentes pelos genes, sendo o homem um **criminoso nato**.

Alternativa "a": o homem delinquente, **L'Uomo Delinquente de 1876 foi escrita por Cesare Lombroso** tinha base no Contrato social (Rousseau), propunha a legalidade dos crimes e das penas, a prevenção geral da pena, proporcionalidade sem sua aplicação, o fim da tortura e pena de morte, com substituição pela prisão perpétua, e destacava a necessidade da clareza das leis, publicidade dos julgamentos e igualdade de todos perante a lei.

Alternativa "b": Enrico Ferri foi autor de Sociologia Criminale de 1892.

Alternativa "c": Rafael Garofalo foi autor da obra Criminologia de 1885

Alternativa "d": Cesare Bonesana (Marques de Beccaria) foi autor da obra Dos delitos e das penas de 1764.

Alternativa "e": Adolphe Quetelet foi principal autor da Escola Cartográfica, e 1835 publica o Ensaio de física social.

Alternativa correta: letra "a".

2. CRIMINOLOGIA COMO CIÊNCIA

11. (FGV – 2024 – PC/SC – Delegado) Na segunda metade do século XIX, o jurista alemão Franz von Liszt desenvolveu a chamada Ciência Total do Direito Penal (ou Ciência Conjunta do Direito Penal).

Em relação ao tema, assinale a afirmativa ***incorreta***.

a) A Criminologia, a Política Criminal e a Dogmática Jurídico-Penal são saberes que integram a Ciência Total do Direito Penal na acepção de von Liszt.

b) A Dogmática Jurídico-Penal é constituída pelo conjunto de normas e princípios referentes às leis penais e processuais penais.

c) A Política Criminal pressupõe a adoção de políticas públicas em vistas à redução da criminalidade e da violência.

d) A Criminologia é uma ciência que se notabiliza por empreender análise empírica e interdisciplinar sobre a questão criminal.

e) A Criminologia é uma ciência do campo do dever ser voltada à definição das condutas permitidas e das condutas desviantes.

COMENTÁRIOS

✪ **Nota do autor:** O Direito Penal no seu complemento e estrutura, admite a fusão com outras disciplinas, como a criminologia e a política criminal.

Alternativa "a": A Criminologia, a Política Criminal e a Dogmática Jurídico-Penal são saberes que integram a Ciência Total do Direito Penal e completam a sua estrutura.

Alternativa "b": A Dogmática Jurídico-Penal é constituída pelo conjunto de normas e princípios referentes às leis penais e processuais penais.

Alternativa "c": A Estado, através da Política Criminal, estabelece toda a orientação a seguir a fim de prevenir a criminalidade.

Alternativa "d": Na Criminologia o método é a observação e a indução, juízos empíricos dos fenômenos sociais e da realidade dos fatos, e interdisciplinar.

Alternativa "e": A Criminologia pertence a ciência do ser, e procura antes conhecer o fato, entrando no mundo real, e, portanto, evolutiva e flexível em relação ao direito.

Alternativa correta: letra "e".

12. (CEBRASPE - 2024 - PC/PE - Delegado) Ao contrário do direito penal, que se utiliza do método dedutivo, a criminologia se utiliza do método de trabalho empírico e indutivo, observando todo o processo criminógeno. No que se refere às técnicas de investigação utilizadas pelo método empírico-indutivo no âmbito da criminologia, assinale a opção correta.

a) A técnica de perfilamento criminal (*criminal profiling*) reflete a aplicação de conhecimentos multidisciplinares à investigação criminal, sendo considerada uma técnica de investigação criminal que adiciona às competências do investigador o conhecimento sobre o comportamento humano do criminoso.

b) Os testes de personalidade projetivos compreendem o emprego de técnica direcionada a explorar minuciosamente as intenções presentes e futuras do agente, retirando-lhe, entre outros aspectos, as suas crenças e potencialidades lesivas, os freios de contenção de boas condutas, o estilo de vida, o porquê da vida criminal e o porquê da imposição de sofrimento às vítimas.

c) Os testes de personalidade prospectivos são aqueles que buscam medir a personalidade do agente por meio do uso de jogos, quadros e figuras, que imprimem estímulos na pessoa examinada e que, consequentemente, provocam reações das quais resultam as respostas que servirão de base para a interpretação dos resultados desejados.

d) Os testes de inteligência, na criminologia, não buscam medir a inteligência por meio do quociente de inteligência (QI), mas pela capacidade de raciocínio e entendimento da pessoa examinada.

e) O teste de Rorschach possui a finalidade de traçar a personalidade do indivíduo por meio do desenho de uma árvore, de uma casa e de uma pessoa.

COMENTÁRIOS

✪ **Nota do autor:** Na criminologia os testes de investigação se verificam por meio padrões preestabelecidos e evidenciam as características pessoais de cada indivíduo perante estímulos, buscando respostas concretas para traçar o perfil psicológico e à capacitação para cometer o delito.

Alternativa "a": A técnica de perfilamento criminal (*criminal profiling*) reflete a aplicação de conhecimentos multidisciplinares à investigação criminal, sendo considerada uma técnica de investigação criminal que adiciona às competências do investigador o conhecimento sobre o comportamento humano do criminoso.

Alternativa "b": Os testes projetivos utilizam estímulos ambíguos à pessoa, como imagens ou palavras incompletas, e pedem que ela os interprete, com base na ideia de que a pessoa projeta seus aspectos inconscientes nos estímulos, revelando sua personalidade.

Alternativa "c": Os testes de inteligência na criminologia buscando respostas concretas para traçar o perfil psicológico e à capacitação para cometer o delito.

Alternativa "d": Os testes de inteligência, na criminologia, buscam verificar o estado mental do examinado.

Alternativa "e": É uma avaliação projetiva em que os sujeitos olham para imagens ambíguas de manchas de tinta e descrevem o que veem em cada uma.

Alternativa correta: letra "a".

13. (Cespe - Delegado de Polícia - PC - PB/2022) Assinale a opção correta acerca da criminologia e de seus métodos.

a) Na análise do fenômeno criminal, é preferível a abordagem multidisciplinar, que apresenta visões independentes e distintas de um mesmo problema e que é mais ampla que o método interdisciplinar.

b) A criminologia usa o método dedutivo, partindo de premissas genéricas para fazer inferências.

c) A criminologia é uma ciência cultural, do dever-ser.

d) No método criminológico, os fatos se sobrepõem a argumentos subjetivos de autoridade.

e) O método experimental confunde-se com o método empírico.

COMENTÁRIOS

✪ **Nota do autor:** Metodologia significa reunir os elementos teóricos, ou ainda, instrumento para compreender o homem e a sociedade. Na Criminologia o método é a observação e a indução, juízos empíricos dos fenômenos sociais e da realidade dos fatos

Alternativa "a": A criminologia é um campo multidisciplinar, donde outras ciências contribuem, influenciam e estão presentes em seu conteúdo de estudo.

Alternativa "b": Criminologia o método é a observação e a indução, juízos empíricos dos fenômenos sociais e da realidade dos fatos.

Alternativa "c": A Criminologia pertence a ciência do ser

Alternativa "d": A criminologia procura antes conhecer o fato, entrando no mundo real, e, portanto, evolutiva e flexível em relação ao direito.

Alternativa "e": O método experimental não confunde-se com o método empírico

Alternativa correta: letra "d".

---

14. (Cespe – Delegado de Polícia – PC – PB/2022)

Julgue os itens que seguem quanto à função dos três pilares das ciências criminais.

I A criminologia apresenta estratégias e meios de controle social da criminalidade.

II A política criminal fornece o substrato empírico do sistema.

III O direito penal analisa as condutas indesejadas, tipificando infrações e combinando sanções penais.

Assinale a opção correta.

a) Apenas o item I está certo.
b) Apenas o item II está certo.
c) Apenas o item III está certo.
d) Apenas os itens II e III estão certos.
e) Todos os itens estão certos.

COMENTÁRIOS

✪ **Nota do autor:** A criminologia fornece substrato empírico, a política criminal apresenta estratégias e meios de controle social da criminalidade, e o direito penal analisa as condutas indesejadas, tipificando infrações e combinando sanções penais.

Alternativa "a": A política criminal estabelece toda a orientação a seguir a fim de prevenir a criminalidade.

Alternativa "b": O Estado através da política criminal tem por fim prevenir a criminalidade, utilizando medidas penas e extrapenais.

Alternativa "c": O direito penal analisa as condutas indesejadas, tipificando infrações e combinando sanções penais.

Alternativa "d": Sempre se confunde criminologia e política criminal. É certo que enquanto a primeira estuda o **delinquente e a criminalidade**, a última se ocupa com o estudo dos meios de **prevenção e repressão do delito.**

Alternativa "e": A criminologia fornece substrato empírico, a política criminal apresenta estratégias e meios de controle social da criminalidade, e o direito penal analisa as condutas indesejadas, tipificando infrações e combinando sanções penais.

Alternativa correta: letra "c".

---

15. (Cespe – Delegado de Polícia – PC – PB/2022) O conceito de ciência total do direito penal e sua divisão em pressupostos de punibilidade derivados de um Estado Liberal de Direito e em sanções baseadas nas necessidades sociais, a fim de se lidar com as divergências entre o direito penal e a política criminal, foi desenvolvido por

a) Cesare Beccaria.
b) Franz Von Liszt.
c) Enrico Ferri.
d) Claus Roxin.
e) Rafael Garofalo.

COMENTÁRIOS

✪ **Nota do autor:** Franz Von Liszt, tratou da relação entre do direito penal e a política criminal, de modo que este último correspondia a uma revisão crítica do primeiro, propondo medidas para sua revisão.

Alternativa "a": Cesare Bonessana, marquês de Beccaria, autor do livro dos delitos e das penas de 1764, criou uma sistematização de três postulados: legalidade penal, estrita necessidade das incriminações e uma penologia utilitária.

Alternativa "b": Franz Von Liszt traz o conceito de ciência total do direito penal e sua divisão em pressupostos de punibilidade derivados de um Estado Liberal de Direito e em sanções baseadas nas necessidades sociais, a fim de se lidar com as divergências entre o direito penal e a política criminal.

Alternativa "c": Enrico Ferri, autor de sociologia criminal, pregou a responsabilidade social em substituição à moral, e classificou os criminosos em nato, louco, habitual, ocasional e passional

Alternativa "d": Segundo Roxin a política criminal tem função limitadora da finalidade do direito penal.

Alternativa "e": Rafael Garofalo foi o primeiro a ser reconhecido oficialmente a utilizar a expressão criminologia, e sustenta que o delinquente não é um ser normal, mas portador de anomalia do sentimento moral.

Alternativa correta: letra "b".

---

16. (Instituto AOCP – Delegado de Polícia – PC – PA/2021) Assinale a alternativa que NÃO engloba um objeto de estudo criminológico.

a) O crime.
b) A vítima.
c) O "dever-ser".
d) O controle social do comportamento delitivo.
e) A personalidade do delinquente.

COMENTÁRIOS

✪ **Nota do autor:** Na atualidade a Criminologia possui como objeto de estudo e análise: o delito, o delinquente, a vítima e o controle social.

Alternativa "a": O crime é objeto de estudo da criminologia.

Alternativa "b": A vítima é objeto de estudo da criminologia.

Alternativa "c": O "dever ser" não é objeto da criminologia, que comtempla a ciência do "ser".

Alternativa "d: O controle social é objeto de estudo da criminologia.

Alternativa "e": O delinquente e sua personalidade são objeto de estudo de criminologia.

Alternativa correta: letra "c".

---

17. (Inst. Acesso – Delegado de Polícia – PC – ES/2019) A Criminologia adquiriu autonomia e status de ciência quando o positivismo generalizou o emprego de seu método. Nesse sentido, é correto afirmar que a criminologia é uma ciência.

a) do "dever ser"; logo, utiliza-se do método abstrato, formal e dedutivo, baseado em deduções lógicas e da opinião tradicional.

b) empírica e teorética; logo, utiliza-se do método indutivo e empírico, baseado em deduções lógicas e opinativas tradicionais.

c) do "ser"; logo, serve-se do método indutivo e empírico, baseado na análise e observação da realidade.

d) do "dever ser"; logo, utiliza-se do método indutivo e empírico, baseado na análise e observação da realidade.

e) do "ser"; logo, serve-se do método abstrato, formal e dedutivo, baseado em deduções lógicas e da opinião tradicional.

COMENTÁRIOS

✪ **Nota do autor:** A criminologia é de fato uma ciência, pois possui função, método, e objeto próprio.

Alternativa "a": do "ser"; logo, serve-se do método indutivo e empírico, baseado na análise e observação da realidade.

Alternativa "b": uma ciência humana do ser, por meio de informações, observação e experiência, portanto, empírica.

Alternativa "c": do "ser"; logo, serve-se do método indutivo e empírico, baseado na análise e observação da realidade.

Alternativa "d": uma ciência humana do ser, por meio de informações, observação e experiência, portanto, empírica, e que busca conhecer, explicar e transformar a realidade

Alternativa "e": do "ser"; logo, serve-se do método indutivo e empírico, baseado na análise e observação da realidade.

Alternativa correta: letra "c".

---

18. (UEG – Delegado de Polícia – PC – GO/2018) Em Vigiar e Punir, Michel Foucault (1926-1984) aborda a transformação dos métodos punitivos a partir de uma tecnologia do corpo, dentre cujos aspectos fundamentais destaca-se

a) a coexistência entre diversas economias políticas do castigo, mas, fundamentalmente, a mudança qualitativa que representou substituição do carcerário pelo patibular.

b) o pensamento criminológico centrado na figura do homem delinquente, o que constitui a força motriz para o surgimento e consolidação da prisão como mecanismo de controle.

c) o cumprimento dos fins declarados da pena de prisão na medida em que separa os espaços sociais livres de castigo e os que devem ser objeto da repressão estatal.

d) o abandono completo do suplício corporal como tecnologia encarceradora que passa ser utilizada a partir do século XIX.

e) o cárcere como dispositivo preponderante sobre o qual se ergue a sociedade disciplinar.

COMENTÁRIOS

✪ **Nota do autor:** Foucault considerou que as práticas penais mais como um capítulo da anatomia política, do que uma consequência das teorias jurídicas, e um controle de suas forças que é mais que a capacidade de vencê-las, esse saber e esse controle constituem o que se poderia chamar a tecnologia política do corpo.

Alternativa "a": Não se verifica a substituição do castigo do carcerário para o aparentemente criminoso.

Alternativa "b". Em suma, tentar estudar a metamorfose dos métodos punitivos a partir de uma tecnologia política do corpo onde se poderia ler uma história comum das relações de poder e das relações de objeto.

Alternativa "c": Não há cumprimento dos fins declarados na pena, e também não separa os espaços livres de castigo e do objeto de repressão estatal.

Alternativa "d": Aparentemente, a nova legislação criminal do século XIX se caracteriza por uma suavização das penas, uma codificação mais nítida, uma considerável diminuição do arbitrário, um consenso mais bem estabelecido a respeito do poder de punir (na falta de uma partilha mais real de seu exercício), ela é apoiada basicamente por uma profunda alteração na economia tradicional das ilegalidades e uma rigorosa coerção para manter seu novo ajustamento.

Alternativa "e": O castigo penal é então uma função generalizada, coextensiva ao corpo social e a cada um de seus elementos.

Alternativa correta: letra "b".

19. (Vunesp – Delegado de Polícia – PC – BA/2018) Assinale a alternativa que indica a correta relação da Criminologia com a Política Criminal, Direito Penal ou com o Sistema de Justiça Criminal.

a) O Direito Penal é condicionante e moldura da criminologia, visto que esta tem por objeto o estudo do crime e, assim, parte em suas diversas correntes e teorias, das definições criminais dogmáticas e legais postas pelo Direito Penal, e a elas se circunscreve.

b) A Criminologia, especialmente em sua vertente crítica, tem como incumbência a explicação e justificação do Sistema de Justiça Criminal que tem por finalidade a implementação do Direito Penal e consequente prevenção criminal.

c) A Política Criminal é uma disciplina que estuda estratégias estatais para atuação preventiva sobre a criminalidade, e que tem como uma das principais finalidades o estabelecimento de uma ponte eficaz entre a criminologia, enquanto ciência empírica, e o direito penal, enquanto ciência axiológica.

d) A Política Criminal é condicionante e moldura da criminologia, visto que esta tem por objeto o estudo do crime e, assim, parte em suas diversas correntes e teorias, das definições criminais dogmáticas e legais postas pela Política Criminal, e a elas se circunscreve.

e) As teorias criminológicas da integração ou do consenso apontam o sistema de justiça criminal como fator que pode aprofundar a criminalidade, deslocando o problema criminológico do plano da ação para o da reação.

COMENTÁRIOS

✪ **Nota do autor:** A política criminal é a **atividade do Estado** e também atividade científica que tem por objeto o estudo da postura a ser adotada pelo Estado no que se refere à atividades relacionadas ao crime. A criminologia se ocupa dos aspectos fáticos do crime, analisando-o de modo empírico, e o Direito Penal é ramificação da ciência jurídica, direcionada ao crime com seu conteúdo exclusivamente normativo, cuja delimitação encontra-se contida nas normas penais e suas tipificações, por esta razão é denominada dogmática penal

Alternativa "a": O Direito Penal manuseia a metodologia sistemática e dedutiva para lidar com fatos criminais, tentando, pois, mediante normas, suprir a ineficácia das demais instâncias.

Alternativa "b": A Criminologia não tem por finalidade e implementação do Direito Penal.

Alternativa "c": O Estado através da política criminal tem por fim prevenir a criminalidade, utilizando medidas penas e extrapenais. Assim, "o Estado, através da Política Criminal, estabelece toda a orientação a seguir a fim de prevenir a criminalidade.

Alternativa "d": A Política Criminal não tem por objeto o estudo do crime.

Alternativa "e": As teorias do consenso compreendem que os objetivos de uma sociedade somente são verificados quando ocorre o funcionamento adequado das instituições, e os indivíduos compartilham e concordam com as regras de convívio.

Alternativa correta: letra "c".

20. (Vunesp – Delegado de Polícia – PC – BA/2018) Em relação ao conceito de crime, de criminoso e de pena nas diversas correntes do pensamento criminológico e ao desenvolvimento científico de seus modelos teóricos, é correto afirmar:

a) A criminologia científica nasceu no ambiente do século XVIII, recebendo contribuições da Escola Positivista, mas ganhando contornos mais precisos com a Escola Clássica.

b) A criminologia crítica compreende que a finalidade da sociedade é atingida quando há um perfeito funcionamento das suas instituições, de forma que os indivíduos compartilhem as regras sociais dominantes.

c) As teorias desenvolvidas nas escolas positivistas a partir do método dedutivo buscaram maximizar as garantias individuais na persecução penal e fora dela.

d) No pensamento criminológico das escolas clássicas, identifica-se uma grande preocupação com os conceitos de crime e pena como entidades jurídicas e abstratas de modo a estabelecer a razão e limitar o poder de punir do Estado.

e) Os modelos teóricos de integração que compõem a criminologia tradicional partem da premissa de que toda a sociedade está, a cada momento, sujeita a processos de mudança, exibindo dissensão e conflito, haja vista que todo elemento em uma sociedade contribui, de certa forma, para sua desintegração e mudança. Sendo assim, a sociedade é baseada na coerção de alguns de seus membros por outros.

COMENTÁRIOS

✪ **Nota do autor:** Escolas Penais devem ser entendidas como a estrutura de concepções contrapostas sobre a legitimidade do direito de punir, sobre a natureza do delito e sobre os fins das sanções. Ou ainda, o pensamento filosófico-jurídico sobre o crime a pena e o delinquente.

Alternativa "a": Também conhecido como **período científico do direito penal** onde surgiram as **ciências criminológicas** (segunda metade do século XIX), o delito, a pena e o criminoso passaram a ser observados de outra forma, mais humana e científica, buscando, sobretudo o estudo mais aprofundado deles.

Alternativa "b": Neste momento ao invés que questionar as causas do crime, a preocupação passa verificar o porquê determinadas pessoas são tratadas como criminosos, e, ainda, ao invés de questionar os motivos dos criminosos, passa a ser verificar os **mecanismos do controle social.**

Alternativa "c": As teorias desenvolvidas nas escolas positivistas utilizaram método experimental.

Alternativa "d": As principais características da Escola Clássica apontam que o direito tem origem transcendente, é preexistente ao homem com origem divina. O delito é um ente jurídico, é a violação de um direito, a contradição entre o fato e a lei, e ainda uma infração da lei do Estado, resultante de um ato externo do homem, positivo ou negativo, moralmente imputável (livre arbítrio) e politicamente danoso (segurança dos cidadãos).

Alternativa "e": A sociedade se mantém com determinados valores comuns, graças ao consenso de todos os seus membros, pois toda sociedade é uma estrutura de elementos integrada, todo elemento tem uma função para contribuir na manutenção do sistema, e assim, é baseada em um consenso entre seus membros.

Alternativa correta: letra "d".

21. (Nucepe - Delegado de Polícia - PC - PI/2018) Sobre a Criminologia é CORRETO afirmar:

a) o crime é um fenômeno social.

b) estuda o crime, o criminoso, mas não a vítima.

c) é uma ciência normativa e valorativa.

d) o crime é um fenômeno filosófico.

e) não tem por base a observação e a experiência.

COMENTÁRIOS

✪ **Nota do autor:** Para a criminologia, o crime deve ser encarado como um fenômeno comunitário e como um **problema social.**

Alternativa "a". A finalidade da Criminologia é permitir a compreensão do fenômeno criminal, informando a sociedade sobre o crime, o criminoso e a vítima, visando a prevenção e intervenção adequada.

Alternativa "b": Na **atualidade a Criminologia** possui como objeto de estudo e análise: **o delito, o delinquente, a vítima e o controle social.**

Alternativa "c": É ciência humana do ser, por meio de informações, observação e experiência, portanto, **empírica,** mas com validade e confiabilidade sobre o delito, com a função de interpretar estes dados e levá-los, em sintonia com realidade, a contribuir para a compreensão do delito.

Alternativa "d": Na Criminologia o método é a observação e a indução, juízos empíricos dos fenômenos sociais e da realidade dos fatos.

Alternativa "e": A Criminologia tem por base a observação e a indução, juízos empíricos dos fenômenos sociais e da realidade dos fatos.

Alternativa correta: letra "a".

22. (Nucepe - Delegado de Polícia - PC - PI/2018) Acerca da História da Criminologia, marque a alternativa CORRETA:

a) Desde a Antiguidade, o Direito Penal, em concreto, passou a ser compilado em Códigos e âmbitos jurídicos, tal qual como nos dias de hoje, entretanto, algumas vezes eram imprecisos.

b) O Código de Hamurabi (Babilônia) possuía dispositivos, punindo furtos, roubos, mas não considerava crime, a corrupção praticada por altos funcionários públicos.

c) Durante a Antiguidade, o crime era considerado pecado, somente na Idade Média, é que a dignidade da pessoa humana passou a ser considerada, e as punições deixaram de ser cruéis.

d) Em sua obra "A Política", Aristóteles, ressaltou que a miséria causa rebelião e delito. Para o referido filósofo, os delitos mais graves eram os cometidos para possuir o voluptuário, o supérfluo.

e) Da Antiguidade à Modernidade, o furto famélico (roubar para comer) nunca foi considerado crime.

COMENTÁRIOS

✪ **Nota do autor:** A afirmação de que a criminologia possui uma curta história, mas um passado longo pode ser entendida como a premissa mais adequada, em razão dos inúmeros critérios e informes que procuraram determiná-la no tempo e no espaço.

Alternativa "a": Na antiguidade não haviam codificações penais como nos dias atuais.

Alternativa "b": O Código de Hamurabi (Babilônia) já admitia o o delito de corrupção praticado por altos funcionários públicos.

Alternativa "c": Mesma durante a idade média as punições eram desumanas e cruéis.

Alternativa "d". Aristóteles em sua obra "A Política" ressaltou que a miséria engendra rebelião e delito.

Alternativa "e": A não punição do furto famélico é reconhecida desde a idade média.

Alternativa correta: letra "d".

23. (Fumarc - Delegado de Polícia - PC - MG/2018) "Cabe definir a Criminologia como ciência empírica e interdisciplinar, que se ocupa do estudo do crime, da pessoa do infrator, da vítima e do controle social do comportamento delitivo, e que trata de subministrar uma informação válida, contrastada, sobre a gênese, dinâmica e variáveis principais do crime – contemplado este como problema individual e como problema social –, assim como sobre os programas de prevenção eficaz do mesmo e técnicas de intervenção positiva no homem delinquente e nos diversos modelos ou sistemas de resposta ao delito". Esta apresentação ao conceito de Criminologia apresenta, desde logo, algumas das características fundamentais do seu método (empirismo e interdisciplinaridade), antecipando o objeto (análise do delito, do delinquente, da vítima e do controle social) e suas funções (explicar e prevenir o crime e intervir na pessoa do infrator e avaliar os diferentes modelos de resposta ao crime). MOLINA, Antônio G.P.; GOMES, Luiz F.; Criminologia; 6. ed. reform., atual. e ampl. São Paulo: Revista dos Tribunais. p. 32.

Sobre o método, o objeto e as funções da criminologia, considera-se:

I. A luta das escolas (positivismo versus classicismo) pode ser traduzida como um enfrentamento entre adeptos de métodos distintos; de um lado, os partidários do método abstrato, formal e dedutivo (os clássicos) e, de outro, os que propugnavam o método empírico e indutivo (os positivistas).

II. Uma das características que mais se destaca na moderna Criminologia é a progressiva ampliação e problematização do seu objeto.

III. A criminologia, como ciência, não pode trazer um saber absoluto e definitivo sobre o problema criminal, senão um saber relativo, limitado, provisional a respeito dele, pois, com o tempo e o progresso, as teorias se superam.

Estão CORRETAS as assertivas indicadas em:

a) I e II, apenas.
b) I e III, apenas.
c) I, II e III.
d) II e III, apenas.

COMENTÁRIOS

✪ **Nota do autor:** A criminologia é um campo multidisciplinar, donde outras ciências contribuem, influenciam e estão presentes em seu conteúdo de estudo, e dentre elas, a biologia, a sociologia, a psicologia, a antropologia e o direito, todas de grande importância para delimitarem os contornos da criminologia. Tal interdisciplinaridade decorre da própria consolidação histórica da Criminologia.

Item I: os clássicos com método dedutivo e os positivistas com método experimental.

Item II: a criminologia moderna não pode se limitar à adoção do conceito jurídico-penal do delito, pois isso fulminaria sua independência e autonomia, transformando-se num mero instrumento de auxílio do sistema penal. De igual sorte, não aceita o conceito sociológico de crime como uma conduta desviada, que foge ao comportamento padrão de uma comunidade.

Item III: a criminologia, como ciência autônoma define o crime a partir de sua realidade, e não das fórmulas abstratas utilizadas pelo direito penal.

Alternativa correta: letra "c".

---

24. (Fundatec – Delegado de Polícia – PC – RS/2018) A Criminologia é definida tradicionalmente como a ciência que estuda de forma empírica o delito, o delinquente, a vítima e os mecanismos de controle social. Os autores que fundaram a Criminologia (Positivista) são:

a) Cesare Lombroso, Enrico Ferri e Raffaele Garofalo.
b) Franz Von Liszt, Edmund Mezger e Marquês de Beccaria.
c) Marquês de Beccaria, Cesare Lombroso e Michel Foucault.
d) Cesare Lombroso, Enrico Ferri e Michel Foucault.
e) Enrico Ferri, Michel Foucault e Nina Rodrigues.

COMENTÁRIOS

✪ **Nota do autor:** A Escola Positiva possui três fases: a Antropológica, Sociológica e Jurídica. A primeira atribuída a Cesare Lombroso, a segunda a Enrico Ferri, e por fim a terceira a Raffaele Garofalo.

Alternativa "a". As principais contribuições de cada um dos pensadores da Escola Positiva são: a) Lombroso distingue criminoso e crime; b) Ferri promove a classificação dos criminosos, e negação do livre arbítrio, a responsabilidade social e os substitutos penais, e c) Garofalo conceitua o crime natural, a temibilidade do agente e o ressarcimento à vítima do crime.

Alternativa "b": Os autores não pertencem à Escola Positiva da Criminologia.

Alternativa "c": Os autores não pertencem à Escola Positiva da Criminologia, exceto Cesare Lombroso.

Alternativa "d": Michel Foucault não pertence à Escola Positiva, somente Cesare Lombroso e Enrico Ferri.

Alternativa "e": Somente Enrico Ferri pertence à Escola Positiva.

Alternativa correta: letra "a".

---

25. (Cespe – Delegado de Polícia – PC – SE/2018) Acerca do conceito e das funções da criminologia, julgue os itens seguintes.

25.1. A criminologia é uma ciência dogmática que se preocupa com o ser e o dever ser e parte do fato para analisar suas causas e buscar definir parâmetros de coerção punitiva e preventiva.

COMENTÁRIOS

A criminologia é ciência humana do ser, por meio de informações, observação e experiência, portanto, **empírica,** mas com validade e confiabilidade sobre o delito, com a função de interpretar estes dados e levá-los, em sintonia com realidade, a contribuir para a compreensão do delito.

Alternativa correta: "errado"_

25.2. Na inter-relação entre o direito penal, a política criminal e a criminologia, compete a esta facilitar a recepção das investigações empíricas e a sua transformação em preceitos normativos, incumbindo-se de converter a experiência criminológica em proposições jurídicas, gerais e obrigatórias.

COMENTÁRIOS

A criminologia é a ciência adequada para diagnosticar e buscar soluções para os índices de criminalidade, e ao mesmo tempo oferecer aos Poderes Públicos informação valida e confiável para sustentar a opção de política criminal adequada para determinada sociedade.

Alternativa correta: "errado"

25.3. A pesquisa criminológica científica visa evitar o emprego da intuição ou de subjetivismos no que se refere ao ilícito criminal, haja vista sua função de apresentar um diagnóstico qualificado e conjuntural sobre o delito.

COMENTÁRIOS

A finalidade da Criminologia é permitir a **compreensão do fenômeno criminal**, informando a sociedade sobre o crime, o criminoso e a vítima, visando a prevenção e intervenção adequada.

Alternativa correta: "certo"

26. (Cespe – Delegado de Polícia – GO/2017) A respeito do conceito e das funções da criminologia, assinale a opção correta.

a) A criminologia tem como objetivo estudar os deliquentes, a fim de estabelecer os melhores passos para sua ressocialização. A política criminal, ao contrário, tem funções mais relacionadas à prevenção do crime.

b) A finalidade da criminologia em face do direito penal é de promover a eliminação do crime.

c) A determinação da etimologia do crime é uma das finalidades da criminologia.

d) A criminologia é a ciência que, entre outros aspectos, estuda as causas e as concausas da criminalidade e da periculosidade preparatória da criminalidade.

e) A criminologia é orientada pela política criminal na prevenção especial e direta dos crimes socialmente relevantes, mediante intervenção nas manifestações e nos efeitos graves desses crimes para determinados indivíduos e famílias.

COMENTÁRIOS

✪ **Nota do autor:** A criminologia é a ciência adequada para diagnosticar e buscar soluções para os índices de criminalidade, e ao mesmo tempo oferecer aos Poderes Públicos informação valida e confiável para sustentar a opção de política criminal adequada para determinada sociedade, ou seja, **busca conhecer, explicar e transformar a realidade.**

Alternativa "a":A criminologia tem como objetivo estudar o delinquente e a criminalidade. A política criminal tem função relacionada à prevenção e repressão ao crime.

Alternativa "b": A finalidade da Criminologia é permitir a **compreensão do fenômeno criminal**, informando a sociedade sobre o crime, o criminoso e a vítima, visando a prevenção e intervenção adequada.

Alternativa "c": A etimologia do crime não consiste na finalidade da criminologia.

Alternativa "d": A criminologia como ciência estuda as **causas e as concausas** da criminalidade e da **periculosidade preparatória da criminalidade,** suas manifestações e seus efeitos.

Alternativa "e": A criminologia mão é orientada pela política criminal, pois está última é atividade do estado que tem por fim prevenir a criminalidade, utilizando medidas penas e extrapenais.

Alternativa correta: letra "d".

27. (Cespe – Delegado de Polícia – PE/2016) Os objetos de investigação da criminologia incluem o delito, o infrator, a vítima e o controle social. Acerca do delito e do delinquente, assinale a opção correta.

a) Para a criminologia positivista, infrator é mera vítima inocente do sistema econômico; culpável é a sociedade capitalista.

b) Para o marxismo, delinquente é o indivíduo pecador que optou pelo mal, embora pudesse escolher pela observância e pelo respeito à lei.

c) Para os correcionalistas, criminoso é um ser inferior, incapaz de dirigir livremente os seus atos: ele necessita ser compreendido e direcionado, por meio de medidas educativas.

d) Para a criminologia clássica, criminoso é um ser atávico, escravo de sua carga hereditária, nascido criminoso e prisioneiro de sua própria patologia.

e) A criminologia e o direito penal utilizam os mesmos elementos para conceituar crime: ação típica, ilícita e culpável.

COMENTÁRIOS

✪ **Nota do autor:** Na **atualidade, a Criminologia** possui como objeto de estudo e análise: **o delito, o delinquente, a vítima e o controle social.** O delito é um fenômeno social com múltiplas facetas, que exige uma ampla abordagem juntamente com demais ramos do direito, assim, para a Criminologia para a criminologia, no entanto, o crime deve ser encarado como um fenômeno comunitário e como um **problema social**. A Criminologia também por objeto de estudo o criminoso, pois com a Escola Positiva o foco de atenção passou a ser o delinquente. Outra Escola que deu destaque ao criminoso foi a Correcionalista, onde o delinquente era visto com alguém que necessitava de ajuda.

Alternativa "a": Para a criminologia positivista o infrator está sujeito ao determinismo, inexistindo o livre-arbítrio.

Alternativa "b": O crime está associado à estrutura política e econômica de determinada sociedade, parte da ideia de que a divisão de classes do sistema capitalista gera desigualdades e violência a ser contida por meio da legislação penal.

Alternativa "c". Para os Correcionalista o criminoso é um ser anormal, incapaz de uma convivência social livre, tornando-se um perigo para a sociedade, desse modo à pena é encarada como um benefício, por esse motivo consideravam que o delinquente tinha direito de exigir a execução da pena e não obrigação de cumpri-la.

Alternativa "d": Para a criminologia clássica a prevenção está relacionada à aplicação da pena, e na ameaça de castigo.

Alternativa "e": A criminologia trata do crime como um problema social ou um fenômeno social, no qual o crime afeta a população, ocorre reiteradamente num determinado tempo e espaço e devem ser analisados minuciosamente todos os seus elementos e sua repercussão na sociedade. O direito penal, por seu turno, dedica-se às normas, e utiliza os elementos ação típica, ilícita e culpável.

Alternativa correta: letra "c".

---

28. (Cespe – Delegado de Polícia – PE/2016) A criminologia moderna

a) é uma ciência normativa, essencialmente profilática, que visa oferecer estratégias para minimizar os fatores estimulantes da criminalidade e que se preocupa com a repressão social contra o delito por meio de regras coibitivas, cuja transgressão implica sanções.

b) ocupa-se com a pesquisa científica do fenômeno criminal – suas causas, características, sua prevenção e o controle de sua incidência –, sendo uma ciência causal-explicativa do delito como fenômeno social e individual.

c) ocupa-se, como ciência causal-explicativa-normativa, em estudar o homem delinquente em seu aspecto antropológico, estabelece comandos legais de repressão à criminalidade e despreza, na análise empírica, o meio social como fatores criminógenos.

d) é uma ciência empírica e normativa que fundamenta a investigação de um delito, de um delinquente, de uma vítima e do controle social a partir de fatos abstratos apreendidos mediante o método indutivo de observação.

e) possui como objeto de estudo a diversidade patológica e a disfuncionalidade do comportamento criminal do indivíduo delinquente e produz fundamentos epistemológicos e ideológicos como forma segura de definição jurídico-formal do crime e da pena.

COMENTÁRIOS

✪ **Nota do autor:** A criminologia moderna substitui o conceito "tratamento" (conotação clínica e individual) por "intervenção" (conotação dinâmica, complexa e pluridimensional), acentua a orientação "prevencionista" do saber criminológico, diante da obsessão repressiva explícita de outros modelos convencionais. Destaca a análise e a avaliação dos modelos de reação ao delito como um dos objetos da Criminologia.

Alternativa "a": incorreta. A criminologia não é ciência normativa, pois trata do crime como um problema social ou um fenômeno social, no qual o crime afeta a população, ocorre reiteradamente num determinado tempo e espaço e devem ser analisados minuciosamente todos os seus elementos e sua repercussão na sociedade.

Alternativa "b". A criminologia é definida como uma ciência causal-explicativa da criminalidade, isto é, que investiga as causas da criminalidade (seu objeto) segundo o método experimental, e, portanto, empírica.

Alternativa "C": incorreta. A moderna criminologia se ocupa da pesquisa científica, sendo uma ciência causal-explicativa e não normativa.

Alternativa "d": incorreta. É uma ciência empírica mediante o método indutivo de observação, e não normativa.

Alternativa "e": incorreta. A criminologia possui como objeto (delito, delinquente, vítima e controle social).

Alternativa correta: letra "b".

---

29. (Vunesp – Delegado de Polícia – CE/2015) Os objetos de estudo da moderna criminologia estão divididos em

a) três vertentes: justiça criminal, delinquente e vítima.

b) três vertentes: política criminal, delito e delinquente.

c) três vertentes: política criminal, delinquente e pena.

d) quatro vertentes: delito, delinquente, justiça criminal e pena.

e) quatro vertentes: delito, delinquente, vítima e controle social.

COMENTÁRIOS

✪ **Nota do autor:** O objeto da Criminologia passou por transformações ao longo da história. Inicialmente, ainda o foco era o delinquente, em seguida, já na Escola Positiva o objeto passa a estudar a vítima e a reação social.

Alternativa "a": A justiça criminal não é objeto da criminologia.

Alternativa "b": A política criminal não é objeto da criminologia.

Alternativa "c": A política criminal e a pena não são objeto da criminologia.

Alternativa "d": A justiça criminal e a pena não são objeto da criminologia.

Alternativa "e". Na atualidade a **Criminologia** possui como objeto de estudo e análise: **o delito, o delinquente, a vítima e o controle social.**

Alternativa correta: letra "e"

30. (Vunesp - Delegado de Polícia - SP/2014) Assinale a alternativa que completa, correta e respectivamente, a frase: A Criminologia _______; o Direito Penal.

a) não é considerada uma ciência, por tratar do "dever ser"... é uma ciência empírica e interdisciplinar, fática do "ser"

b) é uma ciência normativa e multidisciplinar, do "dever ser"... é uma ciência empírica e fática, do "ser"

c) não é considerada uma ciência, por tratar do "ser"... é uma ciência jurídica, pois encara o delito como um fenômeno real, do "dever ser"

d) é uma ciência empírica e interdisciplinar, fática do "ser"... é uma ciência jurídica, cultural e normativa, do "dever ser"

e) é considerada uma ciência jurídica, por tratar o delito como um conceito formal, normativo, do "dever ser"... não é considerado uma ciência, pois encara o delito como um fenômeno social, do "ser"

COMENTÁRIOS

✪ **Nota do autor:** Acerca da distinção entre criminologia e Direito Penal, é possível afirmar que aquela é uma ciência empírica que estuda o "o que é", ao passo que o Direito Penal é disciplina normativa e declara "o que deve ser". A criminologia adota métodos empíricos específicos das ciências sociais, já o Direito Penal utiliza métodos da ciência do Direito e interpretação das fontes de seus dados.

Alternativa "a": incorreta. A criminologia é empírica e interdisciplinar, fática do "ser", portanto, não deixa de ser uma ciência. O Direito Penal é disciplina normativa do "dever ser".

Alternativa "b": incorreta. A criminologia não é ciência normativa do "dever ser", e o Direito Penal não é ciência empírica do "ser".

Alternativa "c": incorreta. A criminologia é uma ciência do "ser". A criminologia é de fato uma ciência, pois possui **função, método, e objeto** próprio. De outro lado o Direito Penal é ciência jurídica do "dever ser".

Alternativa "e": incorreta. A criminologia não é ciência jurídica do "dever ser". O Direito Penal é uma ciência normativa do "dever ser" e não do "ser" como no caso da criminologia.

Alternativa "d". A criminologia é uma ciência humana do ser, por meio de informações, observação e experiência, portanto, **empírica,** mas com validade e confiabilidade sobre o delito, com a função de interpretar estes dados e levá-los, em sintonia com realidade, a contribuir para a compreensão do delito. A interdisciplinariedade decorre de uma necessidade de articulação dos conhecimentos, ou seja, o diálogo entre as disciplinas, com troca de informações essenciais para a melhoria do conhecimento. Já o Direito Penal pertence à classe da ciência natural do dever ser, e ainda cultural e normativa.

Alternativa correta: letra "d".

3. TEORIAS DA PENA

31. (Cespe - Delegado de Polícia - PC - PB/2022) O princípio da ofensividade ou lesividade, segundo o qual somente devem ser criminalizadas condutas por violação a um bem jurídico, e não por mero enquadramento legal ou vontade legislativa, foi desenvolvido por

a) Luigi Ferrajoli.

b) Edwin H. Sutherland.

c) Robert K. Merton.

d) Erving Goffman.

e) George Kelling.

COMENTÁRIOS

✪ **Nota do autor:** O princípio da ofensividade ou lesividade, segundo o qual somente devem ser criminalizadas condutas por violação a um bem jurídico, e não por mero enquadramento legal ou vontade legislativa.

Alternativa "a": O princípio da ofensividade ou lesividade foi desenvolvido por Luigi Ferrajoli.

Alternativa "b": A maior contribuição de Edwin Sutherland para a criminologia foi afirmar que não só as classes menos favorecidas é que cometem.

Alternativa "c": Robert K. Merton parte de uma base sociológica considerando que a sociedade é uma força que impulsiona o indivíduo a determinados comportamentos.

Alternativa "d": A teoria do Labelling approach ou ainda interacionismo simbólico, etiquetamento, rotulação social ou reação social, surgiu nos Estados Unidos na década de 60, considerada como teoria do conflito, teve como principais expoentes Erving Goffman e Howard Becker.

Alternativa "e": George Kelling foi um dos criadores da teoria das janelas quebradas, inspirada na Escola de Chicago.

Alternativa correta: letra "a".

32. (ACAFE - Delegado de Polícia - SC/2014) São referências de teorias penais e criminológicas latino-americanas e brasileiras que tiveram grande repercussão entre os anos 60 a 80 do século XX:

a) A Criminologia dialética desenvolvida pelos brasileiros Roberto Lyra (pai) e Roberto Lyra Filho.

b) Criminologia da Liberação desenvolvida em colaboração pelas Venezuelanas Lola Aniyar de Castro e Rosa Del Olmo.

c) A Sociologia do controle penal desenvolvida conjuntamente pelo argentino Roberto Bergalli e pelo chileno Eduardo Novoa Monreal.

d) O Realismo jurídico-penal marginal, a partir do ponto de vista de uma região marginal do poder planetário, desenvolvido pelo argentino Eugenio Raúl Zaffaroni.

e) A Criminologia radical desenvolvida pelo brasileiro Juarez Cirino dos Santos e As matrizes Ibéricas do Direito Penal brasileiro, desenvolvida conjuntamente pelos brasileiros Nilo Batista e Vera Malaguti W. de Souza Batista.

COMENTÁRIOS

✪ **Nota do autor:** Eugenio Raúl Zaffaroni analisa a discursividade criminológica como um fato de poder, do centro para a periferia. Segundo o autor, uma das técnicas do poder é o monopólio da informação que impede a comunicação com as margens: é o isolamento internacional e intramarginal.

Alternativa "a": . A Criminologia dialética foi desenvolvida pelo brasileiro Roberto Lyra Filho.

Alternativa "b": A Criminologia da Liberação foi desenvolvida com a colaboração da Venezuelana Lola Aniyar de Castro.

Alternativa "c":. A sociologia do controle penal foi desenvolvida pelo argentino Roberto Bergalli.

Alternativa "d". O realismo jurídico é a corrente de pensamento que identifica a lei com a eficácia das regras, isto é, normas que sejam efetivamente observadas. O ponto de partida fundamental do realismo jurídico é de que a lei não pode consistir em meras declarações ideais sobre o que é obrigatório.

Alternativa "e": . A Criminologia radical no Brasil tem como pioneiro Juarez Cirino dos Santos.

Alternativa correta; letra "d".

33. (ACAFE - Delegado de Polícia - SC/2014) Sobre o sistema penitenciário brasileiro, de acordo com as últimas estatísticas realizadas pelo Ministério da Justiça – CNPCP (Conselho Nacional de Política Criminal e Penitenciária) através do Departamento Penitenciário Nacional (DEPEN)/ Sistema Integrado de Informações Penitenciárias (InfoPen) no ano de 2013, é correto afirmar:

a) Os crimes contra a pessoa (homicídio qualificado e simples, sequestro e cárcere privado) constituem aproximadamente 40% do total da população prisional brasileira, totalizando prisões provisórias e definitivas.

b) A população prisional brasileira é constituída, em sua esmagadora maioria, por homens, adultos jovens (predomina a faixa etária de 18 a 24 anos) e pobres. A clientela feminina, constituída também de mulheres adultas jovens e pobres cresce progressivamente, sobretudo em virtude da criminalização feminina pelo crime de tráfico de drogas.

c) A população prisional brasileira hoje, totalizando prisões provisórias e definitivas, está entre as 3 (três) maiores no mundo, perdendo apenas para os Estados Unidos da América e a China.

d) Os crimes contra o patrimônio (principalmente roubo qualificado e simples, furto qualificado e simples, extorsão mediante sequestro, extorsão e latrocínio) constituem aproximadamente 25% e o crime de tráfico ilícito de entorpecente incluído o tráfico internacional (Art. 33 da Lei 11.343/06) constitui aproximadamente 25% do total da população prisional brasileira, totalizando prisões provisórias e definitivas.

e) A população prisional brasileira hoje, totalizando prisões provisórias e definitivas, presos cumprindo pena em estabelecimentos prisionais e delegacia de polícia é de 400.000 presos aproximadamente.

COMENTÁRIOS

✪ **Nota do autor:** A população prisional brasileira tem em sua maioria jovens, e de maioria masculina, no entanto, o encarceramento feminino cresce em decorrência dos crimes de tráfico de drogas

Alternativa "a": Os crimes contra a pessoa (homicídio qualificado e simples, sequestro e cárcere privado) representam menos de 40% da população prisional brasileira.

Alternativa "b". Nota-se que a maior parte da população prisional é formada por jovens, a proporção de jovens é maior no sistema prisional que na população em geral.

Alternativa "c": Em números absolutos, o Brasil tem a quarta maior população prisional, ficando atrás apenas dos Estados Unidos, da China e da Rússia.

Alternativa "d": O tráfico de entorpecentes é o crime de maior incidência, respondendo por 27% dos crimes.

Alternativa "e": incorreto. De acordo com os últimos dados coletados, a população prisional brasileira chegou a 607.731 pessoas.

Alternativa correta: letra "b".

34. (Vunesp - Delegado de Polícia - SP/2014) Tendo o Direito Penal a missão subsidiária de proteger os bens jurídicos e, com isso, o livre desenvolvimento do indivíduo, e, ainda, sendo a pena vinculada ao Direito Penal e à Execução Penal, após a reforma do Código Penal Brasileiro, em 1984, é correto afirmar que a finalidade da pena é

a) repreensiva e abusiva.

b) punitiva e reparativa.

c) retributiva e preventiva (geral e especial).

d) ressocializadora e reparativa.

e) punitiva e distributiva.

COMENTÁRIOS

✪ **Nota do autor:** Predomina na atualidade conciliar a exigência de retribuição jurídica, com os fins de prevenção geral e especial como finalidades da pena. A pena deve ser acima de tudo justa e adequada, proporcional ao injusto e a culpabilidade do autor, e por isso também retributiva.

Alternativa "a": A repressão e o abuso não constituem a finalidade da pena que se caracteriza pela retribuição e prevenção (geral e especial).

Alternativa "b": A punição pura e simples e a reparação não constituem a finalidade da pena que se caracteriza pela retribuição e prevenção (geral e especial).

Alternativa c". A ideia de retribuição jurídica significa que a pena deve ser proporcional ao delito culpável, de acordo com o princípio de justiça distributiva. A prevenção encontra fundamento na necessidade de se **evitar a prática de futuros delitos**. É instrumento preventivo de garantia social para evitar delitos futuros. A prevenção geral se destina à totalidade dos indivíduos integrantes da sociedade, a ideia da prevenção especial refere-se ao delinquente em si.

Alternativa "d": Ressocialização, ou ainda socialização que seria mais correto, e reparação não constituem a finalidade da pena.

Alternativa "e": A punição e a distribuição não constituem a finalidade da pena que se caracteriza pela retribuição e prevenção (geral e especial).

Alternativa correta: letra "c".

4. TEORIAS CRIMINOLÓGICAS

35. (VUNESP - 2023 - PC/SP - Delegado) Trata-se de um estado psicológico em que as vítimas assumem postura de desobediência e de enfrentamento a intimidações de seus agressores, por quem sentem desprezo e repulsa. Por vezes, como consequência da rebeldia, as vítimas acabam por serem feridas ou assassinadas, como forma de demonstração de força por parte dos agressores. Assinale a alternativa que corresponde corretamente ao enunciado acima exposto.

a) Transtorno de Jerusalém.

b) Síndrome da Mulher de Potifar.

c) Síndrome de Londres.

d) Síndrome de Lima.

e) Síndrome de Estocolmo.

COMENTÁRIOS

✪ **Nota do autor:** A síndrome de Londres ocorre quando a vítima passa a apresentar comportamento antagônico ao do criminoso, e que acaba resultando em ataques físicos e até mesmo morte da pessoa sequestrada.

Alternativa "a": A síndrome de Jerusalém é diretamente ligada à religião e afeta em grande maioria cristãos e judeus, e o delírio faz com que o turista comece a acreditar ser uma figura bíblica.

Alternativa "b": A síndrome da mulher de Potifar tem relação com a mulher rejeitada que faz denúncia inverídica com a intenção de vingança.

Alternativa "c": Verifica-se a síndrome de Londres quando as vítimas assumem postura de desobediência e de enfrentamento a intimidações de seus agressores, por quem sentem desprezo e repulsa

Alternativa "d": A síndrome de Lima corre em situações nas quais o sequestrador passa a se aproximar da pessoa sequestrada, desenvolvendo uma espécie de afeição pela vítima.

Alternativa "e": A síndrome de Estocolmo ocorre em situações nas quais uma pessoa é sequestrada e **desenvolve algum tipo de vínculo com seus sequestradores ou agressores.**

Alternativa correta: letra "c".

36. (FGV - 2024 - PC/SC - Delegado) No tocante às escolas da Criminologia, assinale a afirmativa correta.

a) A Escola da Criminologia Positivista tem como objetos de estudo o crime, o criminoso, o controle social e a vítima.

b) A Escola da Criminologia Clássica tem como objeto de estudo o delito, compreendido como um ente jurídico.

c) A Escola da Criminologia Positivista tem como objeto de estudo os processos de criminalização.

d) A Escola da Criminologia Crítica tem como objeto de estudo o delinquente.

e) A Criminologia Radical tem enfoque exclusivamente na pessoa da vítima do delito.

COMENTÁRIOS

✪ **Nota do autor:** Também conhecido como **período científico do direito penal** onde surgiram as **ciências criminológicas** (segunda metade do século XIX), o delito, a pena e o criminoso passaram a ser observados de outra forma, mais humana e científica, buscando, sobretudo o estudo mais aprofundado deles.

Alternativa "a": Verifica-se nas escolas positivas o surgimento do caráter científico da criminologia e que tem por objeto não propriamente o delito, mas o homem delinquente, clinicamente observável, afastando as concepções patológicas e biológicas.

Alternativa "b": A Escola da Criminologia Clássica tem como objeto de estudo o delito, compreendido como um ente jurídico.

Alternativa "c": As principais características da Escola Positiva revelam que o direito penal é produto social, obra humana. A responsabilidade social deriva do determinismo.

Alternativa "d": A criminologia crítica está associada à estrutura política e econômica de determinada sociedade.

Alternativa "e": As bases desta teoria foram o fundamento para a crítica das posturas tradicionais da criminologia do consenso, pois dirigiu-se principalmente para o processo de criminalização, sendo identificado como uns dois maiores problemas das relações sociais, próprias das sociedades capitalistas.

Alternativa correta: letra "b".

37. (FGV – 2024 – PC/SC – Delegado) Em 16 de agosto de 2023 faleceu o sociólogo americano Howard Becker. Na obra "*Outsiders*: estudos de sociologia do desvio", o autor analisa como os processos de criminalização produzem distintos critérios utilizados pelo sistema penal no exercício do controle social para definir quem deve ou não ser rotulado como desviante. Esta abordagem é denominada

a) Teoria da anomia.

b) Teoria estrutural funcionalista.

c) Teoria do *labelling* approach.

d) Teoria da associação diferencial.

e) Teoria das janelas quebradas.

COMENTÁRIOS

✪ **Nota do autor:** A teoria do Labelling approach ou ainda **interacionismo simbólico**, **etiquetamento**, rotulação social ou reação social, surgiu nos Estados Unidos na década de 60, considerada como teoria do conflito, teve como principais expoentes **Erving Goffman e Howard Becker.**

Alternativa "a": A teoria da anomia tem como característica o determinismo sociológico, onde a perda das consciências coletivas da vida em sociedade leva ao enfraquecimento da solidariedade social, e consequentemente ao crime.

Alternativa "b": A teoria estrutural-funcionalista tem como característica o determinismo sociológico, onde a perda das consciências coletivas da vida em sociedade leva ao enfraquecimento da solidariedade social, e consequentemente ao crime.

Alternativa "c": A linha marcante desta teoria é que deixou o estudo do fenômeno criminoso e passou para as **reações sociais** que surgem com a prática do delito.

Alternativa "d": A teoria sustenta que o comportamento criminoso é aprendido pelo criminoso, mas nunca herdado, assim o indivíduo é convertido em delinquente quando os valores de seu grupo lhe ensinam o crime (aprendizagem) por um processo de interação.

Alternativa "e": A teoria difunde a ideia de que as políticas sociais de ajuda favorecem à criminalidade e são causa da violência urbana.

Alternativa correta: letra "c".

38. (FGV – 2024 – PC/SC – Delegado) A partir de 1994, sob a administração de Rudolph Giuliani como Prefeito de Nova York (EUA), implementou-se um modelo de política criminal com vistas ao policiamento ostensivo nas ruas e adoção de punições severas a contravenções e crimes menores. Este modelo veio a ser conhecido como

a) Tolerância zero.

b) Direito penal do inimigo.

c) Política criminal atuarial.

d) Direito penal mínimo.

e) Populismo penal.

COMENTÁRIOS

✪ **Nota do autor:** O movimento de Lei e Ordem surge na cidade Americana da Nova York, a partir de 1993, como incremento do Estado para conter o crescimento da criminalidade, também chamada de **tolerância zero**, decorre da **teoria das janelas quebradas**, inspirada na Escola de Chicago.

Alternativa "a": O movimento difunde a ideia de que as políticas sociais de ajuda favorecem à criminalidade e são causa da violência urbana.

Alternativa "b": O direito penal do inimigo visa proteger a norma, o sistema jurídico, e para tanto afirma que os inimigos não merecem a incidência dos direitos e garantias fundamentais, pois, não são serem humanos.

Alternativa "c": A Política Criminal Atuarial implica na medição de risco como método preferencial para a formulação de estratégias preventivas que pretendem aprimorar a gestão da criminalidade com base no perfil do criminoso.

Alternativa "d": O Direito Penal mínimo consiste na escolha dos bens jurídicos de maior importância, através de um mínimo ético, fragmentariedade e subsiariedade.

Alternativa "e": Para o populismo penal, a justiça deve proteger a maioria da população e dar respostas duras àqueles que não podem viver em sociedade e são incapazes de se reabilitarem.

Alternativa correta: letra "a".

39. (CEBRASPE – 2024 – PC/PE – Delegado) Assinale a opção em que são apresentados corretamente dois exemplos de formas de prevenção terciária do crime.

a) programas de combate à fome e financiamento de moradias

b) financiamento estudantil e programa de incentivo ao primeiro emprego

c) programas de reabilitação do recluso e financiamento estudantil

d) práticas de ressocialização e de reabilitação dos apenados

e) financiamento de moradias e programas de combate ao desemprego

COMENTÁRIOS

✪ **Nota do autor:** A prevenção significa as ações destinadas a evitar a prática do crime. Constitui verdadeiro objeto do Estado a manutenção da paz e a prevenção dos atos criminosos, através de medidas que passam por todos os setores do Poder Público.

Alternativa "a": Refere-se à prevenção primária.

Alternativa "b": Refere-se à prevenção primária.

Alternativa "c": Refere-se à prevenção terciária e primária, respectivamente.

Alternativa "d": A prevenção terciária que consiste na prevenção da **reincidência.**

Alternativa "e": Refere-se à prevenção primária.

Alternativa correta: letra "d".

40. (CEBRASPE - 2024 - PC/PE - Delegado) Entre as teorias sociológicas do crime, aquela que buscou explicar os crimes de colarinho branco (*white-collar crimes*) foi a

a) teoria da anomia, desenvolvida por Robert King Merton, com base na doutrina de Durkheim.

b) teoria da associação diferencial, desenvolvida pelo sociólogo americano Edwin Sutherland, com base nos pensamentos de Gabriel Tarde.

c) escola de Chicago, cujos estudos se iniciaram nas décadas de 20 e 30 do século XX.

d) teoria da subcultura delinquente, desenvolvida por Erving Goffman e Howard Becker, na década de 50 do século XX.

e) teoria do *labelling approach*, desenvolvida a partir do trabalho do sociológo holandês Bonger, na década de 60 do século XX.

COMENTÁRIOS

✪ **Nota do autor:** O postulado dos crimes contra o colarinho branco pode ser considerado como surgimento do Direito Penal Econômico. A característica de tais crimes é de atingirem um número indeterminado de pessoas, com grande dano econômico.

Alternativa "a": A anomia é a crise da estrutura cultural que se verifica especialmente quando existe uma forte discrepância entre normas e fins culturais.

Alternativa "b": Sutherland definiu ainda os crimes de **colarinho branco** como o crime cometido por pessoa de alto status social e socioeconômico que viola as leis de atividades profissionais.

Alternativa "c": A escola de Chicago "foi fundamental no estudo da **criminalidade urbana**, contribuindo muito para o desenvolvimento de estudos relevantes nesta área com destaque para o método da observação.

Alternativa "d": A teoria da subcultura é considerada como teoria do consenso, e surge com a obra de **Albert Cohen** chamada Delinquent boys (1955), e Richard Cloward e Lloyd Ohlin**.**

Alternativa "e": A teoria do Labelling approach ou ainda interacionismo simbólico, etiquetamento, rotulação social ou reação social, surgiu nos Estados Unidos na década de 60, considerada como teoria do conflito, teve como principais expoentes **Erving Goffman e Howard Becker.**

Alternativa correta: letra "b".

41. (CEBRASPE – 2024 – PC/PE – Delegado) Assinale a opção que apresenta corretamente a teoria que defende a ideia de que a conduta criminosa resulta de uma série de estímulos contínuos na vida do indivíduo, sendo produto de suas experiências passadas.

a) teoria do reforço diferencial

b) teoria dos instintos

c) teoria do condicionamento operante

d) teoria da identificação diferencial

e) teoria dos tipos de autor

COMENTÁRIOS

✪ **Nota do autor:** Como parte da teoria da associação diferencial o comportamento criminoso é aprendido pelo criminoso, mas nunca herdado, assim o indivíduo é convertido em delinquente quando os valores de seu grupo lhe ensinam o crime (aprendizagem) por um processo de interação.

Alternativa "a": A conduta criminosa é o resultado de um processo de aprendizagem que envolve a exposição a estímulos específicos ao longo do tempo

Alternativa "b": Teoria dos Instintos aponta que o comportamento é impulsionado por instintos inatos e não é resultado de experiências passadas ou de estímulos contínuo.

Alternativa "c": O condicionamento operante é um princípio mais geral de aprendizagem que pode ser aplicado a uma ampla gama de comportamentos, não focando exclusivamente no comportamento criminoso.

Alternativa "d": A Teoria da Identificação Diferencial indica que os indivíduos se envolvem em comportamento criminoso porque se identificam com outros criminosos.

Alternativa "e": A teoria dos tipos classifica os criminosos pelas características físicas, sociais e biológicas.

Alternativa correta: letra "c".

42. (Cespe - Delegado de Polícia - PC - PB/2022) Acerca das teorias sociológicas da criminologia, assinale a opção correta.

a) A teoria da desorganização social é considerada uma teoria do conflito social.

b) A subcultura delinquente é um exemplo de teoria do consenso.

c) A escola de Chicago, importante marco para o estudo da criminalidade urbana, representa uma das teorias do conflito social.

d) A criminologia feminista opõe-se frontalmente à criminologia crítica que advém do positivismo criminológico.

e) A teoria do labelling approach é exemplo de teoria do consenso, uma vez que se preocupa com os comportamentos não desviantes.

COMENTÁRIOS

✪ **Nota do autor:** A moderna sociologia analisa as teorias **macrossociológica**, sob os aspectos **consensuais e do conflito**, pois não é possível limitar-se apenas a uma visão do indivíduo ou de pequenos grupos

Alternativa "a": A teoria da desorganização social é considerada uma teoria do consenso.

Alternativa "b": A subcultura delinquente é um exemplo de teoria do consenso.

Alternativa "c": A escola de Chicago, importante marco para o estudo da criminalidade urbana, representa uma das teorias do consenso.

Alternativa "d": A criminologia feminista e a criminologia crítica possuem uma perspectiva teórica e metodológica antipositivista.

Alternativa "e": A teoria do labelling approach é exemplo de teoria do conflito, uma vez que se preocupa com os comportamentos não desviantes.

Alternativa correta: letra "b".

---

43. (FGV – Delegado de Polícia – PC – AM/2022) É notória a predominância de pessoas negras nas estatísticas criminais brasileiras – mas as análises sobre racismo e sistema penal não se limitam à leitura direta dos dados.

Com base nesse fato, avalie as afirmativas a seguir.

I. O racismo da seletividade penal se manifesta apenas a nível de criminalização secundária, por meio das metarregras dos agentes de segurança e operadores do Direito.

II. Segundo a Criminologia Crítica, a realidade carcerária brasileira traduz as marcas históricas da escravidão e a permanência do positivismo racista.

III. Policiais negros também estão expostos à violência institucional exercida sobre os corpos policiais, o que denota outra faceta do racismo estrutural.

IV. A fragilidade dos procedimentos de reconhecimento fotográfico explicita práticas racistas que contaminam a investigação, mas não é indicativo de racismo estrutural.

Está correto apenas o que se afirma em

a) I e II.

b) I e IV.

c) II e III.

d) III e IV.

e) II, III e IV.

COMENTÁRIOS

✪ **Nota do autor:** Verifica-se uma forte desigualdade racial no sistema prisional, que pode ser percebida concretamente na maior severidade de tratamento e sanções punitivas direcionadas aos negros.

Alternativa "a": A seletividade penal é uma forma de segregar grupos sociais sendo o racismo estrutural fundamental para que esse mecanismo funcione.

Alternativa "b": A seletividade penal é uma forma de segregar grupos sociais sendo o racismo estrutural fundamental para que esse mecanismo funcione e a fragilidade dos procedimentos de reconhecimento fotográfico são um indicativo de racismo estrutural.

Alternativa "c": Segundo a Criminologia Crítica, a realidade carcerária brasileira traduz as marcas históricas da escravidão e a permanência do positivismo racista, sendo que policiais negros também estão expostos à violência institucional exercida sobre os corpos policiais, o que denota outra faceta do racismo estrutural.

Alternativa "d": A fragilidade dos procedimentos de reconhecimento fotográfico são um indicativo de racismo estrutural e policiais negros também estão expostos à violência institucional exercida sobre os corpos policiais, o que denota outra faceta do racismo estrutural.

Alternativa "e": A fragilidade dos procedimentos de reconhecimento fotográfico são um indicativo de racismo estrutural.

Alternativa correta: letra "c".

---

44. (FGV – Delegado de Polícia – PC – AM/2022) "Tal pressuposto parece-me ignorar o fato central acerca do desvio: ele é criado pela sociedade. Não digo isso no sentido em que é comumente compreendido, de que as causas do desvio estão localizadas na situação social do desviante ou em 'fatores sociais' que incitam sua ação. Quero dizer, isto sim, que grupos sociais criam desvio ao fazer as regras cuja infração constitui desvio, e ao aplicar essas regras a pessoas particulares e rotulá-las como outsiders. Desse ponto de vista, o desvio não é uma qualidade do ato que a pessoa comete, mas uma consequência da aplicação por outros de regras e sanções a um 'infrator'. O desviante é alguém a quem esse rótulo foi aplicado com sucesso; o comportamento desviante é aquele que as pessoas rotulam como tal." (BECKER, Howard S. Outsiders: estudos de sociologia do desvio. Rio de Janeiro: Zahar, 2008).

Considerando o excerto acima, assinale a afirmativa correta sobre a teoria da reação social (ou labeling approach).

a) Para a teoria da reação social, um grupo de indivíduos que viola uma regra específica constituiria uma categoria homogênea justamente porque praticam um mesmo tipo de desvio.

b) Assim como as primeiras perspectivas sociológicas da criminologia, o labeling approach se concentra na busca pelas causas do desvio.

c) Para Howard Becker, algumas regras impostas pela sociedade são universalmente aceitas.

d) A partir de suas observações sobre desvio e reação social, Howard Becker constrói um modelo sequencial constituído por quatro tipos teóricos: o comportamento apropriado, o desviante puro, o falsamente acusado e o desviante secreto.

e) O conceito de carreiras desviantes não é útil para compreender o desvio, uma vez que, para o labeling approach, o aprendizado não é um fator que informa o comportamento desviante.

COMENTÁRIOS

✪ **Nota do autor:** A teoria funda-se na ideia de que a intervenção da justiça pode acentuar a criminalidade, e ainda que a criminalidade resulta de um processo de interação social, ou seja, a conduta proibida seria uma qualidade atribuída a um determinado comportamento pelos sociedade, caracterizando-se como seletivo, e discriminatório.

Alternativa "a": Para a teoria a criminalidade não é produto da conduta humana, mas sim em razão do estigma que diferencia o homem comum, pelo rótulo que recebe.

Alternativa "b": O labelling contesta a criminologia tradicional, trazendo para a visão central desta ciência a reação social com a prática da conduta pelo delinquente.

Alternativa "c": Howard Becker não afirma que algumas regras impostas pela sociedade são universalmente aceitas.

Alternativa "d": A partir de suas observações sobre desvio e reação social, Howard Becker constrói um modelo sequencial constituído por quatro tipos teóricos: o comportamento apropriado, o desviante puro, o falsamente acusado e o desviante secreto.

Alternativa "e": Segundo a teoria do *labeling approach*, o delito carece de consistência material, sendo um processo de reação social, arbitrário e discriminatório de seleção do comportamento desviado, por isso o desvio é útil para sua compreensão.

Alternativa correta: letra "d".

---

45. (Instituto AOCP - Delegado de Polícia - PC - PA/2021) É correto afirmar que a cifra negra corresponde à criminalidade

a) sem registro oficial, desconhecida, impune e não elucidada.

b) registrada, investigada, todavia impune.

c) registrada, mas não investigada pela Polícia.

d) sem registro oficial, não investigada, porém denunciada pelo Ministério Público.

e) registrada, investigada, contudo não elucidada.

COMENTÁRIOS

✪ **Nota do autor:** O labelling contesta a criminologia tradicional, trazendo para a visão central desta ciência a reação social com a prática da conduta pelo delinquente.

Alternativa "a": A criminalidade sem registro, impune e não elucidada pertence à cifra negra.

Alternativa "b": A criminalidade registrada e investigada não pertence à cifra negra.

Alternativa "c": A criminalidade registrada e não investigada pela Polícia não pertence à cifra negra.

Alternativa "d: A criminalidade sem registro oficial, não investigada, porém denunciada pelo Ministério Público não pertence à cifra negra.

Alternativa "e": A criminalidade registra não pertence à cifra negra.

Alternativa correta: letra "a".

---

46. (Instituto AOCP - Delegado de Polícia - PC - PA/2021) De acordo com a teoria do *labelling approach*, assinale a alternativa correta.

a) A criminalização primária está relacionada à repetição dos atos delitivos.

b) A criminalização secundária gera a etiqueta - ou rótulo.

c) A teoria do *labelling approach* desconsidera a reação social proveniente do delito.

d) Com berço nos Estados Unidos dos anos 40, tem como principais expoentes Erving Goffman e Howard Becker.

e) Diferencia-se o delinquente do homem comum apenas em razão do estigma que lhe é socialmente imputado.

COMENTÁRIOS

✪ **Nota do autor:** O labelling contesta a criminologia tradicional, trazendo para a visão central desta ciência a reação social com a prática da conduta pelo delinquente.

Alternativa "a": A criminalização primária consiste na criação de tipos penais através de lei, prevendo comportamentos proibidos.

Alternativa "b": A criminalização secundária consiste no poder estatal para aplicar a lei penal com a finalidade de coibir determinados comportamentos.

Alternativa "c": Para a teoria do *labelling approach* a criminalidade não é produto da conduta humana, mas sim em razão do estigma que diferencia o homem comum, pelo rótulo que recebe

Alternativa "d: Surgiu nos Estados Unidos na década de 60, considerada como teoria do conflito, teve como principais expoentes **Erving Goffman e Howard Becker.**

Alternativa "e": Deixam de referir-se ao crime e ao criminoso, passando a voltar sua base de reflexão ao sistema de controle social e suas consequências, bem como o papel exercido pela vítima na relação delitual.

Alternativa correta: letra "e".

47. (Instituto AOCP – Delegado de Polícia – PC – PA/2021) De acordo com o autor alemão Jakobs, o direito penal do inimigo pode ser caracterizado por quais elementos?

a) Punição retrospectiva; desproporcionalidade das penas; e relativização ou supressão de garantias processuais.

b) Punição retrospectiva; proporcionalidade das penas; e relativização ou supressão de garantias processuais.

c) Punição prospectiva; desproporcionalidade das penas; e relativização ou supressão de garantias processuais.

d) Punição contemporânea; desproporcionalidade das penas; e relativização ou supressão de garantias processuais.

e) Punição prospectiva; proporcionalidade das penas; e relativização ou supressão de garantias processuais.

COMENTÁRIOS

✪ **Nota do autor:** As principais características do Direito Penal do inimigo: relatividade do princípio da legalidade; aumento desproporcional de penas; endurecimento da execução penal; abolição de direitos e garantias processuais fundamentais; infiltração de agentes policiais; abuso de medidas preventivas ou cautelares; reprovação da periculosidade do agente em detrimento da culpabilidade.

Alternativa "a": O Direito Penal do inimigo possui punição prospectiva.

Alternativa "b": O Direito Penal do inimigo possui punição prospectiva, e desproporcional.

Alternativa "c": O Direito Penal do inimigo possui punição prospectiva, desproporcionalidade das penas; e relativização ou supressão de garantias processuais.

Alternativa "d": O Direito Penal do inimigo possui punição prospectiva.

Alternativa "e": O Direito Penal do inimigo possui punição prospectiva, e desproporcional.

Alternativa correta: letra "c".

48. (FGV – Delegado de Polícia – PC – RN/2021) No livro "Criminologia crítica e crítica do Direito Penal", Alessandro Baratta, ao apresentar determinada perspectiva teórica, explica que, para seus autores, perguntas centrais seriam aquelas dizendo respeito a "quem é definido como desviante?", "que efeito decorre desta definição sobre o indivíduo? e "quem define quem?".

O trecho citado se refere à perspectiva criminológica da teoria do(a):

a) criminologia dos poderosos;

b) criminologia verde;

c) etiquetamento social;

d) associação diferencial;

e) criminologia queer.

COMENTÁRIOS

✪ **Nota do autor:** A teoria do etiquetamento deixou o estudo do fenômeno criminoso e passou para as **reações sociais** que surgem com a prática do delito. Assim, funda-se na ideia de que a intervenção da justiça pode acentuar a criminalidade, e ainda que a criminalidade resulta de um processo de interação social, ou seja, a conduta proibida seria uma qualidade atribuída a um determinado comportamento pela sociedade, caracterizando-se como seletivo, e discriminatório.

Alternativa "a": A criminologia dos poderosos tem relação às atividades operacionais de poderosos como Estados e grandes corporações que provocam danos ambientais.

Alternativa "b": A criminologia verde consiste na criminalidade ambiental, dos danos socioambientais, dos processos de vitimização ambiental e da justiça ambiental.

Alternativa "c": A teoria do etiquetamento sustenta que não se pode compreender o crime sem o processo de reação social, de seleção de pessoas e condutas etiquetadas como delitivas.

Alternativa "d": A associação diferencial sustenta que o delito não reside apenas no cometimento por classes menos favorecidas, pois não é praticado somente pelas pessoas que pertencem a estes grupos

Alternativa "e": A criminologia do queer se relaciona à agressão de pessoas lésbicas, gays, bissexuais, transexuais ou qualquer pessoa que não siga o padrão normativo vigente.

Alternativa correta: letra "c".

49. (FGV – Delegado de Polícia – PC – RN/2021) Vários estudos indicam que a população carcerária brasileira é formada essencialmente por jovens pretos e pardos, com baixa escolaridade e processados por delitos patrimoniais e relacionados ao tráfico de drogas.

Parte da criminologia analisa essa dinâmica através das noções:

a) microssociológicas e macrossociológicas da ideologia da defesa social, propostas pelas teorias conflituais;

b) de criminalização primária, criminalização secundária e seletividade do sistema penal, propostas pelo paradigma etiológico;

c) de desigualdade e estrutura social, propostas pelo modelo do consenso;

d) de subculturas criminais e adequação social, propostas pelo paradigma da reação social;

e) de criminalização primária, criminalização secundária e seletividade do sistema penal, propostas pela criminologia crítica.

COMENTÁRIOS

✪ **Nota do autor:** A criminalização promove seleção de determinados indivíduos aos quais se atribui status de criminoso e com isso a população carcerária brasileira é formada essencialmente por jovens pretos e pardos.

Alternativa "a": A Criminologia do conflito enfatiza o **modelo econômico** como forma de distribuição de criminalidade.

Alternativa "b": No paradigma etiológico, a Criminologia deve explicar as causas do crime, segundo o método científico ou experimental e o auxílio das estatísticas criminais oficiais, sendo capaz de prever os remédios para combatê-la.

Alternativa "c": As teorias do consenso compreendem que os objetivos de uma sociedade somente são verificados quando ocorre o funcionamento adequado das instituições, e os indivíduos compartilham e concordam com as regras de convívio.

Alternativa "d": A reação social funda-se na ideia de que a intervenção da justiça pode acentuar a criminalidade, e ainda que a criminalidade resulta de um processo de interação social, ou seja, a conduta proibida seria uma qualidade atribuída a um determinado comportamento pelos sociedade, caracterizando-se como seletivo, e discriminatório.

Alternativa "e": A criminalização primária decorre da incriminação decorrente da lei e de seleção de condutas. A criminalização secundária atua sobre o indivíduo, concretamente. Na criminologia crítica, a preocupação passa verificar o porquê determinadas pessoas são tratadas como criminosos, e, ainda, ao invés de questionar os motivos dos criminosos, passa a ser verificar os **mecanismos do controle social**, e seletividade do sistema penal.

Alternativa correta: letra "e".

---

50. (FGV – Delegado de Polícia – PC – RN/2021) Em sua obra "História dos pensamentos criminológicos", Gabriel Anitua explica que, para determinada corrente de pensamento, "o problema do desvio (...) encontra-se (...) na estrutura social. A estrutura social não permite a todos os indivíduos que seu comportamento se oriente de acordo com as metas e meios culturalmente compartilhados".

O trecho do citado autor se refere à perspectiva da teoria:

a) funcionalista da anomia, desenvolvida por Edwin Sutherland;

b) da associação diferencial, desenvolvida por Émile Durkheim;

c) do etiquetamento social, desenvolvida pela Escola de Chicago;

d) funcionalista da anomia, desenvolvida por Robert Merton;

e) criminológica cultural, desenvolvida por Robert Merton.

COMENTÁRIOS

✪ **Nota do autor:** O etiquetamento pode se verificar dentro do controle formal, e também dentro do controle informal da criminalidade. A teoria sustenta que não se pode compreender o crime sem o processo de reação social, de seleção de pessoas e condutas etiquetadas como delitivas.

Alternativa "a": a teoria da anomia tem como característica o determinismo sociológico, onde a perda das consciências coletivas da vida em sociedade leva ao enfraquecimento da solidariedade social, e consequentemente ao crime, desenvolvida por Durkheim.

Alternativa "b": Considerada como teoria do consenso, a associação diferencial foi desenvolvida por **Edwin Sutherland,** e sustenta a que o delito não reside apenas no cometimento por classes menos favorecidas, pois não é praticado somente pelas pessoas que pertencem a estes grupos.

Alternativa "c": No etiquetamento a criminalidade não é produto da conduta humana, mas sim em razão do estigma que diferencia o homem comum, pelo rótulo que recebe.

Alternativa "d": A teoria da anomia, também desenvolvida por é a crise da estrutura cultural que se verifica especialmente quando existe uma forte discrepância entre normas e fins culturais.

Alternativa "e": A criminologia cultural, baseada na subcultura e desvio não foi desenvolvida por Merton.

Alternativa correta: letra "d".

---

51. (UFPR – Delegado de Polícia – PC – PR/2021) A teoria das subculturas criminais explica a criminalidade:

a) pela via do conceito de anomia, indicando que o crime decorre da contradição entre a estrutura cultural e a estrutura social, que não oportuniza a todos os meios necessários para alcançar as metas culturais.

b) por meio do conceito de criminalização primária e secundária e dos processos de criminalização, que levam os jovens delinquentes inseridos em uma subcultura à prática de condutas desviantes.

c) a partir do conceito de atavismo social, que determina a prática de crimes por parte de jovens que são direcionados à delinquência.

d) pela transmissão de valores subculturais, que pressupõe um processo de interação e aprendizagem, e pela interiorização de técnicas de neutralização, por meio das quais os jovens justificam o seu comportamento desviante.

e) a partir do conceito freudiano de sentimento de culpa, identificado nos jovens inseridos em subculturas, que praticam crimes por não conseguirem reprimir instintos delituosos.

COMENTÁRIOS

✪ **Nota do autor:** Com a ascensão das economias, em especial a norte americana após a segunda guerra mundial, tornado a sociedade cada vez mais competitiva em busca de riqueza e sucesso, as desigualdades entre os membros provocam diferenças, ainda mais naqueles que não obtiveram êxito econômico e social. Tal sentimento é vivenciado em toda a sociedade, criando o contexto das subculturas, que nada mais significam do que uma reação das minorias para prosseguir numa sociedade de reduzidas possibilidades, revelando um estado de frustração.

Alternativa "a": A anomia é a crise da estrutura cultural que se verifica especialmente quando existe uma forte discrepância entre normas e fins culturais.

Alternativa "b": Por meio da crítica da subcultura delinquente que repousa sobre a incapacidade de explicar a criminalidade de forma genérica, restando apenas à criminalidade juvenil.

Alternativa "c": A partir de uma estrutura social defeituosa onde a exclusão das metas sociais leva a criação de subcultura.

Alternativa "d": pela transmissão de valores subculturais, que pressupõe um processo de interação e aprendizagem, e pela interiorização de técnicas de neutralização, por meio das quais os jovens justificam o seu comportamento desviante.

Alternativa "e": A sociedade cada vez mais competitiva em busca de riqueza e sucesso, as desigualdades entre os membros provocam diferenças, ainda mais naqueles que não obtiveram êxito econômico e social.

Alternativa correta: letra "d".

52. (UFPR – Delegado de Polícia – PC PR/2021) Sobre os discursos punitivos criminológicos elaborados nos últimos anos, assinale a alternativa correta.

a) As doutrinas atuariais referem-se a práticas administrativas de funcionamento do sistema penal e têm como objetivo o gerenciamento de grupos classificados como perigosos.

b) Günther Jakobs, ao tratar do direito penal do inimigo, divide os criminosos em cidadãos e inimigos, propondo a aplicação de penas de prisão aos inimigos e de penas alternativas aos cidadãos.

c) A política de tolerância zero decorre da teoria das janelas quebradas, que foi elaborada por Milton Friedman.

d) Os discursos de tolerância zero influenciaram a adoção de práticas restaurativas como estratégia de combate à criminalidade.

e) O direito penal do inimigo surgiu após os atentados terroristas nos EUA, em 2001, e refere-se à aplicação de um direito penal baseado nos princípios iluministas de limite ao poder punitivo estatal.

COMENTÁRIOS

✪ **Nota do autor:** A Criminologia Atuarial buscava punir, intimidar ou reabilitar indivíduos, com a utilização a pena para o controle de *grupos de risco* mediante *neutralização* de seus membros.

Alternativa "a": As doutrinas atuariais buscam identificar e neutralizar os criminosos, o que promoveria uma redução nos índices de criminalidade.

Alternativa "b": O direito penal do inimigo é oposto ao direito penal do cidadão.

Alternativa "c": A política de **tolerância zero**, decorre da **teoria das janelas quebradas**, inspirada na Escola de Chicago, tendo influência com o livro Losing Ground: American Social Policy de **Charles Murray**.

Alternativa "d": Os discursos de tolerância zero não influenciaram a adoção de práticas restaurativas como estratégia de combate à criminalidade.

Alternativa "e": O **direito penal do inimigo é oposto ao direito penal do cidadão** que por sua vez representa o indivíduo que prática o crime e viola a norma, porém presentes seus direitos e garantias fundamentais.

Alternativa correta: letra "a".

53. (UFPR – Delegado de Polícia – PC – PR/2021) É correto afirmar que o Labelling Approach:

a) assume que o crime decorre de um processo de construção social, ou seja, da atribuição da etiqueta de desviante a determinados indivíduos por meio da interação social.

b) ocasionou uma mudança de paradigma em criminologia, deslocando o objeto de estudo dos processos de criminalização para o estudo do sujeito delinquente.

c) mantém a etiologia do sujeito delinquente como seu principal objeto de estudo ao apresentar conceitos como os de desvio primário e de desvio secundário.

d) teve como bases teóricas o interacionismo simbólico e a filosofia penal do livre arbítrio.

e) também é conhecido como paradigma da reação social e surgiu com a Escola de Chicago, recebendo a influência da sociologia criminal europeia.

COMENTÁRIOS

✪ **Nota do autor:** A linha marcante desta teoria é que deixou o estudo do fenômeno criminoso e passou para as reações sociais que surgem com a prática do delito. Assim, funda-se na ideia de que a intervenção da justiça pode acentuar a criminalidade, e ainda que a criminalidade resulta de um processo de interação social, ou seja, a conduta proibida seria uma qualidade atribuída a um determinado comportamento pelos sociedade, caracterizando-se como seletivo, e discriminatório.

Alternativa "a": O Labelling Approach assume que o crime decorre de um processo de construção social, ou seja, da atribuição da etiqueta de desviante a determinados indivíduos por meio da interação social.

Alternativa "b": O labelling contesta a criminologia tradicional, trazendo para a visão central desta ciência a reação social com a prática da conduta pelo delinquente.

Alternativa "c": A teoria sustenta que não se pode compreender o crime sem o processo de reação social, de seleção de pessoas e condutas etiquetadas como delitivas.

Alternativa "d: O labelling contesta a criminologia tradicional, trazendo para a visão central desta ciência a reação social com a prática da conduta pelo delinquente. Nesta teoria verifica-se a passagem da criminologia liberal para a criminologia crítica.

Alternativa "e": A teoria do Labelling approach ou ainda interacionismo simbólico, etiquetamento, rotulação social ou reação social, surgiu nos Estados Unidos na década de 60.

Alternativa correta: letra "a".

---

54. (UFPR – Delegado de Polícia – PC – PR/2021) A teoria estrutural-funcionalista do desvio e da anomia foi desenvolvida por:

a) Howard Becker.

b) Robert Merton.

c) Edwin Sutherland.

d) John Rockefeller.

e) Albert Cohen.

✪ **Nota do autor:** A anomia é ausência ou **desintegração das normas sociais**, resumida em três acepções: situação existente de transgressão por quem pratica ilegalidades; a existência de um conflito de normas claras, que dificultam a adequação do indivíduo; e a existência de um movimento que discute a inexistência das normas que vincule as pessoas a um contexto social.

Alternativa "a": Howard Becker foi principal expoente do Labelling approach.

Alternativa "b": A teoria estrutural-funcionalista do desvio e da anomia foi desenvolvida por Robert Merton.

Alternativa "c": Edwin Sutherland desenvolveu a teoria da associação diferencial.

Alternativa "d: John Rockefeller não desenvolveu a teoria estrutura-funcionalista, ou na anomia.

Alternativa "e": Albert Cohen desenvolveu a teoria subcultural e é autor da obra Delinquent boys (1955).

Alternativa correta: letra "b".

---

55. (Inst. Acesso – Delegado de Polícia – PC – ES/2019) A moderna criminologia se dedica, também, ao estudo do controle social do delito, tendo este objeto representado um giro metodológico de grande importância. Assinale a alternativa correta:

a) a família, a escola, a opinião pública, por exemplo, são instituições encarregadas de exercer o controle social primário.

b) a polícia, o Judiciário, a administração penitenciária, por exemplo, são instituições encarregadas de exercer o controle social informal.

c) a polícia, o Judiciário, a administração penitenciária, por exemplo, são instituições encarregadas de exercer o controle social formal.

d) a família, a escola, a opinião pública, por exemplo, são instituições encarregadas de exercer o controle social terciário.

e) a família, a escola, a opinião pública, por exemplo, são instituições encarregadas de exercer o controle social secundário.

COMENTÁRIOS

✪ **Nota do autor:** O Controle Social constitui-se em um conjunto de mecanismos e sanções sociais que determinam ao indivíduo um padrão de conduta, sendo, portanto, uma forma de destinada a levar ao comportamento adequado relação em sintonia com os valores da coletividade.

Alternativa "a": a família, a escola, são instituições encarregadas de exercer o controle social informal.

Alternativa "b": a polícia, o Judiciário, a administração penitenciária, por exemplo, são instituições encarregadas de exercer o controle social formal.

Alternativa "c": a polícia, o Judiciário, a administração penitenciária, por exemplo, são instituições encarregadas de exercer o controle social formal.

Alternativa "d": a família, a escola, a opinião pública, por exemplo, são instituições encarregadas de exercer o controle social informal.

Alternativa "e": a família, a escola, a opinião pública, por exemplo, são instituições encarregadas de exercer o controle social terciário.

Alternativa correta: letra "c".

---

56. (Inst. Acesso – Delegado de Polícia – PC – ES/2019) Constitui um dos objetivos metodológicos da teoria do Labelling Approach (Teoria do Etiquetamento Social) o estudo detalhado da atuação do controle social na configuração da criminalidade. Assinale a alternativa correta:

a) Para o labelling approach, o controle social penal possui um caráter seletivo e discriminatório gerando a criminalidade.

b) O labelling approach é uma teoria da criminalidade que se aproxima do paradigma etiológico convencional para explicar a distribuição seletiva do fenômeno criminal.

c) Para o labelling approach, um sistemático e progressivo endurecimento do controle social penal viabilizaria o alcance de uma prevenção eficaz do crime.

d) O labelling approach, como explicação interacionista do fato delitivo, destaca o problema hermenêutico da interpretação da norma penal.

e) O labelling approach surge nos EUA nos anos 80, admitindo a normalidade do fenômeno delitivo e do delinquente.

COMENTÁRIOS

✪ **Nota do autor:** A linha marcante desta teoria é que deixou o estudo do fenômeno criminoso e passou para as reações sociais que surgem com a prática do delito. Assim, funda-se na ideia de que a intervenção da justiça pode acentuar a criminalidade, e ainda que a criminalidade resulta de um processo de interação social, ou seja, a conduta proibida seria uma qualidade atribuída a um determinado comportamento pelos sociedade, caracterizando-se como seletivo, e discriminatório.

Alternativa "a": Para o labelling approach, o controle social penal possui um caráter seletivo e discriminatório gerando a criminalidade.

Alternativa "b": Para a teoria a criminalidade não é produto da conduta humana, mas sim em razão do estigma que diferencia o homem comum, pelo rótulo que recebe.

Alternativa "c": A teoria sustenta que não se pode compreender o crime sem o processo de reação social, de seleção de pessoas e condutas etiquetadas como delitivas.

Alternativa "d": O labelling contesta a criminologia tradicional, trazendo para a visão central desta ciência a reação social com a prática da conduta pelo delinquente

Alternativa "e": A teoria do Labelling approach ou ainda interacionismo simbólico, etiquetamento, rotulação social ou reação social, surgiu nos Estados Unidos na década de 60.

Alternativa correta: letra "a".

---

57. (Inst. Acesso – Delegado de Polícia – PC – ES/2019) Os modelos sociológicos contribuíram decisivamente para um conhecimento realista do problema criminal demonstrando a pluralidade de fatores que com ele interagem. Leia as afirmativas a seguir, e marque a alternativa INCORRETA:

a) As teorias conflituais partem da premissa de que o conflito expressa uma realidade patológica da sociedade sendo nocivo para ela na medida em que afeta o seu desenvolvimento e estabilidade.

b) As teorias ecológicas partem da premissa de que a cidade produz delinquência, valendo-se dos conceitos de desorganização e contágio social inerentes aos modernos núcleos urbanos.

c) As teorias subculturais sustentam a existência de uma sociedade pluralista com diversos sistemas de valores divergentes em torno dos quais se organizam outros tantos grupos desviados.

d) As teorias estrutural-funcionalistas consideram a normalidade e a funcionalidade do crime na ordem social, menosprezando o componente biopsicopatológico no diagnóstico do problema criminal.

e) As teorias de aprendizagem social sustentam que o comportamento delituoso se aprende do mesmo modo que o indivíduo aprende também outras atividades lícitas em sua interação com pessoas e grupos.

COMENTÁRIOS

✪ **Nota do autor:** A moderna sociologia analisa as teorias macrossociológica, sob os aspectos consensuais e do conflito, pois não é possível limitar-se apenas a uma visão do indivíduo ou de pequenos grupos. Assim, o pensamento da criminologia possui duas visões. A primeira visão, funcionalista, também conhecida como teoria da integração, ou, seu nome mais comum de teoria do consenso, onde abrange a escola de Chicago, teoria da associação diferencial, teoria da anomia, e teoria da subcultura do delinquente. A segunda, chamada de teoria do conflito, onde se situam as teorias do labelling approach e teoria crítica ou radical

Alternativa "a": As teorias do conflito sustentam que as relações sociais são conflituosas, com base na distribuição desigual de autoridade, e, portanto, necessita de força e coerção, ignorando-se a existência de acordos em torno de valores de que depende o próprio estabelecimento da força.

Alternativa "b": As teorias ecológicas partem de um paralelo entre as plantas da natureza e organização da sociedade, cria as zonas de delinquências, ou também conhecida como concentração geográfica de criminalidade.

Alternativa "c": As teorias da subcultura apresentam três ideias fundamentais: o caráter pluralista da ordem social, a cobertura normativa da conduta desviada e semelhança estrutural do comportamento regular do irregular.

Alternativa "d": As teorias estrutural-funcionalistas consideram a normalidade e funcionalidade do crime. Primeiro, normalidade pois o crime não teria sua origem individual ou social, senão no normal e regular funcionamento da sociedade, seria inevitável diante do desenvolvimento social. E funcionalidade, pois seria necessariamente nocivo, para a estabilidade e mudança social.

Alternativa "e": A conduta criminal se aprende, como se aprende também o comportamento virtuoso ou qualquer outra atividade: os mecanismos são idênticos em todos os casos.

Alternativa incorreta: letra "a".

---

58. (Inst. Acesso – Delegado de Polícia – PC – ES/2019) O estudo da pessoa do infrator teve seu protagonismo durante a fase positivista na evolução histórica da Criminologia. Assinale, dentre as afirmativas abaixo, a que descreve corretamente como a criminologia tradicional o examina.

a) A criminologia tradicional examina a pessoa do infrator como uma realidade biopsicopatológica, considerando o determinismo biológico e social.

b) A criminologia tradicional examina a pessoa do infrator como um incapaz de dirigir por si mesmo sua vida, cabendo ao Estado tutelá-lo.

c) A criminologia tradicional examina a pessoa do infrator como uma unidade biopsicossocial, considerando suas interdependências sociais.

d) A criminologia tradicional examina a pessoa do infrator como um sujeito determinado pelas estruturas econômicas excludentes, sendo uma vítima do sistema capitalista.

e) A criminologia tradicional examina a pessoa do infrator como alguém que fez mau uso da sua liberdade embora devesse respeitar a lei.

COMENTÁRIOS

✪ **Nota do autor:** Lombroso entendia que o criminoso era um ser atávico, ou seja, **o homem nascia criminoso**, pois essa característica era passada dos ascendentes para os descendentes pelos genes, sendo o homem um **criminoso nato**.

Alternativa "a": A criminologia tradicional examina a pessoa do infrator como uma realidade biopsicopatológica, considerando o determinismo biológico e social.

Alternativa "b": o criminoso incapaz de dirigir sua vida cabendo ao Estado tutelá-lo é visão da Escola Correcionalista.

Alternativa "c": a ideia do criminoso como uma unidade biopsicossocial corresponde à visão da criminologia moderna.

Alternativa "d": também conhecida como teoria radical ou nova criminologia tem suas bases no marxismo, de onde o delito é fruto de um sistema capitalista.

Alternativa "e": a Escola Clássica atribuía a responsabilidade do crime ao delinquente que o cometeu, pela escolha feita por este em razão do livre-arbítrio, inerente ao homem, afinal é racional e livre para refletir e tomar decisões e agir

Alternativa correta: letra "a".

---

59. (Inst. Acesso – Delegado de Polícia – PC – ES/2019) Uma informação confiável e contrastada sobre a criminalidade real que existe em uma sociedade é imprescindível, tanto para formular um diagnóstico científico, como para desenhar os oportunos programas de prevenção. Assinale a alternativa correta:

a) A criminalidade real corresponde à totalidade de delitos perpetrados pelos delinquentes. A criminalidade revelada corresponde à quantidade de delitos que chegou ao conhecimento do Estado. A cifra negra corresponde à ausência de registro de práticas antissociais do poder político e econômico.

b) A criminalidade real corresponde à quantidade de delitos que chegou ao conhecimento do Estado. A criminalidade revelada corresponde à totalidade de delitos perpetrados pelos delinquentes. A cifra negra corresponde à ausência de registro de práticas antissociais do poder político e econômico.

c) A criminalidade real corresponde à quantidade de delitos que chegou ao conhecimento do Estado. A criminalidade revelada corresponde à totalidade de delitos perpetrados pelos delinquentes. A cifra negra corresponde à quantidade de delitos não comunicados ou não elucidados dos crimes de rua.

d) A criminalidade real corresponde à quantidade de delitos que chegou ao conhecimento do Estado. A criminalidade revelada corresponde à totalidade de delitos perpetrados pelos delinquentes. A cifra negra corresponde à violência policial, cujos índices não são levados ao conhecimento das corregedorias.

e) A criminalidade real corresponde à totalidade de delitos perpetrados pelos delinquentes. A criminalidade revelada corresponde à quantidade de delitos que chegou ao conhecimento do Estado. A cifra negra corresponde à quantidade de delitos não comunicados ou não elucidados dos crimes de rua.

COMENTÁRIOS

✪ **Nota do autor:** As estatísticas criminais servem de fundamento para a política criminal quanto à prevenção e repressão criminais.

Alternativa "a": a criminalidade real indica a quantidade efetiva de crimes praticados. A criminalidade revelada é quantidade de crimes em percentual que chega ao conhecimento do Estado. De outro lado a cifra negra significa o número de delitos que não são levados ao conhecimento das autoridades.

Alternativa "b": a criminalidade real indica a quantidade efetiva de crimes praticados. A criminalidade revelada é quantidade de crimes em percentual que chega ao conhecimento do Estado. De outro lado a cifra negra significa o número de delitos que não são levados ao conhecimento das autoridades.

Alternativa "c": a criminalidade real indica a quantidade efetiva de crimes praticados. A criminalidade revelada é quantidade de crimes em percentual que chega ao conhecimento do Estado. De outro lado a cifra negra significa o número de delitos que não são levados ao conhecimento das autoridades.

Alternativa "d": a criminalidade real indica a quantidade efetiva de crimes praticados. A criminalidade revelada é quantidade de crimes em percentual que chega ao conhecimento do Estado. De outro lado a cifra negra significa o número de delitos que não são levados ao conhecimento das autoridades.

Alternativa "e": a criminalidade real corresponde à totalidade de delitos perpetrados pelos delinquentes. A criminalidade revelada corresponde à quantidade de delitos que chegou ao conhecimento do Estado. A cifra negra corresponde à quantidade de delitos não comunicados ou não elucidados dos crimes de rua.

Alternativa correta: letra "e".

---

60. (Inst. Acesso – Delegado de Polícia – PC – ES/2019) A Criminologia Crítica contempla uma concepção conflitual da sociedade e do Direito. Logo, para a criminologia crítica, o conflito social.

a) se produz entre as pautas normativas dos diversos grupos sociais, cujas valorações são discrepantes.
b) é funcional porque assegura a mudança social e contribui para a integração e conservação da ordem e do sistema.
c) é um conflito de classe sendo que o sistema legal é um mero instrumento da classe dominante para oprimir a classe trabalhadora.
d) representa a própria estrutura e dinâmica da mudança social, sendo o crime produto normal das tensões sociais.
e) expressa uma realidade patológica inerente a ordem social.

COMENTÁRIOS

✪ **Nota do autor:** o que se propõe é a criação de uma tutela de garantia dentro do sistema capitalista, o direcionamento dos mecanismos criminais à atividades não convencionais, de modo a alcançar parcelas da população, em princípio, invulneráveis ao sistema; a redução, diante da impossibilidade de abolição do sistema carcerário, a redução da incriminação através de princípios como o de intervenção mínima; utilização do discurso crítico ao sistema incriminador

Alternativa "a": o modelo conflitivo afirma que as relações sociais são necessariamente conflituosas, gerada pela distribuição desigual de autoridade. A pauta normativa é dos de classes subalternas.

Alternativa "b": é um conflito de classe sendo que o sistema legal é um mero instrumento da classe dominante para oprimir a classe trabalhadora.

Alternativa "c": um conflito de classe sendo que o sistema legal é um mero instrumento da classe dominante para oprimir a classe trabalhadora.

Alternativa "d": na criminologia crítica, ao invés que questionar as causas do crime, a preocupação passa verificar o porquê determinadas pessoas são tratadas como criminosos, e, ainda, ao invés de questionar os motivos dos criminosos, passa a ser verificar os mecanismos do controle social.

Alternativa "e": considerada como verdadeira revolução teórica e prática, pois deixou de lado as questões referentes ao delinquente e o crime, para se dirigirem para a produção normativa e estrutura de reação da sociedade.

Alternativa correta: letra "c".

61. (Inst. Acesso – Delegado de Polícia – PC – ES/2019) Leia o texto a seguir e responda ao que é solicitado.

"Os irmãos Batista, controladores da JBS, tiveram vantagem indevida de quase R$73 milhões com a venda de ações da companhia antes da divulgação do acordo de delação premiada que veio a público em 17/05/2017, conforme as conclusões do inquérito da Comissão de Valores Mobiliários (CVM). O caso analisa eventual uso de informação privilegiada e manipulação de mercado por Joesley e Wesley Batista, e quebra do dever de lealdade, abuso de poder e manipulação de preços pela FB Participações". (Jornal Valor Econômico, 13/08/2018):

Com relação à criminalidade denominada de colarinho branco, pode-se afirmar que a teoria da associação diferencial.

a) sustenta como causa da criminalidade de colarinho branco a proposição de que o criminoso de hoje era a criança problemática de ontem.
b) entende que o delito é derivado de anomalias no indivíduo podendo ocorrer em qualquer classe social.
c) sustenta que o crime está concentrado na classe baixa, sendo associado estatisticamente com a pobreza.
d) sustenta que a aprendizagem dos valores criminais pode acontecer em qualquer cultura ou classe social.
e) enfatiza os fatores sociopáticos e psicopáticos como origem do crime da criminalidade de colarinho branco.

COMENTÁRIOS

✪ **Nota do autor:** Surge juntamente com teoria da associação a expressão crimes de colarinho branco, que significa, em síntese, o crime cometido por uma pessoa com alto status econômico que viola as leis que regulam suas atividades profissionais.

Alternativa "a": o comportamento criminoso é aprendido pelo criminoso, mas nunca herdado, assim o indivíduo é convertido em delinquente quando os valores de seu grupo lhe ensinam o crime (aprendizagem) por um processo de interação.

Alternativa "b": entende que o delito é derivado de um processo de aprendizagem podendo ocorrer em qualquer classe social.

Alternativa "c": a teoria sustenta que o delito não reside apenas no cometimento por classes menos favorecidas, pois não é praticado somente pelas pessoas que pertencem a estes grupos.

Alternativa "d": sustenta que a aprendizagem dos valores criminais pode acontecer em qualquer cultura ou classe social.

Alternativa "e": enfatiza que a parte decisiva do processo de aprendizagem ocorre no seio das relações sociais mais íntimas. A aprendizagem é diretamente proporcional à interação entre as pessoas.

Alternativa correta: letra "d".

62. (Inst. Acesso – Delegado de Polícia – PC – ES/2019) O pensamento criminológico moderno, de viés macrossociológico, é influenciado pela visão de cunho funcionalista (denominada teoria da integração, mais conhecida por teorias do consenso) e de cunho argumentativo (denominada por teorias do conflito). É correto afirmar que:

a) São exemplos de teorias do consenso a Escola de Chicago, a teoria de associação diferencial, a teoria da subcultura do delinquente e a teoria do etiquetamento.

b) São exemplos de teorias do conflito a teoria de associação diferencial a teoria da anomia, a teoria do etiquetamento e a teoria crítica ou radical.

c) São exemplos de teorias do consenso a Escola de Chicago, a teoria de associação diferencial, a teoria da anomia e a teoria da subcultura do delinquente.

d) São exemplos da teoria do consenso a teoria de associação diferencial, a teoria da anomia, a teoria do etiquetamento e a teoria crítica ou radical.

e) São exemplos da teoria do conflito a Escola de Chicago, a teoria de associação diferencial, a teoria da anomia e a teoria da subcultura do delinquente.

COMENTÁRIOS

✪ **Nota do autor:** A moderna sociologia analisa as teorias **macrossociológica**, sob os aspectos **consensuais e do conflito**, pois não é possível limitar-se apenas a uma visão do indivíduo ou de pequenos grupos.

Alternativa "a": A teoria do consenso abrange a escola de Chicago, teoria da associação diferencial, teoria da anomia, e teoria da subcultura do delinquente.

Alternativa "b": A teoria do conflito situa as teorias do labelling approach e teoria crítica ou radical.

Alternativa "c": São exemplos de teorias do consenso a Escola de Chicago, a teoria de associação diferencial, a teoria da anomia e a teoria da subcultura do delinquente.

Alternativa "d": A teoria do consenso abrange a escola de Chicago, teoria da associação diferencial, teoria da anomia, e teoria da subcultura do delinquente

Alternativa "e": A teoria do conflito situa as teorias do labelling approach e teoria crítica ou radical.

Alternativa correta: letra "c".

---

63. (Inst. Acesso – Delegado de Polícia – PC – ES/2019) A moderna criminologia se dedica, também, ao estudo do controle social do delito, tendo este objeto representado um giro metodológico de grande importância. Assinale a alternativa correta:

a) a família, a escola, a opinião pública, por exemplo, são instituições encarregadas de exercer o controle social primário.

b) a polícia, o Judiciário, a administração penitenciária, por exemplo, são instituições encarregadas de exercer o controle social informal.

c) a polícia, o Judiciário, a administração penitenciária, por exemplo, são instituições encarregadas de exercer o controle social formal.

d) a família, a escola, a opinião pública, por exemplo, são instituições encarregadas de exercer o controle social terciário.

e) a família, a escola, a opinião pública, por exemplo, são instituições encarregadas de exercer o controle social secundário.

COMENTÁRIOS

✪ **Nota do autor:** O controle social é entendido, como um conjunto de instituições, estratégias e **sanções sociais** que pretendem promover e garantir referido submetimento do indivíduo aos modelos e normas.

Alternativa "a": O controle social informal é constituído pela sociedade civil, família, escola, atividade profissional, clubes de serviços.

Alternativa "b": O controle formal é exercido pelo poder do Estado, através de seus órgãos como Polícia, Exército, Ministério Público, Poder Judiciário.

Alternativa "c": A polícia, o Judiciário, a administração penitenciária, por exemplo, são instituições encarregadas de exercer o controle social formal.

Alternativa "d": O controle social informal é constituído pela a família, a escola.

Alternativa "e": O controle social informal é constituído pela sociedade civil, família, escola, atividade profissional, clubes de serviços.

Alternativa correta: letra "c".

---

64. (Inst. Acesso – Delegado de Polícia – PC – ES/2019) Constitui um dos objetivos metodológicos da teoria do Labelling Approach (Teoria do Etiquetamento Social) o estudo detalhado da atuação do controle social na configuração da criminalidade. Assinale a alternativa correta:

a) Para o labelling approach, o controle social penal possui um caráter seletivo e discriminatório gerando a criminalidade.

b) O labelling approach é uma teoria da criminalidade que se aproxima do paradigma etiológico convencional para explicar a distribuição seletiva do fenômeno criminal.

c) Para o labelling approach, um sistemático e progressivo endurecimento do controle social penal viabilizaria o alcance de uma prevenção eficaz do crime.

d) O labelling approach, como explicação interacionista do fato delitivo, destaca o problema hermenêutico da interpretação da norma penal.

e) O labelling approach surge nos EUA nos anos 80, admitindo a normalidade do fenômeno delitivo e do delinquente.

COMENTÁRIOS

✪ **Nota do autor:** A linha marcante desta teoria é que deixou o estudo do fenômeno criminoso e passou para as reações sociais que surgem com a prática do delito.

Alternativa "a": A criminalidade resulta de um processo de interação social, ou seja, a conduta proibida seria uma qualidade atribuída a um determinado comportamento pelos sociedade, caracterizando-se como seletivo, e discriminatório.

Alternativa "b": O labelling contesta a criminologia tradicional, trazendo para a visão central desta ciência a reação social com a prática da conduta pelo delinquente.

Alternativa "c": As principais consequências do labelling são a política de: descriminalização, diversão, devido processo legal, e, desinstitucionalização, que contribuíram para a chamada prudente não intervenção, como forma de repensar o ordenamento jurídico penal.

Alternativa "d": A teoria sustenta que não se pode compreender o crime sem o processo de reação social, de seleção de pessoas e condutas etiquetadas como delitivas.

Alternativa "e": A teoria do Labelling approach ou ainda interacionismo simbólico, etiquetamento, rotulação social ou reação social, surgiu nos Estados Unidos na década de 60.

Alternativa correta: letra "a".

---

65. (Inst. Acesso – Delegado de Polícia – PC – ES/2019) Os modelos sociológicos contribuíram decisivamente para um conhecimento realista do problema criminal demonstrando a pluralidade de fatores que com ele interagem. Leia as afirmativas a seguir, e marque a alternativa INCORRETA:

a) As teorias conflituais partem da premissa de que o conflito expressa uma realidade patológica da sociedade sendo nocivo para ela na medida em que afeta o seu desenvolvimento e estabilidade.

b) As teorias ecológicas partem da premissa de que a cidade produz delinquência, valendo-se dos conceitos de desorganização e contágio social inerentes aos modernos núcleos urbanos.

c) As teorias subculturais sustentam a existência de uma sociedade pluralista com diversos sistemas de valores divergentes em torno dos quais se organizam outros tantos grupos desviados.

d) As teorias estrutural-funcionalistas consideram a normalidade e a funcionalidade do crime na ordem social, menosprezando o componente biopsicopatológico no diagnóstico do problema criminal.

e) As teorias de aprendizagem social sustentam que o comportamento delituoso se aprende do mesmo modo que o indivíduo aprende também outras atividades lícitas em sua interação com pessoas e grupos.

COMENTÁRIOS

✪ **Nota do autor:** A moderna sociologia analisa as teorias **macrossociológica**, sob os aspectos **consensuais e do conflito**, pois não é possível limitar-se apenas a uma visão do indivíduo ou de pequenos grupos.

Alternativa "a": As teorias do conflito sustentam que as relações sociais são conflituosas, com base na distribuição desigual de autoridade, e, portanto, necessita de força e coerção, ignorando-se a existência de acordos em torno de valores de que depende o próprio estabelecimento da força.

Alternativa "b": A Teoria ecológica, oriunda da Escola de Chicago, aponta os efeitos criminógenos dos grandes centros urbanos, utilizando-se de dois conceitos básicos, desorganização social e áreas de delinquência.

Alternativa "c": A teoria parte de uma estrutura social defeituosa onde a exclusão das metas sociais leva a criação de subcultura.

Alternativa "d": O crime é produzido pela própria estrutura social, inclusive exercendo uma certa função no interior do sistema, de maneira que não deve ser visto como uma anomalia ou moléstia social.

Alternativa "e": As teorias da aprendizagem levam ao abandono das metas convencionais da personalidade e infância do indivíduo, justificando o comportamento pelo processo de aprendizagem

Alternativa incorreta: letra "a".

---

66. (Inst. Acesso – Delegado de Polícia – PC – ES/2019) A Criminologia Crítica contempla uma concepção conflitual da sociedade e do Direito. Logo, para a criminologia crítica, o conflito social.

a) se produz entre as pautas normativas dos diversos grupos sociais, cujas valorações são discrepantes.

b) é funcional porque assegura a mudança social e contribui para a integração e conservação da ordem e do sistema.

c) é um conflito de classe sendo que o sistema legal é um mero instrumento da classe dominante para oprimir a classe trabalhadora.

d) representa a própria estrutura e dinâmica da mudança social, sendo o crime produto normal das tensões sociais.

e) expressa uma realidade patológica inerente a ordem social.

COMENTÁRIOS

✪ **Nota do autor:** A criminologia crítica está associada à **estrutura política e econômica de determinada sociedade**.

Alternativa "a": Parte da ideia de que a divisão de classes do sistema capitalista gera desigualdades e violência a ser contida por meio da legislação penal.

Alternativa "b": Para a teoria as condutas criminosas dos menos favorecidos são as perseguidas, ao contrário do que ocorre com a criminalidade dos poderes mais elevados.

Alternativa "c": Esta teoria dirigiu-se principalmente para o processo de criminalização, sendo identificado como uns dois maiores problemas das relações sociais, próprias das sociedades capitalistas.

Alternativa "d": As bases desta teoria foram o fundamento para a crítica das posturas tradicionais da criminologia do consenso.

Alternativa "e": As condutas criminosas dos menos favorecidos são as perseguidas, ao contrário do que ocorre com a criminalidade dos poderes mais elevados

Alternativa correta: letra "c".

67. (Inst. Acesso – Delegado de Polícia – PC – ES/2019) Leia o texto a seguir e responda ao que é solicitado.

"Os irmãos Batista, controladores da JBS, tiveram vantagem indevida de quase R$73 milhões com a venda de ações da companhia antes da divulgação do acordo de delação premiada que veio a público em 17/05/2017, conforme as conclusões do inquérito da Comissão de Valores Mobiliários (CVM). O caso analisa eventual uso de informação privilegiada e manipulação de mercado por Joesley e Wesley Batista, e quebra do dever de lealdade, abuso de poder e manipulação de preços pela FB Participações». (Jornal Valor Econômico, 13/08/2018):

Com relação à criminalidade denominada de colarinho branco, pode-se afirmar que a teoria da associação diferencial.

a) sustenta como causa da criminalidade de colarinho branco a proposição de que o criminoso de hoje era a criança problemática de ontem.
b) entende que o delito é derivado de anomalias no indivíduo podendo ocorrer em qualquer classe social.
c) sustenta que o crime está concentrado na classe baixa, sendo associado estatisticamente com a pobreza.
d) sustenta que a aprendizagem dos valores criminais pode acontecer em qualquer cultura ou classe social.
e) enfatiza os fatores sociopáticos e psicopáticos como origem do crime da criminalidade de colarinho branco.

COMENTÁRIOS

✪ **Nota do autor:** No final dos anos 30 ficou conhecida a expressão White collar crimes (crimes do colarinho branco), para diferenciar criminosos específicos dos criminosos comuns, que passa ser a base da teoria.

Alternativa "a": As relações culturais nas sociedades diferenciadas são determinantes para as posturas diferenciais

Alternativa "b": O comportamento criminoso é **aprendido pelo criminoso, mas nunca herdado**, assim o indivíduo é convertido em delinquente quando os **valores de seu grupo lhe ensinam** o crime (**aprendizagem**) por um processo de interação

Alternativa "c": O delito não reside apenas no cometimento por classes menos favorecidas, pois não é praticado somente pelas pessoas que pertencem a estes grupos.

Alternativa "d": A parte decisiva do processo de aprendizagem ocorre no seio das relações sociais mais **íntimas**, diretamente proporcional à interação entre as pessoas, e em qualquer classe social.

Alternativa "e": A associação diferencial enfatiza os fatores de aprendizagem como origem da criminalidade de colarinho branco.

Alternativa correta: letra "d".

68. (Vunesp – Delegado de Polícia – PC – BA/2018) No tocante às teorias da subcultura delinquente e da anomia, assinale a alternativa correta.

a) Uma das principais críticas às teorias da subcultura delinquente é a de que ela não consegue oferecer uma explicação generalizadora da criminalidade, havendo um apego exclusivo a determinado tipo de criminalidade, sem que se tenha uma abordagem do todo.
b) A teoria da anomia, sob a perspectiva de Durkheim, define-se a partir do sintoma do vazio produzido no momento em que os meios socioestruturais não satisfazem as expectativas culturais da sociedade, fazendo com que a falta de oportunidade leve à prática de atos irregulares para atingir os objetivos almejados.
c) A teoria da anomia, sob a perspectiva de Merton, define-se a partir do momento em que a função da pena não é cumprida, por exemplo, instaura-se uma disfunção no corpo social que desacredita o sistema normativo de condutas, fazendo surgir a anomia. Portanto, a anomia não significa ausência de normas, mas o enfraquecimento de seu poder de influenciar condutas sociais.
d) O utilitarismo da ação é um dos fatores que caracterizam a subcultura deliquencial sob a perspectiva de Albert Cohen.
e) O sentimento de impunidade vivenciado por uma sociedade é antagônico ao conceito de anomia identificado sob a ótica de Durkheim.

COMENTÁRIOS

✪ **Nota do autor:** Com a ascensão das economias, em especial a norte americana após a segunda guerra mundial, tornado a sociedade cada vez mais competitiva em busca de riqueza e sucesso, as desigualdades entre os membros provocam diferenças, ainda mais naqueles que não obtiveram êxito econômico e social. Tal sentimento é vivenciado em toda a sociedade, criando o contexto das subculturas, que nada mais significam do que uma reação das minorias para prosseguir numa sociedade de reduzidas possibilidades, revelando um estado de frustração.

Alternativa "a": A crítica da subcultura delinquente repousa sobre a incapacidade de explicar a criminalidade de forma genérica, restando apenas à criminalidade juvenil.

Alternativa "b": Para Durkhein a anomia é ausência ou **desintegração das normas sociais**, resumida em três acepções: situação existente de transgressão por quem pratica ilegalidades; a existência de um conflito de normas claras, que dificultam a adequação do indivíduo; e a existência de um movimento que discute a inexistência das normas que vincule as pessoas a um contexto social

Alternativa "c": Para Merton a anomia é a crise da estrutura cultural que se verifica especialmente quando existe uma forte discrepância entre normas e fins culturais.

Alternativa "d": Segundo Cohen o comportamento dos jovens em reação aos sistemas dominantes é maior em grupos do que individualmente. Os sinais de status entre jovens menos favorecidos são diferentes daqueles com mais recursos, cada um possui um valor do próprio subgrupo. Daí surgem as gangues nos bairros localizados em periferias.

Alternativa "e": Aponta ainda Durkhein a existência de dois tipos de sociedade, a **sociedade primitiva,** é aquela onde a sociedade não possui diferenciação entre os seus membros, pois possuem os mesmos valores, sentimentos e crenças religiosas. Destaca ainda a **sociedade contemporânea**, onde os membros da sociedade em decorrência do trabalho, valores não compartilham das mesmas metas, enfraquecendo a consciência coletiva, o chamado fenômeno social cultural.

Alternativa correta: letra "a".

---

69. (Vunesp - Delegado de Polícia - PC - BA/2018) Assinale a alternativa correta no que diz respeito à criminologia e ao controle social.

a) A criminologia crítica radical, através de análises profundas e contundentes, busca apresentar meios eficazes de aperfeiçoamento do controle social exercido pela justiça criminal.

b) A afirmação do criminólogo Jeffery, no sentido de que "mais leis, mais penas, mais policiais, mais juízes, mais prisões significam mais presos, porém não necessariamente menos delitos", refere-se a uma crítica ao controle social informal.

c) A esterilização eugenista aplicada a criminosos contumazes e estupradores com o objetivo de evitar a procriação foi sustentada, no início do século XX, como forma de controle social por correntes criminológicas derivadas do pensamento positivista.

d) a conclusão de uma pesquisa que indica maior punibilidade para negros (mais condenados do que indiciados e mais presos em flagrante do que indiciados por portaria) contradiz os fundamentos da criminologia crítica em relação ao controle social.

e) A incipiente criminologia na escola clássica afastava o livre-arbítrio como fundamento do sistema penal de controle social.

COMENTÁRIOS

✪ **Nota do autor:** O controle social é entendido, como um "conjunto de instituições, estratégias e **sanções sociais** que pretendem promover e garantir referido submetimento do indivíduo aos modelos e normas.

Alternativa "a": Neste momento ao invés que questionar as causas do crime, a preocupação passa verificar o porquê determinadas pessoas são tratadas como criminosos, e, ainda, ao invés de questionar os motivos dos criminosos, passa a ser verificar os **mecanismos do controle social**

Alternativa "b": Refere-se a uma crítica ao controle social informal e formal.

Alternativa "c": Durante a primeira metade do século XX, houve grande influência do discurso eugenista nos Estados Unidos da América.

Alternativa "d": . A preocupação da criminologia crítica passa verificar o porquê determinadas pessoas são tratadas como criminosos, e, ainda, ao invés de questionar os motivos dos criminosos, passa a se verificar os mecanismos do controle social.

Alternativa "e": Na escola clássica não se nega o livre-arbítrio.

Alternativa correta: letra "c".

---

70. (UEG - Delegado de Polícia - PC - GO/2018) Sobre o labelling approach e sua influência sobre o pensamento criminológico do século XX, constata-se que

a) a criminalidade se revela como o processo de anteposição entre ação e reação social.

b) recebeu influência decisiva de correntes de origem fenomenológica, tais como o interacionismo simbólico e o behaviorismo.

c) o sistema penal é entendido como um processo articulado e dinâmico de criminalização.

d) parte dos conceitos de conduta desviada e reação social como termos independentes para determinar que o desvio e a criminalidade não são uma qualidade intrínseca da conduta.

e) no processo de criminalização seletiva o funcionamento das agências formais de controle mostra-se autossuficiente e autorregulado.

COMENTÁRIOS

✪ **Nota do autor:** A teoria do Labelling approach ou ainda **interacionismo simbólico**, **etiquetamento**, rotulação social ou reação social, surgiu nos Estados Unidos na década de 60, considerada como teoria do conflito

Alternativa "a": A linha marcante desta teoria é que deixou o estudo do fenômeno criminoso e passou para as **reações sociais** que surgem com a prática do delito.

Alternativa "b": O labelling contesta a criminologia tradicional, trazendo para a visão central desta ciência a reação social com a prática da conduta pelo delinquente. Nesta teoria verifica-se a passagem da criminologia liberal para a criminologia crítica.

Alternativa "c": As principais consequências o labelling são a política de: **descriminalização, diver-**

são, devido processo legal, e, desinstitucionalização, que contribuíram para a chamada prudente não intervenção, como forma de repensar o ordenamento jurídico penal.

Alternativa "d": A teoria sustenta que não se pode compreender o crime sem o processo de reação social, de seleção de pessoas e condutas etiquetadas como delitivas.

Alternativa "e": Funda-se na ideia de que a intervenção da justiça pode acentuar a criminalidade, e ainda que a criminalidade resulta de um processo de interação social, ou seja, a conduta proibida seria uma qualidade atribuída a um determinado comportamento pelos sociedade, caracterizando-se como seletivo, e discriminatório.

Alternativa correta: letra "c".

---

71. (Nucepe – Delegado de Polícia – PC – PI/2018) O crime é um comportamento valorado pelo direito. Acerca da Sociologia Criminal, podemos afirmar:

a) Ciência que tem como finalidade o estudo do criminoso-nato, sob seu aspecto amplo e integral: psicológico, social, econômico e jurídico.

b) Ciência que explica a correlação crime- sociedade, sua motivação, bem como sua perpetuação.

c) Busca, precipuamente, explicar e justificar os fatores psicológicos que levam ao crime.

d) Tem como objetivo maior, a ressocialização do preso, estabelecendo estudos de inclusão social.

e) Ciência que estuda as relações entre as pessoas que pertencem a uma comunidade, e se ocupa em estudar a vida social humana.

COMENTÁRIOS

✪ **Nota do autor:** A moderna sociologia parte de que não somente as degenerações apontadas por Lombroso eram suficientes para explicar o fato criminoso, mas também as transformações sociais que afetam os indivíduos desajustando-os.

Alternativa "a": A finalidade da Criminologia é permitir a **compreensão do fenômeno criminal**, informando a sociedade sobre o crime, o criminoso e a vítima, visando a prevenção e intervenção adequada.

Alternativa "b": É a **ciência que estuda o crime, o criminoso e a vítima,** além das **circunstâncias sociais**, os **fatores físicos, psicológicos**, que levaram o criminoso ao cometimento da conduta criminosa. Também cuida das instâncias de **controle social**.

Alternativa "c": É uma ciência humana do ser, por meio de informações, observação e experiência, portanto, **empírica,** mas com validade e confiabilidade sobre o delito, com a função de interpretar estes dados e levá-los, em sintonia com realidade, a contribuir para a compreensão do delito.

Alternativa "d": A Criminologia busca conhecer, explicar e transformar a realidade.

Alternativa "e": A criminologia é a ciência que estuda as causas e as concausas da criminalidade e da periculosidade preparatória da criminalidade, as manifestações e seus efeitos.

Alternativa correta: letra "b".

---

72. (Fumarc – Delegado de Polícia – PC – MG/2018) Sobre o sistema penal e a reprodução da realidade social, segundo Alessandro Baratta, é CORRETO afirmar:

a) A cada sucessiva recomendação do menor às instâncias oficiais de assistência e de controle social corresponde uma diminuição das chances desse menor ser selecionado para uma "carreira criminosa".

b) A homogeneidade do sistema escolar e do sistema penal corresponde ao fato de que realizam, essencialmente, a mesma função de reprodução das relações sociais e de manutenção da estrutura vertical da sociedade.

c) A teoria das carreiras desviantes, segundo a qual o recrutamento dos "criminosos" se dá nas zonas sociais mais débeis, não é confirmada quando se analisa a população carcerária.

d) O suficiente conhecimento e a capacidade de penetração no mundo do acusado por parte do juiz e das partes no processo criminal são favoráveis aos indivíduos provenientes dos estratos econômicos inferiores da população.

COMENTÁRIOS

✪ **Nota do autor:** Verifica-se no sistema penal, em face dos indivíduos provenientes dos estratos sociais mais fracos, os mesmos mecanismos presentes no sistema escolar.

Alternativa "a": A cada sucessiva recomendação do menor às instâncias oficiais de assistência e de controle social corresponde um aumento das chances desse menor ser selecionado para uma "carreira criminosa".

Alternativa "b": Verifica-se no sistema penal, em face dos indivíduos provenientes dos estratos sociais mais fracos, os mesmos mecanismos presentes no sistema escolar.

Alternativa "c": A teoria das carreiras desviantes, segundo a qual o recrutamento dos "criminosos" se dá nas zonas sociais mais débeis, é confirmada quando se analisa a população carcerária.

Alternativa "d": A capacidade de penetração no mundo do acusado por parte do juiz e das partes no processo criminal são desfavoráveis aos indivíduos provenientes dos estratos econômicos inferiores da população.

Alternativa correta: letra "b".

---

73. (Fumarc – Delegado de Polícia – PC – MG/2018) "A criminologia contemporânea, dos anos 30 em diante, se caracteriza pela tendência a superar as teorias patológicas da criminalidade, ou seja, as teorias baseadas sobre as características biológicas e psicológicas que diferenciariam os sujeitos 'criminosos' dos indivíduos 'normais', e sobre a negação do livre arbítrio, mediante um rígido determinismo. Essas teorias eram próprias da criminologia positivista que, inspirada na filosofia e na psicologia do positivismo naturalista, predominou entre o final do século passado e princípios deste." BARATTA, Alessandro. Criminologia Crítica e Crítica do Direito Penal. Introdução à sociologia do Direito Penal. 3. ed. Rio de Janeiro: Revan: Instituto Carioca de Criminologia. p. 29. (Coleção Pensamento Criminológico)

Numere as seguintes assertivas de acordo com a ideia de criminologia que representam, utilizando (1) para a criminologia positivista e (2) para a escola liberal clássica do direito penal.

( ) Assumia uma concepção patológica da criminalidade.

( ) Considerava a criminalidade como um dado pré-constituído às definições legais de certos comportamentos e certos sujeitos.

( ) Não considerava o delinquente como um ser humano diferente dos outros.

( ) Objetivava uma política criminal baseada em princípios como os da humanidade, legalidade e utilidade.

( ) Pretendia modificar o delinquente.

A sequência que expressa a associação CORRETA, de cima para baixo, é:

a) 1, 1, 2, 2, 1.

b) 1, 2, 1, 2, 2.

c) 2, 2, 1, 1, 1.

d) 2, 1, 2, 2, 2.

COMENTÁRIOS

✪ **Nota do autor:** Verifica-se nas escolas positivas o surgimento do caráter científico da criminologia e que tem por objeto não propriamente o delito, mas o homem delinquente, clinicamente observável, afastando as concepções patológicas e biológicas.

Item 1. A escola positiva assumia uma concepção patológica como consequência de fatores biológicos e físicos, que são elementos casuais do crime

Item 2. O direito é posterior ao homem, feito da vida e sociedade (antropocêntrico), na Escola positiva.

Item 3. A Escola Clássica não fazia distinção entre os indivíduos,

Item 4. Na escola clássica que se inicia a discussão sobre legalidade, humanização das penas, especialmente com Cesare Bonesana, autor de Dos Delitos e das Penas.

Item 5. Escola Positiva que passa a ser discutida a ideia da recuperação.

Alternativa correta: letra "a".

74. (Fumarc – Delegado de Polícia – PC – MG/2018) Sobre a relação entre o preso e a sociedade, segundo Alessandro Baratta, é CORRETO afirmar:

a) A reinserção do preso na sociedade, após o cumprimento da pena, é assegurada a partir do momento em que, no cárcere, o preso absorve um conjunto de valores e modelos de comportamento desejados socialmente.

b) É necessário primeiro modificar os excluídos, para que eles possam voltar ao convívio social na sociedade que está apta a acolhê-los.

c) O cárcere não reflete as características negativas da sociedade, em razão do isolamento a que são submetidos os presos.

d) São relações sociais baseadas no egoísmo e na violência ilegal, no interior das quais os indivíduos socialmente mais débeis são constrangidos a papéis de submissão e de exploração.

COMENTÁRIOS

✪ **Nota do autor:** As relações sociais e o poder da subcultura carcerária têm uma série de características que a distinguem da sociedade externa, e são uma ampliação das características da sociedade capitalista.

Alternativa "a":.No cárcere, o preso absorve um conjunto de valores e modelos de comportamento não desejados socialmente.

Alternativa "b": Antes de se modificar os excluídos é necessário modificar a sociedade excludente.

Alternativa "c": O cárcere reflete as características negativas da sociedade.

Alternativa "d": Toda técnica pedagógica de reinserção do preso choca contra a natureza da relação de exclusão, não é possível ao mesmo tempo excluir e incluir.

Alternativa correta: letra "d".

75. (Fumarc – Delegado de Polícia – PC – MG/2018) "Por debaixo do problema da legitimidade do sistema de valores recebido pelo sistema penal como critério de orientação para o comportamento socialmente adequado e, portanto, de discriminação entre conformidade e desvio, aparece como determinante o problema da definição do delito, com as implicações político-sociais que revela, quando este problema não seja tomado por dado, mas venha te- matizado como centro de uma teoria da criminalidade. Foi isto o que aconteceu com as teorias da 'reação social', ou labeling approach, hoje no centro da discussão no âmbito da sociologia criminal."

BARATTA, Alessandro. Criminologia Crítica e Crítica do Direito Penal. Introdução à sociologia do Direito Penal. 3. ed. Rio de Janeiro: Revan: Instituto Carioca de Criminologia. p. 86. (Coleção Pensamento Criminológico)

Com base no excerto acima, referente ao paradigma do labeling approach, analise as asserções a seguir:

I. O labeling approach tem se ocupado em analisar, especialmente, as reações das instâncias oficiais de controle social, ou seja, tem estudado o efeito estigmatizante da atividade da polícia, dos órgãos de acusação pública e dos juízes.

PORQUE

II. Não se pode compreender a criminalidade se não se estuda a ação do sistema penal, pois o status social de delinquente pressupõe o efeito da atividade das instâncias oficiais de controle social da delinquência.

Está CORRETO o que se afirma em:

a) I e II são proposições falsas.
b) I e II são proposições verdadeiras e II é uma justificativa correta da I.
c) I é uma proposição falsa e II é uma proposição verdadeira.
d) I é uma proposição verdadeira e II é uma proposição falsa.

COMENTÁRIOS

✪ **Nota do autor:** Para a teoria a criminalidade não é produto da conduta humana, mas sim em razão do estigma que diferencia o homem comum, pelo rótulo que recebe. Tal rotulação cria **estigmas e desigualdades**, onde o homem passa a sofrer reação social da família, amigos, trabalho, escola.

Item I: as questões centrais do pensamento criminológico, a partir desse momento histórico, deixam de referir-se ao crime e ao criminoso, passando a voltar sua base de reflexão ao sistema de controle social e suas consequências, bem como o papel exercido pela vítima na relação delitual.

Item II: A teoria sustenta que não se pode compreender o crime sem o processo de reação social, de seleção de pessoas e condutas etiquetadas como delitivas.

Alternativa correta: letra "b".

---

76. (Fundatec – Delegado de Polícia – PC – RS/2018) Observe os seguintes casos e responda ao comando da questão:

- Amanda, adolescente negra, vive com medo e deixou de adicionar amigos em seu perfil nas redes sociais. Mesmo assim, sofre agressões de outras jovens que enviam mensagens adjetivando-a como "nojenta, nerd e lésbica".
- Pedro, 20 anos, transgênero, teve uma foto sua publicada sem autorização na internet. A imagem resultou em uma montagem depreciativa do seu corpo e acabou "viralizando" na rede. Muitas pessoas postaram mensagens dizendo que se fosse com elas, se matariam. Sob influência da grande repercussão e das mensagens enviadas até por desconhecidos, Pedro praticou suicídio. O ato foi transmitido ao vivo pelas redes sociais e, também, noticiado por outros veículos de mídia.

Uma investigação desses acontecimentos orientada pelos saberes criminológicos contemporâneos, levaria em consideração:

I. Os padrões da heteronormatividade e da cultura homofóbica.
II. As maneiras como as pessoas transgêneros são tratadas pelo sistema de justiça criminal.
III. As diferentes ordens normativas que influenciam a vida das pessoas.
IV. O contexto global, a política e as relações de poder sobre todas as pessoas.
V. A construção dos homens como violentos e das mulheres como vítimas.

Quais estão corretas?

a) As assertivas I, II, III, IV e V, posto que se referem às criminologias queer e feminista.
b) Apenas as assertivas I, II e III, porque as demais não são temáticas criminológicas.
c) Apenas as assertivas IV e V, porque as outras não são válidas na criminologia.
d) Nenhuma das assertivas, já que nenhuma se relaciona com a criminologia.
e) Apenas a assertiva III, porque a ordem normativa se relaciona com o direito penal.

COMENTÁRIOS

✪ **Nota do autor:** A criminologia feminista permitiu o estudo sobre a dominação masculina sobre as mulheres, e os estudos da criminologia queer agregam ao debate sobre a heterossexualidade, reconhecendo um duplo padrão naturalista que define por um lado a superioridade masculina sobre as mulheres e de outro, normatiza a sexualidade masculina como padrão, produzindo uma norma política andro-centrada e homofóbica.

Item I: a heteronormatividade e da cultura homofóbica são levados em consideração para uma análise criminológica.

Item II: as instâncias formais são instrumentos de manutenção da ordem social estabelecida por classes dominantes.

Item III: as normas são criadas para atingir determinados setores da sociedade.

Item IV: os processos de criminalização primária e secundária permitem a condução do poder por classes dominantes.

Item V: as condutas heterossexuais são moralmente consensuais e qualquer forma de desvio implica nos instrumentos de controle social.

Alternativa correta: letra "a".

---

77. (Fundatec – Delegado de Polícia – PC – RS/2018) A representação artística a seguir aborda uma mesma temática (vício) sob duas perspectivas: tradicional e contemporânea. Dessa observação, resta evidenciado um novo padrão de comportamento humano, despertado pelo advento da tecnologia. Em suma, a imagem comunica uma crítica sobre a sociedade e o modo de vida atuais.

No mesmo sentido, é a crimininologia _______, como derivação da crimininologia _______, que insere novos temas, ícones e símbolos criminais na interpretação do processo de seleção de condutas humanas como típicas e suas formas de resposta ao delito.

Assinale a alternativa que preenche, correta e respectivamente, as lacunas do trecho acima.

a) cultural – crítica
b) cibernética – positiva
c) crítica – cultural
d) positivista – crítica
e) científica – positivista

COMENTÁRIOS

✪ **Nota do autor:** A criminologia cultural surge integrando a criminologia já existente, com perspectiva mais contemporânea.

Alternativa "a". A criminologia crítica deixou de lado as questões referentes ao delinquente e o crime, para se dirigirem para a produção normativa e estrutura de reação da sociedade, e a criminologia cultural a integra com outras perspectivas.

Alternativa "b": Criminologia cibernética não é considerada como teoria da criminologia.

Alternativa "c": A criminologia crítica surge antes da criminologia cultural.

Alternativa "d": A criminologia positivista não insere novos temas como objeto de estudo.

Alternativa "e": A criminologia científica se utilizada de diversos ramos do conhecimento, dentre eles se destacam a **biologia, psicologia e sociologia criminal. A criminologia crítica** passa a ser verificar os **mecanismos do controle social.**

Alternativa correta: letra "a".

78. (Fundatec – Delegado de Polícia – PC – RS/2018) A afirmação criminológica "(...) o desvio não é uma qualidade do ato cometido pela pessoa, senão uma consequência da aplicação que os outros fazem das regras e sanções para um 'ofensor'" tem por função indagar:

a) Quem é definido por desviante?
b) Quem é o criminoso?
c) Por que o criminoso comete crime?
d) Quem é a vítima do criminoso?
e) Quando o desvio irá acontecer?

COMENTÁRIOS

✪ **Nota do autor:** O fato central acerca do desvio é que ele é criado pela sociedade. Não no sentido que é comumente compreendido, de que as causas do desvio estão localizadas na situação social do desviante ou em "fatores sociais" que incitam sua ação.

Alternativa "a":. Desviante é pessoa que não está seguindo as regras dentro de uma sociedade.

Alternativa "b": O criminoso seria um indivíduo ontologicamente diferente, mas um status social atribuído a certos sujeitos selecionados pelo sistema penal e pela sociedade que classifica a conduta de tal indivíduo como se devesse ser assistida por esse sistema.

Alternativa "c": O desvio não explica o questionamento.

Alternativa "d": O desvio não explica o questionamento.

Alternativa "e": O comportamento desviante é aquele que as pessoas rotulam como tal.

Alternativa correta: letra "a".

79. (Fundatec – Delegado de Polícia – PC – RS/2018) A partir da Modernidade, constituíram-se os movimentos e as escolas criminológicas que se concentraram no estudo da criminalidade e da criminalização dos comportamentos, levando em consideração a causa dos delitos. Fatores como a biotipologia humana e o meio ambiente são associados à prática dos delitos. Todavia, pode-se afirmar que uma teoria, em especial, rompe com esse padrão e não recai na análise causal do delito, mas, sim, na análise dos processos de criminalização e do funcionamento das agências de punitividade. Tal teoria é a:

a) Do etiquetamento.
b) Positivista do "homem delinquente".
c) Sociológica do desvio.
d) Evolucionista da espécie.
e) Social da ação.

COMENTÁRIOS

✪ **Nota do autor:** A linha marcante desta teoria é que deixou o estudo do fenômeno criminoso e passou para as **reações sociais** que surgem com a prática do delito. Assim, funda-se na ideia de que a intervenção da justiça pode acentuar a criminalidade, e ainda que a criminalidade resulta de um processo de interação social, ou seja, a conduta proibida seria uma qualidade atribuída a um determinado comportamento pela sociedade, caracterizando-se como seletivo, e discriminatório

Alternativa "a": As questões centrais do pensamento criminológico, deixam de referir-se ao crime e ao criminoso, passando a voltar sua base de reflexão ao sistema de controle social e suas consequências, bem como o papel exercido pela vítima.

Alternativa "b": Lombroso, autor da Escola Positiva entendia que o criminoso era um ser atávico, ou seja, **o homem nascia criminoso**, pois essa característica era passada dos ascendentes para os descendentes pelos genes, sendo o homem um **criminoso nato**.

Alternativa "c": Os comportamentos sociais não se podem explicar a partir de esquemas rigidamente estabelecidos, mas somente pela interação social entre os sujeitos.

Alternativa "d": Não possui relação com as teorias sociológicas da criminologia.

Alternativa "e": Não indica nenhuma das teorias sociológicas da criminologia.

Alternativa correta: letra "a".

---

80. (Cespe – Delegado de Polícia – PC – SE/2018) Em seu início, a sociologia criminal buscava associar a gênese delituosa a fatores biológicos. Posteriormente, ela passou a englobar as chamadas teorias macrossociológicas, que não se limitavam à análise do delito segundo uma visão do indivíduo ou de pequenos grupos, mas consideravam a sociedade como um todo.

Tendo esse fragmento de texto como referência inicial, julgue os itens a seguir, relativos a teorias sociológicas em criminologia.

80.1. Na perspectiva macrossociológica, o pensamento criminológico moderno é influenciado por duas visões: a das teorias de consenso e a das teorias de conflito.

COMENTÁRIOS

A moderna sociologia analisa as teorias **macrossociológica**, sob os aspectos **consensuais e do conflito**, pois não é possível limitar-se apenas a uma visão do indivíduo ou de pequenos grupos.

Alternativa correta: "certo".

80.2. Relacionada a movimentos conservadores e a orientações políticas também conservadoras, a teoria sociológica do conflito considera que a harmonia social advém da coerção e do uso da força, pois as sociedades estão sujeitas a mudanças contínuas e são predispostas à dissolução.

COMENTÁRIOS

As teorias do conflito sustentam que as relações sociais são conflituosas, com base na distribuição desigual de autoridade, e, portanto, necessita de força e coerção, ignorando-se a existência de acordos em torno de valores de que depende o próprio estabelecimento da força.

Alternativa correta: "errado".

80.3. As teorias sociológicas de consenso vinculam-se a orientações ideológicas e políticas progressistas. Essas teorias consideram que os objetivos da sociedade são atingidos quando as instituições funcionam e os indivíduos, que dividem os mesmos valores, concordam com as regras de convívio.

COMENTÁRIOS

As teorias do consenso compreendem que os objetivos de uma sociedade somente são verificados quando ocorre o funcionamento adequado das instituições, e os indivíduos compartilham e concordam com as regras de convívio.

Alternativa correta: "errado".

---

81. (Cespe – Delegado de Polícia – PE/2016) Considerando que, conforme a doutrina, a moderna sociologia criminal apresenta teorias e esquemas explicativos do crime, assinale a opção correta acerca dos modelos sociológicos explicativos do delito.

a) Para a teoria ecológica da sociologia criminal, que considera normal o comportamento delituoso para o desenvolvimento regular da ordem social, é imprescindível e, até mesmo, positiva a existência da conduta delituosa no seio da comunidade.

b) A teoria do conflito, sob o enfoque sociológico da Escola de Chicago, rechaça o papel das instâncias punitivas e fundamenta suas ideias em situações concretas, de fácil comprovação e verificação empírica das medidas adotadas para contenção do crime, sem que haja hostilidade e coerção no uso dos meios de controle.

c) A teoria da integração, ao criticar a teoria consensual na solução do conflito, rotula o criminoso quando assevera que o delito é fruto do sistema capitalista e considera o fator econômico como justificativa para o ato criminoso, de modo que, para frear a criminalidade, devem-se separar as classes sociais.

d) A Escola de Chicago, ao atentar para a mutação social das grandes cidades na análise empírica do delito, interessa-se em conhecer os mecanismos de aprendizagem e transmissão das culturas consideradas desviadas, por reconhecê-las como fatores de criminalidade.

e) A teoria estrutural-funcionalista da sociologia criminal sustenta que o delito é produto da desorganização da cidade grande, que debilita o controle social e deteriora as relações humanas, propagando-se, consequentemente, o vício e a corrupção, que são considerados anormais e nocivos à coletividade.

COMENTÁRIOS

✪ **Nota do autor:** Pertencente ao grupo das teorias do consenso, surgindo no século XX dentro da Universidade de Chicago, onde foi criado o primeiro departamento de sociologia do mundo, em razão do crescimento desordenada da cidade de Chicago nos EUA, face aos inúmeros problemas sociais, econômicos e culturais que criaram um ambiente favorável à criminalidade, ainda mais pela ausência de mecanismos de controle social.

Alternativa "a": A teoria ecológica explica o efeito criminógeno da grande cidade, valendo-se dos conceitos de desorganização e contágio inerentes aos modernos núcleos urbanos.

Alternativa "b": A Escola de Chicago pertence à criminologia do consenso.

Alternativa "c": A teoria da integração não se opõe à criminologia do consenso. A teoria da integração ou do consenso não rotula o criminoso e também não defende a separação da sociedade em classes.

Alternativa "d": Através de um paralelo entre as plantas da natureza e organização da sociedade, a escola de Chicago cria as **zonas de delinquências**, ou também conhecida como concentração geográfica de criminalidade. E, como forma de prevenção defende a necessidade de ações de intervenção nas cidades como planejamento dos bairros, investimento com recursos compatíveis com a realidade e o interesse dos habitantes. A observação da criminalidade urbana da escola de Chicago provoca alterações do ponto de vista da política criminal, em especial no que se refere ao controle social informal, pois encontra na **desorganização social** um fator da criminalidade, e por esta razão os estudiosos da escola atribuem à vizinhança, igreja, família e escola importante fator para a organização social, e o controle da criminalidade. A partir daí a criminalidade deve ser enfrentada com intervenções urbanas para o **planejamento das cidades, revitalização de áreas degradadas, e proteção do patrimônio público.**

Alternativa "e": A teoria estrutural-funcionalista tem como característica o determinismo sociológico, onde a perda das consciências coletivas da vida em sociedade leva ao enfraquecimento da solidariedade social, e consequentemente ao crime.

Alternativa correta: letra "d".

82. (Cespe – Delegado de Polícia – PE/2016) Acerca dos modelos teóricos explicativos do crime, oriundos das teorias específicas que, na evolução da história, buscaram entender o comportamento humano propulsor do crime, assinale a opção correta.

a) O modelo positivista analisa os fatores criminológicos sob a concepção do delinquente como indivíduo racional e livre, que opta pelo crime em virtude de decisão baseada em critérios subjetivos.

b) O objeto de estudo da criminologia é a culpabilidade, considerada em sentido amplo; já o direito penal se importa com a periculosidade na pesquisa etiológica do crime.

c) A criminologia clássica atribui o comportamento criminal a fatores biológicos, psicológicos e sociais como determinantes desse comportamento, com paradigma etiológico na análise causal-explicativa do delito.

d) Entre os modelos teóricos explicativos da criminologia, o conceito definitorial de delito afirma que, segundo a teoria do *labeling approach*, o delito carece de consistência material, sendo um processo de reação social, arbitrário e discriminatório de seleção do comportamento desviado.

e) O modelo teórico de opção racional estuda a conduta criminosa a partir das causas que impulsionaram a decisão delitiva, com ênfase na observância da relevância causal etiológica do delito.

COMENTÁRIOS

✪ **Nota do autor:** Para a teoria a criminalidade não é produto da conduta humana, mas sim em razão do estigma que diferencia o homem comum, pelo rótulo que recebe. Tal rotulação cria **estigmas e desigualdades**, onde o homem passa a sofrer reação social da família, amigos, trabalho, escola. O etiquetamento pode se verificar dentro do controle formal, e também dentro do controle informal da criminalidade. A teoria sustenta que não se pode compreender o crime sem o processo de reação social, de seleção de pessoas e condutas etiquetadas como delitivas.

Alternativa "a": O modelo clássico e não o positivista analisa os fatores criminológicos sob a concepção do delinquente como indivíduo racional e livre, que opta pelo crime em virtude de decisão baseada em critérios subjetivos.

Alternativa "b": incorreta. Na atualidade a **Criminologia** possui como objeto de estudo e análise: **o delito, o delinquente, a vítima e o controle social.**

Alternativa "c": A criminologia positiva, e não a clássica, atribui o comportamento criminal a fatores biológicos, psicológicos e sociais como determinantes desse comportamento, com paradigma etiológico na análise causal-explicativa do delito.

Alternativa "d". A teoria do labeling approach funda-se na ideia de que a intervenção da justiça pode acentuar a criminalidade, e ainda que a criminalidade resulta de um processo de interação social, ou seja, a conduta proibida seria uma qualidade atribuída a um determinado comportamento pela sociedade, caracterizando-se como seletivo, e discriminatório.

Alternativa "e":. A teoria da opção racional o delinquente como indivíduo livre e racional pode optar pelo crime. Analisam as circunstâncias sob as quais um indivíduo decide ir à frente e cometer um crime, e tem por objetivo intervenções destinadas a alterar essas circunstâncias, ou seja, circunstâncias de prevenção do crime.

Alternativa correta: letra "d".

83. (Vunesp - Delegado de Polícia - CE/2015) Sobre a teoria da "anomia", é correto afirmar:

a) é classificada como uma das "teorias de conflito" e teve, como autores, Erving Goffman e Howard Becker.
b) foi desenvolvida pelo sociólogo americano Edwin Sutherland e deu origem à expressão white collar crimes.
c) surgiu em 1890 com a escola de Chicago e teve o apoio de John Rockefeller.
d) iniciou-se com as obras de Émile Durkheim e Robert King Merton, e significa ausência de lei.
e) foi desenvolvida por Rudolph Giuliani, também conhecida como "Teoria da Tolerância Zero".

COMENTÁRIOS

✪ **Nota do autor:** A teoria funcionalista da anomia e da criminalidade, introduzida por Emile Durkheim no século XIX, contrapunha à ideia da propensão ao crime como patologia a noção da normalidade do desvio como fenômeno social, podendo ser situada no contexto da guinada sociológica da criminologia, em que se origina uma concepção alternativa às teorias de orientação biológica e caracterológica do delinquente

Alternativa "a": A teoria da "anomia" pertence à teoria criminológica do consenso.

Alternativa "b": A teoria desenvolvida pelo sociólogo americano Edwin Sutherland é relacionada à teoria da associação diferencial.

Alternativa "c": A teoria da anomia não surgiu com a Escola de Chicago.

Alternativa "d". Anomia pela etimologia significa ausência de lei. Como principal expoente desta teoria verifica-se Émile Durkheim, Roberto Merton e ainda Cloward, Ohlin e Parsons.

Alternativa "e": O movimento de Lei e Ordem surge na cidade de Nova York, a partir de 1993, como incremento do Estado para conter o crescimento da criminalidade, também chamada de tolerância zero, decorrente da teoria das janelas quebradas, inspirada na Escola de Chicago.

Alternativa correta: letra "d".

84. (Vunesp - Delegado de Polícia - CE/2015) Assinale a alternativa correta em relação aos modelos teóricos de reação social ao delito.

a) São três os modelos: o dissuasório, o ressocializador e o integrador; o primeiro, também conhecido como modelo clássico, tem o foco na punição do criminoso, procurando mostrar que o crime não compensa; o segundo tem o foco no criminoso e sua ressocialização, procurando reeducá-lo para reintegrá-lo à sociedade; e o terceiro, conhecido como justiça restaurativa, que defende uma intervenção mínima estatal em que o sistema carcerário só atuará em último caso.
b) Apresentam dois modelos bem distintos: o tradicional e o moderno, por entender que um tem foco na punição e recuperação do delinquente, e o outro tem foco na reparação do delito; o primeiro olha para o delinquente e o segundo, somente para a vítima, não importando a recuperação do delinquente.
c) Estão divididos em dois modelos: o concreto e o abstrato, nos quais os objetivos são comuns, ou seja, ambos estão focados no sujeito ativo do delito e em como fazer com que ele não volte a delinquir; o primeiro visa aplicar uma pena privativa de liberdade e o segundo, uma pena pecuniária.
d) São três os modelos teóricos: o moderno, o contemporâneo e o tradicional; o modelo moderno objetiva tratar a prevenção do delito como um problema social, no qual todos têm responsabilidade na ressocialização do criminoso; o modelo contemporâneo entende que há necessidade das penas serem proporcionais ao bem jurídico protegido, enquanto que o modelo tradicional busca no sistema de justiça criminal (Polícia, Ministério Público, Poder Judiciário e Sistema Penitenciário) a efetividade para a prevenção do delito.
e) São caracterizados por três modelos, também conhecido como as três velocidades do direito penal, um direito penal mais "duro" para os crimes mais violentos, um direito penal mais brando, como, por exemplo, para os crimes de menor potencial ofensivo e um direito penal intermediário, um meio termo, para os demais crimes.

COMENTÁRIOS

✪ **Nota do autor:** A reação, de outro lado, ocorre quando se verifica a prática de um delito. Três são os modelos de reação social: dissuasório, ressocializador e restaurador.

Alternativa correta: letra "a": O modelo dissuasório ou retributivo tem como característica a punição intimidatória e proporcional do criminoso, e tendo como objeto o Estado e criminoso, ficando de fora a vítima e sociedade, o que lhe rende críticas. A pena é aplicada aos imputáveis e semimputáveis, e aos inimputáveis o tratamento psiquiátrico. O modelo ressocializador não se limita à imposição da pena, mas sim à reinserção social do criminoso, onde a sociedade tem papel importante para prevenir e evitar estigmatização. O modelo restaurador ou integrador ou também justiça restaurativa visa recuperar o criminoso, assistência à vítima, reparação do dano e controle social rompido pela prática do fato, e ainda a conciliação entre os envolvidos com meios de solução de conflitos. A vantagem é diminuição das penas, humilhações e demais consequências.

Alternativa "b": Tradicional e moderno não são modelos de reação social ao delito.

Alternativa "c": . Concreto e abstrato não são modelos de reação social ao delito.

Alternativa "d": Moderno, o contemporâneo e o tradicional não são modelos de reação social ao delito.

Alternativa "e": Os três modelos de reação social: o dissuasório, o ressocializador e o integrador, não se confundem com o movimento do Direito Penal de três velocidades.

Alternativa correta: letra "a".

85. (ACAFE – Delegado de Polícia – SC/2014) Quanto ao estatuto da disciplina Criminologia e sua relação com a Política criminal, é correto afirmar:

a) A Criminologia desenvolvida com base no chamado "paradigma etiológico", de matriz positivista, e a Política criminal dela decorrente, exerceram influência marcante sobre vários níveis do sistema penal brasileiro (legal, doutrinário), exceto na execução penal.

b) A seletividade do sistema penal significa que a criminalização é desigualmente distribuída entre os vários grupos e classes sociais, apesar da prática de condutas legalmente definidas como crime ocorrer em todos eles e que a Lei, em princípio, é igual e geral para todos, resultando a desigualdade no momento da seleção dos criminosos pela Polícia, Ministério Público e Justiça.

c) A Criminologia desenvolvida com base no chamado "paradigma da reação ou controle social", que origina a Criminologia crítica, estuda o sistema penal, incluindo a agência policial, como parte integrante de seu objeto, e conclui que a seletividade estigmatizante é a lógica estrutural de seu funcionamento.

d) A obra "Dos delitos e das penas" (1764), de Cesar Beccaria, constitui a matriz mais autorizada do nascimento da Criminologia como uma disciplina autodenominada de "ciência" causal-explicativa da criminalidade.

e) A Criminologia é uma disciplina complexa e plural, pois existem diferentes paradigmas e teorias criminológicas que, desde o século XVII, se desenvolvem no mundo ocidental, inclusive na América Latina e no Brasil. Seu objeto varia de acordo com os diferentes paradigmas. Entretanto, seu método experimental tem permanecido constante.

COMENTÁRIOS

✪ **Nota do autor:** Imperioso com o estudo da criminologia, inferir que esta possui íntima ligação com outras áreas, disciplinas ou estudos, que são convertidos em propostas teóricas com embasamento empírico para o Estado e o meio social. A política criminal disciplina as medidas que devem (ou podem) ser implementadas pelo Estado no combate à criminalidade, portanto, diretamente ligada ao controle social do desviante, ao poder que o Estado oficial possui de definir um conflito social como criminalidade e tomar as medidas adequadas para combatê-lo.

Alternativa "a": No paradigma etiológico, modelado segundo uma matriz positivista derivada das ciências naturais, a Criminologia é definida como uma ciência causal-explicativa da criminalidade, isto é, que investiga as causas da criminalidade (seu objeto) segundo o método experimental.

Alternativa "b": A seletividade do sistema penal não é atribuída por seleção dos criminosos pela Polícia, Ministério Público e Justiça.

Alternativa "c". Na década de 60, a análise do fenômeno criminal foi ampliada, considerada como verdadeira revolução teórica e prática, pois deixou de lado as questões referentes ao delinquente e o crime, para se dirigirem para a produção normativa e estrutura de **reação da sociedade**. Neste momento ao invés de questionar as causas do crime, a preocupação passa a verificar o porquê determinadas pessoas são tratadas como criminosos, e, ainda, ao invés de questionar os motivos dos criminosos, passa a ser verificar os mecanismos do controle social. Este movimento ficou conhecido como Criminologia Crítica ou Nova Criminologia.

Alternativa "d": O caráter científico da criminologia surge com a Escola Positiva de Lombroso, Ferri e Garofalo, e não com Cesare Bonessana (Marquês de Beccaria), pertencente à Escola Clássica.

Alternativa "e": A criminologia possui objetos definidos e seu método é flexível, e assim pode-se afirmar que a abordagem criminológica é empírica, o que significa dizer que seu objeto (delito, delinquente, vítima e controle social) se insere no mundo real, do verificável através dos fenômenos sociais.

Alternativa correta: letra "c".

86. (Vunesp – Delegado de Polícia – SP/2014) A moderna Sociologia Criminal possui visão bipartida do pensamento criminológico atual, sendo uma de cunho funcionalista e outra de cunho argumentativo. Trata-se das teorias

a) indutiva e dedutiva.

b) do consenso e do conflito.

c) absoluta e relativa.

d) moderna e contemporânea.

e) abstrata e concreta.

COMENTÁRIOS

✪ **Nota do autor:** A moderna sociologia parte de que não somente as degeneraçoes apontadas por Lombroso eram suficientes para explicar o fato criminoso, mas também as transformações sociais que afetam os indivíduos desajustando-os. A moderna sociologia analisa as teorias **macrossociológicas**, sob os aspectos **consensuais e do conflito**, pois não é possível limitar-se apenas a uma visão do indivíduo ou de pequenos grupos.

Alternativa "a": Indução e dedução são métodos de pesquisa apresentando-se contrários um ao outro.

Alternativa "b": As teorias do consenso compreendem que os objetivos de uma sociedade somente são verificados quando ocorre o funcionamento adequado das instituições, e os indivíduos compartilham e concordam com as regras de convívio. Por sua vez, as teorias do conflito sustentam que as relações sociais são conflituosas, com base na distribuição desigual de autoridade, e, portanto, necessita de força e coerção, ignorando-se a existência de acordos em torno de valores de que depende o próprio estabelecimento da força.

Alternativa "c": Teoria absoluta e relativa são teorias da pena.

Alternativa "d": Moderna e contemporânea são sinônimos e não constituem a visão bipartida da criminologia.

Alternativa "e": .O termo abstrato e concreto não constitui a visão bipartida da criminologia.

Alternativa correta: letra "b".

86.1. (Delegado de Polícia – SP/ 2008 – ACADEPOL) Dentre os modelos de reação ao crime destaca-se aquele que procura restabelecer ao Máximo possível o status quo ante, ou seja, valoriza a reeducação do infrator, a situação da vitima e o conjunto social afetado pelo delito, impondo sua revigoração com a reparação do dano suportado. Nesse caso, fala-se em.

a) modelo dissuasório
b) modelo ressocializador.
c) modelo integrador.
d) modelo punitivo.
e) modelo sociológico.

COMENTÁRIOS

✪ **Nota do autor:** A reação ao delito constitui uma das maiores preocupações do Estado, e consequentemente visa medidas adequadas para compor o conflito social, e, avaliar a qualidade de intervenção.

Alternativa "a": o modelo dissuasório ou retributivo tem como característica a punição intimidatória e proporcional do criminoso, e tendo como objeto o Estado e criminoso, ficando de fora a vítima e sociedade, o que lhe rende críticas.

Alternativa "b": o modelo ressocializador possui preocupação com a utilidade da pena do delinquente e sua efetividade possui grande importância. O Estado deve preparar o condenado para reintegrar o corpo social.

Alternativa c": o modelo restaurador ou integrador ou também justiça restaurativa visa recuperar o criminoso, promover assistência à vítima, reparação do dano e o controle social rompido pela prática do fato, e ainda a conciliação entre os envolvidos com meios de solução de conflitos.

Alternativa "d": O modelo punitivo não corresponde à valorização e reeducação do infrator, à situação da vitima e o conjunto social afetado pelo delito.

Alternativa "e": O modelo sociológico não pertence à classificação da reação social, e não corresponde a valorização e reeducação do infrator, a situação da vítima e o conjunto social afetado pelo delito.

Alternativa correta: letra "c".

86.2. (Delegado de Polícia – SP/ 2008 – ACADEPOL) Dentre os fatores condicionantes da criminalidade, no aspecto psicológico, alcança projeção, hoje em dia, nas favelas, um modelo consciente ou inconsciente, com o qual o individuo gosta de se identificar, sendo atraente o comportamento do bandido, pois é "valente, tem dinheiro e prestígio na comunidade". A esse comportamento dá-se o nome de

a) carência afetiva.
b) ego abúlico.
c) insensibilidade moral.
d) mimetismo.
e) telurismo.

COMENTÁRIOS

✪ **Nota do autor:** o **mimetismo** é a imitação, o ajustamento de uma pessoa a uma nova situação, ou ainda, o processo de assumir o aspecto do meio em que se encontra. Assim, o delinquente pode ser tornar um imitador.

Alternativa "a": A carência afetiva é estrutura deficiente, pela ausência de familiares, constitui fator condicionante psicológico.

Alternativa "b": . O ego abúlico é fraca força de vontade daqueles que podem ser influenciados facilmente, e constitui fator condicionante psicológico.

Alternativa "c": A insensibilidade moral também foi considerada por Lombroso na fase Antropológica da Escola Positiva, como fator determinante do criminoso nato, juntamente com a insensibilidade a dor.

Alternativa "d": A identificação com modelos ou imitação ocorre por vaidade ou sentimento similar, onde uma conduta criminosa é repetida. Os agentes que por vaidade e deformação de caráter sentem uma necessidade incontrolável de se exibirem para a sociedade, com veículos, roupas de grifes, provocando ainda mais sentimento de impunidade no meio social.

Alternativa "e": O telurismo é a influência da natureza do solo no homem que o habita, na sua índole, costumes.

Alternativa correta: letra "d".

5. VITIMOLOGIA

---

87. (FGV – 2024 – PC/SC – Delegado) A vitimização secundária, como estudo da criminologia, atenta para o fenômeno da inércia da vítima para noticiar o fato criminoso aos órgãos de persecução penal.

Na hipótese em que a vítima de um crime praticado com abuso de poder deixa de acionar os órgãos competentes por medo de represália, está-se diante da denominada

a) Cifra Dourada.

b) Cifra Cinza.

c) Cifra Vermelha.

d) Cifra Amarela.

e) Cifra Verde.

COMENTÁRIOS

✪ **Nota do autor:** A vitimologia permite estudar inclusive a criminalidade real, efetiva, verdadeira, por intermédio da coleta de informes fornecidos pelas vítimas e não informados às instâncias de controle.

Alternativa "a": Cifra dourada, se refere à existência de crimes do colarinho-branco.

Alternativa "b": Cifra cinza ocorre nos casos de ocorrências registradas, sem processo ou ação penal,

Alternativa "c": A Cifra vermelha implica em homicídios praticados por assassinos em série.

Alternativa "d": Cifra amarela são crimes praticados por funcionários público e que por medo de represálias não são comunicados às autoridades.

Alternativa "e": Cifra verde são crimes contra o meio ambiente que não chegam ao conhecimento policial.

Alternativa correta: letra "d".

---

88. (Cespe – Delegado de Polícia – PC – RJ/2022) Maria, de 35 anos de idade, compareceu a uma delegacia de polícia noticiando ao policial plantonista que havia sido abusada sexualmente por um médico-cirurgião renomado, o qual teria manipulado o órgão genital dela enquanto ela ainda se encontrava sob efeito de anestésico após ter realizado mamoplastia. Diante da gravidade da denúncia, o policial verificou se havia anotações criminais contra o noticiado e não localizou nenhum registro de ocorrência nesse sentido. Então, indagou à noticiante se ela tinha certeza do que estava afirmando, pois se tratava de uma acusação muito séria e ela poderia ter-se confundido em função do efeito anestésico. Desconfortável com a indagação feita, a noticiante pediu que fosse chamada uma policial do sexo feminino para atendê-la. Assim feito, Maria narrou o fato vivenciado à policial, a qual, por sua vez, considerou conveniente chamar a autoridade policial para avaliar se o fato deveria ser efetivamente registrado, diante de quem, mais uma vez, a noticiante relatou o abuso sofrido. Com relação a essa situação hipotética, assinale a opção correta, considerando as normas de direito penal e os estudos críticos criminológicos.

a) Os policiais foram diligentes, a fim de evitar eventual denunciação caluniosa em desfavor do médico.

b) Os policiais agiram corretamente, uma vez que a Lei n.º 13.869/2019 tipifica como crime de abuso de autoridade a conduta de dar início à persecução penal sem justa causa fundamentada.

c) Os policiais foram diligentes, porque, em sua atuação funcional, levaram em consideração a figura criminológica da síndrome da mulher de Potifar.

d) Os policiais foram diligentes ao terem levado em consideração, no exercício funcional, a possibilidade de falsas memórias da vítima.

e) A noticiante foi submetida a um processo de revitimização ao ter sido questionada sobre a credibilidade da notitia criminis e ao ter que relatar o abuso sofrido a diferentes profissionais da delegacia.

COMENTÁRIOS

✪ **Nota do autor:** Verifica-se a vitimização secundária, advinda do próprio sistema penal, causada pelas instâncias de controle criminal e social, durante os procedimentos de investigação e judicial. Reúne, pois, todo desconforto e prejuízo que poderá trazer o fato da existência da persecução criminal.

Alternativa "a": Os policiais não foram diligentes, a fim de evitar eventual denunciação caluniosa em desfavor do médico.

Alternativa "b": Os policiais não agiram corretamente, uma vez que o fato narrado pela vítima deveria ser registrado.

Alternativa "c": Os policiais mão foram diligentes, porque, em sua atuação funcional, levaram em consideração a figura criminológica da síndrome da mulher de Potifar.

Alternativa "d": Os policiais não foram diligentes ao terem levado em consideração, no exercício funcional, a possibilidade de falsas memórias da vítima.

Alternativa "e": A noticiante foi submetida a um processo de revitimização ao ter sido questionada sobre a credibilidade da notitia criminis e ao ter que relatar o abuso sofrido a diferentes profissionais da delegacia.

Alternativa correta: letra "e".

---

89. (FGV – Delegado de Polícia – PC – RN/2021) Após ser agredida por seu marido, Ana Cláudia busca auxílio em delegacia policial próxima a sua residência. Após narrar todo o ocorrido ao servidor responsável, ele afirmou que não parecia ser nada grave porque ela não apresentava nenhuma marca de lesão, sugerindo, em tom jocoso, que ela deveria voltar logo para casa porque "marido está difícil de encontrar". Diante disso, Ana Cláudia deixa a delegacia de polícia sem realizar o registro de ocorrência pretendido.

Dentro de uma perspectiva criminológica, os fatos hipotéticos acima narrados descrevem, respectivamente, as noções de:

a) vitimização secundária e vitimização primária;

b) vitimização primária e vitimização terciária;

c) seletividade primária e vitimização primária;

d) vitimização primária e vitimização secundária;

e) seletividade secundária e vitimização secundária.

COMENTÁRIOS

✪ **Nota do autor:** A **Vitimologia** estuda o papel da vítima no fato danoso, e a maneira pela qual participa na ocorrência do delito, em especial pelos problemas de ordem moral, psicológica, nos crimes que são cometidas com violência e graves ameaça.

Alternativa "a": A vitimização secundária consiste na ocorrência de danos à vítima em razão do processo, com suas experiências traumáticas, como no crime de estupro. A primária verifica-se quando atingida diretamente pela conduta criminosa

Alternativa "b": A vitimização primária verifica-se quando atingida diretamente pela conduta criminosa. A vitimização terciária compreende os abusos, maus tratos, além da penalização da vítima pela própria sociedade.

Alternativa "c": A seletividade penal não possui divisão de primária e secundária. A vitimização primária verifica-se quando atingida diretamente pela conduta criminosa.

Alternativa "d: A vitimização primária verifica-se quando atingida diretamente pela conduta criminosa. Secundária consiste na ocorrência de danos à vítima em razão do processo, com suas experiências traumáticas, como no crime de estupro.

Alternativa "e": A seletividade penal não possui divisão de primária e secundária. A vitimização secundária consiste na ocorrência de danos à vítima em razão do processo, com suas experiências traumáticas

Alternativa correta: letra "d".

---

90. (Inst. Acesso – Delegado de Polícia – PC – ES/2019) "A vítima do delito experimentou um secular e deliberado abandono. Desfrutou do máximo protagonismo [...] durante a época da justiça privada, sendo depois drasticamente "neutralizada" pelo sistema legal moderno [...]" (MOLINA, Antonio Garcia-Pablos de; GOMES, Luiz Flávio, 2008, p. 73). A Vitimologia impulsionou um processo de revisão científica do papel da vítima no fenômeno delitivo. Leia as afirmativas a seguir e assinale a alternativa INCORRETA sobre o tema.

a) A vitimologia ocupa-se, sobretudo, do estudo sobre os riscos de vitimização, dos danos que sofrem as vítimas como consequência do delito assim como da posterior intervenção do sistema legal, dentre outros temas.

b) A criminologia tradicional desconsiderou o estudo da vítima por considerá-la mero objeto neutro e passivo, tendo polarizado em torno do delinquente as investigações sobre o delito, sua etiologia e prevenção.

c) Os pioneiros da vitimologia compartilhavam uma análise etiológica e interacionista, sendo que suas tipologias ponderavam sobre o maior ou menor grau de contribuição da vítima para sua própria vitimização.

d) A Psicologia Social destacou-se como marco referencial teórico às investigações vitimológicas, fornecendo modelos teóricos adequados à interpretação e explicação dos dados.

e) O redescobrimento da vítima e os estudos científicos decorrentes se deram a partir da 1ã (Primeira) Guerra Mundial em atendimento daqueles que sofreram com os efeitos dos conflitos e combates.

COMENTÁRIOS

✪ **Nota do autor:** Três são os momentos do estudo da vítima nos estudos penais: primeiro a idade de ouro da vítima, a segundo momento é a neutralização da vítima, que deixa de ter o poder de reação ao fato criminoso que passa a ser assumido pelo poder público. Somente no terceiro momento é que se valoriza a vítima, com estudo feito de maneira mais aprofundada, logo após a 2ª Guerra Mundial.

Alternativa "a": a vitimologia estuda o papel da vítima no fato danoso, e a maneira pela qual participa na ocorrência do delito, em especial pelos problemas de ordem moral, psicológica, nos crimes que são cometidas com violência e graves ameaça.

Alternativa "b": a criminologia tradicional examina a pessoa do infrator como uma realidade biopsicopatológica, considerando o determinismo biológico e social.

Alternativa "c": os pioneiros da vitimologia compartilhavam uma análise etiológica e interacionista, sendo que suas tipologias ponderavam sobre o maior ou menor grau de contribuição da vítima para sua própria vitimização.

Alternativa "d": a Psicologia Social destacou-se como marco referencial teórico às investigações vitimológicas, fornecendo modelos teóricos adequados à interpretação e explicação dos dados.

Alternativa "e": Se valoriza a vítima, com estudo feito de maneira mais aprofundada, logo após a 2ª Guerra Mundial e massacre comandado por Adolf Hitler.

Alternativa incorreta: letra "e".

---

91. (Inst. Acesso – Delegado de Polícia – PC – ES/2019) Na atualidade se observa uma generalização do sentimento coletivo de insegurança nos cidadãos, caracterizado tanto pelo temor de tornarem-se vítimas, como pela preocupação, ou estado de ânimo coletivo, com o problema do delito. Considere as afirmativas e marque a única correta.

a) O incremento dos índices de criminalidade registrada (tese do volume constante do delito) mantém correspondência com as demonstrações das pesquisas de vitimização já que seus dados procedem das mesmas repartições do sistema legal.

b) A população reclusa oferece uma amostra confiável e representativa da população criminal real, já que os agentes do controle social se orientam pelo critério objetivo do fato cometido e limitam-se a detectar o infrator, qualquer que seja este.

c) O fenômeno do medo ao delito não enseja investigações empíricas na Criminologia por tratar- se de uma consequência trivial da criminalidade diretamente proporcional ao risco objetivo.

d) O medo do delito pode condicionar negativamente o conteúdo da política criminal imprimindo nesta um viés de rigor punitivo, contrário, portanto, ao marco político-constitucional do nosso sistema legal.

e) As pesquisas de vitimização constituem uma insubstituível fonte de informação sobre a criminalidade real, já que seus dados procedem das repartições do sistema legal sendo condicionantes das estatísticas oficiais.

COMENTÁRIOS

✪ **Nota do autor: o medo de leito reflete uma preocupação individual e coletiva sobre o problema da criminalidade, e dos limites de controle do Estado.**

Alternativa "a": A criminalidade real corresponde à totalidade de delitos perpetrados pelos delinquentes. A criminalidade revelada corresponde à quantidade de delitos que chegou ao conhecimento do Estado

Alternativa "b": A população reclusa não oferece uma amostra confiável e representativa da população criminal real

Alternativa "c": os estudos produzidos através do "medo do crime" produzem dados e informações que pode ser utilizada com estratégias para a redução da sensação de insegurança, e, portanto, ensejam investigações por parte da criminologia.

Alternativa "d": o medo do delito pode condicionar negativamente o conteúdo da política criminal imprimindo nesta um viés de rigor punitivo, contrário, portanto, ao marco político-constitucional do nosso sistema legal.

Alternativa "e": A criminalidade real corresponde à totalidade de delitos perpetrados pelos delinquentes.

Alternativa correta: letra "d".

92. (Inst. Acesso – Delegado de Polícia – PC – ES/2019) A dor causada à vítima, ao ter que reviver a cena do crime, ao ter que declarar ao juiz o sentimento de humilhação experimentado, quando os advogados do acusado culpam a vítima, argumentando que foi ela própria que, com sua conduta, provocou o delito. Os traumas que podem ser causados pelo exame médico-forense, pelo interrogatório policial ou pelo reencontro com o agressor em juízo, e outros, são exemplos da chamada vitimização.

a) indireta.

b) secundária.

c) primária.

d) terciária.

e) direta.

COMENTÁRIOS

✪ **Nota do autor:** A vítima pode ser entendida como aquele indivíduo e a comunidade que sofrem as consequências do crime. A vítima foi praticamente desconsiderada nos últimos séculos pelo direito penal, mas na Criminologia seu papel foi resgatado.

Alternativa "a": a vítima indireta pode ser considerada como a família a as pessoas que dela dependem.

Alternativa "b": a vitimização secundária consiste na ocorrência de danos à vítima em razão do processo, com suas experiências traumáticas, como no crime de estupro.

Alternativa "c": a vitimização primária verifica-se quando atingida diretamente pela conduta criminosa.

Alternativa "d": E a vitimização terciária compreende os abusos, maus-tratos, além da penalização da vítima pela própria sociedade.

Alternativa "e": a vítima direta é quem sofre os resultados lesivos e danos decorrentes da conduta.

Alternativa correta: letra "b".

93. Inst. Acesso – Delegado de Polícia – PC – ES/2019) "A vítima do delito experimentou um secular e deliberado abandono. Desfrutou do máximo protagonismo [...] durante a época da justiça privada, sendo depois drasticamente "neutralizada" pelo sistema legal moderno [...]" (MOLINA, Antonio Garcia-Pablos de; GOMES, Luiz Flávio, 2008, p. 73). A Vitimologia impulsionou um processo de revisão científica do papel da vítima no fenômeno delitivo. Leia as afirmativas a seguir e assinale a alternativa INCORRETA sobre o tema.

a) A vitimologia ocupa-se, sobretudo, do estudo sobre os riscos de vitimização, dos danos que sofrem as vítimas como consequência do delito assim como da posterior intervenção do sistema legal, dentre outros temas.

b) A criminologia tradicional desconsiderou o estudo da vítima por considerá-la mero objeto neutro e passivo, tendo polarizado em torno do delinquente as investigações sobre o delito, sua etiologia e prevenção.

c) Os pioneiros da vitimologia compartilhavam uma análise etiológica e interacionista, sendo que suas tipologias ponderavam sobre o maior ou menor grau de contribuição da vítima para sua própria vitimização.

d) A Psicologia Social destacou-se como marco referencial teórico às investigações vitimológicas, fornecendo modelos teóricos adequados à interpretação e explicação dos dados.

e) O redescobrimento da vítima e os estudos científicos decorrentes se deram a partir da 1ª (Primeira) Guerra Mundial em atendimento daqueles que sofreram com os efeitos dos conflitos e combates.

COMENTÁRIOS

✪ **Nota do autor:** Somente no terceiro momento é que se valoriza a vítima, com estudo feito de maneira mais aprofundada, logo após a 2ª Guerra Mundial e massacre comandado por Adolf Hitler.

Alternativa "a": A vitimologia permite estudar inclusive a criminalidade real, efetiva, verdadeira, por intermédio da coleta de informes fornecidos pelas vítimas e não informados às instâncias de controle.

Alternativa "b": A vitimologia estuda o papel da vítima no fato danoso, e a maneira pela qual participa na ocorrência do delito.

Alternativa "c": Os pioneiros consideravam a vitimologia com papel acessório, onde preponderou a fase da **vingança privada**, consistente na perda da paz ou vingança de sangue, onde a justiça tinha caráter privado, prevalecendo a autotutela, pena de talião e finalmente a composição.

Alternativa "d": Os principais referenciais da vitimologia **são** obtidos a partir das reflexões sobre as relações existentes entre a vítima e sistema legal, e a vítima e a justiça penal.

Alternativa "e": O redescobrimento da vítima e os estudos científicos decorrentes se deram com estudo feito de maneira mais aprofundada, logo após a 2ª Guerra Mundial.

Alternativa incorreta: letra "e".

94. (Inst. Acesso – Delegado de Polícia – PC – ES/2019) A dor causada à vítima, ao ter que reviver a cena do crime, ao ter que declarar ao juiz o sentimento de humilhação experimentado, quando os advogados do acusado culpam a vítima, argumentando que foi ela própria que, com sua conduta, provocou o delito. Os traumas que podem ser causados pelo exame médico-forense, pelo interrogatório policial ou pelo reencontro com o agressor em juízo, e outros, são exemplos da chamada vitimização.

a) indireta.
b) secundária.
c) primária.
d) terciária.
e) direta.

COMENTÁRIOS

✪ **Nota do autor:** A **Vitimologia** estuda o papel da vítima no fato danoso, e a maneira pela qual participa na ocorrência do delito.

Alternativa "a": A vitimização indireta não é encontrada na classificação do estudo de vitimologia.

Alternativa "b": A vitimização secundária consiste na ocorrência de danos à vítima em razão do processo, com suas experiências traumáticas.

Alternativa "c": A vitimização primária verifica-se quando atingida diretamente pela conduta criminosa.

Alternativa "d": A vitimização terciária compreende os abusos, maus-tratos, além da penalização da vítima pela própria sociedade.

Alternativa "e": A vitimização direta não é encontrada na classificação do estudo de vitimologia.

Alternativa correta: letra "b".

95. (Inst. Acesso – Delegado de Polícia – PC – ES/2019) Na atualidade se observa uma generalização do sentimento coletivo de insegurança nos cidadãos, caracterizado tanto pelo temor de tornarem-se vítimas, como pela preocupação, ou estado de ânimo coletivo, com o problema do delito. Considere as afirmativas e marque a única correta.

a) O incremento dos índices de criminalidade registrada (tese do volume constante do delito) mantém correspondência com as demonstrações das pesquisas de vitimização já que seus dados procedem das mesmas repartições do sistema legal.
b) A população reclusa oferece uma amostra confiável e representativa da população criminal real, já que os agentes do controle social se orientam pelo critério objetivo do fato cometido e limitam-se a detectar o infrator, qualquer que seja este.
c) O fenômeno do medo ao delito não enseja investigações empíricas na Criminologia por tratar- se de uma consequência trivial da criminalidade diretamente proporcional ao risco objetivo.
d) O medo do delito pode condicionar negativamente o conteúdo da política criminal imprimindo nesta um viés de rigor punitivo, contrário, portanto, ao marco político-constitucional do nosso sistema legal.
e) As pesquisas de vitimização constituem uma insubstituível fonte de informação sobre a criminalidade real, já que seus dados procedem das repartições do sistema legal sendo condicionantes das estatísticas oficiais.

COMENTÁRIOS

✪ **Nota do autor:** A ideia de insegurança coletiva, promove adoção de políticas criminais repressoras, com abusos de direitos, e ausência de garantias dos cidadãos.

Alternativa "a": Os delitos praticados são em número superior às ocorrências registradas, não havendo correspondências nas informações.

Alternativa "b": A população reclusa não oferece uma amostra confiável e representativa da população criminal real, já que os agentes do controle social se orientam pelo critério objetivo do fato cometido e limitam-se a detectar o infrator, qualquer que seja este.

Alternativa "c": O medo do delito e o medo coletivo são também objeto do estudo da vitimologia.

Alternativa "d": O medo, como sentimento pessoal, ajuda reconhecer o risco, orientar a conduta para minimizá-lo ou mitigar seus efeitos, e ainda pode ser fator de vitimização.

Alternativa "e": As pesquisas de vitimização fornecem imensos subsídios a respeito de como os delitos ocorrem, em que circunstâncias de tempo e lugar, e por quais fatores desencadeantes.

---

96. Alternativa correta: letra "d".(Vunesp – Delegado de Polícia – PC – BA/2018) No que diz respeito aos estudos desenvolvidos no âmbito da vitimologia, assinale a alternativa correta.

a) O linchamento do autor de um crime por populares em uma rua pode ser classificado como uma vitimização secundária e terciária.

b) A chamada da vítima na fase processual da persecução penal para ser ouvida sobre o crime, por inúmeras vezes, é denominada de vitimização secundária.

c) A longa espera da vítima de um crime em uma delegacia de polícia para o registro do crime é denominada de vitimização terciária.

d) A vítima só passa a ter um contorno sistemático em sua abordagem criminológica a partir do fim da primeira guerra mundial, na segunda década do século XX.

e) As pesquisas de vitimização têm por objetivo principal mensurar a vitimização secundária.

COMENTÁRIOS

✪ Nota do autor: . A vítima foi praticamente desconsiderada nos últimos séculos pelo direito penal, mas na Criminologia seu papel foi resgatado.

Alternativa "a": A vitimização secundária consiste na ocorrência de danos à vítima em razão do processo, com suas experiências traumáticas, como no crime de estupro. E a vitimização terciária compreende os abusos, maus-tratos, além da penalização da vítima pela própria sociedade.

Alternativa "b": Vitimização secundária consiste na ocorrência de danos à vítima em razão do processo, com suas experiências traumáticas, como no crime de estupro.

Alternativa "c": A longa espera da vítima de um crime em uma delegacia de polícia para o registro do crime é denominada de vitimização secundária.

Alternativa "d": Somente no terceiro momento é que se valoriza a vítima, com estudo feito de maneira mais aprofundada, logo após a 2ª Guerra Mundial.

Alternativa "e": A **vitimologia** estuda o papel da vítima no fato danoso, e a maneira pela qual participa na ocorrência do delito, em especial pelos problemas de ordem moral, psicológica, nos crimes que são cometidas com violência e graves ameaça.

Alternativa correta: letra "b".

---

97. (Nucepe – Delegado de Polícia – PC – PI/2018) Sobre a Vitimologia, assinale a alternativa CORRETA.

a) De acordo com a classificação das vítimas, formulada por Mendelsohn, a vítima simuladora é aquela que voluntária ou imprudentemente, colabora com o ânimo criminoso do agente.

b) É denominada terciária a vitimização que corresponde aos danos causados à vítima em decorrência do crime.

c) De acordo com a ONU, apenas são consideradas vítimas as pessoas que, individual ou coletivamente, tenham sofrido lesões físicas ou mentais, por atos ou omissões que representem violações às leis penais, incluídas as leis referentes ao abuso criminoso do poder.

d) O surgimento da Vitimologia ocorreu no início do século XVIII, com os estudos pioneiros de Hans Von Hentig, seguido por Mendelsohn.

e) É denominada secundária a vitimização causada pelas instâncias formais de controle social, no decorrer do processo de registro e apuração do crime.

COMENTÁRIOS

✪ Nota do autor: A **Vitimologia** estuda o papel da vítima no fato danoso, e a maneira pela qual participa na ocorrência do delito, em especial pelos problemas de ordem moral, psicológica, nos crimes que são cometidas com violência e graves ameaça

Alternativa "a": A Classificação de Mendelsohn propõe a vítima completamente inocente ou vítima ideal, por ignorância, voluntária ou culpa, e mais culpada que o infrator.

Alternativa "b": A vitimização terciária compreende os abusos, maus-tratos, além da penalização da vítima pela própria sociedade.

Alternativa "c": A vítima pode ser entendida como aquele indivíduo e a comunidade que sofrem as consequências do crime.

Alternativa "d": O fundador da criminologia da vítima foi **Benjamin Mendelsohn,** da Universidade de Hebraica de Jerusalém, que em 1947 proferiu palestra com o tema Um horizonte novo na ciência biopsicos social: a vitimologia. Outro precursor da vitimologia é **Hans Von Hentig**, com o trabalho denominado **O criminoso e sua vítima de 1948.**

Alternativa "e". Vitimização secundária consiste na ocorrência de danos à vítima em razão do processo, com suas experiências traumáticas, como no crime de estupro.

Alternativa correta: letra "e".

▸ TEXTO 1A9-I: SENTENÇA

Ação: Medidas Protetivas de Urgência (Lei Maria da Penha)

Processo n.º: XXXXXXX

Ana de Jesus foi à polícia reclamar que Mário, seu ex-namorado, alcoólatra e usuário de drogas, lhe fez ameaça de morte e ainda lhe deu umas refregas (sic), ao que se seguiram a comunicação do fato e o pedido de medida protetiva. É lamentável que a mulher não se dê ao respeito e, com isso, faça desmerecido o poder público. Simplesmente decidir que o agressor deve manter determinada distância da vítima é um nada. Depois que o sujeito, sentindo só a debilidade do poder público, invadir a distância marcada, caberá à vítima, mais uma vez, chamar a polícia, a qual, tendo ido ao local, o afastará dali. Mais que isso, legalmente, pouco há que fazer. Enfim, enquanto a mulher não se respeitar, não se valorizar, ficará nesse ramerrão sem fim — agressão, reclamação na polícia, falta de proteção. Por outro lado, ainda vige o instituto da legítima defesa, muito mais eficaz que qualquer medidazinha (sic) de proteção. Intimem-se, inclusive ao MP.

▸ **TEXTO 1A9-II**

No Brasil, a edição da Lei Maria da Penha retratou a preocupação da sociedade com a violência doméstica contra a mulher, e a incorporação do feminicídio ao Código Penal refletiu o reconhecimento de conduta criminosa reiterada relacionada à questão de gênero. Mesmo com tais medidas, que visam reduzir a violência contra as mulheres, as estatísticas nacionais apontam para um agravamento do problema. No caso do estado de Sergipe, de acordo com dados do Panorama da Violência contra as Mulheres no Brasil (2016), a taxa de violência letal contra mulheres é superior à taxa nacional, enquanto a taxa de estupros é inferior, o que pode ser resultado de uma subnotificação desse tipo de violência.

Internet: <www.senado.gov.br> (com adaptações).

98. (Cespe - Delegado de Polícia - PC - SE/2018) Considerando os textos apresentados, julgue os itens que se seguem, pertinentes aos objetos da criminologia.

98.1. A sentença transcrita (texto 1A9-I) exemplifica o que a teoria criminológica descreve como revitimização ou vitimização secundária, que se expressa como o atendimento negligente, o descrédito na palavra da vítima, o descaso com seu sofrimento físico e(ou) mental, o desrespeito à sua privacidade, o constrangimento e a responsabilização da vítima pela violência sofrida.

COMENTÁRIOS

Vitimização secundária consiste na ocorrência de danos à vítima em razão do processo, com suas experiências traumáticas, como, por exemplo no crime de estupro.

Alternativa correta: "certo".

98.2. Conforme o conceito de delito na criminologia, o feminicídio caracteriza-se como um crime por ser um fato típico, ilícito e culpável.

COMENTÁRIOS

O crime, para a criminologia deve ser encarado como um fenômeno comunitário e como um problema social, tal conceituação é insuficiente. .

Alternativa correta: "errado".

99. (Vunesp - Delegado de Polícia - CE/2015) Quando a vítima, em decorrência do crime sofrido, não encontra amparo adequado por parte dos órgãos oficiais do Estado, durante o processo de registro e apuração do crime, como, por exemplo, o mau atendimento por um policial, levando a vítima a se sentir como um "objeto" do direito e não como sujeito de direitos, caracteriza

a) vitimização estatal ou oficial.
b) vitimização secundária.
c) vitimização terciária.
d) vitimização quaternária.
e) vitimização primária.

COMENTÁRIOS

✪ **Nota do autor:** A vítima também possui classificação própria, podendo verificar-se a existência da vítima: **primária, secundária e terciária**.

Alternativa "a": A vitimização estatal ou oficial não é objeto de classificação.

Alternativa "c": A vitimização terciária envolve além dos danos adicionais como abuso, maus-tratos, a penalização suportada pela vítima como a discriminação da própria sociedade como por exemplo familiares, amigos, colegas de trabalho, como forma de segregação e humilhação

Alternativa "d": Não se verifica tal classificação.

Alternativa "e": A vitimização primária verifica-se quando atingida diretamente pela conduta criminosa.

Alternativa "b". A vitimização secundária consiste na ocorrência de danos à vítima em razão da investigação e do processo, com suas experiências traumáticas.

Alternativa correta: letra "b".

100. (Vunesp - Delegado de Polícia - SP/2014) Um dos primeiros autores a classificar as vítimas de um crime foi Benjamin Mendelsohn, que levou em conta a participação das vítimas no delito. Segundo esse autor, as vítimas classificam-se em __________; vítimas menos culpadas que os criminosos; __________; vítimas mais culpadas que os criminosos e __________.

Assinale a alternativa que preenche, correta e respectivamente, as lacunas do texto.

a) vítimas inocentes ... vítimas inimputáveis ... vítimas culpadas
b) vítimas primárias ... vítimas secundárias ... vítimas terciárias
c) vítimas ideais ... vítimas tão culpadas quanto os criminosos ... vítimas como únicas culpadas
d) vítimas tão participativas quanto os criminosos ... vítimas passivas ... vítimas colaborativas quanto aos criminosos
e) vítimas passivas em relação ao criminoso ... vítimas prestativas ... vítimas ativas em relação aos criminosos

COMENTÁRIOS

✪ **Nota do autor:** O fundador da criminologia da vítima foi **Benjamin Mendelsohn,** da Universidade de Hebraica de Jerusalém, que em 1947 proferiu palestra com o tema Um horizonte novo na ciência biopsicossocial: a vitimologia.

Alternativa "a": Vítimas inimputáveis não pertencem à classificação de Mendelsohn.

Alternativa "b": A vitimização primária verifica-se quando atingida diretamente pela conduta criminosa. Secundária consiste na ocorrência de danos à vítima em razão do processo, com suas experiências traumáticas, como no crime de estupro. E a vitimização terciária compreende os abusos, maus-tratos, além da penalização da vítima pela própria sociedade.

Alternativa "c": Mendelsohn sintetiza a classificação das vítimas em três grupos: a) a vítima inocente que não concorre para a realização do crime (vítima ideal); b) a vítima provocadora, que colabora com a vontade do criminoso (tão culpadas quanto os criminosos); c) e a vítima agressora, que acaba por justificar a ação de seu agressor (vítimas como únicas culpadas).

Alternativa "d": As hipóteses não correspondem à classificação proposta por Mendelsohn.

Alternativa "e": As hipóteses não correspondem à classificação proposta por Mendelsohn.

Alternativa correta: letra "c".

6. PREVENÇÃO E REAÇÃO

101. (VUNESP – 2023 – PC/SP – Delegado) Em um Estado Democrático de Direito, as políticas públicas de educação, habitação e saúde devem ser amplamente implantadas em detrimento de medidas penais de encarceramento, com o objetivo de impedir a prática de delitos, bem como sua reincidência. A Prevenção Criminal

a) Primária é voltada para as causas da prática do delito.
b) Direta atua nas causas que resultam na delinquência.
c) Indireta atua no crime que está prestes a ocorrer.
d) Terciária é voltada às oportunidades para o cometimento de um crime.
e) Secundária é voltada para o condenado, o preso e o egresso.

COMENTÁRIOS

✪ **Nota do autor: A prevenção criminal** constitui verdadeiro objeto do Estado a manutenção da paz e a prevenção dos atos criminosos, através de medidas que passam por todos os setores do Poder Público.

Alternativa "a": A prevenção primária repousa sobre as causas do delito, incidem na concretização dos direitos da pessoa, como saúde, educação, segurança, qualidade de vida, com prevenção de médio a logo prazo.

Alternativa "b": A prevenção criminal não possui classificação como direita ou indireta.

Alternativa "c": A prevenção criminal não possui classificação como direita ou indireta.

Alternativa "d": A prevenção terciária realiza-se por meio de medidas socioeducativas, como a laborterapia, a liberdade assistida, a prestação de serviços comunitários, voltadas para prevenção da reincidência.

Alternativa "e": A prevenção secundária atua no momento do crime ou após a sua realização, com foco nas ações policiais, programas de apoio e comunicação, com prevenção a curto e médio prazo.

Alternativa correta: letra "a".

102. (Cespe – Delegado de Polícia – PC – PB/2022) Acerca dos modelos de prevenção criminal e das políticas públicas de prevenção à violência contra a mulher, julgue os itens seguintes.

I. Políticas de prevenção primária destinam-se a enfrentar as causas mais profundas da violência de gênero e devem ser direcionadas à população em geral; tais causas estão relacionadas à desigualdade nas relações de poder entre homens e mulheres e à manutenção de visões estereotipadas sobre os papéis sociais.
II. A prevenção secundária, também conhecida como intervenção precoce, destina-se a determinados grupos de risco mais propensos a sofrerem ou praticarem a violência doméstica, usualmente associada aos serviços de saúde e assistência social.
III. A prevenção terciária, também conhecida como resposta, está relacionada à reação dos sistemas policial e de justiça à comunicação de um episódio de violência, e se destina a prevenir, a longo prazo, a reiteração da violência.

Assinale a opção correta.

a) Apenas o item I está certo.
b) Apenas o item II está certo.
c) Apenas os itens I e III estão certos.
d) Apenas os itens II e III estão certos.
e) Todos os itens estão certos.

COMENTÁRIOS

✪ **Nota do autor:** A prevenção significa as ações destinadas a evitar a prática do crime. Constitui verdadeiro objeto do Estado a manutenção da paz e a prevenção dos atos criminosos, através de medidas que passam por todos os setores do Poder Público. Tais medidas atuam sobre causas, e tem como alvo o indivíduo e o meio em que vive, ou seja, quanto à personalidade, caráter, e, com medidas sociais, políticas, e econômicas que influenciam na qualidade de vida das pessoas.

Alternativa "a": A prevenção primária repousa sobre as causas do delito, incidem na concretização dos direitos da pessoa, como saúde, educação, segurança, qualidade de vida, com prevenção de médio a logo prazo.

Alternativa "b": A prevenção secundária atua no momento do crime ou após a sua realização, com foco nas ações policiais, programas de apoio e comunicação, com prevenção a curto e médio prazo.

Alternativa "c": A prevenção terciária consiste na prevenção da **reincidência**, e "realiza-se por meio de medidas socioeducativas, como a laboterapia, a liberdade assistida, a prestação de serviços comunitários.

Alternativa "d": Políticas de prevenção primária destinam-se a enfrentar as causas mais profundas da violência de gênero e devem ser direcionadas à população em geral. A prevenção secundária, também conhecida como intervenção precoce, destina-se a determinados grupos de risco mais propensos a sofrerem ou praticarem a violência doméstica.

Alternativa "e A prevenção implica em ações destinadas a evitar a prática do crime, a manutenção da paz e a prevenção dos atos criminosos, através de medidas que passam por todos os setores do Poder Público.

Alternativa correta: letra "e".

---

103. Debatedores divergem sobre endurecimento da legislação penal no combate à criminalidade – Notícias – Portal da Câmara dos Deputados 06/07/2021 https://www.camara.leg.br > noticias CCJ aprova relatório que propõe penas mais rigorosas para crimes – Notícias – Portal da Câmara dos Deputados 30 sept. 2021 https://www.camara.leg.br > noticias Grupo sobre projeto anticrime aumenta para 40 anos tempo máximo de cumprimento de pena – Notícias – Portal da Câmara dos Deputados 22 août 2019 As notícias cujos títulos são apresentados acima tratam do recrudescimento da legislação penal brasileira nos últimos anos. Acerca da criminologia, das penas e dos modelos de reação ao crime, assinale a opção correta.

a) Iniciativas legislativas de agravamento de penas estão relacionadas ao modelo restaurador de reação ao crime segundo o qual o mal causado pelo criminoso deve ser proporcionalmente retribuído pela pena.
b) A transação penal e a composição civil, institutos previstos na Lei n.° 9.099/1995, que regula os juizados especiais, têm um caráter conciliatório, consoante com o modelo clássico de reação ao crime.
c) O Direito Penal centrado na pessoa do infrator reflete o pensamento de Claus Roxin na chamada Terceira Via do Direito.
d) O recrudescimento penal como resposta a um clamor por justiça resulta na edição de leis penais simbólicas que são editadas para reduzir tensões sociais, mas que, à falta de respaldo da ciência criminal, não garantem uma efetiva prevenção do crime.
e) Leis penais mais severas previnem o crime na mesma proporção que a certeza da punição, noção essa que tem origem em estudos do século XVIII de Cesare Bonesana.

COMENTÁRIOS

✪ **Nota do autor:** A reação social funda-se na ideia de que a intervenção da justiça pode acentuar a criminalidade, e ainda que a criminalidade resulta de um processo de interação social, ou seja, a conduta proibida seria uma qualidade atribuída a um determinado comportamento pela sociedade, caracterizando-se como seletivo, e discriminatório.

Alternativa "a": O agravamento de penas não está relacionado ao modelo restaurador de reação ao crime segundo o qual o mal causado pelo criminoso deve ser proporcionalmente retribuído pela pena.

Alternativa "b": A transação penal e a composição civil, institutos previstos na Lei n.° 9.099/1995, que regula os juizados especiais, têm um caráter conciliatório, e não constituem reação ao crime.

Alternativa "c": A terceira via do direito, na concepção de Claus Roxin consiste na reparação de danos.

Alternativa "d": O recrudescimento penal como resposta a um clamor por justiça resulta na edição de leis penais simbólicas que são editadas para reduzir tensões sociais, mas que, à falta de respaldo da ciência criminal, não garantem uma efetiva prevenção do crime.

Alternativa "e ": Cesare Bonessana, marquês de Beccaria, autor do livro dos delitos e das penas de 1764, criou uma sistematização de três postulados: legalidade penal, estrita necessidade das incriminações e uma penologia utilitária.

Alternativa correta: letra "d".

---

104. (FGV – Delegado de Polícia – PC – RN/2021) Dentro da perspectiva criminológica, os órgãos de polícia e justiça se referem a instâncias de:

a) criminalização primária;
b) vitimização terciária;
c) controle social formal;
d) prevenção primária;
e) controle social informal.

COMENTÁRIOS

✪ **Nota do autor:** O controle social é entendido, como um "conjunto de instituições, estratégias e **sanções sociais** que pretendem promover e garantir referido submetimento do indivíduo aos modelos e normas

Alternativa "a": A criminalização primária consiste na criação de tipos penais através de lei, prevendo comportamentos proibidos.

Alternativa "b": A vitimização terciária compreende os abusos, maus tratos, além da penalização da vítima pela própria sociedade.

Alternativa "c": O controle social formal é exercido pelo poder do Estado, através de seus órgãos como Polícia, Exército, Ministério Público, Poder Judiciário.

Alternativa "d: A prevenção primária repousa sobre as causas do delito, incidem na concretização dos direitos da pessoa, como saúde, educação, segurança, qualidade de vida, com prevenção de médio a logo prazo.

Alternativa "e": O controle social informal é constituído pela sociedade civil, família, escola, atividade profissional, clubes de serviço

Alternativa correta: letra "c".

105. (Inst. Acesso – Delegado de Polícia – PC – ES/2019) No Estado Democrático de Direito a prevenção criminal é integrante da agenda federativa passando por vários setores do Poder Público, não se restringindo à Segurança Pública e ao Judiciário. Com relação à prevenção criminal, assinale a afirmativa correta:

a) A prevenção primária se orienta aos grupos que ostentam maior risco de protagonizar o problema criminal, se relacionando com a política legislativa penal e com a ação policial.
b) A prevenção secundária corresponde a estratégias de política cultural, econômica e social, atuando, por exemplo, na garantia da educação, saúde, trabalho e bem-estar social.
c) A prevenção terciária se orienta aos grupos que ostentam maior risco de protagonizar o problema criminal, se relacionando com a política legislativa penal e com a ação policial.
d) A prevenção secundária tem como destinatário o condenado, se orientando a evitar a reincidência da população presa por meio de programas reabilitadores e ressocializadores.
e) A prevenção primária corresponde a estratégias de política cultural, econômica e social, atuando, por exemplo, na garantia da educação, saúde, trabalho e bem-estar social.

COMENTÁRIOS

Nota do autor: A prevenção significa as ações destinadas a evitar a prática do crime. Constitui verdadeiro objeto do Estado a manutenção da paz e a prevenção dos atos criminosos, através de medidas que passam por todos os setores do Poder Público.

Alternativa "a": A prevenção primária repousa sobre as causas do delito, incidem na concretização dos direitos da pessoa, como saúde, educação, segurança, qualidade de vida.

Alternativa "b": A prevenção secundária atua no momento do crime ou após a sua realização, com foco nas ações policiais, programas de apoio e comunicação.

Alternativa "c": A prevenção terciária realiza-se por meio de medidas socioeducativas, como a laborterapia, a liberdade assistida, a prestação de serviços comunitários.

Alternativa "d": A prevenção terciária tem como destinatário o condenado, se orientando a evitar a reincidência da população presa por meio de programas reabilitadores e ressocializadores

Alternativa "e": A prevenção primária corresponde a estratégias de política cultural, econômica e social, atuando, por exemplo, na garantia da educação, saúde, trabalho e bem-estar social.

Alternativa correta: letra "e".

106. (Inst. Acesso – Delegado de Polícia – PC – ES/2019) Uma informação confiável e contrastada sobre a criminalidade real que existe em uma sociedade é imprescindível, tanto para formular um diagnóstico científico, como para desenhar os oportunos programas de prevenção. Assinale a alternativa correta:

a) A criminalidade real corresponde à totalidade de delitos perpetrados pelos delinquentes. A criminalidade revelada corresponde à quantidade de delitos que chegou ao conhecimento do Estado. A cifra negra corresponde à ausência de registro de práticas antissociais do poder político e econômico.
b) A criminalidade real corresponde à quantidade de delitos que chegou ao conhecimento do Estado. A criminalidade revelada corresponde à totalidade de delitos perpetrados pelos delinquentes. A cifra negra corresponde à ausência de registro de práticas antissociais do poder político e econômico.
c) A criminalidade real corresponde à quantidade de delitos que chegou ao conhecimento do Estado. A criminalidade revelada corresponde à totalidade de delitos perpetrados pelos delinquentes. A cifra negra corresponde à quantidade de delitos não comunicados ou não elucidados dos crimes de rua.
d) A criminalidade real corresponde à quantidade de delitos que chegou ao conhecimento do Estado. A criminalidade revelada corresponde à totalidade de delitos perpetrados pelos delinquentes. A cifra negra corresponde à violência policial, cujos índices não são levados ao conhecimento das corregedorias.
e) A criminalidade real corresponde à totalidade de delitos perpetrados pelos delinquentes. A criminalidade revelada corresponde à quantidade de delitos que chegou ao conhecimento do Estado. A cifra negra corresponde à quantidade de delitos não comunicados ou não elucidados dos crimes de rua.

A criminalidade real corresponde a quantidade efetiva de crimes perpetrados pelos criminosos. A criminalidade revelada é o percentual que chega ao conhecimento do Estado. Cifra negra é aquela que não chegam ao conhecimento dos órgãos e controle, e acabam solucionados na informalidade e longe da justiça.

COMENTÁRIOS

✪ **Nota do autor:** No final dos anos 30 ficou conhecida a expressão White collar crimes (crimes do colarinho branco), para diferenciar criminosos específicos dos criminosos comuns, que passa ser a base da teoria.

Alternativa "a": A criminalidade real corresponde a quantidade efetiva de crimes perpetrados pelos criminosos. A criminalidade revelada é o percentual que chega ao conhecimento do Estado. Cifra negra é aquela que não chegam ao conhecimento dos órgãos e controle, e acabam solucionados na informalidade e longe da justiça.

Alternativa "b": A criminalidade real corresponde a quantidade efetiva de crimes perpetrados pelos criminosos. A criminalidade revelada é o percentual que chega ao conhecimento do Estado. Cifra negra é aquela que não chegam ao conhecimento dos órgãos e controle, e acabam solucionados na informalidade e longe da justiça.

Alternativa "c": A criminalidade real corresponde a quantidade efetiva de crimes perpetrados pelos criminosos. A criminalidade revelada é o percentual que chega ao conhecimento do Estado. Cifra negra é aquela que não chegam ao conhecimento dos órgãos e controle, e acabam solucionados na informalidade e longe da justiça.

Alternativa "d": A criminalidade real corresponde a quantidade efetiva de crimes perpetrados pelos criminosos. A criminalidade revelada é o percentual que chega ao conhecimento do Estado. Cifra negra é aquela que não chegam ao conhecimento dos órgãos e controle, e acabam solucionados na informalidade e longe da justiça.

Alternativa "e": A criminalidade real corresponde a quantidade efetiva de crimes perpetrados pelos criminosos. A criminalidade revelada é o percentual que chega ao conhecimento do Estado. Cifra negra é aquela que não chegam ao conhecimento dos órgãos e controle, e acabam solucionados na informalidade e longe da justiça.

Alternativa correta: letra "e".

---

107. (Inst. Acesso – Delegado de Polícia – PC – ES/2019) No Estado Democrático de Direito a prevenção criminal é integrante da agenda federativa passando por vários setores do Poder Público, não se restringindo à Segurança Pública e ao Judiciário. Com relação à prevenção criminal, assinale a afirmativa correta:

a) A prevenção primária se orienta aos grupos que ostentam maior risco de protagonizar o problema criminal, se relacionando com a política legislativa penal e com a ação policial.

b) A prevenção secundária corresponde a estratégias de política cultural, econômica e social, atuando, por exemplo, na garantia da educação, saúde, trabalho e bem-estar social.

c) A prevenção terciária se orienta aos grupos que ostentam maior risco de protagonizar o problema criminal, se relacionando com a política legislativa penal e com a ação policial.

d) A prevenção secundária tem como destinatário o condenado, se orientando a evitar a reincidência da população presa por meio de programas reabilitadores e ressocializadores.

e) A prevenção primária corresponde a estratégias de política cultural, econômica e social, atuando, por exemplo, na garantia da educação, saúde, trabalho e bem-estar social.

COMENTÁRIOS

✪ **Nota do autor:** A prevenção significa as ações destinadas a evitar a prática do crime. Constitui verdadeiro objeto do Estado a manutenção da paz e a prevenção dos atos criminosos, através de medidas que passam por todos os setores do Poder Público.

Alternativa "a": A prevenção primária repousa sobre as causas do delito, incidem na concretização dos direitos da pessoa, como saúde, educação, segurança, qualidade de vida, com prevenção de médio a logo prazo.

Alternativa "b": A prevenção secundária atua no momento do crime ou após a sua realização, com foco nas ações policiais, programas de apoio e comunicação, com prevenção a curto e médio prazo.

Alternativa "c": A prevenção terciária que consiste na prevenção da **reincidência**, e realiza-se por meio de medidas socioeducativas, como a laborterapia, a liberdade assistida, a prestação de serviços comunitários.

Alternativa "d": A prevenção secundária atua no momento do crime ou após a sua realização, com foco nas ações policiais, programas de apoio e comunicação, com prevenção a curto e médio prazo.

Alternativa "e": A prevenção primária repousa sobre as causas do delito, incidem na concretização dos direitos da pessoa, como saúde, educação, segurança, qualidade de vida

Alternativa correta: letra "e".

---

108. (Vunesp – Delegado de Polícia – PC – BA/2018) Assinale a alternativa que contém um exemplo de prevenção de infrações penais preponderantemente primária.

a) Construção de uma praça com equipamentos de lazer em uma comunidade com altos índices de criminalidade e de vulnerabilidade social com o fim de evitar que jovens daquele local, em especial em situação de risco, envolvam-se com a criminalidade.

b) Projeto Começar de Novo, que visa devolver aos cumpridores de pena e egressos a autoestima e a cidadania suprimidas com a privação de sua liberdade, por meio de ações de caráter preventivo, educativo e res- socializador, atuando, assim, na humanização, a fim de que referido público valorize a liberdade e passe a fazer escolhas melhores em sua vida, evitando o retorno ao cárcere.

c) Implementação de sistemas de leitores óticos de placas de veículos nas ruas e avenidas da cidade de Salvador para identificação de veículos relacionados a algum tipo de crime.

d) Bloqueio que impeça a ativação e utilização de aparelhos de telefonia celular subtraídos do legítimo proprietário por meio de uma conduta criminosa.

e) Melhoria de atendimento pré e pós-natal a todas as gestantes de uma determinada cidade com a finalidade de reduzir os índices criminais no município.

COMENTÁRIOS

✪ **Nota do autor:** A prevenção significa as ações destinadas a evitar a prática do crime. Constitui verdadeiro objeto do Estado a manutenção da paz e a prevenção dos atos criminosos, através de medidas que passam por todos os setores do Poder Público.

Alternativa "a": As situações envolvem a prevenção secundária.

Alternativa "b": Exemplos de prevenção terciária.

Alternativa "c": Medidas educativas de trânsito.

Alternativa "d": A medida não se aproxima das formas de prevenção.

Alternativa "e": A prevenção primária repousa sobre as causas do delito, incidem na concretização dos direitos da pessoa, como saúde, educação, segurança, qualidade de vida, com prevenção de médio a logo prazo.

Alternativa correta: letra "e".

109. (Cespe – Delegado de Polícia – PC – SE/2018) No que se refere à prevenção da infração penal no Estado democrático de direito, julgue os próximos itens.

109.1. Medidas indiretas de prevenção delitiva visam atacar as causas do crime: cessada a causa, cessam seus efeitos.

COMENTÁRIOS

É considerada indireta a prevenção pois não atinge diretamente o crime, mas o indivíduo e meio em que vive.

Alternativa correta: "certo".

109.2. A alteração dos espaços físicos e urbanos, como, por exemplo, a elaboração de novos desenhos arquitetônicos e o aumento da iluminação pública, pode ser considerada uma forma de prevenção delituosa.

COMENTÁRIOS

A prevenção secundária atua no momento do crime ou após a sua realização, com foco nas ações policiais, programas de apoio e comunicação, com prevenção a curto e médio prazo. **Alternativa correta: "certo".**

109.3. A prevenção terciária da infração penal consiste em medidas de longo prazo, como a garantia de educação, a redução da desigualdade social e a melhoria das condições de qualidade de vida, enquanto a prevenção primária é voltada à pessoa reclusa e visa à sua recuperação e reintegração social.

COMENTÁRIOS

A prevenção terciária consiste na prevenção da **reincidência**, e realiza-se por meio de medidas socioeducativas, como a laborterapia, a liberdade assistida, a prestação de serviços comunitários. **Alternativa correta: "errado".**

110. (Cespe – Delegado de Polícia – GO/2017) Considerando que, para a criminologia, o delito é um grave problema social, que deve ser enfrentado por meio de medidas preventivas, assinale a opção correta acerca da prevenção do delito sob o aspecto criminológico.

a) A transferência da administração das escolas públicas para organizações sociais sem fins lucrativos, com a finalidade de melhorar o ensino público do Estado, é uma das formas de prevenção terciária do delito.

b) O aumento do desemprego no Brasil incrementa o risco das atividades delitivas, uma vez que o trabalho, como prevenção secundária do crime, é um elemento dissuasório, que opera no processo motivacional do infrator.

c) A prevenção primária do delito é a menos eficaz no combate à criminalidade, uma vez que opera, etiologicamente, sobre pessoas determinadas por meio de medidas dissuasórias e a curto prazo, dispensando prestações sociais.

d) Em caso de a Força Nacional de Segurança Pública apoiar e supervisionar as atividades policiais de investigação de determinado estado, devido ao grande número de homicídios não solucionados na capital do referido estado, essa iniciativa consistirá diretamente na prevenção terciária do delito.

e) A prevenção terciária do crime consiste no conjunto de ações reabilitadoras e dissuasórias atuantes sobre o apenado encarcerado, na tentativa de se evitar a reincidência.

COMENTÁRIOS

✪ **Nota do autor:** A prevenção significa as **ações destinadas a evitar a prática do crime**. Estas medidas podem ser diretas ou indiretas, atuando sobre causas, e tem como alvo o indivíduo e o meio em que vive, ou seja, quanto à personalidade, caráter, e, com medidas sociais, políticas, e econômicas que influenciam na qualidade de vida das pessoas, e também sobre a infração penal.

Alternativa "a":. A melhoria das escolas, dentro de diversas possibilidades atua como **prevenção primária** que, repousa sobre as causas do delito, incidem na concretização dos direitos da pessoa, **como saúde, educa-**

ção, segurança, qualidade de vida, com prevenção de médio a logo prazo.

Alternativa "b": A **prevenção secundária** atua no momento do crime ou após a sua realização, com foco nas ações policiais, programas de apoio e comunicação, com prevenção a curto e médio prazo. O trabalho é entendido como forma de prevenção terciária.

Alternativa "c": A prevenção primária repousa sobre as causas do delito, incidem na **concretização dos direitos da pessoa**, como saúde, educação, segurança, qualidade de vida, com prevenção de médio a logo prazo.

Alternativa "d": A prevenção terciária atua como forma de evitar a **reincidência.**

Alternativa "e". A prevenção terciária consiste na prevenção da **reincidência**, e realiza-se por meio de **medidas socioeducativas, como a laborterapia, a liberdade assistida, a prestação de serviços comunitários.**

Alternativa correta: letra "e".

---

111. (Cespe - Delegado de Polícia - GO/2017) Em busca do melhor sistema de enfrentamento à criminalidade, a criminologia estuda os diversos modelos de reação ao delito. A respeito desses modelos, assinale a opção correta.

a) De acordo com o modelo clássico de reação ao crime, os envolvidos devem resolver o conflito entre si, ainda que haja necessidade de inobservância das regras técnicas estatais de resolução da criminalidade, flexibilizando-se leis para se chegar ao consenso.

b) Conforme o modelo ressocializador de reação ao delito, a existência de leis que recrudescem o sistema penal faz que se previna a reincidência, uma vez que o infrator racional irá sopesar o castigo com o eventual proveito obtido.

c) Para a criminologia, as medidas despenalizadoras, com o viés reparador à vítima, condizem com o modelo integrador de reação ao delito, de modo a inserir os interessados como protagonistas na solução do conflito.

d) A fim de facilitar o retorno do infrator à sociedade, por meio de instrumentos de reabilitação aptos a retirar o caráter aflitivo da pena, o modelo dissuasório de reação ao crime propõe uma inserção positiva do apenado no seio social.

e) O modelo integrador de reação ao delito visa prevenir a criminalidade, conferindo especial relevância ao ius puniendi estatal, ao justo, rápido e necessário castigo ao criminoso, como forma de intimidação e prevenção do crime na sociedade.

COMENTÁRIOS

✪ Nota do autor: É considerável a preocupação do Estado contemporâneo na reação ao delito. Três são os modelos de reação social: dissuasório, ressocializador e restaurador.

Alternativa "a": O modelo dissuasório, retributivo ou clássico tem como característica a punição intimidatória e proporcional do criminoso, e tendo como objeto o Estado e criminoso, ficando de fora a vítima e sociedade.

Alternativa "b": O modelo ressocializador não se limita à imposição da pena, mas sim à reinserção social do criminoso, onde a sociedade tem papel importante para prevenir e evitar estigmatização

Alternativa "c". O modelo restaurador (integrador) ou também justiça restaurativa visa recuperar o criminoso, assistência à vítima, reparação do dano e controle social rompido pela prática do fato, e ainda a conciliação entre os envolvidos com meios de solução de conflitos.

Alternativa "d": O modelo dissuasório ou retributivo tem como característica a punição intimidatória e proporcional do criminoso, e tendo como objeto o Estado e criminoso, ficando de fora a vítima e sociedade, o que lhe rende críticas

Alternativa "e": O modelo restaurador (integrador) ou também justiça restaurativa visa recuperar o criminoso, assistência à vítima, reparação do dano e controle social rompido pela prática do fato, e ainda a conciliação entre os envolvidos com meios de solução de conflitos. A vantagem é diminuição das penas, humilhações e demais consequências.

Alternativa correta: letra "c".

---

112. (Cespe - Delegado de Polícia - PE/2016) No que se refere aos métodos de combate à criminalidade, a criminologia analisa os controles formais e informais do fenômeno delitivo e busca descrever e apresentar os meios necessários e eficientes contra o mal causado pelo crime. A esse respeito, assinale a opção correta.

a) A criminologia distingue os paradigmas de respostas conforme a finalidade pretendida, apresentando, entre os modelos de reação ao delito, o modelo dissuasório, o ressocializador e o integrador como formas de enfrentamento à criminalidade. Em determinado nível, admitem-se como conciliáveis esses modelos de enfrentamento ao crime.

b) Como modelo de enfrentamento do crime, a justiça restaurativa é altamente repudiada pela criminologia por ser método benevolente ao infrator, sem cunho ressocializador e pedagógico.

c) O modelo dissuasório de reação ao delito, no qual o infrator é objeto central da análise científica, busca mecanismos e instrumentos necessários à rápida e rigorosa efetivação do castigo ao criminoso, sendo desnecessário o aparelhamento estatal para esse fim.

d) O modelo ressocializador de enfrentamento do crime propõe legitimar a vítima, a comunidade e o infrator na busca de soluções pacíficas, sem que haja a necessidade de lidar com a ira e a humilhação do infrator ou de utilizar o ius puniendi estatal.

e) A doutrina admite pacificamente o modelo integrador na solução de conflitos havidos em razão do crime, independentemente da gravidade ou natureza, uma vez que o controle formal das instâncias não se abdica do poder punitivo estatal.

COMENTÁRIOS

✪ **Nota do autor:** O Controle Social constitui-se em um conjunto de mecanismos e sanções sociais que determinam ao indivíduo um padrão de conduta, sendo, portanto, uma forma de destinada a levar ao comportamento adequado relação em sintonia com os **valores da coletividade.** O controle social informal atua ao longo da formação do indivíduo, transmitindo valores morais e éticos, sem a atuação do Estado. O controle social formal entra em cena quando os controles sociais informais se tornaram insuficientes, atuando de modo coercitivo e impondo sanções distintas daquelas do controle informal.

Alternativa "a". Três são os modelos de reação social: dissuasório, ressocializador e restaurador. O modelo dissuasório ou retributivo tem como característica a punição intimidatória e proporcional do criminoso, e tendo como objeto o Estado e criminoso, ficando de fora a vítima e sociedade, o que lhe rende críticas. A pena é aplicada aos imputáveis e semi-imputáveis, e aos inimputáveis o tratamento psiquiátrico. O modelo ressocializador não se limita à imposição da pena, mas sim à reinserção social do criminoso, onde a sociedade tem papel importante para prevenir e evitar estigmatização. A preocupação com a utilidade da pena do delinquente e sua efetividade possui grande importância. O Estado deve preparar o condenado para reintegrar o corpo social. O modelo restaurador (integrador) ou também justiça restaurativa visa recuperar o criminoso, assistência à vítima, reparação do dano e controle social rompido pela prática do fato, e ainda a conciliação entre os envolvidos com meios de solução de conflitos. Assim, é possível verificar em alguns aspectos, elementos conciliáveis.

Alternativa "b": O modelo restaurador ou também justiça restaurativa visa recuperar o criminoso, assistência à vítima, reparação do dano e controle social rompido pela prática do fato, e ainda a conciliação entre os envolvidos com meios de solução de conflitos, é amplamente aceito pela criminologia.

Alternativa "c": O modelo dissuasório de reação ao delito tem como característica a punição intimidatória e proporcional do criminoso, e tendo como objeto o Estado e criminoso, ficando de fora a vítima e sociedade, o que lhe rende críticas. A pena é aplicada aos imputáveis e semi imputáveis, e aos inimputáveis o tratamento psiquiátrico.

Alternativa "d": O modelo ressocializador não se limita à imposição da pena, mas sim à reinserção social do criminoso, onde a sociedade tem papel importante para prevenir e evitar estigmatização.

Alternativa "e": A doutrina não é pacífica quanto ao alcance da justiça restaurativa, especialmente quanto à sua aplicação em crimes de maior gravidade.

Alternativa correta: letra "a".

113. (Cespe – Delegado de Polícia – PE/2016) A criminologia reconhece que não basta reprimir o crime, deve-se atuar de forma imperiosa na prevenção dos fatores criminais. Considerando essa informação, assinale a opção correta acerca de prevenção de infração penal.

a) Para a moderna criminologia, a alteração do cenário do crime não previne o delito: a falta das estruturas físicas sociais não obstaculiza a execução do plano criminal do delinquente.

b) A prevenção terciária do crime implica na implementação efetiva de medidas que evitam o delito, com a instalação, por exemplo, de programas de policiamento ostensivo em locais de maior concentração de criminalidade.

c) No estado democrático de direito, a prevenção secundária do delito atua diretamente na sociedade, de maneira difusa, a fim de implementar a qualidade dos direitos sociais, que são considerados pela criminologia fatores de desenvolvimento sadio da sociedade que mitiga a criminalidade.

d) Trabalho, saúde, lazer, educação, saneamento básico e iluminação pública, quando oferecidos à sociedade de maneira satisfatória, são considerados forma de prevenção primária do delito, capaz de abrandar os fenômenos criminais.

e) A doutrina da criminologia moderna reconhece a eficiência da prevenção primária do delito, uma vez que ela atua diretamente na pessoa do recluso, buscando evitar a reincidência penal e promover meios de ressocialização do apenado.

COMENTÁRIOS

✪ **Nota do autor:** A prevenção significa as ações destinadas a evitar a prática do crime. Constitui verdadeiro objeto do Estado a manutenção da paz e a prevenção dos atos criminosos, através de medidas que passam por todos os setores do Poder Público. Tais medidas atuam sobre causas, e tem como alvo o indivíduo e o meio em que vive, ou seja, quanto à personalidade, caráter, e, com medidas sociais, políticas, e econômicas que influenciam na qualidade de vida das pessoas.

Alternativa "a": A moderna criminologia tem por objetivo a prevenção do delito por meio de controle social, mas sem visar a fim do delito em sociedade.

Alternativa "b": A prevenção terciária realiza-se por meio de medidas socioeducativas, como a laborterapia, a liberdade assistida, e a prestação de serviços comunitários.

Alternativa "c": A prevenção secundária atua no momento do crime ou após a sua realização, com foco nas ações policiais, programas de apoio e comunicação, com prevenção a curto e médio prazo.

Alternativa "d". A prevenção primária repousa sobre as causas do delito, incidem na concretização dos direitos da pessoa, como saúde, educação, segurança, qualidade de vida, com prevenção de médio a logo prazo

Alternativa "e": A criminologia moderna tem por objetivo a prevenção do delito por meio do controle social eficaz, e não pela atuação na pessoa do recluso.

Alternativa correta: letra "d".

---

114. (Vunesp - Delegado de Polícia - SP/2014) A prevenção criminal que está voltada à segurança e qualidade de vida, atuando na área da educação, emprego, saúde e moradia, conhecida universalmente como direitos sociais e que se manifesta a médio e longo prazos, é chamada pela Criminologia de prevenção

a) primária.

b) individual.

c) secundária.

d) estrutural.

e) terciária.

COMENTÁRIOS

✪ **Nota do autor:** A prevenção implica em ações destinadas a evitar a prática do crime, a manutenção da paz e a prevenção dos atos criminosos, através de medidas que passam por todos os setores do Poder Público. Estas medidas podem ser diretas ou indiretas. As primeiras atuam sobre causas, e tem como alvo o indivíduo e o meio em que vive, ou seja, quanto à personalidade, caráter, e, com medidas sociais, políticas, e econômicas que influenciam na qualidade de vida das pessoas. A segunda atua sobre a infração penal.

Alternativa "a": Alguns fatores contribuem para a existência do crime como desemprego, miséria, desigualdade, corrupção, ao passo que trabalho, educação, democracia, justiça social afastam a criminalidade. A prevenção pode ser **primária a secundária.** A prevenção primária repousa sobre as causas do delito, incidem na concretização dos direitos da pessoa, como saúde, educação, segurança, qualidade de vida, com prevenção de médio a logo prazo.

Alternativa "b": Não existe tal classificação dentro da prevenção do crime.

Alternativa "c": A prevenção secundária atua no momento do crime ou após a sua realização, com foco nas ações policiais, programas de apoio e comunicação, com prevenção a curto e médio prazo.

Alternativa "d": Não existe tal classificação dentro da prevenção do crime.

Alternativa "e": A prevenção terciária consiste na prevenção da **reincidência**, e "realiza-se por meio de medidas socioeducativas, como a laboterapia, a liberdade assistida, a prestação de serviços comunitários.

Alternativa correta: letra "a".

Criminologia

Fábio Caliari

✦ DICAS

- A criminologia não possui momento determinado quanto ao seu surgimento, de fato ainda que de maneira simples e sem conteúdo científico, ela sempre existiu.
- A afirmação de que a criminologia possui uma curta história mas um passado longo, pode ser entendida como a premissa mais adequada, em razão dos inúmeros critérios e informes que procuraram determiná-la no tempo e no espaço.
- É certo que diversos autores apontam como **marco científico da criminologia** a publicação da obra **L'Uomo Delinquente de 1876 de Cesare Lombroso,** precursor da Escola Positiva italiana, fato amplamente levado em consideração na elaboração e resolução de provas e concursos.
- Na antiguidade poucas foram as questões que versavam sobre o criminoso, o crime e suas consequências, entretanto, na Idade Média e início da Idade Moderna é que se verificam diversas manifestações visando a explicação da criminalidade.
- O movimento científico dado à Criminologia e também do Direito Penal nada mais significa do que a evolução das ideias penais com o objetivo de cientificizar o estudo do crime. Este fato ocorre com as Escolas Penais.
- Também conhecido como **período científico do direito penal** onde surgiram as **ciências criminológicas** (segunda metade do século XIX), o delito, a pena e o criminoso passaram a ser observados de outra forma, mais humana e científica, buscando, sobretudo o estudo mais aprofundado deles. As principais figuras foram **Cesare Lombroso**, fundador da antropologia criminal; **Ferri,** da sociologia criminal; e **Garofalo, da Criminologia.**
- A **Escola Clássica** teve como principais características apontar que o direito tem origem transcendente é preexistente ao homem com origem divina. O delito é um ente jurídico, é a violação de um direito, a contradição entre o fato e a lei, e ainda uma infração da lei do Estado, resultante de um ato externo do homem, positivo ou negativo, moralmente imputável (livre arbítrio) e politicamente danoso (segurança dos cidadãos)
- As principais características da **Escola Positiva** revelam que o direito penal é produto social, obra humana. A responsabilidade social deriva do determinismo
- Na **Escola Positiva** o delito é um fenômeno natural e social (fatores individuais, físicos e sociais). A pena é defesa social com função preventiva. O método é o indutivo ou experimental. Os objetos de estudo **são o crime, o delinquente, a pena e o processo.** A sanção poderia ser aplicada antes da prática criminosa, como ociosidade, embriaguez, desonestidade. A Escola Positiva contribui para o **nascimento da criminologia**, a preocupação com o **delinquente e a vítima**, além de desenvolver o conceito de **periculosidade,** e a medida de segurança, e o tratamento do menor.
- A criminologia é uma ciência, pois possui **função, método, e objeto** próprio, e busca conhecer, explicar e transformar a realidade para permitir a compreensão do fenômeno criminal.
- Criminologia significa o estudo do Crime, é a **ciência que estuda o crime, o criminoso e a vítima,** além das **circunstâncias sociais**, os **fatores físicos, psicológicos**, que levaram o criminoso ao cometimento da conduta criminosa.
- A Criminologia é um campo multidisciplinar, donde outras ciências contribuem, influenciam e estão presentes em seu conteúdo de estudo, e dentre elas, a biologia, a sociologia, a psicologia, a antropologia e o direito, todas de grande importância para delimitarem os contornos da criminologia.
- A palavra Criminologia foi utilizada pela primeira vez em 1883 por Paul Topinard e aplicada por Garofalo, no mencionado livro **Criminologia de 1885.**
- Na Criminologia o método é a observação e a indução, juízos empíricos dos fenômenos sociais e da realidade dos fatos.
- Na atualidade a Criminologia possui como objeto de estudo e análise: **o delito, o delinquente, a vítima e o controle social.**

Objeto da Criminologia	▸ O delito
	▸ O delinquente
	▸ A vítima
	▸ O controle social

- As disciplinas relacionadas à realidade são: fenomenologia criminal, etiologia criminal, biologia criminal, geografia criminal e ecologia criminal**.** A disciplina é a criminalística. As disciplinas relacionadas à prevenção e repressão são: penologia e profixalia.
- A moderna sociologia parte de que não somente as degenerações apontadas por Lombroso eram suficientes para explicar o fato criminoso, mas também as transformações sociais que afetam os indivíduos desajustando-os.

- A moderna sociologia analisa as teorias **macrossociológica**, sob os aspectos **consensuais e do conflito**, pois não é possível limitar-se apenas a uma visão do indivíduo ou de pequenos grupos.
- A primeira visão, conhecida como teoria da integração, ou, seu nome mais comum de **teoria do consenso**, onde abrange a escola de Chicago, teoria da associação diferencial, teoria da anomia, e teoria da subcultura do delinquente. A segunda, chamada **de teoria do conflito**, onde se situam as teorias do *labelling approach* e teoria crítica ou radical.
- As teorias do consenso compreendem que os objetivos de uma sociedade somente são verificados quando ocorre o funcionamento adequado das instituições, e os indivíduos compartilham e concordam com as regras de convívio.
- As teorias do conflito sustentam que as relações sociais são conflituosas, com base na distribuição desigual de autoridade, e, portanto, necessita de força e coerção, ignorando-se a existência de acordos em torno de valores de que depende o próprio estabelecimento da força.

Criminologia do consenso	Criminologia do conflito
Escola de Chicago	Labelling approach
Teoria da associação diferencial	Teoria crítica
Teoria da anomia	–
Teoria da subcultura a do delinquente	–

- A **Escola de Chicago** se desenvolveu com a crescente industrialização do século XX, o que provocou não só na cidade de Chicago, mas em diversas cidades do mundo, um grande **contraste de etnias, culturas, religiões, regiões marcadas pelo conflito e pela desordem**, por isso a escola de Chicago é marcada pela sociologia da cidade ou ecologia social da cidade.
- A Teoria da associação diferencial sustenta que o delito não reside apenas no cometimento por classes menos favorecidas, pois não é praticado somente pelas pessoas que pertencem a estes grupos. O comportamento criminoso é **aprendido pelo criminoso, mas nunca herdado**, assim o indivíduo é convertido em delinquente quando os **valores de seu grupo lhe ensinam** o crime (**aprendizagem**) por um processo de interação.
- A Teoria da significa ausência de lei. Para Durkhein a anomia é ausência ou **desintegração das normas sociais**, resumida em três acepções: situação existente de transgressão por quem pratica ilegalidades; a existência de um conflito de normas claras, que dificultam a adequação do indivíduo; e a existência de um movimento que discute a inexistência das normas que vincule as pessoas a um contexto social.
- A aprendizagem sustenta que criminalidade de altas classes sociais levam ao abandono das metas convencionais da personalidade e infância do indivíduo, justificando o comportamento pelo processo de aprendizagem. Com a teoria surgem dois pontos e a serem verificados como a ausência de dados chamado de **cifra dourada**, e também a questão de que são crimes sem vítimas.

  A criminalidade real corresponde a quantidade efetiva de crimes perpetrados pelos criminosos. A criminalidade revelada é o percentual que chega ao conhecimento do Estado.
- A Teoria da subcultura parte de uma estrutura social defeituosa onde a exclusão das metas sociais leva a criação de subcultura. O termo significa cultura dentro de cultura, ou ainda contra cultura, e cultura de minorias. As **diferenças sociais** levam a existência de várias culturas dentro de uma mesma sociedade.
- Para a teoria do **labelling approach** a criminalidade não é produto da conduta humana, mas sim em razão do estigma que diferencia o homem comum, pelo rótulo que recebe. Tal rotulação cria **estigmas e desigualdades**, onde o homem passa a sofrer reação social da família, amigos, trabalho, escola. A linha marcante desta teoria é que deixou o estudo do fenômeno criminoso e passou para as **reações sociais** que surgem com a prática do delito. O labelling contesta a criminologia tradicional e suas principais consequências são: descriminalização, diversão, devido processo legal, e, desinstitucionalização.
- **A Teoria crítica** afirma que o crime está associado à estrutura política e econômica de determinada sociedade, parte da ideia de que a divisão de classes do sistema capitalista gera desigualdades e violência a ser contida por meio da legislação penal.
- O abolicionismo defende que o mal causado pelo sistema penal é maior do que aquele o fato que gera sua intervenção.
- Os princípios sobre os quais se funda seu modelo garantista clássico são a legalidade estrita, a materialidade e a **lesividade dos delitos, a responsabilidade pessoal, o contraditório entre as partes, a presunção de inocência** – são como se sabe, fruto da tradição jurídica do iluminismo.
- O movimento de Lei e Ordem surge na cidade América da Nova York, a partir de 1993, como incremento do Estado para conter o crescimento da criminalidade, também chamada de **tolerância zero**, decorre da **teoria das janelas quebradas**, inspirada na Escola de Chicago.
- O direito penal do inimigo, sustentado por Güinther Jakobs, afirma que um indivíduo que não admite o estado de cidadania não pode participar dos benefícios do conceito de pessoa, e com isso não teria direitos fundamentais, tal movimento é chamado de terceira velocidade do Direito Penal
- A **prevenção** significa as ações destinadas a evitar a prática do crime. Constitui verdadeiro objeto do

Estado a manutenção da paz e a prevenção dos atos criminosos, através de medidas que passam por todos os setores do Poder Público. O estudo da pena possui três grandes teorias: **teoria absoluta, teoria relativa e teoria mista.**

- O **bullying** ganha espaço na criminologia e pode ter relação com a criminalidade, em **especial em crimes de violência e grave ameaça**.
- O assédio moral é um comportamento abusivo que pode ser praticado por gestos, palavras que causam problemas físicos e psíquicos no homem.
- O exame criminológico tem por finalidade a formação da convicção do magistrado sobre os **riscos da colocação em liberdade.** O exame possibilita a verificação das condições pessoais, psicológicas, familiares e sociais para o indivíduo preso voltar à sociedade.
- A justiça restaurativa visa substituir o castigo pela conscientização, com estímulo à mediação e **composição dos conflitos**, e no contexto mundial tem auxiliado no controle da violência.
- Vários fatores sociológicos da criminalidade, destacam-se os fatores, infância abandonada, lares desfeitos, pais separados, crianças nas ruas e outros.
- Outros fatores também podem ser observados como: desestruturação familiar; falta de políticas públicas voltadas para os jovens; educação; desemprego; desigualdade social; desemprego; drogas; impunidade (sensação) segurança nas escolas; ausência de valores religiosos; segregação social, e, ainda: crescimento populacional acelerado; má distribuição demográfica; distribuição inadequada de renda; falta de planejamento familiar, e favelas e conglomerados.
- O medo do delito reflete uma preocupação individual e coletiva sobre o problema da criminalidade, e dos limites de controle do Estado.
- A criminologia feminista permitiu o estudo sobre a dominação masculina sobre as mulheres, e os estudos da criminologia *queer* agregam o debate sobre a heterossexualidade, reconhecendo um duplo padrão naturalista que define por um lado a superioridade masculina sobre as mulheres e de outro, normatiza a sexualidade masculina como padrão, produzindo uma norma política androcentrada e homofóbica.
- A criminologia feminista e a criminologia crítica possuem uma perspectiva teórica e metodológica antipositivista.
- Verifica-se uma forte desigualdade racial no sistema prisional, que pode ser percebida concretamente na maior severidade de tratamento e sanções punitivas direcionadas aos negros.
- A fragilidade dos procedimentos de reconhecimento fotográfico são um indicativo de racismo estrutural.

Medicina Legal

Cleyson Brene

TABELA DE INCIDÊNCIA DE QUESTÕES

Distribuição das questões organizada por ordem didática de assuntos		
Assunto	**Número de Questões**	**Peso**
1. PERÍCIAS, PERITOS E DOCUMENTOS MÉDICO-LEGAIS	11	6,75%
2. ANTROPOLOGIA	11	6,75%
3. TANATOLOGIA	29	17,79%
4. TRAUMATOLOGIA	75	46,01%
5. SEXOLOGIA FORENSE	22	13,50%
6. PSICOPATOLOGIA	15	9,20%
Total	**163**	**100%**

Medicina Legal

Cleyson Brene

✦ QUESTÕES

1. PERÍCIAS, PERITOS E DOCUMENTOS MÉDICO-LEGAIS

01. (FGV – 2024 – PC/SC – Delegado) No dia 04/11/2023, Adelaide procurou a Delegacia da Mulher da Cidade de Xanxerê para registrar ocorrência de lesão corporal praticada no contexto de violência doméstica e familiar contra a mulher, haja vista que parte do seu dedo indicador da mão direita foi necrosada em virtude de uma agressão praticada por Jonas, seu companheiro. Por ocasião de seu atendimento, foi encaminhada para o Instituto Médico-Legal (IML) que abrange a região, para a realização dos procedimentos periciais pertinentes.

Nesse sentido, levando-se em consideração a atuação do perito nos diversos ramos do Direito, bem como a manifestação daqueles através dos documentos médico-legais, é correto afirmar que

a) a perícia a ser realizada no IML é o exame de corpo de delito, através do perito médico-legista, que irá detalhar as lesões existentes mediante descrição objetiva, cujo resultado será materializado por meio do relatório médico-legal.

b) Adelaide deverá procurar o papiloscopista no Instituto Geral de Perícias de Santa Catarina, de modo a comprovar a necrose do dedo indicador da mão direita, cuja perícia gerará uma notificação compulsória ao Instituto Médico-Legal e servirá como exame de corpo de delito a ser juntado no inquérito policial.

c) a perícia a ser realizada no IML é o exame de necropsia, em virtude da necrose no dedo indicador da mão direita de Adelaide, que deverá ser procedida por um perito criminal, sendo relatada num prontuário que servirá como exame de corpo de delito direto.

d) Adelaide deverá procurar o perito criminal no IML para que seja feito o exame pericial de local de crime, que deverá ser concentrado nas respectivas lesões da sua mão, cujas constatações deverão ser redigidas num parecer médico-legal a ser juntado no inquérito policial.

e) a perícia a ser realizada no Instituto Geral de Perícias é o exame de corpo de delito, que será feita pelo perito médico-legista de forma indireta, através de um prontuário, encaminhando o resultado ao IML que abrange a região de Xanxerê para que lá o resultado seja compilado de forma direta.

COMENTÁRIOS

✪ **Nota do autor:** A questão aborda conhecimento da estrutura da Polícia Científica de Santa Catarina/ SC, atuação e descrição das atividades do perito criminal, além de documentos médico legais. O quadro de pessoal da Polícia Científica/ SC, conforme art. 4º da Lei 15.156/2010, (com alterações promovidas pela Lei 18.795/2023) é organizado nas seguintes carreiras. **I – Perito Oficial** (perito criminal, perito criminal bioquímico, perito médico-legista e perito odontolegista): autoridade que desempenha atividades de nível superior, de natureza técnica, científica e especializada, de maior complexidade quanto à observação, constatação, registro, coleta, interpretação, análise e avaliação prospectiva, nos ditames da criminalística, de vestígios relacionados ao fato delituoso e à emissão de um juízo, realizando exames periciais criminais e elaborando estudos, pesquisas, laudos e pareceres que exigem formação ou habilitação específica, fundamentais para a decisão judicial, nos termos das normas constitucionais e legais em vigor, bem como presidir as atividades de perícia criminal e de identificação civil e criminal no Estado de Santa Catarina; **II – Técnico Pericial (papiloscopista):** desempenha atividades de nível superior, de natureza técnica e científica, que têm por objeto realizar exames papiloscópicos referentes à identificação civil e criminal, elaborando laudos e pareceres que exigem habilitação específica, fundamentais para a decisão judicial, nos termos das normas constitucionais e legais em vigor; e **III – Auxiliar Pericial**: desempenha atividades de nível superior, de natureza operacional, administrativa e de apoio, relacionadas ao suporte na execução das atividades afetas à Instituição.

Além disso, a Polícia Científica no Estado realiza exames médico-periciais de natureza criminal em pessoas vivas ou mortas. Os exames em pessoas vivas são os exames de lesão corporal ou corpo de delito. Por exemplo, lesões provocadas após agressões, brigas, assaltos, acidentes de trânsito, entre outras. Os exames em pessoas falecidas (necropsias), são realizados nos casos de óbitos de causa violenta, como acidentes de trânsito, arma de fogo, arma branca, afogamentos, enforcamentos, choques elétricos, cadáveres em estado de putrefação, mortes suspeitas, entre outras.

Alternativa "a": Correta. De acordo com a descrição do cargo, em relação ao médico-legista, dentre as atribuições, se destaca a de executar com exclusividade os exames de corpo de delito em vítimas de lesão corporal ou morte violenta e todas as perícias referentes a sua área de atuação necessárias à instrução processual penal. O médico-legista lançará mão do relatório médico-legal (laudo pericial), que é a narração escrita e minuciosa de todas as operações de uma perícia médica determinada por autoridade policial ou judiciária ao perito. Trata-se de exame de corpo de delito direto, que irá detalhar as lesões existentes mediante descrição objetiva.

Alternativa "b": Errada. Dois pontos a destacar: em primeiro lugar, em Santa Catarina, o papiloscopista (técnico pericial) exerce atividade de natureza técnico-científica que tem por objeto executar exames papiloscópicos referentes à identificação civil e criminal, nos termos das normas constitucionais e legais em vigor, exercendo suas atribuições nos setores de identificação civil e criminal, setores afetos à papiloscopia, entre outros. Em segundo lugar, existe o protocolo de notificação compulsória em caso de violência doméstica, instituído pela Lei 18.322, de 2022 (art. 18): "os profissionais de saúde que prestam atendimento nos serviços de saúde da rede pública e privada serão obrigados a notificar, em formulário oficial, todos os casos de violência contra a mulher acima de 18 (dezoito anos), tipificados como violências física, psicológica ou sexual sofrida dentro ou fora do âmbito doméstico, de natureza intra ou extra familiar, com a concordância desta".

Alternativa "c": Errada. A necropsia é um exame realizado pelo médico-legista em cadáver (corpo sem vida), com o objetivo de determinar a causa da morte e mecanismos do evento.

Alternativa "d": Errada, pois o exame de local de crime não se confunde com o exame em pessoa. Inclusive, o primeiro é realizado por perito criminal e o segundo pelo perito médico-legista. Por fim, o documento confeccionado será o relatório médico-legal, pois, o parecer é uma consulta médico-legal que envolve divergência importante sobre interpretação de determinada perícia, podendo as partes interessadas solicitar esclarecimentos mais aprofundados a uma instituição cujo corpo técnico tenha competência inquestionável ou a professor de renome. Não há aqui descrição, pois as dúvidas estão relacionadas à interpretação de um laudo pericial.

Alternativa "e": Errada. O exame de corpo de delito (perícia) pode realizar-se de duas formas: direta e indireta. Quando o perito analisa pessoalmente o objeto da perícia (que é a situação narrada na questão), cuida-se da modalidade direta. Porém, por vezes, o perito oficial precisa analisar dados colhidos por um profissional da sua área, mas que não é perito. Exemplo disso é a verificação nas fichas clínicas de um hospital, assinadas por um médico. Essa seria a forma indireta.

Alternativa correta: letra "a".

---

02. (CEBRASPE – 2023 – PC/AL – Delegado) No que diz respeito à medicina legal julgue o item seguinte.

02.1. De acordo com divisão clássica da medicina legal, considera-se indivíduo em relação a si próprio, indivíduo em relação ao meio e o indivíduo em relação ás decisões dos juízes e tribunais.

COMENTÁRIOS

A questão aborda a classificação do professor Hélio Gomes, que divide a Medicina Legal propriamente dita em três grupos, tomando em consideração o indivíduo:

Em primeiro lugar, o indivíduo em relação a si próprio: identidade, capacidade e responsabilidade e psicologia da prova, através da Antropologia Forense, da Psicologia Forense e da Psicologia Judiciária;

Em segundo lugar, o indivíduo em relação ao meio: fatos referentes à vida, em que, v.g., encontramos a Sexologia Forense, subdividida em razão do casamento (Himeneologia), da procriação (Obstetrícia Forense) e do amor (Erotologia Forense); fatos referentes à morte, destacando os traumas e acidentes do trabalho (Traumatologia Forense e Infortunística), asfixias (Asfixiologia Forense), envenenamentos (Toxicologia Forense) e, por final, a morte em si (Tanatologia Forense);

Po fim, em terceiro lugar, o indivíduo em relação às decisões dos juízes e tribunais – no tocante aos problemas médico-legais e em referência às investigações policiais, emergindo daí a Jurisprudência Médico-legal e a Polícia Técnica (Policiologia).

Alternativa correta: "certo".

---

03. (Inst. Acesso – Delegado de Polícia – PC – ES/2019) Enquanto área de estudo e aplicação de conhecimentos científicos, a Medicina Legal está alicerçada em um conjunto de conhecimentos destinados a defender os direitos e os interesses dos homens e da sociedade. Assinale a seguir a alternativa que descreve corretamente a Medicina Legal.

a) É fundamentalmente uma forma de apoiar as investigações das polícias técnicas, sempre que haja evento a ser investigado que resultou em dano físico e/ou mental.

b) É um conjunto de noções sobre como ocorrem as lesões corporais, as consequências delas decorrentes, as alterações relacionadas com a morte e os fenômenos cadavéricos, além da formulação de conceitos diferenciais em embriaguez e uso de drogas, as asfixias mecânicas e suas características, os crimes sexuais e sua análise pericial, entre outros.

c) É uma atribuição designada ao médico legista, podendo ser exercida por profissional civil ou militar, desde que investido por instituição que assegure a competência legal e administrativa do ato profissional.

d) É um conhecimento médico e paramédico que, no âmbito do direito, concorre para a elaboração, interpretação e execução de leis existentes. Por meio de pesquisa científica realiza seu aperfeiçoamento, estando a medicina a serviço das ciências jurídicas e sociais.

e) É a aplicação de conhecimento médico e biológico na execução de leis segundo a previsão legal, com obrigação de fazer relatórios cooperando na elaboração, auxiliando na interpretação, e colaborando na execução das leis de forma a ser uma medicina aplicada.

COMENTÁRIOS

✪ **Nota do autor:** Conceituar Medicina Legal não é tarefa fácil, em razão das relações com outras ciências e o extenso raio de atividade, ainda mais numa questão objetiva! Para Genival Veloso de França, "é a contribuição da medicina, da tecnologia e outras ciências afins, às questões do Direito na elaboração das leis, na administração judiciária e na consolidação da doutrina" (FRANÇA, 2014, p. 3), sendo a mais importante e significativa das ciências subsidiárias do Direito. **Uma curiosidade!** A **Resolução 2.149, de 2016, do Conselho Federal de Medicina (art. 1º, A, item 36)**, elenca a Medicina Legal e Perícia Médica como especialidade.

Alternativa "a": Esse conceito se restringe à investigação criminal. Todavia, a Medicina Legal tem relevo em todos os ramos do Direito (Civil, Trabalhista, Previdenciário etc.)

Alternativa "b": Não se trata de um conjunto de noções, mas ciência, como visto no conceito em nota.

Alternativa "c": A Medicina Legal não é uma atribuição do médico legista, mas especialidade concomitantemente médica e jurídica que utiliza conhecimentos técnico-científicos da medicina para o esclarecimento de fatos de interesse da justiça.

Alternativa "d": Alinha os conceitos apresentados por Hélio Gomes e Genival Veloso de França, ambos citados por Delton Croce (CROCE, 2004, p. 1): "O conjunto de conhecimentos médicos e paramédicos destinados a servir ao Direito, cooperando na elaboração, auxiliando na interpretação e colaborando na execução dos dispositivos legais, no seu campo de ação de medicina aplicada" (Hélio Gomes) e "é a Medicina a serviço das ciências jurídicas e sociais"(Genival França).

Alternativa "e": a redação suscita questionamento, porém, apresenta-se errada. Primeiro, porque os conhecimentos da Medicina Legal não se restringem a médico e biológico (relaciona-se com a química, física, toxicologia, balística, documentoscopia etc.). Em segundo lugar, quanto à obrigatoriedade do relatório. Há margem para discussão, porém, a obrigatoriedade nos remete a um agir de ofício, não sendo o caso do médico legista.

Alternativa correta: letra "d".

04. (Cespe – Delegado de Polícia – PC – SE/2018) Um homem de cinquenta anos de idade assassinou a tiros a esposa de trinta e oito anos de idade, na manhã de uma quarta-feira. De acordo com a polícia, o homem chegou à casa do casal em uma motocicleta, chamou a mulher ao portão e, quando ela saiu de casa, atirou nela com uma arma de fogo, matando-a imediatamente. Em seguida, ele se matou no mesmo local, com um disparo da arma encostada na própria têmpora.

Considerando a situação hipotética apresentada e os diversos aspectos a ela relacionados, julgue os itens a seguir.

O laudo cadavérico do homem citado no texto deve ser assinado por, no mínimo, dois peritos oficiais que tenham participado da necropsia.

COMENTÁRIOS

Conforme dispõe o art. 159, do CPP, basta um perito oficial. A antiga redação do art. 159, do CPP, exigia o mínimo de dois peritos oficiais para a realização dos exames de corpo de delito e das outras perícias em geral. Porém, o artigo sofreu alteração determinada pela Lei nº 11.690/08, rezando que tais perícias serão realizadas por **perito oficial (ou seja, basta um!)**. Todavia, se peritos não oficiais, permanece a exigência do mínimo de 02 (dois), conforme art. 159, § 1º, CPP.

Alternativa correta: "errado."

05. (Fundatec – Delegado de Polícia – PC – RS/2018) De acordo com a resolução do Conselho Federal de Medicina n° 1.779/2005, que trata da responsabilidade médica no fornecimento da Declaração de Óbito, é INCORRETO afirmar que:

a) É vedado ao Médico deixar de atestar óbito de paciente ao qual vinha prestando assistência, exceto quando houver indícios de morte violenta.

b) Em caso de morte natural, sem assistência médica, em local que disponha de serviço de verificação de óbito, a declaração de óbito deverá ser fornecida pelos médicos do serviço de verificação de óbito.

c) Em caso de morte natural, sem assistência médica, em local sem serviço de verificação de óbito, a declaração de óbito deverá ser fornecida pelos médicos do Instituto Médico-Legal.

d) Em caso de morte violenta, a declaração de óbito deverá ser fornecida, obrigatoriamente, pelos serviços médico-legais.
e) Em caso de morte natural, sem assistência médica, em local sem serviço de verificação de óbito, a declaração de óbito deverá ser fornecida pelos médicos do serviço público de saúde mais próximo do local onde ocorreu o evento; na sua ausência, por qualquer médico da localidade.

COMENTÁRIOS

✪ **Nota do autor:** A questão exige do candidato conhecimento específico de normas do Conselho Federal de Medicina. A Resolução 1.779, de 2005, regulamenta a responsabilidade médica no fornecimento da Declaração de Óbito. Tem importância para a área policial em razão da atuação do médico-legista.

Alternativa "a": É o teor do art. 84 do Código de Ética Médica, Resolução 2.217/2018.

Alternativa "b": É o teor do art. 2º, 1, I, "a", da Resolução 1.779/2005.

Alternativa "c": Em caso de morte natural, sem assistência médica, em local sem serviço de verificação de óbito, "a declaração de óbito deverá ser fornecida pelos médicos do serviço público de saúde mais próximo do local onde ocorreu o evento; na sua ausência, por qualquer médico da localidade" (art. 2º, 1, I, "b", da Resolução 1.779/2005).

Alternativa "d": É o teor do art. 2º, 3, da Resolução 1.779/2005.

Alternativa "e": É o teor do art. 2º, 1, I, "b", da Resolução 1.779/2005.

Alternativa correta: letra "c".

---

06. (Fumarc – Delegado de Polícia – PC – MG/2018) No que tange à perícia oficial e em acordo com o CPP, é CORRETO afirmar:

a) É facultada ao acusado a indicação de assistente técnico, após admissão pela autoridade policial.
b) Entende-se por perícia complexa aquela que abrange mais de uma área de conhecimento especializado.
c) Faculta-se ao Ministério Público e ao assistente técnico do querelante a formulação de quesitos a qualquer tempo do inquérito policial.
d) Na falta de perito oficial, qualquer contribuinte poderá exercer o mister, desde que não inadimplente com impostos públicos, e que seja admitido pelo delegado de polícia presidente do inquérito.

COMENTÁRIOS

Alternativa "a": Realmente, trata-se de uma faculdade do acusado a indicação de assistente técnico (que se estende ao Ministério Público, ao assistente de acusação, ao ofendido e ao querelante, conforme dispõe o art. 159, §3º, do CPP). Todavia, sua admissão é atribuição do juiz de direito (art. 159, §4º, CPP), e não da autoridade policial, como afirma a alternativa.

Alternativa "b": E esse conceito de perícia complexa é extraído do art. 159, §7º, do CPP. Nesse caso, é possível a designação de mais de um perito oficial e a parte indicar mais de um assistente técnico.

Alternativa "c": O assistente técnico só é admissível na fase processual, interpretação do art. 159, §4º, CPP.

Alternativa "d": O CPP dispõe que, na falta de perito oficial, serão necessários dois peritos juramentados ou não oficiais. O art. 159, §1º, CPP, exige que tais pessoas sejam idôneas e portadoras de diploma de curso superior preferencialmente na área específica, dentre as que tiverem habilitação técnica relacionada com a natureza do exame.

Alternativa correta: letra "b".

---

07. (UEG – Delegado de Polícia – PC – GO/2018) Quanto às perícias de local, são levados em conta os diversos vestígios encontrados. A análise desses elementos deverá constituir a materialidade dos fatos, provendo a Justiça com provas suficientes para o alcance da dinâmica dos fatos, das motivações de um crime porventura cometido e, preferencialmente, para o apontamento da autoria do mesmo. Nesse sentido, tem-se o seguinte:

a) a prova testemunhal substitui o exame de corpo de delito mesmo quando vestígios forem encontrados.
b) a análise dos vestígios é dispensável quando o culpado confessar o crime ou for pego em flagrante.
c) vestígios são provas do cometimento de um crime, sobretudo se são encontrados no local dos fatos.
d) o corpo da vítima é parte do corpo de delito e os vestígios nele encontrados.
e) corpo de delito é o conjunto de vestígios encontrados no local dos fatos ou a estes relacionados.

COMENTÁRIOS

Alternativa "a": Apenas quando não for possível o exame direto, por haverem desaparecidos os vestígios, será admitida a prova testemunhal. Vide artigos 158 e 167, CPP.

Alternativa "b": O art. 158, CPP, é expresso ao afirmar que a confissão não supre a necessidade de exame de corpo de delito em crimes que deixam vestígios.

Alternativa "c": Os vestígios são **fontes de prova** (prova é aquilo produzido perante o juiz, observado o contraditório entre as partes!), cuja materialização se dá por meio de laudo pericial. E ainda, não há hierarquia entre os vestígios, como sugere a alternativa em relação àqueles encontrados no local dos fatos.

Alternativa "d": A alternativa restringe o corpo de delito ao corpo da vítima e vestígios nele encontrados. Corpo de delito é o conjunto de vestígios materiais ou sensíveis deixados pela infração penal ou, em outras palavras, é a materialidade do crime. Um documento é corpo de delito em crime de falsificação documental, um copo quebrado pode ser corpo de delito na cena de um crime de homicídio (se utilizado para golpear a vítima ou se o autor ingeriu bebida no objeto, deixando, assim, vestígios para eventual confronto de DNA) etc.

Alternativa "e": Como afirmamos na alternativa "d". O vocábulo corpo, nessa expressão, significa conjunto e não especificamente o corpo de uma pessoa. Corpo de delito é o conjunto de vestígios, interligados entre si, denunciadores da infração. Esses vestígios são os elementos materiais que podem ser percebidos pelos sentidos humanos e que necessitam de comprovação para permitir avaliação judicial. Assim, para a determinação da materialidade da violência ocorrida (crime, suicídio, acidente), adquire significado tanto a análise do que concorreu para o fato como a de todos os vestígios resultantes dele e não apenas o exame do corpo de uma pessoa.

Alternativa correta: letra "e".

---

08. (Vunesp – Delegado de Polícia – PC – BA/2018) Jovem do sexo masculino é encontrado morto no seu quarto, aparentemente um caso de suicídio por enforcamento. Logo ao chegar no local de morte, a equipe pericial encontra a vítima na cama, com o objeto usado como elemento constritor removido.

Nessa situação, o perito criminal deve

a) avaliar detalhadamente o local, buscar pistas de envolvimento de terceiros, não realizar o exame pericial do cadáver e registrar a alteração notada no laudo final.

b) fazer o boletim de ocorrência com a alteração notada, isolar e preservar o local de morte, e solicitar o envio de equipe pericial do instituto médico-legal para realização de perícia conjunta.

c) informar à autoridade policial sobre a alteração do local de morte, emitir o laudo de impedimento e determinar a remoção imediata do cadáver para o instituto médico-legal.

d) realizar o exame externo do cadáver, de tudo que é encontrado em torno dele ou que possa ter relação com o fato em questão, e registrar no laudo a alteração notada no local de morte.

e) realizar o registro fotográfico do local, investigar as circunstâncias da morte, não realizar o exame pericial do cadáver, coletar o provável instrumento utilizado e descrever no laudo a alteração do local de morte.

COMENTÁRIOS

✪ **Nota do autor:** A questão aborda o chamado **exame perinecroscópico**, que é o exame do local de crime realizado por perito criminal. Conforme dispõe o **art. 164, do CPP**, "os cadáveres serão sempre fotografados na posição em que forem encontrados, bem como, na medida do possível, **todas as lesões externas** e vestígios deixados no local do crime". Portanto, o **exame externo do cadáver** é feito pelo perito criminal na cena do crime, sendo de fundamental importância para guiá-lo na conclusão da dinâmica dos fatos. Já o **exame de necropsia** é realizado pelo médico-legista, nas dependências do Instituto Médico Legal – IML, no qual o cadáver será examinado externa e internamente. Outro ponto a ser destacado, a questão relata possível hipótese de suicídio por enforcamento. Em tais casos, é comum a alteração do local, em razão da tentativa de socorro por familiares e/ ou equipes médicas de atendimento de emergência, inclusive, removendo a vítima do objeto constritor.

Alternativa "a": A alternativa traz quatro diligências. Vejamos cada uma delas: **Avaliar detalhadamente o local** é de fundamental importância para a confecção de um laudo pericial perinecroscópico, pois diversos vestígios podem levar à identificação da autoria delitiva, como, por exemplo, a localização de uma bituca de cigarro, que poderá ser posteriormente encaminhada ao laboratório para confronto genético com o DNA do eventual suspeito; o instrumento do crime pode ter sido deixado nos arredores da infração etc. Já **buscar pistas do envolvimento de terceiros** é tarefa afeta à equipe de investigadores (e não do perito criminal), que podem atuar ainda na cena do crime, entrevistando familiares, vizinhos etc. Em relação a **não realizar o exame pericial do cadáver**, como vimos em nota, está equivocado, pois há previsão legal, **art. 164, CPP**. Por fim, **registrar a alteração notada no laudo final** é diligência prevista no **art. 169, parágrafo único do CPP**, "os peritos registrarão, no laudo, as alterações do estado das coisas e discutirão, no relatório, as consequências dessas alterações na dinâmica dos fatos". Portanto, as diligências incorretas da alternativa são: buscar pistas de envolvimento de terceiros e não realizar o exame pericial do cadáver.

Alternativa "b": A alternativa traz três diligências. Vejamos cada uma delas. **Fazer o boletim de ocorrência com a alteração notada.** Duas observações: A uma, a confecção de boletim de ocorrência é tarefa do investigador de polícia ou, em alguns Estados, como Minas Gerais, também da Polícia Militar (de forma concorrente). O boletim de ocorrência nada mais é que a narrativa de um fato. A duas, o perito criminal se manifesta por laudo. Assim, conforme dispõe o art. 169, parágrafo único, CPP, o perito deverá registrar a alteração notada no respectivo laudo. **Preservar o local de morte**. Conforme dispõe os artigos 6º, I, e 169, do CPP, é a autoridade policial (delegado de polícia) que deve providenciar o isolamento do local, visando a não alteração do estão das coisas até a chegada dos peritos criminais. Portanto, não é o perito que toma essa providência. **Solicitar o envio de equipe pericial do instituto médico-legal para realização de perícia conjunta.** O médico-legista realiza a perícia de necropsia nas dependências do Instituto Médico Legal, portanto, não no local dos fatos. Assim, as três diligências estão incorretas.

Alternativa "c": Deve realizar o exame externo do cadáver e constar a alteração no respectivo laudo pericial.

Alternativa "d": Combina os artigos 164 e 169, do CPP, devendo realizar o exame externo do cadáver (art. 164) e registrar em laudo a alteração notada (art. 169, parágrafo único).

Alternativa "e": São dois os equívocos da alternativa. Investigar as circunstâncias da morte é tarefa da equipe de investigadores e não do perito criminal. E, como vimos, deve realizar, sim, o exame pericial do cadáver.

Alternativa correta: letra "d".

---

09. (FUNCAB - Delegado de Polícia - PA/2016) Em certa fase da investigação penal, surgem dúvidas quanto à verdadeira causa da morte da vítima de homicídio. Assim, o Juiz determina que o Delegado de Polícia busque os dados que precisa através da:

a) inumação, que pode ser realizada em qualquer fase processual.
b) exumação, que pode ser realizada apenas nas quarenta e oito primeiras horas após a morte.
c) exumação, que pode ser feita a qualquer tempo.
d) exumação, que pode ser feita apenas na fase de ação penal.
e) inumação, que pode ser realizada apenas na fase de ação penal.

COMENTÁRIOS

✪ **Nota do autor:** a questão aborda a diligência de perícia médico-legal denominada exumação que, segundo Genival Veloso de França, trata-se da "mais árdua e repulsiva das perícias médico-legais. Por isso, sua solicitação é sempre feita em caráter especial, sendo executada somente por sérias e imperiosas razões" (Medicina Legal, 10ª ed. Rio de Janeiro: Guanabara Koogan, 2015, p. 1126). Assim, para responder devidamente à pergunta, o candidato deve conhecer os conceitos de inumação e exumação, suas finalidades, bem como o momento oportuno para a realização. Importante notar, o juiz pode determinar requisitar a realização de diligências à autoridade policial (delegado de polícia) com supedâneo no art. 13, inc. II, do Código de Processo Penal.

Alternativa "C" (responde às demais alternativas): A **exumação** "consiste no desenterramento do cadáver e tem como finalidade atender aos reclamos da Justiça na averiguação de uma exata causa de morte passada despercebida, no esclarecimento de um detalhe, em uma identificação, em uma grave contradição ou na confirmação de um diagnóstico. Pode ainda atender às necessidades sanitárias ou servir para transladação do corpo" (Medicina Legal, 10ª ed. Rio de Janeiro: Guanabara Koogan, 2015, p. 1126). A exumação pode ter **objetivos**: 1) **Administrativos**, visando à transferência dos restos mortais: a) para outro local de sepultamento; b) para urna menor a fim de ocupar menos espaço ou para cremação; c) para remoção do corpo por razões sanitárias; 2) **Jurídicos**, por determinação do juiz ou da polícia judiciária: a) para identificação do cadáver ou de seus restos; b) para necropsia, por não ter sido realizada no momento oportuno; c) para realização de nova necropsia. Já a **inumação** é sinônimo de sepultamento. Consiste na colocação de cadáver em sepultura, jazigo ou local de consumpção aeróbia (construção constituída por compartimentos especificamente concebidos de forma a permitir a oxigenação ambiental necessária à consumpção, que significa decomposição gradativa do organismo). A exumação **pode ser realizada a qualquer tempo**, pois uma perícia pós-exumática, ainda que avançado o estado de decomposição, pode trazer elementos de interesse policial-judiciário.

Alternativa correta: letra "c".

---

10. (Cespe - Delegado de Polícia - PE/2016) Com relação aos conhecimentos sobre corpo de delito, perito e perícia em medicina legal e aos documentos médico-legais, assinale a opção correta.

a) Perícia é o exame determinado por autoridade policial ou judiciária com a finalidade de elucidar fato, estado ou situação no interesse da investigação e da justiça.
b) O atestado médico equipara-se ao laudo pericial, para serventia nos autos de inquéritos e processos judiciais, devendo ambos ser emitidos por perito oficial.
c) Perito oficial é todo indivíduo com expertise técnica na área de sua competência incumbido de realizar o exame.
d) É inválido o laudo pericial que não foi assinado por dois peritos oficiais.
e) Define-se corpo de delito como o conjunto de vestígios comprobatórios da prática de um crime evidenciado no corpo de uma pessoa.

COMENTÁRIOS

✪ **Nota do autor:** a questão aborda os conceitos de perito, perícia, corpo de delito e alguns documentos médico-legais.

Alternativa "a": A perícia criminal é uma atividade técnico-científica, prevista no Código de Processo Penal, indispensável para elucidação de um fato, em tese, criminoso. A atividade é realizada por meio da ciência forense, responsável por auxiliar na produção do exame pericial e na interpretação correta de vestígios. Os peritos desenvolvem suas atribuições no atendimento das requisições de perícias provenientes de delegados de polícia e juízes, relativas a inquéritos policiais e a processos criminais. A Lei 12.030/09 dispõe sobre as perícias oficiais.

Alternativa "b": Tais documentos não se equivalem. O **atestado** ou certificado médico são informações prestadas por escrito a respeito de determinado fato de interesse médico, bem como suas consequências. É um documento particular, elaborado sem compromisso prévio e independente de compromisso legal. Pode ser emitido por qualquer profissional habilitado, por exemplo, o atestado de óbito de morte natural. Tal documento pode ter utilidade no inquérito policial ou processo, diante, por exemplo, da extinção da punibilidade do agente, art. 107, inc. I, CP. Já o **laudo médico-legal** é a narração escrita e minuciosa de todas as operações de uma perícia médica determinada pela autoridade competente. Tal documento deve, em regra, ser confeccionado por perito criminal oficial.

Alternativa "c": Perito oficial não é todo indivíduo com expertise técnica na área de sua competência, incumbido de realizar o exame. Este compõe os quadros de carreira do próprio Estado, é investido por lei, e possui conhecimento técnico e científico para a elaboração das perícias que formarão o acervo probatório, funcionando como auxiliar da justiça (art. 275 e seguintes do CPP). A Lei 12.030/09 estabelece as normas gerais para as perícias oficiais de natureza criminal, assegurando autonomia técnica, científica e funcional no exercício de perícia oficial de natureza criminal, art. 2º. Em vários Estados o perito criminal compõe os quadros das Polícias Civis, **exigindo-se concurso público**, com formação acadêmica específica, para o provimento do cargo de perito oficial (art. 3º da Lei).

Alternativa "d": A antiga redação do art. 159 do CPP exigia o mínimo de dois peritos oficiais para a realização dos exames de corpo de delito e das outras perícias em geral. Porém, o artigo sofreu alteração determinada pela Lei nº 11.690/08, rezando que tais perícias serão realizadas por perito oficial. Portanto, basta um perito oficial.

Alternativa "e": Corpo de delito é o conjunto de vestígios materiais ou sensíveis deixados pela infração penal ou, em outras palavras, é a materialidade do crime. O vocábulo corpo, nessa expressão, significa conjunto, e não especificamente o corpo de uma pessoa. Corpo de delito é o conjunto de vestígios, interligados entre si, denunciadores da infração. Esses vestígios são os elementos materiais que podem ser percebidos pelos sentidos humanos e que necessitam de comprovação para permitir avaliação judicial. Assim, para a determinação da materialidade da violência ocorrida (crime, suicídio, acidente), adquire significado tanto a análise do que concorreu para o fato como a de todos os vestígios resultantes dele e não apenas o exame do corpo de uma pessoa.

Alternativa correta: letra "a"

---

11. (ACAFE – Delegado de Polícia – SC/2014) Segundo a melhor doutrina, pode-se considerar que "Documento é toda anotação escrita que tem a finalidade de reproduzir e representar uma manifestação de pensamento".

Dentre os documentos médicos legais temos as seguintes descrições:

- É declaração simples, por escrito, de um fato médico e de suas possíveis consequências, feitas por qualquer médico que esteja no exercício regular de sua profissão e que tem o propósito de sugerir um estado de doença, para fim de licença, dispensa ou justificativa de falta de serviço.
- Comunicações compulsórias feitas às autoridades competentes, pelo médico, de um fato profissional, por necessidade sanitária e social sobre moléstia infectocontagiosa, doença de trabalho e a morte encefálica.
- Intercessão no decurso de um processo, por estudioso médico legal, nomeado para intervir na qualidade de perito, para emitir suas impressões e responder aos quesitos formulados pelas partes.
- Descrição minuciosa de uma perícia médica, feita por peritos oficiais, requisitada por autoridade policial ou judiciária frente a um inquérito policial. É constituído de preâmbulo, quesitos, histórico ou comemorativo, descrição, discussão conclusão e resposta dos quesitos.

As definições acima se referem, respectivamente, a:

a) atestado, notificação, parecer médico-legal e relatoria médico-legal.

b) parecer médico-legal, notificação, atestado e relatoria médico-legal.

c) atestado, parecer médico-legal, relatoria médico-legal e notificação.

d) relatoria médico-legal, notificação, relatoria médico-legal e atestado.

e) atestado, relatoria médico-legal, parecer médico-legal e notificação.

COMENTÁRIOS

✪ **Nota do autor:** a questão aborda os documentos médico-legais, tema recorrente em concursos públicos, e a citação inicial é da lavra do Professor Genival Veloso de França (Medicina Legal, 9ª ed. Rio de Janeiro: Guanabara Koogan, 2014, p. 25). No campo médico-legal da prova, os documentos são expressões gráficas, públicas ou privadas, que têm o caráter representativo de um fato a ser avaliado em juízo. Segundo o autor, os documentos que podem interessar à Justiça são: o relatório, os pareceres, as notificações, os atestados e os prontuários. A seguir, conceituaremos, na sequência apresentada pela questão, os referidos documentos, trazendo elementos conceituais distintos para que o candidato tenha uma maior amplitude de conteúdo. Vejamos: **Atestado:** também denominado certificado, são informações prestadas por escrito a respeito de determinado fato de interesse médico, bem como suas consequências; **Notificação:** é a comunicação feita pelo profissional da saúde, em determinados casos, compulsória, como ocorre na Lei nº 9.343/97 (Lei de Transplante de Órgãos), art. 13, que dispõe ser obrigatório, para todos os estabelecimentos de saúde, notificar às centrais de notificação, captação e distribuição de órgãos da unidade federada onde ocorrer, o diagnóstico de morte encefálica feito em pacientes por ele atendidos; **Parecer médico-legal:** é uma consulta médico-legal que envolve divergência importante sobre interpretação de determinada perícia, podendo as partes interessadas solicitar esclarecimentos mais aprofundados a uma instituição cujo corpo técnico tenha competência inquestionável ou a professor de renome. Não há aqui descrição, pois as dúvidas estão relacionadas à interpretação de um laudo pericial. São partes do parecer: preâmbulo, exposição, discussão e conclusão; e **Relatório médico-legal:** é a narração escrita e minuciosa de todas as operações de uma perícia médica determinada por autoridade policial ou judiciária ao perito. Pode ser dividido em sete partes: 1) preâmbulo: é a introdução na qual consta a qualificação da autoridade solicitante, a dos peritos, a do examinado, local onde é feito o exame, data e hora, bem como a espécie pericial; 2) histórico: é a contrapartida médico-legal da anamnese (histórico de doenças do examinado, caracteres hereditários, condição de vida etc.) do exame clínico comum. Na maioria das vezes, os dados referentes aos antecedentes são obtidos pelo próprio examinado, devendo o médico legista agir com cautela, pois a pessoa envolvida numa ocorrência policial costuma exagerar nas queixas de modo a tornar maior o dano sofrido; 3) quesitos: são perguntas cuja finalidade é a caracterização de fatos relevantes que deram origem ao processo. Na área criminal, são padronizados e o objetivo é caracterizar os elementos de um fato típico; 4) descrição: é a parte mais importante do relatório médico-legal, pois não pode ser refeita com a mesma riqueza de detalhes posteriormente, em razão da cicatrização do ferimento, evolução do processo de decomposição, temperatura etc. Tal descrição deve ser minuciosa, rica em detalhes, correspondendo ao *visum et repertum* (expressão latina que significa ver e repetir). O perito deve traduzir em palavras as sensações que experimenta ao realizar o exame, tanto as visuais quanto as derivadas de outros sentidos. 5) discussão: será necessária quando surgir alguma discrepância, quando o aspecto de alguma lesão foge ao que era de se esperar pelos elementos do histórico, devendo os achados serem analisados sob novos ângulos, em busca de explicação para as diferenças, podendo o perito lançar mão de esquemas, desenhos, fotografias etc.; 6) conclusão: terminadas a descrição e a discussão, o perito assume uma posição quanto à ocorrência, ou não, do fato com base nas informações do histórico, nos achados do exame objetivo e de seu confronto. O que for concluído será resumido de forma clara e concisa para a autoridade solicitante; e 7) resposta aos quesitos: cuja finalidade é a caracterização de fatos relevantes que deram origem ao processo, perguntas realizadas em formato de quesitação, variando conforme o tipo de perícia.

Alternativa "a" (responde as demais alternativas): atestado, notificação, parecer médico-legal e relatoria médico-legal. Embora não tenhamos encontrado na doutrina médico-legal o termo relatoria, os dicionários da língua portuguesa atribuem o mesmo significado de relatório, qual seja, "ocupação ou trabalho do relator".

Alternativa correta: letra "a".

2. ANTROPOLOGIA

12. (FGV - Delegado de Polícia - PC - AM/2022) Sobre as condições necessárias para que um método seja considerado aceitável no processo de identificação, assinale a afirmativa correta.

a) Perenidade – caracteres adquiridos no intervalo *perimortem*.

b) Unicidade – existência de um único caráter individualizante, utilizado na identificação.

c) Imutabilidade – características genéticas observadas em outros parentes, sem que tenha havido mutações.

d) Praticabilidade – necessidade de o processo de identificação não ser complexo na obtenção e no registro dos caracteres.

e) Classificabilidade – possibilidade de classificar as pessoas de acordo com seu perfil biológico (sexo, idade e cor da pele).

COMENTÁRIOS

✪ **Nota do autor:** A identificação é o processo técnico e científico empregado para determinar a identidade de um indivíduo, que, por sua vez, é o conjunto de elementos característicos que distingue uma pessoa das demais. Assim, o método de identificação é comparativo. Os fundamentos biológicos ou técnicos que preenchem as condições para um método de identificação aceitável e seguro são: unicidade, imutabilidade, perenidade, praticabilidade e classificabilidade.

Alternativa "a": A alternativa está errada, pois o intervalo *perimortem* está relacionado a acontecimentos (fatos) que ocorrem durante ou próximo à morte. A perenidade é a capacidade de determinados elementos resistirem à ação do tempo, durando por toda a vida, e até após a morte, como, por exemplo, o esqueleto.

Alternativa "b": Errada. O processo de identificação é o conjunto de elementos característicos que distingue uma pessoa das demais, portanto, não apenas um único caráter individualizante. A unicidade significa que determinado elemento seja específico daquele indivíduo, distinguindo-o dos demais

Alternativa "c": Em relação à imutabilidade, significa dizer que as características precisam ser imutáveis, não se alterando com o passar do tempo. Não se relaciona com características genéticas observadas em outros parentes.

Alternativa "d": Está correta. O método dever ser prático, tanto na obtenção quanto no registro.

Alternativa "e": A classificabilidade, requisito de suma importância, significa que deve haver metodologia no arquivamento, propiciando rapidez e facilidade na busca dos registros. Ou seja, diz respeito ao arquivamento do registro e não classificação da pessoa.

Alternativa correta: letra "d".

13. (UFPR – Delegado de Polícia – PC – PR/2021) Cadáver em bom estado de conservação é encontrado por transeuntes em estrada carroçável e é levado ao instituto de medicina legal mais próximo do fato. Possíveis familiares afirmam tratar-se de um parente a quem não encontram há vários anos. A forma mais prática e menos onerosa para identificar o cadáver é através do/da:

a) reconhecimento pela família, que deve assinar formulário específico para tal.
b) sistema antropométrico de Bertillon.
c) sistema odontológico de Amoedo.
d) impressão digital genética do ADN.
e) sistema dactiloscópico de Vucetich.

COMENTÁRIOS

✪ **Nota do autor:** A questão trata do tema identificação. Importante assinalar que o examinador busca a forma mais prática e menos onerosa, ou seja, ainda que as alternativas tragam métodos/ sistemas de identificação, o candidato deve optar por aquela que preencha os requisitos mencionados. Outros pontos de destaque, o estado de conservação do cadáver e os possíveis familiares que não mantinham contato com o suposto parente.

Alternativa "a": errada. A questão menciona que os possíveis familiares não encontram o parente há vários anos, por essa razão, resta inviabilizado o reconhecimento formal.

Alternativa "b": a fotografia sinalética, criada por Bertillon, é uma técnica que se resume em fotografar de frente e de perfil o indivíduo, na redução fixa de 1/7. Portanto, não constitui método bastante eficaz ou que possa ser utilizado de forma isolada, pois não acompanha mudanças físicas do próprio indivíduo, como o envelhecimento ou cirurgias plásticas. Técnica em desuso.

Alternativa "c": o sistema odontológico de Amoedo tem como estratégia o levantamento completo do arco dentário e os assinalamentos de cada peça dentária, formando um conjunto individualizador (FRANÇA, 2014, p. 176). A identificação pela arcada dentária é um método relevante, principalmente em se tratando de carbonizados ou esqueletizados, bem como para a identificação de desconhecidos ou vítimas de catástrofes, porém, a questão menciona "bom estado de conservação" do cadáver. Por fim, como depende do fornecimento da ficha dentária do morto, não seria a forma mais prática.

Alternativa "d": a impressão digital genética do DNA (ácido desoxirribonucleico), representada pelo material genético básico de cada indivíduo e composta de uma substância existente nos cromossomos, é um método bastante utilizado na determinação de paternidade e maternidade. Embora possa ser utilizada na identificação de vítimas, conforme ensina Genival França, deve ser empregada quando outros métodos se mostrarem ineficientes (FRANÇA, 2014, p. 348). Além disso, trata-se de um método oneroso.

Alternativa "e": o sistema datiloscópico de Vucetich consiste num método de colheita das impressões digitais (datiloscopia), isto é, pelas saliências papilares existentes nas pontas dos dedos. Tais vestígios são denominados impressão digital. Preenche as características da praticidade (facilidade na coleta) e baixo custo (sendo necessário apenas o confronto com banco de dados de registro civil, por exemplo). A Necropapiloscopia Forense é a área pericial que trata da identificação humana em cadáveres por meio de impressões digitais.

Alternativa correta: letra "e".

14. (Inst. Acesso – Delegado de Polícia – PC – ES/2019) Em junho de 2011, um menino de 11 anos de nome Juan foi morto na Grande Vitória. Seu desaparecimento durou duas semanas. Um corpo de criança foi encontrado, no mesmo período, em estado de putrefação, nas margens de um córrego, cerca de alguns quilômetros de distância do local do crime. Na perícia de local, a antropóloga forense identificou o cadáver como sendo de uma menina. Posteriormente, por meio de exame genético, comprovou-se que aquele cadáver era do menino de 11 anos. A antropóloga forense, para identificação daquele corpo, de acordo com sua faixa etária, não poderia utilizar o(s)/a(s):

a) desenvolvimento de pelos pubianos.
b) parâmetros morfológicos confiáveis.
c) radiografias das mãos.
d) crânio braquicéfalo.
e) suturas cranianas afastadas.

COMENTÁRIOS

✪ **Nota do autor:** A identificação médico-legal é feita por médico-legista e exige conhecimentos e técnicas médico-legais, mas também, entendimento de ciências acessórias. A questão busca do candidato conhecimento de elementos antropológicos que podem ser utilizados para a identificação de uma criança de 11 anos. Dentre as alternativas, qual pesquisa não deveria ser utilizada.

Alternativa "a": o desenvolvimento dos pelos pubianos é um importante elemento para a identificação da idade. No sexo feminino, os pelos pubianos apontam-se dos 12 aos 13 anos. No sexo masculino, dos 13 aos 15 anos. Portanto, como a criança tinha 11 anos, não deveria apresentar pelos na região do púbis.

Alternativa "b": os parâmetros morfológicos também auxiliam na identificação da idade, pois se referem aos aspectos externos (e internos), como, por exemplo, desenvolvimento da genitália.

Alternativa "c": também elemento importante para a identificação médico-legal e idade. Como afirma França, "o surgir dos pontos de ossificação e a soldadura das epífises a diáfises são referências da maior significação a respeito da determinação da idade óssea"

(FRANÇA, 2014, p. 56). Nas mãos, os núcleos epifisiais distais dos metacarpos II a V e proximais das falanges surgem, no homem (dos 16 para os 17 anos), na mulher (dos 15 para os 16 anos), por exemplo.

Alternativa "d": a braquicefalia ou braquiocefalia é uma condição de um crânio largo em relação a seu comprimento. A forma do crânio poderia ser utilizada como elemento para eventual caracterização racial. Portanto, essa condição não seria capaz de identificar a idade da vítima.

Alternativa "e": as suturas cranianas são espaços nas articulações ósseas do crânio que vão desaparecendo com a idade. Vão se ossificando e desaparecendo na idade adulta, de maneira lenta e progressiva. Assim, pode indicar idade avançada no momento da identificação de um cadáver.

Alternativa correta: letra "d".

---

15. (Inst. Acesso – Delegado de Polícia – PC – ES/2019) A respeito da identificação criminal, assinale a alternativa correta:

a) A fotografia sinalética constitui um método bastante eficaz de identificação e, por sua precisão, pode ser utilizada como método isolado de identificação de pessoas.

b) A rugopalatoscopia é um método de identificação que leva em consideração as cristas sinuosas existentes do palato duro.

c) As tatuagens não possuem valor significativo no processo de identificação de pessoas.

d) Ilhotas, forquilhas e bifurcações são espécies de pontos característicos existentes nos desenhos digitais, sendo que a presença de ao menos quatro destes pontos, sem nenhum ponto de divergência, indica confronto positivo para a identificação do suspeito.

e) A datiloscopia se constitui um excelente método de identificação e tem como principais características a unicidade, a mutabilidade, a praticidade e a classificabilidade.

COMENTÁRIOS

Alternativa "a": a fotografia sinalética, criada por Bertillon, é uma técnica que se resume em fotografar de frente e de perfil o indivíduo, na redução fixa de 1/7. Portanto, não constitui método bastante eficaz ou que possa ser utilizado de forma isolada, pois não acompanha mudanças físicas do próprio indivíduo, como o envelhecimento ou cirurgias plásticas.

Alternativa "b": A rugopalatoscopia baseia-se na diferença individual das cristas sinuosas que todos nós apresentamos no céu da boca (palato duro).

Alternativa "c": As tatuagens têm valor na identificação, como por exemplo, em casos de pessoas desaparecidas em acidentes em massa, como naufrágios e desmoronamentos (HERCULES, 2005, p. 35). Auxiliam, ainda, em procedimento de reconhecimento pessoal ou fotográfico realizado em delegacia de polícia ou na fase judicial.

Alternativa "d": Embora as ilhotas, forquilhas e bifurcações sejam espécies de pontos característicos existentes nos desenhos digitais, no Brasil, são necessários 12 (doze) pontos característicos idênticos para o estabelecimento da identidade (FRANÇA, 2014, p. 80).

Alternativa "e": o equívoco da alternativa está na característica da mutabilidade, pois as impressões digitais são **imutáveis**, ou seja, guardam o mesmo desenho desde o sexto mês de vida intrauterina até alguns dias após a morte.

Alternativa correta: letra "b".

---

16. (Cespe – Delegado de Polícia – PC – SE/2018) A respeito de identificação médico-legal, de aspectos médico-legais das toxicomanias e lesões por ação elétrica, de modificadores da capacidade civil e de imputabilidade penal, julgue os itens que se seguem.

16.1. O procedimento de identificação de uma pessoa baseia-se na comparação entre a experiência da sensação proporcionada no passado com a mesma experiência renovada no presente pela pessoa a ser identificada.

COMENTÁRIOS

Trata-se do conceito de RECONHECIMENTO, baseado na obra do autor Hygino de Carvalho Hércules (Medicina Legal – Texto e Atlas, São Paulo: Editora Atheneu. 2005, p. 29). **Cuidado**! IDENTIFICAÇÃO não se confunde com RECONHECIMENTO. A IDENTIFICAÇÃO é o conjunto de técnicas, métodos e sistemas usados para determinar a identidade de alguém. Deve ser realizada por médico legista (como exemplos: análise de ossos, sangue etc.) ou técnicos identificadores (que podem ser investigadores de polícia), em geral, para a identificação policial, como exemplo a datiloscópica. Já o RECONHECIMENTO compara uma percepção passada com a presente. É empírico, sem utilizar técnica de base científica. Como exemplo, o reconhecimento da vítima de um roubo, feito na delegacia de polícia, sendo confeccionado o respectivo termo.

Alternativa correta: "errado".

---

17. (Nucepe – Delegado de Polícia – PC – PI/2018) Em relação à identificação policial ou judiciária podem ser destacados vários métodos de identificação, entre eles, o sistema dactiloscópico de Vucetich, que se baseia na disposição das cristas papilares que se encontram na polpa dos dedos. A presença de um, ou dois, ou nenhum delta numa impressão digital estabelece os quatro tipos fundamentais do Sistema dactiloscópico de Vucetich, assim qual a alternativa CORRETA em relação a esse sistema?

a) Presilha externa: presença de um delta à direita do observador e de núcleo voltado à esquerda.

b) Verticilo: presença de dois deltas e um núcleo central.

c) Presilha interna: presença de um delta à esquerda do observador e de núcleo voltado em sentido contrário ao delta.

d) Arco: presença de dois deltas e um núcleo central.

e) Presilha externa: ausência de deltas e apenas com sistema de linhas basilares e marginais. Não tem núcleo.

COMENTÁRIOS

Alternativa "a": O conceito trazido é o da presilha interna. O elemento básico denominado **delta** (pequeno sinal triangular ou estrelado), em razão da semelhança com a letra grega (Δ), é formado pela confluência de linhas à direita da impressão. Por essa razão, o núcleo, em regra, fica em sentido oposto ao delta, acompanhando a formação da laçada, que é uma linha que entra por um lado da impressão, desenvolve uma recurva com perfeita inflexão ao centro do campo digital e retorna ou tende a retornar ao lado onde iniciou sua trajetória. A presilha interna é representada pela letra I, quando polegar, e pelo número 2 nos demais dedos.

Alternativa "b": O tipo fundamental verticilo é marcado pela presença de um delta de cada lado da impressão, além do núcleo central. O verticilo é representado pela letra V, quando polegar, e pelo número 4 nos demais dedos.

Alternativa "c": É a presilha externa que é marcada pelo delta do lado esquerdo da impressão. A presilha externa é representada pela letra E, quando polegar, e pelo número 3 nos demais dedos.

Alternativa "d": O tipo fundamental arco se caracteriza pela ausência de deltas. O arco é representado pela letra A, quando polegar, e pelo número 1 nos demais dedos. O conceito trazido é o do tipo fundamental verticilo.

Alternativa "e": Esse é o conceito do tipo fundamental denominado arco. A presilha externa, como vimos, possui o delta à esquerda da impressão.

Alternativa correta: letra "b".

18. (Cespe – Delegado de Polícia – GO/2017) No que se refere às perícias e aos laudos médicos em medicina legal, assinale a opção correta.

a) As perícias podem consistir em exames da vítima, do indiciado, de testemunhas ou de jurado.

b) A perícia em antropologia forense permite estabelecer a identidade de criminosos e de vítimas, por meio de exames de DNA, sem, no entanto, determinar a data e a circunstância da morte.

c) A opção pela perícia antropológica deve ser conduta de rotina nos casos em que a família da vítima manifestar suspeita de morte por envenenamento.

d) As perícias médico-legais são restritas aos processos penais e civis.

e) Laudo médico-legal consiste em narração ditada a um escrivão durante o exame.

COMENTÁRIOS

Alternativa "a": Qualquer pessoa pode ser submetida a exame pericial no curso da investigação/ processo. A vítima, para determinação da materialidade delitiva, por exemplo. O indiciado, para comprovação de eventual lesão de defesa, sanidade mental etc. Inclusive a testemunha e o jurado, conforme leciona Neusa Bittar, "quando há dúvidas sobre sua sanidade mental" (Medicina Legal Descomplicada. 2ª edição. São Paulo: Rideel, 2011, p. 10).

Alternativa "b": A alternativa é bastante confusa, mas está errada, se considerarmos doutrina minoritária. Embora a perícia de DNA possa ser relacionada à Antropologia Forense, como destaca Genival Veloso de França, "a Medicina Legal também beneficiou-se com o avanço indiscutível que se verifica em torno do estudo do genoma humano e, por isso, tem-se observado uma acentuada evolução no campo da identidade, tanto nas questões da identificação civil como nas da identificação criminal. Amplia-se assim essa importante área da Hemogenética Médico-legal. Além das perícias de investigação do vínculo genético da paternidade, abriu-se um novo campo na Criminalística, em que a análise de vestígios humanos pode trazer grande contribuição ao interesse pericial, pelo uso dos marcadores genéticos e da aplicação do polimorfismo do DNA" (Medicina Legal, 10ª ed. Rio de Janeiro: Guanabara Koogan, 2015, p. 186/187), o erro na assertiva está em afirmar que não se pode relacionar a Antropologia Forense com o estabelecimento das circunstâncias da morte. Cuidado! Para a doutrina majoritária, essa divisão da Medicina Legal estuda a identidade e a identificação médico-legal e judiciária. Todavia, Hygino de C. Hércules, inclui, como objeto de estudo, a causa da morte. (**Medicina Legal**, 9ª ed. Rio de Janeiro: Guanabara Koogan, 2014, p. 11).

Alternativa "c": Como descreve a alternativa, a vítima já está devidamente identificada, portanto, dispensa-se a opção pela perícia antropológica, cujos fins são a identidade e a identificação.

Alternativa "d": A Medicina Legal pode ser utilizada em qualquer ramo do Direito. Por exemplo, a **Infortunística** é a parte da Medicina Legal que estuda os acidentes de trabalho, as doenças profissionais, suas consequências, os meios de prevenção e de reparação.

Alternativa "e": O conceito apresentado é de auto. Os **relatórios médico-legais** são os documentos resultantes da atuação do serviço médico-legal. Podem se apresentar na forma de **auto**, quando ditado ao escrivão, ou **laudo**, elaborado pelo próprio perito.

Alternativa correta: letra "a".

19. (Cespe – Delegado de Polícia – GO/2017) De acordo com Ottolenghi, um indivíduo de pele branca ou trigueira, com íris azuis ou castanhas, cabelos lisos ou crespos, louros ou castanhos, com perfil de face ortognata ou ligeiramente prognata e contorno anterior da cabeça ovoide é classificado como

a) indiano.
b) australoide.
c) caucásico.
d) negroide.
e) mongólico.

COMENTÁRIOS

✪ **Nota do autor:** A questão aborda o tema Identificação Médico-legal. Neste processo, exigem-se não só conhecimentos e técnicas médico-legais, como também entendimento de suas ciências acessórias. Sempre é feita por legistas. Um dos aspectos a serem analisados: a Raça. Ottolenghi classifica em cinco os tipos étnicos fundamentais, que serão abordados nas alternativas.

Alternativa "a": Para o autor, o **tipo indiano** não se afigura como um tipo racial definido. Estatura alta; pele amarelo-trigueira, tendente ao avermelhado; cabelos pretos, lisos, espessos e luzidios; íris castanhas; crânio mesocéfalo; supercílios espessos; orelhas pequenas; nariz saliente, estreito e longo; barba escassa; fronte vertical: zigomas salientes e largos.

Alternativa "b": O **tipo australoide** possui as seguintes características: estatura alta; pele trigueira; nariz curto e largo; arcadas zigomáticas largas e volumosas; prognatismo maxilar e alveolar; cinturas escapular larga e pélvica estreita; dentes fortes; mento retraído; arcadas superciliares salientes e crânio dolicocéfalo.

Alternativa "c": Segundo o autor, o tipo caucásico é um indivíduo de pele branca ou trigueira; cabelos lisos ou crespos, louros ou castanhos; íris azuis ou castanhas; contorno craniofacial anterior ovoide ou ovoide-poligonal; perfil facial ortognata e ligeiramente prognata.

Alternativa "d": O **tipo negroide** possui as seguintes características, segundo a classificação do autor: pele negra; cabelos crespos, em tufos; crânio pequeno; perfil facial prognata; fronte alta e saliente; íris castanhas; nariz pequeno, largo e achatado; perfil côncavo e curto; narinas espessas e afastadas, visíveis de frente e circulares.

Alternativa "e": O **tipo mongólico** possui as seguintes características, segundo a classificação do autor: pele amarela; cabelos lisos; face achatada de diante para trás; fronte larga e baixa; espaço interorbital largo; maxilares pequenos e mento saliente.

Alternativa correta: letra "c".

---

20. (FUNCAB - Delegado de Polícia - PA/2016) No que se refere ao tema "identificação", os ângulos de Jacquart, Cloquet e Curvier são verificados:

a) no tórax.
b) nas penas.
c) nos braços.
d) na bacia.
e) no crânio.

COMENTÁRIOS

✪ **Nota do autor:** A questão aborda o tema Identificação Médico-legal. Neste processo, exigem-se não só conhecimentos e técnicas médico-legais, como também entendimento de suas ciências acessórias. Sempre é feita por legistas. Um dos aspectos a serem analisados: **o ângulo facial:** sua importância está na determinação do prognatismo, constituindo-se em um valioso elemento da distinção racial. Segundo Jacquart, o ângulo é dado por uma linha que passa pelo ponto mais saliente da fronte e pela linha nasal anterior, e por outra linha que vai da espinha nasal anterior ao meio da linha medioauricular, conseguindo, aproximadamente, um ângulo de 76,5° para os brancos, de 72° para os amarelos e de 70,3° para os negros. São importantes também os ângulos de Curvier (uma linha que passa pela parte mais saliente da fronte até o ângulo dentário superior, e por outra linha que vai do ângulo dentário superior até o conduto auditivo externo) e de Cloquet (uma linha que vai da parte mais saliente da fronte até o ponto alveolar, e outra linha que vai do ponto alveolar até o conduto auditivo externo).

Alternativa correta: letra "e" (responde às demais alternativas): Como visto em nota, os ângulos de Jacquart, Cloquet e Curvier são verificados no crânio (ângulo facial).

---

21. (Cespe - Delegado de Polícia - PE/2016) Determinada delegacia de polícia, comunicada da existência de um cadáver em estado de putrefação jogado em um canavial de sua circunscrição, deve tomar providências para levantar informações - como, por exemplo, a certificação de tratar-se de pessoa, e não de animal, e o estabelecimento da causa da morte –, além de realizar diligências diversas.

Assinale a opção correta acerca das atividades médico-legais nesse caso.

a) O método de identificação do cadáver de primeira escolha, para o caso, é a identificação por material genético, o DNA, que pode ser extraído mesmo de material putrefeito.
b) Mesmo estando o cadáver em adiantado estado de putrefação, é possível, conforme a especificidade, estabelecer, pelo exame médico-legal, a causa jurídica da morte - suicídio, homicídio, acidente ou morte natural.
c) A análise do aspecto macroscópico do fígado do cadáver em questão é suficiente para que o médico-legista determine se ocorreu morte súbita ou se morte com suspeita de ocorrência criminal.
d) Deve-se proceder à exumação do cadáver, que deve ser realizada por equipe da delegacia de polícia acompanhada de médico-legista.
e) Caso o cadáver encontrado seja de material humano, a identificação deverá ser feita por reconhecimento.

COMENTÁRIOS

✪ **Nota do autor:** Diante das informações da questão, encontro fortuito de um cadáver, o delegado de polícia deverá adotar diligências para a devida identificação médico-legal. O enunciado menciona, exemplificativamente, duas diligências importantes: a certificação de tratar-se de pessoa (e não de animal) e o estabelecimento da causa da morte. A **identificação da espécie**, se homem ou animal, pode ser levada a cabo com as seguintes técnicas: **Análise dos ossos**. Morfologicamente, pelo exame de suas dimensões e caracteres. Microscopicamente, a diferença é dada pela análise do tamanho dos canais de Havers (que são em menor número e mais largos no homem. Já nos animais são mais estreitos, redondos e mais numerosos). **Causa jurídica da morte**. Um dos objetivos principais do estudo da Tanatologia Médico-Legal é estabelecer o diagnóstico da causa jurídica da morte, buscando determinar se a hipótese é de homicídio, suicídio, acidente ou morte natural.

Alternativa "a": A impressão digital genética do DNA (ácido desoxirribonucleico), representada pelo material genético básico de cada indivíduo e composta de uma substância existente nos cromossomos, é um método bastante utilizado na determinação de paternidade e maternidade. Embora possa ser utilizada na identificação de vítimas, conforme ensina Genival França, deve ser empregada quando outros métodos mostrarem-se ineficientes (Medicina Legal, 9ª ed. Rio de Janeiro: Guanabara Koogan, 2014, p. 348). A identificação deve ser feita levando-se em consideração elementos antropológicos, antropométricos e material genético. Assim, a identificação dactiloscópica, métodos odontológicos (arcada dentária, próteses, malformações), meios médico-forenses (identificação por sexo, raça, idade, estatura, tatuagens, superposição de imagens etc.), ganham relevo na elaboração do laudo de necropsia. O erro da alternativa foi ter colocado o exame de DNA como primeira escolha.

Alternativa "b": São diversas as considerações no exame de necropsia que possibilitam identificar a causa jurídica da morte, ainda que o cadáver esteja em estado de putrefação, tais como: o mecanismo da morte (exemplo: esganadura para homicídio, enforcamento para suicídio), espécies e sede das lesões, direção da ferida etc.

Alternativa "c": A morte súbita (natural) pode ter por etiologia causas diversas, como afecções cardiovasculares, lesões do sistema nervoso central, hemorragias agudas, rotura de vísceras, além de fatores ocasionais, como a fadiga, o esforço, embriaguez etc. Segundo Genival França, **em média 90% das mortes súbitas em adultos são de origem cardíaca**. Portanto, a recomendação para uma perícia médico-legal (no exame interno do cadáver) é o **exame macroscópico do coração** (cavidade pericárdica, anatomia dos grandes vasos e válvulas, exame das artérias coronárias, inspeção da aorta e da artéria pulmonar). Porém, o exame macroscópico não deve ser considerado suficiente, devendo o médico-legista proceder a exame histológico *standard* do coração, exames toxicológicos, patologia molecular, além do exame externo do cadáver (estatura, peso, lesões torácicas, queimaduras elétricas, presença de marca-passo etc.).

Alternativa "d": O cadáver não se encontrava inumado (enterrado). Inumação é sinônimo de sepultamento. Portanto, não há falar em exumação, que consiste no processo de desenterrar um cadáver, com fins: **administrativos**, visando à transferência dos restos mortais: a) para outro local de sepultamento; b) para urna menor a fim de ocupar menos espaço ou para cremação; c) para remoção do corpo por razões sanitárias; ou **jurídicos**, por determinação do juiz ou da polícia judiciária: a) para identificação do cadáver ou de seus restos; b) para necropsia, por não ter sido realizada no momento oportuno; c) para realização de nova necropsia.

Alternativa "e": Como vimos em nota, são vários os métodos de identificação que podem ser utilizados pelo médico-legista. Embora o reconhecimento seja um deles, o erro da alternativa está em afirmar que a identificação **deverá** ser feita através de reconhecimento.

Alternativa correta: letra "b".

---

22. (FUNCAB – Delegado de Polícia – RJ/2012) A identificação de uma pessoa se define como um conjunto de características que individualiza a pessoa, tornando-a diferente das demais. Sob esta óptica, o exame de DNA, embora moderno e com alto grau de confiabilidade, não é suficiente para a determinação da identidade, pois via de regra, essas análises são realizadas utilizando-se como material de comparação amostras de familiares, sendo assim um método capaz de gerar o grau de parentesco e, não a identidade propriamente dita, ou seja, pode determinar se um indivíduo é filho de alguém, mas não qual dos filhos. Outras técnicas, científicas, ao contrário do exame de DNA, podem, isoladamente, conferir a identidade a um cadáver, considerando a preexistência de parâmetros de comparação. Entre essas técnicas, estão:

a) reconhecimento facial, arcada dentária e sobreposição de imagens.

b) reconhecimento facial, sinais particulares e sobreposição de imagens.

c) impressão dactiloscópica, sinais particulares e sobreposição de imagens.

d) impressão dactiloscópica, arcada dentária e sobreposição de imagens.

e) impressão dactiloscópica, arcada dentária e sinais particulares.

COMENTÁRIOS

✪ **Nota do autor:** A **identificação** é o processo técnico e científico empregado para determinar a **identidade** de um indivíduo, que, por sua vez, é o conjunto de elementos característicos que distingue uma pessoa das demais. Assim, o método de identificação é **comparativo**. Os fundamentos biológicos ou técnicos que preenchem as condições para um método de identificação aceitável e seguro são: **1. Unicidade** (determinado elemento seja específico daquele indivíduo, distinguindo-o dos demais); **2. Imutabilidade** (as características precisam ser imutáveis, não se alterando com o passar do tempo); **3. Perenidade** (capacidade de determinados elementos resistirem à ação do tempo, durando por toda a vida, e até após a morte, como, por exemplo, o esqueleto. Há características que são imutáveis durante certo período da vida, porém não são perenes, como, por exemplo, o número de dentes); **4. Praticabilidade** (o método dever ser prático, tanto na obtenção quanto no registro); **5. Classificabilidade** (requisito de suma importância, pois deve haver metodologia no arquivamento, propiciando rapidez e facilidade na busca dos registros).

Alternativa "d" (responde as demais alternativas): A assertiva está correta e apresenta três técnicas de identificação. A **impressão dactiloscópica** consiste num método de colheita das impressões digitais, a datiloscopia, isto é, pelas saliências papilares existentes nas pontas dos dedos. Todos nós temos nas polpas dos dedos as chamadas cristas papilares. Se untarmos as pontas dos dedos da mão com tinta preta e pressionarmos numa folha de papel, observaremos desenhos que apresentam uma série de linhas paralelas. Tais vestígios são denominados **impressão digital**, formada por diferentes linhas curvas e constituída de pequenas partículas de suor produzidas pelos sulcos e saliências da pele que envolvem os dedos, e o estudo dos mesmos é a datiloscopia. A identificação pela **arcada dentária** é um método relevante, principalmente em casos de carbonização e esqueletização. Para tanto, é preciso dispor de uma ficha dentária anterior fornecida pelo dentista da vítima. Já a **sobreposição de imagens**, também conhecida como **método Piancentino** ou **craniofotocomparativo**, consiste na identificação individual por demonstração fotográfica, utilizando-se a superposição de negativos de fotos do indivíduo tiradas em vida sobre as do esqueleto do crânio. Não é tão seguro quanto os demais, sendo usado de forma subsidiária. Nas três técnicas apresentadas faz-se necessária a preexistência de parâmetros de comparação. Já as demais técnicas referidas nas alternativas, embora sejam utilizadas para auxiliar a identificação, não são científicas. O **reconhecimento facial** não é método de identificação. Trata-se de processo empírico exercido por leigo e com baixo grau de precisão. Já a identificação é técnica científica, realizada por perito criminal. Em relação aos **sinais particulares**, mesmo não identificando uma pessoa, podem servir para excluí-la. Assim, todo e qualquer sinal individual, como uma tatuagem, por exemplo, é útil para auxiliar na busca da identificação.

Alternativa correta: letra "d".

3. TANATOLOGIA

23. (FGV - 2024 - PC/SC - Delegado) Acerca da cronotanatognose e dos fenômenos cadavéricos, é correto afirmar que

a) por ocasião da sua presença num local de crime, o Delegado de Polícia possui plenas condições de distinguir se uma lesão foi praticada em vida ou após a morte, durante o período de Tourdes.

b) os sinais abióticos de morte podem ser divididos em imediatos e tardios/consecutivos, podendo ser mencionados, como exemplos, a perda de consciência e o resfriamento cadavérico, respectivamente.

c) a autólise é um fenômeno cadavérico consecutivo que representa a tendência do cadáver em equilibrar sua temperatura com a do ambiente à sua volta.

d) a evaporação tegumentar é um fenômeno cadavérico transformativo destrutivo posicionado entre as fases de coloração e enfisematosa da putrefação.

e) a maceração séptica se difere da asséptica, pois enquanto na primeira não há líquido contaminado, com ausência de putrefação, na segunda o líquido contaminado permite a decomposição do cadáver.

COMENTÁRIOS

Alternativa "a": Errada. O período de Tourdes compreende 6h antes e após a morte, denominado pelo autor de "período de incerteza diagnóstica", no qual há uma incerteza acerca do diagnóstico das lesões, não se podendo definir se elas tiveram causa anterior ou posterior à morte. Portanto, o delegado não teria a plena condição mencionada na assertiva.

Alternativa "b": Correta. Os sinais abióticos se subdividem em: **sinais abióticos imediatos (ou sinais de incerteza, ou diagnóstico da morte clínica)** que ocorrem devido à cessação das funções vitais e permitem supor que a morte ocorreu, porém, o fator que determinou a parada das funções do organismo pode ser reversível, sendo a morte apenas aparente. Por essa razão são chamados de sinais de incerteza. São eles: **perda da consciência**; insensibilidade; imobilidade; abolição do tono muscular; midríase (dilatação das pupilas); cessação da circulação. **Já os sinais abióticos mediatos (consecutivos, ou sinais de certeza)**, que ocorrem devido à instalação de fenômenos cadavéricos de ordem química, física e estrutural, confirmam a morte, pois, com o passar do tempo, as alterações da parada cardiocirculatória vão se tornando perceptíveis, autorizando, assim, a antecipação da autópsia antes das seis horas. São eles: evaporação tegumentar (desidratação); **resfriamento do corpo**; hipóstase (mancha decorrente do depósito de sangue nas regiões de declive do corpo); rigidez cadavérica; espasmo cadavérico.

Alternativa "c": Errada. A alternativa traz a descrição do esfriamento do corpo. Já a autólise é autodestruição da célula pelas suas próprias enzimas. Em razão da morte, cessa a troca nutritiva entre as células, assim, o meio se transforma, acidificando-se.

Alternativa "d": Errada. A evaporação tegumentar corresponde à desidratação, fenômeno abiótico consecutivo.

Alternativa "e": Errada, apresentando os conceitos de forma invertida.

Alternativa correta: letra "b".

24. (CEBRASPE – 2024 – PC/PE – Delegado) Para analisar um corpo humano em estado adiantado de putrefação encontrado em um manguezal, é necessário o conhecimento dos fenômenos cadavéricos. A esse respeito, assinale a opção correta.

a) A perda da consciência e a abolição do tônus muscular com imobilidade são fenômenos bióticos imediatos.
b) Manchas de hipóstase e livores cadavéricos são fenômenos bióticos imediatos e intempestivos.
c) Nos cadáveres em decúbito dorsal, a rigidez se inicia pela face, pela mandíbula e pela nuca, seguidas pelos músculos do tronco, os membros superiores e, por último, os membros inferiores, desaparecendo a rigidez, posteriormente, na mesma ordem em que surgiu.
d) À maneira das hipóstases viscerais, os livores cutâneos, constantes, são vistos nas primeiras 8 a 12 horas após o óbito e podem deslocar-se com as mudanças de posição do cadáver dentro das próximas 16 a 24 horas, após as quais fixam-se definitivamente.
e) A saponificação que pode ocorrer após a morte é um fenômeno transformativo destrutivo.

COMENTÁRIOS

Alternativa "a": Errada. A perda da consciência e a abolição do tônus muscular com imobilidade são fenômenos abióticos imediatos. Biótico relaciona-se à vida. Por essa razão os fenômenos abióticos são chamados de avitais.

Alternativa "b": Manchas de hipóstase e livores cadavéricos são fenômenos abióticos imediatos.

Alternativa "c": Correta. Em regra, a rigidez cadavérica surge na seguinte ordem: na mandíbula e na nuca (da 1ª a 2ª hora após a morte); nos membros superiores (da 2ª a 4ª hora após a morte); nos músculos torácicos (da 4ª a 6ª hora após a morte) e, por fim, nos membros inferiores (da 6ª a 8ª hora após a morte). A flacidez muscular, pelo desaparecimento do ônus muscular (rigor mortis), aparece progressivamente na mesma sequência (iniciando-se pela nuca e mandíbula). É a chamada Lei de Nysten.

Alternativa "d": Errada. Resultantes da ação da gravidade, o sangue se deposita nas regiões em declive. Em geral, essas manchas surgem, em média, duas a três horas após a morte, fixando-se definitivamente em torno das 12 horas post mortem.

Alternativa "e": Errada, pois a saponificação ou adipocera é um fenômeno transformativo conservador, no qual o cadáver adquire consistência untuosa e mole, como sabão ou cera.

Alternativa correta: letra "c".

25. (CEBRASPE – 2024 – PC/PE – Delegado) As oito legiões de Mégnin são grupos de insetos que compõem a fauna cadavérica, cujo estudo é importante no âmbito da cronotanatognose por serem as evidências entomológicas um dos elementos mais relevantes na estimativa do intervalo *post mortem*. A esse respeito, assinale a opção correta.

a) O uso da fauna cadavérica no estudo em relação ao cadáver exposto ao ar livre tem valor conclusivo absoluto na determinação da cronotanatognose.
b) A 1.ª legião da fauna cadavérica surge com o odor cadavérico e permanece, conforme a temperatura do meio ambiente, por cerca de 15 a 20 dias.
c) A 2.ª legião da fauna cadavérica aparece em média entre 3 a 6 meses após a morte, com a fermentação ácida das substâncias graxas do corpo.
d) A 7.ª legião desseca todos os humores que ainda restam no cadáver.
e) A 8.ª legião consome, cerca de 3 anos após a morte, todos os resquícios orgânicos porventura deixados pelas precedentes.

COMENTÁRIOS

✪ **Nota do autor:** Segundo Genival Veloso de França (Medicina Legal, 9ª ed. Rio de Janeiro: Guanabara Koogan, 2014, p. 1061), foi Mégnin quem estabeleceu com segurança como surgem os trabalhadores ou legionários da morte, dando acentuada importância ao fato.

Surgem com certa regularidade, preparando terreno aos outros grupos, sendo as etapas das diversas turmas distintas e em número de oito.

A **primeira legião** é composta dos dípteros da espécie *Musca domestica, Muscina stabulans* e *Calliphora vomitoria*, cujo tempo de aparecimento é de 8 a 15 dias iniciando a marcha dos trabalhos até o aparecimento dos ácidos graxos.

A **segunda legião** está integrada pela *Lucilia coesar, Sarcophaga carnaria, Sarcophaga arvensis, Sarcophaga latricus* e *Cynomya mortuorum*, que permanecem por um período de 15 a 20 dias, de acordo com a temperatura ambiental, surgindo tão logo o odor cadavérico seja despertado.

A **terceira legião** encerra as espécies *Dermester lardarius, Dermester frischii e Dermester undulatus* e a *Aglossa pinguinalis*, desenvolvendo-se em um período de 20 a 30 dias, 3 a 6 meses após a morte, caracterizando-se por uma excessiva avidez de destruição.

A **quarta legião** compreende a *Pyophila patasionis, Pyophila casei, Anthomya vicina* e os coleópteros da espécie *Nocrobia coeruleus* e *Nocrobia ruficoliis*. Surgem depois da fermentação butírica das matérias graxas.

Na **quinta turma** figuram as *Tyreophora cynophila, furcata e anthropophaga, Lonchea nigrimana, Ophyra cadaverina, Phora aterrima, Necrophorus humator, Silpha littoralis* e obscura, *Hister cadaverinus* e *Saprinus rotondatus*. Aparecem na fase de liquefação enegrecida das substâncias que não foram consumidas pelas legiões anteriores.

A **sexta legião** encontra-se representada pela *Uropoda nummularia, Tyroglyfus cadaverinus, Clyciphagus cursor* e *spinipes, Trachynotus siro, Serrator necrophagus, coepophagus e achinopus.*

Absorvem todos os humores que ainda restam no cadáver, deixando-o completamente dissecado ou mumificado.

A **sétima legião** conta com *Aglossa cuprealis, Tineola biselliela, Tinea pellionela, Attagenus pellio* e *Anthrenus museorum*, que destroem os ligamentos e os tendões. Seu aparecimento ocorre entre 12 e 24 meses.

A **oitava legião** contém as espécies Tenebrio obscurus, Tenebrio molitor e *Ptinus bruneus*, que consomem todos os detritos que os outros insetos deixaram e cuja fase se realiza em torno de 3 anos após a morte.

Em relação à alternativa "a", embora Mégnin desse um valor quase matemático à fauna cadavérica na cronologia da morte, a doutrina médico-legal afirma que estes resultados têm apenas valor aproximado, fornecendo dados mais reais, quanto mais próxima estiver a hora da morte.

Alternativa correta: letra "e" (responde às demais alternativas).

---

26. (CEBRASPE - 2023 - PC/AL - Delegado) No que concerne à cronotanatognose, julgue o item que se segue.

26.1. A presença de cristais no sangue putrefeito, conhecidos como cristais de Westenhoffer-Rocha-Valverde, é constatada 24 horas depois da morte.

COMENTÁRIOS

A presença dos Cristais de Westenhoffer-Rocha-Valverde é um fenômeno cadavérico para estimar o tempo da morte. Os cristais são formações no sangue putrefeito, em forma de lâminas cristaloides, fragmentadas, agrupadas, cruzadas e incolores, que se formam depois do 3º dia da morte.

Alternativa correta: "errado".

---

27. (CEBRASPE - 2023 - PC/AL - Delegado) No que concerne à cronotanatognose, julgue o item que se segue.

27.1. A presença de dípteros da espécie mosca doméstica, muscina stabulans e calliphora vomitoria, em um corpo encontrado em um matagal, indica tempo de morte estimado em três dias.

COMENTÁRIOS

Como ensina França, a entomologia médico-legal, parte da biotanatologia, trata do estudo e da aplicação dos conhecimentos dos ciclos vitais e a da estrutura das populações dos insetos e dos outros artrópodes relacionados com o interesse pericial, principalmente no que diz respeito ao diagnóstico da estimativa do tempo de morte. É de grande importância em casos de cadáveres expostos.

Há certos fatores que influenciam a chegada e colonização dos insetos, como clima (temperatura e umidade têm importância na composição da fauna); comportamento noturno (oviposição noturna das moscas); efeitos de drogas e tóxicos (redução na sobrevivência larval). A primeira legião é composta dos dípteros da espécie Musca doméstica, Muscina stabulans e Calliphora vomitoria, cujo tempo de aparecimento é de 8 a 15 dias iniciando a marcha dos trabalhos até o aparecimento dos ácidos graxos, portanto, errada a afirmativa.

Alternativa correta: "errado".

---

28. (Vunesp - Delegado de Polícia - PC - SP/2022) A Lei nº 9.434/97 dispõe sobre a remoção de órgãos, tecidos e partes do corpo humano para fins de transplante e tratamento e dá outras providências. Em relação às sanções penais e administrativas dessa Lei, é correto afirmar que

a) deixar de recompor cadáver, devolvendo-lhe aspecto condigno, para sepultamento, ou retardar sua entrega aos familiares é passível de pena de detenção de um a seis meses.

b) realizar transplante ou enxerto utilizando tecidos, órgãos ou partes do corpo humano de que se tem ciência terem sido obtidos em desacordo com os dispositivos dessa Lei é punível com pena de reclusão de quatro a oito anos e multa de 200 a 360 dias-multa.

c) comprar ou vender tecidos, órgãos ou partes do corpo humano são crimes graves, com pena de reclusão de seis meses a dois anos e multa de 100 a 200 dias-multa.

d) remover tecidos, órgãos ou partes do corpo de pessoa ou cadáver, em desacordo com as disposições dessa Lei, é punível com pena de reclusão de dois a seis anos e multa de 100 a 360 dias-multa.

e) se o crime é cometido mediante paga ou promessa de recompensa ou por outro motivo torpe, a pena de reclusão é de oito a doze anos e multa de 300 a 450 dias-multa.

COMENTÁRIOS

✪ **Nota do autor:** A questão aborda conhecimento da Lei 9.434, de 1997, que dispõe sobre a remoção de órgãos, tecidos e partes do corpo humano, especificamente sobre as sanções penais e administrativas nela contidas (art. 14 a 20). Perde-se a oportunidade aprofundamento de um tema tão relevante para cobrar texto de lei.

Alternativa "a": "Deixar de recompor cadáver, devolvendo-lhe aspecto condigno, para sepultamento ou deixar de entregar ou retardar sua entrega aos familiares ou interessados" é o texto do tipo penal contido no art. 19 da lei. Todavia, a pena é de detenção, de seis meses a dois anos.

Alternativa "b": Errada. "Realizar transplante ou enxerto utilizando tecidos, órgãos ou partes do corpo humano de que se tem ciência terem sido obtidos em desacordo com os dispositivos desta Lei" é o texto do tipo penal contido no art. 16. Todavia, a pena é de reclusão, de um a seis anos, e multa, de 150 a 300 dias-multa.

Alternativa "c": A conduta descrita na alternativa é o tipo penal do art. 15 da lei. Porém, a pena é de reclusão, de três a oito anos, e multa, de 200 a 360 dias-multa.

Alternativa "d": Está correta. É a redação literal do art. 14 da lei.

Alternativa "e": Trata-se de qualificadora prevista no art. 14, da Lei 9.343, de 1997, porém, a pena é de reclusão, de três a oito anos, e multa, de 100 a 150 dias-multa.

Alternativa correta: letra "d".

---

29. (Cespe – Delegado de Polícia – PC – RJ/2022) Entre os fenômenos cadavéricos, aquele que pode atingir o feto morto retido do quinto ao nono mês de gravidez no útero materno é chamado de

a) mumificação.
b) saponificação.
c) corificação.
d) litopédio.
e) maceração.

COMENTÁRIOS

Alternativa "a": A mumificação é fenômeno transformativo conservador que pode ser provocado, por exemplo, pelo processo de embalsamento, ou espontâneo, isto é, decorrente de certas condições do meio ambiente, principalmente a falta de umidade, que prejudica a putrefação.

Alternativa "b": A saponificação (ou adipocera) é fenômeno transformativo conservador em que o cadáver adquire consistência untuosa e mole como sabão ou cera.

Alternativa "c": A corificação é um fenômeno transformativo conservador observado em corpos encerrados em caixões metálicos hermeticamente fechados, principalmente de zinco. Preservado o corpo da decomposição, a pele assume a coloração e o aspecto de couro curtido. As vísceras e a musculatura permanecem conservadas, mas amolecidas.

Alternativa "d": Litopédio, fenômeno raro, ocorre quando o feto morre durante a gestação e fica retido na cavidade abdominal. O organismo materno envolve o feto, calcificando-o como parte de uma reação de corpo estranho, protegendo o corpo da mãe do tecido morto do feto e prevenindo infecções. Pode ficar retido por vários anos ou mesmo décadas.

Alternativa "e": Correta. A maceração é processo de putrefação que ocorre nos corpos submersos. Os ossos soltam-se dos tecidos, o abdômen achata-se e o tegumento desprende-se sob a forma de largos retalhos. A pele perde a aderência e descola-se, após a formação de bolhas que se rompem. Observa-se tal fenômeno em duas situações: nos submersos em meio líquido contaminado, isto é, com germes, denominada maceração séptica; e nos fetos retidos a partir do quinto mês de gestação, denominada maceração asséptica, sem a presença de germes.

Alternativa correta: letra "e".

---

30. (Cespe – Delegado de Polícia – PC – PB/2022) Assinale a opção em que os dois tipos de fenômenos transformativos verificados nos cadáveres em estado de decomposição estão correta e respectivamente exemplificados

a) conservadores: autólise, putrefação e maceração; destrutivos: mumificação e saponificação
b) conservadores: mumificação e saponificação; destrutivos: autólise, putrefação e maceração
c) conservadores: mumificação e maceração; destrutivos: saponificação e autólise
d) conservadores: putrefação e maceração; destrutivos: autólise e maceração
e) conservadores: autólise, mumificação e saponificação; destrutivos: putrefação e maceração

COMENTÁRIOS

✪ **Nota do autor: Tafonomia** é um termo inserido no estudo dos fenômenos transformativos para designar o estudo da transição dos restos biológicos a partir da morte até a fossilização. É usado entre paleontologistas e antropologistas forenses para tratar da evolução dos restos humanos depois da morte. "Assim, a tafonomia forense seria o estudo de todas as fases por que passa o ser humano após sua morte – de destruição ou conservação –, no interesse judicial ou forense". (FRANÇA, 2015, p. 1031).

Alternativa "B" (responde às demais alternativas): Entre os mais influentes fatores que interferem na decomposição cadavérica destacam-se a temperatura, a aeração, a higroscopia do ar, o peso do corpo, as condições físicas, a idade do morto e a causa da morte. Além disso, devem ser consideradas a ação bacteriana e a atividade de insetos necrófagos. Também pode interferir na aceleração da decomposição de partes do cadáver a presença de uma ferida ou lesão na pele, servindo assim de porta de entrada às larvas.

Segundo França, os fenômenos transformativos podem ser de duas ordens: destrutivos (autólise, putrefação e maceração) e conservadores (mumificação, saponificação, calcificação, corificação, congelação e fossilização.

Alternativa correta: letra "b".

---

31. (UFPR – Delegado de Polícia – PC – PR/2021) Considere o seguinte caso hipotético:

Cadáver de sexo feminino, adulta, caucasiana, foi encontrada em um cafezal, em Santo Antônio da Platina-PR, em posição prona, despida, com livores de hipóstase presentes em dorso, com rigidez cadavérica acometendo mandíbula, tronco e membros. Não foi observada mancha verde abdominal. No entorno do corpo, não havia manchas de sangue. Em exame mais detalhado, no necrotério do instituto de medicina legal, após lavagem do ferimento, foram observados os seguintes ferimentos na região cervical posterior direita (figura 1) e na região cervical posterior esquerda (figura 2).

Figura 1

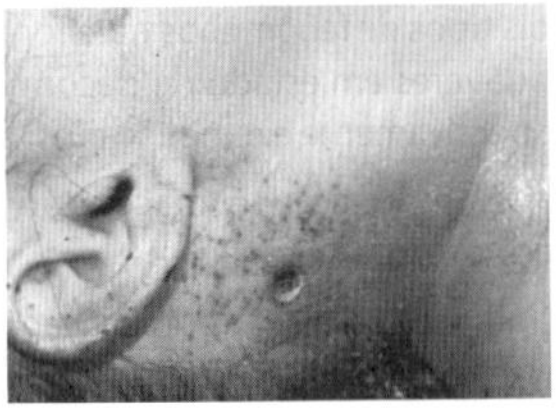

Figura 2

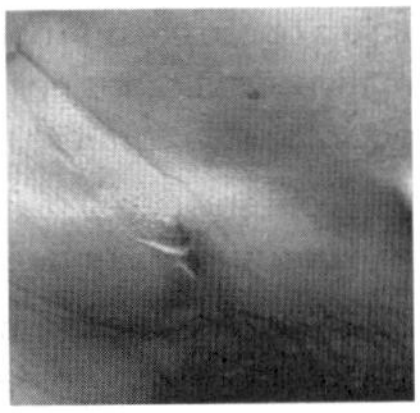

Com base no caso descrito, o local onde o ato violento ocorreu, a hora aproximada da morte e a direção do disparo são, respectivamente:

a) local diverso de onde foi encontrado o corpo - mais de 12 e menos de 24 horas - da direita para a esquerda.

b) mesmo local onde foi encontrado o corpo - mais de 24 e menos de 48 horas - da direita para a esquerda.

c) local diverso de onde foi encontrado o corpo - mais de 12 e menos de 24 horas - da esquerda para a direita.

d) local diverso de onde foi encontrado o corpo - mais de 24 e menos de 48 horas - da esquerda para a direita.

e) mesmo local onde foi encontrado o corpo - mais de 12 e menos de 24 - da esquerda para a direita.

COMENTÁRIOS

✪ **Nota do autor:** a questão aborda a estimativa do tempo da morte, também chamada de intervalo *post mortem*, diagnóstico cronológico da morte (cronotanatognose), a partir de fenômenos cadavéricos. Além disso, traumatologia forense, em especial, ferimento causado por projétil de arma de fogo (características das lesões de entrada e saída). O examinador quer a resposta de três indagações: local onde o ato violento ocorreu, a hora aproximada da morte e a direção do disparo.

Alternativa "a" (responde às demais alternativas): vamos analisar as três assertivas da alternativa: 1. Local diverso de onde foi encontrado o corpo. Essa afirmação está correta por duas razões: A uma, **os livores de hipóstase** são manchas resultantes da ação da gravidade, pois surgem quando o sangue se deposita nas regiões em declive. Em geral, essas manchas aparecem, em média, duas a três horas após a morte, fixando-se definitivamente em torno das 12 horas *post mortem*. Se o corpo foi encontrado em posição prona (de bruços, barriga para baixo!) e os livores estão presentes nas costas (região dorsal), significa que fixaram-se definitivamente nesta posição. Já identificamos a movimentação do corpo. A duas, o preâmbulo informa que **no entorno do corpo, não havia manchas de sangue**. Porém, há sangramento do orifício de saída, em razão do rompimento de vasos importantes durante o trajeto do projétil, bem como perfuração de órgãos vitais. Portanto, conclui-se que o ato violento ocorreu em outro local. **2. Mais de 12 e menos de 24 horas.** Essa afirmação está correta por duas razões: A uma, **não foi observada mancha verde abdominal.** A mancha verde abdominal se forma na face ilíaca direita por causa da proximidade do ceco (primeira parte do intestino) com a pele (parede abdominal). O gás sulfídrico produzido pelas bactérias difunde-se pelos tecidos e se combina com a hemoglobina, formando a sulfoemoglobina, de tonalidade verde. Em média, surge entre 18 e 24 horas após a morte. A duas, a **rigidez cadavérica na mandíbula, tronco e membros**. Trata-se de um fenômeno que surge, em regra (há divergência na doutrina), na seguinte ordem: na mandíbula e na nuca (da 1ª a 2ª hora após a morte); nos membros superiores (da 2ª à 4ª hora após a morte); nos músculos torácicos (da 4ª à 6ª hora após a morte) e, por fim, nos membros inferiores (da 6ª a 8ª hora após a morte). A flacidez muscular, desaparecendo o *rigor mortis*, ocorre progressivamente na mesma sequência, iniciando-se, assim, na mandíbula e nuca, em regra após 24h, quando a musculatura retorna ao estado de flacidez. **3. Da direita para a esquerda.** Por fim, em relação à direção do disparo. Conclui-se que o orifício de entrada está representado na figura da direita em razão da presença da chamada zona de tatuagem, resultante da impregnação de grãos de pólvora incombustos que alcançam o corpo.

Alternativa correta: letra "a".

32. (Cespe - Delegado de Polícia - PC - SE/2018) Um homem de cinquenta anos de idade assassinou a tiros a esposa de trinta e oito anos de idade, na manhã de uma quarta-feira. De acordo com a polícia, o homem chegou à casa do casal em uma motocicleta, chamou a mulher ao portão e, quando ela saiu de casa, atirou nela com uma arma de fogo, matando-a imediatamente. Em seguida, ele se matou no mesmo local, com um disparo da arma encostada na própria têmpora.

Considerando a situação hipotética apresentada e os diversos aspectos a ela relacionados, julgue os itens a seguir.

O evento caracteriza um episódio de comoriência.

COMENTÁRIOS

O fenômeno da comoriência, previsto no art. 8º, do Código Civil, tem especial interesse no Direito das Sucessões. Conforme disposição legal, "se dois ou mais indivíduos falecerem na mesma ocasião, não se podendo averiguar se algum dos comorientes precedeu aos outros, presumir-se-ão simultaneamente mortos". Em outras palavras, a comoriência significa simultaneidade da morte (por presunção legal), diante da impossibilidade de se verificar quem primeiro faleceu. Não é a situação da questão, pois, o autor, em primeiro lugar, matou a esposa.

Alternativa correta: "errado".

33. (Cespe - Delegado de Polícia - PC - SE/2018) Um homem de quarenta e cinco anos de idade morreu após se engasgar com um pedaço do sanduíche que comia em uma lanchonete. Ele estava na companhia do seu cunhado, que não conseguiu ajudá-lo a retomar o fôlego. Os empregados da lanchonete acionaram o socorro médico, mas não houve êxito na tentativa de evitar a morte do homem.

Considerando essa situação hipotética e os diversos aspectos a ela relacionados, julgue os itens a seguir.

33.1. Se o socorro médico tivesse chegado uma hora após o óbito do homem, seria possível constatar a rigidez completa do cadáver e a presença de livores de hipóstases fixados.

COMENTÁRIOS

Conforme esclarece o professor Genival Veloso de França, atualmente, acredita-se que a rigidez cadavérica seja resultante de vários fatores, todos eles decorrentes da supressão de oxigênio muscular, indo impedir a formação de ATP (ácido adenosínico-trifosfórico) das modificações da permeabilidade das membranas das células, da formação de actomiosina e da ação da glicose anaeróbica, com o inevitável acúmulo de ácido lático (Medicina Legal. 9ª edição. Rio de Janeiro: Guanabara Koogan, 2014, p. 431). A instalação também é fonte de divergência. Segundo França, começa entre 1 e 2h após a morte. Para Eduardo Roberto Alcântara Del-Campo, em regra, inicia-se de 3 a 5 horas após o óbito, instala-se completamente entre 8 e 12 horas e permanece por um período de 12 a 24 horas, quando a musculatura retorna ao estado de flacidez (Medicina Legal, Coleção Cursos e Concursos, 3ª ed. São Paulo: Editora Saraiva, 2007, p. 239). Ambos concordam com o desaparecimento, em regra, após 24h. Pois bem. A questão menciona rigidez completa. Embora a divergência na doutrina, esta se dá a partir de 8h do óbito. Portanto, incorreta tal afirmação, após 1h de óbito. E a presença de livores de hipóstases fixados? Resultantes da ação da gravidade, o sangue se deposita nas regiões em declive. Em geral, essas manchas surgem, em média, duas a três horas após a morte, fixando-se definitivamente em torno das 12 horas *post mortem*. Portanto, também incorreta a segunda parte da assertiva.

Alternativa correta: "errado".

33.2. O evento morte descrito será classificado, quanto à causa jurídica, como morte natural.

COMENTÁRIOS

Um dos objetivos principais do estudo da Tanatologia Médico-Legal é estabelecer o diagnóstico da causa jurídica da morte, buscando determinar se a hipótese é de homicídio, suicídio, acidente ou morte natural. Morte natural é aquela oriunda de um estado mórbido adquirido ou de uma perturbação congênita, em outras palavras, por doenças e pelo inevitável processo de envelhecimento. França prefere a expressão "morte por antecedentes patológicos". A morte violenta tem origem por ação externa (e mais raramente interna), nas quais se incluem o homicídio, o suicídio e o acidente. Na questão apresentada, estamos diante de uma hipótese de morte acidental, portanto, não natural.

Alternativa correta: "errado".

34. (Fundatec - Delegado de Polícia - PC - RS/2018) Em relação à "estimativa do tempo de morte", também conhecida como cronotanatognose, analise as afirmações abaixo, assinalando V, se verdadeiras, ou F, se falsas.

( ) Existem vários parâmetros (fenômenos cadavéricos) utilizados para a estimativa do tempo de morte.

( ) A estimativa do tempo de morte, considerando os avanços da Medicina-Legal, é bastante precisa, não apresentando margem de erro (para mais ou para menos) maior do que uma hora.

( ) A estimativa do tempo de morte depende, além de outros fatores, de fatores externos ao cadáver.

( ) A estimativa do tempo de morte, apesar dos avanços da Medicina-Legal, não é precisa.

A ordem correta de preenchimento dos parênteses, de cima para baixo, é:

a) V – F – V – V.
b) V – V – V – F.
c) V – V – F – F.
d) F – F – F – V.
e) F – V – F – V.

COMENTÁRIOS

✪ **Nota do autor:** a questão aborda a estimativa do tempo da morte, também chamada de intervalo *post mortem*. Denomina-se tanatocronodiagnose, cronotanatognose ou diagnóstico cronológico da morte (espaço de tempo observado em diversas fases do cadáver e o momento em que se verificou a morte). Vejamos cada uma das assertivas: **Assertiva I. Verdadeira.** São vários os fenômenos utilizados para a estimativa do tempo da morte, como exemplos: esfriamento do cadáver, presença de livores cadavéricos, rigidez cadavérica, mancha verde abdominal etc. **Assertiva II. Falsa.** Trata-se de um dos assuntos mais complexos da Medicina Legal. Como afirma França, "inúmeros são os fenômenos cadavéricos estudados, porém seus resultados ainda se nos apresentam insuficientes para determinar-se precisamente o tempo da morte, pois, como se sabe, ela se constitui em um processo gradativo e não em um momento exato" (FRANÇA, Genival Veloso de. Medicina Legal. 9ª ed. Rio de Janeiro: Guanabara Koogan, 2014, p. 442). Portanto, não é um diagnóstico preciso, mas, sim, aproximado. **Assertiva III. Verdadeira.** São diversos os fatores externos que irão influenciar no tempo da morte, tais como: temperatura ambiente, tipo de solo, vestimentas do cadáver etc. Além disso, quanto maior for o tempo decorrido, mais complexa e dificultosa se torna a estimativa. **Assertiva IV. Verdadeira.** Conforme afirmamos na assertiva II.

Alternativa correta: letra "a" (responde as demais alternativas): apenas a assertiva II está incorreta.

35. (Fumarc - Delegado de Polícia - PC - MG/2018) Custodiado pela Polícia, um suposto infrator queixa que se sente mal na viatura policial ao ser transferido do local do fato para a delegacia responsável. Ele relata ser "cardíaco" e que usa medicação para evitar infarto do miocárdio. Em seguida, fica em silêncio e imóvel. Os responsáveis constatam a realidade do óbito. A conduta CORRETA é:

a) Entrar em contato com alguma autoridade do Ministério Público ou do judiciário para tomada de decisão do caso.

b) Por não haver violência, procurar os meios para encaminhamento ao serviço de verificação de óbito.

c) Procurar os meios e as formalidades para o encaminhamento ao IML.

d) Trata-se de morte natural; dar seguimento aos procedimentos para encaminhamento à funerária.

COMENTÁRIOS

✪ **Nota do autor:** A chamada "morte sob custódia" é "aquela que ocorre com pessoas privadas de liberdade e sobre a qual se pode aventar uma situação de morte violenta. Espera-se que, pelo menos como questão de fato, todas essas mortes tenham obrigatoriamente uma investigação criminal e que esta se inicie com a competente necropsia" (FRANÇA, Genival Veloso de. Medicina Legal, 10ª ed. Rio de Janeiro: Guanabara Koogan, 2015, p. 1123). Embora a questão aponte para uma morte natural, diante da peculiaridade de estar sob custódia, com o objetivo de se apurar qualquer responsabilidade dos agentes do Estado, deverá ser instaurado procedimento investigativo com a consequente requisição pericial de necropsia. Portanto, o corpo deverá ser encaminhado ao Instituto Médico Legal, por determinação do delegado de polícia.

Alternativa correta: letra "c" (responde as demais alternativas).

36. (Fumarc - Delegado de Polícia - PC - MG/2018) Em relação à exumação, é CORRETO afirmar:

a) Em determinados casos, o exame histopatológico pode ser realizado.

b) O exame interno deve ser direcionado à região determinada e/ou suspeita do cadáver.

c) O médico-legista se incumbirá de providenciar para que se realize a diligência, mediante autorização expressa da família.

d) Os fenômenos putrefativos prejudicam as características das vestes, não devendo ser consideradas, a fim de se evitarem erros periciais grosseiros.

COMENTÁRIOS

Alternativa "a": A análise microscópica de tecidos (exame histopatológico) pode ser determinante para afastar uma causa violenta, por exemplo. Em determinados casos, conforme França, "o exame histopatológico de alguns órgãos e tecidos pode ser realizado, assim como todos os recursos da pesquisa toxicológica e bacteriológica" (FRANÇA, Genival Veloso de. Medicina Legal, 9ª ed. Rio de Janeiro: Guanabara Koogan, 2014, p. 477).

Alternativa "b": O exame interno deve ser completo (mesmo no que resta do cadáver). E o médico-legista deve ter cuidado redobrado na distinção de achados patológicos e traumáticos das modificações *post mortem.*

Alternativa "c": Independe de autorização da família. E, conforme dispõe o art. 163, do CPP, é a autoridade (não o médico-legista) que providenciará realização da diligência, entendendo, a doutrina majoritária, tratar-se do delegado de polícia.

Alternativa "d": Conforme mencionamos nos comentários à alternativa "b", tais fenômenos devem ser considerados pelo médico-legista, que deverá agir com cautela para distingui-los dos achados patológicos e traumáticos.

Alternativa correta: letra "a".

37. (Fumarc - Delegado de Polícia - PC - MG/2018) Em relação aos dispositivos legais sobre a remoção de órgãos, tecidos e partes do corpo humano para fins de transplante e tratamento, é CORRETO afirmar:

a) A retirada post mortem de tecidos, órgãos ou partes do corpo humano destinados a transplante ou tratamento deverá ser precedida de diagnóstico de morte encefálica, constatada e registrada por dois médicos não participantes das equipes de remoção e transplante.

b) A retirada de tecidos, órgãos e partes do corpo de pessoas falecidas para transplantes ou outra finalidade terapêutica não dependerá apenas da autorização do cônjuge ou parente, estando também vinculada aos sistemas de saúde pública e ao delegado de polícia.

c) No caso de morte sem assistência médica, de óbito em decorrência de causa mal definida ou de outras situações nas quais houver indicação de verificação da causa médica da morte, a remoção de tecidos, órgãos ou partes de cadáver para fins de transplante ou terapêutica somente poderá ser realizada após a autorização do delegado de polícia ou do Ministério Público.

d) O cadáver de pessoa não identificada não pode se prestar a qualquer doação para transplantes, exceto se autorizado pelo delegado de polícia, promotor ou juiz.

COMENTÁRIOS

✪ **Nota do autor:** A questão aborda conhecimento específico da Lei 9.434, de 1997, que dispõe sobre a remoção de órgãos, tecidos e partes do corpo humano para fins de transplante e tratamento e dá outras providências.

Alternativa "a": É o que dispõe o art. 3º, da Lei 9.434, de 1997.

Alternativa "b": Depende, sim, de autorização do cônjuge ou parente. Conforme dispõe o art. 4º, da Lei, "a retirada de tecidos, órgãos e partes do corpo de pessoas falecidas para transplantes ou outra finalidade terapêutica, **dependerá** da autorização do cônjuge ou parente, maior de idade, obedecida a linha sucessória, reta ou colateral, até o segundo grau inclusive, firmada em documento subscrito por duas testemunhas presentes à verificação da morte". Além disso, não há vinculação ao delegado de polícia, como afirma a alternativa.

Alternativa "c": A autorização não será do delegado ou promotor de justiça, mas do **patologista do serviço de verificação de óbito – SVO responsável pela investigação**. Essa autorização deve ser citada no relatório de necropsia, conforme dispõe o art. 7º, parágrafo único, da Lei 9.434/ 97.

Alternativa "d": Conforme dispõe o art. 6º, da lei, "é vedada a remoção *post mortem* de tecidos, órgãos ou partes do corpo de pessoas não identificadas".

Alternativa correta: letra "a".

---

38. (Fumarc – Delegado de Polícia – PC – MG/2018) São causas médicas de óbito NÃO jurídicas:

a) Acidentais.

b) Homicidas.

c) Oncológicas.

d) Suicidas.

COMENTÁRIOS

✪ **Nota do autor:** A questão aborda a classificação da causa da morte em jurídica e não jurídica. A jurídica está relacionada à morte resultante de fatores externos (não-naturais) e podem ser provocadas por acidente, suicídio ou homicídio. Já a morte natural ocorre por doenças ou processo de envelhecimento. A causa oncológica (câncer) está relacionada à morte natural, portanto, não jurídica. A oncologia é o estudo de tumores, sua etiologia e formas de tratamento (neoplasias: proliferação anormal, autônoma e descontrolada de células de um determinado tecido do corpo).

Alternativa correta: letra "c" (responde às demais alternativas).

---

39. (Nucepe – Delegado de Polícia – PC – PI/2018) O estudo da morte na medicina legal é realizado pela Tanatologia forense; Dentro do estudo dos fenômenos cadavéricos, é CORRETO afirmar que:

a) Ocorre autólise quando há a destruição progressiva dos tecidos sob a ação dos germes.

b) A saponificação ocorre naturalmente, quando o corpo é submetido a uma forte dessecação.

c) A maceração é o fenômeno destrutivo concomitante à putrefação, resultante da umidade ou excesso de água sobre o cadáver.

d) Ocorre a mumificação na transformação do cadáver, após um estado avançado de putrefação, em uma substância especial denominada adipocera.

e) Ocorre a putrefação quando há a desintegração tissular acompanhada pela ação dos fermentos de acidificação, desorganizando as diversas estruturas.

COMENTÁRIOS

Alternativa "a": Esse é o conceito de putrefação. Lembrando que germe é um termo amplo para indicar micro-organismo, incluindo-se a bactéria.

Alternativa "b": Trata-se do conceito de mumificação. Fenômeno transformativo conservador que pode ser provocado, por exemplo, pelo processo de embalsamento, ou espontâneo, isto é, decorrente de certas condições do meio ambiente, principalmente a falta de umidade, que prejudica a putrefação.

Alternativa "c": A maceração é processo de putrefação que ocorre nos corpos submersos. Os ossos soltam-se dos tecidos, o abdômen achata-se e o tegumento desprende-se sob a forma de largos retalhos. A pele perde a aderência e descola-se, após a formação de bolhas que se rompem. Observa-se tal fenômeno em duas situações: nos submersos em meio líquido contaminado, isto é, com germes, denominada maceração séptica; e nos fetos retidos a partir do quinto mês de gestação, denominada maceração asséptica, sem a presença de germes.

Alternativa "d": A adipocera é sinônimo de saponificação, fenômeno transformativo conservador em que o cadáver adquire consistência untuosa e mole como sabão ou cera.

Alternativa "e": Trata-se do fenômeno denominado autólise, que é autodestruição da célula pelas suas próprias enzimas. Em razão da morte, cessa a troca nutritiva entre as células, assim, o meio se transforma, acidificando-se.

Alternativa correta: letra "c".

---

40. (UEG – Delegado de Polícia – PC – GO/2018) Para o conhecimento estimado do tempo de morte são utilizados os critérios preconizados pela cronotanatognose. Segundo o que dita o artigo 162, do Código de Processo Penal Brasileiro, a autópsia deverá ser iniciada pelo menos seis horas após a constatação da veracidade do óbito, ou antes, caso existam sinais de certeza da morte, o que deverá ser anotado pelo perito no laudo. Segundo os conhecimentos da cronotanatognose e atendendo ao preceito legal exposto, tem-se que:

a) a mancha verde, dependente de ação bacteriana, ocorre na fossa ilíaca e revela o início da putrefação.

b) a midríase paralítica bilateral é um sinal abiótico consecutivo que servirá para a confirmação da morte.

c) a algidez cadavérica segue os princípios da Lei de Nysten, tendo sentido de ocorrência craniocaudal.

d) a rigidez cadavérica é um fenômeno abiótico mediato que se inicia pelos músculos mais volumosos.

e) os livores cadavéricos ou manchas de hipostase permitem o conhecimento da posição do cadáver.

COMENTÁRIOS

Alternativa "a": A mancha verde abdominal tem início na fosse ilíaca, porém, difunde-se por todo o corpo. Forma-se na face ilíaca direita por causa da proximidade do ceco (primeira parte do intestino) com a pele (parede abdominal). O gás sulfídrico produzido pelas bactérias difunde-se pelos tecidos e se combina com a hemoglobina, formando a sulfoemoglobina, de tonalidade verde.

Alternativa "b": A midríase significa dilatação da pupila. Se ambas as pupilas permanecem dilatadas estamos diante da **midríase paralítica bilateral**. Pois bem. O erro na alternativa, porém, está em relacioná-la aos sinais abióticos consecutivos, pois, na verdade, trata-se de sinal abiótico imediato ou de incerteza. **Sinais da morte** podem ser classificados em **abióticos** (avitais ou vitais negativos) e **transformativos.** Os sinais abióticos se subdividem em: **sinais abióticos imediatos (ou sinais de incerteza, ou diagnóstico da morte clínica)** que ocorrem devido à cessação das funções vitais e permitem supor que a morte ocorreu, porém, o fator que determinou a parada das funções do organismo pode ser reversível, sendo a morte apenas aparente. Por essa razão são chamados de sinais de incerteza. São eles: perda da consciência; insensibilidade; imobilidade; abolição do tono muscular; midríase (dilatação das pupilas); cessação da circulação. **Já os sinais abióticos mediatos (consecutivos, ou sinais de certeza)**, que ocorrem devido à instalação de fenômenos cadavéricos de ordem química, física e estrutural, confirmam a morte, pois, com o passar do tempo, as alterações da parada cardiocirculatória vão se tornando perceptíveis, autorizando, assim, a antecipação da autópsia antes das seis horas. São eles: evaporação tegumentar (desidratação); resfriamento do corpo; hipóstase (mancha decorrente do depósito de sangue nas regiões de declive do corpo); rigidez cadavérica; espasmo cadavérico.

Alternativa "c": É a rigidez (e não algidez) cadavérica que segue a Lei de Nysten. A rigidez se manifesta em primeiro lugar na face, na mandíbula e no pescoço, seguindo-se dos membros superiores, do tronco e, finalmente, dos membros inferiores, indo desaparecer pela mesma ordem, principalmente nos cadáveres colocados em decúbito dorsal. A rigidez cadavérica desaparece quando se inicia a putrefação. Algidez não é sinônimo de rigidez. Significa resfriamento das extremidades do corpo.

Alternativa "d": Embora a rigidez cadavérica seja um fenômeno abiótico mediato, como mencionamos nos comentários à alternativa "c", inicia-se na mandíbula e pescoço, portanto, o erro está em afirmar que o início de dá nos músculos mais volumosos.

Alternativa "e": Tais manchas são resultantes da ação da gravidade, o sangue se deposita nas regiões em declive. Em geral, surgem, em média, duas a três horas após a morte, fixando-se definitivamente em torno das 12 horas *post mortem*. Como destaca França, "possuem grande valor médico-legal porque, além de ser um sinal de morte, são importantes na cronotanatognose, na posição do cadáver no momento da morte, na causa de certos óbitos e como elementos indiscutíveis em possíveis mudanças de posição do cadáver" (Medicina Legal. 9ª ed. Rio de Janeiro: Guanabara Koogan, 2014, p. 430). A distribuição dos livores varia de acordo com a posição do cadáver. Assim, se o cadáver é colocado em decúbito dorsal, que é a mais comum das posições, a distribuição dos livores situar-se-á na parte posterior do corpo (nas costas).

Alternativa correta: letra "e".

41. (Vunesp – Delegado de Polícia – PC – SP/2018) Ainda em relação à rigidez cadavérica, a figura representa a ligação entre a actína e a miosina II, importantes no processo de contratura muscular, consequentemente no processo de rigor mortis.

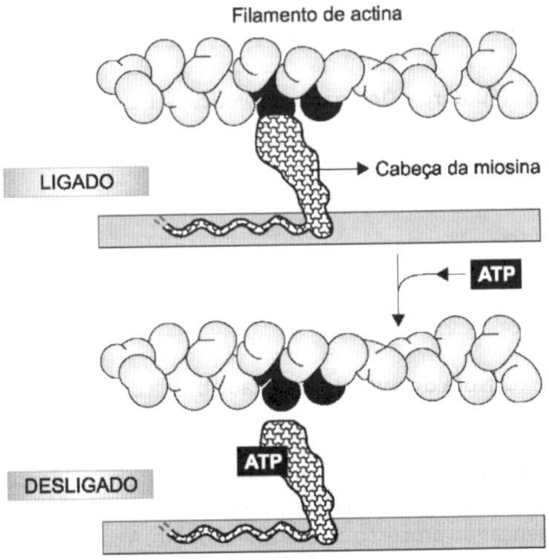

Assinale a alternativa correta.

a) A figura I representa a fase de relaxamento, que necessita de DNA nesse processo e corresponde ao religamento entre as duas moléculas.

b) A figura II representa a fase de relaxamento, que necessita de GUANINA nesse processo e corresponde à dissolução do citosol.

c) A figura II representa a fase de relaxamento, que necessita de ATP nesse processo e corresponde ao desligamento das duas moléculas.

d) A figura I representa a fase de relaxamento, que necessita de DNA nesse processo e corresponde ao desligamento entre as duas moléculas.

e) A figura I representa a fase de relaxamento, que necessita de ATP nesse processo e corresponde ao religamento entre as duas moléculas.

COMENTÁRIOS

✪ **Nota do autor:** A questão aborda o fenômeno cadavérico de ordem química: rigidez muscular. Para compreendê-lo, precisamos entender como se dá a contração muscular. A energia para a contração muscular vem das moléculas de ATP (adenosina trifosfato) produzidas durante a respiração celular. Estas moléculas atuam na ligação de miosina à actina (ambos miofilamentos arranjados paralelamente, como no desenho), ocasionando a contração muscular. Logo em seguida, o ATP tem que ser regenerado (por essa razão o desligamento) e a energia necessária provém da queima da glicose ou da fosfocreatina. No caso de trabalho muscular intenso, as células musculares repõem seus estoques de ATP e de fosfocreatina, intensificando a respiração celular, utilizando o glicogênio como combustível. Na ausência de oxigênio na célula, a queima pode advir da via anaeróbica, com a produção de ácido láctico. O ATP atua tanto na ligação da miosina à actina quanto em sua separação, que ocorre durante o relaxamento muscular. Quando falta ATP, a miosina mantém-se unida à actina, causando enrijecimento muscular. É o que acontece após a morte, produzindo-se o estado de rigidez cadavérica *(rigor mortis)*. Portanto, a imagem retrata a fase de relaxamento, além das demais alternativas mencionarem DNA e GUANINA que não atuam da rigidez cadavérica.

Alternativa correta: letra "c" (responde às demais alternativas).

42. (Vunesp – Delegado de Polícia – PC – SP/2018) A putrefação é o processo de decomposição da matéria orgânica por bactérias e pela fauna macroscópica, sendo um fenômeno destrutivo e transformativo, que acaba por devolvê-la à condição de matéria inorgânica. Alguns fatores podem influir e alterar esse processo, dentre eles a temperatura ambiente.

Podemos então afirmar corretamente que temperaturas

a) abaixo de 5 graus celsius aceleram o processo.

b) abaixo de zero grau celsius tendem a conservar indefinidamente o corpo.

c) entre 5 e 10 graus celsius tendem a conservar indefinidamente o corpo.

d) acima de 25 graus celsius não aceleram o processo.

e) entre 10 e 15 graus celsius tendem a conservar o cadáver por cerca de 48 horas.

COMENTÁRIOS

✪ **Nota do autor:** Como mencionado no preâmbulo da questão, a putrefação cadavérica consiste na decomposição do corpo pela ação de germes (bactérias). Entre os mais influentes fatores que interferem na decomposição cadavérica destaca-se a temperatura ambiente. Para Hygino Hércules é imprescindível que a temperatura esteja numa faixa ideal de 30° e 40°C, como é comum nos países tropicais (Medicina Legal – Texto e Atlas. São Paulo: Ed. Atheneu, 2005, p. 152). Se mais baixas, o processo tende a ser mais lento. Porém, a questão traz algumas temperaturas específicas. Segundo França, "a temperatura muito alta ou muito baixa retarda ou para a marcha da putrefação. Assim, **abaixo de 0°C, não se inicia esse fenômeno**. Em certas regiões geladas, como a Sibéria e a Groenlândia, os cadáveres se conservam naturalmente" (FRANÇA, Genival Veloso de. Medicina Legal, 9ª ed. Rio de Janeiro: Guanabara Koogan, 2014, p. 432-433).

Alternativa "a": Temperaturas mais baixas tendem a retardar o início da putrefação.

Alternativa "b": Como indicamos em nota, abaixo de zero grau celsius tendem a conservar indefinidamente o corpo, pois, não se inicia o processo de putrefação.

Alternativa "c": Segundo França, apenas abaixo de zero grau celsius.

Alternativa "d": A média da temperatura do inverno é entre 18° e 24°C. Assim, a partir de 25°C o processo tende a seguir o ritmo normal, iniciando-se cerca de 18 a 24h após a morte.

Alternativa "e": Podem retardar o início do processo de putrefação. Segundo Hygino Hércules, no inverno, a fase inicial é observada em torno de 36h após a morte, podendo chegar a 48h (Medicina Legal – Texto e Atlas. São Paulo: Ed. Atheneu, 2008, p. 152-153).

Alternativa correta: letra "b".

43. (Vunesp – Delegado de Polícia – PC – SP/2018) De modo geral, nos casos de morte de causa desconhecida, o cadáver deve ser encaminhado para o IML (Instituto Médico Legal) ou para o SVO (Serviço de Verificação de Óbitos) respectivamente, quando a morte for decorrente de

a) acidente de trânsito – suicídio.

b) causa natural sem assistência médica – acidente de trânsito.

c) homicídio – suicídio.

d) suicídio – morte natural ou suspeita sem assistência médica.

e) causa externa ou morte suspeita – morte natural sem assistência médica.

COMENTÁRIOS

✪ **Nota do autor:** A questão aborda a classificação da causa da morte em jurídica e não jurídica. A **jurídica** está relacionada à morte resultante de fatores externos (não-naturais) e podem ser provocadas por **acidente**, **suicídio** ou **homicídio**. Em outras palavras, "a morte não-natural é aquela que sobrevém em decorrência de causas externas violentas" (Resolução 1.779/2005, CFM). Já a **morte natural** ocorre por doenças ou processo de envelhecimento. Segundo o Conselho Federal de Medicina, "a morte natural tem como causa a doença ou lesão que iniciou a sucessão de eventos mórbidos que diretamente causaram o óbito" (Resolução 1.779/2005, CFM). Nos casos de mortes decorrentes de causas externa ou suspeita, deve o cadáver ser encaminhado ao Instituto Médico Legal (Resolução do CFM, art. 2º, 3, 1.779/2005). Nas hipóteses de morte natural sem assistência médica, a responsabilidade por atestar o óbito é o Serviço de Verificação de Óbito - SVO (Resolução do CFM, art. 2º, 1, I, 1.779/2005).

Alternativa correta: letra "e" (responde às demais alternativas).

44. (IBADE - Delegado de Polícia - AC/2017) O exame médico-legal em um cadáver constatou a presença de um feto ainda no interior do útero, em meio líquido, com destacamento de amplas partes do tecido cutâneo, flictenas na epiderme, bem como cavalgamento dos ossos cranianos. Diante dessas informações, pode-se afirmar que o feto sofreu:

a) maceração
b) saponificação.
c) eletroplessão.
d) mumificação
e) carbonização.

COMENTÁRIOS

✪ **Nota do autor:** A questão traz vários temas. Exige do candidato o conhecimento dos fenômenos cadavéricos transformativos, lesão causada por ação elétrica e queimadura resultante da ação térmica.

Alternativa "a": A **maceração** é um fenômeno cadavérico transformativo destrutivo. Consiste no processo de putrefação que ocorre nos corpos submersos. Os ossos soltam-se dos tecidos, o abdômen achata-se e o tegumento desprende-se sob a forma de largos retalhos. A pele perde a aderência e descola, após a formação de bolhas que se rompem. Observa-se tal fenômeno em duas situações: nos corpos submersos em meio líquido contaminado, isto é, com germes, denominada **maceração séptica**; e nos fetos retidos a partir do quinto mês de gestação, denominada **maceração asséptica**, sem a presença de germes. Em relação às características da retenção fetal, Genival Veloso de França esclarece que, "após o 5º mês, a retenção leva o feto à maceração, sendo que esse fenômeno transformativo evolui de maneira lenta ou brusca. Nos três primeiros dias após a morte, o feto começa a apresentar flictenas que contêm serosidade sanguinolenta e destacamento da epiderme, e o líquido amniótico toma uma tonalidade esverdeada em virtude do mecônio expelido na fase de sofrimento fetal (maceração do 1° grau). Em torno do 8º dia, o destacamento da epiderme é quase total, o desnudamento da derme dá ao feto um aspecto sanguinolento, e o líquido amniótico torna-se pardo-avermelhado, devido à serosidade das flictenas rotas (maceração do 2° grau). Em torno do 15º dia, o feto perde sua tonicidade, destaca-se o couro cabeludo, e os ossos cranianos e dos membros desarticulam-se (maceração do 3° grau). O feto morto retido apresenta conotações legispericiais significativas, não apenas em seu aspecto penal, no que diz respeito ao aborto e aos crimes contra a liberdade sexual seguidos de gravidez e imputação de responsabilidade médica por suposta morte durante o parto, mas sobretudo nas questões civis, como, por exemplo, no tempo de gravidez, data da concepção, situações ligadas ao casamento, à herança e à filiação contestada" (Medicina Legal, 10ª ed. Rio de Janeiro: Guanabara Koogan, 2015, p. 683).

Alternativa "b": A **saponificação** ou **adipocera** é um fenômeno transformativo conservador em que o cadáver adquire consistência untuosa e mole como sabão ou cera.

Alternativa "c": Segundo a doutrina majoritária, a morte causada por eletricidade industrial ou artificial é denominada **eletroplessão.** Já a morte causada pela eletricidade natural é denominada **fulminação.** Quando provoca apenas lesões corporais, chama-se **fulguração.** Todavia, impende destacar posição diversa em relação ao tema. Higyno de C. Hercules dá o nome de **eletroplessão** às lesões causadas pela energia elétrica industrial ou artificalartificial e **fulguração** à ação da eletricidade natural ou cósmica (Medicina Legal, texto e atlas, São Paulo: editora Atheneu, 2005, p. 337).

Alternativa "d": A **mumificação** é um fenômeno transformativo conservador que pode ser provocado, por exemplo, pelo processo de embalsamento, ou espontâneo, isto é, decorrente de certas condições do meio ambiente, principalmente a falta de umidade, que prejudica a putrefação.

Alternativa "e": A alternativa aborda as queimaduras resultantes da ação térmica. Queimaduras são lesões corporais produzidas pelo calor agindo diretamente sobre o organismo em qualquer de suas formas. As mais comuns são aquelas causadas pelo fogo, líquidos em ebulição e metais incandescentes. Quanto à gravidade, Lussena/ Hofmann admitem quatro graus, que vão desde queimaduras leves (1º grau) até a carbonização do plano ósseo, com a consequente redução do volume do corpo por condensação dos tecidos (4º grau).

Alternativa correta: letra "a".

45. (ACAFE - Delegado de Polícia - SC/2014) Com relação ao processo de putrefação do corpo humano, analise as afirmações a seguir.

I. Durante a fase denominada cromática, ocorre o sinal mais precoce da putrefação que se caracteriza pela formação de uma mancha verde, comumente iniciada na fossa ilíaca direita e que se difunde por todo abdome.

II. O período coliquativo, último da decomposição pela putrefação, manifesta-se com a dissolução pútrida das partes moles e dos ossos, devido à ação de bactérias e da fauna necrófaga.

III. É na fase da esqueletização que a fauna cadavérica e o meio ambiente destroem os resíduos tissulares, expondo os ossos que ficam presos apenas por alguns ligamentos. Este período varia de 3 a 5 anos.

IV. A fase gasosa se dá com o surgimento dos gases de putrefação, formando flictenas na epiderme, contendo líquido hemoglobínico

Assinale a alternativa correta.

a) Apenas I, II e III estão corretas.
b) Apenas I, III e IV estão corretas.
c) Apenas II e IV estão corretas.
d) Apenas III e IV estão corretas.
e) Todas as afirmações estão corretas.

COMENTÁRIOS

✪ **Nota do autor:** A questão exige do candidato o conhecimento dos fenômenos transformativos destrutivos, especificamente em relação à putrefação, que é a decomposição do corpo pela ação das bactérias, gerando grande quantidade de gases. São fases (períodos) da putrefação: **1ª) Coloração ou Cromática**: o período cromático da putrefação ou fase da coloração surge entre 20 e 24 horas após a morte e pode durar até 7 dias. Tem início pela mancha verde abdominal localizada na fossa ilíaca direita, difundindo-se por todo o corpo; **2ª) Enfisema ou Gasosa:** a fase do enfisema ou período enfisematoso da putrefação, é também denominada fase gasosa, em razão dos gases que são formados no interior do corpo e fazem com que o cadáver adquira uma aparência de agigantamento, com protusão da língua e inchaço dos genitais. O sangue é forçado para a periferia, dando origem ao desenho dos vasos na superfície da pele, fenômeno denominado "circulação póstuma de Brouardel"; **3ª) Coliquativa:** o período coliquativo é a dissolução do cadáver pela ação das bactérias e da fauna cadavérica e **4ª) Esqueletização**: é a redução do cadáver às suas partes ósseas. Embora vários fatores interfiram no período de esqueletização, o professor Genival Veloso de França indica uma variação de 3 a 5 anos (Medicina Legal, 9ª ed. Rio de Janeiro: Guanabara Koogan, 2014, p. 435).

Alternativa correta: letra "b" (responde as demais alternativas): a única assertiva errada é a II. Embora o conceito apresentado esteja correto, não é a última fase da putrefação, como explicado em nota, mas sim, a terceira.

---

46. (Vunesp – Delegado de Polícia – CE/2015) A tanatologia forense usa de diversas e poderosas ferramentas para tentar estabelecer a identificação de um cadáver, o mecanismo e a causa da morte, o diagnóstico diferencial médico-legal, entre outras.

Com essas considerações, é correto afirmar:

a) com relação ao diagnóstico jurídico da morte com suspeita de violência oculta, as características são: lesões externas discretas a moderadas, mas ainda indefinidas, suspeita inicial de lesões ocultas (traumatismos, envenenamentos etc.) ou nos casos de estados de decomposição avançada.

b) apesar de todas as ferramentas modernas, há casos em que não é possível esclarecer a causa da morte, tendo que se concluir, por morte de causa indeterminada. Alguns estudos revelam que a percentagem de mortes de causa indeterminada, mesmo depois de realizada a autópsia médico-legal, varia de centro para centro, mas pode chegar a 50%.

c) a rigidez cadavérica resulta da supressão de oxigênio às células e acúmulo de ácido lático. Embora variável, de maneira geral, começa entre 1 e 3 horas após a morte, em condições de temperatura ambiente usual. Inicia-se na mandíbula e na nuca e progride no sentido craniocaudal, desaparecendo após 24 horas, eventualmente após 36 a 48 horas.

d) as características da fase coliquativa são: pele íntegra, abertura dos orifícios naturais e perda do volume do corpo. Ela tem início em 48 horas e pode durar até 3 semanas.

e) os livores de hipóstase são manchas que se formam nas partes em declive do cadáver, por consequência da ausência de fluxo sanguíneo. Eles têm tonalidade violácea, surgem em torno da 10a hora após a morte e fixam-se em torno da 20a hora.

COMENTÁRIOS

✪ **Nota do autor:** Uma das principais funções da Medicina Legal, em especial da Tanatologia, é o estudo e classificação jurídica da morte, ou seja, identificar se ocorreu um homicídio, um suicídio ou uma morte acidental.

Alternativa "a": A morte suspeita de violência oculta dá-se quando os corpos não mostram lesões externas, porém, podem ocultar algum tipo de lesão, como traumatismos, envenenamento, sevícias ou outros sinais que, comprovados, alteram a natureza jurídica da ocorrência.

Alternativa "b": É fato que nem sempre é possível chegar a um diagnóstico sobre a causa da morte. Há mortes cujas causas permanecem indeterminadas mesmo depois da autópsia médico-legal. Em qualquer serviço de Tanatologia Forense, apesar da experiência dos médicos que fazem a autópsia, da possibilidade de recurso a todos os meios auxiliares de diagnóstico adequados ao caso em estudo, haverá sempre morte em que não é possível esclarecer a sua causa, tendo que se concluir, por morte de causa indeterminada. Alguns estudos revelam que a percentagem de mortes de causa indeterminada, mesmo depois de realizada a autópsia médico-legal, varia de centro para centro, porém, entre 4 a 10%.

Alternativa "c": Conforme esclarece o professor Genival Veloso de França, atualmente, acredita-se que a rigidez cadavérica seja resultante de vários fatores, todos eles decorrentes da supressão de oxigênio muscular, indo impedir a formação de ATP (ácido adenosínico-trifosfórico) das modificações da permeabilidade das membranas das células, da formação de actomiosina e da ação da glicose anaeróbica, com o inevitável acúmulo de ácido lático (Medicina Legal, Rio de Janeiro: Guanabara Koogan, 2014, p. 431). A instalação também é fonte de divergência. Segundo França, começa entre 1 e 2h após a morte. Para Eduardo Roberto Alcântara Del-Campo, em regra, inicia-se de 3 a 5 horas após o óbito, instala-se completamente entre 8 e 12 horas e permanece por um período de 12 a 24 horas, quando a musculatura retorna ao estado de flacidez (Medicina Legal, Coleção Cursos e Concursos, 3ª ed. São Paulo: Editora Saraiva, 2007, p. 239). Ambos concordam com o desaparecimento, em regra, após 24h.

Alternativa "d": A fase coliquativa (terceira da putrefação) é marcada pela dissolução do cadáver pela ação das bactérias e fauna cadavérica. Pode durar de um a dois meses.

Alternativa "e": Embora o conceito esteja correto, tais manchas surgem em torno de duas a três horas após a morte e se fixam passadas de oito a doze horas.

Alternativa correta: letra "c".

---

47. (Vunesp – Delegado de Polícia – SP/2014) Considere a situação em que um cadáver é encontrado por seus familiares em domicílio, 4 dias após a morte. Assinale a alternativa que corresponde ao fenômeno cadavérico que já se desfez, nesse período (4 dias).

a) Gases inflamáveis derivados de ação de bactérias facultativas.

b) Rigidez cadavérica.

c) Cristais de Westenhoffer-Rocha-Valverde no sangue periférico.

d) Mancha verde disseminada por todo o corpo.

e) Livores de hipóstase.

COMENTÁRIOS

✪ **Nota do autor:** O examinador aborda a estimativa do tempo da morte, também chamada de intervalo *post mortem*. Denomina-se **tanatocronodiagnose**, **cronotanatognose** ou **diagnóstico cronológico da morte** (espaço de tempo observado em diversas fases do cadáver e o momento em que se verificou a morte).

Alternativa "a": Conforme observado por Brouardel, após perfuração de abdomens de cadáveres com trocarte (instrumento perfurante para punções cirúrgicas) e aproximação de uma vela: nº 1º dia, gases não inflamáveis; do 2º ao 4º dia, gases inflamáveis; e do 5º dia em diante, gases não inflamáveis. Portanto, no quarto dia, os gases são inflamáveis e o fenômeno ainda não se desfez.

Alternativa "b": a rigidez cadavérica, em regra, é um fenômeno que surge na seguinte ordem: na mandíbula e na nuca (da 1ª a 2ª hora após a morte); nos membros superiores (da 2ª aà 4ª hora após a morte); nos músculos torácicos (da 4ª aà 6ª hora após a morte) e, por fim, nos membros inferiores (da 6ª a 8ª hora após a morte). A flacidez muscular, desaparecendo o *rigor mortis*, ocorre progressivamente na mesma sequência, iniciando-se, assim, na mandíbula e nuca, surgindo em torno de **36 a 48 horas** após a morte. Portanto, a rigidez cadavérica desaparece, em regra, no máximo em dois dias.

Alternativa "c": os cristais de Westenhoffer-Rocha-Valverde são formações no sangue putrefeito, em forma de lâminas cristaloides, fragmentadas, agrupadas, cruzadas e incolores, que se formam depois do 3º dia da morte. Por essa razão, a alternativa está errada, pois o fenômeno não se desfez no 4º dia.

Alternativa "d": a mancha verde abdominal se forma na face ilíaca direita por causa da proximidade do ceco (primeira parte do intestino) com a pele (parede abdominal). O gás sulfídrico produzido pelas bactérias difunde-se pelos tecidos e se combina com a hemoglobina, formando a sulfoemoglobina, de tonalidade verde. Em média, surge entre 18 e 24 horas após a morte. Porém, a assertiva descreve a mancha verde disseminada por todo corpo. Tal fenômeno ocorre do 3º ao 5º dia após a morte.

Alternativa "e": os livores da hipóstase, resultantes da ação da gravidade, surgem quando o sangue se deposita nas regiões em declive. Em geral, essas manchas aparecem, em média, duas a três horas após a morte, fixando-se definitivamente em torno das 12 horas *post mortem*. Portanto, no quarto dia após a morte, como descreve a questão, o fenômeno não desapareceu.

Alternativa correta: letra "b".

---

48. (UEL – Delegado de Polícia – PR/2013) Leia o laudo de autópsia que demonstra as informações a seguir.

I. Temperatura retal com perda de 2,5 °C em relação à temperatura média do ambiente.

II. Presença de livores cadavéricos (hipóstases) em declives e em face posterior do pescoço, móveis.

III. Rigidez cadavérica em membros superiores.

IV. Ausência de gases de putrefação ou de mancha verde abdominal.

O tempo de morte médio ocorreu, aproximadamente,

a) em menos de 1 hora.

b) entre 1 a 2 horas.

c) entre 3 a 4 horas.

d) entre 6 a 7 horas.

e) entre 8 a 9 horas.

COMENTÁRIOS

✪ **Nota do autor: O** diagnóstico de morte se apresenta de forma complexa e com diversas dificuldades no estudo da Medicina Legal. Porém, ainda mais dificultosa é a estimativa do tempo da morte, também chamada de intervalo *post mortem*. Denomina-se **tanatocronodiagnose**, **cronotanatognose** ou **diagnóstico cronológico da morte** o espaço de tempo observado em diversas fases do cadáver e o momento em que se verificou a morte. Analisaremos cada uma das assertivas para ajudar a elucidar a questão. Vejamos: **1. Temperatura retal com perda de 2,5°C em relação à temperatura média do ambiente.** O esfriamento do cadáver é o mais importante fenômeno na determinação do tempo aproximado da morte nas primeiras horas após o óbito. Em que pese os diversos fatores que influenciam no processo de esfriamento do corpo, a tendência da temperatura do cadáver é aproximar-se da temperatura do ambiente. Conforme leciona Genival França (Medicina Legal, 9ª ed., Rio de Janeiro: Guanabara Koogan, 2014, p. 442), em nosso meio (clima temperado – 20 a 30° C), as observações registram que, em cada uma das três primeiras horas, a queda da temperatura do corpo é em torno de 0,5°C e, da quarta hora em diante, o decréscimo é em redor de 1,0°C, até equilibrar-se com a temperatura do meio ambiente. Isto até cerca de 12 horas após a morte. **2. Presença de livores cadavéricos (hipóstases) em declive e em face posterior do pescoço, móveis.** Resultantes da ação da gravidade, o sangue se deposita nas regiões em declive. Em geral, essas manchas surgem, em média, duas a três horas após a morte, fixando-se definitivamente em torno das 12 horas *post mortem*. **3. Rigidez cadavérica em membros superiores.** Em regra, este fenômeno surge na seguinte ordem: na mandíbula e na nuca (da 1ª a 2ª hora após a morte); nos membros superiores (da 2ª a 4ª hora após a morte); nos músculos torácicos (da 4ª àa 6ª hora após a morte) e, por fim, nos membros inferiores (da 6ª a 8ª hora após a morte). **4. Ausência de gases de putrefação ou de mancha verde abdominal.** A mancha verde abdominal se forma na face ilíaca direita por causa da proximidade do ceco (primeira parte do intestino) com a pele (parede abdominal). O gás sulfídrico produzido pelas bactérias difunde-se pelos tecidos e se combina com a hemoglobina, formando a sulfoemoglobina, de tonalidade verde. Em média, surge entre 18 e 24 horas após a morte. Os gases da putrefação, também chamado de período gasoso ou fase do enfisema, ocorrem após a fase da coloração (mancha verde abdominal).

Alternativa "c" (responde as demais alternativas): o tempo de morte, médio, ocorreu entre 3 e 4 horas, pelas seguintes razões: a temperatura retal com perda de 2,5°C em relação à temperatura média do ambiente sugere 4 horas do óbito, pois, como vimos, a queda da temperatura é de 1,5°C nas primeiras três horas (somadas), mais 1°C da quarta hora. A presença de livores cadavéricos (hipóstases) em declives e em face posterior do pescoço, móveis, significa que as manchas ainda não se fixaram definitivamente, fato que ocorre em torno de 12 horas *post mortem*. Como surgem, em média, duas a três horas após a morte, podemos concluir por esta afirmativa que o óbito ocorreu há mais de duas horas, porém, há menos de 12. Já a rigidez cadavérica em membros superiores, em regra, surge da 2ª à 4ª hora após a morte. A ausência de gases de putrefação ou de mancha verde abdominal indica que a morte ocorreu em período inferior a 18 horas.

Alternativa correta: letra "c".

---

49. (UEG – Delegado de Polícia – GO/2013) Ao passar por um matagal, populares encontram um corpo em estado de decomposição e comunicam à autoridade policial, que solicita o exame pericial. Sobre putrefação, tem-se que

a) a fase gasosa marca o início da putrefação.

b) os gases produzidos entre o 2° e 4° dias de putrefação são inflamáveis.

c) a circulação póstuma de Brouardell marca a fase cromática da putrefação.

d) a fase coliquativa é marcada por odor intenso e marcante.

COMENTÁRIOS

✪ **Nota do autor:** A questão exige do candidato o conhecimento dos fenômenos transformativos destrutivos, especificamente em relação à **putrefação**, que é a decomposição do corpo pela ação das bactérias, gerando grande quantidade de gases.

Alternativa "a": a 1ª fase da putrefação é a da coloração ou cromática. O período cromático da putrefação ou fase da coloração surge entre 20 e 24 horas após a morte e pode durar até 7 dias, tem início pela mancha verde abdominal localizada na fossa ilíaca direita, difundindo-se por todo o corpo. A fase gasosa ou do enfisema (período enfisematoso da putrefação) é a 2ª fase, surgindo em razão dos gases que são formados no interior do corpo e fazem com que o cadáver adquira uma aparência de agigantamento, com protusão da língua e inchaço dos genitais.

Alternativa "b": conforme observado por Brouardel, após perfuração de abdomens de cadáveres com trocarte (instrumento perfurante para punções cirúrgicas) e aproximação de uma vela, constatou: no 1° dia, gases não inflamáveis; **do 2° ao 4° dia, gases inflamáveis**; e do 5° dia em diante, gases não inflamáveis.

Alternativa "c": tal fenômeno marca a fase gasosa (fase do enfisema ou período enfisematoso da putrefação). O sangue é forçado para a periferia, dando origem ao desenho dos vasos na superfície da pele, fenômeno denominado "circulação póstuma de Brouardel".

Alternativa "d": odor fétido, intenso e marcante ocorre na fase gasosa, pois os gases desprendem-se do cadáver. Já a fase **coliquativa** é a dissolução do cadáver pela ação das bactérias e da fauna cadavérica.

Alternativa correta: letra "b".

---

50. (FUNCAB – Delegado de Polícia – RJ/2012) Para a verificação do tempo aproximado de morte em um cadáver parcialmente esqueletizado, torna-se dispensável:

a) o conhecimento de dados relacionados com o lugar de encontro do corpo, se aberto ou fechado, e o tipo de sepultamento.
b) o estudo do corpo e do local por entomologista.
c) a informação sobre a época do ano e as condições climáticas.
d) a dosagem de carbono 14 nos despojos.
e) a ciência da causa da morte, se violenta ou natural.

COMENTÁRIOS

✪ **Nota do autor:** A Tafonomia, do grego *taphos* (sepultar) e *nomos* (leis), incluída no rol das atividades modernas da Paleontologia (ciência que estuda o registro de vida no passado geológico, através da prospecção e identificação de fósseis), é o estudo da transição dos restos biológicos a partir da morte até a fossilização. A avaliação tafonômica é um componente importante na análise antropológica forense, especialmente na reconstrução dos processos *perimortem* e *post mortem* e análise dos fatores de ordem física, química, mineral e animal que, isoladamente ou em conjunto, modificam os despojos do cadáver.

Alternativa "a": o conhecimento de dados relacionados com o lugar de encontro do corpo, se aberto ou fechado, e o tipo de sepultamento são de fundamental importância, pois, a putrefação ao ar livre é diversa da decorrente do cadáver inumado. Quando os restos humanos são expostos em locais abertos apresentam padrão diferenciado de desarticulação, dispersão produzida por pisadelas e atividade de carnívoros. O cadáver, ficando exposto ao ar, em regiões de clima seco e quente, por exemplo, perde água rapidamente, sofrendo acentuado dessecamento. Já os cadáveres colocados em ambientes de ar confinado, como nos jazigos, não contam com fatores externos da putrefação, mas apenas, com os agentes internos para a decomposição.

Alternativa "b": também representa diligência pertinente o estudo do corpo e do local por entomologista. O entomologista se ocupa dos fenômenos relacionados à fauna cadavérica. Por exemplo, a aposição de larvas de insetos necrófagos em cavidades neoformadas, produzidas por um trauma relacionado à morte, pode orientar o curso da investigação.

Alternativa "c": a informação sobre a época do ano e as condições climáticas influenciam decisivamente no processo de decomposição do corpo, levando a fenômenos transformativos distintos. Por exemplo, a temperatura muito alta ou muito baixa retarda ou interrompe a marcha da putrefação. Em locais onde o ar é seco, o cadáver pode ser conservado pela mumificação. Já em lugares úmidos, os fenômenos transformativos podem ser a saponificação ou maceração.

Alternativa "d": Em 1947, as pesquisas do químico Willard Libby revelaram que a quantidade de carbono 14 dos tecidos orgânicos mortos diminui a um ritmo constante com o passar do tempo. O C-14 está presente em tecidos vivos (sedimentos orgânicos, ossos, conchas marinhas etc.) e é um isótopo radioativo instável que, a partir da morte de um ser vivo, sua quantidade existente no tecido orgânico se dividirá pela metade a cada 5.730 anos. É o que se chama de meia vida do carbono. Assim, em lapso temporal inferior a 100 anos não é possível determinar a diminuição significativa deste elemento, somente se prestando à datação de intervalos da ordem de centenas a milhares de anos. Na questão, a técnica do C-14, muito utilizada para a datação de achados arqueológicos e fósseis antigos, é dispensável, pois o cadáver não está, nem mesmo, completamente esqueletizado.

Alternativa "e": embora não tenha sido a melhor redação a escolhida pelo examinador, a ciência da causa da morte deverá ser utilizada para a identificação do cadáver e a descoberta da *causa mortis*, se violenta ou natural. Assim, será determinante para o início de uma investigação criminal, não podendo ser dispensada pela autoridade policial.

Alternativa correta letra "d".

---

51. (Delegado de Polícia - MG/ 2011 - ACADEPOL) Denomina-se o processo especial de transformação, que ocorre no cadáver do feto retido no útero materno, do sexto ao nono mês de gravidez:

a) Maceração.
b) Corificação.
c) Mumificação.
d) Saponificação.

COMENTÁRIOS

✪ **Nota do autor: A** questão exige do candidato o conhecimento dos fenômenos cadavéricos transformativos, sendo a maceração um fenômeno transformativo destrutivo e a corificação, a mumificação e a saponificação fenômenos transformativos conservadores.

Alternativa "a": a **maceração** é o processo de putrefação que ocorre nos corpos submersos. Os ossos soltam-se dos tecidos, o abdômen achata-se e o tegumento desprende-se sob a forma de largos retalhos. A pele perde a aderência e descola, após a formação de bolhas, que se rompem. Observa-se tal fenômeno em duas situações: nos corpos submersos em meio líquido contaminado, isto é, com germes, denominada **maceração séptica**; e nos fetos retidos a partir do quinto mês de gestação, denominada **maceração asséptica**, sem a presença de germes.

Alternativa "b": a **corificação** é um fenômeno transformativo conservador observado em corpos encerrados em caixões metálicos hermeticamente fechados, principalmente de zinco. Preservado o corpo da decomposição, a pele assume a coloração e o aspecto de couro curtido. As vísceras e a musculatura permanecem conservadas, mas amolecidas.

Alternativa "c": a **mumificação** é um fenômeno transformativo conservador que pode ser *provocado*, por exemplo, pelo processo de embalsamento, ou *espontâneo*, isto é, decorrente de certas condições do meio ambiente, principalmente a falta de umidade, que prejudica a putrefação.

Alternativa "d": a **saponificação** ou adipocera é um fenômeno transformativo conservador em que o cadáver adquire consistência untuosa e mole como sabão ou cera.

Alternativa correta: letra "a".

4. TRAUMATOLOGIA

52. (VUNESP - 2023 - PC/SP - Delegado) Homem de 25 anos de idade entra em um bueiro, desmaia e morre em poucos instantes. Os socorristas relatam um forte odor de "ovo podre". A autópsia mostra cianose e edema pulmonar. Considerando o contexto apresentado, assinale a alternativa que indica corretamente o produto químico presente no bueiro, que provavelmente ocasionou a morte mencionada.

a) Cianeto.

b) Monóxido de carbono.

c) Sulfeto de hidrogênio.

d) Amônia.

e) Cloro.

COMENTÁRIOS

✪ **Nota do autor:** a questão aborda a toxicidade de gases, sendo que o odor possibilita identificar a alternativa correta.

Alternativa "a": Errada. O cianeto atua bloqueando o transporte de oxigênio para a célula. Assim, como consequências mais importantes temos o bloqueio da cadeia respiratória e a inibição do metabolismo do oxigênio. Os efeitos da exposição aguda ao composto são observados sobretudo no sistema nervoso central e cardiovascular. O Cianeto de Hidrogênio (HCN), também chamado ácido cianídrico ou ácido prússico, é gás incolor com típico odor amargo, lembrando amêndoas.

Alternativa "b": Errada. O monóxido de carbono (CO) é um gás levemente inflamável, inodoro (não possui cheiro) e muito perigoso devido a sua grande toxicidade. É produzido pela queima em condições de pouco oxigênio (combustão incompleta) e/ou alta temperatura de carvão ou outros materiais ricos em carbono, como derivados de petróleo, por exemplo, pelos motores dos veículos. É comum encontrar em grandes concentrações em incêndios, fumaça liberada pelos automóveis e na indústria siderúrgica.

Alternativa "c": Correta. A decomposição de material orgânico provocada por ação bacteriana dá origem a um gás com cheiro de ovo podre: o gás sulfídrico (H_2S), também chamado de sulfeto de hidrogênio. Os efeitos desse gás em nosso organismo são perigosos, pois afeta as mucosas respiratória e ocular provocando fortes irritações e compromete a saúde do indivíduo que tem contato com o gás. O gás sulfídrico só é formado na ausência de oxigênio, e pode ser encontrado em rios poluídos, estação de tratamento de esgoto, é resultante de processos de biodegradação.

Alternativa "d": Errada. A amônia tem um cheiro característico e bem forte, possibilitando a identificação ainda que em concentrações relativamente baixas. O odor da amônia é descrito como picante, irritante e pungente, muitas vezes comparado ao cheiro de produtos de limpeza domésticos que contêm o composto químico.

Alternativa "e": Errada. O cloro é um gás que pode ser reconhecido pelo seu odor picante, irritante, que é como o odor de alvejante. A intoxicação por cloro causa: irritação ocular; irritação respiratória grave e sensação de sufocação; tosse e vômito; edema pulmonar (acúmulo de líquido nos pulmões); contração muscular involuntária da glote, reduzindo a capacidade de respiração ou a impedindo. O gás cloro (Cl2) possui coloração amarelo-esverdeada e odor característico. É um gás sufocante que causa irritação ao trato respiratório e tecido ocular. O gás cloro e alguns de seus compostos são fortemente oxidantes, possuindo ação desinfetante e branqueadora. Por isso, são a base de muitos produtos de limpeza desinfetantes domésticos e industriais.

Alternativa correta: letra "c".

53. (VUNESP - 2023 - PC/SP - Delegado) Qual é a contribuição mais importante e independente para a energia de projéteis de arma de fogo?

a) Massa.

b) Constituição física.

c) Velocidade.

d) Calibre.

e) Tamanho.

COMENTÁRIOS

✪ **Nota do autor:** A questão aborda a energia dos projéteis de arma de fogo, que é calculada pela **energia cinética** (modalidade de energia presente em todos os corpos em movimento). Em outras palavras, é a forma de energia associada à velocidade de um corpo, que adquire energia cinética na medida em que sua velocidade aumenta. A energia cinética é proporcional ao quadrado da velocidade do corpo (a conhecida fórmula $EC = m \times v^2/2$). Portanto, a velocidade é a contribuição independente mais relevante (em razão da potenciação).

Alternativa correta: letra "c" (responde às demais alternativas)

54. (FGV - 2024 - PC/SC - Delegado) No dia 20/11/2023, Maria Aparecida e Alfredo estiveram na Delegacia de Polícia Civil de Itajaí, em virtude de uma intimação da autoridade policial que buscava mais informações para embasar uma consulta médico-legal para instruir o inquérito policial que apura a morte de Daniele, de três anos de idade, filha do casal. De acordo com as informações contidas no laudo pericial, a criança foi encontrada com um pedaço robusto de carne na traqueia e vômito decorrente de broncoaspiração.

Levando-se em consideração essas informações, é correto afirmar que

a) o evento narrado tem ligação direta com a congestão compressiva de Perthes.
b) a modalidade de asfixia que representa a situação fática descrita é a sufocação direta.
c) a situação narrada descreve um quadro de asfixia por confinamento, em virtude de ter sido descrita a broncoaspiração.
d) houve asfixia decorrente de vício de ambiente, em virtude de ter sido encontrado robusto pedaço de carne na traqueia, o que fez substituir o ar pelo alimento.
e) a situação descrita revela a necessidade de quesitação específica na consulta médico-legal, buscando a identificação de carboxiemoglobina no sangue de Daniele.

COMENTÁRIOS

Alternativa "a": Errada. A congestão compressiva de Perthes é sinônimo de sufocação por compressão torácica (classificada como indireta) e impede os movimentos respiratórios, levando, por consequência, à asfixia. Um dos sinais mais importantes é a máscara equimótica da face, também conhecida como congestão cefalocervical ou máscara equimótica de Morestin, produzida pelo refluxo sanguíneo da veia cava superior em face da compressão torácica.

Alternativa "b": Correta. A sufocação é a asfixia mecânica decorrente do bloqueio direito ou indireto das vias respiratórias, impedindo a penetração do ar. A sufocação direta compreende a obstrução dos orifícios externos (boca e narinas), obstrução das vias respiratórias (esgasgamento, como na questão), soterramento e confinamento.

Alternativa "c": Errada. O confinamento é um tipo de asfixia mecânica pura, caracterizado pela permanência de um ou mais indivíduos em um ambiente restrito ou fechado, sem condições de renovação do ar respirável, sendo consumido o oxigênio pouco a pouco e o gás carbônico acumulado gradativamente. Já a broncoaspiração é a entrada de substâncias estranhas, tais como alimentos e saliva, na via respiratória.

Alternativa "d": Errada. O principal exemplo da doutrina em relação à transformação do meio gasoso em meio sólido ou pulverulento é o soterramento.

Alternativa "e": Errada. A carboxiemoglobina (HbCO) está relacionada à asfixia por monóxido de carbono.

Alternativa correta: letra "b".

55. (FGV - 2024 - PC/SC - Delegado) No dia 05/11/2023, Miguel conduzia seu veículo automotor dentro da velocidade permitida em determinada via pública de Blumenau quando, em certo momento, atingiu Jamiles, que atravessava a rua na faixa de pedestres, lesionando-a. Após o socorro médico, os envolvidos foram encaminhados até a Delegacia de Polícia para lavratura do procedimento cabível.

No mesmo dia, por ocasião da realização da perícia pertinente, ficou comprovado que Jamiles estava com uma equimose de coloração amarelada, de formato circular, na região pélvica, medindo cerca de quarenta milímetros de diâmetro, além de apresentar fraturas cominutivas no terço médio do fêmur da perna esquerda, escoriações nos dois cotovelos e uma lesão cortocontusa na região da glabela.

Acerca dessas lesões constatadas em Jamiles, é correto afirmar que

a) as fraturas cominutivas são assim chamadas, pois apenas uma das suas duas partes fragmentadas é projetada para além de uma abertura da pele, razão pela qual também é compreendida como "fratura incompleta".
b) a lesão cortocontusa na glabela representa uma forma clássica do emprego de energia vulnerante de etiologia físico-química.
c) a escoriação é representada pela literatura médico-legal como "lesão em acordeão ou sanfona", com sangramento abundante, abertura estreita e de menor diâmetro de entrada em comparação com o agente vulnerante.
d) a equimose percebida não guarda nexo de causalidade com o evento traumático referente ao acidente provocado por Miguel.
e) a escoriação é representada pela literatura médico-legal como uma vasoditalação exclusivamente vital, causando o eritema, que é uma mancha avermelhada, efêmera e fugaz.

COMENTÁRIOS

Alternativa "a": Errada. As fraturas são solução de continuidade dos ossos decorrentes de mecanismos de compreensão, flexão ou torção. A fatura cominutiva é aquela em que fragmentos ósseos ficam isolados do osso fraturado, tipo de fratura em que o osso quebrado se fragmenta em múltiplos pedaços. Já a fratura incompleta é quando o osso sofre apenas rachadura ou fratura parcial. O conceito trazido na alternativa é de fratura exposta.

Alternativa "b": Errada. A lesão cortocontusa é decorrente de energia mecânica. As asfixias são decorrentes de energia físico-química (aquelas que impedem a passagem do ar às vias respiratórias e alteram a composição bioquímica do sangue).

Alternativa "c": Errada. A escoriação é lesão superficial, geralmente produzida por deslizamento, na qual apenas a camada mais externa da pele (epiderme) é atingida. Vulgarmente denominada esfolado ou arranhão. Não apresentam sangramento abundante. Já a "lesão em acordeão ou sanfona" de Lacassagne é própria de lesões produzidas por ação perfurante, quando a profundidade de penetração for maior que o próprio comprimento da arma quando esta, por exemplo, atinge uma região onde haja

depressibilidade dos tecidos superficiais, como no ventre. Lacassagne chamou essas lesões de "feridas em acordeão".

Alternativa "d": Correta. Pois a alternativa afirma que a equimose é de coloração amarelada, isso significa que já tem entre 12 a 17 da lesão, de acordo com o espectro equimótico de Legrand du Saulle (segundo o autor Eduardo Roberto Alcântara Del-Campo). Para França, amarelada por volta do 12º dia, desaparecendo em torno do 15º ao 20º. Portanto, a equimose percebida não guarda nexo de causalidade com o evento traumático referente ao acidente provocado por Miguel.

Alternativa "e": Errada. O conceito trazido na alternativa é o de rubefação, congestão repentina e momentânea de uma região do corpo, apresentando-se uma mancha avermelhada, efêmera e fugaz, que desaparece em alguns minutos.

Alternativa correta: letra "d".

---

56. (CEBRASPE - 2024 - PC/PE - Delegado) No âmbito das lesões corporais, a sugilação

a) é um aglomerado de petéquias.
b) caracteriza-se por uma pequena área de efusão sanguínea.
c) é uma lesão equimótica com aspecto de petéquia.
d) presenta espectro equimótico que não sofre variação na sua coloração durante sua evolução temporal
e) apresenta-se sempre na forma de petéquias dispersas.

COMENTÁRIOS

✪ **Nota do autor:** A questão aborda o conceito de sugilação, quando a equimose se apresenta em forma de pequenos grãos. É a confluência de numerosas lesões puntiformes em área bem delineada, ou seja, um aglomerado de petéquias (manchas avermelhadas de tamanho pequeno).

Alternativa correta: letra "a" (responde às demais alternativas)

---

57. (CEBRASPE - 2024 - PC/PE - Delegado) A respeito de acidentes seguidos ou não de mortes decorrentes da ação elétrica, da ação térmica ou de baropatias, assinale a opção correta.

a) Com a frequência de aumento das tempestades, observam-se acidentes denominados eletroplessões ocasionados pelos raios cósmicos (naturais).
b) A eletricidade industrial que age letalmente sobre o homem e os animais é denominada fulminação e, quando apenas determina danos corporais, fulguração.
c) A marca elétrica de Jellineck tem valor médico-legal para indicar a porta de saída da corrente elétrica no organismo.
d) A diminuição da pressão atmosférica é a responsável pela patogenia de descompressão em mergulhadores, podendo ocasionar a morte por embolias gasosas formadas pelo nitrogênio anteriormente dissolvido sob pressão no soro sanguíneo.
e) A intermação é uma termonose que se manifesta em espaços abertos e bem arejados.

COMENTÁRIOS

✪ **Nota do autor:** Em relação às energias de ordem física, estudam-se todas as lesões produzidas por uma modalidade de ação capaz de modificar o estado físico dos corpos e cujo resultado pode gerar ofensa corporal, dano à saúde ou morte.

As energias de ordem física mais comuns são: temperatura, pressão atmosférica, eletricidade, radioatividade, luz e som. O enunciado destaca a ação térmica (o calor, o frio e as oscilações de temperatura podem levar a lesões irreversíveis, inclusive, a morte), a ação elétrica (as lesões podem ser causadas por ação elétrica, pois a eletricidade, qualquer que seja a sua origem, pode atuar sobre o corpo humano produzindo lesões bastante severas e, com frequência, a morte) e as baropatias (constituem alterações no organismo causadas por pressões muito altas ou muito baixas, assim como as variações bruscas de pressão ambiental. Também podemos incluir alterações produzidas pelas ondas de choque das explosões. Os mergulhadores e mineiros são os indivíduos mais susceptíveis).

Alternativa "a": Errada. Segundo a doutrina majoritária, a morte causada por eletricidade industrial ou artificial é denominada eletroplessão. Em relação à eletricidade natural ou cósmica (como mencionado na assertiva), se advém a morte é denominada fulminação, se lesões corporais, fulguração.

Alternativa "b": Errada. São conceitos relacionados à eletricidade natural ou cósmica (vide comentários à alternativa "a").

Alternativa "c": Errada. A marca elétrica de Jellinek é uma lesão na pele, com forma circular, elíptica ou estrelada, de consistência endurecida, bordas altas, leito deprimido, tonalidade branco-amarelada, fixa, indolor, asséptica e de fácil cicatrização. É a lesão mais simples e representa a "porta de entrada da corrente" (e não de saída, como mencionado na assertiva).

Alternativa "d": Correta. O autor Genival Veloso de França ao trabalhar o aumento da pressão atmosférica, afirma que sofrem efeito desse tipo de ação os mergulhadores, escafandristas e outros profissionais que trabalham debaixo d'água ou em túneis subterrâneos. Não incorrem só no perigo do aumento da pressão atmosférica, mas especialmente na descompressão brusca que pode ocorrer, dando como desfecho lesões muito graves. O aumento da pressão atmosférica, ao mesmo tempo que acarreta uma patologia de compressão, caracterizada pela intoxicação por oxigênio, nitrogênio e gás carbônico, produz também uma **patologia de descompressão**, proveniente do fenômeno da embolia, consequente à maior concentração dos gases dissolvidos no sangue. A descompressão (redução da pressão): ocorre na subida, durante o retorno à superfície. Logo, é a redução da pressão a responsável pela patologia de descompressão.

Alternativa "e": Errada. As lesões e mortes causadas por variação da temperatura são denominadas termoses. Nelas, a fonte de calor que causará a lesão não toca o corpo da vítima, ocorre por irradiação, calor difuso (ação difusa). A intermação é o excesso de calor ambiental, lugares mal arejados, quase sempre confinados ou pouco abertos e sem a necessária ventilação.

Alternativa correta: letra "d".

58. (CEBRASPE - 2024 - PC/PE - Delegado) A respeito de asfixias, que ocorrem em diversos tipos de crimes e acidentes, assinale a opção correta.

a) A fase de esgotamento envolve o período de dispneia inspiratória, com cerca de um minuto de duração, durante o qual o asfíxico, sem perder a consciência, sorve desordenadamente, em grandes haustos, o ar.

b) Não há sinais patognomônicos característicos nas asfixias mecânicas em geral.

c) A procidência da língua é característica exclusiva no enforcamento.

d) As manchas de Tardieu são encontradas exclusivamente nas pleuras pulmonares.

e) As manchas de Paltauf são as petéquias encontradas frequentemente no timo dos indivíduos enforcados.

COMENTÁRIOS

Alternativa "a": Errada. A assertiva conceitua a fase da irritação. Em regra, um processo asfíxico típico passa pelas seguintes fases e períodos: A **fase de irritação** abrange o período de dispneia inspiratória, com cerca de 1 (um) minuto de duração, durante o qual o asfíxico, sem perder a consciência, sorve desordenadamente em grandes haustos o ar, e o período de dispneia expiratória, com permanência de aproximadamente 3 (três) minutos, em que há inconsciência e, algumas vezes, convulsões tônico-clônicas devidas à ação excitadora do gás carbônico. A **fase de esgotamento** compreende o período inicial, de pausa ou de morte aparente, em que sobrevém parada da respiração durante algum tempo, e o período terminal, em que ocorrem os últimos movimentos respiratórios que precedem a morte. O tempo de duração da fase de esgotamento é de, aproximadamente, 3 (três) minutos. O tempo total de um processo asfíxico típico é, portanto, de cerca de 7 (sete) minutos.

Alternativa "b": Correta. Como bem acentua França, nas asfixias mecânicas em geral, existem certos sinais que em conjunto permitem desde logo um diagnóstico, porém nenhum é constante e, muito menos, patognomônico. Há sinais internos e externos característicos, porém, o sinal patognomônico ou patodiagnóstico é aquele que demonstra, de maneira quase absoluta, a existência de determinada doença/ diagnóstico.

Alternativa "c": Errada. A projeção da língua é um achado comum nas asfixias mecânicas (ou seja, não é exclusiva do enforcamento), mas não esquecer que os cadáveres putrefeitos na fase gasosa ou enfisematosa também apresentam procidência (que é o deslocamento de parte mole do corpo para fora de sua posição normal!) da língua, mesmo sem ter nenhuma relação com a morte por asfixia.

Alternativa "d": Errada. As equimoses viscerais, também denominadas manchas de Tardieu, são pequenas manchas avermelhadas (petéquias hemorrágicas), encontradas, principalmente, na região subpleural e supepicárdica (abaixo das membranas que recobrem o pulmão e o coração), em razão a ruptura dos capilares por causa da alta pressão arterial provocada pelo aumento da concentração de gás carbônico no sangue. Assim, não são exclusivamente encontradas nas pleuras pulmonares.

Alternativa "e": Errada. Manchas de Paltauf são equimoses espalhadas no pulmão decorrente de afogamento por asfixia. Este conjunto de petéquias localizadas sob as pleuras, de dimensões maiores que as de Tardieu, de contornos irregulares, tonalidade vermelho-clara, explicadas pela ruptura das paredes alveolares e capilares sanguíneos, é sinal patognomônico de afogamento por asfixia. Quando o indivíduo aspira uma grande quantidade de água, rompem-se os alvéolos e o líquido passa pelo espaço interalveolar. Essa alteração é encontrada de forma mais característica no exame interno de morte ocasionada por afogamento.

Alternativa correta: letra "b".

59. (CEBRASPE - 2023 - PC/AL - Delegado) Em relação a lesões por ação térmica e por ação elétrica, julgue o item a seguir.

59.1. De acordo com a classificação de Lussena-Hoffman, a presença de flictena e bolhas na pele (sinal de Chamber) caracteriza queimadura de segundo grau.

COMENTÁRIOS

O item da questão aborda as queimaduras resultantes da ação térmica. Queimaduras são lesões corporais produzidas pelo calor agindo diretamente sobre o organismo em qualquer de suas formas. As mais comuns são aquelas causadas pelo fogo, líquidos em ebulição e metais incandescentes.

Quanto à gravidade, Lussena/ Hofmann admitem quatro graus, que vão desde queimaduras leves (1º grau) até a carbonização (4º grau). São elas:

As queimaduras de 1º grau: são leves, apresentando o Sinal de Christinson, simples formação de eritemas.

As queimaduras de 2º grau: apresenta vesículas ou flictenas, contendo líquido seroso nas áreas erimatosas.

As queimaduras de 3º grau: atingem a derme e os tecidos adjacentes, dando origem à formação de escaras (escarificação).

As queimaduras de 4º grau: hipótese de carbonização.

Alternativa correta: "certo".

60. (CEBRASPE – 2023 – PC/AL – Delegado) Em relação a lesões por ação térmica e por ação elétrica, julgue o item a seguir.

60.1. O sinal de Lichtemberg corresponde ao ponto de contato da energia elétrica artificial com o corpo humano.

COMENTÁRIOS

O sinal de Lichenberg é tipicamente observado nos acidentes de fulguração (eletricidade natural), e lesão vascular, de aspecto arborescente, decorrente de fenômenos vasomotores. O sinal que corresponde ao ponto de contato da energia elétrica artificial com o corpo humano é denominado marca elétrica de Jellinek e consiste numa lesão na pele, com forma circular, elíptica ou estrelada, de consistência endure-cida, bordas altas, leito deprimido, tonalidade branco-amarelada, fixa, indolor, asséptica e de fácil cicatrização. É a lesão mais simples e representa a porta de entrada da corrente.

Alternativa correta: "errado".

61. (CEBRASPE – 2023 – PC/AL – Delegado) No que diz respeito a lesões por ação contundente, por armas brancas e de fogo e por projéteis de arma de fogo comuns, julgue o próximo item.

61.1. A queimadura na pele produzida pela boca do cano de uma arma de fogo caracteriza o sinal de Werkgaertner.

COMENTÁRIOS

O chamado Sinal de Werkgaertner está presente nos tiros encostados, quando ocorre uma queimadura ao redor do orifício de entrada, causada pelo cano e pela mira da arma aquecidos pelo disparo. Muitas vezes o desenho da mira permite identificar se a arma utilizada foi revólver ou pistola.

Alternativa correta: "certo".

62. (CEBRASPE – 2023 – PC/AL – Delegado) No que diz respeito a lesões por ação contundente, por armas brancas e de fogo e por projéteis de arma de fogo comuns, julgue o próximo item.

62.1. Um bisturi, ao ser manipulado por ação em linha, deslizando e cortando um tecido, provoca uma lesão cortante.

COMENTÁRIOS

A assertiva confunde o instrumento com o tipo de lesão causada. O bisturi é um instrumento cortante, que produz uma lesão incisa.

Alternativa correta: "errado".

63. (CEBRASPE – 2023 – PC/AL – Delegado) No que diz respeito a lesões por ação contundente, por armas brancas e de fogo e por projéteis de arma de fogo comuns, julgue o próximo item.

63.1. A área de lesão decorrente da precessão de um projétil de arma de fogo pode ser aumentada quando o projetil atinge o alvo. – CERTO.

COMENTÁRIOS

A estabilização do projétil deve ocorrer não só em torno do seu próprio eixo, mas também em relação ao eixo da trajetória que ele percorre. A precessão de um projétil de arma de fogo corresponde a essa tendência de perda de estabilidade do projétil em torno do eixo da trajetória.

O movimento de rotação do projétil tem por função fornecer ao projétil maior alcance máximo, maior alcance útil e melhor estabilidade frente à resistência do ar. Os tecidos do corpo humano apresentam densidade muito superior à densidade do ar. Assim, quando o projétil muda de meio (do ar para os tecidos do corpo humano), o aumento da densidade leva a um aumento da instabilidade (precessão). Como consequência, qualquer ângulo oriundo do movimento de precessão pode ser consideravelmente aumentado e, dependendo da sua extensão, fazê-lo girar sobre o seu eixo longitudinal, provocando uma maior transferência de energia cinética e uma lesão de dimensões muito superiores.

Alternativa correta: "certo".

64. (Vunesp – Delegado de Polícia – PC – SP/2022) Em relação à asfixiologia médico-legal, é correto afirmar que

a) estrangulamento é caracterizado pela constrição do pescoço por laço acionado por força estranha, sendo mais comumente encontrado em suicídios.

b) sufocação direta indica o obstáculo à passagem do ar, o que impede a respiração, e é muitas vezes produzida pela submersão ou constrição cervical.

c) asfixia é considerada como agravante criminal, pois o processo asfíxico somente produz a morte com cerca de quinze minutos, o que demonstra o inequívoco dolo de matar.

d) o sinal de Morestin é caracterizado pela congestão multivisceral e ocorre devido à falência cardíaca que antecede a morte.

e) equimoses viscerais (ou manchas ou petéquias de Tardieu) são localizadas principalmente nas regiões sub-conjuntival, sub-pleural e sub-epicárdica.

COMENTÁRIOS

✪ **Nota do autor:** A questão aborda o tema Asfixiologia Forense, capítulo da Medicina Legal que estuda as asfixias (energias de ordem físico-química).

Alternativa "a": Errada, pois o estrangulamento é típico nos casos de homicídio.

Alternativa "b": O conceito de sufocação direta está correto, porém, ocorre com a obstrução da boca e das narinas pelas mãos ou das vias respiratórias mais inferiores. Segundo a classificação de Afrânio Peixoto, a submersão (transformação do meio gasoso em meio líquido) também é exemplo de asfixia pura. Já a constrição da cervical, é espécie de asfixia complexa (como o enforcamento, estrangulamento).

Alternativa "c": A asfixia (meio de execução) qualifica o homicídio (art. 121, §2º, inc. III, do CP). Além disso, pode figurar como circunstância agravante (art. 61, inc. II, "d"), a partir da interpretação analógica de "outro meio cruel" do dispositivo (não há previsão expressa!), que é aquele no qual o autor procurar provocar maior sofrimento físico à vítima. A expressão "inequívoco dolo de matar" também está incorreta. É comum a asfixia acidental, por exemplo, asfixia por descolamento prematuro de placenta, por enrolamento do cordão no pescoço do feto.

Alternativa "d": Errada. Um dos sinais mais importantes que caracteriza a asfixia por sufocação indireta por compressão torácica é a máscara equimótica da face, equimose cérvico-facial, também conhecida como máscara equimótica de (sinal de) Morestin, produzida pelo refluxo sanguíneo da veia cava superior em face da compressão.

Alternativa "e": As manchas equimóticas lenticulares de Tardieu são de ordem físico-química, sendo uma das características do processo de asfixia em geral, surgindo principalmente na região subpleural, subepicardia e subconjutival.

Alternativa correta: letra "e".

---

65. (Vunesp – Delegado de Polícia – PC – SP/2022) Em relação à traumatologia forense, é correto afirmar que

a) a primeira e a segunda Lei de Filhos são aplicadas aos instrumentos cortantes que causam feridas de comprimento maior que a profundidade e os formatos fusiformes e elípticos.

b) instrumento contundente, conforme a Lei de Langer, produz ferimento de formas bizarras, que não se assemelham ao formato do objeto.

c) lesões corporais seguidas de morte são aquelas que ocorrem com a intenção de causar dano de forma grave, mas acabam por produzir como resultado a morte.

d) constitui uma lesão gravíssima a interrupção da gravidez normal e não patológica, em qualquer fase da gestação, resultante de uma ofensa corporal.

e) a lesão é classificada como grave quando leva à incapacidade para ocupações habituais por mais de 14 dias.

COMENTÁRIOS

✪ **Nota do autor:** A questão aborda o tema Asfixiologia Forense, capítulo da Medicina Legal que estuda as asfixias (energias de ordem físico-química).

Alternativa "a": Errada. São aplicadas aos instrumentos perfurantes. **Primeira Lei de Filhos**: as soluções de continuidade das feridas causadas por instrumento perfurante de médio calibre assemelham-se às produzidas por instrumento de dois gumes ou tomam a aparência de "casa de botão". É a chamada "Lei da Semelhança". **Segunda Lei de Filhos**: quando essas feridas se mostram em uma mesma região onde as linhas de força tenham um só sentido, seu maior eixo tem sempre a mesma direção, ficando paralelas entre si. É a chamada "Lei do Paralelismo".

Alternativa "b": Errada. Para a Lei de Langer, "na confluência de regiões de linhas de forças diferentes, a extremidade da lesão toma o aspecto de ponta de seta, de triângulo, ou mesmo de quadrilátero, em decorrência da elasticidade da pele". É a chamada "Lei da Elasticidade".

Alternativa "c": Errada. A lesão corporal seguida de morte pode advir de uma conduta que se amolda ao tipo penal da lesão corporal de natureza leve, art. 129, *caput*, do CP. Trata-se de crime qualificado pelo resultado, havendo dolo na conduta antecedente e culpa no resultado qualificador, portanto, é sempre preterdolosa.

Alternativa "d": Correta. A lesão corporal de natureza gravíssima é a do art. 129, §2º, CP. No inc. V, qualifica a conduta se resulta aborto (que é a interrupção da gravide normal). Cuidado! O parto é o termo da gravidez, e não a interrupção. A aceleração do parto também qualifica o crime, no art. 129, §1º, inc. IV, CP (natureza grave).

Alternativa "e": Errada. Para qualificar a lesão corporal como grave, a incapacidade para as ocupações habituais deve ser por mais de trinta dias, nos termos do art. 129, §1º, inc. I, CP.

Alternativa correta: letra "d".

---

66. (FGV – Delegado de Polícia – PC – AM/2022) Ao chegar a uma cena de encontro de cadáver, o delegado se deparou com a seguinte situação: o corpo estava suspenso por meio de uma corda presa ao pescoço, havendo, também, uma ferida perfuro-cortante no tórax, que não lesou nenhum órgão nobre; não havia reações vitais nem sangramento volumoso. No local, havia ainda uma carta de suicídio, produzida em um arquivo Word, impressa. Sobre a dinâmica do evento e a causa jurídica da morte, o mais provável é

a) suicídio, por haver carta como prova.

b) homicídio, por ter sido produzida uma ferida no tórax após a morte.

c) suicídio, em situação na qual a vítima tentou antes se matar com uso de arma branca no tórax e desistiu (lesão de hesitação).

d) homicídio, no qual a vítima morreu de forma lenta por causa da hemorragia, tendo sido posteriormente erguida para simular suicídio.

e) suicídio, com concorrência de agentes vulnerantes.

COMENTÁRIOS:

Alternativa "B" (responde às demais alternativas): Embora criticável a redação da questão e o conteúdo cobrado, podemos concluir que o mais provável, sobre a dinâmica do evento e a causa jurídica da morte, seja o suicídio. Em especial, por conta da ausência de reação vital na lesão no tórax, o que confirma ter sido a lesão causada *post mortem*. Assim, se a lesão ocorreu depois da morte, indica não se tratar de suicídio. A carta produzida em arquivo Word levanta suspeita, pois inviabiliza a pesquisa da autenticidade do documento pelo exame grafotécnico. O enforcamento é comum em casos de suicídio, mas é possível a montagem da cena criminosa, como, por exemplo, no famoso caso da ditadura militar, do jornalista Vladimir Herzog.

Alternativa correta: letra "b".

67. (Cespe – Delegado de Polícia – PC – RJ/2022) No dia 13/6/2021, no munícipio de Santo Antônio de Pádua – RJ, por ocasião dos festejos de seu padroeiro, houve uma explosão acidental de um artefato explosivo composto exclusivamente por pólvora, que havia sido acionado pela vítima numa região descampada, o que culminou no despedaçamento de parte do seu membro superior direito, bem como em queimaduras extremas diversas, conforme descrição no laudo da necropsia. Nessa situação hipotética, com base nas lesões descritas pelo perito legista, a autoridade policial deverá afirmar que se trata dos efeitos do blast de nível

a) quaternário.

b) primário.

c) terciário.

d) secundário.

e) quinquenário.

COMENTÁRIOS

Alternativa "B" (responde às demais alternativas): Segundo França, a síndrome explosiva ou *blast injury* "é um conjunto de manifestações violentas e produzida pela expansão gasosa de uma explosão potente, acompanhada de uma onda de pressão ou de choque que se desloca brusca e rapidamente em uma velocidade muito grande, a pouca distância da vítima e, mais grave, em locais fechados".

Em outras palavras, a pressão local e momentânea gerada pela explosão causa um trauma, uma lesão, chamada de *blast*.

O *blast* é estudado em três níveis: de acordo com a proximidade da vítima com o evento; em relação aos fragmentos decorrentes da explosão e, por fim, em razão do impacto de um corpo eventualmente projetado.

O ***blast* primário**: diante da proximidade da explosão, pode ocorrer: desaparecimento do corpo, despedaçamento, mutilação e queimaduras extremas. É o caso da questão. O ***blast* secundário**: estuda-se os efeitos dos fragmentos deslocados pela onda de choque. E no ***blast* terciário**: são estudados os efeitos do impacto do corpo eventualmente projetado. O corpo é arremessado contra objetos/ obstáculos.

Alternativa correta: letra "b".

68. (Cespe – Delegado de Polícia – PC – RJ/2022) No dia 31/1/2022, Paulo compareceu à delegacia de polícia em Itaperuna – RJ para registrar o desaparecimento de Joaquina, sua irmã, ocorrido no dia anterior. Durante a oitiva dele, policiais civis daquela unidade foram informados por policiais militares sobre o encontro de um cadáver do sexo feminino no interior de uma residência, com as mesmas características de Joaquina. Durante a perinecroscopia, o perito criminal descreveu que a vítima estava manietada, com diversas equimoses, escoriações nos joelhos e amputação bilateral dos pés, correlacionadas ao evento morte. Foi descrita a presença, na região da nuca, de orla/zona excêntrica de grânulos incombustos de pólvora ao redor de lesão circular provocada por projétil de arma de fogo, na qual ficou evidenciada aréola equimótica. Tais fatos foram corroborados pelo laudo do perito legista, que, por sua vez, destacou a presença do sinal de Jellinek na região do tórax e da face. Nessa situação hipotética, o delegado de polícia responsável pela investigação deve

a) compreender que a lesão observada na nuca é oriunda da utilização de arma de fogo com cano de alma raiada, uma vez que a produção de orla/zona de tatuagem é exclusiva da utilização desse tipo de armamento.

b) considerar que a orla/zona de tatuagem advém do emprego de um tipo especial de munição com balins e bucha plástica nas armas de fogo com cano de alma lisa, razão pela qual não será observada por ocasião da utilização de armas de fogo com cano de alma raiada.

c) compreender que a ocorrência da orla/zona de tatuagem é um elemento que auxilia na definição da distância aproximada entre atirador e vítima, podendo ser observado no caso da utilização de arma de fogo com cano de alma lisa ou de alma raiada.

d) instaurar inquérito policial para apurar homicídio simples e compreender que as lesões descritas pelos peritos foram produzidas por ação vulnerante perfurante e perfurocortante, além de ter sido utilizada eletricidade industrial.

e) instaurar inquérito policial para apurar homicídio qualificado, haja vista a impossibilidade de defesa de Joaquina, considerando que a orla/zona de tatuagem excêntrica indica perpendicularidade da incidência do projétil de arma de fogo na vítima.

COMENTÁRIOS

✪ **Nota do autor:** Embora a banca traga diversos temas relacionados à traumatologia, destacando que, na perinecroscopia, observou-se que a vítima estava com as mãos amarradas (manietada) com diversos tipos de lesão, inclusive, amputação dos pés, duas marcas importantes merecem atenção: em primeiro lugar, a presença da chamada **zona de tatuagem**, que pode ser encontrada em disparos realizados até 50 cm do alvo, e é causada pela dispersão dos grãos de pólvora e pelas partículas metálicas decorrentes da abrasão do projétil no cano da arma, incidindo sobre o alvo como verdadeiros projéteis secundários, por vezes incrustando-se na pele de tal maneira que forma verdadeira tatuagem. Não se observa em disparos muito próximos, até 5 cm, pois não há dispersão suficiente, acompanhando, tais partículas, o projétil para o interior da lesão. A tatuagem é um sinal indiscutível de orifício de entrada em tiros a curta distância. Já a **marca elétrica de Jellinek** consiste numa lesão na pele causada pela eletricidade, com forma circular, elíptica ou estrelada, de consistência endurecida, bordas altas, leito deprimido, tonalidade branco-amarelada, fixa, indolor, asséptica e de fácil cicatrização. É a lesão mais simples e representa a "porta de entrada da corrente".

Alternativa "a": Errada, pois a zona de tatuagem não é exclusiva de arma tipo alma raiada, que é aquela que possui raias (sulcos) helicoidais que imprimem ao projétil movimento de rotação sobre seu próprio eixo, aumentando o alcance e a precisão do disparo.

Alternativa "b": Errada, pois a zona de tatuagem não é exclusiva de um tipo especial de munição com balins e bucha plástica nas armas de fogo com cano de alma lisa (que é aquela sem estrias ou sulcos). A munição tem vários balins (conjunto de projéteis em cada disparo; projéteis múltiplos) de chumbo.

Alternativa "c": Corretas as duas afirmações, tanto que a orla/zona de tatuagem é um elemento que auxilia na definição da distância aproximada entre atirador e vítima, de importância pericial para a identificação da dinâmica do evento, inclusive, pela análise desse halo, a perícia pode determinar a distância exata do tiro, usando-se a mesma arma e a mesma munição em vários tiros de prova, até alcançar um halo de mesmo diâmetro que o original, bem como ser indiferente a arma de fogo ser com cano de alma lisa ou de alma raiada para a produção da orla.

Alternativa "d": Tudo indica tratar-se de homicídio qualificado, seja pelo emprego de tortura (art. 121, §2º, inc. III, CP) ou pela impossibilidade de defesa da vítima (art. 121, §2º, inc. IV, CP). Além disso, a alternativa está errada ao mencionar que as lesões descritas pelos peritos foram produzidas por ação vulnerante perfurante e perfurocortante, pois, na descrição do preâmbulo da questão há ação vulnerante contundente (equimoses, escoriações), perfurocontundente (projétil de arma de fogo) e cortante (amputação).

Alternativa "e": Apesar do acerto da informação sobre a zona de tatuagem excêntrica indicar perpendicularidade da incidência do projétil de arma de fogo em relação à vítima, pois a orla de escoriação é excêntrica, oblíqua (formato de anel), no aspecto pericial, trata-se de um elemento que auxilia na definição da distância aproximada entre atirador e vítima, que, por si só, não é capaz para caracterizar a impossibilidade de defesa da vítima.

Alternativa correta: letra "c".

---

69. (Cespe – Delegado de Polícia – PC – RJ/2022) Policiais civis do Grupo Especial de Local de Crime da Delegacia de Homicídios de Niterói e São Gonçalo (DHNSG) foram acionados para proceder à perinecroscopia em função do encontro dos cadáveres de Beatriz e Rodrigo, recém-casados. No interior do apartamento do casal, localizado no décimo terceiro andar do imóvel A, tanto o delegado de polícia quanto o perito criminal perceberam o seguinte: sobre a cama da suíte principal, havia uma mala com diversas roupas femininas dentro e fora dela; a sala estava em desalinho; a distância máxima do parapeito da varanda em relação à parede oposta do interior do apartamento era de seis metros; na varanda deste imóvel, cujo chão não estava sujo de sangue, foi notada a presença de um estilete limpo e de um vaso de plantas quebrado, com terra derramada. Beatriz e Rodrigo foram encontrados além do muro limítrofe entre os imóveis A e B, já na área externa deste último, respectivamente e de modo perpendicular, a três e a sete metros de distância a partir da linha de projeção traçada com base nos parapeitos das varandas da mesma coluna que o apartamento do casal no imóvel A. Beatriz estava com múltiplas escoriações e equimoses, protusão do globo ocular esquerdo, diversas fraturas da calvária, laceração da massa encefálica, além de uma amputação na altura do terço médio do fêmur da perna direita, cujas bordas eram irregulares, com equimoses ao redor da lesão, tendo sido encontrada a peça anatômica amputada a quinze metros do local em que o cadáver de Beatriz estava. Rodrigo tinha múltiplas escoriações, midríase bilateral e fraturas expostas nos ossos da pelve, na fíbula e na tíbia, além de ter sido constatada, pelo perito legista, a presença da substância metilenodioximetanfetamina no sangue de Rodrigo. A partir de análises das filmagens do circuito fechado de monitoramento do imóvel A, ficou comprovado que o casal estava sozinho no apartamento. Com base nas informações apresentadas nessa situação hipotética, assinale a opção correta.

a) As fraturas expostas nos ossos da pelve de Rodrigo são incompatíveis com a dinâmica do evento de defenestração.

b) Os elementos obtidos nas perícias e no exame do local dos fatos, em conjunto com a distância entre os cadáveres e a linha de projeção dos parapeitos das varandas do imóvel A, permitem distinguir as causas jurídicas das mortes de Beatriz e Rodrigo.

c) A metilenodioximetanfetamina encontrada no cadáver de Rodrigo é uma substância entorpecente que provoca depressão do sistema nervoso central, sendo estudada e categorizada na classe dos barbitúricos.

d) As lesões na perna direita de Beatriz, conforme descritas pelo perito criminal, permitem que o delegado de polícia conclua a investigação afirmando que a amputação foi provocada pela ação cortante do estilete encontrado na varanda do apartamento do casal.

e) As lesões no cadáver de Rodrigo descritas pelo perito criminal não permitem indicar a provável região anatômica que primeiro tocou o solo após a defenestração.

COMENTÁRIOS

Alternativa "a": Errada. São compatíveis, pois, a defenestração se refere às quedas de grandes alturas, que acabam por provocar lesões contusas de alta magnitude, como fraturas expostas.

Alternativa "b": Para a confirmação do diagnóstico diferencial da causa jurídica das mortes o perito abordará o tema defenestração lesões/ mortes por precipitação. Se o corpo é lançado e cai de cabeça, encontra-se, geralmente, um tipo de fratura chamado "saco de noz". É caracterizada pela integridade ou quase integridade do couro cabeludo e de múltiplas fraturas da calvária, laceração da massa encefálica. Características apresentadas em relação ao corpo de Beatriz. Se o corpo cai de pé, resultam as fraturas de pélvis e dos membros inferiores, elementos observados em relação ao corpo de Rodrigo. Todavia, a resolução da questão está na **distância dos corpos da linha de projeção dos parapeitos das varandas do imóvel** A. Nas quedas acidentais, o corpo tende a ficar mais próximo ao local do lançamento. Nos homicídios, essa distância tende a ser maior, já que, teoricamente, alguém empurra. No suicídio, a distância entre o local do lançamento e o local da queda tende a ser maior ainda, já que a vítima dá impulso. Outros elementos: a mala com roupas femininas sobre a cama, a sala em desalinho, o vaso quebrado e as imagens conformando que estavam apenas os dois no imóvel, indicam desentendimento (briga) entre o casal. Por fim, o MDMA causa euforia e dilatação da pupila (midriase), observadas nos olhos de Rodrigo.

Alternativa "c": A metilenodioximetanfetamina, popularmente conhecida como MDMA, é substância que estimula a atividade mental, aumenta a vigília, causa insônia, **excita** a atividade intelectual, exalta a tensão emocional, levando à euforia e ansiedade. É uma substância entorpecente que provoca excitação do sistema nervoso central, sendo classificada como uma droga psicoanaléptica, da classe das anfetaminas. Barbitúricos são drogas psicolépticas, depressoras do sistema nervoso central.

Alternativa "d": Errada. As bordas irregulares apontam não ter ocorrido o uso do estilete, que produziria uma lesão incisa com bordas regulares. O que se deu, provavelmente, foi a amputação em razão do contato com o solo.

Alternativa "e": Errada. Como visto na alternativa correta, indicam que o copo caiu de pé.

Alternativa correta: letra "b".

---

70. (Cespe – Delegado de Polícia – PC – RJ/2022) No dia 2/1/2022, Juliana compareceu à delegacia de polícia em Paraty – RJ para registrar ocorrência de desaparecimento dos seus pais, Sebastião e Maria Eugênia, por eles terem extrapolado o horário previsto para retorno de um passeio que faziam sozinhos naquele mesmo dia, numa luxuosa embarcação com piscina de água potável. Poucas horas depois do registro, policiais civis daquela unidade receberam a notícia do encontro de um cadáver do sexo feminino às margens de uma das praias da cidade. Feita a perinecroscopia, o perito criminal relatou equimose periorbital, pele anserina, cogumelo de espuma na boca e narinas, assim como a presença de estigmas ungueais nos antebraços. No dia seguinte ao relato do desaparecimento, os policiais civis souberam que pescadores haviam encontrado um cadáver do sexo masculino em alto-mar. Comparecendo ao local, o perito criminal relatou que o cadáver estava em decúbito ventral, com ausência do cogumelo de espuma, sem sinais aparentes de violência e sem sinais de putrefação. Os dois cadáveres foram submetidos a exame necroscópico, necropapiloscópico e a testes laboratoriais específicos, confirmando-se que eram, respectivamente, de Maria Eugênia (cadáver C1) e Sebastião (cadáver C2). Em relação a C1, o perito legista confirmou as lesões descritas pelo perito criminal. Em relação a C2, foi relatada a presença do sinal de Niles, do sinal de Vargas-Alvarado, além de manchas de Paltauf. Quanto à prova das densidades comparadas e ao ponto crioscópico do sangue, foram destacadas alterações na diluição do sangue no hemicoração esquerdo dos dois cadáveres, sendo relatadas hemodiluição/hidremia em C1 e hemoconcentração em C2, com as respectivas características, tais como descritas por Mario Carrara. A partir dessa situação hipotética, assinale a opção correta.

a) O cogumelo de espuma é um sinal patognomônico de afogamento, de modo que a sua ausência em C2, relatada pelo perito criminal, é suficiente para que o delegado de polícia conclua a investigação excluindo a ocorrência dessa modalidade de asfixia no caso de C2.

b) As lesões descritas pelo perito criminal nos antebraços de C1 não permitem que o delegado de polícia requisite ao perito legista a coleta de material subungueal de C2 para eventual confronto genético.

c) A verificação da diferença na diluição do sangue nos hemicorações esquerdos dos cadáveres permite que o delegado de polícia considere que as duas mortes ocorreram por afogamento em água salgada, uma vez que a informação quanto ao ponto crioscópico do sangue seria irrelevante, pois tal achado seria idêntico tanto em água doce quanto em água salgada.

d) Em relação a C2, enquanto o sinal de Niles faz referência ao encontro de água doce no átrio esquerdo do coração, o sinal de Vargas-Alvarado diz respeito à presença de plâncton na corrente sanguínea.

e) Os achados periciais permitem que o delegado de polícia considere que as duas mortes foram provocadas E por afogamento, tendo a de Sebastião ocorrido em água salgada e a de Maria Eugênia, em água doce, ainda que C1 tenha sido encontrado numa praia.

COMENTÁRIOS

Alternativa "a": Errada. Embora o cogumelo de espuma seja um sinal característico do afogamento, quando o líquido aspirado mistura-se com o ar que estava nos pulmões e extravasa pela boca e narinas, como destaca França, é mais comum nos afogados, mas pode surgir em outras formas de asfixias mecânicas, no edema agudo do pulmão e nos casos de morte precedida de grandes convulsões. Além disso, só aparece nos cadáveres retirados precocemente da água não podendo, assim, ser descartada a causa da morte pelo delegado de polícia.

Alternativa "b": Errada. Diante das possíveis lesões de defesa – estigmas ungueais nos antebraços – seria de interesse investigativo proceder à coleta de material subungueal da vítima para confronto genético e identificação do agressor.

Alternativa "c": Errada. O ponto de congelamento do sangue (crioscopia de Carrara) também é um sinal patognomônico do afogamento. Como explica André Uchoa, o indivíduo que se afoga em água salgada possui o sangue mais denso no átrio esquerdo. Assim, se esse sangue tem maior quantidade de sal, seu ponto de congelamento é mais baixo do que o ponto de congelamento do átrio direito, ou seja, congela a uma temperatura menor. Ao contrário do que ocorre no afogamento em água salgada, o ponto de congelamento do sangue no átrio esquerdo é maior do que o ponto de congelamento do sangue no átrio direito, isso porque possui mais água e menos sal (UCHOA, André Luís Alves. Medicina Legal Decifrada. Cascavel, PR: Alfacon, 2021, p. 163).

Alternativa "d": Errada. Tais sinais serão conceituados na alternativa correta, letra "e".

Alternativa "e": Correta. Em relação ao C1 (corpo de Maria Eugênia), vejamos o que indica cada achado pericial. **1. A equimose periorbital** indica uma fratura da base do crânio ou ossos da face. É aquela mancha roxa aparece em volta dos olhos, conhecida como "sinal de guaxinim". **2. A pele anserina** é um sinal cadavérico externo do afogado, também chamada vulgarmente de "pele de galinha", causada pela contração dos delicados músculos erectores dos pelos, tornando os folículos desses pelos salientes, devido a rigidez cadavérica. **3. Cogumelo de espuma**, cuja formação depende da entrada de água no interior das vias respiratórias, do muco e do ar, surgindo apenas nas pessoas que reagiram dentro da água (ou massa líquida). Só aparece nos cadáveres retirados cedo da água e quando os gases da putrefação põem para fora a espuma dos brônquios e da traqueia. **4. Estigmas ungueais nos antebraços**, marcas de unha que, geralmente, indicam lesão de defesa. **5. Hemodiluição (hidremia)** indica que a morte se deu em água doce. Por ter menos concentração de sal que o sangue, a água doce passa dos alvéolos para os vasos, diluindo o sangue (**hemodiluição**) e causando aumento do volume de sangue (**hipervolemia**), ocasionando a morte por parada cardíaca e não por asfixia.

Em relação ao C2 (corpo de Sebastião). **1. Ausência de cogumelo de espuma.** Como vimos, só aparece nos cadáveres retirados cedo da água (a questão menciona que o cadáver só foi localizado no dia seguinte ao relato do desaparecimento) e quando os gases da putrefação põem para fora a espuma dos brônquios e da traqueia (sem sinais de putrefação). **2. Sinal de Niles** (sinal interno de afogamento – lesão na base do crânio) consiste no extravasamento sanguíneo no ouvido médio e nos seios mastóideos, caracterizado por uma zona azulada na face anterossuperior da parte petrosa do osso temporal. Trata-se de hemorragia temporal. **3. Sinal de Vargas-Alvarado** (também um sinal interno de afogamento – lesão na base do crânio). Trata-se de hemorragia etmoidal, sendo um extravasamento sanguíneo no osso etmoide e caracterizado por uma zona azulada no compartimento anterior da base do crânio de cada lado da apófise *crista galli*. **4. Manchas de Paltauf** são equimoses espalhadas no pulmão decorrente de afogamento por asfixia. Este conjunto de petéquias localizadas sob as pleuras, de dimensões maiores que as de Tardieu, de contornos irregulares, tonalidade vermelho-clara, explicadas pela ruptura das paredes alveolares e capilares sanguíneos, é sinal patognomônico de afogamento por asfixia. **5. Hemoconcentração** indica a morte em água salgada. A água é hipertônica em relação ao plasma, por ser mais concentrada do que o sangue, ocorre um deslocamento da água do sangue para dentro dos alvéolos, deixando-os encharcados, ocasionando à asfixia, em virtude da aspiração da água propriamente dita e da água do sangue.

Alternativa correta: letra "e".

---

71. (Cespe – Delegado de Polícia – PC – PB/2022) Durante uma necropsia, perito médico-legista verificou a presença de lesão denominada "manchas de Paltauf" no corpo de um periciando. Essa alteração é encontrada de forma mais característica no exame interno de morte ocasionada por

a) estrangulamento por mão.

b) enforcamento.

c) esganadura.

d) afogamento.

e) estrangulamento por laço.

COMENTÁRIOS:

Alternativa "D" (responde às demais alternativas): As chamadas "manchas de Paltauf" têm dimensões variadas, contornos irregulares, tonalidade vermelho-clara e são produzidas pela ruptura das paredes alveolares e dos capilares sanguíneos. Quando o indivíduo aspira uma grande quantidade de água, rompem-se os alvéolos e o líquido passa pelo espaço interalveolar. Essa alteração é encontrada de forma mais característica no exame interno de morte ocasionada por afogamento.

Alternativa correta: letra "d".

---

72. (Cespe – Delegado de Polícia – PC – PB/2022) Após receberem chamada para a realização de perícia em uma casa onde um rapaz encontrou o corpo do pai morto, os peritos criminais, tendo chegado ao local, verificaram que o corpo tinha sido retirado da posição original. Mesmo assim, puderam constatar: sinal de Ponsold; presença de espuma na boca; projeção da língua para o exterior; livores cadavéricos abaixo da cicatriz umbilical e na face anterior dos membros inferiores; fenômenos putrefativos secos na parte superior do cadáver e úmidos na parte inferior, além de rigidez cadavérica em curso. Diante dessa situação hipotética, é correto afirmar que as características externas verificadas no corpo são mais compatíveis com

a) afogamento.

b) esganadura.

c) enforcamento.

d) estrangulamento.

e) sufocamento.

COMENTÁRIOS

Alternativa "C" (responde às demais alternativas): A espuma na boca e a projeção da língua são sinais externos da asfixia em geral. Porém, a identificação da morte por enforcamento se dá em razão do Sinal de Ponsold, que são livores cadavéricos, em placas, por cima e por baixo das bordas do sulco de enforcados.

Alternativa correta: letra "c".

---

73. (Cespe – Delegado de Polícia – PC – PB/2022) O corpo de um personal trainner que praticava habitualmente exercícios exenuantes matinais na praia foi encontrado caído sobre a areia sem sinais externos de violência. Após análises periciais e do legista, constatou-se que a morte desse indivíduo ocorreu em consequência de choque cardiogênico (tamponamento cardíaco), o qual decorre da ação de energias de ordem

a) física.

b) mista.

c) bioquímica.

d) físico-química.

e) biodinâmica.

COMENTÁRIOS

Alternativa "E" (responde às demais alternativas): Choque cardiogênico caracteriza-se por uma deficiência aguda no bombeamento do coração e decadência do rendimento cardíaco. Pode ser devido a lesões orgânicas ou funcionais do coração ou por perturbação funcional deste em virtude de afecções de outros órgãos ou sistemas. Em outras palavras, é uma condição em que o coração não consegue bombear sangue em quantidade suficiente para atender as necessidades de todo o corpo, devido a uma redução nas contrações dos músculos cardíacos, causando diminuição acentuada da pressão arterial, falta de oxigênio nos tecidos, acúmulo de líquidos nos pulmões e redução da quantidade de sangue nas artérias coronárias, que são os vasos que levam sangue ao coração. Uma das causas mais comuns nesse tipo de choque é: infarto do miocárdio.

Alternativa correta: letra "e".

---

74. (Cespe – Delegado de Polícia – PC – PB/2022) Um cadáver, encontrado em uma pequena cabana de uma praia pouco movimentada, ao ser analisado pelo legista, apresentava os seguintes sinais: rigidez cadavérica precoce e bem acentuada; manchas hipostáticas de cor lívida, distribuindo-se pelo tórax, costas e braços; e espuma abundante na boca. A temperatura do corpo era de 25 °C. Ele constatou, ainda, que o encéfalo apresentava hiperemia e congestão das meninges; coração com consistência muito aumentada; pulmões com equimoses subpleurais e edema interno; notou, em outras vísceras, a presença de hipertermia interna e de grande quantidade de sangue no sistema venoso. O perito criminal, ao examinar o local, verificou condições do tempo e certificou-se de não ter havido testemunhas. Deteve-se, então, na busca da causa das lesões observadas.

Nessa situação hipotética, não tendo encontrado causa diversa de morte, o perito diagnosticará que as lesões estão mais relacionadas a óbito decorrente de

a) eletroplessão.

b) insolação.

c) intermação.

d) inanição.

e) fulguração.

COMENTÁRIOS

✪ **Nota do autor:** As lesões e mortes causadas por variação da temperatura são denominadas **termoses**. Nelas, a fonte de calor que causará a lesão não toca o corpo da vítima, ocorre por irradiação, calor difuso (ação difusa). A ação direta do calor causa queimadura. A termose é um gênero, sendo espécies a **intermação** (excesso de calor ambiental, lugares mal arejados, quase sempre confinados ou pouco abertos e sem a necessária ventilação) e a **insolação** (calor ambiental, em geral, em locais abertos, concorrendo para tanto, além da temperatura, os raios solares, a ausência da renovação do ar, a fadiga, o excesso de vapor d'água). Parcela da doutrina distingue da seguinte forma: insolação (fonte de calor natural, o sol); intermação (fonte de calor artificial, fornalha, caldeira, cadinho etc.).

Alternativa "a": Errada**.** Segundo a doutrina majoritária, a morte causada por eletricidade industrial ou artificial é denominada eletroplessão.

Alternativa "b": Dentre as lesões produzidas pela ação térmica do calor, chamadas de termoses, a insolação é ação direta dos raios solares sobre o corpo, em especial, na cabeça. Insolação (calor ambiental, em geral, em locais abertos, concorrendo para tanto, além da temperatura, os raios solares, a ausência da renovação do ar, a fadiga, o excesso de vapor d'água). Parcela da doutrina conceitua da seguinte forma: insolação (fonte de calor natural, o sol).

Alternativa "c": Os sintomas variam de caso a caso e os sinais não são patognomônicos (ou seja, específicos e característicos da doença). Nos resultados letais, não se encontram características iguais. Mas podemos destacar, três achados: **a. secreção espumosa e sanguinolenta das vias respiratórias**; **b. precocidade da rigidez cadavérica e putrefação antecipada**; e **c. congestão e hemorragia das vísceras** (*coup de chaleur* – insolação, em francês). Além desses elementos, no auxiliam a responder a questão, a **hiperemeia**, que é uma alteração na circulação sanguínea do indivíduo, que faz com que haja um aumento na quantidade de sangue circulando em um determinado órgão e/ou região do corpo, o que justifica a grande quantidade de sangue no sistema nervoso (fazendo o coração trabalhar mais, por isso o aumento!), e a **hipertemia**, pois, quando nos expomos a altas temperaturas, por exemplo, logo começamos a produzir suor com o objetivo de resfriar o nosso corpo. Se permanecermos nesse local e não tomamos a quantidade adequada de líquidos, desidratamos e a liberação de suor não ocorre. Com isso, temos um aumento da temperatura corporal.

Alternativa "d": Errada. Inanição é uma perturbação alimentar e consiste no enfraquecimento orgânico produzido pela redução ou pela privação de elementos imprescindíveis ao metabolismo orgânico.

A**lternativa "e":** Errada**.** A eletricidade, se de origem natural ou cósmica, pode causar as seguintes lesões: fulminação (morte) ou fulguração (lesões corporais). Ou seja, a morte causada pela eletricidade natural é denominada fulminação. Quando provoca apenas lesões corporais, chama-se fulguração.

Alternativa correta: letra "c".

75. (Cespe – Delegado de Polícia – PC – PB/2022) A perturbação causada no corpo de vítimas que sofreram descargas elétricas cósmicas ou raios, sem ocorrência de êxito letal, é denominada

a) fulguração.

b) inanição.

c) eletroplessão.

d) insolação.

e) intermação.

COMENTÁRIOS

Alternativa "a": Correta. A eletricidade, se de origem natural ou cósmica, pode causar as seguintes lesões: fulminação (morte) ou fulguração (lesões corporais). Ou seja, a morte causada pela eletricidade natural é denominada fulminação. Quando provoca apenas lesões corporais, chama-se fulguração.

Alternativa "b": Errada. Inanição é uma perturbação alimentar e consiste no enfraquecimento orgânico produzido pela redução ou pela privação de elementos imprescindíveis ao metabolismo orgânico.

Alternativa "c": Segundo a doutrina majoritária, a morte causada por eletricidade industrial ou artificial é denominada eletroplessão.

Alternativa "d": Dentre as lesões produzidas pela ação térmica do calor, chamadas de termoses, a insolação é ação direta dos raios solares sobre o corpo, em especial, na cabeça.

Alternativa "e": Dentre as lesões produzidas pela ação térmica do calor, chamadas de termoses, intermação ou exaustão (prostração) térmica representa o superaquecimento do organismo em razão do aumento do calor ambiente.

Alternativa correta: letra "a".

76. (Cespe – Delegado de Polícia – PC – PB/2022) Flictenas rompidos, córion a descoberto, apergaminhado, liso e brilhante, constatados em vítimas de acidentes com álcool 93 GL, são características externas de queimaduras

a) de primeiro grau.

b) comuns em corpos com vida e em cadáveres.

c) de segundo grau.

d) comuns em corpos ainda com vida.

e) típicas de cadáveres.

COMENTÁRIOS

Alternativa "E" (responde às demais alternativas): A questão aborda um diagnóstico diferencial em relação às características externas de queimaduras produzidas em corpos com vida e em cadáveres. Não nos parece apresentar as distinções mais relevantes, porém, vamos aos pontos que auxiliam na resposta. Flictenas são bolhas e o córion é a derme, uma das camadas da pele, formada por tecido conjuntivo e localizada abaixo da epiderme. Em casos de queimaduras de segundo grau, as lesões apresentam flictena, com líquido em seu interior, amarelo-claro, seroso, rico em albumina e cloretos (Sinal de Chambert). Quando a flictena se rompe, a derme fica desnuda, de cor escura e, pela ação do ar, disseca-se, ostentado uma rede capilar fina e de aspecto apergaminhado, segundo França. Nos cadáveres, embora seja possível a formação de flictena, não possui conteúdo seroso. Assim, da análise da formação da flictena é possível determinar se a queimadura ocorreu em vida ou *post mortem*. Em outras palavras, no vivo, em caso de rompimento de flictena (córion a descoberto), haverá serosidade e sangue. A derme lisa e brilhante indica ausência de reação vital, portanto, características típicas de cadáveres.

Alternativa correta: letra "e".

77. (UFPR – Delegado de Polícia – PC – PR/2021) Considere o seguinte caso hipotético

Individuo masculino, caucasiano, 62 anos de idade, servidor público de nível superior do IFPR, é encaminhado pela delegacia de plantão de Foz do Iguaçu ao IML da cidade, afirmando ter sido agredido pela esposa na região da boca.

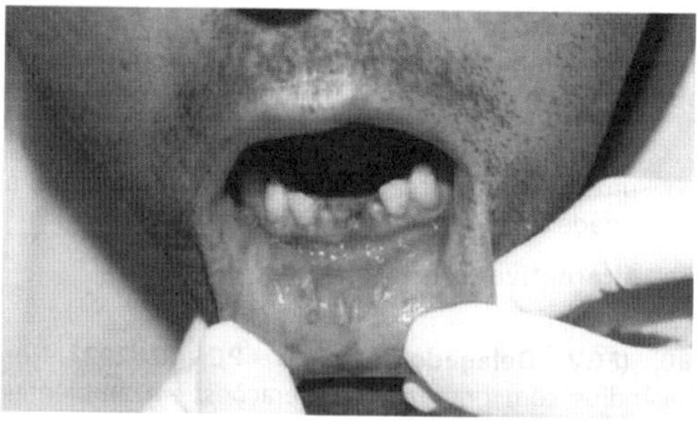

Conforme figura acima, o médico legista de plantão constata que o homem apresenta uma lesão:

a) grave.

b) gravíssima.

c) leve.

d) idiopática.

e) severa.

COMENTÁRIOS

✪ **Nota do autor:** a questão exige do candidato conhecimento sobre o crime de lesão corporal, previsto no art. 129 do Código Penal (inclusive, de suas formas qualificadas), que consiste em qualquer dano ocasionado à integridade física e à saúde fisiológica ou mental da pessoa, com intenção de lesionar, ofender.

Alternativa "a": correta. Segundo o Superior Tribunal de Justiça, a "perda de dois dentes, muito embora possa reduzir a capacidade funcional da mastigação, não enseja a deformidade permanente prevista no referido tipo penal, mas sim, a debilidade permanente de membro, sentido ou função, prevista no art. 129, § 1º, III, do Código Penal" (STJ, Sexta Turma, REsp 1620158 / RJ, Rel. Min. Rogerio Schietti Cruz, julg. 13/09/2016, DJe 20/09/2016). Assim, decidiu que a lesão corporal que provoca na vítima a perda de dois dentes tem natureza grave (art. 129, § 1º, III, do CP), e não gravíssima (art. 129, § 2º, IV, do CP).

Alternativa "b": errada. A lesão corporal gravíssima é aquela prevista no §2º, do art. 129, do CP. Dentre as hipóteses, poderiam ser aventadas a do inc. III (perda ou inutilização do membro, sentido ou função), porém, como mencionado na jurisprudência, a perda de dente se amoldaria à debilidade da função; e a do inc. IV (deformidade permanente). No último caso, como destacaram os ministros do STJ, "a perda da dentição pode implicar redução da capacidade mastigatória e até, eventualmente, dano estético, o qual, apesar de manter o seu caráter definitivo – se não reparado em procedimento interventivo -, não pode ser, na hipótese, de tal monta a qualificar a vítima como uma pessoa deformada".

Alternativa "c": errada. O conceito de lesão leve é dado por exclusão. Portanto, configuram o tipo básico as lesões que não causarem qualquer dos resultados previstos nos parágrafos.

Alternativa "d": não tem previsão no Código Penal. E ainda, idiopatia significa causa desconhecida ou sem razão aparente.

Alternativa "e": o Código Penal não traz essa nomenclatura no tipo penal da lesão corporal.

Alternativa correta: letra "a".

78. (FGV – Delegado de Polícia – PC – RN/2021) O cadáver de uma mulher jovem foi encontrado sobre a cama em meio a travesseiros e cobertas em desalinho. O exame pericial, na cena do crime, indicou a presença de múltiplas equimoses violáceas na face e membros superiores, bem como escoriações avermelhadas, em forma de meia lua, na face lateral direita do pescoço, com lábios e extremidades dos dedos arroxeadas. A principal suspeita é a morte por:

a) sufocação direta;

b) sufocação indireta;

c) esganadura;

d) estrangulamento;

e) enforcamento.

COMENTÁRIOS

✪ **Nota do autor:** A questão aborda o tema Asfixiologia Forense, capítulo da Medicina Legal que estuda as asfixias (energias de ordem físico-química).

Alternativa "a": a sufocação é a asfixia mecânica decorrente do bloqueio direito ou indireto das vias respiratórias, impedindo a penetração do ar. A **sufocação direta** compreende a obstrução dos orifícios externos (boca e narinas), obstrução das vias respiratórias (esgasgamento), soterramento e confinamento.

Alternativa "b": já a **sufocação indireta** das vias respiratórias decorre da compressão torácica, impedindo movimentos respiratórios e levando à morte por asfixia.

Alternativa "c": correta. A **esganadura** é asfixia mecânica pela constrição do pescoço da vítima produzida pela ação direta, em regra, nas mãos do agente. A resposta se revela pela ausência de sulco no pescoço, que pudesse indicar eventual enforcamento ou estrangulamento. E ainda, ponto marcante desse tipo de asfixia são as marcas ou estigmas ungueais, escoriações equimoses e hematomas, lesões de defesa. Além disso, travesseiros e cobertas em desalinho podem indicar luta corporal, elementos que devem ser analisados no exame perinecroscópico.

Alternativa "d": estrangulamento é a constrição produzida por braço mecânico acionado por força estranha ao peso do corpo (constrição ativa do pescoço exercida pela força muscular, segundo Afrânio Peixoto). Possui sulco com as seguintes características: é contínuo, abrangendo todo o pescoço com a mesma profundidade; situa-se em posição baixa no pescoço; é horizontal; frequentemente se identifica mais de uma volta do laço; não costuma haver pergaminhamento porque a força constritiva cessa com a morte da vítima, afrouxando o laço.

Alternativa "e": O **enforcamento** é modalidade de asfixia na qual a constrição do pescoço é exercida por um laço, cuja extremidade se acha fixa num determinado ponto. A força atuante é o próprio peso da vítima. Dentre as características do sulco deixado no pescoço da vítima estão: é profundo na região do pescoço oposta ao nó e superficial perto do nó, portanto, profundidade variável; e a direção do sulco é oblíqua ascendente.

Alternativa correta: letra "c".

---

79. (FGV - Delegado de Polícia - PC - RN/2021) Os fuzis, armas militares utilizadas pelo crime organizado, disparam projéteis de alta energia cinética.

Em relação às características desses projéteis, é correto afirmar que:

a) mantêm sua estabilidade a partir dos 100m;

b) pela sua alta velocidade, mantêm-se íntegros quando retirados do cadáver;

c) por terem ponta afilada, os orifícios de entrada são sempre de pequeno diâmetro;

d) pela sua alta velocidade, não permitem realizar exame de microcomparação balística;

e) por possuírem revestimento metálico, não costumam se fragmentar.

COMENTÁRIOS

✪ **Nota do autor:** a alternativa dada como correta não abrange todas as variantes possíveis, por essa razão, acreditamos que deveria ter sido anulada. Porém, além da manutenção do gabarito, a resposta foi tirada da obra do professor Hygino Hercules.

Alternativa "a": segundo Hygino Hercules (2005, p. 262), um projétil tem estabilidade na trajetória quando o seu centro de massa e o seu centro de pressão estão alinhados com a trajetória. No caso de projéteis de fuzil, o centro de pressão fica mais próximo à ponta do que o centro de massa. Com isso, há uma tendência a que a turbulência provocada pelo atrito com as moléculas do meio faça o projétil desviar-se da linha da trajetória, inclinando-se. O alinhamento do eixo do projétil com a direção do seu deslocamento no ar, que caracteriza sua estabilidade, só é atingido depois de cerca de 100m de percurso.

Alternativa "b": uma característica comum dos projéteis de alta velocidade é a fragmentação do projétil. Inclusive, a fragmentação do projétil aumenta o volume da cavidade temporária. Ela ocorre quando o projétil é construído para esse fim, ou quando penetra com velocidade muito alta.

Alternativa "c": errada. A forma pontiaguda do projétil faz com que o orifício de entrada seja menor que o do projétil na maioria dos casos. Porém, há fatores que podem torná-lo maior, como, por exemplo, a velocidade do impacto.

Alternativa "d": é possível a realização de exame de microcomparação balística em caso de disparos de fuzil.

Alternativa "e": como mencionado na alternativa "b", uma característica comum dos projéteis de alta velocidade é a fragmentação do projétil.

Alternativa correta: letra "a".

---

80. (FGV - Delegado de Polícia - PC - RN/2021) Nos incêndios com grandes aglomerações, em ambientes fechados, a causa da morte pode não ser a ação térmica direta, mas a inalação de gases tóxicos, dentre os quais o mais importante, nesses casos, é:

a) monóxido de carbono;

b) metano;

c) sulfídrico;

d) sulfeto de hidrogênio;

e) dióxido de enxofre.

COMENTÁRIOS

✪ **Nota do autor:** a questão aborda a toxicidade de gases, especialmente em ambientes fechados, em caso de incêndio com grandes aglomerações, que podem causar a morte. Na classificação de Afrânio Peixoto se enquadra no grupo de asfixia pura em ambiente por gás irrespirável. A fonte/ origem dos gases responde à pergunta da banca.

Alternativa "a": o monóxido de carbono (CO) é um gás levemente inflamável, inodoro e muito perigoso devido a sua grande toxicidade. É produzido pela queima em condições de pouco oxigênio (combustão incompleta) e/ou alta temperatura de carvão ou outros materiais ricos em carbono, como derivados de petróleo, por exemplo, pelos motores dos veículos. É comum encontrar em grandes concentrações em incêndios, fumaça liberada pelos automóveis e na indústria siderúrgica.

Alternativa "b": O metano (CH_4) é um gás incolor e inodor. Não é tóxico. Também é chamado de "gás dos pântanos" uma vez que se forma da fermentação anaeróbica (ausência de oxigênio). O metano é um gás proveniente de diversas fontes, sendo que as principais são: erupções vulcânicas, decomposição de matéria orgânica, digestão de alguns animais herbívoros, metabolismo de algumas bactérias e extração de combustíveis minerais.

Alternativa "c": o **ácido sulfídrico** pode ser obtido pela dissolução do sulfeto de hidrogênio em água. Em verdade, tanto o sulfeto de hidrogênio quanto o ácido sulfídrico possuem a mesma composição química (H_2S), ocorre apenas que o primeiro é um gás (responsável pelo odor dos ovos podres) e o segundo está em solução aquosa.

Alternativa "d": a decomposição de material orgânico provocada por ação bacteriana dá origem a um gás com cheiro de ovo podre: o gás sulfídrico (H_2S), também chamado de sulfeto de hidrogênio. Os efeitos desse gás em nosso organismo são perigosos, pois afeta as mucosas respiratória e ocular provocando fortes irritações e compromete a saúde do indivíduo que tem contato com o gás. O gás sulfídrico só é formado na ausência de oxigênio, e pode ser encontrado em rios poluídos, estação de tratamento de esgoto, é resultante de processos de biodegradação.

Alternativa "e": O dióxido de enxofre, ou anidrido sulfuroso, é um gás proveniente, principalmente, da atividade humana, como da queima de combustíveis fósseis e das atividades industriais, podendo também ter origem nas atividades vulcânicas.

Alternativa correta: letra "a".

---

81. (Instituto AOCP – Delegado de Polícia – PC – PA/2021) Nas dependências da delegacia, um preso é encontrado morto com uma cinta no pescoço amarrada a uma grade a 1,63 metro de altura. Observou-se que o prisioneiro foi encontrado com os joelhos fletidos e com os pés tocando o chão. Foi também constatada a existência de dois sulcos retilíneos e sem interrupções no pescoço. Sobre o mecanismo de sua morte, assinale a alternativa correta.

a) Jamais seria vítima de enforcamento, pois é impossível um indivíduo se enforcar com os pés no chão.

b) Poderia ser vítima de estrangulamento que é caracterizado por constrição das estruturas do pescoço por laço provocado por ação externa.

c) Poderia ter sido vítima de degolamento, sendo que os dois sulcos no pescoço falam a favor dessa modalidade. O aspecto retilíneo e um sulco sem interrupções por toda a extensão do pescoço confirmam essa hipótese.

d) Foi vítima de uma provável esganadura, sendo que as marcas do pescoço encontradas são típicas dessa modalidade de asfixia provocada pelo uso das mãos do agressor.

e) Poderia ser vítima de um provável enforcamento, sendo que os dois sulcos no pescoço e o aspecto retilíneo sem interrupções são típicos dessa modalidade de asfixia que se caracteriza pela construção das estruturas do pescoço provocada pelo peso do próprio corpo.

COMENTÁRIOS

Alternativa "a": errada. No enforcamento, a força atuante é o próprio corpo da vítima. Existem dois tipos de suspensão do corpo no enforcamento. Chama-se de **suspensão típica ou completa** aquela em que o corpo fica totalmente sem tocar em qualquer ponto de apoio; e **suspensão atípica ou incompleta**, se é apoiado pelos pés, joelhos ou outra parte qualquer do corpo, muito comum em suicídios praticados no banheiro. Assim, embora seja possível eventual montagem para descaracterizar um crime de homicídio (por exemplo, o famoso caso da ditadura militar, do jornalista Vladimir Herzog), existe, sim, a modalidade de enforcamento por suspensão incompleta.

Alternativa "b": além de trazer o conceito correto de estrangulamento é importante verificar as características do sulco apresentadas no preâmbulo da questão. O sulco do estrangulamento possui as seguintes características: horizontal, abaixo da cartilagem tireóidea, de profundidade uniforme. A título de comparação, o sulco do enforcamento é: oblíquo ascendente, interrompido ao nível do nó, por cima da tireoide e de profundidade desigual.

Alternativa "c": o esgorjamento é ferida profunda na parte anterior (garganta) e lateral do pescoço. Já o degolamento é lesão profunda situada na região posterior do pescoço (nuca).

Alternativa "d": é de se afastar a esganadura como hipótese da questão, pois nesse caso não há sulco, mas eventuais estigmas ungueais (marcas de unha).

Alternativa "e": errada, em razão das características no sulco.

Alternativa correta: letra "b".

---

82. (Inst. Acesso – Delegado de Polícia – PC – ES/2019) Em um ferimento de entrada de projétil de arma de fogo, que atingiu a região do plano ósseo craniano, e foi produzido à queima roupa, é possível encontrar a presença de ferimento de forma

a) arredondada, bordas evertidas, zona de chamuscamento, pouco sangramento;

b) regular, sinal do funil de Bonet, orlas e zonas, sangramento abundante;

c) irregular, bordas evertidas, sinal de puppe-werkgartner, pouco sangramento;

d) regular, bordas invertidas, sinal de puppe-werkgartner, abundante sangramento;

e) irregular, bordas evertidas, diâmetro desproporcional e muito sangramento;

COMENTÁRIOS

✪ **Nota do autor:** A questão deveria ter sido anulada pela banca examinadora, por não apresentar resposta correta. Exige conhecimento do candidato sobre ferida de entrada de projétil de arma de fogo com as seguintes características: atingindo a região do plano ósseo craniano e produzido à queima-roupa. Todavia, confunde o tiro à queima-roupa com o tiro encostado. No **tiro à queima-roupa**, que para alguns é sinônimo de tiro à curta distância (Hygino Hércules) e para outros disparos até 10 cm (Genival Veloso de França), somam-se às lesões produzidas pelo projétil as alterações causadas pelo chamado cone de explosão (gases superaquecidos + grãos de pólvora incombusta + resíduos da combustão), portanto, é possível encontrar orlas de queimadura, tatuagem e esfumaçamento. Já no **tiro encostado,** não há espaço entre a boca do cano da arma de fogo e a pele da vítima, por isso também é chamado de tiro de contato ou tiro apoiado. Assim, os elementos do cone de explosão penetram no ferimento (orifício de entrada). E mais, ao encontrar o plano ósseo, há uma explosão em sentido inverso, de dentro para fora, pelo refluxo dos gases, formando um ferimento de entrada irregular e com as bodas evertidas, denominado **Câmera de mina de Hoffmann**. Além disso, o **sinal de Puppe-Werkgartner** é uma característica do tiro encostado, pois representa a marca do desenho da boca e da massa de mira do cano na pele (seja por ação contundente ou pelo seu aquecimento). Ferimento de forma irregular, com bordas evertidas (câmera de mina de Hoffmann) e sinal de Puppe-Werkgartner são, portanto, características de tiro encostado e não à queima-roupa! A alternativa dada como correta foi a letra "c". Se o tiro à queima-roupa apresenta forma regular e bordas invertidas (para dentro), a única alternativa com algumas características desse tipo de disparo seria a letra "b", que trata, ainda, do **sinal de Bonnet** (que nada mais é que o diagnóstico diferencial da ferida de entrada em planos ósseos, em razão do cone de dispersão, dando à perfuração a forma de um funil ou de um tronco de cone). Porém, também está errada em razão do abundante sangramento, característica do ferimento de saída ou tiro encostado. Portanto, nenhuma alternativa correta em nossa opinião.

Alternativa correta: letra "c" (responde às demais).

83. (Cespe - Delegado de Polícia - PC - SE/2018) A respeito de identificação médico-legal, de aspectos médico-legais das toxicomanias e lesões por ação elétrica, de modificadores da capacidade civil e de imputabilidade penal, julgue os itens que se seguem.

83.1. O termo eletroplessão é utilizado para se referir a lesões produzidas por eletricidade industrial, enquanto o termo fulguração é empregado para se referir a lesões produzidas por eletricidade natural.

COMENTÁRIOS

A eletricidade natural ou cósmica (raios atmosféricos, por exemplo) e a eletricidade artificial ou industrial podem atuar como energia vulnerante sobre o organismo. Três termos importantes: **Fulminação**: morte causada por eletricidade natural. **Fulguração**: lesões corporais causadas por eletricidade natural. **Eletroplessão**: lesão ou morte causada por eletricidade industrial (é, geralmente, acidental, podendo, no entanto, ter origem suicida ou homicida). Hygino Hércules não utiliza o termo fulminação (Medicina Legal - Texto e Atlas. São Paulo: Ed. Atheneu, 2005, p. 353).

Alternativa correta: "certo".

84. (Cespe - Delegado de Polícia - PC - SE/2018) Um homem de cinquenta anos de idade assassinou a tiros a esposa de trinta e oito anos de idade, na manhã de uma quarta-feira. De acordo com a polícia, o homem chegou à casa do casal em uma motocicleta, chamou a mulher ao portão e, quando ela saiu de casa, atirou nela com uma arma de fogo, matando-a imediatamente. Em seguida, ele se matou no mesmo local, com um disparo da arma encostada na própria têmpora.

Considerando a situação hipotética apresentada e os diversos aspectos a ela relacionados, julgue os itens a seguir.

84.1. Ao realizar a necropsia no cadáver masculino, espera-se que sejam verificados sinal de Benassi, sinal do funil de Bonnet e câmara de mina de Hoffmann.

COMENTÁRIOS

A assertiva menciona o exame de necropsia do cadáver masculino (autor dos disparos). Portanto, tiro encostado. O **Sinal de Benassi** é um halo fuliginoso deixado sobre as peças ósseas nos disparos encostados. Em outras palavras, quando os resíduos de pólvora ficam depositados na superfície óssea. O diagnóstico diferencial entre o ferimento de entrada e o de saída no plano ósseo, principalmente nos ossos do crânio, é feito pelo **sinal de funil de Bonnet** ou do cone truncado de Pousold. Na lâmina externa do osso, o ferimento de entrada é arredondado, regular e em forma de "saca-bocado". Na lâmina interna, o ferimento é irregular, maior do que o da lâmina externa e com bisel interno bem definido, dando à perfuração a forma de um funil ou de um tronco de cone. A presença de orifício de entrada em **câmara de mina** ou **câmara de Hoffmann** ocorre nos **tiros encostados** com plano ósseo logo abaixo. Assim, os gases e as micropartículas não conseguem perfurar, causando ferimento estrelado e de bordos evertidos, em razão do refluxo dos gases.

Alternativa correta: "certo".

85. (Cespe - Delegado de Polícia - PC - SE/2018) Considerando essa situação hipotética e os diversos aspectos a ela relacionados, julgue os itens a seguir.

Um homem de quarenta e cinco anos de idade morreu após se engasgar com um pedaço do sanduíche que comia em uma lanchonete. Ele estava na companhia do seu cunhado, que não conseguiu ajudá-lo a retomar o fôlego. Os empregados da lanchonete acionaram o socorro médico, mas não houve êxito na tentativa de evitar a morte do homem.

A obstrução das vias aéreas superiores, como a citada no texto, causada por obstáculo na faringe, laringe ou tra-

queia e que impede a entrada do ar, denomina-se sufocação por engasgamento.

COMENTÁRIOS

A terminologia adequada é sufocação direta por oclusão das vias respiratórias. Como menciona Hygino Hércules, sufocação por engasgamento é expressão popular (Medicina Legal – Texto e Atlas. São Paulo: Ed. Atheneu, 2005, p. 485), provavelmente o motivo da anulação. Ocorre quando corpos estranhos impedem a passagem de ar até os pulmões. É mais frequente nos acidentes, como no exemplo da questão. Além disso, é modalidade de sufocação direta. **ANULADA**.

86. (Fundatec – Delegado de Polícia – PC – RS/2018) Sobre ferimentos causados por projetis de arma de fogo, é INCORRETO afirmar que:

a) O número de orifícios de entrada pode ser maior do que o número de projetis disparados e que atingem o corpo.
b) Um mesmo projetil pode transfixar um segmento do corpo e, a seguir, penetrar outra região anatômica no mesmo indivíduo.
c) As zonas de esfumaçamento e tatuagem podem ser "barradas" pelo vestuário da vítima, não chegando à pele.
d) A determinação da ordem dos disparos que atingiram uma vítima é fácil de ser realizada. Entretanto, em raras situações, sua determinação não é possível.
e) Ao estudar a direção dos disparos, sem nenhuma outra informação disponível além da obtida durante a necropsia, o Perito Médico-Legista deve descrever a trajetória considerando o cadáver na posição anatômica clássica.

COMENTÁRIOS

Anulada. Apesar da **ANULAÇÃO** da banca examinadora, pois, duas alternativas estão incorretas, comentaremos todas as assertivas.

Alternativa "a". A resposta nos é dada pela própria alternativa "b". Quando um mesmo projétil pode transfixar um segmento do corpo e, a seguir, penetrar outra região anatômica no mesmo indivíduo. Exemplo do disparo que transfixa o braço da vítima, atingindo a região torácica. Teremos dois orifícios de entrada.

Alternativa "b". Vide comentários à alternativa "a".

Alternativa "c". O **halo ou zona de tatuagem** é resultante da impregnação de grãos de pólvora incombustos que alcançam o corpo. Já a **zona ou orla de esfumaçamento** é decorrente do depósito deixado pela fuligem que circunscreve a ferida de entrada, formado pelos resíduos finos e impalpáveis da pólvora combusta. É também chamada de **zona de falsa tatuagem**, pois, lavando-se, ela desaparece. "Está sempre presente nesses tipos de ferimentos, a **não ser quando a região do corpo está protegida pelas vestes que retêm o depósito de fuligem**" (FRANÇA, Genival Veloso de. Medicina Legal, 9ª ed. Rio de Janeiro: Guanabara Koogan, 2014, p. 106).

Alternativa "d". É o contrário. São raras as situações nas quais se é possível determinar a ordem dos disparos.

Alternativa "e". A alternativa confunde trajeto com trajetória. A trajetória é o caminho percorrido pelo projétil da arma de fogo até a superfície atingida, ou seja, fora do corpo. Também possui relevante valor pericial, podendo determinar o *modus operandi* do delito, a incidência de uma qualificadora etc. Portanto, é realizada pelo perito criminal. O trajeto é o caminho percorrido pelo projétil no interior do corpo da vítima, constitui um túnel lesional feito pelo deslocamento do projétil dentro do corpo, que termina no seu ponto de repouso ou saída, quando transfixiante. Na necropsia, assim, o médico-legista deve estudar o trajeto dos disparos.

87. (Fundatec – Delegado de Polícia – PC – RS/2018) Em relação às asfixias por constrição cervical, analise as afirmações abaixo, assinalando V, se verdadeiras, ou F, se falsas.

( ) O enforcamento, de acordo com sua definição médico-legal, quando diagnosticado indica a ocorrência de suicídio.
( ) O enforcamento, de acordo com sua definição médico-legal, necessita que o peso do corpo da vítima acione o laço. Desta forma, os casos descritos como enforcamento, mas nos quais a vítima não estava completamente suspensa (pés não tocando o solo) devem ser classificados como "montagem" (tentativa de ocultação de homicídio).
( ) O enforcamento, de acordo com sua definição médico-legal, não necessita do peso do corpo da vítima para ocorrer.
( ) A esganadura pode ser consequência de suicídio ou de homicídio.

A ordem correta de preenchimento dos parênteses, de cima para baixo, é:

a) V – V – F – F.
b) V – F – V – V.
c) F – V – F – F.
d) F – F – V – V.
e) F – F – F – F.

COMENTÁRIOS

Nota do autor: Todas as assertivas são falsas e tratam, basicamente, do enforcamento e da esganadura. Vejamos cada uma das assertivas:

Assertiva I. O **enforcamento** é modalidade de asfixia em que a constrição do pescoço é exercida por um laço, cuja extremidade se acha fixa em um determinado ponto. A força atuante é o próprio peso da vítima. Em outras palavras, trata-se de uma modalidade de asfixia mecânica que se caracteriza pela interrupção do ar atmosférico até as vias respiratórias, em decorrência da constrição do pescoço por um laço fixo, agindo o peso do próprio corpo da vítima como força ativa. É mais comum nos suicídios, podendo, no entanto, ter como etiologia o acidente, o homicídio e a execução judicial. Portanto, o erro da assertiva é apontar, apenas, o suicídio como causa em hipótese de enforcamento.

Assertiva II. Como visto no conceito, no enforcamento, a força atuante é o próprio corpo da vítima. Existem dois tipos de suspensão do corpo no enforcamento. Chama-se de **suspensão típica ou completa** aquela em que o corpo fica totalmente sem tocar em qualquer ponto de apoio; e **suspensão atípica ou incompleta**, se é apoiado pelos pés, joelhos ou outra parte qualquer do corpo, muito comum em suicídios praticados no banheiro. Assim, embora seja possível eventual montagem para descaracterizar um crime de homicídio (por exemplo, o famoso caso da ditadura militar, do jornalista Vladimir Herzog), existe, sim, a modalidade de enforcamento por suspensão incompleta.

Assertiva III. Como vimos no conceito, no enforcamento, a força atuante é o próprio corpo da vítima.

Assertiva IV. A esganadura é um tipo de asfixia mecânica que se verifica pela constrição do pescoço pelas mãos do agressor, ao obstruir a passagem do ar atmosférico pelas vias respiratórias até os pulmões. É sempre homicida, sendo impossível a forma suicida ou acidental.

Alternativa correta: letra "e" (responde as demais alternativas): todas as assertivas são falsas.

---

88. (Fumarc – Delegado de Polícia – PC – MG/2018) De acordo com o Artigo 129 do Código Penal Brasileiro, trata-se de lesão corporal de natureza gravíssima:

a) Aceleração de parto.

b) Debilidade permanente de membro, sentido ou função.

c) Deformidade permanente.

c) Perigo de vida.

COMENTÁRIOS

✪ **Nota do autor:** Segundo a doutrina, o art. 129, §1º, do Código Penal, elenca as hipóteses legais **de lesão corporal de natureza grave** (se resulta: incapacidade para as ocupações habituais, por mais de trinta dias; perigo de vida; debilidade permanente de membro, sentido ou função; aceleração de parto); enquanto o art. 129, §2º, traz os casos de **lesão corporal gravíssima**, quando resulta: incapacidade permanente para o trabalho; enfermidade incurável; perda ou inutilização do membro, sentido ou função; deformidade permanente; aborto. Portanto, as alternativas "a", "b" e "d" estão previstas no art. 129, §1º, CP. A deformidade permanente está prevista no art. 129, §2º, inc. IV, CP.

Alternativa correta: letra "c" (responde as demais alternativas).

---

89. (Fumarc – Delegado de Polícia – PC – MG/2018) Um indivíduo foi vítima da explosão de uma bomba ao implantá-la num caixa eletrônico, tendo evoluído para óbito imediatamente. Qual das feridas tem mais probabilidade de tê-lo acometido?

a) Contusodilacerantes.

b) Cortocontusas.

c) Cortodilacerantes.

d) Dilacerantes.

COMENTÁRIOS

✪ **Nota do autor:** Segundo a bibliografia apontada pela Banca Examinadora, Genival Veloso de França não aceita as denominações contusodilacerantes, cortodilacerantes ou dilacerantes, por não existirem instrumentos dilacerantes. Como explica o autor, "as feridas, por exemplo, produzidas por fragmentos de vidro, lança, dentes ou explosão, ainda que venham a apresentar perdas vultosas de tecidos, não deixam de ser cortantes, perfurocortantes, cortocontusas e contusas, correspondentemente" (FRANÇA, Genival Veloso de. Medicina Legal, 9ª ed. Rio de Janeiro: Guanabara Koogan, 2014, p. 83).

Alternativa correta: letra "b".

---

90. (Nucepe – Delegado de Polícia – PC – PI/2018) O legislador através do Código Penal contempla os tipos penais acerca das lesões corporais, pois o Estado tem o dever de proteger a integridade física das pessoas; Dentro da medicina legal temos a traumatologia que estuda as lesões e os estados patológicos imediatos ou tardios produzidos por violência no corpo humano.

Em relação a traumatologia é CORRETO afirmar:

a) Os instrumentos cortantes não produzem lesões no pescoço chamadas de esgorjamento, degolamento e decapitação.

b) Esgorjamento são as lesões produzidas por instrumentos perfurantes nas regiões anterior, lateral, anterolateral ou laterolateral do pescoço.

c) Escoriações são lesões profundas em que existe perda de epiderme, deixando a derme a descoberto.

d) O esgorjamento e o degolamento indicam sempre que ocorreu um homicídio.

e) Esgorjamento é o ato de separar completamente a cabeça do corpo, produzido especialmente por instrumentos cortocontudentes.

COMENTÁRIOS

✪ **Nota do autor:** A questão foi **ANULADA** pela Banca Examinadora, em razão de todas as alternativas estarem incorretas.

Alternativa "a": Tais lesões são provocadas por instrumentos cortantes, produzindo lesões incisas. O esgorjamento é a lesão localizada na região anterior do pescoço. A degola, na região posterior, e a decaptação, a separação da cabeça do corpo.

Alternativa "b": Como afirmamos nos comentários à alternativa "a", a região do pescoço atingida no esgorjamento é a anterior. Além disso, o instrumento é cortante.

Alternativa "c": A escoriação é uma ferida contusa superficial, agindo, o instrumento contundente, tangencialmente à superfície corpórea, produzindo o arrancamento da epiderme, deixando a derme descoberta. Assim, é a perda epidérmica traumática. Importante notar que não ocorre a cicatrização, mas sim, regeneração. O erro está em afirmar que a escoriação é uma lesão profunda.

Alternativa "d": O esgorjamento, segundo França, consiste numa "longa ferida transversal do pescoço, de significativa profundidade, lesando além dos planos cutâneos, vasculonervosos e musculares, órgãos mais internos como esôfago, laringe e traqueia" (FRANÇA, Genival Veloso de. Medicina Legal, 9ª ed. Rio de Janeiro: Guanabara Koogan, 2014, p. 86). Além disso, afirma que sua etiologia pode ser homicida ou suicida. Portanto, é possível o esgorjamento em hipótese de suicídio.

Alternativa "e": A separação da cabeça do corpo é denominada decaptação. Embora se estude no contexto de lesões produzidas por instrumentos cortantes, a doutrina admite outras formas de ação.

---

91. (Nucepe - Delegado de Polícia - PC - PI/2018) A balística "é a ciência que estuda o movimento dos projéteis, particularmente os disparos por armas leves e canhões". Em relação à balística forense, marque a alternativa INCORRETA:

a) As armas portáteis também conhecidas por individuais, são aquelas que podem ser transportadas e acionadas por uma só pessoa.

b) Em relação às armas automáticas tanto o funcionamento como o disparo são automáticos.

c) A percussão é o choque de dois corpos; no cão o percurssor atinge a espoleta para transmitir fogo à pólvora.

d) Projétil é a parte da munição destinada a atingir o alvo.

e) Quanto ao municiamento, na arma de retrocarga a munição é colocada pela parte anterior do cano.

COMENTÁRIOS

Alternativa "a": Encontrávamos a definição no glossário do Anexo III, do Decreto 9.493, de 5 de setembro de 2018, que aprovava o Regulamento para a Fiscalização de Produtos Controlados, além de revogar o Decreto 3.665, de 20 de novembro de 2000. "**Arma de fogo portátil:** arma que, devido às suas dimensões ou ao seu peso, pode ser transportada por uma única pessoa, tais como fuzil, carabina e espingarda". Todavia, o referido decreto foi revogado pelo Decreto 10.030, de 2019, que não conceitua arma de fogo portátil.

Alternativa "b": Segundo o revogado Decreto 9.493, de 2018 (Anexo III), **arma de fogo automática** é aquela em que "o carregamento, o disparo e todas as operações de funcionamento ocorrem continuamente enquanto o gatilho estiver sendo acionado". O conceito foi mantido pelo Decreto 10.030, de 2019 (Anexo III).

Alternativa "c": Descreve o funcionamento de uma arma de fogo. Percutir é bater. Quando acionado o gatilho, o percussor atinge a espoleta, que é a parte do cartucho destinada a inflamar a carga, transmitindo fogo à pólvora, fazendo-a explodir pela combustão. Os gases decorrentes impulsionam com potência o projétil.

Alternativa "d": Trata-se do verdadeiro instrumento perfurocontundente.

Alternativa "e": A alternativa inverte os conceitos. Quanto ao modo de carregar, a arma pode ser de: **Antecarga** (carregada pela boca, parte anterior do cano da arma, pela extremidade de saída do projétil. Ex. mosquete. **Retrocarga** (são as mais comuns, atualmente), munição colocada no pente (ex. pistola), no tambor (ex. revólver) ou na parte posterior do cano (ex. espingarda), ou seja, na parte mais próxima do atirador.

Alternativa incorreta: letra "e".

---

92. (Nucepe - Delegado de Polícia - PC - PI/2018) Em relação aos mecanismos de ação, é INCORRETO afirmar que:

a) Os agentes perfurocontudentes onde a lesão acontece mais pelo peso e força com que eles são usados do que pelo deslizamento do gume.

b) Os agentes perfurantes atuam por pressão em um ponto de contato, rompendo as fibras e causando danos internos bem maiores do que o pequeno orifício de entrada.

c) Os agentes cortantes atuam em contato com o corpo, que se dá por uma linha do gume, cortam por deslizamento e pressão, geralmente sem maior profundidade.

d) Os agentes contundentes atuam por choque, pressão ou deslizamento no contato com a superfície plana, como regra.

e) Os agentes perfurocortantes onde além da perfuração, por pressão, ocorre ação lateral, resultando corte.

COMENTÁRIOS

Alternativa "a": O agente ou instrumento perfurocontundente produz uma **lesão perfurocontusa,** sendo aquele que age inicialmente por pressão em uma superfície para em seguida perfurar a região atingida, ao atuar sobre o alvo, perfura e contunde. O instrumento típico deste grupo de agentes lesivos é o projétil de arma de fogo. Portanto, não há falar em gume.

Alternativa "b": O agente ou instrumento perfurante produz uma **lesão punctória**, sendo todo aquele que possui uma haste clíndrico-cônica dotada de ponta. A ação predominante é o afastamento das fibras dos tecidos. Exemplos: agulha, prego, espeto de churrasco etc.

Alternativa "c": O agente ou **instrumento cortante** é todo aquele dotado de lâmina que apresenta fio, lume ou corte, e age por pressão ou por deslizamento, gerando a secção dos tecidos. A lesão é denominada **incisa**. Exemplo: navalha.

Alternativa "d": Instrumento contundente produz uma **lesão contusa,** sendo todo objeto rombo, capaz de agir traumaticamente sobre o organismo. Exemplos: pau, pedra, martelo, barra de ferro, o chão etc. Segundo França, "entre os agentes mecânicos, os instrumentos contundentes são os maiores causadores de dano. Sua ação é quase sempre produzida por um corpo de superfície, e suas lesões mais comuns se verificam externamente, embora possam repercutir na profundidade. Agem por pressão, explosão, deslizamento, percussão, compressão, descompressão, distensão, torção, fricção, por contragolpe ou de forma mista" (FRANÇA, Genival Veloso de. Medicina Legal, 9ª ed. Rio de Janeiro: Guanabara Koogan, 2014, p. 87).

Alternativa "e": O **instrumento perfurocortante** é aquele dotado de uma ponta (ação perfurante) na extremidade de uma lâmina portadora de um ou mais gumes (ação cortante), produzindo uma **lesão perfuroincisa**. Exemplo: punhal.

Alternativa correta: letra "a".

93. (UEG - Delegado de Polícia - PC - GO/2018) Tendo em vista a relevância da determinação da distância de um disparo com arma de fogo, bem como a necessidade de conhecimento acerca dos elementos do disparo na saída da arma, para a verificação de um tiro a curta distância (queima-roupa), quando observados os sinais na pele da vítima, também deverá ser levado em consideração o seguinte aspecto:

a) a zona de chamuscamento é um sinal indispensável nesse caso.

b) o orifício de entrada do PAF apresentará bordas nitidamente chamuscadas.

c) a zona de tatuagem será o marcador do limite dessa distância.

d) a orla de escoriação será simétrica em relação ao orifício de entrada do PAF.

e) o sinal de Werkgartner é um parâmetro a ser levado em conta.

COMENTÁRIOS

Alternativa "a": Não se trata de sinal indispensável, pois, embora seja observado nos tiros efetuados à curta distância, definindo, inclusive, o disparo à queima-roupa, nem sempre estará presente, em razão de algum anteparo (como um travesseiro) ou, até mesmo as vestes da vítima. Também chamada de zona de queimadura ou zona de chama, tem como responsável a ação superaquecida dos gases que atingem e queimam o alvo.

Alternativa "b": As bordas, nos orifícios de entrada, ficam invertidas, ou seja, viradas para dentro. O chamuscamento, como vimos, se dá nas regiões cobertas por pelos.

Alternativa "c": A zona de tatuagem é resultante da impregnação de grãos de pólvora incombustos que alcançam o corpo. Pela análise desse halo, a perícia pode determinar a distância exata do tiro, usando-se a mesma arma e a mesma munição em vários tiros de prova, até alcançar um halo de mesmo diâmetro que o original. A tatuagem é um sinal indiscutível de orifício de entrada em tiros a curta distância (FRANÇA, Genival Veloso de. Medicina Legal, 9ª ed. Rio de Janeiro: Guanabara Koogan, 2014, p. 106).

Alternativa "d": A orla de escoriação irá variar nos tiros oblíquos ou com anteparos, pois, o projétil perderá movimento e rotação.

Alternativa "e": o chamado Sinal de Werkgaertner está presente nos tiros encostados, quando ocorre uma queimadura ao redor do orifício de entrada, causada pelo cano e pela mira da arma aquecidos pelo disparo. Muitas vezes o desenho da mira permite identificar se a arma utilizada foi revólver ou pistola.

Alternativa correta: letra "c".

94. (UEG - Delegado de Polícia - PC - GO/2018) As asfixias mecânicas se enquadram na categoria dos traumas de natureza fisicoquímica. Nos casos das constrições cervicais - enforcamento, estrangulamento e esganadura - as asfixias demonstram sinais característicos que as diferenciam entre si. Nesse sentido, verifica-se o seguinte:

a) num enforcamento, diferentemente de um estrangulamento, é possível reconhecer o material empregado no laço, a partir da marca deixada na pele.

b) a esganadura só ocorre na forma dolosa, uma vez que as formas acidental e culposa são afastadas pelo mecanismo de ação empregado.

c) nos estrangulamentos, os sinais são constituídos de equimose facial associada a marcas ungueais, os quais permitem a identificação do agressor.

d) uma suspensão incompleta, num caso de enforcamento, aponta, direta e inquestionavelmente, para um homicídio por execução da vítima.

e) dentre as asfixias por constrição cervical, a mais rápida delas em termos de ocorrência da morte é representada pelo estrangulamento.

COMENTÁRIOS

Alternativa "a": Em ambas as hipóteses é possível identificar o material utilizado, a partir da marca deixada na pele.

Alternativa "b": A doutrina entende que apenas a forma dolosa é admitida, "é sempre homicida, sendo impossível a forma suicida ou acidental", nas palavras de Genival Veloso de França (Medicina Legal, 9ª ed. Rio de Janeiro: Guanabara Koogan, 2014, p. 157). **Cuidado!** Embora França aponte a causa sempre homicida, a banca optou por mencionar que a esganadura é dolosa, ou seja, nada falou sobre o crime (se homicídio doloso, culposo). A cautela se justifica, pois é possível imaginar a morte acidental na hipótese de esganadura durante o ato sexual.

Alternativa "c": As marcas ungueais (das unhas) estão relacionadas à esganadura, que é um tipo de asfixia mecânica que se verifica pela **constrição do pescoço pelas mãos**, ao obstruir a passagem do ar atmosférico pelas vias respiratórias até os pulmões.

Alternativa "d": Existem dois tipos de suspensão do corpo no enforcamento. Chama-se de **suspensão típica ou completa** aquela em que o corpo fica totalmente sem tocar em qualquer ponto de apoio; e, **suspensão atípica ou incompleta**, se é apoiado pelos pés, joelhos ou outra parte qualquer do corpo, muito comum em suicídios praticados no banheiro. Assim, embora seja possível eventual montagem para descaracterizar um crime de homicídio (por exemplo, o famoso caso da ditadura militar, do jornalista Vladimir Herzog), existe, sim, a modalidade de enforcamento por suspensão incompleta na forma suicida ou acidental.

Alternativa "e": São diversos os fatores a influenciar as asfixias por constrição cervical. O tipo de nó (no enforcamento), o tipo de laço (no estrangulamento), obstrução intermitente na esganadura, em razão de luta corporal, por exemplo, além de aspectos pessoais (peso, idade, condições de saúde etc.).

Alternativa correta: letra "b".

95. (Vunesp – Delegado de Polícia – PC – BA/2018) Com relação aos ferimentos de entrada em lesões produzidas por projéteis de arma de fogo, é correto afirmar:

a) a aréola equimótica é representada por uma zona superficial e relativamente difusa, decorrente da sufusão hemorrágica oriunda da ruptura de pequenos vasos localizados nas vizinhanças do ferimento, geralmente de tonalidade violácea.

b) o formato de ferimentos em tiros à distância varia de acordo com a inclinação do disparo, assim, quando o tiro é oblíquo, a ferida é arredondada ou ligeiramente oblíqua, além de evidenciar uma orla de escoriação concêntrica.

c) diz-se que uma lesão tem as características das produzidas por tiro a distância quando ela não apresenta os efeitos secundários do tiro, com diâmetro maior que o do projétil, aréola equimótica e bordas reviradas para dentro.

d) ferimentos em tiros encostados podem ter forma arredondada ou elíptica, com zona de compressão de gases, evidenciada pela depressão da pele em virtude do efeito gerado pelo projétil com a ação mecânica de gases que descolam e dilaceram os tecidos.

e) tiros a curta distância causam ferimentos arredondados, com entalhes, zona de tatuagem e de esfumaçamento, devido à ação resultante dos gases que descolam e dilaceram os tecidos, com vertentes enegrecidas e desgarradas, tendo aspecto de cratera de mina.

COMENTÁRIOS

Alternativa "a": A banca lançou citação literal da obra do autor Genival Veloso de França (Medicina Legal, 9ª ed. Rio de Janeiro: Guanabara Koogan, 2014, p. 107). Trata-se de fenômeno que tem por origem a formação de uma equimose bem justa ao ferimento, em razão do rompimento de vasos sanguíneos. A ponta romba do projétil pressiona e contunde os tecidos.

Alternativa "b": É verdade que a forma varia de acordo com a inclinação do tiro. Porém, o examinador confunde em relação ao disparo perpendicular e oblíquo. No perpendicular, o orifício é arredondado ou ligeiramente oblíquo, em virtude das linhas de força de certas regiões capazes de alterar a direção no sentido de suas fibras. Já, quando o tiro é oblíquo, a ferida é sensivelmente elíptica.

Alternativa "c": Os efeitos secundários identificam um disparo à curta distância, porém, não se pode padronizar a distância com essa informação apenas. Além do projétil, saem pela boca do cano outros elementos como pólvora já queimada (fuligem), pólvora em combustão e não combusta, chama (fogo), formando o chamado cone de explosão. Esses são chamados de efeitos secundários. A aréola equimótica e as bordas voltadas para dentro também são observadas, explicadas pela ação contundente do instrumento. O erro na assertiva está em afirmar que o diâmetro da lesão é maior que o do projétil. É o contrário, o diâmetro é menor em razão da elasticidade da pele.

Alternativa "d": Forma arredondada ou elíptica é a apresentada por tiros à curta distância. Em tiros encostados, o ferimento tem forma irregular, denteada ou com entalhes.

Alternativa "e": A alternativa descreve características do ferimento do tiro encostado.

Alternativa correta: letra "a".

96. (Vunesp – Delegado de Polícia – PC – SP/2018) Com relação à traumatologia médico-legal, a diferença conceitual entre degola (decapitação) e esgorjamento reside

a) na separação total da cabeça do restante do corpo na degola, sendo a lesão sempre profunda.

b) no instrumento utilizado, sendo cortante na degola e cortante e contundente no esgorjamento.

c) no instrumento utilizado. Cortante na decapitação e contundente no esgorjamento.

d) na localização da lesão, sendo a degola posterior ao pescoço e o esgorjamento anterior ou lateral.

e) na localização da lesão, sendo a degola lateral e o esgorjamento anterior.

COMENTÁRIOS

✪ **Nota do autor:** A questão aborda nomenclatura especial de algumas feridas incisas (aquelas causadas por instrumentos cortantes). Parte da doutrina faz a seguinte distinção: **Esgorjamento**: ferida profunda na parte anterior (garganta) e lateral do pescoço. **Degola**: lesão profunda situada na região posterior do pescoço (nuca). **Decaptação**: separação da cabeça do corpo. Porém, é de se destacar os conceitos trazidos pelo autor Hygino de Carvalho Hércules. **Esgorjamento**, quando as lesões são profundas e localizadas no pescoço, nas faces laterais ou anterior. E a **degola**, quando localizada na face posterior (Medicina Legal – Texto e Atlas. São Paulo: Editora Atheneu, 2005, p. 218).

Alternativa correta: letra "d" (responde às demais alternativas).

---

97. (Cespe – Delegado de Polícia – GO/2017) Um cadáver jovem, do sexo masculino, encontrado por moradores de uma região ribeirinha, estava nas seguintes condições: vestido com calção de banho; corpo apresentando dois orifícios, o primeiro deles medindo cerca de 1 cm, ligeiramente elíptico, na parte posterior do tórax, na altura da região escapular direita; o segundo, de mesmo tamanho que o primeiro, circular, no pescoço, logo abaixo da nuca. O primeiro orifício apresentava orla de enxugo, orla de escoriação e orla de contusão; em torno do segundo orifício, foram observadas zonas de esfumaçamento e de tatuagem.

Nessa situação hipotética, as lesões descritas

a) foram causadas por instrumentos perfurocontundentes empregados a longa distância e a curta distância, respectivamente.

b) decorreram de ação cortocontundente produzida a curta distância.

c) foram causadas por instrumentos perfurocortantes, e o instrumento que produziu o segundo orifício foi usado a curta distância.

d) foram, ambas, causadas por instrumentos perfurocontundentes empregados a curta distância.

e) são compatíveis com a ação de projéteis de alta energia disparados a longa distância.

COMENTÁRIOS

✪ **Nota do autor:** os ferimentos produzidos por projéteis de arma de fogo (PAF) são causados por **instrumento perfurocontundente**, que produz uma **lesão perfurocontusa**. Para responder à questão, necessário diferenciar as características dos disparos, levando-se em consideração a distância. As orlas de contusão, escoriação e enxugo estão presentes tanto nos tiros realizados a curta quanto a longa distância. A diferença reside nas zonas, que podem ou não estar presentes, dependendo da distância do disparo. Outro ponto importante, as duas situações apresentam orifício de entrada, pois, o de saída, é dilacerado.

Alternativa "a": O primeiro disparo foi a longa distância (acima de 50 cm), pois não apresenta zonas (chamuscamento, esfumaçamento e tatuagem). Já o segundo, a curta distância (de 5 a 30 cm), em razão das zonas de esfumaçamento (se forma em razão do volume de gases em alta temperatura e em combustão, e certa quantidade de fumaça, expelidos no momento do disparo. Assim, a fumaça decorrente do disparo poderá atingir o alvo e depositar-se ao redor do ferimento de entrada, quando a distância for até 30 cm) e de tatuagem (pode ser encontrada em disparos realizados até 50 cm do alvo, e é causada pela dispersão dos grãos de pólvora e pelas partículas metálicas decorrentes da abrasão do projétil no cano da arma, incidindo sobre o alvo como verdadeiros projéteis secundários, por vezes incrustando-se na pele de tal maneira que formam verdadeira tatuagem. Não se observa em disparos muito próximos, até 5 cm, pois não há dispersão suficiente, acompanhando, tais partículas, o projétil para o interior da lesão).

Alternativa "b": Instrumento cortocontundente produz uma **lesão cortocontusa** sendo dotado de grande massa, transferindo sua energia por meio de um gume. Assim, além de cortar, contunde, agindo mais por pressão, como exemplo, um golpe de machado. A ação dos dentes incisivos, dentada ou mordedura, produz lesão cortocontusa.

Alternativa "c": O equívoco da alternativa está na primeira parte. Instrumento perfurocortante é aquele dotado de uma ponta (ação perfurante) na extremidade de uma lâmina portadora de um ou mais gumes (ação cortante), produzindo uma lesão perfuroincisa. Exemplo: punhal.

Alternativa "d": Como vimos nos comentários à alternativa correta, o primeiro disparo foi realizado a longa distância.

Alternativa "e": As feridas de entrada de projéteis de arma de fogo de alta energia cinética costumam apresentar formas bizarras. Qualquer elemento que altere a estabilidade do projétil de alta energia na sua entrada tende a ampliar a ferida, chamando, alguns autores, de ferida explosiva ou lacerada. E ainda, os ferimentos de entrada produzidos por esses projéteis de alta velocidade podem apresentar vultosas áreas de destruição dos tecidos atingidos, deixando à mostra regiões ou estruturas mais profundas, com orifícios muito maiores que o diâmetro do projétil. Outras vezes, a orla de escoriação está ausente ou pouco nítida, e as bordas do orifício são irregulares e apresentam radiações. Quando encontram maior resistência, como, por exemplo, no tecido ósseo, apresentam-se como verdadeiras explosões.

Alternativa correta: letra "a".

---

98. (Cespe – Delegado de Polícia – GO/2017) Em relação às asfixias, assinale a opção correta.

a) A projeção da língua e a exoftalmia são achados suficientes para concluir que houve morte não natural.

b) As equimoses das conjuntivas somente são encontradas nos casos de afogamento.

c) Nas asfixias, as ocorrências de manchas de hipóstase são raras.

d) Na sufocação por compressão do tórax, observam-se pulmões congestos e com hemorragias.

e) O cogumelo de espuma é uma característica exclusiva do afogamento.

COMENTÁRIOS

Nota do autor: a Asfixiologia Forense é o capítulo da Medicina Legal que estudas as asfixias, energias de ordem físico-química como agentes vulnerantes que causam traumas. Conforme ensina Genival França Veloso, "asfixia, sob o ponto de vista médico-legal, é a síndrome caracterizada pelos efeitos da ausência ou baixíssima concentração do oxigênio no ar respirável por impedimento mecânico de causa fortuita, violenta e externa em circunstâncias as mais variadas. Ou a perturbação oriunda da privação, completa ou incompleta, rápida ou lenta, externa ou interna, do oxigênio" (FRANÇA, Genival Veloso de. Medicina Legal, 10ª ed. Rio de Janeiro: Guanabara Koogan, 2015, p. 327). Como características gerais, os sinais internos das asfixias mecânicas são: *fluidez sanguínea* (o sangue é fluido, não coagula, líquido, espesso e escuro); *congestão das vísceras*; e *equimoses viscerais*. Por oportuno, os sinais externos são: *cianose da pele* (cor arroxeada ou azulada); *equimoses conjuntivas*; *espuma na boca* (cogumelo de espuma); *projeção da língua para fora da boca*; e *resfriamento lento do cadáver*.

Alternativa "a": São achados comuns nas asfixias mecânicas, mas não esquecer que os cadáveres putrefeitos na fase gasosa ou enfisematosa também apresentam exoftalmia (projeção do globo ocular para fora de sua órbita) e projeção da língua, mesmo sem ter nenhuma relação com a morte por asfixia.

Alternativa "b": Essas equimoses são muito importantes para o diagnóstico *post mortem* da asfixia mecânica, mesmo que elas possam surgir em outras formas de morte, como, por exemplo, na insuficiência cardíaca aguda, embolia pulmonar, transtorno da coagulação sanguínea, algumas intoxicações exógenas e até mesmo em algumas doenças da pele. Desenvolvem-se em algumas horas depois da morte. Em relação aos cadáveres de afogados, algumas vezes (e não "somente", como menciona a alternativa) são notadas tais equimoses, principalmente em líquidos espessos, como das latrinas e pântanos.

Alternativa "c": Os sinais encontrados são numerosos e variáveis, podendo ser divididos, segundo sua situação, em externos e internos. Para Genival Veloso de França, dentre os sinais externos estão as manchas de hipóstase. Segundo o autor, são precoces, abundantes e de tonalidade escura, variando essa tonalidade, nas asfixias por monóxido de carbono quando essas manchas assumem uma tonalidade rósea (FRANÇA, Genival Veloso de. Medicina Legal, 10ª ed. Rio de Janeiro: Guanabara Koogan, 2015, p. 330). Portanto, não são raras, como mencionado na alternativa.

Alternativa "d": A sufocação por compressão torácica (classificada como indireta) impede os movimentos respiratórios, levando, por consequência, à asfixia. Também é conhecida como congestão compressiva de Perthes. Um dos sinais mais importantes é a máscara equimótica da face, também conhecida como congestão cefalocervical ou máscara equimótica de Morestin, produzida pelo refluxo sanguíneo da veia cava superior em face da compressão torácica. Os pulmões se mostram distendidos (sinal de Valentin), congestos, com sufusões hemorrágicas subpleurais. O fígado é congesto e o sangue do coração, escuro e fluido.

Alternativa "e": O cogumelo de espuma é formado de uma bola de finas bolhas de espuma que cobre a boca e as narinas e continua pelas vias respiratórias inferiores. É mais comum nos afogados, mas pode surgir em outras formas de asfixias mecânicas, no edema agudo do pulmão e nos casos de morte precedida de grandes convulsões. Portanto, não é uma característica exclusiva, como mencionado na alternativa.

Alternativa correta: letra "d".

---

99. (IBADE - Delegado de Polícia - AC/2017) Diante de notícia sobre a ocorrência de crime de homicídio, policiais civis foram ao local para investigar o fato. Ao chegarem, foi possível observar que a vítima estava com o corpo totalmente em contato com o solo, em decúbito ventral, com as mãos amarradas para trás. Na região do pescoço, foi possível observar que havia um fio que circulava a região por três vezes. A perícia no material revelou que nas duas pontas do fio havia um pedaço de madeira amarrado, o que possibilitava o tracionamento para lados opostos. O sulco provocado pelo fio era contínuo, com profundidade uniforme e em sentido horizontal, tendo lesionado a região inferior ao osso hioide. Diante das informações apresentadas acima, pode-se afirmar que houve:

a) soterramento.

b) enforcamento.

c) esganadura.

d) estrangulamento.

e) afogamento.

COMENTÁRIOS

Nota do autor: a questão aborda o tema asfixias (energias de ordem físico-química). Enforcamento, estrangulamento e esganadura são modalidades de asfixia por constrição do pescoço. Já o soterramento, é modalidade de asfixia por sufocação; e o afogamento, por colocação da vítima em meio líquido.

Alternativa "a": O **soterramento** é modalidade de asfixia mecânica pura (sufocação direta) decorrente do bloqueio direto (obstrução) das vias respiratórias, impedindo a penetração do ar.

Alternativa "b": o **enforcamento** é modalidade de asfixia em que a constrição do pescoço é exercida por um laço, cuja extremidade se acha fixa em um determinado ponto. A força atuante é o próprio peso da vítima. Dentre as características do sulco deixado no pescoço da vítima estão: é profundo na região do pescoço oposta ao nó e superficial perto do nó, portanto, profundidade variável; e a direção do sulco é oblíqua ascendente.

Alternativa "c": esganadura é um tipo de asfixia mecânica que se verifica pela constrição do pescoço pelas mãos do agressor, ao obstruir a passagem do ar atmosférico pelas vias respiratórias até os pulmões. Para a autora Neusa Bittar "é a constrição do pescoço diretamente por qualquer parte do corpo do agressor como mãos, pernas, braços etc." (Medicina Legal Descomplicada. 2ª edição. São Paulo: Rideel, 2011, p. 143).

Alternativa "d": a descrição do preâmbulo da questão é de **estrangulamento**, que é a constrição do pescoço por um laço que é acionado por outra força que não o peso da vítima. Exemplo: o "garrote". Nesta hipótese de asfixia o sulco é contínuo, abrangendo todo o pescoço com a mesma profundidade e frequentemente se identifica mais de uma volta do laço.

Alternativa "e": o **afogamento** é modalidade de asfixia mecânica em que há penetração de líquido nas vias aéreas.

Alternativa correta: letra "d".

100. (IBADE – Delegado de Polícia – AC/2017) A perícia médico-legal em um cadáver indica uma lesão na cabeça, com característica estrelada na pele, forte impregnação de fumaça e detritos granulares provenientes da incombustão da pólvora no conduto produzido através da massa encefálica. Nesta, foi encontrado um objeto metálico, totalmente feito de chumbo, em forma ogival. Na lateral deste objeto foi identificada a presença de estriações. Com base nesses dados, pode-se dizer:

a) Tal lesão é conhecida como sinal do rasgão crucial de Nerio Rojas.
b) Apontam-se características de lesão provocada por projétil de arma de fogo de alta energia, cujo disparo foi feito a longa distância.
c) O disparo foi efetuado a curta distância, o que impossibilita a formação do cone de dispersão.
d) Tal lesão é cortocontusa.
e) O cadáver possui lesão provocada por projétil de arma de fogo comum, tendo havido disparo com o cano da arma encostado na cabeça.

COMENTÁRIOS

✪ Nota do autor: Os ferimentos produzidos por projéteis de arma de fogo (PAF) são causados por **instrumento perfurocontundente**, que produz uma **lesão perfurocontusa**.

Alternativa "a": O sinal do rasgão crucial de Nerio Rojas, também conhecido como sinal do dilaceramento crucial, se caracteriza pelo rasgão em forma de cruz, no orifício de entrada de projétil de arma de fogo causado no tecido da roupa.

Alternativa "b": No momento do disparo, atrás do projétil lançado, segue a nuvem de gás proveniente da pólvora. O gás se espalha em forma de cone, conhecido como **cone de dispersão**. Quando encontramos uma lesão provocada exclusivamente pelo PAF, sem os elementos do cone de dispersão, temos o tiro a distância.

Alternativa "c": Como vimos nos comentários à alternativa correta, o primeiro disparo foi realizado a longa distância.

Alternativa "d": Os ferimentos produzidos por projéteis de arma de fogo (PAF) são causados por **instrumento perfurocontundente**, que produz uma **lesão perfurocontusa. Instrumento cortocontundente** produz uma **lesão cortocontusa** sendo dotado de grande massa, transferindo sua energia por meio de um gume. Assim, além de cortar, contunde, agindo mais por pressão, como exemplo, um golpe de machado. A ação dos dentes incisivos, dentada ou mordedura, produz lesão cortocontusa.

Alternativa "e": Podemos afirmar que a lesão foi provocada por projétil de arma de fogo comum, pois, o projétil ogival (estriado ou não) não possui características para a conclusão de ser de alta energia cinética. E ainda, os ferimentos de entrada produzidos por esses projéteis de alta velocidade podem apresentar vultosas áreas de destruição dos tecidos atingidos, deixando à mostra regiões ou estruturas mais profundas, com orifícios muito maiores que o diâmetro do projétil. Outras vezes, a orla de escoriação está ausente ou pouco nítida, e as bordas do orifício são irregulares e apresentam radiações. Quando encontram maior resistência, como, por exemplo, no tecido ósseo, apresentam-se como verdadeiras explosões. Por fim, trata-se de lesão de entrada e tiro encostado, em razão da presença de orifício de entrada em **Câmara de Mina** ou **Câmara de Hoffmann**, que ocorre nos **tiros encostados** com plano ósseo logo abaixo (a lesão descrita é na região da cabeça). Assim, os gases e as micropartículas não conseguem perfurar, causando ferimento estrelado e de bordos evertidos, em razão do refluxo dos gases.

Alternativa correta: letra "e".

101. (FUNCAB – Delegado de Polícia – PA/2016) De acordo com a classificação de Afrânio Peixoto, as asfixias podem ser definidas como puras, complexas e mistas. Acerca desta classificação, é um exemplo de asfixia pura a(o):

a) esganadura.
b) enforcamento.
c) confinamento.
d) empalamento.
e) estrangulamento.

COMENTÁRIOS

✪ **Nota do autor:** A classificação de Afrânio Peixoto é a que mais se aproxima do critério médico-legal, dividindo as asfixias mecânicas em três grupos distintos: puras, complexas e mistas. **ASFIXIAS PURAS**. São manifestadas pela anoxemia e hipercapnia: Podem ser: A. *Asfixia em ambientes por gases irrespiráveis:* confinamento e asfixia por monóxido de carbono asfixia por outros vícios de ambientes. B. *Obstaculação à penetração do ar nas vias respiratórias:* sufocação direta (obstrução da boca e das narinas pelas mãos ou das vias respiratórias mais inferiores) e sufocação indireta (compressão do tórax). C. *Transformação do meio gasoso em meio líquido*: afogamento. D. *Transformação do meio gasoso em meio sólido ou pulverulento*: soterramento. **ASFIXIAS COMPLEXAS**. Constrição das vias respiratórias com anoxemia e excesso de gás carbônico, interrupção da circulação cerebral e inibição por compressão dos elementos nervosos do pescoço: Podem ser: A. *Constrição passiva do pescoço exercida pelo peso do corpo*: enforcamento; B. *Constrição ativa do pescoço exercida pela força muscular*: estrangulamento. **ASFIXIAS MISTAS**. São as que se confundem e se superpõem, em graus variados, aos fenômenos circulatórios, respiratórios e nervosos: esganadura (FRANÇA, Genival Veloso de. Medicina Legal, 10ª ed. Rio de Janeiro: Guanabara Koogan, 2015, p. 334/335).

Alternativa "a": A esganadura é modalidade de asfixia mista, que são as que se confundem e se superpõem, em graus variados, aos fenômenos circulatórios, respiratórios e nervosos.

Alternativa "b": O enforcamento é modalidade de asfixia complexa, por constrição passiva do pescoço exercida pelo peso do corpo.

Alternativa "c": O confinamento é uma modalidade de asfixia pura *em ambientes por gases irrespiráveis*.

Alternativa "d": O empalhamento é estudado na Traumatologia (energias de ordem mecânica), lesão causada por instrumento contundente. Essa forma especial de encravamento caracteriza-se pela penetração de um objeto de grande eixo longitudinal, na maioria das vezes consistente e delgado, no ânus ou na região perineal. As lesões são sempre múltiplas e variadas, sua profundidade varia de acordo com o impacto e as dimensões do objeto contusivo.

Alternativa "e": O estrangulamento é modalidade de asfixia complexa, constrição ativa do pescoço exercida pela força muscular.

Alternativa correta: letra "c".

---

102. (FUNCAB – Delegado de Polícia – PA/2016) A ordem das lesões que se cruzam e são produzidas por ação cortante decorrente de armas brancas pode ser observada através do sinal de:

a) Richter.
b) Chavigny.
c) Knight.
d) Simonin.
e) Legrand Du Saulle.

COMENTÁRIOS

✪ **Nota do autor:** a questão aborda o tema ferimentos produzidos por ação perfurocortante.

Alternativa "a": Richter utilizava a radiologia no cadáver para as questões de identificação através da imageologia dos seios da face.

Alternativa "b": O diagnóstico das feridas produzidas por ação cortante é relativamente fácil. A dificuldade pode se apresentar na distinção dos mais diversos instrumentos porventura utilizados. Uma questão de suma importância é a ordem das lesões que se cruzam. Como a segunda lesão foi produzida sobre a primeira, de bordas já afastadas, coaptando-se às margens de uma das feridas, sendo ela a primeira a ser produzida, a outra não segue um trajeto em linha reta. É o denominado sinal de Chavigny. Esse fato não interessa apenas ao legista, mas também ao cirurgião, no sentido de suturar as feridas pela ordem de agressão (FRANÇA, Genival Veloso de. Medicina Legal, 10ª ed. Rio de Janeiro: Guanabara Koogan, 2015, p. 261).

Alternativa "c": Sobre o tema **rubefação**, que é a congestão de pouca intensidade, resulta da dilatação de vasos capilares, também denominada hiperemia (exemplo de agente causador: uma bofetada), Knight chama a atenção para o fato da possibilidade de se encontrar na pele do cadáver, em contato com calor, uma zona de rubefação (pseudoeritema) até uma hora depois da cessação da circulação.

Alternativa "d": O mencionado autor, analisando as lesões por atropelamento terrestre, assinala que pode ocorrer, simultaneamente, a passagem do veículo sobre o corpo caído (esmagamento), comprimindo-o violentamente sobre o solo, deixando impressas as chamadas "estrias pneumáticas" de Simonin.

Alternativa "e": Legrand Du Saulle foi quem primeiro observou o fenômeno denominado espectro equimótico. A equimose é a infiltração, nas malhas dos tecidos, de sangue que extravasou de pequenos vasos que se romperam. São as denominadas, vulgarmente, "manchas roxas". A equimose sofre mudança de cores com o passar do tempo e pode auxiliar na determinação da data da agressão. No tocante à coloração da lesão, a mudança se justifica, nos seres vivos, em razão da alteração causada pela decomposição do sangue, pois o pigmento da hemácia (glóbulo vermelho) tem ferro, que é um elemento cuja decomposição dá a variação cromática ao longo do tempo e da recuperação tecidual, até a reabsorção completa do sangue extravasado pelo organismo.

Alternativa correta: letra "b".

103. (FUNCAB – Delegado de Polícia – PA/2016) Durante a necropsia de um cadáver é encontrado o sinal de Montalti. Este sinal é um importante indício para saber se a vítima:

a) sofreu alguma espécie de barotrauma.

b) possui lesões provocadas pela eletricidade.

c) ingeriu alguma substância líquida que a levou a óbito.

d) possui lesões provocadas por projéteis de arma de fogo.

e) respirou, pois pode ser observada fuligem ao longo das vias respiratórias.

COMENTÁRIOS

✪ **Nota do autor:** O sinal de Montalti está relacionado à perícia médico-legal nos casos de carbonização total do corpo, sendo a primeira providência para identificar o morto. Na morte causada pelo agente vulnerante fogo, torna-se imperioso esclarecer se o indivíduo morreu durante o incêndio ou se já se achava morto ao ser alcançado pelas chamas, pois tal circunstância influencia, inclusive, a adequação típica da conduta, podendo advir a qualificadora do emprego de fogo (art. 121, §2º, inc. III, do CP).

Alternativa "e" (responde às demais alternativas): Após o médico-legista procurar, no corpo, outras lesões distintas das queimaduras deve, em seguida, analisar se o indivíduo respirou na duração do incêndio, pela pesquisa do óxido de carbono no sangue e pela presença de fuligem ao longo das vias respiratórias, conhecido como sinal de Montalti. Não havendo fuligem, significa que o indivíduo já estava morto no momento do contato com o fogo. As demais alternativas não se referem à referida perícia.

Alternativa correta: letra "e".

104. (Cespe – Delegado de Polícia – PE/2016) A respeito de aspectos médico-legais relacionados a lesões corporais e a maus-tratos a idosos e menores, assinale a opção correta.

a) As feridas punctórias e as que apresentam cauda de escoriação são típicas de lesão por instrumento contundente.

b) Em se tratando de lesões por arma branca, o exame médico pericial concentra-se na observação das bordas da ferida e nas manchas encontradas na pele e nas vestes, em torno da lesão, no intuito de estabelecer a distância e a velocidade dos golpes.

c) Nas lesões por projétil de arma de fogo de alta energia, as ondas de pressão agravam a lesão pelo mecanismo de retoque do projétil.

d) O exame de corpo de delito em idosos deve ser prioritário, visto que as lesões corporais nesses pacientes regeneram-se mais rapidamente.

e) Os pais e(ou) os responsáveis por crianças menores diagnosticadas com síndrome da criança espancada raramente apresentam explicações implausíveis para as lesões e raramente se apresentam com indiferença; pelo contrário, afirmam conhecer as lesões.

COMENTÁRIOS

✪ **Nota do autor:** A questão aborda, no contexto da Traumatologia, lesões corporais e maus-tratos a idosos e menores. A **síndrome do ancião maltratado** é uma das faces do aumento da violência familiar, além de ser observada em hospitais e asilos destinados aos idosos. Pela condição física, o idoso não oferece reação aos agressores e os maus-tratos incluem desde o abandono até agressões físicas e psíquicas. Já a **síndrome da criança maltratada** (também denominada síndrome da criança espancada, síndrome de Silverman, síndrome de Caffey-Kempe ou *battered child syndrome*), compreende um conjunto de lesões externas e internas apresentado por crianças de tenra idade, em regra, infligidas pelos próprios pais, naturais ou não (Eduardo Roberto Alcântara Del-Campo (Medicina Legal**,** coleção cursos e concursos, 7ª ed. São Paulo: Editora Saraiva, 2012, p. 127).A questão foi **ANULADA**, razão pela qual analisaremos todas as alternativas indicando o motivo que ensejou a anulação.

Alternativa "a": A ferida punctória é a lesão causada por instrumento perfurante. Já a cauda de escoriação é característica das feridas incisas, causadas por instrumentos cortantes. O instrumento contundente é todo objeto rombo, capaz de agir traumaticamente sobre o organismo, produzindo uma **lesão contusa**. Exemplos: pau, pedra, martelo, barra de ferro, o chão etc.

Alternativa "b": Embora as bordas da ferida incisa (causada por instrumento cortante) sejam importantes para a determinação do instrumento utilizado, as manchas encontradas na pele e nas vestes, em torno da lesão, não auxiliam a estabelecer a distância e a velocidade dos golpes, considerando que podem significar causas variadas, a depender do local atingido, abundância de sangramento, posição da vítima etc.

Alternativa "c": A alternativa foi considerada correta antes da retificação do gabarito. É verdade que as ondas de pressão potencializam os efeitos do projétil de arma de fogo, através do fenômeno da **cavitação**. O trajeto dos projéteis de alta energia difere do deixado pelos projéteis comuns por causa da maior potência das ondas de pressão que produzem. Os projéteis, em geral, rompem os tecidos e formam um túnel cujas paredes são deslocadas pelas ondas de pressão em direção radial e em sentido centrífugo. Quanto maior a energia transmitida aos tecidos, maior a potência das ondas de pressão. A cavidade permanente representada pelos tecidos lacerados e esmagados pelo contato direto com o projétil é ampliada temporariamente pelo afastamento de suas paredes. Essas ondas de pressão formam-se a **reboque** (atrás) do projétil. A justificativa da anulação da questão pela banca examinadora foi que "a utilização do termo 'retoque' em vez de 'reboque' prejudicou o julgamento objetivo da questão".

Alternativa "d": O **atendimento prioritário** é um princípio instituído pelo Estatuto do Idoso (Lei 10.741/03), art. 3º, *caput* e parágrafo único, inc. I. Além disso, o Estatuto alterou a Lei 10.048/ 2000, prevendo em seu art. 1º: "As pessoas portadoras de deficiência, os idosos com idade igual ou superior a 60 (sessenta) anos, as gestantes, as lactantes e as pessoas acompanhadas por crianças de colo terão atendimento prioritário". O equívoco da alternativa está em afirmar que as lesões corporais nesses pacientes regeneram-se mais rapidamente. Os idosos possuem a característica de recuperação mais lenta do que os mais novos, por exemplo, o processo de cicatrização dos ossos em fraturas é progressivamente mais ineficaz por causa da calcificação das estruturas ósseas.

Alternativa "e": Como vimos em nota, os pais e (ou) os responsáveis por crianças menores na maioria das vezes são os autores das agressões e maus-tratos, por essa razão, comumente apresentam explicações implausíveis para as lesões e se apresentam com indiferença, além de afirmarem o desconhecimento das lesões.

---

105. (Vunesp – Delegado de Polícia – CE/2015) A traumatologia forense constitui um campo da medicina legal que se ocupa das implicações jurídicas dos traumatismos ou lesões em geral. Nesse aspecto, é correto afirmar:

a) os instrumentos perfurocontundentes produzem lesões por pressão intensa nos tecidos, em geral, com perfuração e secção. As lesões apresentam fundo irregular, com integridade de vasos e nervos no fundo da lesão.

b) os instrumentos contundentes podem produzir uma grande diversidade de lesões: escoriação, equimose, hematoma, ferida contusa, fratura, rotura de vísceras ocas, entre outras.

c) as características do orifício de saída produzidas por arma de fogo são: forma irregular, halo de enxugo, aréola equimótica e menos sangrantes que o orifício de entrada.

d) as lesões por agentes perfurantes comumente estão relacionadas com ação suicida ou acidental, raramente sendo consequência de ação homicida.

e) a equimose é a expressão final da infiltração hemorrágica nas malhas dos tecidos; apesar disso, ela tem pouca importância médico-legal, uma vez que não é possível correlacioná-la de forma temporal com o evento, lesão ou trauma.

COMENTÁRIOS

Alternativa "a": o instrumento perfuro-contundente produz uma lesão perfurocontusa, sendo aquele que age inicialmente por pressão em uma superfície para, em seguida, perfurar a região atingida. Assim, ao atuar sobre o alvo, perfura e contunde. O instrumento típico deste grupo de agentes lesivos é o projétil de arma de fogo. Portanto, o conceito está correto. P orém, fundo irregular, com integridade de vasos e nervos no fundo da lesão, são características da lesão contusa, causada por instrumento contundente.

Alternativa "b": o instrumento contundente é todo objeto rombo, capaz de agir traumaticamente sobre o organismo, produzindo uma lesão contusa. Exemplos: pau, pedra, martelo, barra de ferro, o chão etc. Os instrumentos contundentes podem produzir uma grande diversidade de lesões. Conceituaremos as lesões da assertiva: a **escoriação** é lesão superficial, geralmente produzida por deslizamento, na qual apenas a camada mais externa da pele (epiderme) é atingida. Vulgarmente denominada esfolado ou arranhão. A **equimose** é a infiltração, nas malhas dos tecidos, de sangue que extravasou de pequenos vasos que se romperam. São as denominadas, vulgarmente, "manchas roxas". A **ferida contusa** é aquela lesão aberta cuja ação contundente foi capaz de vencer a elasticidade e a resistência dos tecidos moles. São produzidas por pressão, percussão, arrastamento, explosão e tração. **Hematoma**: nessa modalidade de lesão contusa, a pele resiste pela sua elasticidade, mas os vasos mais calibrosos, que estão embaixo da mesma, se rompem, razão pela qual há maior quantidade de sangue. Diante desta maior quantidade de sangue, este não consegue se espalhar pelos tecidos, ocorrendo um agrupamento, permanecendo colacionado. São coleções sanguíneas produzidas pelo sangue derramado. **Fratura** é a solução de continuidade do tecido ósseo. A **rotura de vísceras ocas** ocorre por impacto sobre o tórax ou abdômen, mais frequente neste último porque não há proteção dos ossos como no tórax. Exemplo de víscera (órgão) oca: a bexiga.

Alternativa "c": em que pese a forma irregular, halo de enxugo, aréola equimótica e menor sangramento são características do orifício de entrada.

Alternativa "d": Instrumento perfurante produz uma lesão punctória, sendo todo aquele que possui uma haste cilíndrico cônica dotada de ponta. A ação predominante é o afastamento das fibras dos tecidos. Exemplos: agulha, prego, espeto de churrasco etc. Estes instrumentos são muito utilizados em condutas típicas de homicídio e não "raramente" como a assertiva propõe.

Alternativa "e": A equimose é a infiltração, nas malhas dos tecidos, de sangue que extravasou de pequenos vasos que se romperam. São as denominadas, vulgarmente, "manchas roxas". O equívoco da assertiva está em afirmar que tem pouca importância médico-legal, uma vez que não é possível correlacioná-la de forma temporal com o evento, lesão ou trauma. A equimose sofre mudança de cores com o passar do tempo e pode auxiliar na determinação da data da agressão. No tocante à coloração da lesão, a mudança se justifica, nos seres vivos, em razão da alteração causada pela decomposição do sangue, pois o pigmento da hemácia (glóbulo vermelho) tem ferro, que é um elemento cuja decomposição dá a variação cromática ao longo do tempo e da recuperação tecidual, até a reabsorção completa do sangue extravasado pelo organismo. É o denominado **espectro equimótico**. Quem primeiro observou esse fenômeno foi Legrand Du Saulle. A seguir, um quadro para demonstração apresentado por Eduardo Roberto Alcântara Del-Campo (Medicina Legal, Coleção Cursos e Concursos, 3ª ed. São Paulo: Editora Saraiva, 2007, p. 108): **1º dia** (vermelho escuro); do **2º ao 3º dia** (violeta); do **4º ao 6º dia** (azulado); do **7º ao 10º dia** (verde escuro); do **11º ao 12º dia** (verde amarelado); do **12º ao 17º dia** (amarelado) e **a partir do 22º dia** (desaparecem os vestígios).

Alternativa correta: letra "b".

106. (Vunesp - Delegado de Polícia - CE/2015) Adolescente de 15 anos é avaliado em uma perícia. Ele apresentava: (a) dificuldade na fala, rouquidão e relatava dor na região cervical e na face; (b) edema e equimose de coloração vermelho-violácea na região periorbitária direita e esquerda; (c) hemorragia conjuntival e petéquias na pálpebra inferior de ambos os olhos; (d) escoriação linear, horizontal, uniforme, de coloração avermelhada, medindo 0,4 cm de largura, localizada abaixo da tireoide, estendendo-se pela circunferência do pescoço e interrompendo-se em sua região lateral esquerda.

A perícia descrita mais provavelmente sugere

a) estrangulamento por tentativa de homicídio.
b) edema e equimose observados na região periorbitária, como consequências da asfixia.
c) enforcamento por tentativa de suicídio.
d) que o evento ou dano ocorreu muito recentemente, provavelmente, em menos de 2 horas.
e) graves consequências clínicas secundárias à asfixia por inalante, por exemplo, monóxido de carbono ou cianeto.

COMENTÁRIOS

✪ **Nota do autor:** A questão aborda as alterações em sobreviventes à asfixia por constrição cervical. Nos casos em que não ocorre a morte, a vítima fica suscetível a perturbações que podem ser locais e gerais.

Alternativa "a": o estrangulamento é forma de asfixia consistente na constrição do pescoço da vítima por meio de um laço acionado por força diversa do corpo da vítima, que age de forma passiva. A constrição cervical por estrangulamento, diante da forte pressão sobre a laringe, faz com que haja edema da mucosa e, por conseguinte, das cordas vocais. Assim, há disfonia de grau variado, podendo chegar à afonia. Tal edema pode causar dificuldade respiratória por estreitamento da passagem do ar. A respiração fica mais ruidosa. Tais sintomas são descritos na **assertiva "a"**, dificuldade na fala, rouquidão e dor na região cervical e na face. Reforçando o teor da **assertiva "b"**, Hygino Hércules esclarece que o "edema das partes moles do pescoço e da face torna-se mais nítido. As conjuntivas oculares evidenciam congestão, edema e alargamento dos focos hemorrágicos" (Medicina Legal Texto e Atlas. Ed. Atheneu, 2008, Rio de Janeiro, p. 501). Em relação às hemorragias conjuntivais e petéqueas relatadas na **assertiva "c"**, o mesmo autor, salientando as alterações em sobrevivente de caso clínico examinado, afirma que no dia seguinte ao fato, a vítima apresentava "edema moderado e petéqueas na face, infiltração equimótica e tumefação palpebral, e extensas hemorragias conjuntivais que cobriam toda a parte branca de ambas os olhos". Já a **assertiva "d"**, descreve as características do sulco (escoriação linear, horizontal, uniforme, de coloração avermelhada, medindo 0,4 cm de largura, localizada abaixo da tireoide, estendendo-se pela circunferência do pescoço e interrompendo-se em sua região lateral esquerda). O sulco do estrangulamento possui as seguintes características: horizontal, uniforme, abaixo da cartilagem tireóidea, de profundidade uniforme. A título de comparação, o sulco do enforcamento é: oblíquo ascendente, interrompido ao nível do nó, por cima da tireoide e de profundidade desigual.

Alternativa "b": não necessariamente como consequência de asfixia, mas sim, decorrente do trauma.

Alternativa "c": pois como vimos nos comentários da assertiva correta, o sulco do enforcamento possui características distintas.

Alternativa "d": conforme salientado por Hygino Hércules, em relação às hemorragias conjuntivais e petéqueas relatadas na assertiva "c", as alterações em sobrevivente de caso clínico examinado, afirma que **no dia seguinte ao fato**, a vítima apresentava "edema moderado e petéqueas na face, infiltração equimótica e tumefação palpebral, e extensas hemorragias conjuntivais que cobriam toda a parte branca de ambas os olhos". Portanto, acima do período de duas horas.

Alternativa "e": errada, considerando os traumas apresentados na questão.

Alternativa correta: letra "a".

107. (ACAFE - Delegado de Polícia - SC/2014) Com relação aos ferimentos produzidos por projéteis de arma de fogo, analise as afirmações a seguir e assinale a alternativa correta.

I. O orifício de entrada é maior que o de saída, as bordas são invertidas e há abundante sangramento.
II. O orifício de saída não apresenta o halo de enxugo, as bordas são evertidas e, normalmente, tem diâmetro maior do que o de entrada.
III. O orifício de entrada nos tiros a curta distância apresenta forma arredondada ou elíptica, bordas invertidas, orla de escoriação, zona de tatuagem, zona de esfumaçamento, zona de queimadura, halo de enxugo, aréola equimótica e zona de compressão de gases.
IV. São componentes do orifício de saída a orla de escoriação, a orla de enxugo, a zona de tatuagem e a zona de esfumaçamento.

a) Todas as afirmações estão corretas.
b) Apenas I, II e III estão corretas.
c) Apenas I, II e IV estão corretas.

d) Apenas I e IV estão corretas.

e) Apenas II e III estão corretas.

COMENTÁRIOS

✪ **Nota do autor:** Os ferimentos produzidos por projéteis de arma de fogo são causados por **instrumento perfurocontundente**, que produz uma **lesão perfurocontusa**. Para responder à questão, necessário diferenciar os orifícios de entrada e saída do projétil de arma de fogo. Vejamos: como regra geral, o ferimento de saída é irregular, maior que o de entrada, pois o projétil frequentemente se deforma em sua passagem pelos tecidos orgânicos, e tem as bordas voltadas para fora, evertidas. O sangramento do orifício de saída é maior em relação ao orifício de entrada, pois há o rompimento de vasos importantes durante o trajeto do projétil, bem como perfuração de órgãos vitais. Assim, as lesões do orifício de saída possuem as seguintes características, em regra: dilacerado, evertidas, desproporcionais (maiores) em relação ao projétil, sem orlas, sem zonas e sangramento abundante. Em comparação, o orifício de entrada possui as seguintes características: regular, invaginado, proporcional ao projétil e com orlas e zonas. Passaremos a analisar as assertivas.

Assertiva I: o orifício de entrada é menor que o de saída e, embora as bordas sejam invertidas, o sangramento é menor do que o orifício de saída.

Assertiva II: conforme nota inicial.

Assertiva III: O orifício de entrada nos tiros a curta distância apresenta **forma arredondada ou elíptica**, dependendo da inclinação do tiro. As **bordas invertidas**, em razão da ação traumática de fora para dentro sobre a natureza elástica da pele. A presença das orlas e zonas se justifica em razão do tiro ser a curta distância, pois, além da lesão de entrada produzida pelo impacto do projétil (efeito primário), são encontradas manifestações provocadas pela combustão da pólvora e das partículas sólidas do próprio projétil expelido pelo cano da arma (efeitos secundários). A **orla de escoriação** é causada pelo embate do projétil na rede de capilares da pele, gerando uma pequena região equimótica. A **zona de tatuagem** é causada pela dispersão dos grãos de pólvora e pelas partículas metálicas decorrentes da abrasão do projétil no cano da arma, incidindo sobre o alvo como verdadeiros projéteis secundários, por vezes incrustando-se na pele de tal maneira que forma verdadeira tatuagem. A **zona de esfumaçamento** se forma em razão do volume de gases em alta temperatura e em combustão, acompanhada de certa quantidade de fumaça, expelidos no momento do disparo. A **zona de queimadura** é decorrente da ação superaquecida dos gases que atingem e queimam o alvo. O **halo de enxugo** se forma porque o projétil, ao atravessar o cano da arma, se cobre de resíduos, como graxa, óleo de limpeza de arma, fuligem da queima da pólvora etc. Quando o projétil penetra na pele, ele se "limpa" dessas impurezas, "enxuga-se" nas bordas da ferida. A **aréola equimótica** é representada por uma zona superficial e relativamente difusa, decorrente da sufusão hemorrágica proveniente da rotura de pequenos vasos localizados nos arredores do ferimento. Por fim, a **zona de compressão de gases**, é representada pela depressão da pele em virtude da ação mecânica da coluna de gases que segue o projétil nos chamados tiros à queima-roupa, vista apenas nos primeiros instantes no vivo (FRANÇA, Genival Veloso de. Medicina Legal, 9ª ed. Rio de Janeiro: Guanabara Koogan, 2014, p. 106/107).

Assertiva IV: o orifício de saída, como visto, não possui orlas e zonas.

Alternativa correta: letra "e" (responde as demais alternativas): apenas as assertivas II e III estão corretas.

---

108. (ACAFE – Delegado de Polícia – SC/2014) Assinale a alternativa correta. ANULADA

a) A esganadura apresenta sulco de profundidade uniforme, em sentido horizontal e sem interrupção.

b) O estrangulamento apresenta sinais de equimose e escoriações nos dois lados do pescoço.

c) O enforcamento apresenta, na maioria das vezes, sulco único, situado na posição posterior do pescoço, com direção oblíqua e descontínua, interrompendo-se na parte superior, nas proximidades do nó.

d) O enforcamento apresenta, na maioria das vezes, sulco múltiplos de profundidade uniforme e sem interrupção.

e) O estrangulamento apresenta sulco na posição posterior do pescoço, de profundidade uniforme e interrupção na parte superior, nas proximidades do nó.

COMENTÁRIOS

✪ **Nota do autor:** O tema central da questão é a Asfixiologia Forense, capítulo da Medicina Legal que estudas as asfixias, energias de ordem físico-química como agentes vulnerantes que causam traumas. A questão foi **ANULADA,** razão pela qual analisaremos todas as alternativas indicando as divergências que fundamentaram a anulação.

Alternativa "a": A esganadura é a constrição do pescoço realizada diretamente pelas mãos do agressor (parte da doutrina inclui qualquer parte do corpo, como mãos, pernas e antebraço). Não há sulco. Porém, são encontradas marcas ou estigmas ungueais (causados por unhas) e diversas escoriações, equimoses e hematomas.

Alternativa "b": estrangulamento é a constrição produzida por braço mecânico acionado por força estranha ao peso do corpo. É típico nos casos de homicídio. São características do sulco do estrangulamento: é contínuo, abrangendo todo o pescoço com a mesma profundidade; situa-se em posição baixa no pescoço; é horizontal; frequentemente se identifica mais de uma volta do laço; não costuma haver pergaminhamento porque a força constritiva cessa com a morte da vítima, afrouxando o laço. Embora o estrangulamento geralmente se dê com a constrição no pescoço por um laço acionado por uma força estranha, é comum a verificação da constrição do pescoço pela ação do braço e antebraço sobre a laringe (golpe gravata). Pode ainda ocorrer o estrangulamento pela pressão de um objeto duro, como o cassetete, bastão sobre o pescoço e, neste caso, a perícia encontrará "significativas lesões externas (equimoses e escoriações) e lesões internas (infiltrações hemorrágicas dos tecidos moles e muito comumente fraturas dos anéis da traqueia e da laringe)" (FRANÇA, Genival Veloso de. Medicina Legal, 9º. ed. Rio de Janeiro: Guanabara Koogan, 2013, p. 157). Neste caso, França esclarece que os sinais de tal estrangulamento, não são tão evidentes quanto os deixados pelo laço do enforcamento e estrangulamento ou pelos dedos na esganadura. Veja-se que o enunciado da letra "b" é taxativo, ou seja, ali não foram inseridas quaisquer hipóteses de exceção, razão pela qual, na forma em que está redigido, conduz a uma única premissa, qual seja: que o enforcamento SEMPRE apresenta sinais de equimose e escoriações nos dois lados do pescoço. Todavia, essa taxatividade da premissa não encontra ressonância na literatura nacional ou estrangeira. Ademais, a justificativa para alteração do gabarito confunde lesões externas eventualmente encontradas na vítima de estrangulamento com o sulco do estrangulamento. Este equívoco fica claro ao se ler a justificativa para mudança de gabarito. Genival Veloso de França em nenhum momento afirma que há equimoses e escoriações nos dois lados do pescoço de um estrangulado: "Equimoses de pequena dimensão na face, nas conjuntivas, pescoço e face anterior do tórax" (*in verbis*) são lesões que podem ocorrer no estrangulado. É o sulco que ocorre no pescoço e, claro, aparece nos dois lados deste segmento. Sulco, equimoses e escoriações são lesões absolutamente diferentes. Ainda no contexto da literatura especializada, Hygino de Carvalho Hércules, em sua obra "Medicina Legal Texto e Atlas" (Ed. Atheneu, 2008, Rio de Janeiro, p. 499) afirma que, "não é raro que se encontrem lesões de defesa, sinais de contenção e alterações da roupa que indiquem luta." Assim, "não raro" não significa, de forma alguma, sempre.

Alternativa "c": o gabarito inicial apontava esta alternativa como correta. Enforcamento é a constrição produzida por braço mecânico acionado pelo peso do próprio corpo. É completo quando o corpo fica suspenso no ar. São características do sulco do enforcamento: é descontínuo (interrompendo-se nas zonas em que há cabelo e barba, ou nas proximidades do nó); situa-se em posição alta do pescoço; é profundo na região do pescoço oposta ao nó e superficial próximo ao nó; a direção do nó é oblíqua ascendente; o aspecto é pálido e frequentemente pergaminhado. No entanto, a alternativa não está de acordo com a melhor doutrina, pois, nos enforcamentos, o sulco situa-se na parte anterior do pescoço e não na parte posterior, conforme aponta a alternativa.

Alternativa "d": além de sulco único, na maioria das vezes, há a interrupção nas proximidades do nó.

Alternativa "e": As características apresentadas são do enforcamento. Todavia, o sulco situa-se na parte anterior do pescoço.

---

109. (ACAFE – Delegado de Polícia – SC/2014) O deslocamento de dois ossos, cuja superfície de articulação deixa de manter sua relação de contato, é denominado:

a) escoriação.
b) entorse.
c) luxação.
d) rubefação.
e) fratura.

COMENTÁRIOS

✪ **Nota do autor:** A questão aborda as espécies de lesões contusas, causadas por instrumentos contundentes, que agem pela ação de uma superfície.

Alternativa "a": A escoriação é lesão superficial, geralmente produzida por deslizamento, em que apenas a camada mais externa da pele (epiderme) é atingida. Vulgarmente denominada esfolado ou arranhão.

Alternativa "b": A entorse é a lesão dos ligamentos em razão de movimento que extrapola os limites fisiológicos da articulação.

Alternativa "c": o conceito apresentado pelo enunciado é o da luxação. Para frisar, esse deslocamento é em relação a sua articulação pelo rompimento da cápsula articular.

Alternativa "d": A rubefação é a congestão repentina e momentânea de uma região do corpo, apresentando-se uma mancha avermelhada, efêmera e fugaz, que desaparece em alguns minutos.

Alternativa "e": Fratura é a solução de continuidade do tecido ósseo.

Alternativa correta: letra "c".

---

110. (Vunesp – Delegado de Polícia – SP/2014) É uma característica da morfologia de uma ferida por ação cortante, em relação à ferida contusa, a presença de

a) fundo irregular.
b) hemorragia abundante.
c) retração das bordas da ferida.
d) vertentes irregulares.
e) integridade de vasos, nervos e tendões no fundo da lesão.

COMENTÁRIOS

✪ **Nota do autor:** A questão aborda as características da ferida incisa, causada por instrumento cortante (ex. faca), e da ferida contusa, causada por instrumento contundente (exemplo: pedra).

Alternativa "b" (reponde as demais alternativas): a hemorragia abundante é uma característica da ferida incisa. Vejamos as características principais da lesão incisa e da lesão contundente. **Lesões incisas (instrumento cortante): a.** margens lisas e regulares; **b.** sem zona de contusão; **c.** hemorragia abundante; **d.** geralmente com causa de escoriação; **e.** geralmente mais largas e profundas na porção média da ferida. **Lesões contusas (instrumento contundente): a.** forma estrelada, sinuosa ou retilínea; **b.** bordas irregulares, escoriadas e equimosadas; **c.** fundo irregular; **d.** vertentes irregulares; **e.** presença de pontes de tecido íntegro ligando as vertentes; **f.** retração das bordas da ferida; **g.** pouco sangramento; **h.** integridade dos vasos, nervos e tendões no fundo da lesão.

Alternativa correta: letra "b".

---

111. (Vunesp – Delegado de Polícia – SP/2014) Leia atentamente as definições a seguir, acerca de lesões por agentes perfurocontundentes, e relacione-as por letras e números aos seus nomes.

A. Ferimento por projétil de arma de fogo que se deve ao arrancamento da epiderme devido ao movimento rotatório do projétil que entra na superfície corporal.

B. Sinal deixado pela passagem do projétil nos tecidos corporais, concêntrico, decorrente do atrito e contusão do projétil, que também deixa nos tecidos por onde passa suas impurezas de superfície.

C. Área de impregnação por grãos de pólvora incombustos que se fixam ao redor do ferimento de entrada de projétil, em tiros de curta distância.

D. Área de depósito de fuligem que circunscreve a ferida de entrada, removível com a lavagem do local, portanto, sem impregnação tecidual.

E. Área ao redor do orifício de entrada, caracterizada pela queimadura da pele ou pelos, decorrente da alta energia térmica dos projéteis de arma de fogo, característica de disparos a curta distância ou à queima-roupa.

1. Orla de esfumaçamento.
2. Halo de enxugo.
3. Zona de chamuscamento.
4. Orla de escoriação ou contusão.
5. Halo de tatuagem.

A associação correta entre a definição e o elemento de uma ferida de entrada de projétil de arma de fogo é vista, em ordem alfabética e corretamente, na alternativa:

a) A – 5; B – 1; C – 4; D – 2; E – 3.
b) A – 3; B – 4; C – 1; D – 5; E – 2.
c) A – 4; B – 2; C – 5; D – 1; E – 3.
d) A – 2; B – 5; C – 3; D – 1; E – 4.
e) A – 4; B – 3; C – 2; D – 5; E – 1.

COMENTÁRIOS

✪ **Nota do autor:** De forma recorrente em provas de concurso são cobradas as características das lesões causadas por projeto de arma de fogo, pois representam um grande número de ocorrências no cotidiano de uma delegacia de polícia.

Alternativa "c" (respondem as demais alternativas): a sequência correta com as respectivas definições é: **1. orla de esfumaçamento:** área de depósito de fuligem que circunscreve a ferida de entrada, removível com a lavagem do local, portanto, sem impregnação tecidual; **2. halo de enxugo:** sinal deixado pela passagem do projétil nos tecidos corporais, concêntrico, decorrente do atrito e contusão do projétil, que também deixa nos tecidos por onde passa suas impurezas de superfície; **3. zona de chamuscamento:** área ao redor do orifício de entrada, caracterizada pela queimadura da pele ou pelos, decorrente da alta energia térmica dos projéteis de arma de fogo, característica de disparos à curta distância ou à queima-roupa; **4. orla de escoriação ou contusão:** ferimento por projétil de arma de fogo que se deve ao arrancamento da epiderme devido ao movimento rotatório do projétil que entra na superfície corporal; e **5. halo de tatuagem:** área de impregnação por grãos de pólvora incombustos que se fixam ao redor do ferimento de entrada de projétil, em tiros de curta distância.

Alternativa correta: letra "c".

---

112. (UEL – Delegado de Polícia – PR/2013) Leia o trecho, a seguir, extraído de um exame de lesões corporais realizado em um Instituto Médico Legal do Paraná.

Lesões cutâneas, de bordas levantadas e centro deprimido, de consistência dura, com perda de substância, com as características de lesão eletroespecífica ou "marca elétrica" de Jellinek, localizadas, na face dorsal da mão direita, entre o 1° e 2° metacarpianos, e na face dorsal da mão esquerda, na base do polegar.

Sobre as energias vulnerantes do tipo física descritas, considere as afirmativas a seguir.

I. A metalização ou impregnação da pele por partículas elétricas resultantes da fusão e vaporização dos condutores são elementos encontrados em choques elétricos envolvendo fios de cobre.

II. Quando há resistência do plano cutâneo e muscular, podem ocorrer também lesões térmicas caracterizadas por queimadura.

III. A marca elétrica de Jellinek é característica de dano por corrente elétrica natural ou artificial e que não tem relação com a porta de entrada da corrente elétrica no organismo.

IV. Quando existe morte decorrente de energia física do tipo eletricidade, esta se relaciona exclusivamente à extensão da queimadura resultante.

Assinale a alternativa correta.

a) Somente as afirmativas I e II são corretas.
b) Somente as afirmativas I e IV são corretas.

c) Somente as afirmativas III e IV são corretas.

d) Somente as afirmativas I, II e III são corretas.

e) Somente as afirmativas II, III e IV são corretas.

COMENTÁRIOS

✪ **Nota do autor:** A questão exige do candidato o conhecimento, no estudo da Traumatologia, das energias de ordem física. Dentre as mais comuns estão: a temperatura, a pressão atmosférica, a eletricidade, a radioatividade, a luz e o som. De forma específica, o trecho do laudo citado se refere à lesão causada pela **eletricidade**.

Afirmativa I: ferimento superficial dessa modalidade de energia, a **metalização,** possui a característica do destacamento da pele, com o fundo da lesão impregnado de partículas da fusão e vaporização dos condutores elétricos. O cobre é um metal de transição, um dos mais importantes, sob o ponto de vista industrial, e bom condutor de eletricidade.

Afirmativa II: representa o denominado **efeito Joule**, quando a eletricidade é transformada em calor em decorrência de resistência à passagem da corrente, produzindo queimaduras na pele, músculos, ossos e vísceras.

Afirmativa III: a marca elétrica de Jellinek é decorrente apenas da eletricidade artificial e representa a porta de entrada da corrente.

Afirmativa IV: São três teorias que explicam a etiologia da morte pela corrente elétrica: a **morte pulmonar** (em razão da asfixia por contratura dos músculos respiratórios); a **morte cardíaca** (causada pela fibrilação ventricular); e a **morte cerebral** (causada pela hemorragia das meninges, ventrículos cerebrais, bulbo e medula espinhal).

Leia as descrições do exame externo do laudo necroscópico, a seguir, e responda às questões de 42 a 44.

Notamos:

1. Ferimento perfuroinciso, de 4,0 cm de extensão, de bordas nítidas, penetrante na cavidade torácica esquerda, localizado na face dorsal do hemitórax esquerdo, no nível do 6° espaço intercostal esquerdo e a aproximadamente 5,0 cm à esquerda da linha mediana.
2. Ferimento perfuroinciso, de bordas nítidas, de 3,0 cm de extensão, penetrante na cavidade torácica direita, localizado na face dorsal do hemitórax direito, no nível do 7° espaço intercostal direito e a aproximadamente 4,0 cm à direita da linha mediana.
3. Ferimento inciso superficial, transversal ao eixo do membro, de 4,0 cm de extensão, de bordas nítidas, localizado na face dorsal do punho direito, com características de lesão de defesa.
4. Ferimento inciso, não penetrante, oblíquo da esquerda para a direita, de 6,0 cm de extensão, de bordas nítidas, localizado na face anterior do abdome superior, na região epigástrica, a 1,0 cm à direita da linha mediana, precedido por uma escoriação linear de 17,0 cm de extensão, que tem a sua mesma direção e que se localiza na face anterior no hemitórax esquerdo.

Alternativa correta: letra "a" (responde as demais alternativas): as afirmativas I e II estão corretas. Assim, vejamos cada uma das afirmativas para melhor compreensão.

---

113. (UEL – Delegado de Polícia – PR/2013) Sobre as lesões descritas nos itens 1 e 2, assinale a alternativa correta.

a) O instrumento causador dessas lesões é compatível com instrumentos perfurocontundentes, pois apresentam trajeto interno torácico, característico do deslocamento de projéteis de arma de fogo.

b) O instrumento causador dessas lesões é compatível com instrumentos perfurocortantes, pois estão presentes na descrição médico-legal elementos como nitidez das bordas (elemento cortante) e trajeto interno em cavidade torácica.

c) Apesar das características semelhantes entre as lesões descritas nos itens 1 e 2, essas foram causadas com intervalos de tempos diferentes entre si, devido ao tamanho e localização das lesões.

d) O instrumento causador dessas lesões é compatível com instrumentos cortantes, pois estes apresentam mecanismo de ação através de gume, agindo exclusivamente por pressão e deslocamento paralelo ao tecido cutâneo.

e) As lesões podem ter sido causadas por ação contundente, através de deslocamento passivo do corpo sobre a direção de veículo automotivo.

COMENTÁRIOS

✪ **Nota do autor:** A questão aborda as espécies de instrumentos vulnerantes, as respectivas lesões e suas principais características.

Alternativa "a": o **instrumento perfurocontundente** é aquele que age inicialmente por pressão numa superfície para em seguida perfurar a região atingida. Ao atuar sobre o alvo, perfura e contunde, produzindo uma **lesão perfurocontusa**. O instrumento típico deste grupo de agentes lesivos é o projétil de arma de fogo. Não possui a característica de bordas nítidas.

Alternativa "b": o **instrumento perfurocortante** é aquele dotado de uma ponta (ação perfurante) na extremidade de uma lâmina portadora de um ou mais gumes (ação cortante), produzindo uma **lesão perfuroincisa**. Exemplos: punhal (dois gumes), faca (um gume). A nitidez das bordas é uma das principais características da lesão incisa (instrumento cortante) e a profundidade da lesão, com trajeto interno em cavidade torácica, indica instrumento perfurante (lesão punctória). A lesão perfuroincisa é de natureza mista.

Alternativa "c": não é o intervalo de tempo que determina o tamanho e a localização das lesões, mas a intensidade da pressão utilizada.

Alternativa "d": Quando o instrumento causador da lesão é cortante, embora apresente mecanismo de ação através de gume, agindo exclusivamente por pressão e deslocamento paralelo ao tecido cutâneo, há predomínio da extensão sobre a profundidade.

Alternativa "e": o **instrumento contundente** produz uma **lesão contusa** e é todo objeto rombo, capaz de agir traumaticamente sobre o organismo. Exemplos: pau, pedra, martelo, barra de ferro, o chão, deslocamento passivo do corpo sobre a direção de veículo automotivo etc. Não há nitidez nas bordas.

Alternativa correta: letra "b".

---

114. (UEL – Delegado de Polícia – PR/2013) Sobre as lesões descritas nos itens 3 e 4, assinale a alternativa correta.

a) O instrumento que causou essas lesões atuou por um gume afiado por pressão e deslocamento de forma linear, gerando cauda de escoriação característica desses instrumentos.
b) A escoriação retratada no item 4 está associada a instrumentos cortocontundentes que atuam de maneira perpendicular e oblíqua e ao gume pouco afiado.
c) Essas lesões foram geradas por instrumentos perfurantes através de sua extremidade biselada e que se deslocam no corpo humano de forma paralela ao plano cutâneo.
d) O punhal (instrumento de dois gumes) pode ser compatível com essas lesões, desde que atuando de forma perpendicular ao plano cutâneo e com penetração em planos mais profundos.
e) Projéteis de arma de fogo geram lesões incisas como as descritas, quando disparados a mais de 30 cm do alvo, e que atuam tangencialmente ao plano cutâneo.

COMENTÁRIOS

✪ **Nota do autor:** A questão aborda as espécies de instrumentos vulnerantes, as respectivas lesões e suas principais características.

Alternativa "a": as lesões foram causadas por **instrumento cortante,** que é todo aquele dotado de lâmina que apresenta fio, lume ou corte, e age por pressão ou por deslizamento, gerando a secção dos tecidos. A **lesão** é denominada **incisa**. Exemplo: navalha. Possui as características de extensão linear e a denominada **cauda de escoriação** (que aponta para o final do movimento do golpe), como retratado no item. Outras características são: margens lisas e regulares; ausência de região de contusão; hemorragia abundante; e mais largas e profundas na porção média da ferida.

Alternativa "b": o instrumento cortocontundente, que produz uma lesão cortocontusa, é dotado de grande massa e transfere sua energia por meio de um gume. Assim, além de cortar, contunde, agindo mais por pressão, como exemplo, um golpe de machado. A ação dos dentes incisivos, dentada ou mordedura, também é exemplo. A ferida apresenta característica bizarra e é acompanhada de escoriações e equimoses. O instrumento cortante e o cortocontundente podem atuar de maneira perpendicular ou oblíqua, resultando características distintas na lesão. Já, em relação ao gume pouco afiado, diminui a intensidade da nitidez das bordas, apresentando escoriações.

Alternativa "c": o instrumento perfurante é todo aquele que possui uma haste cilíndrico-cônica dotada de ponta. A ação predominante é o afastamento das fibras dos tecidos, produzindo uma lesão punctória. Exemplos: agulha, prego, espeto de churrasco etc. A extremidade biselada e o deslocamento no corpo humano de forma paralela ao plano cutâneo são características da ferida incisa (instrumento cortante).

Alternativa "d": os itens afirmam que a lesão foi superficial (item 3) e não penetrante (item 4), portanto, não há penetração em planos mais profundos.

Alternativa "e": os projéteis de arma de fogo geram lesões perfurocontusas.

Alternativa correta: letra "a".

---

115. (UEL – Delegado de Polícia – PR/2013) Sobre a interpretação do excerto do laudo necroscópico, considere as afirmativas a seguir.

I. A faca de cozinha (arma branca), como objeto suspeito de ter sido utilizada como a arma do crime, não é compatível com todas as lesões descritas.
II. A presença de escoriações lineares precedendo ou sucedendo as feridas incisas dão uma ideia da direção e do mecanismo dinâmico da ação pela qual a arma é utilizada.
III. A nitidez das bordas de feridas incisas está diretamente relacionada ao fio ou gume daquele instrumento.
IV. Margens nítidas e regulares, ausência de secção de tecidos no fundo da lesão e predomínio sobre a largura e a profundidade são características de instrumentos que se associam a caudas de escoriação.

Assinale a alternativa correta.

a) Somente as afirmativas I e II são corretas.
b) Somente as afirmativas I e IV são corretas.
c) Somente as afirmativas III e IV são corretas.
d) Somente as afirmativas I, II e III são corretas.
e) Somente as afirmativas II, III e IV são corretas.

COMENTÁRIOS

✪ **Nota do autor:** A questão aborda as espécies de instrumentos vulnerantes, as respectivas lesões e suas principais características.

Alternativa "a" (responde as demais alternativas): A **assertiva I** está incorreta, pois, a faca de cozinha (arma branca) pode ser utilizada tanto como instrumento cortante, agindo por deslizamento do gume sobre o corpo, quanto como instrumento perfurocortante, agindo por pressão, através da ponta.

As demais assertivas II, III e IV estão corretas e apresentam características da ferida incisa, causada por instrumento cortante. A presença de escoriações lineares precedendo ou sucedendo as feridas incisas dão uma ideia da direção e do mecanismo dinâmico da ação pela qual a arma é utilizada (**assertiva II**), podendo indicar, inclusive, se o agressor é destro ou canhoto. A nitidez das bordas de feridas incisas está diretamente relacionada ao fio ou gume daquele instrumento (**assertiva III**), conforme as faces sejam lisas ou ásperas, as bordas da ferida podem apresentar-se normais (nítidas) ou escoriadas. As margens nítidas e regulares (em razão do gume do instrumento), ausência de secção de tecidos no fundo da lesão (como acontece na lesão causada por instrumento perfurante ou perfuroinciso) e predomínio sobre a largura e a profundidade são características de instrumentos que se associam a caudas de escoriação, que indicam a saída do instrumento (**assertiva IV**), todas características de lesão causada por instrumentos cortantes.

Alternativa correta: letra "a".

---

116. (UEL - Delegado de Polícia - PR/2013) Nas feridas causadas por projéteis de arma de fogo, devem-se considerar elementos do orifício de entrada, trajeto e orifício de saída.

A respeito desses tipos de lesões, assinale a alternativa correta.

a) A análise do orifício de entrada permite que o observador estime uma distância aproximada do disparo do projétil, principalmente baseado, entre outros elementos, na presença ou ausência dos elementos chamados de contorno (zona de esfumaçamento e zona de tatuagem).

b) As lesões perfurocontusas são exclusivamente causadas por projéteis de arma de fogo. A presença de queimadura junto ao orifício de entrada caracteriza o tiro a "queima roupa", ou seja, quando o cano da arma encosta na roupa ou pele da vítima e devido a sua alta temperatura gera queimaduras de primeiro e segundo graus.

c) Os projéteis de arma de fogo geram feridas perfurocortantes. A ausência de zona de esfumaçamento e de tatuagem e a presença de equimoses e queimaduras demonstram que o projétil foi disparado a uma curta distância.

d) São componentes do orifício de saída das feridas perfurocontundentes causadas por projéteis de arma de fogo: a orla de escoriação, a orla de enxugo, a zona de tatuagem e a zona de esfumaçamento.

e) O tiro a longa distância, causado por arma de fogo comum, se caracteriza pela presença de orifício de entrada em "câmara de mina" e ausência dos elementos de combustão da munição como pólvora incombusta, fumaça e restos da bucha.

COMENTÁRIOS

✪ **Nota do autor:** As lesões causadas por projéteis de arma de fogo (PAF) são estudadas na Traumatologia e os elementos do orifício de entrada, trajeto e orifício de saída apresentam características distintas, muito cobradas em concursos. Como destaca Eduardo Roberto Alcântara Del-Campo (Medicina Legal, Coleção Cursos e Concursos, 3ª ed. São Paulo: Editora Saraiva, 2007, p. 176), na análise dos ferimentos produzidos por projéteis de arma de fogo, quatro são os pontos que devem merecer atenção do perito: **a.** determinação e descrição dos ferimentos de entrada e saída; **b.** a trajetória do projétil; **c.** a orientação do disparo em relação à posição do corpo; e **d.** a distância provável do disparo.

Alternativa "a": o orifício de entrada apresenta determinas zonas, a depender da distância do disparo. A **zona de esfumaçamento** se forma em razão do volume de gases em alta temperatura e em combustão, além de certa quantidade de fumaça, expelidos no momento do disparo. Assim, a fumaça decorrente do disparo poderá atingir o alvo e depositar-se ao redor do ferimento de entrada, quando a distância for até 30 cm. Já a **zona de tatuagem** pode ser encontrada em disparos realizados até 50 cm do alvo e é causada pela dispersão dos grãos de pólvora e pelas partículas metálicas decorrentes da abrasão do projétil no cano da arma, incidindo sobre o alvo como verdadeiros projéteis secundários, por vezes incrustando-se na pele de tal maneira que formam verdadeira tatuagem. Não se observa em disparos muito próximos, até 5 cm, pois não há dispersão suficiente, acompanhando (tais partículas) o projétil para o interior da lesão.

Alternativa "b": embora o projétil de arma de fogo seja a principal incidência das feridas perfurocontusas não é exclusivo. Na doutrina encontramos outro exemplo, como o cabo de guarda-chuva. A parte final da assertiva está correta e representa a denominada **zona de chamuscamento** (zona de chama ou zona de queimadura).

Alternativa "c": os projéteis de arma de fogo geram feridas perfurocontusas (perfurocontundente é o agente vulnerante). A ausência de zona de esfumaçamento e de tatuagem; e a presença de equimoses e queimaduras demonstram que o projétil foi disparado a longa distância e não curta, como informado na alternativa.

Alternativa "d": tais características são componentes do orifício de entrada das feridas perfurocontusas causadas por projéteis de arma de fogo: a orla de escoriação, a orla de enxugo, a zona de tatuagem e a zona de esfumaçamento. O orifício de saída apresenta as seguintes características: dilacerado (irregular); evertido (bordas para fora); desproporcional ao projeto (maior); e sem orlas e zonas.

Alternativa "e": a presença de orifício de entrada em **câmara de mina** ou **câmara de Hoffmann** ocorre nos **tiros encostados** com plano ósseo logo abaixo. Assim, os gases e as micropartículas não conseguem perfurar, causando ferimento estrelado e de bordos evertidos, em razão do refluxo dos gases. A parte final está correta, pois nos tiros a longa distância verifica-se a ausência dos elementos de combustão da munição, como pólvora incombusta, fumaça e restos da bucha.

Alternativa correta: letra "a".

---

117. (UEL – Delegado de Polícia – PR/2013) As asfixias são modalidades de morte derivadas de energias físico-químicas. Entre elas são frequentes as modalidades de constrição do pescoço. Em relação às diferenças entre enforcamento, esganadura e estrangulamento, considere as afirmativas a seguir.

I. A esganadura ocorre por laço tracionado ou por parte do corpo que atua de forma similar a um laço (gravata, chave de braço, golpes de jiujitsu), desde que a força empregada não seja o peso da vítima.

II. O estrangulamento ocorre através da interrupção da passagem do ar atmosférico pelas vias aéreas e é causado diretamente pela mão do agente, não havendo forma homicida ou incidental da mesma.

III. É possível do ponto de vista pericial em medicina legal a distinção entre estrangulamento e enforcamento, através da análise das características dos sulcos imprimidos no pescoço da vítima.

IV. O enforcamento ocorre por um laço cuja extremidade se acha fixa a um ponto dado, agindo o próprio peso do indivíduo como força viva.

Assinale a alternativa correta.

a) Somente as afirmativas I e II são corretas.
b) Somente as afirmativas I e IV são corretas.
c) Somente as afirmativas III e IV são corretas.
d) Somente as afirmativas I, II e III são corretas.
e) Somente as afirmativas II, III e IV são corretas

COMENTÁRIOS

✪ **Nota do autor:** O tema central da questão é asfixia (energia de ordem físico química), exigindo do candidato os conceitos de asfixias por obstrução das vias respiratórias (estrangulamento, enforcamento e esganadura).

Assertiva I: o conceito apresentado é o do **estrangulamento**. Já a **esganadura**, consiste na constrição do pescoço diretamente pelas mãos do agressor.

Assertiva II: apresenta o conceito de esganadura e não de estrangulamento.

Assertiva III: são características do **sulco do estrangulamento**: é contínuo, abrangendo todo o pescoço com a mesma profundidade; situa-se em posição baixa no pescoço; é horizontal; frequentemente se identifica mais de uma volta do laço; não costuma haver pergaminhamento porque a força constritiva cessa com a morte da vítima, afrouxando o laço. São características do **sulco do enforcamento:** é descontínuo (interrompendo-se nas zonas em que há cabelo e barba, ou nas proximidades do nó); situa-se em posição alta do pescoço; é profundo na região do pescoço oposta ao nó e superficial próximo ao nó; a direção do nó é oblíqua ascendente; o aspecto é pálido e frequentemente pergaminhado.

Assertiva IV: O **enforcamento** é modalidade de asfixia na qual a constrição do pescoço é exercida por um laço, cuja extremidade se acha fixa num determinado ponto. A força atuante é o próprio peso da vítima. Dentre as características do sulco deixado no pescoço da vítima estão: é profundo na região do pescoço oposta ao nó e superficial perto do nó, portanto, profundidade variável; e a direção do sulco é oblíqua ascendente.

Alternativa correta: letra "c" (responde as demais alternativas). Estão corretas as assertivas III e IV. Vejamos cada uma delas.

---

118. (FUNCAB – Delegado de Polícia – RJ/2012) Nas necropsias, em casos de morte por asfixias em geral, na ausência de lesões externas específicas, o perito deverá basear o seu diagnóstico no achado de um conjunto de sinais internos, que estarão descritos no corpo do laudo cadavérico. A autoridade policial, ao ler o laudo pericial, irá observar a presença constante de:

a) edema cerebral, petéquias pulmonares e sangue coagulado.
b) fluidez do sangue, congestão e equimoses viscerais.
c) desidratação corporal e hemorragia visceral.
d) edema pulmonar, distensão intestinal e congestão vascular.
e) encontro de espuma e de corpos estranhos nas vias respiratórias.

COMENTÁRIOS

✪ **Nota do autor:** A asfixiologia forense é o capítulo da Medicina Legal que estuda as asfixias, energias de ordem físico-química como agentes vulnerantes que causam traumas.

Alternativa "a": Embora as petéquias pulmonares estejam presentes nos sinais internos da asfixia em geral, as outras duas características da assertiva não estão. O **edema cerebral** ocorre nas asfixias por parada respiratória central, pois, o indivíduo para de respirar em consequência de lesão no centro que comanda a respiração, nos casos de traumatismos crânio-encefálico (causam parada respiratória por lesão no tronco encefálico, comprometendo o centro respiratório situado no bulbo). Como vimos, o sangue é fluido, não coagula, portanto.

Alternativa "b": como características gerais, os **sinais internos** das asfixias mecânicas são: **fluidez sanguínea** (o sangue é fluido, não coagula, líquido, espesso e escuro); **congestão das vísceras;** e **equimoses viscerais**. As equimoses viscerais, também denominadas **manchas de Tardieu**, são pequenas manchas avermelhadas (petéquias hemorrágicas) encontradas, principalmente, na região subpleural e subepicárdica (abaixo das membranas que recobrem o pulmão e o coração), em razão a ruptura dos capilares por causa da alta pressão arterial provocada pelo aumento da concentração de gás carbônico no sangue. Por oportuno, os **sinais externos** são: **cianose da pele** (cor arroxeada ou azulada); **equimoses conjuntivas**; **espuma na boca** (cogumelo de espuma); **projeção da língua para fora da boca**; e **resfriamento lento do cadáver**.

Alternativa "c": não representam sinais internos da asfixia em geral.

Alternativa "d": não representam sinais internos da asfixia em geral.

Alternativa "e": a espuma é uma das características da asfixia, saindo pelas cavidades da boca e nariz. Todavia, a presença de corpos estranhos nas vias respiratórias é um sinal específico da sufocação, modalidade de asfixia mecânica produzida pelo impedimento da passagem do ar respirável por meio direto ou indireto.

Alternativa correta: letra "b".

---

119. (FGV – Delegado de Polícia – MA/2012) Na sufocação indireta por compressão torácica, a vítima asfixia-se pela restrição aos movimentos de inspiração e expiração.

O achado de necropsia típico desta modalidade de asfixia caracteriza-se por

a) rotura das camadas interna e externa das artérias carótidas.
b) fratura do osso hioide.
c) petéquias subpleurais e subepicárdicas.
d) máscara equimótica ou equimose cérvico-facial.
e) cogumelo de espuma eliminado pelos orifícios da face.

COMENTÁRIOS

✪ **Nota do autor:** A sufocação indireta por compressão torácica impede os movimentos respiratórios, levando, por consequência, à asfixia. Também é conhecida como **congestão compressiva de Perthes.**

Alternativa "a": a rotura das camadas interna e externa das artérias carótidas é característica da asfixia por enforcamento.

Alternativa "b": a fratura do osso hioide é característica da asfixia por enforcamento.

Alternativa "c": petéquias subpleurais e subepicárdicas são sinais internos das asfixias em geral.

Alternativa "d": um dos sinais mais importantes que caracteriza a asfixia por sufocação indireta por compressão torácica é a **máscara equimótica da face**, equimose cérvico-facial, também conhecida como **máscara equimótica de Morestin**, produzida pelo refluxo sanguíneo da veia cava superior em face da compressão.

Alternativa "e": cogumelo de espuma eliminado pelos orifícios da face é sinal externo das asfixias em geral.

Alternativa correta: letra "d".

---

120. (FGV – Delegado de Polícia – MA/2012) Com relação às lesões provocadas por ação elétrica, analise as afirmativas a seguir.

I. Nos acidentes com correntes elétricas de baixa voltagem, a morte é geralmente provocada por fibrilação ventricular.

II. A morte por parada respiratória central é causada pela contração involuntária da musculatura respiratória, durante a passagem da corrente elétrica pelo tronco da vítima.

III. A marca elétrica de Jellineck é uma lesão vascular, de aspecto arborescente, tipicamente observada nos acidentes de fulguração.

Assinale:

a) se somente a afirmativa I estiver correta.
b) se somente a afirmativa II estiver correta.
c) se somente a afirmativa III estiver correta.
d) se somente as afirmativas I e II estiverem corretas.
e) se todas as afirmativas estiverem corretas.

COMENTÁRIOS

✪ **Nota do autor:** A eletricidade natural ou cósmica e a eletricidade artificial ou industrial podem atuar como energia vulnerante. Vejamos cada uma delas.

Afirmativa I: A fibrilação ventricular consiste na contração desordenada das fibras musculares cardíacas, sem o sincronismo necessário para esvaziar os ventrílоquos. Se não for revertida, leva à morte rapidamente, pois corresponde a uma parada cardíaca. Nas redes de baixa tensão, a perda da consciência é decorrente da parada cardíaca por fibrilação, seguida da parada respiratória.

Afirmativa II: a passagem da corrente não é pelo tronco, mas sim, pela cabeça, como ocorre no eletrochoque terapêutico, no qual flui corrente de 300 mA de um polo temporal ao outro. A morte por parada respiratória central é derivada da asfixia; e a perda da consciência, bem como a paralisia dos centros respiratórios, ocorrem pela eletroperfuração dos neurônios. A formação dos campos elétricos porosos é capaz de perfurar as membranas celulares em grau variado, dependendo da intensidade e da duração da corrente.

Afirmativa III: a lesão vascular, de aspecto arborescente, tipicamente observada nos acidentes de fulguração é denominada **sinal de Lichtenberg**. A **marca elétrica de Jellinek** consiste numa lesão na pele, com forma circular, elíptica ou estrelada, de consistência endurecida, bordas altas, leito deprimido, tonalidade branco-amarelada, fixa, indolor, asséptica e de fácil cicatrização. É a lesão mais simples e representa a porta de entrada da corrente.

Alternativa correta letra "a" (responde as demais alternativas): apenas a afirmativa I está correta.

121. (UEG – Delegado de Polícia – GO/2013) O Brasil está geograficamente localizado na zona tropical, com isso é o país com maior incidência de descargas elétricas naturais (cósmicas). Sobre as descargas elétricas, verifica-se que

a) as mortes causadas por descargas elétricas naturais são as fulgurações.

b) a marca de entrada do raio no corpo chama-se lesão de Jellineck.

c) as marcas produzidas pelas descargas elétricas no corpo são ocasionadas pelo efeito Joule.

d) a marca de saída do raio no corpo chama-se lesão de Lichtemberg.

COMENTÁRIOS

✪ **Nota do autor:** A incidência de acidentes causados por descargas elétricas é maior nos países tropicais, haja vista a maior frequência de tempestades nessas regiões.

Alternativa "a": segundo a doutrina majoritária, a morte causada pela eletricidade natural é denominada **fulminação.** Quando provoca apenas lesões corporais, chama-se **fulguração.** Todavia, impende destacar posição diversa em relação ao tema. Higyno de C. Hercules dá o nome de **eletroplessão** às lesões causadas pela energia elétrica industrial ou artifical e **fulguração** à ação da eletricidade natural ou cósmica (Medicina Legal, texto e atlas, São Paulo: editora Atheneu, 2005, p. 337).

Alternativa "b": A marca elétrica de Jellinek representa a porta de entrada da corrente elétrica industrial ou artifical, e não da natural ou cósimica.

Alternativa "c": quando a eletricidade é transformada em calor em decorrência da resistência à passagem da corrente, produz queimaduras na pele, músculos, ossos e vísceras. É o denominado **efeito Joule, queimadura elétrica.** Segundo o **efeito** e **lei de Joule**, temos: "a passagem de uma corrente elétrica através de um condutor determina calor" (efeito) e "o calor desenvolvido por uma corrente elétrica é proporcional à resistência do condutor, ao quadrado da intensidade e ao tempo durante o qual passa pelo condutor" (lei).

Alternativa "d": a marca de saída está relacionada ao efeito Joule. O **sinal de Lichenberg**, tipicamente observado nos acidentes de fulguração (eletricidade natural), é lesão vascular, de aspecto arborescente, decorrente de fenômenos vasomotores.

Alternativa correta: letra "c".

---

122. (UEG – Delegado de Polícia – GO/2013) Os instrumentos contundentes causam lesões no corpo pela ação de sua superfície de contato. Um instrumento contundente cilíndrico produz uma lesão chamada de

a) sugilação

b) víbice

c) cilindruria

d) escoriação

COMENTÁRIOS

Alternativa "a": quando a equimose se apresenta em forma de pequenos grãos é denominada **sugilação.** É a confluência de numerosas lesões puntiformes em área bem delineada.

Alternativa b": quando a equimose é produzida por objetos cilíndricos, como bastões, cassetetes ou bengalas, deixa duas equimoses longas e paralelas, conhecidas por **víbices**, em razão do extravasamento do sangue ocorrer ao lado do traumatismo e não na sua linha de impacto.

Alternativa "c": é a presença de cilindros na urina. Os cilindros são os elementos do sedimento urinário de maior importância na distinção entre nefropatia e doenças do trato urinário inferior e geralmente são formados por uma aglutinação de células tendo uma matriz proteica.

Alternativa "d": a escoriação é o arrancamento traumático da epiderme, expondo a derme.

Alternativa correta: letra "b".

---

123. (UEG – Delegado de Polícia – GO/2013) Em relação aos disparos de arma de fogo, tem-se que

a) o trajeto do projétil pode ser determinado pelo orifício de saída.

b) nos orifícios de entrada sempre encontramos orla de contusão e enxugo.

c) nos disparos à queima roupa encontramos o sinal de Werkgaertner.

d) o sinal de Romanesi está localizado no orifício de saída do projétil.

COMENTÁRIOS

✪ **Nota do autor:** As lesões causadas por projéteis de arma de fogo (PAF) são estudadas na Traumatologia e os elementos do orifício de entrada, trajeto e orifício de saída apresentam características distintas, muito cobradas em concursos. Como destaca Eduardo Roberto Alcântara Del-Campo (Medicina Legal, coleção cursos e concursos, 3ª ed. São Paulo: Editora Saraiva, 2007, p. 176) na análise dos ferimentos produzidos por projéteis de arma de fogo, quatro são os pontos que devem merecer atenção do perito: **a.** determinação e descrição dos ferimentos de entrada e saída; **b.** a trajetória do projétil; **c.** a orientação do disparo em relação à posição do corpo; e **d.** a distância provável do disparo.

Alternativa "a": A determinação do trajeto, caminho percorrido pelo projétil no interior do corpo, é tarefa árdua enfrentada pelo médico legista na confecção do laudo de necropsia. Devem ser analisadas a entrada e a saída do projétil. Porém, há diversos fatores dificultadores, como a posição da vítima em relação ao atirador, distância do disparo, região atingida (estruturas ósseas, órgãos), pois, não raro há desvio na trajetória.

Alternativa "b": o atirador pode ter utilizado um anteparo para efetuar o disparo.

Alternativa "c": o chamado Sinal de Werkgaertner está presente nos tiros encostados, quando ocorre uma queimadura ao redor do orifício de entrada, causada pelo cano e pela mira da arma aquecidos pelo disparo. Muitas vezes o desenho da mira permite identificar se a arma utilizada foi revólver ou pistola.

Alternativa "d": embora o ferimento de saída não apresente, em regra, orla de escoriação, pois, a ação no complexo dermoepidérmico é de dentro para fora, quando o corpo atingido pelo disparo está encostado num anteparo, o projétil, ao sair, em razão da resistência dos tegumentos, causará orla de escoriação, também na saída. É o **sinal de Romanesi ou Romanese.**

Alternativa correta: letra "d".

---

124. (UEG – Delegado de Polícia – GO/2013) Delegado de polícia na cena do crime encontra um cadáver com livores fixos no dorso, equimoses arroxeadas no braço direito e no tórax, com os pés pendentes sobre o solo através de um laço envolto no pescoço com sulco único, contínuo e horizontal. Diante do exposto, tem-se que

a) a investigação deve ser direcionada com base na hipótese de suicídio.

b) os achados são compatíveis com óbito por asfixia mecânica por enforcamento.

c) as lesões equimóticas foram produzidas após a morte, que ocorreu 4 horas antes.

d) o corpo foi manipulado após a morte, antes do isolamento do local do crime.

COMENTÁRIOS

✪ **Nota do autor:** A questão aborda uma das modalidades de asfixia: o enforcamento, que é a constrição produzida por braço mecânico acionado pelo peso do próprio corpo. É completo quando o corpo fica suspenso no ar.

Alternativa "a": geralmente o enforcamento é meio utilizado para cometimento de suicídio. Porém, a cena do crime e as características do sulco indicam estrangulamento.

Alternativa "b": compatíveis com o **estrangulamento**, constrição produzida por braço mecânico acionada por força estranha ao peso do corpo. É típico nos casos de homicídio.

Alternativa "c": pelo espectro equimótico (sucessão de cores denominada por Legrand Du Saulle) a equimose adquire a cor violeta/ arroxeada do 2º ao 3º dia. Portanto, é anterior à morte.

Alternativa "d": a cena do crime poderia indicar possível suicídio por enforcamento. Todavia, podemos afirmar que o corpo foi manipulado após a morte, antes do isolamento do local do crime, pois o sulco nos casos de enforcamento é oblíquo e descontínuo. O sulco horizontal e contínuo indica que a asfixia foi provocada por estrangulamento, meio utilizado, geralmente, por homicidas.

Alternativa correta: letra "d".

---

125. (Delegado de Polícia – MG/ 2011 – ACADEPOL) A classificação das queimaduras, que considera a profundidade das lesões, é definida em graus, do primeiro ao quarto. Uma queimadura que apresenta vesículas ou flictenas, contendo líquido seroso, remete-se:

a) primeiro grau.

b) segundo grau.

c) terceiro grau.

d) quarto grau.

COMENTÁRIOS

✪ **Nota do autor: A** questão aborda as queimaduras resultantes da ação térmica. **Queimaduras** são lesões corporais produzidas pelo calor agindo diretamente sobre o organismo em qualquer de suas formas. As mais comuns são aquelas causadas pelo fogo, líquidos em ebulição e metais incandescentes. Quanto à gravidade, Lussena/ Hofmann admitem quatro graus, que vão desde queimaduras leves (1º grau) até a carbonização (4º grau).

Alternativa "a": as queimaduras de 1º grau são leves, apresentando o Sinal de Christinson, simples formação de eritemas.

Alternativa "b": a queimadura de 2º grau apresenta vesículas ou flictenas, contendo líquido seroso nas áreas erimatosas.

Alternativa "c": as queimaduras de 3º grau atingem a derme e os tecidos adjacentes, dando origem à formação de escaras.

Alternativa "d": hipótese de carbonização.

Alternativa correta: letra "b

---

126. (Delegado de Polícia – MG/ 2011 – ACADEPOL) A capacidade de diagnosticar e mensurar a dor, alegada em um exame pericial, constitui um desafio da medicina legal, por se tratar de um dado subjetivo. O sinal de dor, avaliado pela contagem prévia do pulso radial, compressão do ponto doloroso alegado e nova contagem do pulso, é denominado pelo epônimo de sinal de

a) Müller.

b) Levi.

c) Imbert.

d) Mankof.

COMENTÁRIOS

✪ **Nota do autor:** A **infortunística** é a parte da Medicina Legal que estuda os acidentes de trabalho, as doenças profissionais, suas consequências, os meios de prevenção e de reparação. A perícia médica, através do exame do acidentado, tem por finalidade concluir sobre os seguintes aspectos: esclarecimento da causa, a natureza do acidente ou da doença profissional, concluindo pelo nexo causal; avaliação do grau de incapacidade; exclusão da possibilidade de simulação, metassimulação ou dissimulação. O perito deverá utilizar exames especiais para afastar tais possibilidades. A simulação tem como sintoma mais referido a dor. Para pesquisar a existência ou não deste fenômeno utilizam-se os seguintes **sinais da dor:** sinal de Müller, sinal de Levi, sinal de Imbert e sinal de Mankoff.

Alternativa "a": O **sinal de Müller** é pesquisado marcando-se com um compasso a região da dor referida. Em seguida, assinala-se o ponto doloroso, mantendo o indivíduo de olhos vendados, comprime-se com o dedo um ponto que não seja sensível à dor. Dentro do mesmo círculo, passa-se rapidamente a comprimir o ponto doloroso. Quando existe metassimulação o examinado não percebe a mudança.

Alternativa "b": O **sinal de Levi** é feito pedindo-se ao paciente que mantenha seu olhar à distância e no local referido como doloroso faz-se uma compressão. Quando a dor realmente existe, verificam-se contrações e dilatações pupilares.

Alternativa "c": O **sinal de Imbert**, utilizado para os casos de simulação dolorosa de membros, consiste em colocar o paciente em repouso e contar suas pulsações radiais, para em seguida, mandá-lo ficar apoiado na perna referida ou segurar um peso com o braço afetado. Quando a dor alegada realmente existir haverá um aumento de pulsações.

Alternativa "d": O **sinal de Mankoff** consiste em deixar em repouso o paciente durante alguns minutos, depois de prévia contagem de seu pulso radial. Em seguida, rapidamente, comprime-se a região dolorosa alegada e contam-se novamente os batimentos do pulso. Seu aumento faz o diagnóstico da existência da dor referida.

Alternativa correta: letra "d".

5. SEXOLOGIA FORENSE

127. (FGV–2024–PC/SC–Delegado) No dia 15/11/2023, Nina compareceu à Delegacia de Polícia de Joinville para obter informações sobre o andamento das investigações acerca do homicídio da sua irmã, Andressa, ocorrido no dia anterior. Na mesma ocasião, prestou declarações agregando informações valiosas para o inquérito policial, pois soube que Andressa estaria grávida e teria desejado interromper a gestação em face do término do relacionamento com Fernando, suposto autor do crime. Cinco dias depois, o Delegado de Polícia responsável pelo caso recebeu o laudo pericial com informações sobre a ausência do feto, mas com dilatação do colo do útero e restos de vilosidades coriais no cadáver de Andressa. Acerca dessas informações, é correto afirmar que

a) o Delegado de Polícia responsável pelas investigações não poderá formular quesitos complementares em eventual consulta médico-legal, haja vista o encontro das vilosidades coriais que exaurem a pesquisa pelo aborto recente.

b) ainda que haja necessidade de exames complementares, o perito Médico-Legista não terá elementos para afirmar, no laudo, que se trata de aborto recente.

c) a presença de vilosidades coriais é indicativo da utilização de substância abortiva de origem química.

d) ainda que haja necessidade de exames complementares, por meio da leitura do laudo pericial o Delegado de Polícia já possui condições de nortear as investigações quanto à ocorrência de aborto recente.

e) não há diferenças entre o diagnóstico do aborto recente e o aborto antigo, pois ambas são decorrentes da morte do concepto no interior do ventre materno.

COMENTÁRIOS

✪ **Nota do autor:** O diagnóstico do aborto tem por objetivo identificar o agente causador e traçar a cronotanatognose. O diagnóstico de aborto recente **na mulher viva** se assemelha ao diagnóstico da gravidez recente. Os seios devem ser examinados quanto à presença da pigmentação areolar, rede venosa de Haller, tubérculos de Montgomery e secreções. O exame da genitália tem valor fundamental. Deve ser verificado se existe edema dos grandes e pequenos lábios, lóquios serossanguinolentos ou serosos, lesões no períneo, lesões no colo do útero deixado pelas pinças de Pozzi (duas garras) e Museaux (quatro garras) que são utilizadas para fixar o útero para possibilitar manobras dentro dele. **Na mulher morta:** quando a mulher já está morta o exame pode ser muito mais detalhado. O que deve ser observado é o tamanho do útero, **restos de vilosidades coriais, o grau de dilatação do colo do útero**, o formato do útero, pois se este tiver a forma de um triângulo de paredes côncavas significa que ainda não pariu, mas se o formato externo mostra paredes convexas, a mulher já pariu (FERREIRA, Wilson Luiz Palermo. Medicina Legal. 3ª edição. Salvador: Juspodivm, 2018, p. 204-205).

Alternativa "a": Errada. O delegado de polícia pode, sim, formular quesitos complementares, com o objetivo de esclarecer a dinâmica criminosa e o laudo pericial, com base no art. 6º, inc. VII, do CPP. Em relação às vilosidades coriais, dentro do útero, o feto está rodeado por uma bolsa denominada membrana coriônica. Células especiais se estendem dessa membrana até a placenta; essas células são denominadas vilosidades coriônicas, permitindo-se a confirmação da gravidez.

Alternativa "b": Errada. Como vimos em nota, a dilatação do colo do útero e as vilosidades coriais são indicativos de aborto recente.

Alternativa "c": Errada. O abortamento é um crime material (cujo resultado é o aborto) e, por consequência, admite a forma tentada. Nessa situação, utiliza-se a norma de extensão do art. 14, inc. II, do Código Penal.

Alternativa "d": Correta. Apesar de outras diligências necessárias com o objetivo de identificar a autoria delitiva, bem como de laudo pericial complementar, os elementos até então apresentados indicam o aborto recente.

Alternativa "e": Errada. Inclusive, quanto mais antigo for o aborto, mais difícil será a perícia, pois os dados mais comprovadores do aborto, depois de certo tempo, estão obscuros ou totalmente desaparecidos. Restos antigos de membranas, cicatrizes de fúrcula ou de vagina e rupturas himenais não são elementos que possam justificar uma prática abortiva.

Alternativa correta: letra "d".

---

128. (CEBRASPE - 2024 - PC/PE - Delegado) Assinale a opção correta, com referência ao abortamento e ao infanticídio.

a) No abortamento espontâneo, não ocorrem fatores gametogênicos masculinos.

b) O abortamento criminoso é caracterizado pela ocorrência após a 20.ª semana de gestação ou no caso de o feto apresentar massa corporal igual ou superior a 500 gramas.

c) A mera tentativa de abortamento não caracteriza crime, por não ser hipótese tipificada criminalmente pelo Código Penal.

d) A docimásia de Icard na avaliação de infanticídio embasa-se na diferença entre a densidade do pulmão que respirou e a do que não respirou.

e) Não será punido o aborto praticado por médico se não houver outro meio de salvar a vida da gestante ou se a gravidez tiver decorrido de estupro e o aborto for precedido do consentimento da gestante.

COMENTÁRIOS

Alternativa "a": Errada. A presença de problemas na qualidade do espermatozoide (gameta masculino) também pode ser a causa do abortamento. A infertilidade masculina está muito relacionada com a qualidade e a quantidade dos gametas, por isso, algumas doenças e condições podem provocar graves consequências (espermatozoides com dificuldade de locomoção, morfologia alterada e aumento na fragmentação do DNA espermático).

Alternativa "b": Errada. O abortamento criminoso pode ocorrer em qualquer momento da vida humana intrauterina.

Alternativa "c": Errada. O abortamento é um crime material (cujo resultado é o aborto) e, por consequência, admite a forma tentada. Nessa situação, utiliza-se a norma de extensão do art. 14, inc. II, do Código Penal.

Alternativa "d": Errada. A assertiva traz o conceito de Docimásia Hidrostática de Galeno. A Docimásia de Icard realiza-se por meio de pequenos cortes de fragmento de pulmão, de dimensão reduzida, esmagado entre duas lâminas de modo a transformá-lo em um esfregaço. Nos casos em que houve respiração, notam-se, no esfregaço, inúmeras bolhas de ar.

Alternativa "e": Correta. É o texto do art. 128 do Código Penal (aborto legal). Na primeira hipótese, denomina-se aborto necessário ou terapêutico. Já na segunda, aborto sentimental ou humanitário.

Alternativa correta: letra "e".

---

129. (Cespe - Delegado de Polícia - PC - RJ/2022) No dia 4/2/2022, H. A. S., com 24 anos de idade, do sexo masculino, foi encontrado morto em quarto de hotel. Na perinecroscopia, o perito criminal descreveu que a vítima foi encontrada com um laço no pescoço, nua, apontando preliminarmente para a possibilidade de suicídio por estrangulamento, pois as câmeras do hotel não haviam registrado entrada ou saída de pessoas do apartamento da vítima, e a porta estava fechada por dentro. Posteriormente, conforme a investigação avançou, a família relatou dados específicos sobre o comportamento sexual da vítima, o que levou o delegado de polícia a considerar a hipótese de morte acidental. Com base nas informações apresentadas nessa situação hipotética, é correto considerar a hipótese da parafilia denominada

a) coprolalia.

b) frotteurismo.

c) dolismo.

d) hipoxifilia.

e) clismafilia.

COMENTÁRIOS

Alternativa "a": A **coprolalia** consiste na necessidade em proferir ou ouvir de alguém palavras obscenas a fim de excitá-los.

Alternativa "b": Frotteurismo, modalidade de desvio da sexualidade, não muito rara, caracteriza-se pela forma como certos indivíduos aproveitam-se das aglomerações em transportes públicos ou em outros locais de ajuntamento humano, com o objetivo de "esfregar ou encostar seus órgãos genitais, principalmente em mulheres, ou tocar seus seios e genitais, sem que a outra pessoa perceba ou identifique suas intenções". Desde de 2018, constitui crime de importunação sexual (incluído pela Lei 13.718), art. 215-A, CP.

Alternativa "c": Dolismo caracteriza-se pela atração que o indivíduo tem por bonecas e manequins, mirando-as ou exibindo-as, ou até mesmo chegando à relação sexual com elas. Em geral, nesta forma de perversão sexual, o indivíduo utiliza a boneca como fetiche ou se identifica com a figura humana que ela personifica.

Alternativa "d": Hipoxifilia (autoestrangulamento erótico, autoasfixia, autoestrangulamento) tem sido incluído nos tipos de sadismo e masoquismo e constitui-se em uma modalidade de transtorno da sexualidade caracterizado pelo prazer obtido por meio da privação do oxigênio. São utilizados garrotes, ataduras, sacos de plásticos, máscaras, compressão torácica e até mesmo certas substâncias químicas à base de nitritos voláteis, as quais reduzem temporariamente o oxigênio cerebral. Não é tão rara a morte por acidente nestes tipos de parafilia (*accidental autoerotic death* – AAD) devido principalmente à falta de controle na administração destas substâncias ou por defeito no funcionamento dos artefatos utilizados.

Alternativa "e": Clismafilia caracteriza-se pelo prazer obtido pelo indivíduo que introduz ou faz introduzir grande quantidade de água ou líquidos no reto, sob a forma de enema, lavagem ou clister. Seu nome vem do grego klisma, que quer dizer clister. É uma modalidade muito rara nessas preferências mais bizarras.

Alternativa correta: letra "d".

130. (Cespe – Delegado de Polícia – PC – RJ/2022) Suponha que traficantes tenham submetido uma adolescente a violência sexual, em uma comunidade carente do Rio de Janeiro. Nesse contexto, na perícia de casos de conjunção carnal, para o exame objetivo, de natureza específica, deve ser fornecida a informação de

a) peso e altura da vítima.
b) estado geral da vítima.
c) estado civil da vítima.
d) aspecto e disposição dos elementos da genitália da vítima.
e) lesões externas gerais na vítima (como equimoses, hematomas e escoriações).

COMENTÁRIOS:

✪ **Nota do autor:** Essa abordagem, considerando o exame objetivo e subjetivo da perícia de conjunção carnal, é desenvolvida por Genival Veloso de França. No **exame subjetivo**, devem-se considerar, nas condições psíquicas da vítima, todos os sinais e sintomas que possam ser anotados quanto ao seu desenvolvimento mental incompleto ou retardado, ou mesmo a um transtorno mental, permitindo, assim, tipificar adequadamente a conduta. No exame objetivo, há de se considerar duas partes: uma genérica e outra específica. No **exame objetivo genérico**, leva-se em conta o aspecto geral da vítima, como peso, estatura, estado geral, lesões e alterações corporais sugestivas de violência física, inclusive, de violência ou de luta, apresentadas pela vítima nas mais diversas regiões do corpo: equimoses e escoriações, mais evidenciadas nas faces externas das coxas, nos antebraços, na face, ao redor do nariz e da boca – como tentativa de fazer calar os gritos da vítima –, e, finalmente, escoriações na face anterior do pescoço, quando existe a tentativa de esganadura ou como forma de amedrontá-la. Portanto, são afastadas as alternativas "a", "b" e "e". O estado civil (da alternativa "c") não tem relevância para a exame pericial.

Alternativa "D" (responde às demais alternativas): No **exame objetivo específico,** examina-se cuidadosamente o aspecto e a disposição dos elementos da genitália externa.

Alternativa correta: letra "d".

131. (Cespe – Delegado de Polícia – PC – RJ/2022) O chamado tumor do parto (*caput succedaneum*), encontrado em um nascituro, consiste em um dos mais importantes sinais de

a) esgorjamento acidental no canal do parto.
b) prova de vida durante o parto cefálico.
c) feto natimorto.
d) infecção pós-aborto.
e) aborto retido (intrauterino).

COMENTÁRIOS

Alternativa "a": Errada**.** O esgorjamento é a lesão localizada na região anterior do pescoço, provocada por instrumento cortante, produzindo lesão incisa.

Alternativa "b": O tumor do parto (*caput succedaneum*), também chamado de bossa serosanguinolenta occipital é um pronunciado entumescimento do couro cabeludo do feto, localizado na porção póstero-superior e que lhe deforma a silhueta da cabeça caracteristicamente (VANRELL, 2020, p. 356). Em outras palavras, como normalmente a criança é expelida de forma céfalo-caudal (a cabeça passando primeiro pelo colo do útero), em alguns casos, a musculatura pressiona a cabeça da criança, formando uma bossa, que nada mais é que o derramamento de sangue com plano ósseo abaixo). Sua presença significa que o feto, durante o parto, estava vivo, com o coração batendo, sangue circulando, pois, a pressão na cabeça fez com que houvesse a interrupção da circulação, gerando o tumor do parto.

Alternativa "c": Natimorto é o termo atribuído ao feto quando morre dentro do útero materno ou durante o trabalho de parto. Já o nascituro é aquele que irá nascer, o ser (feto) já concebido, mas que ainda está no ventre materno (vida intrauterina).

Alternativa "d": Em geral, os abortos sépticos resultam de abortos induzidos por pessoas não treinadas, utilizando técnicas não estéreis; são muito mais frequentes quando os abortos induzidos são ilegais. O aborto infectado ocorre por ascensão de bactérias da microbiota vaginal e intestinal à cavidade uterina, sendo muito comum em abortos provocados – com inserção de instrumentos e produtos químicos na cavidade uterina.

Alternativa "e": Errada**.** O aborto retido é definido como a gravidez retida dentro do útero após morte embrionária ou fetal. Por isso, é uma perda gestacional assintomática. Dessa forma, como o próprio nome diz, não há passagem espontânea do produto conceptual. Se há morte do feto não é sinal encontrado no nascituro (ser vivo), como assinala a questão.

Alternativa correta: letra "b".

132. (Cespe – Delegado de Polícia – PC – PB/2022) Maria compareceu à delegacia para registrar ocorrência de que a esposa do seu irmão vinha ameaçando matar o próprio filho, que nasceu havia três dias. Disse que sua cunhada vinha enfrentando dificuldades para dormir e para amamentar a criança. Acrescentou que a cunhada apresentava agitação e raiva, que estava sempre confusa na hora de conversar e que manifestava delírios e alucinações.

Considerando-se essa situação hipotética, é correto afirmar que a provável patologia mental apresentada pela cunhada de Maria, que pode levar ao infanticídio, é a(o)

a) blues puerperal.

b) depressão pós-parto.

c) transtorno da ansiedade.

d) transtorno do pânico.

e) psicose puerperal.

COMENTÁRIOS

✪ **Nota do autor:** O puerpério é o período compreendido entre o parto e o retorno do útero ao seu estado normal, com duração média de 45 dias (para Genival Veloso de França, de seis a oito semanas). Em outras palavras, é o período pós-parto que se inicia com a expulsão do feto e dequitação (eliminação) da placenta. O estado puerperal é uma perturbação psíquica, de caráter agudo e transitório, que acomete a parturiente ou a puérpera, por influência de fatores fisiológicos, psicológicos e sociais. Durante esse período, a mulher apresenta alterações orgânicas e hormonais que afetam o seu psiquismo. Assim, a avaliação dessa influência é tarefa do perito psiquiatra.

Alternativa "a": O parto em si mesmo não leva a mulher a transtornos psíquicos graves, mas a pequenas alterações emotivas, levadas pelas dores e pela emoção que normalmente se apoderam da parturiente, como por exemplo a *maternity blues*, tristezas do parto, *blues* puerperal ou *baby blues*. Trata-se de um estado mais leve causado pelas mudanças hormonais que ocorrem nesta fase.

Alternativa "b": É uma doença que aparece após a gestação e pode surgir até o primeiro ano de vida do bebê. É caracterizada como um quadro depressivo que envolve o sentimento de tristeza, pessimismo, diminuição da disposição, tendência a olhar para as coisas de uma forma negativa, sem saída, além da falta de vontade de cuidar do bebê ou excesso de proteção, entre outros. Raramente, a situação pode se complicar e evoluir para uma forma mais grave, conhecida como psicose pós-parto.

Alternativa "c": O transtorno de ansiedade generalizada (TAG) é um distúrbio caracterizado pela "preocupação excessiva ou expectativa apreensiva", persistente e de difícil controle, que perdura por seis meses no mínimo.

Alternativa "d": Transtorno do pânico (TP) é caracterizado por crises de ansiedade repentinas e intensas com forte sensação de medo ou mal-estar, acompanhadas de sintomas físicos. As crises podem ocorrer em qualquer lugar, contexto ou momento, durando em média de 15 a 30 minutos.

Alternativa "e": É um transtorno psiquiátrico que atinge algumas mulheres após cerca de 2 ou 3 semanas do parto. Esta doença causa sinais e sintomas como confusão mental, nervosismo, choro excessivo, além de delírios e visões e o tratamento deve ser feito em um hospital psiquiátrico, com supervisão e uso de medicamentos para controlar estes sintomas. Geralmente, é causada devido às alterações hormonais que a mulher apresenta neste período, mas também é muito influenciada pela mistura de sentimentos devido às mudanças com a chegada da criança, que pode provocar tristeza e depressão pós-parto.

Alternativa correta: letra "e".

---

133. Considere o seguinte texto:

Uma mulher de 22 anos foi presa em flagrante ontem sob a acusação de ter arremessado a filha recém-nascida da janela do banheiro de seu apartamento, no 2° andar de um prédio em um condomínio em Jardins do Planalto, bairro de Mossoró (RN), a cerca de 270 km de Natal. "Ela disse que fez o parto sozinha, que bateu a barriga na pia quando saiu do banho e logo depois sentiu vontade de urinar. Ao sentar no vaso sanitário, o bebê nasceu e não chorou. Ela relatou que, em seguida, jogou a filha pela janela por acreditar que a recém-nascida estava morta", informou o delegado. Entretanto, a necropsia constatou que o bebê estava vivo quando foi jogado pela janela.

(GAMA, Aline. Mãe atira bebê recém-nascida de prédio no RN após esconder gravidez. UOL. Disponível em: https://noticias.uol.com.br/ cotidiano/ultimas-noticias/2019/02/18/mae-atira-bebe-recem-nascida-de-predio-no-rn-apos-esconder-gravidez.htm. Acesso em: 19/04/2021.)

São todos métodos para determinar que a criança estava viva quando foi desprezada pela janela:

a) Docimásia de Bordas, Teste de Middelorf, Teste de Sola- Orella-Gonzales.

b) Reação de Baecchi, Presença dos Cristais de Westenhoffer-Rocha-Valverde, Docimásia de Galeno.

c) Teste de Allen, Presença dos Cristais de Westenhoffer-Rocha-Valverde, Presença da Circulação de Brouardel.

d) Docimásia de Galeno, Docimásia de Bordas, Docimásia de Balthazard.

e) Docimásia de Balthazar, Teste de Allen, Teste de Sola-Orella-Gonzales.

COMENTÁRIOS

✪ **Nota do autor:** A questão aborda o diagnóstico de vida humana extrauterina, métodos para determinar se a criança estava viva quando foi desprezada pela janela, em específico. Dá-se com comprovação da respiração autônoma do infante nascido ou do recém-nascido. Esse diagnóstico é feito através da comprovação da respiração pelas docimásias. As docimásias são exames capazes de demonstrar pericialmente se houve vida extrauterina. O termo advém do grego dokimásia, que significa prova, experiência. Esta determinação é de fundamental importância para a adequação típica do delito, se aborto, infanticídio ou até mesmo homicídio. As docimásias mais comuns são as pulmonares, para saber se houve respiração. Porém, simultaneamente com a respiração, o recém-nascido faz movimentos de deglutição, o ar vai também para o estômago e para o ouvido médio, o que dá oportunidade para que sejam feitas docimásias extrapulmonares. Assim, na resposta correta devem constar apenas as docimásias.

Alternativa "a": a **Docimásia de Bordas** é baseada na maior opacidade aos raios-X (por isso também é chamada de docimásia radiológica) dos pulmões que não respiram. Por outro lado, o pulmão que respirou mostra imagem clara de transparência alveolar. O **Teste de Middelorf** consiste na introdução de uma agulha no coração, observando suas oscilações, que estarão presentes somente na pessoa viva. Trata-se de prova circulatória para o diagnóstico da realidade da morte. Já o **Teste de Sola-Orellana-Gonzales** (há um erro de grafia na questão) é um teste biológico para diagnóstico de certeza da gestação. Nessa técnica, injeta-se dentro do peritônio de ratos urina da mulher supostamente grávida. Sacrificados os animais, duas horas depois segue-se ao exame dos ovários e das trompas. Se for a prova positiva, o ovário apresenta-se com maior volume e com uma acentuada congestão de seus vasos.

Alternativa "b": a **Reação de Baecchi** é uma técnica utilizada para determinação da presença de esperma na cavidade vaginal. A **Presença dos Cristais de Westenhoffer-Rocha-Valverde** trata-se de fenômeno cadavérico para estimar o tempo da morte. Os cristais são formações no sangue putrefeito, em forma de lâminas cristaloides, fragmentadas, agrupadas, cruzadas e incolores, que se formam depois do 3° dia da morte. Por fim, a **Docimásia de Galeno** consiste na imersão dos pulmões ou de fragmentos deles em uma cuba com água. Se houver flutuação é porque houve respiração.

Alternativa "c": o **Teste de Allen** é usado para avaliar o suprimento sanguíneo da mão, com o objetivo de avaliar a circulação da mão antes de serem realizados procedimentos nas suas artérias, desde a colocação de um cateter para monitoramento da pressão arterial média ou utilização da artéria radial em cirurgias cardíacas. O teste teoricamente avalia as mãos que teriam maior risco de sofrer isquemia com estes procedimentos. Já a **Presença da Circulação de Brouardel** é um fenômeno cadavérico da fase do enfisema ou período enfisematoso da putrefação, também denominada fase gasosa, em razão dos gases que são formados no interior do corpo e fazem com que o cadáver adquira uma aparência de agigantamento, com protusão da língua e inchaço dos genitais. O sangue é forçado para a periferia, dando origem ao desenho dos vasos na superfície da pele, fenômeno denominado **"circulação póstuma de Brouardel"**.

Alternativa "d": Além das duas docimásias já conceituadas, a **Docimásia de Balthazar** consiste no estudo microscópico do tecido pulmonar através da técnica histológica comum. O pulmão que respirou apresenta-se estruturalmente igual ao pulmão do adulto, com a dilatação uniforme dos alvéolos, achatamento das células epiteliais, desdobramento das ramificações brônquicas e aumento do volume dos capilares pelo afluxo sanguíneo.

Alternativa "e": todos os conceitos foram apresentados nas alternativas anteriores.

Alternativa correta: letra "d".

---

134. (Cespe – Delegado de Polícia – PC – SE/2018) De acordo com estudos vitimológicos, a diferença entre os crimes sexuais praticados e os comunicados às agências de controle social é de aproximadamente 90%, o que estaria em consonância com os dados do Panorama da Violência contra as Mulheres no Brasil (texto 1A9-II), que indica a ocorrência de subnotificação nos casos de estupros praticados em Sergipe. Esse fenômeno, de apenas uma parcela dos crimes reais ser registrada oficialmente pelo Estado, é o que a criminologia chama de cifra negra da criminalidade.

COMENTÁRIOS

✪ **Nota do autor:** a questão aborda tema relevante da disciplina Criminologia, que demonstra a preocupação com as estatísticas oficiais dos índices de criminalidade, que encontra, todavia, obstáculos importantes, como exemplo, os casos de desconhecimento de um evento criminoso por parte das autoridades públicas.

O sociólogo Edwin H. Sutherland já criticava as ocorrências criminais desconhecidas pelas autoridades, permanecendo ocultas. Em outras palavras, a cifra negra (zona obscura, *dark number* ou *cittre noir*) é o resultado da diferença entre os crimes conhecidos (números oficiais) e os ocultos.

Alternativa correta: "certo".

---

135. (Cespe – Delegado de Polícia – GO/2017) Em relação aos aspectos médico-legais dos crimes contra a liberdade sexual, assinale a opção correta.

a) A presença de escoriação em cotovelo e de esperma na cavidade vaginal são suficientes para caracterizar o estupro.

b) Equimoses da margem do ânus, hemorragias por esgarçamento das paredes anorretais e edemas das regiões circunvizinhas são características de coito anal violento.

c) Em crianças com mudanças de comportamento, a presença de eritemas confirma o diagnóstico de abuso sexual.

d) A vasectomia feita no indivíduo antes de ele cometer um crime de estupro impede a obtenção de dados objetivos desse crime.

e) A integridade do hímen invalida o diagnóstico de conjunção carnal.

COMENTÁRIOS

Alternativa "a": Tais elementos podem contribuir para a apuração do delito, mas não são suficientes. A presença de escoriação em cotovelo pode ser um indicativo de agressão, podendo caracterizar a violência real. Já a presença de esperma na cavidade vaginal comprova a conjunção carnal, não necessariamente o crime sexual.

Alternativa "b": A perícia do coito anal mediante violência buscará as lesões produzidas no local, tais como equimose, rágade, escoriação, edema e exulceração (também chamada de erosão, é a perda parcial da epiderme).

Alternativa "c": O **eritema** ou r**ubefação** é a congestão de pouca intensidade, causando vermelhidão no local em razão da dilatação dos vasos capilares. Ex. uma bofetada de mão aberta. Em crianças com mudanças de comportamento, a presença de eritemas pode revelar os maus-tratos, podendo confirmar o diagnóstico da **síndrome da criança maltratada** (também denominada síndrome da criança espancada, síndrome de Silverman, síndrome de Caffey-Kempe ou *battered child syndrome*), que compreende um conjunto de lesões externas e internas apresentado por crianças de tenra idade, em regra, infligidas pelos próprios pais, naturais ou não (Eduardo Roberto Alcântara Del-Campo (**Medicina Legal,** coleção cursos e concursos, 7ª ed. São Paulo: Editora Saraiva, 2012, p. 127).

Alternativa "d": A vasectomia impede a detecção de espermatozoide durante a perícia laboratorial. Todavia, outros métodos empregados para demonstrar a presença de sêmen na vagina são os que se baseiam na detecção da **fosfatase ácida prostática**, em altos teores, e do **antígeno prostático-específico**, o PSA, no líquido vaginal. São determinantes, pois podem identificar a presença de sêmen mesmo nos casos de azoospermia (ausência de espermatozoides) por processo patológico (doença) ou esterilização cirúrgica (vasectomia).

Alternativa "e": A integralidade himenal é prova de virgindade, que representa o primeiro quesito de um exame de corpo de delito de conjunção carnal. Porém, é possível coexistir a integralidade do hímen com a conjunção carnal, diante do denominado hímen complacente ou tolerante (em razão da elasticidade da membrada, entre outros fatores, o hímen não se rompe com a penetração do pênis).

Alternativa correta: letra "b",

136. (IBADE - Delegado de Polícia - AC/2017) Uma pessoa vai até a Delegacia de Polícia relatar que um indivíduo do sexo masculino reiteradamente é visto à noite, num cemitério, praticando atos sexuais com cadáveres femininos retirados dos túmulos. Com base nas informações acima, pode-se afirmar que se está diante de um caso de:

a) necrofilia.

b) anafrodisia.

c) autoerotismo.

d) sadismo.

e) frigidez.

COMENTÁRIOS

✪ **Nota do autor:** a questão aborda o tema Transtornos da Sexualidade, que são distúrbios qualitativos ou quantitativos do instinto sexual. A expressão veio substituir a antiga e considerada estigmatizante perversão sexual. Os transtornos sexuais não constituem, em princípio, infrações penais, podendo representar fatores criminógenos, contribuindo para escândalos, chantagens, ameaças, corrupções, violências (Hygino de C. Hercules, Medicina Legal - Texto e Atlas. São Paulo: Atheneu, 2005, p. 542). Em quase todo mundo é utilizado o *Diagnostic and Statistic Manual of Mental Disorders* - DSM-IV, que adota uma classificação metódica dos transtornos sexuais. Quanto às parafilias, diz serem caracterizadas por anseios, fantasias ou comportamentos sexuais, manifestações de modo intenso e recorrente, que envolvem objetos, atividades ou situações incomuns e causam sofrimento clinicamente significativo ou prejuízo no funcionamento social ou ocupacional ou em outras áreas importantes da vida do indivíduo.

Alternativa "a": a **necrofilia** significa a preferência sexual por prática de atos libidinosos e relação sexual com cadáveres.

Alternativa "b": A **anafrodisia** significa diminuição do desejo sexual do homem.

Alternativa "c": O **autoerotismo** (ou **aloerotismo**) é o erotismo sem parceiro.

Alternativa "d": O **sadismo** é o prazer sexual em causar maus-tratos e humilhação ao parceiro.

Alternativa "e": A **frigidez** é a diminuição do desejo sexual na mulher.

Alternativa correta: letra "a".

137. (IBADE - Delegado de Polícia - AC/2017) Durante investigação que durou um mês, policiais civis descobriram um extenso esquema que envolvia diversos médicos da cidade. Tais médicos mantinham clínicas clandestinas com precárias condições de higiene, em que praticavam aborto.

Algumas mulheres acabaram morrendo em decorrência desta prática ilegal. No curso da investigação, o Delegado de Polícia fez diversas requisições de exames para o perito legista, com a finalidade de buscar elementos de informação para o inquérito policial. Com base nas informações acima, assinale a alternativa correta.

a) É inviável a realização de exames complementares para a pesquisa de substâncias abortivas, se o perito não estiver de posse do nome do produto a ser pesquisado.

b) O exame para diagnóstico do aborto recente em mulher morta tem como objetivo, dentre outros, a análise de aspectos internos e externos do cadáver.

c) O perito legista irá responder aos quesitos do exame mediante a apresentação do atestado, que deverá ser entregue no prazo de quinze dias.

d) É inviável s realização de exame de DNA para confronto entre restos fetais e um cadáver do sexo feminino.

e) É inviável a realização de exame cadavérico na mulher morta para a pesquisa de materiais ou lesões.

COMENTÁRIOS

✪ **Nota do autor:** A questão está muito mal elaborada, mas aborda o tema aborto, crime que se perfaz com a interrupção da gravidez por meios executivos químicos, físicos ou mecânicos, destruindo a vida intrauterina. O delito se consuma com a morte do feto ou a destruição do produto da concepção, pouco importando esta ocorre dentro ou fora do ventre materno.

Alternativa "a": Sem sentido a redação. O exame complementar para a pesquisa de substâncias abortivas serve para a análise laboratorial, independentemente do nome do produto a ser pesquisado.

Alternativa b": Nestes casos, além dos elementos descritos e analisados através do exame externo, o estudo deverá ser orientado para os órgãos mais internos. Conforme nos ensina Genival Veloso de França, "a forma, o tamanho, as lesões e a disposição do colo uterino; a existência de lesões e secreções do leito uterino; as dimensões e a forma do corpo uterino, o qual deve ser medido em suas três dimensões; observação do perimétrio, que normalmente é liso, úmido e brilhante, apresentando-se, no aborto, espessado e lacerado. A cavidade uterina apresenta elementos valiosos, tais como: tumefação, coloração vermelho-escura, consistência diminuída, presença de restos de vilosidades coriais e sinais de inserção placentária. O exame histológico é de valor capital, demonstrando incontestavelmente a gravidez. O exame dos ovários deve ser feito na procura do corpo amarelo, fazendo-se a diferença entre este estado e o da menstruação" (Medicina Legal, 10ª ed. Rio de Janeiro: Guanabara Koogan, 2015, p. 1126).

Alternativa "c": O médico legista lançará mão do **relatório médico-legal** (**laudo pericial**), que é a narração escrita e minuciosa de todas as operações de uma perícia médica determinada por autoridade policial ou judiciária ao perito. O laudo pericial "será elaborado no **prazo máximo de 10 dias**, podendo este prazo ser prorrogado, em casos excepcionais, a requerimento dos peritos" (art. 160, parágrafo único, CPP), e não 15 dias, como mencionado na alternativa. Por fim, o **atestado** ou certificado médico são informações prestadas por escrito a respeito de determinado fato de interesse médico, bem como suas consequências.

Alternativa "d": O exame de DNA poderá determinar com segurança a maternidade. Portanto, trata-se de perícia perfeitamente realizável.

Alternativa "e": Mencionamos nos comentários à alternativa correta a importância de tal procedimento.

Alternativa correta: letra "b".

138. (Cespe - Delegado de Polícia - PE/2016) Sexologia forense é o ramo da medicina legal que trata dos exames referentes aos crimes contra a liberdade sexual, além de tratar de aspectos relacionados à reprodução. Acerca do exame médico-legal e dos crimes nessa área, assinale a opção correta.

a) Para a configuração do infanticídio, são necessários dois aspectos: o estado puerperal e a mãe matar o próprio filho.

b) O crime de aborto configura-se com a expulsão prematura do feto, independentemente de sua viabilidade e das causas da eliminação.

c) O crime de abandono de recém-nascidos, que consiste na ausência de cuidados mínimos necessários à manutenção das condições de sobrevivência ou exposição à vulnerabilidade, só estará caracterizado se for cometido pela mãe.

d) Para se determinar um estupro, é necessário que respostas aos quesitos sobre a ocorrência de conjunção carnal ou ato libidinoso sejam afirmativas: essas ocorrências sempre deixam vestígios.

e) Para a resposta ao quesito sobre virgindade da paciente, a integridade do hímen pode não ser necessária, desde que outros elementos indiquem que a periciada nunca manteve relação sexual.

COMENTÁRIOS

Alternativa "a": Embora assinalada como correta pela banca examinadora, entendemos que a alternativa está incompleta, pois, na verdade, são necessários três elementos para configuração do delito, conforme breve leitura do art. 123 do Código Penal. Além da mãe causar a morte do próprio filho e do estado puerperal (influência), o aspecto cronológico é de suma importância para a adequação típica: **durante ou logo após o parto**. O infanticídio é a ocisão da vida do ser nascente (durante o parto) ou do neonato (logo após o parto), realizada pela própria mãe, que se encontra sob a influência do estado puerperal. Trata-se de homicídio privilegiado, adotando o legislador o sistema fisiopsicológico ou fisiopsíquico (apoiado no critério puerperal, a atenuação da pena leva em consideração o desequilíbrio fisiopsíquico da mulher parturiente).

Alternativa "b": O crime de aborto se perfaz com a interrupção da gravidez por meios executivos químicos, físicos ou mecânicos, destruindo a vida intrauterina. O delito se consuma com a morte do feto ou a destruição do produto da concepção, pouco importando esta ocorre dentro ou fora do ventre materno. Admite-se a forma tentada (no exemplo do enunciado, com a expulsão do feto com vida). No tocante à viabilidade, o STF, em sede da ADPF 54, decidiu pela interpretação conforme a Constituição dos artigos 124 a 128 do Código Penal no sentido de não considerar criminosa a interrupção da gravidez de feto anencefálico. Em relação às causas da eliminação, também influenciam na adequação criminosa, pois, se o aborto for natural, acidental, ou legal (hipóteses do art. 128, CP) não haverá crime.

Alternativa "c": A doutrina majoritária entende que a lei exige que o autor do fato tenha alguma honra cuja preservação motivaria o abandono do recém-nascido. Assim, além da mãe, admite-se o pai da criança como sujeito ativo do crime, em razão da comprovação de eventual adultério, por exemplo.

Alternativa "d": Nem sempre deixam vestígios. Exemplos, quando o autor, mediante grave ameaça, constrange a vítima para que o masturbe; toques nas partes íntimas da vítima; vítima mulher não virgem, com rutura himenal antiga, sem vestígios de esperma na cavidade vaginal etc.

Alternativa "e": Conforme ensina Hygino Hercules (Medicina Legal – Texto e Atlas. São Paulo: Atheneu, 2005, p. 555), materialmente, a única prova de virgindade é a integridade himenal, ou melhor, integridade de um hímen não complacente. A virgindade representa o primeiro quesito de um exame de corpo de delito de conjunção carnal. Portanto, se o hímen estiver roto, desautoriza a afirmação pericial da virgindade. Assim, a integridade do hímen é necessária para a constatação da virgindade. O denominado **hímen complacente ou tolerante** (em razão da elasticidade da membrada, entre outros fatores, o hímen não se rompe com a penetração do pênis), para fins periciais, não fornece subsídios ao diagnóstico da virgindade.

Alternativa correta: letra "a".

---

139. (Vunesp – Delegado de Polícia – CE/2015) Com relação ao crime sexual, sexualidade anômala e criminosa, é correto afirmar:

a) a sexualidade anômala engloba diferentes distúrbios caracterizados por degeneração psicopatológica, sempre envolvendo uma alteração de personalidade, mas sem qualquer tipo de associação com distúrbios orgânicos ou glandulares.

b) a violência sexual sádica é a expressão de uma explosão de agressão totalmente instintiva e impulsiva, não sendo premeditada.

c) o comportamento sexual anômalo é muito mais frequente em mulheres, na faixa dos 15 aos 25 anos, associado à baixa escolaridade e a distúrbios psiquiátricos primários.

d) o onanismo é a forma de excitação sexual em objetos que ligam o indivíduo à pessoa desejada ou amada, muitas vezes de forma patológica, em geral peças de roupas ou determinadas partes do corpo.

e) o abuso sexual é a prática de ato sexual com pessoa incapaz de opor resistência ou pessoa inconsciente, sendo as crianças e os adolescentes as maiores vítimas.

COMENTÁRIOS

✪ **Nota do autor:** Embora a questão utilize as terminologias crime sexual, sexualidade anômala e criminosa, a melhor doutrina denomina transtornos da sexualidade, distúrbios qualitativos ou quantitativos do instinto sexual, fantasias ou comportamento recorrente e intenso que ocorrem de forma inabitual, também chamados de parafilias, podendo existir como sintoma numa perturbação psíquica, como intervenção de fatores orgânicos glandulares e simplesmente como questão da preferência sexual, conforme ensina Genival Veloso de França (Medicina Legal, 9ª ed. Rio de Janeiro: Guanabara Koogan, 2014, p. 271).

Alternativa "a": Como visto em nota, transtornos da sexualidade, distúrbios qualitativos ou quantitativos do instinto sexual, fantasias ou comportamento recorrente e intenso que ocorrem de forma inabitual, também chamados de parafilias, podendo existir como sintoma numa perturbação psíquica, como intervenção de fatores orgânicos glandulares e simplesmente como questão da preferência sexual.

Alternativa "b": O sadismo é o desejo e a satisfação sexual advindos do sofrimento do parceiro, exercido pela crueldade do pervertido, podendo chegar até à morte. É também chamado de algolagnia ativa (*algor* – dor; *lagnea* – devassidão). Não está relacionada apenas à explosão de agressão, com o sugere a alternativa, pois, a depender do grau da perturbação, consiste em beliscões, injúrias etc. É claro que pode ser premeditada, pois muitas vezes são utilizados instrumentos como chicotes e algemas para alcançar o prazer.

Alternativa "c": A sexualidade anômala é a sexualidade pervertida e aberrante. São diversos os tipos de transtornos sexuais, sendo que alguns são mais frequentes em homens, como nos casos de pedofilia, necrofilia e sadismo. Várias espécies estão relacionadas a alto grau de instrução individual.

Alternativa "d": O **onanismo** é o impulso obsessivo à excitação dos órgãos genitais, comum na puberdade. É o "coito solitário de Onan". O **fetichismo** é forma de excitação sexual em objetos que ligam o indivíduo à pessoa desejada ou amada, muitas vezes de forma patológica, em geral peças de roupas ou determinadas partes do corpo.

Alternativa "e": O abuso sexual, embora não haja definição unânime, é modalidade de maus-tratos que ocorre, na imensa maioria das vezes, na intimidade dos lares, praticada por pais, tios, padrastos, irmãos ou outras pessoas ligadas à criança. Incluem-se as pessoas incapazes de oferecer resistência ou inconscientes, comum em clínicas médicas.

Alternativa correta: "e".

---

140. (UEL – Delegado de Polícia – PR/2013) Esclareça-se inicialmente que os termos abortamento e aborto, embora intrinsecamente relacionados, não são sinônimos. Abortamento é o ato de abortar e aborto é o produto expelido. Ressalte-se ainda que esse conceito, em Medicina Legal, difere do da Obstetrícia. Conceitua-se como abortamento, em obstetrícia, a interrupção da gravidez com idade igual ou inferior a 20-22 semanas completas, levando-se em conta, respectivamente, a data da última menstruação ou da ovulação da mulher. Quando não for possível estabelecer com precisão a idade da gestação, considerar-se-ão aborto os produtos de concepção que pesarem 500 g ou menos. Já a definição médico-legal do aborto consiste em interrupção criminosa da gestação, não importando a idade em que isso venha a ocorrer.

Quanto ao tema do aborto sob a ótica médico-legal, assinale a alternativa correta.

a) Para a comprovação do aborto, não é necessário que a perícia médica demonstre a presença de gestação prévia da mãe, bastando o exame dos restos fetais ou ovulares e a verificação de que houve um parto de um nativivo.

b) O aborto sentimental ou piedoso ocorre em casos de risco de vida iminente para a mãe em que a única modalidade terapêutica é a interrupção da gestação.

c) A perícia de constatação de aborto deve ser realizada em fetos enviados ao IML e consiste em autópsia para avaliar a causa de morte fetal.

d) No caso de aborto terapêutico, é permitido ao médico realizá-lo mesmo sem o consentimento da mãe, bastando que outro médico concorde que é a única modalidade terapêutica possível para salvar a vida da gestante.

e) O exame fetal é parte importante da comprovação da materialidade do crime de aborto, pois é através dele que se verificam os elementos comprobatórios de gestação como a docimasia de Galeno.

COMENTÁRIOS

Alternativa "a": a perícia do aborto criminoso é bastante complexa e delicada, devendo o perito atuar com bastante cuidado. A alternativa está incorreta, pois a comprovação da gravidez é um quesito necessário para a tipicidade da conduta. Exame da gestante/vítima, distinção de aborto patológico ou traumático, comprovação da prática abortiva, a identificação do meio causador e o exame dos restos fetais. Se houve um parto de um nativivo, é possível a tentativa do crime de aborto.

Alternativa "b": O conceito apresentado é do **aborto terapêutico ou necessário**. O **aborto sentimental**, também denominado **humanitário ou moral**, é aquele autorizado pelo legislador quando a gravidez for resultante de estupro, art. 128, inc. II, CP. Parte da doutrina também o denomina como piedoso.

Alternativa "c": errada. Examina-se a gestante/vítima, devendo o médico legista distinguir se aborto patológico ou traumático, comprovar a prática abortiva, identificar o meio causador e o examinar os restos fetais.

Alternativa "d": o **aborto terapêutico ou necessário** é aquele realizado pelo médico para salvar a vida da gestante, quando não há outro recurso, modalidade autorizada pelo Código Penal, art. 128, inc. I. Conforme ensina Genival Veloso de França, "o estado de necessidade de terceiro que outorga ao médico o direito de praticar o aborto terapêutico deve ser aludido quando: 1. A mãe apresente perigo vital; 2. Este perigo esteja sob a dependência direta da gravidez; 3. A interrupção da gravidez faça cessar esse perigo para a vida da mãe; 4. Esse procedimento seja o único meio capaz de salvar a vida da gestante; 5. Sempre que possível, com a confirmação ou concordância de outros dois colegas" (Medicina Legal, 9ª ed. Rio de Janeiro: Guanabara Koogan, 2014, p. 310).

Alternativa e": Como vimos nas alternativas anteriores o exame fetal não é imprescindível, devendo atentar-se, o perito, no exame da gestante (se viva ou morta), determinação da gravidez e dos meios abortivos utilizados. Outro equívoco da alternativa quando menciona a **docimásia hidrostática de Galeno**, que consiste na imersão dos pulmões ou de fragmentos deles em uma cuba com água. Se houver flutuação é porque houve respiração. Tal método é utilizado nas perícias de infanticídio.

Alternativa correta: letra "d".

---

141. (Vunesp – Delegado de Polícia – SP/2014) Mulher de 23 anos de idade, sexualmente ativa, procura serviço médico devido a fortes e lancinantes dores abdomino-pélvicas há 1 hora. O exame clínico, associado a exames laboratoriais e de imagem, revela gestação ectópica com embrião fixado e viável em tuba uterina esquerda. A paciente evade-se do local e 3 meses após retorna, agora com franco quadro de hemorragia interna, evoluindo com choque hemodinâmico e parada cardiorrespiratória. Os médicos revertem a parada e, analisando o histórico, determinam que a causa do sangramento provém da ruptura da tuba uterina, que é imediatamente retirada cirurgicamente. Essa condição configura, do ponto de vista médico-legal, um aborto

a) social.

b) eugênico.

c) terapêutico.

d) econômico.

e) piedoso.

COMENTÁRIOS

✪ **Nota do autor:** O examinador exige do candidato conhecimento dos diversos tipos de aborto.

Alternativa "a": aborto social, também denominado miserável ou econômico, é aquele realizado para impedir que se agrave a situação de penúria ou miséria da gestante, cometido no caso de famílias muito numerosas, em que o nascimento agravaria a crise financeira e social da família. É crime no ordenamento jurídico brasileiro, artigos 124, 125 e 126 do Código Penal.

Alternativa "b": eugenia refere-se a métodos de melhoramento do patrimônio genético humano, selecionando aqueles indivíduos mais viáveis em detrimento daqueles com anomalias congênitas, tais como: *anencefalia* (malformação do tubo neural, a caracterizar-se pela ausência parcial do encéfalo e do crânio, resultante de defeito no fechamento do tubo neural durante o desenvolvimento embrionário) e *agenesia* (ausência completa de rins). Assim, o termo aborto eugênico é o gênero do qual faz parte a espécie aborto de feto anencefálico. Tal procedimento foi utilizado durante o Holocausto pelos nazistas. Recentemente o STF, em sede da ADPF 54, decidiu pela interpretação conforme a Constituição dos artigos 124 a 128 do Código Penal no sentido de não considerar criminosa a interrupção da gravidez de feto anencefálico. Tal decisão possui efeito *erga omnes* e vinculante aos demais poderes. Importante notar que não há, em tais casos, a necessidade de autorização judicial.

Alternativa "c": O aborto terapêutico ou necessário é aquele realizado para salvar a vida da gestante, quando não há outro recurso, modalidade também autorizada pelo Código Penal, art. 128, inc. I.

Alternativa "d": é sinônimo do aborto social.

Alternativa "e": para parte da doutrina é **sinônimo de aborto eugênico** (Fernando Capez, Curso de Direito Penal, vol. 2, 12ª ed., São Paulo: Saraiva, 2012, p. 161). Para outros, é **sinônimo de aborto sentimental ou moral** (Genival Veloso de França, Medicina Legal, 9ª ed. Rio de Janeiro: Guanabara Koogan, 2014, p. 310).

Alternativa correta: letra "c".

142. (FUNCAB - Delegado de Polícia - RJ/2012) Na perícia de conjunção carnal, a maioria das lesões encontradas nas vítimas de crimes sexuais é de caráter inespecífico, o que torna necessária a realização de métodos complementares para a elucidação dos vestígios, entre os quais NÃO se inclui:

a) pesquisa direta de espermatozoides.
b) dosagem de fosfatase ácida prostática.
c) pesquisa de antígeno prostático específico.
d) exame de confronto genético.
e) dosagem de prostaglandina F2-alfa.

COMENTÁRIOS

Nota do autor: O procedimento pericial para a demonstração da conjunção carnal deve ser iniciado com a pericianda em posição ginecológica. Já no exame perigenital, é possível constatar a conjunção carnal, principalmente nos casos de violência, pelos seguintes **sinais**: equimoses e escoriações; lesões traumáticas nos lábios vaginais; nas comissuras labiais; no clitóris; e na fossa vestibular. **Vestígios substâncias** são: a rotura não cicatrizada do hímen e a presença de sêmen na cavidade vaginal. As alternativas da questão apresentam alguns exames complementares pertinentes.

Alternativa "a": a pesquisa direta de espermatozoides é o método mais simples para a verificação da presença de sêmen na cavidade vaginal.

Alternativa "b": outros métodos empregados para demonstrar a presença de sêmen na vagina são os que se baseiam na detecção da **fosfatase ácida prostática**, em altos teores, e do **antígeno prostático-específico**, o PSA, no líquido vaginal. São determinantes, pois podem identificar a presença de sêmen mesmo nos casos de azoospermia (ausência de espermatozoides) por processo patológico (doença) ou esterilização cirúrgica (vasectomia).

Alternativa "c": idem, alternativa "b".

Alternativa "d": o exame de confronto genético, atestando o perfil do DNA do autor do delito, permite a produção de prova robusta de conjunção carnal, comparando o material coletado na vagina com o material do suspeito/ investigado.

Alternativa "e": a dosagem de prostaglandina F2-alfa não encontra amparo na doutrina médico-legal na perícia relacionada à conjunção carnal. Está associada à patologia denominada dismenorreia (menstruação dolorosa), pois as prostaglandinas F2-alfa e E2 atuam aumentando o tônus uterino e a pressão intramiometrial, levando a contrações descoordenadas, assim como estimulam contrações da musculatura lisa do tubo digestivo e vasos sanguíneos, causando náuseas, vômitos, diarreia, irritabilidade e cefaleia.

Alternativa correta: letra "e".

143. (FGV - Delegado de Polícia - MA/2012) O Supremo Tribunal Federal decidiu que, à luz da Constituição Federal, a antecipação terapêutica do parto de fetos anencefálicos não tipifica o crime de aborto previsto no Código Penal.

A interrupção da gravidez, nesses casos, depende de

a) exame clínico, desde que atestado pelo obstetra que acompanha a gestante, e de exame ultrassonográfico realizado antes da quarta semana de gravidez.
b) exame ultrassonográfico que comprove a malformação e de relatório médico legal assinado por perito legista, mediante determinação judicial.
c) exame ultrassonográfico, desde que realizado antes da décima segunda semana de gestação, sendo dispensável o exame clínico.
d) exame clínico que comprove a malformação antes da quarta semana da gestação, sendo dispensável o exame ultrassonográfico.

e) exame ultrassonográfico que comprove a ausência da calota craniana e parênquima cerebral identificável, realizado após a décima segunda semana de gestação.

COMENTÁRIOS

✪ **Nota do autor:** A antecipação terapêutica do parto de fetos anencéfalos era realizada no Brasil mediante autorização do Poder Judiciário. Em 12 de abril de 2012, com a conclusão do julgamento da Arguição de Descumprimento de Preceito Fundamental nº 54, de 17 de junho de 2004 (ADPF-54), o Supremo Tribunal Federal decidiu que, à luz da Constituição Federal, a antecipação terapêutica do parto de fetos anencéfalos não tipifica o crime de aborto previsto no Código Penal e dispensa, assim, autorização prévia**.** O Conselho Federal de Medicina regulamentou o procedimento através da Resolução 1.989/2012. Assim, dispõe a resolução: **art. 1º,** na ocorrência do diagnóstico inequívoco de anencefalia o médico pode, a pedido da gestante, **independente de autorização do Estado**, interromper a gravidez. **Art. 2º,** o diagnóstico de anencefalia é feito por **exame ultrassonográfico realizado a partir da 12ª (décima segunda) semana de gestação** e deve conter: I – duas fotografias, identificadas e datadas: uma com a face do feto em posição sagital; a outra, com a visualização do polo cefálico no corte transversal, demonstrando a ausência da calota craniana e de parênquima cerebral identificável; II – laudo assinado por dois médicos, capacitados para tal diagnóstico (grifamos). A questão foi **ANULADA.** Razão pela qual analisaremos todas as alternativas. É de se destacar que o gabarito preliminar apontou a alternativa "e", inicialmente, como a correta.

Alternativa "a": a alternativa fala em exame ultrassonográfico realizado antes da quarta semana de gravidez. Como vimos, no art. 2º da resolução, o diagnóstico de anencefalia é feito por exame ultrassonográfico realizado a partir da 12ª (décima segunda) semana de gestação.

Alternativa "b": além de não se exigir relatório médico – legal de perito criminal, independe de autorização judicial.

Alternativa "c": é a partir da 12ª semana de gestação.

Alternativa "d": é a partir da 12ª semana de gestação e a resolução exige o exame ultrassonográfico.

Alternativa "e": dada como correta pelo gabarito preliminar da banca examinadora. O motivo da anulação pode estar relacionado com o fato da alternativa se apresentar incompleta, pois o exame ultrassonográfico exige, além de uma fotografia, identificada e datada, com a visualização do polo cefálico no corte transversal, demonstrando a ausência da calota craniana e de parênquima cerebral identificável, uma com a face do feto em posição sagital. E mais, que o laudo seja assinado por dois médicos, capacitados para tal diagnóstico.

144. (FGV – Delegado de Polícia – MA/2012) A Síndrome do Bebê Sacudido compreende um conjunto de sinais e sintomas causados pela violenta sacudida manual da criança.

A rápida aceleração e desaceleração da cabeça resultam nas lesões relacionadas a seguir, à exceção de uma. Assinale-a.

a) Hematomas subdurais bilaterais.

b) Hemorragias retinianas.

c) Alargamento das suturas cranianas.

d) Aumento do perímetro cefálico.

e) Microftalmia.

COMENTÁRIOS

✪ **Nota do autor:** A síndrome do bebê sacudido ou *shaken baby syndrome* descreve uma série de sinais e sintomas que decorrem da ação de sacudir com vigor a criança, segurando-a pelas extremidades ou pelos ombros. Tal movimento causa danos cerebrais em razão da aceleração e desaceleração.

Alternativa "a": o hematoma subdural ou hemorragia subdural é a acumulação de sangue nos espaços meníngeos. Causam um aumento da pressão intracraniana, com compressão e lesão do tecido cerebral. Os hematomas subdurais ocorrem, com maior frequência, em ferimentos na cabeça, quando acontecem rápidas alterações de velocidade (efeito aceleração/ desaceleração) que podem romper as pequenas vénulas existentes no espaço subdural.

Alternativa "b": no fundo de olho acontecem hemorragias retinianas, subretinianas e do nervo óptico. As sequelas oculares da síndrome são o descolamento de retina, glaucoma, catarata, alta miopia, entre outras.

Alternativa "c": as suturas cranianas são espaços anormalmente grandes nas articulações ósseas do crânio de um bebê. O crânio de um bebê ou de uma criança pequena é constituído por placas ósseas que permitem o seu crescimento. As fronteiras em que essas placas se juntam são chamadas de suturas ou linhas de suturas. No caso de um bebê com apenas alguns minutos de nascido, a pressão do parto pode comprimir a cabeça, provocando a sobreposição das placas ósseas nas suturas e criando um pequeno rebordo ou crista, que é normal em recém-nascidos. Nos dias seguintes a cabeça vai expandir-se, a sobreposição desaparece, e as bordas das placas ósseas vão ao encontro umas das outras, o que constitui a posição normal. O ato de sacudir o bebê pode causar um aumento anormal da pressão na cabeça e gerar a separação das suturas.

Alternativa "d": o aumento do perímetro cefálico também se apresenta como consequência da pressão intracraniana.

Alternativa "e": a **microftalmia** é uma anomalia congênita ou desenvolvida em que o globo ocular é anormalmente pequeno. Não está relacionada à rápida aceleração e desaceleração da cabeça da criança. As demais alternativas apresentam diversas consequências possíveis do ato de sacudir, sendo que o grau de dano cerebral depende da quantidade, duração do sacudir e das forças que resultarem em impacto na cabeça.

Alternativa correta: letra "e".

145. (**UEG - Delegado de Polícia - GO/2013**) Em uma tentativa de diminuir o assédio sexual que as mulheres vinham sofrendo em ônibus e vagões de trens, as autoridades criaram os "vagões rosas", para uso exclusivo de mulheres. A perversão sexual em que o indivíduo se realiza pelo contato em aglomerações ou multidões chama-se

a) edipismo

b) froteurismo

c) pigmalianismo

d) troilismo

COMENTÁRIOS

Alternativa "a": é tendência ao incesto, à prática de relações sexuais entre parentes muito próximos. Para alguns autores é a atração específica do filho pela própria mãe.

Alternativa "b": esse distúrbio é caracterizado pela necessidade de esfregar os órgãos sexuais em outra pessoa.

Alternativa "c": é também denominado iconolagnia ou iconomania, atração exagerada e patológica por estátuas.

Alternativa "d": é também denominado pluralismo, *ménage à trois, swapping* ou *swing*, é excitação na presença de terceira pessoa ou de um grupo.

146. (**Cespe - Delegado de Polícia - BA/2013**) Com relação à sexologia forense, julgue o item abaixo.

146.1. Considere que uma autoridade policial tenha sido informada da ocorrência de suposto estupro de uma mulher gravemente enferma internada em instituição hospitalar. Nessa situação hipotética, a autoridade policial deve solicitar perícia imediata, com deslocamento de médico-legista para o local de internação.

COMENTÁRIOS

O tema abordado pelo examinador exige a concatenação dos artigos 6º, inc. II e 158 do Código de Processo Penal, textos bastante cobrados em provas de concursos de delegado de polícia, pois descrevem quais as principais diligências devem ser tomadas pela autoridade policial quando do conhecimento de uma infração penal, bem como a necessidade de constatação pericial nos crimes que deixam vestígios. Assim, dispõe o CPP: "logo que tiver conhecimento da prática da infração penal, a autoridade policial deverá determinar, se for caso, que se proceda a exame de corpo de delito e a quaisquer outras perícias", (art. 6º, inc. II). E o art. 158 exige a elaboração de laudo pericial, exame de corpo de delito, nas infrações penais que deixam vestígios, e o estupro é um crime material. E mais, a perícia relacionada ao estupro, na qual os quesitos deverão abranger a conjunção carnal e atos libidinosos diversos, possui elementos sensíveis, por exemplo a presença de esperma ou de fosfatase ácida (componente do líquido seminal) na secreção vaginal, devendo a perícia ser imediatamente realizada, sob pena perecimento da materialidade delitiva. **Alternativa correta: "certo".**

147. (Delegado de Polícia - MG/ 2011 - ACADEPOL) Representa uma docimásia extrapulmonar:

a) Siálica de Souza-Dinitz.

b) Hidrostática de Galeno.

c) Táctil de Nero Rojas.

d) Visual de Bouchut.

COMENTÁRIOS

✪ **Nota do autor:** As **docimásias** são exames capazes de demonstrar pericialmente se houve vida extrauterina. O termo advém do grego *dokimásia*, que significa prova, experiência. Esta determinação é de fundamental importância para a adequação típica do delito, se aborto, infanticídio ou até mesmo homicídio. As docimásias mais comuns são as pulmonares, para saber se houve respiração. Porém, simultaneamente com a respiração, o recém-nascido faz movimentos de deglutição, o ar vai também para o estômago e para o ouvido médio, o que dá oportunidade para que sejam feitas docimásias extrapulmonares.

Alternativa "a": a **docimásia siálica de Souza-Dinitz** pesquisa a presença de saliva no estômago.

Alternativa "b": a **docimásia hidrostática de Galeno** consiste na imersão dos pulmões ou de fragmentos deles em uma cuba com água. Se houver flutuação é porque houve respiração. Esta é a prova mais comumente utilizada no dia a dia pericial.

Alternativa "c": a **docimásia táctil de Nero Rojas** consiste na palpação do pulmão, sendo que naquele que respirou sente-se um leve creptar, que é ausente no pulmão que não respirou.

Alternativa "d": a **docimásia visual de Bouchut** consiste na simples observação visual do pulmão. O que não respirou tem aparência mais compacta, sólida, e o que respirou apresenta desenho alveolar evidente.

Alternativa correta: letra "a".

148. (Delegado de Polícia - MG/ 2011 - ACADEPOL) Retalhos de hímen roto pelo parto vaginal, os quais se retraem constituindo verdadeiros tubérculos em sua implantação, correspondem a

a) entalhes himenais.

b) hímens cribriformes.

c) carúnculas mirtiformes.

d) chanfraduras vulvo-himenais.

COMENTÁRIOS

✪ **Nota do autor:** A questão aborda de forma profunda a demonstração pericial da conjunção carnal e aspectos da rotura do hímen.

Alternativa "a": os **entalhes himenais** são irregularidades estruturais, por vezes muito semelhantes às roturas. Eles aparecem como pequenas reentrâncias na borda livre da orla do hímen, que resultam não de trauma, mas de falha na sua formação. Porém, não se confundem. As roturas são de natureza traumática e os entalhes de natureza congênita.

Alternativa "b": o **hímen cibriforme** é aquele que apresenta múltiplos e diminutos óstios (óstio é o orifício himenal).

Alternativa "c": se ocorre o parto transvaginal, completa-se a fragmentação dos retalhos preexistentes, deles restando apenas pequenas cristas ou tubérculos, conhecidas como **carúnculas mirtiformes**. Em resumo, após o parto, as rupturas se acentuam, restando apenas fragmentos de hímen.

Alternativa "d": alguns autores utilizam este termo como sinônimo de entalhes.

Alternativa correta: letra "c".

6. PSICOPATOLOGIA

149. (FGV – Delegado de Polícia – PC – RN/2021) As drogas, de modo geral, têm uma classificação de acordo com os seus princípios ativos e seus efeitos. São substâncias psicolépticas somente:

a) anfetamina, ácido lisérgico e mescalina;

b) anfetamina, álcool etílico e psilocibina;

c) maconha, anfetamina e álcool etílico;

d) barbitúrico, anfetamina e opiáceo;

e) barbitúrico, álcool etílico e benzodiazepínico.

COMENTÁRIOS

Alternativa correta: letra "e" (responde às demais). As drogas podem ser divididas em três grandes grupos: **PSICOLÉPTICAS** (que deprimem a atividade psíquica do cérebro). Podem ser enquadrados nesse grupo o álcool etílico, os barbitúricos (substâncias químicas derivadas da composição sintética entre ureia e ácido malônico, agem como calmantes, indutores do sono e anticonvulsivantes, exemplo fenobarbital – gardenal), os opiáceos (ópio e seus derivados como a morfina e a heroína) e os benzodiazepínicos (utilizados como tranquilizantes e ansiolíticos, exemplos Diazepam, Lorax, Valium). **PSICOANALÉPTICAS** (que estimulam, excitam). São exemplos: cocaína, anfetaminas (como o ecstasy). **PSICODISLÉPTICAS** (que causam perturbação, gerando distorção da realidade – delírios -, alucinações, ilusões, estados confusionais e despersonalização). São exemplos: maconha (cannabis sativa L.), mescalina (peyote), psilocybina (extraída de um cogumelo), LSD (dietilamida do ácido lisérgico), ayauasca (santo daime).

150. (Cespe – Delegado de Polícia – PC – SE/2018) A respeito de identificação médico-legal, de aspectos médico-legais das toxicomanias e lesões por ação elétrica, de modificadores da capacidade civil e de imputabilidade penal, julgue os itens que se seguem.

150.1. O ácido lisérgico pode causar no usuário distúrbios de percepção e aguçamento dos sentidos: seus efeitos atingem o pico no prazo de duas a quatro horas do uso e podem durar até doze horas.

COMENTÁRIOS

Trata-se do alucinógeno mais potente. É de fácil transporte por meio de papéis de filtro embebidos pela solução aquosa. Como afirma Hygino Hércules, pode haver dificuldade em identificar as sensações reais, misturando-se as vias sensitivas (Medicina Legal – Texto e Atlas, São Paulo: Editora Atheneu. 2005, p. 383). Os efeitos psíquicos começam entre meia a uma hora após a ingestão, atingem o máximo no prazo de duas a quatro horas (alguns autores citam três horas) do uso e podem durar até doze horas (alguns autores mencionam nove). Diante da divergência, questão de duvidoso gabarito. **Alternativa correta: "certo".**

150.2. A epilepsia é uma doença que, geralmente, não influencia na capacidade civil e na imputabilidade penal das pessoas.

COMENTÁRIOS

A epilepsia caracteriza-se, fundamentalmente, como uma condição na qual o indivíduo é suscetível de ataques convulsivos, de alterações mais ou menos específicas do registro eletroencefalográfico e de moderada ou nenhuma alteração do comportamento (FRANÇA, Genival Veloso de. Medicina Legal, 9ª ed. Rio de Janeiro: Guanabara Koogan, 2014, p. 492). O autor critica a catalogação da epilepsia no rol de doenças mentais, apontando o caráter discriminatório, além de defender a plena capacidade civil do epiléptico. Pode, inclusive, não existir a crise convulsiva, sendo substituída pelas ausências, estados crepusculares ou outras manifestações. **Alternativa correta: "certo".**

151. (Fundatec – Delegado de Polícia – PC – RS/2018) Sobre os conceitos médico-legais de "embriaguez alcoólica", de "alcoolemia" e de "tolerância ao álcool", é correto afirmar que:

a) A alcoolemia e a embriaguez alcoólica têm igual definição, sendo, portanto, sinônimos.

b) Sempre que existir álcool etílico no sangue, o exame de embriaguez será positivo.

c) A embriaguez alcoólica é uma situação transitória.

d) Sempre que a alcoolemia detectar álcool etílico no sangue, o exame para verificação de embriaguez alcoólica será positivo.

e) Uma mesma quantidade de álcool etílico administrada a indivíduos diferentes irá produzir os mesmos resultados, no mesmo período de tempo, em todas as ocasiões.

COMENTÁRIOS

Nota do autor: A questão exige do candidato a distinção, sob a ótica médico-legal, entre embriaguez alcoólica, alcoolismo e alcoolemia. Para França, **embriaguez alcoólica** é um conjunto de manifestações neuropsicossomáticas resultantes da intoxicação etílica aguda de caráter episódico e passageiro. Já o termo **alcoolismo**, seria um elenco de perturbações resultantes do uso imoderado do álcool e de caráter crônico, independendo, no momento do exame, de um maior ou menor consumo ou concentração de bebida alcoólica. Por fim, **alcoolemia** é o resultado da dosagem do álcool etílico na circulação sanguínea e seus percentuais traduzidos em gramas ou decigramas por litro de sangue examinado (FRANÇA, Genival Veloso de. Medicina Legal, 9ª ed. Rio de Janeiro: Guanabara Koogan, 2014, p. 367). Assim, o autor sintetiza da seguinte forma: a embriaguez é um estágio, a alcoolemia uma taxa e, o alcoolismo, um estado.

Alternativa "a": Como vimos em nota, são termos distintos.

Alternativa "b": Álcool no sangue significa alcoolemia, que é uma taxa. Já a embriaguez é um estágio, um conjunto de sinais que indicam a incapacidade psicomotora do agente. O erro da questão está em utilizar o termo sempre, pois, cada organismo reage de forma diferente em relação à ingestão de bebida, sendo denominada pela doutrina de tolerância ao álcool, que é a capacidade, maior ou menor, que a pessoa tem de embriagar-se.

Alternativa "c": A embriaguez alcoólica é uma situação transitória, enquanto o alcoolismo é crônico.

Alternativa "d": Pelos mesmos argumentos que trouxemos na alternativa "b".

Alternativa "e": A tolerância ao álcool depende de vários fatores, como o peso (pois, quanto maior o peso, em razão da quantidade de água do organismo, o álcool ficará mais diluído); sistema digestivo (onde o álcool é absorvido, sendo determinantes o tipo de bebida, ritmo da ingestão, quantidade de alimento, absorção intestinal etc.); hábito de beber; e estados emotivos (cansaço, sono, temperaturas, doenças etc.).

Alternativa correta: letra "c".

152. (Fumarc - Delegado de Polícia - PC - MG/2018) Em relação à simulação, é INCORRETO afirmar:

a) A simulação negativa é o ato de se apresentar como normal.

b) Na dissimulação, o examinado tem consciência dos sintomas e da motivação que o levaram a agir de maneira enganosa.

c) No transtorno fáctico, existe a apresentação intencional de sintomas falsos.

d) Nos transtornos dissociativo e conversivo, o paciente não tem consciência dos sintomas e não tem interesse nem percepção de suas motivações.

COMENTÁRIOS

Nota do autor: A questão foi **ANULADA.** De qualquer forma, teceremos comentários pertinentes sobre cada uma das alternativas, considerando a bibliografia indicada pela banca examinadora.

Alternativa "a": Para Genival Veloso de França a **simulação negativa** é sinônimo de **dissimulação**, sendo o ato de apresentar-se como normal, ou seja, simular que não tem sintomas.

Alternativa "b": Embora o gabarito inicial tenha apontado como alternativa errada, pois a banca apenas trocou os termos da doutrina indicada, sendo que França afirma que a simulação é a apresentação de sinais e sintomas falsos; depreende-se dos demais conceitos do autor que também na metassimulação (exagero de sinais e sintomas realmente existentes) e na dissimulação (apresentar-se como normal) o examinado tem consciência da falsidade dos sintomas, objetivando algum benefício.

Alternativa "c": Conforme França, no transtorno fáctico e na simulação existe a apresentação intencional de sintomas falsos. No primeiro há um desejo inconsciente de o indivíduo assumir uma doença. Um exemplo desse transtorno é a Síndrome de Münchausen em que o paciente pode praticar a autoflagelação a fim de obter ganhos psíquicos.

Alternativa "d": Nesse tipo de transtorno, o paciente pode apresentar sintomas de perda da audição, da visão, da voz, dos movimentos e da sensibilidade, e, em casos mais raros, crises convulsivas.

153. (Fumarc - Delegado de Polícia - PC - MG/2018) NÃO está correto o que se afirma em:

a) Heroína é um produto sintético (éter diacético da morfina - diacetilmorfina). Tem a forma de pó branco e cristalino.

b) LSD 25 é droga eminentemente alucinógena, extraída da ergotina do centeio (dietilamina do ácido lisérgico).

c) Morfinomania ou morfinofilia é o uso vicioso de morfina, sendo a morfina um alcaloide derivado do ópio.

d) O corpo do indivíduo que morre de overdose de cocaína ou do crack se apresenta tipicamente róseo-avermelhado ou carmim.

COMENTÁRIOS

Alternativa "a": Além disso, após a diluição, ela é injetada. O aspecto do intoxicado é semelhante ao da morfina. Sua decadência é maior e mais rápida, pois a heroína é cinco vezes mais potente que a morfina.

Alternativa "b": É de fácil transporte por meio de papéis de filtro embebidos pela solução aquosa, geralmente são utilizados selos. Colocados sob a língua, são absorvidos rapidamente.

Alternativa "c": A morfina é um alcaloide derivado do ópio e apresenta-se em forma de líquido incolor. Esse narcótico é utilizado sob a forma de injeção intramuscular.

Alternativa "d": Esse aspecto acarminado, de tonalidade róseo-avermelhado (cor carmim), ocorre nas asfixiais por monóxido de carbono (CO).

Alternativa correta: letra "d".

154. (Fumarc – Delegado de Polícia – PC – MG/2018) NÃO está correto o que se afirma em:

a) A merla apresenta consistência pastosa, tonalidade que varia do amarelo ao marrom e seu uso é através de cigarros ou cachimbos.
b) Anfetaminas são usadas para evitar a sonolência, para desinibir e para euforizar.
c) Merla é obtida a partir da pasta de coca.
d) Oxi é droga sintética, consumida em cápsulas, de custo elevado e causa pouca agressão ao sistema nervoso central.

COMENTÁRIOS

✪ **Nota do autor:** O examinador trabalha três tipos de droga na questão. A **merla** é uma opção mais barata do crack, obtida a partir da pasta de coca, fabricada em laboratórios improvisados, com a ajuda de produtos químicos. De consistência pastosa, possui tonalidade que varia do amarelo ao marrom, além de um cheiro muito ativo. Portanto, as alternativas "a" e "c" estão corretas. Já as **anfetaminas** são drogas sintéticas que estimulam o sistema nervoso central. Se inserem na classificação de drogas psicoanalépticas: substâncias que estimulam a atividade mental, aumentam a vigília, causam insônia, excitam a atividade intelectual, exaltam a tensão emocional, levando à euforia e ansiedade. Assim, alternativa "b" está correta. Por fim, trata da droga denominada **Oxi**. Além de não ser droga sintética, não é consumida em cápsula. O Oxi é droga produzida a partir de restos do refino das folhas de coca adicionados ao querosene ou gasolina, cal e ácido sulfúrico. É consumida pela queima das pedras, atingindo severamente o sistema nervoso central.

Alternativa correta: letra "d" (responde às demais alternativas).

155. (UEG – Delegado de Polícia – PC – GO/2018) O Manual Diagnóstico e Estatístico de Doenças Mentais da Associação Americana de Psiquiatria (DSM-V) é um guia de critérios adotado pericialmente para a verificação das doenças e dos transtornos mentais. O artigo 26 do Código Penal Brasileiro é aquele que trata das questões voltadas para a imputabilidade e a responsabilidade penal dos agentes agressores. Levando-se em conta os conhecimentos da Psiquiatria Forense, deve-se entender que:

a) o Transtorno de Personalidade Antissocial é o correspondente ao que se denomina de serial killer.
b) o Transtorno de Personalidade Histriônica corresponde ao chamado Transtorno de Dependência.
c) portadores de Transtorno de Personalidade Borderline apresentam instabilidade comportamental.
d) cometimento de atos ilícitos é situação comum entre os portadores de Transtorno Bipolar do Humor.
e) psicopatas são atualmente denominados de sociopatas, por cometerem homicídios e agressões físicas.

COMENTÁRIOS

Alternativa "a": Um serial killer não possui, necessariamente, um transtorno de personalidade. O transtorno de personalidade antissocial possui como característica maior a impossibilidade de experimentar sentimentos de afeto, simpatia ou valorização de demais pessoas. Não possuem sentimentos, são amorais.

Alternativa "b": Enquanto o transtorno da personalidade histriônica é um padrão de emocionalidade e busca de atenção em excesso, o transtorno da personalidade dependente é um padrão de comportamento submisso e apegado, relacionado a uma necessidade excessiva de ser cuidado.

Alternativa "c": É um padrão de instabilidade nas relações interpessoais, na autoimagem e nos afetos, com impulsividade acentuada.

Alternativa "d": É um transtorno mental cíclico, com crises de excitação psicomotora e estado depressivo, isoladas, combinadas ou alternadas, de intensidade, duração e disposição variáveis. Portanto, oscila entre a excitação (euforia) e a depressão. Não há predisposição para cometimento de ilícitos, como afirma a questão. Porém, é possível haver agressividade em episódio maníaco.

Alternativa "e": Atualmente, de acordo com o Manual Diagnóstico e Estatístico de Doenças Mentais da Associação Americana de Psiquiatria (DSM-V), aqueles que antes eram chamados de "personalidades psicopáticas", hoje são rotulados como portadores de transtornos de personalidade, transtorno psicopático ou sociopatia, sem relação com o cometimento de crimes, mas profundas modificações do caráter e do afeto.

Alternativa correta: letra "c".

156. (Cespe – Delegado de Polícia – GO/2017) Com relação ao desenvolvimento mental incompleto ou retardado, assinale a opção correta.

a) A primeira manifestação do retardo mental é detectada na pré-escola e a criança apresenta dificuldades durante a alfabetização.

b) Os portadores de debilidade mental apresentam personalidade definida e percepção ética.

c) O quociente intelectual abaixo de sessenta determina a incapacidade civil.

d) Indivíduos portadores de debilidade mental são imputáveis perante a lei.

e) Indivíduos portadores de imbecilidade ou retardo mental profundo são incapazes de se defenderem e cuidarem de si mesmos.

COMENTÁRIOS

✪ **Nota do autor:** Inicialmente, o gabarito oficial foi a alternativa "E". Todavia, a questão foi **ANULADA** pela Banca Examinadora com o seguinte argumento justificante: "a terminologia utilizada na opção apontada como gabarito difere entre as áreas de direito e medicina, fato que prejudicou o julgamento objetivo da questão".

Alternativa "a": As primeiras manifestações desses estados surgem desde cedo: dificuldade de pegar o seio, choro e gritos descabidos e contínuos, expressão fisionômica apática, impossibilidade de fixar o olhar, movimentos lerdos, retardamento do falar e do andar. Tem um grande valor diagnóstico o rendimento escolar (FRANÇA, Genival Veloso de. Medicina Legal, 10ª ed. Rio de Janeiro: Guanabara Koogan, 2015, p. 1167). Portanto, desnecessário aguardar o ingresso da criança na pré-escola para o estabelecimento do diagnóstico.

Alternativa "b": Os deficientes mentais moderados (apresentam a idade de uma criança de 3 a 7 anos e QI entre 25 a 50) não têm sentimento ético nem personalidade definida.

Alternativa "c": Errada. Para se determinar a imputabilidade ou a capacidade civil, o quociente intelectual, como dado isolado, não deve prevalecer categoricamente. Outros são os fatores de maior relevância, tais como: grau de entendimento, temperamento, instintos, capacidade de adaptação ao meio, juízo crítico e disposição clínica. A grande dificuldade de estabelecer a capacidade de imputação desponta à medida que o retardo mental, em suas formas mais discretas, aproxima-se da normalidade.

Alternativa "d": De forma geral, os deficientes mentais moderados e profundos são incapazes civilmente, pois não têm condições de gerir seus bens por se mostrarem vulneráveis em razão de sua falta de competitividade e de adaptação nas relações sociais e dos negócios. Todavia, em relação ao retardo mental leve, não se pode afirmar de forma categórica que esteja sempre privado de sua capacidade civil (parcial ou totalmente), sendo necessária a análise do caso concreto. Portanto, não se pode afirmar que serão sempre imputáveis.

Alternativa "e": Parte da doutrina classifica o retardo mental em três graduações. **Idiotia** (QI inferior a 25 e idade mental inferior a três anos): retardo mental profundo, não falam, têm vida psíquica inferior aos animais superiores e não conseguem cuidar de si. **Imbecilidade** (QI inferior entre 25 e 50; idade mental entre três e sete anos): retardo mental moderado, conseguem falar e aprender algumas tarefas, podendo prover sua própria subsistência. **Debilidade mental** (QI inferior entre 50 e 90; idade mental inferior entre sete e doze anos): retardo mental leve, podem prover a própria subsistência. O autor Eduardo Roberto Alcântara Del-Campo afirma que apenas os portadores de retardo mental profundo (idiotia) não conseguem cuidar de si (Medicina Legal, coleção cursos e concursos, 3ª ed. São Paulo: Editora Saraiva, 2007, p. 304). Diante da divergência nas classificações da doutrina médico-legal, a questão foi anulada.

---

157. (Cespe – Delegado de Polícia – PE/2016) Psiquiatria forense é o ramo da medicina legal que trata de questões relacionadas ao funcionamento da mente e sua interface com a área jurídica. O estabelecimento do estado psíquico no momento do cometimento do delito e a capacidade de entendimento desse ato são dependentes das condições de sanidade psíquica e desenvolvimento mental, que também influenciam na forma de percepção e no relato do evento, com importância direta para o operador do direito, na tomada a termo e na análise dos depoimentos. A respeito de psiquiatria forense e dos múltiplos aspectos ligados a essa área, assinale a opção correta.

a) A surdo-mudez é motivo de desqualificação do testemunho, da confissão e da acareação, pois, sendo causa de desenvolvimento mental incompleto, impede a comunicação.

b) Nos atos cometidos, pode haver variação na capacidade de entendimento, por doente mental ou por indivíduo sob efeito de substâncias psicotrópicas ou entorpecentes, do caráter ilícito do ato por ele cometido; cabe ao perito buscar determinar, e assinalar no laudo pericial, o estado mental no momento do delito.

c) A perturbação mental, por ser de grau leve quando comparada a doença mental, não reflete na capacidade cível nem na imputabilidade penal.

d) Em indivíduos com intoxicação aguda pelo álcool, observam-se estados de automatismos e estados crepusculares.

e) O desenvolvimento mental incompleto ou retardado, tecnicamente denominado oligofrenia, está diretamente relacionado à ocorrência de epilepsia.

COMENTÁRIOS

✪ **Nota do autor:** A questão aborda o tema da Psiquiatria Forense. Todavia, iremos ampliar o assunto, em razão da divergência entre os autores para a devida catalogação de tais desdobramentos. Utilizaremos a seguinte distinção: **Psicopatologia Forense:** nela geralmente são incluídos dois grandes ramos da Medicina Legal, a psicologia forense e a psiquiatria forense.

Sob o aspecto jurídico, tem o objetivo de esclarecer as questões relacionadas à capacidade civil e à imputabilidade penal. **Psicologia Forense:** estuda a personalidade normal e os fatores que nela influem, quer sejam de natureza biológica, quer sejam de natureza mesológica (do meio, ecológica) ou social. **Psiquiatria Forense:** ocupa-se dos transtornos anormais da personalidade, as chamadas doenças mentais, os retardos mentais, as demências, as esquizofrenias e outros transtornos psicóticos ou não. **Toxicologia:** é o estudo das drogas tóxicas ou substâncias psicoativas, seus efeitos sobre o corpo humano e seus mecanismos de ação. Tais substâncias são aquelas químicas, naturais ou sintéticas, com capacidade de agir sobre o sistema nervoso central, com tendência ao tropismo pelo cérebro que comanda o corpo, alterando a normalidade psíquica ou mental, desequilibrando a conduta e a personalidade do agente.

Alternativa "a": Embora a surdo-mudez possa ser considerada causa de desenvolvimento mental incompleto (desde que não tenham recebido tratamento adequado e não possam expressar sua vontade), o Código Penal adotou o **critério biopsicológico** (normativo ou misto), em regra, em relação à imputabilidade penal: considera inimputável aquele que em razão de sua condição mental (**causa**) era ao tempo da ação ou omissão, totalmente incapaz de entender o caráter ilícito do fato e de determinar-se de acordo com esse entendimento (**efeito**). Para a completa compreensão do tema, a **imputabilidade penal** é o conjunto de condições pessoais que dão ao agente a capacidade para lhe ser imputada a prática de um fato punível. É a capacidade de entender o caráter ilícito de um fato e de determinar-se conforme esse entendimento. O agente deve ter condições físicas, psicológicas, morais e mentais de saber que está realizando um ilícito penal. O Código Penal trata do assunto nos artigos 26 a 28, apresentando os **casos de exclusão da imputabilidade**, hipóteses de inimputabilidade (dirimentes), e as consequências jurídicas de seu reconhecimento. Portanto, não basta a condição mental (causa), também é necessário o efeito, ou seja, se o autor era capaz de entender o caráter ilícito da conduta e de determinar-se de acordo com esse entendimento. E mais, demonstrando a validade da declaração ou depoimento do surdo-mudo, o art. 192 do CPP descreve o procedimento para o seu interrogatório, sendo as perguntas formuladas por escrito e do mesmo modo dadas as respostas (inc. III).

Alternativa "b": Considerando a adoção do critério biopsicológico para a determinação da imputabilidade penal, são necessários três elementos para a sua devida constatação: causal (agente portador de doença mental ou desenvolvimento mental incompleto ou retardado); consequencial (em razão da doença deve ser o autor inteiramente incapaz de entender o caráter ilícito do fato); temporal (ao tempo da ação ou omissão). O Código Penal Brasileiro adota este critério (art. 26, CP), como regra, assim como a Lei de Drogas, 11.343/06 (art. 45), tratando a dependência química como patologia. E é o perito criminal (médico-legista) quem irá determinar em laudo específico se o autor era a tempo da ação ou omissão inteiramente incapaz de entender o caráter ilícito de seu comportamento ou de determinar-se conforme esse entendimento.

Alternativa "c": Conforme dispõe o Código Penal, em seu art. 26, parágrafo único, a perturbação da saúde mental pode levar à semi-imputablidade, com redução da pena de um a dois terços.

Alternativa "d": Tais sintomas estão relacionados à **epilepsia**, doença neuropsiquiátrica, pois, existem formas de exteriorização tipicamente neurológica e outras que se manifestam por meio de quadros psiquiátricos. Os aspectos mais importantes, do ponto de vista médico-legal, dizem respeito aos automatismos e estados crepusculares. Os **automatismos** podem ser exteriorizados por impulsos, que podem chegar ao furor epiléptico, a fugas e ao sonambulismo epiléptico. São ações explosivas, espontâneas, súbitas, irresistíveis, com característica de grande agressividade. Já os **estados crepusculares** costumam acontecer após os ataques e constituem episódios confusionais, de obnubilação da consciência, de duração variável, causando ilusões e alucinações de todos os sentidos, mas, sobretudo, visuais.

Alternativa "e": A oligofrenia está relacionada ao desenvolvimento mental incompleto e a epilepsia à doença mental.

Alternativa correta: letra "b".

---

158. (Vunesp – Delegado de Polícia – CE/2015) Durante uma avaliação pericial em um homem de 22 anos, são constatadas as seguintes características: lesões puntiformes em região antecubital direita; pupilas extremamente mióticas; rebaixamento do nível de consciência; redução da frequência respiratória e redução da temperatura corpórea.

Em relação aos achados descritos, assinale a alternativa correta.

a) Os achados sugerem um evento agudo e inesperado, possivelmente uma doença aguda (acidente vascular cerebral).

b) Podem representar uma tentativa de suicídio possivelmente devido ao uso de antidepressivos tricíclicos.

c) Trata-se de um provável trauma craniano do tipo contuso.

d) Os achados corroboram o uso de droga ilícita com característica do tipo opioide (heroína).

e) A descrição aponta para uma tentativa de indução de coma de forma criminosa, possivelmente por droga alucinógena (ácido lisérgico).

COMENTÁRIOS

✪ **Nota do autor:** a Toxicologia é o estudo das drogas tóxicas ou substâncias psicoativas, seus efeitos sobre o corpo humano e seus mecanismos de ação. Tais substâncias são aquelas químicas, naturais ou sintéticas, com capacidade de agir sobre o sistema nervoso central, com tendência ao tropismo pelo cérebro que comanda o corpo, alterando a normalidade psíquica ou mental, desequilibrando a conduta e a personalidade do agente.

Alternativa "a": o Acidente Vascular Cerebral (AVC), conhecido popularmente como "derrame cerebral", pode ser dividido em dois tipos: O Acidente Vascular Cerebral Isquêmico (AVCI), o mais comum, que é causado pela falta de sangue em determinada área do cérebro, decorrente da obstrução de uma artéria. O Acidente Vascular Cerebral Hemorrágico (AVCH) é causado por sangramento devido ao rompimento de um vaso sanguíneo. Nos dois tipos de AVC, uma vez que o sangue, contendo nutrientes e oxigênio, não chega a determinadas áreas do cérebro, ocorre a perda das funções dos neurônios, causando os sinais e sintomas que dependerão da região do cérebro envolvida. Os sinais e sintomas do AVC se iniciam de forma súbita e podem ser únicos ou combinados, vejamos: enfraquecimento, adormecimento ou paralisação da face, braço ou perna de um lado do corpo; alteração de visão; dificuldade para falar ou entender o que os outros estão falando, mesmo que sejam as frases mais simples; tontura sem causa definida; desequilíbrio; falta de coordenação no andar ou queda súbita, geralmente acompanhada pelos sintomas acima descritos; dores de cabeça fortes e persistentes e dificuldade para engolir.

Alternativa "b": Os antidepressivos tricíclicos são medicamentos desenvolvidos para o tratamento da depressão, mas também utilizados como coadjuvantes do tratamento de dor crônica, na profilaxia da enxaqueca, na abstinência da cocaína e nos casos de enurese (emissão involuntária de urina) noturna em crianças. Os principais antidepressivos tricíclicos são os de primeira geração: a imipramina e a amitriptilina. Didaticamente podemos dividir em **fases de intoxicação aguda**: A **primeira fase**, que aparece no primeiro dia de intoxicação, se caracteriza por manifestações anticolinérgicas como mucosas secas, hipertermia, hiperemia, visão turva, taquicardia, excitação, delírios, alucinações, mioclonias, convulsões do tipo tônico-clônicas e outras distonias, além de midríase. A **segunda fase** aparece após o primeiro dia e pode durar até o terceiro dia, com um quadro de depressão dos estímulos neuroquímicos, com o aparecimento de diminuição do nível de consciência até coma, grau variável de depressão respiratória com consequente hipóxia, hiporreflexia, hipotensão e hipotermia. A **terceira fase**, que aparece após 72 horas, tem como característica o retorno do quadro de agitação, delírios e marcada síndrome anticolinérgica. As manifestações cardíacas podem surgir nas primeiras horas de intoxicação, mas com manifestações clínicas mais importantes nas fases subsequentes, em geral nos casos mais graves, e incluem arritmias, como taquicardia sinusal que é um achado frequente, taquicardia ou fibrilação ventricular; bradiarritmias são menos frequentes, mas tem prognóstico reservado. A hipotensão é inicialmente por vasodilatação, mas pode evoluir por depressão miocárdica direta com posterior choque cardiogênico, edema agudo do pulmão e óbito.

Alternativa "c": Os achados da perícia não apontam qualquer tipo de trauma na região da cabeça.

Alternativa "d": a heroína é a diacetilmorfina, derivado sintético da morfina, que por sua vez, provém do ópio, mistura de alcaloides extraída da papoula. As regiões geográficas mais importantes na produção são o Sudeste Asiático, com grau de pureza de 80% a 90%, e a Ásia Menor, com qualidade inferior. Embora possa ser utilizado sob a forma de pó, comumente misturada à farinha, talco, bicarbonato, a forma injetável via venosa é a mais conhecida, quando dissolvida em água. Geralmente o usuário utiliza uma colher para aquecê-la. Isso explica as lesões puntiformes em região antecubital direita, que são as produzidas por agulhas hipodérmicas (de injeção), instrumentos perfurantes. Região antecubital é a região anterior da dobra entre o braço e o antebraço (local de costume para a aplicação de injeções endovenosas). Seus efeitos duram aproximadamente cinco horas causando sensação: de bem-estar; euforia e prazer; elevação da autoestima; diminuição do desânimo, dor e ansiedade. São efeitos da abstinência, após 24 horas do uso: diarreia; vômitos; dores musculares; pânico; insônia; inquietação; e taquicardia. **Dica importante!** Ao contrário da grande maioria das outras drogas de abuso, como cocaína e anfetaminas (metanfetamina e ecstasy) que produzem **midríase** (dilatação da pupila), a heroína produz a chamada **miose**, que é a contração da pupila. É uma característica importante na distinção clínica da overdose de heroína daquelas produzidas por outras drogas. Conforme a questão, o indivíduo apresentava pupilas extremamente mióticas.

Alternativa "e": Em que pese as lesões puntiformes pudessem inclinar o candidato ao coma induzido via intravenosa, o LSD (Dietilamida do Ácido Lisérgico) é o alucinógeno mais potente, um produto semissintético formado da aglutinação de uma dietilamida com o ácido licérgico, extraído do fungo *Claviceps purperea* (esporão do centeio). Seus efeitos são: dilatação da pupila; sudorese; aumento da frequência cardíaca e pressão arterial; aumento da temperatura; náuseas; vômitos; alucinações auditivas e visuais; sensibilidade sensorial; confusão; pensamento desordenado; perda do controle emocional; euforia alternada com angústia; dificuldade de concentração. Importante notar, o LSD tem como efeito a midríase (dilatação da pupila), enquanto a heroína produz a chamada miose, que é a contração da pupila.

Alternativa correta: letra "d".

159. (Vunesp – Delegado de Polícia – SP/2014) Substância tóxica de dependência química e psíquica; é um produto sintético (diacetilmorfina), tem a forma de pó branco e cristalino que, após a diluição, é injetado no usuário, que apresenta de início euforia, disposição, alegria, mas que, ao longo do uso, passa a apresentar náuseas, vômitos, delírios, convulsões, bloqueio do sistema respiratório e morte de forma fugaz. Essa substância corresponde à(ao)

a) maconha.

b) morfina.

c) LSD.

d) cocaína.

e) heroína.

COMENTÁRIOS

✪ **Nota do autor:** A **Toxicologia** é o estudo das drogas tóxicas ou substâncias psicoativas, seus efeitos sobre o corpo humano e seus mecanismos de ação. Tais substâncias são aquelas químicas, naturais ou sintéticas, com capacidade de agir sobre o sistema nervoso central, com tendência ao tropismo pelo cérebro que comanda o corpo, alterando a normalidade psíquica ou mental, desequilibrando a conduta e a personalidade do agente. As substâncias psicoativas ou psicotrópicas são substâncias químicas naturais ou sintéticas capazes de alterar, de vários modos, a atividade mental, deprimindo, excitando ou perturbando o psiquismo. As drogas podem ser divididas em três grandes grupos: **psicolépticas** (que deprimem a atividade psíquica do cérebro), **psicoanalépticas** (que estimulam, excitam) e as **psicodislépticas** (que causam perturbação).

Alternativa "a": maconha, cujo nome científico é *cannabis sativa*, é vulgarmente conhecida por fumo, erva, marijuana, pacau, birra, dirijo, diamba, fumo d'angola etc. É a droga ilícita mais consumida mundialmente, sob a forma de cigarros toscos (chamados baseados) feitos a partir da desidratação das folhas da planta (cânhamo). Seu princípio ativo é o THC (tetraidrocanabinol), isômero levógiro do delta-9.

Alternativa "b": a **morfina** é um fármaco narcótico (substância narcótica e sintética produzida em laboratório), de alto poder analgésico usado para aliviar dores severas. Pertence ao grupo dos opioides, derivada do ópio retirado do leite da papoula.

Alternativa "c": o **LSD** (Dietilamida do Ácido Lisérgico) é o alucinógeno mais potente. É um produto semissintético formado da aglutinação de uma dietilamida com o ácido licérgico, extraído do fungo *claviceps purperea* (esporão do centeio). É de fácil transporte por meio de papéis de filtro embebidos pela solução aquosa, geralmente são utilizados selos. Colocados sob a língua são absorvidos rapidamente.

Alternativa "d": a **cocaína** é extraída da planta andina *erithroxylon coca*, folhas de coca, obtida através da adição de ácido clorídrico ou bicarbonato de sódio (para a produção dos subprodutos *crack* e merla) à pasta obtida da maceração das folhas. Forma-se um pó branco, sendo a aspiração a forma mais comum de utilização. São derivados (subprodutos) da cocaína o ***crack*** (sob a forma de pedra é fumado em cachimbos) e a **merla** (melado, pasta viscosa).

Alternativa "e": a **heroína** é a diacetilmorfina, derivado sintético da morfina, que por sua vez, provém do ópio, mistura de alcaloides extraída da papoula. Embora possa ser utilizado sob a forma de pó, comumente misturado à farinha, talco, bicarbonato, a forma injetável via venosa é a mais conhecida, quando dissolvida em água. Geralmente o usuário utiliza uma colher para aquecê-la. Seus efeitos duram aproximadamente cinco horas causando sensação: de bem-estar; euforia e prazer; elevação da autoestima; diminuição do desânimo, dor e ansiedade. São efeitos da abstinência, após 24 horas do uso: diarreia; vômitos; dores musculares; pânico; insônia; inquietação; e taquicardia.

Alternativa correta: letra "e".

---

160. (Vunesp – Delegado de Polícia – SP/2014) Se um indivíduo em uso de medicamentos que são potencializadores do efeito alcoólico sobre o sistema nervoso, desconhecendo essa informação, ingere bebida alcoólica e passa a apresentar sinais inequívocos de embriaguez, tal fato pode ser considerado embriaguez

a) preordenada.

b) habitual.

c) culposa.

d) acidental.

e) fortuita.

COMENTÁRIOS

✪ **Nota do autor:** A embriaguez é tratada pelo Código Penal no capítulo relacionado à imputabilidade. Se **voluntária ou culposa** não exclui a imputabilidade penal (art. 28, inc. II, CP). Apenas se **completa e proveniente de caso fortuito ou força maior**, e, sendo o agente, ao tempo da ação ou omissão, inteiramente incapaz de entender o caráter ilícito do fato ou de determinar-se conforme esse entendimento, o isenta de pena, excluindo, assim, a culpabilidade, art. 28, § 1º, CP.

Alternativa "a": é a denominada teoria da ***actio libera in causa*** (ação livre na causa), quando o autor se coloca voluntariamente em estado de embriaguez responderá pelo delito praticado, incidindo, nesta hipótese, a agravante genérica do art. 61, inc. II, *l*, CP.

Alternativa "b": ocorre quando o sujeito é dado ao uso de bebidas alcoólicas e se encontra frequentemente em estado de embriaguez. Poderá responder pela contravenção penal prevista no art. 62 da Lei de Contravenções Penais, Dec.-lei 3.688/41.

Alternativa "c": é a não acidental. Quando o indivíduo ingere bebida alcoólica não pretendendo embriagar-se, porém, bebe demais, atingindo o estado etílico. O art. 28, inc. II do Código Penal reza não excluir a imputabilidade penal a embriaguez culposa por álcool ou substâncias de efeitos análogos.

Alternativa "d": a embriaguez acidental é decorrente de caso fortuito ou força maior. Se completa, exclui a imputabilidade, art. 28, § 1º, CP. O exemplo de embriaguez acidental narrado na questão se amolda à embriaguez acidental proveniente de caso fortuito.

Alternativa "e": é sinônimo de embriaguez acidental. Portanto, em nosso sentir, a questão deveria ser anulada, pois duas alternativas estão corretas.

Alternativa correta: letra "d".

161. (FUNCAB - Delegado de Polícia - RJ/2012) Em relação ao álcool e a outras drogas psicotrópicas relacionadas com a dependência e a tolerância, julgue os itens a seguir e assinale a opção verdadeira.

a) O álcool, por ser uma substância estimulante do sistema nervoso central (SNC), acarreta ao indivíduo intoxicado a perda do controle dos sentimentos éticos e morais, podendo produzir, nos primeiros momentos da embriaguez, um comportamento desinibido e irreverente.
b) O conceito de tolerância farmacológica aponta na direção de um posicionamento, em termos de política criminal, contra a criminalização das drogas e a favor de uma abordagem sobre as mesmas dentro de um contexto de saúde pública.
c) A principal propriedade de reforço dos opiáceos é a euforia, às vezes intensa, seguida de uma sensação de tranquilidade profunda; em relação aos alucinógenos, pode-se afirmar que uma de suas características mais relevantes é a ocorrência de uma rápida e significativa tolerância.
d) Para a avaliação da imputabilidade penal de dependentes de drogas psicoativas que cometeram crimes relacionados com o uso de drogas, o perito legista, psiquiatra forense, avaliará se a droga específica causa ou causou dependência física ou psíquica, considerando o indivíduo mais imputável, quanto menor for a dependência física e menor a quantidade de droga consumida.
e) A autoridade policial, de acordo com o Código de Processo Penal, poderá solicitar o exame de sanidade mental do acusado, quando verificar a provável existência de indícios de "Doença Mental" ou "Dependência de Drogas", devendo o perito legista, psiquiatra forense, concluir o laudo em quarenta e cinco dias, salvo se o mesmo demonstrara necessidade de maior prazo.

COMENTÁRIOS

Alternativa "a": O álcool é substância depressora do sistema nervoso central. Todavia, a terminologia pode gerar confusão, pois, o álcool, que é um depressor, atua como excitante em doses baixas, provocando um estado de liberação comportamental (fase do macaco, a primeira da embriaguez).

Alternativa "b": O conceito de tolerância é dado à necessidade de doses mais elevadas ao paciente, em razão da diminuição da resposta farmacológica que se deve à administração repetida ou prolongada de alguns fármacos.

Alternativa "c": a primeira parte da assertiva trata do principal efeito dos opiáceos, num primeiro momento excitação e euforia, para depois cair em depressão e prostração profundas. Já os alucinógenos, na segunda parte, embora não causem dependência física, podem desencadear crises psicóticas.

Alternativa "d": Em razão do critério biopsicológico adotado pelo Código Penal, o perito criminal deverá atestar a dependência patológica (causa) e ponderar se o agente tinha plena capacidade de discernimento no momento da ação (efeito).

Alternativa "e": A autoridade policial poderá representar ao juiz competente, durante o curso do inquérito policial, pela submissão do investigado a exame de sanidade mental, quando houver dúvida sobre a sua integridade mental, conforme art. 149, § 1º, CPP.

Alternativa correta: letra "c".

162. (FUNCAB - Delegado de Polícia - RJ/2012) Depoimento de uma mulher usuária de drogas em reabilitação: "... porque para mim a droga era uma pessoa e as pessoas eram coisas, de que eu precisava para me encontrar com a droga." A palavra droga substituiu a palavra originalmente utilizada pela mulher que fazia referência a uma substância específica. Esse pensamento retrata claramente o comportamento de adicção. Essa manifestação de desejo de consumo associado ao efeito residual da droga tem potencializado atos de extrema violência. Contudo, o comportamento agressivo está, na imensa maioria das vezes, associado ao uso de estimulantes do sistema nervoso, em geral, e um depressor. Esses estimulantes e o depressor seriam, respectivamente:

a) solventes inalantes, ecstasy e cocaína.
b) solventes inalantes, crack e ecstasy.
c) ecstasy, álcool e crack.
d) cocaína, crack e álcool.
e) cocaína, solventes inalantes e álcool.

COMENTÁRIOS

✪ **Nota do autor:** A terminologia **adicção** é comumente utilizada para designar o vício e a dependência em drogas.

Alternativa "d" (responde as demais alternativas): a **cocaína** e o **crack** são **drogas psicoanalépticas**, substâncias que estimulam a atividade mental, aumentam a vigília, causam insônia, excitam a atividade intelectual, exaltam a tensão emocional, levando à euforia e ansiedade. O *ecstasy* (MDMA) é exemplo de **droga psicodisléptica**, estimulando o sistema nervoso central. Assim, as três drogas apresentadas atuam como estimulante. Já o **álcool** é **droga psicoléptica**, substância que deprime a atividade mental, diminui a vigília, reduz a atividade intelectual, seda a tensão emocional, induz ao sono, relaxa os músculos e diminui a ansiedade e o pânico. Os solventes inalantes também deprimem o sistema nervoso central, como exemplos, o cloreto de etila (lança perfume) e cola de sapateiro. Portanto, das drogas apresentadas nas alternativas, são estimulantes:

a cocaína, o crack e o ecstasy. São depressoras: os solventes inalantes e o álcool.

Alternativa correta: letra "d".

---

163. (FGV – Delegado de Polícia – MA/2012) O transtorno que se manifesta pela compulsão do indivíduo em comprar tudo o que vê e que pode levar à dissipação do patrimônio da própria pessoa, denomina-se

a) dipsomania.

b) riparofilia.

c) cibomania.

d) amusia.

e) oniomania.

COMENTÁRIOS

✪ **Nota do autor:** A questão aborda diversos tipos de transtornos e alterações de personalidade.

Alternativa "a": é uma alteração psiquiátrica ligada ao alcoolismo. O consumo de bebidas alcoólicas é esporádico, porém, em grande quantidade, podendo persistir por vários dias seguidos.

Alternativa "b": a **riparofilia** (também denominada **misofilia**, **escatofilia** e **azolagnia)** se traduz na atração anômala pelo contato com mulheres imundas, desasseadas (significa sem asseio, higiene), fétidas. Também fazem parte da predileção dos riparofílicos as parceiras que se apresentem menstruadas ou com infecções vaginais.

Alternativa "c": transtorno obsessivo que desencadeia a compulsão por jogos. Psicose conducente à dilapidação patrimonial em jogos de azar. Parte da doutrina civilista enquadra tal desvio como **incapacidade relativa**, art. 4º, inc. IV do Código Civil, na **prodigalidade**, devendo a incapacidade ser declarada judicialmente.

Alternativa "d": a **amusia** é a incapacidade de captar os sons musicais, de identificar e recordar de uma melodia e pode ser congênita ou adquirida. A primeira é uma condição hereditária, já a adquirida pode surgir como consequência de traumatismos ou de derrames cerebrais.

Alternativa "e": a **oniomania** é perturbação mental que provoca o portador a adquirir descontroladamente tudo o que tiver vontade. Parte da doutrina civilista enquadra tal desvio **como incapacidade relativa**, art. 4º, inc. IV do Código Civil, na **prodigalidade**, devendo a incapacidade ser declarada judicialmente.

Alternativa correta: letra "e".

Medicina Legal

Cleyson Brene

✦ DICAS

1. PERÍCIAS, PERITOS E DOCUMENTOS MÉDICO-LEGAIS

- **Leitura essencial:** o candidato deve estudar atentamente os artigos 158 a 185 e 275 a 281 do Código de Processo Penal, que tratam do exame de corpo de delito e das perícias em geral, e dos peritos, respectivamente.
  - **Atenção!** A **Lei 13.964**, de 24 de dezembro de 2019, denominada **Pacote Anticrime**, aperfeiçoa a legislação penal e processual penal e traz modificações importantes no Capítulo destinado ao Exame de Corpo de Delito e Perícias em Geral para incluir a denominada **Cadeia de Custódia**.
  - Acrescenta os **artigos 158-A a 158-F no Código de Processo Penal**. Buscando-se a proteção dos vestígios desde o reconhecimento até o descarte do material, com o objetivo de preservar e evitar adulterações (acidentais ou intencionais) dos elementos probatórios.
  - Como já ensinava Genival Veloso de França, entendia-se "por cadeia de custódia o registro em documento da movimentação dos elementos da prova quando do seu envio, conservação e análise nos laboratórios". E, ainda, "todo esse cuidado é no sentido de proteger a identidade e a integridade da amostra e com isso evitar resultados alterados por má-fé ou de forma acidental, trazendo grandes prejuízos para a obtenção da verdade que se quer conhecer" (FRANÇA, Genival Veloso de. Medicina Legal, 10ª ed. Rio de Janeiro: Guanabara Koogan, 2015, p. 65).
- Pela importância da inovação legislativa, colacionamos as alterações para melhor fixação:
- **Art. 158-A**. Considera-se cadeia de custódia o conjunto de todos os procedimentos utilizados para manter e documentar a história cronológica do vestígio coletado em locais ou em vítimas de crimes, para rastrear sua posse e manuseio a partir de seu reconhecimento até o descarte.
- O início da cadeia de custódia dá-se com a preservação do local de crime ou com procedimentos policiais ou periciais nos quais seja detectada a existência de vestígio (§1º).
- O agente público que reconhecer um elemento como de potencial interesse para a produção da prova pericial fica responsável por sua preservação (§2º).
- Vestígio é todo objeto ou material bruto, visível ou latente, constatado ou recolhido, que se relaciona à infração penal (§3º).
- **Art. 158-B.** A cadeia de custódia compreende o rastreamento do vestígio nas seguintes etapas:
- **I - Reconhecimento**: ato de distinguir um elemento como de potencial interesse para a produção da prova pericial;
- **II - Isolamento:** ato de evitar que se altere o estado das coisas, devendo isolar e preservar o ambiente imediato, mediato e relacionado aos vestígios e local de crime;
- **III - Fixação:** descrição detalhada do vestígio conforme se encontra no local de crime ou no corpo de delito, e a sua posição na área de exames, podendo ser ilustrada por fotografias, filmagens ou croqui, sendo indispensável a sua descrição no laudo pericial produzido pelo perito responsável pelo atendimento;
- **IV - Coleta:** ato de recolher o vestígio que será submetido à análise pericial, respeitando suas características e natureza;
- **V - Acondicionamento**: procedimento por meio do qual cada vestígio coletado é embalado de forma individualizada, de acordo com suas características físicas, químicas e biológicas, para posterior análise, com anotação da data, hora e nome de quem realizou a coleta e o acondicionamento;
- **VI - Transporte:** ato de transferir o vestígio de um local para o outro, utilizando as condições adequadas (embalagens, veículos, temperatura, entre outras), de modo a garantir a manutenção de suas características originais, bem como o controle de sua posse;
- **VII - Recebimento**: ato formal de transferência da posse do vestígio, que deve ser documentado com, no mínimo, informações referentes ao número de procedimento e unidade de polícia judiciária relacionada, local de origem, nome de quem transportou o vestígio, código de rastreamento, natureza do exame, tipo do vestígio, protocolo, assinatura e identificação de quem o recebeu;

- **VIII - Processamento**: exame pericial em si, manipulação do vestígio de acordo com a metodologia adequada às suas características biológicas, físicas e químicas, a fim de se obter o resultado desejado, que deverá ser formalizado em laudo produzido por perito;
- **IX - Armazenamento:** procedimento referente à guarda, em condições adequadas, do material a ser processado, guardado para realização de contraperícia, descartado ou transportado, com vinculação ao número do laudo correspondente;
- **X - Descarte:** procedimento referente à liberação do vestígio, respeitando a legislação vigente e, quando pertinente, mediante autorização judicial.
- **Art. 158-C.** A coleta dos vestígios deverá ser realizada preferencialmente por perito oficial, que dará o encaminhamento necessário para a central de custódia, mesmo quando for necessária a realização de exames complementares.
- Todos vestígios coletados no decurso do inquérito ou processo devem ser tratados como descrito nesta Lei, ficando órgão central de perícia oficial de natureza criminal responsável por detalhar a forma do seu cumprimento (§1º).
- É proibida a entrada em locais isolados bem como a remoção de quaisquer vestígios de locais de crime antes da liberação por parte do perito responsável, sendo tipificada como fraude processual a sua realização (§2º).
- **Art. 158-D.** O recipiente para acondicionamento do vestígio será determinado pela natureza do material.
- Todos os recipientes deverão ser selados com lacres, com numeração individualizada, de forma a garantir a inviolabilidade e a idoneidade do vestígio durante o transporte (§1º).
- O recipiente deverá individualizar o vestígio, preservar suas características, impedir contaminação e vazamento, ter grau de resistência adequado e espaço para registro de informações sobre seu conteúdo (§2º).
- O recipiente só poderá ser aberto pelo perito que vai proceder à análise e, motivadamente, por pessoa autorizada (§3º).
- Após cada rompimento de lacre, deve se fazer constar na ficha de acompanhamento de vestígio o nome e a matrícula do responsável, a data, o local, a finalidade, bem como as informações referentes ao novo lacre utilizado (§4º).
- O lacre rompido deverá ser acondicionado no interior do novo recipiente (§5º).
- **Art. 158-E.** Todos os Institutos de Criminalística deverão ter uma central de custódia destinada à guarda e controle dos vestígios, e sua gestão deve ser vinculada diretamente ao órgão central de perícia oficial de natureza criminal.
- Toda central de custódia deve possuir os serviços de protocolo, com local para conferência, recepção, devolução de materiais e documentos, possibilitando a seleção, a classificação e a distribuição de materiais, devendo ser um espaço seguro e apresentar condições ambientais que não interfiram nas características do vestígio (§1º).
- Na central de custódia, a entrada e a saída de vestígio deverão ser protocoladas, consignando-se informações sobre a ocorrência no inquérito que a eles se relacionam (§2º).
- Todas as pessoas que tiverem acesso ao vestígio armazenado deverão ser identificadas e deverão ser registradas a data e a hora do acesso (§3º).
- Por ocasião da tramitação do vestígio armazenado, todas as ações deverão ser registradas, consignando-se a identificação do responsável pela tramitação, a destinação, a data e horário da ação (§4º).
- **Art. 158-F.** Após a realização da perícia, o material deverá ser devolvido à central de custódia, devendo nela permanecer.
- **Parágrafo único.** Caso a central de custódia não possua espaço ou condições de armazenar determinado material, deverá a autoridade policial ou judiciária determinar as condições de depósito do referido material em local diverso, mediante requerimento do diretor do órgão central de perícia oficial de natureza criminal.

- **QUESTÃO RECORRENTE** em concursos é quanto ao **número de peritos** necessário para a realização de um laudo. A antiga redação do art. 159 do Código de Processo Penal exigia o mínimo de dois peritos oficiais para a realização dos exames de corpo de delito e das outras perícias em geral.

Porém, o artigo sofreu alteração determinada pela Lei nº 11.690/08, prevendo que tais perícias serão realizadas por **perito oficial**.

PORTANTO, BASTA UM PERITO! Todavia, se **peritos não oficiais**, permanece a exigência do mínimo de 02 (dois), conforme art. 159, § 1º, CPP.

- O Ministério Público, o assistente de acusação, o ofendido, o querelante e o acusado podem indicar **assistente técnico**, conforme dispõe o art. 159, § 3º do CPP.
- É importante frisar que a figura do assistente técnico atuará a partir de sua admissão pelo juiz e **após a conclusão** dos exames e elaboração do laudo pelos peritos oficiais (art. 159, § 4º, CPP).
- O art. 158 do CPP dispõe que quando a **infração deixar vestígios** será indispensável o exame de corpo de delito, direto ou indireto, não podendo supri-lo a confissão do acusado.

- Todavia, não sendo possível o exame de corpo de delito, por haverem desaparecido os vestígios, a prova testemunhal poderá suprir-lhe a falta (art. 167, CPP).
- Em razão da importância do tema, vamos estabelecer alguns conceitos pertinentes:
- **Corpo de delito** é o conjunto de vestígios materiais ou sensíveis deixados pela infração penal ou, em outras palavras, é a materialidade do crime.
- **Exame de corpo de delito**, por sua vez, é espécie de prova pericial, consistente na colheita de elementos e vestígios realizada por pessoa com conhecimentos técnico e científico, o **perito criminal**, que, em alguns dos Estados brasileiros, é policial civil (Ex. Minas Gerais). O referido exame que constatará a materialidade delitiva é confeccionado por meio de **laudo pericial**.
- O Código de Processo Penal faz referência em seu art. 158 quanto à necessidade do exame pericial nos crimes que deixam vestígios:
- Os chamados *delicta factis permanentis* (**delitos que deixam vestígios**), ou não transeuntes, são aqueles nos quais a infração penal deixa rastro, pistas, indícios, perceptíveis pelos sentidos, como ocorre com o homicídio, quando da localização do cadáver da vítima, ou manchas de sangue numa faca apreendida ou vestes do suspeito, bem como no furto qualificado por rompimento de obstáculo, sendo apreendido pelos peritos o cadeado rompido, como exemplos.
- Já os denominados *delicta factis transeuntis* (**delitos que não deixam vestígios),** ou transeuntes, são assim denominados em razão da transitoriedade da materialidade delitiva, da vida efêmera dos vestígios. Exemplo, na injúria verbal (art. 140, CP), no desacato (art. 331, CP), na omissão de socorro (art. 135, CP), entre outros.
- **Exame de corpo de delito direto** é aquele em que os peritos dispõem do próprio corpo de delito para análise. Exemplos: o cadáver, a janela arrombada, a arma de fogo apreendida, a droga etc.
- **Exame de corpo de delito indireto**, embora discutido na doutrina, inexistindo os vestígios, dispensa-se a perícia, fazendo-se então a prova da materialidade do crime por outros meios de prova que não o exame direto. Forma-se, assim, o corpo de delito indireto, como prevê a lei, em regra por testemunha (art. 167, CPP).
- Portanto, a prova pericial é imprescindível, como orienta o Código de Processo Penal em seu art. 158, "quando a infração penal deixa vestígios, será indispensável o exame de corpo de delito, direito ou indireto, não podendo supri-lo a confissão do acusado".
- Tratando-se de perícia complexa que abranja mais de uma área de conhecimento especializado, poder-se-á designar a atuação de mais de um perito oficial, e a parte indicar mais de um assistente técnico (art. 159, § 7º, CPP).
- O exame de corpo de delito poderá ser feito em qualquer dia e a qualquer hora (art. 161, CPP).
- A falta de **exame complementar**, destinado à classificação da **lesão corporal qualificada** (art. 129, § 1º, inc. I, CP), transcorrido o prazo de 30 dias, contado da data do crime, poderá ser suprida pela prova testemunhal (art. 168, § 3º, CPP).
- A autoridade poderá também ordenar que se proceda a novo exame, por outros peritos, se julgar conveniente (art. 181, parágrafo único, CPP).
- Conforme dispõe o art. 182 do CPP o juiz não ficará adstrito ao laudo, podendo aceitá-lo ou rejeitá-lo, no todo ou em parte.
- **Diferença entre auto e laudo médico legal**: os **relatórios médico-legais** são os documentos resultantes da atuação do serviço médico-legal. Podem se apresentar na forma de **auto** (quando ditado ao escrivão) ou **laudo** (elaborado pelo próprio perito).
- Em razão da relevância do tema e índice de cobrança em concursos, necessário guardar o conceito e partes do documento médico-legal mais importante. O **relatório médico-legal** é a narração escrita e minuciosa de todas as operações de uma perícia médica determinada por autoridade policial ou judiciária ao perito. Pode ser dividido em sete partes:

1) **Preâmbulo:** é a introdução na qual constam a qualificação da autoridade solicitante, a dos peritos, a do examinado, local onde é feito o exame, data e hora, bem como a espécie pericial;
2) **Histórico:** é a contrapartida médico-legal da anamnese (histórico de doenças do examinado, caracteres hereditários, condição de vida etc.) do exame clínico comum. Na maioria das vezes, os dados referentes aos antecedentes são obtidos pelo próprio examinado, devendo o médico legista agir com cautela, pois a pessoa envolvida numa ocorrência policial costuma exagerar nas queixas de modo a tornar maior o dano sofrido;
3) **Quesitos:** são perguntas cuja finalidade é a caracterização de fatos relevantes que deram origem ao processo. Na área criminal, são padronizados e o objetivo é caracterizar os elementos de um fato típico;
4) **Descrição:** é a parte mais importante do relatório médico-legal, pois não pode ser refeita com a mesma riqueza de detalhes posteriormente, em razão da cicatrização do ferimento, evolução do processo de decomposição, temperatura etc. Tal descrição deve ser minuciosa, rica em detalhes, correspondendo ao *visum et repertum* (expressão latina que significa ver e repetir). O perito deve traduzir em palavras as sensações que experimenta ao realizar o exame, tanto as visuais quanto as derivadas de outros sentidos.
5) **Discussão:** será necessária quando surgir alguma discrepância, quando o aspecto de alguma lesão foge ao que era de se esperar pelos elementos do histórico, devendo os achados serem analisados sob

novos ângulos, em busca de explicação para as diferenças, podendo o perito lançar mão de esquemas, desenhos, fotografias etc.;

6) **Conclusão:** terminadas a descrição e a discussão, o perito assume uma posição quanto à ocorrência, ou não, do fato com base nas informações do histórico, nos achados do exame objetivo e de seu confronto. O que for concluído será resumido de forma clara e concisa para a autoridade solicitante; e

7) **Resposta aos quesitos:** cuja finalidade é a caracterização de fatos relevantes que deram origem ao processo, perguntas realizadas em formato de quesitação, variando conforme o tipo de perícia.

Outros documentos médico-legais:

- **parecer médico legal:** é uma consulta médico-legal que envolve divergência importante sobre interpretação de determinada perícia, podendo as partes interessadas solicitar esclarecimentos mais aprofundados a uma instituição cujo corpo técnico tenha competência inquestionável ou a professor de renome. Não há aqui **descrição**, pois as dúvidas estão relacionadas à interpretação de um laudo pericial. São partes do parecer: preâmbulo, exposição, discussão e conclusão.
- **atestado ou certificado médico:** são informações prestadas por escrito a respeito de determinado fato de interesse médico, bem como suas consequências.
- **notificação:** é a comunicação feita pelo profissional da saúde, em determinados casos, compulsória, como ocorre na Lei nº 9.343/97 (Lei de Transplante de Órgãos), art. 13, que dispõe ser obrigatório, para todos os estabelecimentos de saúde, notificar às centrais de notificação, captação e distribuição de órgãos da unidade federada onde ocorrer, o diagnóstico de morte encefálica feito em pacientes por ele atendidos.

A **Lei 12.030/09** estabelece as normas gerais para as perícias oficiais de natureza criminal, assegurando autonomia técnica, científica e funcional no exercício de perícia oficial de natureza criminal, art. 2º.

Em vários Estados o perito criminal compõe os quadros das Polícias Civis, exigindo-se concurso público, com formação acadêmica específica, para o provimento do cargo de perito oficial (art. 3º da Lei).

A lei ainda estabelece quais são os **peritos oficiais**: os peritos criminais (curso superior em qualquer área, como química, biologia, física, contabilidade etc.), peritos médico-legistas (formação superior em medicina) e peritos odontolegistas (formação superior em odontologia). Os **peritos não oficiais** ou **juramentados** são pessoas idôneas, nomeadas na falta de perito oficial, portadores de diploma de curso superior preferencialmente na área específica, dentre as que tiverem habilitação técnica relacionada com a natureza do exame. Nesse caso, o exame será realizado por 2 (duas) pessoas (dois peritos não oficiais), art. 159, § 1º, CPP. Os peritos não oficiais prestarão o compromisso de bem e fielmente desempenhar o encargo.

Em relação à exumação:

Consiste "no desenterramento do cadáver e tem como finalidade atender aos reclamos da Justiça na averiguação de uma exata causa de morte passada despercebida, no esclarecimento de um detalhe, em uma identificação, em uma grave contradição ou na confirmação de um diagnóstico. Pode ainda atender às necessidades sanitárias ou servir para transladação do corpo" (FRANÇA; Genival Veloso de. Medicina Legal, 10ª ed. Rio de Janeiro: Guanabara Koogan, 2015, p. 1126).

A exumação pode ter objetivos:

1) Administrativos (visando à transferência dos restos mortais):

a) para outro local de sepultamento;

b) para urna menor a fim de ocupar menos espaço ou para cremação;

c) para remoção do corpo por razões sanitárias;

2) Jurídicos (por determinação do juiz ou da polícia judiciária):

a) para identificação do cadáver ou de seus restos;

b) para necropsia, por não ter sido realizada no momento oportuno;

c) para realização de nova necropsia.

Obs.: o administrador do cemitério deverá indicar o lugar da sepultura, sob pena de desobediência, conforme dispõe o art. 163, parágrafo único do CPP.

2. ANTROPOLOGIA

- A **identificação criminal** é um conjunto de atos por meio dos quais se cria uma identidade criminal, podendo ser realizado um registro fotográfico do indiciado de frente e de perfil, discriminando-se todos os dados relevantes para a especificação de suas características físicas de sua identificação visual (como cor dos olhos, cabelo, pele, altura, peso, idade), além da qualificação de dados familiares, bem como endereços.
- Assim, o objetivo precípuo da identificação criminal é reunir informações visando à individualização de determinada pessoa investigada em inquérito policial ou ré em processo penal, auxiliando, desta forma, o sistema penal.

A **identificação** é o processo técnico e científico empregado para determinar a **identidade** de um indivíduo, que, por sua vez, é o conjunto de elementos característicos que distingue a pessoa das demais.

Assim, o método de identificação é **comparativo**. Os fundamentos biológicos ou técnicos que preenchem as condições para um método de identificação aceitável e seguro são:

1. **Unicidade** (determinado elemento seja específico daquele indivíduo, distinguindo-o dos demais);

2. **Imutabilidade** (as características precisam ser imutáveis, não se alterando com o passar do tempo);
3. **Perenidade** (capacidade de determinados elementos resistirem à ação do tempo, durando por toda a vida, e até após a morte, como, por exemplo, o esqueleto. Há características que são imutáveis durante um certo período da vida, porém não são perenes, como, por exemplo, o número de dentes);
4. **Praticabilidade** (o método dever ser prático, tanto na obtenção quanto no registro);
5. **Classificabilidade** (requisito de suma importância, pois deve haver metodologia no arquivamento, propiciando rapidez e facilidade na busca dos registros).

- Já a **identificação datiloscópica** consiste num método de colheita das impressões digitais (datiloscopia), isto é, pelas saliências papilares existentes nas pontas dos dedos. Todos nós temos nas polpas dos dedos as chamadas cristas papilares. Se untarmos as pontas dos dedos da mão com tinta preta e pressionarmos numa folha de papel, observaremos desenhos que apresentam uma série de linhas paralelas.

Tais vestígios são denominados **impressão digital**, formada por diferentes linhas curvas e constituída de pequenas partículas de suor produzidas pelos sulcos e saliências da pele que envolvem os dedos. O estudo de tais vestígios denomina-se **datiloscopia**.

O termo advém do grego *daktilos* (dedos) conjugado com *skopein* (observação, estudo). Tal sistema, iniciado na Argentina pelo dálmata Vucetich em 1891, foi prontamente adotado por diversos países em razão de sua simplicidade, inclusive o Brasil, em 1905.

- São **características** da impressão digital: unicidade, imutabilidade ou perenidade, praticabilidade e classificabilidade. Vucetich observou que, apesar da infinidade de desenhos nas impressões digitais, há determinados padrões que se repetem, sendo denominados pelo autor de **tipos fundamentais**, tendo por base a presença de um elemento básico denominado **delta** (pequeno sinal triangular ou estrelado), em razão da semelhança com a letra grega (**Δ**), formado pela confluência de linhas em um dos lados da impressão. **São quatro os tipos fundamentais:**

a) **Arco:** ausência de delta;
b) **Presilha Interna:** presença de delta à direita do observador;
c) **Presilha Externa:** presença de delta à esquerda do observador; e
d) **Verticilo:** presença de dois deltas, um à direita e outro à esquerda.

- No processo de identificação datiloscópica são colhidas as impressões digitais dos dez dedos das mãos, numa ficha, sendo tal conjunto denominado **individual ou fórmula datiloscópica (ID)**, representada por uma fração cujo numerador é a mão direita, chamado **série**; o denominador é a mão esquerda, chamado **seção.** Nessa fórmula os polegares iniciam as sequências e são representados por letras, já os dedos indicador, médio, anular e mínimo, são representados por números, da seguinte forma: Arco (A / 1), Presilha interna (I / 2), Presilha Externa (E / 3) e Verticilo (V / 4).
- Exemplo de uma fórmula datiloscópica, utilizada na identificação criminal e na colheita de digitais pelo Instituto de Identificação:

FD = V 3341 / E 3214					
Mão direita			**Mão esquerda**		
polegar	V	verticilo	**polegar**	E	presilha externa
indicador	3	presilha externa	**indicador**	3	presilha externa
dedo médio	3	presilha externa	**dedo médio**	2	presilha interna
anular	4	verticilo	**anular**	1	Arco
mínimo	1	arco	**mínimo**	4	Verticilo

Outros tipos pertinentes:

- dedos defeituosos e cicatrizes são representados pela letra X; e
- amputações pelo número zero (0).

A **Lei 12.037/09** dispõe sobre o tema, tendo revogado, inclusive, a Lei 10.054/2000, criticada pela doutrina em razão de prever um rol de crimes que autorizariam a medida. Em seu art. 3º, destaca as situações em que poderá ocorrer a identificação criminal, ainda que apresentado documento de identificação, quando:

- O documento apresentar rasura ou tiver indício de falsificação;
- O documento apresentado for insuficiente para identificar cabalmente o indiciado;
- O indiciado portar documentos de identidade distintos, com informações conflitantes entre si;
- A identificação criminal for essencial às investigações policiais, segundo despacho da autoridade judiciária competente, que decidirá de ofício ou mediante representação da Autoridade Policial, do Ministério Público ou da defesa;
- Constar de registros policiais o uso de outros nomes ou diferentes qualificações;
- O estado de conservação ou a distância temporal ou da localidade da expedição do documento apresentado impossibilite a completa identificação dos caracteres essenciais.

No processo de Identificação Médico-legal, exigem-se não só conhecimentos e técnicas médico-legais, como também entendimento de suas ciências acessórias. Sempre é feita por legistas. Um dos aspectos a serem analisados: **a Raça**.

Ottolenghi classifica em cinco os tipos étnicos fundamentais (FRANÇA, Genival Veloso de. Medicina Legal, 10ª ed. Rio de Janeiro: Guanabara Koogan, 2015, p. 683):

Tipo caucásico: é um indivíduo de pele branca ou trigueira; cabelos lisos ou crespos, louros ou castanhos; íris azuis ou castanhas; contorno craniofacial anterior ovoide ou ovoide-poligonal; perfil facial ortognata e ligeiramente prognata.

Tipo indiano: não se afigura como um tipo racial definido. Estatura alta; pele amarelo-trigueira, tendente ao avermelhado; cabelos pretos, lisos, espessos e luzidios; íris castanhas; crânio mesocéfalo; supercílios espessos; orelhas pequenas; nariz saliente, estreito e longo; barba escassa; fronte vertical: zigomas salientes e largos.

Tipo australoide: possui as seguintes características: estatura alta; pele trigueira; nariz curto e largo; arcadas zigomáticas largas e volumosas; prognatismo maxilar e alveolar; cinturas escapular larga e pélvica estreita; dentes fortes; mento retraído; arcadas superciliares salientes e crânio dolicocéfalo.

Tipo negroide: possui as seguintes características, segundo a classificação do autor: pele negra; cabelos crespos, em tufos; crânio pequeno; perfil facial prognata; fronte alta e saliente; íris castanhas; nariz pequeno, largo e achatado; perfil côncavo e curto; narinas espessas e afastadas, visíveis de frente e circulares.

Tipo mongólico possui as seguintes características, segundo a classificação do autor: pele amarela; cabelos lisos; face achatada de diante para trás; fronte larga e baixa; espaço interorbital largo; maxilares pequenos e mento saliente.

3. TANATOLOGIA

Tanatologia é a divisão da Medicina Legal na qual se estudam a morte e todos os problemas a ela relacionados.

A **morte** é a cessação dos fenômenos vitais pela parada das funções cerebral, respiratória e circulatória.

Comentários específicos sobre a Lei 9.434/97 serão feitos em tópico apartado.

Tanatognose e cronotanatognose.

O diagnóstico de morte se apresenta de forma complexa e com diversas dificuldades no estudo da Medicina Legal. Porém, ainda mais dificultosa é a estimativa do tempo da morte, também chamado de intervalo *post mortem*. Denomina-se **tanatocronodiagnose**, **cronotanatognose** ou **diagnóstico cronológico** da morte o espaço de tempo observado em diversas fases do cadáver e o momento em que se verificou a morte[1]. Seguem os principais fenômenos:

1 FRANÇA, Genival Veloso de. Medicina Legal. 9ª ed., Rio de Janeiro: Guanabara Koogan, 2014, p. 442.

1. Esfriamento do cadáver

O esfriamento do cadáver é o mais importante fenômeno na determinação do tempo aproximado da morte nas primeiras horas após o óbito. Em que pese os diversos fatores que influenciam no processo de esfriamento do corpo, a tendência da temperatura do cadáver é aproximar-se da temperatura do ambiente. Conforme leciona Genival Veloso de França[2], em nosso meio (clima temperado – 20 a 30°C), as observações registram que, em cada uma das três primeiras horas, a queda da temperatura do corpo é em torno de 0,5°C e, da quarta hora em diante, o decréscimo é em redor de 1,0°C, até equilibrar-se com a temperatura do meio ambiente. Isto até cerca de **12 horas** após a morte.

Em resumo:

- 1ª hora após a morte: 0,5°C;
- 2ª hora após a morte: 0,5°C;
- 3ª hora após a morte: 0,5°C (assim, nas primeiras três horas em torno de 1,5°C).
- 4ª hora após a morte (em diante): 1°C (por hora).

2. Presença de livores cadavéricos (hipóstases)

Resultantes da ação da gravidade, o sangue se deposita nas regiões em declive. Em geral, essas manchas surgem, em média, **duas a três horas após a morte**, fixando-se definitivamente em torno das **12 horas** *post mortem*.

3. Rigidez cadavérica

Em regra, este fenômeno surge na seguinte ordem: na mandíbula e na nuca (da 1ª a 2ª hora após a morte); nos membros superiores (da 2ª a 4ª hora após a morte); nos músculos torácicos (da 4ª a 6ª hora após a morte) e, por fim, nos membros inferiores (da 6ª a 8ª hora após a morte).

> **CUIDADO!**
>
> A flacidez muscular, pelo desaparecimento do ônus muscular (*rigor mortis*), aparece progressivamente na mesma sequência (iniciando-se pela nuca e mandíbula). É a chamada **Lei de Nysten.** Conforme esclarece França, atualmente, acredita-se que a rigidez cadavérica seja resultante de vários fatores, todos eles decorrentes da supressão de oxigênio muscular, indo impedir a formação de ATP (ácido adenosínico-trifosfórico) das modificações da permeabilidade das membranas das células, da formação de actomiosina e da ação da glicose anaeróbica, com o inevitável acúmulo de ácido lático[3]. A instalação também é fonte de divergência. Segundo França, começa entre 1 e 2h após a morte. Para Eduardo Roberto Alcântara Del-Campo, em regra, inicia-se de 3 a 5 horas após o óbito, instala-se completamente entre 8 e 12 horas e permanece por um período de 12 a 24 horas, quando a musculatura retorna ao estado de flacidez[4]. **Ambos concordam com o desaparecimento, em regra, após 24h.**

2 Idem, p. 442.

3 FRANÇA, Genival Veloso de. *Medicina Legal*. 9ª edição. Rio de Janeiro: Guanabara Koogan, 2014, p. 431.

4 DEL-CAMPO; Eduardo Roberto Alcântara. *Medicina Legal - Coleção Cursos e Concursos*. 3ª ed. São Paulo: Editora Saraiva, 2007, p. 239)

4. Mancha verde abdominal

A mancha verde abdominal se forma na face ilíaca direita por causa da proximidade do ceco (primeira parte do intestino) com a pele (parede abdominal). O gás sulfídrico produzido pelas bactérias difunde-se pelos tecidos e se combina com a hemoglobina, formando a sulfoemoglobina, de tonalidade verde. Em média, surge entre **18 e 24 horas** após a morte. Os gases da putrefação, também chamado de período gasoso ou fase do enfisema, ocorrem após a fase da coloração (mancha verde abdominal).

O sangue é forçado para a periferia, dando origem ao desenho dos vasos na superfície da pele, fenômeno denominado **"Circulação Póstuma de Brouardel"**.

5. Gases da putrefação

Conforme observado por Brouardel, após perfuração de abdomens de cadáveres com trocarte (instrumento perfurante para punções cirúrgicas) e aproximação de uma vela:

- **no 1º dia** - gases não inflamáveis;
- **do 2º ao 4º dia**- gases inflamáveis; e
- **do 5º dia em diante** - gases não inflamáveis.

6. Cristais no sangue putrefeito

Os cristais de Westenhoffer-Rocha-Valverde são formações no sangue putrefeito, em forma de lâminas cristaloides, fragmentadas, agrupadas, cruzadas e incolores, que se formam **depois do 3º dia da morte**.

7. Conteúdo estomacal

As circunstâncias da digestão variam de acordo com cada indivíduo, quantidade e tipo de alimento ingerido.

É possível afirmar que o indivíduo faleceu:

- **De 1 a 2h após a refeição:** se forem encontrados alimentos reconhecíveis;
- **De 4 a 7h após a refeição:** alimentos na fase final de digestão;
- **7h após a última refeição:** estômago vazio.

Comoriência e Premoriência

A **comoriência** é o instituto jurídico que admite mortes simultâneas de duas ou mais pessoas falecidas ao mesmo tempo, não sendo possível se estabelecer pelo perito médico-legal quem morreu em primeiro lugar.

Está prevista no **art. 8º do Código Civil**: *"Se dois ou mais indivíduos falecerem na mesma ocasião, não se podendo averiguar se algum dos comorientes precedeu aos outros, presumir-se-ão simultaneamente mortos".*

Todavia, havendo condições de se provar quem faleceu em primeiro lugar, dá-se o nome de **promoriência**. Tais institutos refletem de forma significativa no direito sucessório.

- Para o diagnóstico da morte real são observados os seguintes **sinais**:

1) **Duvidosos:**
- Imobilidade do corpo;
- Perda da consciência;
- Insensibilidade geral e dos sentidos;
- Suor frio e horripilação da pele;
- Suspensão dos movimentos aparentes de respiração;
- Cessação dos batimentos cardíacos;
- Ausência de pulso;
- Face cadavérica etc.

2) **Prováveis:**
- Resfriamento progressivo do corpo;
- Paralisia dos esfínctares;
- Rigidez cadavérica;
- Manchas da esclerótica;
- Livores cadavéricos;
- Hipóstases etc.

3) **Certos:**
- Pergaminhamento da pele;
- Mancha verde abdominal;
- Parada completa e prolongada da circulação.

Vejamos uma classificação mais completa dos fenômenos cadavéricos:

i) **ABIÓTICOS OU AVITAIS NEGATIVOS:**

I.1) imediatos
- Perda da consciência;
- Insensibilidade;
- Imobilidade;
- Abolição do tono muscular;
- Cessação da circulação.

I.2) consecutivos (tardios)
- Evaporação tegumentar (desidratação);
- Resfriamento do corpo;
- Hipóstase;
- Rigidez cadavérica;
- Espasmo cadavérico.

II) transformativos:

II.1) destrutivos
- **Autólise:** autodestruição da célula pelas suas próprias enzimas. Em razão da morte, cessa a troca nutritiva entre as células, assim, o meio se transforma, acidificando-se.
- **Putrefação:** é a decomposição do corpo pela ação das bactérias, gerando grande quantidade de gases.
- **Maceração**: processo de putrefação que ocorre nos corpos submersos. Os ossos soltam-se dos tecidos, o abdômen achata-se e o tegumento desprende-se sob a forma de largos retalhos. A pele perde a aderência e descola, após a formação de bolhas que se rompem. Observa-se tal fenômeno em duas situações: nos submersos em meio líquido contaminado, isto é, com germes, denominada **maceração séptica**; e nos fetos retidos a partir do quinto mês de

gestação, denominada **maceração asséptica**, sem a presença de germes.

ii.2) conservadores

- **Mumificação**: fenômeno transformativo conservador que pode ser provocado, por exemplo, pelo processo de embalsamento, ou espontâneo, isto é, decorrente de certas condições do meio ambiente, principalmente a falta de umidade, que prejudica a putrefação.
- **Saponificação ou adipocera:** fenômeno transformativo conservador em que o cadáver adquire consistência untuosa e mole, como sabão ou cera.

- Importante do candidato o conhecimento dos **fenômenos transformativos destrutivos**, especificamente em relação à **putrefação**, que é a decomposição do corpo pela ação das bactérias, gerando grande quantidade de gases.
- São fases/ períodos da putrefação:

1ª) **Coloração ou Cromática**; o período cromático da putrefação ou fase da coloração surge entre 20 e 24 horas após a morte e pode durar até 7 dias. Tem início pela mancha verde abdominal localizada na fossa ilíaca direita, difundindo-se por todo o corpo;

2ª) **Enfisema ou Gasosa**; a fase do enfisema ou período enfisematoso da putrefação, também denominada fase gasosa, em razão dos gases que são formados no interior do corpo e fazem com que o cadáver adquira uma aparência de agigantamento, com protusão da língua e inchaço dos genitais. O sangue é forçado para a periferia, dando origem ao desenho dos vasos na superfície da pele, fenômeno denominado **"circulação póstuma de Brouardel"**;

3ª) **Coliquativa**; o período coliquativo é a dissolução do cadáver pela ação das bactérias e da fauna cadavérica e

4ª) **Esqueletização;** a esqueletização é a redução do cadáver às suas partes ósseas.

- Atenção! O sinal mais precoce de putrefação do cadáver é uma mancha verde que aparece, primeiramente, no abdômen.

DIAGNÓSTICO DA MORTE ENCEFÁLIA E RESOLUÇÃO 2.173/17

A **morte** é a cessação dos fenômenos vitais pela parada das funções cerebral, respiratória e circulatória.

A **Lei 9.434/97**, em seu art. 3º dispõe: "A retirada *post mortem* de tecidos, órgãos ou partes do corpo humano destinados a transplante ou tratamento deverá ser precedida de diagnóstico de **morte encefálica**, constatada e registrada por dois médicos não participantes das equipes de remoção e transplante, mediante a utilização de critérios clínicos e tecnológicos definidos por resolução do Conselho Federal de Medicina".

O Conselho Federal de Medicina – CFM atualizou os critérios para a definição de morte encefálica, substituindo a Resolução 1.480/97 pela Resolução 2.173/17, e atende o que determina a lei 9.434/97 e o decreto presidencial 9.175/17, que regulamentam o transplante de órgãos no Brasil.

Entre as mudanças introduzidas no texto está a possibilidade de mais especialistas, além do neurologista, diagnosticarem a morte cerebral.

Pela resolução anterior (1.480/97), a morte encefálica deveria ser diagnosticada por dois médicos, sendo que um seria obrigatoriamente neurologista, mas o outro não precisava ter nenhuma habilitação específica.

Agora, os dois médicos devem ser especificamente qualificados, sendo que um deles deve, obrigatoriamente, possuir uma das seguintes especialidades: medicina intensiva adulta ou pediátrica, neurologia adulta ou pediátrica, neurocirurgia ou medicina de emergência. O outro deve ter, no mínimo, um ano de experiência no atendimento a pacientes em coma, tenha acompanhado ou realizado pelo menos 10 determinações de morte encefálica ou tenha realizado curso de capacitação. Nenhum dos dois médicos deve fazer parte da equipe de transplantes.

De acordo com a Lei 9.434/97, a retirada de tecidos, órgãos ou partes do corpo humano destinados a transplante ou tratamento deverá ser precedida de diagnóstico de morte encefálica, constatada por dois médicos não participantes das equipes de remoção e de transplante, mediante a utilização de critérios clínicos e tecnológicos definidos por resolução do CFM.

A Resolução CFM 2.173/17 estabelece que os procedimentos para a determinação da morte encefálica devem ser iniciados **em todos os pacientes que apresentem coma não perceptivo, ausência de reatividade supraespinhal e apneia persistente.**

O **quadro clínico** do paciente também deve apresentar todos os seguintes **pré-requisitos:**

- Presença de lesão encefálica de causa conhecida e irreversível;
- Ausência de fatores tratáveis que confundiriam o diagnóstico;
- Tratamento e observação no hospital pelo período mínimo de seis horas;
- Temperatura corporal superior a 35º graus;
- E saturação arterial de acordo com critérios estabelecidos pela Resolução (Obs. No caso de crianças, os parâmetros são um pouco diferentes, com um período de observação maior).

Além do exame clínico, que deve ser realizado por dois médicos diferentes, com um intervalo mínimo de uma hora entre o primeiro e o segundo, o paciente deve ser submetido a um teste de apneia e a exames complementares.

Esses exames podem ser a **angiografia cerebral, o eletroencefalograma, o doppler transcraniano e a cintilografia**. O laudo deve ser assinado por profissional com comprovada experiência e capacitação para a realização desse tipo de exame.

O paciente também deve ser submetido a um teste de apneia, que estimula o centro respiratório de forma máxima. É necessária a realização de um único teste.

Veja, abaixo, o que mudou:

RESOLUÇÃO 1.480/97	RESOLUÇÃO 2.173/17
Parâmetros clínicos para o início do diagnóstico: Coma aperceptivo com ausência de atividade motora supraespinal e apneia.	**Parâmetros clínicos para o início do diagnóstico:** Coma não perceptivo, ausência de reatividade supraespinhal, apneia persistente. Deve apresentar lesão encefálica de causa conhecida, irreversível e capaz de causar a morte encefálica, ausência de fatores tratáveis que possam confundir o diagnóstico de morte encefálica. Temperatura corporal superior a 35°, saturação arterial de oxigênio acima de 94% e pressão arterial sistólica maior ou igual a 100 mmHg para adultos.
Tempo de observação para que seja iniciado o diagnóstico: Não tinha.	**Tempo de observação para que seja iniciado o diagnóstico:** Mínimo de 6 horas. Quando a causa fora encefalopatia hipóxico-isquêmica, a observação deve ser de 24 horas.
Intervalo mínimo entre as duas avaliações clínicas: De 7 dias a 2 meses incompletos – 48 horas; De 2 meses a 1 ano incompleto – 24 horas; De 1 ano a 2 anos incompletos – 12 horas; Acima de 2 anos – 6 horas.	**Intervalo mínimo entre as duas avaliações clínicas** De 7 dias a 2 meses incompletos – 24 horas; De 2 meses a 24 meses incompletos – 12 horas; Acima de 2 anos – 1 hora.
Confirmação da morte encefálica: a) Exames clínicos, realizados por médicos diferentes, e exames complementares, realizados em intervalos de tempos variáveis; b) Os exames complementares devem demonstrar: ausência de atividade elétrica cerebral, ou ausência de atividade metabólica cerebral ou ausência de perfusão sanguínea cerebral.	**Confirmação da morte encefálica:** a) Dois exames clínicos, por médicos diferentes, especificamente capacitados para confirmar o coma não perceptivo e a ausência de função do tronco encefálico; b) um teste de apneia; c) um exame complementar que comprove a ausência de atividade encefálica. Este exame deve comprovar: ausência de perfusão sanguínea encefálica, ou ausência de atividade metabólica encefálica ou ausência de atividade elétrica encefálica.
Formação dos médicos examinadores: a) Decreto 2.268/97 (revogado pelo decreto 9.175/17) estabelecia que um dos dois médicos confirmadores da morte encefálica deveria ser neurologista; b) mesmo decreto estabelecia que nenhum desses médicos poderiam fazer parte da equipe de transplante.	**Formação dos médicos examinadores** a) Será considerado especificamente capacitado o médico com um ano de experiência no atendimento de pacientes em coma e que tenha acompanhado ou realizado pelo menos dez determinações de morte encefálica, ou que tenha realizado curso de capacitação para determinação de morte encefálica; b) Um dos médicos especificamente capacitado deverá ser especialista em uma das seguintes especialidades: medicina intensiva, medicina intensiva pediátrica, neurologia, neurologia pediátrica, neurocirurgia ou medicina de emergência. c) Nenhum desses médicos poderá fazer parte da equipe de transplante.

4. TRAUMATOLOGIA

- Considerando que em diversas provas de medicina legal são cobradas questões relacionadas ao crime lesão corporal, optamos por tecer alguns comentários pertinentes sobre o delito:
- **LESÃO CORPORAL:** Delito previsto no art. 129 do Código Penal, que consiste em qualquer dano ocasionado à integridade física e à saúde fisiológica ou mental da pessoa, com intenção de lesionar, ofender, sem, contudo, o *animus necandi*, que é a intenção de matar, pois em tal situação responderia o autor por delito diverso: homicídio, art. 121, CP.
- A **integridade física** diz respeito à alteração anatômica, interna ou externa, do corpo humano; geralmente produzida por violência física e mecânica.
- A **saúde fisiológica** do corpo humano diz respeito ao equilíbrio funcional do organismo, cuja lesão normalmente não produz alteração anatômica, ou seja, dano, mas apenas perturbação de sua normalidade funcional que produz ofensa à saúde.
- A **saúde mental** diz respeito à perturbação de ordem psíquica, exemplo: choque nervoso decorrente de susto.
- O verbo núcleo do tipo é *ofender*, que significa atingir a integridade corporal ou a saúde física ou mental de outrem.
- Formas de execução (crime de ação livre):
  - Meios físicos: faca, pau, ácido sulfúrico (denominado **vitriolagem**)

- Meios morais: susto, ameaça etc. (lesão no sistema nervoso)
- Ação (conduta comissiva, ex. chute, soco, atropelamento, facada)
- Omissão (somente quando o agente for garantidor, art. 13, § 2º CP; ex. pai que não alimenta o filho e este em razão da desnutrição sofre lesões).

- **Obs.:** a violência física é desnecessária para a produção das lesões corporais, podendo a ofensa à integridade e saúde da vítima dar-se através de meios outros que não acarretem, inclusive, qualquer alteração anatômica, como equimoses, fraturas, mas tão somente alteração da função fisiológica do organismo ou transtornos psíquicos.
- Em relação ao **tipo subjetivo**, é o dolo, consistente na vontade consciente de ofender a integridade física ou a saúde de outrem. Exige-se, assim, o chamado *animus nocendi* (de prejudicar) ou *animus laedendi* (de ofender). É a intenção de lesionar que diferencia o crime de lesão corporal consumado da tentativa de homicídio.
- **São modalidades:**

- **Lesão corporal dolosa** (art. 129, *caput*, §§ 1º e 2º, CP);
- **Lesão corporal preterdolosa** (art. 129, § 3º) e
- **Lesão corporal culposa** (art. 129, § 6º, CP).

LESÃO CORPORAL SIMPLES OU LEVE (art.129, *caput*)

- O conceito de lesão leve é dado por exclusão. Portanto, configuram o tipo básico as lesões que não causarem qualquer dos resultados previstos nos parágrafos.

LESÃO CORPORAL GRAVE (art. 129, § 1º)

1) **incapacidade para as ocupações habituais por mais de 30 dias**

- Ocupações habituais? (ocupações da vida em geral, tais como: trabalho, recreação, estudos etc. Não se refere especificamente ao trabalho do ofendido, ou seja, não necessita ter atividade lucrativa).
- Atividade ilícita? (entende a doutrina e jurisprudência que esta deve ser lícita, não havendo gravidade quando a vítima se dedica a atividades criminosas. Porém, qualifica quando não puder desempenhar as demais. ex. criminoso habitual).
- Atividade imoral? Doutrina majoritária e jurisprudência entendem que qualifica o crime.
- Comprovação da qualificadora: exame de corpo de delito, art. 168, § 2º, CPP.
- O período de incapacidade não se confunde com a duração da lesão, podendo esta cicatrizar e a incapacidade persistir mais algum tempo, ou ainda, não curada a lesão, desaparecer a incapacidade.

2) **perigo de vida**

- Perigo de vida: Probabilidade de morte. Não se trata de perigo presumido, mas concreto, precisando ser investigado e comprovado por perícia.
- Laudo pericial deve ser fundamentado, não se exigindo exame complementar.
- Exemplos: hemorragia grave, lesão penetrante no abdômen, perfuração do intestino, coma cerebral e queimaduras generalizadas.

Obs.: esse tipo penal apenas admite a forma preterdolosa dos crimes qualificados pelo resultado, pois se há dolo quanto ao perigo de vida o sujeito responderá por tentativa de homicídio.

3) **debilidade permanente de membro, sentido ou função**

- Debilidade significa uma redução na capacidade funcional, uma diminuição das possibilidades funcionais da vítima.
- Membros são os apêndices do corpo, superiores (braços) e inferiores (pernas). São as partes do corpo que se prendem ao tronco.
- Sentidos são todas as funções perceptivas do mundo exterior, ou seja, os mecanismos sensoriais por meio dos quais percebemos o mundo exterior (visão, audição, olfato, tato e paladar). É a faculdade de percepção.
- Função é a atividade desempenhada por vários órgãos (circulatória, respiratória, digestiva, locomotora). Atividade específica de um órgão.
- Obs. quando se trata de membro ou órgão duplos, a supressão de um deles debilita a função, ou seja, há apenas a diminuição funcional do organismo. Se houver a supressão de ambos, estará caracterizada a perda, sendo lesão gravíssima, art. 129, § 2º, III, CP.

4) **aceleração de parto**

- É grave a lesão quando há antecipação do parto, ou seja, quando o feto é expulso antes do termo final da gravidez, conseguindo sobreviver.
- Não se configura a qualificadora, porém, se o agente desconhecia o estado de gravidez da vítima e se a ignorância a respeito era plenamente escusável, já que é necessário ao menos culpa com relação ao resultado que agrava especialmente a pena (art.19 CP).

LESÃO CORPORAL GRAVÍSSIMA (ART. 129, § 2º CP)

1) **incapacidade permanente para o trabalho**

- Não se refere às ocupações habituais, mas à atividade profissional remunerada. Excluindo-se, assim, crianças e idosos.
- É pacífico na doutrina que a lei se refere a qualquer trabalho, e não a atividade específica da vítima.
- Não precisa ser perpétua, mas apenas duradoura.

2) **enfermidade incurável**

- Enfermidade: doença, moléstia, qualquer estado mórbido de evolução lenta.

- Incurável: que nos termos atuais da medicina não apresenta maiores probabilidades de cura integral.

3) **perda ou inutilização de membro, sentido ou função**

- Perda: pode ser causada por: mutilação (causada pela violência da própria ação lesiva) ou amputação (em razão de cirurgia).
- Inutilização: inaptidão funcional.
- Obs. Se em consequência da lesão corporal sobrevier:
- Paralisia de um braço: inutilização de membro;
- Perda da mão: inutilização de membro;
- Perda de um dedo: debilidade permanente (lesão grave apenas).
- **Obs.** Órgãos duplos? Quando houver a supressão de ambos (exemplos cegueira, surdez total) será perda. Quando se der a supressão de apenas um, estaremos diante da hipótese de debilidade, pois a função não foi totalmente abolida.

4) **deformidade permanente**

- Deformidade: prejuízo estético adquirido, visível, oriundo da deformação de uma parte corpo.
- Permanente: irreparável.
- Exemplos: orelha de borracha, olho de vidro, peruca, ou seja, qualificam mesmo nos casos em que a pessoa pode camuflar.
- Obs. Além de ser considerável, deve o dano causar impressão vexatória, humilhante ao portador e certo desconforto aos olhos de terceiros. A idade, o sexo e a condição social são de extrema importância na apreciação.

5) **aborto**

- É o chamado pela doutrina aborto preterintencional.
- O agente quer apenas causar lesões corporais, mas faz com que a vítima aborte. Evidentemente, se o agente deseja o aborto ou assume o risco de produzi-lo, responde por esse crime em concurso com o de lesões corporais.
- Faz-se necessário a prova da gravidez.

LESÃO CORPORAL SEGUIDA DE MORTE (§ 3º)

- É o chamado homicídio preterdoloso/preterintencional.
- Obs. Não é competência do Tribunal do Júri, mas sim, juiz comum.
- Exemplo: empurrão e queda da vítima que sofre fratura de crânio etc.

LESÃO CORPORAL CULPOSA (§ 6º)

- Não importa a gravidade, pois, ao contrário das lesões dolosas o CP não faz distinção quanto à gravidade das lesões.
- Exemplos: fumar próximo a depósito de pólvora; agir com culpa na guarda de cão bravio etc.

Para memorização:

LESÃO CORPORAL	
GRAVE (§ 1º)	**GRAVÍSSIMA (§ 2º)**
1) Incapacidade para as ocupações habituais, por mais de trinta dias;	1) Incapacidade permanente para o trabalho;
2) perigo de vida;	2) enfermidade incurável;
3) debilidade permanente de membro, sentido ou função;	3) perda ou inutilização do membro, sentido ou função;
4) aceleração de parto.	4) deformidade permanente;
–	5) aborto.

- Em relação às **lesões contusas** (causadas por instrumentos contundentes), são diversas as modalidades de lesão, a depender da forma e força utilizadas na agressão, com consequências jurídicas diferentes. Vejamos as mais importantes:
- **Rubefação (eritema):** é a congestão de pouca intensidade, causando vermelhidão no local em razão da dilatação dos vasos capilares. Ex. uma bofetada de mão aberta. Desaparece em pouco tempo, entendendo a jurisprudência pela tipificação da contravenção penal **vias de fato**, art. 21 da Lei de Contravenções Penais (Dec.-Lei 3.689/41).
- **Escoriação:** popularmente denominadas "esfoladas" ou "arranhões", são lesões superficiais, agindo o instrumento tangencialmente à superfície corpórea, causando o arrancamento da epiderme, deixando a derme descoberta. É toda perda epidérmica traumática.

Cuidado! Na escoriação, que é uma ferida contusa superficial, não ocorre cicatrização, mas sim, regeneração.

- **Equimose:** a intensidade do agente causador é maior do que na rubefação, mas ainda se preservam a elasticidade e integridade da pele. Os vasos superficiais rompem-se, causando extravasamento do sangue internamente, o qual fica entremeado nas tramas teciduais. São as famosas "manchas rochas". Assim, equimoses são derrames sanguíneos nos quais o sangue extravasado se infiltra e coagula nas malhas dos tecidos do corpo.
- **Espectro equimótico:** a equimose sofre mudança de cores com o passar do tempo e pode auxiliar na determinação da data da agressão. Quem primeiro observou esse fenômeno foi Legrand Du Saulle.

A seguir, um quadro para demonstração apresentado por Eduardo Roberto Alcântara Del-Campo:

TEMPO	COLORAÇÃO
1º dia	vermelho escuro
do 2º ao 3º dia	violeta
do 4º ao 6º dia	azulado

do 7º ao 10º dia	verde escuro
do 11º ao 12º dia	verde amarelado
do 12º ao 17º dia	amarelado
a partir do 22º dia	desaparecem os vestígios

- **Obs.** 1: Hélio Gomes dá a seguinte sequência da coloração: vermelho-escuro, violeta, negro, azul, verde e amarelo.
- **Obs. 2:** Este fenômeno somente ocorre nos vivos!
- **Hematoma:** nessa modalidade de lesão contusa, a pele resiste pela sua elasticidade, mas os vasos mais calibrosos que estão embaixo da mesma se rompem, razão pela qual há maior quantidade de sangue. Diante desta maior quantidade de sangue, este não consegue se espalhar pelos tecidos, ocorrendo um agrupamento, permanecendo colacionado. São coleções sanguíneas produzidas pelo sangue derramado.
- **Diferença entre equimose e hematoma:** na primeira, o sangue se infiltra nas malhas dos tecidos subcutâneos. Já no hematoma, o sangue se aglomera em determinado ponto, formando uma bolsa.
- **Bossas:** são protuberâncias, quando o hematoma faz projeção na pele, em razão de alguma estrutura óssea (exemplos: canela, testa) que impede o sangue de "empurrar" a pele para os lados e para baixo. São os denominados "galos".
- Importante não confundir os instrumentos causadores com as lesões produzidas!
- Assim, o quadro abaixo especifica as espécies de instrumento e lesão, bem como apresenta exemplos para o candidato memorizar:

INSTRUMENTO	LESÃO	EXEMPLO DE INSTRUMENTO
contundente	contusa	bengala, pedra, pau
Cortante	incisa	Faca
perfurante	punctória	Agulha
cortocontundente	cortocontusa	Machado
perfurocortante	perfuroincisa	Punhal
perfurocontundente	perfurocontusa	projétil de arma de fogo

- **Instrumento contundente** produz uma **lesão contusa,** sendo todo objeto rombo, capaz de agir traumaticamente sobre o organismo. Exemplos: pau, pedra, martelo, barra de ferro, o chão etc.
- **Instrumento cortante** é todo aquele dotado de lâmina que apresenta fio, lume ou corte, e age por pressão ou por deslizamento, gerando a secção dos tecidos. A lesão é denominada **incisa**. Exemplo: navalha.
- **Instrumento perfurante** produz uma **lesão punctória**, sendo todo aquele que possui uma haste clíndrico-cônica dotada de ponta. A ação predominante é o afastamento das fibras dos tecidos. Exemplos: agulha, prego, espeto de churrasco etc.
- **Instrumento cortocontundente** produz uma **lesão cortocontusa** sendo dotado de grande massa, transferindo sua energia por meio de um gume. Assim, além de cortar, contunde, agindo mais por pressão, como exemplo, um golpe de machado. A ação dos dentes incisivos, dentada ou mordedura.
- **Instrumento perfurocortante** é aquele dotado de uma ponta (ação perfurante) na extremidade de uma lâmina portadora de um ou mais gumes (ação cortante), produzindo uma **lesão perfuroincisa**. Exemplo: punhal.
- **Instrumento perfurocontundente** produz uma **lesão perfurocontusa** sendo aquele que age inicialmente por pressão em uma superfície para em seguida perfurar a região atingida, ao atuar sobre o alvo, perfura e contunde. O instrumento típico deste grupo de agentes lesivos é o projétil de arma de fogo.
- Segundo o objeto de estudo, a **BALÍSTICA** pode ser dividida em:

a) **interna ou interior:** que estuda os mecanismos internos das armas, sua estrutura, munições e propelentes;

b) **externa:** cuida da trajetória do projétil e de sua estabilidade; e

c) **terminal:** trata da maneira como o projétil é afetado quando atinge o alvo e como o alvo é afetado pelo projétil.

- Diferenciação necessária e que costuma confundir em provas objetivas, entre as características do orifício de entrada e de saída causados por disparo de arma de fogo:

ORIFÍCIO DE ENTRADA	ORIFÍCIO DE SAÍDA
regular	dilacerado (irregular)
invaginado	evertido (bordas para fora)
proporcional ao projétil	desproporcional ao projeto (maior)
com orlas e zonas	sem orlas e zonas

- Importante fazer a distinção entre trajeto e trajetória relacionados às lesões produzidas por projétil de arma de fogo:
- O **trajeto** é o caminho percorrido pelo projétil no interior do corpo da vítima, constitui um túnel lesional feito pelo deslocamento do projétil dentro do corpo, que termina no seu ponto de repouso ou saída, quando transfixiante.
- A **trajetória** é o caminho percorrido pelo projétil da arma de fogo até a superfície atingida, ou seja, fora do corpo. Também possui relevante valor pericial,

podendo determinar o *modus operandi* do delito, a incidência de uma qualificadora etc.

- Em relação aos ferimentos produzidos por projéteis de arma de fogo, fundamental destacar os conceitos de orlas e zonas, bem como identificá-las a partir da distância em que foi efetuado o disparo.
- Ao redor do ferimento de entrada produzido por projétil de arma de fogo podemos observar **orlas** (ou halos), que são regiões circunscritas, regulares, formando uma pequena auréola ao redor do ferimento.

São orlas ou halos:

1. **Orla de escoriação/ contusão (a maior parte dos autores agrupa as duas orlas):** é causada pelo embate do projétil na rede de capilares da pele, gerando uma pequena região equimótica, sendo sinônimos na doutrina: **orla erosiva (Piedelièvre e Desoille), orla desepitelizada (França) e anel de Fisch**.
2. **Orla de enxugo**: se forma porque o projétil ao atravessar o cano da arma, se cobre de resíduos, como graxa, óleo de limpeza de arma, fuligem da queima da pólvora etc. Quando o projétil penetra na pele, ele se "limpa" dessas impurezas, "enxuga-se" nas bordas da ferida.

DISTÂNCIA	ORLAS		
	contusão	escoriação	enxugo
Até 5 cm	Sim	Sim	Sim
De 5 a 10 cm	Sim	Sim	Sim
De 10 a 30 cm	Sim	Sim	Sim
Até 50 cm	Sim	Sim	Sim
Mais de 50 cm	Sim	Sim	Sim

- Já as **zonas** compreendem áreas maiores, irregulares, que podem ou não estar presentes, dependendo da distância do disparo. São elas:

1. **Zona de chamuscamento** ocorre quando o disparo é efetuado muito próximo do alvo, sendo a pele queimada pela chama e calor que saem da boca do cano da arma. Até 5 cm de distância.
2. **Zona de esfumaçamento** se forma em razão do volume de gases em alta temperatura e em combustão, e certa quantidade de fumaça, expelidos no momento do disparo. Assim, a fumaça decorrente do disparo poderá atingir o alvo e depositar-se ao redor do ferimento de entrada, quando a distância for até 30 cm.
3. **Zona de tatuagem** pode ser encontrada em disparos realizados até 50 cm do alvo, e é causada pela dispersão dos grãos de pólvora e pelas partículas metálicas decorrentes da abrasão do projétil no cano da arma, incidindo sobre o alvo como verdadeiros projéteis secundários, por vezes incrustando-se na pele de tal maneira que forma verdadeira tatuagem. Não se observa em disparos muito próximos, até 5 cm, pois não há dispersão suficiente, acompanhando, tais partículas, o projétil para o interior da lesão.

DISTÂNCIA	ZONAS		
	CHAMUSCAMENTO	ESFUMAÇAMENTO	TATUAGEM
Até 5 cm	Sim	Sim	Não
De 5 a 10 cm	Não	Sim	Sim
De 10 a 30 cm	Não	Sim	Sim
Até 50 cm	Não	Não	Sim
Mais de 50 cm	Não	Não	Não

Obs. 1. A presença de orifício de entrada em **câmara de mina** ou **câmara de Hoffmann** ocorre nos **tiros encostados** com plano ósseo logo abaixo. Assim, os gases e as micropartículas não conseguem perfurar, causando ferimento estrelado e de bordos evertidos, em razão do refluxo dos gases.

Obs. 2. Embora o ferimento de saída não apresente, em regra, orla de escoriação, pois, a ação no complexo dermoepidérmico é de dentro para fora, quando o corpo atingido pelo disparo está encostado num anteparo, o projétil, ao sair, em razão da resistência dos tegumentos, causará orla de escoriação, também na saída. É o **sinal de Romanesi ou Romanese.**

A **Asfixiologia Forense** é o capítulo da Medicina Legal que estudas as asfixias, energias de ordem físico-química como agentes vulnerantes que causam traumas.

Como características gerais, os **sinais internos** das asfixias mecânicas são:

- **fluidez sanguínea** (o sangue é fluido, não coagula, líquido, espesso e escuro);
- **congestão das vísceras;** e
- **equimoses viscerais**.

As equimoses viscerais, também denominadas **manchas de Tardieu**, são pequenas manchas avermelhadas (petéquias hemorrágicas), encontradas, principalmente, na região subpleural e supepicárdica (abaixo das membranas que recobrem o pulmão e o coração), em razão a ruptura dos capilares por causa da alta pressão arterial provocada pelo aumento da concentração de gás carbônico no sangue.

Por oportuno, os **sinais externos** são:

- **cianose da pele** (cor arroxeada ou azulada);
- **equimoses conjuntivas**; **espuma na boca** (cogumelo de espuma);
- **espuma na boca** (cogumelo de espuma);
- **projeção da língua (para fora da boca)**; e
- **resfriamento lento do cadáver**.

Sufocação é a asfixia mecânica pura decorrente do bloqueio direto ou indireto das vias respiratórias, impedindo a penetração do ar.

Compreende:

1. **Direta:** obstrução dos orifícios externos respiratórios; obstrução das vias respiratórias; soterramento; confinamento.
2. **Indireta:** compressão do tórax.

A sufocação indireta por compressão torácica impede os movimentos respiratórios, levando, por consequência, à asfixia. Também é conhecida como **congestão compressiva de Perthes.**

Um dos sinais mais importantes que caracteriza a asfixia por sufocação indireta por compressão torácica é a **máscara equimótica da face**, equimose cérvico-facial, também conhecida como **máscara equimótica de Morestin**, produzida pelo refluxo sanguíneo da veia cava superior em face da compressão.

- **Estrangulamento:** é a constrição produzida por braço mecânico acionado por força estranha ao peso do corpo. É típico nos casos de homicídio.
- **Enforcamento:** é a constrição produzida por braço mecânico acionado pelo peso do próprio corpo. É completo quando o corpo fica suspenso no ar.
- **Esganadura**: para a doutrina majoritária, esganadura é um tipo de asfixia mecânica que se verifica pela constrição do pescoço pelas mãos do agressor, ao obstruir a passagem do ar atmosférico pelas vias respiratórias até os pulmões. Todavia, para parte dos autores, por todos, Neusa Bittar: "é a constrição do pescoço diretamente por qualquer parte do corpo do agressor como mãos, pernas, braços etc." (Medicina Legal Descomplicada. 2ª edição. São Paulo: Rideel, 2011, p. 143).

São características do **sulco do estrangulamento**:

- é contínuo, abrangendo todo o pescoço com a mesma profundidade;
- situa-se em posição baixa no pescoço;
- é horizontal;
- frequentemente se identifica mais de uma volta do laço;
- não costuma haver pergaminhamento porque a força constritiva cessa com a morte da vítima, afrouxando o laço.

São características do **sulco do enforcamento:**

- é descontínuo (interrompendo-se nas zonas em que há cabelo e barba, ou nas proximidades do nó);
- situa-se em posição alta do pescoço;
- é profundo na região do pescoço oposta ao nó e superficial próximo ao nó;
- a direção do nó é oblíqua ascendente;
- o aspecto é pálido e frequentemente pergaminhado.

Sinais encontrados nos sulcos de enforcados[5]:

- **Sinal de Ponsold:** livores cadavéricos, em placas, por cima e por baixo das bordas do sulco;
- **Sinal de Thoinot:** zona violácea ao nível das bordas do sulco;
- **Sinal de Azevedo-Neves:** livores punctiformes por cima e por baixo das bordas do sulco;
- **Sinal de Neyding:** infiltrações hemorrágicas punctiformes no fundo do sulco;
- **Sinal de Ambroise Paré:** pele enrugada e escoriada no fundo do sulco;
- **Sinal de Lesser:** vesículas sanguinolentas no fundo do sulco;
- **Sinal de Bonnet:** marcas de trama do laço;
- **Sinal de Schulz:** borda superior do sulco saliente e violácea.

O **afogamento** é modalidade de morte por asfixia, na qual o indivíduo é introduzido em meio líquido, ocorrendo a penetração deste líquido nas vias respiratórias. A maioria dos afogamentos é acidental, podendo também ocorrer o suicídio.

O **cogumelo de espuma** é um dos principais sinais da morte por afogamento e ocorre da seguinte forma: o líquido aspirado mistura-se com o ar alveolar e com as secreções presentes nas vias respiratórias, bem como com o surfactante, uma substância especial que recobre o epitélio alveolar. Dessa mistura resulta uma espuma consistente que distende o pulmão e preenche a árvore traqueobrônquica. Quando o indivíduo é resgatado com vida e submetido à respiração artificial, a espuma é eliminada juntamente com o líquido em excesso. Porém, quando se dá a morte e o corpo é retirado para a terra pouco tempo depois, costuma-se eliminar a espuma pelas narinas e pela boca, de modo que ela constitui uma massa branca arredondada que lembra um "chapéu de cogumelo".

A classificação de **Afrânio Peixoto**[6] é a que mais se aproxima do critério médico-legal, dividindo as asfixias mecânicas em três grupos distintos: puras, complexas e mistas.

ASFIXIAS PURAS. São manifestadas pela **anoxemia** (diminuição de oxigênio do sangue) e **hipercapnia** (aumento de gás carbônico no sangue arterial):

Podem ser:

A. *Asfixia em ambientes por gases irrespiráveis:* confinamento e asfixia por monóxido de carbono; asfixia por outros vícios de ambientes.
B. *Obstaculação à penetração do ar nas vias respiratórias:* sufocação direta (obstrução da boca e das narinas pelas mãos ou das vias respiratórias mais inferiores) e sufocação indireta (compressão do tórax).
C. *Transformação do meio gasoso em meio líquido*: afogamento.
D. *Transformação do meio gasoso em meio sólido ou pulverulento*: soterramento.

5 FRANÇA, Genival Veloso de. Medicina Legal, 10ª ed. Rio de Janeiro: Guanabara Koogan, 2015, p. 360.

6 Idem, p. 334/335.

ASFIXIAS COMPLEXAS. Constrição das vias respiratórias com anoxemia e excesso de gás carbônico, interrupção da circulação cerebral e inibição por compressão dos elementos nervosos do pescoço:

Podem ser:

A. *Constrição passiva do pescoço exercida pelo peso do corpo*: enforcamento;

B. *Constrição ativa do pescoço exercida pela força muscular*: estrangulamento.

ASFIXIAS MISTAS. São as que se confundem e se superpõem, em graus variados, aos fenômenos circulatórios, respiratórios e nervosos: esganadura (FRANÇA, Genival Veloso de. Medicina Legal, 10ª ed. Rio de Janeiro: Guanabara Koogan, 2015, p. 334/335).

Agentes físicos.

As energias de ordem física são aquelas capazes de modificar o estado físico, podendo provocar lesões corporais ou a morte. São elas: **temperatura, pressão, eletricidade, radioatividade, luz e som.**

Lesões e mortes produzidas pela ação térmica

O calor, o frio e as oscilações de temperatura podem levar a lesões irreversíveis, inclusive, a morte.

Em relação ao calor.

As termonoses[7] podem ser:

- **Insolação:** ação direta dos raios solares sobre o corpo, em especial, na cabeça.
- **Intermação ou exaustão (prostração) térmica:** superaquecimento do organismo em razão do aumento do calor ambiente.

Queimaduras são lesões corporais produzidas pelo calor agindo diretamente sobre o organismo em qualquer de suas formas. As mais comuns são aquelas causadas pelo fogo, líquidos em ebulição e metais incandescentes.

Quanto à gravidade, Lussena/ Hofmann admitem quatro graus, que vão desde queimaduras leves (1º grau) até a carbonização (4º grau). São elas:

- **As queimaduras de 1º grau:** são leves, apresentando o **Sinal de Christinson**, simples formação de eritemas.
- **As queimaduras de 2º grau**: apresenta vesículas ou flictenas, contendo líquido seroso nas áreas erimatosas.
- **As queimaduras de 3º grau**: atingem a derme e os tecidos adjacentes, dando origem à formação de escaras (escarificação).
- **As queimaduras de 4° grau:** hipótese de carbonização.

7 DEL-CAMPO; Eduardo Roberto Alcântara. Medicina Legal, coleção cursos e concursos. 3ª ed. São Paulo: Editora Saraiva, 2007, p. 116.

CUIDADO!

O que seria a "posição de boxer" ou a "atitude de saltimbanco", também chamada "atitude em epistótomo"?

Na carbonização generalizada há a redução do volume do corpo por condensação dos tecidos. Corpos de adultos carbonizados chegam a uma estatura de 100 a 120 cm. O morto toma a posição de lutador em face da semiflexão dos membros superiores e dedos em garras, posição essa explicada pelos leigos como o desespero da vítima surpreendida pelo fogo. A "posição de boxer" é motivada pela hiperextensão da cabeça sobre o pescoço e hiperextensão do tronco em forma de arco de concavidade posterior, em razão da retração dos músculos da nuca, da goteira vertebral como também da região lombar[8].

Em relação ao frio.

Importante notar, que, na ação generalizada do frio, não existe uma lesão típica. A perícia deve levar em consideração o estudo do ambiente e, ainda, os fatores individuais da vítima, tais como: fadiga, depressão orgânica, idade, alcoolismo e certas perturbações mentais.

Conforme ensina França, "a ação geral do frio leva à alteração do sistema nervoso, sonolência, convulsões, delírios, perturbações dos movimentos, anestesias, congestão ou isquemia das vísceras, podendo advir a morte quando tais alterações assumem maior gravidade"[9].

O diagnóstico de morte pela ação do frio é difícil. Têm-se alguns elementos, como[10]:

- hipóstase vermelho-clara,
- rigidez cadavérica precoce, intensa e extremamente demorada,
- sangue de tonalidade menos escura,
- sinais de anemia cerebral,
- congestão polivisceral, às vezes disjunção das suturas cranianas,
- sangue de pouca coagulabilidade,
- repleção das cavidades cardíacas, espuma sanguinolenta nas vias respiratórias,
- erosões e infiltrados hemorrágicos na mucosa gástrica (**sinal de Wischnewski**), e, na pele, poderão ser observadas flictenas semelhantes às das queimaduras.

As lesões produzidas pelo frio são denominadas **geladuras**, com aspecto pálido e anserino[11], podendo evoluir para isquemia, necrose e gangrena.

8 FRANÇA; Genival Veloso de. Medicina Legal, 9ª ed. Rio de Janeiro: Guanabara Koogan, 2014, p. 124/125.

9 FRANÇA; Genival Veloso de. Medicina Legal, 9ª ed. Rio de Janeiro: Guanabara Koogan, 2014, p. 123.

10 Idem.

11 Pele anserina: Também chamada vulgarmente de "pele de galinha", é ocasionada pela contração dos delicados músculos erectores dos pelos, tornando os folículos desses pelos salientes, devido a rigidez cadavérica. Aparece mais comumente nos ombros, face lateral das coxas e braços (Sinal de Bernt).

Possui a seguinte classificação:

- **Geladura de 1° grau:** *Eritema* (em razão da vasoconstrição no nível da pele, com palidez inicial e rubor secundário).
- **Geladura de 2° grau:** *Flictena* (formação de bolhas).
- **Geladura de 3° grau:** *Necrose* ou *gangrena* (diante da coagulação do sangue nos capilares e consequente ausência de irrigação, ocorre a morte tecidual).

Para Genival Veloso de França[12] são quatro graus:

- **Primeiro grau:** palidez e rubefação local e aspecto anserino;
- **Segundo grau:** eritema e formação de bolhas (ou flictenas de conteúdo claro e hemorrágico);
- **Terceiro grau:** necrose dos tecidos moles com formação de crostas enegrecidas, aderentes e espessas;
- **Quarto grau:** gangrena e desarticulação.

Lesões e mortes produzidas pela ação elétrica

As lesões podem ser causadas por ação elétrica, pois a eletricidade, qualquer que seja a sua origem, pode atuar sobre o corpo humano produzindo lesões bastante severas e, com frequência, a morte.

A eletricidade, conforme a origem, pode causar as seguintes lesões:

✓ **Eletricidade natural ou cósmica: fulminação** (morte) ou **fulguração** (lesões corporais). Segundo a doutrina majoritária, a morte causada pela eletricidade natural é denominada fulminção. Quando provoca apenas lesões corporais, chama-se fulguração. Todavia, é de se destacar posição diversa (minoritária) em relação ao tema: Higyno de C. Hercules dá o nome de eletroplessão às lesões causadas pela energia elétrica industrial ou artificial e fulguração à ação da eletricidade natural ou cósmica[13].

✓ **Eletricidade artificial ou industrial:** eletroplessão (acidental), eletrocussão (execução de condenado – cadeira elétrica).

Alguns pontos relevantes sobre o tema:

- A **metalização** elétrica ocorre quando o fundo da lesão tem partículas metálicas do condutor. Quando a pessoa é atingida por um arco voltaico (centelhas ou faíscas, de alta luminosidade, que pulam do condutor com alta voltagem para qualquer corpo que permita o escoamento da energia para o solo) sobre um objeto metálico que esteja portando, o metal funde e se vaporiza de modo explosivo, sendo lançado sobre a pele da vítima.
- A fulguração produz lesões localizadas, não letais, resultado da eletricidade natural, sendo a marca mais característica o **Sinal de Lichtenberg,** de aspecto arboriforme (em "folha de samambaia"), resultante da paralisia vascular ou da difusão elétrica pela pele.
- Dependendo da intensidade da corrente elétrica pode advir a morte pulmonar, cardíaca ou cerebral:

  ✓ Na **morte pulmonar**, há asfixia por contratura dos músculos respiratórios causada por corrente elétrica, para alguns autores entre 20 a 30 mA, para outros entre 20 e 50mA, que mantém a vítima presa, bastando de 3 a 5 minutos para que a morte ocorra. O óbito decorre da tetanização dos músculos respiratórios e dos fenômenos vasomotores decorrentes, como edema pulmonar e congestão.

  ✓ A **morte cardíaca** é causada pela fibrilação ventricular, que é uma arritmia na qual o coração tremula. Correntes elétricas a partir de 75mA já oferecem perigo de causar fibrilação.

  ✓ A **morte cerebral**, por sua vez, é consequência de hemorragias em vários locais, como meninges, ventrículos cerebrais, bulbo e medula espinhal. Observa-se nas tensões acima de 1200 volts. Assim, a contração tetânica dos músculos torácicos da vítima pode causar a morte por asfixia.

- São três teorias que explicam a etiologia da morte pela corrente elétrica: a **morte pulmonar** (em razão da asfixia por contratura dos músculos respiratórios); a **morte cardíaca** (causada pela fibrilação ventricular); e a **morte cerebral** (causada pela hemorragia das meninges, ventrículos cerebrais, bulbo e medula espinhal).
- A **marca elétrica de Jellinek** é uma lesão na pele, com forma circular, elíptica ou estrelada, de consistência endurecida, bordas altas, leito deprimido, tonalidade branco-amarelada, fixa, indolor, asséptica e de fácil cicatrização. É a lesão mais simples e representa a "porta de entrada da corrente".
- Quando a eletricidade é transformada em calor em decorrência da resistência à passagem da corrente, produz queimaduras na pele, músculos, ossos e vísceras. É o denominado **efeito Joule**, **queimadura elétrica**. Segundo o **efeito** e **Lei de Joule**, temos: *"a passagem de uma corrente elétrica através de um condutor determina calor"* (**efeito**) e *"o calor desenvolvido por uma corrente elétrica é proporcional à resistência do condutor, ao quadrado da intensidade e ao tempo durante o qual passa pelo condutor"* (**lei**).

Baropatias

As baropatias constituem alterações no organismo causadas por pressões muito altas ou muito baixas, assim como as variações bruscas de pressão ambiental. Também podemos incluir alterações produzidas pelas ondas de choque das explosões. Os mergulhadores e mineiros são os indivíduos mais susceptíveis. Os principais fenômenos são:

---

12 FRANÇA, Genival Veloso de. Medicina Legal, 9ª ed. Rio de Janeiro: Guanabara Koogan, 2014, p. 123.

13 HERCULES, Hygino de Carvalho. Medicina Legal, texto e atlas, São Paulo: editora Atheneu, 2005, p. 337.

- **Mal das montanhas ou dos aviadores:** em razão da diminuição da pressão. A pressão atmosférica normal corresponde a uma coluna de mercúrio de 760 mm ao nível do mar ou também 1.036 kg/cm^2, o que equivale a 1 atmosfera. À medida que subimos, essa pressão diminui e o ar vai ficando mais rarefeito. Há diminuição do oxigênio e do gás carbônico, e a composição do ar altera o fenômeno da hematose. Tais perturbações são compensadas pela "poliglobulina das alturas", que se constitui em um considerável aumento do número de glóbulos vermelhos no sangue e que no indivíduo aclimatado reverte espontaneamente em poucos dias. É comum nas altitudes acima de 2.500m, é agravado com o esforço físico e tem como sintomas mais comuns cefaleia, dispneia, anorexia, fadiga, insônia, tonturas e vômitos[14]. Quando crônica, é denominada **Doença do Monge** (indivíduos que habitam há muito tempo nas grandes altitudes).
- **Doença dos caixões ou mal dos escafandristas:** sofrem efeito desse tipo de ação os mergulhadores e outros profissionais que trabalham debaixo d'água ou em túneis subterrâneos (mineradores). Além do perigo do aumento da pressão atmosférica, a descompressão brusca pode ocasionar lesões muito graves. Os **barotraumas** são decorrentes do aumento da pressão atmosférica que, além de acarretar uma patologia de compressão (em razão da intoxicação por oxigênio, nitrogênio e gás carbônico), produz também uma patologia de descompressão, proveniente do fenômeno da **embolia**, diante da maior concentração dos gases dissolvidos no sangue[15].

Radioatividade.

A radioatividade[16] pode funcionar como energia causadora do dano. Seus efeitos podem ser observados: nos raios-X, no rádio e na energia atômica.

Os **raios-X** podem causar lesões locais ou gerais. As lesões locais são conhecidas por **radiodermitese. Já** as de ação geral incidem sobre órgãos profundos, principalmente as gônadas.

Seu estudo compete à infortunística ou como elemento da responsabilidade médica.

O **rádio**, quando usado de maneira indiscriminada, pode ser motivo de sérios danos à saúde ou à vida do paciente, quer por ação externa, quer por ação interna.

Já sob a forma de **arma nuclear** (bomba atômica), alguns dos seus efeitos são parecidos com os dos raios-X e da radiação; outros são provenientes da onda explosiva (*blast*), das queimaduras e das sequelas tardias, pela disseminação dos raios alfa, beta e gama. Assim, os efeitos dessa modalidade de energia são de ordem traumática, térmica e radioativa.

14 FRANÇA, Genival Veloso de. Op. cit., p. 126.
15 Idem.
16 FRANÇA; Genival Veloso de. Op. cit., p. 129.

Agentes químicos.

Energias de ordem química são aquelas que atuam nos tecidos vivos através de substâncias que provocam alterações de natureza somática, fisiológica ou psíquica, podendo, inclusive, levar à morte. São exemplos: os cáusticos e venenos[17].

Os **cáusticos**[18] são substâncias que, de acordo com sua natureza química, provocam lesões tegumentares mais ou menos graves. Essas substâncias podem resultar em efeitos coagulantes ou liquefacientes.

As de **efeito coagulante** são aquelas que desidratam os tecidos e lhes causam escaras endurecidas e de tonalidade diversa, como, por exemplo, o nitrato de prata, o acetato de cobre e o cloridrato de zinco.

As de **efeito liquefaciente** produzem escaras úmidas, translúcidas, moles e têm como modelo a soda, a potassa e a amônia.

Pode-se conceituar **veneno**[19] como qualquer substância que, introduzida pelas mais diversas vias no organismo, mesmo homeopaticamente, danifica a vida ou a saúde.

Dicas pertinentes:

- **Vitriolagem:** modalidade comum em crimes relacionados à violência doméstica, consiste em arremessar ácido sulfúrico (ou vitríolo) na vítima.
- **Síndrome do *bodypacker*:** as conhecidas "mulas" do tráfico de drogas conduzem no interior do organismo (estômago ou intestino) drogas ilícitas. A morte se dá pela overdose da droga, intoxicação aguda, em razão do rompimento das cápsulas.

5. SEXOLOGIA

- O delegado de polícia deve atentar-se, nos crimes sexuais, para a chamada pela criminologia de **síndrome da mulher de Potifar**, verossimilhança da palavra da vítima, importada dos ensinamentos bíblicos, Livro do Gênesis (cap. 39, vers. de 6 a 20), no qual a mulher do oficial egípcio Potifar, após ser rejeitada pelo empregado José, o acusa falsamente de tentar abusá-la sexualmente, sendo preso e condenado. "O julgador deverá ter a sensibilidade necessária para apurar se os fatos relatados pela vítima são verdadeiros, ou seja, comprovar a *verossimilhança* de sua palavra, haja vista que contradiz com a negativa do agente. A falta de credibilidade poderá, portanto, conduzir à absolvição do acusado, ao passo que a verossimilhança de suas palavras será decisiva para um decreto condenatório". (GRECO, Rogério. Curso de Direito Penal: parte especial, volume III. 9ª ed. Niterói: Impetus, 2.012, p. 486).

17 DEL-CAMPO; Eduardo Roberto Alcântara. Medicina Legal, coleção cursos e concursos. 3ª ed. São Paulo: Editora Saraiva, 2007, p. 128.
18 FRANÇA; Genival Veloso de. Medicina Legal, 9ª ed. Rio de Janeiro: Guanabara Koogan, 2014, p. 130.
19 Idem, p. 131.

- **Espécies de aborto:**

a) **Aborto eugênico (eugenésico ou piedoso):** eugenia refere-se a métodos de melhoramento do patrimônio genético humano, selecionando aqueles indivíduos mais viáveis em detrimento daqueles com anomalias congênitas, tais como: **anencefalia** (malformação do tubo neural, a caracterizar-se pela ausência parcial do encéfalo e do crânio, resultante de defeito no fechamento do tubo neural durante o desenvolvimento embrionário) e **agenesia** (ausência completa de rins). Assim, o termo aborto eugênico é o gênero do qual faz parte a espécie aborto de feto anencefálico.

b) **Aborto sentimental (humanitário ou moral):** é aquele autorizado pelo legislador quando a gravidez for resultante de estupro, art. 128, inc. II, CP.

c) **Aborto terapêutico:** é aquele realizado para salvar a vida da gestante, quando não há outro recurso, modalidade também autorizada pelo Código Penal, art. 128, inc. I.

d) **Aborto social (miserável ou econômico):** é aquele realizado para impedir que se agrave a situação de penúria ou miséria da gestante, cometido no caso de famílias muito numerosas, em que o nascimento agravaria a crise financeira e social da família. É crime no ordenamento jurídico brasileiro, artigos 124, 125 e 126 do Código Penal.

e) **Aborto natural:** interrupção espontânea da gravidez. Fato atípico.

f) **Aborto acidental:** decorrente de queda, traumatismo. Em regra, atípico.

g) **Aborto criminoso:** previstos nos artigos 124 a 127 do CP.

h) **Aborto legal ou permitido:** previsto no art. 128 do CP.

i) **Aborto ovular:** praticado até a oitava semana de gestação.

j) **Aborto embrionário:** praticado até a décima quinta semana de gestação.

k) **Aborto fetal:** praticado após a décima quinta semana de gestação.

l) **Aborto *honoris causa*:** praticado para esconder gravidez extraconjugal. É crime.

- **Leitura essencial:** artigos do Código Penal, 124 a 128 e 213 a 234-B. Atentar para as alterações introduzidas pela **Lei 12.015/09**, bem como pela **Lei 13.718/2018**, que alterou o Código Penal, para tipificar os crimes de importunação sexual e de divulgação de cena de estupro, tornar pública incondicionada a natureza da ação penal dos crimes contra a liberdade sexual e dos crimes sexuais contra vulnerável, estabelecer causas de aumento de pena para esses crimes e definir como causas de aumento de pena o estupro coletivo e o estupro corretivo; além de ter revogado a contravenção penal de importunação ofensiva ao pudor, prevista no art. 61 do Decreto-Lei nº 3.688/41 (Lei das Contravenções Penais).

- **Atenção!** Toda cautela precisam ter os peritos legistas para não confundirem entalhes naturais com roturas no momento da confecção de laudo médico-legal para constatação de violência sexual, especificamente, da análise do hímen da vítima. Vejamos as características:

CARACTERÍSTICAS DOS ENTALHES	CARACTERÍSTICAS DAS RUPTURAS
São incompletos, não chegando até a base do hímen;	São completas, atingindo a base do hímen (raramente são incompletas);
São geralmente simétricos, isto é, existem na mesma posição, dos dois lados do hímen;	São assimétricos.
Suas bordas não se coaptam (não se encaixam);	Suas bordas se encaixam;
Têm cor avermelhada igual à do hímen, pois possuem o mesmo tecido himenal;	Tem coloração esbranquiçada, pois seu tecido é cicatricial, uma vez que no local da ruptura forma-se uma cicatriz;
Encontram-se em número que varia de um a cinco.	–

Gravidez.

A **gravidez** é o estágio fisiológico da mulher durante o qual ela traz dentro de si o produto da concepção. A importância do diagnóstico da gestação ganha relevo nas seguintes situações: investigação da paternidade, simulação e dissimulação de gravidez, verificação de gravidez nos casos de infanticídio, atestados para fins administrativos e trabalhistas, prova de violência carnal, impossibilidade de anulação de casamento e como meio para contrair novas núpcias.

Para o diagnóstico da gravidez o exame objetivo é feito dos sinais de presunção, de probabilidade e de certeza. Segundo França[20]:

Sinais de presunção

✓ perturbações digestivas (desejos, inversões do apetite, sialorreia, modificações da sensibilidade gustativa, vômitos, náuseas);

✓ máscara gravídica, marcada por manchas escuras na fase (cloasma);

✓ lanugem (**sinal de Halban**), aparecimento de pelos finos e macios (lanugem) geralmente na face e/ou couro cabeludo;

✓ alterações de aparelhos e sistemas (lipotimia, taquicardia, tonturas, polaciúria e sonolência);

✓ pigmentação da linha alba;

✓ congestão das mamas;

20 FRANÇA, Genival Veloso de. Op. cit., p. 281-284.

- ✓ hipertricose (crescimento excessivo de pelos) e
- ✓ estrias abdominais.

Sinais de probabilidade

- ✓ Suspensão da menstruação (amenorreia);
- ✓ cianose na vulva (**sinal de Klüge**);
- ✓ cianose da vagina (**sinal de Jaquemier**);
- ✓ pulsação vaginal (**sinal de Oseander**);
- ✓ redução dos fundos de saco vaginais;
- ✓ rechaço vaginal (**sinal de Puzos**);
- ✓ flexibilidade do istmo uterino (**sinal de MacDonald**);
- ✓ hipertrofia do útero (**sinal de Noble**);
- ✓ alteração da forma uterina (**sinal de Piskacek**);
- ✓ depressibilidade do istmo (**1º sinal de Reil-Hegar**);
- ✓ modificação das glândulas mamárias (aumento de volume, rede venosa superficial – **sinal de Haller**, **hipertrofia dos tubérculos de Montgomery**, decréscimo dos mamilos, aumento da pigmentação das aréolas, secreção e estrias ou vergões) e
- ✓ aumento do volume uterino.

Sinais de certeza

Movimentos do feto, batimentos do coração fetal, sopro uterino, rechaço uterino (**sinal de Puzos**), palpação de segmentos fetais, estudo radiológico do esqueleto fetal, ultrassonografia, ressonância magnética, ressonância nuclear magnética, laparoscopia e testes biológicos da gravidez. Esses são os indicativos e as disponibilidades para um diagnóstico de certeza da gestação.

Em relação às características da retenção fetal, França esclarece que, "após o 5º mês, a retenção leva o feto à maceração, sendo que esse fenômeno transformativo evolui de maneira lenta ou brusca. Nos três primeiros dias após a morte, o feto começa a apresentar flictenas que contêm serosidade sanguinolenta e destacamento da epiderme, e o líquido amniótico toma uma tonalidade esverdeada em virtude do mecônio expelido na fase de sofrimento fetal (**maceração do 1° grau**). Em torno do 8º dia, o destacamento da epiderme é quase total, o desnudamento da derme dá ao feto um aspecto sanguinolento, e o líquido amniótico torna-se pardo-avermelhado, devido à serosidade das flictenas rotas (**maceração do 2° grau**). Em torno do 15º dia, o feto perde sua tonicidade, destaca-se o couro cabeludo, e os ossos cranianos e dos membros desarticulam-se (**maceração do 3° grau**). O feto morto retido apresenta conotações legispericiais significativas, não apenas em seu aspecto penal, no que diz respeito ao aborto e aos crimes contra a liberdade sexual seguidos de gravidez e imputação de responsabilidade médica por suposta morte durante o parto, mas sobretudo nas questões civis, como, por exemplo, no tempo de gravidez, data da concepção, situações ligadas ao casamento, à herança e à filiação contestada"[21].

21 FRANÇA, Genival Veloso de. Medicina Legal, 10ª ed. Rio de Janeiro: Guanabara Koogan, 2015, p. 683.

Parto.

Trata-se do conjunto de fenômenos fisiológicos e mecânicos cuja finalidade é a expulsão do feto viável. Para parte da doutrina, seu **início** é marcado pelas contrações uterinas rítmicas. Para Genival Veloso de França, com a **rotura da bolsa**. Seu **término** se dá com o **deslocamento e a expulsão da placenta**.

Aborto e Infanticídio.

As **docimásias** são exames capazes de demonstrar pericialmente se houve vida extrauterina. O termo advém do grego *dokimásia*, que significa prova, experiência. Esta determinação é de fundamental importância para a adequação típica do delito, se aborto, infanticídio ou até mesmo homicídio.

As docimásias mais comuns são as pulmonares, para saber se houve respiração. A respiração natural, que expande adequadamente os ductos alveolares e os alvéolos, faz com que o parênquima pulmonar distendido passe a ter o aspecto visual, consistência, cor e densidade distintos. Porém, como simultaneamente à respiração, o recém-nascido faz movimentos de deglutição, o ar vai também para o estômago e para o ouvido médio, o que dá oportunidade para que sejam feitas **docimásias extrapulmonares**.

Vejamos as principais:

- **Docimásia hidrostática de Galeno:** consiste na imersão dos pulmões ou de fragmentos deles em uma cuba com água. Se houver flutuação é porque houve respiração. Esta é a prova mais comumente utilizada no dia a dia pericial.
- **Docimásia siálica de Souza-Dinitz:** pesquisa a presença de saliva no estômago.
- **Docimásia táctil de Nero Rojas:** consiste na palpação do pulmão, sendo que naquele que respirou sente-se um leve creptar, que é ausente no pulmão que não respirou.
- **Docimásia visual de Bouchut:** consiste na simples observação visual do pulmão. O que não respirou tem aparência mais compacta, sólida, e o que respirou apresenta desenho alveolar evidente.
- **Docimásia de Bordas** é baseada na maior opacidade aos raios-X (por isso também é chamada de docimásia radiológica) dos pulmões que não respiram. Por outro lado, o pulmão que respirou mostra imagem clara de transparência alveolar.
- **Docimásia de Balthazar** consiste no estudo microscópico do tecido pulmonar através da técnica histológica comum. O pulmão que respirou apresenta-se estruturalmente igual ao pulmão do adulto, com a dilatação uniforme dos alvéolos, achatamento das células epiteliais, desdobramento das ramificações brônquicas e aumento do volume dos capilares pelo afluxo sanguíneo.

- **TRANSTORNOS DA SEXUALIDADE:** são distúrbios qualitativos ou quantitativos do instinto sexual. A expressão veio substituir a antiga e considerada estigmatizante **perversão sexual.** Os transtornos sexuais não constituem, em princípio, infrações penais, podendo representar fatores criminógenos, contribuindo para escândalos, chantagens, ameaças, corrupções, violências (Hygino de C. Hercules, Medicina Legal – Texto e Atlas. São Paulo: Atheneu, 2005, p. 542).

Em quase todo mundo é utilizado o *Diagnostic and Statistic Manual of Mental Disorders* – DSM, que adota uma classificação metódica dos transtornos sexuais. Quanto às **parafilias**, diz serem caracterizadas por anseios, fantasias ou comportamentos sexuais, manifestações de modo intenso e recorrente, que envolvem objetos, atividades ou situações incomuns e causam sofrimento clinicamente significativo ou prejuízo no funcionamento social ou ocupacional ou em outras áreas importantes da vida do indivíduo.

A seguir uma lista de alguns transtornos que costumam ser cobrados em provas de concursos:

- **Anafrodisia:** diminuição do desejo sexual do homem.
- **Autoerotismo (aloerotismo):** erotismo sem parceiro.
- **Bestialismo (zoofilia, zoolagnia, zooerastia, zoofilismo):** satisfação sexual com animais.
- **Clismafilia:** atração e dependência do uso de clisma, de enema, de clister, para a excitação sexual.
- **Cromoinversão:** preferência sexual por indivíduo de cor diferente da própria.
- **Cronoinversão (gerontofilia):** predileção sexual de jovens por pessoas de idade avançada.
- **Cropofilia:** prazer sexual relacionado ao contato com fezes ou o ato de defecação.
- **Croprolalia:** excitação e prazer sexual dependente de proferir ou ouvir de alguém palavras vulgares, chulas, obscenas.
- **Dendrofilia (fitofilia):** patológica obsessão sexual por árvores.
- **Dollismo:** preferência sexual por bonecas ou manequins com conformação humana.
- **Edipismo:** tendência ao incesto, à prática de relações sexuais entre parentes muito próximos. Para alguns autores é a atração específica do filho pela própria mãe.
- **Electrismo**: desvio caracterizado pela atração incestuosa da filha pelo próprio pai.
- **Erotismo:** aumento exagerado do apetite sexual.
- **Erotografia (eretografomania):** prazer em escrever textos eróticos.
- **Etnoinversão:** forte atração sexual por pessoas de raça diversa da própria.
- **Erotomania:** é a obsessão por sexo. Para alguns é o desejo exaltado sem ereção, com ideia fixa por sexo. Para outros, na erotomania não há o desejo carnal, sendo os erotômanos quase sempre virgens e castos.
- **Exibicionismo:** impulso mórbido de exibir os órgãos sexuais em público.
- **Fetichismo:** excitação anormal e predileção por determinadas partes do corpo do parceiro ou ainda objetos e pertences da pessoa amada, como peças íntimas.
- **Frigidez:** diminuição do desejo sexual na mulher.
- **Frotteurismo:** distúrbio caracterizado pela necessidade de esfregar os órgãos sexuais em outra pessoa.
- **Lubricidade senil:** é a atração sexual de pessoas idosas por jovens, principalmente crianças.
- **Masoquismo:** prazer sexual obtido pelo sofrimento físico ou moral.
- **Mixoscopia (voyeurismo, escopofilia, tealagnia, vedorismo, visionismo):** prazer sexual em assistir a relação sexual de outrem.
- **Narcisismo:** é o desvio sexual que importa na admiração do próprio corpo, com desprezo do sexo oposto.
- **Necrofilia:** preferência sexual por prática de atos libidinosos e relação sexual com cadáveres.
- **Onanismo:** prática compulsiva de automasturbação manual masculina, também denominada **quiromania.**
- **Pedofilia:** predileção pela prática sexual com crianças.
- **Pigmalionismo (iconolagnia, iconomania):** atração exagerada e patológica por estátuas.
- **Riparofilia:** também denominada **misofilia**, **escatofilia** e **azolagnia**, se traduz na atração anômala pelo contato com mulheres imundas, desasseadas (significa sem asseio, higiene), fétidas. Também fazem parte da predileção dos riparofílicos as parceiras que se apresentem menstruadas ou com infecções vaginais.
- **Sadismo:** prazer sexual em causar maus-tratos e humilhação ao parceiro.
- **Topoinversão:** neste desvio o prazer sexual é pela prática de coito ectópico ou atos eróticos diversos da conjunção carnal, como sexo oral, sexo anal, entre coxas etc.
- **Triolismo (pluralismo, *ménage à trois, swapping, swing*):** excitação na presença de terceira pessoa ou de um grupo.

6. PSICOPATOLOGIA

- Optamos por agrupar as questões relacionadas à **toxicologia** dentro do capítulo da **psicopatologia**, pois, o Código Penal em seus artigos 26, 27 e 28 trata da **imputabilidade penal** e suas consequências jurídicas, podendo funcionar a doença mental como circunstância atenuante e até mesmo causa de isenção de pena do autor de um injusto típico.
- E o legislador deu o idêntico tratamento ao dependente de drogas ou sob efeito, proveniente de caso fortuito ou força maior, nos mesmos moldes da embriaguez, conforme a **Lei de Drogas nº 11.343/06**, quando em seu art. 45 reza: "É isento

de pena o agente que, em razão da dependência, ou sob o efeito, proveniente de caso fortuito ou força maior, de droga, era, ao tempo da ação ou da omissão, qualquer que tenha sido a infração penal praticada, inteiramente incapaz de entender o caráter ilícito do fato ou de determinar-se de acordo com esse entendimento. Parágrafo único. Quando absolver o agente, reconhecendo, por força pericial, que este apresentava, à época do fato previsto neste artigo, as condições referidas no caput deste artigo, poderá determinar o juiz, na sentença, o seu encaminhamento para tratamento médico adequado".

- Assim, apresentamos alguns conceitos para melhores esclarecimentos sobre o tema:
- **Psicopatologia Forense:** nela geralmente são incluídos dois grandes ramos da Medicina Legal, a psicologia forense e a psiquiatria forense. Sob o aspecto jurídico, tem o objetivo de esclarecer as questões relacionadas à capacidade civil e à imputabilidade penal.
- **Psicologia Forense:** estuda a personalidade normal e os fatores que nela influem, quer sejam de natureza biológica, quer sejam de natureza mesológica (do meio, ecológica) ou social.
- **Psiquiatria Forense:** ocupa-se dos transtornos anormais da personalidade, as chamadas doenças mentais, os retardos mentais, as demências, as esquizofrenias e outros transtornos psicóticos ou não.
- **Toxicologia:** é o estudo das drogas tóxicas ou substâncias psicoativas, seus efeitos sobre o corpo humano e seus mecanismos de ação. Tais substâncias são aquelas químicas, naturais ou sintéticas, com capacidade de agir sobre o sistema nervoso central, com tendência ao tropismo pelo cérebro que comanda o corpo, alterando a normalidade psíquica ou mental, desequilibrando a conduta e a personalidade do agente.
- As substâncias psicoativas ou psicotrópicas são substâncias químicas naturais ou sintéticas capazes de alterar, de vários modos, a atividade mental, deprimindo, excitando ou perturbando o psiquismo.
- As drogas podem ser divididas em três grandes grupos: **psicolépticas** (que deprimem a atividade psíquica do cérebro), **psicoanalépticas** (que estimulam, excitam) e as **psicodislépticas** (que causam perturbação).
- Porém, antes de analisarmos cada uma delas é preciso fazer uma ressalva importante, pois os autores divergem em relação à alocação de determinadas drogas nesta classificação.
- Explico a razão da confusão: Por exemplo, o álcool, que é um depressor, atua como excitante em doses baixas, provocando um estado de liberação comportamental (fase do macaco, a primeira da embriaguez).
- Outro exemplo, o *ecstasy*, componente do grupo das anfetaminas, que são excitantes, causam alucinações.
- E mais, o grupo dos psicodislépticos é bastante heterogêneo, produzindo estados delirantes e alucinações que podem ser acompanhados de excitação ou de depressão, conforme o agente e a reação individual.

Assim, vejamos:

1. **Drogas Psicolépticas:** são substâncias que deprimem a atividade mental, diminuem a vigília, reduzem a atividade intelectual, sedam a tensão emocional, induzem ao sono, relaxam os músculos e diminuem a ansiedade e o pânico.

Podem ser enquadrados nesse grupo o **álcool etílico**, os **barbitúricos** (substâncias químicas derivadas da composição sintética entre ureia e ácido malônico, agem como calmantes, indutores do sono e anticonvulsivantes, exemplo fenobarbital – gardenal), os **opiáceos** (ópio e seus derivados como a morfina e a heroína) e os **benzodiazepínicos** (utilizados como tranquilizantes e ansiolíticos, exemplos Diazepam, Lorax, Valium).

2. **Drogas Psicoanalépticas:** são substâncias que estimulam a atividade mental, aumentam a vigília, causam insônia, excitam a atividade intelectual, exaltam a tensão emocional, levando à euforia e ansiedade.

São exemplos: cocaína, anfetaminas (exemplo *ecstasy*).

3. **Drogas Psicodislépticas:** são substâncias que perturbam a atividade mental, gerando distorção da realidade (delírios), alucinações, ilusões, estados confusionais e despersonalização.

São exemplos: maconha (*cannabis sativa L.*), mescalina (*peyote*), psilocybina (extraída de um cogumelo), LSD (dietilamida do ácido lisérgico), ayauasca (santo daime).

- A seguir, as principais drogas integrantes de cada grupo:
- **Heroína:** é a diacetilmorfina, derivado sintético da morfina, que por sua vez, provém do ópio, mistura de alcaloides extraído da papoula.

As regiões geográficas mais importantes na produção são o Sudeste Asiático, com grau de pureza de 80% a 90%, e a Ásia Menor, com qualidade inferior.

Embora possa ser utilizado sob a forma de pó, comumente misturado à farinha, talco, bicarbonato, a forma injetável via venosa é a mais conhecida, quando dissolvida em água. Geralmente o usuário utiliza uma colher para aquecê-la.

- Seus efeitos duram aproximadamente cinco horas causando sensação:

– de bem estar;
– euforia e prazer;
– elevação da autoestima;
– diminuição do desânimo, dor e ansiedade.

- São efeitos da abstinência, após 24 horas do uso:

– diarreia;
– vômitos;

- dores musculares;
- pânico;
- insônia;
- inquietação; e
- taquicardia.

Dica importante! Ao contrário da grande maioria das outras drogas de abuso, como cocaína e anfetaminas (metanfetamina e *ecstasy*) que produzem **midríase** (dilatação da pupila), a heroína produz a chamada **miose**, que é a contração da pupila. É uma característica importante na distinção clínica da overdose de heroína daquelas produzidas por outras drogas.

- **Cocaína:** é extraída da planta andina *erithroxylon coca*, folhas de coca, obtida através da adição de ácido clorídrico ou bicarbonato de sódio (para a produção dos subprodutos crack e merla) à pasta obtida da maceração das folhas. Forma-se um pó branco, sendo a aspiração a forma mais comum de utilização.

São derivados (subprodutos) da cocaína o **crack** (sob a forma de pedra é fumado em cachimbos) e a **merla** (melado, pasta viscosa).

- Os seus efeitos imediatos duram de 30 a 40 minutos, podendo ser psicológicos ou físicos:
- Euforia;
- sensação de poder;
- ausência de medo;
- ansiedade;
- agressividade;
- excitação física, mental e sexual;
- anorexia (perda do apetite);
- insônias;
- delírios;
- taquicardia;
- hipertensão arterial;
- vasoconstrição;
- tremores;
- dilatação da pupila (midríase);
- hiperglicemia;
- suor e salivação intensa e com textura grossa; e
- dentes anestesiados.

- ***Ecstasy*:** anfetamina cujo princípio ativo é o metileno-droximetanfetamina ou **MDMA**. Também denominada **pílula do amor,** ganhou popularidade entre os jovens, especialmente em festas denominadas *raves*, sendo o seu consumo mais comum pela via oral, na forma de comprimidos.

Os efeitos são a sensação de empatia e conforto, abertura emocional, desinibição e euforia. Denomina-se **aterragem** a depressão causada nos usuários após cessados os efeitos estimulantes.

Seus efeitos, que podem durar em média oito horas, variam de acordo com cada organismo. Em pessoas que possuam maior quantidade de enzimas metabolizadoras pode durar menos tempo. São eles:

- aumento do estado de alerta;
- maior interesse sexual (por isso é chamada pílula do amor);
- sensação de bem-estar;
- grande capacidade física e mental;
- euforia;
- aumento da sociabilização;
- extroversão.

- Após o uso:
- aumento da tensão muscular e da atividade motora;
- aumento da temperatura corporal;
- enrijecimento e dores na musculatura dos membros inferiores e coluna lombar;
- dores de cabeça;
- náusea;
- crise de pânico;
- visão borrada;
- boca seca;
- ansiedade.

- **Maconha:** o nome científico é *cannabis sativa*, sendo vulgarmente conhecida por fumo, erva, marijuana, pacau, birra, dirijo, diamba, fumo d'angola etc. É a droga ilícita mais consumida mundialmente, sob a forma de cigarros toscos (chamados baseados) feitos a partir da desidratação das folhas da planta (cânhamo).

Seu princípio ativo é o THC (tetraidrocanabinol), isômero levógiro do delta-9.

Em alguns países no Norte da África e no Oriente Médio a planta é cultivada e dela se extrai a resina das extremidades, brotos e inflorescências. Da desidratação formam-se pequenas pedras, fumadas em cachimbo. É o **haxixe**, com concentração de THC muito maior do que os cigarros feitos das folhas secas e prensadas.

- São efeitos:
- olhos avermelhados;
- diminuição da pressão intraocular;
- boca seca;
- sentidos aguçados;
- sensação de calor e frio;
- taquicardia;
- relaxamento muscular;
- diminuição da coordenação psicomotora;
- perda de memória.

- **LSD (Dietilamida do Ácido Lisérgico)**: é o alucinógeno mais potente. É um produto semissintético formado da aglutinação de uma dietilamida com o ácido licérgico, extraído do fungo *Claviceps purperea* (esporão do centeio).

É de fácil transporte por meio de papéis de filtro embebidos pela solução aquosa, geralmente são utilizados selos. Colocados sob a língua são absorvidos rapidamente.

- Seus efeitos são:
- dilatação da pupila;
- sudorese;
- aumento da frequência cardíaca e pressão arterial;
- aumento da temperatura;
- náuseas;
- vômitos;
- alucinações auditivas e visuais;
- sensibilidade sensorial;
- confusão;
- pensamento desordenado;
- perda do controle emocional;
- euforia alternada com angústia;
- dificuldade de concentração.

- **Ayauasca:** é uma bebida alucinógena feita pela mistura do caule do mariri (*Banisterisopsis caapi*) com as folhas da chacrona (*Psycotria viridis*).

O chá feito com essas plantas tem sido usado há milênios pelos índios da Amazônia e, recentemente, por seitas religiosas como a União do Vegetal e o Santo Daime.

- Efeitos:
- O resultado do uso das duas plantas em conjunto é um estado de transe causado pelos efeitos alucinógenos da harmina, harmalina e da DMT.

- Embora o álcool etílico (etanol) seja a substância depressora mais consumida no mundo, iremos analisá-la sob o prisma da **embriaguez**. Mas antes, algumas considerações sobre a imputabilidade penal.
- **Imputabilidade Penal:** é o conjunto de condições pessoais que dão ao agente a capacidade para lhe ser imputada a prática de um fato punível.

É a capacidade de entender o caráter ilícito de um fato e de determinar-se conforme esse entendimento. O agente deve ter condições físicas, psicológicas, morais e mentais de saber que está realizando um ilícito penal.

Além dessa capacidade plena de entendimento, deve ter totais condições de controle sobre a sua vontade.

- O Código Penal trata do assunto nos artigos 26 a 28, apresentando os casos de exclusão da imputabilidade, **hipóteses de inimputabilidade** (dirimentes), e as consequências jurídicas de seu reconhecimento.
- Em relação à **imputabilidade penal** (aptidão para realizar com pleno discernimento uma conduta), importante memorizar os critérios utilizados pelo legislador para isentar de pena o autor:

1. **Critério biológico (etiológico):** aquele que apresenta uma anomalia psíquica é sempre considerado inimputável. Leva-se em conta apenas o desenvolvimento mental do acusado (a **causa**).

Adotado pelo Código Penal, em relação aos **menores de 18 (dezoito anos)**, art. 27, CP.

2. **Critério psicológico:** se verificam apenas as condições do autor no momento do fato. Considera apenas se o agente, ao tempo da ação ou omissão, tinha capacidade de entendimento e autodeterminação.

Preocupa-se apenas com o **efeito** e não com a causa. Critério pouco científico e de difícil averiguação.

3. **Critério biopsicológico (normativo ou misto):** considera inimputável aquele que em razão de sua condição mental (**causa**) era ao tempo da ação ou omissão, totalmente incapaz de entender o caráter ilícito do fato e de determinar-se de acordo com esse entendimento (**efeito**).

O Código Penal Brasileiro adota este critério (art. 26, CP), como regra, assim como a Lei de Drogas, 11.343/06 (art. 45).

Assim, para a determinação da inimputabilidade penal, além da doença mental, desenvolvimento mental incompleto ou retardado, o agente tem que ser inteiramente incapaz de entender o caráter ilícito de sua conduta e de determinar-se conforme esse entendimento.

Requisitos da inimputabilidade pelo critério biopsicológico:

- **Causal:** agente portador de doença mental ou desenvolvimento mental incompleto ou retardado.
- **Consequencial:** em razão da doença deve ser o autor inteiramente incapaz de entender o caráter ilícito do fato.
- **Temporal:** ao tempo da ação ou omissão.

- **Resumindo**: o Código Penal adotou como regra o critério biopsicológico, art. 26. E, em relação aos adolescentes infratores menores de 18 anos, o critério biológico (art. 27, CP).
- Causas de exclusão da imputabilidade (**inimputabilidade**):

1) Menoridade
2) Doença mental
3) Desenvolvimento mental incompleto
4) Desenvolvimento mental retardado
5) Embriaguez fortuita completa
6) Dependência toxicológica
7) Intoxicação fortuita

Alguns comentários sobre cada uma delas para reforçar o entendimento:

1) Menoridade

- Trata-se de presunção absoluta, ou seja, não é preciso que o menor seja inteiramente incapaz de entender o caráter ilícito ou de determinar-se conforme esse entendimento.
- Adoção do critério biológico, com a inimputabilidade prevista no art. 27 do Código Penal e 228 da Constituição Federal.

2) Doença mental

- Art. 26 do Código Penal, adoção do critério biopsicológico.
- São todas as alterações da saúde mental. Exemplos: demência, psicoses maníaco-depressivas, histeria, paranoia, arteriosclerose cerebral, senilidade, embriaguez patológica etc.
- Sobre a insanidade mental que pode, inclusive, excluir a imputabilidade do autor de um delito, quando houver dúvida sobre a integridade mental do acusado, o juiz ordenará, de ofício ou a requerimento do Ministério Público, do defensor, do curador, do ascendente, descendente, irmão ou cônjuge do acusado, seja este submetido a exame médico-legal (art. 149, CPP).
- O exame poderá ser ordenado ainda na fase do inquérito, mediante representação da autoridade policial ao juiz competente (art. 149, § 1º, CPP).

3) Desenvolvimento mental incompleto

- Art. 26 do Código Penal, adoção do critério biopsicológico.
- Quando o desenvolvimento mental ainda não se concluiu. Exemplos: o menor de 18 anos e o silvícola inadaptado à vida em sociedade.

4) Desenvolvimento mental retardado

- Art. 26 do Código Penal, adoção do critério biopsicológico.
- Nesta hipótese inexistiu o desenvolvimento mental, sendo característica dos oligofrênicos (idiotas, imbecis, débeis) e surdos-mudos (dependendo do grau da anomalia).

5) Embriaguez fortuita completa

- **Atenção!** A **embriaguez, voluntária ou culposa**, não exclui a imputabilidade penal (art. 28, inc. II, CP). Apenas se **completa e proveniente de caso fortuito ou força maior**, e, se o agente era, ao tempo da ação ou omissão, inteiramente incapaz de entender o caráter ilícito do fato ou de determinar-se conforme esse entendimento, o isenta de pena, excluindo, assim, a culpabilidade, art. 28, § 1º, CP.
- Assim, para melhor compreensão do tema classificaremos a embriaguez:

a) **voluntária:** É não acidental. Quando o indivíduo ingere bebida alcoólica com a intenção de embriagar-se.

O art. 28, inc. II do Código Penal reza que não exclui a imputabilidade penal a embriaguez voluntária por álcool ou substâncias de efeitos análogos.

b) **culposa:** É não acidental. Quando o indivíduo ingere bebida alcoólica não pretendendo embriagar-se, porém, bebe demais, atingindo o estado etílico.

O art. 28, inc. II do Código Penal reza não exclui a imputabilidade penal a embriaguez culposa por álcool ou substâncias de efeitos análogos.

c) **fortuita:** Também denominada acidental. É a decorrente de caso fortuito ou força maior. Se completa, exclui a imputabilidade, art. 28, § 1º, CP.

- **Exemplo de embriaguez acidental proveniente de caso fortuito,** aquela ocorrência episódica, ocasional, rara, de difícil verificação, é o do sujeito que tropeça e cai de cabeça num tonel de vinho, embriagando-se.
- **Exemplo de embriaguez acidental proveniente de força maior**, quando deriva de força externa ao agente, sujeito obrigado a consumir bebida alcoólica mediante coação moral irresistível.

d) **habitual:** o sujeito é dado ao uso de bebidas alcoólicas e se encontra frequentemente em estado de embriaguez.

Poderá responder pela contravenção penal prevista no art. 62 da Lei de Contravenções Penais, Dec.-lei 3.688/41.

e) **patológica:** É aquela que atinge o estágio de doença mental, aplicando-se o disposto no art. 26, *caput*, do CP.

f) **preordenada (premeditada):** É a denominada teoria da *actio libera in causa* (ação livre na causa), quando o autor se coloca voluntariamente em estado de embriaguez responderá pelo delito praticado, incidindo, nesta hipótese, a agravante genérica do art. 61, inc. II, *l*, CP.

Resumindo, as espécies de embriaguez e suas consequências jurídicas, para fixação:

a) **voluntária:** não exclui a imputabilidade penal, art. 28, inc. II, CP.

b) **culposa:** não exclui a imputabilidade penal, art. 28, inc. II, CP.

c) **fortuita:** exclui a imputabilidade, se completa e, se ao tempo da ação ou da omissão, o agente era inteiramente incapaz de entender o caráter ilícito do fato ou de determinar-se de acordo com esse entendimento, art. 28, § 1º, CP.

d) **habitual:** contravenção penal, art. 62 da LCP.

e) **patológica:** pode excluir a imputabilidade, art. 26, *caput*, do CP.

f) **preordenada (premeditada):** agravante genérica do art. 61, inc. II, *l*, CP.

- Por fim, as bancas examinadoras sempre abordam as fases da embriaguez, dentro do estudo do alcoolismo.

O **alcoolismo agudo** é a intoxicação alcoólica que se caracteriza pela ausência de crise de abstinência, significando que os sintomas cessam quando se esgota o álcool no organismo.

Assim, merecem ser guardadas pelo candidato as fases da embriaguez. São três, quais sejam: a da excitação, a da confusão e a comatosa.

Primeira fase: da excitação ou do macaco. Quando o usuário mostra-se desinibido e eufórico, apresentando vivacidade mental e motora. O indivíduo apresenta comportamento extrovertido e ausência de autocrítica.

Segunda fase: da confusão ou do leão. A intoxicação progride e surgem comportamentos antissociais, como irritação e agressividade. Há a diminuição das faculdades mentais e comprometimento da coordenação motora e autocontrole.

Terceira fase: comatosa, siderativa, do sono ou do porco. O ébrio não mais consegue manter-se em pé e cai em sono profundo, que, na dependência da quantidade de álcool ingerida, pode acarretar coma e morte. Há ausência de reflexos, atonia muscular, pulso lento, hipotensão, hipotermia, náuseas, vômitos. Admite-se, nesta fase, apenas a forma omissiva de conduta.

6) Dependência toxicológica

- Prevista no art. 45 da Lei de Drogas nº 11.343/06, adotando o critério biopsicológico, sendo tratada como patologia.

7) Intoxicação fortuita

- Também com previsão no art. 45 da Lei de Drogas nº 11.343/06, adotando o critério biopsicológico, estar o agente sob efeito de droga, proveniente de caso fortuito ou força maior. É a chamada **drogadição**.
- **Resumindo:** As causas de exclusão da imputabilidade, hipóteses de **inimputabilidade,** também denominadas **dirimentes** e os seus respectivos artigos correspondentes:

- **Menoridade:** art. 27, CP.
- **Doença mental:** art. 26, CP.
- **Desenvolvimento mental incompleto:** art. 26, CP.
- **Desenvolvimento mental retardado:** art. 26, CP.
- **Embriaguez fortuita completa:** art. 28, § 1º, CP.
- **Dependência toxicológica:** art. 45, Lei 11.343/06.
- **Intoxicação fortuita:** art. 45, Lei 11.343/06.

7. INFORTUNÍSTICA

A **Infortunística** é a parte da Medicina Legal que estuda os acidentes de trabalho, as doenças profissionais, suas consequências, os meios de prevenção e de reparação.

A capacidade de diagnosticar e mensurar a dor, alegada em um exame pericial, constitui um desafio da Medicina Legal, por se tratar de um dado subjetivo.

A perícia médica, através do exame do acidentado, tem por finalidade concluir sobre os seguintes aspectos: esclarecimento da causa, a natureza do acidente ou da doença profissional, concluindo pelo nexo causal; avaliação do grau de incapacidade; exclusão da possibilidade de simulação, metassimulação ou dissimulação, tomando o devido cuidado de se afastar a possibilidade de indivíduos que buscam auferir vantagens, alegando perturbações inexistentes, exageram as que existem ou omitem aquelas de que verdadeiramente eles são portadores.

Também ganha relevo o estudo buscando a devida caracterização da lesão/ dano, no que tange às lesões corporais e suas qualificadoras (art. 129 e parágrafos do Código Penal). Não deve o médico-legista simplesmente negar a existência da ofensa à integridade da vítima diante da ausência de vestígios de traumas corporais. Trata-se da avaliação dos danos psíquicos. A lesão corporal abrange a ofensa humana direcionada à integridade corporal ou à saúde de outrem, compreendendo, a segunda hipótese, a perturbação de ordem fisiológica ou mental.

Na **simulação**, o examinado alega situações inexistentes. Na **metassimulação**, existindo o traumatismo, a consequência alegada é bem superior à de que realmente ele é portador. E, na **dissimulação**, o periciado, para conseguir melhores vantagens com a volta ao trabalho, omite certas perturbações, muitas delas até de caráter mais grave. Esta última modalidade é mais rara.

No contexto de *simulação da loucura*, o indivíduo, para obtenção de qualquer vantagem, procura iludir os demais sobre seu estado mental.

Na **superssimulação**, o indivíduo passa a copiar sinais e sintomas de outra doença mental.

O perito deverá utilizar exames especiais para afastar tais possibilidades. A simulação tem como sintoma mais referido a dor. Para pesquisar a existência ou não deste fenômeno utilizam-se os seguintes **sinais da dor:**

- O **sinal de Mankoff** consiste em deixar em repouso o paciente durante alguns minutos, depois de prévia contagem de seu pulso radial. Em seguida, rapidamente, comprime-se a região dolorosa alegada e contam-se novamente os batimentos do pulso. Seu aumento faz o diagnóstico da existência da dor referida.
- O **sinal de Muller** é pesquisado marcando-se com um compasso a região da dor referida. Em seguida, assinala-se o ponto doloroso, mantendo o indivíduo de olhos vendados, comprime-se com o dedo um ponto que não seja sensível à dor. Dentro do mesmo círculo, passa-se rapidamente a comprimir o ponto doloroso. Quando existe metassimulação o examinado não percebe a mudança.
- O **sinal de Levi** é feito pedindo-se ao paciente que mantenha seu olhar à distância e no local referido como doloroso faz-se uma compressão. Quando a dor realmente existe, verificam-se contrações e dilatações pupilares.
- O **sinal de Imbert**, utilizado para os casos de simulação dolorosa de membros, consiste em colocar o paciente em repouso e contar suas pulsações radiais, para em seguida, mandá-lo ficar apoiado na perna referida ou segurar um peso com o braço afetado. Quando a dor alegada realmente existir haverá um aumento de pulsações.

Direito Constitucional

Paulo Lépore

TABELA DE INCIDÊNCIA DE QUESTÕES

Distribuição das questões organizada por ordem didática de assuntos		
Assunto	**Número de Questões**	**Peso**
1. CONSTITUIÇÃO. CONCEITO. CLASSIFICAÇÃO. APLICABILIDADE E INTERPRETAÇÃO DAS NORMAS CONSTITUCIONAIS. SUPREMACIA DA CONSTITUIÇÃO	21	10,29%
2. PODER CONSTITUINTE. CONCEITO, FINALIDADE, TITULARIDADE E ESPÉCIES. REFORMA DA CONSTITUIÇÃO. CLÁUSULAS PÉTREAS	12	5,88%
3. PRINCÍPIOS FUNDAMENTAIS DA CONSTITUIÇÃO BRASILEIRA	3	1,47%
4. DIREITOS E GARANTIAS FUNDAMENTAIS	45	22,06%
5. ORGANIZAÇÃO DO ESTADO	76	37,25%
6. CONTROLE DE CONSTITUCIONALIDADE	18	8,82%
7. DEFESA DO ESTADO E DAS INSTITUIÇÕES DEMOCRÁTICAS	3	1,47%
8. SEGURANÇA PÚBLICA	14	6,86%
9. TRIBUTAÇÃO, FINANÇAS E ORÇAMENTO	2	0,98%
10. ORDEM ECONÔMICA E FINANCEIRA	3	1,47%
11. ORDEM SOCIAL	7	3,43%
Total	**204**	**100%**

Direito Constitucional

Paulo Lépore

✦ QUESTÕES

1. CONSTITUIÇÃO. CONCEITO. CLASSIFICAÇÃO. APLICABILIDADE E INTERPRETAÇÃO DAS NORMAS CONSTITUCIONAIS. SUPREMACIA DA CONSTITUIÇÃO

01. (FGV – 2024 – PC/SC – Delegado) Em agosto de 2023, o Supremo Tribunal Federal firmou o entendimento de que o uso da tese da legítima defesa da honra em crimes de feminicídio ou de agressão contra mulheres contraria os princípios constitucionais da dignidade da pessoa humana, da proteção da vida e da igualdade de gênero. Em decorrência, o Art. 23, inciso II, o Art. 25, *caput* e parágrafo único, do Código Penal e o Art. 65 do Código de Processo Penal devem ser interpretados de modo a excluir a legítima defesa da honra do domínio do instituto da legítima defesa. Entre os princípios de hermenêutica constitucional, o utilizado pelo Supremo Tribunal Federal na decisão descrita acima é o da

a) unidade constitucional.

b) presunção de constitucionalidade das leis.

c) interpretação conforme à constituição.

d) concordância prática.

e) conformidade funcional.

COMENTÁRIOS

Alternativa "a": O princípio da unidade da Constituição preceitua que a interpretação constitucional deve ser realizada tomando-se as normas constitucionais em conjunto (interpretação sistêmica), como um sistema unitário de princípios e regras, de modo a se evitarem contradições (antinomias aparentes) entre elas.

Alternativa "b": Referido princípio traz a ideia que todas as normas infraconstitucionais criadas estão de acordo com a Constituição. Toda lei é válida e constitucional até que se prove o contrário, portanto, a presunção de constitucionalidade é relativa (juris tantum).

Alternativa "c": A interpretação conforme à constituição consiste em conferir-se a um ato normativo polissêmico (que admite vários significados) a interpretação que mais se adéque ao que preceitua a Constituição, sem que essa atividade se constitua em atentado ao próprio texto constitucional. É esse o princípio adotado na hipótese, pois a norma que disciplina a legítima defesa poderia ser interpretada de modo a admitir a legítima defesa da honra, o que viola a Constituição, de modo que se rechaçou tal interpretação inconstitucional.

Alternativa "d": Segundo o princípio da concordância prática, a interpretação de uma norma constitucional exige a harmonização dos bens e valores jurídicos colidentes em um dado caso concreto, de forma a se evitar o sacrifício total de um em relação a outro.

Alternativa "e": Referido princípio, também conhecido como princípio da justeza, limita o intérprete na atividade de concretizador da Constituição, pois impede que ele atue de modo a desestruturar as premissas de organização política previstas no Texto Constitucional.

Alternativa correta: letra "c".

02. (CEBRASPE – 2023 – PC/AL – Delegado) A respeito das fontes e das classificações das constituições, do poder constituinte e do controle de constitucionalidade, julgue o item que se segue.

02.1. Uma das características do positivismo, de um ponto de vista estritamente jurídico, consiste em afastar a religião como fonte do direito constitucional.

COMENTÁRIOS

Uma das características do positivismo é sua objetividade. Do ponto de vista positivista, o direito se limita à lei, de modo que se afastam visões menos normativas, ou até jusnaturalistas, advindas da religião.

Alternativa: "certa".

02.2. A ideia de constituição dirigente representa a concepção de que a constituição de um país deve ser instrumento de transformação da realidade social e econômica.

COMENTÁRIOS

A Constituição Dirigente confere atenção especial à implementação de programas pelo Estado, Há a prescrição um estado intervencionista, garantidor, que visa justamente transformar a realidade social e econômica.

Alternativa: "certa".

03. (Vunesp - Delegado de Polícia - PC - SP/2022). Considerando o entendimento doutrinário consolidado sobre a classificação das Constituições, assinale a alternativa correta.

a) A Constituição normativa é a que logra ser fielmente cumprida por todos os interessados, limitando, efetivamente o poder, enquanto a semântica é a formalização do poder de quem o detém no momento.

b) A Constituição material é aquela que possui apenas matérias tipicamente constitucionais, enquanto as formais são as que possuem normas constitucionais e normas não constitucionais.

c) As Constituições estatutárias traçam metas, programas de ação e objetivos para as atividades do estado nos domínios econômico, social e cultural, enquanto as dirigentes concentram a sua atenção normativa nos aspectos de estrutura de poder.

d) A Constituição cesarista é aquela feita e imposta ao povo pelo governante, enquanto a promulgada é a feita pelo governante, mas submetida à apreciação posterior do povo.

e) A Constituição semirrígida é aquela que possui normas submetidas ao mesmo procedimento de alteração das demais leis, bem como normas que não podem ser alteradas.

COMENTÁRIOS

Alternativa "a": A classificação quanto ao valor ou ontologia foi pensada por Karl Loewenstein. Segundo esse critério, as constituições podem ser normativa, nominal, ou semântica. A constituição será semântica quando, apesar de ter importância jurídica, não tiver valoração legítima, pois criada somente para justificar o exercício de um poder não democrático. Será, por sua vez, nominal, quando não tiver valor jurídico, cumprindo mera função social. Por fim, será normativa, quando efetivamente for cumprida por todos os interessados, com valor jurídico legítimo. A alternativa está correta.

Alternativa "b": Trata-se da classificação das constituições quanto ao conteúdo. Podem ser material ou formal. Será material a constituição que contiver regras de conteúdo efetivamente constitucional, como a organização do Estado, ainda que não represente necessariamente um documento solene com posição hierárquica superior ao restante do ordenamento. Será formal a constituição que, independente de seu conteúdo, constituir-se em documento formal, superior hierarquicamente. Logo, está incorreta na definição da constituição formal, já que para definir esse critério, o conteúdo não importa.

Alternativa "c": Trata-se da classificação quanto à finalidade. Pode ser dirigente ou garantia (estatutária). A alternativa inverteu as definições, já que a constituição dirigente é a que prescreve um Estado intervencionista, que implementa programas sociais, enquanto a estatutária/garantia prescreve um Estado mínimo.

Alternativa "d": Cuida-se da classificação das constituições quanto à origem. Pode ser democrática/promulgada/popular; outorgada; cesarista/bonapartista/plebiscitária/ referendaria; pactuada/dualista; ou heteroconstituição. A alternativa traz o conceito de constituição outorgada, e não da cesarista, que é, na verdade, criada pelo detentor do poder e posteriormente submetida à aprovação popular.

Alternativa "e": Essa é a classificação das constituições quanto à estabilidade. A semirrígida, na verdade, é aquela que possui normas com processo diferenciado de modificação (e não imutável, como aponta a alternativa), e parte que pode ser alterada no mesmo rito que são editadas normas infraconstitucionais.

Alternativa correta: letra "a".

04. (FGV - Delegado de Polícia - PC - AM/2022). Maria, destacada estudiosa da interpretação constitucional, defendeu que a norma não apresenta uma relação de sobreposição com o texto. Em verdade, é o resultado do processo de interpretação, durante o qual o intérprete desenvolve uma atividade argumentativa e tipicamente decisória, já que deve resolver as conflitualidades intrínsecas que se apresentam durante esse processo, de modo a identificar os significados potencialmente atribuíveis ao texto interpretado e decidir qual deles deve preponderar, considerando as nuances da realidade e a situação concreta na qual a norma se projetará. A explicação de Maria está lastreada na concepção de que

a) construções originalistas, que buscam reconstruir a vontade constituinte, devem embasar o processo de interpretação.

b) o formalismo se ajusta plenamente à atividade do intérprete, pois valoriza o papel do texto e a importância da realidade.

c) as nuances do ambiente sociopolítico podem influir no delineamento de alterações não formais da ordem constitucional.

d) a tópica pura, na qual o texto é tratado como um ponto de vista, sendo utilizado, ou não, conforme as peculiaridades do problema concreto, deve direcionar a interpretação.

e) o realismo jurídico não só valoriza a força normativa do texto constitucional como explica a forma como se desenvolve a mutação constitucional, preservando a vontade constituinte.

COMENTÁRIOS

✪ **Nota do autor:** destacam-se, antes de partir às alternativas, algumas considerações do enunciado: "a norma é o resultado do processo de interpretação", "intérprete desenvolve uma atividade argumentativa e tipicamente decisória", "conflitualidades intrínsecas", "identifica os significados" possíveis e decide "qual deles deve preponderar", "considerando as nuances da **realidade** e a situação **concreta** na qual a norma se projetará". Com isso, já identificamos que não se trata de formalismo ou mesmo construções originalistas, que se pautam na norma por si mesma, sem considerar a situação concreta.

Alternativa "a": Incorreta, conforme comentário no trecho "notas do autor".

Alternativa "b": Incorreta, conforme comentário no trecho "notas do autor".

Alternativa "c": Correta, pois ao "considerar as nuances da realidade", o ambiente sociopolítico será também considerado.

Alternativa "d": Na tópica pura, o intérprete primeiro define qual solução é mais justa e só então parte para a análise da situação concreta. Trata-se da definição de um *topos*, que se aplica de forma geral. Não é o caso do enunciado, já que antes de definir qual será a solução, parte-se para a análise do caso concreto.

Alternativa "e": A alternativa está incorreta, pois no realismo jurídico o que se valoriza é o aproveitamento da norma de maneira dinâmica, atrelada à realidade, sem apego ao texto ou à intenção do legislador.

Alternativa correta: letra "c".

---

05. (**FGV – Delegado de Polícia – PC – AM/2022).** Após uma revolução que culminou com a derrubada do regime anterior, o grupo político dominante do País Alfa resolveu solicitar que uma comissão de notáveis elaborasse um projeto de Constituição, submetendo-o, ato contínuo, a referendo popular. A Constituição assim elaborada buscou conciliar inúmeras correntes políticas aparentemente opostas entre si e direcionar as políticas públicas a serem adotadas para a implementação dos direitos sociais, além de ter exigido um procedimento qualificado para a reforma de parte de seus comandos, considerados materialmente constitucionais, enquanto a outra parte poderia ser alterada com observância do mesmo procedimento afeto à lei ordinária. Por fim, observa-se que essa Constituição era demasiado extensa. A Constituição assim descrita é classificada como

a) bonapartista, compromissória, de garantia, rígida e sintética.

b) cesarista, compromissória, dirigente, semirrígida e analítica.

c) bonapartista, ortodoxa, dirigente, semirrígida e analítica.

d) cesarista, pragmática, dirigente, semirrígida e sintética.

e) outorgada, eclética, de garantia, flexível e analítica.

COMENTÁRIOS

Alternativa "b"(responde todas as alternativas): É cesarista/bonapartista, pois foi elaborada por grupo político dominante e, posteriormente, submetida a referendo popular. É compromissória/eclética, pois buscou conciliar inúmeras correntes políticas aparentemente opostas entre si. É social/dirigente, pois direciona políticas públicas a serem adotadas para a implementação dos direitos sociais. É semirrígida/semiflexível, pois possui núcleo de normas que, para sua edição, dependem de procedimento qualificado, sem tal exigência para as demais. Por fim, é analítica, por ser "demasiado extensa".

Alternativa correta: letra "b".

---

06. (**Cespe – Delegado de Polícia – PC – RJ/2022).** O direito constitucional reclama a existência de princípios específicos, que compõem a denominada metodologia constitucional, para que a Constituição Federal de 1988 seja interpretada. Um dos referidos princípios prevê que, sempre que possível, deve o intérprete buscar a interpretação menos óbvia do enunciado normativo, fixando-a como norma, de modo a salvar a sua constitucionalidade. Trata-se do princípio de

a) concordância prática.

b) proporcionalidade.

c) interpretação conforme a Constituição.

d) ponderação de interesses.

e) supremacia constitucional.

COMENTÁRIOS

Alternativa "a": O princípio da concordância prática ou da harmonização, na verdade, se dá no sentido de que a interpretação de uma norma constitucional exige a harmonização dos bens e valores jurídicos colidentes em um dado caso concreto, de forma a se evitar o sacrifício total de um em rela**ção a outro.**

Alternativa "b": O princípio da proporcionalidade é descrito pela doutrina alemã como um meio-termo entre o excesso e o insuficiente, de modo que são subprincípios derivados a proibição do excesso estatal e a proibição à proteção insuficiente. Por meio dele, analisa-se se as condutas são adequadas, necessárias e trazem algum sentido em suas realizações.

Alternativa "c": O princípio da interpretação conforme a Constituição consiste em conferir-se a um ato normativo polissêmico (que admite vários significados) a interpretação que mais se adéque ao que preceitua a Constituição, sem que essa atividade se constitua em atentado ao próprio texto constitucional. No enunciado, fala-se em buscar determinada interpretação do enunciado "de modo a salvar sua constitucionalidade". Trata-se da interpretação conforme a Constituição.

Alternativa "d": A ponderação busca promover, na medida do possível, uma realização otimizada de todos os bens jurídicos em confronto, sem afastar totalmente nenhum deles.

Alternativa "e": A noção de supremacia da Constituição é oriunda de dois conceitos essenciais: 1. a ideia de superioridade do Poder Constituinte sobre as instituições jurídicas vigentes; e 2. a distinção entre Constituições Rígidas e Flexíveis. Nesse sentido, a supremacia prega que as normas constitucionais representam o paradigma máximo de validade do ordenamento jurídico, de modo que todas as demais normas são hierarquicamente inferiores a ela.

Alternativa correta: letra "c".

---

07. (Cespe – Delegado de Polícia – PC – RJ/2022). O estudo dos princípios que regem a interpretação constitucional, em especial os da razoabilidade e da proporcionalidade, estabelece que as normas da Constituição Federal de 1988 devem ser analisadas e aplicadas de modo a permitir que os meios utilizados estejam adequados aos fins pretendidos, devendo o intérprete buscar conceder aos bens jurídicos tutelados uma aplicação justa. Considerando isso, assinale a opção correta.

a) Com base nos princípios que dão sustentação a uma interpretação sistemática do texto constitucional, é correto afirmar que os direitos e garantias constitucionais devem ser considerados absolutos, sendo possível invocar a norma de maneira irrestrita, em razão do que dispõe a dignidade da pessoa humana, um dos fundamentos da República Federativa do Brasil.

b) O princípio da harmonização tem por objetivo promover a harmonia entre os Poderes Legislativo, Executivo e Judiciário. Apesar dos Poderes serem independentes, a harmonia entre eles é de fundamental importância para que o Estado brasileiro realize seus objetivos, na forma do que estabelece o art. 3.° da Constituição Federal de 1988.

c) Em razão do que preceitua o princípio da concordância prática, pode-se dizer que, na ocorrência de conflito entre bens jurídicos garantidos por normas constitucionais, o intérprete deve priorizar a decisão que melhor os harmonize, de forma a conceder a cada um dos direitos a maior amplitude possível, sem que um deles acabe por impor a supressão do outro.

d) O princípio da harmonização permite afirmar que, em razão dos axiomas que fundamentam a República Federativa do Brasil, o intérprete da Constituição deverá sempre observar a supremacia do interesse público, evidenciado, nesse caso específico, o caráter absoluto dos direitos e garantias fundamentais.

e) Em se tratando de conflito entre a liberdade de expressão na atividade de comunicação e a inviolabilidade da intimidade da vida privada, da honra e da imagem das pessoas, como quando um jornal impresso publica notícias que são de interesse público, mas que acabam por invadir a esfera privada de alguém, o intérprete do texto constitucional deverá sempre optar pelo interesse público, descartando o interesse privado.

COMENTÁRIOS

Alternativa "a": Na verdade, nenhum direito é absoluto. Isso pode ser extraído do princípio da concordância prática ou da harmonização, que estabelece que a interpretação de uma norma constitucional exige a harmonização dos bens e valores jurídicos colidentes em um dado caso concreto, de forma a se evitar o sacrifício total de um em relação a outro.

Alternativa "b": Incorreta, conforme comentário da alternativa "a". A alternativa descreve, na verdade, o princípio da conformidade funcional.

Alternativa "c": É o que se extrai do princípio da concordância prática/harmonização.

Alternativa "d": Na verdade, nem sempre o interesse público prevalecerá sobre o privado. Ademais, os direitos fundamentais voltam-se mais aos indivíduos que ao Estado. São a ponderação e a harmonização que evidenciam o caráter relativo dos direitos fundamentais.

Alternativa "e": Nunca se descarta um interesse, devendo sempre haver um juízo de ponderação.

Alternativa correta: letra "c".

---

08. (UFPR – Delegado de Polícia – PC – PR/2021) Assinale a alternativa correta a respeito da teoria da Constituição e de suas classificações.

a) O conceito moderno de Constituição pressupõe uma norma jurídico-política que prevê direitos fundamentais e que organiza os poderes políticos.

b) O sentido sociológico da Constituição coincide com o sentido jurídico, pois ambos representam os fatores reais do poder em uma sociedade.

c) De acordo com o sentido político de Constituição, ela é a norma jurídica fundamental que ocupa o último escalão na hierarquia das normas de um ordenamento jurídico.

d) Em razão da sua força normativa, o preâmbulo orienta a interpretação constitucional e serve como parâmetro para o controle de constitucionalidade.

e) Segundo o sentido jurídico de Constituição, ela é a decisão concreta sobre o modo e a forma de existência da comunidade.

COMENTÁRIOS

Alternativa correta: letra "a": O constitucionalismo moderno se observou entre os séculos XVIII e XX. Foi marcado pelas grandes revoluções liberais (revolução francesa e independência norte-americana), de modo que tinha por principal característica a busca pela limitação do poder político, por meio de uma organização. Nesse momento passam a surgir documentos marcados pela presença de um rol de direitos fundamentais, e de regras voltadas a organizar, regrar e, assim, limitar o poder político.

Alternativa "b": A concepção sociológica, que foi definida por Ferdinand Lassalle, entende como constituição o documento que deve traduzir a soma dos fatores reais de poder que rege determinada nação, sob pena de não ser uma constituição real. A concepção jurídica, atribuída a Hans Kelsen, por sua vez, é baseada na pureza da norma, ou seja, entende a constituição como a norma fundamental, que serve como fundamento de validação de todas as demais. Logo, diferente do que entende a concepção jurídica, a concepção sociológica entende que, uma norma constitucional que não preveja os fatores que considera essenciais (ou seja, um retrato da realidade) não tem validade. Enquanto Kelsen se pauta no fator eminentemente jurídico, sem se basear nas questões "reais", "sociológicas". Logo, não são coincidentes.

Alternativa "c": O sentido político de Constituição é atribuído a Carl Schmitt. O autor compreende que uma constituição decorre de uma decisão política fundamental e se traduz na estrutura do Estado e dos Poderes, na presença de um rol de direitos fundamentais. A concepção trazida na alternativa não é a política, mas sim a jurídica, de Kelsen, conforme comentário da alternativa "b".

Alternativa "d": Na verdade, é pacífico o entendimento de que o preâmbulo não tem força normativa, mas meramente interpretativa, de modo que não serve como parâmetro do controle de constitucionalidade. Esse foi o entendimento que manifestou o STF no julgamento da ADI 2076.

Alternativa "e": Incorreta, conforme consta no comentário da alternativa "b".

09. (UFPR – Delegado de Polícia – PC – PR/2021) Sobre a classificação das constituições e das normas constitucionais, assinale a alternativa correta.

a) A vedação à censura prévia para a liberdade de expressão confirma que as normas que expressam vedações e proibições podem ser consideradas normas de eficácia imediata.

b) São consideradas formalmente constitucionais as disposições que regulam o exercício das funções políticas, a estruturação do sistema de governo e da federação, e os direitos fundamentais.

c) As constituições dirigentes correspondem a um ideal de Constituição típico do constitucionalismo liberal que prescreve um Estado mínimo.

d) As constituições garantias são a expressão de um constitucionalismo social que defende a Constituição como forma de garantia dos direitos sociais e de um Estado interventor.

e) São consideradas normas materialmente constitucionais as disposições que estão escritas na Constituição, não importando o seu tema e sua relevância para a comunidade política.

COMENTÁRIOS

Alternativa correta: letra "a": O art. 5º determina em seu §1º que "§ 1º As normas definidoras dos direitos e garantias fundamentais têm aplicação imediata.". Os direitos fundamentais, por vezes, são assegurados com uma garantia para o cidadão, e em outras situações, por meio de uma vedação para o Estado, que deve se abster de intervir indevidamente na vida dos cidadãos. Logo, a vedação à censura prévia para a liberdade de expressão demonstra uma hipótese de direito fundamental que é assegurado "negativamente", com a prescrição de abstenção estatal. Assim como as demais, tem aplicação imediata.

Alternativa "b": Na verdade, como essa matéria é tipicamente constitucional, são normas materialmente constitucional. Ou seja, ainda que não estivessem contidas em um documento formal, seriam materialmente constitucionais, pois são normas constitutivas do Estado.

Alternativa "c": Enquanto a constituição dirigente se volta à implementação de programas pelo Estado, ou seja, envolve um Estado mais intervencionista, contrário ao Estado mínimo, típico do liberalismo.

Alternativa "d": A alternativa descreve a constituição dirigente, e não a constituição garantia.

Alternativa "e": São consideradas formalmente constitucionais. Conforme já explicado no comentário da alternativa "b".

10. (FGV – Delegado de Polícia – PC – RN/2021) No processo de interpretação constitucional, a pré-compreensão do intérprete não pode ocupar uma posição hegemônica e incontrastável, de modo a tornar esse processo uma encenação que busque tão somente justificar conclusões prévias, indiferentes aos limites do texto constitucional, aos aspectos circunstanciais e às exigências de ordem metódica. Na interpretação constitucional, a narrativa acima se mostra:

a) errada, pois a pré-compreensão não pode ser utilizada na interpretação constitucional, sob pena de consagrar o subjetivismo em detrimento do caráter objetivo da norma;

b) correta, pois o conhecimento adquirido pelo intérprete é apenas condição de desenvolvimento da compreensão, que resulta na atribuição de significado ao texto;

c) correta, pois a interpretação evidencia uma total separação entre o sujeito cognoscente e o objeto cognoscido, de modo que a compreensão é da alçada do legislador;

d) errada, pois o intérprete, em sua atividade intelectiva, deve se limitar a conhecer o sentido imanente ao texto, não participando da construção do significado;

e) contraditória, pois a pré-compreensão e a compreensão apresentam uma relação de sobreposição, não ocupando planos sucessivos.

COMENTÁRIOS

Alternativa correta: letra "c" (Responde todas as alternativas): O enunciado trata do método hermenêutico-concretizador de interpretação constitucional. Esse método, extraído da doutrina de Konrad Hesse,): é aquele em que o intérprete se vale de suas pré-compreensões valorativas para obter o sentido da norma e então aplicá-la à resolução de determinado problema. O conteúdo da norma somente é alcançado a partir de sua interpretação concretizadora, dotada do caráter criativo que emana do exegeta. Nesse sentido, o método de Hesse possibilita que a Constituição tenha força ativa para compreender e alterar a realidade. Mas, nesse mister, o texto constitucional apresenta-se como um limite intransponível para o intérprete, pois se o exegeta passar por cima do texto, ele estará modificando ou rompendo a Constituição, não a interpretando.

11. (Instituto AOCP – Delegado de Polícia – PC – PA/2021) No que se refere à classificação das constituições, assinale a alternativa correta.

a) Quanto ao conteúdo, as constituições podem ser classificadas como constituição garantia ou constituição dirigente.

b) A constituição classificada como substancial ou material, segundo a doutrina, está mais relacionada ao universo do "ser" que do "dever ser".

c) A constituição garantia, que também é chamada de programática ou social, disciplina o mínimo possível de matérias.

d) O Brasil é regido por uma Constituição classificada pela doutrina, quanto ao conteúdo, como constituição garantia.

e) O Brasil é regido por uma Constituição classificada pela doutrina, quanto à função, ou finalidade, como constituição formal.

COMENTÁRIOS

Alternativa correta: letra "b": Uma constituição substancial ou material é aquela que tem em seu conteúdo normas fundamentais do Estado, ou seja, normas que o constituem e que, por sua matéria, são constitucionais, como a organização do Estado. Assim, estabelecem o Estado (ser) sem criar ou estabelecer programas (dever ser).

Alternativa "a": Na verdade, a alternativa traz a classificação das constituições quanto à finalidade. Quanto ao conteúdo, as constituições podem ser formal ou material.

Alternativa "c": A constituição garantia não é chamada programática ou social. Isso porque é, na verdade, uma constituição liberal, que prescreve um Estado mínimo. A constituição dirigente pode ser chamada programática ou social, pois prescreve um Estado intervencionista.

Alternativa "d": Na verdade, a Constituição Federal de 1988 é uma constituição social, classificada como dirigente, por prescrever a criação de inúmeros programas, como par garantir saúde e educação. Ademais, essa é uma classificação quanto à finalidade e não quanto ao conteúdo. Quanto ao conteúdo, temos uma constituição formal.

Alternativa "e": A classificação quanto à função, da CF/88, é dirigente. Formal é a classificação quanto ao conteúdo.

12. (Instituto AOCP – Delegado de Polícia – PC – PA/2021) Ao conceber a constituição como a soma de fatores reais do poder que regem a nação, ou seja, um produto dos pleitos das forças sociais de determinada época, está se tratando da ideia de constituição concebida por

a) Karl Schmitt.

b) José Afonso da Silva.

c) Hans Kelsen.

d) Ferdinand Lassalle.

e) Peter Haberle.

COMENTÁRIOS

Alternativa correta: letra "d" (responde todas as alternativas): Trata-se da concepção sociológica de constituição, desenvolvida pelo jurista Ferdinand Lassalle. Para ele, uma constituição que não representasse tais elementos seria mera folha de papel escrita, que não corresponderia à constituição real.

13. (Instituto AOCP – Delegado de Polícia – PC – PA/2021) Segundo a doutrina, o Neoconstitucionalismo tem como uma de suas marcas a concretização das prestações materiais prometidas pela sociedade, servindo como ferramenta para implantação de um Estado Democrático Social de Direito. São características do Neoconstitucionalismo, EXCETO

a) encolhimento da justiça distributiva.

b) positivação e concretização de um catálogo de direitos fundamentais.

c) inovações hermenêuticas.

d) densificação da força normativa do Estado.

e) onipresença dos princípios e das regras.

COMENTÁRIOS

Alternativa correta: letra "a" (responde todas as alternativas): A questão utilizou como base a doutrina do professor Pedro Lenza, construída se valendo das concepções desenvolvidas por Walber de Moura Agra. O autor dispõe que: "o neoconstitucionalismo tem como uma de suas marcas a concretização das prestações materiais prometidas pela sociedade, servindo como ferramenta para a implantação de um Estado Democrático Social de Direito. Ele pode ser considerado como um movimento caudatário do pós-modernismo. Dentre suas principais características podem ser mencionadas: a) positivação e concretização de um catálogo de direitos fundamentais; b) onipresença dos princípios e das regras; c) inovações hermenêuticas; d) densificação da força normativa do Estado; e) **desenvolvimento** da justiça distributiva". (Lenza, Pedro. Direito constitucional esquematizado. 23. ed. – São Paulo: Saraiva Educação, 2019). Logo, a única alternativa que não contém uma das características é a de letra "a".

14. (Inst. Acesso – Delegado de Polícia – PC – ES/2019) "A interpretação jurídico-científica não pode fazer outra coisa senão estabelecer as possíveis significações de uma norma jurídica. Como conhecimento do seu objeto, ela não pode tomar qualquer decisão entre as possibilidades por si mesma reveladas, mas tem de deixar tal decisão ao órgão que, segundo a ordem jurídica, é competente para aplicar o Direito. Um advogado que, no interesse de seu constituinte, propõe ao tribunal apenas uma das várias interpretações possíveis da norma jurídica a aplicar a certo caso, e um escritor que, num comentário, elege a interpretação determinada, dentre as várias interpretações possíveis, como a única ‹acertada›, não realizam uma função jurídico-científica mas uma função jurídico-política (de política jurídica). Eles procuram exercer influência sobre a criação do Direito."

Esta concepção de hermenêutica, extremamente influente no século XX, é extraída do(a):

a) Escola da Exegese, de Savigny.
b) Neo-Constitucionalismo, de Ronald Dworkin.
c) Positivismo jurídico, de Hans Kelsen.
d) Teoria dos Sistemas, de Niklas Luhmann.
e) Pós-Positivismo, de Robert Alexy.

COMENTÁRIOS

Alternativa "a": Segundo a Escola da Exegese, de Savigny, a interpretação deve ser um trabalho meramente declaratório, limitando-se a captar o sentido da lei a partir da sintaxe, com uma análise imparcial.

Alternativa "b": A concepção de hermenêutica extraída do neoconstitucionalismo, de Ronald Dworkin, é baseada na ideia de interpretação das regras com base em princípios, que seriam fundamentos para as regras. Os princípios, diferentemente das regras, não se excluem, mas sim são sopesados e aplicados em maior ou menor medida em cada caso.

Alternativa "c": O positivismo jurídico defende que a ciência jurídica é dogmática, sendo o jurista competente para sistematizar o direito, interpretando-o de um ponto de vista jurídico-científico, afastando dimensões axiológicas, que comprometeriam a interpretação.

Alternativa "d": A teoria dos sistemas de Luhmann voltou-se ao papel da comunicação nas relações entre o ambiente e o sistema, prescrevendo uma hermenêutica baseada nessa ideia de sistema, com uma interpretação funcional das normas.

Alternativa "e": O pós-positivismo está ligado à ideia de neoconstitucionalismo, a medida que prescreve que o direito não se limita às normas positivadas, compreendendo também princípios, que devem ser o filtro hermenêutico das regras.

Alternativa correta: letra "c".

15. (Inst. Acesso – Delegado de Polícia – PC – ES/2019) "Para alguns espíritos, ou ingênuos em relação aos fatores reais que influem efetivamente nos governos chamados democráticos, os interessados em transformar os meios em fins, idealizando-os para o efeito de assegurar, pela reverência pública, a sua continuação, a democracia não se define pelos valores ou pelos fins, mas pelos meios, pelos processos, pela máquina, pela técnica ou pelos diversos expedientes mediante os quais os políticos fabricam a opinião ou elaboram os substitutos legais da vontade do povo ou da Nação.

Ora, a máquina democrática não tem nenhuma relação com o ideal democrático. A máquina democrática pode produzir e tem, efetivamente, produzido exatamente o contrário da democracia ou do ideal democrático. Dadas as condições de um país, quanto mais se avoluma e aperfeiçoa a máquina democrática, tanto mais o Governo se distancia do povo e mais remoto da realidade se torna o ideal democrático.

Não haverá ninguém de boa-fé que dê como democrático um regime pelo simples fato de haver sido montada, segundo todas as regras, a máquina destinada a registrar a vontade popular. Seja, porém, qual for a técnica ou a engenharia de um governo, este será realmente democrático se os valores que inspiram a sua ação decorrem do ideal democrático." (CAMPOS, Francisco. O Estado Nacional. Editora Senado Federal, 2001)

Tendo como referência o texto acima citado, podemos afirmar que, o modelo de constitucionalismo defendido pelo autor, mais se aproxima do constitucionalismo

a) substancial.
b) aberto aos intérpretes da constituição.
c) procedimental.
d) liberal.
e) como integridade.

COMENTÁRIOS

✪ **Nota do autor:** O parágrafo final do texto é o mais importante para responder a questão.

Alternativa "a" (responde todas as alternativas): A questão implica na defesa de uma concepção de constitucionalismo no qual os valores buscados pela sociedade estejam contidos na Constituição, que não deve ter o mero papel de registrar a vontade popular. Essa vertente que defende a inclusão dos valores buscados na Constituição é denominada substancialismo, que se contrapõe ao procedimentalismo.

Alternativa correta: letra "a".

16. (Inst. Acesso - Delegado de Polícia - PC - ES/2019) Em julgamento de Recurso Extraordinário (RE-AgR 436.996), o Supremo Tribunal Federal entendeu que o atendimento em creche e o acesso à unidades de pré-escola à criança menor de 05 (cinco) anos de idade não podem fundar-se em juízo de simples conveniência ou de mera oportunidade. Isto porque o sistema de ensino municipal é constitucionalmente regido por normas de eficácia

a) submetida ao princípio da reserva do possível.
b) contida, ou seja, têm aplicabilidade indireta, mediata e reduzida.
c) limitada, ou seja, têm aplicabilidade indireta, mediata e reduzida e estabelecem diretrizes para as políticas públicas.
d) plena, ou seja, têm aplicabilidade direta, imediata e integral, que não se submetem ao princípio da reserva do possível.
e) contida, ou seja, têm aplicabilidade direta, imediata e possivelmente não integral.

COMENTÁRIOS

Alternativa "d" (responde todas as alternativas): Para a questão, importante a diferenciação entre normas de eficácia plena, contida e limitada. São normas de eficácia plena aquelas que não dependem nem admitem sua regulamentação por normas infraconstitucionais, tendo aplicabilidade direta, imediata e integral. São normas de eficácia contida aquelas que não dependem, mas admitem sua regulamentação por normas infraconstitucionais, tendo aplicabilidade direta e imediata, porém restringível (não necessariamente integral). Normas de eficácia limitada, por sua vez, dependem de sua regulamentação por normas infraconstitucionais para produzirem efeitos, tendo aplicabilidade indireta, mediata e restringível. Podem essas ainda serem divididas entre normas de princípio programático, que direcionam a atuação estatal, instituindo programas de governo; ou normas de princípio institutivo, que determinam a instituição de órgãos, por exemplo.

A questão trata do texto do art. 7º, XXV da CF/88, que fala que "São direitos dos trabalhadores urbanos e rurais, além de outros que visem à melhoria de sua condição social: (...) XXV-assistência gratuita aos filhos e dependentes desde o nascimento até 5 (cinco) anos de idade em creches e pré-escolas;", associada ao art. 208, IV da CF/88: "O dever do Estado com a educação será efetivado mediante a garantia de: IV - educação infantil, em creche e pré-escola, às crianças até 5 (cinco) anos de idade;". Pela ausência da expressão "na forma da lei", pode-se concluir que se trata de norma de eficácia plena. Ademais, já se manifestou o STF no sentido de que tratando-se de direito subjetivo público de crianças até cinco anos de idade (RE 554.075 AgR), e direito fundamental de toda criança, não pode ser submetido a "avaliações meramente discricionárias da administração pública" nem se subordinar "a razões de puro pragmatismo governamental" (ARE 639.337 AgR). Assim, não se submete à reserva do possível.

Alternativa correta: letra "d".

17. (Nucepe - Delegado de Polícia - PC - PI/2018) A Constituição Federal de 1988 pode ser considerada:

a) semirrígida, porque algumas matérias, denominadas cláusulas pétreas, são imutáveis.
b) sintética, porque veicula tão somente princípios e normas gerais.
c) analítica, pois aborda minúcias, estabelecendo regras que poderiam estar em leis infraconstitucionais.
d) pactuada, segundo valores e tradições estabelecidos e conservados pela sociedade.
e) outorgada, permitiu a participação do povo em seu processo de elaboração.

COMENTÁRIOS

Alternativa "a": Nossa constituição, na realidade, é considerada como rígida, ou mesmo super-rígida por parte da doutrina, em razão da existência de um núcleo imutável de normas (cláusulas pétreas).

Alternativa "b": Nossa constituição é analítica ou prolixa, e não sintética, pois trata não só de assuntos inerentes ao corpo de normas constitucionais (princípios básicos e direitos fundamentais), mas também de assuntos outros.

Alternativa "c": Nossa constituição não dispõe somente de normas tipicamente constitucionais, como a organização do estado e a o rol de direitos e garantias fundamentais. Trata ainda de assuntos outros, sendo, por isso, analítica.

Alternativa "d": Nossa constituição é democrática ou promulgada, uma vez que foi feita por uma assembleia constituinte composta por representantes do povo, e não pactuada, que consiste em um pacto de vontades entre o soberano e determinados grupos sociais mais favorecidos.

Alternativa "e": A constituição outorgada é feita pelo próprio governante, que a impõe ao povo. É o oposto da nossa constituição, que é promulgada.

Alternativa correta: letra "c".

18. (UEG - Delegado de Polícia - PC - GO/2018) A Constituição Federal brasileira de 1988 classifica-se quanto à origem, ao modo de elaboração, à alterabilidade, à dogmática e ao critério ontológico de Karl Loewenstein, respectivamente, em

a) outorgada, dogmática, rígida, eclética e normativa.
b) outorgada, histórica, semirrígida, ortodoxa e nominalista.
c) promulgada, dogmática, rígida, eclética e normativa.
d) promulgada, histórica, semirrígida, ortodoxa e nominalista.
e) cesarista, histórica, imutável, eclética e semântica.

COMENTÁRIOS

✪ **Nota do autor:** entendemos que, por ter a questão considerado a Constituição de 1988 como normativa, quando doutrina majoritária compreende ser nominalista, seria a questão passível de anulação. No entanto, era possível atingir a resposta buscada pelo examinador, independentemente dessa classificação.

Quanto à origem, nossa constituição é **promulgada** (foi elaborada pelo povo, por meio de uma assembleia constituinte); **quanto ao modo de elaboração**, é **dogmática** (traz em si os dogmas/valores do momento de sua elaboração); **quanto à alterabilidade** é considerada **rígida**, ou super-rígida (pois para que possa ser alterada depende de procedimento específico, mais dificultoso, havendo ainda um núcleo de normas imutáveis- cláusulas pétreas).

Quanto à dogmática (ou ideologia), é **eclética**, pois formada sob uma pluralidade de ideais; e **quanto ao critério ontológico** de Karl Loewenstein, é considerada por parte da doutrina como **nominal**, por seu baixo grau de correspondência com a realidade, enquanto outra parte da doutrina (minoritária) entende ser **normativa**.

Alternativa correta: letra "c".

19. (Vunesp – Delegado de Polícia – PC – BA/2018) Em suas decisões, o Supremo Tribunal Federal afirma que as normas constitucionais originárias não possuem hierarquia entre si, assentando a premissa fundamental de que o sistema positivo constitucional constitui um complexo de normas que deve manter entre si um vínculo de coerência; em síntese, em caso de confronto entre as normas constitucionais, devem ser apaziguados os dispositivos constitucionais aparentemente conflitantes. Tal interpreta**ção decorre de um princípio específico de interpretação constitucional, denominado princípio da**

a) conformidade ou justeza constitucional.
b) eficácia integradora.
c) força normativa.
d) máxima efetividade.
e) unidade da constituição.

COMENTÁRIOS

Alternativa "a": O princípio da conformidade ou justeza constitucional estabelece que não se deve atribuir à norma constitucional um sentido que subverta o esquema organizatório-funcional da Constituição.

Alternativa "b": O princípio da eficácia integradora estabelece que ao interpretar a Constituição, atribua-se preferência às normas que promovam a integração política e social e o reforço da unidade política.

Alternativa "c": Pelo princípio da força normativa é estabelecido que a toda norma jurídica seja atribuído um mínimo de eficácia, de modo que todas as normas da Constituição são dotadas de força suficiente, por si só, para alterar a realidade.

Alternativa "d": O princípio da máxima efetividade estabelece que se atribua à norma constitucional o sentido que lhe confira a maior efetividade social, de modo a maximizar a norma, extraindo dela todas as suas potencialidades.

Alternativa "e": O princípio da Unidade da Constituição estabelece que o texto da Constituição seja interpretado como um todo, de modo a evitar contradições entre suas normas. Qualquer conflito que surgisse nessa análise seria aparente (antinomia aparente), pois as normas constitucionais originárias não possuem hierarquia entre si.

Alternativa correta: letra "e".

20. (Vunesp – Delegado de Polícia – PC – SP/2018) Ao julgar o RE nº 251.445/GO, o Supremo Tribunal Federal decidiu que o termo "casa", resguardado pela inviolabilidade conferida pelo art. 5º, inciso XI, da Constituição Federal e antes restrito a domicílio e residência, revela-se abrangente, devendo, portanto, se estender também a qualquer compartimento privado onde alguém exerça profissão ou atividade. Essa fixação de novo entendimento pelo Supremo Tribunal Federal que acarretou num processo de alteração do sentido da norma constitucional, sem alteração do texto, é denominada pela hermenêutica constitucional de

a) repristinação constitucional.
b) mutação constitucional informal.
c) interpretação conforme.
d) interpretação literal.
e) interpretação teleológica.

COMENTÁRIOS

Alternativa "a": A repristinação consiste no fenômeno por meio do qual determinada norma revogada volta a viger em razão da perda de vigência da lei revogadora. Esse fenômeno só pode ocorrer no Brasil em caso de previsão expressa (art. 2º, §3º, LINDB).

Alternativa "b": Mutação constitucional é o fenômeno pelo qual se altera a interpretação de determinada norma constitucional, sem alterar seu texto. Por isso, trata-se de alteração informal, uma vez que não é uma alteração feita pelo Poder Legislativo, por meio do processo legislativo de emenda constitucional.

Alternativa "c": Interpretação conforme é um método que incide sobre a interpretação de normas infraconstitucionais plurissignificativas, de modo a afastar os sentidos que contrariem a Constituição, e manter aquele ou aqueles que estejam de acordo com ela.

Alternativa "d": A interpretação literal decorre do método hermenêutico clássico, pautando-se no texto da norma, em sua literalidade.

Alternativa "e": A interpretação teleológica, também chamada sociológica, se destina a obtenção da finalidade da norma.

Alternativa correta: letra "b".

21. (Vunesp – Delegado de Polícia – PC – SP/2018) Em recente julgamento nos autos da ADPF nº 132, o Supremo Tribunal Federal, diante da possibilidade de duas ou mais interpretações razoáveis sobre o art. 1.723 do Código Civil, que trata sobre a união estável entre homem e mulher, reconheceu a união homoafetiva como família. Nesse caso, é correto afirmar que a técnica de interpretação utilizada foi

a) interpretação teleológica.
b) mutação constitucional informal.
c) interpretação conforme.
d) mutação constitucional formal.
e) ponderação pelo princípio da proporcionalidade.

COMENTÁRIOS

Alternativa "a": A interpretação teleológica, também chamada sociológica, se destina a obtenção da finalidade da norma.

Alternativa "b": Mutação constitucional é o fenômeno pelo qual se altera a interpretação de determinada norma constitucional, sem alterar seu texto. Trata-se de alteração informal, uma vez que não é uma alteração feita pelo Poder Legislativo, por meio do processo legislativo de emenda constitucional.

Alternativa "c": A norma objeto da ADPF possuía uma pluralidade de sentidos: a que implicava na exclusão da possibilidade da união ser entre pessoas do mesmo sexo, e a que implicava nessa possibilidade. Adotando o método da interpretação conforme, o STF afastou a interpretação que excluía a possibilidade em questão, adotando aquela que tinha maior compatibilidade com os preceitos constitucionais.

Alternativa "d": A mutação constitucional formal decorreria da alteração do texto da Constituição Federal por meio do processo legislativo de emendas constitucionais.

Alternativa "e": Na ponderação pelo princípio da proporcionalidade, busca-se adequar a norma à necessidade do caso concreto, proporcionalmente.

Alternativa correta: letra "c".

2. PODER CONSTITUINTE. CONCEITO, FINALIDADE, TITULARIDADE E ESPÉCIES. REFORMA DA CONSTITUIÇÃO. CLÁUSULAS PÉTREAS

22. (CEBRASPE – 2024 – PC/PE – Delegado) No que diz respeito a poder constituinte, assinale a opção correta.

a) Não existiu poder constituinte originário nos países de constituição flexível.
b) O titular do poder constituinte é o órgão que produz normas de natureza constitucional.
c) O caráter inicial do poder constituinte originário consiste no fato de que ele não se fundamenta em outro, mas cria uma nova ordem jurídica.
d) No plano jurídico doméstico, o poder constituinte originário encontra limite nos tratados e convenções internacionais.
e) Na Constituição Federal de 1988, a principal limitação material ao poder de revisão consiste na proibição de sua reforma durante a vigência de intervenção, estado de defesa ou estado de sítio.

COMENTÁRIOS

Alternativa "a": Uma constituição flexível pode ser alterada pelo mesmo processo legislativo que se edita normas. Ser flexível não implica a inexistência do poder constituinte originário, que diz respeito ao Poder que cria a primeira ou nova constituição de um Estado. É possível que o exercício do poder constituinte originário gere uma nova Constituição flexível.

Alternativa "b": O titular do poder constituinte é o povo,

Alternativa "c": Por tal motivo, o Poder Constituinte originário é inicial, autônomo, ilimitado e incondicionado.

Alternativa "d": O poder constituinte originário é ilimitado.

Alternativa "e": Nos termos do art. 60, §4º são limitações **materiais** ao poder de **reforma** a proibição de proposta de emenda tendente a abolir a forma federativa de Estado; o voto direto, secreto, universal e periódico, a separação de Poderes e os direitos e garantias fundamentais. A proibição de **emenda** durante intervenção federal, estado de defesa e estado de sítio são limitações **circunstanciais**. Vale lembrar ainda que a edição de emendas consiste na **reforma constitucional**, e não na revisão, prevista no art. 3º do ADCT.

Alternativa correta: letra "c".

23. (CEBRASPE – 2024 – PC/PE – Delegado) No que se refere aos estados federados, assinale a opção correta.

a) As competências dos estados federados são orientadas pelo princípio da exclusividade do interesse, o qual dispõe que as matérias de interesse exclusivamente regional interessam apenas aos estados.

b) Em virtude da repartição de competências que a CF define, os estados federados encontram espaço para exercer certo grau de soberania, embora de forma limitada.

c) O poder constituinte que os estados podem exercer na produção de suas constituições se caracteriza por ser inicial e independente, embora não seja ilimitado.

d) Na repartição de competências não tributárias, as competências que a CF não tenha atribuído à União ou aos municípios cabem, em princípio, aos estados-membros.

e) Em respeito às competências dos estados e à capacidade de que produzam sua própria constituição, as limitações ao poder decorrente são apenas as expressas na CF.

COMENTÁRIOS

Alternativa "a": São, na verdade, orientados pelo princípio da preponderância de interesses, e não exclusividade.

Alternativa "b": A soberania pertence somente à República Federativa. Os Entes Federados somente são dotados de **autonomia**.

Alternativa "c": Não é, na verdade, nem inicial, nem dependente, mas sim derivado e decorrente, além de limitado.

Alternativa "d": A competência residual para fins tributários é da União, nos termos do art. 154, I da CF/88. Por sua vez, em matérias **não tributárias**, como aponta a questão, a competência residual é dos Estados, nos termos do art. 25, §1º da CF/88: "§ 1º São reservadas aos Estados as competências que não lhes sejam vedadas por esta Constituição.".

Alternativa "e": Há, na verdade, também limitações implícitas.

Alternativa correta: letra "d".

---

24. **(CEBRASPE – 2023 – PC/AL – Delegado)** A respeito das fontes e das classificações das constituições, do poder constituinte e do controle de constitucionalidade, julgue o item que se segue.

24.1. Embora a finalidade da ação declaratória de constitucionalidade seja a obtenção de julgamento para afirmar a validade constitucional de uma norma, seu resultado pode ser a declaração de inconstitucionalidade desta, situação em que é juridicamente possível haver modulação dos efeitos do julgamento.

COMENTÁRIOS

As ações declaratória de constitucionalidade e direta de inconstitucionalidade têm caráter bivalente, o que pode se extrair do art. 24 da Lei 9.868/99: "Art. 24. Proclamada a constitucionalidade, julgar-se-á improcedente a ação direta ou procedente eventual ação declaratória; e, proclamada a inconstitucionalidade, julgar-se-á procedente a ação direta ou improcedente eventual ação declaratória.". No que diz respeito à modulação de efeitos, verifica-se sua disciplina no art. 27 da mesma legislação: "Ao declarar a inconstitucionalidade de lei ou ato normativo, e tendo em vista razões de segurança jurídica ou de excepcional interesse social, poderá o Supremo Tribunal Federal, por maioria de dois terços de seus membros, restringir os efeitos daquela declaração ou decidir que ela só tenha eficácia a partir de seu trânsito em julgado ou de outro momento que venha a ser fixado.".

Alternativa: "certa".

24.2. O chamado poder constituinte derivado está, juridicamente, no mesmo nível do poder constituinte originário, pois ambos têm a capacidade de gerar e alterar a Constituição.

COMENTÁRIOS

Na verdade, ao contrário do poder constituinte originário, o poder constituinte derivado é limitado às regras dispostas pelo poder originário. Portanto, é incorreto classificá-lo no mesmo nível.

Alternativa: "errado".

---

25. **(Vunesp – Delegado de Polícia – PC – SP/2022).** Poder constituinte originário é o que cria uma Constituição. Assinale a alternativa correta, considerando as características desse importante instituto jurídico.

a) Não é possível a declaração de inconstitucionalidade de norma anterior à Constituição, com ela materialmente compatível, editada com desobediência à Constituição então vigente.

b) O Poder Judiciário pode exercer controle de constitucionalidade sobre preceitos estatuídos pelo poder constituinte originário.

c) O poder constituinte originário da origem à nova ordem jurídica, razão pela qual os diplomas infraconstitucionais perdem vigor com o advento de uma nova Constituição.

d) O princípio da segurança das relações jurídicas não permite a restauração da eficácia de lei que perdeu vigência com o advento de uma nova Constituição, quando esta é revogada por uma terceira Constituição.

e) As normas supervenientes do poder constituinte originário possuem como regra eficácia retroativa mínima e média e, excepcionalmente, eficácia retroativa máxima.

COMENTÁRIOS

Alternativa "a": O controle de normas anteriores à Constituição com relação à Constituição atual diz respeito à recepção ou não recepção. Nele, somente é apreciado o conteúdo (compatibilidade material), e não à forma. Embora, à primeira vista, a alternativa possa parecer correta, seu erro está na parte final. O vício formal, da norma em discussão, é de fato uma inconstitucionalidade, pois se deu com relação à Constituição vigente à época, ou seja, foi congênito, e poderia sim ser declarada sua inconstitucionalidade.

Alternativa "b": Incorreta, pois o parâmetro para controle de constitucionalidade é justamente aquele que foi estatuído pelo poder constituinte originário. Estaria correta se falasse em "estatuídos pelo poder constituinte derivado".

Alternativa "c": Não necessariamente perderão seu vigor, uma vez que passarão por análise que determinará sua recepção ou não recepção, e, se recepcionados, continuarão vigentes.

Alternativa "d": Não existe repristinação tácita. Somente se admite esse fenômeno se for expressamente determinado pela norma revogadora. A alternativa pode ter sua interpretação facilitada da seguinte forma: Norma A editada na vigência da Constituição 1. Com a edição da Constituição 2, a Norma A perde vigência, pois era incompatível. Surge, então, a Constituição 3. Somente se a Constituição 3 expressamente determinar, é que a Norma A poderá voltar a viger. A alternativa está, de certa forma, incompleta. Porém, é correta, se considerarmos a repristinação tácita, que, de fato, não é permitida, a fim de preservar a segurança jurídica.

Alternativa "e": Existem três **níveis de retroatividade: máxima, média e mínima**. A retroatividade máxima ou restitutória se dá na hipótese em que a norma nova prejudica coisa julgada ou fatos jurídicos já consumados. A retroatividade média ocorre no caso de a norma nova atingir efeitos pendentes de atos verificados antes dela. A retroatividade mínima, temperada ou mitigada se verifica quando a norma nova atinge apenas os efeitos de fatos anteriores, verificados após a data que ela entra em vigor (tudo conforme a ADI 493, julgada pelo STF em 1992 e relatada pelo Ministro Moreira Alves). Nesse sentido, a norma constitucional, via de regra, tem retroatividade mínima e, apenas mediante previsão expressa, tem retroatividade média ou máxima.

Alternativa correta: letra "d".

---

26. (**FGV – Delegado de Polícia – PC – AM/2022).** Em um período no qual a região norte do País estava sendo atingida por uma calamidade de grandes proporções da natureza, um grupo de vinte Senadores subscreveu uma proposta de emenda constitucional, visando a alterar a sistemática afeta à estruturação dos órgãos de segurança pública. Acresça-se que proposta idêntica fora apresentada e rejeitada pelo Senado Federal na mesma legislatura, mais especificamente no ano anterior. À luz da sistemática constitucional, é correto afirmar que essa proposta afronta

a) os limites formais, materiais, circunstanciais e temporais de reforma constitucional.

b) apenas os limites formais, circunstanciais e temporais de reforma constitucional.

c) apenas os limites circunstancias e temporais de reforma constitucional.

d) apenas os limites formais e materiais de reforma constitucional.

e) apenas os limites formais de reforma constitucional.

COMENTÁRIOS

Alternativa "e" (responde todas as alternativas): O art. 60 da CF/88 prevê que a Constituição poderá ser emendada mediante proposta de um terço, no mínimo, dos membros da Câmara dos Deputados ou do Senado Federal. O art. 46, §1º, por sua vez, prevê que Cada Estado e o Distrito Federal elegerão três Senadores. Temos 26 Estados e o Distrito Federal. 27x3=81. Dos 81, para que a proposta seja admitida, 1/3 deve propor (logo, a matemática sequer seria necessária, já que cada temos 26 Estados + DF, num total de 27, e cada um elege 3, e basta 1/3 para a propositura da PEC). Seriam necessários, portanto, no mínimo 27 Senadores, não sendo suficientes 20, como no enunciado.

No que diz respeito à matéria da proposta, verifica-se que não há cláusula pétrea nessa matéria, no art. 60, §4º da CF/88, de modo que não afronta limites materiais.

São limites circunstanciais, por sua vez, a vigência de intervenção federal, de estado de defesa ou de estado de sítio, previstos no art. 60, §1º da CF/88. No caso, embora exista calamidade de grandes proporções da natureza, hipótese que autoriza o decreto do estado de defesa (art. 136), a alternativa não fala que está vigente, logo, não há violação aos limites circunstanciais.

Por fim, não existem limites temporais de reforma constitucional no ordenamento jurídico vigente.

Em resumo, foram violados apenas os limites formais de reforma, já que eram necessários, no mínimo, 27 Senadores para a proposta.

Alternativa correta: letra "e".

---

27. (UFPR – Delegado de Polícia – PC – PR/2021) O poder constituinte e o poder de reforma constitucional são dois dos temas mais relevantes do Direito Constitucional. A respeito do assunto, assinale a alternativa correta.

a) Diante de grande necessidade, a Constituição Federal poderá ser emendada durante a vigência de estado de sítio e de estado de defesa.

b) Em seu exercício, o poder constituinte estadual deve reproduzir integralmente as disposições da Constituição Federal a respeito de direito, deveres e organização da ordem social.

c) A proteção ao direito adquirido resguarda o direito do titular em face de tentativas de violar esse direito, sejam elas do poder constituinte ou do poder de reforma da Constituição.

d) Mais da metade das assembleias legislativas podem propor uma emenda à Constituição, se houver a manifestação da maioria relativa de cada uma delas.

e) A proposta de emenda à Constituição rejeitada pode ser reapresentada na mesma sessão legislativa, se houver a concordância da maioria absoluta da casa.

COMENTÁRIOS

Alternativa correta: letra "d": A legitimidade para a propositura de emenda constitucional está nos incisos do art. 60 da CF/88. No inciso III se assegura a iniciativa de "mais da metade das Assembléias Legislativas das unidades da Federação, manifestando-se, cada uma delas, pela maioria relativa de seus membros."

Alternativa "a": Existe vedação expressa, no art. 60, §1º da CF/88, à edição de emendas constitucionais na vigência de intervenção federal, estado de defesa ou estado de sítio. Portanto, a alternativa está incorreta, já que, na verdade, a CF **não poderá ser emendada** nessas circunstâncias.

Alternativa "b": Não há a necessidade de reprodução integral das normas da Constituição Federal, contudo, há algumas regras fundamentais que devem ser adotadas "à simetria" da Constituição Federal, ou seja, aplicada de forma simétrica na esfera estadual ao que se dá na esfera federal. Mas, mesmo nesses casos, não há uma reprodução integral.

Alternativa "c": Na verdade, não existe direito adquirido face ao poder constituinte, sendo esse o entendimento do STF. Nesse sentido: "*NÃO HÁ DIREITO ADQUIRIDO CONTRA TEXTO CONSTITUCIONAL, RESULTE ELE DO PODER CONSTITUINTE ORIGINARIO, OU DO PODER CONSTITUINTE DERIVADO. PRECEDENTES DO S.T.F. RECURSO EXTRAORDINÁRIO CONHECIDO E PROVIDO*" (RE 94.414/SP, Plenário, Rel. Min. Moreira Alves, j. 13/02/1985, DJ 19/04/1985)

Alternativa "e": Na verdade, o art. 60, §5º da CF/88 proíbe que a matéria constante de proposta de emenda rejeitada ou havida por prejudicada seja objeto de nova proposta na mesma sessão legislativa.

28. (Instituto AOCP – Delegado de Polícia – PC – PA/2021) O poder constituinte produz normas constitucionais tanto ao elaborar a constituição quanto ao alterá-la, podendo ser originário ou derivado. A respeito do poder constituinte, assinale a alternativa correta.

a) O poder constituinte originário é soberano e está acima da vontade popular.

b) O poder constituinte originário encontra-se no texto da própria Constituição que ele irá alterar.

c) Ao contrário do poder constituinte originário, o poder constituinte derivado é ilimitado e autônomo.

d) A teoria do poder constituinte não está relacionada à legitimidade do poder, à soberania nacional e à soberania popular de um Estado.

e) Ainda que exercido de forma ilegítima, o poder constituinte originário será sempre o criador de uma nova constituição que estabeleça uma nova ordem constitucional em um Estado.

COMENTÁRIOS

Alternativa correta: letra "b": A menção a uma forma de exercício ilegítima do poder constituinte originário pode ser exemplificada com constituições outorgadas, autoritárias, que apesar da forma como são elaboradas, instituem uma norma ordem constitucional.

Alternativa "a": Na verdade, o poder constituinte, como todo o poder, emana do povo (Art. 1º, parágrafo único, CF/88). Assim, a alternativa é incorreta.

Alternativa "b": O poder constituinte que altera uma constituição é o poder constituinte **derivado** e não o originário. Logo, a alternativa é incorreta.

Alternativa "c": O poder constituinte derivado não é autônomo, mas sim subordinado, condicionado e limitado.

Alternativa "d": Na verdade, o poder constituinte deriva da soberania popular de um Estado, trazendo legitimidade ao poder e assegura a soberania nacional. Logo, a alternativa é incorreta.

29. (Fundatec – Delegado de Polícia – PC – RS/2018) O poder constituinte pode ser conceituado como o poder de elaborar ou atualizar uma Constituição. A titularidade desse poder pertence ao povo, como aponta a doutrina moderna.

Sobre as proposições em relação ao tema, assinale a alternativa INCORRETA.

a) Recepção é um processo abreviado de criação de normas jurídicas, pelo qual a nova Constituição adota as leis já existentes, se com ela compatíveis, dando-lhes validade e evitando o trabalho de se elaborar toda a legislação infraconstitucional novamente. Já a desconstitucionalização ocorre quando as normas da Constituição anterior permanecem em vigor, desde que compatíveis com a nova ordem, mas com status de lei infraconstitucional.

b) O poder constituinte originário tem como principais características ser: inicial, ilimitado e incondicionado; já o poder constituinte derivado, por sua vez, possui as seguintes características principais: subordinado, condicionado e limitado.

c) Há possibilidade de se apontar duas formas básicas de expressão do Poder Constituinte originário: Assembleia Nacional Constituinte e Movimento Revolucionário (outorga).

d) O poder constituinte derivado revisor consiste na possibilidade que os Estados-membros têm, em virtude de sua autonomia político-administrativa, de se auto-organizarem através de suas respectivas constituições estaduais, sempre respeitando as limitações estabelecidas pela Constituição Federal.

e) O poder constituinte difuso dá fundamento ao fenômeno denominado de mutação constitucional. Por meio dela, são dadas novas interpretações aos dispositivos da Constituição, mas sem alterações na literalidade de seus textos, que permanecem inalterados.

COMENTÁRIOS

Alternativa "a": A alternativa descreve corretamente os fenômenos da recepção e da desconstitucionalização. Vale lembrar que a recepção decorre da compatibilidade material, de modo que uma norma pode ser recepcionada mesmo que tenha incompatibilidade formal com a nova Constituição. A desconstitucionalização tem também importante detalhe a ser lembrado: depende de previsão expressa na nova Constituição para que ocorra.

Alternativa "b": A alternativa caracteriza perfeitamente as espécies de Poder Constituinte. O originário, vale lembrar, não é limitado nem mesmo pelo direito adquirido ou coisa julgada, uma vez que inaugura uma nova ordem jurídica. O derivado, por sua vez, é subordinado àquele, sendo ainda condicionado e limitado por ele.

Alternativa "c": O Poder Constituinte Originário se manifesta na criação de uma nova constituição, rompendo com a ordem jurídica anterior: pode se dar por meio de assembleias constituintes ou mesmo em revoluções, nas quais se usurpa o Poder Constituinte de titularidade do povo.

Alternativa "d": A alternativa descreve o Poder Constituinte Decorrente, que se manifesta na elaboração de Constituições estaduais, ou da lei orgânica distrital. O poder constituinte derivado revisor consiste na possibilidade de elaboração de revisões do texto constitucional, em período determinado pela Constituição.

Alternativa "e": O Poder Constituinte Difuso se manifesta na interpretação da Constituição, podendo ocasionar um processo informal de alteração do sentido de seus enunciados sem alterar sua literalidade. Trata-se do fenômeno da mutação constitucional.

Alternativa incorreta: letra "d".

---

30. (UEG – Delegado de Polícia – PC – GO/2018) O fenômeno jurídico da

a) transcendência dos motivos determinantes não é admitido pelo STF em sede de reclamação.

b) mutação constitucional consiste na mudança da Constituição, mediante o acréscimo, a modificação ou a supressão de artigos.

c) reforma constitucional é o processo informal de mudança da Constituição, mediante a alteração de significados ou a reconstrução interpretativa da norma.

d) derrotabilidade, amplamente admitido pelo STF, pode levar o intérprete a afastar regra geral sem necessariamente declarar a inconstitucionalidade da norma.

e) desconstitucionalização impõe que as normas da Constituição anterior, se materialmente compatíveis com a nova, sejam recepcionadas pela ordem constitucional superveniente, embora com status infraconstitucional.

COMENTÁRIOS

✪ **Nota do autor:** a questão foi ANULADA pela banca examinadora.

Alternativa "a": De acordo com essa teoria, seria vinculante não só o dispositivo da decisão, mas também os motivos determinantes daquela. Essa teoria ainda é controversa na jurisprudência do STF, havendo julgados que a aplicam, e julgados que a afastam. Como há julgados recentes de reclamação que aplicam a teoria, podemos considerar a alternativa como incorreta.

Alternativa "b": A mutação constitucional, na verdade, consiste na alteração da interpretação de determinado dispositivo constitucional, sem, contudo, alterar seu conteúdo.

Alternativa "c": O processo de reforma constitucional consiste na elaboração de emendas constitucionais, que alteram o texto de normas da constituição, de modo formal. A descrição da alternativa diz respeito à mutação constitucional, que é uma alteração informal, sem alterar o texto.

Alternativa "d": Na derrotabilidade, admitida pelo SF, não se afasta regra geral, mas sim se reconhece a existência de uma cláusula de exceção: um caso em que a norma não é aplicada, por ser derrotada em face dos demais valores prevalecentes no caso.

Alternativa "e": A desconstitucionalização implica na recepção de normas da Constituição anterior como normas infraconstitucionais, desde que sejam normas cujo conteúdo não seja inerente à Constituição. Portanto, devem ser normas apenas formalmente constitucionais da ordem anterior. Nesse caso, para que sejam recepcionadas, deve haver previsão expressa, e compatibilidade com a nova Constituição. Apesar da redação confusa da alternativa, poderíamos considerá-la como correta.

---

31. (Nucepe – Delegado de Polícia – PC – PI/2018) Sobre o Poder Constituinte, assinale a alternativa CORRETA.

a) Reformador é incondicionado e ilimitado.

b) Originário é aquele que instaura uma nova ordem jurídica, provocando uma ruptura com a ordem jurídica anterior.

c) Dos estados-membros é incondicionado e ilimitado juridicamente.

d) Reformador pode suprimir cláusulas pétreas.

e) Decorrente é o conferido aos municípios dos territórios.

COMENTÁRIOS

Alternativa "a": O poder constituinte reformador é, na verdade, condicionado e limitado pelo poder constituinte originário. Assim, somente pode ser exercido nas condições estabelecidas nas normas constitucionais originárias.

Alternativa "b": De fato, o poder constituinte originário se manifesta quando da ruptura com a ordem jurídica anterior, instituindo uma nova, de modo ilimitado e incondicionado.

Alternativa "c": O poder constituinte decorrente, que detêm os Estados e Distrito Federal para promover sua auto-organização, é, na verdade, condicionado e limitado pelo poder constituinte originário. A título de exemplo, temos as normas constitucionais de reprodução obrigatória da Constituição Federal, que devem ser repetidas nas Constituições Estaduais.

Alternativa "d": O poder constituinte reformador não pode suprimir cláusulas pétreas, pois é condicionado e limitado. Trata-se de uma limitação implícita: a não alteração do processo de alteração da Constituição Federal.

Alternativa "e": O poder constituinte decorrente é atribuído aos Estados e Distrito Federal, mas não aos Municípios ou Territórios.

Alternativa correta: letra "b".

---

32. (UEG – Delegado de Polícia – PC – GO/2018) É constitucionalmente possível, apesar das limitações constitucionais ao poder constituinte derivado, segundo a doutrina nacional predominante,

a) a alteração na titularidade dos poderes constituintes originário e derivado reformador.

b) a edição, ainda este ano, da centésima Emenda Constitucional, pois a intervenção federal no Rio de Janeiro, prevista para durar até 31 de dezembro de 2018, não configura nenhuma limitação temporal ao poder de reforma.

c) a Constituição ser emendada mediante proposta de iniciativa popular.

d) a dupla revisão, com a revogação da cláusula pétrea num primeiro momento e a posterior abolição do direito por ela protegido.

e) a hipotética redução da maioridade penal de 18 para 16 anos.

COMENTÁRIOS

Alternativa "a": A titularidade do poder constituinte é do povo, seja ele originário ou derivado, não podendo ser essa titularidade alterada.

Alternativa "b": Na realidade, conforme previsão do art. 60, §1º da CF/88, a Constituição Federal não pode ser emendada na vigência de intervenção federal, estado de defesa ou estado de sítio.

Alternativa "c": De acordo com o art. 60 da CF/88, a Constituição pode ser emendada por proposta: de um terço, no mínimo, dos membros da Câmara dos Deputados ou do Senado Federal; do Presidente da República; de mais da metade das Assembleias Legislativas das unidades da Federação, manifestando-se, cada uma delas, pela maioria relativa de seus membros. Não há iniciativa popular para proposta de emenda à Constituição.

Alternativa "d": Não é possível a revogação de cláusula pétrea: a impossibilidade de alterar o procedimento de alteração da Constituição consiste em limitação implícita ao poder constituinte derivado.

Alternativa "e": Embora a banca examinadora tenha julgado essa alternativa como correta, trata-se de questão objeto de controvérsia doutrinária. Parte dela entende ser impossível, por ser tendente a abolir direito ou garantia fundamental, enquanto outra parte entende que restringir direito ou garantia fundamental é possível.

Alternativa correta: letra "e".

---

33. (Vunesp – Delegado de Polícia – PC – BA/2018) O poder que enseja a elaboração da Constituição de um Estado-membro da federação, organizando o arcabouço constitucional daquela unidade federada, é denominado

a) poder constituinte derivado decorrente reformador normal.

b) poder constituinte derivado decorrente institucionalizador.

c) poder constituinte derivado decorrente revisional anômalo.

d) poder constituinte derivado decorrente reformador anômalo.

e) poder constituinte derivado decorrente revisional normal.

COMENTÁRIOS

O poder constituinte em questão é chamado poder constituinte derivado decorrente pela doutrina. Não é revisional ou reformador, pois não interfere na Constituição Federal, a revisando ou reformando, mas é sim institucionalizador, a medida que cria/institui a ordem jurídica nos Estados e Distrito Federal.

Alternativa correta: letra "b".

3. PRINCÍPIOS FUNDAMENTAIS DA CONSTITUIÇÃO BRASILEIRA

---

34. (Cespe – Delegado de Polícia – PC – RJ/2022). Conforme expressamente previsto no art. 1.º da Constituição Federal de 1988, "A República Federativa do Brasil, formada pela união indissolúvel dos Estados e Municípios e do Distrito Federal, constitui-se em Estado Democrático de Direito". Além de elencar os princípios republicano e federativo, o referido dispositivo constitucional aponta como um dos princípios fundamentais da Lei Maior o denominado princípio do Estado democrático de direito. Considerando os princípios que fundamentam o Estado brasileiro e aspectos relacionados a esse assunto, assinale a opção correta.

a) Com o surgimento do liberalismo, os Estados passaram a ser criados por meio de constituições escritas, com fixação de mecanismos de repartição e limitação do poder estatal, dando-se especial atenção à proteção do indivíduo contra eventuais arbitrariedades; passou a ser comum aos Estados modernos a edição de normas estabelecidas tanto pela constituição quanto pelos diplomas infraconstitucionais, não apenas para reger as relações entre os particulares, mas também para vincular a atuação dos agentes públicos. Assim, é correto afirmar que o Estado de direito pode ser conceituado, sinteticamente, como aquele que se mantém baseado no império das leis.

b) O Brasil é uma Federação, mas, em razão de dispor de soberania, pela classificação dada pela doutrina, é considerado um Estado unitário. Nesse modelo de classificação, compreende-se a existência de um único ente estatal, com centralização política, conforme se depreende do dispositivo constitucional que prevê que Brasília é a capital federal, onde está situado o Congresso Nacional, órgão responsável por centralizar as decisões políticas.

c) A democracia direta pode ser considerada como aquela em que os representantes do povo tomam diretamente as decisões que consideram adequadas para consubstanciar o interesse público. Era o sistema de democracia adotado na Grécia antiga, em que os representantes dos cidadãos reuniam-se em assembleia com o objetivo de decidir sobre temas de interesse da polis.

d) A democracia indireta pode ser considerada como aquela em que o povo exerce sua soberania por meio do plebiscito, do referendo e da iniciativa popular, conforme previsto no art. 14 da Constituição Federal de 1988. A participação popular, nesse caso, é de fundamental importância para que o Estado legitime suas decisões, efetivadas posteriormente pela administração pública, por intermédio de seus agentes.

e) A democracia semidireta é considerada pela doutrina pátria como aquela que surge da atuação do Supremo Tribunal Federal, tendo como base o art. 102 da Constituição Federal de 1988, quando seus ministros adotam decisões diante de um caso concreto no chamado ativismo judicial. Nessas condições, o STF passa a ter protagonismo com o escopo de buscar efetividade para as normas constitucionais, pois seus ministros são os principais responsáveis pela guarda da Constituição.

COMENTÁRIOS

Alternativa "a": Alternativa corretamente descreve o Estado Democrático de Direito.

Alternativa "b": O Brasil é uma Federação classificada como um Estado federativo, já que os entes federativos autônomos são dotados de capacidade administrativa e organizacional. Há um órgão central (União) que reparte competências com os demais entes.

Alternativa "c": A democracia direta, como o nome sugere, é direta, sem intermediários ou representantes. Era adotado na Grécia antiga.

Alternativa "d": Essa é, na verdade, a democracia direta. A indireta se dá por meio da eleição de representantes que tomarão decisões em nome dos representados.

Alternativa "e": Embora a democracia semidireta seja, de fato, adotada pela doutrina pátria, não tem relação com a atuação do STF. É semidireta, porque concentra a democracia indireta (eleição de representantes) com a direta (plebiscito, referendo, ação popular, etc.).

Alternativa correta: letra "a".

---

35. (Cespe – Delegado de Polícia – PC – RJ/2022). A Constituição Federal de 1988, em seu art. 2.°, adota a tradicional separação de Poderes. Assim, o legislador constituinte garantiu relativa independência a cada um dos Poderes Legislativo, Executivo e Judiciário, como mecanismo apto a assegurar os fundamentos do Estado democrático de direito. Considerando que as constituições escritas foram concebidas com o objetivo precípuo de fixar instrumentos normativos de limitação do poder estatal, assinale a opção correta.

a) A separação de Poderes está fundamentada no princípio da interdependência funcional: apesar da especialização dos Poderes, existe uma subordinação das funções executiva e jurisdicional ao Poder Legislativo, em razão do que dispõe o art. 1.° da Constituição Federal de 1988, ao estabelecer que a República Federativa do Brasil constitui-se em Estado democrático de direito.

b) A especialização funcional confere a cada um dos Poderes do Estado uma função precípua, que a doutrina denomina de função harmônica. Assim, embora o Poder Executivo disponha da função executiva, poderá exercer funções típicas dos Poderes Legislativo e Judiciário, caso haja autorização do Senado Federal, conforme previsto no art. 52 da Constituição Federal de 1988.

c) Em razão da necessária harmonia entre os Poderes, o Poder Judiciário exerce sua função típica voltada para a atividade jurisdicional, solucionando as lides que lhe são apresentadas, mas também poderá exercer a função atípica de legislar, contanto que observe as regras do processo legislativo previstas no art. 59 e seguintes da Constituição Federal de 1988.

d) Em razão da independência orgânica, os membros do Poder Legislativo gozam das denominadas imunidades parlamentares, com um conjunto de prerrogativas que lhes permitem atuar com independência no exercício da fiscalização do Poder Executivo.

e) Em razão do disposto no art. 2.° da Constituição Federal de 1988, tanto a independência orgânica quanto a especialização funcional, típicas da divisão dos Poderes, devem ser exercidas de forma absoluta, afastando- se a possibilidade do exercício das funções chamadas atípicas por qualquer dos Três Poderes.

COMENTÁRIOS

Alternativa "a": Não há que se falar em subordinação das funções executiva e jurisdicional ao Poder Legislativo. Os Poderes são, na verdade, independentes e harmônicos entre si.

Alternativa "b": Para além de não haver, no art. 52, previsão de delegação da função típica do Poder Legislativo ao Poder Executivo, mediante autorização do Senado, todos os Poderes têm funções típicas e atípicas. Essas funções que atipicamente exercem estão previstas na própria CF/88, como é o caso do art. 62 (edição de medidas provisórias – atividade legislativa – pelo Presidente da República – Poder Executivo).

Alternativa "c": Em complemento ao comentário da alternativa "b", o que há, na verdade, é uma previsão, na CF/88, de matérias de iniciativa do Poder Judiciário, como o foi o Estatuto da Magistratura (art. 93 da CF/88), cuja iniciativa a Constituição atribuiu ao STF.

Alternativa "d": É o que se extrai do art. 53 da CF/88, que visa assegurar o livre exercício da função, sem interferências excessivas do Poder Executivo ou Judiciário.

Alternativa "e": Há o exercício de funções atípicas, como já se explicou nos comentários das alternativas "b" e "c".

Alternativa correta: letra "d".

36. (Fundatec – Delegado de Polícia – PC – RS/2018) Pode-se dizer que a Carta Maior consolida a separação dos Poderes quando dispõe no Art. 2° que: "são Poderes da União, independentes e harmônicos entre si, o Legislativo, o Executivo e o Judiciário". Com base nessa premissa, assinale a alternativa INCORRETA.

a) As restrições prescritas ao exercício das competências constitucionais conferidas ao Poder Executivo, incluída a definição de políticas públicas, importam em contrariedade ao princípio da independência e harmonia entre os Poderes.

b) Compreende-se na esfera de autonomia dos Estados a anistia (ou o cancelamento) de infrações disciplinares de seus respectivos servidores, podendo concedê-la à assembleia constituinte local.

c) Não há falar-se em quebra do pacto federativo e do princípio da interdependência e harmonia entre os Poderes em razão da aplicação de princípios jurídicos ditos "federais" na interpretação de textos normativos estaduais. Princípios são normas jurídicas de um determinado ordenamento, no caso, do ordenamento brasileiro. Não há princípios jurídicos aplicáveis no território de um, mas não de outro ente federativo, sendo descabida a classificação dos princípios em "federais" e "estaduais".

d) O exercício da função regulamentar e da função regimental decorrem de delegação de função legislativa; envolvem, portanto, derrogação do princípio da divisão dos Poderes.

e) Na Constituição Brasileira de 1824, havia previsão de quatro poderes: Executivo, Legislativo, Judiciário (que na época era chamado Poder Judicial) e o Moderador.

COMENTÁRIOS

Alternativa "a": Nesse sentido foi o entendimento do STF no julgamento da ADI 4102 MC-REF, em que declarou a inconstitucionalidade de lei que estabelecia vinculação de parcelas das receitas tributárias a órgãos, fundos ou despesas.

Alternativa "b": A alternativa está de acordo com o entendimento emanado pelo STF no julgamento da ADI 104. Essa anistia se daria mormente quando circunscrita às punições impostas no regime decaído por motivos políticos, a exemplo da concedida na Constituição Federal. Vale observar que a União não deteria competência para a concessão de anistia às infrações administrativas de servidores estaduais. Seria da União a competência, no que diz respeito aos servidores estaduais, somente para conceder anistia em infrações penais.

Alternativa "c": Nesse sentido entendeu o STF no julgamento da ADI 246 em 2004.

Alternativa "d": Na realidade, não decorrem de delegação de função legislativa e não há derrogação do princípio da separação/divisão dos Poderes, tendo assim entendido o STF no julgamento do HC 85.060.

Alternativa "e": A alternativa está correta.

Alternativa incorreta: letra "d".

4. DIREITOS E GARANTIAS FUNDAMENTAIS

37. (VUNESP – 2023 – PC/SP – Delegado) A respeito dos Direitos Fundamentais, assinale a alternativa correta.

a) Todos os direitos fundamentais estão alocados no rol do art. 5° da Constituição Federal ou em Tratados sobre direitos humanos aprovados seguindo o procedimento de emenda constitucional.

b) A Constituição Federal previu expressamente que os animais são titulares de direitos fundamentais de primeira geração.

c) Não dá qualquer distinção entre direitos fundamentais em sentido formal e direitos fundamentais em sentido material.

d) A dimensão objetiva dos direitos fundamentais está ligada ao reconhecimento de que tais direitos implicam deveres de proteção do Estado.

e) Atualmente a doutrina majoritária constitucionalista rechaça a ideia de que os direitos fundamentais apresentam uma dimensão subjetiva.

COMENTÁRIOS

Alternativa "a": Nos termos do art. 5º, §2º da CF/88: "Os direitos e garantias expressos nesta Constituição não excluem outros decorrentes do regime e dos princípios por ela adotados, ou dos tratados internacionais em que a República Federativa do Brasil seja parte.". Assim, direitos decorrentes do regime e dos princípios adotados pela Constituição também são direitos fundamentais.

Alternativa "b": Para a Constituição os animais são objetos de proteção e não titulares de direito, como se extrai do art. 225, VII da CF/88 que impõe ao Poder Público a obrigação de: "proteger a fauna e a flora, vedadas, na forma da lei, as práticas que coloquem em risco sua função ecológica, provoquem a extinção de espécies ou submetam os animais a crueldade.".

Alternativa "c": Direitos fundamentais em sentido formal são aqueles que possuem tal condição por previsão constitucional expressa, enquanto em sentido material, o são em decorrência da matéria, ou seja, da importância de seu conteúdo.

Alternativa "d": Em sua dimensão objetiva, os direitos fundamentais caracterizam objetivos a serem atingidos, de modo que criam deveres ao Estado. Assim, retira-se dessa dimensão o titular, que ocupa papel central na dimensão subjetiva, e adota-se a visão de que os direitos devem ser garantidos a partir de uma atuação do próprio Estado.

Alternativa "e": Na verdade, é reconhecida pela doutrina majoritária a dimensão subjetiva dos direitos fundamentais, que caracterizam, nessa dimensão, meios de proteção ao indivíduo com relação ao Estado.

Alternativa correta: letra "d".

---

38. (CEBRASPE - 2024 - PC/PE - Delegado) A respeito dos direitos fundamentais, assinale a opção correta.

a) Os direitos e as garantias fundamentais estão taxativamente enumerados no art. 5.º da Constituição Federal de 1988.

b) Os direitos fundamentais, como as garantias, possuem caráter instrumental, isto é, denotam aspecto exclusivamente acessório em relação a outros direitos.

c) A característica da imprescritibilidade estabelece que os direitos fundamentais assistem a todas as pessoas.

d) Os direitos fundamentais previstos na Constituição Federal de 1988 aplicam-se apenas aos brasileiros e aos residentes no país.

e) Alguns direitos fundamentais aplicam-se não só nas relações dos indivíduos com o Estado, mas também entre pessoas privadas, no que se conhece como eficácia horizontal desses direitos.

COMENTÁRIOS

Alternativa "a": Nos termos do art. 5º, §2º da CF/88: "§ 2º Os direitos e garantias expressos nesta Constituição não excluem outros decorrentes do regime e dos princípios por ela adotados, ou dos tratados internacionais em que a República Federativa do Brasil seja parte.". Portanto, não se trata de rol **taxativo**, mas sim rol exemplificativo.

Alternativa "b": Os direitos fundamentais são, como se extrai do nome, **fundamentais**, ou seja, tem natureza principal e não acessória. O ordenamento jurídico está voltado a garanti-los e não o contrário.

Alternativa "c": Na verdade, a imprescritibilidade estabelece que os direitos fundamentais não prescrevem, ou seja, não deixam de existir com o decurso do tempo, ainda que não sejam exercidos por seus titulares. A universalidade é a caraterística que estabelece que assistem a todas as pessoas.

Alternativa "d": Embora o art. 5º, *caput* da CF/88 estabeleça que: "Todos são iguais perante a lei, sem distinção de qualquer natureza, garantindo-se aos brasileiros e aos estrangeiros residentes no País a inviolabilidade do direito à vida, à liberdade, à igualdade, à segurança e à propriedade, nos termos seguintes: (...)", entende-se que o estrangeiro não residente também tem garantidos direitos fundamentais.

Alternativa "e": Enquanto a eficácia vertical diz respeito à eficácia dos direitos fundamentais nas relações entre indivíduos e Estado (daí a verticalidade), a eficácia horizontal diz respeito à aplicação dos direitos fundamentais nas relações interindividuais.

Alternativa correta: letra "e".

---

39. (CEBRASPE - 2023 - PC/AL - Delegado) Acerca do federalismo, dos direitos fundamentais e dos direitos políticos, julgue o item a seguir.

39.1. Uma vez que o objetivo da Constituição Federal é regular os direitos de brasileiros e estrangeiros residentes no país, é estritamente a essas pessoas que se destina a proteção constitucional do direito à vida e à propriedade.

COMENTÁRIOS

Não existe, nas disposições relativas ao direito à vida e à propriedade restrições aos brasileiros e estrangeiros residentes no país, pois o *caput* do art. 5º da CF/88 fala "todos". Assim, não é correto dizer que se aplica apenas a brasileiros ou estrangeiros residentes no País, pois é aplicável também aos estrangeiros não residentes, apátridas e até mesmo a pessoas jurídicas.

Alternativa: "errado"

---

40. (Cespe - Delegado de Polícia - PC - RJ/2022). Acerca dos direitos fundamentais, assinale a opção correta.

a) A fundamentalidade material dos direitos fundamentais decorre da circunstância de serem os direitos fundamentais elemento constitutivo da Constituição material, contendo decisões fundamentais sobre a estrutura básica do Estado e da sociedade.
b) A noção da fundamentalidade material não permite a abertura da Constituição a outros direitos fundamentais não constantes do seu texto.
c) A noção da fundamentalidade formal não permite a abertura da Constituição a outros direitos fundamentais não constantes do seu texto.
d) A fundamentalidade material não possui aplicabilidade imediata.
e) A noção da fundamentalidade formal dos direitos fundamentais não os submete aos limites formais e materiais do poder de reforma constitucional.

COMENTÁRIOS

Alternativa "a": A alternativa está correta, uma vez que a doutrina entende que os direitos fundamentais são elemento fundamental da Constituição e fazem parte da própria estrutura do Estado e da sociedade.

Alternativa "b": Incorreto. O direito constitucional positivo, na verdade, é que abre tal noção para abranger direitos que não estejam em seu corpo. Isso pode se extrair do art. 5º, §2º da CF/88: "Os direitos e garantias expressos nesta Constituição não excluem outros decorrentes do regime e dos princípios por ela adotados, ou dos tratados internacionais em que a República Federativa do Brasil seja parte.".

Alternativa "c": A fundamentalidade formal, por si só, não limita que essa abertura ocorra. Isso quer dizer, não é o fato de os direitos fundamentais estarem contidos em um documento solene que impede a abertura/ampliação desse rol para outros direitos contidos em outros documentos. O art. 5º, §3º da CF/88 nos permite essa compreensão: "Os tratados e convenções internacionais sobre direitos humanos que forem aprovados, em cada Casa do Congresso Nacional, em dois turnos, por três quintos dos votos dos respectivos membros, serão equivalentes às emendas constitucionais.".

Alternativa "d": A aplicabilidade imediata é extraída do art. 5º, §1º da CF/88: "As normas definidoras dos direitos e garantias fundamentais têm aplicação imediata.".

Alternativa "e": Na verdade, os submete, pois documentos solenes (fundamentalidade formal) que constituam o Estado, normalmente possuem rito mais dificultoso de alteração, além das cláusulas pétreas. No nosso caso, esse processo se extrai do art. 60, §4º, IV da CF/88, segundo o qual não será objeto de deliberação a proposta de emenda tendente a abolir os direitos e garantias individuais.

Alternativa correta: letra "a".

41. (Cespe – Delegado de Polícia – PC – RJ/2022). Com relação à teoria dos direitos fundamentais e à sua aplicação no direito constitucional brasileiro, assinale a opção correta.

a) Segundo a jurisprudência, os direitos fundamentais são absolutos, inalienáveis e imprescritíveis, cabendo ao intérprete o dever de concordância prática para acomodar os eventuais conflitos entre eles.
b) A superproteção conferida pelo art. 60, § 4.º, IV (direitos e garantias individuais), aos direitos fundamentais limita-se ao disposto no art. 5.º, da Constituição, em deferência ao princípio democrático.
c) Os tratados internacionais de direitos humanos, após a EC n.º 45/2004, devem seguir o mesmo procedimento de emenda à Constituição para que possam ser incorporados ao direito brasileiro.
d) Os direitos fundamentais de primeira geração (ou dimensão) são denominados de direitos sociais, que demandam um fazer por parte do Estado, e foram inaugurados com as revoluções burguesas do século XVIII.
e) O método de solução de conflitos entre direitos fundamentais constitucionalmente previstos, em caso de colisão, é a ponderação de interesses; o legislador, contudo, por força do princípio democrático, pode resolver conflitos por meio da lei, efetuando a ponderação em abstrato.

COMENTÁRIOS

Alternativa "a": Os direitos fundamentais não são absolutos, embora sejam inalienáveis e imprescritíveis. A relatividade deles (contrário de serem absolutos) se extrai, justamente, do princípio da concordância prática.

Alternativa "b": Não se limita aos direitos e garantias individuais, existindo garantias que não estão no art. 5º, mas estão previstas na Constituição, como é o caso dos direitos à nacionalidade ou direitos sociais.

Alternativa "c": Não é um dever, mas sim uma faculdade, mediante a qual se pode atribuir a um tratado status de norma constitucional. Caso não sejam incorporados de acordo com o rito do art. 5º, §3º, terão status supralegal (superior às normas infraconstitucionais, porém inferior à Constituição).

Alternativa "d": A primeira dimensão, na verdade, compreende os direitos civis e políticos. Os direitos sociais fazem parte da segunda dimensão, os quais demandam, de fato, um fazer por parte do Estado. Sua inauguração, no entanto, não foi com as revoluções burguesas (quando se estabeleceram os direitos civis e políticos, baseado na ideia de Estado-mínimo), mas sim com o cenário pós Primeira Guerra.

Alternativa "e": Alternativa correta. A ponderação se dá justamente para que um direito não seja afastado em favor de outro, mas sim para que sejam todos aplicados, em maior ou menor medida, no caso concreto.

Alternativa correta: letra "e".

---

42. (Cespe – Delegado de Polícia – PC – RJ/2022). A respeito da figura denominada Estado de coisas inconstitucional, é correto afirmar que

a) não se trata de medida reconhecida pela jurisprudência do Supremo Tribunal Federal, que apenas admite o controle judicial de políticas públicas por meio de ações individuais ou coletivas, mas não controle por controle concentrado de constitucionalidade.

b) encontra fundamento nos casos de inadimplemento reiterado de direitos fundamentais pelos poderes do Estado, sem que haja possibilidade de remédio para vias tradicionais, ocasião em que o tribunal assume o papel de coordenador de políticas públicas por meio da denominada tutela estruturante.

c) é um dos mecanismos do sistema constitucional de crises, figurando ao lado do Estado de Defesa e do Estado de Sítio, que somente pode ser instaurado após a convocação do Conselho da República, e permite a suspensão de certos direitos fundamentais, como o da liberdade de locomoção.

d) é medida importada do Tribunal Constitucional da Colômbia, por meio do qual o Supremo Tribunal Federal declara a existência de uma violação massiva a direitos fundamentais, mas que se restringe a papel exclusivamente simbólico.

e) a declaração do Estado de coisas inconstitucional é inviável em sede de controle concentrado de constitucionalidade, tendo-se em vista que, nesse modelo, somente se aprecia o conteúdo da lei em tese em face do parâmetro constitucional.

COMENTÁRIOS

Alternativa "a": A jurisprudência do STF já adotou essa medida, conforme comentário da alternativa "b".

Alternativa "b": Advindo da jurisprudência da Corte Constitucional da Colômbia, foi também adotado no Brasil, pelo Supremo Tribunal Federal, quando, no julgamento da ADPF nº 347/DF, identificou no sistema penitenciário brasileiro **violações graves e sistemáticas dos direitos fundamentais, cujas causas tinham natureza estrutural**.

Alternativa "c": Não se trata de um mecanismo do sistema constitucional de crises, já que sequer é previsto na CF/88.

Alternativa "d": Na Corte Colombiana foi determinada a adoção de uma série de medidas para solucionar o problema. Logo, não é meramente simbólico.

Alternativa "e": No Brasil foi adotado em sede de controle concentrado de constitucionalidade (ADPF).

Alternativa correta: letra "b".

---

43. (Cespe – Delegado de Polícia – PC – RJ/2022). O caput do art. 5.°, iniciando o Título II da Constituição Federal de 1988, referente aos direitos e garantias fundamentais, estabelece, de forma expressa, que todos são iguais perante a lei, sem distinção de qualquer natureza, garantindo-se aos brasileiros e aos estrangeiros residentes no Brasil determinados direitos. A respeito desse assunto, assinale a opção correta.

a) Embora o ordenamento jurídico estabeleça que as pessoas jurídicas são detentoras de personalidade jurídica, o texto constitucional garante a plenitude de direitos apenas às pessoas físicas. Sendo assim, as pessoas jurídicas têm seus direitos garantidos apenas com base na legislação infraconstitucional.

b) O texto constitucional é claro ao prever que apenas os estrangeiros residentes no Brasil dispõem de todos os direitos garantidos aos brasileiros. Assim, os estrangeiros não residentes no Brasil estarão submetidos apenas ao ordenamento jurídico de seu país de origem.

c) Os direitos e garantias fundamentais destinam-se à proteção do ser humano em sua totalidade. Assim, uma interpretação teleológica e lógico-sistemática permite afirmar que os direitos e garantias fundamentais têm como destinatários não apenas os brasileiros, mas também os estrangeiros, residentes ou não no Brasil, e apátridas, caso se encontrem dentro do território nacional.

d) Decisão recente do Supremo Tribunal Federal reconhece como beneficiários dos direitos e garantias fundamentais acolhidos pela Constituição Federal de 1988 não somente os brasileiros e estrangeiros residentes no Brasil, mas também os estrangeiros de passagem pelo território brasileiro, desde que haja, nesse caso, tratado internacional entre o Brasil e o país de origem do estrangeiro, para que ele tenha preservados seus direitos.

e) Uma análise sistematizada do texto constitucional permite afirmar que os estrangeiros não residentes no Brasil são detentores de direitos, limitados, no entanto, àqueles que dizem respeito à vida e à integridade física, em razão do que dispõe o inciso III do art. 1.° da Carta Política, ao tratar da dignidade da pessoa humana como princípio fundamental da República Federativa do Brasil.

COMENTÁRIOS

Alternativa "a": Na verdade, a pessoa jurídica será titular de alguns direitos fundamentais previstos no art. 5º da CF/88. Nesse sentido: "(...) não há, em princípio, impedimento insuperável a que pessoas jurídicas venham, também, a ser consideradas titulares de direitos fundamentais, não obstante estes, originalmente, terem por referência a pessoa física." [**ADI 4.636**, voto do min. Gilmar Mendes, j. 4-11-2021, P, *DJE* de 10-2-2022.]

Alternativa "b": Apesar do *caput* do artigo 5° garanti-los apenas a brasileiros e estrangeiros residentes no Brasil, a doutrina e o STF os estendem **também para estrangeiros em trânsito e pessoas jurídicas** (HC 94.016, julgado em 2008 e relatado pelo Ministro Celso de Mello).

Alternativa "c": Correto, em complemento ao comentário da alternativa "b".

Alternativa "d": Não se exige tratado internacional para a garantia dos direitos.

Alternativa "e": Incorreto, pois não há tal limitação. Existem, sim, algumas diferenças, sobretudo no que diz respeito aos direitos políticos. Mas ela não se dá de modo tão restrito como descreve a alternativa.

Alternativa correta: letra "c".

---

44. (Instituto AOCP – Delegado de Polícia – PC – PA/2021) Analise a seguinte situação hipotética: Maria, casada, mãe de dois filhos, teve a terceira gestação aos quarenta e quatro anos. Quando estava na 13ª semana da gestação, descobriu que o feto era anencéfalo e, com 100% de certeza, não teria perspectiva de sobrevida. Imediatamente, Maria pensou em fazer um aborto, mas não tinha certeza se poderia em razão do direito fundamental à vida, previsto na Constituição Federal Brasileira. Após conversar com o médico, Maria acredita que poderá fazer o aborto, mediante comprovação por laudo médico da condição do feto, em razão de o Supremo Tribunal Federal já ter decidido sobre a matéria, entendendo favoravelmente ao aborto em algumas situações. Nesse caso, no que tange ao direito fundamental à vida previsto no artigo 5° da Constituição Federal, é correto afirmar que

a) por ser um direito fundamental, é absoluto, mas, nesse caso, diante da inexistência de perspectiva de sobrevida do feto, não há o que se falar em proteção do direito à vida.

b) por ser um direito fundamental, é absoluto e, na verdade, Maria não poderá fazer o aborto, mesmo com o laudo médico.

c) apesar de ser um direito fundamental, não é absoluto e, nesse caso, foi relativizado, dentre outros, pelos princípios da proporcionalidade e da dignidade da pessoa humana, em prol da proteção da mãe.

d) apesar de ser um direito fundamental, não é absoluto e sequer é considerado em uma situação como a apresentada no enunciado.

e) por ser um direito fundamental, não é absoluto, mas o princípio da dignidade da pessoa humana, considerado nesse caso pelo STF na proteção da mãe, está acima de qualquer outro direito fundamental.

COMENTÁRIOS

Alternativa correta: letra "e" (responde todas as alternativas): Na verdade, nenhum direito fundamental é absoluto, nem mesmo a vida. Ademais, o STF reconheceu que, no caso de anencefalia, não haveria vida a ser violada, uma vez que não haveria, ao feto anencéfalo, possibilidade de vida extrauterina. No caso, o direito presente é a dignidade da pessoa humana, que goza de preponderância com relação aos demais direitos, uma vez que é desse direito que vem a fundamentalidade dos outros. Portanto, não é correto dizer que o direito à vida é absoluto (estando incorretas as alternativas "a" e "b"), bem como não é correto dizer que o direito à vida do feto foi relativizado no caso (incorreta a alternativa "c'), já que não há, no caso, direito à vida do feto, que não tem sequer possibilidade ou expectativa de vida extrauterina. O direito à vida foi, sim, considerado no caso (incorreta a alternativa "d"), mas foi afastado pois não haveria embate entre o direito à vida do feto (que é ausente) e a dignidade da mãe.

---

45. (UEG – Delegado de Polícia – PC – GO/2018) Os Tratados Internacionais de Direitos Humanos ocupam, no ordenamento jurídico brasileiro, o status de

a) norma constitucional se aprovados, em cada Casa do Congresso Nacional, em dois turnos, por três quintos ou menos dos votos dos respectivos membros.

b) norma supralegal, segundo o STF, se aprovados com quórum inferior a três quintos, embora haja respeitável doutrina no sentido de que, ainda assim, possuiriam estatura constitucional.

c) norma supralegal, segundo o STF, qualquer que seja o quórum de aprovação, o que é acatado de maneira unânime pela doutrina.

d) lei ordinária, pois a República Federativa do Brasil prima por sua soberania, pela independência nacional e pela autodeterminação dos povos.

e) norma constitucional, pois os direitos e garantias expressos na Constituição não excluem outros decorrentes do regime e dos princípios por ela adotados, ou dos tratados internacionais em que a República Federativa do Brasil seja parte.

COMENTÁRIOS

Alternativa "a": O art. 5º, §3º da CF/88 estabelece que se os tratados relativos a direitos humanos forem aprovados em cada Casa do Congresso Nacional, em dois turnos, por três quintos dos votos dos respectivos membros, serão equivalentes às emendas constitucionais. O erro da alternativa esta em incluir "ou menos" ao quórum.

Alternativa "b": Nesse sentido foi o entendimento do STF quando do julgamento do RE 466.343. Assim, havendo tratado sobre direitos humanos temos 2 possibilidades: se aprovado no quórum do art. 5º, §3º da CF/88, terá status de emenda constitucional; se não, terá status de norma supralegal, inferior à Constituição, mas superior às normas infraconstitucionais.

Alternativa "c": Não há unanimidade na doutrina, mas sim grande controvérsia, uma vez que parte da doutrina entende que teria de qualquer forma status de norma constitucional.

Alternativa "d": Na realidade, somente tratados que não tratem sobre direitos humanos podem ter esse status. Tratados de direitos humanos terão status de emenda constitucional ou de norma supralegal segundo o STF.

Alternativa "e": Para que tenha esse status, depende de aprovação no quórum do art. 5º, §3º da CF/88.

Alternativa correta: letra "b".

46. (UEG – Delegado de Polícia – PC – GO/2018) Sobre os direitos fundamentais garantidos na Constituição (CRFB), segundo o Supremo Tribunal Federal (STF),

a) o Estado, ao lançar mão de ações afirmativas, como as cotas raciais, desafia os princípios da igualdade, da moralidade e da eficiência, além de fomentar o preconceito.
b) como não há direito absoluto, o direito à liberdade é incompatível com a produção de biografias não autorizadas ou com a veiculação de charges, sátiras e paródias sobre candidatos em programas humorísticos durante o período eleitoral.
c) a interrupção voluntária da gestação até o segundo trimestre de gravidez deixou de configurar o crime de aborto.
d) o direito de o preso não ser submetido a tratamento desumano ou degradante cede quando em confronto com o direito à segurança da sociedade, inclusive porque é do Poder Executivo estadual a responsabilidade pelo estado de coisas inconstitucional do sistema prisional.
e) o transgênero, pessoa que não se identifica psiquicamente com seu gênero biológico, se assim o desejar, pode, independentemente da cirurgia de redesignação sexual ou da realização de tratamentos hormonais, solicitar a alteração de seu prenome e de seu gênero (sexo) diretamente no registro civil.

COMENTÁRIOS

Alternativa "a": As ações afirmativas, na realidade, são mecanismos para combater o preconceito. Ademais, não há qualquer relação com a moralidade ou eficiência, mas sim com a equidade, uma vez que partem do pressuposto de uma situação desigual, que deve ser suprida pelo estado para se atingir a equidade. Assim, seriam meios de promover a igualdade material, segundo entendimento do STF (ADPF 186).

Alternativa "b": Na realidade, entendeu o STF pela possibilidade de produção de biografias não autorizadas (ADI 4815) e pela possibilidade de veiculação de charges, sátiras e paródias mesmo em períodos eleitorais (ADI 4.451/DF).

Alternativa "c": A interrupção da gravidez no primeiro trimestre (e não segundo, como aponta a questão), provocada pela própria gestante ou com o seu consentimento não é considerada crime, segundo entendimento do STF no julgamento do HC 124306/RJ.

Alternativa "d": Não há ressalvas à vedação de tratamento desumano ou degradante, nos termos do art. 5º, III da CF/88. Ademais, a integridade do preso é responsabilidade do Estado, que responde, segundo o STF, pelo estado de coisas inconstitucional em que se encontrem (ADPF 347 MC/DF).

Alternativa "e": Nesse sentido foi o entendimento do STF no julgamento da ADI 4275/DF.

Alternativa correta: letra "e".

4.1. DIREITOS E DEVERES INDIVIDUAIS, COLETIVOS

47. (FGV – 2024 – PC/SC – Delegado) Diretor de determinado órgão policial do Estado edita a Portaria XXX/2021 que determina que todos os processos do Sistema Eletrônico de Informações do órgão sejam cadastrados com nível de acesso restrito ou sigiloso e, com isso, impedindo o acesso público.

Com base na situação hipotética descrita e na ordem constitucional vigente, analise as afirmativas a seguir.

I. A Portaria XXX/2021 viola a liberdade de informação do Art. 5º, inciso XXXIII, da CF/88, que estabelece como regra a publicidade das informações mantidas por órgãos do Estado.
II. A Portaria XXX/2021 não viola a liberdade de informação do Art. 5º, inciso XXXIII, da CF/88, dado que o sigilo de qualquer informação mantida por órgãos policiais é imprescindível à segurança da sociedade e do Estado.
III. O ato de qualquer órgão do Estado restritivo à publicidade das informações deve ser justificado objetiva, específica e formalmente.

Está correto o que se afirma em

a) I, II e III.
b) I e II, apenas.
c) I e III, apenas.
d) II e III, apenas.
e) II, apenas.

COMENTÁRIOS

Item I: Nos termos do art. 5º, XXXIII da CF/88: "Todos têm direito a receber dos órgãos públicos informações de seu interesse particular, ou de interesse coletivo ou geral, que serão prestadas no prazo da lei, sob pena de responsabilidade, ressalvadas aquelas cujo sigilo seja imprescindível à segurança da sociedade e do Estado;". Extrai-se, portanto, que a publicidade é regra e o sigilo exceção, admitido somente quando imprescindível à segurança da sociedade e do Estado.

Item II: Incorreto, conforme comentário do item I.

Item III: Para o STF: "O ato de qualquer dos poderes públicos restritivo de publicidade deve ser motivado de forma concreta, objetiva, específica e formal, sendo nulos os atos públicos que imponham, genericamente e sem fundamentação válida, restrição ao direito fundamental à informação". [ADPF 872, rel. min. Cármen Lúcia, j. 15-8-2023, P, DJE de 28-8-2023.]

Alternativa correta: letra "c".

48. (Vunesp – Delegado de Polícia – PC – SP/2022). A garantia constitucional da liberdade de locomoção

a) abrange apenas os brasileiros e os estrangeiros residentes no Brasil.

b) abrange o direito de permanência no território nacional.

c) é norma constitucional de aplicabilidade imediata, direta e integral.

d) pode ser tutelada por meio do recurso de habeas corpus.

e) não abrange o direito de saída de não residentes no país.

COMENTÁRIOS

Alternativa "a": Apesar do *caput* do artigo 5° garanti-los apenas a brasileiros e estrangeiros residentes no Brasil, a doutrina e o STF os estendem **também para estrangeiros em trânsito e pessoas jurídicas** (HC 94.016, julgado em 2008 e relatado pelo Ministro Celso de Mello).

Alternativa "b": Como se extrai do art. 5º, XV: "XV – é livre a locomoção **no território nacional** em tempo de paz, podendo qualquer pessoa, nos termos da lei, nele entrar, **permanecer** ou dele sair com seus bens;".

Alternativa "c": Embora seja norma de aplicabilidade imediata e direta (art. 5º, §1º), a presença da disposição "nos termos da lei" afasta sua integralidade. Isso porque trata-se de norma de eficácia contida, que pode ser restrita pelo legislador infraconstitucional.

Alternativa "d": O *habeas corpus* não é recurso, mas sim ação. A esse respeito já se manifestou o STJ: "*1. O Supremo Tribunal Federal e o Superior Tribunal de Justiça não têm mais admitido o habeas corpus como sucedâneo do meio processual adequado, seja o recurso ou a revisão criminal, salvo em situações excepcionais.*" (STJ – HC: 210661 MG 2011/0143185-6, Relator: Ministro SEBASTIÃO REIS JÚNIOR, Data de Julgamento: 06/06/2013, T6 SEXTA TURMA, Data de Publicação: DJe 21/06/2013)

Alternativa "e": Abrange tal direito, no trecho "ou dele sair com seus bens", encontrado no fim do inciso XV do art. 5º da CF/88.

Alternativa correta: letra "b".

49. (**Cespe – Delegado de Polícia – PC – RJ/2022**). De acordo com o entendimento do STF, salvo em caso de flagrante delito ou desastre, ou para prestar socorro, a polícia judiciária só pode invadir domicílio alheio sem consentimento do morador, a fim de apreender quaisquer objetos que possam interessar à investigação criminal, se atendidos dois requisitos constitucionais que respeitam o princípio do(a)

a) sigilo.

b) legalidade.

c) ampla defesa.

d) reserva da jurisdição.

e) privacidade.

COMENTÁRIOS

Alternativa "d" (responde todas as alternativas): O art. 5º, XI da CF/88 prevê que: "a casa é asilo inviolável do indivíduo, ninguém nela podendo penetrar sem consentimento do morador, salvo em caso de flagrante delito ou desastre, ou para prestar socorro, ou, **durante o dia, por determinação judicial;**". Trata-se do princípio da reserva da jurisdição, ou seja, essa medida deve se dar somente mediante decisão judicial fundamentada. Nesse sentido: "A cláusula constitucional da reserva de jurisdição – que incide sobre determinadas matérias, como a busca domiciliar (CF, art. 5º, XI), a interceptação telefônica (CF, art. 5º, XII) e a decretação da prisão de qualquer pessoa, ressalvada a hipótese de flagrância (CF, art. 5º, LXI) – traduz a noção de que, nesses temas específicos, assiste ao Poder Judiciário, não apenas o direito de proferir a última palavra, mas, sobretudo, a prerrogativa de dizer, desde logo, a primeira palavra, excluindo-se, desse modo, por força e autoridade do que dispõe a própria Constituição, a possibilidade do exercício de iguais atribuições, por parte de quaisquer outros órgãos ou autoridades do Estado."[**MS 23.452**, rel. min. Celso de Mello, j. 16-9-1999, P, *DJ* de 12-5-2000.]

Alternativa correta: letra "d".

50. (**Cespe – Delegado de Polícia – PC – RJ/2022**). Com relação ao direito à igualdade, expressamente previsto no art. 5.° da Constituição Federal de 1988, assinale a opção correta.

a) Para garantir a efetividade do princípio da igualdade, a Constituição Federal de 1988 não prevê nenhuma norma que trate homens e mulheres de maneira diferenciada. O mencionado princípio da igualdade deve ser considerado de forma absoluta, não se admitindo, em nenhuma hipótese, qualquer forma de diferenciação entre os sexos.

b) O princípio constitucional da iqualdade está direcionado exclusivamente ao legislador, pois o Poder Legislativo é o responsável pela formatação do ordenamento jurídico a partir das regras estabelecidas no art. 59 e seguintes da Constituição Federal de 1988.

c) O princípio da igualdade está direcionado exclusivamente aos órgãos da administração pública, considerando-se ser ela a responsável por aplicar o ordenamento jurídico no caso concreto, mediante atos administrativos, visando à realização do interesse público.

d) Embora o princípio da igualdade esteja direcionado a toda a administração pública, é possível que, em determinadas situações, mesmo que não haja um motivo legitimador, ocorram certas diferenciações na seleção de candidatos a ocuparem cargos públicos. Nesse caso específico, a administração pública disporá de discricionariedade ilimitada para escolher os candidatos mais aptos, observando que os agentes públicos que ocupam cargos na estrutura do Estado são os responsáveis pela realização do interesse público.

e) Analisando-se o princípio da igualdade com relação ao particular, verifica-se que este não poderá tratar os demais membros da sociedade de maneira discriminatória, atingindo direitos fundamentais por meio de condutas preconceituosas, sob pena de responsabilização civil e até mesmo criminal, quando o ato for tipificado como crime. Assim, é vedado ao particular, na contratação de empregados, por exemplo, utilizar qualquer critério discriminatório com relação a sexo, idade, origem, raça, cor, religião ou estado civil.

COMENTÁRIOS

Alternativa "a": As regras de aposentadoria são exemplo que demonstram o erro da alternativa. Há tratamento distinto, justamente para garantir a igualdade em sua esfera material. Ademais, não há que se falar em "forma absoluta".

Alternativa "b": Não se direciona somente ao legislador, mas ao administrador, e as demais esferas de poder também. Trata-se de princípio que, por sua própria natureza, deve orientar toda a atividade estatal.

Alternativa "c": Vide comentário da alternativa "b".

Alternativa "d": Embora o início da alternativa esteja correta, não há que se falar em "discricionariedade ilimitada", mas sim em lei que dispõe de critérios específicos, de modo a orientar, mesmo nesses casos, uma atuação vinculada dos agentes públicos. Mesmo em casos em que há a escolha de ocupantes de cargos em comissão ou funções de confiança, essa discricionariedade não é ilimitada, existindo a vedação ao nepotismo, por exemplo, como limite.

Alternativa "e": Correta, sendo interpretação que se extrai do art. 5º, XLI e do art. 7º, XXX da CF/88.

Alternativa correta: letra "e".

---

51. (Cespe – Delegado de Polícia – PC – PB/2022). Suponha que, em determinada operação policial, entenda ser necessária a entrada forçada em domicílio de determinada pessoa, com a realização de busca e apreensão, no período noturno, sem mandado judicial, por supostamente estar ocorrendo situação de flagrante delito. Nessa situação, as razões para a entrada domiciliar devem ser justificadas

a) a posteriori, e, se consideradas ilícitas, haverá responsabilidade disciplinar e penal da autoridade policial, embora os atos praticados sejam considerados válidos.

b) a posteriori, e, se consideradas ilícitas, haverá responsabilidade disciplinar, civil e penal da autoridade policial, e os atos praticados serão considerados nulos.

c) antes da entrada, e, se consideradas ilícitas, os atos praticados serão considerados nulos, e a autoridade policial deverá responder disciplinarmente, mas não na esfera civil ou penal.

d) antes da entrada, e, se consideradas ilícitas, a autoridade policial deverá responder civil e penalmente, ainda que os atos praticados sejam considerados válidos.

e) antes da entrada, e, se consideradas ilícitas, haverá responsabilidade disciplinar, civil e penal da autoridade policial, embora os atos praticados sejam considerados válidos.

COMENTÁRIOS

Alternativa "b" (responde todas as alternativas): Segundo entendimento do STF (RE 603616/RO), a entrada forçada em domicílio, sem autorização judicial prévia, só é lícita quando amparada em fundadas razões que deverão ser justificadas a posteriori, sob a indicação de flagrante delito, inclusive no período noturno. Se consideradas ilícitas, há responsabilidade disciplinar, civil e penal do agente ou da autoridade, bem como nulidade dos atos praticados.

Alternativa correta: letra "b".

---

52. (Cespe – Delegado de Polícia – PC – PB/2022). Suponha que determinado canal na internet esteja divulgando a história de um crime que tenha ocorrido, em município brasileiro, há mais de 50 anos. Suponha, ainda, que a informação acerca desse fato verídico tenha sido licitamente obtida e divulgada e que o condenado pelo crime ajuíze ação na qual solicite a suspensão da divulgação do fato, alegando ter direito constitucional ao esquecimento. Nessa situação, a referida alegação é

a) procedente, pois o referido direito embasa-se na proteção da honra individual.

b) improcedente, pois a ideia de um direito ao esquecimento é incompatível com a Constituição.

c) procedente, visto que o referido direito justifica-se pela proteção da imagem da pessoa.

d) procedente, dado o princípio da inviolabilidade da privacidade humana.

e) improcedente, visto que os parâmetros constitucionais não incluem a proteção da personalidade em geral.

COMENTÁRIOS

Alternativa "b"(responde todas as alternativas): O STF manifestou que o ordenamento jurídico não consagra o denominado direito ao esquecimento, já que é incompatível com a Constituição (RE 1010606/RJ). Logo, seria improcedente.

Alternativa correta: letra "b".

---

53. (UFPR – Delegado de Polícia – PC – PR/2021) A proteção e promoção dos direitos fundamentais pode ocorrer por diversos meios, tais como a criação de instituição e a garantia de meios processuais para sua tutela. Além disso, a Constituição Federal prescreveu mandamentos para criminalizar ou para punir condutas violadoras dos direitos fundamentais. A respeito desse tema, assinale a alternativa correta.

a) A prática do racismo constitui crime inafiançável, sujeito a pena de reclusão, sendo a sua prescrição prevista em lei.

b) O Supremo Tribunal Federal declarou a omissão inconstitucional relativa da lei que pune o abuso, a violência e a exploração sexual da criança e do adolescente.

c) Os danos e as ameaças ao patrimônio cultural serão punidos, com penas de reclusão e multa, na forma da lei.

d) Constitui crime afiançável e imprescritível a ação de grupos armados, civis ou militares, contra a ordem constitucional e o Estado Democrático.

e) Foi reconhecida pelo Supremo Tribunal Federal a mora do Congresso Nacional para incriminar atos que violem direitos dos integrantes da comunidade LGBTI+.

COMENTÁRIOS

Alternativa correta: letra "e": Trata-se da decisão do STF na ADO 26, em 2019: "O Tribunal, por unanimidade, conheceu parcialmente da ação direta de inconstitucionalidade por omissão. Por maioria e nessa extensão, julgou-a procedente, com eficácia geral e efeito vinculante, para: a) reconhecer o estado de mora inconstitucional do Congresso Nacional na implementação da prestação legislativa destinada a cumprir o mandado de incriminação a que se referem os incisos XLI e XLII do art. 5º da Constituição, para efeito de proteção penal aos integrantes do grupo LGBT; b) declarar, em consequência, a existência de omissão normativa inconstitucional do Poder Legislativo da União; c) cientificar o Congresso Nacional, para os fins e efeitos a que se refere o art. 103, § 2º, da Constituição c/c o art. 12-H, caput, da Lei nº 9.868/99; d) dar interpretação conforme à Constituição, em face dos mandados constitucionais de incriminação inscritos nos incisos XLI e XLII do art. 5º da Carta Política, para enquadrar a homofobia e a transfobia [...]"[STF - ADO 26 - Rel.: Min. Celso de Mello - D.J.: 13.06.2019]

Alternativa "a": Nos termos do art. 5º, XLII da CF/88, a prática do racismo constitui crime inafiançável e imprescritível, sujeito à pena de reclusão. Portanto, a alternativa está incorreta pois não há prescrição prevista em lei ao crime de racismo, já que é imprescritível.

Alternativa "b": Não há omissão, sendo tal punição prevista no Estatuto da Criança e do Adolescente (Art. 244-A).

Alternativa "c": Embora exista a previsão, no art. 216, §4º da CF/88, de punição a danos e ameaças ao patrimônio cultural, sua pena, atribuída ao legislador infraconstitucional, não sendo necessariamente de reclusão. A título de exemplo, pichar ou conspurcar edificação ou monumento urbano tombado tem pena de detenção, nos termos do art. 65, §1º da lei 9.605/98.

Alternativa "d": Nos termos do art. 5º, XLIV da CF/88: "constitui crime **inafiançável** e **imprescritível a ação de grupos armados, civis ou militares, contra a ordem constitucional e o Estado Democrático;". Portanto, está incorreta pois é, na verdade, inafiançável.**

---

54. (UFPR – Delegado de Polícia – PC – PR/2021) A respeito dos direitos fundamentais previstos na Constituição Federal e a sua compreensão contemporânea, é correto afirmar:

a) No caso de iminente perigo público, a autoridade competente poderá usar de propriedade particular, assegurada ao proprietário indenização ulterior, independentemente de dano.

b) A desapropriação por necessidade ou utilidade pública, ou por interesse social, será precedida de indenização justa a ser paga com títulos da dívida pública.

c) O direito à privacidade assegura a proteção da esfera privada da pessoa, inclusive o direito de estar só, mas não abrange a autodeterminação informativa.

d) A liberdade de reunião pode ser exercida por pessoas que se reúnam sem armas e não frustrem outra reunião anteriormente convocada para o mesmo local, desde que haja aviso e autorização da autoridade competente.

e) A omissão injustificada da Administração Pública em providenciar a oferta de banhos quentes nos estabelecimentos prisionais fere a dignidade de presos sob sua custódia.

COMENTÁRIOS

Alternativa correta: letra "e": Nesse sentido é a jurisprudência do STJ: "A omissão injustificada da Administração em providenciar a disponibilização de banho quente nos estabelecimentos prisionais fere a dignidade de presos sob sua custódia". (REsp 1.537.530-SP, Rel. Min. Herman Benjamin, Segunda Turma, por unanimidade, julgado em 27/04/2017, DJe 27/02/2020.)

Alternativa "a": Nos termos do art. 5º, XXV da CF/88: "no caso de iminente perigo público, a autoridade competente poderá usar de propriedade particular, assegurada ao proprietário indenização ulterior, **se houver dano**;". Portanto, a alternativa está incorreta, já que apenas haverá indenização se houver dano.

Alternativa "b": A desapropriação por necessidade ou utilidade pública, ou por interesse social, nos termos do inciso XXIV do art. 5º da CF/88, deve ser precedida de justa indenização **em dinheiro**, e não em títulos da dívida pública.

Alternativa "c": O STF já manifestou que a autodeterminação informativa é uma decorrência do direito à privacidade: "Decorrências dos direitos da personalidade, o respeito à privacidade e à autodeterminação informativa foram positivados, no art. 2º, I e II, da Lei 13.709/2018 (Lei Geral de Proteção de Dados Pessoais), como fundamentos específicos da disciplina da proteção de dados pessoais. Na medida em que relacionados à identificação – efetiva ou potencial – de pessoa natural, o tratamento e a manipulação de dados pessoais hão de observar os limites delineados pelo âmbito de proteção das cláusulas constitucionais assecuratórias da liberdade individual (art. 5º, caput), da privacidade e do livre desenvolvimento da personalidade (art. 5º, X e XII), sob pena de lesão a esses direitos.[...]" [ADI 6.387 MC-REF, ADI 6.388 MC-REF, ADI 6.389 MC-REF, ADI 6.390 MC-REF e ADI 6.393-MC-REF, rel. min. Rosa Weber, j. 7-5-2020, P, DJE de 12-11-2020.]

Alternativa "d": Embora o aviso seja necessário, não há a necessidade de autorização da autoridade competente. Assim é a disposição do inciso XVI do art. 5º da CF/88: "todos podem reunir-se pacificamente, sem armas, em locais abertos ao público, independentemente de autorização, desde que não frustrem outra reunião anteriormente convocada para o mesmo local, **sendo apenas exigido prévio aviso à autoridade competente**;"

55. (FGV – Delegado de Polícia – PC – RN/2021) Maria, servidora pública estadual, durante o expediente, dirigiu- se ao setor de protocolo da repartição em que atuava e ali deixou um pacote a ser remetido ao destinatário pelo serviço de envio postal da Administração Pública. Em razão das características do pacote e do receio de que contivesse alguma substância ilícita, foi travada intensa discussão entre os servidores que ali atuam sobre a possibilidade, ou não, de procederem à sua abertura. À luz da sistemática constitucional, os servidores concluíram corretamente que:

a) poderiam abrir o pacote, pois o sigilo da correspondência não pode legitimar práticas ilícitas, e qualquer do povo pode impedir a sua consumação;
b) somente poderiam abrir o pacote, contra a vontade do remetente, mediante autorização judicial, considerando o sigilo da correspondência;
c) somente poderiam abrir o pacote, contra a vontade do remetente, mediante autorização judicial ou nas hipóteses previstas em lei;
d) somente poderiam abrir o pacote na presença do remetente e com a prévia obtenção do seu consentimento expresso;
e) não poderiam abrir o pacote, considerando a fundamentalidade do sigilo da correspondência.

COMENTÁRIOS

Alternativa correta: letra "c" (responde todas as alternativas): O art. 5º em seu inciso XII da CF/88 estabelece que: "é inviolável o sigilo da correspondência e das comunicações telegráficas, de dados e das comunicações telefônicas[...]". A esse respeito, estabeleceu ainda o STF que "Sem autorização judicial ou fora das hipóteses legais, é ilícita a prova obtida mediante abertura de carta, telegrama, pacote ou meio análogo." (STF. Plenário. RE 1116949, Rel. Min. Marco Aurélio, Rel. p/ Acórdão Min. Edson Fachin, julgado em 18/08/2020 (Repercussão Geral – Tema 1041) (Info 993). Portanto, o sigilo de correspondências pode ser quebrado com autorização judicial ou em hipóteses previstas em lei.

56. (Cespe – Delegado de Polícia – PC – SE/2018) Julgue o item seguinte, relativo aos direitos e deveres individuais e coletivos e às garantias constitucionais.

56.1. Em caso de perigo à integridade física do preso, admite-se o uso de algemas, desde que essa medida, de caráter excepcional, seja justificada por escrito.

COMENTÁRIOS

Nos termos da súmula vinculante 11, só é lícito o uso de algemas em situações em que haja resistência ou fundado receio de fuga ou de perigo à integridade física própria ou alheia, por parte do preso ou de terceiros. Nesses casos, deve-se justificar a excepcionalidade por escrito, sob pena de responsabilidade disciplinar, civil e penal do agente ou da autoridade, e de nulidade da prisão ou do ato processual em questão, sem prejuízo da responsabilidade civil do Estado.

Alternativa correta: "certo".

57. (Fundatec – Delegado de Polícia – PC – RS/2018) Os direitos fundamentais despontaram para a assegurar às pessoas a possibilidade de ter uma vida digna, livre e igualitária. Os direitos e garantias fundamentais estão disponíveis na CF/1988 do artigo 5° ao 17° dispostos em direitos e garantias individuais, civis, políticos, sociais, econômicos, culturais, difusos e coletivos. Os direitos e deveres individuais e coletivos são encontrados nas constituições de quase todos os países democráticos. O constitucionalismo moderno indica que esses direitos sejam ponto de partida na ordem jurídica. Isso posto, assinale a alternativa INCORRETA em relação aos citados direitos e deveres.

a) Só por lei se pode sujeitar a exame psicotécnico a habilitação de candidato a cargo público.
b) A decisão que determina o arquivamento de inquérito policial, a pedido do Ministério Público e determinada por juiz competente, que reconhece que o fato apurado está coberto por excludente de ilicitude, não afasta a ocorrência de crime quando surgirem novas provas, suficientes para justificar o desarquivamento do inquérito.
c) Cabe recurso extraordinário por contrariedade ao princípio constitucional da legalidade, quando a sua verificação pressuponha rever a interpretação dada a normas infraconstitucionais pela decisão recorrida.
d) A utilização de gravação de conversa telefônica feita por terceiro com a autorização de um dos interlocutores sem o conhecimento do outro quando há, para essa utilização, excludente da antijuridicidade. Afastada a ilicitude de tal conduta – a de, por legítima defesa, fazer gravar e divulgar conversa telefônica ainda que não haja o conhecimento do terceiro que está praticando crime –, é ela, por via de conse-

quência, lícita e, também consequentemente, essa gravação não pode ser tida como prova ilícita, para invocar-se o Art. 5°, LVI, da Constituição com fundamento em que houve violação da intimidade.

e) A CF autoriza a prisão em flagrante como exceção à inviolabilidade domiciliar, prescindindo de mandado judicial.

COMENTÁRIOS

Alternativa "a": Trata-se do texto da Súmula Vinculante 44.

Alternativa "b": Nesse sentido é o entendimento do STF, que entende que, surgindo novas provas, pode ser reaberto o inquérito policial (HC 95211).

Alternativa "c": Trata-se do oposto da súmula 636 do STF, que estabelece que não cabe recurso extraordinário nessa hipótese.

Alternativa "d": Trata-se do entendimento do STF, manifestado no julgamento do HC 74678/SP.

Alternativa "e": Nesse sentido é a disciplina do art. 5º, XI da CF/88.

Alternativa correta: letra "c".

---

58. (UEG – Delegado de Polícia – PC – GO/2018) A polícia pode entrar em domicílio à noite sem o consentimento do morador, segundo a Constituição (CRFB), o Supremo Tribunal Federal (STF) e o Superior Tribunal de Justiça (STJ), se

a) fundadas razões, formalmente justificadas a posteriori, indicarem a ocorrência de crime permanente.
b) houver determinação judicial de prisão do morador.
c) passadas as 18 horas, o crepúsculo ainda não tiver acontecido, em virtude do horário de verão.
d) o morador não reivindicar verbalmente a inviolabilidade do domicílio ou estiver em um quarto de hotel.
e) a intuição da autoridade policial apontar para possível ocorrência de tráfico de drogas no interior da residência, o que configura flagrante delito.

COMENTÁRIOS

Alternativa "a": Nesse sentido entendeu o STF no julgamento do RE 603.616.

Alternativa "b": A determinação judicial de prisão do morador autoriza a entrada somente no período diurno, e não noturno, nos termos do art. 5º, XI da CF/88.

Alternativa "c": Não há manifestação do STF ou STJ nesse sentido, havendo meras discussões doutrinárias a respeito.

Alternativa "d": O STF entende que quarto de hotel pode ser considerado como casa para fins da proteção do art. 5º, XI da CF/88 (RHC 90.376).

Alternativa "e": A mera intuição não é suficiente para autorizar a invasão de domicílio (STJ, REsp 1574681-RS).

Alternativa correta: letra "a".

---

59. (UEG – Delegado de Polícia – PC – GO/2018) O racismo e os crimes hediondos constituem, segundo a Constituição (CRFB),

a) ambos crimes inafiançáveis e insuscetíveis de graça ou anistia.
b) crime inafiançável e insuscetível de graça ou anistia, o primeiro, e crimes inafiançáveis e imprescritíveis, os segundos.
c) ambos crimes inafiançáveis e imprescritíveis.
d) crime inafiançável e imprescritível, o primeiro, e crimes inafiançáveis e insuscetíveis de graça ou anistia, os segundos.
e) ambos crimes inafiançáveis, mas prescritíveis, pois o ordenamento constitucional não admite a ideia de imprescritibilidade.

COMENTÁRIOS

Nos termos do art. 5º, XLII da CF/88 consiste o racismo em crime inafiançável e imprescritível, sujeito à pena de reclusão. Os crimes hediondos, por sua vez, serão inafiançáveis e insuscetíveis de graça ou anistia, em razão da previsão no art. 5º, XLIII da CF/88.

Alternativa correta: letra "d".

---

60. (UEG – Delegado de Polícia – PC – GO/2018) A Constituição (CRFB) admite como possível a pena de

a) interdição de direitos, ainda que de caráter perpétuo.
b) prestação social alternativa, na modalidade de trabalho forçado.
c) morte em caso de guerra declarada.
d) banimento, considerada suspensão ou interdição de direitos.
e) privação da liberdade, independentemente de assegurar-se ao preso o respeito à sua integridade física e moral.

COMENTÁRIOS

A CF/88 veda, no art. 5º, XLVII, penas: de morte, salvo em caso de guerra declarada; de caráter perpétuo; de trabalhos forçados; de banimento; e cruéis. São possíveis, dentre outras, nos termos do art. 5º, XLVI as penas de privação ou restrição da liberdade; perda de bens; multa; prestação social alternativa; e suspensão ou interdição de direitos. Em todas as hipóteses, deve assegurar-se ao preso o respeito à sua integridade física e moral, conforme art. 5º, XLIX da CF/88.

Alternativa correta: letra "c".

61. (UEG - Delegado de Polícia - PC - GO/2018) É possível, segundo a Constituição (CRFB) e o Supremo Tribunal Federal (STF),

a) a prisão civil por dívida do depositário infiel.

b) a extradição de brasileiro naturalizado em caso de crime comum, praticado antes da naturalização, mas o brasileiro nato nunca poderá ser entregue pelo Brasil a outro país.

c) o uso de algemas como regra, com vistas à proteção dos agentes envolvidos e da autoridade policial.

d) a manutenção provisória de condenado em regime prisional mais gravoso até o surgimento de vaga em estabelecimento penal adequado à progressão de regime.

e) a extradição de brasileiro naturalizado em caso de crime comum, praticado depois da naturalização, mas o estrangeiro não será extraditado por crime político ou de opinião.

COMENTÁRIOS

Alternativa "a": Nos termos da súmula vinculante 25, é ilícita a prisão civil do depositário infiel, qualquer que seja a modalidade do depósito.

Alternativa "b": Trata-se da previsão do art. 5º, LI da CF/88, que veda a extradição de brasileiro nato, e autoriza a extradição de brasileiro naturalizado, em caso de crime comum, praticado antes da naturalização, ou de comprovado envolvimento em tráfico ilícito de entorpecentes e drogas afins, a qualquer tempo.

Alternativa "c": Segundo disposição da súmula vinculante 11, somente é autorizado o uso de algemas em caso de resistência e de fundado receio de fuga ou perigo à integridade física própria ou alheia, por parte do preso ou de terceiros.

Alternativa "d": A súmula vinculante 56 estabelece que a falta de estabelecimento penal adequado não autoriza a manutenção do condenado em regime prisional mais gravoso.

Alternativa "e": A extradição de brasileiro naturalizado pela prática de crime comum, nos termos do art. 5º, LI da CF/88, só é possível se o crime tiver sido praticado **antes** da naturalização.

Alternativa correta: letra "b".

62. (UEG - Delegado de Polícia - PC - GO/2018) O sigilo bancário pode ser levantado independentemente de autorização judicial, mas de forma devidamente regulamentada,

a) pela Receita Federal, pelo Fisco Estadual e pela CPI federal, estadual ou distrital.

b) pelo Delegado de Polícia, pelo membro do Ministério Público e pela CPI municipal.

c) pelo Delegado de Polícia, pela Receita Federal e pelo membro do Ministério Público.

d) pelo Delegado de Polícia, pelo Fisco Estadual e pela CPI federal, estadual ou distrital.

e) pelo Tribunal de Contas da União, pela Receita Federal e pela CPI federal, estadual, distrital ou municipal.

COMENTÁRIOS

A polícia depende de autorização judicial, assim como o Ministério Público (STJ, HC 160.646), salvo em contas bancárias de titularidade de órgãos e entidades públicas (STJ, HC 308.493). O Tribunal de Contas da União também depende de autorização judicial (STF, MS 22934/DF), salvo em caso de operações de crédito originárias de recursos públicos (STF, MS 33340/DF). Por sua vez, entende-se que a receita federal, nos termos do art. 6º da LC 105/2001 teria competência para tanto, assim como o fisco estadual, distrital e municipal, em sua respectiva esfera de atuação. A CPI também possui tal competência (art. 4º, §1º da LC 105/2001).

Alternativa correta: letra "a".

63. (Vunesp - Delegado de Polícia - PC - SP/2018) Ao dispor sobre os direitos e garantias fundamentais, a Constituição Federal de 1988 dispõe que

a) após o registro dos filiados, as entidades associativas têm legitimidade automática para representá-los judicial ou extrajudicialmente.

b) a lei estabelecerá o procedimento para desapropriação por necessidade ou utilidade pública, ou por interesse social, mediante justa e prévia indenização em títulos da dívida pública, ressalvados os casos previstos na Constituição.

c) as associações só poderão ser compulsoriamente dissolvidas ou ter suas atividades suspensas por decisão judicial, exigindo-se, no primeiro caso, o trânsito em julgado.

d) é livre o exercício de qualquer trabalho, ofício ou profissão, atendidas as qualificações profissionais que o respectivo órgão de classe estabelecer.

e) os tratados internacionais sobre direitos humanos que forem aprovados por maioria absoluta em cada casa do Congresso Nacional, em dois turnos, serão equivalentes às emendas constitucionais.

COMENTÁRIOS

Alternativa "a": A legitimidade depende de autorização expressa dos filiados, de acordo com o art. 5º, XXI da CF/88.

Alternativa "b": A indenização deve se dar em dinheiro, nos termos do art. 5º, XXIV da CF/88.

Alternativa "c": Trata-se da previsão do art. 5º, XIX da CF/88.

Alternativa "d": Somente a lei pode estabelecer qualificações a serem atendidas, nos termos do art. 5º, XIII da CF/88.

Alternativa "e": Para terem status de emendas constitucionais, os tratados devem ser aprovados em dois turnos, por 3/5 dos votos dos respectivos membros, conforme art. 5º, §3º da CF/88.

Alternativa correta: letra "c".

4.2. AÇÕES OU REMÉDIOS CONSTITUCIONAIS

64. (FGV – 2024 – PC/SC – Delegado) Determinada empresa jornalística pretende ajuizar ação judicial para obter junto à Secretaria Municipal de Educação informações sobre os processos de licitação referentes ao fornecimento de merendas às escolas do Município Beta. O acesso a tais informações fora negado de forma arbitrária à empresa.

Entre os remédios constitucionais previstos pela ordem constitucional vigente, aquele cabível na situação hipotética narrada é

a) o mandado de segurança individual.
b) o habeas data.
c) a ação popular.
d) o mandado de segurança coletivo.
e) a ação civil pública.

COMENTÁRIOS

Alternativa "a" (responde todas as alternativas): Nos termos do art. 5º, LXIX da CF/88: "conceder-se-á mandado de segurança para proteger direito líquido e certo, não amparado por *"habeas-corpus"* ou *"habeas-data"*, quando o responsável pela ilegalidade ou abuso de poder for autoridade pública ou agente de pessoa jurídica no exercício de atribuições do Poder Público;". Na hipótese, não é cabível *habeas corpus*, pois não envolve direito de locomoção física. Também não é cabível *habeas data*, pois a informação buscada não é relativa à pessoa do impetrante, mas sim relativa a processos de licitação. Não é cabível ação popular, pois não se está buscando anular ato lesivo, mas sim obter informações. Igualmente incabível a ação civil pública, pois não se busca responsabilizar por danos causados. Como se trata de empresa jornalística, também não há que se falar em mandado de segurança coletivo, pois não possui legitimidade ativa para tanto. Portanto, cabível o mandado de segurança individual.

Alternativa correta: letra "a".

65. (CEBRASPE – 2024 – PC/PE – Delegado) Em relação aos remédios processuais constitucionais, assinale a opção correta.

a) A ação de *habeas corpus* é cabível apenas quando alguém tenha sofrido restrição ilegal de sua liberdade de locomoção e não deve substituir recurso no processo penal.
b) A ação de *habeas corpus* não é adequada para proteger o direito dos usuários de internet navegarem por sítios eletrônicos, porque a liberdade de locomoção que ela protege é a física.
c) Com o advento da Lei Geral de Proteção de Dados Pessoais (LGPD), firmou-se o entendimento de que não mais cabe *habeas data* contra pessoa jurídica de direito privado.
d) Não cabe ação de mandado de segurança contra atos praticados em sociedade de economia mista, dada a natureza delas de pessoa jurídica de direito privado.
e) Devido à existência do controle concentrado de constitucionalidade, não cabe mandado de segurança contra ato do Poder Legislativo.

COMENTÁRIOS

Alternativa "a": Admite-se também o *habeas corpus* quando alguém estiver ameaçado de sofrer restrição ilegal de sua liberdade de locomoção.

Alternativa "b": O STF já manifestou que não se admite *habeas corpus* em hipóteses não relacionadas ao direito de locomoção física: "Com a cessação, em 1926, da doutrina brasileira do *habeas corpus*, a destinação constitucional do remédio heroico restringiu-se, no campo de sua específica projeção, ao plano da estreita tutela da imediata liberdade física de ir, vir e permanecer dos indivíduos, pertencendo, residualmente, ao âmbito do mandado de segurança, a tutela jurisdicional contra ofensas que desrespeitem os demais direitos líquidos e certos, mesmo quando tais situações de ilicitude ou de abuso de poder venham a afetar, ainda que obliquamente, a liberdade de locomoção física das pessoas." [HC 83.966 AgR, rel. min. Celso de Mello, j. 23-6-2004, 1ª T, DJ de 25-11-2005.]

Alternativa "c": Mesmo com a edição da LGPD, permanece possível a impetração de *habeas data* contra pessoa jurídica de direito privado no que diz respeito a registros ou bancos de dados de caráter público.,

Alternativa "d": Nos termos da Súmula 333 do STJ: "Cabe mandado de segurança contra ato praticado em licitação promovida por sociedade de economia mista ou empresa pública.".

Alternativa "e": Na verdade, atos concretos e administrativos podem ser impugnados por mandado de segurança. Nesse sentido, é cabível mandado de segurança impetrado por parlamentar para assegurar seu direito líquido e certo ao adequado processo legislativo. Nesse sentido: "O STF admite a legitimidade do parlamentar – e somente do parlamentar – para impetrar mandado de segurança com a finalidade de coibir atos praticados no processo de aprovação de lei ou emenda constitucional incompatíveis com disposições constitucionais que disciplinam o processo legislativo." [MS 24.667 AgR, rel. min. Carlos Velloso, j. 4-12-2003, P, DJ de 23-4-2004.]

Alternativa correta: letra "b".

66. (CEBRASPE – 2023 – PC/AL – Delegado) Acerca do federalismo, dos direitos fundamentais e dos diretos políticos, julgue o item a seguir.

Conquanto seja mais frequente o ajuizamento de *habeas corpus* contra ato de autoridade, admite-se sua impetração contra ato praticado por particular em respeito à previsão constitucional da proteção da liberdade de locomoção.

COMENTÁRIOS

Não há, na disciplina do *habeas corpus* restrição com relação ao sujeito passivo, que pode ser uma autoridade ou mesmo um particular. É comum, por exemplo, a situação em que um hospital particular não libera um paciente agindo de maneira ilegal, caso em que poderá ser impetrado *habeas corpus*.

Alternativa: "certa".

67. (FGV - Delegado de Polícia - PC - RN/2021) A Associação Alfa obteve decisão favorável, transitada em julgado, em mandado de injunção coletivo ajuizado com o objetivo de assegurar o exercício de certos direitos por seus associados, os quais se mostravam pertinentes com suas finalidades. A decisão determinou a aplicação, por analogia, de uma lei já existente. Após o trânsito em julgado, a Associação Alfa tomou conhecimento de que diversos associados, anos antes, embora tenham tomado ciência comprovada do mandado de injunção coletivo, não desistiram dos mandados de injunção individuais que tinham ajuizado. Além disso, poucos anos depois do trânsito em julgado, foi editada a norma regulamentadora, a Lei n° YY, que se mostrava mais desfavorável aos beneficiários que a decisão judicial.

À luz desse quadro, a decisão favorável à Associação Alfa:

a) não beneficia os associados que não requereram a desistência das demandas individuais e continua a disciplinar os direitos a que se refere mesmo após a Lei n° YY;
b) beneficia os associados que não requereram a desistência das demandas individuais e continua a disciplinar os direitos a que se refere mesmo após a Lei n° YY;
c) não beneficia os associados que não requereram a desistência das demandas individuais e a Lei n° YY produz efeitos ex nunc;
d) beneficia os associados que não requereram a desistência das demandas individuais e a Lei n° YY produz efeitos ex tunc;
e) beneficia os associados que não requereram a desistência das demandas individuais e a Lei n° YY produz efeitos ex nunc.

COMENTÁRIOS

Alternativa correta: letra "c" (responde todas as alternativas): Nos termos do art. 13, parágrafo único da lei 13.300/2016, a sentença no mandado de injunção coletivo **não beneficiarão o impetrante que não requerer a desistência da demanda individual em 30 dias**. Ademais, nos termos do art. 11, a nova lei regulamentadora (Lei nº YY) **produzirá efeitos *ex nunc*,** ou seja, a partir de agora, em relação aos beneficiados por decisão transitada em julgado, ressalvada a hipótese de a aplicação da norma editada lhes ser mais favorável.

68. (Fumarc - Delegado de Polícia - PC - MG/2018) A partir de julgamentos de mandados de injunção coletivos, em 2007, entre eles o MI 708, o Supremo Tribunal Federal alterou seu entendimento acerca dos efeitos e da abrangência da decisão. Corresponde a essa mudança:

a) O Supremo Tribunal Federal manteve seu entendimento, consolidado desde a promulgação da Constituição Federal, de se conceder a ordem injuncional, afirmando a competência do Judiciário para regulamentar, no caso concreto, a falta da norma regulamentadora.
b) O Supremo Tribunal Federal manteve seu entendimento, segundo a maioria dos Ministros, de não se conceder a ordem injuncional, afirmando que compete ao Judiciário apenas cientificar o órgão competente para a elaboração da norma regulamentadora, sem obrigá-lo.
c) O Supremo Tribunal Federal passou a aplicar, no entendimento da maioria dos Ministros, a teoria concretista, afirmando a competência do Judiciário para regulamentar, no caso concreto, a falta da norma regulamentadora.
d) O Supremo Tribunal Federal passou a aplicar, no entendimento da maioria dos Ministros, a teoria não concretista, afirmando a impossibilidade de o Judiciário regulamentar, no caso concreto, a falta da norma regulamentadora.

COMENTÁRIOS

Não tem o Judiciário competência para regulamentar, no caso concreto, a falta de norma regulamentadora. Na realidade, o que pode fazer, é determinar que, até que seja editada a norma regulamentadora, seja aplicada ao caso uma norma análoga já existente no ordenamento. Inicialmente, o STF adotava a corrente não-concretista, na qual somente reconhecia a mora legislativa, mas a situação concreta continuava igual. Em 2007, mudou seu posicionamento, adotando a corrente concretista e aplicando a norma existente ao caso. (STF. Plenário. MI 708, Rel. Min. Gilmar Mendes, julgado em 25/10/2007).

Alternativa correta: letra "c".

4.3. DIREITOS DA NACIONALIDADE

69. (FGV - Delegado de Polícia - PC - AM/2022). Marie, cidadã francesa, empregada de um conceituado laboratório farmacêutico privado, estava trabalhando no território nacional quando conheceu John, cidadão inglês, que trabalhava na mesma empresa. Os dois se casaram e, desse relacionamento, nasceu Mathew, tendo a família deixado o território nacional logo após o nascimento, fixando residência na Alemanha. Apesar de nunca mais ter retornado ao território brasileiro, Mathew era familiarizado com a cultura e acompanhava diariamente as notícias do Brasil. Ao completar 21 anos, consultou um advogado a respeito da possibilidade de concorrer ao cargo eletivo de deputado federal na eleição que seria realizada no respectivo ano. Foi respondido corretamente que

a) somente os brasileiros natos poderiam preencher as condições de elegibilidade e Mathew era estrangeiro.
b) Mathew era brasileiro nato, logo, preenchia uma das condições de elegibilidade exigidas para concorrer ao cargo eletivo de Deputado Federal, tendo a idade mínima exigida.
c) Mathew era brasileiro nato, logo, preenchia uma das condições de elegibilidade exigidas para concorrer a um cargo eletivo, mas não o de Deputado Federal, por não preencher a idade mínima exigida.
d) Mathew somente poderia concorrer ao cargo eletivo de Deputado Federal caso se naturalizasse brasileiro, pois esse cargo não exige a nacionalidade nata, acrescendo-se que ele preenchia a idade mínima exigida.
e) Mathew somente poderia concorrer a um cargo eletivo caso se naturalizasse brasileiro, mas não ao cargo de Deputado Federal, pois esse cargo exige a nacionalidade brasileira nata, além dele não preencher a idade mínima exigida.

COMENTÁRIOS

✪ **Nota do autor:** Essa questão combinou dispositivos constitucionais sobre nacionalidade e sobre direitos políticos.

Alternativa "a": Alternativa incorreta, pois embora existam cargos privativos de brasileiros natos (art. 12, §3º, CF/88), a condição de elegibilidade encontrada no art. 14, §3º, I, CF/88 é somente nacionalidade brasileira (ou seja, poderia ser brasileiro nato ou naturalizado para preencher esse requisito). Ademais, Mathew é brasileiro nato, conforme comentário da alternativa "b".

Alternativa "b": Nos termos do art. 12, I, a da CF/88, são brasileiros natos os nascidos na República Federativa do Brasil (*ius soli*), ainda que de pais estrangeiros (que é o caso de Mathew), desde que estes **não** estejam a serviço de seu país (no caso, os pais de Mathew estavam no Brasil a serviço de empresa privada, logo não estavam a serviço de seu país). Portanto, Mathew é brasileiro nato. Ademais, o art. 12, §3º da CF/88 elenca os cargos privativos de brasileiros natos, que são lembrados pela sigla "MP3.COM" (**M**inistro do STF; **P**residente e vice-presidente da República; **P**residente da Câmara dos Deputados; **P**residente do Senado Federal; **C**arreira diplomática; **O**ficial das Forças Armadas; e **M**inistro de Estado da Defesa). Logo, ainda que Mathew não fosse brasileiro nato, desde que se naturalizasse, poderia concorrer ao cargo de Deputado Federal, preenchidas as demais condições de elegibilidade. As condições de elegibilidade são encontradas no art. 14, §3º da CF/88 e são eles: nacionalidade brasileira; pleno exercício dos direitos políticos; alistamento eleitoral; domicílio eleitoral na circunscrição; filiação partidária; e idade mínima de 35 anos para Presidente e Vice-Presidente da República e Senador; 30 anos para Governador e Vice-Governador de Estado e do Distrito Federal; 21 anos para Deputado Federal, Deputado Estadual ou Distrital, Prefeito, Vice-Prefeito e juiz de paz; 18 anos para Vereador. Verifica-se, assim, que Mathew também preenche o requisito de idade para concorrer ao cargo de Deputado Federal, que é de 21 anos.

Alternativa "c": O erro da alternativa está na questão da idade, já que Mathew preenche esse requisito (21 anos).

Alternativa "d": Mathew não precisa se naturalizar, pois é brasileiro nato.

Alternativa "e": Mathew não precisa se naturalizar, pois é brasileiro nato; o cargo de Deputado Federal não exige que seja brasileiro nato; Mathew preenche a idade mínima.

Alternativa correta: letra "b".

---

70. (Cespe – Delegado de Polícia – PC – PB/2022). Suponha que João nasça no Brasil e seja filho de pai e mãe argentinos que estejam em território brasileiro a serviço do Uruguai. Suponha, ainda, que Sandro nasça na Itália e seja filho de pai brasileiro que resida há algum tempo no exterior, por interesse pessoal de estudo. Suponha, também, que Jaqueline nasça na Espanha e seja filha de mãe brasileira, a serviço da República Federativa do Brasil naquele país. Nessa situação, no momento do nascimento, é(são) brasileiro(s) nato(s)

a) João, Sandro e Jaqueline.
b) João e Jaqueline, somente.
c) Jaqueline, somente.
d) Sandro e Jaqueline, somente.
e) João, somente.

COMENTÁRIOS

Alternativa "b" (responde todas as alternativas): <u>João:</u> pais estrangeiros a serviço de outro país, que não o seu, nasceu em território brasileiro. É **brasileiro nato**, por atender ao art. 12, I, a da CF/88. **<u>Sandro:</u>** pai brasileiro no exterior por motivo pessoal (não estava a serviço da República Federativa do Brasil), nasceu no exterior. No momento do nascimento, **não é brasileiro**. Precisaria ser registrado em repartição brasileira ou vir a residir no Brasil e optar pela nacionalidade brasileira após a maioridade (conforme art. 12, I, c, CF/88). **<u>Jaqueline:</u>** mãe brasileira no exterior a serviço da República Federativa do Brasil, nasceu no exterior. É **brasileira nata**, por atender ao requisito do art. 12, I, b da CF/88. Portanto, **no momento do nascimento**, são brasileiros natos **João** e **Jaqueline**, somente.

Alternativa correta: letra "b".

---

71. (Fumarc – Delegado de Polícia – PC – MG/2018) Não constitui cargo privativo de brasileiro nato:

a) Ministro de Estado da Defesa.
b) Oficial das Forças Armadas.

c) Presidente da Câmara dos Deputados.

d) Senador da República.

COMENTÁRIOS

Nos termos do art. 12, §3º da CF/88, são privativos de brasileiro nato os cargos: Presidente e Vice-Presidente da República; Presidente da Câmara dos Deputados; Presidente do Senado Federal; Ministro do Supremo Tribunal Federal; carreira diplomática; de oficial das Forças Armadas; e Ministro de Estado da Defesa.

Alternativa correta: letra "d".

---

72. (Vunesp – Delegado de Polícia – PC – SP/2018) Supondo que o Presidente da República decida nomear como novo Ministro de Defesa FULANO DE TAL, é correto afirmar que referido Ministro

a) deverá possuir no mínimo 18 anos de idade, podendo ser brasileiro nato ou naturalizado, no gozo de seus direitos políticos.

b) obrigatoriamente, deverá possuir mais de 21 anos de idade e ser exclusivamente brasileiro nato, no gozo de seus direitos políticos.

c) uma vez nomeado, caso pratique crime de responsabilidade juntamente com o Presidente da República, será julgado pelo Supremo Tribunal Federal.

d) deverá contar no máximo 30 anos de idade, podendo ser brasileiro nato ou naturalizado, no gozo dos seus direitos políticos.

e) tendo preenchido os requisitos constitucionais para sua nomeação e assumido o cargo, caso pratique infração penal comum, será julgado pelo Superior Tribunal de Justiça.

COMENTÁRIOS

Alternativa "a": Vide comentário da alternativa b.

Alternativa "b": O cargo de Ministro de Defesa é privativo de brasileiro nato, nos termos do art. 12, §3º da CF/88. Sua escolha se dá entre maiores de 21 anos que estejam no exercício dos direitos políticos, conforme art. 87 da CF/88.

Alternativa "c": O crime de responsabilidade conexo ao do Presidente da República será julgado perante o Senado Federal, conforme art. 52, I da CF/88.

Alternativa "d": Vide comentário da alternativa b.

Alternativa "e": No caso de infração penal comum, será julgado perante o STF, nos termos do art. 102, I, c da CF/88.

Alternativa correta: letra "b".

4.4. DIREITOS POLÍTICOS E SISTEMAS ELEITORAIS

---

73. (FGV – 2024 – PC/SC – Delegado) As Câmaras de Vereadores de diferentes Municípios da Federação Brasileira pretendem deliberar a respeito de consultas populares sobre questões de relevância para as respectivas populações locais, a serem realizadas concomitantemente às eleições municipais de 2024. Em relação a essa forma de participação democrática direta, em nível municipal, prevista na Constituição Federal de 1988, assinale a afirmativa correta.

a) As consultas populares concomitantes às eleições municipais não poderão ser realizadas em 2024 em razão do princípio da anualidade eleitoral.

b) Durante a campanha eleitoral serão defesas as manifestações favoráveis e contrárias às questões locais submetidas às consultas populares.

c) Uma vez aprovadas pelas Câmaras de Vereadores, as consultas populares sobre questões locais devem ser encaminhadas à Justiça Eleitoral até 60 dias antes da data das eleições.

d) Durante a campanha eleitoral é proibida a utilização de propaganda gratuita no rádio e na televisão para as manifestações favoráveis e contrárias às questões locais submetidas às consultas populares.

e) A aprovação das consultas populares sobre questões locais pelas Câmaras de Vereadores dispensa o seu encaminhamento à Justiça Eleitoral.

COMENTÁRIOS

✪ Nota do autor: A questão aborda os §§12 e 13 incluídos no art. 14 da CF/88 pela EC nº 111/2021. Dispõe o §12 que: "Serão realizadas concomitantemente às eleições municipais as consultas populares sobre questões locais aprovadas pelas Câmaras Municipais e encaminhadas à Justiça Eleitoral até 90 (noventa) dias antes da data das eleições, observados os limites operacionais relativos ao número de quesitos." Por sua vez, prevê o §13 que: "As manifestações favoráveis e contrárias às questões submetidas às consultas populares nos termos do § 12 ocorrerão durante as campanhas eleitorais, sem a utilização de propaganda gratuita no rádio e na televisão.".

Alternativa "a": Nos termos do art. 16 da CF/88: "A lei que alterar o processo eleitoral entrará em vigor na data de sua publicação, não se aplicando à eleição que ocorra até um ano da data de sua vigência.". Na hipótese, trata-se de Emenda Constitucional que, ademais, foi editada em 2021, sendo possível sua aplicação na eleição de 2024.

Alternativa "b": Tais manifestações são previstas no §13, o que torna incorreta a alternativa.

Alternativa "c": O prazo elencado no §12 é de 90 dias, e não 60 como indica a alternativa.

Alternativa "d": É o que se extrai do §13.

Alternativa "e": Deve ser encaminhado à Justiça Eleitoral até 90 duas antes da data das eleições.

Alternativa correta: letra "d".

---

74. (FGV – 2024 – PC/SC – Delegado) Marco, italiano, veio para o Brasil em 2001 estudar dramaturgia em São

Paulo. Em 2020, após mais de quinze anos de residência ininterrupta no Brasil, Marco solicita e adquire, de forma derivada, a nacionalidade brasileira. Recentemente, Marco foi condenado, por sentença judicial transitada em julgado, em virtude de fraude relacionada ao seu processo de naturalização. Conforme a ordem constitucional vigente, nesta situação hipotética, em decorrência da referida decisão judicial, ocorrerá

a) a suspensão dos direitos políticos de Marco.
b) a perda dos direitos políticos de Marco.
c) a cassação dos direitos políticos de Marco.
d) o cancelamento da naturalização de Marco, sem qualquer efeito sobre seus direitos políticos.
e) a manutenção da naturalização de Marco, pois o ato de fraude não é considerado atividade nociva ao interesse nacional.

COMENTÁRIOS

Alternativa "b" (responde todas as alternativas): A condenação, por sentença judicial, em virtude de fraude relacionada ao processo de naturalização enseja o cancelamento de sua naturalização (Art. 12, §4º, I da CF/88), com a consequente perda de direitos políticos, nos termos do art. 15, I da CF/88.

Alternativa correta: letra "b".

---

75. (**CEBRASPE - 2023 - PC/AL - Delegado**) Acerca do federalismo, dos direitos fundamentais e dos diretos políticos, julgue o item a seguir.

75.1. Conforme a compreensão atual dos direitos políticos previstos na Constituição Federal, não se admitem candidaturas avulsas, isto é, aquelas para as quais não se exige que o candidato seja afiliado a partido político.

COMENTÁRIOS

Isso se dá em razão de a filiação partidária ser uma das condições de eleqibilidade elencadas no art. 14, §3º, da CF/88.

Alternativa: "certo".

75.2. Segundo a regra que impõe a fidelidade partidária, qualquer representante eleito ao Poder Legislativo que se desfiliar de seu partido político deverá perder o mandato, embora isso não o torne inelegível na eleição subsequente.

COMENTÁRIOS

Na verdade, o art. 16, §6º da CF/88 prevê que não haverá perda do mandato nos casos de anuência do partido ou de outras hipóteses de justa causa estabelecidas em lei.

Alternativa: "errado".

---

76. (**Vunesp - Delegado de Polícia - PC - SP/2022**). Segundo a doutrina, os direitos políticos negativos consistem nas previsões constitucionais que restringem o acesso do cidadão à participação nos órgãos governamentais, por meio de impedimento à candidatura. Sobre o tema, é correto afirmar que

a) o indivíduo que se encontrar em hipótese de inelegibilidade absoluta não poderá pleitear nenhum mandato eletivo.
b) os militares estão impedidos de candidatar-se, pois abrangidos pela inelegibilidade absoluta.
c) os conscritos são inalistáveis e relativamente inelegíveis.
d) o analfabeto não possui capacidade eleitoral passiva, incidindo na hipótese de inelegibilidade relativa.
e) os casos de inelegibilidade estabelecidos pela Constituição são normas de eficácia limitada.

COMENTÁRIOS

Alternativa "a": A inelegibilidade absoluta é aquela relativa às características pessoais, de modo que atinge todos os cargos eletivos e não pode ser afastada por meio de desincompatibilização, como no caso dos analfabetos e dos estrangeiros e conscritos (art. 14, §4º, CF/88).

Alternativa "b": Não é uma inelegibilidade absoluta, já que decorre do cargo que ocupam.

Alternativa "c": Se são inalistáveis, são absolutamente inelegíveis.

Alternativa "d": É caso de inelegibilidade absoluta, sendo inalistável.

Alternativa "e": Na verdade, são normas de eficácia plena, já que não admitem restrição por meio de instrumento infralegal, nem dele dependem para produzir seus efeitos.

Alternativa correta: letra "a".

---

77. (**FGV - Delegado de Polícia - PC - RN/2021**) Pedro, na época em que era Chefe do Poder Executivo Federal, foi condenado em um processo por crime de responsabilidade, daí decorrendo a aplicação da sanção de inabilitação para o exercício de função pública. A sanção sofrida por Pedro:

a) restringe a cidadania em suas acepções ativa e passiva;
b) equivale à proibição de contratar com o Poder Público;
c) acarreta restrições mais amplas que a inelegibilidade;
d) se identifica com a perda da função pública;
e) acarreta a suspensão dos direitos políticos.

COMENTÁRIOS

Alternativa correta: letra "c": A inelegibilidade faria com que Pedro não pudesse exercer algumas funções públicas (aquelas providas por meios eletivos). Já a proibição de exercer função pública atinge tanto as eletivas quanto as demais, sendo assim mais ampla.

Alternativa "a": Não há restrições à cidadania em sua acepção ativa, uma vez que Pedro ainda pode votar.

Alternativa "b": Não há proibição em contratar com o poder público, mas sim em exercer função pública.

Alternativa "d": Não se identifica, pois alguém que não tem função pública pode ser impedido de exercer funções públicas. A perda diz respeito a um cargo que tinha e deixou de ter, já a inabilitação para exercer funções públicas se estende no futuro, de modo que não poderá exercer nova função pública.

Alternativa "e": Vide alternativa "a".

78. (Fundatec - Delegado de Polícia - PC - RS/2018) Os direitos políticos ou cívicos semelham às prerrogativas e aos deveres inerentes à cidadania e compreendem o direito de participar direta ou indiretamente do governo, da organização e do funcionamento do Estado. Conforme prescreve a Constituição Federal, os direitos políticos disciplinam as diversas formas de o cidadão se manifestar, dentre as quais pode-se citar a soberania popular, que se concretiza pelo sufrágio universal, pelo voto direto e secreto e por demais instrumentos. Sobre os direitos políticos, assinale a alternativa INCORRETA.

a) A soberania popular será exercida pelo sufrágio universal e pelo voto direto e secreto, com valor igual para todos, e, nos termos da lei, mediante: I - plebiscito; II - referendo; III - iniciativa popular.

b) A cláusula tutelar inscrita no Art. 14, caput, da Constituição tem por destinatário específico e exclusivo o eleitor comum, no exercício das prerrogativas inerentes ao status activae civitatis. Essa norma de garantia não se aplica, todavia, ao membro do Poder Legislativo nos procedimentos de votação parlamentar, em cujo âmbito predomina, como regra, o postulado da deliberação ostensiva ou aberta.

c) A dissolução da sociedade ou do vínculo conjugal, no curso do mandato, não afasta a inelegibilidade prevista no § 7° do Art. 14 da CF/1988. No entanto, não atrai a aplicação do entendimento constante do referido ditame a extinção do vínculo conjugal pela morte de um dos cônjuges.

d) A cidadania é o status de nacional acrescido dos direitos políticos, isto é, de poder participar do processo governamental, tanto de forma ativa quanto passiva. É cidadania ativa aquela que age em eleger seus governantes, e passiva aquela em que também se pode ser escolhido.

e) Da suspensão de direitos políticos – efeito da condenação criminal transitada em julgado –, resulta, por si mesma, a perda do mandato eletivo ou do cargo do agente político, inclusive no caso de parlamentar, – à exceção dos membros do poder legislativo, por exemplo.

COMENTÁRIOS

Alternativa "a": Trata-se da disposição literal do art. 14 da CF/88, *caput* e incisos.

Alternativa "b": Nesse sentido foi o entendimento do STF no julgamento da ADI 1.057 em 1994, no qual entendeu que a votação pública e ostensiva nas Casas Legislativas constitui um dos instrumentos mais significativos de controle do poder estatal pela sociedade civil.

Alternativa "c": O início da alternativa corresponde à disposição da Súmula Vinculante 18. Seu fim, diz respeito ao entendimento emanado pelo STF no julgamento do RE 758.461, em que se afastou a aplicação da súmula no caso de morte de um dos cônjuges.

Alternativa "d": Trata-se da conceituação doutrinária pacífica de cidadania, capacidade eleitoral ativa, e capacidade eleitoral passiva.

Alternativa "e": O STF entendeu, no julgamento da AP 565 em 2014 que a suspensão dos direitos políticos não tem por consequência natural a perda do caro público. A perda do cargo deve ser decidida nos termos do art. 55, §2º da CF/88, pela Câmara dos Deputados ou pelo Senado Federal por maioria absoluta, mediante provocação da respectiva Mesa ou de partido político representado no Congresso Nacional, assegurada ampla defesa.

Alternativa incorreta: letra "e".

79. (UEG - Delegado de Polícia - PC - GO/2018) A respeito do Senado Federal, segundo a Constituição (CRFB) e o Supremo Tribunal Federal (STF), é certo que

a) o senador infiel não perde o mandato por mudar de partido, pois, segundo o princípio majoritário, o mandato pertence ao candidato, e não ao partido.

b) cada Estado e o Distrito Federal elegerão três senadores, com mandato de oito anos, e a representação no Senado será renovada de quatro em quatro anos, alternadamente, por um e dois terços, razão pela qual cada Estado e o Distrito Federal elegerão em 2018 um senador.

c) o candidato a senador, assim como o governador e vice-governador de Estado e do Distrito Federal, precisa contar com a idade mínima de trinta anos.

d) o senador precisa renunciar ao respectivo mandato até seis meses antes do pleito caso queira concorrer a outro cargo, como o de Presidente da República, o de governador de Estado ou do Distrito Federal e o de prefeito.

e) o senador representa o povo pelo qual foi majoritariamente eleito.

COMENTÁRIOS

Alternativa "a": O STF entendeu no julgamento da ADI 5081/DF que a perda do mandato em razão de mudança de partido não se aplica aos candidatos eleitos pelo sistema majoritário, sob pena de violação da soberania popular e das escolhas feitas pelo eleitor. De acordo com o art. 46 da CF/88, os membros do Senado Federal serão eleitos segundo o princípio majoritário, logo, o senador infiel não perderá seu mandato por mudar de partido.

Alternativa "b": O erro da alternativa está em dizer que em 2018 a eleição se deu para 1 Senador, quando, na realidade, se deu para 2 Senadores.

Alternativa "c": Nos termos do §3º, inciso VI do art. 14 da CF/88, a idade mínima para Governador e Vice-Governador é de 30 anos; por outro lado, a idade mínima para Senador é de 35 anos.

Alternativa "d": A desincompatibilização somente se aplica a cargos do Poder Executivo, nos termos do art. 14, §6º da CF/88. O cargo de Senador é do Poder Legislativo, portanto, desnecessária a desincompatibilização antes de concorrer a qualquer cargo.

Alternativa "e": Senadores representam o Estado e o Distrito Federal, enquanto Deputados Federais representam o povo.

Alternativa correta: letra "a".

---

80. (Vunesp – Delegado de Polícia – PC – SP/2018) Suponha que Joseph, brasileiro naturalizado e atualmente com 20 anos de idade, decida se candidatar ao cargo de Deputado Federal. Nesse caso, é correto afirmar que ele

a) poderá se candidatar, pois o cargo é elegível tanto para brasileiros natos como naturalizados e a idade mínima exigida é 18 anos.

b) poderá se candidatar, pois o cargo é elegível tanto para brasileiros natos como naturalizados e a idade mínima exigida é 20 anos.

c) não poderá se candidatar, uma vez que embora o cargo não seja privativo de brasileiros natos, Joseph não possui a idade mínima de 21 anos exigida pela Constituição.

d) não poderá se candidatar, pois ainda que possua a idade necessária para a candidatura, o cargo é privativo de brasileiros natos.

e) não poderá se candidatar, pois além de não possuir a idade mínima exigida para a candidatura, o cargo é privativo de brasileiros natos.

COMENTÁRIOS

O cargo de Deputado Federal não é privativo de brasileiro nato (art. 12, §3º, CF/88), mas somente o cargo de Presidente da Câmara dos Deputados. A idade mínima para esse cargo, nos termos do art. 14, §3º, VI, c da CF/88 é de 21 anos de idade. Por isso, Joseph não poderá se candidatar.

Alternativa correta: letra "c".

---

81. (Vunesp – Delegado de Polícia – PC – SP/2018) Suponha que o Partido X lhe consulte sobre quais são os requisitos constitucionais para que um partido político tenha acesso aos recursos do fundo partidário e acesso gratuito ao tempo de rádio e televisão. Nesse sentido, segundo o disposto na Constituição Federal de 1988, após a reforma dada pela Emenda Constitucional nº 97/2017, é correto afirmar que o acesso a tais benefícios ocorrerá

a) se obtiver, nas eleições para a Câmara dos Deputados e do Senado Federal, conjuntamente, o mínimo de 5% dos votos válidos nacionais, distribuídos em pelo menos 1/3 das unidades da federação, exigindo-se, para ambos, o mínimo de 2% dos votos válidos em cada uma delas.

b) somente se obtiver, nas eleições para a Câmara dos Deputados, no mínimo, 3% dos votos válidos, distribuídos em pelo menos 1/3 das unidades da Federação, com um mínimo de 2% dos votos válidos em cada uma delas, ou se elegerem pelo menos 15 deputados distribuídos em pelo menos 1/3 das unidades da federação.

c) de forma automática, não sendo necessário o preenchimento de outros requisitos, sob pena de violação ao princípio da liberdade partidária reconhecido pela Constituição Federal.

d) se obtiver, nas eleições para o Senado Federal, no mínimo 2% dos votos válidos, distribuídos em pelo menos 2 unidades da federação, com um mínimo de 1% dos votos válidos em cada uma delas.

e) somente se obtiver, nas eleições para a Câmara dos Deputados, no mínimo, 5% dos votos válidos, distribuídos em pelo menos 1/3 das unidades da Federação, com um mínimo de 2% dos votos válidos em cada uma delas, e, obrigatoriamente, se elegerem pelo menos 15 deputados federais distribuídos em pelo menos 1/3 das unidades da federação.

COMENTÁRIOS

Alternativa "a": O parâmetro é somente a eleição da Câmara dos Deputados, sendo o mínimo de 3% dos votos válidos nacionais.

Alternativa "b": O art. 17, §3º da CF/88, resultado da emenda 97 de 2017, estabelece que somente terão direito a recursos do fundo partidário e acesso gratuito ao rádio e à televisão os partidos políticos que: obtiverem, nas eleições para a Câmara dos Deputados, no mínimo 3% dos votos válidos em pelo menos 1/3 das unidades da Federação, com no mínimo 2% dos votos válidos em cada uma delas; ou que tiverem elegido pelo menos 15 Deputados Federais distribuídos em pelo menos 1/3 das unidades da Federação.

Alternativa "c": Há requisitos a serem preenchidos, conforme comentário da alternativa b.

Alternativa "d": O parâmetro é a eleição da Câmara dos Deputados, sendo o mínimo de 3% dos votos válidos nacionais, em 1/3 das unidades da federação pelo menos, com no mínimo 2% dos votos em cada uma.

Alternativa "e": O mínimo dos votos válidos é de 3% e não 5%, e os requisitos não são cumulativos, mas sim alternativos.

Alternativa correta: letra "b".

5. ORGANIZAÇÃO DO ESTADO

82. (CEBRASPE - 2023 - PC/AL - Delegado) Relativamente aos servidores civis, à responsabilidade do presidente da República e do Poder Judiciário, julgue o item seguinte.

82.1. Caso a Constituição de um estado-membro atribua foro por prerrogativa de função a ocupantes de determinado cargo, sem previsão correspondente na Constituição da República, esse foro não se aplicará ao caso de crime doloso contra a vida, porque deve prevalecer a competência constitucional do tribunal do júri.

COMENTÁRIOS

Nos termos da Súmula Vinculante nº 45: "A competência constitucional do Tribunal do Júri prevalece sobre o foro por prerrogativa de função estabelecido exclusivamente pela Constituição Estadual".

Alternativa: "certa".

83. (Fumarc - Delegado de Polícia - PC - MG/2018) É imunidade extensível aos vereadores:

a) Autorização prévia da Assembleia Legislativa, por maioria de dois terços, para ser processado penalmente.
b) Inviolabilidade por suas opiniões, palavras e votos, no exercício do mandato e na circunscrição do Município.
c) Inviolabilidade por suas opiniões, palavras e votos, no exercício do mandato e na circunscrição do Município, e a prisão somente em caso de flagrante delito inafiançável, desde a diplomação.
d) Prisão somente em caso de flagrante delito inafiançável, desde a diplomação.

COMENTÁRIOS

A Constituição Federal estabelece, no art. 29, VIII da CF/88 que aos vereadores assegura-se a inviolabilidade por suas opiniões, palavras e votos no exercício do mandato e na circunscrição do Município. O STF entende que não possuem a imunidade relativa (HC 70359).

Alternativa correta: letra "b".

84. (UEG - Delegado de Polícia - PC - GO/2018) O foro por prerrogativa de função, segundo o Supremo Tribunal Federal (STF),

a) pode ser previsto, pela Constituição Estadual, em favor dos Delegados de Polícia, em respeito à autonomia dos estados-membros e ao princípio federativo.
b) teve seu rol de beneficiários reduzido recentemente pelo STF, a exemplo do que já acontece em outros países, como Alemanha, Itália e Portugal.
c) inicia-se com a diplomação do parlamentar federal e encerra-se com o término do mandato, qualquer que seja o estágio do processo.
d) cessa, e o processo segue para a primeira instância se o parlamentar renunciar ou perder o cargo durante o prazo para apresentação de alegações finais.
e) por mutação constitucional, passou a aplicar-se apenas aos crimes cometidos durante o exercício do cargo e diretamente relacionados às suas funções, de modo que o crime cometido por parlamentar após a diplomação, mas sem relação direta com o cargo, será processado e julgado em primeiro grau.

COMENTÁRIOS

Alternativa "a": O STF entende que a instituição de foro de prerrogativa de função na Constituição Estadual só pode ocorrer em decorrência do princípio da simetria. Como a Constituição Federal não atribuiu foro por prerrogativa de função a delegados de polícia federal, não pode a Constituição Estadual o estabelecer em favor dos delegados estaduais (ADI 2587).

Alternativa "b": O STF tem, em sua jurisprudência, restringido o alcance do foro por prerrogativa de função, mas não o rol de beneficiários, que só pode ser restrito por emenda à Constituição (STF. AP 937 QO/RJ).

Alternativa "c": O STF entende que o foro por prerrogativa não se aplica quando já encerrada a instrução processual (STF. AP 568).

Alternativa "d": A renúncia do parlamentar após o fim da instrução (após alegações finais), não acarreta a perda de competência do STF (STF. AP 568).

Alternativa "e": Nesse sentido foi o posicionamento adotado pelo STF no julgamento da Ação Penal 937.

Alternativa correta: letra "e".

85. (Vunesp - Delegado de Polícia - PC - SP/2018) É correto afirmar que o Federalismo

a) representa uma forma de Estado que possui um centro único dotado de capacidade legislativa, administrativa e política, que é direcionado às unidades locais e regionais.
b) representa um sistema de governo, que analisa as relações de poder existentes no âmbito da federação.
c) ocorreu no Brasil por meio de um movimento centrífuga (por segregação).
d) ocorreu no Brasil mediante um movimento centrípeta (por agregação).
e) representa uma forma de governo, que leva em consideração a quantidade de titulares que estão no poder.

COMENTÁRIOS

Alternativa "a": Embora o Federalismo seja uma forma de Estado, nele há um pacto, indissolúvel e inalterável, entre diversos Estados dotados de autonomia. A descrição da alternativa corresponde ao Estado Unitário, e não ao Federalismo

Alternativa "b": O Federalismo é uma forma de Estado, e não um sistema de governo, que pode ser, por exemplo, presidencialista ou parlamentarista.

Alternativa "c": O Brasil era um Estado Unitário até 1891, que, ao se descentralizar, formou uma Federação. Assim, há um movimento centrífugo, em que se parte da união em direção à segregação.

Alternativa "d": Conforme comentário da alternativa c, é na verdade centrífugo, pois partiu do Estado Unitário para o Federalismo.

Alternativa "e": Como já apontado, trata-se de uma forma de Estado. Formas de Governo são, por exemplo, república e monarquia.

Alternativa correta: letra "c".

5.1. ORGANIZAÇÃO POLÍTICO-ADMINISTRATIVA

86. (VUNESP – 2023 – PC/SP – Delegado) Sobre o Estado Federal, assinale a alternativa correta.

a) A existência de um Estado Federal é incompatível com a autonomia dos entes federados.

b) No âmbito do Estado Federal, admite-se a sua dissolução parcial.

c) Todos os entes federados são dotados de soberania.

d) O Estado Federal é sempre um Estado descentralizado.

e) A ideia de federalismo cooperativo teve origem na Áustria.

COMENTÁRIOS

Alternativa "a": Na verdade, faz parte do conceito de Estado Federal a autonomia (e não soberania) dos entes federados.

Alternativa "b": Existe, no estado federal, a vedação à secessão (dissolução parcial).

Alternativa "c": São dotados de **autonomia** e não soberania, pois a soberania é do Estado Federal e não dos entes.

Alternativa "d": A descentralização decorre da **autonomia** que cada ente federado possui.

Alternativa "e": Teve origem nos Estados Unidos, e não na Áustria.

Alternativa correta: letra "d".

87. (VUNESP – 2023 – PC/SP – Delegado) A respeito da Intervenção federal, assinale a alternativa correta.

a) A intervenção pode ser espontânea ou provocada e materializa-se por meio da edição de uma medida provisória.

b) O ato de intervenção é privativo do Presidente da República, mas está sujeito ao controle político exercido pelo Poder Legislativo e ao controle jurisdicional, a depender do caso concreto.

c) Pode-se afirmar que a intervenção é um ato de natureza exclusivamente política.

d) No âmbito da intervenção nos municípios, o interventor deverá ser uma autoridade federal e atuará em substituição ao Prefeito, mas com ajuda direta do Presidente da Câmara Municipal, conforme previsto no texto constitucional.

e) O instituto da Intervenção federal tem papel essencial no âmbito de uma Federação, sendo considerado como um dos seus elementos caracterizadores.

COMENTÁRIOS

Alternativa "a": Embora correta no início, não é por meio da edição de medida provisória, e sim por meio de decreto, conforme estabelece o art. 36, §1º da CF/88.

Alternativa "b": A competência privativa do Presidente da República para decretar e executar a intervenção federal é prevista no art. 84, X da CF/88. O controle político é realizado pelo Congresso Nacional, conforme art. 49, IV da CF/88. A possibilidade de controle jurisdicional decorre da inafastabilidade da jurisdição, prevista no art. 5º, XXXV da CF/88. Portanto, a alternativa está correta.

Alternativa "c": Trata-se de ato político, mas, à medida que tem requisitos e pode ocorrer por requisição do Poder Judiciário, por exemplo, não se trata de natureza **exclusivamente** política.

Alternativa "d": Na verdade, a União somente pode intervir em Municípios localizados em territórios federais. Nos demais casos, a intervenção nos Municípios é feita pelo Estado, conforme art. 35, *caput* da CF/88.

Alternativa "e": A intervenção é uma exceção, logo, não é elemento caracterizador da Federação.

Alternativa correta: letra "b".

88. (FGV – 2024 – PC/SC – Delegado) O Município Alfa não aplica o mínimo exigido da receita municipal na manutenção e desenvolvimento do ensino e nas ações e serviços públicos de saúde. Em audiência pública determinado vereador progressista sustenta que esta situação enseja intervenção estadual no Município.

A partir da correção da alegação feita pelo vereador na hipótese narrada e conforme as regras constitucionais vigentes, é correto afirmar que

a) a decretação da intervenção estadual dependerá de provimento pelo Tribunal de Justiça, de representação do Procurador-Geral de Justiça.

b) a decretação da intervenção estadual ocorrerá *ex officio* por ato do Governador de Estado.

c) a decretação da intervenção estadual dependerá de provimento, pelo Supremo Tribunal Federal, de representação do Procurador-Geral da República.
d) a decretação da intervenção estadual dispensará a apreciação pela Assembleia Legislativa.
e) a decretação da intervenção estadual dependerá de solicitação da Assembleia Legislativa.

COMENTÁRIOS

Alternativa "b" (responde todas as alternativas): A intervenção será cabível nos termos do art. 35, III da CF/88. Não é necessário provimento pelo Tribunal ou representação por Procurador-Geral. Trata-se de hipótese de intervenção espontânea. Será, no entanto, submetida a controle pela Assembleia Legislativa em 24 horas, como determina o art. 36, §1º da CF/88.

Alternativa correta: letra "b".

---

89. (Vunesp - Delegado de Polícia - PC - SP/2022). Considerando o disposto na Constituição da República, bem como o entendimento jurisprudencial e doutrinário consolidado sobre a organização funcional do Estado, assinale a alternativa correta.

a) A Constituição da República assegura imunidade formal e material a vereadores e prefeitos municipais.
b) Compete à Justiça Estadual processar e julgar prefeito municipal por desvio de verba sujeita a prestação de contas perante órgão federal.
c) A Câmara de Vereadores possui personalidade jurídica, podendo demandar em juízo para defender os seus direitos institucionais.
d) Compete à Justiça Estadual processar e julgar prefeito por desvio de verba transferida e incorporada ao patrimônio municipal.
e) A extinção do mandato do prefeito impede a instauração de processo pela prática de crimes de responsabilidade.

COMENTÁRIOS

Alternativa "a": Na verdade, prefeitos não possuem imunidade formal nem material. Já vereadores, possuem somente imunidade material na circunscrição do Município, por força do art. 29 VIII da CF/88.

Alternativa "b": A súmula 208 do STJ estabelece que: "Compete à **Justiça Federal** processar e julgar prefeito municipal por desvio de verba sujeita a prestação de contas perante órgão federal.".

Alternativa "c": O STJ possui entendimento sumulado de que: "Súmula 525- A Câmara de Vereadores **não possui** personalidade jurídica, apenas personalidade judiciária, somente podendo demandar em juízo para defender os seus direitos institucionais."

Alternativa "d": É o entendimento sumulado pelo STJ na súmula 209 do STJ.

Alternativa "e": A súmula 703 do STF estabelece que: "A extinção do mandato do prefeito **não impede** a instauração de processo pela prática dos crimes previstos no art. 1º do Dl. 201/67."

Alternativa correta: letra "d".

---

90. (Vunesp - Delegado de Polícia - PC - SP/2022). No tocante à Organização do Estado Brasileiro, sob a perspectiva dos Estados federados, é correto afirmar que

a) os Estados membros se auto-organizam por meio do exercício de seu poder constituinte originário, consubstanciando-se na edição das respectivas Constituições.
b) a constituição define as competências tributárias e legislativas, indispensáveis à autoadministração dos Estados membros, mas não delimita as competências administrativas.
c) a autonomia Estadual também se caracteriza pelo autogoverno, a qual permite ao povo do estado a escolha de representantes nas três esferas de Poder.
d) os Estados poderão, em decorrência do poder de auto-organização, instituir regiões metropolitanas, aglomerações urbanas e microrregiões, mediante lei ordinária.
e) a inobservância pelos Estados membros de princípios constitucionais sensíveis pode acarretar sanção de intervenção na autonomia política.

COMENTÁRIOS

Alternativa "a": Trata-se, na verdade, do exercício do poder constituinte derivado decorrente. Isso porque o poder constituinte originário compreende a elaboração da Constituição Federal.

Alternativa "b": Delimita também as competências administrativas, previstas no art. 23 (competência comum) e nos parágrafos do art. 25 da CF/88.

Alternativa "c": Na verdade, não há escolha de representantes no âmbito do Poder Judiciário, cuja composição de dá por meio de concurso público de provas e títulos (Art. 93, I da CF/88).

Alternativa "d": Deve se dar mediante **lei complementar**, conforme art. 25, §3º da CF/88.

Alternativa "e": É o que estabelece o art. 34, VII da CF/88.

Alternativa correta: letra "e".

---

91. (Vunesp - Delegado de Polícia - PC - SP/2022). A Constituição da República adotou o federalismo como forma de Estado. Considerando os aspectos relevantes sobre o tema, assinale a alternativa que se coaduna com o regramento constitucional da matéria.

a) Os Estados que ingressam na federação possuem plena autonomia política.
b) Os princípios federais extensíveis subdividem-se em normas de competência e normas de preordenação.

c) O princípio da indissolubilidade do vínculo federativo não está expressamente consagrado na Constituição Federal.

d) A mera tentativa de secessão de Estado-membro não enseja a decretação de intervenção federal.

e) A União é entidade federativa autônoma em relação aos Estados e Municípios, cabendo-lhe exercer atribuições de soberania do Estado brasileiro.

COMENTÁRIOS

Alternativa "a": Embora possuam autonomia política (tomada de decisões) ela não é plena, uma vez que deve estar alinhada com a União.

Alternativa "b": Extensíveis são aqueles princípios que o ente federativo pode ampliar, como o nome sugere. Um exemplo é a iniciativa de processo legislativo, que pode ser ampliada no âmbito estadual. Não cabe, contudo, ampliar normas de competência e de preordenação, que são, na verdade, limitador e sensível, respectivamente.

Alternativa "c": Está contido, na verdade, no art. 1º da CF/88: "Art. 1º A República Federativa do Brasil, formada pela união indissolúvel dos Estados e Municípios e do Distrito Federal, constitui-se em Estado Democrático de Direito e tem como fundamentos: (...)".

Alternativa "d": É hipótese que autoriza a intervenção federal, a fim de manter a integridade nacional (art. 34, I da CF/88).

Alternativa "e": Correta, conforme se pode extrair das competências da União, previstas no art. I, II e III do art. 21 da CF/88, por exemplo (manter relações com Estados estrangeiros, participar de organizações internacionais, declarar a guerra, celebrar a paz, assegurar a defesa nacional).

Alternativa correta: letra "e".

---

92. (Fundatec - Delegado de Polícia - PC - RS/2018) A organização da República Federativa do Brasil está exposta na Constituição Federal de 1988. Todo Estado precisa de uma correta organização para que sejam cumpridos os seus objetivos dentro da administração pública. A divisão político-administrativa foi uma das maneiras encontradas para facilitar a organização do Estado Brasileiro. A divisão político-administrativa brasileira é apresentada na Constituição Federal, no Art. 18. Ela surgiu no período colonial, quando o Brasil se dividia em capitanias hereditárias e posteriormente foram surgindo outras configurações que proporcionaram maior controle administrativo do país. O Brasil é formado por 26 Estados, a União, o Distrito Federal e os Municípios, sendo ele uma República Federativa. Cada ente federativo possui sua autonomia financeira, política e administrativa, em que cada Estado deve respeitar a Constituição Federal e seus princípios constitucionais, além de ter sua Constituição própria; e também, cada município (através de sua lei orgânica) poderá ter sua própria legislação. Tendo como pano de fundo o descrito acima, assinale a alternativa INCORRETA.

a) Não há na CF previsão expressa da exigência de autorização prévia de assembleia legislativa para o processamento e julgamento de governador por crimes comuns perante o STJ. Dessa forma, inexiste fundamento normativo-constitucional expresso que faculte aos Estados-membros fazerem essa exigência em suas Constituições estaduais. Não há, também, simetria a ser observada pelos Estados-membros.

b) É inconstitucional a lei estadual que estabeleça como condição de acesso a licitação pública, para aquisição de bens ou serviços, que a empresa licitante tenha a fábrica ou sede no Estado-membro.

c) O inciso XIV do Art. 29 da CF/1988 estabelece que as prescrições do Art. 28 relativas à perda do mandato de governador aplicam-se ao prefeito, qualificando-se, assim, como preceito de reprodução obrigatória por parte dos Estados-membros e Municípios. Não é permitido a esses entes da federação modificar ou ampliar esses critérios. Se a Carta Maior não sanciona com a perda do cargo o governador ou o prefeito que assuma cargo público em virtude de concurso realizado após sua eleição, não podem fazê-los as Constituições estaduais.

d) O Município pode editar legislação própria, com fundamento na autonomia constitucional que lhe é inerente (CF, Art. 30, I), com objetivo de determinar, às instituições financeiras, que instalem, em suas agências, em favor dos usuários dos serviços bancários (clientes ou não), equipamentos destinados a proporcionar-lhes segurança (tais como portas eletrônicas e câmaras filmadoras) ou a propiciar-lhes conforto, mediante oferecimento de instalações sanitárias, ou fornecimento de cadeiras de espera, ou colocação de bebedouros, ou horário de funcionamento, ou, ainda, prestação de atendimento em prazo razoável, com a fixação de tempo máximo de permanência dos usuários em fila de espera. A abrangência da autonomia política municipal - que possui base eminentemente constitucional - estende-se à prerrogativa, que assiste ao Município, de "legislar sobre assuntos de interesse local" (CF, Art. 30, I).

e) Segundo a CF/88, a fiscalização do Município será exercida pelo Poder Legislativo Municipal, mediante controle externo, e pelos sistemas de controle interno do Poder Executivo Municipal, na forma da lei. Ainda, segundo dispõe o mesmo diploma legal, o controle externo da Câmara Municipal será exercido com o auxílio dos Tribunais de Contas dos Estados ou do Município ou dos Conselhos ou Tribunais de Contas dos Municípios, onde houver. Assim sendo, pode-se afirmar que a CF não proíbe a extinção de tribunais de contas dos Municípios. O legislador constituinte permitiu a experimentação institucional dos entes federados, desde que não fossem criados conselhos ou tribunais municipais, devendo ser observado o modelo federal, com ao menos um órgão de controle externo. É possível, portanto, a extinção de tribunal de contas responsável pela fiscalização dos Municípios por meio da promulgação de Emenda à Constituição estadual, pois a CF não proibiu a supressão desses órgãos.

COMENTÁRIOS

Alternativa "a": Nesse sentido é o posicionamento adotado pelo STF, manifestado no julgamento da ADI 5540/MG.

Alternativa "b": Assim entendeu o STF no julgamento da ADI 3583.

Alternativa "c": Trata-se do entendimento adotado pelo STF no julgamento da ADI 336 em 2010.

Alternativa "d": Embora o Município possa editar legislação própria, em decorrência de sua autonomia, sobre os assuntos demonstrados na alternativa, conforme entendimento do STF (AI 347.717 AgR), não pode disciplinar o horário bancário, uma vez que se trata de competência da União, conforme Súmula 19 do STJ.

Alternativa "e": A possibilidade de extinção do Tribunal de Contas do Município, por meio de emenda constitucional estadual, foi reconhecida pelo STF (ADI 5543).

Alternativa incorreta: letra "d".

93. (Vunesp - Delegado de Polícia - PC - SP/2018) Considere que o Estado X, em função da diversidade cultural constatada em sua região, decida desmembrar-se para formação de dois novos Estados. Nessa hipótese, é correto afirmar que tal desmembramento

a) será constitucional desde que a proposta seja aprovada pela população diretamente interessada, por meio de plebiscito, e, cumulativamente, pelo Congresso Nacional, por lei complementar.

b) será constitucional se aprovada diretamente pela população interessada, por meio de referendo, e do Congresso Nacional, por meio de lei ordinária.

c) é automaticamente inconstitucional, pois a unidade federativa é cláusula pétrea imutável nos termos da Constituição.

d) é automaticamente inconstitucional, uma vez que a Constituição Federal veda tanto a separação como a criação de novos Estados-membros, ante a já estabelecida simetria federal.

e) será constitucional desde que aprovada pela Assembleia do Estado mediante lei estadual e, cumulativamente, pelo Congresso Nacional, por meio de lei complementar.

COMENTÁRIOS

O art. 18, §3º da CF/88 estabelece que os Estados podem incorporar-se entre si, subdividir-se ou desmembrar-se para se anexarem a outros ou formarem novos Estados ou Territórios, desde que haja aprovação de toda a população diretamente interessada, através de plebiscito, e do Congresso Nacional, por meio de lei complementar.

Alternativa correta: letra "a".

5.2. ENTES FEDERADOS E DISTRIBUIÇÃO DE COMPETÊNCIAS

94. (VUNESP - 2023 - PC/SP - Delegado) Considere que no âmbito do Estado X foi editada Lei nº 10.000/2022, que previu em seu artigo primeiro que "Todos os integrantes do quadro efetivo dos Agentes Penitenciários do Estado X têm porte de arma, ainda que fora do serviço". Com base na situação hipotética e no disposto na jurisprudência do Supremo Tribunal Federal, é correto afirmar que tal previsão é

a) inconstitucional, por violar exclusivamente a competência privativa da União para legislar sobre sistema penitenciário.

b) inconstitucional, pois está em desacordo com o disposto no Estatuto do Desarmamento.

c) inconstitucional, pois viola a competência privativa da União para legislar sobre direito penal e material bélico.

d) compatível com a Constituição apenas do ponto de vista formal.

e) constitucional, uma vez que o Supremo Tribunal Federal declarou que o sistema penitenciário brasileiro está sob estado de coisas inconstitucional, devendo ser adotadas medidas para mudar o quadro atual da segurança pública.

COMENTÁRIOS

Alternativa "c" (responde todas as alternativas): Nos termos do art. 22, I da CF/88, compete à União legislar sobre direito penal. Ademais, o inciso XXI estabelece ainda a competência privativa da União para legislar sobre material bélico. Portanto, a norma é formalmente inconstitucional. Nesse sentido foi o entendimento proferido pelo STF no julgamento da ADI 5076/RO.

Alternativa correta: letra "c".

95. (FGV - 2024 - PC/SC - Delegado) A Lei YYY/2021 de determinado Estado-membro da Federação Brasileira impõe que as empresas do setor têxtil sediadas no Estado identifiquem as peças de roupa com etiquetas em Braille ou outro meio acessível para atender as pessoas com deficiência visual.

A partir da situação narrada e com base no sistema jurídico-constitucional brasileiro vigente, é correto concluir que a lei estadual é

a) constitucional, visto que trata de tema da competência concorrente dos estados para legislar sobre produção e consumo e proteção das pessoas com deficiência.

b) constitucional, visto que trata de tema de competência residual dos estados.

c) inconstitucional, visto que trata de tema de interesse local de competência legislativa dos municípios.

d) inconstitucional, visto que trata de comércio interestadual, tema de competência privativa da União.

e) inconstitucional, visto que viola os princípios da livre iniciativa, da livre concorrência e da propriedade privada.

COMENTÁRIOS

Alternativa "a" (Responde todas as alternativas): Para o STF (ADI 6989/PI), lei estadual que obriga empresas do setor têxtil a identificarem peças de roupa com etiquetas em braile ou em outro meio acessível que atenda pessoas com deficiência visual não viola os princípios da livre iniciativa e da livre concorrência, ou da isonomia. Ademais, entende que não invade a competência privativa da União para legislar sobre comércio interestadual, prevista no art. 22, VIII da CF/88. Observa-se ainda que referida lei está alinhada aos objetivos fundamentais da República Federativa do Brasil, voltada a assegurar a todos existência digna, de modo que observa, portanto, a dignidade da pessoa humana, que é fundamento da República. Insere-se, portanto, na competência legislativa concorrente para legislar sobre produção e consumo e sobre proteção e integração social das pessoas com deficiência, previstos no art. 24, V e XIV da CF/88.

Alternativa correta: letra "a".

---

96. (FGV – Delegado de Polícia – PC – AM/2022). A Lei n° XX do Estado Alfa, com o objetivo de aumentar a eficiência da atuação administrativa, disciplinou a atividade de despachante perante os órgãos públicos, tanto do Estado como dos Municípios situados em seu território.

Considerando os balizamentos estabelecidos, que se estendiam dos requisitos de escolaridade e habilitação a serem preenchidos até a forma como os atos deveriam ser praticados, houve grande insatisfação de parte da categoria. Instado a se pronunciar, um advogado respondeu corretamente que a Lei n° XX é

a) A inconstitucional, pois compete privativamente à União legislar sobre a matéria.

b) inconstitucional, já que a matéria deveria ser disciplinada em lei complementar, não em lei ordinária.

c) inconstitucional, mas apenas na parte em que estende a disciplina aos Municípios, por afrontar a sua autonomia política.

d) constitucional, pois se trata de mera projeção da atividade administrativa, estando absorvida pela competência dos Estados.

e) constitucional, desde que os requisitos estabelecidos não afrontem a proporcionalidade, terminando por impedir o próprio exercício profissional.

COMENTÁRIOS

Alternativa "a" (responde todas as alternativas): Nos termos do art. 22, XVI é competência **privativa** da **União** legislar sobre a organização do sistema nacional de emprego e condições para o exercício de profissões.

Alternativa correta: letra "a".

---

97. (FGV – Delegado de Polícia – PC – AM/2022). Márcio, delegado de Polícia Civil do Estado Alfa, requereu sua aposentadoria em janeiro de 2015. Dois meses depois, o órgão competente entendeu que Márcio havia preenchido os requisitos legais, razão pela qual deferiu a concessão inicial de sua aposentadoria, e remeteu o processo administrativo ao Tribunal de Contas Estadual (TCE), a quem compete apreciar, para fins de registro, a legalidade de tal ato. Não obstante o mencionado processo administrativo tenha chegado à Corte de Contas em junho de 2015, até a presente data o TCE não analisou o caso, nem sequer realizou qualquer diligência.

De acordo com a jurisprudência do Supremo Tribunal Federal, no caso em tela, o TCE

a) não está sujeito a qualquer prazo prescricional para analisar a legalidade do ato de concessão inicial de aposentadoria, haja vista que eventual ilegalidade do ato gera prejuízo ao erário, cujo ressarcimento é imprescritível.

b) não está sujeito a qualquer prazo decadencial para analisar a legalidade do ato de concessão inicial de aposentadoria, haja vista que se trata de prestações sucessivas que se renovam a cada mês com o pagamento dos proventos de Márcio.

c) está sujeito ao prazo prescricional de três anos para o julgamento da legalidade do ato de concessão inicial de aposentadoria, sendo que tal prazo se interromperia com alguma diligência praticada pelo TCE, mas não existe o ato de aposentação com registro tácito, razão pela qual Márcio deve ajuizar ação judicial.

d) está sujeito ao prazo de um ano para o julgamento da legalidade do ato de concessão inicial de D aposentadoria, sendo que tal prazo se interromperia com alguma diligência praticada pelo TCE, mas, diante da inércia da Corte de Contas, o ato de aposentação de Márcio considera-se registrado tacitamente.

e) está sujeito ao prazo de cinco anos para o julgamento da legalidade do ato de concessão inicial de aposentadoria, a contar da chegada do processo ao TCE, em atenção aos princípios da segurança jurídica e da confiança legítima, razão pela qual o ato de aposentação de Márcio considera-se registrado tacitamente.

COMENTÁRIOS

Alternativa "e"(responde todas as alternativas): Já manifestou o STF que o prazo para que o Tribunal de Contas aprecie a legalidade de referido ato é decadencial de 5 anos, a contar da chegada do processo ao TCE. Logo, tendo sido recebido em junho de 2015, decaiu em junho de 2020 a possibilidade de revisão do ato.

Alternativa correta: letra "e".

98. (Cespe – Delegado de Polícia – PC – RJ/2022). No que diz respeito à intervenção de um ente federado em outro, assinale a opção correta.

a) A Constituição Federal de 1988 permite que a União, baseada sempre em decisão do Supremo Tribunal Federal, intervenha discricionariamente em estados-membros, no Distrito Federal e em municípios, exigindo- se, para isso, o cumprimento de certas formalidades previstas em decreto-lei que estabeleça as diretrizes e os limites da intervenção.

b) A intervenção somente será efetivada por meio de decreto — do presidente da República, em caso de intervenção federal, ou de governador, em caso de intervenção de estado em município —, conforme disposto no § 1.° do art. 36 da Constituição Federal de 1988, observando-se que a intervenção é ato de natureza política, não sendo admissível, em regra, o controle jurisdicional de sua decretação.

c) O controle político da intervenção será realizado pelo Supremo Tribunal Federal, sendo de sua competência exclusiva suspendê-la quando entender pela ausência dos motivos que a inicialmente justificassem.

d) Havendo requisição do Supremo Tribunal Federal, em razão de coação exercida contra o Poder Judiciário, o presidente da República não ficará obrigado a editar decreto de intervenção, cabendo ao chefe do Poder Executivo federal analisar o tema com base em critérios de conveniência política.

e) Embora alguns doutrinadores afirmem que a intervenção somente será realizada por um ente mais amplo da Federação sobre outro imediatamente menos amplo, levando à conclusão de que a União somente poderá intervir no Distrito Federal e nos estados, o Supremo Tribunal Federal entende que, em razão de a soberania ser princípio fundamental da República Federativa do Brasil, reconhecido constitucionalmente, a União poderá, discricionariamente, intervir em qualquer ente da Federação.

COMENTÁRIOS

Alternativa "a": Incorreta, conforme comentário da alternativa "d".

Alternativa "b": Alternativa alinhada com o texto constitucional. Exatamente por isso o erro da alternativa "c".

Alternativa "c": O controle político, na verdade, é do Congresso Nacional (intervenção federal), ou da Assembleia Legislativa do Estado (intervenção estadual), conforme se extrai do art. 36, §1º da CF/88.

Alternativa "d": Nos termos do art. 34, IV da CF/88, a União poderá intervir nos Estados ou DF para garantir o livre exercício de qualquer dos Poderes nas unidades da Federação. O art. 36, I da CF/88, por sua vez, prevê que a decretação de intervenção, nesse caso, dependerá de **requisição** do STF, se a coação for exercida contra o Poder Judiciário, ou de **solicitação** do Poder Legislativo ou do Poder Executivo coacto ou impedido. Entende-se que, no caso da requisição, o decreto é obrigatório e, no caso em que há solicitação, é facultativo ao Chefe do Poder Executivo.

Alternativa "e": Na verdade, a CF/88, no art. 35, prevê que a União somente pode intervir em Municípios localizados em Território Federal.

Alternativa correta: letra "b".

99. (Cespe – Delegado de Polícia – PC – SE/2018) Conforme disposições constitucionais a respeito da organização da segurança pública, julgue os itens a seguir.

Compete à União estabelecer normas gerais sobre a organização das polícias civis.

COMENTÁRIOS

Trata-se da previsão do art. 24, XVI da CF/88, que estabelece ser competência concorrente da União, dos Estados e do Distrito Federal legislar sobre organização, garantias, direitos e deveres das polícias civis. Nos termos do §1º do mesmo artigo, a competência da União nesse caso, limita-se a estabelecer normas gerais.

Alternativa: "certa".

100. (Fundatec – Delegado de Polícia – PC – RS/2018) O decreto-lei n° 10/2018 determinou a intervenção federal no Estado do Rio de Janeiro, deixando a segurança pública fluminense sob responsabilidade de um interventor militar, que responde ao presidente da República. Ou seja, não se trata apenas do emprego das Forças Armadas ou de forças federais, mas sim da gestão federal de uma área que antes era coordenada pelo poder estadual. Isso posto, assinale a alternativa correta em relação ao tema em epígrafe.

a) A intervenção federal é a flexibilização excepcional e temporária da autonomia dos Estados. Já o Estado de Defesa e o Estado de Sítio, além de retirar a autonomia dos Estados, leva à suspensão de direitos fundamentais.

b) Segundo o artigo 35 da Carta Maior, o Estado não intervirá em seus Municípios, exceto quando: I – deixar de ser paga, sem motivo de força maior, por dois anos consecutivos, a dívida fundada; II – não forem prestadas contas devidas, na forma da lei; III – não tiver sido aplicado o mínimo exigido da receita municipal na manutenção e desenvolvimento do ensino e nas ações e serviços públicos de saúde; IV – o Tribunal de Justiça der provimento a representação para assegurar a observância de princípios indicados na Constituição Estadual, ou para prover a execução de lei, de ordem ou de decisão judicial. Isso posto, as disposições descritas consubstanciam preceitos de observância compulsória por parte dos Estados-membros, sendo inconstitucionais quaisquer ampliações ou restrições às hipóteses de intervenção.

c) A União não intervirá nos Estados nem no Distrito Federal, exceto para: I – manter a integridade nacional; II – repelir invasão estrangeira ou de uma unidade da Federação em outra; III – pôr termo a grave comprometimento da ordem pública; IV – garantir o livre exercício de qualquer dos Poderes nas unidades da Federação; V – reorganizar as finanças da unidade da Federação que: a) suspender o pagamento da dívida fundada por mais de dois anos consecutivos, salvo motivo de força maior; b) deixar de entregar aos Municípios receitas tributárias fixadas nesta Constituição, dentro dos prazos estabelecidos em lei; VI – prover a execução de lei federal, ordem ou decisão judicial; VII – assegurar a observância dos seguintes princípios constitucionais: a) forma republicana, sistema representativo e regime democrático; b) direitos da pessoa humana; c) autonomia municipal; d) prestação de contas da administração pública, direta e indireta; e) aplicação do mínimo exigido da receita resultante de impostos municipais, compreendida a proveniente de transferências, na manutenção e desenvolvimento do ensino e nas ações e serviços públicos de saúde.

d) A Constituição não poderá ser emendada na vigência de estado de defesa ou de estado de sítio, mas somente no caso de intervenção federal.

e) A decretação da intervenção, conforme o caso, dependerá tão somente de: solicitação do Poder Legislativo ou do Poder Executivo coacto ou impedido, ou de requisição do Supremo Tribunal Federal.

COMENTÁRIOS

Alternativa "a": Embora a alternativa esteja correta quanto à intervenção federal, está incorreta quanto ao Estado de Defesa e ao Estado de Sítio. Esses são, na verdade, mecanismos para restaurar a estabilidade constitucional, diante de uma crise institucional, de modo que nele há medidas voltadas para tanto, sem que haja supressão da autonomia dos Estados. Ademais, no Estado de Defesa não há suspensão de direitos fundamentais, mas somente restrição a um rol específico de direitos.

Alternativa "b": Trata-se da previsão literal do art. 35 da CF/88.**Alternativa "c":** O erro da alternativa está em seu item "e". Na realidade, a hipótese prevista no art. 34, VI, "e" da CF/88, trata de impostos **estaduais**, e não municipais, como indica a alternativa.

Alternativa "d": A Constituição não poderá ser emendada em nenhuma dessas hipóteses, conforme indica art. 60, §1º da CF/88.

Alternativa "e": Nos termos do art. 36 da CF/88, pode ainda depender, no caso de desobediência a ordem ou decisão judiciária, de requisição do Supremo Tribunal Federal, do Superior Tribunal de Justiça ou do Tribunal Superior Eleitoral; ou ainda de provimento, pelo STF, de representação do PGR na hipótese do art. 34, VII e no caso de recusa à execução de lei federal. A alternativa está incompleta.

Alternativa correta: letra "b".

---

101. (Fumarc – Delegado de Polícia – PC – MG/2018) A competência para a explorar diretamente, ou mediante concessão, os serviços locais de gás canalizado é dos

a) estados-membros e dos municípios.

b) estados-membros, do distrito federal e dos municípios.

c) estados-membros.

d) municípios.

COMENTÁRIOS

Nos termos do art. 25, §2º, cabe aos Estados explorar diretamente, ou mediante concessão, os serviços locais de gás canalizado, na forma da lei, vedada a edição de medida provisória para sua regulamentação.

Alternativa correta: letra "c".

---

102. (Nucepe – Delegado de Polícia – PC – PI/2018) O Governo Federal decretou uma intervenção na área da segurança pública no Estado do Rio de Janeiro que deverá vigorar até 31 de dezembro deste ano. Sobre a Intervenção Federal, analise as alternativas e marque a CORRETA.

a) A União intervirá em seus municípios, quando deixar de ser paga, sem motivo de força maior, por dois anos consecutivos, a dívida fundada.

b) A Intervenção Federal será espontânea, quando o Presidente decretar intervenção para assegurar o cumprimento dos "princípios constitucionais sensíveis".

c) Cessada a intervenção, em nenhum caso as autoridades afastadas retornarão aos seus cargos.

d) A invasão de um Estado-membro por outro não caracteriza hipótese de intervenção federal, mas sim decretação de estado de sítio pelo Presidente da República.

e) A Intervenção Federal será espontânea, quando o presidente a decretar para manter a integridade nacional.

COMENTÁRIOS

Alternativa "a": A União somente pode intervir em Municípios localizados em Território Federal.

Alternativa "b": A intervenção na hipótese mencionada, de acordo com a disposição do art. 36, III depende de provimento, pelo STF, de representação do Procurador-Geral da República. Trata-se da chamada ação direta de inconstitucionalidade interventiva.

Alternativa "c": Nos termos do art. 36, §4º da CF/88, cessados os motivos da intervenção, as autoridades afastadas de seus cargos a estes voltarão, salvo impedimento legal.

Alternativa "d": Trata-se de hipótese de intervenção da União nos Estados, prevista no art. 34, II da CF/88.

Alternativa "e": Trata-se de hipótese que não depende de provocação de terceiros, podendo ser decretada de ofício pelo Presidente da República, por isso chamada espontânea.

Alternativa correta: letra "e".

103. (Nucepe – Delegado de Polícia – PC – PI/2018) É competência do Município, conforme a Constituição Federal de 1988:

a) legislar sobre assuntos de interesse local;

b) exploração dos serviços de gás canalizado;

c) instituir regiões metropolitanas, aglomerações urbanas e microrregiões;

d) combater as causas da pobreza e os fatores de marginalização, promovendo a integração social;

e) legislar sobre normas de consumo.

COMENTÁRIOS

Alternativa "a": Trata-se da previsão literal do art. 30, I da CF/88.

Alternativa "b": A exploração dos serviços de gás canalizado é competência dos Estados, conforme art. 25, §2º da CF/88.

Alternativa "c": Trata-se de competência dos Estados, que devem fazê-lo por meio de lei complementar, conforme art. 25, §3º da CF/88. Os Municípios podem criar distritos, observada a legislação estadual.

Alternativa "d": Essa matéria é prevista como de competência comum da União, dos Estados, do Distrito Federal e dos Municípios, no art. 23, X da CF/88.

Alternativa "e": Trata-se de competência concorrente da União, Estados e Distrito Federal, prevista no art. 24, V da CF/88.

Alternativa correta: letra "a".

104. (Vunesp – Delegado de Polícia – PC – SP/2018) Assinale a alternativa correta que corresponda à previsão da Constituição Federal de 1988 sobre a repartição de competências entre os entes federativos.

a) É competência privativa da União legislar sobre procedimentos em matéria processual.

b) Compete privativamente à União legislar sobre proteção e integração social das pessoas portadoras de deficiência.

c) Em se tratando de competência legislativa concorrente, caso um Estado X legisle de forma plena sobre normas gerais e específicas, e, posteriormente, sobrevenha lei federal sobre normas gerais, a lei estadual será ab-rogada no que lhe for contrário.

d) Compete à União, Estados-membros e Distrito Federal legislar concorrentemente sobre custas dos serviços forenses.

e) É competência comum da União, Estados-membros e Distrito Federal legislar sobre populações indígenas.

COMENTÁRIOS

Alternativa "a": Trata-se, na verdade, de competência concorrente da União, Estados e Distrito Federal, conforme art. 24, XI da CF/88.

Alternativa "b": Essa matéria é de competência concorrente da União, Estados e Distrito Federal, prevista no art. 24, XIV da CF/88.

Alternativa "c": Na realidade, a norma estadual será **suspensa**, e não ab-rogada (anulada) no que lhe for contrário, nos termos do §4º do art. 24 da CF/88.

Alternativa "d": Podemos encontrar essa previsão no art. 24, IV da CF/88.

Alternativa "e": Essa matéria é, na verdade, competência privativa da União, prevista no art. 22, XIV da CF/88.

Alternativa correta: letra "d".

5.3. ADMINISTRAÇÃO PÚBLICA

105. (CEBRASPE – 2024 – PC/PE – Delegado) Com relação aos servidores públicos, assinale a opção correta.

a) Quaisquer servidores públicos eleitos para exercer mandato eletivo precisam afastar-se do exercício de suas funções anteriores.

b) O tempo de serviço do servidor afastado para exercer mandato eletivo contará para todos os fins legais, inclusive para efeito de promoções por merecimento.

c) Os servidores públicos em geral gozam das garantias de estabilidade e efetividade.

d) O tempo de serviço prestado a um ente da federação deve ser computado no estágio probatório do servidor aprovado para cargo de outro ente.

e) A legislação infraconstitucional não pode, em princípio, definir a remuneração de um cargo público como percentual da remuneração de outro cargo.

COMENTÁRIOS

Alternativa "a": Na verdade, o art. 38, III da CF/88 prevê que o servidor público investido no mandato de vereador, havendo compatibilidade de horários, perceberá as vantagens de seu cargo, emprego ou função, sem prejuízo da remuneração do cargo eletivo.

Alternativa "b": Embora seja contado para todos os efeitos legais, não se aplica em caso de promoção por merecimento, como previsto no art. 38, IV da CF/88.

Alternativa "c": A estabilidade é adquirida após 3 anos de efetivo exercício **somente para servidores nomeados para cargo de provimento efetivo em virtude de concurso público**, nos termos do art. 41 da CF/88.

Alternativa "d": Embora seja computável para fins previdenciários, não há que se falar em contagem para fins de estágio probatório em outro ente.

Alternativa "e": Trata-se da vedação extraída do art. 37, XIII da CF/88, que determina que: "XIII – é vedada a vinculação ou equiparação de quaisquer espécies remuneratórias para o efeito de remuneração de pessoal do serviço público;".

Alternativa correta: letra "e".

106. (CEBRASPE – 2023 – PC/AL – Delegado) Relativamente aos servidores civis, à responsabilidade do presidente da República e do Poder Judiciário, julgue o item seguinte.

106.1. Se determinada categoria de servidores públicos demonstrar exercer funções análogas a outra que seja mais bem remunerada, cabe ao Poder Judiciário determinar elevação da remuneração da primeira, com fundamento no princípio da isonomia.

COMENTÁRIOS

Na verdade, nos termos do art. 37, X da CF/88, a remuneração de servidores públicos e o subsídio somente poderão ser fixados ou alterados por lei específica. Ademais, a súmula vinculante nº 37 estabelece que: "Não cabe ao Poder Judiciário, que não tem função legislativa, aumentar vencimentos de servidores públicos sob o fundamento de isonomia".

Alternativa: "errado

107. (Vunesp – Delegado de Polícia – PC – SP/2022). No tocante ao regramento e aos princípios constitucionais que regem a Administração Pública, é correto afirmar que

a) os princípios da Administração Pública explícitos na Constituição possuem supremacia em relação aos implícitos.
b) o Poder Público está vinculado ao princípio da legalidade formal, mas não ao da juridicidade.
c) a vedação ao nepotismo é regra constitucional que decorre do núcleo dos princípios da impessoalidade e da moralidade administrativas.
d) a proibição de acumulação remunerada de cargos públicos abrange as sociedades de economia mista, mas não suas subsidiárias.
e) o princípio da publicidade garante, dentre outros, o direito incondicionado de informação de interesse público, individual ou coletivo aos cidadãos.

COMENTÁRIOS

Alternativa "a": Na verdade, é da própria natureza dos princípios não existir supremacia ou hierarquia entre eles.

Alternativa "b": O Poder Público está vinculado a ambos os princípios.

Alternativa "c": A impessoalidade diz respeito à impossibilidade da administração pública praticar atos que beneficiem determinadas pessoas, devendo tratar aos administrados de maneira impessoal, sem favorecimentos. Logo, ao fazê-lo, violaria também a moralidade administrativa. Por isso, o nepotismo, em que se atribui cargos a uma pessoa em razão de laços familiares, por exemplo, há violação a ambos os princípios.

Alternativa "d": Nos termos doa art. 37, XVII da CF/88, abrange autarquias, fundações, empresas públicas, sociedades de economia mista, **suas subsidiárias** e sociedades controladas, direta ou indiretamente, pelo poder público.

Alternativa "e": Na verdade, o art. 5º, XXXIII da CF/88 estabelece que: "todos têm direito a receber dos órgãos públicos informações de seu interesse particular, ou de interesse coletivo ou geral, que serão prestadas no prazo da lei, sob pena de responsabilidade, **ressalvadas aquelas cujo sigilo seja imprescindível à segurança da sociedade e do Estado;"**. Portanto, não é incondicionado, uma vez que há uma ressalva.

Alternativa correta: letra "c".

108. (FGV – Delegado de Polícia – PC – AM/2022). Após regular aprovação em concurso público de provas e títulos, João ingressou no serviço público, passando a ocupar um cargo de provimento efetivo de nível médio. A razão de ser da escolha do cargo decorreu do regime jurídico que o regia e da remuneração paga.

Para sua surpresa, poucos anos depois, foi aprovada a Lei nº XX, que:

I. suprimiu algumas garantias do cargo;
II. permitiu que João ascendesse a um cargo de provimento efetivo de nível superior, caso alcançasse esse nível de instrução e tivesse boas avaliações;
III. suprimiu algumas gratificações recebidas por João, acrescendo-as à sua remuneração, o que, embora não tenha acarretado redução estipendial, impediu que fossem auferidos maiores ganhos no futuro.

À luz da sistemática constitucional, são medidas constitucionais:

a) I, apenas.
b) I e II, apenas.
c) I e III, apenas.
d) II e III, apenas.
e) I, II e III.

COMENTÁRIOS

(I) Correta. Não é inconstitucional a alteração ou mesmo a supressão de garantias de determinados cargos, já que não há direito adquirido ao regime jurídico. O que é vedado é a redução nos vencimentos/subsídios.

(II) Incorreta. O art. 37, II da CF/88 prevê que a investidura em cargo ou emprego público depende de aprovação prévia em concurso público de provas ou de provas e títulos. Entende o STF que: "É inconstitucional o aproveitamento de servidor, aprovado em concurso público a exigir formação de nível médio, em cargo que pressuponha escolaridade superior." [**RE 740.008**, rel. min. Marco Aurélio, j. 21-12-2020, P, *DJE* de 14-4-2021, Tema 697.]

(III) Correta. Como não houve redução estipendial, ou seja, o montante total recebido na remuneração não foi reduzido, a modificação é válida.

Alternativa correta: letra "c".

---

109. (FGV - Delegado de Polícia - PC - AM/2022). Com escopo de valorizar a carreira policial, foi editada em 2021 uma Lei Complementar do Estado Gama que estabeleceu que é garantida a paridade e a integralidade de vencimentos entre os policiais civis ativos e inativos. De acordo com a jurisprudência do Supremo Tribunal Federal sobre o tema, tal norma é

a) inconstitucional, haja vista que, apesar de o atual texto constitucional estabelecer que os proventos de aposentadoria serão revistos na mesma proporção e na mesma data, sempre que se modificar a remuneração dos servidores em atividade, é vedada a integralidade.
b) constitucional, haja vista que o atual texto constitucional estabelece que os proventos de aposentadoria não poderão exceder a remuneração do respectivo servidor no cargo efetivo em que se deu a aposentadoria, mas são asseguradas a paridade e a integralidade.
c) constitucional, haja vista que o atual texto constitucional estabelece que os proventos de aposentadoria serão revistos na mesma proporção e na mesma data, sempre que se modificar a remuneração dos servidores em atividade.
d) constitucional, haja vista que o atual texto constitucional estabelece que serão estendidos aos aposentados quaisquer benefícios ou vantagens posteriormente concedidos aos servidores em atividade.
e) inconstitucional, haja vista que o atual texto constitucional não mais prevê paridade e integralidade, mas estabelece que é assegurado o reajustamento dos benefícios para preservar-lhes, em caráter permanente, o valor real, conforme critérios estabelecidos em lei.

COMENTÁRIOS

✪ **Nota do autor:** A paridade entre servidores ativos e inativos e a integralidade eram previstas no art. 40, §8º da CF/88, até a edição da EC nº41/2003. Hoje o STF tem entendimento firme no sentido de que: "É inconstitucional norma que preveja a concessão de aposentadoria com paridade e integralidade de proventos a policiais civis. É inconstitucional norma que preveja a concessão de "adicional de final de carreira" a policiais civis." STF. Plenário. ADI 5039/RO, Rel. Min. Edson Fachin, julgado em 10/11/2020 (Info 998).

Alternativa "a": O que a lei hoje dispõe é que: "**É assegurado o reajustamento dos benefícios para preservar-lhes, em caráter permanente, o valor real, conforme critérios estabelecidos em lei.". Não há mais paridade nem integralidade.**

Alternativa "b": É inconstitucional, conforme nota acima. Ademais, a previsão de que não poderão exceder a remuneração do respectivo servidor foi modificado pela EC nº 103/2019, e hoje o art. 40, §2º estabelece que: "Os proventos de aposentadoria não poderão ser inferiores ao valor mínimo a que se refere o § 2º do art. 201 ou superiores ao limite máximo estabelecido para o Regime Geral de Previdência Social, observado o disposto nos §§ 14 a 16.".

Alternativa "c": Essa disposição era parte do antigo art. 40, §8º da CF/88.

Alternativa "d": Essa disposição era parte do antigo art. 40, §8º da CF/88.

Alternativa "e": O STF já manifestou entendimento de que: "É inconstitucional norma que preveja a concessão de aposentadoria com paridade e integralidade de proventos a policiais civis". STF. Plenário. ADI 5039/RO, Rel. Min. Edson Fachin, julgado em 10/11/2020 (Info 998). STF. Plenário. ADI 5039/RO, Rel. Min. Edson Fachin, julgado em 10/11/2020 (Info 998). Art. 40, CF

Alternativa correta: letra "e".

---

110. (Cespe - Delegado de Polícia - PC - RJ/2022). Em conformidade com a CF e a jurisprudência do Supremo Tribunal Federal, uma constituição estadual que estabelecesse: (i) novas hipóteses de foro por prerrogativa de função para o cargo de delegado, (ii) previsão de lei orgânica da polícia civil ser veiculada por lei complementar, (iii) determinação ao legislador de observância de isonomia remuneratória entre policiais civis e policiais militares, seria considerada

a) constitucional em relação à instituição de prerrogativa de foro, mas inconstitucional quanto à determinação ao legislador de observância de isonomia remuneratória entre policiais civis e policiais militares e à previsão de lei complementar para a lei orgânica da polícia civil, por violar a simetria.
b) completamente constitucional.
c) constitucional em relação à previsão de lei complementar para regência da polícia civil e inconstitucional em relação às demais previsões.
d) constitucional tão somente em relação à determinação ao legislador de observância de isonomia remuneratória entre policiais civis e policiais militares, considerando-se a necessária igualdade entre servidores estabelecida no art. 37 da CF.
e) completamente inconstitucional.

COMENTÁRIOS

Alternativa "e" (responde todas as alternativas): (I) O STF, no julgamento da ADI 2553/MA manifestou que é inconstitucional dispositivo da Constituição Estadual que confere foro de prerrogativa de função, no Tribunal de Justiça, a Procuradores do Estado, Procuradores da Assembleia Legislativa, Defensores Públicos ou

Delegados de Polícia. Logo, seria **inconstitucional**. (II) Essa previsão é **constitucional**, conforme manifestou o STF no julgamento da ADI 2314. (III) Tal previsão seria **inconstitucional**, já que no julgamento da ADI 3777 o STF manifestou que, tendo em vista a dessemelhança entre as atribuições dos cargos e organizações da carreira, não pode o constituinte estadual estabelecer tal vinculação, que, ademais, viola o art. 37, XIII da CF/88.

Alternativa correta: letra "e".

---

111. (UFPR – Delegado de Polícia – PC – PR/2021) A partir da Constituição e dos entendimentos do Supremo Tribunal Federal, a respeito das competências dos entes da federação, dos seus poderes e órgãos em matéria de segurança pública, é correto afirmar:

a) Leis estaduais podem impor obrigações às empresas de serviço móvel pessoal, tal como a instalação de bloqueadores de sinais de radiocomunicação nos estabelecimentos.

b) Compete privativamente à União legislar sobre vencimentos dos membros das polícias civil e militar e do corpo de bombeiros militar do Distrito Federal.

c) Leis dos estados e do Distrito Federal podem conferir porte de arma e conceder o exercício de atividades de segurança pública a agentes e inspetores de trânsito.

d) O envio da Força Nacional de Segurança para atuar em Estado-membro pode ocorrer sem que haja pedido ou concordância do governador do estado.

e) Compete à União e aos estados legislar concorrentemente sobre organização, efetivos, material bélico, garantias, mobilização, inatividades e pensões das polícias civis.

COMENTÁRIOS

Alternativa correta: letra "b": Essa é a disposição da súmula vinculante n. 39. Essa competência deriva do art. 21, XIV da CF/88.

Alternativa "a": Na verdade, é competência privativa da União legislar sobre telecomunicações e radiodifusão, conforme art. 22, IV da CF/88. Esse entendimento já foi manifestado pelo STF no julgamento da ADI 5253.

Alternativa "c": Nos termos do art. 21, VI e 22, I da CF/88, compete privativamente à União legislar sobre direito penal, bem como autorizar e fiscalizar a produção e o comércio de material bélico, o que envolve a disciplina do porte de armas de fogo, de modo que não pode lei estadual ou distrital conferir porte de arma e conceder o exercício de atividades de segurança pública a agentes e inspetores de trânsito. Esse entendimento foi manifestado pelo STF no julgamento da ADI 3996, presente no informativo 987.

Alternativa "d": A concordância é necessária, sob pena de violação ao princípio da autonomia estadual. Esse entendimento foi manifestado pelo STF no julgamento da ACO 3427 REF-MC/BA, presente no informativo 992.

Alternativa "e": Na verdade, trata-se de competência privativa da União, que consta do art. 22, XXI da CF/88.

---

112. (FGV – Delegado de Polícia – PC – RN/2021) A Lei nº XX, do Estado Alfa, dispôs que os estabelecimentos de ensino fundamental, médio e superior, da rede de ensino público estadual ou da rede privada, deveriam disponibilizar cadeiras adaptadas às pessoas com deficiência, o que seria fixado em harmonia com a quantidade de alunos nessa situação. A Lei nº XX é:

a) formalmente inconstitucional apenas em relação à rede privada, pois compete à União legislar sobre direito civil, e materialmente inconstitucional pelo ônus financeiro imposto;

b) formalmente inconstitucional, pois compete privativamente à União legislar sobre pessoas com deficiência e direito civil, mas materialmente constitucional, já que de índole protetiva;

c) formalmente constitucional, pois os Estados podem legislar sobre a matéria, mas materialmente inconstitucional em relação às escolas privadas, face a afronta à livre iniciativa;

d) formal e materialmente constitucional, pois o Estado pode legislar sobre a proteção das pessoas com deficiência e a medida mostra-se adequada ao fim a que se destina;

e) formal e materialmente inconstitucional, pois compete privativamente à União legislar sobre a matéria e a medida impõe ônus excessivo aos destinatários.

COMENTÁRIOS

Alternativa correta: letra "d" (responde todas as alternativas): Nos termos do art. 24, XIV da CF/88, legislar sobre "proteção e integração social das pessoas portadoras de deficiência" é competência **concorrente** da União, Estados e Distrito Federal. Assim, a norma é **formalmente constitucional**. Ademais, não cria situação desigual entre as escolas, mostrando-se adequada ao fim a que se destina, de modo que, quanto ao conteúdo, é também **materialmente constitucional**.

---

113. (UFPR – Delegado de Polícia – PC – PR/2021) O regime constitucional de repartição de competências é estruturante da federação brasileira. Assinale a alternativa correta a respeito da repartição de competências federativas à luz da Constituição Federal e dos entendimentos do Supremo Tribunal Federal sobre o tema.

a) Compete privativamente à União planejar e promover a defesa contra as calamidades públicas, especialmente secas, inundações, pandemias e epidemias.

b) As constituições dos Estados-membros podem dispor sobre a implantação de instalações industriais destinadas a produção de energia nuclear no território estadual.

c) Lei estadual pode obrigar as operadoras de telefonia móvel a fornecer aos órgãos de Segurança Pública dados necessários para a localização de telefones celulares furtados ou utilizados em atividades criminosas.

d) Sob fundamento de proteção ao interesse local, é constitucional a lei municipal que regule os juros aplicados aos contratos bancários e o horário de funcionamento das agências daquela cidade.

e) Lei estadual pode autorizar a venda e o consumo de bebidas alcoólicas nas áreas desportivas e estádios no âmbito do estado.

COMENTÁRIOS

Alternativa correta: letra "e": Nos termos do art. 24, V e IX da CF/88, a União, os Estados e o Distrito Federal têm competência concorrente para legislar sobre desporto e sobre consumo. Esse é o entendimento do STF (ADI 5.112-BA de 2021).

Alternativa "a": Nos termos do art. 21, XVIII da CF/88, compete à União: "XVIII - planejar e promover a defesa permanente contra as calamidades públicas, especialmente as secas e as inundações;". Logo, além de não haver menção a pandemias e epidemias, essa é, na verdade, uma competência exclusiva da União, já que trata-se de uma competência administrativa e não legislativa (caso em que se utilizaria o termo "competência privativa").

Alternativa "b": Na verdade, o art. 22, XXVI da CF/88 estabelece que compete privativamente à União legislar sobre atividades nucleares de qualquer natureza.

Alternativa "c": Como compete privativamente à União legislar sobre direito civil (Art. 22, I) e telecomunicações (art. 22, IV), não poderia lei estadual criar tal obrigação. Esse é o entendimento do STF (ADI 5040).

Alternativa "d": Segundo a súmula 19 do STJ: "A fixação do horário bancário, para atendimento ao público, é da competência da União.". Isso porque, como já entendeu o STF (RE 118363/PR), o horário de funcionamento dos bancos transcende o interesse local.

114. (UFPR - Delegado de Polícia - PC - PR/2021) A respeito do exercício das competências legislativas pelos entes da federação, a partir do texto constitucional e dos entendimentos do Supremo Tribunal Federal, é constitucional:

a) lei estadual que impõe às pessoas físicas e jurídicas a necessidade de ofertar o serviço de segurança em estacionamento para os clientes.

b) a disposição da Constituição estadual que prevê a competência do Tribunal de Justiça para o julgamento de crimes cometidos por Procurador do Estado, Defensores Públicos e Delegados de Polícia.

c) lei estadual que versa sobre a responsabilidade do Estado-membro por danos causados a pessoas presas durante a ditadura civil-militar (1964-1985).

d) a edição de lei municipal que exija a distância entre farmácias de, pelo menos, três quarteirões entre cada um desses estabelecimentos.

e) a lei municipal que autorize empregado de supermercado a fiscalizar o consumidor na saída da loja, após esse consumidor já ter passado pelo caixa.

COMENTÁRIOS

Alternativa correta: letra "c": Essa legislação é constitucional, como entendeu o STF no julgamento da ADI 3738/ES, presente no informativo 997. Tal legislação estaria em consonância com o que dispõe o art. 37, §6º da CF/88, que prevê a responsabilidade do Estado por danos decorrentes da prestação de serviços públicos. Ademais, não é matéria de iniciativa exclusiva do Poder Executivo.

Alternativa "a": Na verdade, nos termos do art. 22, I da CF/88, compete privativamente à União legislar sobre direito civil. Ademais, tal exigência viola a livre iniciativa. Assim, seria inconstitucional. É esse o entendimento que o STF manifestou no julgamento da ADI 451.

Alternativa "b": Na verdade, isso acarretaria na extensão do foro de prerrogativa de função a autoridades não contempladas pela CF/88, o que seria inconstitucional, conforme entendeu o STF no julgamento da ADI 6501/PA, presente no informativo 1026.

Alternativa "d": Mesma justificativa da alternativa "a", ou seja, é lei em matéria de direto civil e viola a livre iniciativa, sendo material e formalmente inconstitucional.

Alternativa "e": Na verdade, isso envolve direito consumerista, sendo inconstitucional. Importante notar, contudo, que lei que proíbe tal prática é entendida constitucional pelo STF, conforme RE 1052718, presente no informativo 917 do STF.

115. (FGV - Delegado de Polícia - PC - RN/2021) Sensível à necessidade de zelar pela probidade administrativa, a Assembleia Legislativa do Estado Alfa promulgou a Emenda Constitucional nº XX/2019, de iniciativa parlamentar, dispondo sobre as infrações político-administrativas passíveis de serem praticadas pelo Governador do Estado, as quais poderiam acarretar, na hipótese de condenação, a perda do mandato eletivo e a inabilitação para o exercício de outra função pública. A Emenda Constitucional nº XX/2019 é:

a) formalmente inconstitucional, pois a matéria deve ser disciplinada em lei ordinária estadual, de iniciativa exclusiva do Chefe do Poder Executivo;

b) formalmente inconstitucional, pois a matéria só pode ser disciplinada pela Constituição da República de 1988, não pela legislação infraconstitucional;

c) formal e materialmente constitucional, considerando o disposto na Constituição da República de 1988 e o princípio da simetria;

d) materialmente inconstitucional apenas em relação à sanção de inabilitação, que não pode ser cominada;

e) formalmente inconstitucional, pois a matéria é de competência legislativa privativa da União.

COMENTÁRIOS

Alternativa correta: letra "e" (responde todas as alternativas): Nos termos da Súmula Vinculante 46: "A definição dos crimes de responsabilidade e o estabelecimento das respectivas normas de processo e julgamento são de **competência legislativa privativa da União**." Portanto, não pode a assembleia legislativa de Estado dispor a respeito dessa matéria, se tornando formalmente inconstitucional (ou seja, independente do conteúdo, há inconstitucionalidade quanto às formalidades do processo legislativo- como a iniciativa, no caso narrado).

116. (Fundatec - Delegado de Polícia - PC - RS/2018) O artigo 37 da Constituição Federal de 1988 lista os princípios inerentes à Administração Pública, que são: legalidade, impessoalidade, moralidade, publicidade e eficiência. A incumbência desses princípios é dar unidade e coerência ao Direito Administrativo do Estado, controlando as atividades administrativas de todos os entes que integram a federação brasileira.

Tendo por base essa ideia inicial, assinale a alternativa correta.

a) A administração não pode anular seus próprios atos, quando eivados de vícios que os tornem ilegais.

b) Não viola o princípio da presunção de inocência a exclusão de certame público de candidato que responda a inquérito policial ou ação penal sem trânsito em julgado da sentença condenatória.

c) Segundo Hely Lopes Meirelles, o princípio da impessoalidade, referido na CF/1988 (Art. 37, caput), nada mais é que o clássico princípio da finalidade, o qual impõe ao administrador público que só pratique o ato para atingir o objetivo indicado expressa ou virtualmente pela norma de direito, de forma impessoal.

d) Segundo o jurista Alexandre de Moraes, o princípio da moralidade é o que impõe à administração pública direta e indireta e a seus agentes a persecução do bem comum, por meio do exercício de suas competências de forma imparcial, neutra, transparente, participativa, eficaz, sem burocracia e sempre em busca da qualidade, primando pela adoção dos critérios legais e morais necessários para melhor utilização possível dos recursos públicos, de maneira a evitarem-se desperdícios e garantir-se maior rentabilidade social.

e) Os atos administrativos não são passíveis de controle de mérito, bem como de legalidade pelo Poder Judiciário.

COMENTÁRIOS

Alternativa "a": De acordo com o enunciado da súmula 473 do STF, a Administração pode anular seus próprios atos, quando eivados de vícios que os tornem ilegais, uma vez que deles não se originam direitos. É possível ainda a revogação por motivo de conveniência ou oportunidade, respeitados os direitos adquiridos, e ressalvada, em todos os casos, a apreciação judicial. Trata-se da efetivação do princípio da autotutela.

Alternativa "b": O STF entendeu que nessa hipótese haveria violação ao princípio da presunção de inocência (AC 3.468/RJ-MC).

Alternativa "c": Trata-se da ideia defendida por Hely Lopes Meirelles, embora exista parte da doutrina que discorde, defendendo a separação desses princípios.

Alternativa "d": A definição apontada é, na verdade, do princípio da eficiência (melhor utilização possível; evitar desperdícios; garantir maior rentabilidade social). O princípio da moralidade estabelece que não basta ao administrador cumprir estritamente a legalidade, devendo ainda respeitar os princípios de razoabilidade e justiça.

Alternativa "e": O Judiciário não pode analisar o mérito dos atos administrativos, mas pode fazer um controle de legalidade. Admite-se ainda a possibilidade do Judiciário apreciar a proporcionalidade dos atos administrativos.

Alternativa correta: letra "c".

5.4. SEPARAÇÃO DOS PODERES

117. (UEG - Delegado de Polícia - PC - GO/2018) Em relação ao Poder Executivo, segundo a Constituição (CRFB) e o Supremo Tribunal Federal (STF),

a) o Presidente da República pode decretar guerra e delegar aos Ministros de Estado a atribuição de decretar e executar intervenção federal.

b) os Presidentes da Câmara dos Deputados, do Senado Federal e do Supremo Tribunal Federal perdem a Chefia de Poder tão logo se tornem réus criminais perante o STF, em virtude da potencial assunção da Presidência da República.

c) o Presidente da Câmara dos Deputados, por estar na linha sucessória da Presidência da República, não pode ser responsabilizado por atos estranhos ao exercício de suas funções.

d) o Presidente da República pode expedir "decretos autônomos" e delegar aos Ministros de Estado, ao Procurador-Geral da República ou ao Advogado-Geral da União a atribuição de conceder indulto e comutar penas.

e) o Governador do Estado só pode ser processado criminalmente pelo Superior Tribunal de Justiça após prévia autorização da Assembleia Legislativa local nos casos em que a Constituição Estadual assim o exigir.

COMENTÁRIOS

Alternativa "a": Somente poder ser delegadas aos Ministros de Estado as atribuições de dispor, mediante decreto sobre a organização e funcionamento da administração federal, quando não implicar aumento de despesa nem criação ou extinção de órgãos públicos; e a extinção de funções ou cargos públicos, quando vagos; bem como a atribuição de conceder indulto e comutar penas; e a de prover os cargos públicos federais, na forma da lei, nos termos do parágrafo único do art. 84 da CF/88.

Alternativa "b": Essas autoridades, embora não percam a chefia de poder, não poderão assumir a Presidência da República (STF, ADPF 402, MC-REF/DF).

Alternativa "c": Essa prerrogativa, prevista no art. 86, §4º da CF/88, é exclusiva do Chefe do Executivo na esfera federal, não se estendendo nem mesmo aos Chefes do Executivo em esferas estaduais.

Alternativa "d": A previsão da edição de decretos autônomos está prevista no art. 84, VI da CF/88. Ademais, de acordo com a disposição do parágrafo único do art. 84 da CF/88, a competência de conceder indulto e comutar penas, prevista no inciso XII desse mesmo artigo, pode ser delegada aos Ministros de Estado, Procurador-Geral da República e ao Advogado-Geral da União.

Alternativa "e": Essa prerrogativa, assegurada ao Presidente da República, não pode ser aplicada aos Governadores, conforme entendimento do STF (ADI 5540/MG).

Alternativa correta: letra "d".

5.4.1. PODER LEGISLATIVO

118. (VUNESP - 2023 - PC/SP - Delegado) A respeito das Emendas à Constituição, é correto afirmar que

a) não podem ser objeto de ações direta de inconstitucionalidade.
b) não podem dispor sobre direitos fundamentais.
c) decorrem do exercício do poder constituinte derivado decorrente.
d) serão promulgadas pelo Presidente da República.
e) não podem dispor sobre as regras constitucionais que regulam o processo de modificação da Constituição.

COMENTÁRIOS

Alternativa "a": Emendas constitucionais podem ser objeto do controle concentrado de constitucionalidade. Assim já decidiu o STF no julgamento da ADI 4887.

Alternativa "b": Na verdade, o que estabelece o art. 60, §4º, IV é que não será objeto de deliberação a proposta de emenda tendente a **abolir** direitos e garantias individuais. Tanto é possível que disponham sobre direitos fundamentais que a EC nº 115/2022 incluiu no art. 5º o direito à proteção dos dados pessoais, inclusive nos meios digitais.

Alternativa "c": Decorrem, na verdade, do Poder Constituinte Derivado Reformador. O poder constituinte derivado decorrente é manifesto na edição de Constituições estaduais.

Alternativa "d": Nos termos do art. 60, §3º da CF/88, a emenda à Constituição será promulgada pelas Mesas da Câmara dos Deputados e do Senado Federal.

Alternativa "e": Trata-se de cláusula pétrea implícita. Não se admite a teoria da dupla revisão, por meio da qual seria possível modificar uma vedação para, após, realizar a alteração pretendida.

Alternativa correta: letra "e".

119. (VUNESP - 2023 - PC/SP - Delegado) Nos termos da Constituição Federal, aprovar o estado de defesa e a intervenção federal é da competência

a) do Senado Federal e do Congresso Nacional, respectivamente.
b) privativa do Congresso Nacional e do Presidente da República, respectivamente.
c) exclusiva da Câmara dos Deputados, por 3/5 dos seus membros, e do Conselho da República, respectivamente.
d) privativa do Senado Federal, para ambas.
e) exclusiva do Congresso Nacional, para ambas.

COMENTÁRIOS

Alternativa "e" (responde todas as alternativas): Trata-se de competência prevista no art. 49, IV da CF/88 que determina ser de competência exclusiva do Congresso Nacional: "IV – aprovar o estado de defesa e a intervenção federal, autorizar o estado de sítio, ou suspender qualquer uma dessas medidas;".

Alternativa correta: letra "e".

120. (CEBRASPE - 2023 - PC/AL - Delegado) Acerca do federalismo, dos direitos fundamentais e dos direitos políticos, julgue o item a seguir.

120.1. Como os municípios integram a estrutura da Federação brasileira, representantes seus compõem o Poder Legislativo federal, de modo a contribuir na formação da vontade legislativa da União.

COMENTÁRIOS

Na verdade, nos termos do art. 44 da CF/88 e seguintes, o Poder Legislativo Federal, que consiste no Congresso Nacional, é composto por Senado Federal e Câmara dos Deputados. O Senado Federal tem como membros representantes dos Estados e do Distrito Federal. A Câmara dos Deputados tem como membros representantes do povo. Portanto, não há, no Poder Legislativo Federal, representantes dos Municípios.

Alternativa: "errado".

121. (Vunesp - Delegado de Polícia - PC - SP/2022). É da competência exclusiva do Congresso Nacional:

a) anular os atos normativos do Poder Executivo que exorbitem do poder regulamentar.

b) declarar guerra e celebrar a paz.

c) escolher dois terços dos membros do Tribunal de Contas da União.

d) fixar e modificar o efetivo das Forças Armadas.

e) autorizar o estado de calamidade pública de âmbito nacional.

COMENTÁRIOS

Alternativa "a": Na verdade, nos termos do art. 49, V da CF/88, é da competência exclusiva do Congresso Nacional **sustar** (e não anular) os atos normativos do Poder Executivo que exorbitem do poder regulamentar ou dos limites de delegação legislativa;

Alternativa "b": O art. 49, II da CF/88 estabelece, na verdade, que é da competência exclusiva do Congresso Nacional **autorizar o Presidente da República a declarar guerra, a celebrar a paz,** a permitir que forças estrangeiras transitem pelo território nacional ou nele permaneçam temporariamente, ressalvados os casos previstos em lei complementar. Logo, quem declara a guerra e celebra a paz é o Presidente da República (Art. 84, XIX e XX da CF/88).

Alternativa "c": É o que prevê o art. 49, XIII da CF/88.

Alternativa "d": Essa não é uma das competências elencadas no art. 49 da CF/88, que é o que demanda a questão. Essa competência, que não é exclusiva, encontra previsão no art. 48, que dispõe que: "Art. 48. Cabe ao Congresso Nacional, com a sanção do Presidente da República, não exigida esta para o especificado nos arts. 49, 51 e 52, dispor sobre todas as matérias de competência da União, especialmente sobre: (...) III- fixação e modificação do efetivo das Forças Armadas;". Isso porque essa matéria é de iniciativa privativa do Presidente da República (art. 61, §1º, I da CF/88).

Alternativa "e": Nos termos do art. 49, XVIII da CF/88, é da competência exclusiva do Congresso Nacional **decretar** (e não autorizar) o estado de calamidade pública de âmbito nacional previsto nos arts. 167-B, 167-C, 167-D, 167-E, 167-F e 167-G da CF/88. Esse inciso foi incluído pela EC nº 109/2021.

Alternativa correta: letra "c".

---

122. (FGV - Delegado de Polícia - PC - AM/2022). A Polícia Civil do Estado Alfa, em uma operação de rotina, constatou que o Deputado Federal João estava em situação de flagrância na prática de determinada infração penal. À luz da sistemática constitucional, é correto afirmar que João

a) não pode ser preso, salvo com autorização prévia da respectiva Casa Legislativa, mas o processo penal não carece de autorização para ser iniciado.

b) deve ser preso em flagrante, qualquer que seja a infração penal, e os autos serão remetidos à Casa Legislativa, que resolverá sobre a prisão, devendo ainda autorizar o início de eventual processo penal.

c) deve ser preso em flagrante, apenas se a hipótese for de crime inafiançável, e os autos serão remetidos à Casa Legislativa, que resolverá sobre a prisão, devendo ainda autorizar o início de eventual processo penal.

d) deve ser preso em flagrante, apenas se a hipótese for de crime inafiançável, e os autos serão remetidos à Casa Legislativa, que resolverá sobre a prisão, mas o processo penal não carece de autorização para ser iniciado.

e) deve ser preso em flagrante, qualquer que seja a infração penal, e os autos serão remetidos ao Supremo Tribunal Federal, que resolverá sobre a prisão, sendo que o início do processo penal depende de autorização da Casa Legislativa.

COMENTÁRIOS

Alternativa "a": Pode ser preso em flagrante de crime inafiançável, conforme art. 53, §2º da CF/88.

Alternativa "b": Somente pode ser preso em flagrante de crime inafiançável (Art. 53, §2º da CF/88) e não há necessidade de autorização do início da ação penal (art. 53, §3º, CF/88).

Alternativa "c": Não há necessidade de autorizar o início da ação penal, conforme art. 53, §3º: "§ 3º Recebida a denúncia contra o Senador ou Deputado, por crime ocorrido após a diplomação, o Supremo Tribunal Federal dará ciência à Casa respectiva, que, por iniciativa de partido político nela representado e pelo voto da maioria de seus membros, poderá, até a decisão final, sustar o andamento da ação.". O que pode ocorrer é, depois de recebida a denúncia (portanto, já instaurado o processo penal), a Casa Legislativa poderá suspender (sustar) seu andamento.

Alternativa "d": Trata-se da previsão literal do art. 53, §2º da CF/88: "§ 2º Desde a expedição do diploma, os membros do Congresso Nacional **não poderão ser presos**, **<u>salvo em flagrante de crime inafiançável</u>**. Nesse caso, os autos serão **remetidos dentro de vinte e quatro horas à Casa respectiva**, para que, pelo **voto da maioria de seus membros**, resolva sobre a prisão.". Ainda, com relação à propositura da ação penal, verifica-se no art. 53, §3º da CF/88 que a Casa Legislativa pode sustar o andamento da ação, mas não há impedimento ou necessidade de autorização para o início do processo penal.

Alternativa "e": Como indicado no comentário da alternativa "d", só pode ser preso por crime **inafiançável** e não há necessidade de autorização para o início do processo penal.

Alternativa correta: letra "d".

---

123. (FGV - Delegado de Polícia - PC - RN/2021) João, vereador no Município Beta, situado na Região Sul do país, compareceu em evento político realizado em

Brasília e, durante um comício, fez duras críticas à gestão de determinado Ministro de Estado, as quais foram tidas como configuradoras de crime contra a honra.

Nas circunstâncias indicadas, é correto afirmar que João:

a) pode praticar crime contra a honra, mas somente pode ser processado mediante autorização da Câmara Municipal;
b) somente não pratica crime contra a honra caso o pronunciamento esteja relacionado às suas funções;
c) pode praticar crime contra a honra, mas o processo pode vir a ser suspenso por decisão da Câmara Municipal;
d) não pode praticar crime contra a honra, sendo alcançado pela imunidade material dos parlamentares;
e) pode praticar crime contra a honra e ser processado sem autorização da Câmara Municipal.

COMENTÁRIOS

Alternativa correta: letra "e" (responde todas as alternativas): A imunidade dos vereadores com relação a suas opiniões, palavras e votos proferidos no exercício do mandato, por força do art. 29, VIII da CF/88 é restrita à circunscrição do Município no qual detém o mandato. Essa é a única imunidade dos parlamentares municipais, não havendo necessidade de autorização da Câmara Municipal para que seja processado.

124. (UFPR - Delegado de Polícia - PC - PR/2021) A Constituição Federal assegura ao Poder Legislativo dos entes da federação responsabilidades e prerrogativas para o bom exercício dos mandatos dos seus membros.

Sobre o tema, assinale a alternativa correta.

a) É constitucional emenda à Constituição estadual que restringe a imunidade parlamentar de opinião, palavra e voto dos deputados estaduais.
b) Compete ao Supremo Tribunal Federal julgar deputados e senadores que praticarem crime após a vitória, mas antes da diplomação.
c) A Assembleia Legislativa pode rejeitar a prisão preventiva e as medidas cautelares impostas pelo Poder Judiciário contra deputados estaduais.
d) Não pode ser afastado, fundamentadamente, pelo Poder Judiciário o vereador que responde por processo em primeira instância por crime contra a Administração Pública.
e) Está protegido pela imunidade material o vereador que profere injúria racial a garçonete de pousada situada em município vizinho durante as férias dele.

COMENTÁRIOS

Alternativa correta: letra "c": Trata-se de aplicação do princípio da simetria aos parlamentares estaduais com relação às regras que a CF/88 dispôs para os parlamentares federais. Essa aplicação já foi reconhecida pelo STF: "A teor do disposto no artigo 27 da Constituição Federal, os deputados estaduais estão protegidos pelas regras de inviolabilidade previstas em relação aos parlamentares federais, sendo constitucional preceito da Constituição do Estado que dispõe sobre o tema." [ADI 5.823 MC, rel. min. Marco Aurélio, j. 8-5-2019, P, DJE de 16-11-2020.]. Assim, aplica-se a disposição do art. 53, §2º da CF/88 de forma paralela no âmbito estadual.

Alternativa "a": Não é constitucional, por violação ao princípio da simetria, pois ofende o art. 29, VIII da CF/88.

Alternativa "b": Nos termos do art. 53, §1º da CF/88: "Os Deputados e Senadores, **desde a expedição do diploma**, serão submetidos a julgamento perante o Supremo Tribunal Federal.".

Alternativa "d": Esse afastamento pode ocorrer, sobretudo por se tratar de crime contra a Administração Pública, conforme jurisprudência do STJ: "O Supremo Tribunal Federal, nos autos da ADI 55/26/DF, firmou o entendimento no sentido de que compete ao Poder Judiciário impor, por autoridade própria, as medidas cautelares a que se refere o artigo 319 do CPP a Parlamentares, devendo, todavia, remeter à Casa Legislativa respectiva para os fins do disposto no artigo 53, § 2º, da Constituição Federal, desde que a medida cautelar aplicada impossibilite, direta ou indiretamente, o exercício regular do mandato parlamentar.(RHC 88.804/RN, Rel. Ministro REYNALDO SOARES DA FONSECA, QUINTA TURMA, julgado em 07/11/2017, DJe 14/11/2017)".

Alternativa "e": Não está protegido por estar fora da circunscrição municipal, uma vez que sua imunidade é restrita a essa localidade, nos termos do art. 29, VIII da CF/88.

125. (Inst. Acesso - Delegado de Polícia - PC - ES/2019) O Poder Legislativo é exercido pelo Congresso Nacional, que se compõe da Câmara dos Deputados e do Senado Federal.

Não é competência do Congresso Nacional

a) aprovar o estado de defesa e a intervenção federal, autorizar o estado de sítio, ou suspender qualquer uma dessas medidas.
b) autorizar a realização de referendo e convocar plebiscito nacional.
c) conceder anistia.
d) mudar temporariamente a sede do Congresso Nacional.
e) processar e julgar o Presidente e o Vice-Presidente da República nos crimes de responsabilidade.

COMENTÁRIOS

Questão anulada.

✪ **Nota do autor:** a questão buscava a alternativa que contivesse atividades que **não** são de competência do Congresso Nacional. Por isso, deveria conter 4 alternativas com atribuições do Congresso e apenas uma sem essas.

Alternativa "a": Trata-se da literalidade do art. 49, IV da CF/88, sendo competência exclusiva do Congresso Nacional.

Alternativa "b": É o que prevê o art. 49, XV da CF/88, sendo competência exclusiva do Congresso Nacional.

Alternativa "c": O art. 48, VIII da CF/88 dispõe que: "Cabe ao Congresso Nacional, com a sanção do Presidente da República, não exigida esta para o especificado nos arts. 49, 51 e 52, dispor sobre todas as matérias de competência da União, especialmente sobre: VIII - concessão de anistia;". Por isso, a banca anulou a questão por entender essa alternativa também estaria correta, não sendo competência do Congresso Nacional conceder anistia, mas apenas dispor sobre a concessão de anistia.

Alternativa "d": Trata-se de competência exclusiva do Congresso Nacional, prevista no art. 49, VI da CF/88.

Alternativa "e": Na verdade, **compete ao Senado Federal** julgar o Presidente e o Vice-Presidente da República nos crimes de responsabilidade, nos termos do art. 52, II da CF/88. Assim, essa alternativa estaria correta, tendo sido o gabarito inicial.

Alternativa correta: ANULADA, pois estariam corretas as alternativas "c" e "e".

---

126. (Fumarc - Delegado de Polícia - PC - MG/2018) É da competência exclusiva do Congresso Nacional, que independe da sanção do Presidente da República:

a) concessão de anistia.

b) criação e extinção de Ministérios e órgãos da Administração Pública.

c) fixação do subsídio do Presidente e do Vice-Presidente da República e dos Ministros de Estado.

d) fixação do subsídio dos Ministros do Supremo Tribunal Federal.

COMENTÁRIOS

Alternativa "a": A concessão de anistia é de competência do Congresso, no entanto depende de sanção do Presidente da República, conforme art. 48, VIII da CF/88.

Alternativa "b": Essa atribuição também depende de sanção do Presidente da República, conforme art. 48, XI da CF/88.

Alternativa "c": Trata-se da previsão do art. 49, VIII da CF/88.

Alternativa "d": O exercício dessa competência depende da sanção do Presidente da República, conforme art. 48, XV da CF/88.

Alternativa correta: letra "c".

---

127. (Nucepe - Delegado de Polícia - PC - PI/2018) As Comissões Parlamentares de Inquérito (CPIs) são uma das formas do Poder Legislativo exercer sua função fiscalizadora.

Sobre as CPIs, assinale a alternativa CORRETA.

a) As Comissões Parlamentares de Inquérito não podem determinar a busca e apreensão domiciliar, por se tratar de ato sujeito ao princípio constitucional da reserva de jurisdição, ou seja, ato cuja prática a Constituição atribui com exclusividade aos membros do Poder Judiciário.

b) A criação de uma Comissão Parlamentar de Inquérito depende de autorização da Mesa Diretora da Câmara dos Deputados.

c) Visam apurar ilegalidades no âmbito do legislativo, com o auxílio do Tribunal de Contas, desde que autorizada sua instalação pela maioria absoluta dos membros do Congresso Nacional.

d) As Comissões Parlamentares de Inquérito podem ser criadas para apurar qualquer fato dentro do prazo de uma legislatura, devendo suas conclusões serem remetidas ao Ministério Público e ao Tribunal de Contas da União.

e) Somente podem ser criadas pelo requerimento de dois terços dos membros do Congresso Nacional, tendo por objeto a apuração de fato determinado.

COMENTÁRIOS

Alternativa "a": A busca e apreensão domiciliar está sujeita à cláusula da reserva de jurisdição, não podendo ser determinada por CPI (STF- MS 33.663 MC).

Alternativa "b": Conforme previsão do art. 58, §3º da CF/88, a criação de CPI se dará pela Câmara dos Deputados e pelo Senado Federal, em conjunto ou separadamente, mediante requerimento de 1/3 dos seus membros.

Alternativa "c": Incorreta, vide comentário da alternativa b.

Alternativa "d": Nos termos do art. 58, §3º da CF/88, a CPI deve ser instaurada para apurar fato determinado e por prazo certo, sendo suas conclusões, se for o caso, encaminhadas para o Ministério Público, a fim de promover a responsabilidade civil ou criminal dos infratores.

Alternativa "e": Incorreta, vide comentário da alternativa b.

Alternativa correta: letra "a".

---

128. (Vunesp - Delegado de Polícia - PC - SP/2018) Supondo que o Senador Y deixe de comparecer, em cada sessão legislativa, à terça parte das sessões ordinárias do Senado Federal, é correto assinalar que

a) perderá o seu mandato automaticamente, mediante decisão constitutiva por maioria simples do Senado Federal.

b) perderá o seu mandato automaticamente, mediante decisão declaratória por maioria absoluta do Senado Federal.

c) perderá o seu mandato, mediante decisão constitutiva do Congresso Nacional, assegurando-se contraditório e ampla defesa.

d) perderá o seu mandato automaticamente, mediante decisão constitutiva por maioria absoluta do Senado

Federal, independentemente de que lhe seja assegurado contraditório e ampla defesa.

e) perderá o seu mandato, mediante decisão declaratória do Senado Federal, salvo se a ausência decorra de licença ou missão autorizada pela Casa legislativa.

COMENTÁRIOS

Nos termos do art. 55, III da CF/88, perderá o mandato o Deputado ou Senador que deixar de comparecer, em cada sessão legislativa, à terça parte das sessões ordinárias da Casa a que pertencer, salvo licença ou missão por esta autorizada. Nesse caso, a perda será declarada pela Mesa da Casa respectiva, de ofício ou mediante provocação de qualquer de seus membros, ou de partido político representado no Congresso Nacional, assegurada ampla defesa. Portanto, a perda não é automática.

Alternativa correta: letra "e".

5.4.1.1. PROCESSO LEGISLATIVO

129. (Cespe - Delegado de Polícia - PC - PB/2022). O chamado "contrabando legislativo" caracteriza-se pela existência de

a) iniciativa de projeto de lei com assunto de competência de lei complementar.

b) emenda parlamentar com matéria estranha a projeto de conversão de medida provisória em lei.

c) emenda parlamentar com matéria estranha a projeto de lei de iniciativa do presidente da República.

d) reedição de medida provisória na mesma sessão legislativa em que tenha sido rejeitada.

e) iniciativa de projeto de lei por parlamentar com matéria que tenha sido rejeitada na mesma sessão legislativa.

COMENTÁRIOS

Alternativa "b" (responde todas as alternativas): No julgamento da ADI 5127/DF, em 15/10/2015, sob relatoria da Min. Rosa Weber e redação para o acórdão do Min. Edson Fachin, o STF entendeu que é "incompatível com a Constituição a apresentação de emendas sem relação de pertinência temática com medida provisória submetida a sua apreciação. (...)". Essa prática foi chamada "contrabando legislativo pela Corte.

Alternativa correta: letra "b".

130. (FGV - Delegado de Polícia - PC - RN/2021) Com o objetivo de atender aos anseios da população e à impostergável necessidade de se conferir maior celeridade ao processo e julgamento dos crimes de racismo, o Presidente da República, no início da sessão legislativa, editou a Medida Provisória nº XX. Apreciada por uma comissão mista de deputados e senadores, recebeu parecer desfavorável. Iniciada a sua votação no Senado Federal, foi aprovada sem modificações, o mesmo ocorrendo na Câmara dos Deputados. Ato contínuo, foi encaminhada ao Presidente da República, que a sancionou e promulgou, daí seguindo a publicação. Esse iter procedimental foi concluído em sessenta dias.

A narrativa acima somente se mostra incompatível com a ordem constitucional em relação:

a) à edição da medida provisória no início da sessão legislativa, à apreciação por uma comissão mista e ao tempo de conclusão do iter procedimental;

b) à aprovação da proposição após o parecer desfavorável da comissão e à participação final do Presidente da República;

c) à matéria tratada na medida provisória, à Casa iniciadora da votação e à participação final do Presidente da República;

d) à apreciação por uma comissão mista, à Casa iniciadora da votação e ao tempo de conclusão do iter procedimental;

e) à matéria tratada na medida provisória e ao tempo de conclusão do iter procedimental.

COMENTÁRIOS

Alternativa correta: letra "c" (responde todas as alternativas): A narrativa tem diversos problemas, que enunciaremos em ordem:

1- Matéria: nos termos do art. 62, §1º, I, b da CF/88, não é possível a edição de medidas provisórias sobre direito penal ou processo penal;

2- Casa iniciadora: nos termos do art. 62, §8º da CF/88, a votação das medidas provisórias tem início na Câmara dos deputados;

3- Sanção/veto: como a medida provisória narrada não sofreu alterações quando apreciada pelas Casas do Congresso Nacional, é até mesmo ilógico que seja submetida a sanção/veto presidencial, quando o texto final é exatamente o mesmo proposto pelo Presidente da República. Ademais, nesse sentido é o art. 12 da Resolução 1/2002 do Congresso Nacional.

Não há qualquer irregularidade quanto ao restante, conforme se extrai dos demais parágrafos do at. 62 da Constituição Federal.

131. (UFPR - Delegado de Polícia - PC - PR/2021) A respeito do processo legislativo, e levando em consideração as disposições da Constituição Federal e as decisões do Supremo Tribunal Federal, assinale a alternativa correta.

a) O Presidente da República pode solicitar urgência para aprovação de tratado internacional que verse sobre direitos humanos.

b) No direito brasileiro, o Presidente da República participa da sanção do provimento legislativo, a qual se constitui em ato definitivo e insuperável por deliberação congressual.

c) Por força do princípio da simetria no processo legislativo, a sanção do governador convalida o vício do projeto de lei aprovado com usurpação do poder de iniciativa.

d) O Congresso Nacional pode conceder ao Presidente da República a delegação para legislar sobre planos plurianuais, diretrizes orçamentárias e orçamento.

e) É inadmissível novo veto, após sanção parcial, contra dispositivo anteriormente sancionado pelo Presidente da República.

COMENTÁRIOS

Alternativa correta: letra "e": É nesse sentido o entendimento do STF (vide ADPFs 714, 715 e 718). Para melhor compreensão, o que não se admite é novo veto a lei já promulgada e publicada. Isso porque uma vez manifestada a sanção, encerra-se a competência da Presidência da República de vetar tal legislação.

Alternativa "a": Nos termos do art. 64, §1º da CF/88, o Presidente da República poderá solicitar urgência para a apreciação de projetos de sua iniciativa. Tratados internacionais não são projetos de lei, mas sim normas internacionais em processo de incorporação ao ordenamento nacional, logo, não se encaixam nessa hipótese.

Alternativa "b": O veto (que é um dos desfechos do momento do processo legislativo denominado sanção presidencial) é, na verdade, ato **superável**, uma vez que o art. 66, §4º da CF/88 prevê a possibilidade de superação do veto em sessão conjunta.

Alternativa "c": Na verdade, a sanção não é capaz de convalidar eventual vício de iniciativa, sendo esse o entendimento do STF (vide ADI 2867).

Alternativa "d": Nos termos do art. 68, §1º, III da CF/88: "Não serão objeto de delegação os atos de competência exclusiva do Congresso Nacional, os de competência privativa da Câmara dos Deputados ou do Senado Federal, a matéria reservada à lei complementar, nem a legislação sobre: [...] III – planos plurianuais, diretrizes orçamentárias e orçamentos."

132. (Vunesp – Delegado de Polícia – PC – BA/2018) A Casa na qual tenha sido concluída a votação de projeto de lei deverá enviá-lo ao Presidente da República que, ao considerar o projeto

a) no todo ou em parte, inconstitucional ou contrário ao interesse público, vetá-lo-á total ou parcialmente, no prazo de quinze dias úteis, contados da data do recebimento.

b) inconstitucional, em parte, poderá apor veto parcial, no prazo de quinze dias úteis, abrangendo artigo, parágrafo, inciso, alínea ou expressão verbal.

c) no todo ou em parte, inconstitucional ou contrário ao interesse público, vetá-lo-á total ou parcialmente, no prazo de trinta dias contados da data do recebimento.

d) contrário ao interesse público, vetá-lo-á totalmente, não podendo fazê-lo, neste caso, de forma parcial, já que não há como cindir o interesse público.

e) no todo ou em parte, inconstitucional, vetá-lo-á total ou parcialmente, no prazo de vinte dias contados da data do recebimento.

COMENTÁRIOS

O veto do presidente da República pode ser total ou parcial, devendo ser sempre motivado. O motivo do veto, nos termos do art. 66, §1º da CF/88, pode ser político, quando for contrário ao interesse público; ou jurídico, quando for inconstitucional. Deve se dar em 15 dias, sempre de forma expressa, uma vez que a não manifestação implica na sanção tácita do projeto.

Alternativa correta: letra "a".

5.4.2. PODER EXECUTIVO

133. (VUNESP – 2023 – PC/SP – Delegado) Considere que Luísa tem 22 anos, é advogada recém-formada e gostaria de ser Ministra da Casa Civil. Com base na situação hipotética e no disposto na Constituição Federal, é correto afirmar que

a) precisa estar filiada a algum partido político para tomar posse no cargo de Ministra da Casa Civil.

b) precisa estar no exercício dos direitos políticos e, se ocupar o cargo desejado, deve apresentar ao Presidente da República relatório anual de sua gestão no Ministério.

c) não preenche todos os requisitos para ocupar o cargo desejado, pois apenas pode ser indicado(a) como Ministra(o) de Estado quem tem mais de 35 anos.

d) preenche todos os requisitos constitucionais, mas atualmente é impedida de expedir instruções para a execução das leis, decretos e regulamentos.

e) não preenche os requisitos exigidos, pois não é formada em Administração e não tem 35 anos.

COMENTÁRIOS

✪ **Nota do autor:** os requisitos para ser Ministro de Estado estão elencados no art. 87 da CF/88.

Alternativa "a": A filiação a partido político **não** é um dos requisitos encontrados na Constituição.

Alternativa "b": Conforme se extrai do *caput* do art. 87 da CF/88: "Os Ministros de Estado serão escolhidos dentre brasileiros maiores de vinte e um anos e no exercício dos direitos políticos.". Ademais, a apresentação de relatório anual é apontada como atribuição do Ministro de Estado no inciso III do parágrafo único do mesmo dispositivo constitucional.

Alternativa "c": A idade mínima, como apontado no comentário da alternativa anterior, é de 21 anos.

Alternativa "d": Essa é uma das atribuições do Ministro de Estado, prevista no inciso II do parágrafo único do art. 87 da CF/88.

Alternativa "e": Incorreta, pois a formação em Administração não é um requisito e a idade mínima é de 21 anos, conforme comentário da alternativa "b".

Alternativa correta: letra "b".

---

134. (VUNESP - 2023 - PC/SP - Delegado) Assinale a alternativa que corretamente contempla um dos integrantes do Conselho de Defesa Nacional e uma das suas competências Constitucionais.

a) Presidente da Câmara dos Deputados e as questões relevantes para a estabilidade das instituições democráticas.

b) Ministro do Planejamento e estudar, propor e acompanhar o desenvolvimento de iniciativas necessárias a garantir a independência nacional e a defesa do Estado democrático.

c) Líderes da maioria e da minoria no Senado Federal e propor os critérios e condições de utilização de áreas indispensáveis à segurança do território nacional e opinar sobre seu efetivo uso.

d) Líderes da maioria e da minoria na Câmara dos Deputados e opinar nas hipóteses de declaração de guerra e de celebração da paz.

e) Ministro das Relações Exteriores e as questões relevantes para a estabilidade das instituições democráticas.

COMENTÁRIOS

✪ **Nota do autor:** a composição do Conselho de Defesa Nacional é elencada no art. 91 da CF/88, sendo seus membros natos: o Vice-Presidente da República; o Presidente da Câmara dos Deputados; o Presidente do Senado Federal; o Ministro da Justiça; o Ministro de Estado da Defesa; o Ministro das Relações Exteriores; o Ministro do Planejamento; e os Comandantes da Marinha, do Exército e da Aeronáutica. Por sua vez, o §1º do mesmo dispositivo constitucional elenca suas competências: "I - opinar nas hipóteses de declaração de guerra e de celebração da paz, nos termos da Constituição; II - opinar sobre a decretação do estado de defesa, do estado de sítio e da intervenção federal; III - propor os critérios e condições de utilização de áreas indispensáveis à segurança do território nacional e opinar sobre seu efetivo uso, especialmente na faixa de fronteira e nas relacionadas com a preservação e a exploração dos recursos naturais de qualquer tipo; IV - estudar, propor e acompanhar o desenvolvimento de iniciativas necessárias a garantir a independência nacional e a defesa do Estado democrático.".

Alternativa "a": Embora o Presidente da Câmara componha o Conselho (art. 91, II), a alternativa não menciona uma de suas competências.

Alternativa "b": Correta, conforme art. 91,VII e §1º, IV.

Alternativa "c": Embora contenha a competência prevista no art. 91, §1º, III, a alternativa não elenca um de seus membros.

Alternativa "d": Embora contenha a competência prevista no art. 91, §1º, I, a alternativa não elenca um de seus membros.

Alternativa "e": O Ministro das Relações Exteriores é um membro (art. 91, VI), mas a alternativa não elenca uma de suas competências.

Alternativa correta: letra "b".

---

135. (CEBRASPE - 2023 - PC/AL - Delegado) Relativamente aos servidores civis, à responsabilidade do presidente da República e do Poder Judiciário, julgue o item seguinte.

135.1. Caso o presidente da República cometa crime comum, caberá ao procurador-geral da República acusá-lo, e, uma vez oferecida por este a denúncia ao Supremo Tribunal Federal, o presidente será afastado de suas funções por 180 dias.

COMENTÁRIOS

Na verdade, o procedimento é diferente. Primeiramente, diante da prática de crime comum ou de responsabilidade pelo presidente da República, apresenta-se acusação, perante a Câmara dos Deputados. A legitimidade para a apresentação de **acusação** é de todos os cidadãos. Caso a Câmara aceite, por dois terços de seus membros, essa acusação, torna-se possível o julgamento. Nesse momento, passa a ter legitimidade a procuradoria-geral da República para a apresentação de denúncia. Somente com o **recebimento** da denúncia pelo STF é que ficará o Presidente suspenso de suas funções, nos termos do art. 86, §1º, I da CF/88.

Alternativa: "errado".

---

136. (UFPR - Delegado de Polícia - PC - PR/2021) Assinale a alternativa correta a respeito do Poder Executivo.

a) Cometerá crime de responsabilidade o chefe do Poder Executivo federal que, por ações ou omissões, praticar atos que atentem contra os direitos fundamentais e o livre exercício dos outros poderes constitucionais das unidades da Federação.

b) É constitucional a previsão da Constituição estadual que exige autorização da Assembleia Legislativa para o governador e o vice-governador ausentarem-se do país, a qualquer tempo.

c) A Constituição Federal requer que criação, organização, extinção e funcionamento de órgãos públicos, quando não implicarem aumento de despesa, sejam feitos mediante lei de iniciativa do chefe do Poder Executivo.

d) No caso de crime de responsabilidade, o Presidente da República será suspenso das suas funções a partir do recebimento da denúncia na Câmara dos Deputados.

e) Compete ao governador do estado decretar intervenção para pôr termo a grave comprometimento da ordem pública, cujo Decreto Interventivo será apreciado pela Assembleia Legislativa em vinte e quatro horas.

COMENTÁRIOS

Alternativa correta: letra "a": Trata-se de disposição que se extrai do art. 85, II e III da CF/88.

Alternativa "b": O STF, no julgamento da ADI 5373, manifestou entendimento em sentido contrário, pois tal a exigência em período de ausência inferior a 15 dias não teria respaldo no texto constitucional, de modo que representaria inovação do poder constituinte decorrente do Estado-membro. Portanto, já que a CF/88 não prevê tal exigência em casos análogos em períodos inferiores a 15 dias, não poderia a constituição estadual criá-la, por ameaçar a separação de poderes.

Alternativa "c": Nos termos do art. 61, §1º da CF/88, são de iniciativa **privativa** do Presidente da República as leis que disponham sobre: "a) criação de cargos, funções ou empregos públicos na administração direta e autárquica ou aumento de sua remuneração;". No entanto, **quando não implicarem aumento de despesa**, podem ser feitas mediante **decreto**, nos termos do art. 84, VI, a, da CF/88, que estabelece que compete privativamente ao Presidente da República dispor, mediante decreto, sobre: "a) organização e funcionamento da administração federal, **quando não implicar aumento de despesa nem criação ou extinção de órgãos públicos**;"

Alternativa "d": Nos termos do art. 86, §1º, II da CF/88, o Presidente ficará suspenso de suas funções, nos crimes de responsabilidade, **após a instauração do processo pelo Senado Federal**.

Alternativa "e": As hipóteses de intervenção de Estado em seus Municípios estão previstas no art. 35 da CF/88. Não há previsão para o grave comprometimento da ordem pública, que é hipótese de intervenção da União nos Estados (art. 34, III, CF/88).

137. (Instituto AOCP - Delegado de Polícia - PC - PA/2021) João, hipoteticamente, foi eleito presidente do Brasil e tomou posse em 01/01/2021. Ao assumir seu mandato, João estava muito ansioso por dar início ao seu governo, então perguntou aos seus assessores quais eram os cargos que lhe incumbiam nomear, por determinação constitucional. Em resposta, João recebeu uma lista da sua assessoria. Assinale a alternativa que apresenta cargos que, dentre outros, segundo o artigo 84 da Constituição Federal, competem privativamente ao Presidente da República nomear.

a) Os Ministros do Estado; o Advogado-Geral da União; observado o disposto na Constituição Federal, os Ministros do Tribunal de Contas dos Estados Federativos.

b) os membros do Conselho da República; após aprovação do Senado Federal, os Ministros do Supremo Tribunal Federal e o presidente e os diretores do Banco do Brasil.

c) O Advogado-Geral da União; os magistrados, nos casos previstos na Constituição Federal; observado o disposto no artigo 73 da Constituição Federal, os Ministros do Tribunal de Contas da União.

d) os membros do Conselho de Defesa Nacional; após aprovação do Senado Federal, os Governadores de Territórios.

e) Os Comandantes da Marinha, do Exército e da Aeronáutica; o presidente do Senado Federal; após aprovação pelo Senado Federal, o Procurador Geral da República.

COMENTÁRIOS

✪ **Nota do autor:** As competências do Presidente da República, como menciona o enunciado, estão nos incisos do art. 84 da CF/88. A primeira competência relativa à nomeação é dos Ministros de Estado, no inciso I; a segunda está no inciso XIV, e diz respeito a nomeação dos Ministros do STF, dos Tribunais Superiores, dos Governadores de Território, do Procurador-Geral de República, bem como do presidente e diretores do banco central, além de outros servidores que a lei determinar; no inciso XV é ainda prevista a competência do Presidente da República de nomear os Ministros do Tribunal de Contas da União; magistrados, nos casos previstos na CF e advogado-geral de União (inciso XVI); e por fim, parte membros do Conselho da República (inciso XVII c/c art. 89, VII).

Alternativa correta: letra "c": Alternativa correta, conforme incisos XVI e XV.

Alternativa "a": Embora tenha competência para nomear os Ministros de Estado (inciso I) e o Advogado-Geral da União (inciso XVI), não tem competência para nomear os Ministros dos Tribunais de Contas dos Estados, mas sim do TCU (vide inciso XV).

Alternativa "b": Incorreta, pois o Presidente apenas escolhe **parte** dos membros do Conselho da República (art. 84, XVII c/c art. 89, VII).

Alternativa "d": Incorreta, pois não escolhe os membros do Conselho de Defesa Nacional.

Alternativa "e": Incorreta, pois não tem competência para nomear o Presidente do Senado Federal.

138. (Inst. Acesso - Delegado de Polícia - PC - ES/2019) A Constituição da República Federativa do Brasil define as condutas consideradas como crime de responsabilidade se praticadas pelo Presidente da República no âmbito das suas funções. Em relação aos crimes de responsabilidade cometidos pelo Presidente da República, NÃO é correto afirmar que

a) o Presidente da República, na vigência de seu mandato, não pode ser responsabilizado por atos estranhos ao exercício de suas funções.

b) é crime de responsabilidade o ato do Presidente da República que atente contra a Constituição Federal e, especialmente, contra o exercício dos direitos políticos, individuais e sociais.

c) Ao Senado compete decidir se deve receber ou não a denúncia cujo prosseguimento foi autorizado pela Câmara.

d) Não há direito à defesa prévia antes da avaliação da denúncia pelo Presidente da Câmara.

e) o Presidente ficará suspenso de suas funções nos crimes de responsabilidade, após a instauração do processo pela Câmara dos Deputados.

COMENTÁRIOS

✪ **Nota do autor:** a questão quer a alternativa **incorreta**, logo, há 4 alternativas corretas, de acordo com a Constituição, e somente uma incorreta. Por isso, observamos que conhecendo o texto constitucional era possível responder a questão, embora algumas alternativas corretas (que não deveriam ser assinaladas) envolvessem a jurisprudência do STF.

Alternativa "a": Trata-se da previsão exata do art. 86, §4º da CF/88, sendo correta a alternativa.

Alternativa "b": É o que se extrai do art. 85, III da CF/88, sendo correta a alternativa.

Alternativa "c": É possível extrair isso do art. 86, §1º, II da CF/88, cuja interpretação implica na conclusão de que a instauração do processo pelo Senado Federal não é automática, já tendo o STF manifestado que enquanto a Câmara faz um juízo de admissibilidade da **acusação**, cabe ao Senado o juízo de admissibilidade da **denúncia** (MS 21.564).

Alternativa "d": Essa foi a interpretação proferida pelo STF no julgamento do mandado de segurança mencionado (MS 21.564), no sentido de que antes da avaliação da acusação pela Câmara dos Deputados, não existe uma possibilidade real de se instaurar o processo no Senado, sendo essa uma análise política. Somente após sua admissão é que surge a possibilidade de recebimento da denúncia e instauração do processo no Senado, momento em que surge o direito de defesa.

Alternativa "e": A instauração do processo se dá pelo **Senado Federal**, e não pela Câmara dos Deputados, conforme art. 86, §1º, II da CF/88.

Alternativa correta: letra "e".

---

139. (Fumarc – Delegado de Polícia – PC – MG/2018) Segundo entendimento do Supremo Tribunal Federal proferido em Ação Direta de Inconstitucionalidade julgada em 2017, no que tange a ações penais ajuizadas em face de Governador de Estado, é CORRETO afirmar:

a) Com base no princípio da simetria, as Assembleias Legislativas devem autorizar, por dois terços de seus membros, a instauração de ação penal contra o Governador por crimes comuns.

b) O recebimento de ação penal contra Governador de Estado pelo Superior Tribunal de Justiça acarreta o seu afastamento automático do cargo.

c) Os estados-membros têm competência para legislar sobre crimes de responsabilidade.

d) Os estados-membros não têm competência para editar normas que exijam autorização da Assembleia Legislativa para que o Superior Tribunal de Justiça (STJ) instaure ação penal contra Governador de Estado.

COMENTÁRIOS

Alternativa "a": Não se admite a extensão da garantia do Presidente da República aos Governadores (STF, ADI 5540/MG).

Alternativa "b": Não há suspensão automática do Governador de suas funções, cabendo ao STJ dispor, fundamentadamente, sobre a aplicação de medidas cautelares penais, inclusive afastamento do cargo. (STF, ADI 5540/MG).

Alternativa "c": De acordo com a disposição da Súmula Vinculante 46, a definição dos crimes de responsabilidade e o estabelecimento das respectivas normas de processo e julgamento são competência privativa da União, não podendo ser feita pelos Estados.

Alternativa "d": Nesse sentido foi o posicionamento adotado pelo STF no julgamento da ADI 5540/MG.

Alternativa correta: letra "d".

---

140. (Nucepe – Delegado de Polícia – PC – PI/2018) Segundo a Constituição Federal de 1988, é função de chefe de Estado exercido pelo Presidente da República:

a) fiscalizar a aplicação de quaisquer recursos repassados pela União mediante convênio, acordo, ajuste ou outros instrumentos congêneres, ao Estado, ao Distrito Federal ou ao Município;

b) avaliar o cumprimento das metas previstas no plano plurianual, a execução dos programas de governo e dos orçamentos da União;

c) manter relações com Estados estrangeiros e acreditar seus representantes diplomáticos;

d) dispor sobre os limites globais para as operações de crédito da União;

e) nomear e exonerar Ministros de Estado.

COMENTÁRIOS

✪ **Nota do autor:** A alternativa mistura a literalidade da Constituição Federal, com a conceituação doutrinária das funções de Chefe de Estado e de Chefe do Governo. A atenção é essencial para não confundir o gabarito com a alternativa "e".

Alternativa "a": Trata-se de atribuição que decorre do exercício do controle externo, exercido pelo Congresso Nacional com o auxílio do TCU, nos termos do art. 71, VI da CF/88.

Alternativa "b": Essa atribuição é do controle interno, mantido, de forma integrada, pelos Poderes Legislativo, Executivo e Judiciário, prevista no art. 74, I da CF/88.

Alternativa "c": Essa competência é prevista no art. 84, VII da CF/88. Decorre do exercício da função de Chefe de Estado, na qual o Presidente da República representa a República Federativa do Brasil nas suas relações internacionais.

Alternativa "d": Trata-se de competência privativa do Senado Federal, prevista no art. 52, VII da CF/88.

Alternativa "e": Embora seja função do Presidente da República, prevista no art. 84, I da CF/88, é decorrente da função de chefe de governo, na qual gerencia os negócios políticos e administrativos internos, e não de chefe de estado.

Alternativa correta: letra "c".

141. (Vunesp – Delegado de Polícia – PC – SP/2018) É correto afirmar sobre o Conselho da República:

a) dele participam como membros, dentre outros, os líderes da maioria e da minoria, tanto na Câmara dos Deputados como no Senado Federal.
b) possui como um de seus membros o Ministro do Planejamento.
c) dentre as suas competências constitucionais deve opinar nas hipóteses de declaração de guerra e de celebração de paz.
d) compete-lhe estudar, propor e acompanhar o desenvolvimento de iniciativas necessárias a garantir a independência nacional e a defesa do Estado democrático.
e) é composto, dentre outros membros, de oito cidadãos brasileiros natos ou naturalizados, com mais de trinta e cinco anos de idade, sendo três nomeados pelo Presidente da República, três eleitos pelo Senado Federal e dois eleitos pela Câmara dos Deputados, todos com mandato de três anos, sendo possível a recondução por uma única vez.

COMENTÁRIOS

Alternativa "a": A composição do Conselho da República está prevista no art. 89 da CF/88, dentre os quais, nos incisos IV e V, temos os líderes da maioria e da minoria na Câmara dos Deputados e Senado Federal.

Alternativa "b": O Ministro do Planejamento não faz parte do rol de autoridades do art. 89 da CF/88. Possivelmente, o examinador quis causar confusão com o Ministro da Justiça, que faz parte (Art. 89, VI da CF/88).

Alternativa "c": As competências do Conselho da República estão no art. 90 da CF/88, dentre as quais não se inclui a mencionada. Na realidade, trata-se de competência do Conselho de Defesa Nacional, prevista no art. 91, §1º, I da CF/88.

Alternativa "d": Trata-se, assim como no caso da alternativa "c", de competência do Conselho de Defesa Nacional, prevista no art. 91, §1º, IV da CF/88.

Alternativa "e": Participam da composição do Conselho da República 6 cidadãos brasileiros natos, com mais de 35 anos de idade, sendo 2 nomeados pelo Presidente da República, 2 eleitos pelo Senado Federal, e 2 eleitos pela Câmara dos Deputados, todos com mandatos de 3 anos, vedada a recondução, nos termos do art. 89, VII da CF/88.

Alternativa correta: letra "a".

5.4.3. PODER JUDICIÁRIO

142. (Cespe – Delegado de Polícia – PC – RJ/2022). O Tribunal de Justiça decretou medida cautelar de suspensão de mandato eletivo de deputado estadual investigado por organização criminosa prevista no art. 2.° da Lei n.° 12.850/2013. Considerando essa situação hipotética, assinale a opção correta.

a) Submetida essa decisão judicial do Tribunal de Justiça à Assembleia Legislativa, se a Casa Parlamentar revoga a decisão judicial, cabe reclamação constitucional ao Supremo Tribunal Federal para garantir a autoridade de suas decisões e precedentes.
b) O Poder Judiciário pode suspender mandato eletivo de parlamentar federal sem precisar submeter a decisão judicial à respectiva Casa do Congresso Nacional, conforme jurisprudência pacífica do Supremo Tribunal Federal.
c) Essa decisão judicial do Tribunal de Justiça não precisa ser submetida à Assembleia Legislativa por inexistir norma de simetria e de extensão na Constituição da República Federativa do Brasil de 1988.
d) Submetida essa decisão judicial do Tribunal de Justiça à Assembleia Legislativa, se a Casa Parlamentar revoga a decisão judicial, não cabe reclamação constitucional ao Supremo Tribunal Federal, porque não há decisões e precedentes para garantir a autoridade do parlamentar.
e) O Poder Judiciário não pode suspender mandato eletivo de parlamentar federal, conforme jurisprudência pacífica do Supremo Tribunal Federal.

COMENTÁRIOS

✪ **Nota do autor:** a questão busca conhecimento do candidato acerca da jurisprudência estabelecida pelo STF no julgamento da ADI 5526/DF, rel. orig. Min. Edson Fachin, red. p/ o ac. Min. Alexandre de Moraes, julgamento em 11.10.2017. Nela, ficou estabelecido que é possível ao Judiciário impor aos parlamentares as medidas cautelares previstas no art. 319, CPP. Contudo, a Casa Legislativa pode rejeitá-las. Essa regra, que decorre da interpretação do art. 53, §2º da CF/88 é também estendida aos Deputados Estaduais, por força do art. 27, §1º da CF/88.

Alternativa "a": Não cabe reclamação, pois está alinhada à jurisprudência do STF.

Alternativa "b": É necessário submeter à respectiva Casa.

Alternativa "c": Incorreta, pois existem normas de simetria e extensão no regime constitucional.

Alternativa "d": Correta e alinhada à jurisprudência mencionada.

Alternativa "e": É possível suspender.

Alternativa correta: letra "d".

143. (FGV – Delegado de Polícia – PC – AM/2022). O Município Alfa foi citado em ação civil pública ajuizada por um legitimado. Ao analisar os termos da petição inicial, o Procurador Geral do Município identificou a existência de uma questão constitucional de fundo, que estaria sendo interpretada de modo equivocado pelo autor da ação. Acresça-se que a tese do autor veio a ser acolhida pelo juiz de Direito em sede de cognição sumária, sendo deferida a tutela de urgência requerida. O Procurador-Geral, ademais, tinha conhecimento de que inúmeras decisões semelhantes já tinham sido proferidas por juízes e tribunais do país, enquanto muitas outras rechaçavam a tese.

À luz dessa narrativa, o Procurador-Geral concluiu que a melhor opção seria a imediata submissão da tese jurídica, afeta à questão constitucional, ao Supremo Tribunal Federal. Nesse caso, o instrumento a ser utilizado pelo Município é

a) a arguição de descumprimento de preceito fundamental.
b) o requerimento de edição de súmula vinculante.
c) o incidente de deslocamento de competência.
d) a reclamação constitucional.
e) o recurso extraordinário.

COMENTÁRIOS

Alternativa "a": O Município não tem legitimidade ativa para a propositura de ADPF, sendo legitimados somente o Presidente da República, a Mesa do Senado Federal, a Mesa da Câmara dos Deputados, a Mesa de Assembleia Legislativa ou da Câmara Legislativa do Distrito Federal, o Governador de Estado ou do Distrito Federal, o Procurador-Geral da República, o Conselho Federal da OAB, o partido político com representação no Congresso Nacional e a confederação sindical ou entidade de classe de âmbito nacional, conforme art. 103 da CF/88 c.c. art. 2º da Lei 9.882/99.

Alternativa "b": O art. 103-A da CF/88 prevê que: "O Supremo Tribunal Federal poderá, de ofício ou *por provocação*, mediante decisão de dois terços dos seus membros, após *reiteradas decisões sobre matéria constitucional*, aprovar súmula que, a partir de sua publicação na imprensa oficial, terá efeito vinculante em relação aos demais órgãos do Poder Judiciário e à administração pública direta e indireta, nas esferas federal, estadual e municipal, bem como proceder à sua revisão ou cancelamento, na forma estabelecida em lei.". Quanto à **legitimidade do Município,** encontra-se essa no art. 3º, §1º da Lei 11.417, que regulamenta esse procedimento de edição de súmula vinculante.

Alternativa "c": Nos termos do art. 109, §5º da CF/88, o incidente de deslocamento de competência tem como destinatária a Justiça Federal, suscitado perante o Superior Tribunal de Justiça. Logo, não resultaria em submissão ao STF, como busca a questão. Ademais, seu cabimento se dá em hipóteses de grave violação de direitos humanos, que não é o caso.

Alternativa "d": A reclamação constitucional, nos termos do art. 102, I, "l", é cabível para a preservação da competência e garantia da autoridade das decisões do STF, ou ainda em caso de decisão judicial ou ato administrativo que contrarie súmula aplicável ou que indevidamente a aplicar, nos termos do art. 103-A, §3º da CF/88. No caso, não se menciona entendimento prévio do STF, nem tampouco súmula existente. É também cabível, conforme o caso, reclamação direcionada ao STJ para preservar sua competência, prevista no art. 105, I, f da CF/88, e ao TST, nos termos do art. 111, §3º, mas no caso, busca-se medida direcionada ao STF.

Alternativa "e": O recurso extraordinário, direcionado ao STF, é previsto no art. 102, III da CF/88. Seu cabimento se dá quando a decisão recorrida contrariar dispositivo constitucional; declarar a inconstitucionalidade de tratado ou lei federal; julgar válida lei ou ato de governo local contestado em face da Constituição Federal ou ainda julgar válida lei local contestada em face de lei federal. Não é o caso da questão.

Alternativa correta: letra "b".

144. (Cespe – Delegado de Polícia – PC – PB/2022). Suponha que determinado magistrado esteja sendo processado e julgado no Superior Tribunal de Justiça, por supostamente ter cometido crime comum. Suponha, ainda, que, no curso do processo, ele se aposente voluntariamente. Nessa situação, a competência para processá-lo e julgá-lo será do

a) Superior Tribunal de Justiça, conforme a natureza do crime cometido.
b) Superior Tribunal de Justiça, independentemente do crime cometido.
c) primeiro grau de jurisdição.
d) Tribunal de Justiça do estado em que o magistrado atuava.
e) Tribunal de Justiça do estado do local do crime.

COMENTÁRIOS

Alternativa "c" (responde todas as alternativas): É essa a jurisprudência consolidada pelo STF: "A aposentadoria do magistrado, ainda que voluntária, transfere a competência para processamento e julgamento de eventual ilícito penal para o primeiro grau de jurisdição." [RE 549.560, rel. min. Ricardo Lewandowski, j. 22-3-2012, P, DJE de 30-5-2014, Tema 453.]

Alternativa correta: letra "c".

145. (FGV – Delegado de Polícia – PC – RN/2021) As duas Casas Legislativas do Congresso Nacional aprovaram o Projeto de Lei nº XX, que dispunha sobre a oferta de determinado benefício pelo Poder Executivo. Ao recebê-lo, o Presidente da República vetou-o integralmente, sob o argumento de que era inconstitucional, já que afrontava Súmula Vinculante editada pelo Supremo Tribunal Federal. Embora fosse flagrante a inobservância da Súmula Vinculante, o veto veio a ser derrubado, daí resultando na promulgação, em 2020, da Lei nº XX. A Lei nº XX é suscetível de impugnação direta, perante o Supremo Tribunal Federal, apenas por meio de:

a) reclamação, ação direta de inconstitucionalidade ou arguição de descumprimento de preceito fundamental;
b) ação direta de inconstitucionalidade ou arguição de descumprimento de preceito fundamental;
c) ação direta de inconstitucionalidade ou reclamação;
d) ação direta de inconstitucionalidade;
e) reclamação.

COMENTÁRIOS

Alternativa correta: letra "d" (responde todas as alternativas): Não é cabível a reclamação, pois, nos termos do art. 103-A, §3º da CF/88, somente é cabível reclamação em face de ato administrativo ou **decisão judicial** que contrarie súmula, ou seja, as súmulas vinculantes não vinculam o Poder Legislativo, de modo que não é cabível reclamação. Assim, já se afastam as alternativas "a", "c" e "e".

Como se trata de ato normativo federal, questionado em tese, em abstrato, cabe ação direta de inconstitucionalidade. A ADPF, por força do princípio da subsidiariedade somente seria possível caso não houvesse outra ação cabível para impugnar a lei em tese. Portanto, fica afastada tambem a alternativa "b".

146. (UFPR – Delegado de Polícia – PC – PR/2021) A respeito do Poder Judiciário e das competências dos seus órgãos para julgamentos de crimes, é correto afirmar:

a) Compete ao Supremo Tribunal Federal julgar nas infrações penais comuns o Presidente da República, o Vice-Presidente, os membros do Congresso Nacional, os governadores de estados e do Distrito Federal e o Procurador Geral da República.
b) Compete ao Superior Tribunal de Justiça julgar nas infrações penais comuns os desembargadores dos Tribunais de Justiça dos estados e do Distrito Federal, os membros dos Tribunais de Contas da União, dos estados e do Distrito Federal.
c) Compete aos juízes federais processar e julgar os crimes políticos, as infrações penais e as contravenções praticadas em detrimento de bens, serviços ou interesses da União ou de suas autarquias.
d) Compete aos juízes federais processar e julgar o habeas corpus em matéria criminal de sua competência ou quando o constrangimento provier de autoridade cujos atos não estejam diretamente sujeitos a outra jurisdição.
e) Compete aos juízes de direito processar e julgar, singularmente, os crimes militares cometidos contra civis e as ações judiciais contra atos disciplinares militares.

COMENTÁRIOS

Alternativa correta: letra "d": Trata-se da disposição do art. 109, VII da CF/88.

Alternativa "a": Nos termos do art. 102, I, b da CF/88, compete ao STF processar e julgar originariamente "nas infrações penais comuns, o Presidente da República, o Vice-Presidente, os membros do Congresso Nacional, seus próprios Ministros e o Procurador-Geral da República;". Logo, não se encontram nesse rol os governadores de estados e do Distrito Federal. Ademais, a alternativa não menciona os próprios Ministros do STF, estando assim duplamente incorreta: menciona governadores, que não têm a prerrogativa, mas não menciona os ministros do STF, que a têm.

Alternativa "b": O art. 105, I, a da CF/88 estabelece que o STJ tem competência para processar e julgar, originariamente "nos crimes comuns, os Governadores dos Estados e do Distrito Federal, e, nestes e nos de responsabilidade, os **desembargadores dos Tribunais de Justiça dos Estados e do Distrito Federal,** os membros dos **Tribunais de Contas dos Estados e do Distrito Federal**, os dos Tribunais Regionais Federais, dos Tribunais Regionais Eleitorais e do Trabalho, os membros dos Conselhos ou Tribunais de Contas dos Municípios e os do Ministério Público da União que oficiem perante tribunais;". Logo, os membros dos Tribunais de Contas dos Estados e do Distrito Federal se incluem em tal competência, e não os membros do Tribunal de Contas da União.

Alternativa "c": O art. 109, IV da CF/88 estabelece que compete aos juízes federais processar e julgar: "os crimes políticos e as infrações penais praticadas em detrimento de bens, serviços ou interesse da União ou de suas entidades autárquicas ou empresas públicas, **excluídas as contravenções e ressalvada a competência da Justiça Militar e da Justiça Eleitoral**;". Logo, contravenções não estão inseridas nessa hipótese.

Alternativa "e": Trata-se de competência dos juízes de direito **do juízo militar**, e não aos juízes de direito em geral, conforme estabelece o art. 125, §5º da CF/88.

147. (FGV – Delegado de Polícia – PC – RN/2021) A Organização Internacional XX, vinculada às Nações Unidas, ajuizou ação ordinária em face do Município Alfa. Para sua surpresa, o pedido foi julgado improcedente pelo juiz federal competente, em primeira instância, em uma sentença que se apresentava como manifestamente dissonante da Constituição da República Federativa do Brasil.

Nesse caso, o recurso a ser interposto pela Organização Internacional XX, visando à reforma da sentença do juízo de primeira instância, que lhe foi desfavorável, será endereçado ao:

a) Tribunal Regional Federal da respectiva região;
b) Tribunal de Justiça do respectivo Estado;
c) Superior Tribunal de Justiça;
d) Supremo Tribunal Federal;
e) Superior Tribunal Militar.

COMENTÁRIOS

Alternativa correta (responde todas as alternativas): letra "c": Nos termos do art. 105, II, c da CF/88, será cabível recurso ordinário direcionado ao STJ, já que compete a ele julgar tais recursos em casos em que forem partes Estados estrangeiros ou **organismo internacional**, de um lado, e de outro, **município** ou pessoa residente ou domiciliada no país.

5.4.4. CONSELHO NACIONAL DE JUSTIÇA

148. (FGV – Delegado de Polícia – PC – AM/2022). Maria, Juíza de Direito, sofreu sanção disciplinar no âmbito do Tribunal de Justiça do Estado Alfa. Irresignada, requereu que o Conselho Nacional de Justiça anulasse o processo administrativo, em razão da presença de alegados vícios formais. O requerimento foi indeferido sob o argumento de que não foram detectados quaisquer vícios no processo disciplinar.

À luz dessa narrativa, caso Maria decida ingressar com ação judicial para anular a condenação, é correto afirmar que

a) o foro competente será o Supremo Tribunal Federal
b) isto será feito perante o órgão competente da Justiça do Estado Alfa.
c) isto dependerá de prévia autorização do próprio Conselho Nacional de Justiça.
d) isto será feito perante o Tribunal Regional Federal da região em que está inserido o Estado Alfa.
e) isto não será possível, já que as decisões do Conselho Nacional de Justiça não podem ser revistas.

COMENTÁRIOS

Alternativa "a": A jurisprudência do STF é pacífica no sentido de que não é competente para julgar ações judiciais em casos em que o CNJ negou pedido para anular ou reformar ato administrativo prolatado pelo órgão controlado. Isso porque o CNJ não é legitimado passivo para tal demanda, o que afasta a incidência do art. 120, I, r da CF/88.

Alternativa "b": Maria, de fato, deve ingressar com a ação perante (em face de) órgão da Justiça do Estado Alfa, já que tal órgão proferiu a decisão administrativa. É esse órgão que ocupará o polo passivo.

Alternativa "c": Com base no art. 5º, XXXV da CF/88 a lei não excluirá da apreciação do Poder Judiciário lesão ou ameaça a direito. Logo, não há que se falar em autorização do CNJ para o ajuizamento da demanda.

Alternativa "d": Não se trata de competência prevista no art. 108, I da CF/88.

Alternativa "e": Incorreta, com base na mesma justificativa da alternativa "c".

Alternativa correta: letra "b".

149. (Nucepe – Delegado de Polícia – PC – PI/2018) Marque a alternativa que se refere à competência do Conselho Nacional de Justiça:

a) julgar a ação judicial em que todos os membros da magistratura sejam direta ou indiretamente interessados, e aquela em que mais da metade dos membros do tribunal de origem estejam impedidos ou sejam direta ou indiretamente interessados;
b) o julgamento de ministros do Supremo Tribunal Federal que cometam crime de responsabilidade;
c) os conflitos de atribuições entre autoridades administrativas e judiciárias da União, ou entre autoridades judiciárias de um Estado e administrativas de outro ou do Distrito Federal, ou entre as deste e da União;
d) rever, de ofício ou mediante provocação, os processos disciplinares de juízes e membros de tribunais julgados há menos de 1 (um) ano;
e) a elaboração do regimento interno dos tribunais estaduais.

COMENTÁRIOS

Alternativa "a": O Conselho Nacional de Justiça não tem função jurisdicional. Portanto, não julga ações judiciais, mas sim exerce um controle da atuação administrativa e financeira do Poder Judiciário e do cumprimento dos deveres funcionais dos juízes, conforme art. 103-B, §4º da CF/88. A competência mencionada na alternativa é, na verdade, do STF, nos termos do art. 102, I, n da CF/88.

Alternativa "b": Trata-se, na verdade, de competência privativa do Senado Federal, prevista no art. 52, II da CF/88.

Alternativa "c": Essa competência é, na verdade, do Superior Tribunal de Justiça, conforme art. 105, I, g da CF/88.

Alternativa "d": Trata-se de competência prevista no art. 103-B, §4º, V da CF/88.

Alternativa "e": Trata-se de competência privativa dos tribunais, prevista no art. 96, I e da CF/88.

Alternativa correta: letra "d".

5.5. FUNÇÕES ESSENCIAIS À JUSTIÇA

150. (VUNESP – 2023 – PC/SP – Delegado) Considere que José é advogado público e no âmbito do ente em que desenvolve sua atividade profissional foi aprovada a Lei nº 1.234/22, que impõe a necessidade de autorização expressa do Advogado-Geral para manifestação do advogado público sobre assunto pertinente às suas funções. Com base na situação hipotética e na jurisprudência do Supremo Tribunal Federal, é correto afirmar que

a) considerando o cargo ocupado por José, a Lei nº 1.234/22 é constitucional, mas é preciso ressalvar a liberdade acadêmica e a possibilidade de comunicar às autoridades competentes sobre ilegalidades.
b) a Lei nº 1.234/22 é inconstitucional, na medida em que não respeita os postulados da proporcionalidade e da razoabilidade.
c) a Lei nº 1.234/22 apenas não será considerada inconstitucional se dispor expressamente como deverá ser pedida a autorização prévia à manifestação.
d) como a Constituição Federal impõe a publicidade como regra e o sigilo como exceção, a Lei nº 1.234/22 afronta diretamente o art. 37 do Texto Constitucional.
e) tal lei é flagrantemente inconstitucional, e José pode descumpri-la, uma vez que afronta o seu direito à liberdade de expressão.

COMENTÁRIOS

Alternativa "a" (responde todas as alternativas): Trata-se de matéria discutida pelo STF no julgamento da ADI 4652. Entendeu-se que referida proibição objetivava resguardar o sigilo necessário ao desempenho da advocacia e salvaguardar os interesses públicos envolvidos na atuação da AGU. Ademais, observou-se que a discrição exigida do advogado público encontra paralelos no Código de Ética e Disciplina da OAB. Assim, considerando-se a natureza do cargo, entendeu o STF ser **constitucional** a necessidade de ordem ou autorização expressa do AGU para manifestação do advogado público sobre assunto pertinente às suas funções, ressalvadas a liberdade de cátedra e a comunicação às autoridades competentes sobre eventuais ilegalidades constatadas.

---

151. (CEBRASPE – 2024 – PC/PE – Delegado) No que diz respeito ao Ministério Público, assinale a opção correta.

a) Como órgão essencial à função jurisdicional, o Ministério Público deve intervir em todos os processos judiciais.
b) A defesa do regime democrático por parte do Ministério Público compreende apenas a atuação do órgão no processo eleitoral.
c) O princípio da indivisibilidade é o que fundamenta a possibilidade de substituição de membros do Ministério Público uns pelos outros em processos.
d) Os membros do Ministério Público são regidos pelo regime estatutário dos servidores públicos em geral.
e) Em casos excepcionais, a fim de evitar atrasos na prestação jurisdicional, um juiz pode designar membro do Ministério Público *ad hoc*, para atuar em um processo.

COMENTÁRIOS

Alternativa "a": A intervenção do Ministério Público é necessária somente quando houver interesse público envolvido. Isso porque lhe incumbe defender a ordem jurídica, o regime democrático e os interesses sociais e individuais indisponíveis, nos termos do art. 127, *caput* da CF/88. Portanto, processos que envolvam direitos individuais disponíveis, por exemplo, não terão sua intervenção.

Alternativa "b": Sua atuação é mais ampla, pois promove o inquérito civil e a ação civil pública (Art. 129, III, CF/88), por exemplo, podendo requisitar diligências investigatórias e instauração de inquérito policial (art. 129, VIII, CF/88).

Alternativa "c": Do princípio da indivisibilidade decorre que a instituição Ministério Público é indivisível, sendo seus membros considerados como um todo e não individualmente.

Alternativa "d": Na verdade, os membros do Ministério Público têm seu próprio regime jurídico.

Alternativa "e": Não se admite a indicação de membros temporários ou excepcionais para atuar em determinados processos (*ad hoc*), pois o Ministério Público é instituição permanente.

Alternativa correta: letra "c".

---

152. (CEBRASPE – 2023 – PC/AL – Delegado) Em relação às forças armadas e ao meio ambiente, julgue o item subsequente.

152.1. A Constituição Federal define a ação civil pública como a via processual apropriada para proteção do ambiente e atribui exclusividade ao Ministério Público para propô-la.

COMENTÁRIOS

Nos termos do art. 129, III da CF/88, promover a ação civil pública para a defesa do meio ambiente é uma das funções institucionais do Ministério Público. No entanto, não se trata de legitimidade ativa exclusiva, pois o art. 5 da Lei 7.347/1985 elenca diversos outros legitimados, como a Defensoria Pública.

Alternativa: "errado".

---

153. (Cespe – Delegado de Polícia – PC – PB/2022). São princípios institucionais tanto do Ministério Público quanto da Defensoria Pública expressos na Constituição Federal

a) a unidade, a indivisibilidade e a publicidade.
b) a unidade, a publicidade e a independência funcional.

c) a indivisibilidade e a independência funcional, somente.

d) a unidade e a publicidade, somente.

e) a unidade, a indivisibilidade e a independência funcional.

COMENTÁRIOS

Alternativa "e" (responde todas as alternativas): Os princípios institucionais do Ministério Público estão previstos no art. 127, §1º, CF/88, sendo eles: "a unidade, a indivisibilidade a independência funcional". Já os princípios institucionais da Defensoria Pública estão previstos no art. 134, §4º, sendo eles, também, "a unidade, a indivisibilidade e a independência funcional".

Alternativa correta: letra "e".

154. (Inst. Acesso – Delegado de Polícia – PC – ES/2019) A Constituição define dentre as funções essenciais à justiça a existência do Ministério Público, da Advocacia Pública, da Advocacia e da Defensoria Pública.

Seguem-se cinco afirmações sobre os órgãos citados:

I. É vedado a seus membros receber, salvo em casos excepcionais, honorários, percentagens ou custas processuais;

II. O Advogado Geral da União representa a União na execução da dívida ativa de natureza tributária;

III. O advogado é dispensável à administração da justiça, sendo inviolável por seus atos e manifestações no exercício da profissão, mesmo que fora dos limites da lei;

IV. A defesa dos direitos individuais e coletivos, de forma integral e gratuita, aos necessitados, em todos os graus e apenas no âmbito judicial, incumbe à Defensoria Pública;

V. A destituição do Procurador-Geral da República, por iniciativa do Presidente da República, deverá ser precedida de autorização da maioria absoluta do Senado Federal.

Marque a alternativa que contém a(s) afirmativa(s) correta(s) com relação aos órgãos citados do enunciado.

a) Quatro delas: II, III, IV e V.

b) Quatro delas: I, II, III e IV.

c) Apenas a V.

d) Apenas a III.

e) Apenas a II.

COMENTÁRIOS

Afirmativa I. É totalmente vedado ao membro Ministério Público receber honorários, percentagens ou custas processuais, nos termos do art. 128, II, a da CF/88. Não existe tal vedação com relação à Advocacia.

Afirmativa II. Nos termos do art. 131, §3º, da CF/88: "Na execução da dívida ativa de natureza tributária, a representação da União **cabe à Procuradoria-Geral da Fazenda Nacional**, observado o disposto em lei."

Afirmativa III. O que estabelece o art. 133 da CF/88 é que: "O advogado é indispensável à administração da justiça, sendo inviolável por seus atos e manifestações no exercício da profissão, **nos limites da lei**."

Afirmativa IV. Essa defesa se dá não somente no âmbito judicial, como também **extrajudicial**, nos termos do art. 134, *caput* da CF/88.

Afirmativa V. Trata-se da literalidade do art. 128, §2º da CF/88.

Alternativa correta: letra "c": está correta apenas a afirmativa V.

155. (Fundatec – Delegado de Polícia – PC – RS/2018) Em relação às funções essenciais à justiça e os desdobramentos relacionados a elas, assinale a alternativa correta.

a) O fato que constitui objeto da representação oferecida pelo ofendido (ou, quando for o caso, por seu representante legal) não traduz limitação material ao poder persecutório do Ministério Público, que poderá, agindo ultra vires, proceder a uma devida ampliação objetiva da delatio criminis postulatória, para, desse modo, incluir, na denúncia, outros delitos cuja perseguibilidade, embora dependente de representação, não foi nesta requerida por aquele que a formulou.

b) A CF dotou o Ministério Público do poder de requisitar diligências investigatórias e a instauração de inquérito policial (CF, Art. 129, VIII), todavia, a norma constitucional não contemplou a possibilidade de o Parquet realizar e presidir inquérito policial. Noutro giro, segundo a jurisprudência da maior instância do poder judiciário, cabe aos membros do Parquet inquirir diretamente pessoas suspeitas de autoria de crime, dispensando a requisição da diligência nesse sentido à autoridade policial.

c) É atribuição do Ministério Público estadual analisar inquérito por crime contra a ordem econômica e emitir a respeito opinio delicti, promovendo, ou não, ação penal, se não há violação a bens, interesses ou serviços da União.

d) O advogado é indispensável à administração da justiça, sendo inviolável por seus atos e manifestações no exercício da profissão, nos limites da lei. Sendo assim, sua presença não pode ser dispensada em atos jurisdicionais, a exceção das causas de competência dos Juizados Especiais Cíveis e Criminais.

e) A Defensoria Pública é instituição permanente, essencial à função jurisdicional do Estado, incumbindo-lhe, como expressão e instrumento do regime democrático, fundamentalmente, a orientação jurídica, a promoção dos direitos humanos e a defesa, em todos os graus, judicial e extrajudicial, dos direitos individuais e coletivos, de forma integral e gratuita, aos necessitados, na forma do inciso LXXIV do Art. 5° desta Constituição Federal. No entanto, o seu enfraquecimento se deu com a desconstitucionalização da autonomia funcional e administrativa.

COMENTÁRIOS

Alternativa "a": Na realidade, esse fato traduz limitação material ao poder persecutório do Ministério Público, que não poderá, agindo ultra vires, proceder a uma indevida ampliação objetiva da delatio criminis postulatória, sendo nesse sentido o entendimento do STF manifestado no julgamento do HC 98.237.

Alternativa "b": O Ministério Público, nos termos do inciso VIII do art. 129 da CF/88, tem por funções institucionais requisitar diligências investigatórias e a instauração de inquérito policial, indicados os fundamentos jurídicos de suas manifestações processuais. Ademais, a jurisprudência, a contrário do que aponta a alternativa, entende que não cabe aos seus membros inquirir diretamente pessoas suspeitas de autoria de crime, mas requisitar diligência nesse sentido à autoridade policial (STF, RHC 81.326).

Alternativa "c": Nesse sentido foi o posicionamento adotado pelo STF, no julgamento da ACO 1058.

Alternativa "d": Entende-se ser dispensável a presença de advogado em certos atos jurisdicionais (STF, ADI 1.127).

Alternativa "e": Não houve desconstitucionalização de sua autonomia, mas sim foi essa afirmada no §2º do art. 134 da CF/88, incluído com a EC 80/2014.

Alternativa correta: letra "c".

156. (Fumarc – Delegado de Polícia – PC – MG/2018) A Emenda Constitucional n. 80, de 4 de junho de 2014, foi responsável por alterar dispositivos do Capítulo IV – Das Funções Essenciais à Justiça, do Título IV – Da Organização dos Poderes. Em relação à Defensoria Pública, esta emenda

a) assegura às Defensorias Públicas Estaduais autonomia funcional e administrativa, além da iniciativa de sua proposta orçamentária.

b) atribui à Defensoria Pública a iniciativa legislativa quanto à fixação de subsídios dos defensores públicos.

c) averba que a Defensoria Pública é instituição essencial à função jurisdicional do Estado.

d) estende aos defensores públicos a garantia da inamovibilidade, na forma assegurada aos membros do Poder Judiciário.

COMENTÁRIOS

Alternativa "a": Trata-se de alteração promovida pela EC 45/2004.

Alternativa "b": Trata-se da alteração promovida pela EC 80/2014, que incluiu o §2º no art. 134 da CF/88.

Alternativa "c": Essa garantia constava do texto originário da CF/88.

Alternativa "d": A inamovibilidade foi garantida originariamente na CF/88.

Alternativa correta: letra "b".

157. (Nucepe – Delegado de Polícia – PC – PI/2018) O Ministério Público está situado no capítulo das Funções Essenciais à Justiça na Constituição de 1988. Marque a alternativa que NÃO se encontra entre as vedações constitucionalmente designadas aos seus membros:

a) exercer a advocacia;

b) participar de sociedade comercial, na forma da lei;

c) receber, a qualquer título e sob qualquer pretexto, honorários, percentagens ou custas processuais;

d) exercer, ainda que em disponibilidade, qualquer outra função pública, sem qualquer exceção;

e) exercer atividade político-partidária.

COMENTÁRIOS

✪ **Nota do autor:** A questão busca a alternativa que **não** é uma vedação aos membros do Ministério Público. Atenção!

Alternativa "a": Trata-se de vedação prevista no art. 128, §5º, II, "b" da CF/88.

Alternativa "b": Essa vedação é prevista no art. 128, §5º, II, "c" da CF/88.

Alternativa "c": A vedação em questão é encontrada no art. 128, §5º, II, "a" da CF/88.

Alternativa "d": A vedação em questão, encontrada no art. 128, §5º, II, "d", comporta uma exceção: o exercício de uma função pública de magistério.

Alternativa "e": Trata-se de vedação prevista no art. 128, §5º, II, "e" da CF/88.

Alternativa correta: letra "d".

6. CONTROLE DE CONSTITUCIONALIDADE

158. (VUNESP – 2023 – PC/SP – Delegado) A respeito do controle de constitucionalidade, assinale a alternativa correta.

a) O Supremo Tribunal Federal admite ação direta de inconstitucionalidade que vise impugnar norma de caráter secundário.

b) O Governador do Estado e a Mesa da Assembleia Legislativa podem propor ação direta de inconstitucionalidade exclusivamente em face das normas que se originam do seu próprio Estado.

c) Lei anterior à Constituição pode ser objeto de controle concentrado de constitucionalidade, desde que demonstrado que o parâmetro de controle, apesar de diferente, tem o mesmo teor.

d) Todos os legitimados a propor a declaração de inconstitucionalidade de lei têm capacidade postulatória para tanto.

e) O Estado-membro não tem legitimidade para interpor agravo interno da decisão do relator que em sede de controle normativo abstrato indeferiu a petição inicial proposta pelo Governador do Estado.

COMENTÁRIOS

Alternativa "a": Na verdade, não se admite o controle concentrado de normas de caráter secundário. A norma que se submete ao controle é a lei que dá à norma de caráter secundário (resolução, portaria, por exemplo) o fundamento de validade.

Alternativa "b": É possível que proponham também ações em face de normas que se originam de outro Estado, desde que exista nexo e pertinência temática.

Alternativa "c": Na verdade, a ADPF não faz tal exigência na realização do controle de constitucionalidade de leis anteriores à Constituição. Vale observar, contudo, que o resultado não será a inconstitucionalidade de tal norma (pois inexiste a inconstitucionalidade superveniente), mas sim a recepção ou não recepção da norma.

Alternativa "d": O partido político e a confederação sindical ou entidade de classe não possuem capacidade postulatória, embora sejam legitimados.

Alternativa "e": Esse é o entendimento do STF (ADI 4420 ED-AgR). Nessas hipóteses, terá legitimidade para o recurso o próprio Governador.

Alternativa correta: letra "e".

---

159. (VUNESP - 2023 - PC/SP - Delegado) A respeito das técnicas de decisão em sede de controle de constitucionalidade, assinale a alternativa correta.

a) A decisão que declara que a norma está em trânsito para inconstitucionalidade se assemelha com a técnica da sinalização aplicada no direito estadunidense.

b) Em face da existência do princípio da congruência da sentença com o pedido, atualmente não mais se admite a inconstitucionalidade por arrastamento, devendo o relator intimar previamente a parte para aditar a petição inicial e realizar a indicação correta dos dispositivos impugnados.

c) A lei inconstitucional é anulável e, por isso, admite-se a modulação de efeitos da decisão que declara a inconstitucionalidade da lei.

d) A norma que estabeleceu o prazo em dobro para recurso da Defensoria Pública teve pronunciada sua inconstitucionalidade sem declaração de nulidade, pois considerou a situação vulnerável dos jurisdicionados.

e) A interpretação conforme à Constituição e a declaração parcial de nulidade sem redução de texto são técnicas de decisão que se confundem.

COMENTÁRIOS

Alternativa "a": A técnica da sinalização é de origem estadunidente, e, para tal técnica, o tribunal **sinaliza** que determinado precedente está superado, de modo a garantir assim a segurança jurídica e a confiança.

Alternativa "b": O STF admite e adota a inconstitucionalidade por arrastamento.

Alternativa "c": Na verdade, a inconstitucionalidade é um vício "congênito", ou seja, a norma é nula. Justamente por isso se admite a modulação de efeitos, para preservar assim a segurança jurídica.

Alternativa "d": A norma continua válida e é constitucional.

Alternativa "e": Não se confundem. Na interpretação conforme à Constituição há uma norma polissêmica (que admite vários significados), com relação à qual se confere a interpretação que mais se adéque ao que preceitua a Constituição, sem que essa atividade se constitua em atentado ao próprio texto constitucional. Na declaração parcial de nulidade sem redução de texto há, na verdade, uma exclusão expressa de determinadas hipóteses de aplicação da norma, sem que se altere seu texto.

Alternativa correta: letra "a".

---

160. (FGV - 2024 - PC/SC - Delegado) Partido político com representação no Congresso Nacional ajuizou Ação Direta de Inconstitucionalidade perante o Supremo Tribunal Federal contra a Lei Federal XXX/2023. Por unanimidade, o Plenário do STF julgou procedente o pedido e declarou a referida Lei inconstitucional. Com base na situação hipotética narrada, e conforme o sistema jurídico-constitucional vigente, é correto afirmar que a decisão definitiva de mérito proferida pelo STF na situação em tela vincula

a) todo o poder Judiciário e a administração pública direta e indireta, em todas as esferas federativas.

b) os poderes políticos do Estado, o Executivo e o Legislativo, no exercício de todas as suas funções.

c) todos os poderes do Estado em nível federal, excluindo as esferas estadual e municipal.

d) o Presidente da República, inclusive no exercício de suas funções de natureza legislativa.

e) a administração pública direta e indireta, apenas na esfera federal.

COMENTÁRIOS

Alternativa "a" (Responde todas as alternativas): Nos termos do art. 28, parágrafo único da Lei 9.868/99: "A declaração de constitucionalidade ou de inconstitucionalidade, inclusive a interpretação conforme a Constituição e a declaração parcial de inconstitucionalidade sem redução de texto, têm eficácia contra todos e efeito vinculante em relação aos órgãos do Poder Judiciário e à Administração Pública federal, estadual e municipal.".

Alternativa correta: letra "a".

161. (FGV – 2024 – PC/SC – Delegado) Acerca das ações específicas do controle concentrado de constitucionalidade processadas e julgadas pelo Supremo Tribunal Federal, analise as afirmativas a seguir:

I. O objeto da Ação Direta de Inconstitucionalidade por Omissão (ADO) são omissões que violam a exequibilidade das normas constitucionais de eficácia limitada.

II. A Arguição de Descumprimento de Preceito Fundamental (ADPF) possui parâmetro mais restrito do que o da Ação Direta de Inconstitucionalidade (ADI) e da Ação Declaratória de Constitucionalidade (ADC).

III. Atos do Estado de natureza judicial são objeto da ADPF.

Está correto o que se afirma em

a) I, II e III.

b) I e II, apenas.

c) I e III, apenas.

d) II e III, apenas.

e) II, apenas.

COMENTÁRIOS

Item I: As normas constitucionais de eficácia limitada dependem da atuação do legislador infraconstitucional para que possam produzir efeitos. Assim, diante da não atuação do legislador, a norma constitucional deixa de ter efeito, o que caracteriza uma inconstitucionalidade. A ADO tem por objetivo justamente atacar esse tipo de inconstitucionalidade.

Item II: Enquanto na ADI e ADC toda a Constituição é utilizada como parâmetro para o controle, no caso da ADPF, somente os preceitos fundamentais são utilizados como parâmetro, ou seja, normas de conteúdo imprescindível para o fundamento da própria Constituição.

Item III: O STF entende que cabe Arguição de Descumprimento de Preceito Fundamental contra decisão judicial na qual se tenha adotado interpretação da qual possa resultar lesão a preceito fundamental. STF. Plenário. ADPF 484/AP, Rel. Min. Luiz Fux, julgado em 4/6/2020 (Info 980).

Alternativa correta: letra "a".

162. (CEBRASPE – 2024 – PC/PE – Delegado) A arguição de descumprimento de preceito fundamental (ADPF)

a) pode ser liminarmente indeferida pelo relator, se sua petição inicial for inepta.

b) pode ser proposta por entidade voltada à defesa de direitos difusos e coletivos, desde que constituída há mais de um ano.

c) deve ter sua petição inicial acompanhada de certidão autêntica do ato normativo impugnado.

d) é cabível, independentemente da existência de outra via processual adequada para impugnar ato normativo, no campo do controle concentrado de constitucionalidade.

e) dispensa intervenção do Procurador-Geral da República, se atacar norma infralegal.

COMENTÁRIOS

Alternativa "a": É o que se extrai do art. 4º da Lei 9.882/99, que prevê que: "A petição inicial será indeferida liminarmente, pelo relator, quando não for o caso de arguição de descumprimento de preceito fundamental, faltar algum dos requisitos prescritos nesta Lei ou for inepta".

Alternativa "b": São legitimados à propositura da ADPF os legitimados para a ação direta de inconstitucionalidade, elencados no art. 103 da CF/88, quais sejam: o Presidente da República; a Mesa do Senado Federal; a Mesa da Câmara dos Deputados; a Mesa de Assembleia Legislativa ou da Câmara Legislativa do Distrito Federal; o Governador de Estado ou do Distrito Federal; o Procurador-Geral da República; o Conselho Federal da Ordem dos Advogados do Brasil; o partido político com representação no Congresso Nacional e a confederação sindical ou entidade de classe de âmbito nacional. Assim, não pode ser proposta por entidade voltada à defesa de direitos difusos e coletivos.

Alternativa "c": A petição inicial da ADPF, nos termos do art. 3º da Lei 9.882/99 deverá conter: a indicação do preceito fundamental que se considera violado; a indicação do ato questionado; a prova da violação do preceito fundamental; o pedido, com suas especificações e, se for o caso, a comprovação da existência de controvérsia judicial relevante sobre a aplicação do preceito fundamental que se considera violado. Portanto, não é necessária certidão autêntica do ato violado.

Alternativa "d": Nos termos do art. 4º, §1º da Lei 9.882/99: "§ 1o Não será admitida argüição de descumprimento de preceito fundamental quando houver qualquer outro meio eficaz de sanar a lesividade.".

Alternativa "e": O art. 5º, §2º da Lei 9.882/99 prevê que: "§ 2o O relator poderá ouvir os órgãos ou autoridades responsáveis pelo ato questionado, bem como o Advogado-Geral da União ou o Procurador-Geral da República, no prazo comum de cinco dias.". Portanto, não há tal dispensa em caso de norma infralegal.

Alternativa correta: letra "a".

163. (FGV – Delegado de Polícia – PC – AM/2022). O Partido Político XX solicitou que sua assessoria analisasse a possibilidade de ser ajuizada ação direta de inconstitucionalidade por omissão (ADO), em razão da não edição de lei, pelo Estado Beta, para a regulamentação de norma da Constituição da República de 1988. A assessoria respondeu corretamente que a ADO

a) pode ser utilizada, mas apenas se a norma da Constituição da República, a ser regulamentada, tiver eficácia contida.
b) pode ser ajuizada, mas apenas se a União já tiver se desincumbido da edição de normas gerais sobre a temática.
c) somente pode ser ajuizada em razão da omissão de autoridades da União, não sendo cabível na hipótese em tela.
d) somente pode ser utilizada, na hipótese em tela, caso a União tenha delegado, por meio de lei complementar, o exercício da competência legislativa.
e) pode ser utilizada, desde que se esteja perante descumprimento de um comando para legislar, não perante pura opção normativa de disciplinar, ou não, certa temática.

COMENTÁRIOS

Alternativa "a": Na verdade, somente se tiver eficácia limitada. Normas de eficácia contida têm aplicabilidade direta e imediata, mas podem ter seu alcance restrito por norma infraconstitucional. Por isso, a não edição de norma regulamentadora de norma constitucional de eficácia contida não influencia no exercício do direito constitucional não regulamentado.

Alternativa "b": Nos termos do art. 24, §3º da CF/88, quando a União não tiver exercido sua competência legislativa, os Estados exercerão competência legislativa plena para atender a suas peculiaridades. Logo, independe da atividade da União.

Alternativa "c": É possível o ajuizamento também diante da inércia do Poder estadual, com base na simetria federativa.

Alternativa "d": Incorreta, conforme comentários das alternativas "b" e "c".

Alternativa "e": Correta. Isso porque, salvo nas hipóteses em que a Constituição determina a edição de norma regulamentadora, a atividade de legislar, sendo atividade típica, consiste em uma faculdade, que pode ou não vir a ser exercida, não cabendo ao Poder Judiciário intervir nesse exercício.

Alternativa correta: letra "e".

---

164. (FGV – Delegado de Polícia – PC – AM/2022). O Procurador-Geral do Município Alfa reuniu-se com o Prefeito Municipal e o Presidente da Câmara Municipal, para informar que determinada entidade de classe de âmbito nacional ingressara com arguição de descumprimento de preceito fundamental (ADPF), na qual sustenta a inconstitucionalidade da Lei municipal nº XX/1987, em razão da afronta a princípios fundamentais da Constituição da República, almejando que isto seja declarado pelo Supremo Tribunal Federal (STF).

Ao responder às perguntas formuladas, o Procurador-Geral do Município informou corretamente que

a) a ADPF não seria conhecida, pois a entidade que a ajuizou não tem legitimidade para fazê-lo.
b) a Lei municipal nº XX não poderia ser submetida, nas circunstâncias indicadas, ao controle concentrado de constitucionalidade perante o STF.
c) a procedência do pedido somente produzirá efeitos em relação às situações concretas descritas na ADPF, não afetando a vigência da Lei municipal nº XX.
d) ainda que o pedido seja julgado procedente, com a declaração de inconstitucionalidade da Lei municipal nº XX, o Poder Legislativo pode aprovar outra lei de idêntico teor.
e) a procedência do pedido obstará que o Poder Executivo pratique atos administrativos com base na lei impugnada e que o Poder Legislativo edite outra lei com o mesmo teor.

COMENTÁRIOS

Alternativa "a": A legitimidade ativa para a propositura da ADPF está prevista no art. 2º, I da Lei 9.882/99 c.c art. 103 da CF/88. A entidade de classe de âmbito nacional tem legitimidade (art. 103, IX da CF/88).

Alternativa "b": Na verdade, o art. 1º, parágrafo único da Lei 9.882/99 determina que é cabível ADPF quando for relevante o fundamento da controvérsia constitucional sobre lei ou ato normativo federal, estadual **ou municipal**, incluídos os anteriores à Constituição.

Alternativa "c": O art. 10, §3º da Lei 9.882/99 dispõe que a decisão terá eficácia contra todos e efeito vinculante relativamente aos demais órgãos do Poder Público.

Alternativa "d": De fato, as decisões em sede de controle de constitucionalidade não vinculam o Poder Legislativo na atividade legislativa, uma vez que é sua função típica.

Alternativa "e": Embora vincule o Poder Executivo, com relação aos atos administrativos, não vincula o Poder Legislativo no exercício de sua função típica, que é legislar.

Alternativa correta: letra "d".

---

165. (FGV – Delegado de Polícia – PC – AM/2022). Determinado legitimado deflagrou o controle concentrado de constitucionalidade da lei estadual WW perante o Supremo Tribunal Federal.

Argumentava-se com a inconstitucionalidade dessa lei, que dispunha sobre os cargos em comissão no âmbito do Estado, com os argumentos de que

I. os cargos em comissão não podem ser utilizados para satisfazer necessidades temporárias da Administração Pública, decorrentes da vacância de cargos de provimento efetivo;
II. os cargos em comissão não se prestam ao desempenho de atividades puramente técnicas, situadas na base da pirâmide hierárquica;

III. o número de cargos comissionados deve guardar proporcionalidade com a necessidade que eles visam suprir e com o número de servidores ocupantes de cargos efetivos no ente federativo;

IV. no mínimo 50% do quantitativo de cargos em comissão, por imposição constitucional, devem ser destinados aos servidores ocupantes de cargos de provimento efetivo.

À luz da sistemática constitucional, estão corretos os argumentos

a) I, II, III e IV.

b) II e III, apenas.

c) I e IV, apenas.

d) II, III e IV, apenas.

e) I, II e III, apenas.

COMENTÁRIOS

✪ **Nota do autor:** Trata-se de importante jurisprudência do STF: "Criação de cargos em comissão. Requisitos estabelecidos pela Constituição Federal. Estrita observância para que se legitime o regime excepcional de livre nomeação e exoneração. Repercussão geral reconhecida. Reafirmação da jurisprudência da Corte sobre o tema. (...) Fixada a seguinte tese: a) A criação de cargos em comissão **somente se justifica para o exercício de funções de direção, chefia e assessoramento,** não se prestando ao desempenho de atividades burocráticas, técnicas ou operacionais; b) tal criação deve pressupor a necessária relação de confiança entre a autoridade nomeante e o servidor nomeado; c) **o número de cargos comissionados criados deve guardar proporcionalidade com a necessidade que eles visam suprir e com o número de servidores ocupantes de cargos efetivos no ente federativo que os criar**; e d) as atribuições dos cargos em comissão devem estar descritas, de forma clara e objetiva, na própria lei que os instituir."[**RE 1.041.210 RG**, rel. min. Dias Toffoli, j. 27-9-2018, P, *DJE* de 22-5-2019, Tema 1.010.]

Argumento I. Correto. Somente é admitido para funções de direção, chefia e assessoramento, as quais não são funções temporárias.

Argumento II. Correto. Conforme jurisprudência colacionada, item a.

Argumento III. Correto. Conforme jurisprudência colacionada, item b.

Argumento IV. Incorreto. Na verdade, a CF/88 não estipula qual seria o percentual mínimo a ser preenchido por servidores de carreira. Assim, trata-se de previsão deixada a cargo do legislador infraconstitucional, conforme se extrai do art. 37, V da CF/88.

Alternativa correta: letra "e".

---

166. (Vunesp – Delegado de Polícia – PC – SP/2022). A Constituição Federal de 1988 contempla o controle de constitucionalidade nos âmbitos estadual e municipal. Sobre a matéria, é correto afirmar que

a) a ordem constitucional vigente não autoriza a disciplina pelas Constituições Estaduais do controle abstrato de inconstitucionalidade da omissão.

b) a lei municipal não pode ser objeto de controle de constitucionalidade pelo Supremo Tribunal Federal.

*C) o parâmetro para o controle abstrato de normas perante o Tribunal de Justiça estadual será exclusivamente a Constituição Estadual.

d) normas da Constituição Estadual que reproduzam normas da Constituição Federal implicam na descaracterização daquelas como parâmetro de controle de constitucionalidade estadual.

e) a autorização para que os Estados instituam a representação de inconstitucionalidade de lei ou ato normativo estadual em face da Constituição Estadual não implica na legitimação destes para instituir ação declaratória de inconstitucionalidade.

COMENTÁRIOS

Alternativa "a": A doutrina e jurisprudência são pacíficas de que, respeitada a simetria, é possível aos Estados instituírem outras formas de controle concentrado em âmbito estadual, que não somente a representação de inconstitucionalidade, como indica o art. 125, §2º da CF/88.

Alternativa "b": Lei municipal, na verdade, pode ser objeto de ADPF, nos termos do art. 1º, parágrafo único, I da lei 9.882/99.

Alternativa "c": Correta, conforme art. 125, §2º. Existe jurisprudência do STF, contudo, que poderia levar a interpretação diversa: "a jurisprudência mais recente desta Suprema Corte, firmada, inclusive, sob a sistemática da repercussão geral, **admite o controle abstrato de constitucionalidade, pelo Tribunal de Justiça, de leis e atos normativos estaduais e municipais em face da Constituição da República, apenas quando o parâmetro de controle invocado seja norma de reprodução obrigatória ou exista, no âmbito da Constituição estadual, regra de caráter remissivo à Carta federal**" (ADI 5.647, Pleno, j. 04.11.2021, DJE de 17.11.2021). Contudo, entendemos que não há erro na alternativa, pois mesmo nesse caso existe uma norma da Constituição estadual violada, ainda que oriunda da CF. Ademais, o entendimento consolidado pelo STF é no sentido de que: "É pacífica a jurisprudência do STF, antes e depois de 1988, no sentido de que não cabe a tribunais de justiça estaduais exercer o controle de constitucionalidade de leis e demais atos normativos municipais em face da CF." [**ADI 347**, rel. min. Joaquim Barbosa, j. 20-10-2006, P, *DJ* de 20-9-2006.]

Alternativa "d": Incorreta, conforme art. 125, §2º da CF/88 e jurisprudência citada no comentário da alternativa "c".

Alternativa "e": É pacífico que é possível aos Estados instituírem ação declaratória de inconstitucionalidade.

Alternativa correta: letra "c".

167. (Cespe – Delegado de Polícia – PC – PB/2022). Se, em ação direta de inconstitucionalidade proposta perante o Supremo Tribunal Federal, for alegada a inconstitucionalidade de certa lei federal,

a) a decisão definitiva de mérito vinculará o Poder Legislativo.

b) o Poder Legislativo ficará impossibilitado de revogar a lei questionada.

c) o Poder Legislativo ficará impossibilitado de reeditar o diploma julgado inconstitucional.

d) a decisão definitiva de mérito vinculará parcialmente o Poder Judiciário.

e) a decisão definitiva de mérito vinculará todos os níveis da administração pública.

COMENTÁRIOS

Alternativa "a": Na verdade, já manifestou o STF: "A mera instauração do processo de controle normativo abstrato não se reveste, só por si, de efeitos inibitórios das atividades normativas do Poder Legislativo, que não fica impossibilitado, por isso mesmo, de revogar, enquanto pendente a respectiva ação direta, a própria lei objeto de impugnação perante o Supremo Tribunal, podendo, até mesmo, reeditar o diploma anteriormente pronunciado inconstitucional, eis que não se estende, ao Parlamento, a eficácia vinculante que resulta, naturalmente, da própria declaração de inconstitucionalidade proferida em sede concentrada.

[ADI 2.903, rel. min. Celso de Mello, j. 1º-12-2005, P, DJE de 19-9-2008.]"

Alternativa "b": Incorreta, conforme comentário da alternativa "a".

Alternativa "c": Incorreta, conforme comentário da alternativa "a".

Alternativa "d": Incorreta, conforme comentário da alternativa "e".

Alternativa "e": É o que se extrai do art. 102, §2º da CF/88: "As decisões definitivas de mérito, proferidas pelo Supremo Tribunal Federal, nas ações diretas de inconstitucionalidade e nas ações declaratórias de constitucionalidade produzirão eficácia contra todos e *efeito vinculante, relativamente aos demais órgãos do Poder Judiciário e à administração pública direta e indireta, nas esferas federal, estadual e municipal.* (Redação da EC 45/2004)".

Alternativa correta: letra "e".

168. (UFPR – Delegado de Polícia – PC – PR/2021) Assinale a alternativa correta a respeito do controle de constitucionalidade no direito brasileiro.

a) Cabe ao Supremo Tribunal Federal o julgamento de recurso extraordinário contra o acórdão do Plenário que decide o incidente de inconstitucionalidade.

b) Compete ao Supremo Tribunal Federal o julgamento de ação declaratória de constitucionalidade contra ato normativo federal ou estadual.

c) Declarada a inconstitucionalidade por omissão, será dada ciência ao poder competente para a adoção das providências necessárias.

d) Compete ao Supremo Tribunal Federal o processamento e o julgamento de arguição de descumprimento de preceito fundamental contra regulamento presidencial que dispõe sobre a organização da administração federal.

e) A modulação dos efeitos da decisão de inconstitucionalidade ocorrerá por voto de seis ministros, se houver pedido expresso das partes.

COMENTÁRIOS

Alternativa correta: letra "c": Trata-se da disposição do art. 103, §2º da CF/88: "§ 2º Declarada a inconstitucionalidade por omissão de medida para tornar efetiva norma constitucional, será dada ciência ao Poder competente para a adoção das providências necessárias e, em se tratando de órgão administrativo, para fazê-lo em trinta dias.".

Alternativa "a": Nos termos do art. 102, III da CF/88, compete ao STF julgar mediante Recurso Extraordinário causas cuja decisão contrarie dispositivo da CF, que declarem inconstitucionalidade de tratado ou lei federal, que julguem válida lei ou ato de governo local contestado em face da CF ou que julguem válida lei local contestada em face de lei federal. No entanto, estabelece a súmula 513 do STF que: A decisão que enseja a interposição de recurso ordinário ou extraordinário **não é a do plenário, que resolve o incidente de inconstitucionalidade, mas a do órgão (Câmaras, Grupos ou Turmas) que completa o julgamento do feito**.". Assim, a alternativa contraria a súmula, estando incorreta.

Alternativa "b": Nos termos do art. 102, I, a, somente cabe ação declaratória de constitucionalidade de **lei ou ato normativo federal**. Portanto, como a alternativa falou também em ato normativo estadual, está incorreta.

Alternativa "d": Regulamento presidencial está abaixo da lei, logo, somente poderia ser submetido a controle de constitucionalidade caso inovasse, antes da edição de lei na matéria, pois, existindo lei, deve ser feito controle de legalidade e não de constitucionalidade: "Somente na hipótese de não existir lei que preceda o ato regulamentar, é que poderia este ser acoimado de inconstitucional, assim sujeito ao controle de constitucionalidade. Ato normativo de natureza regulamentar que ultrapassa o conteúdo da lei não está sujeito à Jurisdição constitucional concentrada. (ADPF 169, rel. min. Ricardo Lewandowski, decisão monocrática, julgamento em 8-5-2009, DJE de 14-5-2009.)

Alternativa "e": Nos termos do art. 27 da lei 9868/99: "Art. 27. Ao declarar a inconstitucionalidade de lei ou ato normativo, e tendo em vista razões de segurança jurídica ou de excepcional interesse social, poderá o Supremo Tribunal Federal, por maioria de dois terços de seus membros, restringir os efeitos daquela declaração ou decidir que ela só tenha eficácia a partir de seu trânsito em julgado ou de outro momento que venha a ser fixado." Logo, são necessários votos favoráveis de 2/3 dos ministros.

169. (FGV – Delegado de Polícia – PC – RN/2021) João ajuizou ação de cobrança em face de Antônio, tendo obtido sentença favorável à sua pretensão. Após o exaurimento do prazo para a interposição do recurso de apelação, João adotou as medidas necessárias à fruição do seu direito. Nesse momento, foi surpreendido por uma petição de Antônio, informando ao juiz competente que o Supremo Tribunal Federal acabara de declarar a inconstitucionalidade da lei utilizada pelo juízo para julgar procedente o pedido. A decisão do Supremo Tribunal Federal:

a) por ter sido proferida em momento posterior ao exaurimento do prazo recursal, não pode ser levada em consideração, mesmo em sede de ação autônoma de impugnação;
b) não produz a automática rescisão da sentença favorável a João, o que deve ser buscado com o ajuizamento de ação autônoma de impugnação;
c) permite que o juízo prolator da sentença venha a revê-la de ofício, proferindo outra que não leve em consideração a lei declarada inconstitucional;
d) em razão da expressa provocação de Antônio, pode ser levada em consideração pelo juízo prolator da sentença, que poderá reformar esta última;
e) acarreta a desconstituição automática da sentença favorável a João.

COMENTÁRIOS

Alternativa correta: letra "b": Segundo entendimento do STF: "A decisão do STF que declara a constitucionalidade ou a inconstitucionalidade de preceito normativo **não produz a automática reforma ou rescisão das decisões proferidas em outros processos anteriores que tenham adotado entendimento diferente do que posteriormente decidiu o Supremo.**"(STF. Plenário. RE 730462/SP, Rel. Min. Teori Zavascki, julgado em 28/5/2015 - repercussão geral - Info 787). Assim, tal decisão pode ser reformada ou rescindida, mas é necessária a interposição de ação rescisória, própria para a impugnar, no prazo decadencial de 2 anos- art. 495, CPC.

170. (Instituto AOCP – Delegado de Polícia – PC – PA/2021) Hipoteticamente, a CNA (Confederação da Agricultura e Pecuária do Brasil) propôs uma ADPF (Arguição de Descumprimento de Preceito Fundamental) perante o STF, pretendendo o exercício do controle de constitucionalidade referente à determinada matéria relacionada à sua atuação e suas finalidades. Considerando a situação hipotética apresentada, assinale a alternativa correta.

a) Trata-se de controle concentrado de constitucionalidade; a CNA é legitimada para propor a ADPF; a ADPF serve para evitar ou reparar lesão a preceito fundamental resultante de ato do Poder Público quando for relevante o fundamento da controvérsia constitucional sobre lei ou ato normativo federal, estadual, municipal, distrital, incluídos os anteriores à Constituição.
b) Trata-se de controle concentrado de constitucionalidade; a CNA é não legitimada para propor a ADPF; a ADPF serve para evitar ou reparar lesão a preceito fundamental resultante de ato do Poder Público quando for relevante o fundamento da controvérsia constitucional sobre lei ou ato normativo federal, estadual, municipal, distrital, incluídos os anteriores à Constituição.
c) Trata-se de controle concentrado de constitucionalidade; a CNA é legitimada para propor a ADPF; a ADPF serve para alegar falta de medida regulamentadora de artigo da Constituição de eficácia limitada, prescrevendo direitos, liberdades constitucionais e prerrogativas inerentes à nacionalidade, à soberania e à cidadania.
d) Trata-se de controle difuso de constitucionalidade; a CNA é legitimada para propor a ADPF; a ADPF serve para evitar ou reparar lesão a preceito fundamental resultante de ato do Poder Público quando for relevante o fundamento da controvérsia constitucional sobre lei ou ato normativo federal, estadual, municipal, distrital, incluídos os anteriores à Constituição.
e) Trata-se de controle difuso de constitucionalidade; a CNA não é legitimada para propor a ADPF; a ADPF serve para alegar falta de medida regulamentadora de artigo da Constituição de eficácia limitada, prescrevendo direitos, liberdades constitucionais e prerrogativas inerentes à nacionalidade, à soberania e à cidadania.

COMENTÁRIOS

Alternativa correta: letra "a" (responde todas as alternativas): Inicialmente, já é possível descartar as alternativas "d" e "e", pois a ADPF é uma das ações próprias do controle concentrado de constitucionalidade. Vale lembrar que controle difuso é aquele feito em casos concretos, por todo o Poder Judiciário.

A legitimidade para a propositura dessas ações é definida no art. 103 da CF/88: são legitimados o presidente da república, a mesa do Senado Federal, a mesa da Câmara dos Deputados; a mesa de assembleia legislativa ou da câmara legislativa do Distrito Federal; o Governador de Estado ou do Distrito Federal; o Procurador-Geral da República; o Conselho Federal da OAB; partido político com representação no Congresso Nacional e confederação sindical ou entidade de classe de âmbito nacional. A CNA é uma confederação sindical, logo, tem legitimidade para a propositura da ADPF, assim, se elimina também a alternativa "b", restando as alternativas "a" e "c".

Quanto à finalidade da ADPF, tem-se no art. 1º da lei 9882/99 que a ADPF "terá por objeto evitar ou reparar lesão a preceito fundamental, resultante de ato do Poder Público.", sendo também cabível quando for relevante o fundamento da controvérsia constitucional sobre lei ou ato normativo federal, estadual ou municipal, incluídos os anteriores à Constituição. Assim, se elimina a alternativa "c", que traz, na verdade, a finalidade do mandado de injunção e não da ADPF.

Portanto, correta a alternativa "a".

171. (Inst. Acesso - Delegado de Polícia - PC - ES/2019) Em ação interposta junto ao STF, a Ação Direta de Inconstitucionalidade (ADI) 5766, a Procuradoria Geral da República (PGR) questiona pontos da Reforma Trabalhista (Lei 13.467/2017) que estabelecem a necessidade de pagamento de honorários periciais e advocatícios pela parte derrotada (honorários de sucumbência), mesmo que esta seja beneficiária da Justiça gratuita. Também é alvo da ação dispositivo no qual se estabelece pagamento de custas pelo beneficiário da Justiça gratuita que faltar injustificadamente à audiência de julgamento. O pleito da PGR objetiva que o STF realize, sobre as normas questionadas, um controle

a) concreto e difuso.

b) abstrato e difuso.

c) abstrato e concentrado de constitucionalidade.

d) prévio.

e) difuso e concentrado.

COMENTÁRIOS

Alternativa "c" (responde todas as alternativas): Necessária, para a resposta da questão, a diferenciação entre as 2 formas de controle judicial de constitucionalidade existentes em nossa ordem constitucional: o controle concentrado e o controle difuso. O controle concentrado é realizado exclusivamente no STF, de forma abstrata, em que se analisa a lei em tese (e não aplicada a um caso concreto), por meio de ações específicas (ADI, ADC, ADO E ADPF). O controle difuso, por sua vez, pode ser realizado por qualquer juiz ou tribunal (inclusive o STF), de forma concreta, por meio de qualquer ação, de forma incidental (busca-se tutelar um direito em um caso concreto e, para isso, é necessário reconhecer a inconstitucionalidade de uma norma, de modo que não é esse o objetivo da ação, mas sim um incidente). No caso, trata-se de ADI, sendo, necessariamente, controle abstrato e concentrado de constitucionalidade. A alternativa "d" fala ainda em controle prévio. Importante lembrar que os controles difuso e concentrado são sempre posteriores, falando-se em atos normativos. O controle judicial prévio é excepcional, cabível apenas quando houver a violação de procedimento pela casa legislativa, violando assim direito líquido e certo de parlamentar, que pode impetrar mandado de segurança.

Alternativa correta: letra "c".

172. (Inst. Acesso - Delegado de Polícia - PC - ES/2019) A Constituição Federal de 1988 estabelece as autoridades que são competentes para propor a ação direta de inconstitucionalidade (ADI) e a ação declaratória de constitucionalidade (ADC). Marque a alternativa que enumera apenas as autoridades que NÃO podem propor ADI e ADC.

a) Partidos políticos com representação no Congresso Nacional.

b) Mesa de Assembleia Legislativa ou da Câmara Legislativa do Distrito Federal.

c) Presidente da República e Governador de Estado ou do Distrito Federal.

d) Deputado Federal; Senador e Ministro de Estado.

e) Procurador Geral da República; Conselho Federal da Ordem dos Advogados e entidade de classe de âmbito nacional.

COMENTÁRIOS

✪ **Nota do autor:** a questão busca a alternativa que contém autoridades que **não**, podem propor as ações do controle concentrado de constitucionalidade (rol do art. 103 da CF/88). Portanto, 4 alternativas conterão autoridades que podem, e apenas uma conterá autoridades que **não** podem propor.

Alternativa "a": Partidos políticos com representação no Congresso Nacional, nos termos do art. 103, VIII da CF/88, podem propor essas ações.

Alternativa "b": Trata-se de autoridade presente do art. 103, IV da CF/88, podendo propor as ações.

Alternativa "c": Nos termos do art. 103, I e V da CF/88, essas autoridades podem propor as ações.

Alternativa "d": Nos termos do art. 103, "podem propor a ação direta de inconstitucionalidade e a ação declaratória de constitucionalidade: I - o Presidente da República; II - a Mesa do Senado Federal; III - a Mesa da Câmara dos Deputados; IV - a Mesa de Assembleia Legislativa ou da Câmara Legislativa do Distrito Federal; V - o Governador de Estado ou do Distrito Federal; VI - o Procurador-Geral da República; VII - o Conselho Federal da Ordem dos Advogados do Brasil; VIII - partido político com representação no Congresso Nacional; IX - confederação sindical ou entidade de classe de âmbito nacional." Portanto, não se inclui nesse rol nem o Deputado Federal, nem Senador, nem Ministro de Estado.

Alternativa "e": Essas autoridades, nos termos do art. 103, VI, VII e IX, da CF/88, podem propor as ações.

Alternativa correta: letra "d".

173. (Inst. Acesso - Delegado de Polícia - PC - ES/2019) O Controle de Constitucionalidade existe como forma de garantir a supremacia da Constituição Federal, impedindo que norma infraconstitucional entre em contrariedade ou que reduza o que está estabelecido na lei maior.

Seguem-se cinco afirmações:

I. Deixará de ter aplicabilidade o ato normativo de órgão estatal no momento em que for declarada sua inconstitucionalidade;

II. A chamada Inconstitucionalidade por ação vincula-se à ideia de um comportamento ativo por parte do Poder Público que diverge dos princípios constitucionalmente consagrados.

III. A ação de inconstitucionalidade por omissão pode ser proposta no caso de não se proceder às providências normativas para efetivar normas constitucionais que requeiram regulamentação ulterior.

IV. A inconstitucionalidade material ocorre quando é desrespeitado todo o processo para as formações das leis pré-fixado na Constituição.

V. A inconstitucionalidade material se vislumbra quando a lei, embora criada por autoridade competente e conforme o procedimento estabelecido, apresenta dispositivos que confrontam a Constituição.

Estão corretas as afirmativas

a) I, II, III e IV.
b) II, II, IV e V.
c) I, II, IV e V.
d) I, II, III e V.
e) I, I e VI.

COMENTÁRIOS

Afirmativa I. Uma vez declarado inconstitucional, o ato normativo estadual deixará de ser aplicável.

Afirmativa II. Enquanto a inconstitucionalidade por omissão se dá em razão da ausência de ação do Poder Público quando deveria ter agido, a inconstitucionalidade por ação diz respeito à existência de uma ação incompatível com a ordem constitucional.

Afirmativa III. Como apontado, a inconstitucionalidade por omissão se dá quando o Poder Público não edita norma regulamentadora infraconstitucional, impedindo assim a aplicação de normas constitucionais.

Afirmativa IV. A inconstitucionalidade pode ser formal ou material. A inconstitucionalidade formal se dá quando se desrespeita o procedimento de edição da norma previsto na Constituição, como por desrespeito ao quórum ou à iniciativa. A inconstitucionalidade material, por sua vez, se dá quando o conteúdo da norma viola o conteúdo das normas constitucionais. Portanto, a afirmativa está incorreta por trocar os conceitos.

Afirmativa V. Vide comentário da afirmativa anterior.

Alternativa correta: letra "d": estão corretas as afirmativas I, II, III e V.

---

174. (Fumarc – Delegado de Polícia – PC – MG/2018) Segundo precedentes do Supremo Tribunal Federal, a comprovação da relação de pertinência temática em ação direta de inconstitucionalidade e ação declaratória de constitucionalidade NÃO é exigida para

a) o Conselho Federal das Ordem dos Advogados do Brasil.
b) Mesa de Assembleia Legislativa ou da Câmara Legislativa do Distrito Federal.
c) entidades de classe de âmbito nacional.
d) confederações sindicais.

COMENTÁRIOS

O STF entendeu que a legitimidade ativa da confederação sindical, entidade de classe de âmbito nacional, mesas das assembleias legislativas e governadores, para a ação direta de inconstitucionalidade, vincula-se ao objeto da ação, devendo assim haver pertinência temática (ADI 1508 MC-AgR). Portanto, todas as demais autoridades do art. 103 da CF/88 independem dessa comprovação, quais sejam: Presidente da República; Mesa do Senado Federal; Mesa da Câmara dos Deputados; Procurador-Geral da República; Conselho Federal da OAB; e partido político com representação no Congresso Nacional.

Alternativa correta: letra "a".

---

175. (Vunesp – Delegado de Polícia – PC – SP/2018) Assinale a alternativa correta a respeito do Controle de Constitucionalidade no Brasil.

a) A decisão sobre a constitucionalidade ou a inconstitucionalidade da lei ou do ato normativo somente será tomada se presentes na sessão pelo menos seis Ministros.
b) Após a propositura da ação direta de inconstitucionalidade, somente se admitirá a sua desistência mediante concordância da autoridade responsável pela edição da lei ou ato normativo impugnado.
c) Em se tratando de Ação Direta de Constitucionalidade, o Supremo Tribunal Federal, por decisão da maioria simples de seus membros, poderá deferir pedido de medida cautelar consistente na determinação de que os juízes e os Tribunais suspendam o julgamento dos processos que envolvam a aplicação da lei ou do ato normativo objeto da ação até seu julgamento definitivo.
d) A medida cautelar deferida na Ação Direta de Inconstitucionalidade, que será em regra dotada de eficácia contra todos de efeito ex nunc, torna aplicável a legislação anterior acaso existente, salvo manifestação expressa em sentido contrário.
e) Os partidos políticos, independentemente de representação no Congresso Nacional, possuem legitimação para propor Ação Direta de Inconstitucionalidade, uma vez que possuem representatividade nacional.

COMENTÁRIOS

Alternativa "a": O mínimo legal é, na verdade, de 8 Ministros, conforme art. 22 da lei 9868/99.

Alternativa "b": Não se admite a desistência da ação direta, conforme estabelece o art. 5º da lei 9868/99.

Alternativa "c": A maioria para essa decisão deve ser absoluta, e não simples, conforme art. 21 da lei 9868/99.

Alternativa "d": Trata-se da previsão do art. 11, §1º e §2º da lei 9868/99, sendo esse o chamado "efeito repristinatório" da decisão.

Alternativa "e": Os partidos políticos dependem da representação no Congresso Nacional para que sejam legitimados à propositura das ações do controle concentrado de constitucionalidade, nos termos da disposição do art. 103, VIII da CF/88.

Alternativa correta: letra "d".

7. DEFESA DO ESTADO E DAS INSTITUIÇÕES DEMOCRÁTICAS

176. (Instituto AOCP - Delegado de Polícia - PC - PA/2021) Segundo o artigo 136 da Constituição Federal, o Presidente da República pode, ouvidos o Conselho da República e o Conselho de Defesa Nacional, decretar estado de defesa para preservar ou prontamente restabelecer, em locais restritos e determinados, a ordem pública ou a paz social ameaçadas por grave e iminente instabilidade institucional ou atingidas por calamidades de grandes proporções na natureza. A respeito do estado de defesa, assinale a alternativa correta.

a) Na vigência do estado de defesa, a prisão por crime contra o Estado, determinada pelo executor da medida, será por este comunicada ao juiz competente no prazo de 30 dias, que a relaxará, se não for legal, facultado ao preso requerer exame de corpo de delito à autoridade policial.

b) Na vigência do estado de defesa, a comunicação feita ao Juiz será acompanhada de declaração, pela autoridade, do estado físico e mental do detido no momento de sua autuação.

c) O tempo de duração do estado de defesa não será superior a sessenta dias, podendo ser prorrogado uma vez, por igual período, se persistirem as razões que justificaram a sua decretação.

d) Na vigência do estado de defesa, a prisão ou detenção de qualquer pessoa não poderá ser superior a trinta dias, salvo quando autorizada pelo Poder Judiciário.

e) Decretado o estado de defesa ou sua prorrogação, o Presidente da República, dentro de quarenta e oito horas, submeterá o ato com a respectiva justificação ao Congresso Nacional, que decidirá por maioria absoluta.

COMENTÁRIOS

Alternativa correta: letra "b": Trata-se da exata disposição do art. 136, §3º, II, CF/88.

Alternativa "a": Nos termos do art. 136, §3º, I da CF/88, na vigência do estado de defesa, "a prisão por crime contra o Estado, determinada pelo executor da medida, será por este comunicada **imediatamente** ao juiz competente, que a relaxará, se não for legal, facultado ao preso requerer exame de corpo de delito à autoridade policial;". Logo, não há tal prazo de 30 dias, devendo a comunicação da prisão ser **imediata**.

Alternativa "c": O art. 136, §2º da CF/88 estabelece que: "§ 2º O tempo de duração do estado de defesa **não será superior a trinta dias**, podendo ser prorrogado uma vez, por igual período, se persistirem as razões que justificaram a sua decretação." Assim, o tempo é de trinta e não sessenta dias, como aponta a alternativa.

Alternativa "d": Segundo disposição do art. 136, §3º, III da CF/88: "III - a prisão ou detenção de qualquer pessoa **não poderá ser superior a dez dias**, salvo quando autorizada pelo Poder Judiciário;". Assim, o prazo é de dez e não de trinta dias, como aponta a alternativa.

Alternativa "e": A alternativa está incorreta, uma vez que o art. 136, §4º na verdade estabelece que: "§ 4º Decretado o estado de defesa ou sua prorrogação, o Presidente da República, dentro de **vinte e quatro horas**, submeterá o ato com a respectiva justificação ao Congresso Nacional, que decidirá por maioria absoluta.". O prazo é de 24 e não 48 horas.

177. (Vunesp - Delegado de Polícia - PC - BA/2018) Assinale a alternativa que corretamente trata do sistema constitucional de crises.

a) Na hipótese extrema do estado de defesa, quando medidas enérgicas devem ser tomadas para preservar a ordem pública, o preso pode ficar, excepcionalmente, incomunicável.

b) O Estado de Sítio pode ser defensivo, tendo como pressuposto material a ocorrência de uma comoção grave, cuja repercussão é nacional e que não pode ser debelada com os instrumentos normais de segurança.

c) Logo que cesse o Estado de Defesa ou o Estado de Sítio, as medidas aplicadas em sua vigência pelo Presidente da República serão relatadas em mensagem ao Supremo Tribunal Federal, pois cumpre ao Judiciário o controle de legalidade dos atos praticados.

d) Cessado o Estado de Sítio, cessam imediatamente seus efeitos, de modo que os atos coercitivos autorizados em decreto, executados pelos delegados do Presidente da República, são imunes ao controle judicial.

e) Os pareceres emitidos pelos Conselhos da República e de Defesa Nacional não são vinculantes, cabendo a decretação do estado de defesa ao Presidente da República, que expedirá decreto estabelecendo a duração da medida.

COMENTÁRIOS

Alternativa "a": Não se admite, nem mesmo diante de estado de defesa, a incomunicabilidade do preso, conforme dispõe o art. 136, §3º, IV da CF/88.

Alternativa "b": O Estado de Sítio defensivo tem como pressuposto material a declaração de guerra ou resposta a agressão armada, conforme art. 137, II da CF/88.

Alternativa "c": A mensagem é destinada ao Congresso Nacional, e não ao STF, nos termos do art. 141, parágrafo único da CF/88.

Alternativa "d": Os atos não estão imunes ao controle judicial, nos termos do art. 141 da CF/88.

Alternativa "e": Os Conselhos são órgão meramente consultivos, estando a alternativa de acordo com o texto do art. 136, *caput* e §1º da CF/88.

Alternativa correta: letra "e".

178. (Vunesp – Delegado de Polícia – PC – SP/2018) Suponha que o Presidente da República, depois de ouvir o Conselho da República e o Conselho de Defesa Nacional, decretou estado de defesa para restabelecer a paz social ameaçada por grave e iminente instabilidade institucional no local X.

Nesse caso, é certo assinalar que

a) o estado de defesa poderá ser instituído pelo prazo máximo de 45 dias, prorrogado uma única vez por mais 45 dias.

b) o decreto poderá restringir tanto o sigilo de comunicação telegráfica como telefônica.

c) o decreto que instituir o estado de defesa poderá se dar por prazo indeterminado em casos de grave violação da ordem pública.

d) na vigência do estado de defesa a prisão ou detenção de qualquer pessoa não poderá ser superior a 30 dias, salvo quando autorizada pelo Poder Judiciário.

e) o direito de reunião poderá ser restringido, excetuando-se naquelas exercidas no seio das associações.

COMENTÁRIOS

Alternativa "a": O prazo do Estado de Defesa, nos termos do art. 136, §2º da CF/88, não será superior a 30 dias, podendo ser prorrogado uma vez, por igual período, se persistirem as razões que justificaram a sua decretação.

Alternativa "b": Trata-se da previsão do art. 136, §1º, I, "b" e "c" da CF/88.

Alternativa "c": Conforme apontado no comentário da alternativa "a", o estado de defesa só poderá ser instituído no prazo máximo de 30 dias, prorrogável uma única vez, por igual período.

Alternativa "d": A prisão, na vigência do estado de defesa, não poderá ser superior a 10 dias, salvo quando autorizada pelo Poder Judiciário, nos termos do art. 136, §3º da CF/88.

Alternativa "e": Não há exceção ao exercício do direito de reunião no seio das associações, conforme indica o art. 136, §1º, I, a da CF/88.

Alternativa correta: letra "b".

8. SEGURANÇA PÚBLICA

179. (VUNESP – 2023 – PC/SP – Delegado) Considere que no âmbito do Estado X foi aprovada a Lei nº 15.000/22 que atribuiu ao corpo de bombeiros militar a competência para a coordenação e execução de perícias de incêndios em locais de sinistros. Com base na situação hipotética e no disposto na jurisprudência do Supremo Tribunal Federal, é correto afirmar que

a) como a investigação criminal é de atribuição exclusiva dos órgãos de polícia judiciária, tal lei é materialmente inconstitucional.

b) tal lei é constitucional, pois dispõe, ainda que indiretamente, da organização, garantias, direitos e deveres das polícias civis, matéria que está na competência concorrente da União e dos Estados.

c) a Lei nº 15.000/22 é constitucional, uma vez que trata de procedimento em matéria processual, matéria que está no âmbito da competência concorrente da União e dos Estados, e porque não disciplinou que a competência é exclusiva do corpo de bombeiros.

d) a Lei nº 15.000/22 é inconstitucional, pois somente a Polícia Civil tem competência para realizar a atividade de perícia que possa estar relacionada com a prática de crimes.

e) como a lei trata de direito penal, ela deve ser considerada como inconstitucional, já que tal matéria é da competência privativa da União.

COMENTÁRIOS

Alternativa "c" (responde todas as alternativas): Ao julgar a ADI 2776, o STF manifestou o entendimento de que, nos termos do art. 24, XI, legislar sobre procedimentos em matéria processual é competência concorrente da União, Estados e Distrito Federal. Assim, norma estadual que atribui a coordenação e execução de perícia no âmbito de investigação criminal é constitucional, pois não seria constitucional atribuir de forma exclusiva ao Corpo de Bombeiros Militar a realização de perícias em locais de incêndio ou explosão. O próprio Código de Processo Penal admite a realização de perícia por instituições independentes ou autônomas em relação à Polícia Civil, desde que autorizadas por lei.

Alternativa correta: letra "c".

180. (FGV – 2024 – PC/SC – Delegado) A segurança pública é serviço a ser prestado pelo Estado para a preservação da ordem pública e da proteção da integridade das pessoas e do patrimônio. O artigo 144 da CF/88 enumera os órgãos atuantes neste domínio.

Com base nas regras constitucionais vigentes e na jurisprudência do Supremo Tribunal Federal sobre a segurança pública, analise os itens a seguir:

I. É inconstitucional o exercício do direito de greve por parte dos integrantes de todas as carreiras policiais enumeradas no artigo 144 da CF/88.

II. Às Polícias Civis são atribuídas as funções de polícia judiciária, de segurança dos estabelecimentos prisionais e de investigação de infrações penais, com ressalva das de competência da União e de natureza militar.

III. As Polícias Militares, subordinadas à autoridade suprema do Presidente da República, possuem as atribuições de policiamento ostensivo e da preservação da ordem pública.

Está correto o que se afirma em

a) I, II e III.

b) I e II, apenas.

c) I e III, apenas.

d) II e III, apenas.

e) I, apenas.

COMENTÁRIOS

Item I: Esse foi o entendimento do STF no julgamento do ARE 654.432, quando manifestou que: "O exercício do direito de greve, sob qualquer forma ou modalidade, é vedado aos policiais civis e a todos os servidores públicos que autem diretamente na área de segurança pública.".

Item II: Na verdade, o art. 144, §4º da CF/88 estabelece: "§ 4º Às polícias civis, dirigidas por delegados de polícia de carreira, incumbem, ressalvada a competência da União, as funções de polícia judiciária e a apuração de infrações penais, exceto as militares.". Ademais, prevê o §5º-A do mesmo artigo constitucional: "§ 5º-A. Às polícias penais, vinculadas ao órgão administrador do sistema penal da unidade federativa a que pertencem, cabe a segurança dos estabelecimentos penais.".

Item III: Nos termos do art. 144, §5º da CF/88: "§ 5º Às polícias militares cabem a polícia ostensiva e a preservação da ordem pública; [...]". Ademais, prevê o §6º do mesmo artigo: "§ 6º As polícias militares e os corpos de bombeiros militares, forças auxiliares e reserva do Exército subordinam-se, juntamente com as polícias civis e as polícias penais estaduais e distrital, aos Governadores dos Estados, do Distrito Federal e dos Territórios. ". Portanto, está incorreto.

Alternativa correta: letra "e".

---

181. (CEBRASPE - 2024 - PC/PE - Delegado) No que diz respeito às atribuições das polícias na Constituição Federal de 1988 (CF), julgue os seguintes itens.

I. Cabe às polícias civis a apuração de todas as infrações penais, salvo as infrações militares.

II. É juridicamente válida a criação, por lei estadual, de órgão de polícia científica que não necessariamente componha a estrutura da Polícia Civil.

III. As polícias de investigação criminal também exercem atividade administrativa não voltada à elucidação de infrações penais.

Assinale a opção correta.

a) Apenas o item I está certo.

b) Apenas o item III está certo.

c) Apenas os itens I e II estão certos.

d) Apenas os itens II e III estão certos.

e) Todos os itens estão certos.

COMENTÁRIOS

Item I: É o que se extrai do art. 144, §4º da CF/88, que dispõe: "§ 4º Às polícias civis, dirigidas por delegados de polícia de carreira, incumbem, ressalvada a competência da União, as funções de polícia judiciária e a apuração de infrações penais, exceto as militares.",

Item II: Nesse sentido foi o entendimento do STF ao julgar a ADI 6621, no qual se entendeu que: "A tradicional compreensão sobre a taxatividade do rol do art. 144 da Constituição da República cedeu lugar a interpretação menos restritiva, permitindo aos entes federativos criarem polícias científicas autônomas que, do ponto de vista da organização administrativa, não estejam vinculadas à Polícia Civil. (...)Não ofende a Constituição da República legislação estadual que considera agentes de necrotomia, papiloscopistas e peritos oficiais como servidores da polícia civil de Estado-membro, remetendo o poder de controle e supervisão exercido sobre eles a Superintendência de Polícia Científica.".

Item III: São polícias de investigação criminal a polícia federal e a polícia civil (lhes compete apurar infrações penais). O item é correto, pois além de tais atribuições, lhe compete o exercício de atividades administrativas, como, por exemplo, a gestão de recursos humanos, controle de patrimônio, dentre outras.

Alternativa correta: letra "d".

---

182. (CEBRASPE - 2023 - PC/AL - Delegado) Em relação às forças armadas e ao meio ambiente, julgue o item subsequente.

A Constituição Federal de 1988 define como poderes apenas o Legislativo, o Executivo e o Judiciário e, ao tratar das forças armadas, atribui-lhes funções essencialmente militares e de segurança do país, de modo que, segundo a interpretação predominante do papel delas, não lhes cabe exercer nenhum poder moderador de possíveis conflitos entre os três poderes.

COMENTÁRIOS

É o que se extrai do art. 2º da CF/88: "São Poderes da União, independentes e harmônicos entre si, o Legislativo, o Executivo e o Judiciário.", bem como do art. 142 da CF/88: "Forças Armadas, constituídas pela Marinha, pelo Exército e pela Aeronáutica, são instituições nacionais permanentes e regulares, organizadas com base na hierarquia e na disciplina, sob a autoridade suprema do Presidente da República, e destinam-se à defesa da Pátria, à garantia dos poderes constitucionais e, por iniciativa de qualquer destes, da lei e da ordem.". Portanto, assim como indica o item em análise, **não cabe às Forças Armadas qualquer poder moderador**.

Alternativa: "certa".

183. (**Vunesp – Delegado de Polícia – PC – SP/2022**). À luz da Constituição Federal, da doutrina pátria e do entendimento jurisprudencial consolidado, tendo em vista os mecanismos de proteção dos direitos fundamentais em procedimentos investigatórios comandados por delegados de polícia, é correto afirmar que

a) é direito do defensor, no interesse do representado, ter acesso amplo aos elementos constantes de inquérito policial, incluídas as informações concernentes a diligências investigatórias pendentes.

b) o fornecimento recíproco de dados investigatórios e o intercâmbio de informações entre a Polícia Federal e as polícias estaduais são medidas que se legitimam em face do modelo constitucional de federalismo cooperativo.

c) a autoridade policial pode negar vista do inquérito policial ao indiciado ou ao seu defensor, em feito que tramita sob segredo de justiça.

d) é possível que a autoridade policial impeça o acesso aos autos do inquérito policial por um dos interessados, objetivando assegurar o direito à intimidade dos demais investigados.

e) a liberdade de informação jornalística legitima a utilização de informações sigilosas, obtidas por meios ilícitos, sobre inquéritos policiais em andamento.

COMENTÁRIOS

Alternativa "a": Na verdade, a súmula vinculante 14 determina que: "É direito do defensor, no interesse do representado, ter acesso amplo aos elementos de prova que, **já documentados em procedimento investigatório** realizado por órgão com competência de polícia judiciária, digam respeito ao exercício do direito de defesa.". Logo, informações concernentes a diligências investigatórias pendentes, por ainda não estarem documentados em procedimento investigatório, não fazem parte desse direito.

Alternativa "b": Trata-se de entendimento consolidado pelo STF: "Cabe salientar que a mútua cooperação entre organismos policiais, o intercâmbio de informações, o fornecimento recíproco de dados investigatórios e a assistência técnica entre a polícia federal e as polícias estaduais, com o propósito comum de viabilizar a mais completa apuração de fatos delituosos gravíssimos, notadamente naqueles casos em que se alega o envolvimento de policiais militares na formação de grupos de extermínio, encontram fundamento, segundo penso, no próprio modelo constitucional de federalismo cooperativo (RHC 116.000/GO, rel. min. Celso de Mello), cuja institucionalização surge, em caráter inovador, no plano de nosso ordenamento constitucional positivo, na CF de 1934, que se afastou da fórmula do federalismo dualista inaugurada pela Constituição republicana de 1891, que impunha, por efeito da outorga de competências estanques, rígida separação entre as atribuições federais e estaduais. [RHC 116.002, rel. min. Celso de Mello, j. 12-3-2014, dec. monocrática, DJE de 17-3-2014.]"

Alternativa "c": A própria súmula vinculante 14, mencionada no comentário da alternativa "a", sugere o contrário. Somente não é possível o acesso a informações ainda não documentadas. O restante deve ser documentado, garantido acesso aos interessados.

Alternativa "d": Nos termos da súmula vinculante 14, o acesso deve ser amplo, não sendo possível restringir tal acesso a um investigado. Nesse sentido já se manifestou o STF: *"(...)invocar a intimidade dos demais investigados, para impedir o acesso aos autos, importa restrição ao direito de cada um dos envolvidos, pela razão manifesta de que os impede a todos de conhecer o que, documentalmente, lhes seja contrário. Por isso, a autoridade que investiga deve, mediante expedientes adequados, aparelhar-se para permitir que a defesa de cada paciente tenha acesso, pelo menos, ao que diga respeito a seu constituinte."*[HC 88.190, voto do rel. min. Cezar Peluso, 2ª T, j. 29-8-2006, DJ de 6-10-2006.]

Alternativa "e": A liberdade de informação jornalística não é absoluta. Nesse sentido, já entendeu o STF: "A liberdade de informação jornalística não legitima a utilização de informações sigilosas obtidas por meios ilícitos." [RE 638.360-segundo AgR, rel. min. Dias Toffoli, j. em 24-4-2020, 2ª T, DJE de 28-5-2020.]

Alternativa correta: letra "b".

184. (**Vunesp – Delegado de Polícia – PC – SP/2022**). Nos termos do inciso II, do artigo 12-C, da Lei Federal n° 11.340 de 7 de agosto de 2006, verificada a existência de risco atual ou iminente à vida ou à integridade física ou psicológica da mulher em situação de violência doméstica e familiar, ou de seus dependentes, o agressor será imediatamente afastado do lar, domicílio ou local de convivência com a ofendida pelo delegado de polícia, quando o Município não for sede de comarca. À luz da Constituição da República, é correto afirmar que

a) o ingresso no domicílio sem o consentimento do morador só pode ocorrer em caso de flagrante delito ou, durante o dia, mediante autorização judicial, razão pela qual o dispositivo enunciado, ao tratar de hipóteses de risco, é inconstitucional.

b) a autorização legal para que delegados de polícia atuem para interromper o ciclo de violência doméstica não viola a prerrogativa constitucional do Judiciário de decretar medidas cautelares.

c) o afastamento do suposto agressor pelo delegado de polícia, na hipótese legal descrita pelo enunciado, é inconstitucional por ofensa ao postulado normativo do devido processo legal.

d) o dispositivo cria hipótese legal para que o delegado pratique atos de competência privativa do Poder Judiciário, com ofensa ao princípio da reserva de jurisdição e da inviolabilidade do domicílio.

e) a Constituição permite a invasão do lar somente mediante prévia autorização judicial, em decorrência da garantia de inviolabilidade do domicílio.

COMENTÁRIOS

Alternativa "a": Não é inconstitucional, pois o art. 5º, XI da CF/88 prevê que: "a casa é asilo inviolável do indivíduo, ninguém nela podendo penetrar sem consentimento do morador, salvo em caso de flagrante delito ou desastre, ou **para prestar socorro**, ou, durante o dia, por determinação judicial;". Logo, o conceito de risco está abarcado na hipótese de prestar socorro, sendo possível de dia ou de noite.

Alternativa "b": Correta e alinhada com entendimento do STF de que: "É válida a atuação supletiva e excepcional de delegados de polícia e de policiais a fim de afastar o agressor do lar, domicílio ou local de convivência com a ofendida, quando constatado risco atual ou iminente à vida ou à integridade da mulher em situação de violência doméstica e familiar, ou de seus dependentes, conforme o art. 12-C inserido na Lei 11.340/2006 (Lei Maria da Penha)." [**ADI 6.138**, rel. min. Alexandre de Moraes, j. 23-3-2022, P, *Informativo* 1048.]

Alternativa "c": Incorreta, conforme comentários das alternativa anteriores.

Alternativa "d": Incorreta, pois não há reserva de jurisdição no caso de prestação de socorro. Seria até ilógico se isso fosse necessário, pois a decisão judicial demanda tempo, o que não está disponível em caso de flagrante delito, desastre ou prestação de socorro.

Alternativa "e": Incorreta, conforme comentários das demais alternativas.

Alternativa correta: letra "b".

185. (Cespe - Delegado de Polícia - PC - PB/2022). São consideradas reservas do Exército brasileiro as

a) polícias militares, os corpos de bombeiros e as polícias penais.

b) polícias militares e as polícias penais.

c) polícias militares e os corpos de bombeiros militares.

d) polícias militares e a polícia penal distrital.

e) polícias penais e os corpos de bombeiro militares.

COMENTÁRIOS

Alternativa "c" (responde todas as alternativas): O art. 144, §6º da CF/88, com a redação dada pela EC nº 104/2019, determina que: "As polícias militares e os corpos de bombeiros militares, **forças auxiliares e reserva do Exército** subordinam-se, juntamente com as polícias civis e as polícias penais estaduais e distrital, aos Governadores dos Estados, do Distrito Federal e dos Territórios.".

Alternativa correta: letra "c".

186. (FGV - Delegado de Polícia - PC - RN/2021) A associação dos policiais civis do Estado Alfa iniciou um grande movimento para que fossem estabelecidos critérios diferenciados para a concessão de benefícios, aos policiais civis, pelo regime próprio de previdência social existente no referido Estado. Ao tomar conhecimento dessa pretensão, um parlamentar solicitou que sua assessoria jurídica se manifestasse sobre a possibilidade de atendê-la.

A assessoria jurídica respondeu corretamente que a Constituição da República de 1988:

a) veda a adoção de requisitos ou critérios diferenciados para a concessão de benefícios em regime próprio de previdência social; logo, a pretensão não poderia ser atendida;

b) só permite a adoção dos critérios diferenciados que ela própria estabeleceu, os quais não podem ser ampliados pela legislação infraconstitucional; logo, a pretensão não poderia ser atendida;

c) permite que lei complementar federal estabeleça critérios diferenciados para a concessão de benefícios em regime próprio de previdência social aos policiais civis; logo, a pretensão poderia ser atendida;

d) permite que lei complementar estadual estabeleça critérios diferenciados para a concessão de benefícios em regime próprio de previdência social aos policiais civis; logo, a pretensão poderia ser atendida;

e) já estabelece critérios diferenciados para a concessão de benefícios, aos policiais civis, no regime próprio de previdência social; logo, a associação não tem verdadeiro interesse em sua pretensão.

COMENTÁRIOS

Alternativa correta: letra "d": O art. 40, §4º-B (incluído pela EC nº 103/2019) estabelece que: "4º-B. **Poderão** ser estabelecidos por **lei complementar do respectivo ente federativo** idade e tempo de contribuição **diferenciados** para **aposentadoria de ocupantes do cargo** de agente penitenciário, de agente socioeducativo ou **de policial dos órgãos de que tratam** o inciso IV do caput do art. 51, o inciso XIII do caput do art. 52 e **os incisos I a IV do caput do art. 144.**" (grifos nossos). Portanto, lei complementar estadual pode estabelecer esses critérios.

Alternativa "a": A CF/88 não veda, mas sim permite tal adoção, conforme comentário da alternativa "d".

Alternativa "b": Na verdade, a CF/88 delega tal função ao legislador infraconstitucional, que pode ou não criar tais critérios diferenciados.

Alternativa "c": A lei complementar deve ser **estadual** e não **federal**.

Alternativa "e": Vide comentário da alternativa "b" e "d".

187. (Inst. Acesso - Delegado de Polícia - PC - ES/2019) A segurança pública é dever do Estado, devendo ser exercida para a preservação da ordem pública e da incolumidade das pessoas e do patrimônio, através das polícias federal, rodoviária federal, ferroviária federal, civis, militares e corpos de bombeiros militares.

É INCORRETO afirmar que

a) a segurança viária compreende a educação, engenharia e fiscalização de trânsito, além de outras atividades previstas em lei, que assegurem ao cidadão o direito à mobilidade urbana eficiente.

b) às polícias militares cabem a polícia ostensiva e a preservação da ordem pública.

c) as polícias militares e corpos de bombeiros militares, forças auxiliares e reserva do Exército subordinam-se, juntamente com as polícias civis, aos Governadores dos Estados, do Distrito Federal e dos Territórios.

d) a polícia ferroviária federal se destina ao patrulhamento ostensivo das ferrovias federais.

e) cabe às polícias civis apurar infrações penais contra a ordem política e social cuja prática tenha repercussão interestadual ou internacional e exija repressão uniforme.

COMENTÁRIOS

✪ **Nota do autor:** a questão busca a alternativa **incorreta**, logo há 4 alternativas corretas, de acordo com o texto constitucional, e apenas uma incorreta.

Alternativa "a": Trata-se da previsão do art. 144, §10, I da CF/88, sendo correta a alternativa.

Alternativa "b": Nesse sentido é a parte inicial do texto do art. 144, §5º da CF/88.

Alternativa "c": Trata-se de previsão que se extrai do art. 144, §6º da CF/88, que a partir da EC nº 104/2019 passou a prever também a subordinação das polícias penais estaduais e distrital.

Alternativa "d": É isso que se extrai do at. 144, §2º da CF/88.

Alternativa "e": Essa é uma atribuição da **polícia federal**, e não da polícia civil, nos termos do art. 144, §1º, I da CF/88. A atribuição da polícia civil, por sua vez, está indicada no art. 144, §4º da CF/88.

Alternativa correta: letra "e".

188. (Cespe - Delegado de Polícia - PC - SE/2018) Conforme disposições constitucionais a respeito da organização da segurança pública, julgue os itens a seguir.

188.1. A segurança pública, exercida para preservação da ordem pública e da incolumidade das pessoas e do patrimônio, é responsabilidade de todos.

COMENTÁRIOS

Trata-se da previsão do *caput* do art. 144 da CF/88.

Alternativa correta: "certo"

188.2. As polícias militares, os corpos de bombeiros militares e as polícias civis subordinam-se aos governadores dos estados, do Distrito Federal e dos territórios.

COMENTÁRIOS

Nesse sentido é a previsão do art. 144, §6º da CF/88.

Alternativa correta: "certo"

188.3. Incumbem às polícias civis a função de polícia judiciária e a apuração de infrações penais contra a ordem política e social, excetuadas as infrações de natureza militar.

COMENTÁRIOS

Nos termos do art. 144, §4º da CF/88, deve-se ressalvar, dessa previsão, a competência da União, prevista no art. 144, §1º, IV da CF/88, segundo a qual compete à polícia federal exercer, com exclusividade, as funções de polícia judiciária da União. **Alternativa correta : "errado"**

188.4. O poder constituinte originário, ao tratar da segurança pública no ordenamento constitucional vigente, fez menção expressa à segurança viária, atividade exercida para a preservação da ordem pública, da incolumidade das pessoas e de seu patrimônio nas vias públicas.

COMENTÁRIOS

Na realidade, essa previsão, contida no §10 do art. 144 da CF/88 não decorreu do exercício do poder constituinte originário, mas sim do poder constituinte derivado reformador, por meio da EC 82/2014.

Alternativa correta : "errado"

189. (Fundatec - Delegado de Polícia - PC - RS/2018) Reza a Constituição que a segurança pública, dever do Estado, direito e responsabilidade de todos, é exercida para a preservação da ordem pública e da incolumidade das pessoas e do patrimônio. Assinale a alternativa correta em relação às atribuições dos órgãos da segurança pública.

a) Celso Antônio Bandeira de Mello define o poder de polícia quanto ao seu exercício, promovendo uma bipartição do conceito e definindo o poder de polícia em sentido amplo e em sentido estrito. Em sentido amplo, refere-se ao complexo de atos legislativos, judiciais e executivos que tutelam a liberdade e a propriedade dos indivíduos, ajustando-as aos interesses da coletividade. Em sentido estrito, por sua vez, relaciona-se exclusivamente com as intervenções dos três Poderes que pretendem evitar atividades particulares conflitantes com os interesses coletivos, sendo elas, as autorizações, as licenças e os regulamentos.

b) As Polícias Civis são instituições nacionais permanentes e regulares, organizadas com base na hierarquia e na disciplina, sob a autoridade suprema do Governador do respectivo Estado, e destinam-se à defesa da Pátria, à garantia dos poderes constitucionais e, por iniciativa de qualquer destes, da lei e da ordem.

c) Conforme dispositivo da CF/88, os municípios poderão constituir guardas municipais destinadas à proteção de seus bens, serviços e instalações, conforme dispuser a lei. Destarte, é constitucional a atribuição às guardas municipais do exercício de poder de polícia de trânsito, inclusive para imposição de sanções administrativas legalmente previstas.

d) O conceito jurídico de ordem pública se confunde com incolumidade das pessoas e do patrimônio (Art. 144 da CF/1988). Sem embargo, a ordem pública se constitui em bem jurídico que pode resultar mais ou menos fragilizado pelo modo personalizado com que se dá a concreta violação da integridade das pessoas ou do patrimônio de terceiros, tanto quanto da saúde pública (nas hipóteses de tráfico de entorpecentes e drogas afins).

e) Os Estados-membros podem criar órgão de segurança pública diverso dos previstos na CF/88.

COMENTÁRIOS

Alternativa "a": O poder de política não abrange o exercício de atos judiciais, e apenas pode ser relacionado às intervenções do Poder Executivo, e não dos 3 Poderes.

Alternativa "b": A função mencionada é, na verdade, das Forças Armadas, conforme art. 142 da CF/88. As polícias civis têm por função o exercício da segurança pública, nos termos do art. 144 da CF/88.

Alternativa "c": Trata-se da previsão do art. 144, §8º da CF/88, combinado com o entendimento do STF sobre o exercício da polícia de trânsito (RE 658.570).

Alternativa "d": Esses conceitos não se confundem, conforme entendimento do STF no julgamento do HC 102065.

Alternativa "e": Não se admite a criação de outros órgãos pelos Estados-Membros, conforme entendimento do STF (ADI 2827).

Alternativa correta: letra "c".

---

190. (Fumarc - Delegado de Polícia - PC - MG/2018) Sobre o regime constitucional atribuído à polícia civil e aos policiais civis, é CORRETO afirmar:

a) Às polícias civis, dirigidas por delegados de carreira, incumbem, sem exceção, as funções de polícia judiciária e a apuração de infrações penais.

b) Não é possível a acumulação remunerada do cargo de policial civil com o cargo de professor, ainda que haja compatibilidade de horários.

c) Não se garante aos policiais civis o direito à livre associação sindical, em virtude da natureza de suas atividades.

d) Os policiais civis são remunerados por subsídio fixado em parcela única, por meio de lei de iniciativa privativa do Governador do Estado, vedado o acréscimo de qualquer outra espécie remuneratória.

COMENTÁRIOS

Alternativa "a": Na realidade, há uma exceção: ressalva-se, no art. 144, §4º da CF/88, a competência da União.

Alternativa "b": Admite-se essa acumulação, conforme art. 37, XVI da CF/88.

Alternativa "c": Assegura-se esse direito no art. 37, VI da CF/88.

Alternativa "d": Trata-se da previsão do art. 144, §9º da CF/88.

Alternativa correta: letra "d".

---

191. (UEG - Delegado de Polícia - PC - GO/2018) O Delegado de Polícia, segundo a Constituição (CRFB) e o Supremo Tribunal Federal (STF),

a) tem a função institucional de exercer o controle externo da atividade policial.

b) ainda que figure na primeira classe da carreira, pode chefiar a Polícia Civil do Estado, se escolhido pelo governador.

c) pode exercer regularmente o direito de greve, pois a vedação constitucional restringe-se aos militares.

d) pode ser substituído por subtenente ou sargento da polícia militar nos municípios em que não houver servidor de carreira para o desempenho das funções de polícia.

e) exerce as funções de polícia judiciária e a apuração de infrações penais, inclusive as militares.

COMENTÁRIOS

Alternativa "a": Essa função, é na verdade, função institucional do Ministério Público, e não do delegado de polícia, nos termos do art. 129, VII da CF/88.

Alternativa "b": Nesse sentido foi o posicionamento adotado pelo STF (ADI 3038 e ADI 3077), sendo inconstitucional dispositivo de Constituição Estadual que exija que o superintendente da polícia civil seja um delegado de polícia integrante da classe final da carreira.

Alternativa "c": É inconstitucional o exercício do direito de greve por parte de policiais civis e demais servidores públicos que atuem diretamente na área de segurança pública, segundo entendimento do STF (ARE 654432), decorrente da interpretação da disposição do art. 142, §3º, IV da CF/88.

Alternativa "d": O STF entende que tal substituição é inconstitucional (ADI 3614).

Alternativa "e": Deve-se ressalvar a competência da União, e não exerce a apuração de infrações penais militares, nos termos do art. 144, §4º da CF/88.

Alternativa correta: letra "b".

192. (UEG – Delegado de Polícia – PC – GO/2018) O Delegado de Polícia, ainda segundo a Constituição (CRFB) e o Supremo Tribunal Federal (STF),

a) não pode possuir nenhuma tatuagem no corpo nem alegar-se adventista do sétimo dia, para recusar o plantão de sexta para sábado, pois no Brasil o Estado é laico.

b) pode questionar a condução de investigações penais pelo Ministério Público, cuja atribuição limita-se à propositura da ação penal pública.

c) está subordinado ao governador do Estado, e o respectivo concurso pode exigir altura mínima para ingresso.

d) pode instaurar procedimento investigatório a partir de delação anônima, independentemente de prévia averiguação sumária.

e) pode interromper manifestações voltadas à descriminalização das drogas, como a chamada "marcha da maconha", pois esse tipo de evento extrapola os direitos à livre manifestação do pensamento e de reunião, além de configurar apologia ao crime.

COMENTÁRIOS

Alternativa "a": O STF entende que, salvo diante de situações excepcionais nas quais a tatuagem tenha conteúdo que viole valores constitucionais, não se pode estabelecer restrições às pessoas que tenham tatuagem nesse âmbito de concursos públicos (STF – RE 898450). Quanto à segunda parte da alternativa, aplica-se a disposição do art. 5º, VIII da CF/88, segundo o qual ninguém será privado de direitos por motivo de crença religiosa ou de convicção filosófica ou política, salvo se as invocar para eximir-se de obrigação legal a todos imposta e recusar-se a cumprir prestação alternativa, fixada em lei.

Alternativa "b": O Ministério Público também possui competência para investigar, conforme entendimento do STF (RE 593727).

Alternativa "c": A subordinação ao governador encontra previsão no art. 144, §6º da CF/88. Quanto à exigência de altura mínima, entendeu o STF ser possível, desde que prevista em lei, uma vez que guarda relação com a função a ser exercida (RE 140889).

Alternativa "d": Isso só é possível caso haja uma inicial investigação sumária, conforme entendimento do STF (HC 100042).

Alternativa "e": Na verdade, o STF entendeu que a "marcha da maconha" não configura apologia ao uso de drogas, sendo ilegal sua interrupção, por caracterizar censura (ADPF 187).

Alternativa correta: letra "c".

9. TRIBUTAÇÃO, FINANÇAS E ORÇAMENTO

193. (FGV – Delegado de Polícia – PC – AM/2022). A respeito da disciplina constitucional do orçamento público, analise as afirmativas a seguir.

I. Embora a lei orçamentária anual seja de iniciativa privativa do Poder Executivo, a lei de diretrizes orçamentárias e o plano plurianual são de iniciativa concorrente entre o Poder Executivo e o Poder Legislativo.

II. A lei orçamentária anual não conterá dispositivo estranho à previsão da receita e à fixação da despesa, sendo nela vedada igualmente a previsão de contratação de operações de crédito, ainda que por antecipação de receita.

III. É permitida a vinculação das receitas auferidas com o Imposto Estadual sobre a Circulação de Mercadorias (ICMS) para pagamento de débitos com a União e para prestar-lhe garantia ou contragarantia.

Está correto o que se afirma em

a) I e II, apenas.

b) II e III, apenas.

c) I, II e III.

d) II, apenas.

e) III, apenas.

COMENTÁRIOS

(I) Incorreta. Na verdade, o art. 165 da CF/88 determina que tanto o plano plurianual, quanto as diretrizes orçamentárias e os orçamentos anuais serão estabelecidos por leis de iniciativa do Poder Executivo.

(II) Incorreta. O que determina o §8º do art. 165 da CF/88 é que: "A lei orçamentária anual não conterá dispositivo estranho à previsão da receita e à fixação da despesa, **não se incluindo na proibição** a autorização para abertura de créditos suplementares e **contratação de operações de crédito**, ainda que por antecipação de receita, nos termos da lei."

(III) Correta. É o que dispõe o art. 167, §4º da CF/88. Além do ICMS, também se aplica essa regra ao ITCMD, IPVA (impostos estaduais); IPTU, ITBI e ISS (impostos municipais); bem como receitas tributárias obtidas pela repartição constitucional.

Alternativa correta: letra "e".

194. (Nucepe – Delegado de Polícia – PC – PI/2018) Compete aos Estados e ao Distrito Federal instituir impostos sobre:

a) transmissão causa mortis e doação, de quaisquer bens ou direitos;

b) propriedade territorial rural;

c) renda e proventos de qualquer natureza;

d) transmissão inter vivos, a qualquer título, por ato oneroso, de bens imóveis, por natureza ou acessão física, e de direitos reais sobre imóveis, exceto os de garantia, bem como cessão de direitos a sua aquisição;
e) propriedade predial e territorial urbana.

COMENTÁRIOS

O rol de impostos de competência do Estado e Distrito Federal é encontrado no art. 155 da CF/88, qual seja: imposto sobre transmissão causa mortis e doação, de quaisquer bens ou direitos; imposto sobre operações relativas à circulação de mercadorias e sobre prestações de serviços de transporte interestadual e intermunicipal e de comunicação, ainda que as operações e as prestações se iniciem no exterior; e imposto sobre propriedade de veículos automotores.

Alternativa correta: letra "a".

10. ORDEM ECONÔMICA E FINANCEIRA

195. (CEBRASPE - 2024 - PC/PE - Delegado) No que se refere à política urbana, agrícola e fundiária e à reforma agrária, assinale a opção correta.

a) Na execução da política fundiária, todos os imóveis classificados como latifúndios se sujeitam, em princípio, a desapropriação para fins de reforma agrária.
b) Aspectos ligados ao cumprimento da legislação trabalhista não são juridicamente apropriados para definição de imóveis aptos a desapropriação para fins de reforma agrária.
c) Em respeito à autonomia municipal, a CF preconiza a adoção de plano diretor como recomendação para os municípios, sem caráter vinculante.
d) Um imóvel pode ser produtivo e, ao mesmo tempo, não cumprir sua função social, caso em que poderá ser objeto de desapropriação para fins de reforma agrária.
e) Devido à proteção do direito de propriedade como direito fundamental, são limitados os meios de execução da política urbana, sendo proibido ao poder público, por exemplo, exigir edificação compulsória em imóvel.

COMENTÁRIOS

Alternativa "a": Nos termos do art. 184 da CF/88: "Compete à União desapropriar por interesse social, para fins de reforma agrária, o imóvel rural que não esteja cumprindo sua função social, mediante prévia e justa indenização em títulos da dívida agrária, com cláusula de preservação do valor real, resgatáveis no prazo de até vinte anos, a partir do segundo ano de sua emissão, e cuja utilização será definida em lei.". Assim, não são todos os imóveis classificados como latifúndios, mas sim o imóvel rural que não esteja cumprindo sua função social,

Alternativa "b": Nos termos do art. 186 da CF/88, a função social é cumprida quando a propriedade rural atende, simultaneamente aos requisitos de: aproveitamento racional e adequado; utilização adequada de recursos naturais disponíveis e preservação do meio ambiente; observância das disposições que regulam as relações de trabalho; e a exploração que favoreça o bem-estar dos proprietários e dos trabalhadores. Portanto, há aspectos ligados ao cumprimento da legislação trabalhista.

Alternativa "c": Nos termos do art. 182, §2º da CF/88: "§ 2º A propriedade urbana cumpre sua função social quando atende às exigências fundamentais de ordenação da cidade expressas no plano diretor.". Portanto, não se trata de mera recomendação, pois tem caráter vinculante e pode ensejar consequências à propriedade que não a cumprir.

Alternativa "d": É o que se extrai do art. 186 da CF/88, mencionado no comentário da alternativa "b".

Alternativa "e": A edificação compulsória é prevista no art. 182, §4º, I da CF/88 como possível pena a ser aplicada no caso de não edificação, subutilização ou não utilização de solo urbano.

Alternativa correta: letra "d".

196. (Cespe - Delegado de Polícia - PC - RJ/2022). No que se refere ao regramento constitucional relativo aos temas da ciência, tecnologia e inovação, assinale a opção correta.

a) Viabilizar os resultados de projetos relativos a atividades de ciência, tecnologia e inovação configura uma exceção ao princípio constitucional da proibição de estorno.
b) Compete exclusivamente à União proporcionar os meios de acesso à tecnologia, à pesquisa e à inovação.
c) A despeito dos grandes avanços realizados pela entrada em vigor da EC n.º 85/2015, o poder constituinte derivado não previu expressamente a competência, no âmbito do Sistema Único de Saúde, para incrementar em sua área de atuação o desenvolvimento científico e tecnológico e a inovação
d) Os Estados e o Distrito Federal devem vincular parcela de sua receita orçamentária a entidades públicas de fomento ao ensino e à pesquisa, em percentual a ser definido por lei.
e) O Estado apoiará a formação de recursos humanos nas áreas de ciência, tecnologia e inovação, vedada, contudo, a concessão de condições especiais de trabalho para os que dela se ocupem.

COMENTÁRIOS

Alternativa "a": O princípio constitucional da proibição de estorno está previsto na vedação do art. 167, VI da CF/88, na qual se proíbe "a transposição, o remanejamento ou a transferência de recursos de uma categoria de programação para outra ou de um órgão para outro, sem prévia autorização legislativa;". A exceção mencionada é encontrada no §5º do mesmo artigo, que estabelece que: "A transposição, o remanejamento ou a transferência de recursos de uma categoria de programação para outra poderão ser admitidos, no âmbito das atividades de ciência, tecnologia e inovação, com o objetivo de viabilizar os resultados de projetos restritos a essas funções, mediante ato do Poder Executivo, sem necessidade da prévia autorização legislativa prevista no inciso VI deste artigo.". Portanto, a alternativa é correta.

Alternativa "b": Na verdade, trata-se de competência comum da União, dos Estados, do Distrito Federal e dos Municípios proporcionar os meios de acesso à cultura, à ciência, à tecnologia, à pesquisa e à inovação, nos termos do art. 23, V da CF/88.

Alternativa "c": As competências do Sistema Único de Saúde estão elencadas no art. 200 da CF/88. No inciso V, com sua redação dada pela EC Nº 85/2015, está expressamente prevista a competência para *"incrementar, em sua área de atuação, o desenvolvimento científico e tecnológico e a inovação"*.

Alternativa "d": Nos termos do art. 218, §5º da CF/88, é **facultado** aos Estados e ao Distrito Federal vincular parcela de sua receita orçamentária a entidades públicas de fomento ao ensino e à pesquisa científica e tecnológica. Logo, não é um dever, como indica a alternativa, mas sim uma faculdade.

Alternativa "e": O que determina o art. 218, §3º da CF/88, na redação dada pela EC nº 85/2015 é que: "O Estado apoiará a formação de recursos humanos nas áreas de ciência, pesquisa, tecnologia e inovação, inclusive por meio do apoio às atividades de extensão tecnológica, e concederá aos que delas se ocupem meios e condições especiais de trabalho."

Alternativa correta: letra "a".

197. (Nucepe – Delegado de Polícia – PC – PI/2018) Dentre as alternativas abaixo, assinale a que contém os princípios da ordem econômica:

a) soberania nacional, propriedade privada, livre iniciativa e tratamento favorecido a empresas brasileiras de sócios nacionais;
b) soberania nacional, defesa do consumidor, livre concorrência, propriedade privada, função social da propriedade.
c) livre concorrência e da concessão de garantias pelas entidades públicas;
d) hierarquização e a verticalidade;
e) livre concorrência e predominância do interesse do ente estatal;

COMENTÁRIOS

Os princípios da ordem econômica são previstos no art. 170 da CF/88, sendo eles: soberania nacional; propriedade privada; função social da propriedade; livre concorrência; defesa do consumidor; defesa do meio ambiente, inclusive mediante tratamento diferenciado conforme o impacto ambiental dos produtos e serviços e de seus processos de elaboração e prestação; redução das desigualdades regionais e sociais; busca do pleno emprego; tratamento favorecido para as empresas brasileiras de capital nacional de pequeno porte; e tratamento favorecido para as empresas de pequeno porte constituídas sob as leis brasileiras e que tenham sua sede e administração no País.

Alternativa correta: letra "b".

11. ORDEM SOCIAL

198. (Vunesp – Delegado de Polícia – PC – SP/2022). Assinale a alternativa que está em conformidade com os mandamentos constitucionais sobre o direito à educação no Brasil.

a) É dever do Estado o atendimento ao educando, em todas as etapas da educação.
b) O ensino é livre à iniciativa privada, a qual pode se submeter à avaliação de qualidade pelo Poder Público.
c) O Estado não poderá destinar recursos públicos a escolas comunitárias, confessionais ou filantrópicas.
d) Os Municípios atuarão prioritariamente no ensino médio e na educação infantil.
e) A União, os Estados, o Distrito Federal e os Municípios exercerão ação redistributiva em relação a suas escolas.

COMENTÁRIOS

Alternativa "a": A alternativa não traz o exato texto constitucional. Na verdade, o art. 208 da CF/88 prevê que O dever do Estado com a educação será efetivado mediante a garantia de, dentre outros, atendimento ao educando, em **todas as etapas da educação básica** (que abrange a pré-escola, ensino fundamental e ensino médio), por meio de programas suplementares de material didático-escolar, transporte, alimentação e assistência á saúde. Logo, o erro da alternativa se identifica no termo "todas as etapas da educação", quando, na verdade, se dá somente nas etapas da **educação básica**, que não inclui, por exemplo, o ensino superior.

Alternativa "b": Nos termos do art. 209 da CF/88, o ensino é livre à iniciativa privada, **atendidas as condições de: cumprimento das normas gerais da educação nacional e autorização e avaliação de qualidade pelo Poder Público**. Portanto, trata-se de uma condição, para a própria exploração do setor pela iniciativa privada, a avaliação de qualidade. Não é uma faculdade, mas um dever.

Alternativa "c": O art. 213 da CF/88, na verdade, prevê a possibilidade de direcionamento dos recursos públicos destinados às escolas públicas a escolas comunitárias, confessionais e filantrópicas, estabelecidos requisitos de que comprovem finalidade não-lucrativa e apliquem seu excedentes financeiros em educação e assegurem a destinação de seu patrimônio a outra escola comunitária, filantrópica ou confessional, ou ao Poder Público, no caso de encerramento de suas atividades.

Alternativa "d": Nos termos do art. 211, §2º da CF/88, os Municípios atuarão **prioritariamente no ensino fundamental e na educação infantil**. O ensino médio é de atuação prioritária dos Estados e Distrito Federal, conforme §3º do mesmo artigo.

Alternativa "e": Trata-se da previsão encontrada no 211, §6º da CF/88.

Alternativa correta: letra "e".

---

199. (**FGV – Delegado de Polícia – PC – AM/2022).** A Lei XX, do Município Alfa, dispôs sobre os requisitos a serem atendidos pelos meios impressos de comunicação social para que possam ser publicados no território do Município Alfa.

Entre esses requisitos estão:

I. a necessidade de que obtenham licença da autoridade municipal competente;

II. cada exemplar se ajuste aos padrões de moralidade sedimentados na sociedade, a ser objeto de verificação prévia à sua circulação.

À luz da sistemática constitucional, é correto afirmar que

a) o requisito I somente será constitucional se a licença for concedida de forma vinculada, enquanto o requisito II é inconstitucional por importar em censura prévia.

b) o requisito I é inconstitucional porque a publicação de veículo impresso independe de licença de autoridade, o mesmo ocorrendo com o requisito II, por importar em censura prévia.

c) o requisito I somente será constitucional se a licença for concedida de forma vinculada, mas o requisito II somente não caracterizará censura prévia se for assegurado o contraditório e a ampla defesa.

d) o requisito I é constitucional, porque toda atividade econômica depende de autorização do Poder Público, mas o requisito II somente será constitucional se a possível negativa estiver embasada em dados colhidos em audiência pública.

e) o requisito I é constitucional, porque toda atividade econômica depende de autorização do Poder Público, o mesmo ocorrendo com o requisito II, que é uma forma de proteger o interesse coletivo contra os excessos individuais.

COMENTÁRIOS

Alternativa "b" (responde todas as alternativas): O art. 220, §6º da CF/88 prevê que a publicação de veículo impresso de comunicação **independe** de licença de autoridade. Logo, verifica-se que o requisito I é **inconstitucional**. Já o requisito II, ao prever censura prévia, viola o art. 5º, IX da CF/88 e o art. 220, §2º, que vedam a censura.

Alternativa correta: letra "b".

---

200. (UFPR – Delegado de Polícia – PC – PR/2021) A respeito dos direitos fundamentais sociais e da proteção conferida a eles na Ordem Social da Constituição, assinale a alternativa correta.

a) O Estado protegerá as manifestações das culturas populares, indígenas e afro-brasileiras, e as de outros grupos participantes do processo civilizatório nacional.

b) O direito à educação inclui a promoção da educação ambiental e a conscientização pública para a preservação do meio ambiente, sendo essa uma competência exclusiva dos Estados-membros.

c) O dever da família de prover a educação de crianças e adolescentes no Brasil pode ocorrer pela frequência escolar deles ou por meio de ensino domiciliar.

d) Atendendo ao interesse local, os municípios podem editar lei que proíba a divulgação de materiais com menção à ideologia de gênero nas escolas municipais.

e) É inconstitucional a lei de proteção de animais que, a fim de resguardar a liberdade religiosa, permite o sacrifício ritual de animais em cultos religiosos.

COMENTÁRIOS

Alternativa correta: letra "a": Trata-se da exata disposição do art. 215, §1º da CF/88.

Alternativa "b": Na verdade, a alternativa narra uma das esferas do direito ao meio ambiente equilibrado, conforme é possível extrair do art. 225, §1º, VI da CF/88, que contém a disposição utilizada na alternativa. Ademais, trata-se de atribuição do poder público, sendo assim competência comum entre os entes, o que se poderia extrair também do art. 23 da CF/88.

Alternativa "c": Segundo entendimento do STF, o homeschooling, por falta de regulamentação, não é possível no Brasil. Nesse sentido: "Não existe direito público subjetivo do aluno ou de sua família ao ensino domiciliar, inexistente na legislação brasileira"(Tema 822).

Alternativa "d": Nos termos do art. 22, XXIV, compete privativamente à União legislar sobre diretrizes e bases da educação nacional. Logo, não têm os Municípios competência para legislar sobre a distribuição de materiais, currículos, conteúdos programáticos, metodologia de ensino, dentre outras questões. Nesse sentido foi o entendimento do STF no julgamento da ADPF 457.

Alternativa "e": Na verdade, segundo entendimento do STF no julgamento do RE 494601/RS, em 2019, tal lei seria constitucional.

---

201. (Inst. Acesso – Delegado de Polícia – PC – ES/2019) "O Tribunal de Justiça do Distrito Federal negou recurso do candidato aprovado em concurso da Polícia Civil, mas que foi desqualificado do certame por ser reprovado na etapa de sindicância de vida pregressa. Ele foi condenado em 2001 por participação no assassinato do índio Galdino Jesus dos Santos. O crime aconteceu em 20 de abril de 1997, quando o candidato tinha 16 anos. Ele e outros quatro jovens de classe média de Brasília atearam fogo no índio, que dormia em uma parada de ônibus da W3 Sul. [...]

[...] a sindicância da vida pregressa e investigação social avalia a idoneidade moral do candidato no âmbito social, administrativo, civil e criminal.

O requisito consta no edital como "indispensável para aprovação" no concurso e é avaliado por uma comissão formada pela direção da Polícia Civil." (GLOBO.com, G1DF, 16.jul.2015).

Com relação ao disposto na Constituição Federal de 1988 sobre o direito constitucional dos índios, está INCORRETA a seguinte afirmação:

a) As Terras Indígenas são inalienáveis e indisponíveis, e o direito sobre elas é imprescritível.
b) Legislar sobre populações indígenas é assunto de competência privativa da União.
c) Serão asseguradas às comunidades indígenas a utilização de suas línguas maternas e processos próprios de aprendizagem.
d) Processar e julgar a disputa sobre direitos indígenas é competência dos juízes estaduais, onde ocorre o conflito.
e) É vedado remover os índios de suas terras, salvo casos excepcionais e temporários.

COMENTÁRIOS

✪ **Nota do autor:** a questão busca a alternativa **incorreta**, logo há 4 alternativas corretas, de acordo com o texto constitucional, e apenas uma incorreta.

Alternativa "a": A alternativa contém o texto do art. 231, §4º da CF/88, sendo, portanto, correta.

Alternativa "b": Nos termos do art. 22, XIV, CF/88 compete privativamente à União legislar sobre populações indígenas, sendo correta a alternativa.

Alternativa "c": Nesse sentido é o texto da parte final do art. 210, §2º da CF/88, estando correta a alternativa.

Alternativa "d": Na verdade, nos termos do art. 109, XI da CF/88, compete aos juízes **federais** processar e julgar a disputa sobre direitos indígenas.

Alternativa "e": Trata-se da previsão do art. 231, §5º da CF/88.

Alternativa correta: letra "d".

202. (Inst. Acesso – Delegado de Polícia – PC – ES/2019) "Um protesto de grupos indígenas bloqueou pontos de estradas de Aracruz, no Norte do Espírito Santo, até o meio da tarde desta quinta-feira (31). Ficaram interditados, por cerca de cinco horas, trechos da ES-010, ES-257 e na Rodovia Primo Bitti (entrada de Caieiras Velha)" (G1/Globo, 31/01/2019).

A Constituição da República Federativa do Brasil destinou um capítulo específico à proteção das comunidades indígenas, sendo INCORRETO afirmar que:

a) as terras tradicionalmente ocupadas pelos índios destinam-se a sua posse permanente, cabendo-lhes o usufruto exclusivo das riquezas do solo, dos rios e dos lagos nelas existentes.
b) são reconhecidos aos índios sua organização social, costumes, línguas, crenças e tradições, e os direitos originários sobre as terras que tradicionalmente ocupam.
c) as terras tradicionalmente ocupadas são inalienáveis e indisponíveis, e os direitos sobre elas, imprescritíveis.
d) é vedada a remoção dos grupos indígenas de suas terras, salvo, "ad referendum" do Congresso Nacional, em caso de catástrofe ou epidemia que ponha em risco sua população, ou no interesse da soberania do País, após deliberação do Congresso Nacional, garantido, em qualquer hipótese, o retorno imediato logo que cesse o risco.
e) os índios, suas comunidades e organizações são representados pelo Ministério Público, com exclusividade, para ingressar em juízo em defesa de seus direitos e interesses.

COMENTÁRIOS

✪ **Nota do autor:** a questão busca a alternativa **incorreta**, logo há 4 alternativas corretas, de acordo com o texto constitucional, e apenas uma incorreta.

Alternativa "a": Trata-se da exata disposição do art. 231, §2º da CF/88, logo, a alternativa está correta.

Alternativa "b": A alternativa transcreve o texto do início do art. 231, *caput* da CF/88. Logo, está correta.

Alternativa "c": Trata-se da literalidade do art. 231, §4º da CF/88.

Alternativa "d": A alternativa contém o texto do art. 231, §5º da CF/88.

Alternativa "e": A alternativa está **incorreta**, pois o art. 232 estabelece que os índios, suas comunidades e organizações **são partes legítimas para ingressarem juízo em defesa de seus direitos e interesses, intervindo o Ministério Público**, em todos os atos do processo.

Alternativa incorreta: letra "e".

203. (Inst. Acesso – Delegado de Polícia – PC – ES/2019) A Constituição Federal de 1988 trata da Educação Nacional no Capítulo III do Art. 205 a 2014 em que pactua a educação como direito de todos, e sofreu alterações com as Emendas Constitucionais (EC) nº 11, de 1996, e nº 53, em 2006.

Com relação às mudanças introduzidas pela EC nº 53/2006, é correto afirmar que

a) a igualdade de condições de acesso foi incluída na CF para garantir a aplicação do ENEM e das cotas nas universidades.
b) a inclusão do pluralismo de ideias foi um marco para a democracia nas escolas e para a liberdade de cátedra.
c) a valorização dos profissionais da educação escolar e a inclusão do piso salarial nacional foram mudanças importantes na CF.
d) a gratuidade do ensino público nas escolas oficiais foi um avanço importante que não estava garantido antes da EC53.
e) o padrão de qualidade foi inserido para avaliar a produtividade do corpo docente das escolas e definir a política salarial do magistério.

COMENTÁRIOS

Alternativa "c" (responde todas as alternativas): A emenda constitucional nº 53/2006 criou o Fundo de Manutenção e Desenvolvimento da Educação Básica e de Valorização dos Profissionais da Educação (FUNDEB). Com isso, incluiu os incisos V e VIII, além do parágrafo único do art. 206. Eles determinam a valorização dos profissionais da educação escolar, garantidos planos de carreira, com ingresso exclusivamente por concurso público de provas e títulos, aos das redes públicas; piso salarial profissional nacional para profissionais da educação escolar pública, nos termos de lei federal; determinando ainda que a lei disporá sobre as categorias de trabalhadores considerados profissionais da educação básica e sobre a fixação de prazo para a elaboração ou adequação de seus planos de carreira, no âmbito da União, dos Estados, do Distrito Federal e dos Municípios. Com isso, a única alternativa correta é a letra "c", visto que as demais contém disposições já presentes do texto originário do art. 206 da CF/88.

Alternativa correta: letra "c".

---

204. (Vunesp - Delegado de Polícia - PC - BA/2018) Acerca da Previdência Social na Constituição Federal de 1988, é correto afirmar que

a) os gastos havidos com bens, serviços, prestações e administração da previdência não estão submetidos a uma lógica de equilíbrio atuarial, posto que a previdência se presta a auxiliar pessoas necessitadas, como trabalhadores doentes, de idade avançada, entre outras hipóteses.
b) a previdência privada é admitida, em caráter autônomo, facultativo, contratual e complementar, sendo vedado à União, aos Estados, aos Municípios e ao Distrito Federal assumir a qualidade de patrocinador de tais entidades, com uma contribuição igual àquela feita pelo segurado.
c) é constitucional a cobrança de contribuição previdenciária sobre os proventos de aposentadoria e as pensões dos servidores públicos da União, dos Estados, dos Municípios e do Distrito Federal (regime próprio) que superem o limite máximo estabelecido para os benefícios do regime geral de previdência social.
d) é constitucional que um ente federativo estabeleça, por norma própria (estadual, distrital ou municipal), um tempo mínimo de anos de contribuição na atividade privada, para fins de compensação e obtenção de aposentadoria por um servidor no regime próprio da Administração Pública.
e) professores que venham a exercer funções de direção de unidade escolar, coordenação e assessoramento pedagógico não farão jus à aposentadoria especial, pois o benefício somente será devido àqueles que comprovem o tempo de efetivo exercício das funções de magistério exclusivamente em sala de aula.

COMENTÁRIOS

Alternativa "a": Estão sim submetidos ao equilíbrio atuarial, conforme art. 201 da CF/88.

Alternativa "b": A única hipótese de aporte de recursos admitida pela CF/88 a entidades de previdência privada pela União, Estado, Distrito Federal e Municípios, é na qualidade de patrocinador, situação na qual, em hipótese alguma, sua contribuição normal poderá exceder a do segurado, conforme art. 202, §3º da CF/88.

Alternativa "c": Nesse sentido é o art. 40, §18 da CF/88, incluído pela EC 41/2003, já julgado como constitucional pelo STF (ADI 3105 e ADI 3128).

Alternativa "d": É, na verdade, inconstitucional, por violar o art. 201, §9º da CF/88 (STF, RE 650851).

Alternativa "e": O tempo de efetivo exercício, para fins de aposentadoria especial, inclui as atividades de direção, coordenação e assessoramento pedagógico, desde que em estabelecimentos de educação infantil ou de ensino fundamental e médio. (STF, RE 1039644).

Alternativa correta: letra "c".

✦ DICAS

TEORIA DA CONSTITUIÇÃO E DAS NORMAS CONSTITUCIONAIS

1. **Constitucionalismo:** movimento evolutivo de criação das Constituições.
2. **Constitucionalismo Primitivo (aproximadamente de 30.000 a. C. até 1.000 a. c):** na antiguidade clássica, os líderes das famílias ditavam e resguardavam as regras supremas para o convívio social. Segundo Karl Loewenstein, o povo hebreu, teve grande destaque no movimento constitucionalista desse período, notadamente por reconhecer que os valores garantidos pelos primeiros textos bíblicos não podiam ser violados por ninguém (*Teoria de La Constitución.* Barcelona: Ariel, 1986, p. 154-157).
3. **Constitucionalismo Antigo (aproximadamente de 1.000 a.c. ao Séc. V d.c.):** os Parlamentos e Monarcas formulavam as normas de convívio social, e já existia uma exortação aos direitos fundamentais dos indivíduos. Entretanto, o constitucionalismo tinha pouco efetividade, pois os Monarcas não cumpriam as garantias dispostas nos direitos fundamentais.
4. **Constitucionalismo Medieval (Séc. V a XVIII):** surgimento de documentos que limitavam os poderes dos Monarcas e garantiam liberdades públicas aos cidadãos, a exemplo da Magna Charta de 1215, no Reino Unido. Também é desta época o que se denomina **constitucionalismo whig ou termidoriano**, que caracteriza a evolução lenta e gradual do movimento constitucionalista, e que se materializou com a ascensão de Guilherme de Oranges e do partido whig no Reino Unido, no final do século XVII, também marcado pela edição da Bill of Rights (1689).
5. **Constitucionalismo Moderno (Séc. XVIII a Séc. XX):** materialização e afirmação das Constituições Formais Liberais, que representavam garantias sérias de limitação dos Poderes Soberanos, e eram dotadas de legitimidade democrática popular. Desenvolveu-se à partir das revoluções liberais (Revolução Francesa e Revolução das 13 Colônias Estadunidenses). Representou o início do garantismo e o surgimento das primeiras Constituições dirigentes.
6. **Constitucionalismo Contemporâneo (Séc. XX a Séc. XXI):** caracteriza-se pela consolidação da existência de Constituições garantistas, calcadas na defesa dos direitos fundamentais igualitários, sociais e solidários. As disposições constantes nas Constituições têm reafirmada sua força normativa destacada em relação às prescrições de outras fontes jurídicas (leis e atos estatais). Esse período é marcado pelas constituições dirigentes, que prescrevem programas a serem implementados pelos Estados, normalmente por meio de normas programáticas. Vale destacar que esse período acabou manchado por algumas constituições criadas apenas para justificar o exercício de um Poder não democrático, a exemplo da Carta Polaca de 1937, que sustentou a Era Vargas no Brasil, e que faz parte do que se denomina **constitucionalismo semântico**, uma vez que se busca extrair da Constituição apenas os significados que possam reconhecer a tomada e manutenção de Poder por regimes autoritários.
7. **Neoconstitucionalismo (Séc. XX e Séc. XXI):** como um aprimoramento do Constitlucionalismo Contemporâneo, prega a importância destacada da moral e dos valores sociais, garantidos predominantemente por meio de princípios. Não se conforma com as normas programáticas e as constituições dirigentes, afirmando que as Constituições devem ser dotadas de força normativa. Para conferir normatividade à Constituição, destaca o Poder Judiciário como garantidor, colocando a atividade legislativa em segundo plano. Em resumo: trabalha com a ideia de extração da máxima efetividade do Texto Constitucional, pois a Constituição deve ocupar o centro do sistema jurídico.

- Segundo **Ana Paula de Barcellos** (*"Neoconstitucionalismo, Direitos Fundamentais e Políticas Públicas"*, disponível em www.mundojuridico.adv.br), **o Neoconstitucionalismo tem as seguintes características**:

1. Do ponto de vista metodológico-formal:

a) Normatividade da Constituição: todas as disposições constitucionais são normas jurídicas;

b) Superioridade da Constituição sobre o restante da ordem jurídica: o que se dá por meio de constituições rígidas;

c) Centralidade da Constituição nos sistemas jurídicos: os demais ramos do Direitos devem ser compreendidos e interpretados a partir do que dispõe a Constituição.

2. Do ponto de vista material:

a) Incorporação explícita de valores e opções políticas nos textos constitucionais, sobretudo no que diz respeito à promoção da dignidade humana e dos direitos fundamentais;

b) Expansão de conflitos específicos e gerais entre as opções normativas e filosóficas existentes dentro do próprio sistema constitucional: envolve as colisões reais e aparentes entre regras e princípios (conflitos específicos) e o papel da Constituição (conflito geral). Esse conflito geral sobre o papel da constituição divide os autores em duas correntes.

- **Correntes sobre o papel da Constituição no Neoconstitucionalismo, segundo Ana Paula de Barcellos:**

a) Percepção/Visão Substancialista: cabe à Constituição impor ao cenário político um conjunto de decisões valorativas que se consideram essenciais e consensuais.

b) Percepção/Visão Procedimentalista: cabe à Constituição apenas garantir o funcionamento adequado do sistema de participação democrático, ficando a cargo da maioria, em cada momento histórico, a definição de seus valores e de suas políticas.

8. Concepções de Constituição

8.1. Constituição Sociológica (Ferdinand Lassalle - 1862): é aquela que deve traduzir a soma dos fatores reais de poder que rege determinada nação, sob pena de se tornar mera folha de papel escrita, que não corresponda à Constituição real.

8.2. Constituição Política (Carl Schmitt - 1928): é aquela que decorre de uma decisão política fundamental, e se traduz na estrutura do Estado e dos Poderes, e na presença de um rol de direitos fundamentais. As normas que não traduzirem a decisão política fundamental não serão constituição propriamente dita, mas meras leis constitucionais.

8.3. *Constituição Material*: é o arcabouço de normas que tratam da organização do poder, da forma de governo, da distribuição da competência, dos direitos da pessoa humana, considerados os sociais e individuais, do exercício da autoridade, ou seja, trata da composição e do funcionamento da ordem política. Tem relação umbilical com a Constituição Política de Carl Schimitt.

8.4. Constituição Jurídica (Hans Kelsen - 1934): é aquela que se constitui em norma hipotética fundamental pura, que traz fundamento transcendental para sua própria existência (sentido lógico-jurídico), e que, por se constituir no conjunto de normas com mais alto grau de validade, deve servir de pressuposto para a criação das demais normas que compõem o ordenamento jurídico (sentido jurídico-positivo).

8.5. Constituição Culturalista (Michele Ainis - 1986): é aquele que representa o fato cultural, ou seja, que disciplina as relações e direitos fundamentais pertinentes à cultura, tais como a educação, o desporto, e a cultura em sentido estrito.

8.6. Constituição Aberta (Peter Haberle - 1975): é aquela interpretada por todo o povo em qualquer espaço, e não apenas pelos juristas, no bojo dos processos.

8.7. Constituição Pluralista (Gustavo Zagrebelsky): não é nem um mandato nem um contrato. É aquela dotada de princípios universais, segundo as pretensões acordadas pelas "partes". Caracteriza-se pela capacidade de oferecer respostas adequadas ao nosso tempo ou, mais precisamente, da capacidade da ciência constitucional de buscar e encontrar essas respostas na constituição.

Constituição Simbólica (Marcelo Neves - 1994): é aquela que traz uma grande enunciação de direitos e valores sociais que não passam de álibis ou argumentos dilatórios frente à falta de efetividade prática do que se preceitua.

Constituição transversal, multinível ou multilevel (Marcelo Neves): traduz a ideia de uma Constituição que pode se formar para além das fronteiras de um Estado Nacional, em um contexto de transconstitucionalismo. A ideia da Constituição transversal se liga com a União Europeia, na medida em se passou a cogitar a existência de uma Constituição Europeia, documento que teria aptidão para resolver problemas envolvendo diferentes povos e culturas. Esse tipo de Constituição também pode ser apelidada de multinível ou multilevel.

9. Supremacia Constitucional: a noção de supremacia da Constituição é oriunda de dois conceitos essenciais: 1. a ideia de superioridade do Poder Constituinte sobre as instituições jurídicas vigentes; e 2. a distinção entre Constituições Rígidas e Flexíveis. Nesse sentido, a supremacia prega que as normas constitucionais representam o paradigma máximo de validade do ordenamento jurídico, de modo que todas as demais normas são hierarquicamente inferiores a ela. Na pirâmide normativa de Hans Kelsen a Constituição está no ápice e as demais normas estão abaixo dela (relação de compatibilidade vertical).

10. Componentes da Constituição Federal de 1988

a) Preâmbulo: é o texto introdutório da Constituição. Segundo posição exarada pelo STF no bojo da ADI 2076, julgada em 2002, o Preâmbulo da Constituição da República não tem força normativa, figurando como mero vetor interpretativo. Em seu voto, Celso de Mello sustentou que o Preâmbulo não se situa no âmbito do direito, mas no domínio da política, refletindo posição ideológica do constituinte. Ademais, ele conteria proclamação ou exortação no sentido dos princípios inscritos na Constituição Federal. Quanto à natureza jurídica do Preâmbulo, a posição do STF filia-se à Tese da Irrelevância Jurídica, afastando-se da Tese da Plena Eficácia (que defende ter o Preâmbulo a mesma eficácia das normas que consta da parte articulada da CF) e da Tese da Relevância Jurídica Indireta (para a qual o Preâmbulo é parte da Constituição, mas não é dotado das mesmas características normativas da parte articulada). Por essa razão, também não serve de parâmetro para controle de constitucionalidade. Esse posicionamento do STF serviu para definir que a invocação à proteção de Deus, constante do Preâmbulo da Constituição da República vigente, somente denota inspiração do constituinte, não violando a liberdade religiosa que permeia o Estado brasileiro.

b) **Corpo ou articulado:** é a parte densa da Constituição que se encontra disposta em artigos e que tem vigência perene, ou seja, que tendem a vigorar e ter eficácia por um longo espaço de tempo. Refere-se aos Títulos I a X da CF, compostos pelos artigos 1º a 250.

c) **ADCT:** trata-se do ato das disposições constitucionais transitórias, composto por normas de eficácia exaurível. Exaurível porque seus dispositivos tendem a ter eficácia temporária, pois são normas que servem apenas à transição e depois perdem a função.

Assim, o ADCT é a parte da Constituição destinada a realizar a transição do regime constitucional anterior para o atual. A respeito do ADCT, entendeu o STF que: "(...) o alcance de normas constitucionais transitórias há de ser demarcado pela medida da estrita necessidade do período de transição, que visem a reger, de tal modo a que, tão cedo quanto possível, possa ter aplicação a disciplina constitucional permanente da matéria (...)." [ADI 644 MC, rel. min. Sepúlveda Pertence, j. 4-12-1991, P, DJ de 21-2-1992.]

11. Classificação das Constituições

I. Quanto à Origem

1. Democrática, Promulgada ou Popular: elaborada por legítimos representantes do povo, normalmente organizados em torno de uma Assembleia Constituinte.
2. Outorgada: é aquela elaborada sem a presença de legítimos representantes do povo, imposta pela vontade de um poder absolutista ou totalitário, não democrático.
3. Constituição Cesarista, Bonapartista, Plebiscitária ou Referendária: é aquela criada por um ditador ou imperador e posteriormente submetida à aprovação popular por plebiscito ou referendo.
4. Pactuada/Dualista: originada de um compromisso instável de duas forças políticas rivais, de modo que o equilíbrio fornecido por tal espécie de Constituição é precário. Esse modelo foi muito utilizado na monarquia da Idade Média. A Magna Carta de 1215, que os barões obrigaram João Sem Terra a jurar, é um exemplo.
5. Heteroconstituição (ou "Constituição Dada"): é aquela criada fora do Estado em que irá vigorar. Ex: Constituição do Chipre (procedente dos acordos de Zurique, de 1960, entre a Grã-Bretanha, a Grécia e a Turquia).

II. Quanto ao Conteúdo:

1. Formal: compõe-se do que consta em documento solene que tem posição hierárquica de destaque no ordenamento jurídico.
2. Material: composta por regras que exteriorizam a forma de Estado, organizações dos Poderes e direitos fundamentais. Portanto, suas normas são aquelas essencialmente constitucionais, mas que podem ser escritas ou costumeiras, pois a forma tem importância secundária.

III. Quanto à Forma:

1. Escrita/Instrumental: formada por um texto.

1.1. Escrita Legal (Paulo Bonavides): formada por texto oriundo de documentos esparsos ou fragmentados.

1.2. Escrita Codificada (Paulo Bonavides): formada por texto inscrito em documento único.

2. Não Escrita: identificada a partir dos costumes, da jurisprudência predominante e até mesmo por documentos escritos (por mais contraditório que possa parecer). Como esclarece Dirley da Cunha Júnior, "não existe Constituição inteiramente não-escrita ou costumeira, pois sempre haverá normas escritas compondo o seu conteúdo. A Constituição inglesa, por exemplo, compreende importantes textos escritos, mas esparsos no tempo e no espaço, como a Magna Carta (1251), o Petition of Rights (1628), o Habeas Corpus Act (1679), o Bill of Rights (1689), entre outros" (*Direito Constitucional.* 6 ed. Salvador: Juspodivm, 2012, p. 120).

IV. Quanto à Estabilidade:

1. Imutável: não prevê qualquer processo para sua alteração.
2. Fixa: só pode ser alterada pelo Poder Constituinte Originário, "circunstância que implica, não em alteração, mas em elaboração, propriamente, de uma nova ordem constitucional" (CUNHA JÙNIOR, Dirley da. *Curso de Direito Constitucional.* 6 ed. Salvador: Juspodivm, 2012, p. 122-123)
3. Rígida: aquela em que o processo para a alteração de qualquer de suas normas é mais difícil do que o utilizado para criar leis.

* Vale ressaltar que alguns autores falam em Constituição super-rígida, como aquela em que além de o seu processo de alteração ser mais difícil do que o utilizado para criar leis, dispõe ainda de uma parte imutável (cláusulas pétreas).

4. Flexível: aquela em que o processo para sua alteração é igual ao utilizado para criar leis.
5. Semi-rígida ou semiflexível: é aquela dotada de parte rígida (em que somente pode ser alterada por processo mais difícil do que o utilizado para criar leis), e parte flexível (em que pode ser alterada pelo mesmo processo utilizado para criar leis).

V. Quanto à Extensão:

1. Sintética: é a Constituição que regulamenta apenas os princípios básicos de um Estado.
2. Analítica ou prolixa: é a Constituição que vai além dos princípios básicos, detalhando também outros assuntos.

VI. Quanto à Finalidade:

1. Garantia: contém proteção especial às liberdades públicas. Característica do Estado Liberal. Prescreve estado mínimo.
2. Dirigente: confere atenção especial à implementação de programas pelo Estado. Característica do Estado Social. Prescreve estado intervencionista, garantidor.

VII. Quanto ao Modo de Elaboração:

1. Dogmática: sistematizada a partir de ideias fundamentais.
2. Histórica: de elaboração lenta, pois se materializa a partir dos costumes, que se modificam ao longo do tempo.

VIII. Quanto à Ideologia:

1. Ortodoxa: forjada sob a ótica de somente uma ideologia.
2. Eclética: fundada em valores plurais.

IX. Quanto ao Valor ou Ontologia (Karl Loewenstein):

1. Normativa: dotada de valor jurídico legítimo.
2. Nominal: sem valor jurídico; com papel eminentemente social.
3. Semântica: tem importância jurídica, mas não valoração legítima, pois é criada apenas para justificar o exercício de um Poder não democrático. São meros simulacros de Constituição.

- **Máximas quanto às Classificações das Constituições**
- Toda Constituição rígida é escrita, pois não há rigidez em uma Constituição Não Escrita ou Costumeira.
- Toda Constituição costumeira é, ao menos conceitualmente, flexível, pois seu processo de alteração não se diferencia do que se utiliza para a alteração de qualquer outra norma que discipline o convívio social.
- Nem toda Constituição escrita é rígida, pois a Constituição formada por um texto pode ser imutável, fixa, rígida, flexível, ou semiflexível.
- Uma Constituição pode ter partes rígidas e partes flexíveis, e nesse caso será denominada de semi-rígida ou semiflexível.

CLASSIFICAÇÃO DA CONSTITUIÇÃO DA REPÚBLICA FEDERATIVA DO BRASIL DE 1988	
1. Democrática ou Promulgada ou Popular	Elaborada por legítimos representantes do povo
2. Formal	Documento solene
3. Escrita ou Instrumental	Texto único
4. Rígida ou Super-rígida	Rígida: seu processo de alteração é mais difícil do que o utilizado para criar leis; Super-rígida: além de o seu processo de alteração ser mais difícil do que o utilizado para criar leis, ela tem uma parte imutável (cláusulas pétreas)
5. Analítica	Vai além dos princípios básicos, trazendo detalhamento também de outros assuntos
6. Dirigente	Confere atenção especial à implementação de programas pelo Estado
7. Dogmática	Sistematizada a partir de ideias fundamentais
8. Eclética	Fundada em valores plurais
9. Normativa	Tem valor jurídico legítimo (não apenas social)

12. Elementos das Constituições (José Afonso da Silva. *Curso de Direito Constitucional Positivo.* 6 ed. São Paulo: Malheiros, 1990, p. 43-44)

12.1. Elementos Orgânicos: regulam a estrutura do Estado e do Poder

12.2. Elementos Limitativos: referem-se aos direitos fundamentais, que limitam a atuação do Estado, protegendo o povo.

12.3. Elementos Sócio-ideológicos: revelam o compromisso do Estado em equilibrar os ideais liberais e sociais ao longo do Texto Constitucional.

12.4. Elementos de Estabilização Constitucional: asseguram a solução de conflitos institucionais entre Poderes, e também protegem a integridade do Estado e da própria Constituição.

12.5. Elementos Formais de Aplicabilidade: referem-se às regras de interpretação e aplicação da Constituição, a exemplo do preâmbulo, do ADCT, e a aplicabilidade imediata dos direitos e garantias fundamentais.

13. Bloco de Constitucionalidade

- O bloco de constitucionalidade (ideia de Louis Favoreu, mas desenvolvida por Canotilho e consagrada nas ADIs 595 e 514, pelo Ministro Celso de Mello) consiste no conjunto de normas materialmente constitucionais, que até servem de paradigma para controle de constitucionalidade, mas que, não necessariamente, integram formalmente a Constituição, a exemplo dos tratados internacionais de direitos humanos aprovados de acordo com o regramento do art. 5º, § 3º, da CF.

14. Convenções Constitucionais: "(...) consistem em acordos, implícitos ou explícitos, entre as várias forças políticas, sobre o comportamento a adoptar para se dar execução ou actuação a determinadas normas constitucionais, legislativas ou regimentais." Esses acordos não necessariamente criam normas solenes, mas tem força material, apresentando-se como verdadeiras limitações aos poderes constituídos. (*Direito constitucional e teoria da Constituição*. Coimbra: Almedina, 2007).

15. Normas, Postulados Normativos, Princípio e Regras

- **Normas Jurídicas de Primeiro Grau (Princípios e Regras):** os Princípios são mandados de otimização que impõem a promoção de um fim, na maior medida possível, com abstração e generalidade, enquanto as Regras prescrevem comportamentos imediatos, de modo mais completo e preciso.
- **Normas Jurídicas de Segundo Grau/Postulados Normativos (Humberto Ávila):** situam-se num plano distinto daquele das normas cuja aplicação estruturam. A violação deles consiste na não interpretação de acordo com sua estruturação. Não impõem a promoção de um fim, mas, em vez disso, estruturam a aplicação do dever de promover um fim. Não prescrevem imediatamente comportamentos, mas modos de raciocínio e de argumentação relativamente a normas que indiretamente prescrevem comportamentos.

16. Colisão de Direitos Fundamentais: a colisão ocorrida em âmbito constitucional não pode ser considerada na mesma perspectiva do conflito entre leis (também chamadas de "regras"), ou seja, como um "conflito aparente de normas" para cuja solução seriam utilizados os critérios cronológico, hierárquico ou da especialidade, na forma do "tudo ou nada" ("all or nothing"), em que só se aplica um documento normativo daqueles que aparentemente conflitavam. Essa solução é inaplicável aos princípios, que não se sujeitam a esses critérios apontados pela doutrina, tampouco podem ser afastados um em razão de outro. Assim, em toda colisão de princípios deve ser respeitado o núcleo intangível dos direitos fundamentais concorrentes, mas sempre se deve chegar a uma posição em que um prepondere sobre outro (mas, sem eliminá-lo). A colisão deve ser resolvida por concordância prática (Konrad Hesse), com aplicação do princípio da proporcionalidade (tradição alemã) ou pela dimensão de peso e importância (Ronald Dworkin), com aplicação do princípio da razoabilidade (tradição norte-americana).

EXISTÊNCIA, VALIDADE E EFICÁCIA DAS NORMAS CONSTITUCIONAIS

Existência: as normas constitucionais existentes são aquelas que cumpriram com as etapas que logicamente antecedem a sua criação. Ex: uma lei existe depois de ter passado por todos os trâmites de um projeto de lei.

Validade: para Hans Kelsen, toda norma constitucional retira seu fundamento de validade de outra norma hierarquicamente superior. Considerando-se que a normas constitucionais são as hierarquicamente mais graduadas de uma ordem constitucional, faltaria uma norma superior a elas. Mas, para resolver esse problema, Kelsen inseriu em sua teoria a figura da norma hipotética fundamental, um pressuposto lógico e inquestionável para que seu raciocínio faça sentido. Assim, tem-se que as normas constitucionais retiram seu fundamento de validade da norma hipotética fundamental ou, em uma segunda análise, elas podem ser tomadas como as próprias normas hipotéticas fundamentais que, num primeiro momento, têm suas validades inquestionáveis, uma vez que normas pressupostas.

Eficácia: trata-se da aptidão que a norma constitucional tem (ou pode ter) para gerar efeitos concretos, práticos.

17. Classificação das Normas Constitucionais quanto à Eficácia

- No que tange à eficácia, segundo classificação de José Afonso da Silva, as normas constitucionais podem ser: plenas, contidas e limitadas.

17.1. Normas de eficácia plena são aquelas dotadas de aplicabilidade direta, imediata e integral, pois não necessitam de lei infraconstitucional para torná-las aplicáveis e nem admitem lei infraconstitucional que lhes restrinja o conteúdo. Em outras palavras: elas trazem todo o conteúdo necessário para a sua materialização prática. São entendidas como de aplicabilidade direta, imediata e integral, pois não necessitam de lei infraconstitucional. Exemplo: Brasília é a Capital Federal (art. 18, § 1º, da CF).

17.2. Normas de eficácia contida ou restringível são aquelas que têm aplicabilidade direta, imediata, mas não integral, pois admitem que seus conteúdos sejam restringidos por normas infraconstitucionais, o que ocorre, por exemplo, com o enunciado que garante o livre exercício de qualquer trabalho, ofício ou profissão, atendidas as qualificações profissionais que a lei estabelecer (art. 5º, XIII, da CF). Para ilustrar: a função de advogado, somente pode ser exercida atendida a qualificação profissional de ser bacharel em direito, aprovado no Exame da Ordem dos Advogados do Brasil (art. 8º, IV, da Lei 8.906/94).

17.3. Normas de eficácia limitada ou reduzida são aquelas que possuem aplicabilidade indireta, mediata e reduzida (não direta, não imediata e não integral), pois exigem norma infraconstitucional para que se materializem na prática. Entretanto, apesar de não se realizarem sozinhas na prática, elas são dotadas de eficácia jurídica, pois revogam as leis anteriores com elas incompatíveis; vinculam o legislador, de forma permanente, à sua realização; condicionam a atuação da administração pública e informam a interpretação e aplicação da lei pelo

Poder Judiciário. Elas podem ser de princípio programático ou princípio institutivo.

17.3.1. As **normas de eficácia limitada de princípio programático** (também referidas apenas como normas programáticas) são aquelas que não regulam diretamente interesses ou direitos nelas consagrados, mas se limitam a traçar alguns preceitos a serem cumpridos pelo Poder Público, como programas das respectivas atividades, pretendendo unicamente a consecução dos fins sociais pelo Estado. Podem-se citar como exemplos os objetivos da República Federativa do Brasil (art. 3º, da CF), a estruturação da política agrícola brasileira (art. 187 da CF), e a determinação de organização de um regime de colaboração dos sistemas de ensino dos Entes da Federação (art. 211 da CF).

17.3.2. Já as **normas de eficácia limitada de princípio institutivo** são aquelas responsáveis pela estruturação do Estado como, por exemplo, a norma segundo a qual os Territórios Federais integram a União, e sua criação, transformação em Estado ou reintegração ao Estado de origem serão reguladas em lei complementar (art. 18, § 2º, da CF).

<table>
<tr><td rowspan="3">CLASSIFICAÇÃO DAS NORMAS CONSTITUCIONAIS QUANTO À EFICÁCIA</td><td>1. Eficácia Plena</td><td rowspan="2"></td></tr>
<tr><td>2. Eficácia Contida</td></tr>
<tr><td>3. Eficácia Limitada</td><td>a) Princípio Programático
(Programáticas)
b) Princípio Institutivo</td></tr>
</table>

CLASSIFICAÇÃO DAS NORMAS MATERIALMENTE CONSTITUCIONAIS (SEGUNDO LUÍS ROBERTO BARROSO):

As normas materialmente constitucionais (que organizam o exercício do poder político, definem direitos fundamentais, estabelecem princípios, e traçam fins públicos a serem alcançados) podem ser classificadas em: **a) normas constitucionais de organização; b) normas constitucionais definidoras de direitos e; c) normas constitucionais programáticas.**

a) **Normas constitucionais de organização:** estruturam e disciplinam o poder político. Ex: Forma de Estado (art. 1º da CF), Forma de Governo (art. 1º da CF) e Divisão Orgânica do Poder (art. 2º da CF)

b) **Normas constitucionais definidoras de direitos:** geram direitos subjetivos de natureza positiva ou negativa, exigindo o distanciamento ou a aproximação do Estado. Ex: Direitos Individuais (art. 5º da CF); Direitos Sociais (art. 6º e ss. da CF) e; Direitos Políticos (art. 14 e ss. da CF)

c) **Normas constitucionais programáticas:** estabelecem finalidades a serem perseguidas pelo Estado. Ex: Redução das Desigualdades Sociais e Regionais (art. 170, II, da CF); apoio à cultura (art. 215 da CF) e; c) fomento às práticas desportivas (art. 217 da CF).

EFICÁCIA DOS PRINCÍPIOS CONSTITUCIONAIS (SEGUNDO LUÍS ROBERTO BARROSO)

Eficácia direta (positiva ou simétrica): princípio incide da mesma forma que uma regra, por subsunção de um fato ao seu conteúdo normativo. Ex: ação afirmativa (fato) que se amolda à isonomia (princípio).

Eficácia interpretativa: o princípio atua como um vetor, orientando o sentido e o alcance de outras normas jurídicas. Ex: na união estável homoafetiva, entre aplicar-se a teoria da sociedade de fato ou determinar-se a extensão das regras da união estável, o princípio da isonomia orienta para a equiparação à união estável.

Eficácia negativa: o princípio imprime uma paralisação a qualquer norma que viole o seu conteúdo. Ex: se Edital limitar a 40 anos a idade para concurso de juiz de direito, o princípio da isonomia tem o condão de paralisar o ato convocatória e organizatório do certame.

18. Métodos de Interpretação Constitucional

18.1. Método Jurídico ou Hermenêutico Clássico (Ernest Forsthoff): parte de uma Tese da Identidade que existiria entre a Constituição e as demais leis, ou seja, se a constituição é uma lei, não há porque criar-se um método específico para interpretá-la. Ele se vale basicamente dos seguintes elementos: a) genético (origem do ato); b) gramatical ou filológico (análise textual e literal); c) histórico (momento e contexto de criação do ato); d) lógico (não contradição); e) sistemático (análise do todo ou conjunto); f) teleológico (finalidade social do ato).

18.2. Método Científico-espiritual, Valorativo ou Sociológico (Rudolf Smend): tem como norte o espírito constitucional, ou seja, valores consagrados nas normas constitucionais. Além dos valores, levam-se em conta também outros fatores extraconstitucionais, como a realidade social e cultural do povo, exigindo-se uma interpretação elástica do texto constitucional, alçando a Constituição a instrumento de integração e solução de conflitos em busca da construção e da preservação da unidade social.

18.3. Método Tópico-problemático (Theodor Viehweg): atua sobre as aporias (aporia: dificuldade de escolher entre duas opiniões contrárias e igualmente racionais sobre um dado problema). Topos que no plural são os topoi representam formas de pensamento, raciocínios, argumentações, pontos de vista ou lugares comuns. Os topoi são retirados da jurisprudência, da doutrina, dos princípios gerais de direito e até mesmo do senso comum. Trata-se de uma teoria de argumentação jurídica em torno do problema. A partir do problema expõem-se os argumentos favoráveis e contrários e consagra-se como vencedor aquele capaz de convencer o maior número de interlocutores. Tem aplicabilidade nos casos de difícil solução, denominados por *hard cases*.

18.4. Método Hermenêutico-concretizador (Konrad Hesse): é aquele em que o intérprete se vale de suas pré-compreensões valorativas para obter o sentido da norma e então aplicá-la à resolução de determinado problema. O conteúdo da norma somente é alcançado a partir de sua interpretação concretizadora, dotada do caráter criativo que emana do exegeta. Nesse sentido, o método de Hesse possibilita que a Constituição tenha força ativa para compreender e alterar a realidade. Mas, nesse mister, o texto constitucional apresenta-se como um limite intransponível para o intérprete, pois se o exegeta passar por cima do texto, ele estará modificando ou rompendo a Constituição, não a interpretando.

18.5. Método Normativo-estruturante (Friedrich Müller) ou Concretista (Paulo Bonavides): é aquele em que o intérprete parte do direito positivo para chegar à estruturação da norma, muito mais complexa que o texto legal. Nesse caminho, há influência da jurisprudência, da doutrina, da história, da cultura e das decisões políticas. Em outras palavras: o exegeta colhe elementos da realidade social para estruturar a norma que será aplicada.

18.6. Método Concretista da Constituição Aberta (Peter Häberle): traz a ideia que a Constituição deve ser interpretada por todos e em quaisquer espaços (abertura interpretativa), e não apenas pelos juristas no bojo de procedimentos formais.

18.7. Método da Comparação Constitucional (Peter Häberle): prega a interpretação a partir da comparação entre diversas Constituições.

- **Inexistência de hierarquia entre métodos de interpretação constitucional:** segundo Gilmar Ferreira Mendes, Inocêncio Mártires Coelho e Paulo Gustavo Gonet Branco: "Não por acaso Gustavo Zagrebelsky afirma que não existe na literatura, nem na jurisprudência, uma teoria de métodos interpretativos da Constituição que nos esclareça se é possível e mesmo necessário adotar um método previamente estabelecido ou uma ordem metodológica concreta, um dado de realidade que, se não configura lacuna inexplicável, por certo reflete a consciência de que não tem maior significado nos aproximarmos da interpretação através dos seus métodos, ainda que a palavra método, como todos sabem, signifique, precisamente, o caminho a ser percorrido para se alcançar a verdade". (*Curso de direito constitucional*. 2. ed. São Paulo: Saraiva, 2008, p. 98).

19. Leitura Moral da Constituição: Segundo Ronald Dworkin, a leitura moral da Constituição elucida que a interpretação jurídica deve valer-se de uma teoria política, sem que isso signifique uma corrupção da interpretação. Os princípios e valores dos julgadores tendem a influenciar no desvelar das normas jurídicas (*Uma questão de princípio*. São Paulo: Martins Fontes: 2001, p. 246-247).

20. Princípios de Interpretação Constitucional

20.1. Princípios Enunciados por Canotilho

20.1.1. Princípio da unidade da Constituição: preceitua que a interpretação constitucional deve ser realizada tomando-se as normas constitucionais em conjunto (interpretação sistêmica), como um sistema unitário de princípios e regras, de modo a se evitarem contradições (antinomias aparentes) entre elas.

20.1.2. Princípio do efeito integrador ou da eficácia integradora: traz a ideia que as normas constitucionais devem ser interpretadas com objetivo de integrar política e socialmente o povo de um Estado Nacional.

20.1.3. Princípio da máxima efetividade ou eficiência: exige que o intérprete otimize a norma constitucional para dela extrair a maior efetividade possível, guardando estreita relação com o princípio da força normativa. Segundo Luis Roberto Barroso, por meio dele realiza-se uma aproximação, tão íntima quanto possível, entre o dever-ser normativo e o ser da realidade social. (*Curso de direito constitucional contemporâneo*. São Paulo: Saraiva, 2009).

20.1.4. Princípio da conformidade/correção funcional/exatidão funcional ou da justeza: limita o intérprete na atividade de concretizador da Constituição, pois impede que ele atue de modo a desestruturar as premissas de organização política previstas no Texto Constitucional.

20.1.5. Princípio da concordância prática ou da harmonização: a interpretação de uma norma constitucional exige a harmonização dos bens e valores jurídicos colidentes em um dado caso concreto, de forma a se evitar o sacrifício total de um em relação a outro.

20.1.6. Princípio da força normativa: a partir dos valores sociais, o intérprete, em atividade criativa, deve extrair aplicabilidade e eficácia de todas as normas da Constituição, conferindo-lhes sentido prático e concretizador, em clara relação com o princípio da máxima efetividade ou eficiência. Por meio dele, a Constituição tem força ativa para alterar a realidade.

20.2. Outros Princípios

20.2.1. Princípio da razoabilidade ou da proporcionalidade: exige a tomada de decisões racionais, não abusivas, e que respeitem os núcleos essenciais de todos os direitos fundamentais. Por meio dele, analisa-se se as condutas são adequadas, necessárias e trazem algum sentido em suas realizações. O princípio da proporcionalidade é descrito pela doutrina alemã como um meio-termo entre o excesso e o insuficiente, de modo que são subprincípios derivados a proibição do excesso estatal e a proibição à proteção insuficiente. O princípio é explicado de maneira clara na obra de Gilmar Mendes e Paulo Gustavo Branco: "a conceituação de uma conduta estatal como insuficiente (untermässig), porque 'ela não se revela suficiente para proteção adequada e eficaz', nada mais é do ponto de vista metodológico do que considerar referida conduta como desproporcional em sentido estrito (unverhältnismässig in engerem Sinn)" (MENDES, Gilmar Ferreira; BRANCO, Paulo Gustavo Gonet. 7ª ed. rev. e atual. São Paulo: Saraiva, 2012, p. 332).

20.2.2. Princípio da interpretação conforme: consiste em conferir-se a um ato normativo polissêmico (que admite vários significados) a interpretação que mais se adéque ao que preceitua a Constituição, sem que essa atividade se constitua em atentado ao próprio texto constitucional. Aplicável ao controle de constitucionalidade, a interpretação conforme permite que se mantenha um texto legal, conferindo-se a ele um sentido ou interpretação de acordo com os valores constitucionais.

20.2.3. Princípio da presunção de constitucionalidade das leis: traz a ideia que todas as normas infraconstitucionais criadas estão de acordo com a Constituição. Toda lei é válida e constitucional até que se prove o contrário, portanto, a presunção de constitucionalidade é relativa (*juris tantum*). Esse princípio ainda tem por missão orientar que o judiciário declare a inconstitucionalidade de uma norma apenas se ela for patente ou chapada, não permitindo uma interpretação conforme a constituição. Sobre o princípio, a lição de Luís Roberto Barroso: "a) não sendo evidente a inconstitucionalidade, havendo dúvida ou a possibilidade de razoavelmente se considerar a norma como válida, deve o órgão competente abster-se da declaração de inconstitucionalidade; b) havendo alguma interpretação possível que permita afirmar-se a compatibilidade da norma com a Constituição, em meio a outras que carreavam para ela um juízo de invalidade, deve o intérprete optar pela interpretação legitimadora, mantendo o preceito em vigor" (*Interpretação e aplicação da Constituição*. 2. ed. São Paulo: Saraiva. 1998, p. 165).

20.2.4. Princípio da vedação do retrocesso: significa que uma vez garantido em um ordenamento jurídico, notadamente no Texto Constitucional, um direito humano (que se torna fundamental pela positivação na Constituição) não pode mais deixar de existir naquela sociedade ou Estado. Tal princípio está implícito nos ordenamentos jurídicos de todos os países que reconhecem a importância e a validade do direito internacional dos direitos humanos.

20.2.5. Correntes interpretativista e não-interpretativista: segundo a corrente interpretativista, os intérpretes têm como limites os valores expressos, ou, ao menos, claramente implícitos nas Constituições, de modo a respeitar-se a vontade do constituinte. Já a corrente não-interpretativista sustenta que o intérprete pode invocar valores eventualmente não expressos ou claramente implícitos nas Constituições, a exemplo da justiça, da moral e da liberdade. A corrente não-interpretativista recebe esse nome porque ela não interpretaria a partir da Constituição, mas criaria uma nova norma para servir à resolução do problema.

21. Classificação dos princípios constitucionais segundo José Afonso da Silva

21.1. Princípios Constitucionais Sensíveis: são aqueles que devem ser observados, sob pena de intervenção federal, consoante art. 34, II, da CF.

21.2. Princípios Constitucionais Extensíveis: são aqueles que trazem as normas de organização que a Constituição Federal estendeu aos Estados-membros, a exemplo do art. 6º, *caput*, da CF.

21.3. Princípios Constitucionais Estabelecidos: são aqueles que limitam a autonomia organizatória do Estado, a exemplo do art. 37 da CF.

PODER CONSTITUINTE E DIREITO CONSTITUCIONAL INTERTEMPORAL

- **CF, art. 60, § 4º.**

PODER CONSTITUINTE

1.1. Ideia ou Teoria Clássica de Poder Constituinte (de Emmanuel Joseph Sieyès, na obra *Que é o Terceiro Estado?*): a soberania popular consiste essencialmente no poder constituinte da nação. Entretanto, atualmente, a ideia de nação cedeu lugar ao poder do povo. Assim, é o povo que atribui seus poderes a órgãos estatais especializados, que passam a se denominar Poderes (Executivo, Legislativo e Judiciário). E se o povo delega certas partes do seu poder às diversas autoridades constituintes, ele mantém o poder constituinte. Nesse sentido, o Poder Constituinte tem suas raízes em uma força geral da Nação (JJ. Gomes Canotilho).

1.2. A **titularidade** do Poder Constituinte é do povo, mas é o Estado quem o exerce.

1.3. O **Poder Constituinte Originário (também denominado por Genuíno, Primário ou de Primeiro Grau)** cria a primeira ou nova constituição de um Estado. Para atingir seu objetivo, ele é **inicial** (não existe outro poder anterior ou superior a ele), **autônomo** (o poder constituinte determina a estrutura da nova Constituição), **ilimitado** (tem autonomia para escolher o Direito que irá viger, ou seja, não se subordina a nenhuma ideia jurídica preexistente) e **incondicionado** (é dotado de liberdade quanto aos procedimentos adotados para a criação da Constituição, ou seja, não precisa seguir nenhuma formalidade preestabelecida). (LÉPORE, Paulo. *Direito constitucional*. 2. Ed. Salvador: Juspodivm, 2014, p. 25). Ademais, o poder constituinte originário pode ser qualificado como **permanente**, "[...] já que o poder constituinte originário não se esgota com a edição da nova Constituição, sobrevivendo a ela e fora dela como forma de expressão da liberdade humana, em verdadeira ideia de subsistência." (LENZA, Pedro. *Direito constitucional esquematizado*. 16. ed. São Paulo: Saraiva, 2012, p. 186).

1.4. Já o **Poder Constituinte Derivado Reformador (também denominado por Secundário, de Segundo Grau, Instituído, Constituído, ou de Reforma)** é responsável pela reforma da Constituição (no Brasil, por meio de Emendas Constitucionais ou da incorporação de tratados internacionais de direitos humanos). Vale notar que a CF de 1988 **não** prevê expressamente o poder de reforma, que materializa o poder constituinte derivado, mas este se encontra implícito, e se extrai, por exemplo, da norma constitucional que prevê propostas de emendas à Constituição.

1.5. A seu turno, o Poder Constituinte Derivado **Decorrente** é aquele exercido pelos Estados-membros, na construção das Constituições Estaduais (art. 25, da CF).

1.6. Limitações ao Poder Constituinte Derivado

1.6.1. Temporais: impedem a alteração da Constituição em um determinado período de tempo (A CF/88 não prevê nenhuma limitação temporal, em privilégio ao ganho de estabilidade).

1.6.2. Circunstanciais: impedem a alteração da CF em momentos de extrema gravidade, nos quais a livre manifestação do poder reformador possa estar ameaçada (Estado de Defesa, Estado de Sítio, e Intervenção Federal).

1.6.3. Formais/Processuais/Procedimentais, que podem ser de duas espécies: 3.1. Formal Subjetiva (há legitimados específicos para a propositura de Emendas Constitucionais); 3.2. Formal Objetiva (quórum qualificado de três quintos, em dois turnos, em cada Casa do Congresso Nacional, com promulgação pelas mesas do Senador Federal e da Câmara dos Deputados).

1.6.4. Materiais/Substanciais: cláusulas pétreas.

1.6.5. Implícitas: vedam a alteração das regras pertinentes ao processo para modificação da Constituição.

- **Atenção!** Algumas provas pedem a classificação das limitações ao Poder Constituinte na Constituição de 1988. **Para a ESAF**, as limitações são **explícitas** (englobam as circunstanciais e as materiais) e **implícitas** (se confundem com as formais/processuais/procedimentais)

- As **cláusulas pétreas** (de pedra, duras) estão dispostas no art. 60, § 4º, da CF: I – a forma federativa de Estado; II – o voto direto, secreto, universal e periódico; III – a separação dos Poderes; IV – os direitos e garantias individuais. Não será objeto de deliberação a proposta de emenda constitucional **tendente** a aboli-las.

- O STF entende que **os direitos e garantias individuais considerados cláusulas pétreas pela CF não se restringem àqueles expressos no elenco do art. 5º**, admitindo interpretação extensiva para definição de **direitos análogos,** o que restou claro na ADI 939, julgada em 1993 e relatada pelo Ministro Sydney Sanches, que considerou direito e garantia individual a anterioridade tributária, consoante art. 5º, § 2º, art. 60, § 4º, IV, e art. 150, III, "b", todos da CF.

- As cláusulas pétreas tem como significado último **prevenir a erosão da Constituição Federal**, inibindo a tentativa de abolir o projeto constitucional deixado pelo constituinte (que normalmente ocorrem em momentos de pressões e revoltas populares, consoante lição de Karl Loewenstein (*Teoria de la constitución*. Barcelona: Ariel, 1983, p. 222).

- O STF considera que os limites materiais ao poder constituinte de reforma **não significam a intangibilidade literal da disciplina dada ao tema pela Constituição originária**, mas sim a proteção do núcleo essencial dos princípios e institutos protegidos pelas cláusulas pétreas, consoante ADI 2.024, julgada em 2007 e relatada pelo Ministro Sepúlveda Pertence.

- O poder constituinte de reforma não pode criar novas cláusulas pétreas, ou seja, não pode ampliar as hipóteses do art. 60, § 4º, da CF. Entretanto, é possível que haja uma **ampliação no catálogo dos direitos fundamentais** criado pelo poder constituinte originário, notadamente dos direitos e garantias individuais protegidos pelo art. 60, § 4º, IV, da CF, a exemplo do direito à razoável duração do processo (art. 5º, LXXVIII, da CF), incluído pela EC 45/04.

- O sistema constitucional brasileiro **admite a existência de cláusulas pétreas implícitas**, a exemplo da forma republicana de governo. Essa afirmação encontra fundamento na **jurisprudência do STF** (ADI 829, Rel. Min. Moreira Alves, julgamento em 14-4-1993, Plenário, DJ de 16-9-1994; e (MS 24.875, Rel. Min. Sepúlveda Pertence, julgamento em 11-5-2006, Plenário, DJ de 6-10-2006.).

- De acordo com Luís Roberto Barroso, "[...] hierarquia, em Direito, designa o fato de uma norma colher o seu fundamento de validade em outra, sendo inválida se contravier a norma matriz. Ora bem: não é isso que se passa na situação aqui descrita. Pelo princípio da unidade da Constituição, inexiste hierarquia entre normas constitucionais originárias, que jamais poderão ser declaradas inconstitucionais umas em face das outras. **A proteção especial dada às normas amparadas por cláusulas pétreas sobreleva seu status político ou sua carga valorativa, com importantes repercussões hermenêuticas, mas não lhes atribui superioridade jurídica**". (Curso de direito constitucional contemporâneo. São Paulo: Saraiva, 2009, p. 167).

1.7. Segundo José Afonso da Silva, **reforma é gênero**, e tem como espécies: emenda (mudança pontual) e revisão (modificação mais amplas). Alguns autores também apontam a mutação constitucional como um procedimento não-formal de reforma ou mudança da Constituição

- **Revisão constitucional**: prevista no art. 3º, do ADCT da CF, foi realizada 5 anos após a promulgação da CF/88 (em 1993, portanto) pelo voto da maioria absoluta dos membros do Congresso Nacional, em sessão unicameral, tendo gerado seis emendas constitucionais de revisão que detêm o *status* de normas constitucionais **derivadas**, porque materializadas por meio de emendas. Ademais, elas estão sujeitas ao controle de constitucionalidade, pois apenas as normas constitucionais originárias gozam de presunção absoluta de constitucionalidade.
- **Mutação constitucional:** é um processo informal de mudança da Constituição em que o texto constitucional permanece inalterado, modificando-se apenas o significado e o sentido interpretativo de determinada norma constitucional. Em outras palavras: na mutação, altera-se a interpretação sobre o texto da Constituição, chegando-se a norma com sentido novo. O exemplo mais famoso é o empregado ao STF ao art. 52, X, da CF, para dizer que a nova norma que dele se extrai é no sentido que a resolução emitida pelo Senador Federal para suspender a execução, no todo ou em parte, de norma declarada inconstitucional no controle difuso serve apenas para conferir publicidade à decisão do STF. Outro exemplo é a interpretação do STF sobre o conceito de casa, do art. 5º, XI, da CF, para dizer que inclui também escritórios profissionais, hotéis, motéis, pensões e congêneres. Segundo Luís Roberto Barroso, a mutação constitucional pode ocorrer por interpretação, pela atuação do legislador e por via de costume. A mutação constitucional por via de interpretação "consiste na mudança de sentido da norma, em contraste com entendimento preexistente". Já a mutação pela atuação do legislador ocorrerá "quando, por ato normativo primário, procurar-se modificar a interpretação que tenha sido dada a alguma norma constitucional. É possível conceber que, ensejando a referida norma mais de uma leitura possível, o legislador opte por uma delas, exercitando o papel que lhe é próprio, de realizar escolhas políticas. A mutação terá lugar se, vigendo um determinado entendimento, a lei vier a alterá-lo. Suponha-se, por exemplo, que o § 3º do art. 226 da Constituição – que reconhece a união estável entre homem e mulher como entidade familiar – viesse a ser interpretado no sentido de considerar vedada a união estável entre pessoas do mesmo sexo. Se a lei ordinária vier a disciplinar esta última possibilidade, chancelando as uniões homoafetivas, terá modificado o sentido que vinha sendo dado à norma constitucional". Por fim, a mutação por costume é aquela que altera uma prática historicamente considerada válida. "Há outro exemplo expressivo contemporâneo, relacionado com as Comissões Parlamentares de Inquérito (CPIs). Nos últimos anos, uma prática política persistente expandiu os poderes dessas comissões e redefiniu suas competências. Passou-se a admitir, pacificamente, a determinação de providências que antes eram rejeitadas pela doutrina e pela jurisprudência, aí incluídas a quebra de sigilos bancários, telefônico e fiscais" (BARROSO, Luís Roberto. Curso de Direito Constitucional Contemporâneo. São Paulo: Saraiva, 2009, p. 128-135).
- **Atenção!** No julgamento das ADI 3.406 e 3.470, o STF retomou seu entendimento, pela manifestação do Ministro Gilmar Mendes, de que o art. 52, X da CF/88 sofreu mutação constitucional, devendo ser interpretado de modo a atribuir eficácia vinculante à decisão da Corte independente da manifestação do Senado Federal, que apenas torna pública, divulgando a decisão. [ADI 3.406 e ADI 3.470, rel. min. Rosa Weber, j. 29-11-2017, P, Informativo 886.]

1.8. Poder constituinte supranacional: tem capacidade para submeter as diversas constituições nacionais ao seu poder supremo, distinguindo-se do ordenamento jurídico positivo interno assim como do direito internacional. Exemplo concreto é a tentativa de criação de uma Constituição para a União Europeia, responsável pela regência de vários países e não se confundindo com cada um dos direitos internos e nem com os tratados internacionais.

- **Não há** manifestação de Poder Constituinte (Originário, Derivado, ou Decorrente) nos Municípios, pois estes têm sua estruturação jurídica dada por meio de Lei Orgânica, não de Constituição.

DIREITO CONSTITUCIONAL INTERTEMPORAL

2.1. Revogação: a Constituição nova, mesmo que não diga expressamente ou que não seja incompatível, revoga inteiramente a Constituição anterior. Trata-se de revogação por normatização geral. Ocorre uma ab-rogação da Constituição anterior.

2.2. Desconstitucionalização: quando do surgimento de uma nova Constituição, apenas a constituição propriamente dita (anterior) é revogada, e as normas constitucionais compatíveis materialmente com o novo diploma são recepcionadas com status infraconstitucional (desconstitucionalizadas). Segundo a maioria da doutrina, esse fenômeno nem ocorreu tacitamente e nem foi expressamente adotado pela Constituição Federal vigente.

2.3. Recepção: consiste no fenômeno em que normas pertencentes a uma ordem jurídica anterior são recebidas e consideradas válidas por uma nova ordem constitucional, porque seus conteúdos são materialmente compatíveis. Quando do surgimento de uma nova Constituição as normas materialmente incompatíveis serão revogadas (nomenclatura utilizada pelo STF) ou não-recepcionadas. A incompatibilidade formal superveniente não impede a recepção, mas faz com que a norma adquira uma nova roupagem. Exemplo: CTN (Lei 5.172/66) foi recepcionado, por EC pela CF/67 e também pela CF/88 como Lei Complementar, logo, só pode ser revogado por outra lei complementar. Em outras palavras: na recepção constitucional só importa o aspecto material. Há, ainda, a recepção expressa, a exemplo da norma do art. 34 do ADCT, segundo a qual o sistema tributário nacional entraria em vigor apenas a partir do primeiro dia do quinto mês seguinte ao da promulgação da Constituição, mantido, até então, o da Constituição de 1967, com a redação dada pela Emenda nº 1, de 1969, e pelas posteriores. Assim, o art. 34 do ADCT recepcionou, expressamente, o sistema tributário da Constituição de 1967, ainda que por prazo determinado.

2.4. Repristinação: fenômeno que se dá pela recuperação da vigência de uma norma que tinha sido revogada, se, por acaso, a lei que a tinha revogado, por qualquer razão, perder a vigência (porque foi revogada, por exemplo). Simplificando: tomemos três leis "1", "2" e "3". Se "2" revoga "1", mas "3" revoga "2", "1" volta a ter vigência. No plano legal, esse fenômeno só existe de forma expressa (se a lei que entra em vigor revogando a lei revogadora expressar o restabelecimento da lei inicialmente revogada), não havendo repristinação tácita. Mas, no plano constitucional, fala-se na existência de um efeito repristinatório tácito, em que no controle de constitucionalidade concentrado, a concessão da medida cautelar ou decisão de mérito torna aplicável a legislação anterior acaso existente, salvo expressa manifestação em sentido contrário (art. 11, § 2º, da Lei 9.868/99). Vale ressaltar, com Pedro Lenza, que o STF vem utilizando a expressão "efeito repristinatório" da declaração de inconstitucionalidade (c.f. ADI 2.215-PE, medida cautelar, Rel. Ministro Celso de Mello, Informativo 224 do STF). Isso porque, se a lei é nula, ela nunca teve eficácia. Se nunca teve eficácia, nunca revogou nenhuma norma. Se nunca revogou nenhuma norma, aquela que teria sido supostamente "revogada" continua tendo eficácia (Direito Constitucional Esquematizado. 16 ed. São Paulo: Saraiva, 2012, p. 342).

2.5. Constitucionalidade superveniente: trata-se do saneamento do vício de inconstitucionalidade por uma nova constituição ou emenda. Não é admitida no Brasil. A constitucionalidade de uma lei sempre deve ser analisada em relação à Constituição vigente quando de sua edição. O vício de inconstitucionalidade, quando existente, é sempre congênito, ou seja, existe desde o momento de edição da norma. Se uma lei nasceu inconstitucional, o vício é insanável e o fato de ela não ser incompatível com uma nova Constituição é absolutamente irrelevante. Uma nova Constituição não pode constitucionalizar, tirar o vício de uma lei que é inconstitucional segundo o parâmetro constitucional anterior. Assim entende o STF: "Em nosso ordenamento jurídico, não se admite a figura da constitucionalidade superveniente. Mais relevante do que a atualidade do parâmetro de controle é a constatação de que a inconstitucionalidade persiste e é atual, ainda que se refira a dispositivos da CF que não se encontram mais em vigor. Caso contrário, ficaria sensivelmente enfraquecida a própria regra que proíbe a convalidação. (ADI 2.158, julgada em 2010 e relatada pelo Ministro Dias Tóffoli) "Constituição. Lei anterior que a contrarie. Revogação. Inconstitucionalidade superveniente. Impossibilidade. A lei ou é constitucional ou não é lei. Lei inconstitucional é uma contradição em si. A lei é constitucional quando fiel à Constituição; inconstitucional na medida em que a desrespeita, dispondo sobre o que lhe era vedado. O vício da inconstitucionalidade é congênito à lei e há de ser apurado em face da Constituição vigente ao tempo de sua elaboração. Lei anterior não pode ser inconstitucional em relação à Constituição superveniente; nem o legislador poderia infringir Constituição futura. A Constituição sobrevinda não torna inconstitucionais leis anteriores com ela conflitantes: revoga-as. Pelo fato de ser superior, a Constituição não deixa de produzir efeitos revogatórios. Seria ilógico que a lei fundamental, por ser suprema, não revogasse, ao ser promulgada, leis ordinárias. A lei maior valeria menos que a lei ordinária." (ADI 2, julgada em 1992 e relatada pelo Ministro Paulo Brossard).

2.6. Retroatividade da norma constitucional: há três níveis de retroatividade: máxima, média e mínima. A retroatividade máxima ou restitutória se dá na hipótese em que a norma nova prejudica coisa julgada ou fatos jurídicos já consumados. A retroatividade média ocorre no caso de a norma nova atingir efeitos pendentes de atos verificados antes dela. A retroatividade mínima, temperada ou mitigada se verifica quando a norma nova atinge apenas os efeitos de fatos anteriores, verificados após a data que ela entra em vigor (tudo conforme a ADI 493, julgada pelo STF em 1992 e relatada pelo Ministro Moreira Alves).

PRINCÍPIOS FUNDAMENTAIS DA CONSTITUIÇÃO DA REPÚBLICA FEDERATIVA DO BRASIL

- **CF, artigos 1º a 4º**

1. A República Federativa do Brasil (RFB), formada pela união indissolúvel dos Estados e Municípios e do Distrito Federal, constitui-se em Estado Democrático de Direito e tem como **fundamentos**: I – a soberania; II – a cidadania; III – a dignidade da pessoa humana; IV – os valores sociais do trabalho e da livre iniciativa; V – o pluralismo político (art. 1º da CF).

- Para memorizar os fundamentos da RFB, o leitor pode se valer da expressa mnemônica: **SOCIDIVAPLU**

FUNDAMENTOS DA REPÚBLICA FEDERATIVA DO BRASIL	
SO:	Soberania
CI:	Cidadania
DI:	Dignidade da pessoa humana
VA:	Valores sociais do trabalho e da livre iniciativa
PLU:	pluralismo político
SO-CI-DI-VA-PLU	

2. **Federalismo:** pode ser classificado em: a) por agregação ou centrípeto: b) por desagregação ou centrífugo:

2.1. **Federalismo por agregação ou centrípeto:** se forma a partir de Estados ou entes independentes que se juntam para a formação de um Estado Federado, com garantia de autonomia aos seus componentes, mas que dota apenas o Estado Unido (reunião de seus entes autônomos) de independência. Assim, por serem autônomos, mas não independentes, os entes federados não têm direito à secessão, ou seja, não podem se tornar independentes do Estado Federado. Essa é a forma originária e própria de Federalismo, que ocorreu com as treze colônias que conquistaram a independência da Grã-Bretanha, mas optaram pela formação dos Estados (federados) Unidos da América.

2.2. **Federalismo por desagregação ou centrífugo:** se forma a partir da subdivisão de um Estado unitário em entes independentes, que se harmonizam para a formação de um Estado Federado, com garantia de autonomia aos seus componentes, mas que dota apenas o Estado Unido (reunião de seus entes autônomos) de independência. Assim, por serem autônomos, mas não independentes, os entes federados não têm direito à secessão, ou seja, não podem se tornar independentes do Estado Federado. Essa é a forma imprópria de Federalismo, que ocorreu com o Brasil em 1891, formando os Estados Unidos do Brasil e permanece até hoje, mas sob nova roupagem, pois estamos sob a égide da República Federativa do Brasil.

- **Federalismo de terceiro grau:** é o nome que se dá à Federação que também confere autonomia aos Municípios. No Brasil, o federalismo de terceiro grau passou a existir apenas a partir da Constituição Federal de 1988, momento em que os Municípios ganharam autonomia.

3. Ninguém é obrigado a cumprir ordem ilegal, ou a ela se submeter, ainda que emanada de autoridade judicial. É dever de cidadania opor-se à ordem ilegal; caso contrário, nega-se o **Estado Democrático de Direito**. Tal posicionamento foi exarado no **HC 73.454**, julgado pelo STF em 1996 e relatado pelo Ministro Maurício Corrêa.

4. **Princípio da livre iniciativa:** segundo o STF, "o princípio da livre iniciativa não pode ser invocado para afastar regras de regulamentação do mercado e de defesa do consumidor." (RE 349.686, julgado em 2005 e relatado pela Ministra Ellen Gracie).

5. **Todo o poder emana do povo**, que o exerce por meio de representantes eleitos ou diretamente, nos termos da Constituição Federal de 1988 (art. 1º, parágrafo único, da CF). Trata-se do denominado **Princípio Democrático**.

6. São **Poderes da União**, independentes e harmônicos entre si, o Legislativo, o Executivo e o Judiciário (art. 2º da CF).

- A Primeira Constituição Brasileira, de 1824, previa um quarto Poder, chamado de **Moderador**. Por meio dele o Imperador podia interferir diretamente nas atividades exercidas pelos demais Poderes, o que se ilustrava pela possibilidade de o Governante dissolver a Câmara dos Deputados.

- **Atenção!** O Ministério Público é compreendido como uma Função Essencial à Justiça (art. 127 da CF), não um Poder.

- A União é pessoa jurídica de direito público interno que representa a **pessoa jurídica de direito público externo República Federativa do Brasil**.

7. Constituem **objetivos fundamentais** da República Federativa do Brasil: I – construir uma sociedade livre, justa e solidária; II – garantir o desenvolvimento nacional; III – erradicar a pobreza e a marginalização e reduzir as desigualdades sociais e regionais; IV – promover o bem de todos, sem preconceitos de origem, raça, sexo, cor, idade e quaisquer outras formas de discriminação (art. 3º da CF).

8. A República Federativa do Brasil rege-se, nas suas **relações internacionais**, pelos seguintes princípios: I – independência nacional; II – prevalência dos direitos humanos; III – autodeterminação dos povos; IV – não-intervenção; V – igualdade entre os Estados; VI – defesa da paz; VII – solução pacífica dos conflitos; VIII – repúdio ao terrorismo e ao racismo; IX – cooperação entre os povos para o progresso da humanidade; X – concessão de asilo político (art. 4º da CF).

9. São chamados de **preceitos fundamentais** não só os princípios fundamentais descritos nos artigos 1º a 4º da CF, mas também todas as prescrições que dão o sentido básico do regime constitucional, especialmente as designativas de direitos e garantias fundamentais. Assim leciona José Afonso da Silva: "Os preceitos fundamentais são, além dos princípios fundamentais, **todas as prescrições que dão o sentido básico do regime constitucional**, como são, por exemplo, as que apontam para a autonomia dos Estados, do Distrito Federal e especialmente as designativas de direitos e garantias fundamentais" (*Curso de Direito Constitucional Positivo*. 13 ed. Malheiros. São Paulo: 1997, p. 530).

DIREITOS E GARANTIAS FUNDAMENTAIS

- **CF, artigos 5º a 11.**

1. Os direitos e garantias fundamentais estão formalmente alocados nos **artigos 5º a 17 da CF**.

2. Denominam-se direitos fundamentais os **direitos humanos que são positivados nas constituições**.

- O jurista espanhol **Antonio Perez Luño** define os direitos fundamentais como um conjunto de faculdades e instituições que, em cada momento histórico, concretizam as exigências da dignidade, igualdade e liberdade humanas, devendo obrigatoriamente ser reconhecidos no ordenamento jurídico positivo e por este garantidos, em âmbito internacional e nacional, gozando no ordenamento nacional de tutela reforçada em face dos poderes constituídos do Estado (Los derechos fundamentales. 5. ed. Madrid: Tecnos, 1993, p. 46-47).

3. A doutrina classifica os direitos humanos e os fundamentais em **gerações ou dimensões de direitos**. Os **direitos civis e políticos** seriam os de primeira geração ou dimensão, caracterizados pelo valor liberdade. Já os **direitos econômicos, sociais e culturais** seriam os de segunda geração ou dimensão, caracterizados pelo valor igualdade. Por fim, os **direitos de solidariedade ou fraternidade** seriam os de terceira geração ou dimensão, caracterizados pelo valor solidariedade ou fraternidade. Estes direitos formariam, assim, um conjunto indivisível de direitos fundamentais, entre os quais não há qualquer relação hierárquica.

4. **Dimensões objetiva e subjetiva dos direitos fundamentais:** "a dimensão subjetiva dos direitos fundamentais corresponde à característica desses direitos de, em maior ou menor escala, ensejarem uma pretensão a que se adote um dado comportamento ou então essa dimensão se expressa no poder da vontade de produzir efeitos sobre certas relações jurídicas". [...] "A dimensão objetiva resulta do significado dos direitos fundamentais como princípios básicos da ordem constitucional, [...] que transcendem a perspectiva da garantia de posições individuais, para alcançar a estatura de normas que filtram os valores básicos da sociedade política, expandindo-os para todo o direito positivo". [...] A perspectiva objetiva, nesse sentido, legitima até restrições aos direitos subjetivos individuais, limitando o conteúdo e o alcance dos direitos fundamentais em favor dos seus próprios titulares ou de outros bens constitucionalmente valiosos" (MENGES, Gilmar Ferreira; COELHO, Inocêncio Mártires; BRANCO, Paulo Gustavo Gonet. Curso de direito constitucional. 2. ed. São Paulo: Saraiva, 2008, p. 133)

- A **representação dos interesses individuais** sob a **ótica negativa** perante o Poder Público, que se refere a uma perspectiva subjetiva, não se compreende dentre as características da perspectiva objetiva dos direitos fundamentais. De acordo com Paulo Bonavides: "**os direitos da primeira geração** ou direitos da liberdade têm por titular o indivíduo, são oponíveis ao Estado, traduzem-se como faculdades ou atributos da pessoa e ostentam uma **subjetividade** que é seu traço mais característico; enfim, são direitos de resistência ou de oposição perante o Estado" (*Curso de Direito Constitucional.*22 ed. São Paulo: Malheiros, 2008, p. 564).

- Novamente segundo as lições de Paulo Bonavides, "**com o advento dos direitos fundamentais da segunda geração os publicistas alemães, a partir de Schmitt, descobriram também o aspecto objetivo** [...] Os direitos da segunda geração merecem um exame mais amplo. Dominam o século XX do mesmo modo como os direitos de primeira geração dominaram o século passado. São os direitos sociais, culturais e econômicos [...] Mas passaram primeiro por um ciclo de baixa normatividade ou tiveram eficácia duvidosa, em virtude de sua própria natureza de direitos que exigem do Estado determinadas prestações materiais nem sempre resgatáveis por exiguidade, carência ou limitação essencial de meios e recursos. De juridicidade questionada nessa fase, foram eles remetidos à chamada esfera programática, em virtude de não conterem para sua concretização aquelas garantias habitualmente ministradas pelos instrumentos processuais de proteção aos direitos da liberdade" (*Curso de Direito Constitucional.*22 ed. São Paulo: Malheiros, 2008, p. 564-565)

5. Segundo apontamentos doutrinários, os direitos fundamentais caracterizados pela **indivisibilidade, irrenunciabilidade e incaducabilidade**, que decorrem da exigência de atendimento do princípio da dignidade da pessoa humana.

6. **Efeito *cliquet* e vedação do retrocesso:** o efeito *cliquet* nada mais é do que a aplicação do princípio da vedação do retrocesso. Ou seja, uma vez garantido, um direito não pode mais ser revogado. Sua aplicação é evidente na temática dos direitos humanos. Uma vez reconhecido, um direito humano não pode mais ser desconsiderado.

7. No final do século XIX, na obra intitulada Sistema dos Direitos Subjetivos Públicos (System der subjektiv öffentlichen Rechte), **Georg Jellinek** desenvolveu parte de seu pensamento doutrinário sob o enfoque das diversas formas em relação as quais os indivíduos podem se colocar frente ao Estado. Dependendo do ***status***, ou seja, da relação que os indivíduos mantêm com o Estado, é que emergirão direitos ou deveres. Das diversas formas pelas quais os indivíduos podem se relacionar com o Estado podem ser extraídas quatro espécies fundamentais: a) status subjectionis ou status passivo; b) status negativus ou status libertatis; c) status civitatis ou status positivo e; d) status activus (JELLINEK, Georg.

Teoria general del Estado. Buenos Aires: Albatros, 1981, p. 306).

7.1. ***Status subjectionis* ou status passivo**, o indivíduo encontra-se subordinado aos poderes estatais, razão pela qual, deve se submeter ao cumprimento de alguns deveres, e às proibições impostas pelo Estado. Citem-se como exemplo a obrigação de exercício do direito de sufrágio pelo voto aos maiores de dezoito anos, e a proibição do direito de reunião para fins não pacíficos.

7.2. ***Status libertatis*, *status negativus* ou status negativo**, pode-se afirmar que se refere àqueles direitos que devem ser assegurados na situação em que o indivíduo requer um comportamento negativo do Estado, uma abstenção, para que, assim, possa exercer plenamente algumas de suas liberdades.

7.3. ***Status civitatis* ou status positivo**, permite que o indivíduo, subjugado pelos poderes instituídos e classes mais favorecidas, exija prestações positivas do Estado, que propiciem redução das desigualdades sociais.

7.4. ***Status activus***, relaciona-se à possibilidade de participação ativa dos indivíduos na formação da vontade política estatal. Consubstancia-se, por exemplo, na iniciativa popular de lei, e na possibilidade de manejo de ação popular.

8. Multiculturalismo e Interculturalidade: são pensamentos que se apresentam ligados à tutela dos direitos humanos e fundamentais. O multiculturalismo prega o respeito às diferentes culturas presentes na sociedade e que normalmente tem origem nas misturas de nacionalidades, raças e etnias durante o processo de formação de um povo. Funda-se, ainda, em um movimento contra-hegemônico, que não aceita a imposição de valores homogêneos que refletem os interesses da classe dominante. Por sua vez, a interculturalidade é uma das perspectivas do multiculturalismo, que se especializa por trabalhar com as ideias de abertura e interatividade. Sob este prisma, a sociedade deve ser democrática e aceitar que todos os valores culturais devem ser respeitados, em um movimento de constante negociação e ponderação.

9. Eficácia Vertical dos Direitos Fundamentais: aplicação dos direitos fundamentais nas relações entre Estado e particulares.

10. Eficácia Horizontal, Privada, Externa, ou Em Relação a Terceiros dos Direitos Fundamentais: trata-se da aplicação dos direitos fundamentais nas relações entre particulares. O STF reconheceu a eficácia horizontal em pelo menos três oportunidades: a) Exclusão de Cooperado: cooperados não poderiam ter sido excluídos sem que fosse respeitado o devido processo legal (RE 158.215, julgado em 1996 e relatado pelo Ministro Marco Aurélio); b) Caso Air France: os franceses não poderiam conceder aumento salarial apenas aos seus funcionários franceses, discriminado os brasileiros que exerciam as mesmas funções (RE 161243-6, julgado em 2006 e relatado pelo Ministro Carlos Velloso); c) Expulsão de Associado: associado não poderia ter sido expulso da União Brasileira de Compositores sem que lhe fosse garantido a ampla defesa (RE 201819, julgado em 2005 e relatado para acórdão pelo Ministro Gilmar Mendes).

- **Teorias quanto à Eficácia Horizontal:** No que tange à eficácia horizontal, é possível apontar as seguintes teorias: a) **Teoria da Ineficácia horizontal**: nega a aplicação dos direitos fundamentais às relações privadas; b) **Teoria da Eficácia Horizontal Indireta**: reclama a necessidade de normas infraconstitucionais delimitando a aplicabilidade das normas de direito fundamental nas relações privadas; c) **Teoria da Eficácia Horizontal Direta**: consente na aplicação direta dos direitos fundamentais às relações privadas, independentemente de sua delimitação legal; d) **Teoria Integradora**: preconiza que, em um plano ideal, cabe à lei regular a aplicação dos direitos fundamentais nas relações privadas, no entanto, diante de sua ausência, a aplicação será direta.
- **Eficácia Diagonal:** trata-se da aplicação dos direitos fundamentais nas relações privadas demarcadas por patente desequilíbrio fático e visível desproporção entre as partes.

11. No HC 82.959, julgado em 2006 e relatado pelo Ministro Gilmar Mendes, o STF traz didática lição acerca das teorias sobre o **núcleo essencial dos direitos fundamentais**: "(1) Os adeptos da chamada **teoria absoluta** ("absolute Theorie") entendem o núcleo essencial dos direitos fundamentais (Wesensgehalt) como unidade substancial autônoma (substantieller Wesenskern) que, independentemente de qualquer situação concreta, estaria a salvo de eventual decisão legislativa. (...) haveria um espaço que seria suscetível de limitação por parte do legislador; outro seria insuscetível de limitação. (...) (2) Os sectários da chamada **teoria relativa** ("relative Theorie") entendem que o núcleo essencial há de ser definido para cada caso, (...) mediante a utilização de um processo de ponderação entre meios e fins (Zweck-Mittel-Prüfung), com base no princípio da proporcionalidade. O núcleo essencial seria aquele mínimo insuscetível de restrição ou redução com base nesse processo de ponderação. (...). Tanto a teoria absoluta quanto a teoria relativa pretendem assegurar uma maior proteção dos direitos fundamentais, (...) Todavia, todas elas apresentam insuficiências. É verdade que a teoria absoluta, ao acolher uma noção material do núcleo essencial, insuscetível de redução por parte do legislador, pode converter-se, em muitos casos, numa fórmula vazia, dada a dificuldade ou até mesmo a impossibilidade de se demonstrar ou caracterizar in abstracto a existência desse mínimo essencial. (...) Por seu turno, uma opção pela teoria relativa pode conferir uma flexibilidade exagerada ao estatuto dos direitos fundamentais(...) Por essa razão, **propõe Hesse uma fórmula conciliadora, que reconhece no princípio da proporcionalidade uma proteção contra as limitações arbitrárias ou desarrazoadas (teoria relativa), mas também contra a lesão ao núcleo essencial dos direitos fundamentais** (...) **a proporcionalidade não há de ser interpretada em sentido meramente econômico, de adequação da medida limitadora ao fim perseguido, devendo também cuidar da harmonização dessa finalidade com o direito afetado pela medida.**

12. Eficácia irradiante: segundo Daniel Sarmento (*Direitos fundamentais e relações privadas*. Rio de Janeiro: Ed. Lumen Juris, 2004) a eficácia irradiante dos direitos fundamentais é o atributo que confere caráter eminentemente objetivo a esses direitos, como critérios para o exercício das funções executiva, legislativa e judiciária do Estado, em claro afastamento da concepção privada e individualista do direito civil.

- O § 2º do artigo 5º, da CF, instituiu **cláusula de expansividade** do catálogo de direitos fundamentais no Brasil, ao dispor que os direitos e garantias expressos nesta Constituição não excluem outros decorrentes do regime e dos princípios por ela adotados, ou dos tratados internacionais em que a República Federativa do Brasil seja parte. Todavia, a Carta de 1988 não foi pioneira na abertura (expansividade) do catálogo de direitos fundamentais no Brasil. Norma semelhante era adotada desde a Constituição da República dos Estados Unidos do Brasil de 1891, e também nas Constituições de 1934, 1937, 1946 e 1967.

13. Os tratados e convenções internacionais sobre direitos humanos que forem aprovados, em cada Casa do Congresso Nacional, em dois turnos, por três quintos dos votos dos respectivos membros, **serão equivalentes às emendas constitucionais,** nos termos do art. 5º, § 3º, da CF, incluído pela EC 45/04.

- Essa nova sistemática de incorporação de tratados (art. 5º, § 3º, da CF) foi aplicada pela primeira vez em 2008, na votação do Decreto Legislativo 186, que acabou culminando na promulgação da **Convenção sobre os Direitos das Pessoas com Deficiência com força constitucional**, segundo o Decreto 6.949/2009. Como reflexo do reconhecimento de status constituição à Convenção, a Procuradora Geral da República Deborah Macedo Duprat de Britto Pereira ajuizou, em 2009, a **ADPF 182**, cujos pedidos são para que se reconheça que: a) o art. 20, § 2º, da Lei nº 8.742/93 não foi recepcionado pela Convenção dos Direitos da Pessoa com Deficiência, que foi aprovada pelo Decreto Legislativo nº 186/2008, de acordo com o procedimento previsto no art. 5º, § 3º, da Constituição Federal, **integrando, portanto, o bloco de constitucionalidade brasileiro**; b) o conceito estabelecido no art. 1º da Convenção sobre os Direitos da Pessoa com Deficiência, é de uso imperativo no direito interno brasileiro, sendo imediatamente aplicável no que tange aos critérios para concessão dos benefícios de prestação continuada disciplinados pela Lei nº 8.742/93.

- Sem prejuízo da supremacia da Constituição sobre os tratados e convenções internacionais, a norma convencional internacional em vigor e aplicável no Brasil e que disponha acerca de direitos humanos, não tendo sido objeto de processo legislativo que a equiparasse a emenda constitucional (art. 5º, § 3º, da CF, nos termos da EC 45/04), tem força jurídico-normativa suficiente para restringir a eficácia e indiretamente obstar a aplicabilidade da norma constitucional paradigma, gozando de **status supralegal**. Tal posição foi firmada no RE 466.343, julgado em 2008 e relatado pelo Ministro Cezar Peluso.

- A proteção dos direitos fundamentais não desconsidera o princípio da supremacia da constituição, **entretanto,** a norma convencional internacional sobre direitos humanos **tem** aptidão para afetar a eficácia ou a aplicabilidade da norma constitucional interna. No bojo do RE 466.343, ficou consignado que "Desde a adesão do Brasil, sem qualquer reserva, ao Pacto Internacional dos Direitos Civis e Políticos (art. 11) e à Convenção Americana sobre Direitos Humanos – Pacto de San José da Costa Rica (art. 7º, 7), ambos no ano de 1992, não há mais base legal para prisão civil do depositário infiel, pois o caráter especial desses diplomas internacionais sobre direitos humanos lhes reserva lugar específico no ordenamento jurídico, estando abaixo da Constituição, porém acima da legislação interna. O status normativo supralegal dos tratados internacionais de direitos humanos subscritos pelo Brasil, dessa forma, **torna inaplicável a legislação infraconstitucional com ele conflitante**, seja ela anterior ou posterior ao ato de adesão. Assim ocorreu com o art. 1.287 do CC de 1916 e com o DL 911/1969, assim como em relação ao art. 652 do Novo CC (Lei 10.406/2002)."

"NOVA" PIRÂMIDE NORMATIVA
(Baseada no posicionamento do STF)

Status constitucional:	Normas da CF + Tratados de Direitos Humanos aprovados de acordo com as regras do art. 5°, § 3°, da CF (Após EC 45/04)
Status supralegal:	Tratados de Direitos Humanos aprovados sem observância das regras do art. 5°, § 3°, da CF (Antes da EC 45/04)
Status legal:	Leis Complementares e Leis Ordinárias
Status infralegal:	Demais atos normativos

14. "Os direitos e garantias individuais **não têm caráter absoluto**. Não há, no sistema constitucional brasileiro, direitos ou garantias que se revistam de caráter absoluto, mesmo porque razões de relevante interesse público ou exigências derivadas do princípio de convivência das liberdades legitimam, ainda que excepcionalmente, a adoção, por parte dos órgãos estatais, de medidas restritivas das prerrogativas individuais ou coletivas, desde que respeitados os termos estabelecidos pela própria Constituição. O estatuto constitucional das liberdades públicas, ao delinear o regime jurídico a que estas estão sujeitas - e considerado o substrato ético que as informa- permite que sobre elas incidam limitações de ordem jurídica, destinadas, de um lado, a proteger a integridade do interesse social e, de outro, a assegurar a coexistência harmoniosa das liberdades, pois nenhum direito ou garantia pode ser exercido em detrimento da ordem pública ou com desrespeito aos direitos e garantias de terceiros." (MS n.º 23.452, julgado no ano 2000 e relatado pelo Ministro Celso de Mello).

- **Limitações aos direitos fundamentais:** não existem direitos fundamentais absolutos. Nenhum se sobrepõe sobre outro e, além disso, não há imunidade a restrições constitucionais ou legais.
- **Restrições aos direitos fundamentais - Teorias Interna e Externa:** a teoria interna preceitua que os limites ao exercício de direitos fundamentais estão neles mesmos, são imanentes, alcançando o seu conteúdo. Já a teoria externa enuncia que eventuais restrições estão fora dos direitos fundamentais, não atingindo sua essência, mas apenas a sua fruição, o seu exercício, pois provém dos casos concretos.
- **Núcleo essencial e proporcionalidade:** a doutrina sustenta que todo direito fundamental tem um núcleo essencial, intangível. Assim, ainda que haja uma colisão de direitos fundamentais ou uma restrição por ato normativo de outra natureza, jamais se pode atingir o núcleo essencial. Por consequência, é correto afirmar-se que jamais se elimina por completo a aplicação de um direito fundamental no caso concreto. Pode haver uma redução ao mínimo que constitui o seu núcleo, mas nunca a supressão completa do direto fundamental. A ferramenta utilizada para se chegar ao núcleo intangível é o princípio da proporcionalidade ou razoabilidade, que permite uma análise de necessidade (a restrição é legítima ou existe alternativa menos gravosa?), adequação (a restrição se presta ao fim pretendido com precisão?) e proporcionalidade em sentido estrito (entre restringir e não restringir, a restrição é mesmo a melhor opção para o caso?)
- **"Limites dos Limites":** sob especial influência da doutrina jurídica de Portugal, o Brasil reconhece que os direitos fundamentais estão protegidos pelos limites dos limites, ou seja, por uma série de restrições estabelecidas a um ato normativo que eventualmente venha a limitar direitos fundamentais, de modo que então existem limites para o estabelecimento de limites. Canotilho classifica os limites como requisitos formais e materiais. São eles: Formais: a) lei formal (em sentido estrito); b) previsão constitucional expressa de previsão. Materiais: a) salvaguarda de outros direitos ou interesses constitucionalmente protegidos; b) caráter geral e abstrato da lei restritiva; c) proibição de retroatividade; d) proibição da diminuição da extensão e do alcance essencial dos direitos fundamentais; e) Res-

peito ao Princípio da Proporcionalidade. Há ainda limites estabelecidos por outros doutrinadores, que podem ser resumos em: a) o ato normativo de restrição deve ser preciso e claro quanto aos pontos de restrição; b) respeito ao núcleo essencial ou intangível dos Direitos Fundamentais.

15. Nas hipóteses de **grave violação de direitos humanos**, o Procurador Geral da República, com a finalidade de assegurar o cumprimento de obrigações decorrentes de tratados internacionais de direitos humanos dos quais o Brasil seja parte, poderá suscitar, perante o **Superior Tribunal de Justiça**, em qualquer fase do inquérito ou processo, incidente de deslocamento de competência para a Justiça Federal. Trata-se do disposto no § 5º do art. 109 da CF.

16. Direitos e deveres individuais e coletivos

- Os direitos e deveres individuais e coletivos estão concentrados no **art. 5º** da CF.
- Apesar do *caput* do artigo 5º garanti-los apenas a brasileiros e estrangeiros residentes no Brasil, a doutrina e o STF os estendem **também para estrangeiros em trânsito e pessoas jurídicas** (HC 94.016, julgado em 2008 e relatado pelo Ministro Celso de Mello).
- Segundo entendimento pacífico do Supremo Tribunal Federal, **as pessoas jurídicas também são titulares de direitos fundamentais** (AC 2.032-QO/SP, relatada pelo Ministro Celso de Mello e julgada em 2008).

17. O *caput* do art. 5º da CF enuncia que "todos são iguais perante a lei, sem distinção de qualquer natureza". Segundo posição doutrinária pacífica, trata-se do reconhecimento da **igualdade formal (perante a lei)**. Entretanto, implícita ao texto constitucional também existe a **igualdade material (na lei)**, que significa conferir tratamento desigual, para igualar. A igualdade material leva em consideração os sujeitos e valores envolvidos e busca equilibrar as relações de fato.

18. Igualdade e Teoria do Impacto Desproporcional: a abordagem dessa teoria se deu na inicial da ADI 4.424, ajuizada em 2010 pelo Procurador Geral da República, Paulo Gurgel. Destacamos o seguinte trecho: A doutrina e a jurisprudência alienígena designam tal situação como de discriminação indireta, correlata com a **teoria do impacto desproporcional. Segundo Joaquim Barbosa, tal teoria consiste na ideia de que "toda e qualquer prática empresarial, política governamental ou semigovernamental, de cunho legislativo ou administrativo, ainda que não provida de intenção discriminatória no momento de sua concepção, deve ser condenada por violação do princípio constitucional da igualdade material se, em consequência de sua aplicação, resultarem efeitos nocivos de incidência especialmente desproporcional sobre certas categorias** (*Ação afirmativa e princípio constitucional da igualdade.* Rio de Janeiro: Renovar, 2001, p. 24). Daniel Sarmento informa sobre o uso da teoria do impacto desproporcional, para evitar discriminações indiretas no campo da igualdade de gênero, pela Corte Europeia de Justiça. Diz ele: "O primeiro precedente ocorreu no julgamento do Caso 170/84, Bilka Kaufhaus vs. Von Hartz, em que se discutia a validade de um sistema privado de pensão mantido por empresa germânica, o qual negava o benefício a empregados que trabalhassem em regime de tempo parcial, à luz do art. 119 do Tratado de Roma, que garante a igualdade entre mulheres e homens em relação ao trabalho. Embora não houvesse ali explícita discriminação de gênero, a Corte entendeu que seria inválido o sistema, porque afetaria de forma muito mais intensa as mulheres do que os homens, já que são elas as que, na grande maioria dos casos, trabalham em regime parcial". E prossegue a respeito da jurisprudência pátria: "Embora a teoria do impacto desproporcional ainda não tenha sido explicitamente examinada pela jurisprudência constitucional brasileira, é importante destacar que nossos tribunais vêm se mostrando cada vez mais abertos à argumentação sobre o impacto real de determinadas medidas sobre grupos vulneráveis, independentemente da comprovação de qualquer intenção discriminatória. O caso mais importante e conhecido neste particular é o acórdão do STF, proferido na ADI nº 1946-DF, julgada em 2003, em que se examinou a constitucionalidade da incidência do limite dos benefícios previdenciários de R$ 1.200,00, estabelecido pela Emenda Constitucional nº 20, sobre o salário-maternidade. A consequência da aplicação do referido teto sobre o salário maternidade seria a transferência, para o empregador da gestante, da responsabilidade pelo pagamento da diferença entre o seu salário e o referido limite durante o período da licença maternidade. Ora, o argumento em que se louvou o STF para, por unanimidade, em decisão de interpretação conforme a Constituição, impedir a incidência questionada, foi o de que ela teria como efeito concreto o aumento da discriminação contra a mulher no mercado de trabalho. Como a isonomia entre gêneros constitui cláusula pétrea (art. 5º, inciso I, combinado com art. 60, § 4º, inciso IV, CF), entendeu-se que o limite dos benefícios não poderia ser aplicado ao salário-maternidade, sob pena de inconstitucionalidade" (*Livre e Iguais – Estudos de Direito Constitucional.* Rio de Janeiro: Lumen Juris, 2006, p. 150). A ADI 4.424 tinha como pedidos para a interpretação conforme a Constituição aos artigos 12, I, 16 e 41 da Lei nº 11.340/2006 (Lei Maria da Penha), no sentido de que (i) a Lei 9.099/95 não se aplica, em nenhuma hipótese, aos crimes cometidos no âmbito da Lei Maria da Penha; (ii) o crime de lesões corporais consideradas de natureza leve, praticadas contra a mulher em ambiente doméstico, processa-se mediante ação penal pública incondicionada; (iii) os dispositivos referidos têm aplicação a crimes que se processam mediante representação, por previsão legal distinta da Lei 9.099/95. Trazendo solução à celeuma, em 2012, por maioria de votos, vencido o presidente, ministro Cezar Peluso, o Plenário do STF julgou procedente, a ADI 4.424. A corrente majoritária da Corte acompanhou o voto do relator, ministro Marco Aurélio, no sentido da possibilidade de o Ministério Público dar início a ação penal sem necessidade de representação da vítima. O artigo 16 da lei dispõe que as ações penais públicas "são condicionadas à representação da ofendida", mas, para a maioria dos ministros do STF, essa circunstância acaba por esvaziar a proteção constitucional assegurada às mulheres. Também foi esclarecido que não compete aos Juizados Especiais julgar os crimes cometidos no âmbito da Lei Maria da Penha (www.stf.jus.br).

19. **Igualdade e política de cotas:** o Plenário do STF julgou improcedente pedido formulado em arguição de descumprimento de preceito fundamental ajuizada, pelo Partido Democratas - DEM, contra atos da Universidade de Brasília - UnB, do Conselho de Ensino, Pesquisa e Extensão da Universidade de Brasília - Cepe e do Centro de Promoção de Eventos da Universidade de Brasília - Cespe, os quais instituíram sistema de reserva de 20% de vagas no processo de seleção para ingresso de estudantes, com base em critério étnico-racial. Preliminarmente, admitiu-se o cabimento da ação, por inexistir outro meio hábil para sanar a lesividade questionada. Apontou-se entendimento da Corte no sentido de que a subsidiariedade da via eleita deveria ser confrontada com a existência, ou não, de instrumentos processuais alternativos capazes de oferecer provimento judicial com eficácia ampla, irrestrita e imediata para solucionar o caso. Articulou-se que, diante da natureza infralegal dos atos impugnados, a ação direta de inconstitucionalidade não seria medida idônea para o enfrentamento da controvérsia, tampouco qualquer das ações que comporiam o sistema de jurisdição constitucional abstrata. De igual modo, repeliu-se alegada conexão ante eventual identidade de causa de pedir entre esta ADPF e a ADI 2197/RJ. Ocorre que as ações de índole abstrata não tratariam de fatos concretos, razão pela qual nelas não se deveria, como regra, cogitar de conexão, dependência ou prevenção relativamente a outros processos ou julgadores. Ademais, avaliou-se que o tema relativo às ações afirmativas inserir-se-ia entre os clássicos do controle de constitucionalidade, e seria conveniente que a controvérsia fosse definitivamente resolvida pelo STF, para colocar fim a polêmica que já se arrastaria, sem solução, por várias décadas nas diversas instâncias jurisdicionais do país. No mérito, explicitou-se a abrangência da matéria. Nesse sentido, comentou-se, inicialmente, sobre o princípio constitucional da igualdade, examinado em seu duplo aspecto: formal e material. Rememorou-se o art. 5º, caput, da CF, segundo o qual ao Estado não seria dado fazer qualquer distinção entre aqueles que se encontrariam sob seu abrigo. Frisou-se, entretanto, que o legislador constituinte não se restringira apenas a proclamar solenemente a igualdade de todos diante da lei. Ele teria buscado emprestar a máxima concreção a esse importante postulado, para assegurar a igualdade material a todos os brasileiros e estrangeiros que viveriam no país, consideradas as diferenças existentes por motivos naturais, culturais, econômicos, sociais ou até mesmo acidentais. Além disso, atentaria especialmente para a desequiparação entre os distintos grupos sociais. **Asseverou-se que, para efetivar a igualdade material, o Estado poderia lançar mão de políticas de cunho universalista — a abranger número indeterminado de indivíduos — mediante ações de natureza estrutural; ou de ações afirmativas — a atingir grupos sociais determinados — por meio da atribuição de certas vantagens, por tempo limitado, para permitir a suplantação de desigualdades ocasionadas por situações históricas particulares. Certificou-se que a adoção de políticas que levariam ao afastamento de perspectiva meramente formal do princípio da isonomia integraria o cerne do conceito de democracia**. Anotou-se a superação de concepção estratificada da igualdade, outrora definida apenas como direito, sem que se cogitasse convertê-lo em possibilidade. (ADPF 186, julgada em 2012 e relatada pelo Ministro Ricardo Lewandowski).

20. **Igualdade, família, orientação sexual e união homoafetiva**: "Reconhecimento e qualificação da união homoafetiva como entidade familiar. O STF – apoiando-se em valiosa hermenêutica construtiva e invocando princípios essenciais (como os da dignidade da pessoa humana, da liberdade, da autodeterminação, da igualdade, do pluralismo, da intimidade, da não discriminação e da busca da felicidade) – reconhece assistir, a qualquer pessoa, o **direito fundamental à orientação sexual**, havendo proclamado, por isso mesmo, a plena legitimidade ético-jurídica da união homoafetiva como entidade familiar, atribuindo-lhe, em consequência, verdadeiro estatuto de cidadania, em ordem a permitir que se extraiam, em favor de parceiros homossexuais, relevantes consequências no plano do Direito, notadamente no campo previdenciário, e, também, na esfera das relações sociais e familiares. **A extensão, às uniões homoafetivas, do mesmo regime jurídico aplicável à união estável entre pessoas de gênero distinto justifica-se e legitima-se pela direta incidência, dentre outros, dos princípios constitucionais da igualdade, da liberdade, da dignidade, da segurança jurídica e do postulado constitucional implícito que consagra o direito à busca da felicidade, os quais configuram, numa estrita dimensão que privilegia o sentido de inclusão decorrente da própria CR (art. 1º, III, e art. 3º, IV)**, fundamentos autônomos e suficientes aptos a conferir suporte legitimador à qualificação das conjugalidades entre pessoas do mesmo sexo como espécie do gênero entidade familiar. (...) O postulado da dignidade da pessoa humana, que representa – considerada a centralidade desse princípio essencial (CF, art. 1º, III) – significativo vetor interpretativo, verdadeiro valor-fonte que conforma e inspira todo o ordenamento constitucional

vigente em nosso País, traduz, de modo expressivo, um dos fundamentos em que se assenta, entre nós, a ordem republicana e democrática consagrada pelo sistema de direito constitucional positivo. (...) O **princípio constitucional da busca da felicidade**, que decorre, por implicitude, do núcleo de que se irradia o postulado da dignidade da pessoa humana, assume papel de extremo relevo no processo de afirmação, gozo e expansão dos direitos fundamentais, qualificando-se, em função de sua própria teleologia, como fator de neutralização de práticas ou de omissões lesivas cuja ocorrência possa comprometer, afetar ou, até mesmo, esterilizar direitos e franquias individuais. Assiste, por isso mesmo, a todos, sem qualquer exclusão, o direito à busca da felicidade, verdadeiro postulado constitucional implícito, que se qualifica como expressão de uma ideia força que deriva do princípio da essencial dignidade da pessoa humana." (RE 477.554-AgR, julgado em 2011 e relatado pelo Ministro Celso de Mello).

A tese da legítima defesa da honra é inconstitucional, por contrariar os princípios da dignidade da pessoa humana [Constituição Federal (CF), art. 1º, III], da proteção à vida e da igualdade de gênero (CF, art. 5º, "caput")- STF. • Plenário. ADPF 779 MC-Ref/DF, Rel. Min. Dias Toffoli, julgado em 13/3/2021 (Info 1009).

- "O caput do art. 226 confere à família, base da sociedade, especial proteção do Estado. Ênfase constitucional à instituição da família. Família em seu coloquial ou proverbial significado de núcleo doméstico, pouco importando se formal ou informalmente constituída, ou se integrada por casais heteroafetivos ou por pares homoafetivos. A Constituição de 1988, ao utilizar-se da expressão 'família', não limita sua formação a casais heteroafetivos nem a formalidade cartorária, celebração civil ou liturgia religiosa. Família como instituição privada que, voluntariamente constituída entre pessoas adultas, mantém com o Estado e a sociedade civil uma necessária relação tricotômica. Núcleo familiar que é o principal lócus institucional de concreção dos direitos fundamentais que a própria Constituição designa por 'intimidade e vida privada' (inciso X do art. 5º). **Isonomia entre casais heteroafetivos e pares homoafetivos que somente ganha plenitude de sentido se desembocar no igual direito subjetivo à formação de uma autonomizada família**. Família como figura central ou continente, de que tudo o mais é conteúdo. Imperiosidade da interpretação não reducionista do conceito de família como instituição que também se forma por vias distintas do casamento civil. Avanço da CF de 1988 no plano dos costumes. Caminhada na direção do pluralismo como categoria sócio-político-cultural. Competência do STF para manter, interpretativamente, o Texto Magno na posse do seu fundamental atributo da coerência, o que passa pela eliminação de preconceito quanto à orientação sexual das pessoas." (ADI 4.277 e ADPF 132, julgadas em 2011 e relatadas pelo Ministro Ayres Britto).

- **Interpretando a jurisprudência da Suprema Corte dos Estados Unidos da América,** Joaquim Benedito Barbosa Gomes (Ministro do STF, mais conhecido apenas como Joaquim Barbosa) ensina que, **no que tange à igualdade**, pode haver dois **tipos de discriminação**: a) Discriminação por impacto desproporcional ou adverso (A Teoria do Impacto Desproporcional – "Diparate Impact Doctrine"). É a grande inovação do Direito norte-americano no que diz respeito à concretização do princípio da Igualdade. Nos termos dessa teoria, em vez da busca da igualdade através da trivial coibição do tratamento discriminatório, cumpre combater a "discriminação indireta", ou seja, aquela que redunda em uma desigualdade não oriunda de atos concretos ou de manifestação expressa de discriminação por parte de quem quer que seja, mas de práticas administrativas, empresariais ou de políticas públicas aparentemente neutras, porém dotadas de grande potencial discriminatório. [...] **a teoria do impacto desproporcional pode ser singelamente resumida na seguinte formulação: toda e qualquer prática empresarial, política governamental ou semi-governamental, de cunho legislativo ou administrativo, ainda que não provida de intenção discriminatória no momento de sua concepção, deve ser condenada por violação do princípio constitucional da igualdade material, se em consequência de sua aplicação resultarem efeitos nocivos de incidência especialmente sobre certas categorias de pessoas.** b) Discriminação de fato. Esta modalidade de discriminação pode ser motivada por diversos fatores. Em primeiro lugar, ela resulta da «indiferença», do «desdém» das autoridades públicas para com o destino dos grupos marginalizados, para com a sua dignidade humana. Na implementação das políticas governamentais, essas autoridades em geral optam por uma concepção do princípio da igualdade que não leva em conta as especificidades dos grupos minoritários, tendendo quase sempre a perpetuar as iniquidades de que eles historicamente são vítimas. [...] Além disso, no que concerne à discriminação em razão da raça ou cor, existe ainda o chamado "racismo inconsciente", que bem pode ser ilustrado por aquelas hipóteses em que não há propósito discriminatório por parte do legislador ao editar a norma excludente, tampouco por parte de quem a aplica. No entanto, a discriminação lá está. Palpável. Visível. Irrefutável" (Ação afirmativa & princípio constitucional da igualdade: (o Direito como instrumento de transformação social. A experiência dos EUA). Rio de Janeiro: Renovar, 2001).

21. **Direito à vida e pesquisas com células-tronco**: o Plenário do STF, no julgamento da ADI 3.510, declarou a constitucionalidade do art. 5º da Lei de Biossegurança (Lei 11.105/2005), por entender que as pesquisas com células-tronco embrionárias não violam o direito à vida ou o princípio da dignidade da pessoa humana. "O Magno Texto Federal não

dispõe sobre o início da vida humana ou o preciso instante em que ela começa. Não faz de todo e qualquer estádio da vida humana um autonomizado bem jurídico, mas da vida que já é própria de uma concreta pessoa, porque nativiva (teoria 'natalista', em contraposição às teorias 'concepcionista' ou da 'personalidade condicional'). E, quando se reporta a 'direitos da pessoa humana' e até a 'direitos e garantias individuais' como cláusula pétrea, está falando de direitos e garantias do indivíduo-pessoa, que se faz destinatário dos direitos fundamentais 'à vida, à liberdade, à igualdade, à segurança e à propriedade', entre outros direitos e garantias igualmente distinguidos com o timbre da fundamentalidade (como direito à saúde e ao planejamento familiar). Mutismo constitucional hermeneuticamente significante de transpasse de poder normativo para a legislação ordinária. A potencialidade de algo para se tornar pessoa humana já é meritória o bastante para acobertá-la, infraconstitucionalmente, contra tentativas levianas ou frívolas de obstar sua natural continuidade fisiológica. Mas as três realidades não se confundem: o embrião é o embrião, o feto é o feto e a pessoa humana é a pessoa humana. Donde não existir pessoa humana embrionária, mas embrião de pessoa humana. O embrião referido na Lei de Biossegurança (in vitro apenas) não é uma vida a caminho de outra vida virginalmente nova, porquanto lhe faltam possibilidades de ganhar as primeiras terminações nervosas, sem as quais o ser humano não tem factibilidade como projeto de vida autônoma e irrepetível. O Direito infraconstitucional protege por modo variado cada etapa do desenvolvimento biológico do ser humano. Os momentos da vida humana anteriores ao nascimento devem ser objeto de proteção pelo direito comum. O embrião pré-implanto é um bem a ser protegido, mas não uma pessoa no sentido biográfico a que se refere a Constituição." (ADI 3.510, julgada em 2008 e relatada pelo Ministro Ayres Britto).

22. **Direito à vida e antecipação terapêutica do parto de anencéfalos:** "Na inicial, pede-se a declaração de inconstitucionalidade, com eficácia para todos e efeito vinculante, da interpretação dos arts. 124, 126 e 128, I e II, do CP (DL 2.848/1940) que impeça a antecipação terapêutica do parto na hipótese de gravidez de feto anencéfalo, previamente diagnosticada por profissional habilitado. Pretende-se o reconhecimento do direito da gestante de submeter-se ao citado procedimento sem estar compelida a apresentar autorização judicial ou qualquer outra forma de permissão do Estado. Destaco a alusão feita pela própria arguente ao fato de não se postular a proclamação de inconstitucionalidade abstrata dos tipos penais, o que os retiraria do sistema jurídico. Busca-se tão somente que os referidos enunciados sejam interpretados conforme a Constituição. Dessa maneira, mostra-se inteiramente despropositado veicular que o Supremo examinará, neste caso, a descriminalização do aborto, especialmente porque, consoante se observará, existe distinção entre aborto e antecipação terapêutica do parto. Apesar de alguns autores utilizarem expressões 'aborto eugênico ou eugenésico' ou 'antecipação eugênica da gestação', afasto-as, considerado o indiscutível viés ideológico e político impregnado na palavra eugenia. Inescapável é o confronto entre, de um lado, os interesses legítimos da mulher em ver respeitada sua dignidade e, de outro, os interesses de parte da sociedade que deseja proteger todos os que a integram – sejam os que nasceram, sejam os que estejam para nascer – independentemente da condição física ou viabilidade de sobrevivência. O tema envolve a dignidade humana, o usufruto da vida, a liberdade, a autodeterminação, a saúde e o reconhecimento pleno de direitos individuais, especificamente, os direitos sexuais e reprodutivos de milhares de mulheres. No caso, não há colisão real entre direitos fundamentais, apenas conflito aparente. (...) Conforme a Resolução 1.480, de 8-8-1997, do Conselho Federal de Medicina (CFM), os exames complementares a serem observados para a constatação de morte encefálica deverão demonstrar, de modo inequívoco, a ausência de atividade elétrica cerebral ou metabólica cerebral ou, ainda, a inexistência de perfusão sanguínea cerebral. Não foi por outra razão que o CFM, mediante a Resolução 1.752/2004, consignou serem os anencéfalos natimortos cerebrais. O anencéfalo jamais se tornará uma pessoa. Em síntese, não se cuida de vida em potencial, mas de morte segura. O fato de respirar e ter batimento cardíaco não altera essa conclusão, até porque, como acentuado pelo dr. Thomaz Rafael Gollop[42], a respiração e o batimento cardíaco não excluem o diagnóstico de morte cerebral[43]. (...) No célebre caso de Marcela – suposta portadora de anencefalia que teria sobrevivido por um ano, oito meses e doze dias –, o diagnóstico estava equivocado, consoante informaram renomados especialistas. Não se tratava de anencefalia no sentido corriqueiramente utilizado pela literatura médica, mas de meroencefalia. Vale dizer: o feto possuía partes do cérebro – cerebelo e pedaço do lóbulo temporal – que viabilizavam, embora precariamente, a vida extrauterina. Daí não se poder qualificá-lo, em sentido técnico, como feto anencéfalo, o qual jamais será dotado de tais estruturas. (...) Cumpre rechaçar a assertiva de que a interrupção da gestação do feto anencéfalo consubstancia aborto eugênico, aqui entendido no sentido negativo em referência a práticas nazistas. O anencéfalo é um natimorto. Não há vida em potencial. Logo não se pode cogitar de aborto eugênico, o qual pressupõe a vida extrauterina de seres que discrepem de padrões imoralmente eleitos. Nesta arguição de descumprimento de preceito fundamental, não se trata de feto ou criança com lábio leporino, ausência de membros, pés tortos, sexo dúbio, Síndrome de Down, extrofia de bexiga, cardiopatias congênitas, comunicação interauricular ou inversões viscerais, enfim, não se trata de feto portador de deficiência grave que permita sobrevida extrauterina. Cuida-se tão somente de anencefalia. (...) De fato, a anencefalia

mostra-se incompatível com a vida extrauterina, ao passo que a deficiência não. (...) Anencefalia e vida são termos antitéticos. Conforme demonstrado, o feto anencéfalo não tem potencialidade de vida. Trata-se, na expressão adotada pelo CFM e por abalizados especialistas, de um natimorto cerebral. Por ser absolutamente inviável, o anencéfalo não tem a expectativa nem é ou será titular do direito à vida, motivo pelo qual aludi, no início do voto, a um conflito apenas aparente entre direitos fundamentais. Em rigor, no outro lado da balança, em contraposição aos direitos da mulher, não se encontra o direito à vida ou à dignidade humana de quem está por vir, justamente porque não há ninguém por vir, não há viabilidade de vida. Aborto é crime contra a vida. Tutela-se a vida em potencial. No caso do anencéfalo, repito, não existe vida possível. (...) É de conhecimento corrente que, nas décadas de trinta e quarenta, a medicina não possuía os recursos técnicos necessários para identificar previamente a anomalia fetal incompatível com a vida extrauterina[70]. A literalidade do CP de 1940 certamente está em harmonia com o nível de diagnósticos médicos existentes à época, o que explica a ausência de dispositivo que preveja expressamente a atipicidade da interrupção da gravidez de feto anencefálico. Não nos custa lembrar: estamos a tratar do mesmíssimo legislador que, para proteger a honra e a saúde mental ou psíquica da mulher – da mulher, repito, não obstante a visão machista então reinante –, estabeleceu como impunível o aborto provocado em gestação oriunda de estupro, quando o feto é plenamente viável. (...) mesmo à falta de previsão expressa no CP de 1940, parece-me lógico que o feto sem potencialidade de vida não pode ser tutelado pelo tipo penal que protege a vida. (...) este Supremo Tribunal proclamou que a Constituição 'quando se reporta a 'direitos da pessoa humana' e até dos 'direitos e garantias individuais' como cláusula pétrea está falando de direitos e garantias do indivíduo-pessoa, que se faz destinatário dos direitos fundamentais 'à vida, à liberdade, à igualdade, à segurança e à propriedade'. É certo, senhor presidente, que, no caso do anencéfalo, não há, nem nunca haverá, indivíduo-pessoa. No segundo trecho, este Tribunal assentou que 'a potencialidade de algo para se tornar pessoa humana já é meritória o bastante para acobertá-la, infraconstitucionalmente, contra tentativas levianas ou frívolas de obstar sua natural continuidade fisiológica'. Ora, inexistindo potencialidade para tornar-se pessoa humana, não surge justificativa para a tutela jurídico-penal, com maior razão quando eventual tutela esbarra em direitos fundamentais da mulher, como se verá adiante. Enfim, cumpre tomar de empréstimo o conceito jurídico de morte cerebral previsto na Lei 9.434/1997[72], para concluir ser de todo impróprio falar em direito à vida intrauterina ou extrauterina do anencéfalo, o qual é um natimorto cerebral. (...) Constata-se a existência de dados merecedores de confiança que apontam riscos físicos maiores à gestante portadora de feto anencéfalo do que os verificados na gravidez comum. Sob o aspecto psíquico, parece incontroverso – impor a continuidade da gravidez de feto anencéfalo pode conduzir a quadro devastador, como o experimentado por Gabriela Oliveira Cordeiro, que figurou como paciente no emblemático HC 84.025/RJ, rel. min. Joaquim Barbosa. (...) Relatos como esse evidenciam que a manutenção compulsória da gravidez de feto anencéfalo importa em graves danos à saúde psíquica da família toda e, sobretudo, da mulher. Enquanto, numa gestação normal, são nove meses de acompanhamento, minuto a minuto, de avanços, com a predominância do amor, em que a alteração estética é suplantada pela alegre expectativa do nascimento da criança; na gestação do feto anencéfalo, no mais das vezes, reinam sentimentos mórbidos, de dor, de angústia, de impotência, de tristeza, de luto, de desespero, dada a certeza do óbito. (...) Ao Estado não é dado intrometer-se. Ao Estado compete apenas se desincumbir do dever de informar e prestar apoio médico e psicológico a paciente, antes e depois da decisão, seja ela qual for, o que se mostra viável, conforme esclareceu a então ministra da Secretaria Especial de Políticas para as Mulheres, Nilcéa Freire [103]. (...) Não se trata de impor a antecipação do parto do feto anencéfalo. De modo algum. O que a arguente pretende é que 'se assegure a cada mulher o direito de viver as suas escolhas, os seus valores, as suas crenças'[105]. Está em jogo o direito da mulher de autodeterminar-se, de escolher, de agir de acordo com a própria vontade num caso de absoluta inviabilidade de vida extrauterina. Estão em jogo, em última análise, a privacidade, a autonomia e a dignidade humana dessas mulheres. Hão de ser respeitadas tanto as que optem por prosseguir com a gravidez – por sentirem-se mais felizes assim ou por qualquer outro motivo que não nos cumpre perquirir – quanto as que prefiram interromper a gravidez, para pôr fim ou, ao menos, minimizar um estado de sofrimento. (...) Não se coaduna com o princípio da proporcionalidade proteger apenas um dos seres da relação, privilegiar aquele que, no caso da anencefalia, não tem sequer expectativa de vida extrauterina, aniquilando, em contrapartida, os direitos da mulher, impingindo-lhe sacrifício desarrazoado. A imposição estatal da manutenção de gravidez cujo resultado final será irremediavelmente a morte do feto vai de encontro aos princípios basilares do sistema constitucional, mais precisamente à dignidade da pessoa humana, à liberdade, à autodeterminação, à saúde, ao direito de privacidade, ao reconhecimento pleno dos direitos sexuais e reprodutivos de milhares de mulheres. O ato de obrigar a mulher a manter a gestação, colocando-a em uma espécie de cárcere privado em seu próprio corpo, desprovida do mínimo essencial de autodeterminação e liberdade, assemelha-se à tortura [109] ou a um sacrifício que não pode ser pedido a qualquer pessoa ou dela exigido. (...) Se alguns setores da sociedade reputam moralmente reprovável a antecipação terapêutica da gravidez de fetos anencéfalos, relembro-lhes de que essa crença não pode conduzir à incriminação de eventual conduta das mulheres que optarem em não levar a gravidez a termo. O Estado brasileiro é laico e ações de cunho meramente imorais não merecem a glosa do direito penal. A incolumidade física do feto anencéfalo, que, se sobreviver ao parto, o será por poucas horas ou dias, não pode ser preservada a qualquer custo, em detrimento dos direitos básicos da mulher. No caso, ainda que se conceba o direito à vida do feto anencéfalo – o que, na minha óptica, é inadmissível, consoante enfatizado –, tal direito cederia, em juízo de ponderação, em prol dos direitos à dignidade da pessoa humana, à liberdade no campo sexual, à autonomia, à privacidade, à integridade física, psicológica e moral e à saúde, previstos, respectivamente, nos arts. 1º III; 5º, cabeça e II III e X; e 6º, cabeça, da CR. Os tempos atuais, realço, requerem empatia, aceitação, humanidade e solidariedade para com essas mulheres. Pelo que ouvimos ou lemos nos depoimentos prestados na audiência pública, somente aquela que vive tamanha situação de angústia é capaz de mensurar o sofrimento a que se submete. Atuar com sapiência e justiça, calcados na Constituição da República e desprovidos de qualquer dogma ou paradigma moral e religioso, obriga-nos a garantir, sim, o direito da mulher de manifestar-se livremente, sem o temor de tornar-se ré em eventual ação por crime de aborto. Ante o exposto, julgo procedente o pedido formulado na inicial, para **declarar a inconstitucionalidade da interpretação segundo a qual a interrupção da gravidez de feto anencéfalo é conduta tipificada nos arts. 124, 126, e 128, I e II, do CP brasileiro.**" (ADPF 54, julgada em 2012 e relatada pelo Ministro Marco Aurélio).

23. É livre a **manifestação do pensamento**, vedado o anonimato, e assegurado direito de resposta proporcional ao agravo, **além** de eventual indenização por dano material, moral ou à imagem (a resposta não exclui o dever de indenizar).

24. "(...) (a) os **escritos anônimos** não podem justificar, só por si, desde que isoladamente considerados, a imediata instauração da *persecutio criminis*, eis que **peças apócrifas** não podem ser incorporadas, formalmente, ao processo, salvo quando tais documentos forem produzidos pelo acusado, ou, ainda, quando constituírem, eles próprios, o corpo de delito (como sucede com bilhetes de resgate no delito de extorsão mediante sequestro, ou como ocorre com cartas que evidenciem a prática de crimes contra a honra, ou que corporifiquem o delito de ameaça ou que materializem o *crimen falsi*, p. ex.); (b) nada impede, contudo, que o Poder Público provocado por delação anônima ('disque-denúncia', p. ex.), adote medidas informais destinadas a apurar, previamente, em averiguação sumária, 'com prudência e discrição', a possível ocorrência de eventual situação de ilicitude penal, desde que o faça com o objetivo de conferir a verossimilhança dos fatos nela denunciados, em ordem a promover, então, em caso positivo, a formal instauração da *persecutio criminis*, mantendo-se, assim, completa desvinculação desse procedimento estatal em relação às peças apócrifas; e (c) o Ministério Público, de outro lado, independentemente da prévia instauração de inquérito policial, também pode formar a sua *opinio delicti* com apoio em outros elementos de convicção que evidenciem a materialidade do fato delituoso e a existência de indícios suficientes de sua autoria, desde que os dados informativos que dão suporte à acusação penal não tenham, como único fundamento causal, documentos ou escritos anônimos." (Inq 1.957, Rel. Min. Carlos Velloso, voto do Min. Celso de Mello, julgamento em 11-5-2005, Plenário, DJ de 11-11-2005.)

25. **Inviolabilidade do domicílio**

INVIOLABILIDADE DO DOMICÍLIO	
Regra	**Exceções: hipóteses em que se pode penetrar em casa mesmo sem o consentimento do morador**
A casa (englobando escritórios, motéis, hotéis e congêneres, segundo o STF) é asilo inviolável do indivíduo e nela ninguém pode penetrar sem consentimento do morador.	**a) a qualquer horário:** em caso de flagrante delito ou desastre, ou para prestar socorro
	b) somente durante o dia: por determinação judicial.

- De acordo com a posição do STF no HC 93.050, julgado em 2008 e relatado pelo ministro Celso de Mello, para os fins da proteção jurídica a que se refere o art. 5º, XI, da CF, **"o conceito normativo de 'casa' revela-se abrangente** e, por estender-se a qualquer compartimento privado não aberto ao público, onde alguém exerce profissão ou atividade (CP, art. 150, § 4º, III), compreende, observada essa específica limitação espacial (área interna não acessível ao público), os escritórios profissionais, inclusive os de contabilidade. Sem que ocorra qualquer das situações excepcionais taxativamente previstas no texto constitucional (art. 5º, XI), nenhum agente público, ainda que vinculado à administração tributária do Estado, poderá, contra a vontade de quem de direito ('invito domino'), ingressar, durante o dia, sem mandado judicial, em espaço privado não aberto ao público, onde alguém exerce sua atividade profissional, sob pena de a prova resultante da diligência de busca e apreensão assim executada reputar-se inadmissível, porque impregnada de ilicitude material. O atributo da autoexecutoriedade dos atos administrativos, que traduz expressão concretizadora do 'privilège du preálable', não prevalece sobre a garantia constitucional da inviolabilidade domiciliar, ainda que se cuide de atividade exercida pelo Poder Público em sede de fiscalização tributária."
- O conceito normativo de casa é abrangente; assim, qualquer compartimento privado onde alguém exerce profissão ou atividade está protegido pela

inviolabilidade do domicílio. Apesar disso, **há a possibilidade de se instalar escuta ambiental em escritório de advocacia que seja utilizado como reduto para a prática de crimes, conforme já decidiu o STF**: "Escuta ambiental e exploração de local. Captação de sinais óticos e acústicos. Escritório de advocacia. Ingresso da autoridade policial, no período noturno, para instalação de equipamento. Medidas autorizadas por decisão judicial. Invasão de domicílio. Não caracterização. (...) Inteligência do art. 5º, X e XI, da CF; art. 150, § 4º, III, do CP; e art. 7º, II, da Lei 8.906/1994. (...) Não opera a inviolabilidade do escritório de advocacia, quando o próprio advogado seja suspeito da prática de crime, sobretudo concebido e consumado no âmbito desse local de trabalho, sob pretexto de exercício da profissão." (Inq 2.424, julgado em 2008 e relatado pelo Ministro Cezar Peluso).

Observa o STJ que: "É lícita a entrada de policiais, sem autorização judicial e sem o consentimento do hóspede, em quarto de hotel não utilizado como morada permanente, desde que presentes as fundadas razões que sinalizem a ocorrência de crime e hipótese de flagrante delito." (HC 659.527-SP, Rel. Min. Rogerio Schietti Cruz, Sexta Turma, por unanimidade, julgado em 19/10/2021, DJe de 25/10/2021., info 715).

Da mesma forma, entendeu o STJ que: "A indução do morador a erro na autorização do ingresso em domicílio macula a validade da manifestação de vontade e, por consequência, contamina toda a busca e apreensão." (STJ, HC 674.139-SP, Rel. Min. Rogerio Schietti Cruz, Sexta Turma, por unanimidade, julgado em 15/02/2022, INFO 725).

Entende ainda que: "A violação de domicílio com base no comportamento suspeito do acusado, que empreendeu fuga ao ver a viatura policial, não autoriza a dispensa de investigações prévias ou do mandado judicial para a entrada dos agentes públicos na residência." HC 695.980-GO, Rel. Min. Antonio Saldanha Palheiro, Sexta Turma, por unanimidade, julgado em 22/03/2022, DJe 25/03/2022.

- Para que se considere flagrante delito a fim de justificar a invasão domiciliar, necessária justa causa. "Não configura justa causa apta a autorizar invasão domiciliar a mera intuição da autoridade policial de eventual traficância praticada por indivíduo, fundada unicamente em sua fuga de local supostamente conhecido como ponto de venda de drogas, ante iminente abordagem policial." (STJ. 6ª Turma. REsp 1574681-RS, Rel. Min. Rogério Schietti Cruz, julgado em 20/4/2017- Info 606)

- "A existência de denúncia anônima da prática de tráfico de drogas somada à fuga do acusado ao avistar a polícia, por si sós, não configuram fundadas razões a autorizar o ingresso policial no domicílio do acusado sem o seu consentimento ou sem determinação judicial." (STJ, RHC 89.853-SP, Rel. Min. Ribeiro Dantas, Quinta Turma, por unanimidade, julgado em 18/02/2020, DJe 02/03/2020, Informativo 666).

26. É assegurado a todos o **acesso à informação** e resguardado o sigilo da fonte, quando necessário ao exercício profissional.

- "O sigilo profissional constitucionalmente determinado não exclui a possibilidade de **cumprimento de mandado de busca e apreensão em escritório de advocacia**. O local de trabalho do advogado, desde que este seja investigado, pode ser alvo de busca e apreensão, observando-se os limites impostos pela autoridade judicial. Tratando-se de local onde existem documentos que dizem respeito a outros sujeitos não investigados, é indispensável a especificação do âmbito de abrangência da medida, que não poderá ser executada sobre a esfera de direitos de não investigados. Equívoco quanto à indicação do escritório profissional do paciente, como seu endereço residencial, deve ser prontamente comunicado ao magistrado para adequação da ordem em relação às cautelas necessárias, sob pena de tornar nulas as provas oriundas da medida e todas as outras exclusivamente delas decorrentes. Ordem concedida para declarar a nulidade das provas oriundas da busca e apreensão no escritório de advocacia do paciente, devendo o material colhido ser desentranhado dos autos do Inq 544 em curso no STJ e devolvido ao paciente, sem que tais provas, bem assim quaisquer das informações oriundas da execução da medida, possam ser usadas em relação ao paciente ou a qualquer outro investigado, nesta ou em outra investigação." (HC 91.610, julgado em 2010 e relatado pelo Ministro Gilmar Mendes).

  "Veículo de imprensa jornalística possui direito líquido e certo de obter dados públicos sobre óbitos relacionados a ocorrências policiais."(REsp 1.852.629-SP, Rel. Min. Og Fernandes, Segunda Turma, por unanimidade, julgado em 06/10/2020, DJe 15/10/2020 - Info 682 STJ)

27. Ninguém será privado de direitos por motivo de crença religiosa ou de convicção filosófica ou política, salvo se as invocar para eximir-se de obrigação legal a todos imposta e recusar-se a cumprir prestação alternativa, fixada em lei;

- Apesar de a prestação de serviço militar ser obrigatória (art. 143, *caput*, da CF), a recusa em cumpri-la é admitida sob a alegação do direito de escusa de consciência, cabendo, nesse caso, às forças armadas atribuir àquele que exercer esse direito serviço alternativo em tempo de paz (art. 143, § 1º, da CF), cuja recusa enseja como sanção a declaração da **perda** dos direitos políticos (art. 15, IV, da CF). A matéria é regulamentada, ainda, pela Lei Federal nº 8.239, de 1991, segundo a qual será atribuído **serviço alternativo ao serviço militar obrigatório aos que, em tempo de paz, após alistados, alegarem imperativo de consciência decorrente de crença religiosa ou de convicção filosófica ou política, para se eximirem de atividades de caráter essencialmente militar**. O mesmo diploma legal define, ademais, o que se entende por serviço alternativo, a ser prestado em substituição às atividades de caráter essencialmente militar.

- Destaca-se que, tradicionalmente, a doutrina sempre se pronunciou no sentido de que a recusa prestação alternativa implica na **perda** dos direitos políticos. Entretanto, o art. 4º, § 2º, da Lei 8.239/91 (que regulamenta o art. 143, §§ 1º e 2º da Constituição Federal, sobre a prestação de Serviço Alternativo ao Serviço Militar Obrigatório), enuncia que a recusa de prestação alternativa gerará a **suspensão** dos direitos políticos.
- Segundo o STF: "A prática e os rituais relacionados ao sacrifício animal são patrimônio cultural imaterial e constituem os modos de criar, fazer e viver de diversas comunidades religiosas, particularmente das que vivenciam a liberdade religiosa a partir de práticas não institucionais. A dimensão comunitária da liberdade religiosa é digna de proteção constitucional e não atenta contra o princípio da laicidade." [RE 494.601, rel. p/ o ac. min. Edson Fachin, j. 28-3-2019, P, DJE de 19-11-2019.]

28. Consoante art. 210, § 1º, da CF, o **ensino religioso**, de **matrícula facultativa**, constituirá disciplina dos horários normais das escolas públicas de ensino fundamental. Note que, por apenas o **oferecimento da disciplina ser obrigatório**, mas não a matrícula, não há que se falar em qualquer ofensa à liberdade de crença, pois aquele que não quiser participar da disciplina simplesmente não precisa se matricular.

29. É assegurada, nos termos da lei, a **proteção às participações individuais em obras coletivas e à reprodução da imagem e voz humanas, inclusive** nas atividades desportivas.

30. A **sucessão de bens de estrangeiros situados no País** será regulada pela lei brasileira em benefício do cônjuge ou dos filhos brasileiros, sempre que não lhes seja mais favorável a lei pessoal do "de cujus". Em outras palavras: **aplica-se a lei brasileira, salvo se a do falecido for mais favorável**.

31. O **sigilo da correspondência e das comunicações telegráficas, de dados e das comunicações telefônicas** é inviolável, **salvo**, no último caso, por **ordem judicial**, nas hipóteses e na forma que a lei estabelecer para fins de **investigação criminal ou instrução processual penal** (não para processo civil).

- Os sigilos bancário e fiscal estão incluídos na proteção ao **sigilo de dados**.
- **O STF já firmou posicionamento no sentido que a interceptação telefônica se submete à reserva de jurisdição, sem exceção**. Vale ressaltar que se a gravação for feita por um dos interlocutores, desconfigura-se a interceptação telefônica, restando mera gravação ambiental (RE 453.562-AgR, julgado em 2008 e relatado pelo Ministro Joaquim Barbosa).
- Importante destacar que a **interceptação** (gravações de conversas presentes e futuras) **não se confunde com a quebra de sigilo** (acesso a dados passados). Tal distinção é relevante, pois as CPIs (órgãos que não são investidos de poderes jurisdicionais) até podem determinar a quebra de sigilo de dados telefônicos (registro de chamadas recebidas e efetuadas), mas não a interceptação telefônica.
- Conforme posição do STF no RE 461366, julgado em 2007 e relatado pelo Ministro Marco Aurélio: "**A atuação fiscalizadora do Banco Central do Brasil não encerra a possibilidade de, no campo administrativo, alcançar dados bancários de correntistas**, afastando o sigilo previsto no inciso XII do artigo 5º da Constituição Federal".

32. Interceptação e prova emprestada: "Prova emprestada. Penal. Interceptação telefônica. Escuta ambiental. Autorização judicial e produção para fim de investigação criminal. Suspeita de delitos cometidos por autoridades e agentes públicos. Dados obtidos em inquérito policial. Uso em procedimento administrativo disciplinar, contra outros servidores, cujos eventuais ilícitos administrativos teriam despontado à colheita dessa prova. Admissibilidade. Resposta afirmativa a questão de ordem. Inteligência do art. 5º, XII, da CF e do art. 1º da Lei federal 9.296/1996. (...) Dados obtidos em interceptação de comunicações telefônicas e em escutas ambientais, judicialmente autorizadas para produção de prova em investigação criminal ou em instrução processual penal, **podem ser usados em procedimento administrativo disciplinar, contra a mesma ou as mesmas pessoas em relação às quais foram colhidos, ou contra outros servidores cujos supostos ilícitos teriam despontado à colheita dessa prova**." (Inq 2.424-QO-QO, Rel. Min. Cezar Peluso, julgamento em 20-6-2007, Plenário, DJ de 24-8-2007).

33. Interceptação e prorrogações sucessivas de prazo: "É lícita a interceptação telefônica, determinada em decisão judicial fundamentada, quando necessária, como único meio de prova, à apuração de fato delituoso. (...) **É lícita a prorrogação do prazo legal de autorização para interceptação telefônica, ainda que de modo sucessivo**, quando o fato seja complexo e, como tal, exija investigação diferenciada e contínua. (...) O ministro relator de inquérito policial, objeto de supervisão do STF, tem competência para determinar, durante as férias e recesso forenses, realização de diligências e provas que dependam de decisão judicial, inclusive interceptação de conversação telefônica. (...) O disposto no art. 6º, § 1º, da Lei federal 9.296, de 24-7-1996, só comporta a interpretação sensata de que, salvo para fim ulterior, só é exigível, na formalização da prova de interceptação telefônica, a transcrição integral de tudo aquilo que seja relevante para esclarecer sobre os fatos da causa sub iudice." (Inq 2.424, Rel. Min. Cezar Peluso, julgamento em 26-11-2008, Plenário, DJE de 26-3-2010.)

34. Interceptação e encontro fortuito de prova em crime punido com detenção: Encontro fortuito de prova da prática de crime punido com detenção. (...) O STF, como intérprete maior da CR, considerou compatível com o art. 5º, XII e LVI, o uso de prova obtida fortuitamente através de interceptação telefônica licitamente conduzida, ainda que o crime descoberto, conexo ao que foi objeto da interceptação, seja punido com detenção." (AI 626.214-AgR, Rel. Min. Joaquim Barbosa, julgamento em 21-9-2010, Segunda Turma, DJE de 8-10-2010.)

35. Segundo o STF, **a análise dos últimos registros telefônicos em aparelhos celulares apreendidos após a efetuação de prisão em flagrante é lícita**. Assim restou decidido no HC 91.867, julgado em 2012 e relato pelo Ministro Gilmar Mendes: "Suposta ilegalidade decorrente do fato de os policiais, após a prisão em flagrante do corréu, terem realizado a análise dos últimos registros telefônicos dos dois aparelhos celulares apreendidos. Não ocorrência. 2.2 Não se confundem comunicação telefônica e registros telefônicos, que recebem, inclusive, proteção jurídica distinta. Não se pode interpretar a cláusula do artigo 5º, XII, da CF, no sentido de proteção aos dados enquanto registro, depósito registral. A proteção constitucional é da comunicação de dados e não dos dados. 2.3 Art. 6º do CPP: dever da autoridade policial de proceder à coleta do material comprobatório da prática da infração penal. Ao proceder à pesquisa na agenda eletrônica dos aparelhos devidamente apreendidos, meio material indireto de prova, a autoridade policial, cumprindo o seu mister, buscou, unicamente, colher elementos de informação hábeis a esclarecer a autoria e a materialidade do delito (dessa análise logrou encontrar ligações entre o executor do homicídio e o ora paciente). Verificação que permitiu a orientação inicial da linha investigatória a ser adotada, bem como possibilitou concluir que os aparelhos seriam relevantes para a investigação. 2.4 À guisa de mera argumentação, mesmo que se pudesse reputar a prova produzida como ilícita e as demais, ilícitas por derivação, nos termos da teoria dos frutos da árvore venenosa (fruit of the poisonous tree), é certo que, ainda assim, melhor sorte não assistiria à defesa. É que, na hipótese, não há que se falar em prova ilícita por derivação. Nos termos da teoria da descoberta inevitável, construída pela Suprema Corte norte-americana no caso Nix x Williams (1984), o curso normal das investigações conduziria a elementos informativos que vinculariam os pacientes ao fato investigado. Bases desse entendimento que parecem ter encontrado guarida no ordenamento jurídico pátrio com o advento da Lei 11.690/2008, que deu nova redação ao art. 157 do CPP, em especial o seu §2º.

36. "O princípio constitucional da reserva de jurisdição – que incide sobre as hipóteses de busca domiciliar (CF, art. 5º, XI), de interceptação telefônica (CF, art. 5º, XII) e de decretação da prisão, ressalvada a situação de flagrância penal (CF, art. 5º, LXI) – **não se estende ao tema da quebra de sigilo, pois, em tal matéria, e por efeito de expressa autorização dada pela própria CR (CF, art. 58, § 3º), assiste competência à CPI, para decretar, sempre em ato necessariamente motivado, a excepcional ruptura dessa esfera de privacidade das pessoas.**" (MS 23.652, julgado no ano 2000 e relatado pelo Ministro Celso de Mello).

- Segundo a jurisprudência do STF, "**A quebra do sigilo inerente aos registros bancários, fiscais e telefônicos, por traduzir medida de caráter excepcional, revela-se incompatível com o ordenamento constitucional, quando fundada em deliberações emanadas de CPI cujo suporte decisório apoia-se em formulações genéricas, destituídas da necessária e específica indicação de causa provável**, que se qualifica como pressuposto legitimador da ruptura, por parte do Estado, da esfera de intimidade a todos garantida pela CR. Precedentes. Doutrina. O controle jurisdicional de abusos praticados por CPI não ofende o princípio da separação de poderes. O STF, quando intervém para assegurar as franquias constitucionais e para garantir a integridade e a supremacia da Constituição, neutralizando, desse modo, abusos cometidos por CPI, desempenha, de maneira plenamente legítima, as atribuições que lhe conferiu a própria Carta da República. O regular exercício da função jurisdicional, nesse contexto, porque vocacionado a fazer prevalecer a autoridade da Constituição, não transgride o princípio da separação de Poderes. Doutrina. Precedentes." (MS 25.668, julgado em 2006 e relatado pelo Ministro Celso de Mello).

37. Segundo o entendimento do STF, "**A administração penitenciária**, com fundamento em razões de segurança pública, de disciplina prisional ou de preservação da ordem jurídica, **pode, sempre excepcionalmente**, e desde que respeitada a norma inscrita no art. 41, parágrafo único, da Lei 7.210/1984, **proceder à interceptação da correspondência remetida pelos sentenciados, eis que a cláusula tutelar da inviolabilidade do sigilo epistolar não pode constituir instrumento de salvaguarda de práticas ilícitas.**" (HC 70.814, Rel. Min. Celso de Mello, julgamento em 1º-3-1994, Primeira Turma, DJ de 24-6-1994.)

- No ARE 652777, julgado em 2015 e relatado pelo Ministro Teori Zavascki, em que se reconheceu repercussão geral, **o STF entendeu ser legítima a publicação, inclusive em sítio eletrônico mantido pela Administração Pública, dos nomes dos seus servidores e do valor dos correspondentes vencimentos e vantagens pecuniárias.**

38. Assegura-se a todos, **independentemente do** pagamento de taxas, o **direito de petição** aos Poderes Públicos em defesa de direitos ou contra ilegalidade ou abuso de poder.

- "O **direito de petição**, presente em todas as Constituições brasileiras, qualifica-se como importante prerrogativa de caráter democrático. Trata-se de **instrumento jurídico-constitucional posto à disposição de qualquer interessado – mesmo**

daqueles destituídos de personalidade jurídica –, com a explícita finalidade de viabilizar a defesa, perante as instituições estatais, de direitos ou valores revestidos tanto de natureza pessoal quanto de significação coletiva. Entidade sindical que pede ao PGR o ajuizamento de ação direta perante o STF. *Provocatio ad agendum*. Pleito que traduz o exercício concreto do direito de petição. Legitimidade desse comportamento." (STF. ADI 1.247, julgada em 2005 e relatada pelo Ministro Celso de Mello).

39. É livre o direito de reunião pacífica, não sendo necessária autorização. Entretanto, exige-se **prévio aviso** (não pedido de autorização) à autoridade competente, para que não frustre outra reunião anteriormente convocada.

- **Atenção!** A finalidade do direito de reunião é a manifestação do pensamento. A liberdade ambulatorial constitui apena um meio para o exercício do direito de reunião. Nesse sentido, diante de uma violação ao direito fundamental, líquido e certo, de reunião, cabível será o **mandado de segurança**, não o habeas corpus.

  Segundo entendimento do STF: "A interpretação, segundo a qual é ilegal a reunião se não precedida de notificação, afronta o direito previsto no art. 5º, XVI, da Constituição Federal (CF). Isso porque a exigência constitucional de aviso prévio relativamente ao direito de reunião é satisfeita com a veiculação de informação que permita ao poder público zelar para que seu exercício se dê de forma pacífica ou para que não frustre outra reunião no mesmo local". (Tema 855 da repercussão geral - RE 806339/SE, relator 40. Min. Marco Aurélio, redator do acórdão Min. Edson Fachin, julgamento virtual finalizado em 14.12.2020 – Info 1003)

40. No caso de iminente perigo público, a autoridade competente poderá usar de propriedade particular, assegurada ao proprietário **indenização ulterior**, apenas **se houver dano** (e não em qualquer caso).

41. Associações

ASSOCIAÇÕES	
OBJETIVO	**EXIGÊNCIAS**
1. Criação	Não depende de autorização do poder público. É **vedada** a criação de associações de caráter paramilitar
2. Suspensão das Atividades	Somente por decisão Judicial
3. Dissolução	Somente por decisão judicial com trânsito em julgado

- A jurisprudência do STF **não é pacífica** quanto ao fato de as pessoas jurídicas serem titulares da liberdade de associação. Vale destacar trecho da ADI 2054: "I. Liberdade de associação. 1. Liberdade negativa de associação: sua existência, nos textos constitucionais anteriores, como corolário da liberdade positiva de associação e seu alcance e inteligência, na Constituição, quando se cuide de entidade destinada a viabilizar a gestão coletiva de arrecadação e distribuição de direitos autorais e conexos, cuja forma e organização se remeteram à lei. 2. Direitos autorais e conexos: sistema de gestão coletiva de arrecadação e distribuição por meio do ECAD (L 9610/98, art. 99), sem ofensa do art. 5º, XVII e XX, da Constituição, cuja aplicação, na esfera dos direitos autorais e conexos, hão de conciliar-se com o disposto no art. 5º, XXVIII, b, da própria Lei Fundamental. 3. **Liberdade de associação: garantia constitucional de duvidosa extensão às pessoas jurídicas** (ADI 2054, julgado em 2003 e relatado pelo Ministro Ilmar Galvão).

  Nesse sentido, ainda: "(...) não há, em princípio, impedimento insuperável a que pessoas jurídicas venham, também, a ser consideradas titulares de direitos fundamentais, não obstante estes, originalmente, terem por referência a pessoa física." [**ADI 4.636**, voto do min. Gilmar Mendes, j. 4-11-2021, P, *DJE* de 10-2-2022.]

- Conforme entendimento do STF, "A **obrigatoriedade do visto de advogado para o registro de atos e contratos constitutivos de pessoas jurídicas** (art. 1º, § 2º, da Lei 8.906/1994) **não ofende** os princípios constitucionais da isonomia e da liberdade associativa." (ADI 1.194, Rel. p/ o ac. Min. Cármen Lúcia, julgamento em 20-5-2009, Plenário, DJE de 11-9-2009.)

42. Súmula 654 do STF: "A garantia da irretroatividade da lei, prevista no art. 5º, XXXVI, da Constituição da República, não é invocável pela entidade estatal que a tenha editado".

43. Somente os crimes de racismo e de ações de grupos armadas, civis ou militares, contra a ordem constitucional e o Estado Democrático são **imprescritíveis** (além de inafiançáveis). Já os crimes de tortura, tráfico ilícito de entorpecentes e drogas afins, terrorismo e os definidos em lei como hediondos, são **insuscetíveis de graça ou anistia** (além de inafiançáveis).

CRIME	INAFIANÇÁVEL	IMPRESCRITÍVEL	INSUSCETÍVEL DE GRAÇA OU ANISTIA
Racismo	Sim	Sim	Não
Ações de Grupos Armados, Civis ou Militares contra a Ordem Constitucional e o Estado Democrático	Sim	Sim	Não

Tortura	Sim	Não	Sim
Tráfico Ilícito de Entorpecentes e Drogas Afins	Sim	Não	Sim
Terrorismo	Sim	Não	Sim
Hediondo	Sim	Não	Sim

- Dica para memorização: **TTTH** prescrevem! (**T**ortura, **T**ráfico Ilícito de Entorpecentes e Drogas Afins, **T**errorismo e **H**ediondos).
- Vale destacar que os crimes insuscetíveis de graça ou anistia também não admitem **indulto** (que é espécie de graça, segundo entendimento do STF exposto no HC 84.312) e **comutação de pena** (que é tipo de indulto, também segundo o STF em julgamento do HC 84.312).
- No julgamento do HC 82424, julgado em 2003 e relatado para o acórdão pelo Ministro Maurício Corrêa, em que se discutia o **alcance da expressão "racismo"**, contida no inciso XLII do art. 5º, da CF, ("a prática do racismo constitui crime inafiançável e imprescritível, sujeito à pena de reclusão, nos termos da lei;"), o Tribunal, por maioria, acompanhou o voto proferido pelo Min. Maurício Corrêa no sentido do indeferimento do writ, sob o entendimento de que **o racismo é antes de tudo uma realidade social e política, sem nenhuma referência à raça enquanto caracterização física ou biológica, refletindo, na verdade, reprovável comportamento que decorre da convicção de que há hierarquia entre os grupos humanos, suficiente para justificar atos de segregação, inferiorização e até de eliminação de pessoas.** O Min. Marco Aurélio, ao proferir seu voto, salientando a necessidade do exame da causa em face da realidade social brasileira – na qual não há predisposição para a prática de discriminação contra o povo judeu, diferentemente do que ocorre com o negro, para o qual a CF/88 conferiu a proteção prevista no inciso XLII do art. 5º –, e tendo em conta a colisão entre os direitos fundamentais da liberdade de expressão e da proteção à dignidade do povo judeu, considerou não demonstrado que a conduta do paciente pudesse resultar em incitação à prática de discriminação ou colocar em risco a segurança do povo judeu, a justificar limitação do direito à liberdade de expressão. (Informativo 321 do STF).

  Nesse mesmo sentido, entendeu que a expressão "racismo" alcança também a homotransfobia. (STF. ADO 26/DF, rel. Min. Celso de Mello, julgamento em 13.6.2019. (ADO-26) MI 4733/DF, rel. Min. Edson Fachin, julgamento em 13.6.2019. (MI-4733) (Info 944).
- A incitação de ódio público feita por líder religioso contra outras religiões pode configurar o crime de racismo, não sendo protegida pela liberdade de expressão. (STF. 2ª Turma. RHC 146303/RJ, rel. Min. Edson Fachin, red. p/ o ac. Min. Dias Toffoli, julgado em 6/3/2018- Info 893).

Outra limitação apontada pelo STF à liberdade de expressão diz respeito a atentados contra o Estado de Direito e a democracia: "A liberdade de expressão existe para a manifestação de opiniões contrárias, jocosas, satíricas e até mesmo errôneas, mas não para opiniões criminosas, discurso de ódio ou atentados contra o Estado Democrático de Direito e a democracia." (STF, Info 1051, AP 1.044-DF, rel. min. Alexandre de Moraes, julgado em 20/04/2022).

"A liberdade de expressão não alcança a prática de discursos dolosos, com intuito manifestamente difamatório, de juízos depreciativos de mero valor, de injúrias em razão da forma ou de críticas aviltantes. É possível vislumbrar restrições à livre manifestação de ideias, inclusive mediante a aplicação da lei penal, em atos, discursos ou ações que envolvam, por exemplo, a pedofilia, nos casos de discursos que incitem a violência ou quando se tratar de discurso com intuito manifestamente difamatório." (STF, info 1053, - Pet 8242 AgR/DF, Pet 8259 AgR/DF, Pet 8262 AgR/DF, Pet 8263 AgR/ DF, Pet 8267 AgR/ DF e Pet 8366 AgR/DF rel. min. Gilmar Mendes, julgado em: 03/05/2022)

44. A CF garante que não haverá prisão civil por dívida, **salvo** a do responsável pelo inadimplemento voluntário e inescusável (não desculpável) de obrigação alimentícia e a do depositário infiel (mas o STF já declarou inaplicável a prisão civil do depositário infiel).

45. O Estado prestará **assistência jurídica integral e gratuita** (apenas) aos que comprovarem **insuficiência de recursos** (e não a todos, indistintamente).

46. Todos têm direito a receber dos órgãos públicos informações de seu interesse particular, ou de interesse coletivo ou geral, que serão prestadas no prazo da lei, sob pena de responsabilidade, **ressalvadas aquelas cujo sigilo seja imprescindível à segurança da sociedade e do Estado, não** havendo prevalência do direito individual neste caso.

47. O registro civil de nascimento e a certidão de óbito são gratuitos **apenas aos reconhecidamente pobres**.

48. É livre o exercício de qualquer trabalho, ofício ou profissão, **desde que** atendidas as qualificações profissionais que a lei estabelecer.

- "O **jornalismo** é uma profissão diferenciada por sua estreita vinculação ao pleno exercício das liberdades de expressão e de informação. O jornalismo é a própria manifestação e difusão do pensamento e da informação de forma contínua, profissional e remunerada. Os jornalistas são aquelas pessoas que se dedicam profissionalmente ao exercício pleno da liberdade de expressão. O jornalismo e a liberdade de expressão, portanto, são atividades que estão imbricadas por sua própria natureza e não podem ser pensadas e tratadas de forma separada. Isso implica, logicamente, que a interpretação do art. 5º, XIII, da Constituição, na hipótese da profissão de jornalista, se faça, impreterivelmente, em conjunto com os preceitos do art. 5º, IV, IX, XIV, e do art. 220, da Constituição, que asseguram as liberdades de expressão, de informação e de comunicação em geral. (...) No campo da profissão de jornalista, não há espaço para a regulação estatal quanto às qualificações profissionais. **O art. 5º, IV, IX, XIV, e o art. 220 não autorizam o controle, por parte do Estado, quanto ao acesso e exercício da profissão de jornalista. Qualquer tipo de controle desse tipo, que interfira na liberdade profissional no momento do próprio acesso à atividade jornalística, configura, ao fim e ao cabo, controle prévio que, em verdade, caracteriza censura prévia das liberdades de expressão e de informação, expressamente vedada pelo art. 5º, IX, da Constituição.** A impossibilidade do estabelecimento de controles estatais sobre a profissão jornalística leva à conclusão de que não pode o Estado criar uma ordem ou um conselho profissional (autarquia) para a fiscalização desse tipo de profissão. O exercício do poder de polícia do Estado é vedado nesse campo em que imperam as liberdades de expressão e de informação. Jurisprudência do STF: Representação 930, Rel. p/ o ac. Min. Rodrigues Alckmin, DJ de 2-9-1977." (RE 511.961, julgado em 2009 e relatado pelo Ministro Gilmar Mendes).

- "Nem todos os ofícios ou profissões podem ser condicionadas ao cumprimento de condições legais para o seu exercício. A regra é a liberdade. Apenas quando houver potencial lesivo na atividade é que pode ser exigida inscrição em conselho de fiscalização profissional. **A atividade de músico prescinde de controle**. Constitui, ademais, manifestação artística protegida pela garantia da liberdade de expressão." (RE 414.426, Rel. Min. Ellen Gracie, julgamento em 1º-8- 2011, Plenário, DJE de 10-10-2011.)
- Já entendeu o STF, segundo noticiado no Informativo nº 748, que "**A exigência, pela Fazenda Pública, de prestação de fiança, garantia real ou fidejussória para a impressão de notas fiscais de contribuintes em débito com o Fisco viola as garantias do livre exercício do trabalho, ofício ou profissão** (CF, art. 5º, XIII), da atividade econômica (CF, art. 170, parágrafo único) e do devido processo legal (CF, art. 5º, LIV)" (RE 565048, julgado em 2014 e relatado pelo Ministro Marco Aurélio).
- "As limitações ao livre exercício das profissões serão legítimas apenas quando o inadequado exercício de determinada atividade possa vir a causar danos a terceiros e desde que obedeçam a critérios de adequação e razoabilidade, o que não ocorre em relação ao exercício da profissão de músico, ausente qualquer interesse público na sua restrição." [**ADPF 183**, rel. min. Alexandre de Moraes, j. 27-9-2019, P, *DJE* de 18-11-2019.]

49. A lei assegurará aos autores de inventos industriais **privilégio temporário** para sua utilização, bem como proteção às criações industriais, à propriedade das marcas, aos nomes de empresas e a outros signos distintivos, tendo em vista o interesse social e o desenvolvimento tecnológico e econômico do País.

50. O Supremo Tribunal Federal entende que decorre da regra que veda a utilização no processo de provas obtidas por meios ilícitos a proibição de utilização também das provas derivadas das ilícitas – teoria que se tornou conhecida pela alcunha de **"frutos da árvore envenenada"**. Todas essas provas são consideradas **nulas**. Entretanto, a jurisprudência daquele tribunal admite a utilização das provas derivadas das ilícitas em processo penal, quando a acusação demonstrar que as provas derivadas advêm de uma **fonte independente** (RHC 90.376, julgado em 2007 e relatado pelo Ministro Celso de Mello).

- O STF, como intérprete maior da Constituição Federal, considerou **compatível com o art. 5º, XII e LVI, o uso de prova obtida fortuitamente através de interceptação telefônica licitamente conduzida**, ainda que o crime descoberto, conexo ao que foi objeto da interceptação, seja punido com detenção." (AI 626.214, julgado em 2010 e relatado pelo Ministro Joaquim Barbosa).

  Segundo o STF, "o acesso direto a aparelhos telefônicos e à residência de suspeitos, sem autorização judicial, fora das hipóteses de flagrante e sem o estabelecimento de procedimentos bem delimitados que garantam a observância dos direitos fundamentais, também conflita com o direito fundamental à não autoincriminação." (STF. HC 168052/SP, rel. Min. Gilmar Mendes, julgamento em 11.6.2019. (HC-168052). (Info 944).)

51. A prisão de qualquer pessoa e o local onde se encontre serão comunicados imediatamente ao juiz competente e à família do preso ou à pessoa por ele indicada

52. É assegurada, nos termos da lei, a prestação de **assistência religiosa** nas entidades civis e militares de internação coletiva.

53. De acordo com entendimento da **Súmula vinculante 14 do STF**, é direito do defensor, no interesse do representado, ter acesso amplo aos elementos de prova que, **já documentados em procedimento investigatório realizado por órgão com competência de polícia judiciária, digam respeito ao exercício do direito de defesa** em procedimento investigatório realizado por órgão com competência de polícia judiciária.

- Sobre a Súmula vinculante 14, destaca-se o seguinte precedente representativo: 4. **Há, é verdade, diligências que devem ser sigilosas, sob o risco do comprometimento do seu bom sucesso. Mas, se o sigilo é aí necessário à apuração e à atividade instrutória, a formalização documental de seu resultado já não pode ser subtraída ao indiciado nem ao defensor, porque, é óbvio, cessou a causa mesma do sigilo.** (...) Os atos de instrução, enquanto documentação dos elementos retóricos colhidos na investigação, esses devem estar acessíveis ao indiciado e ao defensor, à luz da Constituição da República, que garante à classe dos acusados, na qual não deixam de situar-se o indiciado e o investigado mesmo, o direito de defesa. O sigilo aqui, atingindo a defesa, frustra-lhe, por conseguinte, o exercício. (...) 5. Por outro lado, o instrumento disponível para assegurar a intimidade dos investigados (...) não figura título jurídico para limitar a defesa nem a publicidade, enquanto direitos do acusado. E invocar a intimidade dos demais acusados, para impedir o acesso aos autos, importa restrição ao direito de cada um do envolvidos, pela razão manifesta de que os impede a todos de conhecer o que, documentalmente, lhes seja contrário. Por isso, a autoridade que investiga deve, mediante expedientes adequados, aparelhar-se para permitir que a defesa de cada paciente tenha acesso, pelo menos, ao que diga respeito ao seu constituinte." HC 88.190 (DJ 6.10.2006) – Relator Ministro Cezar Peluso – Segunda Turma.

- **A aplicação da Súmula Vinculante 14 é afastada quando autos de inquérito policial se encontram indisponíveis em razão de pendência de realização de diligência sigilosa** (Rcl 25012 AgR, rel. min. Edson Fachin, julgado em 14/03/2017, DJe 27/03/2017). Ademais, **não se aplica a procedimentos cíveis ou administrativos**, apenas à esfera penal (nesse sentido: Rcl 10771 AgR, rel. min. Marco Aurélio, julgado em 04/02/2014, DJe 18/02/2014; e Rcl 8458 AgR, rel. min. Gilmar Mendes, julgado em 26/06/2013, DJe 19/09/2013).

54. **Nenhuma pena** passará da pessoa do condenado, podendo a obrigação de reparar o dano e a decretação do perdimento de bens ser, nos termos da lei, estendidas aos sucessores e contra eles executadas, **até o limite** do valor do patrimônio transferido (art. 5º, XLV, da CF).

- "É inconstitucional lei estadual que proíba que a Administração Pública contrate empresa cujo diretor, gerente ou empregado tenha sido condenado por crime ou contravenção relacionados com a prática de atos discriminatórios. Essa lei viola os princípios da intransmissibilidade da pena, da responsabilidade pessoal e do devido processo legal." STF. Plenário. ADI 3092, Rel. Marco Aurélio, julgado em 22/06/2020 (Info 987 – clipping).

55. De acordo com o art. 5º, LXVI, da CF, ninguém será levado à prisão ou nela mantido, quando a lei admitir a **liberdade provisória**, com ou sem fiança. O Plenário do **STF já declarou, incidentalmente, a inconstitucionalidade da vedação da liberdade provisória constante do art. 44, caput, da Lei 11.343/2006 (Lei de Drogas)**. "(...) essa vedação apriorística de concessão de liberdade provisória (Lei 11.343/2006, art. 44) é incompatível com o princípio constitucional da presunção de inocência, do devido processo legal, entre outros. É que a Lei de Drogas, ao afastar a concessão da liberdade provisória de forma apriorística e genérica, retira do juiz competente a oportunidade de, no caso concreto, analisar os pressupostos da necessidade do cárcere cautelar, em inequívoca antecipação de pena, indo de encontro a diversos dispositivos constitucionais. (...) a segregação cautelar – mesmo nos crimes atinentes ao tráfico ilícito de entorpecentes – deve ser analisada tal quais as prisões decretadas nos casos dos demais delitos previstos no ordenamento jurídico, o que conduz à necessidade de serem apreciados os fundamentos da decisão que denegou a liberdade provisória ao ora paciente, no intuito de verificar se estão presentes os requisitos do art. 312 do CPP que rege a matéria. (...) Ante o exposto, declaro, *incidenter tantum*, a inconstitucionalidade da vedação à liberdade provisória imposta pelo art. 44 da Lei 11.343/2006." (HC 104.339, julgado em 2012 e relatado pelo Ministro Gilmar Mendes).

Entendeu o STF que: "a presunção de inocência não impede a prisão em qualquer fase, processual ou pré-processual, desde que preenchidos os requisitos da prisão cautelar" (ADC 43/DF; ADC 44/DF; ADC 54/DF, rel. Min. Marco Aurélio, julg. 07.11.2019).

56. De acordo com posição consolidada do Supremo Tribunal Federal, **a exigência de depósito prévio** como requisito de admissibilidade de ação judicial na qual se pretenda discutir a exigibilidade de crédito tributário **ofende a garantia de acesso ao Poder Judiciário**. Essa é a conclusão que se extrai da **Súmula Vinculante 28**, aprovada em 2010.

57. Súmula 667 do STF: viola a garantia constitucional de acesso à jurisdição a **taxa judiciária calcada sem limite sobre o valor da causa**.

58. No bojo do RHC 79785, julgado em 2002, o STF se pronunciou no sentido de que o **duplo grau de jurisdição** não seria uma garantia constitucional. Entretanto, em 2007, no HC 88.420, julgado em 2007, a Suprema Corte relativizou a negativa, passando a entender aplicável o duplo grau de jurisdição como uma garantia constitucional implícita, que decorre da previsão da existência e competência dos Tribunais para apreciação de decisões proferidas em instâncias inferiores. Vale ainda destacar que a existência de processos com instância única ou originária (AP 470, sobre o Mensalão, v.g.) faz parte da lógica constitucional, impondo uma ponderação de valores. Nos casos de instância única, não se aplica o duplo grau, mas isso não significa que ele deixa de existir como uma garantia implícita.

59. No bojo do RE 207.732, julgado em 2002 e relatado pela Ministra Ellen Gracie, o STF definiu que: "**Cabe ao Estado o custeio do exame de DNA para os beneficiários da Assistência Judiciária gratuita, em virtude da auto-executoriedade do art. 5º, LXXIV, da CF**, possibilitando o amplo acesso à Justiça e a igualdade no litígio para os menos favorecidos, sendo incabível a discussão de descumprimento do precatório judicial, tendo em vista que não existe lide entre o Estado agravante e as partes do processo contencioso (...)". Assim, a alternativa está incorreta porque a obrigação de o Estado-membro custear o exame de DNA em favor de hipossuficientes **não é condicional**, mas sim direta, imediata e integral.

60. Nos autos da ADPF 87, julgada em 2011 e relatada pelo Ministro Celso de Mello, cujo tema era a "**Marcha da Maconha**", o STF assim se manifestou: "[...] o presente feito não teria por objetivo discutir eventuais propriedades terapêuticas ou supostas virtudes medicinais ou possíveis efeitos benéficos resultantes da utilização de drogas ou de qualquer outra substância entorpecente. Destacou-se estar em jogo a proteção às liberdades individuais de reunião e de manifestação do pensamento. Em passo seguinte, assinalou-se que a liberdade de reunião, enquanto direito-meio, seria instrumento **viabilizador da liberdade de expressão e qualificar-se-ia como elemento apto a propiciar a ativa participação da sociedade civil na vida política do Estado.** A praça pública, desse modo, desde que respeitado o direto de reunião, passaria a ser o espaço, por excelência, para o debate. E, nesse sentido, salientou-se que **esta Corte, há muito, firmara compromisso com a preservação da integridade das liberdades fundamentais contra o arbítrio do Estado.** [...] Dessa forma, esclareceu-se que **seria nociva e perigosa a pretensão estatal de reprimir a liberdade de expressão, fundamento da ordem democrática, haja vista que não poderia dispor de poder algum sobre a palavra, as ideias e os modos de sua manifestação. Afirmou-se que, conquanto a livre expressão do pensamento não se revista de caráter absoluto, destinar-se-ia a proteger qualquer pessoa cujas opiniões pudessem conflitar com as concepções prevalecentes, em determinado momento histórico, no meio social".**

61. A **proibição de tratamento caricatural e humorístico a candidatos a cargos eletivos, no período eleitoral, constitui ofensa à liberdade de imprensa**. Assim decidiu o STF na ADI 4451: "Não cabe ao Estado, por qualquer dos seus órgãos, definir previamente o que pode ou o que não pode ser dito por indivíduos e jornalistas. Dever de omissão que inclui a própria atividade legislativa, pois é vedado à lei dispor sobre o núcleo duro das atividades jornalísticas, assim entendidas as coordenadas de tempo e de conteúdo da manifestação do pensamento, da informação e da criação lato sensu. Vale dizer: não há liberdade de imprensa pela metade ou sob as tenazes da censura prévia, pouco importando o poder estatal de que ela provenha. Isso porque a liberdade de imprensa não é uma bolha normativa ou uma fórmula prescritiva oca. Tem conteúdo, e esse conteúdo é formado pelo rol de liberdades que se lê a partir da cabeça do art. 220 da CF: liberdade de 'manifestação do pensamento', liberdade de 'criação', liberdade de 'expressão', liberdade de 'informação'. Liberdades constitutivas de verdadeiros bens de personalidade, porquanto correspondentes aos seguintes direitos que o art. 5º da nossa Constituição intitula de 'Fundamentais': 'livre manifestação do pensamento' (inciso IV); 'livre (...) expressão da atividade intelectual, artística, científica e de comunicação' (inciso IX); 'acesso a informação' (inciso XIV). (...) Programas humorísticos, charges e modo caricatural de pôr em circulação ideias, opiniões, frases e quadros espirituosos compõem as atividades de 'imprensa', sinônimo perfeito de 'informação jornalística' (§ 1º do art. 220). Nessa medida, gozam da plenitude de liberdade que é assegurada pela Constituição à imprensa. (...) A liberdade de imprensa assim abrangentemente livre não é de sofrer constrições em período eleitoral. Ela é plena em todo o tempo, lugar e circunstâncias. (ADI 4.451, julgada em 2010 e relatada pelo Ministro Ayres Britto).

- Em julgamento, STF entendeu que conteúdo que formula sátiras a elementos religiosos inerentes ao cristianismo não violam os valores constitucionais e não devem ser retirados de circulação, pois "Retirar de circulação produto audiovisual disponibilizado em plataforma de "streaming" apenas porque seu conteúdo desagrada parcela da população, ainda que majoritária, não encontra fundamento em uma sociedade democrática e pluralista como a brasileira." Rcl 38782/RJ, rel. Min. Gilmar Mendes, julgamento em 3.11.2020. (Rcl-38782) Info 998.
- O STJ, por sua vez, manifestou que: "A divulgação de notícia ou crítica acerca de atos ou decisões do Poder Público, ou de comportamento de seus agentes, não configuram, a princípio, abuso no exercício da liberdade de imprensa, desde que não se refiram a núcleo essencial de intimidade e de vida privada da pessoa." (REsp 1.325.938-SE, Rel. Min. Raul Araújo, Quarta Turma, por unanimidade, julgado em 23/08/2022, DJe 31/08/2022. Info. 749).

62. Para o STF a liberdade de expressão **não** protege os discursos racistas e preconceituosos, o que restou consignado no seguinte julgado: "Liberdade de expressão. Garantia constitucional que não se tem como absoluta. Limites morais e jurídicos. **O direito à livre expressão não pode abrigar, em sua abrangência, manifestações de conteúdo imoral que implicam ilicitude penal**. As liberdades públicas não são incondicionais, por isso devem ser exercidas de maneira harmônica, observados os limites definidos na própria CF (CF, art. 5º, § 2º, primeira parte). **O preceito fundamental de liberdade de expressão não consagra o 'direito à incitação ao racismo', dado que um direito individual não pode constituir-se em salvaguarda de condutas ilícitas, como sucede com os delitos contra a honra.** Prevalência dos princípios da dignidade da pessoa humana e da igualdade jurídica." (HC 82.424, Rel. p/ o ac. Min. Presidente Maurício Corrêa, julgamento em 17-9-2003, Plenário, DJ de 19-3-2004.)

63. Desde o RE 153.531, julgado em 1997 e relatado para o acórdão pelo Ministro Marco Aurélio, o STF **entende que no conflito entre o direito de manifestação cultural e a proibição de práticas de crueldade contra os animais, deve prevalecer esta última**. Vale destacar o seguinte trecho do julgado: "A manifestação cultural deve ser estimulada, mas não a prática cruel. Admitida a chamada "farra do boi", em que uma turba ensandecida vai ensandecida atrás do animal para procedimentos que estarrecem, como vimos, não há poder de polícia que consiga coibir esse procedimento. Não vejo como chegar-se a posição intermediária. A distorção alcançou tal ponto que somente uma medida que obstaculize terminantemente a prática pode evitar o que verificamos nesse ano de 1997 [...] Não se trata, no caso, de uma manifestação cultural que mereça o agasalho da Carta da República. Como disse no início de meu voto, cuida-se de uma prática cuja crueldade é ímpar e decorre das circunstâncias de pessoas envolvidas por paixões condenáveis buscarem, a todo custo, o próprio sacrifício do animal."

64. Segundo a jurisprudência do STF, "[...] no Brasil, sendo o princípio do respeito ao direito adquirido, ao ato jurídico perfeito e à coisa julgada de natureza constitucional, sem qualquer exceção a qualquer espécie de legislação ordinária, **não tem sentido a afirmação de muitos - apegados ao direito de países em que o preceito é de origem meramente legal - de que as leis de ordem pública se aplicam de imediato, alcançando os efeitos futuros do ato jurídico perfeito ou da coisa julgada**, e isso porque, se se alteram os efeitos, é óbvio que se está introduzindo modificação na causa, o que é vedado constitucionalmente." (Rp 1451, julgada em 1988 e relatada pelo Ministro Moreira Alves).

65. Em matéria de **direito intertemporal e direito adquirido**, a Constituição brasileira, de acordo com a jurisprudência do STF, aderiu à chamada teoria **subjetiva,** que veda a retroatividade das leis e a incidência de normas de ordem pública sobre efeitos futuros de negócios jurídicos celebrados no passado. No RE 441.409, julgado em 2007 e relatado pelo Ministro Gilmar Mendes, restou consignado que: "A discussão sobre direito intertemporal assume delicadeza ímpar, entre nós, tendo em vista a disposição constante do art. 5º, inciso XXXVI, da Constituição, que reproduz norma tradicional do direito brasileiro. Os princípios constitucionais do direito adquirido e do ato jurídico perfeito não se mostram aptos a proteger as posições jurídicas contra eventuais mudanças dos institutos ou dos próprios estatutos jurídicos previamente fixados. **Na lição de Moreira Alves, domina, na nossa tradição, a teoria subjetiva do direito adquirido. É o que se lê na seguinte passagem do voto proferido na ADI nº 493, verbis: "Por fim, há de salientar-se que as nossas Constituições, a partir de 1934, e com exceção de 1937, adotaram desenganadamente, em matéria de direito intertemporal, a teoria subjetiva dos direitos adquiridos e não a teoria objetiva da situação jurídica,** que é a teoria de ROUBIER. [...] É certo, outrossim, que a dimensão constitucional que se confere ao princípio do direito adquirido, entre nós, não permite que se excepcionem da aplicação do princípio as chamadas regras de ordem pública. Daí concluir Moreira Alves que o princípio do direito adquirido "se aplica a toda e qualquer lei infraconstitucional, sem qualquer distinção entre lei de direito público e lei de direito privado, ou entre lei de ordem pública e lei dispositiva" [ADI no 493, Relator Ministro Moreira Alves, RTJ 143, p. 724 (746)]. O problema relativo à modificação das situações subjetivas em virtude da mudança de um instituto de direito não passou despercebido a Carlos Maximiliano, que assinala, a propósito, em seu clássico O Direito Intertemporal, verbis: "**Não há direito adquirido no tocante a instituições, ou institutos jurídicos. Aplica-se logo, não só a lei abolitiva, mas também a que, sem os eliminar, lhes modifica essencialmente a natureza. Em nenhuma hipótese granjeia acolhida qualquer alegação de retroatividade, posto que, às vezes, tais institutos envolvam certas vantagens patrimoniais que, por equidade, o diploma ressalve ou mande indenizar**". (MAXIMILIANO, Carlos. Direito Intertemporal, cit. p. 62). Essa orientação básica, perfilhada por nomes de prol das diferentes correntes jurídicas sobre direito intertemporal, encontrou acolhida na jurisprudência do Supremo Tribunal Federal. Assentou-se que a proteção ao direito adquirido e ao ato jurídico perfeito não obstava à modificação ou à supressão de determinado instituto jurídico. Em acórdão mais recente, proferido no RE no 94.020, de 4 de novembro de 1981, deixou assente a Corte, pela voz do eminente Ministro Moreira Alves: "**em matéria de direito adquirido vigora o princípio que este Tribunal [...]tem assentado inúmeras vezes - de que não há direito adquirido a regime jurídico de um instituto de direito. Quer isso dizer que, se a lei nova modificar o regime jurídico de determinado instituto de direito (como é o direito de propriedade, seja ela de coisa móvel ou imóvel, ou de marca), essa modificação se aplica de imediato**". [RE no 94.020, Relator Ministro Moreira Alves, RTJ 104, p. 269 (272)]. **Esse entendimento tem sido reiterado pelo Supremo Tribunal Federal**. Nesse sentido, arrolo os seguintes precedentes: RE no 105.137, Relator: Ministro Cordeiro Guerra, RTJ 115, p. 379; ERE no 105.137, Relator Ministro Rafael Mayer, RTJ 119, p. 783; RE no 105.322, Relator Ministro Francisco Rezek, RTJ 118, p. 709.

66. Princípio da Razoável Duração do Processo: a todos, no âmbito judicial e administrativo, são assegurados a razoável duração do processo e os meios que garantam a celeridade de sua tramitação.

Direito à proteção de dados

Seguindo uma tendência de proteção aos dados inaugurada pela lei geral de proteção de dados (lei nº 13.709/2018), **a EC 115/2022 conferiu à proteção de dados status de direito fundamental, com a inserção do inciso LXXIX no art. 5º da CF/88**: "é assegurado, nos termos da lei, o direito à proteção de dados pessoais, inclusive nos meios digitais". A emenda ainda estabeleceu, no art. 21, como competência da União, organizar e fiscalizar a proteção e o tratamento de dados pessoais, bem como, no art. 22, estabeleceu a competência privativa da União para disciplinar a proteção e o tratamento de dados pessoais.

Sobre a necessidade de tal proteção, vale ressaltar o recente julgamento proferido pelo STF, em caso envolvendo a medida provisória nº 954/2020, que estabelecia o compartilhamento de dados dos usuários de telecomunicações com o Instituto brasileiro de geografia e estatística (IBGE):

> *"EMENTA MEDIDA CAUTELAR EM AÇÃO DIRETA DE INCONSTITUCIONALIDADE. REFERENDO. MEDIDA PROVISÓRIA Nº 954/2020. EMERGÊNCIA DE SAÚDE PÚBLICA DE IMPORTÂNCIA INTERNACIONAL DECORRENTE DO NOVO CORONAVÍRUS (COVID-19). COMPARTILHAMENTO DE DADOS DOS USUÁRIOS DO SERVIÇO TELEFÔNICO FIXO COMUTADO E DO SERVIÇO MÓVEL PESSOAL, PELAS EMPRESAS PRESTADORAS, COM O INSTITUTO BRASILEIRO DE GEOGRAFIA E ESTATÍSTICA. FUMUS BONI JURIS. PERICULUM IN MORA. DEFERIMENTO. 1. Decorrências dos direitos da personalidade, o respeito à privacidade e à autodeterminação informativa foram positivados, no art. 2º, I e II, da Lei nº 13.709/2018 (Lei Geral de Proteção de Dados Pessoais), como fundamentos específicos da disciplina da proteção de dados pessoais. 2. Na medida em que relacionados à identificação – efetiva ou potencial – de pessoa natural, o tratamento e a manipulação de dados pessoais hão de observar os limites delineados pelo âmbito de proteção das cláusulas constitucionais assecuratórias da liberdade individual (art. 5º, caput), da privacidade e do livre desenvolvimento da personalidade (art. 5º, X e XII), sob pena de lesão a esses direitos. O compartilhamento, com ente público, de dados pessoais custodiados por concessionária de serviço público há de assegurar mecanismos de proteção e segurança desses dados. 3. O Regulamento Sanitário Internacional (RSI 2005) adotado no âmbito da Organização Mundial de Saúde exige, quando essencial o tratamento de dados pessoais para a avaliação e o manejo de um risco para a saúde pública, a garantia de que os dados pessoais manipulados sejam "adequados, relevantes e não excessivos em relação a esse propósito" e "conservados apenas pelo tempo necessário." (artigo 45, § 2º, alíneas "b" e "d"). 4. Consideradas a necessidade, a adequação e a proporcionalidade da medida, não emerge da Medida Provisória nº 954/2020, nos moldes em que editada, interesse público legítimo no compartilhamento dos dados pessoais dos usuários dos serviços de telefonia. 5. Ao não definir apropriadamente como e para que serão utilizados os dados coletados, a MP nº 954/2020 desatende a garantia do devido processo legal (art. 5º, LIV, da CF), na dimensão substantiva, por não oferecer condições de avaliação quanto à sua adequação e necessidade, assim entendidas como a compatibilidade do tratamento com as finalidades informadas e sua limitação ao mínimo necessário para alcançar suas finalidades. 6. Ao não apresentar mecanismo técnico ou administrativo apto a proteger, de acessos não autorizados, vazamentos acidentais ou utilização indevida, seja na transmissão, seja no tratamento, o sigilo, a higidez e, quando o caso, o anonimato dos dados pessoais compartilhados, a MP nº 954/2020 descumpre as exigências que exsurgem do texto constitucional no tocante à efetiva proteção dos direitos fundamentais dos brasileiros. 7. Mostra-se excessiva a conservação de dados pessoais coletados, pelo ente público, por trinta dias após a decretação do fim da situação de emergência de saúde pública, tempo manifestamente excedente ao estritamente necessário para o atendimento da sua finalidade declarada. 8. Agrava a ausência de garantias de tratamento adequado e seguro dos dados compartilhados a circunstância de que, embora aprovada, ainda não vigora a Lei Geral de Proteção de Dados Pessoais (Lei nº 13.709/2018), definidora dos critérios para a responsabilização dos agentes por eventuais danos ocorridos em virtude do tratamento de dados pessoais. O fragilizado ambiente protetivo impõe cuidadoso escrutínio sobre medidas como a implementada na MP nº 954/2020. 9. O cenário de urgência decorrente da crise sanitária deflagrada pela pandemia global da COVID-19 e a necessidade de formulação de políticas públicas que demandam dados específicos para o desenho dos diversos quadros de enfrentamento não podem ser*

invocadas como pretextos para justificar investidas visando ao enfraquecimento de direitos e atropelo de garantias fundamentais consagradas na Constituição. 10. Fumus boni juris e periculum in mora demonstrados. Deferimento da medida cautelar para suspender a eficácia da Medida Provisória nº 954/2020, a fim de prevenir danos irreparáveis à intimidade e ao sigilo da vida privada de mais de uma centena de milhão de usuários dos serviços de telefonia fixa e móvel. 11. Medida cautelar referendada."(STF, ADI 6387 MC-Ref, Relator(a): ROSA WEBER, Tribunal Pleno, julgado em 07/05/2020, PROCESSO ELETRÔNICO DJe-270 DIVULG 11-11-2020 PUBLIC 12-11-2020)

A esse respeito, entendeu ainda o STF que: "É **legítimo**, desde que observados alguns parâmetros, o **compartilhamento de dados pessoais entre órgãos e entidades da Administração Pública federal**, sem qualquer prejuízo da irrestrita observância dos princípios gerais e mecanismos de proteção elencados na Lei Geral de Proteção de Dados Pessoais (Lei 13.709/2018) e dos direitos constitucionais à privacidade e proteção de dados." (STF, Informativo 1068, ADI 6.649-DF, Rel. Min. Gilmar Mendes, julgamento: 15/09/2022).

67. Ações ou remédios constitucionais

67.1. Habeas Corpus

- Conceder-se-á ***habeas corpus*** sempre que alguém sofrer ou se achar ameaçado de sofrer violência ou coação em sua liberdade de locomoção (também denominada **ambulatorial**), por ilegalidade ou abuso de poder.
- "**Não cabe** *habeas corpus* originário para o Tribunal Pleno **de decisão de turma, ou do plenário,** proferida em habeas corpus ou no respectivo recurso (Súmula 606 do STF).
- "Não cabe habeas corpus quando já **extinta a pena privativa de liberdade**." (Súmula 695 do STF.)
- "Não cabe habeas corpus contra a **imposição da pena de exclusão de militar ou de perda de patente ou de função pública**." (Súmula 694 do STF)
- "Não cabe habeas corpus contra **decisão condenatória a pena de multa, ou relativo a processo em curso por infração penal a que a pena pecuniária seja a única cominada**." (Súmula 693 do STF)
- "Não se conhece de habeas **corpus contra omissão de relator de extradição, se fundado em fato ou direito estrangeiro cuja prova não constava dos autos**, nem foi ele provocado a respeito." (Súmula 692 do STF)
- "Não se conhece de recurso de habeas corpus cujo objeto seja **resolver sobre o ônus das custas, por não estar mais em causa a liberdade de locomoção**." (Súmula 395 do STF)
- Ao **estrangeiro**, residente no exterior, é assegurado o direito de impetrar habeas corpus (STF, HC 94.404, julgado em 2008 e relatado pelo Ministro Celso de Mello).
- O habeas corpus **não pode ser proposto em favor de pessoa jurídica**, pois não há que se falar em liberdade ambulatorial. Nesse sentido o STF: "Habeas corpus. Negativa de seguimento. (...) Na concreta situação dos autos, a pessoa jurídica da qual o paciente é representante legal se acha processada por delitos ambientais. Pessoa Jurídica que somente poderá ser punida com multa e pena restritiva de direitos. Noutro falar: a liberdade de locomoção do agravante não está, nem mesmo indiretamente, ameaçada ou restringida." (HC 88.747-AgR, Rel. Min. Ayres Britto, julgamento em 15-9-2009, Primeira Turma, DJE de 29-10-2009.)
- **Entretanto,** segundo a doutrina e a jurisprudência predominantes, a pessoa jurídica pode impetrar habeas corpus **em favor de pessoa física**.
- "É nulo julgamento de recurso criminal, na segunda instância, sem prévia intimação ou publicação da pauta, salvo em habeas corpus." (Súmula 431 do STF)
- "O habeas corpus é **medida idônea para impugnar decisão judicial que autoriza a quebra de sigilos fiscal e bancário em procedimento criminal**, haja vista a possibilidade destes resultarem em constrangimento à liberdade do investigado. Com base nesse entendimento, a Turma, resolvendo questão de ordem, deu provimento a agravo de instrumento interposto pelo Ministério Público Federal para, convertendo-o em recurso extraordinário, negar-lhe provimento. Alegava-se, na espécie, ofensa ao art. 5º, LXVIII, da CF, ao fundamento de que a decisão que determinara a quebra de sigilos não ameaçaria o imediato direito de locomoção do paciente, consoante exigido constitucionalmente" (STF, AI 573623 QO/RJ, julgado em 2006 e relatado pelo Ministro Gilmar Mendes).
- Admite-se a **impetração de *habeas corpus* contra ato de particular**. Assim é a lição da doutrina, que ilustra o cabimento: "contra o médico que ilegalmente promove a retenção de paciente no hospital ou contra o fazendeiro que não libera o colono da fazenda" (CUNHA, Rogério Sanches; LORENZATO, Gustavo Müller; FERRAZ, Maurício Lins e PINTO, Ronaldo Batista. *Processo Penal Prático*. 2 ed. Salvador: Juspodivm, 2007, p. 180).
- A doutrina brasileira do *habeas corpus* **não subsiste** nos dias atuais. Nesse sentido o STF: "A ação de *habeas corpus* não se revela cabível, quando inexistente situação de dano efetivo ou de risco potencial ao *jus manendi*, *ambulandi*, *eundi ultro citroque* do paciente. Esse entendimento decorre da circunstância histórica de a reforma constitucional de 1926 – que importou na cessação da doutrina brasileira do *habeas corpus* – haver restaurado a função

clássica desse extraordinário remédio processual, destinando-o, quanto à sua finalidade, à específica tutela jurisdicional da imediata liberdade de locomoção física das pessoas." (HC 102.041, julgado em 2010 e relatado pelo Ministro Celso de Mello).

- ***Habeas corpus* e liberdade na internet:** "O *habeas corpus*, em sua condição de instrumento de ativação da jurisdição constitucional das liberdades, configura um poderoso meio de cessação do injusto constrangimento ao estado de liberdade de locomoção física das pessoas. Se essa liberdade não se expõe a qualquer tipo de cerceamento, e se o direito de ir, vir ou permanecer sequer se revela ameaçado, **nada justifica o emprego do remédio heroico do habeas corpus, por não estar em causa a liberdade de locomoção física** (de todo inconfundível com a 'liberdade de locomoção pelos sítios informativos' existentes no universo virtual, cuja proteção é ora pretendida pelo impetrante) (...)." (HC 100.231, julgado em 2009 e relatado pelo Ministro Celso de Mello).
- ***Habeas corpus* e ação de improbidade:** segundo o STF, "O *habeas corpus* é meio processual destinado à proteção do direito de ir e vir ameaçado por ilegalidade ou abuso de poder. Daí a impropriedade desse instrumento processual para solver controvérsia cível. Ainda que se admita que a ação de improbidade administrativa tem natureza penal, não há como trancá-la em habeas corpus, porquanto as sanções previstas na Lei 8.429/1992 não consubstanciam risco à liberdade de locomoção." (HC 100.244-AgR, julgado em 2009 e relatado pelo Ministro Eros Grau).

67.2. Mandado de Segurança

- Caberá **mandado de segurança** para proteger **direito líquido e certo, não amparado por habeas corpus ou habeas data,** quando o responsável pela ilegalidade ou abuso de poder for **autoridade pública ou agente de pessoa jurídica no exercício de atribuições do Poder Público**.

  Observa o STJ que o conceito de autoridade pública ou agente de pessoa jurídica no exercício de atribuições do Poder Público **não abrange "dirigentes, unidades ou órgãos de entidades de administração do desporto"**, já que sobressai o caráter privado dessas atividades. (STJ, REsp 1.348.503-SE, Rel. Min. Marco Buzzi, Quarta Turma, por unanimidade, julgado em 22/02/2022., INFO 726).

  Entende o STJ ainda que: "O Ministério Público possui legitimidade ativa para impetrar Mandado de Segurança a fim de promover a defesa dos interesses transindividuais e do patrimônio público material ou imaterial." (STJ, Info 732, RMS 67.108-MA, rel. min. Herman Benjamin, julg. 05/04/2022).
- "**Não cabe condenação em honorários de advogado** na ação de mandado de segurança." (Súmula 512 do STF)
- "Não cabe mandado de segurança para impugnar enquadramento da Lei 3.780, de 12-7-1960, **que envolva exame de prova ou de situação funcional** complexa." (Súmula 270 do STF)
- "Não cabe mandado de segurança contra **decisão judicial com trânsito em julgado**." (Súmula 268 do STF)
- "Não cabe mandado de segurança contra **ato judicial passível de recurso ou correição**." (Súmula 267 do STF)
- "Não cabe mandado de segurança **contra lei em tese**." (Súmula 266 do STF)
- Entretanto, segundo o STF, "**Se o decreto é**, materialmente, ato administrativo, assim **de efeitos concretos, cabe contra ele mandado de segurança**. Todavia, se o decreto tem efeito normativo, genérico, por isso mesmo sem operatividade imediata, necessitando, para a sua individualização, da expedição de ato administrativo, contra ele não cabe mandado de segurança. (Súmula 266)." (MS 21.274, julgado em 1994 e relatado pelo Ministro Carlos Velloso).
- **Vale ressaltar**, que em MC no MS 26.325, em 2007, o Ministro Gilmar Mendes entendeu pela admissão de mandado de segurança para a impugnação de leis "dotadas de eficácia imediata e capazes de afetar direito subjetivo".
- "É constitucional lei que fixa **prazo de decadência** para impetração de mandado de segurança." (Súmula 632 do STF)
- Nos termos da Súmula 474 do STF, **não há direito líquido e certo**, amparado pelo mandado de segurança, quando se escuda em lei cujos efeitos foram anulados por outra, declarada constitucional pelo Supremo Tribunal Federal.
- Ao estrangeiro, residente no exterior, é assegurado o **direito de impetrar mandado de segurança** (STF, MS 4706, julgado em 1969 e relado pelo Ministro Ari Franco)
- o STF reconhece o direito de impetração de mandado de segurança a **diferentes órgãos públicos despersonalizados que tenham prerrogativas ou direitos próprios a defender**, tais como as Chefias dos Executivos e de Ministério Público; as Presidências das Mesas dos Legislativos; as Presidências dos Tribunais; os Fundos Financeiros; as Presidências de Comissões Autônomas; as Superintendências de Serviços e demais órgãos da Administração centralizada ou descentralizada contra atos de outros órgãos públicos.
- Não compete ao Supremo Tribunal Federal conhecer originariamente de mandado de segurança contra **atos de outros Tribunais**. (Súmula 624 do STF)
- "**Controvérsia sobre matéria de direito** não impede concessão de mandado de segurança." (Súmula 625 do STF)
- "Praticado o ato por **autoridade, no exercício de competência delegada**, contra ela cabe o mandado de segurança ou a medida judicial." (Súmula 510 do STF)

- "**Pedido de reconsideração** na via administrativa não interrompe o prazo para o mandado de segurança." (Súmula 430 do STF)
- "Concessão de mandado de segurança não produz efeitos patrimoniais em relação a **período pretérito**, os quais devem ser reclamados administrativamente ou pela via judicial própria." (Súmula 271 do STF)
- "O mandado de segurança **não é substitutivo de ação de cobrança**." (Súmula 269 do STF)
- Em que pese o teor da súmula 267, do Supremo Tribunal Federal, que afirma **não caber Mandado de Segurança contra ato judicial passível de recurso ou correição**, é certo que o próprio STF, abrandando a rigidez da referida súmula, **tem admitido** o *mandamus* quando, do ato judicial impugnado, puder resultar **dano irreparável**, desde logo cabalmente demonstrado. Tal posicionamento restou assentado no MS 22.623-AgR, julgado em 1996 e relatado pelo Ministro Sydney Sanches).
- "O mandado de segurança **não substitui a ação popular**." (Súmula 101 do STF)

  A 1ª Turma do STF entendeu ser admissível o uso do mandado de segurança para impugnar ato judicial no qual se assentou a intempestividade de recurso que foi protocolado dentro do prazo legal, em razão de sua excepcionalidade (RMS 36114/AM, rel. Min. Marco Aurélio, julg. 22.10.2019 – Info 957).
- Lei 12.016/09: Art. 5º: **Não se concederá mandado de segurança** quando se tratar:

I – de ato do qual caiba recurso administrativo com efeito suspensivo, independentemente de caução;

II – de decisão judicial da qual caiba recurso com efeito suspensivo;

III – de decisão judicial transitada em julgado.

- O mandado de segurança pode ser utilizado **contra ato de juiz criminal, praticado em processo penal** (STJ. REsp 96024 GO, julgado em 1998 e relatado pelo Ministro José Dantas)
- **Entende-se por direito líquido e certo** aquele que pode ser demonstrado de plano por meio de prova pré-constituída, isto é, sem que haja necessidade de dilação probatória. Na dicção de conceituada doutrina de **Hely Lopes Meirelles**, é o direito "manifesto na sua existência, delimitado na sua extensão e apto a ser exercitado no momento da impetração" (*Mandado de Segurança*. 22 ed. São Paulo: Malheiros, 2000. p. 21-22).
- Conforme decidiu o STF, diante da ausência de previsão constitucional e com fundamento no art. 21 VI, da Loman, "a competência originária para conhecer de mandado de segurança contra coação imputada a Turma Recursal dos Juizados Especiais **é dela mesma e não do Supremo Tribunal Federal**" (MS 24.691).
- Na esteira de notícia divulgada pelo STF, por maioria de votos, no dia 02/05/2013, o Plenário do Supremo Tribunal Federal (STF) decidiu que a desistência do mandado de segurança é uma prerrogativa de quem o propõe e pode ocorrer a qualquer tempo, sem anuência da parte contrária e independentemente de já ter havido decisão de mérito, ainda que favorável ao autor da ação. A decisão ocorreu no julgamento do Recurso Extraordinário (RE) 669367, com repercussão geral reconhecida, em que a empresa Pronor Petroquímica S/A questionava decisão do Superior Tribunal de Justiça (STJ), que não admitiu a desistência de um mandado de segurança movido pela empresa contra a Comissão de Valores Imobiliários (CVM). De acordo com o entendimento da maioria dos ministros, o mandado de segurança é uma ação dada ao cidadão contra o Estado e, portanto, não gera direito a autoridade pública considerada coatora, pois seria "intrínseco na defesa da liberdade do cidadão".

  Entende, ainda, o STJ que: "Em mandado de segurança, a legitimidade para recorrer é da pessoa jurídica de direito público, sendo dispensável a intimação da autoridade coatora para fins de início da contagem do prazo recursal."(AgInt no AREsp 1.430.628-BA, Rel. Min. Francisco Falcão, Segunda Turma, por maioria, julgado em 18/08/2022.Info 747).

  Mandado de Segurança e Defensoria Pública: Entende o STJ que: "O Defensor Público, atuando em nome da Defensoria Pública, possui legitimidade para impetrar mandado de segurança em defesa das funções institucionais e prerrogativas de seus órgãos de execução, nos termos do artigo 4°, IX, da Lei Complementar n. 80/1994." (STJ, Informativo Especial nº6. Processo sob segredo judicial, Rel. Min. Maria Isabel Gallotti, Quarta Turma, por unanimidade, julgado em 07/06/2022, DJe 10/06/2022.).

67.3. Mandado de Segurança Coletivo

- O **mandado de segurança coletivo** pode ser impetrado por: a) partido político com representação no Congresso Nacional; b) organização sindical; c) entidade de classe ou **associação legalmente constituída** e em funcionamento há **pelo menos um ano**, em defesa dos interesses de seus membros ou associados.
- Conforme entendimento do STF, **os partidos políticos não têm legitimidade ativa ad causam para impetrar mandado de segurança coletivo em defesa de terceiros**, com vistas a impugnar direito individual disponível, como a incidência de imposto. Tal posicionamento restou evidenciado em 2004, no julgamento do RE 196.184, relatado pela Ministra Ellen Gracie: "Uma exigência tributária configura interesse de grupo ou classe de pessoas, só podendo ser impugnada por eles próprios, de forma individual ou coletiva. Precedente: RE 213.631, Rel. Min. Ilmar Galvão, DJ de 7-4-2000. O partido político não está, pois, autorizado a valer-se do mandado de segurança coletivo para, substituindo todos os cidadãos na defesa de interesses individuais, impugnar majoração de tributo."

Entende, contudo, o STJ que: "O sindicato ou a associação de servidores não têm legitimidade para a impetração de ação de mandado de segurança coletivo no interesse de direitos de candidatos aprovados em concurso público." (STJ, Informativo Especial nº 5. RMS 66.687-PB, Rel. Min. Mauro Campbell Marques, Segunda Turma, por unanimidade, julgado em 10/05/2022, DJe 19/05/2022.).

- A impetração de mandado de segurança coletivo por entidade de classe em favor dos associados **independe da autorização destes** (Súmula 629 do STF).
- "A entidade de classe tem legitimação para o mandado de segurança **ainda quando a pretensão veiculada interesse apenas a uma parte da respectiva categoria**." (Súmula 630 do STF)
- Segundo o STF, "a **legitimidade de sindicato** para atuar como substituto processual no mandado de segurança coletivo **pressupõe tão somente a existência jurídica**, ou seja, o registro no cartório próprio, **sendo indiferente estarem ou não os estatutos arquivados e registrados no Ministério do Trabalho.**" (RE 370.834, julgado em 2011 e relatado pelo Ministro Marco Aurélio).
- O STF já entendeu pela "legitimidade do **sindicato** para a impetração de mandado de segurança coletivo **independentemente da comprovação de um ano de constituição e funcionamento**." (RE 198.919, julgado em 1999 e relatado pelo Ministro Ilmar Galvão).
- Segundo o STF, "A **legitimação** das organizações sindicais, entidades de classe ou associações, para a segurança coletiva, é **extraordinária**, ocorrendo, em tal caso, substituição processual. CF, art. 5º, LXX. **Não se exige, tratando-se de segurança coletiva, a autorização expressa** aludida no inciso XXI do art. 5º da Constituição, que contempla hipótese de representação." (RE 193.382, Rel. Min. Carlos Velloso, julgamento em 28-6-1996, Plenário, DJ de 20-9-1996.). Assim, por exemplo, um sindicato não dependerá de autorização expressa de seus filiados para promover a defesa de seus interesses em juízo.

67.4. *Habeas Data*

- Conceder-se-á ***habeas data***: a) para assegurar o conhecimento de **informações relativas à pessoa do impetrante**, constantes de registros ou bancos de dados de entidades governamentais ou de caráter público; b) para a retificação de dados, quando não se prefira fazê-lo por processo sigiloso, judicial ou administrativo. Se forem informações de **interesse pessoal**, mas não da pessoa do impetrante, cabe **mandado de segurança**.
- Segundo o STF, "O *habeas data* configura remédio jurídico-processual, de natureza constitucional, que se destina a garantir, em favor da pessoa interessada, o exercício de pretensão jurídica discernível em seu tríplice aspecto: **(a) direito de acesso aos registros; (b) direito de retificação dos registros; e (c) direito de complementação dos registros.** Trata-se de relevante instrumento de ativação da jurisdição constitucional das liberdades, a qual representa, no plano institucional, a mais expressiva reação jurídica do Estado às situações que lesem, efetiva ou potencialmente, os direitos fundamentais da pessoa, quaisquer que sejam as dimensões em que estes se projetem. O acesso ao habeas data pressupõe, entre outras condições de admissibilidade, a existência do interesse de agir. Ausente o interesse legitimador da ação, torna-se inviável o exercício desse remédio constitucional. **A prova do anterior indeferimento do pedido de informação de dados pessoais, ou da omissão em atendê-lo, constitui requisito indispensável para que se concretize o interesse de agir no *habeas data*.** Sem que se configure situação prévia de pretensão resistida, há carência da ação constitucional do *habeas data*." (RHD 22, julgado em 1991 e relatado para o acórdão pelo Ministro Celso de Mello).
- No que se refere à legitimidade ativa, tem-se que **pessoa jurídica pode impetrar *habeas data*.** Conforme entendeu o STF no RE 673707, julgado em 2015 e relatado pelo Ministro Luiz Fux, "**A *legitimatio ad causam* para interpretação de *Habeas Data* estende-se às pessoas físicas e jurídicas, nacionais e estrangeiras, porquanto garantia constitucional aos direitos individuais ou coletivas**" (Informativo 790, de 2015).
- Atenção! Não confunda o mandado de segurança com o *habeas data*. São comuns as questões que desafiam os candidatos quanto ao cabimento dessas duas ações constitucionais. Para facilitar a compreensão, elaboramos a seguinte tabela.

MANDADO DE SEGURANÇA	*HABEAS DATA*
1. Conhecimento de informações de **interesse pessoal** do impetrante	1. Conhecimento de informações **relativas/referentes à pessoa** do impetrante
2. Obtenção de **certidão** que contenha informações de interesse pessoal do impetrante	2. Obtenção de **informações constantes em registros ou bancos de dados** (não em certidões)[1]

- **Atenção! São gratuitas** as ações de *habeas corpus* e *habeas data*, e, na forma da lei, os atos necessários ao exercício da cidadania.

1. O habeas data também não se presta para obtenção de vista em processo administrativo, consoante posicionamento do STF: "A ação de habeas data visa à proteção da privacidade do indivíduo contra abuso no registro e/ou revelação de dados pessoais falsos ou equivocados. O habeas data não se revela meio idôneo para se obter vista de processo administrativo". (HD 90-AgR, julgado em 2010 e relatado pela Ministra Ellen Gracie).

67.5. Mandado de Injunção

- O mandado de injunção é utilizado **sempre que a falta de norma regulamentadora torne inviável o exercício dos direitos e liberdades constitucionais e das prerrogativas inerentes à nacionalidade, à soberania e à cidadania.**
- O entendimento atual do STF é no sentido de que **não** é cabível liminar em mandado de injunção (vide MI 680, julgado em 2008 e relatado pela Ministra Ellen Gracie).
- "Mandado de injunção. Garantia fundamental (CF, art. 5º, LXXI). Direito de greve dos servidores públicos civis (CF, art. 37, VII). Evolução do tema na jurisprudência do STF. Definição dos parâmetros de competência constitucional para apreciação no âmbito da Justiça Federal e da Justiça estadual até a edição da legislação específica pertinente, nos termos do art. 37, VII, da CF. Em observância aos ditames da segurança jurídica e à evolução jurisprudencial na interpretação da omissão legislativa sobre o direito de greve dos servidores públicos civis, fixação do prazo de sessenta dias para que o Congresso Nacional legisle sobre a matéria. Mandado de injunção deferido para determinar a aplicação das Leis 7.701/1988 e 7.783/1989. Sinais de evolução da garantia fundamental do mandado de injunção na jurisprudência do STF. No julgamento do MI 107/DF, Rel. Min. Moreira Alves, DJ de 21-9-1990, **o Plenário do STF consolidou entendimento que conferiu ao mandado de injunção os seguintes elementos operacionais**: **i)** os direitos constitucionalmente garantidos por meio de mandado de injunção apresentam-se como direitos à expedição de um ato normativo, os quais, via de regra, não poderiam ser diretamente satisfeitos por meio de provimento jurisdicional do STF; **ii)** a decisão judicial que declara a existência de uma omissão inconstitucional constata, igualmente, a mora do órgão ou poder legiferante, insta-o a editar a norma requerida; **iii)** a omissão inconstitucional tanto pode referir-se a uma omissão total do legislador quanto a uma omissão parcial; **iv)** a decisão proferida em sede do controle abstrato de normas acerca da existência, ou não, de omissão é dotada de eficácia erga omnes, e não apresenta diferença significativa em relação a atos decisórios proferidos no contexto de mandado de injunção; **v)** o STF possui competência constitucional para, na ação de mandado de injunção, determinar a suspensão de processos administrativos ou judiciais, com o intuito de assegurar ao interessado a possibilidade de ser contemplado por norma mais benéfica, ou que lhe assegure o direito constitucional invocado; **vi)** por fim, esse plexo de poderes institucionais legitima que o STF determine a edição de outras medidas que garantam a posição do impetrante até a oportuna expedição de normas pelo legislador. Apesar dos avanços proporcionados por essa construção jurisprudencial inicial, **o STF flexibilizou a interpretação constitucional primeiramente fixada para conferir uma compreensão mais abrangente à garantia fundamental do mandado de injunção. A partir de uma série de precedentes, o Tribunal passou a admitir soluções 'normativas' para a decisão judicial como alternativa legítima de tornar a proteção judicial efetiva** (CF, art. 5º, XXXV). Precedentes: MI 283, Rel. Min. Sepúlveda Pertence, DJ de 14-11-1991; MI 232/RJ, Rel. Min. Moreira Alves, DJ de 27-3-1992; MI 284, Rel. Min. Marco Aurélio, Rel. p/ o ac. Min. Celso de Mello, DJ de 26-6-1992; MI 543/DF, Rel. Min. Octavio Gallotti, DJ de 24-5-2002; MI 679/DF, Rel. Min. Celso de Mello, DJ de 17-12-2002; e MI 562/DF, Rel. Min. Ellen Gracie, DJ de 20-6-2003. (...) Em razão da evolução jurisprudencial sobre o tema da interpretação da omissão legislativa do direito de greve dos servidores públicos civis e em respeito aos ditames de segurança jurídica, fixa-se o prazo de sessenta dias para que o Congresso Nacional legisle sobre a matéria. Mandado de injunção conhecido e, no mérito, deferido para, nos termos acima especificados, determinar a aplicação das Leis 7.701/1988 e 7.783/1989 aos conflitos e às ações judiciais que envolvam a interpretação do direito de greve dos servidores públicos civis." (MI 708, Rel. Min. Gilmar Mendes, julgamento em 25-10-2007, Plenário, DJE de 31-10-2008). No mesmo sentido: MI 670, Rel. p/ o ac. Min. Gilmar Mendes, e MI 712, Rel. Min. Eros Grau, julgamento em 25-10-2007, Plenário, DJE de 31-10-2008.
- Quanto à decisão no mandado de injunção, temos as seguintes teorias: a) **teoria não-concretista**: assinala que a decisão do mandado de injunção possui natureza declaratória, apenas reconhecendo a omissão legislativa, mas não possuindo forças para concretizar o exercício do direito. É pautada no princípio da separação de Poderes; b) **teoria concretista:** reconhece a natureza constitutiva da decisão de mandado de injunção (e não apenas a declaratória). Esse reconhecimento implica viabilizar o exercício do direito carente de regulamentação. Como desdobramento da teoria concretista, temos: b.1) teoria concretista geral: a decisão produzirá efeitos *erga omnes;* b.2) teoria concretista individual: a decisão terá apenas efeitos *inter partes*, podendo ser direta (o Judiciário não aguarda que a autoridade competente edite a lei, conferindo o exercício do direito de imediato) ou intermediária (hipótese em que o Judiciário, ao reconhecer a omissão, comunicará o órgão competente, fixando-lhe prazo que, persistindo a omissão, o próprio judiciário concretizará o direito pendente de regulamentação). Em um primeiro momento, o STF adotou a teoria não-concretista. Todavia, esse posicionamento foi superado, de modo que, atualmente, **o posicionamento adotado pela Suprema Corte é a teoria concretista**.
- Apesar de não haver previsão constitucional, o STF admite o Mandado de Injunção Coletivo (MI 102, julgado em 1998 e relatado para acórdão pelo Ministro Carlos Velloso). Ademais, a lei 13.300/2016 prevê expressamente essa modalidade de mandado de injunção.
- Consoante art. 12 da Lei 13.300/2016, **o mandado de injunção coletivo pode ser promovido**: I - pelo **Ministério Público**, quando a tutela requerida for especialmente relevante para a defesa da ordem jurídica, do regime democrático ou dos interesses

sociais ou individuais indisponíveis; II - por **partido político** com representação no Congresso Nacional, para assegurar o exercício de direitos, liberdades e prerrogativas de seus integrantes ou relacionados com a finalidade partidária; III - por **organização sindical, entidade de classe ou associação** legalmente constituída e em funcionamento há pelo menos 1 (um) ano, para assegurar o exercício de direitos, liberdades e prerrogativas em favor da totalidade ou de parte de seus membros ou associados, na forma de seus estatutos e desde que pertinentes a suas finalidades, dispensada, para tanto, autorização especial; IV - pela **Defensoria Pública**, quando a tutela requerida for especialmente relevante para a promoção dos direitos humanos e a defesa dos direitos individuais e coletivos dos necessitados, na forma do inciso LXXIV do art. 5º da Constituição Federal.

- O **STF já reconheceu sua competência para apreciar mandado de injunção impetrado por servidor público municipal** (vide MI 3815, relatado pelo Ministro Luiz Fux e julgado no dia 23/05/2013).
- Se, após a impetração de mandado de injunção, o diploma legal objeto da reclamação foi promulgado a ação estará prejudicada pela perda do objeto. Conforme consolidado no STF: "AGRAVO REGIMENTAL EM MANDADO DE INJUNÇÃO. SUPERAÇÃO DA MORA LEGISLATIVA. PERDA DO OBJETO. 1. A jurisprudência desta Corte se firmou no sentido de que a edição do diploma reclamado pela Constituição leva à perda de objeto do mandado de injunção. 2. "Excede os limites da via eleita a pretensão de sanar a alegada lacuna normativa do período pretérito à edição da lei regulamentadora" (MI 634-AgR, Rel. Min. Sepúlveda Pertence). 3. Agravo regimental improvido" (MI 3709 AgR, julgado em 2014 e Relatado pelo Min. Roberto Barroso).
- "Mandado de injunção é via imprópria para pleitear a regulamentação do direito militar de ascensão funcional do quadro especial do Exército Brasileiro." STJ. MI 324-DF, Rel. Min. Herman Benjamin, Corte Especial, por unanimidade, julgado em 19/02/2020, DJe 25/08/2020. INFO 679.

67.6. Ação Popular

- A **ação popular** pode ser proposta por qualquer **cidadão** (nacional no gozo dos direitos políticos) com o objetivo de anular ato lesivo ao patrimônio público ou de entidade de que o Estado participe, à moralidade administrativa, ao meio ambiente e ao patrimônio histórico e cultural, ficando o autor, **salvo comprovada má-fé**, isento de custas judiciais e do ônus da sucumbência;
- "**Pessoa jurídica** não tem legitimidade para propor ação popular." (Súmula 365.)
- "**O mandado de segurança não substitui** a ação popular." (Súmula 101.)
- Como o requisito para a propositura é ser cidadão (art. 5º, LXXIII, da CF), e formalmente isso significa ter título de eleitor, aquele que, **a partir dos 16 anos** estiver munido deste documento, poderá ajuizar ação popular.
- Nos casos de ação popular movida contra o Presidente da República, a competência originária para o seu julgamento **não é** do Supremo Tribunal Federal, pois não há previsão no art. 102, da CF, que conta com rol taxativo (regime de direito estrito). Nesse sentido, a jurisprudência do STF: "**A competência para julgar ação popular contra ato de qualquer autoridade, até mesmo do presidente da República, é, via de regra, do juízo competente de primeiro grau**. Precedentes. Julgado o feito na primeira instância, se ficar configurado o impedimento de mais da metade dos desembargadores para apreciar o recurso voluntário ou a remessa obrigatória, ocorrerá a competência do STF, com base na letra n do inciso I, segunda parte, do art. 102 da CF." (AO 859-QO, julgado em 2001 e relatado pelo Ministro Maurício Corrêa).
- Segundo o STJ: "Em face da magnitude econômica, social e ambiental do caso concreto, é possível a fixação do juízo do local do fato para o julgamento de ação popular que concorre com diversas outras ações individuais, populares e civis públicas decorrentes do mesmo dano ambiental." (CC 164.362-MG, Rel. Min. Herman Benjamin, Primeira Seção, por unanimidade, julgado em 12/06/2019, DJe 19/12/2019)
- O prazo de contestação na ação popular é de **20 (vinte)** dias, prorrogável por mais **20 (vinte)**, a requerimento do interessado, se particularmente difícil a produção da prova documental, e será comum a todos os interessados, correndo da entrega em cartório do mandado cumprido, ou, quando for o caso, do decurso do prazo assinado em edital, de acordo com o art. 7º, IV, da Lei 4.717/65.
- A ação popular **prescreve em 05 (cinco) anos**, consoante art. 21, da Lei 4.717/65

DIREITOS DA NACIONALIDADE

- **CF, artigos 12 e 13.**

1. O fato natural do nascimento não é suficiente para o reconhecimento de nacionalidade, pois devem ser levados em consideração outros elementos tais como: i) o local do nascimento; ii) nacionalidade dos pais; e; iii) função exercida pelos pais no local de nascimento da criança.
2. A origem sanguínea firma a nacionalidade pelo critério *jus sanguinis*, e a vinculação territorial reconhece o brasileiro via critério *jus solis*.
3. São brasileiros **natos:** a) os **nascidos na República Federativa do Brasil**, ainda que de pais estrangeiros, desde que estes não estejam a serviço de seu país; b) os nascidos no estrangeiro, de pai brasileiro ou mãe brasileira, desde que **qualquer deles** esteja **a serviço da República Federativa do Brasil** e; c) os nascidos no estrangeiro de pai brasileiro ou de mãe brasileira, desde que sejam **registrados em repartição brasileira competente ou venham**

a residir na República Federativa do Brasil e optem, em qualquer tempo, depois de atingida a maioridade, pela nacionalidade brasileira (nacionalidade potestativa).

4. São brasileiros **naturalizados:** a) os que, na forma da lei, **adquiram a nacionalidade brasileira**, exigidas aos originários de países de língua portuguesa apenas residência por um ano ininterrupto e idoneidade moral (ato discricionário de soberania estatal, não sendo direito público subjetivo); b) os estrangeiros de qualquer nacionalidade, residentes na República Federativa do Brasil há mais de quinze anos ininterruptos e sem condenação penal, desde que **requeiram** a nacionalidade brasileira (direito público subjetivo).

SÃO BRASILEIROS	
1. Natos (Nacionalidade Primária/Originária)	a) os **nascidos na República Federativa do Brasil**, ainda que de pais estrangeiros, desde que estes não estejam a serviço de seu país;
	b) os nascidos no estrangeiro, de pai brasileiro ou mãe brasileira, desde que **qualquer deles** esteja **a serviço da República Federativa do Brasil**.
	c) os nascidos no estrangeiro de pai brasileiro ou de mãe brasileira, desde que sejam **registrados em repartição brasileira competente ou venham a residir na República Federativa do Brasil e optem**, em qualquer tempo, depois de atingida a maioridade, pela nacionalidade brasileira.
2. Naturalizados (Nacionalidade Secundária)	a) os que, na forma da lei, **adquiram a nacionalidade brasileira**, exigidas aos originários de países de língua portuguesa apenas residência por um ano ininterrupto e idoneidade moral;
	b) os estrangeiros de qualquer nacionalidade, residentes na República Federativa do Brasil há mais de quinze anos ininterruptos e sem condenação penal, desde que **requeiram** a nacionalidade brasileira.

5. São **privativos de brasileiros natos** os cargos: I - de Presidente e Vice-Presidente da República; II - de Presidente da Câmara dos Deputados; III - de Presidente do Senado Federal; IV - de Ministro do Supremo Tribunal Federal; V - da carreira diplomática; VI - de oficial das Forças Armadas; VII - de Ministro de Estado da Defesa.

- Para memorizar os cargos privativos de brasileiro nato, o amigo leitor pode valer-se da expressa mnemônica **"MP3.COM"**

Cargos privativos de brasileiro nato		
	M	inistro do STF
P3	**P**	residente da República (e Vice)
	P	residente da Câmara dos Deputados
	P	residente do Senado Federal
	C	arreira Diplomática
	O	ficial das Forças Armadas
	M	inistro de Estado da Defesa

- **Atenção** para as "pegadinhas" clássicas: a) o cargo de Ministro do STJ não é privativo de brasileiro nato, mas o de Ministro do STF é; b) o cargo de Ministro da Justiça não é privativo de brasileiro nato, mas o de Ministro de Estado da Defesa é; c) o cargo de Senador não é privativo de brasileiro nato, mas o de Presidente do Senado Federal é.

6. O **brasileiro nato <u>não pode mais perder a nacionalidade (a menos que isso seja por ele requerido)</u>**, pois, com a edição da EC 131/2023 que alterou o § 4º, do art. 12, da CF, somente haverá perda da nacionalidade:

   a) quando o brasileiro <u>naturalizado</u> tiver **cancelada** sua naturalização, por sentença judicial, em virtude de fraude relacionada ao processo de naturalização ou de atentado contra a ordem constitucional e o Estado Democrático; ou

   b) quando o brasileiro **<u>nato ou naturalizado</u>** fizer pedido **expresso** de perda da nacionalidade brasileira perante autoridade brasileira competente, ressalvadas situações que acarretem apatridia.

   Ademais, foi incluído §5º ao art. 12 no qual se determina que, no caso da perda da nacionalidade por pedido expresso, será possível ao interessado readquirir sua nacionalidade brasileira originária, nos termos da lei. Verifica-se, contudo, que essa disposição trata apenas do brasileiro **nato**, e não do naturalizado, já que fala em nacionalidade **originária.**

7. O STF já decidiu que, o **Ministro da Justiça não tem competência para cancelar naturalização concedida**: "Conforme revela o inciso I do § 4º do art. 12 da CF, o ministro de Estado da Justiça não tem competência para rever ato de naturalização." (RMS 27.840, rel. p/ o ac. min. Marco Aurélio, julgamento em 7-2-2013, Plenário, DJE de 27-8-2013.)

8. A **deportação** se materializada na hipótese de entrada ou permanência irregular de estrangeiro no país, independentemente da prática de qualquer crime. Desta feita, será deportado aquele que entrar ou permanecer no território nacional violando normas administrativas, e não quiser se retirar voluntariamente no prazo fixado pela autoridade competente.

9. O **banimento ou degredo** se refere ao envio compulsório de um nacional ao estrangeiro, sem possibilidade de retorno, como forma de punição. Trata-se de medida vedada pelo ordenamento brasileiro.

10. O Supremo Tribunal Federal não fica vinculado ao juízo formulado pelo Poder Executivo na concessão administrativa de asilo político. A condição de asilado político (art. 4, X, da CF) **não** suprime, por si só, a possibilidade de o Estado brasileiro conceder a extradição que lhe haja sido requerida (vide Ext 524, julgada em 1989 e relatada pelo Ministro Celso de Mello), **salvo** quando o fato que enseja o pedido assume a qualificação de crime político ou de opinião (art. 5º, LII, da CF).

- "Deveras, antes de deliberar sobre a existência de poderes discricionários do presidente da República em matéria de extradição, ou mesmo se essa autoridade se manteve nos lindes da decisão proferida pelo Colegiado anteriormente, é necessário definir se o ato do chefe de Estado é sindicável pelo Judiciário, em abstrato. (...) **O sistema 'belga' ou 'da contenciosidade limitada', adotado pelo Brasil, investe o STF na categoria de órgão juridicamente existente apenas no âmbito do direito interno, devendo, portanto, adstringir-se a examinar a legalidade da extradição; é dizer, seus aspectos formais, nos termos do art. 83 da Lei 6.815/1980 (...). O presidente da República, no sistema vigente, resta vinculado à decisão do STF apenas quando reconhecida alguma irregularidade no processo extradicional, de modo a impedir a remessa do extraditando ao arrepio do ordenamento jurídico, nunca, contudo, para determinar semelhante remessa, porquanto, o Poder Judiciário deve ser o último guardião dos direitos fundamentais de um indivíduo, seja ele nacional ou estrangeiro, mas não dos interesses políticos de Estados alienígenas, os quais devem entabular entendimentos com o chefe de Estado, vedada a pretensão de impor sua vontade através dos tribunais internos. (...)** O princípio da separação dos Poderes (art. 2º da CRFB), indica não competir ao STF rever o mérito de decisão do presidente da República, enquanto no exercício da soberania do país, tendo em vista que o texto constitucional conferiu ao chefe supremo da Nação a função de representação externa do país. (...) A extradição não é ato de nenhum Poder do Estado, mas da República Federativa do Brasil, pessoa jurídica de direito público externo, representada na pessoa de seu chefe de Estado, o presidente da República. A reclamação por descumprimento de decisão ou por usurpação de poder, no caso de extradição, deve considerar que a Constituição de 1988 estabelece que a soberania deve ser exercida, em âmbito interno, pelos três Poderes (Executivo, Legislativo e Judiciário) e, no plano internacional, pelo chefe de Estado, por isso que é insindicável o poder exercido pelo presidente da República e, consequentemente, incabível a reclamação, porquanto juridicamente impossível submeter o ato presidencial à apreciação do Pretório Excelso." (STF. Rcl 11.243, julgada em 2011 e relatada pelo Ministro Luiz Fux).

11. A **expulsão** é medida política que se aplica ao estrangeiro que pratica condutas que coloquem em risco a segurança ou a ordem pública do país. Normalmente se refere à prática de crime, mas pode também decorrer da violação de normas administrativas, sendo aplicável aos casos em que a deportação não seja aconselhável.

"É inadmissível a expulsão de estrangeiro que possua filho brasileiro, dependente socioafetivo ou econômico, mesmo que o crime ensejador da expulsão tenha ocorrido em momento anterior ao reconhecimento ou adoção do filho." STF. Plenário. RHC 123891 AgR/DF, Rel. Min. Rosa Weber, julgado em 23/2/2021 (Info 1007)

"O § 1º do art. 75 da Lei 6.815/1980 (1) não foi recepcionado pela Constituição Federal de 1988 (CF), sendo vedada a expulsão de estrangeiro cujo filho brasileiro foi reconhecido ou adotado posteriormente ao fato ensejador do ato expulsório, uma vez comprovado estar a criança sob a guarda do estrangeiro e deste depender economicamente." STF. Plenário. RE 608898/DF, Rel. Min. Marco Aurélio, julgado em 25/6/2020 (Repercussão Geral –Tema 373) (Info 983).

O art. 54, §1º da Lei no 13.445/2017, prevê como hipóteses que ensejam expulsão:" I - crime de genocídio, crime contra a humanidade, crime de guerra ou crime de agressão, nos termos definidos pelo Estatuto de Roma do Tribunal Penal Internacional; ou II - crime comum doloso passível de pena privativa de liberdade, consideradas a gravidade e as possibilidades de ressocialização em território nacional."

Por sua vez, o art. 55 da Lei no 13.445/2017 prevê as hipóteses **que impedem a expulsão** do estrangeiro:

a) Quando a medida configurar extradição inadmitida pela legislação brasileira;

b) Quando o extraditando:

- tiver filho brasileiro que esteja sob sua guarda ou dependência econômica ou socioafetiva ou tiver pessoa brasileira sob sua tutela;
- tiver cônjuge ou companheiro residente no Brasil, sem discriminação alguma, reconhecido judicial ou legalmente;
- tiver ingressado no Brasil até os 12 (doze) anos de idade, residindo desde então no País;

- for pessoa com mais de 70 (setenta) anos que resida no País há mais de 10 (dez) anos, considerados a gravidade e o fundamento da expulsão.

12. O **ostracismo** tem origem na Grécia Antiga. Em palavras simples, pode-se dizer que se trata de um "banimento ou degredo com prazo determinado". Desta feita, seria o envio compulsório de um nacional ao estrangeiro, sem possibilidade de retorno, como forma de punição, mas apenas por um determinado prazo. Assim como o banimento ou degredo, o ostracismo é prática vedada no ordenamento jurídico brasileiro.

13. Regras sobre **extradição:** a) O brasileiro nato **nunca** será extradito (por crime comum ou de opinião); b) O brasileiro naturalizado somente poderá ser extraditado em caso de crime comum (praticado **antes** da naturalização), ou de comprovado envolvimento em tráfico ilícito de entorpecentes e drogas afins (**antes ou depois** da naturalização), na forma da lei, mas **não** por crime político; c) O estrangeiro pode ser extraditado pela prática de crime comum, mas **não** por crime político e; d) O Brasil não extradita **ninguém** pela prática de crime político.

POSSIBILIDADE DE EXTRADIÇÃO		
	CRIME COMUM	**CRIME POLÍTICO OU DE OPINIÃO**
1. Brasileiro Nato	Não	Não
2. Brasileiro Naturalizado	Sim, desde que seja por: a) crime praticado antes da naturalização; b) comprovado envolvimento em tráfico ilícito de entorpecentes e drogas afins, na forma da lei.	Não
3. Estrangeiro	Sim	Não
REGRA GERAL:	**O Brasil não extradita ninguém pela prática de crime político ou de opinião**	

Para o STF, o Estado Brasileiro deve negar extradição quando houver possibilidade concreta de o Estado solicitante desrespeitar os direitos humanos e fundamentais dos extraditandos, como pela excessiva abertura dos tipos penais e pela possibilidade das penas de prisão perpétua ou de morte. STF. 2ª Turma. Ext 1428/DF, Rel. Min. Gilmar Mendes, julgado em 7/5/2019 (Info 939).

A respeito da extradição, observou o STF que não se deve conceder extradição caso o país requerente esteja enfrentando uma situação de instabilidade política, como com a demissão de juízes e prisão de opositores do governo, em razão do risco de que o extraditando seja submetido a um tribunal ou juízo de exceção (STF. 2ª Turma. Ext 1578/DF, Rel. Min. Edson Fachin, julg. 06/08/2019- Info 946).

- Segundo a Súmula 421 do STF: "**Não impede a extradição** a circunstância de ser o extraditando casado com brasileira ou ter filho brasileiro".

São condições para a extradição (art. 82 da lei 13.445/2017) ter sido o crime cometido no território do Estado requerente ou serem aplicáveis ao extraditando as leis penais desse Estado; e estar o extraditando respondendo a processo investigatório ou a processo penal ou ter sido condenado pelas autoridades judiciárias do Estado requerente a pena privativa de liberdade.

Para o STF, o Estado Brasileiro deve negar extradição quando houver possibilidade concreta de o Estado solicitante desrespeitar os direitos humanos e fundamentais dos extraditandos, como pela excessiva abertura dos tipos penais e pela possibilidade das penas de prisão perpétua ou de morte. STF. 2ª Turma. Ext 1428/DF, Rel. Min. Gilmar Mendes, julgado em 7/5/2019 (Info 939).

- O Supremo Tribunal Federal, em revisão da jurisprudência, firmou a orientação de que **o Estado requerente deve emitir prévio compromisso em comutar a pena de prisão perpétua**, para a pena privativa de liberdade com o prazo máximo de trinta anos (pena máxima no Brasil). Esse entendimento baseia-se na garantia individual fundamental prevista pelo art. 5º, XLVII, b, da Constituição Federal do Brasil. (Ext 985, julgada em 2006 e relatada pelo Ministro Joaquim Barbosa).

14. A língua portuguesa é o **idioma oficial** da República Federativa do Brasil, que tem como **símbolos** a bandeira, o hino, as armas e o selo nacionais.

DIREITOS POLÍTICOS E SISTEMAS ELEITORAIS

- **CF, artigos 14 a 17.**

1. Conceitos Fundamentais

1.1. Democracia: podemos classificar os regimes democráticos em três espécies:

- Democracia Direta: povo exerce seus poderes diretamente, sem representantes.
- Democracia Representativa: o poder é exercido indiretamente, por meio da outorga de poderes aos representantes eleitos pelo povo.
- Democracia Semidireta ou Participativa: sistema híbrido, em que se tem uma democracia representativa com atributos da democracia direta. Nesse sistema, além da participação direta e concreta do cidadão na democracia representativa, há também um controle popular sobre os atos estatais.

Obs.: Adotada pelo Brasil a partir da exegese do parágrafo único do artigo 1º c.c. o artigo 14, ambos da CF. Participação popular no poder.

1.2. Soberania Popular: é a qualidade máxima de poder extraída da soma dos atributos de cada membro da sociedade estatal, encarregado de escolher os seus representantes no governo através do sufrágio universal e do voto direto.

1.3. Nacionalidade: é o vínculo jurídico-político que liga um indivíduo a um determinado Estado, tornando-lhe apto a contrair obrigações e exercer direitos.

1.4. Cidadania: é a característica decorrente da nacionalidade que consiste na capacidade de exercer direitos políticos devido ao fato de o indivíduo ter direito de sufrágio (votar e ser votado).

1.5. Sufrágio: é o direito de votar e ser votado.

1.6. Voto: instrumento do exercício do direito de sufrágio.

1.7. Escrutínio: é a forma de exteriorização do voto, pública ou secreta.

2. Tem **capacidade eleitoral passiva** aquele que preenche as condições do direito de ser escolhido para exercício de mandato eletivo por meio de voto. Em sentido oposto, **capacidade eleitoral ativa** é atributo de quem reúne condições para votar em candidato, partido ou coligação.

3. O **alistamento eleitoral e o voto** são: I – **obrigatórios** para os maiores de dezoito anos; II – **facultativos** para: a) os analfabetos; b) os maiores de setenta anos e; c) os maiores de dezesseis e menores de dezoito anos.

ALISTAMENTO E VOTO	
1. Obrigatórios	Maiores de 18 anos
2. Facultativos	a) Maiores de 16 e menores 18 anos b) Maiores de 70 anos; c) Analfabetos;

4. São **inalistáveis** (para votarem ou serem votados) os estrangeiros e os conscritos, durante o período militar obrigatório.

5. São **condições de elegibilidade**, na forma da lei: I – a nacionalidade brasileira; II – o pleno exercício dos direitos políticos; III – o alistamento eleitoral; IV – o domicílio eleitoral na circunscrição; V – a filiação partidária; VI – a idade mínima.

IDADE MÍNIMA PARA EXERCÍCIO DE MANDATO POLÍTICO ELETIVO	
Idade Mínima	**Mandato Político Eletivo**
18 anos	Vereador
21 anos	Prefeito, Vice Prefeito, Deputado Estadual ou Distrital e Deputado Federal
30 anos	Governador e Vice Governador de Estado e do Distrito Federal
35 anos	Presidente da República, Vice Presidente da República e Senador

6. O **quase-nacional**, português que exerce direitos de brasileiros, condicionado à existência de reciprocidade (art. 12, § 1º, da CF), também poderá exercer direitos políticos no Brasil, como eleitor ou candidato (respeitadas as restrições constitucionais), nos termos do art. 17 do Decreto 3.927/01, que versa sobre o Tratado de Amizade, Cooperação e Consulta entre a República Federativa do Brasil e a República Portuguesa. Assim, nem sempre a nacionalidade será condição de elegibilidade.

7. **Nem todos os que tiverem feito alistamento eleitoral serão elegíveis**, isso porque, o alistamento é facultativo entre 16 e 18 anos, e nessa idade o eleitor será absolutamente inelegível porque sequer terá adquirido capacidade eleitoral passiva.

   Segundo entendimento do STF: "É válido o cancelamento do título do eleitor que, convocado por edital, não comparecer ao processo de revisão eleitoral, em virtude do que dispõe o art. 14, caput e §1º, da Constituição de 1988". [ADPF 541, rel. min. Roberto Barroso, j. 26-9-2018, P, DJE de 16-5-2019.]

8. São **inelegíveis** (não podem ser votados) os inalistáveis e os analfabetos.

9. Assim, **todo inalistável é inelegível, mas nem todo inelegível é inalistável**, pois o analfabeto é inelegível (não pode ser votado), mas é alistável (pode votar). Somente os estrangeiros e os conscritos são inalistáveis e inelegíveis.

10. **Súmula Vinculante 18:** "A **dissolução da sociedade ou do vínculo conjugal, no curso do mandato**, não afasta a inelegibilidade prevista no § 7º do art. 14 da CF".

11. A improbidade administrativa é caso de **suspensão** de direitos políticos (art. 15, V, c.c. art. 37, § 4º, ambos da CF).

12. A condenação **criminal** (não a cível) transitada em julgado, enquanto durarem seus efeitos, é caso de **suspensão** dos direitos políticos, lembrando que **é vedada a cassação de direitos políticos**. Destacou o STF: "A regra de suspensão dos direitos políticos, prevista no art. 15, III, da Constituição Federal, é autoaplicável e consequência imediata da sentença penal condenatória transitada em julgado, independentemente da natureza da pena imposta (privativa de liberdade, restritiva de direitos, suspensão condicional da pena, dentre outras hipóteses)." [RE 601.182, voto do rel. p/ o ac. min. Alexandre de Moraes, j. 8-5-2019, P, DJE de 2-10-2019, Tema 370.]

   "A suspensão de direitos políticos prevista no art. 15, III, da Constituição Federal, aplica-se no caso de substituição da pena privativa de liberdade pela restritiva de direitos". STF. Plenário. RE 601182/MG, Rel. Min. Marco Aurélio, red. p/ o ac. Min. Alexandre de Moraes, julgado em 8/5/2019 (repercussão geral) (Info 939).

13. O cancelamento de naturalização por **sentença judicial** (e não por decisão administrativa) é caso de perda de nacionalidade e, por consequência, também dos direitos políticos.

- **Cuidado!** A incapacidade civil que gera a **suspensão** (não a perda) de direitos políticos é a de natureza **absoluta**, não relativa.

14. As eleições para Presidente e Governador seguem o sistema majoritário com exigência de maioria absoluta ou dois turnos. Nos termos do art. 28, alterado pela EC 111/2021: "A eleição do Governador e do Vice-Governador de Estado, para mandato de 4 (quatro) anos, realizar-se-á no primeiro domingo de outubro, em primeiro turno, e no último domingo de outubro, em segundo turno, se houver, do ano anterior ao do término do mandato de seus antecessores, e a posse ocorrerá em 6 de janeiro do ano subsequente, observado, quanto ao mais, o disposto no art. 77 desta Constituição.". Antes dessa emenda, a posse se dava no dia primeiro de janeiro do ano subsequente. Estabelece também o art. 82 da CF/88 que: "Art. 82. O mandato do Presidente da República é de 4 (quatro) anos e terá início em 5 de janeiro do ano seguinte ao de sua eleição." Essas alterações, contudo, só vão ser aplicadas a partir das eleições de 2026.

15. A **eleição do Prefeito** e do Vice-Prefeito será realizada no primeiro domingo de outubro do ano anterior ao término do mandato dos que devam suceder, aplicadas as regras do art. 77 da CF (com segundo turno ou exigência de maioria absoluta) apenas no caso de Municípios com mais de duzentos mil eleitores. Sendo assim, nos Municípios de até duzentos mil eleitores considera-se eleito o candidato que obtiver a maioria (simples) dos votos, independentemente de ter obtido a aprovação da maioria absoluta dos eleitores.

Atenção! A partir da edição da EC 111/2021, que incluiu o §12 e §13 no art. 14 da CF/88, "Serão realizadas concomitantemente às eleições municipais as consultas populares sobre questões locais aprovadas pelas Câmaras Municipais e encaminhadas à Justiça Eleitoral até 90 (noventa) dias antes da data das eleições, observados os limites operacionais relativos ao número de quesitos.". Ademais, eventuais manifestações a tais questões ocorrerão durante as campanhas eleitorais sem a utilização de propaganda gratuita no rádio e na televisão.

16. São **Congressistas** o Deputado Federal e o Senador. O deputado federal é eleito pelo sistema proporcional (art. 45, da CF), e o Senador é eleito pelo majoritário simples (art. 46, da CF). Desta feita, é errado dizer que o Congressista é eleito mediante sistema proporcional, pois tal afirmativa ignora que o Senador se elege via sistema majoritário.

17. O **Vereador** será eleito mediante sistema proporcional.

18. Para concorrerem a **outros cargos**, o Presidente da República, os Governadores de Estado e do Distrito Federal e os **Prefeitos** devem **renunciar** aos respectivos mandatos **até seis meses antes** do pleito.

- "É **constitucional**, à luz dos arts. 1º, I e parágrafo único, 5º, LIV, e 14, caput e § 9º, da Constituição da República, **o § 3º do art. 224 do Código Eleitoral, com a redação dada pela Lei 13.165/2015, no que determina a realização automática de novas eleições, independentemente do número de votos anulados, sempre que o candidato eleito, em pleito majoritário, for desclassificado**, por indeferimento do registro de sua candidatura, ou em virtude de cassação do diploma ou mandato." (RE 1096029/MG, rel. Min. Dias Toffoli, julgamento em 4.3.2020. Informativo 968, Tema 986).

19. **Inelegibilidade reflexa:** são **inelegíveis**, no território de jurisdição do titular, o cônjuge e os parentes consanguíneos ou afins, até o segundo grau ou por adoção, do Presidente da República, de Governador de Estado ou Território, do Distrito Federal, de Prefeito ou de quem os haja substituído dentro dos seis meses anteriores ao pleito, salvo se já titular de mandato eletivo e candidato à reeleição (art. 14, § 7º, da CF).

- **Parâmetros para aplicação da inelegibilidade reflexa** (art. 14, § 7º, da CF). "É inelegível para o cargo de Prefeito de Município resultante de desmembramento territorial o irmão do atual Chefe do Poder Executivo do Município-mãe. O regime jurídico das inelegibilidades comporta interpretação construtiva dos preceitos que lhe compõem a estrutura normativa. Disso resulta a plena validade da exegese que, norteada por parâmetros axiológicos consagrados pela própria Constituição, visa a impedir que se formem grupos hegemônicos nas instâncias políticas locais. O primado da ideia republicana – cujo fundamento ético político repousa no exercício do regime democrático e no postulado da igualdade – rejeita qualquer prática que possa monopolizar o acesso aos mandatos eletivos e patrimonializar o poder governamental, comprometendo, desse modo, a legitimidade do processo eleitoral". (STF. RE 158314, julgado em 1992 e relatado pelo Ministro Celso de Mello).

20. O **militar alistável é elegível**, sendo que, se contar mais de dez anos de serviço, será agregado pela autoridade superior e, se eleito, passará automaticamente, no ato da diplomação, para a inatividade, e, se contar **menos** (não mais) de dez anos de serviço, deverá afastar-se da atividade.

21. As hipóteses de inelegibilidade constam de rol **exemplificativo**. Prova disso é o artigo 14, § 9º, da CF, segundo o qual **lei complementar estabelecerá outros casos de inelegibilidade e os prazos de sua cessação,** a fim de proteger a probidade administrativa, a moralidade para exercício de mandato considerada vida pregressa do candidato, e a normalidade e legitimidade das eleições contra a influência do poder econômico ou o abuso do exercício de função, cargo ou emprego na administração direta ou indireta.

- Utilizando-se da classificação elaborada por José Afonso da Silva, o Supremo Tribunal Federal decidiu que a norma constitucional que prevê que '"lei complementar estabelecerá outros casos de inelegibilidade...", além das previstas no texto constitucional, é **norma de eficácia limitada** (não contida), portanto, não autoaplicável e dependente de lei para poder ser aplicada, o que se deu nos seguintes termos: "Como venho de assinalar, o § 9º do art. 14 da Constituição, por traduzir norma revestida de eficácia meramente limitada, não dispõe de autoaplicabilidade. Esta Suprema Corte não pode, por isso mesmo, substituindo-se, inconstitucionalmente, ao legislador, estabelecer, com apoio em critérios próprios, meios destinados a viabilizar a imediata incidência da regra constitucional mencionada (CF, art. 14, § 9º), ainda mais se se considerar que resultarão, dessa proposta da Associação dos Magistrados Brasileiros (AMB), restrições que comprometerão, sem causa legítima, a esfera jurídica de terceiros, a quem não se impôs sanção condenatória com trânsito em julgado. É preciso advertir que o princípio constitucional da reserva de lei formal traduz limitação ao exercício da atividade jurisdicional do Estado" (ADPF 144, julgada em 2008 e relatada pelo Ministro Celso de Mello).

22. No recente julgamento do Supremo Tribunal Federal (ADC 29 e 30 e ADI 4578) sobre Lei Complementar 135/2010, conhecido como **caso "ficha limpa"**, a questão central da discussão baseou-se na **interpretação do princípio da anualidade**, o qual significa que a lei que alterar o processo eleitoral entrará em vigor na data de sua publicação, não se aplicando à eleição que se realize até um ano da data de sua vigência, nos termos do art. 16, da CF, com redação dada pela EC 04/93. Por maioria de votos, prevaleceu o entendimento em favor da constitucionalidade da lei, que poderia ser aplicada nas eleições de 2012, alcançando atos e fatos ocorridos antes de sua vigência.

- Ademais, **os candidatos a cargo eletivo que tenham sido condenados, mesmo por sentença não transitada em julgado, são, conforme entendimento atual do STF (pois, anteriormente a posição da Suprema Corte era em sentido contrário), inelegíveis**, desde que assim esteja previsto em lei complementar (LC 135/2010, popularmente conhecida como Lei da Ficha Limpa). Após análise conjunta das Ações Declaratórias de Constitucionalidade (ADC 29 e 30) e da Ação Direta de Inconstitucionalidade (ADI 4578) que tratam da Lei Complementar 135/2010, por maioria de votos, prevaleceu o entendimento em favor da constitucionalidade da lei, que pode ser aplicada nas eleições de 2012, alcançando atos e fatos ocorridos antes de sua vigência. Assim, é plenamente válida a previsão no sentido de que são considerados inelegíveis os candidatos que forem condenados, em decisão transitada em julgado ou proferida por órgão judicial colegiado, em razão da prática de crimes contra a economia popular, a fé pública, a administração pública e o patrimônio público; contra o patrimônio privado, o sistema financeiro, o mercado de capitais e os previstos na lei que regula a falência; e contra o meio ambiente e a saúde pública.

  "A condenação por abuso do poder econômico ou político em ação de investigação judicial eleitoral transitada em julgado, ex vi do art. 22, XIV, da LC 64/90, em sua redação primitiva, é apta a atrair a incidência da inelegibilidade do art. 1º, inciso I, alínea d, na redação dada pela LC nº 135/2010, aplicando-se a todos os processos de registro de candidatura em trâmite". [RE 929.670, rel. p/ o ac. min. Luiz Fux, j. 1º-3-2018, P, DJE de 12-4-2019, Tema 860.]

23. O mandato eletivo poderá ser **impugnado** ante a Justiça Eleitoral no prazo de quinze dias contados da diplomação, instruída a ação com provas de abuso do poder econômico, corrupção ou fraude.

- A ação de impugnação de mandato **tramitará** em segredo de justiça, respondendo o autor, na forma da lei, se temerária ou de manifesta má-fé.

24. É livre a criação, fusão, incorporação e extinção de partidos políticos, resguardados a soberania nacional, o regime democrático, o pluripartidarismo, os direitos fundamentais da pessoa humana (art. 17, *caput*, da CF).

  "É vedada a fusão ou incorporação de partidos políticos que tenham obtido o registro definitivo do Tribunal Superior Eleitoral há menos de 5 anos."25. STF. Plenário. ADI 6044/DF, Rel. Min. Cármen Lúcia, julgado em 6/3/2021 (Info 1008).

25. Nos termos do art. 17, § 2º, da CF, os **partidos políticos** adquirem personalidade jurídica (de direito privado) **na forma da lei civil, com a inscrição dos atos constitutivos no respectivo registro.** Existe ainda o dever de **posterior registro de seus estatutos no Tribunal Superior Eleitoral (TSE)**, consoante art. 44, V, art. 44 § 3º e art. 45, todos do Código Civil c.c. artigos 8º, 9º e 10 da Lei 9.096/95, mas que não é requisito para criação.

- De acordo com o art. 7º, § 2º, da Lei 9.096/95, só o partido que tenha registrado seu estatuto no Tribunal Superior Eleitoral pode participar do processo eleitoral, receber recursos do Fundo Partidário e ter acesso gratuito ao rádio e à televisão, nos termos fixados nesta Lei.

  Atenção! De acordo com a **Emenda Constitucional 97/2017** (que alterou alguns parágrafos do art. 17 da CF):

a) É assegurada aos partidos políticos **autonomia** para definir sua estrutura interna e estabelecer regras sobre escolha, formação e duração de seus órgãos permanentes e provisórios e sobre sua organização e funcionamento e **para adotar os critérios de escolha e o regime de suas coligações**

nas eleições majoritárias, vedada a sua celebração nas eleições proporcionais, sem obrigatoriedade de vinculação entre as candidaturas em âmbito nacional, estadual, distrital ou municipal, devendo seus estatutos estabelecer normas de disciplina e fidelidade partidária;

b) Somente terão **direito a recursos do fundo partidário e acesso gratuito ao rádio e à televisão, na forma da lei**, os partidos políticos que **alternativamente**: I. obtiverem, nas eleições para a Câmara dos Deputados, no mínimo, 3% (três por cento) dos votos válidos, distribuídos em pelo menos um terço das unidades da Federação, com um mínimo de 2% (dois por cento) dos votos válidos em cada uma delas; ou II - tiverem elegido pelo menos quinze Deputados Federais distribuídos em pelo menos um terço das unidades da Federação.

c) Ao eleito por partido que não preencher esses requisitos ("b") **é assegurado o mandato e facultada a filiação, sem perda do mandato, a outro partido que os tenha atingido**, não sendo essa filiação considerada para fins de distribuição dos recursos do fundo partidário e de acesso gratuito ao tempo de rádio e de televisão.

- Atenção! A Emenda Constitucional 111/2021 incluiu no art. 17, CF/88 a seguinte disposição:

  "§ 6º Os Deputados Federais, os Deputados Estaduais, os Deputados Distritais e os Vereadores que se desligarem do partido pelo qual tenham sido eleitos PERDERÃO O MANDATO, salvo nos casos de anuência do partido ou de outras hipóteses de justa causa estabelecidas em lei, não computada, em qualquer caso, a migração de partido para fins de distribuição de recursos do fundo partidário ou de outros fundos públicos e de acesso gratuito ao rádio e à televisão."

  Vamos destrinchar esse parágrafo para melhor compreendê-lo. Na primeira parte, ele traz uma consequência àqueles que se desligam do partido pelo qual foram eleitos.

  A quem se aplica? Deputados Federais, Estaduais e Distritais e Vereadores. Logo, não se aplica a Senadores e aos representantes do Poder Executivo (Presidente da República, Governadores e Prefeitos).

  Qual a conduta? Se desligar do partido pelo qual foram eleitos.

  Qual a consequência? Perda do mandato

  Há exceções? Sim: 1. Em caso de anuência (concordância) do partido; 2. Em casos de justa causa (estabelecidas em lei- norma de eficácia limitada- as hipóteses estão no art. 22-A, parágrafo único da lei 9.096/95- lei orgânica dos partidos políticos- e foram incluídos nesta lei em 2015.)

  Na segunda parte o artigo fala da distribuição de recursos do fundo partidário e de outros fundos públicos, bem como do acesso gratuito ao rádio e à televisão. Essas distribuições são feitas de acordo com o número de candidatos que aquele partido conseguiu eleger na última eleição. Como fica no caso de o candidato eleito mudar para outro partido? As distribuições de tempo e recursos não são afetadas.

- A fim de estimular a inclusão progressiva de mulheres na atuação política, foi editada a EC nº 117/2022, que incluiu os parágrafos 7º e 8º no art. 17. O §7º obriga os partidos a aplicarem no mínimo 5% dos recursos do fundo partidário na criação e manutenção de programas de promoção e difusão da participação política das mulheres. Já o §8º obriga os partidos a destinarem às candidatas mulheres no mínimo:

  - 30% do montante do Fundo especial de financiamento de campanha;
  - 30% da parcela do fundo partidário destinada a campanhas eleitorais;
  - 30% do tempo de propaganda gratuita no rádio e na televisão.

  Essa distribuição deve ser proporcional ao número de candidatas, conforme critérios definidos pelos respectivos órgãos de direção e pelas normas estatutárias, considerados a autonomia e o interesse partidário.

  Com a quantidade de alterações promovidas às normas constitucionais sobre eleições, importante sempre ter em mente o que dispõe o art. 16 da CF/88: " Art. 16. A lei que alterar o processo eleitoral entrará em vigor na data de sua publicação, não se aplicando à eleição que ocorra até um ano da data de sua vigência."

  Assim, por exemplo, uma norma eleitoral editada em janeiro de 2022, entraria em vigor na data de sua aplicação, mas somente se aplicaria às eleições de 2024 (considerando que não seria aplicada às eleições de 2022 e a próxima eleição a se realizar seria em 2024). Já uma norma editada antes de outubro de 2021 poderia ser aplicada à eleição de 2022, pois se daria em período maior que um ano da data de sua vigência.

  Inclusive, a esse respeito, manifestou o STF que: "A ampliação dos limites para gasto com publicidade institucional às vésperas das eleições pode afetar significativamente as condições da disputa eleitoral, sendo necessário postergar, em obediência ao princípio da anterioridade eleitoral (CF/1988, art. 16), a eficácia de alterações normativas nesse sentido. (...)Com base nesse entendimento, o Plenário, por maioria, em julgamento conjunto, concedeu parcialmente a medida cautelar para conferir interpretação conforme a Constituição à Lei 14.356/2022, estabelecendo que, por força do princípio da anterioridade eleitoral, a norma não produz efeitos antes do pleito eleitoral de outubro de 2022." (STF, Info. Nº 1062. ADI 7178/DF e ADI 7182/DF, rel. Min. Dias Toffoli, redator do acórdão Min.

Alexandre de Moraes, julgamento virtual finalizado em 01/07/2022).

ORGANIZAÇÃO POLÍTICO-ADMINISTRATIVA

1. A **organização político-administrativa da República Federativa do Brasil** compreende a União, os Estados, o Distrito Federal e os Municípios, todos autônomos, nos termos desta Constituição (art. 18, *caput*, da CF).

2. A autonomia dos Estados federados está assegurada por meio da sua capacidade de **auto-organização** (elaboração das Constituições Estaduais e Leis Orgânicas do DF e dos Municípios), de **autolegislação** (criação de leis estaduais, distritais e municipais), de **autogoverno** (eleição de seus representantes) e **autoadministração** (organizações próprias dos Poderes Executivo, Legislativo e Judiciário, ressalvado o judiciário municipal, que não existe).

3. **Brasília** é a Capital Federal (art. 18, § 1º, da CF).

4. Os **Territórios Federais** integram a União, e sua criação, transformação em Estado ou reintegração ao Estado de origem serão reguladas em lei complementar (art. 18, § 2º, da CF).

5. **Os Estados podem incorporar-se entre si, subdividir-se ou desmembrar-se para se anexarem a outros, ou formarem novos Estados ou Territórios Federais**, mediante aprovação da população diretamente interessada, através de plebiscito, e do Congresso Nacional, por lei complementar (art. 18,§ 3º, da CF).

- **Atenção!** Exige-se **lei complementar federal** (com trâmite no Congresso Nacional) para a aprovação da **criação de novos Entes Estaduais** (novos Estados).

6. Os Estados podem **incorporar-se entre si**, mas mediante aprovação da população diretamente interessada, através de plebiscito**,** não de referendo.

- Consoante art. 3º, da Lei 9.709/98, nas questões de relevância nacional, de competência do Poder Legislativo ou do Poder Executivo, e no caso do § 3º do art. 18 da Constituição Federal (Os Estados podem incorporar-se entre si, subdividir-se ou desmembrar-se para se anexarem a outros, ou formarem novos Estados ou Territórios Federais, mediante aprovação da população diretamente interessada, através de plebiscito, e do Congresso Nacional, por lei complementar), o plebiscito e o referendo são convocados **mediante decreto legislativo, por proposta de um terço, no mínimo, dos membros que compõem qualquer das Casas do Congresso Nacional**, de conformidade com esta Lei.

- A consulta à população do território que restar do Estado originário é **requisito para a reconfiguração de Estados** (art. 18, § 3º, da CF). Nesse sentido: "A expressão 'população diretamente interessada' constante do § 3º do art. 18 da CF (...) deve ser entendida como a população tanto da área desmembrada do Estado-membro como da área remanescente." (ADI 2.650, julgada em 2011 e relatado pelo Ministro Dias Toffoli).

- No bojo da ADI 2650, a Mesa da Assembleia Legislativa do Estado de Goiás (AL-GO) impugnava a primeira parte do artigo 7º da Lei 9.709/98, e o STF decidiu, por unanimidade, que **o plebiscito para o desmembramento de um estado da federação deve envolver não somente a população do território a ser desmembrado, mas a de todo o Estado.** A ação tinha como objeto o plebiscito para o desmembramento do Estado do Pará, que objetivava criar os Estados do Tapajós e de Carajás. Por fim, no dia 11 de dezembro de 2011, toda a população do Pará pode ir às urnas, e o resultado indicou que 66,59% escolheu "não" para a criação do Estado de Carajás e 66,08% rejeitou a criação do Estado de Tapajós.

7. **A criação, a incorporação, a fusão e o desmembramento de Municípios**, far-se-ão por lei estadual, dentro do período determinado por Lei Complementar Federal, e dependerão de consulta prévia, mediante plebiscito, às populações dos Municípios envolvidos, após divulgação dos Estudos de Viabilidade Municipal, apresentados e publicados na forma da lei (art. 18, § 4º, da CF).

- Nos termos do art. 5º da Lei 9.709/98 (que regulamenta os plebiscitos, os referendos e a iniciativa popular de lei), o plebiscito destinado à criação, à incorporação, à fusão e ao desmembramento de Municípios, será convocado pela **Assembleia Legislativa** (não pela Câmara de Vereadores), de conformidade com a legislação federal e estadual.

- Não obstante a **inexistência de lei complementar federal regulamentando a criação de novos municípios**, o STF deixou de pronunciar a nulidade de leis estaduais de criação de diversos municípios em razão da consolidada situação de fato e em respeito ao princípio da segurança jurídica. O art. 18, §4º, da CF diz que é necessária LC federal para criação, a incorporação, a fusão e o desmembramento de municípios. Entretanto, vários municípios foram criados sem essa LC, que ainda não existe. Com isso o STF declarou inconstitucional a criação desses municípios, mas não anulou a criação deles. O Supremo, então, fixou um prazo (em alguns casos de 18 e outros de 24 meses) para o Congresso criar a LC. Porém, ao invés de o Congresso editar a LC, editou a EC 57/2008 que acrescentou o art. 96 ao ADCT, convalidou os atos de criação dos municípios, desmembrados, fundidos ou incorporados – Art. 96 ADCT

- O STF fixou, em 2022, a tese de que: "A EC nº 57/08 não convalidou desmembramento municipal realizado sem consulta plebiscitária e, nesse contexto, não retirou o vício de ilegitimidade ativa existente nas execuções fiscais que haviam sido propostas por município ao qual fora acrescida, sem tal consulta, área de outro para a cobrança do IPTU quanto a imóveis nela localizados." (STF, RE 614384/SE, relator Min. Dias Toffoli, julgamento virtual finalizado em 29.4.2022).

8. Os **Municípios integram a federação brasileira**, possuindo autogoverno (gestão próprio de suas atividades por Prefeito, Vereadores, e demais agentes públicos), auto-organização (possuem Lei Orgânica) e auto-administração (prestam e mantêm serviços próprios).

9. O número de Vereadores não é definido por proporcionalidade. A CF, no art. 29, IV, estabelece os **limites máximos** de vereadores de acordo com **faixas que levam em consideração o número de habitantes**.

10. Município pode ter **eleição em segundo turno** se contar com mais de duzentos mil **eleitores,** não habitantes (art. 29, II, da CF).

- Portanto, **cuidado!** Para fixação de vereadores o critério é número de habitantes, mas para determinação de segundo turno em eleições para o executivo municipal o critério é número de eleitores.

11. Não é possível na ordem constitucional **a realização de eleições extemporâneas para a instalação de Municípios recém-criados**. Assim decidiu o TSE: "Município. Criação. Primeira eleição. Constituição. Simultaneidade. Observância. Necessidade. A eletividade do prefeito, do vice-prefeito e dos vereadores é a regra constitucional asseguradora da autonomia política do município, conforme o art. 29 da Constituição. A Constituição Federal de 1988 extinguiu a nomeação de prefeito em qualquer município. Como cediço, as regras de hermenêutica jurídica orientam que não é dado ao intérprete distinguir onde a lei não o fez. O inciso I do art. 29 da Constituição estabelece que as eleições para prefeito, vice-prefeito e vereador são realizadas simultaneamente em todo o país, não havendo distinção entre município criado e município instalado, pelo que descabida a pretendida realização de pleito específico para instituir vigência de mandato mais curto, até as eleições gerais de 2012. Nem a Constituição nem a legislação infraconstitucional tratam de situação privilegiada dos municípios recém-criados e ainda não instalados que enseje a promoção de eleições extemporâneas. Há somente uma exceção: nos casos de dupla vacância na chefia do Poder Executivo. Trata-se, contudo, de excepcionalidade prevista na própria Constituição. Além disso, existe a previsão legal de situações específicas, descritas no art. 224 do Código Eleitoral, que possibilitam a realização de novas eleições em período diverso ao das eleições ordinárias. Todavia, esses pleitos decorrem da anulação de eleição anteriormente realizada que, de alguma forma, tenha sido maculada, afastando sua incidência no caso concreto. Sendo assim, as eleições extraordinárias constituem medida extrema, excepcional e singular, e devem ocorrer apenas nas hipóteses previstas na Constituição ou em lei federal. À míngua de previsão específica sobre o tema, prevalece a simultaneidade constitucional. Ademais, a criação de um novo município não está vinculada a sua imediata estruturação e seu funcionamento, devendo ser observado o regramento constitucional. Assim, conquanto o município recém-criado possua personalidade jurídica e possa compor seu governo, a ausência de norma que disponha sobre a realização das primeiras eleições no município implica a observância do inciso I do art. 29 da Constituição Federal. Nesse caso, não haverá prejuízo algum ao município, uma vez que seu patrimônio e rendas continuarão a ser administrados pelo município-mãe. Some-se a isso o fato de que o processo eleitoral é de competência legislativa da União, nos termos do inciso I do art. 22 da Constituição, razão pela qual é vedado a outra unidade da federação legislar sobre o tema. Tampouco caberia a qualquer órgão da Justiça Eleitoral promover eleições sem amparo na Constituição Federal ou em outra lei (MS 39691-03, julgado em 2011 e relatado pelo Ministro Aldir Passarinho Junior).

12. Segundo o art. 29, X, da CF, o **Prefeito** está sujeito a julgamento perante o Tribunal de Justiça. Por sua vez, a Súmula 702 do STF determina que a competência do Tribunal de Justiça para julgar prefeitos restringe-se aos crimes de competência da justiça comum estadual; nos demais casos, a competência originária caberá ao respectivo tribunal de segundo grau", tal como o TRF ou o TRE. Tanto o texto da CF quanto a Súmula referem-se ao **julgamento de crimes comuns**. Em se tratando de crimes de responsabilidade, entra em cena o Decreto-Lei 201/66, segundo o qual, no **crime de responsabilidade próprio** (infração político administrativa punida com a cassação do mandato), a competência será da Câmara Municipal; já no **crime de responsabilidade impróprio** (crime de responsabilidade punido com pena privativa de liberdade de detenção ou reclusão), a competência será do Tribunal de Justiça. Assim, trocando em miúdos, o TJ julgará o Prefeito tanto em caso de crime comum de competência da justiça estadual (porque se for federal, a competência será do TRF) e nos crimes de responsabilidade impróprios (punidos com pena privativa de liberdade de detenção ou reclusão).

13. Compete à Justiça Federal processar e julgar prefeito municipal por desvio de verba sujeita à prestação de contas perante órgão federal **(súmula 208 do STJ).**

14. Intervenção

- Segundo classificação doutrinária, os **princípios constitucionais sensíveis** são aqueles arrolados no art. 34, VII, da CF: a) forma republicana, sistema representativo e regime democrático; b) direitos da pessoa humana; c) autonomia municipal; d) prestação de contas da administração pública, direta e indireta; e) aplicação do mínimo exigido da receita resultante de impostos estaduais, compreendida a proveniente de transferências, na manutenção e desenvolvimento do ensino e nas ações e serviços públicos de saúde.

PRINCÍPIOS CONSTITUCIONAIS SENSÍVEIS (art. 34, VII, da CF)
a) forma republicana, sistema representativo e regime democrático;
b) direitos da pessoa humana;
c) autonomia municipal;
d) prestação de contas da administração pública, direta e indireta;
e) aplicação do mínimo exigido da receita resultante de impostos estaduais, compreendida a proveniente de transferências, na manutenção e desenvolvimento do ensino e nas ações e serviços públicos de saúde.

- O descumprimento dos princípios sensíveis enseja intervenção da União nos Estados ou no DF, **não sendo possível intervenção nos Municípios por desrespeito a eles**.

Nos termos do art. 35 da CF, **o Estado não intervirá em seus Municípios, nem a União nos Municípios localizados em Território Federal, exceto quando**: I – deixar de ser paga, sem motivo de força maior, por dois anos consecutivos, a dívida fundada; II – não forem prestadas contas devidas, na forma da lei; III – não tiver sido aplicado o mínimo exigido da receita municipal na manutenção e desenvolvimento do ensino e nas ações e serviços públicos de saúde; IV – o Tribunal de Justiça der provimento a representação para assegurar a observância de princípios indicados na Constituição Estadual, ou para prover a execução de lei, de ordem ou de decisão judicial.

As **hipóteses de intervenção estadual previstas na Constituição Federal constituem rol taxativo**, que não pode ser ampliado pelas Constituições Estaduais, sob pena de violação da simetria federativa. STF. Plenário. ADI 2917, Rel. Min. Gilmar Mendes, julgado em 27/03/2020.

15. Entes federados e distribuição de competências

15.1. Regras gerais

COMPETÊNCIAS			
Natureza das Competências	**Espécie**	**Regra**	**Exceção**
I. ADMINISTRATIVAS	**1. Exclusiva:** art. 21, da CF	Somente a União exerce	
	2. Comum: art. 23, da CF	Cooperação entre União, Estados, DF e Municípios	
II. LEGISLATIVAS	**1. Privativa:** art. 22, da CF	A União legisla privativamente	Lei complementar poderá autorizar os Estados a legislar sobre questões relativas à competência privativa da União, criando a competência legislativa delegada
	2. Delegada: art. 22, p. único, da CF	Mediante LC, em que a União delega para Estados e DF.	
	3. Concorrente: art. 24, da CF	A União edita as normas Gerais e os Estados e o DF editam as normas específicas de seus interesses	Se a União não editar as normas gerais, os Estados e o DF passarão a ter competência plena. Se, posteriormente, a União legislar, as normas gerais feitas pelos Estados terão a sua eficácia suspensa.

15.2. A competência **material/administrativa** exclusiva, do art. 21, é indelegável. Já a competência material/administrativa comum do art. 23 segue a regra da cooperação entre União, Estados, DF e Municípios (a cooperação será regulada por Lei Complementar).

15.3. A competência legislativa da União ou é privativa (art. 22, da CF) ou é concorrente (art. 24, da CF). Já a competência administrativa da União pode ser exclusiva (art. 21, da CF) ou comum (art. 23, da CF). Portanto, **a União não exerce competência remanescente ou residual**. Na distribuição de competências feita pela CF, a competência residual ou remanescente administrativa fica com os Estados (art. 25, § 1º) e a legislativa (em razão do interesse local) resta aos Municípios (art. 30, I, da CF).

15.4. Lei complementar poderá autorizar os Estados a legislar sobre questões relativas à competência privativa da União. Assim, há a **possibilidade de delegação**.

- Para Alexandre de Moraes, há três **requisitos pertinentes à delegação de competência legislativa privativa da União para os Estados**: i. formal; ii. material e; iii. Implícito. O requisito formal se refere à necessidade de expedição de Lei complementar. Já o requisito material se refere ao fato de que a delegação deve ser pontual, ou seja, especificando-se alguma matéria expressamente disposta no art. 22 da CF, que detalhada os temas de competência privativa da União. Por fim, o requisito implícito se refere ao fato que, se a União delegar determinada matéria a um Estado, deverá estender a mesma possibilidade a todos os Estados da Federação, sob pena de afronta ao princípio do art. 19, da CF, que veda o estabelecimento de preferência entre entes federados (*Direito Constitucional*. São Paulo: Atlas, 2010, p. 309-310). Vale notar, que a questão da delegação de competência legislativa privativa da União aos Estados tem como base o art. 22, parágrafo único, da CF: "Lei complementar poderá autorizar os Estados a legislar sobre questões específicas das matérias relacionadas neste artigo".

15.5. Na competência legislativa concorrente, a União limita-se a estabelecer normas gerais. Entretanto, a competência da União para legislar sobre normas gerais **não** exclui a competência suplementar dos Estados.

15.6. Os Estados, **inexistindo** Lei Federal sobre normas gerais, exercerão a competência legislativa plena, para atender a suas peculiaridades. Nesse caso, a superveniência de Lei Federal sobre normas gerais não suspende a eficácia da Lei Estadual, **somente** no que lhe for contrário.

15.7. A União **não pode avocar** uma competência estadual ou municipal, ainda que o interesse público exigir. Isso porque, deve haver respeito à distribuição de competências feita pela CF, pois protege o equilíbrio do Pacto Federativo.

15.8. A suplementação na competência legislativa concorrente do art. 24, da CF, **cabe aos Municípios**, não à União.

16. Competência da União

- Compete privativamente à União legislar sobre **comércio exterior e interestadual**, o que engloba a importação de bens de outros países.
- Compete privativamente à União legislar sobre **direito civil**. Gratuidade de pagamento em estacionamento privado e mensalidade de serviço educacional são matérias de direito civil.
- Compete privativamente à União legislar sobre **direito processual.** Mas, é de **competência concorrente o estabelecimento de normas gerais sobre procedimentos.**
- Súmula Vinculante 46: "A definição dos crimes de responsabilidade e o estabelecimento das respectivas normas de processo e julgamento são da competência legislativa privativa da União".
- Nos termos do art. 177, V, da CF, constituem monopólio da União, a pesquisa, a lavra, o enriquecimento, o reprocessamento, a industrialização e o comércio de minérios e minerais nucleares e seus derivados, com exceção dos radioisótopos cuja comercialização e utilização poderão ser autorizadas sob regime de permissão, conforme as alíneas b e c do inciso XXIII do caput do art. 21 desta Constituição Federal. Em seguida, no art. 177, § 1º, da CF, há regra segundo a qual a União poderá contratar com empresas estatais ou privadas a realização das atividades previstas nos incisos I a IV deste artigo observadas as condições estabelecidas em lei. Sendo assim, o inciso V, do art. 177 fica excluído, ou seja, a pesquisa, a lavra, o enriquecimento, o reprocessamento, a industrialização e o comércio de minérios e minerais nucleares e seus derivados não pode ficar a cargo de empresas estatais ou privadas, ainda que contratadas com a União.
- Caso se edite lei estadual proibindo as empresas de telecomunicações de cobrarem taxas para a instalação de segundo ponto de acesso à Internet, tal lei deverá ser considerada inconstitucional, visto que invadirá a competência privativa da União para legislar sobre telecomunicações (art. 22, IV, da CF), matéria que já foi decidida pelo STF na ADI 4.083, julgada em 2010 e relatada pela Ministra Cármen Lúcia.
- Lei estadual que institua a obrigatoriedade de instalação de cinto de segurança em veículo de transporte coletivo será **inconstitucional**, visto que trânsito e transporte são matérias de competência privativa da União (art. 22, XI, da CF e ADI 874, julgada em 2011 e relatada pelo Ministro Gilmar Mendes).
- "A Constituição estadual representa, no plano local, a expressão mais elevada do exercício concreto do poder de auto-organização deferido aos Estados-membros pela Lei Fundamental da República. Essa prerrogativa, contudo, não se reveste de caráter absoluto, pois se acha submetida, quanto ao seu exercício, a limitações jurídicas impostas pela própria Carta Federal (art. 25). **O Estado-membro não dispõe de competência para instituir, mesmo em sua própria Constituição, cláusulas tipificadoras de crimes de responsabilidade,** ainda mais se as normas estaduais definidoras de tais ilícitos tiverem por finalidade viabilizar a responsabilização política dos membros integrantes do Tribunal de Contas. A competência constitucional para legislar sobre crimes de responsabilidade (e, também, para definir-lhes a respectiva disciplina ritual) pertence, exclusivamente, à União Federal. Precedentes. Súmula 722/STF. (ADI 4.190-MC-REF, julgada em 2010 e relatada pelo Ministro Celso de Mello).

- Segundo o STF: "Legislação sobre trânsito: **competência privativa federal**: CF, art. 22, XI. Lei 11.766, de 1997, do Estado do Paraná, que **torna obrigatório a qualquer veículo automotor transitar permanentemente com os faróis acesos nas rodovias do Estado do Paraná**, impondo a pena de multa aos que descumprirem o preceito legal: inconstitucionalidade, porque a questão diz respeito ao **trânsito**." (ADI 3.055, julgada em 2005 e relatada pelo Ministro Carlos Velloso).
- No julgamento da ADI 3.279, em 2011, relatada pelo Ministro Cezar Peluso, o STF entendeu que **a definição dos crimes de responsabilidade do Chefe do Executivo Estadual é de competência privativa da União** (art. 22, I, da CF).
- É inconstitucional lei estadual que estabeleça, em favor dos portadores de deficiência proprietários de automóveis, a gratuidade nos estacionamentos situados no estado, pois nos termos da jurisprudência do STF, há **invasão da competência da União**, *in verbis*: "Estacionamento de veículos em áreas particulares. Lei estadual que limita o valor das quantias cobradas pelo seu uso. Direito Civil. Invasão de competência privativa da União. Hipótese de inconstitucionalidade formal por invasão de **competência privativa da União para legislar sobre Direito Civil (CF, art. 22, I)**. Enquanto a União regula o direito de propriedade e estabelece as regras substantivas de intervenção no domínio econômico, os outros níveis de governo apenas exercem o policiamento administrativo do uso da propriedade e da atividade econômica dos particulares, tendo em vista, sempre, as normas substantivas editadas pela União." (ADI 1.918, julgada em 2001 e relatada pelo Ministro Maurício Corrêa).
- **Telecomunicações e energia elétrica. Abrangência. "O sistema federativo instituído pela CF de 1988 torna inequívoco que cabe à União a competência legislativa e administrativa para a disciplina e a prestação dos serviços públicos de telecomunicações e energia elétrica (CF, arts. 21, XI e XII, b, e 22, IV)**. A Lei 3.449/2004 do Distrito Federal, ao proibir a cobrança da **tarifa de assinatura básica 'pelas concessionárias prestadoras de serviços de água, luz, gás, TV a cabo e telefonia** no Distrito Federal' (art. 1º, caput), incorreu em inconstitucionalidade formal, porquanto necessariamente inserida a fixação da 'política tarifária' no âmbito de poderes inerentes à titularidade de determinado serviço público, como prevê o art. 175, parágrafo único, III, da Constituição, elemento indispensável para a preservação do equilíbrio econômico-financeiro do contrato de concessão e, por consequência, da manutenção do próprio sistema de prestação da atividade. Inexiste, in casu, suposto respaldo para o diploma impugnado na competência concorrente dos Estados-membros para dispor sobre direito do consumidor (CF, art. 24, V e VII), cuja interpretação não pode conduzir à frustração da teleologia da referida regra expressa contida no art. 175, parágrafo único, III, da CF, descabendo, ademais, a aproximação entre as figuras do consumidor e do usuário de serviços públicos, já que o regime jurídico deste último, além de informado pela lógica da solidariedade social (CF, art. 3º, I), encontra sede específica na cláusula 'direitos dos usuários' prevista no art. 175, parágrafo único, II, da Constituição. Ofende a denominada reserva de administração, decorrência do conteúdo nuclear do princípio da separação dos poderes (CF, art. 2º), a proibição de cobrança de tarifa de assinatura básica no que concerne aos serviços de água e gás, em grande medida submetidos também à incidência de leis federais (CF, art. 22, IV), mormente quando constante de ato normativo emanado do Poder Legislativo fruto de iniciativa parlamentar, porquanto supressora da margem de apreciação do chefe do Poder Executivo Distrital na condução da administração pública, no que se inclui a formulação da política pública remuneratória do serviço público." (ADI 3.343, Rel. p/ o ac. Min. Luiz Fux, julgamento em 1º-9-2011, Plenário, DJE de 22-11-2011).

  "Compete à União definir regras de suspensão e interrupção do fornecimento dos serviços de energia elétrica." (STF, ADI 5798/TO, rel. min. Rosa Weber, julgamento em 03/11/2021, info 1036).
- "São inconstitucionais normas estaduais que imponham obrigações de compartilhamento de dados com órgãos de segurança pública às concessionárias de telefonia, por configurar ofensa à competência privativa da União para legislar sobre telecomunicações [Constituição Federal (CF), arts. 21, XI, e 22, IV (1)]." STF. ADI 5040/PI, rel. Min. Rosa Weber, julgamento virtual finalizado em 3.11.2020. (ADI-5040)- INFO 997.
- "É constitucional norma estadual que determine que as prestadoras de serviço telefônico são obrigadas a fornecer, sob pena de multa, os dados pessoais dos usuários de terminais utilizados para passar trotes aos serviços de emergência." Isso porque "não há qualquer regra relativa à efetiva prestação dos serviços de telecomunicações, às relações da concessionária com o usuário, aos padrões de prestação de serviço ou ao equilíbrio econômico-financeiro do contrato." (ADI 4924/DF, rel. min Gilmar Mendes, julgamento em 04/11/2021, info 1036).
- De acordo com notícia divulgada no Informativo 634 do STF, "O Plenário julgou procedente pedido formulado em ação direta, ajuizada pelo Governador do Estado de Santa Catarina, para declarar a **inconstitucionalidade da Lei 12.775/2003, daquela unidade federativa, que dispõe sobre o uso obrigatório de equipamento que ateste a autenticidade de cédulas de dinheiro por estabelecimentos bancários** e dá outras providências. Reputou-se que **a norma adversada teria invadido a competência privativa da União para legislar sobre o sistema financeiro nacional**" (CF,

artigos 21, VIII; 22, VII; e 192, caput). ADI 3515/SC, rel. Min. Cezar Peluso, 1º.8.2011. (ADI-3515)

- **Lei estadual que disponha sobre a destinação de armas de fogo apreendidas, fazendo remissão expressa à lei federal que trata do tema e utilizando os preceitos nela contidos é inconstitucional, pois invade competência legislativa atribuída à União**. Assim entende o STF: "Competência da União para legislar sobre direito penal e material bélico. Lei 1.317/2004 do Estado de Rondônia. Lei estadual que autoriza a utilização, pelas polícias civil e militar, de armas de fogo apreendidas. A competência exclusiva da União para legislar sobre material bélico, complementada pela competência para autorizar e fiscalizar a produção de material bélico, abrange a disciplina sobre a destinação de armas apreendidas e em situação irregular." (ADI 3.258, Rel. Min. Joaquim Barbosa, julgamento em 6-4-2005, Plenário, DJ de 9-9-2005.) No mesmo sentido: ADI 3.193, rel. min. Marco Aurélio, julgamento em 9-5-2013, Plenário, DJE de 6-8-2013.
- "**Mensalidades escolares**. Fixação da data de vencimento. **Matéria de direito contratual**. (...) Os serviços de educação, seja os prestados pelo Estado, seja os prestados por particulares, configuram serviço público não privativo, podendo ser desenvolvidos pelo setor privado independentemente de concessão, permissão ou autorização. Nos termos do art. 22, I, da CB, **compete à União legislar sobre Direito Civil.**" (ADI 1.007, Rel. Min. Eros Grau, julgamento em 31-8-2005, Plenário, DJ de 24-2-2006.) No mesmo sentido: ADI 1.042, Rel. Min. Cezar Peluso, julgamento em 12-8-2009, Plenário, DJE de 6-11-2009.
- "A definição das **condutas típicas configuradoras do crime de responsabilidade e o estabelecimento de regras que disciplinem o processo e julgamento das agentes políticos** federais, estaduais ou municipais envolvidos são da **competência legislativa privativa da União** e devem ser tratados em lei nacional especial (art. 85 da CR)." (ADI 2.220, Rel. Min. Cármen Lúcia, julgamento em 16-11-2011, Plenário, DJE de 7-12-2011.).
- Segundo o entendimento da Suprema Corte, divulgado no Informativo 782, é **formalmente inconstitucional lei estadual que estabelecer restrições ao ingresso, armazenamento e comercialização de produtos agrícolas importados no âmbito do estado-membro, pois estará caracterizada invasão da competência privativa da União para legislar sobre comércio exterior**. Nesse sentido, "Ação direta de inconstitucionalidade. Lei estadual (RS) nº 12.427/2006. Restrições ao comércio de produtos agrícolas importados no Estado. Competência privativa da União para legislar sobre comércio exterior e interestadual (CF, art. 22, inciso VIII). 1. É formalmente inconstitucional a lei estadual que cria restrições à comercialização, à estocagem e ao trânsito de produtos agrícolas importados no Estado, ainda que tenha por objetivo a proteção da saúde dos consumidores diante do possível uso indevido de agrotóxicos por outros países. A matéria é predominantemente de comércio exterior e interestadual, sendo, portanto, de competência privativa da União (CF, art. 22, inciso VIII). 2. É firme a jurisprudência do Supremo Tribunal Federal no sentido da inconstitucionalidade das leis estaduais que constituam entraves ao ingresso de produtos nos Estados da Federação ou a sua saída deles, provenham esses do exterior ou não (cf. ADI nº 280, Rel. Min. Francisco Rezek, DJ de 17/6/94; e ADI nº 3.035, Rel. Min. Gilmar Mendes, DJ de 14/10/05). 3. Ação direta julgada procedente" (STF. ADI 3813, julgada em 2015 e Relatada pelo Min. Dias Toffoli).

  Não é competente o Estado para disciplinar a instalação de antenas transmissoras de telefonia celular, por violar competência privativa da União para legislar sobre telecomunicações. STF. Plenário. ADI 2902, Rel. Edson Fachin, julgado em 04/05/2020 (Info 981 – clipping).
- "É inconstitucional norma estadual que dispõe sobre a implantação de instalações industriais destinadas à produção de energia nuclear no âmbito espacial do território estadual. Ao dispor sobre a partilha de competências estatais, a Constituição Federal (CF) outorgou à União, em caráter privativo, a prerrogativa de legislar sobre "atividades nucleares de qualquer natureza" (CF, art. 22, XXVI)". STF. ADI 330/RS, rel. min. Celso de Mello, julgamento virtual em 9.10.2020. (Info 994)

  É inconstitucional lei municipal que proíba o serviço de transporte de passageiros mediante aplicativo, pois legislar sobre "trânsito e transporte" é matéria de competência da União, nos termos do art. 22, XI da CF/88, além de violação dos princípios da livre iniciativa e da livre concorrência. STF. Plenário. ADPF 449/DF, Rel. Min. Luiz Fux; RE 1054110/SP, Rel. Min. Roberto Barroso, julgados em 8 e 9/5/2019 (repercussão geral) (Info 939)
- Compete privativamente à União legislar sobre **normas gerais de organização, efetivos, material bélico, garantias, convocação, mobilização, inatividades e pensões das polícias militares e dos corpos de bombeiros militares; (Conforme Emenda Constitucional nº 103, de 2019)**
- "Compete à União, nos termos do art. 21, VI; e 22, I, da Constituição, a definição dos requisitos para a concessão do porte de arma de fogo e dos possíveis titulares de tal direito, inclusive no que se refere a servidores públicos estaduais ou municipais, em prol da uniformidade da regulamentação do tema no país, questão afeta a políticas de segurança pública de âmbito nacional. Desse modo, é inconstitucional a lei distrital que disponha sobre porte de arma de fogo, criando hipóteses não previstas na legislação federal de regência, notadamente a Lei federal nº 10.826/2003 (Estatuto do Desarmamento)." STF. Plenário. ADI 3996, Rel. Luiz Fux, julgado em 15/04/2020 (Info 987 – clipping)

Segundo entendimento do STF, a competência exclusiva da União para legislar sobre sistemas de consórcios e sorteios, inclusive loterias, não obsta a competência material para a exploração dessas atividades pelos entes estaduais ou municipais, nem a competência regulamentar dessa exploração. STF. Plenário. ADPF 492/RJ, ADPF 493/DF e ADI 4986/MT, Rel. Min. Gilmar Mendes, julgados em 30/9/2020 (Info 993).

17. Competência dos Estados e competência concorrente

- É assegurada, nos termos da lei, à União, aos Estados, ao Distrito Federal e aos Municípios a **participação no resultado** da exploração de petróleo ou gás natural, de recursos hídricos para fins de geração de energia elétrica e de outros recursos minerais no respectivo território, plataforma continental, mar territorial ou zona econômica exclusiva, ou compensação financeira por essa exploração. (Conforme Emenda Constitucional nº 102, de 2019)
- São reservadas aos Estados **as competências que não lhes sejam vedadas** pela constituição (art. 25, § 1º, da CF). Além disso, o § 2º do art. 25 da CF dispõe expressamente que cabe aos Estados (privativamente) explorar, diretamente ou mediante concessão, os **serviços locais de gás canalizado**, na forma da lei, vedada a edição de medida provisória para a sua regulamentação.
- Segundo a jurisprudência do STF, é constitucional **lei estadual** que disponha sobre o ensino de língua espanhola aos alunos da rede pública do respectivo estado, pois o legislador estadual "atuara nos limites da competência concorrente dos Estados-membros e do DF para legislar sobre educação, cultura, ensino e desporto (CF, art. 24, IX). Ademais, asseverou-se que a Constituição, ao prever a competência privativa da União para tratar de diretrizes e bases da educação nacional (art. 22, XXIV) – cujo tratamento em âmbito nacional se dá pela Lei 9.394/96 – permitira que os entes estaduais e o DF atuassem no campo de suas especificidades" (ADI 3669, julgada em 2007 e relatada pela Ministra Cármen Lúcia).

  "Normas estaduais que disponham sobre obrigações destinadas às empresas de telecomunicações, relativamente à oferta de produtos e serviços, incluem-se na competência concorrente dos estados para legislarem sobre direitos do consumidor." STF. Plenário. ADI 5962/DF, Rel. Min. Marco Aurélio, julgado em 25/2/2021 (Info 1007).
- É **constitucional** lei estadual que fixe índices de correção monetária de créditos fiscais desde que o fator de correção adotado seja igual ou inferior ao utilizado pela União, conforme decisão do STF na ADI 442, julgada em 2010 e relatada pelo Ministro Eros Graus.
- A competência para legislar sobre direito urbanístico é **concorrente** entre União, Estados e Distrito Federal, e não privativa dos Municípios.
- A competência para legislar sobre defesa dos recursos naturais é **concorrente** entre União, Estados e Distrito Federal, pois é matéria de interesse de todos os entes da Federação, e não somente da União.
- **O estado federado não tem competência para dispor sobre as condições do exercício da profissão de motoboy** no âmbito do seu território. Assim entende o STF: "Competência legislativa. Direito do Trabalho. Profissão de motoboy. Regulamentação. Inadmissibilidade. (...) Competências exclusivas da União. (...) É inconstitucional a lei distrital ou estadual que disponha sobre condições do exercício ou criação de profissão, sobretudo quando esta diga à segurança de trânsito." (ADI 3.610, julgada em 2011 e relatada pelo Ministro Cezar Peluso).
- A **Súmula Vinculante** 2 é clara ao dispor que é inconstitucional a lei ou ato normativo estadual ou distrital que disponha sobre consórcios e sorteios, inclusive bingos e loterias.
- "Custas e emolumentos são espécies tributárias, classificando-se como taxas. Precedentes do STF. **À União, ao Estado membro e ao Distrito Federal é conferida competência para legislar concorrentemente sobre custas dos serviços forenses**, restringindo-se a competência da União, no âmbito dessa legislação concorrente, ao estabelecimento de normas gerais, certo que, inexistindo tais normas gerais, os Estados exercerão a competência legislativa plena, para atender a suas peculiaridades (CF, art. 24, IV, §§ 1º e 3º)." (ADI 1.624, julgada em 2003 e relatada pelo Ministro Carlos Velloso).

  É constitucional lei estadual que estabelece a dispensa de multa no caso da quebra de fidelidade nos contratos com empresas de telefonias, caso a quebra tenha sido motivada pelo desemprego superveniente do cliente. STF. Plenário. ADI 4908/RJ, Rel. Min. Rosa Weber, julgado em 11/4/2019 (Info 937).

  Lei estadual que permite comercialização de bebidas alcoólicas em arenas desportivas e estádios é constitucional, uma vez que legislar sobre consumo é competência concorrente (art. 24, V da CF/88). STF. Plenário. ADI 6195, Rel. Min. Alexandre de Moraes, julgado em 27/03/2020.
- Lei distrital que preveja reserva de percentual de vagas em universidades públicas a alunos que estudaram nas escolas públicas do Distrito Federal é inconstitucional por discriminar alunos de escolas públicas de outros Estados da Federação. STF. Plenário. ADI 4868, Rel. Min. Gilmar Mendes, julgado em 27/03/2020.
- "É constitucional norma estadual que disponha sobre a exposição de produtos orgânicos em estabelecimentos comerciais. A regulamentação da matéria está relacionada ao Direito do Consumidor, o que atrai a competência concorrente da União, dos estados e do Distrito Federal [Constituição Federal (CF), art. 24, V (1)]." STF. ADI 5166/SP, rel. Min. Gilmar Mendes, julgamento virtual finalizado em

3.11.2020 (ADI-5166). - Info 997.

- Os Estados-membros e o Distrito Federal têm competência legislativa para estabelecer regras de postagem de boletos referentes a pagamento de serviços prestados por empresas públicas e privadas. STF. Plenário. ARE 649379/RJ, Rel. Min. Gilmar Mendes, red. p/ o ac. Min. Alexandre de Moraes, julgado em 13/11/2020 (Repercussão Geral - Tema 491) (Info 999).
- São constitucionais as normas estaduais, editadas em razão da pandemia causada pelo novo coronavírus, pelas quais veiculados a proibição de suspensão do fornecimento do serviço de energia elétrica, o modo de cobrança, a forma de pagamentos dos débitos e a exigibilidade de multa e juros moratórios. STF. Plenário. ADI 6432/RR, Rel. Min. Cármen Lúcia, julgado em 7/4/2021 (Info 1012). "Não havendo norma federal disciplinadora, é constitucional lei estadual que proíba a utilização de animais para desenvolvimento, experimento e teste de produtos cosméticos, higiene pessoal, perfumes, limpeza e seus componentes.

  É inconstitucional norma estadual que vede a comercialização de produtos desenvolvidos a partir de teste em animais, bem como a que determina que conste no rótulo informação acerca da não realização de testes em animais."STF. Plenário. ADI 5995/RJ, Rel. Min. Gilmar Mendes, julgado em 28/5/2021 (Info 1019).

  Segundo entendimento do STF, "Ofende os arts. 2º e 84, II, da Constituição Federal (CF) norma de legislação estadual que estabelece prazo para o chefe do Poder Executivo apresentar a regulamentação de disposições legais." (STF, ADI 4728/DF, rel. min. Rosa Weber, julgamento em 12/11/2021 - Info 1037).

18. Competência dos Municípios

- O Município **possui** competência para suplementar a legislação federal e a estadual no que couber, além de poder legislar sobre assuntos de interesse local.
- É competente o Município para fixar o horário de funcionamento de estabelecimento comercial (súmula vinculante 38).
- "É pacífica a jurisprudência desta Corte de que **os Municípios detêm competência para legislar sobre o tempo máximo de espera por atendimento nas agências bancárias**, uma vez que essa questão é de interesse local e diz respeito às normas de proteção das relações de consumo, não se confundindo com a atividade-fim das instituições bancárias". (**STF. AI 495187**, julgado em 2011 e relatado pelo Ministro Dias Tóffoli).
- Segundo o STF, ""Distrito Federal: competência legislativa para fixação de tempo razoável de espera dos usuários dos **serviços de cartórios**. A imposição legal de um limite ao tempo de espera em fila dos usuários dos serviços prestados pelos cartórios não constitui matéria relativa à disciplina dos registros públicos, mas **assunto de interesse local, cuja competência legislativa a Constituição atribui aos Municípios** (...)." (RE 397.094, julgado em 2006 e relatado pelo Ministro Sepúlveda Pertence).
- O Município dispõe de competência, para, com apoio no poder autônomo que lhe confere a Constituição, exigir, mediante lei, a **instalação de sanitários ou a colocação de bebedouros em estabelecimentos bancários** (AI-AgR 614510, julgado em 2007 e relatado pelo Ministro Celso de Mello).
- O STF firmou entendimento no sentido de que é constitucional **lei municipal que determina às agências bancárias a instalação de portas eletrônicas de segurança**, visto que é competência do Município legislar sobre assuntos de interesse local dispondo sobre medidas referentes à segurança dos usuários de serviços bancários (AI-AgR 347.717, julgado em 2005 e relatado pelo Ministro Celso de Mello)
- A Constituição de 1988, no que se refere à organização federativa aplicada aos Municípios, dispõe que compete ao Município organizar e prestar, diretamente ou sob regime de concessão ou permissão, os **serviços públicos de interesse local, incluído o de transporte coletivo, que tem caráter essencial** (art. 30. V, da CF).
- Compete aos Municípios instituir e arrecadar os tributos de sua competência, bem como aplicar suas rendas, sem prejuízo da obrigatoriedade de prestar contas e publicar balancetes nos prazos fixados em lei.
- Os Municípios podem **criar, organizar e suprimir distritos**, **observada a legislação estadual, não havendo necessidade de Lei Federal** para nenhuma hipótese.
- Compete aos Municípios promover, no que couber, adequado ordenamento territorial, mediante planejamento e controle do uso, do parcelamento e da ocupação do solo urbano
- A jurisprudência do STF entende que, pelo princípio da simetria, os crimes de responsabilidade praticados pelos Prefeitos serão julgados pela **Câmara Municipal**, cabendo ao **TJ** a competência para os crimes comuns (art. 29, X, da CF). No julgamento perante o TJ, a competência para a decisão poderá ser do Plenário, do Órgão Fracionário ou do Órgão Especial, o que será fixado no Regimento Interno do Tribunal, Além disso, há a Súmula 702 do STF, que dispõe: "a competência do Tribunal de Justiça para julgar prefeitos restringe-se aos crimes de competência da justiça comum estadual; nos demais casos, a competência originária caberá ao respectivo tribunal de segundo grau", o que reafirma não ser competência privativa do TJ o julgamento de Prefeito.
- É inconstitucional a Lei Estadual que determina o fornecimento gratuito de água potável à população por meio de caminhão-pipa todas as vezes que houver interrupção do fornecimento normal do serviço, pois invade o âmbito de competência legislativa municipal (STF. 2340, julgada em 2013 e relatada pelo Ministro Ricardo Lewandowski).

- Compete aos Municípios legislar sobre assuntos de interesse local, notadamente sobre a definição do tempo máximo de espera de clientes em filas de instituições bancárias. STF. Plenário virtual. RE 610221 RG, Rel. Min. Ellen Gracie, julgado em 29/04/2010 (repercussão geral).
- Para o STF: "Municípios podem instituir a prestação de assistência jurídica à população de baixa renda." (ADPF 279/SP, rel. min. Carmen Lucia, julgamento em 03/11/2021, info 1036).
- **É cabível que os municípios, no exercício da competência suplementar, adotem legislação ambiental mais restritiva em relação aos estados-membros e à União,** desde que haja a devida motivação (ARE 748206/SC, Rel. Min. Celso de Mello, julgamento em 14.3.2017, Segunda Turma).
- "É inconstitucional dispositivo da Constituição Estadual que preveja que os serviços públicos de saneamento e de abastecimento de água serão prestados por pessoas jurídicas de direito público ou por sociedade de economia mista sob controle acionário e administrativo, do Poder Público Estadual ou Municipal. **Compete aos Municípios a titularidade dos serviços públicos de saneamento básico.** Assim, a eles cabe escolher a forma da prestação desses serviços, se diretamente ou por delegação à iniciativa privada mediante prévia licitação. Isso é garantido pelo art. 30, I e IV, da CF/88. Além disso, essa previsão da Constituição Estadual também viola o art. 175 da Constituição Federal, que atribui ao poder público a escolha da prestação de serviços públicos de forma direta ou sob regime de concessão ou permissão mediante prévia licitação." STF. Plenário. ADI 4454, Rel. Cármen Lúcia, julgado em 05/08/2020 (Info 988 – clipping).

ADMINISTRAÇÃO PÚBLICA

- **CF, artigos 37 a 42.**

1. **Constituição e a atuação administrativa:** de acordo com os ensinamentos de Gustavo Binenbojm (*Uma teoria do Direito Administrativo*: direitos fundamentais, democracia e constitucionalização. Rio de Janeiro: Renovar, 2006), as políticas públicas não estão mais restritas à interposição legislativa, pois "a reserva vertical de lei foi substituída por uma reserva vertical de Constituição. **A Constituição passa a figurar como norma diretamente habilitadora da atuação administrativa**, havendo uma verdadeira 'osmose entre a Constituição e a lei'. Pode-se, assim, dizer, com Canotilho, que se abre caminho para 'uma legalidade sem lei'. [...] **a Constituição se presta (i) não só como norma direta e imediatamente habilitadora de competências administrativas, como também (ii) serve de critério imediato de decisão administrativa**". Assim, em apertada síntese, pode-se dizer que, na condução da máquina administrativa e das políticas públicas, o administrador não mais se submete à mera legalidade estrita, mas sim aos preceitos que emanam diretamente da Constituição Federal.
2. **Princípios da Administração Pública:** para memorizar os princípios da administração pública que constam do artigo 37, da CF, o amigo leitor pode valer-se da clássica expressa mnemônica **"LIMPE"**.

Princípios da Administração Pública	
L	egalidade
I	mpessoalidade
M	oralidade
P	ublicidade
E	ficiência
LIMPE	

3. O **conteúdo do Princípio da Legalidade** (art. 37, *caput*, da CF) **não exclui a possibilidade de atividade discricionária pela Administração Pública**, desde que observados os limites da lei, quando esta deixa alguma margem para a Administração agir conforme os critérios de conveniência e oportunidade. Isso porque, é ínsita à atividade administrativa a tomada de decisões políticas, que se referem às opções que o administrador pode escolher na administração dos bens e serviços públicos. Por exemplo: um administrador pode decidir entre a construção de uma escola ou hospital (valendo-se de critérios de conveniência e oportunidade), e ambas são opções políticas legítimas. Entretanto, para materializar a obra, ele deverá abrir procedimento licitatório, pois a Constituição Federal (art. 37, XXI) lhe impõe esse dever (limites da lei).

   A vedação ao nepotismo na Administração Pública decorre diretamente da Constituição Federal e sua aplicação deve ser imediata e verticalizada. Viola os princípios da moralidade, impessoalidade e isonomia diploma legal que excepciona da vedação ao nepotismo os servidores que estivessem no exercício do cargo no momento de sua edição.[ADI 3.094, rel. min. Edson Fachin, j. 27-9-2019, P, DJE de 15-10-2019.]
4. A Administração Pública pode ser **direta** (prestada pela própria pessoa política, União, Estado ou Município) ou **indireta** (descentralizada para outra pessoa jurídica, Autarquia, Fundação, Empresa Pública ou Sociedade de Economia Mista).
5. Somente por **lei específica** poderá ser criada autarquia e autorizada a instituição de empresa pública, de sociedade de economia mista e de fundação, cabendo à **lei complementar**, neste último caso (fundação), definir as áreas de sua atuação.
6. Depende de **autorização legislativa**, em cada caso, a criação de subsidiárias de empresa pública, assim como a participação de qualquer delas em empresa privada.
7. A **autonomia gerencial, orçamentária e financeira dos órgãos e entidades da administração direta e indireta poderá ser ampliada** mediante

contrato, a ser firmado entre seus administradores e o poder público, que tenha por objeto a fixação de metas de desempenho para o órgão ou entidade, cabendo à lei dispor sobre prazo de duração do contrato, os controles e critérios de avaliação de desempenho, direitos, obrigações e responsabilidade dos dirigentes, bem como a remuneração do pessoal.

8. A **administração fazendária** e seus servidores fiscais terão, dentro de suas áreas de competência e jurisdição, **precedência sobre os demais setores administrativos**, na forma da lei (art. 37, XVIII, da CF).

9. A **publicidade dos atos, programas, obras, serviços e campanhas dos órgãos públicos** deverá ter **caráter educativo, informativo ou de orientação,** dela não podendo constar nomes, símbolos ou imagens que caracterizem promoção pessoal de autoridades ou servidores públicos.

- No ARE 652777, julgado em 2015 e relatado pelo Ministro Teori Zavascki, em que se reconheceu repercussão geral, **o STF entendeu ser legítima a publicação, inclusive em sítio eletrônico mantido pela Administração Pública, dos nomes dos seus servidores e do valor dos correspondentes vencimentos e vantagens pecuniárias**.

10. As obras, serviços, compras e alienações, ressalvados os casos especificados na legislação, serão contratados mediante processo de **licitação pública** que assegure igualdade de condições a todos os concorrentes, com cláusulas que estabeleçam obrigações de pagamento, mantidas as condições efetivas da proposta, nos termos da lei, o qual somente permitirá as exigências de qualificação técnica e econômica indispensáveis à garantia do cumprimento das obrigações.

11. Concurso Público

- Quanto a **concurso público e o princípio da igualdade**, segundo **entendimento do STF**, é possível: a) fixação limites etários máximos para a admissão de pessoal no serviço público em atenção à natureza das atribuições do cargo a ser preenchido; e b) estabelecimento de limites mínimos de altura para candidatos em concurso público.

  A esse respeito, entende o STJ que: "É inadequado o manejo de mandado de segurança com vistas à defesa do direito de candidato em concurso público a continuar concorrendo às vagas reservadas às pessoas pretas ou pardas, quando a comissão examinadora de heteroidentificação não confirma a sua autodeclaração." (RMS 58.785-MS, Rel. Min. Sérgio Kukina, Primeira Turma, por unanimidade, julgado em 23/08/2022. Info 746).

  Manifestou o STJ que: "A exigência dos requisitos previstos em edital para nomeação em cargo público não pode ser afastada por legislação posterior mais benéfica ao candidato." (AgInt no RMS 61.658-RS, Rel. Min. Mauro Campbell Marques, Segunda Turma, por unanimidade, julgado em 10/05/2022, DJe 27/05/2022. Info 748).

  Nos termos do artigo 5º, VIII, da Constituição Federal é possível a realização de etapas de concurso público em datas e horários distintos dos previstos em edital, por candidato que invoca escusa de consciência por motivo de crença religiosa, desde que presentes a razoabilidade da alteração, a preservação da igualdade entre todos os candidatos e que não acarrete ônus desproporcional à Administração Pública, que deverá decidir de maneira fundamentada (Tema 386). RE 611874/DF, rel. orig. Min. Dias Toffoli, red. p/ o ac. Min. Edson Fachin, julgamento em 19.11, 25.11 e 26.11.2020. ARE 1099099/SP, rel. Min. Edson Fachin, julgamento em 19.11, 25.11 e 26.11.2020 (Info 1000)

  É inconstitucional a fixação de critério de desempate em concursos públicos que favoreça candidatos que pertencem ao serviço público de um determinado ente federativo. (ADI 5358/PA, rel. Min. Roberto Barroso, julgamento virtual finalizado em 27.11.2020. Info 1000)

CONCURSO PÚBLICO E O PRINCÍPIO DA IGUALDADE Segundo entendimento do STF é possível:
a) fixação **limites etários máximos** para a admissão de pessoal no serviço público em atenção à natureza das atribuições do cargo a ser preenchido (Súmula 683, do STF);
b) estabelecimento de **limites mínimos de altura** para candidatos em concurso público;

- Súmula 683, do STF: "O limite de idade para a inscrição em concurso público só se legitima em face do art. 7º, XXX, da Constituição, quando possa ser justificado pela natureza das atribuições do cargo a ser preenchido."

  "A fixação de limite etário, máximo e mínimo, como requisito para o ingresso na carreira da magistratura viola o disposto no artigo 93, I, da Constituição Federal (CF)." ADI 5329/DF, rel. orig. Min. Marco Aurélio, rel. p/ o ac. Min. Alexandre de Moraes, julgamento virtual finalizado em 14.12.2020 ((Info 1002)

- **Segundo a jurisprudência do STF, a isonomia é ferida quando há exigência de altura mínima para cargos nos quais a altura é irrelevante.** Nesse sentido: "Em se tratando de concurso público para escrivão de polícia, é irrelevante a exigência de altura mínima, em virtude das atribuições do cargo. Precedentes". (AI 384050 AgR, rel. Min. Carlos Velloso, Segunda Turma, julgado em 09/09/2003)

  "É inconstitucional o aproveitamento de servidor, aprovado em concurso público a exigir formação de nível médio, em cargo que pressuponha escolaridade superior". STF (Tema 697 da repercussão geral - RE 740008/RR, relator Min. Marco Aurélio, julgamento virtual finalizado em 19.12.2020 – Info 1003)

- Segundo a jurisprudência do STF: "Razoabilidade da exigência de altura mínima para ingresso na carreira de delegado de polícia, dada a natureza do cargo a ser exercido. Violação ao princípio da isonomia. Inexistência." (RE 140.889, Rel. p/ o ac. Min. Maurício Corrêa, julgamento em 30-5-2000, Segunda Turma, DJ de 15-12-2000.)

  Segundo o STF: "É inconstitucional a determinação de afastamento automático de servidor público indiciado em inquérito policial instaurado para apuração de crimes de lavagem ou ocultação de bens, direitos e valores." ADI 4911/DF, rel. orig. Min. Edson Fachin, red. p/ o ac. Min. Alexandre de Moraes, julgamento virtual finalizado em 20.11.2020 (Info 1000)

  Observa o STJ que: "Para a recusa à nomeação de aprovados dentro do número de vagas em concurso público devem ficar comprovadas as situações excepcionais elencadas pelo Supremo Tribunal Federal no RE 598.099/MS, não sendo suficiente a alegação de estado das coisas - pandemia, crise econômica, limite prudencial atingido para despesas com pessoal -, tampouco o alerta da Corte de Contas acerca do chamado limite prudencial."(RMS 66.316-SP, Rel. Min. Manoel Erhardt (Desembargador convocado do TRF da 5ª Região), Primeira Turma, por unanimidade, julgado em 19/10/2021., info 715).

- O STF entende que "Sem previsão constitucionalmente adequada e instituída por lei, **não é legítima a cláusula de edital de concurso público que restrinja a participação de candidato pelo simples fato de responder a inquérito ou a ação penal**." (Informativo nº 965, RE 560900/DF, rel. Min. Roberto Barroso, julgamento em 5 e 6.2.2020.)

- Ainda, entendeu que: "É possível a nomeação e a posse de condenado criminalmente, de forma definitiva, devidamente aprovado em concurso público, desde que haja compatibilidade entre o cargo a ser exercido e a infração penal cometida, sendo que o efetivo exercício dependerá do regime de cumprimento da pena e da inexistência de conflito de horários com a jornada de trabalho."(STF, RE 1.282.553/RR, relator Ministro Alexandre de Moraes, julgamento finalizado em 4.10.2023. Tema 1.190-Info 1111).

- Segundo entendimento do STJ: "Os pagamentos indevidos aos servidores públicos decorrentes de erro administrativo (operacional ou de cálculo), não embasado em interpretação errônea ou equivocada da lei pela Administração, estão sujeitos à devolução, ressalvadas as hipóteses em que o servidor, diante do caso concreto, comprova sua boa-fé objetiva, sobretudo com demonstração de que não lhe era possível constatar o pagamento indevido." STJ. 1ª Seção. REsp 1.769.306/AL, Rel. Min. Benedito Gonçalves, julgado em 10/03/2021 (Recurso Repetitivo – Tema 1009) (Info 688).

- A **Súmula 15 do STF** dispõe: "Dentro do prazo de validade do concurso, o candidato aprovado tem **direito à nomeação, quando o cargo for preenchido sem observância da classificação**."

- "A **abertura de novo concurso**, no prazo de validade de concurso anterior, não gera direito de nomeação para os candidatos aprovados no primeiro, mas apenas **prioridade sobre os novos concursados**." (STF. RMS 22.926, julgado em 1997 e relatado pelo Ministro Ilmar Galvão).

- "A exclusão do candidato, que concorre à vaga reservada em concurso público, pelo critério da heteroidentificação, seja pela constatação de fraude, seja pela aferição do fenótipo ou por qualquer outro fundamento, exige o franqueamento do contraditório e da ampla defesa." (STJ, RMS 62.040-MG, Rel. Min. Herman Benjamin, Segunda Turma, por unanimidade, julgado em 17/12/2019, DJe 27/02/2020. Informativo 666).

- "Compete à Justiça comum processar e julgar controvérsias relacionadas **à fase pré-contratual de seleção e de admissão de pessoal e eventual nulidade do certame em face da Administração Pública, direta e indireta**, nas hipóteses em que adotado o regime celetista de contratação de pessoal."(RE 960429/RN, rel. Min. Gilmar Mendes, julgamento em 4 e 5.3.2020. Informativo 986, tema 992).

- A exigência constitucional de reserva de vagas para portadores de deficiência em concurso público **não pode** ser afastada se o percentual legalmente previsto for inferior a um, hipótese em que a fração deve ser arredondada, obedecendo a regra constitucional constante no art. 37, VIII, da CF.

  "Compete à Justiça comum processar e julgar controvérsias relacionadas à fase pré-contratual de seleção e de admissão de pessoal e eventual nulidade do certame em face da Administração Pública, direta e indireta, nas hipóteses em que adotado o regime celetista de contratação de pessoal." STF. Plenário. RE 960429/RN, Rel. Min. Gilmar Mendes, julgado em 4 e 5/3/2020 (repercussão geral – Tema 992) (Info 968).

  "Compete à Justiça comum processar e julgar demandas em que se discute o recolhimento e o repasse de contribuição sindical de servidores públicos regidos pelo regime estatutário." RE 1089282/AM, rel. Min. Gilmar Mendes, julgamento virtual finalizado em 4.12.2020. (Info 1001 - STF)

12. Os cargos, empregos e funções públicas são acessíveis aos brasileiros que preencham os requisitos legais, **assim como aos estrangeiros**, na forma da lei (art. 37, I, da CF).

13. É **inconstitucional** toda modalidade de provimento que propicie ao servidor investir-se, sem prévia aprovação em concurso público destinado ao seu provimento, em cargo que não integra a carreira na qual anteriormente investido (Súmula Vinculante 43).

14. Adquire **estabilidade, após três anos de efetivo exercício**, o servidor nomeado para cargo de provimento efetivo em virtude de concurso público, consoante art. 41, *caput*, da CF.

15. Em 2007, no bojo dos Mandados de Injunção (MIs) 670, 708 e 712, o STF autorizou **a aplicação da lei de greve da iniciativa privada** (Lei 7.783/89) **para garantir o exercício grevista regular dos servidores públicos**.

- Vale notar, entretanto, que o STF vem entendendo pela **inadmissibilidade de exercício de greve por policiais**. "O direito constitucional de greve atribuído aos servidores públicos em geral não ampara indiscriminadamente todas as categorias e carreiras, mas antes excepciona casos como o de agentes armados e policiais cujas atividades não podem ser paralisadas, ainda que parcialmente, sem graves prejuízos para a segurança e a tranquilidade pública. (Ministro Gilmar Mendes, ao negar seguimento ao MI 774).

16. Tanto a vinculação quanto a equiparação de quaisquer espécies remuneratórias no serviço público **são vedadas** para o efeito de remuneração de pessoal das carreiras públicas (art. 37, XIII, da CF).

Ademais, para o STF "A equiparação de carreira de nível médio a outra de nível superior constitui forma de provimento derivado vedada pelo art. 37, II, da CF/88." (adi 5.510-PR, rel. Min. Edson Fachin, julg. 02/06/2023, Informativo 1097).

"Nos termos do artigo 5º, VIII, da Constituição Federal é possível à Administração Pública, inclusive durante o estágio probatório, estabelecer critérios alternativos para o regular exercício dos deveres funcionais inerentes aos cargos públicos, em face de servidores que invocam escusa de consciência por motivos de crença religiosa, desde que presentes a razoabilidade da alteração, não se caracterize o desvirtuamento do exercício de suas funções e não acarrete ônus desproporcional à Administração Pública, que deverá decidir de maneira fundamentada (Tema 1.021)." RE 611874/DF, rel. orig. Min. Dias Toffoli, red. p/ o ac. Min. Edson Fachin, julgamento em 19.11, 25.11 e 26.11.2020. ARE 1099099/SP, rel. Min. Edson Fachin, julgamento em 19.11, 25.11 e 26.11.2020 (Info 1000)

17. É **vedada a acumulação** remunerada de cargos ou empregos públicos, exceto, quando houver compatibilidade de horários, nos seguintes casos: a) a de dois cargos de professor; b) a de um cargo de professor com outro técnico ou científico; c) a de dois cargos ou empregos privativos de profissionais de saúde, com profissões regulamentadas.

ACUMULAÇÃO REMUNERADA DE CARGOS PÚBLICOS	
1. Regra →	Vedação/Impossibilidade
2. Exceções	a) dois cargos de professor b) um cargo de professor com outro técnico ou científico c) dois cargos ou empregos privativos de profissionais de saúde, com profissões regulamentadas

- **Cuidado! Não é possível** a acumulação nos seguintes casos:

  a) de cargo técnico com outro privativo de profissional da saúde;

  b) de mais de dois cargos ou empregos públicos (três ou mais).

  c) de dois cargos técnicos;

- Segundo o STF, é admitida a acumulação de cargos públicos de profissionais de saúde, prevista no art. 37, XVI da CF/88, mesmo que a jornada semanal ultrapasse 60 horas (o que somente era estabelecido como limite por norma infraconstitucional). Esse requisito não é previsto na Constituição Federal, logo, não pode obstar referida acumulação. STF. 1ª Turma. RE 1176440/DF, Rel. Min. Alexandre de Moraes, julgado em 9/4/2019 (Info 937).

  Observe-se que, em se tratando de cargos acumuláveis, entende o STF ser possível inclusive a cumulação de pensões por morte deles decorrentes (STF. Info 1080.Plenário. RE 658999/SC, Rel. Min. Dias Toffoli, julgado em 16/12/2022. Repercussão Geral - Tema 627)

18. As **funções de confiança**, exercidas exclusivamente por servidores ocupantes de cargo efetivo, e os **cargos em comissão**, a serem preenchidos por servidores de carreira nos casos, condições e percentuais mínimos previstos em lei, **destinam-se apenas às atribuições de direção, chefia e assessoramento**.

19. A nomeação de cargos de natureza política não está incluída nas proibições elencadas pela Súmula Vinculante 13, **que veda a prática do nepotismo** em qualquer dos Poderes de todos os Entes Federados no Brasil, nos seguintes termos: "A nomeação de cônjuge, companheiro ou parente em linha reta, colateral ou por afinidade, até o terceiro grau, inclusive, da autoridade nomeante ou de servidor da mesma pessoa jurídica, investido em cargo de direção, chefia ou assessoramento, para o exercício de cargo em comissão ou de confiança, ou, ainda, de função gratificada na Administração Pública direta e indireta, em qualquer dos Poderes da União, dos Estados, do Distrito Federal e dos municípios, compreendido o ajuste mediante designações recíprocas, viola a Constituição Federal."

"Direito Administrativo. Agravo interno em reclamação. Nepotismo. Súmula Vinculante 13. 1. O Supremo Tribunal Federal tem afastado a aplicação da Súmula Vinculante 13 a cargos públicos de natureza política, ressalvados os casos de inequívoca falta de razoabilidade, por manifesta ausência de qualificação técnica ou inidoneidade moral. Precedentes. 2. Não há nos autos qualquer elemento que demonstre a ausência de razoabilidade da nomeação." [Rcl 28.024 AgR, rel. min. Roberto Barroso, 1ª T, j. 29-5-2018, DJE 125 de 25-6-2018.]

20. Reintegração: invalidação da pena de demissão aplicada a servidor público, com o retorno ao cargo, sem prejuízo da indenização. Se quem estiver em seu lugar for estável, será reconduzido ao cargo anteriormente ocupado, ou será afastado com vencimentos proporcionais, ou aproveitado em outro cargo (sem direito a indenização), mas se quem estava no lugar não era estável, será simplesmente exonerado.

21. A **exoneração** somente será a pedido ou por conveniência da administração, já a **demissão** é sempre a título de punição.

- O servidor público ocupante de cargo efetivo **não pode ser exonerado segundo livre critério da autoridade competente**, pois os casos de perda de cargo estão previstos no § 1º do art. 41 da CF (I – Em virtude de sentença judicial transitada em julgado; II – Mediante Processo Administrativo em que lhe seja assegurada ampla defesa; III – Mediante Procedimento de Avaliação Periódica de Desempenho, na forma da lei complementar, assegurada ampla defesa).
- No caso da **falta de necessidade do cargo**, o servidor **ficará em disponibilidade**, com remuneração proporcional ao tempo de serviço, até o seu adequado aproveitamento em outro cargo.
- O servidor público ocupante de cargo efetivo **não pode ser exonerado *ad nutum***, com base em decreto que declara a desnecessidade do cargo (Súmula 21 do STF).

  É inconstitucional lei estadual que prevê dispensa de exigências para revalidar diploma internacional de ensino superior a fim de conceder benefícios e progressões a servidores públicos, pois trata-se de competência privativa da União legislar sobre diretrizes e bases da educação nacional, nos termos do art. 22, XXIV da CF/88. STF. Plenário. ADI 6073, Rel. Min. Edson Fachin, julgado em 27/03/2020.

22. Os **vencimentos** referem-se ao vencimento básico somado às gratificações permanentes previstas em lei (art. 1º, da Lei 8.852/94), que se aplicam aos agentes administrativos submetidos a regime estatutário, os denominados servidores públicos.

23. Já o **subsídio**, na lição de Leandro Bortoleto "é o pagamento de uma única parcela, sem subdivisões [...] forma normalmente adotada para se remunerar os agentes políticos" (*Direito Administrativo*. Salvador: Juspodivm, 2012, p. 142).

24. Segundo Hely Lopes Meirelles "**vantagens pecuniárias** são acréscimos de estipêndio do servidor, concedidas a título definitivo ou transitório, pela decorrência do tempo de serviço (*ex facto temporis*), ou pelo desempenho de funções especiais (*ex facto officii*), ou em razão das condições anormais em que se realiza o serviço (*propter laborem*), ou, finalmente, em razão de condições pessoais do servidor (*propter personam*). As duas primeiras espécies constituem os adicionais (adicionais de vencimento e adicionais de função), as duas últimas formam a categoria das gratificações (gratificações de serviço e gratificações pessoais). (*Direito Administrativo Brasileiro*, 18 ed. São Paulo: Malheiros, 1993, p. 402). Portanto, pode-se dizer que **os vencimentos abrangem vantagens pecuniárias (gratificações)**

25. O membro de Poder, o detentor de mandato eletivo, os Ministros de Estado e os Secretários Estaduais e Municipais serão remunerados exclusivamente por **subsídio fixado em parcela única** (e não em quatro parcelas, trimestrais), vedado o acréscimo de qualquer gratificação, adicional, abono, prêmio, verba de representação ou outra espécie remuneratória.

26. É vedada a **vinculação ou equiparação de quaisquer espécies remuneratórias** para o efeito de remuneração de pessoal do serviço público.

É vedada a incorporação de vantagens de caráter temporário ou vinculadas ao exercício de função de confiança ou de cargo em comissão à remuneração do cargo efetivo.

27. Os **acréscimos pecuniários percebidos por servidor público** não serão computados e acumulados para fins de concessão de acréscimos ulteriores.

28. A fixação dos **padrões de vencimento e dos demais componentes do sistema remuneratório** observará a natureza, o grau de responsabilidade e a complexidade dos cargos componentes de cada carreira; os requisitos para a investidura; e as peculiaridades dos cargos.

29. A Lei da União, dos Estados, do Distrito Federal e dos Municípios disciplinará a aplicação de recursos orçamentários provenientes da economia com despesas correntes em cada órgão, autarquia e fundação, para aplicação no desenvolvimento de programas de qualidade e produtividade, treinamento e desenvolvimento, modernização, reaparelhamento e racionalização do serviço público, **inclusive** sob a forma de adicional ou prêmio de produtividade (art. 39, § 7º, da CF).

30. A remuneração dos servidores públicos deve ser fixada por lei específica, assegurada a revisão geral anual, **sempre na mesma data e sem distinção de índices**, e não depois de decorrido o prazo mínimo de um ano do último reajuste concedido à categoria.

31. A **fixação de vencimentos dos servidores** públicos não pode ser objeto de **convenção coletiva** (Súmula 679 do STF).

32. O **teto salarial do funcionalismo público**, previsto no texto constitucional e cujo parâmetro é o subsídio dos ministros do STF, **aplica-se** aos servidores da administração direta, autárquica e fundacional, e também, aos empregados das empresas públicas e sociedades de economia mista, e suas subsidiárias, que receberem recursos da União, dos Estados, do DF ou dos Municípios para pagamento de despesas de pessoal ou de custeio em geral (art. 37, § 9º, da CF).

Existe, ainda, um **mínimo a ser respeitado**: O STF manifestou que "É **defeso** o pagamento de remuneração em valor inferior ao **salário mínimo** ao servidor público, ainda que labore em jornada reduzida de trabalho. (...) É **inconstitucional** remunerar servidor público, mesmo que exerça jornada de trabalho reduzida, em patamar inferior a um **salário mínimo**". (STF, Info nº. 1062. RE 964659/RS, relator Min. Dias Toffoli, julgamento virtual finalizado em 5.8.2022).

33. A União, os Estados e o Distrito Federal manterão escolas de governo para a formação e o aperfeiçoamento dos servidores públicos, constituindo-se a participação nos cursos um dos requisitos para a promoção na carreira, **facultada** (e não sendo obrigatória), para isso, a celebração de convênios ou contratos entre os entes federados, que deverão promovê-los anualmente.

- **Súmula Vinculante 37**: "Não cabe ao Poder Judiciário, que não tem função legislativa, aumentar vencimentos de servidores públicos sob fundamento de isonomia".

34. Aos servidores titulares de cargos efetivos da União, dos Estados, do Distrito Federal e dos Municípios, **incluídas** suas autarquias e fundações, é assegurado **regime de previdência de caráter contributivo e solidário**, mediante contribuição do respectivo ente público, dos servidores ativos e inativos e dos pensionistas, observados critérios que preservem o equilíbrio financeiro e atuarial.

35. Os servidores abrangidos pelo regime de previdência **serão aposentados**: I – por incapacidade permanente para o trabalho, no cargo em que estiver investido, quando insuscetível de readaptação, hipótese em que será obrigatória a realização de avaliações periódicas para verificação da continuidade das condições que ensejaram a concessão da aposentadoria; II – compulsoriamente, com proventos proporcionais ao tempo de contribuição, aos 70 (setenta) anos de idade, ou aos 75 (setenta e cinco) anos de idade, na forma de lei complementar; III – no âmbito da União, aos 62 (sessenta e dois) anos de idade, se mulher, e aos 65 (sessenta e cinco) anos de idade, se homem, e, no âmbito dos Estados, do Distrito Federal e dos Municípios, na idade mínima estabelecida mediante emenda às respectivas Constituições e Leis Orgânicas, observados o tempo de contribuição e os demais requisitos estabelecidos em lei complementar do respectivo ente federativo.

Os **proventos de aposentadoria** e as pensões, por ocasião de sua concessão, não poderão ser inferiores ao valor mínimo a que se refere o § 2º do art. 201 ou superiores ao limite máximo estabelecido para o Regime Geral de Previdência Social, observado o disposto nos §§ 14 a 16.

Os proventos **nunca poderão ser excedentes ao subsídio mensal, em espécie, dos Ministros do Supremo Tribunal Federal**, o que não abrange as parcelas de caráter indenizatório previstas em lei.

REGRAS CONSTITUCIONAIS PARA APOSENTADORIA DO SERVIDOR				
Modalidade	**Sexo**	**Requisito**	**Aposentadoria**	**Limite/Teto**
I – Por Incapacidade Permanente	Homem ou Mulher	Incapacidade Permanente	Condicionada à realização de avaliações periódicas para verificação da continuidade das condições que ensejaram a concessão da aposentadoria	Proventos nunca excedentes ao subsídio mensal, em espécie, dos Ministros do Supremo Tribunal Federal
II – Compulsoriamente	Homem ou Mulher	70 ou 75 anos de idade, na forma de lei complementar	Com proventos proporcionais ao tempo de contribuição.	
III – Voluntariamente	1) Homem	a) 65 anos de idade		
	2) Mulher	a) 62 anos de idade		

38. É **vedada a existência de mais de um regime próprio de previdência social para os servidores titulares de cargos efetivos**.

39. As pessoas jurídicas de direito público e as de direito privado prestadoras de serviços públicos **responderão pelos danos que seus agentes, nessa qualidade, causarem a terceiros**, assegurado o direito de regresso contra o responsável nos casos de dolo ou culpa.

"Danos causados a terceiros por agente público no exercício da função são de responsabilidade do Estado." (RE 1027633, Relator Min. Marco Aurélio, julgado em 14/08/2019)

40. Segundo o STF, "A **responsabilidade civil das pessoas jurídicas de direito privado prestadoras de serviço público é objetiva relativamente a terceiros usuários, e não usuários do serviço**, segundo decorre do art. 37, § 6º, da CF. A inequívoca presença do nexo de causalidade entre o ato administrativo e o dano causado ao terceiro não usuário do serviço público é condição suficiente para estabelecer a responsabilidade objetiva da pessoa jurídica de direito privado." (RE 591.874, julgado em 2009 e relatado pelo Ministro Ricardo Lewandowski).

41. A lei disporá sobre os requisitos e as restrições ao ocupante de cargo ou emprego da administração direta e indireta que possibilite o acesso a informações privilegiadas.

42. A Administração pode anular seus próprios atos, quando eivados de vícios que os tornem ilegais, porque deles não se originam direitos, ou revogá-los, por motivo de conveniência ou oportunidade, mas **não pode** fazer revisão de direitos adquiridos, consoante súmula 473 do STF.

43. Os atos de improbidade administrativa importarão a **suspensão** de direitos políticos, a perda da função pública, a indisponibilidade de bens e o ressarcimento ao erário, na forma e gradação previstas em lei, **sem prejuízo da ação penal cabível**.

- É possível a cassação de aposentadoria de servidor público pela prática, na atividade, de falta disciplinar punível com demissão." (STJ, MS 23.608-DF, Rel. Min. Napoleão Nunes Maia Filho, Rel. Acd. Min. Og Fernandes, Primeira Seção, por maioria, julgado em 27/11/2019, DJe 05/03/2020, Informativo 666).
- "A pena de suspensão dos direitos políticos por ato de improbidade administrativa alcança qualquer mandato eletivo que esteja sendo ocupado à época do trânsito em julgado da condenação." STJ. REsp 1.813.255-SP, Rel. Min. Herman Benjamin, Segunda Turma, por unanimidade, julgado em 03/03/2020, DJe 04/09/2020- INFO 678
- **Súmulas**
- **Súmula Vinculante 21:** É inconstitucional a exigência de depósito ou arrolamento prévios de dinheiro ou bens para a admissibilidade de recurso administrativo.
- **Súmula Vinculante 42:** É inconstitucional a vinculação do reajuste de vencimentos de servidores estaduais ou municipais a índices federais de correção monetária.
- **Súmula Vinculante 43:** É inconstitucional toda modalidade de provimento que propicie ao servidor investir-se, sem prévia aprovação em concurso público destinado ao seu provimento, em cargo que não integra a carreira na qual anteriormente investido.
- **Súmula Vinculante 44:** Só por lei se pode sujeitar a exame psicotécnico a habilitação de candidato a cargo público.

SEPARAÇÃO DOS PODERES

- **CF, artigos 44 a 126 da CF.**

1. **Separação dos Poderes**: são **independentes e harmônicos entre si**, o Executivo, o Legislativo e o Judiciário, que se fiscalizam, uns aos outros, em mecanismo de freios e contrapesos, eliminando-se os excesso e desvios.

A evolução da ideia da separação dos Poderes do Estado teve dois grandes expoentes. Aristóteles é considerado o criador da ideia de divisão do Poder em três funções: legislativa, executiva e judiciária. Mas, a evolução desse pensamento, para que essas funções fossem exercidas por órgãos distintos (Legislativo, Executivo e Judiciário), é atribuída a Montesquieu.

- Piero Calamandrei ensina que o **critério orgânico** explica o exercício da função estatal a partir do órgão responsável por seu exercício. Sendo assim, a função jurisdicional (jurisdição) é aquela exercida fundamentalmente pelo Poder Judiciário. Ao seu lugar, a função de administrar ou executar pertence ao Poder Executivo. Por fim, a função de legislar é a desempenhada pelo Poder Legislativo. (c.f. Instituições de Direito Processual Civil. 1 V. Campinas: booksellers, 2003). Desta feita, é o critério orgânico que considera como jurisdição aquilo que o legislador constituinte incluiu na competência dos órgãos Judiciários e como administração o que conferiu aos órgãos do Executivo.

O STJ manifestou entendimento de que "O Poder Judiciário pode determinar, ante injustificável inércia estatal, que o Poder Executivo adote medidas necessárias à concretização de direitos constitucionais dos indígenas." (STJ, Info 734, REsp 1.623.873-SE, Rel. Min. Gurgel de Faria, Primeira Turma, por unanimidade, julgado em 26/04/2022, DJe 28/04/2022.)

PODER LEGISLATIVO

2. Em âmbito Federal, o **Poder Legislativo** é exercido pelo Congresso Nacional, que se compõe da Câmara dos Deputados e do Senado Federal.

- O Congresso Nacional reúne-se, anualmente, na Capital Federal, de 2 de **fevereiro** (não janeiro) a **17**

de julho (não 30 de junho) e de 1º de agosto a 22 de dezembro, nos termos do art. 57, *caput*, da CF.

- Salvo disposição constitucional em contrário, as **deliberações** de cada Casa do Congresso Nacional e de suas Comissões serão tomadas por maioria dos votos, presente a maioria absoluta de seus membros.

ATIVIDADE LEGISLATIVA DO CONGRESSO NACIONAL	
Legislatura	Período de 4 anos de atividade legislativa
Sessão Legislativa	Período compreendido entre 2 de fevereiro a 17 de julho e 1º de agosto a 22 de dezembro de cada ano
Sessão Extraordinária	Ocorre por convocação ou do Presidente do Senado Federal ou do Presidente da Câmara dos Deputados ou do Presidente da República ou a requerimento da maioria dos membros de ambas as Casas, em caso de urgência ou interesse público relevante.
Sessão Conjunta	Reunião da Câmara dos Deputados e do Senado Federal destinada, por exemplo, a conhecer do veto presidencial e sobre ele deliberar.

- A **Câmara dos Deputados** compõe-se de representantes do povo, eleitos, pelo sistema proporcional, em cada Estado, em cada Território e no Distrito Federal.
- Os Deputados Federais representam o povo e possuem mandato de quatro anos (art. 45, da CF), **o mesmo período de duração da legislatura do Congresso Nacional**.
- Cada **Território** elegerá quatro Deputados Federais.
- O **Senado Federal** compõe-se de representantes dos Estados e do Distrito Federal, eleitos segundo o princípio majoritário para mandato de oito anos. Com esse mandato, o Senador exercerá o cargo por duas legislaturas. A renovação se dará de quatro em quatro anos, alternadamente, por um e dois terços.
- Cada Estado e o Distrito Federal elegerão **3 Senadores**.
- A representação de cada Estado e do Distrito Federal será renovada de 4 em 4 anos, alternadamente, por 1/3 e 2/3. Em uma eleição é escolhido 1 senador (enquanto os outros 2 representantes do Estado ou do DF estão no meio do mandato de 8 anos), na seguinte, que ocorre 4 anos depois, são escolhidos 2 senadores (enquanto o outro senador que representa o Estado ou o DF está no meio de seu mandato de 8 anos), e assim sucessivamente.
- A Câmara dos Deputados e o Senado Federal, **ou qualquer de suas Comissões**, poderão convocar **Ministro de Estado** ou quaisquer titulares de órgãos diretamente subordinados à Presidência da República para prestarem, pessoalmente, informações sobre assunto previamente determinado, **importando crime de responsabilidade a ausência sem justificação adequada,** de modo que a convocação é absolutamente constitucional, e a ausência injustificada do Ministro importaria crime de responsabilidade.
- Compete exclusivamente ao Congresso Nacional **sustar os atos normativos** do Poder Executivo que exorbitem do poder regulamentar ou dos limites de delegação legislativa.
- Compete exclusivamente ao Congresso Nacional resolver definitivamente apenas sobre tratados acordos ou atos internacionais **que acarretem encargos ou compromissos gravosos ao patrimônio nacional,** e não sobre tratados de qualquer natureza.
- Compete exclusivamente ao Congresso Nacional aprovar o estado de defesa e a intervenção federal, e **autorizar** o estado de sítio, ou **suspender** qualquer dessas medidas, consoante disposto no art. 49, IV, da CF.
- Para não haver confusão, quanto às **contas do Presidente da República**, memorizar: TCU **aprecia** as contas (art. 71, I, da CF), o Congresso Nacional **julga** as contas (art. 49, IX, da CF) e a Câmara dos Deputados **procede a tomada** de contas (art. 51, II, da CF).
- O Presidente da República somente pode **ausentar-se do país por período superior a 15 dias se o Congresso Nacional autorizá-lo**, nos termos do art. 49, III, da CF.

  Segundo o STF: "Não é possível a recondução dos presidentes das casas legislativas para o mesmo cargo na eleição imediatamente subsequente, dentro da mesma legislatura. Admite-se a possibilidade de reeleição dos presidentes das casas legislativas em caso de nova legislatura." (ADI 6524/DF, relator Min. Gilmar Mendes, julgamento virtual finalizado em 14.12.2020. – Info 1003).

  "O art. 50, caput e § 2º, da CF/88 traduz norma de observância obrigatória pelos Estados-membros que, por imposição do princípio da simetria (art. 25 da CF/88), não podem ampliar o rol de autoridades sujeitas à fiscalização direta pelo Poder Legislativo e à sanção por crime de responsabilidade." STF. Plenário. ADI 5289/SP, Rel. Min. Marco Aurélio, julgado em 7/6/2021 (Info 1020).

- **Norma estadual ou municipal não pode conferir a parlamentar, individualmente, o poder de requisitar informações ao Poder Executivo.** A Constituição Federal (CF) é taxativa quanto à atribuição exclusivamente conferida às Casas do Poder Legislativo para fiscalizar os atos do Poder Executivo (CF, art. 49, X). Nesses termos, não se admite que constituição estatual ou legislação infraconstitucional, a pretexto de fiscalizar ou controlar atividades de outro poder, disponham sobre outras modalidades de controle ou inovem em fórmulas de exercício dessa atividade que ultrapassem aquelas previstas pela CF, sob pena de violação ao princípio da separação dos poderes (CF, art. 2º). Fica ressalvada, no entanto, a possibilidade de o parlamentar atuar na condição de cidadão, nos termos constitucionais e legais aplicáveis a matéria (CF, art. 5º, XXXIII). Com base nesse entendimento, o Plenário, por unanimidade, julgou procedente a ação direta, para declarar a inconstitucionalidade da expressão "A qualquer Deputado" constante do caput do art. 101 da Constituição do Estado do Rio de Janeiro. **(STF, ADI 4700-DF, rel. min. Gilmar Mendes, info 1041, data julgamento: 13/12/2021).**

3. Imunidades

- **Imunidade Material/Inviolabilidade:** Deputados e Senadores são **invioláveis**, civil e penalmente, por quaisquer de suas opiniões, palavras e votos.
- **Imunidade Formal:** desde a expedição do diploma, os membros do Congresso Nacional **não poderão ser presos**, salvo em flagrante de crime inafiançável. Nesse caso, os autos serão remetidos dentro de 24 horas à Casa respectiva, para que, pelo voto da maioria de seus membros, resolva sobre a prisão.
- Deputados e Senadores gozam de foro por prerrogativa de função de modo que, desde a **expedição do diploma**, serão submetidos a julgamento perante o **Supremo Tribunal Federal**. No entanto, se já encerrada a instrução processual, não será o julgamento afetado pela diplomação. (Info 900/STF)

É incompatível com a Constituição Federal (CF) norma de Constituição estadual que disponha sobre nova hipótese de foro por prerrogativa de função, em especial relativo a ações destinadas a processar e julgar atos de improbidade administrativa. ADI 4870/ES, rel. Min. Dias Toffoli, julgamento virtual finalizado em 14.12.2020 (Info 1002)

"É indispensável a existência de prévia autorização judicial para a instauração de inquérito ou outro procedimento investigatório em face de autoridade com foro por prerrogativa de função em tribunal de justiça. O Ministério Público deve requerer judicialmente a prévia instauração de investigação contra autoridade com foro por prerrogativa de função em tribunal de justiça — ou, ao menos, deve cientificar o aludido tribunal para fins de possibilitar o exercício da atividade de supervisão judicial. A exigência de supervisão judicial se impõe mesmo em relação aos procedimentos investigativos instaurados no âmbito do próprio Ministério Público. Até porque é necessária a prévia autorização judicial para a instauração de inquérito contra autoridade com foro por prerrogativa de função em tribunal de justiça." (STF, HC 201965/RJ, relator Min. Gilmar Mendes, julgamento em 30.11.2021, Informativo 1040).

Deputados Estaduais gozam das mesmas imunidades formais previstas para os parlamentares federais no art. 53 da CF/88 STF. Plenário. ADI 5823 MC/RN, ADI 5824 MC/RJ e ADI 5825 MC/MT, rel. orig. Min. Edson Fachin, red. p/ o ac. Min. Marco Aurélio, julgados em 8/5/2019 (Info 939).

- O foro por prerrogativa de função **aplica-se apenas aos crimes cometidos durante o exercício do cargo e relacionados às funções desempenhadas**. (STF. Plenário. AP 937 QO/RJ, Rel. Min. Roberto Barroso, julgado em 03/05/2018).

"É inconstitucional dispositivo da Constituição Estadual que confere foro por prerrogativa de função, no Tribunal de Justiça, para Procuradores do Estado, Procuradores da ALE, Defensores Públicos e Delegados de Polícia." STF. Plenário. ADI 2553/MA, Rel. Min. Gilmar Mendes, red. p/ o ac. Min. Alexandre de Moraes, julgado em 15/5/2019 (Info 940).

- Recebida a denúncia contra o Senador ou Deputado, por crime ocorrido após a diplomação, o Supremo Tribunal Federal dará ciência à Casa respectiva, que, **por iniciativa de partido político** nela representado e pelo voto da maioria de seus membros, **poderá**, até a decisão final, **sustar o andamento** da ação. Assim, **o STF não precisa de licença** da Casa Legislativa para processar um de seus membros.
- No bojo do HC 89.417, julgado pelo STF em 2006 e relatado pela Ministra Carmem Lúcia ficou consignado que, nem sempre, devem ser aplicadas as regras dos parágrafos 2º e 3º do art. 52, da CF (imunidades), *in verbis*: "Os elementos contidos nos autos impõem interpretação que considere mais que a regra proibitiva da prisão de parlamentar, isoladamente, como previsto no art. 53, § 2º, da CR. Há de se buscar interpretação que conduza à aplicação efetiva e eficaz do sistema constitucional como um todo. **A norma constitucional que cuida da imunidade parlamentar e da proibição de prisão do membro de órgão legislativo não pode ser tomada em sua literalidade, menos ainda como regra isolada do sistema constitucional**. Os princípios determinam a interpretação e aplicação corretas da norma, sempre se considerando os fins a que ela se destina. A Assembleia Legislativa do Estado de Rondônia, composta de 24 deputados, dos quais, 23 estão indiciados em diversos inquéritos, afirma situação excepcional e, por isso, não se há de aplicar a regra constitucional do art. 53, § 2º, da CF, de forma isolada e insujeita aos princípios fundamentais do sistema jurídico vigente".
- A **inviolabilidade parlamentar não se estende ao congressista quando, na condição de candidato a qualquer cargo eletivo, vem a ofender, moralmente, a honra de terceira pessoa**, inclusive a de outros candidatos, em pronunciamento motivado por finalidade exclusivamente eleitoral, que não guarda qualquer conexão com o exercício das funções congressuais. Segundo o STF, "o postulado republicano – que repele privilégios e não tolera discriminações – impede que o parlamentar-candidato tenha, sobre seus concorrentes, qualquer vantagem de ordem jurídico-penal resultante da garantia da imunidade parlamentar, sob pena de

dispensar-se, ao congressista, nos pronunciamentos estranhos à atividade legislativa, tratamento diferenciado e seletivo, capaz de gerar, no contexto do processo eleitoral, inaceitável quebra da essencial igualdade que deve existir entre todos aqueles que, parlamentares ou não, disputam mandatos eletivos". (Inq-QO 1400, julgado em 2002 e relatado pelo Ministro Celso de Mello).

- "O fato de o parlamentar estar na Casa legislativa no momento em que proferiu as declarações não afasta a possibilidade de cometimento de crimes contra a honra, nos casos em que as ofensas são divulgadas pelo próprio parlamentar na Internet." STF. 1ª Turma. PET 7174/DF, rel. Min. Alexandre de Moraes, red. p/ o ac. Min. Marco Aurélio, julgado em 10/3/2020 (Info 969).
- "Atentar contra a democracia e o Estado de Direito não configura exercício da função parlamentar a invocar a imunidade constitucional prevista no art. 53, caput, da Constituição Federal." STF. Plenário. Inq 4781 Ref, Rel. Min. Alexandre de Moraes, julgado em 17/2/2021 (Info 1006).

  A garantia da imunidade parlamentar não alcança os atos praticados sem claro nexo de vinculação recíproca entre o discurso e o desempenho das funções parlamentares. Isso porque as garantias dos membros do Parlamento são vislumbradas sob uma perspectiva funcional, ou seja, de proteção apenas das funções consideradas essenciais aos integrantes do Poder Legislativo, independentemente de onde elas sejam exercidas. No caso, os discursos proferidos pelo querelado teriam sido proferidos com nítido caráter injurioso e difamatório, de forma manifestamente dolosa, sem qualquer hipótese de prévia provocação ou retorsão imediata capaz de excluir a tipificação, em tese, dos atos descritos nas queixas-crimes. (STF, info 1053, - Pet 8212 AgR/DF, Pet 8259 AgR/DF, Pet 8262 AgR/DF, Pet 8263 AgR/DF, Pet 8267 AgR/DF e Pet 8366 AgR/DF, rel. min. Gilmar Mendes, julgado em: 03/05/2022)
- "Perda do mandato parlamentar. Entendimento da maioria no sentido de que **não cabe ao Poder Judiciário decretar a perda de mandato de parlamentar federal, em razão de condenação criminal. Determinação de comunicação à respectiva Casa para instauração do procedimento do art. 55, § 2º, da Constituição Federal**" (STF. AP 572, julgada em 2014 e relatada pelo Ministro Gilmar Mendes).
- **Os Vereadores gozam de imunidade material** (inviolabilidade) relativa às suas opiniões, palavras e votos, no exercício do mandato e na **circunscrição (limites territoriais) do Município** a que estejam vinculados.
- A **imunidade formal** (que garante regras especiais para a prisão e o processo de Parlamentar) **não se aplica aos Vereadores**, por falta de expressa previsão no Texto Constitucional. Aliás, esse é o posicionamento do STF sobre o tema: "O Tribunal, por maioria, julgou procedente o pedido formulado na inicial de ação direta ajuizada pelo Procurador-Geral da República para declarar a inconstitucionalidade da expressão abaixo destacada, constante da parte final do inciso XVII, do art. 13, da Constituição do Estado de Sergipe, que estabelece "a inviolabilidade do vereador por suas opiniões, palavras e votos, no exercício do mandato e na circunscrição do Município, não podendo, desde a expedição do diploma até a inauguração da legislatura seguinte, ser preso, salvo em flagrante de crime inafiançável, nem processado criminalmente sem prévia autorização da Câmara Municipal, cujo deferimento da licença ou ausência de deliberação suspende a prescrição enquanto durar o mandato;". Considerou-se caracterizada na espécie a ofensa ao art. 22, I, da CF/88, que prevê a competência privativa da União para legislar sobre direito penal e processual. O Min. Sepúlveda Pertence também julgou procedente o pedido formulado, mas por fundamento diverso, qual seja, por ofensa ao art. 29, VIII – "inviolabilidade dos vereadores por suas opiniões, palavras e votos no exercício do mandato e na circunscrição do município". – haja vista que a CF, ao estender expressamente aos vereadores a imunidade material, excluiu implicitamente a que eles se aplicasse a imunidade formal. Vencido o Min. Marco Aurélio que julgava improcedente o pedido formulado, por considerar que os vereadores devem gozar das mesmas prerrogativas quanto ao exercício do mandato no que diz respeito aos deputados federais e senadores. ADI 371, julgada em 2002 e relatada pelo Ministro Maurício Corrêa).

  Para o STF: "É inconstitucional, por violação ao princípio da simetria e à competência privativa da União para legislar sobre o tema (CF/1988, art. 22, I), norma de Constituição estadual que amplia o rol de autoridades sujeitas à fiscalização direta pelo Poder Legislativo e à sanção por crime de responsabilidade. Isso porque o art. 50, caput, e § 2º, da CF/1988 (1), que prescreve sistemática de controle do Poder Legislativo sobre o Poder Executivo, configura norma de repetição obrigatória pelos estados-membros, motivo pelo qual a ordem jurídica estadual, seguindo essa lógica, deve referir-se a cargos correspondentes ao de ministro de Estado, ou seja, a secretário de Estado ou equivalente em termos de organização administrativa." (STF. Info. Nº 1064. ADI 6645/AM e ADI 6640/PE, relator Min. Edson Fachin, julgamento virtual finalizado em 19.8.2022).

4. Comissão Parlamentar de Inquérito – CPI

- **STF e as CPIs:** "Criação de CPI: requisitos constitucionais. O Parlamento recebeu dos cidadãos, não só o poder de representação política e a competência para legislar, mas também o mandato para fiscalizar os órgãos e agentes do Estado, respeitados, nesse processo de fiscalização, os limites materiais e as exigências formais estabelecidas pela CF. O direito de investigar – que a Constituição da República atribuiu ao Congresso Nacional e às Casas que o compõem (art. 58, § 3º) – tem, no inquérito parlamentar, o instrumento mais expressivo de concretização desse relevantíssimo encargo constitucional, que traduz atribuição inerente à própria essência da instituição parlamentar. A instauração do inquérito parlamentar, para viabilizar-se no âmbito das Casas legislativas, está vinculada, unicamente, à satisfação de três exigências definidas, de modo taxativo, no texto da Carta Política: **(1) subscrição do requerimento de constituição da CPI por, no mínimo, 1/3 dos membros da Casa legislativa, (2) indicação de fato determinado a ser objeto de apuração e (3) temporariedade da CPI.** Preenchidos os requisitos constitucionais (CF, art. 58, § 3º), impõe-se a criação da CPI, que não depende, por isso mesmo, da vontade aquiescente da maioria legislativa. Atendidas tais exigências (CF, art. 58, § 3º), cumpre, ao presidente da Casa legislativa, adotar os procedimentos subsequentes e necessários à efetiva instalação da CPI, não lhe cabendo qualquer apreciação de mérito sobre o objeto da investigação parlamentar, que se revela possível, dado o seu caráter autônomo (RTJ 177/229 – RTJ 180/191-193), ainda que já instaurados, em torno dos mesmos fatos, inquéritos policiais ou processos judiciais. A prerrogativa institucional de investigar, deferida ao Parlamento (especialmente aos grupos minoritários que atuam no âmbito dos corpos legislativos), não pode ser comprometida pelo bloco majoritário existente no Congresso Nacional e que, por efeito de sua intencional recusa em indicar membros para determinada CPI (ainda que fundada em razões de estrita conveniência político-partidária), culmine por frustrar e nulificar, de modo inaceitável e arbitrário, o exercício, pelo Legislativo (e pelas minorias que o integram), do poder constitucional de fiscalização e de investigação do comportamento dos órgãos, agentes e instituições do Estado, notadamente daqueles que se estruturam na esfera orgânica do Poder Executivo. (...) Legitimidade passiva ad causam do presidente do Senado Federal – autoridade dotada de poderes para viabilizar a composição das comissões parlamentares de inquérito." (MS 24.831, julgado em 2005 e relatado pelo Ministro Celso de Mello).

- "A instauração de Comissão Parlamentar de Inquérito depende unicamente do preenchimento dos requisitos previstos no art. 58, § 3º, da Constituição Federal, ou seja:

  (a) o requerimento de um terço dos membros das casas legislativas;

  (b) a indicação de fato determinado a ser apurado; e

  (c) a definição de prazo certo para sua duração." STF. Plenário. MS 37760 MC-Ref/DF, Rel. Min. Roberto Barroso, julgado em 14/4/2021 (Info 1013).

- De acordo com o STF, "O **princípio da colegialidade** traduz diretriz de fundamental importância na regência das deliberações tomadas por qualquer CPI, notadamente quando esta, no desempenho de sua competência investigatória, ordena a adoção de medidas restritivas de direitos, como aquelas que importam na revelação (disclosure) das operações financeiras ativas e passivas de qualquer pessoa. A **legitimidade do ato de quebra do sigilo bancário**, além de supor a plena adequação de tal medida ao que prescreve a Constituição, deriva da necessidade de a providência em causa respeitar, quanto à sua adoção e efetivação, o princípio da colegialidade, sob pena de essa deliberação reputar-se nula." (MS 24.817, Rel. Min. Celso de Mello, julgamento em 3-2-2005, Plenário, DJE de 6-11-2009.) Ademais, no bojo do MS 23.669, julgado no ano 2000, o Supremo Tribunal Federal decidiu que "A quebra do sigilo bancário, que compreende a ruptura da esfera de intimidade financeira da pessoa, quando determinada por ato de qualquer Comissão Parlamentar de Inquérito, **depende, para revestir-se de validade jurídica, da aprovação da maioria absoluta dos membros que compõem o órgão de investigação legislativa** (Lei nº 4.595/64, art. 38, § 4º)".

- "A fundamentação exigida das Comissões Parlamentares de Inquérito quanto à **quebra de sigilo bancário, fiscal, telefônico e telemático não ganha contornos exaustivos** equiparáveis à dos atos dos órgãos investidos do ofício judicante. Requer-se que constem da deliberação as razões pelas quais veio a ser determinada a medida" (MS 24.749 julgado em 2004 e relatado pelo Ministro Marco Aurélio).

- De acordo com o STF, "**O sigilo bancário, o sigilo fiscal e o sigilo telefônico (sigilo este que incide sobre os dados/registros telefônicos e que não se identifica com a inviolabilidade das comunicações telefônicas) – ainda que representem projeções específicas do direito à intimidade, fundado no art. 5º, X, da Carta Política – não se revelam oponíveis, em nosso sistema jurídico, às comissões parlamentares de inquérito**, eis que o ato que lhes decreta a quebra traduz natural derivação dos poderes de investigação que foram conferidos, pela própria CR, aos órgãos de investigação parlamentar. As CPIs, no entanto, para decretarem, legitimamente, por autoridade própria, a quebra do sigilo bancário, do sigilo fiscal e/ou do sigilo telefônico, relativamente a pessoas por elas investigadas, devem demonstrar, a partir de meros indícios, a existência concreta de causa provável que legitime a medida excepcional (ruptura da esfera de intimidade de quem se acha sob investigação), justificando a necessidade de sua efetivação no procedimento de ampla investigação dos fatos determinados que deram causa à instauração do inquérito parlamentar, sem prejuízo de ulterior controle jurisdicional dos atos em referência (CF, art. 5º, XXXV). As deliberações de qualquer comissão parlamentar de inquérito, à semelhança do que também ocorre com as decisões judiciais (RTJ 140/514), quando destituídas de motivação, mostram-se írritas e despojadas de eficácia jurídica, pois nenhuma medida restritiva de direitos pode ser adotada pelo Poder Público, sem que o ato que a decreta seja adequadamente fundamentado pela autoridade estatal." (MS 23.452, julgado em 1999 e relatado pelo Ministro Celso de Mello).

- A testemunha e o indiciado, quando convocados, **não são obrigados a responder às perguntas que possam incriminá-los, em razão do seu direito constitucional ao silêncio e a não autoin-**

criminação. Entretanto, tanto o indiciado quanto a testemunha têm **o dever de ao menos comparecer** à CPI.

- É possível a ampliação da atuação de CPI para além da finalidade para a qual ela tenha sido criada. Segundo o STF, **fatos inicialmente imprevistos podem ser acrescidos a uma CPI que esteja em funcionamento** (HC 71.039, julgado em 1996).

  É constitucionalmente **legítima** a decisão judicial, emanada por autoridade competente, determinando o compartilhamento de registros bancários entre diversos órgãos de investigação. Também é possível a ampliação do objeto da investigação no curso dos trabalhos. Assim decidiu o STF: "Quarta preliminar. Prova emprestada. Caso 'Banestado'. **Autorização de compartilhamento tanto pela Comissão Parlamentar Mista de Inquérito como pelo STF. Legalidade.** Quinta preliminar. **Ampliação do objeto de investigação de CPI no curso dos trabalhos. Possibilidade**. Precedentes. Sexta preliminar. Quebra de sigilo pela CPMI. Fundamento exclusivo em matéria jornalística. Alegação inconsistente. Posterior autorização para quebra também pelo relator, no âmbito do inquérito e das ações cautelares incidentais. Sétima preliminar. Dados de empréstimo fornecidos pelo Banco Central. Pedido direto do Ministério Público. Ilegalidade. Ausência. Requisição feita pela CPMI dos Correios. Posterior autorização de compartilhamento com o Ministério Público para instrução do inquérito. Legalidade. (...) Oitava preliminar. Dados fornecidos ao Ministério Público pelo banco BMG. **Existência de decisão judicial de quebra de sigilo proferida pelo presidente do STF e, posteriormente, de modo mais amplo, pelo relator do inquérito. Ausência de ilegalidade**." (Inq 2.245, Rel. Min. Joaquim Barbosa, julgamento em 28-8-2007, Plenário, DJ de 9-11-2007.)

- De acordo com o STF, "**Não aparentam caracterizar abuso de exposição da imagem pessoal na mídia, a transmissão e a gravação de sessão em que se toma depoimento de indiciado, em CPI.**" (MS 24.832, julgado em 2004, e relatado pelo Ministro Cezar Peluso).

- Nos termos da jurisprudência do STF, "**O privilégio contra a autoincriminação – que é plenamente invocável perante as CPIs – traduz direito público subjetivo** assegurado a qualquer pessoa, que, na condição de testemunha, de indiciado ou de réu, deva prestar depoimento perante órgãos do Poder Legislativo, do Poder Executivo ou do Poder Judiciário. O exercício do direito de permanecer em silêncio não autoriza os órgãos estatais a dispensarem qualquer tratamento que implique restrição à esfera jurídica daquele que regularmente invocou essa prerrogativa fundamental. Precedentes. **O direito ao silêncio** – enquanto poder jurídico reconhecido a qualquer pessoa relativamente a perguntas cujas respostas possam incriminá-la (*nemo tenetur se detegere*) – impede, quando concretamente exercido, que aquele que o invocou venha, por tal específica razão, a ser preso, ou ameaçado de prisão, pelos agentes ou pelas autoridades do Estado. Ninguém pode ser tratado como culpado, qualquer que seja a natureza do ilícito penal cuja prática lhe tenha sido atribuída, sem que exista, a esse respeito, decisão judicial condenatória transitada em julgado. O princípio constitucional da não culpabilidade, em nosso sistema jurídico, consagra uma regra de tratamento que impede o Poder Público de agir e de se comportar, em relação ao suspeito, ao indiciado, ao denunciado ou ao réu, como se estes já houvessem sido condenados definitivamente por sentença do Poder Judiciário." (HC 79.812, julgado no ano 2000 e relatado pelo Ministro Celso de Mello).

- Para facilitar, preparamos os seguintes quadros:

CPI pode	a) quebrar sigilo fiscal, bancário e de dados; b) ouvir testemunhas e, se for o caso, determinar condução coercitiva (garantido o direito ao silêncio); c) ouvir investigados ou indiciados (garantido o direito ao silêncio).

CPI não pode	a) determinar busca domiciliar; b) determinar interceptação telefônica ou quebra do sigilo de comunicação telefônica (mas poderá determinar quebra do sigilo de dados telefônicos, ou seja, dos registros pretéritos em lista), c) determinar prisão (salvo em flagrante, como no falso testemunho).

- As comissões parlamentares de inquérito **não são permanentes,** pois são criadas para a apuração de fato determinado e por prazo certo. Além disso, possuem **poderes de investigação próprios das autoridades judiciais**, mas **não podem** aplicar sanções, devendo, se for o caso, encaminhar suas conclusões ao Ministério Público, para que promova a responsabilidade civil ou criminal dos infratores.

É inconstitucional norma de Constituição Estadual que amplie rol de autoridades sujeitas à convocação pelo Poder Legislativo sob pena de incorrer em crime de responsabilidade, pois viola tanto o princípio da simetria, quanto a competência privativa da União para legislar sobre crimes de responsabilidade. STF. Plenário. ADI 5416, Rel. Gilmar Mendes, julgado em 03/04/2020 (Info 977).

"Em juízo de delibação, não é possível a convocação de governadores de estados-membros da Federação por Comissão Parlamentar de Inquérito (CPI) instaurada pelo Senado Federal. A convocação viola o princípio da separação dos Poderes e a autonomia federativa dos estados-membros." STF. Plenário. ADPF 848 MC-Ref/DF, Rel. Min. Rosa Weber, julgado em 25/6/2021 (Info 1023).

5. **Tribunal de Contas:** o controle externo, a cargo do Congresso Nacional, será exercido com o auxílio do Tribunal de Contas da União – TCU.

- **Natureza e Poderes do TCU:** de acordo com o STF, "A posição constitucional dos Tribunais de Contas - órgãos investidos de autonomia jurídica - inexistência de qualquer vínculo de subordinação institucional ao poder legislativo - atribuições do Tribunal de Contas que traduzem direta emanação da própria Constituição da República. Os Tribunais de Contas ostentam posição eminente na estrutura constitucional brasileira, não se achando subordinados, por qualquer vínculo de ordem hierárquica, ao Poder Legislativo, de que não são órgãos delegatários nem organismos de mero assessoramento técnico. A competência institucional dos Tribunais de Contas não deriva, por isso mesmo, de delegação dos órgãos do Poder Legislativo, mas traduz emanação que resulta, primariamente, da própria Constituição da República. Doutrina. Precedentes." (ADI 4.190-MC-REF, Rel. Min. Celso de Mello, julgamento em 10-3-2010, Plenário, DJE de 11-6-2010.)

  "O Tribunal de Contas da União (TCU) é o órgão competente para fiscalizar os recursos decorrentes do Fundo Constitucional do Distrito Federal." (STF, MS 28584/DF, rel. orig. Min. Ricardo Lewandowski, red. p/ o ac. Min. Edson Fachin, julgamento em 29.10.2019.)

- **TCU e Poderes Implícitos:** "(...) a atribuição de poderes explícitos, ao Tribunal de Contas, tais como enunciados no art. 71 da Lei Fundamental da República, supõe que se lhe reconheça, ainda que por implicitude, a titularidade de meios destinados a viabilizar a adoção de medidas cautelares vocacionadas a conferir real efetividade às suas deliberações finais, permitindo, assim, que se neutralizem situações de lesividade, atual ou iminente, ao erário público. Impende considerar, no ponto, em ordem a legitimar esse entendimento, a formulação que se fez em torno dos poderes implícitos, cuja doutrina, construída pela Suprema Corte dos Estados Unidos da América, no célebre caso McCulloch v. Maryland (1819), enfatiza que a outorga de competência expressa a determinado órgão estatal importa em deferimento implícito, a esse mesmo órgão, dos meios necessários à integral realização dos fins que lhe foram atribuídos. (...) É por isso que entendo revestir-se de integral legitimidade constitucional a atribuição de índole cautelar, que, reconhecida com apoio na teoria dos poderes implícitos, permite, ao TCU, adotar as medidas necessárias ao fiel cumprimento de suas funções institucionais e ao pleno exercício das competências que lhe foram outorgadas, diretamente, pela própria CR." (MS 24.510, Rel. Min. Ellen Gracie, voto do Min. Celso de Mello, julgamento em 19-11-2003, Plenário, DJ de 19-3-2004.)

- "Em atenção aos princípios da segurança jurídica e da confiança legítima, **os Tribunais de Contas estão sujeitos ao prazo de cinco anos para o julgamento da legalidade do ato de concessão inicial de aposentadoria, reforma ou pensão**, a contar da chegada do processo à respectiva Corte de Contas." (RE 636553/RS, rel. Min. Gilmar Mendes, julgamento em 19.2.2020. Informativo 967, Tema 445).

- "O Tribunal de Contas do Distrito Federal tem competência para fiscalizar a aplicação de recursos federais repassados ao Distrito Federal." (STJ, RMS 61.997-DF, Rel. Min. Benedito Gonçalves, Primeira Turma, por unanimidade, julgado em 16/06/2020, DJe 18/06/2020)

- "É inconstitucional lei estadual, de origem (iniciativa) parlamentar, que discipline a organização e o funcionamento do Tribunal de Contas estadual (TCE). Isso porque os Tribunais de Contas possuem reserva de iniciativa (competência privativa) para apresentar os projetos de lei que tenham por objetivo tratar sobre a sua organização ou o seu funcionamento (art. 96, II c/c arts. 73 e 75 da CF/88). Os Tribunais de Contas, conforme reconhecido pela CF/88 e pelo STF, gozam das prerrogativas da autonomia e do autogoverno, o que inclui, essencialmente, a iniciativa privativa para instaurar processo legislativo que pretenda alterar sua organização e funcionamento." STF. Plenário. ADI 4191, Rel. Roberto Barroso, julgado em 22/05/2020 (Info 986 – clipping).

  Entendeu o STJ que: "O conselheiro de Tribunal de Contas estadual não está sujeito a notificação ou intimação para comparecimento como testemunha perante comissão de investigação, podendo apenas ser convidado." (STJ, HC 590.436-MT, Rel. Min. Jorge Mussi, Corte Especial, por unanimidade, julgado em 11/11/2021, DJe 17/11/2021, info 718).

  "O preceito veiculado pelo art. 75 da Constituição Federal aplica-se, no que couber, à organização, composição e fiscalização dos Tribunais de Contas dos Estados e do Distrito Federal e dos Tribunais e Conselhos de Contas dos Municípios, excetuando-se ao princípio da simetria os Tribunais de Contas do Município." STF. Plenário. ADPF 272/DF, Rel. Min. Cármen Lúcia, julgado em 25/3/2021 (Info 1011)

Tribunal de contas e ato de aposentadoria: manifestou o STJ que "Os Tribunais de Contas estão sujeitos ao prazo de 5 anos para o julgamento da legalidade do ato de concessão inicial de aposentadoria, reforma ou pensão, a contar da chegada do processo à respectiva Corte de Contas." (STJ, Informativo Especial nº5. AgInt no RMS 47.738-RJ, Rel. Min. Francisco Falcão, Segunda Turma, julgado em 03/05/2022, DJe 13/05/2022.). Esse entendimento foi um realinhamento da jurisprudência do STJ com a do STF, face ao Tema 445 fixado pelo STF nesse sentido. Trata-se da incidência do prazo decadencial previsto no art. 54 da Lei 9.784/1999 para a Administração anular ato de concessão de aposentadoria. Portanto, decorrido esse prazo, não é mais possível ao Tribunal de contas julgar a legalidade desses atos.

6. Processo Legislativo

- O **processo legislativo compreende** a elaboração de: I – emendas à Constituição; II – leis complementares; III – leis ordinárias; IV – leis delegadas; V – medidas provisórias; VI – decretos legislativos e; VII – resoluções.

  "A tramitação de projeto de lei por meio de sistema de deliberação remota não viola as normas do processo legislativo. Isso porque o fato de as sessões deliberativas do Senado Federal e da Câmara dos Deputados terem acontecido por meio virtual não afasta a participação e o acompanhamento da população em geral. Ambas as Casas Legislativas fornecem meios de comunicação de amplo e fácil acesso, em tempo real, em relação ao exercício da atividade legislativa. Ademais, a circunstância de se estar diante de uma pandemia, cujo vírus se revelou altamente contagioso, justifica a prudente opção do Congresso Nacional em prosseguir com suas atividades por meio eletrônico." STF. Plenário. ADI 6442/DF, ADI 6447/DF, ADI 6450/DF e ADI 6525/DF, Rel. Min. Alexandre de Moraes, julgado em 13/3/2021 (Info 1009)
- A **Lei Complementar** exige aprovação por maioria absoluta, enquanto a **Lei Ordinária** é aprovada por maioria simples dos membros presentes à sessão, desde que presente a maioria absoluta dos membros de cada Casa ou de suas Comissões.
- As matérias que devem ser regradas por **Lei Complementar** encontram-se taxativamente indicadas no texto constitucional (ao longo dos dispositivos) e, desde que não seja assunto específico de normatização por decreto legislativo ou resolução, o regramento de todo o resíduo competirá à lei ordinária (conclusão que se extrai a partir de interpretação sistemática do texto constitucional).
- **Não** existe **hierarquia** entre lei complementar e lei ordinária, nem entre lei federal e lei estadual.
- As matérias reservadas à Lei Complementar **não** serão objeto de **delegação** do Congresso ao Presidente da República.
- Se uma **lei denominada de complementar versar sobre matéria relativa a lei ordinária** (ou seja, para a qual não seria exigível lei complementar), então ela poderá ser revogada também por lei ordinária posterior. Esse é o entendimento do STF (RE, 377.457, julgado em 2008 e relatado pelo Ministro Gilmar Mendes).
- Na apreciação de **projeto de lei delegada** pelo Congresso Nacional, não são admitidas emendas parlamentares.
- A discussão e votação dos **Projetos de Lei Ordinária não** devem, obrigatoriamente, ter início na Câmara dos Deputados. Somente os projetos de lei de iniciativa do Presidente da República, do Supremo Tribunal Federal e dos Tribunais Superiores terão início obrigatoriamente na Câmara dos Deputados (art. 64, da CF).
- A **correção redacional** a um projeto de lei ordinária **não importa** em retorno à casa iniciadora. Somente se exige o retorno à Casa iniciadora se a emenda parlamentar introduzida acarretar modificação no sentido da proposição jurídica, o que não ocorre quando há mera correção de redação.
- "**Não é necessária a reapreciação**, pela Câmara dos Deputados, de expressão suprimida pelo Senado Federal em texto de proposta de emenda constitucional que, na redação remanescente, aprovada por ambas as Casas do Congresso Nacional, **não perdeu sentido normativo**". (STF, ADI 3.367, julgada em 2005 e relatada pelo Ministro Cezar Peluso).
- **A sanção de projeto de lei não convalida o vício** de inconstitucionalidade resultante da usurpação do poder de iniciativa.
- Dá-se a chamada **sanção tácita** quando o Presidente da República permanece inerte durante o prazo de que dispõe para vetar ou sancionar o projeto de lei.
- Por isso, entende o STF que "O poder de veto previsto no art. 66, § 1º, da Constituição não pode ser exercido após o decurso do prazo constitucional de 15 (quinze) dias." (STF, plenário, Informativo 1059, ADPF 893-DF, rel. min. Cármen Lúcia, julg em 20/06/2022).
- É possível o controle sobre a **intempestividade do veto,** nos termos da jurisprudência do STF: "Processo legislativo: veto mantido pelo Legislativo: decreto-legislativo que, anos depois, sob fundamento de ter sido o veto intempestivo, desconstitui a deliberação que o mantivera e declara tacitamente sancionada a parte vetada do projeto de lei. Inconstitucionalidade formal do decreto-legislativo, independentemente da indagação acerca da validade material ou não da norma por ele considerada sancionada: aplicação ao **processo legislativo, que é verdadeiro processo, da regra da preclusão que, como impede a retratação do veto, também obsta a que se retrate o Legislativo de sua rejeição ou manutenção; preclusão, no entanto, que, não se confundindo com a**

coisa julgada, esta sim, peculiar do processo jurisdicional, não inibe o controle judicial da eventual intempestividade do veto." (ADI 1.254, Rel. Min. Sepúlveda Pertence, julgamento em 9-12-1999, Plenário, DJ de 17-3-2000.)

"Não se admite "novo veto" em lei já promulgada e publicada. Manifestada a aquiescência do Poder Executivo com projeto de lei, pela aposição de sanção, evidencia-se a ocorrência de preclusão entre as etapas do processo legislativo, sendo incabível eventual retratação." STF. Plenário. ADPF 714/DF, ADPF 715/DF e ADPF 718/DF, Rel. Min. Gilmar Mendes, julgado em 13/2/2021 (Info 1005).

- A **iniciativa popular** pode ser exercida pela apresentação à Câmara dos Deputados de projeto de lei subscrito por, no mínimo, um por cento do eleitorado nacional, distribuído pelo menos por cinco Estados, com não menos de três décimos por cento dos eleitores de cada um deles.
- **Não** há previsão de iniciativa popular para se emendar a Constituição.
- São de iniciativa privativa do **Presidente da República** as leis que disponham sobre a criação de cargos, funções ou empregos públicos na administração direta e autárquica ou **aumento de sua remuneração** (art. 61, § 1º, II, "a", da CF). Essa regra, também deve ser aplicada ao Governador e à administração estadual, em decorrência do **Princípio da Simetria ou Parametricidade**, segundo o qual, as normas de organização do Estado dispostas na Constituição Federal e válidas para a União, devem ser reproduzidas nas Constituições Estaduais e aplicadas aos Estados Membros. O mesmo se dá em relação aos Municípios, na medida em que será de iniciativa privativa dos Prefeitos a criação de cargos, funções ou empregos públicos na administração direta e autárquica ou aumento de sua remuneração no âmbito de cada Município.
- No bojo da ADI 2813 (rel. Min. Cármen Lúcia, 1º.8.2011), **o STF entendeu pela possibilidade de emendas parlamentares a projetos de lei de iniciativa do Chefe do Poder Executivo, desde que** haja pertinência temática com o projeto de lei originário e que delas não decorra aumento da despesa global prevista (art. 166, §§ 3º e 4º da CF).
- Ainda, segundo consta do Informativo 773 do STF, no bojo da ADI 3942/DF, julgada em 2014 e relatada pela Ministra Cármen Lúcia, "**A iniciativa de competência privativa do Poder Executivo não impede a apresentação de emendas parlamentares, presente a identidade de matéria e acompanhada da estimativa de despesa e respectiva fonte de custeio**. Com base nessa orientação, o Plenário julgou improcedente pedido formulado em ação direta em face do art. 2º da Lei 11.075/2004, que dispõe sobre a criação de 435 cargos em comissão do Grupo-Direção e Assessoramento Superiores – DAS e Funções Gratificadas – FG. **O Plenário enfatizou que a Lei 11.075/2004 resultaria da fusão de conteúdo de duas normas de iniciativas presidenciais que contaram com parecer de comissão mista parlamentar incumbida da apreciação da matéria. Asseverou que, no caso, a incorporação ou a fusão de um projeto de lei em outro — projeto de conversão de medida provisória em lei — por emenda parlamentar seria admissível, desde que ambos tivessem sido propostos pela mesma autoridade, em respeito à competência para iniciar o processo legislativo**. Frisou que **a emenda parlamentar não desvirtuara a proposta inicial e tampouco incorrera na vedação ao aumento da despesa originalmente prevista (CF, art. 63, I e II)**. Ademais, a eventual superação do limite estabelecido pela LC 101/2000 para despesas com pessoal, decorrente da criação de novos cargos em comissão e das funções gratificadas, não importaria em ofensa direta e imediata à Constituição, porque seu exame estaria restrito à verificação de sua legalidade".
- A **Constituição poderá ser emendada** mediante **proposta**: I – de um terço, no mínimo, dos membros da Câmara dos Deputados ou do Senado Federal (nunca Congressista sozinho); II – do Presidente da República; III – de mais da metade das Assembleias Legislativas das unidades da Federação, manifestando-se, cada uma delas, pela maioria relativa de seus membros.

EMENDA À CONSTITUIÇÃO A Constituição poderá ser emendada mediante proposta:
1. De 1/3, no mínimo, dos membros da Câmara dos Deputados ou do Senado Federal (nunca Congressista sozinho);
2. Do Presidente da República;
3. De mais da metade das Assembleias Legislativas das unidades da Federação, manifestando-se, cada uma delas, pela maioria relativa de seus membros.

- A proposta de emenda constitucional será discutida e votada em cada Casa do Congresso Nacional, em **dois turnos**, considerando-se aprovada se obtiver, em ambos, **três quintos dos votos** (portanto, mais do que maioria absoluta) dos respectivos membros.

  Atenção: o STF entende que as regras de processo legislativo são normas de **reprodução obrigatória** pelos Estados, devendo observar o princípio da simetria federativa. Por isso: "É inconstitucional norma de Constituição estadual que preveja quórum diverso de 3/5 dos membros do Poder Legislativo para aprovação de emendas constitucionais." STF. Plenário. ADI 6453/RO, Rel. Min. Rosa Weber, julgado em 11/2/2022 (Info 1043).
- **Atenção!** Emenda à Constituição será promulgada pelas **Mesas da Câmara dos Deputados**

e do Senado Federal (não pelo Presidente da República), com o respectivo número de ordem. No entanto, o STF entende que: "Não caracteriza afronta à vedação imposta pelo art. 62, § 1º, IV, da Constituição Federal (CF) a edição de medida provisória no mesmo dia em que o Presidente da República sanciona ou veta projeto de lei com conteúdo semelhante." STF. Plenário. ADI 2601/DF, Rel. Min. Ricardo Lewandowski, julgado em 19/8/2021 (Info 1026).

- A matéria constante de proposta de **emenda à Constituição rejeitada ou havida por prejudicada** não pode ser objeto de nova proposta na mesma sessão legislativa (Princípio da Irrepetibilidade).
- Em caso de relevância e urgência, o Presidente da República poderá adotar **medidas provisórias**, com força de lei, devendo submetê-las de imediato ao Congresso Nacional.
- As medidas provisórias, regra geral, perderão eficácia, desde a edição, **se não forem convertidas em lei** no prazo de sessenta dias, prorrogável uma vez por igual período, devendo o Congresso Nacional disciplinar, por **decreto legislativo**, as relações jurídicas delas decorrentes.
- **Não editado o decreto legislativo** até sessenta dias após a **rejeição ou perda de eficácia** de medida provisória, as relações jurídicas constituídas e decorrentes de atos praticados durante sua vigência conservar-se-ão por ela regidas.
- A não apreciação pela Câmara dos Deputados e, após, pelo Senado Federal, no prazo de 45 dias contados da publicação, tem como consequência a entrada em **regime de urgência**, subsequentemente, em cada uma das Casas do Congresso Nacional**, ficando sobrestadas**, até que se ultime a votação, **todas as demais deliberações** legislativas da Casa em que estiver tramitando.
- Se a Medida Provisória perder eficácia por decurso de prazo ou, em caráter expresso, for rejeitada pelo Congresso Nacional, **vedada será sua reedição na mesma sessão legislativa**.
- **Atenção! É vedada** a edição de medidas provisórias sobre matéria relativa a nacionalidade, cidadania, direitos políticos, partidos políticos, direito eleitoral, direito penal, processual penal e processual civil, **mas não sobre direito civil!**
- É **vedada** a edição de medidas provisórias sobre matéria já disciplinada em projeto de lei aprovado pelo Congresso Nacional e pendente de sanção ou veto do Presidente da República.
- É **vedada a reedição**, na mesma sessão legislativa, de medida provisória que tenha sido rejeitada ou que tenha perdido sua eficácia por decurso de prazo
- **Não é vedada** a edição de medidas provisórias para a abertura de crédito extraordinário, para a criação de normas gerais de licitações e contratos administrativos ou para aumento de **alíquota de imposto.**
- Segundo o STF, porque possui força de lei e eficácia imediata a partir de sua publicação, **a medida provisória não pode ser 'retirada' pelo presidente da República à apreciação do Congresso Nacional. (...). Entretanto, como qualquer outro ato legislativo, a medida provisória é passível de ab-rogação mediante diploma de igual ou superior hierarquia. (...). A revogação da medida provisória por outra apenas suspende a eficácia da norma ab-rogada, que voltará a vigorar pelo tempo que lhe reste para apreciação, caso caduque ou seja rejeitada a medida provisória ab-rogante**. Consequentemente, o ato revocatório não subtrai ao Congresso Nacional o exame da matéria contida na medida provisória revogada. (ADI 2.984, julgada em 2003 e relatada pela Ministra Ellen Gracie).
- De acordo com a jurisprudência atual do Supremo Tribunal Federal, **a medida provisória pode ser adotada pelos Estados-membros**, desde que: i. Esteja expressamente previsto na Constituição do Estado; e ii. Sejam observados os princípios e as limitações impostas pelo modelo adotado pela CF, tendo em vista a necessidade da observância simétrica do processo legislativo federal. *In verbis:* "Ação direta de inconstitucionalidade. Art. 51 e parágrafos da Constituição do Estado de Santa Catarina. Adoção de medida provisória por Estado-membro. Possibilidade. Arts. 62 e 84, XXVI, da CF. EC 32, de 11-9-2001, que alterou substancialmente a redação do art. 62. Revogação parcial do preceito impugnado por incompatibilidade com o novo texto constitucional. Subsistência do núcleo essencial do comando examinado, presente em seu caput. Aplicabilidade, nos Estados-membros, do processo legislativo previsto na CF. Inexistência de vedação expressa quanto às medidas provisórias. Necessidade de previsão no texto da Carta estadual e da estrita observância dos princípios e limitações impostas pelo modelo federal. Não obstante a permanência, após o superveniente advento da EC 32/2001, do comando que confere ao chefe do Executivo Federal o poder de adotar medidas provisórias com força de lei, tornou-se impossível o cotejo de todo o referido dispositivo da Carta catarinense com o teor da nova redação do art. 62, parâmetro inafastável de aferição da inconstitucionalidade arguida. Ação direta prejudicada em parte. No julgamento da ADI 425, Rel. Min. Maurício Corrêa, DJ 19-12-2003, o Plenário desta Corte já havia reconhecido, por ampla maioria, a constitucionalidade da instituição de medida provisória estadual, desde que, primeiro, esse instrumento esteja expressamente previsto na Constituição do Estado e, segundo, sejam observados os princípios e as limitações impostas pelo modelo adotado pela CF, tendo em vista a necessidade da observância simétrica do processo legislativo federal. Outros precedentes: ADI 691, Rel. Min. Sepúlveda Pertence, DJ 19-6-1992 e ADI 812-MC, Rel. Min. Moreira Alves, DJ de 14-5-1993. Entendimento reforçado pela significativa indica-

ção na CF, quanto a essa possibilidade, no capítulo referente à organização e à regência dos Estados, da competência desses entes da Federação para 'explorar diretamente, ou mediante concessão, os serviços locais de gás canalizado, na forma da lei, vedada a edição de medida provisória para a sua regulamentação' (art. 25, § 2º). Ação direta cujo pedido formulado se julga improcedente." (ADI 2.391, julgada em 2007 e relatada pela Ministra Ellen Gracie).

- **Não será admitido aumento de despesa** prevista: I - nos projetos de iniciativa exclusiva do Presidente da República (salvo nas leis orçamentárias); II - nos projetos sobre organização dos serviços administrativos da Câmara dos Deputados, do Senado Federal, dos Tribunais Federais e do Ministério Público.
- Nos termos da ADI 4034, julgada no ano 2000 e relatada pelo Ministro Sepúlveda Pertence, **as regras básicas do processo legislativo federal são de absorção compulsória pelos Estados-membros** em tudo aquilo que diga respeito - como ocorre às que enumeram casos de iniciativa legislativa reservada - ao princípio fundamental de independência e harmonia dos poderes, como delineado na Constituição da República.
- "Inexistindo comprovação da ausência de urgência, não há espaço para atuação do Poder Judiciário no controle dos requisitos de edição de medida provisória pelo chefe do Poder Executivo." ADI 5599/DF, rel. min. Edson Fachin, julgamento virtual finalizado em 23.10.2020. Info 996

  Sobre o projeto de lei de conversão de medidas provisórias, manifestou o STF que: "O Poder Legislativo pode emendar projeto de lei de conversão de medida provisória quando a emenda estiver associada ao tema e à finalidade original da medida provisória." (STF, ADI 6298/DF, rel. Min. Carmen Lucia, julgamento em 22/11/2021 - Info 1038)

7. **Poder Executivo**

Evolução do conceito: a função típica do Executivo é governar ou administrar o Estado conferindo execução aos comandos legais. Desde a evolução do exercício de Poder por uma só pessoa até a ideia da separação das funções do Estado (Legislativa, Executiva e Judiciária) o conceito de Poder Executivo evoluiu. Num primeiro momento a ideia de governo centralizado pressupunha o poder de executar. Em um segundo momento a pureza quanto ao exercício de cada função estatal foi a tônica. Atualmente, vislumbra-se a possibilidade de cada um dos Poderes desempenhar também funções atípicas, a exemplo de o Executivo poder editar medidas provisórias (como inovação da ordem jurídica, atividade típica do Legislativo).

- A **eleição do Presidente e do Vice-Presidente da República** realizar-se-á, simultaneamente, no primeiro domingo de outubro, em primeiro turno, e no último domingo de outubro, em segundo turno, se houver, do ano anterior ao do término do mandato presidencial vigente.
- Substituirá o Presidente, no caso de impedimento, e suceder-lhe-á, no de vaga, o **Vice-Presidente**.
- O Presidente e o Vice-Presidente da República tomarão posse em sessão do Congresso Nacional, prestando o compromisso de manter, defender e cumprir a Constituição, observar as leis, promover o bem geral do povo brasileiro, sustentar a união, a integridade e a independência do Brasil. Essa é a função típica (da essência do Poder Executivo) de ordem constitucional (porque prevista na Constituição) do Presidente e do Vice. Em regra, quem a exerce é o Presidente, mas, em caso de impedimento, será substituído pelo Vice-Presidente (art. 79, da CF).
- Na hipótese de impedimento ou vacância dos cargos de PR e Vice, serão chamados, sucessivamente: Presidente da Câmara, Presidente do SF e o Presidente do STF, nessa ordem. Mas se não for simples impedimento (que [e temporário, como férias, ou doença), mas vacância (definitiva), deve-se resolver a questão em definitivo. Assim, na dupla vacância, vigem as seguintes regras:
- Vagando os cargos de Presidente e Vice-Presidente da República **nos dois primeiros anos** do mandato presidencial, far-se-á eleição noventa dias depois de aberta a última vaga.
- Ocorrendo a vacância dos cargos de Presidente e Vice-Presidente da República nos últimos dois anos do período presidencial, será feita a eleição para ambos os cargos trinta dias depois da última vaga, pelo Congresso Nacional (eleição indireta).

VACÂNCIA DOS CARGOS DE PRESIDENTE DA REPÚBLICA E VICE (DUPLA VACÂNCIA)	
1. Nos 2 <u>primeiros</u> anos do mandato presidencial*	Eleição direta 90 dias depois de aberta a última vaga.
2. Nos 2 <u>últimos</u> anos do mandato presidencial*	Eleição indireta para ambos os cargos 30 dias depois da última vaga, pelo Congresso Nacional.

* **Atenção! Em ambos os casos haverá mandato "Tampão", ou seja, pelo prazo restante.** O eleito somente completará o mandato do sucedido.

- Tendo em vista o Princípio da Simetria, vagando o cargo de Governador de Estado e diante do impedimento do Vice-Governador será chamado para governar o Presidente da Assembleia Legislativa. "Acerca do rol de substitutos (a serem acionados em caso de duplo impedimento ou durante a espera da realização das eleições em hipótese de dupla vacância) nos âmbitos estadual, distrital e municipal, a doutrina informa que, por simetria ao modelo federal estabelecido no art. 80, CF, deve-se observar o seguinte regramento: (i) **nos Estados-membros,**

o impedimento simultâneo do Governador e do Vice, ou quando há vacância de ambos os cargos, exigiria o chamamento sucessivo do Presidente da Assembleia Legislativa e do Presidente do Tribunal de Justiça local; (ii) **no Distrito Federal, o impedimento simultâneo do Governador e do Vice, ou quando há vacância de ambos os cargos, exigiria o chamamento sucessivo do Presidente da Câmara Legislativa e do Presidente do Tribunal de Justiça do Distrito Federal e Territórios**; (iii) **nos Municípios, o impedimento simultâneo do Prefeito e do Vice, ou quando há vacância de ambos os cargos, exigiria o chamamento do Presidente da Câmara Municipal. Como este também pode estar impossibilitado, convém que a Lei Orgânica do Município inclua, na sequência, o Vice-Presidente da Câmara Municipal** (como ocorre em São Paulo e no Rio de Janeiro), **nunca sendo viável, porém, que o documento municipal agregue o Presidente do Tribunal de Justiça, por ser ele integrante do Poder Judiciário estadual** (não há Poder Judiciário municipal)" (MASSON, Nathalia. *Manual de Direito Constitucional*. Salvador: Juspodivm, 2013, p. 746). Todavia, **no caso de vacância do Governador e do Vice-Governador, pode o Estado-membro, em sua Constituição Estadual, disciplinar a eleição do novo titular do Poder Executivo estadual** (ou seja, apenas o procedimento e não a ordem sucessiva), **não sendo necessário observar o modelo previsto na CF para o Poder Executivo federal**. O entendimento da Suprema Corte encontra-se no julgamento da ADI 4298, em sede de tutela antecipada, julgada em 2009 e relatada pelo Ministro Cezar Peluso, em que se reconheceu não ser norma de observância obrigatória aos Estados-membros o modelo estabelecido para eleição do novo titular do Poder Executivo federal. Em outras palavras, vale destacar que: a) em caso de impedimento do Governador e do Vice-Governador, quem deve assumir, sucessivamente, é o presidente da Assembleia Legislativa e o Presidente do Tribunal de Justiça do Estado, hipótese que deverá seguir o modelo federal, por conta do princípio da simetria; b) sendo caso de vacância dos cargos de Governador e Vice, pode o Estado-membro, em sua Constituição Estadual, disciplinar a eleição do novo titular do Poder Executivo estadual, não sendo necessário observar o modelo previsto na CF para o Poder Executivo federal, por não se tratar de norma de observância obrigatória.

Contudo: "É inconstitucional, por violação ao princípio democrático, norma de Constituição estadual que, a pretexto de disciplinar a dupla vacância no último biênio do mandato do chefe do Poder Executivo, suprime a realização de eleições." (STF. Info. Nº 1064. ADI 7472 e ADI 7137/SP, relatora Min. Rosa Weber, julgamento virtual finalizado em 19.8.2022).

- "É inconstitucional norma de iniciativa parlamentar que preveja a criação de órgão público e organização administrativa. Isso porque caracterizada afronta à iniciativa privativa do Chefe do Executivo, nos termos dos arts. 25 e 61, § 1º, II, b e e, da Constituição Federal (CF). Essa regra é linear e encerra observância ao princípio da separação dos Poderes, aplicável, por simetria, aos estados." STF. ADI 4726/AP, rel. Min. Marco Aurélio, julgamento virtual finalizado em 10.11.2020. (ADI-4726)- INFO 998
- Réus de processo criminal não podem substituir o Presidente da República. "[...]os substitutos eventuais do presidente da República a que se refere o art. 80 da Constituição Federal, caso ostentem a posição de réus criminais perante o Supremo Tribunal Federal, ficarão impossibilitados de exercer o ofício de presidente da República[...]"(STF. Plenário. ADPF 402 MC-REF/DF, Rel. Min. Marco Aurélio, julgado em 7/12/2016 – Info 850)
- Os **Ministros de Estado** serão escolhidos dentre brasileiros maiores de 21 anos e no exercício dos direitos políticos.
- Quanto à **responsabilidade dos Ministros de Estado,** nos termos dos artigos 52, I e 102, I, "c", da CF, **caso sejam crimes de responsabilidade autônomos (sem conexão), o julgamento ocorrerá perante o STF**. Em se tratando de crimes de responsabilidade conexos com crimes da mesma natureza, praticados pelo presidente ou pelo vice-presidente da República, o julgamento será perante o Senado Federal.
- Compete privativamente ao Presidente da República dispor, mediante **decreto autônomo**, sobre organização e funcionamento da administração federal, quando não implicar aumento de despesa nem criação ou extinção de órgãos públicos, bem como sobre a extinção de funções ou cargos públicos, quando vagos (conforme art. 84, VI, da CF).
- De acordo com o art. 84, parágrafo único, da CF, o Presidente da República poderá **delegar as atribuições** mencionadas nos incisos VI (dispor, mediante decreto, sobre organização e funcionamento da administração federal, quando não implicar aumento de despesa nem criação ou extinção de órgãos públicos; e sobre extinção de funções ou cargos públicos, quando vagos), XII (conceder indulto e comutar penas, com audiência, se necessário, dos órgãos instituídos em lei) e XXV, primeira parte (prover cargos públicos federais, na forma da lei), aos Ministros de Estado, ao Procurador-Geral da República ou ao Advogado-Geral da União, que observarão os limites traçados nas respectivas delegações.
- O Presidente da República responde a processo criminal, por **crime comum** no Supremo Tribunal Federal, e por **crime de responsabilidade** perante o Senado Federal, somente após ser declarada procedente a acusação por parte da Câmara dos Deputados.
- "Enfatize-se que **a necessidade de licença não obstaculiza o inquérito policial**, muito menos o oferecimento da denúncia. Impede, contudo, o seu recebimento, que é o primeiro ato de prosseguimento exercido pelo Supremo Tribunal Federal

(STF, Diário de Justiça 69. Ministro Celso de Mello. Seção I, 10.04.1995, p. 9223).

- O ato do Presidente da República que atenta contra o livre exercício do Poder Legislativo, do Poder Judiciário, do Ministério Público e dos Poderes constitucionais das unidades da Federação é considerado **crime de responsabilidade**.
- Os atos do Presidente da República que atentem contra a Constituição Federal e, especialmente, contra a lei orçamentária, são **crimes de responsabilidade.**
- Nos Crimes de Responsabilidade do Presidente da República, a Câmara autoriza a instauração do processo pelo voto da maioria **qualificada de dois terços,** e não pela maioria absoluta dos seus membros. O julgamento ocorre pelo Senado Federal, cuja decisão será proferida por **dois terços** (não maioria simples) dos votos do Senado Federal. No julgamento funcionará como Presidente o do Supremo Tribunal Federal.
- O Presidente ficará suspenso de suas funções nos crimes de responsabilidade, por **180** dias, **assim que instaurado o processo** pelo Senado Federal (**e não** após a condenação pelo órgão competente).
- Condenado o Presidente por Crime de Responsabilidade, perderá o cargo, com inabilitação, por oito anos, para o exercício de função pública, sem prejuízo das demais sanções judiciais cabíveis. Portanto **o Senado não condena ao cumprimento de pena privativa de liberdade**.
- Compete ao **Supremo Tribunal Federal** (e não ao Superior Tribunal de Justiça) processar e julgar, originariamente, nas infrações penais comuns e nos crimes de responsabilidade, os Ministros de Estado e os Comandantes da Marinha, do Exército e da Aeronáutica, ressalvado o disposto no art. 52, I, da CF, os membros dos Tribunais Superiores, os do Tribunal de Contas da União e os chefes de missão diplomática de caráter permanente (consoante art. 102, I, "c", da CF).
- **Não podem ser estendidas ao Governador de Estado** as **imunidades** segundo as quais enquanto não sobrevier sentença condenatória, nas infrações comuns, o Presidente da República não estará sujeito a prisão e, que, na vigência de seu mandato, o Presidente da República não pode ser responsabilizado por atos estranhos ao exercício de suas funções, Esse foi o posicionamento adotado pelo STF, em 1995, no julgamento da ADI 978.
- De acordo com a doutrina, a Constituição Federal reconhece apenas a **irresponsabilidade penal relativa** (mas, não a absoluta) **do Presidente da República,** consoante art. 86, §§ 3º e 4º, da CF: enquanto não sobrevier sentença condenatória, nas infrações comuns, o Presidente da República não estará sujeito a prisão; o Presidente da República, na vigência de seu mandato, não pode ser responsabilizado por atos estranhos ao exercício de suas funções. O STF referenda esse posicionamento: "O art. 86, § 4º, da Constituição, ao outorgar privilégio de ordem político-funcional ao presidente da República, excluiu--o, durante a vigência de seu mandato – e por atos estranhos ao seu exercício –, da possibilidade de ser ele submetido, no plano judicial, a qualquer ação persecutória do Estado. A cláusula de exclusão inscrita nesse preceito da Carta Federal, ao inibir a atividade do Poder Público, em sede judicial, alcança as infrações penais comuns praticadas em momento anterior ao da investidura no cargo de chefe do Poder Executivo da União, bem assim aquelas praticadas na vigência do mandato, desde que estranhas ao ofício presidencial. A norma consubstanciada no art. 86, § 4º, da Constituição, reclama e impõe, em função de seu caráter excepcional, exegese estrita, do que deriva a sua inaplicabilidade a situações jurídicas de ordem extrapenal. O presidente da República não dispõe de imunidade, quer em face de ações judiciais que visem a definir-lhe a responsabilidade civil, quer em função de processos instaurados por suposta prática de infrações político-administrativas, quer, ainda, em virtude de procedimentos destinados a apurar, para efeitos estritamente fiscais, a sua responsabilidade tributária. **A CB não consagrou, na regra positivada em seu art. 86, § 4º, o princípio da irresponsabilidade penal absoluta do presidente da República**. O chefe de Estado, nos ilícitos penais praticados in officio ou cometidos propter officium, poderá, ainda que vigente o mandato presidencial, sofrer a persecutio criminis, desde que obtida, previamente, a necessária autorização da Câmara dos Deputados." (Inq 672-QO, Rel. Min. Celso de Mello, julgamento em 16-9-1992, Plenário, DJ de 16-4-1993.)
- A imunidade relativa à proibição de prisão do Presidente da República **não impede a prisão em flagrante por crime inafiançável**.
- O STF já se pronunciou no sentido que **o processo por crime de responsabilidade praticado pelo Presidente da República (*Impeachment*) implica em considerá-lo como acusado e, por isso, deve se desenvolver sob o manto do devido processo legal (*due processo of Law*)**, com todas as garantias a ele inerentes, sob pena de nulidade do procedimento (MS 21.623. Rel. Carlos Velloso. J. 17.12.1992). Nesse mesmo sentido, Dirley da Cunha Júnior: "[...] devem ser asseguradas ao Presidente da República as garantias constitucionais, em especial o contraditório e a ampla defesa" (*Curso de Direito Constitucional.* 6 ed. Salvador: Juspodivm, 2012, p. 1.104).
- As consequências diante da condenação pela prática de crime de responsabilidade são **autônomas** (podem ser aplicadas isoladamente, pois são independentes) **e cumulativas** (também podem ser aplicadas em conjunto, pois geram consequências diversas). Tais características ficaram evidentes no *Impeachment* (Processo pela Prática de Crime de Responsabilidade) de 1992, envolvendo o Ex- Presidente Fernando Collor de Mello que, dado o fato de ter renunciado ao Cargo antes do julgamento, apenas recebeu a medida de inabilitação, por 8 anos,

para o exercício de função pública. Para encerrar os comentários, destacamos que os termos dispostos nas demais alternativas da questão não tem qualquer pertinência com o tema.

- "**Afronta os princípios constitucionais da harmonia e independência entre os Poderes e da liberdade de locomoção norma estadual que exige prévia licença da Assembleia Legislativa para que o governador e o vice-governador possam ausentar-se do País por qualquer prazo**. Espécie de autorização que, segundo o modelo federal, somente se justifica quando o afastamento exceder a quinze dias. Aplicação do princípio da simetria." (ADI 738, julgada em 2002 e relatada pelo Ministro Maurício Corrêa).

  '**Não há necessidade de prévia autorização da Assembleia Legislativa para que o STJ receba denúncia ou queixa e instaure ação penal contra Governador de Estado**, por crime comum. Em outras palavras, não há necessidade de prévia autorização da ALE para que o Governador do Estado seja processado por crime comum. Se a Constituição Estadual exigir autorização da ALE para que o Governador seja processado criminalmente, essa previsão é considerada inconstitucional." STF. Plenário. ADI 4777/BA, ADI 4674/RS, ADI 4362/DF, rel. orig. Min. Dias Toffoli, red. p/ o acórdão Min. Roberto Barroso, julgado em 9/8/2017 (Info 872). STF. Plenário. ADI 5540/MG, Rel. Min. Edson Fachin, julgado em 3/5/2017 (Info 863). STF. Plenário. ADI 4764/AC, ADI 4797/MT e ADI 4798/PI, Rel. Min. Celso de Mello, red. p/ o ac. Min. Roberto Barroso, julgados em 4/5/2017 (Info 863)

- De acordo com o art. 29, X, da CF, os **Prefeitos** serão submetidos a julgamento perante o Tribunal de Justiça. Ainda, segundo a Súmula 702 do STF, a competência do Tribunal de Justiça para julgar Prefeitos restringe-se aos crimes de competência da justiça comum estadual (compreendendo as condutas de desvio de verba transferida e incorporada ao patrimônio municipal, conforme Súmula 209 do STJ); nos demais casos, a competência originária caberá ao respectivo Tribunal de segundo grau. Assim, o Tribunal Regional Eleitoral julgará os crimes eleitorais e o Tribunal Regional Federal será competente para as hipóteses de crimes praticados em detrimento de bens, serviços ou interesses da União, suas autarquias e empresas públicas (englobando situações de desvio de verba sujeita a prestação de contas perante órgão federal, segundo a Súmula 208 do STJ). Por fim, quanto aos crimes de responsabilidade, segundo o STF, aplica-se o princípio da simetria, de modo que os Prefeitos devem ser julgados pelas respectivas Câmaras Municipais.

- O **Conselho de Defesa Nacional** é órgão de consulta do Presidente da República nos assuntos relacionados com a soberania nacional e a defesa do Estado democrático. Ele tem como membros: I – o Vice-Presidente da República; II – o Presidente da Câmara dos Deputados; III – o Presidente do Senado Federal; IV – o Ministro da Justiça; V – o Ministro de Estado da Defesa; VI – o Ministro das Relações Exteriores; VII – o Ministro do Planejamento; VIII – os Comandantes da Marinha, do Exército e da Aeronáutica. Portanto, o **Procurador Geral da República não o compõe.**

8. Poder Judiciário

- São **órgãos** do Poder Judiciário: I – o Supremo Tribunal Federal; I-A o Conselho Nacional de Justiça; II – o Superior Tribunal de Justiça; II-A – o Tribunal Superior do Trabalho; III – os Tribunais Regionais Federais e Juízes Federais; IV – os Tribunais e Juízes do Trabalho; V – os Tribunais e Juízes Eleitorais; VI – os Tribunais e Juízes Militares; VII – os Tribunais e Juízes dos Estados e do Distrito Federal e Territórios.

- Alexandre de Moraes, citando Carlos S. Fayt, enuncia que "A **magistratura** se desempenha no interesse geral e suas garantias têm fundamento no *princípio da soberania do povo e na forma republicana de governo*, de modo que todo avanço sobre a independência do Poder Judiciário importa em um avanço contra a própria Constituição (*Direito Constitucional*. 25 ed. São Paulo: Atlas, 2010, p. 508-509). Nesses termos, soberania e forma republicada seriam os fundamentos da magistratura, pois ambos relacionam-se à ideia da soberania popular que legitima cada função do Estado. É claro que, por exemplo, inadmissibilidade das provas ilícitas, publicidade, verdade real dos fatos, menor onerosidade, ampla defesa, contraditório, presunção de inocência e moralidade (presentes nas demais alternativas) são princípios que devem ser respeitados pelo Magistrado, mas, note, não são valores que dão fundamento ao Poder Judiciário.

- De acordo com o que dispõe o art. 93, da CF, **Lei complementar, de iniciativa do Supremo Tribunal Federal, disporá sobre o Estatuto da Magistratura**.

  Segundo entendimento do STF: "Normas estaduais, legais ou constitucionais, que disponham sobre o ingresso na carreira da magistratura violam o art. 93, caput, da Constituição Federal (CF), por usurpar iniciativa legislativa privativa do Supremo Tribunal Federal (STF).". Assim "É inconstitucional norma estadual que estabelece limites etários para ingresso na magistratura." STF. Plenário. ADI 6794-CE, rel. Min. Gilmar Mender, julgado em 24/09/2021 (Info 1031).

  Magistrado que pede exoneração não pode ser readmitido no cargo, uma vez que a Constituição Federal de 1988 exige prévia aprovação em concurso público como condição para tanto. Lei estadual que prevê tal possibilidade é inconstitucional. STJ. 2ª Turma. RMS 61.880-MT, Rel. Min. Mauro Campbell Marques, julgado em 03/03/2020 (Info 666).

- **É obrigatória a promoção** do juiz que figure por três vezes consecutivas ou cinco alternadas em lista de merecimento.

- **Não será promovido** o juiz que, injustificadamente, retiver autos em seu poder além do prazo legal, **não** podendo devolvê-los ao cartório sem o devido despacho ou decisão. Trata-se de nova regra criada pela EC 45/04, no contexto da reforma do Poder Judiciário, que teve como vetor fundamental a busca pela celeridade processual, estampada também no princípio da razoável duração do processo (art. 5º, LXXVIII, da CF).
- A **promoção por merecimento** pressupõe **2 anos** de exercício na respectiva entrância e integrar o juiz a primeira **quinta parte** da lista de antiguidade desta, salvo se não houver com tais requisitos quem aceite o lugar vago.
- Para fins de promoção, deverá ocorrer a aferição do merecimento conforme o desempenho e pelos critérios objetivos de produtividade e presteza no exercício da jurisdição e **pela frequência e aproveitamento em cursos** oficiais ou reconhecidos de aperfeiçoamento (portanto, o aproveitamento não é dispensável), consoante art. 93, II, "c", da CF.
- Mas, de acordo com o STF, "A **aferição do merecimento é feita levando-se em conta diversos critérios, não apenas dados objetivos, mas também outros relativos à produtividade e presteza no exercício da jurisdição**." (MS 27.960-AgR, Rel. Min. Ricardo Lewandowski, julgamento em 27-10-2011, Plenário, DJE de 11-11-2011.)
- Na **apuração de antiguidade**, o tribunal somente poderá recusar o juiz mais antigo pelo voto fundamentado de **dois terços** de seus membros, conforme procedimento próprio, e assegurada ampla defesa, repetindo-se a votação até fixar-se a indicação (art. 93, II, "d", da CF).

  Para o STF: "É inconstitucional norma de constituição estadual que, ao dispor a respeito da remoção de magistrados, cria distinção indevida entre juízes titulares e substitutos. Isso porque, ao dispor sobre matéria própria do Estatuto da Magistratura, o dispositivo da constituição estadual violou, formalmente, a reserva de lei complementar nacional, de iniciativa do Supremo Tribunal Federal, prevista no art. 93, caput, da Constituição Federal (CF)." (STF, ADI 3358/PE, rel. min. Rosa Weber, julgamento em 22/10/2021, info 1035).
- **Vitaliciedade:** de acordo com a doutrina, "todos os membros dos tribunais têm a garantia da vitaliciedade, independentemente da forma de acesso. Mesmo que um advogado ou membro do MP integre a carreira da magistratura, por exemplo, através da regra do quinto constitucional - art. 94 [...], no exato momento da posse adquirirá a vitaliciedade, não tendo de passar por qualquer estágio probatório (LENZA, Pedro. Direito constitucional esquematizado. 18. ed. São Paulo: Saraiva, 2014, p. 796)
- **Foro especial:** o STF já firmou entendimento no sentido de que: "**O foro especial por prerrogativa de função não se estende a magistrados aposentados**. Essa a conclusão do Plenário ao, por maioria, negar provimento a recurso extraordinário, afetado ao Pleno pela Primeira Turma, no qual desembargador aposentado insurgia-se contra decisão da Corte Especial do STJ, que declinara de sua competência para julgar ação penal contra ele instaurada, pois não teria direito à referida prerrogativa pelo encerramento definitivo da função — v. Informativos 485, 495 e 585. Aduziu-se que a pretensão do recorrente esbarraria em orientação jurisprudencial fixada pelo Supremo no sentido de que: a) o foro especial por prerrogativa de função teria por objetivo o resguardo da função pública; b) o magistrado, no exercício do ofício judicante, gozaria da prerrogativa de foro especial, garantia voltada não à pessoa do juiz, mas aos jurisdicionados; e c) o foro especial, ante a inexistência do exercício da função, não deveria perdurar, haja vista que a proteção dos jurisdicionados, nesse caso, não seria mais necessária. Ressaltou-se, ainda, que o provimento vitalício seria o ato que garantiria a permanência do servidor no cargo, aplicando-se apenas aos integrantes das fileiras ativas da carreira pública. Consignou-se não haver se falar em parcialidade do magistrado de 1ª instância para o julgamento do feito, porquanto a lei processual preveria o uso de exceções capazes de afastar essa situação. Enfatizou-se, também, cuidar-se de matéria de direito estrito que teria por destinatários aqueles que se encontrassem *in officio*, de modo a não alcançar os que não mais detivessem titularidades funcionais no aparelho de Estado. Assinalou-se, outrossim, que essa prerrogativa seria estabelecida *ratione muneris* e destinar-se-ia a compor o estatuto jurídico de determinados agentes públicos enquanto ostentassem essa particular condição funcional." (RE 549.560, Rel. Min. Ricardo Lewandowski, julgamento em 22-3-2012, Plenário, Informativo 659.)

  É inconstitucional regra que restrinja a concorrência dos cargos diretivos dos Tribunais de Justiça aos Desembargadores mais antigos. STF. Plenário. ADI 3976/SP e MS 32451/DF, Rel. Min. Edson Fachin, julgados em 25/6/2020 (Info 983).
- Não é possível o estabelecimento de subteto remuneratório para a magistratura estadual inferior ao teto remuneratório da magistratura federal. STF. Plenário.ADI 3854/DF e ADI 4014/DF, Rel. Min. Gilmar Mendes, julgados em 4/12/2020 (Info 1001).
- O Conselho da Justiça Federal funcionará junto ao Superior Tribunal de Justiça e lhe cabe exercer, na forma da lei, a **supervisão administrativa e orçamentária da Justiça Federal** de primeiro e segundo graus, como órgão central do sistema e com **poderes correicionais**, cujas decisões terão **caráter vinculante**. Trata-se de uma novidade instituída pela EC 45/04, no contexto da Reforma do Poder Judiciário.
- Compete ao Supremo Tribunal Federal, precipuamente, a guarda da Constituição, cabendo-lhe processar e julgar, originariamente, nas infrações

penais comuns e nos crimes de responsabilidade, os Ministros de Estado e os Comandantes da Marinha, do Exército e da Aeronáutica, ressalvado o disposto no art. 52, I (crimes de responsabilidade conexos com o Presidente da República serão julgados pelo Senado Federal), os membros dos Tribunais Superiores, os do Tribunal de Contas da União e os chefes de missão diplomática de caráter permanente.

- Compete ao Supremo Tribunal Federal julgar **processar e julgar originariamente** (e não mediante recurso extraordinário) nas infrações penais comuns, o Presidente da República, o Vice-Presidente, os membros do Congresso Nacional, seus próprios Ministros e o Procurador- Geral da República (art. 103, I, "b", da CF).
- Compete ao Supremo Tribunal Federal julgar ação direta de inconstitucionalidade de lei ou ato normativo federal ou estadual e a ação declaratória de constitucionalidade de lei ou ato normativo federal, nos termos do art. 102, I, "a", da CF.
- No julgamento do HC 86.834, em 2006, sob relatoria do Ministro Marco Aurélio, DJ 9.3.2007, o STF firmou entendimento no sentido de que **a Corte Constitucional é incompetente para apreciar e julgar pedidos de habeas corpus diretamente impetrados contra atos de Turmas ou Colégios Recursais de Juizados Especiais**. A competência para o julgamento do habeas corpus é definida pelos envolvidos, paciente e impetrante. Estando os integrantes das turmas recursais dos juizados especiais submetidos, nos crimes comuns e nos de responsabilidade, à jurisdição do tribunal de justiça ou do tribunal regional federal incumbe a cada qual, conforme o caso, julgar os habeas impetrados contra ato que tenham praticado. Esse precedente implicou a superação da Súmula 690 do STF.
- Consoante art. 102, III, "d", da CF, compete ao Supremo Tribunal Federal julgar, mediante recurso extraordinário, as causas decididas em única ou última instância, quando a decisão recorrida julgar válida lei local contestada em face de lei federal. Essa competência foi incluída no Texto Constitucional pela EC 45/04, responsável pela Reforma do Poder Judiciário.

  "Não há impedimento, nem suspeição de ministro, nos julgamentos de ações de controle concentrado, exceto se o próprio ministro firmar, por razões de foro íntimo, a sua não participação." ADI 6362/DF, rel. Min. Ricardo Lewandowski, julgamento em 2.9.2020. (Info 989)
- No recurso extraordinário o recorrente deverá demonstrar a **repercussão geral** das questões constitucionais discutidas no caso, nos termos da lei, a fim de que o Tribunal examine a admissão do recurso, somente podendo recusá-lo pela manifestação de dois terços de seus membros.
- No Recurso Especial, cuja competência de julgamento é do Superior Tribunal de Justiça, conforme inclusão feita pela EC nº 125/2022, o recorrente deverá demonstrar a **relevância** das questões de direito federal **infraconstitucional** discutidas no caso. Para que um recurso não seja reconhecido por falta de relevância, é necessária manifestação de 2/3 dos membros do órgão competente para o julgamento nesse sentido. O art. 105, §3º elenca como casos em que há relevância: ações penais; ações de improbidade administrativa; ações cujo valor da causa ultrapasse 500 salários mínimos; ações que possam gerar inelegibilidade; hipóteses em que o acórdão recorrido contrarie jurisprudência dominante do STJ e outras hipóteses previstas em lei.
- **Compete ao STF julgar Mandado de Segurança em face do TCU.** "A jurisprudência desta Corte é firme no sentido de que o TCU é parte legítima para figurar no polo passivo de mandado de segurança apenas quando o ato impugnado estiver revestido de caráter impositivo. Nesse sentido o MS 24.001, Rel. Min. Maurício Corrêa, DJ de 20-5-2002. A especificação da autoridade coatora na petição inicial há de ser feita em função do órgão do TCU que tenha proferido a decisão impugnada no mandamus. Tanto o presidente daquela Corte de Contas quanto os das respectivas Câmaras podem figurar como autoridades coatoras. O Supremo, no entanto, não faz essa distinção, conhecendo dos mandados de segurança impetrados contra o presidente do TCU (MS 23.919, Rel. Min. Carlos Velloso, DJ de 20-6-2003), contra os presidentes de suas Câmaras (MS 25.090, Rel. Min. Eros Grau, DJ de 1º-4-2005 e MS 24.381, Rel. Min. Gilmar Mendes, DJ de 13-5-2004) ou, simplesmente, contra o TCU (MS 23.596, Rel. Min. Sepúlveda Pertence, DJ de 18-5-2001). O ato emanado do TCU deve impor diretamente determinada conduta ao órgão público, configurando a coação impugnável pelo writ. Em se tratando de mandado de segurança de caráter preventivo, a concessão da ordem pressupõe a existência de efetiva ameaça a direito, ameaça que decorra de atos concretos da autoridade pública (MS 25.009, Rel. Min. Carlos Velloso, Plenário, DJ de 24-11-2004)." (MS 26.381-AgR, julgado em 2007 e relatado pelo Ministro Eros Grau).

  "Nos termos do artigo 102, I, r, da Constituição Federal (CF), é competência exclusiva do Supremo Tribunal Federal (STF) processar e julgar, originariamente, todas as ações ajuizadas contra decisões do Conselho Nacional de Justiça (CNJ) e do Conselho Nacional do Ministério Público (CNMP) proferidas no exercício de suas competências constitucionais, respectivamente, previstas nos artigos 103-B, § 4º, e 130-A, § 2º, da CF." Pet 4770 AgR/DF, rel. Min. Roberto Barroso, julgamento em 18.11.2020. Rcl 33459 AgR/PE, rel. orig. Min. Rosa Weber, red. p/ o ac. Min. Gilmar Mendes, julgamento em 18.11.2020. ADI 4412/DF, rel. Min. Gilmar Mendes, julgamento em 18.11.2020 (STJ- Info 1000)
- **STF e Regime de direito estrito:** "A competência do STF – cujos fundamentos repousam na CR

– submete-se a regime de direito estrito. A competência originária do STF, por qualificar-se como um complexo de atribuições jurisdicionais de extração essencialmente constitucional – e ante o regime de direito estrito a que se acha submetida –, não comporta a possibilidade de ser estendida a situações que extravasem os limites fixados, em numerus clausus, pelo rol exaustivo inscrito no art. 102, I, da CR. Precedentes. **O regime de direito estrito, a que se submete a definição dessa competência institucional, tem levado o STF, por efeito da taxatividade do rol constante da Carta Política, a afastar, do âmbito de suas atribuições jurisdicionais originárias, o processo e o julgamento de causas de natureza civil que não se acham inscritas no texto constitucional** (ações populares, ações civis públicas, ações cautelares, ações ordinárias, ações declaratórias e medidas cautelares), mesmo que instauradas contra o presidente da República ou contra qualquer das autoridades, que, em matéria penal (CF, art. 102, I, b e c), dispõem de prerrogativa de foro perante a Corte Suprema ou que, em sede de mandado de segurança, estão sujeitas à jurisdição imediata do Tribunal (CF, art. 102, I, d). Precedentes." (Pet 1.738-AgR, Rel. Min. Celso de Mello, julgamento em 1º-9-1999, Plenário, DJ de 1º-10-1999.)

- O **Superior Tribunal de Justiça** compõe-se de, no mínimo, **33 Ministros**. Os Ministros do Superior Tribunal de Justiça serão nomeados pelo Presidente da República, dentre brasileiros com mais de trinta e cinco e menos de setenta anos de idade, de notável saber jurídico e reputação ilibada, depois de aprovada a escolha pela maioria absoluta do Senado Federal.
- A divisão de vagas no Superior Tribunal de Justiça permite o ingresso de **um terço dos membros** dentre juízes dos Tribunais Regionais Federais e **um terço** dentre desembargadores dos Tribunais de Justiça, indicados em lista tríplice elaborada pelo próprio Tribunal; **além de outro terço em partes iguais, dentre advogados e membros do Ministério Público Federal, Estadual, do Distrito Federal e Territórios.**
- A competência para julgamento dos membros do Ministério Público da União que oficiem perante Tribunais, e dos Governadores dos Estados nos crimes comuns, é do **Superior Tribunal de Justiça** (não do STF).
- Com o advento da EC 45/2004, a concessão de *exequatur* às cartas e a homologação de sentença estrangeira passaram a ser de competência do **Superior Tribunal de Justiça.**
- **Órgãos da Justiça Federal:** I – os Tribunais Regionais Federais; II – os Juízes Federais.
- **Tribunais Regionais Federais**: compõem-se de, no mínimo, 7 juízes, recrutados, quando possível, na respectiva região e nomeados pelo Presidente da República dentre brasileiros com mais de 30 e menos de 70 anos, sendo: I – um quinto dentre advogados com mais de dez anos de efetiva atividade profissional e membros do Ministério Público Federal com mais de dez anos de carreira; II – os demais, mediante promoção de juízes federais com mais de cinco anos de exercício, por antiguidade e merecimento, alternadamente.
- A lei disciplinará a **remoção ou a permuta de juízes dos Tribunais Regionais Federais** e determinará sua jurisdição e sede.
- Os Tribunais Regionais Federais instalarão a **justiça itinerante**, com a realização de audiências e demais funções da atividade jurisdicional, nos limites territoriais da respectiva jurisdição, servindo-se de equipamentos públicos e comunitários.
- Os Tribunais Regionais Federais **poderão funcionar descentralizadamente**, constituindo Câmaras regionais, a fim de assegurar o pleno acesso do jurisdicionado à justiça em todas as fases do processo.
- Nos termos do art. 108, da CF, **compete aos Tribunais Regionais Federais**:

I – processar e julgar, originariamente:

a) os juízes federais da área de sua jurisdição, incluídos os da Justiça Militar e da Justiça do Trabalho, nos crimes comuns e de responsabilidade, e os membros do Ministério Público da União, ressalvada a competência da Justiça Eleitoral;

b) as revisões criminais e as ações rescisórias de julgados seus ou dos juízes federais da região;

c) os mandados de segurança e os "habeas-data" contra ato do próprio Tribunal ou de juiz federal;

d) os "habeas-corpus", quando a autoridade coatora for juiz federal;

e) os conflitos de competência entre juízes federais vinculados ao Tribunal;

II – julgar, em grau de recurso, as causas decididas pelos juízes federais e pelos juízes estaduais no exercício da competência federal da área de sua jurisdição.

- De acordo com o art. 109, da CF, aos **juízes federais compete** processar e julgar:

I – as causas em que a União, entidade autárquica ou empresa pública federal forem interessadas na condição de autoras, rés, assistentes ou oponentes, exceto as de falência, as de acidentes de trabalho e as sujeitas à Justiça Eleitoral e à Justiça do Trabalho;

II – as causas entre Estado estrangeiro ou organismo internacional e Município ou pessoa domiciliada ou residente no País;

III – as causas fundadas em tratado ou contrato da União com Estado estrangeiro ou organismo internacional;

IV – os crimes políticos e as infrações penais praticadas em detrimento de bens, serviços ou interesse da União ou de suas entidades autárquicas ou empresas públicas, excluídas as contravenções e ressalvada a competência da Justiça Militar e da Justiça Eleitoral;

V – os crimes previstos em tratado ou convenção internacional, quando, iniciada a execução no País, o resultado tenha ou devesse ter ocorrido no estrangeiro, ou reciprocamente;

V- A as causas relativas a direitos humanos a que se refere o § 5º deste artigo;

VI – os crimes contra a organização do trabalho e, nos casos determinados por lei, contra o sistema financeiro e a ordem econômico-financeira;

VII – os "habeas-corpus", em matéria criminal de sua competência ou quando o constrangimento provier de autoridade cujos atos não estejam diretamente sujeitos a outra jurisdição;

VIII – os mandados de segurança e os "habeas-data" contra ato de autoridade federal, excetuados os casos de competência dos tribunais federais;

IX – os crimes cometidos a bordo de navios ou aeronaves, ressalvada a competência da Justiça Militar;

X – os crimes de ingresso ou permanência irregular de estrangeiro, a execução de carta rogatória, após o "exequatur", e de sentença estrangeira, após a homologação, as causas referentes à nacionalidade, inclusive a respectiva opção, e à naturalização;

XI – a disputa sobre direitos indígenas.

- As **causas em que a União for autora** serão aforadas na seção judiciária onde tiver domicílio a outra parte.
- As **causas intentadas contra a União** poderão ser aforadas na seção judiciária em que for domiciliado o autor, naquela onde houver ocorrido o ato ou fato que deu origem à demanda ou onde esteja situada a coisa, ou, ainda, no Distrito Federal.
- Nas **ações de improbidade administrativa**, a competência da Justiça Federal é definida em razão da presença das pessoas jurídicas de direito público previstas no art. 109, I, da Constituição Federal na relação processual, e não em razão da natureza da verba federal sujeita à fiscalização do Tribunal de Contas da União. (STJ, CC 174.764-MA, rel. Min. Mauro Campbell Marques, julg. 09/02/2022, info 724-STJ).

  Lei poderá autorizar que as causas de competência da Justiça Federal em que forem parte instituição de previdência social e segurado possam ser processadas e julgadas na justiça estadual quando a comarca do domicílio do segurado não for sede de vara federal. Neste caso, o recurso cabível será sempre para o Tribunal Regional Federal na área de jurisdição do juiz de primeiro grau.
- Conforme restou apurado do voto prolatado pelo Ministro Gilmar Mendes, no bojo do HC 100.772/GO, julgado em 2011 e relatado pelo Min. Gilmar Mendes, **a competência para processar e julgar ação que se discute o desvio de recursos proveniente do Fundo de Manutenção e de Desenvolvimento do Ensino Fundamente e Valorização do Magistério (FUNDEF) é da Justiça Federal**, com fundamento no artigo 109, IV, da CF. Considera o Pretório Excelso que, com base na redação do dispositivo mencionado, a Constituição atribuiu à União função supletiva e redistributiva em matéria educacional, bem como o interesse na universalização de um padrão mínimo de qualidade do ensino, sendo que isso seria condição suficiente para caracterizar o interesse da União nas ações penais concernentes a desvios do FUNDEF, independentemente de repasse de verba federal. Assim, conforme se destaca do Informativo 643 de 2011 também entendeu a Suprema Corte que a propositura da ação penal, no caso de desvio de recursos do FUNDEB, é atribuição do MPF (Ministério Público Federal), ainda que não haja repasse de verbas da União, sendo julgada pela Justiça Federal. Já no caso de investigação de improbidade administrativa e a eventual ação de responsabilização civil, a competência é do Ministério Público Estadual.
- Cada Estado, bem como o Distrito Federal, constituirá uma **seção judiciária** que terá por sede a respectiva Capital, e varas localizadas segundo o estabelecido em lei.
- Nos Territórios Federais, a jurisdição e as atribuições cometidas aos juízes federais caberão aos juízes da justiça local, **na forma da lei**.
- O **Tribunal Superior do Trabalho** compõe-se de 27 Ministros, escolhidos dentre brasileiros com mais de 35 e menos de 70 anos, de notável saber jurídico e reputação ilibada, nomeados pelo Presidente da República após aprovação pela maioria absoluta do Senado Federal, sendo: I. um quinto dentre advogados com mais de 10 anos de efetiva atividade profissional e membros do Ministério Público do Trabalho com mais de 10 anos de efetivo exercício; II. os demais dentre juízes dos Tribunais Regionais do Trabalho, oriundos da magistratura da carreira, indicados pelo próprio Tribunal Superior. Sendo assim, apenas um quinto das 27 vagas será ocupado por advogados ou membros do Ministério Público (aliás, vale notar que o art. 111-A é oriundo da EC 45/04 e prevê o instituto do quinto constitucional, que não existia para Justiça do Trabalho), e o restante ficará com juízes dos Tribunais Regionais do Trabalho, oriundos da magistratura da carreira, indicados pelo próprio Tribunal Superior.
- Os Ministros do Tribunal Superior do Trabalho devem ser brasileiros, **mas, não necessariamente, natos (portanto, podem também ser naturalizados)**, nomeados pelo Presidente da República, após aprovação pela maioria absoluta do **Senado Federal** (não do Congresso Nacional), consoante art. 111-A, da CF.
- A **lei disporá sobre a competência do Tribunal Superior do Trabalho**, e funcionará, junto a ele a Escola Nacional de Formação e Aperfeiçoamento de Magistrados do Trabalho, cabendo-lhe, dentre outras funções, regulamentar os cursos oficiais para o ingresso e promoção na carreira. O dispositivo tem origem na EC 45/04, que promoveu a reforma do Poder Judiciário.

- O **Conselho Superior da Justiça do Trabalho** funcionará junto ao Tribunal Superior do Trabalho (não é entidade separada e independente e também não pertence à administração pública), cabendo-lhe exercer, na forma da lei, a supervisão administrativa, orçamentária, financeira e patrimonial da Justiça do Trabalho de primeiro e segundo graus, como **órgão central do sistema, cujas decisões terão efeito vinculante.**
- Previstas na redação original do art. 112, da CF, **as Juntas de Conciliação e Julgamento não mais encontram guarida constitucional, por força da EC 45/04**. Segundo nova redação do art. 112, da CF, a lei criará varas da Justiça do Trabalho, podendo, nas comarcas não abrangidas por sua jurisdição, atribuí-la aos juízes de direito, com recurso para o respectivo Tribunal Regional do Trabalho. Portanto, não há mais menção das Juntas de Conciliação e Julgamento na estrutura da Justiça do Trabalho.
- Consoante art. 114, VI, da CF, **compete à Justiça do Trabalho** processar e julgar as ações de indenização por dano moral ou patrimonial, decorrentes da relação de trabalho. Tal regra foi incluída pela Emenda Constitucional nº 45, de 2004. Interessante notar que, logo depois da inclusão da nova regra, o STF no bojo do RE 438639, chegou a entender de modo diverso, firmando competência para a justiça do trabalho. Entretanto, logo em seguida, nos autos do Conflito de Competência 7.204-1, a Suprema Corte mudou de posição firmou a competência da justiça comum para o processo e o julgamento de ações de indenização por dano moral decorrente de acidente do trabalho propostas por empregado contra empregador, alinhando-se ao Texto Constitucional.
- **Súmula Vinculante 53:** A competência da Justiça do Trabalho prevista no art. 114, VIII, da Constituição Federal alcança a execução de ofício das contribuições previdenciárias relativas ao objeto da condenação constante das sentenças que proferir e acordos por ela homologados.
- Os **Tribunais Regionais do Trabalho compõem-se** de, **no mínimo**, sete juízes, recrutados, quando possível, na respectiva região, e nomeados pelo Presidente da República dentre brasileiros com mais de trinta e menos de setenta anos (art. 115 da CF, com redação dada pela EC 122/22).
- Os Tribunais Regionais do Trabalho instalarão a **justiça itinerante**, com a realização de audiências e demais funções de atividade jurisdicional, nos limites territoriais da respectiva jurisdição (e não além deles), servindo-se de equipamentos públicos e comunitários (art. 115, § 1º, da CF).
- Os Tribunais Regionais do Trabalho **poderão** funcionar de forma descentralizada, **constituindo Câmaras regionais**, a fim de assegurar o pleno acesso do jurisdicionado à justiça em todas as fases do processo (art. 115, § 2º, da CF).
- Conforme determina a CF em seu art. 120, § 1º, III, o TRE é composto, entre outros, por dois juízes oriundos da classe dos advogados, os quais são nomeados pelo presidente da República, após indicação do respectivo tribunal de justiça. No entanto, **esses juízes não estão impedidos de continuar a exercer a advocacia**, conforme se pronunciou o STF na ADI 1127, julgada em 2006 e relatada pelo Ministro Ricardo Lewandowski.
- **Regra do Quinto Constitucional: um quinto dos lugares dos Tribunais Regionais Federais, dos Tribunais dos Estados, e do Distrito Federal e Territórios** será composto de membros, do **Ministério Público**, com mais de dez anos de carreira, e de **advogados** de notório saber jurídico e de reputação ilibada, com mais de dez anos de efetiva atividade profissional, indicados em lista sêxtupla pelos órgãos de representação das respectivas classes.
- Tribunal de Justiça. **Se o número total de sua composição não for divisível por cinco, arredonda-se a fração restante (seja superior ou inferior à metade) para o número inteiro seguinte, a fim de alcançar-se a quantidade de vagas destinadas ao quinto constitucional** destinado ao provimento por advogados e membros do Ministério Público" (STF. AO 493, Rel. Min. Octávio Gallotti, Primeira Turma, DJ 10.11.2000, grifos nossos).
- O Advogado oriundo do Quinto Constitucional nos Tribunais de Justiça concorre como magistrado para ocupar vagas no Superior Tribunal de Justiça, **pois disputa o terço das vagas a serem ocupadas por Desembargadores dos Tribunais de Justiça**.

  Entende o STJ que: "A Ordem dos Advogados do Brasil possui autonomia para elaborar e revisar lista sêxtupla para indicação de advogados para concorrer à vaga do quinto constitucional." (STJ, AgInt na SS 3.262-SC, Rel. Presidente Min. Humberto Martins, Corte Especial, por unanimidade, julgado em 20/10/2021. Info 716).

  Os **Estados organizarão sua Justiça**, observados os princípios estabelecidos nesta Constituição.
- A **competência dos tribunais será definida na Constituição do Estado**, sendo a lei de organização judiciária de iniciativa do Tribunal de Justiça.
- O **Tribunal de Justiça poderá funcionar descentralizadamente**, constituindo Câmaras regionais, a fim de assegurar o pleno acesso do jurisdicionado à justiça em todas as fases do processo.
- O Tribunal de Justiça instalará a **justiça itinerante**, com a realização de audiências e demais funções da atividade jurisdicional, nos limites territoriais da respectiva jurisdição, servindo-se de equipamentos públicos e comunitários.
- Para dirimir **conflitos fundiários**, o Tribunal de Justiça proporá a **criação de varas especializadas**, com competência exclusiva para **questões agrárias**. Sempre que necessário à eficiente prestação jurisdicional, o juiz far-se-á presente no local do litígio.

  A decisão que denega ingresso no feito como *amicus curiae* é recorrível. STF. Plenário. ADI 3396 AgR/DF, Rel. Min. Celso de Mello, julgado em 6/8/2020 (Info 985).

"Compete aos tribunais de justiça estaduais processar e julgar os delitos comuns, não relacionados com o cargo, em tese praticados por Promotores de Justiça." STJ. Terceira seção. CC 177.100-CE, rel. Joel Ilan Paciornik, julgado em 09/09/2021, publicado em 10/09/2021. (INFO 708).

9. **Conselho Nacional de Justiça – CNJ**

CONSELHO NACIONAL DE JUSTIÇA – CNJ	
1. Natureza Jurídica	Órgão Integrante do Poder Judiciário, mas sem poder jurisdicional
2. Composição	15 membros, sendo: a) 9 do Poder Judiciário; b) 2 do Ministério Público; c) 2 advogados; d) 2 cidadãos. A Presidência do CNJ cabe ao Presidente do STF, que é um dos integrantes oriundo do Poder Judiciário.
3. Nomeação dos Membros	Pelo Presidente da República, após aprovação pela maioria absoluta do Senado Federal, salvo o Presidente e o Vice-Presidente, que não se submetem a essa exigência.
4. Mandatos dos Membros	2 anos, admitida uma recondução
5. Competência	Controle da atuação administrativa e financeira do Poder Judiciário e do cumprimento dos deveres funcionais dos juízes
6. Poderes/ Prerrogativas Especiais	a) apreciar, de ofício ou mediante provocação, a legalidade dos atos administrativos praticados por membros ou órgãos do Poder Judiciário, podendo desconstituí-los, revê-los ou fixar prazo para que se adotem as providências necessárias ao exato cumprimento da lei; b) receber e conhecer das reclamações contra membros ou órgãos do Poder Judiciário. c) avocar processos disciplinares em curso e determinar a remoção ou a disponibilidade e aplicar outras sanções administrativas, assegurada ampla defesa d) rever, de ofício ou mediante provocação, os processos disciplinares de juízes e membros de tribunais julgados há menos de um ano (portanto, não pode ser a qualquer tempo)
7. Controle Externo	Os atos do CNJ sujeitam-se ao controle do Supremo Tribunal Federal (art. 102, I, "r", da CF).

- O CNJ, órgão integrante do Poder Judiciário (art. 92, I-A, da CF), não pode julgar magistrados por crime de abuso de autoridade, pois sua **competência é administrativa e financeira**, não judicial.
- **Compete ao CNJ o controle da atuação administrativa e financeira do Poder Judiciário e do cumprimento dos deveres funcionais dos juízes**, cabendo-lhe, além de outras atribuições que lhe forem conferidas pelo Estatuto da Magistratura, zelar pela observância do art. 37 (que contém os princípios da administração) e apreciar, de ofício ou mediante provocação, a legalidade dos atos administrativos praticados por membros ou órgãos do Poder Judiciário, podendo desconstituí-los, revê-los ou fixar prazo para que se adotem as providências necessárias ao exato cumprimento da lei, sem prejuízo da competência do Tribunal de Contas da União.
- "Ação direta. EC 45/2004. Poder Judiciário. CNJ. Instituição e disciplina. Natureza meramente administrativa. Órgão interno de controle administrativo, financeiro e disciplinar da magistratura. **Constitucionalidade reconhecida**. Separação e independência dos Poderes. História, significado e alcance concreto do princípio. Ofensa a cláusula constitucional imutável (cláusula pétrea). Inexistência. Subsistência do núcleo político do princípio, mediante preservação da função jurisdicional, típica do Judiciário, e das condições materiais do seu exercício imparcial e independente. Precedentes e Súmula 649. Inaplicabilidade ao caso. Interpretação dos arts. 2º e 60, § 4º, III, da CF. Ação julgada improcedente. Votos vencidos. **São constitucionais as normas que, introduzidas pela EC 45, de 8-12-2004, instituem e disciplinam o CNJ**, como órgão administrativo do Poder Judiciário nacional. Poder Judiciário. Caráter nacional. Regime orgânico unitário. Controle administrativo, financeiro e disciplinar. Órgão interno ou externo. Conselho de Justiça. Criação por Estado-membro. Inadmissibilidade. Falta de competência constitucional. Os Estados membros carecem de competência constitucional para instituir, como órgão interno ou externo do Judiciário, conselho destinado ao controle da atividade administrativa, financeira ou disciplinar da respectiva Justiça. Poder Judiciário. CNJ. Órgão de natureza exclusivamente administrativa. Atribuições de controle da atividade administrativa, financeira e disciplinar da magistratura. Competência relativa apenas aos órgãos e juízes situados, hierarquicamente, abaixo do STF. Preeminência deste, como órgão máximo do Poder Judiciário, sobre o Conselho, cujos atos e decisões estão sujeitos a seu controle jurisdicional. Inteligência dos arts. 102, caput, I, letra r, e 103-B, § 4º, da CF. O CNJ não tem nenhuma competência sobre o STF e seus ministros, sendo esse o órgão máximo do Poder Judiciário nacional, a que aquele está sujeito." (ADI 3.367, Rel. Min. Cezar Peluso, julgamento em 13-4-2005, Plenário, DJ de 22-9-2006.)
- "As provas obtidas em razão de diligências deflagradas na esfera criminal podem ser utilizadas em processo administrativo disciplinar, uma vez submetidas ao contraditório, posto estratégia conducente à duração razoável do processo, sem conjuração

das cláusulas pétreas dos processos administrativo e judicial. A instauração de um Processo Administrativo Disciplinar (PAD) prescinde de prévia sindicância, quando o objeto da apuração encontra-se elucidado à luz de outros elementos lícitos de convicção. A competência originária do CNJ resulta do texto constitucional e independe de motivação do referido órgão, bem como da satisfação de requisitos específicos. **A competência do CNJ não se revela subsidiária.** Ressalva do redator do acórdão no sentido de que o STF, por força do princípio da unidade da Constituição e como guardião da Carta Federal, não pode desconsiderar a autoridade do CNJ e a autonomia dos tribunais, por isso que a conciliação possível, tendo em vista a atividade correcional de ambas as instituições, resulta na competência originária do órgão, que pode ser exercida de acordo com os seguintes termos e parâmetros apresentados de forma exemplificativa: a) comprovação da inércia do tribunal local quanto ao exercício de sua competência disciplinar. Nesse contexto, o CNJ pode fixar prazo não inferior ao legalmente previsto de 140 dias [60 dias (art. 152 da Lei 8.112) + 60 dias (art. 152 da Lei 8.112, que admite prorrogação de prazo para a conclusão do PAD) + 20 dias (prazo para o administrador competente decidir o PAD, ex vi do art. 167 da Lei 8.112)] para que as corregedorias locais apurem fatos que cheguem ao conhecimento do órgão, avocando os feitos em caso de descumprimento imotivado do lapso temporal; sem prejuízo da apuração de responsabilidade do órgão correcional local; b) demora irrazoável na condução, pelo tribunal local, de processo administrativo com risco de prescrição; c) falta de quórum para deliberação, por suspeição, impedimentos ou vagas de magistrados do tribunal; d) simulação quanto ao exercício da competência correicional pelo Poder Judiciário local; e) prova da incapacidade de atuação dos órgãos locais por falta de condições de independência, hipóteses nas quais é lícita a inauguração de procedimento pelo referido Conselho ou a avocação do processo; f) a iminência de prescrição de punições aplicáveis pelas corregedorias no âmbito de suas atribuições autoriza o CNJ a iniciar ou avocar processos; g) qualquer situação genérica avaliada motivadamente pelo CNJ que indique a impossibilidade de apuração dos fatos pelas corregedorias autoriza a imediata avocação dos processos pelo CNJ; h) arquivado qualquer procedimento, disciplinar ou não, da competência das corregedorias, é lícito ao CNJ desarquivá-los e prosseguir na apuração dos fatos; i) havendo conflito de interesses nos tribunais que alcancem dimensão que torne o órgão colegiado local impossibilitado de decidir, conforme avaliação motivada do próprio CNJ, poderá o mesmo avocar ou processar originariamente o feito; j) os procedimentos disciplinares iniciados nas corregedorias e nos tribunais locais deverão ser comunicados ao CNJ dentro do prazo razoável de trinta dias para acompanhamento e avaliação acerca da avocação prevista nas alíneas antecedentes; k) as regras acima não se aplicam aos processos já iniciados, aos em curso e aos extintos no CNJ na data deste julgamento; l) as decisões judiciais pretéritas não são alcançadas pelos parâmetros acima. O instituto da translatio judicii, que realça com clareza solar o princípio da instrumentalidade do processo, viabiliza o aproveitamento dos atos processuais praticados no âmbito do CNJ pelo órgão correicional local competente para decidir a matéria. Denegação da segurança, mantendo-se a decisão do CNJ com o aproveitamento de todas as provas já produzidas." (MS 28.003, julgado em 2012 e relatado para o acórdão pelo Ministro Luiz Fux).

- De acordo com o entendimento da Suprema Corte, **a competência estabelecida no artigo 102, I, *r*, da CF, de processar e julgar as ações contra o Conselho Nacional de Justiça, restringe-se às ações constitucionais**, quais sejam, mandado de segurança, mandado de injunção, habeas corpus e habeas data. Desse modo, segundo dispõe o próprio Pretório: "**A competência desta Corte para conhecer e julgar ações que questionam atos do Conselho Nacional de Justiça – CNJ e do Conselho Nacional do Ministério Público – CNMP se limita às ações tipicamente constitucionais: mandados de segurança, mandados de injunção, habeas corpus e habeas data**" (STF. Pet 4794 ED, julgado em 2015 e relatado pelo Ministro Luiz Fux).
- Nos termos do art. 102, I, "r", da Constituição Federal, é competência exclusiva do STF processar e julgar, originariamente, todas as ações ajuizadas contra decisões do Conselho CNJ e do CNMP proferidas no exercício de suas competências constitucionais, respectivamente, previstas nos arts. 103-B, § 4º, e 130-A, § 2º, da CF/88. STF. Plenário. Pet 4770 AgR/DF, Rel. Min. Roberto Barroso, julgado em 18/11/2020 (Info 1000). STF. Plenário. Rcl 33459 AgR/PE, red. p/ o ac. Min. Gilmar Mendes, julgado em 18/11/2020 (Info 1000). STF. Plenário. ADI 4412/DF, Rel. Min. Gilmar Mendes, julgado em 18/11/2020 (Info 1000).

10. Precedentes e Súmula Vinculante

- **Precedente Constitucional** é uma decisão anterior sobre matéria constitucional que pode ser invocada para a resolução de um caso presente ou futuro.
- Os precedentes constitucionais são comumente utilizados no **sistema do *common law*, da tradição anglo-saxônica**, que atribui importância destacada aos costumes e às decisões judiciais, justificando a existência do princípio do ***stare decisis*** ("já está decidido").
- No Brasil os precedentes constitucionais têm sido muito aplicados nas decisões proferidas em sede de **controle de constitucionalidade**, notadamente por conta do **efeito vinculante**. Mas, o instituto que traduz com perfeição a ideia dos precedentes constitucionais é a **súmula vinculante** que, atendidos os pressupostos constitucionais e legais, estabelece a **síntese de um precedente abstrato, de uma jurisprudência prevalente, com força vinculante**.
- Somente o **STF** pode editar Súmula Vinculante.
- O Supremo Tribunal Federal poderá, de ofício ou por provocação, mediante decisão de **dois terços** (e não

da maioria absoluta) de seus membros, **após reiteradas decisões sobre matéria constitucional**, aprovar súmula que, a partir de sua publicação na imprensa oficial, terá **efeito vinculante** em relação aos demais órgãos do Poder Judiciário e à administração pública direta e indireta, nas esferas federal, estadual e municipal, bem como proceder à sua revisão ou cancelamento, na forma estabelecida em lei.

- **A súmula vinculante terá por objetivo** a validade, a interpretação e a eficácia de normas determinadas, acerca das quais haja controvérsia atual entre órgãos judiciários ou entre esses e a administração pública que acarrete **grave insegurança jurídica** e **relevante multiplicação de processos** sobre questão idêntica.
- **A edição, a revisão ou o cancelamento de enunciado de súmula vinculante podem ser provocados** pelos legitimados para a propositura da ação direta de inconstitucionalidade, e também pelo Defensor Público-Geral da União, os Tribunais Superiores, os Tribunais de Justiça de Estados ou do Distrito Federal e Territórios, os Tribunais Regionais Federais, os Tribunais Regionais do Trabalho, os Tribunais Regionais Eleitorais e os Tribunais Militares, nos termos do art. 3º da Lei 11.417/06, que regulamenta o art. 103-A da Constituição Federal, disciplinando a edição, a revisão e o cancelamento de enunciado de súmula vinculante pelo Supremo Tribunal Federal.
- Atenção! O **Município** poderá propor, **incidentalmente ao curso de processo em que seja parte**, a edição, a revisão ou o cancelamento de enunciado de súmula vinculante, o que não autoriza a suspensão do processo.
- Conforme art. 103-A, da CF, o quórum para a decisão da aprovação da Súmula será de **dois terços de seus membros,** e não da maioria simples dos Ministros presentes.
- Do ato administrativo ou decisão judicial que contrariar a súmula aplicável ou que indevidamente a aplicar, caberá **reclamação** ao Supremo Tribunal Federal que, julgando-a procedente, anulará o ato administrativo ou cassará a decisão judicial reclamada, e determinará que outra seja proferida com ou sem a aplicação da súmula, conforme o caso.
- **É plenamente cabível** revisão ou cancelamento da Súmula Vinculante mesmo após sua edição, por força do que dispõe o Art. 103-A, da CF.
- Consoante art. 7º, § 1º, da Lei 11.417/06, contra omissão ou ato da administração pública, o uso da reclamação só será admitido **após esgotamento das vias administrativas**.
- "**Inexiste ofensa à autoridade de Súmula Vinculante quando o ato de que se reclama é anterior à decisão emanada da Corte Suprema**" (Rcl 6449 AgR, rel. min. Eros Grau, julgado em 25/11/2009) e "Alegação de descumprimento da súmula vinculante nº 4 do Supremo Tribunal Federal. Decisão reclamada anterior à edição dessa súmula: inadmissibilidade da reclamação. Precedentes" (Rcl 8111 AgR, rel. min. Cármen Lúcia, julgado em 02/03/2011).

FUNÇÕES ESSENCIAIS À JUSTIÇA

- **CF, artigos 127 a 135.**

1. Ministério Público

- O **Ministério Público** é instituição permanente, essencial à função jurisdicional do Estado, incumbindo-lhe a **defesa da ordem jurídica, do regime democrático** e **dos interesses sociais e individuais indisponíveis**.
- São **princípios institucionais** do Ministério Público: a **unidade**, a **indivisibilidade** e a **independência funcional**.
- São **funções institucionais** do Ministério Público:

a) promover, privativamente, a ação penal pública, na forma da lei;

b) zelar pelo efetivo respeito dos Poderes Públicos e dos serviços de relevância pública aos direitos assegurados nesta Constituição, promovendo as medidas necessárias a sua garantia;

c) promover o inquérito civil e a ação civil pública, para a proteção do patrimônio público e social, do meio ambiente e de outros interesses difusos e coletivos;

d) promover a ação de inconstitucionalidade ou representação para fins de intervenção da União e dos Estados, nos casos previstos nesta Constituição;

e) defender judicialmente os direitos e interesses das populações indígenas;

f) expedir notificações nos procedimentos administrativos de sua competência, requisitando informações e documentos para instruí-los, na forma da lei complementar respectiva;

g) exercer o controle externo da atividade policial, na forma da lei complementar mencionada no artigo anterior;

h) requisitar diligências investigatórias e a instauração de inquérito policial, indicados os fundamentos jurídicos de suas manifestações processuais;

i) exercer outras funções que lhe forem conferidas, desde que compatíveis com sua finalidade, sendo-lhe vedada a representação judicial e a consultoria jurídica de entidades públicas.

- Ao Ministério Público é assegurada **autonomia funcional e administrativa**, podendo propor ao Poder Legislativo a criação e extinção de seus cargos e serviços auxiliares, provendo-os por concurso público de provas ou de provas e títulos, a política remuneratória e os planos de carreira.
- O Ministério Público elaborará sua **proposta orçamentária** dentro dos limites estabelecidos na lei de diretrizes orçamentárias. Se o Ministério Público **não encaminhar a respectiva proposta** orçamentária dentro do prazo estabelecido na lei de diretrizes orçamentárias, o Poder Executivo **considerará, para fins de consolidação da proposta orçamentária anual, os valores aprovados na lei orçamentária vigente**.

- **Princípio ou Postulado do Promotor Natural**: de acordo com o STF, "O postulado do promotor natural, que se revela **imanente** ao sistema constitucional brasileiro, repele, a partir da vedação de designações casuísticas efetuadas pela chefia da instituição, a figura do acusador de exceção. Esse princípio consagra uma garantia de ordem jurídica, destinada tanto a proteger o membro do Ministério Público, na medida em que lhe assegura o exercício pleno e independente do seu ofício, quanto a tutelar a própria coletividade, a quem se reconhece o direito de ver atuando, em quaisquer causas, apenas o promotor cuja intervenção se justifique a partir de critérios abstratos e predeterminados, estabelecidos em lei. **A matriz constitucional desse princípio assenta-se nas cláusulas da independência funcional e da inamovibilidade dos membros da instituição**. O postulado do promotor natural limita, por isso mesmo, o poder do procurador-geral que, embora expressão visível da unidade institucional, não deve exercer a chefia do Ministério Público de modo hegemônico e incontrastável. Posição dos Min. Celso de Mello (relator), Sepúlveda Pertence, Marco Aurélio e Carlos Velloso. Divergência, apenas, quanto a aplicabilidade imediata do princípio do promotor natural: necessidade da interpositio legislatoris para efeito de atuação do princípio (Min. Celso de Mello); incidência do postulado, independentemente de intermediação legislativa (Min. Sepúlveda Pertence, Marco Aurélio e Carlos Velloso)." (HC 67.759, Rel. Min. Celso de Mello, julgamento em 6-8-1992, Plenário, DJ de 1º-7-1993.). Portanto, trata-se de **princípio implícito.**
- O **Princípio do Promotor Natural não é violado pela designação de Promotor de Justiça Substituto para prestar auxílio ao titular da Comarca**, ainda que ambos subscrevam a denúncia. A subscrição da denúncia pelo Promotor da Comarca e por Promotores auxiliares não a torna à margem do Direito. Nesse sentido o RHC 93.247, julgado em 2008 e relatado pelo Ministro Marco Aurélio.
- São **garantias dos membros do Ministério Público:**

a) **vitaliciedade**, após dois anos de exercício, não podendo perder o cargo senão por sentença judicial transitada em julgado;

b) **inamovibilidade**, salvo por motivo de interesse público, mediante decisão do órgão colegiado competente do Ministério Público, pelo voto da maioria absoluta de seus membros, assegurada ampla defesa

c) **irredutibilidade de subsídio**.

- **Vedações aos Membros do Ministério Público**:

a) receber, a qualquer título e sob qualquer pretexto, honorários, percentagens ou custas processuais;

b) exercer a advocacia;

c) participar de sociedade comercial, na forma da lei;

d) exercer, ainda que em disponibilidade, qualquer outra função pública, salvo uma de magistério;

e) exercer atividade político-partidária;

f) receber, a qualquer título ou pretexto, auxílios ou contribuições de pessoas físicas, entidades públicas ou privadas, ressalvadas as exceções previstas em lei.

g) exercer, ainda que em disponibilidade, outro cargo ou função, salvo uma de magistério;

h) receber, a qualquer título ou pretexto, custas ou participação em processo;

i) dedicar-se à atividade político-partidária.

j) receber, a qualquer título ou pretexto, auxílios ou contribuições de pessoas físicas, entidades públicas ou privadas, ressalvadas as exceções previstas em lei;

Atenção! O STF entende que: "A prerrogativa atribuída aos membros do Ministério Público de situar-se no mesmo plano e imediatamente à direita dos magistrados nas audiências e sessões de julgamento (Lei Complementar 75/1993, art. 18, I, "a"; e Lei 8.625/1993, art. 41, XI) não fere os princípios da isonomia, do devido processo legal, da ampla defesa e do contraditório (CF/1988, art. 5º, I, LIV e LV) nem compromete a necessária paridade de armas que deve existir entre a defesa e a acusação." (STF, Informativo 1077, ADI 4768/DF, relatora Ministra Cármen Lúcia, julgamento finalizado em 23.11.2022.).

Para o STF: "É inconstitucional, por configurar ofensa à liberdade de locomoção, a exigência de prévia comunicação ou autorização para que os membros do Ministério Público possam se ausentar da comarca ou do estado onde exercem suas atribuições." (STF, ADI 6845/AC, rel. min. Carmen Lucia, julgamento 22/10/2021, info 1035).

Para o STJ: "É ilegal a requisição, sem autorização judicial, de dados fiscais pelo Ministério Público." (RHC 82.233-MG, rel. min. Sebastião Reis Júnior, julg. 09/02/2022, info724-STJ).

Para o STF: "É inconstitucional lei estadual que prevê movimentação funcional entre membros do Ministério Público, mediante procedimentos e critérios diversos dos estabelecidos pelo modelo federal" (STF. Info. Nº 1063. ADI 6328/GO, relator Min. Alexandre de Moraes, julgamento virtual finalizado em 15.8.2022).

- Segundo entendimento do STF, **membro do MP pode exercer cargo ou função pública em órgão externo à organização do MP**, desde que tenha ingressado na instituição **antes** da promulgação da CF/88. Ressalte-se que a alternativa não citou acumulação de funções, mas sim fez referência ao exercício de cargo ou função em órgão diverso da organização do MP, questão já decidida pelo Supremo no MS 26.595, julgado em 2010 e relatado pela Ministra Cármen Lúcia.
- O Ministério Público **abrange**:

I – o Ministério Público da União, que compreende:

a) o Ministério Público Federal;

b) o Ministério Público do Trabalho;

c) o Ministério Público Militar;

d) o Ministério Público do Distrito Federal e Territórios;

II – os Ministérios Públicos dos Estados.

- O Ministério Público da União **tem por chefe o Procurador-Geral da República – PGR**, nomeado pelo Presidente da República dentre integrantes da carreira, maiores de trinta e cinco anos, após a aprovação de seu nome pela maioria absoluta dos membros do Senado Federal, para mandato de dois anos, permitida a recondução.

  "Tratando-se de divergência interna entre órgãos do Ministério Público, instituição que a Carta da República subordina aos princípios institucionais da unidade e da indivisibilidade (CF, art. 127, § 1º), cumpre ao próprio Ministério Público identificar e afirmar as atribuições investigativas de cada um dos seus órgãos em face do caso concreto, devendo prevalecer, à luz do princípio federativo, a manifestação do procurador-geral da República." [Pet 4.863, rel. min. Marco Aurélio, j. 19-5-2016, P, DJE de 16-5-2017.]

- **Procurador-Geral de Justiça:** "A escolha do PGR deve ser aprovada pelo Senado (CF, art. 128, § 1º). A nomeação do procurador-geral de Justiça dos Estados não está sujeita à aprovação da Assembleia Legislativa. Compete ao governador nomeá-lo dentre lista tríplice composta de integrantes da carreira (CF, art. 128, § 3º). Não aplicação do princípio da simetria." (ADI 452, Rel. Min. Maurício Corrêa, Plenário, DJ de 31-10-2002.)

- É constitucional lei orgânica estadual do Ministério Público quanto à previsão que atribui competência privativa ao Procurador-Geral de Justiça para interposição de recursos ao STF e STJ, pois o rol de atribuição dos Procuradores-Gerais de Justiça, previsto na Lei Orgânica Nacional do Ministério Público, não é exaustivo, podendo ser ampliado pelas leis orgânicas dos Ministérios Públicos Estaduais. STF. Plenário. ADI 5505, Rel. Luiz Fux, julgado em 15/04/2020.

- "O Ministério Público possui legitimidade para promover a tutela coletiva de direitos individuais homogêneos, mesmo que de natureza disponível, desde que o interesse jurídico tutelado possua relevante natureza social." STJ. Quarta Turma. REsp 1.585.794-MG, Rel. Min. Antonio Carlos Ferreira, julgamento: 28/09/2021. Publicação: 11/10/2021. (INFO 712).

MINISTÉRIO PÚBLICO	
1. Incumbências/Missão	a) Defesa da Ordem Jurídica b) Defesa do Regime Democrático c) Defesa dos interesses sociais e individuais indisponíveis
2. Princípios Institucionais	a) Unidade b) Indivisibilidade c) Independência Funcional
3. Funções Institucionais	a) promover, privativamente, a ação penal pública, na forma da lei; b) zelar pelo efetivo respeito dos Poderes Públicos e dos serviços de relevância pública aos direitos assegurados nesta Constituição, promovendo as medidas necessárias a sua garantia; c) promover o inquérito civil e a ação civil pública, para a proteção do patrimônio público e social, do meio ambiente e de outros interesses difusos e coletivos; d) promover a ação de inconstitucionalidade ou representação para fins de intervenção da União e dos Estados, nos casos previstos nesta Constituição; e) defender judicialmente os direitos e interesses das populações indígenas;
3. Funções Institucionais	f) expedir notificações nos procedimentos administrativos de sua competência, requisitando informações e documentos para instruí-los, na forma da lei complementar respectiva; g) exercer o controle externo da atividade policial, na forma da lei complementar mencionada no artigo anterior; h) requisitar diligências investigatórias e a instauração de inquérito policial, indicados os fundamentos jurídicos de suas manifestações processuais; I) exercer outras funções que lhe forem conferidas, desde que compatíveis com sua finalidade, sendo-lhe vedada a representação judicial e a consultoria jurídica de entidades públicas.
4. Garantias dos Membros	a) vitaliciedade, após dois anos de exercício, não podendo perder o cargo senão por sentença judicial transitada em julgado; b) inamovibilidade, salvo por motivo de interesse público, mediante decisão do órgão colegiado competente do Ministério Público, pelo voto da maioria absoluta de seus membros, assegurada ampla defesa c) irredutibilidade de subsídio.

MINISTÉRIO PÚBLICO	
5. Vedações aos Membros	a) receber, a qualquer título e sob qualquer pretexto, honorários, percentagens ou custas processuais; b) exercer a advocacia; c) participar de sociedade comercial, na forma da lei; d) exercer, ainda que em disponibilidade, qualquer outra função pública, salvo uma de magistério; e) exercer atividade político-partidária f) receber, a qualquer título ou pretexto, auxílios ou contribuições de pessoas físicas, entidades públicas ou privadas, ressalvadas as exceções previstas em lei. g) exercer a advocacia no juízo ou tribunal do qual se afastou, antes de decorridos três anos do afastamento do cargo por aposentadoria ou exoneração.
5. Vedações aos Membros	**ATENÇÃO!** Segundo entendimento do STF, membro do MP pode exercer cargo ou função pública em órgão externo à organização do MP, desde que tenha ingressado na instituição antes da promulgação da CF/88.
6. Composição	**6.1. Ministério Público da União** a) Ministério Público Federal; b) Ministério Público do Trabalho; c) Ministério Público Militar; d) Ministério Público do Distrito Federal e Territórios; 6.2. Ministérios Públicos dos Estados
7. Chefia	**7.1. Ministério Público da União** – Procurador Geral da República, nomeado pelo Presidente da República dentre integrantes da carreira, maiores de 35 anos, após a aprovação de seu nome pela maioria absoluta dos membros do Senado Federal, para mandato de 2 anos, permitida a recondução. **7.2. Ministérios Públicos dos Estados e do Distrito Federal e Territórios** – Procuradores Gerais dos Estados e do Distrito Federal e Territórios, serão nomeados pelo Chefe do Poder Executivo, a partir de lista tríplice formada por integrantes da carreira, na forma da lei respectiva, mandato de 2 anos, permitida uma recondução.

- Segundo posicionamento do STF, **as atribuições do Ministério Público não estão sujeitas à reserva de lei complementar**: IV. Atribuições do Ministério Público: matéria não sujeita à reserva absoluta de lei complementar: improcedência da alegação de inconstitucionalidade formal do art. 66, caput e § 1º, do Código Civil (L. 10.406, de 10.1.2002). 1. O art. 128, § 5º, da Constituição, não substantiva reserva absoluta à lei complementar para conferir atribuições ao Ministério Público ou a cada um dos seus ramos, na União ou nos Estados-membros. 2. A tese restritiva é elidida pelo art. 129 da Constituição, que, depois de enumerar uma série de "funções institucionais do Ministério Público", admite que a elas se acresçam a de "exercer outras funções que lhe forem conferidas, desde que compatíveis com sua finalidade, sendo-lhe vedada a representação judicial e a consultoria jurídica de entidades públicas". 3. **Trata-se, como acentua a doutrina, de uma "norma de encerramento", que, à falta de reclamo explícito de legislação complementar, admite que leis ordinárias – qual acontece, de há muito, com as de cunho processual – possam aditar novas funções às diretamente outorgadas ao Ministério Público pela Constituição, desde que compatíveis com as finalidades da instituição e às vedações de que nelas se incluam "a representação judicial e a consultoria jurídica das entidades públicas"** (STF. ADI 2794, julgada em 2006 e relatada pelo Ministro Sepúlveda Pertence).

  "Os Ministérios Públicos dos Estados e do Distrito Federal têm legitimidade para propor e atuar em recursos e meios de impugnação de decisões judiciais em trâmite no STF e no STJ, oriundos de processos de sua atribuição, sem prejuízo da atuação do MPF." [RE 985.392 RG, rel. min. Gilmar Mendes, j. 26-5-2017, P, DJE de 10-11-2017, Tema 946.]

- De acordo com o STJ: "O Ministério Público Federal possui legitimidade para propor **ação civil pública a fim de debater a cobrança de encargos bancários supostamente abusivos praticados por instituições financeiras privadas**." (REsp 1.573.723-RS, Rel. Min. Ricardo Villas Bôas Cueva, Terceira Turma, por maioria, julgado em 10/12/2019, DJe 13/12/2019). No entanto, entendeu que: "O Ministério Público não tem legitimidade ativa para ajuizar ação civil pública objetivando a restituição de valores indevidamente recolhidos a título de empréstimo compulsório sobre aquisição de automóveis de passeio e utilitários." (STJ, Info 731, REsp 1.709.093-ES, rel. min. Benedito Gonçalves, julg. 29/03/2022).

- Quanto a outros legitimados para a propositura da Ação Civil Pública, entende que: "A legitimidade ativa na ação civil pública das pessoas jurídicas da administração pública indireta depende da pertinência temática entre suas finalidades institucionais e o interesse tutelado." (STJ, Info 731, REsp 1.978.138-SP, rel. min. Antonio Carlos Ferreira, julg. 22/03/2022).

- A **destituição do Procurador-Geral da República**, por iniciativa do Presidente da República, deverá ser precedida de autorização da maioria absoluta do Senado Federal.
- **Os Procuradores-Gerais nos Estados e no Distrito Federal e Territórios poderão ser destituídos** por deliberação da maioria absoluta do Poder Legislativo, na forma da lei complementar respectiva.
- O **ingresso na carreira do Ministério Público** far-se-á mediante concurso público de provas e títulos, assegurada a participação da Ordem dos Advogados do Brasil em sua realização, exigindo-se do bacharel em direito, no mínimo, 3 anos de atividade jurídica e observando-se, nas nomeações, a ordem de classificação.
- As funções do Ministério Público só podem ser exercidas por integrantes da carreira, que **deverão residir na comarca da respectiva lotação, salvo autorização do chefe da instituição**.

Foro por Prerrogativa de Função dos Membros do MP		
1. Membros do Ministério Público DOS ESTADOS que:		
- Oficiarem no 1° grau de jurisdição	→	respondem perante o TJ do Estado.
- Oficiarem no 2° grau de jurisdição	→	respondem perante o TJ do Estado.
2. Membros do Ministério Público DA UNIÃO (MPF/MPT/MPM/MPDFT) que:		
- Oficiarem no 1° grau de jurisdição	→	respondem perante o TRF.
- Oficiarem no 2° grau de jurisdição	→	respondem perante o STJ.

- Para julgamento do Procurador-Geral da República, a competência será do STF, nos crimes comuns, e do Senado Federal, nos crimes de responsabilidade. Quanto aos Procuradores-Gerais de Justiça, o STF se manifestou no sentido de que **cabe à Constituição de cada Estado-membro** estabelecer a competência dos seus tribunais, com base no art. 125, § 1º, da CF, inclusive para fixar a competência do Tribunal de Justiça para processar e julgar, originariamente, nos crimes comuns ou de responsabilidade, o PGJ (ADI 541, julgada em 2007 e relatada pelo Ministro Carlos Velloso).
- A **distribuição de processos** no Ministério Público será imediata.
- O Ministério Público **está legitimado** a ingressar com ação civil pública para proteger direitos individuais homogêneos. Na jurisprudência do STF: "Concurso. Isenção de taxa de inscrição de candidatos carentes. Ação civil pública. Legitimidade ativa *ad causam* do MPF. (...) A legitimação do Ministério Público para o ajuizamento de ação civil pública, não se restringe à defesa dos direitos difusos e coletivos, mas também abarca a defesa dos direitos individuais homogêneos, máxime quando presente o interesse social." (AI 737.104-AgR, julgado em 2011 e relatado pelo Ministro Luiz Fux).

  "(...) o Ministério Público tem legitimidade para a propositura de ação civil pública em defesa de direitos sociais relacionados ao FGTS." [RE 643.978, rel. min. Alexandre de Moraes, j. 9-10-2019, P, DJE de 25-10-2019, Tema 850.]
- Há decisão do STF no sentido de que "A Constituição do Brasil, em seu art. 127, confere expressamente ao Ministério Público poderes para agir em **defesa de interesses sociais e individuais indisponíveis**, como no caso de garantir o fornecimento de medicamentos a hipossuficiente. Não há que se falar em usurpação de competência da defensoria pública [...]". (RE 497858, julgado em 2010 e relatado pelo Ministro Joaquim Barbosa).
- Segundo o STF, "[...] as **garantias constitucionais da ampla defesa e do contraditório não são aplicáveis na fase do inquérito civil**, que tem de natureza administrativa, de caráter pré-processual, e somente se destina à colheita de informações para propositura da ação civil pública." (RE 481.955-AgR, julgado em 2011 e relatado pela Ministra Cármen Lúcia).
- **O Conselho Nacional do Ministério Público (CNMP)** compõe-se de **14 membros nomeados pelo Presidente da República,** depois de aprovada a escolha pela maioria absoluta do Senado Federal, para um **mandato de 2 anos, admitida uma recondução**, sendo:

I. o Procurador-Geral da República, que o preside;

II. quatro membros do Ministério Público da União, assegurada a representação de cada uma de suas carreiras;

III. três membros do Ministério Público dos Estados;

IV. dois juízes, indicados um pelo Supremo Tribunal Federal e outro pelo Superior Tribunal de Justiça;

V. dois advogados, indicados pelo Conselho Federal da Ordem dos Advogados do Brasil;

VI. dois cidadãos de notável saber jurídico e reputação ilibada, indicados um pela Câmara dos Deputados e outro pelo Senado Federal.

- Os membros do Conselho oriundos do Ministério Público serão **indicados pelos respectivos Ministérios Públicos**, na forma da lei.
- Compete ao Conselho Nacional do Ministério Público o **controle da atuação administrativa e financeira do Ministério Público e do cumprimento dos deveres funcionais de seus membros**, cabendo-lhe:

I. zelar pela autonomia funcional e administrativa do Ministério Público, podendo expedir atos regulamentares, no âmbito de sua competência, ou recomendar providências;

II. zelar pela observância do art. 37 e apreciar, de ofício ou mediante provocação, a legalidade dos atos administrativos praticados por membros ou órgãos do Ministério Público da União e dos Estados, podendo desconstituí-los, revê-los ou fixar prazo para que se adotem as providências necessárias ao exato cumprimento da lei, sem prejuízo da competência dos Tribunais de Contas;

III. receber e conhecer das reclamações contra membros ou órgãos do Ministério Público da União ou dos Estados, inclusive contra seus serviços auxiliares, sem prejuízo da competência disciplinar e correicional da instituição, podendo avocar processos disciplinares em curso, determinar a remoção ou a disponibilidade , e aplicar outras sanções administrativas, assegurada ampla defesa;

IV. rever, de ofício ou mediante provocação, os processos disciplinares de membros do Ministério Público da União ou dos Estados julgados há menos de um ano;

V. elaborar relatório anual, propondo as providências que julgar necessárias sobre a situação do Ministério Público no País e as atividades do Conselho, o qual deve integrar a mensagem prevista no art. 84, XI.

- O Conselho escolherá, em votação secreta, um **Corregedor nacional**, dentre os membros do Ministério Público que o integram, vedada a recondução, competindo-lhe, além das atribuições que lhe forem conferidas pela lei, as seguintes:

I. receber reclamações e denúncias, de qualquer interessado, relativas aos membros do Ministério Público e dos seus serviços auxiliares;

II. exercer funções executivas do Conselho, de inspeção e correição geral;

III. requisitar e designar membros do Ministério Público, delegando-lhes atribuições, e requisitar servidores de órgãos do Ministério Público.

- **O Presidente do Conselho Federal da Ordem dos Advogados do Brasil oficiará junto ao Conselho**.
- **Leis da União e dos Estados criarão ouvidorias do Ministério Público**, competentes para receber reclamações e denúncias de qualquer interessado contra membros ou órgãos do Ministério Público, inclusive contra seus serviços auxiliares, representando diretamente ao Conselho Nacional do Ministério Público.

É competente o Conselho Nacional do Ministério Público para resolver conflitos de atribuições entre membros de Ministérios Públicos Estaduais e Ministério Público Federal. STF. Plenário. ACO 843/SP, Rel. para acórdão Min. Alexandre de Moraes, julgado em 05/06/2020.

É inconstitucional norma de Constituição Estadual que obrigue a participação de membro do Ministério Público nas comissões ou bancas de concursos públicos de cargos externos à instituição. STF. Plenário. ADI 3841, Rel. Gilmar Mendes, julgado em 16/06/2020 (Info 985 – clipping).

Ministério Público e Tribunais de Contas

"O Ministério Público junto ao Tribunal de Contas encontra-se estritamente vinculado à estrutura da Corte de Contas e não detém autonomia jurídica e iniciativa legislativa para as leis que definem sua estrutura organizacional. Por integrar a organização administrativa do Tribunal de Contas, a Constituição Federal (CF) não concedeu ao órgão Ministério Público especial as garantias institucionais de autonomia administrativa e orçamentária, nem a iniciativa legislativa para as regras concernentes à criação e à extinção de seus cargos e serviços auxiliares, à política remuneratória de seus membros, aos seus planos de carreira e, especialmente, à sua organização e ao seu funcionamento." (STF, ADI 3804/AL, relator Min. Dias Toffoli, julgamento virtual finalizado em 3.12.2021, Informativo 1040)

Ministério Público Especial

"É inconstitucional a exigência de lei complementar para regular a organização do Ministério Público especial. O domínio normativo da lei complementar somente é exigido para determinadas matérias que a CF, expressamente, determina. Desse modo, a lei complementar não é instrumento normativo adequado para a fixação de regras concernentes à organização do Ministério Público especial junto ao Tribunal de Contas da União. **A Constituição não autoriza a equiparação de "vencimentos" e "vantagens" entre membros do Ministério Público especial e membros do Ministério Público comum**. As únicas prescrições do Ministério Público comum aplicáveis ao Parquet que atua junto ao Tribunal de Contas são aquelas que concernem, estritamente, aos direitos (art. 128, § 5º, I, da CF), às vedações (art. 128, § 5º, II, da CF) e à forma de investidura na carreira (art. 129, §§ 3º e 4º, da CF). Ademais, a equiparação automática de vencimentos e vantagens dos membros do Ministério Público comum aos membros do Parquet especial implica vinculação de vencimentos, o que é vedado pelo artigo 37, XIII, da CF." (STF, ADI 3804/AL, relator Min. Dias Toffoli, julgamento virtual finalizado em 3.12.2021, Informativo 1040)

2. Advocacia Pública

- **A Advocacia-Geral da União** é a instituição que, diretamente ou através de órgão vinculado, representa a União, judicial e extrajudicialmente, cabendo-lhe, nos termos da lei complementar que dispuser sobre sua organização e funcionamento, as atividades de consultoria e assessoramento jurídico do Poder Executivo.
- O **ingresso nas classes iniciais das carreiras da AGU** far-se-á mediante concurso público de provas e títulos.
- A **Advocacia-Geral da União** tem por chefe o Advogado-Geral da União, nomeado pelo Presidente da República, **não necessariamente dentre**

integrantes da carreira, maiores de 35 anos, de notável saber jurídico e reputação ilibada.

- Na execução da dívida ativa de natureza tributária, a representação da União caberá à **Procuradoria-Geral da Fazenda Nacional**.
- Os **Procuradores dos Estados e do Distrito Federal**, organizados em carreira, na qual o ingresso dependerá de concurso público de provas e títulos, com a participação da Ordem dos Advogados do Brasil em todas as suas fases, exercerão a **representação judicial e a consultoria jurídica das respectivas unidades federadas**.
- Aos **Procuradores dos Estados e do Distrito Federal**, que ingressarem na carreira mediante concurso público, é assegurada **estabilidade** (não vitaliciedade) **após 3 anos** de efetivo exercício, mediante avaliação periódica de desempenho perante os órgãos próprios, após relatório circunstanciado das corregedorias.
- Conforme decisão exarada pelo STF, "A **garantia da inamovibilidade** é conferida pela CF apenas aos magistrados, aos membros do Ministério Público e aos membros da Defensoria Pública, **não podendo ser estendida aos procuradores do Estado**." (ADI 291, julgada em 2010 e relatada pelo Ministro Joaquim Barbosa).
- **Não é** inconstitucional lei estadual que crie Procuradoria-Geral para consultoria, assessoramento jurídico e representação judicial de Assembleia Legislativa.
- Segundo a jurisprudência do STF, **dispositivo de constituição estadual que confira independência funcional aos procuradores estaduais é inconstitucional**, "dado o princípio da hierarquia que informa a atuação dos servidores da Administração Pública". (ADI 291, julgada em 2010 e relatada pelo Ministro Joaquim Barbosa).
- Na ADI 2587, cujo relator foi o Ministro Maurício Corrêa, julgada em 2004, o STF entendeu que **a Constituição estadual pode conferir prerrogativa de foro aos Procuradores de Estado**.
- **A Defensoria Pública Estadual tem autonomia funcional e administrativa (art. 134, § 2º, da CF), mas as Procuradorias Estaduais não têm**, conforme posicionamento do STF na ADI 291, sob relatoria do Ministro Joaquim Barbosa, julgada em 2010. Nesse julgado o Supremo entendeu que os Procuradores dos Estados são subordinados hierárquicos do Chefe do Poder Executivo.
- No julgamento pelo STF da ADI 94, em 2011, sob relatoria do Ministro Gilmar Mendes, "asseverou-se a **possibilidade de existência de carreiras especiais para representação judicial das assembleias e dos tribunais de contas nos casos em que estes necessitassem praticar, em juízo e em nome próprio, atos processuais na defesa de sua autonomia e independência em face dos demais Poderes**. Sublinhou-se, outrossim, que essas procuradorias poderiam ser responsáveis pela consultoria e pelo assessoramento jurídico dos demais órgãos da assembleia e do tribunal de contas. Ademais, tendo em vista a alteração na Constituição da República, estabelecida pela EC 19/98, consignou-se a não-prejudicialidade da ação em curso, de modo que se imporia a verificação da constitucionalidade das normas impugnadas em relação aos dois paradigmas constitucionais. No ponto, não se observou qualquer ofensa ao art. 135 da CF, seja na sua redação original, seja na atual."
- "As universidades estaduais também podem criar e organizar procuradorias jurídicas, em razão de sua autonomia didático-científica, administrativa, financeira e patrimonial (art. 207, caput, CF/88). Tais órgãos jurídicos exercem um papel fundamental na defesa dos interesses das universidades, inclusive em face dos próprios Estados-membros que as constituíram. Portanto, em razão da autonomia universitária e seguindo a lógica da jurisprudência do Supremo Tribunal Federal na matéria, a existência dessas procuradorias não viola o art. 132 da Constituição." [**ADI 5.215**, rel. min. Roberto Barroso, j. 28-3-2019, P, DJE de 1º-8-2019.]
- "**As Procuradorias de Estado**, por integrarem os respectivos Poderes Executivos, **não gozam de autonomia funcional, administrativa ou financeira**, uma vez que a administração direta é una e não comporta a criação de distinções entre órgãos em hipóteses não contempladas explícita ou implicitamente pela Constituição Federal." STF. Plenário. ADI 5029, Rel. Luiz Fux, julgado em 15/04/2020.
- "**A garantia da inamovibilidade conferida pela Constituição Federal** aos magistrados, aos membros do Ministério Público e aos membros da Defensoria Pública (artigos 93, VIII; 95, II; 128, § 5º, b; e 134, parágrafo único) **não pode ser estendida aos procuradores de estado**." STF. Plenário. ADI 5029, Rel. Luiz Fux, julgado em 15/04/2020. É inconstitucional lei estadual que atribua a Técnico superior em Direito de autarquia estadual poderes para representação da mesma em juízo, sendo permitido tão somente atuar juridicamente no âmbito interno da autarquia sob a supervisão de Procurador Estadual. STF. Plenário. ADI 5109 ED-segundos/ES, Rel. Min. Luiz Fux, julgado em 4/6/2020 (Info 980).
- Procurador público tem capacidade postulatória para interpor recurso extraordinário em ações de controle concentrado de constitucionalidade se o legitimado da causa lhe outorgar poderes para tanto. STF. Plenário. RE 1068600 AgR-ED-EDv/RN, Rel. Min. Alexandre de Moraes, julgado em 4/6/2020 (Info 980).
- O recebimento de honorários de sucumbência por advogados públicos não viola a previsão do art. 39, §4º e art. 135 da CF/88 (que preveem a remuneração exclusiva mediante subsídio), desde que esse recebimento não ultrapasse o teto remuneratório do art. 37, XI da CF/88. STF. Plenário. ADI 6053, Rel. Marco

Aurélio, Rel. p/ Acórdão: Alexandre de Moraes, julgado em 22/06/2020 (Info 985 – clipping).

- Para que o Procurador do Estado possa propor ação civil pública (ex: ação civil pública de improbidade administrativa), não é necessária autorização do Govenador do Estado. No entanto, é indispensável a anuência do Procurador-Geral do Estado. STF. 1ª Turma. ARE 1165456 AgR/SE, rel. orig. Min. Marco Aurélio, red. p/ o ac. Min. Roberto Barroso, julgado em 1º/9/2020 (Info 989).

3. Advocacia

- O **advogado é indispensável à administração da justiça**, sendo inviolável por seus atos e manifestações no exercício da profissão, nos limites da lei.

  Entende o STJ que: "Excessos cometidos pelo advogado não podem ser cobertos pela imunidade profissional, sendo em tese possível a responsabilização civil ou penal do causídico pelos danos que provocar no exercício de sua atividade." (STJ, Info 732, REsp 1.731.439-DF, rel. min. Paulo de Tarso Sanseverino, julg. 05/04/2022).

  Manifestou o STJ que: "**A gravação ambiental em que advogados participam do ato, na presença do inquirido e dos representantes do Ministério Público, inclusive se manifestando oralmente durante a sua realização, ainda que clandestina ou inadvertida, realizada por um dos interlocutores, não configura crime, escuta ambiental, muito menos interceptação telefônica.** Trata-se de hipótese em que o Ministério Público estadual deflagrou investigação para apuração de suposta realização de escuta ambiental indevida, realizada por advogado, delito tipificado no art. 10 da Lei n. 9.296/96. Primeiramente, acerca da inviolabilidade (art. 133 da CF; artigo 2º, § 3º, da Lei n. 8.906/94), esta é limitada quando o próprio advogado é o investigado porque, naturalmente, o sigilo profissional se presta a assegurar o exercício do direito de defesa, não tendo como vocação a proteção da prática de ilícitos. Contudo, a realização da gravação, nas circunstâncias em que levada a efeito - em oitiva formal de assistido seu, oficial e notoriamente registrada em sistema audiovisual pela autoridade administrativa responsável pelo ato - não se confunde com a escuta ambiental indevida e é legalmente permitida, independentemente de prévia autorização da autoridade incumbida da presidência do ato, nos explícitos termos do art. 387, § 6º, do Código de Processo Civil, diploma jurídico de aplicação supletiva aos procedimentos administrativos em geral. Na hipótese, trata-se de uma gravação ambiental em que as advogadas participaram do ato, na presença do inquirido e dos representantes do Ministério Público, inclusive se manifestando oralmente durante a sua realização, sendo certo que a gravação, ainda que clandestina ou inadvertida, realizada por um dos interlocutores, não configura crime, escuta ambiental, muito menos interceptação telefônica, mas apenas gravação ambiental. Com efeito, a adequação típica alvitrada pelo Ministério Público como justificativa para a instauração do procedimento investigativo é carente de mínima plausibilidade, afigurando-se insuficiência de justa causa à persecução. Em razão disso, a decisão judicial de busca e apreensão é fulminada pela nulidade por desdobramento (fruits of the poisonous tree). Embora não se afigure ética e moralmente louvável a realização de gravação clandestina, contrária às diretrizes preconizadas pela autoridade incumbida para o ato, a realidade é que, naquela conjuntura, não se revelou ilegal, muito menos criminosa." (STJ, AgRg no HC 716.210-DF, Rel. Min. Sebastião Reis Júnior, Sexta Turma, por unanimidade, julgado em 10/05/2022, DJe 13/05/2022., Info 737).

4. Defensoria Pública

- A Defensoria Pública é **instituição permanente, essencial à função jurisdicional do Estado, incumbindo-lhe, como expressão e instrumento do regime democrático, fundamentalmente, a orientação jurídica, a promoção dos direitos humanos e a defesa, em todos os graus, judicial e extrajudicial, dos direitos individuais e coletivos, de forma integral e gratuita, aos necessitados**, na forma do inciso LXXIV do art. 5º desta Constituição Federal. ("o Estado prestará assistência jurídica integral e gratuita aos que comprovarem insuficiência de recursos").

- São **princípios institucionais da Defensoria Pública** a unidade, a indivisibilidade e a independência funcional, aplicando-se também, no que couber, o disposto no art. 93 e no inciso II do art. 96 desta Constituição Federal.

- Acerca dos **princípios institucionais da Defensoria Pública** (unidade, indivisibilidade e independência funcional), assevera Uadi Lammêgo Bulos que "Pelo vetor da unidade, a Defensoria Pública é una, vedando-se a formação de 'panelinhas' ou 'grupelhos' que busquem a satisfação de interesses particulares. Segundo o ditame da indivisibilidade, a Defensoria Pública não pode ser dividida ou fragmentada, porque a prestação da assistência jurídica é contínua, ainda quando um defensor possa vir a ser substituído por outro ao longo de sua atividade. Conforme a diretriz da independência funcional, o defensor não deve satisfações a ninguém, mas apenas a sua própria consciência, podendo desagradar aqueles que se sentirem ofendidos por sua atuação, sem que sofra represálias ou retaliações de quem quer que seja" (BULOS, Uadi Lammêgo. *Curso de Direito Constitucional.* 9 ed. São Paulo: Saraiva, 2015, p. 1443).

- Lei complementar organizará a Defensoria Pública da União e do Distrito Federal e dos Territórios e prescreverá normas gerais para sua organização nos Estados, em cargos de carreira, providos, na classe inicial, mediante concurso público de provas e títulos, assegurada a seus integrantes a garantia da **inamovibilidade** (mas não a vitaliciedade) e vedado o exercício da advocacia fora das atribuições institucionais.

- **Atenção!** A **EC 69/12** passou a disciplinar que compete à União organizar e manter a Defensoria Pública dos Territórios, mas que a organização e a manutenção da Defensoria Pública do Distrito Federal caberá ao próprio DF.
- Nos termos da jurisprudência do STF, "A EC 45/2004 outorgou expressamente autonomia funcional e administrativa às defensorias públicas estaduais, além da iniciativa para a propositura de seus orçamentos (art. 134, § 2º): donde, ser **inconstitucional a norma local que estabelece a vinculação da Defensoria Pública a Secretaria de Estado**. A norma de autonomia inscrita no art. 134, § 2º, da CF pela EC 45/2004 é de eficácia plena e aplicabilidade imediata, dado ser a Defensoria Pública um instrumento de efetivação dos direitos humanos." (ADI 3.569, julgada em 2007 e relatada pelo Ministro Sepúlveda Pertence).

  "A Defensoria Pública tem a garantia de estar em juízo para defesa de suas prerrogativas e funções institucionais, não se mostrando necessário, nessa hipótese, que sua representação judicial fique a cargo da Advocacia-Geral da União."[SL 866 AgR, rel. min. Dias Toffoli, j. 13-9-2019, P, DJE de 2-10-2019.]

  "A Defensoria Pública pode prestar assistência jurídica às pessoas jurídicas que preencham os requisitos constitucionais. Há a possibilidade de que pessoas jurídicas sejam, de fato, hipossuficientes. As expressões "insuficiência de recursos" e "necessitados" podem aplicar-se tanto às pessoas físicas quanto às pessoas jurídicas. Os defensores públicos não precisam de inscrição na OAB para desempenhar suas funções." (STF, ADI 4636/DF, rel. min. Gilmar Mendes, julgamento em 03/11/2021, info 1036).

  Já manifestou o STJ que: "No âmbito da audiência de inquirição de testemunhas, a ausência de contato prévio entre o réu e seu defensor dativo configura cerceamento de defesa." (REsp 1.794.907-RS, Rel. Min. Sebastião Reis Júnior, Sexta Turma, por unanimidade, julgado em 13/09/2022. Info. 749).
- De acordo com as jurisprudências do STJ e do STF, as **Defensorias Públicas Estaduais podem atuar perante os tribunais superiores**. O fundamento é o art. 106 da Lei Complementar 80/94, segundo o qual, a Defensoria Pública do Estado prestará assistência jurídica aos necessitados, em todos os graus de jurisdição e instâncias administrativas do Estado e caberá a ela interpor recursos aos Tribunais Superiores, quando cabíveis.
- **Defensoria e convênio com a OAB:** "É inconstitucional toda norma que, impondo a Defensoria Pública estadual, para prestação de serviço jurídico integral e gratuito aos necessitados, a obrigatoriedade de assinatura de convênio exclusivo com a OAB, ou com qualquer outra entidade, viola, por conseguinte, a autonomia funcional, administrativa e financeira daquele órgão público." (ADI 4.163, julgada em 2012 e relatada pelo Ministro Cezar Peluso).

  Ainda, entende o STF que: "Não se harmoniza com a Constituição Federal (CF) o art. 3º da Lei 8.906/1994 ao estatuir a dupla sujeição ao regime jurídico da Ordem dos Advogados do Brasil (OAB) e ao da Defensoria Pública, federal ou estadual." (RE 1240999/SP, rel. min. Alexandre de Moraes, julgamento em 03/11/2021).
- **Ao Defensor Público aplica-se o regramento disposto no art. 41 da CF, ou seja, será estável após 3 anos de efetivo exercício** e poderá perder o cargo em virtude de sentença judicial transitada em julgado, ou mediante processo administrativo em que lhe seja assegurada ampla defesa, ou mediante procedimento de avaliação periódica de desempenho, na forma da lei complementar, assegurada ampla defesa. Aliás, o STF já entendeu inconstitucional previsão da Constituição do Rio de Janeiro que previa estabilidade com 2 anos e perda do cargo apenas por sentença judicial transitada em julgado (ADI 230, julgada em 2010 e relatada pela Ministra Cármen Lúcia).
- **Atenção! A EC 80/2014** alterou o art. 98 do ADCT, que passou a dispor o seguinte: O número de defensores públicos na unidade jurisdicional será proporcional à efetiva demanda pelo serviço da Defensoria Pública e à respectiva população. § 1º: No prazo de 8 (oito) anos, a União, os Estados e o Distrito Federal deverão contar com defensores públicos em todas as unidades jurisdicionais, observado o disposto no caput deste artigo. Durante o decurso do prazo previsto no § 1º deste artigo, a lotação dos defensores públicos ocorrerá, prioritariamente, atendendo as regiões com maiores índices de exclusão social e adensamento populacional.

  Para o STJ: "A Defensoria Pública possui legitimidade ativa para propor ação civil pública com vista a impor ao Estado o cumprimento de obrigações legais na tutela de pequenos agricultores familiares, sendo prescindível a comprovação prévia e concreta da carência dos assistidos." (REsp 1.847.991-RS, Rel. Min. Og Fernandes, Segunda Turma, por unanimidade, julgado em 16/08/2022.Info 748)
- **Súmulas**
- **Súmula 644, do STF:** "Ao titular do cargo de Procurador de autarquia não se exige a apresentação de instrumento de mandato para representá-la em juízo."

CONTROLE DE CONSTITUCIONALIDADE

- **CF, artigos 97 e 102 a 103 da CF.**

1. O Controle de Constitucionalidade consiste na **fiscalização da compatibilidade** entre condutas (comissivas ou omissivas) dos Poderes Públicos e o

bloco de constitucionalidade, integrado pela Constituição Formal.

2. **Bloco de constitucionalidade** (ideia de Louis Favoreu, mas desenvolvida por Canotilho e consagrada nas ADIs 595 e 514, pelo Ministro Celso de Mello) consiste no **conjunto de normas materialmente constitucionais**, que servem de paradigma para controle de constitucionalidade, mas que, não necessariamente, integram formalmente a Constituição, a exemplo dos tratados internacionais de direitos humanos aprovados de acordo com o regramento do art. 5º, § 3º, da CF. Entretanto, nesse bloco não estão incluídas as normas infraconstitucionais. Assim, se uma norma ofende uma lei, mas não viola diretamente a Constituição, não é possível a realização do controle de constitucionalidade, posto que lei eventualmente violada não integra o bloco de constitucionalidade. Essa lei ofendida, que fica entre a norma objeto de questionamento e a Constituição, recebe o nome de norma interposta. **O STF tem posição firme no sentido de que não se admite controle de constitucionalidade em face de norma interposta**, ou seja, só há controle de constitucionalidade quando ocorrer violação ao bloco de constitucionalidade. Destacamos o seguinte julgado: "Ação direta de inconstitucionalidade. Lei nº 6.004, de 14/04/98, do Estado de Alagoas. Alegada violação aos arts. 150, § 6º; e 155, § 2º, XII, g, da constituição federal. **Ausência de conflito direto com o texto constitucional. Não cabe controle abstrato de constitucionalidade por violação de norma infraconstitucional interposta, sem ocorrência de ofensa direta à Constituição Federal.** Hipótese caracterizada nos autos, em que, para aferir a validade da lei alagoana sob enfoque frente aos dispositivos da Constituição Federal, seria necessário o exame do conteúdo da Lei Complementar nº 24/75 e do Convênio 134/97, inexistindo, no caso, conflito direto com o texto constitucional. Ação direta de inconstitucionalidade não conhecida". (STF. ADI 2122, julgada no ano 2000 e relatada pelo Ministro Ilmar Galvão).

3. **Evolução do controle de constitucionalidade no Brasil**

- **Constituição de 1891:** o controle difuso de constitucionalidade, que pode ser realizado por qualquer juiz mediante a provocação de qualquer indivíduo que tenha direito seu obstaculizado por uma inconstitucionalidade, tem raiz no direito norte-americano (caso Marbury vs Madison de 1803), mas somente foi introduzido no Brasil pela Constituição de 1891.

- **Constituição de 1934:** criou a ação direta de inconstitucionalidade interventiva, introduziu a cláusula da reserva de plenário (exigência que a declaração de inconstitucionalidade somente possa ser pronunciada pela maioria absoluta do tribunal), e estabeleceu ao Senado Federal atribuição para suspender a execução, no todo ou em parte, de lei ou ato normativo declarado inconstitucional por decisão definitiva.

- **Constituição de 1937:** de cunho ditatorial, criou a esdrúxula possibilidade de o Presidente da República submeter as decisões de inconstitucionalidade do Poder Judiciário ao crivo do Parlamento, para reexame. Havendo dois terços dos votos em cada Casa do Congresso, a decisão judicial de inconstitucionalidade perdia seus efeitos.

- **Constituição de 1946:** reestruturou o controle de constitucionalidade brasileiro. Ademais, a teor da Emenda Constitucional nº 16, de 1965, admitiu a representação contra inconstitucionalidade de lei ou ato de natureza normativa, federal, estadual, em face da Constituição da República, cujo julgamento competia exclusivamente ao STF. Também foi responsável por prever o controle concentrado de constitucionalidade em âmbito estadual (EC 16/65).

- **Constituição de 1967:** por meio da EC 01/69, previu o controle de constitucionalidade de lei municipal frente à Constituição Estadual. Também foi sob a égide da Constituição de 1967 que surgiu o primeiro elemento ou sucedâneo de incidência do *stare decisis*. A teor da EC 07/77, adotou-se a representação para interpretação de lei ou ato normativo federal ou estadual, que tinha, segundo o Regimento Interno do Supremo Tribunal Federal, "força vinculante". O *stare decisis* (está decidido) é o elemento que atribui efeito vinculante ao precedente judicial.

- **Constituição de 1988:** foi responsável pela democratização da legitimidade para a propositura de ações no controle concentrado, criando o rol de legitimados do art. 103, da CF, abandonando a legitimidade exclusiva do PGR. Além disso, criou a ação direta de inconstitucionalidade por omissão e o mandado de injunção, instrumentos que atacam as omissões inconstitucionais. Também é da Constituição Cidadã de 1988 o reconhecimento do controle concentrado de constitucionalidade estadual (art. 125, § 2º, da CF). Outra novidade foi a criação da ADPF – arguição de descumprimento de preceito fundamental (art. 102, parágrafo único, da CF). Por fim, a EC 03/93, fez previsão da ação declaratória de constitucionalidade, de lei ou ato normativo federal, com efeito vinculante.

4. **Formas de inconstitucionalidade**

- A inconstitucionalidade atacada pode ser **formal ou nomodinâmica** (vício de procedimento legislativo ou de afronta a regras de iniciativa/competência) ou **material ou nomoestática** (vício que afeta o conteúdo substantivo das normas constitucionais). Ex: projeto de lei de iniciativa de deputado federal visando criação de cargos na administração federal padecerá de vício de inconstitucionalidade **formal subjetiva** (vício de competência ou iniciativa), pois nesse caso a iniciativa é privativa do Presidente da República, nos termos do art. 61, § 1º, II, "a", da CF.

- Considerando-se que a inconstitucionalidade formal se relaciona a vício de procedimento ou de iniciativa/competência, ela só pode ser aferida em relação às regras constitucionais vigentes no momento de sua elaboração, e não em razão da mudança posterior do parâmetro constitucional.

- Segundo o STF, "Tem-se **inconstitucionalidade reflexa** – a cuja verificação não se presta a ação direta – quando o vício de ilegitimidade irrogado a um ato normativo é o desrespeito à Lei Fundamental por haver violado norma infraconstitucional interposta, a cuja observância estaria vinculado pela Constituição" (ADI 3132, Rel. Sepúlveda Pertence. Julgamento em 15.02.2006).

5. **Controle prévio ou preventivo**

- **Proposta legislativa pretensamente inconstitucional pode ser impugnada** por meio de mandado de segurança individual manejado por parlamentar sob o argumento de vulneração às cláusulas pétreas e violação ao direito líquido e certo de participação de um processo legislativo hígido (STF. MS 20.257, julgado em 1981 e relatado pelo Ministro Décio Miranda).

- O **veto do Presidente da República** a projeto de lei aprovado pelas casas do Congresso Nacional, por motivo de inconstitucionalidade é considerado mecanismo de controle político prévio de constitucionalidade, a teor do art. 66, § 1º, da CF.

- A sustação, pelo Poder Legislativo, de atos normativos do presidente da República que exorbitem do poder regulamentar constitui exemplo do controle de constitucionalidade **posterior ou repressivo** (não prévio ou preventivo), manejado via **Decreto Legislativo** produzido pelo Congresso Nacional (art. 49, V, da CF).

6. **Controle posterior ou repressivo**

- **Em regra, o controle repressivo de constitucionalidade é exercido pelo Poder Judiciário. Excepcionalmente** o Legislativo pode realizar esse controle, o que se dá por decreto legislativo emitido pelo Congresso Nacional para sustar atos normativos do Poder Executivo que exorbitem do poder regulamentar ou da delegação legislativa (artigos 49, V, 84, IV e 68, todos da CF). O Legislativo também faz controle repressivo em relação às medidas provisórias (art. 62 da CF). O Executivo também tem a possibilidade de realizar controle repressivo, o que se materializa pelo descumprimento, por parte de seu Chefe, de lei ou ato normativo que entenda inconstitucional.

- Apesar de haver dissonância na doutrina, há julgados do STF e do STJ que sinalizam pela **possibilidade de o chefe do Executivo deixar de aplicar lei que entenda inconstitucional**, podendo ainda determinar a seus subordinados que assim procedam. (STF. ADI 221, julgada em 1993 e relatada pelo Ministro Moreira Alves: "O controle de constitucionalidade da lei ou dos atos normativos é de competência exclusiva do Poder Judiciário. Os Poderes Executivo e Legislativo, por sua chefia – e isso mesmo tem sido questionado com o alargamento da legitimação ativa na ação direta de inconstitucionalidade –, podem tão só determinar aos seus órgãos subordinados que deixem de aplicar administrativamente as leis ou atos com força de lei que considerem inconstitucionais"). (STJ, REsp 23121, julgado em 1993 e relatado pelo Ministro Humberto Gomes de Barros: "O Poder Executivo deve negar execução a ato normativo que lhe pareça inconstitucional").

7. **Controle jurisdicional**

- O Brasil adota duas formas de controle jurisdicional: **difuso** (realizado por qualquer juízo) e **concentrado** (realizado apenas por um órgão de cúpula, que em âmbito federal, é o STF). Assim, o direito brasileiro dispõe de um **controle ou sistema jurisdicional misto.**

- O Controle difuso também pode ser denominado por: concreto; Incidental ou *incidenter tantum*; Via de Exceção; Processo Subjetivo; De efeitos inter partes; Estadunidense e Aberto.

- O Controle concentrado pode ser denominado por: Abstrato; Principal; Via de Ação; Processo Objetivo; De efeitos *erga omnes*; Austríaco e Reservado.

DENOMINAÇÕES DAS FORMAS DE CONTROLE DE CONSTITUCIONALIDADE NO BRASIL	
1. Controle Difuso	**2. Controle Concentrado**
Concreto	Abstrato
Incidental ou *incidenter tantum*	Principal
Via de Exceção	Via de Ação
Processo Subjetivo	Processo Objetivo
De efeitos *inter partes*	De efeitos *erga omnes*
Estadunidense	Austríaco
Aberto	Reservado

8. **Controle difuso**

- O controle difuso é fruto de construção jurisprudencial da Suprema Corte dos Estados Unidos (no famoso **caso Marbury *versus* Madison**, em 1803), embora alguns autores defendam que decisões anteriores já indicavam a possibilidade de o Judiciário declarar uma norma contrária à Constituição, a exemplo de Uadi Lammêgo Bulos: "A justiça do Estado de New Jersy, nos idos de 1780, já havia declarado que leis contrárias à constituição reputavam-se nulas. Em 1782, um grupo de juízes da Virgínia declararam, em seus vereditos, que leis inconstitucionais afiguravam-se nulas. No ano de 1787, a Suprema Corte da Carolina do Norte invalidou leis contrárias aos artigos da Confederação. Todas essas datas demonstram o quão é equivocada a ideia de que o controle difuso nasceu no caso Madison versus Marbury. Na realidade, o *deci-*

sum de Marshall resultou do amadurecimento de séculos. Homens e instituições, de todo o mundo, exigiam o respeito incondicional às normas constitucionais, a fim de se encontrar a tão almejada salvaguarda de direitos e garantias". (BULOS, Uadi Lammêgo. Curso de Direito Constitucional. 2. ed. São Paulo: Saraiva, 2008, p. 114).

- O controle de constitucionalidade incidental brasileiro **pode ser provocado por qualquer pessoa e realizado por todo juiz, inclusive de ofício**, pois a questão constitucional somente servirá de fundamentação para decisão quanto ao pedido que envolve a resolução de um caso concreto.
- No controle difuso, a pronúncia do Judiciário sobre a inconstitucionalidade não é feita enquanto manifestação sobre o objeto principal da lide, mas sim sobre questão prévia (**via de exceção)**, indispensável ao julgamento do mérito. Em outras palavras: na via de exceção, a questão constitucional é a **causa de pedir**, e não o pedido.
- Somente pelo voto da maioria absoluta de seus membros ou dos membros do respectivo órgão especial poderão os tribunais declarar a inconstitucionalidade de lei ou ato normativo do Poder Público. Trata-se do denominado **Princípio da Reserva de Plenário**, previsto no art. 97, da CF, e reafirmado na Súmula Vinculante 10.

  Nos termos do art. 949, parágrafo único, do Novo CPC – Lei 13.105/2015, os órgãos fracionários dos tribunais não submeterão ao plenário, ou ao órgão especial, a arguição de inconstitucionalidade, quando já houver pronunciamento destes ou do plenário do Supremo Tribunal Federal sobre a questão. Trata-se de abrandamento da cláusula de reserva de plenário (art. 97, da CF), e que encontra guarida na jurisprudência do STF (RE 190.725, julgado em 1995 e relatado pelo Ministro Ilmar Galvão)
- A cláusula constitucional de reserva de plenário, insculpida no art. 97 da CF, fundada na presunção de constitucionalidade das leis, **não impede que os órgãos fracionários ou os membros julgadores dos tribunais, quando atuem monocraticamente, rejeitem a arguição de invalidade dos atos normativos, conforme consagrada lição da doutrina** (MOREIRA, José Carlos Barbosa. Comentários ao Código de Processo Civil, Vol. V – Arts. 476 a 565, Rio de Janeiro: Ed. Forense, 2009, p. 40)." (STF. RE 636.359-AgR, julgado em 2011 e relatado pelo ministro Luiz Fux).
- Nos termos da Súmula Vinculante 10, **viola a cláusula de reserva de plenário** (CF, artigo 97) a decisão de órgão fracionário de tribunal que, embora não declare expressamente a inconstitucionalidade de lei ou ato normativo do poder público, afasta sua incidência, no todo ou em parte.
- Entretanto, como já decidiu o STF, "a simples ausência de aplicação de uma dada norma jurídica ao caso sob exame não caracteriza, apenas por isso, violação da orientação firmada pelo STF. Para caracterização da contrariedade à Súmula Vinculante 10, do STF, **é necessário que a decisão fundamente-se na incompatibilidade entre a norma legal tomada como base dos argumentos expostos na ação e a Constituição.**" (Rcl 6.944, julgada em 2010 e relatada pela Ministra Cármen Lúcia).
- Segundo o STF, "EMENTA: (...) 1. **A cláusula de reserva de plenário (full bench) é aplicável somente aos textos normativos erigidos sob a égide da atual Constituição**. 2. As normas editadas quando da vigência das Constituições anteriores se submetem somente ao juízo de recepção ou não pela atual ordem constitucional, o que pode ser realizado por órgão fracionário dos Tribunais sem que se tenha por violado o art. 97 da CF. (...)" AI 669.872 AgR (DJe 14.02.2013) – Relator Ministro Luiz Fux – Primeira Turma.
- "Vê-se, portanto, na linha de iterativa jurisprudência prevalecente nesta Suprema Corte e em outros tribunais (RTJ 82/44 – RTJ 99/544 – RTJ 124/415 – RTJ 135/32 – RT 179/922 – RT 208/197 – RT 231/665, v.g.), que a incompatibilidade entre uma lei anterior (como a norma ora questionada inscrita na Lei 691/1984 do Município do Rio de Janeiro/RJ, p. ex.) e uma Constituição posterior (como a Constituição de 1988) resolve-se pela constatação de que se registrou, em tal situação, revogação pura e simples da espécie normativa hierarquicamente inferior (o ato legislativo, no caso), não se verificando, por isso mesmo, hipótese de inconstitucionalidade (RTJ 145/339 – RTJ 169/763). **Isso significa que a discussão em torno da incidência, ou não, do postulado da recepção – precisamente por não envolver qualquer juízo de inconstitucionalidade (mas, sim, quando for o caso, o de simples revogação de diploma pré-constitucional) – dispensa, por tal motivo, a aplicação do princípio da reserva de Plenário (CF, art. 97), legitimando, por isso mesmo, a possibilidade de reconhecimento, por órgão fracionário do Tribunal, de que determinado ato estatal não foi recebido pela nova ordem constitucional** (RTJ 191/329-330), além de inviabilizar, porque incabível, a instauração do processo de fiscalização normativa abstrata (RTJ 95/980 – RTJ 95/993 – RTJ 99/544 – RTJ 143/355 – RTJ 145/339, v.g.)." (AI 582.280 AgR, voto do Rel. Min. Celso de Mello, julgamento em 12-9-2006, Segunda Turma, DJ de 6-11-2006.) No mesmo sentido: RE 495.370-AgR, Rel. Min. Joaquim Barbosa, julgamento em 10-8-2010, Segunda Turma, DJE de 1º-10-2010.
- De acordo com o STF, "O **art. 97 da Constituição**, ao subordinar o reconhecimento da inconstitucionalidade de preceito normativo a decisão nesse sentido da 'maioria absoluta de seus membros ou dos membros dos respectivos órgãos especiais', está se dirigindo aos tribunais indicados no art. 92 e aos respectivos órgãos especiais de que trata o art. 93, XI. A referência, portanto, **não atinge juizados de**

pequenas causas (art. 24, X) e juizados especiais (art. 98, I), os quais, pela configuração atribuída pelo legislador, não funcionam, na esfera recursal, sob regime de plenário ou de órgão especial." (ARE 792.562-AgR, rel. min. Teori Zavascki, julgamento em 18-3-2014, Segunda Turma, DJE de 2-4-2014.)

- **O princípio da reserva de plenário não se aplica ao STF no julgamento de recursos extraordinários.** Assim já assentou a jurisprudência: "O STF exerce, por excelência, o controle difuso de constitucionalidade quando do julgamento do recurso extraordinário, tendo os seus colegiados fracionários competência regimental para fazê-lo sem ofensa ao art. 97 da CF." (RE 361.829, julgado em 2010 e relatado pela Ministra Ellen Gracie).
- **Súmula 513 do STF**: "a decisão que enseja a **interposição de recurso** ordinário ou extraordinário não é a do plenário, que resolve o incidente de inconstitucionalidade, mas a do órgão (câmaras, grupos ou turmas) que completa o julgamento do feito".
- **Em regra, a ação civil pública não pode ser usada como instrumento de controle de constitucionalidade**, sob pena de usurpação das atribuições do STF (Ag. 189.601, julgado em 1997 e relatado pelo Ministro Moreira Alves).
- **Entretanto, é possível a utilização da ação civil pública** como instrumento de controle incidental de constitucionalidade de leis ou atos do poder público, **desde que a questão qualifique-se apenas como questão prejudicial, indispensável à resolução da lide principal**. Nesse sentido, é esclarecedora a RCL 1.733, apreciada no ano 2000 e relatada pelo Ministro Celso de Mello: "O Supremo Tribunal Federal tem reconhecido a legitimidade da utilização da ação civil pública como instrumento idôneo de fiscalização incidental de constitucionalidade, pela via difusa, de quaisquer leis ou atos do Poder Público, mesmo quando contestados em face da Constituição da República, desde que, nesse processo coletivo, a controvérsia constitucional, longe de identificar-se como objeto único da demanda, qualifique-se como simples questão prejudicial, indispensável à resolução do litígio principal".
- A eficácia da decisão no controle difuso é ***inter partes***, não *erga omnes*.
- Poderá haver a geração de efeitos *erga omnes* se aplicado o art. 52, X, da CF, segundo o qual o **Senado Federal pode suspender a execução**, no todo ou em parte, de lei declarada inconstitucional por decisão definitiva do Supremo Tribunal Federal.

  No entanto, a jurisprudência do STF tem avançado em reconhecer a mutação constitucional desse inciso, de modo que a decisão do STF, por si só, já teria efeitos vinculantes, de modo que a manifestação do Senado teria o mero caráter de publicar e divulgar a decisão. [ADI 3.406 e ADI 3.470, rel. min. Rosa Weber, j. 29-11-2017, P, Informativo 886.]
- A resolução do **Senado Federal** que suspende **a execução** (e não a eficácia), **no todo ou em parte**, de lei declarada inconstitucional por decisão definitiva do Supremo Tribunal Federal é forma de controle político de constitucionalidade, nos termos do art. 52, X, da CF.
- No controle difuso, quando houver **declaração de não recepção** (e não de inconstitucionalidade), não há enquadramento ao art. 52, X, da CF, portanto, o STF **não** deverá encaminhar a decisão ao Senado Federal.
- Segundo o STF, uma vez expedida, a **resolução senatorial é irretratável**.
- **Predomina o entendimento** no sentido de que o Senado Federal **não é obrigado** a suspender a execução de lei declarada inconstitucional pelo STF, pois se trata de atividade discricionária desse órgão do Poder Judiciário. Quanto à extensão da suspensão, o entendimento é no sentido de que **o Senado Federal está vinculado ao que decidiu o STF**. Assim, se, por exemplo, o STF declarou uma inconstitucionalidade parcial, o Senado tem que seguir a mesma linha, não podendo suspender a execução total da lei. Por fim, também é assente o pensamento segundo o qual a suspensão da execução pelo Senado Federal pode se dar em relação a **lei federal, estadual, distrital ou municipal**.
- Ao contrário dos demais órgãos jurisdicionais, que, no controle difuso, só podem declarar a inconstitucionalidade *incidenter tantum* (como fundamento para apreciação dos pedidos de cada caso julgado) de norma que devesse ser aplicada à hipótese concreta de julgamento, **ao Supremo Tribunal Federal, conforme sua jurisprudência dominante, é possível, quando apreciada a inconstitucionalidade em sede de controle difuso, emitir juízo quanto à validade ou invalidade da norma, ainda que a aplicação ou não desta se mostre dispensável à solução concreta da controvérsia** (MENDES, Gilmar Ferreira; COELHO, Inocêncio Mártires; BRANCO, Paulo Gustavo Gonet. *Curso de Direito Constitucional.* 2 ed. São Paulo: Saraiva, 2008, p. 1.076). Referido posicionamento foi adotado pelo STF em 2005, no julgamento do MS 20.505, relatado pelo Ministro Néri da Silveira, e também na apreciação do RE 102.553, julgado em 2005 e relatado pelo Ministro Francisco Rezek.
- "O poder de que dispõe qualquer juiz ou tribunal para deixar de aplicar a lei inconstitucional a determinado processo (...) pressupõe a invalidade da lei e, com isso, a sua nulidade. **A faculdade de negar aplicação à lei inconstitucional corresponde ao direito do indivíduo de recusar-se a cumprir a lei inconstitucional, assegurando-se-lhe, em última instância, a possibilidade de interpor recurso extraordinário ao STF contra decisão judicial que se apresente, de alguma forma, em contradição com a Constituição (...) (Cf., a propósito, Rp 980, Rel. Min. Moreira Alves, RTJ 96, p. 508). Tanto o poder do juiz de negar aplicação à lei inconstitucional quanto a faculdade assegurada ao indiví-**

duo de negar observância à lei inconstitucional (mediante interposição de recurso extraordinário) demonstram que o constituinte pressupôs a nulidade da lei inconstitucional. Em certos casos, o efeito necessário e imediato da declaração de nulidade de uma norma, na declaração de inconstitucionalidade pelo STF ou pelos Tribunais de Justiça dos Estados, há de ser a exclusão de toda ultra-atividade da lei inconstitucional. **A eventual eliminação dos atos praticados com fundamento na lei inconstitucional terá de ser considerada em face de todo o sistema jurídico, especialmente das chamadas fórmulas de preclusão.** Na espécie, com a declaração de inconstitucionalidade, pelo tribunal local, dos atos normativos que conferiam pontuação extra a todos os servidores públicos municipais, quando submetidos a concurso público, atribuindo-lhes 40% da pontuação total das provas, entendo que o ato do Prefeito não violou direito líquido e certo dos impetrantes." (RE 348.468, voto do Relator, Ministro Gilmar Mendes, julgamento em 2009).

- "**No direito brasileiro, jamais se aceitou a ideia de que a nulidade da lei importaria na eventual nulidade de todos os atos que com base nela viessem a ser praticados.** Embora a ordem jurídica brasileira não disponha de preceitos semelhantes aos constantes do § 79 da Lei do Bundesverfassungsgericht, que prescreve a intangibilidade dos atos não mais suscetíveis de impugnação, **não se deve supor que a declaração de nulidade afete, entre nós, todos os atos praticados com fundamento na lei inconstitucional.** É verdade que o nosso ordenamento não contém regra expressa sobre o assunto, aceitando-se, genericamente, a ideia de que o ato fundado em lei inconstitucional está eivado, igualmente, de iliceidade (Cf., a propósito, RMS 17.976, Rel. Amaral Santos, RTJ 55, p. 744). **Concede-se, porém, proteção ao ato singular, em homenagem ao princípio da segurança jurídica, procedendo-se à diferenciação entre o efeito da decisão no plano normativo (Normebene) e no plano do ato singular (Einzelaktebene) mediante a utilização das chamadas fórmulas de preclusão** (cf. Ipsen, Jörn, Rechtsfolgen der Verfassungswidrigkeit von Norm und Einzelakt, Baden-Baden, 1980, p. 266 e s. Ver, também, Mendes, Gilmar, Jurisdição Constitucional, 5ª ed., São Paulo: Saraiva, 2005, p. 334)." (RE 217.141-AgR, voto do Relator, Ministro Gilmar Mendes, julgamento em 2006).
- **Os efeitos da decisão no controle difuso são *ex tunc*.** Entretanto, o STF já admitiu a modulação dos efeitos das decisões proferidas em sede de controle difuso de constitucionalidade, o que representa uma flexibilização do princípio da nulidade no controle de constitucionalidade. "A declaração de inconstitucionalidade reveste-se, ordinariamente, de eficácia ex tunc (RTJ 146/461-462 – RTJ 164/506-509), retroagindo ao momento em que editado o ato estatal reconhecido inconstitucional pelo STF. **O STF tem reconhecido, excepcionalmente, a possibilidade de proceder à modulação ou limitação temporal dos efeitos da declaração de inconstitucionalidade, mesmo quando proferida, por esta Corte, em sede de controle difuso. Precedente: RE 197.917/SP, Rel. Min. Maurício Corrêa (Pleno).** Revela-se inaplicável, no entanto, a teoria da limitação temporal dos efeitos, se e quando o STF, ao julgar determinada causa, nesta formular juízo negativo de recepção, por entender que certa lei pré-constitucional mostra-se materialmente incompatível com normas constitucionais a ela supervenientes. A não recepção de ato estatal pré-constitucional, por não implicar a declaração de sua inconstitucionalidade – mas o reconhecimento de sua pura e simples revogação (RTJ 143/355 – RTJ 145/339) –, descaracteriza um dos pressupostos indispensáveis à utilização da técnica da modulação temporal, que supõe, para incidir, dentre outros elementos, a necessária existência de um juízo de inconstitucionalidade. Inaplicabilidade, ao caso em exame, da técnica da modulação dos efeitos, por tratar-se de diploma legislativo, que, editado em 1984, não foi recepcionado, no ponto concernente à norma questionada, pelo vigente ordenamento constitucional." (STF. AI 589.281-AgR, julgado em 2006 e relatado pelo Ministro Celso de Mello).
- Vale destacar trecho do Informativo 304, do STF, que versa sobre o julgamento do **RE 197.917, conhecido popularmente como "Caso Mira Estrela"**, que foi o *leading case* sobre modulação de efeitos no controle difuso de constitucionalidade: "Retomado o julgamento de recurso extraordinário interposto contra acórdão do Tribunal de Justiça do Estado de São Paulo que reconhecera a constitucionalidade do parágrafo único do art. 6º da Lei Orgânica do Município de Mira Estrela, de menos de três mil habitantes, que fixara em 11 o número de vereadores da Câmara Municipal, por entender que o número estabelecido não se afastou dos limites constantes da CF, art. 29, IV, a, b e c. Na assentada anterior, o Min. Maurício Corrêa, relator, proferira voto no sentido de julgar procedente, em parte, o pedido formulado na ação, declarando a inconstitucionalidade do parágrafo único do art. 6º da Lei 226/90 do referido Município, por considerar que o citado preceito constitucional estabelece um critério de proporcionalidade aritmética para o cálculo do número de vereadores, não tendo os municípios autonomia para fixar esse número discricionariamente, sendo que, na espécie, o Município em questão somente poderia ter 9 vereadores, sob pena de incompatibilidade com a proporção determinada pela CF (v. Informativos 271 e 274). Na presente Sessão, **O Min. Gilmar Mendes, embora acompanhando o voto do Min. Maurício Corrêa, relator, proferiu voto-vista no sentido de restringir a declaração da inconstitucionalidade pro futuro, de modo que tal declaração não afete a composição da atual legislatura da Câmara Municipal, cabendo ao legislativo municipal estabelecer nova disciplina sobre a matéria, em tempo hábil para que**

se regule o próximo pleito eleitoral. (STF. RE 197.917-SP, julgado em 2003 e relatado pelo Ministro Maurício Corrêa).

O STF manifestou que: "Em respeito ao princípio da separação dos poderes, previsto no art. 2º da Constituição Federal, quando não caracterizado o desrespeito às normas constitucionais pertinentes ao processo legislativo, é defeso ao Poder Judiciário exercer o controle jurisdicional em relação à interpretação do sentido e do alcance de normas meramente regimentais das Casas Legislativas, por se tratar de matéria 'interna corporis'." STF. Plenário. RE 1297884/DF, Rel. Min. Dias Toffoli, julgado em 11/6/2021 (Repercussão Geral – Tema 1120) (Info 1021).

- **Repercussão Geral**
- No recurso extraordinário o recorrente deverá demonstrar a **repercussão geral** das questões constitucionais discutidas no caso, nos termos da lei, a fim de que o Tribunal examine a admissão do recurso, somente podendo recusá-lo pela manifestação de dois terços de seus membros (art. 102, § 3º, da CF).
- **Atenção!** A **preliminar formal de repercussão geral** é exigida nos recursos extraordinários interpostos de acórdãos publicados a partir de 3 de maio de 2007, data da entrada em vigor da Emenda Regimental nº 21/07 ao RISTF, que estabeleceu as normas necessárias à execução das disposições legais e constitucionais sobre o novo instituto (QO-AI 664.567, Min. Sepúlveda Pertence).
- Em regra, o **recurso extraordinário** apresenta-se como um instrumento do controle difuso de constitucionalidade. Entretanto, em sede de controle concentrado de constitucionalidade, se uma norma da Constituição Estadual violada é idêntica à norma da Constituição Federal, caso tenha sido provocado o controle de constitucionalidade estadual, será cabível um Recurso Extraordinário da decisão do TJ (que aprecia o controle concentrado estadual) para o STF, pois, nos termos do art. 102, III, "a", da CF, compete ao Supremo Tribunal Federal, precipuamente, a guarda da Constituição, cabendo-lhe julgar, mediante recurso extraordinário, as causas decididas em única ou última instância, quando a decisão recorrida contrariar dispositivo da Constituição. Assim, nesse caso excepcional, o recurso extraordinário poderá ser utilizado como um elemento do controle concentrado.

9. Controle concentrado

- O Controle concentrado pode ser manejado via: **ADI** – Ação Direta de Inconstitucionalidade (por ação, omissão ou interventiva); **ADC** – Ação Declaratória de Constitucionalidade e; **ADPF** – Arguição de Descumprimento de Preceito Fundamental.
- Compete ao **Supremo Tribunal Federal**, precipuamente, a **guarda da Constituição**, cabendo-lhe processar e julgar, originariamente, entre outras, a ação direta de inconstitucionalidade de lei ou ato normativo federal ou estadual (mas, não municipal) e a ação declaratória de constitucionalidade de lei ou ato normativo federal, consoante art. 102, I, "a", da CF.
- Desde a edição da EC 45/04, o **rol de legitimados** para a propositura de ADI e de ADC é o mesmo: aquele disposto no art. 103 da CF.
- **Podem propor** a ação direta de inconstitucionalidade, a ação declaratória de constitucionalidade e a arguição de descumprimento de preceito fundamental: I – o Presidente da República; II – a Mesa do Senado Federal; III – a Mesa da Câmara dos Deputados; IV – a Mesa de Assembleia Legislativa ou da Câmara Legislativa do Distrito Federal; V – o Governador de Estado ou do Distrito Federal; VI – o Procurador-Geral da República; VII – o Conselho Federal da Ordem dos Advogados do Brasil; VIII – partido político com representação no Congresso Nacional; IX – confederação sindical ou entidade de classe de âmbito nacional.
- No caso de um partido **político perder sua representação no Congresso Nacional** após ter proposto uma ação direta de inconstitucionalidade, essa **ação não é considerada prejudicada**, pois a aferição de legitimidade deve ser feita apenas no momento da propositura, conforme jurisprudência do STF.
- Caso um Governador seja afastado cautelarmente de suas funções, em razão do recebimento de denúncia por crime comum, não terá legitimidade ativa para propor ações do controle concentrado de constitucionalidade, segundo jurisprudência do STF. STF. Plenário. ADI 6728 AgR/DF, Rel. Min. Edson Fachin, julgado em 30/4/2021 (Info 1015).
- Segundo a jurisprudência do STF, figuram como **requisitos qualificativos das entidades de classe de âmbito nacional**, para fins de acesso ao controle abstrato de normas, **(i) a delimitação subjetiva da associação**, que deve representar categoria delimitada ou delimitável de pessoas físicas ou jurídicas, sendo vedada a heterogeneidade de composição (ADI nº 4.230/RJ-AgR, de relatoria do Ministro Dias Tóffoli); **(ii) o caráter nacional, configurada com a comprovação da presença de associados em ao menos nove Estados da Federação** (ADI nº 108/DF-QO, Ministro Celso de Mello, DJ de 5/6/92); e **(iii) a vinculação temática entre os objetivos institucionais da postulante e a norma objeto de sindicância**.
- **Associações de associações:** Em especial, quanto às associações de associações, decidiu o STF: ""Ação direta de inconstitucionalidade: legitimação ativa: 'entidade de classe de âmbito nacional': compreensão da 'associação de associações' de classe: revisão da jurisprudência do Supremo Tribunal. **O conceito de entidade de classe é dado pelo objetivo institucional classista, pouco importando que a eles diretamente se filiem os membros da respectiva categoria social ou agremiações que os congre-**

guem, com a mesma finalidade, em âmbito territorial mais restrito. É entidade de classe de âmbito nacional – como tal legitimada à propositura da ação direta de inconstitucionalidade (CF, art. 103, IX) – aquela na qual se congregam associações regionais correspondentes a cada unidade da Federação, a fim de perseguirem, em todo o País, o mesmo objetivo institucional de defesa dos interesses de uma determinada classe. **Nesse sentido, altera o Supremo Tribunal sua jurisprudência, de modo a admitir a legitimação das 'associações de associações de classe', de âmbito nacional, para a ação direta de inconstitucionalidade.**" (ADI 3.153-AgR, Rel. Min. Sepúlveda Pertence, julgamento em 12-8-2004, Plenário, DJ de 9-9-2005.)

- "A CF/88 e a lei preveem que a "entidade de classe de âmbito nacional" possui legitimidade para propor ADI, ADC e ADPF.

  A jurisprudência do STF, contudo, afirma que apenas as entidades de classe com associados ou membros em pelo menos 9 (nove) Estados da Federação dispõem de legitimidade ativa para ajuizar ação de controle abstrato de constitucionalidade.

  Assim, **não basta que a entidade declare no seu estatuto ou ato constitutivo que possui caráter nacional. É necessário que existam associados ou membros em pelo menos 9 (nove) Estados da Federação.** Isso representa 1/3 dos Estados-membros/DF. Trata-se de um critério objetivo construído pelo STF com base na aplicação analógica da Lei Orgânica dos Partidos Políticos (art. 7º, § 1º, da Lei nº 9.096/95)." STF. Plenário. ADI 3287, Rel. Marco Aurélio, Relator p/ Acórdão Ricardo Lewandowski, julgado em 05/08/2020 (Info 988 – clipping).

- "A entidade que não representa a totalidade de sua categoria profissional não possui legitimidade ativa para ajuizamento de ações de controle concentrado de constitucionalidade." STF. ADI 6465 AgR/DF, rel. Min. Alexandre de Moraes, julgamento virtual finalizado em 19.10.2020. Info 995.

- Segundo o STF: "O rol do artigo 103 da Constituição Federal é exaustivo quanto à legitimação para a propositura da ação direta de inconstitucionalidade. **Os denominados conselhos**, compreendidos no gênero "autarquia" e tidos como a consubstanciar a espécie corporativista **não se enquadram na previsão constitucional relativa às entidades de classe de âmbito nacional**. Da Lei Básica Federal exsurge a legitimação de Conselho único, ou seja, o Federal da Ordem dos Advogados do Brasil. **Daí a ilegitimidade "ad causam" do Conselho Federal de Farmácia e de todos os demais que tenham idêntica personalidade jurídica** – de direito público (Ação Direta de Inconstitucionalidade nº 641, Relator Ministro Néri da Silveira, vencido, na qual fui designado para redigir o acórdão, publicado no Diário da Justiça de 12 de março de 1999, página 03557, Ementário 01695-02, página 00.223)".

- As **centrais sindicais não têm legitimidade ativa** para ajuizar ADI perante o STF. "Ação direta de inconstitucionalidade. Ausência de legitimidade ativa de Central Sindical (CUT)." (ADI 1.442, Rel. Min. Celso de Mello, julgamento em 3-11-2004, Plenário, DJ de 29-4-2005.)

- De acordo com o STF, "no âmbito das **associações sindicais**, apenas estão aptas a deflagrar o controle concentrado de constitucionalidade as entidades de terceiro grau, ou seja, as confederações sindicais organizadas na forma da lei, excluindo-se, portanto, os sindicatos e as federações, **ainda que possuam abrangência nacional**" (ADO 9. Relatora: Ministra Ellen Gracie. Julgamento: 21/10/2010).

  É necessária procuração com poderes específicos ao advogado para assinar petição inicial de ação direta de inconstitucionalidade, devendo tal procuração mencionar a lei ou ato normativo a ser impugnado. STF. Plenário. ADI 6051, Rel. Cármen Lúcia, julgado em 27/03/2020.

- Nos termos da jurisprudência do STF, são **legitimados especiais**, ou seja, precisam demonstrar **pertinência temática**: a) Mesa da Assembleia Legislativa ou da Câmara Legislativa do Distrito Federal; b) Governador do Estado ou do Distrito Federal; c) Confederação Sindical ou Entidade de Classe de âmbito nacional. Os demais são legitimados neutros ou universais e não precisam demonstrar pertinência temática.

  - No controle concentrado de constitucionalidade, a petição inicial nem sempre precisa ser assinada por advogado. Essa exigência de assinatura da inicial atinge apenas: a) partido político com representação no Congresso Nacional e; b) Confederação Sindical ou Entidade de Classe de âmbito nacional. Os demais legitimados têm **capacidade postulatória presumida ou especial**.

- O entendimento encampado pelo STF é que **o Governador de Estado deve assinar a petição inicial**, sendo **facultada a assinatura do Procurador-Geral do Estado**, tendo em vista que a legitimidade repousa sobre o Governador. Ou seja, a petição inicial pode ser assinada pelo Governador de Estado ou do DF isolada ou conjuntamente com o Procurador-Geral do Estado ou Advogado habilitado, mas o Procurador-Geral do Estado não pode assiná-la sozinho, por não possuir legitimidade *ad causam*. Nesse sentido, decisão monocrática da Ministra Rosa Weber, no bojo da ADI 5084, julgada em 2014 e ARE 893279/DF, julgado em 2015 e relatado pelo Ministro Celso de Mello.

- **Particularidades do processo objetivo do controle concentrado** (Listagem realizada com base nas lições de: LENZA, Pedro. *Direito Constitucional Esquematizado.* 16 ed. São Paulo: Saraiva, 2012, p. 329).

I. Inexistência de **prazo recursal em dobro ou diferenciado para contestar** (STF, ADI 2.130, julgada em 2001 e relatada pelo Ministro Celso de Mello);

II. Inexistência de **prazo prescricional ou decadencial** (STF, ADI 1.247, julgada em 1995 e relatada pelo Ministro Celso de Mello);

III. Inadmissibilidade de **assistência jurídica** a qualquer das partes (art. 169, § 2º, do Regimento Interno do STF);

IV. Inadmissibilidade de **intervenção de terceiros** (art. 7º, *caput*, da Lei 9.868/99 e art. 169, § 2º, do Regimento Interno do STF). Mas, o relator, considerando a relevância da matéria e a representatividade dos postulantes, poderá, por despacho irrecorrível, admitir a **manifestação de outros órgãos ou entidades** (art. 7º, § 2º, da Lei 9.868/99), o que abre espaço para a figura do *amicus curiae*, conforme já decidiu o STF na ADI 2238, julgada em 2002 e relatada pelo Ministro Ilmar Galvão. Assim, pode-se dizer que a atuação do ***amicus curiae*** tem natureza *sui generis*.

V. Vedação expressa à **desistência** da ação proposta (art. 5º, *caput*, da Lei 9.868/99 e art. 169, § 1º, do Regimento Interno do STF);

VI. **Irrecorribilidade** da decisão proferida, **salvo embargos de declaração** (art. 26 da Lei 9.868/99);

VII. **Irrescindibilidade** da decisão proferida (não pode ser atacada por ação rescisória), nos termos do art. 26 da Lei 9.868/99;

VIII. **Não vinculação do STF à tese jurídica/causa de pedir**, já que no processo objetivo de controle de constitucionalidade o que importa é a apreciação do pedido.

IX. **Possibilidade de dilação probatória com perícia ou audiência pública**: nos termos do art. 9º, § 2º, da Lei 9.868/99, em caso de necessidade de esclarecimento de matéria ou circunstância de fato ou de notória insuficiência das informações existentes nos autos, poderá o relator requisitar informações adicionais, designar perito ou comissão de peritos para que emita parecer sobre a questão, ou fixar data para, em audiência pública, ouvir depoimentos de pessoas com experiência e autoridade na matéria.

- Quanto à **participação do *amicus curiae***, vale destacar a jurisprudência do STF: "Ação direta de inconstitucionalidade. Embargos de declaração opostos por amicus curiae. Ausência de legitimidade. Interpretação do § 2º da Lei 9.868/1999. A jurisprudência deste Supremo Tribunal é assente quanto ao não cabimento de recursos interpostos por terceiros estranhos à relação processual nos processos objetivos de controle de constitucionalidade. **Exceção apenas para impugnar decisão de não admissibilidade de sua intervenção nos autos**. Precedentes." (ADI 3.615, julgada em 2008 e relatada pela Ministra Cármen Lúcia).

- Com o advento do CPC (Lei 13.105/2015), **o *amicus curiae* passou a ser admitido em qualquer processo**, de maneira ampla. Desse modo, segundo a nova norma processualística, **o juiz ou o relator, considerando a relevância da matéria, a especificidade do tema objeto da demanda ou a repercussão social da controvérsia, poderá, por decisão irrecorrível, de ofício ou a requerimento das partes ou de quem pretenda manifestar-se, solicitar ou admitir a participação de pessoa natural ou jurídica, órgão ou entidade especializada, com representatividade adequada, no prazo de 15 (quinze) dias de sua intimação** (art. 138, do CPC). Assim, interpretando a aplicação do *amicus curiae* com o advento do novel ordenamento processualista, "A intervenção do *amicus curiae* passou a ser possível em qualquer processo, desde que se trate de causa relevante, ou com tema muito específico ou que tenha repercussão social (art. 138, caput, CPC). Generalizou-se a intervenção do *amicus curiae*" (DIDIER JÚNIOR, Fredie. *Curso de Direito Processual Civil*, Vol 1, 17. Ed. Salvador: Ed. Juspodivm, 2015, p. 523). Além disso, compete destacar que o **CPC/15 inseriu o *amicus curiae* dentre as disposições relativas à intervenção de terceiros**.

- Segundo a Ministra do STF Cármen Lúcia, no julgamento da ADI 3943, "**a pertinência temática também é requisito para a admissão de *amicus curiae*** [...]. Reduzir a pertinência temática ao disposto no estatuto das entidades, desconsiderando a sua natureza jurídica e a sua finalidade precípua, colocaria o Supremo Tribunal na condição submissão de ter de admitir sempre toda entidade em qualquer ação de controle abstrato de constitucionalidade de normas jurídicas como *amicus curiae*, bastando incluir-se em seu estatuto a finalidade de defender a Constituição da República".

  "A decisão do Relator que admite ou inadmite o inqresso do amicus curiae é irrecorrível." (STF. Plenário. RE 602584 AgR, Rel. para acórdão Min. Luiz Fux, julgado em 17/10/2018.)

- **Presença do contraditório:** de acordo com o STF "CONTROLE DE CONSTITUCIONALIDADE E GARANTIA DO CONTRADITÓRIO. – [...] **O postulado do contraditório, no processo de controle abstrato de constitucionalidade, vê-se atendido**, de um lado, com a possibilidade de o órgão estatal defender, objetivamente, o próprio ato que editou, e, de outro, com a intervenção do Advogado-Geral da União, que, em atuação processual plenamente vinculada, deve assumir, na condição de garante e curador da presunção de constitucionalidade, a defesa irrestrita da validade jurídica da norma impugnada (...)". (ADI 1434 MC/SP)

- **Impedimento e suspeição:** conforme restou claro no voto do Ministro Gilmar Mendes quando do julgamento da AS 37, em 2009, "Na linha de pensamento da Corte constitucional alemã, (...), **a arguição de suspeição revela-se incabível no âmbito do processo objetivo de controle normativo abstrato de constitucionalidade**.

No tocante ao **impedimento, este pode ocorrer se o julgador houver atuado no processo como requerente, requerido, Advogado-Geral da União ou Procurador-Geral da República.** (...). No voto que proferiu quando do julgamento da ADI 2.370/CE, o eminente Ministro Sepúlveda Pertence esclareceu, forte em precedentes da casa (ADI 55, Gallotti, 13.5.89; ADI 2.243, Março Aurélio, 16.8.2000) que o Supremo Tribunal Federal não admite, no processo objetivo da ação direta de inconstitucionalidade, 'nem impedimentos, que não sejam os de formal participação na relação processual, nem de suspeição'. Ante o exposto, nego seguimento à presente arguição de suspeição (art. 21, § 1º, do RISTF).

- "Não há impedimento, nem suspeição de ministro, nos julgamentos de ações de controle concentrado, exceto se o próprio ministro firmar, por razões de foro íntimo, a sua não participação." STF. Plenário. ADI 6362/DF, Rel. Min. Ricardo Lewandowski, julgado em 2/9/2020 (Info 989).

10. ADI

- O **objeto** da ADI é lei ou ato normativo federal, estadual ou distrital. Já o objeto da **ADC** é somente lei ou ato normativo federal (art. 102, I, "a", da CF). Por sua vez, a **ADPF** admite como objeto também a lei ou ato normativo municipal.
- Enumerando os **atos que podem ser objeto de controle concentrado** de constitucionalidade, Ives Gandra da Silva Martins e Gilmar Ferreira Mendes (*Controle Concentrado de Constitucionalidade.* 2 ed. São Paulo: Saraiva, 2005, p. 171-175):

I. Direito Federal:

1. Disposições da Constituição propriamente ditas, desde que sejam normas secundárias (oriundas de emendas constitucionais, conforme ADI 829-3, julgada em 1993 e relatada pelo Ministro Moreira Alves); 2. Leis de todas as formas e conteúdos, incluídas todas as leis formais e atos normativos gerais federais, além das medidas provisórias; 3. Decreto Legislativo que contém a aprovação do Congresso Nacional aos tratados e autoriza o Presidente da República a ratificá-los em nome do Brasil (art. 49, I, da CF); 4. Decreto do Chefe do Executivo que promulga os Tratados e Convenções; 5. Decreto Legislativo do Congresso Nacional que suspende a execução de ato do Executivo, em virtude de incompatibilidade com a lei regulamentada (art. 49, V, da CF); 6. Atos normativos editados por pessoas jurídicas de direito público criadas pela União, bem como, 7. Os regimentos dos Tribunais Superiores, se configurado o seu caráter autônomo, não meramente acessório;

II. Direito Estadual:

1. Disposições das Constituições Estaduais; 2. Leis Estaduais de qualquer espécie ou conteúdo; 3. Leis Estaduais editadas para regulamentar matéria de competência exclusiva da União (art. 22, parágrafo único da CF); 4. Decreto editado com força de Lei (c.f. ADI 460-3, julgada em 1991 e relatado pelo Ministro Sepúlveda Pertence); 5. Regimento Interno dos Tribunais Estaduais; 6. Regimento Interno das Assembleias Legislativas; 7. Atos Normativos expedidos por pessoas jurídicas de direito público estadual.

ATOS QUE PODEM SER OBJETO DE CONTROLE CONCENTRADO DE CONSTITUCIONALIDADE PERANTE O STF	
I. Normas de Direito Federal	**II. Normas de Direito Estadual**
1. Disposições da Constituição propriamente ditas, desde que sejam normas secundárias (oriundas de emendas constitucionais)	1. Disposições das Constituições Estaduais;
2. Leis de todas as formas e conteúdos, incluídas todas as leis formais e atos normativos gerais federais, além das medidas provisórias	2. Leis Estaduais de qualquer espécie ou conteúdo
3. Decreto Legislativo que contém a aprovação do Congresso Nacional aos tratados e autoriza o Presidente da República a ratificá-los em nome do Brasil;	3. Leis Estaduais editadas para regulamentar matéria de competência exclusiva da União;
4. Decreto do Chefe do Executivo que promulga os Tratados e Convenções;	4. Decreto editado com força de Lei;
5. Decreto Legislativo do Congresso Nacional que suspende a execução de ato do Executivo, em virtude de incompatibilidade com a lei regulamentada (art. 49, V, da CF);	5. Regimento Interno dos Tribunais Estaduais;
6. Atos normativos editados por pessoas jurídicas de direito público criadas pela União;	6. Regimento Interno das Assembleias Legislativas;
7. Os regimentos dos Tribunais Superiores, se configurado o seu caráter autônomo, não meramente acessório.	7. Atos Normativos expedidos por pessoas jurídicas de direito público estadual.

- Complementando, segundo a doutrina são atos normativos e, portanto, podem ser objeto de controle de constitucionalidade: a) **resoluções administrativas dos tribunais** (c.f. medida cautelar na ADI 1352-1, julgada em 1995 e relatada pelo Ministro Sepúlveda Pertence); b) **deliberações administrativas de outros órgãos do Poder Judiciário** (c.f. ADI 728, relatada pelo Ministro Marco Aurélio), inclusive dos Tribunais Regionais do Trabalho (c.f. ADI 681, julgada em 1992 e relatada pelo Ministro Néri da Silveira), salvo as convenções coletivas de trabalho; c) **atos estatais de conteúdo meramente derrogatórios, como as resoluções administrativas desde que incidam sobre atos de caráter normativo** (c.f. ADI 1716, relatado pelo Ministro Sepúlveda Pertence). (MORAES, Alexandre de. *Direito Constitucional*. 25 ed. São Paulo: Atlas, 2010, p. 739).

- O STF ainda reconhece que os **decretos autônomos** podem ser objeto de controle concentrado de constitucionalidade: "Decreto que, não se limitando a regulamentar lei, institua benefício fiscal ou introduza outra novidade normativa, reputa-se **autônomo e, como tal, é suscetível de controle concentrado de constitucionalidade** (ADI 3.664, julgada em 2011 e relatada pelo Ministro Cezar Peluso).
- **Resolução administrativa do Conselho Nacional de Justiça** que discipline determinada matéria, de forma geral e abstrata, pode ser objeto de ação direta de inconstitucionalidade. Assim entendeu o STF no bojo da ADI 3367, julgada em 2005 e relatada pelo Ministro Cezar Peluso.
- **Resolução do CNMP** também já foi reconhecida como objeto possível de ADI (Cautelar na ADI 3831, julgada em 2006 e relatada pela Ministra Cármen Lúcia).
- As **emendas constitucionais** podem ser objeto de controle de constitucionalidade, ou em outras palavras: admite-se a existência de normas constitucionais inconstitucionais, desde que não sejam originárias, mas oriundas de emendas constitucionais (vide ADIs 4357, 4372, 4400 e 4425, que versam sobre a inconstitucionalidade da EC 62/2009, que criou um regime especial de pagamento de precatórios).
- **Excepcionalmente se admite o controle concentrado de normas de efeito concreto, notadamente em se tratando de lei formal.** Na ADI 4048 MC/DF, julgada em 2008 e relatada pelo Ministro Gilmar Mendes, o STF entendeu possível o controle concentrado de normas de efeito concreto, admitindo-se o controle de constitucionalidade da Medida Provisória 405/2007, que abriu crédito extraordinário, em favor da Justiça Eleitoral e de diversos órgãos do Poder Executivo. Assim julgou o STF: "O Supremo Tribunal Federal deve exercer sua função precípua de fiscalização da constitucionalidade das leis e dos atos normativos quando houver um tema ou uma controvérsia constitucional suscitada em abstrato, independente do caráter geral ou específico, concreto ou abstrato de seu objeto. Possibilidade de submissão das normas orçamentárias ao controle abstrato de constitucionalidade".
- **Controle concentrado de Leis Orçamentárias.** Estabelecendo **mudança de posicionamento, em 2008 o STF passou a admitir o controle concentrado de leis orçamentárias**. Destacamos trecho do julgado: "A extensão da jurisprudência, desenvolvida para afastar do controle abstrato de normas os atos administrativos de efeito concreto, às chamadas leis formais suscita, sem dúvida, alguma insegurança, porque coloca a salvo do controle de constitucionalidade um sem-número de leis. (...) Outra há de ser, todavia, a interpretação, se se cuida de atos editados sob a forma de lei. Nesse caso, houve por bem o constituinte não distinguir entre leis dotadas de generalidade e aqueloutras, conformadas sem o atributo da generalidade e abstração. Essas leis formais decorrem ou da vontade do legislador ou do desiderato do próprio constituinte, que exige que determinados atos, ainda que de efeito concreto, sejam editados sob a forma de lei (v.g., lei de orçamento, lei que institui empresa pública, sociedade de economia mista, autarquia e fundação pública). Ora, se a Constituição submete a lei ao processo de controle abstrato, até por ser este o meio próprio de inovação na ordem jurídica e o instrumento adequado de concretização da ordem constitucional, não parece admissível que o intérprete debilite essa garantia da Constituição, isentando um número elevado de atos aprovados sob a forma de lei do controle abstrato de normas e, muito provavelmente, de qualquer forma de controle. É que muitos desses atos, por não envolverem situações subjetivas, dificilmente poderão ser submetidos a um controle de legitimidade no âmbito da jurisdição ordinária. Ressalte-se que não se vislumbram razões de índole lógica ou jurídica contra a aferição da legitimidade das leis formais no controle abstrato de normas, até porque abstrato – isto é, não vinculado ao caso concreto – há de ser o processo e não o ato legislativo submetido ao controle de constitucionalidade. (...) **Todas essas considerações parecem demonstrar que a jurisprudência do STF não andou bem ao considerar as leis de efeito concreto como inidôneas para o controle abstrato de normas. (...) A Corte não pode se furtar à análise do tema posto nesta ação direta. Há uma questão constitucional, de inegável relevância jurídica e política, que deve ser analisada a fundo."** (ADI 4.048, julgada em 2008 e relatada pelo Ministro Gilmar Mendes)
- **A revogação de lei ou ato normativo objeto de ação direta de inconstitucionalidade implica perda de objeto da ação.** Este é o posicionamento do STF: "É por essa razão que o magistério jurisprudencial desta Suprema Corte tem advertido que o controle concentrado de constitucionalidade reveste-se de um só e único objetivo: o de julgar, em tese, a validade de determinado ato estatal contestado em face do ordenamento constitucional, desde que em regime de plena vigência, pois – conforme já enfatizado pelo Supremo Tribunal Federal (RTJ 95/980 – RTJ 95/993 – RTJ 99/544 – RTJ 145/339) –, o julgamento da arguição de inconstitucionalidade, quando deduzida "in abstracto", não deve considerar, para efeito do contraste que lhe é inerente, a existência de paradigma revestido de valor

meramente histórico" (ADC 8, julgada em 2004 e relatada pelo Ministro Celso de Mello).

- **Caso seja proposta ADI contra Medida Provisória e esta se converta em lei antes de a ação ser julgada (com o mesmo texto questionado na ação), não há prejudicialidade do pedido, posto que não há convalidação de vícios existentes na norma, e, portanto, o STF pode realizar o controle de constitucionalidade**. O autor da ação deve, entretanto, peticionar o aditamento da ação (ADI 1055, Rel. Min. Gilmar Mendes, julgamento em 15/12/2016).
- Vale ressaltar que atos normativos **secundários**, tais como decretos regulamentares que não inovam originariamente a ordem jurídica, **não** poderão ser objeto de controle concentrado de constitucionalidade.
- Nos termos da Súmula 642, do STF: "**Não cabe ação direta de inconstitucionalidade de lei do Distrito Federal derivada da sua competência legislativa municipal**". Assim, apesar de o Distrito Federal poder fazer uso das competências legislativas dos Estados (art. 32, § 1º, da CF) e dos Municípios, somente as normas criadas por ele no exercício de competência estadual poderão ser objeto de ação direta de inconstitucionalidade. Isso porque, conforme art. 102, I, "a", da CF, compete ao Supremo Tribunal Federal, precipuamente, a guarda da Constituição, cabendo-lhe processar e julgar, originariamente, a ação direta de inconstitucionalidade de lei ou ato normativo federal ou estadual.
- Lei municipal que apresenta antinomia direta e frontal, somente com a Constituição Federal, **não** pode ser objeto de ação direta de inconstitucionalidade proposta perante o Tribunal de Justiça Estadual, pois esse ajuizamento somente seria possível se também houvesse afronta à Constituição Estadual, no caso de haver normas repetidas (Rcl 383, julgada em 1992 e relatada pelo Ministro Octavio Gallotti). Por sua vez, nessa **hipótese em que um ato normativo municipal puder ser contestado em face de norma da constituição do Estado repetida da CF, por força da reprodução obrigatória, a competência para julgar a ADI somente poderá ser do TJ em face da Constituição Estadual, pois lei municipal não poder ser objeto de ADI perante o STF (art. 102, I, "a", da CF).**
- Predomina na doutrina o entendimento que **a Súmula Vinculante não pode ser objeto de ação direta de inconstitucionalidade**. Isso porque, ela tem **procedimento próprio** para edição, revisão ou cancelamento (art. 103-A, da CF), que inclusive exige quórum mais qualificado (dois terços) do que o exigido para o STF declarar um ato normativo inconstitucional (maioria absoluta).
- O STF somente admite como objeto de ação direta de inconstitucionalidade lei ou ato normativo federal ou estadual que contrariar a CF, estando **excluídos os decretos e resoluções**.
- **Lei ou norma de caráter ou efeito concreto já exaurido não pode** ser objeto de controle abstrato de constitucionalidade, em ação direta de inconstitucionalidade. (STF. ADI 2.980, julgada em 2009 e relatada pelo Ministro Cezar Peluso).
- **Procedimento para julgamento da ADI**
- A **petição inicial** da ação direta de inconstitucionalidade inepta, não fundamentada e a manifestamente improcedente será liminarmente indeferida pelo relator, **mas cabe agravo** (consoante art. 3º, parágrafo único, e art. 4º, ambos da lei 9.868/99).
- Nos termos do art. 103, § 1º, da CF, **o Procurador-Geral da República deverá ser previamente ouvido nas ações de inconstitucionalidade** e em todos os processos de competência do Supremo Tribunal Federal.
- De acordo com o art. 103, § 3º, da CF, quando o Supremo Tribunal Federal apreciar a inconstitucionalidade, em tese, de norma legal ou ato normativo, **citará, previamente, o Advogado-Geral da União, que defenderá o ato ou texto impugnado**.
- "Não se admite o aditamento à inicial após o recebimento das informações requeridas e das manifestações do Advogado-Geral da União e do Procurador-Geral da República."STF. Plenário. ADI 4541/BA, Rel. Min. Cármen Lúcia, julgado em 16/4/2021 (Info 1013)
- Salvo no período de recesso, a **medida cautelar (também chamada de liminar)** na ação direta será concedida por decisão da maioria absoluta dos membros do Tribunal, após a audiência dos órgãos ou autoridades dos quais emanou a lei ou ato normativo impugnado, que deverão pronunciar-se no prazo de cinco dias, consoante art. 10, da Lei 9.868/99.
- A **eficácia de uma liminar** concedida em sede de ação direta de inconstitucionalidade opera, regra geral, efeitos *ex nunc*, podendo ter efeitos *ex tunc*, em caráter excepcional, se o Supremo Tribunal Federal assim o declarar expressamente, demonstrando a conveniência da medida.
- A concessão de medida cautelar **torna aplicável a legislação anterior acaso existente**, salvo expressa manifestação em sentido contrário, nos exatos termos do art. 11, § 2º, da Lei 9.868/99.

  Repristinação Constitucional ou Efeito Repristinatório Tácito em Âmbito Constitucional: a repristição é fenômeno que se manifesta pela recuperação da vigência de uma norma que tinha sido revogado, se, por acaso, a lei que a tinha revogado, por qualquer razão, perder a vigência (porque foi revogada, por exemplo). Simplificando: tomemos três leis "1", "2" e "3". Se "2" revoga "1", mas "3"revoga "2", "1" volta a ter vigência. No plano legal, esse fenômeno só existe de forma expressa, não havendo repristinação tácita. Mas, no plano constitucional, fala-se na existência de um efeito repristinatório tácito, em que no controle de constitucionalidade concentrado, a concessão da medida cautelar ou decisão de mérito torna aplicável a legislação anterior acaso existente, salvo expressa manifestação em sentido contrário (art. 11, § 2°, da Lei 9.868/99).

- Conforme entendimento do STF, **não cabe reclamação da decisão que conceder ou negar a liminar** proferida em ação direta de inconstitucionalidade. "O indeferimento de liminar em ação direta de inconstitucionalidade, pouco importando o fundamento, não dá margem à apresentação de reclamação" (STF. Rcl-AgR 2810, julgada em 2004 e relatada pelo Ministro Marco Aurélio).
- A decisão sobre a constitucionalidade ou a inconstitucionalidade da lei ou do ato normativo somente será tomada **se presentes na sessão pelo menos 8 Ministros** (art. 22, da Lei 9.868/99).
- Efetuado o julgamento, **proclamar-se-á a constitucionalidade ou a inconstitucionalidade da disposição ou da norma impugnada se num ou noutro sentido se tiverem manifestado pelo menos 6 Ministros**, quer se trate de ação direta de inconstitucionalidade ou de ação declaratória de constitucionalidade (art. 23, da Lei 9.868/99).
- As **decisões definitivas de mérito**, proferidas pelo Supremo Tribunal Federal, nas ações diretas de inconstitucionalidade e nas ações declaratórias de constitucionalidade produzirão eficácia contra todos *(erga omnes)* e efeito vinculante, relativamente aos demais órgãos do Poder Judiciário e à administração pública direta e indireta, nas esferas federal, estadual e municipal (art. 28, parágrafo único, da Lei 9.868/99).
- De acordo com a jurisprudência dominante do Supremo Tribunal Federal, "a mera instauração do processo de controle normativo abstrato não se reveste, só por si, de efeitos inibitórios das atividades normativas do Poder Legislativo, que não fica impossibilitado, por isso mesmo, de revogar, enquanto pendente a respectiva ação direta, a própria lei objeto de impugnação perante o Supremo Tribunal, podendo, até mesmo, reeditar o diploma anteriormente pronunciado inconstitucional, eis que **não se estende, ao Parlamento, a eficácia vinculante que resulta, naturalmente, da própria declaração de inconstitucionalidade proferida em sede concentrada.**" (ADI 2.903, Rel. Min. Celso de Mello, julgamento em 1º-12-2005, Plenário, DJE de 19-9-2008.)
- **A eficácia geral e o efeito vinculante de decisão proferida pelo STF em ação declaratória de constitucionalidade ou direta de inconstitucionalidade de lei ou ato normativo federal não alcançam o Poder Legislativo**, que pode editar nova lei com idêntico teor ao texto anteriormente censurado pela Corte. Perfilhando esse entendimento, e tendo em conta o disposto no § 2º do art. 102 da CF e no parágrafo único do art. 28 da Lei 9.868/99, o Plenário negou provimento a agravo regimental em reclamação na qual se alegava que a edição da Lei 14.938/2003, do Estado de Minas Gerais, que instituiu taxa de segurança pública, afrontava a decisão do STF na ADI 2424 MC/CE (acórdão pendente de publicação), em que se suspendera a eficácia de artigos da Lei 13.084/2000, do Estado do Ceará, que criara semelhante tributo. Ressaltou-se que entender de forma contrária afetaria a relação de equilíbrio entre o tribunal constitucional e o legislador, reduzindo o último a papel subordinado perante o poder incontrolável do primeiro, acarretando prejuízo do espaço democrático-representativo da legitimidade política do órgão legislativo, bem como criando mais um fator de resistência a produzir o inaceitável fenômeno da chamada fossilização da Constituição. Rcl 2617 AgR/MG, rel. Min. Cezar Peluso, 23.2.2005. (Rcl-2617)
- **Modulação dos efeitos da decisão:** nos termos do art. 27, da Lei 9.868/99, ao declarar a inconstitucionalidade de lei ou ato normativo, e tendo em vista **razões de segurança jurídica ou de excepcional interesse social**, poderá o Supremo Tribunal Federal, por maioria de **dois terços de seus membros**, restringir os efeitos daquela declaração ou decidir que ela só tenha eficácia a partir de seu trânsito em julgado ou de outro momento que venha a ser fixado.
- **Modulação dos efeitos da decisão via embargos de declaração:** conforme argumentação exarada na ADI 2791, julgada perante o STF, como regra geral, as decisões proferidas em sede de ação direta possuem efeitos *ex tunc*, sendo nulo o ato impugnado desde a sua origem, mas, excepcionalmente, poderão ter eficácia ex nunc quando, por razões de segurança jurídica ou de relevante interesse social, mostrar-se oportuno que seja fixado outro momento de eficácia, nos termos do art. 27 da Lei 9.868/99. O Min. Gilmar Mendes, relator, **conheceu dos embargos de declaração e a eles deu provimento** para esclarecer que a declaração de inconstitucionalidade não afeta os casos de benefícios previdenciários, aposentadorias e pensões já assegurados, assim como nas hipóteses em que o serventuário já preencheu todos os requisitos legais para a obtenção desses benefícios até a data da publicação da decisão de declaração de inconstitucionalidade, ocorrida em 23.8.2006. **Entendeu que, nas hipóteses em que se reconhecesse que a declaração de inconstitucionalidade com efeitos limitados ou restritos seria uma imposição da própria Constituição, não se atribuiria valor definitivo a uma eventual omissão por parte do Tribunal. Assim, seria possível, em tese, identificar a omissão no âmbito dos embargos de declaração para os fins de explicitar a necessária limitação de efeitos da decisão de inconstitucionalidade. Afirmou que uma limitação de efeitos decorreria de algum princípio constitucional imanente, sobretudo da ideia de segurança jurídica** (Informativo 499 do STF).
- Nos termos do art. 5º da Lei 9.868/99, **não é possível a desistência** em sede de controle concentrado, pois o processo é objetivo, de interesse público.
- A Ação Direta de Inconstitucionalidade **não** se submete a qualquer **prazo prescricional ou decadencial**.

- "À vista do modelo dúplice de controle de constitucionalidade por nós adotado, **a admissibilidade da ação direta não está condicionada à inviabilidade do controle difuso**." (ADI 3.205, julgada em 2006 e relatada pelo Ministro Sepúlveda Pertence).
- Sendo editada Medida Provisória para revogar lei objeto de ADI, a ação ainda poderá ser julgada enquanto não for votada a Medida Provisória, ou seja, a MP não acarretará perda de objeto da ADI até que seja aprovada, e convertida em lei. STF. Plenário. ADI 5717/DF, ADI 5709/DF, ADI 5716/DF e ADI 5727/DF, Rel. Min. Rosa Weber, julgados em 27/3/2019 (Info 935).

  É possível o aditamento de petição inicial de ação direta de inconstitucionalidade, a fim de incluir novos dispositivos legais, quando não forem necessárias novas informações e manifestações e não for prejudicado o cerne da ação. STF. Plenário. ADI 1926, Rel. Roberto Barroso, julgado em 20/04/2020 (Info 980 – clipping).

  Pessoa física não pode intervir em ação direta na qualidade de *amicus curiae. STF. Plenário. ADI 3396 AgR/DF, Rel. Min. Celso de Mello, julgado em 6/8/2020 (Info 985).*

11. ADC

- Na **ADC não há** manifestação do Advogado-Geral da União, porque não há ato normativo a ser defendido quanto a sua constitucionalidade, pois o objeto é **por termo a controvérsia judicial relevante** (art. 14, da Lei 9.868/99).
- Só há exigência de **controvérsia judicial relevante** na ADC.
- A ação direta de inconstitucionalidade e a ação declaratória de constitucionalidade são consideradas **ações dúplices, ambivalentes, gêmeas, ou de sinais trocados**, quanto aos efeitos da decisão. Isso porque, nos termos do art. 24, da Lei 9.868/99, "Proclamada a constitucionalidade, julgar-se-á improcedente a ação direta ou procedente eventual ação declaratória; e, proclamada a inconstitucionalidade, julgar-se-á procedente a ação direta ou improcedente eventual ação declaratória". Assim também entende o STF: "Concluindo o julgamento de questão de ordem em agravo regimental interposto contra decisão do Min. Maurício Corrêa, relator – que não conhecera de reclamação ajuizada pelo Município de Turmalina-SP em que se pretendia ver respeitada a decisão proferida pelo STF na ADIn 1.662-SP por falta de legitimidade ativa ad causam do reclamante – o Tribunal, por maioria, decidiu todos aqueles que forem atingidos por decisões contrárias ao entendimento firmado pelo STF no julgamento de mérito proferido em ação direta de inconstitucionalidade, sejam considerados como parte legítima para a propositura de reclamação, e declarou a constitucionalidade do parágrafo único do art. 28 da Lei 9.868/99. Considerou-se que a ADC consubstancia uma ADI com sinal trocado e, tendo ambas caráter dúplice, seus efeitos são semelhantes. Vencidos os Ministros Moreira Alves, Ilmar Galvão e Marco Aurélio, que declaravam a inconstitucionalidade do mencionado dispositivo por ofensa ao princípio da separação de Poderes. (Lei 9.868/99, art. 28, parágrafo único: "A declaração de constitucionalidade ou de inconstitucionalidade, inclusive a interpretação conforme a Constituição e a declaração parcial de inconstitucionalidade sem redução de texto, têm eficácia contra todos e efeito vinculante em relação aos órgãos do Poder Judiciário e à Administração Pública federal, estadual e municipal."). Rcl (AgR-QO) 1.880, julgada em 2002 e relatada pelo Ministro Maurício Corrêa.
- O Supremo Tribunal Federal, por decisão da maioria absoluta de seus membros, poderá deferir **pedido de medida cautelar na ação declaratória de constitucionalidade**, consistente na determinação de que os juízes suspendam o julgamento dos processos que envolvam a aplicação da lei ou do ato normativo objeto da ação até seu julgamento definitivo, tudo de acordo com o art. 21, da Lei 9.868/99.

12. ADI por omissão

- Declarada a inconstitucionalidade por omissão de medida para tornar efetiva norma constitucional, **será dada ciência ao Poder competente para a adoção das providências necessárias** e, em se tratando de órgão administrativo, para fazê-lo em trinta dias.
- A ação direta de inconstitucionalidade por omissão **admite** medida cautelar. Nos termos do art. 12-F, da Lei 9.868/99 (incluído pela Lei 12.063/09), em caso de excepcional urgência e relevância da matéria, o Tribunal, por decisão da maioria absoluta de seus membros, observado o disposto no art. 22, poderá conceder medida cautelar, após a audiência dos órgãos ou autoridades responsáveis pela omissão inconstitucional, que deverão pronunciar-se no prazo de 5 (cinco) dias.
- **ADI, ADI por omissão e fungibilidade.** A jurisprudência do STF firma-se no seguinte sentido: "Senhores Ministros, Senhoras Ministras. Estamos diante de um caso deveras interessante. Temos quatro ações diretas de inconstitucionalidade (ADI n.º 1.987/DF, ADI n.º 875/DF, ADI n.º 2.727/DF e ADI n.º 3.243/DF) imbricadas por uma evidente relação de conexão, fenômeno que determina o seu julgamento conjunto, conforme a jurisprudência desta Corte (ADI-MC n.º 150, rel. min. Moreira Alves, DJ 9.3.1990). Por outro lado, é possível observar a intenção dos requerentes de estabelecer uma nítida distinção de pedidos: uns pela declaração da inconstitucionalidade por omissão e outros pela declaração da inconstitucionalidade (por ação). (...) O quadro aqui revelado, portanto, está a demonstrar uma clara imbricação de pedidos e causas de pedir e, dessa forma, a **evidenciar a patente fungibilidade que pode existir entre a ação direta de inconstitucionalidade e a ação direta de inconstitucionalidade por omissão**. (...) A Lei n.º 9.868/99 possui

capítulos específicos para a ação direta de inconstitucionalidade (Capítulo II) e para a ação declaratória de constitucionalidade (Capítulo III). Com a nova Lei n.º 12.063, de 22 de outubro de 2009, a Lei n.º 9.868/99 passa a contar com o capítulo II-A, que estabelece rito procedimental e medidas cautelares específicas para a ação direta de inconstitucionalidade por omissão. A Lei n.º 9.882/99, por seu turno, trata da arguição de descumprimento de preceito fundamental. No Supremo Tribunal Federal, atualmente, todas as ações possuem uma classe específica de autuação: Ação Direta de Inconstitucionalidade (ADI); Ação Declaratória de Constitucionalidade (ADC); Ação Direta de Inconstitucionalidade por Omissão (ADO) e Arguição de Descumprimento de Preceito Fundamental (ADPF). Portanto, ante a aparente confusão inicialmente verificada nos diversos pedidos, como demonstrado, e tendo em vista a patente defasagem da jurisprudência até então adotada pelo Tribunal, temos aqui uma valiosa oportunidade para superarmos o antigo entendimento e reconhecermos o caráter fungível entre as ações." (ADI 875; ADI 1.987; ADI 2.727, voto do rel. min. Gilmar Mendes, julgamento em 24-2-2010, Plenário, DJE de 30-4-2010.)

13. ADI interventiva

- A ação direta de inconstitucionalidade interventiva, também denominada por representação de inconstitucionalidade interventiva federal (art. 36, III, da CF), tem como legitimado ativo o **Procurador-Geral da República** e o decreto de intervenção federal, que especificará a amplitude, o prazo e as condições de execução e que, se couber, nomeará o interventor, **será submetido à apreciação do Congresso Nacional ou da Assembleia Legislativa do Estado, no prazo de vinte e quatro horas** (art. 34, § 1º, da CF).

14. ADPF

- A arguição de descumprimento de preceito fundamental é cabível para **evitar ou reparar lesão a preceito fundamental resultante de ato do poder público** e seu julgamento é da competência do Supremo Tribunal Federal (art. 1º, da Lei 9.882/99). Caberá também ADPF quando for relevante o fundamento da controvérsia constitucional sobre lei ou ato normativo federal, estadual ou municipal, incluídos os anteriores à Constituição (art. 1º, parágrafo único, da Lei 9.882/99).

- Aplica-se à arguição de descumprimento o **princípio da subsidiariedade**, pois, nos termos do art. 4º, § 1º, da Lei 9.882/99, não será admitida arguição de descumprimento de preceito fundamental quando houver qualquer outro meio eficaz de sanar a lesividade.

- **Princípio da fungibilidade e ADI:** "Aplicação do princípio da fungibilidade. (...) É lícito conhecer de ação direta de inconstitucionalidade como arguição de descumprimento de preceito fundamental, quando coexistentes todos os requisitos de admissibilidade desta, em caso de inadmissibilidade daquela." (ADI 4.180-MC-REF, Rel. Min. Cezar Peluso, julgamento em 10-3-2010, Plenário, DJE de 27-8-2010.)

- A arguição de descumprimento de preceito fundamental (ADPF), prevista do art. 102, § 1º, da CF, é a única ação do controle concentrado de constitucionalidade federal (apreciado pelo STF) que pode realizar controle de **recepção constitucional** (direito infraconstitucional anterior à Constituição vigente), nos termos do art. 1º, parágrafo único, I, da Lei nº 9.882/1999. A ADPF **também é a única ação a contemplar a hipótese de controle concentrado de constitucionalidade pelo Supremo Tribunal Federal sobre lei ou ato normativo municipal** em face da Constituição da República (art. 1º, parágrafo único, I, da Lei nº 9.882/1999).

  A arguição de descumprimento de preceito fundamental (ADPF) é instrumento eficaz de controle da inconstitucionalidade por omissão. A ADPF pode ter por objeto as omissões do poder público, quer totais ou parciais, normativas ou não normativas, nas mesmas circunstâncias em que ela é cabível contra os atos em geral do poder público, desde que essas omissões se afigurem lesivas a preceito fundamental, a ponto de obstar a efetividade de norma constitucional que o consagra. STF. Plenário. ADPF 272/DF, Rel. Min. Cármen Lúcia, julgado em 25/3/2021 (Info 1011).

- **Direito pré-constitucional revogado e a ADPF:** ADPF 33: "[...] 6. Cabimento de arguição de descumprimento de preceito fundamental para solver controvérsia sobre legitimidade de lei ou ato normativo federal, estadual ou municipal, **inclusive anterior à Constituição (norma pré-constitucional)**. 7. Requisito de admissibilidade implícito relativo à relevância do interesse público presente no caso. 8. Governador de Estado detém aptidão processual plena para propor ação direta (ADIMC 127/AL, Rel. Min. Celso de Mello, DJ 04.12.92), bem como arguição de descumprimento de preceito fundamental, constituindo-se verdadeira hipótese excepcional de jus postulandi. 9. ADPF configura modalidade de integração entre os modelos de perfil difuso e concentrado no Supremo Tribunal Federal. 10. **Revogação da lei ou ato normativo não impede o exame da matéria em sede de ADPF, porque o que se postula nessa ação é a declaração de ilegitimidade ou de não-recepção da norma pela ordem constitucional superveniente**. 11. Eventual cogitação sobre a inconstitucionalidade da norma impugnada em face da Constituição anterior, sob cujo império ela foi editada, não constitui óbice ao conhecimento da arguição de descumprimento de preceito fundamental, uma vez que nessa ação o que se persegue é a verificação da compatibilidade, ou não, da norma pré-constitucional com a ordem constitucional superveniente. [...] 15. Arguição de descumprimento de preceito fundamental julgada procedente para declarar a ilegitimidade (não-recepção) do Regulamento de Pessoal do extinto IDESP em face do princípio federativo e da proibição de vinculação de salários a múltiplos do salário mínimo (art. 60, § 4º, I, c/c art. 7º, inciso IV, in fine, da Constituição Federal). STF. ADPF 33. Relator(a): Gilmar Mendes. Julgamento: 07/12/2005.

- Segundo restou evidente no julgamento da ADPF 37, em 2010, o STF segue a opinião de Gilmar Mendes no sentido de que **a arguição de descumprimento de preceito fundamental pode ter por objeto ato normativo já revogado**, segundo Gilmar Mendes, a ADPF, na hipótese de ato normativo revogado, tendo em vista o interesse jurídico da solução quanto à legitimidade de sua aplicação no passado.
- **Para o STF não cabe arguição de descumprimento de preceito fundamental em face de sentenças transitadas em julgado.** Tal posicionamento restou assentado na ADPF 134: ""O presente caso objetiva a desconstituição de decisões judiciais, dentre as quais muitas já transitadas em julgado, que aplicaram índice de reajuste coletivo de trabalho definido pelos Decretos Municipais 7.153/1985, 7.182/1985, 7.183/1985, 7.251/1985, 7.144/1985, 7.809/1988 e 7.853/1988, bem como pela Lei Municipal 6.090/86, todos do Município de Fortaleza/CE. Este instituto de controle concentrado de constitucionalidade não tem como função desconstituir coisa julgada. A arguição de descumprimento de preceito fundamental é regida pelo princípio da subsidiariedade a significar que a admissibilidade desta ação constitucional pressupõe a inexistência de qualquer outro meio juridicamente apto a sanar, com efetividade real, o estado de lesividade do ato impugnado. A ação tem como objeto normas que não se encontram mais em vigência. A ofensa à Constituição Federal, consubstanciada na vinculação da remuneração ao salário mínimo, não persiste nas normas que estão atualmente em vigência. Precedentes. A admissão da presente ação afrontaria o princípio da segurança jurídica". (STF. ADPF 134-AgR-terceiro, Relator Ministro Ricardo Lewandowski, julgamento em 2009).
- **O STF admite ato infralegal como objeto de ADPF.** "O Plenário julgou improcedente pedido formulado em arguição de descumprimento de preceito fundamental ajuizada, pelo Partido Democratas – DEM, contra atos da Universidade de Brasília – UnB, do Conselho de Ensino, Pesquisa e Extensão da Universidade de Brasília – Cepe e do Centro de Promoção de Eventos da Universidade de Brasília – Cespe, os quais instituíram sistema de reserva de 20% de vagas no processo de seleção para ingresso de estudantes, com base em critério étnico-racial. Preliminarmente, admitiu-se o cabimento da ação, por inexistir outro meio hábil para sanar a lesividade questionada. Apontou-se entendimento da Corte no sentido de que a **subsidiariedade da via eleita** deveria ser confrontada com a existência, ou não, de instrumentos processuais alternativos capazes de oferecer provimento judicial com eficácia ampla, irrestrita e imediata para solucionar o caso. Articulou-se que, diante **da natureza infralegal dos atos impugnados**, a ação direta de inconstitucionalidade não seria medida idônea para o enfrentamento da controvérsia, tampouco qualquer das ações que comporiam o sistema de jurisdição constitucional abstrata. (ADPF 186, julgada em 2012 e relatada pelo Ministro Ricardo Lewandowski).
- O **STF não reconhece a prefeito municipal legitimidade ativa para o ajuizamento de ADPF**. *In verbis*: "Ação por descumprimento de preceito fundamental (ADPF). Prefeito municipal. Autor não legitimado para ação direta de inconstitucionalidade. Ilegitimidade reconhecida. Negativa de seguimento ao pedido. Recurso, ademais, impertinente. Agravo improvido. Aplicação do art. 2º, I, da Lei federal nº 9.882/99. Precedentes. **Quem não tem legitimidade para propor ação direta de inconstitucionalidade, não a tem para ação de descumprimento de preceito fundamental**". (ADPF 148. Relator Cezar Peluso. Julgamento: 03/12/2008).

  O STF reconheceu a possibilidade de conhecimento da APDF mesmo que a lei atacada tenha sido revogada antes do julgamento da ação, desde que persista a utilidade de se proferir a decisão com caráter vinculante e erga omnes. STF. Plenário. ADPF 449/DF, Rel. Min. Luiz Fux, julgado em 8 e 9/5/2019 (Info 939).

  Cabe Arguição de Descumprimento de Preceito Fundamental contra decisão judicial na qual se tenha adotado interpretação da qual possa resultar lesão a preceito fundamental. STF. Plenário. ADPF 484/AP, Rel. Min. Luiz Fux, julgado em 4/6/2020 (Info 980).

15. Controle concentrado estadual

- É possível a **representação de inconstitucionalidade de leis ou atos normativos estaduais ou municipais diante da Constituição Estadual perante os Tribunais de Justiça dos Estados**, o que se denomina Controle Concentrado de Constitucionalidade Estadual. Assim dispõe o art. 125, § 2º, da CF: "Cabe aos Estados a instituição de representação de inconstitucionalidade de leis ou atos normativos estaduais ou municipais em face da Constituição Estadual, vedada a atribuição da legitimação para agir a um único órgão".
- Compete aos Estados a instituição de representação de inconstitucionalidade de leis ou atos normativos estaduais ou municipais em face da Constituição Estadual, **mas não é reconhecida expressamente a legitimação para agir aos mesmos órgãos e entidades legitimados a propositura de ação direta de inconstitucionalidade**. Cada Estado é livre para estabelecer o seu rol de legitimados.
- **Simultaneidade de ações nos controles concentrados Estadual e Federal:** "A instauração do processo de fiscalização normativa abstrata, perante

o Supremo Tribunal Federal, em que se postule a invalidação de diploma normativo editado por Estado-membro ou pelo Distrito Federal, questionado em face da Constituição da República (CF, art. 102, I, "a"), qualifica-se como **causa de suspensão prejudicial do processo de controle concentrado de constitucionalidade, que, promovido perante o Tribunal de Justiça local** (CF, art. 125, § 2º), tenha, por objeto de impugnação, exatamente os mesmos atos normativos emanados do Estado-membro ou do Distrito Federal, contestados, porém, em face da Constituição estadual ou, então, como sucede na espécie, em face da Lei Orgânica do Distrito Federal. Tal entendimento, no entanto, há de ser observado, sempre que tal impugnação – deduzida perante a Corte Judiciária local – invocar, como parâmetro de controle, princípios inscritos na Carta Política local impregnados de predominante coeficiente de federalidade, tal como ocorre com os **postulados de reprodução necessária** constantes da própria Constituição da República (RTJ 147/404 – RTJ 152/371-373, v.g.). Isso significa, portanto, que, em ocorrendo hipótese caracterizadora de "simultaneus processus", impor-se-á **a paralisação do processo de fiscalização concentrada em curso perante o Tribunal de Justiça local, até que esta Suprema Corte julgue a ação direta**, que, ajuizada com apoio no art. 102, I, "a", da Constituição da República, tenha por objeto o mesmo diploma normativo local (estadual ou distrital), embora contestado em face da Carta Federal. Cabe assinalar, neste ponto, por relevante, que **esse entendimento acha-se consagrado na jurisprudência do Supremo Tribunal Federal**, cuja orientação, no tema, tem sido reafirmada em sucessivas decisões que proclamam, em situações como a destes autos, a necessidade de suspensão prejudicial do processo de fiscalização normativa abstrata instaurado perante Tribunal de Justiça local (CF, art. 125, § 2º), se houver, em tramitação simultânea no Supremo, processo de controle concentrado em que se questione a constitucionalidade do mesmo diploma normativo, também contestado na ação direta ajuizada no âmbito local". (STF. ADI 3482, julgada em 2006 e relatada pelo Ministro Celso de Mello).

- Cabe **recurso extraordinário contra decisão de Tribunal de Justiça que julgou ação direta de inconstitucionalidade em face da Constituição Estadual**, o que se dará em duas hipóteses: "(1) na situação de a norma da Constituição estadual eleita como parâmetro ser de repetição obrigatória da Constituição Federal. [...] (2) na hipótese de o Tribunal de Justiça considerar inconstitucional o parâmetro, isto é, a própria norma da Constituição estadual invocada como norma de referência. (MASSON, Nathalia. *Manual de direito constitucional.* Salvador: Juspodivm, 2013, p. 1.111).

  "Coexistindo ações diretas de inconstitucionalidade de um mesmo preceito normativo estadual, a decisão proferida pelo Tribunal de Justiça somente prejudicará a que está em curso perante o STF se for pela procedência e desde que a inconstitucionalidade seja por incompatibilidade com dispositivo constitucional estadual tipicamente estadual (= sem similar na Constituição Federal). Havendo declaração de inconstitucionalidade de preceito normativo estadual pelo Tribunal de Justiça com base em norma constitucional estadual que constitua reprodução (obrigatória ou não) de dispositivo da Constituição Federal, subsiste a jurisdição do STF para o controle abstrato tendo por parâmetro de confronto o dispositivo da Constituição Federal reproduzido." [ADI 3.659, rel. min. Alexandre de Moraes, j. 13-12-2018, P, DJE de 8-5-2019.]

  Para o STF: "É constitucional o dispositivo de constituição estadual que confere ao tribunal de justiça local a prerrogativa de processar e julgar ação direta de constitucionalidade contra leis e atos normativos municipais tendo como parâmetro a Constituição Federal, desde que se trate de normas de reprodução obrigatória pelos estados."(STF, Adi 5647/AP, rel. min. Rosa Weber, julgamento em 03/11/2021, info 1036).

16. Reclamação Constitucional

- A **Reclamação Constitucional** é um instrumento por meio do qual se busca assegurar a autoridade das decisões proferidas pelo STF. Nos termos do art. 102, I, "l", da CF, compete ao Supremo Tribunal Federal, precipuamente, a guarda da Constituição, cabendo-lhe processar e julgar, originariamente, reclamação para a **preservação de sua competência e garantia da autoridade de suas decisões**.
- Na linha da Súmula 734 do STF, **não cabe reclamação quando já houver transitado em julgado o ato judicial** que se alega tenha desrespeitado decisão do Supremo Tribunal Federal.
- De acordo com o STF, "a reclamação, constitucionalmente vocacionada a cumprir a dupla função a que alude o art. 102, I, l, da Carta Política (RTJ 134/1033) – embora cabível, em tese, quando se tratar de decisão revestida de efeito vinculante (como sucede com os julgamentos proferidos em sede de arguição de descumprimento de preceito fundamental, de ação direta de inconstitucionalidade ou de ação declaratória de constitucionalidade) –, **não se qualifica como sucedâneo recursal** nem configura instrumento viabilizador do reexame do conteúdo do ato reclamado, além de não constituir meio de revisão da jurisprudência eleitoral, eis que tal finalidade revela-se estranha à destinação constitucional subjacente à instituição dessa medida processual. Precedentes." (Rcl 6.534-AgR, Rel. Min. Celso de Mello, julgamento em 25-9-2008).
- Segundo entendimento do STF, todo aquele (pessoa física ou jurídica, pública ou privada), que for atingido por deliberações que contrariem decisões de mérito do STF, **pode ajuizar reclamação** (Recl. em AgRg 1.880, julgada em 2004 e relatada pelo Ministro Maurício Corrêa).

- **Segundo o próprio STF, a reclamação é cabível tanto no controle de constitucionalidade federal, quanto no Estadual.** Nesse sentido a ADI 2480, julgada em 2007 e relatada pelo Ministro Sepúlveda Pertence "O Tribunal, por maioria, julgou improcedente pedido formulado em ação direta ajuizada pelo Governador do Estado da Bahia, na qual se requeria fosse dada interpretação conforme a Constituição Federal ao art. 357 do Regimento Interno do Tribunal de Justiça local, que determina, nos casos omissos, a aplicação subsidiária dos Regimentos Internos do STF e do STJ. Alegava-se, na espécie, que se teria criado, por analogia, o instituto da reclamação, para preservar a competência do Tribunal ou garantir a autoridade das suas decisões, conforme o art. 156 e seguintes do Regimento Interno do Supremo. Considerou-se o texto da Constituição do Estado da Paraíba que prevê cláusulas de poderes implícitos, atribuídos ao Tribunal de Justiça estadual, para fazer valer os poderes explicitamente conferidos pela ordem legal, ainda que por instrumento com nomenclatura diversa ("Art. 105. Compete ainda ao Tribunal de Justiça: I - processar e julgar:... e) a representação para assegurar a observância de princípios indicados nesta Constituição; f) a representação para prover a execução de lei, no caso de desobediência a ordem ou decisão judiciária emanada do próprio Tribunal, de juiz de direito ou de auditor militar estadual;"). Entendeu-se, em razão disso, não haver afronta ao art. 125, § 1º da CF ("Art. 125. Os Estados organizarão sua Justiça, observados os princípios estabelecidos nesta Constituição. § 1º - A competência dos tribunais será definida na Constituição do Estado, sendo a lei de organização judiciária de iniciativa do Tribunal de Justiça."), haja vista que a reclamação paraibana não fora criada com a norma regimental impugnada, a qual, na interpretação dada pelo Tribunal de Justiça estadual no exercício dos seus poderes implícitos, possibilita a observância das normas de processo e das garantias processuais das partes (CF, art. 96, I, a). Vencido o Min. Marco Aurélio que julgava procedente o pedido, ao fundamento de que a mesclagem de regimentos de Cortes diversas estaria a violar o que disposto no art. 125, § 1º, da CF. ADI 2480/PB, rel. Min. Sepúlveda Pertence, 2.4.2007. (ADI-2480)
- Segundo entendimento do STF, aos estados **não** é vedada a criação do instituto da reclamação. *In verbis:* "Ação direta de inconstitucionalidade: dispositivo do Regimento Interno do Tribunal de Justiça do Estado da Paraíba (art. 357), que admite e disciplina o processo e julgamento de reclamação para preservação da sua competência ou da autoridade de seus julgados: ausência de violação dos arts. 125, caput e § 1º, e 22, I, da CF. **O STF, ao julgar a ADI 2.212 (Pleno, 2-10-2003, Ellen Gracie, DJ de 14-11-2003), alterou o entendimento - firmado em período anterior à ordem constitucional vigente (v.g., Rp 1.092, Pleno, Djaci Falcão, RTJ 112/504) - do monopólio da reclamação pelo STF e assentou a adequação do instituto com os preceitos da Constituição de 1988: de acordo com a sua natureza jurídica (situada no âmbito do direito de petição previsto no art. 5º, XXIV, da CF) e com os princípios da simetria (art. 125, caput e § 1º)** e da efetividade das decisões judiciais, é permitida a previsão da reclamação na Constituição Estadual. Questionada a constitucionalidade de norma regimental, é desnecessário indagar se a colocação do instrumento na seara do direito de petição dispensa, ou não, a sua previsão na Constituição estadual, dado que consta do texto da Constituição do Estado da Paraíba a existência de cláusulas de poderes implícitos atribuídos ao Tribunal de Justiça estadual para fazer valer os poderes explicitamente conferidos pela ordem legal - ainda que por instrumento com nomenclatura diversa (Constituição do Estado da Paraíba, art. 105, I, e e f). Inexistente a violação do § 1º do art. 125 da CF: a reclamação paraibana não foi criada com a norma regimental impugnada, a qual - na interpretação conferida pelo Tribunal de Justiça do Estado à extensão dos seus poderes implícitos - possibilita a observância das normas de processo e das garantias processuais das partes, como exige a primeira parte da alínea a do art. 96, I, da CF. Ação direta julgada improcedente. (ADI 2212 CE, Rel. Min. Ellen Gracie, julgamento em 02/10/2003, DJ 14/11/2003).

17. Hermenêutica no controle de constitucionalidade

- **O STF não admite a inconstitucionalidade superveniente.** "Constituição. Lei anterior que a contrarie. Revogação. Inconstitucionalidade superveniente. Impossibilidade. A lei ou é constitucional ou não é lei. Lei inconstitucional é uma contradição em si. A lei é constitucional quando fiel à Constituição; inconstitucional na medida em que a desrespeita, dispondo sobre o que lhe era vedado. **O vício da inconstitucionalidade é congênito à lei e há de ser apurado em face da Constituição vigente ao tempo de sua elaboração. Lei anterior não pode ser inconstitucional em relação à Constituição superveniente; nem o legislador poderia infringir Constituição futura.** A Constituição sobrevinda não torna inconstitucionais leis anteriores com ela conflitantes: revoga-as. Pelo fato de ser superior, a Constituição não deixa de produzir efeitos revogatórios. Seria ilógico que a lei fundamental, por ser suprema, não revogasse, ao ser promulgada, leis ordinárias. A lei maior valeria menos que a lei ordinária." (ADI 2. Julgada em 1997 e relatada pelo Ministro Paulo Brossard).
- **Alteração de parâmetro e inconstitucionalidade superveniente:** Conforme noticiado no Informativo 600 do STF, "o Tribunal, em apreciação conjunta de duas ações diretas, julgou, por maioria, procedente em parte o pedido formulado na ADI 2158/PR, e, por unanimidade, procedente o na ADI 2198/PR, propostas, respectivamente, pela Associação dos Magistrados Brasileiros - AMB e pelo Procurador-

-Geral da República, para declarar a inconstitucionalidade de expressões e dispositivos constantes da Lei 12.398/98, do Estado do Paraná. A lei impugnada prevê a incidência de contribuição previdenciária sobre os proventos de servidores inativos e pensionistas no âmbito daquela unidade federativa. **Inicialmente, em votação majoritária, rejeitou-se a preliminar de prejudicialidade das ações em face da substancial alteração de parâmetro de controle operada pela EC 41/2003**, a qual — ao contrário do que previsto na EC 20/98, em vigor à época da edição da norma impugnada — admite expressamente a incidência da contribuição previdenciária sobre os proventos dos inativos na parte em que exceder o limite máximo para os benefícios do Regime Geral de Previdência Social (CF, art. 40, § 18). Salientou-se que, no caso, apesar de até hoje não ter sido cobrada a aludida contribuição naquele Estado, uma vez que a lei adversada fora suspensa com a concessão de medidas cautelares pela Corte, a norma não fora revogada, permanecendo no mundo jurídico. **Tendo isso em conta, asseverou-se que, se o Supremo aplicasse sua jurisprudência tradicional no sentido do prejuízo das ações, revogar-se-iam, em consequência, as medidas cautelares. Além disso, a lei estadual, não obstante patentemente inconstitucional, tornaria a produzir seus efeitos à luz do regramento instituído pela EC 41/2003, a qual lhe conferiria uma aparência de validade.** Aduziu-se, na linha de precedentes, que esse inconveniente poderia ser evitado com a excepcional admissão do exame de mérito das ações. **Ao enfatizar que o sistema brasileiro não contempla a figura da constitucionalidade superveniente, consignou-se que a norma em apreço não fora convalidada e, por isso, sua inconstitucionalidade persistiria e seria atual, embora se referisse a dispositivos da Constituição que não se encontram mais em vigor, modificados pela EC 41/2003.** Desse modo, reputou-se que, **se o sistema veda a convalidação da lei inconstitucional, seria necessária a existência de mecanismos eficazes para expungir a norma ainda inconstitucional do ordenamento jurídico, mesmo que em face de parâmetro de controle alterado ou revogado**. Concluiu-se que, na situação dos autos, cumpriria ao STF, ainda que já ajuizada a ação direta, declarar a inconstitucionalidade da norma, com eficácia erga omnes e efeito vinculante, em benefício da máxima efetividade da jurisdição constitucional. Salientou-se, por fim, o progressivo reforço legislativo na expansão da jurisdição constitucional abstrata do Supremo. Vencidos os Ministros Marco Aurélio, Ellen Gracie e Celso de Mello que assentavam o prejuízo das ações. ADI 2158/PR, rel. Min. Dias Toffoli, 15.9.2010. (ADI-2158)

- A **Teoria da Transcendência dos Motivos Determinantes** prega que a *ratio decidendi* (razões de decidir ou fundamentos determinantes de uma sentença) também estaria incluída no efeito vinculante gerado pela decisão em sede de controle de constitucionalidade. O STF reconheceu a aplicação dessa teoria na apreciação da ADI 3345, julgada em 2005 e relatada pelo Ministro Celso de Mello. A ação versava sobre uma Resolução do TSE que reduzia o número de vereadores em Municípios brasileiros. Vale destacar trecho do voto do Relator: "em relação ao mérito, concluiu-se pela inexistência das apontadas violações aos princípios da reserva de lei, da separação de poderes, da anterioridade da lei eleitoral e da autonomia municipal. Esclareceu-se que a Resolução 21.702/2004 foi editada com o propósito de dar efetividade e concreção ao julgamento do Pleno no RE 197917/SP (DJU de 27.4.2004), já que nele o STF dera interpretação definitiva à cláusula de proporcionalidade inscrita no inciso IV do art. 29 da CF, conferindo efeito transcendente aos **fundamentos determinantes** que deram suporte ao mencionado julgamento". **Entretanto, na apreciação da Rcl 3014, em 2007, o STF deu sinais que irá inverter sua orientação.** Nos termos do Informativo 475 do STF: "o Tribunal retomou julgamento de reclamação ajuizada pelo Município de Indaiatuba contra acórdão do Tribunal Regional do Trabalho da 15ª Região que mantivera a expedição de requisição de pequeno valor em patamar superior ao fixado pela Lei municipal 4.233/2002, por considerá-la inconstitucional ante a ausência de fixação da quantia em número de salários mínimos. Alega-se, na espécie, desrespeito à autoridade da decisão do Supremo na ADI 2868/PI (DJU de 11.12.2004), na qual se teria reconhecido a possibilidade de fixação, pelos estados-membros, de valor referencial inferior ao do art. 87 do ADCT. Na sessão de 13.12.2006, o Min. Carlos Britto, relator, julgou improcedente a reclamação. Asseverou, inicialmente, que, no julgamento da ADI 2868/PI, o Tribunal examinara a constitucionalidade da Lei piauiense 5.250/2002, que fixou, no âmbito da Fazenda Estadual, o quantum da obrigação de pequeno valor. **Salientou que o acolhimento da pretensão ora deduzida passaria pelo exame da possibilidade de se atribuir efeitos transcendentes aos motivos determinantes da decisão tomada no controle abstrato de normas. Considerando o fato de que, no julgamento da Rcl 4219 QO/SP (v. Informativos 441 e 458) — em que retomada a discussão do tema da aplicabilidade da chamada "transcendência dos fundamentos determinantes" —, quatro ministros já teriam votado em sentido contrário à respectiva adoção, votou, preliminarmente, pelo não-conhecimento da reclamação.** Rcl 3014/SP, rel. Min. Carlos Britto, 8.8.2007".

- **Interpretação Conforme a Constituição e Declaração parcial de Inconstitucionalidade sem redução de texto**

- Tanto a interpretação conforme quanto a declaração de inconstitucionalidade sem redução de texto são reconhecidas e consideradas válidas pelo STF. Nos termos da Rcl 1880, julgada em 2002 e relatada pelo Ministro Maurício Corrêa: "A declaração de constitucionalidade ou de inconstitucionalidade, **inclusive a interpretação conforme a Constituição e a declaração parcial de inconstitucionali-**

dade sem redução de texto, têm eficácia contra todos e efeito vinculante em relação aos órgãos do Poder Judiciário e à Administração Pública federal, estadual e municipal".

- "Ainda que se não possa negar a semelhança dessas categorias e a proximidade do resultado prático de sua utilização, é certo que, enquanto, na **interpretação conforme a Constituição** se tem, dogmaticamente, a declaração de que uma lei é constitucional com a interpretação que lhe é conferida pelo órgão judicial, constata-se, na **declaração de nulidade sem redução de texto**, a expressa exclusão, por inconstitucionalidade, de determinadas hipóteses de aplicação (Anwendungsfälle) do programa normativo sem que se produza alteração expressa do texto legal". (MENDES, Gilmar Ferreira. *Jurisdição Constitucional*. São Paulo: Saraiva, 1996, p.275).
- Caso **paradigmático sobre interpretação conforme foi o da ADPF 54, julgada em 2012 e relatada pelo Ministro Marco Aurélio, que teve como tema a antecipação terapêutica do parto de anencéfalos**. A Ministra Rosa Weber, em seu voto, se referiu expressamente à interpretação conforme: "Expressou que a tese da ausência de vontade do legislador para previsão da anencefalia como causa excludente da ilicitude não seria bom parâmetro hermenêutico para o caso. Evidenciou que, no direito contemporâneo, o processo legislativo seria muito complexo, a dificultar a aferição da vontade real do Legislativo e que seus documentos preparatórios nem sempre se mostrariam fontes seguras. Além disso, registrou que não seria rara a criação da lei de maneira ambígua e atécnica de forma proposital, a fim de que sua aprovação fosse politicamente viável, deixando-se a resolução das dúvidas futuras ao Judiciário. Também considerou que a Constituição determinaria os limites dessa vontade, de modo que a do legislador não poderia lhe ser contrária. Afastou a aplicação do precedente proferido no julgamento do RE 121336/CE (DJU de 26.6.92) à espécie, tendo em conta que não se trataria de vontade inconstitucional com atribuição de conteúdo para salvar o texto, mas de **interpretação conforme a Constituição** para mantê-lo e impedir que ele se estendesse a outra hipótese, que seria a anencefalia. No que diz respeito ao método da ponderação valorativa, recorreu à proporcionalidade em sentido estrito, pois as ações que preservariam os valores em concorrência para a situação concreta seriam necessárias e adequadas. Segundo esse princípio, que levaria à técnica da ponderação, impenderia estabelecer as razões argumentativas, que justificariam a restrição de abrangência de um princípio sobre outro, sempre com relação ao caso sob análise" (Informativo 661 do STF).
- "Ação direta de inconstitucionalidade: eficácia da suspensão cautelar da norma arguida de inconstitucional, que alcança, no caso, o dispositivo da lei primitiva, substancialmente idêntico. Ação direta de inconstitucionalidade e impossibilidade jurídica do pedido: **não se declara a inconstitucionalidade parcial quando haja inversão clara do sentido da lei**, dado que não é permitido ao Poder Judiciário agir como legislador positivo: hipótese excepcional, contudo, em que se faculta a emenda da inicial para ampliar o objeto do pedido." (ADI 1.949, julgada em 1996 e relatada pelo Ministro Sepúlveda Pertence).
- Sobre os efeitos das decisões em que há manifestação sobre interpretação conforme ou declaração parcial, vale o destaque ao seguinte julgado: "As decisões consubstanciadoras de declaração de constitucionalidade ou de inconstitucionalidade, inclusive aquelas que importem em interpretação conforme à Constituição e em declaração parcial de inconstitucionalidade sem redução de texto, quando proferidas pelo STF, em sede de fiscalização normativa abstrata, revestem-se de eficácia contra todos (erga omnes) e possuem efeito vinculante em relação a todos os magistrados e tribunais, bem assim em face da administração pública federal, estadual, distrital e municipal, impondo-se, em consequência, à necessária observância por tais órgãos estatais, que deverão adequar-se, por isso mesmo, em seus pronunciamentos, ao que a Suprema Corte, em manifestação subordinante, houver decidido, seja no âmbito da ação direta de inconstitucionalidade, seja no da ação declaratória de constitucionalidade, a propósito da validade ou da invalidade jurídico-constitucional de determinada lei ou ato normativo." (Rcl 2.143-AgR, Rel. Min. Celso de Mello, julgamento em 12-3-2003, Plenário, DJ de 6-6-2003.)
- "A doutrina e a jurisprudência nacionais admitem plenamente a **teoria da divisibilidade da lei**, de modo que somente deve ser proferida a inconstitucionalidade daquelas normas viciadas, não devendo se estender o juízo da censura às outras partes da lei, salvo se elas não puderem subsistir de forma autônoma. Essa é a lição de Gilmar Ferreira Mendes, que, complementando ainda ensina que: "Faz-se mister, portanto, verificar se estão presentes as condições objetivas de divisibilidade. Para isso, impõe-se aferir o grau de dependência entre os dispositivos, isto é, examinar se as disposições estão em uma relação de vinculação que impediria sua divisibilidade. Impõe-se verificar, igualmente, se a norma que irá subsistir após a declaração de nulidade parcial corresponderia à vontade do legislador. Portanto, devem ser investigadas não só a existência de uma relação de dependência (unilateral ou recíproca), mas também a possibilidade de intervenção no âmbito da vontade do legislador (*Jurisdição constitucional: o controle abstrato de normas no Brasil e na Alemanha*. 5.ed. São Paulo: Saraiva, 2007, p. 342-343).
- O ordenamento jurídico brasileiro **admite a inconstitucionalidade por arrastamento ou atração**, que consistiria na possibilidade de o STF declarar a inconstitucionalidade de uma norma objeto de pedido e também de outro ato normativo que não tenha sido objeto do pedido, em virtude de correlação, conexão ou interdependência entre uma e outro. Trata-se de uma mitigação ao princípio da adstrição ou congruência. Assim definiu o STF, na ADI 2995, julgada em 2006 e relatada pelo Ministro Celso de Mello: "Por entender caracterizada a

ofensa ao art. 22, XX, da CF, que confere à União a competência privativa para legislar sobre sistemas de consórcios e sorteios, o Tribunal, por maioria, julgou procedente pedido formulado em ação direta ajuizada pelo Procurador-Geral da República, para declarar a inconstitucionalidade da Lei 12.343/2003 **e, por arrastamento**, do Decreto 24.446/2002, ambos do Estado de Pernambuco, que dispõem sobre o serviço de loterias no âmbito da referida unidade federativa".

18. Técnicas de Decisões no Direito Comparado e o Controle de Constitucionalidade

- ***Distinguishing:*** é um termo norte-americano aplicado quando se distingue o caso concreto do precedente, ainda que sumulado. Tendo em vista condições essenciais do caso concreto, o precedente não deve ser aplicado, o que não significa que ele esteja sendo definitivamente abandonado.
- ***Overruling:*** ao contrário do distinguishing, as decisões do caso concreto significam o abandono definitivo do precedente da matéria.
- ***Stare decisis:*** A doutrina norte-americana do *stare decisis* sustenta que deve ser dado o devido peso aos precedentes judiciais, devido às bases do *common law* dos EUA. Essa doutrina é dividida em dois efeitos:

a) **Horizontal**: impõe o respeito aos precedentes dentro do mesmo tribunal. No Brasil, instituto semelhante é a "cláusula de reserva de plenário", do art. 97, da CF.

b) **Vertical:** impõe respeito dos precedentes da Suprema Corte aos demais órgãos do Judiciário e do Executivo. No âmbito do judiciário é chamado de ***binding effect*** pelo qual os precedentes de qualquer tribunal superior têm que ser observados pelos tribunais inferiores. No Brasil, esse instituto é parecido com o efeito vinculante, só que neste, o respeito aos precedentes restringe-se ao STF.

- **Súmulas**
- **Súmula Vinculante 10:** Viola a cláusula de reserva de plenário (cf, artigo 97) a decisão de órgão fracionário de tribunal que, embora não declare expressamente a inconstitucionalidade de lei ou ato normativo do poder público, afasta sua incidência, no todo ou em parte.
- **Súmula 513 do STF:** A decisão que enseja a **interposição de recurso** ordinário ou extraordinário não é a do plenário, que resolve o incidente de inconstitucionalidade, mas a do órgão (câmaras, grupos ou turmas) que completa o julgamento do feito.

DEFESA DO ESTADO E DAS INSTITUIÇÕES DEMOCRÁTICAS

- **CF, artigos 136 a 144.**

1. **Estado de Defesa:** De acordo com o art. 136, da CF, o Presidente da República pode, ouvidos o Conselho da República e o Conselho de Defesa Nacional, decretar Estado de Defesa para preservar ou prontamente restabelecer, em locais restritos e determinados, a ordem pública ou a paz social ameaçadas por grave e iminente instabilidade institucional ou atingidas por calamidades de grandes proporções na natureza.

- O Estado de Defesa será **instituído por decreto**, que determinará o tempo de sua duração, especificará as áreas a serem abrangidas e indicará, nos termos e limites da lei, as medidas coercitivas a vigorarem, dentre as quais estão abrangidas as que imponham restrições aos direitos de: i. reunião, ainda que exercida no seio das associações; ii. sigilo de correspondência e; iii. sigilo de comunicação telegráfica e telefônica. Também ficam permitidos a ocupação e ouso temporários de bens e serviços públicos, na hipótese de calamidade pública, respondendo a União pelos danos e custos decorrentes.
- **Decretado o estado de defesa ou sua prorrogação, o Presidente da República, dentro de 24 horas, submeterá o ato com a respectiva justificação ao Congresso Nacional**, que decidirá por maioria absoluta. Se o Congresso Nacional estiver em recesso, será convocado, extraordinariamente, no prazo de cinco dias. O Congresso Nacional apreciará o decreto dentro de dez dias contados de seu recebimento, devendo continuar funcionando enquanto vigorar o estado de defesa. Rejeitado o decreto, cessa imediatamente o estado de defesa.

2. **Estado de Sítio:** O Presidente da República pode, ouvidos o Conselho da República e o Conselho de Defesa Nacional, **solicitar ao Congresso Nacional autorização para decretar o Estado de Sítio** nos casos de: I – comoção grave de repercussão nacional ou ocorrência de fatos que comprovem a ineficácia de medida tomada durante o estado de defesa; II – declaração de estado de guerra ou resposta a agressão armada estrangeira.

- O Presidente da República, ao solicitar autorização para decretar o estado de sítio ou sua prorrogação, **relatará os motivos determinantes do pedido, devendo o Congresso Nacional decidir por maioria absoluta**.
- O **decreto do estado de sítio indicará sua duração, as normas necessárias a sua execução e as garantias constitucionais que ficarão suspensas**, e, depois de publicado, o Presidente da República designará o executor das medidas específicas e as áreas abrangidas.

3. As **Forças Armadas**, constituídas pela Marinha, pelo Exército e pela Aeronáutica, são instituições nacionais permanentes e regulares, organizadas com base na hierarquia e na disciplina, sob a autoridade suprema do Presidente da República, e destinam-se à defesa da Pátria, à garantia dos poderes constitucionais e, por iniciativa de qualquer destes, da lei e da ordem.

- Lei complementar estabelecerá as normas gerais a serem adotadas na organização, no preparo e no emprego das Forças Armadas.

4. A segurança pública, dever do Estado, direito e responsabilidade de todos, é exercida para a preservação da ordem pública e da incolumidade das pessoas e do patrimônio, através dos seguintes órgãos:

I - polícia federal;

II - polícia rodoviária federal;

III - polícia ferroviária federal;

IV - polícias civis;

V - polícias militares e corpos de bombeiros militares.

VI - polícias penais federal, estaduais e distrital. (Conforme Emenda Constitucional nº 104, de 2019)

- **Rol taxativo:** conforme noticiado no informativo 600 do STF, "**o rol de órgãos encarregados do exercício da segurança pública, previsto no art. 144, I a VI, da CF, é taxativo e esse modelo federal deve ser observado pelos Estados-membros e pelo Distrito Federal.** Com base nesse entendimento, o Tribunal, por maioria, julgou procedente, em parte, pedido formulado em ação direta proposta pelo Partido Social Liberal - PSL para declarar a inconstitucionalidade da EC 19/98 e da expressão "Instituto-Geral de Perícias" constante da EC 18/97, ambas da Constituição do Estado do Rio Grande do Sul, que dispõem sobre o aludido Instituto-Geral de Perícias. Preliminarmente, rejeitou-se a alegada inépcia da inicial, uma vez que o requerente indicara os dispositivos sobre os quais versaria a ação, bem como os fundamentos jurídicos do pedido. Ademais, ressaltou-se estar superada a tese relativa à prejudicialidade da ação direta em face da perda superveniente de representação do partido no Congresso Nacional. Assinalou-se, inclusive, que o requerente já teria readquirido sua representatividade. ADI 2827/RS, rel. Min. Gilmar Mendes, 16.9.2010".

  Possível superação de entendimento: recentemente, o STF começou a alterar esse entendimento. Nesse sentido: "A tradicional compreensão sobre a taxatividade do rol do art. 144 da Constituição da República cedeu lugar a interpretação menos restritiva, permitindo aos entes federativos criarem polícias científicas autônomas que, do ponto de vista da organização administrativa, não estejam vinculadas à Polícia Civil." (STF - ADI: 6621 TO 0110260-60.2020.1.00.0000, Relator: EDSON FACHIN, Data de Julgamento: 08/06/2021, Tribunal Pleno, Data de Publicação: 24/06/2021)

  Entende o STF que: "É inconstitucional norma estadual que assegure a independência funcional a delegados de polícia, bem como que atribua à polícia civil o caráter de função essencial ao exercício da jurisdição e à defesa da ordem jurídica" (STF, ADI 5522/SP, relator Min. Gilmar Mendes, julgamento virtual finalizado em 18.2.2022, info 1044).

  Nos termos do artigo 144, § 10º, da CF, com redação dada pela EC n. 82/2014, a segurança viária, exercida para a preservação da ordem pública e da incolumidade das pessoas e do seu patrimônio nas vias públicas: I - compreende a educação, engenharia e fiscalização de trânsito, além de outras atividades previstas em lei, que assegurem ao cidadão o direito à mobilidade urbana eficiente; II - compete, no âmbito dos Estados, do Distrito Federal e dos Municípios, aos respectivos órgãos ou entidades executivos e seus agentes de trânsito, estruturados em Carreira, na forma da lei.

  Para o STF, a atividade policial é carreira de Estado imprescindível à manutenção da normalidade democrática, sendo impossível sua complementação ou substituição pela atividade privada. [ARE 654.432, rel. p/ o ac. min. Alexandre de Moraes, j. 5-4-2017, P, DJE de 11-6-2018, Tema 541.]

  O STF entende que é constitucional a atribuição às guardas municipais do exercício de poder de polícia de trânsito, inclusive para imposição de sanções administrativas legalmente previstas. [RE 658.570, rel. p/ o ac. min. Roberto Barroso, j. 6-8-2015, P, DJE de 30-9-2015, Tema 472.]

  Para o STF, são ilegítimas, por contrariar o §6º do art. 144, quaisquer pretensões legislativas de conceder maior liberdade política (autonomias) aos órgãos de direção máxima das polícias civis estaduais, mesmo que materializadas em deliberações da Assembleia Constituinte local. [ADI 5.103, rel. min. Alexandre de Moraes, j. 12-4-2018, P, DJE de 25-4-2018.]

  "1. A segurança pública é de competência comum dos Estados-membros (CF, art. 144), sendo também sua competência remanescente a prerrogativa de legislar sobre transporte intermunicipal (CF, art. 25, § 1º). 2. **A concessão de dois assentos a policiais militares devidamente fardados nos transportes coletivos intermunicipais vai ao encontro da melhoria das condições de segurança pública nesse meio de locomoção**, em benefício de toda a Sociedade, questão flagrantemente de competência dos Estados-membros (CF, art. 144) e afasta qualquer alegação de desrespeito ao princípio da igualdade, uma vez que o discrímen adotado **é legítimo e razoável**, pois destinado àqueles que exercem atividade de polícia ostensiva e visam à preservação da ordem pública." STF. Plenário. ADI 1052, Rel. Luiz Fux, Rel. p/ Acórdão: Alexandre de Moraes, julgado em 24/08/2020 (Info 991).

TRIBUTAÇÃO E ORÇAMENTO

- **CF, artigos 145 a 169.**

1. A União, os Estados, o Distrito Federal e os Municípios poderão instituir os seguintes **tributos:** I - impostos; II - taxas, em razão do exercício do poder de polícia ou pela utilização, efetiva ou potencial, de serviços públicos específicos e divisíveis, prestados ao contribuinte ou postos a sua disposição;

III - contribuição de melhoria, decorrente de obras públicas.

2. Sempre que possível, **os impostos terão caráter pessoal e serão graduados segundo a capacidade econômica do contribuinte**, facultado à administração tributária, especialmente para conferir efetividade a esses objetivos, identificar, respeitados os direitos individuais e nos termos da lei, o patrimônio, os rendimentos e as atividades econômicas do contribuinte.

3. As **taxas** não poderão ter base de cálculo própria de impostos.

4. Sem prejuízo de outras garantias asseguradas ao contribuinte, **é vedado à União, aos Estados, ao Distrito Federal e aos Municípios**:

I - **exigir ou aumentar tributo** sem lei que o estabeleça (**Princípio da Legalidade Tributária**);

II - **instituir tratamento desigual entre contribuintes** que se encontrem em situação equivalente, proibida qualquer distinção em razão de ocupação profissional ou função por eles exercida, independentemente da denominação jurídica dos rendimentos, títulos ou direitos (**Princípios da Isonomia e da Capacidade Contributiva**);

III - **cobrar tributos**:

a) **em relação a fatos geradores ocorridos antes do início da vigência da lei** que os houver instituído ou aumentado;

b) **no mesmo exercício financeiro** em que haja sido publicada a lei que os instituiu ou aumentou **(Princípio da Anterioridade Comum)**;

c) antes de decorridos noventa dias da data em que haja sido publicada a lei que os instituiu ou aumentou **(Princípio da Anterioridade Nonagesimal)**,

IV - utilizar tributo com efeito de confisco **(Princípio do Não-confisco ou Não-confiscatoriedade)**;

V - **estabelecer limitações ao tráfego de pessoas ou bens, por meio de tributos** interestaduais ou intermunicipais, ressalvada a cobrança de pedágio pela utilização de vias conservadas pelo Poder Público **(Princípio da Liberdade de Tráfego)**;

VI - **instituir impostos sobre**:

a) patrimônio, renda ou serviços, uns dos outros (**Princípio da Imunidade Recíproca**);

b) templos de qualquer culto;

c) patrimônio, renda ou serviços dos partidos políticos, inclusive suas fundações, das entidades sindicais dos trabalhadores, das instituições de educação e de assistência social, sem fins lucrativos, atendidos os requisitos da lei;

d) livros, jornais, periódicos e o papel destinado a sua impressão.

- Súmula Vinculante 50: "Norma legal que altera o prazo de recolhimento de obrigação tributária não se sujeita ao princípio da anterioridade."
- Súmula 657, do STF: "A imunidade prevista no art. 150, VI, d, da CF **(livros, jornais, periódicos e o papel destinado a sua impressão)**, abrange os filmes e papéis fotográficos necessários à publicação de jornais e periódicos."
- Súmula Vinculante 52: "Ainda quando alugado a terceiros, permanece imune ao IPTU o imóvel pertencente a qualquer das entidades referidas pelo art. 150, VI, "c", da Constituição Federal, desde que o valor dos aluguéis seja aplicado nas atividades para as quais tais entidades foram constituídas."
- Súmula Vinculante 57: A imunidade tributária constante do art. 150, VI, d, da CF/88 aplica-se à importação e comercialização, no mercado interno, do livro eletrônico (e-book) e dos suportes exclusivamente utilizados para fixá-los, como leitores de livros eletrônicos (e-readers), ainda que possuam funcionalidades acessórias.

5. A competência da União para **emitir moeda** será exercida exclusivamente pelo banco central (art. 164, *caput*, da CF).

6. É **vedado ao banco central** conceder, direta ou indiretamente, empréstimos ao Tesouro Nacional e a qualquer órgão ou entidade que não seja instituição financeira (art. 164, § 1º, da CF).

7. Leis de iniciativa do Poder **Executivo** (não do Poder Legislativo) estabelecerão o **plano plurianual**, as **diretrizes orçamentárias** e os **orçamentos anuais** (art. 165, da CF).

- A lei que instituir o **Plano Plurianual** estabelecerá, de forma regionalizada, as diretrizes, objetivos e metas da administração pública federal para as despesas de capital e outras delas decorrentes e para as relativas aos programas de duração continuada.

  "O art. 35, § 2º, I, do ADCT dispõe que a lei do plano plurianual tem vigência até 'o final do primeiro exercício financeiro do mandato presidencial subsequente', com início no segundo ano de mandato. Assim, no ano em que for editado o PPA, a Lei de Diretrizes Orçamentárias deve ser compatível com o plano então vigente (CF, art. 166, § 4º)." [ADI 4.629, rel. min. Alexandre de Moraes, j. 20-9-2019, P, DJE de 3-10-2019.]

  A Lei de Diretrizes Orçamentárias compreenderá as metas e prioridades da administração pública federal, estabelecerá as diretrizes de política fiscal e respectivas metas, em consonância com trajetória sustentável da dívida pública, orientará a elaboração da lei orçamentária anual, disporá sobre as alterações na legislação tributária e estabelecerá a política de aplicação das agências financeiras oficiais de fomento.

- A **Lei Orçamentária Anual** não conterá dispositivo estranho à previsão da receita e à fixação da despesa, não se incluindo na proibição a autorização para abertura de créditos suplementares e contratação de operações de crédito, ainda que por antecipação de receita.

- Os projetos de lei relativos ao plano plurianual, às diretrizes orçamentárias, ao orçamento anual e aos créditos adicionais serão apreciados **pelas duas Casas do Congresso Nacional, na forma do regimento comum** (e não pelo Chefe do Executivo), consoante art, 166, *caput*, da CF.
- Segundo entendimento firmado pelo STF, é inconstitucional emenda à Constituição Estadual que confira autonomia financeira e orçamentária à universidade estadual, ou ainda que institua procuradoria jurídica própria para universidade estadual. Da mesma forma, não pode estabelecer que a escolha de reitor se dará sem a participação do Chefe do Poder Executivo. STF. Plenário. ADI 5946/RR, Rel. Min. Gilmar Mendes, julgado em 21/5/2021 (Info 1018).
- "(I) As unidades federadas podem fixar os limites das respectivas requisições de pequeno valor em patamares inferiores aos previstos no artigo 87 do ADCT, desde que o façam em consonância com sua capacidade econômica.

  (II) A aferição da capacidade econômica, para este fim, deve refletir não somente a receita, mas igualmente os graus de endividamento e de litigiosidade do ente federado. (III) A ausência de demonstração concreta da desproporcionalidade na fixação do teto das requisições de pequeno valor impõe a deferência do Poder Judiciário ao juízo político-administrativo externado pela legislação local.

  O patamar provisório fixado no ADCT para o pagamento de RPV não é irredutível, cabendo a cada unidade federativa estipular o valor máximo para essa especial modalidade de pagamento de acordo com sua capacidade econômica, cuja aferição deve considerar, além do quantum das receitas auferidas, os graus de endividamento e de litigiosidade do ente público" (STF. Info. Nº 1066. RE 1359139 RG/CE, relator Min. Luiz Fux, julgamento finalizado no Plenário Virtual em 1º.9.2022).

ORDEM ECONÔMICA E FINANCEIRA

- **CF, artigos 170 a 192.**

1. A ordem econômica, **fundada** na valorização do trabalho humano e na livre iniciativa, tem por **fim** assegurar a todos existência digna, conforme os ditames da justiça social.
2. São **princípios da ordem econômica**: I - soberania nacional; II - propriedade privada; III - função social da propriedade; IV - livre concorrência; V - defesa do consumidor; VI - defesa do meio ambiente, inclusive mediante tratamento diferenciado conforme o impacto ambiental dos produtos e serviços e de seus processos de elaboração e prestação; VII - redução das desigualdades regionais e sociais; VIII - busca do pleno emprego; IX - tratamento favorecido para as empresas de pequeno porte constituídas sob as leis brasileiras e que tenham sua sede e administração no País.

- Súmula Vinculante 49: "**Ofende o princípio da livre concorrência** lei municipal que impede a instalação de estabelecimentos comerciais do mesmo ramo em determinada área".

  "1. A proibição ou restrição da atividade de transporte privado individual por motorista cadastrado em aplicativo é inconstitucional, por violação aos princípios da livre iniciativa e da livre concorrência; (...)".[RE 1.054.110, rel. min. Roberto Barroso, j. 9-5-2019, P, DJE de 6-9-2019, Tema 697.]
- "São inconstitucionais as leis que obrigam supermercados ou similares à prestação de serviços de acondicionamento ou embalagem das compras, por violação ao princípio da livre iniciativa (arts. 1º, IV, e 170 da Constituição)." [**RE 839.950**, rel. min. Luiz Fux, j. 24-10-2018, P, *Informativo* 921, Tema 525.]

3. Excetuadas hipóteses previstas na Constituição da República, **o Estado poderá explorar atividade econômica quando necessária aos imperativos da segurança nacional ou a relevante interesse coletivo**, conforme definido em lei (art. 173, da CF).
4. As empresas públicas e as sociedades de economia mista **não poderão gozar de privilégios fiscais não extensivos às do setor privado**.
5. A lei **reprimirá o abuso do poder econômico** que vise à dominação dos mercados, à eliminação da concorrência e ao aumento arbitrário dos lucros.
6. Tem-se por **inadmissível**, no sistema da Constituição de 1988, que **norma de constituição estadual proíba, no estado-membro, que este possa reordenar, no âmbito da própria competência, sua posição na economia, transferindo à iniciativa privada atividades indevidas ou, sem qualquer necessidade, exploradas pelo setor público**. Assim restou decidido pelo STF na ADI 234, julgada em 1995 e relatada pelo Ministro Néri da Silveira.
7. **Política Urbana**

- Nos termos do art. 182, da CF, a **política de desenvolvimento urbano**, executada pelo Poder Público municipal, conforme diretrizes gerais fixadas em lei, tem por objetivo ordenar o pleno desenvolvimento das funções sociais da cidade e garantir o bem- estar de seus habitantes. O plano diretor, aprovado pela Câmara Municipal, obrigatório para cidades com mais de vinte mil habitantes, é o instrumento básico da política de desenvolvimento e de expansão urbana. Ademais, a propriedade urbana cumpre sua função social quando atende às exigências fundamentais de ordenação da cidade expressas no plano diretor. Nesse sentido é facultado ao Poder Público municipal, mediante lei específica para área incluída no plano diretor, exigir, nos termos da lei federal, do proprietário do solo urbano não edificado, subutilizado ou não utilizado, que promova seu adequado aproveitamento, sob pena, sucessivamente, de: I - parcelamento ou edificação compulsórios; II -

imposto sobre a propriedade predial e territorial urbana progressivo no tempo; III – desapropriação com pagamento mediante títulos da dívida pública de emissão previamente aprovada pelo Senado Federal, com prazo de resgate de até dez anos, em parcelas anuais, iguais e sucessivas, assegurados o valor real da indenização e os juros legais. As desapropriações de imóveis urbanos serão feitas com prévia e justa indenização em dinheiro.

8. **Política agrícola e fundiária e da reforma agrária**

- Compete à União **desapropriar por interesse social, para fins de reforma agrária**, o imóvel rural que não esteja cumprindo sua função social, mediante prévia e justa indenização em títulos da dívida agrária, com cláusula de preservação do valor real, resgatáveis no prazo de até vinte anos, a partir do segundo ano de sua emissão, e cuja utilização será definida em lei. As benfeitorias úteis e necessárias serão indenizadas em dinheiro.
- O **decreto** que declarar o imóvel como de interesse social, para fins de reforma agrária, autoriza a União a propor a ação de desapropriação.
- Cabe à **lei complementar** estabelecer procedimento contraditório especial, de rito sumário, para o processo judicial de desapropriação.
- **São insuscetíveis de desapropriação para fins de reforma agrária**:

I – a pequena e média propriedade rural, assim definida em lei, desde que seu proprietário não possua outra;

II – a propriedade produtiva.

- A lei garantirá **tratamento especial à propriedade produtiva** e fixará normas para o cumprimento dos requisitos relativos a sua função social.

  Para o STF há requisitos concomitantes: será insuscetível de desapropriação para fins de reforma agrária o imóvel que, simultaneamente, cumpra sua função social e seja propriedade produtiva (ADI 3865).

9. **Sistema financeiro nacional**

- O **sistema financeiro nacional**, estruturado de forma a promover o desenvolvimento equilibrado do País e a servir aos interesses da coletividade, em todas as partes que o compõem, abrangendo as cooperativas de crédito, será regulado por leis complementares que disporão, inclusive, sobre a participação do capital estrangeiro nas instituições que o integram.
- **Súmula Vinculante 3**: nos processos perante o Tribunal de Contas asseguram-se o contraditório e a ampla defesa quando da decisão puder resultar anulação ou revogação de ato administrativo que beneficie o interessado, excetuada a apreciação da legalidade do ato de concessão inicial de aposentadoria, reforma e pensão.

ORDEM SOCIAL

- **CF, artigos 193 a 232.**

1. A **ordem social tem como base** o primado do trabalho, e como objetivo o bem-estar e a justiça sociais.
2. A **seguridade social** compreende um conjunto integrado de ações de iniciativa dos Poderes Públicos e da sociedade, destinadas a assegurar os direitos relativos à **saúde**, à **previdência** e à **assistência social**.

- "No âmbito do Regime Geral de Previdência Social - RGPS, somente lei pode criar benefícios e vantagens previdenciárias, não **havendo, por ora, previsão legal do direito à 'desaposentação' ou à 'reaposentação'**, sendo constitucional a regra do art. 18, § 2º, da Lei 8.213/1991" (RE 381367 ED/RS, rel. orig. Min. Dias Toffoli, red. p/ o ac. Min. Alexandre de Moraes, julgamento em 6.2.2020. Informativo 965, Tema 503).
- A **saúde** é direito de todos e dever do Estado, garantido mediante políticas sociais e econômicas que visem à redução do risco de doença e de outros agravos e ao acesso universal e igualitário às ações e serviços para sua promoção, proteção e recuperação.
- "Consolidou-se a jurisprudência desta Corte no sentido de que, **embora o art. 196 da Constituição de 1988 traga norma de caráter programático, o Município não pode furtar-se do dever de propiciar os meios necessários ao gozo do direito à saúde por todos os cidadãos**. Se uma pessoa necessita, para garantir o seu direito à saúde, de tratamento médico adequado, é dever solidário da União, do Estado e do Município providenciá-lo." (AI 550.530, julgado em 20012 e relatado pelo Ministro Joaquim Barbosa).
- Por unanimidade, o **Plenário do STF considerou inconstitucional a possibilidade de um paciente do Sistema Único de Saúde (SUS) pagar para ter acomodações superiores ou ser atendido por médico de sua preferência, a chamada diferença de classes**. Os ministros negaram provimento ao Recurso Extraordinário (RE) 581488, sob **a fundamentação de que esse tipo de pagamento contraria o artigo 196 da Constituição Federal**, que garante a todos os cidadãos acesso universal e igualitário às ações e serviços de saúde.
- O art. 199, § 4º, da CF, **veda todo tipo de comercialização de sangue**, entretanto estabelece que a lei infraconstitucional disporá sobre as condições e requisitos que facilitem a coleta de sangue. Por isso, na visão do STF, se um ato normativo estadual não determina recompensa financeira à doação ou estimula a comercialização de sangue, mas apenas incentiva a doação, na composição entre o princípio da livre iniciativa e o direito à vida há de ser preservado o interesse da coletividade, interesse público primário." (ADI 3.512, Rel. Min. Eros Grau, julgamento em 15-2-2006.).

- **Medicamentos e o STF:** "O recebimento de medicamentos pelo Estado é direito fundamental, podendo o requerente pleiteá-los de qualquer um dos entes federativos, desde que **demonstrada sua necessidade e a impossibilidade de custeá-los com recursos próprios**. Isso por que, uma vez satisfeitos tais requisitos, o ente federativo deve se pautar no espírito de solidariedade para conferir efetividade ao direito garantido pela Constituição, e não criar entraves jurídicos para postergar a devida prestação jurisdicional." (RE 607.381, julgado em 2011 e relatado pelo Ministro Luiz Fux).

- Nos casos em que os medicamentos demandados sejam registrados na ANVISA, mas não tenham sido incorporados ao SUS, entende o STF que: "É obrigatória a inclusão da União no polo passivo de demanda na qual se pede o fornecimento gratuito de medicamento registrado na Agência de Vigilância Sanitária (Anvisa), mas não incorporado aos Protocolos Clínicos e Diretrizes Terapêuticas do Sistema Único de Saúde." (RE 1286407 AgR-segundo/PR, relator Min. Alexandre de Moraes, julgamento em 26.4.2022).

  Para que sejam concedidos os medicamentos, foram estabelecidos os seguintes requisitos pelo STJ: comprovação, por laudo médico, da imprescindibilidade ou necessidade do medicamento, bem como da ineficácia dos medicamentos fornecidos pelo SUS; incapacidade financeira de arcar com o custo do medicamento existência de registro na ANVISA do medicamento pleiteado (STJ. 1ª Seção. REsp 1.657.156-RJ, Rel. Min. Benedito Gonçalves, julgado em 25/04/2018 - recurso repetitivo- Info 625).

  Recentemente, o STF entendeu ainda que: "Cabe ao Estado fornecer, em termos excepcionais, medicamento que, embora não possua registro na Anvisa, tem a sua importação autorizada pela agência de vigilância sanitária, desde que comprovada a incapacidade econômica do paciente, a imprescindibilidade clínica do tratamento, e a impossibilidade de substituição por outro similar constante das listas oficiais de dispensação de medicamentos e os protocolos de intervenção terapêutica do SUS." STF. Plenário. RE 1165959/SP, Rel. Marco Aurélio, redator do acórdão Min. Alexandre de Moraes, julgado em 18/6/2021 (Repercussão Geral – Tema 1161) (Info 1022).

  Complementou ainda o STJ que: "O Estado não é obrigado a fornecer medicamento para utilização off label, salvo autorização da ANVISA." (STJ, PUIL 2.101-MG, Rel. Min. Sérgio Kukina, Primeira Seção, por unanimidade, julgado em 10/11/2021, info 717).

- "Ante o postulado da separação de Poderes, o Congresso Nacional não pode autorizar, atuando de forma abstrata e genérica, a distribuição de medicamento." ADI 5501/DF, rel. Min. Marco Aurélio, julgamento virtual finalizado em 23.10.2020. (ADI-5501)- Info 996

- "É possível a atribuição de efeitos erga omnes à sentença proferida em ação civil pública na qual se postula medicamento para um paciente específico." (STJ. AgInt no REsp 1.377.135-SC, Rel. Min. Sérgio Kukina, Primeira Turma, por unanimidade, julgado em 10/05/2022, DJe 13/05/2022. Info Especial nº 5).

- No art. 196 da Constituição Federal está estabelecido que a "saúde é direito de todos e dever do Estado, garantido mediante políticas sociais e econômicas que visem à redução do risco de doença e de outros agravos e ao acesso universal e igualitário às ações e serviços para sua promoção, proteção e recuperação", A referida norma é programática, ou seja, depende de ações estatais para ser implementada, mas, não obstante essa característica, **se algum paciente carente com patologia crônica com indiscutível risco de morte necessitar de remédio de alto custo não fornecido pelo SUS – Sistema Único de Saúde –, será possível mover ação judicial para sua obtenção e, se houver recurso, em última instância a pretensão será acolhida, pois o STF admite a judicialização de políticas públicas**, em especial, o fornecimento de medicamentos de alto custo (conforme Suspensões de Tutela (STA) 175, 211 e 278; Suspensões de Segurança 3724, 2944, 2361, 3345 e 3355; e Suspensão de Liminar (SL) 47, de Relatoria do Ministro Gilmar Mendes, julgadas em 2010).

  O STF entende que : "É ilegítima a recusa dos pais à vacinação compulsória de filho menor por motivo de convicção filosófica." Isso porque "é constitucional a obrigatoriedade de imunização por meio de vacina que, registrada em órgão de vigilância sanitária, (i) tenha sido incluída no Programa Nacional de Imunizações ou (ii) tenha sua aplicação obrigatória determinada em lei ou (iii) seja objeto de determinação da União, estado, Distrito Federal ou município, com base em consenso médico-científico. Em tais casos, não se caracteriza violação à liberdade de consciência e de convicção filosófica dos pais ou responsáveis, nem tampouco ao poder familiar". (Tema 1103 da repercussão geral - ARE 1267879/SP, relator Min. Roberto Barroso, julgamento em 16 e 17.12.2020 – INFO 1003)

  Sobre o tema vacinação compulsória o STF julgou as ADIs 6586 e 6587 fixando a seguinte tese: "O Tribunal, por maioria, julgou parcialmente procedente a ação direta, para conferir interpretação conforme à Constituição ao art. 3º, III, d, da Lei 13.979/2020, nos termos do voto do Relator e da seguinte tese de julgamento: "(I) A vacinação compulsória não significa vacinação forçada, porquanto facultada sempre a recusa do usuário, podendo, contudo, ser implementada por meio de medidas indiretas, as quais compreendem, dentre outras, a restrição ao exercício de certas atividades ou à frequência de determinados lugares, desde que previstas em lei, ou dela decorrentes, e (i) tenham como base evidências científicas e análises estratégicas pertinentes, (ii) venham acompanhadas de ampla informação sobre a eficácia, segurança e contraindicações dos imunizantes, (iii) respeitem a dignidade humana e os direitos fundamentais das pessoas, (iv) atendam aos critérios de razoabilidade e proporcionalidade e (v) sejam as vacinas distribuídas universal e gratuitamente; e (II) tais medidas, com as limitações acima expostas, podem ser implementadas tanto pela União como pelos Estados, Distrito Federal e Municípios, respeitadas as respectivas esferas de competência". Vencido, em parte, o Ministro Nunes Marques. Presidência do Ministro Luiz Fux. Plenário, 17.12.2020."

"AÇÕES DIRETAS DE INCONSTITUCIONALIDADE. VACINAÇÃO COMPULSÓRIA CONTRA A COVID-19 PREVISTA NA LEI 13.979/2020. PRETENSÃO DE ALCANÇAR A IMUNIDADE DE REBANHO. PROTEÇÃO DA COLETIVIDADE, EM ESPECIAL DOS MAIS VULNERÁVEIS. DIREITO SOCIAL À SAÚDE. PROIBIÇÃO DE VACINAÇÃO FORÇADA. EXIGÊNCIA DE PRÉVIO CONSENTIMENTO INFORMADO DO USUÁRIO. INTANGIBILIDADE DO CORPO HUMANO. PREVALÊNCIA DO PRINCÍPIO DA DIGNIDADE HUMANA. INVIOLABILIDADE DO DIREITO À VIDA, LIBERDADE, SEGURANÇA, PROPRIEDADE, INTIMIDADE E VIDA PRIVADA. VEDAÇÃO DA TORTURA E DO TRATAMENTO DESUMANO OU DEGRADANTE. COMPULSORIEDADE DA IMUNIZAÇÃO A SER ALÇANÇADA MEDIANTE RESTRIÇÕES INDIRETAS. NECESSIDADE DE OBSERVÂNCIA DE EVIDÊNCIAS CIENTÍFICAS E ANÁLISES DE INFORMAÇÕES ESTRATÉGICAS. EXIGÊNCIA DE COMPROVAÇÃO DA SEGURANÇA E EFICÁCIA DAS VACINAS. LIMITES À OBRIGATORIEDADE DA IMUNIZAÇÃO CONSISTENTES NA ESTRITA OBSERVÂNCIA DOS DIREITOS E GARANTIAS FUNDAMENTAIS. COMPETÊNCIA COMUM DA UNIÃO, ESTADOS, DISTRITO FEDERAL E MUNICÍPIOS PARA CUIDAR DA SAÚDE E ASSISTÊNCIA PÚBLICA . ADIS CONHECIDAS E JULGADAS PARCIALMENTE PROCEDENTES."

"É incabível a requisição administrativa, pela União, de bens insumos contratados por unidade federativa e destinados à execução do plano local de imunização, cujos pagamentos já foram empenhados." STF. Plenário. ACO 3463 MC-Ref/SP, Rel. Min. Ricardo Lewandowski, julgado em 8/3/2021 (Info 1008).

- A **previdência social** será organizada sob a forma de regime geral, de caráter contributivo e de filiação obrigatória, observados critérios que preservem o equilíbrio financeiro e atuarial.
- A **assistência social** será prestada a quem dela necessitar, independentemente de contribuição à seguridade social, e tem por objetivos:

I – a proteção à família, à maternidade, à infância, à adolescência e à velhice;

II – o amparo às crianças e adolescentes carentes;

III – a promoção da integração ao mercado de trabalho;

IV – a habilitação e reabilitação das pessoas portadoras de deficiência e a promoção de sua integração à vida comunitária;

V – a garantia de um salário mínimo de benefício mensal à pessoa portadora de deficiência e ao idoso que comprovem não possuir meios de prover à própria manutenção ou de tê-la provida por sua família.

VI – a redução da vulnerabilidade socioeconômica de famílias em situação de pobreza ou de extrema pobreza.

3. A **educação**, direito de todos e dever do Estado e da família, será promovida e incentivada com a colaboração da sociedade, visando ao pleno desenvolvimento da pessoa, seu preparo para o exercício da cidadania e sua qualificação para o trabalho.

- De acordo com o art. 208, da CF, **o dever do Estado com a educação** será efetivado mediante a garantia de:

I – educação básica obrigatória e gratuita dos 4 aos 17 anos de idade, assegurada inclusive sua oferta gratuita para todos os que a ela não tiveram acesso na idade própria;

II – progressiva universalização do ensino médio gratuito;

III – atendimento educacional especializado aos portadores de deficiência, **preferencialmente na rede regular de ensino**;

IV – educação infantil, em **creche e pré-escola**, às crianças até 5 anos de idade;

V – acesso aos níveis mais elevados do ensino, da pesquisa e da criação artística, segundo a capacidade de cada um;

VI – oferta de ensino noturno regular, adequado às condições do educando;

VII – atendimento ao educando, em todas as etapas da educação básica, por meio de programas suplementares de material didáticoescolar, transporte, alimentação e assistência à saúde.

A União, os Estados, o Distrito Federal e os Municípios exercerão ação redistributiva em relação a suas escolas.

- o **STF** já decidiu que: "A educação infantil representa prerrogativa constitucional indisponível, que, deferida às crianças, a estas assegura, para efeito de seu desenvolvimento integral, e como primeira etapa do processo de educação básica, o atendimento em creche e o acesso à pré-escola (CF, art. 208, IV). Essa prerrogativa jurídica, em consequência, **impõe, ao Estado, por efeito da alta significação social de que se reveste a educação infantil, a obrigação constitucional de criar condições objetivas que possibilitem, de maneira concreta, em favor das 'crianças até cinco anos de idade'** (CF, art. 208, IV), o efetivo acesso e atendimento em creches e unidades de pré-escola, sob pena de configurar-se inaceitável omissão governamental, apta a frustrar, injustamente, por inércia, o integral adimplemento, pelo Poder Público, de prestação estatal que lhe impôs o próprio texto da CF. A educação infantil, por qualificar-se como direito fundamental de toda criança, **não se expõe, em seu processo de concretização, a avaliações meramente discricionárias da administração pública nem se subordina a razões de puro pragmatismo**

governamental." (ARE 639.337-AgR, julgado em 2011 e relatado pelo Ministro Celso de Mello). "A jurisprudência do STF firmou-se no sentido da existência de **direito subjetivo público de crianças até cinco anos de idade ao atendimento em creches e pré-escolas**. (...) também consolidou o entendimento de que **é possível a intervenção do Poder Judiciário visando à efetivação daquele direito constitucional**." (RE 554.075-AgR, Rel. Min. Cármen Lúcia, julgamento em 30-6-2009, Primeira Turma, DJE de 21-8-2009.)

- As despesas com encargos previdenciários de servidores inativos e os repasses efetuados pelo Estado para cobrir o déficit no regime próprio de previdência não podem ser computados como aplicação de recursos na manutenção e desenvolvimento de ensino, para os fins do art. 212 da CF/88. Logo, é inconstitucional lei estadual que faça essa previsão. STF. Plenário. ADI 5719, Rel. Edson Fachin, julgado em 18/08/2020 (Info 990 – clipping)
- Não se admite no Brasil a educação domiciliar, devendo haver uma parceria obrigatória entre família e Estado na educação de crianças e adolescentes. (Info 915, STF)
- O STF entendeu que "É inconstitucional lei estadual que fixa critério etário para o ingresso no Ensino Fundamental diferente do estabelecido pelo legislador federal e regulamentado pelo Ministério da Educação". (ADI 6312/RS, relator Min. Roberto Barroso, julgamento virtual finalizado em 18.12.2020 – Info 1003)
- "Ementa: Direito Constitucional. Ação Declaratória de Constitucionalidade. Fixação da Idade mínima de 06 (seis) anos para o ingresso no Ensino Fundamental. 1. Ação declaratória de constitucionalidade que tem por objeto os artigos 24, II, 31, I e 32, caput, da Lei de Diretrizes e Bases da Educação Nacional, que dispõem que o ensino fundamental obrigatório se inicia aos 06 (seis) anos de idade. 2. É constitucional a norma que fixa a idade de 6 (seis) anos como marco para o ingresso no ensino fundamental, tendo em vista que o legislador constituinte utilizou critério etário plenamente compatível com essa previsão no art. 208, IV, da Constituição, de acordo com o qual a educação infantil deve ser oferecida "às crianças até 5 (cinco) anos de idade".
- "É consentânea com a Carta da República previsão normativa asseguradora, ao militar e ao dependente estudante, do acesso a instituição de ensino na localidade para onde é removido. Todavia, **a transferência do local do serviço não pode se mostrar verdadeiro mecanismo para lograr-se a transposição da seara particular para a pública, sob pena de se colocar em plano secundário a isonomia** – art. 5º, cabeça e inciso I –, a impessoalidade, a moralidade na administração pública, a igualdade de condições para o acesso e permanência na escola superior, prevista no inciso I do art. 206, bem como a viabilidade de chegar-se a níveis mais elevados do ensino, no que o inciso V do art. 208 vincula o fenômeno à capacidade de cada qual." (ADI 3.324, julgada em 2004 e relatada pelo Ministro Marco Aurélio).
- A educação será prestada com garantia de **ensino religioso**, de matrícula **facultativa** (não obrigatória) nas escolas públicas de ensino fundamental (art. 210, § 1º, da CF).

  "A imposição legal de manutenção de exemplares de Bíblias em escolas e bibliotecas públicas estaduais configura contrariedade à laicidade estatal e à liberdade religiosa consagrada pela Constituição da República de 1988." STF. Plenário. ADI 5258/AM, Rel. Min. Cármen Lúcia, julgado em 12/4/2021 (Info 1012).
- **Súmula vinculante 12:** A cobrança de taxa de matrícula nas universidades públicas viola o disposto no art. 206, IV, da Constituição Federal.

  No entanto, a garantia constitucional da gratuidade de ensino não obsta a cobrança por universidades públicas de mensalidade em cursos de especialização. (Tese definida no RE 597.854, rel. min. Edson Fachin, P, j. 26-4-2017, DJE 214 de 21-9-2017, Tema 535.)

  É formalmente inconstitucional lei municipal que veda a divulgação de material sobre "ideologia de gênero" em escolas municipais, uma vez que é competência privativa da União legislar sobre diretrizes e bases da educação nacional, nos termos do art. 22, XXIV da CF/88. STF. Plenário. ADPF 457, Rel. Alexandre de Moraes, julgado em 27/04/2020 (Info 980 – clipping).

  É constitucional lei estadual que determina que instituições de ensino superior privadas devolvam o valor da matrícula, retendo no máximo 5% desta quantia no caso de desistência do curso ou pedido de transferência efetuado antes do início das aulas. STF. Plenário. ADI 5951, Rel. Cármen Lúcia, julgado em 16/06/2020 (Info 985 – clipping).

  "A opção legal pela escolha dos dirigentes máximos das universidades em ato complexo não ofende a autonomia universitária, prevista no art. 207 da Constituição Federal." STF. Plenário. ADPF 759 MC-Ref/DF, Rel. Min. Edson Fachin, redator do acórdão Min. Alexandre de Moraes, julgado em 6/2/2021 (Info 1004).

4. **Cultura:** Art. 215, da CF: O Estado garantirá a todos o **pleno exercício dos direitos culturais e acesso às fontes da cultura nacional**, e apoiará e incentivará a valorização e a difusão das manifestações culturais. Ademais, o Estado protegerá as manifestações das culturas populares, indígenas e afro-brasileiras, e das de outros grupos participantes do processo civilizatório nacional.

- Segundo o §1º, do artigo 216-A, da CF, o **Sistema Nacional de Cultura** (e não o Plano Nacional de Cultura) **fundamenta-se na política nacional de cultura e nas suas diretrizes, estabelecidas no Plano Nacional de Cultura** (e não Sistema Nacional de Cultura) e rege-se pelos seguintes princípios:

I – diversidade das expressões culturais; II – universalização do acesso aos bens e serviços culturais; III – fomento à produção, difusão e circulação de conhecimento e bens culturais; IV – cooperação entre os entes federados, os agentes públicos e privados atuantes na área cultural; V – integração e interação na execução das políticas, programas, projetos e ações desenvolvidas; VI – complementaridade nos papéis dos agentes culturais; VII – transversalidade das políticas culturais; VIII – autonomia dos entes federados e das instituições da sociedade civil; IX – transparência e compartilhamento das informações; X – democratização dos processos decisórios com participação e controle social; XI – descentralização articulada e pactuada da gestão, dos recursos e das ações; XII – ampliação progressiva dos recursos contidos nos orçamentos públicos para a cultura.

- **Sistema Nacional de Ciência, Tecnologia e Inovação (SNCTI):** Instituído pela Emenda Constitucional nº 85/2015, o artigo 219-B da CF dispõe que o Sistema Nacional de Ciência, Tecnologia e Inovação (SNCTI) será organizado em regime de colaboração entre entes, tanto públicos quanto privados, com vistas a promover o desenvolvimento científico e tecnológico e a inovação. Lei federal disporá sobre as normas gerais do SNCTI. Os Estados, o Distrito Federal e os Municípios legislarão concorrentemente sobre suas peculiaridades.

"São constitucionais a cota de tela, consistente na obrigatoriedade de exibição de filmes nacionais nos cinemas brasileiros, e as sanções administrativas decorrentes de sua inobservância. A denominada "cota de tela" promove intervenção voltada a viabilizar a efetivação do direito à cultura, sem, por outro lado, atingir o núcleo dos direitos à livre iniciativa, à livre concorrência e à propriedade privada, apenas adequando as liberdades econômicas à sua função social." STF. Plenário. RE 627432/RS, Rel. Min. Dias Toffoli, julgado em 18/3/2021 (Repercussão Geral – Tema 704) (Info 1010)

"É constitucional a exigência editalícia de percentuais mínimos e máximos para a exibição da programação especial de produção local em processos seletivos de outorga dos serviços de radiodifusão." STF. Plenário. RE 1070522/PE, Rel. Min. Luiz Fux, julgado em 18/3/2021 (Repercussão Geral - Tema 1013) (Info 1010).

"São constitucionais os procedimentos licitatórios que exijam percentuais mínimos e máximos a serem observados pelas emissoras de rádio na produção e transmissão de programas culturais, artísticos e jornalísticos locais, nos termos do art. 221 da Constituição Federal." STF. Plenário. RE 1070522/PE, Rel. Min. Luiz Fux, julgado em 18/3/2021 (Repercussão Geral – Tema 1013) (Info 1010).

5. **Meio Ambiente:** Art. 225, da CF: Todos têm direito ao **meio ambiente ecologicamente equilibrado**, bem de uso comum do povo e essencial à sadia qualidade de vida, impondo-se ao Poder Público e à coletividade o dever de defendê-lo e preservá- lo para as presentes e futuras gerações.

- Nos termos do que dispôs a EC 96/2017, não se consideram cruéis as práticas desportivas que utilizem animais, desde que sejam manifestações culturais, conforme o § 1º do art. 215 desta Constituição Federal, registradas como bem de natureza imaterial integrante do patrimônio cultural brasileiro, devendo ser regulamentadas por lei específica que assegure o bem-estar dos animais envolvidos.

Lei estadual que proíbe a utilização de animais no desenvolvimento, experimentos e **testes de produtos cosméticos**, de higiene pessoal, perfumes e seus componentes **é constitucional**, uma vez que é **competência concorrente legislar sobre proteção da fauna**, nos termos do ar.t 24, VI da CF/88. STF. Plenário. ADI 5996, Rel. Alexandre de Moraes, julgado em 15/04/2020 (Info 975).

- Sacrifício de animais em cultos religiosos de matriz africana: entendeu o STF ser constitucional lei de proteção animal que, para resguardar a liberdade religiosa, permite o sacrifício ritual de animais nos cultos de religiões de matriz africana. STF. Plenário. RE 494601/RS, rel. orig. Min. Marco Aurélio, red. p/ o ac. Min. Edson Fachin, julgado em 28/3/2019 (Info 935).

Interpretação da legislação ambiental: "É inconstitucional a interpretação da legislação federal que possibilita o abate imediato de animais apreendidos em situação de maus-tratos" STF. Plenário. ADPF 640 MC-Ref-DF, rel. Min. Gilmar Mendes, julgado em 17/09/2021 (Info 1030).

6. **Família, Criança, Adolescente, Jovem e Idoso**

- Consoante art. 226, da CF, a **família, base da sociedade, tem especial proteção do Estado**.
- O **casamento** é civil e de celebração **gratuita (Família Formal)**. O casamento religioso tem efeito civil, nos termos da lei.
- Para efeito da proteção do Estado, é reconhecida a união estável **(Família Informal)** entre o homem e a mulher como entidade familiar, **devendo a lei facilitar sua conversão em casamento**.

Segundo entendimento do STF, viola o princípio da isonomia entre homens e mulheres, prevista no art. 5º, I da CF/88, e é, portanto, inconstitucional, a exigência de requisitos legais diferenciados para efeito de outorga de pensão por morte de ex-servidores públicos em relação a seus respectivos cônjuges ou companheiros/companheiras (art. 201, V, da CF/88). STF. Plenário. RE 659424/RS, Rel. Min. Celso de Mello, julgado em 9/10/2020 (Repercussão Geral – Tema 457) (Info 994).

- Para efeito da proteção do Estado, é reconhecida a união estável **(Família Informal)** entre o homem e a mulher como entidade familiar, **devendo a lei facilitar sua conversão em casamento**.

- Entende-se, também, como entidade familiar a **comunidade formada por qualquer dos pais e seus descendentes (Família Monoparental)**.
- Os direitos e deveres referentes à **sociedade conjugal** são exercidos igualmente pelo homem e pela mulher.
- O casamento civil pode ser dissolvido pelo **divórcio**.
- Fundado nos princípios da dignidade da pessoa humana e da paternidade responsável, o **planejamento familiar é livre decisão do casal**, competindo ao Estado propiciar recursos educacionais e científicos para o exercício desse direito, vedada qualquer forma coercitiva por parte de instituições oficiais ou privadas.
- É dever da família, da sociedade e do Estado assegurar **à criança, ao adolescente e ao jovem**, com absoluta prioridade, o direito à vida, à saúde, à alimentação, à educação, ao lazer, à profissionalização, à cultura, à dignidade, ao respeito, à liberdade e à convivência familiar e comunitária, além de colocá-los a salvo de toda forma de negligência, discriminação, exploração, violência, crueldade e opressão.
- A lei **punirá severamente** o abuso, a violência e a exploração sexual da criança e do adolescente.
- Lei estabelecerá: I - o **estatuto da juventude**, destinado a regular os direitos dos jovens; II - o **plano nacional de juventude, de duração decenal**, visando à articulação das várias esferas do poder público para a execução de políticas públicas.
- **A família, a sociedade e o Estado têm o dever de amparar as pessoas idosas**, assegurando sua participação na comunidade, defendendo sua dignidade e bem-estar e garantindo-lhes o direito à vida.
- De acordo com o STF, o artigo da CF que assegura a **gratuidade nos transportes coletivos urbanos aos maiores de sessenta e cinco anos de idade** constitui norma de eficácia plena e de aplicabilidade imediata, conforme restou decidido no seguinte julgado: "Ação direta de inconstitucionalidade. Art. 39 da Lei 10.741, de 1º de outubro de 2003 (Estatuto da Pessoa Idosa), que assegura gratuidade dos transportes públicos urbanos e semiurbanos aos que têm mais de 65 (sessenta e cinco) anos. Direito constitucional. Norma constitucional de eficácia plena e aplicabilidade imediata. Norma legal que repete a norma constitucional garantidora do direito. Improcedência da ação. O art. 39 da Lei 10.741/2003 (Estatuto da Pessoa Idosa) apenas repete o que dispõe o § 2º do art. 230 da Constituição do Brasil. **A norma constitucional é de eficácia plena e aplicabilidade imediata, pelo que não há eiva de invalidade jurídica na norma legal que repete os seus termos e determina que se concretize o quanto constitucionalmente disposto**. Ação direta de inconstitucionalidade julgada improcedente." (ADI 3.768, julgada em 2007 e relatada pela Ministra Cármen Lúcia).

7. Índios

- **São reconhecidos aos índios** sua organização social, costumes, línguas, crenças e tradições, e os direitos originários sobre as terras que tradicionalmente ocupam, competindo à União demarcá-las, proteger e fazer respeitar todos os seus bens
- As terras tradicionalmente ocupadas pelos **índios** destinam-se à sua posse
- As terras tradicionalmente ocupadas pelos **índios** destinam-se à sua posse permanente, **cabendo-lhes o usufruto exclusivo das riquezas do solo, dos rios e dos lagos nelas existentes** (sem qualquer participação da União), nos termos do art. 231, § 1º, da CF.
- A CF, em seu art. 231, § 5º, consagrou o **princípio da irremovibilidade dos índios de suas terras**, salvo, *ad referendum* do Congresso Nacional, em caso de catástrofe ou epidemia que ponha em risco sua população, ou no interesse da soberania do país, devendo, cessado o risco, os índios retornar, de imediato, às suas terras
- O aproveitamento dos recursos hídricos, incluídos os potenciais energéticos, a pesquisa e a lavra das riquezas minerais em terras indígenas só podem ser efetivados com autorização **do Congresso Nacional** (e não da Fundação Nacional do Índio – FUNAI), ouvidas, as comunidades afetadas, ficando-lhes assegurada participação nos resultados da lavra, na forma da lei.

  O STF entendeu que é: "Cabível o deferimento de tutela provisória incidental em arguição de descumprimento de preceito fundamental para adoção de todas as providências indispensáveis para assegurar a vida, a saúde e a segurança de povos indígenas vítimas de ilícitos e problemas de saúde decorrentes da presença de invasores de suas terras, em situação agravada pelo curso da pandemia ocasionada pelo novo coronavírus (Covid-19)." STF. Plenário. ADPF 709 TPI-Ref/DF, Rel. Min. Roberto Barroso, julgado em 18/6/2021 (Info 1022).

DISPOSIÇÕES CONSTITUCIONAIS GERAIS

- **CF, artigos 233 a 250.**

  Normalmente as questões sobre esses artigos envolvem a literalidade dos dispositivos constitucionais. Há, contudo, algumas observações a serem feitas.

- **Serviços notariais: fiscalização**

  Nos termos do art. 236, §1º da CF/88, os notários, oficiais de registro e seus prepostos terão seus atos fiscalizados pelo Poder Judiciário.

  "É válida a atribuição aos Ofícios de Registro Civil das Pessoas Naturais de prestação de outros serviços remunerados, conexos aos seus serviços típicos, mediante convênio devidamente homologado pelo Poder Judiciário local, em credenciamento ou em matrícula com órgãos públicos e entidades interessadas, podendo o referido convênio ser firmado pela entidade de classe dos Registradores Civis das

Pessoas Naturais de mesma abrangência territorial do órgão da entidade interessada. O exercício de serviços remunerados pelos Ofícios de Registro Civil das Pessoas Naturais, mediante celebração de convênios, depende de prévia homologação pelo Poder Judiciário, conforme o art. 96, II, alínea b, e art. 236, § 1º, da CF. Medida cautelar parcialmente confirmada e Ação Direta julgada parcialmente procedente para conferir interpretação conforme ao § 3º do art. 29, declarar nulidade parcial com redução de texto da expressão 'independe de homologação', constante do § 4º do referido art. 29 da Lei 6.015/1973, na redação dada pela Lei 13.484/2017, e declarar a constitucionalidade do Provimento 66/2018 da Corregedoria Nacional do Conselho Nacional de Justiça." [ADI 5.855, rel. min. Alexandre de Moraes, j. 10-4-2019, P, DJE de 25-9-2019.]

"O Estado responde, objetivamente, pelos atos dos tabeliães e registradores oficiais que, no exercício de suas funções, causem dano a terceiros, assentado o dever de regresso contra o responsável, nos casos de dolo ou culpa, sob pena de improbidade administrativa." [RE 842.846, rel. min. Luiz Fux, j. 27-2-2019, P, DJE de 13-8-2019, Tema 777.]

- A Emenda Constitucional nº 81 de 2014 incluiu no artigo 243, da CF, a possibilidade de expropriação das propriedades em que localizada exploração de trabalho escravo. Desse modo, as propriedades rurais e urbanas de qualquer região do País onde forem localizadas culturas ilegais de plantas psicotrópicas ou a exploração de trabalho escravo na forma da lei serão expropriadas e destinadas à reforma agrária e a programas de habitação popular, sem qualquer indenização ao proprietário e sem prejuízo de outras sanções previstas em lei, observado, no que couber, o disposto no art. 5º. Todo e qualquer bem de valor econômico apreendido em decorrência do tráfico ilícito de entorpecentes e drogas afins e da exploração de trabalho escravo será confiscado e reverterá a fundo especial com destinação específica, na forma da lei (art. 243, CF).

No entanto, importante observar a jurisprudência do STF sobre o assunto:

"A expropriação prevista no art. 243 da CF pode ser afastada, desde que o proprietário comprove que não incorreu em culpa, ainda que in vigilando ou in eligendo". [RE 635.336, rel. min. Gilmar Mendes, j. 14-12-2016, P, DJE de 15-9-2017, Tema 399.]

"Não se justifica, para fins da expropriação, com caráter de confisco, de que trata o art. 243 da Constituição Federal, a invocação da primazia da União sobre os Estados. Em se tratando de bem já público, sua expropriação para mera alteração de titularidade nada contribui para o alcance da finalidade do instituto." [ACO 967, rel. min. Rosa Weber, j. 27-4-2020, P, DJE de 15-5-2020.]

"É possível o confisco de todo e qualquer bem de valor econômico apreendido em decorrência do tráfico de drogas, sem a necessidade de se perquirir a habitualidade, reiteração do uso do bem para tal finalidade, a sua modificação para dificultar a descoberta do local do acondicionamento da droga ou qualquer outro requisito além daqueles previstos expressamente no art. 243, parágrafo único, da CF." [RE 638.491, rel. min. Luiz Fux, j. 17-5-2017, P, DJE de 23-8-2017, Tema 647.] Vide AC 82 MC, rel. min. Marco Aurélio, j. 3-2-2004, 1ª T, DJ de 28-5-2004

✦ SÚMULAS APLICÁVEIS

◉ STF

1. COMPETÊNCIA LEGISLATIVA

- Súm. Vinculante 2. É inconstitucional a lei ou ato normativo estadual ou distrital que disponha sobre sistemas de consórcios e sorteios, inclusive bingos e loterias.
- Súm. Vinculante 39. Compete privativamente à União legislar sobre vencimentos dos membros das polícias civil e militar e do corpo de bombeiros militar do Distrito Federal.
- Súm. Vinculante 46. A definição dos crimes de responsabilidade e o estabelecimento das respectivas normas de processo e julgamento são da competência legislativa privativa da União.

2. DIREITOS FUNDAMENTAIS

- Súm. Vinculante 1. Ofende a garantia constitucional do ato jurídico perfeito a decisão que, sem ponderar as circunstâncias do caso concreto, desconsidera a validez e a eficácia de acordo constante de termo de adesão instituído pela Lei Complementar 110/2001.
- Súm. Vinculante 11. Só é lícito o uso de algemas em casos de resistência e de fundado receio de fuga ou de perigo à integridade física própria ou alheia, por parte do preso ou de terceiros, justificada a excepcionalidade por escrito, sob pena de responsabilidade disciplinar, civil e penal do agente ou da autoridade e de nulidade da prisão ou do ato processual a que se refere, sem prejuízo da responsabilidade civil do Estado.
- Súm. Vinculante 14. É direito do defensor, no interesse do representado, ter acesso amplo aos elementos de prova que, já documentados em procedimento investigatório realizado por órgão com competência de polícia judiciária, digam respeito ao exercício do direito de defesa.
- Súm. Vinculante 21. É inconstitucional a exigência de depósito ou arrolamento prévios de dinheiro ou bens para admissibilidade de recurso administrativo.
- Súm. Vinculante 25. É ilícita a prisão civil de depositário infiel, qualquer que seja a modalidade do depósito.

- Súm. Vinculante 28. É inconstitucional a exigência de depósito prévio como requisito de admissibilidade de ação judicial na qual se pretenda discutir a exigibilidade de crédito tributário.
- Súm. 654. A garantia da irretroatividade da lei, prevista no art. 5º, XXXVI, da Constituição da República, não é invocável pela entidade estatal que a tenha editado.

3. DIREITOS POLÍTICOS

- Súm. Vinculante 18. A dissolução da sociedade ou do vínculo conjugal, no curso do mandato, não afasta a inelegibilidade prevista no § 7º do artigo 14 da Constituição Federal.

4. IMUNIDADE PARLAMENTAR

- Súm. 245. A imunidade parlamentar não se estende ao corréu sem essa prerrogativa.

5. MAGISTRATURA

- Súm. 628. Integrante de lista de candidatos a determinada vaga da composição de tribunal é parte legítima para impugnar a validade da nomeação de concorrente.

6. MINISTÉRIO PÚBLICO

- Súm. 643. O Ministério Público tem legitimidade para promover ação civil pública cujo fundamento seja a ilegalidade de reajuste de mensalidades escolares.

7. PRECATÓRIOS

- Súm. Vinculante 17. Durante o período previsto no parágrafo 1º do artigo 100 da Constituição, não incidem juros de mora sobre os precatórios que nele sejam pagos.
- Súm. 655. A exceção prevista no art. 100, caput, da Constituição, em favor dos créditos de natureza alimentícia, não dispensa a expedição de precatório, limitando-se a isentá-los da observância da ordem cronológica dos precatórios decorrentes de condenações de outra natureza.

8. PROCESSO LEGISLATIVO

- Súm. 651. A medida provisória não apreciada pelo Congresso Nacional podia, até a EC 32/2001, ser reeditada dentro do seu prazo de eficácia de trinta dias, mantidos os efeitos de lei desde a primeira edição.

9. REPARTIÇÃO DE RECEITAS TRIBUTÁRIAS

- Súm. Vinculante 30. É inconstitucional lei estadual que, a título de incentivo fiscal, retém parcela do ICMS pertencente aos municípios.
- Súm. 578. Não podem os Estados, a título de ressarcimento de despesas, reduzir a parcela de 20% do produto da arrecadação do imposto de circulação de mercadorias, atribuídas aos Municípios pelo art. 23, § 8º, da Constituição Federal.

10. SISTEMA FINANCEIRO NACIONAL

- Súm. 725. É constitucional o § 2º do art. 6º da L. 8.024/90, resultante da conversão da MPr 168/90, que fixou o BTN fiscal como índice de correção monetária aplicável aos depósitos bloqueados pelo Plano Collor I.

11. TRIBUNAL DE CONTAS

- Súm. Vinculante 3. Nos processos perante o Tribunal de Contas da União asseguram-se o contraditório e a ampla defesa quando da decisão puder resultar anulação ou revogação de ato administrativo que beneficie o interessado, excetuada a apreciação da legalidade do ato de concessão inicial de aposentadoria, reforma e pensão.
- Súm. 6. A revogação ou anulação, pelo Poder Executivo, de aposentadoria, ou qualquer outro ato aprovado pelo Tribunal de Contas, não produz efeitos antes de aprovada por aquele tribunal, ressalvada a competência revisora do Judiciário.
- Súm. 347. O Tribunal de Contas, no exercício de suas atribuições, pode apreciar a constitucionalidade das leis e dos atos do Poder Público.
- Súm. 653. No Tribunal de Contas estadual, composto por sete conselheiros, quatro devem ser escolhidos pela Assembleia Legislativa e três pelo chefe do Poder Executivo estadual, cabendo a este indicar um dentre auditores e outro dentre membros do Ministério Público, e um terceiro à sua livre escolha.

⊙ STJ

1. AÇÃO CIVIL PÚBLICA

- Súm. 329. O Ministério Público tem legitimidade para propor ação civil pública em defesa do patrimônio público.
- Súm. 489. Reconhecida a continência, devem ser reunidas na justiça federal as ações civis públicas propostas nesta e na justiça estadual.

2. DIREITOS FUNDAMENTAIS

- Súm. 280. O art. 35 do Decreto-lei nº 7.661, de 1945, que estabelece a prisão administrativa, foi revogado pelos incisos LXI e LXVII do art. 5º da Constituição Federal de 1988.
- Súm. 419. Descabe a prisão civil do depositário judicial infiel.
- Súmula 647 : São imprescritíveis as ações indenizatórias por danos morais e materiais decorrentes de atos de perseguição política com violação de direitos fundamentais ocorridos durante o regime militar.

3. "HABEAS DATA"

- Súm. 2. Não cabe o "habeas data" (CF, art. 5º, LXXII, letra "a") se não houve recusa de informações por parte da autoridade administrativa.

4. MANDADO DE SEGURANÇA

- Súm. 41. O Superior Tribunal de Justiça não tem competência para processar e julgar, originariamente, mandado de segurança contra ato de outros tribunais ou dos respectivos órgãos.
- Súm. 105. Na ação de mandado de segurança, não se admite condenação em honorários advocatícios.
- Súm. 169. São inadmissíveis embargos infringentes no processo de mandado de segurança.
- Súm. 177. O Superior Tribunal de Justiça é incompetente para processar e julgar, originariamente, mandado de segurança contra ato de órgão colegiado presidido por ministro de Estado.
- Súm. 202. A impetração de segurança por terceiro, contra ato judicial, não se condiciona à interposição de recurso.
- Súm. 213. O mandado de segurança constitui ação adequada para a declaração do direito à compensação tributária.
- Súm. 333. Cabe mandado de segurança contra ato praticado em licitação promovida por sociedade de economia mista ou empresa pública.
- Súm. 376. Compete à turma recursal processar e julgar o mandado de segurança contra ato de juizado especial.
- Súm. 460. É incabível o mandado de segurança para convalidar a compensação tributária realizada pelo contribuinte.

5. PRECATÓRIOS

- Súm. 144. Os créditos de natureza alimentícia gozam de preferência, desvinculados os precatórios da ordem cronológica dos créditos de natureza diversa.
- Súm. 311. Os atos do Presidente do Tribunal que disponham sobre processamento e pagamento de precatório não têm caráter jurisdicional.)

Direitos Humanos

Paulo Lépore

TABELA DE INCIDÊNCIA DE QUESTÕES

Distribuição das questões organizada por ordem didática de assuntos		
Assunto	**Número de Questões**	**Peso**
1. HISTÓRIA DOS DIREITOS HUMANOS	6	9,52%
2. TEORIA, CONCEITOS E ELEMENTOS DOS DIREITOS HUMANOS	10	15,87%
3. DECLARAÇÕES E TRATADOS INTERNACIONAIS	42	66,67%
4. LEGISLAÇÃO NACIONAL SOBRE DIREITOS HUMANOS	4	6,35%
5. JURISPRUDÊNCIA DE DIREITOS HUMANOS E PARECERES INTERNACIONAIS	1	1,59%
Total	**63**	**100%**

Direitos Humanos

Paulo Lépore

✦ QUESTÕES

1. HISTÓRIA DOS DIREITOS HUMANOS

01. (VUNESP – 2023 – PC/SP – Delegado) Os tratados de Direitos Humanos aprovados por cada casa do Congresso Nacional, em dois turnos, por três quintos de votos de seus membros, integram o ordenamento jurídico com status de

a) Emenda Constitucional.

b) Lei ordinária.

c) Norma supralegal, mas hierarquicamente inferior à Constituição Federal.

d) Decreto legislativo.

e) Norma Constitucional.

COMENTÁRIOS

Alternativa "a" (responde todas as alternativas): Nos termos do art. 5º, §3º da CF/88: "Os tratados e convenções internacionais sobre direitos humanos que forem aprovados, em cada Casa do Congresso Nacional, em dois turnos, por três quintos dos votos dos respectivos membros, serão equivalentes às emendas constitucionais". Assim, serão equivalentes às emendas constitucionais.

Alternativa correta: letra "a".

02. (VUNESP – 2023 – PC/SP – Delegado) A respeito dos sistemas de promoção e proteção dos direitos humanos, assinale a alternativa correta.

a) O sistema global de promoção e proteção dos direitos humanos edita normas de caráter geral, de proteção de todos os indivíduos, genericamente. Normas de caráter específico, direcionadas à proteção de grupos específicos, cabem aos sistemas regionais.

b) As recomendações da Comissão Interamericana de Direitos Humanos, elaboradas a partir da investigação de denúncias de violações, tem caráter vinculante.

c) A Corte Interamericana de Direitos Humanos tem jurisdição ilimitada e pode determinar, caso acate a violação de direitos humanos, além de indenizações por danos morais e materiais à vítima, coerção punitiva ao Estado violador.

d) O sistema global de promoção e proteção dos direitos humanos possui dois tipos de procedimentos, o convencional e o não convencional. O não convencional é o acionado em caso de violação de direitos humanos por país não signatário de tratados internacionais.

e) O sistema global de promoção e proteção dos direitos humanos possui primazia sobre os sistemas regionais e, em eventual conflito, as normas globais prevalecem sobre as regionais.

COMENTÁRIOS

Alternativa "a": Na verdade, tanto no sistema global, quanto nos sistemas regionais, há normas de caráter geral e normas de caráter específico.

Alternativa "b": Recomendações, como se extrai do nome, são meras recomendações, sem caráter vinculante.

Alternativa "c": A jurisdição da Corte não é ilimitada, ademais, não tem poder de impor coerção punitiva aos Estados.

Alternativa "d": O procedimento convencional, como se extrai do nome, é decorrente de convenções/tratados. O não convencional consiste em mecanismos não decorrentes de tratados, como, por exemplo, a diplomacia. Por isso se adota o sistema não convencional em caso de violação de direitos por países não signatários de convenções/tratados.

Alternativa "e": Não há primazia, mas sim complementariedade entre os sistemas.

Alternativa correta: letra "d".

---

03. (Fumarc – Delegado de Polícia – PC – MG/2018) A formação do Estado Moderno está intimamente relacionada à intolerância religiosa, cultural, à negação da diversidade fora de determinados padrões e de determinados limites. Como a proteção dos direitos humanos está diretamente relacionada à atuação do poder dos Estados na ordem interna ou internacional, podemos concluir que:

I. Ao lado do ideário iluminista da formação política do Estado, o discurso judaico-cristão criou o pano de fundo para controlar as esferas da vida das pessoas no campo jurídico.

II. A uniformização de valores, normalmente estandardizados, como a democracia representativa, a ética e a moral, irá refletir nos fundamentos do direito moderno.

III. O sistema jurídico e político europeu é o modelo civilizatório ideal e universal, visto ter surgido da falência do sistema feudal, que era descentralizado, multiético e multilinguístico.

IV. O mundo uniforme e global de hoje insere-se no contexto de afirmação do Estado nacional que está condicionado, em sua existência, à intolerância com o diferente.

Estão CORRETAS apenas as assertivas:

a) I, II e III.
b) I, II e IV.
c) I, III e IV.
d) II, III e IV.

COMENTÁRIOS

(I) Correta. De fato, foram pilares da sociedade ocidental o Direito Romano, a filosofia grega, e a religião judaico-cristã.

(II) Correta. Esses valores ainda refletem no direito moderno, pois fundamentaram a própria formação do Estado Moderno.

(III) Incorreta. Não é correto dizer que algum sistema jurídico e político seja "ideal" ou "universal", pois, como sabemos, há uma pluralidade cultural que demanda perspectivas distintas.

(IV) Correta. O contexto de afirmação do Estado Nacional de fato está permeado pela uniformização e globalização de seu modelo, o que é, realmente, condicionado à intolerância com modelos distintos.

Alternativa correta: letra "b".

---

04. (Fumarc – Delegado de Polícia – PC – MG/2018) A Declaração Universal dos Direitos Humanos, retomando os ideais da Revolução Francesa, representou a manifestação histórica de que se formara, enfim, em âmbito universal, o reconhecimento dos valores supremos da igualdade, da liberdade e da fraternidade. Em decorrência disso, os direitos fundamentais expressos na Constituição Federal de 1988:

a) como na Declaração Universal dos Direitos Humanos, esses direitos fundamentais são considerados uma recomendação sem força vinculante, uma etapa preliminar para ulterior implementação na medida em que a sociedade se desenvolver.

b) não consideram as diferenças humanas como fonte de valores positivos a serem protegidos e estimulados, pois, ao criar dispositivos afirmativos legais, as diferenças passam a ser tratadas como deficiências.

c) obrigam que o princípio da solidariedade seja interpretado com a base dos direitos econômicos e sociais, que são exigências elementares de proteção às classes ou aos grupos sociais mais fracos ou necessitados.

d) tratam a liberdade como um princípio político e não individual, pois o reconhecimento de liberdades individuais em sociedades complexas esconde a dominação oligárquica dos mais ricos.

COMENTÁRIOS

Alternativa "a": Na verdade, tais normas têm aplicação imediata, decorrente do art. 1º, §1º da CF/88.

Alternativa "b": Esse tratamento de diferença como deficiência é, na verdade, desestimulado pela Constituição Federal, que se manifesta contra qualquer tipo de discriminação. São, na verdade, as diferenças tratadas como valores positivos, a fim de se buscar e atingir a isonomia, que seria uma igualdade material. Em diversos pontos da Constituição temos tratamentos distintos a determinados grupos, a fim de protegê-los e estimulá-los, como é o caso dos idosos ou pessoas com deficiência.

Alternativa "c": Um exemplo para o enunciado da alternativa é a previdência social, que tem por base justamente a solidariedade entre os segurados, de modo que a todos seja assegurado um mínimo.

Alternativa "d": A liberdade é um direito individual por excelência, parte da primeira dimensão de direitos fundamentais, que consistem em direitos que tem por objeto uma postura negativa, de abstenção do Estado.

Alternativa correta: letra "c".

---

05. (Vunesp – Delegado de Polícia – PC – SP/2018) No tocante à temática dos direitos humanos, considerando seu surgimento e sua evolução histórica, assinale a alternativa que contempla correta e cronologicamente seus marcos históricos fundamentais.

a) O iluminismo, o constitucionalismo e o socialismo.

b) O cristianismo, o socialismo e o constitucionalismo.

c) A Magna Carta, a Constituição Alemã de Weimar e a Declaração de Independência dos Estados Unidos da América.

d) A Magna Carta, a queda da Bastilha na França e a criação da Organização das Nações Unidas.

e) O iluminismo, a Revolução Francesa e o fim da Segunda Guerra Mundial.

COMENTÁRIOS

Alternativa "e" (responde todas as alternativas): A magna carta representou um início do combate ao absolutismo, protegendo os homens livres. Com a queda da Bastilha, marcada por ideais iluministas, há uma ruptura com o regime absolutista, de modo que surgem documentos como a Declaração dos Direitos do Homem e do Cidadão. Em um contexto de guerras entre as nações, surge, posteriormente a Organização das Nações Unidas com o fim de promover a paz.

Alternativa correta: letra "e".

---

06. (Vunesp - Delegado de Polícia - PC - SP/2018) Esse documento histórico de remota conquista dos direitos humanos foi editado com o escopo de assegurar a Supremacia do Parlamento sobre a vontade do Rei, controlando e reduzindo os abusos cometidos pela nobreza em relação aos seus súditos, em especial declarando, dentre outras conquistas, o direito de petição, eleições livres e a proibição de fianças exorbitantes e de penas severas:

a) Petition of Rights, de 1628.

b) Habeas Corpus Act, de 1679.

c) The Bill of Rights, de 1689.

d) Declaração de Direitos do Homem e do Cidadão, de 1789.

e) Magna Carta, de 1215.

COMENTÁRIOS

Alternativa "a": Nesse documento, se requereu ao Rei o reconhecimento de direitos e liberdades aos súditos, não se falando ainda em eleições livres.

Alternativa "b": Esse documento teve por fim a anulação de prisões arbitrárias.

Alternativa "c": Esse documento foi elaborado pelo Parlamento Inglês, como uma imposição aos soberanos, tratando-se de um ato em que se declaram os direitos dos súditos, com o fim de controlar e reduzir abusos que vinham sendo praticados em detrimento desses. Nela foram previstos o direito de petição, o direito às eleições livres, e a proibição de fianças exorbitantes ou penas severas.

Alternativa "d": A declaração de Direitos do Homem e do Cidadão não coadunava com o governo monárquico, tendo seus valores fundados nos direitos de primeira dimensão.

Alternativa "e": A Magna Carta foi considerada o primeiro documento a limitar os poderes dos monarcas, representando um marco no combate ao absolutismo.

Alternativa correta: letra "c".

2. TEORIA, CONCEITOS E ELEMENTOS DOS DIREITOS HUMANOS

---

07. (VUNESP - 2023 - PC/SP - Delegado) São características dos Direitos Humanos, dentre outras:

a) inalienabilidade, irrenunciabilidade e concorrência.

b) indisponibilidade, divisibilidade e imprescritibilidade.

c) interdependência, não concorrência e universalidade.

d) relatividade, não concorrência e disponibilidade.

e) ilimitabilidade, indivisibilidade e universalidade.

COMENTÁRIOS

Alternativa "a": Inalienabilidade diz respeito à impossibilidade de se ceder, transferir ou dispor dos direitos humanos de forma onerosa ou não. Irrenunciabilidade diz respeito à impossibilidade de se renunciar/abrir mão dos direitos humanos. Concorrência corresponde à possibilidade de exercício de mais de um direito ao mesmo tempo, sem que haja conflito entre eles.

Alternativa "b": Indisponibilidade é sinônimo de irrenunciabilidade. Imprescritibilidade corresponde à impossibilidade de que os direitos deixem de existir em razão do decurso do tempo, ainda que não exercidos. Por sua vez, os direitos humanos são **indivisíveis**, pois são garantidos em um todo e não individualmente.

Alternativa "c": Interdependência é sinônimo da indivisibilidade. Universalidade consiste na garantia dos direitos humanos se dar indistintamente entre todos os seres humanos, de forma universal. Contudo, como apontado no comentário da alternativa "a", os direitos humanos têm por característica a **concorrência**, o que torna a alternativa incorreta.

Alternativa "d": A relatividade indica que os direitos humanos não são absolutos. Está contudo incorreta a alternativa por indicar a não concorrência e a disponibilidade, quando são características a concorrência e a indisponibilidade.

Alternativa "e": Embora corretas as características da indivisibilidade e da universalidade, está incorreta a característica da ilimitabilidade, pois os direitos são limitados e não absolutos.

Alternativa correta: letra "a".

---

08. (Vunesp - Delegado de Polícia - PC -SP/2022). Os sistemas internacionais de proteção dos direitos humanos são o conjunto de normas, órgãos e mecanismos internacionais surgidos a partir de 1945 com o intuito de promover a proteção dos direitos humanos em todo o mundo. É correto afirmar que, na atualidade, existem

a) 2 sistemas regionais de proteção (interamericano e europeu) e 1 sistema universal (Nações Unidas).

b) 3 sistemas regionais de proteção (interamericano, europeu e africano) e 1 sistema universal (Nações Unidas).

c) 4 sistemas regionais de proteção (interamericano, asiático, europeu e africano) e 1 sistema universal (Nações Unidas).

d) 2 sistemas regionais de proteção (interamericano e africano) e 1 sistema universal (Nações Unidas).

e) 4 sistemas regionais de proteção (interamericano, asiático, europeu e africano).

COMENTÁRIOS

Alternativa "b"(responde todas as alternativas): São sistemas regionais: o Sistema Europeu, o Sistema Americano e o Sistema Africano. Ao contrário do que indicam algumas alternativas, ainda não existe uma organização efetiva de proteção dos Direitos Humanos nos países asiáticos. Por fim, existe 1 sistema universal, que é marcado pela Organização das Nações Unidas.

Alternativa correta: letra "b".

09. (FGV – Delegado de Polícia – PC -AM/2022). Maria, presidente da Associação das Pessoas com Deficiência do Estado Alfa, travou intenso debate com um representante do governo federal a respeito da existência de uma faculdade ou de um dever jurídico na promoção de medidas de conscientização da sociedade a respeito dessa camada da população, estimulando a observância aos seus direitos, combatendo estereótipos e ressaltando suas contribuições e capacidades. Ao final, concluíram corretamente que se está perante

a) um dever jurídico previsto em norma internacional e que foi incorporado à ordem jurídica interna com o status de norma legal, incluindo ainda o dever de lançar e dar continuidade a campanhas publicitárias de conscientização.

b) um dever jurídico previsto em norma internacional e que foi incorporado à ordem jurídica interna com o status de norma constitucional, incluindo ainda o dever de fomentar o respeito a essas pessoas em todos os níveis de educação.

c) um dever jurídico previsto em norma internacional e que foi incorporado à ordem jurídica interna com o status de norma supralegal, mas infraconstitucional, incluindo ainda o dever de favorecer atitudes receptivas em relação a essas pessoas.

d) uma faculdade jurídica sujeita à avaliação política das maiorias ocasionais, que não decorre de compromissos internacionais assumidos pelo Estado brasileiro, mas, sim, da necessidade mais ampla de proteção da dignidade humana.

e) uma faculdade jurídica contemplada em norma internacional, que deve ser implementada em conjunto pelos Estados partes, de modo que possam alcançar padrões universais uniformes de proteção às pessoas com deficiência.

COMENTÁRIOS

✪ **Nota do autor:** a questão quer saber se o Brasil tem o **dever** ou uma **faculdade** de promover medidas de conscientização da sociedade a respeito das pessoas com deficiência e estimular a observância de seus direitos ao combater estereótipos e ressaltar suas contribuições ou capacidades.

Alternativa "b" (responde todas as alternativas): O Brasil é signatário da Convenção sobre os Direitos das Pessoas com Deficiência e de seu protocolo facultativo. A ratificação desse tratado foi a primeira a seguir o rito previsto no ar.t 5º, §3º da CF/88, e, em razão disso, tem *status* de norma constitucional. Nessa convenção, em seu art. 8º, foi estabelecido que os Estados Partes se comprometem a adotar medidas imediatas, efetivas e apropriadas para: conscientizar a sociedade, inclusive as famílias, sobre as condições das pessoas com deficiência e fomentar o respeito pelos direitos e pela dignidade das pessoas com deficiência; combater estereótipos, preconceitos e práticas nocivas em relação a pessoas com deficiência, inclusive aqueles relacionados a sexo e idade, em todas as áreas da vida; e promover a conscientização sobre as capacidades e contribuições das pessoas com deficiência. Trata-se de um **dever** do Brasil, enquanto signatário desse tratado, e não de uma faculdade, sobretudo porque o tratado já foi incorporado, inclusive com *status* de norma constitucional.

Alternativa correta: letra "b".

10. (Fundatec – Delegado de Polícia – PC – RS/2018) A Constituição Federal de 1988, no que tange aos direitos humanos, estabelece que:

a) Seu rol resta limitado àquele previsto no texto constitucional.

b) Eles, os direitos humanos, são prevalentes, nas relações internacionais da República Federativa do Brasil.

c) Existe a necessidade imperiosa da internalização dos direitos humanos previstos em tratados antes de sua aplicação em território brasileiro.

d) A dignidade da pessoa humana é um dos objetivos fundamentais da República Federativa do Brasil.

e) Delimita a proteção de tais direitos a indivíduos, excluindo a coletividade.

COMENTÁRIOS

Alternativa "a": O art. 5º, §2º da CF/88 indica que os direitos e garantias expressos na CF/88 não excluem outros decorrentes do regime e dos princípios por ela adotados, ou dos tratados internacionais dos quais o Brasil seja parte.

Alternativa "b": Nos termos do art. 4º, II da CF/88, a prevalência dos direitos humanos, dentre outros princípios, rege as relações internacionais da República Federativa do Brasil.

Alternativa "c": O STF entende que a incorporação posterior ao ordenamento brasileiro de regra prevista em tratado internacional tem o condão de modificar a legislação ordinária que lhe é anterior (HC 88.420). No entanto, desde a ratificação implica no reconhecimento dos direitos nele previstos.

Alternativa "d": Os objetivos fundamentais da RFB podem ser encontrados no art. 3º da CF/88, e dentre eles não está inclusa a dignidade da pessoa humana. Essa é, na verdade um dos fundamentos da república, previstos no art. 1º da CF/88.

Alternativa "e": Na realidade, incluem-se tanto direitos individuais quanto coletivos, conforme indica o próprio nome do Capítulo I do Título II da CF/88.

Alternativa correta: letra "b".

---

11. (Fumarc – Delegado de Polícia – PC – MG/2018) A Constituição da República de 1988 cuidou expressamente dos direitos humanos, enumerando-os no Título que trata dos direitos e garantias fundamentais. Existem, entretanto, outros direitos humanos não enumerados no texto, mas cuja proteção a própria Constituição assegura, PORQUE:

a) decorrem do regime e dos princípios adotados pela própria Constituição.

b) o Brasil se submete à jurisdição de Tribunal Penal Internacional.

c) são criados pelo Poder Judiciário, após o trânsito em julgado das decisões.

d) surgem de necessidades que não foram previstas pelo legislador constituinte.

COMENTÁRIOS

Alternativa "a": De fato, o regime e princípios adotados pela própria Constituição implicam também no reconhecimento dos que deles decorrem, conforme indicação expressa do art. 5º, §2º da CF/88.

Alternativa "b": Embora esteja correta (Art. 5º, §4º, CF/88), não guarda tal assertiva relação com o reconhecimento de direitos humanos não enumerados no texto da Constituição.

Alternativa "c": Não se admite a criação de direitos pelo Poder Judiciário, por violar a Separação dos Poderes.

Alternativa "d": Não há relação com o enunciado.

Alternativa correta: letra "a".

---

12. (Nucepe – Delegado de Polícia – PC – PI/2018) A Constituição Federal de 1988 inovou, ao estabelecer princípios que governam as relações internacionais, marque a alternativa que NÃO contempla os princípios fixados pela CF.

a) Independência nacional, prevalência dos direitos humanos, defesa da paz.

b) Concessão de asilo político, solução pacífica de conflitos, defesa da paz, igualdade entre os Estados.

c) Não intervenção, autodeterminação dos povos, igualdade entre os Estados.

d) Cooperação entre os povos para o progresso da humanidade, não-intervenção, prevalência de direitos humanos.

e) Integração econômica entre os povos, prevalência de direitos humanos, erradicação das desigualdades.

COMENTÁRIOS

Os princípios que regem as relações internacionais da República Federativa do Brasil são previstos no art. 4º da CF/88, sendo eles: independência nacional; prevalência dos direitos humanos; autodeterminação dos povos; não-intervenção; igualdade entre os Estados; defesa da paz; solução pacífica dos conflitos; repúdio ao terrorismo e ao racismo; cooperação entre os povos para o progresso da humanidade; e concessão de asilo político.

Alternativa correta: letra "e".

---

13. (Nucepe – Delegado de Polícia – PC – PI/2018) Quanto aos institutos do asilo e refúgio, é CORRETO afirmar:

a) O refúgio é concedido ao imigrante que, perseguido em seu território por motivos de guerras, delitos políticos, convicção religiosa, situação racial e crimes relacionados com a segurança do Estado.

b) O reconhecimento da condição de asilado a estrangeiros perseguidos faz-se por ato vinculado do Estado asilante.

c) No Brasil, o requerimento para o pedido de asilo, se dá diretamente ao Ministério das Relações Exteriores.

d) O asilo territorial consiste quando há concessão dentro do próprio Estado em que o indivíduo é perseguido, por um terceiro Estado.

e) O Brasil, mesmo sendo um país continental, não adota uma política de atendimento a refugiados.

COMENTÁRIOS

✪ **Nota do autor:** a questão foi ANULADA pela banca examinadora, mas, para fins didáticos, faremos os comentários às alternativas.

Alternativa "a": Trata-se de informação que se pode extrair do art. 1º, I da lei 9.474/97, que dispõe: "Art. 1º Será reconhecido como refugiado todo indivíduo que: I - devido a fundados temores de perseguição por motivos de raça, religião, nacionalidade, grupo social ou opiniões políticas encontre-se fora de seu país de nacionalidade e não possa ou não queira acolher-se à proteção de tal país;"

Alternativa "b": Nos termos do art. 27 da lei de Migração (lei 13.445/2017): "Art. 27. O asilo político, que constitui ato **discricionário** do Estado, poderá ser diplomático ou territorial e será outorgado como instrumento de proteção à pessoa."

Alternativa "c": O pedido, na verdade, é iniciado na Polícia Federal, sendo posteriormente remetido ao Ministério das Relações Exteriores, e então ao Ministério da Justiça.

Alternativa "d": Trata-se, na verdade, da descrição do asilo diplomático.

Alternativa "e": O Brasil adota essa política, possuindo legislação interna própria para o assunto (lei 9.474/97), além de ser signatário do Estatuto dos Refugiados de 1951.

14. (Nucepe - Delegado de Polícia - PC - PI/2018) Dentre as alternativas abaixo, marque aquela que se configura como característica do asilo político:

a) fundados temores de perseguição por motivos de raça, religião, nacionalidade, grupo social;
b) provocado pela perseguição por crimes políticos de caráter individual;
c) fundados temores de perseguição por motivos de opiniões políticas;
d) devido a grave e generalizada violação de direitos humanos;
e) ato solene de cooperação penal entre países, que consiste na entrega de uma pessoa, acusada ou condenada por um ou mais crimes, ao país que a reclama.

COMENTÁRIOS

Alternativa "a": Trata-se, na verdade, de situação de refúgio, e não de asilo político, prevista no art. 1º, I da lei 9.474/97.

Alternativa "b": O asilo político, diferentemente do refúgio, aplica-se a casos de perseguição individualizada e motivada por crimes políticos, enquanto o refúgio é aplicado a grupos de pessoas, em que há uma perseguição generalizada. Assim, trata-se da única alternativa que se enquadra na hipótese de asilo político.

Alternativa "c": Trata-se de situação de refúgio, prevista no art. 1º, I da lei 9.474/97.

Alternativa "d": Essa é uma das situações que autoriza o refúgio, prevista no inciso III do art. 1º da lei 9.474/97.

Alternativa "e": Trata-se de hipótese de extradição, prevista no art. 81 da lei 13.445/17.

Alternativa correta: letra "b".

15. (Fumarc - Delegado de Polícia - PC - MG/2018) Para assegurar a garantia do direito social à saúde, a Constituição da República de 1988 criou um Sistema Único de Saúde integrado por uma rede pública regionalizada e hierarquizada, descentralizado, com direção única em cada esfera de governo, que deve oferecer atendimento de qualidade a toda a população e priorizar as atividades preventivas, sem que haja prejuízo dos serviços assistenciais. Ao Sistema Único de Saúde compete, segundo o que dispõe a CF no Art. 200, além de outras atribuições, nos termos da lei:

I. executar as ações de vigilância sanitária e epidemiológica, bem como as de saúde do trabalhador.
II. participar do controle e da fiscalização da produção, do transporte, da guarda e da utilização de substâncias e produtos psicoativos, tóxicos e radioativos.
III. promover a habilitação e a reabilitação das pessoas portadoras de deficiência e a promoção de sua integração à vida comunitária.
IV. fiscalizar e inspecionar alimentos, compreendido o controle de seu teor nutricional, bem como bebidas e águas para consumo humano.

Estão CORRETAS as assertivas:

a) I, II e III, apenas.
b) I, II e IV, apenas.
c) I, II, III e IV.
d) I, III e IV, apenas.

COMENTÁRIOS

Assertiva I. Correta. Trata-se de atribuição prevista no art. 200, II da CF/88.

Assertiva II. Correta. Essa atribuição está prevista no inciso VII do art. 200 da CF/88.

Assertiva III. Incorreta. Essa não é uma das atribuições previstas no art. 200 da CF/88, é na verdade um dos objetivos da assistência social, conforme art. 203, IV da CF/88.

Assertiva IV. Correta. Trata-se de atribuição do Sistema Único de Saúde, prevista o art. 200, VI da CF/88.

Alternativa correta: "b". Estão corretas as assertivas I, II e IV e incorreta a assertiva III.

16. (Vunesp - Delegado de Polícia - PC - SP/2018) Assinale a alternativa correta a respeito das características dos direitos humanos.

a) O Princípio da ilimitabilidade garante que o Estado e a sociedade não podem limitar a fruição dos direitos humanos já conquistados, com o objetivo de disciplinar situações excepcionais que venham a reduzir o alcance desses direitos.
b) O Princípio da divisibilidade propõe que os direitos humanos devem obedecer a uma classificação retórica, que divide e categoriza os vários grupos de direitos inerentes ao homem e à sociedade, para que sejam melhor usufruídos pelos seus destinatários.
c) O Princípio da essencialidade reza que os direitos humanos devem ser vistos como aquela categoria de direitos inerentes à sociedade em determinada época histórica, podendo ser divididos em essenciais, que devem gozar de livre fruição, e os não essenciais, que ainda demandam reivindicações a serem conquistadas ao longo do tempo.
d) O Princípio da inalterabilidade estabelece que os direitos humanos não sofrem alterações com o decurso do tempo, pois têm caráter eterno, não se ganham nem se perdem com o tempo, são anteriores, concomitantes e posteriores aos indivíduos.

e) O Princípio da interrelacionariedade dispõe que os direitos humanos e os sistemas de proteção se inter-relacionam, permitindo às pessoas escolher entre os mecanismos de proteção global ou regional, pois não há hierarquia entre eles.

COMENTÁRIOS

Alternativa "a": Na verdade, não vige esse princípio, mas sim o da limitabilidade. Nenhum direito é absoluto ou ilimitado, podendo ser limitados quando em confronto uns com os outros, ou pelo Estado em situações excepcionais, como em caso de guerra.

Alternativa "b": Vige, na verdade, o princípio da indivisibilidade, uma vez que os direitos humanos são indivisíveis e interdependentes, pois se complementam uns aos outros.

Alternativa "c": Os direitos humanos são, na verdade, indivisíveis e interdependentes, não existindo direitos humanos não essenciais, pois, em sua própria natureza, são direitos que decorrem da essência do ser humano.

Alternativa "d": Os direitos humanos podem ser alterados, até para que se adaptem a realidade que se mostra em constante mudança. O que existe é o efeito *cliquet*, também chamado vedação ao retrocesso, que impede que esses direitos sejam suprimidos.

Alternativa "e": A alternativa está correta, pois, como já mencionado, são os direitos humanos indivisíveis e interdependentes, de modo que se inter-relacionam para garantir uma ampla proteção.

Alternativa correta: letra "e".

3. DECLARAÇÕES E TRATADOS INTERNACIONAIS

17. (FGV – 2024 – PC/SC – Delegado) Simone, mulher de 32 anos, moradora de Florianópolis SC, recebe proposta de sua vizinha Jussara para trabalhar como dançarina e garçonete em casa de eventos noturnos nos Estados Unidos da América.

A proposta incluía também a ida de sua filha Juliane, de treze anos, para fins de estudo no país, bem como o financiamento de toda a estrutura de que necessitariam, como passagens aéreas, casa, comida, estudo e seguro saúde.

Ao chegarem no país norte americano, Simone foi levada ao estabelecimento no qual trabalharia, se revelando o esquema criminoso de exploração sexual e trabalho forçado, ficando sua liberdade restrita ao espaço da casa de shows.

Juliane, por sua vez, foi levada para morar em uma "casa de família", gozando de ampla liberdade, sendo matriculada em escola americana privada, oportunidade única para uma jovem com parcos recursos financeiros.

Considerando que mulheres correspondem a 96,36% das vítimas de tráfico internacional de pessoas, segundo dados do Conselho Nacional de Justiça, assinale a afirmativa correta sobre o caso apresentado, com base no Protocolo de Prevenção, Supressão e Punição do Tráfico de Pessoas, Especialmente Mulheres e Crianças.

a) Com relação a Simone, caso haja consentimento por sua parte e receba remuneração pelos serviços, não se caracteriza tráfico de pessoas. Com relação a Juliane, que tem plena liberdade, não se caracteriza o tráfico de pessoas.
b) Com relação a Simone, ainda que haja consentimento por sua parte e receba remuneração pelos serviços, se caracteriza o tráfico de pessoas. Com relação a Juliane, que tem plena liberdade, não se caracteriza o tráfico de pessoas.
c) Com relação a Simone, caso haja consentimento por sua parte e receba remuneração pelos serviços, não se caracteriza tráfico de pessoas. Com relação a Juliane, ainda com plena liberdade, se caracteriza o tráfico de pessoas.
d) Com relação a Simone, ainda que haja consentimento por sua parte e receba remuneração pelos serviços, se caracteriza o tráfico de pessoas. Com relação a Juliane, ainda que com plena liberdade, se caracteriza o tráfico de pessoas.
e) Com relação a Simone, caso haja consentimento por sua parte, receba remuneração pelos serviços e não supere 4 anos de trabalho, não se caracteriza tráfico de pessoas. Com relação a Juliane, que tem plena liberdade, não se caracteriza tráfico de pessoas se puder ter livre acesso a sua mãe.

COMENTÁRIOS

Alternativa "d" (responde todas as alternativas): Simone foi enganada, pois lhe informaram que trabalharia e acabou com sua liberdade privada. Assim, diante do engano, é considerado irrelevante seu consentimento, como se extrai do artigo 3, "a" e "b" do Protocolo. Juliane, por sua vez, é considerada "criança" nos termos do artigo 3, item "d", de modo que aplica-se o disposto no item "c" para caracterizar tráfico de pessoas também com relação a ela.

Alternativa correta: letra "d".

18. (FGV – 2024 – PC/SC – Delegado) Em fevereiro do ano corrente, integrantes da milícia Alfa mataram, a tiros, três integrantes de organização para o tráfico de drogas Beta. João, morador da rua na qual ocorreu o fato criminoso, é a única testemunha ocular do crime.

Suspeitando que João poderia reconhecer os autores do crime, o chefe da milicia Alfa, junto com seus capangas, o intercepta na rua e o leva para um galpão abandonado, onde iniciam intensos atos de tortura, com ameaças de morte de familiares e sofrimento físico.

Após ser liberado pelos criminosos, João, atordoado e cambaleante, é abordado por integrantes da Polícia Militar, sob a alegação de se encontrar em "atitude suspeita". A vítima não explicou sua situação, por medo de ser morto pela milícia caso delatasse seus torturadores.

Os policiais militares iniciaram, então, interrogatório sub-reptício, dentro da viatura da corporação, em uma escalada de agressividade e intenso sofrimento que culminou em atos de abusos de autoridade, uso de algemas, ameaças de prisão e de morte.

Nesse contexto, exclusivamente com base na Convenção Contra a Tortura e Outros Tratamentos ou Penas Cruéis, Desumanos ou Degradantes (Decreto nº 40, de 15 de fevereiro de 1991), é possível afirmar, quanto ao sofrimento de João, que

a) a milícia Alfa e os policiais militares praticaram tortura.

b) a milícia Alfa e os policiais militares não praticaram tortura.

c) a milícia Alfa não praticou tortura e os policiais militares praticaram tortura.

d) a milícia Alfa praticou tortura e os policiais militares não praticaram tortura.

e) a milícia Alfa e os policiais militares praticaram tortura e abuso de autoridade.

COMENTÁRIOS

Alternativa "c" (responde todas as alternativas): De acordo com o art. 1º da Convenção Contra a Tortura e Outros Tratamentos ou Penas Cruéis, Desumanos ou Degradantes, somente se considera praticada a tortura quando o agente é funcionário público ou outra pessoa no exercício de funções públicas, ou por sua instigação, ou com o seu consentimento ou aquiescência. Portanto, **exclusivamente com base na Convenção,** a milícia não praticou tortura, mas os policiais, sim.

Alternativa correta: letra "c".

19. (FGV - 2024 - PC/SC - Delegado) Carla foi aprovada no concurso de Delegada de Polícia do Estado Alfa, na cota reservada a pessoa com deficiência, iniciando seu curso de formação logo após a homologação do concurso.

No final das aulas, Carla costumava voltar para casa na companhia de sua esposa, Joice, Policial Militar, que trabalhava próximo ao local em que era ministrado o curso. Isso chamou a atenção de alguns de seus colegas de concurso, que a interpelavam com piadas de cunho homofóbico e capacitista.

O caso foi levado ao conhecimento das autoridades superiores responsáveis que iniciaram uma apuração informal. Em contraditório, os colegas alegaram se tratar apenas de uma brincadeira, sem cunho ofensivo, tendo a apuração sido encerrada sem qualquer formalização.

Considerando a situação exposta, é correto afirmar, com base nas Diretrizes Nacionais de Promoção e Defesa dos Direitos Humanos dos Profissionais de Segurança Pública (Portaria Interministerial nº 2, de 15 de dezembro de 2010), que a Polícia Civil do Estado Alfa

a) deve combater a homofobia, o assédio sexual e moral e disseminar a cultura da não discriminação dentro do órgão, bem como elaborar livros, cartilhas e outras publicações que divulguem dados e conhecimentos sobre direitos humanos.

b) deve se ater às questões relativas à segurança pública, sua missão constitucional, deixando a implementação de planos, programas e ações de combate à homofobia e ao capacitismo sob a responsabilidade do órgão competente próprio, destinado à defesa dos direitos humanos.

c) deve punir Carla, pois a Polícia Civil não permite o ingresso de pessoas homossexuais com demonstrações públicas de afeto em seus quadros, por atentar contra a moral, os bons costumes e a dignidade dos demais servidores do órgão.

d) deve combater o assédio sexual e moral dentro do órgão, mas não a discriminação, visto que o tema já é tratado por lei própria, cabendo ao judiciário a resolução de questões dessa natureza.

e) deve combater o assédio sexual e moral na instituição, atuando, contudo, apenas nos casos concretos, por meio do superior hierárquico imediato, sem veiculação de campanhas internas de educação, o que evita a exposição da vítima e a ocorrência de eventuais retaliações.

COMENTÁRIOS

Alternativa "a" (responde todas as alternativas): Dentre as diretrizes mencionadas, relaciona-se ao tópico a de fortalecer e disseminar nas instituições a cultura de não discriminação e de pleno respeito à liberdade de orientação sexual do profissional de segurança pública, com ênfase no combate à homofobia (13). Ademais, há a diretriz de constituir núcleos, divisões e unidades especialidades em Direitos Humanos nas academias e na estrutura regular das instituições de segurança pública, incluindo entre suas tarefas a elaboração de livros, cartilhas e outras publicações que divulguem dados e conhecimentos sobre o tema (56).

Alternativa correta: letra "a".

20. (CEBRASPE - 2024 - PC/PE - Delegado) A respeito da Convenção Americana sobre Direitos Humanos (CADH), também conhecida como Pacto de São José da Costa Rica, assinale a opção correta.

a) No sistema da CADH, os direitos essenciais das pessoas dependem da nacionalidade delas.

b) Os Estados signatários da CADH têm não somente o dever de obedecer às disposições da convenção como o de aprovar medidas internas, legislativas e de outras espécies, conforme necessário, a fim de gerar plena observância dela.

c) A CADH não veda nem estabelece restrições à aplicação da pena de morte, desde que esta esteja definida na legislação dos países e desde que estes garantam o devido processo legal aos acusados.

d) O direito ao duplo grau de jurisdição, que é aplicado em todos os processos criminais no Brasil, decorre da CADH.

e) A CADH protege, sem limitações, o direito de reunião pacífica e sem armas.

COMENTÁRIOS

Alternativa "a": Nos termos do artigo 1.1 da Convenção: "1. Os Estados-Partes nesta Convenção comprometem-se a respeitar os direitos e liberdades nela reconhecidos e a garantir seu livre e pleno exercício a toda pessoa que esteja sujeita à sua jurisdição, sem discriminação alguma por motivo de raça, cor, sexo, idioma, religião, opiniões políticas ou de qualquer outra natureza, origem nacional ou social, posição econômica, nascimento ou qualquer outra condição social.".

Alternativa "b": É o que se extrai do artigo 2 da Convenção, que estabelece que comprometem-se a adotar, de acordo com as suas normas constitucionais e disposições da Convenção, as medidas legislativas ou de outra natureza que forem necessárias para tornar efetivos os direitos e liberdades previstos.

Alternativa "c": São previstas restrições no artigo 4 da Convenção, como, por exemplo a de que:" Em nenhum caso pode a pena de morte ser aplicada por delitos políticos, nem por delitos comuns conexos com delitos políticos.".

Alternativa "d": Não há tal previsão na Convenção.

Alternativa "e": Nos termos do artigo 15 da Convenção: "É reconhecido o direito de reunião pacífica e sem armas. O exercício de tal direito só pode estar sujeito às restrições previstas pela lei e que sejam necessárias, numa sociedade democrática, no interesse da segurança nacional, da segurança ou da ordem públicas, ou para proteger a saúde ou a moral públicas ou os direitos e liberdades das demais pessoas.". Portanto, está incorreto dizer que não há limitações ao direito de reunião.

Alternativa correta: letra "b".

21. (VUNESP – 2023 – PC/SP – Delegado) Na Declaração Americana dos Direitos e Deveres do Homem é

a) assegurado os direitos morais e patrimoniais de invenção, obras literárias, científicas ou artísticas.

b) assegurado o direito de toda pessoa à educação, sendo garantido a instrução gratuita do ensino primário e secundário.

c) estabelecido o dever de educação e assistência dos pais para os com os filhos menores e, ainda que maiores, se presentes qualquer causa que impossibilite a própria subsistência.

d) estabelecido o direito ao sufrágio e de participação no governo, bem como, a faculdade de votar.

e) vedada a prisão por dívida, com exceção da decorrente de inadimplência de prestação alimentícia e do depositário infiel.

COMENTÁRIOS

Alternativa "a": É o que se extrai do art. XIII da Declaração.

Alternativa "b": Na verdade, o art. XII da Declaração estabelece que toda pessoa tem o direito de que lhe seja ministrada gratuitamente, pelo menos, a instrução primária.

Alternativa "c": Nos termos do art. XXX da Declaração, toda pessoa tem o dever de auxiliar, alimentar, educar e amparar os seus filhos menores de idade e os filhos têm o dever de horar sempre os seus pais e os auxiliar, alimentar e amparar sempre que precisarem. Assim, embora garantido esse direito, não se dá como apontado na alternativa.

Alternativa "d": Há um dever de votar, previsto no art. XXXII da Declaração.

Alternativa "e": Na verdade, o que prevê o art. XXV da Declaração é que ninguém pode ser preso por deixar de cumprir obrigações de natureza claramente civil.

Alternativa correta: letra "a".

22. (VUNESP – 2023 – PC/SP – Delegado) Tendo em conta as Regras de Bangkok, assinale a alternativa correta.

a) Prevê a obrigatoriedade da detenta mulher permanecer em estabelecimento prisional próximo à família, se tiver filhos menores.

b) Prevê a possibilidade de suspensão da detenção por tempo razoável, a fim de que a detenta responsável pela guarda de crianças possa organizar-se com relação a ela.

c) É o instrumento internacional regulatório das condições e tratamento das detentas mulheres e substitui, por ser específico, o instrumento internacional de regras mínimas de tratamento aos reclusos.

d) Prevê que o atendimento médico à detenta deverá ser prestado obrigatoriamente por médica mulher.

e) Proíbe a revista íntima invasiva, que deve ser substituída por escâneres, sendo certo que a revista pessoal dar-se-á, preferencialmente, por profissional mulher.

COMENTÁRIOS

Alternativa "a": Nos termos da regra 4: "Mulheres presas deverão permanecer, na medida do possível, em prisões próximas ao seu meio familiar ou local de reabilitação social, considerando suas responsabilidades como fonte de cuidado, assim como sua preferência pessoal e a disponibilidade de programas e serviços apropriados.". Portanto, não se trata de uma obrigatoriedade.

Alternativa "b": É o que se extrai do item 2 da regra 2: "Antes ou no momento de seu ingresso, deverá ser permitido às mulheres responsáveis pela guarda de crianças tomar as providências necessárias em relação a elas, incluindo a possibilidade de suspender por um período razoável a medida privativa de liberdade, levando em consideração o melhor interesse das crianças.".

Alternativa "c": Não substitui, mas sim complementa as Regras mínimas para o tratamento de reclusos, o que se extrai do preâmbulo e observações preliminares das regras de Bangkok.

Alternativa "d": A regra 10, item 2 prevê, na verdade, que: "Se uma mulher presa solicitar ser examinada ou tratada por uma médica ou enfermeira, o pedido será atendido na medida do possível, exceto em situações que exijam intervenção médica urgente. Se um médico conduzir o exame, de forma contrária à vontade da mulher presa, uma funcionária deverá estar presente durante o exame.".

Alternativa "e": As revistas são disciplinadas pelas regras 19 a 21. Nelas, não se proíbem às revistas íntimas e revistas corporais invasivas, mas cria a obrigação de se desenvolverem outros métodos de inspeção para substituí-las.

Alternativa correta: letra "b".

23. (VUNESP - 2023 - PC/SP - Delegado) A Convenção Interamericana para prevenir e punir a tortura

a) define como tratamento desumano ou degradante a aplicação de métodos que tendem a diminuir a capacidade física ou mental da vítima, desde que cause dor física e angústia psíquica.

b) prevê expressamente aos Estados-membros a obrigatoriedade de tipificarem o delito de tortura como crime hediondo, sem possibilidade de anistia, graça ou indulto.

c) define como atos de torturas apenas sofrimentos físicos infligidos intencionalmente contra uma pessoa, com o fim específico de buscar confissão ou declarações em investigação criminal.

d) prevê expressamente aos Estados-membros a obrigatoriedade de incluir na formação dos profissionais responsáveis pela segurança pública curso de prevenção e combate à prática de tortura.

e) prevê expressamente que não estão compreendidos no conceito de tortura as penas ou sofrimentos físicos ou mentais que sejam unicamente consequências de medidas legais ou inerentes a elas, contanto que não incluam a realização dos atos ou a aplicação dos métodos definidos como tal.

COMENTÁRIOS

Alternativa "a": Nos termos do artigo 2 da Convenção, são também considerados tortura a aplicação, sobre uma pessoa, de métodos tendentes a anular a personalidade da vítima, ou a diminuir sua capacidade física ou mental, embora não causem dor física ou angústia psíquica.

Alternativa "b": O artigo 1 da Convenção estabelece a obrigação, aos Estados Partes, de prevenir e punir a tortura. Não há, contudo, a obrigatoriedade de tipificarem a tortura como crime hediondo.

Alternativa "c": A tortura realmente é sempre dolosa, conforme artigo 2 da Convenção, que menciona expressamente "infligidos intencionalmente" na definição de tortura. No entanto, o erro da alternativa está na finalidade, pois o artigo menciona que pode ser praticada: "com fins de investigação criminal, como meio de intimidação, como castigo pessoal, como medida preventiva, como pena ou com qualquer outro fim.".

Alternativa "d": O artigo 7 da Convenção prevê que: "Os Estados Partes tomarão medidas para que, no treinamento de agentes de polícia e de outros funcionários públicos responsáveis pela custódia de pessoas privadas de liberdade, provisória ou definitivamente, e nos interrogatórios, detenção ou prisões, se ressalte de maneira especial a proibição do emprego da tortura.". Portanto, a alternativa está incorreta.

Alternativa "e": É o que se extrai da parte final do artigo 2 da Convenção.

Alternativa correta: letra "e".

24. (VUNESP - 2023 - PC/SP - Delegado) A Declaração dos Princípios Básicos de Justiça Relativos às vítimas da criminalidade e de abuso de poder

a) restringe a condição de vítima às pessoas que, individualmente ou coletivamente, sofreram graves ataques a direitos fundamentais.

b) estende a condição de vítima à família próxima ou a pessoas a cargo da vítima bem como às pessoas que eventualmente sofram prejuízo ao intervirem em prol da vítima.

c) restringe a condição de vítima a pessoa que, individualmente, sofreu graves ataques a direitos fundamentais que impliquem sofrimento físico.

d) exclui do âmbito de proteção ataques e agressões praticados em âmbito doméstico, entre pessoas com relação de parentesco, que contam com instrumento internacional próprio.

e) fixa a obrigatoriedade ao Estado de reparar as vítimas pelos danos sofridos decorrentes de graves violações a direitos fundamentais, sempre que não for possível a reparação pelo autor do fato.

COMENTÁRIOS

Alternativa "a": Nos termos do item 1 da Declaração: "O termo "vítimas" designa as pessoas que, individual ou coletivamente, tenham sofrido um dano, nomeadamente um dano físico ou mental, um sofrimento emocional, um prejuízo econômico ou um atentado importante aos seus direitos fundamentais, em resultado de atos ou omissões que violem as leis penais em vigor nos Estados Membros, incluindo as leis que criminalizam o abuso de poder". Portanto, a alternativa está incorreta por restringir a definição da Declaração para vítimas.

Alternativa "b": É nesse sentido o item 2 da Declaração: "O termo "vítima» inclui também, sendo caso disso, os familiares próximos ou dependentes da vítima direta e as pessoas que tenham sofrido danos ao intervir para prestar assistência a vítimas em perigo ou para impedir a vitimização».

Alternativa "c": Como mencionado no comentário da alternativa "a", abrange também a pessoa que sofreu dano mental, emocional ou prejuízo econômico ou atentado aos seus direitos fundamentais.

Alternativa "d": Nos termos do item 2, esses casos são, na verdade, incluídos, como já mencionado no comentário da alternativa "b".

Alternativa "e": A obrigação de reparação é dos autores de crimes ou terceiros responsáveis pelo seu comportamento, e não do Estado, conforme item 8 da Declaração.

Alternativa correta: letra "b".

---

25. (VUNESP – 2023 – PC/SP – Delegado) Para efeitos da Convenção Interamericana contra o Racismo, a Discriminação Racial e Formas Correlatas de Intolerância, assinale a alternativa correta.

a) O racismo consiste em qualquer teoria, doutrina, ideologia ou conjunto de ideias que enunciam um vínculo causal entre as características fenotípicas ou genotípicas de indivíduos ou grupos e seus traços intelectuais, culturais e de personalidade, inclusive o falso conceito de superioridade racial.

b) A intolerância é definida com um ato ou conjunto de atos, manifestada exclusivamente através de violência, em rejeição ou desprezo à dignidade, característica, convicções ou opiniões de pessoas por serem diferentes ou contrárias.

c) A discriminação racial é qualquer distinção, exclusão, restrição ou preferência, em qualquer área da vida pública ou privada, praticada com o propósito específico de anular ou restringir o gozo ou exercício de um ou mais direitos humanos consagrados nos instrumentos legislativos dos Estados-Partes, podendo se basear, de forma taxativa e enumerativa, em raça, cor, origem nacional e ética.

d) As medidas de ação afirmativa são de competência exclusiva dos agentes públicos e têm por finalidade assegurar o gozo ou exercício, em condições de igualdade, de um ou mais direitos humanos e liberdades fundamentais de grupos que requeiram essa proteção, não podendo caracterizar discriminação racial.

e) A discriminação racial indireta é modalidade praticada exclusivamente em âmbito público, por agentes públicos, mediante a adoção de critério aparentemente neutro que tem a capacidade de acarretar uma desvantagem particular para pessoas pertencentes a um grupo específico.

COMENTÁRIOS

Alternativa "a": Trata-se de parte da definição de racismo contida no art. 1º, 4 da Convenção.

Alternativa "b": Embora abranja tais formas de manifestação, inclui, também, situações sem violência direta, conforme se extrai do art. 1º, 6 da Convenção, que em sua parte final prevê que a intolerância "Pode manifestar-se como a marginalização e a exclusão de grupos em condições de vulnerabilidade da participação em qualquer esfera da vida pública ou privada ou como violência contra esses grupos"

Alternativa "c": Na verdade, a alternativa restringiu o alcance do art. 1º, 1 da Convenção, que abrange também a ascendência como base para a discriminação racial.

Alternativa "d": Não são de competência exclusiva dos agentes públicos, pois podem ser adotadas pela iniciativa privada.

Alternativa "e": A discriminação racial indireta, nos termos do art. 1º, 2 da Convenção, pode ocorrer em qualquer esfera da vida pública ou privada.

Alternativa correta: letra "a".

---

26. (VUNESP – 2023 – PC/SP – Delegado) Considerando o Protocolo de Prevenção, Repressão e Punição do Tráfico de Pessoas, especialmente Mulheres e Crianças (Decreto 5.071/2004), assinale a alternativa correta.

a) Há expressa previsão da irrelevância de consentimento dado pela vítima de tráfico de pessoas, pela presunção absoluta de vulnerabilidade, mesmo que não obtido por meio de ameaça e uso da força.

b) Há expressa previsão de sua aplicabilidade para a prevenção e o combate às infrações nele previstas, independentemente do caráter transnacional ou do envolvimento de grupos criminosos organizados.

c) Há expressa determinação de que os Estados-Partes tipifiquem penalmente o tráfico de pessoas, com expressa menção à modalidade tentada.

d) O termo criança é definido como qualquer pessoa com idade inferior a 12 anos.

e) O recrutamento de pessoas, adultas ou crianças, para fins de exploração, é considerado tráfico de pessoas, desde que haja o emprego de ameaça, uso da força, ou qualquer outra forma de coação ou engano.

COMENTÁRIOS

Alternativa "a": O artigo 3, em seu item "b" do Protocolo, estabelece que o consentimento dado pela vítima de tráfico de pessoas tendo em vista qualquer tipo de exploração na qual se recorreu à ameaça ou uso da força ou outras formas de coação. Nas demais hipóteses (não elencadas no item "a" do artigo), o consentimento será considerado. Assim, não há presunção absoluta, sobretudo quando não há ameaça ou força.

Alternativa "b": Nos termos do artigo 4: "O presente Protocolo aplicar-se-á, salvo disposição em contrário, à prevenção, investigação e repressão das infrações estabelecidas em conformidade com o Artigo 5 do presente Protocolo, quando essas infrações forem de natureza transnacional e envolverem grupo criminoso organizado, bem como à proteção das vítimas dessas infrações.". Portanto, está incorreta.

Alternativa "c": É o que prevê o artigo 5 do Protocolo.

Alternativa "d": Nos termos do artigo 3, item "d", será considerada criança toda pessoa com idade inferior a dezoito anos.

Alternativa "e": Com base no artigo 3, item "c", será tráfico de pessoas ainda que não haja o emprego de ameaça, uso da força ou qualquer outra forma de coação ou engano.

Alternativa correta: letra "c".

---

27. (Vunesp – Delegado de Polícia – PC -SP/2022). Nos termos do Estatuto de Roma, é correto afirmar que

a) a competência do Tribunal Penal Internacional restringir-se-á aos crimes contra a humanidade e crimes de guerra, nos termos das disposições do presente Estatuto.
b) qualquer pessoa condenada pelo Tribunal Penal Internacional só poderá ser punida em conformidade com as disposições do presente Estatuto.
c) a sede do Tribunal Penal Internacional será em Roma.
d) é vedada a alteração da sede do Tribunal Penal Internacional para outro local.
e) a competência do Tribunal Penal Internacional restringir-se-á aos crimes de guerra e ao crime de genocídio, nos termos das disposições do presente Estatuto.

COMENTÁRIOS

✪ **Nota do autor:** O Estatuto de Roma estatui o Tribunal Penal Internacional. Foi incorporado ao ordenamento jurídico brasileiro com o Decreto nº 4.338/2022.

Alternativa "a": O art. 5º, 1 do Estatuto de Roma trata da competência do Tribunal, e determina que: "restringir-se-á aos crimes mais graves, que afetam a comunidade internacional no seu conjunto.". São os crimes de sua competência: crime de genocídio; crime contra a humanidade; crime de guerra e crime de agressão. Logo, não se restringe somente aos crimes contra a humanidade e crimes de guerra como fala a alternativa

Alternativa "b": É a disposição do artigo 23 do Estatuto.

Alternativa "c": A sede, é, na verdade, em Haia, Países Baixos, conforme art. 3º, 1 do Estatuto.

Alternativa "d": O art. 3º, 3 estabelece que sempre que entender conveniente, o Tribunal poderá funcionar em outro local, seguindo o Estatuto.

Alternativa "e": Incorreta, conforme comentário da alternativa "a".

Alternativa correta: letra "b".

---

28. (Vunesp – Delegado de Polícia – PC -SP/2022). Um grupo eminente de especialistas em direitos humanos preparou um documento preliminar, desenvolveu, discutiu e refinou. Depois de uma reunião de especialistas, realizada na Universidade Gadjah Mada, entre 6 e 9 de novembro de 2006, 29 eminentes especialistas de 25 países, com experiências diversas e conhecimento relevante das questões da legislação de direitos humanos, adotaram por unanimidade regras sobre a Aplicação da Legislação Internacional de Direitos Humanos em relação à Orientação Sexual e Identidade de Gênero. O relator da reunião, professor Michael O'Flaherty, deu uma contribuição imensa. Tais regras possuem um amplo espectro de normas de direitos humanos e de sua aplicação a questões de orientação sexual e identidade de gênero. É correto afirmar que o enunciado se refere

a) aos Princípios de Yogyakarta.
b) às Regras de Bangkok.
c) ao Estatuto de Roma.
d) às Regras de Tóquio.
e) à Convenção Americana de Direitos Humanos.

COMENTÁRIOS

✪ **Nota do autor**: a questão, que dá muitas informações, busca qual dos tratados mencionados nas alternativas disciplina direitos humanos em relação à orientação sexual e identidade de gênero.

Alternativa "a": Os Princípios de Yogyakarta são princípios sobre a aplicação da legislação internacional de direitos humanos em relação à orientação sexual e identidade de gênero.

Alternativa "b": As Regras de Bangkok disciplinam o tratamento de mulheres presas e medidas não privativas de liberdade para mulheres infratoras.

Alternativa "c": O Estatuto de Roma rege o Tribunal Penal Internacional.

Alternativa "d": As Regras de Tóquio são as Regras Mínimas das Nações Unidas para a Elaboração de Medidas não Privativas de Liberdade.

Alternativa "e": A Convenção Americana de Direitos Humanos (Pacto de San José da Costa Rica) estatui a Organização dos Estados Americanos e disciplina uma série de direitos, mas não tais questões.

Alternativa correta: letra "a".

---

29. (Vunesp – Delegado de Polícia – PC-SP/2022). Nos termos da Declaração dos Princípios Básicos de Justiça Relativos às Vítimas da Criminalidade e de Abuso de Poder (1985), assinale a alternativa correta.

a) Os autores de crimes ou os terceiros responsáveis pelo seu comportamento devem, obrigatoriamente, reparar de forma equitativa o prejuízo causado às vítimas, que inclui como itens obrigatórios a restituição de bens e a indenização pelo prejuízo e, facultativo, o reembolso das despesas da vitimização.

b) Em todos os casos em que sejam causados graves danos ao ambiente, a restituição deve incluir, obrigatoriamente, a reabilitação do ambiente, a reposição das infraestruturas, a substituição dos equipamentos coletivos e o reembolso das despesas de reinstalação.

c) Uma pessoa pode ser considerada como "vítima", no quadro da presente Declaração, somente se o autor for identificado, preso, processado ou declarado culpado, sendo excluído do termo "vítima" a família próxima.

d) Os Governos devem reexaminar as respectivas práticas, regulamentos e leis, de modo a fazer da restituição uma sentença possível nos casos penais, para além das outras sanções penais.

e) Entendem-se por "vítimas" as pessoas que, individual ou coletivamente, tenham sofrido um prejuízo, nomeadamente um atentado à sua integridade física, excluindo-se deste conceito as perdas meramente materiais.

COMENTÁRIOS

Alternativa "a": Sobre a obrigação de restituição e reparação, a declaração estabelece no item 8 que: "Os autores de crimes ou os terceiros responsáveis pelo seu comportamento devem, se necessário, reparar de forma equitativa o prejuízo causado às vítimas, às suas famílias ou às pessoas a seu cargo. Tal reparação deve incluir a restituição dos bens, uma indenização pelo prejuízo ou pelas perdas sofridos, o reembolso das despesas feitas como consequência da vitimização, a prestação de serviços e o restabelecimento dos direitos". O reembolso das despesas de vitimização não é facultativo, mas sim obrigatório.

Alternativa "b": No item 10 da Declaração, fica determinado que: "Em todos os casos em que sejam causados graves danos ao ambiente, a restituição **deve incluir, na medida do possível,** a reabilitação do ambiente, a reposição das infraestruturas, a substituição dos equipamentos coletivos e o reembolso das despesas de reinstalação, quando tais danos impliquem o desmembramento de uma comunidade.". Logo, não é obrigatório, mas sim, deve ser feito **na medida do possível.**

Alternativa "c": Na verdade, o item 18 estabelece que: "Entendem-se por "vítimas" as pessoas que, individual ou coletivamente, tenham sofrido prejuízos, nomeadamente um atentado à sua integridade física ou mental, um sofrimento de ordem moral, uma perda material, ou um grave atentado aos seus direitos fundamentais, como consequência de atos ou de omissões que, não constituindo ainda uma violação da legislação penal nacional, representam violações das normas internacionalmente reconhecidas em matéria de direitos do homem."

Alternativa "d": É o que dispõe o item 9 da Declaração.

Alternativa "e": Incorreta, conforme comentário da alternativa "c". Incluem-se as perdas materiais.

Alternativa correta: letra "d".

---

30. (Vunesp – Delegado de Polícia – PC -SP/2022). Nos termos da Declaração sobre o Direito e a Responsabilidade dos Indivíduos, Grupos ou Órgãos da Sociedade de Promover e Proteger os Direitos Humanos e Liberdades Fundamentais Universalmente Reconhecidos, é correto afirmar que

a) cada Estado deverá adoptar as medidas legislativas, administrativas e outras que se revelem necessárias para assegurar que os direitos e liberdades referidos na citada Declaração são efetivamente garantidos.

b) todos têm direitos, deveres e obrigações para com a comunidade e no seio desta, fora da qual o livre e pleno desenvolvimento da respectiva personalidade não é possível, sendo autorizada a ação hostil para fazer cumprir os direitos.

c) cada Estado tem o dever primordial de proteger, promover e tornar efetivos todos os direitos humanos, nomeadamente através da adoção das medidas necessárias à criação das devidas condições nas áreas social, econômica, política e outras, bem como das garantias jurídicas que se impõem para assegurar que todas as pessoas, exclusivamente em associação com outras, possam gozar na prática esses direitos e liberdades.

d) a fim de promover e proteger os direitos humanos e liberdades fundamentais, todos têm o direito, em associação com outros, a nível exclusivamente internacional, de se reunir ou manifestar pacificamente.

e) é permitida a participação, por ação, caso tenha o dever de atuar na violação de direitos humanos e liberdades fundamentais, sendo autorizada a ação hostil em situações excepcionais.

COMENTÁRIOS

Alternativa "a": É o que dispõe o item 2 do artigo 2 da Declaração.

Alternativa "b": Não se autoriza a ação hostil para fazer cumprir tais direitos, conforme é possível extrair do artigo 19.

Alternativa "c": Nos termos do artigo 2 item 1 essa proteção e promoção se dá tanto em associação com outras pessoas, quanto **individualmente**.

Alternativa "d": Segundo o artigo 5, tal proteção se dá tanto no plano **nacional** quanto **internacional.**

Alternativa "e": Na verdade, o artigo 10 estabelece que: "Ninguém participará, por ação ou por descumprimento do dever de atuar, na violação dos direitos humanos e das liberdades fundamentais, e ninguém será punido nem perseguido por negar-se a fazê-lo.".

Alternativa correta: letra "a".

---

31. (Vunesp - Delegado de Polícia - PC -SP/2022). Trata-se de normatização das Nações Unidas para o tratamento de mulheres presas e medidas não privativas de liberdade para mulheres infratoras. Essas normas propõem olhar diferenciado para as especificidades de gênero no encarceramento feminino, tanto no campo da execução penal, quanto também na priorização de medidas não privativas de liberdade, ou seja, que evitem a entrada de mulheres no sistema carcerário. É correto afirmar que o enunciado se refere

a) às Regras de Tóquio.

b) à Declaração dos Princípios Básicos de Justiça Relativos às Vítimas da Criminalidade e de Abuso de Poder.

c) à Convenção Americana dos Direitos das Mulheres.

d) ao Pacto Internacional do Direito da Mulher.

e) às Regras de Bangkok.

COMENTÁRIOS

✪ **Nota do autor**: a questão busca qual dos tratados mencionados nas alternativas disciplina o tratamento de mulheres presas e medidas não privativas de liberdade para mulheres infratoras.

Alternativa "a": As Regras de Tóquio são as Regras Mínimas das Nações Unidas para a Elaboração de Medidas não Privativas de Liberdade. Não disciplina o tratamento específico de **mulheres** presas.

Alternativa "b": Essa Declaração disciplina os direitos das vítimas, e não das infratoras.

Alternativa "c": Não existe esse documento. Poderia se relacionar com a Convenção Interamericana para Prevenir, Punir e Erradicar a Violência contra a Mulher, de 1994, que, contudo, trata da mulher como vítima de violência e não como infratora.

Alternativa "d": Esse documento também não existe.

Alternativa "e": As Regras de Bangkok disciplinam o tratamento de mulheres presas e medidas não privativas de liberdade para mulheres infratoras. Logo, é a alternativa correta.

Alternativa correta: letra "e".

---

32. (Vunesp - Delegado de Polícia - PC -SP/2022). Nos termos do Código de Conduta para os Funcionários Responsáveis pela Aplicação da Lei (Adotado pela Assembleia Geral das Nações Unidas na sua Resolução nº 34/169, de 17 de dezembro de 1979), é correto afirmar que

a) os assuntos de natureza confidencial em poder dos funcionários responsáveis pela aplicação da lei devem, sem qualquer exceção, obrigatoriamente, serem mantidos confidenciais pelo prazo máximo de vinte e cinco anos.

b) nenhum funcionário responsável pela aplicação da lei pode infligir, instigar ou tolerar qualquer ato de tortura, exceto quando diante de conduta terrorista.

c) os funcionários responsáveis pela aplicação da lei não devem cometer quaisquer atos de corrupção. Também devem opor-se vigorosamente e combater todos esses atos.

d) os funcionários responsáveis pela aplicação da lei só podem empregar a força quando restar caracterizada a legítima defesa.

e) os funcionários responsáveis pela aplicação da lei devem garantir a proteção da segurança de todas as pessoas sob sua guarda e, em especial, devem adotar medidas mediatas para assegurar-lhes a proteção necessária.

COMENTÁRIOS

Alternativa "a": O artigo 4º do Código estabelece que: "Os assuntos de natureza confidencial em poder dos funcionários responsáveis pela aplicação da lei devem ser mantidos confidenciais, <u>a não ser que o cumprimento do dever ou necessidade de justiça estritamente exijam outro comportamento.</u>". Assim, está incorreta, pois existe uma exceção.

Alternativa "b": O artigo 5º do Código dispõe que "Nenhum funcionário responsável pela aplicação da lei pode infligir, instigar ou tolerar qualquer ato de tortura ou qualquer outro tratamento ou pena cruel, desumano ou degradante, nem nenhum destes funcionários pode invocar ordens superiores <u>ou circunstâncias excepcionais</u>(...)". Logo, não se admite tal prática, ainda que diante de conduta terrorista.

Alternativa "c": É o que estabelece o artigo 7º do Código.

Alternativa "d": O artigo 3º do Código determina, na verdade, que "Os funcionários responsáveis pela aplicação da lei só podem empregar a força <u>quando estritamente necessária</u> e <u>na medida exigida para o cumprimento do seu dever.</u>"

Alternativa "e": O artigo 6º prevê que: "Os funcionários responsáveis pela aplicação da lei devem garantir a proteção <u>da saúde</u> de todas as pessoas sob sua guarda e, em especial, devem adotar medidas imediatas para assegurar-lhes <u>cuidados médicos</u>, sempre que necessário.".

Alternativa correta: letra "c".

33. (Vunesp – Delegado de Polícia – PC -SP/2022). No que concerne ao direito à vida previsto na Convenção Americana de Direitos Humanos, é correto afirmar que

a) nos países que não houverem abolido a pena de morte, esta só poderá ser imposta pelo cometimento do delito de genocídio.

b) toda pessoa condenada à morte tem direito a solicitar anistia, que deverá ser imediatamente concedida.

c) em nenhum caso pode a pena de morte ser aplicada, independentemente da natureza do delito cometido.

*D) em nenhum caso pode a pena de morte ser aplicada a delitos políticos, nem a delitos comuns conexos com delitos políticos.

e) não se deve impor a pena de morte a pessoa que, no momento da perpetração do delito, for menor de vinte e um anos ou maior de sessenta anos.

COMENTÁRIOS

Alternativa "a": Na verdade, o artigo 4, item 2 da Convenção determina que: "Nos países que não houverem abolido a pena de morte, esta só poderá ser **imposta pelos delitos mais graves, em cumprimento de sentença final de tribunal competente** e em conformidade com lei que estabeleça tal pena, promulgada antes de haver o delito sido cometido. Tampouco se estenderá sua aplicação a delitos aos quais não se aplique atualmente."

Alternativa "b": O que determina o item 6 do artigo 4 da Convenção é que: "Toda pessoa condenada à morte tem direito a solicitar anistia, indulto ou comutação da pena, os quais podem ser concedidos em todos os casos. Não se pode executar a pena de morte enquanto o pedido estiver pendente de decisão ante a autoridade competente.". Não há menção à concessão imediata como fala a alternativa.

Alternativa "c": Determina o item 4 do artigo 4 da Convenção que: "Em nenhum caso pode a pena de morte ser aplicada por delitos políticos, nem por delitos comuns conexos com delitos políticos."

Alternativa "d": É o que determina o item 4 do artigo 4 da Convenção, conforme consta no comentário da alternativa "c".

Alternativa "e": Determina o item 5 do artigo 4 da Convenção que: "Não se deve impor a pena de morte a pessoa que, no momento da perpetração do delito, for **menor de dezoito anos,** ou maior de **setenta**, nem aplicá-la a mulher em estado de gravidez.".

Alternativa correta: letra "d".

34. (Vunesp – Delegado de Polícia – PC -SP/2022). Nos termos da Declaração Universal dos Direitos Humanos, é correto afirmar que

a) determina que todo ser humano tem direito à liberdade de reunião e associação pacífica.

b) não possui qualquer previsão no que concerne à liberdade de reunião.

c) determina que todos podem reunir-se pacificamente, sem armas, em locais abertos ao público, independentemente de autorização.

d) determina que todos podem reunir-se, com ou sem armas, em locais abertos ao público ou não.

e) determina que todos podem reunir-se, em locais abertos ao público, independentemente de autorização.

COMENTÁRIOS

Alternativa "a": É a previsão do artigo 20, item 1 da DUDH.

Alternativa "b": Possui, conforme comentário da alternativa "a".

Alternativa "c": A previsão citada na alternativa, na verdade, é a encontrada na Constituição Federal, no art. 5º, VI. A previsão na DUDH, do direito de reunião, é a que está transcrita na alternativa "a".

Alternativa "d": Vide comentário das alternativas "c" e "a". Essa alternativa modificou o texto do art. 5º, VI da CF/88 (já que esse dispositivo somente autoriza a reunião sem armas, e em locais abertos ao público), estando, assim, incorreta.

Alternativa "e": Vide comentário da alternativa "c".

Alternativa correta: letra "a".

35. (FGV – Delegado de Polícia – PC -AM/2022). Determinado agente público, ao interpretar a Convenção Contra a Tortura e Outros Tratamentos ou Penas Cruéis, Desumanos ou Degradantes, afirmou que a sua organicidade interna impedia a sua interpretação fragmentada, permeada por normas do direito interno.

A partir dessa premissa, concluiu que a legislação nacional, quando veicula comandos de contornos mais amplos, deve ser preterida, já que a combinatória de normas, ainda que mais favorável à pessoa humana, romperia com o equilíbrio do sistema e conduziria a resultados absurdos. É correto afirmar que a conclusão do agente público

a) está correta, sendo expressamente acolhida pela Convenção.

b) está incorreta, sendo expressamente rechaçada pela Convenção.

c) está incorreta, considerando a preeminência das normas internas sobre o Direito Internacional.

d) está correta, considerando a preeminência do direito internacional sobre as normas internas.

e) somente não é correta, por expressa previsão da Convenção, caso as normas internas tenham estatura constitucional.

COMENTÁRIOS

Alternativa "b" (responde todas as alternativas): O artigo 1º, item 2 da Convenção determina que "2. O presente Artigo não será interpretado de maneira a restringir qualquer instrumento internacional ou legislação nacional que contenha ou possa conter dispositivos de alcance mais amplo.". Assim, não deve ser preterida quando veicular comandos mais amplos, mas sim preferida. Sempre, nessas disposições relativas à proteção dos direitos humanos, aplica-se aquilo que é mais favorável à pessoa humana.

Alternativa correta: letra "b".

---

36. (FGV – Delegado de Polícia – PC -AM/2022). Antônio e Pedro, estudiosos do Direito Internacional Público, travaram intenso debate a respeito da Declaração Universal dos Direitos Humanos (DUDH), instituída pela Resolução n° 217A (III) da Assembleia Geral das Nações Unidas, de 10 de dezembro de 1948.

Por fim, alcançaram as seguintes conclusões:

I. a DUDH é um tratado internacional, integrando o direito internacional público convencional;

II. a DUDH é conceitualmente distinta do jus cogens, não influindo no seu surgimento e não sendo por ele afetada;

III. a DUDH exorta a unidade dos direitos humanos, que devem ser observados tanto na dimensão das liberdades, como na perspectiva da fruição de direitos prestacionais.

Está correto o que se conclui em

a) II e III, apenas.
b) I e II, apenas.
c) I, II e III.
d) I, apenas.
e) III, apenas.

COMENTÁRIOS

(I) Incorreta. Na verdade, a DUDH é uma Resolução (Resolução 217 A III da Assembleia Geral das Nações Unidas). Portanto, não é um tratado internacional, e não integra o direito internacional público convencional. Trata-se de recomendação facultativa, com caráter de recomendação, com força moral e política, mas não jurídica.

(II) Incorreta. *Jus cogens* corresponde ao conjunto de normas imperativas de direito internacional público. Apesar de tratar-se de recomendação, e não tratado, entende-se que a DUDH, por sua importância, aceitação e absorção nos ordenamentos nacionais, faz parte do *jus cogens*, além de certamente ter influído em seu surgimento e ser por ele afetada.

(III) Correta. A DUDH foi o primeiro documento a estabelecer uma proteção universal dos direitos humanos, previstos em conjunto, como uma ideia de unidade. Prevê tanto os Direitos Civis e Políticos (dimensão das liberdades), quanto Direitos Econômicos, Sociais e Culturais (direitos prestacionais).

Alternativa correta: letra "e".

---

37. (Vunesp – Delegado de Polícia – PC -SP/2022). Nos termos da Lei n° 13.874/2019 (Declaração de Direitos de Liberdade Econômica e garantias de livre mercado), é dever da administração pública e das demais entidades que se sujeitam a esta Lei, na aplicação da ordenação pública sobre atividades econômicas privadas

a) proceder à aplicação de sanções com base em termos objetivos, sendo vedada a lavratura de auto de infração em termos subjetivos.
b) observar o critério de dupla visita para lavratura de autos de infração decorrentes do exercício de atividade considerada de alto risco.
c) dispensar tratamento justo, previsível e isonômico entre todos os agentes que atuam na administração pública.
d) observar o critério de dupla visita para lavratura de autos de infração decorrentes do exercício de atividade considerada de baixo ou médio risco.
e) proceder à lavratura de autos de infração com base em termos objetivos, sendo vedada a lavratura de auto de infração em termos subjetivos.

COMENTÁRIOS

Alternativa "a": Segundo estabelece o art. 4º-A, II da Declaração, "É dever da administração pública e das demais entidades que se sujeitam a esta Lei, na aplicação da ordenação pública sobre atividades econômicas privadas: (...) II- proceder à lavratura de autos de infração ou aplicar sanções com base em termos **subjetivos ou abstratos** somente quando estes forem propriamente **regulamentados por meio de critérios claros, objetivos e previsíveis;**".

Alternativa "b": O inciso III do art. 4º-A da Declaração prevê como dever da administração pública e das demais entidades observar o critério de dupla visita para lavratura de autos de infração decorrentes do exercício de atividade considerada de **baixo ou médio risco**.

Alternativa "c": O inciso I, do mesmo artigo, prevê a obrigação da administração pública e das demais entidades, de dispensar tratamento justo, previsível e isonômico entre os **agentes econômicos**.

Alternativa "d": É o que dispõe o art. 4º-A, III da Declaração.

Alternativa "e": Incorreta, conforme comentário da alternativa "a".

Alternativa correta: letra "d".

---

38. (Inst. Acesso – Delegado de Polícia – PC – ES/2019) Um Tratado é um acordo entre os Estados Nacionais. É prerrogativa da soberania de cada Estado Nação poder pactuar seguindo os ditames de direito internacional para sua ratificação, adesão ou sucessão.

Um Estado pode, ao ratificar um tratado, formular reservas a ele, indicando que, embora consinta em se comprometer com a maior parte das disposições, não concorda em se comprometer com certas disposições. No entanto, uma reserva não pode derrotar o objeto e o propósito do tratado. Tratados internacionais têm diferentes designações, como pactos, cartas, protocolos, convenções e acordos. Podemos afirmar que

a) é necessário, para que os Estados ratifiquem os tratados, que eles se comprometam sempre com as suas disposições, ainda que gradativamente, que sejam superiores à legislação interna, excetuando-se aquelas de status constitucional.
b) um Tratado é legalmente vinculativo para os Estados que tenham consentido em se comprometer com suas disposições.
c) um Tratado pode ser do tipo "por sucessão", que acontece em virtude de uma disposição específica do tratado ou de uma declaração, considerando o caráter autoexecutável da maioria dos tratados.
d) um Tratado só pode ser ratificado por um Estado que o tenha assinado anteriormente - durante o período no qual ele esteve aberto às assinaturas quando da sua elaboração.
e) após a ratificação de um tratado específico, em nível internacional, o instrumento de ratificação deve ser formalmente transmitido ao depositário, que vem a ser os Estados Unidos, enquanto sede da ONU.

COMENTÁRIOS

Alternativa "b" (responde todas as alternativas): Tendo em mente que os tratados são acordos de vontade entre os estados, a vinculação do Estado aos seus termos se dá por meio da ratificação, que é uma expressão formal de seu consentimento em passar a cumprir o tratado. Portanto, para os Estados que tenham consentido em se comprometer (ratificação), o tratado é legalmente vinculativo. Trata-se do reconhecimento do princípio *"pacta sunt servanda"*.

Alternativa correta: letra "b".

39. (Inst. Acesso - Delegado de Polícia - PC - ES/2019) A Comissão Interamericana de Direitos Humanos (CIDH) fez uma visita in loco ao Brasil, entre 5 e 12 de novembro de 2018, em função de convite formulado pelo Estado brasileiro realizado em 29 de novembro de 2017. O objetivo foi o de observar a situação dos direitos humanos no país. Entre os itens constantes de seu relatório, a CIDH apontou para "o grave contexto de violações aos direitos humanos das mulheres negras e da juventude pobre da periferia. São os pobres e os afrodescendentes aqueles que seguem sendo desproporcionalmente as principais vítimas de violações aos direitos humanos no Brasil. Estes são mortos às dezenas e milhares, sem investigação, julgamento, punição ou reparação adequados". Os termos exarados encontram-se de acordo com as atribuições da CIDH, que

a) expede "Pareceres", em caráter consultivo, à Corte Interamericana, sobre aspectos de interpretação da Convenção Americana, podendo inclusive sugerir providências para solução dos problemas observados.
b) pode solicitar que a Corte Interamericana requeira "medidas provisionais" dos Governos em casos urgentes de grave perigo às pessoas, ainda que o caso não tenha sido submetido à Corte.
c) faz recomendações aos Estados-membros da OEA acerca da adoção de medidas para corrigir as práticas de violações e adotar medidas de promoção e garantia dos direitos humanos.
d) zela pelo cumprimento geral dos direitos humanos nos Estados-membros, publica as informações especiais sobre a situação em um estado específico e as envia à Assembleia Geral da OEA para as sanções cabíveis,
e) realiza visitas in loco aos países, ao receber petições individuais que alegam violações dos direitos humanos, segundo o disposto nos artigos 44 a 51 da Convenção Americana sobre Direitos Humanos, com o intuito de aprofundar a observação geral da situação, e/ou para investigar uma situação particular.

COMENTÁRIOS

Alternativa "a": Na verdade, nos termos do art. 62 (3) da CADH, compete à Corte conhecer qualquer caso relativo à interpretação e aplicação das disposições da Convenção. A Comissão não participa desse processo.

Alternativa "b": Trata-se da disposição do art. 76 (1) do Regulamento da Comissão Interamericana de Direitos Humanos.

Alternativa "c": Embora seja possível, nos termos do artigo 41, b da CADH, que a Comissão formule recomendações aos governos dos Estados-Membros, quando considerar conveniente, para adotar medidas progressivas no âmbito de suas leis internas e preceitos constitucionais, o caso narrado na questão diz respeito a uma situação de extrema gravidade urgência, sendo mais correta a alternativa "b".

Alternativa "d": Embora a Comissão envie o relatório à Assembleia, nos termos do art. 59, (1, h) do Regulamento da Comissão Interamericana de Direitos Humanos, compete à Corte aplicar as sanções cabíveis, desde que os Estados-partes tenham reconhecido sua competência, podendo ser adotadas medidas pela própria Comissão, conforme alternativa "b".

Alternativa "e": Na verdade, conforme artigo 48 (2) da CADH, a investigação se dá em casos graves e urgentes, mediante prévio consentimento do Estado, com a apresentação de petição que reúna requisitos de admissibilidade. As petições podem ser individuais ou de grupo de pessoas, ou ainda de entidades não-governamentais.

Alternativa correta: letra "b".

40. (Inst. Acesso - Delegado de Polícia - PC - ES/2019) O artigo 15 da Declaração Universal dos Direitos Humanos (DUDH) prevê que todo ser humano tem direito a uma nacionalidade e que ninguém será arbitrariamente privado de sua nacionalidade, nem do direito de mudar de nacionalidade. Não obstante, há em variados países populações que etnicamente são autoproclamadas "ciganas". Estas se distinguem por não possuírem uma nacionalidade, embora reclamem tratamento digno diante de arbitrariedades a que podem ser sujeitas, como a que ocorreu, por exemplo, na França, por ocasião do mandato do presidente Sarkozy. O direito a essa identidade pode ser representado, em termos de suas garantias, considerando o que se prescreve no âmbito da Declaração Universal dos Direitos do Homem. Assinale a alternativa correta que estabelece a relação descrita no enunciado com os direitos abrangidos na DUDH.

a) Ninguém será sujeito a interferências em sua vida privada, em sua família, em seu lar ou em sua correspondência, nem a ataques à sua honra e reputação. Todo ser humano tem direito à proteção legal contra tais interferências ou ataques, salvo quando submetido a um julgamento justo.
b) Todo ser humano tem capacidade para gozar dos direitos e das liberdades estabelecidos nesta Declaração, sem distinção de qualquer espécie, seja de raça, cor, sexo, idioma, religião, opinião política ou de outra natureza, origem nacional ou social, posição econômica, nascimento ou qualquer outra condição.
c) Todo ser humano tem direito à liberdade de movimento e residência dentro das fronteiras de cada Estado. Todo ser humano tem o direito de deixar qualquer país, inclusive o próprio, e a este regressar.
d) Todos os indivíduos têm direito ao reconhecimento, em todos os lugares, da sua personalidade formal jurídica.
e) Todos os seres humanos nascem livres e iguais em dignidade e direitos. São dotados de razão e consciência e devem agir em relação uns aos outros com espírito de fraternidade, liberdade e igualdade.

COMENTÁRIOS

Alternativa "a": Na verdade, estabelece o artigo 12 da DUDH esse direito sem a ressalva de julgamento justo.

Alternativa "b": Trata-se da disposição do artigo 2 (I) da DUDH em sua literalidade, que tem exata relação com o enunciado.

Alternativa "c": O artigo 13 (I) da DUDH fala em liberdade de locomoção e não de movimento. Ademais, o artigo não guarda relação com a situação do enunciado, que fala em identidade e nacionalidade.

Alternativa "d": Os indivíduos têm direito de ser reconhecidos como pessoas perante a lei, nos termos do artigo 6 da DUDH. Pesrsonalidade jurídica é uma criação do direito.

Alternativa "e": O artigo 1 da DUDH fala apenas em espírito de fraternidade.

Alternativa correta: letra "b".

41. (Inst. Acesso - Delegado de Polícia - PC - ES/2019) No Brasil, na tentativa de combater e prevenir atos de tortura, o Estado brasileiro aprovou leis, assinou tratados internacionais e instituiu diversas políticas públicas ao longo das últimas décadas.

Considere as seguintes referências:

I. Constituição da República Federativa do Brasil (1988): art. 5, Inciso III - ninguém será submetido a tortura nem a tratamento desumano ou degradante.
II. Adesão à Convenção Contra Tortura das Nações Unidas (1989).
III. Ratificação da Convenção Interamericana para Prevenir e Punir a Tortura (1989).
IV. Assinatura do Protocolo Adicional à Convenção Contra Tortura das Nações Unidas (2007).
V. Lei 9.140, de 4 de dezembro de 1995 - reconhece como mortas as pessoas desparecidas durante a Ditadura Militar (1964-1985) e concede indenização às vítimas ou familiares das vítimas.
VI. Lei 9.455, de 7 de abril de 1997- tipifica o crime de tortura.

É correto dizer que são pertinentes

a) todas, exceto I, III e VI
b) todas, exceto I, V e VI.
c) todas as referências.
d) todas, exceto II, IV e V.
e) todas, exceto II, III e IV.

COMENTÁRIOS

Referência I. É essa a exata previsão do art. 5º, III da CF/88.

Referência II. A Convenção contra a Tortura e outros Tratamentos ou Penas Cruéis, Desumanos ou Degradantes de Nova Iorque foi assinada e ratificada pelo Brasil, com decreto publicado em 1989.

Referência III. Correta. A Convenção Interamericana para Prevenir e Punir a Tortura também foi ratificada pelo Brasil, com decreto publicado em 1989.

Referência IV. O Protocolo Facultativo À Convenção contra a Tortura e outros Tratamentos ou Penas Cruéis, Desumanos ou Degradantes, que estabeleceu um sistema de visitas regulares de órgãos independentes a locais de internação de pessoas também foi ratificado pelo Brasil, em decorrência de sua adoção por Resolução da Assembleia Geral da ONU, publicado no Brasil em 2007.

Referência V. Trata-se da descrição presente do texto da lei 9.140/1995.

Referência VI. A lei 9.445/1997 define os crimes de tortura e dá outras providências.

Alternativa correta: letra "c": estão corretas todas as referências.

42. (Vunesp - Delegado de Polícia - PC - SP/2018) Os juízes da Corte Interamericana serão eleitos para um mandato de seis anos e só poderão ser reeleitos uma vez. Na hipótese de um dos juízes concluir o seu mandato, mas ainda ter casos sob seu exame que se encontrem em fase de sentença, o Estatuto da Corte estabelece que

a) deverão os casos ser redistribuídos, igualitariamente, aos juízes que permanecem na Corte, iniciando-se a transferência pelo integrante mais novo.
b) os casos deverão ser assumidos pelo novo juiz eleito que o substituirá, o qual deverá proferir as respectivas sentenças de acordo com seu livre convencimento.
c) o juiz presidente da Corte receberá os casos no estado em que se encontram e fará a sua redistribuição por sorteio aos demais juízes.
d) o juiz continuará conhecendo desses casos a que se tiver dedicado, para cujo efeito não será substituído pelo novo juiz eleito.
e) o juiz deverá concluir a instrução de todos os processos em sua posse e entregá-los prontos para a sentença que será proferida pelo novo juiz que o substituirá.

COMENTÁRIOS

Trata-se da previsão da diretriz 3 do art. 54 da Convenção Americana de Direitos Humanos, segundo a qual os juízes continuarão funcionando nos casos de que já houverem tomado conhecimento e que se encontrem em fase de sentença, não sendo, para tais efeitos, substituídos pelos novos juízes eleitos.

Alternativa correta: letra "d".

43. (Vunesp - Delegado de Polícia - PC - SP/2018) A respeito da Comissão Interamericana dos Direitos Humanos, é correto afirmar que

a) após a primeira eleição da Comissão, a duração do mandato dos seus membros será de 4 anos e poderão ser reeleitos por uma só vez.
b) a Comissão é órgão auxiliar da ONU e tem como função primordial a supervisão das obrigações dos Estados em virtude da Convenção Americana sobre Direitos Humanos.
c) a competência para apresentar à Comissão petições que contenham denúncias ou queixas de violação desta Convenção por um Estado-Parte será do Ministério Público Federal.
d) a Comissão é composta por 7 membros eleitos, que atuam como representantes dos seus respectivos governos.
e) a Comissão é um órgão de caráter jurisdicional que foi criado pela Convenção com tripla função, a consultiva, a contenciosa e a executiva.

COMENTÁRIOS

Alternativa "a": Trata-se da previsão do artigo 6 do Estatuto da Comissão Interamericana dos Direitos Humanos.

Alternativa "b": Sua função primordial é, nos termos da diretriz 1 do artigo 1 do Estatuto, promover a observância e a defesa dos direitos humanos e para servir como órgão consultivo da Organização nessa matéria.

Alternativa "c": Nos termos do artigo 23 do Estatuto, aplica-se o artigo 44 da Convenção Americana de Direitos Humanos, que estabelece que qualquer pessoa ou grupo de pessoas, ou entidade não-governamental legalmente reconhecida em um ou mais Estados-membros da Organização, pode apresentar à Comissão petições que contenham denúncias ou queixas de violação desta Convenção por um Estado-Parte.

Alternativa "d": A Comissão, na verdade, representa todos os Estados membros da Organização, conforme artigo 2, diretriz 2 do Estatuto da CIDH.

Alternativa "e": Trata-se, na verdade, de órgão executivo responsável pela promoção, observância e defesa dos Direitos Humanos. Não desempenha, portanto, a função contenciosa.

Alternativa correta: letra "a".

44. (Vunesp - Delegado de Polícia - PC - SP/2018) Assinale a alternativa que está em consonância com o Protocolo de Prevenção, Supressão e Punição do Tráfico de Pessoas, Especialmente Mulheres e Crianças.

a) Cada Estado-Parte se obriga, em virtude da relevância social da prevenção e gravidade da conduta, a afastar eventual confidencialidade dos procedimentos judiciais relativos ao tráfico de pessoas, especialmente de mulheres e crianças.
b) Cada Estado-Parte, ao aplicar as disposições sobre assistência e proteção das vítimas de tráfico de pessoas, não poderá fazer distinção quanto à idade, ao sexo ou às suas necessidades específicas.
c) O recrutamento, o transporte, a transferência, ou o acolhimento de uma criança para fins de exploração serão considerados tráfico de pessoas desde que envolvam o uso da força ou outras formas de coação.
d) Para efeitos do Protocolo, o termo "criança" significa qualquer pessoa com idade inferior a dezoito anos.
e) Quando se tratar de exploração para fins de prostituição mediante o pagamento de benefícios, o consentimento dado pela vítima descaracteriza o tráfico de pessoas.

COMENTÁRIOS

Alternativa "a": Na realidade, cada Estado Parte deverá proteger a privacidade e a identidade das vítimas de tráfico de pessoas, incluindo, entre outras, a confidencialidade dos procedimentos judiciais relativos a esse tráfico, conforme diretriz 1 do artigo 6 do Protocolo.

Alternativa "b": Deve-se, na verdade, ter em conta, ao aplicar as disposições do Protocolo, a idade, sexo e necessidades específicas das vítimas, conforme dispõe diretriz 4 do artigo 6 do Protocolo.

Alternativa "c": Mesmo que não envolvam o uso de força, ameaça, coação, fraude, etc., será considerado tráfico de pessoas, conforme artigo 3, "c" e "a" do Protocolo.

Alternativa "d": Trata-se da disposição do artigo 3, "d" do Protocolo.

Alternativa "e": O consentimento não descaracteriza o tráfico, sendo considerado irrelevante nos termos do artigo 3, "b" do Protocolo.

Alternativa correta: letra "d".

---

45. (Vunesp - Delegado de Polícia - PC - SP/2018) Nos moldes das Regras Mínimas das Nações Unidas para o Tratamento dos Presos (Regras de Mandela), na hipótese de haver uma presa em estado de gravidez ou com filhos em determinado estabelecimento prisional,

a) após o nascimento da criança, esta poderá ficar com a mãe no estabelecimento prisional, no máximo, até completar dois anos de idade.

b) os exames pré e pós-natais não devem ser realizados no próprio estabelecimento prisional, devendo a presa ser conduzida a hospital ou clínica especializada sempre que necessitar.

c) devem-se adotar as medidas para que o nascimento ocorra em hospital fora da unidade prisional, mas se a criança nascer no próprio estabelecimento prisional, este fato deve constar de sua certidão de nascimento.

d) providências devem ser tomadas para garantir creches internas ou externas dotadas de pessoal qualificado, onde as crianças poderão ser deixadas quando não estiverem sob o cuidado de seu pai ou sua mãe.

e) se a mãe, após o nascimento do filho, quiser manter a criança com ela no estabelecimento prisional, essa decisão deve se basear no melhor interesse da mãe e deve ser tomada pelo Diretor da unidade prisional.

COMENTÁRIOS

Alternativa "a": Não há, no documento, qualquer regra que limite o tempo máximo de permanência da criança no estabelecimento.

Alternativa "b": Na realidade, a regra de aplicação geral 28 estabelece que nas unidades prisionais femininas exista acomodação especial para todas as necessidades de cuidado e tratamento pré e pós-natais.

Alternativa "c": Se a criança nascer na unidade este fato não deve constar de sua certidão de nascimento, conforme regra de aplicação geral 28.

Alternativa "d": Trata-se da diretriz 1, a da regra de aplicação geral 29.

Alternativa "e": A regra de aplicação geral 29 das regras determina que a decisão de permitir uma criança de ficar com seu pai ou sua mãe na unidade prisional deve se basear no melhor interesse da criança.

Alternativa correta: letra "d".

---

46. (Vunesp - Delegado de Polícia - PC - SP/2018) O Pacto de São José da Costa Rica estipula que os Estados-Partes podem suspender as obrigações contraídas em virtude do referido Pacto, como por exemplo em situação de guerra, perigo público, ou de outra emergência que ameace a sua independência ou sua segurança. Dentre os direitos que podem ser suspensos nessas hipóteses, está

a) o Direito à Nacionalidade.

b) o Direito de Circulação.

c) o Direito ao Reconhecimento da Personalidade Jurídica.

d) a Liberdade de Religião.

e) o Princípio da Retroatividade da lei.

COMENTÁRIOS

Alternativa "b". O artigo 27 da Convenção Americana de Direitos Humanos autoriza, nessas hipóteses, a supressão de garantias, **exceto** do direito ao reconhecimento da personalidade jurídica, do direito à vida, do direito à integridade pessoal, da proibição da escravidão e da servidão, do princípio da legalidade e da retroatividade, da liberdade de consciência e religião, da proteção da família, do direito ao nome, dos direitos da criança, do direito à nacionalidade e dos direitos políticos. Com isso, resta somente a alternativa b.

Alternativa correta: letra "b".

---

47. (Vunesp - Delegado de Polícia - PC - SP/2018) No tocante ao Tribunal Penal Internacional, considerando o disposto, expressamente, no Estatuto de Roma, o Tribunal terá competência para julgar

a) a tortura, o racismo, o terrorismo e os crimes contra a humanidade.

b) a tortura coletiva, o extermínio em massa, o tráfico de pessoas e os crimes de guerra.

c) os crimes de guerra, os crimes contra a humanidade, o terrorismo e os crimes hediondos.

d) o genocídio, os crimes contra a humanidade, a tortura e o tráfico internacional de entorpecentes.

e) o genocídio, os crimes contra a humanidade, os crimes de guerra e os crimes de agressão.

COMENTÁRIOS

Alternativa correta: letra "e". O art. 5º do Estatuto de Roma, em sua diretriz 1, define que terá o TPI competência para julgar os crimes de genocídio, contra a humanidade, de guerra, e de agressão.

Alternativa "e".

48. (Vunesp – Delegado de Polícia – PC – SP/2018) É um Princípio Geral de Direito Penal, previsto no Estatuto de Roma, aplicável à jurisdição do Tribunal Penal Internacional:

a) os crimes da competência do Tribunal prescrevem em 10 anos, contados do conhecimento do fato criminoso.

b) qualquer pessoa condenada pelo Tribunal só poderá ser punida em conformidade com as disposições legais existentes no seu Estado-Parte.

c) o erro de fato só excluirá a responsabilidade criminal se eliminar o dolo requerido pelo crime.

d) o Tribunal não terá jurisdição sobre pessoas que, à data da denúncia da prática do crime, não tenham ainda completado 21 anos de idade.

e) a previsão de um crime será estabelecida de forma precisa, sendo permitida, quando isso não for possível, o recurso à analogia.

COMENTÁRIOS

Alternativa "a": Esses crimes, na verdade, são imprescritíveis, conforme previsão do art. 29 do Estatuto de Roma.

Alternativa "b": A punição se dará em conformidade com as disposições do próprio Estatuto de Roma, conforme indica seu art. 23.

Alternativa "c": Trata-se da previsão literal da diretriz 1 do art. 32 do Estatuto de Roma do TPI.

Alternativa "d": A idade mínima para a jurisdição do Tribunal é, na verdade, de 18 anos, conforme art. 26 do Estatuto.

Alternativa "e": Não se permite o recurso à analogia, conforme diretriz 2 do art. 22 do Estatuto de Roma.

Alternativa correta: letra "c".

49. (Vunesp – Delegado de Polícia – PC – SP/2018) Assinale a alternativa que contempla um tratado de direitos humanos, incorporado pelo Direito Brasileiro com o status de norma constitucional, que faz parte do que a doutrina chama de Bloco de Constitucionalidade.

a) Pacto Internacional dos Direitos Civis e Políticos.

b) Convenção Relativa ao Estatuto dos Refugiados.

c) Convenção contra a tortura e outros tratamentos ou penas cruéis, desumanas e degradantes.

d) Pacto Internacional dos Direitos Econômicos, Sociais e Culturais.

e) Convenção sobre os Direitos das Pessoas com Deficiência e seu Protocolo Facultativo.

COMENTÁRIOS

Somente possuem esse status, atualmente, a Convenção sobre os Direitos das Pessoas com Deficiência e seu Protocolo Facultativo, e o Tratado de Marraqueche para facilitar o acesso a obras publicadas às pessoas cegas, com deficiência visual ou com outras dificuldades para ter acesso ao texto impresso.

Alternativa correta: letra "e".

50. (Vunesp – Delegado de Polícia – PC – SP/2018) Segundo as Regras Mínimas das Nações Unidas para o Tratamento dos Presos (Regras de Mandela), é correto afirmar que

a) o sistema de registro dos presos, que deve ser aberto a todos os interessados, será utilizado para gerar dados confiáveis acerca de tendências e características da população prisional, incluindo taxas de ocupação, a fim de criar as bases para a tomada de decisões fundadas em evidências.

b) as administrações prisionais e autoridades competentes devem oferecer educação, formação profissional e trabalho, e outras formas de assistência apropriadas e disponíveis, inclusive aquelas de natureza reparadora, moral, espiritual, social, esportiva e de saúde. Tais programas, atividades e serviços devem ser oferecidos em consonância com as necessidades individuais de tratamento dos presos.

c) ao impor uma sanção disciplinar, deve ser levado em conta se e como uma eventual doença mental ou incapacidade do preso possa ter contribuído para sua conduta ou ato que fundamentou a sanção. Os administradores prisionais devem punir de forma compatível e adequada a conduta do preso considerada como resultado de sua doença mental ou incapacidade intelectual.

d) todos os presos devem ser tratados com respeito e dignidade. Nenhum preso deverá ser submetido a tortura ou tratamentos ou sanções cruéis, desumanos ou degradantes e deverá ser protegido de tais atos, não sendo estes justificáveis, a não ser em defesa da segurança dos servidores prisionais, dos prestadores de serviço e dos visitantes.

e) as diferentes categorias de presos devem ser mantidas em estabelecimentos prisionais separados, levando em consideração seu sexo, idade, antecedentes criminais, razões da detenção e necessidades de tratamento, não podendo diferentes categorias ser mantidas no mesmo estabelecimento, ainda que em recintos internos distintos.

COMENTÁRIOS

Alternativa "a": Na verdade, nos termos da regra 10: "Regra 10 - O sistema de registro dos presos também será utilizado para gerar dados confiáveis acerca de tendências e características da população prisional, incluindo taxas de ocupação, a fim de criar as bases para a tomada de decisões fundadas em evidências." Conforme o texto da própria regra 10, e de acordo com a regra 7, serão esses registros dotados de confidencialidade, não sendo abertos a todos os interessados conforma aponta a alternativa.

Alternativa "b": Trata-se da exata previsão do item 2 da regra 4.

Alternativa "c": Dispõe o item 3 da regra 39: "3. Antes de impor uma sanção disciplinar, os administradores devem levar em consideração se e como uma eventual doença mental ou incapacidade de desenvolvimento do preso possa ter contribuído para sua conduta e o cometimento de infração ou ato que fundamentou a sanção disciplinar. Os administradores prisionais não devem punir qualquer conduta do preso que seja considerada resultado direto de sua doença mental ou incapacidade intelectual."

Alternativa "d": Nos termos da regra 1: "Todos os presos devem ser tratados com respeito, devido a seu valor e dignidade inerentes ao ser humano. Nenhum preso deverá ser submetido a tortura ou tratamentos ou sanções cruéis, desumanos ou degradantes e deverá ser protegido de tais atos, **não sendo estes justificáveis em qualquer circunstância**. [...]"

Alternativa "e": Conforme a regra 11: "Regra 11. As diferentes categorias de presos devem ser mantidas em estabelecimentos prisionais separados **ou em diferentes setores de um mesmo estabelecimento prisional**, levando em consideração seu sexo, idade, antecedentes criminais, razões da detenção e necessidades de tratamento [...]"

Alternativa correta: letra "b".

---

51. (Vunesp – Delegado de Polícia – PC – SP/2018) No que se refere à prisão civil por dívida, a Convenção Americana de Direitos Humanos (Pacto de São José da Costa Rica) estabelece que

a) é permitida apenas para o caso de inadimplemento de obrigação alimentar.

b) deve ser decidida pela Constituição de cada Estado-Parte.

c) deve ser abolida em todos os Estados-Partes.

d) é permitida apenas para hipótese de depositário infiel.

e) é autorizada para os casos de depositário infiel e de devedor de obrigação alimentar.

COMENTÁRIOS

Alternativa "a" (responde todas as alternativas): No item 7 do artigo 7 da Convenção Americana de Direitos Humanos (Decreto nº 678/1992) é estabelecido que: "7. Ninguém deve ser detido por dívidas. Este princípio **não limita** os **mandados** de autoridade judiciária competente expedidos **em virtude de inadimplemento de obrigação alimentar**."

Alternativa correta: letra "a".

---

52. (Vunesp – Delegado de Polícia – PC – SP/2018) Segundo o Estatuto de Roma, o Tribunal Penal Internacional exercerá a sua jurisdição em relação aos crimes nele previstos por iniciativa

a) de denúncia da Interpol, de solicitação de órgãos de direitos humanos da ONU ou da Comissão Interamericana ou Europeia de Direitos Humanos.

b) de denúncia do próprio Estado-Parte ou do Conselho de Segurança da ONU e por meio de inquérito do Procurador do Tribunal.

c) de denúncia da Interpol ou do próprio Estado-Parte e de decisão ex ofício de qualquer juiz do Tribunal.

d) de solicitação de qualquer órgão do Poder Judiciário do Estado-Parte, de denúncia de qualquer cidadão do Estado-Parte e de decisão ex ofício de qualquer juiz do Tribunal.

e) de denúncia de qualquer pessoa, de entidades não-governamentais ligadas à defesa dos direitos humanos e por meio de inquérito do Procurador.

COMENTÁRIOS

Alternativa "b" (responde todas as alternativas): Nos termos do artigo 13 do Estatuto de Roma (Decreto nº 4.388/2002): "Artigo 13- Exercício da Jurisdição - O Tribunal poderá exercer a sua jurisdição em relação a qualquer um dos crimes a que se refere o artigo 5o, de acordo com o disposto no presente Estatuto, se: a) **Um Estado Parte denunciar ao Procurador**, nos termos do artigo 14, qualquer situação em que haja indícios de ter ocorrido a prática de um ou vários desses crimes; b) **O Conselho de Segurança**, agindo nos termos do Capítulo VII da Carta das Nações Unidas, **denunciar ao Procurador** qualquer situação em que haja indícios de ter ocorrido a prática de um ou vários desses crimes; ou c) **O Procurador tiver dado início a um inquérito sobre tal crime**, nos termos do disposto no artigo 15."

Alternativa correta: letra "b".

---

53. (Nucepe – Delegado de Polícia – PC – PI/2018) De acordo com o disposto na Convenção Internacional sobre a eliminação de todas as formas de discriminação racial, marque a alternativa CORRETA:

a) Segundo a convenção a expressão "discriminação racial" significa: toda distinção, exclusão, restrição ou preferência baseada em raça, idade, cor, descendência ou origem nacional ou étnica, grau de escolaridade, que tenha por objeto ou resultado anular ou restringir o reconhecimento, gozo ou exercício em um mesmo plano (em igualdade de condição) de direitos humanos e liberdades fundamentais nos campos político, econômico, social, cultural ou em qualquer outro campo da vida pública.

b) Serão consideradas discriminação racial as medidas especiais tomadas com o único objetivo de assegurar o progresso adequado de certos grupos raciais ou étnicos ou de indivíduos que necessitem da proteção que possa ser necessária para proporcionar a tais grupos ou indivíduos igual gozo ou exercício de direitos humanos e liberdades fundamentais.

c) Os Estados Membros condenam toda propaganda e todas as organizações que se inspirem em ideias ou teorias baseadas na superioridade de uma raça ou de um grupo de pessoas de uma certa cor ou de uma certa origem étnica ou que pretendam justificar ou encorajar qualquer forma de ódio e de discriminação raciais.

d) Os Estados Membros assegurarão, a seus nacionais somente, proteção e recursos eficazes perante os tribunais nacionais e outros órgãos do Estado, competentes, contra quaisquer atos de discriminação racial e que, contrariamente à presente Convenção, violarem seus diretos individuais e suas liberdades fundamentais, assim como o direito de expressar a sua tribunas uma satisfação ou reparação justa e adequada, por qualquer dano, de expressar que foi vítima, em decorrência tal discriminação.

e) Os Estados Membros comprometem-se a não encorajar, ou apoiar a discriminação racial praticada por uma pessoa, entretanto não poderá tomar medidas legislativas ou políticas que ainda não existam para modificar ou anular tal discriminação.

COMENTÁRIOS

Alternativa "a": Nos termos do item I, do artigo I da parte I da Convenção (Decreto 65.810/1969): "Artigo I. 1. Nesta Convenção, a expressão "discriminação racial" significará qualquer distinção, exclusão restrição ou preferência baseadas em **raça, cor, descendência ou origem** nacional ou étnica que tem por objetivo ou efeito anular ou restringir o reconhecimento, gozo ou exercício num mesmo plano (em igualdade de condição), de direitos humanos e liberdades fundamentais no domínio político econômico, social, cultural ou em qualquer outro domínio de vida pública." **Não se inclui a idade**.

Alternativa "b": Na verdade, não serão consideradas discriminação tais medidas, conforme item 4 do artigo I da parte I da convenção.

Alternativa "c": Trata-se de previsão contida no artigo IV da parte I da Convenção.

Alternativa "d": O que dispõe, na verdade, o artigo VI da Convenção, é que: "Artigo VI. Os Estados Partes assegurarão **a qualquer pessoa que estiver sob sua jurisdição**, proteção e recursos efetivos perante os tribunais nacionais e outros órgãos do Estado competentes, contra quaisquer atos de discriminação racial que, contrariamente à presente Convenção, violarem seus direitos individuais e suas liberdades fundamentais, assim como o direito de pedir a esses tribunais uma satisfação ou repartição justa e adequada por qualquer dano de que foi vítima em decorrência de tal discriminação."

Alternativa "e": Nos termos do artigo IX item 1 da Convenção: "1. Os Estados Partes comprometem-se a apresentar ao Secretário Geral para exame do Comitê, **um relatório sobre as medidas legislativas, judiciárias, administrativas ou outras que tomarem para tornarem efetivas as disposições da presente Convenção**:"

Alternativa correta: letra "c".

---

54. (Nucepe – Delegado de Polícia – PC – PI/2018) Tendo como base a Declaração de Direitos Humanos, diante das seguintes situações, podemos afirmar que se encontra de acordo com a referida Declaração:

a) Manuel é português e foi extraditado pelo Brasil para Portugal, após cumprir a pena que lhe foi imposta em Portugal, o referido país não o deixou abandonar o país, por ser nacional;

b) Ninguém pode ser arbitrariamente privado de sua propriedade;

c) Caio, perseguido politicamente, não pode deixar seu país, pois de acordo com o direito interno não é possível qualquer nacional solicitar asilo em outro país;

d) É possível, em respeito às tradições, que os futuros esposos sejam prometidos, e que ambos devem se sujeitar ao casamento. Entretanto, nenhum poderá ser obrigado a permanecer casado;

e) Marcos resolveu vir para o Brasil, e seu país de origem, o privou de sua nacionalidade. Segundo a Declaração de Direitos do Homem, não há problema algum Marcos permanecer apátrida.

COMENTÁRIOS

Alternativa "a": Nos termos do artigo 13, item 2 da Declaração: "2. Toda a pessoa tem o direito de abandonar o país em que se encontra, incluindo o seu, e o direito de regressar ao seu país."

Alternativa "b": Trata-se da previsão do artigo 17 item 2 da Declaração.

Alternativa "c": Nos termos do item 1 do artigo 14 da Declaração: "1. Toda a pessoa sujeita a perseguição tem o direito de procurar e de beneficiar de asilo em outros países."

Alternativa "d": Nos termos do artigo 16, item 2: "2. O casamento não pode ser celebrado sem o livre e pleno consentimento dos futuros esposos."

Alternativa "e": Dispõe o artigo 15: "Artigo 15°. 1. Todo o indivíduo tem direito a ter uma nacionalidade. 2. Ninguém pode ser arbitrariamente privado da sua nacionalidade nem do direito de mudar de nacionalidade."

Alternativa correta: letra "b".

---

55. (Nucepe – Delegado de Polícia – PC – PI/2018) Recentemente foi sancionada a Lei n° 13.466/2017, que concede preferência especial, nos atendimentos de saúde, aos maiores de 80 (oitenta) anos. A referida lei veio alterar o Estatuto do Idoso, pois o Estado tem a obrigação de garantir políticas públicas e proteção ao idoso. Segundo o Estatuto do Idoso, marque a alternativa que constitui crime punível com reclusão.

a) Exibir ou veicular, por qualquer meio de comunicação, informações ou imagens depreciativas ou injuriosas à pessoa idosa.
b) Reter o cartão magnético de conta bancária relativa a benefícios, proventos ou pensão do idoso, bem como qualquer outro documento com objetivo de assegurar recebimento ou ressarcimento de dívida.
c) Negar o acolhimento ou a permanência do idoso, como abrigado, por recusa deste em outorgar procuração à entidade de atendimento.
d) Abandonar o idoso em hospitais, casas de saúde, entidades de longa permanência, ou congêneres, ou não prover suas necessidades básicas, quando obrigado por lei ou mandado.
e) Negar a alguém, por motivo de idade, emprego ou trabalho.

COMENTÁRIOS

✪ **Nota do autor:** Todas as alternativas indicam condutas tipificadas pelo Estatuto. A banca exigia do candidato o conhecimento acerca da pena desses delitos, de modo a identificar qual deles é considerado mais grave pelo legislador (e assim punido com a pena de reclusão).

Alternativa "a": Trata-se de crime punível com pena de detenção de 1(um) a 3(três) anos e multa, conforme art. 105 do Estatuto.

Alternativa "b": Esse crime é punido com pena de detenção de 6 meses a 2 anos e multa, conforme art. 104 do Estatuto.

Alternativa "c": Esse delito tem pena de detenção de 6 meses a 1 ano e multa, conforme art. 103 do Estatuto.

Alternativa "d": Esse crime tem pena de detenção de 6 meses a 3 anos e multa, conforme art. 98 do Estauto.

Alternativa "e": Trata-se da previsão do art. 100 do Estatuto.

Alternativa correta: letra "e".

56. (Fundatec - Delegado de Polícia - PC - RS/2018) De acordo com a Portaria Interministerial n° 4.226/2010, o uso da força pelos agentes da segurança pública:

a) Torna rotineiro o uso de arma de fogo contra pessoa em procedimentos de abordagem.
b) Reforça, em período bienal, a renovação da habilitação para uso de armas de fogo em serviço.
c) Faz com que o uso de arma de fogo seja legítimo na hipótese de veículo que ultrapasse bloqueio sem a existência de perigo de morte ou de lesão grave aos agentes públicos ou terceiros.
d) Percebe como prática inaceitável o disparo de advertência.
e) Possibilita ao agente o uso de um único instrumento de menor potencial ofensivo, além da arma de fogo.

COMENTÁRIOS

Alternativa "a": Nos termos da diretriz 7 do anexo I da portaria, o ato de apontar arma de fogo contra pessoas durante os procedimentos de abordagem não deverá ser uma prática rotineira e indiscriminada.

Alternativa "b": A renovação deve ser feita com periodicidade mínima de 1 ano, conforme diretriz 18 do anexo I da portaria.

Alternativa "c": A diretriz 5 do anexo I da portaria dispõe que não é legítimo o uso de armas de fogo contra veículo que desrespeite bloqueio policial em via pública, a menos que esse ato represente um risco imediato de morte ou lesão grave aos agentes de segurança pública ou terceiros.

Alternativa "d": Trata-se da previsão da diretriz nº 6 do anexo I da portaria.

Alternativa "e": Na realidade, deverá portar no mínimo 2 instrumentos de menor potencial ofensivo e equipamentos de proteção necessários à atuação específica, independentemente de portar ou não arma de fogo, conforme diretriz 8 do anexo I da portaria.

Alternativa correta: letra "d".

57. (Fundatec - Delegado de Polícia - PC - RS/2018) A Convenção contra a Tortura e Outros Tratamentos ou Penas Cruéis, Desumanos ou Degradantes:

a) Abrange, no conceito de tortura, as sanções legítimas.
b) Entende que seu conceito de tortura não pode ser ampliado pela legislação nacional.
c) Não exclui qualquer jurisdição criminal exercida de acordo com o direito interno.
d) Assevera que os membros do Comitê Contra a Tortura não podem ser reeleitos.
e) Torna opcional a informação sobre a tortura para membros da polícia civil.

COMENTÁRIOS

Alternativa "a": Nos termos do art. 1º da Convenção em questão, não se considera como tortura as dores ou sofrimentos que sejam consequência unicamente de sanções legítimas, ou que sejam inerentes a tais sanções ou delas decorram.

Alternativa "b": Na realidade, de acordo com o texto do art. 2º da Convenção, não se deve interpretá-la de modo a restringir qualquer instrumento internacional ou legislação nacional que contenha ou possa conter dispositivos de maior alcance.

Alternativa "c": Trata-se da previsão contida no art. 5º, item 3 da Convenção.

Alternativa "d": Admite-se, no art. 17, item 5, a reeleição.

Alternativa "e": O art. 10, item I da convenção estabelece como dever de cada Estado Parte assegurar que o ensino e a informação sobre a proibição da tortura sejam plenamente incorporados no treinamento do pessoal civil ou militar encarregado da aplicação da lei, dentre outros.

Alternativa correta: letra "c".

58. (Fundatec – Delegado de Polícia – PC – RS/2018) O Estatuto da Igualdade Racial abarca questões tais como o livre exercício dos cultos religiosos de matriz africana. Nesse sentido, pode-se afirmar que:

a) O combate à intolerância com as religiões de matrizes africanas exclui de seu âmbito de proteção os mananciais a elas vinculados.

b) A pena privativa de liberdade impede a assistência religiosa aos praticantes das religiões de matriz africana que se encontram no cumprimento de tal pena.

c) A celebração de reuniões relacionadas à religiosidade e a fundação e manutenção, por iniciativa privada, inclusive em lugares não reservados para tais fins.

d) É assegurada a possibilidade de criação de instituições beneficentes privadas ligadas às convicções religiosas derivadas dos cultos de matrizes africanas.

e) Os representantes das religiões de matrizes africanas possuem assento paritário em relação às demais religiões em conselhos públicos.

COMENTÁRIOS

Alternativa "a": Na realidade, tal combate é incluído no âmbito de proteção, conforme indica art. 26, inciso II do Estatuto.

Alternativa "b": O art. 25 do Estatuto assegura a assistência religiosa, inclusive a quem está submetido a pena privativa de liberdade, o que é assegurado inclusive na Constituição Federal, em seu art. 5º, VII.

Alternativa "c": Na verdade, o art. 24, I do Estatuto fala na prática de cultos, celebração de reuniões relacionadas à religiosidade e a fundação e manutenção, por iniciativa privada, de lugares reservados para tais fins.

Alternativa "d": Trata-se de garantia prevista no art. 24, III do Estatuto.

Alternativa "e": A participação em conselhos públicos é proporcional, e não paritária, nos termos do art. 26, III do Estatuto.

Alternativa correta: letra "d".

4. LEGISLAÇÃO NACIONAL SOBRE DIREITOS HUMANOS

59. (FGV – 2024 – PC/SC – Delegado) A Lei nº 12.288/10 instituiu o Estatuto da Igualdade Racial, destinado a garantir à população negra a efetivação da igualdade de oportunidades, a defesa dos direitos étnicos individuais, coletivos e difusos e o combate à discriminação e às demais formas de intolerância étnica.

Em seu art. 2º, a lei estabelece que é dever do Estado e da sociedade garantir a igualdade de oportunidades, reconhecendo a todo cidadão brasileiro, independentemente da etnia ou da cor da pele, o direito à participação na comunidade, especialmente nas atividades políticas, econômicas, empresariais, educacionais, culturais e esportivas, defendendo sua dignidade e seus valores religiosos e culturais.

Nesse contexto, avalie as afirmativas a seguir:

I. O Estado adotará medidas especiais para coibir a violência policial incidente sobre a população negra.

II. O Estado adotará medidas para coibir atos de discriminação e preconceito praticados por servidores públicos em detrimento da população negra.

III. A participação da população negra, em condição de igualdade de oportunidade, na vida econômica, social, política e cultural do País será promovida, prioritariamente, por meio de implementação de programas de ação afirmativa destinados ao enfrentamento das desigualdades, que constituir-se-ão em políticas públicas destinadas a reparar as distorções e desigualdades sociais e demais práticas discriminatórias adotadas, nas esferas pública e privada, durante o processo de formação social do País.

IV. Nos estabelecimentos de ensino fundamental e de ensino médio, públicos e privados, é obrigatório o estudo da história geral da África e da história da população negra no Brasil. Os conteúdos referentes à história da população negra no Brasil serão ministrados no âmbito de todo o currículo escolar, resgatando sua contribuição decisiva para o desenvolvimento social, econômico, político e cultural do País.

Desses itens, são mecanismos de mitigação da desigualdade racial previstos no Estatuto da Igualdade Racial (Lei nº 12.288/10):

a) I e II, apenas.

b) II e III, apenas.

c) I, II, III e IV.

d) III e IV, apenas.

e) II e IV, apenas.

COMENTÁRIOS

Item I: Trata-se do texto expresso do art. 53 do Estatuto.

Item II: O item transcreve o disposto no art. 54 do Estatuto.

Item III: É o disposto no art. 4º, VII do Estatuto.

Item IV: Trata-se do *caput* e §1º do art. 11 do Estatuto.

Alternativa correta: letra "c".

60. (VUNESP – 2023 – PC/SP – Delegado) Considerando o Código de Conduta para os Funcionários responsáveis pela aplicação da Lei, adotado pela ONU, através da Resolução nº 34/169, assinale a alternativa correta.

a) Proíbe o uso de algemas na abordagem policial, excetuadas situações para preservação da ordem pública e segurança própria e de terceiros, além da do próprio detido.
b) Proíbe o uso de arma de fogo na abordagem policial, excetuadas situações para assegurar a legitima defesa própria ou de terceiros.
c) Impõe o dever de adoção de medidas imediatas para assegurar cuidados médicos a pessoas que estão sob a guarda.
d) Impõe o dever de assegurar as pessoas que estão sob a guarda o direito de professarem a fé, desde que não impliquem risco à ordem pública e à segurança.
e) Proíbe a exposição midiática na abordagem policial, sobretudo de pessoa detida, para preservação da intimidade e imagem da pessoa sob a guarda do funcionário.

COMENTÁRIOS

Alternativa "a": A mencionada Resolução não se refere ao uso de algemas.

Alternativa "b": A Resolução trata do uso da força e não do uso de arma de fogo em seu art. 3º. Ademais, não menciona a legítima defesa.

Alternativa "c": É o que se extrai do art. 6º da Resolução.

Alternativa "d": Esse assunto não é disciplinado pela resolução.

Alternativa "e": Esse assunto não é disciplinado pela resolução.

Alternativa correta: letra "c".

---

61. (VUNESP - 2023 - PC/SP - Delegado) A respeito da Lei nº 14.187/2010, que dispõe sobre as penalidades administrativas a serem aplicadas pela prática de discriminação racial, assinale a alternativa correta.

a) Prevê que a prática de ato discriminatório será apurada em processo administrativo, iniciado por reclamação do ofendido ou por relato de pessoa que tenha ciência do ato perante a Secretaria de Justiça e Defesa da Cidadania, vedada a instauração, de ofício.
b) Estabelece as penalidades de suspensão, demissão e demissão a bem do serviço público a agentes públicos que praticarem atos discriminatórios, a depender do ato.
c) Obriga pessoas jurídicas que exerçam atividades sujeitas a autorização ou fiscalização de órgão público estadual a afixar avisos, em pontos de ampla visibilidade, a fim de se assegurar o conhecimento da lei, sob pena de multa e suspensão da licença estadual, pelo prazo de até 90 dias.
d) Possibilita que a reclamação do ofendido ou o relato de ato discriminatório por qualquer pessoa seja feito de forma eletrônica.
e) É aplicável apenas a agentes que exerçam função pública ou a pessoas jurídicas que exerçam atividades sujeitas a autorização ou fiscalização de órgão público estadual.

COMENTÁRIOS

Alternativa "a": Nos termos do art. 3º da referida lei, a iniciativa do processo administrativo se dará por: reclamação do ofendido ou de seu representante legal, ou ainda de qualquer pessoa que tenha ciência do ato discriminatório; ou por ato ou ofício de autoridade competente. Assim, não é vedada, mas prevista a instauração de ofício.

Alternativa "b": São previstas no art. 6º as penas de advertência, multa (em duas faixas de valor, a depender da reincidência); suspensão da licença estadual para funcionamento por 30 dias; cassação da licença estadual para funcionamento; e, se cometida por agente público, servidor ou militar no exercício de suas funções, serão aplicadas concomitantemente as penalidades disciplinares cabíveis.

Alternativa "c": Nos termos do art. 2º-A da lei 14.187/2010 de São Paulo, aqueles que descumprirem a obrigação de afixar avisos nos ambientes estarão sujeitos à multa de 100 UFESP. Não se prevê, no §3º a pena de suspensão da licença.

Alternativa "d": É o que se extrai do §2º do art. 4º da lei em análise.

Alternativa "e": Na verdade, nos termos do art. 1º: "Será punido, nos termos desta lei, todo ato discriminatório por motivo de raça ou cor praticado no Estado por qualquer pessoa, jurídica ou física, inclusive a que exerça função pública.".

Alternativa correta: letra "d".

---

62. (FGV - Delegado de Polícia - PC -AM/2022). Maria, Secretária de Estado do Sistema Prisional do Estado Alfa, solicitou que sua assessoria indicasse os balizamentos a serem observados na utilização de armamentos menos letais no âmbito do sistema prisional, considerando os termos da Recomendação nº 12/2020 do Conselho Nacional dos Direitos Humanos (CNDH). A assessoria observou que

I. os vinte e seis Estados devem editar atos normativos regulamentando o emprego de armamentos menos letais, pelos agentes de segurança em serviço nas unidades do sistema prisional;
II. esses regulamentos devem ser de acesso restrito, de modo a evitar rupturas na segurança;
III. devem ser objeto de registro circunstanciado e motivado todos os eventos que envolverem o seu emprego, ainda que não resultem em lesões corporais ou morte; e
IV. deve ser aconselhado, em todas as circunstâncias, o uso, nas galerias das unidades prisionais, de bombas de efeito moral e de luz e som.

Estão corretas as observações

a) II, III e IV, apenas.
b) I e III, apenas.
c) II e IV, apenas.
d) I, II e III, apenas.
e) I, II, III e IV.

COMENTÁRIOS

(I) Correta. Trata-se da previsão identificada no item 2 da Recomendação: "Aos vinte e seis Estados da Federação Brasileira e ao Distrito Federal, que editem atos normativos regulamentando o uso da força, em especial quanto ao emprego de armamentos menos letais, por parte dos agentes de segurança em serviço nas unidades do sistema prisional, os quais devem, no mínimo: (...)".

(II) Incorreta. Nos termos da alínea "a" do item 2 da recomendação (em complemento ao trecho citado no comentário da assertiva I), devem ter caráter público, de amplo acesso à população e aos órgãos de execução penal, a fim de possibilitar o controle social e jurisdicional sobre a legalidade do uso da força nos ambientes prisionais.

(III) Correta. É o que prevê a alínea "c" do item 2 da recomendação (em complemento ao trecho citado no comentário da assertiva I): "Estabelecer a obrigatoriedade de registro circunstanciado e motivado de todos os eventos que envolverem o emprego de armamentos menos letais, ainda que não resultem em lesões corporais ou morte;"

(IV) Incorreta. No item 1, alínea a, parte 5 da recomendação, é prevista: "A **proibição** do uso de instrumentos tipicamente empregados no controle e dispersão de multidões, tais como granadas de dispersão de gás lacrimogêneo, bombas de efeito moral e de luz e som, nos ambientes de galerias das unidades penais que não apresentem espaço mínimo para o emprego seguro desses armamentos, conforme as especificações técnicas dos fabricantes;".

Alternativa correta: letra "b".

5. JURISPRUDÊNCIA DE DIREITOS HUMANOS E PARECERES INTERNACIONAIS

63. (FGV – Delegado de Polícia – PC -AM/2022) Joana, ativista dos Direitos Humanos, consultou um advogado a respeito dos efeitos da sentença proferida pela Corte Interamericana de Direitos Humanos (CIDH), no "Caso Favela Nova Brasília vs. Brasil', mais especificamente se permaneciam adstritos ao caso concreto, que envolvia os órgãos de segurança pública do Estado do Rio de Janeiro, ou se assumiam contornos mais amplos. O advogado respondeu corretamente que a decisão da CIDH

a) somente produziu efeitos em relação ao caso concreto, não alcançando a segurança pública como um todo, a exemplo da imposição de obrigações de caráter geral ao Estado brasileiro.
b) somente produziu efeitos pecuniários, relacionados ao caso concreto, não alcançando a segurança pública como um todo, de modo a impor obrigações de caráter geral ao Estado brasileiro.
c) produziu efeitos em relação ao caso concreto e à segurança pública como um todo, sendo determinado ao Estado brasileiro que altere o regime jurídico dos órgãos de segurança pública brasileiros.
d) produziu efeitos em relação ao caso concreto e a outros aspectos da segurança pública, sendo determinado ao Estado brasileiro que publique relatórios com mortes resultantes de operações policiais em todo o país.
e) produziu efeitos em relação ao caso concreto e à segurança pública como um todo, sendo definidas, de modo detalhado, as situações em que podem ser utilizados helicópteros e armas de fogo em operações policiais.

COMENTÁRIOS

Alternativa "a": Na verdade, na parte final da sentença, a Corte determinou a adoção de medidas na segurança pública em geral, tendo, por exemplo, determinado que "O Estado deverá publicar anualmente um relatório oficial com dados relativos às mortes ocasionadas durante operações da polícia em todos os estados do país.".

Alternativa "b": Incorreto, conforme comentário da alternativa "a".

Alternativa "c": Embora tenha determinado a adoção de medidas legislativas em relação a diversos pontos, como menciona o comentário da alternativa "a", não obrigou a alteração do regime jurídico desses órgãos.

Alternativa "d": É o que estabeleceu o ponto resolutivo 15 da sentença, cujo trecho foi mencionado no comentário da alternativa "a".

Alternativa "e": A sentença não fez tal previsão. Limitou-se a dar determinações de modo mais geral.

Alternativa correta: letra "d".

Direitos Humanos

Paulo Lépore

✦ DICAS

1. TEORIA GERAL DOS DIREITOS HUMANOS

1.1. HISTÓRIA DOS DIREITOS HUMANOS

A primeira corrente a se preocupar com direitos mínimos para garantir uma vida digna aos seres humanos foi a jusnaturalista, que entendia que os seres humanos possuem direitos naturais universais, como direitos inerentes a todos os seres humanos. Posteriormente, surgiu a corrente juspositivista naturalista, que entendia que esses direitos surgiram com sua positivação, em declarações e constituições nacionais.

A corrente juspositivista internacionalista, por sua vez, entendia que esses direitos decorriam de sua positivação em documentos internacionais.

A terminologia pode variar, havendo documentos que falam em direitos do homem, direitos da pessoa humana, liberdades fundamentais, direitos fundamentais ou ainda direitos humanos. A doutrina nacional conceitua direitos humanos como aqueles estabelecidos em tratados e normas internacionais, enquanto direitos fundamentais seriam os positivados no âmbito jurídico interno.

Um importante conceito intrínseco ao estudo dos direitos humanos é o de **dignidade da pessoa humana**, que tem base na doutrina de Immanuel Kant. Trata-se de fundamento do Estado Democrático de Direito, segundo o art. 1º, III da CF/88, que pode ser conceituado como o núcleo mínimo de direitos ao qual todo ser humano tem direito, decorrente de sua condição de ser humano. A dignidade da pessoa humana tem papel tanto na hermenêutica jurídica, servindo de parâmetro interpretativo aos demais direitos, quanto na ponderação de direitos quando conflitantes entre si, de modo que nenhum deles seja excluído, mas sim seja realizada uma ponderação que garanta a maior aplicação possível de todos os direitos. Serve ainda de mecanismo de controle da validade de atos estatais e atos de particulares, constituindo-se ainda como fonte para estabelecimento de novos direitos.

- A evolução dos direitos humanos é notável sobretudo no contexto pós-segunda-guerra, quando as atrocidades cometidas demonstraram a necessidade de um mecanismo internacional de proteção da dignidade da pessoa humana. Seu desenvolvimento é analisado pela doutrina por meio de gerações ou dimensões de direitos. Os **direitos civis e políticos** seriam os de primeira geração ou dimensão, caracterizados pelo valor liberdade. Já os **direitos econômicos, sociais e culturais** seriam os de segunda geração ou dimensão, caracterizados pelo valor igualdade. Por fim, os **direitos de solidariedade ou fraternidade** seriam os de terceira geração ou dimensão, caracterizados pelo valor solidariedade ou fraternidade. Estes direitos formariam, assim, um conjunto indivisível de direitos fundamentais, entre os quais não há qualquer relação hierárquica.
- A **representação dos interesses individuais** sob a ótica negativa perante o Poder Público, que se refere a uma perspectiva subjetiva, não se compreende dentre as características da perspectiva objetiva dos direitos fundamentais. De acordo com Paulo Bonavides: "os direitos da primeira geração ou direitos da liberdade têm por titular o indivíduo, são oponíveis ao Estado, traduzem-se como faculdades ou atributos da pessoa e ostentam uma **subjetividade** que é seu traço mais característico; enfim, são direitos de resistência ou de oposição perante o Estado" (*Curso de Direito Constitucional*. 22 ed. São Paulo: Malheiros, 2008, p. 564).
- Novamente segundo as lições de Paulo Bonavides, "**com o advento dos direitos fundamentais da segunda geração os publicistas alemães, a partir de Schmitt, descobriram também o aspecto objetivo** [...] Os direitos da segunda geração merecem um exame mais amplo. Dominam o século XX do mesmo modo como os direitos de primeira geração dominaram o século passado. São os direitos sociais, culturais e econômicos [...] Mas passaram primeiro por um ciclo de baixa normatividade ou tiveram eficácia duvidosa, em virtude de sua própria natureza de direitos que exigem do Estado determinadas prestações materiais nem sempre resgatáveis por exiguidade, carência ou limitação essencial de meios e recursos. De juridicidade questionada nessa fase, foram eles remetidos à chamada esfera programática, em virtude de não conterem para sua concretização aquelas garantias habitualmente ministradas pelos instrumentos processuais de proteção aos direitos da liberdade" (*Curso de Direito Constitucional*. 22 ed. São Paulo: Malheiros, 2008, p. 564-565)
- Segundo apontamentos doutrinários, os direitos fundamentais caracterizados pela **indivisibilidade, irrenunciabilidade e incaducabilidade**, que decorrem da exigência de atendimento do princípio da dignidade da pessoa humana.

- **Efeito cliquet e vedação do retrocesso: o** efeito *cliquet* nada mais é do que a aplicação do princípio da vedação do retrocesso. Ou seja, uma vez garantido, um direito não pode mais ser revogado. Sua aplicação é evidente na temática dos direitos humanos. Uma vez reconhecido, um direito humano não pode mais ser desconsiderado.
- **Georg Jellinek desenvolveu, no final do século XIX, na obra intitulada Sistema dos Direitos Subjetivos Públicos** (System der subjektiv öffentlichen Rechte), parte de seu pensamento doutrinário sob o enfoque das diversas formas em relação as quais os indivíduos podem se colocar frente ao Estado. Dependendo do status, ou seja, da relação que os indivíduos mantêm com o Estado, é que emergirão direitos ou deveres. Das diversas formas pelas quais os indivíduos podem se relacionar com o Estado podem ser extraídas quatro espécies fundamentais: a) status subjectionis ou status passivo; b) status negativus ou status libertatis; c) status civitatis ou status positivo e; d) status activus (JELLINEK, Georg. *Teoria general del Estado*. Buenos Aires: Albatros, 1981, p. 306).
- Status subjectionis **ou status passivo**, o indivíduo encontra-se subordinado aos poderes estatais, razão pela qual, deve se submeter ao cumprimento de alguns deveres, e às proibições impostas pelo Estado. Citem-se como exemplo a obrigação de exercício do direito de sufrágio pelo voto aos maiores de dezoito anos, e a proibição do direito de reunião para fins não pacíficos.
- Status libertatis, status negativus **ou status negativo**, pode-se afirmar que se refere àqueles direitos que devem ser assegurados na situação em que o indivíduo requer um comportamento negativo do Estado, uma abstenção, para que, assim, possa exercer plenamente alqumas de suas liberdades.
- Status civitatis **ou status positivo**, permite que o indivíduo, subjugado pelos poderes instituídos e classes mais favorecidas, exija prestações positivas do Estado, que propiciem redução das desigualdades sociais.
- Status activus, relaciona-se à possibilidade de participação ativa dos indivíduos na formação da vontade política estatal. Consubstancia-se, por exemplo, na iniciativa popular de lei, e na possibilidade de manejo de ação popular.
- **Multiculturalismo e Interculturalidade:** são pensamentos que se apresentam ligados à tutela dos direitos humanos e fundamentais. O multiculturalismo prega o respeito às diferentes culturas presentes na sociedade e que normalmente tem origem nas misturas de nacionalidades, raças e etnias durante o processo de formação de um povo. Funda-se, ainda, em um movimento contra-hegemônico, que não aceita a imposição de valores homogêneos que refletem os interesses da classe dominante. Por sua vez, a interculturalidade é uma das perspectivas do multiculturalismo, que se especializa por trabalhar com as ideias de abertura e interatividade. Sob este prisma, a sociedade deve ser democrática e aceitar que todos os valores culturais devem ser respeitados, em um movimento de constante negociação e ponderação.
- **Eficácia Vertical dos Direitos Humanos e Fundamentais:** aplicação dos direitos fundamentais nas relações entre Estado e particulares.
- **Eficácia Horizontal, Privada, Externa, ou Em Relação a Terceiros dos Direitos Humanos e Fundamentais:** trata-se da aplicação dos direitos fundamentais nas relações entre particulares. O STF reconheceu a eficácia horizontal em pelo menos três oportunidades: a) Exclusão de Cooperado: cooperados não poderiam ter sido excluídos sem que fosse respeitado o devido processo legal (RE 158.215, julgado em 1996 e relatado pelo Ministro Marco Aurélio); b) Caso Air France: os franceses não poderiam conceder aumento salarial apenas aos seus funcionários franceses, discriminado os brasileiros que exerciam as mesmas funções (RE 161243-6, julgado em 2006 e relatado pelo Ministro Carlos Velloso); c) Expulsão de Associado: associado não poderia ter sido expulso da União Brasileira de Compositores sem que lhe fosse garantido a ampla defesa (RE 201819, julgado em 2005 e relatado para acórdão pelo Ministro Gilmar Mendes).
- No HC 82.959, julgado em 2006 e relatado pelo Ministro Gilmar Mendes, o STF traz há didática lição acerca das teorias sobre o núcleo essencial dos direitos humanos e fundamentais: "(1) Os adeptos da chamada **teoria absoluta** ("absolute Theorie") entendem o núcleo essencial dos direitos fundamentais (Wesensgehalt) como unidade substancial autônoma (substantieller Wesenskern) que, independentemente de qualquer situação concreta, estaria a salvo de eventual decisão legislativa. (...) haveria um espaço que seria suscetível de limitação por parte do legislador; outro seria insuscetível de limitação. (...) (2) Os sectários da chamada **teoria relativa** ("relative Theorie") entendem que o núcleo essencial há de ser definido para cada caso, (...) mediante a utilização de um processo de ponderação entre meios e fins (Zweck-Mittel-Prüfung), com base no princípio da proporcionalidade. O núcleo essencial seria aquele mínimo insuscetível de restrição ou redução com base nesse processo de ponderação. (...). Tanto a teoria absoluta quanto a teoria relativa pretendem assegurar uma maior proteção dos direitos fundamentais, (...) Todavia, todas elas apresentam insuficiências. É verdade que a teoria absoluta, ao acolher uma noção material do núcleo essencial, insuscetível de redução por parte do legislador, pode converter-se, em muitos casos, numa fórmula vazia, dada a dificuldade ou até mesmo a impossibilidade de se demonstrar ou caracterizar in abstracto a existência desse mínimo essencial. (...) Por seu turno, uma opção pela teoria relativa pode conferir uma flexibilidade exagerada ao estatuto dos direitos fundamentais (...) Por essa razão, **propõe**

Hesse uma fórmula conciliadora, que reconhece no princípio da proporcionalidade uma proteção contra as limitações arbitrárias ou desarrazoadas (teoria relativa), mas também contra a lesão ao núcleo essencial dos direitos fundamentais (...) **a proporcionalidade não há de ser interpretada em sentido meramente econômico, de adequação da medida limitadora ao fim perseguido, devendo também cuidar da harmonização dessa finalidade com o direito afetado pela medida.**

2. NORMAS CONSTITUCIONAIS

2.1. *TEORIA, CONCEITOS E ELEMENTOS DOS DIREITOS HUMANOS*

Alguns direitos humanos, além de previstos em documentos internacionais, gozam também de proteção constitucional. O título II da CF/88 traz disposições relativas aos direitos e garantias fundamentais, sendo seu principal dispositivo o art. 5º.

Vale observar, contudo, que o rol de direitos previstos na Constituição é um rol exemplificativo, por força do que dispõe o art. 5º, §2º: "§ 2º Os direitos e garantias expressos nesta Constituição não excluem outros decorrentes do regime e dos princípios por ela adotados, ou dos tratados internacionais em que a República Federativa do Brasil seja parte."

Ademais, estabelece o art. 5º, §1º que as normas que definem direitos e garantias fundamentais **têm aplicação imediata**.

- No Brasil, os tratados e convenções internacionais sobre direitos humanos que forem aprovados, em cada Casa do Congresso Nacional, em dois turnos, por três quintos dos votos dos respectivos membros, **serão equivalentes às emendas constitucionais,** nos termos do art. 5°, § 3°, da CF, incluído pela EC 45/04.
- Essa sistemática de incorporação de tratados de direitos humanos (art. 5°, § 3°, da CF) foi aplicada pela primeira vez em 2008, na votação do Decreto Legislativo 186, que acabou culminando na promulgação da Convenção sobre os Direitos das Pessoas com Deficiência com força constitucional, segundo o Decreto 6.949/2009. Como reflexo do reconhecimento de status constituição à Convenção, a Procuradora Geral da República Deborah Macedo Duprat de Britto Pereira ajuizou, em 2009, a **ADPF 182**, cujos pedidos são para que se reconheça que: a) o art. 20, § 2º, da Lei nº 8.742/93 não foi recepcionado pela Convenção dos Direitos da Pessoa com Deficiência, que foi aprovada pelo Decreto Legislativo nº 186/2008, de acordo com o procedimento previsto no art. 5º, § 3º, da Constituição Federal, **integrando, portanto, o bloco de constitucionalidade brasileiro**; b) o conceito estabelecido no art. 1° da Convenção sobre os Direitos da Pessoa com Deficiência, é de uso imperativo no direito interno brasileiro, sendo imediatamente aplicável no que tange aos critérios para concessão dos benefícios de prestação continuada disciplinados pela Lei nº 8.742/93.
- Sem prejuízo da supremacia da Constituição sobre os tratados e convenções internacionais, a norma convencional internacional em vigor e aplicável no Brasil e que disponha acerca de direitos humanos, não tendo sido objeto de processo legislativo que a equiparasse a emenda constitucional (art. 5°, § 3°, da CF, nos termos da EC 45/04), tem força jurídico-normativa suficiente para restringir a eficácia e indiretamente obstar a aplicabilidade da norma constitucional paradigma, gozando de **status supralegal**. Tal posição foi firmada no RE 466.343, julgado em 2008 e relatado pelo Ministro Cezar Peluso.
- Vale destacar trecho do voto do Ministro Gilmar Mendes: "Desde a adesão do Brasil, sem qualquer reserva, ao Pacto Internacional dos Direitos Civis e Políticos (art. 11) e à Convenção Americana sobre Direitos Humanos – Pacto de San José da Costa Rica (art. 7º, 7), ambos no ano de 1992, não há mais base legal para prisão civil do depositário infiel, pois o caráter especial desses diplomas internacionais sobre direitos humanos lhes reserva lugar específico no ordenamento jurídico, estando abaixo da Constituição, porém acima da legislação interna. **O status normativo supralegal dos tratados internacionais de direitos humanos subscritos pelo Brasil, dessa forma, torna inaplicável a legislação infraconstitucional com ele conflitante, seja ela anterior ou posterior ao ato de adesão. Assim ocorreu com o art. 1.287 do CC de 1916 e com o DL 911/1969, assim como em relação ao art. 652 do Novo CC (Lei 10.406/2002).**" (RE 466.343, julgado em 2008 e relatado pelo Ministro Cezar Peluso).

"NOVA" PIRÂMIDE NORMATIVA
(Baseada no posicionamento do STF)

Status constitucional:	Normas da CF + Tratados de Direitos Humanos aprovados de acordo com as regras do art. 5°, § 3°, da CF (Após EC 45/04)
Status supralegal:	Tratados de Direitos Humanos aprovados sem observância das regras do art. 5°, §3°, da CF (Antes da EC 45/04)
Status legal:	Leis Complementares e Leis Ordinárias
Status infralegal:	demais atos normativos

- A proteção dos direitos fundamentais não desconsidera o princípio da supremacia da constituição, **entretanto,** a norma convencional internacional sobre direitos humanos **tem** aptidão para afetar a eficácia ou a aplicabilidade da norma constitucional interna. No bojo do RE 466.343, ficou consignado que "Desde a adesão do Brasil, sem qualquer reserva, ao Pacto Internacional dos Direitos Civis e Políticos (art. 11) e à Convenção Americana sobre Direitos Humanos – Pacto de San José da Costa Rica (art. 7º, 7), ambos no ano de 1992, não há mais base legal para prisão civil do depositário infiel, pois o caráter especial desses diplomas internacionais sobre direitos humanos lhes reserva lugar específico no ordenamento jurídico, estando abaixo da Constituição, porém acima da legislação interna. O status normativo supralegal dos tratados internacionais de direitos humanos subscritos pelo Brasil, dessa forma, **torna inaplicável a legislação infraconstitucional com ele conflitante**, seja ela anterior ou posterior ao ato de adesão. Assim ocorreu com o art. 1.287 do CC de 1916 e com o DL 911/1969, assim como em relação ao art. 652 do Novo CC (Lei 10.406/2002)."
- Nas hipóteses de **grave violação de direitos humanos**, o Procurador Geral da República, com a finalidade de assegurar o cumprimento de obrigações decorrentes de tratados internacionais de direitos humanos dos quais o Brasil seja parte, poderá suscitar, perante o **Superior Tribunal de Justiça**, em qualquer fase do inquérito ou processo, incidente de deslocamento de competência para a Justiça Federal. Trata-se do disposto no § 5° do art. 109 da CF.

A esse respeito, cabe mencionar jurisprudência do STJ:

> *"O art. 109, § 5º, da Constituição Federal, estabelece que, nas "hipóteses de grave violação de direitos humanos, o Procurador-Geral da República, com a finalidade de assegurar o cumprimento de obrigações decorrentes de tratados internacionais de direitos humanos dos quais o Brasil seja parte, poderá suscitar, perante o Superior Tribunal de Justiça, em qualquer fase do inquérito ou processo, incidente de deslocamento de competência para a Justiça Federal".*

Os requisitos do incidente de deslocamento de competência são: a) grave violação de direitos humanos; b) necessidade de assegurar o cumprimento, pelo Brasil, de obrigações decorrentes de tratados internacionais; c) incapacidade - oriunda de inércia, omissão, ineficácia, negligência, falta de vontade política, de condições pessoais e/ou materiais, etc. - de o Estado-Membro, por suas instituições e autoridades, levar a cabo, em toda a sua extensão, a persecução penal (IDC n. 1/PA, Terceira Seção do STJ).

No caso, apesar do extenso tempo decorrido entre os fatos e a formulação do pedido de deslocamento de competência, estão pre-sentes os requisitos constitucionais que autorizam e justificam o atendimento do pleito de deslocamento de competência para reabrir as investigações, processar e julgar os responsáveis pelos delitos, principalmente porque estudos posteriores, que não foram considerados à época, sugerem a possibilidade de os fatos estarem relacionados à criminalidade organizada e a uma série de outros crimes praticados no mês de maio de 2006 e em circunstâncias similares, reconhecendo a inoperância ou incapacida-de das autoridades do Estado de São Paulo para a repressão, apuração, punição e adoção de medidas que evitem a repetição de ocorrências similares, em descumprimento das obrigações internacionais de direitos humanos das quais o Brasil é signatário." (STJ, IDC 9-SP, Rel. Min. João Otávio de Noronha, Terceira Seção, por unanimidade, julgado em 10/08/2022. INFO 744).

Importante ainda lembrar que o Brasil se submete à jurisdição do Tribunal Penal Internacional, por força do art. 5º, §4º da CF/88.

Importante ainda lembrar que o Brasil se submete à jurisdição do Tribunal Penal Internacional, por força do art. 5º, §4º da CF/88.

3. SISTEMAS INTERNACIONAIS DE PROTEÇÃO DOS DIREITOS HUMANOS

- Os tratados internacionais podem proteger direitos de todos os seres humanos ou apenas de algum grupo em especial, em geral "excluídos". Nesse passo, é possível apontar a existência de dois sistemas de proteção: homogêneo e heterogêneo.
- No sistema homogêneo, identifica-se verdadeira universalidade, pois os direitos de todos os seres humanos são tutelados, e não de um grupo específico. Consubstancia-se em um sistema "posto à disposição de todos os destinatários das normas que o compõem, de forma indistinta" (MÔNACO, Gustavo Ferraz de Campos. A Declaração Universal dos Direitos da Criança e seus sucedâneos internacionais.).
- Ao contrário do sistema homogêneo de proteção, disponibilizado de forma indistinta à universalidade de pessoas, o sistema heterogêneo de proteção tem por foco um grupo merecedor, diante de várias circunstâncias – como a exclusão histórica – de atenção especial, como ocorre com a criança, as mulheres, os portadores de necessidades especiais e outros.
- Toda vez que não se estiver diante de um caso de aplicação do sistema homogêneo, o intérprete estará diante de normas que implicam discriminação entre seres humanos, pois são aplicadas determinadas normas em benefício de alguns e não de todos ((MÔNACO, Gustavo Ferraz de Campos. A Declaração Universal dos Direitos da Criança e seus sucedâneos internacionais.).
- Os tratados somente deverão ser cumpridos pelos Estados que os ratificarem, segundo as regras de cada local.

3.1. *SISTEMA UNIVERSAL DE PROTEÇÃO AOS DIREITOS HUMANOS*

Trata-se do sistema instituído pela Organização das Nações Unidas por meio de alguns documentos, como a Declaração Universal de Direitos Humanos, o Pacto Internacional dos Direitos Civis e Políticos e o Pacto Internacional dos Direitos Econômicos, Sociais e Culturais, além de outros documentos.

A **Declaração Universal de Direitos Humanos** foi elaborada em 1948, na forma de resolução, constituindo um marco na proteção universal do ser humano. Seu principal ponto foi assegurar que todos os seres humanos nascem livres e iguais em dignidade e direitos, prevendo o direito a ter direitos. Entende-se hoje que ela tem uma forma maior do que de uma mera recomendação, possuindo assim força vinculante. Tratam-se de normas consideradas como jus cogens.

3.2. *SISTEMA INTERAMERICANO DE DIREITOS HUMANOS*

Trata-se de sistema formado pela Comissão Interamericana de Direitos Humanos e pela Corte Interamericana de Direitos Humanos, além de outros órgãos especializados. Quanto aos documentos jurídicos, compõe-se principalmente pela Convenção Americana de Direitos Humanos (Pacto de São José da Costa Rica), Convenção Interamericana para Prevenir e Punir a Tortura, Convenção Interamericana para Prevenir, Punir e Erradicar a Violência contra a Mulher, Convenção Interamericana para a eliminação de todas as formas de discriminação contra as pessoas portadoras de deficiência, a Convenção Interamericana sobre o Desaparecimento Forçado, além de outros documentos.

4. DECLARAÇÕES E TRATADOS INTERNACIONAIS

Algumas convenções e pactos tem ganhado maior destaque nas provas, sendo recomendado ao candidato fazer um estudo cuidadoso das disposições desses documentos:

- **Convenção Americana de Direitos Humanos (Pacto de São José da Costa Rica)**

  A Convenção Americana sobre Direitos Humanos, que recebe também o nome de Pacto de São José da Costa Rica, foi assinada na Conferência Especializada Interamericana sobre Direitos Humanos, em São José da Costa Rica, no ano de 1969, no âmbito da Organização dos Estados Americanos. Sua vigência, contudo, apenas teve início em 1978. O Brasil promulgou tal convenção apenas em 1992, com o Decreto nº 678.

  Como sua incorporação se deu antes de editada a Emenda Constitucional nº 45/2004, entende-se que possui status jurídico de norma supralegal, ou seja, tem status superior à legislação em geral, mas inferior às normas constitucionais.

Seu texto é composto por 82 artigos, divididos em 3 partes: Deveres dos Estados e Direitos Protegidos; Meios da Proteção; e Disposições Gerais e Transitórias.

Trata-se do principal instrumento jurídico do Sistema Interamericano.

- **Regras Mínimas para o Tratamento dos Reclusos (texto atualizado em 2015)**

As Regras Mínimas para o Tratamento dos Reclusos ou Presos foram criadas em 1955, no I Congresso das Nações Unidas para a prevenção do crime e para o tratamento de delinquentes, tendo, já à época, recebido também a denominação de "Regras Nelson Mandela", como uma homenagem por ter passado 27 anos preso, lutando por direitos humanos.

Em 2015, as regras foram atualizadas pela Comissão das Nações Unidas, obtendo aprovação unânime da Assembleia Geral da ONU. Já no início do documento fica claro que não tem por objetivo descrever um modelo de sistema prisional, mas, por outro lado, busca estabelecer princípios e práticas a serem seguidos no tratamento de reclusos e na gestão, quaisquer sejam os modelos prisionais adotados por cada Estado-Parte.

Trata-se de um documento com natureza de *soft law*, ou seja, não vinculante aos Estados. No Entanto, no caso do Brasil observamos esforços para melhorar o sistema prisional, como se observa na edição da lei n. 13434/2017 que proibiu o uso de algemas em mulheres grávidas durante a preparação para o parto e o parto em si, bem como no puerpério imediato.

- **Declaração Universal de Direitos Humanos**

Considerada o "macro normativo fundamental" do sistema de proteção das Nações Unidas, foi adotada em Paris em 1948. Sua estrutura compreende um preâmbulo e trinta artigos, prevendo direitos civis e políticos bem como direitos sociais, econômicos e culturais.

Importante observar que, tecnicamente, não consiste a declaração em um *tratado*, uma vez que os mecanismos de ratificação de tratados não foram observados em sua celebração. Seria, a princípio, uma espécie de "recomendação", no entanto, hoje pode-se considerar tal declaração como uma norma de *jus cogens* internacional, ou seja, uma regra imperativa.

São princípios adotados pela declaração, com relação aos direitos humanos, a universalidade, indivisibilidade, interdependência e interrelacionariedade.

- **Protocolo de Prevenção, Supressão e Punição do Tráfico de Pessoas, Especialmente Mulheres e Crianças**

Trata-se de Protocolo Adicional à Convenção das Nações Unidas contra o Crime Organizado Transnacional, relativo à prevenção, repressão e punição do Tráfico de Pessoas, especialmente mulheres e crianças.

Esse documento foi incorporado pelo ordenamento jurídico nacional por meio do Decreto nº 5.017/2004, tendo seus objetivos definidos no artigo 2:

a) Prevenir e combater o tráfico de pessoas, prestando uma atenção especial às mulheres e às crianças;

b) Proteger e ajudar as vítimas desse tráfico, respeitando plenamente os seus direitos humanos; e

c) Promover a cooperação entre os Estados Partes de forma a atingir esses objetivos.

Outra importante previsão diz respeito ao conceito de "tráfico de pessoas" que, segundo o artigo 3: "significa o recrutamento, o transporte, a transferência, o alojamento ou o acolhimento de pessoas, recorrendo à ameaça ou uso da força ou a outras formas de coação, ao rapto, à fraude, ao engano, ao abuso de autoridade ou à situação de vulnerabilidade ou à entrega ou aceitação de pagamentos ou benefícios para obter o consentimento de uma pessoa que tenha autoridade sobre outra para fins de exploração. A exploração incluirá, no mínimo, a exploração da prostituição de outrem ou outras formas de exploração sexual, o trabalho ou serviços forçados, escravatura ou práticas similares à escravatura, a servidão ou a remoção de órgãos;".

Ademais, fica estabelecido que "criança", para o documento, diz respeito a qualquer pessoa com idade inferior a dezoito anos.

Além das previsões mencionadas, o Protocolo prevê medidas de proteção às vítimas do tráfico de pessoas, estabelecendo que: "1. Nos casos em que se considere apropriado e na medida em que seja permitido pelo seu direito interno, cada Estado Parte protegerá a privacidade e a identidade das vítimas de tráfico de pessoas, incluindo, entre outras (ou inter alia), a confidencialidade dos procedimentos judiciais relativos a esse tráfico."

Há ainda inúmeras previsões voltadas a prevenir que o tráfico de pessoas ocorra, devendo os Estados Partes estabelecerem políticas abrangentes, programas e medidas pra esse fim.

- **Estatuto de Roma**

O Estatuto de Roma tem grande relevância pois foi a partir dele que se instituiu o Tribunal Penal Internacional, sendo o primeiro tribunal internacional com jurisdição criminal permanente. O TPI possui personalidade jurídica própria e está sediado em Haia, na Holanda.

O Estatuto foi assinado pelo Brasil em 2000, sendo promulgado no ordenamento jurídico interno em 2002, sob o Decreto nº 4.388.

Dentre as características do TPI, merecem destaque seu caráter supraconstitucional, de natureza centrífuga (havendo uma derrogação das normas de direito interno); sua independência; e sua subsidiariedade.

Seu art. 2º destaca ainda que: "a relação entre o Tribunal e as Nações Unidas será estabelecida através de um acordo a ser aprovado pela Assembleia dos Estados Partes no presente Estatuto e, em seguida, concluído pelo Presidente do Tribunal em nome deste".

Outro ponto que merece comentário diz respeito à impossibilidade de ratificação do Estatuto com reservas, ou seja, sua ratificação deve ser integral.

Sua competência material abrande os crimes de genocídio; crimes contra a humanidade; crimes de guerra e crimes de agressão.

O TPI é composto por 18 juízes, conforme art. 36, sendo seus órgãos a presidência, as seções judiciais, o gabinete do procurador e a secretaria, nos termos do art. 34.

- **Estatuto da Igualdade Racial (Lei 12.888/2010)**

Após ter ratificado a Convenção Internacional sobre todas as formas de discriminação racial, incorporada ao ordenamento jurídico por meio do Decreto nº 65.810/1969, editou-se o Estatuto da Igualdade Racial, em 2010, com a finalidade de concretizar as obrigações assumidas pelo Brasil naquela Convenção:

"Art. 1º. Esta Lei institui o Estatuto da Igualdade Racial, destinado a garantir à população negra a efetivação da igualdade de oportunidades, a defesa dos direitos étnicos individuais, coletivos e difusos e o combate à discriminação e às demais formas de intolerância étnica."

Importante observar que o Estatuto ampliou alguns conceitos, os quais tem grande incidência em provas:

I – **discriminação racial ou étnico-racial:** toda distinção, exclusão, restrição ou preferência baseada em raça, cor, descendência ou origem nacional ou étnica que tenha por objeto anular ou restringir o reconhecimento, gozo ou exercício, em igualdade de condições, de direitos humanos e liberdades fundamentais nos campos político, econômico, social, cultural ou em qualquer outro campo da vida pública ou privada;

II - **desigualdade racial:** toda situação injustificada de diferenciação de acesso e fruição de bens, serviços e oportunidades, nas esferas pública e privada, em virtude de raça, cor, descendência ou origem nacional ou étnica;

III - **desigualdade de gênero e raça:** assimetria existente no âmbito da sociedade que acentua a distância social entre mulheres negras e os demais segmentos sociais;

IV - **população negra:** o conjunto de pessoas que se autodeclaram pretas e pardas, conforme o quesito cor ou raça usado pela Fundação Instituto Brasileiro de Geografia e Estatística (IBGE), ou que adotam autodefinição análoga;

V - **políticas públicas:** as ações, iniciativas e programas adotados pelo Estado no cumprimento de suas atribuições institucionais;

VI - **ações afirmativas:** os programas e medidas especiais adotados pelo Estado e pela iniciativa privada para a correção das desigualdades raciais e para a promoção da igualdade de oportunidades.

A esse respeito, merece comentário entendimento pacificado pelo STF da constitucionalidade dos programas de cotas implementados pelas universidades, com destaque, contudo, ao seu caráter transitório:

"Ressaltou-se a natureza transitória dos programas de ação afirmativa, já que as desigualdades entre brancos e negros decorreriam de séculos de dominação econômica, política e social dos primeiros sobre os segundos. Dessa forma, na medida em que essas distorções históricas fossem corrigidas, não haveria razão para a subsistência dos programas de ingresso nas universidades públicas. Se eles ainda assim permanecessem, poderiam converter-se em benesses permanentes, em detrimento da coletividade e da democracia." ADPF 186/DF, rel. Min. Ricardo Lewandowski, 25 e 26.4.2012. (Informativo nº 663).

Outro ponto do Estatuto que merece destaque está contido em seu art. 11:

> *"Art. 11. Nos estabelecimentos de ensino fundamenta e de ensino médio, públicos e privados, é obrigatório o estudo da história geral da África e da história da população negra no Brasil, observado o disposto na Lei no 9.394, de 20 de dezembro de 1996.*
>
> *§ 1º Os conteúdos referentes à história da população negra no Brasil serão ministrados no âmbito de todo o currículo escolar, resgatando sua contribuição decisiva para o desenvolvimento social, econômico, político e cultural do País.*
>
> *§ 2º O órgão competente do Poder Executivo fomentará a formação inicial e continuada de professores e a elaboração de material didático específico para o cumprimento do disposto no caput deste artigo.*
>
> *§ 3º Nas datas comemorativas de caráter cívico, os órgãos responsáveis pela educação incentivarão a participação de intelectuais e representantes do movimento negro para debater com os estudantes suas vivências relativas ao tema em comemoração."*

O Estatuto instituiu o Sistema Nacional de Promoção da Igualdade Racial (SINAPIR), como forma de organização e de articulação voltadas à implementação do conjunto de políticas e serviços destinados a superar as desigualdades étnicas existentes no País, prestados pelo poder público federal.

Para as provas, importante conhecer seus objetivos, que estão previstos no art. 48:

> *"Art. 48. São objetivos do Sinapir:*
>
> *I – promover a igualdade étnica e o combate às desigualdades sociais resultantes do racismo, inclusive mediante adoção de ações afirmativas;*
>
> *II – formular políticas destinadas a combater os fatores de marginalização e a promover a integração social da população negra;*
>
> *III – descentralizar a implementação de ações afirmativas pelos governos estaduais, distrital e municipais;*
>
> *IV – articular planos, ações e mecanismos voltados à promoção da igualdade étnica;*
>
> *V – garantir a eficácia dos meios e dos instrumentos criados para a implementação das ações afirmativas e o cumprimento das metas a serem estabelecidas."*

- **Convenção Contra a Tortura e Outros Tratamentos ou Penas Cruéis, Desumanos e Degradantes:**

Essa convenção foi aprovada em 1984, tendo sido incorporada ao ordenamento jurídico nacional com o Decreto nº 40/1991. Segundo o art. 1º desse documento, tortura diz respeito a "qualquer ao pelo qual dores ou sofrimentos agudos, físicos ou mentais são infligidos intencionalmente a uma pessoa a fim de obter, dela ou de uma terceira pessoa, informações ou confissões; de castigá-la por ato que ela ou uma terceira pessoa tenha cometido ou seja suspeita de ter cometido; de intimidar ou coagir esta pessoa ou outras pessoas; ou por qualquer motivo baseado em discriminação de qualquer natureza; quando tais dores ou sofrimentos são infligidos por um funcionário público ou outra pessoa no exercício de funções públicas, ou por sua instigação, ou com o seu consentimento ou aquiescência (...)". Contudo, "não se considerará como tortura as dores ou sofrimentos que sejam consequência unicamente de sanções legítimas, ou que sejam inerentes a tais sanções ou delas decorram".

Deve ainda ser destacado o princípio do *non refoulement*, encontrado no art. 3º, que determina que "Nenhum Estado Parte procederá à expulsão, devolução ou extradição de uma pessoa para outro Estado quando houver razões substanciais para crer que a mesma corre perigo de ali ser submetida a tortura".

Essa Convenção estipula ainda que: "Cada Estado Parte assegurará que todos os atos de tortura sejam considerados crimes segundo a sua legislação penal. O mesmo aplicar-se-á à tentativa de tortura e a todo ato de qualquer pessoa que constitua cumplicidade ou participação na tortura."

✦ SÚMULAS APLICÁVEIS

⊙ STF

- **Súmula Vinculante 11:** Só é lícito o uso de algemas em casos de resistência e de fundado receio de fuga ou de perigo à integridade física própria ou alheia, por parte do preso ou de terceiros, justificada a excepcionalidade por escrito, sob pena de responsabilidade disciplinar, civil e penal do agente ou da autoridade e de nulidade da prisão ou do ato processual a que se refere, sem prejuízo da responsabilidade civil do Estado.
- **Súmula Vinculante 25:** É ilícita a prisão civil de depositário infiel, qualquer que seja a modalidade do depósito.
- **Súmula vinculante 56:** A falta de estabelecimento penal adequado não autoriza a manutenção do condenado em regime prisional mais gravoso, devendo-se observar, nessa hipótese, os parâmetros fixados no RE 641.320/RS.

⊙ STJ

- **Súmula 419 do STJ:** Descabe a prisão civil do depositário judicial infiel.
- **Súmula 552 do STJ:** O portador de surdez unilateral não se qualifica como pessoa com deficiência para o fim de disputar as vagas reservadas em concursos públicos.

✦ JURISPRUDÊNCIA APLICÁVEL

1. STF

1.1. MULHERES

LICENÇA-MATERNIDADE E DISCRIMINAÇÃO ENTRE GESTAÇÃO E ADOÇÃO

Os prazos da licença-adotante não podem ser inferiores aos prazos da licença-gestante, o mesmo valendo para as respectivas prorrogações. Em relação à licença-adotante, não é possível fixar prazos diversos em função da idade da criança adotada. Com base nessa orientação, o Plenário, por maioria, deu provimento a recurso extraordinário em que discutida a possibilidade de lei instituir prazos diferenciados para a concessão de licença-maternidade às servidoras gestantes e às adotantes. Reconheceu o direito da recorrente, servidora pública, ao prazo remanescente da licença parental, a fim de que o tempo total de fruição do benefício, computado o período já gozado, seja de 180 dias de afastamento remunerado, correspondentes aos 120 dias de licença, previstos no art. 7º, XVIII, da CF, acrescidos dos 60 dias de prorrogação, nos termos da lei. De início, o Colegiado afirmou que a Constituição trouxera inovações a respeito do tema. Uma delas, a superação da ideia de família tradicional, hierarquizada, liderada pelo homem, chefe da sociedade conjugal. Fora criada uma noção de família mais igualitária, que não apenas resulta do casamento. Além disso, ela não é mais voltada para proteger o patrimônio, mas para cultivar e manter laços afetivos. Outra mudança diz respeito à igualdade entre os filhos, que tinham regime jurídico diferenciado, a depender de suas origens. Por fim, fora estabelecido, no art. 7º, XVIII, da CF, a licença à gestante como um direito social. No que se refere à legislação infraconstitucional, o Tribunal explicou sua evolução até o quadro atual, em que há duas situações distintas: para servidoras públicas, regidas de acordo com a Lei 8.112/1990, a licença-maternidade, para gestantes, é de 120 dias. Para adotantes, a licença-maternidade é de 90 dias, para crianças menores de 1 ano, e de 30 dias, para maiores de 1 ano. Por outro lado, para trabalhadoras da iniciativa privada, regidas de acordo com a CLT, a licença-gestante é equiparada à licença-adotante, e não há diferenciação em virtude da idade da criança adotada. Com o advento da Lei 11.770/2008, passara a ser previsto o direito de prorrogação da licença-maternidade em até 50%, tanto para servidoras públicas quanto para trabalhadoras do setor privado.

O Plenário analisou que essa diferenciação existente no setor público, tanto em razão de a mãe ser adotante quanto em virtude da idade da criança adotada, seria ilegítima. Isso porque as crianças adotadas apresentam dificuldades inexistentes para filhos biológicos: histórico de cuidados inadequados, carência, abuso físico, moral e sexual, traumas, entre outros. Além disso, quanto maior a idade da criança, maior o tempo em que submetida a esse quadro, e maior a dificuldade de adaptação à família adotiva. Por isso, quanto mais a mãe pudesse estar disponível para a criança adotiva, mormente nesse período inicial, maior a probabilidade de recuperação emocional da criança em adaptação. Além disso, crianças adotadas apresentam mais problemas de saúde, se comparadas com filhos biológicos, e quanto mais avançada a idade da criança, menor a probabilidade de ser escolhida para adoção. Assim, nada indica que crianças mais velhas demandam menos cuidados se comparadas a bebês. A situação revela justamente o contrário. Ademais, é necessário criar estímulos para a adoção de crianças mais velhas. Portanto, o tratamento mais gravoso dado ao adotado de mais idade viola o princípio da proporcionalidade, e implica proteção deficiente. O Colegiado observou o tema, ainda, à luz da autonomia da mulher. Por causa de razões culturais, o membro da família mais onerado na experiência da adoção é a mãe. Também por esse motivo, não há justificativa plausível para conferir licença inferior à mãe adotiva, se comparada à gestante. Não existe fundamento constitucional para a desequiparação da mãe gestante e da mãe adotante, sequer do adotado mais velho e mais novo. Vencido o Ministro Marco Aurélio, que desprovia o recurso. Considerava que a diferenciação quanto a gestantes e adotivas teria fundamento constitucional.

RE 778889/PE, rel. Min. Roberto Barroso, 10.3.2016. (RE-778889). (Info 817)

LEGÍTIMA DEFESA DA HONRA

'Legítima defesa da honra' não é, tecnicamente, legítima defesa. A traição se encontra inserida no contexto das relações amorosas. Seu desvalor reside no âmbito ético e moral, não havendo direito subjetivo de contra ela agir com violência. Quem pratica feminicídio ou usa de violência com a justificativa de reprimir um adultério não está a se defender, mas a atacar uma mulher de forma desproporcional, covarde e criminosa. O adultério não configura uma agressão injusta apta a excluir a antijuridicidade de um fato típico, pelo que qualquer ato violento perpetrado nesse contexto deve estar sujeito à repressão do direito penal. A 'legítima defesa da honra' é recurso argumentativo/retórico odioso, desumano e cruel utilizado pelas defesas de acusados de feminicídio ou agressões contra a mulher para imputar às vítimas a causa de suas próprias mortes ou lesões. Constitui-se em ranço, na retórica de alguns operadores do direito, de institucionalização da desigualdade entre homens e mulheres e de tolerância e naturalização da violência doméstica, as quais não têm guarida na Constituição de 1988. Tese violadora da dignidade da pessoa humana, dos direitos à vida e à igualdade entre homens e mulheres (art. 1º, inciso III, e art. 5º, caput e inciso I, da CF/88), pilares da ordem constitucional brasileira. A ofensa a esses direitos concretiza-se, sobretudo, no estímulo à perpetuação da violência contra a mulher e do feminicídio. O acolhimento da tese tem a potencialidade de estimular práticas violentas contra as mulheres ao exonerar seus perpetradores da devida sanção. A 'legítima defesa da honra' não pode ser invocada como argumento inerente à plenitude de defesa própria do tribunal do júri, a qual não pode constituir instrumento de salvaguarda de práticas ilícitas. Assim, devem prevalecer a dignidade da pessoa humana, a vedação a todas as formas de discriminação, o direito à igualdade e o direito à vida, tendo em vista os riscos elevados e sistêmicos decorrentes da naturalização, da tolerância e do incentivo à cultura da violência doméstica e do feminicídio.

[ADPF 779 MC REF, rel. min. Dias Toffoli, j. 15-3-2021, P, DJE de 20-5-2021.]

1.2. PRESOS – DIREITOS

MORTE DE DETENTO E RESPONSABILIDADE CIVIL DO ESTADO

Em caso de inobservância do seu dever específico de proteção previsto no art. 5º, XLIX, da CF, o Estado é responsável pela morte de detento. Essa a conclusão do Plenário, que desproveu recurso extraordinário em que discutida a responsabilidade civil objetiva do Estado por morte de preso em estabelecimento penitenciário. No caso, o falecimento ocorrera por asfixia mecânica, e o Estado-Membro alegava que, havendo indícios de suicídio, não seria possível impor-lhe o dever absoluto de guarda da integridade física de pessoa sob sua custódia. O Colegiado asseverou que a responsabilidade civil estatal, segundo a CF/1988, em seu art. 37, § 6º, subsume-se à teoria do risco administrativo, tanto para as condutas estatais comissivas quanto paras as omissivas, uma vez rejeitada a teoria do risco integral. Assim, a omissão do Estado reclama nexo de causalidade em relação ao dano sofrido pela vítima nas hipóteses em que o Poder Público ostenta o dever legal e a efetiva possibilidade de agir para impedir o resultado danoso. Além disso, é dever do Estado e direito subjetivo do preso a execução da pena de forma humanizada, garantindo-se-lhe os direitos fundamentais, e o de ter preservada a sua incolumidade física e moral. Esse dever constitucional de proteção ao detento somente se considera violado quando possível a atuação estatal no sentido de garantir os seus direitos fundamentais, pressuposto inafastável para a configuração da responsabilidade civil objetiva estatal. Por essa razão, nas situações em que não seja possível ao Estado agir para evitar a morte do detento (que ocorreria mesmo que o preso estivesse em liberdade), rompe-se o nexo de causalidade. Afasta-se, assim, a responsabilidade do Poder Público, sob pena de adotar-se a teoria do risco integral, ao arrepio do texto constitucional. A morte do detento pode ocorrer por várias causas, como homicídio, suicídio, acidente ou morte natural, não sendo sempre possível ao Estado evitá-la, por mais que adote as precauções exigíveis. Portanto, a responsabilidade civil estatal fica excluída nas hipóteses em que o Poder Público comprova causa impeditiva da sua atuação protetiva do detento, rompendo o nexo de causalidade da sua omissão com o resultado danoso. Na espécie, entretanto, o tribunal "a quo" não assentara haver causa capaz de romper o nexo de causalidade da omissão do Estado-Membro com o óbito. Correta, portanto, a decisão impositiva de responsabilidade civil estatal. RE 841526/RS, rel. Min. Luiz Fux, 30.3.2016. (RE-841526. (Info 819).

Na condução coercitiva, resta evidente que o investigado é conduzido para demonstrar sua submissão à força, o que desrespeita a dignidade da pessoa humana. (...) A condução coercitiva representa uma supressão absoluta, ainda que temporária, da liberdade de locomoção. Há uma clara interferência na liberdade de locomoção, ainda que por período breve. Potencial violação ao direito à não autoincriminação, na modalidade direito ao silêncio. Direito consistente na prerrogativa do implicado a recursar-se a depor em investigações ou ações penais contra si movimentadas, sem que o silêncio seja interpretado como admissão de responsabilidade. Art. 5º, LXIII, combinado com os arts. 1º, III; 5º, LIV, LV e LVII. O direito ao silêncio e o direito a ser advertido quanto ao seu exercício são previstos na legislação e aplicáveis à ação penal e ao interrogatório policial, tanto ao indivíduo preso quanto ao solto – art. 6º, V, e art. 186 do CPP. (...) Também é assistido pelo direito a fazer-se aconselhar por seu advogado. Potencial violação à presunção de não culpabilidade. Aspecto relevante ao caso é a vedação de tratar pessoas não condenadas como culpadas – art. 5º, LVII. A restrição temporária da liberdade e a condução sob custódia por forças policiais em vias públicas não são tratamentos que normalmente possam ser aplicados a pessoas inocentes. O investigado é claramente tratado como culpado. A legislação prevê o direito de ausência do investigado ou acusado ao interrogatório. O direito de ausência, por sua vez, afasta a possibilidade de condução coercitiva. Arguição julgada procedente, para declarar a incompatibilidade com a Constituição Federal da condução coercitiva de investigados ou de réus para interrogatório, tendo em vista que o imputado não é legalmente obrigado a participar do ato, e pronunciar a não recepção da expressão 'para o interrogatório', constante do art. 260 do CPP.

[ADPF 395 e ADPF 444, rel. min. Gilmar Mendes, j. 14-6-2018, P, DJE de 22-5-2019.]

VIOLAÇÃO MASSIVA DE DIREITOS NO SISTEMA CARCERÁRIO BRASILEIRO

Ao julgar a ADPF347, o STF fixou a seguinte tese:

"1. Há um estado de coisas inconstitucional no sistema carcerário brasileiro, responsável pela violação massiva de direitos fundamentais dos presos. Tal estado de coisas demanda a atuação cooperativa das diversas autoridades, instituições e comunidade para a construção de uma solução satisfatória. 2. Diante disso, União, Estados e Distrito Federal, em conjunto com o Departamento de Monitoramento e Fiscalização do Conselho Nacional de Justiça (DMF/CNJ), deverão elaborar planos a serem submetidos à homologação do Supremo Tribunal Federal, nos prazos e observadas as diretrizes e finalidades expostas no presente voto, especialmente voltados para o controle da superlotação carcerária, da má qualidade das vagas existentes e da entrada e saída dos presos. 3. O CNJ realizará estudo e regulará a criação de número de varas de execução penal proporcional ao número de varas criminais e ao quantitativo de presos". (STF. ADPF 347. Rel. Min. Luis Roberto Barroso. Plenário. 04/10/2023)

PRISÃO CAUTELAR COM DURAÇÃO EXCESSIVA

"EMENTA: "HABEAS CORPUS". PRISÃO CAUTELAR QUE SE PROLONGA POR MAIS DE 06 (SEIS) ANOS. RÉU PRONUNCIADO, MAS SEQUER SUBMETIDO A JULGAMENTO PERANTE O TRIBUNAL DO JÚRI. EXCESSO DE PRAZO CARACTERIZADO. SITUAÇÃO QUE NÃO PODE SER TOLERADA NEM ADMITIDA. DIREITO PÚBLICO SUBJETIVO DE QUALQUER RÉU, MESMO TRATANDO-SE DE DELITO HEDIONDO, AO JULGAMENTO PENAL SEM DILAÇÕES INDEVIDAS NEM DEMORA EXCESSIVA OU IRRAZOÁVEL.

DURAÇÃO ABUSIVA DA PRISÃO CAUTELAR QUE TRADUZ SITUAÇÃO ANÔMALA APTA A COMPROMETER A EFETIVIDADE DO PROCESSO E A FRUSTRAR O DIREITO DO ACUSADO À PROTEÇÃO JUDICIAL DIGNA E CÉLERE. PRECEDENTES (RTJ 187/933-934, Rel. Min. CELSO DE MELLO, v.g.). MAGISTÉRIO DA DOUTRINA. OCORRÊNCIA, NA ESPÉCIE, DE LESÃO EVIDENTE AO "STATUS LIBERTATIS" DO PACIENTE EM RAZÃO DE OFENSA À CONVENÇÃO AMERICANA DE DIREITOS HUMANOS (ARTIGO 7º, n. 5) E À CONSTITUIÇÃO DA REPÚBLICA (ART. 5º, INCISO LXXVIII). "HABEAS CORPUS" DEFERIDO." (HC 126.163/PE, rel. Min. Celso de Mello, julg. 16.12.2016). (Info 852).

USO DE FORÇA POLICIAL PELO ESTADO

Lei federal que disciplina o uso dos instrumentos de menor potencial ofensivo pelos agentes de segurança pública e que visa proteger o direito à vida não ofende a autonomia estadual. A proporcionalidade no uso da força por parte dos agentes de segurança decorre diretamente do texto constitucional e dos tratados de direitos humanos que a República Federal do Brasil aderiu. Nenhuma pessoa pode ser arbitrariamente privada de sua vida. A arbitrariedade é aferida de forma objetiva, por meio de padrões mínimos de razoabilidade e proporcionalidade, como os estabelecidos pelos Princípios Básicos sobre o Uso da Força e Armas de Fogo pelos Funcionários Responsáveis pela Aplicação da Lei, adotados em 7 de setembro de 1990, por ocasião do Oitavo Congresso das Nações Unidas sobre a Prevenção do Crime e o Tratamento dos Delinquentes. A Lei Federal 13.060/2014 dá respaldo aos Princípios Básicos, adotando critérios mínimos de razoabilidade e objetividade, e, como tal, nada mais faz do que concretizar o direito à vida. [ADI 5.243, rel. p/ o ac. min. Edson Fachin, j. 11-4-2019, P, DJE de 5-8-2019

1.3. QUESTÕES DE GÊNERO

O transgênero tem direito fundamental subjetivo à alteração de seu prenome e de sua classificação de gênero no registro civil, não se exigindo, para tanto, nada além da manifestação de vontade do indivíduo, o qual poderá exercer tal faculdade tanto pela via judicial como diretamente pela via administrativa. Essa alteração deve ser averbada à margem do assento de nascimento, vedada a inclusão do termo "transgênero". Nas certidões do registro não constará nenhuma observação sobre a origem do ato, vedada a expedição de certidão de inteiro teor, salvo a requerimento do próprio interessado ou por determinação judicial. (...) Qualquer tratamento jurídico discriminatório sem justificativa constitucional razoável e proporcional importa em limitação à liberdade do indivíduo e ao reconhecimento de seus direitos como ser humano e como cidadão. [RE 670.422, rel. min. Dias Toffoli, j. 15-8-2018, P, Informativo 911, RG, tema 761.]

A Constituição não interdita a formação de família por pessoas do mesmo sexo. Consagração do juízo de que não se proíbe nada a ninguém senão em face de um direito ou de proteção de um legítimo interesse de outrem, ou de toda a sociedade, o que não se dá na hipótese sub judice. Inexistência do direito dos indivíduos heteroafetivos à sua não equiparação jurídica com os indivíduos homoafetivos. Aplicabilidade do § 2º do art. 5º da CF, a evidenciar que outros direitos e garantias, não expressamente listados na Constituição, emergem "do regime e dos princípios por ela adotados" (...). [ADI 4.277 e ADPF 132, rel. min. Ayres Britto, j. 5-5-2011, P, DJE de 14-10-2011.]

(...) Lei Estadual 8.008/2018 do Rio de Janeiro, que impõe a obrigatoriedade de que as crianças e adolescentes do sexo feminino vítimas de estupro sejam examinadas por perito legista mulher (...). Lei impugnada em sintonia com o direito fundamental à igualdade material (art. 5º, I, da CRFB), que impõe especial proteção à mulher e o atendimento empático entre iguais, evitando-se a revitimização da criança ou adolescente, mulher, vítima de violência.

[ADI 6.039 MC, rel. min. Edson Fachin, j. 13-3-2019, P, DJE de 1º-8-2019.]

1.4. TRIBUNAL PENAL INTERNACIONAL

Estatuto de Roma. Incorporação dessa convenção multilateral ao ordenamento jurídico interno brasileiro (Decreto 4.388/2002). Instituição do Tribunal Penal Internacional. Caráter supraestatal desse organismo judiciário. Incidência do princípio da complementaridade (ou da subsidiariedade) sobre o exercício, pelo Tribunal Penal Internacional, de sua jurisdição. Cooperação internacional e auxílio judiciário: obrigação geral que se impõe aos Estados-partes do Estatuto de Roma (art. 86). Pedido de detenção de chefe de Estado estrangeiro e de sua ulterior entrega ao Tribunal Penal Internacional, para ser julgado pela suposta prática de crimes contra a humanidade e de guerra. Solicitação formalmente dirigida, pelo Tribunal Penal Internacional, ao governo brasileiro. Distinção entre os institutos da entrega (surrender) e da extradição. Questão prejudicial pertinente ao reconhecimento, ou não, da competência originária do STF para examinar este pedido de cooperação internacional. Controvérsias jurídicas em torno da compatibilidade de determinadas cláusulas do Estatuto de Roma em face da Constituição do Brasil. O § 4º do art. 5º da Constituição, introduzido pela EC 45/2004: cláusula constitucional aberta destinada a legitimar, integralmente, o Estatuto de Roma? A experiência do direito comparado na busca da superação dos conflitos entre o Estatuto de Roma e as Constituições nacionais. A questão da imunidade de jurisdição do chefe de Estado em face do Tribunal Penal Internacional: irrelevância da qualidade oficial, segundo o Estatuto de Roma (art. 27). Magistério da doutrina. Alta relevância jurídico-constitucional de diversas questões suscitadas pela aplicação doméstica do Estatuto de Roma. Necessidade de prévia audiência da douta PGR.

[Pet 4.625, ementa do despacho proferido pelo min. Celso de Mello, no exercício da Presidência, em 17-7-2009, DJE de 4-8-2009 e Informativo 554.]

1.5. PESSOAS COM DEFICIÊNCIA

A ordem constitucional brasileira, inaugurada em 1988, trouxe desde seus escritos originais a preocupação com a proteção das pessoas portadoras de necessidades especiais, construindo políticas e diretrizes de inserção nas diversas áreas sociais e econômicas da comunidade (trabalho privado, serviço público, previdência e assistência social). Estabeleceu, assim, nos arts. 227, § 2º, e 244, a necessidade de se conferir amplo acesso e plena capacidade de locomoção às pessoas com deficiência, no que concerne tanto aos logradouros públicos quanto aos veículos de transporte coletivo, determinando ao legislador ordinário a edição de diplomas que estabeleçam as formas de construção e modificação desses espaços e desses meios de transporte. Na mesma linha afirmativa, há poucos anos, incorporou-se ao ordenamento constitucional a Convenção Internacional sobre os Direitos das Pessoas com Deficiência, primeiro tratado internacional aprovado pelo rito legislativo previsto no art. 5º, § 3º, da CF, o qual foi internalizado por meio do Decreto presidencial 6.949/2009. O art. 9º da convenção veio justamente reforçar o arcabouço de proteção do direito de acessibilidade das pessoas com deficiência. [ADI 903, rel. min. Dias Toffoli, j. 22-5-2013, P, DJE de 7-2-2014.] = RMS 32.732 AgR, rel. min. Celso de Mello, j. 3-6-2014, 2ª T, DJE de 1º-8-2014

1.6. STATUS JURÍDICO DOS TRATADOS INTERNACIONAIS

(...) desde a adesão do Brasil, sem qualquer reserva, ao Pacto Internacional dos Direitos Civis e Políticos (art. 11) e à Convenção Americana sobre Direitos Humanos – Pacto de São José da Costa Rica (art. 7º, 7), ambos no ano de 1992, não há mais base legal para prisão civil do depositário infiel, pois o caráter especial desses diplomas internacionais sobre direitos humanos lhes reserva lugar específico no ordenamento jurídico, estando abaixo da Constituição, porém acima da legislação interna. O status normativo supralegal dos tratados internacionais de direitos humanos subscritos pelo Brasil, dessa forma, torna inaplicável a legislação infraconstitucional com ele conflitante, seja ela anterior ou posterior ao ato de adesão. Assim ocorreu com o art. 1.287 do Código Civil de 1916 e com o DL 911/1969, assim como em relação ao art. 652 do novo Código Civil (Lei 10.406/2002). [RE 466.343, rel. min. Cezar Peluso, voto do min. Gilmar Mendes, j. 3-12-2008, P, DJE de 5-6-2009, Tema 60.]

A subscrição pelo Brasil do Pacto de São José da Costa Rica, limitando a prisão civil por dívida ao descumprimento inescusável de prestação alimentícia, implicou a derrogação das normas estritamente legais referentes à prisão do depositário infiel. [HC 87.585, rel. min. Marco Aurélio, j. 3-12-2008, P, DJE de 26-6-2009.]

Supremacia da Constituição da República sobre todos os tratados internacionais. O exercício do treaty-making power, pelo Estado brasileiro, está sujeito à observância das limitações jurídicas emergentes do texto constitucional. Os tratados celebrados pelo Brasil estão subordinados à autoridade normativa da Constituição da República. Nenhum valor jurídico terá o tratado internacional, que, incorporado ao sistema de direito positivo interno, transgredir, formal ou materialmente, o texto da Carta Política.

[MI 772 AgR, rel. min. Celso de Mello, j. 24-10-2007, P, DJE de 20-3-2009.]

1.7. LIBERDADE DE IMPRENSA

O art. 220 da Constituição radicaliza e alarga o regime de plena liberdade de atuação da imprensa, porquanto fala: a) que os mencionados direitos de personalidade (liberdade de pensamento, criação, expressão e informação) estão a salvo de qualquer restrição em seu exercício, seja qual for o suporte físico ou tecnológico de sua veiculação; b) que tal exercício não se sujeita a outras disposições que não sejam as figurantes dela própria, Constituição. (...) O art. 220 é de instantânea observância quanto ao desfrute das liberdades de pensamento, criação, expressão e informação que, de alguma forma, se veiculem pelos órgãos de comunicação social. Isto sem prejuízo da aplicabilidade dos seguintes incisos do art. 5º da mesma CF: vedação do anonimato (parte final do inciso IV); do direito de resposta (inciso V); direito a indenização por dano material ou moral à intimidade, à vida privada, à honra e à imagem das pessoas (inciso X); livre exercício de qualquer trabalho, ofício ou profissão, atendidas as qualificações profissionais que a lei estabelecer (inciso XIII); direito ao resguardo do sigilo da fonte de informação, quando necessário ao exercício profissional (inciso XIV). Lógica diretamente constitucional de calibração temporal ou cronológica na empírica incidência desses dois blocos de dispositivos constitucionais (o art. 220 e os mencionados incisos do art. 5º). Noutros termos, primeiramente, assegura-se o gozo dos "sobredireitos" de personalidade em que se traduz a "livre" e "plena" manifestação do pensamento, da criação e da informação. Somente depois é que se passa a cobrar do titular de tais situações jurídicas ativas um eventual desrespeito a direitos constitucionais alheios, ainda que também densificadores da personalidade humana. Determinação constitucional de momentânea paralisia à inviolabilidade de certas categorias de direitos subjetivos fundamentais, porquanto a cabeça do art. 220 da Constituição veda qualquer cerceio ou restrição à concreta manifestação do pensamento (vedado o anonimato), bem assim todo cerceio ou restrição que tenha por objeto a criação, a expressão e a informação, seja qual for a forma, o processo, ou o veículo de comunicação social. Com o que a Lei Fundamental do Brasil veicula o mais democrático e civilizado regime da livre e plena circulação das ideias e opiniões, assim como das notícias e informações, mas sem deixar de prescrever o direito de resposta e todo um regime de responsabilidades civis, penais e administrativas. Direito de resposta e responsabilidades que, mesmo atuando a posteriori, infletem sobre as causas para inibir abusos no desfrute da plenitude de liberdade de imprensa. (...) Incompatibilidade material insuperável entre a Lei 5.250/1967 e a Constituição de 1988. Impossibilidade de conciliação que, sobre ser do tipo material ou de substância (vertical), contamina toda a Lei de Imprensa: a) quanto ao seu entrelace de comandos, a serviço da prestidigitadora lógica de que para cada regra geral afirmativa da liberdade é aberto um leque de exceções que praticamente tudo desfaz; b) quanto ao seu inescondível efeito prático de ir além de um simples projeto de governo para alcançar a realização de um projeto de poder, este a se eternizar no tempo e a sufocar todo pensamento crítico no País.

[ADPF 130, rel. min. Ayres Britto, j. 30-4-2009, P, DJE de 6-11-2009.] Vide ADI 4.451, rel. min. Alexandre de Moraes, j. 21-6-2018, P, DJE de 6-3-2019 Vide Rcl 22.238, rel. min. Roberto Barroso, j. 6-3-2018, 1ª T, DJE de 10-5-2018

É incompatível com a Constituição a ideia de um direito ao esquecimento, assim entendido como o poder de obstar, em razão da passagem do tempo, a divulgação de fatos ou dados verídicos e licitamente obtidos e publicados em meios de comunicação social analógicos ou digitais. Eventuais excessos ou abusos no exercício da liberdade de expressão e de informação devem ser analisados caso a caso, a partir dos parâmetros constitucionais - especialmente os relativos à proteção da honra, da imagem, da privacidade e da personalidade em geral - e das expressas e específicas previsões legais nos âmbitos penal e cível.

[RE 1.010.606, rel. min. Dias Toffoli, j. 11-2-2021, P, DJE de 20-5-2021, Tema 786.]

1.8. LIBERDADE DE EXPRESSÃO

O direito de resposta possibilita que a liberdade de expressão seja exercida em sua plenitude, pois é acionado apenas após a livre e irrestrita manifestação do pensamento. Além disso, o direito de resposta concede ao ofendido espaço adequado para que exerça, com o necessário alcance, seu direito de voz no espaço público. O direito em tela é, ainda, complementar à liberdade de informar e de manter-se informado, já que possibilita a inserção no debate público de mais de uma perspectiva de uma controvérsia. No julgamento da ADPF 130, o Supremo Tribunal Federal considerou a Lei de Imprensa, em bloco, incompatível com a Constituição de 1988. Naquela assentada, não houve o cotejo entre os dispositivos relativos ao rito do direito de resposta – o qual, em certa medida, se assemelhava ao que está hoje previsto na Lei Federal 13.188/15 – e a Constituição de 1988. Prevaleceu que o direito de resposta previsto na Constituição tem aplicabilidade imediata e eficácia plena. Ademais, reconheceu-se a possibilidade de o Congresso Nacional elaborar lei específica sobre o tema. O direito de resposta não se confunde com direito de retificação ou retratação. Seu exercício está inserido em um contexto de diálogo e não se satisfaz mediante ação unilateral por parte do ofensor. Mesmo após a retratação ou a retificação espontânea pelo veículo de comunicação social, remanesce o direito do suposto ofendido de acionar o rito especial da Lei 13.188/15 para que exerça, em nome próprio, seu alegado direito de resposta, nos termos do art. 2º, § 3º, da Lei 13.188/15, declarado constitucional. Entendeu o legislador ordinário que, para o atendimento do critério da proporcionalidade, a resposta ou retificação deveria ter o mesmo destaque, publicidade, periodicidade e dimensão/duração da matéria que a ensejou. Ao assim dispor, a lei observa e detalha a orientação constitucional de proporcionalidade, pois delimita a medida paritária mediante a qual se considerará retorquido adequadamente o agravo, razão pela qual é constitucional o art. 4º da Lei 13.188/15. O exercício do direito de resposta é regido pelo princípio da imediatidade (ou da atualidade da resposta). Portanto, a ação que reconhece esse direito encerra procedimento cuja efetividade depende diretamente da celeridade da prestação jurisdicional, o que justifica os prazos estipulados pelos arts. 5º, § 2º; 6º e 7º da Lei 13.188/15, os quais não importam em violação do devido processo legal. A previsão do art. 5º, § 1º, da Lei 13.188/15 vai ao encontro da concretização do direito fundamental de resposta, pois, ao permitir que uma pessoa que se considera ofendida por uma matéria jornalística acione um veículo de comunicação social no foro de seu domicílio ou naquele em que o agravo tenha apresentado maior repercussão, viabiliza que o processo tramite justamente nos limites territoriais em que a alegada ofensa a direitos da personalidade se faz sentir com maior intensidade.

[ADI 5.418, rel. min. Dias Toffoli, j. 11-3-2021, P, DJE de 25-5-2021.]

1.9. CONVENÇÃO DAS NAÇÕES UNIDAS CONTRA A TORTURA

A chamada Lei da Anistia veicula uma decisão política assumida naquele momento – o momento da transição conciliada de 1979. A Lei 6.683 é uma lei-medida, não uma regra para o futuro, dotada de abstração e generalidade. Há de ser interpretada a partir da realidade no momento em que foi conquistada. A Lei 6.683/1979 precede a Convenção das Nações Unidas contra a tortura e outros tratamentos ou penas cruéis, desumanos ou degradantes – adotada pela Assembleia Geral em 10-12-1984, vigorando desde 26-6-1987 – e a Lei 9.455, de 7-4-1997, que define o crime de tortura; e o preceito veiculado pelo art. 5º, XLIII, da Constituição – que declara insuscetíveis de graça e anistia a prática da tortura, entre outros crimes – não alcança, por impossibilidade lógica, anistias anteriormente a sua vigência consumadas. A Constituição não afeta leis-medida que a tenham precedido. [ADPF 153, rel. min. Eros Grau, j. 29-4-2010, P, DJE de 6-8-2010.]

1.10. DESIGUALDADE ÉTNICO-RACIAL

Atos que instituíram sistema de reserva de vagas com base em critério étnico-racial (cotas) no processo de seleção para ingresso em instituição pública de ensino superior. (...) Não contraria – ao contrário, prestigia – o princípio da igualdade material, previsto no caput do art. 5º da Carta da República, a possibilidade de o Estado lançar mão seja de políticas de cunho universalista, que abrangem um número indeterminado de indivíduos, mediante ações de natureza estrutural, seja de ações afirmativas, que atingem grupos sociais determinados, de maneira pontual, atribuindo a estes certas vantagens, por um tempo limitado, de modo a permitir-lhes a superação de desigualdades decorrentes de situações históricas particulares. (...) Justiça social hoje, mais do que simplesmente retribuir riquezas criadas pelo esforço coletivo, significa distinguir, reconhecer e incorporar à sociedade mais ampla valores culturais diversificados, muitas vezes considerados inferiores àqueles reputados dominantes. No entanto, as políticas de ação afirmativa fundadas na discriminação reversa apenas são legítimas se a sua manutenção estiver condicionada à persistência, no tempo, do quadro de exclusão social que lhes deu origem. Caso contrário, tais políticas poderiam converter-se em benesses permanentes, instituídas em prol de determinado grupo social, mas em detrimento da coletividade como um todo, situação – é escusado dizer – incompatível com o espírito de qualquer Constituição que se pretenda democrática, devendo, outrossim, respeitar a proporcionalidade entre os meios empregados e os fins perseguidos. [ADPF 186, rel. min. Ricardo Lewandowski, j. 26-4-2012, P, DJE de 20-10-2014.] = RE 597.285, rel. min. Ricardo Lewandowski, j. 9-5-2012, P, DJE de 18-3-2014, Tema 203 Vide ADC 41, rel. min. Roberto Barroso, j. 8-6-2017, P, DJE de 17-8-2017

2. STJ

Ação civil pública que visa obrigar Estado a disponibilizar, em suas unidades prisionais, equipamentos para banho dos presos em temperatura adequada ("chuveiro quente").

Trata-se de caso peculiar, por sua negativa ferir aspectos existenciais da textura íntima de direitos humanos substantivos. Primeiro, porque se refere à dignidade da pessoa humana, naquilo que concerne à integridade física e mental a todos garantida. Segundo, porque versa sobre obrigação inafastável e imprescritível do Estado de tratar prisioneiros como pessoas, e não como animais. Terceiro, porque o encarceramento configura pena de restrição do direito de liberdade, e não salvo-conduto para a aplicação de sanções extralegais e extrajudiciais, diretas ou indiretas. Quarto, porque, em presídios e lugares similares de confinamento, ampliam-se os deveres estatais de proteção da saúde pública e de exercício de medidas de assepsia pessoal e do ambiente, em razão do risco agravado de enfermidades, consequência da natureza fechada dos estabelecimentos, propícia à disseminação de patologias.

Ofende os alicerces do sistema democrático de prestação jurisdicional admitir que decisão judicial, relacionada à essência dos direitos humanos fundamentais, não possa ser examinada pelo STJ sob o argumento de se tratar de juízo político. Quando estão em jogo aspectos mais elementares da dignidade da pessoa humana (um dos fundamentos do Estado Democrático de Direito em que se constitui a República Federativa do Brasil, expressamente enunciado na Constituição, logo em seu art. 1º) impossível subjugar direitos indisponíveis a critérios outros que não sejam os constitucionais e legais.

Ademais, as Regras Mínimas para o Tratamento dos Reclusos, promulgadas pelas Nações Unidas (Regras de Mandela), dispõem que "Devem ser fornecidas instalações adequadas para banho", exigindo-se que seja "na temperatura apropriada ao clima" (Regra 16). Irrelevante, por óbvio, que o texto não faça referência expressa a "banho quente".

Assim, assegurar a dignidade de presos sob custódia do Estado dispara a aplicação não do princípio da reserva do possível, mas do aforismo da reserva do impossível (= reserva de intocabilidade da essência), ou seja, manifesto interesse público reverso, considerando-se que a matéria se inclui no núcleo duro dos direitos humanos fundamentais, expressados em deveres constitucionais e legais indisponíveis, daí marcados pela vedação de descumprimento estatal, seja por ação, seja por omissão. Consequentemente, impróprio retirar do controle do Judiciário tais violações gravíssimas, pois equivaleria a afastar o juiz de julgar ataques diretos ou indiretos aos pilares centrais do ordenamento jurídico.

STJ. REsp 1.537.530-SP, Rel. Min. Herman Benjamin, Segunda Turma, por unanimidade, julgado em 27/04/2017, DJe 27/02/2020 (Info 666)

Direito Administrativo

Leandro Bortoleto e
Luís Felipe Cirino

TABELA DE INCIDÊNCIA DE QUESTÕES

Distribuição das questões organizada por ordem didática de assuntos		
Assunto	**Número de Questões**	**Peso**
1. INTRODUÇÃO AO DIREITO ADMINISTRATIVO	5	2,36%
2. REGIME JURÍDICO ADMINISTRATIVO	14	6,60%
3. ADMINISTRAÇÃO PÚBLICA E TERCEIRO SETOR	14	6,60%
4. AGENTES PÚBLICOS: DISPOSIÇÕES CONSTITUCIONAIS	21	9,91%
5. REGIME JURÍDICO DOS SERVIDORES PÚBLICOS CIVIS FEDERAIS: LEI Nº 8.112/90	4	1,89%
6. PODERES ADMINISTRATIVOS	21	9,91%
7. ATO ADMINISTRATIVO	21	9,91%
8. PROCESSO ADMINISTRATIVO	15	7,08%
9. LICITAÇÃO E CONTRATO ADMINISTRATIVO (LEI Nº 14.133/2021)	8	3,77%
10. LICITAÇÃO E CONTRATO ADMINISTRATIVO NA LEI DAS ESTATAIS (LEI Nº 13.303/2016)	1	0,47%
11. SERVIÇOS PÚBLICOS	32	15,09%
12. BENS PÚBLICOS	6	2,83%
13. INTERVENÇÃO DO ESTADO NA PROPRIEDADE	12	5,66%
14. RESPONSABILIDADE EXTRACONTRATUAL DO ESTADO	16	7,55%
15. CONTROLE DA ADMINISTRAÇÃO PÚBLICA	10	4,72%
16. IMPROBIDADE ADMINISTRATIVA: LEI Nº 8.429/92	12	5,66%
Total	**212**	**100%**

Direito Administrativo

Leandro Bortoleto e
Luís Felipe Cirino

✦ QUESTÕES

1. INTRODUÇÃO AO DIREITO ADMINISTRATIVO

01. (Vunesp – Delegado de Polícia – PC – SP/2018) O conceito de Administração Pública possui vários sentidos, sendo correto afirmar que:

a) sob o sentido formal, a Administração Pública deve ser entendida como o conjunto de funções administrativas exercidas pelo Estado.

b) sob o sentido objetivo, entende-se como Administração Pública a estrutura orgânica do Estado, definidora do conjunto de estruturas de competências legalmente definidas.

c) sob o sentido empreendedor, a Administração Pública é o conjunto de funções administrativas exercidas pelo Estado de forma empreendedora, visando o atingimento das suas finalidades.

d) sob o sentido material, a Administração Pública deve ser entendida como a atividade administrativa exercida pelo Estado.

e) sob o sentido material, entende-se como Administração Pública o conjunto de órgãos do Estado, isto é, a estrutura estatal.

COMENTÁRIOS

✪ **Nota do autor:** a Administração Pública é conceituada como o conjunto de pessoas jurídicas, órgãos públicos e agentes públicos que realizam a atividade administrativa, consistente em serviços públicos, fomento, polícia administrativa e intervenção. Abrange, dessa forma, o sentido subjetivo, formal ou orgânico e o sentido objetivo, material ou funcional.

Alternativa "a". Sentido formal é o mesmo que sentido subjetivo ou orgânico, que diz respeito ao **conjunto de pessoas jurídicas, órgãos públicos e agentes públicos** que realizam a atividade administrativa. Aqui, o que é levado em conta é **quem** faz a atividade administrativa, quem integra a Administração Pública. Por isso, a ideia de forma, de composição orgânica, de sujeitos.

Alternativa "c". A atividade administrativa é entendida como sentido objetivo, material ou funcional da Administração Pública, não havendo que se falar em atividade empreendedora.

Alternativa "d". (responde às alternativas "b" e "e") Sentido **objetivo** é o mesmo que sentido **material** ou **funcional**. Refere-se à Administração Pública como **atividade destinada a satisfazer as necessidades coletivas; é a atividade administrativa**. A ênfase, nesse sentido, é para a atividade, para **o que é desempenhado**. O que importa aqui é a função, o conteúdo da atividade e não quem a executa.

Alternativa correta: letra "d".

02. (Cespe – Delegado de Polícia – PE/2016) Considerando os princípios e fundamentos teóricos do direito administrativo, assinale a opção correta.

a) As empresas públicas e as sociedades de economia mista, se constituídas como pessoa jurídica de direito privado, não integram a administração indireta.

b) Desconcentração é a distribuição de competências de uma pessoa física ou jurídica para outra, ao passo que descentralização é a distribuição de competências dentro de uma mesma pessoa jurídica, em razão da sua organização hierárquica.

c) Em decorrência do princípio da legalidade, é lícito que o poder público faça tudo o que não estiver expressamente proibido pela lei.

d) A administração pública, em sentido estrito e subjetivo, compreende as pessoas jurídicas, os órgãos e os agentes públicos que exerçam função administrativa.

e) No Brasil, por não existir o modelo da dualidade de jurisdição do sistema francês, o ingresso de ação judicial no Poder Judiciário para questionar ato do poder público é condicionado ao prévio exaurimento da instância administrativa.

COMENTÁRIOS

✪ **Nota do autor:** o regime jurídico administrativo é o **conjunto de princípios** que atribui à Administração Pública, em um extremo, **prerrogativas** e, no outro, **sujeições**. Dentre os diversos princípios que o compõem, há dois que são considerados **pedras angulares** ou **pedras de toque**[1] do direito administrativo, quais sejam, o princípio da **supremacia do interesse público** e o princípio da **indisponibilidade do interesse público.**

Alternativa "a". As empresas públicas e sociedades de economia mista são, necessariamente, pessoas jurídicas de **direito privado** e integram a **Administração Pública Indireta.**

Alternativa "b". Descentralização é a distribuição de competências de uma pessoa física ou jurídica para outra (**distribuição externa de competências**), ao passo que **desconcentração** é a distribuição de competências dentro de uma mesma pessoa jurídica, em razão da sua organização hierárquica (**distribuição interna de competências**).

Alternativa "c". O princípio da **legalidade** é aquele que, de maneira mais íntima, representa o Estado de Direito, revelando a supremacia da lei e, dessa maneira, constitui-se importantíssima forma de tutela dos direitos fundamentais. O **princípio da legalidade** não apresenta conteúdo idêntico para o particular e para a Administração Pública. Para esta, significa que **a atuação administrativa deve se dar em conformidade com a lei, com o direito**. Assim, ao administrador somente é permitido agir de acordo com a lei, não vigorando a autonomia da vontade, prevalente na esfera privada, em que o particular não é obrigado senão em virtude de lei. São esses os dois principais aspectos do princípio da legalidade: seguir a lei e não contrariar a lei. Como bem ressalta Thiago Marrara, são as regras da **"reserva legal"** e da **"supremacia da lei"** e pode ser sintetizado, respectivamente, nas expressões **"nada sem lei"** e **"nada contra a lei"**[2].

Alternativa "d". A Administração Pública em sentido amplo engloba a atividade política e a atividade administrativa, incluindo tanto os órgãos governamentais quanto os órgãos administrativos. Já em sentido estrito, corresponde, exclusivamente, à função administrativa exercida pelos órgãos administrativos. No sentido estrito, a Administração Pública pode ser subdividida em: a)sentido subjetivo, formal ou orgânico, pelo qual diz respeito ao conjunto de pessoas jurídicas, órgãos públicos e agentes públicos que realizam a atividade administrativa, isto é, leva-se em conta quem faz a atividade administrativa, quem integra a Administração Pública; b) sentido objetivo, material ou funcional, que diz respeito à atividade destinada a satisfazer as necessidades coletivas, ou seja, a atividade administrativa, que compreende o serviço público, a polícia administrativa, o fomento e a intervenção. Nesse sentido, a relevância é dada à função, ao conteúdo da atividade e não quem a executa, ou seja, interessa o que é realizado.

Alternativa "e". De fato, no Brasil, vigora o sistema da **unicidade jurisdicional**, diferentemente do que ocorre na França, que conta com uma justiça administrativa especializada e outra justiça comum. Todavia, no Brasil, não é necessário o exaurimento da via administrativa para aceder ao Judiciário, salvo em situações excepcionais, como a do art. 217, § 1º, da Constituição Federal, que destaca que "o Poder Judiciário só admitirá ações relativas à disciplina e às competições desportivas após esgotarem-se as instâncias da justiça desportiva, regulada em lei".

Alternativa correta: letra "d".

03. (ACAFE - Delegado de Polícia - SC/2014) Considere a definição de Direito Administrativo e assinale a alternativa correta.

a) É o conjunto dos princípios jurídicos de direito público que tratam da Administração Pública, suas entidades, órgãos e agentes públicos.

b) É o conjunto dos princípios jurídicos de direito público que têm como estudo o Serviço Público.

c) É o conjunto dos princípios jurídicos de direito público que regem as relações jurídicas entre órgãos do Estado.

d) É o conjunto dos princípios jurídicos de direito público e privado que tratam da Administração Pública, suas entidades, órgãos e agentes públicos.

e) É o conjunto dos princípios jurídicos de direito público e privado que têm como estudo os atos do Poder Executivo.

COMENTÁRIOS

Alternativa "a" (responde as demais alternativas). Na clássica lição de Hely Lopes Meirelles, o Direito Administrativo pode ser definido como "o conjunto de princípios jurídicos que regem os órgãos, os agentes e as atividades públicas tendentes a realizar, concreta, direta e imediatamente, os fins desejados pelo Estado"[3].

Alternativa "b". A **atividade administrativa** engloba, para além do serviço público, o exercício do poder de polícia, as atividades de fomento, dentre tantas outras.

Alternativa "c". Os **princípios da Administração Pública** não se restringem à Administração Pública

1. MELLO, Celso Antônio Bandeira de. *Curso de direito administrativo*. 27. ed. São Paulo: Malheiros, 2010. p. 55 e 57.
2. As fontes do direito administrativo e o princípio da legalidade. In: DI PIETRO, Maria Sylvia Zanella; RIBEIRO, Carlos Vinicius Alves (coord.). *Supremacia do interesse público e outros temas relevantes do direito administrativo*. São Paulo: Altas, 2010. p. 232.
3. MEIRELLES, Hely Lopes. *Direito administrativo brasileiro*. 36. ed. São Paulo: Malheiros, 2010. p. 17.

Direta e a seus órgãos, sendo, ainda, de imperiosa observância pelas **pessoas administrativas**, integrantes da **Administração Pública Indireta.**

Alternativas "d" e "e". O Direito Administrativo é responsável por instituir o regime de direito público e, não obstante existam pessoas de direito privado na administração indireta, as normas de direito privado que podem ser a elas aplicadas não são estabelecidas pelo Direito Administrativo.

Alternativa correta: letra "a".

04. (Vunesp - Delegado de Polícia - SP/2014) O conceito de Direito Administrativo é peculiar e sintetiza-se no conjunto harmônico de princípios jurídicos que regem os órgãos, os agentes e as atividades públicas tendentes a realizar concreta, direta e imediatamente os fins desejados pelo Estado. A par disso, é fonte primária do Direito Administrativo

a) a jurisprudência.

b) os costumes.

c) os princípios gerais de direito.

d) a lei, em sentido amplo.

e) a doutrina.

COMENTÁRIOS

✪ **Nota do autor:** no senso comum, a palavra fonte representa a ideia de origem, de nascedouro. E, no direito, não é diferente, pois **são das fontes jurídicas que surgem, emanam as normas jurídicas**. São as "formas que o revelam"[4].

Alternativa "a" (responde as alternativas "b", "c" e "e"). A **doutrina**, a **jurisprudência** e os **princípios gerais do direito** são considerados **fontes secundárias do Direito Administrativo**. Quanto ao **costume**, é forte a corrente que nega sua condição de fonte do direito administrativo; assim, de maneira objetiva, para as provas de concurso, é necessário lembrar que o costume **para uma parte da doutrina é fonte e para outra parte não é**.

Alternativa "d". Como é inerente a um Estado de Direito, a **principal fonte normativa é a lei**. Todavia, aqui lei deve ser compreendida no **sentido amplo**, abrangendo **todos os atos legislativos e não somente a lei em sentido estrito**. São as chamadas **fontes primárias**.

Alternativa correta: letra "d".

05. (Vunesp - Delegado de Polícia - SP/2014) A Administração Pública, em sentido

a) objetivo, material ou funcional, designa os entes que exercem a atividade administrativa.

b) amplo, objetivamente considerada, compreende a função política e a função administrativa.

c) estrito, subjetivamente considerada, compreende tanto os órgãos governamentais, supremos, constitucionais, como também os órgãos administrativos, subordinados e dependentes, aos quais incumbe executar os planos governamentais.

d) estrito, objetivamente considerada, compreende a função política e a função administrativa.

e) subjetivo, formal ou orgânico, compreende a própria função administrativa que incumbe, predominantemente, ao Poder Executivo.

COMENTÁRIOS

Alternativa "b" (responde as demais alternativas). A Administração Pública pode ser vista em vários sentidos, destacando-se em sentido amplo e estrito e em sentido subjetivo ou objetivo[5]: a) Administração Pública **em sentido amplo** engloba a **atividade política e a atividade administrativa**, incluindo tanto os órgãos governamentais quanto os órgãos administrativos, destinados à execução dos planos de governo; b) Administração Pública **em sentido estrito** corresponde exclusivamente à **função administrativa** exercida pelos órgãos administrativos. A Administração pode, ainda, ser analisada no sentido objetivo, material ou funcional e no sentido subjetivo, formal ou orgânico: a) **sentido subjetivo, formal ou orgânico**: diz respeito ao **conjunto de pessoas jurídicas, órgãos públicos e agentes públicos** que realizam a atividade administrativa; quem integra a Administração Pública; b) **sentido objetivo, material ou funcional**: refere-se à Administração Pública como **atividade destinada a satisfazer as necessidades coletivas; é a atividade administrativa**.

Alternativa correta: letra "b".

2. REGIME JURÍDICO ADMINISTRATIVO

- CF, art. 37, *caput*
- Lei nº 9.784/99, art. 2º

06. (FGV - Delegado de Polícia - PC - SC/2024) Ao estudar o controle jurisdicional da atividade administrativa na modernidade, Celeste verificou que a perspectiva pragmática apresenta peculiaridades marcantes, cujo debate tem se intensificado no âmbito do direito administrativo notadamente após as alterações promovidas pela Lei nº 13.655/2018 no Decreto-Lei nº 4.657/42 (LINDB).

Nesse contexto, considerando a doutrina e a jurisprudência do Supremo Tribunal Federal acerca do tema,

4. MELLO, Oswaldo Aranha Bandeira de. *Princípios gerais de direito administrativo*. 3 ed. São Paulo: Malheiros, 2007. v. 1. p. 219.

5. DI PIETRO, Maria Sylvia Zanella. *Direito administrativo*. 36 ed. São Paulo: Malheiros, 2010. p. 64.

é correto apontar os seguintes eixos ou axiomas da perspectiva pragmática:

a) contextualismo, anticonsequencialismo, relativismo.
b) consequencialismo, relativismo e fundacionismo.
c) antifundacionismo, contextualismo e consequencialismo.
d) relativismo, consequencialismo e anticontextualismo.
e) anticontextualismo, anticonsequencialismo, antifundacionismo.

COMENTÁRIO

✪ **Nota do Autor:** O Decreto-Lei nº 4.657/1942 (Lei de Introdução às Normas do Direito Brasileiro) passou por recentes modificações que alteraram substancialmente a interpretação do Direito Administrativo no ordenamento jurídico pátrio.

Alternativa "c" (responde as demais alternativas). Recentemente, no julgamento da AO nº 1.773, o Supremo Tribunal Federal, ao tratar da atuação do Poder Judiciário, destacou que esta deve ser informada por três axiomas: o antifundacionalismo, o contextualismo e o consequencialismo. Neste sentido, ao explicar o antifundacionalismo, o Relator destacou que "(...) o Direito não é um fim em si mesmo, mas um processo dinâmico com finalidades sociais. Destarte, as decisões judiciais devem ser avaliadas relativamente à sua potencialidade de resolver e pacificar conflitos reais, fortalecendo relações jurídicas outrora estremecidas, maximizando a normatividade do ordenamento jurídico e promovendo o bem-estar social, sem que o magistrado possa se descuidar dos limites de sua própria função". Com relação ao contextualismo, "(...) o exercício da jurisdição é contextual. A Constituição é um documento vivo, em constante processo de significação e de ressignificação, cujo conteúdo se concretiza a partir das valorações atribuídas pela cultura política a que ela pretende ser responsiva. Por sua vez, tais valorações são mutáveis, consoante as circunstâncias políticas, sociais e econômicas, o que repercute diretamente no modo como o juiz traduz os conflitos do plano prático para o plano jurídico, e vice-versa". Enfim, quanto ao consequencialismo, "(...) decisões judiciais geram impactos macrossistêmicos que repercutem em um ambiente político e econômico altamente disfuncional e fragmentado, promovendo incentivos e desincentivos variados aos atores sociais e às instituições, tanto em relação àquilo que se vê, como àquilo que não se enxerga. As eventuais respostas dos players aos comandos judiciais se consubstanciam em elemento de convicção essencial para o alcance do ponto ótimo da intervenção judicial no mundo fenomênico, em cada caso concreto".

Alternativa correta: letra "c".

---

07. (FGV – Delegado de Polícia – PC – SC/2024) Imagine que logo após ser investido no cargo de delegado de polícia de certo Estado da federação, Dionísio tome conhecimento de que há uma determinação do órgão superior local no sentido de que todos os documentos constantes dos processos administrativos e inquéritos policiais existentes no respectivo sistema de informação sejam dotados de sigilo, restringindo, assim, de forma ampla e geral, o acesso público a quaisquer de tais informações.

À luz das normas atinentes ao acesso às informações no ordenamento pátrio, Dionísio concluiu corretamente que tal determinação

a) mostra-se adequada para fins de preservar genericamente a privacidade e a intimidade daqueles que constem dos processos administrativos e inquéritos policiais.
b) não é viável, considerando que a imposição de sigilo não pode ser genérica, devendo ser objetivamente justificada, em cada caso, à luz dos parâmetros constitucionais.
c) revela-se legítima, considerando que todos os dados constantes de processos administrativos e inquéritos no âmbito policial são imprescindíveis para a segurança da sociedade.
d) é flagrantemente inconstitucional, na medida em que não é possível a imposição de sigilo de tais dados em nenhuma situação.
e) pode ser considerada válida, mediante melhor delimitação da hipótese de sigilo, cuja determinação não depende, contudo, de motivação que seja concreta, objetiva, específica e formal.

COMENTÁRIO

Alternativa "b" (responde as demais alternativas). Pelo **princípio da publicidade,** previsto no art. 37, *caput,* da Constituição Federal, a **atuação administrativa não pode ser secreta**. Ao contrário, deve ser transparente para que, assim, o titular do poder – que é o povo – possa verificar se, realmente, a conduta do administrador estava pautada no interesse público. A **regra**, portanto, é que todo ato administrativo deve ser publicado, exceto quando, nos termos do art. 5º, XXXIII, da Constituição Federal, o "sigilo seja imprescindível à segurança da sociedade e do Estado". Neste mesmo diapasão, o art. 3º, I, da Lei nº 12.527/2011 (Lei de Acesso à Informação) preconiza, como diretriz, a "observância da publicidade como preceito geral e do sigilo como exceção" e, assim toda e qualquer limitação às informações é **excepcional** e deve ser objetivamente justificada. Inclusive, na ADPF 872, o STF enfrentou situação em que houve a edição de ato administrativo determinando que todos os processos do Sistema Eletrônico de Informações da Polícia Federal fossem cadastrados com nível de acesso restrito e reconheceu a nulidade dessa medida, fixando a seguinte tese: "O ato de qualquer dos poderes públicos restritivo de publicidade deve ser motivado de forma concreta, objetiva, específica e formal, sendo nulos os atos públicos que imponham, genericamente e sem fundamentação válida, restrição ao direito fundamental à informação".

Alternativa correta: letra "b".

08. (CEBRASPE – Delegado de Polícia – PC – PE/2024) A prerrogativa da administração pública de invalidar atos administrativos ilegítimos e revogar atos administrativos inoportunos caracteriza a aplicação do princípio administrativo da

a) supremacia do interesse público.
b) indisponibilidade.
c) continuidade.
d) autotutela.
e) finalidade.

COMENTÁRIO

Alternativa "a" (responde a alternativa "b"). De acordo com o princípio da indisponibilidade do interesse público, o administrador público não pode renunciar ao interesse público porque é indisponível.. Por outro lado, pelo princípio da **supremacia do interesse público, havendo conflito entre o interesse público e o privado, aquele deverá prevalecer.** É o princípio que **confere autoridade à atuação administrativa.** Assim, ambos os princípios não se equivalem, a despeito de serem as **pedras angulares** do Direito Administrativo.

Alternativa "c". O **princípio da continuidade** aplica-se aos serviços públicos e está previsto na Lei nº 8.987/95, mas não é aplicável a todas as diferentes áreas da Administração Pública.

Alternativa "d". Pelo **princípio da autotutela**, a Administração Pública analisa se os atos administrativos já praticados estão em conformidade com a legalidade ou se continuam convenientes e oportunos e, caso verificada a incompatibilidade, anulará o ato, quando possuir vício de legalidade, ou o revogará, quando se tornar inconveniente ou inoportuno diante do interesse público.

Alternativa "e". O princípio da impessoalidade pode ser analisado quanto aos administrados e quanto à Administração. No primeiro sentido, representa a obrigatoriedade de a atuação administrativa ser conduzida sempre em busca da finalidade pública e, por isso, o princípio da impessoalidade, nesse sentido, **também é conhecido como princípio da finalidade**, conforme Hely Lopes Meirelles[6]. No outro aspecto, a Administração Pública deve ser impessoal em relação a ela mesma. Assim, por exemplo, quando um ato é praticado por um agente público, na verdade, quem o faz é a pessoa jurídica, à qual pertence o órgão em que o servidor está lotado. Ainda nesse sentido, há a proibição, constante do art. 37, § 1º, da Constituição Federal, de que ocorra menção a nomes, símbolos ou imagens que caracterizem promoção pessoal.

Alternativa correta: letra "d".

6 *Direito administrativo brasileiro.* 36. ed.São Paulo: Malheiros, 2010. p. 93.

09. (VUNESP – Delegado de Polícia – PC – SP/2023) Com base na Lei nº 14.129/2021, que trata dos princípios, regras e instrumentos para o Governo Digital e para o aumento da eficiência pública, assinale a alternativa correta.

a) Os órgãos públicos poderão realizar todas as comunicações, as notificações e as intimações por meio eletrônico, sendo dispensada a concordância do usuário.
b) Caso opte por receber comunicações eletrônicas, o administrado somente poderá optar pelo fim de seu uso por meio de pedido devidamente fundamentado.
c) As regras definidas na Lei serão aplicáveis aos Estados e Municípios caso estes adotem os seus comandos por meio de atos normativos próprios.
d) Presumem-se autênticos, independentemente de assinatura eletrônica, os documentos apresentados por usuários dos serviços ofertados por meios digitais.
e) Para os efeitos da Lei, consideram-se dados abertos a base de dados que contém as informações necessárias sobre a oferta de serviços públicos de todos os prestadores desses serviços.

COMENTÁRIO

✪ **Nota do Autor:** A Lei nº 14.129/2021 dispõe sobre princípios, regras e instrumentos para o aumento da eficiência da administração pública, especialmente por meio da desburocratização, da inovação, da transformação digital e da participação do cidadão.

Alternativa "a". O art. 42, *caput*, da Lei estabelece que os órgãos e entidades, "(...) **mediante opção do usuário**, poderão realizar todas as comunicações, as notificações e as intimações por meio eletrônico".

Alternativa "b". O §2º do mesmo art. 42 fixa que "o administrado poderá, a qualquer momento e independentemente de fundamentação, optar pelo fim das comunicações, das notificações e das intimações por meio eletrônico".

Alternativa "c". De acordo com o que estabelece o art. 2º, III, da Lei, a Lei aplica-se às administrações diretas e indiretas dos demais entes federados, **desde que adotem os comandos desta Lei por meio de atos normativos próprios**.

Alternativa "d". Na exata forma do art. 26, *caput*, da Lei, "presume-se a autenticidade de documentos apresentados por usuários dos serviços públicos ofertados por meios digitais, desde que o envio seja assinado eletronicamente".

Alternativa "e". Para os efeitos da Lei, considera-se **base nacional de serviços públicos** a base de dados que contém as informações necessárias sobre a oferta de serviços públicos de todos os prestadores desses serviços (art. 4º, III, da Lei).

Alternativa correta: letra "c".

10. (VUNESP – Delegado de Polícia – PC – SP/2023) As informações cuja divulgação ou acesso irrestrito possam comprometer atividades de inteligência, bem como de investigação em andamento, relacionada com a prevenção ou repressão de infrações, segundo a Lei nº 12.527/2011:

a) terão seu acesso restrito, independentemente de classificação de sigilo, pelo prazo de 100 (cem) anos, a contar da data do início da atividade de inteligência ou de investigação.

b) serão classificadas como reservadas e ficarão sob sigilo até a conclusão da atividade de inteligência ou de investigação.

c) serão classificadas como reservadas e somente serão divulgadas a terceiros após o transcurso do prazo previsto no ato de classificação.

d) podem ser classificadas como ultrassecreta, com prazo de restrição a essas informações pelo prazo de 25 (vinte e cinco) anos.

e) somente poderão ser consideradas imprescindíveis à segurança do Estado ou da sociedade se estiverem relacionadas à repressão ou prevenção de infrações penais.

COMENTÁRIO

Alternativa "a". O acesso restrito pelo prazo máximo de 100 (cem) anos refere-se à intimidade, vida privada, honra e imagem das pessoas, nos termos do art. 31, §1º, I, da Lei.

Alternativa "d" (responde as alternativas "b", "c" e "e"). Nos termos do art. 23, VIII, da Lei nº 12.527/2011, são consideradas imprescindíveis à segurança da sociedade ou do Estado e, portanto, passíveis de classificação as informações cuja divulgação ou acesso irrestrito possam comprometer atividades de inteligência, bem como de investigação ou fiscalização em andamento, relacionadas com a prevenção ou repressão de infrações. Neste sentido, o art. 24, §1º, da Lei, estabelece os prazos máximos de restrição de acesso à informação: I – ultrassecreta: 25 (vinte e cinco) anos; II – secreta: 15 (quinze) anos; e III – reservada: 5 (cinco) anos. Vale destacar que o §3º, do mesmo dispositivo, estabelece que alternativamente aos mencionados prazos, "(...) poderá ser estabelecida como termo final de restrição de acesso a ocorrência de determinado evento, desde que este ocorra antes do transcurso do prazo máximo de classificação".

Alternativa correta: letra "d".

11. (Cespe – Delegado de Polícia – PC – RJ/2022) Os princípios constitucionais do direito administrativo

a) podem ser aplicados diretamente pelo gestor público, mas não em sentido contrário à lei (contra legem), ainda que o interesse público aponte neste sentido.

b) podem justificar decisões administrativas sem a intermediação da lei, tal como aconteceu com a interpretação feita pelo Conselho Nacional de Justiça acerca de nepotismo.

c) são enumerados taxativamente no caput do art. 37 da CF, que define seus limites e possibilidades.

d) não se limitam à lista do art. 37 da CF, embora impliquem, ontologicamente, comandos genéricos incapazes de vincular positivamente a ação administrativa.

e) são imponderáveis, porquanto enunciam máximas fundamentais para a compreensão do direito administrativo.

COMENTÁRIO

Alternativa "a". O **princípio da legalidade** não apresenta conteúdo idêntico para o particular e para a Administração Pública. Para esta, significa que **a atuação administrativa deve se dar em conformidade com a lei, com o direito** e, por isso, inclusive também é denominado de princípio da juridicidade. Nesse sentido, em razão da força cogente dos princípios da Administração Pública, pode ser que determinada previsão de lei em sentido estrito não seja a melhor solução em face do interesse público por contrariar, por exemplo, o princípio da moralidade, pois, por ele, a atuação administrativa além de ser legal deve ser moral, tem que estar de acordo com a **boa-fé,** com a **moral,** com a **ética,** com a **honestidade,** com a **lealdade,** com a **probidade** e, dessa forma, mesmo diante de previsão expressa de lei, caso ela seja afrontosa ao princípio da moralidade, poderá o administrador adotar providência diversa.

Alternativa "b". Os princípios constitucionais são normas e vinculam a atividade administrativa e, por isso, o STF fixou a seguinte tese de repercussão geral no RE 579.951: "A vedação ao nepotismo não exige a edição de lei formal para coibir a prática, dado que essa proibição decorre diretamente dos princípios contidos no art. 37, caput, da Constituição Federal". Exemplo disso é a Resolução nº 7/2005, do Conselho Nacional de Justiça, que trata do nepotismo no âmbito do Poder Judiciário porque materializa o princípio da moralidade, pois, à época, não havia lei específica vedando a contratação de parentes para cargos comissionados na Administração Pública, situação ainda persistente. Todavia, posteriormente, o STF aprovou a **Súmula Vinculante nº 13** e, por ela, está proibida a nomeação para cargo em comissão do **cônjuge ou companheiro e dos parentes, em linha reta, colateral e por afinidade, até o 3º grau, inclusive, da autoridade nomeante ou de servidor que já é ocupante de cargo em comissão na mesma pessoa jurídica**.

Alternativa "c" (responde a alternativa "d"). Nem todos os princípios da Administração Pública estão expressos na Constituição, ou, ainda, em outros textos legislativos. Quer dizer, há princípios que não estão expressos em nenhum ato legislativo (**princípios implícitos**) e, nem por isso, podem ser desrespeitados, isto é, correspondem a comandos genéricos capazes de vincular positivamente a ação administrativa, ainda que não previstos na Constituição Federal.

Alternativa "e". Pelo contrário, a ponderação é imprescindível, privilegiando-se, sempre, o princípio que melhor atender à observância de direitos fundamentais.

Alternativa correta: letra "b".

---

12. (Vunesp – Delegado de Polícia – PC – SP/2022) A respeito do princípio da publicidade, com base na jurisprudência recente do Supremo Tribunal Federal e na Lei de Acesso à Informação (Lei n° 12.527/11), é correto afirmar que

a) é vedada a imposição de sigilo sobre fiscalização em andamento, relacionada à repressão de infração.

b) os processos administrativos sancionadores instaurados por agências reguladoras contra concessionárias de serviço público devem permanecer em sigilo até a aplicação de eventual sanção, em função do princípio constitucional da presunção de inocência.

c) é válida a conduta de obstar a divulgação de informações sobre verbas indenizatórias recebidas por parlamentar.

d) as exceções à transparência, previstas na Lei de Acesso à Informação, devem ser interpretadas restritivamente, sob forte escrutínio do princípio da proporcionalidade.

e) é dever dos órgãos e entidades públicas promover, mediante requerimento, a divulgação em local de fácil acesso de informações de interesse coletivo ou geral por eles produzidas ou custodiadas.

COMENTÁRIO

Alternativa "a". Pelo contrário, o art. 23, VIII, da Lei nº 12.527/11, estabelece ser possível estabelecer classificação quanto às informações cuja divulgação ou acesso restrito possam "comprometer atividades de inteligência, bem como de investigação ou fiscalização em andamento, relacionadas com a prevenção ou repressão de infrações".

Alternativa "b". Os processos administrativos sancionadores instaurados por agências reguladoras contra concessionárias de serviço público não estão listados no rol do art. 23, da Lei nº 12.527/11, na medida em que, em regra, as correspondentes informações não poderão ser objeto de restrição. Neste sentido, o Supremo Tribunal Federal, no julgamento da ADI nº 5.371/DF, fixou entendimento de que os processos administrativos sancionadores instaurados por agências reguladoras contra concessionárias de serviço público devem obedecer ao princípio da publicidade durante toda a sua tramitação, ressalvados eventuais atos que se enquadrem nas hipóteses de sigilo previstas em lei e na Constituição.

Alternativa "c". De igual modo, inexiste qualquer previsão neste sentido na Lei de Acesso à Informação, de tal modo que é vedada a conduta de obstar a divulgação de informações sobre verbas indenizatórias recebidas por parlamentar.

Alternativa "d". Trata-se de Tese fixada pelo Supremo Tribunal Federal, no já mencionado julgamento da ADI nº 5.371/DF, destacando, a Corte, que regra no regime democrático instaurado pela Constituição de 1988 é a publicidade dos atos estatais, sendo o sigilo absolutamente excepcional, sendo que, nestas hipóteses, **essas exceções constitucionais, regulamentadas pelo legislador especialmente na "Lei de Acesso à Informação", devem ser interpretadas restritivamente, sob forte escrutínio do princípio da proporcionalidade.**

Alternativa "e". O art. 8º, *caput*, da Lei nº 12.527/11, estabelece que "é dever dos órgãos e entidades públicas promover, **independentemente de requerimentos**, a divulgação em local de fácil acesso, no âmbito de suas competências, de informações de interesse coletivo ou geral por eles produzidas ou custodiadas".

Alternativa correta: letra "d".

---

13. (UFPR – Delegado de Polícia – PC – PR/2021) A Súmula Vinculante n° 13, do Supremo Tribunal Federal, foi editada com vistas a coibir a prática do nepotismo na Administração Pública. Sobre o tema, assinale a alternativa correta.

a) A vedação ao nepotismo, tal qual veiculada na Súmula Vinculante n° 13 do Supremo Tribunal Federal, tem incidência sobre cargos de provimento em comissão de natureza eminentemente política, como o de Secretário Municipal.

b) Lei estadual poderá prever critérios para acessibilidade a cargos em comissão ou funções gratificadas que possibilitem a nomeação, a admissão ou a permanência de até dois parentes das autoridades nomeantes em postos na Administração Pública.

c) A prática de nepotismo não restará configurada caso a pessoa nomeada para o exercício de função comissionada possua um parente no órgão e esse parente não tenha influência hierárquica sobre a nomeação.

d) A vedação à prática do nepotismo prevista na Súmula Vinculante n° 13 não abrange as empresas estatais não dependentes, dado que estas possuem finalidade de persecução de lucro.

e) Dado que os entes federados possuem autonomia organizacional e administrativa, a Súmula Vinculante n° 13 abrange somente órgãos e entidades da esfera federal, devendo cada um desses entes federados incorporar tal súmula mediante lei, para que esta passe a ter vigência local.

COMENTÁRIOS

✪ **Nota do Autor:** O exemplo comumente apresentado como materialização do princípio da moralidade é, justamente, a **vedação ao nepotismo**, pois não há lei específica vedando a contratação de parentes para cargos comissionados na Administração Pública. Nesse sentido, o STF aprovou a **Súmula Vinculante nº 13** e, por ela, está proibida a nomeação para cargo em comissão do **cônjuge ou companheiro e dos parentes, em**

linha reta, colateral e por afinidade, até o 3º grau, inclusive, da autoridade nomeante ou de servidor que já é ocupante de cargo em comissão na mesma pessoa jurídica.

Alternativa "a". A vedação ao nepotismo **não** atinge os cargos de natureza eminentemente política como, por exemplo, de Secretário Municipal. Assim, em tese, é possível que cônjuge, companheiro e parentes até o 3º grau sejam nomeados para cargos comissionados de natureza política. Entretanto, é importante registrar que, segundo o STF, tal exceção não é absoluta, ou seja, o entendimento de que a Súmula Vinculante nº 13 não é aplicável quando se tratar de nomeação para cargo em comissão de natureza política não se aplica no caso de nomeação de parente para o cargo em comissão com a manifesta intenção de fraudar a lei como ocorre, por exemplo, nas hipóteses de nomeação decorrente de "comprovada troca de favores ou de evidente inaptidão do nomeado para seu exercício", conforme decidido no RE 825.862 .

Alternativa "b". O conteúdo da alternativa afronta, expressamente, o conteúdo da Súmula Vinculante nº 13, de tal modo que não é possível à lei, federal, estadual ou municipal, que preveja critérios para acessibilidade a cargos em comissão ou funções gratificadas que possibilitem a nomeação, a admissão ou a permanência de até dois parentes das autoridades nomeantes em postos na Administração Pública.

Alternativa "c". De fato, à luz da Rcl nº 18564, julgada pelo Supremo Tribunal Federal, não há que se falar em nepotismo se a pessoa nomeada possui parente no órgão, mas sem influência hierárquica sobre a nomeação. Neste sentido, "(...) Em sede reclamatória, com fundamento na SV nº 13, é imprescindível a perquirição de projeção funcional ou hierárquica do agente político ou do servidor público de referência no processo de seleção para fins de configuração objetiva de nepotismo na contratação de pessoa com relação de parentesco com ocupante de cargo de direção, chefia ou assessoramento no mesmo órgão, salvo ajuste mediante designações recíprocas".

Alternativa "d" (responde a alternativa "e"). A vedação ao nepotismo, por expressar aplicabilidade do princípio da **moralidade administrativa**, aplica-se a toda a Administração Pública, direta e indireta – incluindo, portanto, as empresas estatais -, em todos os âmbitos dos entes federativos.

Alternativa correta: letra "c".

---

14. (Inst. Acesso – Delegado de Polícia – PC – ES/2019) A administração pública, no Brasil, é regida por uma série de princípios. Tendo em vista a natureza jurídica destes princípios, leia as afirmativas a seguir.

I. Legalidade, publicidade, impessoalidade, moralidade e eficiência são classificadas, pela doutrina, como princípios expressos da administração pública por possuírem previsão normativa inserta no texto da Constituição da República Federativa do Brasil de 1988 com aplicação direta ao campo do direito administrativo.
II. O princípio da eficiência da administração se aplica ao servidor, para efeito de sua aptidão ao cargo, durante o estágio probatório e ao logo do exercício de sua vida funcional.
III. Campanhas ou informes de órgãos públicos que apresentem slogans de promoção pessoal do agente público violam diretamente o princípio constitucional da moralidade administrativa.
IV. A supremacia do interesse público é considerada, pela doutrina, como um princípio implícito da administração pública
V. Um princípio é considerado implícito ao direito administrativo em razão de este ser aplicável ao campo da administração pública, ainda que tal princípio seja próprio a um outro campo do direito.

Marque a alternativa correta:

a) Todas as afirmativas estão corretas, à exceção da III.
b) Todas as afirmativas estão corretas, à exceção da I.
c) Todas as afirmativas estão corretas, à exceção da V.
d) Todas as afirmativas estão corretas, à exceção da IV.
e) Todas as afirmativas estão corretas, à exceção da II.

COMENTÁRIOS

✪ **Nota do Autor:** O regime jurídico administrativo é o **conjunto de princípios** que atribui à Administração Pública, em um extremo, **prerrogativas** e, no outro, **sujeições**.

Item I. A Constituição de 1988 inovou ao fazer expressa menção a alguns princípios a que se submete a Administração Pública direta e indireta, a saber, os princípios da **legalidade**, da **impessoalidade**, da **moralidade administrativa**, da **publicidade** e **eficiência** (art. 37, *caput*). É o conhecido LIMPE.

Item II. O **princípio da eficiência** foi expressamente incluído no texto constitucional por força da Emenda Constitucional nº 19/98 e, por ele, o agente público deve executar sua atividade de maneira a **buscar o melhor resultado possível** e a Administração Pública deve ser organizada para que se alcance a finalidade pública da forma mais efetiva possível. Uma manifestação desse princípio é, no próprio texto constitucional, o art. 41, § 1º, III, ao prever que o servidor, mesmo estável, pode perder o cargo se não for aprovado em procedimento de avaliação periódica de desempenho, nos termos de lei complementar.

Item III. Campanhas ou informes de órgãos públicos que apresentem *slogans* de promoção pessoal do agente público violam diretamente o **princípio constitucional da impessoalidade**. O **princípio da impessoalidade** deve ser visto sob dois aspectos: em relação ao administrado e em relação à própria Administração. Ser impessoal em relação à própria Administração significa que **não é o agente público, enquanto pessoa física, que pratica o ato administrativo, pois, na verdade,**

quem o faz é a pessoa jurídica à qual pertence o órgão em que o servidor está lotado.

Item IV. Na construção doutrinária do regime jurídico administrativo, são considerados princípios basilares o da supremacia do interesse público e o da indisponibilidade do interesse público, dos quais decorrem os demais. São as chamadas **pedras angulares** ou **pedras de toque**[7] do direito administrativo. Ambos consistem em princípios implícitos da Administração Pública.

Item V. Nem todos os princípios da Administração Pública estão expressos na Constituição, ou, ainda, em outros textos legislativos. Quer dizer, há princípios que não estão expressos em nenhum ato legislativo (**princípios implícitos**) e, nem por isso, podem ser desrespeitados.

Alternativa correta: letra "a" (responde as demais alternativas). À exceção do item III, todas as afirmativas estão corretas.

---

15. (Fumarc - Delegado de Polícia - PC - MG/2018) Sobre os princípios da Administração Pública, é CORRETO afirmar que:

a) a efetivação de pagamento de precatório em desobediência à ordem cronológica traduz violação ao princípio da impessoalidade, à luz do qual é vedada a atuação administrativa dissociada da moral, dos princípios éticos, da boa-fé e da lealdade.

b) em consonância com o princípio da legalidade, estatuído no artigo 37, caput, da CR/88, a Administração Pública pode fazer tudo o que a lei não proíbe.

c) não são oponíveis às Sociedades de Economia Mista, haja vista que essas sociedades são regidas pelo regime de direito privado.

d) o princípio da supremacia do interesse público não se radica em dispositivo específico da CR/88, ainda que inúmeros aludam ou impliquem manifestações concretas dele.

COMENTÁRIOS

✪ **Nota do autor:** O regime jurídico administrativo é o **conjunto de princípios** que atribuem à Administração Pública, em um extremo, **prerrogativas** e, no outro, **sujeições**. Dentre os que diversos princípios que o compõem, há dois que são considerados **pedras angulares** ou **pedras de toque**[8] do direito administrativo, quais sejam, o princípio da **supremacia do interesse público** e o princípio da **indisponibilidade do interesse público.**

Alternativa "a": É o **princípio da moralidade** que impõe a atuação administrativa aliada à moral, aos princípios éticos, à boa-fé e à lealdade. Pelo **princípio da impessoalidade**, a atuação da Administração Pública deve ser impessoal, tanto em relação ao administrado quanto em relação a ela própria.

Alternativa "b": O **princípio da legalidade** não apresenta conteúdo idêntico para o particular e para a Administração Pública. Para esta, significa que **a atuação administrativa deve se dar em conformidade com a lei, com o direito**. Assim, ao administrador somente é permitido agir de acordo com a lei, não vigorando a autonomia da vontade, prevalente na esfera privada, em que o particular não é obrigado senão em virtude de lei. São esses os dois principais aspectos do princípio da legalidade: seguir a lei e não contrariar a lei. Como bem ressalta Thiago Marrara, são as regras da **"reserva legal"** e da **"supremacia da lei"** e podem ser sintetizados, respectivamente, nas expressões **"nada sem lei"** e **"nada contra a lei"**[9].

Alternativa "c": Os princípios da Administração Pública aplicam-se a toda Administração Pública, direta e indireta, de tal modo que sendo as sociedades de economia mista pessoas administrativas, a elas impõe-se a observância do preceituado no art. 37, da Constituição Federal, e demais diplomas.

Alternativa "d": Pelo princípio da **supremacia do interesse público, havendo conflito entre o interesse público e o privado, aquele deverá prevalecer.** É o princípio que **confere autoridade à atuação administrativa.** Trata-se de um **princípio implícito**, que, a despeito de muito importante, não consta expresso em nenhum ato legislativo.

Alternativa correta: letra "d".

---

16. (Fundatec - Delegado de Polícia - PC - RS/2018) Sobre os princípios da Administração Pública, analise as seguintes assertivas:

I. A prisão em flagrante delito de um indivíduo, sob o enfoque de não depender de prévia manifestação do poder judiciário, é uma manifestação concreta do princípio da autotutela administrativa.

II. O uso moderado e progressivo da força, modulador da ação policial, encontra fundamento no princípio da proporcionalidade, que tem por objetivo evitar que a atividade coercitiva do Estado seja exercida em intensidade superior à estritamente necessária para restabelecer a ordem e a segurança pública.

III. No âmbito administrativo, o acesso à informação, por se tratar de um direito público subjetivo de envergadura constitucional, derivado do princípio da publicidade e da transparência, não comporta sigilo como exceção.

IV. A utilização, por parte do servidor público, para fins privados, de um bem regularmente apreendido no âmbito de uma investigação criminal caracte-

---

7 MELLO, Celso Antônio Bandeira de. *Curso de direito administrativo*. 27. ed. São Paulo: Malheiros, 2010. p. 55 e 57.

8. MELLO, Celso Antônio Bandeira de. *Curso de direito administrativo*. 27. ed. São Paulo: Malheiros, 2010. p. 55 e 57.

9. As fontes do direito administrativo e o princípio da legalidade. In: DI PIETRO, Maria Sylvia Zanella; RIBEIRO, Carlos Vinicius Alves (coord.). *Supremacia do interesse público e outros temas relevantes do direito administrativo*. São Paulo: Altas, 2010. p. 232.

riza violação ao princípio da impessoalidade, sob o enfoque da finalidade, impondo o enquadramento de tal conduta em ato de improbidade administrativa.

Quais estão corretas?

a) Apenas I.
b) Apenas I e II.
c) Apenas II e IV.
d) Apenas III e IV.
e) Apenas II, III e IV.

COMENTÁRIOS

Item I. Pelo **princípio da autotutela**, a Administração Pública analisa se os atos administrativos já praticados estão em conformidade com a legalidade ou se continuam convenientes e oportunos e, caso verificada a incompatibilidade, anulará o ato, quando possuir vício de legalidade, ou o revogará, quando se tornar inconveniente ou inoportuno diante do interesse público. Há, inclusive, no Supremo Tribunal Federal, as Súmulas 346 ("A Administração Pública pode declarar a nulidade dos seus próprios atos") e 473 ("A Administração pode anular seus próprios atos quando eivados de vícios que os tornem ilegais, porque deles não se originam direitos; ou revogá-los, por motivo de conveniência ou oportunidade, respeitados os direitos adquiridos, e ressalvada, em todos os casos, a apreciação judicial"). A prisão em flagrante se trata de exemplo do princípio da autoexecutoriedade.

Item II. Há certos doutrinadores que confundem o **princípio da proporcionalidade** com o princípio da **razoabilidade**, muito embora este último possa ser denominado **princípio da proporcionalidade ampla**. O princípio da **proporcionalidade ampla** ou **razoabilidade** não está expresso na Constituição Federal, mas, de acordo com o STF, é **decorrência do princípio do devido processo legal, além de estar positivado na Lei nº 9.784/1999.** Razoável significa ser comedido, moderado, aceitável, sensato, ponderado; assim, decorre do princípio da razoabilidade ou da **proporcionalidade em sentido amplo** o imperativo de que **devem ser adequados os meios utilizados pela Administração Pública para consecução de seus fins.**

Item III. Pelo princípio da **publicidade**, a **atuação administrativa** não pode ser secreta. Ao contrário, deve ser **transparente** para que, assim, o titular do poder – que é o povo – possa verificar se, realmente, a conduta do administrador estava pautada no interesse público. A regra é que todo ato administrativo deve ser publicado, exceto quando, nos termos do art. 5º, XXXIII, da CF, o "sigilo seja imprescindível à segurança da sociedade e do Estado".

Item IV. O **princípio da impessoalidade** deve ser visto sob dois aspectos: em **relação ao administrado** e em **relação à própria Administração.** No que se refere ao administrado, a impessoalidade se faz presente na **busca pela finalidade pública** e nunca de interesse particular. No outro sentido – em relação à própria Administração – significa que não é o agente público, enquanto pessoa física, que pratica o ato administrativo, pois, na verdade, quem o faz é a pessoa jurídica à qual pertence o órgão em que o servidor está lotado.

Alternativa correta: letra "c". Estão corretos os itens II e IV.

---

17. (Vunesp – Delegado de Polícia – PC – SP/2018) Os princípios administrativos podem ser utilizados para fins de controle de constitucionalidade dos atos administrativos pelo Poder Judiciário, sendo o que se observa na alternativa a seguir:

a) a nomeação de cônjuge da autoridade nomeante para o exercício de cargo em comissão ou de confiança na Administração Pública do Estado viola a Constituição Federal.
b) o ato administrativo eivado de ilegalidade deverá ser revogado pelo administrador público, em obediência ao princípio administrativo da discricionariedade.
c) ao titular do cargo de procurador de autarquia exige-se a apresentação de instrumento de mandato para representá-la em juízo.
d) não é possível a autotutela sobre os atos administrativos após a sua impugnação no Poder Judiciário.
e) o princípio da pessoalidade é corolário da isonomia e da legalidade, sendo centrais à ação administrativa.

COMENTÁRIOS

✪ **Nota do autor:** Hoje, os princípios são"[...] **o fundamento de regras jurídicas e têm uma idoneidade irradiante que lhes permite <ligar> ou cimentar objectivamente todo o sistema constitucional**"[10]. Não são mais vistos, apenas, como repositório de valores, mas, na verdade, **são normas** e, assim, **dizem o que deve ser**. Isso implica que a interpretação jurídica deve ser feita a partir dos princípios constitucionais para os demais atos normativos. Dessa maneira, deve haver o estudo de determinado princípio e, partindo dele, realizar a análise da compatibilidade de determinada lei.

Alternativa "a": Os princípios constitucionais vinculam a atividade da Administração Pública e, nesse sentido, o STF decidiu, no RE 579.951, que a vedação ao "nepotismo não depende de lei formal para coibir a prática. Proibição que decorre diretamente dos princípios contidos no art. 37, *caput*, da Constituição Federal". Dessa forma, a Resolução nº 7 do Conselho Nacional de Justiça é um ato administrativo normativo aplicável no âmbito do Poder Judiciário, mas, por outro lado, não há necessidade de lei para se coibir a nefasta prática do nepotismo, em razão da força normativa dos princípios constitucionais especialmente, no caso, do princípio da moralidade. Inclusive, na mesma esteira, o Supremo Tribunal Federal aprovou a Súmula Vinculante nº 13, dispondo sobre a vedação do nepotismo: "A nomeação de

10. CANOTILHO, José Joaquim Gomes. *Direito constitucional e teoria da constituição*. 3. ed. Coimbra: Almedina. 1999. p. 1089. Original sem destaque.

cônjuge, companheiro ou parente em linha reta, colateral ou por afinidade, até o terceiro grau, inclusive, da autoridade nomeante ou de servidor da mesma pessoa jurídica investido em cargo de direção, chefia ou assessoramento, para o exercício de cargo em comissão ou de confiança ou, ainda, de função gratificada na administração pública direta e indireta em qualquer dos poderes da União, dos Estados, do Distrito Federal e dos Municípios, compreendido o ajuste mediante designações recíprocas, viola a Constituição Federal". Deve ficar bem claro que a proibição apenas alcança os **ocupantes de cargo em comissão**, não atingindo o ingresso por concurso público, pois, no caso, há cargo efetivo e não comissionado. O STF tem afastado a aplicação da SV 13 a cargos públicos de natureza política, como são os cargos de Secretário Estadual e Municipal. Apesar disso, mesmo em caso de cargos políticos, será possível considerar a nomeação indevida nas hipóteses de: • nepotismo cruzado; • fraude à lei e • inequívoca falta de razoabilidade da indicação, por manifesta ausência de qualificação técnica ou por inidoneidade moral do nomeado. STF. 1ª Turma. Rcl 29033 AgR/RJ, rel. Min. Roberto Barroso, julgado em 17/9/2019 (Info 952).

Alternativa "b": O ato administrativo ilegal poderá ser anulado pela Administração Pública, em respeito ao princípio da autotutela. Nesse sentido, veja o teor da Súmula nº 473 do STF: *"A Administração pode anular seus próprios atos quando eivados de vícios que os tornem ilegais, porque deles não se originam direitos; ou revogá-los, por motivo de conveniência ou oportunidade, respeitados os direitos adquiridos, e ressalvada, em todos os casos, a apreciação judicial".*

Alternativa "c": "Ao titular do cargo de procurador de autarquia **não** se exige a apresentação de instrumento de mandato para representá-la em juízo" (Súmula nº 644 do STF), à luz do princípio da impessoalidade.

Alternativa "d": É dever da Administração Pública o controle de seus próprios atos, quanto à legalidade e quanto ao mérito. Assim, independentemente da impugnação perante o Judiciário, é possível a autotutela sobre os atos administrativos.

Alternativa "e": O princípio da **impessoalidade** é corolário da isonomia e da legalidade, sendo centrais à ação administrativa. Pelo **princípio da impessoalidade, a atuação da Administração Pública deve ser dirigida a todos**, sem discriminação, buscando a finalidade pública e, **quando atua, quem, na verdade, pratica o ato é a própria Administração Pública** e não o agente público como pessoa física, vedando-se, por isso, qualquer tipo de promoção pessoal em razão da atuação administrativa.

Alternativa correta: letra "a".

18. (IBADE – Delegado de Polícia – AC/2017) Acerca dos princípios que informam o Direito Administrativo Brasileiro, é correto afirmar que a(o):

a) nomeação de cônjuge, companheiro ou parente em linha reta, colateral ou por afinidade, até o quarto grau, inclusive, da autoridade nomeante ou de servidor da mesma pessoa jurídica investido em cargo de direção, chefia ou assessoramento, para o exercício de cargo em comissão ou de confiança ou, ainda, de função gratificada na Administração Pública direta e indireta em qualquer dos poderes da União, dos Estados, do Distrito Federal e dos Municípios, compreendido o ajuste mediante designações recíprocas, viola a Constituição Federal.

b) Supremo Tribunal Federal já possui pacífica jurisprudência no sentido de que o Chefe do Poder Executivo Estadual pode nomear parentes em linha reta, a exemplo de uma filha, para o cargo de Secretária de Estado, porque se trata de uma escolha política e o fato do cargo de Secretário de Estado ser de natureza política torna esta nomeação insuscetível de controle.

c) princípio da publicidade considera-se atendido sempre que houver a publicação de atos no Diário Oficial, sendo, por conseguinte, desnecessária qualquer medida adicional por parte da Administração Pública.

d) princípio da legalidade tem idêntica aplicação para os particulares e para a Administração Pública, significando a possibilidade de realização de atos que não sejam vedados pelo ordenamento jurídico.

e) Supremo Tribunal Federal possui entendimento no sentido de que vedar o acesso de qualquer cidadão a cargo público tão somente em razão da existência de relação de parentesco com servidor público que não tenha competência para o selecionar ou o nomear para o cargo de chefia, direção ou assessoramento, ou que não exerça ascendência hierárquica sobre aquele que possua essa competência é, em alguma medida, negar um dos princípios constitucionais a que se pretendeu conferir efetividade com a edição da Súmula Vinculante n° 13, qual seja, o princípio da impessoalidade.

COMENTÁRIOS

✪ **Nota do autor:** O regime jurídico administrativo é o **conjunto de princípios** que atribuem à Administração Pública, em um extremo, **prerrogativas** e, no outro, **sujeições**. Dentre os que diversos princípios que o compõem, há dois que são considerados chamados de **pedras angulares** ou **pedras de toque**[11] do direito administrativo, quais sejam, o princípio da **supremacia do interesse público** e o princípio da **indisponibilidade do interesse público.**

Alternativa "b". O STF delimitou os efeitos da Súmula Vinculante nº 13, na Rcl 6.650-MC-Agr/PR, fixando entendimento de que a vedação não se estende aos agentes políticos, sendo restrita a cargos adminis-

11. MELLO, Celso Antônio Bandeira de. *Curso de direito administrativo*. 27. ed. São Paulo: Malheiros, 2010. p. 55 e 57.

trativos. Entretanto, posteriormente a essa decisão, o STF vem se posicionando no sentido de que tal exceção não é absoluta, ou seja, o entendimento de que a Súmula Vinculante nº 13 não é aplicável quando se tratar de nomeação para cargo em comissão de natureza política não se aplica no caso de nomeação de parente para o cargo em comissão com a manifesta intenção de fraudar a lei como ocorre, por exemplo, nas hipóteses de nomeação decorrente de "comprovada troca de favores ou de evidente inaptidão do nomeado para seu exercício", conforme decidido no RE 825.862. Assim, mesmo em caso de cargos políticos, será possível considerar a nomeação indevida nas hipóteses de: • nepotismo cruzado; • fraude à lei e • inequívoca falta de razoabilidade da indicação, por manifesta ausência de qualificação técnica ou por inidoneidade moral do nomeado. STF. 1ª Turma. Rcl 29033 AgR/RJ, rel. Min. Roberto Barroso, julgado em 17/9/2019 (Info 952).

Alternativa "c". Pelo princípio da **publicidade**, a **atuação administrativa** não pode ser secreta. Ao contrário, deve ser **transparente** para que, assim, o titular do poder – que é o povo – possa verificar se, realmente, a conduta do administrador estava pautada no interesse público. A regra é que todo ato administrativo deve ser publicado, exceto quando, nos termos do art. 5º, XXXIII, da CF, o "sigilo seja imprescindível à segurança da sociedade e do Estado". Todavia, não é possível afirmar que apenas a publicação dos atos na imprensa oficial seria suficiente para dar cumprir o comando normativo contido no princípio da publicidade, pois a lei de acesso à informação, Lei nº 12.527/2011, prevê todo o regramento legal para dar concretude a esse princípio e determina, por exemplo, no art. 3º a observância das seguintes diretrizes: "I – observância da publicidade como preceito geral e do sigilo como exceção; II – divulgação de informações de interesse público, independentemente de solicitações; III – utilização de meios de comunicação viabilizados pela tecnologia da informação; IV – fomento ao desenvolvimento da cultura de transparência na administração pública; V – desenvolvimento do controle social da administração pública."

Alternativa "d". O princípio da **legalidade** é aquele que, de maneira mais íntima, representa o Estado de Direito, revelando a supremacia da lei e, dessa maneira, constitui-se importantíssima forma de tutela dos direitos fundamentais. O **princípio da legalidade** não apresenta conteúdo idêntico para o particular e para a Administração Pública. Para esta, significa que **a atuação administrativa deve se dar em conformidade com a lei, com o direito.** Assim, ao administrador somente é permitido agir de acordo com a lei, não vigorando a autonomia da vontade, prevalecente na esfera privada, em que o particular não é obrigado senão em virtude de lei. São esses os dois principais aspectos do princípio da legalidade: seguir a lei e não contrariar a lei. Como bem ressalta Thiago Marrara, são as regras da **"reserva legal"** e da **"supremacia da lei"** e pode ser sintetizado, respectivamente, nas expressões **"nada sem lei"** e **"nada contra a lei"**[12].

Alternativa "e" (responde a alternativa "a"). O exemplo comumente apresentado como materialização do princípio da moralidade é, justamente, a **vedação ao nepotismo**, pois não há lei específica vedando a contratação de parentes para cargos comissionados na Administração Pública. Nesse sentido, o STF aprovou a **Súmula Vinculante nº 13** e, por ela, está proibida a nomeação para cargo em comissão do **cônjuge ou companheiro e dos parentes, em linha reta, colateral e por afinidade, até o 3º grau, inclusive, da autoridade nomeante ou de servidor que já é ocupante de cargo em comissão na mesma pessoa jurídica**. Ocorre que a 2ª Turma do Supremo Federal Tribunal firmou entendimento de que vedar o acesso de qualquer cidadão a cargo público tão somente em razão da existência de relação de parentesco com servidor público que não tenha competência para o selecionar ou o nomear para o cargo de chefia, direção ou assessoramento, ou que não exerça ascendência hierárquica sobre aquele que possua essa competência é, em alguma medida, negar o princípio da impessoalidade. Nesse sentido, é a Reclamação nº 18.564, recentemente julgada pelo Supremo Tribunal Federal, na qual ficou assentado que "é imprescindível a perquirição de projeção funcional ou hierárquica do agente político ou do servidor público de referência no processo de seleção para fins de configuração objetiva de nepotismo na contratação de pessoa com relação de parentesco com ocupante de cargo de direção, chefia ou assessoramento no mesmo órgão, salvo ajuste mediante designações recíprocas."

Alternativa correta: letra "e".

---

19. (Cespe – Delegado de Polícia – PE/2016) Tendo como referência a jurisprudência majoritária do STF acerca dos princípios expressos e implícitos da administração pública e do regime jurídico-administrativo, assinale a opção correta.

a) Se houver repasse de verbas federais a município, a aplicação desses recursos pelo governo municipal não será objeto de fiscalização do órgão controlador federal, dado o princípio da autonomia dos entes federados.

b) A alteração, por meio de portaria, das atribuições de cargo público não contraria direito líquido e certo do servidor público investido no cargo, diante da inexistência de direito adquirido a regime jurídico.

c) A administração pública não pode, mediante ato próprio, desconsiderar a personalidade jurídica de empresa fiscalizada por tribunal de contas; a esse caso não se aplica a doutrina dos poderes implícitos.

12. As fontes do direito administrativo e o princípio da legalidade. In: DI PIETRO, Maria Sylvia Zanella; RIBEIRO, Carlos Vinicius Alves (coord.). *Supremacia do interesse público e outros temas relevantes do direito administrativo*. São Paulo: Altas, 2010. p. 232.

d) Segundo o STF, a vedação ao nepotismo decorre diretamente de princípios constitucionais explícitos, como os princípios da impessoalidade, da moralidade administrativa e da igualdade, não se exigindo a edição de lei formal para coibir a sua prática.

e) De acordo com o princípio da eficiência, a administração pode revogar seus próprios atos, quando eivados de vícios que os tornem ilegais, porque deles não se originam direitos. Também pode anulá-los, por motivo de conveniência ou oportunidade, hipótese na qual devem ser respeitados os direitos adquiridos.

COMENTÁRIOS

Nota do autor: Nos termos do artigo 37, *caput*, da Constituição Federal, a administração pública direta e indireta de qualquer dos Poderes da União, dos Estados, do Distrito Federal e dos Municípios obedecerá aos **princípios de legalidade, impessoalidade, moralidade, publicidade e eficiência.** São os princípios explícitos da Administração Pública. Além deles, há princípios implícitos como é o caso, por exemplo, do princípio da motivação. O reconhecimento dos princípios implícitos na Constituição Federal em Constituição estadual ou mesmo em legislação infraconstitucional é totalmente possível.

Alternativa "a". Se houver repasse de verbas federais a município, a aplicação desses recursos pelo governo municipal **será objeto de fiscalização pelo Tribunal de Contas da União**, à luz do que dispõe o art. 71, VI, da Constituição Federal, que determina que compete a este órgão "fiscalizar a aplicação de quaisquer recursos repassados pela União mediante convênio, acordo, ajuste ou outros instrumentos congêneres, a Estado, ao Distrito Federal ou a Município".

Alternativa "b". A alteração, por meio de portaria, das atribuições de cargo público contraria direito líquido e certo do servidor público investido no cargo e, ainda, **viola o princípio da legalidade**. De fato, o servidor público não tem direito adquirido ao regime jurídico-funcional, mas as alterações devem ser implementadas por meio de lei e não por ato administrativo.

Alternativa "c". A administração pública pode, mediante ato próprio, desconsiderar a personalidade jurídica de empresa fiscalizada por tribunal de contas. Essa possibilidade é considerada decorrência implícita dos princípios aplicáveis à Administração Pública, em especial, da **indisponibilidade de interesse público.** Em relação à jurisprudência do STF, vale destacar trecho do voto do Min. Fachin no MS 35.506/DF em que, após apontar a existência da previsão legal mencionada, afirma: "Portanto, a possibilidade do reconhecimento administrativo dos requisitos para decretar a desconsideração da personalidade jurídica para fins de responsabilização de administradores e sócios já está internalizada em nosso ordenamento jurídico, e, ainda que não seja previsão específica destinada ao Tribunal de Contas da União, reforça a compreensão de que a matéria não está sujeita à reserva de jurisdição, sendo possível sua aplicação analógica ao caso." Ademais, na legislação, havia previsão expressa da desconsideração da personalidade jurídica no âmbito administrativo nos processos administrativos envolvendo a Lei nº 12.846/2013 (Lei Anticorrupção) e, agora, também na Nova Lei de Licitações (Lei nº 14.133/2021) em seu art. 160.

Alternativa "d". Os princípios constitucionais vinculam a atividade da Administração Pública e, nesse sentido, o STF decidiu, no RE 579.951, que a vedação ao "nepotismo não depende de lei formal para coibir a prática. Inclusive, na mesma esteira, o Supremo Tribunal Federal aprovou a Súmula Vinculante nº 13, dispondo sobre a vedação do nepotismo: "A nomeação de cônjuge, companheiro ou parente em linha reta, colateral ou por afinidade, até o terceiro grau, inclusive, da autoridade nomeante ou de servidor da mesma pessoa jurídica investido em cargo de direção, chefia ou assessoramento, para o exercício de cargo em comissão ou de confiança ou, ainda, de função gratificada na administração pública direta e indireta em qualquer dos poderes da União, dos Estados, do Distrito Federal e dos Municípios, compreendido o ajuste mediante designações recíprocas, viola a Constituição Federal".

Alternativa "e". Pelo princípio da **eficiência**, a Administração Pública **deve atuar de maneira a buscar resultados, e não simplesmente agir.** Isto é, a atuação administrativa deve buscar a **melhor relação custo-benefício**, deve ser feita a otimização dos recursos, o devido planejamento e estabelecimento de metas e a fiscalização do efetivo cumprimento do que fora planejado. A assertiva, na realidade, refere-se ao **princípio da autotutela.**

Alternativa correta: letra "d".

3. ADMINISTRAÇÃO PÚBLICA E TERCEIRO SETOR

- CF, art. 37, XIX, XX e § 8º
- CF, art. 173 e 175
- Decreto-Lei nº 200/67
- Decreto-Lei nº 900/69, art. 5º
- Lei nº 9.649/98, art. 51
- Lei nº 13.303/16
- Lei nº 11.107/05
- Lei nº 9.637/98
- Lei nº 9.790/99

20. (FGV - Delegado de Polícia - PC - SC/2024) Caso determinado Estado da Federação pretenda realizar um consórcio público com quatro municípios, para fins de promover o serviço público de saneamento básico na localidade, à luz do disposto na Lei nº 11.107/2005, é correto afirmar que

a) a constituição do consórcio público deve ser necessariamente precedida da criação de uma região metropolitana, por meio de lei complementar, a qual os municípios envolvidos não podem se opor.

b) o procedimento para a formalização do consórcio público em questão depende da ratificação por lei dos entes federativos envolvidos e poderá resultar na criação de uma pessoa jurídica de direito público ou de direito privado.

c) mediante adesão voluntária dos Municípios em questão, deverá ser criado um órgão interfederativo para fins de promover os objetivos comuns objeto do consórcio público em questão.

d) o mencionado Estado deverá fazer editar uma lei para a criação de uma pessoa jurídica de direito público, designada de associação pública, prevendo que sua composição abarcará os Municípios beneficiados, independentemente de aprovação legislativa dos entes locais.

e) o Estado da federação em questão não poderá se utilizar do instrumento almejado, considerando que os consórcios públicos apenas podem abarcar entes federativos de mesma grandeza.

COMENTÁRIO

✪ **Nota do Autor:** A Lei nº 11.107/2005 dispõe sobre normas gerais para a União, os Estados, o Distrito Federal e os Municípios **contratarem consórcios públicos para a realização de objetivos de interesse comum** e dá outras providências.

Alternativa "a". A região metropolitana é espécie distinta de cooperação entre entes federados e,não existe esse requisito na legislação.

Alternativa "b" (responde a alternativa "e"). Para a criação do consórcio público, em um primeiro momento, há o **protocolo de intenções**, que é uma espécie de ajuste preliminar entre as pessoas políticas, no qual há a definição do objeto do consórcio, quais são seus participantes, qual sua duração, qual a forma de eleição do representante legal. Depois, o protocolo de intenções deve ser publicado na imprensa oficial e, na sequência, **ele deve ser ratificado por lei em cada um dos entes consorciados**. Pode ter personalidade de direito público ou de direito privado.

Alternativa "c". Não há criação de órgão interfederativo, até porque o consórcio já é uma pessoa jurídica interfederativa.. O art. 2º, §1º, da Lei, estabelece que para o cumprimento de seus objetivos, o consórcio público poderá I – firmar convênios, contratos, acordos de qualquer natureza, receber auxílios, contribuições e subvenções sociais ou econômicas de outras entidades e órgãos do governo; II – nos termos do contrato de consórcio de direito público, promover desapropriações e instituir servidões nos termos de declaração de utilidade ou necessidade pública, ou interesse social, realizada pelo Poder Público; e III – ser contratado pela administração direta ou indireta dos entes da Federação consorciados, dispensada a licitação.

Alternativa "d". O art. 6º, *caput*, da Lei, estabelece que o consórcio público adquirirá personalidade jurídica: I – de direito público, no caso de constituir associação pública, mediante a vigência das leis de ratificação do protocolo de intenções; II – de direito privado, mediante o atendimento dos requisitos da legislação civil.

Alternativa correta: letra "b".

21. (CEBRASPE – Delegado de Polícia – PC – PE/2024) A distribuição de competência dentro de uma mesma pessoa jurídica de direito público; a criação de uma autarquia para lhe atribuir a titularidade e a execução de determinado serviço público; e a transferência da execução de determinado serviço público, por meio de contrato ou ato administrativo unilateral, caracterizam-se, respectivamente, como

a) desconcentração, descentralização funcional e descentralização por colaboração.

b) desconcentração, descentralização funcional e descentralização funcional.

c) descentralização funcional, descentralização funcional e descentralização por colaboração.

d) descentralização funcional, descentralização por colaboração e descentralização funcional.

e) descentralização por colaboração, descentralização por colaboração e descentralização funcional.

COMENTÁRIO

✪ **Nota do Autor:** A desconcentração e a descentralização são técnicas utilizadas para que o Estado possa prestar as suas atividades, bem como racionalizar seu desenvolvimento.

Alternativa "a" (responde as demais alternativas). A **desconcentração** é a **divisão de funções** entre diversos órgãos de uma **mesma Administração**, mas não possuem personalidade própria, não havendo quebra de hierarquia. As competências são divididas dentro de uma única pessoa jurídica, de modo a retirar um enorme volume de atribuições, permitindo que haja um desempenho mais racional e adequado, sem a criação de outras pessoas jurídicas. Os critérios para a desconcentração são: a) em razão da matéria (material ou temática), criando-se órgãos para tratar de assuntos específicos, como, no âmbito federal, os Ministérios da Justiça, da Saúde, etc.; b) em razão do grau (hierárquica ou funcional): onde a divisão é realizada por nível de responsabilidade de decisões nos diversos escalões correspondentes aos patamares de autoridade, como o diretor de departamento, o diretor de divisão, os chefes de seção, os encarregados etc.; c) em razão do critério territorial (territorial ou geográfica): a divisão das atividades é realizada em razão da localidade, como por exemplo, nas administrações regionais da Prefeitura, da Delegacia de Saúde etc. Já a **descentralização** envolve a **distribuições de competência de uma pessoa para outra**, seja ela física ou jurídica, não se estabelecendo uma relação hierárquica entre elas. As competências serão divididas entre duas pessoas. Duas são as categorias de descentralizações: 1) as políticas, que são objeto de estudo aprofundado no Direito Constitucional, pois abrangem os entes federativos, como a União, Estados, Distrito Federal e Municípios;

2) as administrativas, nos casos em que um ente central empresta atribuições a órgãos periféricos ou locais dotados de personalidade jurídica. As descentralizações podem ser classificadas como: a) **descentralização territorial ou geográfica**; nestas o ente descentralizado possui autoadministração, permitindo o exercício de grande parcela dos encargos públicos de interesse da coletividade, mas sujeito ao controle e ingerência do poder central, como por exemplo, os territórios federais. Os territórios federais que existiam foram extintos pela CF, mas nada obsta a criação de novos, desde que disciplinados por lei complementar, aprovada diretamente pela população interessada, através de plebiscito e do Congresso Nacional, por intermédio de lei complementar (art. 18, §§2º e 3º, da CF); b) **descentralização por serviços, funcional ou técnica**, quando o Poder Público cria ou autoriza a criação de pessoas jurídicas de direito público ou de direito privado, ou mesmo apenas atribua a titularidade da execução de serviços públicos. É o caso dos entes da Administração Indireta, como por exemplo, as Fundações públicas, como é o caso do IBGE, bem como da FUNAI, FUNASA, FUNARTE e a FUNDAÇÃO BIBLIOTECA NACIONAL; e c) **descentralização por colaboração** trata-se da transferência da execução de determinado serviço público através de contrato ou ato administrativo unilateral, à pessoa jurídica de direito privado previamente existente, como por exemplo, a concessão e a permissão de serviços públicos, nos termos do art. 175 da CF.

Alternativa correta: letra "a"

22. Alternativa correta: letra "a". (UFPR – Delegado de Polícia – PC – PR/2021) Acerca da organização da Administração Pública, assinale a alternativa correta.

a) O chefe do Poder Executivo pode criar cargos e reestruturar órgãos públicos por meio de decreto.

b) Legislação estadual pode condicionar a nomeação de dirigente de autarquia ou fundação à aprovação prévia da Assembleia Legislativa local.

c) Na ordem constitucional ora vigente não se admite a criação de fundação de direito privado com o intuito de que essa fundação seja integrante da Administração Indireta.

d) Decreto do chefe do Poder Executivo pode extinguir órgãos colegiados cujas criações tenham decorrido de lei, desde que ausente expressa indicação de suas competências ou dos membros que compõem esses órgãos.

e) Os Conselhos de Fiscalização Profissional detêm natureza jurídica de autarquias, cabendo-lhes prazo em dobro para recorrer em processos judiciais.

COMENTÁRIO

Alternativa "a" (responde a alternativa "d"). O art. 84, VI, *a*, da Constituição Federal, elenca entre as competências privativas do Presidente da República a edição de decreto sobre organização e funcionamento da administração federal, **desde que não haja aumento de despesa, nem criação ou extinção de órgãos públicos.** Entretanto, deve ser feita a ressalva que, não obstante a competência seja privativa do Presidente da República, o parágrafo único do art. 84 prevê, expressamente, a possibilidade de delegação para os Ministros de Estado, o Procurador-Geral da República ou o Advogado-Geral da União.

Neste sentido, não é possível que, por meio de decreto, haja a criação, nem tampouco a extinção, de órgãos públicos.

Alternativa "b". É **vedado** à legislação estadual submeter à aprovação prévia da Assembleia Legislativa a nomeação de dirigentes de Autarquias, Fundações Públicas, Presidentes de Empresas de Economia Mista, Interventores de Municípios, bem como de titulares de Defensoria Pública e da Procuradoria-Geral do Estado; por afronta à separação de poderes. Neste sentido, é a ADI nº 2.167, do Supremo Tribunal Federal.

Alternativa "c". As fundações públicas são as pessoas jurídicas de direito público ou de direito privado, com autonomia administrativa e que têm como substrato o patrimônio – próprio –, que são criadas por lei específica ou cuja autorização é por ela autorizada, com área de atuação de interesse público, não exclusiva da Administração Pública, definida em lei complementar. No que se refere às fundações públicas é preciso lembrar que elas podem ter personalidade de direito público ou de direito privado. É perfeitamente possível que as fundações públicas tenham personalidade jurídica de direito privado – e isso não as exclui de parte integrante da Administração Pública Indireta.

Alternativa "e". Conforme entendimento amplamente assentado no STF e no STJ, a **atividade de fiscalização do exercício profissional é estatal,** nos termos dos artigos 5º, XIII, 21, XXIV, e 22, XIV, da Constituição Federal, motivo pelo qual as entidades que exercem esse controle têm **função tipicamente pública** e, por exemplo, podem se valer do prazo em dobro nas manifestações processuais, porém, não são todas as prerrogativas do regime de direito público que são aplicáveis a eles e, nesse sentido, "**Os pagamentos devidos, em razão de pronunciamento judicial, pelos Conselhos de Fiscalização não se submetem ao regime de precatórios**" (STF RE 938877). É importante destacar o entendimento particular quanto à OAB, pois no julgamento da ADI n. 3.026/DF, ao examinar a constitucionalidade do art. 79, § 1º, da Lei n. 8.906/96, o Excelso Pretório afastou a natureza autárquica dessa entidade, pois não atua exclusivamente na defesa de interesses corporativos, mas, também, possui função constitucional.

Alternativa correta: letra "e".

23. (UFPR – Delegado de Polícia – PC – PR/2021) Tendo em conta as peculiaridades das empresas estatais na organização da Administração Pública brasileira, assinale a alternativa correta.

a) Dado que o poder de polícia é titularizado por pessoas jurídicas de direito público, resta inviável sua delegação a sociedade de economia mista.

b) O regime de precatórios é inaplicável às sociedades de economia mista prestadoras de serviço público próprio do Estado e de natureza não concorrencial.

c) As sociedades de economia mista não poderão adotar como tipo societário o de sociedade limitada, podendo ser constituídas somente como sociedades anônimas.

d) A alienação do controle acionário de empresas públicas e sociedades de economia mista prescinde de autorização legislativa e poderá ser operacionalizada sem processo de licitação pública.

e) A transferência do controle de empresas subsidiárias e controladas por sociedades de economia mista não exige a anuência do Poder Legislativo, devendo ser operacionalizada mediante processo de licitação pública, na modalidade concorrência.

COMENTÁRIO

Alternativa "a". Recentemente, o Supremo Tribunal Federal firmou entendimento no sentido de **ser possível a delegação do poder de polícia às entidades administrativas de direito privado integrante da administração indireta**, como o são as sociedades de economia mista. Neste sentido, é o RE nº 633.872. Em resumo, os atos de consentimento, fiscalização e aplicação de sanções podem ser delegados a estatais com regime jurídico próximo ao aplicável à Fazenda Pública.

Alternativa "b". A sociedade de economia mista é **pessoa jurídica de direito privado,** em que há conjugação de capital público e privado, participação do poder público na gestão e organização sob forma de sociedade anônima, com as referidas derrogações estabelecidas pelo direito público e pela própria lei das S.A. A harmonização entre as normas de direito público e as de direito privado é diferente conforme se trate de exploradora de atividade econômica ou de prestadora de serviço público, pois naquela a maior incidência é de normas de direito privado e nesta predominam as normas de direito público. Por exemplo, não é possível estender às exploradoras de atividade econômica privilégios fiscais não extensivos às pessoas da iniciativa privada, conforme o art. 173, § 2º. De forma diferente ocorre com as prestadoras de serviço público. Nesse sentido, no RE 407.099/RS e no RE 601392/PR, o Supremo Tribunal Federal reconheceu que a Empresa de Correios e Telégrafos (ECT) é prestadora de serviço público (serviço postal) e, ainda, que tal serviço é de prestação obrigatória e exclusiva do Estado, devendo, pois, ser equiparada à Fazenda Pública para fins tributários e, dessa maneira, restou decidido que é merecedora da imunidade tributária recíproca, bem como que se submete ao regime de precatório, já que seus bens não podem ser penhorados.

Alternativa "c". Uma das principais diferenças entre as empresas públicas e as sociedades de economia mista – que são espécies das **empresas estatais** – está, justamente, na forma societária que podem assumir. **Enquanto as sociedades de economia mista necessariamente devem assumir a forma de sociedades anônimas**, as empresas públicas podem assumir qualquer forma empresarial existente, podendo até ser unipessoal.

Alternativa "d" (responde a alternativa "e"). A **criação** da empresa pública e da sociedade de economia mista é **autorizada por lei específica**, na forma prevista no art. 37, XIX, da Constituição Federal. A lei específica autoriza o Poder Executivo a, por ato próprio, proceder à instituição do ente da Administração Indireta pretendido. Ademais, nos termos do inciso seguinte, qual seja, art. 37, XX, da Constituição Federal, a **criação de subsidiárias pelas empresas públicas e sociedades de economia mista**, bem como sua eventual participação em empresas privadas, **depende**, de igual modo, **de autorização legislativa. Assim, no mesmo sentido, a eventual** alienação do controle acionário de empresas públicas e sociedades de economia mista dependerá, de igual modo, de autorização legislativa para tanto, bem como de licitação prévia, não se aplicando isso, todavia, quanto às controladas e subsidiárias, conforme decidido pelo STF na DI 5624: "A alienação do controle acionário de empresas públicas e sociedades de economia mista exige autorização legislativa e licitação pública. II – A transferência do controle de subsidiárias e controladas não exige a anuência do Poder Legislativo e poderá ser operacionalizada sem processo de licitação pública, desde que garantida a competitividade entre os potenciais interessados e observados os princípios da administração pública constantes do art. 37 da Constituição da República."

Alternativa correta: letra "c".

24. (Fumarc – Delegado de Polícia – PC – MG/2018) A Lei n. 13.303/2016, em seu artigo 3°, traz o seguinte conceito: "entidade dotada de personalidade jurídica de direito privado, com criação autorizada por lei e com patrimônio próprio, cujo capital social é integralmente detido pela União, pelos Estados, pelo Distrito Federal ou pelos Municípios". A entidade da administração indireta conceituada é uma:

a) Autarquia.

b) Empresa pública.

c) Fundação pública.

d) Sociedade de economia mista.

COMENTÁRIOS

✪ **Nota do autor:** A Administração Pública indireta **é o conjunto de pessoas administrativas com personalidade jurídica de direito público ou de direito privado, patrimônio próprio e autonomia administrativa, vinculadas à administração direta, criadas para o desempenho de determinada atividade administrativa.** São entidades da Administração Pública indireta as **autarquias, as fundações públicas, as empresas públicas, as sociedades de economia mista** e os **consórcios públicos.** Sobre algumas das entidades da Administração Pública indireta, foi promulgada a Lei nº 13.303/2016, conhecida como Lei das Estatais, que, em seu art. 1º, estabelece que o diploma em questão "(...)

dispõe sobre o estatuto jurídico da empresa pública, da sociedade de economia mista e de suas subsidiárias, abrangendo toda e qualquer empresa pública e sociedade de economia mista da União, dos Estados, do Distrito Federal e dos Municípios que explore atividade econômica de produção ou comercialização de bens ou de prestação de serviços, ainda que a atividade econômica esteja sujeita ao regime de monopólio da União ou seja de prestação de serviços públicos".

Alternativa "a": As autarquias são pessoas jurídicas de direito público, criadas por lei específica, com patrimônio próprio e autonomia administrativa, para a execução de atividade típica da Administração Pública. A autarquia integra a administração indireta da pessoa política na qual foi elaborada a lei que a criou. É uma pessoa jurídica que adota o regime jurídico de direito público e, assim, celebra concurso público, licitação, contrato administrativo, seus bens são públicos e possuem prerrogativas processuais (art. 5º, I, do Decreto-Lei nº 200/67).

Alternativa "b": Na forma do art. 3º, *caput*, da Lei nº 13.303/2016, "empresa pública é a entidade dotada de personalidade jurídica de direito privado, com criação autorizada por lei e com patrimônio próprio, cujo capital social é integralmente detido pela União, pelos Estados, pelo Distrito Federal ou pelos Municípios".

Alternativa "c": As **fundações públicas** são pessoas jurídicas de direito público ou de direito privado, com autonomia administrativa e que têm como substrato o patrimônio – próprio –, que são criadas por lei específica ou cuja criação é por ela autorizada, com área de atuação de interesse público, não exclusiva da Administração Pública, definida em lei complementar.

Alternativa "d": O art. 4º, *caput*, da Lei das Estatais, estabelece que "sociedade e economia mista é a entidade dotada de personalidade jurídica de direito privado, com criação autorizada por lei, sob a forma de sociedade anônima, cujas ações com direito a voto pertençam em sua maioria à União, aos Estados, ao Distrito Federal, aos Municípios ou a entidade da administração indireta".

Alternativa correta: letra "b".

25. (Cespe – Delegado de Polícia – PC – SE/2018) A diferença preponderante entre os institutos da descentralização e da desconcentração é que, no primeiro, há a ruptura do vínculo hierárquico e, no segundo, esse vínculo permanece.

COMENTÁRIO

✪ **Nota do autor:** Tanto a desconcentração administrativa quanto a descentralização administrativa são instrumentos que promovem a **distribuição de competências administrativas**, mas não devem ser confundidos.

Na **descentralização**, há uma distribuição externa de competência, de uma pessoa jurídica para a outra. Há a **pessoa jurídica política e a pessoa jurídica que recebeu a atribuição, do ente federativo, para o desempenho de determinada atividade administrativa**. Na **desconcentração**, por seu turno, a pessoa jurídica política se divide em vários órgãos públicos, havendo distribuição interna de competência. De fato, em se tratando de descentralização, **não há hierarquia entre o ente federativo e a pessoa jurídica por ele criada (ou autorizada)** – mas, apenas, um controle finalístico –, ao passo que a hierarquia permanece entre a pessoa administrativa e o órgão público por ela criada.

Alternativa correta: "certo".

26. (Cespe – Delegado de Polícia – PC – SE/2018) Na administração pública, desconcentrar significa atribuir competências a órgãos de uma mesma entidade administrativa.

COMENTÁRIO

A **desconcentração** representa o exercício da função administrativa de maneira desconcentrada, quer dizer, não há a concentração em um só órgão, mas sim, **a pessoa jurídica política ou administrativa se divide em vários órgãos**. Ocorre a **distribuição interna de competências**. Dá-se distinção entre os níveis de direção e de execução no interior da mesma pessoa jurídica. Para fins informativos, destaque-se que a **desconcentração** pode ocorrer: a) em razão da matéria; b) em razão do grau de hierarquia; c) em razão do território. Não pode ser confundida com a descentralização, pela qual a distribuição de competência é externa, ou seja, de uma pessoa jurídica para outra pessoa jurídica. Assim, com a concentração não há divisão de órgãos dentro da mesma pessoa jurídica e com a centralização a pessoa política não transfere para outra pessoa jurídica (por exemplo, uma entidade da administração indireta) a atividade administrativa.

Alternativa correta: "certo".

27. (Cespe – Delegado de Polícia – PC – SE/2018) A centralização consiste na execução de tarefas administrativas pelo próprio Estado, por meio de órgãos internos e integrantes da administração pública direta.

COMENTÁRIO

Na **centralização, a pessoa política desempenha a atividade administrativa por seus próprios órgãos**. Não transfere competências para outra pessoa jurídica, **não havendo, desse modo, distribuição externa de competências.** Veja que a atividade pode ser, ao mesmo tempo, exercida de modo centralizado, mas desconcentrado, caso a pessoa política se utilize de órgãos públicos para auxiliá-la no desempenho das suas funções.

Alternativa correta: "certo".

28. (Vunesp – Delegado de Polícia – PC – SP/2018) O regime jurídico constitucional das empresas estatais prevê que

a) as empresas estatais não estão sujeitas à regra de concurso público para a seleção de seu quadro de pessoal.

b) os empregados das empresas estatais não gozam de estabilidade, devendo, porém, sua demissão ser devidamente motivada.

c) as empresas estatais prestadoras de serviço público deverão ser criadas por lei, sendo admitida a formação de consórcio.

d) as empresas estatais gozarão do mesmo tratamento jurídico dispensado às autarquias em matéria de regime de pessoal.

e) as obrigações não adimplidas de responsabilidade das empresas estatais deverão ser executadas mediante o regime constitucional de precatórios.

COMENTÁRIO

✪ **Nota do autor:** A questão aborda o regime jurídico das empresas estatais, das quais são espécies as sociedades de economia mista e empresas públicas. Para respondê-la, era necessário o conhecimento do disposto na Constituição Federal sobre o assunto.

Alternativa "a": Ao contrário do afirmado, as empresas estatais devem promover concurso público para seleção de seu pessoal, nos termos do art. 37, II da CF/88: "a investidura em cargo ou emprego público **depende de aprovação prévia em concurso público** de provas ou de provas e títulos, de acordo com a natureza e a complexidade do cargo ou emprego, na forma prevista em lei, ressalvadas as nomeações para cargo em comissão declarado em lei de livre nomeação e exoneração".

Alternativa "b": No julgamento dos embargos no RE nº 589.998/PI, no ano de 2018, foi fixada a seguinte tese: "A Empresa Brasileira de Correios e Telégrafos – ECT tem o dever jurídico de motivar, em ato formal, a demissão de seus empregados[13]". Trata-se de decisão que envolveu o regime diferenciado que é atribuído à ECT e, assim, não é possível afirmar que a motivação deva ocorrer em relação a qualquer empresa estatal tal como afirmado na alternativa e, inclusive, ainda está pendente de julgamento no STF o RE 688267, cujo tema a ser decidido (tema 1022) é a "dispensa imotivada de empregado de empresa pública e de sociedade de economia mista admitido por concurso público que tem como tema de repercussão". Por isso, discutível a banca considerar a alternativa "c" como correta.

Alternativa "c": "Somente por lei específica poderá ser criada autarquia e **autorizada a instituição** de empresa pública, de sociedade de economia mista e de fundação, cabendo à lei complementar, neste último caso, definir as áreas de sua atuação" (art. 37, XIX da CF/88).

Alternativa "d": As autarquias são pessoas jurídicas de direito público e, por outro lado, as empresas estatais são dotadas de personalidade jurídica de direito privado. Dessa forma, apesar de ambas dependerem da realização de concurso público para a contratação de pessoal e, em regra, o pessoal das autarquias segue o regime estatutário e as estatais, por sua vez, sempre contratam seus funcionários sob o regime trabalhista. Não é correto, portanto, o expresso na alternativa, pois existentes distinções entre regime de pessoal das autarquias e das empresas estatais.

Alternativa "e": Por se tratar de pessoa de direito privado, em regra, as estatais **não se submetem ao regime de precatórios**, estabelecido no art. 100 da Constituição Federal. Todavia, a depender da atividade desempenhada por ela, o STF vem decidindo se tem aplicação ou não. Nesse sentido, por exemplo, a tese fixada no RE 852302: "As sociedades de economia mista prestadoras de serviço público de atuação própria do Estado e de natureza não concorrencial submetem-se ao regime de precatório." E a tese no RE 599628: "Sociedades de economia mista que desenvolvem atividade econômica em regime concorrencial não se beneficiam do regime de precatórios, previsto no art. 100 da Constituição da República.".

Alternativa correta: letra "b".

---

29. (IBADE – Delegado de Polícia – AC/2017) Considerando os temas da centralização e descentralização administrativa, da concentração e desconcentração administrativa, bem como dos entes da administração indireta, assinale a alternativa correta.

a) A possibilidade de nomeação, pelo chefe do Poder Executivo, dos dirigentes das autarquias públicas, empresas públicas, sociedades de economia mista e fundações é consequência da hierarquia existente entre a Administração direta e a Administração indireta.

b) As agências reguladoras são espécies de empresas públicas. Têm por finalidade a normatização técnica de serviços públicos e atividades econômicas.

c) Caso o Estado do Acre edite uma lei criando uma autarquia pública, fala-se em desconcentração administrativa, mantendo-se, assim, a hierarquia entre o novo ente da Administração indireta e a Administração direta.

d) Somente por lei especifica poderá ser criada autarquia e autorizada a instituição de empresa pública, de sociedade de economia mista e de fundação, cabendo à lei complementar ou à lei ordinária, neste último caso, definir as áreas de sua atuação.

e) A agência executiva, autarquia de regime especial, tem por forte característica a operacionalidade e a eficiência. Seu qualificativo como agência executiva é temporário, pois, de ordinário, depende de instrumento firmado perante a Administração direta.

COMENTÁRIOS

✪ **Nota do autor:** A **função administrativa** pode ser desempenhada de maneiras variadas e, inclusive, **pode ser atribuída a outras pessoas jurídicas**, que podem fazer parte da Administração Pública, bem como podem ser do setor privado. Essa possibilidade de a atuação administrativa ser realizada de diferentes maneiras está relacionada com a centralização, descentralização, a concentração e a desconcentração.

---

13. Informativo nº 919 do STF.

Alternativa "a". O controle administrativo é conhecido como controle finalístico ou tutela administrativa, pelo qual a administração direta verifica se a entidade administrativa está cumprindo a finalidade para a qual foi criada, ressaltando-se que, como não é órgão e sim uma pessoa jurídica, não há hierarquia, mas vinculação; isto é, uma autarquia, por exemplo, está vinculada à administração direta e não subordinada.

Alternativa "b". A agência reguladora é uma entidade administrativa da Administração Pública indireta, com personalidade de direito público, criada para exercer a regulação, o controle administrativo, a fiscalização, a disciplina sobre a prestação de um determinado serviço público ou a realização de alguma atividade econômica. Tendo personalidade de direito público, **as agências reguladoras não são empresas estatais.**

Alternativa "c". Caso o Estado do Acre edite uma lei criando uma autarquia pública, fala-se em **descentralização administrativa**, uma vez que há **repartição externa de competências**, com a criação de nova pessoa jurídica, que não será subordinada à administração direta e, sim, vinculada.

Alternativa "d". A alternativa traz a literalidade do disposto no inciso XIX do art. 37 da Constituição Federal, contendo erro ao incluir a expressão "ou à lei ordinária", porque, no caso das fundações públicas, cabe à lei complementar definir as áreas de sua atuação.

Alternativa "e". A agência executiva encontra-se prevista na Lei nº 9.649/98, que dispõe sobre a organização da Presidência da República e dos Ministérios. Trata-se de uma qualificação dada a uma autarquia ou a uma fundação pública que celebre contrato de desempenho com órgão da Administração Direta a que se acha vinculada para melhoria da eficiência e redução de custos. Trata-se de entidade preexistente que, uma vez preenchidos os requisitos legais, recebe a qualificação de agência executiva, podendo perdê-la, se deixar de atender os mesmos requisitos[14]. Ademais, o art. 51 do referido diploma legal estabelece que "O Poder Executivo poderá qualificar como Agência Executiva a autarquia ou fundação que tenha cumprido os seguintes requisitos: I – ter um plano estratégico de reestruturação e de desenvolvimento institucional em andamento; II – ter celebrado Contrato de Gestão com o respectivo Ministério supervisor." Portanto, a qualificação como agência executiva é temporária porque sua manutenção depende do cumprimento do contido no contrato de desempenho (**Atenção!** A Lei nº 13.934/2019 passou a denominar contrato de desempenho o "acordo celebrado entre o órgão ou entidade supervisora e o órgão ou entidade supervisionada, por meio de seus administradores, para o estabelecimento de metas de desempenho do supervisionado, com os respectivos prazos de execução e indicadores de qualidade, tendo como contrapartida a concessão de flexibilidades ou autonomias especiais"). Por fim, destaca-se que a alternativa, apesar de ter sido considerada como correta pela banca, deve ser vista com ressalvas, pois a agência executiva não, necessariamente, é uma autarquia em regime especial, já que se trata de título que pode ser concedido, de igual maneira, a uma fundação pública.

Alternativa correta: letra "e".

---

30. (FUNCAB – Delegado de Polícia – PA/2016) Acerca da organização administrativa, especificamente em relação aos contratos de gestão, julgue os itens a seguir, marcando apenas a opção correta.

a) Os contratos de gestão das Agencias Executivas serão celebrados com periodicidade mínima de quatro anos, com previsão de critérios e instrumentos para a avaliação do seu cumprimento.

b) O Contrato de Gestão terá metas e objetivos definidos, bem como recursos orçamentários e financeiros para o cumprimento de ambos. O Poder Executivo editará medidas de organização administrativa específicas para as Agências Executivas.

c) O Poder Executivo poderá qualificar como Agência Executiva a autarquia, fundação, sociedade de economia mista ou empresa pública que tenha celebrado Contrato de Gestão com o respectivo Ministério supervisor.

d) O contrato de gestão, elaborado pelo órgão, ministério ou entidade supervisora, sem a participação da organização social, com a finalidade de garantia da supremacia do interesse público, discriminará as atribuições, responsabilidades e obrigações do Poder Público e da organização social.

e) Os contratos de gestão somente poderão ser celebrados entre a administração direta e as autarquias e fundação, não existindo previsão legal de celebração de contrato de gestão entre o poder público e entidades privadas.

COMENTÁRIOS

✪ **Nota do autor:** O Decreto nº 2.487/1998 dispõe sobre a qualificação de autarquias e fundações como Agências Executivas, estabelece critérios e procedimentos para a elaboração, acompanhamento e avaliação dos contratos de desempenho e dos planos estratégicos de reestruturação e de desenvolvimento institucional das entidades qualificadas e dá outras providências. Atenção! Com a Lei nº 13.934/2019, o contrato em questão (antes denominado contrato de gestão) passou a se denominar contrato de desempenho.

Alternativa "a". Na forma do art. 52º, §1º da Lei nº 9.649/1998: "Os Contratos de Gestão das Agências Executivas serão celebrados com periodicidade mínima de **um ano** e estabelecerão os objetivos, metas e respectivos indicadores de desempenho da entidade, bem como os recursos necessários e os critérios e instrumentos para a avaliação do seu cumprimento".

Alternativa "b". Nos termos do art. 4º, I e II, do Decreto, o contrato de gestão conterá, dentre outras

---

14. DI PIETRO, Maria Sylvia Zanella. *Direito Administrativo*. 24 ed. São Paulo: Atlas, 2011.p. 476.

especificações, "objetivos e metas da entidade, com seus respectivos planos de ação anuais, prazos de consecução e indicadores de desempenho" e "demonstrativo de compatibilidade dos planos de ação anuais com o orçamento e com o cronograma de desembolso, por fonte".

Alternativa "c". O Poder Executivo poderá qualificar como Agência Executiva apenas a autarquia e a fundação pública, não sendo possível que empresas públicas e sociedades de economia mista recebam referida qualificação.

Alternativa "d". Consoante art. 6º, da Lei nº 9.637/98, "o contrato de gestão, elaborado de comum acordo entre o órgão ou entidade supervisora e a organização social, discriminará as atribuições, responsabilidades e obrigações do Poder Público e da organização social".

Alternativa "e". De acordo com o art. 1º, da Lei nº 9.637/98, **pessoas jurídicas de direito privado sem fins lucrativos**, que realizem atividades dirigidas ao ensino, à pesquisa científica, ao desenvolvimento tecnológico, à proteção e preservação do meio ambiente, à cultura e à saúde, **podem ser qualificadas como organizações sociais**. Recebendo o título de organização social, a entidade será declarada como de interesse social e utilidade pública e **pode**, nos termos do art. 5º, da Lei, **celebrar contrato de gestão com o poder público** com "vistas à firmação de parceria entre as partes para fomento e execução de atividades (...)" nas áreas de ensino, pesquisa científica, desenvolvimento tecnológico, proteção e preservação do meio ambiente, cultura e saúde.

Alternativa correta: letra "b".

---

31. (FUNCAB - Delegado de Polícia - RO/2014) Quanto às Agências Reguladoras, pode-se afirmar que:

a) seus dirigentes têm forma de escolha diferenciada, mitigando o controle político realizado pelo ente federativo que as criou.

b) são formas de descentralização contratual.

c) essas entidades possuem dependência técnica para o desempenho de suas atividades.

d) o recurso interposto por seus administrados é o hierárquico impróprio.

e) seus atos administrativos normativos são insindicáveis por ter seu fundamento de validade na lei que as criou.

COMENTÁRIOS

Nota do autor: A agência reguladora é uma entidade administrativa da Administração Pública indireta, com personalidade de direito público, criada para exercer a regulação, o controle administrativo, a fiscalização, a disciplina sobre a prestação de um determinado serviço público ou a realização de alguma atividade econômica. Atualmente, as agências reguladoras federais são regidas pela Lei nº 13.848/2019.

Alternativa correta: letra "a" (responde a alternativa "c"). As **agências reguladoras** são criadas, em regra, como **autarquias de regime especial**, dizendo respeito à maior autonomia em relação à Administração Direta. Para Maria Sylvia Zanella Di Pietro[15], contudo, **a independência das agências reguladoras deve ser entendida em termos compatíveis com o regime constitucional no Brasil**: independência em relação ao Poder Judiciário e ao Poder Legislativo inexiste; em relação ao Poder Executivo, a independência é um pouco maior, já que, como autarquias em regime especial, seus atos não podem ser revistos ou alterados pelo poder Executivo. Para que não haja confusão, deve ficar claro que a agência reguladora integra a administração indireta e, assim, está submetida a controle administrativo exercido pela administração direta. Entretanto, por ser autarquia em regime especial, **há maior autonomia, especialmente quanto ao controle político em razão de seus dirigentes terem mandato com duração definida** (na esfera federal, nos termos da Lei nº 9.986/00, são nomeados pelo Presidente da República, após aprovação pelo Senado Federal). Assim, via de regra, o mandato dos membros do Conselho Diretor ou da Diretoria Colegiada das agências reguladoras será de 5 anos, vedada a recondução (art. 6º da Lei nº 9.986/2000).

Alternativa "b". As **agências reguladoras** são forma de **descentralização administrativa por serviços**, que se dá por meio de lei.

Alternativa "d". O recurso hierárquico impróprio é o que pode ser manejado para outro órgão, situado fora da estrutura daquele que decidiu, mas somente quando houver expressa previsão legal.

Alternativa "e". Os atos expedidos pelas agências reguladoras são atos administrativos, e mesmo existindo maior autonomia no caso da expedição de atos normativos, em razão da conhecida discricionariedade técnica, não são insindicáveis, pois podem ser objeto de controle perante o Poder Judiciário.

Alternativa correta: letra "a".

---

32. (UEG - Delegado de Polícia - GO/2013) De acordo com a Lei nº 9.790/99, as organizações da sociedade civil de interesse público

a) possuem personalidade jurídica de direito público.

b) podem ter fins lucrativos.

c) estão dispensadas da qualificação junto ao Ministério da Justiça.

d) celebram termos de parcerias com a Administração.

COMENTÁRIOS

Nota do autor: Nos termos do parágrafo único do art. 2º da Lei nº 9.790/99, "**não constituem impedimento à qualificação como O**rganização da Sociedade Civil de Interesse Público as operações destinadas a microcrédito realizadas com instituições financeiras

15. *Direito administrativo.* 21 ed. São Paulo: Atlas, 2008. p. 446.

na forma de recebimento de repasses, venda de operações realizadas ou atuação como mandatárias".

Alternativa "a" (responde a alternativa "b"). A Lei nº 9790/99 regula a qualificação da pessoa **jurídica de direito privado** sem fins lucrativos, como organização da sociedade civil de interesse público (Oscip).

Alternativa "c". Nos termos do art. 5º da Lei nº 9.790/99, cumpridos os requisitos legais, deve fazer requerimento, objetivando a qualificação como Oscip, junto ao Ministério da Justiça, a quem cabe decidir a respeito, conforme o art. 6º.

Alternativa "d". Após ser qualificada, a Oscip **pode celebrar termo de parceria com o poder público**, em que se estabelece um **vínculo de cooperação** entre ambos. Diferentemente da Organização Social – que absorve determinada atividade que o Estado esteja fazendo – a Oscip representa **verdadeira parceria e não há extinção de órgãos públicos**.

Alternativa correta: letra "d".

---

33. (UEG – Delegado de Polícia – GO/2013) De acordo com a Lei nº 11.107/2005, que dispõe sobre normas gerais de contratação de consórcios públicos, verifica-se que

a) a formação do consórcio somente poderá efetivar-se se houver prévia subscrição de protocolo de intenções.

b) é desnecessária a constituição de pessoa jurídica ou associação pública, sendo suficiente o termo de ajuste celebrado entre as pessoas federativas consorciadas.

c) desde que o termo de ajuste seja publicado em órgão oficial é dispensada lei específica para o ente federado participar do consórcio público.

d) é vedado aos consórcios públicos celebrarem qualquer tipo de acordo com terceiros, como contratos e convênios.

COMENTÁRIOS

✪ **Nota do autor:** Os **consórcios públicos** são uma nova espécie de pessoa jurídica administrativa, introduzida pela Lei nº 11.107/05 ao regulamentar o art. 241 da Constituição Federal. O dispositivo constitucional estabelece que a União, os Estados, o DF e os Municípios, por meio de lei, disciplinarão sobre os consórcios públicos e os convênios de cooperação entre os entes federados, inclusive autorizando a gestão associada de serviços públicos, bem como a transferência total ou parcial de encargos, serviços, pessoal e bens essenciais à continuidade dos serviços transferidos. Segundo alteração promovida à Lei nº 11.107/2005, pela Lei nº 13.822/2019: "O consórcio público, com personalidade jurídica de direito público ou privado, observará as normas de direito público no que concerne à realização de licitação, à celebração de contratos, à prestação de contas e à admissão de pessoal, que será regido pela Consolidação das Leis do Trabalho (CLT) (...)".

Alternativa "a". Nos termos do art. 3º, o consórcio público será constituído por contrato cuja celebração dependerá de prévia subscrição do **protocolo de intenções**, que é uma espécie de **ajuste preliminar entre as pessoas políticas**, no qual há a definição do objeto do consórcio, quais são seus participantes, qual sua duração, qual forma de eleição do representante legal, entre outras cláusulas previstas no art. 4º.

Alternativa "b". O consórcio **não** é um simples ajuste entre seus membros, mas, na verdade, há **a criação de outra pessoa jurídica.** Conforme o art. 1º, § 1º, o **consórcio público poderá ser uma associação pública ou uma pessoa jurídica de direito privado.**

Alternativa "c". Como há criação de uma nova pessoa jurídica que fará parte da administração indireta, é necessário que haja **lei**. No caso do consórcio, como cada um dos entes consorciados é uma pessoa política, não basta lei oriunda somente de um deles, pois **deve haver a elaboração de lei em cada um dos entes consorciados.**

Alternativa "d". Nos termos do art. 2º, § 1º, I, para alcançar seus objetivos, o consórcio poderá "**firmar convênios, contratos, acordos de qualquer natureza, receber auxílios, contribuições e subvenções sociais ou econômicas de outras entidades e órgãos do governo**".

Alternativa correta: letra "a".

4. AGENTES PÚBLICOS: DISPOSIÇÕES CONSTITUCIONAIS

- CF, artigos 37 a 41

---

34. (FGV – Delegado de Polícia – PC – SC/2024) Com vistas a melhor compreender as normas constitucionais que versam sobre a remuneração dos agentes públicos ocupantes de cargo efetivo em âmbito estadual, Dirce passou a explorar o tema como maior profundidade, vindo a concluir corretamente que

a) a fixação e majoração da remuneração dos servidores do Poder Executivo pode ser realizada por Decreto do Governador.

b) a remuneração dos servidores policiais integrantes dos órgãos da segurança pública previstos na Constituição deverá ser fixada na forma de subsídio.

c) o direito a irredutibilidade de vencimentos é exclusivo dos agentes políticos, não sendo aplicável aos servidores de carreira.

d) o teto constitucional de remuneração dos servidores do Poder Executivo será necessariamente o subsídio do governador.

e) os agentes em questão são submetidos ao regime jurídico único dos servidores públicos editado pela União.

COMENTÁRIO

Alternativa "a". O art. 37, *caput*, X, da Constituição Federal, estabelece que "a remuneração dos servidores públicos e o subsídio de que trata o § 4º do art. 39 somente poderão ser fixados ou alterados por lei específica, observada a iniciativa privativa em cada caso, assegurada revisão geral anual, sempre na mesma data e sem distinção de índices".

Alternativa "b". De acordo com o art. 39, §4º, da Constituição Federal, "o membro de Poder, o detentor de mandato eletivo, os Ministros de Estado e os Secretários Estaduais e Municipais serão remunerados exclusivamente por subsídio fixado em parcela única, vedado o acréscimo de qualquer gratificação, adicional, abono, prêmio, verba de representação ou outra espécie remuneratória, obedecido, em qualquer caso, o disposto no art. 37, X e XI". Por sua vez, estabelece o §9º do art. 144 do texto constitucional que "A remuneração dos servidores policiais integrantes dos órgãos relacionados neste artigo será fixada na forma do § 4º do art. 39". Ou seja, a remuneração dos servidores policiais integrantes dos órgãos da segurança pública previstos será necessariamente fixada por meio de subsídio.

Alternativa "c". Nos termos do inciso XV do art. 37, "o subsídio e os vencimentos dos ocupantes de cargos e empregos públicos são irredutíveis, ressalvado o disposto nos incisos XI e XIV deste artigo e nos arts. 39, § 4º, 150, II, 153, III, e 153, § 2º, I", aplicando-se, portanto, também aos servidores ocupantes de cargo efetivo.

Alternativa "d". De acordo com o dispositivo mencionado, o **teto**, o limite máximo aplicável a qualquer agente público é o **subsídio do Ministro do Supremo Tribunal Federal**, que é fixado por **lei de iniciativa do próprio tribunal**. O teto é aplicável na esfera federal, estadual, distrital e municipal, e abrange todas as espécies remuneratórias (remuneração, subsídio, proventos de aposentadoria), incluindo, até mesmo, as vantagens pessoais, como, por exemplo, quinquênios e incorporações. A **exceção**, estabelecida no texto constitucional, é o **recebimento de verba indenizatória prevista em lei** (art. 37, §11). No caso dos Estados, há três subtetos e, no âmbito do Poder Executivo é o subsídio do Governador, o subsídio dos Deputados Estaduais e Distritais no âmbito do Poder Legislativo e o subsídio dos Desembargadores do Tribunal de Justiça em relação aos servidores do Poder Judiciário. Todavia, o §12 do art. 37 prevê a possibilidade de ser instituído um subteto único no âmbito estadual, que seria necessariamente o subsídio do Desembargador do TJ, desde que seja alterada a Constituição estadual.

Alternativa "e". Sendo servidores públicos estaduais, a estes não se aplica o **regime jurídico único** da União, sendo mandamento constitucional a instituição, pela União, Estados, Distrito Federal e Municípios, no âmbito de sua competência, regime jurídico único e planos de carreira para os servidores da administração pública direta, das autarquias e das fundações públicas.

Alternativa correta: letra "c".

35. (FGV - Delegado de Polícia - PC - AM/2022) O Estado Beta editou lei estadual prevendo que a remuneração do grau máximo da carreira de Delegado de Polícia Civil estadual corresponderá a 90,25% (noventa inteiros e vinte e cinco centésimos por cento) da remuneração dos Ministros do Supremo Tribunal Federal, escalonados conforme as respectivas classes, sendo a diferença entre uma e outra de 5% (cinco por cento).

Consoante jurisprudência do Supremo Tribunal Federal sobre o tema, a citada lei é

a) inconstitucional, porque deveria ter observado limite constitucional de 95% (noventa e cinco por cento) do subsídio mensal, em espécie, dos Ministros do Supremo Tribunal Federal.
b) inconstitucional, porque deveria ter observado limite constitucional de 95% (noventa e cinco por cento) incidente sobre o subsídio mensal, em espécie, dos Deputados Estaduais.
c) inconstitucional, porque vincula ou referencia espécies remuneratórias devidas a cargos e carreiras distintos, especialmente quando pretende a vinculação entre servidores de Poderes e níveis federativos diferentes.
d) constitucional, desde que haja uma norma na Constituição Estadual que não conflite com o percentual indicado na lei estadual editada, devendo prevalecer o maior percentual legal.
e) constitucional, desde que tenha sido observada a iniciativa legislativa do Governador do Estado, com a prévia e indispensável concordância do Delegado-Geral de Polícia Civil estadual.

COMENTÁRIO

Alternativa "c" (responde as demais alternativas). No julgamento da ADI nº 6.436-DF, o Supremo Tribunal Federal fixou o entendimento de que é inconstitucional a equiparação, vinculação ou referenciação de espécies remuneratórias devidas a cargos e carreiras distintos, sobretudo entre Poderes e níveis federativos diferentes. No caso concreto, o STF julgou inconstitucional Lei do Estado do MS que dispõe sobre a remuneração dos procuradores legislativos da Assembleia Legislativa de referida unidade federativa, que previa a correspondente vinculação com o subsídio percebido pelos Ministros do Supremo Tribunal Federal. Assim, uma Lei do Estado Beta referente à remuneração dos Delegados de Polícia **não** poderia fazer referência/vincular os correspondentes recebimentos ao subsídio dos Ministros do Supremo Tribunal Federal.

Alternativa correta: letra "c".

36. (Vunesp - Delegado de Polícia - PC - SP/2022) Considere que a Assembleia Legislativa aprovou lei que concede adicional a militares, em função da dedicação completa e exclusiva à corporação. O adicional foi escalonado em valores diversos e progressivos, de acordo com os graus hierárquicos ocupados pelos agentes.

Um dos militares que integra categoria localizada em posição inferior na estrutura hierárquica propôs ação solicitando a concessão do benefício no valor máximo. De acordo com a jurisprudência do Supremo Tribunal Federal e tendo por base a situação hipotética, é correto afirmar que

a) embora a concessão de gratificações da mesma natureza não possa ser realizada de forma escalonada pelo legislador, considerando exclusivamente o nível hierárquico do servidor público, o Poder judiciário não pode conceder o benefício com base no princípio da isonomia.

B) o reajuste, quando não tiver por base o desempenho de atribuição específica, deve ser interpretado como revisão geral de remuneração e estendido a todos os militares.

c) a gradação definida em lei deve ser respeitada, pois não fere o princípio da isonomia, considerando-se o próprio escalonamento da carreira militar e o nível de atribuições e responsabilidades de cada posto ocupado.

d) o pedido será deferido, tendo em vista que a dedicação completa e exclusiva à corporação é característica de todos os militares e, portanto, o reajuste no percentual máximo deve ser conferido a todos os integrantes da corporação.

e) os princípios da hierarquia e disciplina, que estruturam a organização das Forças Armadas, não podem ser levados em consideração para fins de definição da estrutura remuneratória, especialmente se o adicional possuir natureza indenizatória.

COMENTÁRIO

Alternativa "c" (responde as demais alternativas). No julgamento do ARE nº 1.341.061, o Supremo Tribunal Federal entendeu que "contraria o disposto na Súmula Vinculante nº 37 a extensão, pelo Poder Judiciário e com fundamento no princípio da isonomia, do percentual máximo previsto para o Adicional de Compensação por Disponibilidade Militar, previsto na Lei 13.954/2019, a todos os integrantes das Forças Armadas". Neste sentido, a Lei nº 13.954/2019 criou o adicional de compensação por disponibilidade militar, parcela remuneratória mensal devida ao militar em razão da disponibilidade permanente e da dedicação exclusiva, que incide sobre a remuneração de forma escalonada, variando de 41%, para os militares de alta patente (general de Exército, almirante de esquadra e tenente-brigadeiro), a 5%, para as patentes mais baixas. No caso concreto, o Relator Ministro Luiz Fux entendeu que a diferenciação entre os percentuais não ofende o princípio da isonomia, pois considera os pilares da hierarquia e da disciplina, princípios estruturantes das Forças Armadas.

Alternativa correta: letra "c".

---

37. (FGV – Delegado de Polícia – PC – RN/2021) João praticou e incitou discriminação contra Maria, em razão de sua deficiência mental, na medida em que publicou indevidamente fotos e vídeos da vítima com comentários em tom jocoso e depreciativo, por intermédio de meios de comunicação social na internet. O fato chegou ao conhecimento do delegado de polícia, que instaurou inquérito policial. No caso em tela, de acordo com o Estatuto da Pessoa com Deficiência, a interdição das respectivas mensagens ou páginas de informação na internet, sob pena de desobediência, pode ser determinada pelo:

a) delegado de polícia, diretamente, antes ou no curso do inquérito policial;

b) delegado de polícia, diretamente, apenas no curso do inquérito policial;

c) membro do Ministério Público ou delegado de polícia, diretamente, no curso do inquérito policial;

d) juiz, membro do Ministério Público ou delegado de polícia, diretamente, no curso do inquérito policial;

e) juiz, ouvido o Ministério Público ou a pedido deste, ainda antes do inquérito policial.

COMENTÁRIO

Alternativa "e" (responde as demais alternativas). Na forma do art. 88, §3º, do Estatuto da Pessoa com Deficiência, o **juiz** poderá determinar, ouvido o Ministério Público ou a pedido deste, ainda antes do inquérito policial, sob pena de desobediência, a interdição das respectivas mensagens ou páginas de informação na internet.

Alternativa correta: letra "e".

---

38. (UFPR – Delegado de Polícia – PC – PR/2021) Sobre concursos públicos, é correto afirmar:

a) É possível o estabelecimento de critério de desempate em concursos públicos que favoreça candidatos pertencentes ao serviço público de um determinado ente federativo.

b) É constitucional a remarcação do teste de aptidão física de candidata que esteja grávida à época de sua realização, independentemente da previsão expressa em edital do concurso público.

c) É vedada a realização de etapas de concurso público em datas e horários distintos dos previstos em edital por candidato que invoca escusa de consciência por motivo de crença religiosa.

d) É legítima a cláusula de edital de concurso público que restrinja a participação de candidato pelo fato de responder a inquérito ou ação penal, desde que tal previsão possua fundamento em lei ou decreto.

e) É lícito ao candidato aprovado em concurso público, que teve sua nomeação tardiamente efetivada, fazer jus a indenização proporcional ao tempo do retardo de sua nomeação.

COMENTÁRIO

Alternativa "a". É **vedado** o estabelecimento de critério de desempate em concursos públicos que favoreça candidatos pertencentes ao serviço público de um determinado ente federativo. Este é o entendimento do Supremo Tribunal Federal, no julgamento da ADI nº 5.358.

Alternativa "b". À luz do Tema nº 973, do Supremo Tribunal Federal, é constitucional a remarcação do teste de aptidão física de candidata que esteja grávida à época de sua realização, independentemente da previsão expressa em edital do concurso público.

Alternativa "c". O Supremo Tribunal Federal firmou entendimento no sentido diverso, de que, "nos termos do art. 5º, VIII, da CF, é possível a realização de etapas de concurso público em datas e horários distintos dos previstos em edital por candidato que invoca a escusa de consciência por motivo de crença religiosa, desde que presente a razoabilidade da alteração, a preservação da igualdade entre todos os candidatos e que não acarrete ônus desproporcional à Administração pública, que deverá decidir de maneira fundamentada". Trata-se do RE nº 611.874.

Alternativa "d". De acordo com a tese fixada pelo STF no RE 560.900 (Tema 22), "Sem previsão constitucionalmente adequada e instituída por lei, não é legítima a cláusula de edital de concurso público que restrinja a participação de candidato pelo simples fato de responder a inquérito ou ação penal"..

Alternativa "e". O STF, no RE 427.347, fixou a seguinte tese de repercussão geral: "Na hipótese de posse em cargo público determinada por decisão judicial, o servidor não faz jus a indenização, sob fundamento de que deveria ter sido investido em momento anterior, salvo situação de arbitrariedade flagrante"

Alternativa correta: letra "b".

39. (UFPR - Delegado de Polícia - PC - PR/2021) Acerca do provimento de cargos públicos, assinale a alternativa correta.

a) Em caso de reconhecida nulidade de contratação de empregado público por não ter sido precedida de aprovação em concurso público, esse empregado fará jus ao levantamento dos valores recolhidos a título de Fundo de Garantia por Tempo de Serviço.

b) Caso o candidato nomeado após aprovação em concurso público não compareça no prazo legal para tomar posse do respectivo cargo, deverá ser declarado nulo o seu decreto de nomeação.

c) É de dois anos o prazo para aquisição de estabilidade no serviço público, contados da data da entrada em exercício do servidor ocupante de cargo de provimento efetivo.

d) Servidor aposentado compulsoriamente antes da entrada em vigor da legislação que alterou para setenta e cinco anos a idade para aposentadoria compulsória poderá retornar à atividade por meio do instituto da reversão, desde que faça requerimento expresso neste sentido e haja conveniência e oportunidade para a Administração Pública.

e) No caso de provimento de cargo público por ascensão, deverá o servidor público assinar novo termo de posse, ocorrendo interrupção no tempo de serviço, que será contado do novo posicionamento na carreira a partir da data da publicação do ato que o tiver ascendido.

COMENTÁRIO

Alternativa "a". De acordo com o entendimento do Supremo Tribunal Federal proferido no RE nº 765.320, é possível levantar depósitos de FGTS em caso de nulidade de contratação realização pelo Estado, à luz do art. 37, §2º, da Constituição Federal, c/c art. 19-A da Lei nº 8.036/1990.

Alternativa "b". Caso o candidato nomeado após aprovação em concurso público não compareça no prazo legal para tomar posse do respectivo cargo, **será tornado sem efeito** seu decreto de nomeação, não havendo que se falar em nulidade.

Alternativa "c". A estabilidade é uma garantia constitucional destinada aos servidores ocupantes de cargo efetivo que tenham **três anos de efetivo exercício** e após avaliação especial de desempenho por comissão instituída para essa finalidade, nos moldes do art. 41, da Constituição Federal.

Alternativa "d". A **reversão** é **retorno do aposentado à ativa** e pode ocorrer quando o servidor tenha se aposentado por invalidez ou voluntariamente, mas não compulsoriamente. Desse modo, de acordo com o art. 25 da Lei nº 8.112/90, a reversão pode se dar **de ofício** ou **a pedido**. Acrescente-se, ainda, que no MS 34.407, a 2 Turma do STF, negou pedido feito em situação fática descrita na alternativa e no julgado, além da menção à incompatibilidade da aposentadoria compulsória com o instituto da reversão, reiterou-se posição consolidada na Suprema Corte de que a aposentadoria rege-se pela legislação vigente ao tempo em que reunidos os requisitos necessários à obtenção do benefício.

Alternativa "e". Nos termos do art. 8º da Lei 8.112/1990, por exemplo, as ***formas de provimento*** são: a) nomeação; b) promoção; ***c) readaptação***; d) reversão; e) aproveitamento; f) recondução; ***g) reintegração. A nomeação*** é a única forma de provimento originário, e as demais são derivadas. Quanto à ***ascensão e a transferência não são formas de provimento,*** pois ***são inconstitucionais***. No art. 8º, nos incisos III e IV, havia a previsão da ascensão e da transferência, mas ambos foram revogados pela Lei nº 9.527/97 e, mesmo antes da revogação, o Supremo Tribunal Federal já as considerava inconstitucionais porque, com a adoção no texto constitucional do acesso aos cargos públicos via concurso público, somente as hipóteses constantes da própria Constituição legitimam a dispensa do certame como, por exemplo, a nomeação para cargo em comissão (ADI 231/RJ).

Alternativa correta: letra "a".

40. (UFPR - Delegado de Polícia - PC - PR/2021) Acerca dos direitos e vantagens dos servidores públicos, assinale a alternativa correta.

a) É garantida constitucionalmente a revisão geral anual da remuneração dos servidores públicos, razão pela qual é dado ao Poder Judiciário determinar a apresentação da respectiva lei por parte do Poder Executivo.

b) É possível ampliar a jornada de trabalho sem alteração da remuneração do servidor, não representando tal ato violação da regra constitucional da irredutibilidade de vencimentos.

c) Viola o princípio constitucional da isonomia, bem como a revisão geral anual, a concessão de reajustes salariais setoriais com o fim de corrigir eventuais distorções remuneratórias.

d) É possível o pagamento de terço de férias e de décimo terceiro salário aos vereadores, desde que a percepção de tais verbas esteja prevista em lei municipal.

e) É lícito o estabelecimento de isonomia de vencimentos entre as carreiras da Magistratura, do Ministério Público, dos Procuradores do Estado e dos Delegados de Polícia.

COMENTÁRIO

Alternativa "a". O art. 37, inc. X, da Constituição Federal, dispõe que: "a remuneração dos servidores públicos e o subsídio de que trata o § 4º do art. 39 somente poderão ser fixados ou alterados por lei específica, observada a iniciativa privativa em cada caso, assegurada revisão geral anual, sempre na mesma data e sem distinção de índices". Neste sentido, não é possível que o Poder Judiciário apresente a lei correspondente ao Poder Executivo, dada a necessidade de observância da iniciativa privativa mencionada no texto constitucional.

Alternativa "b". Pelo contrário; não é possível ampliar a jornada de trabalho sem alteração da remuneração do servidor. Trata-se de entendimento proferido no âmbito do julgamento do ARE nº 660.010, do Supremo Tribunal Federal.

Alternativa "c". A jurisprudência do Supremo Tribunal Federal firmou entendimento de que **não** viola o princípio constitucional da isonomia, nem da revisão geral anual a concessão de reajustes salariais setoriais com o fim de corrigir eventuais distorções remuneratórias. Neste sentido, é o ARE nº 765.304.

Alternativa "d". Na forma do Informativo nº 950, do Supremo Tribunal Federal, é possível o pagamento de terço de férias e de décimo terceiro salário aos Vereadores, mas desde que isso esteja previsto em lei municipal.

Alternativa "e". O artigo 37, inciso XIII, da Constituição Federal, com a redação dada pela Emenda Constitucional nº 19/1998, veda a vinculação ou equiparação de remuneração de pessoal no serviço público. Nesse sentido, por exemplo, na ADPF 328, o STF reconheceu a não recepção de lei estadual que reconhecia a a isonomia de vencimentos entre as carreiras da Magistratura, do Ministério Público, dos Procuradores do Estado e dos Delegados de Polícia.

Alternativa correta: letra "d".

41. (UFPR – Delegado de Polícia – PC – PR/2021) O direito de greve dos servidores públicos vem recebendo novos contornos na jurisprudência das Cortes Superiores. Sobre o tema, considere as seguintes afirmativas:

1. Conquanto seja proscrito o direito de greve dos servidores militares, é lícito o seu exercício por parte de policiais civis.
2. É ilícita a realização de greve por parte dos servidores pertencentes às carreiras da polícia penal.
3. A Administração Pública deve proceder ao desconto dos dias de paralisação decorrentes do exercício do direito de greve pelos servidores públicos, exceto se ficar demonstrado que a greve foi provocada por conduta ilícita do Poder Público.
4. A Justiça do Trabalho é competente para julgar a abusividade de greve de servidores públicos celetistas da Administração Pública direta, bem como de autarquias e fundações públicas.

Assinale a alternativa correta.

a) Somente a afirmativa 1 é verdadeira.

b) Somente as afirmativas 1 e 4 são verdadeiras.

c) Somente as afirmativas 2 e 3 são verdadeiras.

d) Somente as afirmativas 2, 3 e 4 são verdadeiras.

e) As afirmativas 1, 2, 3 e 4 são verdadeiras.

COMENTÁRIO

Item I. Errado. Os servidores que atuam diretamente na área de segurança pública **não** podem entrar em greve, uma vez que desempenham atividade essencial à manutenção da ordem pública. Este é o entendimento do Supremo Tribunal Federal, proferido no ARE nº 654.432.

Item II. Correto. Os servidores das carreiras da polícia penal, conforme previsão no inciso VI do art. 11 da CF, atuam diretamente na área de segurança pública, sendo, portanto, vedado-lhes o exercício do direito de greve.

Item III. Correto. Na linha do RE nº 693.456, julgado pelo Supremo Tribunal Federal, é possível o desconto dos dias parados em razão do movimento grevista, exceto se esta tiver sido provocada por atraso no pagamento aos servidores públicos civis ou por outras situações excepcionais que justifiquem o afastamento da premissa da suspensão da relação funcional ou de trabalho.

Item IV. Errado. A **justiça comum**, federal ou estadual, é competente para julgar a abusividade de greve de servidores públicos celetistas da Administração Pública direta, autarquias e fundações públicas, à luz do RE nº 846.854.

Alternativa correta: letra "c".

42. (UFPR – Delegado de Polícia – PC – PR/2021) A Constituição da República de 1988 veicula uma série de direitos aplicáveis aos agentes públicos. Sobre o assunto, considere as seguintes afirmativas:

1. A estabilidade especial prevista no Ato das Disposições Constitucionais Transitórias (art. 19) não se estende aos empregados das fundações públicas de direito privado, aplicando-se tão somente aos servidores das pessoas jurídicas de direito público.
2. Compete a cada ente federativo estipular, por meio de lei em sentido estrito, o regime jurídico de seus servidores, escolhendo entre o regime estatutário ou o regime celetista, sendo que a Constituição Federal não excluiu a possibilidade de ser adotado o regime de emprego público.
3. É viável a previsão, em lei, de que cargo público de provimento efetivo integrante da estrutura da Administração direta seja privativo de brasileiro nato.
4. O servidor público no desempenho de mandato eletivo de prefeito ou vereador, havendo compatibilidade de horários, perceberá as vantagens de seu cargo, emprego ou função, sem prejuízo da remuneração do cargo eletivo.

Assinale a alternativa correta.

a) Somente a afirmativa 2 é verdadeira.
b) Somente as afirmativas 1 e 2 são verdadeiras.
c) Somente as afirmativas 3 e 4 são verdadeiras.
d) Somente as afirmativas 1, 3 e 4 são verdadeiras.
e) As afirmativas 1, 2, 3 e 4 são verdadeiras.

COMENTÁRIO

Item I. Correto. A ***estabilidade*** é uma garantia constitucional na permanência no serviço público, e não no cargo, após o período de três anos de efetivo exercício. Por força da **estabilidade excepcional**, prevista no art. 19, da ADCT, os **servidores públicos** da administração direta, das autarquias e fundações públicas da União, dos Estados, do DF e dos Municípios **que não foram admitidos por concurso público e estavam em exercício há cinco anos, quando da promulgação da Constituição de 1988, foram considerados estáveis.** A estabilidade excepcional, assim, não se estende às fundações públicas de direito privado, aplicando-se tão somente aos servidores das pessoas jurídicas de direito público.

Item II. Correto. Cada um dos entes federativos tem competência para definir o regime jurídico de seus colaboradores, desde que respeitados os preceitos da Constituição Federal. Neste sentido, é possível que haja empregados públicos, a quem se aplica o regime celetista. Esse regime, ao contrário do estatutário, é igual em todas as esferas da Administração, pois está estabelecido na Consolidação das Leis Trabalhistas (CLT), cuja competência para legislar a respeito é privativa da União, nos termos do art. 22, I, da Constituição Federal. É o regime próprio do setor privado. Dessa maneira, os direitos e deveres dos empregados públicos, em regra, são os mesmos dos empregados do setor privado. Todavia, não são idênticos, pois o regime celetista é mitigado com as disposições contidas na Constituição Federal. Nesse sentido, aliás, o recente entendimento adotado pelo STF na ADI nº 5.615/SP, em que se entendeu que a CF não excluiu a possibilidade de adoção do regime de emprego público para autarquias. Assim, o art. 39 deveria ser interpretado no sentido de que caberia a cada ente federativo estipular o regime jurídico de seus servidores, escolhendo entre o estatutário ou celetista, tratando-se, pois, de norma de eficácia limitada.

Item III. Errado. Conforme o art. 37, I, da Constituição Federal, os "os cargos, empregos e funções públicas são acessíveis aos brasileiros que preencham os requisitos estabelecidos em lei, assim como aos estrangeiros, na forma da lei". Não é possível, assim, que cargo público de provimento efetivo integrante da estrutura da Administração direta seja privativo de brasileiro nato, por força de lei, admitindo-se tal hipótese somente nos casos previsto no texto constitucional.

Item IV. Errado. O art. 38 da Constituição Federal disciplina a situação do servidor ocupante de cargo ou emprego ou função pública que é eleito para exercer mandato eletivo. Se for eleito, para mandato de vereador, poderá acumular a remuneração ou subsídio de seu cargo, emprego ou função com o subsídio de vereador, desde que haja compatibilidade de horários e, se os horários não forem compatíveis, será afastado de seu cargo público, mas poderá optar pela remuneração. Caso eleito para mandato de Prefeito ou de Vice-Prefeito **será afastado de seu cargo**, mas poderá optar pela remuneração.

Alternativa correta: letra "b".

43. (FGV – Delegado de Polícia – PC – RN/2021) João se inscreveu em concurso público para provimento de certo cargo efetivo na área da segurança pública no Estado Alfa. Após ser aprovado na prova objetiva, João recebeu um comunicado da entidade organizadora do concurso informando-lhe que seria realizado um exame psicotécnico, de caráter eliminatório. Tendo em vista que não havia previsão em lei nem no edital do concurso para tal exame psicotécnico, João impetrou mandado de segurança impugnando a realização do exame. De acordo com a jurisprudência do Superior Tribunal de Justiça, a pretensão de João:

a) não merece prosperar, pois há discricionariedade do Estado Alfa para definir quais concursos públicos devem exigir exame psicotécnico, de acordo com a natureza do cargo;
b) não merece prosperar, pois há discricionariedade da entidade organizadora para definir quais concursos públicos devem exigir exame psicotécnico, conforme a natureza do cargo;
c) não merece prosperar, desde que todos os candidatos sejam submetidos ao mesmo exame psicotécnico, de maneira a atender aos princípios da isonomia e competitividade;

d) merece prosperar, pois haveria necessidade de prévia previsão em lei e previsão no edital com a devida publicidade dos critérios objetivos fixados e possibilidade de recurso;
e) merece prosperar, pois haveria necessidade de prévia previsão no edital do e ame psicotécnico independentemente de previsão em lei.

COMENTÁRIO

Alternativa "d" (responde as demais alternativas). Conforme súmula nº 686 do Supremo Tribunal Federal, só por lei se pode sujeitar a exame psicotécnico a habilitação de candidato a cargo público. Sobre o tema também já decidiu o STJ que a realização de exames psicotécnicos em concursos públicos é legítima, desde que haja previsão legal e editalícia, que os critérios adotados para a avaliação sejam objetivos e que caiba a interposição de recurso contra o resultado, que deve ser público (REsp *nº 1.221.968, Rel. Min. Campbell Marques, j. 22.2.2011. 2ª T).*

Alternativa correta: letra "d".

---

44. (FGV – Delegado de Polícia – PC – RN/2021) A Lei Orgânica da Polícia Civil do Estado Alfa foi alterada pela Assembleia Legislativa, de maneira que foi inserido um artigo dispondo que é vedado ao servidor público ocupante de cargo efetivo ou comissionado servir sob a direção imediata de cônjuge ou parente até segundo grau civil.

De acordo com a jurisprudência do Supremo Tribunal Federal, a norma mencionada é:

a) constitucional, porque existe presunção de ofensa aos princípios expressos da administração pública da impessoalidade e da moralidade;
b) constitucional, porque está de acordo com os princípios da administraçao pública e a súmula vinculante que veda o nepotismo, e é aplicável para todos os entes federativos;
c) constitucional, porque cada Estado da Federação tem autonomia para ampliar livremente as hipóteses de nepotismo previstas em súmula vinculante;
d) inconstitucional, porque os ocupantes de cargos efetivos ou comissionados no âmbito da polícia civil são considerados agentes políticos e, por isso, não incide a súmula vinculante que proíbe o nepotismo;
e) inconstitucional em relação aos ocupantes de cargos efetivos, eis que normas inibitórias do nepotismo não têm como campo próprio de incidência os cargos efetivos, sob pena de violação ao concurso público.

COMENTÁRIO

✪ **Nota do Autor:** A Súmula Vinculante nº 13 proíbe a nomeação para cargo em comissão do **cônjuge ou companheiro e dos parentes, em linha reta, colateral e por afinidade, até o 3º grau, inclusive, da autoridade nomeante ou de servidor que já é ocupante de cargo em comissão na mesma pessoa jurídica**. Vale destacar que a vedação ao nepotismo **não** atinge os cargos de natureza eminentemente política.

Alternativa "e" (responde as demais alternativas). O dispositivo em questão é inconstitucional na medida em que não há que se falar na proibição a que alude a Súmula Vinculante nº 13 aos ocupantes de cargos efetivos, que ingressaram nas correspondentes carreiras via concurso público. Assim, com exceção dos cargos de natureza eminentemente política – sobre os quais não incide a Súmula Vinculante -, veda-se a **nomeação de cônjuge ou companheiro e dos parentes, em linha reta, colateral e por afinidade, até o 3º grau, inclusive, da autoridade nomeante ou de servidor que já é ocupante de cargo em comissão na mesma pessoa jurídica**, não valendo referida restri**ção a eventuais cônjuges, companheiros ou parentes que tenham sido aprovados em concurso públ**ico. Em caso análogo, neste mesmo sentido decidiu o Supremo Tribunal Federal, no julgamento da ADI nº 524. Entretanto, é importante registrar que, segundo o STF, tal exceção não é absoluta, ou seja, o entendimento de que a Súmula Vinculante nº 13 não é aplicável quando se tratar de nomeação para cargo em comissão de natureza política não se aplica no caso de nomeação de parente para o cargo em comissão com a manifesta intenção de fraudar a lei como ocorre, por exemplo, nas hipóteses de nomeação decorrente de "comprovada troca de favores ou de evidente inaptidão do nomeado para seu exercício", conforme decidido no RE 825.862 .

Alternativa correta: letra "e".

---

45. (UFPR – Delegado de Polícia – PC – PR/2021) A prática de atos ilícitos pelos servidores públicos pode ensejar a sua responsabilização. Acerca dessa responsabilização e das formalidades a serem observadas para a apuração desses ilícitos, assinale a alternativa correta.

a) Dado o caráter contributivo de que se reveste o benefício previdenciário, a cassação de aposentadoria de servidor público pela prática, na atividade, de falta disciplinar punível com demissão não é possível porque configura enriquecimento ilícito do Estado.
b) A estabilidade no cargo exercido pelo servidor é condição para que ele seja designado como membro de comissão processante de processo administrativo disciplinar.
c) Se a absolvição criminal de acusado no âmbito de processo administrativo disciplinar ocorreu por ausência de provas, a administração pública está vinculada à decisão proferida na esfera penal.
d) A portaria de instauração do processo administrativo disciplinar deve veicular exposição detalhada dos fatos a serem apurados, sob pena de nulidade.
e) O dever de motivação dos atos administrativos impede a instauração de processo administrativo disciplinar com base em denúncia anônima.

COMENTÁRIO

Alternativa "a". O disposto na assertiva contraria entendimento adotado pelo STJ, no MS nº 23.608-DF. Nesse sentido: "A pena de cassação de aposentadoria é compatível com a Constituição Federal, a despeito do caráter contributivo conferido àquela, especialmente porque nada impede que, na seara própria, haja o acertamento de contas entre a administração e o servidor aposentado punido. Assim, constatada a existência de infração disciplinar praticada enquanto o servidor estiver na ativa, o ato de aposentadoria não se transforma num salvo conduto para impedir o sancionamento do ilícito pela administração pública".

Alternativa "b". Nos termos do já decidido pelo STF, a estabilidade no cargo exercido pelo servidor é condição para que ele seja designado como membro de comissão processante de processo administrativo disciplinar. Nesse sentido, o decidido no RMS 32357: "No caput do art. 149 da Lei n. 8.112/1990 se determina seja a comissão condutora de processo disciplinar composta por servidores estáveis e se exige que, no momento da designação, **estes já tenham atingido a estabilidade no desempenho do cargo que exercem e que os legitima participar da comissão**".

Alternativa "c". No sistema brasileiro, vigora a regra da independência de instâncias e, desse modo, é possível a cumulação de penalidades nas esferas civil, administrativa e penal, sem que haja a configuração do *bis in idem*. Por exemplo, um servidor que, valendo-se do cargo, desvie dinheiro público que estava em sua posse poderá ser demitido administrativamente, condenado criminalmente pelo crime de peculato e, ainda, poderá ser condenado por improbidade administrativa. Nesse sentido, por exemplo, estabelece o art. 125 da Lei nº 8.112/90 que as sanções civis, penais e administrativas poderão cumular-se, sendo independentes entre si. Entretanto, o art. 126 do Estatuto determina que a responsabilidade administrativa do servidor seja afastada no caso de absolvição criminal que negue a existência do fato ou sua autoria e, na mesma esteira, há o art. 945 do Código Civil em relação à responsabilidade civil. Assim, não basta ser absolvido, pois a absolvição dever ter como fundamento a negativa de autoria e a inexistência do fato.

Alternativa "d". Consoante Súmula nº 641, do Superior Tribunal de Justiça, "a portaria de instauração do PAD tem como principal objetivo dar início à persecução disciplinar, conferindo publicidade à constituição da Comissão Disciplinar, nela não se exigindo a exposição detalhada dos fatos a serem apurados, o que somente se faz indispensável na fase de indiciamento (...)".

Alternativa "e". De acordo com a Súmula nº 611, do Superior Tribunal de Justiça, é permitida a instauração do processo com base em denúncia anônima, desde que devidamente motivada e com amparo em investigação ou sindicância.

Alternativa correta: letra "b".

46. (FGV - Delegado de Polícia - PC - RN/2021) Tramita no âmbito interno da Polícia Civil do Estado do Rio Grande do Norte processo administrativo disciplinar (PAD) que apura eventual falta funcional praticada por certo delegado de polícia. Durante a instrução do PAD, foi verificada pela autoridade competente que o conduz a necessidade de obtenção de prova emprestada, consistente em interceptação telefônica realizada no bojo de processo criminal.

De acordo com a jurisprudência dos Tribunais Superiores, o compartilhamento de prova pretendido é:

a) inviável, pois a Constituição da República de 1988 prevê que é inviolável o sigilo da correspondência e das comunicações telegráficas, de dados e das comunicações telefônicas;
b) inviável, pois a Constituição da República de 1988 prevê que a interceptação telefônica somente pode ser utilizada para fins de investigação criminal ou instrução processual penal;
c) viável, desde que devidamente autorizada pelo juízo criminal competente e respeitados os princípios do contraditório e da ampla defesa;
d) viável, independentemente de prévia autorização pelo juízo criminal, porque, uma vez produzida, a prova pertence ao Estado que é uno;
e) inviável, pois a Constituição da República de 1988 prevê que a interceptação telefônica somente pode ser produzida no âmbito de investigação e processo criminal ou ação de improbidade administrativa.

COMENTÁRIO

Alternativa "c" (responde as demais alternativas). De acordo com a Constituição Federal, é inviolável o sigilo da correspondência e das comunicações telegráficas, bem como de dados e das comunicações telefônicas. No entanto, quanto às comunicações telefônicas, é possível que, por ordem judicial, para fins de investigação criminal ou instrução processual penal, haja a chamada quebra do sigilo. Dessa forma, a questão tem como objeto saber se as provas obtidas em interceptação telefônica realizada no âmbito de ação penal podem ser usadas em processo administrativo. A jurisprudência admite o uso da chamada prova emprestada, que é o uso de prova realizada em outro processo. Nesse sentido, há a **Súmula 591 do STJ:** "É permitida a prova emprestada no processo administrativo disciplinar, desde que devidamente autorizada pelo juízo competente e respeitados o contraditório e a ampla defesa".

Alternativa correta: letra "c".

47. (Inst. Acesso - Delegado de Polícia - PC - ES/2019) Quanto à responsabilidade fiscal dos agentes públicos, assinale a alternativa correta.

a) O Tribunal de Contas da União verificará o cumprimento dos limites e condições relativos à realização de operações de crédito de cada ente da Federação, inclusive das empresas por eles controladas, direta ou indiretamente.

b) A criação, expansão ou aperfeiçoamento de ação governamental que acarrete aumento da despesa, não necessita de estimativa do impacto orçamentário-financeiro no exercício em que deva entrar em vigor.

c) Equipara-se a operações de crédito e está permitida a assunção de obrigação, sem autorização orçamentária, com fornecedores para pagamento a posteriori de bens e serviços.

d) É nulo de pleno direito o ato que provoque aumento da despesa com pessoal e não atenda o limite legal de comprometimento aplicado às despesas com pessoal inativo.

e) o Relatório Resumido da Execução Orçamentária não é um instrumento de transparência da gestão fiscal.

COMENTÁRIO

Alternativa "a". Na forma do art. 32, *caput*, da Lei Complementar nº 101/2000, "o **Ministério da Fazenda** verificará o cumprimento dos limites e condições relativos à realização de operações de crédito de cada ente da Federação, inclusive das empresas por eles controladas, direta ou indiretamente". Atenção! Nos termos da Lei nº 13.844/2019, o Ministério da Fazenda passou a se denominar Ministério da Economia.

Alternativa "b". O art. 16, da LC nº 101/2000, estabelece que a criação, expansão ou aperfeiçoamento de ação governamental que acarrete aumento da despesa será acompanhado de: I - estimativa do impacto orçamentário-financeiro no exercício em que deva entrar em vigor e nos dois subsequentes; e II - declaração do ordenador da despesa de que o aumento tem adequação orçamentária e financeira com a lei orçamentária anual e compatibilidade com o plano plurianual e com a lei de diretrizes orçamentárias".

Alternativa "c". O art. 37, IV, estabelece que se equipara a operação de crédito a assunção e está vedada a "assunção de obrigação, sem autorização orçamentária, com fornecedores para pagamento a *posteriori* de bens e serviços".

Alternativa "d". O art. 21, I, da Lei, estabelece que é nulo de pleno direito o ato que provoque aumento de despesa e não atenda ao limite legal de comprometimento aplicado às despesas com pessoal inativo. Ademais, o dispositivo determina a obrigatoriedade de serem observadas as exigências do art. 16 e 17, da Lei, e do art. 37, XIII e art. 169, §1º, ambos da Constituição Federal. Deve-se destacar que o art. 21 da LC nº 101/2000 foi alterado pela LC nº 173/2020. Todavia, o disposto na questão continua sendo objeto de previsão legal.

Alternativa "e". O art. 48, *caput*, da Lei, estabelece que "são instrumentos de transparência da gestão fiscal, aos quais será dada ampla divulgação, inclusive em meios eletrônicos de acesso público: os planos, orçamentos e leis de diretrizes orçamentárias; as prestações de contas e o respectivo parecer prévio; o **Relatório Resumido da Execução Orçamentária** e o Relatório de Gestão Fiscal; e as versões simplificadas desses documentos".

Alternativa correta: letra "e".

---

48. (Inst. Acesso - Delegado de Polícia - PC - ES/2019) Leia as afirmativas a seguir, à luz da Constituição da República Federativa do Brasil e da legislação infraconstitucional aplicável, no que se refere à temática do exercício do cargo de servidor no âmbito da Administração Pública.

I. Extinto o cargo ou declarada sua desnecessidade, o servidor estável ocupante deste cargo ficará em disponibilidade, sendo sustada a remuneração que percebia, restituindo-se a remuneração na hipótese de reaproveitamento do servidor em outro cargo.

II. A contratação temporária feita por ente da Administração é matéria que depende de estipulação legal e está condicionada à necessidade e ao interesse público.

III. Servidor estável que passou a ocupar o cargo de outro servidor demitido e que voltou ao mesmo cargo por força de decisão judicial reintegratória, se estável, deverá ser reconduzido ao cargo de origem ou posto em disponibilidade.

IV. A avaliação periódica é uma das formas pelas quais o servidor pode perder o cargo, em conformidade com lei complementar, sendo assegurado, no procedimento de avaliação, o direito a ampla defesa.

V. Servidor da administração direta, autárquica ou fundacional que for investido no cargo de Prefeito poderá optar pela sua remuneração.

Marque a alternativa correta:

a) Todas as afirmativas estão corretas, à exceção da IV.

b) Todas as afirmativas estão corretas, à exceção da III.

c) Todas as afirmativas estão corretas, à exceção da I.

d) Todas as afirmativas estão corretas, à exceção da II.

e) Todas as afirmativas estão corretas, à exceção da V.

COMENTÁRIOS

Item I. Extinto o cargo ou declarada a sua desnecessidade, o servidor estável ficará em disponibilidade, **com remuneração proporcional ao tempo de serviço**, até seu adequado aproveitamento em outro cargo (artigo 41, § 3º da CF). Desse modo, não há que se falar em sustação da remuneração, como apontado na alternativa.

Item II. A **contratação temporária** constitui hipótese em que não se realiza concurso público. Está prevista no art. 37, IX, da Constituição Federal, que dispõe que "a lei estabelecerá os casos de contratação por tempo determinado para atender à necessidade temporária de excepcional interesse público".

Item III. Nos termos do art. 41, º 2º, da Constituição Federal, invalidada "por sentença judicial a demissão do servidor estável, será ele reintegrado, e o eventual ocupante da vaga, se estável, reconduzido ao cargo de origem, sem direito a indenização, aproveitado em outro cargo ou posto em disponibilidade com remuneração proporcional ao tempo de serviço".

Item IV. Nos termos do artigo 41 da Constituição Federal, **serão estáveis após três anos de efetivo exercício** os servidores nomeados para cargo de provimento efetivo em virtude de concurso público, desde que aprovado em avaliação especial de desempenho por comissão instituída para essa finalidade. Adquirida a estabilidade, o servidor só **perderá o cargo em virtude de sentença judicial transitada em julgado**, mediante **processo administrativo em que lhe seja assegurada ampla defesa** ou mediante **procedimento de avaliação periódica de desempenho,** na forma de lei complementar, assegurada ampla defesa.

Item V. O art. 38 da Constituição Federal disciplina a situação do servidor ocupante de cargo ou emprego ou função pública que é eleito para exercer mandato eletivo. Caso eleito para mandato de Prefeito ou de Vice-Prefeito será afastado de seu cargo, mas poderá optar pela remuneração.

Alternativa correta: letra "c" (responde as demais alternativas). À exceção do item I, todas as afirmativas estão corretas.

---

49. (Inst. Acesso - Delegado de Polícia - PC - ES/2019) Com relação aos agentes públicos em geral e seu regime jurídico, leia as afirmativas a seguir.

I. Senadores da República não são agentes públicos, mas caracterizam-se como agentes políticos.

II. Agentes públicos podem estar submetidos ao regime jurídico estatutário ou ao regime jurídico celetista.

III. A atuação como jurado é caracterizada pela ação do particular que colabora com o poder público.

IV. O servidor público só pode ser demitido após a instauração de processo administrativo disciplinar, diferentemente do empregado público, para o qual não se aplica a regra celetista de demissão sem justa causa.

V. Empregado público, por definição, é todo agente público que trabalha em uma Empresa Estatal.

Estão corretas apenas as afirmativas:

a) II, IV e V.

b) III, IV e V.

c) I, II e III.

d) I, III, V.

e) II, III e IV.

COMENTÁRIOS

Item I. Os **agentes políticos** são aqueles que representam **as funções típicas estatais de legislar, julgar, administrar; exercem atribuições previstas na Constituição Federal** – e constituem espécie dos agentes públicos. Assim, os Senadores são considerados agentes políticos e, desse modo, igualmente **são agentes públicos.**

Item II. Agente público é a expressão usada para se referir a **qualquer pessoa física que exerça uma função pública.** O que é relevante para a caracterização de alguém como agente público é a verificação do exercício de função pública. Assim, não importa se o agente foi eleito, se foi aprovado em concurso público, se é **estatutário ou celetista**, se a função é temporária, se tem remuneração ou não. **Se exerce função pública, é agente público.** Neste sentido, há agentes públicos que são **estatutários** – vale dizer, tem a sua relação com a Administração Pública regulada em lei/estatuto próprio – e **celetistas**, sendo aplicáveis as disposições constantes da CLT.

Item III. Os agentes honoríficos são as **pessoas convocadas para prestar determinado serviço para a Administração Pública,** de maneira temporária e, normalmente, sem remuneração, em razão de sua honorabilidade, de sua idoneidade. São agentes públicos, enquanto desempenham referida função. É o caso dos jurados e dos mesários, por exemplo.

Item IV. A estabilidade é uma garantia constitucional destinada aos servidores ocupantes de cargo efetivo que tenham três anos de efetivo exercício e após avaliação especial de desempenho por comissão instituída para essa finalidade, nos moldes do art. 41. Ao adquirir a estabilidade, o servidor somente perderá o cargo: a) em virtude de sentença judicial transitada em julgado; b) mediante processo administrativo, assegurada a ampla defesa; c) mediante procedimento de avaliação de desempenho, nos termos de lei complementar, assegurada a ampla defesa. Além dessas hipóteses, é necessário salientar que, no texto constitucional, no art. 169, § 4º, há a possibilidade de o servidor estável perder o cargo em decorrência de excesso de despesa. No que se refere aos **empregados públicos**, a despeito de terem aplicadas as disposições da CLT, há incidência do **regime de direito público** em determinados momentos. Sobre o assunto, deve-se destacar o decidido no julgamento dos embargos no RE nº 589.998/PI, no ano de 2018, quando se fixou a seguinte tese: "A Empresa Brasileira de Correios e Telégrafos - ECT tem o dever jurídico de motivar, em ato formal, a demissão de seus empregados[16]".

Item V. Os **agentes administrativos** ou **servidores estatais** são **pessoas que possuem uma relação funcional com a Administração Pública.** São aquelas que, de maneira geral, possuem uma relação empregatícia na esfera pública, sujeitos à hierarquia funcional. Nessa categoria estão os **servidores públicos propriamente ditos** (ocupantes de cargo efetivo ou de cargo em comissão, regidos por leis estatutárias); os **empregados públicos** (regidos pela CLT) e os **servidores temporários** (exercem função temporária na Administração Pública). Ressalte-se, pois, que na categoria dos empregados públicos estão os servidores

16 Informativo nº 919 do STF.

das empresas públicas, das sociedades de economia mista e das fundações de Direito Privado, instituídas pelo Poder Público.

Alternativa correta (responde as demais alternativas): letra "e". Estão corretos os itens II, III e IV.

50. (Fumarc - Delegado de Polícia - PC - MG/2018) Sobre as hipóteses de perda do cargo do servidor estável previstas no artigo 41, §1° da CR/88, a INCORRETA:

a) Excesso de despesa com pessoal.
b) Procedimento de avaliação periódica de desempenho, na forma de lei complementar, assegurada ampla defesa.
c) Processo administrativo em que lhe seja assegurada ampla defesa.
d) Sentença judicial transitada em julgado.

COMENTÁRIOS

✪ **Nota do autor:** A estabilidade é uma garantia constitucional destinada aos servidores ocupantes de cargo efetivo que tenham três anos de efetivo exercício e após avaliação especial de desempenho por comissão instituída para essa finalidade, nos moldes do art. 41, da Constituição Federal.

Alternativa "a". (responde às demais alternativas). Ao adquirir a estabilidade, o servidor somente perderá o cargo: a) em virtude de sentença judicial transitada em julgado; b) mediante processo administrativo, assegurada a ampla defesa; c) mediante procedimento de avaliação de desempenho, nos termos de lei complementar, assegurada a ampla defesa. Além dessas hipóteses, é necessário salientar que, no texto constitucional, no art. 169, § 4º, há a possibilidade de o servidor estável perder o cargo em decorrência de excesso de despesa.

Alternativa correta: letra "a".

51. (Nucepe - Delegado de Polícia PC PI/2018) A administração pública direta e indireta de qualquer dos Poderes da União, dos Estados, do Distrito Federal e dos Municípios obedecerá aos princípios de legalidade, impessoalidade, moralidade, publicidade e eficiência. Aponte a alternativa INCORRETA.

a) A lei estabelecerá os casos de contratação por tempo indeterminado para atender a necessidade temporária de excepcional interesse público.
b) As funções de confiança, exercidas exclusivamente por servidores ocupantes de cargo efetivo, e os cargos em comissão, a serem preenchidos por servidores de carreira nos casos, condições e percentuais mínimos previstos em lei, destinam-se apenas às atribuições de direção, chefia e assessoramento.
c) É garantido ao servidor público civil o direito à livre associação sindical.
d) O direito de greve será exercido nos termos e nos limites definidos em lei específica.
e) A lei reservará percentual dos cargos e empregos públicos para as pessoas com deficiência e definirá os critérios de sua admissão.

COMENTÁRIOS

✪ **Nota do autor:** Atenção! A questão exigia que se assinalasse a alternativa incorreta!

Alternativa "a". A **contratação temporária** está prevista no art. 37, IX, da Constituição Federal, ao prever que "a lei estabelecerá os casos de contratação por tempo **determinado** para atender à necessidade temporária de excepcional interesse público". Assim, é competência de **cada ente federativo regulamentar, por meio de lei, a contratação temporária.** Na **esfera federal**, há a **Lei nº 8.745/93**. Entretanto, o legislador ordinário não recebeu plenos poderes para dispor sobre o assunto, pois somente poderá haver essa modalidade de contratação se houver uma "necessidade temporária de excepcional interesse público".

Alternativa "b". A assertiva traz transcrição literal do artigo 37, V, da Constituição Federal, segundo o qual "as funções de confiança, exercidas exclusivamente por servidores ocupantes de cargo efetivo, e os cargos em comissão, a serem preenchidos por servidores de carreira nos casos, condições e percentuais mínimos previstos em lei, destinam-se apenas às atribuições de direção, chefia e assessoramento". Função de confiança só é exercida por quem já ocupa cargo efetivo e, por outro lado, cargo em comissão pode ser ocupado por quem já está em um cargo efetivo ou por terceiro sem vínculo com a Administração.

Alternativa "c". Nos termos do art. 37, VI, da CF, é garantido ao servidor público civil o direito à livre associação sindical, sendo desnecessária autorização da pessoa da Administração a que se vincule.

Alternativa "d". O direito de greve está assegurado aos servidores públicos civis no art. 37, VII, da Constituição Federal. Todavia, esse dispositivo estabelece que "o direito de greve será exercido nos termos e nos limites definidos em lei específica".

Alternativa "e". Nos termos do art. 37, VIII, da Constituição Federal, **a lei reservará percentual** dos cargos e empregos públicos para as **pessoas portadoras de deficiência.** Tais percentuais, contudo, serão **definidos pela própria lei.**

Alternativa correta: letra "a".

52. (Vunesp - Delegado de Polícia - PC - BA/2018) Servidores da Secretaria da Fazenda pretendem a ascensão do cargo de Técnico, posteriormente reestruturado para Analista Tributário, para o cargo de Agente Fiscal, sob o argumento de que ambos os cargos pertencem à mesma carreira. Tal pretensão é

a) constitucional, porque constitui mera transposição de servidor concursado de um cargo para outro dentro da mesma pessoa jurídica de direito público.

b) inconstitucional, porque tal alteração é de competência privativa do chefe do poder executivo e somente pode ocorrer por remoção ou permuta.

c) constitucional, porque os dois cargos possuem natureza e complexidade semelhantes, e os servidores já foram previamente aprovados em concurso público.

d) inconstitucional, por constituir modalidade de provimento derivado, que propicia ao servidor a investidura, sem prévia aprovação em concurso público destinado ao seu provimento, em cargo que não integra a carreira na qual foi anteriormente investido.

e) constitucional, porque a Constituição Federal somente prevê a necessidade de concurso público para ingresso na administração pública e não para transposição, transformação ou ascensão funcional.

COMENTÁRIOS

Nota do autor: O provimento em cargo público pode se dar de forma originária, pelo qual se dará início a uma relação jurídica nova, seja porque não pertencia ao serviço público anteriormente, seja porque pertencia a quadro funcional regido por estatuto diverso. Ou de forma derivada, em que o cargo é preenchido por alguém que já tinha vínculo anterior com outro cargo, mas sujeito ao mesmo estatuto[17].

Alternativa "d" (responde às demais alternativas). Trata-se de pretensão inconstitucional, nos termos da Súmula Vinculante nº 43: "é inconstitucional toda modalidade de provimento que propicie ao servidor investir-se, sem prévia aprovação em concurso público destinado ao seu provimento, em cargo que não integra a carreira na qual anteriormente investido".

Alternativa correta: "d".

53. (Cespe - Delegado de Polícia - GO/2017) A respeito da administração pública, assinale a opção correta de acordo com a CF.

a) Desde a promulgação da CF, não houve, até o presente, inovação a respeito dos princípios constitucionais da administração pública por meio de emenda constitucional.

b) A previsão constitucional de que a investidura em cargo ou emprego público depende de aprovação prévia em concurso público decorre exclusivamente do princípio da razoabilidade administrativa.

c) Em oposição ao que diz o texto constitucional, o STF já se posicionou contrário à cobrança de contribuição previdenciária dos servidores públicos aposentados e pensionistas.

d) Caso um deputado estadual nomeie sua tia materna como assessora de seu gabinete, não haverá violação à súmula vinculante que trata do nepotismo, pois esta veda a nomeação de colaterais de até o segundo grau.

e) Segundo o STF, candidato aprovado em concurso público dentro do número de vagas previsto no edital e dentro do prazo de validade do certame terá direito subjetivo à nomeação.

COMENTÁRIOS

Alternativa "a". O **princípio da eficiência** foi acrescido ao art. 37, *caput*, da Constituição Federal com a Emenda Constitucional nº 19/98.

Alternativa "b". O concurso público é forma de manifestação efetiva do **princípio da impessoalidade**, indispensável na atuação administrativa e, nesse sentido, deve haver a possibilidade de participação no certame de todos os que preencham os requisitos do edital, sendo "inconstitucional o veto não motivado à participação de candidato a concurso público", de acordo com a Súmula 684 do STF.

Alternativa "c". De acordo com jurisprudência consolidada do Supremo Tribunal Federal, não viola as garantias e direitos fundamentais a exigência de contribuição previdenciária dos pensionistas e aposentados porque a medida apoia-se no princípio da solidariedade e no princípio de equilíbrio financeiro e atuarial do sistema previdenciário. Neste sentido, é a Adin nº 3.105.

Alternativa "d". Pela Súmula Vinculante nº 13, está proibida a nomeação para cargo em comissão do cônjuge ou companheiro e dos parentes, em linha reta, colateral e por afinidade, até o 3º grau, inclusive, da autoridade nomeante ou de servidor que já é ocupante de cargo em comissão na mesma pessoa jurídica.

Alternativa "e". No julgamento do RE 598.099, o STF decidiu que: a) candidato aprovado dentro do número de vagas divulgado no edital tem **direito subjetivo à nomeação**; b) a Administração tem o dever de nomear os candidatos aprovados dentro do número de vagas, mas pode escolher o momento desde que seja dentro do prazo de validade do concurso; c) são requisitos para surgir o direito à nomeação: previsão do número exato de vagas no edital; realização do concurso de acordo com as regras do edital; homologação do concurso com a divulgação formal dos aprovados dentro do número de vagas; d) o candidato aprovado fora do número de vagas não tem direito à nomeação, mesmo se surgirem novas vagas em razão de lei ou de vacância; e) excepcionalmente, a Administração pode não nomear, desde que: haja decisão motivada; exista situação superveniente à publicação do edital; ocorra imprevisibilidade da situação; haja expressiva gravidade da situação; exista necessidade da não nomeação, por não haver medida menos gravosa a ser adotada. Deve-se esclarecer que do cotejo das diversas decisões do STJ e da tese fixada pelo STF nos dois julgados paradigmáticos (RE 598.099 e RE 837.311), é possível afirmar que **há o direito subjetivo à nomeação do candidato aprovado em concurso público: a)** quando for **aprovado dentro do número de vagas previsto no edital, exceto** se surgir, **após** a **publicação do edital, situa-**

17. CARVALHO FILHO, José dos Santos. Manual de Direito Administrativo. 31ª ed. São Paulo: Atlas, 2017. p. 660.

ção imprevisível e de extrema gravidade que justifique, mediante decisão motivada, a não nomeação dos candidatos por **não haver medida menos gravosa** a ser adotada; **b)** quando for **aprovado fora do número de vagas previsto no edital E surgirem novas vagas ou for aberto novo certame** durante o prazo de validade do concurso anterior **E houver preterição arbitrária e imotivada** por parte da Administração[18] (candidato deve demonstrar, de forma cabal, comportamento tácito ou expresso do Poder Público demonstrando a necessidade de nomeação como, por exemplo, a ocorrência de cessão de servidores de outros órgãos públicos). **c)** quando for **preterido na nomeação por inobservância da ordem de classificação**, mesmo que esteja fora do número de vagas previsto no edital.

Alternativa correta: letra "e".

54. (FUNCAB - Delegado de Polícia - ES/2013) Quanto aos cargos públicos, leia as afirmativas a seguir e assinale a alternativa correta.

I. É vedada a acumulação remunerada de cargos públicos, exceto, quando houver compatibilidade de horários, a de dois cargos de professor, a de um cargo de professor com outro técnico ou científico, a de dois cargos ou empregos privativos de profissionais de saúde, com profissões regulamentadas.

II. Extinto o cargo ou declarada a sua desnecessidade, o servidor estável ficará em disponibilidade, com remuneração integral, até seu adequado aproveitamento em outro cargo.

III. A proibição de acumular estende-se a empregos e funções e abrange autarquias, fundações, empresas públicas, sociedades de economia mista, suas subsidiárias, e sociedades controladas, direta ou indiretamente, pelo poder público.

IV. Invalidada por sentença judicial a demissão do servidor estável, será ele reintegrado, e o eventual ocupante da vaga, se estável, reconduzido ao cargo de origem, com direito à indenização, aproveitado em outro cargo ou posto em disponibilidade com remuneração integral.

Estão corretas apenas as afirmativas:

a) I e II.

b) I e III.

c) II e IV.

d) I, II e IV.

e) II, III e IV.

18 Deve-se apontar que, segundo o STJ, no caso de preterição de candidato na nomeação de concurso público, o termo inicial do prazo prescricional quinquenal será a data em que foram nomeados outros servidores no lugar dos aprovados no certame. (AgInt no REsp 1.643.048-GO. Informativo nº 668)

COMENTÁRIOS

Item I. A **regra** é a **proibição de acumulação remunerada** de cargos, empregos e funções públicas, consoante art. 37, XVI. A permissão é exceção e, somente, pode ocorrer se houver **compatibilidade de horários** e quando se tratar de: a) dois cargos de professor; b) um cargo de professor com outro técnico ou científico; c) dois cargos ou empregos privativos de profissionais de saúde, com profissões regulamentadas. É necessário anotar que a **proibição existe em relação a cargos públicos, empregos públicos e funções públicas, nos três poderes, na administração direta e indireta de todas as esferas.**

Item II. A **disponibilidade é a inatividade remunerada** garantida ao servidor estável quando seu **cargo é extinto** ou é **declarado desnecessário** ou quando ocorre a **reintegração do anterior ocupante do cargo** e não é possível a recondução ou o aproveitamento em outro cargo, conforme o art. 41, §§ 2º e 3º, da Constituição Federal. Enquanto estiver em disponibilidade, o servidor não trabalha, mas está à disposição da Administração e **faz jus à remuneração proporcional ao tempo de serviço e, surgindo a vaga, a Administração convocará o servidor** em disponibilidade para voltar ao trabalho.

Item III. Conforme destacado, é necessário anotar que a **proibição de acumulação existe em relação a cargos públicos, empregos públicos e funções públicas, nos três poderes, na administração direta e indireta de todas as esferas**, abrangendo, portanto, autarquias, fundações, empresas públicas, sociedades de economia mista, suas subsidiárias, e sociedades controladas, direta ou indiretamente, pelo poder público.

Item IV. Invalidada por sentença judicial a demissão do servidor estável, será ele reintegrado, e o eventual ocupante da vaga, se estável, reconduzido ao cargo de origem, **sem direito à indenização**, aproveitado em outro cargo ou posto em disponibilidade com remuneração integral.

Alternativa correta: letra "b". Estão corretos os itens I e III.

5. REGIME JURÍDICO DOS SERVIDORES PÚBLICOS CIVIS FEDERAIS: LEI Nº 8.112/90

- CF, artigos 37 a 41
- Lei nº 8.112/90

55. (Cespe - Delegado de Polícia - PC - PB/2022) Se determinado órgão público receber denúncia anônima que impute conduta irregular a servidor público lotado nesse mesmo órgão, por ato cometido no exercício da função, à administração pública

a) é vedada a instauração de processo administrativo disciplinar em desfavor do servidor, em razão do impedimento constitucional ao anonimato nas denúncias e do princípio da proporcionalidade.
b) é permitida a instauração de processo administrativo disciplinar em desfavor do servidor, em razão do poder-dever de autotutela imposto à administração, desde que motivada e com amparo em investigação ou sindicância.
c) é vedada a instauração de processo administrativo disciplinar em desfavor do servidor, em razão do impedimento constitucional ao anonimato nas denúncias e do princípio da razoabilidade.
d) é vedada a instauração de processo administrativo disciplinar em desfavor do servidor, em razão do impedimento constitucional ao anonimato nas denúncias e do princípio da legalidade.
e) é permitida a instauração de processo administrativo disciplinar em desfavor do servidor, em razão do poder-dever de autotutela imposto à administração, desde que a portaria de instauração exponha detalhadamente o fato a ser apurado.

COMENTÁRIO

Alternativa "b" (responde as demais alternativas). Nos termos da Súmula nº 611 do STJ: Desde que devidamente motivada e com amparo em investigação ou sindicância, é possível a instauração de processo administrativo disciplinar com base em denúncia anônima, em face do poder-dever de autotutela imposto à Administração.

Alternativa correta: letra "b".

56. (Nucepe - Delegado de Polícia - PC - PI/2018) Sem qualquer prejuízo, poderá o servidor ausentar-se do serviço:

a) por 2 (dois) dias, para doação de sangue.
b) pelo período comprovadamente necessário para alistamento ou recadastramento eleitoral, limitado, em qualquer caso, a 4 (quatro) dias.
c) por 10 (dez) dias consecutivos pelo falecimento de cônjuge.
d) por 8 (oito) dias consecutivos em razão de casamento.
e) por 05 (cinco) dias pelo falecimento dos pais.

COMENTÁRIO

✪ **Nota do autor:** O art. 97 e seguintes da Lei nº 8.112/90 destaca as concessões aos servidores públicos civis federais.

Alternativa "d" (responde as demais alternativas). O art. 97, da Lei nº 8.112/90, estabelece o seguinte: "Art. 97. Sem qualquer prejuízo, poderá o servidor ausentar-se do serviço: I – por 1 (um) dia, para doação de sangue; II – pelo período comprovadamente necessário para alistamento ou recadastramento eleitoral, limitado, em qualquer caso, a 2 (dois) dias; **III – por 8 (oito) dias consecutivos em razão de: a) casamento**; b) falecimento do cônjuge, companheiro, pais, madrasta ou padrasto, filhos, enteados, menor sob guarda ou tutela e irmãos.

No mesmo sentido, nos termos da LC nº 13/1994, que dispõe sobre o Estatuto dos Servidores Públicos Civis do Estado do Piauí, o servidor poderá se ausentar do serviço sem qualquer prejuízo: I - por 1(um) dia, para doação de sangue; II - por 2 (dois) dias, para se alistar como eleitor; III - por 8 (oito) dias consecutivos em razão de: a) casamento; b) falecimento do cônjuge, companheiro, pais, madrasta ou padrasto, filhos, enteados, menor sob guarda ou tutela, irmãos ou pessoas que vivem sob sua dependência econômica.

Alternativa correta: letra "d".

57. (Vunesp - Delegado de Polícia - CE/2015) Considerando o regime jurídico dos servidores públicos civis, a que alude a Lei nº 8.112/1990, assinale a alternativa correta.

a) A reintegração é a reinvestidura do servidor estável no cargo anteriormente ocupado, ou no cargo resultante de sua transformação, quando invalidada a sua demissão por decisão administrativa ou judicial, com ressarcimento de todas as vantagens.
b) O servidor que deva ter exercício em outro município em razão de ter sido removido, redistribuído, requisitado, cedido ou posto em exercício provisório terá, no mínimo, 15 e, no máximo, 30 dias de prazo, contados da publicação do ato, para a retomada do efetivo desempenho das atribuições do cargo, incluído nesse prazo o tempo necessário para o deslocamento à nova sede.
c) É possível a remoção para acompanhar pai ou filho também servidor público civil ou militar, de qualquer dos Poderes da União, dos Estados, do Distrito Federal e dos Municípios, que foi deslocado no interesse da Administração.
d) É de 30 dias o prazo para o servidor empossado em cargo público entrar em exercício, contados da data da posse.
e) O servidor em débito com o erário, que for demitido, exonerado ou que tiver sua aposentadoria ou disponibilidade cassada, terá o prazo de 90 dias para quitar o débito.

COMENTÁRIOS

Alternativa "a". A **reintegração** é a reinvestidura do servidor no cargo antes ocupado, quando sua demissão tiver sido anulada por decisão administrativa ou judicial, tendo direito ao ressarcimento de remuneração e vantagens não percebidas, nos termos do art. 28, *caput*, da Lei.

Alternativa "b". Na forma do art. 18, *caput*, da Lei, "o servidor que deva ter exercício em outro município em razão de ter sido removido, redistribuído, requisitado, cedido ou posto em exercício provisório terá, **no mínimo, dez e, no máximo, trinta dias de prazo**, contados da publicação do ato, para a retomada do efetivo desempenho das atribuições do cargo, incluído nesse prazo o tempo necessário para o deslocamento para a nova sede".

Alternativa "c". Nos termos do art. 36, *caput*, da Lei, "remoção é o deslocamento do servidor, a pedido ou de ofício, no âmbito do mesmo quadro, com ou sem mudança de sede". O servidor tem direito à remoção, independentemente do interesse da Administração, "para acompanhar **cônjuge ou companheiro**, também servidor público civil ou militar, de qualquer dos Poderes da União, dos Estados, do Distrito Federal e dos Municípios, que foi deslocado no interesse da Administração", conforme art. 36, III, *a*, da Lei. Corroborando com o expresso no dispositivo, o STJ decidiu no EREsp 1.247.360 RJ que o servidor federal somente tem direito à remoção prevista no artigo 36, § único, III, "a", da Lei 8.112/90, caso seu cônjuge/ companheiro, também servidor, tenha sido deslocado de ofício, no interesse da administração. Assim, se o cônjuge foi removido a pedido, ao outro não assiste o direito à remoção com base neste dispositivo.

Alternativa "d". Estabelece o art. 15, § 1º, da Lei, que "é de **quinze dias** o prazo para o servidor empossado em cargo público entrar em exercício, contados da data da posse".

Alternativa "e". Na forma do art. 47, *caput*, da Lei, "o servidor em débito com o erário, que for demitido, exonerado ou que tiver sua aposentadoria ou disponibilidade cassada, **terá o prazo de sessenta dias para quitar o débito**".

Alternativa correta: letra "a".

---

58. (FUNIVERSA - Delegado de Polícia - DF/2015) Acerca da Lei nº 8.112/1990 e da sua interpretação judicial, assinale a alternativa correta.

a) De acordo com o Supremo Tribunal Federal (STF), se um candidato tomar posse em cargo público, ancorado em uma medida liminar, transitando-se em julgado a sentença que reformou a liminar, a anulação do ato de nomeação não será mais possível devido à teoria do fato consumado.

b) Uma pessoa com mais de setenta anos de idade não pode ser investida em cargo público efetivo ou em comissão.

c) A remoção de servidor público federal, a pedido, por motivo de saúde de dependente, é ato administrativo vinculado, não sendo possível negar-lhe o pedido, por motivos de conveniência e oportunidade, caso estejam preenchidos todos os requisitos legais.

d) A reintegração é a reinvestidura do servidor público, ainda que não estável, no cargo anteriormente ocupado, ou no cargo resultante de sua transformação, quando invalidada a sua demissão por decisão administrativa ou judicial, com ressarcimento de todas as vantagens.

e) A licença para tratar de assuntos particulares admite uma única prorrogação.

COMENTÁRIOS

Alternativa "a". O Supremo Tribunal Federal (STF), no RE 608482, fixou a seguinte tese de repercussão geral: "Não é compatível com o regime constitucional de acesso aos cargos públicos a manutenção no cargo, sob fundamento de fato consumado, de candidato não aprovado que nele tomou posse em decorrência de execução provisória de medida liminar ou outro provimento judicial de natureza precária, supervenientemente revogado ou modificado.".

Alternativa "b". Uma pessoa com mais de 70 (setenta) anos pode ser investida em cargo público em comissão, conforme consolidado entendimento do Superior Tribunal de Justiça. Neste sentido, é o RMS nº 36.950-RO. Ademais, deve-se ressaltar que a **aposentadoria compulsória** somente se aplica ao ocupante de cargo efetivo e, assim, conforme a jurisprudência do STF, **não se aplica aos ocupantes exclusivamente de cargo em comissão** (RE 786.540).

Alternativa "c". A **remoção** é o deslocamento do servidor, **a pedido ou de ofício**, no âmbito do mesmo quadro, com ou sem mudança de sede. Caso ocorra de ofício, a remoção se dará no **interesse da Administração**. Porém, se a remoção for feita a pedido do servidor, poderá ocorrer: a) **a critério da Administração**; ou b) **para outra localidade, independentemente do interesse da Administração**: – para acompanhar cônjuge ou companheiro, também servidor público civil ou militar, de qualquer dos Poderes da União, dos Estados, do Distrito Federal e dos Municípios, que foi deslocado no interesse da Administração; – **por motivo de saúde do servidor, cônjuge, companheiro ou dependente que viva às suas expensas e conste do seu assentamento funcional, condicionada à comprovação por junta médica oficial**; – em virtude de processo seletivo promovido, na hipótese em que o número de interessados for superior ao número de vagas, de acordo com normas preestabelecidas pelo órgão ou entidade em que aqueles estejam lotados (art. 36 da Lei 8.112/90). Assim, sendo a remoção fundamentada em motivo de saúde de dependente, **o deferimento do pedido pela Administração é ato administrativo vinculado, não sendo possível a negativa do pedido,** caso os requisitos estejam preenchidos.

Alternativa "d". A **reintegração** é a reinvestidura do servidor **estável** no cargo antes ocupado quando sua demissão foi anulada por decisão administrativa ou judicial, tendo direito ao ressarcimento de remuneração e vantagens não percebidas, nos termos do art. 28, *caput*, da Lei 8.112/90.

Alternativa "e". Na forma do art. 91, *caput*, da Lei nº 8.112/90, "a critério da Administração, poderão ser concedidas ao servidor ocupante de cargo efetivo, desde que não esteja em estágio probatório, licenças para o trato de assuntos particulares pelo prazo de até três anos consecutivos, sem remuneração".

Alternativa correta: letra "c".

6. PODERES ADMINISTRATIVOS

- CTN, art. 78
- Lei nº 9.873/99
- CF, art. 84, VI

---

59. (FGV - Delegado de Polícia - PC - SC/2024) Ao aprofundar os seus estudos acerca do direito administrativo, Carlota observou que existem diversas manifestações do poder hierárquico, entre as quais é correto apontar

a) a avocação temporária de competência.

b) o embargo de obra que esteja em desacordo com o ordenamento.

c) o deferimento de uma licença profissional.

d) a aplicação de multa à concessionária de serviço público.

e) o recurso administrativo dirigido para a autoridade competente da Administração Direta contra decisão de autarquia.

COMENTÁRIO

Nota do Autor: O ***poder hierárquico*** é aquele conferido ao administrador para distribuir e escalonar as funções de seus órgãos, ordenar e rever a atuação de seus agentes estabelecendo para tanto uma relação de hierarquia e subordinação. A hierarquia é uma característica peculiar da função administrativa e não possui nenhuma correlação com o regime autoritário. A organização administrativa se baseia nos pressupostos da distribuição de competência e hierarquia. O Poder hierárquivo é típico da função administrativa, pois **não** está presente nas funções legislativa e judicial (no exercício de suas funções típicas), contudo, importante frisar que poderá estar nas funções atípicas de administrar dos Poderes Legislativos e Judiciário.

Alternativa "a". É com base na hierarquia que se pode **avocar, delegar, ordenar, controlar, corrigir e aplicar sanções.**

Alternativa "b" (responde também a "c"). O embargo de obra que esteja em desacordo com o ordenamento, bem como o deferimento de licença profissional são exemplos de manifestação do **poder de polícia**, assim entendido como aquele conferido ao administrador com a finalidade de condicionar, permitir, restringir, frenar o exercício de atividade, o uso e gozo de bens e direitos pelos particulares em nome do interesse da coletividade.

Alternativa "d". A aplicação de multa à concessionária de serviço público é manifestação do **poder disciplinar, que** é a prerrogativa pela qual a Administração apura as infrações e aplica as penalidades ao infrator, que pode ser um servidor público ou particular sujeito à disciplina administrativa, como um estudante de escola pública[19] ou a concessionária de serviço, por exemplo.

Alternativa "e". Não há hierarquia entre a autarquia e eventual autoridade da Administração Direta, de tal modo que não é possível se falar em aplicação do **poder hierárquico.**

Alternativa correta: letra "a".

---

60. (CEBRASPE - Delegado de Polícia - PC - PE/2024) Quando a administração pública avoca atribuições que não sejam da competência exclusiva do órgão subordinado, delega atribuições que não lhes sejam privativas, e cria limitações administrativas, ela exerce, respectivamente, os poderes

a) hierárquico, de polícia e de polícia.

b) hierárquico, hierárquico e de polícia.

c) de polícia, hierárquico e de polícia.

d) hierárquico, hierárquico e hierárquico.

e) de polícia, de polícia e de polícia.

COMENTÁRIO

Alternativa "b" (responde as demais alternativas). O ***poder hierárquico*** é aquele conferido ao administrador para distribuir e escalonar as funções de seus órgãos, ordenar e rever a atuação de seus agentes estabelecendo para tanto uma relação de hierarquia e subordinação. Assim, é com base na hierarquia que se pode **avocar, delegar, ordenar, controlar, corrigir e aplicar sanções.** A criação de limitações administrativas, por seu turno, é manifestação típica do **poder de polícia**, que é aquele conferido ao administrador com a finalidade de condicionar, permitir, restringir, frenar o exercício de atividade, o uso e gozo de bens e direitos pelos particulares em nome do interesse da coletividade..

Alternativa correta: letra "b".

---

61. (Vunesp - Delegado de Polícia - PC - SP/2022) Considere que o Estado constituiu uma sociedade de economia mista com o objetivo de prestar o serviço de trânsito e transporte no local, para quem conferiu o poder de aplicar multas pelo cometimento de infrações de trânsito. Tendo por base a situação hipotética, a teoria do poder de polícia e a jurisprudência do Supremo Tribunal Federal, assinale a alternativa correta.

a) Por tratar-se de entidade que conta, necessariamente, com a participação de privados na composição de seu capital social, a ela não poderá ser conferido o poder de aplicar sanções.

b) A aplicação de sanções pela empresa estatal não envolve a aplicação do poder de polícia, dado que este pressupõe a existência de uma relação de

---

19 DI PIETRO, Maria Sylvia Zanella. *Direito administrativo*. 23 ed. São Paulo: Atlas, 2010. p. 94.

sujeição especial entre a entidade e o sujeito destinatário da sanção.

c) Caso o serviço seja prestado de forma não concorrencial, a entidade poderá aplicar sanções, dada a atração do regime jurídico de direito público.

d) Às entidades de direito privado, de acordo com a ideia de que o poder de polícia se divide em ciclos, somente pode ser conferido o poder de ordem e de fiscalização.

e) O poder de polícia pode ser conferido a qualquer entidade que integre a Administração Indireta, independentemente do seu objeto social.

COMENTÁRIO

✪ **Nota do Autor:** A **distribuição da competência** para a prestação de serviço público está presente na Constituição Federal e, dessa forma, é dever do ente federado que recebeu, por meio do texto constitucional, a titularidade de determinado serviço para prover sua execução. Isso não quer dizer, entretanto, que deverá fazê-lo por seus próprios meios; é possível, dependendo do serviço, que a sua execução seja transferida para outra pessoa, quando houver autorização constitucional ou legal. Na primeira hipótese, há a forma **centralizada** e, na segunda, tem-se a forma **descentralizada**. A **descentralização administrativa** pode ser feita, em relação aos serviços públicos, de duas distintas formas, quais sejam, a descentralização por serviços e a **descentralização por colaboração**. Na primeira, a pessoa política cria (ou autoriza a criação) outra pessoa jurídica para a execução de determinada atividade administrativa (pessoa da administração indireta) e, na segunda, **a execução do serviço público é transferida para uma pessoa do setor privado**. No primeiro caso, tem-se a outorga e, no segundo, a **delegação**. Neste caso, a transferência da execução do serviço é feita mediante **contrato** ou **ato** administrativo; a **delegação** pode ser feita por meio da **concessão**, da **permissão** e da **autorização**.

Alternativa "c" (responde as demais alternativas). No julgamento do Recurso Extraordinário nº 633.782, o Supremo Tribunal Federou fixou a seguinte tese: "é constitucional a delegação do poder de polícia, por meio de lei, a pessoas jurídicas de direito privado integrantes da Administração Pública indireta de capital social majoritariamente público que prestem exclusivamente serviço público de atuação própria do Estado e em regime não concorrencial". No julgamento do caso concreto, o relator Ministro Luiz Fux concluiu que, tendo em conta que a empresa – cujo capital social é majoritariamente público – presta serviço público de atuação própria do Estado e em regime não concorrencial, consistente no policiamento de trânsito da cidade de Belo Horizonte, não há óbice constitucional ao exercício da atividade de polícia administrativa, inclusive quanto à aplicação de multas.

Alternativa correta: letra "c".

62. (UFPR - Delegado de Polícia - PC - PR/2021) Acerca do desempenho de poder hierárquico no âmbito da Administração Pública, considere as seguintes afirmativas:

1. A decisão de recursos administrativos poderá ser objeto de delegação, devendo o ato de delegação ser publicado em meio oficial.
2. As decisões adotadas por delegação considerar-se-ão editadas pela autoridade a que se delegou a competência.
3. O ato de delegação é revogável a qualquer tempo pela autoridade delegante.
4. A delegação de competência administrativa pode dar-se de um órgão administrativo para outro que não lhe seja subordinado, em razão de circunstâncias de índole técnica, social, econômica, jurídica ou territorial.

Assinale a alternativa correta.

a) Somente a afirmativa 1 é verdadeira.

b) Somente as afirmativas 1 e 4 são verdadeiras.

c) Somente as afirmativas 2 e 3 são verdadeiras.

d) Somente as afirmativas 2, 3 e 4 são verdadeiras.

e) As afirmativas 1, 2, 3 e 4 são verdadeiras.

COMENTÁRIO

Item I. Errado. Nos termos do art. 13 da Lei nº 9.784/99, a delegação é proibida quando o objeto for a edição de atos de caráter normativo, a decisão de recursos administrativos e as matérias de competência exclusiva do órgão ou autoridade.

Item II. Correto. O art. 14, §3º, da Lei nº 9.784/99, estabelece que as "decisões adotadas por delegação devem mencionar explicitamente esta qualidade e considerar-se-ão editadas pelo delegado".

Item III. Correto. O ato de delegação deve ser publicado no diário oficial, bem como o ato de revogação, já que é revogável a qualquer tempo, nos termos do art. 14, do mesmo dispositivo legal.

Item IV. Correto. A delegação está regulada nos artigos 12 a 14 da Lei nº 9.784/99 e, de acordo com esses dispositivos legais, pode ser feita de forma parcial (nunca total), se não houver impedimento legal, "a outros órgãos ou titulares, ainda que estes não lhe sejam hierarquicamente subordinados, quando for conveniente, em razão de circunstâncias de índole técnica, social, econômica, jurídica ou territorial" (art. 12).

Alternativa correta: letra "d".

63. (Inst. Acesso - Delegado de Polícia - PC - ES/2019) Sobre o poder de polícia, assinale a alternativa cujos conceitos estão relacionados de forma correta.

a) A discricionariedade e a autoexecutoriedade fazem parte da Administração Pública como um todo, exceto no que tange ao Poder de Polícia.

b) A Administração Pública Direta detém o poder de polícia delegado, por sua vez originado pela Constituinte, e ambos são caracterizados pela coercibilidade.

c) O poder de polícia não é caracterizado pela coercibilidade.

d) A Administração Pública Direta detém o poder de polícia originário e a Administração Pública Indireta detém o poder de polícia delegado.

e) O poder de polícia é exercido única e exclusivamente por aqueles que assim o detém, isto é, polícias militares, judiciárias e demais guardas e vigias relacionados à Administração Pública Direta.

COMENTÁRIO

Nota do Autor: Pelo conceito moderno, adotado no direito brasileiro, o poder de polícia é **atividade do Estado consistente em limitar o exercício dos direitos individuais em benefício do interesse público**[20].

Alternativa "a" (responde a alternativa "c"). O poder de polícia administrativo possui atributos específicos e peculiares: **a) discricionariedade**: é a possibilidade da Administração, através da conveniência e oportunidade, exercer o poder de polícia, bem como aplicar as sanções e empregar os meios necessários para atingir o objetivo; **b) autoexecutoriedade**: a faculdade da Administração executar as suas decisões pelos seus próprios meios, sem a intervenção do poder do Judiciário; e **c) coercibilidade:** é a imposição coativa das medidas adotadas pela Administração.

Alternativa "b" (responde a alternativa "d"). Diz-se originário o poder de polícia conferido às pessoas políticas do Estado (União, Estados, Distrito Federal e Municípios), alcançando os atos administrativos provenientes de tais pessoas. O poder outorgado ou delegado, por sua vez, é aquele executado pelos integrantes da Administração Indireta.

Alternativa "e". A polícia administrativa e a polícia de segurança pública não podem ser objeto de confusão, pois, de fato, são distintas. A **polícia de segurança pública** pode ser dividida em **ostensiva,** desempenhada pela polícia militar, e em **judiciária**, realizada pela polícia federal e pela polícia civil. Ocorre que, normalmente, os órgãos de polícia judiciária exercem as duas formas de polícia como se vê, por exemplo, na polícia civil em relação ao trânsito e na polícia federal no que se refere à atividade de segurança privada ou, ainda, a atuação da polícia militar no trânsito. Enfim, não pode haver confusão. São atividades diferentes. **A polícia administrativa** tem como foco a **limitação a uma liberdade, ao exercício de um direito para que não seja exercido de forma nociva ao interesse público,** e a **polícia judiciária** tem como objetivo a **responsabilização do infrator**. Outra diferença é que **a polícia administrativa** é regulada pelas **normas de direito administrativo,** e a **polícia judiciária, pelas normas do direito processual penal.**

Alternativa correta: letra "d".

64. (Inst. Acesso - Delegado de Polícia - PC - ES/2019) "O Direito Administrativo, como é entendido e praticado entre nós, rege efetivamente não só os atos do Executivo, mas também os do Legislativo e os do Judiciário, praticados como atividade paralela e instrumental das que lhe são específicas e predominantes, isto é, a de legislação e a de jurisdição. O conceito de Direito Administrativo Brasileiro, para nós, sintetiza-se no conjunto harmônico de princípios jurídicos que regem os órgãos, os agentes e as atividades públicas tendentes a realizar concreta, direta e imediatamente os fins desejados pelo Estado." (MEIRELLES, Hely Lopes. O Direito Administrativo Brasileiro. 29ª ed., São Paulo: Malheiros Editora, 2004.)

Assinale a alternativa INCORRETA:

a) Autorização, permissão e concessão são formas de o Estado autorizar, permitir e conceder aos particulares a exploração de bens e serviços públicos.

b) A legalidade administrativa é diferente da legalidade civil, uma vez que aquela dita o limite da atuação do administrador público, conforme imposto pela lei e esta permite ao particular aquilo que a lei não proíbe.

c) O poder de polícia decorre da capacidade administrativa e concede também a prerrogativa de função legislativa para a positivação de tipos penais em âmbito de direito penal aos agentes de estado que possuem esse poder.

d) O princípio da supremacia do interesse público, não desconsidera os interesses particulares/individuais, não obstante informa ao agente administrativo que o interesse público prevalece sobre interesses privados.

e) São princípios de direito administrativo a moralidade administrativa, a supremacia do interesse público, a motivação, a publicidade e transparência, a proporcionalidade e razoabilidade administrativas.

COMENTÁRIO

Nota do autor: a questão exigia que se assinalasse a alternativa incorreta.

Alternativa "c" (responde as demais alternativas). Conforme Hely Lopes Meirelles, o poder de polícia é definido como a "**faculdade de que dispõe a Administração Pública para condicionar e restringir o uso e gozo de bens, atividades e direitos individuais, em benefício da coletividade ou do próprio Estado**"[21]. Pode-se, assim, afirmar que o poder de polícia é uma atividade administrativa consistente em **intervir no exercício de direitos e liberdades individuais, impondo**

20 DI PIETRO, Maria Sylvia Zanella. *Direito Administrativo*. 24 ed. São Paulo: Atlas, 2011.p. 118.

21 MEIRELLES, Hely Lopes. *Direito administrativo brasileiro*. 36 ed. São Paulo: Malheiros, 2010. p. 134.

restrições e condições para que o interesse particular não cause prejuízo ao interesse público. Não há que se falar, contudo, em função legislativa para a positivação de tipos penais, função essa, à luz do **princípio da legalidade**, exclusiva do Poder Legislativo.

Alternativa correta: letra "c".

65. (Fumarc - Delegado de Polícia - PC - MG/2018) Correlacione as duas colunas, vinculando cada situação ao respectivo poder administrativo.

(1) Revogação de ato administrativo	( ) Poder disciplinar
(2) Interdição de estabelecimento comercial pela vigilância sanitária.	( ) Poder regulamentar
(3) Aplicação de penalidade administrativa a servidor.	( ) Poder discricionário
(4) Edição de decretos	( ) Poder de polícia

A sequência numérica CORRETA, de cima para baixo, é:

a) 1, 2, 4, 3

b) 3, 1, 4, 2

c) 3, 4, 1, 2

d) 4, 3, 2, 1

COMENTÁRIO

✪ **Nota do autor:** Os **poderes administrativos são as prerrogativas à disposição da Administração destinadas à viabilização do interesse público.**

Item I. Poder Discricionário. O **poder discricionário** é o concedido à Administração Pública para a prática de determinados atos administrativos com **liberdade na valoração do juízo de conveniência e oportunidade.** Em outras palavras, trata-se de prerrogativa conferida à Administração Pública de fazer opções, de escolher, de analisar se é oportuno, se é conveniente, segundo o interesse público, a prática de determinado ato. Conforme Hely Lopes Meirelles[22], o **poder discricionário** é o que o Direito concede à Administração, de modo explícito ou implícito, para a prática de atos administrativos com liberdade na **escolha de sua conveniência, oportunidade e conteúdo. Sendo a revogação ato que depende da conveniência e oportunidade da Administração Pública, trata-se de exercício do poder discricionário.**

Item II. Poder de Polícia. O **poder de polícia** pode ser definido como a "**faculdade de que dispõe a Administração Pública para condicionar e restringir o uso e gozo de bens, atividades, e direitos individuais, em benefício da coletividade ou do próprio Estado**"[23]. Assim, interdição de estabelecimento em face de risco à saúde pública é típico exemplo de aplicação do poder de polícia.

Item III. Poder Disciplinar. O **poder disciplinar** é a prerrogativa pela qual a Administração apura as infrações e aplica as penalidades ao infrator, que pode ser um servidor público ou particular sujeito à disciplina administrativa.

Item IV. Poder Regulamentar. O **poder regulamentar** é espécie do poder normativo, conferindo ao Chefe do Executivo a prerrogativa de editar atos gerais e abstratos, complementares à lei, sem inovar, de forma original, a ordem jurídica. Normalmente, manifesta-se pela expedição de decretos executivos destinados a explicitar, aclarar, explicar a lei para que possa ser posta em prática, e essa possibilidade de regulamentação não é privativa do Chefe do Poder Executivo, pois o Judiciário (provimentos, resoluções) e o Legislativo (regimento) também podem regulamentar as leis, mas a regulamentação não é tão extensa quanto a feita pelo Poder Executivo.

Alternativa correta: letra "c" (responde as demais alternativas). Os poderes são, respectivamente, o **poder discricionário, poder de polícia, poder disciplinar e poder regulamentar.**

66. (Cespe - Delegado de Polícia - PC - SE/2018) São características do poder de polícia a discricionariedade, a autoexecutoriedade e a coercibilidade.

COMENTÁRIO

Os atributos ou características do poder de polícia são a discricionariedade, a autoexecutoriedade e a coercibilidade. Em regra, a atividade de polícia administrativa é discricionária, havendo liberdade de escolha do administrador em relação ao momento de atuação, à forma de atuação e, às vezes, até no que se refere a qual sanção aplicar. Todavia, nem sempre há discricionariedade e o poder de polícia pode ser manifestação administrativa vinculada, como são exemplos a licença para dirigir e a licença para construir. A autoexecutoriedade aponta que a Administração Pública, para satisfazer o interesse público e, assim, prevenir ou reprimir atividade particular nociva àquele, pode praticar diretamente os atos afetos à polícia administrativa, não necessitando recorrer ao Poder Judiciário.

Alternativa correta: "certo".

67. (Cespe - Delegado de Polícia - PC - SE/2018) A polícia administrativa propõe-se a restringir o exercício de atividades ilícitas e, em regra, tem caráter preventivo.

COMENTÁRIO

✪ **Nota do autor:** A polícia administrativa tem como objeto bens, direitos e atividades, impondo condições para que possam ser exercidos em conformidade com o

22. *Direito administrativo brasileiro*. 36 ed. São Paulo: Malheiros, 2010. p. 121.

23. MEIRELLES, Hely Lopes. *Direito administrativo brasileiro*. 36 ed. São Paulo: Malheiros, 2010. p. 134.

interesse público e se espalham por toda a Administração, quer dizer, não está restrita a determinado órgão.

O **poder de polícia administrativa incide sobre bens, direitos e atividades,** ao passo que **a polícia judiciária e da polícia de manutenção da ordem pública atua sobre pessoas, individual ou indiscriminadamente**. Ainda a **polícia judiciária** atua a partir de um **ilícito penal**, enquanto a **polícia administrativa** atua, preventivamente ou repressivamente, a partir de um **ilícito administrativo**. Portanto, há diferenças entre estas. A atuação do **poder de polícia administrativa** dá-se de **modo preventivo**, preferencialmente, através de ordens e proibições, mas também por meio de normas limitadoras e sancionadoras da conduta daqueles que utilizam bens ou exercem atividades que possam afetar a coletividade.

Alternativa correta: "certo".

68. (Cespe - Delegado de Polícia - PC - SE/2018) O poder de polícia é indelegável.

COMENTÁRIO

Há quatro modos de atuação da polícia administrativa, os quais correspondem ao ciclo de polícia, conforme Diogo de Figueiredo Moreira Neto[24]. Há **quatro fases** nesse ciclo: ordem de polícia, consentimento de polícia, fiscalização de polícia e sanção de polícia. O STF, no RE 633782/MG (Informativo nº 996), fixou a seguinte tese de repercussão geral: "É constitucional a delegação do poder de polícia, por meio de lei, a pessoas jurídicas de direito privado integrantes da Administração Pública indireta de capital social majoritariamente público que prestem exclusivamente serviço público de atuação própria do Estado e em regime não concorrencial".

Alternativa correta: "errado".

69. (Vunesp - Delegado de Polícia - PC - SP/2018) O chamado "poder de polícia" é um dos poderes da Administração Pública reconhecidos pela literatura administrativista. Sobre este tema, é correto afirmar que

a) somente os atos relativos ao consentimento e à fiscalização são delegáveis, pois aqueles relativos à legislação e à sanção derivam do poder de coerção do Poder Público.

b) o poder de polícia é exercido exclusivamente pelas forças de segurança nacional, em obediência ao previsto na Constituição Federal de 1988, cabendo às polícias civis a função de polícia judiciária.

c) as atividades ligadas ao poder de polícia podem ser livremente delegadas a particulares, em especial as atividades de fiscalização e de aplicação de sanção.

d) as medidas necessárias ao exercício do poder de polícia dependem, em regra, da intervenção do Poder Judiciário, não podendo a Administração agir diretamente na sua execução.

e) a escolha dos meios necessários ao atingimento dos fins de proteção à segurança e à propriedade, finalidade do poder de polícia, é livre ao administrador, não cabendo revisão pelo Poder Judiciário.

COMENTÁRIO

✪ **Nota do autor:** Para o correto entendimento da questão, é imprescindível o conhecimento do ciclo de polícia, que consiste:

1) **ordem de polícia:** preceito legal básico que dá validade à limitação prevista, para que não se pratique ato que lesionará o interesse público ou para que não deixe de fazer algo que evitará a lesão ao interesse público;

2) **consentimento de polícia:** confere anuência ao exercício de atividade ou ao uso de propriedade;

3) **fiscalização de polícia:** verificação se as ordens de polícia estão sendo cumpridas

4) **sanção de polícia**: é a fase em que, verificada afronta à ordem de polícia, é aplicada a pena de polícia[25].

Alternativa "a". (responde à alternativa "c"). Segundo entendimento adotado pelo STJ, somente os atos referentes ao consentimento e à fiscalização são passíveis de delegação, sendo vedado delegar os atos atinentes à legislação e à sanção[26]. Entretanto, o STF alterou esse entendimento, no RE 633782/MG (Informativo nº 996), em que se fixou a seguinte tese de repercussão geral: "É constitucional a delegação do poder de polícia, por meio de lei, a pessoas jurídicas de direito privado integrantes da Administração Pública indireta de capital social majoritariamente público que prestem exclusivamente serviço público de atuação própria do Estado e em regime não concorrencial". Segundo o decidido, o regime jurídico híbrido das estatais prestadoras de serviço público em regime de monopólio é compatível com a delegação, pois a incidência de normas de direito público em relação às entidades da Administração indireta tem condão de as aproximar do regime de direito público. Em resumo, os atos de consentimento, fiscalização e aplicação de sanções podem ser delegados a estatais com regime jurídico próximo ao aplicável à Fazenda Pública. Assim, atualmente, a questão estaria desatualizada.

Alternativa "b". O poder de polícia em sentido estrito se trata de atividade administrativa, podendo ser exercido pela administração direta (quando estaremos diante de poder de polícia originário) e por pessoas jurídicas da administração indireta (quando estaremos diante de poder de polícia delegado).

Nesse sentido, podemos citar trecho do decidido no RE nº 658570: "poder de polícia não se confunde com segurança pública. O exercício do primeiro não é

24. *Curso de direito administrativo: parte introdutória, parte geral e parte especial.* 15. ed. Rio de Janeiro: Forense, 2009. p. 444.

25. MOREIRA NETO, Diogo de Figueiredo. *Curso de direito administrativo: parte introdutória, parte geral e parte especial.* 15. ed. Rio de Janeiro: Forense, 2009. p. 444-447.

26. REsp 817.534.

prerrogativa exclusiva das entidades policiais, a quem a Constituição outorgou, com exclusividade, no art. 144, apenas as funções de promoção da segurança pública."

Enfim, não pode haver confusão. **A polícia administrativa** tem como foco a **limitação a uma liberdade, ao exercício de um direito para que não seja exercido de forma nociva ao interesse público,** e a **polícia judiciária** tem como objetivo a **responsabilização do infrator**. Outra diferença é que **a polícia administrativa** é regulada pelas **normas de direito administrativo,** e a **polícia judiciária, pelas normas do direito processual penal.**

Alternativa "d". O poder de polícia se trata de atividade administrativa, não dependendo da intervenção do Judiciário para sua execução. É dotado, portanto, do atributo de autoexecutoriedade, que aponta para o fato de que a Administração Pública, para satisfazer o interesse público e, assim, prevenir ou reprimir atividade particular nociva àquele, **pode praticar diretamente os atos afetos à polícia administrativa, não necessitando recorrer ao Poder Judiciário.**

Alternativa "e". O exercício do poder de polícia não afasta a possibilidade de controle judicial sobre as medidas adotadas pela Administração Pública e, caso fique comprovada atuação indevida da Administração, o particular poderá requerer a respectiva reparação dos danos.

Alternativa correta: letra "a". (Alternativa correta à época do concurso. Atualmente, a alternativa se encontra desatualizada).

---

70. (Vunesp – Delegado de Polícia – PC – SP/2018) Suponha que o chefe de uma determinada Seção Administrativa, agindo dentro de sua competência legal, opte por nomear determinado servidor em função de confiança, sob a justificativa de que tal servidor possui as características pessoais ideais para o desempenho da função. Imagine, porém, que, após algumas semanas da nomeação, venha a público a informação de que a nomeação se deu com a principal finalidade de redistribuir a outro servidor processo administrativo cuja responsabilidade incumbia à época da nomeação ao servidor contemplado com a função de confiança.

A respeito dessa situação hipotética, é correto afirmar que se trata de caso de

a) excesso de poder, o qual se verifica quando o agente público exorbita as suas competências, agindo de forma ilegal.
b) desvio de dever funcional, o qual se verifica quando o agente público deixa de praticar ato de ofício, ou o retarda, com a finalidade exclusiva de gerar vantagem a terceiro.
c) abuso de poder, o qual se verifica quando o agente público age de forma arbitrária, assumindo atribuições impróprias para as suas funções.
d) desvio de finalidade, o qual se verifica quando o agente público, embora dentro de sua competência, afasta-se da finalidade prevista na lei para a prática do ato.
e) exercício regular de direito, o qual independe de motivação para a sua validade, não podendo ser anulado.

COMENTÁRIO

✪ **Nota do autor:** a questão aborda as espécies de abuso de poder. Os poderes administrativos são instrumentos de concretização do interesse público e devem ser usados em consonância com os princípios da Administração Pública. Quando o administrador **usa os poderes conferidos à Administração** (e não a ele) **de forma indevida,** contrariando o regime jurídico administrativo, **há abuso de poder.**

Alternativa "a". No caso apresentado, o chefe da Seção Administrativa age dentro dos limites de sua competência, de modo que não há que se falar em excesso de poder, que ocorre quando o agente atua fora desses limites.

Alternativa "b". As formas de abuso do poder dividem-se em excesso de poder e desvio de poder. Não há, portanto, a previsão de desvio de dever funcional.

Alternativa "c". Conforme já explicado na nota do autor, abuso de poder é gênero, do qual são espécies o desvio de poder e o excesso de poder. Quando o agente assume atribuições impróprias para sua função, atua fora dos limites de sua competência, configurando-se o excesso de poder.

Alternativa "d". Desvio de finalidade ou desvio de poder ocorre quando o agente atua dentro dos limites de sua competência, todavia, age para alcançar fim diverso do previsto, dissociando-se do interesse público. Foi o que ocorreu no caso. O chefe da Seção Administrativa, dentro dos limites de competência, nomeou servidor em função de confiança. Apesar disso, a nomeação se deu com a principal finalidade de redistribuir a outro servidor processo administrativo cuja responsabilidade incumbia à época da nomeação ao servidor contemplado com a função de confiança.

Alternativa "e". Conforme já dito no comentário à alternativa "d", o chefe da Seção Administrativa agiu com desvio de poder, já que atuou dentro dos limites de sua competência, para alcançar fim diverso do previsto.

Alternativa correta: letra "d".

---

71. (Vunesp – Delegado de Polícia – PC – BA/2018) No âmbito da execução penal, a atribuição de apurar a conduta faltosa do detento cometida dentro do estabelecimento prisional durante o cumprimento da pena, assim como realizar a subsunção do fato à norma legal, verificando se a conduta corresponde a uma falta leve, média ou grave, e aplicar eventual sanção é do diretor do estabelecimento prisional e decorre do poder

a) de polícia.
b) geral de cautela.

c) de tutela.

d) hierárquico.

e) disciplinar.

COMENTÁRIO

✪ **Nota do autor:** A questão aborda os poderes administrativos. Poderes administrativos são as prerrogativas à disposição da Administração destinadas à viabilização do interesse público.

Alternativa "a". Poder de polícia é uma atividade administrativa consistente em **intervir no exercício de direitos e liberdades individuais, impondo restrições e condições para que o interesse particular não cause prejuízo ao interesse público**.

Alternativa "b". O poder geral de cautela consiste na adoção de providências acauteladoras pela Administração, sem a prévia manifestação do interessado, em caso de risco iminente, encontrando previsão no art. 45 da Lei nº 9.784/99.

Alternativa "c". Pelo poder de tutela, a administração pública direta controla, fiscaliza as atividades das entidades da administração indireta e **não deve ser confundido com autotutela**, pois nesta a Administração se autocontrola, analisando os atos praticados, anulando-os, se ilegais, ou revogando-os, se inoportunos ou inconvenientes.

Alternativa "d". O **Poder Hierárquico** é aquele conferido ao administrador para distribuir e escalonar as funções de seus órgãos, ordenar e rever a atuação de seus agentes, estabelecendo para tanto uma relação de hierarquia e subordinação. A hierarquia é uma característica peculiar da função administrativa, e não possui nenhuma correlação com o regime autoritário. A organização administrativa se baseia nos pressupostos da distribuição de competência e hierarquia.

Alternativa "e". O **poder disciplinar é a prerrogativa pela qual a Administração apura as infrações e aplica as penalidades ao infrator**, que pode ser um servidor público ou particular sujeito à disciplina administrativa, como apurar a conduta faltosa do detento cometida dentro do estabelecimento prisional[27], nos termos do apresentado na questão. Está intimamente relacionado com o **poder hierárquico** e é voltado, essencialmente, à esfera interna da Administração Pública.

Alternativa correta: letra "e".

72. (Cespe - Delegado de Polícia - GO/2017) De acordo com a legislação e a doutrina pertinentes, o poder de polícia administrativa

a) pode manifestar-se com a edição de atos normativos como decretos do chefe do Poder Executivo para a fiel regulamentação de leis.

b) é poder de natureza vinculada, uma vez que o administrador não pode valorar a oportunidade e conveniência de sua prática, estabelecer o motivo e escolher seu conteúdo.

c) pode ser exercido por órgão que também exerça o poder de polícia judiciária.

d) é de natureza preventiva, não se prestando o seu exercício, portanto, à esfera repressiva.

e) é poder administrativo que consiste na possibilidade de a administração aplicar punições a agentes públicos que cometam infrações funcionais.

COMENTÁRIOS

✪ **Nota do autor:** Conforme Hely Lopes Meirelles, o poder de polícia é definido como a "**faculdade de que dispõe a Administração Pública para condicionar e restringir o uso e gozo de bens, atividades e direitos individuais, em benefício da coletividade ou do próprio Estado**"[28].

Alternativa "a". A edição de atos normativos no exercício da função administrativa é plenamente possível de ser feita na Administração Pública brasileira e se manifesta como decorrência do **poder regulamentar**. O meio apto a veicular essa norma é o decreto executivo ou regulamento executivo, os quais, necessariamente, dependem da existência de ato normativo primário, que será explicado, detalhado, para sua fiel execução.

Alternativa "b". Em regra, a atividade de polícia administrativa é discricionária, havendo liberdade de escolha do administrador em relação ao momento de atuação, à forma de atuação e, às vezes, até no que se refere a qual sanção aplicar. Desse modo, por exemplo, a atividade de fiscalização, normalmente, não possui um momento exato para ser desempenhada e, por vezes, a lei deixa para o fiscal a análise de qual medida adotar no caso concreto. Todavia, nem sempre há discricionariedade e o poder de polícia pode ser manifestação administrativa vinculada, como são exemplos a licença para dirigir e a licença para construir. Aliás, costuma-se indicar que, se o ato é praticado por licença, é vinculado e, se é feito por autorização, tem-se a discricionariedade.

Alternativa "c" (responde a alternativa "d"). A polícia administrativa e a polícia judiciária não podem ser objeto de confusão, pois, de fato, são distintas. Ocorre que, normalmente, os órgãos de polícia judiciária exercem as duas formas de polícia como se vê, por exemplo, na polícia civil em relação ao trânsito e na polícia federal no que se refere à atividade de segurança privada. Entretanto, as atividades são diferentes. Nesse sentido, costuma-se apontar a atuação repressiva ou preventiva como critério suficiente para distingui-las. Todavia, não se trata de critério apto à distinção, porque o poder de polícia tem manifestações preventivas e repressivas. Na verdade, o que as separa é que a polícia administrativa tem como foco a limitação a uma

27. DI PIETRO, Maria Sylvia Zanella. *Direito administrativo*. 23 ed. São Paulo: Atlas, 2010. p. 94.

28. MEIRELLES, Hely Lopes. *Direito administrativo brasileiro*. 36 ed. São Paulo: Malheiros, 2010. p. 134.

liberdade, ao exercício de um direito para que não seja exercido de forma nociva ao interesse público e a polícia judiciária tem como objetivo a responsabilização do infrator. Outra diferença é que a polícia administrativa é regulada pelas normas de direito administrativo e a polícia judiciária pelas normas do direito processual penal. Ainda, pelo poder de polícia a Administração pode impor tanto abstenções quanto obrigações de fazer, não se restringindo a uma ou outra. Por fim, o poder polícia é próprio da pessoa jurídica de direito público, que o exercerá por meio dos agentes públicos, nos termos definidos na legislação e não exclusivamente pela autoridade superior. O poder de polícia, além de valer-se dos atos administrativos preventivos e repressivos, com a finalidade de coagir o infrator a cumprir a lei, também pode se manifestar através de atos normativos, ou seja, edita leis que criam limitações administrativas ao exercício de direitos e liberdades individuais. A competência e os limites para o exercício do poder de polícia são especificados em lei.

Alternativa "e". A alternativa refere-se, na verdade, ao poder disciplinar, que consiste na prerrogativa da Administração Pública de apurar as infrações administrativas e aplicar as respectivas penalidades aos agentes públicos e aos particulares sujeitos à disciplina administrativa.

Alternativa correta: letra "c".

---

73. (Cespe – Delegado de Polícia – GO/2017) A respeito dos poderes e deveres da administração, assinale a opção correta, considerando o disposto na CF.

a) A lei não pode criar instrumentos de fiscalização das finanças públicas, pois tais instrumentos são taxativamente listados na CF.

b) A eficiência, um dever administrativo, não guarda relação com a realização de supervisão ministerial dos atos praticados por unidades da administração indireta.

c) O abuso de poder consiste em conduta ilegítima do agente público, caracterizada pela atuação fora dos objetivos explícitos ou implícitos estabelecidos pela lei.

d) A capacidade de inovar a ordem jurídica e criar obrigações caracteriza o poder regulamentar da administração.

e) As consequências da condenação pela prática de ato de improbidade administrativa incluem a perda dos direitos políticos e a suspensão da função pública.

COMENTÁRIOS

✪ **Nota do autor:** Os poderes administrativos são instrumentos de concretização do interesse público e devem ser usados em consonância com os princípios da Administração Pública. Quando o administrador **usa os poderes conferidos à Administração** (e não a ele) **de forma indevida**, contrariando o regime jurídico administrativo, **há abuso de poder**.

Alternativa "a". É plenamente possível a criação de instrumentos de fiscalização das finanças públicas, **inexistindo qualquer previsão de que aqueles previstos na Constituição Federal constituem rol taxativo.**

Alternativa "b". Por meio da **supervisão ministerial**, a pessoa política criadora tem por dever fiscalizar a entidade criada para verificar se o objetivo da criação está sendo atendido. Trata-se de um **controle finalístico**, a ser exercido pela administração direta, que está, portanto, intimamente relacionado com o **princípio da eficiência.**

Alternativa "c". O **abuso de poder** tem duas espécies: a) **excesso de poder**, que é verificado quando o **agente atua além dos limites de sua competência** e b) **desvio de poder ou desvio de finalidade**, que se dá quando o administrador **age dentro de sua competência, mas o faz para alcançar fim diferente do previsto, dissociando-se do interesse público**.

Alternativa "d". O **poder regulamentar** é espécie do poder normativo, conferindo ao Chefe do Executivo a prerrogativa de editar atos gerais e abstratos, complementares à lei, **sem inovar**, de forma original, a ordem jurídica. Normalmente, manifesta-se pela expedição de decretos executivos destinados a explicitar, aclarar, explicar a lei para que possa ser posta em prática, e essa possibilidade de regulamentação não é privativa do Chefe do Poder Executivo, pois o Judiciário (provimentos, resoluções) e o Legislativo (regimento) também podem regulamentar as leis, mas a regulamentação não é tão extensa quanto à feita pelo Poder Executivo.

Alternativa "e". As consequências da condenação pela prática de ato de improbidade administrativa incluem a **suspensão** dos direitos políticos e a **perda** da função pública.

Alternativa correta: letra "c".

---

74. (Cespe – Delegado de Polícia – PE/2016) Acerca dos poderes e deveres da administração pública, assinale a opção correta.

a) A autoexecutoriedade é considerada exemplo de abuso de poder: o agente público poderá impor medidas coativas a terceiros somente se autorizado pelo Poder Judiciário.

b) À administração pública cabe o poder disciplinar para apurar infrações e aplicar penalidades a pessoas sujeitas à disciplina administrativa, mesmo que não sejam servidores públicos.

c) Poder vinculado é a prerrogativa do poder público para escolher aspectos do ato administrativo com base em critérios de conveniência e oportunidade; não é um poder autônomo, devendo estar associado ao exercício de outro poder.

d) Faz parte do poder regulamentar estabelecer uma relação de coordenação e subordinação entre os vários órgãos, incluindo o poder de delegar e avocar atribuições.

e) O dever de prestar contas aos tribunais de contas é específico dos servidores públicos; não é aplicável a dirigente de entidade privada que receba recursos públicos por convênio.

COMENTÁRIOS

✪ **Nota do autor:** para que seja possível a materialização das medidas administrativas necessárias a consecução do interesse público, a Administração dispõe dos chamados poderes administrativos, ou seja, instrumentos, ferramentas, mecanismos indispensáveis para esse agir. Os **poderes administrativos** são **as prerrogativas à disposição da Administração destinadas à viabilização do interesse público.**

Alternativa "a". O **poder de polícia**, por exemplo, tem como uma de suas características a **autoexecutoriedade** - que aponta que a Administração Pública pode praticar diretamente os atos afetos à polícia administrativa, não necessitando recorrer ao Poder Judiciário. Assim, **não há que se falar em abuso de poder**, neste caso.

Alternativa "b". O **poder disciplinar é a prerrogativa pela qual a Administração apura as infrações e aplica as penalidades ao infrator**, que pode ser um servidor público ou particular sujeito à disciplina administrativa, como um estudante de escola pública[29].

Alternativa "c". A alternativa faz menção ao **poder discricionário.** O ***poder vinculado*** é aquele que a lei confere à Administração Pública para a prática de ato de sua competência, determinando os elementos e requisitos necessários à sua formalização, conforme Hely Lopes Meirelles. Todo e qualquer ato administrativo deve estar em conformidade com o direito e, em muitos casos, a conveniência e a oportunidade de se praticar determinado ato já foram valoradas pelo legislador, não havendo margem de escolha ao administrador; em tais situações, em que o ***comportamento já foi previamente delimitado pela lei***, há aplicação do ***poder vinculado*** - que, em verdade, por se tratar mais de uma restrição à Administração Pública que a uma prerrogativa, não é considerado, por muitos autores, poder da Administração Pública. Por seu turno, o ***poder discricionário*** é o concedido à Administração Pública para a prática de determinados atos administrativos com ***liberdade, nos limites da lei, na valoração do juízo de conveniência e oportunidade.*** Em outras palavras, trata-se de prerrogativa conferida à Administração Pública de fazer opções, de escolher, de analisar se é oportuno, se é conveniente, segundo o interesse público, a prática de determinado ato.

Alternativa "d". Faz parte do poder **hierárquico** estabelecer uma relação de coordenação e subordinação entre os vários órgãos, incluindo o poder de delegar e avocar atribuições.

Alternativa "e". O dever de prestar contas aos tribunais de contas **não** é específico dos servidores públicos. Neste sentido, por exemplo, à luz do que dispõe o art. 71, VI, da Constituição Federal, compete ao Tribunal de Contas da União "fiscalizar a aplicação de quaisquer recursos repassados pela União mediante convênio, acordo, ajuste ou outros instrumentos congêneres, a Estado, ao Distrito Federal ou a Município". Além disso, na forma do mesmo dispositivo, em seu parágrafo único, consta que "prestará contas qualquer pessoa física ou jurídica, pública ou privada, que utilize, arrecade, guarde, gerencie ou administre dinheiros, bens e valores públicos ou pelos quais a União responda, ou que, em nome desta, assuma obrigações de natureza pecuniária".

Alternativa correta: letra "b".

29. DI PIETRO, Maria Sylvia Zanella. *Direito administrativo*. 23 ed. São Paulo: Atlas, 2010. p. 94.

---

75. (Vunesp - Delegado de Polícia - CE/2015) No que se refere ao poder disciplinar da Administração, é correto afirmar que

a) se aplica ao poder disciplinar o princípio da pena específica.
b) nem toda a condenação criminal por delito funcional acarreta a punição disciplinar.
c) a aplicação da pena disciplinar tem para o superior hierárquico o caráter de um poder-dever.
d) a punição disciplinar e a criminal têm fundamentos idênticos.
e) é possível admitir punição disciplinar desacompanhada de justificativa da autoridade que a impõe.

COMENTÁRIOS

✪ **Nota do autor:** O **poder disciplinar** é a prerrogativa pela qual a Administração apura as infrações e aplica as penalidades ao infrator, que pode ser um servidor público ou particular sujeito à disciplina administrativa.

Alternativa "a". Uma das características do poder disciplinar é a **não vinculação prévia da definição de uma infração funcional e sua respectiva sanção.** Portanto, não se aplica ao poder disciplinar o princípio da pena específica, vigente no direito penal. O administrador aplicará a sanção que julgar cabível na hipótese concreta, dentre as penalidades que estiverem enumeradas em lei ou regulamento para a generalidade das infrações administrativas, com a observância do princípio da razoabilidade. Deve-se apontar, todavia, o texto da Súmula nº 650 do STJ, que prevê que "a autoridade administrativa não dispõe de discricionariedade para aplicar ao servidor pena diversa de demissão quando caraterizadas as hipóteses previstas no artigo 132 da Lei 8.112/1990."

Alternativa "b" (responde a alternativa "d"). Em razão da possibilidade de, dentro do ordenamento jurídico brasileiro, ser possível que uma conduta configure ilícitos de naturezas diferentes, ou seja, o ilícito pode ser administrativo, penal e civil, existe a regra geral da **prevalência da independência das instâncias.** Deste modo, as apurações das instâncias tramitarão de maneira separada, cada uma possuindo um resultado da apuração, que podem ser diferentes, e as sanções todas poderão ser aplicadas todas ao mesmo tempo. A regra da incomunicabilidade das instâncias possui previsão legal no art. 125 da Lei nº 8.112/90.

Alternativa "c". Prevalece o entendimento de que **o poder disciplinar é vinculado, ou seja, uma vez tendo conhecimento da infração, a Administração não pode escolher entre aplicar, ou não a pena**. Assim, **a aplicação da pena disciplinar tem para o superior hierárquico o caráter de um poder-dever.** Todavia, em algumas situações, a discricionariedade existe limitadamente em alguns aspectos da aplicação das sanções. Considerando que os estatutos dos servidores na definição das infrações funcionais não estabelecem regras rígidas como as quais se impõem na esfera criminal, não há a definição de um verbo, o que muitas vezes gera para o administrador público um juízo de valor no reconhecimento do ilícito.

Alternativa "e". À luz do **princípio da motivação, não** é possível admitir punição disciplinar desacompanhada de justificativa da autoridade que a impõe.

Alternativa correta: letra "c".

76. (FUNIVERSA – Delegado de Polícia – DF/2015) Acerca dos poderes da administração pública, assinale a alternativa correta.

a) No julgamento de revisão de processo administrativo em que foi aplicada sanção administrativa, o exercício do poder disciplinar é restringido pela Lei nº 9.784/1999, pois não se admite o agravamento da sanção.

b) A possibilidade de a administração aplicar multas pelo descumprimento total ou parcial dos contratos administrativos não decorre do seu poder disciplinar, visto que envolve terceiros, não integrantes da administração.

c) As decisões do TCU submetem-se ao controle hierárquico do Congresso Nacional.

d) Suponha-se que uma instrução normativa da Secretaria do Tesouro Nacional viole a lei. Nesse caso, não é possível a utilização de decreto legislativo, pelo Congresso Nacional, para suspender a norma regulamentar exorbitante do poder regulamentar, uma vez que esta norma não é um decreto editado pelo chefe do Poder Executivo.

e) O poder de polícia pode ser remunerado por meio de taxa, tanto pelo seu efetivo exercício, quanto pela potencialidade colocada à disposição do contribuinte.

COMENTÁRIOS

✪ **Nota do autor:** Nos termos do art. 65, *caput*, da Lei nº 9.784/99, "os processos administrativos de que resultem sanções poderão ser revistos, a qualquer tempo, a pedido ou de ofício, quando surgirem fatos novos ou circunstâncias relevantes suscetíveis de justificar a inadequação da sanção aplicada".

Alternativa "a". Na forma do art. 65, parágrafo único, da Lei nº 9.784/99, "da revisão do processo não poderá resultar agravamento da sanção". Assim, **há mitigação do exercício do poder disciplinar**, uma vez que a autoridade administrativa fica adstrita aos limites da sanção anteriormente aplicada. Não se admite a *reformatio in pejus*.

Alternativa "b". O poder disciplinar é a prerrogativa pela qual a Administração apura as infrações e aplica as penalidades ao infrator, que deve ser um servidor público **ou particular sujeito à disciplina administrativa,** como, por exemplo, um contratado da Administração que descumpra, total ou parcialmente, um contrato administrativo firmado.

Alternativa "c". Não há que se falar em hierarquia entre Congresso Nacional e Tribunal de Contas da União, sendo que este auxilia aquele no exercício do controle financeiro. O **poder hierárquico** é aquele conferido ao administrador para distribuir e escalonar as funções de seus órgãos, ordenar e rever a atuação de seus agentes, estabelecendo para tanto uma relação de hierarquia e subordinação.

Alternativa "d". Na forma do art. 49, V, da Constituição Federal, é de competência exclusiva do Congresso Nacional – instrumentalizada, portanto, por decreto legislativo – "sustar os atos normativos do Poder Executivo que exorbitem do poder regulamentar ou dos limites de delegação legislativa". Assim, **plenamente possível a utilização do decreto legislativo como controle do exercício do poder regulamentar.**

Alternativa "e". O poder de polícia é a **prerrogativa** pela qual a Administração Pública impõe **condições, restrições** ao **exercício de um direito**, de uma **liberdade**, em benefício da coletividade e, por ele, por exemplo, pode ser interditado um restaurante cujas instalações estejam em desacordo com o exigido para a tutela da saúde pública, ou, ainda, pode haver a cobrança de taxa de localização e funcionamento de estabelecimento comercial. Quanto à cobrança de taxa, a Constituição Federal, no art. 145, II, prevê que a União, os Estados, o Distrito Federal e os Municípios podem instituir taxa, em decorrência do poder de polícia. Todavia, **não é possível a cobrança de taxa, referente ao poder de polícia, pela potencialidade colocada à disposição do contribuinte**, mas apenas pelo seu efetivo exercício.

Alternativa correta: letra "a".

77. (NUCEPE – Delegado de Polícia – PI/2014) NÃO pode ser verificado serviços relativos ao poder extroverso do Estado em:

a) a cobrança e fiscalização dos impostos.

b) fiscalização do cumprimento de normas sanitárias.

c) controle do meio ambiente.

d) serviço de emissão de passaportes.

e) emissão de certidão.

COMENTÁRIOS

✪ **Nota do autor:** O **poder extroverso** pode ser definido como aquele que a Administração tem de constituir, unilateralmente, obrigações para terceiros, com o extravasamento de seus próprios limites.

Alternativa "e" (responde as demais alternativas). A **emissão de certidão** é exemplo de **ato administrativo enunciativo.** Os **atos enunciativos** são os atos pelo quais a Administração pública **certifica ou atesta um fato ou emite uma opinião** sobre determinado assunto. **Não há manifestação de vontade** e são atos apenas em sentido formal. Assim, não há que se falar em constituição de obrigação para terceiros, de tal forma que **não há manifestação do poder extroverso.**

Alternativa correta: letra "e".

---

78. (Vunesp - Delegado de Polícia - SP/2014) Ao exercício do poder de polícia são inerentes certas atividades que podem ser sumariamente divididas em quatro grupos:

I. legislação;

II. consentimento;

III. fiscalização; e

IV. sanção.

Nessa ordem de ideias, é correto afirmar que o particular

a) pode exercer apenas as atividades de consentimento e de sanção, por não serem típicas de Estado.

b) somente pode exercer, por delegação, a atividade de fiscalização, por não ser típica de Estado.

c) pode exercer, por delegação, as atividades de consentimento e fiscalização, por não serem típicas de Estado.

d) pode exercer, por delegação, quaisquer das atividades inerentes ao poder de polícia, pois não se traduzem em funções típicas de Estado.

e) pode exercer, por delegação, o direito de impor, por exemplo, uma multa por infração de trânsito e cobrá-la, inclusive, judicialmente.

COMENTÁRIOS

Alternativa "c" (responde as demais alternativas). A questão trata da delegação do poder de polícia, tema que com relativa divergência na doutrina, mas, conforme enunciado e alternativas, a banca baseou-se na posição do STJ a respeito do tema. Conforme decidido no Resp 817.534, as "as atividades que envolvem a consecução do poder de polícia podem ser sumariamente divididas em quatro grupos, a saber: (i) legislação, (i) consentimento, (i) fiscalização e (iv) sanção. No âmbito da limitação do exercício da propriedade e da liberdade no trânsito, esses grupos ficam bem definidos: o CTB estabelece normas genéricas e abstratas para obtenção da Carteira Nacional de Habilitação (legislação); a emissão da carteira corporifica vontade o Poder Público (consentimento); a Administração instala equipamentos eletrônicos para verificar se há respeito à velocidade estabelecida em lei (fiscalização); e também a Administração sanciona aquele que não guarda observância ao CTB (sanção). Somente os **atos relativos ao consentimento e à fiscalização são delegáveis**, pois aqueles referentes à legislação e à sanção derivam do poder de coerção do Poder Público". Entretanto, o STF alterou esse entendimento, no RE 633782/MG (Informativo nº 996), em que se fixou a seguinte tese de repercussão geral: "É constitucional a delegação do poder de polícia, por meio de lei, a pessoas jurídicas de direito privado integrantes da Administração Pública indireta de capital social majoritariamente público que prestem exclusivamente serviço público de atuação própria do Estado e em regime não concorrencial". Segundo o decidido, o regime jurídico híbrido das estatais prestadoras de serviço público em regime de monopólio é compatível com a delegação, pois a incidência de normas de direito público em relação às entidades da Administração indireta tem condão de as aproximar do regime de direito público. Em resumo, os atos de consentimento, fiscalização e aplicação de sanções podem ser delegados a estatais com regime jurídico próximo ao aplicável à Fazenda Pública.

Alternativa correta: letra "c" (Alternativa correta à época do concurso. Atualmente, a alternativa se encontra desatualizada).

---

79. (FUNCAB - Delegado de Polícia - RJ/2012) Os poderes administrativos encerram as prerrogativas de direito público outorgadas aos agentes do Estado. Sobre o tema, analise as afirmativas a seguir e assinale a alternativa correta.

I. Nem toda omissão administrativa se qualifica como ilegal.

II. Agindo com abuso de poder, a invalidação da conduta abusiva pode dar-se por mandado de segurança.

III. O desvio de poder é modalidade de abuso em que o agente atua fora dos limites de sua competência.

IV. No excesso de poder, o agente atua dentro dos limites de sua competência.

Estão corretas apenas as afirmativas:

a) I e II.

b) III e IV.

c) I, II e III.

d) I e IV.

e) I e III.

COMENTÁRIOS

✪ **Nota do autor:** Os **poderes administrativos** são as **prerrogativas à disposição da Administração** destinadas à **viabilização do interesse público.**

Item I. As **omissões administrativas** não são, necessariamente, ilegais. Neste sentido, destacam-se as **omissões genéricas**, em relação às quais cabe ao administrador avaliar, por meio de juízo de conveniência e oportunidade, se haverá atuação ou omissão. Trata-se, assim, de manifestação do **poder discricionário**, assim considerado como aquele que "o Direito concede à Administração, de modo explícito ou implícito, para a prática de atos administrativos com **liberdade na escolha de sua conveniência, oportunidade e conteúdo**"[30].

Item II. Em qualquer de suas modalidades, o **abuso de poder é uma ilegalidade** e, desse modo, pode ser afrontado tanto na esfera administrativa quanto em juízo. Nesta última, há possibilidade de ser impetrado mandado de segurança, como instrumento do controle judicial sobre os atos e omissões administrativos.

Item III. O **desvio de poder** ou **desvio de finalidade** ocorre quando o **administrador age dentro de sua competência**, mas o faz para alcançar **fim diferente do previsto**, explícita ou implicitamente, na lei, ou seja, **dissocia-se do interesse público**.

Item IV. O **excesso de poder** é verificado quando **o agente atua além dos limites de sua competência**, ou seja, "invade atribuições cometidas a outro agente, ou se arroga o exercício de atividades que a lei não lhe conferiu"[31].

Alternativa correta: letra "a". Estão corretos os itens I e II.

7. ATO ADMINISTRATIVO

- Lei nº 9.784/99, artigos 11 a 17, 50, 53, 54 e 55
- Lei nº 4.717/65, art. 2º

80. (CEBRASPE – Delegado de Polícia – PC – PE/2024) No que se refere à vinculação e à discricionariedade dos atos administrativos em espécie, é correto afirmar que as autorizações administrativas, as permissões e as licenças são, respectivamente, atos administrativos

a) vinculados, discricionários e discricionários.

b) vinculados, vinculados e discricionários.

c) vinculados, discricionários e vinculados.

d) discricionários, discricionários e vinculados.

e) discricionários, vinculados e discricionários.

COMENTÁRIO

Alternativa "d" (responde as demais alternativas). No âmbito do ato administrativo reside o que a doutrina costuma chamar de mérito do ato administrativo. O mérito do ato administrativo está ligado aos atos administrativos discricionários, pois nestes é deferido ao agente público valorar os fatores constitutivos do motivo e do objeto, de modo a permitir apreciar através da oportunidade e da conveniência da conduta. Neste sentido, a autorização é ato administrativo pelo qual a Administração Pública consente que um particular utilize um bem público em seu próprio interesse, sendo que este ato possui as características de ser discricionário e precário. De igual modo, a ***permissão*** é entendida como ato administrativo unilateral, discricionário e precário, gratuito ou oneroso, pelo qual a Administração Pública faculta a utilização privativa de bem público, **para fins de interesse público.** As **licenças**, por seu turno, são atos administrativos **vinculados**. Assim, caso preenchidos os requisitos necessários, não pode a Administração Pública deixar de realizar tal ato administrativo.

Alternativa correta: letra "d".

81. (CEBRASPE – Delegado de Polícia – PC – PE/2024) A Secretaria de Estado X do estado Y praticou os seguintes três atos administrativos: o primeiro foi praticado com vício de forma, não sendo esta essencial à validade do ato; o segundo foi praticado por sujeito incompetente, não tendo tratado de competência exclusiva; e o terceiro foi praticado com vício de finalidade.

Os atos administrativos descritos na situação hipotética apresentada são, respectivamente,

a) nulo, nulo e anulável.

b) nulo, nulo e nulo.

c) nulo, anulável e anulável.

d) anulável, nulo e nulo.

e) anulável, anulável e nulo.

COMENTÁRIO

✪ **Nota do Autor:** No enunciado em questão, a banca examinadora diferencia os atos anuláveis (nos quais o vício admite convalidação) dos atos nulos (em que não é possivel a adoção de ato complementar para sanar a irregularidade). Vale destacar que a convalidação é o ato administrativo pelo qual o **administrador** corrige defeitos anteriores de um ato que contém um defeito sanável, havendo um verdadeiro suprimento da invalidade do ato, com efeitos retroativos. Dessa forma, preserva-se a ordem jurídica e social, mantendo e garantindo a estabilidade das relações já constituídas. O instituto da convalidação possui previsão no art. 55 da Lei nº 9.784/99. A convalidação, também conhecido como sanatória, aperfeiçoamento, convalescimento, sanação, terapêutica, depuração ou aproveitamento, é uma forma de preservar a eficácia do ato administrativo, em razão de defeitos considerados leves.

Alternativa "e" (responde as demais alternativas). Se o ato administrativo admite a convalidação, é anulável e, por outro lado, se o vício é insanável, é nulo. Dos cinco elementos do ato (competência, finalidade, forma, motivo e objeto), **a convalidação só é admitida em relação a dois, quais sejam, a competência e a forma e, mesmo assim, somente quando não se tratar de competência exclusiva ou de formalidade essencial**. Caso o vício esteja no motivo, na finalidade

30. MEIRELLES, Hely Lopes. *Direito administrativo brasileiro*. 36 ed. São Paulo: Malheiros, 2010. p. 121.
31. CARVALHO FILHO, José dos Santos. *Manual de direito administrativo*. 26. ed. São Paulo: Atlas, 2013. p. 48-49.

ou no objeto, não se admite a convalidação e a anulação é certa e, desse modo, não há como se alterar a situação fática ensejadora da prática do ato, isto é, ou o motivo existe e é verdadeiro ou não é; também, ou se buscou a finalidade pública ou não; por fim, ou o objeto é legal ou não é. Assim, define-se ato **anulável** como ato em desconformidade com a lei ou com os princípios jurídicos, passível de **convalidação**, ou seja, com vício sanável.

Alternativa correta: letra "e".

---

82. (CEBRASPE - Delegado de Polícia - PC - PE/2024) No que se refere aos atos administrativos, são passíveis de revogação

I. as férias concedidas a servidor e completamente gozadas.

II. os atestados e pareceres expedidos.

III. as portarias publicadas com a finalidade de nomear comissão para apresentar proposta de regulamento de determinado órgão.

Assinale a opção correta.

a) Apenas o item II está certo.

b) Apenas o item III está certo.

c) Apenas os itens I e II estão certos.

d) Apenas os itens I e III estão certos.

e) Todos os itens estão certos.

COMENTÁRIO

✪ **Nota do Autor:** A **revogação** é a **extinção de ato administrativo válido ou de seus efeitos por razões de conveniência e oportunidade**, em face do interesse público, ou seja, em dado momento, um ato administrativo, de natureza discricionária, foi praticado porque a autoridade administrativa entendeu que isso era conveniente e oportuno, mas em momento posterior, esse juízo de valoração é alterado e o que era conveniente e oportuno passa a ser inconveniente e inoportuno, cabendo sua extinção pela revogação.

Alternativa "b" (responde as demais alternativas). São **irrevogáveis**: a) **atos vinculados**; b) **atos que integram um procedimento administrativo**; c) **atos que já exauriram seus efeitos**; d) **meros atos administrativos**; e) **atos que geraram direitos adquiridos**, nos termos da Súmula 473, do STF. Assim, férias concedidas a servidor e completamente gozadas (**efeitos exauridos**) e atestados e pareceres expedidos (**meros atos administrativos**), não podem ser objeto de revogação.

Alternativa correta: letra "b".

---

83. (UFPR - Delegado de Polícia - PC - PR/2021) A possibilidade de desfazimento de atos administrativos que repercutam no campo de interesses dos particulares é objeto de especial preocupação da doutrina do Direito Administrativo. Sobre o tema, considere as seguintes afirmativas:

1. A invalidação de atos administrativos de que decorram efeitos concretos favoráveis a particulares deve ser precedida de regular processo administrativo.
2. É inconstitucional lei estadual que estabeleça prazo decadencial de 10 anos para anulação de atos administrativos reputados inválidos pela Administração Pública estadual.
3. O prazo decadencial de 5 anos para anulação de atos administrativos previsto na Lei 9.784/1999 não se aplica quando o ato a ser anulado afronta diretamente a Constituição Federal.
4. Em caso de flagrante ilegalidade do ato administrativo, é dado ao Poder Judiciário determinar à Administração Pública que proceda à revogação de tal ato.

Assinale a alternativa correta.

a) Somente a afirmativa 4 é verdadeira.

b) Somente as afirmativas 1 e 2 são verdadeiras.

c) Somente as afirmativas 3 e 4 são verdadeiras.

d) Somente as afirmativas 1, 2 e 3 são verdadeiras.

e) As afirmativas 1, 2, 3 e 4 são verdadeiras.

COMENTÁRIO

Item I. Correto. Na forma do art. 54, da Lei nº 9.784/99, o direito da Administração de anular os atos administrativos de que decorram efeitos favoráveis para os destinatários decai em cinco anos, contados da data em que foram praticados, salvo comprovada má-fé. Para tanto, é necessária a tramitação de prévio e regular processo administrativo.

Item II. Correto. O Supremo Tribunal Federal, no julgamento da ADI nº 6.019, declarou a inconstitucionalidade de Lei Estadual que estabelecia prazo decadencial de 10 (dez) anos para anulação de atos administrativos reputados inválidos pela Administração Pública.

Item III. Correto. O prazo decadencial do art. 54, da Lei nº 9.784/99, não se aplica quando o ato a ser anulado afronta a Constituição Federal. Este é o entendimento proferido no julgamento do MS nº 26.280, pelo Supremo Tribunal Federal.

Item IV. Errado. O controle feito pelo Poder Judiciário é, em regra, de legalidade, de tal modo que é possível a anulação do ato administrativo. A revogação, contudo, deve ser realizada pela Administração Pública, por razões de conveniência e oportunidade. Não há que se falar, assim, em determinação do Poder Judiciário para que ato administrativo seja revogado.

Alternativa correta: letra "d".

---

84. (FGV - Delegado de Polícia - PC - RN/2021) Diante do acúmulo de serviço em razão da grande demanda em sua competência originária e com o objetivo de conferir maior eficiência e celeridade em questões administrativas, o Delegado- Geral de Polícia Civil do Estado Alfa praticou ato administrativo delegando sua competência para a Secretaria Executiva de Polícia decidir recursos administrativos hierárquicos. O mencionado ato de delegação é:

a) inválido, porque os atos previstos como de competência do Delegado-Geral não podem ser delegados, em respeito ao poder hierárquico;

b) inválido, porque a legislação proíbe expressamente a delegação de decisão de recursos administrativos;

c) lícito, porque a competência administrativa é imprescritível, improrrogável e irrenunciável;

d) lícito, porque a competência é delegável, exceto nos casos de competência exclusiva definida em lei;

e) lícito, porque a competência é delegável, exceto para a edição de atos normativos.

COMENTÁRIO

Alternativa "b" (responde as demais alternativas). Tanto a delegação e a avocação são situações temporárias e excepcionais, pois permitem a prática de ato administrativo por quem não era originariamente competente. A diferença é que **na delegação quem é competente delega, transfere parte de sua competência para outro servidor e na avocação o superior, que não era competente, chama para si parcela de competência legalmente atribuída a subordinado seu**. Há algumas hipóteses que a Lei nº 9.784/99 veda a ocorrência de delegação, as quais, conforme o art. 13, são as seguintes: a) a edição de atos de caráter normativo; b) a decisão de recursos administrativos; e c) as matérias de competência exclusiva do órgão ou autoridade.

Alternativa correta: letra "b".

85. (Inst. Acesso – Delegado de Polícia – PC – ES/2019) Em relação ao tema das nulidades dos atos administrativos, a doutrina majoritária no Brasil consolidou o entendimento decorrente da teoria dos motivos determinantes. À luz desta teoria, marque a alternativa INCORRETA.

a) Na exoneração de cargos de livre nomeação não é necessária, para a validade do ato, a enunciação dos motivos de fato pelo administrador.

b) Os elementos do ato administrativo são: a competência, a forma, a finalidade, o objeto e a motivação.

c) A exoneração ad nutum não necessita de explicitação do motivo para sua validade; todavia, se o administrador, por faculdade, declarar o motivo, esse fato passará a ser determinante para a configuração lícita do ato administrativo exoneratório.

d) A existência real de um motivo de fato alegado para a realização de ato administrativo vincula o administrador, sendo um pressuposto de validade deste mesmo ato.

e) Se um ato administrativo é realizado com motivo de fato inexistente, mesmo que exista motivação, ele é considerado ilícito com base na teoria dos motivos determinantes.

COMENTÁRIO

✪ **Nota do Autor:** O ato administrativo é "toda manifestação unilateral da vontade da Administração Pública que, agindo nessa qualidade, tenha por fim imediato adquirir, resguardar, transferir, modificar, extinguir e declarar direitos, ou impor obrigações aos administrados ou a si própria"[32]. Atente-se que deveria ser assinalada a alternativa incorreta.

Alternativa "a". (responde as alternativas "c", "d" e "e"). De início, deve ficar claro que motivo e motivação não são sinônimos. O **motivo** é um dos elementos dos atos administrativos. É o **pressuposto, a razão, a situação de fato ou de direito cuja ocorrência autoriza ou determina a prática do ato.** É que o leva o administrador a praticar o ato. O **"porquê"** do ato realizado. Pela **teoria dos motivos determinantes**, não importa se deve ou não haver a **motivação – demonstração do motivo, por escrito** – do ato administrativo, pois o administrador fica **vinculado aos motivos declarados para a prática do ato.** Quer dizer, mesmo que se trate de situação em que não havia obrigação de motivar, **uma vez feita a motivação ou motivo declarado existiu e é verdadeiro ou o ato é nulo.** Por exemplo, o ocupante de cargo em comissão pode ser exonerado a qualquer tempo, e a autoridade não precisa expor o motivo. Se, contudo, em determinado caso justifica-se a exoneração pela ausência de verba e, em seguida, outro servidor é nomeado, o ato é invalido porque o motivo alegado é falso. Isso, inclusive, pode ser apreciado pelo Poder Judiciário porque o ato somente é válido se todos os seus elementos estiverem em conformidade com o direito. É o elemento motivo que identifica se o ato é vinculado ou discricionário, mas em qualquer um dos casos, admite-se o controle jurisdicional.

Alternativa "b". Muito embora não haja consenso doutrinário sobre quais são os elementos e nem em relação à nomenclatura, a posição tradicional afirma que são elementos do ato administrativo a **competência**, a **finalidade**, a **forma**, o **motivo** e o **objeto.**

Alternativa correta: "b".

86. (Inst. Acesso – Delegado de Polícia – PC – ES/2019) Sobre os Atos Administrativos e a Presunção de Legitimidade, é correto afirmar que a Presunção de Legitimidade

a) não se aplica aos atos do Poder Legislativo, devendo estes ser subsumidos à comissão especial antes de sua concretização, devido aos inúmeros episódios de corrupção.

b) não se aplica a todos os atos administrativos, apenas aos dos chefes de poderes e seus assessores.

c) é um dos princípios que rege os atos administrativos.

d) é uma diretriz arcaica do período ditatorial militar do Brasil, extirpada por completo com a Constituição de 1988.

32 MEIRELLES, Hely Lopes. *Direito administrativo brasileiro.* 36 ed. São Paulo: Malheiros, 2010. p. 153.

e) é universal, exceto para ações das polícias militares, civil e federal, que necessitam de aprovação dos respectivos órgãos corregedores.

COMENTÁRIO

✪ **Nota do Autor:** Os atributos dos atos administrativos são (**PIA**): a) **presunção de legitimidade**, pela qual se presume que todo ato administrativo praticado seja legal; b) **imperatividade**, que significa que o ato administrativo é impositivo, obrigatório ao administrado, ou seja, a Administração não necessita da concordância do destinatário para que o ato seja praticado; c) **autoexecutoriedade**, pela qual a Administração pode executar o ato administrativo por seus próprios meios, sem necessidade de atuação do Poder Judiciário para tanto.

Alternativa "c" (responde as demais alternativas). A **presunção de legitimidade** está intimamente relacionada com o princípio da legalidade, pois se a atuação administrativa deve se dar de acordo com a lei e com o Direito, **presume-se que todo ato administrativo praticado seja legal.** São efeitos da **presunção de legitimidade**: a) **o ato pode ser praticado imediatamente**; b) **produz efeitos até que seja retirado da esfera jurídica**; c) **inversão do ônus da prova**; d) **o Judiciário não pode apreciar de ofício o vício do ato.** Está presente em todos os atos administrativos.

Alternativa correta: letra "c".

---

87. (Inst. Acesso - Delegado de Polícia - PC - ES/2019) No âmbito de direito administrativo, a legislação prevê a possibilidade de o Poder Público conceder, autorizar e/ou permitir o exercício de atividades pelo particular. Os itens seguintes se referem à autorização e à concessão administrativa.

I. Pode ser revogada a qualquer momento;

II. Garante maior segurança jurídica ao particular que a recebe;

III. Está garantida pelo equilíbrio econômico financeiro do contrato;

IV. Decorre de menor interesse público;

V. Tem natureza precária;

VI. Está sujeita a indenização se encerrada antes do período contratado;

Assinale a alternativa correta:

a) As afirmações I, II e VI tratam da concessão administrativa e as demais da autorização administrativa;

b) As afirmações I, II e VI se referem à autorização administrativa enquanto as demais se referem à concessão administrativa;

c) Todas as afirmações tratam da autorização administrativa;

d) As afirmações I, IV e V se referem à autorização administrativa;

e) Todas as afirmações tratam da concessão administrativa;

COMENTÁRIO

✪ **Nota do Autor:** Dentre as várias modalidades de atos negociais, as mais cobradas nas provas são a licença, a autorização e a permissão e, normalmente, exige-se que o examinando saiba as diferenças entre elas. Os **atos negociais** são aqueles em que há a concordância de vontades entre a Administração Pública e o particular. A Administração pratica o ato porque o particular fez requerimento nesse sentido, mas não é um contrato e sim uma **manifestação unilateral** de vontade (que coincide com a do particular) e, portanto, é um ato administrativo. São espécies de atos negociais: a licença, a autorização e a permissão.

Itens I, IV e V: A autorização, nesse sentido, é ato discricionário e precário, pelo qual a Administração autoriza a realização de determinada atividade ou o uso de determinado bem público, no interesse predominante do particular. O particular não tem direito subjetivo à prática do ato, e a autoridade administrativa analisará se é conveniente e oportuna sua realização, isto é, trata-se de ato discricionário. E, uma vez concedida, a autorização pode ser revogada a qualquer tempo (precária).

Itens II, III e VI: A concessão de serviço público, por sua vez, é o contrato administrativo por meio do qual a Administração Pública delega a terceiro a "execução de um serviço público, para que o execute em seu próprio nome, por sua conta e risco, assegurando-lhe a remuneração mediante tarifa paga pelo usuário ou outra forma de remuneração decorrente da exploração do serviço"[33]. Por se tratar de contrato administrativo, garante maior segurança jurídica ao contratado, estando sujeita à indenização se encerrada antes do período pactuado.

Alternativa correta: letra "d" (responde as demais alternativas).

---

88. (Nucepe - Delegado de Polícia - PC - PI/2018) Um servidor público federal, Diretor administrativo de um órgão, concedeu, mediante processo administrativo, uma licença para tratar de assunto de interesse particular a um subordinado, pelo prazo de 30 (trinta) dias. Ocorre que no último dia da licença, o referido diretor decide revogá-la por motivos de oportunidade e conveniência. Em razão dos fatos, é CORRETO afirmar que:

a) é possível, desde que haja a concordância expressa do servidor;

b) não é possível, pois apenas o superior do chefe poderia assim o fazer;

c) é possível, em razão da discricionariedade administrativa e da possibilidade de ocorrer com efeitos *ex tunc*;

d) não é possível, pois o ato já exauriu seus efeitos;

33. DI PIETRO, Maria Sylvia Zanella. *Direito administrativo*. 23. ed. São Paulo: Atlas, 2010. p. 294. Original sem destaque.

e) não é possível, pois somente caberia o instituto da revogação se houvesse algum vício no ato administrativo.

COMENTÁRIO

✪ **Nota do autor:** A **revogação** é a extinção de ato administrativo válido ou de seus efeitos por **razões de conveniência e oportunidade**, em face do interesse público. Assim, tendo em vista que a **revogação** tem por objeto um **ato administrativo válido**, extinto apenas por motivo de interesse público, seus **efeitos da revogação não retroagem, ou seja, são *ex nunc*.**

Alternativa "d" (responde as demais alternativas). São **irrevogáveis**: a) **atos vinculados**; b) **atos que integram um procedimento administrativo**; c) **atos que já exauriram seus efeitos**; d) **meros atos administrativos**; e) **atos que geraram direitos adquiridos**, nos termos da Súmula 473, do STF.

Alternativa correta: letra "d".

---

89. (Cespe – Delegado de Polícia – PC – SE/2018) Tanto a anulação como a revogação retiram do mundo jurídico atos com defeitos e produzem efeitos prospectivos.

COMENTÁRIO

✪ **Nota do autor:** De fato, a **anulação** é a extinção de um ato administrativo por razões de **ilegalidade.** O ato tem vício em um dos seus elementos. Como a anulação é realizada para se extinguir ato administrativo eivado de vício, quando é feito o ato anulatório apenas se está reconhecendo um vício que já maculava o ato desde sua feitura e, por isso, os efeitos da anulação, quase sempre, voltam no tempo de modo a atingir o ato no nascedouro, isto é, os efeitos são, em regra, *ex tunc*.

Como destacado, a **revogação** é a extinção de ato administrativo válido por razões de **conveniência e oportunidade** em face do interesse público, ou seja, em dado momento um ato administrativo, de natureza discricionária, foi praticado porque a autoridade administrativa entendeu que isso era conveniente e oportuno, mas em momento posterior, esse juízo de valoração é alterado e o que era conveniente e oportuno passa a ser inconveniente e inoportuno, cabendo sua extinção pela revogação. No entanto, **não há retroação** dos efeitos da revogação, isto é, produz efeitos *ex nunc*.

Alternativa correta: "errado".

---

90. (Cespe – Delegado de Polícia – PC – SE/2018) A cassação de um ato administrativo corresponde a extingui-lo por descumprimento dos requisitos estabelecidos para a sua execução.

COMENTÁRIO

✪ **Nota do autor:** A **cassação** funciona como uma espécie de sanção para aqueles que deixaram de cumprir as condições determinadas pelo ato.

Na clássica lição de Celso Antônio Bandeira de Mello[34], o ato administrativo extingue-se:

- pelo cumprimento de seus efeitos: é a sua extinção natural;
- pelo desaparecimento do sujeito ou objeto;
- pela **retirada** do ato: pode ser **pela cassação (o destinatário do ato descumpre condição a que estava obrigado pelo ato para se beneficiar de seus efeitos)**, pela caducidade (nova norma jurídica proíbe situação antes permitida e que é objeto do ato), pela contraposição ou derrubada (novo ato é praticado, com fundamento em competência diversa, cujos efeitos são contrapostos ao anterior), pela revogação (a extinção ocorre em razão de conveniência ou oportunidade, isto é, por interesse público) e pela anulação (a extinção se dá em razão de vício de legalidade no ato);
- pela **renúncia** (beneficiário do ato renuncia à situação jurídica nele prevista).

Alternativa correta: "certo".

---

91. (Cespe – Delegado de Polícia – PC – SE/2018) A anulação de ato administrativo fundamenta-se na ilegalidade do ato, enquanto a revogação funciona como uma espécie de sanção para aqueles que deixaram de cumprir as condições determinadas pelo ato.

COMENTÁRIO

A **revogação** é a extinção de ato administrativo válido por razões de conveniência e oportunidade em face do interesse público, ou seja, em dado momento um ato administrativo, de natureza discricionária, foi praticado porque a autoridade administrativa entendeu que isto era conveniente e oportuno, mas em momento posterior, esse juízo de valoração é alterado e o que era conveniente e oportuno passa a ser inconveniente e inoportuno, cabendo sua extinção pela revogação. A competência para revogar é privativa da Administração e não depende de provocação, não sendo permitido ao Poder Judiciário, no exercício da função jurisdicional, fazê-lo.

Alternativa correta: "errado".

---

92. (Vunesp – Delegado de Polícia – PC – SP/2018) Suponha que a concessão de uma determinada permissão de instalação de empreendimento em um imóvel dependa, conforme determinado em lei, da assinatura da autoridade administrativa em dois formulários distintos e que, em determinado caso específico, em que pese o ~~processo administrativo~~ ter sido adequa-

---

34. MELLO, Celso Antônio Bandeira de. *Curso de direito administrativo*. 27. ed. São Paulo: Malheiros, 2010. p. 446-447.

damente instruído, a autoridade competente firmou apenas um dos formulários, ordenando a publicação da autorização, apesar do vício, o qual era desconhecido no momento da publicação. Identificado o vício após dois meses da publicação, a autoridade administrativa deverá

a) converter a permissão em autorização, por ser esta última ato precário para o qual se exige o atendimento a um número menor de condições.

b) evitar realizar qualquer ato adicional relativo a esse processo até que se encerre a apuração preliminar que deverá, necessariamente, ser aberta para apurar eventual dolo na conduta da autoridade.

c) anular a autorização concedida anteriormente, pois o ato jurídico de autorização será não existente.

d) convalidar o ato, corrigindo o defeito sanável contido no ato anterior, garantindo, assim, a estabilidade das relações já constituídas.

e) anular a autorização concedida anteriormente, pois o ato jurídico de autorização será inexistente, em face da ausência de atendimento estrito ao previsto na legislação.

COMENTÁRIO

Nota do autor: para que se respondesse de forma correta à questão, é necessário que o candidato conheça a distinção entre ato nulo e ato anulável. **Ato nulo** é o ato que **tem vício insanável**, isto é, há ausência ou defeito em um dos seus elementos, especialmente nos elementos motivo, finalidade e objeto, porque o vício de um desses requisitos não é passível de convalidação.

Ato anulável, por sua vez, é aquele que **tem vício sanável** quanto ao elemento competência ou quanto à forma.

Alternativa "d" (responde às demais alternativas). O ato administrativo válido é aquele que **possui todos os elementos de validade**, ou seja, é praticado por autoridade competente e em obediência aos demais requisitos (finalidade, forma, motivo e objeto). No caso, todavia, não houve obediência ao requisito forma, de modo que o ato será passível de anulação. Assim, por se tratar de ato anulável, será passível de convalidação pela Administração Pública.

A "convalidação é o **suprimento da invalidade de um ato** com efeitos retroativos"[35]. Convalidar é **tornar válido um ato inválido**, por meio de outro ato que supre **vício sanável,** com efeitos ***ex tunc*** (retroagem).

Em face do princípio da segurança jurídica, deve se preferir a convalidação à anulação, mas, para tanto, o primeiro passo é verificar se o vício é sanável, isto é, se é superável, e isso dependerá de qual elemento do ato está viciado.

A convalidação não será possível[36]:

i) quando o **vício** estiver nos elementos **finalidade, motivo ou objeto**;

ii) quando o **vício** estiver nos elementos **competência** e **forma** e se tratar de **competência exclusiva ou forma essencial**;

iii) quando o **vício foi impugnado** administrativa ou judicialmente;

iv) quando **houve a estabilização** do vício pela prescrição ou decadência;

v) quando a convalidação **causar lesão ao interesse público;**

vi) quando a convalidação **causar prejuízo a terceiros.**

Alternativa correta: letra "d".

---

93. (Vunesp – Delegado de Polícia – PC – BA/2018) A imperatividade é o atributo do ato administrativo que impõe a coercibilidade para seu cumprimento ou execução. Dispensam esse atributo os atos administrativos

a) enunciativos.

b) normativos.

c) punitivos.

d) ordinatórios.

e) vinculados.

COMENTÁRIO

Nota do autor: A **imperatividade** significa que o **ato administrativo é impositivo, obrigatório ao administrado**, quer dizer, a Administração não necessita da concordância do destinatário para que o ato seja praticado. A imperatividade **não está presente em todos os atos**, mas apenas naqueles que impõem obrigações aos administrados e, desse modo, não existe nos atos negociais (licença, autorização, etc.), nem nos enunciativos (parecer, certidão, etc.).

Alternativa "a". Atos enunciativos são os atos pelos quais a Administração Pública **certifica** ou **atesta** um fato ou **emite uma opinião** sobre determinado assunto. **Não há manifestação de vontade** e são atos administrativos apenas em sentido formal. São exemplos, a **certidão**, o **atestado** e o **parecer.** Conforme exposto na nota do autor, não são dotados de imperatividade.

Alternativa "b". Os atos administrativos normativos são os atos que **possuem conteúdo geral, abstrato, destinado a todas as pessoas que estejam na situação por eles regulada**. Possuem finalidade normativa, mas são submissos à lei e esta é o seu limite. São dotados de imperatividade.

35. MELLO, Celso Antônio Bandeira de. *Curso de direito administrativo*. 27. ed. São Paulo: Malheiros, 2010. p. 473.

36. MAZZA, Alexandre. *Manual de direito administrativo*. São Paulo: Saraiva, 2011. p. 137.

Alternativa "c". **Punitivos** são os atos administrativos pelos quais a Administração impõe **sanção** aos agentes públicos e aos particulares sujeitos à disciplina administrativa. São imperativos.

Alternativa "d". Os atos administrativos ordinatórios são aqueles que **disciplinam o funcionamento da administração e a conduta de seus agentes**. São praticados no exercício do **poder hierárquico** e não atingem os particulares e nem os servidores subordinados a chefia diferente da que o expediu e são inferiores à lei e aos atos normativos. São imperativos.

Alternativa "e". Os **atos vinculados** são os atos realizados no exercício de competência vinculada, isto é, quando o **administrador não tem escolha diante da situação de fato**, devendo agir na única forma prevista na lei.

Alternativa correta: letra "a".

---

94. (Cespe – Delegado de Polícia – GO/2017) Após o término de estágio probatório, a administração reprovou servidor público e editou ato de exoneração, no qual declarou que esta se dera por inassiduidade. Posteriormente, o servidor demonstrou que nunca havia faltado ao serviço ou se atrasado para nele chegar.

Nessa situação hipotética, o ato administrativo de exoneração é

a) nulo por ausência de finalidade.
b) anulável por ausência de objeto.
c) anulável por ausência de forma.
d) anulável por ausência de motivação.
e) nulo por ausência de motivo.

COMENTÁRIOS

✪ **Nota do autor:** Os elementos do ato administrativo são a competência ("quem?"), a finalidade ("para quê?"), o motivo (por quê?"), a forma ("como?) e o objeto ("o quê?"). Não é elemento a condição de revogabilidade, pois esta não é requisito para se constituir o ato.

Alternativa "a". A finalidade é **elemento do ato administrativo** e é o **resultado almejado na prática**. É o **'para que'** o ato foi realizado, que deve ser sempre a **finalidade pública**, sob pena de desvio de finalidade.

Alternativa "b". O **objeto** é o "**efeito jurídico imediato que o ato produz**"[37], isto é, corresponde ao **conteúdo do ato**. Representa **"o que"** foi feito.

Alternativa "c". Diz-se que a forma é elemento exteriorizador do ato e se dá, em regra, na forma escrita. Excepcionalmente, existem atos administrativos não escritos (ordens verbais para o subordinado, sinalização do agente de trânsito, placas de sinalização...).

37. DI PIETRO, Maria Sylvia Zanella. *Direito administrativo*. 23 ed. São Paulo: Atlas, 2010. p. 206.

Alternativa "d". A motivação é a demonstração por escrito do motivo, distinguindo-se, pois do elemento do ato administrativo.

Alternativa "e". O **motivo** é o **pressuposto, a razão, a situação de fato ou de direito cuja ocorrência autoriza ou determina a prática do ato.** É que o leva o administrador a praticar o ato. O **"porquê"** do ato realizado. Pela **teoria dos motivos determinantes**, não importa se deve ou não haver a **motivação – demonstração do motivo, por escrito** – do ato administrativo, pois o administrador fica **vinculado aos motivos declarados para a prática do ato.** Quer dizer, mesmo que se trate de situação em que não havia obrigação de motivar, **uma vez feita a motivação ou o motivo declarado existiu e é verdadeiro ou o ato é nulo. Na situação descrita no enunciado, o motivo alegado para a prática do ato foi a ocorrência de inassiduidade, o que, na verdade, não ocorreu e, dessa maneira, não se faz presente o elemento motivo, sendo nulo o ato praticado.**

Alternativa correta: letra "e".

---

95. (FUNCAB – Delegado de Polícia – PA/2016) Quanto aos requisitos do ato administrativo, responda a alternativa correta.

a) A forma é elemento vinculado do ato administrativo, decorrente do princípio da solenidade, podendo ser exteriorizado de forma escrita, que é a regra, por sinal luminoso e mesmo por sons e gestos.
b) A lei deverá determinar a forma de exteriorização do ato, podendo prever mais de uma forma, sendo que a ausência de forma do ato administrativo importa na sua ineficácia, embora seja perfeito ou existente e válido.
c) A forma é elemento essencial ao ato, uma vez sendo desrespeitada a forma prescrita em lei o ato é inexistente.
d) A forma do ato administrativo decorre do princípio da liberdade das formas, trazido do direito civil.
e) A forma é o elemento não essencial ao ato administrativo, sendo o seu vício sempre insanável.

COMENTÁRIOS

Alternativa "a". A forma é elemento exteriorizador do ato e se dá, em regra, na forma escrita. Excepcionalmente, existem atos administrativos não escritos (ordens verbais para o subordinado, sinalização do agente de trânsito, placas de sinalização...).

Alternativa "b" (responde, também, a alternativa "d"). A forma é um dos elementos que o ato administrativo deve ter para ser válido. Não diz respeito à eficácia, que é possibilidade de produção imediata dos efeitos típicos do ato, e nem à perfeição, que corresponde ao ciclo de formação do ato administrativo. A forma a ser adotada é a prevista na lei e, caso não exista forma específica para determinado ato, pode ser adotada uma das formas legalmente existentes.

Alternativa "c" (responde, também, a alternativa "e"). O defeito de um ato administrativo será sanável, isto é, passível de convalidação, quando estiver nos elementos **competência ou forma,** desde que não seja **competência exclusiva ou forma essencial.** Nesse caso, portanto, diferentemente de quando o vício estiver nos elementos **motivo, finalidade ou objeto,** o ato não será imediatamente considerado nulo, sendo passível de convalidação.

Alternativa correta: letra "a".

---

96. (Cespe - Delegado de Polícia - PE/2016) Acerca dos atos do poder público, assinale a opção correta.

a) A convalidação implica o refazimento de ato, de modo válido. Em se tratando de atos nulos, os efeitos da convalidação serão retroativos; para atos anuláveis ou inexistentes tais efeitos não poderão retroagir.

b) A teoria dos motivos determinantes não se aplica aos atos vinculados, mesmo que o gestor tenha adotado como fundamento um fato inexistente.

c) Atos complexos resultam da manifestação de um único órgão colegiado, em que a vontade de seus membros é heterogênea. Nesse caso, não há identidade de conteúdo nem de fins.

d) Atos gerais de caráter normativo não são passíveis de revogação, eles podem ser somente anulados.

e) Atos compostos resultam da manifestação de dois ou mais órgãos, quando a vontade de um é instrumental em relação à do outro. Nesse caso, praticam-se dois atos: um principal e outro acessório.

COMENTÁRIOS

✪ **Nota do autor:** o **ato administrativo** é "toda manifestação unilateral da vontade da Administração Pública que, agindo nessa qualidade, tenha por fim imediato adquirir, resguardar, transferir, modificar, extinguir e declarar direitos, ou impor obrigações aos administrados ou a si própria"[38].

Alternativa "a". A convalidação é o suprimento da invalidade de determinado ato administrativo, que opera efeitos *ex tunc,* ou seja, **retroativos à data da edição do ato tido como irregular.** Para que haja a convalidação, contudo, é necessário que o vício do ato seja **sanável**, o que ocorre quando estiver nos elementos **competência ou forma, desde que não se trate de competência exclusiva ou forma essencial ao ato.**

Alternativa "b". Pela **teoria dos motivos determinantes**, não importa se deve ou não haver a **motivação – demonstração do motivo, por escrito** – do ato administrativo, pois o administrador fica **vinculado aos motivos declarados para a prática do ato.** Quer dizer, mesmo que se trate de situação em que não havia obrigação de motivar, **uma vez feita a motivação ou motivo declarado existiu e é verdadeiro ou o ato é nulo.** Por exemplo, o ocupante de cargo em comissão pode ser exonerado a qualquer tempo, e a autoridade não precisa expor o motivo. Se, contudo, em determinado caso justifica-se a exoneração pela ausência de verba e, em seguida, outro servidor é nomeado, o ato é invalido porque o motivo alegado é falso. Isso, inclusive, pode ser apreciado pelo Poder Judiciário porque o ato somente é válido se todos os seus elementos estiverem em conformidade com o direito. É o elemento motivo que identifica se o ato é vinculado ou discricionário, mas em qualquer um dos casos, admite-se o controle jurisdicional.

Alternativa "d". Os **atos gerais** são passíveis de revogação. São, contudo, irrevogáveis, os **atos vinculados**, os **atos que integram um procedimento administrativo**, os **atos que já exauriram seus efeitos** e os **atos enunciativos.**

Alternativa "e" (responde a alternativa "c"). Em razão da formação da vontade o ato é classificado em simples, complexo e composto. O **ato simples** é aquele em que a formação da vontade decorre de um órgão só, independentemente se o órgão é singular ou coletivo. O **ato complexo** decorre da manifestação de vontade de dois ou mais órgãos, ou seja, há a soma das vontades de mais de um órgão para que seja possível a formação de um ato único, como é exemplo o decreto emitido pelo Presidente da República, pois, nos termos do art. 87, parágrafo único, I, da Constituição Federal, ele deve ser referendado pelo Ministro de Estado (há um ato só – o decreto – e dois órgãos – a Presidência da República e o Ministério), Já **os atos compostos são dois atos e não um só, pois aqui não há dois órgãos se unindo e formando um só ato, mas existem dois atos, sendo um principal e outro acessório, constituindo-se este em pressuposto ou complemento daquele** como, por exemplo, se dá na nomeação do Procurador-Geral da República em que é necessário o ato acessório, que é a aprovação do nome no Senado, para que seja praticado o ato principal, que é a nomeação pelo Presidente da República.

Alternativa correta: letra "e".

---

97. (NUCEPE – Delegado de Polícia – PI/2014) Quanto as espécies de atos administrativo, marque a alternativa CORRETA.

a) Atos normativos são os que contém um comando geral do Poder Judiciário visando à correta aplicação da lei.

b) Atos ordinatórios são os que visam a disciplinar o funcionamento da Administração e a conduta de seus agentes no desempenho de suas atribuições.

c) Atos negociais são os que contêm uma declaração de vontade da Administração com o objetivo de concretizar negócios jurídicos, conferindo ao particular poder de gerenciar, é ato bilateral.

---

38. MEIRELLES, Hely Lopes. *Direito administrativo brasileiro*. 36 ed. São Paulo: Malheiros, 2010. p. 153.

d) Atos enunciativos são os que contêm o julgamento da Administração nos processos administrativos, contendo relatório, fundamentação e dispositivo.

e) Atos punitivos são aqueles que infringirem disposições legais, que contêm uma sanção imposta pela administração podendo ser multa e pena restritiva de direitos.

COMENTÁRIOS

✪ **Nota do autor:** O estudo das espécies dos atos administrativos é dotado de certas especificidades, o que exige o minucioso estudo do candidato. Muito embora haja grande divergência na doutrina, prevalece a tradicional repartição de Hely Lopes Meirelles, que diferencia os atos em punitivos, declaratórios, enunciativos, negociais e ordinatórios.

Alternativa "a". Os atos administrativos gerais, como o são os **atos normativos**, assim entendidos como aqueles que possuem **caráter geral e abstrato, sem destinatário determinado**, não podem ser objeto de impugnação por meio de recurso administrativo.

Alternativa "b". Os atos administrativos ordinatórios são aqueles que **disciplinam o funcionamento da administração e a conduta de seus agentes**. São praticados no exercício do poder hierárquico e não atingem os particulares nem os servidores subordinados à chefia diferente da que o expediu. Exemplos: instruções, portarias, circulares, provimentos.

Alternativa "c". Os **atos negociais** são aqueles em que há a **concordância de vontades entre a Administração Pública e o particular**. Não se trata de contrato administrativo, porque a manifestação de vontade da Administração é unilateral. Destinam-se a concretizar determinado negócio jurídico ou a conceder determinada faculdade ao particular e **produzem efeitos concretos e individuais** para o administrado.

Alternativa "d". Os **atos administrativos enunciativos** são os atos pelos quais a Administração Pública certifica ou atesta um fato ou emite uma opinião sobre determinado assunto. Não há manifestação de vontade. Exemplos: certidão, atestado e o parecer.

Alternativa "e". Os atos administrativos punitivos são aqueles pelos quais a Administração Pública impõe sanções aos agentes públicos e aos particulares. Exemplos: multa, interdição de atividade e destruição de coisas, mas nunca uma **pena restritiva de direitos**, essa exclusivamente aplicável na esfera penal de responsabilização.

Alternativa correta: letra "b".

---

98. (Vunesp – Delegado de Polícia – CE/2015) São atos administrativos ordinatórios, entre outros,

a) os Decretos, os Despachos, os Regimentos e as Resoluções.

b) os Despachos, os Avisos, as Portarias e as Ordens de Serviço.

c) os Decretos, as Instruções, os Provimentos e os Regimentos.

d) as Instruções, as Deliberações, as Portarias e os Regulamentos.

e) os Regulamentos, as Instruções, os Regimentos e as Deliberações.

COMENTÁRIOS

✪ **Nota do autor:** Os atos administrativos ordinatórios são aqueles que **disciplinam o funcionamento da administração e a conduta de seus agentes**.

Alternativa "a". Os **decretos,** as **resoluções** e os **regimentos**, por exemplo, são **atos normativos.**

Alternativa "b". Os **atos ordinatórios** são praticados no exercício do poder hierárquico e não atingem os particulares nem os servidores subordinados a chefia diferente da que o expediu. São exemplos de atos administrativos ordinatórios as instruções, as portarias, as circulares, os provimentos, os despachos e os avisos.

Alternativa "c". Instruções e provimentos são atos ordinatórios.

Alternativa "d". Deliberações são atos normativos ou decisórios de órgão colegiado.

Alternativa "e". Regulamentos são atos normativos.

Alternativa correta: letra "b".

---

99. (ACAFE – Delegado de Polícia – SC/2014) Considere a revogação e anulação do Ato Administrativo, analise as afirmações a seguir e assinale a alternativa correta.

I. A revogação tem por objeto atos válidos e exequíveis.

II. A anulação decorre da ilegalidade do ato administrativo.

III. Certidões, atestados ou informações prestadas por agente público são passíveis de revogação.

IV. Não podem ser revogados os atos vinculados.

a) Todas as afirmações estão corretas.

b) Apenas II e IV estão corretas.

c) Apenas I, II e III estão corretas.

d) Apenas III e IV estão corretas.

e) Apenas I, II e IV estão corretas.

COMENTÁRIOS

Item I. A **revogação** só pode ser feita em relação a **atos válidos** e nunca quanto a atos inválidos, pois para tal situação existe a anulação. De fato, o que leva à revogação de um ato é que ele, em dado momento, passa a ser considerado inconveniente e inoportuno em face do interesse público, quer dizer, não tinha nem passou a ter nenhum tipo de vício, mas não é mais condizente com o interesse público e, em razão disso, deve ser extinto por meio da revogação, cujos efeitos são *ex nunc,* isto é, a partir da revogação. A competência para revogar é privativa da Administração e não depende de provocação, não sendo permitido ao Poder Judiciário, no exercício da função jurisdicional, fazê-lo.

Item II. A **anulação** é a **extinção de um ato administrativo por razões de ilegalidade.** O ato tem **vício em um dos seus elementos.** A **competência para anular é** tanto da **própria Administração,** de ofício ou a pedido, quanto **do Poder Judiciário,** mediante provocação.

Item III. Não são revogáveis os **meros atos administrativos**, como certidões e atestados, pois a lei estabelece seus efeitos.

Item IV. Nem todo ato pode ser revogado e, assim, **não são revogáveis os atos vinculados (não há juízo de conveniência e oportunidade quando de sua prática)**, os atos que integram um procedimento administrativo (ou revoga o procedimento inteiro ou não, pois a cada ato novo ocorre a preclusão quanto ao anterior), os atos que já exauriram seus efeitos (por exemplo, não é possível revogar licença para tratar de interesse particular após o seu término), os meros atos administrativos (certidões, atestados, pois a lei estabelece seus efeitos) e os atos que geraram direitos adquiridos (Súmula 473, STF).

Alternativa correta: letra "e". Estão corretos os itens I, II e IV.

100. (Vunesp - Delegado de Polícia - SP/2014) O ato administrativo

a) pode ser revogado com fundamento em razões de conveniência e oportunidade, desde que observados os efeitos ex tunc dessa extinção do ato.

b) tem na presunção de legitimidade a autorização para imediata execução e permanece em vigor até prova em contrário.

c) é revogável pelo Poder Judiciário que é apto a fazer o controle de legalidade, sem ingressar em seu mérito administrativo.

d) de Secretário de Segurança Pública que determina remoção *ex officio* do Delegado de Polícia, sem motivação, não se sujeita ao controle de juridicidade por conter alta carga de discricionariedade em seu teor.

e) tem como requisitos a presunção de legitimidade, a autoexecutoriedade, a imperatividade e a exigibilidade.

COMENTÁRIOS

Alternativa "a". O **ato administrativo** pode ser revogado com fundamento em razões de conveniência e oportunidade, desde que observados os efeitos *ex nunc* dessa extinção do ato.

Alternativa "b" (responde a alternativa "e"). Os atributos dos atos administrativos são (**PIA**): a) **presunção de legitimidade**, pela qual se **presume que todo ato administrativo praticado seja legal**; b) **imperatividade**, que significa que **o ato administrativo é impositivo, obrigatório ao administrado**, ou seja, a Administração não necessita da concordância do destinatário para que o ato seja praticado; c) **autoexecutoriedade**, pela qual a Administração pode **executar o ato administrativo por seus próprios meios**, sem necessidade de atuação do Poder Judiciário para tanto. São **efeitos da presunção de legitimidade**: a) **o ato pode ser praticado imediatamente**: não há necessidade de consulta prévia sobre sua legalidade, pois esta é presumida; b) **produz efeito até que seja retirado da esfera jurídica**; c) **inversão do ônus da prova**; d) **o Judiciário não pode apreciar de ofício o vício do ato.**

Alternativa "c". A revogação é a **extinção de ato administrativo válido ou de seus efeitos por razões de conveniência e oportunidade**, em face do interesse público, ou seja, em dado momento, um ato administrativo, de natureza discricionária, foi praticado porque a autoridade administrativa entendeu que isso era conveniente e oportuno, mas em momento posterior, esse juízo de valoração é alterado e o que era conveniente e oportuno passa a ser inconveniente e inoportuno, cabendo sua extinção pela revogação. Assim, o ato administrativo somente pode ser revogado pela Administração Pública.

Alternativa "d". O mérito da escolha administrativa feita no exercício da discricionariedade **está sujeito ao controle jurisdicional, desde que tenha como parâmetro a legalidade do ato**, ou seja, "o Judiciário não examina o mérito dos atos da Administração a partir de considerações sobre a sua oportunidade ou conveniência, mas sim relativamente à sua conformação com os princípios constitucionais (...)"[39].

Alternativa correta: letra "b" (responde a alternativa "e").

8. PROCESSO ADMINISTRATIVO

101. (CEBRASPE - Delegado de Polícia - PC - PE/2024) Com base no disposto na Lei n.º 9.784/1999, julgue os itens a seguir, no que se refere à possibilidade de delegação de cada uma das competências administrativas descritas.

I. edição de atos normativos

II. decisão acerca de recursos administrativos por meio da autoridade de maior hierarquia

III. deliberação sobre matérias de competência não exclusiva do órgão

Assinale a opção correta.

a) Apenas o item II está certo.

b) Apenas o item III está certo.

c) Apenas os itens I e II estão certos.

d) Apenas os itens I e III estão certos.

e) Todos os itens estão certos.

39. CUNHA JÚNIOR, Dirley da. *Curso de direito administrativo*. 8 ed. Salvador: Juspodivm, 2009. p. 642.

COMENTÁRIO

✪ **Nota do Autor:** Mediante a ***delegação,*** quem é competente delega, transfere parte de sua competência para outro servidor. A delegação está regulada nos artigos 12 a 14 da Lei nº 9.784/99 e, de acordo com esses dispositivos legais, pode ser feita de forma parcial (nunca total), se não houver impedimento legal, "a outros órgãos ou titulares, ainda que estes não lhe sejam hierarquicamente subordinados, quando for conveniente, em razão de circunstâncias de índole técnica, social, econômica, jurídica ou territorial" (art. 12).

Alternativa "b" (responde as demais alternativas). Nos termos do art. 13 da Lei nº 9.784/99, a ***delegação é proibida*** quando o objeto for a edição de ***atos de caráter normativo***, a ***decisão de recursos administrativos*** e as ***matérias de competência exclusiva*** do órgão ou autoridade. Assim, apenas a deliberação sobre matérias de competência não exclusiva do órgão (item III, do enunciado) é passível de delegação.

Alternativa "b".

102. (CEBRASPE – Delegado de Polícia – PC – AL/2023) Considerando os preceitos da Lei n.º 9.784/1999, que regula o processo administrativo, julgue o item a seguir.

Aos processos administrativos que envolvam, conjuntamente, autoridades dos Poderes Executivo e Legislativo não se aplica a decisão coordenada.

CERTO ( ) ERRADO ( )

COMENTÁRIO

✪ **Nota do Autor:** Nos termos do art. 49-A, da Lei, "no âmbito da Administração Pública federal, as decisões administrativas que exijam a participação de 3 (três) ou mais setores, órgãos ou entidades poderão ser tomadas mediante decisão coordenada, sempre que: I – for justificável pela relevância da matéria e; II – houver discordância que prejudique a celeridade do processo administrativo decisório.

"Certo". O §6º, do mesmo dispositivo, estabelece que não se aplica a decisão coordenada aos processos administrativos: I – de licitação; II – relacionados ao poder sancionador; ou III – **em que estejam envolvidas autoridades de Poderes distintos**.

103. (CEBRASPE – Delegado de Polícia – PC – AL/2023) Considerando os preceitos da Lei n.º 9.784/1999, que regula o processo administrativo, julgue o item a seguir.

Os processos em que figure como parte pessoa com deficiência mental e maior de sessenta anos de idade tramitarão em regime de prioridade, em qualquer instância administrativa.

CERTO ( ) ERRADO ( )

COMENTÁRIO

"Certo". Na forma do art. 69-A, da Lei, terão prioridade na tramitação, em qualquer órgão ou instância, os procedimentos administrativos em que figure como parte ou interessado: I – pessoa com idade igual ou superior a 60 (sessenta) anos; II – pessoa portadora de deficiência, física ou mental; e IV – pessoa portadora de tuberculose ativa, esclerose múltipla, neoplasia maligna, hanseníase, paralisia irreversível e incapacitante, cardiopatia grave, doença de Parkinson, espondiloartrose anquilosante, nefropatia grave, hepatopatia grave, estados avançados da doença de Paget (osteíte deformante), contaminação por radiação, síndrome de imunodeficiência adquirida, ou outra doença grave, com base em conclusão da medicina especializada, mesmo que a doença tenha sido contraída após o início do processo.

104. (CEBRASPE – Delegado de Polícia – PC – AL/2023) Considerando os preceitos da Lei n.º 9.784/1999, que regula o processo administrativo, julgue o item a seguir. Para os efeitos do processo administrativo, são capazes perante a administração pública, além dos maiores de idade, os menores de dezoito anos de idade, desde que em exercício de emprego público efetivo e com idade acima dos quatorze anos.

CERTO ( ) ERRADO ( )

COMENTÁRIO

"Errado". O art. 10, da Lei, estabelece que "são capazes, para fins de processo administrativo, **os maiores de dezoito anos**, ressalvada previsão especial em ato normativo próprio". Não há, desse modo, qualquer menção a menores de idade em exercício de emprego público efetivo.

105. (CEBRASPE – 2023 – PC/AL – Delegado) Considerando os preceitos da Lei n.º 9.784/1999, que regula o processo administrativo, julgue o item a seguir.

105.1. Aos processos administrativos que envolvam, conjuntamente, autoridades dos Poderes Executivo e Legislativo não se aplica a decisão coordenada.

COMENTÁRIO

✪ **Nota do Autor:** O instituto da decisão coordenada foi inserido na Lei nº 9.784/99, pela Lei nº 14.210/2021. À luz do *caput* do art. 49-A, as decisões administrativas que exijam a participação de 3 (três) ou mais setores, órgãos ou entidades poderão ser tomadas mediante decisão coordenada, sempre que for justificável pela relevância da matéria e, ainda, houver discordância que prejudique a celeridade do processo administrativo decisório.

"Certo". Na forma do art. 49-A, §6º, III, da Lei, não se aplica a decisão coordenada aos processos administrativos "em que estejam envolvidas autoridades de Poderes distintos".

106. (CEBRASPE – 2023 – PC/AL – Delegado) Considerando os preceitos da Lei n.º 9.784/1999, que regula o processo administrativo, julgue o item a seguir.

106.1. Os processos em que figure como parte pessoa com deficiência mental e maior de sessenta anos de idade tramitarão em regime de prioridade, em qualquer instância administrativa.

COMENTÁRIO

"Certo". O art. 69-A, da Lei, estabelece as hipóteses em que haverá prioridade na tramitação de procedimento administrativo. Neste sentido, são os processos administrativos em que figure como parte ou interessado: I – pessoa com idade igual ou superior a 60 (sessenta) anos; II – pessoa portadora de deficiência, física ou mental; (...); IV – pessoa portadora de tuberculose ativa, esclerose múltipla, neoplasia maligna, hanseníase, paralisia irreversível e incapacitante, cardiopatia grave, doença de Parkinson, espondiloartrose anquilosante, nefropatia grave, hepatopatia grave, estados avançados da doença de Paget (osteíte deformante), contaminação por radiação, síndrome de imunodeficiência adquirida, ou outra doença grave, com base em conclusão da medicina especializada, mesmo que a doença tenha sido contraída após o início do processo.

107. (CEBRASPE - 2023 - PC/AL - Delegado) Considerando os preceitos da Lei n.º 9.784/1999, que regula o processo administrativo, julgue o item a seguir.

107.1. Para os efeitos do processo administrativo, são capazes perante a administração pública, além dos maiores de idade, os menores de dezoito anos de idade, desde que em exercício de emprego público efetivo e com idade acima dos quatorze anos.

COMENTÁRIO

"Errado". Na forma do art. 10, da Lei, são capazes, para fins de processo administrativo, os maiores de dezoito anos, ressalvada previsão especial em ato normativo próprio. Não há, desse modo, qualquer menção a menores de idade em exercício de emprego público efetivo.

108. (Cespe – Delegado de Polícia – PC – PB/2022) Suponha que cada um dos seguintes servidores públicos figure como parte interessada em processo administrativo protocolado junto à administração pública: Leonardo, com 60 anos de idade, não relata qualquer problema de saúde; Luciano, com 50 anos de idade, apresenta diagnóstico de cardiopatia leve; Sílvio, com 40 anos de idade, comprova ser portador de deficiência física. Nessa situação, haverá prioridade na tramitação

a) do processo administrativo de Luciano, apenas.
b) dos processos administrativos dos três interessados.
c) dos processos administrativos de Leonardo e Sílvio.
d) dos processos administrativos de Luciano e Sílvio.
e) do processo administrativo de Leonardo, apenas.

COMENTÁRIO

Alternativa "c" (responde as demais alternativas). Na forma do art. 69-A, da Lei nº 9.784/99, terão prioridade na tramitação, em qualquer órgão ou instância, os procedimentos administrativos em que figure como parte ou interessado: "I – **pessoa com idade igual ou superior a 60 (sessenta) anos**; II – **pessoa portadora de deficiência, física** ou mental; (...) IV – pessoa portadora de tuberculose ativa, esclerose múltipla, neoplasia maligna, hanseníase, paralisia irreversível e incapacitante, **cardiopatia grave**, doença de Parkinson, espondiloartrose anquilosante, nefropatia grave, hepatopatia grave, estados avançados da doença de Paget (osteíte deformante), contaminação por radiação, síndrome de imunodeficiência adquirida, ou outra doença grave, com base em conclusão da medicina especializada, mesmo que a doença tenha sido contraída após o início do processo". Desta forma, na hipótese narrada no enunciado, terão prioridade os processos administrativos que envolvem Leonardo – por conta idade – e de Sílvio – por ser pessoa com deficiência.

Alternativa correta: letra "c".

109. (Inst. Acesso – Delegado de Polícia – PC – ES/2019) Sobre os prazos referentes ao processo administrativo regido pela Lei 9.784, de 29 de janeiro de 1999, assinale a alternativa INCORRETA:

a) Os prazos começam a correr a partir da data da cientificação oficial, mas, para efeito de contagem, exclui-se o dia da cientificação do ato.
b) Se o prazo for de um mês e o dia de início da contagem começar no dia 31 janeiro de 2019, o dia do vencimento será o dia 28 de fevereiro de 2019.
c) Inclui-se, para efeito de contagem de prazos, o dia do vencimento.
d) A contagem dos prazos começa na data da cientificação oficial, incluindo-se o dia do vencimento.
e) Ocorrendo motivo de força maior comprovado, pode-se efetuar a suspensão dos prazos.

COMENTÁRIO

Alternativa "a" (responde a alternativa "c"). Eis a literalidade do art. 66, *caput*, da Lei nº 9.784/99, pelo qual "os prazos começam a correr a partir da data da cientificação oficial, excluindo-se da contagem o dia do começo e incluindo-se o do vencimento".

Alternativa "b". O §3º, do mesmo art. 66, estabelece que "os prazos fixados em meses ou anos contam-se de data a data. Se no mês do vencimento não houver o dia equivalente àquele do início do prazo, tem-se como termo o último dia do mês". Daí porque o prazo for de um mês e o dia de início da contagem começar no dia 31 janeiro de 2019, o dia do vencimento será o dia 28 de fevereiro de 2019.

Alternativa "d". O erro da alternativa encontra-se em sua parte final, ao incluir, na contagem de prazos, o dia do começo. Isso porque, embora a contagem comece a correr a partir da data da cientificação oficial, **exclui-se da contagem o dia do começo e inclui-se o do vencimento, na forma do art. 66, *caput*, da Lei nº 9.784/99.**

Alternativa "e". O art. 67, da Lei, estabelece que "salvo motivo de força maior devidamente comprovado, os prazos processuais não se suspendem".

Alternativa correta: letra "d".

110. (Inst. Acesso – Delegado de Polícia – PC – ES/2019) A Lei 9.784, de 29 de janeiro de 1999, que trata dos processos administrativos, estabelece regras específicas de procedimento a serem adotadas quando da apuração de eventual infração cometida por servidor público. Em vista das disposições deste Diploma Legal, é correto afirmar que:

a) os requisitos e as restrições para o acesso às informações privilegiadas por parte de ocupante de cargo ou emprego da administração direta e indireta deverão ser estabelecidos em lei em sentido material.

b) os atos do processo devem realizar-se exclusivamente na sede do órgão responsável pelo seu processamento.

c) as pessoas que não iniciaram o processo administrativo também são partes legitimadas, desde que estas tenham seus interesses afetados pela decisão a ser adotada no processo.

d) prazos prescricionais aplicam-se aos processos administrativos contra servidores, inclusive na hipótese de ação de ressarcimento em vista de lesão ao erário público.

e) o órgão instrutor, quando não for o competente para exarar decisão final, convolará o relatório feito em decisão final escrita.

COMENTÁRIO

✪ **Nota do Autor:** O **processo** é "a relação jurídica integrada por algumas pessoas, que nela exercem várias atividades direcionadas para determinado fim"[40].

Alternativa "a". Inexiste qualquer previsão legal neste sentido, na Lei nº 9.784/1999.

Alternativa "b". O art. 25, da Lei nº 9.784/1999, estabelece que "os atos do processo devem realizar-se preferencialmente na sede do órgão, cientificando-se o interessado se outro for o local de realização".

Alternativa "c". Estabelece o art. 9º, II, da Lei, que são legitimados como interessados no processo administrativo "aqueles que, sem terem iniciado o processo, têm direitos ou interesses que possam ser afetados pela decisão a ser adotada".

Alternativa "d". A ação de ressarcimento em vista de lesão ao erário público é **imprescritível**, não se submetendo, assim, aos prazos prescricionais aplicáveis aos processos administrativos contra servidores.

40. CARVALHO FILHO, José dos Santos. *Manual de direito administrativo*. 26. ed. São Paulo: Atlas, 2013. p. 970-971.

Alternativa "e". O art. 47, da Lei, determina que "o órgão de instrução que não for competente para emitir a decisão final elaborará relatório indicando o pedido inicial, o conteúdo das fases do procedimento e formulará proposta de decisão, objetivamente justificada, encaminhando o processo à autoridade competente".

Alternativa correta: letra "c".

111. (Inst. Acesso – Delegado de Polícia – PC – ES/2019) A Lei 9.784, de 29 de janeiro de 1999, trata de vários aspectos relacionados às nulidades, aos vícios dos atos administrativos, além de disposições procedimentais.

Leia as afirmativas a seguir e, de acordo com este diploma legal, marque a opção INCORRETA:

a) O agente público responsável por um ato administrativo eivado de vício de legalidade tem o dever de anulá-lo, havendo, ainda, a faculdade de revogação deste ato, respeitando-se os direitos adquiridos, por razões de conveniência e oportunidade.

b) Decai em 5 anos o direito da administração de anular atos que sejam favoráveis aos seus destinatários, sendo que este prazo decadencial, na hipótese de efeitos patrimoniais contínuos, contar-se-á da percepção do primeiro pagamento.

c) A convalidação de decisão administrativa com defeitos sanáveis é um dever condicionado à não ocorrência de lesão ao interesse público e prejuízo a terceiros.

d) Aplicam-se aos processos administrativos os princípios constitucionais da ampla defesa e do contraditório.

e) Mesmo na hipótese de reexame necessário, o ato administrativo decisório deve ser motivado, indicando-se os fatos e fundamentos jurídicos que lhe dão sustentação.

COMENTÁRIO

✪ **Nota do autor:** na ocasião, exigia-se que se assinalasse a alternativa incorreta!

Alternativa "a". Pelo princípio da **autotutela**, a Administração Pública analisa se os atos administrativos já praticados estão em conformidade com a legalidade ou se continuam convenientes e oportunos e, caso verificada a incompatibilidade, **anulará** o ato, quando possuir vício de legalidade, ou o **revogará**, quando se tornar inconveniente ou inoportuno diante do interesse público. Há, inclusive, no Supremo Tribunal Federal, as Súmulas 346 ("A Administração Pública pode declarar a nulidade dos seus próprios atos") e 473 ("A Administração pode anular seus próprios atos quando eivados de vícios que os tornem ilegais, porque deles não se originam direitos; ou revogá-los, por motivo de conveniência ou oportunidade, respeitados os direitos adquiridos, e ressalvada, em todos os casos, a apreciação judicial"). Portanto, por esse princípio, a Administração pode revogar e anular os atos administrativos.

Alternativa "b". A Administração Pública federal, nos termos do mencionado artigo, tem o **prazo decadencial de cinco anos** para anular os atos administrativos com **efeitos favoráveis ao destinatário, desde que não haja má-fé**. Quanto a esse dispositivo, importante registrar que, nos termos da jurisprudência do Superior Tribunal de Justiça, esse prazo só começa a contar a partir da data em que a lei entrou em vigor[41]. Desse modo, para os atos anteriores à entrada em vigor da lei, o termo inicial é a entrada em vigor da lei e, para os atos praticados após o início da vigência da lei, é data da realização do ato. Por fim, deve-se destacar a edição da Súmula nº 633 do STJ, *in verbis*: "A Lei 9.784/1999, especialmente no que diz respeito ao prazo decadencial para a revisão de atos administrativos no âmbito da Administração Pública federal, pode ser aplicada, de forma subsidiária, aos estados e municípios, se inexistente norma local e específica que regule a matéria."

Alternativa "c". Na forma do art. 55, da Lei nº 9.784/99, "em decisão na qual se evidencie não acarretarem lesão ao interesse público nem prejuízo a terceiros, os atos que apresentarem defeitos sanáveis **poderão** ser convalidados pela própria Administração". De acordo com a Lei, portanto, a **convalidação** é uma faculdade e não uma obrigação – muito embora exista entendimento divergente na doutrina, que entende pela obrigatoriedade de convalidação, se o defeito for sanável.

Alternativa "d". Na atuação administrativa a Administração deve obedecer aos princípios da Administração Pública como, por exemplo, a legalidade, a impessoalidade, a moralidade, a publicidade e a eficiência. No mesmo sentido, na esfera federal, a Lei nº 9.784/99, no art. 2º, prevê a observância dos princípios da "legalidade, finalidade, motivação, razoabilidade, proporcionalidade, moralidade, ampla defesa, contraditório, segurança jurídica, interesse público e eficiência".

Alternativa "e". O art. 50, VI, da Lei, determina que os atos administrativos deverão ser motivados, com indicação dos fatos e dos fundamentos jurídicos, quando "decorram de reexame de ofício".

Alternativa correta: letra "c".

---

112. (Nucepe - Delegado de Polícia - PC - PI/2018) São legitimados como interessados no processo administrativo:

a) pessoas que têm interesse direto ou indireto na matéria;
b) pessoas físicas ou jurídicas que o iniciem como titulares de direitos ou interesses individuais ou no exercício do direito de representação;
c) tenha participado ou venha a participar como perito, testemunha ou representante, ou se tais situações ocorrem quanto ao cônjuge, companheiro ou parente e afins até o terceiro grau;
d) esteja litigando judicial ou administrativamente com o interessado ou respectivo cônjuge ou companheiro;
e) a autoridade que houver feito a nomeação.

COMENTÁRIO

✪ **Nota do autor:** O **processo** é "a relação jurídica integrada por algumas pessoas, que nela exercem várias atividades direcionadas para determinado fim"[42].

Alternativa "b" (responde as demais alternativas). No processo administrativo não há partes no sentido atribuído no processo judicial. Neste, há uma relação trilateral, em que há o Estado-juiz, a parte autora e a parte ré, enquanto no processo administrativo, a relação é bilateral, situando-se, de um lado, o particular, e do outro, o Estado, a quem cabe tomar a decisão. Por isso, **não existem propriamente partes, e sim interessados.** O rol de legitimados como interessados no processo administrativo está previsto no art. 9º da Lei nº 9.784/99. Dentre eles estão: **as pessoas físicas ou jurídicas que o iniciem como titulares de direitos ou interesses individuais ou no exercício do direito de representação**; aqueles que, sem terem iniciado o processo, têm direitos ou interesses que possam ser afetados pela decisão a ser adotada; as organizações e as associações representativas, no tocante a direitos e interesses coletivos e, por fim, as pessoas ou as associações legalmente constituídas quanto a direitos ou interesses difusos.

Alternativa correta: letra "b".

---

113. (Cespe - Delegado de Polícia - GO/2017) Com base no disposto na Lei n.° 9.784/1999, assinale a opção correta, considerando o entendimento dos tribunais superiores e da doutrina sobre o processo administrativo.

a) Os processos de prestação de contas são exemplo de processos administrativos de outorga, cuja finalidade é autorizar o exercício de determinado direito individual.
b) O Supremo Tribunal Federal entende que não é necessária a observância do devido processo legal para a anulação de ato administrativo que tenha repercutido no campo dos interesses individuais.
c) Por ser a ampla defesa um princípio do processo administrativo, a administração não poderá definir a maneira como se realizará seu exercício, definindo, por exemplo, o local de vista aos autos.
d) A competência processante de órgão da administração pode ser delegada, em parte, a outro órgão, ainda que não subordinado hierarquicamente ao órgão delegante, desde que haja conveniência, razão e inexista impedimento legal.

---

41 Resp. nº 1.256.033: o "[...] prazo decadencial estabelecido no art. 54 da Lei nº 9.784/99 é contado a partir de sua entrada em vigor (1º/2/99)".

42. CARVALHO FILHO, José dos Santos. *Manual de direito administrativo*. 26. ed. São Paulo: Atlas, 2013. p. 970-971.

e) Conforme o Supremo Tribunal Federal, é obrigatória a representação por advogado para o exercício do direito à recorribilidade de decisão proferida em processo administrativo.

COMENTÁRIOS

Nota do autor: O **processo** é "a relação jurídica integrada por algumas pessoas, que nela exercem várias atividades direcionadas para determinado fim"[43].

Alternativa "a". Os processos de prestação de contas **não** são exemplo de processos administrativos de outorga, uma vez que não há, naqueles, autorização para o exercício de determinado direito individual.

Alternativa "b". O Supremo Tribunal Federal entende que é necessária a observância do devido processo legal para a anulação de ato administrativo que tenha repercutido no campo dos interesses individuais. Neste sentido, é o RE nº 676.880-DF, por exemplo.

Alternativa "c". A despeito da ampla defesa ser um dos princípios do processo administrativo, é plenamente possível que a Administração Pública defina o local de vista dos autos. Neste sentido, é a consolidada jurisprudência das cortes superiores.

Alternativa "d". Mediante a delegação, quem é competente delega, transfere parte de sua competência para outro servidor. A delegação está regulada nos artigos 12 a 14 da Lei nº 9.784/99 e, nos termos do art. 12 da Lei nº 9.784/99, um "órgão administrativo e seu titular poderão, se não houver impedimento legal, delegar parte da sua competência a outros órgãos ou titulares, ainda que estes não lhe sejam hierarquicamente subordinados, quando for conveniente, em razão de circunstâncias de índole técnica, social, econômica, jurídica ou territorial". Salienta-se, também, que a **delegação é proibida, conforme o art. 13 da mencionada lei,** quando o objeto for a edição de **atos de caráter normativo**, a **decisão de recursos administrativos** e as **matérias de competência exclusiva** do órgão ou autoridade.

Alternativa "e". A assistência de advogado não é obrigatória para o administrado, pois o art. 3º, IV, determina que é direito do administrado "fazer-se assistir, **facultativamente**, por advogado, salvo quando obrigatória a representação, por força de lei". Ainda, há a Súmula vinculante nº 5, a qual estabelece que a "falta de defesa técnica por advogado no processo administrativo disciplinar não ofende a Constituição".

Alternativa correta: letra "d".

114. (FUNIVERSA – Delegado de Polícia – DF/2015) Com base na Lei nº 9.784/1999, que trata do processo administrativo no âmbito da União, assinale a alternativa correta.

a) O princípio da vedação da *reformatio in pejus* não se aplica ao recurso administrativo previsto na Lei nº 9.784/1999.

b) Diante do princípio do dispositivo e da imparcialidade, o ônus da prova incumbe a quem alega, sendo permitido à administração juntar, de ofício, aos autos do processo documentos indicados pelo interessado.

c) Diante do princípio da asserção, o processo administrativo somente pode ser iniciado pela parte interessada, não podendo o servidor orientar o interessado quanto ao suprimento de eventuais falhas, sob pena de infração disciplinar.

d) São legitimados como interessados no processo administrativo as pessoas jurídicas ou associações, legalmente constituídas há pelo menos um ano, na defesa de interesses difusos.

e) Suponha-se que a lei determine que certa autoridade tem competência para regulamentar uma norma legal com caráter normativo. Nesse caso, essa competência poderá ser delegada.

COMENTÁRIOS

Nota do autor: Nos termos do art. 56 da Lei nº 9.784/99, é possível a **interposição de recurso administrativo** em face da decisão tomada no processo administrativo, **em razão de legalidade e mérito**.

Alternativa "a". O art. 64 da Lei que determina que "o órgão competente para decidir o recurso poderá confirmar, modificar, anular ou revogar, total ou parcialmente, a decisão recorrida, se a matéria for de sua competência". Não vigora, quanto ao recurso administrativo a **vedação da *reformatio in pejus*.** Na revisão do processo administrativo, ao contrário, já existe a proibição.

Alternativa "b" (responde, também, a alternativa "c"). Na verdade, há o princípio da **oficialidade**, pelo qual a Administração pode, de ofício, iniciar o processo, impulsioná-lo, instruí-lo e revisá-lo. Nesse sentido, estabelece o art. 5º da Lei que "o processo administrativo pode iniciar-se de ofício ou a pedido de interessado". Outrossim, na forma do art. 6º, parágrafo único, "é vedada à Administração a recusa imotivada de recebimento de documentos, devendo o servidor orientar o interessado quanto ao suprimento de eventuais falhas".

Alternativa "d". São legitimados como interessados no processo administrativo as pessoas jurídicas que o iniciem como titulares de direitos ou interesses individuais ou no exercício do direito de representação (art. 9º, I, da Lei) ou associações legalmente constituídas quanto a direitos ou interesses difusos (art. 9º, II, da Lei).

Alternativa "e". Nos termos do art. 13, I, da Lei, não podem ser objeto de delegação "a edição de atos de caráter normativo".

Alternativa correta: letra "a".

43. CARVALHO FILHO, José dos Santos. *Manual de direito administrativo*. 26. ed. São Paulo: Atlas, 2013. p. 970-971.

115. (NUCEPE - Delegado de Polícia - PI/2014) A Lei n° 9.784/99 estabelece normas sobre o Processo Administrativo no âmbito da Administração Federal direta e indireta. Pode-se afirmar que o princípio que a Administração Pública deve obedecer a fim de que todo processo administrativo chegue ao seu final, ou seja, tenha uma decisão conclusiva, que solucione a controvérsia, é o

a) da legalidade.

b) da eficiência.

c) da ampla defesa.

d) da finalidade.

e) do interesse público.

COMENTÁRIOS

Nota do autor: Na forma do art. 2º, *caput*, da Lei, "a Administração Pública obedecerá, dentre outros, aos princípios da legalidade, finalidade, motivação, razoabilidade, proporcionalidade, moralidade, ampla defesa, contraditório, segurança jurídica, interesse público e eficiência".

Alternativa "a". O **princípio da legalidade** significa que **a atuação administrativa deve se dar em conformidade com a lei, com o direito**. Assim, ao administrador somente é permitido agir de acordo com a lei, não vigorando a autonomia da vontade, prevalente na esfera privada, em que o particular não é obrigado senão em virtude de lei.

Alternativa "b". Pelo princípio da eficiência, **a Administração Pública deve atuar de maneira a buscar resultados e não simplesmente agir**. É uma exigência constitucional que se manifesta, especialmente, em relação aos serviços públicos, pois esses devem ser, cada vez mais, executados da melhor maneira possível e devem alcançar todos os administrados, de maneira eficiente. A aplicação do **princípio da eficiência** no processo administrativo se verifica, justamente, na necessária busca de seu fim, com uma decisão conclusiva, que solucione a controvérsia.

Alternativa "c". O princípio da **ampla defesa** é aplicável em qualquer tipo de processo que envolva situações de litígio ou o poder sancionatório do Estado[44]. Impõe, nos processos administrativos, a observância dos "direitos à comunicação, à apresentação de alegações finais, à produção de provas e à interposição de recursos, nos processos de que possam resultar sanções e nas situações de litígios" como, por exemplo, prescreve o art. 2º, parágrafo único, inciso X, da Lei nº 9.784/99, que regula o processo administrativo no âmbito da Administração Pública federal.

Alternativa "d". No que toca ao princípio da **finalidade**, Celso Antônio Bandeira de Mello ensina que ele "impõe que o administrador ao manejar as competências postas a seu encargo, atue com a rigorosa obediência à finalidade de cada qual"[45]. Trata-se, assim, de princípio que impõe ao administrador a obrigação de praticar o ato administrativo com vistas à realização da finalidade perseguida pela lei.

Alternativa "e". Pelo princípio da **supremacia do interesse público**, **havendo conflito entre o interesse público e o privado, aquele deverá prevalecer.** É o princípio que **confere autoridade à atuação administrativa.**

Alternativa correta: letra "b".

44. DI PIETRO, Maria Sylvia Zanella. *Direito administrativo*. 21 ed. São Paulo: Atlas, 2008. p. 597.

45. *Curso de direito administrativo*. 26 ed. São Paulo: Malheiros, 2009. p. 65.

9. LICITAÇÃO E CONTRATO ADMINISTRATIVO (LEI Nº 14.133/2021)

- CF, art. 22, XXVII
- CF, art. 37, XXI
- CF, art. 173
- Lei nº 14.133/2021

Atenção! A Lei nº 14.133/2021 entrou em vigor na data de sua publicação. Apesar disso, algumas considerações devem ser feitas. Inicialmente, cumpre destacar que a Lei nº 8.666/1993 (Lei Geral de Licitações), Lei nº 10.520/2002 (Lei do Pregão) e os arts. 1º ao 47-A da Lei nº 12.462/2011 (Lei do RDC), permanecerão em vigor até 30 de dezembro de 2023. Até essa data, a Administração Pública poderá utilizá-la em suas contratações ou optar pelo regramento antigo, devendo a opção realizada constar expressamente do instrumento convocatório. Mas, atenção: a lei veda expressamente a combinação de ambas. Assim, a escolha pela regência de uma lei exclui a aplicação da outra. Quanto aos artigos 89 a 108, que tratavam dos crimes e penas no âmbito da Lei nº 8.666/1993, deixaram de vigorar na data da publicação da Nova Lei.

116. (FGV - Delegado de Polícia - PC - SC/2024) Certo Estado da Federação fez editar uma Lei que determinou a possibilidade de os órgãos de segurança pública estadual alienarem armas de fogo a seus integrantes por meio de venda direta, ou seja, sem a necessidade de realizar licitação. Considerando o cabimento e as hipóteses de contratação direta, à luz do ordenamento jurídico e da jurisprudência do Supremo Tribunal Federal acerca do tema, é correto afirmar que tal norma

a) é constitucional, na medida em que o estado tem competência legislativa suplementar para pormenorizar as hipóteses de inexigibilidade de licitação.

b) é inconstitucional, considerando que os Estados não têm competência para legislar acerca da temática atinente à licitação e contratação.

c) é constitucional, tendo em vista todos os entes federativos têm competência para legislar sobre licitação e contratação, de modo que podem estabelecer qualquer espécie de contratação direta.

d) é inconstitucional, pois, dentre outros motivos, traduz uma hipótese de licitação dispensável, que extrapola a competência suplementar dos Estados na temática licitação e contratação.

e) é constitucional, porquanto determinada uma hipótese de licitação dispensável, cujo rol exemplificativo determinado pela União pode ser complementado pelos Estados, de acordo com as peculiaridades locais.

COMENTÁRIO

✪ **Nota do Autor:** A Constituição Federal disciplina, em seu art. 22, XXVII, ser competência **privativa** da União legislar sobre "normas gerais de licitação e contratação, em todas as modalidades, para as administrações públicas diretas, autárquicas e fundacionais da União, Estados, Distrito Federal e Municípios, obedecido o disposto no art. 37, XXI, e para as empresas públicas e sociedades de economia mista, nos termos do art. 173, § 1°, III". O parágrafo único, do mesmo dispositivo, estabelece que "lei complementar poderá autorizar os Estados a legislar sobre questões específicas das matérias relacionadas neste artigo". Desse modo, é perfeitamente possível que Estados legislem sobre licitação e contratação, observadas as condições da Constituição Federal.

Alternativa "d" (responde as demais alternativas). O Supremo Tribunal Federal, no julgamento da ADIn **nº 7.004, fixou a tese de que "é i**nconstitucional a lei estadual que autoriza a seus órgãos de segurança pública a alienação de armas de fogo a seus integrantes, por meio de venda direta". No mais, a mesma Corte, em diferentes oportunidades, já assentou entendimento de que "usurpa a competência da União para legislar sobre normais gerais de licitação norma estadual que prevê ser dispensável o procedimento licitatório para aquisição por pessoa jurídica de direito interno, de bens produzidos ou serviços prestados por órgão ou entidade que integre a Administração Pública. Neste sentido, por exemplo, é a ADIn **nº 4.658.**

Alternativa correta: letra "d".

117. (CEBRASPE – Delegado de Polícia – PC – PE/2024) A Secretaria de Estado X do estado Y pretende: (a) adquirir material que só possa ser fornecido por empresa exclusiva; (b) realizar a contratação de profissionais técnicos de notória especialização para compor a comissão de avaliação de critérios de técnica; (c) realizar contratação que tenha por objeto hortifrutigranjeiro, no período necessário para a realização do processo licitatório correspondente. Nessa situação hipotética, a licitação será

a) dispensável nos casos (a) e (b).

b) inexigível nos casos (a) e (b).

c) dispensável nos casos (b) e (c).

d) inexigível nos casos (b) e (c).

e) dispensável nos casos (a), (b) e (c).

COMENTÁRIO

Alternativa "c" (responde as demais alternativas). Nos termos do art. 74, I, da Lei nº 14.133/2021, é **inexigível** a licitação quando inviável a competição, em especial nos casos de aquisição de materiais, de equipamentos ou de gêneros ou contratação de serviços que só possam ser fornecidos por produtor, empresa ou representante comercial exclusivos. Por seu turno, realizar a contratação de profissionais técnicos de notória especialização para compor a comissão de avaliação de critérios de técnica (art. 75, XIII) e realizar contratação que tenha por objeto hortifrutigranjeiro, no período necessário para a realização do processo licitatório correspondente (art. 75, IV, *e*) são hipóteses de **licitação dispensável**.

Alternativa correta: letra "c".

118. (VUNESP – Delegado de Polícia – PC – SP/2023) Considere que três veículos automotores, vinculados a uma delegacia de polícia e que são utilizados como viaturas, precisam passar pelo serviço de manutenção. Por determinação da Secretaria de Segurança do Estado X, as contratações de serviços dessa natureza serão concentradas na própria Delegacia. Após a obtenção de alguns orçamentos, observou-se que o serviço teria um custo estimado em R$ 60.000,00 (sessenta mil reais). Com base na situação hipotética e no disposto na Lei n° 14.133/21, é correto afirmar que

a) a contratação não poderá ser feita por dispensa de licitação, pois precisaria envolver valores inferiores a R$ 50.000,00 (cinquenta mil reais).

b) a legislação autoriza a dispensa de licitação para essa hipótese, mas prescreve que o contratado e o agente público estarão sujeitos à responsabilidade solidária por dano ao erário, caso a contratação seja considerada indevida por dolo, fraude ou erro grosseiro.

c) o serviço de manutenção de equipamentos vinculados a segurança pública conta com hipótese específica de dispensa de licitação, devendo o processo de contratação prever, dentre outros requisitos, a justificativa da contratação da empresa.

d) o serviço deverá ser contratado por pregão eletrônico, que terá como pregoeiro um servidor público estável.

e) por se tratar de contratação de pequeno valor, o processo de contratação direta não precisa contar com parecer jurídico.

COMENTÁRIO

Alternativa "b" (responde as alternativas "a" e "d"). O art. 75, I, da Lei nº 14.133/2021, estabelece que é dispensável a licitação para contratação que envolva valores inferiores a **R$ 100.000,00** (valor atual é R$ **119.8112,02)**, no caso de obras e serviços de engenharia ou de **serviços de manutenção de veículos automotores**". Vale destacar que, na forma do art. 73, da Lei, "na hipótese de contratação direta indevida ocorrida com dolo, fraude ou erro grosseiro, o contratado e o agente público responsável responderão solidariamente pelo dano causado ao erário, sem prejuízo de outras sanções legais cabíveis".

Alternativa "c" (responde a alternativa "e"). O art. 72, da Lei, estabelece os documentos que devem instruir o processo de contratação direta, que compreende os casos de inexigibilidade e dispensa de licitação. São eles: I – documento de formalização de demanda e, se for o caso, estudo técnico preliminar, análise de riscos, termo de referência, projeto básico ou projeto executivo; II – estimativa de despesa, que deverá ser calculada na forma estabelecida no art. 23 desta Lei; III – **parecer jurídico e pareceres técnicos**, se for o caso, que demonstrem o atendimento dos requisitos exigidos; IV – demonstração da compatibilidade da previsão de recursos orçamentários com o compromisso a ser assumido; V – comprovação de que o contratado preenche os requisitos de habilitação e qualificação mínima necessária; VI – **razão da escolha do contratado**; VII – justificativa de preço; VIII – autorização da autoridade competente.

Alternativa correta: letra "b".

119. (Cespe – Delegado de Polícia – PC – PB/2022) Suponha que determinado órgão público pretenda realizar a contratação de serviço de manutenção de veículos automotores, no valor de R$ 90.000,00 e a aquisição de medicamentos destinados exclusivamente ao tratamento de doenças raras definidas pelo Ministério da Saúde. Nessa situação, de acordo com a Lei n.° 14.133/2021,

a) são dispensáveis as licitações em ambos os casos.
b) são inexigíveis as licitações em ambos os casos.
c) é inexigível a licitação, no primeiro caso, e dispensável, no segundo.
d) são obrigatórias as licitações em ambos os casos.
e) é dispensável a licitação, no primeiro caso, e obrigatória, no segundo.

COMENTÁRIO

Alternativa "a" (responde as alternativas "c", "d" e "e"). O art. 75, da nova Lei de Licitações, estabelece algumas hipóteses em que o procedimento licitatório é dispensável. Neste sentido, e dispensável a licitação para a contratação que tenha por objeto aquisição de medicamentos destinados exclusivamente ao tratamento de doenças raras definidas pelo Ministério da Saúde (art. 75, IV, *m*) e, ainda, para contratação, no caso de obras e serviços de engenharia ou de serviços de manutenção de veículos automotores (art. 75, I), que envolva valores inferiores a R$ 119.812,02 (o valor de R$ 100.000,00 previsto nesse inciso foi atualizado pelo Decreto nº 10.922/2021 e, posteriormente, pelo Decreto 11.871/2023, em cumprimento ao contido no art. 182 da Lei nº 14.133/2021).

Alternativa "b". É inexigível licitação quando houver inviabilidade de competição e, na nova Lei de Licitações, o rol exemplificativo de hipóteses está previsto no art. 74, que não contempla as situações mencionadas no enunciado.

Alternativa correta: letra "a".

120. (Cespe – Delegado de Polícia – PC – RJ/2022) No que diz respeito ao tema licitações e inovações trazidas pela Lei n.° 14.133/2021, assinale a opção correta.

a) Entre os regimes de execução do contrato foi incluído o da contratação integrada e semi-integrada, em que o contratado elabora e desenvolve o projeto básico executivo, tendo sido vedados o fornecimento e a prestação de serviço associado.
b) Quanto às modalidades de licitação, não mais são previstas a tomada de preços, convite e leilão.
c) A utilização de meios alternativos de resolução de controvérsias, como a conciliação e a mediação, bem como a arbitragem, passaram a ser expressamente vedados.
d) Existe a previsão da criação do Portal Nacional de Contratações Públicas (PNCP) para divulgação centralizada e obrigatória dos atos exigidos por lei.
e) A previsão da alocação de riscos tornou-se obrigatória no instrumento convocatório e no contrato.

COMENTÁRIO

✪ **Nota do Autor:** A questão deve ser resolvida à luz da Lei nº 14.133/2021, por expressa menção no enunciado.

Alternativa "a". Na forma do art. 6º, XXXII e XXXIII, da nova Lei de Licitações, contratação integrada é o "regime de contratação de obras e serviços de engenharia em que o contratado é responsável por elaborar e desenvolver os projetos básico e executivo, executar obras e serviços de engenharia, fornecer bens ou prestar serviços especiais e realizar montagem, teste, pré-operação e as demais operações necessárias e suficientes para a entrega final do objeto" e contratação semi-integrada o "regime de contratação de obras e serviços de engenharia em que o contratado é responsável por elaborar e desenvolver o projeto executivo, executar obras e serviços de engenharia, **fornecer bens ou prestar serviços especiais e realizar montagem, teste, pré-operação e as demais operações necessárias e suficientes para a entrega final do objeto**".

Alternativa "b". O **leilão** continua previsto no ordenamento jurídico, estando descrito no art. 6º, XL, da nova Lei de Licitações, como a "modalidade de licitação para alienação de bens imóveis ou de bens móveis inservíveis ou legalmente apreendidos a quem oferecer o maior lance".

Alternativa "c". Pelo contrário, o art. 151, da nova Lei de Licitações, dispõe que "nas contratações regidas por esta Lei, poderão ser utilizados meios alternativos de prevenção e resolução de controvérsias, notadamente a conciliação, a mediação, o comitê de resolução de disputas e a arbitragem".

Alternativa "d". O art. 174, da nova Lei de Licitações, cria o Portal Nacional de Contratações Públicas (PNCP), sítio eletrônico oficial destinado à: "I – divulgação centralizada e obrigatória dos atos exigidos por esta Lei; II – realização facultativa das contratações pelos órgãos e entidades dos Poderes Executivo, Legislativo e Judiciário de todos os entes federativos".

Alternativa "e". Na forma do art. 103, *caput*, da nova Lei de Licitações, "o contrato **poderá** identificar os riscos contratuais previstos e presumíveis e prever matriz de alocação de riscos, alocando-os entre contratante e contratado, mediante indicação daqueles a serem assumidos pelo setor público ou pelo setor privado ou daqueles a serem compartilhados". Ademais, o art. 22, §3º, do mesmo diploma legal, estabelece a obrigatoriedade de contemplação de alocação de riscos apenas quando a contratação se referir a obras e serviços de grande vulto ou forem adotados os regimes de contratação integrada e semi-integrada.

Alternativa correta: letra "d".

---

121. (Cespe – Delegado de Polícia – PC – RJ/2022) Em matéria da modalidade de licitação pregão, assinale a opção correta.

a) No pregão, assim como no regime diferenciado de contratações públicas, a fase da habilitação antecede a de julgamento.

b) O pregão é a modalidade de licitação obrigatória para a aquisição de bens e serviços não comuns, cujos padrões de desempenho e qualidade não podem ser objetivamente definidos no edital.

c) A modalidade de licitação pregão enseja maior celeridade, na medida em que apresenta fase em que são feitos lances verbais ou de forma eletrônica.

d) O pregão admite apenas a disputa aberta, com propostas transmitidas por lances públicos e sucessivos, sendo vedada a disputa fechada.

e) Com o advento da Lei n.° 14.133/2021 passaram a ser viáveis apenas de forma eletrônica contratações em que a modalidade pregão puder ser combinada com a modalidade diálogo competitivo.

COMENTÁRIO

Alternativa "a". No pregão, a fase da habilitação é, regra, posterior à de julgamento, nos termos do art. 17, *caput*, da Lei nº 14.133/2021.

Alternativa "b". O art. 6º, XLI, da nova Lei de Licitações define o pregão como a "modalidade de licitação obrigatória para aquisição de bens e serviços comuns, cujo critério de julgamento poderá ser o de menor preço ou o de maior desconto".

Alternativa "c". O art. 17, III, da nova Lei de Licitações, incluiu a fase de apresentação de propostas e lances, quando for o caso, a ser observado durante o procedimento licitatório. Trata-se de ratificação do quanto já constava da Lei nº 10.520/02, que preconizava a possibilidade de, na modalidade do pregão, serem feitos lances verbais ou de forma eletrônica, o que traduz maior celeridade ao procedimento.

Alternativa "d". O art. 56, *caput*, da nova Lei de Licitações, estabelece que o modo de disputa poderá ser, isolada ou conjuntamente: "I – aberto, hipótese em que os licitantes apresentarão suas propostas por meio de lances públicos e sucessivos, crescentes ou decrescentes; II – fechado, hipótese em que as propostas permanecerão em sigilo até a data e hora designadas para sua divulgação". O §1º, do mesmo dispositivo, contudo, estabelece que a utilização isolada do modo de disputa fechado será vedada quando adotados os critérios de julgamento de menor preço ou de maior desconto – justamente os métodos admitidos no **pregão** -, razão pela qual esta modalidade licitatória não pode adotar o modo de disputa exclusivamente fechado.

Alternativa "e". Pregão e diálogo competitivo são modalidades de licitação e, na forma do §2º, do art. 28, pelo qual "é vedada a criação de outras modalidades de licitação ou, ainda, a combinação daquelas referidas no *caput* deste artigo".

Alternativa correta: letra "c".

---

122. (Vunesp – Delegado de Polícia – PC – SP/2022) Com base na Lei n° 14.133/21, a respeito das infrações e sanções administrativas praticadas em licitações e contratações públicas, assinale a alternativa correta.

a) Para a reabilitação de pessoa jurídica punida pela apresentação de declaração ou documentação falsa exigida A para o certame será necessária a implantação ou aperfeiçoamento de programa de integridade pelo responsável.

B) A prescrição da pena administrativa ocorrerá em cinco anos, a contar da prática do ilícito, e tem como hipótese de interrupção a celebração de acordo de leniência.

c) A personalidade jurídica deverá ser desconsiderada, mediante a instauração de processo judicial que evidencie o uso da pessoa jurídica para facilitar, encobrir ou dissimular a prática de atos ilícitos previstos em lei.

d) A aplicação da pena de multa requer a instauração de processo de responsabilização, a ser conduzido por comissão composta por dois ou mais servidores estáveis.

e) A pena de declaração de inidoneidade para licitar ou contratar não poderá ser cumulada com a pena de multa.

COMENTÁRIO

Alternativa "a". O parágrafo único do art. 163, da nova Lei de Licitações, estabelece que quanto às condutas de apresentar declaração ou documentação falsa exigida para o certame ou prestar declaração falsa durante a licitação ou a execução do contrato e, ainda, praticar ato lesivo previsto no art. 5º da Lei nº 12.846/2013, será exigido, como condição de reabilitação do licitante ou contratado, a implantação ou aperfeiçoamento de programa de integridade pelo responsável.

Alternativa "b". A prescrição da pena administrativa ocorrerá em cinco anos, **a contar da ciência da infração pela Administração**, e tem como hipótese de **suspensão** a celebração de acordo de leniência, na exata forma do art. 158, §4º, II, da nova Lei de Licitações.

Alternativa "c". O art. 160, da nova Lei de Licitações, estabelece que a "personalidade jurídica **poderá** ser desconsiderada sempre que utilizada com abuso do direito para facilitar, encobrir ou dissimular a prática dos atos ilícitos previstos nesta Lei ou para provocar confusão patrimonial, e, nesse caso, todos os efeitos das sanções aplicadas à pessoa jurídica serão estendidos aos seus administradores e sócios com poderes de administração, a pessoa jurídica sucessora ou a empresa do mesmo ramo com relação de coligação ou controle, de fato ou de direito, com o sancionado, observados, em todos os casos, o contraditório, a ampla defesa e a obrigatoriedade de análise jurídica prévia". **Não se trata de uma obrigação, portanto**, razão pela qual a alternativa está errada.

Alternativa "d". A aplicação das penas de impedimento de licitar e contratar e de declaração de inidoneidade para licitar ou contratar requer a instauração de processo de responsabilização, a ser conduzido por comissão composta por dois ou mais servidores estáveis, na forma do art. 158, *caput*, da nova Lei de Licitações.

Alternativa "e". As sanções de advertência, impedimento de licitar e contratar e de declaração de inidoneidade para licitar ou contratar poderão ser cumuladas com a penalidade de multa, nos termos do art. 156, §7º, da nova Lei de Licitações.

Alternativa correta: letra "a".

---

123. (FGV - Delegado de Polícia - PC - AM/2022) Em fevereiro de 2022, a Polícia Civil do Estado Gama pretende realizar locação de imóvel para servir de depósito para bens que já foram periciados e aguardam determinação judicial quanto à sua destinação. Não se tratando de imóvel cujas características de instalações e de localização tornem necessária sua escolha, e levando em conta que será adotado o regime jurídico da nova Lei de Licitações (Lei n° 14.133/21), é correto afirmar que a contratação em tela deverá

a) ocorrer mediante inexigibilidade de licitação, por expressa previsão legal.

b) ocorrer mediante dispensa de licitação, por expressa previsão legal.

c) ser precedida de licitação na modalidade leilão, de prévias avaliação do bem e autorização legislativa.

d) ser precedida de licitação e avaliação prévia do bem, do seu estado de conservação, dos custos de adaptações e do prazo de amortização dos investimentos necessários.

e) ser precedida de licitação na modalidade concorrência e dependerá de autorização legislativa e de avaliação prévia do bem, observado o princípio da economicidade.

COMENTÁRIO

Alternativa "d" (responde as demais alternativas). Nos termos do art. 74, V, da Lei nº 14.133/2021, é hipótese de inexigibilidade de licitação a aquisição ou a locação de imóvel cujas características de instalações e de localização tornem necessária sua escolha, o que, todavia, não é a situação narrada e, assim, deve ser feita licitação, destacando-se que, na forma do art. 51, da nova Lei de Licitações, "(...) a locação de imóveis deverá ser precedida de licitação e avaliação prévia do bem, do seu estado de conservação, dos custos de adaptações e do prazo de amortização dos investimentos necessários".

Alternativa correta: letra "d".

10. LICITAÇÃO E CONTRATO ADMINISTRATIVO NA LEI DAS ESTATAIS (LEI Nº 13.303/2016)

- CF, art. 22, XXVII
- CF, art. 37, XXI
- CF, art. 173
- Lei nº 13.303/2016

Atenção! A Lei nº 14.133/2021, que traz o novo regime jurídico das licitações e contratos administrativos, não se aplica às estatais, que continuam regidas pela Lei nº 13.303/2016.

---

124. (Vunesp - Delegado de Polícia - PC - SP/2022) Uma empresa pública realizou licitação com vistas a contratar equipamentos de escritório, que deverão ser disponibilizados a seu pessoal, que se encontra em regime de trabalho remoto (home office). Foram adquiridos computadores e impressoras, que permanecerão de propriedade da entidade, mas poderão ser utilizadas pelos funcionários em suas residências, dado o novo regime de trabalho adotado pela entidade. O Tribunal de Contas instaurou procedimento para apurar a validade da contratação. Com base na situação hipotética, na jurisprudência do Supremo Tribunal Federal e na Lei n° 13.303/16, é correto afirmar que

a) o Tribunal de Contas não poderá investigar a contratação, caso a empresa pública esteja domiciliada no exterior.

b) a estatal, independentemente do seu objeto, estará sujeita ao controle do Tribunal de Contas, desde que a medida não implique em interferência na gestão da empresa.

c) na realização da atividade fiscalizatória, o Tribunal de Contas deverá ter acesso irrestrito aos documentos e às informações necessárias a realização dos trabalhos, excluídos os classificados como sigilosos.

d) a instauração do procedimento não é válida, pois a Constituição Federal somente autoriza a apuração de contas dos administradores de bens e valores públicos.

e) a apuração somente poderá ser realizada se a empresa tiver como objeto a prestação de serviços públicos.

COMENTÁRIO

Alternativa "a" (responde a alternativa "e"). Pelo contrário, o art. 85, *caput*, da Lei, dispõe que "os órgãos de controle externo e interno das 3 (três) esferas de governo fiscalizarão as empresas públicas e as sociedades de economia mista a elas relacionadas, **inclusive aquelas domiciliadas no exterior**, quanto à legitimidade, à economicidade e à eficácia da aplicação de seus recursos, sob o ponto de vista contábil, financeiro, operacional e patrimonial.

Alternativa "b" (responde a alternativa "d"). O art. 90, da Lei nº 13.303/2016, estabelece que "as ações e deliberações do órgão ou ente de controle não podem implicar interferência na gestão das empresas públicas e das sociedades de economia mista a ele submetidas nem ingerência no exercício de suas competências ou na definição de políticas públicas". Neste exato sentido, em diferentes oportunidades o Supremo Tribunal já se manifestou quanto à possibilidade de o Tribunal de Contas proceder à fiscalização das estatais, desde que a medida não implique em interferência na gestão da empresa. Assim é, por exemplo, o Mandado de Segurança nº 25.181.

Alternativa "c". Existem várias limitações ao acesso de informações das estatais, disciplinando a Lei, por exemplo, que será restrito e individualizado o acesso às atas e demais expedientes oriundos de reuniões, ordinárias ou extraordinárias, dos conselhos de administração ou fiscal das empresas públicas e das sociedades de economia mista, inclusive gravações e filmagens (art. 86, §3º).

Alternativa correta: letra "b".

11. SERVIÇOS PÚBLICOS

- CF, artigos 21, 23, 25, 30 e 32, § 1º
- CF, art. 175
- Lei nº 8.987/95
- Lei nº 11.079/04

125. (FGV - Delegado de Polícia - PC - SC/2024) Ao tomar conhecimento da publicação de um edital de licitação para promover uma permissão de serviço público, Bonifácio decidiu pesquisar o assunto, vindo a concluir corretamente, à luz do disposto na Lei nº 8.987/95 e da jurisprudência do Supremo Tribunal Federal, que a natureza jurídica de tal modalidade de delegação é de

a) acordo plurilateral de vontades.

b) convênio.

c) contrato administrativo.

d) ato administrativo vinculado.

e) ato administrativo discricionário.

COMENTÁRIO

Alternativa "c" (responde as demais alternativas). A permissão do serviço público é a delegação do serviço público realizada pelo poder concedente, a título precário, **mediante licitação**, à pessoa física ou jurídica que demonstre capacidade de desempenho, por sua conta e risco, nos termos do **art. 2º, inc. IV, da Lei nº 8.987/95**. Consoante art. 40, da Lei nº 8.987/95, "a permissão de serviço público **será formalizada mediante contrato de adesão**, que observará os termos desta Lei, das demais normas pertinentes e do edital de licitação, inclusive quanto à precariedade e à revogabilidade unilateral do contrato pelo poder concedente".. Vale destacar, contudo, que o Supremo Tribunal Federal, no julgamento da ADIn nº 1.491/98, afastou qualquer distinção conceitual entre permissão e concessão de serviço público, ao conferir àquele instituto o caráter contratual próprio desta. Em diferentes oportunidades, o STF ratificou o entendimento quanto à natureza contratual da permissão pública, apreciando a constitucionalidade de uma série de leis estaduais que tratavam o instituto como mero ato administrativo.

Alternativa correta: letra "c".

126. (FGV - Delegado de Polícia - PC - SC/2024) Diante dos inúmeros problemas que vem enfrentando na prestação de determinado serviço público regularmente delegado para a concessionária Delta, Jocasta almeja apresentar manifestação acerca da inadequação na respectiva prestação à ouvidoria ou entidade que seja responsável pela apreciação de tal requerimento.

Diante dessa situação hipotética, à luz do disposto na Lei nº 13.460/2017, é correto afirmar que

a) o procedimento administrativo relativo à análise da manifestação de Jocasta deve observar o princípio da eficiência, visando a sua efetiva solução, independentemente da celeridade.

b) a manifestação de Jocasta não precisa conter a sua identificação, mas é necessário que ela aponte os respectivos motivos determinantes para viabilizar a apreciação pela ouvidoria ou entidade responsável.

c) a manifestação de Jocasta apenas poderá ser realizada por meio eletrônico, para fins de registro, sendo vedada qualquer reclamação verbal ou mesmo por correspondência convencional.

d) os órgãos públicos que sejam responsáveis para a apreciação da manifestação de Jocasta devem providenciar obrigatoriamente formulários pormenorizados para tal finalidade, para fins de padronização, ainda que possam dificultar a compreensão da usuária.

e) a manifestação de Jocasta deve conter a sua identificação, sendo certo que, para o exercício de direitos com base na mencionada lei, é suficiente a apresentação de documento com fé pública em que conste o número de inscrição no Cadastro de Pessoas Físicas (CPF), dispensada a apresentação de qualquer outro documento.

COMENTÁRIO

✪ **Nota do Autor:** A Lei nº 13.460/2017 estabelece normas básicas para participação, proteção e defesa dos direitos do usuário dos serviços públicos prestados direta ou indiretamente pela administração pública.

Alternativa "a". O art. 12, *caput*, da Lei, estabelece que "os procedimentos administrativos relativos à análise das manifestações observarão os princípios da eficiência e da **celeridade**, visando a sua efetiva resolução".

Alternativa "b" (responde a alternativa "c"). Pelo contrário, o art. 10, *caput*, determina que "a manifestação será dirigida à ouvidoria do órgão ou entidade responsável e conterá a identificação do requerente", destacando-se, ainda, a possibilidade de ser feita por meio eletrônico, ou correspondência convencional, ou verbalmente, hipótese em que deverá ser reduzida a termo (art. 10, §4º). Vale destacar, enfim, que o §2º do mesmo dispositivo estabelece que "são vedadas quaisquer exigências relativas aos motivos determinantes da apresentação de manifestações perante a ouvidoria".

Alternativa "d". Os órgãos públicos que sejam responsáveis para a apreciação da manifestação de Jocasta devem providenciar obrigatoriamente formulários deverão colocar à disposição do usuário formulários simplificados e de fácil compreensão para a apresentação do requerimento , na exata forma do art. 10, §6º.

Alternativa "e". Como destacado, o art. 10, *caput*, da Lei, estabelece a obrigatoriedade de **identificação** quando da apresentação do requerimento. Neste sentido, o art. 10-A, *caput*, determina que "para fins de acesso a informações e serviços, de exercício de direitos e obrigações ou de obtenção de benefícios perante os órgãos e as entidades federais, estaduais, distritais e municipais ou os serviços públicos delegados, a apresentação de documento de identificação com fé pública em que conste o número de inscrição no Cadastro de Pessoas Físicas (CPF) será suficiente para identificação do cidadão, dispensada a apresentação de qualquer outro documento".

Alternativa correta: letra "e".

127. (CEBRASPE – Delegado de Polícia – PC – PE/2024) No estado X, houve a concessão de determinado serviço público, tendo o poder concedente retomado o serviço durante o prazo da concessão, por motivo de interesse público, mediante lei autorizativa específica e após prévio pagamento de indenização. Nessa situação hipotética, a extinção da concessão do serviço público, nos termos da Lei n.º 8.987/1995, é denominada

a) reversão.

b) rescisão.

c) caducidade.

d) encampação.

e) extinção.

COMENTÁRIO

Alternativa "a". A **reversão** consiste na passagem ao poder concedente dos bens da concessionária afetados à prestação do serviço público concedido e, assim, trata-se de consequência da extinção do contrato de concessão, justificando-se pelo princípio da continuidade do serviço público, pois, dessa maneira, o Estado tem como dar sequência à prestação daquele serviço logo após a cessação dessa atividade pela concessionária, em razão da extinção do contrato. **Não se trata de modalidade de extinção do contrato de concessão de serviço público.**

Alternativa "b". Refere-se à possibilidade de a **concessionária requerer judicialmente** a rescisão do contrato de concessão por inadimplência do poder concedente, conforme prevê o art. 39, da Lei nº 8.987/95.

Alternativa "c". No caso, a forma de extinção é a **caducidade ou decadência**, pela qual o poder concedente retoma o serviço da concessionária, durante o prazo da concessão, em razão da inadimplência da concessionária, conforme o art. 38 da Lei nº 8.987/95. A concessionária dá causa à inexecução total ou parcial do contrato. Nos termos do dispositivo mencionado, a Administração deve, primeiro, conceder prazo para que a concessionária corrija as falhas apontadas e, caso não o faça, será instaurado processo administrativo (assegurada a ampla defesa) e, no fim deste, caso comprovada a inadimplência, a caducidade será declarada por meio de decreto. Neste caso, dispõe o art. 38, §1º, da Lei que a caducidade da concessão poderá ser declarada pelo poder concedente quando "a concessionária perder as condições econômicas, técnicas ou operacionais para manter a adequada prestação do serviço concedido".

Alternativa "d". A **encampação** é forma de **extinção da concessão** em que o poder concedente **retoma** o serviço da concessionária, durante o prazo de concessão, por motivo de **interesse público**. Não se fala em **revogação** do contrato de concessão, sendo a encampação a modalidade prevista para se extinguir o contrato por interesse público (mas, não é igual à revogação do ato administrativo; precisa de lei).

Alternativa "e". Extinção é gênero, da qual são espécies, por exemplo, a **encampação**, a **rescisão** e a **caducidade**.

Alternativa correta: letra "d".

128. (CEBRASPE – Delegado de Polícia – PC – PE/2024) Determinado órgão público do estado de Pernambuco celebrou os seguintes contratos administrativos de concessão: Contrato A – contrato de prestação de serviços em que a administração pública é a usuária direta, envolvendo a instalação de bens; Contrato B – contrato de prestação de serviços em que a administração pública é a usuária indireta, envolvendo a execução de obra; Contrato C – concessão de serviço público, previsto na Lei n.º 8.987/1995, envolvendo, adicionalmente à tarifa cobrada dos usuários, contraprestação pecuniária do parceiro público ao parceiro privado.

Na situação hipotética apresentada, ocorreram, de acordo com a Lei n.º 11.079/2004, parcerias público-privadas na modalidade

a) patrocinada, nos contratos A, B e C.
b) administrativa, nos contratos A, B e C.
c) patrocinada, apenas nos contratos A e B.
d) administrativa, apenas nos contratos A e B.
e) patrocinada, apenas nos contratos A e C.

COMENTÁRIO

Alternativa "d" (responde as demais alternativas). A denominada parceria público-privada é, na verdade, uma **modalidade especial de concessão de serviço público**, que se subdivide em duas espécies, a concessão patrocinada e a concessão comum. A **concessão administrativa**, conforme o § 2º do artigo 2º, da Lei nº 11.079/04, é "o contrato de prestação de serviços de que a Administração Pública seja a **usuária direta ou indireta**, ainda que envolva execução de obra ou fornecimento e instalação de bens". Nessa modalidade, não há tarifas a serem pagas pelos usuários, e a contraprestação devida ao parceiro privado será feita somente pelo Poder Público. Já, a **concessão patrocinada**, nos termos do art. 2º, § 1º, da Lei nº 11.079/04, é "a concessão de serviços públicos ou de obras públicas de que trata a Lei nº 8.987, de 13 de fevereiro de 1995, quando envolver, adicionalmente à tarifa cobrada dos usuários contraprestação pecuniária do parceiro público ao parceiro privado", quer dizer, é uma concessão de serviços públicos que se distingue da regra geral em razão da remuneração da empresa prestadora de serviços públicos ter origem tanto nas tarifas que os usuários pagarão quanto em parcela paga pelo Poder Público. Desse modo, os contratos mencionados nos enunciados consubstanciam os seguintes institutos: **concessão administrativa** (A e B) e **concessão patrocinada** (C).

Alternativa correta: letra "d".

129. (CEBRASPE – Delegado de Polícia – PC – AL/2023) Considerando o disposto na Lei n.º 8.987/1995, que trata das concessões e permissões de serviços públicos, julgue o próximo item.

Enquanto perdurar o contrato, a concessionária poderá livremente dispor dos seus direitos e negociar suas obrigações mediante a outorga de subconcessão.

CERTO ( ) ERRADO ( )

COMENTÁRIO

"Errado". Pelo contrário, a **subconcessão** é excepcional e só pode ser admitida desde que expressamente autorizada pelo poder concedente. Esse é o mandamento insculpido no art. 26, da Lei.

130. (CEBRASPE – Delegado de Polícia – PC – AL/2023) Considerando o disposto na Lei n.º 8.987/1995, que trata das concessões e permissões de serviços públicos, julgue o próximo item.

Ocorrerá a caducidade da concessão sempre que houver alteração no controle societário da concessionária sem prévia anuência do poder concedente.

CERTO ( ) ERRADO ( )

COMENTÁRIO

"Certo". Eis a redação do art. 27, *caput*, da Lei: "a transferência de concessão ou do controle societário da concessionária sem prévia anuência do poder concedente implicará a caducidade da concessão".

131. (CEBRASPE – Delegado de Polícia – PC – AL/2023) Julgue o item a seguir, de acordo com a Lei n. 11.079/2004, que dispõe sobre as parcerias públicas-privadas.

A concorrência e o diálogo competitivo são modalidades de licitação aplicáveis às parcerias público-privadas.

CERTO ( ) ERRADO ( )

COMENTÁRIO

"Certo". O art. 10, *caput*, da Lei nº 11.079/2004 foi recentemente alterado pela Lei nº 14.133/2021, estabelecendo **concorrência** e **diálogo competitivo** como modalidades de licitação aplicáveis às parcerias público-privadas.

132. (CEBRASPE – Delegado de Polícia – PC – AL/2023) Julgue o item a seguir, de acordo com a Lei n. 11.079/2004, que dispõe sobre as parcerias públicas-privadas. É defeso à administração pública prever em edital a possibilidade de a licitante retificar a proposta e os documentos de habilitação no curso do procedimento.

CERTO ( ) ERRADO ( )

COMENTÁRIO

"Errado". Pelo contrário, nos termos do art. 12, IV, da Lei, "o edital poderá prever a possibilidade de saneamento de falhas, de complementação de insuficiências ou ainda de correções de caráter formal no curso do procedimento, desde que o licitante possa satisfazer as exigências dentro do prazo fixado no instrumento convocatório".

133. (CEBRASPE – Delegado de Polícia – PC – AL/2023) Julgue o item a seguir, de acordo com a Lei n.º 11.079/2004, que dispõe sobre as parcerias públicas-privadas. O aporte de bem de uso comum no fundo garantidor de parcerias público-privadas independe de sua desafetação.

CERTO ( ) ERRADO ( )

COMENTÁRIO

✪ **Nota do Autor:** O art. 16, *caput*, da Lei, estabelece que "ficam a União, seus fundos especiais, suas autarquias, suas fundações públicas e suas empresas estatais dependentes autorizadas a participar, no limite global de R$ 6.000.000.000,00 (seis bilhões de reais), em Fundo Garantidor de Parcerias Público-Privadas – FGP que terá por finalidade prestar garantia de pagamento de obrigações pecuniárias assumidas pelos parceiros públicos federais, distritais, estaduais ou municipais em virtude das parcerias de que trata esta Lei".

"Errado". O aporte de bens de uso especial ou de uso comum no FGP será condicionado a sua **desafetação de forma individualizada**, nos exatos termos do art. 16, §7º, da Lei.

134. (CEBRASPE – Delegado de Polícia – PC – AL/2023) Julgue o item a seguir, de acordo com a Lei n.º 11.079/2004, que dispõe sobre as parcerias públicas-privadas.

O segura-garantia fornecido por instituição privada é modalidade apta a garantir as obrigações pecuniárias contraídas pela administração pública.

CERTO ( ) ERRADO ( )

COMENTÁRIO

"Certo". O art. 8º, da Lei, estabelece que as obrigações pecuniárias contraídas pela Administração Pública em contrato de parceria público-privada poderão ser garantidas mediante: I – vinculação de receitas, observado o disposto no inciso IV do art. 167 da Constituição Federal; II – instituição ou utilização de fundos especiais previstos em lei; III – **contratação de seguro-garantia com as companhias seguradoras que não sejam controladas pelo Poder Público**; IV – garantia prestada por organismos internacionais ou instituições financeiras; V – garantias prestadas por fundo garantidor ou empresa estatal criada para essa finalidade; VI – outros mecanismos admitidos em lei.

135. (CEBRASPE – 2023 – PC/AL – Delegado) Considerando o disposto na Lei n.º 8.987/1995, que trata das concessões e permissões de serviços públicos, julgue o próximo item.

Enquanto perdurar o contrato, a concessionária poderá livremente dispor dos seus direitos e negociar suas obrigações mediante a outorga de subconcessão.

COMENTÁRIO

"Errado". A subconcessão do contrato é excepcional, e depende da **expressa autorização do poder concedente.** À luz do art. 26, §1º, da Lei nº 8.987/95, a outorga de subconcessão será sempre precedida de concorrência, de tal modo que a concessionária **não** poderá livremente dispor dos seus direitos e negociar suas obrigações mediante a outorga de subconcessão.

136. (CEBRASPE – 2023 – PC/AL – Delegado) Considerando o disposto na Lei n.º 8.987/1995, que trata das concessões e permissões de serviços públicos, julgue o próximo item.

O edital relativo a procedimento licitatório para a celebração de contrato de concessão poderá contemplar a inversão da ordem das fases de habilitação e julgamento das propostas, assim como ocorre em licitações de contratações de bens e serviços comuns, realizadas na modalidade pregão.

"Certo". O art. 18-A, da Lei nº 8.987/95, estabelece a possibilidade de o edital de licitação prever a inversão da ordem das fases de habilitação e julgamento. Vale destacar que, de acordo com o art. 17, §1º, da nova Lei de Licitações (Lei nº 14.133/2021), a inversão das fases não está mais restrita à modalidade pregão.

137. (CEBRASPE – 2023 – PC/AL – Delegado) Considerando o disposto na Lei n.º 8.987/1995, que trata das concessões e permissões de serviços públicos, julgue o próximo item.

Ocorrerá a caducidade da concessão sempre que houver alteração no controle societário da concessionária sem prévia anuência do poder concedente.

COMENTÁRIO

"Certo". Eis a redação literal do art. 27, *caput*, da Lei nº 8.987/95, pelo qual "a transferência de concessão ou do controle societário da concessionária sem prévia anuência do poder concedente implicará a caducidade da concessão".

138. (CEBRASPE – 2023 – PC/AL – Delegado) Julgue o item a seguir, de acordo com a Lei n.o 11.079/2004, que dispõe sobre as parcerias públicas-privadas.

A concorrência e o diálogo competitivo são modalidades de licitação aplicáveis às parcerias público-privadas.

COMENTÁRIO

"Certo". A redação do art. 10, da Lei nº 11.079/2004, foi recentemente alterada pela nova Lei de Licitações (Lei nº 14.133/2021), de tal sorte que "a contratação de parceria público-privada será precedida de licitação na modalidade concorrência ou diálogo competitivo (...)", observadas as condições previstas nos correspondentes incisos.

139. (CEBRASPE – 2023 – PC/AL – Delegado) Julgue o item a seguir, de acordo com a Lei nº 11.079/2004, que dispõe sobre as parcerias públicas-privadas. É defeso à administração pública prever em edital a possibilidade de a licitante retificar a proposta e os documentos de habilitação no curso do procedimento.

COMENTÁRIO

"Errado". À luz do art. 12, IV, da Lei nº 11.079/2004, "o edital poderá prever a possibilidade de saneamento de falhas, de complementação de insuficiências ou ainda de correções de caráter formal no curso do procedimento, desde que o licitante possa satisfazer as exigências dentro do prazo fixado no instrumento convocatório".

140. (CEBRASPE – 2023 – PC/AL – Delegado) Julgue o item a seguir, de acordo com a Lei n.º 11.079/2004, que dispõe sobre as parcerias públicas-privadas. O aporte de bem de uso comum no fundo garantidor de parcerias público-privadas independe de sua desafetação.

COMENTÁRIO

✪ **Nota do Autor:** O art. 16, *caput*, da Lei nº 11.079/2004, estabelece a possibilidade de a União, seus fundos especiais, suas autarquias, suas fundações públicas e suas empresas estatais participarem em Fundo Garantidor de Parcerias Público-Privadas – FGP que terá por finalidade prestar garantia de pagamento de obrigações pecuniárias assumidas pelos parceiros públicos federais, distritais, estaduais ou municipais em virtude das parcerias de que trata a Lei nº 11.079/2004.

"Errado". O §7º, do art. 16, estabelece que "o aporte de bens de uso especial ou de uso comum no FGP será condicionado a sua desafetação de forma individualizada".

141. (CEBRASPE – 2023 – PC/AL – Delegado) Julgue o item a seguir, de acordo com a Lei n.º 11.079/2004, que dispõe sobre as parcerias públicas-privadas.

O seguro-garantia fornecido por instituição privada é modalidade apta a garantir as obrigações pecuniárias contraídas pela administração pública.

COMENTÁRIO

142. "Certo". Como estabelece o art. 8º, da Lei nº 11.079/2004, os contratos de parceria público-privada poderão ser garantidos mediante: I – vinculação de receitas, observado o disposto no inciso IV do art. 167 da Constituição Federal ; II – instituição ou utilização de fundos especiais previstos em lei; III – **contratação de seguro-garantia com as companhias seguradoras que não sejam controladas pelo Poder Público**; IV – garantia prestada por organismos internacionais ou instituições financeiras; V – garantias prestadas por fundo garantidor ou empresa estatal criada para essa finalidade; VI – outros mecanismos admitidos em lei.

143. (Vunesp – Delegado de Polícia – PC – SP/2022) A respeito da cobrança de valores pela utilização de faixas de domínio de rodovias por concessionárias de serviços públicos, com base na Lei n° 8.987/95 e na jurisprudência dos Tribunais Superiores, assinale a alternativa correta.

a) As concessionárias de serviço público podem efetuar a cobrança pela utilização de faixas de domínio de rodovia, mesmo em face de outra concessionária, desde que haja previsão editalícia e contratual.

b) Ente público pode realizar a cobrança de taxa pelo uso de espaços públicos municipais por concessionárias de serviço público.

c) A remuneração de concessionárias de serviços públicos se dá pela cobrança de tarifa, não sendo autorizada a cobrança de valores adicionais pela utilização de faixas de domínio por terceiros.

d) A cobrança pelo uso de valores pelas concessionárias de serviços públicos pode ser realizada independentemente da existência de previsão em edital, desde que os valores sejam utilizados para garantir a modicidade de tarifas.

e) Considerando que a concessão confere ao concessionário o poder de prestar o serviço por sua conta e risco, eventual receita acessória não será levada em consideração para aferir o equilíbrio econômico-financeiro do contrato.

COMENTÁRIO

✪ **Nota do Autor:** O art. 11, *caput*, estabelece que "no atendimento às peculiaridades de cada serviço público, poderá o poder concedente prever, em favor da concessionária, no edital de licitação, a possibilidade de outras fontes provenientes de receitas alternativas, complementares, acessórias ou de projetos associados, com ou sem exclusividade, com vistas a favorecer a modicidade das tarifas (...)".

Alternativa "a" (responde as demais alternativas). Recentemente, o Superior Tribunal de Justiça, no julgamento do Recurso Especial nº 1.677.414, reiterou o entendimento de que as concessionárias de serviço público podem cobrar pela utilização da faixa de domínio de rodovia, mesmo que de outras concessionárias, com fundamento no já mencionado art. 11, da Lei nº 8.987/95. De forma unânime, os Ministros mantiveram o provimento do recurso especial em que reconheceram a possibilidade dessa cobrança, desde que o edital e o contrato tragam a previsão de outras fontes de receita, além da tarifa, para a concessionária administradora da rodovia.

Alternativa correta: letra "a".

144. (UFPR - Delegado de Polícia - PC - PR/2021) Tendo em conta a prestação indireta de serviços públicos, considere as seguintes afirmativas:

1. Os contratos decorrentes de concessão de serviço público precedida da execução de obra pública deverão ter prazo de duração máximo de 30 anos.
2. No âmbito de uma concessão de serviço público, deve o concessionário garantir ao poder concedente acesso aos dados relativos à administração, à contabilidade e aos recursos técnicos, econômicos e financeiros da concessionária.
3. A encampação da concessão de serviço público demanda lei autorizativa específica e indenização prévia do concessionário para que seja efetivada.
4. É admitida licitação na modalidade tomada de preços para concessão de serviço público de menor vulto econômico, observados os parâmetros de tal modalidade licitatória conforme previstos na Lei Geral de Licitações.

Assinale a alternativa correta.

a) Somente a afirmativa 2 é verdadeira.
b) Somente as afirmativas 1 e 4 são verdadeiras.
c) Somente as afirmativas 2 e 3 são verdadeiras.
d) Somente as afirmativas 1, 3 e 4 são verdadeiras.
e) As afirmativas 1, 2, 3 e 4 são verdadeiras.

COMENTÁRIO

Item I. Errado. Na forma do art. 5º, I, da Lei nº 11.079/2004, os contratos celebrados no âmbito de parcerias público-privadas – como, por exemplo, decorrentes de concessão de serviço público precedida da execução de obra pública -, deverão ter prazo não inferior a 5 (cinco), nem superior a 35 (trinta e cinco) anos, incluindo eventual prorrogação.

Item II. Correto. O poder concedente, no exercício da fiscalização, terá acesso aos dados relativos à administração, contabilidade, recursos técnicos, econômicos e financeiros da concessionária (art. 30, *caput*, da Lei nº 8.987/95)

Item III. Correto. A **encampação** ou **resgate** ocorre quando poder concedente **retoma o serviço** da concessionária, **durante o prazo de concessão, por motivo de interesse público, mediante lei autorizativa e específica e após prévio pagamento de indenização**, nos termos do art. 37 da Lei nº 8.987/95.

Item IV. Errado. A concessão formaliza-se por meio de contrato e, com ela, não se transfere a titularidade do serviço público, mas, somente, a sua execução. Para que a delegação ocorra é indispensável a realização de licitação, na modalidade concorrência ou diálogo competitivo, conforme o art. 2º, II, da Lei nº 8.987/95. Os concessionários de serviço público são escolhidos em decorrência de condições pessoais apuradas no procedimento licitatório e, por isso, se diz que os contratos de concessão de serviço público têm **natureza *intuitu personae*.**

Alternativa correta: letra "c".

145. (Nucepe - Delegado de Polícia - PC - PI/2018) Sobre os serviços públicos, marque a alternativa CORRETA.

a) A Lei n° 8.987/1995, que dispõe sobre o regime de concessão e permissão da prestação de serviços públicos, não prevê causas expressas a fim de caracterizar a descontinuidade.
b) Os serviços públicos gerais ou (uti universi) são indivisíveis e devem ser mantidos por impostos.
c) Incumbe ao Poder Público a prestação de serviços públicos de saúde, educação e assistência social, fundamentais e exclusivos de Estado, apenas.
d) Os serviços de utilidade pública não admitem delegação.
e) Os serviços públicos propriamente ditos admitem delegação.

COMENTÁRIO

✪ **Nota do autor:** Exige-se do candidato conhecimento acerca da classificação, quanto aos destinatários, dos serviços públicos, assim entendidos como "toda atividade material que a lei atribui ao Estado para que a exerça diretamente ou por meio de seus delegados, com o objetivo de satisfazer concretamente às necessidades coletivas, sob regime jurídico total ou parcialmente público"[46].

Alternativa "a". A alternativa mostra-se confusa, já que o art. 6º, §3º da Lei nº 8.987/1995 traz casos que não se caracterizam a descontinuidade do serviço. Todavia, foi considerada como correta pela banca examinadora. Dentre eles, cita-se a interrupção do serviço no caso de inadimplemento do usuário, a qual não poderá se iniciar na sexta-feira, sábado ou domingo, nem feriado ou dia anterior ao feriado (art. 6º, §4º).

Alternativa "b". Trata-se de classificação quanto aos **destinatários do serviço**. Os **serviços públicos *uti universi*** ou gerais são aqueles em que **não há um destinatário determinado**, isto é, são prestados à coletividade como um todo, como, por exemplo, o serviço de iluminação pública e o correspondente à **atividade policial**. São serviços que não podem ser divididos, e, assim, não são mensuráveis no seu uso e, por isso, são **remunerados por imposto**.

Alternativa "c". Os serviços de saúde, educação e assistência social podem ser executados tanto pelo Estado como pelo particular, mediante autorização do Poder Público.

Alternativa "d". Serviços de utilidade pública não são essenciais, mas visam facilitar a vida do indivíduo

46. DI PIETRO, Maria Sylvia Zanella. *Direito administrativo*. 25 ed. São Paulo: Altas, 2012. p. 106.

na coletividade e podem ser delegados a terceiros; são pró-cidadão. Exemplos: transporte coletivo, telefonia.

Alternativa "e". Serviços públicos propriamente ditos são os serviços essenciais que a Administração presta diretamente à comunidade e não podem ser delegados; são pró-comunidade. Exemplos: polícia, defesa nacional.

Alternativa correta: letra "b".

146. (Vunesp – Delegado de Polícia – PC – SP/2018) As chamadas "parcerias público-privadas" (PPPs), cujo regime jurídico no Brasil encontra respaldo na Lei nº 11.079/2004, apresentam-se como importante forma de mobilização de capitais privados para a geração e operação de infraestrutura pública no Brasil. É importante ter em vista, porém, que, se a contratação de PPPs não for adequadamente tratada pelo ente público, poderá resultar em graves problemas de natureza fiscal no longo prazo.

A respeito desse tema, é correto afirmar com base na Lei nº 11.079/2004, que um dos mitigadores dos riscos fiscais decorrentes de PPPs

a) consiste na necessidade de que todas as contratações de PPPs contem com garantia concedida pelo Fundo Garantidor de Parcerias (FGP), controlado pela União Federal.

b) se encontra na previsão de que a abertura da licitação esteja condicionada à estimativa do fluxo de recursos públicos suficientes para o cumprimento, durante a vigência do contrato e por exercício financeiro, das obrigações contraídas pela Administração Pública.

c) consiste na proibição existente na Lei à previsão de garantias às obrigações pecuniárias contraídas pela Administração Pública por meio dos contratos.

d) consiste na necessidade de prévia autorização do Senado Federal e da Secretaria do Tesouro Nacional para a sua assinatura, a qual apenas poderá ser dispensada em caso de investimentos estratégicos integrantes do Plano Plurianual.

e) se encontra na proibição de contratação de PPPs com prazo superior a 35 (trinta e cinco) anos prorrogáveis por igual período, assegurando-se, assim, que as contratações de PPPs não comprometerão o ciclo orçamentário por mais de sete décadas.

COMENTÁRIO

✪ **Nota do autor:** A parceria público-privada nada mais é do que um tipo especial de contrato de concessão. É conceituada por Carvalho Filho como "acordo firmado entre a Administração Pública e pessoa do setor privado com o objetivo de implantação ou gestão de serviços públicos, com eventual execução de obras ou fornecimento de bens, mediante financiamento do contratado, contraprestação pecuniária do Poder Público e compartilhamento dos riscos e dos ganhos entre os pactuantes[47]".

Alternativa "a": As obrigações pecuniárias contraídas pela Administração Pública em PPP podem ser garantidas, **dentre outras**, por garantias prestadas por fundo garantidor ou empresa estatal criada para essa finalidade (art. 8º, V da Lei nº 11.079/2004).

Alternativa "b". "A contratação de parceria público-privada será precedida de licitação na modalidade concorrência ou diálogo competitivo, estando a abertura do processo licitatório condicionada a: **estimativa do fluxo de recursos públicos suficientes para o cumprimento, durante a vigência do contrato e por exercício financeiro, das obrigações contraídas pela Administração Pública**" (art. 10, IV da Lei nº 11.079/2004).

Alternativa "c". As obrigações pecuniárias contraídas pela Administração Pública em PPP **poderão ser garantidas**, nos termos do art. 8º da Lei nº 11.079/2004.

Alternativa "d". Os Estados, o Distrito Federal e os Municípios que contratarem empreendimentos por intermédio de parcerias público-privadas deverão encaminhar ao Senado Federal e à Secretaria do Tesouro Nacional, previamente à contratação, as informações necessárias para cumprimento do exposto no art. 28 da Lei nº 11.079/2004.

Alternativa "e". O prazo máximo da PPP é de 35 anos, não havendo que se falar em prorrogação por prazo superior. Nesse sentido, o art. 5º, I da Lei nº 11.079/2004: "As cláusulas dos contratos de parceria público-privada atenderão ao disposto no art. 23 da Lei nº 8.987, de 13 de fevereiro de 1995, no que couber, devendo também prever: o prazo de vigência do contrato, compatível com a amortização dos investimentos realizados, não inferior a 5 (cinco), nem superior a 35 (trinta e cinco) anos, incluindo eventual prorrogação".

Alternativa correta: letra "b".

147. (IBADE – Delegado de Polícia – AC/2017) Quanto ao tema dos serviços públicos e sua disciplina constante da Lei nº 8.987/1995, assinale a alternativa correta.

a) Nas condições estabelecidas no contrato de concessão, o poder concedente autorizará a assunção do controle ou da administração temporária da concessionária por seus financiadores e garantidores com quem não mantenha vínculo societário direto, para promover sua reestruturação financeira e assegurar a continuidade da prestação dos serviços. Esta administração temporária, uma vez autorizada, acarretará responsabilidade aos financiadores e garantidores em relação à tributação, encargos, ônus, sanções, obrigações ou compromissos com terceiros, inclusive com o poder concedente ou empregados.

47. CARVALHO FILHO, José dos Santos. Manual de Direito Administrativo. 31ª ed. São Paulo: Atlas, 2017. p. 453.

b) No exercício da fiscalização, o poder concedente terá acesso aos dados relativos à administração, contabilidade, recursos técnicos, econômicos e financeiros da concessionária. Ademais, tal fiscalização será feita por intermédio de órgão técnico do poder concedente ou por entidade com ele conveniada, e, periodicamente, conforme previsto em norma regulamentar, por comissão composta de representantes do poder concedente, da concessionária e dos usuários.

c) Entende-se por concessão de serviço público a delegação de sua prestação, feita pelo poder concedente, mediante licitação, nas modalidades de concorrência ou contratação integrada, à pessoa jurídica ou consórcio de empresas que demonstre capacidade para seu desempenho, por sua conta e risco e por prazo determinado.

d) Como o contrato de concessão de serviço público não é considerado um contrato administrativo e, portanto, não pode conter cláusulas exorbitantes, o poder concedente não possui atribuição para aplicação de penalidades regulamentares e contratuais. Por outro lado, a bem do interesse público, poderá a Administração intervir na prestação do serviço sempre que este não estiver sendo prestado de modo adequado.

e) Considera-se caducidade a retomada do serviço pelo poder concedente durante o prazo da concessão, por motivo de interesse público, mediante lei autorizativa específica e após prévio pagamento de indenização. Declarada a caducidade, não resultará para o poder concedente qualquer espécie de responsabilidade em relação aos encargos, ônus, obrigações ou compromissos com terceiros ou com empregados da concessionária.

COMENTÁRIOS

Nota do autor: A concessão de serviço é, na lição de Maria Sylvia Di Pietro, "**o contrato administrativo por meio do qual a Administração Pública delega a terceiro a execução de um serviço público, para que o execute em seu próprio nome, por sua conta e risco, assegurando-lhe remuneração mediante tarifa paga pelo usuário ou outra forma de remuneração decorrente da exploração do serviço**"[48].

Alternativa "a". Consoante art. 27-A, da Lei, "nas condições estabelecidas no contrato de concessão, o poder concedente autorizará a assunção do controle ou da administração temporária da concessionária por seus financiadores e garantidores com quem não mantenha vínculo societário direto, para promover sua reestruturação financeira e assegurar a continuidade da prestação dos serviços". O §5º estabelece que "a administração temporária autorizada na forma deste artigo **não** acarretará responsabilidade aos financiadores e garantidores em relação à tributação, encargos, ônus, sanções, obrigações ou compromissos com terceiros, inclusive com o poder concedente ou empregados".

Alternativa "b". Na forma do art. 30, *caput*, da Lei nº 8.987/95, o poder concedente, no exercício da fiscalização, terá acesso aos dados relativos à administração, contabilidade, recursos técnicos, econômicos e financeiros da concessionária. Outrossim, consoante parágrafo único do mesmo dispositivo legal, "a fiscalização do serviço será feita por intermédio de órgão técnico do poder concedente ou por entidade com ele conveniada, e, periodicamente, conforme previsto em norma regulamentar, por comissão composta de representantes do poder concedente, da concessionária e dos usuários".

Alternativa "c". Entende-se por concessão de serviço público a delegação de sua prestação, feita pelo poder concedente, mediante licitação, **na modalidade concorrência ou diálogo competitivo**, à pessoa jurídica ou consórcio de empresas que demonstre capacidade para seu desempenho, por sua conta e risco e por prazo determinado, nos termos do art. 2º, II, da Lei.

Alternativa "d". O contrato de concessão é um **contrato administrativo** e, desse modo, é plenamente possível a imposição de **cláusulas exorbitantes pela Administração Pública.** Inclusive, é possível a intervenção do poder concedente na concessão, "com o fim de assegurar a adequação na prestação do serviço, bem como o fiel cumprimento das normas contratuais, regulamentares e legais pertinentes".

Alternativa "e". No caso, a forma de extinção é a **caducidade ou decadência**, pela qual o poder concedente retoma o serviço da concessionária, durante o prazo da concessão, em razão da inadimplência da concessionária, conforme o art. 38 da Lei nº 8.987/95. É na **encampação ou resgate** que o poder concedente retoma o serviço da concessionária, durante o prazo da concessão, por motivo de interesse público, mediante lei autorizativa específica e após prévio pagamento de indenização.

Alternativa correta: letra "b".

---

148. (Cespe – Delegado de Polícia – PE/2016) Tendo como referência a legislação aplicável ao regime de concessão e permissão de serviços públicos e às parcerias público-privadas, assinale a opção correta.

a) De acordo com a Lei nº 8.987/1995, as permissões de serviço público feitas mediante licitação não podem ser formalizadas por contrato de adesão.

b) Em relação à parceria público-privada, entende-se por concessão administrativa o contrato de prestação de serviços de que a administração pública seja a usuária direta ou indireta, ainda que envolva execução de obra ou fornecimento e instalação de bens.

c) As agências reguladoras não podem promover licitações que tenham por objeto a concessão de serviço público do objeto por ela regulado.

d) É vedada a celebração de contrato de parceria público-privada cujo período de prestação do serviço seja superior a cinco anos.

---

48. DI PIETRO, Maria Sylvia Zanella. *Direito Administrativo*. 23 ed. São Paulo: Atlas, 2010. p. 294.

e) Por meio da concessão, o poder público delega a prestação de serviço público a concessionário que demonstre capacidade para seu desempenho, sendo esse serviço realizado por conta e risco do poder concedente.

COMENTÁRIOS

Alternativa "a". Consoante art. 40, *caput*, da Lei nº 8.987/95, "a permissão de serviço público **será formalizada mediante contrato de adesão**, que observará os termos desta Lei, das demais normas pertinentes e do edital de licitação, inclusive quanto à precariedade e à revogabilidade unilateral do contrato pelo poder concedente".

Alternativa "b". A denominada parceria público-privada é, na verdade, uma **modalidade especial de concessão de serviço público**, que se subdivide em duas espécies, a concessão patrocinada e a concessão comum. A **concessão patrocinada**, nos termos do art. 2º, § 1º, da Lei nº 11.079/04, é "a concessão de serviços públicos ou de obras públicas de que trata a Lei nº 8.987, de 13 de fevereiro de 1995, quando envolver, adicionalmente à tarifa cobrada dos usuários contraprestação pecuniária do parceiro público ao parceiro privado", quer dizer, é uma concessão de serviços públicos que se distingue da regra geral em razão da remuneração da empresa prestadora de serviços públicos ter origem tanto nas tarifas que os usuários pagarão quanto em parcela paga pelo Poder Público. Já a **concessão administrativa**, conforme o § 2º do mesmo artigo, define a concessão administrativa como o "o contrato de prestação de serviços de que a Administração Pública seja a usuária direta ou indireta, ainda que envolva execução de obra ou fornecimento e instalação de bens". Nessa última modalidade, não há tarifas a serem pagas pelos usuários, e a contraprestação devida ao parceiro privado será feita somente pelo Poder Público. São exemplos de atividade que podem ser objeto de contrato de concessão administrativa, serviços econômicos em que o Estado resolva não cobrar tarifa (ex.: rodovia em região pobre), serviços públicos sociais (ex.: educação, saúde), atividades preparatórias ou de auxílio ao poder de polícia (ex.: hotelaria em presídio, serviço de remoção de veículos estacionados irregularmente) e atividades internas da Administração (ex.: construção e operação de restaurantes e creches para os servidores públicos).

Alternativa "c". As agências reguladoras podem promover licitações que tenham por objeto a concessão de serviço público do objeto por ela regulado.

Alternativa "d". O prazo de vigência do contrato de PPP não poderá ser inferior a 5 (cinco), nem superior a 35 (trinta e cinco) anos, incluindo eventual prorrogação, conforme determinação do art. 5º, I, da Lei nº 11.079/04.

Alternativa "e". A concessão de serviço é, na lição de Maria Sylvia Di Pietro, "**o contrato administrativo por meio do qual a Administração Pública delega a terceiro a execução de um serviço público, para que o execute em seu próprio nome, por sua conta e risco, assegurando-lhe remuneração mediante tarifa paga pelo usuário ou outra forma de remuneração decorrente da exploração do serviço**"[49]. Assim, o **risco** é transferido para o **concessionário**, restando ao Poder Concedente a responsabilidade subsidiária.

Alternativa correta: letra "b".

149. (Vunesp - Delegado de Polícia - CE/2015) Quanto à classificação dos serviços públicos, é correto conceituar como serviços próprios do Estado aqueles que

a) se relacionam intimamente com as atribuições do Poder Público e para a execução dos quais a Administração usa sua supremacia sobre os administrados.

b) a Administração os presta remuneradamente, por seus órgãos ou entidades descentralizadas, ou delega sua prestação a concessionários, permissionários ou autorizatários.

c) a Administração presta sem ter usuários determinados, vale dizer, atendem à coletividade no seu todo.

d) a Administração prepara para serem prestados ao público.

e) se consubstanciam em atividade econômica que só pode ser explorada diretamente pelo Poder Público.

COMENTÁRIOS

✪ Nota do autor: No que se refere à classificação dos serviços públicos, os concursos adotam a classificação tradicional, proposta por Hely Lopes Meirelles, que os divide quanto à essencialidade, à adequação, à finalidade e aos destinatários do serviço.

Alternativa "a" (responde a alternativa "d"). Os **serviços próprios** são aqueles intimamente relacionados com as atribuições do Poder Público e nos quais a Administração Pública se vale da sua supremacia. Só podem ser prestados pela própria Administração e, normalmente, são gratuitos ou de baixa remuneração. Exemplos: segurança, polícia, higiene e saúde pública.

Alternativa "b". Os **serviços próprios não admitem delegação,** só podendo ser prestados pela própria Administração Pública.

Alternativa "c". Esta é a conceituação dos **serviços públicos gerais (*uti universi*)**, referente à classificação quanto aos destinatários do serviço público.

Alternativa "e". Os **serviços públicos próprios** só podem ser desempenhados pelo Poder Público; assim, nunca serão referentes a atividades econômicas, uma vez que estas podem ser praticadas pelo mercado.

Alternativa correta: letra "a".

150. (FUNIVERSA - Delegado de Polícia - DF/2015) Acerca dos serviços públicos, assinale a alternativa correta.

49. DI PIETRO, Maria Sylvia Zanella. *Direito Administrativo*. 23 ed. São Paulo: Atlas, 2010. p. 294.

a) Nos contratos de concessão, é vedada a subcontratação.
b) Em que pese a CF prever a competência de cada ente federado, restou autorizada também a formação de consórcios públicos ou convênios de cooperação para gestão associada de serviços públicos.
c) Diante do princípio da continuidade do serviço público, é proibida a interrupção do fornecimento de serviços públicos aos administrados.
d) A descentralização do serviço público pode ser feita por meio de outorga ou por meio de delegação. Na delegação, transfere-se não apenas a execução, mas também a titularidade do serviço, razão pela qual deve ser feita por meio de lei.
e) Todos os contratos de concessão devem ser precedidos de licitação, podendo o administrador escolher qualquer das modalidades de licitação previstas na Lei nº 8.666/1993.

COMENTÁRIOS

Alternativa "a". A **subconcessão** é possível, nos termos da Lei nº 8.987/95, desde que haja previsão no contrato de concessão, que o poder concedente a autorize e, ainda, que seja precedida de concorrência.

Alternativa "b". Na forma do art. 241, da Constituição Federal, "a União, os Estados, o Distrito Federal e os Municípios disciplinarão por meio de lei os consórcios públicos e os convênios de cooperação entre os entes federados, autorizando a gestão associada de serviços públicos, bem como a transferência total ou parcial de encargos, serviços, pessoal e bens essenciais à continuidade dos serviços transferidos".

Alternativa "c". Não é possível a interrupção do serviço público e tal princípio serve, inclusive, para que se faça a ponderação entre ele e o direito à greve dos servidores públicos. Ainda, excepcionalmente, nos termos da Lei nº 8.987/95, art. 6º, § 1º, pode haver a interrupção do serviço público em caso de emergência ou, após prévio aviso, por motivo de ordem técnica ou de segurança das instalações e por motivo de inadimplência do usuário. Segundo a Lei nº 14.015/2020, que inseriu o art. 6º, §4º à Lei nº 8.987/95, a interrupção do serviço em caso de inadimplemento do usuário não poderá iniciar-se na sexta-feira, no sábado ou no domingo, nem em feriado ou no dia anterior a feriado.

Alternativa "d". A descentralização do serviço público pode ser feita por meio de outorga ou por meio de delegação. Tanto em um caso quanto no outro, há transferência, **apenas e tão somente**, da execução do serviço público, sendo que titularidade continua com o ente federativo, a quem compete a regulamentação e o controle de seu exercício.

Alternativa "e". Todos os contratos de concessão devem ser precedidos de licitação, que deve ser feita na modalidade concorrência ou diálogo competitivo, na forma da Lei nº 14.133/2021.

Alternativa correta: letra "b".

151. (ACAFE - Delegado de Polícia - SC/2014) Correlacione os cinco princípios do serviço público com seus requisitos específicos.

(1) Continuidade
(2) Eficiência
(3) Generalidade
(4) Modicidade
(5) Cortesia

( ) O princípio que consagra o direito do cidadão, dentro das modalidades estabelecidas, exigir, tanto da Administração Pública, quanto dos prestadores delegados, a prestação do serviço público, sem se negar a um usuário o que foi concedido a outro, é o da (...).
( ) Apesar de garantido pela Constituição Federal, em seu art. 37, VII, o direito de greve dos servidores públicos só pode ser exercido dentro dos limites definidos em lei, sob pena de ferimento do princípio da (...).
( ) O prestador do serviço público que busca o aperfeiçoamento do serviço, incorporando os melhores recursos e técnicas possíveis, de modo que a execução seja mais proveitosa, com o menor dispêndio, está agindo consoante com o princípio da (...).
( ) O princípio que traduz a preocupação da Administração Pública em estabelecer, em sentido mais amplo possível, o direito do cidadão de receber, do agente público competente, tratamento digno e que respeite os seus direitos como cidadão, é o da (...).
( ) Se um serviço público for tarifado em valor que impeça o usuário de utilizá-lo, em razão de ausência de condições financeiras, excluindo-o do universo de beneficiários, estará ferindo o princípio da (...).

A sequência correta, de cima para baixo, é:

a) 5 - 3 - 4 - 2 - 1
b) 2 - 5 - 1 - 4 - 3
c) 3 - 1 - 2 - 5 - 4
d) 1 - 4 - 5 - 3 - 2
e) 4 - 2 - 3 - 1 - 5

COMENTÁRIOS

✪ **Nota do autor:** Os princípios específicos do serviço público são apontados pela doutrina, havendo, inclusive, previsão expressa na Lei nº 8.987/95, no art. 6º, o qual deve ser lido com atenção.

Item I. Princípio da generalidade. A generalidade é indispensável ao serviço público e consectária da impessoalidade, pois o serviço público deve ser prestado de maneira geral, ampla, de forma a se atingir a amplitude dos usuários, ou seja, todos os usuários que estejam em situação semelhante devem receber a mesma forma de tratamento.

Item II. Princípio da continuidade. Pelo princípio da **continuidade do serviço público**, o serviço público não pode parar. Não é possível a interrupção do serviço público e tal princípio serve, inclusive, para que se faça a ponderação entre ele e o direito à greve dos servidores públicos. Ainda, excepcionalmente, nos termos da Lei nº 8.987/95, art. 6º, § 1º, pode haver a interrupção do serviço público em caso de emergência ou, após prévio aviso, por motivo de ordem técnica ou de segurança das instalações e por motivo de inadimplência do usuário. Também, nessa lei há a previsão de que a Administração Pública, para evitar a interrupção do serviço público, pode intervir na concessão de serviços públicos e, caso não solucionado o problema, pode extinguir a concessão e realizar a ocupação das instalações necessárias à prestação do serviço público. Vale destacar que por motivo de inadimplência do usuário, a interrupção do serviço não poderá ocorrer em sexta-feira, sábado, domingo, nem em feriado e dia anterior ao feriado, na forma do art. 6º, §4º, da Lei nº 8.987/95, recentemente introduzido.

Item III. Princípio da Eficiência. Pelo **princípio da eficiência** – este previsto no art. 37, *caput*, da Constituição Federal –, a Administração Pública **deve atuar de maneira a buscar resultados, e não simplesmente agir.** Isto é, a atuação administrativa deve buscar a **melhor relação custo-benefício**, deve ser feita a otimização dos recursos, o devido planejamento e estabelecimento de metas e a fiscalização do efetivo cumprimento do que fora planejado.

Item IV. Princípio da Cortesia. Pelo princípio da **cortesia**, o usuário do serviço público tem direito a ser tratado de forma polida, cordial.

Item V. Princípio da Modicidade. Pela **modicidade das tarifas**, não é possível haver tarifa de serviço público com preço exorbitante, pois as tarifas devem ser módicas, razoáveis e, ainda, dependendo do serviço deve haver a consideração da condição financeira do usuário para, inclusive, a instituição de subsídios.

Alternativa correta: letra "c". A sequência correta é 3, 1, 2, 5 e 4.

---

152. (ACAFE – Delegado de Polícia – SC/2014) Em relação aos concessionários de serviços públicos é correto afirmar, exceto que:

a) recebem a incumbência da administração para representá-la em determinado ato ou praticar certa atividade específica.

b) são agentes delegados, que exercem função pública em seu próprio nome, porém, sob fiscalização do Poder Público.

c) sujeitam-se a responsabilidade civil objetiva e ao mandado de segurança.

d) sua responsabilidade pelos prejuízos causados a terceiros e ligados à prestação do serviço governa-se pelos mesmos critérios e princípios da responsabilidade do Estado.

e) enquadram-se como funcionários públicos nos termos do artigo 327 do Código Penal.

COMENTÁRIOS

Alternativa "a" (responde a alternativa "b"). A concessão de serviço público é o contrato administrativo por meio do qual a Administração Pública delega a terceiro a "execução de um serviço público, para que o execute em seu próprio nome, por sua conta e risco, assegurando-lhe a remuneração mediante tarifa paga pelo usuário ou outra forma de remuneração decorrente da exploração do serviço"[50]. Os concessionários de serviços públicos não recebem incumbência da Administração Pública para representá-la em determinado ato, bem como para que sejam escolhidos pelo Poder Público como contratados em determinado contrato administrativo devem participar de **licitação, necessariamente sob a modalidade de concorrência ou diálogo competitivo.** Outrossim, **não praticam certa atividade específica, mas desempenham verdadeira função pública – sob regulamentação e controle do ente federativo a quem a Constituição atribuiu competência** – praticando uma série de atividades, em nome próprio, por sua conta e risco, **não havendo que se falar em representação da Administração Pública.**

Alternativa "c" (responde, também, a alternativa "d"). A Constituição Federal, no art. 37, § 6º, deu o mesmo tratamento para quando o prestador do serviço público é o próprio Estado e quando é empresa privada, pois, nos termos do art. 37, § 6º, as pessoas de direito público e as pessoas de direito privado prestadoras de serviço público respondem objetivamente pelos danos causados pelos seus agentes. A responsabilidade é objetiva e, assim, não é necessário se perquirir sobre dolo ou culpa do agente para que a vítima seja indenizada, bastando a comprovação do dano e o nexo de causalidade com a conduta estatal. Ainda, como exercem função pública, nos termos do art. 1º, § 1º, da Lei nº 12.016/09, os dirigentes da pessoa jurídica de direito privado prestadora de serviço público são equiparados às autoridades.

Alternativa "e". Para fins penais, conforme prevê o art. 327, § 1º, do Código Penal, equipara-se a funcionário público quem exerce cargo emprego ou função em empresa prestadora de serviço ou conveniada para a execução de atividade típica da Administração Pública.

Alternativa correta: letra "a".

---

153. (Fundação Aroeira – Delegado de Polícia – TO/2014) Ocorre a chamada descentralização por outorga quando o Estado

a) cria uma entidade, uma pessoa jurídica, e a ela transfere determinado serviço público.

b) utiliza contrato ou ato unilateral para transferir a execução de serviço público.

c) cria um novo órgão na sua estrutura interna para gerir determinado serviço público.

---

50. DI PIETRO, Maria Sylvia Zanella. *Direito administrativo*. 23 ed. São Paulo: Atlas, 2010. p. 294.

d) delega a prestação de serviço público a determinada pessoa física mediante carta de credenciamento.

COMENTÁRIOS

Alternativa "a" (responde as demais alternativas). É possível, dependendo do serviço, que a sua execução seja transferida para outra pessoa, quando houver autorização constitucional ou legal. Na primeira hipótese - execução por seus próprios meios - há a **forma centralizada** e, na segunda, tem-se a **forma descentralizada**.

Nessa última, ocorre a denominada **descentralização administrativa**, a qual pode ser feita, em relação aos serviços públicos, de duas formas, quais sejam, a **descentralização por serviços** e a **descentralização por colaboração.** Na primeira, a pessoa política cria (ou autoriza a criação) outra pessoa jurídica para a execução de determinada atividade administrativa (pessoa da administração indireta) e, na segunda, a execução do serviço público é transferida por meio de contrato administrativo, para uma pessoa jurídica após licitação. No primeiro caso, tem-se a **outorga** e, no segundo, a **delegação**.

Alternativa correta: letra "a".

---

154. (FGV - Delegado de Polícia - MA/2012) Tendo em vista a disciplina da Lei nº 8.987/95 sobre os modos de extinção de concessões de serviços públicos, assinale a afirmativa correta.

a) A concessão pode ser extinta pela caducidade, que ocorre com o advento do termo final do contrato.

b) A concessão pode ser extinta pela encampação, que ocorre quando a concessionária não atender a intimação do poder concedente no sentido de regularizar a prestação do serviço, e independe de prévio pagamento de indenização.

c) Na rescisão, o contrato pode ser extinto por iniciativa do concessionário em caso de descumprimento de normas contratuais pelo poder concedente, mediante notificação administrativa para que sejam sanadas as irregularidades.

d) A encampação consiste na retomada do serviço pelo poder concedente, durante o prazo de concessão, por motivo de interesse público, após prévio pagamento de indenização, independentemente de autorização legislativa.

e) A caducidade da concessão pode ser declarada quando a concessionária não cumprir tempestivamente as penalidades impostas por infrações.

COMENTÁRIOS

✪ **Nota do autor:** conforme previsto no art. 35, da Lei nº 8.987/95, a **extinção da concessão** pode ocorrer por: a) advento do termo contratual; b) encampação; c) caducidade ou decadência; d) rescisão; e) anulação; f) falência ou extinção da concessionária.

Alternativa "b" (responde a alternativa "d"). A concessão pode ser extinta pela encampação, que ocorre quando o poder concedente **retoma o serviço** da concessionária, **durante o prazo da concessão, por motivo de interesse público**, mediante lei autorizativa específica e após prévio pagamento de **indenização**.

Alternativa "c". A **rescisão** restringe-se, apenas, à possibilidade de a **concessionária requerer judicialmente** a rescisão do contrato de concessão por inadimplência do poder concedente, conforme prevê o art. 39, da Lei.

Alternativa "e" (responde a alternativa "a"). A **caducidade** ou **decadência** ocorre quando o poder concedente **retoma o serviço** da concessionária, **durante o prazo** da concessão, em razão da **inadimplência da concessionária**, conforme art. 38, da Lei. Uma dessas situações ocorre, por exemplo, quando a concessionária não cumprir tempestivamente as penalidades impostas por infrações.

Alternativa correta: letra "e".

---

155. (FUNCAB - Delegado de Polícia - RJ/2012) Quanto à permissão do serviço público, considere as afirmativas abaixo e assinale a alternativa correta.

I. Resulta de delegação negocial.

II. Dispensa licitação prévia.

III. Só pode ser firmada com pessoa física ou jurídica.

IV. O permissionário está sujeito à responsabilidade civil objetiva.

a) Apenas estão corretas as afirmativas I, II e III.

b) Apenas estão incorretas as afirmativas III e IV.

c) Apenas estão corretas as afirmativas I, III e IV.

d) Apenas estão incorretas as afirmativas I e IV.

e) Apenas estão corretas as afirmativas II e IV.

COMENTÁRIOS

Item I. A **descentralização administrativa** pode ser feita, em relação aos serviços públicos, de duas distintas formas, quais sejam, a **descentralização por serviços** e a descentralização por colaboração. Na primeira, a pessoa **política cria (ou autoriza a criação) de outra pessoa jurídica para a execução de determinada atividade administrativa (pessoa da administração indireta)** e, na segunda, a execução do serviço público é transferida para uma pessoa do setor privado. No primeiro caso, tem-se a **outorga** (também conhecida como delegação legal) e, no segundo, a **delegação** (também chamada de delegação negocial), dos quais são exemplos a **concessão, a permissão e a autorização.**

Item II. É necessária a realização de licitação prévia.

Item III. A permissão pode ser realizada com pessoa jurídica ou com pessoa física, diferentemente da concessão, que só pode ser feita com pessoa jurídica ou com consórcio de empresas.

Item IV. A responsabilidade do permissionário de serviço público é objetiva, nos termos do art. 37, § 6º, da Constituição Federal.

Alternativa correta: letra "c". Estão corretos os itens I, III e IV.

156. (Delegado de Polícia - AP/ 2010 - FGV) Com relação aos contratos de concessão de serviços públicos, analise as afirmativas a seguir:

I. Em havendo alteração unilateral do contrato que afete o seu inicial equilíbrio econômico-financeiro, o poder concedente deverá restabelecê-lo, concomitantemente à alteração.

II. A tarifa não será subordinada à legislação específica anterior e, somente nos casos expressamente previstos em lei, sua cobrança poderá ser condicionada à existência de serviço público alternativo e gratuito para o usuário.

III. A criação, alteração ou extinção de quaisquer tributos ou encargos legais, inclusive os impostos sobre a renda, após a data da assinatura do contrato, implicará a revisão da tarifa, para mais ou para menos, conforme o caso.

IV. O poder concedente não poderá prever, em favor da concessionária, no edital de licitação, a possibilidade de outras fontes provenientes de receitas alternativas, complementares, acessórias ou de projetos associados, a fim de favorecer a modicidade das tarifas para os usuários.

Assinale:

a) se somente as afirmativas I e IV estiverem corretas.
b) se somente as afirmativas I e II estiverem corretas.
c) se somente as afirmativas II e IV estiverem corretas.
d) se somente as afirmativas II e III estiverem corretas.
e) se somente as afirmativas III e IV estiverem corretas.

COMENTÁRIOS

✪ **Nota do autor:** Para Maria Sylvia Zanella Di Pietro[51], o serviço público é "toda atividade material que a lei atribui ao Estado para que a exerça diretamente ou por meio de seus delegados, com o objetivo de satisfazer concretamente às necessidades coletivas, sob regime jurídico total ou parcialmente público".

Item I. O art. 9º, § 4º, da Lei nº 8.987/95, preceitua que "em havendo alteração unilateral do contrato que afete o seu inicial equilíbrio econômico-financeiro, o poder concedente deverá restabelecê-lo, concomitantemente à alteração".

Item II. Trata-se de transcrição literal do art. 9º, § 1º, do mesmo diploma legal, que dispõe que "a tarifa não será subordinada à legislação específica anterior e somente nos casos expressamente previstos em lei, sua cobrança poderá ser condicionada à existência de serviço público alternativo e gratuito para o usuário".

Item III. Na forma do art. 9º, § 3º, a criação, alteração ou extinção de quaisquer tributos ou encargos legais, após a apresentação da proposta, quando comprovado seu impacto, implicará a revisão da tarifa, para mais ou para menos, conforme o caso, **ressalvados os impostos sobre a renda**.

Item IV. Nos termos do art. 11, *caput*, "no atendimento às peculiaridades de cada serviço público, **poderá o poder concedente prever**, em favor da concessionária, no edital de licitação, a possibilidade de outras fontes provenientes de receitas alternativas, complementares, acessórias ou de projetos associados, com ou sem exclusividade, com vistas a favorecer a modicidade das tarifas (...)".

Alternativa correta: letra "b". Estão corretos os itens I e II.

51. *Direito administrativo*. 21 ed. São Paulo: Atlas, 2008. p. 102.

12. BENS PÚBLICOS

- Código Civil, artigos 98 a 103
- CF, artigos 20, 26, 30, 32, 183, § 3º, e 191, parágrafo único

157. (VUNESP - Delegado de Polícia - PC - SP/2023) Considere que a Administração Pública identificou que um grupo de pessoas esbulhou um terreno de sua propriedade, para, com fins comerciais, realizar a venda de terrenos de forma irregular. Após identificar a prática do ilícito e logo após a invasão, João, a autoridade pública local responsável pela gestão do patrimônio imobiliário, dirigiu-se até a Delegacia de Polícia, buscando apoio policial para a adoção das providências adequadas. Na ocasião, conversou com o Delegado sobre o regime de proteção dos bens públicos e os limites das medidas que poderiam ser adotados pelo Estado na proteção do seu patrimônio. O Delegado poderá afirmar a João, de forma correta, que

a) é preciso que a Administração adote as medidas necessárias para a reintegração da posse, pois, caso preenchidos os pressupostos legais, os compradores dos lotes poderão adquirir a sua propriedade mediante a usucapião extraordinária.

b) caso preenchidos os requisitos previstos no Código Civil, o Superior Tribunal de Justiça tem admitido a realização do desforço imediato e permitido o uso de força policial para a execução da medida pela Administração.

c) caso os imóveis venham a ser comercializados e seja realizada a venda dos bens para pessoas que venham a fixar as suas residências, a Administração deverá indenizá-las pelas benfeitorias necessárias que venham a, eventualmente, realizar.

d) na hipótese de a Administração reaver a posse do bem, os compradores das unidades imobiliárias poderão utilizar ações possessórias para a reintegração da posse, caso demonstrem terem as adquirido de boa-fé.

e) o desforço imediato não pode ser utilizado pela Administração e, consequentemente, as forças policiais não podem ser utilizadas na execução de medida dessa natureza, pois os bens públicos possuem um regime jurídico próprio e a eles não se aplicam as disposições do Código Civil.

COMENTÁRIO

Alternativa "b" (responde as demais alternativas). No julgamento do Recurso Especial nº 1.071.741, o Superior Tribunal de Justiça firmou entendimento de que é dever do administrador público de utilizar-se de todas as medidas possíveis e cabíveis para assegurar a proteção dos bens públicos sob a sua tutela. Neste sentido, "(...) diante e ocupação ou utilização ilegal de espaços ou bens públicos, não se desincumbe do dever-poder de fiscalização ambiental (e também urbanística) o Administrador que se limita a embargar obra ou atividade irregular e a denunciá-la ao Ministério Público ou à Polícia, ignorando ou desprezando outras medidas, inclusive possessórias, que a lei põe à sua disposição para eficazmente fazer valer a ordem administrativa e, assim, impedir, no local, a turbação ou o esbulho do patrimônio estatal e dos bens de uso comum do povo, resultante de desmatamento, construção, exploração ou presença humana ilícitos". Desse modo, no entendimento da Corte, "(...) a **turbação e o esbulho ambiental-urbanístico podem e no caso do Estado, devem ser combatidos pelo desforço imediato, medida prevista atualmente no art.** 1.210, § 1º, **do** Código Civil de 2002 **e imprescindível à manutenção da autoridade e da credibilidade da Administração**, da integridade do patrimônio estatal, da legalidade, da ordem pública e da conservação de bens intangíveis e indisponíveis associados à qualidade de vida das presentes e futuras gerações".

Alternativa correta: letra "b".

---

158. (Vunesp – Delegado de Polícia – PC – SP/2022) O Contrato administrativo que tem por objetivo consentir o uso de bem público, de forma privativa, por terceiro, com fundamento no interesse público, é considerado como de

a) aforamento.
b) autorização.
c) locação.
d) permissão.
e) concessão.

COMENTÁRIO

✪ **Nota do Autor:** Os bens públicos podem ser objeto de uso por particulares, inclusive os bens de uso comum e os bens de uso especial. Essa utilização pode ser comum ou especial. Quando é usado pelas pessoas em geral, sem distinção entre os usuários e sem necessidade de autorização específica para tanto, tem-se o uso comum e, por outro lado, se o administrado se sujeita a regras específicas, ao consentimento do Poder Público ou ao pagamento pelo uso, há o uso especial do bem público. O uso especial, por sua vez, quando destinado a pessoas determinadas, por meio de instrumento jurídico formal, é conhecido por uso privativo ou uso especial privativo e, necessariamente, tem as seguintes características[52]: *a)* ***privatividade do uso***, *b)* ***instrumentalidade formal***, *c)* ***precariedade do uso***, *d)* ***regime de direito público***.

Alternativa "e" (responde as demais alternativas). A **concessão de uso** "é o **contrato** administrativo pelo qual a Administração Pública faculta ao particular a utilização privativa de bem público, para que a exerça conforme sua destinação"[53]. Necessita de **licitação** prévia. O **interesse é predominantemente público** e, por ser um contrato, a rescisão antecipada gera, em regra, **direito à indenização**. A **permissão de uso,** por seu turno, **é ato** unilateral, discricionário e precário, podendo ser gratuito ou oneroso, pelo qual a Administração consente a utilização de bem público por particular, com exclusividade, para a satisfação de **interesse predominantemente público**. Uma vez concedida a permissão, o permissionário tem **obrigação** de usar o bem para a finalidade permitida. Enfim, a **autorização de uso** é **ato** unilateral, discricionário e precário, pelo qual a Administração consente a utilização de bem público por particular, com exclusividade, para atender ao **interesse predominantemente particular**.

Alternativa correta: letra "e".

---

159. (Vunesp – Delegado de Polícia – PC – SP/2018) Os bens públicos podem ter utilização especial ou privativa em algumas situações específicas. Suponha a situação em que empresa regularmente em operação deseja utilizar bem público, de forma privativa, onde realizará investimentos relevantes para a exploração da sua atividade, privada, mas de interesse público. Nessa situação, o instrumento administrativo mais adequado para preservar os interesses do particular investidor e da Administração é a

a) autorização de uso de bem público, pois é instrumento bilateral, assinado por prazo determinado, assegurando ao autorizado direito de indenização em caso de retomada do bem pela Administração.
b) concessão de uso especial para fins de moradia e investimentos, pois é esse o instrumento unilateral e precário adequado para a preservação dos interesses do particular na amortização dos investimentos realizados.
c) concessão de uso de bem público, a qual formaliza-se por contrato administrativo, portanto, instrumento bilateral, não sendo precário.
d) licença de uso de bem público, instrumento unilateral, assinado por prazo determinado, não assegurando ao licenciado direito de indenização em caso de retomada do bem pela Administração.
e) retrocessão, por ser esse o instrumento que permite, de forma gratuita, o uso de bem público por

---

52 CARVALHO FILHO, José dos Santos. *Manual de direito administrativo*. 19. ed. Rio de Janeiro: Lumen Juris, 2008, p.1026.

53 DI PIETRO, Maria Sylvia Zanella. *Direito administrativo*. 23 ed. São Paulo: Atlas, 2010. p. 698.

empresas privadas, para a exploração de atividade econômica de interesse público.

COMENTÁRIOS

✪ **Nota do autor:** Para que haja o uso de bem público por particular, é necessária a existência de título jurídico formal. Além dessa característica, podemos citar outras como: privatividade do uso, precariedade do uso e regime de direito público.

Alternativa "a". Autorização de uso é **ato** unilateral, discricionário e precário, pelo qual a Administração consente a utilização de bem público por particular, com exclusividade, para atender ao **interesse predominante do particular**. A questão afirma que a empresa irá utilizar bem público para exploração de sua atividade, mas de **interesse público,** de forma que a autorização não se mostra o instrumento mais adequado para preservar os interesses do investidor.

Alternativa "b". A concessão de uso especial para fins de moradia é conferida com esta finalidade exclusiva. Por ela, o legislador atribui à Administração atividade vinculada para reconhecer o direito subjetivo do ocupante à moradia, desde que cumpridos os requisitos legais[54].

Alternativa "c". Trata-se do instrumento mais adequado para preservar os interesses do investidor. **Concessão** é o **contrato** administrativo pelo qual a Administração Pública faculta ao particular a utilização privativa de bem público, para que a exerça conforme a sua destinação"[55]. Necessita de **licitação** prévia. O **interesse é preponderantemente público** e por ser um contrato, a rescisão antecipada gera, em regra, **direito à indenização**.

Alternativa "d". Licença é ato vinculado, pelo qual a Administração confere ao interessado consentimento para prática de uma **atividade**.[56]

Alternativa "e". Pela retrocessão, o bem privado que fora desapropriado pela Administração Pública retorna ao ex-proprietário, não havendo relação com o caso apresentado.

Alternativa correta: letra "c".

---

160. (FUNIVERSA – Delegado de Polícia – DF/2015) Com relação aos bens públicos, é correto afirmar que

a) as terras devolutas pertencem, em regra, à União.

b) os bens públicos são impenhoráveis, inalienáveis, imprescritíveis e indisponíveis.

c) as terras tradicionalmente ocupadas pelos índios são bens públicos de uso especial.

d) a autorização de bem público para fins particulares se concretiza por meio de contrato administrativo após processo de licitação.

e) o aforamento é uma forma de aquisição do domínio eminente do bem público por particular na qual há o pagamento de um laudêmio ou foro, sendo dispensada a licitação.

COMENTÁRIOS

✪ **Nota do autor:** Nos termos do art. 98, do Código Civil, são "públicos os bens do domínio nacional pertencentes às pessoas jurídicas de direito público interno; todos os outros são particulares, seja qual for a pessoa a que pertencerem". Esse é o **conceito legal** de bens públicos. Todavia, na doutrina há divergência quanto à definição dos bens públicos. Nesse sentido, José dos Santos Carvalho Filho considera como bens públicos apenas os pertencentes às pessoas de direito público e que, em face da redação do art. 98 do Código Civil, não há mais dúvida de que os bens das sociedades de economia mista e das empresas públicas são bens privados[57]. Por outro lado, Celso Antônio Bandeira de Mello afirma que são bens públicos os que pertencem às pessoas jurídicas de direito público e aqueles que, mesmo não pertencendo a essas pessoas, estejam afetados à prestação de serviços públicos[58].

Alternativa "a". Em regra, as **terras devolutas** pertencem aos Estados, conforme art. 26, IV, da Constituição Federal. Há, **excepcionalmente**, terras devolutas pertencentes à União, que são aquelas "indispensáveis à defesa das fronteiras, das fortificações e construções militares, das vias federais de comunicação e à preservação ambiental, definidas em lei", na forma do art. 20, II, da Carta Magna.

Alternativa "b". Os bens públicos são inalienáveis, mas tal característica não é absoluta porque podem ser alienados caso tenha ocorrido a desafetação e sejam preenchidos os requisitos legais (como, por exemplo, autorização legal). Por isso, também, que a indisponibilidade não é característica de todos os bens públicos, pois existem os bens patrimoniais disponíveis, que são aqueles que não estão afetados a nenhuma finalidade pública e, desde que respeitadas condições legais, podem ser alienados. Por outro lado, de fato a **imprescritibilidade** e a **impenhorabilidade** são características dos bens públicos em geral. Em reforço à característica da imprescritibilidade do bem público, foi editada a **Súmula nº 619 do STJ**, que estabelece: "A ocupação indevida de bem público configura mera detenção, de natureza precária, insuscetível de retenção ou indenização por acessões e benfeitorias".

Alternativa "c". Nos termos do art. 20, XI, da Constituição Federal, as terras tradicionalmente ocupadas pelos índios são patrimônio da União, constituindo-se

---

54. CARVALHO FILHO, José dos Santos. Manual de Direito Administrativo. 31ª ed. São Paulo: Altas, 2017. P. 1262.
55. DI PIETRO, Maria Sylvia Zanella. *Direito administrativo*. 23. ed. São Paulo: Atlas, 2010. p. 698.
56. CARVALHO FILHO, José dos Santos. Manual de Direito Administrativo. 31ª ed. São Paulo: Altas, 2017. P. 147.
57. *Manual de direito administrativo*. 19. ed. Rio de Janeiro: Lumen Juris, 2008, p. 1000.
58. *Curso de direito administrativo*. 27. ed. São Paulo: Malheiros, 2010. p. 913.

bens públicos de natureza especial, *sui generis*, inalienáveis, indisponíveis e imprescritíveis, características, em regra, inerentes a todos os bens públicos.

Alternativa "d". A **autorização de uso** é **ato** unilateral, discricionário e precário, pelo qual a Administração consente a utilização de bem público por particular, com exclusividade, para atender ao **interesse predominantemente particular**. Não se trata, portanto, de **contrato administrativo**, não sendo necessária, outrossim, a realização prévia de licitação.

Alternativa "e". Aforamento é o contrato pelo qual o proprietário de um imóvel transfere o domínio útil e perpétuo deste, mediante o pagamento de um foro anual, certo e invariável. Não há, assim, que se falar necessariamente em forma de aquisição do domínio eminente do bem público por particular.

Alternativa correta: letra "c".

---

161. (Cespe - Delegado de Polícia - AL/ 2012) Os bens públicos, seja qual for a sua destinação, são insuscetíveis de aquisição por meio de usucapião.

COMENTÁRIOS

✪ **Nota do autor:** os **bens públicos** submetem-se a regime jurídico peculiar, diferente do aplicado aos bens particulares e, da análise desse regime, é possível extrair como características a inalienabilidade, a impenhorabilidade, a imprescritibilidade e a não onerabilidade.

Pela **imprescritibilidade**, os bens públicos **não se sujeitam à usucapião**. Assim, não é possível a aquisição de propriedade de bem público em razão da posse ininterrupta e prolongada nos prazos legalmente estabelecidos. Essa característica tem **natureza absoluta** e, desse modo, não há início de contagem de tempo para usucapião enquanto o bem for público, não importando se está vinculado a uso de interesse público ou não. Nesse sentido, a Súmula nº 619 do STJ, que estabelece: "A ocupação indevida de bem público configura mera detenção, de natureza precária, insuscetível de retenção ou indenização por acessões e benfeitorias". Ainda nesses termos, estabelece a **Súmula nº 340** do Supremo Tribunal Federal que desde "a vigência do Código Civil, os bens dominicais, como os demais bens públicos, não podem ser adquiridos por usucapião".

Alternativa correta: "certo"

---

162. (FUNCAB - Delegado de Polícia - RJ/2012) Uma viatura policial alocada ao depósito público como inservível se caracteriza como bem:

a) de uso especial.
b) dominical.
c) de uso comum do povo.
d) privado.
e) afetado.

COMENTÁRIOS

✪ **Nota do autor:** Pelo conceito **legalmente adotado**, somente são bens públicos aqueles pertencentes às pessoas jurídicas de **direito público**. Por outro lado, segundo doutrina majoritária, são, de igual modo, **bens públicos** aqueles que, mesmo que não pertençam às pessoas jurídicas de direito público, estejam **afetados à prestação de serviço público**.

Alternativa "a". Os **bens de uso especial** são aqueles usados para a **execução das atividades administrativas**. Exemplos: os prédios onde há a sede de um órgão público, aeroportos, viaturas, desde que **não inservíveis**.

Alternativa "b". Os **bens dominicais** são os bens que **não possuem destinação específica** e que integram o patrimônio das pessoas jurídicas de direito público. Esses bens fazem parte do **patrimônio disponível** do Estado e são aqueles que não são nem de uso comum do povo nem de uso especial.

Alternativa "c". Os **bens de uso comum do povo** são aqueles **destinados ao uso de todos**, de maneira geral. Exemplos: ruas, rios, mares e praças.

Alternativa "d". Uma viatura policial alocada ao depósito público, **mesmo que inservível**, se caracteriza como bem **público**.

Alternativa "e". Os **bens dominicais** são considerados **desafetados**.

Alternativa correta: letra "b".

13. INTERVENÇÃO DO ESTADO NA PROPRIEDADE

- CF, artigos 5º, XXIV, 22, II, 182, 184 a 186, 216, § 1º21, 23, 25, 30 e 32, § 1º
- Lei Complementar nº 76/93
- Lei nº 8.257/91
- Lei nº 4.132/64
- Decreto-Lei nº 3.365/41
- Decreto-Lei nº 25/37

---

163. (FGV - Delegado de Polícia - PC - SC/2024) Há cerca de sete anos, determinado Estado da Federação fez editar uma lei que, após os devidos trâmites, regularmente criou uma unidade de conservação ambiental, de uso sustentável, que pode ser instituída sobre bens privados. Tal norma atingiu diversos imóveis situados na área delimitada, entre os quais o de Rosana, que acredita que deve ser indenizada em decorrência de tal conduta do ente federativo, diante do esvaziamento do conteúdo econômico de sua propriedade, mas ainda não ajuizou a demanda pertinente. Diante dessa situação hipotética, considerando a jurisprudência do Superior Tribunal de Justiça, é correto afirmar que a modalidade de intervenção do Estado na propriedade que deve respaldar a pretensão de Rosana é a

a) desapropriação indireta, cujo prazo prescricional é de vinte anos.
b) limitação administrativa, cujo prazo prescricional é de dez anos.
c) desapropriação por interesse social, cujo prazo prescricional é de dois anos.
d) limitação administrativa, cujo prazo prescricional é de cinco anos.
e) desapropriação indireta, cujo prazo prescricional, em regra, é de quinze anos.

COMENTÁRIO

Alternativa "d" (responde as demais alternativas). De acordo com o entendimento do Superior Tribunal de Justiça exarado, por exemplo, no julgamento do Agravo em Recurso Especial nº 155.302, "**a criação de áreas especiais de proteção ambiental** – salvo quando tratar-se de algumas unidades de conservação de proteção integral e de uso sustentável em que a lei impõe que o domínio seja público – **configura limitação administrativa, que se distingue da desapropriação**. Nesta, há transferência da propriedade individual para o domínio do expropriante com integral indenização; **naquela, há apenas restrição ao uso da propriedade imposta genericamente a todos os proprietários, sem qualquer indenização**". Neste sentido, ocorrendo dano ao proprietário de eventual área objeto de limitação administrativa "(...) em face de eventual esvaziamento econômico de propriedade, tais devem ser indenizados pelo Estado, por meio de ação de direito pessoal fundada na responsabilidade aquiliana, cujo prazo prescricional é de 5 anos, nos termos do art. 10, parágrafo único, do Decreto-Lei n. 3.365/41". Esse mesmo entendimento foi ratificado no julgamento do Recurso Especial nº 1.653.169, no sentido de que em ação de desapropriação indireta é cabível reparação decorrente de limitações administrativas que ao delimitar área de preservação ambiental, restringiu uso de imóvel de particulares

Alternativa correta: letra "d".

164. (CEBRASPE – Delegado de Polícia – PC – PE/2024) Quando a administração pública utiliza propriedade particular, mediante indenização dos prejuízos que venha a causar, para prestar comodidade/utilidade à comunidade, a exemplo da passagem de um gasoduto, ocorre a intervenção do Estado denominada

a) servidão administrativa.
b) ocupação administrativa.
c) limitação administrativa.
d) requisição administrativa.
e) tombamento administrativo.

COMENTÁRIO

Alternativa "a". A ***servidão administrativa*** é o "***direito real público*** que autoriza o Poder Público a usar a propriedade imóvel para permitir a execução de obras e serviços de interesse coletivo[59]. ***Não se retira a propriedade de seu titular***, mas este é obrigado a consentir que seu imóvel seja usado em prol de um serviço público ou bem afetado a fim de utilidade pública. Tem como característica a ***perpetuidade***, ou seja, durará enquanto for necessário ao interesse público e, ainda, o fato do proprietário do bem **receber indenização** pela instituição da servidão administrativa.

Alternativa "b". A **ocupação temporária** – e não administrativa – é uma forma de intervenção do Estado na propriedade privada, com a finalidade de utilização pelo Poder Público, de forma transitória, remunerada ou gratuita, de bens particulares para o apoio à execução de obras, serviços públicos ou atividades públicas ou de interesse público.

Alternativa "c". A limitação administrativa consiste em imposições do Poder Público, com a finalidade de estabelecer limitações que geram aos proprietários obrigações positivas ou negativas, com fundamento na supremacia do interesse público sobre o privado. As limitações administrativas da propriedade decorrem de normas gerais e abstratas, que se dirigem a propriedades indeterminadas, com a finalidade de satisfazer interesses coletivos abstratamente considerados, portanto, longe de se configurar a perda do domínio da propriedade. Por isso, em regra, **não gera direito a indenização**, pois não causa danos específicos que possam resultar em indenização.

Alternativa "d". A requisição administrativa é a "**utilização coativa de bens ou serviços particulares** pelo Poder Público por ato de execução imediata e direta da autoridade requisitante e **indenização ulterior**, para atendimento de **necessidades coletivas** urgentes e transitórias"[60].

Alternativa "e". O **tombamento** é uma forma de intervenção do Estado na propriedade do particular, restringindo a sua liberdade, com a finalidade específica de conservar a propriedade do bem. O particular continua com a propriedade do bem, contudo o caráter absoluto da propriedade é atingido, havendo uma restrição parcial ao direito de propriedade. A Administração Pública impõe uma série de regras que devem ser seguidas nos termos dispostos em legislação específica.

Alternativa correta: letra "a".

59 CARVALHO FILHO, José dos Santos. *Manual de direito administrativo*. 19. ed. Rio de Janeiro: Lumen Juris, 2008. p. 691.

60 MEIRELLES, Hely Lopes. *Direito administrativo brasileiro*. 36 ed. São Paulo: Malheiros, 2010. p. 660.

165. (Vunesp – Delegado de Polícia – PC – SP/2022) De acordo com o Superior Tribunal de Justiça, o prazo prescricional aplicável à desapropriação indireta, na hipótese em que poder público tenha realizado obras no local ou atribuído natureza de utilidade pública ou de interesse social ao imóvel, é de

a) 20 anos.

b) 10 anos.

c) 2 anos.

d) 3 anos.

e) 5 anos.

COMENTÁRIO

✪ **Nota do Autor: Recentemente, o Decreto-Lei nº 3.365/1941 passou por uma série de alterações relevantes, de tal modo que é importante a atualização do tema pelo candidato.**

Alternativa "b" (responde as demais alternativas). Recentemente, no julgamento do REsp nº 1.757.352, o Superior Tribunal de Justiça fixou o Tema nº 1.019, pelo qual "**o prazo prescricional aplicável à desapropriação indireta**, na hipótese em que o poder público tenha realizado obras no local ou atribuído natureza de utilidade pública ou de interesse social ao imóvel, **é de dez anos**, conforme parágrafo único do artigo 1.238 do Código Civil".

Alternativa correta: letra "b".

166. (FGV – Delegado de Polícia – PC – RN/2021) Ao cumprir mandados de busca e apreensão e de prisão preventiva, a autoridade policial constatou que o endereço diligenciado se tratava de propriedade urbana onde foram localizadas culturas ilegais de plantas psicotrópicas. Em matéria de intervenção do Estado na propriedade, de acordo com a Constituição da República de 1988, o fato narrado poderá ensejar a:

a) desapropriação especial urbana, em que o imóvel será desapropriado, mediante pagamento com títulos da dívida pública de emissão previamente aprovada pelo Senado Federal, com prazo de resgate de até dez anos;

b) desapropriação confisco, em que o imóvel será expropriado e destinado à reforma agrária e a programas de habitação popular, sem qualquer indenização ao proprietário e sem prejuízo de outras sanções previstas em lei;

c) desapropriação por interesse social, em que o imóvel será desapropriado, mediante pagamento com títulos da dívida pública, com prazo de resgate de até dez anos, em parcelas anuais, iguais e sucessivas;

d) expropriação sanção, em que o imóvel será desapropriado, e metade de todo e qualquer bem de valor econômico apreendido em decorrência do tráfico ilícito de entorpecentes e drogas afins será confiscado e reverterá a fundo especial com destinação específica, na forma da lei;

e) expropriação sanção, em que o imóvel será desapropriado com ulterior indenização, e todo e qualquer bem de valor econômico apreendido em decorrência do tráfico ilícito de entorpecentes e drogas afins será confiscado e reverterá a fundo especial com destinação específica, na forma da lei.

COMENTÁRIO

✪ **Nota do Autor: Recentemente, o Decreto-Lei nº 3.365/1941 passou por uma série de alterações relevantes, de tal modo que é importante a atualização do tema pelo candidato.**

Alternativa "e" (responde as demais alternativas). Em se tratando de desapropriação, há caráter sancionatório, por exemplo, na **desapropriação por interesse social para fins da reforma agrária**, como penalidade à propriedade rural que não cumpre sua função social, e, ainda, na **expropriação** de terras em que haja cultura ilegal de planta psicotrópica, situação em que sequer há pagamento de indenização. Neste exato sentido, é o art. 243, *caput* e parágrafo único da Constituição Federal, pelo qual "as propriedades rurais e urbanas de qualquer região do País onde forem localizadas culturas ilegais de plantas psicotrópicas ou a exploração de trabalho escravo na forma da lei serão expropriadas e destinadas à reforma agrária e a programas de habitação popular, sem qualquer indenização ao proprietário e sem prejuízo de outras sanções previstas em lei", sendo que "todo e qualquer bem de valor econômico apreendido em decorrência do tráfico ilícito de entorpecentes e drogas afins e da exploração de trabalho escravo será confiscado e reverterá a fundo especial com destinação específica, na forma da lei".

Alternativa correta: letra "e".

167. (Inst. Acesso – Delegado de Polícia – PC – ES/2019) No ordenamento jurídico brasileiro, existem circunstâncias que limitam o exercício do direito de propriedade. Nessa perspectiva, em conformidade com o que prescreve o Decreto-Lei 25, de 30 de novembro de 1937, que organiza a proteção do patrimônio histórico e artístico nacional, é correto afirmar que:

a) o valor etnográfico é fundamento previsto expressamente em regra Constitucional que instituiu no ordenamento jurídico brasileiro o Tombamento.

b) é lícito à União efetuar tombamento de bem municipal, sendo vedado ao município tombar bem dos Estados.

c) o tombamento definitivo de bens imóveis de particulares, para ser considerado definitivo e ter plenos efeitos perante terceiros, deverá ser transcrito em registro imobiliário e devidamente averbado.

d) a competência para legislar sobre tombamento é concorrente entre a União, Estados e Territórios, sendo de competência suplementar dos municípios.

e) o Tombamento, conforme prescreve o art. 216 da Constituição da República Federativa do Brasil de

1988, é uma medida que visa a proteção de bens públicos imóveis em geral.

COMENTÁRIO

✪ **Nota do Autor:** O **tombamento** é o procedimento administrativo adotado pelo Poder Público para impor restrições parciais sobre os bens que, por interesse público, devam ser conservados, por estarem vinculados a fatos memoráveis da história ou por seu excepcional valor arqueológico ou etnológico, bibliográfico ou artístico. Pode ter como objeto **qualquer bem, móvel ou imóvel**, privado ou público.

Alternativa "a". O valor etnográfico não está previsto na Constituição Federal, mas no art. 1º, do Decreto-Lei nº 25/1937, pelo qual "constitue o patrimônio histórico e artístico nacional o conjunto dos bens móveis e imóveis existentes no país e cuja conservação seja de interêsse público, quer por sua vinculação a fatos memoráveis da história do Brasil, quer por seu excepcional valor arqueológico ou etnográfico, bibliográfico ou artístico".

Alternativa "b". É lícito à União efetuar tombamento de bem municipal, sendo permitido ao Município tombar bem dos Estados, de igual modo. Segundo Rodrigo Bordalo, um bem estadual pode ser tombado pelo Município, não havendo a proibição, decorrente do princípio da hierarquia federativa, existente quanto à desapropriação[61]. Nesse sentido, inclusive, já se manifestou o STJ, no RMS 18.952/RJ, tendo sido decidido que "cabe ao Município efetuar o tombamento, sem se limitar a sua competência à hierarquia havida entre os entes federativos, como ocorre em relação à desapropriação"[62].

Alternativa "c". Estabelece o art. 13, do Decreto-Lei, que "o tombamento definitivo dos bens de propriedade particular será, por iniciativa do órgão competente do Serviço do Patrimônio Histórico e Artístico Nacional, **transcrito para os devidos efeitos em livro a cargo dos oficiais do registro de imóveis e averbado ao lado da transcrição do domínio**".

Alternativa "d". A competência para legislar sobre tombamento é concorrente entre a União, Estados e Distrito Federal, à exata luz do art. 24, VII, da Constituição Federal.

Alternativa "e". O art. 216, §1º, da Constituição Federal, estabelece que "o Poder Público, com a colaboração da comunidade, promoverá e protegerá o patrimônio cultural brasileiro, por meio de inventários, registros, vigilância, tombamento e desapropriação, e de outras formas de acautelamento e preservação". No §5º, fica determinado o tombamento de "(...) todos os documentos e os sítios detentores de reminiscências históricas dos antigos quilombos". Não se trata, assim, de medida que visa à proteção de bens imóveis, de acordo com a Constituição Federal".

Alternativa correta: letra "c".

---

168. (Nucepe - Delegado de Polícia - PC - PI/2018) A proibição de construir além de determinado número de pavimentos e a passagem de fios da rede elétrica em um sítio de propriedade particular, correspondem, respectivamente, às seguintes modalidades de intervenção do Estado na propriedade:

a) servidão e aquisição administrativa.
b) requisição administrativa e limitação administrativa.
c) limitação administrativa e servidão administrativa.
d) limitação administrativa e ocupação temporária.
e) servidão e ocupação temporária.

COMENTÁRIO

✪ **Nota do autor:** Há várias formas de intervenção do Estado na propriedade privada, mas, levando-se em conta a natureza e os efeitos, a intervenção pode ser classificada em: a) **restritiva**, em que o Estado apenas **restringe o uso da propriedade, sem retirá-la do proprietário** e b) **supressiva**, em que ocorre a **supressão da propriedade**.

Alternativa "a". A **aquisição da propriedade** ocorre quando a Administração Pública adquire bens de todas as espécies, incorporando-os ao patrimônio público para a realização de seus fins. Podem ser feitas contratualmente (ex: compra) ou de forma compulsória (ex: desapropriação)[63]. A passagem de fios **não** consiste, dessa forma, em modo de aquisição de propriedade.

Alternativa "b". A **requisição administrativa** é a "utilização coletiva de **bens ou serviços** particulares pelo Poder Público" por ato de execução imediata e direta da autoridade requisitante e indenização ulterior, para atendimento de **necessidades coletivas, urgentes e transitórias."**[64] Trata-se, portanto, de medida **autoexecutória,** não restrita apenas a bens imóveis (abrange bens e serviços). Vale destacar que, recentemente, a requisição administrativa foi objeto da Lei nº 13.979/2020, que autoriza a utilização de referida moda-

---

61. *Direito administrativo*. São Paulo: Saraiva, 2011. p. 180.
62. "ADMINISTRATIVO - TOMBAMENTO - COMPETÊNCIA MUNICIPAL. 1. A Constituição Federal de 88 outorga a todas as pessoas jurídicas de Direito Público a competência para o tombamento de bens de valor histórico e artístico nacional. 2. Tombar significa preservar, acautelar, preservar, sem que importe o ato em transferência da propriedade, como ocorre na desapropriação. 3. O Município, por competência constitucional comum - art. 23, III -, deve proteger os documentos, as obras e outros bens de valor histórico, artístico e cultural, os monumentos, as paisagens naturais notáveis e os sítios arqueológicos. 4. Como o tombamento não implica em transferência da propriedade, inexiste a limitação constante no art. 1º, § 2º, do DL 3.365/1941, que proíbe o Município de desapropriar bem do Estado. 5. Recurso improvido". RMS 18.952/RJ.
63. MEIRELLES, Hely Lopes. *Direito administrativo brasileiro*. 43 ed. São Paulo: Malheiros, 2018. p 690.
64. MEIRELLES, Hely Lopes. *Direito administrativo brasileiro*. 36 ed. São Paulo: Malheiros, 2010. p 660.

lidade de intervenção do Estado no âmbito da pandemia de coronavírus. Neste sentido, o art. 3º, VII, autoriza as autoridades públicas a proceder à "requisição de bens e serviços de pessoas naturais e jurídicas, hipótese em que será garantido o pagamento posterior de indenização justa".

Alternativa "c". A **limitação administrativa** é toda **imposição geral, gratuita, unilateral** e de **ordem pública condicionadora do exercício de direitos ou de atividades particulares às exigências do bem-estar social**[65]. Ou seja, são determinações gerais, que condicionam o exercício do direito de propriedade em face do bem comum, pelas quais proprietários indeterminados são constituídos em **obrigações positivas, negativas ou permissivas**, isto é, o Poder Público pode impor que os proprietários em geral adotem determinado comportamento (fazer), ou que se abstenham de fazer algo (não fazer), ou que permitam que algo seja realizado. Não retira a propriedade de seus donos. A **servidão administrativa**, por seu turno, é o "**direito real público** que autoriza o Poder Público a usar a propriedade imóvel para permitir a execução de obras e serviços de interesse coletivo[66]. **Não se retira a propriedade de seu titular**, mas este é obrigado a consentir que seu imóvel seja usado em prol de um serviço público ou bem afetado a fim de utilidade pública. Tem como característica a **perpetuidade**, ou seja, durará enquanto for necessário ao interesse público.

Alternativa "d" (responde a alternativa "e"). A **ocupação temporária** é a "**utilização transitória**, remunerada ou gratuita, de **bens** particulares pelo Poder Público para a **execução** de obras, serviços ou atividades públicas de interesse público"[67]. Exemplos: ocupação de imóveis na época das eleições para votação e apuração ou, ainda, no caso de imóveis necessários à lavra e pesquisa de petróleo.

Alternativa correta: letra "c".

169. (Vunesp - Delegado de Polícia - PC - SP/2018) A atividade administrativa do Estado frequentemente demanda a necessidade de intervenção da propriedade individual em razão de um interesse público maior. A respeito das diversas modalidades de intervenção na propriedade, julgue as afirmações a seguir e selecione a alternativa correta.

a) A servidão administrativa é a intervenção na propriedade particular que decorre da instituição de direito real, impondo ao proprietário a obrigação de suportar ônus parcial sobre o imóvel de sua propriedade, em benefício de serviço público ou de um bem afetado a um serviço público.

b) A legislação brasileira não autoriza a ocupação temporária de bens imóveis particulares no Brasil, devendo a Administração, se necessária a ocupação de imóvel para fins de pesquisa arqueológica, apresentar ação de desapropriação com pedido de imissão na posse.

c) A função social da propriedade é o fundamento para a aplicação das restrições decorrentes do tombamento de bens particulares do Brasil, tornando o bem, a partir da formalização da restrição administrativa, integrante do patrimônio público, deixando de compor o acervo do particular.

d) Em regra, o tombamento de bens pela Administração, para a preservação de interesses de caráter histórico e cultural, exigirá a prévia indenização do proprietário em valor equivalente ao ônus de preservação a ele imposto.

e) A desapropriação de bens imóveis ocorrerá sempre mediante prévia indenização em dinheiro, conforme expressa determinação da Constituição.

COMENTÁRIOS

Nota do autor: Com a evolução do perfil do Estado, este passou a atuar de forma mais incisiva nas relações sociais e assumiu o encargo de desempenhar a prestação de serviços fundamentais, de maneira a se tutelar a sociedade como um todo e não mais o indivíduo isoladamente considerado e, com isso, tornou-se inevitável a ingerência estatal no seio social, e, de maneira específica em relação à propriedade, há dois fundamentos para essa conformação intervencionista do Estado, quais sejam, a **supremacia do interesse público sobre o privado** e a **função social da propriedade**[68].

Alternativa "a". Por meio da servidão administrativa, a Administração Pública pode impor um **ônus real de uso** sobre a propriedade particular. Não se retira a propriedade de seu titular, mas este é obrigado a consentir que seu imóvel (**coisa serviente**) seja usado em prol de um serviço público ou de um bem afetado a fim de utilidade pública (**coisa dominante**). Correta, portanto, a alternativa.

Alternativa "b". A ocupação temporária é a "**utilização transitória**, remunerada ou gratuita, de **bens** particulares pelo Poder Público para a **execução** de obras, serviços ou atividades públicas ou de interesse público"[69]. Nota-se, portanto, ser possível a ocupação temporária de bem particular pelo Estado.

Alternativa "c". O tombamento é um **procedimento administrativo** adotado pelo Poder Público para sujeitar "a **restrições parciais** os bens de qualquer

65. MEIRELLES, Hely Lopes. *Direito administrativo brasileiro.* 36 ed. São Paulo: Malheiros, 2010. p 664.
66. CARVALHO FILHO, José dos Santos. *Manual de direito administrativo.* 19. ed. Rio de Janeiro: Lumen Juris, 2008. p. 691.
67. MEIRELLES, Hely Lopes. *Direito administrativo brasileiro.* 36 ed. São Paulo: Malheiros, 2010. p. 662.
68. CARVALHO FILHO, José dos Santos. *Manual de direito administrativo.* 19. ed. Rio de Janeiro: Lumen Juris, 2008. p. 685, 689.
69. MEIRELLES, Hely Lopes. *Direito administrativo brasileiro.* 36. ed. São Paulo: Malheiros, 2010. p. 662. Original sem destaque.

natureza cuja **conservação** seja de **interesse público**, por sua vinculação a fatos memoráveis da história ou por seu excepcional valor arqueológico ou etnológico, bibliográfico ou artístico"[70]. Ao contrário do afirmado, o bem não passará a integrar o patrimônio público, mantendo-se no patrimônio do particular.

Alternativa "d". Em regra, **não é devida indenização** em razão de tombamento, mas o proprietário terá direito ao ressarcimento se ficar demonstrado o dano como, por exemplo, o esvaziamento do valor econômico da propriedade.

Alternativa "e". A regra é que a desapropriação seja indenizada ao proprietário, de maneira **prévia** e em **dinheiro**, mas o próprio texto constitucional admitiu as seguintes **exceções**, como, por exemplo, a desapropriação para fins urbanísticos (art. 182, §4º da CF/88), desapropriação por interesse social para fins de reforma agrária (art. 184 da CF/88), expropriação de terras em que haja cultura ilegal de planta psicotrópica ou trabalho escravo (art. 243 da CF/88).

Alternativa correta: letra "a".

---

170. (Vunesp – Delegado de Polícia – PC – BA/2018) O direito do proprietário de exigir que na desapropriação se inclua a parte restante do bem expropriado, que se tornou inútil ou de difícil utilização, é denominado de

a) Retrocessão.

b) Desapropriação indireta.

c) Direito de extensão.

d) Indenização de benfeitorias.

e) Direito de acrescer.

COMENTÁRIOS

✪ **Nota do autor:** Dentre as diversas formas de intervenção do Estado na propriedade particular, sem dúvida, a mais drástica delas é a desapropriação, pois se trata de intervenção supressiva da propriedade. Tem **natureza jurídica** de **forma originária de aquisição da propriedade**, ou seja, é como se não houvesse proprietário anterior.

Alternativa "a". A **retrocessão** é o direito do proprietário cujo imóvel fora expropriado de exigir o retorno do bem ao seu patrimônio em razão de não lhe ter sido dado o destino previsto.

Alternativa "b". Haverá desapropriação indireta quando o poder público se apossar de bem sem a observância do devido procedimento expropriatório.

Alternativa "c". Direito de extensão diz respeito ao direito do expropriado de exigir que a desapropriação alcance a totalidade do bem, quando o remanescente resultar esvaziado o seu conteúdo[71]. Trata-se, portanto, do exposto na questão.

Alternativa "d". Na desapropriação, haverá indenização do valor real do bem expropriado, acrescido de danos emergentes e lucros cessantes decorrentes da perda da propriedade. Ainda, haverá a incidência de juros moratórios e compensatórios, atualização monetária, despesas judiciais e honorários advocatícios[72].

Alternativa "e". Não há previsão de referido direito no instituto da desapropriação.

Alternativa correta: letra "c".

---

171. (Cespe – Delegado de Polícia – GO/2017) Um policial andava pela rua quando presenciou um assalto. Ao ver o assaltante fugir, o policial parou um carro, identificou-se ao motorista, entrou no carro e pediu que ele perseguisse o criminoso.

Nessa situação, conforme a CF e a doutrina pertinente, tem-se um exemplo típico da modalidade de intervenção do Estado na propriedade privada denominada

a) limitação administrativa, cabendo indenização ao proprietário, se houver dano ao bem deste.

b) requisição administrativa, cabendo indenização ao proprietário, se houver dano ao bem deste.

c) desapropriação, não cabendo indenização ao proprietário, independentemente de dano ao bem deste.

d) servidão administrativa, não cabendo indenização ao proprietário, independentemente de dano ao bem deste.

e) ocupação temporária, não cabendo indenização ao proprietário, mesmo que haja dano ao bem deste.

COMENTÁRIOS

✪ **Nota do autor:** Há várias formas de intervenção do Estado na propriedade privada, mas, levando-se em conta a natureza e os efeitos, a intervenção pode ser classificada em: a) **restritiva**, em que o Estado apenas **restringe o uso da propriedade, sem retirá-la do proprietário** e b) **supressiva**, em que ocorre a **supressão da propriedade**.

Alternativa "a". A limitação administrativa é exercida pela Administração Pública com a finalidade de disciplinar o uso do bem privado, em razão da função social. A limitação materializa-se na imposição de obrigações gerais a indeterminados proprietários, em razão do interesse da coletividade, desta forma impondo limites na liberdade em que o proprietário dispõe sobre seu bem.

Alternativa "b". A requisição administrativa é uma das formas de intervenção do Estado na propriedade privada, tratando-se de um ato administrativo unilateral, autoexecutório e oneroso, consistente na utilização coativa de bens, móveis, imóveis ou serviços particulares, com indenização posterior se houver dano (art. 5º, inc. XXV, da CF), para atender à necessidade pública

---

70. DI PIETRO, Maria Sylvia Zanella. *Direito administrativo*. 23. ed. São Paulo: Atlas, 2010. p. 139. Original sem destaque.
71. CARVALHO FILHO, José dos Santos. Manual de Direito Administrativo. 31ª ed. São Paulo, Atlas: 2017. p. 942.
72. CARVALHO FILHO, José dos Santos. Manual de Direito Administrativo. 31ª ed. São Paulo, Atlas: 2017. p. 914.

inadiável e urgente, em tempos de guerra ou em caso de perigo público iminente. A requisição administrativa possui como características: a) é direito pessoal da Administração Pública; b) tem como pressuposto o perigo público iminente; c) incide sobre bens móveis, imóveis e serviços; d) caracteriza-se pela transitoriedade; e) a indenização é posterior e só ocorrerá se houver dano. Vale destacar que, recentemente, a requisição administrativa foi objeto da Lei nº 13.979/2020, que autoriza a utilização de referida modalidade de intervenção do Estado no âmbito da pandemia de coronavírus. Neste sentido, o art. 3º, VII, autoriza as autoridades públicas a proceder à "requisição de bens e serviços de pessoas naturais e jurídicas, hipótese em que será garantido o pagamento posterior de indenização justa".

Alternativa "c". A **desapropriação** é o "procedimento administrativo pelo qual o Estado, compulsoriamente, retira de alguém certo bem, por necessidade ou utilidade pública ou por interesse social e o adquire, originariamente, para si ou para outrem"[73].

Alternativa "d". A **servidão administrativa** é uma forma de intervenção restritiva na propriedade, que implica instituição de direito real de natureza pública sobre coisa alheia, de maneira a impor ao proprietário a obrigação de suportar uma restrição parcial sobre o bem de sua propriedade, em benefício de um serviço público ou de execução de uma obra.

Alternativa "e". A **ocupação temporária** consiste em uma forma de limitação do Estado na propriedade privada que se caracteriza pela **utilização transitória**, gratuita ou remunerada de imóvel de propriedade particular, para fins de interesse público.

Alternativa correta: letra "b".

172. (FUNIVERSA - Delegado de Polícia - DF/2015) No que diz respeito à intervenção do Estado na propriedade, assinale a alternativa correta.

a) Suponha-se que Pedro seja proprietário de um bem tombado como patrimônio histórico e deseje vendê-lo. Nesse caso, o município terá direito de preferência na compra desse bem com relação ao estado ou ao Distrito Federal, e esses, por sua vez, com relação à União.

b) Limitações administrativas são determinações de caráter geral que impõem aos particulares obrigações positivas, negativas ou permissivas para condicionar as propriedades ao atendimento da sua função social, mediante prévia e justa indenização, mesmo que não haja prejuízo.

c) Servidão administrativa é o direito real do poder público de usar imóvel particular para permitir a execução de obras ou de serviços de interesse coletivo, sendo vedada indenização, mesmo se houver prejuízo, diante do seu caráter de interesse público.

d) A requisição é o direito real da administração de utilizar bem móvel, mas não imóvel ou serviço, quando houver perigo público iminente, havendo indenização ulterior, se houver prejuízo.

e) De acordo com a CF, a ocupação ou o uso temporário pode incidir sobre bens e serviços, em caso de calamidade pública, respondendo a União pelos danos e custos decorrentes.

COMENTÁRIOS

✪ **Nota do autor:** há várias formas de intervenção do Estado na propriedade privada, mas, levando-se em conta a natureza e os efeitos, a intervenção pode ser classificada em: a) **restritiva**, em que o Estado apenas **restringe o uso da propriedade, sem retirá-la do proprietário** e b) **supressiva**, em que ocorre a **supressão da propriedade**.

Alternativa "a". Com o tombamento o bem só se torna inalienável se for público e, ainda assim, apenas em relação à alienação para particular, porque pode ser alienado para outro ente público. Em se tratando de **bem particular pode ser alienado normalmente.** Aqui é importante ressaltar que o Decreto-Lei nº 25/1937 prevê em seu art. 22 que, no caso de alienação onerosa, existe o direito de preferência da União, do Estado e do Município (nessa ordem) para adquirir o bem. Todavia, o Código de Processo Civil (Lei nº 13.105/15), no art. 1072, I, revogou esse artigo e, dessa maneira, com a sua entrada em vigor não há mais o direito de preferência para a alienação extrajudicial de bem tombado, ressaltando-se que o art. 892, § 3º, do CPC estabelece que no "caso de leilão de bem tombado, a União, os Estados e os Municípios terão, nessa ordem, o direito de preferência na arrematação, em igualdade de oferta". Portanto, o direito de preferência somente existirá nas alienações judiciais.

Alternativa "b". A limitação administrativa é "toda imposição geral, gratuita, unilateral e de ordem pública condicionadora do exercício de direitos ou de atividades particulares às exigências do bem-estar social"[74]. **Não há que se falar em indenização**, quando da imposição das **limitações administrativas.**

Alternativa "c". A servidão administrativa é o "direito real público que autoriza o Poder Público a usar a propriedade imóvel para permitir a execução de obras e serviços de interesse coletivo"[75]. Por meio dela, a Administração impõe um **ônus real de uso** sobre a propriedade particular. Em regra, na **servidão administrativa há pagamento de indenização ao proprietário prejudicado.**

Alternativa "d". A requisição administrativa é a "**utilização coativa de bens ou serviços particulares** pelo Poder Público por ato de execução imediata

73. GASPARINI, Diógenes. *Direito administrativo*. 13 ed. São Paulo: Saraiva, 2008. p. 816.

74. MEIRELLES, Hely Lopes. *Direito administrativo brasileiro*. 36 ed. São Paulo: Malheiros, 2010. p. 664.

75. CARVALHO FILHO, José dos Santos. *Manual de direito administrativo*. 25 ed. São Paulo: Atlas, 2013. p. 786.

e direta da autoridade requisitante e **indenização ulterior**, para atendimento de **necessidades coletivas** urgentes e transitórias"[76]. A requisição pode ter por objeto bens móveis, imóveis ou serviços particulares. Vale destacar que, recentemente, a requisição administrativa foi objeto da Lei nº 13.979/2020, que autoriza a utilização de referida modalidade de intervenção do Estado no âmbito da pandemia de coronavírus. Neste sentido, o art. 3º, VII, autoriza as autoridades públicas a proceder à "requisição de bens e serviços de pessoas naturais e jurídicas, hipótese em que será garantido o pagamento posterior de indenização justa".

Alternativa "e". A Constituição Federal estabelece no art. 136 as hipóteses em que o Presidente da República pode decretar estado de defesa, bem como que o decreto que o instituir especificará as medidas coercitivas a serem adotadas e, entre elas, o inciso II do § 1º desse artigo prevê a "ocupação e uso temporário de bens e serviços públicos, na hipótese de calamidade pública, respondendo a União pelos danos e custos decorrentes.

Alternativa correta: letra "e".

---

173. (FUNCAB – Delegado de Polícia – RJ/2012) Quanto à disciplina das requisições e demais modalidades de intervenção do Estado na propriedade, assinale a alternativa correta.

a) O objeto das requisições abrange somente os bens móveis e os serviços particulares, excluindo-se os bens imóveis, cuja intervenção se dará na forma de ocupação temporária.

b) A requisição é direito pessoal, ao contrário da servidão, que é direito real, e tem como pressuposto constitucional o perigo público iminente.

c) A requisição, quando causar diminuição patrimonial do particular, estará sujeita à prévia indenização nos termos da Constituição Federal.

d) Segundo a legislação aplicável, a requisição tem o prazo máximo de 30 dias, prorrogáveis por igual período em caso de justificada necessidade.

e) Não podem os entes federativos instituir servidões administrativas sobre os imóveis, uns dos outros.

COMENTÁRIOS

Alternativa "a". O objeto das requisições abrange, inclusive, os bens imóveis.

Alternativa "b" (responde a alternativa "c"). A **requisição administrativa** é a "**utilização coativa de bens ou serviços particulares** pelo Poder Público por ato de execução imediata e direta da autoridade requisitante e **indenização ulterior**, para atendimento de **necessidades coletivas urgentes** e transitórias"[77]. Assim, a requisição tem natureza pessoal, enquanto na servidão administrativa, a Administração Pública **impõe um ônus real de uso** sobre a propriedade particular.

Alternativa "d". Não há prazo definido em lei específica para duração da requisição administrativa.

Alternativa "e". Em situações específicas admite-se a instituição de servidão sobre bem público. Entretanto, aplica-se, da mesma forma como ocorre na desapropriação, a proibição do Município instituí-la em bens dos Estados e da União, sendo que esta, por sua vez, pode fazê-lo sobre bens municipais e estaduais e o Estado em relação aos bens municipais.

Alternativa correta: letra "b".

---

174. (FGV – Delegado de Polícia – MA/2012) O estado "X" deseja desapropriar, por utilidade pública, um imóvel pertencente a particular, razão pela qual edita decreto declaratório de utilidade pública de determinada área. Diante do caso narrado, e tendo em vista as disposições do Decreto Lei nº 3.365/41, assinale a afirmativa correta.

a) Após a declaração de utilidade pública, caso o Estado não efetive a desapropriação em até dois anos contados da data da expedição do respectivo decreto, este caducará.

b) As autoridades administrativas, declarada a utilidade pública, podem penetrar nos prédios compreendidos na declaração, desde que possuam prévia autorização judicial.

c) Os proprietários de imóveis contíguos prejudicados extraordinariamente em sua destinação econômica deverão reclamar perdas e danos do proprietário do imóvel expropriado, pelo fato de este ter recebido integralmente o pagamento do preço.

d) O proprietário do imóvel poderá discutir em juízo se estão presentes ou não os casos de utilidade pública, hipótese em que, procedentes os pedidos do autor, este poderá reivindicar o imóvel mesmo após incorporado à Fazenda Pública, e obter indenização por perdas e danos.

e) A desapropriação poderá abranger as zonas que se valorizaram extraordinariamente em consequência da realização do serviço, as quais deverão estar compreendidas na declaração de utilidade pública.

COMENTÁRIOS

✪ **Nota do autor:** dentre as diversas formas de intervenção do Estado na propriedade particular, sem dúvida, a mais drástica delas é a desapropriação, pois se trata de intervenção **supressiva** da propriedade.

Alternativa "a". Após a declaração de utilidade pública, caso o Estado não efetive a desapropriação em até **cinco** anos contados da data da expedição do respectivo decreto, este caducará, nos termos do art. 10 do Decreto-Lei nº 3.365/41. Com a publicação da Lei nº 13.867/2019, na desapropriação por utilidade pública e antes do ajuizamento da ação, o Poder Público poderá notificar o particular e lhe apresentar oferta de indeni-

76. MEIRELLES, Hely Lopes. *Direito administrativo brasileiro*. 36 ed. São Paulo: Malheiros, 2010. p. 660.

77. MEIRELLES, Hely Lopes. *Direito administrativo brasileiro*. 36 ed. São Paulo: Malheiros, 2010. p. 660.

zação, com prazo para manifestação em 15 dias. Nesse prazo, o particular poderá optar pela mediação ou arbitragem, cabendo à Administração Pública avaliar a conveniência e oportunidade em sua realização.

Alternativa "b". Na forma do art. 7º, **não é necessária autorização judicial** para as autoridades administrativas penetrarem nos prédios compreendidos na declaração de utilidade pública.

Alternativa "c". Nos termos do art. 37 do Decreto-Lei nº 3.365/41, "aquele cujo bem for prejudicado extraordinariamente em sua destinação econômica pela desapropriação de áreas contíguas terá direito a reclamar perdas e danos do **expropriante**", ou seja, do Poder Público.

Alternativa "d". Caso a Administração Pública já tenha dado **destinação pública ao bem**, somente restará ao proprietário a indenização por perdas e danos, sendo impossível a **reivindicação do imóvel**, em face do contido no art. 35, do Decreto-Lei.

Alternativa "e". Nos termos do art. 4º, *caput*, do Decreto-Lei nº 3.365/41, "**a desapropriação poderá abranger** a área contígua necessária ao desenvolvimento da obra a que se destina, e **as zonas que se valorizarem extraordinariamente, em consequência da realização do serviço**. Em qualquer caso, **a declaração de utilidade pública deverá compreendê-las**, mencionando-se quais as indispensáveis à continuação da obra e as que se destinam à revenda".

Alternativa correta: letra "e".

14. RESPONSABILIDADE EXTRACONTRATUAL DO ESTADO

- CF, art. 37, § 6º

175. (FGV - Delegado de Polícia - PC - SC/2024) Gabriela Luz foi encarcerada por equívoco, em decorrência de sentença penal transitada em julgado que condenou sua irmã gêmea Graziela Luz, prolatada nos termos da lei, após o devido processo legal, diante de robustas provas constantes dos autos.

Tal equívoco decorreu de erro do cartório, por conduta do servidor Martin, que fez constar o nome e CPF de Gabriela do mandado de prisão e ensejou, assim, o engano das autoridades policiais responsáveis pela prisão.

Diante dessa situação hipotética, Gabriela visa a ajuizar ação para obter a responsabilização civil em razão dos prejuízos decorrentes de seu equivocado encarceramento, sendo correto afirmar que ela deve ajuizar a demanda em face

a) do respectivo ente federativo, de Martin e das autoridades policiais, em decorrência das condutas que ocasionaram direta e imediatamente os danos experimentados.

b) do respectivo ente federativo, em decorrência de erro judiciário, cabendo, eventualmente, ação de regresso dirigida ao Magistrado que prolatou a sentença condenatória.

c) de Martin e das autoridades policiais, ambos responsáveis pelas condutas que ocasionaram direta e imediatamente os danos experimentados.

d) do respectivo ente federativo, em decorrência da responsabilidade do Estado pela conduta de seus servidores, cabendo, eventualmente, ação de regresso em face de Martin.

e) do respectivo ente federativo, em decorrência da responsabilidade do Estado pela conduta de seus servidores, cabendo, eventualmente, ação de regresso em face do Magistrado, de Martin e das autoridades policiais.

COMENTÁRIO

Alternativa "a" (responde a alternativa "c"). A posição do **Supremo Tribunal Federal** (RE 327.904 e RE 470.996) é no sentido da **impossibilidade** de se acionar diretamente o agente público, pois o art. 37, § 6º, da Constituição estabelece **dupla garantia: uma, em favor do particular**, assegurando-lhe o direito de promover ação indenizatória em face de pessoa jurídica de direito público ou de pessoa jurídica de direito privado prestadora de serviço público e, **outra**, em **benefício do servidor**, que apenas responde civil e administrativamente perante a pessoa jurídica a que estiver vinculado.

Alternativa "b" (responde a alternativa "e"). Nos termos do art. 5º, LXXV, o Estado indenizará o condenado por erro judiciário, assim como o que ficar preso além do tempo fixado na sentença. Entretanto, o magistrado somente responderá pessoalmente no caso de agir com dolo ou fraude nas suas funções e de recusar, omitir ou retardar, sem motivo justo motivo, providência que deva ordenar, nos termos do art. 49, da Lei Complementar nº 35/1979.

Alternativa "d". Nesse caso, como em todos os outros que envolvem responsabilidade extracontratual do Estado, em regra, a ação indenizatória deve ser ajuizada em face ***da pessoa política a qual vinculado o servidor público que praticou o ato danoso*** e aquela, após o trânsito julgado e verificado dolo ou culpa no agente público, deve ajuizar ***ação de regresso*** em face deste. Há, contudo, parte minoritária da doutrina que admite a possibilidade de ajuizamento ***concomitante*** da ação indenizatória contra o Estado e o agente causador do dano, ***em litisconsórcio facultativo***.

Alternativa correta: letra "d".

176. (FGV - Delegado de Polícia - PC - SC/2024) No exercício de suas atribuições como agente público competente para elaborar certo parecer obrigatório e vinculante, Matias cometeu um erro grosseiro, pois atuou de forma negligente e não empreendeu os estudos necessários para tanto.

Ao tomar conhecimento do ocorrido, Josias, que também é agente público ocupante de cargo com idêntica competência, tem deixado de emitir novos pareceres sobre o mesmo tema, com receio de cometer equívocos semelhantes, diante da dificuldade do assunto, em razão do que extrapolou, em muito, o prazo previsto em lei para a realização de tal função, de modo que, dolosamente, tem causado o atraso nos respectivos andamentos processuais.

Acerca da temática relacionada à responsabilidade pessoal do emissor de parecer, é correto afirmar que

a) não há possibilidade de responsabilização pessoal nem de Matias nem de Josias, se não houver a comprovação de que a conduta de cada um deles provocou danos a terceiros.

b) Matias pode ser pessoalmente responsabilizado pelo erro por ele cometido com relação a sua opinião técnica, o que não pode ocorrer em relação à omissão de Josias, que não pode ser responsabilizado pelo silêncio administrativo.

c) Matias apenas poderia ser pessoalmente responsabilizado se tivesse atuado com dolo, mas cabe a responsabilização de Josias por atraso no andamento de processos em decorrência de sua omissão.

d) tanto Matias quanto Josias podem ser pessoalmente responsabilizados, considerando que o primeiro cometeu erro grosseiro e o segundo responde pelo atraso no andamento de processos que dependem de parecer obrigatório e vinculante.

e) Matias não pode ser pessoalmente responsabilizado por sua opinião técnica, ainda que tenha cometido erro grosseiro, tampouco Josias pela sua omissão, que caracteriza silêncio administrativo.

COMENTÁRIO

Alternativa "a" (responde as alternativas "c" e "e"). O art. 37, § 6º, da Constituição Federal estabelece que as "pessoas jurídicas de direito público e as de direito privado prestadoras de serviços públicos responderão pelos danos que seus agentes, nessa qualidade, causarem a terceiros, assegurado o direito de regresso contra o responsável nos casos de dolo ou culpa". Assim, para haver a responsabilização do Estado não é necessária a perquirição do elemento subjetivo da conduta do agente público, isto é, não é preciso indagar se este agiu com dolo ou culpa, cuidando-se de indagação irrelevante para que o Estado seja obrigado a indenizar a vítima do dano, porque, para tanto, basta o nexo causal entre a conduta do agente e o prejuízo dela decorrente. Entretanto, situação diferente se revela em relação ao agente público, pois a pessoa estatal tem o direito de regresso apenas quando houve a conduta dolosa ou culposa, quer dizer, o agente público só responderá, perante a Administração Pública, se agiu com dolo ou culpa. Portanto, no caso da questão, se demonstrados culpa ou dolo na atuação dos agentes públicos, perfeitamente possível a sua responsabilização, independentemente da apuração de danos a terceiros.

Alternativa "b". É perfeitamente possível a responsabilização de agente público por sua **omissão**. Vale destacar, ademais, que nos termos do art. 28, do Decreto-Lei nº 4.657/1942, "o agente público responderá pessoalmente por suas decisões ou opiniões técnicas **em caso de dolo ou erro grosseiro**".

Alternativa "d". Como destacado, há responsabilização dos agentes públicos em caso de dolo ou culpa. Neste sentido, na hipótese narrada no enunciado, tanto Matias quanto Josias podem ser pessoalmente responsabilizados, considerando que o primeiro cometeu erro grosseiro e o segundo responde pelo atraso no andamento de processos que dependem de parecer obrigatório e vinculante.

Alternativa correta: letra "d".

177. (VUNESP – Delegado de Polícia – PC – SP/2023) Com base na jurisprudência do Supremo Tribunal Federal, a respeito da responsabilidade civil extracontratual do Estado em função de danos causados por pessoa condenada criminalmente foragida do sistema prisional, é correto afirmar que

a) o Estado responde por danos materiais e morais, ante a ocorrência de roubo seguido de morte, quando o agente criminoso vinha cumprindo pena em regime fechado, tendo empreendido fuga, independentemente do momento da prática do ilícito.

b) a Corte entende ser subjetiva a responsabilidade civil decorrente de omissão, seja das pessoas jurídicas de direito público ou das pessoas jurídicas de direito privado prestadoras de serviço público.

c) o intervalo entre fato administrativo e o fato típico (morte de um indivíduo) e o surgimento de causas supervenientes independentes (v.g., formação de quadrilha) não contribui para a supressão da relação de causa (evasão do apenado do sistema penal) e efeito (fato criminoso).

d) a responsabilidade civil extracontratual do Estado, nessa hipótese, é integral, não admitindo a aplicação de causas excludentes do nexo de causalidade.

e) a fuga de presidiário e o cometimento de crime, sem qualquer relação lógica com sua evasão, extirpa o elemento normativo, segundo o qual a responsabilidade civil só se estabelece em relação aos efeitos diretos e imediatos causados pela conduta do agente.

COMENTÁRIO

Alternativa "b". Pelo contrário, a Corte entende ser **objetiva** a responsabilidade civil decorrente de omissão, seja das pessoas jurídicas de direito público ou das pessoas jurídicas de direito privado prestadoras de serviço público. Neste sentido, por exemplo é o Recurso Extraordinário nº 608.880, abaixo mencionado.

Alternativa "e" (responde as alternativas "a", "c" e "d".). No julgamento do Recurso Extraordinário nº 608.880, o Supremo Tribunal Federal (STF) decidiu que, no caso de danos decorrentes de crime praticado por pessoa foragida do sistema prisional, **só é caracterizada a responsabilidade civil objetiva do Estado quando for demonstrado o nexo causal entre o momento da fuga e o delito**. No caso concreto, o governo de Mato Grosso foi condenado ao pagamento de indenização por danos morais e materiais em razão de latrocínio praticado por um sentenciado três meses após ter fugido do presídio onde cumpria pena em regime fechado. Em sede de julgamento, reafirmou-se a jurisprudência do Supremo que considera necessária a comprovação de causalidade direta e imediata entre a omissão do Estado e o crime praticado para que seja imputada a responsabilidade civil ao Estado, sendo apontado que a fuga do presidiário e o cometimento do crime, três meses depois, sem qualquer relação direta com a evasão, não permite a imputação da responsabilidade objetiva ao Estado prevista na Constituição Federal. Neste sentido, foi fixada a seguinte tese de repercussão geral: "nos termos do artigo 37 §6º da Constituição Federal, não se caracteriza a responsabilidade civil objetiva do Estado por danos decorrentes de crime praticado por pessoa foragida do sistema prisional, quando não demonstrado o nexo causal direto entre o momento da fuga e a conduta praticada".

Alternativa correta: letra "e".

---

178. (Cespe - Delegado de Polícia - PC - RJ/2022) Maria trafegava em seu carro na Ponte Rio-Niterói, durante a manhã, a caminho do trabalho, sentido Rio de Janeiro, quando, em meio ao trânsito lento, foi surpreendida por uma viatura da polícia civil, que passou de forma brusca e acelerada ao lado de seu veículo, causando um leve abalroamento, que levou a motorista a colidir contra o veículo à sua frente, o que, afinal, causou graves danos a esses dois carros. Apesar do acidente e dos danos materiais aos dois veículos, não houve feridos. Após confeccionar a declaração de acidente de trânsito no site da Polícia Rodoviária Federal, Maria resolveu comparecer ao plantão da Corregedoria-Geral da Polícia Civil, para noticiar o ocorrido, tendo indicado o número da unidade policial inscrito na viatura, assim como o horário em que o abalroamento havia acontecido. Em sua apuração preliminar, a corregedoria identificou os policiais civis que estavam na viatura, assim como constatou que eles não se dirigiam a nenhuma diligência policial na ocasião, apenas buscavam fugir do engarrafamento. Após regular sindicância administrativa disciplinar, os policiais foram punidos. Ao tomar conhecimento do resultado da apuração da Corregedoria-Geral de Polícia Civil, Maria decidiu ajuizar ação para obter do Estado reparação civil, tendo em vista os danos causados ao seu veículo. A partir dessa situação hipotética, assinale a opção correta, com relação à responsabilidade civil dos servidores públicos.

a) Maria deverá ajuizar ação de responsabilidade civil em desfavor do policial que conduzia a viatura quando do abalroamento, já que foi apurado, no procedimento disciplinar, que ele atuou com dolo ou culpa.

b) A ação por danos causados por agente público deve ser ajuizada contra o Estado, não sendo possível a responsabilização civil do servidor que causou o dano, nem mesmo em ação de regresso.

c) Cabe à vítima do dano a escolha do polo passivo da demanda, podendo ela ajuizar ação contra o servidor policial civil que causou o dano ou contra o Estado, ente político.

d) Ação por danos causados por agente público deve ser ajuizada contra o Estado ou contra pessoa jurídica de direito privado prestadora de serviço público, sendo parte ilegítima para a ação o autor do ato, em observância ao princípio da dupla garantia, assegurado o direito de regresso contra o responsável nos casos de dolo ou culpa.

e) É cabível ação de regresso contra o agente responsável pelo dano somente nos casos de ato doloso.

COMENTÁRIOS

Alternativa "a" (responde a alternativa "c"). A posição do **Supremo Tribunal Federal** (RE 327.904 e RE 470.996) é no sentido da **impossibilidade** de se acionar diretamente o agente público, pois o art. 37, § 6º, da Constituição estabelece **dupla garantia: uma, em favor do particular**, assegurando-lhe o direito de promover ação indenizatória em face de pessoa jurídica de direito público ou de pessoa jurídica de direito privado prestadora de serviço público e, **outra**, em **benefício do servidor**, que apenas responde civil e administrativamente perante a pessoa jurídica a que estiver vinculado.

Alternativa "b" (responde a alternativa "e"). Todas às vezes que o Estado é responsabilizado a indenizar uma vítima em razão de prejuízos causados pelo agente público, que agiu por dolo ou culpa, é possível que haja uma compensação das despesas através da denominada ***ação de regresso***, com fundamento no art. 37, §6º, da CF, parte final, contra aquele que causou o dano.

Alternativa "d". O art. 37, § 6º, da Constituição Federal estabelece que as "pessoas jurídicas de direito público e as de direito privado prestadoras de serviços públicos responderão pelos danos que seus agentes, nessa qualidade, causarem a terceiros, assegurado o direito de regresso contra o responsável nos casos de dolo ou culpa". Assim, para haver a responsabilização do Estado não é necessária a perquirição do elemento subjetivo da conduta do agente público, isto é, não é preciso indagar se este agiu com dolo ou culpa, cuidando-se de indagação irrelevante para que o Estado seja obrigado a indenizar a vítima do dano, porque, para tanto, basta o nexo causal entre a conduta do agente e o prejuízo dela decorrente. Entretanto, situação diferente se revela em relação ao agente público, pois a pessoa estatal tem o direito de regresso apenas quando houve a conduta dolosa ou culposa, quer dizer, o agente público só responderá, perante a Administração Pública, se agiu com dolo ou culpa.

Alternativa correta: letra "d".

179. (Vunesp – Delegado de Polícia – PC – SP/2022) A respeito da responsabilidade civil extracontratual da Administração, assinale a alternativa correta

a) A responsabilidade civil objetiva se aplica a danos causados a pessoas que possuam vínculo especial (estatutário ou contratual) com o estado.

b) O Direito Brasileiro adota a teoria da culpa anônima.

c) Por força da disposição constitucional, a Administração não pode ser eximida, em relações contratuais, da responsabilização por caso fortuito ou força maior.

d) Ainda que a conduta estatal seja lícita, ficará caracterizada a responsabilidade do Estado quando comprovada a ilicitude do dano.

e) As pessoas jurídicas de direito privado prestadoras de serviços públicos somente respondem de forma objetiva a danos causados aos usuários do serviço público.

COMENTÁRIO

Alternativa "a". A responsabilidade civil objetiva, em regra, aplica-se a quaisquer danos causados pelas pessoas jurídicas de direito público e as de direito privado prestadoras de serviços públicos a terceiros, independentemente de vínculo com o Estado.

Alternativa "b" (alternativa "c"). O Brasil adotou a **teoria do risco administrativo**, uma vez que, muito embora seja objetiva a responsabilidade do Estado, são admitidas excludentes em razão de caso fortuito ou força maior, culpa exclusiva da vítima e culpa exclusiva de terceiro, o que não ocorre na **teoria do risco integral.**

Alternativa "d". As condutas lícitas também estão sujeitas a reparação civil do Estado, ou seja, ainda que a conduta estatal seja lícita, o particular que é atingido por um comportamento do Estado, em benefício de toda a sociedade, terá que ser recompensado por suportar o excessivo ônus. O Estado pode causar danos a particulares, mesmo atuando de forma legal, pois sua ação visa o interesse público, **ainda que** por vezes **atue** em detrimento dos interesses de particulares. Por esta razão, ao particular, por suportar os possíveis danos causados em nome da coletividade, poderá surgir a possibilidade da indenização. Trata-se do denominado **princípio da distribuição igualitária dos ônus e direitos dos administrativos.**

Alternativa "e". Quanto às **prestadoras de serviço público**, o **Supremo Tribunal Federal**, no RE 591874/MS, decidiu que **a responsabilidade extracontratual das pessoas jurídicas de direito privado prestadoras de serviço público é objetiva em relação aos usuários e aos não usuários do serviço.**

Alternativa correta: letra "d".

180. (FGV – Delegado de Polícia – PC – RN/2021) João cumpria pena em estabelecimento prisional do Estado Alfa quando foi morto por estrangulamento praticado por outro apenado, sendo certo que, durante o homicídio, praticado no horário de banho de sol, não interveio qualquer agente penitenciário, presente no local, para tentar impedir a morte de João. A família do falecido João procurou a Defensoria Pública, que lhe esclareceu que a Constituição da República de 1988, em seu artigo 5°, inciso XLIX, assegura aos presos o respeito à integridade física e moral.

Assim, seguindo a jurisprudência do Supremo Tribunal Federal, os filhos de João:

a) não devem ajuizar ação indenizatória em face do Estado Alfa, porque o caso trata de culpa exclusiva de terceiro, qual seja, o detento que praticou o homicídio;

b) não devem ajuizar ação indenizatória em face do Estado Alfa, porque não incide a responsabilidade civil objetiva, e sim devem manejá-la em face diretamente dos agentes penitenciários que foram omissos;

c) devem ajuizar ação indenizatória em face do Estado Alfa, por sua responsabilidade civil subjetiva, sendo inaplicável ação de regresso pelo ente federativo em face dos agentes públicos, diante da ausência de culpa ou dolo;

d) devem ajuizar ação indenizatória em face do Estado Alfa, por sua responsabilidade civil objetiva, pela inobservância do seu dever específico de proteção previsto no citado artigo 52, inciso XLIX, da Constituição da República de 1988;

e) devem ajuizar ação indenizatória em face do Estado Alfa, por sua responsabilidade civil subjetiva, diante da omissão específica no cumprimento do dever previsto no citado artigo 5°, inciso XLIX, da Constituição da República de 1988, desde que comprovada a existência do elemento subjetivo.

COMENTÁRIO

Alternativa "d" (responde as demais alternativas). Em julgamento de caso análogo ao mencionado no enunciado, o Supremo Tribunal Federal entendeu que em caso de inobservância do dever de proteção previsto no art. 5º, XLIX, da Constituição Federal, o Estado responde objetivamente pela morte de detento. Trata-se do RE nº 841.526 e a Corte entendeu que a responsabilidade civil estatal, à luz do art. 37, §6º, da Constituição Federal, subsume-se à teoria do risco administrativo, tanto para as condutas estatais comissivas quanto para as omissivas. Entretanto, no caso das condutas omissivas, a omissão do Estado reclama nexo de causalidade em relação ao dano sofrido pela vítima nos casos em que o Poder Público ostenta o dever legal e a efetiva possibilidade de agir para impedir o resultado danoso. Nesse julgado foi fixada a seguinte tese: em caso de inobservância do seu dever específico de proteção previsto no artigo 5º, inciso XLIX, da Constituição Federal, o Estado é responsável pela morte do detento. Não há que se falar, portanto, na necessidade de demonstração de dolo ou culpa do ente estatal, tratando-se de responsabilidade objetiva.

Alternativa correta: letra "d".

---

181. (FGV - Delegado de Polícia - PC - RN/2021) A Lei nº 12.846/2013 dispõe sobre a responsabilização administrativa e civil de pessoas jurídicas pela prática de atos contra a administração pública, nacional ou estrangeira. De acordo com a citada Lei Anticorrupção, o acordo de leniência:

a) pode ser celebrado pela autoridade policial com as pessoas jurídicas responsáveis pela prática dos atos previstos na referida lei, que colaborem efetivamente com as investigações com a necessária identificação dos demais envolvidos na infração;

b) pode ser celebrado se preenchidos, cumulativamente, alguns requisitos, como, por exemplo, que a pessoa jurídica seja a primeira a se manifestar sobre seu interesse em cooperar para a apuração do ato ilícito;

c) exige que a pessoa jurídica cesse completamente seu envolvimento na infração investigada a partir da data da homologação judicial do acordo, sob pena de revogação e multa;

d) exige que os sócios da pessoa jurídica identifiquem os demais envolvidos na infração, forneçam céleres informações e documentos que comprovem o ilícito sob apuração, assim como iniciem o cumprimento de pena privativa de liberdade em regime fechado;

e) exige que a pessoa jurídica promova o integral ressarcimento ao erário e que seus sócios forneçam céleres informações e documentos que comprovem o ilícito sob apuração, assim como iniciem o cumprimento de pena privativa de liberdade em regime semiaberto.

COMENTÁRIO

Nota do Autor: A Lei nº 12.846/2013 dispõe sobre a responsabilização objetiva administrativa e civil de pessoas jurídicas pela prática de atos contra a administração pública, nacional ou estrangeira.

Alternativa "a". De acordo com o art. 16, I, da Lei, da colaboração deve resultar a identificação dos demais envolvidos na infração, quando couber. Não há que se falar, assim, na necessária identificação dos demais envolvidos na infração.

Alternativa "b" (responde a alternativa "c"). O art. 16, §1º, da Lei, estabelece que o acordo de leniência somente poderá ser celebrado se preenchidos, cumulativamente, os seguintes requisitos: **I - a pessoa jurídica seja a primeira a se manifestar sobre seu interesse em cooperar para a apuração do ato ilícito;** II - a pessoa jurídica cesse completamente seu envolvimento na infração investigada a partir da data de propositura do acordo; III - a pessoa jurídica admita sua participação no ilícito e coopere plena e permanentemente com as investigações e o processo administrativo, comparecendo, sob suas expensas, sempre que solicitada, a todos os atos processuais, até seu encerramento.

Alternativa "d". Não há previsão, na Lei, quanto à necessidade de que os representantes da pessoa jurídica iniciem o cumprimento de pena privativa de liberdade em regime fechado como condição para a celebração de acordo de leniência.

Alternativa "e". A Lei não exige, para a celebração de acordo de leniência, que a pessoa jurídica promova o integral ressarcimento ao erário, nem, tampouco, que os representantes da pessoa jurídica iniciem o cumprimento de pena privativa de liberdade em regime semiaberto.

Alternativa correta: letra "e".

---

182. (UFPR - Delegado de Polícia - PC - PR/2021) Tendo em conta o tema da responsabilidade civil do Estado por danos decorrentes do comércio de fogos de artifício, assinale a alternativa correta segundo o entendimento do Supremo Tribunal Federal.

a) A responsabilidade do Estado é cabível, incidindo a teoria do risco integral, seja no caso de acidente ocorrido no comércio regularizado, seja no caso de comércio irregular de fogos de artifício.

b) Em caso de explosão de loja clandestina destinada ao comércio de fogos de artifício, tendo em conta a teoria do risco administrativo, será aplicada a responsabilidade objetiva do ente estatal.

c) O Estado será responsabilizado em caso de acidente em comércio de fogos de artifício quando forem de conhecimento do poder público eventuais irregularidades praticadas pelo particular.

d) Para que o Estado seja responsabilizado em caso de acidente ocorrido em comércio de fogos de artifício, faz-se necessária a demonstração de dolo ou culpa do agente público responsável pela fiscalização.

e) Em caso de acidente ocorrido no comércio de fogos de artifício, incide excludente de responsabilidade do Estado, sendo a responsabilização exclusiva do particular, tendo em conta tratar-se de atividade econômica voltada à persecução de lucro.

COMENTÁRIO

Alternativa "c" (responde as demais alternativas). De acordo com a jurisprudência do Supremo Tribunal Federal, o Estado pode ser civilmente responsabilizado por danos decorrentes do comércio de fogos de artificio se conceder licença para funcionamento sem as cautelas legais ou quando tiver conhecimento de irregularidades praticadas, mas não agir. Na análise do caso concreto, a Corte afastou a responsabilidade do Município de São Paulo por omissão no dever de fiscalização (RE nº 136.861). A tese fixada foi a de que *"para que fique caracterizada a responsabilidade civil do Estado por danos decorrentes do comércio de fogos de artifício, é necessário que exista violação de um dever jurídico específico de agir, que ocorrerá quando for concedida a licença para funcionamento sem as cautelas legais, ou quando for de conhecimento do Poder Público eventuais irregularidades praticadas pelo particular".*

Alternativa correta: letra "c".

183. (UFPR - Delegado de Polícia - PC - PR/2021) Acerca da responsabilidade do Estado por atos praticados por agentes de segurança pública, considere as seguintes afirmativas:

1. Em face de dano causado por disparo de arma de fogo de agente policial, caso este não se encontre em serviço, aplica-se a teoria da faute du service para responsabilização do Estado.
2. Caso se demonstre que o agente policial encontrava-se em atendimento a ocorrência, ele ficará isento de ressarcir eventuais danos à viatura decorrentes de o agente conduzi-la em contramão de via.
3. A teoria do risco administrativo incide no caso de perseguição policial que resultou em ferimento a transeunte, causado por projétil de arma de fogo disparado por agente policial.
4. O Estado responde objetivamente em caso de dano decorrente de utilização de arma de fogo de corporação militar por parte de soldado fardado, mesmo se este não se encontrar em serviço.

Assinale a alternativa correta.

a) Somente a afirmativa 1 é verdadeira.
b) Somente as afirmativas 2 e 3 são verdadeiras.
c) Somente as afirmativas 3 e 4 são verdadeiras.
d) Somente as afirmativas 1, 2 e 4 são verdadeiras.
e) As afirmativas 1, 2, 3 e 4 são verdadeiras.

COMENTÁRIO

Item I. Errado. Em face de dano causado por disparo de arma de fogo de agente policial, caso este não se encontre em serviço, aplica-se a teoria do **risco administrativo** para responsabilização do Estado. À luz dessa teoria, o Supremo Tribunal Federal entendeu pela responsabilização do Estado no caso de disparo de arma de fogo particular manejada por policial militar em período de folga (ARE 919386 AgR / PE).

Item II. Errado. Há o entendimento jurisprudencial, em vários tribunais pátrios, de que o agente policial ficará isento de ressarcir eventuais danos à viatura decorrentes do atendimento de ocorrências. Tal entendimento, contudo, pressupõe que o agente público não tenha atuado com culpa *lato sensu*, o que é incompatível com trafegar na contramão da via, como destacado na alternativa.

Item III. Correto. São várias as decisões judiciais no sentido da responsabilização do Estado por danos decorrentes de perseguição policial. É a aplicação irrestrita da **teoria do risco administrativo**, que se baseia no risco inerente à atividade administrativa e, assim, devem ser repartidos os ônus e os bônus dessa atividade, pelo que todos da sociedade, de maneira difusa, por meio Estado, arcarão com determinado prejuízo causado a alguém no exercício da atividade administrativa e não apenas a vítima do dano.

Item IV. Correto. Como destacado no item I, são inúmeras as decisões judiciais que imputam a responsabilidade do Estado em caso de dano decorrente de utilização de arma de fogo de corporação militar por agente público, mesmo se este não se encontrar em serviço. O art. 37, § 6º, da Constituição Federal estabelece que as "pessoas jurídicas de direito público e as de direito privado prestadoras de serviços públicos **responderão pelos danos que seus agentes, nessa qualidade, causarem a terceiros**, assegurado o direito de regresso contra o responsável nos casos de dolo ou culpa". Vale reiterar que, no RE 213.525, o Supremo Tribunal Federal reconheceu que o Estado responde pelo crime praticado por policial com arma da corporação, mesmo estando em folga.

Alternativa correta: letra "c".

184. (Inst. Acesso - Delegado de Polícia - PC - ES/2019) Sobre os elementos jurídicos da responsabilidade civil do Estado, assinale a afirmação INCORRETA:

a) É cabível ação de regresso manejada pela Pessoa Jurídica de Direito Público, na hipótese de esta ser condenada a ressarcir um particular, em razão de conduta culposa de agente gerador de dano a terceiro.
b) Os elementos comuns da responsabilidade civil objetiva e subjetiva são a ação do Estado, o nexo causal e o dano.
c) Culpa é elemento subjetivo a ser verificado em ação de indenização quando se tratar de responsabilidade subjetiva.
d) Na ação de reparação de danos, que tem por objeto a conduta comissiva de um agente do Estado, é preciso que se comprove, além do nexo causal e dano, o elemento volitivo do agente do Estado.
e) Aplica-se a responsabilidade civil subjetiva do Estado na hipótese de dano físico em particular que estava sob a custódia de um agente policial, e quando a alegação de dano físico decorreu de conduta omissiva do referido policial.

COMENTÁRIO

✪ **Nota do Autor:** A responsabilidade extracontratual do Estado pode ser definida como a "obrigação de reparar os danos causados a terceiros em decorrência de comportamentos comissivos ou omissivos, materiais ou jurídicos, lícitos ou ilícitos, imputáveis aos agentes públicos"[78]. Atente-se, pois deve ser assinalada a alternativa incorreta.

Alternativa "a". O art. 37, §6º da Constituição Federal estabelece que "as pessoas jurídicas de direito público e as de direito privado prestadoras de serviços públicos responderão pelos danos que seus agentes, nessa qualidade, causarem a terceiros, assegurado o direito de regresso contra o responsável nos casos de dolo ou culpa". Em referido dispositivo, verifica-se que existe a **exigência de dolo ou culpa para a responsabilização**

78 DI PIETRO, Maria Sylvia Zanella. *Direito administrativo*. 23 ed. São Paulo: Atlas, 2010. p. 643.

dos agentes públicos, o que não ocorre em relação às pessoas jurídicas mencionadas, **donde se conclui que a responsabilidade extracontratual do Estado brasileiro é objetiva**, ou seja, independe da verificação de dolo ou culpa. Assim, verificados a conduta danosa, o prejuízo à vítima e o nexo de causalidade – e, por fim, a não incidência em uma das hipóteses de exclusão da responsabilidade -, a Administração Pública tem o dever de indenizar a vítima quanto à lesão suportada. Caso - e tão somente – verificado **dolo ou culpa** na conduta do agente público causador da lesão, a Administração tem o dever de ajuizar **ação de regresso** contra aquele, como apontado no dispositivo constitucional mencionado.

Alternativa "b" (responde a alternativa "c"). Sendo, via de regra, objetiva a responsabilidade do Estado, **não é necessária a presença do elemento culpa (indispensável par a caracterização da responsabilidade subjetiva),** de tal modo que a ação do Estado, o nexo causal e o prejuízo são suficientes para a responsabilização.

Alternativa "d". Na responsabilidade objetiva, **não há necessidade da demonstração de dolo ou culpa do agente público**, mas é essencial que se demonstre que houve o dano e há nexo causal entre ele e a conduta do agente.

Alternativa "e". Na responsabilidade por omissão não há como, objetivamente, fazer a conexão entre a conduta do Estado e o dano causado, pois não há conduta estatal. O Estado será responsabilizado quando tinha o dever de agir para impedir o resultado e não atuou e, por isso, será necessário demonstrar a falha na atuação. Em regra, haverá o reconhecimento da responsabilidade subjetiva do Estado por culpa anônima, em razão da *faute du service*. É de cunho subjetivo, pois deve ser demonstrada a culpa da Administração (não do agente) e se verifica a culpa do serviço quando o serviço não existe (e deveria), funciona inadequadamente e funciona atrasado. Porém, o STF reconhece como objetiva a responsabilidade no caso de omissão específica.

Alternativa correta: letra "d".

---

185. (Inst. Acesso – Delegado de Polícia – PC – ES/2019) Levando em consideração a responsabilidade civil do Estado é INCORRETO afirmar que:

a) A ação de ressarcimento do Estado contra o agente público que produziu o dano é imprescritível.

b) O direito de regresso contra o servidor público é assegurado nos casos de dolo ou culpa.

c) A ação de regresso deve demonstrar o nexo causal da ação do agente público e o dano causado.

d) O Estado responde de forma objetiva pelas suas omissões quando tinha o dever legal específico de agir para impedir o dano.

e) O prazo prescricional para propositura de ação de responsabilidade civil contra o Estado é de 3 (três) anos.

COMENTÁRIO

Alternativa "a". Conforme prevê o art. 37, § 5º, da Constituição Federal, a ação de ressarcimento de dano causado ao erário é imprescritível. Todavia, em relação ao tema, entende o STF que a prescritibilidade é a regra, mas há exceções nas quais ocorre a imprescritibilidade. Nesse sentido, fixou as seguintes teses de repercussão geral: "É prescritível a ação de reparação de danos à Fazenda Pública decorrente de ilícito civil" (RE 669.069; Tema 666). "É prescritível a pretensão de ressarcimento ao erário fundada em decisão de Tribunal de Contas" (RE 636886 Tema 899). "São imprescritíveis as ações de ressarcimento ao erário fundadas na prática de ato doloso tipificado na Lei de Improbidade Administrativa" (RE 852.475; Tema 897).

Alternativa "b" (responde a alternativa "c"). O art. 37, § 6º, da Constituição Federal estabelece que as "pessoas jurídicas de direito público e as de direito privado prestadoras de serviços públicos responderão pelos danos que seus agentes, nessa qualidade, causarem a terceiros, assegurado o direito de regresso contra o responsável nos casos de dolo ou culpa". Ademais, deve-se comprovar o nexo causal entre a ação do agente e o dano causado.

Alternativa "d". Na responsabilidade por omissão não há como, objetivamente, fazer a conexão entre a conduta do Estado e o dano causado, pois **não há conduta estatal**. O Estado será responsabilizado quando tinha o **dever de agir** para impedir o resultado e não atuou e, por isso, será necessário demonstrar a falha na atuação. Todavia, em se tratando de dever específico de agir, a responsabilidade do Estado será objetiva, nos termos do que vem decidindo o STF (RE nº 841526 com repercussão geral reconhecida): **"em caso de inobservância do seu dever específico de proteção previsto no artigo 5º, inciso XLIX, da Constituição Federal, o Estado é responsável pela morte do detento"**.

Alternativa "e". O STJ modificou sua posição com relação ao prazo prescricional a ser aplicado nas ações de reparação de dano em face do Estado. A posição anterior era no sentido de que o prazo a ser aplicado deveria ser o do art. 206, §3º, V do Código Civil, ou seja, o prazo de 3 anos. **A posição atual da referida Corte, porém, é que em caso de reparação em face do Estado, o prazo a ser aplicado será de 5 anos,** conforme prescreve o art. 1º do Decreto nº 20.910/32, entendendo que esse último possui regra especial em relação ao Código Civil (EResp 1.081.885). Todavia, nos termos da Súmula 647 do STJ, "São imprescritíveis as ações indenizatórias por danos morais e materiais decorrentes de atos de perseguição política com violação de direitos fundamentais ocorridos durante o regime militar."

Alternativa correta: letra "e".

---

186. (Fundatec – Delegado de Polícia – PC – RS/2018) Uma equipe da Delegacia de Polícia de Roubos e Extorsões do Departamento Estadual de Investigações Criminais da Polícia Civil do Estado do Rio Grande do

Sul, a bordo de uma viatura oficial devidamente caracterizada, na rodovia BR 290, no sentido capital-litoral, realiza perseguição a um veículo tripulado por criminosos que, instantes antes, praticaram um assalto a uma agência bancária, com emprego de explosivos. Ao longo da perseguição, os policiais se veem obrigados a não parar na praça de pedágio, rompendo a respectiva cancela, de propriedade de empresa concessionária de serviço público, como única forma de não perderem os criminosos de vista. Graças a essa atitude, a equipe se manteve no encalço dos criminosos, logrando êxito em prendê-los em flagrante. Relacionando o caso acima com a responsabilidade extracontratual do Estado, analise as seguintes assertivas:

I. O Estado responderá objetivamente pelo prejuízo causado à empresa concessionária de serviço público.

II. A equipe de policiais civis não poderá ser responsabilizada em ação regressiva, porque não agiu com dolo ou culpa, mas no estrito cumprimento do dever legal.

III. A jurisprudência do Supremo Tribunal Federal adota, como regra geral, a teoria do risco administrativo para fundamentar a responsabilidade objetiva extracontratual do Estado.

Quais estão corretas?

a) Apenas I.
b) Apenas II.
c) Apenas I e II.
d) Apenas I e III.
e) I, II e III.

COMENTÁRIO

✪ **Nota do autor:** O art. 37, §6º, da Constituição Federal estabelece que as "pessoas jurídicas de direito público e as de **direito privado prestadoras de serviços públicos** responderão pelos danos que seus agentes, nessa qualidade, causarem a terceiros, assegurado o direito de regresso contra o responsável nos casos de dolo ou culpa".

Item I. O Estado responde objetivamente pelos danos que seus agentes, nessa qualidade, causarem a terceiros. De acordo com o texto constitucional, há a **exigência de dolo ou culpa para a responsabilização dos agentes públicos**, o que não ocorre em relação às pessoas jurídicas de direito público ou de direito privado prestadoras de serviço público, **donde se conclui que a responsabilidade extracontratual do Estado brasileiro é objetiva**, ou seja, independe da verificação de dolo ou culpa. Assim, verificados a conduta danosa, o prejuízo à vítima e o nexo de causalidade – e, por fim, a não incidência em uma das hipóteses de exclusão da responsabilidade –, a Administração Pública tem o dever de indenizar a vítima da lesão suportada.

Item II. O **direito de regresso** contra o agente causador do dano deve ser exercido pelo Estado quando aquele tenha agido com **dolo** ou **culpa**. No caso narrado, os agentes públicos não atuaram com **dolo** ou **culpa**, de tal modo que não devem ser responsabilizados, portanto.

Item III. De acordo com a **teoria do risco**, a responsabilidade do Estado é de **natureza objetiva,** ou seja, é desnecessária a demonstração de dolo ou culpa para que ocorra a responsabilização estatal. Essa teoria baseia-se no **risco** e na **solidariedade social** porque o Estado, no exercício de suas atividades, tem grande possibilidade de causar dano ao administrado. Essa teoria subdivide-se em duas vertentes: **teoria do risco administrativo,** de acordo com a qual, são admitidas excludentes de responsabilidade, em razão de caso fortuito ou força maior, culpa exclusiva da vítima e culpa exclusiva de terceiro; e **teoria do risco integral,** na qual não são admitidas excludentes de responsabilidade. A Constituição Federal, no art. 37, § 6º, adotou a responsabilidade objetiva do Estado, mas com base na teoria do risco administrativo e não a teoria do risco integral, salvo, no texto constitucional, em relação aos danos causados por acidente nucleares, consoante o art. 21, XXIII, "d".

Alternativa correta: letra "e".

---

187. (IBADE – Delegado de Polícia – AC/2017) Considerando os entendimentos jurisprudenciais do Superior Tribunal de Justiça e do Supremo Tribunal Federal relativos à responsabilidade civil do Estado, assinale a alternativa correta.

a) Para a jurisprudência do Superior Tribunal de Justiça, o Estado não responde civilmente por atos ilícitos praticados por foragidos do sistema penitenciário, salvo quando os danos decorrem direta ou imediatamente do ato de fuga. Também entende o Superior Tribunal de Justiça que o Estado pode responder civilmente pelos danos causados por seus agentes, ainda que estes estejam amparados por causa excludente de ilicitude penal.

b) Segundo o Supremo Tribunal Federal, é obrigação do Estado ressarcir os danos, inclusive morais, comprovadamente causados aos detentos em decorrência da falta ou insuficiência das condições legais de encarceramento. Para fundamentar esta tese, a Corte Excelsa invocou a teoria do risco administrativo do tipo integral.

c) Conforme a jurisprudência do Supremo Tribunal Federal, o Estado não deve ser condenado a indenizar servidores na hipótese de posse em cargo público determinada por decisão judicial, sob fundamento de que deveria ter sido investido em momento anterior, ainda que seja comprovada situação de arbitrariedade flagrante. Para o Supremo Tribunal Federal, nas hipóteses de arbitrariedade flagrante, a indenização deve ser substituída pelo reconhecimento do tempo de serviço.

d) Segundo o Supremo Tribunal Federal, caso um detento seja encontrado morto nas dependências de estabelecimento penitenciário e seja comprovado que se tratou de um suicídio, à luz da teoria do risco administrativo entende-se que não há como se imputar qualquer responsabilidade ao Estado.

e) O Superior Tribunal de Justiça, em conflito com a jurisprudência do Supremo Tribunal Federal, firmou entendimento no sentido de que o Estado deve ser responsabilizado civilmente caso o inquérito policial instaurado por delegado de polícia seja arquivado judicialmente após pedido do Ministério Público.

COMENTÁRIOS

Nota do autor: O art. 37, § 6º, da Constituição Federal estabelece que as "pessoas jurídicas de direito público e as de direito privado prestadoras de serviços públicos responderão pelos danos que seus agentes, nessa qualidade, causarem a terceiros, assegurado o direito de regresso contra o responsável nos casos de dolo ou culpa". Assim, para haver a responsabilização do Estado não é necessária a perquirição do elemento subjetivo da conduta do agente público, isto é, não é preciso indagar se este agiu com dolo ou culpa, cuidando-se de indagação irrelevante para que o Estado seja obrigado a indenizar a vítima do dano, porque, para tanto, basta o nexo causal entre a conduta do agente e o prejuízo dela decorrente. Entretanto, situação diferente se revela em relação ao agente público, pois a pessoa estatal tem o direito de regresso apenas quando houve a conduta dolosa ou culposa, quer dizer, o agente público só responderá, perante a Administração Pública, se agiu com dolo ou culpa.

Alternativa "a". O STJ possui entendimento nos dois sentidos mencionados na alternativa. Assim, no REsp nº 980.844, decidiu que o Estado não responde civilmente por atos ilícitos praticados por foragidos do sistema penitenciário, salvo quando os danos decorrem direta ou indiretamente do ato de fuga, propriamente dito. E, no REsp nº 1.266.517, restou decidido que "a Administração Pública pode ser condenada ao pagamento de indenização pelos danos cíveis causados por uma ação de seus agentes, mesmo que consequentes de causa excludente de ilicitude penal". Já o STF fixou tese sobre o assunto no RE nº 608.880 (tema nº 362 de repercussão geral), no seguinte sentido: "Nos termos do artigo 37 §6º da Constituição Federal, não se caracteriza a responsabilidade civil objetiva do Estado por danos decorrentes de crime praticado por pessoa foragida do sistema prisional, quando não demonstrado o nexo causal direto entre o momento da fuga e a conduta praticada".

Alternativa "b". Segundo o Supremo Tribunal Federal, é obrigação do Estado ressarcir os danos, inclusive morais, comprovadamente causados aos detentos em decorrência da falta ou insuficiência das condições legais de encarceramento. Para fundamentar esta tese, a Corte Excelsa invocou a teoria do risco administrativo, pela qual possível a existência de excludentes de responsabilidade. Neste sentido, é o RE nº 580.252.

Alternativa "c". Conforme a jurisprudência do Supremo Tribunal Federal, o Estado não deve ser condenado a indenizar servidores na hipótese de posse em cargo público determinada por decisão judicial, sob fundamento de que deveria ter sido investido em momento anterior, **salvo se** comprovada situação de arbitrariedade flagrante. Nesse sentido, é o RE nº 724.347.

Alternativa "d". Segundo o Supremo Tribunal Federal, caso um detento seja encontrado morto nas dependências de estabelecimento penitenciário e não seja possível se comprovar que se tratou de suicídio, imperiosa a responsabilização do Estado. Nesse sentido, é o RE nº 841.526.

Alternativa "e". O Superior Tribunal de Justiça firmou entendimento no sentido de que o Estado **não** deve ser responsabilizado civilmente caso o inquérito policial instaurado por delegado de polícia seja arquivado judicialmente após pedido do Ministério Público, uma vez que **não há configuração de erro judicial**, em referida situação. Nesse sentido, é o AgRg no AREsp nº 286.780-RN.

Alternativa correta: letra "a".

---

188. (ACAFE – Delegado de Polícia – SC/2014) Sobre a responsabilidade civil da Administração Pública, assinale a alternativa correta.

a) A absolvição do servidor no juízo criminal afastará a responsabilidade civil do Estado se não ficar comprovada culpa exclusiva da vítima.

b) A responsabilidade da Administração Pública será afastada se comprovada ausência do nexo causal entre o dano e a ação do Estado.

c) Não cabe à Administração Pública indenizar o erro judiciário.

d) As pessoas jurídicas de direito público interno são civilmente responsáveis por atos dos seus agentes que, nessa qualidade, causem danos a terceiros, ressalvado direito regressivo contra os causadores do dano, apenas se houver dolo por parte destes.

e) A Administração Pública deve indenizar o dano sofrido pelo particular somente se for comprovada a existência de falha da atividade administrativa.

COMENTÁRIOS

Nota do autor: O Brasil adotou a **teoria do risco administrativo**, uma vez que, muito embora seja objetiva a responsabilidade do Estado, são admitidas excludentes em razão de caso fortuito ou força maior, culpa exclusiva da vítima e culpa exclusiva de terceiro.

Alternativa "a". Vigora a independência entre as instâncias de responsabilização, de tal forma que a absolvição do servidor no juízo criminal **não** afastará a responsabilidade civil do Estado, uma vez que esta, como destacado, é **objetiva** e, portanto, independe da existência de **culpa ou dolo**.

Alternativa "b". Nos casos de **rompimento** do nexo causal – dada a inexistência de um dos elementos necessários para a imputação de responsabilidade objetiva, quais sejam, existência de ato ilícito, prejuízo à vítima e nexo de causalidade – **entende-se que não há responsabilização do Estado**. É o que ocorre, por exemplo, quando há **culpa exclusiva da vítima** ou, ainda, **culpa exclusiva de terceiro.**

Alternativa "c". O Estado, **em regra**, **não responde** pelos atos judiciais, **exceto** nos casos de (art. 5º, LXXV, CF): **a) erro judiciário**; **b) prisão além do tempo da condenação.**

Alternativa "d". As pessoas jurídicas de direito público interno são civilmente responsáveis por atos dos seus agentes que, nessa qualidade, causem danos a terceiros, ressalvado direito regressivo contra os causadores do dano, **se houver culpa ou dolo na conduta por estes perpetrada.**

Alternativa "e". O art. 37, § 6º, da Constituição Federal, impõe às pessoas jurídicas de direito público e às pessoas jurídicas de direito privado prestadoras de serviço público a chamada **responsabilidade objetiva**. Assim, não é necessária a ocorrência de **falha administrativa** para que a Administração Pública seja indenizada, bastando, apenas e tão somente, **ato ilícito, prejuízo às vítimas e nexo de causalidade.**

Alternativa correta: letra "b".

189. (UEL – Delegado de Polícia – PR/2013) Quanto à responsabilidade extracontratual do Estado, assinale a alternativa que apresenta, corretamente, caso em que existe uma atenuante de responsabilidade do Estado.

a) Caso fortuito.

b) Culpa concorrente da vítima.

c) Culpa exclusiva de terceiros.

d) Dolo eventual.

e) Força maior.

COMENTÁRIOS

Nota do autor: a **responsabilidade extracontratual do Estado**, no Brasil, é objetiva, mas, pela adoção da **teoria do risco administrativo**, admitem-se **situações capazes de excluir a responsabilidade estatal**, porque **excluem o nexo de causalidade.**

Alternativa "a" (responde as alternativas "c" e "e"). São **excludentes da responsabilidade objetiva do Estado** o **caso fortuito** ou a **força maior**, a **culpa exclusiva da vítima** e a **culpa exclusiva de terceiros.**

Alternativa "b". A **culpa concorrente da vítima** não exclui a responsabilidade, mas atenua esta, havendo redução do valor de indenização a ser fixado.

Alternativa "d". O **dolo eventual** não exclui nem atenua a responsabilidade do Estado; assim, verificado, por parte do agente público, dolo eventual, será objetiva a responsabilização da Administração Pública.

Alternativa correta: letra "b".

190. (Delegado de Polícia – AP/ 2010 – FGV) Com relação à responsabilidade civil, penal e administrativa decorrente do exercício do cargo, emprego ou função pública, analise as afirmativas a seguir:

I. O funcionário público, condenado na esfera criminal, poderá ser absolvido na esfera civil e administrativa, prevalecendo a regra da independência entre as instâncias.

II. A absolvição judicial do servidor público repercute na esfera administrativa se negar a existência do fato ou excluí-lo da condição de autor do fato.

III. A Administração Pública pode demitir funcionário público por corrupção passiva antes de transitado em julgado da sentença penal condenatória.

IV. A absolvição do servidor público, em ação penal transitada em julgado, por não provada a autoria, implica a impossibilidade de aplicação de pena disciplinar administrativa, porém permite a ação regressiva civil para ressarcimento de dano ao erário.

Assinale:

a) se somente a afirmativa I estiver correta.

b) se somente as afirmativas I e II estiverem corretas.

c) se somente as afirmativas II e IV estiverem corretas.

d) se somente as afirmativas II e III estiverem corretas.

e) se todas as afirmativas estiverem corretas.

COMENTÁRIOS

Nota do autor: O **agente público** deve exercer suas atribuições de maneira regular, em conformidade com o ordenamento jurídico e será responsabilizado quando atuar de maneira irregular, infringindo algum dispositivo normativo. Há diferentes esferas de responsabilização, e o agente público, com um ato só, pode **responder** nas esferas **cível, penal** e **administrativa.**

Item I. A regra é que as **sanções penais, administrativas e civis podem cumular-se, pois são independentes entre si.** No entanto, a **exceção** se dá na esfera **penal**, quando o **servidor for absolvido em razão da inexistência do fato ou da negativa de autoria**. Qualquer outro motivo que tenha sido absolvido não interferirá na esfera administrativa ou cível. Se, contudo, o agente público for **condenado** em âmbito penal, **necessariamente** o será na esfera civil e administrativa.

Item II. Como visto, na esfera **penal**, quando o **servidor for absolvido em razão da inexistência do fato ou da negativa de autoria**, não poderá ser responsabilizado em âmbito civil ou administrativo. Qualquer outro motivo que tenha sido absolvido não interferirá nas outras esferas de responsabilização.

Item III. Pela pena de **demissão,** o **servidor titular de cargo efetivo é desligado compulsoriamente da Administração Pública**. Se no respectivo estatuto a corrupção estiver prevista como passível de demissão, como ocorre na esfera federal (art. 132, XI, da Lei nº

8.112/90), não há necessidade de aguardar o trâmite do processo judicial.

Item IV. Como destacado, a regra é que as **sanções penais, administrativas e civis podem cumular-se, pois são independentes entre si.** No entanto, a **exceção** se dá na esfera **penal**, quando o **servidor for absolvido em razão da inexistência do fato ou da negativa de autoria**. Qualquer outro motivo que tenha sido absolvido não interferirá na esfera administrativa ou cível, inclusive a absolvição por **não provada a autoria**. Quanto à ação regressiva, o que deve ser levado em consideração é se o servidor agiu ou não com dolo ou culpa e se o Estado reparou o dano.

Alternativa correta: letra "d". Estão corretos os itens II e III.

15. CONTROLE DA ADMINISTRAÇÃO PÚBLICA

- CF, art. 5º LXVIII, LXIX, LXX, LXXI, LXXII, LXIII e LXXVII
- CF, artigos 50 e 58
- CF, artigos 70, 71 e 74
- CF, art. 103
- CF, art. 129, II
- Lei nº 12.016/09
- Lei nº 7.347/85
- Lei nº 4.717/65

191. (FGV – Delegado de Polícia – PC – SC/2024) Ao realizar a sua atividade regulatória, o Conselho Administrativo de Defesa Econômica – CADE, após o devido processo legal, aplicou sanção proporcional prevista em lei à determinada sociedade, no âmbito de sua atuação para reprimir o abuso do poder econômico.

Ocorre que a mencionada sociedade não se conforma com a aludida penalidade, razão pela qual ajuizou ação para fins de obter a sua anulação, sob o fundamento de que cabe ao Judiciário exercer o controle de legalidade dos atos administrativos sancionatórios.

Diante dessa situação hipotética, à luz da jurisprudência do Supremo Tribunal Federal acerca do controle judicial das decisões regulatórias, é correto afirmar que

a) cabe ao Judiciário adentrar o mérito do sancionamento questionado, a fim de aplicar a penalidade que entenda pertinente para reprimir o abuso do poder econômico.
b) considerando que o CADE é a autoridade administrativa com jurisdição na respectiva seara, o Judiciário deve eximir-se de realizar o controle suscitado pela sociedade em questão.
c) a capacidade institucional do Judiciário revela a sua expertise no tratamento de questões atinentes à seara regulatória, a viabilizar a substituição da sanção aplicada pelo CADE por outra prevista em lei que entenda pertinente.
d) o Judiciário apenas poderia anular a penalidade em questão caso verificada a desproporcionalidade da medida, hipótese em que cabe ao Juízo a determinação da sanção cabível, a ser pautada em lei, independente de suas consequências para o mercado.
e) a natureza prospectiva e multipolar das decisões regulatórias se diferencia das questões comumente enfrentadas pelo Judiciário, que ao realizar o controle de tais atos tem o dever de deferência em relação às escolhas técnicas adotadas pela entidade administrativa em foco.

COMENTÁRIO

Alternativa "e" (responde as demais alternativas). No julgamento do Agravo Interno em Recurso Extraordinário nº 1.083.955, o Supremo Tribunal Federal assentou o entendimento de que "a natureza prospectiva e multipolar das questões regulatórias se diferencia das demandas comumente enfrentadas pelo Judiciário, mercê da própria lógica inerente ao processo judicial (...)", de tal modo que há "(...) o dever de deferência do Judiciário às decisões técnicas adotadas por entidades reguladoras repousa na (i) falta de expertise e capacidade institucional de tribunais para decidir sobre intervenções regulatórias, que envolvem questões policêntricas e prognósticos especializados e (ii) possibilidade de a revisão judicial ensejar efeitos sistêmicos nocivos à coerência e dinâmica regulatória administrativa".

Alternativa correta: letra "e".

192. (FGV – Delegado de Polícia – PC – SC/2024) Ao realizar a atividade de controle administrativo, a autoridade competente observou as seguintes situações:

I. a sociedade Alfa após obter o regular deferimento de certo ato administrativo praticou infração que deve importar em sua extinção;
II. certo ato discricionário regularmente deferido à sociedade Beta, sem vícios, não mais atende ao interesse público;
III. determinado ato vinculado deferido em benefício da sociedade Ômega possui vício sanável de competência.

Aponte a opção que correlaciona adequadamente a situação descrita à providência a ser adotada pela Administração Pública.

a) I-cassação; II-revogação; III-convalidação.
b) I-anulação; II-revogação; III-anulação.
c) I-revogação; II-anulação; III-convalidação.
d) I-cassação; II-anulação; III-revogação.
e) I-anulação; II-convalidação; III-revogação.

COMENTÁRIO

✪ **Nota do Autor:** O ato administrativo é espécie do gênero ato jurídico, regido pelo direito público, do qual irá se valer o Estado ou quem age em seu nome, para exprimir, de forma unilateral, uma declaração de vontade, fundada na lei e voltada ao desempenho de funções administrativas na gestão do interesse coletivo. Como qualquer outro ato jurídico, os atos administrativos produzem seus efeitos e são extintos em determinado momento. Segundo a doutrina a extinção dos atos administrativos pode ocorrer de cinco formas distintas a saber: **i) normal ou natural; ii) subjetiva, iii) objetiva; iv) por manifestação da vontade do particular (renúncia e recusa)** e, **v) por manifestação da vontade de Administração (caducidade, cassação, anulação e a revogação).**

Alternativa "a" (responde as demais alternativas). A ***cassação ato administrativo é uma das formas de extinção do ato administrativo em razão do descumprimento pelo destinatário de condições que deveriam ser atendidas a fim de poder continuar desfrutando da situação jurídica. Exemplo: a cassação da licença para funcionamento de hotel, por haver convertido em casa de prostituição. Esclareça-se que a cassação, ocorre por um vício de ilegalidade superveniente. A revogação é*** a **extinção do ato administrativo válido ou de seus efeitos por razões de conveniência e oportunidade**, em face do interesse público, ou seja, em dado momento, um ato administrativo, de natureza discricionária, foi praticado porque a autoridade administrativa entendeu que isso era conveniente e oportuno, mas em momento posterior, esse juízo de valoração é alterado e o que era conveniente e oportuno passa a ser inconveniente e inoportuno, cabendo sua extinção pela revogação. Enfim, a **anulação** é a extinção do ato administrativo por razões de ilegalidade. Neste caso, o ato possui algum vício que o contamina e, não sendo passível a convalidação, deve haver a sua invalidação. Como, no caso, tem-se ato administrativo eivado de vício, quando é feito o ato anulatório, apenas se está reconhecendo um vício que já maculava o ato desde sua feitura e, por isso, os efeitos da anulação voltam no tempo de modo a atingir o ato no nascedouro, isto é, os efeitos são *ex tunc*. A competência para anular é da própria Administração, de ofício ou a pedido.

Alternativa correta: letra "a".

---

193. (Fumarc - Delegado de Polícia - PC - MG/2018) Sobre o controle administrativo da Administração Pública, NÃO é correto afirmar:

a) É um controle de legalidade e de mérito.

b) Pode ocorrer por iniciativa da própria administração, mas não pode ser deflagrado mediante provocação dos administrados.

c) Quanto à natureza do órgão controlador, se divide em legislativo, judicial e administrativo.

d) Tem por finalidade confirmar, alterar ou corrigir condutas internas, segundo aspectos de legalidade ou de conveniência para a Administração.

COMENTÁRIO

✪ **Nota do autor:** O **controle administrativo** é **o poder que a própria Administração Pública tem de fiscalização e correção sobre seus próprios atos, sob os aspectos de legalidade e mérito, por iniciativa própria ou mediante provocação.** Deriva do poder-dever de autotutela que a Administração Pública tem sobre seus atos e agentes.

Alternativa "b" (responde às alternativas "a" e "d"). O "**controle administrativo** é um **autocontrole** dentro da Administração Pública"[79]. É "o poder de fiscalização e correção que a Administração (em sentido amplo) exerce sobre sua própria atuação, sob os aspectos de legalidade e mérito, por iniciativa própria ou **mediante provocação**" [80]. Decorre principalmente do poder de **autotutela,** mas também da própria **tutela,** quando se tratar de entidades da administração indireta.

Alternativa "c". Para que essa atividade de controle torne efetiva a submissão da Administração Pública à ordem jurídica, há um sistema tríplice de controle: **controle administrativo**, **controle legislativo** e **controle jurisdicional**[81].

Alternativa correta: letra "b".

---

194. (IBADE - Delegado de Polícia - AC/2017) Quanto ao Controle da Administração Pública, é correto afirmar:

a) Quanto aos sistemas de controle da Administração Pública, o ordenamento brasileiro filiou-se ao sistema francês ou de dualidade de jurisdição, na medida em que vários órgãos colegiados administrativos possuem a função atípica de julgamento de recursos administrativos.

b) A Administração pode anular seus próprios atos quando eivados de vícios que os tornam ilegais, porque deles não se originam direitos; ou revogá-los, por motivo de conveniência ou oportunidade, respeitados os direitos adquiridos, e ressalvada, em todos os casos, a apreciação judicial.

c) Por inexistir hierarquia entre a administração direta e a administração indireta, veda-se o controle administrativo desta por aquela. Neste norte de ideias, caso a administração direta discorde da atuação da administração indireta, o caso controvertido deve ser judicializado.

d) Como regra, para que um ato da Administração Pública seja controlado pelo Poder Judiciário, deve

---

79. FAGUNDES, Miguel Seabra. *O controle dos atos administrativos pelo poder judiciário*. 8. ed. atualizada por Gustavo Binenbojm. Rio de Janeiro: Forense, 2010. p. 126. Original sem destaque.
80. DI PIETRO, Maria Sylvia Zanella. *Direito administrativo*. 23. ed. São Paulo: Atlas, 2010. p. 730.
81. FAGUNDES, Miguel Seabra. *O controle dos atos administrativos pelo poder judiciário*. 8. ed. atualizada por Gustavo Binenbojm. Rio de Janeiro: Forense, 2010. p. 125-126.

o interessado esgotar a via administrativa percorrendo todas as suas instâncias.

e) Os Tribunais de Contas dos Estados integram o Poder Judiciário estadual e exercem controle externo da Administração Pública.

COMENTÁRIOS

✪ **Nota do autor:** O controle da Administração Pública é "o conjunto de mecanismos jurídicos e administrativos por meio dos quais se exerce o poder de fiscalização e de revisão da atividade administrativa em qualquer das esferas de poder"[82].

Alternativa "a". O Brasil **não** adota o sistema francês ou de dualidade de jurisdições, uma vez que, no país, **há uma jurisdição única**, inclusive para resolução de conflitos que envolvam a Administração Pública. Fala-se, assim, em **unicidade de jurisdição**. Nesse sentido é o art. 5º, XXXV: "a lei não excluirá da apreciação do Poder Judiciário lesão ou ameaça a direito". Por isso, as decisões administrativas no Brasil não possuem característica de definitividade.

Alternativa "b". Nos termos da Súmula 473 do STF, representativa do princípio da autotutela, a "administração pode anular seus próprios atos, quando eivados de vícios que os tornam ilegais, **porque deles não se originam direitos**; ou revogá-los, por motivo de conveniência ou oportunidade, respeitados os direitos adquiridos, e ressalvada, em todos os casos, a apreciação judicial".

Alternativa "c". O "**controle administrativo** é um **autocontrole** dentro da Administração Pública"[83]. É "o poder de fiscalização e correção que a Administração (em sentido amplo) exerce sobre sua própria atuação, sob os aspectos de legalidade e mérito, por iniciativa própria ou mediante provocação" [84]. Decorre principalmente do poder de **autotutela,** mas também da própria **tutela,** quando se tratar de entidades da administração indireta. **Quanto à amplitude ou fundamento**, o controle pode ser **hierárquico** (ou por subordinação) ou **finalístico** (ou por vinculação). O primeiro caso é decorrência da relação de subordinação instituída em razão do poder hierárquico da Administração. Já, o segundo é o controle realizado pela administração direta sobre as entidades da administração indireta, em que se verifica se a entidade criada está cumprindo as finalidades previstas na lei que a criou ou autorizou a sua criação.

Alternativa "d". À luz do princípio da **inafastabilidade de jurisdição**, previsto no art. 5º, XXXV, da Constituição Federal, **não é necessário, em regra, o esgotamento da via administrativa** para proposição da medida judicial cabível.

82. CARVALHO FILHO, José dos Santos. *Manual de direito administrativo*. 26. ed. São Paulo: Atlas, 2013. p. 836.
83. FAGUNDES, Miguel Seabra. *O controle dos atos administrativos pelo poder judiciário*. 8. ed. atualizada por Gustavo Binenbojm. Rio de Janeiro: Forense, 2010. p. 126. Original sem destaque.
84. DI PIETRO, Maria Sylvia Zanella. *Direito administrativo*. 23. ed. São Paulo: Atlas, 2010. p. 730.

Alternativa "e". Na forma do art. 71, caput, da Constituição Federal, o **controle financeiro externo**, a cargo do Congresso Nacional, será exercido com o **auxílio do Tribunal de Contas da União.** Entretanto, os tribunais de contas revestem-se de **natureza de órgãos constitucionais dotados de autonomia administrativa e financeira**, sem qualquer relação de subordinação com os Poderes Executivo, Legislativo e Judiciário. Nas palavras de Alexandre de Moraes, o Tribunal de Contas da União é um "órgão auxiliar e de orientação do Poder Legislativo, **embora a ele não subordinado**, praticando atos de natureza administrativa, concernentes, basicamente, à fiscalização"[85]. Da mesma forma, os tribunais de contas estaduais não integram o Poder Judiciário.

Alternativa correta: letra "b".

---

195. (Vunesp - Delegado de Polícia - CE/2015) A Administração Pública deve atuar com legitimidade, segundo as normas pertinentes a cada ato e de acordo com a finalidade e o interesse coletivo na sua realização.

Nesse sentido, é correto afirmar que

a) o controle de mérito é todo aquele que antecede a conclusão do ato.

b) a inexistência de lei específica impede o controle externo popular.

c) se o ato pendente de decisão administrativa é inoperante, pode causar lesão ou ameaça de lesão a alguém, que passa a ter legitimação para se socorrer do Judiciário.

d) são características da fiscalização hierárquica a mutabilidade e a provocação.

e) o controle administrativo deriva do poder-dever de autotutela que a Administração tem sobre seus próprios atos e agentes.

COMENTÁRIOS

Alternativa "a". Quanto ao aspecto controlado, o controle pode ser de **legalidade ou de mérito**. Na primeira hipótese, analisa-se a conformidade do ato com o direito, isto é, verifica-se a legalidade do ato praticado; pode ser feito pela própria Administração, pelo Poder Judiciário ou pelo Poder Legislativo. Na segunda hipótese, controla-se a oportunidade, a conveniência de ato discricionário praticado; somente a própria Administração pode fazê-lo. Assim, a alternativa faz menção ao **controle preventivo**, que é aquele realizado antes da conclusão do ato, na classificação do controle **quanto ao momento em que é realizado.**

Alternativa "b". A **inexistência de lei específica não impede o controle externo popular.** Pelo contrário, é plenamente possível que a população, por meios não necessariamente previstos em lei, promova à fiscalização da Administração Pública.

85. *Constituição do Brasil interpretada e legislação constitucional.* 6 ed. São Paulo: Atlas, 2006. p. 1249-1259.

Alternativa "c". Na forma do art. 5º, XXXV, da Constituição Federal, "a lei não excluirá da apreciação do Poder Judiciário lesão ou ameaça a direito"; assim, não há qualquer menção ao fato do ato administrativo ser **inoperante**.

Alternativa "d". A **provocação** não é característica do **controle hierárquico**, uma vez que, à luz do **princípio da autotutela,** a Administração Pública deve, **de ofício**, atuar quando verificada uma irregularidade.

Alternativa "e". O "**controle administrativo** é um **autocontrole** dentro da Administração Pública"[86]. É "o poder de fiscalização e correção que a Administração (em sentido amplo) exerce sobre sua própria atuação, sob os aspectos de legalidade e mérito, por iniciativa própria ou mediante provocação"[87]. Decorre principalmente do poder de **autotutela,** mas também da própria **tutela,** quando se tratar de entidades da administração indireta.

Alternativa correta: letra "e".

196. (NUCEPE - Delegado de Polícia - PI/2014) Caio ingressou no serviço público há 01 (um ano), contudo, Caio não tem cumprido metas, não vem desempenhando suas atividades dentro da Administração Pública a contento. Com base neste episódio que controle da administração pública possui como função a de observar a eficiência do agente administrativo dentro do princípio da legalidade?

a) Controle administrativo e financeiro.

b) Controle administrativo.

c) Controle político.

d) Controle judicial.

e) Controle legal.

COMENTÁRIOS

Alternativa "a" (responde a alternativa "c"). O **controle legislativo** é exercido pelo Poder Legislativo sobre os atos do Poder Executivo, das entidades da administração indireta e, também, sobre os atos administrativos do Poder Judiciário. Esse controle **abrange o controle financeiro e o controle político.** O financeiro refere-se à receita, à despesa, à gestão dos recursos públicos. O controle político é feito sobre os outros Poderes, quanto aos atos administrativos, abrangendo aspectos de mérito (conveniência e oportunidade) e legalidade. Há várias hipóteses de controle político no texto constitucional, nas quais se inclui a aprovação da escolha dos Ministros do Superior Tribunal de Justiça por voto secreto (CF: art. 52, III, "a" c/c o art. 104, parágrafo único).

Alternativa "b". O "**controle administrativo** é um **autocontrole** dentro da Administração Pública"[88]. É "o poder de fiscalização e correção que a Administração (em sentido amplo) exerce sobre sua própria atuação, sob os aspectos de legalidade e mérito, por iniciativa própria ou mediante provocação" [89]. Por isso, a função de observar a eficiência do agente administrativo representa exercício do controle administrativo.

Alternativa "d". O **controle judicial** é o exercido privativamente pelos órgãos do Poder Judiciário sobre os atos administrativos do Executivo, do Legislativo e do próprio Judiciário quando realiza atividade administrativa. Trata-se de controle de natureza **externa** e, quanto a sua extensão, é um controle de **legalidade** ou **legitimidade**, não sendo permitido ao Judiciário a ingerência no mérito do ato administrativo, ou seja, sobre a conveniência e a oportunidade.

Alternativa "e". O **controle de legalidade** é aquele que busca a verificação dos requisitos legais para a formação de determinado ato administrativo. Opõe-se ao chamado **controle de mérito**, que busca a verificação da **conveniência e oportunidade** na realização de determinado ato.

Alternativa correta: letra "b".

197. (Fundação Aroeira - Delegado de Polícia - TO/2014) O controle exercido pelo Ministério Público sobre a polícia é do tipo:

a) hierárquico.

b) interno.

c) finalístico.

d) externo.

COMENTÁRIOS

Alternativa "a". O **controle hierárquico ou por subordinação** é decorrência da relação de subordinação instituída em razão do poder hierárquico da Administração. Esse controle pressupõe as faculdades dos superiores de fiscalização, coordenação, supervisão, orientação, aprovação, revisão e correção dos atos dos subordinados.

Alternativa "c". O **controle finalístico ou por vinculação** é aquele realizado pela administração direta sobre as entidades da administração indireta, em que se verifica se a entidade criada está cumprindo as finalidades previstas na lei que a criou ou autorizou a criação.

Alternativa "d" (responde a alternativa "b"). O **controle externo** é aquele realizado por órgão ou entidade administrativa ou por poder distinto daquele no qual o ato foi praticado. Assim, é externo, por exemplo, tanto o controle que o Poder Legislativo exerce sobre

86. FAGUNDES, Miguel Seabra. *O controle dos atos administrativos pelo poder judiciário*. 8. ed. atualizada por Gustavo Binenbojm. Rio de Janeiro: Forense, 2010. p. 126. Original sem destaque.

87. DI PIETRO, Maria Sylvia Zanella. *Direito administrativo*. 23. ed. São Paulo: Atlas, 2010. p. 730.

88. FAGUNDES, Miguel Seabra. *O controle dos atos administrativos pelo poder judiciário*. 8. ed. atualizada por Gustavo Binenbojm. Rio de Janeiro: Forense, 2010. p. 126. Original sem destaque.

89. DI PIETRO, Maria Sylvia Zanella. *Direito administrativo*. 23. ed. São Paulo: Atlas, 2010. p. 730.

os demais poderes quanto o feito pela administração direta sobre entidade da administração indireta[90].Neste sentido, é, por exemplo, o controle exercido pelo Ministério Público sobre a polícia.

Alternativa correta: letra "d".

198. (UEL – Delegado de Polícia – PR/2013) A administração pública direta e indireta recebe o controle externo, relacionado à fiscalização contábil, financeira, orçamentária e patrimonial.

Assinale a alternativa que apresenta, corretamente, o órgão que exerce esse controle.

a) Poder Executivo com o auxílio do Poder Judiciário.

b) Poder Legislativo com o auxílio do Tribunal de Contas.

c) Poder Legislativo com o auxílio do Poder Judiciário.

d) Poder Judiciário com o auxílio do Tribunal de Justiça.

e) Poder Judiciário com o auxílio do Tribunal de Contas.

COMENTÁRIOS

Alternativa "b" (responde as demais alternativas). O **controle financeiro** pode ser definido como a fiscalização contábil, financeira, orçamentária, operacional e patrimonial da União e das entidades da administração direta e indireta, quanto à legalidade, legitimidade, economicidade, aplicação das subvenções e renúncia de receitas, será exercida, em âmbito federal, pelo Congresso Nacional, mediante controle externo, e pelo sistema de controle interno de cada Poder. Na forma do art. 71, *caput,* da Constituição Federal, o **controle financeiro externo**, a cargo do Congresso Nacional, será exercido com o **auxílio do Tribunal de Contas da União.**

Alternativa correta: letra "b".

199. (UEPA – Delegado de Polícia – PA/2013) Sobre Controle e Responsabilização da Administração Pública, assinale a alternativa correta.

a) O controle externo da Administração é o controle exercido por órgãos alheios à Administração, como o controle parlamentar direto, o controle pelo Tribunal de Contas e o controle judicial. O controle externo, a cargo do Congresso Nacional, será exercido com o auxílio do Tribunal de Contas da União, ao qual compete apreciar, para fins de registro, a legalidade dos atos de admissão de pessoal, a qualquer título, na administração direta e indireta, incluídas as nomeações para cargo de provimento em comissão, bem como a das concessões de aposentadorias, reformas e pensões.

b) O controle externo da Administração pode ser exercido por meio das comissões parlamentares de inquérito, que terão poderes de investigação próprios das autoridades judiciais, além de outros previstos nos regimentos das respectivas Casas, e serão criadas pela Câmara dos Deputados e pelo Senado Federal, em conjunto ou separadamente, mediante requerimento de um terço de seus membros, para a apuração de fato ou pessoas determinadas e por prazo certo, sendo suas conclusões, se for o caso, encaminhadas ao Ministério Público, para que promova a responsabilidade civil ou criminal dos infratores.

c) Do ato administrativo que contrariar a súmula aplicável ou que indevidamente a aplicar, caberá reclamação ao Supremo Tribunal Federal que, julgando-a procedente, determinará que a Administração anule seu próprio ato.

d) Os pagamentos devidos pelas Fazendas Públicas Federal, Estaduais, Distrital e Municipais, em virtude de sentença judicial, far-se-ão exclusivamente na ordem cronológica de apresentação dos precatórios e os débitos de natureza alimentícia decorrentes de indenizações por morte ou por invalidez, fundadas em responsabilidade civil, em virtude de sentença judicial transitada em julgado, serão pagos com preferência sobre todos os demais débitos, admitindo exceções.

e) Compete ao Tribunal de Contas da União julgar as contas dos administradores e demais responsáveis por dinheiros, bens e valores públicos da administração direta e indireta, incluídas as fundações e sociedades instituídas e mantidas pelo Poder Público federal, e as contas daqueles que derem causa a perda, extravio ou outra irregularidade qualquer, mesmo que não resulte prejuízo ao erário público.

COMENTÁRIOS

✪ **Nota do autor:** O controle da Administração Pública é "o conjunto de mecanismos jurídicos e administrativos por meio dos quais se exerce o poder de fiscalização e de revisão da atividade administrativa em qualquer das esferas de poder"[91].

Alternativa "a". O **controle externo** é aquele realizado por órgão ou entidade administrativa ou por poder distinto daquele no qual o ato foi praticado. Assim, é externo, por exemplo, tanto o controle que o Poder Legislativo exerce sobre os demais poderes quanto o feito pela administração direta sobre entidade da administração indireta[92]. A alternativa está equivocada, pois, na forma do art. 70, III, da Constituição Federal, compete ao Tribunal de Contas da União "apreciar, para fins de registro, a legalidade dos atos de admissão de pessoal, a qualquer título, na administração direta e indireta, incluídas as fundações instituídas e mantidas pelo Poder Público, **excetuadas as nomeações para cargo de provimento em comissão, bem como a das concessões de aposentadorias, reformas e pensões,**

90. DI PIETRO, Maria Sylvia Zanella. *Direito administrativo*. 21 ed. São Paulo: Atlas, 2008. p. 730.

91. CARVALHO FILHO, José dos Santos. *Manual de direito administrativo*. 26. ed. São Paulo: Atlas, 2013. p. 836.

92. DI PIETRO, Maria Sylvia Zanella. *Direito administrativo*. 21 ed. São Paulo: Atlas, 2008. p. 730.

ressalvadas as melhorias posteriores que não alterem o fundamento legal do ato concessório".

Alternativa "b". Como previsto no art. 58, § 3º, da Constituição Federal, "as comissões parlamentares de inquérito, que terão poderes de investigação próprios das autoridades judiciais, além de outros previstos nos regimentos das respectivas Casas, serão criadas pela Câmara dos Deputados e pelo Senado Federal, em conjunto ou separadamente, mediante requerimento de um terço de seus membros, **para a apuração de fato determinado** e por prazo certo, sendo suas conclusões, se for o caso, encaminhadas ao Ministério Público, para que promova a responsabilidade civil ou criminal dos infratores". Não é possível, portanto, a apuração de **pessoas determinadas**, motivo pelo qual errada a alternativa em questão.

Alternativa "c". Na forma do art. 103-A, da Carta Magna, caso o Supremo Tribunal Federal julgue procedente a reclamação, ele próprio poderá **anular o ato administrativo**, ou, ainda, cassar a decisão judicial reclamada, determinando que outra seja proferida com ou sem a aplicação da súmula.

Alternativa "d". Nos termos do art. 100, *caput*, da Constituição Federal, "**os pagamentos devidos pelas Fazendas Públicas Federal, Estaduais, Distrital e Municipais, em virtude de sentença judiciária, far-se-ão exclusivamente na ordem cronológica de apresentação dos precatórios** (...)". Também, na forma do § 1º, "os **débitos de natureza alimentícia** compreendem aqueles decorrentes de salários, vencimentos, proventos, pensões e suas complementações, benefícios previdenciários e **indenizações por morte ou por invalidez, fundadas em responsabilidade civil, em virtude de sentença judicial transitada em julgado, e serão pagos com preferência sobre todos os demais débitos, exceto sobre aqueles referidos no § 2º deste artigo**".

Alternativa "e". Nos termos do art. 71, II, da Constituição Federal, compete ao Tribunal de Contas da União "julgar as contas dos administradores e demais responsáveis por dinheiros, bens e valores públicos da administração direta e indireta, incluídas as fundações e sociedades instituídas e mantidas pelo Poder Público federal, e as contas daqueles que derem causa a perda, extravio ou outra irregularidade **de que resulte prejuízo ao erário público**".

Alternativa correta: letra "d".

---

200. (FGV – Delegado de Polícia – MA/2012) José, servidor público federal, recebia há anos gratificação de dedicação exclusiva, sem ter notícia de qualquer impugnação quanto ao respectivo pagamento.

Na semana passada, José foi surpreendido com o corte do pagamento da gratificação e com a notificação, pelo órgão ao qual é vinculado, de que deveria devolver todas as quantias já recebidas a título de dedicação exclusiva.

Ambas as medidas decorreram de determinação exarada em processo administrativo que tramitou no Tribunal de Contas da União (TCU).

Diante da situação narrada, assinale a afirmativa correta.

a) O imediato corte no pagamento e a cobrança dos valores recebidos foram medidas adotadas de forma adequada, tendo em vista que o dever do TCU de fiscalizar pagamentos a servidores legitima a pronta anulação de quaisquer atos irregulares.

b) As medidas adotadas foram viciadas, eis que não foram observados o contraditório e a ampla defesa no processo administrativo que tramitou perante o TCU, do qual resultou a anulação do ato que concedeu a gratificação a José.

c) A determinação exarada pelo TCU foi apenas parcialmente correta, eis que apenas o imediato corte no pagamento da gratificação poderia ter sido determinado de forma válida.

d) As medidas determinadas pelo TCU não poderiam ter sido imediatamente implementadas, pois dependeriam de prévia autorização judicial.

e) A competência constitucional do TCU não abrange a possibilidade de determinação de quaisquer das medidas aplicadas.

COMENTÁRIOS

Alternativa "b" (responde as demais alternativas). De acordo com o STF, nos termos da **Súmula Vinculante nº 3**, "nos processos perante o TCU **asseguram-se** o **contraditório** e a **ampla defesa** quando da decisão puder resultar **anulação** ou **revogação** de ato administrativo que beneficie o interessado, excetuada a apreciação da legalidade do ato de concessão inicial de aposentadoria, reforma e pensão". No caso em tela, houve anulação ou revogação de ato administrativo que beneficiava o servidor público e, **não tendo sido o ato administrativo anulado/revogado de concessão inicial de aposentadoria, reforma e pensão, era necessária a observância do contraditório e da ampla defesa**, o que não ocorreu.

Alternativa correta: letra "b".

16. IMPROBIDADE ADMINISTRATIVA: LEI Nº 8.429/92

- Lei 8.429/92

---

201. (FGV – Delegado de Polícia – PC – SC/2024) Após ler uma reportagem que abordava um esquema de fraude em licitações envolvendo diversas sociedades e agentes públicos de determinada localidade, Elano decidiu aprofundar seus estudos acerca das diferentes esferas de responsabilização das condutas dos enveredados em tal empreitada ilícita.

Acerca do tema, considerando o disposto na Lei nº 12.846/2013 (Lei Anticorrupção) e na Lei nº 8.429/1992, com a redação conferida pela Lei nº 14.230/2021 (Lei de Improbidade Administrativa), Elano concluiu corretamente que

a) a responsabilização em ambas as esferas é de natureza objetiva, dependendo em cada caso de pronunciamento judicial.

b) a responsabilização em cada uma das mencionadas esferas exige a comprovação do dolo, ambas dependendo de pronunciamento judicial.

c) a responsabilização com fulcro na Lei Anticorrupção é objetiva e pode resultar em sanções na esfera administrativa e judicial, mas a aplicação de penalidade da lei de improbidade exige a demonstração de dolo, submetendo-se à reserva de jurisdição.

d) a responsabilização em cada uma das esferas exige, ao menos, o elemento culpa, sendo que existem sanções previstas na Lei Anticorrupção aplicáveis na esfera administrativa, o que não ocorre com a Lei de Improbidade, que se submete à reserva de jurisdição.

e) a responsabilização com base na Lei de Improbidade é objetiva e pode ocorrer em âmbito administrativo, enquanto aquela fundada na Lei Anticorrupção depende da comprovação de dolo e as respectivas penalidades dependem de pronunciamento jurisdicional.

COMENTÁRIO

Alternativa "c" (responde as demais alternativas). Desde as alterações promovidas pela Lei nº 14.230/2021, a Lei nº 8.429/92 passou a prever, tão somente, atos de improbidade administrativa de **natureza dolosa**, não mais existindo, no ordenamento jurídico pátrio, modalidade culposa de atos de improbidade administrativa (antiga redação do art. 10, *caput*, da Lei). Trata-se, portanto, de responsabilização de caráter **subjetivo**, sendo imprescindível a comprovação do elemento doloso para imputação de penalidades. Por seu turno, a responsabilidade prevista na Lei nº 12.846/2013, na forma do art. 1º, é de **natureza objetiva**, podendo resultar em sanções no âmbito administrativo e judicial.

Alternativa correta: letra "c".

202. (VUNESP – Delegado de Polícia – PC – SP/2023) A respeito da probidade administrativa, com base na Lei nº 8.429/92 e na jurisprudência do Supremo Tribunal Federal, é correto afirmar que

a) a obrigação de ressarcimento do dano causado ao erário pelo agente colaborador deve ser integral, não podendo ser objeto de transação ou acordo, sendo válida a negociação em torno do modo e das condições para a indenização.

b) por ter o legislador estendido os princípios do direito administrativo sancionador às ações de improbidade administrativa, as regras de prescrição intercorrente, previstas na Lei nº 14.230/21, se aplicam aos processos em curso, quando benéficas aos réus.

c) a nova Lei nº 14.230/2021 não se aplica aos atos de improbidade administrativa culposos praticados na vigência do texto anterior com processo ainda não transitado em julgado.

d) celebrado o acordo de colaboração premiada, a documentação pertinente será remetida ao juiz, que presumirá a ausência de voluntariedade da manifestação de vontade nos casos em que o colaborador está sob os efeitos de medidas cautelares.

e) a celebração de acordo de colaboração premiada somente pode ser considerada válida a partir de modificações na Lei nº 8.429/92, que autorizaram expressamente transações em ações dessa natureza.

COMENTÁRIO

Alternativa "a". O Supremo Tribunal Federal, no julgamento do Agravo em Recurso Extraordinário nº 1.175.650, fixou a tese de que é constitucional a utilização da colaboração premiada, nos termos da Lei 12.850/2013, no âmbito civil, em ação civil pública por ato de improbidade administrativa movida pelo Ministério Público, observando-se algumas diretrizes, dentre as quais a obrigação de ressarcimento do dano causado ao erário pelo agente colaborador, que deve ser integral, não podendo ser objeto de transação ou acordo, sendo válida a negociação em torno do modo e das condições para a indenização.

Alternativa "b" (responde a alternativa "c"). Pelo contrário, no julgamento do Agravo Recurso Extraordinário nº 843.989, o Supremo Tribunal Federal assentou entendimento de que o novo texto da Lei de Improbidade Administrativa, com as alterações inseridas pela Lei 14.230/2021, não pode ser aplicado a casos não intencionais (culposos) nos quais houve condenações definitivas e processos em fase de execução das penas. Além disso, o Tribunal também entendeu que o novo regime prescricional previsto na lei não é retroativo e que os prazos passam a contar a partir de 26/10/2021, data de publicação da norma, bem como que a nova lei somente se aplica a atos culposos praticados na vigência da norma anterior se a ação ainda não tiver decisão definitiva.

Alternativa "d". Nos termos do já mencionado Agravo em Recurso Extraordinário nº 1.175.650, "realizado o acordo de colaboração premiada, serão remetidos ao juiz, para análise, o respectivo termo, as declarações do colaborador e cópia da investigação, devendo o juiz ouvir sigilosamente o colaborador, acompanhado de seu defensor, oportunidade em que analisará os seguintes aspectos na homologação: regularidade, legalidade e voluntariedade da manifestação de vontade, especialmente nos casos em que o colaborador está ou esteve sob efeito de medidas cautelares".

Alternativa "e". A celebração de acordo de colaboração premiada pode ser considerada válida independentemente do advento da Lei nº 14.230/2021.

Alternativa correta: letra "a".

203. (Cespe – Delegado de Polícia – PC – RJ/2022) Delegacia fazendária recebeu denúncia anônima contra João, administrador de hospital público estadual, o qual teria adulterado, em 12/9/2015, documentos comprobatórios de capacidade técnica de empresa para auferir o objeto da licitação, consistente na administração da saúde pública no estado. O delegado titular da delegacia fazendária, após as investigações policiais, concluiu que havia ocorrido o crime de frustrar o caráter competitivo do procedimento licitatório, nos termos do Código Penal. Além dos aspectos penais, a autoridade policial identificou suposto dano ao erário público, em razão da conduta de João. Assim, sugeriu, em seu relatório final, a instauração da ação penal e a propositura de ação de reparação dos danos ao erário, fundada em ato tipificado como ilícito de improbidade administrativa. Considerando essa situação hipotética, assinale a opção correta.

a) Caberá a ação de ressarcimento ao erário, comprovando-se o dano, por qualquer ato ilícito do administrador do hospital, garantindo-se a ampla defesa ao réu.
b) possível ação de reparação de danos, observado o prazo prescricional previsto para os ilícitos na esfera cível.
c) Caberá ação de reparação dos atos ilícitos dolosos e culposos tipificados em lei.
d) Caberá ação de ressarcimento de danos ao erário, a qualquer tempo, desde que comprovado o ato ímprobo doloso do administrador do hospital.
e) São imprescritíveis as sanções e ações de ressarcimento de danos ao erário público, como forma de se assegurar a integridade do patrimônio público e social, nos termos da lei.

COMENTÁRIO

✪ **Nota do Autor:** Atenção! A Lei nº 8.429/92 foi objeto de recentes alterações legislativas, com o advento da Lei nº 14.230/2021.

Alternativa "a". Com as alterações introduzidas pela Lei nº 14.230/2021, as ações e omissões **culposas** não são mais identificadas como atos de improbidade administrativa que causam prejuízo ao erário, de tal sorte que não é qualquer ilícito que dá ensejo à mencionada ação de ressarcimento.

Alternativa "b". O prazo prescricional previsto para ajuizamento da ação de ressarcimento por conta de cometimento de atos de improbidade administrativa não é o mesmo que o previsto no Código Civil.

Alternativa "c". O art. 5º, cuja redação previa que "ocorrendo lesão ao patrimônio público por ação ou omissão, dolosa ou culposa, do agente ou de terceiro, dar-se-á o integral ressarcimento do dano" foi revogado pela Lei nº 14.230/2021. Assim, caberá ação de reparação, tão somente, dos atos ilícitos dolosos tipificados em lei

Alternativa "d" (responde a alternativa "e"). O art. 10, da Lei nº 8.429/92, estabelece como exemplo de ato de improbidade que causa prejuízo ao erário "frustrar a licitude de processo licitatório ou de processo seletivo para celebração de parcerias com entidades sem fins lucrativos, ou dispensá-los indevidamente, acarretando perda patrimonial efetiva". Na forma do art. 23, *caput*, da Lei, "a ação para a aplicação das sanções previstas nesta Lei prescreve em **8 (oito) anos**, contados a partir da ocorrência do fato ou, no caso de infrações permanentes, do dia em que cessou a permanência". Dessa maneira, esse é o prazo para que sanção prevista na Lei de Improbidade possa ser aplicada. De outro modo, mesmo que prescrita a ação de improbidade é possível o ajuizamento de ação com finalidade exclusiva de reparação de danos e, nesse caso, "são imprescritíveis as ações de ressarcimento ao erário fundadas na prática de ato doloso tipificado na Lei de Improbidade Administrativa", conforme tese de repercussão geral fixada pelo STF (Tema 897).

Alternativa correta: letra "d".

204. (FGV – Delegado de Polícia – PC – AM/2022) Em janeiro de 2022, o policial civil João, do Estado Alfa, de forma dolosa, a fim de obter proveito ou benefício indevido para outra pessoa, revelou fato de que tinha ciência em razão das suas atribuições e que devia permanecer em segredo, propiciando beneficiamento a terceiro por informação privilegiada. Consoante dispõe a Lei de Improbidade Administrativa (com as alterações introduzidas pela Lei n° 14.230/21), João praticou ato de improbidade administrativa que atentou contra os princípios da Administração Pública (Art. 11 da Lei n° 8.429/92) e, no bojo de ação civil pública por ato de improbidade administrativa, o policial

a) não está sujeito a perda da função pública, por ausência de previsão legal.
b) está sujeito a perda da função pública, que atinge qualquer vínculo existente entre o agente público e o poder público no momento do trânsito em julgado da sentença.
c) está sujeito a perda da função pública, que atinge qualquer vínculo existente entre o agente público e o poder público no momento em que for prolatada a sentença.
d) está sujeito a perda da função pública, que atinge apenas o vínculo de mesma qualidade e natureza que o agente público detinha com o poder público na época do cometimento da infração.
e) está sujeito à perda da função pública, que atinge apenas o vínculo de mesma qualidade e natureza que o agente público detinha com o poder público na época do cometimento da infração, podendo o magistrado, em caráter excepcional, estendê-la aos demais vínculos, consideradas as circunstâncias do caso e a gravidade da infração.

COMENTÁRIO

Alternativa "a" (responde as demais alternativas). Na forma do art. 12, III, da Lei nº 8.429/92, independente do ressarcimento integral do dano patrimonial, se efetivo, e das sanções penais comuns e de responsabilidade, civis e administrativas previstas na legislação específica, está o responsável pelo ato de improbidade que atenta contra os princípios da Administração Pública ao pagamento de multa civil de até 24 (vinte e quatro) vezes o valor da remuneração percebida pelo agente e proibição de contratar com o poder público ou de receber benefícios ou incentivos fiscais ou creditícios, direta ou indiretamente, ainda que por intermédio de pessoa jurídica da qual seja sócio majoritário, pelo prazo não superior a 4 (quatro) anos.

Alternativa correta: letra "a".

---

205. (Vunesp - Delegado de Polícia - PC - SP/2022) Com base na Lei de Improbidade Administrativa, assinale a alternativa correta.

a) A sanção da perda da função pública em decorrência da prática de ato de improbidade administrativa que A cause lesão ao erário somente atinge o vínculo de mesma qualidade e natureza que o agente público detinha com o poder público na época do cometimento da infração.

b) É proibido que a sanção pela prática de improbidade administrativa limite-se à aplicação da pena de multa, independentemente do ressarcimento do dano e da perda dos valores obtidos, quando for o caso.

c) As sanções previstas na Lei de Improbidade Administrativa poderão ser executadas após decisão de segunda instância, que tenha apreciado o mérito da ação.

d) A indisponibilidade de bens será realizada levando em consideração a estimativa de dano prevista na petição inicial, sendo vedada a substituição da penhora em dinheiro por fiança bancária ou seguro-garantia judicial.

e) Constitui ato de improbidade administrativa que causa lesão ao erário a conduta dolosa ou culposa que enseje perda patrimonial de entidade administrativa.

COMENTÁRIO

Alternativa "a". Na forma do art. 12, II, da Lei nº 8.429/92, independente do ressarcimento integral do dano patrimonial, se efetivo, e das sanções penais comuns e de responsabilidade, civis e administrativas previstas na legislação específica, está o responsável pelo ato de improbidade que causa prejuízo ao erário sujeito à perda dos bens ou valores acrescidos ilicitamente ao patrimônio, se concorrer esta circunstância, **perda da função pública**, suspensão dos direitos políticos até 12 (doze) anos, pagamento de multa civil equivalente ao valor do dano e proibição de contratar com o poder público ou de receber benefícios ou incentivos fiscais ou creditícios, direta ou indiretamente, ainda que por intermédio de pessoa jurídica da qual seja sócio majoritário, pelo prazo não superior a 12 (doze) anos. O §1º do mesmo artigo estabelece que a sanção de perda da função pública atinge apenas o vínculo de mesma qualidade e natureza que o agente público ou político detinha com o poder público na época do cometimento da infração.

Alternativa "b". Para além do ressarcimento integral do dano patrimonial, as penalidades listadas nos incisos do art. 12, da Lei nº 8.429/92, **inclusive a de multa**, podem ser aplicadas de forma isolada.

Alternativa "c". O art. 12, §9º, da Lei nº 8.429/92, estabelece que as sanções somente poderão ser executadas após o **trânsito em julgado da sentença condenatória**.

Alternativa "d". A indisponibilidade de bens será realizada levando em consideração a estimativa de dano prevista na petição inicial, sendo **permitida** a substituição da penhora em dinheiro por fiança bancária ou seguro-garantia judicial, na forma do art. 16, §6º, da Lei nº 8.429/92.

Alternativa "e". O art. 10, *caput*, da Lei nº 8.429/92, estabelece que constitui ato de improbidade administrativa que causa lesão ao erário qualquer **ação ou omissão dolosa**, que enseje, efetiva e comprovadamente, perda patrimonial, desvio, apropriação, malbaratamento ou dilapidação dos bens ou haveres das entidades administrativas referidas na Lei.

Alternativa correta: letra "a".

---

206. (Vunesp - Delegado de Polícia - PC - SP/2018) É exemplo de ato de improbidade administrativa que causa prejuízo ao erário:

a) perceber vantagem econômica para intermediar a liberação ou aplicação de verba pública de qualquer natureza.

b) praticar ato visando fim proibido em lei ou regulamento ou diverso daquele previsto na regra de competência.

c) conceder benefício administrativo ou fiscal sem a observância das formalidades legais ou regulamentares aplicáveis à espécie.

d) perceber vantagem econômica, direta ou indireta, para facilitar a alienação, permuta ou locação de bem público ou o fornecimento de serviço por ente estatal por preço inferior ao valor de mercado.

e) receber, para si ou para outrem, dinheiro, bem móvel ou imóvel, ou qualquer outra vantagem econômica, direta ou indireta, a título de comissão de quem tenha interesse, direto ou indireto, que possa ser atingido por ação ou omissão decorrente das atribuições do agente público.

COMENTÁRIO

✪ **Nota do autor:** questões que demandam o conhecimento das espécies dos atos de improbidade são muito comuns em provas de concursos. Não deixe de ler os arts. 9º ao 11 da Lei nº 8.429/92.

Alternativa "a". Trata-se de ato de improbidade que importa **enriquecimento ilícito**, presente no art. 9º, IX da Lei nº 8.429/92.

Alternativa "b". A conduta narrada na alternativa configurava ato de improbidade e estava prevista no art. 11, I da Lei nº 8.429/92, quando da realização da prova. Porém, atualmente, esse inciso foi revogado pela Lei nº 14.230/2021.

Alternativa "c". Constitui ato de improbidade administrativa que causa **lesão ao erário** qualquer ação ou omissão, dolosa ou culposa, que enseje perda patrimonial, desvio, apropriação, malbaratamento ou dilapidação dos bens ou haveres das entidades referidas no art. 1º desta lei, e notadamente: conceder benefício administrativo ou fiscal sem a observância das formalidades legais ou regulamentares aplicáveis à espécie (art. 10, VII da Lei nº 8.429/92). **Atenção!** Deve-se apontar que, diante das alterações promovidas pela Lei nº 14.230/2021, foi alterada a redação dada ao caput do art. 10 da Lei de Improbidade Administrativa, que trata dos atos de improbidade que causam lesão ao erário, passando-se a admitir, apenas, a ação ou omissão **dolosa,** que enseje perda patrimonial, desvio, apropriação, malbaratamento ou dilapidação dos bens ou haveres das entidades elencadas no art. 1º da Lei. Assim, não mais se configura como ato de improbidade quando a ação ou omissão for culposa.

Alternativa "d". Trata-se de ato de improbidade que importa **enriquecimento ilícito**, disposta no art. 9º, III da Lei nº 8.429/92.

Alternativa "e". Trata-se de ato de improbidade que importa **enriquecimento ilícito**, disposta no art. 9º, I da Lei nº 8.429/92.

Alternativa correta: letra "c".

---

207. (Cespe - Delegado de Polícia - GO/2017) Em relação à improbidade administrativa, assinale a opção correta.

a) A ação de improbidade administrativa apresenta prazo de proposição decenal, qualquer que seja a tipicidade do ilícito praticado pelo agente público.

b) Se servidor público estável for condenado em ação de improbidade administrativa por uso de maquinário da administração em seu sítio particular, poderá ser-lhe aplicada pena de suspensão dos direitos políticos por período de cinco a oito anos.

c) O particular que praticar ato que enseje desvio de verbas públicas, sozinho ou em conluio com agente público, responderá, nos termos da Lei de Improbidade Administrativa, desde que tenha obtido alguma vantagem pessoal.

d) Enriquecimento ilícito configura ato de improbidade administrativa se o autor auferir vantagem patrimonial indevida em razão do cargo, mandato, função, emprego ou atividade, mesmo que de forma culposa.

e) Caso um servidor público federal estável, de forma deliberada, sem justificativa e reiterada, deixar de praticar ato de ofício, poderá ser-lhe aplicada multa civil de até cem vezes o valor da sua remuneração, conforme a gravidade do fato.

COMENTÁRIOS

✪ **Nota do autor:** A Lei nº 8.429/1992 passou por inúmeras alterações em razão da recém-publicada Lei nº 14.230/2021. Dentre elas, podemos citar: a) prazo prescricional (art. 23); b) penalidades previstas no art. 12 da LIA, objeto dessa questão. Deve-se apontar, contudo, que tais alterações não estavam em vigor à época da prova.

Alternativa "a". Na forma do art. 23, da Lei, na sua redação atual, conferida pela Lei nº 14.230/2021, a ação de improbidade prescreverá em 8 anos, contados da data do fato ou, no caso de infrações permanentes, do dia em que cessou a permanência.

Alternativa "b". Nos termos do art. 9º, IV, configura ato de improbidade que causa enriquecimento ilícito "utilizar, em obra ou serviço particular, qualquer bem móvel, de propriedade ou à disposição de qualquer das entidades referidas no art. 1º desta Lei, bem como o trabalho de servidores, de empregados ou de terceiros contratados por essas entidades", cujas sanções são, nos termos do art. 12, I: a) perda dos bens e valores acrescidos ilicitamente ao patrimônio, b) perda da função pública, c) suspensão dos direitos políticos até 14 anos, d) pagamento de multa civil equivalente ao valor do acréscimo patrimonial e proibição de contratar com o poder público ou receber benefícios ou incentivos fiscais ou creditícios pelo período de até 14 anos.

Alternativa "c". De acordo com a nova redação dada ao art. 3º da LIA, a lei se aplica àquele que, mesmo não sendo agente público, induza ou concorra **dolosamente** para a prática do ato de improbidade.

Alternativa "d". Com as alterações promovidas pela Lei nº 14.230/2021, apenas se admite a prática de ato de improbidade administrativa, seja qual for a modalidade, em sua forma dolosa.

Alternativa "e". À época do concurso, vigorava que, no caso de ato de improbidade que atente contra os princípios da Administração Pública, havia a previsão das seguintes sanções, conforme o art. 12, III: a) ressarcimento integral do dano, se houver; b) perda da função pública; c) suspensão dos direitos políticos de três a cinco anos; d) pagamento de multa civil de até cem vezes o valor da remuneração percebida pelo agente; e) proibição de celebrar contrato com o Poder Público ou de receber benefícios ou incentivos fiscais ou creditícios, direta ou indiretamente, ainda que por intermédio de pessoa jurídica da qual seja sócio majoritário, pelo prazo de três anos. **Atenção!** Nos termos da nova redação dada ao art. 12, III da LIA, são previstas as seguintes sanções: a) multa civil de até 24 vezes o valor da remuneração percebida pelo agente e b) proibição de contratar com o poder público ou de receber benefícios ou incentivos fiscais ou creditícios, direta ou indiretamente, ainda que por intermédio de pessoa jurídica da qual seja sócio majoritário, pelo prazo não superior a 4 anos.

Alternativa correta à época do concurso: letra "e". Atualmente, a questão se encontra desatualizada.

---

208. (FUNCAB - Delegado de Polícia - PA/2016) Acerca do tema improbidade administrativa, especificamente quanto à declaração de bens, é correto afirmar que:

a) a declaração abrangerá os bens e valores patrimoniais dos filhos e de outras pessoas que vivam sob a dependência econômica do declarante.

b) o agente público que se recusar a prestar declaração dos bens será punido com a pena de exoneração ou suspensão.

c) o declarante não poderá entregar cópia da declaração anual de bens apresentada à Delegacia da Receita Federal.

d) a declaração compreenderá imóveis, móveis, semoventes, dinheiro, títulos, ações, e qualquer outra espécie de bens e valores patrimoniais, localizado no país ou no exterior, e, quando for o caso, abrangerá os bens e valores patrimoniais do cônjuge, salvo se casado no regime de separação de bens.

e) a declaração de bens deverá ser feita apenas em dois momentos, na data da posse, e na data em que o agente público deixar o exercício do mandato, cargo, emprego ou função.

COMENTÁRIOS

Alternativa "a" (responde as demais alternativas). À época do concurso, o art. 13, *caput*, da Lei nº 8.429/92 (LIA), determinava que "a posse e o exercício de agente público ficam condicionados à apresentação de declaração dos bens e valores que compõem o seu patrimônio privado, a fim de ser arquivada no serviço de pessoal competente". E, em complementação, o art. 13, §1º, determinava que "a declaração compreenderá imóveis, móveis, semoventes, dinheiro, títulos, ações, e qualquer outra espécie de bens e valores patrimoniais, localizado no País ou no exterior, e, quando for o caso, abrangerá os bens e valores patrimoniais do cônjuge ou companheiro, dos filhos e de outras pessoas que vivam sob a dependência econômica do declarante, excluídos apenas os objetos e utensílios de uso doméstico". O §2º por sua vez, exigia , ainda, que essa declaração seja **anualmente atualizada** e, para tanto, o servidor pode apresentar **cópia da declaração anual** de bens entregue à Delegacia da Receita Federal. Caso o agente público não apresente a referida declaração em tempo – ou ainda a forneça com dados falsos –, na forma do §3º do mesmo artigo, havia previsão de que o agente **será punido com a pena de demissão, a bem do serviço público, sem prejuízo de outras sanções cabíveis. Atenção!** Com as alterações efetuadas pela Lei nº 14.230/2021 ao art. 13 da LIA, não há mais previsão de apresentação de declaração de valores patrimoniais de cônjuge, filhos ou outras pessoas que vivam sob a dependência do declarante. Assim, a posse e exercício do agente condicionam-se "**à apresentação de declaração de imposto de renda e proventos de qualquer natureza, que tenha sido apresentada à Secre**taria Especial da Receita Federal do Brasil, a fim de ser arquivada no serviço de pessoal competente", atualizada anualmente e na data em que o agente deixar o exercício do mandato, cargo, emprego ou função. Por fim, será apenado com demissão, sem prejuízo de outras cabíveis, o agente público que se recusar a prestar a declaração dos bens dentro do prazo determinado ou que prestar declaração falsa.

Alternativa correta à época do concurso: letra "a". Atualmente, a questão se encontra desatualizada.

---

209. (Vunesp - Delegado de Polícia - CE/2015) Constitui ato de improbidade administrativa, importando enriquecimento ilícito, auferir qualquer tipo de vantagem patrimonial indevida em razão do exercício de cargo, mandato, função, emprego ou atividade, nas entidades mencionadas na Lei nº 8.429/1992, sujeitando o infrator, além do pagamento de multa civil, a

a) perda dos bens ou valores acrescidos ilicitamente ao patrimônio, ressarcimento integral do dano, quando houver, perda da função pública, suspensão dos direitos políticos de 5 a 8 anos e proibição de contratar com o Poder Público ou receber benefícios ou incentivos fiscais ou creditícios, direta ou indiretamente, ainda que por intermédio de pessoa jurídica da qual seja sócio majoritário, pelo prazo de 2 anos.

b) perda dos bens e valores acrescidos ilegalmente ao patrimônio, da função pública, suspensão dos direitos políticos de 3 a 5 anos e proibição de contratar com o Poder Público ou receber benefícios ou incentivos fiscais ou creditícios, direta ou indiretamente, ainda que por intermédio de pessoa jurídica da qual seja sócio majoritário, pelo prazo de 3 anos.

c) perda da função pública, suspensão dos direitos políticos de 4 a 8 oito anos e proibição de contratar com o Poder Público ou receber benefícios ou incentivos fiscais ou creditícios, pelo prazo de 5 anos.

d) perda dos bens ou valores acrescidos ilicitamente ao patrimônio, ressarcimento integral do dano, quando houver, perda da função pública, suspensão dos direitos políticos de 8 a 10 anos e proibição de contratar com o Poder Público ou receber benefícios ou incentivos fiscais ou creditícios, direta ou indiretamente, ainda que por intermédio de pessoa jurídica da qual seja sócio majoritário, pelo prazo de 10 anos.

e) perda dos bens ou valores acrescidos ilicitamente ao seu patrimônio, ressarcimento integral do dano, quando houver, perda da função pública e suspensão dos direitos políticos de 2 a 8 anos.

COMENTÁRIOS

Alternativa "d" (responde as demais alternativas). À época do concurso, o art. 12, I, da Lei nº 8.429/92, previa que as sanções aplicáveis àqueles que pratiquem ato de improbidade administrativa que importa enriquecimento ilícito eram "perda dos bens ou valores acrescidos ilicitamente ao patrimônio, ressarcimento integral do dano, quando houver, perda da função pública, suspensão dos direitos políticos de **oito a dez anos**, pagamento de multa civil de até **três vezes** o valor do acréscimo patrimonial e proibição de contratar com o Poder Público ou receber benefícios ou incentivos fiscais ou creditícios, direta ou indiretamente, ainda que por intermédio de pessoa jurídica da qual seja sócio majoritário, pelo prazo de **dez anos**". **Atenção!** Atualmente, com a nova redação da lei nº 8.429/1992, conferida pela lei nº 14.230/2021, são previstas as seguintes penalidades no caso de prática de ato que cause enriquecimento ilícito (art. 12,I): a) perda dos bens ou valores acrescidos ilicitamente ao patrimônio, b) perda da função pública, c) suspensão dos direitos políticos até 14 anos, d) pagamento de multa civil equivalente ao valor do acréscimo patrimonial e e) proibição de contratar com o poder público ou de receber benefícios ou incentivos fiscais ou creditícios, direta ou indiretamente, ainda que por intermédio de pessoa jurídica da qual seja sócio majoritário, pelo prazo não superior a 14 anos.

Alternativa correta à época do concurso: letra "d". Atualmente, a questão se encontra desatualizada.

---

210. (Cespe – Delegado de Polícia – BA/2013) Considere que um agente de polícia tenha utilizado uma caminhonete da polícia civil para transportar sacos de cimento para uma construção particular. Nesse caso, o agente cometeu ato de improbidade administrativa que importa em enriquecimento ilícito.

COMENTÁRIOS

À época da prova, nos termos do art. 9º, IV, da Lei nº 8.492/92, era tido como ato de improbidade que importa em enriquecimento ilícito "utilizar, em obra ou serviço particular, veículos, máquinas, equipamentos ou material de qualquer natureza, de propriedade ou à disposição de qualquer das entidades mencionadas no art. 1° desta lei, bem como o trabalho de servidores públicos, empregados ou terceiros contratados por essas entidades". **Atenção!** Atualmente, a ideia ainda prevalece, mas a redação foi alterada pela Lei nº 14.230/2021 para: "utilizar, em obra ou serviço particular, qualquer bem móvel, de propriedade ou à disposição de qualquer das entidades referidas no art. 1º desta Lei, bem como o trabalho de servidores, de empregados ou de terceiros contratados por essas entidades" (art. 9º, IV da LIA).

Alternativa correta: "certo".

---

211. (UEPA – Delegado de Polícia – PA/2013) Assinale a alternativa correta sobre atos de improbidade administrativa.

a) O agente público que exerce função em entidade fundacional da União, com qualquer forma de vínculo, mesmo que transitoriamente e sem remuneração, está sujeito à pena de suspensão dos direitos políticos de cinco a oito anos, se cometer ato de improbidade administrativa que atente contra os princípios da administração pública.

b) A aplicação das sanções previstas para o ato de improbidade administrativa que causa lesão ao erário depende da rejeição das contas pelo órgão de controle interno ou pelo Tribunal ou Conselho de Contas.

c) O agente público que exerce função em sociedade de economia mista, mesmo que transitoriamente e sem remuneração, e pratica ato de improbidade administrativa que importe em enriquecimento ilícito, está sujeito às penas de suspensão dos direitos políticos de oito a dez anos, pagamento de multa civil de até três vezes o valor do acréscimo patrimonial e proibição de contratar com o Poder Público ou receber benefícios ou incentivos fiscais ou creditícios, direta ou indiretamente, ainda que por intermédio de pessoa jurídica da qual seja sócio majoritário, pelo prazo de dez anos.

d) O agente público que pratica ato de improbidade administrativa que importe em lesão ao erário está sujeito às penas de suspensão dos direitos políticos de cinco a oito anos, pagamento de multa civil de até duas vezes o valor do dano e proibição de contratar com o Poder Público ou receber benefícios ou incentivos fiscais ou creditícios, direta ou indiretamente, ainda que por intermédio de pessoa jurídica da qual seja sócio majoritário, pelo prazo de cinco anos, somente se não houver sido aplicada sanção penal prevista em lei específica, em prestígio ao princípio ne bis in idem.

e) Estão sujeitos às penalidades da lei os atos de improbidade praticados contra o patrimônio de entidade que receba subvenção, benefício ou incentivo, fiscal ou creditício, de órgão público, bem como daquelas entidades para cuja criação ou custeio o erário haja concorrido ou concorra com menos de cinquenta por cento do patrimônio ou da receita anual, não se limitando, nestes casos, a sanção patrimonial à repercussão do ilícito sobre a contribuição dos cofres públicos, em virtude da natureza repressiva e preventiva da sanção.

COMENTÁRIOS

Alternativa "a". O agente público que exerce função em entidade fundacional da União, com qualquer forma de vínculo, mesmo que transitoriamente e sem remuneração, está sujeito à pena de suspensão dos direitos políticos de **três a cinco anos**, se cometer ato de improbidade administrativa que atente contra os princípios da administração pública, nos termos do art. 12, III, em vigor à época do concurso. **Atenção!** Atualmente, contudo, com a nova redação dada ao artigo, não há mais previsão da penalidade de suspensão dos direitos políticos quando da prática de ato de improbidade que atente contra os princípios da Administração Pública, que apenas prevê pagamento de multa civil de até 24 vezes o valor da remuneração percebida pelo agente e proibição de contratar com o poder público ou de receber benefícios ou incentivos fiscais ou creditícios, direta ou indiretamente, ainda que por intermédio de pessoa jurídica da qual seja sócio majoritário, pelo prazo não superior a 4 anos

Alternativa "b". A aplicação das sanções previstas para o ato de improbidade administrativa que causa lesão ao erário **não** depende da rejeição ou da aprovação das contas pelo órgão de controle interno ou pelo Tribunal ou Conselho de Contas (art. 21, II).

Alternativa "c". Nos **atos que importam enriquecimento ilícito**, o art. 12, I da Lei nº 8.429/1992 previa a aplicação das seguintes sanções (art. 12, I, da Lei): a) perda dos bens ou valores acrescidos ilicitamente ao patrimônio; b) ressarcimento integral do dano, quando houver; c) perda da função pública; d) suspensão dos direitos políticos **de oito a dez anos**; d) pagamento de multa civil de até **três vezes** o valor do **acréscimo patrimonial**; e) proibição de celebrar contrato com o poder Público ou de receber benefício ou incentivos fiscais ou creditícios, direta ou indiretamente, ainda que por intermédio de pessoa jurídica da qual seja sócio majoritário, pelo prazo de **dez anos**. O fato do agente público exercer função transitoriamente e sem remuneração não impede sua responsabilização, pois o art. 2º determina que se reputa "agente público, para os efeitos desta lei, todo aquele que exerce, ainda que transitoriamente ou sem remuneração, por eleição, nomeação, designação, contratação ou qualquer outra forma de investidura ou vínculo, mandato, cargo, emprego ou função nas entidades mencionadas no artigo anterior". **Atenção!** Atualmente, com a nova redação da lei nº 8.429/1992, conferida pela lei nº 14.230 /2021, são previstas as seguintes penalidades no caso de prática de ato de improbidade que gere enriquecimento ilícito (art. 12,I): a) perda dos bens ou valores acrescidos ilicitamente ao patrimônio, b) perda da função pública, c) suspensão dos direitos políticos até 14 anos, d) pagamento de multa civil equivalente ao valor do acréscimo patrimonial e e) proibição de contratar com o poder público ou de receber benefícios ou incentivos fiscais ou creditícios, direta ou indiretamente, ainda que por intermédio de pessoa jurídica da qual seja sócio majoritário, pelo prazo não superior a 14 anos.

Alternativa "d". À época do concurso, o art. 12, II da Lei nº 8.429/1992 previa que o agente público que praticasse ato de improbidade administrativa que importasse em lesão ao erário estaria sujeito às penas de suspensão dos direitos políticos de cinco a oito anos, pagamento de multa civil de até duas vezes o valor do dano e proibição de contratar com o Poder Público ou receber benefícios ou incentivos fiscais ou creditícios, direta ou indiretamente, ainda que por intermédio de pessoa jurídica da qual seja sócio majoritário, pelo prazo de cinco anos, ainda que tenha sido aplicada sanção penal prevista em lei específica. O art. 12 da Lei nº 8.429/92, estabelece que as **sanções** previstas nesse diploma normativo são aplicadas **independentemente** das **sanções penais, civis e administrativas** previstas na legislação específica. Ou seja, há **independência das instâncias**. **Atenção!** Com as alterações promovidas pela Lei nº 14.230/2021 à Lei de Improbidade Administrativa, são penalidades impostas no caso de lesão ao erário: a) perda da função pública, b) suspensão dos direitos políticos até 12 anos, c) pagamento de multa civil equivalente ao valor do dano e d) proibição de contratar com o poder público ou de receber benefícios ou incentivos fiscais ou creditícios, direta ou indiretamente, ainda que por intermédio de pessoa jurídica da qual seja sócio majoritário, pelo prazo não superior a 12 anos. Ademais, apesar da independência entre as instâncias, prevê o §6º do art. 12 que, caso ocorra lesão ao patrimônio público, a reparação do dano a que se refere a Lei deverá deduzir o ressarcimento ocorrido nas instâncias criminal, civil e administrativa que tiver por objeto os mesmos fatos.

Alternativa "e". Previa o parágrafo único do art. 1º da Lei de Improbidade Administrativa que estão sujeitos às penalidades da lei os atos de improbidade praticados contra o patrimônio de entidade que receba subvenção, benefício ou incentivo, fiscal ou creditício, de órgão público, bem como daquelas entidades para cuja criação ou custeio o erário haja concorrido ou concorra com menos de cinquenta por cento do patrimônio ou da receita anual, **limitando-se**, nestes casos, a sanção patrimonial à repercussão do ilícito sobre a contribuição dos cofres públicos, em virtude da natureza repressiva e preventiva da sanção. Com as alterações promovidas à LIA, o parágrafo único do art. 1º foi revogado. Apesar disso, prevê o §6º do art. 1º da Lei que "Estão sujeitos às sanções desta Lei os atos de improbidade praticados contra o patrimônio de entidade privada que receba subvenção, benefício ou incentivo, fiscal ou creditício, de entes públicos ou governamentais, previstos no § 5º deste artigo".

Alternativa correta à época do concurso: letra "c". Atualmente, a questão se encontra desatualizada.

212. (FGV - Delegado de Polícia - MA/2012) José, servidor público, permitiu que chegasse ao conhecimento de João, antes da respectiva divulgação oficial, teor de medida econômica capaz de afetar o preço de mercadoria, do qual teve notícia em razão de sua função. Diante do caso narrado, tendo em vista a jurisprudência dos Tribunais Superiores, assinale a afirmativa correta.

a) A aferição acerca da configuração de ato de improbidade administrativa dependerá da comprovação de dolo específico de José. Caso este seja comprovado, José poderá sofrer a punição de suspensão dos direitos políticos pelo período de cinco a oito anos.
b) Para a verificação da prática de ato de improbidade administrativa no caso narrado, é suficiente a constatação de dolo genérico de José. Caso haja

comprovação, José poderá ter seus direitos políticos suspensos pelo período de três a cinco anos.

c) Para que se configure ato de improbidade administrativa no caso, é essencial que João também seja servidor público.

d) A verificação de prática de ato de improbidade administrativa dependerá da comprovação de dolo específico de José. Caso este seja comprovado, José poderá sofrer a punição de suspensão de direitos políticos pelo período de oito a dezesseis anos ou pagamento de multa.

e) Para a aferição da prática de ato de improbidade administrativa, é suficiente a constatação de dolo genérico de José. Caso este seja comprovado, José poderá perder a função pública e ter seus direitos políticos suspensos pelo período de cinco a oito anos.

COMENTÁRIOS

✪ Nota do autor: nos termos da antiga redação do art. 11, VII, da Lei nº 8.429/92, vigente à época do concurso, constitui ato de improbidade administrativa que atenta contra os princípios da Administração Pública "revelar ou permitir que chegue ao conhecimento de terceiro, antes da respectiva divulgação oficial, teor de medida política ou econômica capaz de afetar o preço de mercadoria, bem ou serviço".

Alternativa "b" (responde as alternativas "a", "d" e "e"). Por se tratar de ato de improbidade que atenta contra os princípios da Administração Pública, considerando a redação do art. 12 à época da prova, José poderia ter seus direitos políticos suspensos pelo prazo de **três a cinco** anos, além do pagamento de multa civil de até **cem vezes** o valor da **remuneração** por ele percebida, conforme redação do art. 12, III da Lei nº 8.429/1992, que vigorava quando da realização do concurso. **Atenção!** Atualmente, contudo, com a nova redação dada ao artigo, não há mais previsão da penalidade de suspensão dos direitos políticos quando da prática de ato de improbidade que atente contra os princípios da Administração Pública, que apenas prevê pagamento de multa civil de até 24 vezes o valor da remuneração percebida pelo agente e proibição de contratar com o poder público ou de receber benefícios ou incentivos fiscais ou creditícios, direta ou indiretamente, ainda que por intermédio de pessoa jurídica da qual seja sócio majoritário, pelo prazo não superior a 4 anos. Importante, ainda, consignar que somente existe ato de improbidade, em qualquer uma de suas modalidades, se houve a presença de dolo, que deve ser compreendido como "a vontade livre e consciente de alcançar o resultado ilícito tipificado nos arts. 9º, 10 e 11 desta Lei, **não bastando a voluntariedade do agente**" (art. 1º, §2º), bem como o "mero exercício da função ou desempenho de competências públicas, sem comprovação de ato doloso com fim ilícito, afasta a responsabilidade por ato de improbidade administrativa" (art. 1º, §3º).

Alternativa "c". O **sujeito ativo** do ato de improbidade pode ser **agente público**, assim compreendido o **agente político**, o servidor público e todo aquele que exerce, ainda que transitoriamente ou sem remuneração, por eleição, nomeação, designação, contratação ou qualquer outra forma de investidura ou vínculo, mandato, cargo, emprego ou função nas entidades referidas no art. 1º desta Lei". Assim, para dirimir eventuais dúvidas existentes, com a nova redação dada ao art. 2º, passa a haver previsão expressa no sentido de aplicação da lei de improbidade administrativa aos agentes políticos. Todavia, não obstante a alteração legislativa, permanece em vigor o entendimento adotado pelo STF na PET 3240/DF, no sentido de que o presidente da República não se sujeita aos ditames da Lei, ***in verbis***: "Os agentes políticos, com exceção do Presidente da República, encontram-se sujeitos a um duplo regime sancionatório, de modo que se submetem tanto à responsabilização civil pelos atos de improbidade administrativa, quanto à responsabilização político-administrativa por crimes de responsabilidade". No caso de João, ele poderia, em tese, ser responsabilizado mesmo não sendo servidor público porque o terceiro também pode responder, porém, desde que concorra ou induza dolosamente para a prática do ato de improbidade.

Alternativa correta à época da prova: letra "b". Atualmente, a questão se encontra desatualizada.

Direito Administrativo

Leandro Bortoleto

✦ DICAS

1. CONCEITO E FONTES DO DIREITO ADMINISTRATIVO

- O direito administrativo é o "conjunto harmônico de princípios jurídicos que regem os órgãos, os agentes e as atividades públicas tendentes a realizar concreta, direta e imediatamente os fins desejados pelo Estado"[1].
- A principal fonte do direito administrativo é a lei, mas deve ser concebida em sentido amplo, isto é, abrange todos os atos legislativos. Nesse sentido, além das leis ordinárias, complementares e delegadas, inclui, ainda, as medidas provisórias, os decretos legislativos, as resoluções legislativas, a Constituição Federal, as Emendas à Constituição, as Constituições estaduais, a Lei Orgânica do Distrito Federal e as Leis Orgânicas dos Municípios. São as chamadas fontes primárias. De todos os atos legislativos apontados, por óbvio, a Constituição Federal é a principal fonte, na qual há diversos dispositivos aplicados ao direito administrativo (por exemplo, art. 5º, 21, 23, 37).
- A jurisprudência em regra, é dotada de caráter orientador, mas há casos em que tem força vinculante. Exemplos: as decisões proferidas pelo STF na ação direta de inconstitucionalidade, na ação declaratória de constitucionalidade (CF, art. 102, § 2º) e a súmula vinculante.
- **Art. 22 da LINDB (Lei nº 13.655/2018)**: o art. 22 da LINDB determina que sejam considerados os obstáculos e dificuldades do gestor e as exigências das políticas públicas na interpretação das normas sobre gestão pública, sem prejuízo dos direitos dos administrados. Tal disposição, segundo Irene Patrícia Nohara[2], trata do primado da realidade, que não pode servir, todavia, para obstar a realização do direito, mas sim ser aplicado para que se considere a "circunstância contextual de exigência de cumprimento da determinação contida no texto normativo".

2. REGIME JURÍDICO ADMINISTRATIVO

- Os ***princípios são normas*** e vinculam a Administração Pública. STF (RE 579.951): a vedação do "nepotismo não depende de lei formal para coibir a prática. Proibição que decorre diretamente dos princípios contidos no art. 37, *caput*, da Constituição Federal".
- O ***regime jurídico administrativo é o conjunto de princípios*** que confere ***prerrogativas*** e impõe ***sujeições*** à Administração Pública. É a interação de dois polos opostos. Por isso, o uso das expressões bipolaridade do direito administrativo[3] ou binômio[4] do direito administrativo.
- Síntese dos princípios da Administração Pública[5]:

PRINCÍPIOS DA ADMINISTRAÇÃO PÚBLICA	
Supremacia do interesse público	• prerrogativa • interesse público prevalece sobre privado • interesse público primário
Indisponibilidade do interesse público	• sujeição • interesse público é indisponível
Legalidade	• atuação de acordo com a lei e o direito • esfera pública: não vigora autonomia da vontade
Impessoalidade	• busca da finalidade pública • atos imputados à Administração: imputação • proibição de promoção pessoal
Moralidade	• honestidade, boa-fé, lealdade, padrões morais e éticos
Publicidade	• transparência; publicação dos atos administrativos
Eficiência	• rendimento; atuação eficiente; organização eficiente

1 *Direito administrativo brasileiro*. 36. ed.São Paulo: Malheiros, 2010. p. 40.

2 NOHARA, Irene Patrícia. *LINDB*: Lei de Introdução às Normas do Direito Brasileiro, hermenêutica e novos Parâmetros ao Direito Público. Curitiba: Juruá, 2018.

3 DI PIETRO, Maria Sylvia Zanella. *Direito administrativo*. 25. ed. São Paulo: Atlas, 2012. p. 62.

4 Fernando Garrido Fala apud Celso Antônio Bandeira de Mello (*Curso de direito administrativo*. 27. ed. São Paulo: Malheiros, 2010. p. 56).

5 BORTOLETO, Leandro. *Direito administrativo*. Salvador: Juspodivm, 2012. p. 50.

PRINCÍPIOS DA ADMINISTRAÇÃO PÚBLICA	
Continuidade do serviço público	• serviço público não pode parar Exceções: poderá ser interrompido quando baseado em razões de ordem técnica ou segurança das instalações e na hipótese de inadimplência do usuário (neste caso, a interrupção não poderá ter início na sexta-feira, sábado ou domingo, nem feriado ou dia anterior ao feriado, conforme art. 6º, §4º
Autotutela	• administração anula e revoga seus próprios atos
Tutela ou controle	• administração direta controla finalidade da administração indireta
Especialidade	• criação de pessoa específica para atuação específica
Presunção de legitimidade	• regra: ato administrativo é legal • produz efeitos até ser extinto
Controle judicial dos atos administrativos	• sistema de jurisdição única
Segurança jurídica	• aspecto objetivo: princípio da segurança jurídica. Tentativa de preservação do ato. Nova interpretação não retroage • aspecto subjetivo: princípio da proteção à confiança. Expectativa do administrado de que Administração respeitará os atos por ela praticados. • Os arts. 23, 24, 26 e 30 da LINDB (inseridos pela Lei nº 13.655/2018) reforçam a necessidade de se buscar a segurança jurídica no âmbito da Administração Pública.
Motivação ou fundamentação	• indicação dos pressupostos de fato e direito • A motivação deverá demonstrar a necessidade e adequação da medida imposta ou da invalidação do ato, contrato, ajuste, processo ou norma administrativa, indicando se a alternativa encontrada é superior às demais alternativas (art. 20, parágrafo único, LINDB).
Razoabilidade	• meios devem ser adequados aos fins do ato • utilidade, necessidade, proporcionalidade • O art. 21 da LINDB, inserido pela Lei nº 13.655/2018, trata da aplicação da razoabilidade nos impactos da decisão administrativa[6] ao estabelecer que a decisão que invalidar ato, contrato, ajuste, processo ou norma administrativa, deverá indicar suas consequências jurídicas e administrativas, de modo expresso.
Hierarquia	• coordenação, organização, delegação, avocação

3. ADMINISTRAÇÃO PÚBLICA E TERCEIRO SETOR

- ***Função administrativa***: exercida pelo Poder Executivo, de forma típica, e pelo Poder Legislativo e pelo Poder Judiciário, de maneira atípica.
- ***Administração Pública***: conjunto de pessoas jurídicas, órgãos públicos e agentes públicos que realizam a atividade administrativa, consistente em serviços públicos, fomento, polícia administrativa e intervenção.
- Administração Pública em ***sentido amplo***: engloba a atividade política e a atividade administrativa, incluindo tanto os órgãos governamentais quanto os órgãos administrativos. Administração Pública em ***sentido estrito***: corresponde, exclusivamente, à função administrativa exercida pelos órgãos administrativos. Subdivide-se em: a) ***sentido subjetivo***, formal ou orgânico (conjunto de pessoas jurídicas, órgãos públicos e agentes públicos que realizam a atividade administrativa; quem faz a atividade administrativa); b) ***sentido objetivo***, material ou funcional (é a atividade administrativa, que compreende o serviço público, a polícia administrativa, o fomento e a intervenção; o que é realizado).
- Há várias formas de desempenho da atividade administrativa[7]:

FORMAS DE DESEMPENHO DA ATIVIDADE ADMINISTRATIVA	
Concentrada (concentração)	• atividade é realizada por um único órgão • pessoa jurídica sem divisão interna
Desconcentrada (desconcentração)	• atividade é realizada por vários órgãos • pessoa jurídica com divisão interna • distribuição interna de competência
Centralizada (centralização)	• atividade é realizada diretamente pela pessoa política, por meio de seus órgãos
Descentralizada (descentralização)	• atividade é realizada por outra pessoa jurídica • distribuição externa de competência

- ***Administração direta***: conjunto de órgãos que compõem a pessoa política.
- ***Administração indireta***: conjunto das pessoas administrativas, com personalidade de direito público ou de direito privado, patrimônio próprio e autonomia administrativa, vinculadas à administração direta, criadas para o desempenho de determinada atividade administrativa.

6 NOHARA, Irene Patrícia. LINDB: Lei de Introdução às Normas do Direito Brasileiro, hermenêutica e novos Parâmetros ao Direito Público. Curitiba: Juruá, 2018..

7 BORTOLETO, Leandro. *Direito administrativo*. Salvador: Juspodivm, 2012. p. 69.

- Classificação dos órgãos públicos:
  - *a)* ***Quanto à posição estatal ou hierarquia: independentes*** (representam as funções principais do Estado; não estão subordinados a nenhum outro); ***autônomos*** (estão ***situados abaixo dos órgãos independentes;*** possuem autonomia administrativa, financeira e técnica.); ***superiores*** (subordinados aos autônomos e independentes; possuem poder de direção, mas não têm autonomia administrativa nem financeira); ***subalternos*** (***possuem pequeno poder de decisão;*** atividades de execução).
  - *b)* ***Quanto à estrutura: simples*** (não se subdividem em outros); ***compostos***: (subdividem-se em outros órgãos)
  - *c)* ***Quanto à atuação funcional ou composição: singulares ou unipessoais*** (a atuação do órgão é realizada de acordo com a decisão de um único agente); ***coletivos ou pluripessoais*** (a atuação do órgão é decidida por vários agentes).
  - *d)* ***Quanto à esfera de atuação: centrais*** (atuam em toda a área territorial da pessoa); ***locais*** (atuam apenas em parte do território da pessoa que integram)
- São ***características dos órgãos públicos***: a) criação e extinção por lei; b) resultado da desconcentração; c) despersonalizados; d) não possuem patrimônio próprio; e) não possuem capacidade processual; f) alguns órgãos podem ser parte em processo para defesa de prerrogativa; g) podem celebrar contrato de gestão (denominado contrato de desempenho pela Lei nº 13.934/2019); h) órgãos devem ser inscritos no CNPJ.
- Quanto ao contrato de desempenho, a Lei nº 13.934/2019 o conceitua como: "o acordo celebrado entre o órgão ou entidade supervisora e o órgão ou entidade supervisionada, por meio de seus administradores, para o estabelecimento de metas de desempenho do supervisionado, com os respectivos prazos de execução e indicadores de qualidade, tendo como contrapartida a concessão de flexibilidades ou autonomias especiais." Seu objetivo fundamental consiste em promover a melhoria do desempenho do supervisionado, visando, especialmente (art. 5º da Lei nº 13.934/2019):

  I - aperfeiçoar o acompanhamento e o controle de resultados da gestão pública, mediante instrumento caracterizado por consensualidade, objetividade, responsabilidade e transparência;

  II - compatibilizar as atividades do supervisionado com as políticas públicas e os programas governamentais;

  III - facilitar o controle social sobre a atividade administrativa;

  IV - estabelecer indicadores objetivos para o controle de resultados e o aperfeiçoamento das relações de cooperação e supervisão;

  V - fixar a responsabilidade de dirigentes quanto aos resultados;

  VI - promover o desenvolvimento e a implantação de modelos de gestão flexíveis, vinculados ao desempenho e propiciadores de envolvimento efetivo dos agentes e dos dirigentes na obtenção de melhorias contínuas da qualidade dos serviços prestados à comunidade.
- O candidato deve se atentar para não confundir as definições das entidades da administração indireta. Ter personalidade jurídica, patrimônio próprio, autonomia administrativa, submeter-se a controle da administração direta, por exemplo, não identificam nenhuma das pessoas e o que deve ser observado é se a personalidade é de direito público ou de direito privado, se é criada por lei ou se a lei autoriza a criação e qual a atividade desempenhada.

Autarquia	• lei cria; • personalidade de direito público; • atividade típica do Estado.
Fundação Pública	• lei cria (personalidade de direito público) e lei autoriza (personalidade de direito privado); • atividade não exclusiva do Estado (interesse público).
Sociedade de economia mista e Empresa Pública	• lei autoriza; • personalidade de direito privado; • prestação de serviço público ou exploração de atividade econômica.

Lei 13.303/16 (estatuto das estatais) "estatuto jurídico da empresa pública, da sociedade de economia mista e de suas subsidiárias, abrangendo toda e qualquer empresa pública e sociedade de economia mista da União, dos Estados, do Distrito Federal e dos Municípios que explore atividade econômica de produção ou comercialização de bens ou de prestação de serviços, ainda que a atividade econômica esteja sujeita ao regime de monopólio da União ou seja de prestação de serviços públicos" (art. 1º, *caput*).

Exploração de atividade econômica pelo Estado será exercida por meio de empresa pública, de sociedade de economia mista e de suas subsidiárias. Lei precisa indicar de forma clara a presença de relevante interesse coletivo ou imperativo de segurança nacional, nos termos do caput do art. 173 da Constituição Federal.

Depende de autorização legal: criação de empresa pública ou de sociedade de economia mista; criação de suas subsidiárias; participação de qualquer delas em empresa privada, cujo objeto social deve estar relacionado ao da investidora

Empresa pública (art. 3º): entidade dotada de personalidade jurídica de direito privado, com criação autorizada por lei e com patrimônio próprio, cujo capital social é integralmente detido pela União, pelos Estados, pelo Distrito Federal ou pelos Municípios. Podem participar no capital social outras pessoas jurídicas de direito público interno, bem como as entidades da administração indireta da União, dos Estados, do Distrito Federal e dos Municípios, desde que pessoas jurídicas de direito público interno, bem como de entidades da administração indireta da União, dos Estados, do Distrito Federal e dos Municípios.

Sociedade de economia mista (art. 4º): entidade dotada de personalidade jurídica de direito privado, com criação autorizada por lei, sob a forma de sociedade anônima, cujas ações com direito a voto pertençam em sua maioria à União, aos Estados, ao Distrito Federal, aos Municípios ou a entidade da administração indireta. RE 601392 (tese de repercussão geral): "Os serviços prestados pela Empresa Brasileira de Correios e Telégrafos ECT, inclusive aqueles em que a empresa não age em regime de monopólio, estão abrangidos pela imunidade tributária recíproca (CF, art. 150, VI,a e §§ 2º e 3º)".

RE 599628: (tese de repercussão geral) **"Sociedades de economia mista que desenvolvem atividade econômica em regime concorrencial não se beneficiam do regime de precatórios, previsto no art. 100 da Constituição da República."**

RE 852302: "As sociedades de economia mista prestadoras de serviço público de atuação própria do Estado e de natureza não concorrencial submetem-se ao regime de precatório."

ADPF 387: "É aplicável o regime dos precatórios às sociedades de economia mista prestadoras de serviço público próprio do Estado e de natureza não concorrencial".

AGÊNCIA REGULADORA

- Pessoa da administração indireta, com personalidade de direito público, que exerce a regulação, o controle administrativo, a fiscalização, a disciplina sobre a prestação de um determinado serviço público ou a realização de alguma atividade econômica.
- Estão sendo criadas como autarquias em regime especial.
- Maior autonomia; controle político mitigado
- Lei nº 13.848/2019: dispõe "sobre a gestão, a organização, o processo decisório e o controle social das agências reguladoras" e, entre outras, modificou a **Lei nº 9.986/00**, que regula a gestão de recursos humanos dessas pessoas jurídicas, configurando-se, assim, o **marco regulatório das agências reguladoras federais. federais.** Referida lei entra em vigor no dia 24/09/2019. Vejamos alguns de seus aspectos:
- A natureza especial das agências reguladoras caracteriza-se pela (art. 3º, caput, Lei nº 13.848/2019):

Autonomia funcional;
Autonomia decisória;
Autonomia administrativa;
Autonomia financeira;
Investidura a termo de seus dirigentes e estabilidade durante os mandatos.

O §2º do mesmo artigo elenca as competências que representam a autonomia administrativa::

I - solicitar diretamente ao Ministério da Economia:

a) autorização para a realização de concursos públicos;

b) provimento dos cargos autorizados em lei para seu quadro de pessoal, observada a disponibili-dade orçamentária;

c) alterações no respectivo quadro de pessoal, fundamentadas em estudos de dimensionamento, bem como alterações nos planos de carreira de seus servidores;

II - conceder diárias e passagens em deslocamentos nacionais e internacionais e autorizar afastamentos do País a servidores da agência;

III - celebrar contratos administrativos e prorrogar contratos em vigor relativos a atividades de custeio, independentemente do valor.

- As atividades da agência reguladora devem se dar com observância entre os meios e fins , sendo vedada a imposição de obrigações restrições e sanções superiores às necessárias, ou seja, sua atuação deverá ser proporcional, devendo motivar suas decisões, inclusive a respeito da edição ou não de atos normativos.
- A adoção e propostas de alteração de atos normativos de interesse geral dos agentes econômicos, consumidores ou usuários dos serviços prestados serão precedidas de Análise de Impacto Regulatório, que conterá informações e dados sobre os efeitos do ato normativo.
- O processo de decisão da agência, no tocante à regulação, terá caráter colegiado.
- As minutas e as propostas de alteração de atos normativos de interesse geral dos agentes econômicos, con-sumidores ou usuários dos serviços prestados serão objeto de consulta pública, que ocorrerá previamente à tomada de decisão pelo conselho diretor ou pela diretoria colegiada. Por ela, a sociedade é consultada por meio do envio de críticas, sugestões e contribuições por quaisquer interessados sobre proposta de norma regulatória aplicável ao setor de atuação da agência (art. 9º).
- Ainda, a agência reguladora, por decisão colegiada, poderá convocar audiência pública para formação do juízo e tomada de decisão sobre matéria considerada relevante (art. 10).
- Possuem grande autonomia em relação à administração direta. Na esfera federal, seus dirigentes são nomeados pelo Presidente da República, após aprovação do nome pelo Senado, têm mandato fixo de 5 anos, sendo vedada a recondução dos diretores após o final do mandato e somente perderão o cargo no caso de renúncia, de decisão judicial transitada em julgado ou de processo administrativo disciplinar. Não ocorre a exoneração ad nutum. Com isso, o controle político exercido sobre a agência é bem diminuto porque o Presidente da República, mesmo se estiver descontente com o presidente de determinada agência, não poderá simplesmente exonerá-lo e substituí-lo. Não há hierarquia ou subordinação em relação à administração direta. Está submetida ao controle administrativo de finalidade, de tutela administrativa.

- Haverá, em cada agência reguladora, 1 ouvidor, que atuará sem subordinação hierárquica, sendo vedada a acumulação com outras funções. São suas atribuições: zelar pela qualidade e pela tempestividade dos serviços prestados pela agência; acompanhar o processo interno de apuração de denúncias e reclamações dos interessados contra a atuação da agência; elaborar relatório anual de ouvidoria sobre as atividades da agência.

  O controle externo das agências federais será executado pelo Congresso Nacional, com auxílio do TCU, devendo a agência elaborar relatório anual circunstanciado de suas atividades, nos termos do art. 15 da Lei nº 13.848/2019.

- ***Agência executiva***: é uma qualificação, um título, que é dado a uma autarquia ou a uma fundação pública. São requisitos (art. 51 da Lei nº 9.649/98) a existência de plano estratégico de reestruturação e de desenvolvimento institucional em andamento e a celebração de contrato de gestão (ou de desempenho, conforme Lei nº 13.934/2019) com o ministério supervisor. A qualificação se dá por ato do Presidente da República.

- ***Consórcio público***: está regulado pela Lei nº 11.107/05. Tratase de uma nova pessoa administrativa que surge da união entre pessoas políticas (União, Estados, Distrito Federal e Municípios). Em um primeiro momento, há o protocolo de intenções, que é uma espécie de ajuste preliminar entre as pessoas políticas, no qual há a definição do objeto do consórcio, quais são seus participantes, qual sua duração, qual a forma de eleição do representante legal. Depois, o protocolo de intenções deve ser publicado na imprensa oficial e, na sequência, ele deve ser ratificado por lei em cada um dos entes consorciados.

  O consórcio público poderá ter personalidade jurídica de direito público ***(associação pública;*** conhecido como ***autarquia interfederativa ou autarquia multifederada)*** ou privado, devendo observar as normas de direito público no que concerne à realização de licitação, à celebração de contratos, à prestação de contas e à admissão de pessoal, que será regido pela CLT (art. 6º, §2º da Lei nº 11.107/2005).

- Em 2019, foi editada a lei nº 13.821, que inseriu um parágrafo único ao art. 14 da Lei nº 11.107/2005: "Para a celebração dos convênios de que trata o **caput** deste artigo, as exigências legais de regularidade aplicar-se-ão ao próprio consórcio público envolvido, e não aos entes federativos nele consorciados".

- ***Contrato de consórcio:*** formaliza a ***constituição*** do consórcio.

- ***Contrato de rateio:*** formaliza a ***entrega de recursos*** dos entes consorciados para o consórcio.

- ***Contrato de programa:*** instrumento usado quando um dos consorciados assumir a ***obrigação de prestar serviço*** por meio de seus órgãos ou entidades.

  Art. 9º, §4º da Lei nº 11.107/2005: "Aplicam-se aos convênios de cooperação, no que couber, as disposições desta Lei relativas aos consórcios públicos".

  Extinção do contrato de consórcio público (art. 12): dependerá de instrumento aprovado pela assembleia geral, **ratificado mediante lei por todos os entes consorciados. Alteração do contrato de consórcio** público (art. 12-A): dependerá de instrumento aprovado pela assembleia geral, **ratificado mediante lei pela maioria dos entes consorciados.**

  TERCEIRO SETOR

- Marco regulatório: Lei 13.019/14. Disposições da nova lei não se aplicam às organizações sociais, reguladas pela Lei nº 9.637/98, nos termos do art. 3º, III. Quanto às organizações da sociedade civil, objeto da Lei nº 9.790/99, as disposições aplicam-se, no que couber.

Parcerias são formalizadas:

a) **quando houver transferência de recursos**: **termo de colaboração** (para a realização de atividades de interesse público propostas pela Administração Pública, nos termos do art. 16) e por **termo de fomento** (para a realização de atividades de interesse público propostas pela organização da sociedade civil, conforme o art. 17); em ambos os casos: exigência de escolha da entidade do Terceiro Setor por meio de um processo seletivo denominado Chamamento Público, salvo as exceções previstas em lei;

b) **quando não houver transferência de recursos**: **acordo de cooperação.**

- ***Organização social (OS) e Organização da Sociedade Civil de Interesse Público (Oscip)***: são entidades civis sem fins lucrativos, integrantes do setor privado, que recebem a qualificação do Poder Público. Oscip: deve estar em funcionamento regular há, no mínimo, 3 anos.

- ***Não podem ser qualificadas como Oscip*** (art. 2º da Lei nº 9.790/1999)***:***

  a) sociedades comerciais;
  b) sindicatos, associações de classe ou de representação de categoria profissional;
  c) instituições religiosas ou voltadas para a disseminação de credos, cultos, práticas e visões devocionais e confessionais;
  d) organizações partidárias e assemelhadas, inclusive suas fundações;
  e) entidades de benefício mútuo destinadas a proporcionar bens ou serviços a um círculo restrito de associados ou sócios;
  f) entidades e empresas que comercializam planos de saúde e assemelhados;
  g) instituições hospitalares privadas não gratuitas e suas mantenedoras;
  h) escolas privadas dedicadas ao ensino formal não gratuito e suas mantenedoras;
  i) organizações sociais;
  j) cooperativas;
  k) fundações públicas;
  l) fundações, sociedades civis ou associações de direito privado criadas por órgão público ou por fundações públicas;

m) organizações creditícias que tenham qualquer tipo de vinculação com o sistema financeiro nacional a que se refere o art. 192 da Constituição Federal.

- Diferenças entre OS e Oscip: a) a OS opera a absorção de determinada atividade que o Estado esteja fazendo e, com frequência, leva à extinção do órgão público que realizava a mesma atividade e, por outro lado, a Oscip representa verdadeira parceria e não há extinção de órgãos; b) a outorga da qualificação é ato discricionário na OS e ato vinculado na Oscip; c) o vínculo na OS é contrato de gestão e na Oscip é termo de parceria; d) na OS, há exigência de que tenha a presença de representantes do poder público no órgão de administração, o que não ocorre com a Oscip; e) no caso de desqualificação, os bens adquiridos com recursos públicos serão revertidos ao Poder Público, no caso da OS e, se for Oscip, será transferida à outra Oscip, de preferência, na mesma área de atuação.
- **Organizações gestoras de fundos patrimoniais:** No ano de 2019, foi editada a Lei nº 13.800, que trata das organizações gestoras de fundos patrimoniais. Segundo a lei, referidos fundos serão geridos e administrados por organização gestora de fundos patrimoniais, instituição privada sem fins lucrativos, "instituída na forma de associação ou de fundação privada com o intuito de atuar exclusivamente para um fundo na captação e na gestão das doações oriundas de pessoas físicas e jurídicas e do patrimônio constituído" (art. 2º, II).
- Sistematização da Administração Pública e do Terceiro Setor[8]:

ADMINISTRAÇÃO PÚBLICA	
ADMINISTRAÇÃO INDIRETA	**ADMINISTRAÇÃO DIRETA**
Conjunto das pessoas administrativas, com personalidade de direito público ou de direito privado, patrimônio próprio e autonomia administrativa, vinculadas à administração direta, criadas para o desempenho de determinada atividade administrativa	Conjunto dos órgãos públicos que integram as pessoas jurídicas políticas Pessoas jurídicas de direito público União, Estados, Distrito Federal e Municípios
Autarquia: direito público Agência reguladora: autarquia em regime especial Agência Executiva: autarquia que recebeu a qualificação (contrato de desempenho)	-
Fundação Pública: direito público ou direito privado Agência Executiva: fundação pública que recebeu a qualificação (contrato de desempenho)	-
Empresa Pública: direito privado; prestadora de serviço público ou exploradora de atividade econômica	-
Sociedade de Economia Mista: direito privado; prestadora de serviço público ou exploradora de atividade econômica	-
Consórcio Público: direito público (associação pública) ou direito privado	-

TERCEIRO SETOR
Pessoas jurídicas de direito privado, sem fins lucrativos, pertencentes ao setor privado, que desenvolvem atividade de interesse público.
Marco regulatório (Lei nº 13.019/14): parcerias firmadas por: a) termo de fomento ou por termo de colaboração, quando envolverem transferência de recursos financeiros; entidades são escolhidas por meio de chamamento público, exceto os casos de dispensa e inexigibilidade; b) acordo de cooperação, quando não envolver transferência de recursos financeiros.
Serviço social autônomo
Entidade de apoio
Organização Social (OS) Vínculo jurídico com a administração direta: contrato de gestão
Organização da Sociedade Civil de Interesse Público (Oscip) Vínculo jurídico com a administração direta: termo de parceria

4. AGENTES PÚBLICOS: DISPOSIÇÕES CONSTITUCIONAIS

- ***Regime jurídico único***: STF (ADI 2135): foi deferida medida liminar para suspender a eficácia do art. 39, *caput*, da Constituição, por vício formal na aprovação da Emenda nº 19/98, com efeitos *ex nunc*, "subsistindo a legislação editada nos termos da emenda declarada suspensa", mantendo-se, "assim, o então vigente *caput* do art. 39, que tratava do regime jurídico único, incompatível com a figura do emprego público".
- Em ação destinada a analisar a inconstitucionalidade de leis complementares de âmbito estadual, que criaram milhares de empregos públicos na Universidade de São Paulo, o Min. Alexandre de Moraes, acompanhado pela maioria dos ministros do STF, entendeu que a CF não excluiu a possibilidade de adoção do regime de emprego público para autarquias. Assim, o art. 39 deveria ser interpretado no sentido de que caberia a cada ente federativo estipular o regime jurídico de seus servidores, escolhendo entre o estatutário ou celetista, tratando-se, pois, de norma de eficácia limitada (ADI 5.615/SP).

8 BORTOLETO, Leandro. *Direito administrativo*. Salvador: Juspodivm, 2012. p. 106.

- Cronologia do regime jurídico único:

REGIME JURÍDICO ÚNICO					
05/10/1988	**12/12/1990**	**04/06/1998**	**23/02/2000**	**02/08/2007**	**29/05/2020**
CF, art. 39, *caput*	Lei nº 8.112	EC 19, art. 39, *caput*	Lei nº 9.962	ADI 2135	ADI 5615/SP
Regime Jurídico Único ➔	RJU Servidores federais ➔	Fim Regime Jurídico Único ➔	Emprego Público União, aut. e fund. ➔	retorno do Regime Jurídico Único	Cabe ao ente federativo estipular o regime jurídico dos servidores

- Síntese sobre concurso público[9]:

<table>
<tr><th colspan="2">CONCURSO PÚBLICO</th></tr>
<tr><td colspan="2">Regra: realização para provimento de cargo efetivo</td></tr>
<tr><td rowspan="4">Exceção: não realização</td><td>- Contratação temporária: necessidade temporária e excepcional interesse público</td></tr>
<tr><td>- Cargo em comissão: existência de lei declarando de livre nomeação e exoneração; atribuições de direção, de chefia e de assessoramento</td></tr>
<tr><td>Pode ser ocupado por ocupante de cargo efetivo (lei definirá casos, condições e percentuais) e por não ocupante. Função de confiança: só ocupante de cargo efetivo</td></tr>
<tr><td>- Agentes públicos de saúde e agentes de combate a endemias</td></tr>
<tr><td colspan="2">Prazo de validade: até 2 anos, prorrogável, uma vez, por igual período</td></tr>
<tr><td colspan="2">Pode ser de provas ou de provas e títulos: natureza e complexidade do cargo</td></tr>
<tr><td colspan="2">Reserva de vagas para deficientes: lei definirá percentual. No âmbito federal, o tema é regulado pelo Decreto nº 9.508/2018.</td></tr>
<tr><td colspan="2">Segundo a Lei nº 13.872/2019, "Fica assegurado à mãe o direito de amamentar seus filhos de até 6 (seis) meses de idade durante a realização de provas ou de etapas avaliatórias em concursos públicos na administração pública direta e indireta dos Poderes da União, mediante prévia solicitação à instituição organizadora".</td></tr>
<tr><td colspan="2">Lei nº 13.656/2018: são isentos de pagamento das inscrições em concursos públicos: (i) os candidatos que pertençam a família inscrita no CadÚnico, cuja renda familiar mensal per capita seja inferior ou igual a meio salário-mínimo nacional; (ii) os candidatos doadores de medula óssea em entidades reconhecidas pelo Ministério da Saúde.</td></tr>
</table>

- O candidato aprovado em concurso possui ***direito subjetivo à nomeação*** ou apenas expectativa de direito?
- Do cotejo das diversas decisões do STJ e da tese fixada pelo STF nos dois julgados paradigmáticos (RE 598.099 e RE 837.311), é possível afirmar que **há o direito subjetivo à nomeação do candidato aprovado em concurso público:**
  a) quando for aprovado dentro do número de vagas previsto no edital, exceto se surgir, após a publicação do edital, situação imprevisível e de extrema gravidade que justifique, mediante decisão motivada, a não nomeação dos candidatos por não haver medida menos gravosa a ser adotada;
  b) quando for aprovado fora do número de vagas previsto no edital E surgirem novas vagas ou for aberto novo certame durante o prazo de validade do concurso anterior E houver preterição arbitrária e imotivada por parte da Administração[10] (candidato deve demonstrar, de forma cabal, comportamento tácito ou expresso do Poder Público demonstrando a necessidade de nomeação como, por exemplo, a ocorrência de cessão de servidores de outros órgãos públicos).
  c) quando for preterido na nomeação por inobservância da ordem de classificação, mesmo que esteja fora do número de vagas previsto no edital.
- **STF (RE 630.733) Tese de repercussão geral:** "Inexiste direito dos candidatos em concurso público à prova de segunda chamada nos testes de aptidão física, salvo contrária disposição editalícia, em razão de circunstâncias pessoais, ainda que de caráter fisiológico ou de força maior, mantida a validade das provas de segunda chamada realizadas até 15/5/2013, em nome da segurança jurídica".
- **Súmula 684 do STF:** "É inconstitucional o veto não motivado à participação de candidato a concurso público".
- **STF (RE 898.450): Tese de repercussão geral:** "Editais de concurso público não podem estabelecer restrição a pessoas com tatuagem, salvo situações excepcionais, em razão de conteúdo que viole valores constitucionais".
- **STF (RE 560900/DF): Tese de repercussão geral:** "Sem previsão constitucionalmente adequada e instituída por lei, não é legítima a cláusula de edital de concurso público que restrinja a participação de candidato pelo simples fato de responder a inquérito ou ação penal".
- **STF (RE 635.739) Tese de repercussão geral:** "É constitucional a regra inserida no edital de concurso público, denominada cláusula de barreira, com o

9 BORTOLETO, Leandro. *Direito administrativo*. Salvador: Juspodivm, 2012. p. 142.

10 Deve-se apontar que, segundo o STJ, no caso de preterição de candidato na nomeação de concurso público, o termo inicial do prazo prescricional quinquenal será a data em que foram nomeados outros servidores no lugar dos aprovados no certame. (AgInt no REsp 1.643.048-GO. Informativo nº 668)

intuito de selecionar apenas os candidatos mais bem classificados para prosseguir no certame".

- **STF (RE 630733 DF) Tese de repercussão geral:** "Os candidatos em concurso público não têm direito à prova de segunda chamada nos testes de aptidão física em razão de circunstâncias pessoais, ainda que de caráter fisiológico ou de força maior, salvo se houver previsão no edital permitindo essa possibilidade." (fixada em 15/05/2013).
- **STF (RE 1058333 PR) Tese de repercussão geral:** "É constitucional a remarcação do teste de aptidão física de candidata que esteja grávida à época de sua realização, independentemente da previsão expressa em edital do concurso" (fixada em 21/11/2018).
- **STF (ADC 41/DF) Reserva de vagas. Tese fixada:** "É constitucional a reserva de 20% das vagas oferecidas nos concursos públicos para provimento de cargos efetivos e empregos públicos no âmbito da administração pública direta e indireta".
- **STJ Súmula 377:** "O portador de visão monocular tem direito de concorrer, em concurso público, às vagas reservadas aos deficientes".
- **STJ Súmula 552:** "O portador de surdez unilateral não se qualifica como pessoa com deficiência para o fim de disputar as vagas reservadas em concursos públicos".
- Sistematização dos limites remuneratórios[11]:

<table>
<tr><th colspan="3">LIMITES REMUNERATÓRIOS</th></tr>
<tr><td colspan="3">TETO → subsídio dos Ministros do Supremo Tribunal Federal</td></tr>
<tr><td rowspan="6">SUBTETOS</td><td rowspan="4">ESTADOS E DISTRITO FEDERAL</td><td>Poder Executivo → subsídio do Governador</td></tr>
<tr><td>Poder Legislativo → subsídio dos Deputados Estaduais e Distritais (máximo de 75% do subsídio do Deputado Federal)</td></tr>
<tr><td>Poder Judiciário → subsídio dos Desembargadores do Tribunal de Justiça (90,25% do STF)</td></tr>
<tr><td>• aplicável aos membros do Ministério Público, Procuradores e Defensores Públicos
• não se aplica aos magistrados estaduais, de acordo com o STF
• Estados e DF podem adotar como subteto único este previsto para o Poder Judiciário, desde que haja alteração da Constituição Estadual ou da Lei Orgânica</td></tr>
<tr><td rowspan="2">MUNICÍPIOS</td><td>Subsídio do Prefeito</td></tr>
<tr><td>• Vereadores: regra própria (art. 29, VI, CF)
• Procuradores Municipais: Subsídio de Desembargador do Tribunal de Justiça – 90,25% do STF (STF. Plenário. RE 663696 MG, julgado em 28/02/2019).</td></tr>
</table>

- **Súmula Vinculante nº 16:** os "arts. 7º, IV, e 39, § 3º (redação da EC 19/1998), da Constituição, referem-se ao total da remuneração percebida pelo servidor público". O vencimento do servidor público pode ser menor do que o salário mínimo, mas a remuneração não.
- ADI 6584/DF: Em referida ADI, o Plenário do STF, por maioria, decidiu que o teto constitucional remuneratório não incide sobre os salários pagos por empresas públicas e sociedades de economia mista e suas subsidiárias quando não receberem recursos da Fazenda Pública.
- **STF (RE 675.978) Tese de repercussão geral:** "Subtraído o montante que exceder o teto e subteto previsto no artigo 37, inciso XI, da Constituição Federal, tem-se o valor que vale como base para o Imposto de Renda e para a contribuição previdenciária".

  Tese de repercussão geral (REs 602043 e 612975) "Nos casos autorizados, constitucionalmente, de acumulação de cargos, empregos e funções, a incidência do artigo 37, inciso XI, da Constituição Federal, pressupõe consideração de cada um dos vínculos formalizados, afastada a observância do teto remuneratório quanto ao somatório dos ganhos do agente público".

  Tese de repercussão geral (RE 663696) "A expressão "Procuradores", contida na parte final do inciso XI do art. 37 da Constituição da República, compreende os Procuradores Municipais, uma vez que estes se inserem nas funções essenciais à Justiça, estando, portanto, submetidos ao teto de noventa inteiros e vinte e cinco centésimos por cento do subsídio mensal, em espécie, dos Ministros do Supremo Tribunal Federal".

  ADI 3854 e 4014: As ADI 3854 e 4014 foram julgadas procedentes, por maioria de votos, para declarar inconstitucional o subteto dos juízes estaduais diferente do teto remuneratório da magistratura federal, por ofensa ao caráter nacional da estrutura judiciária brasileira. Segundo a Constituição Federal e Resoluções do CNJ, o subteto dos juízes estaduais corresponde a 90,25% dos vencimentos dos ministros do STF, e já no ano de 2007, o Plenário havia impedido sua aplicação, para determinar que o teto corresponde ao valor de subsídio dos membros do STF.
- **Tese de repercussão geral (RE 602.584)** "Ocorrida a morte do instituidor da pensão em momento posterior ao da Emenda Constitucional 19/1998, o teto constitucional previsto no inciso XI do artigo 37 da Constituição Federal incide sobre o somatório de remuneração ou provento e a pensão recebida por servidor".
- Sistematização da acumulação remunerada de cargos públicos[12]:

11 BORTOLETO, Leandro. *Direito administrativo*. Salvador: Juspodivm, 2012. p. 147.

12 BORTOLETO, Leandro. *Direito administrativo*. Salvador: Juspodivm, 2012. p. 106.

<table>
<tr><th colspan="3">ACUMULAÇÃO DE CARGOS, EMPREGOS E FUNÇÕES PÚBLICAS</th></tr>
<tr><td colspan="3">Cargo, função ou emprego público x Cargo, função ou emprego público</td></tr>
<tr><td>REGRA
Proibição de acumulação remunerada</td><td colspan="2">EXCEÇÕES
Compatibilidade de horários
+
Dois cargos de professor
ou
Um cargo de professor com outro técnico ou científico
ou
Dois cargos ou empregos privativos de profissionais de saúde, com profissões regulamentadas
Obs: deve-se ressaltar que, com a EC nº 101/2019 estabeleceu-se que o militar do Estado e DF também poderá cumular seu cargo com:
a) Um cargo de professor;
b) Cargo da saúde com profissão regulamentada;
c) Com outro cargo técnico e científico.
Atenção! Para os militares das Forças Armadas, só é possível a cumulação com outro cargo na área da saúde (art. 142, §3º, VIII da CF).</td></tr>
<tr><td colspan="3">Cargo, função ou emprego público x Mandato eletivo</td></tr>
<tr><td rowspan="2">Vereador</td><td colspan="2">Horários compatíveis:
Acumulação</td></tr>
<tr><td colspan="2">Horários não compatíveis:
Afastamento e escolha da remuneração</td></tr>
<tr><td>Prefeito e Vice-Prefeito</td><td colspan="2">Afastamento e escolha da remuneração</td></tr>
<tr><td>Presidente da República e Vice, Governador e Vice, Deputados federais, estaduais e distritais e Senadores</td><td colspan="2">Afastamento, sem escolha da remuneração</td></tr>
<tr><td colspan="3">Proventos x Cargo, função ou emprego público</td></tr>
<tr><td>REGRA
Proibição</td><td colspan="2">EXCEÇÕES
• Cargo em comissão
• Cargo eletivo
• Cargos acumuláveis</td></tr>
<tr><td colspan="3">Proventos x Proventos</td></tr>
<tr><td>REGRA
Proibição</td><td colspan="2">EXCEÇÃO
Proventos decorrentes de cargos acumuláveis</td></tr>
</table>

- São ***direitos sociais do servidor público***: a) salário mínimo; b) garantia de salário nunca inferior ao mínimo, para os que percebem remuneração variável; c) décimo terceiro; d) remuneração do trabalho noturno superior à do diurno; e) salário-família; f) duração do trabalho normal não superior a oito horas diárias e quarenta e quatro semanais; g) repouso semanal remunerado; h) remuneração do serviço extraordinário superior, no mínimo, em 50% à do normal; i) férias anuais remuneradas com, pelo menos, um terço a mais do que o salário normal; j) licença à gestante (120 dias); k) licença-paternidade; l) proteção do mercado de trabalho da mulher; m) redução dos riscos inerentes ao trabalho, por meio de normas de saúde, higiene e segurança; n) proibição de diferença de salários, de exercício de funções e de critério de admissão por motivo de sexo, idade, cor ou estado civil.
- ***Direito de greve***: STF (MI 670, 708 e 712): o direito de greve dos servidores públicos civis depende de lei para poder ser exercido, mas, em razão da inércia do legislador em produzir a lei, até que sobrevenha tal norma, fica autorizado o exercício do direito de greve pelos servidores públicos, usando, para tanto, a lei da iniciativa privada (Lei nº 7.783/89), no que couber. Todavia, essa situação é provisória, isto é, uma vez que a lei regulamentadora do art. 37, VII da Constituição Federal entre em vigor, o direito de greve dos servidores públicos não poderá mais ser aplicada a lei da iniciativa privada. O dispositivo constitucional referente ao direito de greve dos servidores aplica-se, em regra, a todas as categorias de servidores, com exceção dos militares, cujo exercício de greve é vedado e, dessa forma, não é considerado norma de eficácia plena para nenhuma categoria, inclusive para os servidores das carreiras de Estado. Aliás, em face do princípio da continuidade do serviço público, restou decidido no MI 708 que pode ser imposto regime de greve mais severo quando se tratar de serviços ou atividades essenciais, nos moldes dos artigos 9º a 11 da Lei nº 7.783/89.

Tese de repercussão geral (RE 693456):"A administração pública deve proceder ao desconto dos dias de paralisação decorrentes do exercício do direito de greve pelos servidores públicos, em virtude da suspensão do vínculo funcional que dela decorre, permitida a compensação em caso de acordo. O desconto será, contudo, incabível se ficar demonstrado que a greve foi provocada por conduta ilícita do Poder Público".

Greve de policiais civis: Tese de repercussão geral (ARE 654432): "(1) o exercício do direito de greve, sob qualquer forma ou modalidade, é vedado aos policiais civis e a todos os servidores públicos que atuem diretamente na área de segurança pública. (2) É obrigatória a participação do Poder Público em mediação instaurada pelos órgãos classistas das carreiras de segurança pública, nos termos do artigo 165 do Código de Processo Civil, para vocalização dos interesses da categoria".

Justiça competente: Tese de repercussão geral (RE 846854): "A justiça comum, federal ou estadual, é competente para julgar a abusividade de greve de servidores públicos celetistas da Administração pública direta, autarquias e fundações públicas."

ESTABILIDADE

Requisitos para a aquisição da estabilidade (art. 41, CF):

a) cargo de provimento efetivo e

b) três anos de efetivo exercício e

c) avaliação de desempenho por comissão instituída para essa finalidade.

Servidor estável somente perderá o cargo:

a) em virtude de sentença judicial transitada em julgado;

b) mediante processo administrativo, assegurada a ampla defesa;

c) mediante procedimento de avaliação de desempenho, nos termos de Lei complementar, assegurada a ampla defesa.

d) conforme o art. 169, § 4º, em razão de excesso de despesa.

Reintegração e recondução

Art. 37, § 2º Invalidada por sentença judicial a demissão do servidor estável, será ele reintegrado, e o eventual ocupante da vaga, se estável, reconduzido ao cargo de origem, sem direito a indenização, aproveitado em outro cargo ou posto em disponibilidade com remuneração proporcional ao tempo de serviço.

§ 3º Extinto o cargo ou declarada a sua desnecessidade, o servidor estável ficará em disponibilidade, com remuneração proporcional ao tempo de serviço, até seu adequado aproveitamento em outro cargo.

Dispensa de empregado público e motivação

"As empresas públicas e as sociedades de economia mista, sejam elas prestadoras de serviço público ou exploradoras de atividade econômica, ainda que em regime concorrencial, têm o dever jurídico de motivar, em ato formal, a demissão de seus empregados concursados, não se exigindo processo administrativo. Tal motivação deve consistir em fundamento razoável, não se exigindo, porém, que se enquadre nas hipóteses de justa causa da legislação trabalhista" (RE 688267).

- ***Regime próprio de previdência***. É o regime destinado aos servidores titulares de cargo efetivo. Nesse regime, é proibida a existência de critérios diferentes para a concessão de aposentadoria, exceto, nos termos definidos em leis complementares, conforme o art. 40, § 4º, no caso de:

  a) servidores com deficiência, em relação aos quais poderão ser estabelecidos, por lei complementar do respectivo ente federativo, idade e tempo de contribuição diferenciados;

  b) servidores ocupantes do cargo de agente penitenciário, de agente socioeducativo ou de policial os órgãos de que tratam o inciso IV do caput do art. 51, o inciso XIII do caput do art. 52 e os incisos I a IV do caput do art. 144 (policiais da Câmara e do Senado, policiais federais, policiais rodoviários federais, policiais ferroviários federais e policiais civis), em relação aos quais poderão ser estabelecidos, por lei complementar do respectivo ente federativo, idade e tempo de contribuição diferenciados;

  c) servidores cujas atividades sejam exercidas com efetiva exposição a agentes químicos, físicos e biológicos prejudiciais à saúde, ou associação desses agentes, vedada a caracterização por categoria profissional ou ocupação, em relação aos quais poderão ser estabelecidos, por lei complementar do respectivo ente federativo, idade e tempo de contribuição diferenciados;

  d) professores, que terão idade mínima reduzida em 5 (cinco) anos em relação às idades decorrentes da aplicação do disposto no inciso III do § 1º do art. 40 da CF/88, desde que comprovem tempo de efetivo exercício das funções de magistério na educação infantil e no ensino fundamental e médio fixado em lei complementar do respectivo ente federativo.

- ***Pensão por morte***:

  a) **Servidor federal**: equivalente a 50% do valor da aposentadoria recebida pelo segurado ou servidor ou daquela a que teria direito se fosse aposentado por incapacidade permanente à data do óbito, acrescida de 10% por dependente, até o máximo de 100% (art. 23 da EC nº 103/2019);

  b) **Servidor estadual, distrital ou municipal**: aplicam-se as normas constitucionais e infraconstitucionais anteriores à data de entrada em vigor da EC nº 103/2019, enquanto não promovidas alterações na legislação interna relacionada ao respectivo regime próprio de previdência social (Antes da EC nº 103/2019, a CF 88 estabelecia para a pensão: até o valor do limite do regime geral de previdência, a pensão será integral. Se a remuneração ou os proventos do servidor eram superiores ao limite mencionado, a pensão não terá valor integral, pois corresponderá, na verdade, ao valor total até o limite, mais 70% do valor que exceder o limite).

- ***Contribuição:*** União, Estados, DF e Municípios instituirão, por lei, contribuições para custeio de regime próprio de previdência social, cobradas dos servidores ativos, dos aposentados e dos pensionistas, que poderão ter alíquotas progressivas, de acordo com o valor base de contribuição e proventos (art. 149, §1º da CF/88).

- ***Abono de permanência***: servidor titular de cargo efetivo que tenha completado as exigências para aposentadoria voluntária e que opte em permanecer em serviço **poderá** fazer jus a um abono de permanência equivalente, no máximo, ao valor de sua contribuição previdenciária, até completar a idade para aposentadoria compulsória, observados os critérios estabelecidos em lei (art. 40, §19 da CF/88).

- **Salário-maternidade e afastamentos por incapacidade**: serão pagos diretamente pelo ente federativo e não correrão à conta do RPPS ao qual o servidor se vincula (art. 9º da EC nº 103/2019).
- **Cálculo dos proventos de aposentadoria:** As regras para cálculo de proventos de aposentadoria serão disciplinadas em lei do respectivo ente federativo (art. 40, §3º). **Servidores federais:** Até que lei discipline o cálculo dos benefícios do RPPS da União e do RGPS, será utilizada a média aritmética simples dos salários de contribuição e das remunerações adotadas como base para as contribuições, inclusive das atividades militares de que tratam os arts. 42 e 142 da CF/88, correspondentes a **100%** do período contributivo, desde julho de 1994 (art. 26 da EC nº 103/2019).
- **Valores dos proventos de aposentadoria:** não poderão ser inferiores ao valor mínimo a que se refere o § 2º do art. 201 ou superiores ao limite máximo estabelecido para o Regime Geral de Previdência Social, observado o disposto nos §§ 14 a 16 (art. 40, §2º da CF/88).
- Sistematização da aposentadoria pelo regime próprio:

<table>
<tr><th colspan="3">APOSENTADORIA PELO REGIME PRÓPRIO</th></tr>
<tr><td>Por incapacidade permanente para o trabalho</td><td colspan="2">• no cargo em que estiver investido, quando insuscetível de readaptação, hipótese em que será obrigatória a realização de avaliações periódicas para verificação da continuidade das condições que ensejaram a concessão da aposentadoria, na forma de lei do respectivo ente federativo (art. 40, §1º, I da CF/88). Valor do benefício: a) servidor federal: até que lei discipline o cálculo dos benefícios do regime próprio de previdência social da União, o valor corresponderá a 60% da média aritmética de 100% das contribuições, com acréscimo de 2% para cada ano de contribuição que exceder o tempo de 20 anos de contribuição; o valor do benefício será de 100% da média, quando decorrer de acidente de trabalho, de doença profissional e de doença do trabalho.</td></tr>
<tr><td>Compulsória</td><td colspan="2">• proventos proporcionais
• 70 ou 75 anos, nos termos de lei complementar. Lei Complementar nº 152/15: 75 anos para I - os servidores titulares de cargos efetivos da União, dos Estados, do Distrito Federal e dos Municípios, incluídas suas autarquias e fundações; II - os membros do Poder Judiciário; III - os membros do Ministério Público; IV - os membros das Defensorias Públicas; V - os membros dos Tribunais e dos Conselhos de Contas.</td></tr>
<tr><td rowspan="2">Voluntária</td><td colspan="2">• União:
a) 62 anos, se mulher;
b) 65 anos, se homem.
Até que entre em vigor lei federal, os servidores federais serão aposentados após 25 anos de contribuição, desde que cumpridos:
a) 10 anos de efetivo exercício no serviço público;
b) 5 anos no cargo efetivo em que for concedida a aposentadoria.
Estados e Municípios:
- idade mínima estabelecida mediante emenda às respectivas Constituições e Leis Orgânicas, observados o tempo de contribuição e os demais requisitos estabelecidos em lei complementar do respectivo ente federativo.
- enquanto não promovidas alterações na legislação interna relacionada ao respectivo regime próprio de previdência social, aplicam-se às aposentadorias dos servidores dos Estados, do Distrito Federal e dos Municípios as normas constitucionais e infraconstitucionais anteriores à data de entrada em vigor antes da EC nº 103/2019.
Antes da EC nº 103/2019, CF 88 estabelecia:</td></tr>
<tr><td>Integral:
Homem
10 anos de serviço público, e
5 anos no cargo, e
35 anos de contribuição, e
60 anos de idade</td><td>Mulher
10 anos de serviço público, e
5 anos no cargo, e
30 anos de contribuição, e
55 anos de idade</td></tr>
<tr><td>Voluntária</td><td>Proporcional:
Homem
10 anos de serviço público, e
5 anos no cargo, e
65 anos de idade</td><td>Mulher
10 anos de serviço público, e
5 anos no cargo, e
60 anos de idade</td></tr>
</table>

<table>
<tr><th colspan="3">APOSENTADORIA PELO REGIME PRÓPRIO</th></tr>
<tr><td>Aposentadoria especial</td><td colspan="2">• Regra: vedada a adoção de requisitos ou critérios diferenciados para concessão de benefícios em RPPS.
• Exceção: art. 40, §§4º-A, 4º-B, 4º-C e 5º da CF/88:
a) servidores com deficiência, previamente submetidos à avaliação biopsicossocial realizada por equipe multiprofissional e interdisciplinar; a eles, poderão ser estabelecidos, por lei complementar do respectivo ente federativo, idade e tempo de contribuição diferenciados. Servidores federais: desde que cumpridos, no caso do servidor, o tempo mínimo de 10 (dez) anos de efetivo exercício no serviço público e de 5 (cinco) anos no cargo efetivo em que for concedida a aposentadoria, será concedida na forma da Lei Complementar nº 142, de 8 de maio de 2013, inclusive quanto aos critérios de cálculo dos benefícios (art. 22 da EC nº 103/2019).
b) ocupantes do cargo de agente penitenciário, de agente socioeducativo ou de policial dos órgãos de que tratam o inciso IV do caput do art. 51, o inciso XIII do caput do art. 52 e os incisos I a IV do caput do art. 144; a eles, poderão ser estabelecidos, por lei complementar do respectivo ente federativo, idade e tempo de contribuição diferenciados. Servidores federais: até que entre em vigor lei federal que discipline os benefícios do regime próprio de previdência social dos servidores da União, policiais civis do Distrito Federal, policiais da Câmara dos Deputados e do Senado Federal, policiais federais, policiais rodoviários federais, policiais ferroviários federais, agentes federais penitenciários ou socioeducativos aposentar-se-ão aos 55 (cinquenta e cinco) anos de idade, com 30 (trinta) anos de contribuição e 25 (vinte e cinco) anos de efetivo exercício em cargo dessas carreiras, para ambos os sexos (art. 10, §2º, I da EC nº 103/2019).</td></tr>
<tr><td rowspan="2">Aposentadoria especial</td><td colspan="2">c) servidores cujas atividades sejam exercidas com efetiva exposição a agentes químicos, físicos e biológicos prejudiciais à saúde, ou associação desses agentes, vedada a caracterização por categoria profissional ou ocupação; a eles, poderão ser estabelecidos, por lei complementar do respectivo ente federativo, idade e tempo de contribuição diferenciados. Servidores federais: até que entre em vigor lei federal que discipline os benefícios do regime próprio de previdência social dos servidores da União: aos 60 (sessenta) anos de idade, com 25 (vinte e cinco) anos de efetiva exposição e contribuição, 10 (dez) anos de efetivo exercício de serviço público e 5 (cinco) anos no cargo efetivo em que for concedida a aposentadoria (art. 10, §2º, II da EC nº 103/2019).
Servidores estaduais, distritais e municipais: Aplicam-se às aposentadorias dos servidores dos Estados, do Distrito Federal e dos Municípios as normas constitucionais e infraconstitucionais anteriores à data de entrada em vigor da EC nº 103/2019, enquanto não promovidas alterações na legislação interna relacionada ao respectivo regime próprio de previdência social (art. 10, §7º e art. 22)
d) Professores: terão as idades exigidas reduzidas em 5 anos, ou seja, 57 anos, se mulher e 60 anos, se homem, desde que comprovem tempo de efetivo exercício das funções de magistério na educação infantil e no ensino fundamental e médio fixado em lei complementar do respectivo ente federativo (art. 40, §5º da CF/88 – com redação dada pela EC nº 103/2019).
Servidores federais: até que entre em vigor lei federal que discipline os benefícios do regime próprio de previdência social dos servidores da União: aos 60 (sessenta) anos de idade, se homem, aos 57 (cinquenta e sete) anos, se mulher, com 25 (vinte e cinco) anos de contribuição exclusivamente em efetivo exercício das funções de magistério na educação infantil e no ensino fundamental e médio, 10 (dez) anos de efetivo exercício de serviço público e 5 (cinco) anos no cargo efetivo em que for concedida a aposentadoria, para ambos os sexos (art. 10, §2º, III da EC nº 103/2019).
Servidores estaduais, distritais e municipais: aplicam-se às aposentadorias dos servidores dos Estados, do Distrito Federal e dos Municípios as normas constitucionais e infraconstitucionais anteriores à data de entrada em vigor desta Emenda Constitucional, enquanto não promovidas alterações na legislação interna relacionada ao respectivo regime próprio de previdência social. Antes da EC nº 103/2019, CF 88 estabelecia:
• requisitos estabelecidos na Constituição
• tempo exclusivo no magistério: infantil, fundamental e médio</td></tr>
<tr><td>Homem
10 anos de serviço público, e
5 anos no cargo, e
30 anos de contribuição, e
55 anos de idade</td><td>Mulher
10 anos de serviço público, e
5 anos no cargo, e
25 anos de contribuição, e
50 anos de idade</td></tr>
</table>

5. REGIME JURÍDICO DOS SERVIDORES PÚBLICOS

- O ***regime estatutário ou legal*** é aquele em que o ***conjunto de regras reguladoras do servidor com a Administração está inserido em lei específica, conhecidas como estatuto.***
- É ***o regime próprio das pessoas jurídicas de direito público***, assim, é admitido na administração direta, nas autarquias e nas fundações com regime de direito público.
- ***Não há uma lei só, um estatuto único. Pelo contrário, há diversas leis e, portanto, vários estatutos,*** pois cabe a cada ente político legislar a respeito, ou seja, cada Município e cada Estado podem ter os seus.
- Na esfera federal, o estatuto dos servidores públicos civis federais está previsto na ***Lei nº 8.112/90***.
- ***Provimento*** é o ato de se prover o cargo público. Pode ser originário (a investidura no cargo é feita pela primeira vez) ou derivado (investidura decorrente; servidor já era ocupante de cargo).

5.1. LEI Nº 8.112/90

- ***Requisitos*** para investidura (art. 5º):
  a) ser brasileiro;
  b) estar no gozo dos direitos políticos;
  c) estar adimplente com as obrigações militares e eleitorais;
  d) ter o nível de escolaridade exigido para o exercício do cargo;
  e) ter a idade mínima de dezoito anos;
  f) estar em aptas condições física e mental.
- É frequente a cobrança das formas de provimento derivado nas provas.
- ***Posse:*** com ela ***materializa-se*** a ***investidura*** do servidor no cargo.
- A posse pode ocorrer ***mediante procuração específica*** (art. 13, § 3º), depende de ***prévia inspeção médica oficial*** (art. 14; é necessária a aptidão física e mental para a posse).
- No ***ato*** da ***posse*** deve ser apresentada ***declaração de bens e valores*** que formam seu patrimônio e a declaração de exercício ou não de outro cargo, emprego ou função pública (art. 13, § 5º).
- ***Prazo*** para a **posse:** ***trinta dias***, contados da publicação do ato de provimento (art. 13, § 1º).
- Nomeado ***não toma posse*** no prazo: ***ato de provimento será tornado sem efeito***, pois ainda não era servidor para ser exonerado.
- ***Exercício***: desempenho efetivo das atribuições do cargo.
- ***Prazo para exercício***: ***quinze dias,*** contados da data da posse.
- Servidor ***não entra em exercício*** no prazo: será ***exonerado*** de ofício.
- ***Estágio probatório***: lei prevê 24 meses, mas para STF é de 3 anos (STA 269, STA 290 e AI 754.802-DF).
- Sistematização das licenças e afastamentos em relação ao servidor em estágio probatório[13]:

SERVIDOR EM ESTÁGIO PROBATÓRIO – Licenças e Afastamentos	
PERMITIDO	**PROIBIDO**
• para o serviço militar (não suspende) • para exercício de mandato eletivo (não suspende) • para estudo ou missão no exterior (não suspende) • para servir a outro órgão ou entidade (só cargo de nível elevado; não suspende) • por motivo de doença em pessoa da família (suspende) • por motivo de afastamento do cônjuge ou companheiro (suspende) • para atividade política (suspende) • para servir em organismo internacional de que o Brasil participe ou com o qual coopere (suspende) • participação em curso de formação (suspende)	• para capacitação • para tratar de interesses particulares • para desempenho de mandato classista • para participação em programa de pósgraduação stricto sensu no País

- Sistematização das formas de provimento derivado[14]:

PROVIMENTO DERIVADO: principais formas
Readaptação → investidura em outro cargo com atribuições e responsabilidade compatíveis com as limitações do servidor
Aproveitamento → volta à ativa do servidor em disponibilidade
Reversão → volta do aposentado
Reintegração → volta do demitido
Recondução → volta ao cargo anterior

- Remoção (art. 36): ***deslocamento do servidor***, a pedido ou de ofício, no âmbito do mesmo quadro, ***com ou sem mudança de sede.***
- Remoção pode ocorrer ***de ofício ou a pedido*** do servidor.

---

13 BORTOLETO, Leandro. *Direito administrativo.* 2. ed. Salvador: Juspodivm, 2013. p. 200..

14 BORTOLETO, Leandro. *Direito administrativo.* 2. ed. Salvador: Juspodivm, 2013. p. 205.

- Hipóteses em que a ***Administração não pode recusar*** o pedido de remoção do servidor (art. 36, III):
  a) para ***acompanhar cônjuge ou companheiro***, também servidor público civil ou militar, de qualquer dos Poderes da União, dos Estados, do Distrito Federal e dos Municípios, que foi deslocado no interesse da Administração[15];
  b) por ***motivo de saúde*** do servidor, cônjuge, companheiro ou dependente que viva às suas expensas e conste do seu assentamento funcional, condicionada à comprovação por junta médica oficial;
  c) em virtude de ***processo seletivo*** promovido, na hipótese em que o número de interessados for superior ao número de vagas, de acordo com normas preestabelecidas pelo órgão ou entidade em que aqueles estejam lotados.
- ***Vantagens***: servidor pode receber indenizações, gratificações e adicionais.
- Sistematização das ***indenizações***[16]:

Ajuda de custo	• Deslocamento definitivo, no interesse da Administração • Valor em regulamento: máximo 3 remunerações • servidor não se desloca: devolução em 30 dias
Diária	• Deslocamento transitório • Valor em regulamento: é ½ diária quando não houver pernoite fora da sede ou quando a União custear por outros meios • Servidor não se desloca: devolução em 5 dias
Indenização de transporte	• Uso de meio próprio de locomoção para execução de serviço externo, por força das atribuições do cargo • Valor em regulamento
Auxílio-moradia	• Servidor deslocado para ocupar alto cargo em comissão e demais requisitos do Art. 60-B • Valor: o que for menor: ou 25% do subsídio de Ministro ou 25% da remuneração do cargo ocupado. Independentemente do valor do cargo, assegura-se até R$ 1.800,00

- Sistematização das ***gratificações*** e ***adicionais***[17]:

GRATIFICAÇÕES E ADICIONAIS	
Retribuição pelo exercício de função de direção, chefia e assessoramento	- Servidor que ocupa cargo em comissão ou exerce → função comissionada
Gratificação natalina	- 13º
Adicionais pelo exercício de atividades insalubres, perigosas ou penosas	- Adicional de insalubridade: local insalubre ou em: → contato permanente com substâncias tóxicas - Adicional de periculosidade: permanente risco de vida
Adicionais pelo exercício de atividades insalubres, perigosas ou penosas	- Se tiver direito aos dois, tem que escolher um - Adicional de penosidade: zona de fronteira ou → localidade cujas condições de vida o justifiquem - Percentual: regulamento
Adicional por serviço extraordinário	- Hora extra - 50% sobre o valor da hora normal - Máximo de 2h por jornada
Adicional noturno	- Trabalho das 22h às 5h - Hora, nesse período, é 52min30s - 25% sobre o valor da hora normal - Se for o caso, incide sobre a remuneração com o → adicional por serviço extraordinário
Adicional de férias	- 1/3 sobre a remuneração do período de férias
Gratificação por encargo de curso ou concurso	- Fazer as atividades do art. 76-A, fora do horário → de trabalho ou com compensação - Máximo: 120h anuais (exceção: + 120h)

- ***Licenças e afastamentos*** assegurados ao servidor (artigos 86 a 96-A e 202 a 214): a) licença por motivo de doença em pessoa da família; b) licença por motivo de afastamento do cônjuge ou companheiro; c) licença para o serviço militar; d) licença para atividade política; e) licença para capacitação; f) licença para tratar de interesses particulares; g) licença para desempenho de mandato classista; h) licença para tratamento de saúde; i) licença à gestante, à adotante e licença-paternidade; j) licença por acidente em serviço; k) afastamento para servir a outro órgão ou entidade; l) afastamento para exercício de mandato eletivo; m) afastamento para estudo ou missão no exterior; n) afastamento para participação em programa de pós-graduação *stricto sensu* no País.

15 Corroborando o dispositivo supramencionado, o STJ decidiu no EREsp 1.247.360 RJ que o servidor federal somente tem direito à remoção prevista no artigo 36, § único, III, "a", da Lei 8.112/90, caso seu cônjuge/ companheiro, também servidor, tenha sido deslocado de ofício, no interesse da administração. Assim, se o cônjuge foi removido a pedido, ao outro não assiste o direito à remoção com base neste dispositivo.

16 BORTOLETO, Leandro. *Direito administrativo.* Salvador: Juspodivm, 2012. p. 212.

- Sistematização da licença para atividade política:

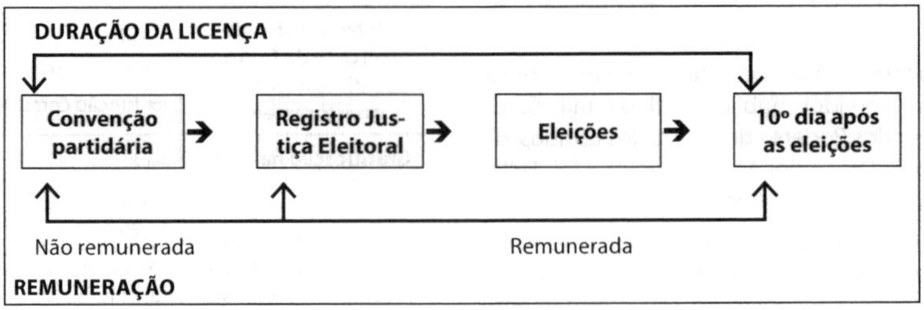

- Sistematização da contagem do tempo de serviço[18]:

TEMPO DE SERVIÇO	
Efetivo exercício	**Somente para aposentadoria e disponibilidade**
• tempo de serviço público federal (conta para todos os fins) • exercício de cargo em comissão ou equivalente, em órgão ou entidade dos Poderes da União, dos Estados, Municípios e Distrito Federal (cessão de servidor federal) • exercício de cargo ou função de governo ou administração, em qualquer parte do território nacional, por nomeação do Presidente da República	• tempo de serviço público prestado aos Estados, Municípios e Distrito Federal • tempo de serviço em atividade privada, vinculada à Previdência Social
• serviço militar federal (Forças Armadas; conta para todos os fins)	• tempo de serviço relativo a tiro de guerra
• desempenho de mandato eletivo federal, estadual, municipal ou do Distrito Federal, exceto para promoção por merecimento	• desempenho de mandato eletivo federal, estadual, municipal ou distrital, anterior ao ingresso no serviço público federal
• licença para tratamento da própria saúde, até o limite de vinte e quatro meses, cumulativo ao longo do tempo de serviço público prestado à União, em cargo de provimento efetivo	• licença para tratamento da própria saúde, além do limite de vinte e quatro meses, cumulativo ao longo do tempo de serviço público prestado à União, em cargo de provimento efetivo
• licença para tratamento de saúde de pessoal da família do servidor, com remuneração, até trinta dias, em período de doze meses	• licença para tratamento de saúde de pessoal da família do servidor, com remuneração, que exceder a trinta dias, em período de 12 doze meses
• ausências do art. 97 (alistamento eleitoral, doação de sangue, casamento, etc.) • férias • participação em programa de treinamento ou em programa de pós-graduação stricto sensu no País • júri e outros serviços obrigatórios por lei • missão ou estudo no exterior, quando autorizado o afastamento • licença à gestante, à adotante e à paternidade • licença para o desempenho de mandato classista ou participação de gerência ou administração em sociedade cooperativa constituída por servidores para prestar serviços a seus membros, exceto para efeito de promoção por merecimento	• licença para atividade política, com remuneração (do registro da candidatura na Justiça Eleitoral até dez dias após as eleições)
• licença por motivo de acidente em serviço ou doença profissional • licença para capacitação • licença por convocação para o serviço militar • deslocamento para a nova sede (período de trânsito para o servidor que deva ter exercício em outro Município por ter sido removido, redistribuído, requisitado, cedido ou posto em exercício provisório) • participação em competição desportiva nacional ou convocação para integrar representação desportiva nacional, no País ou no exterior • afastamento para servir em organismo internacional de que o Brasil participe ou com o qual coopere	

17 BORTOLETO, Leandro. *Direito administrativo*. Salvador: Juspodivm, 2012. p. 214.

18 BORTOLETO, Leandro. *Direito administrativo*. 2. ed. Salvador: Juspodivm, 2013. p. 223/224.

- ***Direito de petição*** do servidor ***prescreve*** em (art. 110): a) em ***cinco anos***, quanto aos atos de demissão e de cassação de aposentadoria ou disponibilidade, ou que afetem interesse patrimonial e créditos resultantes das relações de trabalho; b) em ***cento e vinte dias***, nos demais casos, salvo se houver outro prazo fixado em lei.
- Os artigos 116 e 117 devem ser lidos várias vezes. São muito importantes porque descrevem os deveres e proibições dos servidores e a definição das penas é correlacionada com esses dispositivos legais.
- ***Responsabilidades***: as ***sanções*** penais, administrativas e civis podem ***cumular-se***, pois são independentes entre si. ***Exceção***: quando na esfera penal o servidor for ***absolvido*** em razão da ***inexistência do fato*** ou da ***negativa de autoria*** (art. 126).
- As ***penas*** que podem ser aplicadas ao servidor são (art. 127): a) advertência; b) suspensão; c) multa; d) demissão; e) cassação de aposentadoria e disponibilidade; f) destituição de cargo em comissão; g) destituição de função de confiança.
- ***Advertência:*** tem cabimento, conforme o art. 129, quando se tratar de ***violação dos deveres funcionais*** constantes do art. 117, I a VIII e XIX, ou quando houver a ***inobservância de dever funcional*** previsto em lei, regulamento ou norma interna, e não haja justificativa para a aplicação de pena mais grave.
- ***Suspensão*** é cabível (art. 130):
  - *a)* quando houver reincidência de falta punida com advertência;
  - *b)* nos casos de violação das proibições que não sejam punidas com demissão, isto é, nas situações previstas no art. 117, XVII e XVIII;
  - *c)* quando o servidor se recusar, injustificadamente, a se submeter a inspeção médica determinada pela autoridade competente (a partir do momento que se submeter a inspeção, cessam os efeitos da pena).
- ***Suspensão*** pode, a critério do administrador, ser ***substituída por multa*** no valor equivalente a ***50% por dia*** da remuneração do servidor e este continua a trabalhar.
- ***Demissão***: hipóteses de ***cabimento***:
  - **a) Art. 117, IX a XVI**: *"IX – valer-se do cargo para lograr proveito pessoal ou de outrem, em detrimento da dignidade da função pública; X – participar de gerência ou administração de sociedade privada, personificada ou não personificada, exercer o comércio, exceto na qualidade de acionista, cotista ou comanditário; XI – atuar, como procurador ou intermediário, junto a repartições públicas, salvo quando se tratar de benefícios previdenciários ou assistenciais de parentes até o segundo grau, e de cônjuge ou companheiro; XII – receber propina, comissão, presente ou vantagem de qualquer espécie, em razão de suas atribuições; XIII – aceitar comissão, emprego ou pensão de estado estrangeiro; XIV – praticar usura sob qualquer de suas formas; XV – proceder de forma desidiosa; XVI – utilizar pessoal ou recursos materiais da repartição em serviços ou atividades particulares"*;
  - **b) Art. 132, I a XII:** *"I – crime contra a administração pública; II – abandono de cargo; III – inassiduidade habitual; IV – improbidade administrativa; V – incontinência pública e conduta escandalosa, na repartição; VI – insubordinação grave em serviço; VII – ofensa física, em serviço, a servidor ou a particular, salvo em legítima defesa própria ou de outrem; VIII – aplicação irregular de dinheiros públicos; IX – revelação de segredo do qual se apropriou em razão do cargo; X – lesão aos cofres públicos e dilapidação do patrimônio nacional; XI – corrupção; XII – acumulação ilegal de cargos, empregos ou funções públicas.*
- Sistematização da pena de demissão[19]:

DEMISSÃO
Somente após 5 anos pode retornar ao serviço público federal
• valer-se do cargo para lograr proveito pessoal ou de outrem, em detrimento da dignidade da função pública • atuar, como procurador ou intermediário, junto a repartições públicas, salvo quando se tratar de benefícios previdenciários ou assistenciais de parentes até o segundo grau, e de cônjuge ou companheiro
Não pode mais retornar ao serviço público federal
• crime contra a Administração Pública **Atenção**! Na ADI nº 2.975 entendeu-se pela inconstitucionalidade do parágrafo único do art. 137 da Lei nº 8.112/1990
Não pode mais retornar ao serviço público federal **Indisponibilidade dos bens** **Ressarcimento ao erário**
• improbidade administrativa • aplicação irregular de dinheiros públicos • lesão aos cofres públicos e dilapidação do patrimônio nacional • corrupção **Atenção**! Na ADI nº 2.975 entendeu-se pela inconstitucionalidade do parágrafo único do art. 137 da Lei nº 8.112/1990
Demais casos: sem restrição de retorno ao serviço público federal
• abandono de cargo • inassiduidade habitual • incontinência pública e conduta escandalosa, na repartição • insubordinação grave em serviço • ofensa física, em serviço, a servidor ou a particular, salvo em legítima defesa própria ou de outrem • revelação de segredo do qual se apropriou em razão do cargo • acumulação ilegal de cargos, empregos ou funções públicas • participar de gerência ou administração de sociedade privada, personificada ou não personificada, exercer o comércio, exceto na qualidade de acionista, cotista ou comanditário • recebimento de propina, comissão, presente ou vantagem de qualquer espécie, em razão de suas atribuições • aceitação de comissão, emprego ou pensão de Estado estrangeiro • prática de usura sob qualquer de suas formas • procedimento desidioso • utilização pessoal ou recursos materiais da repartição em serviços ou atividades particulares

19 BORTOLETO, Leandro. *Direito administrativo*. Salvador: Juspodivm, 2012. p. 233.

Em 22 de setembro de 2021, foi aprovada nova súmula do STJ, de nº 650, *in verbis*: "A autoridade administrativa não dispõe de discricionariedade para aplicar ao servidor pena diversa de demissão quando caraterizadas as hipóteses previstas no artigo 132 da Lei 8.112/1990.

- **ADI 2.975:** Para o STF, a previsão contida no parágrafo único do art. 137 da Lei nº 8.112/1990 é inconstitucional por violar o art. 5º, XLVII, "b" da CF/88, pois impõe penalidade de caráter perpétuo. Assim, apesar de a norma constitucional se referir à sanção penal, sua extensão às sanções administrativas é possível, tendo em vista o vínculo entre as esferas, decorrente do poder sancionatório estatal. Exemplo disso é a impossibilidade de imposição de sanções administrativas mais graves do que as penas aplicadas pela prática de crimes, tendo em vista os conceitos da subsidiariedade e da intervenção penal mínima. Nessa senda, o STF possui jurisprudência (RE 154.134/SP) no sentido da não aplicação de penalidade administrativa de "inabilitação permanente para o exercício de cargos de administração ou gerência de instituição financeira". Com base no exposto, o Plenário, por maioria, decidiu pela inconstitucionalidade do parágrafo único do art. 137 da Lei nº 8.112/1990, comunicando ao Congresso para que delibere acerca do prazo para proibição de retorno ao cargo público nos casos acima.
- ***Ação disciplinar*** prescreve: a) se a infração administrativa também for crime, no prazo previsto na lei penal; b) se a infração administrativa não for crime: em 5 anos, para as infrações puníveis com demissão, cassação de aposentadoria ou disponibilidade e destituição de cargo em comissão; em 2 anos, para os casos de suspensão; em 180 dias para a advertência.
- STJ: "O prazo prescricional previsto na lei penal se aplica às infrações disciplinares também capituladas como crime independentemente da apuração criminal da conduta do servidor. Para se aplicar a regra do § 2º do art. 142 da Lei nº 8.112/90 não se exige que o fato esteja sendo apurado na esfera penal (não se exige que tenha havido oferecimento de denúncia ou instauração de inquérito policial). Se a infração disciplinar praticada for, em tese, também crime, deve ser aplicado o prazo prescricional previsto na legislação penal independentemente de qualquer outra exigência". (1ª Seção. MS 20.857-DF, Rel. Min. Napoleão Nunes Maia Filho, Rel. Acd. Min. Og Fernandes, julgado em 22/05/2019 - Info 651).
- STJ: Desde que devidamente motivada e com amparo em investigação ou sindicância, é possível a instauração de processo administrativo disciplinar com base em denúncia anônima, em face do poder-dever de autotutela imposto à Administração (Súmula nº 611).
- STJ: "A portaria de instauração do processo administrativo disciplinar prescinde da exposição detalhada dos fatos a serem apurados" (Súmula nº 641).
- Sistematização das formas de apuração de infração disciplinar[20]:

<table>
<tr><th colspan="2">APURAÇÃO DE INFRAÇÃO DISCIPLINAR</th></tr>
<tr><th>Infração punida com</th><th>Meio de apuração</th></tr>
<tr><td>Advertência
Suspensão ≤ 30 dias</td><td>Sindicância
ou
Processo administrativo disciplinar</td></tr>
<tr><td>Suspensão > 30 dias
Demissão
Cassação de aposentadoria ou disponibilidade
Destituição de cargo em comissão</td><td>Processo administrativo disciplinar</td></tr>
</table>

- Processo administrativo: rito ordinário e rito sumário.
- ***Rito ordinário*** do processo administrativo disciplinar[21]:

<table>
<tr><th colspan="4">PROCESSO ADMINISTRATIVO DISCIPLINAR: Rito Ordinário</th></tr>
<tr><td rowspan="2">Instauração</td><td colspan="3">Publicação do ato de constituição da comissão disciplinar
Comissão → 3 servidores estáveis
Súmula nº 641 do STJ: "a portaria de instauração do processo administrativo disciplinar prescinde da exposição detalhada dos fatos a serem apurados".</td></tr>
<tr><td>Consequências</td><td colspan="2">• (60 dias + 60 dias)
• possibilidade de afastamento temporário do servidor
• impossibilidade de aposentadoria voluntária ou exoneração a pedido do servidor</td></tr>
<tr><td rowspan="3">Inquérito Administrativo</td><td rowspan="2">Instrução</td><td colspan="2">• Produção de provas: testemunhas, perícias, acareações, interrogatório do servidor e demais diligências
• Indiciação: se for o caso, após análise das provas</td></tr>
<tr><td>Citação</td><td>• por mandado
ou
• por edital</td></tr>
<tr><td>Defesa</td><td>Prazo</td><td>• 10 dias → 1 indiciado
• 20 dias → + de 1 indiciado (comum)
• 15 dias → citação por edital</td></tr>
</table>

20 BORTOLETO, Leandro. *Direito administrativo*. 2. ed.Salvador: Juspodivm, 2013. p. 239.

21 BORTOLETO, Leandro. *Direito administrativo*. 2. ed.Salvador: Juspodivm, 2013. p. 243.

<table>
<tr><td rowspan="2">Inquérito Administrativo</td><td>Defesa</td><td>Defesa não apresentada no prazo</td><td>• servidor nomeado defensor dativo
• devolução do prazo</td></tr>
<tr><td>Relatório</td><td>Conteúdo</td><td>• resumo das principais peças
• menção às provas
• conclusão (inocência ou responsabilidade)
• indicação do dispositivo legal</td></tr>
<tr><td rowspan="3">Julgamento</td><td>• Prazo</td><td colspan="2">→ 20 dias
→ inobservância: não gera nulidade; se ocorrer a prescrição autoridade será responsabilizada</td></tr>
<tr><td>• Competência</td><td colspan="2">→ Art. 141; se autoridade instauradora não tiver competência, deve encaminhar os autos à competente</td></tr>
<tr><td>• Relatório da Comissão Disciplinar</td><td colspan="2">→ Regra: deve ser acatado
→ Exceção: pode ser refutado se, motivadamente, for demonstrado que é contrário à prova dos autos</td></tr>
<tr><td colspan="4">PRAZO PARA CONCLUSÃO: 60 dias + 60 dias = 120 dias. Conforme STF e STJ, não está incluído prazo para julgamento (20 dias), totalizando 140 dias.
Súmula nº 635 do STJ: "Os prazos prescricionais previstos no artigo 142 da Lei 8.112/1990 iniciam-se na data em que a autoridade competente para a abertura do procedimento administrativo toma conhecimento do fato, interrompem-se com o primeiro ato de instauração válido – sindicância de caráter punitivo ou processo disciplinar – e voltam a fluir por inteiro, após decorridos 140 dias desde a interrupção."</td></tr>
</table>

- ***Revisão*** do processo administrativo disciplinar: ***pode se dar de ofício ou a requerimento*** do servidor(em caso de falecimento, ausência ou desaparecimento do servidor, qualquer pessoa da família poderá fazê-lo) e não há prazo, mas devem ser cumpridos os seguintes ***requisitos***: ***fato novo ou circunstância suscetível de justificar a inocência do punido ou a inadequação da penalidade aplicada*** (art. 174).
- Seguridade social: é ***dever da União manter Plano de Seguridade Social para o servidor e sua família*** (art. 183).
- ***Benefícios do Plano de Seguridade Social***. O rol de benefícios dos regimes próprios de previdência social fica limitado às aposentadorias e à pensão por morte (art. 9º, §2º da EC nº 103/2019). **ATENÇÃO!** No caso de afastamentos por incapacidade temporária para o trabalho e salário-maternidade, o pagamento será feito diretamente pelo ente federativo e não correrá à conta do RPPS ao qual o servidor se vincula (art. 9º, §3º da EC nº 103/2019).

- **PENSÃO**:
  - **Valor:** o valor da pensão por morte concedida a dependente do servidor federal passou a ser regido pelo disposto na EC nº 103/2019 e será equivalente a:
    - uma cota familiar de 50% do valor da aposentadoria recebida pelo segurado ou servidor ou daquela a que teria direito se fosse aposentado por incapacidade permanente na data do óbito, acrescida de cotas de 10 pontos percentuais por dependente, até o máximo de 100%. **ATENÇÃO!** As cotas por dependente cessarão com a perda dessa qualidade e não serão reversíveis aos demais dependentes, preservado o valor de 100% da pensão por morte quando o número de dependentes remanescente for igual ou superior a 5.
    - **dependente inválido:** I – 100% da aposentadoria recebida pelo segurado ou servidor ou daquela a que teria direito se fosse aposentado por incapacidade permanente na data do óbito, até o limite máximo de benefícios do Regime Geral de Previdência Social; e II – uma cota familiar de 50% acrescida de cotas de 10 pontos percentuais por dependente, até o máximo de 100%, para o valor que supere o limite máximo de benefícios do Regime Geral de Previdência Social. **ATENÇÃO!** Quando não houver mais dependente inválido ou com deficiência intelectual, mental ou grave, o valor da pensão será recalculado na forma do disposto acima.

Súmula 663 do STJ: "A pensão por morte de servidor público federal pode ser concedida ao filho inválido de qualquer idade, desde que a invalidez seja anterior ao óbito."

ATENÇÃO! O tempo de duração da pensão por morte e das cotas individuais por dependente até a perda dessa qualidade, o rol de dependentes e sua qualificação e as condições necessárias para enquadramento serão aqueles estabelecidos na Lei nº 8.213, de 24 de julho de 1991 (art. 23, §4º da EC nº 103/2019).

- **Beneficiários da pensão:** o rol de dependentes e sua qualificação, assim como as condições necessárias para enquadramento serão aqueles estabelecidos pela Lei nº 8.213/1991, que traz as regras do RGPS. São eles (art. 16 da Lei nº 8.213/1991):

  I - o cônjuge, a companheira, o companheiro e o filho não emancipado, de qualquer condição, menor de 21 (vinte e um) anos ou inválido ou que tenha deficiência intelectual ou mental ou deficiência grave;

  II - os pais;

III - o irmão não emancipado, de qualquer condição, menor de 21 (vinte e um) anos ou inválido ou que tenha deficiência intelectual ou mental ou deficiência grave;

ATENÇÃO! Segundo o art. 23, §6º da EC nº 103/2019, "equiparam-se a filho, para fins de recebimento da pensão por morte, exclusivamente o enteado e o menor tutelado, desde que comprovada a dependência econômica".

- **Perda da qualidade de beneficiário:** O tempo de duração da pensão por morte e das cotas individuais por dependente até a perda dessa qualidade também seguirá o estabelecido pela Lei nº 8.213/1991 (art. 77, §2º da Lei nº 8.213/1991):
  - pela morte do pensionista;
  - para o filho, a pessoa a ele equiparada ou o irmão, de ambos os sexos, ao completar vinte e um anos de idade, salvo se for inválido ou tiver deficiência intelectual ou mental ou deficiência grave;
  - para filho ou irmão inválido, pela cessação da invalidez;
  - para filho ou irmão que tenha deficiência intelectual ou mental ou deficiência grave, pelo afastamento da deficiência, nos termos do regulamento;
  - para cônjuge ou companheiro:
    a) se inválido ou com deficiência, pela cessação da invalidez ou pelo afastamento da deficiência, respeitados os períodos mínimos;
    b) em 4 meses, se o óbito ocorrer sem que o segurado tenha vertido 18 contribuições mensais ou se o casamento ou a união estável tiverem sido iniciados em menos de 2 anos antes do óbito do segurado;
    c) transcorridos os seguintes períodos, estabelecidos de acordo com a idade do beneficiário na data de óbito do segurado, se o óbito ocorrer depois de vertidas 18 contribuições mensais e pelo menos 2 anos após o início do casamento ou da união estável: (ATENÇÃO! Nos termos do §3º do art. 222 da Lei nº 8.112/1990, os períodos constantes do art. 222, VII, "b", podem ser atualizados e, com base nesse dispositivo, a Portaria nº 424, de 29/12/2020, do Ministério da Economia, elevou a idade para a pensão vitalícia de 44 para 45 anos):
       1) 3 anos, com menos de 22 anos de idade;
       2) 6 anos, entre 22 e 27 anos de idade;
       3) 10 anos, entre 28 e 30 anos de idade;
       4) 15 anos, entre 31 e 41 anos de idade;
       5) 20 anos, entre 42 e 44 anos de idade;
       6) vitalícia, com 45 ou mais anos de idade.

Com o advento da MP nº 871/2019, convertida na Lei nº 13.846/2019 a pensão por morte será devida ao conjunto dos dependentes do segurado a contar **da data** (art. 219). **ATENÇÃO!** Referida disposição é idêntica à estabelecida pelo art. 74 da Lei nº 8.213/1991:

a) do óbito, quando requerida em até 180 após o óbito, para os filhos menores de 16 (dezesseis) anos, ou em até 90 dias após o óbito, para os demais dependentes;

b) do **requerimento**, quando requerida após o prazo previsto acima; ou

c) da **decisão judicial**, na hipótese de morte presumida.

6. PODERES ADMINISTRATIVOS

- Poderes administrativos são as ***prerrogativas*** à disposição da Administração destinadas à viabilização do interesse público.
- ***Poder discricionário***: limitado pelo princípio da razoabilidade
- ***Poder hierárquico***: o de que dispõe o Executivo para distribuir e escalonar as funções de seus órgãos, ordenar e rever a atuação de seus agentes, estabelecendo a relação de subordinação entre os servidores do seu quadro de pessoal"[22]. É típico da função administrativa, mas não é exclusivo do Executivo e faz parte dos Poderes Legislativo e Judiciário, na função atípica de administrar. É com base na hierarquia que se pode avocar, delegar, ordenar, controlar, corrigir e aplicar sanções.
- ***Poder disciplinar***: é a prerrogativa pela qual a Administração apura as infrações e aplica as penalidades ao infrator, que pode ser um servidor público ou particular sujeito à disciplina administrativa, como um estudante de escola pública[23].
- ***Poder regulamentar***: Para Maria Sylvia Zanella Di Pietro, é espécie do poder normativo da Administração Pública, ou seja, é um tipo, uma das formas pela qual se expressa a função normativa da Administração Pública, e o poder regulamentar, assim entendido, é privativo do Chefe do Executivo e se materializa por meio de decreto, mas há outras formas de expressão do poder normativo como as resoluções, as portarias, as instruções, os regimentos, mas esses atos possuem alcance restrito aos limites de atuação do órgão e não têm a mesma natureza dos regulamentos expedidos pelo Chefes do Executivo[24].
- ***Regulamento autônomo***: é ato normativo, infralegal, que pode inovar na ordem jurídica; tem seu fundamento diretamente estabelecido no texto

---

22 MEIRELLES, Hely Lopes. *Direito administrativo brasileiro*. 36. ed.São Paulo: Malheiros, 2010. p. 124.

23 DI PIETRO, Maria Sylvia Zanella. *Direito administrativo*. 23. ed. São Paulo: Atlas, 2010. p. 94.

24 MEIRELLES, Hely Lopes. *Direito administrativo*. 25. ed. São Paulo: Atlas, 2012. p. 91 e 94.

constitucional; trata de matéria não constante em lei. Art. 84, VI, da Constituição Federal.

- Regulamentação técnica ou regulamento autorizado: manifesta-se, por exemplo, na função normativa exercida pelas agências reguladoras, as quais recebem a função de regular por meio da deslegalização de parte da matéria.
- ***Deslegalização ou delegificação***: a lei delega a função de criar norma a respeito de assuntos técnicos a órgãos administrativos. Fala-se, também, em discricionariedade técnica, porque a lei estabelece parâmetros, diretrizes para que, em nível administrativo, seja feita a complementação da lei, com conteúdo técnico.
- ***Poder de polícia***: "faculdade de que dispõe a administração pública para condicionar e restringir o uso e gozo de bens, atividades e direitos individuais, em benefício da coletividade ou do próprio Estado"[25].
- ***Poder de polícia em sentido amplo e em sentido estrito***: ***sentido amplo***: engloba tanto os atos legislativos quanto os atos administrativos; ***sentido estrito***: é uma atividade administrativa e, assim, só pode ser exercida na função administrativa e não na função legislativa.
- ***Atributos do poder de polícia***: discricionariedade, autoexecutoriedade e coercibilidade.
- ***Ciclo de polícia***: ordem de polícia, consentimento de polícia, fiscalização de polícia, sanção de polícia.

  O STF, no RE 633782/MG (Informativo nº 996), fixou a seguinte tese de repercussão geral: "É constitucional a delegação do poder de polícia, por meio de lei, a pessoas jurídicas de direito privado integrantes da Administração Pública indireta de capital social majoritariamente público que prestem exclusivamente serviço público de atuação própria do Estado e em regime não concorrencial". Segundo o decidido, o regime jurídico híbrido das estatais prestadoras de serviço público em regime de monopólio é compatível com a delegação, pois a incidência de normas de direito público em relação às entidades da Administração indireta tem condão de as aproximar do regime de direito público. Em resumo, os atos de consentimento, fiscalização e aplicação de sanções podem ser delegados a estatais com regime jurídico próximo ao aplicável à Fazenda Pública.

- Sistematização do abuso de poder[26]:

ABUSO DE PODER
• Uso dos poderes administrativos contrariando o regime jurídico administrativo
• Forma comissiva ou omissiva

Espécies	
Excesso de poder	**Desvio de poder**
Atua fora dos limites da competência	Atua dentro dos limites da competência, mas com finalidade diversa daquela com que deveria atuar

7. ATO ADMINISTRATIVO

- ***Ato administrativo*** é "toda manifestação unilateral de vontade da Administração Pública que, agindo nessa qualidade, tenha por fim imediato adquirir, resguardar, transferir, modificar, extinguir e declarar direitos, ou impor obrigações aos administrados ou a si própria"[27].
- Ato administrativo: a) o regime jurídico é sempre o de ***direito público***; b) o ato é uma ***manifestação***, uma declaração jurídica ***unilateral***; c) é ato ***infralegal***; d) submete-se ao ***controle*** administrativo e judicial.
- Sistematização dos elementos do ato administrativo[28]:

ELEMENTOS OU REQUISITOS DO ATO ADMINISTRATIVO
Posição tradicional (usualmente cobrada nas provas)
Competência ou Sujeito: Quem? Conjunto de atribuições administrativas do servidor.
Finalidade: Para quê? Resultado mediato almejado com a prática do ato.
Forma: Como? Exteriorização do ato. Maneira pela qual o ato se apresenta.
Motivo ou Causa: Por quê? Pressuposto de fato e de direito cuja ocorrência autoriza ou determina a prática do ato.
Objeto ou Conteúdo: O quê? Resultado imediato pretendido com a prática do ato
Posição de Celso Antônio Bandeira de Mello (requisitos)
Motivo do ato x Motivo legal: motivo legal é a previsão abstrata de uma situação fática e motivo do ato é a própria situação material. Ambos têm que coincidir.
Motivo x móvel: motivo é a situação objetiva, real, empírica; é a realidade objetiva, externa ao agente; móvel é a representação subjetiva, psicológica, interna do agente; móvel é a vontade do agente.
Objeto x Conteúdo: não são sinônimos. Objeto sobre o que o ato incide. Conteúdo é o próprio ato em essência; é interno ao ato, já o objeto é externo ao ato.
Causa: Não é sinônimo de motivo. É a correlação lógica entre o motivo do ato administrativo e seu conteúdo, em vista da finalidade pública. É a relação lógica entre motivo e o conteúdo do ato, em função da finalidade pública.

25 MEIRELLES, Hely Lopes. *Direito administrativo brasileiro*. 36. ed.São Paulo: Malheiros, 2010. p. 134.

26 BORTOLETO, Leandro. *Direito administrativo*. Salvador: Juspodivm, 2012. p. 300.

27 MEIRELLES, Hely Lopes. *Direito administrativo brasileiro*. 36. ed.São Paulo: Malheiros, 2010. p. 153.

28 Quanto à posição de Celso Antônio Bandeira de Mello: *Curso de direito administrativo*. 27. ed. São Paulo: Malheiros, 2010. p. 393-412.

<table>
<tr><th colspan="3">Sistematização dos requisitos do ato (Celso Antônio)</th></tr>
<tr><td>ELEMENTOS</td><td colspan="2">• Conteúdo
• Forma</td></tr>
<tr><td rowspan="2">PRESSUPOSTOS</td><td>• De existência</td><td>• Objeto
• Pertinência da função administrativa</td></tr>
<tr><td>• De validade</td><td>• Sujeito competente (pressuposto subjetivo)
• Motivo (pressuposto objetivo)
• Requisitos procedimentais
• Finalidade Pública (pressuposto teleológico)
• Causa (pressuposto lógico)
• Formalização (pressuposto formalístico)</td></tr>
</table>

- Consequência do ***silêncio administrativo***: a) se houver lei a respeito: previsão legal; b) se não houver lei a respeito: competência discricionária: exigência de decisão motivada; competência vinculada: exigência da prática do ato.
- Sistematização dos atributos do ato administrativo[29]:

<table>
<tr><th colspan="2">ATRIBUTOS OU CARACTERÍSTICAS DO ATO ADMINISTRATIVO</th></tr>
<tr><td>PRESUNÇÃO DE LEGITIMIDADE</td><td>• presunção de que todo ato administrativo praticado está de acordo com a lei
• pode ser praticado imediatamente
• produz efeitos até que seja anulado
• ônus da prova do interessado
• nulidade só é apreciada a pedido pelo Judiciário
• existe em todos os atos administrativos</td></tr>
<tr><td>IMPERATIVIDADE</td><td>• ato administrativo é imposto ao destinatário
• não está presente em todos os atos administrativos</td></tr>
<tr><td>AUTOEXECUTORIEDADE</td><td>• Administração executa o ato por seus próprios meios
• não existe em todos os atos administrativos: só em urgência ou se previsto em lei</td></tr>
</table>

- Sistematização da classificação dos atos administrativos:

<table>
<tr><th colspan="2">CLASSIFICAÇÃO DOS ATOS ADMINISTRATIVOS</th></tr>
<tr><td rowspan="2">Quanto ao destinatário</td><td>geral ➔ sem destinatário definido; fim normativo</td></tr>
<tr><td>individual ➔ com destinatário definido</td></tr>
<tr><td rowspan="2">Quanto ao alcance</td><td>interno ➔ efeitos somente dentro da Administração</td></tr>
<tr><td>externo ➔ efeitos para fora da Administração</td></tr>
<tr><td rowspan="3">Quanto ao objeto</td><td>império ➔ posição de superioridade</td></tr>
<tr><td>gestão ➔ posição de igualdade</td></tr>
<tr><td>expediente ➔ rotina interna; sem poder decisório</td></tr>
<tr><td rowspan="2">Quanto ao regramento</td><td>vinculado ➔ não pode escolher no caso concreto</td></tr>
<tr><td>discricionário ➔ pode escolher no caso concreto</td></tr>
<tr><td rowspan="3">Quanto à formação da vontade</td><td>simples ➔ vontade de um órgão só</td></tr>
<tr><td>complexo ➔ vontade de dois órgãos e um ato só</td></tr>
<tr><td>composto ➔ dois órgãos e dois atos (principal e acessório)</td></tr>
<tr><td rowspan="6">Quanto ao conteúdo</td><td>constitutivo ➔ cria situação jurídica individual</td></tr>
<tr><td>extintivo ➔ encerra situação jurídica individual</td></tr>
<tr><td>declaratório ➔ declara situação já existente</td></tr>
<tr><td>alienativo ➔ transfere bens ou direitos</td></tr>
<tr><td>modificativo ➔ altera situação jurídica, sem encerrá-la</td></tr>
<tr><td>abdicativo ➔ renúncia a um direito</td></tr>
<tr><td rowspan="4">Quanto à eficácia</td><td>válido ➔ em conformidade com o direito</td></tr>
<tr><td>nulo ➔ vício insanável</td></tr>
<tr><td>anulável ➔ vício sanável</td></tr>
<tr><td>inexistente➔ parece ato, mas não é</td></tr>
<tr><td rowspan="4">Quanto à exequibilidade</td><td>perfeito ➔ completou ciclo de formação</td></tr>
<tr><td>imperfeito ➔ não completou ciclo de formação</td></tr>
<tr><td>pendente➔ não está apto para produzir efeitos</td></tr>
<tr><td>consumado ➔ já produziu seus efeitos; definitivo</td></tr>
</table>

- Sistematização da anulação e da revogação do ato administrativo[30]:

<table>
<tr><th>ANULAÇÃO</th><th>REVOGAÇÃO</th></tr>
<tr><td>Ilegalidade</td><td>interesse público (conveniência e oportunidade)</td></tr>
<tr><td>ex tunc (ato restritivo)
ex nunc (ato ampliativo e boa-fé)</td><td>ex nunc</td></tr>
<tr><td>Poder Judiciário e Administração</td><td>somente a Administração</td></tr>
<tr><td>qualquer ato (vinculado e discricionário)</td><td>atos irrevogáveis:
• vinculados
• integrantes de procedimento
• enunciativos
• geraram direito adquirido</td></tr>
</table>

- ***Convalidação:*** o ***suprimento da invalidade de um ato*** com efeitos retroativos"[31]. Convalidar é ***tornar válido um ato inválido***, por meio de outro ato que supre ***vício sanável,*** com efeitos ***ex tunc*** (retroagem).

29 BORTOLETO, Leandro. *Direito administrativo.* Salvador: Juspodivm, 2012. p. 334.

30 BORTOLETO, Leandro. *Direito administrativo.* Salvador: Juspodivm, 2012. p. 347.

31 MELLO, Celso Antônio Bandeira de. *Curso de direito administrativo.* 27. ed. São Paulo: Malheiros, 2010. p. 473..

8. PROCESSO ADMINISTRATIVO

- ***Princípios do processo administrativo***:
  - oficialidade;
  - informalidade (ou obediência à forma);
  - verdade material;
  - gratuidade;
  - pluralidade de instâncias.
- ***Princípios do processo administrativo***: ***Processo x procedimento:*** O ***processo*** é "a relação jurídica integrada por algumas pessoas, que nela exercem várias atividades direcionadas para determinado fim"[32]e, por sua vez, o ***procedimento*** é a "sucessão de atos preparatórios que devem obrigatoriamente preceder a prática de ato final"[33]. Procedimento relaciona-se com movimento, dinâmica; é o rito, a sequência em que os atos devem ser praticados, com um objetivo final. Ambos são intrinsecamente relacionados, pois "todo processo demanda um procedimento – que é a tramitação dos atos – da mesma forma que todo procedimento só tem existência se houver o respectivo processo – este indicando a relação jurídica firmada entre aqueles que dele participam"[34].
- Há diversas espécies de processo administrativo e estes se desenvolvem em todas as esferas da Federação e, por isso, devem ser legalmente disciplinados em cada uma delas.
- Na esfera federal, há a Lei nº 9.784/99 que, conforme sua ementa, "regula o processo administrativo no âmbito da Administração Pública Federal". É uma lei de aplicação em âmbito federal, de forma subsidiária se houver lei específica para determinado processo administrativo e de forma integral se não existir lei dispondo de maneira específica sobre certo processo administrativo na esfera federal. Nesse sentido, a Súmula nº 633 do STJ: "A Lei 9.784/1999, especialmente no que diz respeito ao prazo decadencial para a revisão de atos administrativos no âmbito da Administração Pública federal, pode ser aplicada, de forma subsidiária, aos estados e municípios, se inexistente norma local e específica que regule a matéria."
- A Lei nº 9.784/99 é uma norma na qual foram positivados diversos posicionamentos consagrados na doutrina e na jurisprudência e, apesar de ser de aplicação na esfera federal, serve como parâmetro para as legislações estaduais e municipais sobre processo administrativo. Nesse sentido, por exemplo, merecem destaque as disposições sobre a delegação de competência, a motivação do ato administrativo e o prazo decadencial para a anulação do ato.

8.1. LEI Nº 9.784/99

- ***Princípios expressos*** do processo administrativo (art. 2º): legalidade, finalidade, motivação, razoabilidade, proporcionalidade, moralidade, ampla defesa, contraditório, segurança jurídica, interesse público, eficiência.
- ***Critérios*** a serem seguidos (são os conteúdos dos princípios; art. 2º, parágrafo único): atuação conforme a lei e o direito; atendimento a fins de interesse geral, vedada a renúncia total ou parcial de poderes ou competências, salvo autorização em lei; objetividade no atendimento do interesse público, vedada a promoção pessoal de agentes ou autoridades; atuação segundo padrões éticos de probidade, decoro e boa-fé; divulgação oficial dos atos administrativos, ressalvadas as hipóteses de sigilo previstas na Constituição; adequação entre meios e fins, vedada a imposição de obrigações, restrições e sanções em medida superior àquelas estritamente necessárias ao atendimento do interesse público; indicação dos pressupostos de fato e de direito que determinarem a decisão; observância das formalidades essenciais à garantia dos direitos dos administrados; adoção de formas simples, suficientes para propiciar adequado grau de certeza, segurança e respeito aos direitos dos administrados; garantia dos direitos à comunicação, à apresentação de alegações finais, à produção de provas e à interposição de recursos, nos processos de que possam resultar sanções e nas situações de litígio; proibição de cobrança de despesas processuais, ressalvadas as previstas em lei; impulsão, de ofício, do processo administrativo, sem prejuízo da atuação dos interessados; interpretação da norma administrativa da forma que melhor garanta o atendimento do fim público a que se dirige, vedada aplicação retroativa de nova interpretação.
- ***Prioridade*** na tramitação do processo administrativo (art. 69-A): a) pessoa com idade igual ou superior a 60 anos; b) pessoa portadora de deficiência, física ou mental; c) pessoa portadora de doença grave, como tuberculose ativa, esclerose múltipla, neoplasia maligna, hanseníase, paralisia irreversível e incapacitante, cardiopatia grave, doença de Parkinson, espondiloartrose anquilosante, nefropatia grave, hepatopatia grave, estados avançados da doença de Paget (osteíte deformante), contaminação por radiação, síndrome de imunodeficiência adquirida, ou qualquer outra, com base em conclusão da medicina especializada, mesmo que a doença tenha sido contraída após o início do processo.

---

32 CARVALHO FILHO, José dos Santos. *Manual de direito administrativo*. 19. ed. Rio de Janeiro: Lumen Juris, 2008. p. 862.

33 DI PIETRO, Maria Sylvia Zanella. *Direito administrativo*. 23. ed. São Paulo: Atlas, 2010. p. 623.

34 CARVALHO FILHO, José dos Santos. *Manual de direito administrativo*. 19. ed. Rio de Janeiro: Lumen Juris, 2008. p. 863.

- Sistematização da delegação de competência[35]:

<table>
<tr><th colspan="4">DELEGAÇÃO</th></tr>
<tr><th colspan="4">É a transferência de parte das atribuições feita por quem era originariamente competente</th></tr>
<tr><td rowspan="3">A delegação pode ser feita</td><td colspan="3">• se houver ou não subordinação hierárquica
• só parcialmente (não pode delegar integralmente a competência)
• com ressalva quanto à atribuição delegada</td></tr>
<tr><td rowspan="2">• quando</td><td colspan="2">– não houver impedimento legal</td></tr>
<tr><td>– for conveniente em razão de circunstâncias de índole</td><td>- técnica
- social
- econômica
- jurídica
- territorial</td></tr>
<tr><td>A delegação não pode ser feita em relação</td><td colspan="3">• à edição de atos de caráter normativo
• à decisão de recursos administrativos
• às matérias de competência exclusiva do órgão ou autoridade</td></tr>
<tr><td rowspan="3">O ato de delegação</td><td colspan="3">• deve ser publicado no meio oficial</td></tr>
<tr><td>• deve especificar</td><td colspan="2">– as matérias transferidas
– os poderes transferidos
– os limites da atuação do delegado
– a duração da delegação
– os objetivos da delegação
– o recurso cabível</td></tr>
<tr><td colspan="3">• é revogável a qualquer tempo (ato de revogação deve ser publicado no meio oficial)</td></tr>
<tr><td>As decisões adotadas por delegação</td><td colspan="3">- devem mencionar explicitamente esta qualidade
- consideram-se editadas pelo delegado (este responderá em caso de irregularidade)</td></tr>
</table>

- ***Avocação de competência***: o superior, que não era competente, chama para si parcela de competência legalmente atribuída a subordinado seu. Deve ser temporária e deve ser feita em caráter excepcional, por motivos relevantes devidamente justificados.
- **Dever de decidir**: a Administração tem o dever de explicitamente emitir decisão nos processos administrativos e sobre solicitações ou reclamações, em matéria de sua competência (art. 48). E o art. 49 determina que a Administração, após a conclusão da instrução do processo administrativo, tem o prazo de até 30 dias para decidir, salvo prorrogação por igual período expressamente motivada.
- **Decisão coordenada**: considera-se decisão coordenada a instância de natureza interinstitucional ou intersetorial que atua de forma compartilhada com a finalidade de simplificar o processo administrativo mediante participação concomitante de todas as autoridades e agentes decisórios e dos responsáveis pela instrução técnico-jurídica, observada a natureza do objeto e a compatibilidade do procedimento e de sua formalização com a legislação pertinente (art. 49-A, §1º).

  As decisões administrativas, no âmbito da Administração Pública Federal, que exijam participação de 3 ou mais setores, órgãos ou entidades poderão ser tomadas mediante decisão coordenada quando: a) for justificável pela relevância da matéria; b) houver discordância que prejudique a celeridade do processo administrativo decisório (art. 49-A, caput). Entretanto, a decisão coordenada não se aplica a processos administrativos: i) de licitação; ii) relacionados ao poder sancionador; iii) em que estejam envolvidas autoridades de Poderes distintos (art. 49-A, caput e §6º).
- ***Recurso administrativo***: interposição no prazo de dez dias, em razão de legalidade e mérito. São legitimados: a) titulares de direitos e interesses que forem parte no processo; b) aqueles cujos direitos ou interesses forem indiretamente afetados pela decisão recorrida; c) as organizações e associações representativas, no tocante a direitos e interesses coletivos; d) os cidadãos ou associações, quanto a direitos ou interesses difusos.
- Se o recorrente alegar violação de enunciado da súmula vinculante, a autoridade competente para decidir explicitará as razões da aplicabilidade ou inaplicabilidade da súmula, conforme o caso (art. 64-A).

9. LICITAÇÃO E CONTRATO ADMINISTRATIVO (NOVA LEI DE LICITAÇÕES E CONTRATOS: LEI Nº 14.133/2021)

- **Licitação** é o processo administrativo instaurado pela Administração Pública, consistente na disputa igualitária entre os interessados em celebrar contrato com ela, para a escolha da proposta que permita a melhor contratação em face do interesse público.
- **Âmbito de aplicação:** a Lei traz normas gerais para as Administrações Públicas diretas, autárquicas e fundacionais da União, Estados, DF e Municípios, abrangendo:

  I – os órgãos dos Poderes Legislativo e Judiciário da União, dos Estados e do Distrito Federal e os órgãos do Poder Legislativo dos Municípios, quando no desempenho de função administrativa;

  II – os fundos especiais e as demais entidades controladas direta ou indiretamente pela Administração Pública.

35 BORTOLETO, Leandro. *Direito administrativo*. Salvador: Juspodivm, 2012. p. 373.

- **Atenção!** A Lei nº 14.133/2021 estabelece, de forma expressa, que não são abrangidas pela lei as empresas públicas, sociedades de economia mista e suas subsidiárias, regidas pela Lei nº 13.303. As disposições penais, inseridas pelo art. 178 do novo marco legal, entretanto, aplicam-se às estatais.
- **Serviço de publicidade**: licitação regulada pela Lei nº 12.232/10. A Lei nº 14.133/2021 será aplicada de forma complementar.
- **Aplicação subsidiária da Nova Lei**: nos termos do art. 186, aplicam-se as disposições da Lei nº 14.133/2021, de forma subsidiária, à Lei nº 8.987/1995 (Lei geral de concessões), à Lei nº 11.079/2004 (Lei das PPP) e à Lei nº 12.232 (serviços de publicidade).
- **Objeto da licitação (art. 2º, Lei nº 14.133/21):** a) alienação e concessão de direito real de uso de bens; b) compra, inclusive por encomenda; c) locação; d) concessão e permissão de uso de bens públicos; e) prestação de serviços, inclusive os técnico-profissionais especializados; f) obras e serviços de arquitetura e engenharia; g) contratações de tecnologia da informação e de comunicação.
- **Princípios da licitação (art. 5º):** a) legalidade; b) impessoalidade; c) moralidade; d) publicidade; e) eficiência; f) interesse público; g) probidade administrativa; h) igualdade; i) planejamento; j) transparência; k) eficácia; l) segregação de funções; m) motivação; n) vinculação ao edital; o) julgamento objetivo; p) segurança jurídica; q) razoabilidade; r) competitividade; s) proporcionalidade; t) celeridade; u) economicidade; v) desenvolvimento nacional sustentável; x) disposições da Lei de Introdução às Normas do Direito Brasileiro.
- **Publicidade diferida:** A regra é que o processo licitatório seja público, excepcionada nos casos de informações cujo sigilo seja imprescindível à segurança da sociedade e do Estado. Mas, nos termos do art. 13, parágrafo único, a publicidade poderá ser diferida quanto ao conteúdo das propostas, até a abertura e quanto ao orçamento da Administração, desde que justificado, sem prejuízo da divulgação do detalhamento dos quantitativos e demais informações necessárias para a elaboração das propostas, devendo-se apontar que o sigilo não prevalecerá para os órgãos de controle interno e externo (art. 24).
- **Margem de preferência e participação de ME e EPP**:

a) margem de preferência (art. 26):

- pode ser instituída para bens manufaturados e para serviços nacionais que atendam às normas técnicas brasileiras: será definida mediante decisão fundamentada pelo Chefe do Executivo federal**;**
- pode ser instituída para bens reciclados, recicláveis ou biodegradáveis, conforme regulamento;
  - poderá ser de até 10% sobre o preço dos bens e serviços que não se enquadrem nos dois casos citados;
  - poderá ser estendida a bens manufaturados e serviços originários dos Estados Partes do Mercosul, desde que haja reciprocidade prevista em acordo internacional aprovado pelo Congresso e ratificado pelo Presidente;
  - para bens manufaturados nacionais e serviços nacionais resultantes de desenvolvimento e inovação tecnológica no País, definidos conforme regulamento do Poder Executivo federal, a margem de preferência poderá ser de até 20%;

Atenção! A margem não se aplica aos bens manufaturados nacionais e aos serviços nacionais se a capacidade de produção desses bens ou de prestação desses serviços no País for inferior:

- à quantidade a ser adquirida ou contratada; ou
- aos quantitativos fixados em razão do parcelamento do objeto, quando for o caso.

b) ***Tratamento diferenciado*** para microempresa e empresa de pequeno porte nas licitações (Lei Complementar nº 123/06). Benefícios:

- preferência em caso de empate (art. 44 da LC 123/06);
- exigência de regularidade fiscal e trabalhista somente para fins de assinatura do contrato (art. 42);
- tratamento diferenciado e simplificado nas contratações públicas (art. 47 e 48): • abertura de licitações só para participação de ME e EPP, para contratações de até R$ 80.000, 00; • possibilidade de exigência ao licitante para que faça a subcontratação de ME e EPP; • deverá estabelecer cota de até 25% do objeto, no caso de bens divisíveis. Esse tratamento diferenciado não é possível quando (art. 49): • não houver no mínimo três fornecedores sendo microempresa ou empresa de pequeno porte; • quando não for vantajoso ou representar prejuízo para a Administração; • quando a licitação for dispensável ou inexigível, excetuando-se as dispensas tratadas pelos incisos I e II do art. 24 da mesma Lei (dispensa em razão do valor), nas quais a compra deverá ser feita preferencialmente de microempresas e empresas de pequeno porte.

Atenção! A obtenção dos benefícios em questão se limita às microempresas e empresas de pequeno porte que, no ano-calendário de realização da licitação ainda não tenham celebrado contratos com a Administração, cujos valores, somados, superem a receita bruta máxima admitida para enquadramento como empresa de pequeno porte (R$ 4.800.000,00, nos termos do art. 3º, II da LC nº 123/2006). Para tanto, deverá o órgão ou entidade exigir do licitante, declaração de observância desse limite na contratação (art. 4º, §2º da NLLC). Ademais, as disposições contidas nos arts. 42 a 49 da LC nº 123/2006 não se aplicam no caso de licitação para aquisição de bens ou contratação de serviços em geral, ao item cujo valor estimado for superior à receita bruta máxima admitida para fins de enquadramento como empresa de pequeno porte e no caso de contratação de obras e serviços de engenharia, às licitações cujo valor estimado for superior à receita bruta máxima admitida para fins de enquadramento como empresa de pequeno porte (art. 4º, §1º da NLLC).

- **Agente de contratação ou pregoeiro (art. 8º):** A condução da licitação será efetuada por **agente de contratação** ou pregoeiro (no caso de pregão), designado pela autoridade competente entre **servidores efetivos ou empregados públicos permanentes** da Administração Pública, que terá como atribuições: tomar decisões, acompanhar o trâmite da licitação, dar impulso ao procedimento licitatório e executar atividades necessárias ao bom andamento do certame, até sua homologação.
- **Comissão de licitação:** No caso de licitação que envolva bens ou serviços especiais, observados os requisitos preferenciais e obrigatórios acima mencionados, o agente de contratação **poderá ser substituído por comissão de contratação** formada por, no mínimo, 3 membros, que responderão solidariamente pelos atos praticados pela comissão, salvo se o membro expressar posição individual divergente fundamentada e registrada em ata lavrada na reunião em que a decisão foi tomada. (art. 8º).
- **São objetivos da licitação (art. 11):** a) assegurar a seleção da proposta apta a gerar o resultado de contratação mais vantajoso para a Administração, inclusive no que se refere ao ciclo de vida do objeto; b) assegurar tratamento isonômico entre os licitantes, bem como a justa competição; c) evitar contratações com sobrepreço ou com preços manifestamente inexequíveis e superfaturamento na execução dos contratos; d) incentivar a inovação e o desenvolvimento nacional sustentável.
- **Fases do processo licitatório (art. 17): a)** preparatória; b) de divulgação do edital de licitação; c) de apresentação de propostas e lances, quando for o caso; d) de julgamento; e) de habilitação; f) recursal; g) de homologação.

  Atenção! A fase de habilitação, mediante decisão motivada com explicação dos benefícios dela decorrentes, poderá antecipar a fase de apresentação das propostas e julgamento.
- **Fase preparatória:** caracterizada pelo planejamento da licitação, compreendendo, por exemplo: a) descrição da necessidade fundamentada em estudo técnico; b) definição do objeto para o atendimento da necessidade, por meio de termo de referência, anteprojeto, projeto básico ou executivo, conforme o caso; c) definição das condições de execução e pagamento, das garantias exigidas e ofertadas e das condições de recebimento; d) orçamento estimado; e) elaboração do edital; f) elaboração da minuta de contrato, quando necessária; g) regime de fornecimento; h) modalidade de licitação; i) exposição de motivos das condições estabelecidas no edital, como exigência de qualificação técnica, qualificação econômico-financeira, entre outros; j) análise dos riscos; k) motivação sobre o momento da divulgação do orçamento da licitação.
- **Edital: conteúdo do edital** (art. 25), obrigatoriamente:

a) o objeto da licitação;

b) as regras relativas à:

- convocação;
- julgamento;
- habilitação;
- recursos;
- penalidades;
- fiscalização;
- gestão do contrato;
- entrega do objeto; e
- condições de pagamento.

Todos os elementos do edital, incluídos minuta de contrato, termos de referência, anteprojeto, projetos e outros anexos, deverão ser divulgados em sítio eletrônico oficial na mesma data de divulgação do edital, sem necessidade de registro ou de identificação para acesso.

Atenção! Desde que estudo técnico preliminar demonstre a inexistência de prejuízos à competitividade, o edital poderá prever a utilização de mão de obra, materiais, tecnologias e matérias-primas existentes no local da execução, conservação e operação do bem, serviço ou obra.

O edital de licitação poderá prever a responsabilidade do contratado pela obtenção de licença ambiental e realização da desapropriação autorizada pelo poder público.

O índice de reajustamento de preço deverá estar previsto no edital, independentemente do prazo de duração do contrato, com data-base vinculada à data do orçamento estimado e com a possibilidade de ser estabelecido mais de um índice específico ou setorial.

- **Modalidades de licitação:**

a) **concorrência:** modalidade de licitação para contratação de bens e serviços especiais e de obras e serviços comuns e especiais de engenharia, cujo critério de julgamento poderá ser: • menor preço; • melhor técnica ou conteúdo artístico; • técnica e preço; • maior retorno econômico; • maior desconto.

b) **pregão:** modalidade de licitação obrigatória para aquisição de bens e serviços comuns (inclusive de engenharia), cujo critério de julgamento poderá ser o de menor preço ou o de maior desconto.

Atenção! Bens e serviços comuns: aqueles cujos padrões de desempenho e qualidade possam ser objetivamente definidos pelo edital, por meio de especificações usuais no mercado (art. 6º, XIII).

c) **concurso:** modalidade de licitação para escolha de trabalho técnico, científico ou artístico, cujo critério de julgamento será o de melhor técnica ou conteúdo artístico, e para concessão de prêmio ou remuneração ao vencedor.

d) **leilão:** modalidade de licitação para alienação de bens imóveis ou de bens móveis inservíveis ou legalmente apreendidos a quem oferecer o maior lance. Poderá ser cometido a leiloeiro oficial ou a servidor designado pela autoridade competente.

e) **diálogo competitivo:** modalidade de licitação para contratação de obras, serviços e compras em que a Administração Pública realiza diálogos com licitantes previamente selecionados mediante critérios objetivos, com o intuito de desenvolver uma ou mais alternativas capazes de atender às suas necessidades, devendo os licitantes apresentar proposta final após o encerramento dos diálogos.

Atenção! Note que na NLLC, foram extintas as modalidades de convite e tomada de preços e há a previsão do diálogo competitivo como nova modalidade.

- **Critérios de julgamento:** a) menor preço: a proposta com o menor preço é a vencedora; b) **maior desconto:** considera o menor dispêndio à Administração; c) melhor técnica ou conteúdo artístico: o objetivo é um produto ou serviço de melhor qualidade; d) técnica e preço: almeja-se um produto de qualidade com bom preço; e) maior lance, quando se tratar de leilão: para os casos de **alienação de bens**; f) **maior retorno econômico**: utilizado na celebração do contrato de eficiência, considerando a maior economia à Administração.
- **Itens de consumo de qualidade comum (art. 20):** os itens de consumo deverão ser de qualidade comum, não superior à necessária para os fins a que se destinam, vedada a aquisição de artigos de luxo.
- **Fase externa: a) divulgação do edital de licitação; b) apresentação de propostas; c) julgamento; d) habilitação; d) recursal; e) homologação.**
- **Prazo para apresentação das propostas:**

PRAZO PARA APRESENTAÇÃO DE PROPOSTAS E LANCES - LEI Nº14.133/21	
8 dias úteis	Aquisição de bens, quanto o critério de julgamento for: – menor preço; ou – maior desconto;
15 dias úteis	Aquisição de bens nas demais hipóteses
10 dias úteis	Contratação de serviços comuns e obras e serviços comuns de engenharia, quando o critério de julgamento for: – menor preço; ou – maior desconto;
25 dias úteis	Contratação de serviços especiais e obras e serviços especiais de engenharia, quando o critério de julgamento for: - menor preço; - maior desconto;
60 dias úteis	Contratação de obras e serviços quando o regime de execução for: - contratação integrada
35 dias úteis	Contratação de obras e serviços quando o regime de execução for: - contratação semi-integrada; ou - quando não ocorrer nenhuma das hipóteses anteriores sobre contratação de obras e serviços (que são os casos de 10, 25 e 60 dias úteis acima mencionados);
15 dias úteis	Quando o critério de julgamento for: - maior lance;
35 dias úteis	Quando o critério de julgamento for: – melhor técnica; – a melhor combinação de técnica e preço; - melhor conteúdo artístico.

- Mediante decisão fundamentada, os prazos previstos no quadro acima poderão ser reduzidos até a metade nas licitações realizadas pelo Ministério da Saúde, no âmbito do SUS.
- Indicação de marcas ou modelos (art. 41): A Administração poderá, excepcionalmente, indicar marcas ou modelos, desde que justificado: em decorrência da necessidade de padronização do objeto; em decorrência da necessidade de manter a compatibilidade com plataformas e padrões já adotados pela Administração; quando determinada marca ou modelo comercializados por mais de um fornecedor forem os únicos capazes de atender às necessidades do contratante; quando a descrição do objeto a ser licitado puder ser mais bem compreendida pela identificação de determinada marca ou determinado modelo aptos a servir apenas como referência.
- **Regimes de execução de obras e serviços de engenharia:** a) empreitada por preço unitário; b) empreitada por preço global; c) empreitada integral; d) contratação por tarefa; e) contratação integrada; f) contratação semi-integrada; g) fornecimento e prestação de serviço associado.
- **Apresentação das propostas e modos de disputa (art. 56):**

  a) **aberto**, momento em que os licitantes apresentarão suas propostas por lances públicos e sucessivos, de forma crescente (do menor para o maior) ou decrescente (do maior para o menor): sua utilização será vedada quando adotado o critério de julgamento de técnica e preço.

b) **fechado**, quando as propostas permanecerão em sigilo até a data e hora designada para sua divulgação: sua utilização de forma isolada será vedada quando adotados os critérios de julgamento de menor preço ou maior desconto.

- Após a definição da melhor proposta, se a diferença em relação à proposta classificada em segundo lugar for de, pelo menos 5% (cinco por cento), a Administração poderá admitir o reinício da disputa aberta, nos termos estabelecidos no instrumento convocatório, para a definição das demais colocações (art. 56, §4º).
- **Critérios de desempate (art. 60)**: a) disputa final; b) avaliação do desempenho contratual prévio dos licitantes; c) desenvolvimento de ações de equidade entre homens e mulheres no ambiente de trabalho; d) desenvolvimento de programa de integridade pelo licitante.
- Caso o empate persista, assegura-se preferência, **sucessivamente**, a bens e serviços produzidos e prestados: empresas estabelecidas no território do Estado ou do Distrito Federal do órgão ou entidade da Administração Pública estadual ou distrital licitante ou, no caso de licitação realizada por órgão ou entidade de Município, no território do Estado em que este se localize; empresas brasileiras; empresas que invistam em pesquisa e no desenvolvimento de tecnologia no País; empresas que comprovem a prática de mitigação, nos termos da Lei nº 12.187, de 29 de dezembro de 2009.
- **Encerramento da licitação (art. 71):** encerradas as fases da licitação de julgamento e habilitação, e exauridos os recursos administrativos, o processo será encaminhado à autoridade superior, que poderá: a) determinar o retorno dos autos para saneamento de irregularidades; b) revogar a licitação por motivo de conveniência e oportunidade superveniente e devidamente comprovado; c) proceder à anulação da licitação, quando presente irregularidade insanável; d) adjudicar o objeto e homologar a licitação.
- **Contratação direta (art. 72):** casos de dispensa e inexigibilidade. Deve ser instruído com os seguintes documentos: a) documento de formalização de demanda e, se for o caso, estudo técnico preliminar, análise de riscos, termo de referência, projeto básico ou projeto executivo; b) estimativa de despesa; c) parecer jurídico e pareceres técnicos, se for o caso, que demonstrem o atendimento dos requisitos exigidos; d) demonstração da compatibilidade da previsão de recursos orçamentários com o compromisso a ser assumido; e) comprovação de que o contratado preenche os requisitos de habilitação e qualificação mínima necessária; f) razão da escolha do contratado; g) justificativa de preço; h) autorização da autoridade competente.
- **Dispensa de licitação** é uma opção legal, pois os interessados poderiam competir. As hipóteses de dispensa são taxativas. a) Licitação dispensada: ocorre nas alienações de bens. A lei determina a não realização da licitação (art. 76); b) licitação dispensável: a lei faculta ao administrador realizar ou não a licitação (art. 75).

Com a Nova Lei, os valores para dispensa de licitação passaram a ser: a) valor inferior a R$ 100.000,00: obras e serviços de engenharia ou serviços de manutenção de veículos automotores; b) valor inferior a R$ 50.000,00, no caso de serviços e compras. ATENÇÃO! Entretanto, nos termos do art. 182, os valores serão atualizados anualmente e, em cumprimento a isso, o Decreto nº 11.871/2023 realizou a atualização e, atualmente, os valores para dispensa que estão em vigor são: a) valor inferior a R$ 119.812,02: obras e serviços de engenharia ou serviços de manutenção de veículos automotores; b) valor inferior a R$ 59.906,02, no caso de serviços e compras.

- O candidato deve ficar atento às questões nas provas, pois podem ser enumerados casos para que sejam identificadas quais hipóteses são de licitação dispensável e quais são de licitação dispensada (a dica é que dispensada é usada para os casos de alienação), ou, na maioria das vezes, o examinador não quer saber a diferença entre elas, mas sim se determinada situação é caso de dispensa ou de inexigibilidade).
- **Requisitos para a alienação de imóvel** da Administração Pública (art. 76):
  - a) **interesse público** justificado;
  - b) **avaliação** prévia;
  - c) **autorização legislativa;**
  - d) **licitação,** na modalidade leilão (exceto se for caso de licitação dispensada)[36].
- Sistematização das hipóteses de dispensa de licitação em razão do valor[37]:

DISPENSA EM RAZÃO DO PEQUENO VALOR	
Administração direta Autarquia Fundação pública	**Valores inferiores a R$ 59.906,02** serviços e compras
	Valores inferiores a R$ 119.812,02 obras e serviços de engenharia ou serviços de manutenção de veículos automotores
Autarquia qualificada como agência executiva Fundação pública qualificada como agência executiva Consórcio público	**Valores inferiores a R$ 119.812,02** outros serviços e compras
	Valores inferiores a R$ 239.624,04 obras e serviços de engenharia

36 No caso de imóvel da União, ainda, há a necessidade de autorização do Presidente da República (art. 23, Lei nº 9.636/98).

37 BORTOLETO, Leandro. *Direito administrativo*. Salvador: Juspodivm, 2012. p. 416.

- **Inexigibilidade de licitação (art. 74): as hipóteses são exemplificativas, ocorrendo quando inviável a competição, em especial para: a)** aquisição de materiais, de equipamentos ou de gêneros ou contratação de serviços que só possam ser fornecidos por produtor, empresa ou representante comercial exclusivos; b) contratação de profissional do setor artístico, diretamente ou por meio de empresário exclusivo, desde que consagrado pela crítica especializada ou pela opinião pública; c) contratação de serviços técnicos especializados de natureza predominantemente intelectual com profissionais ou empresas de notória especialização, vedada a inexigibilidade para serviços de publicidade e divulgação (a lei arrola quais serviços): d) objetos que devam ou possam ser contratados por meio de credenciamento; e) aquisição ou locação de imóvel cujas características de instalações e de localização tornem necessária sua escolha.

> Nos termos do art. 3º-A da Lei nº 8.906/1994 (Estatuto da OAB), alterada pela Lei nº 14.039/2020, "os serviços profissionais de advogado são, por sua natureza, técnicos e singulares, quando comprovada sua notória especialização, nos termos da lei." Por sua vez, "considera-se **notória especialização** o profissional ou a sociedade de advogados cujo conceito no campo de sua especialidade, decorrente de desempenho anterior, estudos, experiências, publicações, organização, aparelhamento, equipe técnica ou de outros requisitos relacionados com suas atividades, permita inferir que o seu trabalho é essencial e indiscutivelmente o mais adequado à plena satisfação do objeto do contrato."

- **Procedimentos auxiliares (art. 78):** credenciamento, pré-qualificação, procedimento de manifestação de interesse, sistema de registro de preços, registro cadastral.
- **Nulidade da licitação:** Em regra, não gera obrigação de indenizar, exceto quanto ao que o contratado houver executado até a data em que ela for declarada e por outros prejuízos regularmente comprovados, contanto que não lhe seja imputável, promovendo-se a responsabilidade de quem lhe deu causa (art. 149).
- Com a nova Lei de Licitações, a nulidade somente será reconhecida na hipótese em que se revelar medida de interesse público, que será aferido mediante avaliação de diversos critérios, a exemplo, entre outros, dos riscos sociais, ambientais e à segurança da população local decorrentes do atraso na fruição dos benefícios do objeto contratado (art. 147).
- Verificado que o reconhecimento da nulidade se revela medida de interesse público, sua declaração operará com efeitos:
  a) **retroativos (regra);**
  b) **não retroativos** (caso impossível retornar à situação anterior, hipótese que será resolvido em perdas e danos);
  c) **pro futuro** (com vistas à continuidade da atividade administrativa, pelo prazo de até 6 meses, prorrogável uma única vez).

Anulação na Nova Lei de Licitações
Requisitos para anulação:
• Ilegalidade + interesse público
Efeitos da anulação:
• *Ex tunc* (retroativos)
• *Ex nunc* (não retroativos, resolvendo em perdas e danos)
• *Pro futuro* (para frente, em prazo suficiente para nova contratação – até 6 meses, prorrogável uma vez)

- **Revogação da licitação:** é possível por motivo de conveniência e oportunidade resultante de fato superveniente devidamente comprovado (art. 71, II e §2º).
- Recurso é admitido nos casos de (art. 165, I): a) ato que defira ou indefira pedido de pré-qualificação de interessado ou de inscrição em registro cadastral, sua alteração ou cancelamento; b) julgamento das propostas; c) ato de habilitação ou inabilitação de licitante; d) anulação ou revogação da licitação; e) extinção do contrato, quando determinada por ato unilateral e escrito da Administração.
- **Prazo para interposição do recurso (art. 165, I):** a) três dias úteis.
- **Pedido de reconsideração (art. 165, II):** prazo de três dias úteis, de ato contra o qual não caiba recurso hierárquico.
- **Contrato administrativo:** é o "ajuste que a Administração Pública, agindo nessa qualidade, firma com particular ou outra entidade administrativa para a consecução de objetivos de interesse público, nas condições estabelecidas pela própria Administração"[38]. Regulam-se pelas suas cláusulas e pelos preceitos de direito público, sendo a eles aplicado, de forma supletiva, os princípios da teoria geral dos contratos e as disposições de direito privado (art. 89).
- **Características do contrato administrativo[39]:** a) presença da Administração Pública como Poder Público; b) finalidade pública; c) natureza de contrato de adesão; d) natureza *intuitu personae* (pessoalidade); e) obediência à forma prescrita em lei; f) procedimento legal; g) mutabilidade; h) presença de cláusulas exorbitantes; i) controle e fiscalização do contrato administrativo; j) retomada do objeto; k) aplicação de penalidades (advertência, multa, suspensão temporária, declaração de inidoneidade).
- **Cláusulas exorbitantes:** são cláusulas inexistentes no direito privado e, por isso, extrapolam, exorbitam o direito privado, concedendo prerrogativas à Administração ao colocá-la em posição de superioridade em relação ao contratado. As principais cláusulas exorbitantes são: a) modificação unilateral; b) extinção unilateral; c) ocupação provisória; d) aplicação de sanções; e) fiscalização de execução do contrato (art. 104).

---

38 MEIRELLES, Hely Lopes. *Licitação e contrato administrativo*. 15. ed. São Paulo: Malheiros, 2010. p. 247.

39 DI PIETRO, Maria Sylvia Zanella. *Direito administrativo*. 25. ed. São Paulo: Atlas, 2012. p. 269.

Divulgação do contrato no PNCP (Portal Nacional de Contratações Públicas) (art. 94): 20 dias úteis da assinatura, no caso de licitação e 10 dias úteis da assinatura no caso de contratação direta. Referida publicação se trata de condição de eficácia do contrato e respectivos aditamentos. No caso de urgência, os contratos terão eficácia a partir de sua assinatura, devendo ser publicados nos prazos citados, sob pena de nulidade.

- **Instrumento contratual (art. 95): o instrumento de contrato é obrigatório,** salvo nas seguintes hipóteses, em que a Administração poderá substituí-lo por outro instrumento hábil, como carta-contrato, nota de empenho de despesa, autorização de compra ou ordem de execução de serviço: a) dispensa de licitação em razão de valor; b) compras com entrega imediata e integral dos bens adquiridos e dos quais não resultem obrigações futuras, inclusive quanto a assistência técnica, independentemente de seu valor.
- **Contrato verbal:** é nulo e de nenhum efeito o contrato verbal com a Administração, salvo o de pequenas compras ou o de prestação de serviços de pronto pagamento, assim entendidos aqueles de valor não superior a R$ 11.981,20 (art. 95, §2º da Lei 14.133/2021 e Decreto 11.871/2023.
- Garantias (art. 96): a) caução em dinheiro ou em títulos da dívida pública; b) seguro-garantia; c) fiança bancária.
- Limites das garantias contratuais: a) no máximo, 5% do valor inicial do contrato, nas contratações de obras, serviços e fornecimentos (art. 98); b) no máximo, 10% do valor inicial do contrato, desde que justificada mediante análise da complexidade técnica e dos riscos envolvidos (art. 98); c) no máximo, 30% do valor inicial do contrato, nas contratações de obras e serviços de engenharia de grande vulto, com previsão legal da modalidade seguro-garantia (art. 99), contendo a cláusula de retomada prevista no art. 101. d) detalhes: nos casos de contratos que impliquem a entrega de bens pela Administração, dos quais o contratado ficará depositário, o valor desses bens deverá ser acrescido ao valor da garantia (art. 101); nas contratações de serviços e fornecimentos contínuos com vigência superior a 1 ano, assim como nas subsequentes prorrogações, será utilizado o valor anual do contrato para definição e aplicação dos percentuais para fins de garantia.

Duração dos contratos:

<table>
<tr><th colspan="2">DURAÇÃO DOS CONTRATOS</th></tr>
<tr><td colspan="2">REGRA GERAL (art. 105)
Prazo previsto no edital
- Observância da disponibilidade orçamentária:
a) no momento da contratação; e b) a cada exercício financeiro
- Se prazo for superior a um ano, deve haver previsão no plano plurianual</td></tr>
<tr><th colspan="2">SITUAÇÕES ESPECÍFICAS</th></tr>
<tr><td>Contratos de serviços e fornecimentos contínuos (art. 106)</td><td>Até 5 anos
(pode ser prorrogado, sucessivamente, até o máximo de 10 anos)</td></tr>
<tr><td>Contratação de (art. 108):
a) bens ou serviços produzidos ou prestados no País que envolvam, cumulativamente, alta complexidade tecnológica e defesa nacional;
b) materiais de uso das Forças Armadas, com exceção de materiais de uso pessoal e administrativo, quando houver necessidade de manter a padronização requerida pela estrutura de apoio logístico dos meios navais, aéreos e terrestres, mediante autorização por ato do comandante da força militar;
c) para contratação com vistas ao cumprimento do disposto nos arts. 3º, 3º-A, 4º, 5º e 20 da Lei nº 10.973, de 2 de dezembro de 2004, observados os princípios gerais de contratação constantes da referida Lei;
c) para contratação que possa acarretar comprometimento da segurança nacional, nos casos estabelecidos pelo Ministro de Estado da Defesa, mediante demanda dos comandos das Forças Armadas ou dos demais ministérios;
d) para contratação em que houver transferência de tecnologia de produtos estratégicos para SUS, conforme elencados em ato da direção nacional do SUS, inclusive por ocasião da aquisição desses produtos durante as etapas de absorção tecnológica, e em valores compatíveis com aqueles definidos no instrumento firmado para a transferência de tecnologia;
e) para aquisição, por pessoa jurídica de direito público interno, de insumos estratégicos para a saúde produzidos por fundação que, regimental ou estatutariamente, tenha por finalidade apoiar órgão da Administração Pública direta, sua autarquia ou fundação em projetos de ensino, pesquisa, extensão, desenvolvimento institucional, científico e tecnológico e de estímulo à inovação, inclusive na gestão administrativa e financeira necessária à execução desses projetos, ou em parcerias que envolvam transferência de tecnologia de produtos estratégicos para o SUS, nos termos do inciso XII do caput do art. 75, e que tenha sido criada para esse fim específico em data anterior à entrada em vigor desta Lei, desde que o preço contratado seja compatível com o praticado no mercado.</td><td>Até 10 anos</td></tr>
</table>

Contrato (art. 110) a) Que **gere receita**; e b) De **eficiência**, que gere economia para a Administração	- **Até 10 anos**, nos contratos **sem investimento** - **Até 35 anos**, nos contratos **com investimento**
Contrato sob o regime de **fornecimento e prestação de serviço associado** (art. 113)	Soma do a) **Prazo** do **fornecimento inicial ou entrega da obra** + b) **Prazo** do **serviço de operação e manutenção** (limitado a **5 anos**) - **Prorrogação**: por **até 10 anos**
Contratos de **operação continuada de sistemas estruturantes de tecnologia da informação** (art. 114)	**Até 15 anos**
Contratos em que Administração seja **usuária de serviço público oferecido em regime de monopólio** (art. 109)	**Prazo indeterminado**
Contratos por **escopo** (art. 111)	Prazo definido no **edital** **Prorrogação automática** até a conclusão do objeto

- **Exceção do contrato não cumprido (*exceptio non adimpleti contractus*):** é muito usada na esfera privada e, por ela, se um dos contratantes não cumpre o pactuado o outro pode se recusar a cumprir o que lhe cabe, conforme o art. 477 do Código Civil. Por outro lado, nos contratos administrativos, essa regra não é aplicada integralmente, em razão dos princípios da continuidade dos serviços públicos e da supremacia do interesse público, sendo possível a exceção do contrato não cumprido, mas de forma mitigada. Se for contrato de concessão de serviço público, há entendimento de que não pode ser invocada, em razão do princípio da continuidade do serviço público. O art. 137, §2º, IV, prevê como causa de extinção do contrato o atraso superior a dois meses do pagamento ou parcelas de pagamento devidos pela Administração por despesas de obras, serviços ou fornecimento, podendo o contratado optar pela suspensão de suas obrigações até que a situação seja normalizada.
- **Hipóteses de alteração unilateral do contrato administrativo (art. 124, I):** a) quando houver modificação do projeto ou das especificações, para melhor adequação técnica aos seus objetivos (modificação qualitativa); b) quando necessária a modificação do valor contratual em decorrência de acréscimo ou diminuição quantitativa de seu objeto, nos seguintes limites (modificação quantitativa):
  - até 25% do valor inicial atualizado do contrato para acréscimos e supressões feitas nas obras, serviços ou compras;
  - até 50% do valor inicial atualizado do contrato para acréscimos no caso de reforma de edifício ou equipamento (se for supressão, o limite é de 25%).
  - Por acordo entre as partes, é possível a redução do valor contratual além do limite de 25%, mas não é possível o acréscimo.
- Não é possível a alteração de nenhuma cláusula econômico-financeira e monetária do contrato sem a concordância do contratado (art. 104, § 1º), e, toda vez, que a Administração alterar unilateralmente o contrato deverá haver a revisão das cláusulas econômico-financeiras para que seja mantido o equilíbrio econômico-financeiro do contrato (art. 104, § 2º).
- **Hipóteses de extinção do contrato (137):** a) não cumprimento ou cumprimento irregular de normas editalícias ou de cláusulas contratuais, de especificações, de projetos ou de prazos; b) desatendimento das determinações regulares emitidas pela autoridade designada para acompanhar e fiscalizar sua execução ou por autoridade superior; c) alteração social ou modificação da finalidade ou da estrutura da empresa que restrinja sua capacidade de concluir o contrato; d) decretação de falência ou de insolvência civil, dissolução da sociedade ou falecimento do contratado; e) caso fortuito ou força maior, regularmente comprovados, impeditivos da execução do contrato; f) atraso na obtenção da licença ambiental, ou impossibilidade de obtê-la, ou alteração substancial do anteprojeto que dela resultar, ainda que obtida no prazo previsto; g) atraso na liberação das áreas sujeitas a desapropriação, a desocupação ou a servidão administrativa, ou impossibilidade de liberação dessas áreas; h) razões de interesse público, justificadas pela autoridade máxima do órgão ou da entidade contratante; i) não cumprimento das obrigações relativas à reserva de cargos prevista em lei, bem como em outras normas específicas, para pessoa com deficiência, para reabilitado da Previdência Social ou para aprendiz.
- **Responsabilidade do contratado.** O contratado é responsável: a) pelos danos causados diretamente à Administração ou a terceiros, decorrentes de sua culpa ou dolo na execução do contrato, não excluindo ou reduzindo essa responsabilidade a fiscalização ou o acompanhamento pelo órgão inte-

ressado (art. 120). Não é possível a alegação de *culpa in vigilando* da Administração; b) pelos encargos trabalhistas, previdenciários, fiscais e comerciais resultantes da execução do contrato (art. 121); c) mesmo após o recebimento do objeto pela Administração (art. 140, § 2º):

- civilmente pela solidez e segurança da obra ou do serviço;
- ético-profissional pela perfeita execução do contrato.

- STF (ADC 16): decidiu que o § 1º do art. 71 da Lei nº 8.666/93 é constitucional e, assim, é vedada a aplicação de responsabilidade subsidiária à Administração Pública de forma automática, apenas pela constatação de inadimplemento dos direitos trabalhistas pela empresa contratada. Por outro lado, foi decidido que, como a Administração Pública tem o dever de licitar e fiscalizar de forma eficaz a execução do contrato, inclusive quanto ao adimplemento de direitos trabalhistas, se verificada, no caso concreto, a omissão da Administração no seu dever de fiscalizar, é possível "a imputação de responsabilidade subsidiária à Administração Pública por *culpa in eligendo* ou *in vigilando*". Este entendimento pode ser aplicado à nova Lei de Licitações e Contratos, uma vez que houve continuidade normativa do dispositivo no §1º do art. 121 da nova legislação.
- **A Administração**, nos termos do art. 121, §2º, exclusivamente "nas contratações de serviços contínuos com regime de dedicação exclusiva de mão de obra, a Administração responderá solidariamente pelos encargos previdenciários e subsidiariamente pelos encargos trabalhistas se comprovada falha na fiscalização do cumprimento das obrigações do contratado". Nesse tipo de contrato, para exercer essa fiscalização quanto ao cumprimento das obrigações trabalhistas, o §3º do art. 121 estabelece que a Administração, conforme previsão no edital ou no contrato, poderá, entre outras medidas: I – exigir caução, fiança bancária ou contratação de seguro-garantia com cobertura para verbas rescisórias inadimplidas; II – condicionar o pagamento à comprovação de quitação das obrigações trabalhistas vencidas relativas ao contrato; III – efetuar o depósito de valores em conta vinculada; IV – em caso de inadimplemento, efetuar diretamente o pagamento das verbas trabalhistas, que serão deduzidas do pagamento devido ao contratado; V – estabelecer que os valores destinados a férias, a décimo terceiro salário, a ausências legais e a verbas rescisórias dos empregados do contratado que participarem da execução dos serviços contratados serão pagos pelo contratante ao contratado somente na ocorrência do fato gerador".

Teoria da imprevisão

- **Fato do príncipe** é toda determinação estatal, positiva ou negativa, geral, imprevista e imprevisível, que onera substancialmente a execução do contrato administrativo ou impede sua execução.
- **Fato da Administração** é toda ação ou omissão estatal que incide de forma direta sobre o contrato, onerando-o ou impedindo sua execução.
- **Caso fortuito ou força maior:** se referem a **situações imprevisíveis e inevitáveis** que, ao ocorrerem, tornam extremamente **onerosa a execução do contrato** – autorizando sua alteração, por acordo entre as partes, para a recomposição do equilíbrio econômico-financeiro – ou tornam **impossível a sua execução**, permitindo a rescisão contratual sem culpa do contratado.
- **Interferências imprevisíveis:** ocorrências materiais não imaginadas pelas partes quando da celebração do contrato, mas que são descobertas após o início de sua execução como, por exemplo, é o encontro de terreno rochoso não esperado para o local[40].
- **Recebimento do objeto: em regra**, o **recebimento é subdivido** em provisório e definitivo (art. 140):

  a) recebimento provisório:
  - **quanto a obras e serviços**: realizado pelo responsável por seu acompanhamento e fiscalização, mediante termo detalhado, quando verificado o cumprimento das exigências de caráter técnico;
  - **quanto às compras**: de forma sumária, pelo responsável por seu acompanhamento e fiscalização, com verificação posterior da conformidade do material com as exigências contratuais;

  b) recebimento definitivo: • **quanto a obras e serviços**: realizado por servidor ou comissão designada pela autoridade competente, mediante termo detalhado que comprove o atendimento das exigências contratuais; • **quanto às compras**: realizado por servidor ou comissão designada pela autoridade competente, mediante termo detalhado que comprove o atendimento das exigências contratuais.
- **Meios alternativos de solução de conflitos (art. 151):** nas contratações regidas pela nova legislação, poderão ser utilizados meios alternativos de prevenção e resolução de controvérsias, notadamente a conciliação, a mediação, o comitê de resolução de disputas e a arbitragem. Atenção! Os meios alternativos se aplicam às controvérsias relacionadas a direitos patrimoniais disponíveis, como as questões relacionadas ao restabelecimento do equilíbrio econômico-financeiro do contrato, ao inadimplemento de obrigações contratuais por quaisquer das partes e ao cálculo de indenizações.
- **Sanções administrativas (art. 156):**

  a) Advertência:
  - A Lei prevê que a advertência será aplicada exclusivamente na hipótese de inexecução

40 MEIRELLES, Hely Lopes. ***Direito administrativo brasileiro***. 43. ed.São Paulo: Malheiros, 2018.

parcial do objeto, quando não se justificar a imposição de pena mais grave.

b) Multa:

- Limites mínimo de 0,5% e máximo 30% do valor da contratação.
- Aplicável cumulativamente com qualquer das outras sanções.
- Interessado será intimado para apresentar defesa no prazo de 15 dias úteis, contados da data da intimação

c) Impedimento de licitar ou contratar:

- Aplicável quando a conduta não justificar penalidade mais grave, nos seguintes casos: dar causa à inexecução parcial do contrato que cause grave dano à Administração, ao funcionamento dos serviços públicos ou ao interesse coletivo; dar causa à inexecução total do contrato; deixar de entregar a documentação exigida para o certame; não manter a proposta, salvo em decorrência de fato superveniente devidamente justificado; não celebrar o contrato ou não entregar a documentação exigida para a contratação, quando convocado dentro do prazo de validade de sua proposta; ensejar o retardamento da execução ou da entrega do objeto da licitação sem motivo justificado.
- Impedirá o responsável de licitar ou contratar no âmbito da Administração Pública direta e indireta **do ente federativo que tiver aplicado a sanção**.
- Prazo **máximo** de 3 anos.
- A aplicação desta penalidade deverá ser precedida da instauração de processo de responsabilização, a ser conduzida por 2 ou mais servidores estáveis, que avaliará fatos e circunstâncias.
- Não havendo servidores estatutários, a comissão será formada por 2 ou mais empregados públicos pertencentes aos quadros permanentes, preferencialmente com, no mínimo, 3 anos de tempo de serviço no órgão ou entidade.
- Prazo de defesa: 15 dias úteis, da intimação. Deverá apresentar defesa escrita e especificar as provas que pretende produzir.

d) Declaração de inidoneidade para licitar ou contratar:

- Aplicável: I)às condutas elencadas no art. 155, VIII a XII (apresentar declaração ou documentação falsa exigida para o certame ou prestar declaração falsa durante a licitação ou a execução do contrato; fraudar a licitação ou praticar ato fraudulento na execução do contrato; comportar-se de modo inidôneo ou cometer fraude de qualquer natureza; praticar atos ilícitos com vistas a frustrar os objetivos da licitação; praticar ato lesivo previsto no art. 5º da Lei nº 12.846, de 1º de agosto de 2013); II) e aos casos em que se justificar penalidade mais grave do que o impedimento de licitar e contratar;
- Impedirá o responsável de licitar ou contratar no âmbito da Administração Pública direta e indireta **de todos os entes federativos**.
- Prazo **mínimo** de 3 anos e **máximo** de 6 anos.
- A aplicação desta penalidade deverá ser precedida da instauração de processo de responsabilização, a ser conduzida por 2 ou mais servidores estáveis, que avaliará fatos e circunstâncias.
- Não havendo servidores estatutários, a comissão será formada por 2 ou mais empregados públicos pertencentes aos quadros permanentes, preferencialmente com, no mínimo, 3 anos de tempo de serviço no órgão ou entidade.
- Prazo de defesa: 15 dias úteis, da intimação. Deverá apresentar defesa escrita e especificar as provas que pretende produzir.

> Atenção! As penalidades de advertência, impedimento de licitar e contratar e declaração de inidoneidade, poderão ser cumuladas com a pena de multa (art. 156, §7º).

10. LICITAÇÃO E CONTRATO ADMINISTRATIVO NA LEI DAS ESTATAIS (LEI Nº 13.303/2016)

Atenção! A Lei nº 14.133/2021, que traz o novo regime jurídico das licitações e contratos administrativos, não se aplica às estatais, que continuam regidas pela Lei nº 13.303/2016.

- **Lei nº 13.303/16 (estatuto das estatais):** 1) nos artigos 28 a 84 dispõe sobre as licitações e as contratações feitas pelas empresas públicas e sociedades de economia mista e às suas subsidiárias, que explorem atividade econômica de produção ou comercialização de bens ou de prestação de serviços, ainda que a atividade econômica esteja sujeita ao regime de monopólio da união ou seja de prestação de serviços públicos; 2) Os contratos com terceiros destinados à prestação de serviços às empresas públicas e às sociedades de economia mista, **inclusive de engenharia e de publicidade, à aquisição e à locação de bens, à alienação de bens e ativos integrantes do respectivo patrimônio ou à execução de obras a serem integradas a esse patrimônio, bem como à implementação de ônus real sobre tais bens**, serão precedidos de licitação nos termos da Lei 13.303/16, ressalvadas as hipóteses de dispensa e inexigibilidade (art. 28); 3) A Lei nº 13.303/16 aplica-se às empresas públicas e às sociedades de economia mista constituídas após o início da vigência da lei (01/07/2016). Em relação às que já existiam nessa data, prevê o prazo de adaptação de 24 meses. Os procedimentos licitatórios e os contratos administrativos celebrados até o final desse prazo permanecem regidos pela legislação anterior.

- **Dispensa e inexigibilidade:** os casos de dispensa e inexigibilidade estão previstos nos artigos 29 e 30, respectivamente, da Lei nº 13.303/16.
- **Alienação** (Lei nº 13.303/16): **a alienação de bens por empresas públicas e por sociedades de economia mista** será precedida de: **I - avaliação formal do bem contemplado**, ressalvadas as hipóteses previstas nos incisos XVI a XVIII do art. 29 (XVI – na transferência de bens a órgãos e entidades da administração pública, inclusive quando efetivada mediante permuta; XVII – na doação de bens móveis para fins e usos de interesse social, após avaliação de sua oportunidade e conveniência socioeconômica relativamente à escolha de outra forma de alienação; XVIII – na compra e venda de ações, de títulos de crédito e de dívida e de bens que produzam ou comercializem); **II - licitação**, exceto: a) quando executarem a comercialização, prestação ou execução, de forma direta, de produtos, serviços ou obras especificamente relacionados com seus respectivos objetos sociais; b) nos casos em que a escolha do parceiro esteja associada a suas características particulares, vinculada a oportunidades de negócio definidas e específicas, justificada a inviabilidade de procedimento competitivo.

DISPENSA EM RAZÃO DO PEQUENO VALOR ESTATAIS (LEI Nº 13.303/16)	
Obras e serviços de engenharia	Outros serviços e compras
Até R$ 100.000,00	Até R$ 50.000,00
Atenção! Esses **valores podem ser alterados**, para refletir a variação de custos, **por deliberação do Conselho de Administração** da empresa pública ou sociedade de economia mista, **admitindo-se valores diferenciados para cada sociedade**.	

- **Pregão**: é a modalidade a ser adotada de forma preferencial (art. 32, V).
- **Prazo para apresentação de propostas ou lances: art. 39 da Lei nº 13.303/2016.**

PRAZO PARA APRESENTAÇÃO DE PROPOSTAS OU LANCES (LEI Nº 13.303/16: art. 39)	
5 dias úteis	Aquisição de bens, quanto o critério de julgamento for: - menor preço; ou - maior desconto;
10 dias úteis	Aquisição de bens nas demais hipóteses
15 dias úteis	Contratação de obras e serviços, quando o critério de julgamento for: - menor preço; ou - maior desconto;
30 dias úteis	Contratação de obras e serviços nas demais hipóteses
45 dias úteis	Quando o critério de julgamento for: - melhor técnica; - a melhor combinação de técnica e preço;
45 dias úteis	Para licitação em que haja: - contratação semi-integrada; ou - contratação integrada.

- **Recurso. Regra: fase recursal única**; momento de apresentação de recurso: **5 dias úteis após a fase de habilitação. Exceção**: Se houver **inversão nas fases** do procedimento licitatório, haverá **dois momentos** de apresentação de recurso: a) **5 dias úteis após a habilitação**; b) **5 dias úteis após o encerramento da fase de verificação** de efetividade dos lances ou propostas.
- **Não há alteração unilateral do contrato administrativo.** Pode ser alterado, por acordo (art. 81):

I. quando houver modificação do projeto ou das especificações, para melhor adequação técnica aos seus objetivos;

II. quando necessária a modificação do valor contratual em decorrência de acréscimo ou diminuição quantitativa de seu objeto, nos limites permitidos por esta Lei;

III. quando conveniente a substituição da garantia de execução;

IV. quando necessária a modificação do regime de execução da obra ou serviço, bem como do modo de fornecimento, em face de verificação técnica da inaplicabilidade dos termos contratuais originários;

V. quando necessária a modificação da forma de pagamento, por imposição de circunstâncias supervenientes, mantido o valor inicial atualizado, vedada a antecipação do pagamento, com relação ao cronograma financeiro fixado, sem a correspondente contraprestação de fornecimento de bens ou execução de obra ou serviço;

VI. para restabelecer a relação que as partes pactuaram inicialmente entre os encargos do contratado e a retribuição da administração para a justa remuneração da obra, serviço ou fornecimento, objetivando a manutenção do equilíbrio econômico-financeiro inicial do contrato, na hipótese de sobrevirem fatos imprevisíveis, ou previsíveis porém de consequências incalculáveis, retardadores ou impeditivos da execução do ajustado, ou, ainda, em caso de força maior, caso fortuito ou fato do príncipe, configurando álea econômica extraordinária e extracontratual.

Obs.: O contratado poderá aceitar, nas mesmas condições contratuais, os acréscimos ou supressões que se fizerem nas obras, serviços ou compras, até 25% (vinte e cinco por cento) do valor inicial atualizado do contrato, e, no caso particular de reforma de edifício ou de equipamento, até o limite de 50% (cinquenta por cento) para os seus acréscimos.

11. SERVIÇOS PÚBLICOS

- Deve ser feita a leitura dos artigos 21, 23, 25, 30 e 32, § 1º, da Constituição Federal, quanto à competência para o serviço público.
- ***Conceito*** de serviço público: ***critérios***: a) critério subjetivo ou orgânico (é serviço público a atividade desempenhada pelo Poder Público); b) critério objetivo ou material (é a atividade destinada a satisfazer as necessidades coletivas); c) critério formal (é a atividade desenvolvida pela Administração Pública sob o regime de direito público).
- ***Conceito*** de serviço público: é "todo aquele prestado pela Administração ou por seus delegados, sob normas e controles estatais, para satisfazer necessidades essenciais ou secundárias da coletividade ou simples conveniências do Estado"[41].
- Conceito legal de serviço público: "atividade administrativa ou de prestação direta ou indireta de bens ou serviços à população, exercida por órgão ou entidade da administração pública", nos termos do seu art. 2º, II, da Lei nº 13.460/2017.
- Sistematização da classificação e dos princípios do serviço público[42]:

SERVIÇO PÚBLICO: classificação e princípios	
CLASSIFICAÇÃO	
Quanto à essencialidade	• serviço público propriamente dito • serviço de utilidade pública
Quanto à adequação	• serviço próprio • serviço impróprio
Quanto à finalidade	• serviço administrativo • serviço industrial
Quanto aos destinatários	• serviço uti universi • serviço uti singuli
PRINCÍPIOS	
Continuidade do serviço público	serviço público não pode parar
Modicidade das tarifas	tarifas módicas, razoáveis
Generalidade	usuários devem receber o mesmo tratamento
Mutabilidade	Administração pode alterar, unilateralmente, regime de execução do serviço público

- Princípios expressos na Lei 13.460/17: princípios "da regularidade, continuidade, efetividade, segurança, atualidade, generalidade, transparência e cortesia".
- ***Concessão de serviço público*** é o contrato administrativo por meio do qual a Administração Pública delega a terceiro a "execução de um serviço público, para que o execute em seu próprio nome, por sua conta e risco, assegurando-lhe a remuneração mediante tarifa paga pelo usuário ou outra forma de remuneração decorrente da exploração do serviço"[43].
- ***Deveres*** dos usuários (art. 7º, IV, V e VI):
  a) ***levar ao conhecimento*** do poder público e da concessionária as ***irregularidades*** de que tenham conhecimento, referentes ao serviço prestado;
  b) ***comunicar*** às autoridades competentes os ***atos ilícitos*** praticados pela concessionária na prestação do serviço;
  c) ***contribuir*** para a permanência das ***boas condições*** dos bens públicos por meio dos quais lhes são prestados os serviços.
- ***Direitos*** dos usuários (art. 7º, I, II e III e art. 7º- A):
  a) receber ***serviço adequado*** (é o serviço que satisfaz as condições de regularidade, continuidade, eficiência, segurança, atualidade, generalidade, cortesia na sua prestação e modicidade das tarifas, conforme art. 6º, § 1º);
  b) receber do poder concedente e da concessionária ***informações*** para a ***defesa*** de interesses individuais ou coletivos;
  c) obter e utilizar o serviço, com liberdade de ***escolha*** entre vários ***prestadores*** de serviços, quando for o caso, observadas as normas do poder concedente.
  d) ***escolher*** entre, no mínimo, ***seis datas***, dentro do mês de vencimento, para o dia de vencimento de seus débitos.
- ***Licitação para concessão e permissão*** de serviço público (artigos 14 a 22, Lei nº 8.987/95): a) possibilidade de o edital prever a inversão das fases de habilitação e julgamento (art. 18-A); b) critérios usados para julgar a licitação (art. 15):
  - menor valor da tarifa do serviço público a ser prestado;

---

41 MEIRELLES, Hely Lopes. *Direito administrativo brasileiro*. 36. ed.São Paulo: Malheiros, 2010. p. 350.

42 BORTOLETO, Leandro. *Direito administrativo*. Salvador: Juspodivm, 2012. p. 514.

43 DI PIETRO, Maria Sylvia Zanella. *Direito administrativo*. 25. ed. São Paulo: Atlas, 2012. p. 302.

- maior oferta, nos casos de pagamento ao poder concedente pela outorga da concessão;
- melhor proposta técnica, com preço fixado no edital;
- melhor oferta de pagamento pela outorga após qualificação de propostas técnicas. Os critérios podem ser assim combinados:
- menor valor da tarifa e maior oferta pela outorga;
- menor valor da tarifa e melhor oferta pela outorga, após qualificação das propostas técnicas;
- menor valor da tarifa e melhor técnica;
- maior oferta pela outorga e melhor técnica.

A modalidade adotada deve ser a concorrência ou o diálogo competitivo .

- ***Encargos do poder concedente*** (art. 29): a) regulamentar o serviço concedido e fiscalizar permanentemente a sua prestação; b) aplicar as penalidades regulamentares e contratuais; c) intervir na prestação do serviço, nos casos e condições previstos em lei; d) extinguir a concessão, nos casos previstos nesta lei e na forma prevista no contrato; e) homologar reajustes e proceder à revisão das tarifas na forma desta Lei, das normas pertinentes e do contrato; f) cumprir e fazer cumprir as disposições regulamentares do serviço e as cláusulas contratuais da concessão; g) zelar pela boa qualidade do serviço, receber, apurar e solucionar queixas e reclamações dos usuários, que serão cientificados, em até trinta dias, das providências tomadas; h) declarar de utilidade pública os bens necessários à execução do serviço ou obra pública, promovendo as desapropriações, diretamente ou mediante outorga de poderes à concessionária, caso em que será desta a responsabilidade pelas indenizações cabíveis; i) declarar de necessidade ou utilidade pública, para fins de instituição de servidão administrativa, os bens necessários à execução de serviço ou obra pública, promovendo-a diretamente ou mediante outorga de poderes à concessionária, caso em que será desta a responsabilidade pelas indenizações cabíveis; j) estimular o aumento da qualidade, produtividade, preservação do meio ambiente e conservação; k) incentivar a competitividade; l) estimular a formação de associações de usuários para defesa de interesses relativos ao serviço.
- ***Encargos da concessionária*** são (art. 31): a) prestar serviço adequado, na forma prevista nesta lei, nas normas técnicas aplicáveis e no contrato; b) manter em dia o inventário e o registro dos bens vinculados à concessão; c) prestar contas da gestão do serviço ao poder concedente e aos usuários, nos termos definidos no contrato; d) cumprir e fazer cumprir as normas do serviço e as cláusulas contratuais da concessão; e) permitir aos encarregados da fiscalização livre acesso, em qualquer época, às obras, aos equipamentos e às instalações integrantes do serviço, bem como a seus registros contábeis; f) promover as desapropriações e constituir servidões autorizadas pelo poder concedente, conforme previsto no edital e no contrato; g) zelar pela integridade dos bens vinculados à prestação do serviço, bem como segurá-los adequadamente; h) captar, aplicar e gerir os recursos financeiros necessários à prestação do serviço.
- A declaração de utilidade pública de imóvel para desapropriação e a declaração de necessidade ou utilidade pública para fins de servidão são sempre encargos do poder concedente. Já, a promoção da desapropriação e a instituição da servidão podem ser feitas tanto pelo poder concedente quanto pela concessionária. No entanto, esta somente poderá fazê-los quando autorizada pelo poder concedente e desde que exista previsão no edital e no contrato, cabendo à concessionária, nesses casos, a responsabilidade pelas indenizações cabíveis.
- ***Extinção da concessão*** (art. 35): a) advento do termo contratual; b) encampação ou resgate (o poder concedente retoma o serviço da concessionária, durante o prazo da concessão, por motivo de interesse público, mediante lei autorizativa específica e após prévio pagamento de indenização); c) caducidade ou decadência (o poder concedente retoma o serviço da concessionária, durante o prazo da concessão, em razão da inadimplência da concessionária); d) rescisão; e) anulação; f) falência ou extinção da concessionária de serviço público.
- ***Reversão*** não é forma de extinção da concessão, mas é consequência dela, pois consiste na transferência dos bens do concessionário afetados ao serviço para o poder concedente, no final da concessão.
- ***Parceria público-privada*** é um contrato de concessão e tem duas modalidades (art. 2º): a) concessão patrocinada: é a concessão de serviços públicos ou de obras públicas de que trata a Lei no 8.987, de 13 de fevereiro de 1995, quando envolver, adicionalmente à tarifa cobrada dos usuários contraprestação pecuniária do parceiro público ao parceiro privado; b) concessão administrativa: é o contrato de prestação de serviços de que a Administração Pública seja a usuária direta ou indireta, ainda que envolva execução de obra ou fornecimento e instalação de bens.
- É vedada a celebração de contrato de parceria público-privada Lei 11.079/04 (art. 2º, § 4º): a) cujo valor do contrato seja inferior a R$ 10.000.000,00; b) cujo período de prestação do serviço seja inferior a cinco anos; ou c) que tenha como objeto único o fornecimento de mão de obra, o fornecimento e instalação de equipamentos ou a execução de obra pública.

  A contratação na modalidade PPP será precedida de licitação na modalidade concorrência ou diálogo competitivo
- Permissão é formalizada por meio de contrato de adesão, mas tem como características a precariedade e a revogabilidade unilateral (art. 40, Lei nº 8.987/95).
- Diferenças legais entre concessão e permissão (art. 2º): a) a concessão deve adotar a modalidade concor-

rência ou diálogo competitivo (Lei nº 14.133/2021), e a permissão pode adotar outra modalidade licitatória; b) a concessão somente pode ser feita com pessoa jurídica ou com consórcio de empresas, e a permissão pode ser realizada com pessoa jurídica e com pessoa física.

12. BENS PÚBLICOS

- Conceito legal (art. 98, Código Civil): são "públicos os bens do domínio nacional pertencentes às pessoas jurídicas de direito público interno; todos os outros são particulares, seja qual for a pessoa a que pertencerem".
- Divergência doutrinária: para uns, são somente os pertencentes às pessoas jurídicas de ***direito público (adotam o conceito legal); para outros, são*** os que pertencem às pessoas jurídicas de ***direito público*** e aqueles que, mesmo não pertencendo a essas pessoas, estejam ***afetados à prestação de serviço público***. Entretanto, maioria concorda que os ***bens*** das ***pessoas administrativas*** com personalidade de ***direito privado*** (empresa pública, sociedade de economia mista, fundações públicas com personalidade de direito privado, os consórcios públicos com personalidade jurídica de direito privado) ***vinculados à prestação de serviço público não podem ser penhorados***, em face do princípio da continuidade do serviço público.
- STF (RE 393032/MG e a ACO 958/DF): em relação à Empresa Brasileira de Correios e Telégrafos (ECT), foi decido que as disposições do art. 173, §§ 1º e 2º da CF (equiparação às empresas privadas e proibição de extensão de benefícios fiscais não aplicáveis ao setor privado) somente se aplicam às empresas públicas e sociedades de economia mista exploradoras de atividade econômica e, assim, em diversas ações (execuções trabalhistas e tributárias) considerou-se a ECT como prestadora de serviços públicos e, dessa forma, seus bens são impenhoráveis e possui imunidade tributária recíproca quanto aos bens usados para a prestação do serviço, tendo havido a recepção pela Constituição Federal do art. 12 do Decreto-Lei nº 509/69.
- Sistematização da classificação dos bens públicos[44]:

CLASSIFICAÇÃO DOS BENS PÚBLICOS	
Quanto à titularidade	• federais • estaduais • distritais • municipais
Quanto à destinação	• uso comum do povo com finalidade pública geral (uso de todos; afetado) • uso especial com finalidade pública específica (afetado) • dominicais sem finalidade pública específica (desafetado)
Quanto à disponibilidade	• indisponíveis por natureza não têm natureza patrimonial • patrimoniais indisponíveis têm natureza patrimonial e estão afetados • patrimoniais disponíveis têm natureza patrimonial e estão afetados

- Características dos bens públicos: inalienabilidade, a impenhorabilidade, a imprescritibilidade e a não onerabilidade.
- Reforçando a característica da imprescritibilidade do bem público, foi editada a Súmula nº 619 do STJ, que estabelece: "A ocupação indevida de bem público configura mera detenção, de natureza precária, insuscetível de retenção ou indenização por acessões e benfeitorias".
- A afetação ou consagração é a atribuição de destinação pública específica a determinado bem e, de outra forma, a desafetação ou desconsagração é a retirada da destinação de finalidade pública que fora dada a um bem público. Com a afetação, o bem desafetado torna-se afetado e, com a desafetação, o bem afetado passa a ser desafetado. A falta de uso do bem não pode ser considerada desafetação tácita.
- STF (AI 553.712): vem sendo admitido o bloqueio de valores em contas públicas para cumprimento de liminar com o objetivo de garantir o fornecimento gratuito de medicamento a pessoa hipossuficiente.
- Súmula nº 340 (STF): desde "a vigência do Código Civil, os bens dominicais, como os demais bens públicos, não podem ser adquiridos por usucapião".
- **Súmula nº 619 (STJ)**: "A ocupação indevida de bem público configura mera detenção, de natureza precária, insuscetível de retenção ou indenização por acessões e benfeitorias.
- Uso comum e uso especial do bem público. O uso comum de um bem público ocorre quando ele é utilizado pelas pessoas em geral, sem distinção entre os usuários e sem necessidade de autorização específica para tanto, e o uso especial de bem público se verifica quando o administrado se sujeita a regras específicas, ao consentimento do Poder Público ou ao pagamento pelo uso.
- O uso especial, quando é destinado a pessoas determinadas, mediante instrumento jurídico formal, é chamado de uso privativo ou uso especial privativo.
- Instrumentos de formalização de uso privativo de bem público: autorização de uso; permissão de uso; concessão de uso; concessão de direito real de uso; cessão de uso.

---

44 BORTOLETO, Leandro. *Direito administrativo*. Salvador: Juspodivm, 2012. p. 543.

- **STF (ADPF nº 588/PB):** "Os recursos públicos vinculados ao orçamento de estatais prestadoras de serviço público essencial, em regime não concorrencial e sem intuito lucrativo primário não podem ser bloqueados ou sequestrados por decisão judicial para pagamento de verbas trabalhistas, em virtude do disposto no art. 100 da CF/1988, e dos princípios da legalidade orçamentária (art. 167, VI, da CF), da separação dos poderes (arts. 2º, 60, § 4º, III, da CF) e da eficiência da administração pública (art. 37, 'caput', da CF)".

13. INTERVENÇÃO DO ESTADO NA PROPRIEDADE PRIVADA

- Na Constituição de 1988, no art. 5º, XXII, o direito à propriedade privada está previsto como direito fundamental e, da mesma forma, assegura-se, no inciso XXIII do mesmo artigo, que a propriedade tenha uma função social, podendo, inclusive, haver a expropriação do proprietário que não cumprir tal exigência, nos termos do inciso XXIV.
- Intervenção pode ser:

a) **restritiva:** o Estado apenas restringe o uso da propriedade, sem retirá-la do proprietário, podendo fazê-lo por meio das seguintes espécies:
  - limitações administrativas;
  - servidão administrativa;
  - requisição administrativa;
  - ocupação temporária;
  - tombamento;

b) **intervenção supressiva:** ocorre a supressão da propriedade (o Estado retira a propriedade de seu titular):
  - desapropriação.
  - **Limitações administrativas:** determinações gerais, que condicionam o exercício do direito de propriedade em face do bem comum, pelas quais proprietários indeterminados são constituídos em obrigações positivas, negativas ou permissivas.
  - **Servidão administrativa:** Administração Pública impõe um ônus real de uso sobre a propriedade particular. Não se retira a propriedade de seu titular, mas este é obrigado a consentir que seu imóvel (coisa serviente) seja usado em prol de um serviço público ou de um bem afetado a fim de utilidade pública (coisa dominante).
  - **Requisição administrativa:** é o uso coativo e imediato de bens e serviços privados pelo Estado, para atendimento de necessidades coletivas urgentes e transitórias.
  - **Ocupação temporária:** uso provisório de bens privados pelo Estado para a execução de obras, serviços ou atividades públicas ou de interesse público.
  - **Tombamento:** procedimento administrativo adotado pelo Poder Público para impor restrições parciais sobre os bens que, por interesse público, devam ser conservados, por estarem vinculados a fatos memoráveis da história ou por seu excepcional valor arqueológico ou etnológico, bibliográfico ou artístico.
  - Efeitos do tombamento (Decreto-Lei nº 25/37):

a) alienação: se o bem tombado é público, torna-se inalienável e se for privado, pode ser alienado.

b) conservação: o bem tombado não pode ser, sob pena de multa 50% do dano causado (se for bem público, autoridade responsável pela infração incorrerá pessoalmente na multa):

- destruído, demolido ou mutilado;

- reparado, pintado ou restaurado, sem prévia autorização do Iphan;

c) vigilância: os bens tombados ficam sujeitos à vigilância permanente do Iphan, pelo que:

- poderá inspecioná-lo quando julgar conveniente;

- o proprietário ou responsável não pode criar obstáculos à inspeção, sob pena de multa, elevada ao dobro em caso de reincidência;

d) saída do país: o bem tombado não pode sair do país, exceto se for por curto prazo, sem transferência de domínio e para fim de intercâmbio cultural, a juízo do Conselho Consultivo do Iphan;

e) extravio ou furto: proprietário deve comunicar ao Iphan, no prazo de 5 dias, sob pena de multa de 10% sobre o valor da coisa;

f) vizinhança: não pode, sem autorização do Iphan, na vizinhança, fazer construção que impeça ou reduza a visibilidade do bem tombado, nem nela colocar anúncios ou cartazes, sob pena de ser determinada a destruição da obra ou retirada do objeto, impondo-se multa de 50% do valor do objeto.

- **Desapropriação** é "o procedimento administrativo pelo qual o Estado, compulsoriamente, retira de alguém certo bem, por necessidade ou utilidade pública ou por interesse social e o adquire, originariamente, para si ou para outrem, mediante prévia e justa indenização, paga em dinheiro, salvo os casos que a própria Constituição enumera, em que o pagamento é feito com títulos da dívida pública (art.182, § 4º, III) ou da dívida agrária (art.184)"[45].
- A desapropriação é forma originária de aquisição da propriedade.
- Pressupostos necessários para a desapropriação (art. 5º, XXIV, CF):
  a) necessidade pública: situações de emergência, as quais necessitam, para serem resolvidas, da transferência urgente do bem particular para o Poder Público;

45 GASPARINI, Diógenes. *Direito administrativo*. 13. ed. São Paulo: Saraiva, 2008. p. 816.

b) utilidade pública: é conveniente a transferência dos bens, mas não é imprescindível. Com a publicação da Lei nº 13.867/2019, na desapropriação por utilidade pública e antes do ajuizamento da ação, o Poder Público poderá notificar o particular e lhe apresentar oferta de indenização, com prazo para manifestação em 15 dias. Nesse prazo, o particular poderá optar pela mediação ou arbitragem, cabendo à Administração Pública avaliar a conveniência e oportunidade em sua realização.

c) interesse social: necessidade de distribuição da propriedade em benefício da coletividade ou de categorias sociais merecedoras de amparo estatal.

Todos os bens poderão ser desapropriados pela União, pelos Estados, Municípios, Distrito Federal e Territórios.

Bens públicos: será exigida autorização legislativa para a desapropriação dos bens de domínio dos Estados, dos Municípios e do Distrito Federal pela União e dos bens de domínio dos Municípios pelos Estados. Será dispensada a autorização legislativa quando a desapropriação for realizada mediante acordo entre os entes federativos, no qual serão fixadas as respectivas responsabilidades financeiras quanto ao pagamento das indenizações correspondentes.

- **Podem promover a desapropriação, mediante autorização expressa constante de lei ou contrato:**

  I - os concessionários, inclusive aqueles contratados nos termos da Lei nº 11.079/2004 Lei das PPPs);

  II - as entidades públicas;

  III - as entidades que exerçam funções delegadas do poder público; e

  IV – o contratado pelo poder público para fins de execução de obras e serviços de engenharia sob os regimes de empreitada por preço global, empreitada integral e contratação integrada.

- Regra: indenização prévia e em dinheiro. Exceções:

  a) desapropriação urbanística sancionatória (art. 182, § 4º): indenização será feita mediante títulos da dívida pública de emissão previamente aprovada pelo Senado Federal, com prazo de resgate de até dez anos, em parcelas anuais, iguais e sucessivas, assegurados o valor real da indenização e os juros legais;

  b) desapropriação por interesse social para fins de reforma agrária (art. 184): indenização será paga em títulos da dívida agrária, com cláusula de preservação do valor real, resgatáveis no prazo de até vinte anos, a partir do segundo ano de sua emissão, e cuja utilização será definida em lei, exceto quanto às benfeitorias úteis e necessárias, que serão indenizadas em dinheiro;

  c) expropriação de terras em que haja cultura ilegal de planta psicotrópica ou exploração de trabalho escravo, na forma da lei: é um confisco e, assim, não há indenização.

- Retrocessão: direito do proprietário cujo imóvel fora expropriado de exigir o retorno do bem ao seu patrimônio em razão de não lhe ter sido dado o destino previsto. Esse desvio de finalidade no uso do bem desapropriado é chamado de tredestinação (ou tresdestinação) e se subdivide em lícita (o desvio é de uma finalidade pública para outra finalidade pública) e ilícita (o desvio é de uma finalidade pública para finalidade particular).

- Jurisprudência: só há direito à retrocessão quando se tratar de tredestinação ilícita.

14. RESPONSABILIDADE EXTRACONTRATUAL DO ESTADO

- Sistematização das teorias sobre a responsabilidade extracontratual do Estado[46]:

<table>
<tr><th colspan="5">Teorias sobre a responsabilidade extracontratual do Estado</th></tr>
<tr><td>Teoria da irresponsabilidade</td><td colspan="4">• Estado não responde
• teoria regaliana ou regalista</td></tr>
<tr><td rowspan="3">Teorias civilistas</td><td colspan="2" rowspan="2">teoria dos atos de império e atos de gestão</td><td colspan="2">atos de gestão ➔ responde</td></tr>
<tr><td colspan="2">atos de império ➔ não responde</td></tr>
<tr><td colspan="2">teoria da culpa civil</td><td colspan="2">• responsabilidade subjetiva
• dolo ou culpa do agente</td></tr>
<tr><td rowspan="3">Teorias publicistas</td><td colspan="2">teoria da culpa administrativa (culpa do serviço; culpa anônima)</td><td>culpa do serviço</td><td>• responsabilidade subjetiva
• não funciona
• funciona mal
• funcional atrasado</td></tr>
<tr><td rowspan="2">teoria do risco</td><td rowspan="2">ação estatal + dano + nexo de causalidade</td><td>risco administrativo</td><td>admite excludentes</td></tr>
<tr><td>risco integral</td><td>não admite excludentes</td></tr>
</table>

- Sistematização da responsabilidade extracontratual no Estado brasileiro[47]:

46 GASPARINI, Diógenes. *Direito administrativo*. 13. ed. São Paulo: Saraiva, 2008. p. 816.

47 BORTOLETO, Leandro. *Direito administrativo*. Salvador: Juspodivm, 2012. p. 580.

<table>
<tr><th colspan="2">RESPONSABILIDADE EXTRACONTRATUAL DO ESTADO BRASILEIRO</th></tr>
<tr><td colspan="2">• Pessoas de direito público
• Pessoas de direito privado prestadoras de serviço público (terceiro usuário e não usuário do serviço)</td></tr>
<tr><th colspan="2">RESPONSABILIDADE POR AÇÃO</th></tr>
<tr><td>Responsabilidade Objetiva</td><td>• teoria do risco administrativo
• teoria do risco integral (para alguns) ➔ dano nuclear e ato terrorista contra aeronave</td></tr>
<tr><td colspan="2">Comportamento lícito ou ilícito de agente público nessa qualidade
+
Dano
+
Nexo de causalidade</td></tr>
<tr><td>Excludentes da responsabilidade objetiva</td><td>• caso fortuito ou força maior
• culpa exclusiva da vítima
• culpa exclusiva de terceiro</td></tr>
<tr><td colspan="2">RESPONSABILIDADE POR OMISSÃO</td></tr>
<tr><td>Responsabilidade subjetiva</td><td>➔ - teoria da culpa administrativa ou da culpa do serviço: omissão genérica
- teoria do risco administrativo (STF): omissão específica</td></tr>
<tr><td colspan="2">Omissão
+
Dever de agir
+
Fato da natureza ou comportamento material de terceiro
+
Dano
+
Nexo entre dano e omissão</td></tr>
</table>

Quando a omissão caracterizar violação a dever específico, o STF vem entendendo que existe responsabilidade objetiva.

- STF (RE nº 1.209.429/SP) Tese de repercussão geral: "É objetiva a Responsabilidade Civil do Estado em relação a profissional da imprensa ferido por agentes policiais durante cobertura jornalística, em manifestações em que haja tumulto ou conflitos entre policiais e manifestantes. Cabe a excludente da responsabilidade da culpa exclusiva da vítima, nas hipóteses em que o profissional de imprensa descumprir ostensiva e clara advertência sobre acesso a áreas delimitadas, em que haja grave risco à sua integridade física."
- Morte de detento: RE 841.526: STF fixou a seguinte tese de repercussão geral: "em caso de inobservância do seu dever específico de proteção previsto no artigo 5º, inciso XLIX, da Constituição Federal, o Estado é responsável pela morte do detento".
- RE 591874/MS: Supremo Tribunal Federal decidiu que a responsabilidade extracontratual das pessoas jurídicas de direito privado prestadoras de serviço público é objetiva em relação aos ***usuários*** e aos ***não usuários*** do serviço.
- STF (RE 327.904 e RE 470.996): impossibilidade de o agente público causador do dano ser acionado diretamente pela vítima. CF (art. 37, § 6º) estabelece ***dupla garantia***: ***uma, em favor do particular*** assegurando-lhe o direito de promover ação indenizatória em face de pessoa jurídica de direito público ou de pessoa jurídica de direito privado prestadora de serviço público e, ***outra, em benefício do servidor***, que apenas responde civil e administrativamente perante a pessoa jurídica a que estiver vinculado. Nesse sentido, o tema de nº 940 do STF (julgado com repercussão geral): "A teor do disposto no art. 37, § 6º, da Constituição Federal, a ação por danos causados por agente público deve ser ajuizada contra o Estado ou a pessoa jurídica de direito privado prestadora de serviço público, sendo parte ilegítima para a ação o autor do ato, assegurado o direito de regresso contra o responsável nos casos de dolo ou culpa".
- STF (RE 842846/RJ): "O Estado responde, objetivamente, pelos atos dos tabeliães e registradores oficiais que, no exercício de suas funções, causem dano a terceiros, assentado o dever de regresso contra o responsável, nos casos de dolo ou culpa, sob pena de improbidade administrativa."
- STJ (REsp 1.163.652/PE, AgRg no REsp 1.149.194/AM, EREsp 313.886/RN): em se tratando de responsabilidade civil do Estado, a denunciação da lide é facultativa e não obrigatória. Todavia, o "cabimento da denunciação depende da ausência de violação dos princípios da celeridade e da economia processual, o que implica a valoração a ser realizada pelo magistrado em cada caso concreto" (Resp 975.799/DF).
- Prescrição: o prazo para interposição de ação de indenização em face do Estado é de ***5 anos***, nos termos do art. 1º do Decreto nº 20.910/32.[48]

15. CONTROLE DA ADMINISTRAÇÃO PÚBLICA

- ***Espécies*** de controle***: a)*** quanto à origem ou localização: interno e externo; ***b)*** quanto ao momento: prévio ou preventivo (*a priori*), concomitante e posterior ou subsequente; ***c)*** quanto ao aspecto controlado: legalidade e mérito; ***d)*** quanto à amplitude ou fundamento: hierárquico ou por subordinação; finalístico ou por vinculação; ***e)*** quanto à iniciativa: de ofício e provocado.
- ***Recurso administrativo***: todo meio apto para provocar o reexame de ato ou decisão administrativa. Modalidades de recurso administrativo: a) representação administrativa; b) reclamação administrativa; c) pedido de reconsideração; d) recurso hierárquico: recurso hierárquico próprio e recurso hierárquico impróprio; e) revisão.

48 BORTOLETO, Leandro. *Direito administrativo*. Salvador: Juspodivm, 2012. p. 587.

- ***Controle legislativo*** abrange o controle político e o controle financeiro.
- Controle financeiro: a "fiscalização contábil, financeira, orçamentária, operacional e patrimonial da União e das entidades da administração direta e indireta, quanto à legalidade, legitimidade, economicidade, aplicação das subvenções e renúncia de receitas, será exercida pelo Congresso Nacional, mediante controle externo, e pelo sistema de controle interno de cada Poder" (CF, art. 70). Subdivide-se em controle interno e externo.
- ***Controle interno***: os Poderes Executivo, Legislativo e Judiciário deverão manter, de forma integrada, sistema de controle interno, com a finalidade de: a) "avaliar o cumprimento das metas previstas no plano plurianual, a execução dos programas de governo e dos orçamentos da União" (inciso I); b) "comprovar a legalidade e avaliar os resultados, quanto à eficácia e eficiência, da gestão orçamentária, financeira e patrimonial nos órgãos e entidades da administração federal, bem como da aplicação de recursos públicos por entidades de direito privado" (inciso II); c) "exercer o controle das operações de crédito, avais e garantias, bem como dos direitos e haveres da União" (inciso III); d) "apoiar o controle externo no exercício de sua missão institucional" (inciso IV).
- ***Controle externo***: exercido pelo Congresso Nacional, com o auxílio do Tribunal de Contas da União (TCU).
- O TCU é um órgão independente. Não está subordinado ao Congresso Nacional e não integra o Poder Judiciário.
- Competência do TCU: deve ser feita a atenta leitura do art. 71 da Constituição Federal, pois é muito cobrado nas provas.
- Decisões do TCU: as "decisões do Tribunal de que resulte imputação de débito ou multa terão eficácia de título executivo" (art. 71, § 3º).
- STF (RE 510.034-AgR; AI 826.676-AgR): a cobrança da dívida em juízo deve ser feita pelo ente público beneficiário da condenação, por intermédio de seus procuradores.
- STF (MS 24.997): o "ato de aposentadoria configura ato administrativo complexo, aperfeiçoando-se somente com o registro perante o Tribunal de Contas. Submetido à condição resolutiva, não se operam os efeitos da decadência antes da vontade final da Administração".
- STF. RE 848826. Tese com repercussão geral: para os fins do art. 1º, inciso I, alínea "g", da Lei Complementar 64/90, a apreciação das contas dos prefeitos, tanto as de governo quanto as de gestão, será feita pelas Câmaras municipais com o auxílio dos Tribunais de Contas competentes, cujo parecer prévio somente deixará de prevalecer por decisão de 2/3 dos vereadores.
- Súmula Vinculante nº 3: "Nos processos perante o Tribunal de Contas da União asseguram-se o contraditório e a ampla defesa quando da decisão puder resultar anulação ou revogação de ato administrativo que beneficie o interessado, excetuada a apreciação da legalidade do ato de concessão inicial de aposentadoria, reforma e pensão".
- ***Sistemas de controle jurisdicional do ato administrativo***: ***a)*** sistema do contencioso administrativo ou sistema francês: o controle dos atos administrativos é realizado, de maneira definitiva, por tribunais administrativos; ***b)*** sistema de jurisdição única ou sistema inglês: há somente uma jurisdição e, assim, o controle dos atos administrativos, de maneira definitiva, é feito pelo Poder Judiciário (é o adotado no Brasil, pois o art. 5º, XXXV da Constituição Federal estabelece que nenhuma lesão ou ameaça a direito será excluída da apreciação do Poder Judiciário).

16. IMPROBIDADE ADMINISTRATIVA: LEI Nº 8.429/92

- **Sistema de Responsabilização por Ato de Improbidade:** tem por finalidade a probidade na organização do Estado e no exercício de suas funções, como forma de assegurar a integridade do patrimônio público e social (art. 1º, *caput*).
- **Ato de improbidade**
- Nos termos do art. 1º da Lei, são atos de improbidade as condutas **dolosas** especificadas nos arts. 9º, 10 e 11, ressalvados tipos previstos em leis especiais. Nos termos do §2º, não basta a mera voluntariedade e, para tanto, considera-se dolo a vontade livre e consciente de alcançar o resultado ilícito tipificado previsto nos artigos mencionados.
- **Não configura improbidade administrativa:** a) o **mero exercício** da função ou desempenho de competências públicas, sem comprovação de ato doloso com fim ilícito, afasta a responsabilidade por ato de improbidade administrativa; b) **divergência interpretativa** da lei, se baseada em jurisprudência, ainda que não pacificada (art. 1º, §8º): **ATENÇÃO!** Na ADI 7236, o Min. Alexandre de Moraes deferiu medida cautelar e suspendeu a eficácia desse dispositivo; c) a ilegalidade sem a presença de dolo que a qualifique (art. 16, §1º)

> **Atenção!** Já pelo primeiro artigo da lei é possível vislumbrar uma das principais alterações promovidas, qual seja, a necessidade da presença de dolo para a configuração de improbidade administrativa. Lembre-se de que, pela redação anterior, admitia-se a modalidade culposa para os atos de improbidade administrativa que causassem prejuízo ao erário.

Nesse sentido, o STF decidiu, no ARE 843989, que: "1) É necessária a comprovação de responsabilidade subjetiva para a tipificação dos atos de improbidade administrativa, exigindo-se - nos artigos 9º, 10 e 11 da LIA - a presença do elemento subjetivo – DOLO (...)"

- **Direito administrativo sancionador:** aplicam-se ao sistema de improbidade tratado na lei, os princípios constitucionais do Direito Administrativo sancionador, tais quais: devido processo legal, contraditório e ampla defesa, legalidade.

- **Sujeito passivo:** a) Administração direta; b) Administração indireta; c) Entidade Privada que receba subvenção, benefício ou incentivo, fiscal, creditício, de entes públicos ou governamentais (art. 1º, § 6º); d) entidade privada para cuja criação ou custeio o erário haja concorrido ou concorra no seu patrimônio ou receita atual, limitado o ressarcimento de prejuízos, nesse caso, à repercussão do ilícito sobre a contribuição dos cofres públicos (art. 1º, §7º).
- ***Sujeito ativo*** do ato de improbidade (artigos 2º e 3º): a) agente público: agente político, servidor público, e aquele que exerce ainda que transitoriamente ou sem remuneração, por eleição, nomeação, designação, contratação ou qualquer outra forma de investidura ou vínculo, mandato, cargo, emprego ou função nas entidades do art. 1º da Lei; b) terceiro que induza ou concorra **dolosamente** para a prática do ato de improbidade.

  Recursos de origem pública: sujeita-se às sanções previstas na Lei 8.429/92, o particular, pessoa física ou jurídica, que celebra com a administração pública convênio, contrato de repasse, contrato de gestão, termo de parceria, termo de cooperação ou ajuste administrativo equivalente.

Atenção! Art. 3º da LIA

1- sócios, cotistas, diretores e colaboradores de pessoa jurídica de direito privado não respondem por ato de improbidade imputado à pessoa jurídica, **salvo** se comprovada sua participação e benefícios, respondendo na medida da participação.

2- sanções da Lei não se aplicam à pessoa jurídica, caso o ato de improbidade seja sancionado como lesivo à Administração Pública de que trata a lei anticorrupção (Lei nº 12.846/2013).

- **Responsabilidade sucessória** (art. 8º): a) sucessor ou herdeiro: reparação até o limite do valor da herança ou do patrimônio transferido; b) também se aplica à alteração contratual, transformação, incorporação, fusão ou cisão societária: no caso de fusão e incorporação, a responsabilidade será restrita à obrigação de reparação integral do dano, até o limite do patrimônio transferido, não se aplicando as demais sanções, salvo simulação ou fraude, devidamente comprovados.
- ***Modalidades*** de atos de improbidade:
- **É indispensável a leitura dos artigos 9º, 10, 11 e 12 da Lei nº 8.429/92.**

  a) atos que ***importam enriquecimento ilícito*** (art. 9º): são aqueles em que o agente aufere, **dolosamente**, vantagem patrimonial indevida em razão do exercício do cargo, mandato, função, emprego ou atividade nas entidades do art. 1º;

  b) atos que ***causam prejuízo ao erário*** (art. 10); causa prejuízo ao erário "qualquer ação ou omissão **dolosa**, que enseje, efetiva e comprovadamente, perda patrimonial, desvio, apropriação, malbaratamento ou dilapidação dos bens ou haveres das entidades referidas no art. 1º";

Atenção! Nos termos do art. 10, §1º, caso a inobservância da lei ou regulamento não implicar perda patrimonial efetiva, não haverá imposição de ressarcimento, vedado o enriquecimento sem causa das entidades do art. 1º da LIA.

STF 843989: "(...) **2) A norma benéfica da Lei 14.230/2021 - revogação da modalidade culposa do ato de improbidade administrativa -, é IRRETROATIVA, em virtude do artigo 5º, inciso XXXVI, da Constituição Federal, não tendo incidência em relação à eficácia da coisa julgada; nem tampouco durante o processo de execução das penas e seus incidentes; 3) A nova Lei 14.230/2021 aplica-se aos atos de improbidade administrativa culposos praticados na vigência do texto anterior da lei, porém sem condenação transitada em julgado, em virtude da revogação expressa do texto anterior; devendo o juízo competente analisar eventual dolo por parte do agente (...)**";

  c) atos que ***atentam contra os princípios da Administração Pública (art. 11)***: a ação ou omissão **dolosa** que viole os deveres de honestidade, de imparcialidade e de legalidade;

  Atenção! Com a nova redação do art. 11 da Lei de Improbidade Administrativa, o rol das condutas que caracterizam os atos que violam os princípios da Administração Pública passou a ser taxativo. Os demais (art. 9º e 10) são exemplificativos.

Atenção! a) só se configura como ato de improbidade, quando comprovado que a conduta do agente se deu para fins de obtenção de proveito ou benefício indevido para si ou para outra pessoa ou entidade (art. 11, §§1º e 2º) e isso se aplica a todas as modalidades de ato de improbidade;

- **Nepotismo:** a) configura ato de improbidade que viola os princípios da Administração Pública "nomear cônjuge, companheiro ou parente em linha reta, colateral ou por afinidade, até o terceiro grau, inclusive, da autoridade nomeante ou de servidor da mesma pessoa jurídica investido em cargo de direção, chefia ou assessoramento, para o exercício de cargo em comissão ou de confiança ou, ainda, de função gratificada na administração pública direta e indireta em qualquer dos Poderes da União, dos Estados, do Distrito Federal e dos Municípios, compreendido o ajuste mediante designações recíprocas"; **porém, não configura improbidade a mera nomeação ou indicação política** pelos detentores de mandato eletivo, sendo necessária a aferição de dolo com finalidade ilícita pelo agente (art. 11, §5º).
- Sistematização das sanções previstas para os atos de improbidade administrativa:

Sanções – Lei de Improbidade Administrativa		
• Podem ser aplicadas isolada ou cumulativamente • Independem da efetiva ocorrência de dano ao erário, salvo quanto à pena de ressarcimento e às condutas do art. 10 da Lei e da aprovação ou rejeição de contas pelo órgão de controle interno ou Tribunal de Contas. • Independentemente do ressarcimento integral do dano patrimonial, se efetivo, e das sanções penais comuns e de responsabilidade, civis e administrativas previstas na legislação específica, está o responsável sujeito:		
Atos que importam enriquecimento ilícito	***Atos que causam lesão ao erário***	***Atos que atentam contra os princípios da Administração***
Perda da função pública	Perda da função pública	-
Suspensão dos direitos políticos: até 14 anos	Suspensão dos direitos políticos: até 12 anos	
Multa civil: equivalente ao acréscimo patrimonial	Multa civil: equivalente ao valor do dano	Multa civil: até 24x valor da remuneração
Proibição de celebrar contrato com o Poder Público ou de receber benefícios ou incentivos fiscais ou creditícios: Até 14 anos	Proibição de celebrar contrato com o Poder Público ou de receber benefícios ou incentivos fiscais ou creditícios: Até 12 anos	Proibição de celebrar contrato com o Poder Público ou de receber benefícios ou incentivos fiscais ou creditícios: Até 4 anos
Perda dos bens ou valores acrescidos indevidamente	Perda dos bens ou valores acrescidos indevidamente, se ocorreu	-

- **Perda da função pública:**

a) somente terá cabimento no caso de **enriquecimento ilícito e prejuízo ao erário** e atinge, apenas, o vínculo de mesma qualidade e natureza que o agente detinha na época do cometimento da infração. Pode o magistrado, no caso de **enriquecimento ilícito,** de forma excepcional, estendê-la aos demais vínculos, consideradas as circunstâncias do caso e a gravidade da infração (art. 12, §1º). Entretanto, Na ADI 7236, o Min. Alexandre de Moraes deferiu medida cautelar e **suspendeu a eficácia** desse dispositivo e, com isso, a perda da função pública pode ocorrer "independentemente da função ocupada no momento da condenação com trânsito em julgado".

Suspensão dos direitos políticos:

- somente terá cabimento no caso de enriquecimento ilícito e prejuízo ao erário;
- só se efetiva com o trânsito em julgado da sentença condenatória (art. 20);
- para efeitos de contagem do prazo da sanção de suspensão dos direitos políticos, computar-se-á retroativamente o intervalo de tempo entre a decisão colegiada e o trânsito em julgado da sentença condenatória (art. 12, §10): na ADI 7236, o Min. Alexandre de Moraes deferiu medida cautelar e suspendeu a eficácia desse dispositivo (§10).

- **Multa:** pode ser aumentada até o dobro, se o juiz considerar que, em razão da situação econômica do réu, o cálculo é ineficaz para reprovação e prevenção do ato de improbidade (art. 12, §2º).
- **Responsabilização da pessoa jurídica:** devem se considerar os efeitos econômicos e sociais das sanções, a fim de viabilizar a manutenção de suas atividades (art. 12, §3º).
- Sanções apenas poderão ser executadas após o **trânsito em julgado da sentença condenatória** (art. 12, §9º).

Indisponibilidade de bens:

- Pedido em caráter antecedente ou incidente, deferido mediante demonstração de perigo de dano irreparável ou de risco ao resultado útil do processo, desde que o juiz se convença da probabilidade da ocorrência dos atos descritos na inicial, após oitiva do réu em 5 dias (art. 16, §3º).
- A indisponibilidade poderá ser decretada sem a oitiva prévia do réu, quando o contraditório prévio puder, comprovadamente, frustrar a efetividade da medida ou houver outras circunstâncias que recomendem a proteção liminar (art. 16, §4º).
- Havendo mais de um réu, a somatória dos valores não poderá superar o montante indicado na inicial como dano ao erário ou como enriquecimento ilícito (art. 16, §5º).
- Indisponibilidade recairá sobre bens que assegurem o integral ressarcimento do dano ao erário, sem incidir sobre os valores eventualmente aplicados a título de multa civil ou sobre acréscimo patrimonial decorrente de atividade lícita (art. 16, §10).
- **Indisponibilidade de bens de terceiro:** depende de sua efetiva concorrência para os atos. Quando se tratar de pessoa jurídica, deverá haver a instauração do incidente de desconsideração da personalidade jurídica, processado na forma da lei processual (art. 16, §7º).
- **Vedações**: a) decretação de indisponibilidade até 40 salários mínimos depositados em caderneta de poupança, outras aplicações financeiras ou conta-corrente (art. 16, §13); b) decretação de indisponibilidade do bem de família, salvo se comprovado que

o imóvel seja fruto de vantagem patrimonial indevida (art. 16, §14).

- **Rito (art. 17):**
- ***Legitimidade ativa*** para propor ação: De acordo com a redação do art. 17, dada pela Lei nº 14.230/2021, somente o Ministério Público poderia propor a ação de improbidade e a pessoa jurídica interessada deveria ser intimada para, caso queira, intervir no processo. Porém, nas **ADIs 7042 e 7043**, o STF decidiu, por maioria: " (a) declarar a inconstitucionalidade parcial, sem redução de texto, do caput e dos §§ 6º-A e 10-C do art. 17, assim como do caput e dos §§ 5º e 7º do art. 17-B, da Lei 8.429/1992, na redação dada pela Lei 14.230/2021, de modo a **restabelecer a existência de legitimidade ativa concorrente e disjuntiva entre o Ministério Público e as pessoas jurídicas interessadas para a propositura da ação por ato de improbidade administrativa e para a celebração de acordos de não persecução civil".** Na mesma ação, decidiu o STF: "(b) declarar a inconstitucionalidade parcial, com redução de texto, do § 20 do art. 17 da Lei 8.429/1992, incluído pela Lei 14.230/2021, no sentido de que **não existe "obrigatoriedade de defesa judicial"; havendo, porém, a possibilidade dos órgãos da Advocacia Pública autorizarem a realização dessa representação judicial, por parte da assessoria jurídica que emitiu o parecer atestando a legalidade prévia**"
- Procedimento comum previsto no CPC, salvo o disposto na Lei.
- **Local de propositura da ação:** onde ocorrer o dano ou da pessoa prejudicada.

> Nos termos do decidido pelo STF, na Pet 3240/ DF: **Não há foro por prerrogativa de função** nas ações de improbidade administrativa contra agentes políticos. Para a Corte, o foro por prerrogativa é restrito às ações penais comuns, conforme previsão Constitucional, não se estendendo às ações de improbidade administrativa, cuja natureza é civil. Não obstante a inserção do art. 17-D na Lei de Improbidade Administrativa, que expressamente prevê que a ação de improbidade não é ação civil e que se trata de ação repressiva, de natureza sancionatória e destinada à aplicação de sanções de caráter pessoal, esse entendimento da Suprema Corte não teria porque deixar de ser aplicado porque o foro por prerrogativa de função tem lugar em ações penais.

- Estando a petição inicial em forma, o juiz mandará autuá-la e ordenará a **citação** dos requeridos para que contestem no prazo comum de 30 dias, iniciado na forma do art. 231 do CPC.
- Se houver a possibilidade de solução consensual, poderão as partes requerer ao juiz a interrupção do prazo para a contestação, por prazo não superior a 90 dias (art. 17, §10-A).
- Oferecida a contestação e, se for o caso, ouvido o autor, o juiz: a) procederá ao julgamento conforme o estado do processo, observada a eventual inexistência manifesta do ato de improbidade; b) poderá desmembrar o litisconsórcio, com vistas a otimizar a instrução processual (art. 17, §10-B).
- Após a réplica do Ministério Público, o juiz proferirá decisão, indicando com precisão a tipificação do ato de improbidade administrativa imputável ao réu, vedada a modificação do fato principal e a capitulação legal dada pelo autor (art. 17, §10-C).
- Proferida a decisão, as partes serão intimadas a especificar as provas que pretendem produzir (art. 17, §10-E).
- Será nula a decisão de mérito, total ou parcial, que: a) condenar o requerido por tipo diverso do definido na petição inicial; b) condenar o requerido sem produção das provas por ele especificadas (art. 17, §10-F).
- Verificada a inexistência do ato de improbidade, o juiz julgará a demanda improcedente, a qualquer tempo (art. 17, §11).

  ATENÇÃO! Na ação de improbidade: a) o réu tem o direito de ser interrogado sobre os fatos de que trata a ação, e a sua recusa ou o seu silêncio não implicarão confissão (art. 10, §18); b) não se aplicam: I - a presunção de veracidade dos fatos alegados pelo autor em caso de revelia; II - a imposição de ônus da prova ao réu, na forma dos §§ 1º e 2º do art. 373 do CPC; III - o ajuizamento de mais de uma ação de improbidade administrativa pelo mesmo fato, competindo ao Conselho Nacional do Ministério Público dirimir conflitos de atribuições entre membros de Ministérios Públicos distintos; IV - o reexame obrigatório da sentença de improcedência ou de extinção sem resolução de mérito.

Acordo de não persecução civil (art. 17-B)

- Possível a celebração, desde que advenham os seguintes resultados:

a) integral ressarcimento do dano;

b) reversão à pessoa jurídica lesada da vantagem indevida obtida, ainda que oriunda de agentes privados.

- A celebração do acordo dependerá, **cumulativamente**:

a) da oitiva do ente federativo lesado, em momento anterior ou posterior à propositura da ação;

b) da aprovação, no prazo de até 60 dias, pelo órgão do MP competente para apreciar as promoções de arquivamento de inquéritos civis, se anterior ao ajuizamento da ação;

c) de homologação judicial, independentemente de o acordo ocorrer antes ou depois do ajuizamento da ação de improbidade administrativa.

- Para apuração do valor do dano, o Tribunal de Contas competente deverá ser ouvido em 90 dias, indicando os parâmetros utilizados em sua manifestação. (§3º): **ATENÇÃO!** Na ADI 7236, o Min. Alexandre de Moraes deferiu medida cautelar para **suspender a eficácia** desse dispositivo!
- **Momento:** outro ponto que era objeto de dúvidas, antes da edição da Lei, dizia respeito ao momento

para a celebração do acordo de não persecução civil. Pela nova redação legal, o acordo poderá ser celebrado no curso da investigação de apuração do ilícito, no curso da ação de improbidade ou no momento de execução da sentença condenatória.

- **Descumprimento:** descumprido o acordo, o investigado ficará impedido de celebrar novo pelo período de 5 anos, contado do conhecimento do MP do efetivo descumprimento.

Ação de improbidade x Ação civil

- Nos termos do art. 17-D da LIA, a ação de improbidade é repressiva, de caráter sancionatório, destinando-se à aplicação de sanções de caráter pessoal previstas na Lei. Difere-se, portanto, da ação civil e é vedado o seu ajuizamento para controle da legalidade de políticas públicas e para proteção do patrimônio público e social, do meio ambiente e outros interesses difusos, coletivos e individuais homogêneos.

Sentença

- Sentença que julgar procedente a ação fundamentada nos arts. 9º e 10 da Lei (art. 18): condenará ao ressarcimento dos danos e à perda ou reversão dos bens e valores ilicitamente adquiridos, conforme o caso, em favor da pessoa jurídica prejudicada pelo ilícito.
- Para apuração do valor: serão descontados os serviços efetivamente prestados.
- Parcelamento: o juiz poderá autorizar o parcelamento em até 48 parcelas mensais se o réu demonstrar incapacidade de saldar o débito decorrente da condenação.

Afastamento do agente público

- Autoridade judicial poderá determinar o afastamento do agente público do exercício do cargo, emprego ou função, sem prejuízo da remuneração, quando a medida for necessária à instrução processual ou para evitar a prática de novos ilícitos, pelo período de 90 dias, prorrogáveis uma vez por igual período (art. 20).
- **Sentenças civis e penais:** produzirão efeitos em relação à improbidade quando concluírem pela inexistência de conduta ou negativa de autoria (art. 21, §3º).
- **Absolvição criminal**: ação que discuta os mesmos fatos, confirmada por decisão colegiada, impede o trâmite da ação de improbidade, comunicando-se os fundamentos da absolvição previstos no art. 386 do CPP (art. 21, §4º). **ATENÇÃO!** Na ADI 7236, o Min. Alexandre de Moraes deferiu medida cautelar para **suspender a eficácia** desse dispositivo!
- **Sanções aplicadas em outras esferas:** devem ser compensadas com as aplicadas por esta lei (art. 21, §5º).

Prescrição (art. 23)

- **8 anos,** contados da ocorrência do fato ou, no caso de infrações permanentes, no dia em que cessou a permanência.
- **Suspensão da prescrição:** instauração de inquérito civil ou processo administrativo para apuração dos ilícitos suspende o curso do prazo prescricional pelo prazo máximo de 180 dias corridos, recomeçando a correr após a sua conclusão ou, caso não concluído, esgotado o prazo de suspensão.
- **Interrupção do prazo prescricional (art. 23, §4º):**
  a) Ajuizamento da ação de improbidade administrativa;
  b) publicação da sentença condenatória;
  c) publicação da decisão ou acórdão de TJ ou TRF que confirma sentença condenatória ou reforma sentença de improcedência;
  d) publicação da decisão ou acórdão do STJ que confirma acórdão condenatório ou reforma acórdão de improcedência;
  e) publicação de decisão ou acórdão do STF que confirma acórdão condenatório ou reforma acórdão de improcedência.
- Interrompida a prescrição, o prazo recomeça do dia de interrupção, pela metade do prazo de 8 anos.

  STF 843989: "(...) **4) O novo regime prescricional previsto na Lei 14.230/2021 é IRRETROATIVO, aplicando-se os novos marcos temporais a partir da publicação da lei**"
- **Capacitação:** dever do poder público oferecer contínua capacitação aos agentes públicos e políticos que atuem com prevenção e repressão de atos de improbidade administrativa (art. 23-A).

Custas e honorários (art. 23-B)

- Não haverá adiamento de custas, preparo, emolumentos, honorários periciais e quaisquer outras despesas nas ações e acordos regidos pela lei.
- No caso de procedência da ação, as custas e demais despesas processuais serão pagas ao final.
- Havendo má-fé, haverá condenação em honorários sucumbenciais.

Improbidade e partidos políticos (art. 23-C)

- "Os atos que ensejem enriquecimento ilícito, perda patrimonial, desvio, apropriação, malbaratamento ou dilapidação de recursos públicos dos partidos políticos, ou de suas fundações, serão responsabilizados nos termos da Lei nº 9.096, de 19 de setembro de 1995". ATENÇÃO! NA ADI 7236, o Min. Alexandre de Moraes deferiu medida cautelar para dar interpretação conforme a esse dispositivo "no sentido de que os atos que ensejem enriquecimento ilícito, perda patrimonial, desvio, apropriação, malbaratamento ou dilapidação de recursos públicos dos partidos políticos, ou de suas fundações, poderão ser responsabilizados nos termos da Lei 9.096/1995, **mas sem prejuízo da incidência da Lei de Improbidade Administrativa"**.

  STF ADIs 7042 e 7043: "O Tribunal, por maioria, julgou parcialmente procedentes os pedidos formulados na ação direta para: (a) declarar a inconstitucionalidade parcial, sem redução de texto, do caput e dos §§ 6º-A e 10-C do art. 17, assim como do caput e dos §§ 5º e 7º do art. 17-B, da Lei 8.429/1992, na redação dada pela Lei 14.230/2021, de modo a restabelecer a existência de legitimidade ativa concorrente e disjuntiva entre o Ministério Público e as pessoas jurídicas interessadas para a propositura da ação por ato de improbidade administrativa e para a celebração de acordos de não persecução civil; (b) declarar a inconstitucionalidade parcial, com redução de texto, do § 20 do art. 17 da Lei 8.429/1992, incluído pela Lei 14.230/2021, no sentido de que não existe "obrigatoriedade de defesa judicial"; havendo, porém, a possibilidade dos órgãos da Advocacia Pública autorizarem a realização dessa representação judicial, por parte da assessoria jurídica que emitiu o parecer atestando a legalidade prévia"

STF ARE 843989 (Tema 1199): "1) É necessária a comprovação de responsabilidade subjetiva para a tipificação dos atos de improbidade administrativa, exigindo-se - nos artigos 9º, 10 e 11 da LIA - a presença do elemento subjetivo - DOLO; 2) A norma benéfica da Lei 14.230/2021 - revogação da modalidade culposa do ato de improbidade administrativa -, é IRRETROATIVA, em virtude do artigo 5º, inciso XXXVI, da Constituição Federal, não tendo incidência em relação à eficácia da coisa julgada; nem tampouco durante o processo de execução das penas e seus incidentes; 3) A nova Lei 14.230/2021 aplica-se aos atos de improbidade administrativa culposos praticados na vigência do texto anterior da lei, porém sem condenação transitada em julgado, em virtude da revogação expressa do texto anterior; devendo o juízo competente analisar eventual dolo por parte do agente; 4) O novo regime prescricional previsto na Lei 14.230/2021 é IRRETROATIVO, aplicando-se os novos marcos temporais a partir da publicação da lei"".

✦ SÚMULAS APLICÁVEIS

✦ STF

SERVIDOR PÚBLICO

- **SÚMULA VINCULANTE nº 33: "**Aplicam-se ao servidor público, no que couber, as regras do Regime Geral de Previdência Social sobre aposentadoria especial de que trata o artigo 40, parágrafo 4º, inciso III, da Constituição Federal, até edição de lei complementar específica".
- ***Súmula vinculante 21*** – É inconstitucional a exigência de depósito ou arrolamento prévios de dinheiro ou bens para admissibilidade de recurso administrativo.
- ***Súmula Vinculante 5*** – A falta de defesa técnica por advogado no processo administrativo disciplinar não ofende a Constituição.
- ***Súmula vinculante 3*** – Nos processos perante o Tribunal de Contas da União asseguram-se o contraditório e a ampla defesa quando da decisão puder resultar anulação ou revogação de ato administrativo que beneficie o interessado, excetuada a apreciação da legalidade do ato de concessão inicial de aposentadoria, reforma e pensão.
- ***STF 21*** – Funcionário em estágio probatório não pode ser exonerado nem demitido sem inquérito ou sem as formalidades legais de apuração de sua capacidade.
- ***STF 20*** – É necessário processo administrativo, com ampla defesa, para demissão de funcionário admitido por concurso.
- ***STF 19*** – É inadmissível segunda punição de servidor público, baseada no mesmo processo em que se fundou a primeira.
- ***STF 18*** – Pela falta residual, não compreendida na absolvição pelo juízo criminal, é admissível a punição administrativa do servidor público.

CONCURSO PÚBLICO

- **SÚMULA VINCULANTE Nº 44**: "Só por lei se pode sujeitar a exame psicotécnico a habilitação de candidato a cargo público".
- **SÚMULA VINCULANTE Nº 43**: "É inconstitucional toda modalidade de provimento que propicie ao servidor investir-se, sem prévia aprovação em concurso público destinado ao seu provimento, em cargo que não integra a carreira na qual anteriormente investido".
- ***STF 684*** – É inconstitucional o veto não motivado à participação de candidato a concurso público.
- ***STF 683*** – O limite de idade para a inscrição em concurso público só se legitima em face do art. 7º, XXX, da Constituição, quando possa ser justificado pela natureza das atribuições do cargo a ser preenchido.
- ***STF 17*** – A nomeação de funcionário sem concurso pode ser desfeita antes da posse.
- ***STF 16*** – Funcionário nomeado por concurso tem direito a posse.
- ***STF 15*** – Dentro do prazo de validade do concurso, o candidato aprovado tem o direito a nomeação, quando o cargo for preenchido sem observância da classificação.

DEMISSÃO

- ***STF 25*** – A nomeação a termo não impede a livre demissão, pelo Presidente da República, de ocupante de cargo dirigente de autarquia.
- ***STF 8*** – Diretor de sociedade de economia mista pode ser destituído no curso do mandato.

DISPONIBILIDADE

- ***STF 39*** – À falta de lei, funcionário em disponibilidade não pode exigir, judicialmente, o seu aproveitamento, que fica subordinado ao critério de conveniência da Administração.
- ***STF 22*** – O estágio probatório não protege o funcionário contra a extinção do cargo.

REMUNERAÇÃO

- **SÚMULA VINCULANTE Nº 55:** O direito ao auxílio-alimentação não se estende aos servidores inativos.
- **SÚMULA VINCULANTE Nº 42**: É inconstitucional a vinculação do reajuste de vencimentos de servidores estaduais ou municipais a índices federais de correção monetária.
- **SÚMULA VINCULANTE nº 37:** Não cabe ao Poder Judiciário, que não tem função legislativa, aumentar vencimentos de servidores públicos sob o fundamento de isonomia.
- ***Súmula Vinculante 20*** – A Gratificação de Desempenho de Atividade Técnico-Administrativa – GDATA, instituída pela Lei nº 10.404/2002, deve ser deferida aos inativos nos valores correspondentes a 37,5 (trinta e sete vírgula cinco) pontos no período de fevereiro a maio de 2002 e, nos termos do art. 5º, parágrafo único, da Lei nº 10.404/2002, no período de junho de 2002 até a conclusão dos efeitos do último ciclo de avaliação a que se refere o art. 1º da Medida Provisória nº 198/2004, a partir da qual passa a ser de 60 (sessenta) pontos.
- ***Súmula Vinculante 16*** – Os artigos 7º, IV, e 39, § 3º (redação da EC 19/98), da Constituição, referem-se ao total da remuneração percebida pelo servidor público.
- ***Súmula Vinculante 15*** – O cálculo de gratificações e outras vantagens do servidor público não incide sobre o abono utilizado para se atingir o salário mínimo.
- ***Súmula vinculante 6*** – Não viola a constituição o estabelecimento de remuneração inferior ao salário mínimo para as praças prestadoras de serviço militar inicial.
- ***Súmula Vinculante 4*** – Salvo os casos previstos na Constituição Federal, o salário mínimo não pode ser usado como indexador de base de cálculo de vantagem de servidor público ou de empregado, nem ser substituído por decisão judicial.
- ***STF 682*** – Não ofende a Constituição a correção monetária no pagamento com atraso dos vencimentos de servidores públicos.
- ***STF 672*** – O reajuste de 28,86%, concedido aos servidores militares pelas leis 8.622/93 e 8.627/93, estende-se aos servidores civis do Poder Executivo, observadas as eventuais compensações decorrentes dos reajustes diferenciados concedidos pelos mesmos diplomas legais.
- ***STF 671*** – Os servidores públicos e os trabalhadores em geral têm direito, no que concerne à URP de abril/maio de 1988, apenas ao valor correspondente a 7/30 de 16,19% sobre os vencimentos e salários pertinentes aos meses de abril e maio de 1988, não cumulativamente, devidamente corrigido até o efetivo pagamento.
- ***STF 359*** – Ressalvada a revisão prevista em lei, os proventos da inatividade regulam-se pela lei vigente ao tempo em que o militar, ou o servidor civil, reuniu os requisitos necessários.
- **STF 339** – Não cabe ao Poder Judiciário, que não tem função legislativa, aumentar vencimentos de servidores públicos sob fundamento de isonomia.

TEMPO DE SERVIÇO

- ***STF 726*** – Para efeito de aposentadoria especial de professores, não se computa o tempo de serviço prestado fora da sala de aula. ***Atenção:*** em 29/10/2008, o STF, por maioria, no julgamento da ADI 3.772, decidiu que a atividade de magistério não é restrita ao trabalho em sala de aula e que dela fazem parte as funções de direção, coordenação e assessoramento pedagógico, desde que exercidas, em estabelecimentos de ensino básico, por professores de carreira, excluídos os especialistas em educação.
- ***STF 567*** – A Constituição, ao assegurar, no § 3º, do art. 102, a contagem integral do tempo de serviço público federal, estadual ou municipal para os efeitos de aposentadoria e disponibilidade não proíbe à União, aos Estados e aos Municípios mandarem contar, mediante lei, para efeito diverso, tempo de serviço prestado a outra pessoa de direito público interno.

VITALICIEDADE

- ***STF 47*** – Reitor de universidade não é livremente demissível pelo Presidente da República durante o prazo de sua investidura.
- ***STF 46*** – Desmembramento de serventia de justiça não viola o princípio de vitaliciedade do serventuário.
- ***STF 36*** – Servidor vitalício está sujeito a aposentadoria compulsória, em razão da idade.

NOMEAÇÃO PARA CARGO EM COMISSÃO (NEPOTISMO)

- ***Súmula Vinculante 13*** – A nomeação de cônjuge, companheiro ou parente em linha reta, colateral ou por afinidade, até o terceiro grau, inclusive, da autoridade nomeante ou de servidor da mesma pessoa jurídica, investido em cargo de direção, chefia ou assessoramento, para o exercício de cargo em comissão ou de confiança, ou, ainda, de função gratificada na Administração Pública direta e indireta, em qualquer dos Poderes da União, dos Estados, do

Distrito Federal e dos municípios, compreendido o ajuste mediante designações recíprocas, viola a Constituição Federal.

PODER DE POLÍCIA

- ***Súmula Vinculante 49*** - Ofende o princípio da livre concorrência lei municipal que impede a instalação de estabelecimentos comerciais do mesmo ramo em determinada área.
- ***STF 645*** - É competente o município para fixar o horário de funcionamento de estabelecimento comercial.
- ***STF 419*** - Os municípios têm competência para regular o horário do comércio local, desde que não infrinjam leis estaduais ou federais válidas.
- ***STF 397*** - O poder de polícia da Câmara dos Deputados e do Senado Federal, em caso de crime cometido nas suas dependências, compreende, consoante o regimento, a prisão em flagrante do acusado e a realização do inquérito.

ATO ADMINISTRATIVO

- ***STF 473*** - A administração pode anular seus próprios atos, quando eivados de vícios que os tornam ilegais, porque deles não se originam direitos; ou revogá-los, por motivo de conveniência ou oportunidade, respeitados os direitos adquiridos, e ressalvada, em todos os casos, a apreciação judicial.
- ***STF 346*** - A Administração Pública pode declarar a nulidade dos seus próprios atos.

BENS PÚBLICOS

- ***STF 650*** - Os incisos I e XI do art. 20 da Constituição Federal não alcançam terras de aldeamentos extintos, ainda que ocupadas por indígenas em passado remoto.
- ***STF 480*** - Pertencem ao domínio e administração da União, nos termos dos artigos 4º, IV, e 186, da Constituição Federal de 1967, as terras ocupadas por silvícolas.
- ***STF 479*** - As margens dos rios navegáveis são domínio público, insuscetíveis de expropriação e, por isso mesmo, excluídas de indenização.
- ***STF 477*** - As concessões de terras devolutas situadas na faixa de fronteira, feitas pelos Estados, autorizam, apenas, o uso, permanecendo o domínio com a União, ainda que se mantenha inerte ou tolerante, em relação aos possuidores.

DESAPROPRIAÇÃO

- ***STF 652*** - Não contraria a Constituição o art. 15, § 1º, do DL. 3.365/41 (Lei da Desapropriação por Utilidade Pública).
- ***STF 618*** - Na desapropriação, direta ou indireta, a taxa dos juros compensatórios é de 12% (doze por cento) ao ano.
- ***STF 617*** - A base de cálculo dos honorários de advogado em desapropriação é a diferença entre a oferta e a indenização, corrigidas ambas monetariamente.
- ***STF 561*** - Em desapropriação, é devida a correção monetária até a data do efetivo pagamento da indenização, devendo proceder-se à atualização do cálculo, ainda que por mais de uma vez.
- ***STF 476*** - Desapropriadas as ações de uma sociedade, o poder desapropriante, imitido na posse, pode exercer, desde logo, todos os direitos inerentes aos respectivos títulos.
- ***STF 475*** - A Lei 4.686, de 21.06.1965, tem aplicação imediata aos processos em curso, inclusive em grau de recurso extraordinário.
- ***STF 416*** - Pela demora no pagamento do preço da desapropriação não cabe indenização complementar além dos juros.
- ***STF 378*** - Na indenização por desapropriação incluem-se honorários do advogado do expropriado.
- ***STF 164*** - No processo de desapropriação, são devidos juros compensatórios desde a antecipada imissão de posse, ordenada pelo juiz, por motivo de urgência.
- ***STF 157*** - É necessária prévia autorização do Presidente da República para desapropriação, pelos Estados, de empresa de energia elétrica.
- ***STF 23*** - Verificados os pressupostos legais para o licenciamento da obra, não o impede a declaração de utilidade pública para desapropriação do imóvel, mas o valor da obra não se incluirá na indenização, quando a desapropriação for efetivada.

✦ STJ

PRINCÍPIOS DA ADMINISTRAÇÃO PÚBLICA

- ***STJ 615:*** Não pode ocorrer ou permanecer a inscrição do município em cadastros restritivos fundada em irregularidades na gestão anterior quando, na gestão sucessora, são tomadas as providências cabíveis à reparação dos danos eventualmente cometidos.

SERVIDOR PÚBLICO

- ***STJ 651*** "Compete à autoridade administrativa aplicar a servidor público a pena de demissão em razão da prática de improbidade administrativa, independentemente de prévia condenação, por autoridade judiciária, à perda da função pública."

- ***STJ 650*** – "A autoridade administrativa não dispõe de discricionariedade para aplicar ao servidor pena diversa de demissão quando caraterizadas as hipóteses previstas no artigo 132 da Lei 8.112/1990."
- ***STJ 601*** – O Ministério Público tem legitimidade ativa para atuar na defesa de direitos difusos, coletivos e individuais homogêneos dos consumidores, ainda que decorrentes da prestação de serviço público.
- ***STJ 378*** – Reconhecido o desvio de função, o servidor faz jus às diferenças salariais decorrentes.
- ***STJ 218*** – Compete à justiça dos estados processar e julgar ação de servidor estadual decorrente de direitos e vantagens estatutárias no exercício de cargo em comissão.
- ***STJ 173*** – Compete à justiça federal processar e julgar o pedido de reintegração em cargo público federal, ainda que o servidor tenha sido dispensado antes da instituição do Regime Jurídico Único.
- ***STJ 170*** – Compete ao juízo onde primeiro for intentada a ação envolvendo acumulação de pedidos, trabalhista e estatutário, decidi-la nos limites da sua jurisdição, sem prejuízo do ajuizamento de nova causa, com o pedido remanescente, no juízo próprio.
- ***STJ 137*** – Compete à justiça comum estadual processar e julgar ação de servidor público municipal, pleiteando direitos relativos ao vínculo estatutário.
- ***STJ 97*** – Compete à justiça do trabalho processar e julgar reclamação de servidor público relativamente a vantagens trabalhistas anteriores à instituição do Regime Jurídico Único.
- ***STJ 635***: "Os prazos prescricionais previstos no artigo 142 da Lei 8.112/1990 iniciam-se na data em que a autoridade competente para a abertura do procedimento administrativo toma conhecimento do fato, interrompem-se com o primeiro ato de instauração válido – sindicância de caráter punitivo ou processo disciplinar – e voltam a fluir por inteiro, após decorridos 140 dias desde a interrupção."

CONCURSO PÚBLICO

- ***STJ 377*** – O portador de visão monocular tem direito de concorrer, em concurso público, às vagas reservadas aos deficientes.
- ***STJ 266*** – O diploma ou habilitação legal para o exercício do cargo deve ser exigido na posse e não na inscrição para o concurso público.

PROCESSO ADMINISTRATIVO

- ***STJ 467*** – Prescreve em cinco anos, contados do término do processo administrativo, a pretensão da Administração Pública de promover a execução da multa por infração ambiental.
- ***STJ 373*** – É ilegítima a exigência de depósito prévio para admissibilidade de recurso administrativo.
- ***STJ 591*** – É permitida a prova emprestada no processo administrativo disciplinar, desde que devidamente autorizada pelo juízo competente e respeitados o contraditório e a ampla defesa.
- ***STJ 592*** – O excesso de prazo para a conclusão do processo administrativo disciplinar só causa nulidade se houver demonstração de prejuízo à defesa.
- ***STJ 611*** – Desde que devidamente motivada e com amparo em investigação ou sindicância, é possível a instauração de processo administrativo disciplinar com base em denúncia anônima, em face do poder-dever de autotutela imposto à Administração
- ***STJ 633***-"A Lei 9.784/1999, especialmente no que diz respeito ao prazo decadencial para a revisão de atos administrativos no âmbito da Administração Pública federal, pode ser aplicada, de forma subsidiária, aos estados e municípios, se inexistente norma local e específica que regule a matéria."
- ***STJ 641*** – A portaria de instauração do processo administrativo disciplinar prescinde da exposição detalhada dos fatos a serem apurados.

BENS PÚBLICOS

- ***STJ 619*** – A ocupação indevida de bem público configura mera detenção, de natureza precária, insuscetível de retenção ou indenização por acessões e benfeitorias.
- ***STJ 496*** – Os registros de propriedade particular de imóveis situados em terrenos de marinha não são oponíveis à União.
- ***STJ 238*** – A avaliação da indenização devida ao proprietário do solo, em razão de alvará de pesquisa mineral, é processada no juízo estadual da situação do imóvel.
- ***STJ 103*** – Incluem-se entre os imóveis funcionais que podem ser vendidos os administrados pelas Forças Armadas e ocupados pelos servidores civis.

RESPONSABILIDADE CIVIL DO ESTADO

STJ 634. "São imprescritíveis as ações indenizatórias por danos morais e materiais decorrentes de atos de perseguição política com violação de direitos fundamentais ocorridos durante o regime militar. "

STJ 652: "A responsabilidade civil da Administração Pública por danos ao meio ambiente, decorrente de sua omissão no dever de fiscalização, é de caráter solidário, mas de execução subsidiária. "

IMPROBIDADE

- ***STJ 634:*** "Ao particular aplica-se o mesmo regime prescricional previsto na Lei de Improbidade Administrativa para o agente público."

Direito Civil

Thaís Del Monte Buzato

TABELA DE INCIDÊNCIA DE QUESTÕES

Distribuição das questões organizada por ordem didática de assuntos		
Assunto	**Número de Questões**	**Peso**
1. LEI DE INTRODUÇÃO ÀS NORMAS DO DIREITO BRASILEIRO	5	7,81%
2. DAS PESSOAS	15	23,44%
3. DOS BENS	5	7,81%
4. DOS ATOS E FATOS JURÍDICOS	6	9,38%
5. DA PRESCRIÇÃO E DA DECADÊNCIA	6	9,38%
6. DA PROVA	1	1,56%
7. DIREITO DAS OBRIGAÇÕES	4	6,25%
8. DIREITO DAS EMPRESAS	1	1,56%
9. DIREITO DAS COISAS	8	12,50%
10. DIREITO DAS FAMÍLIAS	5	7,81%
11. DIREITO DAS SUCESSÕES	4	6,25%
12. RESPONSABILIDADE CIVIL	4	6,25%
Total	**64**	**100%**

Direito Civil

Thaís Del Monte Buzato

✦ QUESTÕES

◉ PARTE GERAL

1. LEI DE INTRODUÇÃO ÀS NORMAS DO DIREITO BRASILEIRO

01. (Instituto AOCP – Delegado de Polícia – PC – PA/2021) Considerando o que dispõe a Lei de Introdução às Normas do Direito Brasileiro, assinale a alternativa correta.

a) Salvo disposição contrária, a lei começa a vigorar em todo o país quarenta dias depois de oficialmente publicada.

b) Na aplicação da lei, o juiz não atenderá às exigências do bem comum, mas sim aos fins sociais a que ela se dirige.

c) O estrangeiro casado, que se naturalizar brasileiro, pode, mediante expressa anuência de seu cônjuge, requerer ao juiz, no ato de entrega do decreto de naturalização, que se apostile ao mesmo a adoção do regime de comunhão parcial de bens, respeitados os direitos de terceiros e dada essa adoção ao competente registro.

d) Para qualificar e reger as obrigações, aplicar-se-á a lei do país em que as obrigações tiverem de ser cumpridas.

e) O regime de bens, legal ou convencional, obedece à lei do país em que tiverem os nubentes domicílio, e, se este for diverso, a do último domicílio conjugal.

COMENTÁRIOS

Alternativa "a": assertiva equivocada. O art. 1º da LINDB estabelece o prazo de 45 dias de *vacatio legis* em caso de omissão legislativa.

Alternativa "b": errado. O art. 5º da LINDB prevê expressamente a observância das exigências do bem comum na aplicação da lei pelo juiz.

Alternativa "c": Correto. A assertiva traz a redação expressa no art.7º, § 5º da LINDB

Alternativa "d": Errado. O Art. 9º da LINDB determina que estas relações serão regidas pela lei do país que que se constituírem.

Alternativa "e": Errado. art. 7º, § 4º da LINDB determina que no caso de domicílios diversos, o regime de bens obedece à lei do primeiro domicílio do casal.

Alternativa correta: "c"

---

02. (Inst. Acesso – Delegado de Polícia – PC – ES/2019) A atual Lei de Introdução às Normas do Direito Brasileiro (Decreto-lei 4.657, de 4 de setembro de 1942 e suas alterações), antiga "Lei de Introdução ao Código Civil, é composta de regras que incidem no campo da atuação dos agentes públicos, bem como estabelece regras gerais de interpretação.

Tendo em vista as disposições deste Diploma Legal, assinale a seguir a alternativa correta:

a) Nas decisões emanadas das esferas administrativas, judicial e controladora, valores abstratos podem ser utilizados desde que, em tais decisões, sejam consideradas as consequências práticas de sua utilização no caso concreto.

b) Uma lei federal revogada por outra lei federal posterior tem sua vigência restaurada caso a lei revogadora posterior perca sua vigência, como também tem sua eficácia jurídica restabelecida para casos concretos para os quais era aplicada,

c) A lei do país em que a pessoa natural é domiciliada, seja ela brasileira nata ou naturalizada após processo regular com decisão transitada em julgado, determina as regras especificas sobre responsabilidade civil a serem aplicadas num caso concreto.

d) Na hipótese de lacuna legal, que consiste em não haver uma hipótese normativa especifica e expressa a ser aplicada para um determinado caso concreto, o Juiz decidirá utilizando a ponderação, a analogia, os costumes e os princípios gerais do direito.

e) O agente público, em nível Federal, Estadual ou Municipal, no uso de suas atribuições estabelecidas em regime jurídico próprio, responderá pessoalmente por suas decisões ou opiniões técnicas em caso de Imprudência, negligência, imperícia ou erro grosseiro.

COMENTÁRIOS

Alternativa "a": É exatamente o que determina o art. 20 da LINDB, incluído pela Lei 13.655/18, trazendo mais um vetor interpretativo aos agentes públicos no sentido de auxiliá-los na tomada de decisões que podem refletir além do caso concreto. Nunca é demais lembrar o art. 5º da LINDB, endereçado apenas aos juízes, que determina a observância dos fins sociais e do bem comum na aplicação da lei.

Alternativa "b": na medida em que traz a hipótese de repristinação automática de lei revogada no caso de revogação de norma revogadora. No Brasil, a regra é a não repristinação, que poderá ocorrer apenas excepcionalmente, quando houver disposição neste sentido (Art. 2º, § 3º da LINDB).

Alternativa "c": O art. 9º da LINDB determina que a lei do país onde a obrigação foi constituída é que deve ser aplicada ao caso concreto. Assim, no caso de responsabilidade civil em decorrência de ato ilícito, o local onde ocorreu o dano. Por sua vez, o art. 7º da LINDB determina que o domicílio da pessoa natural determina as regras específicas sobre o começo e o fim da personalidade, o nome, a capacidade e o direito das famílias.

Alternativa "d": A assertiva trata dos métodos de integração do Direito. De acordo com o art. 4º da LINDB, constituem analogia, costumes e princípios gerais de direito.

Alternativa "e": O agente público responderá pessoalmente pelos seus atos em caso de dolo ou erro grosseiro. Imprudência, negligência e imperícia configuram culpa, figura que não está prevista no art. 28 da LINDB.

Alternativa Correta: "a".

03. (Nucepe - Delegado de Polícia - PC - PI/2018) Com base na Lei de Introdução às Normas do Direito Brasileiro, marque a alternativa CORRETA.

a) O período de vacatio legis de uma lei de direito material é diferente quando se trata de norma de direito processual.
b) As organizações destinadas a fins de interesse coletivo, como as sociedades e as fundações, obedecem à lei do Estado em que se constituírem.
c) Dependendo da importância da lei, o legislador deve estabelecer um período de vacatio legis mais extenso, de 1 (um) ano para os Códigos e Leis Complementares.
d) Uma lei nova não modifica a anterior se for com ela incompatível ou tratar sobre a mesma matéria.
e) A equidade é sempre uma forma de integração quando houver omissão da lei.

COMENTÁRIOS

Alternativa "a": O art. 1º da LINDB determina que o período de *vacatio legis* será de 45 dias após sua publicação oficial caso não haja disposição expressa em contrário, não fazendo qualquer distinção quanto às normas de direito material ou processual.

Alternativa "b": A assertiva é cópia literal do art. 11 da LINDB.

Alternativa "c": É certo que o período de *vacatio legis* deve ser maior ou menor a depender da complexidade da lei e do período necessário à adequação de seus destinatários, mas a LINDB não faz qualquer menção expressa a prazo específico de 1 (um) ano para Códigos e Leis Complementares.

Alternativa "d": A assertiva contraria o que determina o art. 2º, § 1º da LINDB. Trata-se do instituto da revogação tácita.

Alternativa "e": A equidade é apenas uma das formas de integração a ser utilizada pelo julgador em caso de omissão legislativa. O art. 4º da LINDB prevê outros métodos de integrações aos quais o juiz pode se socorrer em caso de lacuna: analogia, costumes, princípios gerais de direito.

Alternativa correta: letra "b".

04. (Cespe - Delegado de Polícia - GO/2017) A Lei n.º XX/XXXX, composta por quinze artigos, elaborada pelo Congresso Nacional, foi sancionada, promulgada e publicada.

A respeito dessa situação, assinale a opção correta, de acordo com a Lei de Introdução às Normas do Direito Brasileiro.

a) Se algum dos artigos da lei sofrer alteração antes de ela entrar em vigor, será contado um novo período de vacância para o dispositivo alterado.
b) Caso essa lei tenha revogado dispositivo da legislação anterior, automaticamente ocorrerá o efeito repristinatório se nela não houver disposição em contrário.
c) A lei irá revogar a legislação anterior caso estabeleça disposições gerais sobre assunto tratado nessa legislação.
d) Não havendo referência ao período de vacância, a nova lei entra em vigor imediatamente, sendo eventuais correções em seu texto consideradas nova lei.
e) Não havendo referência ao período de vacância, a lei entrará em vigor, em todo o território nacional, três meses após sua publicação.

COMENTÁRIOS

Alternativa "a" - A assertiva está de acordo com o artigo 1º, § 3º da LINDB. O prazo de *vacatio legis* já estabelecido no texto da lei começará a correr novamente, quanto aos dispositivos alterados, a partir da data da nova publicação.

Alternativa "b": A assertiva está equivocada pois o artigo 2º, § 3º da LINDB prevê como regra o Princípio da não repristinação, de forma que a lei revogada somente se restaurará quando da revogação da lei que a revogou, se houver disposição expressa nesse sentido.

Alternativa "c": A alternativa está errada pois contraria o disposto no artigo 2º, § 2º da LINDB. Neste caso, a nova lei trará melhor aplicabilidade à lei já vigente, não revogando-a, apenas complementando-a.

Alternativa "d": A assertiva está errada. Não havendo referência ao período de vacância, aplica-se o prazo subsidiário de 45 dias previsto no artigo 1º da LINDB. Eventuais correções feitas a texto de lei já em vigor são consideradas nova lei, de acordo com o que determina o artigo 1º, § 4º da LINDB.

Alternativa "e": A assertiva está errada. Não havendo referência ao período de vacância, aplica-se o prazo subsidiário de 45 dias previsto no artigo 1º da LINDB. O prazo de vacância será de três meses quando admitida a aplicação da lei brasileira em território estrangeiro. (artigo 1º, § 1º da LINDB).

Alternativa correta: letra "a".

---

05. (IBADE – Delegado de Polícia – AC/2017) Segundo a Lei de Introdução às Normas do Direito Brasileiro, assinale a afirmativa correta.

a) A revogação de lei anterior por lei posterior só ocorre nos casos em que expressamente declarada.

b) A lei revogada é automaticamente restaurada se a lei revogadora tiver perdido a vigência.

c) O casamento de estrangeiros poderá celebrar-se perante autoridades diplomáticas ou consulares do país de apenas um dos nubentes.

d) Salvo disposição em contrário, uma lei começa a vigorar no Brasil sessenta dias depois de oficialmente publicada.

e) As regras sobre os direitos de família são determinadas pela lei do país em que a pessoa for domiciliada.

COMENTÁRIOS

Alternativa "a": A assertiva está errada. A lei posterior revoga a anterior quando expressamente o declare (revogação expressa), quando seja com ela incompatível (revogação tácita) ou quando regule inteiramente a matéria de que tratava a lei anterior (revogação total). (Artigo 2º, § 1º da LINDB)

Alternativa "b": A assertiva está equivocada, pois o artigo 2º, § 3º da LINDB prevê como regra o Princípio da não repristinação, de forma que a lei revogada somente se restaurará quando da revogação da lei que a revogou, se houver disposição expressa nesse sentido.

Alternativa "c": A alternativa está errada, pois nesta situação o casamento poderá ser celebrado perante autoridades do país de ambos os nubentes (Artigo 7º, § 2º da LINDB)

Alternativa "d": A assertiva está equivocada, pois o período supletivo de *vacatio legis* aplicável às leis que não trazem em seu corpo a data em que entrarão em vigor é de 45 dias e não de 60 dias como quer fazer parecer o examinador. Inteligência do artigo 1º da LINDB.

Alternativa "e" – A assertiva está correta pois contempla o disposto no *caput* do artigo 7º da LINDB. Além das regras sobre direito de família, o país de domicílio da pessoa determina as regras aplicáveis ao começo e ao fim de sua personalidade e à capacidade.

Alternativa correta: letra "e".

2. DAS PESSOAS

---

06. (Cespe – Delegado de Polícia – PC – RJ/2022) Acerca dos direitos fundamentais, à luz do direito civilista, assinale a opção correta.

a) De acordo com Código Civil Brasileiro, seja qual for a circunstância, cada pessoa tem a liberdade para dispor do próprio corpo do modo que bem desejar, tanto por meio de mutilações quanto por qualquer forma de diminuição permanente da integridade física.

b) Com exceção dos casos previstos em lei, os direitos da personalidade são irrenunciáveis e poderão ser transmitidos, caso o seu exercício sofra limitação voluntária.

c) Os direitos da personalidade são direitos essenciais à dignidade e integridade e dependem da capacidade civil da pessoa, podendo ser citados os direitos a vida, liberdade, privacidade e intimidade.

d) Abstratamente, os direitos fundamentais, entre os quais o direito da personalidade, sempre terão grau de importância entre si, independentemente da análise do caso em concreto.

e) Ao tratar da proteção à integridade física e do direito ao próprio corpo, o Código Civil Brasileiro traz a possibilidade de recusa em submeter-se a tratamento ou intervenção médica em situações em que o procedimento demonstre risco à vida da pessoa.

COMENTÁRIOS

Alternativa "a": A assertiva está equivocada. O art. 13 do CC veda a disposição do próprio corpo quando importar diminuição permanente da integridade física, excetuando as situações de exigência médica.

Alternativa "b": Errado. O art. 11 do CC determina que os direitos da personalidade são intransmissíveis e irrenunciáveis, não podendo sofrer limitações voluntárias, salvo nos casos previstos em lei.

Alternativa "c": Alternativa errada. Os direitos da personalidade não dependem da capacidade civil. Apesar de a personalidade ser adquirida a partir do nascimento com vida, alguns direitos da personalidade são garantidos desde a concepção (art. 2º do CC).

Alternativa "d": Errado. Os direitos fundamentais podem sofrer relativização através de um juízo de ponderação, sempre se analisando as características do caso concreto.

Alternativa "e": Correto. É o que determina o art. 15 do CC.

Alternativa correta: "e"

---

07. (Cespe - Delegado de Polícia - PC - PB/2022) Conforme o Código Civil e o entendimento jurisprudencial do Superior Tribunal de Justiça (STJ), os direitos da personalidade

a) podem ser objeto de limitação voluntária de natureza permanente.

b) podem ser objeto de limitação voluntária geral.

c) não podem ser objeto de disponibilidade relativa.

d) podem ser objeto de disponibilidade, como no caso de disposição, para fins científicos, do próprio corpo para depois da morte.

e) não podem ser objeto de disponibilidade, como na circunstância de diminuição permanente da integridade física, por exigência médica.

COMENTÁRIOS

Alternativa "d": responde a todas as alternativas - O art. 11 do CC determina que os direitos da personalidade são intransmissíveis e irrenunciáveis, não podendo sofrer limitações voluntárias, salvo nos casos previstos em lei. Por sua vez, o art. 13 do CC veda a disposição do próprio corpo quando importar diminuição permanente da integridade física, excetuando as situações de exigência médica. Já o art. 14 do CC determina que é válida a disposição gratuita do próprio corpo, no todo ou em parte, para depois da morte, com objetivo científico ou altruístico.

Alternativa correta: "d"

---

08. (UFPR - Delegado de Polícia - PC - PR/2021) Considere o seguinte caso hipotético:

Determinada pessoa é constrangida a tratamento médico para curar-se de uma doença grave detectada há vários anos por um médico oncologista. Trata-se de uma moderna técnica cirúrgica, sem comprovação científica e nunca testada em humanos, adotada por um médico em uma cidade no interior do estado do Paraná. O Delegado de Polícia, ao tomar conhecimento do caso, decide instaurar um inquérito para apurar os fatos, tendo em vista que a pessoa que fora obrigada ao tratamento inovador veio a óbito em decorrência desse tratamento.

Com base nas informações apresentadas, assinale a alternativa correta.

a) A vontade do paciente morto, externada em vida para a ampla doação de seus órgãos, pode ser superada pela vontade de seus familiares ante o evidente erro médico.

b) Caso o paciente morto não houvesse deixado nada testado em vida, a decisão sobre a doação de órgãos caberia à família ou aos seus herdeiros.

c) Ninguém pode ser constrangido a submeter-se, sem risco de vida, a tratamento médico ou intervenção cirúrgica.

d) A retirada de órgãos do paciente morto pode atender a fins econômicos e de pesquisa, contanto que se preserve o caráter científico.

e) Salvo por exigência médica, é permitido o ato de disposição do próprio corpo, quando importar diminuição permanente da integridade física, ou contrariar os bons costumes.

COMENTÁRIOS

✪ **Nota da autora:** a questão exige o conhecimento do regramento relativo à disposição do próprio corpo com objetivo altruístico previsto no art. 14 do CC, bem como art. 4º da Lei de transplantes (9.434/97). No caso de conflito entre a vontade do falecido e de seus familiares, o Enunciado 277 do CJF estipula que: *"O art. 14 do Código Civil, ao afirmar a validade da disposição gratuita do próprio corpo, com objetivo científico ou altruístico, para depois da morte, determinou que a manifestação expressa do doador de órgãos em vida prevalece sobre a vontade dos familiares, portanto, a aplicação do art. 4º da Lei n. 9.434/97 ficou restrita à hipótese de silêncio do potencial doador"*

Alternativa correta: "b"

---

09. (UFPR - Delegado de Polícia - PC - PR/2021) D.M., menor com dezesseis anos de idade, ficou órfã perdendo seu pai e sua mãe por conta da pandemia do novo coronavírus. Agora, após ser recentemente aprovada no vestibular de medicina, ela precisa manter- se economicamente sozinha, tendo apenas um tio como tutor, que administra os bens e negócios deixados pelos seus pais, os quais empregam uma grande quantidade de trabalhadores.

Considerando as informações apresentadas, assinale a alternativa correta.

a) A morte dos pais de D.M. é suficiente para lhe garantir plena capacidade para os atos da vida civil, ante a situação excepcional de crise sanitária mundial, dispensando a oitiva de seu tutor.

b) Uma das formas de D.M. adquirir a emancipação, tendo em vista possuir apenas dezesseis anos completos, se deu com a sua aprovação para curso superior.

c) D.M. poderá ser emancipada somente por decisão judicial, após ouvido seu tutor, tendo em vista o falecimento de ambos os seus genitores.

d) D.M. só poderá exercer os atos da vida civil após dezoito anos completos, nos termos da lei civil, quando adquirirá sua maioridade e consequente capacidade de direito.

e) D.M. ficou imediatamente responsável pelos negócios de seus pais, o que acarretou sua emancipação automática por conta da presunção de economia própria, ainda que existente o tutor.

COMENTÁRIOS

Alternativa "a": assertiva errada. A morte dos pais não é suficiente, havendo necessidade de decisão judicial após oitiva do tutor (art. 5º, parágrafo único, inc. I do CC).

Alternativa "b": errado. Neste caso, a emancipação se daria com a colação de grau em curso de ensino superior (art. 5º, parágrafo único, inc. IV do CC).

Alternativa "c": correta. Vide comentário à assertiva "a".

Alternativa "d": assertiva equivocada, já que existem as possibilidades de emancipação a partir dos 16 anos (art. 5º, parágrafo único do CC).

Alternativa "e": errado. Nesta situação, a emancipação não é automática, devendo ser observado os art. 5º, parágrafo único, inc. V c/c art. 974 do CC.

Alternativa correta: "c"

---

10. (Instituto AOCP - Delegado de Polícia - PC - PA/2021) De acordo com o que dispõe o Código Civil acerca do domicílio, é correto afirmar que

a) o agente diplomático do Brasil, que, citado no estrangeiro, alegar extraterritorialidade sem designar onde tem, no país, o seu domicílio, poderá ser demandado no Distrito Federal ou no primeiro ponto do território brasileiro onde o teve.
b) se a administração, ou diretoria, tiver a sede no estrangeiro, haver-se-á por domicílio da pessoa jurídica, no tocante às obrigações contraídas por cada uma das suas agências, o lugar do estabelecimento, sito no Brasil, a que ela corresponder.
c) se a pessoa natural tiver diversas residências, onde, alternadamente, viva, considerar-se-á domicílio seu apenas a última residência estabelecida.
d) muda-se o domicílio, transferindo a residência, ainda que não haja intenção manifesta de o mudar.
e) tendo a pessoa jurídica diversos estabelecimentos em lugares diferentes, o local do primeiro estabelecimento criado será considerado domicílio para os atos praticados em qualquer um deles.

COMENTÁRIOS

Alternativa "a": Errado. O art.77 do CC determina que nesta situação, o agente diplomático será demandado no último ponto do território brasileiro onde o teve.

Alternativa "b": Correto. A assertiva traz a redação expressa no art. 75, § 2º, do CC.

Alternativa "c": Errado. O art. 71 do CC determina que nesta situação, qualquer das residências será considerada seu domicílio.

Alternativa "d": Errado. A mudança de domicílio requer o ânimo de mudança. Elemento subjetivo expressamente previsto no art. 74 do CC.

Alternativa "e": Errado. O art.75, § 1º do CC determina que nesta situação cada um dos estabelecimentos será considerado domicílio para os atos nele praticados.

Alternativa correta: "b"

---

11. (Inst. Acesso - Delegado de Polícia - PC - ES/2019) O Código Civil regula um amplo leque de relações jurídicas privadas, estabelecendo regras atinentes aos direitos da pessoa natural.

Tendo em vista o que tais regras dispõem, leia as afirmativas a seguir.

I. O exercício dos direitos da personalidade pode sofrer limitações voluntárias, desde que o titular seja maior e capaz.
II. O nome da pessoa natural é um direito da personalidade, no qual estão inclusos o nome e o sobrenome.
III. A autorização legal para a abertura da sucessão definitiva se dá com o fim da pessoa natural pela morte ou, após 3 anos, quando ela é declarada ausente.
IV. Aqueles que, momentaneamente, não puderem, por causa transitória ou permanente, exprimir sua vontade, são considerados relativamente incapazes.
V. Uma das hipóteses de cessação da incapacidade para o menor de 16 anos completos ocorre quando este ele tem relação de emprego, desde que, em função desta ocupação, o menor possua economia própria.

Indique a opção que contempla a(s) assertiva(s) correta(s).

a) III e IV, apenas.
b) II e V, apenas.
c) I, II e III, apenas.
d) II, III, IV e V.
e) I e IV, apenas.

COMENTÁRIOS

Assertiva I: O art. 11 do Código Civil determina a irrenunciabilidade e a intransmissibilidade destes direitos, de forma que não podem sofrer limitações voluntárias, ressalvadas as exceções legais. Vale ressaltar o Enunciado 4 da I Jornada de Direito Civil: *"O exercício dos direitos da personalidade pode sofrer limitação voluntária, desde que não seja permanente nem geral."*

Assertiva II: O art. 16 do Código Civil elenca como elementos essenciais ou fundamentais do nome o prenome e o sobrenome. Assim, nome é gênero do qual prenome e sobrenome são espécies. Em direito, nome não pode ser tido como sinônimo de prenome.

Assertiva III: Assertiva equivocada. No caso de morte presumida com declaração de ausência a abertura da sucessão definitiva se dará com a certeza da morte ou após 10 (dez) anos do trânsito em julgado da sentença que determinou a abertura da sucessão provisória. Art. 37 do Código Civil.

Assertiva IV: Afirmativa correta pois em consonância com o que determina o art. 4º, inciso III do Código Civil.

Assertiva V: Apesar de mal redigida, está correta, pois de acordo com o que determina o art. 5º, parágrafo único, inciso V do Código Civil.

Alternativa Correta: A questão foi ANULADA pela banca examinadora com a justificativa de que apenas as assertivas II e IV estão corretas, mas não há alternativa correspondente para marcação. Ao que me parece, as assertivas I, II e III estão erradas e as assertivas IV e V estão corretas, não havendo alternativa correspondente para marcação.

12. (Inst. Acesso - Delegado de Polícia - PC - ES/2019) João, maior, natural de Vila Velha, casado com Marina sob o regime de comunhão total de bens, exerce a profissão de gerente em empresa comercial. No exercício de sua profissão, João atua nas cidades de Cariacica, Fundão e Guarapari. Peçanha, subordinado de João, pretende ajuizar ação de indenização civil em face deste, sob a alegação de ter sofrido dano moral ocorrido no âmbito de suas atividades na empresa comercial. Nesta circunstância específica de interesse de Peçanha, para efeito de determinação do Domicílio de João, de acordo com o Código Civil, é correto afirmar que:

a) Em razão da atividade concernente à profissão, Cariacica, Fundão e Guarapari podem ser considerados domicílio de João.

b) Aplica-se o critério do lugar em que João tem ânimo definitivo de ficar, que seria, em tese, a casa em que mora com sua esposa Marina.

c) Aplica-se a regra de fixação do domicílio de João a qualquer um dos locais em que ele tenha residência.

d) Considera-se o domicílio civil de João apenas a sede da empresa comercial em que atua como gerente.

e) Por conta de seu casamento sob o regime de comunhão universal, aplica-se a regra da residência conjugal.

COMENTÁRIOS

Alternativa "a": A questão trata do domicílio profissional. No que se refere às relações concernentes à profissão, é domicílio da pessoa natural o local onde esta é exercida. Sendo exercida em lugares diversos, cada um deles será considero domicílio para as relações correspondentes. (Art. 72, § único do Código Civil). Responde as demais alternativas

Alternativa "b": vide comentário à alternativa "a".

Alternativa "c": vide comentário à alternativa "a".

Alternativa "d": vide comentário à alternativa "a".

Alternativa "e": vide comentário à alternativa "a".

Alternativa Correta: letra "a".

13. (Fundatec - Delegado de Polícia - PC - RS/2018) Pela leitura dos enunciados normativos do Código Civil brasileiro, assinale a alternativa INCORRETA.

a) Com exceção dos casos previstos em lei, o exercício dos direitos de personalidade não pode sofrer, voluntariamente, limitações, observada a característica da irrenunciabilidade de tais direitos.

b) Além da possibilidade legal de realização de transplantes e exceto por determinação médica, é defeso o ato de disposição sobre o próprio corpo quando importar diminuição permanente da integridade física, ou contrariar os bons costumes.

c) Não se pode usar o nome de outrem em propaganda comercial sem a devida autorização.

d) Salvo se necessária à manutenção da ordem pública, a utilização da imagem de uma pessoa falecida poderá ser proibida, exclusivamente a requerimento de seus ascendentes ou descendentes, se se destinar a fins comerciais.

e) A intimidade da pessoa natural é inviolável, e o juiz adotará as providências para fazer cessar ato contrário a esta norma.

COMENTÁRIOS

Alternativa "a": assertiva correta na medida em que contempla o disposto no art. 11 do CC. Além de irrenunciáveis, os direitos da personalidade também são intransmissíveis. Vale ressaltar que o enunciado da questão se refere à letra de lei. Há entendimento no sentido contrário. Enunciado 4 da I Jornada de Direito Civil: *"O exercício dos direitos da personalidade pode sofrer limitação voluntária, desde que não seja permanente nem geral."*

Alternativa "b": a assertiva contempla o quanto previsto no art. 13 e parágrafo único do CC. Ressalta-se que a determinação médica pode se dar em decorrência de adequação sexual, direito já reconhecido pelos tribunais superiores.

Alternativa "c": a assertiva traz a proteção ao nome prevista no art. 18 do CC. O nome é um dos elementos individualizadores da pessoa humana e, como tal, merece proteção jurídica.

Alternativa "d": A utilização da imagem de uma pessoa falecida poderá ser proibida se necessária à administração da justiça ou à manutenção da ordem pública. Além dos ascendentes ou descendentes, também tem legitimidade para requerer a proteção o cônjuge. Ainda, a proteção pode se dar contra a utilização para fins comerciais ou quando atingir a honra, a boa fama ou a respeitabilidade da pessoa falecida. (art. 20 do CC)

Alternativa "e": O art. 21 do CC determina a inviolabilidade da vida privada, sendo a intimidade uma de suas vertentes.

Alternativa correta: letra "d".

14. (Fundatec – Delegado de Polícia – PC – RS/2018) Tratando-se do domicílio, conforme tipificado no Código Civil brasileiro, analise as seguintes assertivas:

I. Se a pessoa jurídica possuir diversos estabelecimentos em lugares diferentes, será considerado domicílio aquele fixado por último, independentemente do local em que praticado o ato jurídico em análise.

II. Corresponde ao de seu domicílio, o lugar onde for encontrada a pessoa natural que não tenha residência habitual.

III. Nos contratos escritos, poderão os contratantes especificar domicílio onde se exercitem e cumpram os direitos e obrigações deles resultantes.

IV. A prova da intenção de alteração de domicílio corresponde ao que declarar a pessoa a seu cônjuge, descendente ou ascendente, se outra coisa não houver sido dita quando da própria mudança, com as circunstâncias que a acompanharem.

Quais estão corretas?

a) Apenas I e IV.
b) Apenas II e III.
c) Apenas III e IV.
d) Apenas I, II e III.
e) Apenas I, II e IV.

COMENTÁRIOS

Assertiva "I": O art. Artigo 75, § 1º do CC determina que: *tendo a pessoa jurídica diversos estabelecimentos em lugares diferentes, cada um deles será considerado domicílio* para os atos nele praticados.

Assertiva "II": É o que determina o art. 73 do CC, aplicável aos ciganos ou artistas circenses, que não possuem residência habitual.

Assertiva "III": É a denominada Cláusula de Eleição de Foro prevista no art. 78 do CC e reconhecida pela Súmula 335 do STF.

Assertiva "IV": Segundo o art. 74, parágrafo único, CC: «*A prova da intenção resultará do que declarar a pessoa às municipalidades dos lugares, que deixa, e para onde vai, ou, se tais declarações não fizer, da própria mudança, com as circunstâncias que a acompanharem.*"

Alternativa correta: letra "b".

15. (Fumarc – Delegado de Polícia – PC – MG/2018) Amanda tem 15 anos de idade. Mateus, por deficiência mental, não tem o necessário discernimento para a prática pessoal dos atos da vida civil. Tício é excepcional, sem desenvolvimento mental completo.

De acordo com o Código Civil e o Estatuto da Pessoa com Deficiência, considera(m)-se absolutamente incapaz(es) de exercer, pessoalmente, os atos da vida civil:

a) Amanda e Mateus.
b) Amanda.
c) Mateus e Tício.
d) Mateus.

COMENTÁRIOS

Com a entrada em vigor do Estatuto da Pessoa com Deficiência, são absolutamente incapazes apenas os menores de 16 anos. (art. 3º do CC). As pessoas portadoras de deficiência são presumidamente capazes. Para serem declaradas absoluta ou relativamente incapazes, necessário processo de interdição. A fim de conferir-lhes autonomia, referido diploma legal inovou ao trazer o instituto da Tomada de Decisão Apoiada (art. 1783-A do CC), pelo qual a pessoa portadora de deficiência escolhe duas pessoas de sua confiança para lhe assistir na realização de atos negociais.

Alternativa correta: letra "b".

16. (Fumarc – Delegado de Polícia – PC – MG/2018) Considere as seguintes afirmativas a respeito do domicílio da pessoa natural:

I. Tem como regra geral o lugar onde a pessoa estabelece a sua residência com ânimo definitivo.

II. Considera-se também como domicílio da pessoa natural, quanto às relações concernentes à profissão, o lugar onde esta é exercida.

III. Se houver exercício da profissão em lugares diversos, o local da contratação constituirá domicílio para as relações que lhe corresponderem.

IV. Muda-se o domicílio, transferindo a residência, com a intenção manifesta de o mudar. A prova da intenção resultará do que declarar a pessoa às municipalidades dos lugares, que deixa, e para onde vai, ou, se tais declarações não fizer, da própria mudança, com as circunstâncias que a acompanharem.

Estão CORRETAS apenas as afirmativas:

a) I, II e III.
b) I, II e IV.
c) I, III e IV.
d) II, III e IV.

COMENTÁRIOS

Assertiva "I": É o que determina o art. 70 do CC. O estabelecimento do domicílio requer a fixação da residência (elemento objetivo) com ânimo definitivo (elemento subjetivo).

Assertiva "II": Trata do domicílio profissional previsto no art. 72 do CC.

Assertiva "III": O art. 72, parágrafo único do CC determina que: *Se a pessoa exercitar profissão em lugares diversos, cada um deles constituirá domicílio para as relações que lhe corresponderem.*

Assertiva "IV": A assertiva é cópia fiel do quanto previsto no art. 74 do CC.

Alternativa correta: letra "b".

17. (Nucepe - Delegado de Polícia - PC - PI/2018) Fernando, atualmente, com 17 (dezessete) anos de idade, nasceu sem o movimento das pernas. Quanto a personalidade e capacidade de Fernando, podemos afirmar:

a) que Fernando possui incapacidade absoluta, o que acarreta a proibição total do exercício dos atos da vida civil, por si só;
b) a personalidade jurídica e capacidade de fato de Fernando tiveram início no dia que este nasceu com vida;
c) possui incapacidade relativa apenas em razão do critério etário;
d) sendo Fernando uma pessoa moral passou a ter personalidade jurídica no dia do registro no cartório que confeccionou sua Certidão de Nascimento;
e) possui incapacidade absoluta em virtude de ser pessoa com deficiência.

COMENTÁRIOS

Alternativa "a": (responde alternativas "c" e "e") Com a entrada em vigor do Estatuto da Pessoa com Deficiência, são absolutamente incapazes apenas os menores de 16 anos. (art. 3º do CC). Fernando é relativamente incapaz em razão da idade (art. 4º, I do CC), devendo ser assistido na prática dos atos da vida civil.

Alternativa "b": Segundo o Código Civil, a personalidade jurídica de Fernando teve início na data de seu nascimento com vida (art. 2º do CC), mas sua capacidade de fato, que é a aptidão para exercício dos atos da vida civil por si só, se dará com o atingimento da maioridade (art. 5º do CC).

Alternativa "d": Fernando é uma pessoa natural e não moral ou jurídica, de forma que passou a ter personalidade, de acordo com o Código Civil, a partir do seu nascimento com vida (art. 2º do CC).

Alternativa correta: letra "c".

18. (Nucepe - Delegado de Polícia - PC - PI/2018) Julgue os itens abaixo, e marque a alternativa CORRETA:

I. As fundações podem ser particulares e públicas.
II. Para criar uma fundação privada, o seu instituidor fará, por escritura pública, contrato registado, ou testamento.
III. Uma fundação de direito privado tem como fins específicos apenas: religiosos, morais, culturais ou de assistência.
IV. As associações constituem-se numa união de pessoas organizadas para fins econômicos ou não econômicos.
V. Os partidos políticos são pessoas jurídicas de direito público.

a) Somente os itens I e III estão corretos.
b) Somente o item I está correto.
c) Somente os itens I, II, III e IV estão corretos.
d) Todos os itens estão corretos.
e) Somente os itens I, III e IV estão corretos.

COMENTÁRIOS

QUESTÃO ANULADA.

Assertiva "I": As fundações podem constituir pessoas jurídicas de direito privado (particulares) OU pessoas jurídicas de direito público (públicas). Esta seria a única assertiva correta. Como a redação foi questionada por alguns candidatos, nos termos da lei, a questão foi anulada.

Assertiva "II": O art. 62 do CC determina que a criação de uma fundação depende de testamento ou escritura pública, mas não a condiciona a registro.

Assertiva "III": Além das finalidades descritas na assertiva, as fundações de direito privado podem ter todas as finalidades elencadas no art. 62, parágrafo único do CC.

Assertiva "IV": O art. 53 do CC determina que as associações só podem ser constituídas com finalidades não econômicas.

Assertiva "V": O art. 44, V do CC determina que os partidos políticos são pessoas jurídicas de direito privado.

Alternativa correta: questão anulada.

19. (UEG - Delegado de Polícia - PC - GO/2018) Sobre a pessoa jurídica de direito privado, dispõe o Código Civil que:

a) as disposições acerca das associações aplicam-se subsidiariamente às sociedades empresárias e às sociedades simples.
b) começa sua existência legal com o pedido de inscrição de seus atos constitutivos perante o registro respectivo.
c) se extingue sua existência legal com a dissolução ou com a cassação, se for o caso, da autorização para seu funcionamento.
d) tem proteção dos direitos de personalidade apenas quanto ao nome, desde o respectivo registro até a dissolução.
e) as organizações religiosas serão regidas por lei própria, que poderá dispor sobre a organização e a estrutura interna.

COMENTÁRIOS

Alternativa "a": É o que determina o art. 44, § 2º do CC. Não havendo disciplina específica sobre alguma questão atinente às sociedades empresárias ou simples, aplicam-se as regras aplicáveis às associações.

Alternativa "b": A existência da pessoa jurídica de direito privado tem início com o registro de seu ato constitutivo (art. 45 do CC)

Alternativa "c": Nos casos de dissolução ou cassação da autorização para funcionamento, a pessoa jurídica subsistirá até total liquidação. Operando-se esta, será promovido o cancelamento de sua inscrição. (art. 51 do CC)

Alternativa "d": A pessoa jurídica tem proteção a todos os direitos da personalidade compatíveis com sua natureza (art. 52 do CC), podendo inclusive sobre dano moral (Súmula 227 do STJ)

Alternativa "e": As organizações religiosas são de livre criação, organização e estruturação interna, devendo seus atos constitutivos e demais necessários para funcionamento serem registrados. (art. 44, IV do CC)

Alternativa correta: letra "a".

20. (Vunesp - Delegado de Polícia - PC - SP/2018) Domicílio da pessoa natural é o lugar onde ela estabelece a sua residência com ânimo definitivo. Sobre o assunto, assinale a alternativa correta.

a) O domicílio do preso é o lugar onde foi julgada a ação penal.

b) O domicílio do servidor público é o lugar em que ele exerce permanentemente suas funções.

c) O domicílio do incapaz é o do local onde ele for encontrado.

d) Se a pessoa natural não tiver residência habitual, ter-se-á por seu domicílio a última residência registrada em seu nome.

e) Se a pessoa natural tiver diversas residências, onde alternadamente viva, considerar-se-á seu domicílio apenas o lugar onde a profissão é exercida.

COMENTÁRIOS

Alternativa "a": O domicílio do preso é o local onde ele cumpre a sentença (art. 76, parágrafo único do CC). Atente-se à imprecisão da redação do artigo, tendo em vista que nem todo preso no Brasil estará cumprindo sentença. Existe a possibilidade de prisão civil pelo nao pagamento de pensão alimentícia e as prisões penais cautelares.

Alternativa "b": é o domicílio necessário do servidor público previsto expressamente no art. 76, parágrafo único do CC.

Alternativa "c": o domicílio do incapaz é o do seu representante ou assistente. (art. 76, parágrafo único do CC)

Alternativa "d": o domicílio da pessoa que não tem residência habitual é o local onde ela for encontrada. É o domicílio incerto aplicável aos artistas circenses e aos ciganos, por exemplo, previsto no art. 73 do CC.

Alternativa "e": Se a pessoa tiver diversas residências onde alternativamente viva, todas elas serão consideradas seu domicílio. É o chamado domicílio plúrimo previsto no art. 71 do CC.

Alternativa correta: letra "b".

3. DOS BENS

21. (UFPR - Delegado de Polícia - PC - PR/2021) Os bens econômicos podem ser classicamente considerados como aqueles passíveis de apropriação, que possuem um valor econômico e que admitem comercialização no mercado. Modernamente, o princípio da dignidade da pessoa humana integra a noção de bem econômico, o que representa a capacidade que os bens possuem de realizarem o indivíduo em sociedade, a partir de sua fruição em benefício próprio, atentando-se sempre para a preservação do princípio da função social.

(KOLLER, Carlos Eduardo; RIBEIRO, Marcia Carla Pereira. Derecho ante los desafios de la globalización, 2017, p. 232.)

A respeito do assunto, considere as seguintes afirmativas:

1. São singulares os bens que, embora reunidos, se consideram de per si, independentemente dos demais.
2. Constitui universalidade de fato a pluralidade de bens singulares que, pertinentes à mesma pessoa, tenham destinação unitária.
3. Constitui universalidade de direito o complexo de relações jurídicas, de uma pessoa, desprovidas de valor econômico.
4. São pertenças os bens que, não constituindo partes integrantes, destinam-se, de modo duradouro, ao uso, ao serviço ou ao aformoseamento de outro.

Assinale a alternativa correta.

a) Somente a afirmativa 1 é verdadeira.

b) Somente as afirmativas 2 e 3 são verdadeiras.

c) Somente as afirmativas 3 e 4 são verdadeiras.

d) Somente as afirmativas 1, 2 e 4 são verdadeiras.

e) As afirmativas 1, 2, 3 e 4 são verdadeiras.

COMENTÁRIOS

Assertiva "1": Correto. É o que determina o art. 89 do CC.

Assertiva "2": Correto. É o que determina o art. 90 do CC.

Assertiva "3": Incorreto. O art. 91 do CC determina que constitui universalidade de direito o complexo de relações jurídicas, de uma pessoa, *dotado* de valor econômico.

Assertiva "4": Correto. É o que determina o art. 93 do CC.

Alternativa correta: "d"

22. (Fundatec - Delegado de Polícia - PC - RS/2018) Conforme disciplina normativa do Código Civil brasileiro, NÃO são bens públicos:

a) Os dominicais, ainda que alienáveis.

b) Os de uso especial destinados a autarquias.

c) Os terrenos destinados a serviços da administração territorial ou municipal.

d) Os bens sujeitos a usucapião.

e) Os dominicais, quando objeto de direito pessoal de entidades de direito público.

COMENTÁRIOS

Alternativa "a": Os bens dominicais são bens públicos, de acordo com o art. 99, III do CC. O fato de serem alienáveis (art. 101 do CC) não faz com que percam a natureza jurídica de bens públicos.

Alternativa "b": Os bens de uso especial destinados a autarquias estão incluídos entre os bens públicos previstos no art. 99, II do CC.

Alternativa "c": Os terrenos destinados a serviços da administração territorial ou municipal também são bem públicos de uso especial, de acordo com previsão expressa no art. 99, II do CC.

Alternativa "d": Os bens que se sujeitam a usucapião não são públicos, vez que o art. 102 do CC proíbe expressamente a aquisição da propriedade de bens públicos através da usucapião.

Alternativa "e": Os bens dominicais, quando objeto de direito pessoal ou real de entidades de direito público, constituem bens públicos, na forma do art. 99, III do CC.

Alternativa correta: letra "d".

---

23. (Fumarc – Delegado de Polícia – PC – MG/2018) De acordo com o disposto no Código Civil a respeito dos bens, é CORRETO afirmar:

a) A lei não pode determinar a indivisibilidade do bem, pois esta característica decorre da natureza da coisa ou da vontade das partes.

b) A regra de que o acessório segue o principal tem inúmeros efeitos, entre eles, a presunção absoluta de que o proprietário da coisa principal também seja o dono do acessório.

c) Para os efeitos legais, considera-se bem imóvel o direito à sucessão aberta.

d) Pertenças são obras feitas na coisa ou despesas que se teve com ela, com o fim de conservá-la, melhorá-la ou embelezá-la.

COMENTÁRIOS

Alternativa "a": A indivisibilidade de um bem naturalmente divisível pode decorrer de determinação legal ou da vontade das partes (art. 88 do CC)

Alternativa "b": Trata-se do princípio da gravitação jurídica, segundo o qual o bem acessório segue a sorte do bem principal, mas esta presunção é relativa, pois as partes podem estabelecer regra diversa (art. 233 do CC)

Alternativa "c": é o que estabelece o art. 80 do CC. Assim, aplicam-se à sucessão aberta todas as regras inerentes aos bens imóveis quanto à transferência de propriedade, necessidade de vênia conjugal para alienação, etc.

Alternativa "d": O conceito trazido pelo examinador é o de benfeitorias. O art. 93 do CC determina que: *São pertenças os bens que, não constituindo partes integrantes, se destinam, de modo duradouro, ao uso, ao serviço ou ao aformoseamento de outro.*

Alternativa correta: letra "c".

---

24. (Nucepe – Delegado de Polícia – PC – PI/2018) Marque a alternativa CORRETA no que tange aos bens:

a) Os veículos à venda em uma concessionária são considerados bens consumíveis.

b) delegacia são considerados bens imóveis em decorrência da lei.

c) A delegacia é considerada um bem público de uso comum do povo.

d) As portas, janelas de um determinado imóvel, bem como as armas que se encontram em exposição são considerados bem móveis.

e) O dinheiro é considerado um bem infungível.

COMENTÁRIOS

Alternativa "a": Apesar de ser um bem que possibilita reiterada utilização, um veículo pode ser considerado consumível com relação à concessionária que o aliena, em razão da destinação econômico-jurídica que lhe é dada. (art. 86, *in fine* do CC)

Alternativa "b": Delegacias são consideradas bens imóveis por acessão artificial ou industrial (art. 81, II do CC), não por determinação legal. Ou seja, são construções incorporadas permanentemente ao solo em decorrência de atividade humana.

Alternativa "c": A delegacia é um bem público de uso especial (art. 99, II do CC), por constituir um edifício destinado a serviço a ser prestado por ente da federação.

Alternativa "d": As portas e janelas são bens imóveis por acessão artificial ou industrial (art. 81, II do CC). Já as armas são consideradas pertenças (art. 93 do CC)

Alternativa "e": Dinheiro é bem fungível na medida em que pode ser substituído por outro da mesma espécie, quantidade e qualidade (art. 85 do CC)

Alternativa correta: letra "a".

---

25. (Vunesp – Delegado de Polícia – PC – SP/2018) Sobre as diferentes classes de bens, assinale a alternativa correta.

a) Constitui universalidade de direito a pluralidade de bens singulares que, pertinentes à mesma pessoa, tenham destinação unitária.

b) Os bens naturalmente divisíveis só podem tornar-se indivisíveis por determinação legal.

c) São bens imóveis o solo, o subsolo e o espaço aéreo e apenas o que se lhe incorporar artificialmente.

d) Consideram-se bens móveis as energias que tenham valor econômico e o direito à sucessão aberta.

e) Apesar de ainda não separados do bem principal, os frutos e produtos podem ser objeto de negócio jurídico.

COMENTÁRIOS

Alternativa "a": O examinador trocou o conceito de universalidade de fato pelo conceito de universidade de direito. O trazido na assertiva corresponde ao de universalidade de fato previsto no art. 90 do CC.

Alternativa "b": Os bens naturalmente divisíveis também podem tornar-se indivisíveis por vontade das partes. (art. 88 do CC)

Alternativa "c": Também são considerados bens imóveis aquilo que se incorpora ao solo naturalmente (art. 79 do CC)

Alternativa "d": O direito à sucessão aberta, para efeitos legais, é considerado um bem imóvel (art. 80, II do CC)

Alternativa "e": É o que determina expressamente o art. 95 do CC.

Alternativa correta: letra "e".

4. DOS ATOS E FATOS JURÍDICOS

26. (UFPR - Delegado de Polícia - PC - PR/2021) A palavra fato quer dizer acontecido, feito, ocorrido, operado, realizado, sendo o particípio passado do verbo fazer, do verbo latino factio, is, feci, factum, ere. Fato é, assim, todo acontecimento, que pode ser natural, jurídico ou humano, encontrando nesse posicionamento suas três espécies.

(AZEVEDO, Álvaro Villaça. Teoria Geral dos Contratos Típicos e Atípicos, 2009, p. 03.)

A respeito do assunto, considere as seguintes afirmativas:

1. O fato natural provém da natureza, dispensa a vontade humana e nunca produz efeitos jurídicos, tal como um maremoto em alto mar, na própria natureza, sendo irrelevante para o Direito.
2. Um tsunami que traz danos a uma cidade é um exemplo de um fato natural, não jurídico.
3. O fato jurídico não depende da vontade humana, mas produz efeitos no ordenamento jurídico, como se dá com um fato natural que adentra na órbita de direitos de uma pessoa produzindo um dano.
4. O fato humano é o único que sempre exigirá a manifestação de vontade do sujeito e, por tratar- se de verdadeiro ato jurídico, uma de suas formas manifestar-se-á na realização pura e simples da vontade humana.

Assinale a alternativa correta.

a) Somente a afirmativa 1 é verdadeira.

b) Somente as afirmativas 2 e 3 são verdadeiras.

c) Somente as afirmativas 2 e 4 são verdadeiras.

d) Somente as afirmativas 1, 3 e 4 são verdadeiras.

e) As afirmativas 1, 2, 3 e 4 são verdadeiras.

COMENTÁRIOS

Nota da autora: a questão exige conhecimento dos conceitos de fato jurídico *lato* e *stricto* senso, bem como da diferenciação entre fato e ato jurídico. Neste sentido, apenas a assertiva 2 está incorreta, tendo em vista que um *tsunami*, embora seja um evento da natureza, será considerado um fato jurídico quando trouxer consequências jurídicas como a abertura da sucessão no caso de morte, ressarcimento de danos no caso de contratos de seguro, etc.

Alternativa correta: "d"

27. (Fundatec - Delegado de Polícia - PC - RS/2018) Sobre ilicitude e responsabilidade civil, assinale a alternativa correta.

a) Para a caracterização do ato ilícito previsto no Art. 187 do Código Civil brasileiro, é necessária a aferição de culpa e dano do autor do fato.

b) Haverá obrigação de reparar o dano, independentemente de culpa, quando a atividade desenvolvida implicar, por sua natureza, risco para os direitos de outrem.

c) Só é considerado ilícito o ato que, exercido em manifesto excesso aos limites impostos pelo seu fim econômico ou social, causar efetivo dano a alguém.

d) Constitui hipótese de ilicitude civil, em qualquer circunstância, a conduta de lesionar a pessoa a fim de remover perigo iminente.

e) O dano exclusivamente moral, provocado por omissão voluntária, em caso de prática de ato negligente, não conduz à caracterização de um ilícito civil.

COMENTÁRIOS

Alternativa "a": O art. 187 do CC prevê a figura do ato ilícito por equiparação ou abuso de direito. Segundo Enunciado 37 da I Jornada de Direito Civil: *A responsabilidade civil decorrente do abuso do direito independe de culpa e fundamenta-se somente no critério objetivo-finalístico.*

Alternativa "b": É o que prevê o art. 927, parágrafo único do CC, que trata da responsabilidade objetiva das atividades de risco e demais casos expressos em lei.

Alternativa "c": Além dos casos de abuso de direito previstos na assertiva (art. 187 do CC), também configuram atos ilícitos ações ou omissões que violem direitos e causem danos a outrem (art. 186 do CC).

Alternativa "d": O art. 188, II do CC determina que: ***Não** constituem atos ilícitos a deterioração ou destruição da coisa alheia, ou a lesão a pessoa, a fim de remover perigo iminente.*

Alternativa "e": Qualquer conduta que mediante ação ou omissão voluntária, negligência ou imprudência, viole direito e cause dano a alguém, ainda que exclusivamente moral, configura ato ilícito (art. 186 do CC).

Alternativa correta: letra "b".

28. (Nucepe - Delegado de Polícia - PC - PI/2018) Mateus em contato telefônico com uma empresa X, consentiu que ela lhe enviasse um contrato de publicidade para destacar sua empresa em um determinado site. Segundo as informações repassadas via telefone foi a de que Mateus pagaria R$ 15,00 (quinze reais) mensais durante 12 (doze) meses. Estabelecido o negócio jurídico, Mateus recebeu o contrato via e-mail, assinou e encaminhou a empresa, não tendo percebido que a referida Empresa procedera, intencionalmente a substituição do valor inicialmente avençado para cada parcela, fazendo constar o importe de R$ 150,00 (cento e cinquenta reais) por mês. Diante da situação posta, é possível afirmar acerca do negócio jurídico:

a) Uma vez assinado o contrato, Mateus deverá honrar, pois não houve vício que possa fundamentar a nulidade ou anulação do negócio jurídico.
b) Mateus poderá anular o negócio jurídico, por encontrar-se defeituoso, na figura do dolo, pois a empresa X se utilizou de expediente astucioso, a fim de que Mateus assinasse o contrato, levando-o a crer que as condições pactuadas via contato telefônico estariam mantidas.
c) Mateus poderá anular o negócio jurídico fundamentado no instituto da reserva mental, uma vez que o que se passava na sua mente era o pagamento de R$ 15,00 (quinze reais) mensais e não R$ 150,00 (cento e cinquenta reais).
d) O negócio jurídico deve ser considerado inexistente, em face da inexistência de vontade efetiva de Mateus quanto aos efeitos decorrentes do referido contrato.
e) Houve lesão, caracterizado o fato pela manifesta desproporção entre a prestação informada via contato telefônico e a que se estabeleceu no contrato enviado por Mateus, que por sua vez, credita-se inexperiente.

COMENTÁRIOS

Alternativa "b": (responde a alternativa "a") o negócio será anulável por vício do consentimento consistente em dolo (arts. 171, II e 145 do CC). Mateus foi maliciosamente induzido a erro, realizando um negócio jurídico que lhe trará prejuízo. O *Dolus Malus* capaz de gerar a anulação do negócio resta caracterizado na medida em que a empresa procedera intencionalmente a substituição do valor inicialmente avençado.

Alternativa "c": Não se aplica ao caso o instituto da reserva mental previsto no art. 110 do CC, vez que Mateus manifestou exatamente a vontade querida e dela o destinatário tinha conhecimento.

Alternativa "d": O negócio existe, pois preenchidos seus pressupostos de existências, quais sejam: agentes, objeto e manifestação de vontade. O questionamento reside no campo da eficácia.

Alternativa "e": Não há que se falar em lesão (art. 157 do CC), vez que o enunciado da questão não fornece elementos que permitam concluir pela necessidade ou inexperiência de Mateus. Ainda, não houve a assunção de prestação desproporcional ao valor da prestação oposta. O valor assumido por Mateus estava dentro da razoabilidade esperada para este tipo de contrato. A alteração maliciosa de valor operada pela parte contrária é que causou a desproporção.

Alternativa correta: letra "b".

29. (Vunesp - Delegado de Polícia - PC - BA/2018) De acordo com a disciplina constante do Código Civil acerca dos vícios de vontade dos negócios jurídicos, assinale a alternativa correta.

a) O erro de indicação da pessoa ou da coisa a que se referir a declaração de vontade viciará o negócio, mesmo se, por seu contexto e pelas circunstâncias, for possível identificar a coisa ou pessoa cogitada.
b) O silêncio intencional de uma das partes a respeito de fato ou qualidade que a outra parte haja ignorado, nos negócios jurídicos bilaterais, constitui omissão culposa, provando-se que, sem ela, o negócio não teria sido celebrado, ou o seria de outro modo.
c) A coação, para viciar o negócio jurídico, deve incutir ao paciente temor de dano iminente à sua pessoa, à sua família, aos seus bens ou a terceiros, devendo ser levados em conta o sexo, a idade, a condição, a saúde e, no temor referencial, o grau de parentesco.
d) Configura-se o estado de perigo quando alguém, premido da necessidade de salvar-se, ou a pessoa pertencente ou não à sua família, de grave dano conhecido ou não pela outra parte, assume obrigação excessivamente onerosa.
e) Se for oferecido suplemento suficiente, ou se a parte favorecida concordar com a redução do proveito, segundo os valores vigentes ao tempo em que foi celebrado o negócio jurídico, não se decretará a anulação do negócio, nos casos de lesão.

COMENTÁRIOS

Alternativa "a": O art. 142 do CC determina que o equívoco quanto a pessoa ou coisa não viciará o negócio se for possível identificar a pessoa ou coisa cogitada.

Alternativa "b": O art. 147 do CC descreve tal situação como omissão dolosa e não culposa, uma vez que o silencio se dá de forma intencional.

Alternativa "c": O art. 153 do CC prevê expressamente que o temor reverencial não é causa apta a configurar coação.

Alternativa "d": De acordo com a art. 156 do CC, a configuração do estado de perigo exige que a possibilidade de dano seja conhecida da outra parte.

Alternativa "e": É o que determina o art. 157 e seus parágrafos. O intuito do legislador foi manter o acordo vigente, desde que restabelecido o equilíbrio das prestações, em atendimento à função social do contrato.

Alternativa correta: letra "e".

---

30. (Vunesp – Delegado de Polícia – PC – BA/2018) De acordo com a disciplina constante do Código Civil acerca dos vícios de vontade dos negócios jurídicos, assinale a alternativa correta.

a) O erro de indicação da pessoa ou da coisa a que se referir a declaração de vontade viciará o negócio, mesmo se, por seu contexto e pelas circunstâncias, for possível identificar a coisa ou pessoa cogitada.

b) O silêncio intencional de uma das partes a respeito de fato ou qualidade que a outra parte haja ignorado, nos negócios jurídicos bilaterais, constitui omissão culposa, provando-se que, sem ela, o negócio não teria sido celebrado, ou o seria de outro modo.

c) A coação, para viciar o negócio jurídico, deve incutir ao paciente temor de dano iminente à sua pessoa, à sua família, aos seus bens ou a terceiros, devendo ser levados em conta o sexo, a idade, a condição, a saúde e, no temor referencial, o grau de parentesco.

d) Configura-se o estado de perigo quando alguém, premido da necessidade de salvar-se, ou a pessoa pertencente ou não à sua família, de grave dano conhecido ou não pela outra parte, assume obrigação excessivamente onerosa.

e) Se for oferecido suplemento suficiente, ou se a parte favorecida concordar com a redução do proveito, segundo os valores vigentes ao tempo em que foi celebrado o negócio jurídico, não se decretará a anulação do negócio, nos casos de lesão.

COMENTÁRIOS

Alternativa "a": O art. 142 do CC determina que o equívoco quanto a pessoa ou coisa não viciará o negócio se for possível identificar a pessoa ou coisa cogitada.

Alternativa "b": O art. 147 do CC descreve tal situação como omissão dolosa e não culposa, uma vez que o silencio se dá de forma intencional.

Alternativa "c": O art. 153 do CC prevê expressamente que o temor reverencial não é causa apta a configurar coação.

Alternativa "d": De acordo com a art. 156 do CC, a configuração do estado de perigo exige que a possibilidade de dano seja conhecida da outra parte.

Alternativa "e": É o que determina o art. 157 e seus parágrafos. O intuito do legislador foi manter o acordo vigente, desde que restabelecido o equilíbrio das prestações, em atendimento à função social do contrato.

Alternativa correta: letra "e".

---

31. (IBADE – Delegado de Polícia – AC/2017) Com relação ao negócio jurídico, é correto afirmar que:

a) os negócios jurídicos benéficos a apenas uma das partes se interpretam de forma ampla.

b) a validade da declaração de vontade dependerá sempre de forma especial.

c) o sentido literal da linguagem prevalece sobre a intenção embutida na declaração de vontade.

d) se a incapacidade do agente que o celebra for absoluta, o negócio jurídico é anulável.

e) se realizado por agente relativamente incapaz, ensejará nulidade relativa.

COMENTÁRIOS

Alternativa "a": A alternativa está incorreta pois contraria o disposto no artigo 114 do Código Civil. Nas situações negociais em que apenas uma das partes aufere vantagem, a interpretação deve ser estrita, para não se agravar ainda mais a situação daquele que pratica ato de mera liberalidade.

Alternativa "b": A assertiva está incorreta. De acordo com o artigo 107 do Código Civil, a validade da declaração de vontade só dependerá de forma especial quando a lei expressamente assim exigir. Nestes casos, diz-se que o negócio é formal ou *ad solemnitatem.*

Alternativa "c": A alternativa está equivocada porque contraria o disposto no artigo 112 do Código Civil que determina que: "*Nas declarações de vontade se atenderá mais à intenção nelas consubstanciada do que ao sentido literal da linguagem.*"

Alternativa "d": A assertiva está errada. A incapacidade absoluta é causa de nulidade dos negócios jurídicos, de acordo com o que determina o artigo 166, inciso I do Código Civil.

Alternativa "e" – A assertiva está correta pois contempla o disposto no artigo 171, inciso I do Código Civil. Assim, o negócio jurídico produzirá todos os seus efeitos até que seja judicialmente anulado, mediante pedido fundamentado que comprove prejuízo ao incapaz.

Alternativa correta: letra "e".

5. DA PRESCRIÇÃO E DA DECADÊNCIA

32. (Cespe – Delegado de Polícia – PC – RJ/2022) Carlos abalroou o veículo de Lúcia no dia 15 de maio de 2018. Durante as tratativas para o pagamento dos prejuízos, eles apaixonaram-se e casaram-se após dois meses do evento danoso. Após três anos de casamento e o nascimento de um filho, a relação desgastou-se e eles resolveram se divorciar consensualmente. Inconformada com o término da relação conjugal, Lúcia ajuizou ação condenatória contra Carlos no dia 16 de setembro de 2021, para se ressarcir dos prejuízos decorrentes do acidente, que a deixaram sem ter como se locomover para o trabalho. Em contestação, o demandado se defendeu alegando a ocorrência de prescrição. Nessa situação hipotética, à luz do Código Civil, na data de ajuizamento da ação por Lúcia,

a) a pretensão autoral condenatória encontrava-se fulminada pela prescrição.

b) a pretensão autoral condenatória encontrava-se alcançada pela decadência.

c) a ocorrência de prescrição ou decadência estaria sujeita a decisão homologatória proferida perante a vara de família.

d) não haveria que se falar em prescrição ou decadência, por se tratar de relação conjugal em que houve o nascimento de prole.

e) a pretensão autoral condenatória deduzida contra o demandado não se encontrava prescrita.

COMENTÁRIOS

Alternativa "e": responde a todas as alternativas - Em que pese o prazo prescricional para a pretensão de reparação civil ser de três anos (art. 206, § 3º, inciso V do CC), a contagem do prazo ficou suspensa durante a constância da sociedade conjugal, conforme determina o art. 197, I do CC, de forma que a pretensão autoral não se encontra prescrita.

Alternativa correta: "e"

---

33. (Cespe - Delegado de Polícia - PC - SE/2018) Determinada sociedade por quotas de responsabilidade limitada compra peças de uma sociedade em comum e as utiliza na montagem do produto que revende.

Considerando essa situação, julgue o item a seguir, com base no Código de Defesa do Consumidor (CDC) e nas normas de direito civil e empresarial.

33.1. Ao celebrar contratos com terceiros, as duas sociedades referidas na situação hipotética podem estabelecer prazos prescricionais mais amplos que os previstos no Código Civil.

COMENTÁRIOS

✪ **Nota da autora:** Assertiva errada. O artigo 192 do CC determina expressamente que os prazos prescricionais não podem ser alterados mediante acordo entre as partes.

Alternativa correta: "errado"

---

34. (Fumarc - Delegado de Polícia - PC - MG/2018) Sobre a prescrição e a decadência, é CORRETO afirmar:

a) A interrupção da prescrição é comum, aproveitando, em qualquer caso, a todos os credores ainda que somente um a tenha promovido.

b) A prescrição está ligada às ações constitutivas e desconstitutivas; já a decadência está relacionada às ações condenatórias.

c) As ações declaratórias, por serem direitos pessoais, estão sujeitas ao prazo prescricional de 5 anos.

d) Se a decadência for convencional, a parte a quem aproveita pode alegá-la em qualquer grau de jurisdição, mas o juiz não pode suprir a alegação.

COMENTÁRIOS

Alternativa "a": A assertiva contraria disposição expressa no art. 204 do CC. A interrupção da prescrição por um dos credores não aproveita aos demais.

Alternativa "b": É exatamente ao contrário, já que a prescrição está diretamente relacionada à perda do direito de ação, enquanto a decadência está relacionada à perda do direito material, ambas em razão da inércia de seu titular. Assim, a prescrição está ligada às ações condenatórias, enquanto a decadência às ações constitutivas ou desconstitutivas de direitos.

Alternativa "c": As ações meramente declaratórias são imprescritíveis, vez que têm por objetivo apenas a declaração da existência de um fato ou de um direito, podendo ser intentadas a qualquer tempo.

Alternativa "d": Trata do prazo decadência estipulado pelas partes. A assertiva copia literalmente o quanto previsto no art. 211 do CC.

Alternativa correta: letra "d".

---

35. (Vunesp - Delegado de Polícia - PC - BA/2018) A respeito da prescrição e decadência, assinale a alternativa correta.

a) Violado o direito, nasce para o titular a pretensão, a qual se extingue pela prescrição; a exceção prescreve nos prazos processuais previstos em lei especial, não havendo coincidência com os prazos da pretensão, em razão da sua disciplina própria.

b) A renúncia à prescrição pode ser expressa ou tácita, e só valerá, sendo feita, sem prejuízo de terceiro, antes de a prescrição se consumar; tácita é a renúncia quando se presume de fatos do interessado, incompatíveis com a prescrição.

c) Os prazos de prescrição podem ser alterados por acordo das partes; a prescrição pode ser alegada em qualquer grau de jurisdição pela parte a quem aproveita e, iniciada contra uma pessoa, continua a correr contra o seu sucessor.

d) A interrupção da prescrição pode se dar por qualquer interessado, somente poderá ocorrer uma vez e, após interrompida, recomeça a correr da data do ato que a interrompeu, ou do último ato do processo para a interromper.

e) Não corre a prescrição entre os cônjuges e/ou companheiros, na constância da sociedade conjugal, entre ascendentes e descendentes, durante o poder familiar, bem como contra os relativamente incapazes.

COMENTÁRIOS

Alternativa "a": Apesar de a primeira parte da assertiva estar correta, o art. 190 do CC determina que a exceção prescreve no mesmo prazo que a pretensão.

Alternativa "b": Em que pese a renúncia à prescrição poder se dar de forma expressa ou tácita, ela só terá validade se realizada depois que a prescrição se consumar (art. 191 do CC)

Alternativa "c": Os prazos prescricionais não podem ser alterados por vontade das partes (art. 192 do CC), podem ser alegados em qualquer grau de jurisdição pela parte a quem aproveita (art. 193 do CC) e, iniciados contra uma pessoa, continuam a correr contra seus sucessores (art. 196 do CC)

Alternativa "d": É o que se conclui da leitura conjunta dos arts. 203 e 202, *caput* e parágrafo único.

Alternativa "e": As hipóteses em que o prazo prescricional não corre estão previstas expressamente nos arts. 197, 198 e 199 do CC. Os relativamente incapazes não se encontram ali inseridos, de forma que contra eles o prazo prescricional flui normalmente.

Alternativa correta: letra "d".

36. (FUNCAB – Delegado de Polícia – PA/2016) Sobre o instituto da decadência, está correto afirmar que:

a) a decadência não corre contra os relativamente incapazes.
b) se for convencionada entre as partes, pode ser alegada por quem a aproveita em qualquer grau de jurisdição.
c) em regra, aplicam-se à decadência as normas que impedem, suspendem ou interrompem a prescrição.
d) o juiz não pode, em hipótese alguma, conhecer de ofício a decadência.
e) na hipótese de decadência convencional, o juiz pode suprir a sua alegação, a qualquer tempo e em qualquer grau de jurisdição.

COMENTÁRIOS

Alternativa "a": A assertiva está equivocada pois a decadência não corre apenas contra os *absolutamente* incapazes, que após a entrada em vigor do Estatuto da Pessoa com Deficiências são apenas os menores de 16 anos. Interpretação sistemática dos artigos 198, inciso I e 208 do Código Civil.

Alternativa "b" – A alternativa está correta pois de acordo com o que preceitua o artigo 211 do Código Civil. Trata-se da decadência convencional, estabelecida contratualmente, que poderá ser alegada em qualquer grau de jurisdição, mas não poderá ser reconhecida de ofício pelo magistrado.

Alternativa "c": A alternativa está errada pois contraria o disposto no art. 207 do Código Civil. As normas que impedem, suspendem ou interrompem a prescrição só serão aplicadas à decadência excepcionalmente, quando houver previsão legal nesse sentido.

Alternativa "d": A assertiva está equivocada. O juiz não pode reconhecer de ofício a decadência convencional. A decadência legal *deve* por ele assim ser reconhecida. Inteligência dos artigos 210 e 211 do Código Civil.

Alternativa "e": vide comentários às alternativas "b" e "d".

Alternativa correta: letra "b".

37. (Cespe – Delegado de Polícia – PE/2016) Acerca de prescrição e decadência no direito civil, assinale a opção correta.

a) A prescrição não pode ser arguida em grau recursal.
b) Desde que haja consenso entre os envolvidos, é possível a renúncia prévia da decadência determinada por lei.
c) A prescrição não corre na pendência de condição suspensiva.
d) Ao celebrarem negócio jurídico, as partes, em livre manifestação de vontade, podem alterar a prescrição prevista em lei.
e) É válida a renúncia da prescrição, desde que determinada expressamente antes da sua consumação.

COMENTÁRIOS

Alternativa "a": A assertiva está incorreta, pois a prescrição pode ser alegada em qualquer grau de jurisdição, pela parte a quem aproveita, de acordo com o previsto no art. 193 do Código Civil.

Alternativa "b": A assertiva está incorreta, vez que é nula a renúncia à decadência fixada em lei, nos termos do art. 209 do Código Civil.

Alternativa "c": A assertiva está correta pois encontra-se de acordo com o previsto no art. 199 do Código Civil.

Alternativa "d": Incorreta. Os prazos de prescrição não podem ser alterados por acordo das partes, nos termos do art. 192 do Código Civil.

Alternativa "e": Incorreta, pois contraria o disposto no art. 191 do Código Civil que prevê que renúncia da prescrição pode ser expressa ou tácita, e só valerá, sendo feita, sem prejuízo de terceiro, depois que a prescrição se consumar.

Alternativa correta: letra "c".

6. DA PROVA

38. (Fundatec – Delegado de Polícia – PC – RS/2018) Quanto à prova dos fatos jurídicos, analise as seguintes assertivas:

I. A confissão é irrevogável, mas pode ser anulada se decorreu de erro de fato ou de coação.

II. A escritura pública, lavrada em notas de tabelião, é documento dotado de fé pública, fazendo prova plena, desde que observado o cumprimento das exigências legais e fiscais inerentes à legitimidade do ato.

III. O instrumento particular, quando assinado por quem esteja na livre administração de seus bens, faz prova e opera seus efeitos, a respeito de terceiros, independentemente de qualquer registro público.

IV. As declarações constantes de documentos assinados se presumem verdadeiras em relação aos signatários apenas se confirmadas, no mesmo documento, por duas testemunhas.

Quais estão INCORRETAS?

a) Apenas I e IV.

b) Apenas III e IV.

c) Apenas I, II e III.

d) Apenas I, II e IV.

e) Apenas II, III e IV.

COMENTÁRIOS

Assertiva "I": na medida em que corresponde aos exatos termos do art. 214 do CC. Tanto o erro quanto a coação são vícios do consentimento capazes de gerar a anulação de atos jurídicos.

Assertiva "II": pois contempla o quanto previsto no art. 215, § 1º, V do CC. Ressalta-se que, a depender do que se pretende provar, outros requisitos podem ser exigidos por lei.

Assertiva "III": Apesar de o instrumento particular ter força probante quanto às obrigações convencionais de qualquer valor, só produz efeitos perante terceiros após o respectivo registro público. (art. 221 do CC).

Assertiva "IV": O art. 219 do CC determina que se presumem verdadeiras as declarações constantes em documentos assinados em relação aos signatários, independentemente da confirmação por testemunhas. As assinaturas de duas testemunhas são exigidas para que os contratos tenham força de título executivo extrajudicial.

Alternativa correta: letra "b".

7. DIREITO DAS OBRIGAÇÕES

39. (Cespe – Delegado de Polícia – PC – RJ/2022) Acerca de adimplemento e extinção das obrigações, assinale a opção correta.

a) O credor não é obrigado a receber prestação diversa da que lhe é devida, salvo se mais valiosa.

b) O pagamento deve ser efetuado no domicílio do credor, salvo se as partes convencionarem diversamente, ou se o contrário resultar da lei, da natureza da obrigação ou das circunstâncias.

c) A entrega do título ao devedor firma a presunção do pagamento.

d) Nos termos do Código Civil, a remissão de dívida pelo credor extingue a obrigação independentemente de aceitação do devedor.

e) A obrigação se extingue por compensação quando na mesma pessoa se confundem as qualidades de credor e devedor.

COMENTÁRIOS

Alternativa "a": Assertiva equivocada. O art. 313 do CC determina que o credor não é obrigado a receber prestação diversa da que lhe é devida, ainda que mais valiosa.

Alternativa "b": Alternativa incorreta. Em regra, o pagamento deverá ser realizado no domicílio do devedor, conforme dispõe o art. 327 do CC.

Alternativa "c": alternativa correta, pois traduz reprodução literal do art. 324 do CC.

Alternativa "d": Errado. O art. 385 do CC condiciona a extinção da obrigação, no caso de remissão, à aceitação pelo devedor.

Alternativa "e": Assertiva errada. O examinador tenta confundir o candidato ao descrever o instituto da confusão, previsto no art. 381 do CC, com o nome de compensação.

Alternativa correta: "c"

40. (Cespe – Delegado de Polícia – PC – RJ/2022) Acerca da transmissão das obrigações, prevista no Código Civil Brasileiro, assinale a opção correta.

a) A cessão de contrato, também chamada cessão de posição contratual, é vedada no direito brasileiro, mesmo se ambos os contratantes estiverem de acordo com a cessão.

b) Salvo disposição em contrário, na cessão de um crédito abrangem-se todos os seus acessórios.

c) Na cessão de crédito, salvo estipulação em contrário, o cedente responde pela solvência do devedor.

d) Na cessão de crédito pro solvendo, o cedente responde apenas pela existência e validade do crédito cedido.

e) Na assunção de dívida, o novo devedor pode opor ao credor todas as exceções pessoais que competiam ao devedor primitivo.

COMENTÁRIOS

Alternativa "a": Incorreto. Não há proibição em lei quanto à transferência do polo ativo ou passivo da relação contratual, incluídas os respectivos direitos e obrigações. Configura negócio jurídico atípico (art. 425 do CC).

Alternativa "b": Correto. É o que dispõe o art. 287 do CC.

Alternativa "c": Responde a assertiva "d" – Na cessão *pro soluto* o cedente não responde pela solvência do devedor (art. 296 do CC). Na cessão *pro solvendo* o cedente responde pela solvência do devedor (art. 297 do CC)

Alternativa "d": vide comentário à assertiva "c".

Alternativa "e": Incorreto. O art. 302 do CC determina que o novo devedor não pode opor ao credor as exceções pessoais oponíveis ao devedor primitivo.

Alternativa correta: "b"

41. (Fumarc – Delegado de Polícia – PC – MG/2018) Nas obrigações negativas, o devedor é considerado inadimplente:

a) a partir da sua citação.
b) a partir da sua constituição em mora pelo credor.
c) a partir do ajuizamento da ação pelo credor.
d) desde o dia em que executou o ato de que se devia abster.

COMENTÁRIOS

Obrigações negativas são aquelas que estipulam um dever de omissão, de abstenção ao devedor, ou seja, um não fazer. O devedor se torna inadimplente a partir do momento em que pratica o ato que havia se obrigado a não realizar. É o que determina o art. 390 do CC.

Alternativa correta: letra "d".

42. (Fumarc – Delegado de Polícia – PC – MG/2018) Considere as seguintes afirmativas a respeito do direito das obrigações:

I. O credor de coisa certa não pode ser obrigado a receber outra, ainda que mais valiosa.
II. Nao ıncorre na obrigação de indenizar perdas e danos o devedor que recusar a prestação a ele só imposta, ou só por ele exequível.
III. Na obrigação de dar coisa incerta, antes da escolha, não poderá o devedor alegar perda ou deterioração da coisa, ainda que por força maior ou caso fortuito.
IV. Quando a obrigação é indivisível, os devedores são solidários, de sorte que a remissão de um aproveita a todos, extinguindo a dívida.

Estão CORRETAS apenas as afirmativas:

a) I e III.
b) I e IV.
c) I, II e IV.
d) II e III.

COMENTÁRIOS

Assertiva "I": Trata-se do Princípio da Especificidade previsto no art. 313 do CC.

Assertiva "II": Trata-se de obrigação personalíssima que, uma vez não cumprida pelo devedor, não pode ser cumprida por mais ninguém, restando a ele a obrigação de indenizar. (art. 247 do CC)

Assertiva "III": Antes da concentração da obrigação (escolha), a coisa incerta perdida ou deteriorada pode ser substituída por outra da mesma espécie e quantidade. (art. 246 do CC)

Assertiva "IV": Indivisibilidade não se confunde com solidariedade. Se a prestação for indivisível, cada um dos devedores será obrigado pela dívida toda (art. 259 do CC), porém, havendo remissão por parte de um dos credores, os demais poderão cobrar o valor da dívida dos demais devedores, descontada a parte remitida (art. 262 do CC).

Alternativa correta: letra "a".

8. DIREITO DAS EMPRESAS

43. (Vunesp – Delegado de Polícia – PC – SP/2018) Cesare Vivante definiu Título de Crédito como sendo o documento necessário para o exercício do direito, literal e autônomo, nele mencionado. Sobre o tema, assinale a alternativa correta.

a) De acordo com a legislação vigente no país, o aval parcial é vedado, porém, a mesma legislação estabelece que o endosso parcial é válido.
b) Considera-se lugar de emissão e de pagamento, quando não indicado no título de crédito, o lugar onde a obrigação deve ser resolvida ou, subsidiariamente, o domicílio do emissor.
c) Ressalvada cláusula expressa em contrário, constante do endosso, responde o endossante pelo cumprimento da prestação constante do título.
d) O Código Civil estabelece que é considerado como título à ordem aquele emitido em favor de pessoa cujo nome conste no registro do emitente.
e) A omissão de qualquer requisito legal, que tire ao escrito a sua validade como título de crédito, não implica a invalidade do negócio jurídico que lhe deu origem.

COMENTÁRIOS

Alternativa "a": A assertiva está parcialmente correta. O parágrafo único do art. 897 do CC determina que é vedado o aval parcial e o art. 912, parágrafo único do mesmo diploma legal determina que é nulo o endosso parcial.

Alternativa "b": O parágrafo segundo do art. 889 do CC determina que, uma vez não indicado no título o lugar da emissão do pagamento, assim será considerado o domicílio do emitente.

Alternativa "c": O art. 914 do CC determina exatamente o contrário. Na hipótese prevista na assertiva, não responde o endossante pelo cumprimento da prestação constante no título.

Alternativa "d": O conceito trazido pelo examinador é o de título nominativo, previsto no art. 921 do CC.

Alternativa "e": É exatamente o prescrito no art. 888 do CC.

Alternativa correta: letra "e".

9. DIREITO DAS COISAS

44. (Vunesp – Delegado de Polícia – PC – SP/2022) Tício, mediante ameaça, se apossou do terreno que era possuído por Caio de forma mansa, pacífica e com animus domini há mais de 30 (trinta) anos. Caio, utilizando-se de sua própria força, e apenas dos meios indispensáveis, imediatamente ao esbulho praticado por Tício, restituiu-se na posse, expulsando-o do terreno. Tício, então, ajuizou uma ação possessória contra Caio, alegando ter sido possuidor do terreno antes da posse de Caio, por 4 (quatro) anos e possuir título de propriedade do terreno. Por fim, Tício compareceu à delegacia de polícia, acusando Caio de ter praticado crime de exercício arbitrário das próprias razões. Acerca do caso narrado, pode-se corretamente afirmar que

a) não poderá Caio, na defesa da ação possessória, alegar que adquiriu a área pela usucapião em razão do tempo e da natureza de sua posse.
b) a conduta de Caio configura o crime de exercício arbitrário das próprias razões, pois a lei civil veda, de forma expressa, ao possuidor esbulhado restituir-se na posse por sua própria força.
c) a alegação de Tício de que é proprietário do terreno não poderia ser apresentada em ação possessória, tendo em vista o acolhimento, pelo Código Civil, da absoluta separação entre os juízos possessório e petitório.
d) quando mais de uma pessoa se disser possuidora, dever-se-á privilegiar o possuidor que primeiramente possuiu a coisa, mesmo que esta não esteja na sua posse atual.
e) a posse é um fato que não encontra guarida no ordenamento jurídico, salvo ao proprietário da coisa, razão pela qual, se Tício comprovar sua propriedade, Caio deve sair do imóvel, independentemente do tempo de posse.

COMENTÁRIOS

Alternativa "a": Errado, vez que Caio preenche os requisitos da usucapião prevista no art. 1.238 do CC.

Alternativa "b": A assertiva está incorreta, pois Caio exerceu seu direito ao desforço imediato nos limites estabelecidos pelo art. 1.210, § 1º do CC.

Alternativa "c": alternativa correta. O CC/2022 não reproduziu o instituto da *exceptio proprietatis* previsto no art. 505 do CC/1916. Ainda, o art. 1.210, § 2º do CC determina que a alegação de propriedade não obsta a manutenção ou a reintegração da posse.

Alternativa "d": alternativa incorreta, pois contrária ao disposto no art. 1.211 do CC. Quando mais de uma pessoa se disser possuidora, a posse será mantida em favor de quem a detém, salvo se houver obtido de uma das outras de forma viciada.

Alternativa "e": assertiva equivocada. A posse encontra guarida no ordenamento jurídico pátrio, podendo, inclusive, ser defendida de imediato por quem a detém. Ainda, é possível que o possuidor se torne proprietário em razão do decurso do tempo e preenchidos os demais requisitos da usucapião.

Alternativa correta: "c"

45. (Cespe – Delegado de Polícia – PC – RJ/2022) Em se tratando da regra geral das construções e plantações estabelecidas no nosso Código Civil Brasileiro, aquele que semeia, planta ou edifica em terreno alheio

a) ganha, em desfavor do proprietário, as sementes, plantas e construções.
b) deverá pagar ao proprietário pelas benfeitorias realizadas no imóvel sem autorização.
c) perde, em proveito do proprietário, as sementes, plantas e construções, mas tem direito à indenização, caso tenha procedido de boa-fé.
d) perde, em proveito do proprietário, as sementes, plantas e construções, sem possibilidade de indenização.
e) ganha, em desfavor do proprietário, somente as sementes e plantas.

COMENTÁRIOS

Alternativa "c": responde a todas as alternativas – A questão trata do instituto da Acessão por construções ou plantações. Aquele de boa-fé que semeia, planta ou edifica em terreno alheio perde as sementes, plantas ou construções, mas tem direito à indenização (art. 1255 do CC). Estando de má-fé, perderá em favor do proprietário as plantações e/ou edificações (art. 1248 do CC).

Alternativa correta: "c"

46. (Cespe – Delegado de Polícia – PC – PB/2022) Assinale a opção correspondente à modalidade de aquisição de propriedade móvel que ocorre quando indivíduo que, enquanto trabalhando em matéria-prima em parte alheia, acaba obtendo nova espécie, sendo desta considerado proprietário.

a) especificação
b) usucapião
c) achado do tesouro
d) confusão
e) ocupação

COMENTÁRIOS

Alternativa "a": Correta. O art. 1269 do CC determina a aquisição da propriedade na situação narrada no enunciado caso não se possa restituir a matéria prima à forma anterior.

Alternativa "b": corresponde à aquisição da propriedade em razão do decurso do tempo e o preenchimento de demais requisitos legais.

Alternativa "c": corresponde ao encontro de coisa de valor oculta que não se sabe de quem é.

Alternativa "d": consiste na mistura de coisas líquidas ou gasosas de forma a não ser mais possível a separação.

Alternativa "e": consiste na tomada da posse de coisa sem dono com o intuito de adquirir a propriedade.

Alternativa correta: "a"

---

47. (UFPR – Delegado de Polícia – PC – PR/2021) Considere o seguinte texto:

Situações comuns ocorrem, como a de surpreender o titular do bem um estranho invadindo seu imóvel, ou tentando arrombar a residência, ou furtando um veículo, ou se apossando de um pertence pessoal. A reação imediata ampara-se no instituto da legítima defesa ante uma agressão injustificada. É que seria inviável a procura de recursos judiciais ou mesmo policiais para evitar a ofensa. Por isso, consagrava o Código Civil revogado e repete o atual a legítima defesa da propriedade, extensiva à posse, por ser esta a exterioridade daquela.

(RIZZARDO, Arnaldo. Direito das Coisas, 2012, p. 97.)

Considerando as informações apresentadas, assinale a alternativa correta.

a) A legítima defesa da posse e da propriedade, também chamada pela doutrina de desforço imediato, não pode ser incontinenti.

b) A legítima defesa da posse e da propriedade prescinde do auxílio policial.

c) Os atos de defesa, ou de desforço, podem ir além do indispensável à manutenção, ou restituição da posse, não constituindo ato ilícito.

d) Para impor-se tal legítima defesa, o temor pelo esbulho ou turbação precisa ser forte o suficiente e caracterizado pela presença de um mal ameaçador, sendo a reação não incontinenti.

e) Em se tratando de desforço imediato, não se admite a modalidade em favor de terceiros.

COMENTÁRIOS

Alternativa "a": assertiva equivocada, vez que a legítima defesa se caracteriza justamente por ser imediata. Inteligência do art. 1210, § 1º do CC.

Alternativa "b": assertiva correta. Como bem colocado no enunciado, no caso de legítima defesa da posse ou propriedade, não há a viabilidade na busca de auxílio policial, em razão da exigência de reação imediata.

Alternativa "c": errado, pois os atos de defesa não podem ir além do indispensável à manutenção do direito atingido, conforme previsto expressamente no art. 1210, § 1º do CC. O excesso configura abuso de direito previsto no art. 187 do CC.

Alternativa "d": vide comentário à alternativa "a".

Alternativa "e": Assertiva equivocada na medida em que não há impedimento legal para que o desforço imediato em favor de terceiro. O detentor, por exemplo, poderá defender a posse em favor do proprietário ou possuidor.

Alternativa correta: "b"

---

48. (Instituto AOCP – Delegado de Polícia – PC – PA/2021) Sobre o instituto da posse previsto no Código Civil, assinale a alternativa INCORRETA.

a) Os frutos naturais e industriais reputam-se colhidos e percebidos, logo que são separados. Os civis reputam-se percebidos dia por dia.

b) O possuidor de boa-fé tem direito à indenização das benfeitorias necessárias e úteis, bem como, quanto às voluptuárias, se não lhe forem pagas, a levantá-las, quando o puder sem detrimento da coisa, e poderá exercer o direito de retenção pelo valor das benfeitorias necessárias e úteis.

c) As benfeitorias compensam-se com os danos e só obrigam ao ressarcimento se ao tempo da evicção ainda existirem.

d) Só se considera perdida a posse para quem não presenciou o esbulho, quando, tendo notícia dele, se abstém de retornar a coisa, ou, tentando recuperá-la, é violentamente repelido.

e) Se duas ou mais pessoas possuírem coisa indivisa, é necessária a concordância de todos os compossuidores para exercerem os atos possessórios.

COMENTÁRIOS

Alternativa "a": Correto. É o que determina a redação do art. 1.215 do CC.

Alternativa "b": Correto. É o que determina a redação do art. 1.219 do CC.

Alternativa "c": Correto. É o que determina a redação do art. 1.221 do CC.

Alternativa "d": Correto. É o que determina a redação do art. 1.224 do CC.

Alternativa "e": Errado. O art. 1.199 do CC determina que em caso de composse de coisa indivisa, cada possuidor poderá exercer sobre ela os respectivos atos possessórios, desde que estes não excluam os diretos dos demais compossuidores.

Alternativa correta: "e"

---

49. (Instituto AOCP – Delegado de Polícia – PC – PA/2021) Sobre os efeitos da posse previstos no Código Civil, é correto afirmar que

a) o possuidor pode intentar a ação de esbulho, ou a de indenização, contra o terceiro, que recebeu a coisa esbulhada sem saber que o era.

b) o possuidor, mesmo que de boa-fé, não tem direito aos frutos percebidos.

c) o possuidor de boa-fé responde pela perda ou deterioração da coisa, mesmo que não der causa.

d) ao possuidor de má-fé não serão ressarcidas as benfeitorias necessárias e não lhe assiste o direito de retenção pela importância destas, nem o de levantar as voluptuárias.

e) as benfeitorias compensam-se com os danos, e só obrigam ao ressarcimento se ao tempo da evicção ainda existirem.

COMENTÁRIOS

Alternativa "a": Errado. Requisito para o ingresso das mencionadas ações é o conhecimento do terceiro quanto ao recebimento da coisa esbulhada. Art. 1.212 do CC.

Alternativa "b": Assertiva equivocada. O possuidor de boa-fé tem direito aos frutos percebidos enquanto perdurar a boa-fé. Art. 1.214 do CC

Alternativa "c": Errado. O possuidor de boa-fé só responde pela perda ou deterioração da coisa que der causa. Art. 1.217 do CC.

Alternativa "d": Errado. O art. 1.220 do CC determina que ao possuidor de má-fé serão ressarcidas somente as benfeitorias necessárias, não lhe assistindo o direito de retenção pela importância destas, nem o de levantar as voluptuárias.

Alternativa "e": Correta. É o que determina o art. 1.221 do CC.

Alternativa correta: "e"

50. (Fumarc – Delegado de Polícia – PC – MG/2018) A respeito da posse, é CORRETO afirmar:

a) A posse de boa-fé só perde esse caráter quando do trânsito em julgado da sentença proferida em ação possessória.

b) É assegurado ao possuidor de boa-fé o direito à indenização pelas benfeitorias necessárias e úteis. Quanto às voluptuárias, estas, se não forem pagas, poderão ser levantadas, desde que não prejudiquem a coisa.

c) Obsta à manutenção ou à reintegração da posse a alegação de propriedade, ou de outro direito sobre a coisa.

d) Sendo possuidor todo aquele que tem de fato o exercício, pleno ou não, de algum dos poderes inerentes à propriedade, não é possível adquirir posse mediante representação.

COMENTÁRIOS

Alternativa "a": A posse passa a ser considerada de má-fé a partir do momento em que o possuidor toma conhecimento que exerce este direito sobre a coisa indevidamente (art. 1202 do CC).

Alternativa "b": é o que está previsto no art. 1219 do CC. Ainda é assegurado o direito de retenção da coisa pelo valor das benfeitorias úteis e necessárias que não forem devidamente ressarcidas.

Alternativa "c": O art. 1210, § 2º do CC determina expressamente o contrário. A alegação de propriedade ou de outro direito sobre a coisa não obsta a manutenção ou a reintegração na posse.

Alternativa "d": O art. 1205, I do CC prevê expressamente a possibilidade de a posse ser adquirida pela própria pessoa que a pretende ou por representante.

Alternativa correta: letra "b".

51. (Vunesp – Delegado de Polícia – PC – BA/2018) Com relação à posse, assinale a alternativa correta.

a) A posse direta, de pessoa que tem a coisa em seu poder, temporariamente, em virtude de direito pessoal, ou real, não anula a indireta, de quem aquela foi havida, podendo o possuidor direto defender a sua posse contra o possuidor indireto.

b) Tendo em vista que a posse somente é defendida por ser um indício de propriedade, obsta à manutenção ou reintegração na posse a alegação de propriedade, ou de outro direito sobre a coisa.

c) Não autorizam a aquisição da posse justa os atos violentos, senão depois de cessar a violência; entretanto, se a coisa obtida por violência for transferida, o adquirente terá posse justa e de boa-fé, mesmo ciente da violência anteriormente praticada.

d) É de boa-fé a posse, se o possuidor ignora o vício, ou o obstáculo que impede a aquisição da coisa. O possuidor com justo título tem por si a presunção de boa-fé, mesmo após a ciência inequívoca que possui indevidamente.

e) O possuidor turbado, ou esbulhado, poderá manter-se ou restituir-se por sua própria força, a qualquer tempo; os atos de defesa, ou de desforço, não podem ir além do indispensável à manutenção, ou restituição da posse.

COMENTÁRIOS

Alternativa "a": É o que está previsto no art. 1197 do CC. Assim, o possuidor direto (inquilino, comodatário, por exemplo), pode fazer uso das ações possessórias, inclusive contra o proprietário do bem.

Alternativa "b": Nem a alegação de propriedade nem de outro direito sobre a coisa obstam a manutenção ou a reintegração na posse do bem (art. 1210, § 2º).

Alternativa "c": Atos violentos ou clandestinos não autorizam a aquisição da posse justa, senão depois de cessar a violência ou a clandestinidade (art. 1208 do CC). A legislação não pode prestigiar a má-fé do adquirente de coisa obtida por meio de violência, tendo ciência da violência.

Alternativa "d": A presunção de boa-fé do possuidor com justo título é afastada na medida em que este não ignora possuir a coisa indevidamente (art. 1202 do CC).

Alternativa "e": O possuidor turbado ou esbulhado poderá utilizar-se de força própria para manter-se ou restituir-se na posse do bem, desde que o faça logo e não a qualquer tempo (art. 1210, § 1º do CC).

Alternativa correta: letra "a".

10. DIREITO DAS FAMÍLIAS

52. (Vunesp - Delegado de Polícia - PC - SP/2022) Acerca da alienação parental, assinale a alternativa correta.

a) Os atos de alienação parental submetem-se ao princípio da tipicidade, ou seja, somente são atos de alienação parental os expressamente previstos em lei.

b) A omissão, ainda que deliberada, ao outro genitor acerca de informações escolares da criança não constitui ato de alienação parental.

c) A alienação parental é ato praticado por um dos genitores da criança contra o outro genitor, não podendo ser praticada por outros familiares, como os avós e tios.

d) A mudança de domicílio para local distante, sem justificativa, visando a dificultar a convivência da criança com o outro genitor é ato de alienação parental.

e) Caracterizada a existência de qualquer ato de alienação parental, deverá o juiz, de forma imediata, determinar a alteração da guarda para guarda compartilhada ou sua inversão.

COMENTÁRIOS

Alternativa "a": assertiva incorreta, pois o art. 2º parágrafo único da Lei 12.318/10 declara expressamente que os atos de alienação parental ali previstos constituem formas exemplificativas de alienação parental.

Alternativa "b": alternativa equivocada na medida em que o art. art. 2º, V da Lei 12.318/10 prevê expressamente este ato de alienação parental.

Alternativa "c": afirmativa incorreta. O art. 2º, caput, Lei 12.318/10 elenca os sujeitos ativos da alienação parental, sendo eles: genitores, avós ou quem tenha autoridade, guarda ou vigilância sobre a criança ou adolescente.

Alternativa "d": É o que determina o art. 2º, VII da Lei 12.318/10, que ainda inclui a dificuldade de convivência da criança ou adolescente com os parentes ou avós do outro genitor.

Alternativa "e": Incorreto. Caracterizado ato de alienação parental, o juiz poderá adotar as medidas elencadas no art. 6º da referida Lei.

Alternativa correta: "d"

53. (Vunesp - Delegado de Polícia - PC - SP/2022) José e Maria casaram sob o regime da comunhão universal de bens, no ano de 1990. Agora decidiram alterar o regime de bens do casamento. Acerca do caso narrado, assinale a alternativa correta.

a) É possível a modificação do regime desejada pelo casal mediante autorização judicial em pedido motivado de ambos os cônjuges, apurada a procedência das razões invocadas e ressalvados os direitos de terceiros.

b) A modificação poderá ser realizada, desde que realizada nova habilitação, bem como celebrado novo casamento, retificando o casamento anterior, ocasionando a modificação do regime com efeitos ex tunc.

c) O Código Civil de 1916 não previa a alteração do regime matrimonial; logo, a despeito da previsão existente no vigente Código Civil, não poderá ocorrer a alteração desejada pelo casal.

d) É possível a modificação do regime mediante requerimento apresentando ao cartório de registro civil onde celebrado o casamento, desde que o casal apresente de forma pormenorizada a relação do acervo patrimonial, bem como publique edital para conhecimento de eventuais interessados.

e) Desde que realizada escritura pública no tabelião de notas, denominada pacto pós-nupcial, é possível a alteração do regime de bens, devendo o cartório de registro civil onde o casamento foi celebrado averbar a alteração solicitada pelo casal.

COMENTÁRIOS

Alternativa "a": Assertiva correta que responde às demais alternativas. É o que determina o art. 1639, § 2º do CC, que teve seu conteúdo reproduzido no art. 734 do CPC/2015. Tal procedimento, de jurisdição voluntária, foi inserido no ordenamento jurídico pátrio pelo CC/2002. Importante ressaltar a existência de projetos legislativos prevendo a possibilidade de alteração por meio de escritura pública.

Alternativa correta: "a"

54. (Vunesp - Delegado de Polícia - PC - SP/2022) Considerando o entendimento decorrente da Jurisprudência dos Tribunais Superiores, assinale a alternativa correta sobre a união estável.

a) A existência de casamento válido obsta o reconhecimento da união estável, mesmo que tenha ocorrido separação de fato entre os casados.

b) A valorização patrimonial dos imóveis ou das cotas sociais de sociedade limitada, adquiridos antes do início do período de convivência, não se comunica, pois não decorre do esforço comum dos companheiros, mas de mero fator econômico.

c) É possível o reconhecimento de uniões estáveis simultâneas.

d) São incomunicáveis os bens particulares adquiridos anteriormente à união estável ou ao casamento sob o regime de comunhão parcial, salvo se a transcrição no registro imobiliário ocorrer na constância da relação.

e) Na união estável de pessoa maior de setenta anos, impõe-se o regime da separação obrigatória, vedada a partilha de bens adquiridos na constância da relação, ainda que comprovado o esforço comum.

COMENTÁRIOS

Alternativa "a": Incorreta. A exist6encia de casamento não obsta o reconhecimento de união estável, desde que haja separação judicial ou de fato entre os casados. AgRg no AREsp 710780/RS. Rel. Min. Raul Araújo. Julgado em 27/10/15.

Alternativa "b": Correto. É o entendimento firmado pelo STJ no julgamento do Resp 1173931/RS. Rel. Min. Paulo de Tardo Sanseverino, julgado em 22/10/13.

Alternativa "c": Incorreta. O entendimento do STJ é no sentido oposto, confome AgAg no AREsp 609856/SP. Rel. Min. Raul Araújo. Julgado em 28/04/15.

Alternativa "d": Incorreta. São incomunicáveis, ainda que que a transcrição ocorra durante a relação. REsp 1324222/DF. Rel. Min. Ricardo Villas boas Cueva. Julgado em 14/10/15.

Alternativa "e": Incorreta. Em que pese a imposição do regime de separação obrigatória de bens, é possível a partilha de bens adquiridos na constância da relação, desde que comprovado esforço comum. EREsp 1171820/PR. Rel Min. Raul Araújo. Julgado em 26/08/15.

Alternativa correta: "b"

---

55. (Fumarc - Delegado de Polícia - PC - MG/2018) Considere as seguintes afirmativas a respeito do direito de família:

I. A diversidade de sexos entre os companheiros não é requisito essencial para a configuração da união estável.

II. A pessoa casada, mas separada de fato, pode constituir união estável.

III. De acordo com jurisprudência pacificada no âmbito do Superior Tribunal de Justiça, na união estável, na ausência de contrato de convivência, a partilha de bens exige prova do esforço comum.

IV. A pessoa divorciada, enquanto não houver sido homologada ou decidida a partilha de bens do casal, não pode constituir união estável.

Estão CORRETAS apenas as afirmativas:

a) I e II.

b) I, II e III.

c) I, II e IV.

d) II e IV.

COMENTÁRIOS

Assertiva "I": Entendimento firmado pelo STF no julgamento da ADIN 4277 e da ADPF 132, bem como previsto na Resolução 175 do CNJ.

Assertiva "II": Não configura impedimento para configuração de união estável a existência de casamento anterior, desde que o convivente se encontre separado de fato ou judicialmente (art. 1723, § 1º do CC)

Assertiva "III": Na falta de contrato de convivência, aplicam-se as regras do regime de comunhão parcial (art. 1725 do CC), sendo presumido o esforço comum do casal quanto aos bens adquiridos na constância da união.

Assertiva "IV": A partilha dos bens do casamento anterior configura causa suspensiva para novo casamento (art. 1523, III do CC), mas não impede a constituição de união estável (art. 1723, § 2º do CC). Em que pese as determinações legais mencionadas, o posicionamento mais recente firmado pela 3ª Turma do STJ é no sentido de que: "É incabível o reconhecimento de união estável simultânea ao casamento, assim como a partilha de bens em três partes iguais (triação), mesmo que o início da união seja anterior ao matrimônio." (nº do processo não divulgado em razão de segredo de justiça)

Alternativa correta: letra "a".

---

56. (Vunesp - Delegado de Polícia - PC - SP/2018) Maria propôs ação de divórcio em face de João e ambos, já divorciados, estão aguardando a homologação da partilha dos bens do casal. Nesse período, Maria conhece José e decidem se casar. Sobre o caso hipotético, assinale a alternativa correta.

a) Os colaterais de terceiro grau de José, consanguíneos ou afins, podem arguir o fato de que Maria é divorciada e a partilha de bens dela e de João ainda não foi homologada.

b) Maria e José podem celebrar o casamento, desde que com o regime de separação obrigatória de bens.

c) Se o oficial de registro tiver conhecimento de que a partilha de bens de Maria e João ainda não foi homologada, ele é obrigado a declarar o impedimento.

d) Ainda que Maria prove a inexistência de prejuízo de João, o juiz não poderá autorizar o casamento de Maria e José até que a partilha de bens seja homologada.

e) Qualquer pessoa relativamente incapaz pode declarar o impedimento do casamento de Maria até o momento da celebração.

COMENTÁRIOS

Alternativa "a": As causas suspensivas para o casamento podem ser alegadas por qualquer parente em linha reta dos nubentes ou por colaterais até segundo grau, seja o parentesco civil, por consanguinidade ou por afinidade. (art. 1524 do CC e Enunciado 330 da IV Jornada de Direito Civil)

Alternativa "b": Como a ausência de partilha dos bens do casamento anterior configura causa suspensiva para novo casamento (art. 1523, III do CC), Maria e José podem se casar no regime de separação de bens (art. 1641, I do CC)

Alternativa "c": A falta de partilha dos bens do casamente anterior não configura impedimento para o novo casamento, mas sim causa suspensiva para o mesmo, de forma que não incide a obrigação prevista na assertiva e no parágrafo único do art. 1522 do CC. Os impedimentos matrimoniais encontram-se no art. 1521 do CC.

Alternativa "d": O parágrafo único do art. 1523 autoriza que Maria solicite judicialmente a não aplicação da causa suspensiva ao seu novo casamento, desde que prove não haver prejuízo para o ex-cônjuge.

Alternativa "e": Como já explicitado, a falta de partilha configura causa suspensiva e não impeditiva para o novo casamento. Mesmo que assim não fosse, os impedimentos podem ser opostos, até o momento da celebração, por qualquer pessoa plenamente capaz. (art. 1522 do CC)

Alternativa correta: letra "b".

11. DIREITO DAS SUCESSÕES

57. (Fumarc - Delegado de Polícia - PC - MG/2018) Frederico, com 72 anos de idade, viúvo e sem herdeiros necessários, em março de 2016 procurou um tabelionato de notas na cidade de Belo Horizonte/MG e fez um testamento público, determinando que todos os seus bens deveriam ser transmitidos à Santa Casa de Belo Horizonte. Em dezembro de 2016, Frederico, que possuía apenas um parente vivo, o seu tio Aristóteles, resolveu adotar Pedro, de 10 anos de idade, vindo a falecer um ano após. Sobre a sucessão de Frederico, é correto afirmar:

a) A herança de Frederico será dividida igualmente entre Pedro, Santa Casa de Belo Horizonte e Aristóteles.
b) Pedro terá direito à legítima, cabendo à Santa Casa a parte disponível.
c) Todo o patrimônio de Frederico caberá a Pedro.
d) Todo o patrimônio de Frederico caberá à Santa Casa de Belo Horizonte, por força do testamento.

COMENTÁRIOS

A questão trata do instituto do rompimento do testamento previsto no art. 1973 do CC: *Sobrevindo descendente sucessível ao testador, que não o tinha ou não o conhecia quando testou, rompe-se o testamento em todas as suas disposições, se esse descendente sobreviver ao testador.*

No momento da feitura do testamento Frederico não possuía herdeiros necessários, podendo dispor de 100% de seu patrimônio. A adoção de Pedro gerou a superveniência de descendente sucessível ao testador, devendo o testamento ser rompido (anulado em todas as suas disposições), cabendo a Pedro toda a herança de Frederico, por tornar-se seu herdeiro necessário.

Alternativa correta: letra "c".

58. (Fumarc - Delegado de Polícia - PC - MG/2018) Considere as seguintes afirmativas a respeito do direito das sucessões:

I. Ninguém pode suceder, representando herdeiro renunciante. Se, porém, ele for o único legítimo da sua classe, ou se todos os outros da mesma classe renunciarem à herança, poderão os filhos vir à sucessão, por direito próprio, e por cabeça.
II. Fideicomisso é meio pelo qual o testador pode instituir como fideicomissário os não concebidos ao tempo de sua morte. Assim, é possível instituir fideicomisso em que contemplem, sucessivamente, determinada pessoa, seu filho e seu neto.
III. O testador pode estabelecer cláusula de inalienabilidade sobre os bens da parte legítima, desde que exponha uma justa causa para tanto.
IV. É lícito o testamento conjuntivo recíproco entre marido e mulher, quando o regime de bens do casamento for da comunhão universal.

Estão CORRETAS apenas as afirmativas:

a) I, II e III
b) I e II.
c) I e III.
d) II e IV.

COMENTÁRIOS

Assertiva "I": A assertiva é cópia literal do art. 1811 do CC.

Assertiva "II": Apesar de o conceito de fideicomisso estar correto (art. 1952 do CC), ele só pode ocorrer até segundo grau (art. 1959 do CC).

Assertiva "III": É o que se extrai da leitura do art. 1848 do CC.

Assertiva "IV": O art. 1.863 do CC proíbe expressamente o testamento conjuntivo, seja simultâneo, recíproco ou correspectivo.

Alternativa correta: letra "c".

59. (Vunesp - Delegado de Polícia - PC - SP/2018) Sobre a exclusão da sucessão, assinale a alternativa correta.

a) Aquele que caluniou em juízo o autor da herança não será admitido a suceder, ainda que o ofendido o tiver reabilitado em testamento de forma expressa.
b) Aquele que, por meios fraudulentos, inibir o autor da herança de dispor livremente de seus bens por ato de última vontade será excluído da sucessão, bastando, para tanto, decisão administrativa do juiz.
c) O direto de demandar a exclusão do herdeiro extingue-se em quatro anos, a contar da data de abertura do testamento.
d) Os descendentes do herdeiro excluído sucedem como se ele morto fosse antes da abertura da sucessão, uma vez que são pessoais os efeitos da exclusão.

e) O excluído da sucessão é obrigado a restituir os frutos e rendimentos que dos bens da herança houver percebido, sem direito a indenização pelas despesas com a conservação deles.

COMENTÁRIOS

Alternativa "a": Apesar de a regra ser no sentido da exclusão da sucessão do herdeiro que caluniou o autor da herança (art. 1814, II do CC), este poderá ser reabilitado a suceder por testamento ou outro ato autêntico (art. 1818 do CC)

Alternativa "b": A assertiva traz hipótese legal de exclusão de sucessão por indignidade prevista no art. 1814, III do CC. Porém, para tanto, não basta decisão administrativa do juiz. A exclusão por indignidade será declarada por sentença (art. 1815 do CC)

Alternativa "c": Apesar de o prazo estar correto, o início de sua contagem se dá a partir do início da abertura da sucessão e não da abertura do testamento (art. 1825, § 1º do CC)

Alternativa "d": É exatamente o que prevê o art. 1816 do CC. A sucessão se dará como se o herdeiro excluído fosse pré-morto à abertura da sucessão.

Alternativa "e": A obrigação de restituição quanto aos frutos e rendimentos dos bens da herança que por ventura o excluído da herança tenha recebido é legítima, mas tem direito a ser indenizado pelas despesas com a conservação deles (art. 1817 do CC)

Alternativa correta: letra "d".

---

60. (Vunesp - Delegado de Polícia - PC - SP/2018) Pedro, cantor de sucesso de apenas dezessete anos, preocupado com seus bens, decide fazer um testamento.

Sobre a situação hipotética, assinale a alternativa correta.

a) Caso algum herdeiro necessário não beneficiado pelo testamento decida impugnar a validade do testamento de Pedro, o prazo é de quatro anos, contado o prazo da data do seu registro.

b) Se Pedro decidir fazer o testamento particular, ele deve ser escrito de próprio punho. Se for público, pode ser de próprio punho ou por processo mecânico.

c) Serão nulas as disposições de Pedro se ele favorecer as testemunhas do testamento.

d) Pedro pode fazer o testamento conjuntivo com seu irmão para beneficiar seus pais.

e) Por ser relativamente incapaz, Pedro não pode testar, exceto se assistido por seus pais ou representantes legais.

COMENTÁRIOS

Alternativa "a": O prazo para impugnação da validade do testamento é de 5 (cinco) anos, de acordo com o art. 1859 do CC.

Alternativa "b": O testamento particular pode ser escrito de próprio punho ou por processo mecânico (art. 1876 do CC). O testamento público deve ser feito por tabelião ou seu substituto em livro de notas, manual ou mecanicamente (art. 1864, I e parágrafo único do CC)

Alternativa "c": O art. 1801 do CC determina expressamente que as testemunhas do testamento não podem ser nomeadas herdeiras. O art. 1802, por sua vez, determina que são nulas as disposições testamentárias em favor de pessoas não legitimadas a suceder.

Alternativa "d": O art. 1863 do CC proíbe expressamente a realização de testamento conjuntivo.

Alternativa "e": O parágrafo único do art. 1860 autoriza expressamente a realização de testamento por maiores de 16 anos, independentemente de assistência.

Alternativa correta: letra "c".

12. RESPONSABILIDADE CIVIL

61. (Cespe - Delegado de Polícia - PC - PB/2022) Acerca da responsabilidade civil, à luz da jurisprudência do STJ, detém legitimidade para pleitear indenização

a) vítima que tenha sofrido deformidade física em decorrência de ato ilícito causado por outrem, não sendo possível a cumulação de indenizações por dano estético ou moral.

b) pessoa jurídica de direito público, por dano moral relativo à ofensa de sua honra ou imagem.

c) vítima de ato ilícito, por ofensa moral suportada, não sendo possível a transmissão do direito à indenização para qualquer outro indivíduo em caso de morte da vítima.

d) filho, por dano moral decorrente de abandono afetivo anterior ao reconhecimento de paternidade.

e) pessoa muito próxima afetivamente da vítima do evento danoso, por dano moral reflexo, tornando-se colegitimada para a ação.

COMENTÁRIOS

Alternativa "a": Incorreto. A súmula 387 do STJ permite a cumulação das indenizações decorrentes de dano estético e dano moral.

Alternativa "b": Incorreto. No julgamento do REsp 1258389/PB o STJ entendeu pela impossibilidade de um ente público ser indenizado em decorrência da violação de sua honra ou imagem.

Alternativa "c": Incorreto. A súmula 642 do STJ prevê a possibilidade de o direito à indenização por danos morais ser transmitido aos herdeiros no caso de falecimento do titular, passando a eles a legitimidade para ingressar ou prosseguir na ação indenizatória.

Alternativa "d": Incorreto. O abandono afetivo, em regra, não gera dano moral, salvo se cumulado com outro ilícito civil (STJ, Jurisprudência em Teses. Tese 7, ed. 125/19).

Alternativa "e": Correto. É o chamado dano moral por ricochete.

Alternativa correta: "e"

62. (Instituto AOCP - Delegado de Polícia - PC - PA/2021) José e Pedro são vizinhos e José é dono de um cachorro de porte grande. Por esse motivo, José instalou grades ao redor de sua casa, fechadura no portão e colocou uma placa de "cão bravo" de frente para a calçada. Certo dia, enquanto o filho de Pedro brincava no quintal, a bola caiu na propriedade de José. Acreditando que o cachorro o reconheceria por serem vizinhos de longa data, Pedro entrou no quintal de José para pegar a bola enquanto este não estava em casa e acabou sendo atacado pelo animal, causando-lhe ferimentos graves. Pedro ajuizou uma ação buscando indenização pelos danos. Levando em consideração a situação hipotética descrita, assinale a alternativa correta.

a) Considerando que o comportamento do cachorro foi inesperado, já que Pedro e José eram vizinhos de longa data, José deverá indenizar Pedro apenas pelos danos morais causados pelo animal.

b) Não há responsabilidade civil, tendo em vista que a culpa foi exclusiva da vítima.

c) A responsabilidade do dono do animal é objetiva, existindo, portanto, a responsabilidade civil.

d) O dono, ou detentor, do animal ressarcirá o dano por este causado, sendo afastada a responsabilidade somente nos casos de força maior.

e) Há responsabilidade civil, tendo em vista que José deveria ter mais cautela ao deixar o animal em casa sem sua supervisão.

COMENTÁRIOS

✪ **Nota da autora:** a questão exige conhecimento sobre o regramento da responsabilidade civil do detentor de uma animal. A resposta está na leitura conjunta do art. 936 do CC e Enunciado 452 do CJF. A conclusão é que a responsabilidade é objetiva, podendo ser excluída por culpa da vítima ou força maior. O enunciado da questão demonstra que José tomou todas as precauções cabíveis quanto ao seu animal, de forma que o dano se deu exclusivamente pela falta de cuidado filho de Pedro. Assim, a assertiva "b" está correta.

Alternativa correta: "b"

63. (Cespe - Delegado de Polícia - PC - SE/2018) Túlio, cidadão idoso, natural de Aracaju - SE e domiciliado em São Paulo - SP, caminhava na calçada em frente a um edifício em sua cidade natal quando, da janela de um apartamento, caiu uma garrafa de refrigerante cheia, que lhe atingiu o ombro e provocou a fratura de sua clavícula e de seu braço. Em razão do incidente, Túlio permaneceu por dois meses com o membro imobilizado, o que impossibilitou seu retorno a São Paulo para trabalhar. Por essas razões, Túlio decidiu ajuizar ação de indenização por danos materiais. Apesar da tentativa, ele não descobriu de qual apartamento caiu ou foi lançada a garrafa.

Considerando essa situação hipotética, julgue os itens que se seguem.

63.1. Diante da impossibilidade de saber de qual apartamento caiu ou foi lançada a garrafa que o atingiu, Túlio poderá buscar a responsabilização direta do condomínio, indicando-o como réu na ação de reparação de danos.

COMENTÁRIOS

✪ **Nota da autora:** Tulio deverá ingressar com ação de responsabilidade civil por defenestramento (*actio effusis et dejectis*) contra o condomínio em razão do princípio da causalidade alternativa, segundo o qual, não sendo possível precisar qual elemento pertencente ao grupo (condomínio) é o causador do dano, todos serão considerados responsáveis solidários pelo evento danoso. (art. 938 do CC).

Alternativa correta: "certo".

63.2. Em caso de condenação do condomínio, o direito de regresso contra o morador do apartamento do qual caiu a garrafa, caso ele seja posteriormente identificado, depende da comprovação de dolo ou culpa do causador do dano.

COMENTÁRIOS

✪ **Nota da autora:** Assertiva equivocada. Determina o Enunciado 557 CJF: *"Nos termos do art. 938 do CC, se a coisa* cair *ou for lançada de condomínio edilício, não sendo possível identificar de qual unidade, responderá o condomínio, assegurado o direito de regresso".* A responsabilidade será objetiva em decorrência da Teoria do Risco Criado, prescindindo da comprovação de culpa do causador do dano.

Alternativa correta: "errado".

64. (Vunesp - Delegado de Polícia - PC - BA/2018) A respeito da responsabilidade civil, assinale a alternativa correta.

a) A indenização mede-se pela extensão do dano, não podendo ser reduzida pelo juiz, mesmo na existência de excessiva desproporção entre a gravidade da culpa e o dano; se a vítima tiver concorrido culposamente para o evento danoso, a sua indenização será fixada tendo-se em conta a gravidade de sua culpa em confronto com a do autor do dano.

b) A indenização por ofensa à liberdade pessoal consistirá no pagamento das perdas e danos que sobrevierem ao ofendido; se o ofendido não puder provar prejuízo material, caberá ao juiz fixar, equitativamente, o valor da indenização, na conformidade das circunstâncias do caso; considera-se ofensiva da liberdade pessoal a denúncia falsa e de má-fé.

c) No caso de homicídio, a indenização consiste, sem excluir outras reparações, no pagamento das despesas com o tratamento da vítima, seu funeral e o luto da família e na prestação de alimentos às pessoas a quem o morto os devia, levando-se em conta a duração provável da vida do alimentado.

d) No caso de lesão ou outra ofensa à saúde, o ofensor indenizará o ofendido das despesas do tratamento e dos danos emergentes, além de algum outro prejuízo que o ofendido prove haver sofrido, não sendo devidos lucros cessantes.

e) Se da ofensa resultar defeito pelo qual o ofendido não possa exercer o seu ofício ou profissão, a indenização, além das despesas do tratamento e lucros cessantes até ao fim da convalescença, incluirá pensão correspondente à importância do trabalho para que se inabilitou, não podendo a indenização ser arbitrada e paga de uma só vez.

COMENTÁRIOS

Alternativa "a": O parágrafo único do art. 944 do CC determina que o juiz deve reduzir equitativamente o valor da indenização se houver desproporção excessiva entre a gravidade da culpa e o dano.

Alternativa "b": o art. 954, parágrafo único, incisos I, II e III do CC elenca as hipóteses de ofensa à liberdade pessoal. Nos casos ali dispostos, o valor da indenização deverá ser fixado em conformidade com cada caso concreto (art. 953, parágrafo único do CC)

Alternativa "c": As verbas abrangidas na indenização por homicídio estão previstas no art. 948, I e II do CC. Deve-se levar em conta a duração provável da vida da vítima e não do alimentado.

Alternativa "d": O art. 949 do CC determina que em caso de lesão ou ofensa à saúde a indenização abrangerá as despesas com o tratamento, os lucros cessantes até o fim da convalescença, além de outros prejuízos que a vítima possa ter sofrido.

Alternativa "e": O paragrafo único do art. 950 do CC autoriza o prejudicado, no caso de a ofensa resultar defeito pelo qual não possa exercer o seu ofício ou profissão, exigir que a indenização seja arbitrada e paga de uma única vez.

Alternativa correta: letra "b".

Direito Civil

Thaís Del Monte Buzato

✦ DICAS

1. LEI DE INTRODUÇÃO ÀS NORMAS DE DIREITO BRASILEIRO – LINDB

▸ Decreto-Lei 4.657/42 com redação dada pela Lei 12.376/10

A LINDB, em seus artigos 1º a 6º, regulamenta a vigência, aplicação, interpretação, integração e possíveis conflitos existentes entre todas as normas do ordenamento jurídico brasileiro, sejam elas de Direito Público ou de Direito Privado. Por esta razão, recebe da doutrina várias denominações, como "lei das leis", "norma das normas", "*lex legum*", "norma de superdireito", "norma de sobredireito", entre outras.

Vigência das leis:

- Vacatio legis: denomina-se *vacatio legis* o período entre a publicação e a entrada em vigor de uma lei. De acordo com o art. 1º, *caput*, da LINDB: "*Salvo disposição contrária, a lei começa a vigorar em todo o país 45 dias depois de oficialmente publicada.*"

O legislador pode reduzir, aumentar ou suprimir a *vacatio legis*, pois o prazo de 45 dias estipulado na LINDB é supletivo, o que fica demonstrado com a expressão 'salvo disposição contrária' utilizada pelo legislador.

- *Vacatio legis* **de lei brasileira em estado estrangeiro:** nos estados estrangeiros, quando admitida a aplicação da legislação brasileira, a *vacatio legis* será de três meses (art. 1º, § 1º da LINDB). **Atenção:** três meses não são 90 (noventa) dias.
- **Lei corretiva:** se houver nova publicação da lei, destinada a correção de erros materiais, durante o período de vacância, o prazo de *vacatio legis* deverá começar a ser contado a partir da nova publicação. Porém, se a nova publicação destinada a correção se der após a entrada em vigor, a lei corretiva será considerada nova lei. (art. 1º, §§ 3º e 4º)
- **Contagem do prazo de vacância:** inclui-se o dia da publicação e o último dia do prazo. A entrada em vigor se dá no primeiro dia subsequente à consumação do prazo, independentemente de ser domingo ou feriado (LC 95/98 art. 8º, § 1º)
- **Revogação das leis:** o princípio da continuidade previsto no art. 2º da LINDB determina que, em regra, uma lei só perderá sua vigência quando sobrevier outra que a modifique ou revogue. Como exceção, têm-se as leis temporárias ou excepcionais, que já entram em vigor com o período de vigência previamente estipulado. As primeiras possuem período de vigência expresso em seu corpo enquanto as segundas permanecem vigentes enquanto perdurarem as situações que deram causa às suas promulgações.

A revogação poderá ser total (ab-rogação) ou parcial (derrogação). Ainda, poderá se dar de forma expressa (direta), quando o texto da lei nova a declarar ou; tácita (indireta), quando o conteúdo da lei nova for incompatível com o conteúdo da lei anterior. (art. 2º, § 1º).

- **Princípio da não repristinação:** previsto no art. 2º, § 3º da LINDB, determina que: "*Salvo disposição em contrário, a lei revogada não se restaura por ter a lei revogadora perdido a vigência.*" Exemplo: Imagine uma situação em que a Lei B revogue a Lei A e, posteriormente, sobrevenha uma Lei C que revogue a Lei B. Salvo se tiver disposição expressa na Lei C, a Lei A não voltará a ter vigência por ter sido a Lei B revogada.

* **ATENÇÃO:** "repristinação" e "efeito repristinatório" são fenômenos jurídicos diferentes. A repristinação é um fenômeno legislativo, previsto no art. 2º, § 3º da LINDB, segundo o qual a lei revogada pode ser restaurada por ter a lei revogadora perdido a vigência quando assim expressamente o prever. O efeito repristinatório é fenômeno atinente ao controle concentrado de constitucionalidade, segundo o qual uma norma aparentemente revogada retoma sua vigência em decorrência da declaração de inconstitucionalidade de sua lei revogadora que nasceu eivada de nulidade.

Eficácia da lei no tempo: art. 6º: "*A lei em vigor terá efeito imediato e geral, respeitados o ato jurídico perfeito, o direito adquirido e a coisa julgada.*" Tal dispositivo consagra o previsto no art. 5º, XXXVI da Constituição Federal.

Ato jurídico perfeito é aquele já consumado segundo a lei vigente ao tempo em que se realizou, não podendo sofrer os efeitos da lei nova (§ 1º). Direito adquirido é aquele já pertencente ao sujeito, pois preenchidos os requisitos exigidos pela lei vigente ao tempo de sua aquisição, ainda que não o tenha exercido durante a vigência da lei revogada (§ 2º). Coisa julgada é a decisão judicial da qual não caiba mais recurso, gerando sua imutabilidade (§ 3º).

2. PARTE GERAL. DAS PESSOAS

- **Personalidade:** também chamada de capacidade de direito, é a aptidão genérica exigida pelo direito para que as pessoas (físicas ou jurídicas) possam adquirir direitos e obrigações na ordem civil.

Para as pessoas jurídicas, o início de sua personalidade se dá com o registro de seu ato constitutivo no Registro Civil das Pessoas Jurídicas (sociedades simples) ou na Junta Comercial (sociedades empresárias).

Para as pessoas naturais, de acordo com o art. 2º do Código Civil, a personalidade começa com o nascimento com vida. (Teoria natalista).

Apesar de o Código Civil ter adotado a Teoria Natalista quanto à proteção dos direitos da personalidade, não deixou de resguardar os direitos daqueles seres já concebidos, porém ainda não nascidos, os nascituros (art. 2º *in fine*).

Atenção: Enunciado 1 do CFJ: "A proteção que o Código defere ao nascituro alcança o natimorto no que concerne aos direitos da personalidade, tais como nome, imagem e sepultura". Assim, quanto aos Nascituros e aos natimortos, jurisprudência e doutrina adotam a teoria concepcionista.

Quanto à natureza jurídica dos direitos do nascituro, prevalece hoje a Teoria Mista ou Híbrida criada pela doutrinadora Maria Helena Diniz, segundo a qual o nascituro possui personalidade jurídica dividida em formal e material. A primeira, diz respeito aos direitos não patrimoniais, garantidos ao nascituro desde a concepção. A segunda, diz respeito aos direitos patrimoniais, aos quais o nascituro só terá direito após seu nascimento com vida.

- **Capacidade:** é a medida da personalidade. É a aptidão que o sujeito capaz de direito (personalidade) adquire para a prática dos atos da vida civil por si mesmo.

O legislador prevê alguns motivos que impedem alguns sujeitos de praticarem por si mesmos os atos da vida civil. Tratam-se das hipóteses de incapacidade, que pode ser absoluta (art. 3º) ou relativa (art. 4º).

- **Incapacidade absoluta:** é a proibição total para a prática dos atos da vida civil.

O desrespeito à proibição gera a nulidade absoluta do ato praticado (art. 166, I).

O instrumento pelo qual se viabiliza a prática de atos relativos aos direitos e interesses do absolutamente incapaz é a representação, que será exercida pelos pais, caso se trate de menor sob poder familiar (art. 1690), pelo tutor, caso o menor esteja sob tutela (art. 1747), ou pelo curador caso a incapacidade absoluta tenha sido reconhecida por outro motivo que não a idade (arts. 1781 e 1747).

Contra o absolutamente incapaz não corre prazo prescricional (art. 198, I), prazo decadencial (art. 208) e nem prazo para usucapião (art. 1.244).

São absolutamente incapazes (art. 3º): Os menores de 16 anos (menores impúberes).

- **Incapacidade relativa:** é a proibição para a prática de determinados atos ou relativa ao modo de exercê-los.

O desrespeito à proibição gera a nulidade relativa (anulabilidade) do ato praticado (art. 171, I)

O instrumento pelo qual se viabiliza a prática de atos relativos aos direitos e interesses do relativamente incapaz é a assistência.

Pelo instituto da assistência, o negócio será realizado em conjunto pelo relativamente incapaz e por seu representante legal.

Contra o relativamente incapaz corre prazo prescricional e decadencial, exceto na relação entre ascendente e descendente durante o poder familiar (art. 197, II).

São relativamente incapazes (art. 4º): I – os maiores de 16 e menores de 18 anos (menores púberes), II – Os ébrios habituais, os viciados em tóxico, III – Aqueles que, por causa transitória ou permanente, não puderem exprimir sua vontade, IV – Os pródigos.

* **ATENÇÃO:** Com a entrada em vigor do Estatuto da Pessoa com Deficiência, os deficientes mentais não são mais considerados incapazes. Para a prática dos atos negociais, precisarão do apoio de duas pessoas de sua confiança, conforme o que determina o art. 1.783-A do Código civil, que trata do instituto da Tomada de Decisão Apoiada, pelo qual o juiz, a pedido da pessoa com deficiência, nomeará duas pessoas idôneas e com as quais a pessoa deficiente mantenha vínculos, para auxiliá-la na tomada de decisões sobre os atos negociais.

Quanto aos relativamente incapazes em razão da idade, menores entre 16 e 18 anos, dispensa-se a assistência para: ser eleitor, ajuizar ação popular, fazer testamento, reconhecer filho, ser testemunha, aceitar mandato, celebrar contrato de trabalho.

Ainda, caso o menor entre 16 e 18 anos oculte sua idade para eximir-se de obrigação por ele assumida, a lei reconhecerá a validade do negócio a fim de prestigiar a boa-fé da parte contrária. (art. 180)

A capacidade dos indígenas é regulada pela Lei 6.001/73 – Estatuto do índio.

- **Emancipação:** é o ato pelo qual a lei confere capacidade plena ao menor entre 16 e 18 anos, tornando-o habilitado a praticar por si só todos os atos da vida civil.

Pode se dar de três formas:

a) *Voluntária ou direta*: concedida pelos pais ou por um deles na falta do outro, aos filhos maiores de 16 anos, independentemente de homologação judicial, mediante instrumento público.

b) *Judicial:* concedida pelo juiz em procedimento de jurisdição voluntária interposto por maior de 16 anos que se encontra sob tutela.

c) *Legal:* verificada automaticamente quando da ocorrência dos fatos previstos no art. 5º, parágrafo único, incisos II a V do Código Civil: casamento, exercício de emprego público efetivo, colação de grau em nível superior, estabelecimento civil ou comercial ou existência de relação de emprego, desde que, em função dele, o menor com 16 anos tenha economia própria.

- **Fim da personalidade:** de acordo com o art. 6º do Código Civil, a personalidade da pessoa natural tem fim com a sua morte.

Espécies de morte:

a) *Morte real*: comprovada por exame médico onde há o diagnóstico de morte encefálica (Lei 9.434/97)

b) *Morte civil ou fictícia*: quando a pessoa viva é tratada pelo direito como se morta fosse. Ex.: deserdação ou indignidade

c) *Morte presumida*: situação em que não há a comprovação da ocorrência efetiva da morte, mas em razão da alta probabilidade de ela ter ocorrido há a sua declaração. Pode ocorrer sem a necessidade de declaração de ausência (art. 6º), com relação a pessoas em perigo de vida ou desaparecidas em campanha ou feitas prisioneiras passados dois anos do término da guerra (art. 7º). Ainda, de acordo com o art. 88 da Lei de Registros Públicos, de pessoa desaparecida em naufrágio, inundação, incêndio, terremoto ou qualquer outra catástrofe, quando provada sua presença no local do desastre e não for possível encontrar o cadáver para exame.

Fora as situações acima transcritas, a lei exige que seja declarada a ausência da pessoa para que seja presumida sua morte.

- **Ausência:** Ausente é aquele que desaparece de seu domicílio sem deixar notícia e representante ou mandatário para administrar seus bens (art. 22). Ainda, quando o mandatário não queira ou não possa exercer ou continuar o mandato, bem como se não possuir poderes suficientes. (art. 23).

A ausência será declarada por meio do procedimento judicial, previsto nos arts. 744 e 745 do Código de Processo Civil, composto por três fases, de acordo com a probabilidade de retorno do ausente. a) Curadoria do ausente: o juiz determina a arrecadação dos bens do ausente e lhe nomeia um curador; b) Sucessão provisória: ocorre a habilitação dos herdeiros e imissão na posse dos bens deixados pelo ausente, de acordo com o testamento, se houver, ou ordem de vocação hereditária, mediante caução; c) Sucessão definitiva: é transferida a propriedade dos bens do ausente aos seus sucessores e levantada a caução. A partir da abertura desta fase é que se presume a morte do ausente (art. 6º), de forma que até então os herdeiros tinham apenas expectativa de direito quanto aos bens por ele deixados.

Se o ausente retornar passados dez anos da abertura da sucessão definitiva, retomará os bens que ainda existirem no estado em que se encontrarem, os sub-rogados em seu lugar ou o preço que os herdeiros tiverem recebido a título de alienação.

- **Comoriência:** é a presunção de morte simultânea aplicável quando duas ou mais pessoas, herdeiras entre si, falecem na mesma ocasião e não se pode averiguar quem morreu primeiro (art. 8º). Tem por finalidade evitar que haja transmissão de direitos entre elas.

- **Direitos da personalidade:** aqueles que têm por objeto os atributos físicos e psíquicos da pessoa humana, indispensáveis para um desenvolvimento digno de cada um.

Em proteção ao direito à vida e ao corpo vivo, o art. 13º do Código Civil prevê a proibição de ato de disposição do corpo quando importar diminuição permanente da integridade física ou contrariar os bons costumes. A regra é flexibilizada nos casos de exigência médica ou para fins de transplante.

A expressão "exigência médica" refere-se tanto ao bem-estar físico quanto ao bem-estar psíquico da pessoa. Ressalta-se que mesmo nos casos em que há exigência médica, ninguém pode ser forçado a submeter-se a tratamento ou intervenção cirúrgica quando houver risco de vida (art. 15). Ao médico cabe o dever de informação sobre as especificidades do procedimento e os riscos, sob pena de responsabilização, e ao paciente cabe a escolha pela realização ou não do procedimento.

A Código ainda prevê a possibilidade de disposição gratuita do corpo ou parte dele para depois da morte, desde que para fins científicos ou altruísticos (art. 14)

Quanto à integridade moral, o Código protege a honra, a imagem, a privacidade, a intimidade e a identidade.

No tocante à privacidade, importante a leitura da Lei Geral de Proteção de Dados Pessoais (13.709/18). No tocante à privacidade, A EC 115 alterou a Constituição Federal para incluir a proteção de dados pessoais entre os direitos e garantias fundamentais (art. 5º, LXXIX) fixando a competência privativa da União para organizar e fiscalizar a proteção e tratamento de dados pessoais (art. 21, XXVI e 22, XXX), na forma da Lei 13.709/18.

- **Nome:** é o sinal que identifica a pessoa publicamente e sua procedência familiar. O nome da pessoa natural é composto por elementos essenciais ou fundamentais (prenome e sobrenome - art. 16) e por elementos facultativos, secundários ou acessórios (agnome, cognome, pseudônimo, apelido hipocorístico e axiônimo).

- **Prenome:** primeiro nome ou nome de batismo. É escolhido livremente pelos pais e pode ser simples ou composto. A liberdade de escolha, porém, é limitada, pois o oficial do Registro Civil negará a realização do registro quando verificar que o nome escolhido for suscetível de expor ao ridículo seu titular (LRP, art. 58)

- **Sobrenome:** patronímico, nome ou apelido de família. Pode ser do pai, da mão ou de ambos.

Elementos facultativos:

- **Agnome:** sinal distintivo que se acrescenta ao nome completo para diferenciar o seu titular de outros parentes próximos. Ex.: Júnior, Filho, Neto, etc.

- **Cognome, alcunha, apelido ou epíteto:** designação dada a alguém em razão de alguma particularidade pessoal. Ex.: Zóio. Se for público e notório pode substituir o prenome (LRP, art. 58)

- **Pseudônimo ou Codinome:** nome escolhido pela própria pessoa para o exercício de uma atividade específica. Geralmente utilizado por atores, cantores, etc. O pseudônimo adotado para atividades lícitas goza da proteção que se dá ao nome (art. 19)

- **Apelido hipocorístico:** nome atribuído a uma pessoa como forma de exprimir carinho. Em geral é a forma abreviada do nome. Ex.: Zé, Chico, etc.

- **Axiônimos:** representam título de nobreza, qualificativo acadêmico. Ex.: Barão, Doutor, Mestre, etc.

Quanto à identidade, segundo os arts. 17 e 18 do referido diploma legal, o nome da pessoa não pode ser utilizado em publicações que a exponham a desprezo público, ainda que não haja intenção difamatória. Ainda, não pode ser utilizado em propaganda comercial sem autorização.

O nome pode ser alterado por diversas razões: quando expõe seu titular a humilhação ou constrangimento, para correção de erros de grafia, quando há mudança no estado de filiação, para tradução de nomes estrangeiros, para substituir ou acrescentar apelido notório, no caso de homonímia, casamento ou união estável (para acrescentar o sobrenome do cônjuge ou companheiro), no caso de inclusão da pessoa no Programa Federal de Assistência a Vítimas e Testemunhas, no primeiro ano após a maioridade sem motivação e sem prejuízo do sobrenome ou de terceiros, alteração de gênero.

Atenção: o STJ já pacificou o entendimento de que a retificação do registro para alteração de nome e gênero de transexuais não pode ser condicionada à realização de cirurgia de transgenitalização.

Atenção: importante a leitura do Provimento n. 82/2019 do CNJ que dispõe sobre o procedimento de averbação, no registro de nascimento e no de casamento dos filhos, da alteração do nome do genitor e dá outras providências.

O art. 20, *caput*, do CC de forma abrangente, prevê o seguinte: *"salvo se autorizadas, ou se necessárias à administração da justiça ou à manutenção da ordem pública, a divulgação de escritos, a transmissão da palavra, ou a publicação, a exposição ou a utilização da imagem de uma pessoa poderão ser proibidas, a seu requerimento e sem prejuízo da indenização que couber, se lhe atingirem a honra, a boa fama ou a respeitabilidade, ou se se destinarem a fins comerciais."*

- **Domicílio:** é o local onde a pessoa se presume presente e pratica habitualmente seus atos da vida civil. O art. 70 do Código Civil determina que o domicílio é o local onde a pessoa estabelece residência com ânimo de permanência.

Em regra, o domicílio é voluntário, ou seja, pode ser escolhido livremente pela pessoa. Porém, algumas pessoas, em razão de alguma circunstância especial, têm seus domicílios estabelecidos por lei, os chamados domicílios necessários. (art. 76)

- *Incapaz:* domicílio de seu representante ou assistente
- *Servidor público:* lugar em que exerce suas funções.
- *Militar:* lugar em que servir ou a sede do comando a que for subordinado.
- *Marítimo:* lugar em que o navio estiver matriculado
- *Preso:* lugar em que estiver encarcerado

ESTADO DA PESSOA NATURAL:

Conceito: é a posição jurídica da pessoa no meio social, resultante de certas qualidades que lhe são inerentes, nos contextos político, familiar e individual.

Estado político: é a posição do indivíduo em face do Estado. Diz respeito à nacionalidade e à cidadania (naturalidade). Pode ser nacional (nato ou naturalizado) ou estrangeiro, natural de.

Estado familiar: leva-se em conta as relações conjugais e de parentesco. Ex.:filiação, solteiro (a), divorciado (a), viúvo (a), etc.

O art. 10 determina que devem ser averbados os atos relacionados ao estado familiar: sentença de nulidade ou anulação de casamento, divórcio, reconhecimento de filho e adoção.

Estado individual: é a condição física do indivíduo influente na sua capacidade de agir.

O art. 9º determina que devem ser registrados os atos relacionados ao estado individual: emancipação, sentença de interdição e declaratória de ausência.

Características do estado:

Atenção: grande parte da doutrina defende ser o estado uno e indivisível, no sentido de que não se pode ostentar dois ou mais estados da mesma categoria ao mesmo tempo. Ex.: ninguém pode ser solteiro e casado ao mesmo tempo.

Ocorre que as mudanças sociais fizeram com que essa classificação caísse por terra. É plenamente possível uma pessoa ter várias nacionalidades, ter múltipla filiação, bem como ser casada e conviver em união estável ao mesmo tempo.

- **Pessoa Jurídica:** é o conjunto de pessoas e/ou patrimônios constituído para a consecução de determinado fim, ao qual a lei confere personalidade jurídica para que possa ser sujeito de direitos e obrigações na ordem civil.

Várias foram as teorias criadas para fundamentar a existência das pessoas jurídicas que, por sua vez, dividiram-se em dois grandes grupos:

O primeiro grupo, formado pelos negativistas, minoritário, nega que a pessoa jurídica possua personalidade própria, sendo uma mera ficção legal.

O segundo grupo, que forma a corrente afirmativa, amplamente majoritário, reconhece a personalidade jurídica da pessoa jurídica como um expediente técnico conferido a ela por lei, para que possa contrair direitos e obrigações em seu próprio nome, sendo independente da personalidade jurídica de seus membros.

Classificação das pessoas jurídicas:

a) Pessoas jurídicas de direito público:

- *Interno*: União, Distrito Federal, Estados, Municípios, Territórios, autarquias, associações públicas e demais entidades de caráter público criadas por lei. (art. 41)
- *Externo*: Estados soberanos estrangeiros e todas as pessoas que forem regidas pelo direito internacional público, como Santa Sé e Organizações Internacionais (Onu, Unesco, Oea, Oms, etc.) (art. 42)

b) Pessoas jurídicas de direito privado (**art. 44**):

I. as associações;
II. as sociedades;

III. as fundações;

IV. as organizações religiosas;

V. os partidos políticos;

- **Desconsideração da personalidade da pessoa jurídica:** a pessoa jurídica possui personalidade e patrimônio distintos de seus membros. Levando-se em consideração que esta prerrogativa pode ser utilizada de forma abusiva, gerando desvio de finalidade ou confusão patrimonial, a lei prevê um mecanismo de atingimento ao patrimônio pessoal de seus membros, a fim de evitar-se prejuízo a terceiros.

> *Art. 50. Em caso de abuso da personalidade jurídica, caracterizado pelo desvio de finalidade ou pela confusão patrimonial, pode o juiz, a requerimento da parte, ou do Ministério Público quando lhe couber intervir no processo, desconsiderá-la para que os efeitos de certas e determinadas relações de obrigações sejam estendidos aos bens particulares de administradores ou de sócios da pessoa jurídica beneficiados direta ou indiretamente pelo abuso.*

- **Desconsideração inversa da personalidade jurídica:** de origem doutrinária, foi reconhecida no enunciado 283 da 4ª Jornada de Direito Civil: *"é cabível a desconsideração da personalidade jurídica denominada "inversa" para alcançar bens de sócio que se valeu da pessoa jurídica para ocultar ou desviar bens pessoais, com prejuízo a terceiros."*

3. PARTE GERAL. DOS BENS

Não há um consenso na doutrina a respeito do conceito de *bem,* prevalecendo duas definições: 1) Tudo aquilo que existe no universo e que é útil ao homem; 2) Tudo aquilo que puder ser objeto de uma relação jurídica.

Os bens podem ser classificados de acordo com três grandes critérios:

a) isoladamente considerados ou considerados em si mesmos;

b) reciprocamente considerados

c) quanto à titularidade de seu domínio

- **Bens isoladamente considerados ou considerados em si mesmos:**

De acordo com esta classificação os bens podem ser:

a) *Imóveis:* solo e tudo que a ele se incorporar (art. 79).

Alguns bens são qualificados como imóveis por determinação legal, pois o legislador resolveu dar maior segurança jurídica às relações que os envolvam. São eles: os direitos reais sobre imóveis e as ações que os asseguram e o direito à sucessão aberta (art. 80)

As edificações que, mesmo separadas do solo e removidas para outro local, conservarem sua unidade, bem como os materiais separados de um prédio para nele se reempregarem não perdem o caráter de bem imóvel. (art. 81)

b) *Móveis:* são aqueles que podem ser removidos de um local para outro, por força própria ou alheia, sem alteração de sua substância ou destinação. (art. 82)

Por determinação legal, são bens móveis: as energias que tenham valor econômico, os direitos reais sobre bens móveis e suas ações correspondentes, bem como os direitos pessoais de caráter patrimonial e respectivas ações (art. 83)

c) *Fungíveis:* aqueles que podem ser substituídos por outros da mesma espécie, quantidade e qualidade (art. 85)

d) *Infungíveis:* aqueles que, em decorrência de suas características especiais não podem ser substituídos por outros da mesma espécie, quantidade e qualidade.

e) *Divisíveis:* aqueles que podem ser fracionados sem que ocorra alteração em sua substância, diminuição considerável de seu valor ou prejuízo do uso a que se destinam (art. 87).

f) *Indivisíveis:* aqueles não que podem ser fracionados sem que ocorra alteração em sua substância, diminuição considerável de seu valor ou prejuízo do uso a que se destinam

g) *Singulares*: aqueles que, embora reunidos, são considerados isoladamente, independentemente dos demais.

h) *Coletivos:* são aqueles compostos por vários bens singulares, que considerados conjuntamente formam um todo (universalidade de fato) e ainda, o conjunto de relações jurídicas de uma pessoa, dotado de valor econômico (universalidade de direito)

- **Bens reciprocamente considerados:**

De acordo com esta classificação os bens podem ser principais ou acessórios.

> *Art. 92: "Principal é o bem que existe sobre si, abstrata ou concretamente; acessório, aquele cuja existência supõe a do principal."*

O principal efeito desta classificação é o denominado *Princípio da Gravitação Jurídica*, que determina que o bem acessório segue a sorte do bem principal.

Os bens acessórios dividem-se em: frutos, produtos, pertenças e benfeitorias.

a) *Frutos:* são bens acessórios que nascem do bem principal de tempos em tempos e que cuja separação não causa a extinção parcial do bem principal.

Os frutos podem ser: *pendentes* (ainda estão unidos à coisa que os produziu), *percebidos ou colhidos* (já foram separados ou recebidos), *estantes* (já foram separados e encontram-se armazenados), *percipiendos* (deveriam ter sido colhidos mas não o foram), *consumidos* (já não existem porque foram utilizados).

b) *Produtos:* são bens acessórios que nascem do bem principal de tempos em tempos e que cuja separação causa a extinção parcial do bem principal.

c) *Pertenças:* são bens acessórios que se destinam ao serviço ou ao embelezamento do bem principal, sem constituir parte integrante deste (art. 93).

As pertenças configuram exceção ao princípio da gravitação jurídica, exceto se houver disposição em contrário (art. 94)

d) *Benfeitorias:* são obras realizadas pelo homem no bem principal com o objetivo de aformoseamento, deleite ou recreio (voluptuárias); melhoramento ou facilitação seu uso (úteis); reparo ou preservação (necessárias).

- **Bens quanto à titularidade de seu domínio:**

Sob esse aspecto, os bens se dividem em públicos e particulares. Públicos são aqueles que pertencem à União, aos Estados, ao Distrito Federal e aos Municípios. Bens particulares são todos os demais. Tem-se, no caso, uma definição por exclusão.

Os bens públicos dividem-se em:

a) *de uso comum do povo:* aqueles que podem ser utilizados por qualquer do povo, podendo a utilização ser retribuída ou gratuita. Ex.: rios, mares, estradas, etc.

b) *de uso especial:* destinados ao funcionamento da administração pública ou à prestação de serviços públicos. Ex.: sede da prefeitura, posto de saúde, etc.

c) *dominicais:* de propriedade das pessoas jurídicas de direito público interno, mas desafetados, desligados de qualquer função pública.

Os bens públicos de uso comum do povo e os de uso especial são inalienáveis enquanto afetados, já os dominicais podem ser alienados. Seja qual for a espécie de bem público, sua alienação deve obedecer aos trâmites previstos pelo Direito Administrativo. (art. 101).

De acordo com os arts. 183, § 3° e 191, parágrafo único da Constituição Federal, art. 102 do Código Civil e a Súmula 340 do STF, os bens públicos não podem ser adquiridos por meio de usucapião.

4. PARTE GERAL. DOS ATOS E FATOS JURÍDICOS

- **Negócio Jurídico:** ato de manifestação de vontade direcionado a determinada finalidade, ao qual a lei confere prestígio. Exemplo clássico de negócio jurídico é o contrato.

  Os negócios jurídicos são analisados sob três planos:

- **Plano de existência:** para que o negócio jurídico seja considerado existente é necessária a presença de pelo menos uma pessoa (física ou jurídica) e um objeto (material ou imaterial), sobre o qual irá recair uma manifestação de vontade direcionada a determinado fim.

- **Plano de validade:** para que o negócio jurídico seja considerado válido, é necessário o preenchimento dos requisitos previstos no art. 104 do Código Civil, quais sejam: que a (s) pessoa (s) nele envolvida (s) seja (m) capaz (es), que seu objeto seja lícito, possível determinado ou determinável (sob pena de nulidade – art. 166, II) e que seja realizado na forma determinada ou não proibida por lei (sob pena de nulidade – art. 166, IV).

A incapacidade absoluta do agente leva à nulidade do negócio (art. 166, I), já a relativa leva à anulabilidade (art. 171, I).

O negócio jurídico ainda será nulo quando seu motivo determinante for ilícito, quando preterida alguma solenidade prevista em lei, quando tiver intuito de fraudar a lei, quando for simulado e quando a lei taxativamente o declarar nulo (arts. 166 e 167).

A simulação ocorre quando o negócio jurídico aparentar transferir ou conferir direitos a pessoas diferentes daquelas a que realmente transfere ou confere; quando contiver cláusula, declaração, confissão ou condição falsa ou quando pré ou pós datados. (art. 167)

O negócio jurídico ainda será anulável quando houver vício na manifestação de vontade (erro, dolo, coação, estado de perigo ou lesão) ou o vício social da fraude contra credores (art. 171, II), chamados pela doutrina de defeitos do negócio jurídico.

a) **Erro**: é a percepção distorcida da realidade. Para que gere a anulação do negócio jurídico ele deve ser essencial ou substancial, ou seja, de tal monta, que se o agente tivesse conhecimento da realidade, não realizaria o negócio.

De acordo com o art. 139 erro substancial pode dizer respeito à natureza do negócio, seu objeto principal ou a alguma qualidade a ele essencial; pode ser concernente à identidade ou à qualidade essencial das pessoas envolvidas e ainda, quando de direitos, quando for o único ou principal motivo do negócio.

Princípio da conservação do negócio jurídico pela retificação: Art. 144. *"O erro não prejudica a validade do negócio jurídico quando a pessoa, a quem a manifestação de vontade se dirige, se oferecer para executá-la na conformidade da vontade real do manifestante."*

Importante ressaltar que o erro se difere do vício redibitório pois este, objetivo, ocorre quando há um defeito oculto na coisa objeto do negócio; já aquele, subjetivo, ocorre quando há uma falsa percepção quanto à realidade negocial.

b) **Dolo**: ocorre quando o agente é induzido maliciosamente pelo outro ou por terceira pessoa à prática de um negócio jurídico que lhe é prejudicial. Para que gere a anulação do negócio jurídico ele deve ser essencial ou substancial, ou seja, de tal sorte que, se não houvesse o induzimento, o negócio não teria sido realizado.

O dolo acidental gera apenas a reparação do dano, mas não a anulação do negócio (art. 146)

O dolo também pode ser praticado por omissão, na forma do art. 147: *"Nos negócios jurídicos bilaterais, o silêncio intencional de uma das partes a respeito de fato ou qualidade que a outra parte haja ignorado, constitui omissão dolosa, provando-se que sem ela o negócio não se teria celebrado."*

Ainda, para que o negócio jurídico seja anulado, é necessário que não tenha havido dolo bilateral (art. 150)

c) **Coação**: é a ameaça dirigida a uma pessoa ou a pessoas a ela próximas, para que realize determinado negócio jurídico. Para que gere a anulação do negócio jurídico, deve ser grave, de forma a causar um fundado temor na vítima e ainda, deve ter sido a causa do negócio, ou seja, se não tivesse existido a coação o negócio jurídico não teria sido realizado.

A configuração da coação depende da análise de cada caso concreto, levando-se em conta as características pessoas da vítima (art. 152).

O exercício regular de um direito e o mero temor reverencial não configuram coação (art. 153).

d) **Estado de perigo**: é caracterizado quando o agente assume obrigação excessivamente onerosa para salvar-se ou salvar pessoa que lhe é próxima de perigo de dano grave conhecido pela outra parte. (art. 156). Ressalta-se que para que o estado de perigo gere a anulação do negócio jurídico, a situação de perigo deve ter sido a causa do negócio (sem ela o negócio não teria sido realizado) e deve ser de conhecimento da outra parte.

e) **Lesão**: ocorre quando uma parte se vale da necessidade ou da inexperiência da outra para obtenção de um lucro manifestamente desproporcional na realização de um negócio jurídico (art. 157). O negócio não será anulado caso seja restabelecido o equilíbrio econômico. (art. 157. § 1º)

f) **Fraude contra credores**: não se trata de um vício do consentimento, mas de um vício social, mediante o qual o agente pratica um negócio jurídico com o intuito de dilapidar seu patrimônio e frustrar o pagamento de seus credores.

NEGÓCIO JURÍDICO NULO/NULIDADE	NEGÓCIO JURÍDICO ANULÁVEL/ANULABILIDADE
1.Defeito insanável/irremediável	**1.** Defeito sanável/remediável
2. Pode ser alegada de ofício, MP, parte e qualquer interessado (art. 168)	**2.** Somente pode ser alegada pelas partes ou interessados (art. 177)
3. NÃO pode ser convalidado/ confirmado (art. 169)	**3.** PODE ser convalidado/ confirmado (art. 172)
4. Ação declaratória de nulidade absoluta	**4.** Ação anulatória de negócio jurídico
5. Sentença declaratória de eficácia retroativa à data da realização do negócio (*ex tunc*)	**5.** Sentença desconstitutiva de eficácia NÃO retroativa à data da realização do negócio (*ex nunc*)
6. Imprescritível – Não está sujeito a prazo (pode ser alegada a qualquer tempo)	**6.** Prazo decadencial – em regra, 04 anos – quando a lei não dispuser – 02 anos (arts. 178 e 179), sob pena de convalidação.

- **Plano de eficácia:** para que o negócio jurídico seja apto a produzir, imediatamente, os efeitos que dele se espera, ele deve ser isento de qualquer elemento que modifique a sua eficácia. Os elementos que modificam a eficácia dos negócios jurídicos são chamados pela doutrina de elementos acidentais. São eles: condição, termo e encargo.

a) **Condição**: é a cláusula que determina que o negócio jurídico só produzirá seus efeitos (suspensiva) ou deixará de produzir seus efeitos (resolutiva) com a ocorrência de um evento futuro e incerto (art. 121)

b) **Termo**: é a cláusula que determina que o negócio jurídico só produzirá seus efeitos (suspensivo ou inicial) ou deixará de produzir seus efeitos (resolutivo ou final) com a ocorrência de um evento futuro e certo.

c) **Encargo**: é a cláusula que atribui um ônus, uma obrigação ao beneficiário de um negócio jurídico (em regra gratuito).

A Lei 14.382/22 dispõe sobre o Sistema Eletrônico dos Registros Públicos (SERP), modernizando e simplificando procedimentos relativos aos registros públicos de atos e negócios jurídicos, bem como de incorporações imobiliárias.

5. PARTE GERAL. PRESCRIÇÃO E DECADÊNCIA

O tempo é um fenômeno relevante para as relações jurídicas, na medida em que, no âmbito da prescrição e da decadência, caracteriza fator extintivo delas.

Para cada direito subjetivo conferido a um sujeito a lei determina um período dentro do qual ele pode ser exercido. Caso seu titular não o exerça dentro do período estabelecido em lei, perderá o direito ao seu exercício. Assim, **prescrição** é a perda da faculdade de exercício de um direito em razão da inércia de seu titular no prazo previsto em lei.

Como regra, temos o prazo de 10 anos previsto no art. 205, e as exceções a este prazo previstas no art. 206, que prevê hipóteses de prescrição de um a cinco anos para o exercício dos direitos ali relacionados. Todos os demais prazos previstos no Código Civil são decadenciais.

O Código Civil prevê situações que impedem ou suspendem o transcurso do prazo prescricional, de forma que ele ao menos comece a correr. São as causas subjetivas bilaterais (art. 197), as causas subjetivas unilaterais (art. 198) e as causas objetivas (art. 199).

Ainda, prevê hipóteses que interrompem a contagem do prazo prescricional, de forma que o prazo já transcorrido é ignorado, voltando a correr por inteiro a partir do ato que o interrompeu ou do último ato do processo (art. 202).

* **ATENÇÃO – Prescrição intercorrente:** aquela que ocorre no curso de um processo em razão da inércia do autor em lhe dar regular andamento, devendo contra ele ser computado o prazo prescricional correspondente.

* A Lei 14.382/22 alterou o art. 206-A do Código Civil para determinar que a prescrição intercorrente observará o mesmo prazo de prescrição da pretensão, observadas as causas de impedimento, suspensão e interrupção previstas no CC, bem como o art. 921 do CPC.

A **decadência** é a perda de um direito potestativo em razão da inércia de seu titular no prazo previsto em lei (legal) ou pelas partes (convencional).

Diferenças entre prescrição e decadência:

a) A prescrição diz respeito à pretensão de exercício de um direito, enquanto a decadência diz respeito ao direito propriamente dito.

b) A prescrição pode ser impedida, suspensa ou interrompida, enquanto a decadência não (art. 207)

c) A prescrição admite renúncia, desde que consumada e que não haja prejuízo a terceiros. A decadência legal não admite renúncia (art. 209)

d) A prescrição pode ser reconhecida de ofício, enquanto a decadência legal não (art. 211)

A Lei 14010/20 estabeleceu regime jurídico emergencial para as relações jurídicas de Direito Privado no período de 20 de março a 30 de outubro de 2020. Estabeleceu que os prazos prescricionais e decadenciais se consideram suspensos ou impedidos neste período, ressalvadas as hipóteses específicas de impedimento, suspensão e interrupção dos prazos já previstos no ordenamento jurídico pátrio.

6. DIREITO DAS OBRIGAÇÕES

Obrigação é uma relação jurídica entre credor (*accipiens*) e devedor (*solvens*) que confere ao primeiro o direito de exigir do segundo o cumprimento de uma prestação.

Do conceito acima, extraímos a ideia de que as obrigações são compostas por três elementos:

- *Sujeitos*: credor e devedor
- *Objeto*: prestação (dar, fazer ou não fazer)
- *Vínculo jurídico*: débito (dever do devedor em cumprir com a obrigação) e responsabilidade (direito do credor exigir o cumprimento da obrigação)

Obrigação incompleta ou imperfeita é aquela em que há o débito, mas não há a responsabilidade. Uma vez paga voluntariamente, o devedor não tem direito a devolução. (irrepetibilidade) – art. 882 do CC.

Princípio da responsabilidade patrimonial do devedor: art. 391 do CC – *"Pelo inadimplemento das obrigações respondem todos os bens do devedor"* – exceto aqueles impenhoráveis ou inalienáveis.

As obrigações podem ser classificadas levando-se em consideração vários critérios.

Quanto ao objeto prestacional, podem ser de DAR, FAZER ou NÃO FAZER:

OBRIGAÇÃO DE DAR.

CONCEITO: consiste na entrega pelo devedor de alguma coisa móvel ou imóvel ao credor.

a) Obrigação de dar *coisa certa*: quando o objeto da prestação for previamente determinado, individualizado, tiver suas características conhecidas. Ex.: a casa situada naquele determinado endereço, o carro de placa tal, etc.

Pode consistir em *transferir a titularidade, entregar ou restituir.*

Princípio da especificidade:

> **Art. 313**. *O credor não é obrigado a receber prestação diversa da que lhe é devida, ainda que mais valiosa.*

Regras especiais:

-- **Art. 233**. *A obrigação de dar coisa certa abrange os acessórios dela embora não mencionados, salvo se o contrário resultar do Título* (próprio contrato) *ou das circunstâncias do caso* (usos e costumes)

Consequências da perda da coisa certa (perecimento): significa saber o que ocorre caso a coisa certa seja totalmente destruída antes de ser entregue ao credor. (art. 234 do CC)

Regra: *res perit domino. A coisa perece para o dono.* O prejuízo da perda da coisa deve ser suportado por quem era seu dono no momento do evento.

- Se o perecimento, se a perda da coisa se deu *sem culpa* do devedor, antes de sua entrega ao credor, a obrigação será considerada desfeita. (caso fortuito ou força maior).

- Se o perecimento, se a perda da coisa se deu *com culpa* do devedor, além de *devolver o va*lor pago, ele deve pagar *perdas e danos* ao credor, em razão da frustração do negócio.

Nas **obrigações de restituir**, o dono da coisa objeto da prestação é o credor. O devedor vai devolver a coisa ao seu dono.

Se o perecimento se deu sem culpa do devedor, o credor suportará o prejuízo (*res perit domino)* sem qualquer direito a indenização. Se o perecimento se deu com culpa do devedor, o credor tem direito a indenização por perdas e danos.

Consequências da destruição parcial da coisa certa (deterioração): significa saber o que ocorre caso a coisa certa seja parcialmente destruída antes de ser entregue ao credor.

Quando houver a destruição parcial da coisa *sem culpa* do devedor, o credor pode optar por desfazer o negócio ou aceitar a coisa do jeito em que ela se encontra, com um abatimento no preço proporcional à desvalorização verificada. (art. 235 do CC)

Quando houver a destruição parcial da coisa *com culpa* do devedor, o credor pode optar por desfazer o negócio ou aceitar a coisa do jeito em que ela se encontra, com um abatimento no preço proporcional à desvalorização verificada, e ainda, tem o direito de pedir indenização por perdas e danos. (art. 236 do CC)

Nas **obrigações de restituir**, o dono da coisa objeto da prestação é o credor. O devedor vai devolver a coisa ao seu dono.

Se a deteriorização se deu sem culpa do devedor, o credor suportará o prejuízo (*res perit domino)*, ou seja, receberá a coisa no estado em que ela se encontra, sem qualquer direito a indenização. Se o perecimento se deu com culpa do devedor, o credor receberá a coisa danificada, acrescida do valor referente à depreciação, e mais a indenização por perdas e danos.

Consequências do aumento ou do melhoramento realizado na coisa certa:

Ocorre a aplicação contrária do princípio do *res perit domino*. Ou seja, no caso de deterioração ou perecimento da coisa, o prejuízo deve ser suportado pelo seu dono. Aqui, no caso de aumento ou melhoramento na coisa, a coisa se valoriza em favor de seu dono. (art. 237 do CC)

Se entre a data da celebração da obrigação e a data da entrega da coisa houve um melhoramento ou um acréscimo na coisa, nada mais justo que o credor pague pela diferença da valoração, sob pena de enriquecimento sem causa.

Caso não concorde em pagar a diferença, o devedor pode optar por desfazer o negócio e devolver o preço eventualmente já recebido.

b) Obrigação de dar *coisa incerta*: quando o objeto da prestação for identificado apenas pela *espécie* e pela *quantidade*. Ex.: uma casa, um carro, etc. De início, o objeto é indeterminado, mas os critérios necessários para sua determinação são apontados.

Não pode haver uma obrigação onde haja a *indeterminação absoluta* do objeto, o que inviabiliza o futuro cumprimento.

Regras especiais:

> ***Art. 244.*** *Nas coisas determinadas pelo gênero e pela quantidade, a escolha pertence ao devedor, se o contrário não resultar do Título da obrigação (próprio contrato); mas não poderá dar a coisa pior, nem será obrigado a prestar a melhor.*

A escolha quanto à determinação do objeto, em regra, é feita pelo devedor, exceto se na obrigação for estipulado que caberá ao credor.

Porém, esta escolha fica limitada ao que a doutrina denomina de *qualidade média*, ou seja, a escolha deve obedecer a padrões mínimos de razoabilidade, de boa-fé.

O ato de escolha é denominado pela doutrina de concentração da obrigação ou concretização da obrigação.

Feita a escolha da coisa, definida qual é a coisa objeto da obrigação, ela deixa de ser coisa incerta e passa a ser coisa certa. A partir deste momento aplicam-se as regras atinentes às obrigações de dar coisa certa. (art. 245 do CC)

Antes da escolha, ou seja, quando a coisa ainda é indeterminada, é incerta, o devedor não pode deixar de cumprir sua obrigação sob a alegação de perda ou deterioração da coisa, ainda que por caso fortuito ou força maior. (art. 246 do CC)

A razão deste dispositivo é que ante de feita a escolha, o objeto da prestação é indeterminado, podendo ser substituído por outro da mesma espécie e quantidade.

SATISFAÇÃO DO CREDOR NAS OBRIGAÇÕES DE DAR:

Obrigação significa *dever jurídico* que, quando descumprido, torna-se passível de sanção.

Quando o sujeito interpõe uma ação judicial que tem por finalidade fazer com que o devedor cumpra com sua obrigação de dar coisa certa ou incerta, o juiz pode estipular a fixação de uma multa diária (*astreinte*) e um prazo para que a coisa seja entregue.

Caso não entregue a coisa no prazo estipulado, o juiz determinará a busca e apreensão da coisa (móvel) ou a imissão na posse (coisa imóvel).

Caso o devedor já tenha se desfeito da coisa quando for expedido o mandado de busca e apreensão ou de imissão na posse, ele responderá por perdas e danos.

OBRIGAÇÃO DE FAZER: como obrigação positiva, que pressupõe uma ação, consiste na prática de um ato ou serviço pelo devedor.

ESPÉCIES: existem dois tipos de obrigação de fazer, de acordo com a possibilidade de ser cumprida apenas pelo devedor ou por outra pessoa.

a) Obrigação de fazer *personalíssima, infungível, imaterial ou "intuitu personae"*: aquela que só pode ser cumprida pelo devedor e por mais ninguém.

O fato de a obrigação só poder ser cumprida pelo devedor pode decorrer:

- de vontade das partes – cláusula expressa no negócio.
- da natureza da obrigação – quando a prestação requerer alguma aptidão, talento ou habilidade específica do devedor. Ex.: Cirurgião plástico famoso, um advogado famoso, um quadro de um pintor específico, um cantor contratado para um show, etc.

b) Obrigação de fazer *impessoais, fungíveis ou materiais*: aquela que pode ser cumprida por qualquer pessoa, pois não se leva em conta nenhuma capacidade específica do devedor. Ex.: construção de um muro por um pedreiro, pintura de uma casa por um pintor, etc.

INADIMPLEMENTO DAS OBRIGAÇÕES DE FAZER:

a) **Inadimplemento por impossibilidade da prestação:**

> ***Art. 248.*** *Se a prestação do fato se tornar impossível sem culpa do devedor, resolver-se-á a obrigação; se por culpa dele, responderá por perdas e danos.*

Exemplo de *impossibilidade da prestação SEM culpa do devedor*: a obrigação será tida como resolvida.

– Na obrigação personalíssima: morte do cirurgião plástico, do advogado, do cantor, do pintor;

– Na obrigação impessoal: uma lei que determina ser proibido construir muros naquele local.

Exemplo de *impossibilidade da prestação COM culpa do devedor*: a obrigação será tida como resolvida + *perdas e danos*.

– Na obrigação personalíssima: viagem do cirurgião plástico, do advogado, do cantor, do pintor;

– Na obrigação impessoal: o pedreiro que ia construir o muro não aparece.

b) **Inadimplemento por recusa do devedor:**

– Obrigação personalíssima:

> ***Art. 247.*** *Incorre na obrigação de indenizar perdas e danos o devedor que recusar a prestação a ele só imposta, ou só por ele exequível.*

Intentada a ação de cumprimento de obrigação de fazer, juntamente com a citação do devedor para que cumpra a obrigação, como forma de coagi-lo, o juiz pode fixar de uma multa diária (astreinte) que será devida por dia de atraso no cumprimento da prestação.

Se mesmo assim o devedor não cumprir com sua obrigação, a ação será convertida em *perdas e danos* + *pagamento da multa diária acumulada* até a conversão.

- Obrigação impessoal:

> ***Art. 249****. Se o fato puder ser executado por terceiro, será livre ao credor mandá-lo executar à custa do devedor, havendo recusa ou mora deste, sem prejuízo da indenização cabível.*
>
> *Parágrafo único. Em caso de urgência, pode o credor, independentemente de autorização judicial, executar ou mandar executar o fato, sendo depois ressarcido.*

OBRIGAÇÃO DE NÃO FAZER: como obrigação negativa, pressupõe uma omissão, uma abstenção, pela qual o devedor se compromete a deixar de praticar determinado ato. Exemplos: a obrigação, de não realizar obras em determinados horários, de não sublocar, de não revelar segredo industrial, etc.

A obrigação de não fazer não pode atentar contra a liberdade individual. Dessa maneira, ilícita é a obrigação de não contrair matrimônio, de não gerar descendentes, de não professar determinada religião.

INADIMPLEMENTO DAS OBRIGAÇÕES DE NÃO FAZER:

O inadimplemento da obrigação de não fazer se dá pela prática do ato proibido.

a) ***Sem culpa do devedor:*** *q*uando a prática do ato que não deveria ser praticado se dá SEM culpa do devedor, a obrigação é tida como resolvida, isentando o devedor de qualquer responsabilidade. (art. 250 do CC)

b) ***Com culpa do devedor com possível desfazimento:***

> ***Art. 251****. Praticado pelo devedor o ato, a cuja abstenção se obrigara, o credor pode exigir dele que o desfaça, sob pena de se desfazer à sua custa, ressarcindo o culpado perdas e danos.*
>
> ***Parágrafo único****. Em caso de urgência, poderá o credor desfazer ou mandar desfazer, independentemente de autorização judicial, sem prejuízo do ressarcimento devido.*

Quando a prática do ato que não deveria ser praticado se dá COM culpa do devedor, e o ato praticado é passível de ser desfeito, (obra) o credor pode:

- exigir do devedor que o ato seja desfeito;
- desfazer o ato à custa do devedor
- em caso de urgência, desfazer o ato ou mandar que outra pessoa o desfaça, e posteriormente, ajuizar ação de regresso contra o devedor para ser ressarcido.
- em qualquer dos casos, ser indenizado por perdas e danos.

Intentada a ação de descumprimento de obrigação de não fazer, juntamente com a citação do devedor para que desfaça o ato, como forma de coagi-lo, o juiz pode fixar de uma *multa diária (astreinte)* que será devida por dia de atraso no desfazimento do ato.

Se mesmo assim o devedor não desfizer o ato, a ação será convertida em *perdas e danos + pagamento da multa diária acumulada* até a conversão.

c) ***Com culpa do devedor sem possível desfazimento:*** Exemplo: revelação de segredo industrial.

Caberá ao credor, apenas ingressar com ação de perdas e danos, e ainda, executar possível multa contratual.

É possível que em uma relação obrigacional exista mais de um credor e/ou mais de um devedor. Quando houver a pluralidade de sujeitos em pelo menos um dos lados da obrigação, é necessária a verificação da possibilidade de divisão de seu objeto, para então se saber qual é a medida da responsabilidade de cada sujeito.

- *Obrigações divisíveis:* quando o objeto da prestação puder ser dividido sem alteração de sua substância, diminuição considerável de seu valor ou prejuízo do uso a que se destina, cada credor terá direito à sua quota parte da prestação e cada devedor só será obrigado na medida de sua quota. (art. 257)
- *Obrigações indivisíveis:* quando o objeto da prestação não puder ser dividido entre os credores ou entre os devedores, em razão de sua natureza, por motivo econômico ou por ter sido o motivo determinante do negócio (art. 258)
- *Obrigações solidárias:* art. 264 - *"Há solidariedade, quando na mesma obrigação concorre mais de um credor, ou mais de um devedor, cada um com direito, ou obrigado, à dívida toda."*

Pode haver solidariedade entre credores (ativa), entre devedores (passiva) ou entre todos eles (mista), porém, ela sempre decorrerá de lei (legal) ou da vontade das partes (convencional), não podendo ser presumida (art. 265).

- **Regras especiais sobre a solidariedade ativa:** aquela em que, sendo vários os credores, cada um pode exigir do devedor o cumprimento integral da prestação.

- *Princípio da prevenção.* O devedor pode escolher a qual credor quer fazer o pagamento. Porém, se já tiver sido demandado judicialmente por um deles, e já tiver sido citado, só poderá pagar ao credor demandante. (arts. 268 e 269)
- *Recebimento integral.* O credor que receber o pagamento integral responderá aos outros pela parte que lhes caiba. (art. 272)
- *Morte de um dos credores solidários.* Se deixar apenas um herdeiro ou se seus herdeiros agirem em conjunto, eles substituirão o credor solidário, podendo exigir o pagamento integral do devedor comum. Caso os herdeiros atuem isoladamente, cada um deles poderá exigir apenas a quota correspondente ao seu quinhão hereditário, extinguindo-se assim a solidariedade. (art. 270)

- **Regras especiais sobre a solidariedade passiva:** aquela em que, sendo vários os devedores, cada um deles é obrigado a cumprir a prestação por inteiro. (art. 275)

- *Escolha.* O credor pode cobrar a dívida apenas de um ou de alguns dos credores, e esta escolha não significa renúncia à solidariedade.
- *Pagamento parcial.* Se um dos devedores pagar parcialmente a dívida, remanesce a solidariedade para todos, pelo valor restante, ou seja, descontada a parte já paga. (art. 275)
- *Pagamento total.* O devedor que pagar a dívida integralmente terá direito de regresso contra os demais devedores.
- *Morte de um dos devedores solidários.* Se deixar apenas um herdeiro ou se seus herdeiros agirem em conjunto,

eles substituirão o devedor solidário, podendo ser cobrados pelo cumprimento integral da obrigação, *até o limite do que receberam como herança.* Caso os herdeiros atuem isoladamente, cada um deles será obrigado ao pagamento até o limite de seu quinhão hereditário, salvo se o objeto for indivisível, ocasião em que deverá ser entregue (art. 276)

- *Renúncia da solidariedade.* O credor pode abrir mão da solidariedade entre todos os credores ou em relação a apenas um ou alguns deles. No primeiro caso, cada devedor passará a responder apenas pela sua parte da dívida. No segundo caso, a solidariedade persistirá com relação aos devedores não exonerados.

  ATENÇÃO: A Lei 14.195/21 autoriza o Poder Executivo Federal a instituir o Sistema Integrado de Recuperação de Ativos (SIRA), constituído por um conjunto de instrumentos, mecanismos e iniciativas destinados à identificação e localização de bens de devedores.

Medidas coercitivas atípicas para forçar pagamento de dívida não devem ter limitação temporal. Trecho da ementa: "6 – As medidas coercitivas atípicas não modificam a natureza patrimonial da execução, mas, ao revés, servem apenas para causar ao devedor determinados incômodos pessoais que o convençam ser mais vantajoso adimplir a obrigação do que sofrer as referidas restrições impostas pelo juiz, de modo que a retenção do passaporte do devedor deve perdurar pelo tempo necessário para que se verifique, na prática, a efetividade da medida e a sua capacidade de dobrar a renitência do devedor, sobretudo quando existente indícios de ocultação de patrimônio." (Julgado em 21.06.2022)

DA TRANSMISSÃO DAS OBRIGAÇÕES:

CESSÃO DE CRÉDITO (arts. 286 a 298): *é um negócio jurídico bilateral, pelo qual o credor de uma obrigação transfere seu crédito a terceiro, independentemente do consentimento do devedor, alterando assim o polo ativo da obrigação.*

SUJEITOS:

Cedente: quem cede, transfere o direito

Cessionário: quem adquire o direito

Cedido: o devedor, ou o obrigado.

O cedido não intervém no negócio jurídico, pois sua anuência é dispensável. Basta que ou o cedente ou o cessionário lhe comunique a cessão, para que ele saiba a quem deve pagar no momento oportuno.

> ***Art. 290.*** *A cessão do crédito não tem eficácia em relação ao devedor, senão quando a este notificada; mas por notificado se tem o devedor que, em escrito público ou particular, se declarou ciente da cessão feita.*

– Antes da notificação o devedor que pagar ao cedente (credor originário) será exonerado da obrigação, depois da notificação, o pagamento só será considerado válido se feito ao cessionário.

MODALIDADES:

– *Gratuita ou onerosa:* o cedente pode exigir ou não uma contraprestação do cessionário.

– *Total ou parcial:* se total, o cedente transferirá todo o crédito; se parcial, o cedente poderá permanecer na relação obrigacional, caso retiver parte do crédito.

CRÉDITOS PASSÍVEIS DE CESSÃO:

A princípio, qualquer crédito pode ser objeto de cessão. Porém, alguns não admitem a cessão, em razão da *natureza da obrigação, de disposição legal ou cláusula contratual expressa.*

FORMA:

A lei não exige forma específica para a cessão.

– Se a cessão tiver por objeto direito que só é transferível por escritura pública, esta formalidade será exigida para a cessão. (transferência de direitos reais sobre imóvel de valor acima de 30x o salário mínimo vigente no país).

– Para que a cessão produza efeitos em relação a terceiros, deve ser celebrada por instrumento público ou por instrumento particular que contenha o local onde foi celebrada, a qualificação das partes, a data e o objeto da cessão e registrada em Cartório de Títulos e Documentos.

REPONSABILIDADE DO CEDENTE:

O cedente responsabiliza-se perante o cessionário pela existência e validade do crédito. Assim, será responsabilizado caso:

– O crédito não exista;

– O cedente não for o titular do crédito;

– Haja vício no crédito;

– O crédito não seja passível de cessão.

Responderá pelo crédito e, se tiver agido de má-fé, por perdas e danos.

Em relação à solvência do cedido:

– Cessão *pro soluto:* o cedente não tem qualquer responsabilidade sobre a solvência do cedido, salvo se tiver assumido essa responsabilidade expressamente no instrumento de cessão. Operando-se a transferência do crédito, ocorre a exoneração do cedente, independentemente do cumprimento ou não da obrigação.

– Cessão *pro solvendo:* o cedente assume a responsabilidade sobre a solvência do cedido. Assim, se o cedido já era insolvente no momento da cessão, o cedente arcará com o pagamento do crédito mais juros e despesas provenientes da cobrança da cessão.

Caso a insolvência do tenha surgido posteriormente à cessão, o risco será do cessionário.

ASSUNÇÃO DA DÍVIDA (arts. 299 a 303): também chamada de *cessão de débito é um negócio jurídico bilateral, pelo qual um terceiro (assuntor), estranho à relação obrigacional, assume a posição de devedor e assume a dívida, alterando assim o polo passivo da obrigação.*

Para que seja válida, é necessária aceitação do credor. Ainda, o credor não está obrigado a aceitar outro devedor, ainda que ele possua melhores condições de pagar a dívida ou seja detentor de patrimônio maior.

> ***Art. 299.*** *É facultado a terceiro assumir a obrigação do devedor, com o consentimento expresso do cre-*

dor, ficando exonerado o devedor primitivo, salvo se aquele, ao tempo da assunção, era insolvente e o credor o ignorava.

MODALIDADES:

- **Expromissão:** feita entre credor e terceiro, não exigindo a concordância do devedor originário.

- **Delegação:** feita entre devedor originário e terceiro, exigindo a concordância do credor.

EFEITOS:

- ***Efeito liberatório:*** com a entrada do terceiro, o devedor originário fica liberado do pagamento da dívida;

- ***Efeito cumulativo**:* o devedor originário continua responsável pelo pagamento da dívida, juntamente com o terceiro. Há um reforço da dívida, ficando terceiro e devedor originário como devedores solidários.

O efeito cumulativo pode advir de cláusula expressa estipulada entre as partes no contrato de cessão ou da hipótese legal de insolvência do terceiro ao tempo da cessão e o credor ignorava esta circunstância.

Também denominada de *adesão à dívida, coassunção da dívida ou adjunção à dívida.*

- **Extinção das obrigações:** de acordo com a satisfação do credor, pode-se classificar a extinção das obrigações em:

a) **Satisfatória:** sempre que a obrigação é satisfeita de modo que o credor receba a prestação.

- *Direta:* quando houver pagamento
- *Indireta:* quando o cumprimento da prestação se dá de outro modo que não o pagamento. Ex.: compensação de dívidas

b) **Não satisfatória:** quando o devedor é desobrigado, é exonerado da obrigação sem que o credor receba a prestação. Ex.: remissão, morte de devedor em obrigação personalíssima, prescrição, etc.

Embora o termo *"pagamento"* seja utilizado na linguagem leiga como sinônimo de cumprimento de obrigação em dinheiro, juridicamente o termo tem sentido mais amplo, traduzindo-se no cumprimento de qualquer tipo de obrigação, seja de dar, de fazer ou de não fazer. O pagamento é a forma direta de extinção das obrigações.

As obrigações ainda podem se extinguir das seguintes formas:

- Dação: é forma indireta de extinção de obrigação pela qual o credor consente em receber prestação diversa da que lhe é devida, liberando-se assim o devedor da obrigação. (art. 356).
- Confusão: é forma indireta de extinção de obrigação que ocorre quando na mesma pessoa se confundem credor e devedor (art. 381).
- Compensação: é forma indireta de extinção de obrigação que se dá quando duas pessoas são, ao mesmo tempo, credora e devedora uma da outra. (art. 368).
- Novação: é forma indireta de extinção de obrigação que se dá quando as partes constituem uma nova obrigação com a finalidade de extinguir obrigação anterior que não fora cumprida (art. 360).

Atenção: A lei 14.179/21 estabelece normas para facilitação de acesso a crédito e mitigação dos impactos econômicos decorrentes da Pandemia da Covid-19.

Atenção: A lei 14.652/23 faculta aos participantes de planos de previdência complementar aberta, aos segurados de seguros de pessoas, aos cotistas de Fundo de Aposentadoria Programada Individual e aos titulares de título de capitalização, a concessão do direito de resgate como garantia de operações de crédito.

7. DOS CONTRATOS

- **Conceito:** é a principal forma de exteriorização de um negócio jurídico, pela qual duas ou mais pessoas (naturais ou jurídicas) estabelecem regras norteadoras da relação jurídica que pretendem criar, modificar ou extinguir.
- **Função social do contrato:** o art. 421 determina que: *"a liberdade de contratar será exercida em razão e nos limites da função social do contrato."*

A função primordial de contrato é a facilitação da circulação de riquezas, porém, tal circulação não pode se dar em prejuízo das partes ou de terceiros. Assim, a lei confere ampla liberdade aos sujeitos na esfera contratual, vez que, salvo raras exceções, as partes podem escolher se, com quem, quando e de que forma querem contratar (*princípio da autonomia da vontade)*. Porém, tal liberdade sofre limitação pelo princípio da *supremacia da ordem pública*, vez que o contrato não subsistirá no caso de infringência a preceitos de ordem pública (art. 2.035, parágrafo único).

- **Obrigatoriedade contratual:** também denominado *"pacta sunt servanda",* os contratos são celebrados para serem fielmente cumpridos, de forma que obrigam as partes na medida daquilo que livremente estipularam.

A Cláusula *Rebus sic stantibus*, presumidamente implícita em todos os contratos, pode ser entendida como *"enquanto as coisas assim estiverem"*. Assim, analisando conjuntamente as duas regras, podemos concluir que o contrato deve ser fielmente cumprido enquanto as coisas assim estiverem. Sobrevindo situação imprevista que altere significativamente as condições existentes no momento da celebração, de forma a gerar um desequilíbrio nas prestações, o contrato deve ser revisto para que se ajuste à nova realidade. (Teoria da imprevisão)

Outra situação que relativiza a obrigatoriedade contratual é a onerosidade excessiva, prevista no art. 478*: "Nos contratos de execução continuada ou diferida, se a prestação de uma das partes se tornar excessivamente onerosa, com extrema vantagem para a outra, em virtude de acontecimentos extraordinários e imprevisíveis, poderá o devedor pedir a resolução do contrato."*

- **Interpretação dos contratos:** deve se dar de forma a prestigiar a boa-fé e os usos do local onde é celebrado (art. 113), atentando-se mais à intenção dos agentes do que ao sentido literal da linguagem empregada (art. 112).

Regra que merece ATENÇÃO é a consubstanciada no art. 423. Nos contratos de adesão, visando salvaguardar interesses daquele que não teve oportunidade de discutir ou modificar qualquer cláusula do contrato ao qual se vinculou, o legislador determina que, havendo ambiguidade ou contradição, a interpretação deve se dar da forma que mais favoreça ao aderente.

- **Formação do contrato:** a formação do contrato passa por três fases:

a) *Negociações preliminares ou tratativas*: fase em que as partes buscam entrar num acordo quanto às condições do contrato a ser celebrado. Aqui surgem as minutas contratuais, que ainda não obrigam as partes.

b) *Proposta (oferta, policitação ou oblação)*: declaração unilateral de vontade pela qual um sujeito manifesta ao outro sua intenção de com ele contratar

A proposta vincula o proponente, obrigando-o a cumprir com aquilo que propôs pelo prazo nela previsto ou de acordo com os usos do local (art. 427).

Para se saber quando a proposta deixa de ser obrigatória, é necessário se ter em mente se ela foi feita entre presentes (via comunicação direta) ou entre ausentes (sem que haja comunicação direta entre as partes)

Quando feita a pessoa presente sem prazo previamente estabelecido para resposta, deixa de ser obrigatória se não for imediatamente aceita. (art. 428, I)

* **ATENÇÃO:** a proposta feita por telefone ou meio de comunicação semelhante é considerada feita a pessoa presente. (art. 428, I)

Ainda, deixa de ser obrigatória, quando feita a pessoa ausente sem prazo previamente estabelecido para resposta, quando tiver decorrido tempo suficiente para a aceitação chegar ao conhecimento do proponente (art. 428, II). Quando com prazo previamente estipulado para resposta, este tiver decorrido sem a mesma. (art. 428, III). Quando a retratação do proponente chegar ao conhecimento da outra parte antes ou simultaneamente à proposta (art. 428, IV).

c) *Aceitação:* declaração unilateral de vontade pela qual o aceitante ou oblato adere integralmente à proposta, tornando o contrato perfeito.

A aceitação pode ser expressa ou tácita (art. 432) e deve realizar-se dentro do prazo estabelecido na proposta ou em um prazo razoável dentro dos usos locais. (art. 430)

Caso a proposta não seja aceita integralmente, ensejando alterações por parte do aceitante, este tomará o lugar do proponente. (art. 431)

* **ATENÇÃO:** quanto ao momento da perfeição do contrato, o Código Civil adotou a *Teoria da agnação ou da declaração, na subteoria da expedição*, pela qual o contrato é considerado perfeito no momento em que o aceitante manifesta sua concordância com a proposta exteriorizando-a ao proponente. Assim, o contrato se torna perfeito quando da aceitação.

Já quanto ao local em que o contrato é considerado celebrado, o Código Civil determina que é o lugar onde ele foi proposto (art. 435).

Principais classificações dos contratos:

<u>1 Contratos Unilaterais, bilaterais, plurilaterais ou unilaterais imperfeitos</u>:

Unilaterais ou benéficos: quando gera obrigações para apenas uma das partes do contrato.

Bilaterais ou sinalagmáticos: quando o contrato estabelece deveres e obrigações recíprocos para as partes, sendo que os contratantes serão simultaneamente credor e devedor um do outro.

Plurilaterais: quando o contrato estabelece obrigações entrelaçadas que envolvem mais de duas partes contratuais. Considera-se um contrato aberto, pois permite a inclusão ou exclusão da parte sem a necessidade de elaboração de um novo contrato.

Unilaterais imperfeitos: aqueles que originalmente estabelecem obrigação para apenas uma das partes, mas que durante sua vigência surgem obrigações para a parte não onerada originalmente.

***<u>Efeitos da classificação</u>*:**

a) Exceção do contrato não cumprido ou *exceptio non adimpleti contractus*:

> **"Art. 476**. *Nos contratos bilaterais, nenhum dos contratantes, antes de cumprida a sua obrigação, pode exigir o implemento da do outro."*

Somente o contratante que está em dia com o cumprimento de suas obrigações poderá exigir o adimplemento da obrigação da outra parte. Exige-se, além da bilateralidade das obrigações, a sua <u>simultaneidade no cumprimento</u>.

***Cláusula solve et repete*:** a doutrina e a jurisprudência admitem a possibilidade de os contratantes preverem expressamente uma cláusula na qual renunciam ao direito à exceção do contrato não cumprido. Assim, não podem pedir a rescisão do contrato com base na alegação de que a outra parte não cumpriu com sua obrigação. Deve cumprir com sua parte da obrigação e ingressar com ação de perdas e danos.

b) Legítima defesa contratual:

> **Art. 477**. *Se, depois de concluído o contrato, sobrevier a uma das partes contratantes diminuição em seu patrimônio capaz de comprometer ou tornar duvidosa a prestação pela qual se obrigou, pode a outra recusar-se à prestação que lhe incumbe, até que aquela satisfaça a que lhe compete ou dê garantia bastante de satisfazê-la.*

Uma parte deixa de satisfazer sua obrigação até que a outra parte satisfaça a obrigação que lhe compete ou dê garantia de cumpri-la.

O contratante só está autorizado a agir dessa forma se for comprovada e notória a diminuição do patrimônio da outra parte de forma a gerar dúvida quanto à sua capacidade de cumprir com o avençado.

c) Teoria do risco: o perecimento do objeto nos contratos bilaterais de forma involuntária e culposa faz incidir o princípio ***res perit debitori***, segundo o qual a coisa perece para o devedor.

Como nos contratos bilaterais as partes são reciprocamente credoras e devedoras uma da outra, cada parte suportará o risco do perecimento da coisa em relação à sua prestação.

d) Cláusula resolutiva tácita:

> **Art. 475.** *A parte lesada pelo inadimplemento pode pedir a resolução do contrato, se não preferir exigir-lhe o cumprimento, cabendo, em qualquer dos casos, indenização por perdas e danos.*

A cláusula que permite a resolução do contrato por inadimplemento de uma das partes é implícita em todo contrato, porém, nada impede que seja prevista expressamente.

> **Art. 474.** *A cláusula resolutiva expressa opera de pleno direito; a tácita depende de interpelação judicial.*

2) Contratos Onerosos ou Gratuitos:

Onerosos: aqueles que acarretam ônus e vantagens a ambos os contratantes, havendo acréscimo patrimonial recíproco.

Os contratos onerosos subdividem-se em:

- *comutativos*: aqueles de prestações certas e determinadas; no momento da celebração, as partes já conhecem suas vantagens e desvantagens;
- *aleatórios*: aqueles que, no momento da celebração, as partes não conhecem as suas vantagens e desvantagens, pois são fundados na álea (sorte). A incerteza do resultado é que caracteriza estes contratos, expondo as partes à eventualidade recíproca de perdas e ganhos.

Gratuitos: aqueles em que apenas uma das partes aufere vantagem, apenas uma das partes experimenta acréscimo patrimonial, enquanto a outra sofre uma perda econômica.

***Efeitos da classificação*:**

a) Interpretação contratual: nos contratos a título gratuito a interpretação deve ser sempre favorável ao devedor, prestigiando sua liberalidade, a fim de não ampliar sua perda econômica.

b) Irresponsabilidade por vícios redibitórios e evicção: especificamente nos contratos de doação. Não faz sentido responsabilizar aquele que praticou uma liberalidade por entregar determinado bem com defeito.

c) Ação Pauliana: ação movida pelo credor para invalidar um negócio jurídico praticado pelo devedor que tem como objeto bem jurídico que seria utilizado para o pagamento de sua dívida. Sua finalidade é tornar o ato ou o negócio ineficaz, fazendo com que o bem indevidamente alienado retorne ao patrimônio do devedor.

Nos contratos onerosos, o credor deve provar a insolvência e a má-fé do devedor que alienou o bem à terceiro.

Nos contratos gratuitos, basta que o credor comprove a insolvência do devedor, pois a má-fé é presumida.

3) Contratos Paritários contratos de adesão:

a) Contratos Paritários: aquele em que as partes se encontram em igualdade de condições, nos quais as cláusulas do negócio são discutidas e as divergências são eliminadas por meio de transigências recíprocas.

b) Contratos de adesão: aquele em que não há liberdade de convenção e nem transigências recíprocas, pois um dos contratantes limita-se a aceitar as cláusulas e condições previamente estabelecidas, redigidas e impressas pelo outro, aderindo àquilo que já está estipulado sem a possibilidade de discutir ou modificar qualquer cláusula.

***Efeitos da classificação*: arts 423 e 424 do CC.**

DA EXTINÇÃO DOS CONTRATOS: (arts. 472 a 480)

O contrato extingue-se, *em regra*, com o cumprimento do seu objeto.

O cumprimento do contrato é provado pela **quitação**. Ato pelo qual o credor atesta o pagamento (ou o cumprimento da obrigação) exonerando o devedor. (art. 320 do CC). Ainda, o contrato pode ser extinto por inexecução, pelo não cumprimento de seu objeto, que pode se dar por fatores anteriores, concomitantes ou supervenientes à sua celebração.

a) Extinção do contrato por fatores anteriores ou concomitantes à sua celebração:

- *Nulidade:* inobservância dos requisitos de validade do contrato: agente capaz, objeto lícito, possível e determinado ou determinável e forma prescrita ou não defesa em lei. (art. 104 do CC)

Esta nulidade pode ser absoluta ou relativa, dependendo da possibilidade de convalidação.

A legislação prevê a possibilidade de **conversão substancial**, que nada mais é do que a possibilidade de se converter um contrato nulo em um outro contrato válido.

> ***Art. 169.*** *O negócio jurídico nulo não é suscetível de confirmação, nem convalesce pelo decurso do tempo.*

> ***Art. 170.*** *Se, porém, o negócio jurídico nulo contiver os requisitos de outro, subsistirá este quando o fim a que visavam as partes permitir supor que o teriam querido, se houvessem previsto a nulidade.*

Exemplos: conversão da compra e venda de imóvel por instrumento particular em compromisso de compra e venda;

- *Cláusula resolutiva:* (arts. 474 e 475 do CC)

- *Direito de arrependimento:* as partes podem ajustar, expressamente, o direito de arrependimento, que possibilita a extinção do contrato sem que seja cumprido.

> ***Art. 420.*** *Se no contrato for estipulado o direito de arrependimento para qualquer das partes, as arras ou sinal terão função unicamente indenizatória. Neste caso, quem as deu perdê-las-á em benefício da outra parte; e quem as recebeu devolvê-las-á, mais o equivalente. Em ambos os casos não haverá direito a indenização suplementar.*

Se não houver arras ou sinal, o arrependimento será pago através de perdas e danos, estipulado expressamente pelas partes no contrato ou estipulado pelo juiz.

b) Extinção do contrato por fatores supervenientes ou posteriores à sua celebração:

RESCISÃO (arts. 475 a 477 do CC): é a extinção do contrato por inexecução da obrigação por culpa de um dos contratantes, causando dano ao outro.

A culpa deve ser entendida em seu sentido amplo, ou seja, haverá culpa quando o descumprimento for intencional (dolo) bem como quando o descumprimento for ocasionado por imprudência, negligência ou imperícia (culpa).

Consequências da rescisão:

– Eficácia retroativa da rescisão à data da celebração do negócio.

– Perdas e danos: (art. 389 do CC)

– Cláusula Penal, se convencionada: é uma cláusula contratual na qual as próprias partes estipulam uma pena pecuniária a ser paga pela parte culpada pelo descumprimento da obrigação. Não pode ser aplicada cumulativamente às perdas e danos, pois geraria um *bis in idem*, uma dupla penalidade ao inadimplente.

RESILIÇÃO (arts. 472 e 473 do CC): é a extinção do contrato por inexecução da obrigação por ato de vontade de um (unilateral) ou de ambos (bilateral ou distrato) os contratantes.

Unilateral: é permitida quando a lei expressamente autoriza (revogação, renúncia ou resgate) ou quando a lei não proíba, mediante cláusula expressa no contrato.

- Em todas as hipóteses a parte que pretende a resilição unilateral do contrato deverá notificar a outra parte informando-lhe o não interesse em continuar vinculado ao contrato. (denúncia).

Bilateral ou distrato: é um acordo liberatório ente as partes, é um contrato que extingue o outro que, se não fosse pela resilição, ainda estaria vigente.

– Deve ser realizado pela mesma forma que se realizou o contrato.

– Tem efeito *ex nunc*, ou seja, não retroage, gerando efeitos a partir do momento em que é celebrado.

RESOLUÇÃO (arts. 474 a 480 do CC): é a extinção do contrato por inexecução da obrigação em situações em que, apesar das partes desejarem cumprir o contrato, não o fazem por força de fatos supervenientes, imprevisíveis e inevitáveis que retiram da parte o poder de cumprir com o avençado.

As partes não honram o contrato até o fim por impossibilidade de faze-lo.

Em regra, o inadimplemento da prestação por parte de um dos contratantes dá ao outro o direito de resolver o contrato (art. 475 do Código Civil). Porém, com base nos princípios da função social do contrato e da boa-fé objetiva, os tribunais superiores, vêm aplicando a **teoria do adimplemento substancial**, que preceitua que, se o inadimplemento foi mínimo ou, havendo o cumprimento significativo da obrigação, o vínculo contratual deve ser preservado, cabendo ao contratante prejudicado a interposição da respectiva ação para exigir o cumprimento da obrigação, restando dessa forma limitada a faculdade de o credor resolver o contrato nos casos de inadimplemento mínimo por parte do devedor.

Hipóteses:

a) Caso fortuito ou força maior

b) Onerosidade excessiva: (art. 478 do CC)

Recomendo uma leitura rápida da Lei 13.786/18 que disciplina especificamente a resolução de contrato por inadimplemento do adquirente de unidade imobiliária, que legalizou entendimento já firmado pelo STJ quanto às verbas que devem ser restituídas ao comprador.

8. DIREITO DAS EMPRESAS

- **Conceito de empresa e empresário**: O Código Civil extrai do conceito de empresário previsto no artigo 966, o próprio conceito de empresa: "**Art. 966.** Considera-se empresário quem exerce profissionalmente atividade econômica organizada para a produção ou a circulação de bens ou de serviços." Assim, quem exerce a atividade ali elencada é o empresário, sendo a atividade exercida por ele, a empresa.
- **Requisitos**: Podem ser empresários aqueles que possuam capacidade civil e não tenham nenhum impedimento legal (art. 972 do Código Civil). **Atente-se para estes impedimentos**: aqueles que exercem cargos públicos, magistrados, falidos, membros do Ministério Público ou médicos**,** quanto ao exercício simultâneo de farmácia**,** estão impedidos de exercer a empresarialidade.

O impedimento não gera óbice para que sejam sócios de sociedades empresárias em cargos de não direção.

Outra dica importante: de acordo com o art. 974 do mesmo estatuto, o incapaz pode, por meio de representante legal ou devidamente assistido, continuar a empresa exercida anteriormente por seus pais ou por ele quando capaz. A regra é clara: o incapaz **nunca poderá** iniciar o exercício de uma empresa, mas apenas dar continuidade a uma atividade empresarial já iniciada.

Atenção:

- Quanto às sociedades de responsabilidade limitada, a Lei 13.792/19 trouxe importantes modificações relativas aos quóruns de deliberação mencionados nos arts. 1063, 1076 e 1085 do CC.
- A Lei 14.195/21 trata da desburocratização e facilitação do processo de abertura de empresas, bem como sobre a proteção de acionistas minoritários nas sociedades por ações, ainda, determina que as EIRELIS existentes até a data de sua entrada em vigor, serão automaticamente transformadas em sociedades limitadas unipessoais, independentemente de alteração nos respectivos atos constitutivos.

A Lei Complementar 182/21 institui o marco legal das *startups* e do empreendedorismo inovador, trazendo definições, princípios, critérios de enquadramento, bem como regras de contratação de soluções inovadoras pelo Estado.

A Lei 14010/20 estabeleceu regime jurídico emergencial para as relações jurídicas de Direito Privado no período de 20 de março a 30 de outubro de 2020. Estabeleceu que a assembleia geral das pessoas jurídicas de Direito Privado poderá ser realizada, neste período, por meios eletrônicos, independentemente de previsão nos respectivos atos constitutivos, desde que assegurada a identificação dos participantes e segurança dos votos, produzindo todos os efeitos legais de uma assembleia presencial.

- **Lei de falência e recuperação de empresas:** lei nº 11. 101/2005. A recuperação de empresas pode ser judicial ou extrajudicial.
- **A recuperação judicial** tem como finalidade contribuir para que a empresa que passa por séria crise econômico-financeira tenha condições de se recuperar. Trata-se de benefício legal concedido às empresas visando a sua mantença, o emprego de seus empregados e os interesses dos credores.
- **Cabimento**: só é cabível para as empresas com mais de dois anos de atividade empresarial regular; que não tenham sofrido falência; que não tenham pedido de recuperação judicial nos últimos 05 (cinco) anos e que o empresário não tenha sido condenado por crime falimentar. (art. 158 Lei de Recuperação de Empresas e Falência.)
- **São órgãos essenciais na R.J.**: o administrador judicial, o comitê de credores e assembleia geral de credores.
- **Procedimento**: o pedido deve ser feito pela própria empresa recuperanda e nunca pelos seus credores, como ocorre na falência. O juízo competente é o da sede do principal estabelecimento da empresa. Distribuída a inicial e preenchidos os requisitos elencados acima (cabimento), a decisão que defere o processamento da R.J. nomeará o administrador judicial, suspenderá todas as ações que corram contra a empresa recuperanda pelo prazo de 180 (cento e oitenta) dias, **excetuando-se**: as trabalhistas e tributárias. (art. 52 e art. 6º, parágrafo 1º, 2º e 7º). Determinará ainda a expedição do edital de credores e concederá o prazo de 15 (quinze) dias para estes habilitarem ou impugnarem seus créditos. (habilitação é inclusão de crédito não declarado e impugnação é objeção a crédito já habilitado) e por fim, concederá à empresa recuperanda o prazo de 60 (sessenta) dias para a apresentação do plano de recuperação. Trata-se de prazo peremptório e preclusivo que se não cumprido, dará ensejo à decretação da falência da empresa.

Da decisão que defere o processamento da Recuperação Judicial cabe agravo de instrumento (Enunciado 52 da I Jornada de Direito Comercial do CJF). Já da decisão que indefere o processamento, cabe recurso de apelação.

O candidato tem que ter claro que a recuperação judicial é um pedido e um benefício concedido à empresa e que, portanto, deverá obrigatoriamente preencher os requisitos legais.

Recuperação de empresa não é requisito para falência, em razão de não ser aplicada a todas as empresas existentes.

Não se aplica a recuperação judicial aos bancos, aos profissionais liberais, às operadoras de plano de saúde, seguradoras, operadoras de previdência privada, cooperativas, às sociedades simples e sociedades comuns e profissionais irregulares (art. 48 da Lei de Recuperação de Empresas e Falência).

- **Créditos excluídos da recuperação judicial:** Credor titular da posição de proprietário fiduciário, crédito decorrente de adiantamento de contrato de câmbio para exportação e crédito tributário.
- **Concessão da Recuperação**: após apresentado o plano de recuperação pela empresa recuperanda e aprovado pela assembleia de credores por maioria dos votos (trabalhistas ou decorrentes de acidente de trabalho e maioria dos votos das demais classes). O prazo de objeção ao plano pelos credores é de 30 dias (art. 55 Lei de Recuperação de Empresas e Falência.)

Caso o plano de recuperação não seja apresentado no prazo de 60 (sessenta dias) pela empresa recuperanda, ou seja, rejeitado pelos credores, decretar-se-á a falência.

Aprovado e homologado o plano, o juiz concede a recuperação, que terá o prazo de 02 (dois) anos para cumprimento. Seu encerramento se dará com o cumprimento de todas as obrigações assumidas no plano, pagamento dos honorários do administrador, relatório apresentado pelo administrador no prazo de 15 dias, pagamento das custas judiciais e expedição de ofícios aos cartórios competentes.

- **Recuperação de microempresa (ME) e empresa de pequeno porte (EPP)**: A lei nº 11.101/2005 trata também da recuperação para microempresa e empresa de pequeno porte através do chamado "plano especial." Este plano contempla apenas os créditos quirografários, o prazo não poderá exceder 36 meses, com juros de 12% ao ano.
- **Recuperação Extrajudicial**: Aplicam-se os mesmos requisitos da R.J. Não abrangerá os créditos trabalhistas e os decorrentes de acidente de trabalho, bem como não abrangerá os mesmos créditos não abrangidos na R.J.

Se todos os credores aprovarem o plano de forma unânime, não haverá necessidade de homologação judicial.

Sendo aprovado com a discordância de um ou alguns dos credores, obrigatória será a homologação judicial para produzir efeitos.

- **Falência:** Também está prevista na Lei nº 11.101/2005. Falência é execução coletiva com a finalidade de liquidar o passivo e apurar o ativo da empresa. É considerada a "morte provocada" da empresa. Se a recuperação é a UTI, a falência é a morte. Uma vez decretada, nada mais poderá ser feito.

Podem sofrer falência o empresário individual ou a sociedade empresária (art. 1º da Lei de Recuperação de Empresas e Falência).

Pessoa física não vem a falir, torna-se devedor insolvente.

- **Não sofrem falência:** pessoas que exercem atividade não empresarial, profissionais liberais, sociedades simples e cooperativas, empresas públicas e sociedades de economia mista (art. 2º, inciso I, da Lei de Recuperação de Empresas e Falência.)

Com a decretação da falência, também ocorre a suspensão das ações pelo prazo de 180 (cento e oitenta) dias.

- **Juízo universal da falência:** é o juízo do local do principal estabelecimento da empresa. É indivisível e competente para conhecer todas as ações, interesses e negócios do falido. Promove o afastamento do devedor de suas atividades, visando preservar e otimizar a utilização produtiva dos bens, ativos e recursos produtivos, inclusive os intangíveis, da empresa.
- **São legitimados para requerer a falência (art. 97):**

I. o próprio devedor (autofalência)
II. o cotista ou acionista do devedor
III. o cônjuge sobrevivente, herdeiro do credor ou inventariante
IV. qualquer credor, devidamente regularizado na junta comercial, com título executivo acima de 40 (salários mínimos) e devidamente protestado.

Classificação dos créditos: concursais e extraconcursais

Concursais são os que tem origem antes da decretação da falência e são eles (art. 83):

I. Créditos trabalhistas limitados a 150 salários mínimos por credor e créditos surgidos de acidentes de trabalho
II. Créditos com garantia real até o limite do valor do bem gravado
III. Créditos Tributários
IV. Créditos com privilégios especiais
V. Créditos com privilégios gerais
VI. Créditos quirografários
VII. multas
VIII. créditos subordinados

Extraconcursais são os que tem origem após a decretação da falência e serão pagos antes dos concursais **(art. 84). São eles:**

I. Honorários do administrador judicial
II. Créditos trabalhistas após a decretação da falência
III. Crédito Tributário com fato gerador ocorrido após a decretação da falência.
IV. Custas judiciais.

* **IMPORTANTE:** Da decisão que decretar a falência caberá agravo. Da decisão que declarar a improcedência do pedido de falência, caberá a apelação (art. 100, Lei de Recuperação e Falência)

9. DIREITO DAS COISAS

O Direito das Coisas é o conjunto de normas previstas no Código Civil disciplinadas entre os arts. 1.196 a 1.510, Livro III. O Código separou de forma muito correta os direitos patrimoniais em direitos reais e pessoais, cabendo ao Direito das Coisas a classificação dos direitos patrimoniais de natureza real. Abrange não só as relações que regulam os bens corpóreos (móveis ou imóveis), mas também os incorpóreos (autoral, propriedade industrial), tratando ainda da aquisição, exercício, conservação e perda de poder sobre os bens.

- **Utilização da expressão Direito das Coisas ou Direitos Reais**: a utilização de uma ou outra forma de nomear este ramo do direito civil tem gerado várias discussões na doutrina. Para Orlando Gomes, Caio Mário da Silva Pereira, Silvio Salvo Venosa entre outros, a correta denominação seria a de *Direitos Reais*, consideradas como normas reguladoras da propriedade. Para Clóvis Bevilaqua, Silvio Rodrigues e Washigton Monteiro de Barros, Maria Helena Diniz e outros renomados autores, a mais correta seria *Direito das Coisas* em razão de se explicar o ramo do direito que se estuda e por se tratar do capítulo do Código Civil que tem essa própria denominação.

Características dos Direitos Reais – segundo Maria Helena Diniz:

I. Oponibilidade erga omnes
II. Existência de um direito de sequela
III. Previsão de um direito de preferência a favor do titular de um direito real
IV. Possibilidade de abandono dos direitos reais, de renúncia a tais direitos
V. Viabilidade de incorporação da coisa por meio da posse
VI. Previsão da usucapião como um dos meios de aquisição

Da posse:

Pode-se entender a posse como uma situação de fato, juridicamente protegida. Na posse há o uso e o gozo da coisa por parte do possuidor, mas lhe falta o justo título que lhe conferiria a propriedade.

Duas teorias tratam da posse no direito brasileiro:

- **Teoria Subjetiva (Savigny)** – é o poder que o possuidor dispõe de estar em contato com a coisa com a intenção de tê-la para si e defende-la contra terceiros.
- **Teoria Objetiva (Ihering)** – posse é apenas a disposição física ou possibilidade de exercer o contato sobre a coisa.

DICA: O direito brasileiro adota a teoria objetiva.

A posse pode ser **direta ou indireta, justa ou injusta, nova ou velha**. É direta aquela prevista no art. 1.197 do Código Civil exercida por quem detém materialmente a coisa, ou seja, a posse exercida pelo próprio proprietário. Indireta é aquela exercida por outra pessoa que não o proprietário e está prevista no art. 1.198. Justa é a mansa e pacifica e injusta é a que é adquirida com vícios, podendo ser através de violência, clandestinidade ou precariedade. Nova é aquela que possui menos de um ano e dia e velha aquela que possui pelo menos um ano e um dia.

Possuidor de boa-fé e possuidor de má-fé

Possuidor é diferente de detentor. O detentor é aquele que conserva a posse em nome do possuidor, cumprindo suas ordens e instruções, sendo vedada ao detentor qualquer proteção possessória.

Por sua vez, o Enunciado nº 301 CFJ/STJ da IV Jornada de Direito Civil, determina que: "é possível a conversão da detenção em posse desde que rompida a subordinação, na hipótese de exercício em nome próprio dos atos possessórios."

Possuidor de boa-fé é aquele que desconhece qualquer vício ou obstáculo que impeça a aquisição da coisa (art. 1.201 do Código Civil)

Possuidor de má-fé, por sua vez, é aquele que sabe e tem ciência de que a posse foi adquirida com vícios.

A lei admite que o possuidor turbado ou esbulhado proteja sua posse por força própria, desde que a reação seja imediata e na medida do indispensável para proteção (art. 1.210, parágrafo 1º do Código Civil)

Cabe ainda ao possuidor direto defender sua posse contra o possuidor indireto (proprietário), nos termos do art. 1.197 do Código Civil, utilizando-se de ação possessória para tanto.

O possuidor de boa-fé tem direito a ser ressarcido pelas benfeitorias úteis e necessárias, podendo exercer o direito de retenção do bem enquanto não for ressarcido (art. 1.219 do mesmo estatuto legal). Ao possuidor de má-fé serão ressarcidas somente as benfeitorias necessárias, não lhe assistindo o direito de retenção pela importância destas, nem o de levantar as voluptuárias (art. 1.220, do Código Civil).

* **Importante**: mesmo a posse injusta poderá ser defendida, exceto contra aquele de quem ela foi retirada

- **Perda da posse:** pode se dar por abandono, tradição, perda ou destruição.

De acordo com os arts. 1.223 e 1.224 do Código Civil, para que haja a perda da posse por aquele que presenciou o esbulho, basta a perda de seu poder sobre o bem. Já para aquele que não presenciou o esbulho, a posse se perde quando, voluntariamente, deixa de retomar a coisa ou, na tentativa de recuperá-la, é repelido violentamente.

- **Composse ou compossessão**: quando duas ou mais pessoas exercem simultaneamente poderes possessórios sobre a coisa em razão de sua indivisibilidade. Decorre de contrato ou herança e está prevista no art. 1.199 do Código Civil.
- **Do locador e do locatário:**

O locador mantém a posse indireta do imóvel, mesmo depois de efetuar a transferência do direito de uso a outrem (posse direta), objeto da locação. A isto se dá o nome de poder residual concernente à vigilância, à conservação ou mesmo aproveitamento de certas vantagens da coisa, ainda que não esteja mais em sua posse direta.

Tanto locador quanto locatário possuem legitimidade *ad causam* passiva para responder por eventuais danos relativos ao uso da propriedade decorrentes do descumprimento dos seus deveres condominiais. O informativo 506 do STJ assim dispõe: "*Se o locatário do imóvel está descumprindo os deveres do condomínio, e com isso, causando danos a outros, a ação de indenização poderá ser proposta contra o locatário (causador direto do dano), contra o locador (proprietário e possuidor indireto da coisa) ou contra ambos conjuntamente.*"

- **Da propriedade**

A propriedade está prevista nos arts. 1.228 a 1.360 do Código Civil. Diversamente da posse, a propriedade pode ser conceituada como um direito da pessoa física ou jurídica de usar, gozar, dispor ou reaver um bem de quem injustamente o detenha. O direito de propriedade está amparado na Constituição Federal através da função social da propriedade (art. 5º, XXIII e 170, III).

Pode-se dizer que a propriedade é direito real por excelência. No entanto, este direito pode ser restringido por meio de desapropriação em casos de necessidade ou utilidade pública ou ainda interesse social, bem como no caso de perigo iminente (art. 1.228, parágrafo 3º do Código Civil).

Pode haver a privação da propriedade em casos de tombamento, faixas de fronteiras militares ou ainda decorrentes do direito de vizinhança em caso de passagem forçada para imóvel encravado.

- **Dicas importantes:** o proprietário, mesmo com a posse indireta de seu bem, não pode ser eximido de responder por eventuais danos causados em razão do uso indevido de sua propriedade.

A transferência da propriedade das coisas móveis ocorre pela simples tradição e a de bens imóveis pela transcrição (registro), inteligência do artigo 1.267, do Código Civil. No entendimento de Orlando Gomes, nem sempre a tradição será a simples entrega da coisa, podendo se dividir em três espécies: real, jurídica (ficta) e virtual (simbólica ou consensual).

Com o Código de 2002 houve a preocupação do legislador em permitir a utilização do subsolo por parte do proprietário, mas nos limites úteis ao seu exercício. Embora a propriedade, nas palavras de Flávio Tartuce, vá do céu ao inferno, o proprietário deverá permitir atividades externas ao seu domínio que visem o bem comum, tais como a passagem de cabos de telefonia e de redes de TV a cabo, bem como passagens de água.

A Lei 13.777/18 instituiu a multipropriedade, que nada mais é do que a possibilidade de a propriedade de um bem ser dividida entre várias pessoas que o utilizam em parcela de tempo determinada. Veio a regulamentar o chamado *Time Sharing*, modelo de negócio já bastante utilizado na prática, mas que carecia de regulamentação.

Da usucapião

A usucapião significa aquisição pelo uso e está prevista nos arts. 1.238 a 1.244 do Código Civil. Quando se diz que a usucapião é um modo de aquisição da propriedade pelo uso, tem que ficar claro que não basta apenas o uso. Para que a pessoa possa requerer ao juiz a aquisição da propriedade através da usucapião, há a necessidade de uma posse ou uso prolongado no tempo, o ânimo de se tronar proprietário por parte do possuidor e que sua posse não tenha sido reivindicada nos prazos estipulados na lei, sendo mansa e pacífica.

Modalidades:

- **Extraordinária**: art. 1.238 do Código Civil. Dispensa-se o justo título e a boa-fé, bastando que a posse seja ininterrupta por 15(quinze) anos. Há ainda que se ressaltar que sua utilidade se dá para imóveis rurais acima de 50 (cinquenta) hectares ou urbanos acima de 250 (duzentos e cinquenta metros) quadrados. O parágrafo único do referido artigo reduz para 10 (dez) anos o prazo quando o possuidor estabelecer no imóvel sua moradia habitual.
- **Ordinária**: prevista no art. 1.242 do Código Civil. Exigência de posse mansa, pacifica, continua, com justo título e boa - fé pelo prazo de 10 (dez) anos. Justo título deve ser entendido como o ato jurídico que habilita uma pessoa a adquirir o domínio, mas sem que produza efeitos legais. Boa-fé é a falta de conhecimento ou ignorância por parte do possuidor de vícios em relação àquela posse que, se fossem conhecidos, impediriam a aquisição do domínio.

A Constituição Federal trouxe novas hipóteses de usucapião que foram adotadas pelo Código Civil, sendo que em nenhuma delas há necessidade de justo título ou boa-fé, bastando o preenchimento de seus requisitos específicos:

- **Usucapião rural**: art. 191 da Constituição Federal e 1.239 do Código Civil. Também chamada de usucapião pró labore, cujos requisitos são: área não superior a 50 (cinquenta) hectares e posse ininterrupta por 05 (cinco) anos. O possuidor não pode ser proprietário de outro imóvel e tem que ser destinada à sua moradia e de sua família ou a tornar a área produtiva.
- **Usucapião urbana:** art. 183 da Constituição Federal e 1.240 do Código Civil. Chamada de usucapião pro moradia, cujos requisitos são posse mansa, pacífica e ininterrupta por mais de 05 (cinco) anos, não ser proprietário de outro imóvel e ter destinação à sua moradia e de sua família.
- **Usucapião familiar:** mais nova modalidade de usucapião e está prevista no art. 1.240-A do Código Civil. Ressalte-se ainda que o conceito de posse de referido artigo difere-se do conceito de posse do 1.197 do mesmo estatuto legal. (Enunciado 502 da V Jornada de Direito Civil)

Trata-se de usucapião que exige a posse ininterrupta e sem oposição pelo prazo de 02 (dois) anos, sobre imóvel urbano de até 250 metros quadrados, cuja propriedade dividia-se com cônjuge ou companheiro que abandonou o lar. O possuidor não poderá ser proprietário de outro imóvel e deverá ser utilizado para sua moradia.

Atenção:

- A Lei 14010/20 estabeleceu regime jurídico emergencial para as relações jurídicas de Direito Privado no período de 20 de março a 30 de outubro de 2020, suspendendo os prazos para aquisição de propriedade imobiliária ou mobiliária nas diversas espécies de usucapião.
- A lei 14.216/21 estabeleceu medidas excepcionais em razão da Pandemia do Coronavirus, dentre elas, a suspensão do cumprimento de qualquer medida que resulte na desocupação ou remoção forçada coletiva em imóvel público ou particular exclusivamente urbano, bem como a suspensão de despejos, visando estimular a celebração de acordos nas relações locatícias.

Do direito de vizinhança

O direito de vizinhança se aplica aos vizinhos, condôminos ou não.

Para a lei, o conceito de vizinho é amplo, abrangendo não somente os prédios contíguos, mas todos em seu entorno, permitindo assim ao proprietário ou ao possuidor tomar medidas para fazer cessar as interferências que por ventura vierem a ocorrer.

> *Art. 1277 do Código Civil: "O proprietário ou o possuidor de um prédio tem o direito de fazer cessar as interferências prejudiciais à segurança, ao sossego e à saúde dos que o habitam, provocadas pela utilização de propriedade vizinha".*

Quando tais interferências forem determinadas via judicial, são de suportabilidade obrigatória. O art. 1.279 do mesmo estatuto trata da possibilidade de o possuidor ou proprietário requerer a redução ou até mesmo a eliminação das interferências, quando possíveis e viáveis.

No art. 1.280 do mesmo Código, o legislador previu a possibilidade de o proprietário ou possuidor buscar através do Poder Judiciário se resguardar de eventuais danos causados pelo mau uso da propriedade vizinha, podendo exigir, se for o caso, a demolição do prédio vizinho, a reparação do prédio em caso de ameaça de ruína ou ainda requerer caução em casos de dano ou perigo iminente.

As ações que poderão ser intentadas são as seguintes:

I. ação de obrigação de fazer ou não fazer (com possibilidade de multa ou astreintes, nos termos do Código de Processo Civil)

II. ação de reparação de danos (abuso de direito, gera responsabilidade objetiva do vizinho)

III. ação demolitória (demolir uma obra construída)

IV. ação de nunciação de obra nova (embargo da obra)

V. ação de dano infecto (exigir do vizinho caução idônea ou garantia concreta, havendo riscos à propriedade ou à posse, diante do uso anormal do domínio – art. 1.281).

Os direitos e deveres dos condôminos estão previstos nos arts. 1.314 ao 1.328 do Código Civil. Embora o Código não tenha conceituado o que é condomínio ou condomínio voluntário, referidos conceitos nos são trazidos pela doutrina, vejamos:

Para alguns doutrinadores condomínio seria uma modalidade especial de propriedade de natureza *sui generis*. Para outros, como Clovis Bevilaqua, o condomínio seria uma forma anormal de propriedade. Independente do conceito, os condomínios existem e as suas regras precisam ser respeitadas, tutelando-se assim o direito de vizinhança e garantindo a tranquilidade dos condôminos.

A Lei 14010/20 estabeleceu regime jurídico emergencial para as relações jurídicas de Direito Privado no período de 20 de março a 30 de outubro de 2020. Estabeleceu que as votações nas assembleias condominiais poderão ocorrer de forma virtual. Não sendo possível a realização de assembleia virtual, o mandado do síndico vencido neste período fica prorrogado até 30 de outubro de 2020.

A Lei 14.405/22 alterou o art. 1.351 do CC e passou a exigir, em condomínios edilícios, a aprovação de 2/3 dos condôminos para mudança de destinação do edifício ouy da unidade imobiliária.

A Lei 13.777/18 alterou o art. 1358 do CC que passou a regulamentar o regime jurídico da multipropriedade, sendo este definido como: "o regime de condomínio em que cada um dos proprietários de um mesmo imóvel é titular de uma fração de tempo, à qual corresponde a faculdade de uso e gozo, com exclusividade, da totalidade do imóvel, a ser exercida pelos proprietários de forma alternada.".

Atenção às alterações trazidas pela Lei 14.309/22 quanto à possibilidade de conversão da assembléia em sessão permanente, bem como realização de assembléias virtuais.

10. DIREITO DAS FAMÍLIAS

O art. 226 da Constituição Federal reconhece explicitamente três formas de FAMÍLIA:

- **Família matrimonial ou natural:** decorrente do casamento
- **Família convencional, informal ou comportamental:** decorrente da união estável
- **Família monoparental:** formada por qualquer dos pais e sua prole.

A doutrina, porém, vem reconhecendo a instituição FAMÍLIA em situações em que, apesar de não reconhecidas pela Constituição Federal, merecem tutela jurídica:

- **Família anaparental:** constituída apenas pelos filhos
- **Família homoafetiva:** formada por pessoas do mesmo sexo.
- **Família eudemonista:** formada por pessoas que possuem um vínculo de afeto, independentemente da consanguinidade.
- **CASAMENTO:** a lei não define casamento, sendo tarefa doutrinária sua conceituação. Por interpretação sistemática dos artigos do Código Civil, podemos dizer que casamento é a união entre duas pessoas que, atendendo às formalidades legais, tem por finalidade a constituição de uma família.

* **ATENÇÃO:** apesar de a Constituição Federal, a legislação infraconstitucional e uma minoria doutrinária trazerem como requisito legal do casamento a diversidade de sexos, o advento da Resolução 175 do CNJ muda esta concepção, vez que proíbe que os cartórios se neguem a realizar casamento ou conversão de união estável em casamento entre pessoas do mesmo sexo. Assim, temos que o casamento homoafetivo já é uma realidade no ordenamento jurídico brasileiro, porém ainda não incorporado em nossa Constituição Federal ou legislação, aqui considerada em sentido estrito.

* **ATENÇÃO:** a finalidade de constituição de família não se confunde com procriação. A união de pessoas que não querem ou não podem ter filhos também é reconhecida como casamento, desde que atendidos os requisitos legais e que haja o intuito de comunhão de vida.

- **Capacidade para o casamento:** a idade núbil no Brasil é de 16 anos (art. 1517). Assim, a pessoa entre 16 e 18 anos pode contrair núpcias, desde que com autorização dos pais ou representantes legais, pois relativamente incapaz.

Tanto quando houver divergência entre os pais ou responsáveis (art. 1517, parágrafo único) como quando a negativa de consentimento for injusta (art. 1.519), caberá ao juiz resolver a questão.

A autorização poderá ser revogada até a hora da celebração do casamento (art. 1.518).

A Lei 13.811/19 extinguiu toda e qualquer possibilidade de casamento de pessoa menor de 16 anos no Brasil.

ATENÇÃO: A Lei 13.146/2015 (Estatuto da Pessoa com Deficiência) trouxe importante inovação ao art. 1.550, § 2º do Código Civil: "A pessoa com deficiência mental ou intelectual em idade núbil poderá contrair matrimônio, expressando sua vontade diretamente ou por meio de seu responsável ou curador." Por consequência, trouxe a revogação do inciso I do art. 1.548, que determinava ser nulo o casamento do enfermo mental sem o necessário discernimento para os atos da vida civil.

- **Anulação do casamento:** o art. 1.550 prevê as hipóteses em que o casamento poderá ser anulado: **I** – de quem não completou a idade mínima para casar; **II** – do menor em idade núbil, quando não autorizado por seu representante legal; **III** – por vício da vontade, nos termos dos arts. 1.556 a 1.558; **IV** – do incapaz de consentir ou manifestar, de modo inequívoco, o consentimento; **V** – realizado pelo mandatário, sem que ele ou o outro contraente soubesse da revogação do mandato, e não sobrevindo coabitação entre os cônjuges; **VI** – por incompetência da autoridade celebrante.

Os vícios de vontade que dão ensejo à anulação do casamento são: erro e coação.

Quanto ao erro, o art. 1.557, inciso I, considera erro essencial sobre a pessoa: **I** – o que diz respeito à sua identidade, sua honra e boa fama, sendo esse erro tal que o seu conhecimento ulterior torne insuportável a vida em comum ao cônjuge enganado; **II** – a ignorância de crime, anterior ao casamento, que, por sua natureza, torne insuportável a vida conjugal; **III** – a ignorância, anterior ao casamento, de defeito físico irremediável, ou de moléstia grave e transmissível, pelo contágio ou herança, capaz de pôr em risco a saúde do outro cônjuge ou de sua descendência; **IV** – a ignorância, anterior ao casamento, de doença mental grave que, por sua natureza, torne insuportável a vida em comum ao cônjuge enganado.

* **ATENÇÃO:** com a entrada em vigor da Lei 13.146/2015 (Estatuto da Pessoa com Deficiência), a ignorância, anterior ao casamento, de defeito físico irremediável só é considerada erro essencial sobre a pessoa capaz de dar ensejo à anulação do casamento se não caracterizar deficiência. (art. 1.557, § 3º)

* **ATENÇÃO:** nos casos dos incisos I e II, a coabitação após a descoberta do fato validará o casamento, pois a lei presume que não há a caracterização da insuportabilidade da vida em comum. (art. 1.559)

- **Domicílio do casal:** deve ser escolhido de comum acordo entre os cônjuges, podendo um ou outro se ausentar para atender encargos públicos, exercício da profissão ou interesses particulares relevantes (art. 1.569)

Um dos deveres que o casamento impõe é o de coabitação. A ausência do domicílio do casal de forma injustificada, ou seja, que não se encaixe nas situações permissivas do art. 1.569, caracteriza a figura do abandono de lar.

O abandono de lar, pode gerar a perda do direito de moradia sobre o bem e, atendidos os requisitos legais, até mesmo a perda de sua propriedade, através da chamada usucapião familiar, já mencionada anteriormente (L. 12.424/2011).

Ressalta-se, que no caso de insuportabilidade de vida em comum, para se evitar a ocorrência de danos psicológicos ou até mesmo físicos entre o casal durante um processo de divórcio litigioso, o juiz pode determinar o afastamento de um dos cônjuges do lar conjugal, mediante pedido em ação cautelar de separação de corpos, que tem o condão de fazer cessar o dever de coabitação e afastar a caracterização da figura do abandono de lar. Para a procedência do pedido de separação de corpos, há a necessidade de comprovação de existência de casamento ou união estável, do *fumus boni iuris* e do *periculum in mora*. A separação de corpos é medida cautelar preparatória para uma futura ação de divórcio ou anulação de casamento.

- **Regime de bens entre os cônjuges:** exceto nas situações previstas no art. 1.641 do Código Civil, em que há a imposição do regime de separação de bens, os cônjuges são livres para escolher sob qual regime de bens pretendem se casar, separação, comunhão, comunhão parcial ou participação final nos aquestos, podendo inclusive combinar regras de mais de um regime por meio de pacto antenupcial. (arts. 1.639 e 1.630)

Não sendo caso de obrigatoriedade do regime de separação de bens e os cônjuges não optem por nenhum outro regime, será aplicado, subsidiariamente, o regime da comunhão parcial (art. 1.640)

Atenção: a tendência jurisprudencial é de que no regime da comunhão parcial de bens os saldos do FGTS, de fundos de previdência privada e indenizações trabalhistas concernentes a créditos formados na constância do casamento, constituem bens comuns. (Enunciados 14, 15 e 16 do 1º Encontro Estadual de Magistrados da EPM)

- **Dissolução da sociedade conjugal:** de acordo com o art. 1.571 do Código Civil, a sociedade conjugal termina: I – pela morte de um dos cônjuges; II – pela nulidade ou anulação do casamento; III – pela separação judicial; IV – pelo divórcio.

O artigo 733 do Código de Processo Civil prevê a possibilidade de o divórcio ser realizado extrajudicialmente, em Cartório de Notas, desde que haja consenso entre os cônjuges quanto à dissolução da sociedade conjugal, quanto à partilha de bens, pensão alimentícia e utilização do sobrenome do outro; ainda, que não haja filhos menores ou incapazes do casal e que haja a assistência de um advogado ou defensor público, individual ou comum aos cônjuges.

Havendo filhos menores do casal, o divórcio, consensual ou litigioso (a), será necessariamente judicial, ocasião em que serão definidas questões relativas à guarda e ao regime de visitas. Pode-se estipular a guarda compartilhada ou a guarda unilateral. A primeira é aquela que deve ser aplicada sempre que possível (art. 1.584, § 2º), exercida por ambos os pais, com igualdade de direitos e deveres, embora não vivam sob o mesmo teto. A segunda é aquela exercida por apenas um dos pais e regulamentado o direito de visitas do outro, que será atribuída ao genitor que revele ter melhores condições de proporcionar afeto, saúde, segurança e educação ao filho. (art. 1.583, § 2º).

* **ATENÇÃO:** recomenda-se a leitura da Lei 12.318/10, que surgiu com o intuito de prevenir e punir a famosa Alienação Parental, que em linhas gerais, ocorre quando um dos pais, denegrindo a imagem do outro, induz o filho a romper laços afetivos com este.

Atenção: a Lei n. 13.894/2019 alterou dispositivos da Lei Maria da Penha e do CPC para prever a competência dos juizados de Violência Doméstica e Familiar contra a Mulher para a ação de divórcio, separação, anulação de casamento ou dissolução de união estável nos casos de violência, determinando a competência do foro do domicílio da vítima de violência doméstica e familiar.

Atenção: A Lei 14.713/23 trouxe alterações no Código Civil e no Código de Processo Civil no sentido de estabelecer que o risco de violência doméstica ou familiar é causa impeditiva da guarda compartilhada.

- **União estável:** reconhecida como entidade familiar pelos arts. 226, § 3º da Constituição Federal e 1.723 do Código Civil, é configurada pela convivência entre duas pessoas de forma pública, contínua e duradoura com o objetivo de constituição de família.

Na união estável, aplicam-se as mesmas regras já elencadas sobre o casamento referentes à diversidade de sexos (Resolução 175 do CNJ), à desnecessidade de procriação para configuração de núcleo familiar e quanto ao regime supletivo de bens (art. 1.725).

* **ATENÇÃO:** a lei não mais exige o prazo mínimo de 05 (cinco) anos de convivência para o reconhecimento da união estável, devendo ser levados em consideração outros fatores, como a durabilidade, estabilidade, continuidade e intuito de constituição de núcleo familiar.

- **Parentesco:** é o vínculo estabelecido entre duas ou mais pessoas em razão da consanguinidade, da afinidade ou de alguma relação civil.

O *parentesco por consanguinidade* é aquele que se estabelece entre duas ou mais pessoas em razão de descenderam umas das outras (parentesco em linha reta - art. 1.591) ou de um tronco ancestral comum, sem descenderem uma das outras (parentesco em linha colateral - art. 1.592).

Graus de parentesco: seja na linha reta ou na linha colateral, o parentesco é contado em graus. Grau é a distância, em gerações, que vai de um a outro parente.

Na linha reta cada geração equivale a um grau.

- Pais e filhos: parentes em linha reta em 1º grau
- Avôs e netos: parentes em linha reta em 2º grau
- Bisavôs e bisnetos: parentes em linha reta em 3º grau.

* Na linha reta não há limite de graus.

Na linha colateral cada geração também equivale a um grau, porém, sobe-se de um dos parentes até o ascendente comum e depois se desce até encontrar o outro com o qual se quer estabelecer o grau de parentesco.

* Na linha colateral o parentesco é limitado ao 4º grau. (primos e tios-avôs)

O *parentesco por afinidade* é aquele que se estabelece entre o cônjuge ou companheiro e os ascendentes, descendentes e irmãos do outro. O parentesco por afinidade na linha reta não se extingue com a dissolução do casamento ou da união estável (art. 1.595).

O *parentesco civil* é aquele que se estabelece em razão de outra origem, que não a consanguinidade ou a afinidade. Exemplos: adoção, paternidade socioafetiva.

* **ATENÇÃO:** marido e mulher, companheiro e companheira não são parentes entre si. Relação matrimonial ou convivencial não se confunde com relação de parentesco.

- **Filiação:** é a relação de parentesco estabelecida entre pais e filhos.

ATENÇÃO:

- **A Lei 14.138/21 passou a permitir a realização de exame de pareamento do código genético (DNA) em parentes do suposto pai em sede de ação de investigação de paternidade.**
- **Enunciado 103 da I Jornada de Direito Civil do CJF:** "O Código Civil reconhece, no art. 1.593, outras espécies de parentesco civil além daquele decorrente da adoção, acolhendo, assim, a noção de que há também parentesco civil no vínculo parental proveniente quer das técnicas de reprodução assistida heteróloga relativamente ao pai (ou mãe) que não contribuiu com seu material fecundante, quer da paternidade socioafetiva, fundada na posse do estado de filho."
- **Enunciado 256 da III Jornada de Direito Civil do CJF:** "A posse do estado de filho (parentalidade socioafetiva) constitui modalidade de parentesco civil."
- **Enunciado 19 do 1º Encontro de Magistrados da EPM:** "É possível a coexistência da indicação de filiações socioafetiva e biológica no registro civil de nascimento, sem identificação, no respectivo assento de nascimento, da origem ou causa da paternidade ou da maternidade."

ATENÇÃO: Os Provimentos 82 e 83 do CNJ dispõem sobre alteração do nome do genitor e requisitos para reconhecimento da paternidade e maternidade socioafetiva, respectivamente.

A filiação faz surgir o poder familiar, que nada mais é que o conjunto de direitos e deveres atribuídos aos pais com relação à pessoa e aos bens dos filhos incapazes.

Compete aos pais, de acordo com o art. 1.634: I – *dirigir-lhes a criação e educação;* II – *tê-los em sua companhia e guarda;* III – *conceder-lhes ou negar-lhes consentimento para casarem;* IV – *nomear-lhes tutor por testamento ou documento autêntico, se o outro dos pais não lhe sobreviver, ou o sobrevivo não puder exercer o poder familiar;* V – *representá-los, até aos dezesseis anos, nos atos da vida civil, e assisti-los, após essa idade, nos atos em que forem partes, suprindo-lhes o consentimento;* VI – *reclamá-los de quem ilegalmente os detenha;* VII – *exigir que lhes prestem obediência, respeito e os serviços próprios de sua idade e condição.*

Os pais são usufrutuários e responsáveis pela administração dos bens dos filhos sob poder familiar (art. 1.689).

Caso um ou ambos os genitores ajam com abuso de autoridade, faltem com os deveres inerentes ao poder familiar ou malversem os bens dos filhos, poderá o juiz, a requerimento de algum parente ou do Ministério Público, suspender o poder familiar. (art. 1.637)

Note que a suspensão do poder familiar é uma faculdade conferida ao juiz como forma de sanção aos pais que negligenciarem com os deveres decorrentes da filiação, sendo sempre temporária, de forma que perdurará enquanto se mostrar necessária.

O poder familiar se extingue: pela morte dos pais ou do filho, pelo atingimento da capacidade plena, pela adoção ou por decisão judicial. (art. 1.635)

As situações que acarretam a perda do poder familiar por decisão judicial estão previstas no art. 1.638: castigo imoderado, abandono, prática de atos contrários à moral e aos bons costumes, prática reiterada das causas de suspensão do poder familiar. O procedimento a ser observado está previsto nos arts. 155 a 163 do ECA.

ATENÇÃO: a Lei 13.715/18 ampliou as hipóteses de perda do poder familiar decorrentes da prática de crimes (art. 92, II do Código Penal)

- **Alimentos:** prestações para a satisfação das necessidades de subsistência de quem não pode provê-las por si, devidas em decorrência do dever de solidariedade existente entre parentes, cônjuges ou companheiros.

Em regra, os alimentos compreenderão o necessário para que o alimentando subsista de modo compatível com a sua condição social, englobando todas as suas necessidades, como alimentação, vestuário, habitação, assistência médica, educação, cultura e lazer. Estes são os chamados alimentos civis, côngruos, convenientes ou *necessarium personae*, previstos no art. 1.694.

Excepcionalmente, os alimentos compreenderão apenas o estritamente necessário para que a pessoa subsista. São os chamados alimentos naturais, necessários, humanitários ou *necessarium vitae*, previstos no art. 1.964, § 2º (quando a situação de necessidade resultar de culpa de quem os pleiteia), e no art. 1.704, parágrafo único (o cônjuge declarado culpado).

Pressupostos da obrigação alimentar:

a) **Vínculo de direito de família**: relação de parentesco, casamento ou união estável.

b) **Necessidade daquele que pede**: situação econômica do credor. Impossibilidade de prover sua subsistência com seus bens ou seu trabalho (art. 1.695).

c) **Possibilidade daquele a quem se pede**: situação econômica do devedor. A imposição de prestação alimentar a alguém não pode significar privação de seu próprio sustento. Aquele que tem apenas o necessário para sua subsistência não pode ser obrigado a prestar alimentos a outrem (art. 1.695).

d) **Proporcionalidade**: devem ser prestados na proporção das necessidades do reclamante e dos recursos da pessoa obrigada (art. 1694, § 1º)

* **ATENÇÃO:** não há limite etário quanto ao dever de prestar alimentos entre pais e filhos. Presentes os pressupostos da obrigação alimentar, os alimentos serão devidos. O entendimento jurisprudencial vem acompanhando o desenvolvimento social. Houve uma época em que se entendia que os alimentos eram devidos aos filhos até que adquirissem a capacidade plena (18 anos), hoje, prevalece o entendimento de que os alimentos são devidos até que o filho cole grau em nível superior. Porém, caso o filho possua curso superior completo e não consiga manter sua própria subsistência em razão de algum problema físico ou mental, a obrigação alimentar dos pais persistirá. Vide informativo 518 do STJ.

Atenção: a tendência jurisprudencial é de que os alimentos entre ex-cônjuges ou ex-companheiros devem ter caráter excepcional e transitório, devendo perdurar apenas pelo período suficiente para reinserção no mercado de trabalho ou aquisição de estabilidade financeira.

A Lei 14010/20 estabeleceu regime jurídico emergencial para as relações jurídicas de Direito Privado no período de 20 de março a 30 de outubro de 2020. Neste período, a prisão civil por dívida alimentícia deverá ser cumprida de forma domiciliar, sem prejuízo da exigibilidade das respectivas obrigações.

A 4ª Turma do STJ (nº do processo não foi divulgado em razão de segredo de justiça) decidiu:

> *Para a cobrança de alimentos, é cabível a cumulação das medidas de coerção pessoal (prisão) e de expropriação patrimonial (penhora) no âmbito do mesmo procedimento executivo, desde que não haja prejuízo ao devedor – a ser comprovado por ele – nem ocorra tumulto processual, situações que devem ser avaliadas pelo magistrado em cada caso.*

11. DIREITO DAS SUCESSÕES

Entende-se por sucessão a transmissão dos bens do "de cujus" a outra pessoa, em razão de sua morte.

A abertura da sucessão se dá com a morte da pessoa natural (Princípio da Saisine – art. 1784 do CC), passando-se aos herdeiros, por lei ou disposição de última vontade, seus direitos e obrigações.

A sucessão pode ser classificada em:

1) Sucessão Legítima: decorre da lei. Morrendo a pessoa sem deixar testamento, transmite-se a herança aos herdeiros indicados na lei. Também será legítima se o testamento caducar ou for declarado nulo. Na sucessão legítima, deverá ser obedecida a ordem da vocação hereditária.

- Descendentes: os mais próximos excluem mais remotos.
- Ascendentes: os mais próximos excluem os mais remotos. Não há distinção entre linha materna e paterna, o que interessa é o grau. Não há direito de representação para ascendentes.
- Colaterais: os mais próximos excluem os mais remotos, exceção: direito de representação para filho de irmão pré-morto. Irmãos germanos ou bilaterais e irmãos unilaterais: os últimos têm direito a metade do quinhão dos primeiros.

Tio e sobrinho são colaterais de 3º grau, na falta de outros herdeiros, a herança deveria ser dividida entre eles, porém o direito sucessório estabelece que sobrinho exclui tio da sucessão, pois, devido ao direito de representação, o sobrinho entra no lugar do irmão pré-morto, que é um colateral de 2º grau, enquanto o tio, por ser ascendente, não possui direito de representação, se mantendo no 3º grau, como mais próximos afastam mais remotos, logo, sobrinho exclui tio.

Direito de representação**: A lei convocará os parentes do falecido a suceder os mesmos direitos que ele sucederia se estivesse ainda vivo**.

2) Sucessão Testamentária: decorre de disposição de última vontade (testamento). Havendo herdeiros necessários (cônjuge sobrevivente, descendentes ou ascendentes), o testador só poderá dispor de metade da herança (art. 1.789 CC). A outra metade constitui a "legítima", assegurada aos herdeiros necessários.

Testamento: Entende-se o testamento como negócio jurídico, personalíssimo, unilateral, solene e revogável através do qual alguém dispõe de seus bens no todo ou em parte para que sejam transmitidos depois de sua morte, respeitando-se sempre a legítima.

Não existe testamento em conjunto, por se tratar de ato unilateral e personalíssimo.

São incapazes de testar: os menores de dezesseis anos, os desprovidos de discernimento e a pessoa jurídica.

Podem testar: o cego, o analfabeto, o pródigo, o falido, etc.

Os maiores de 16 anos, mas menores de 18 anos, apesar de relativamente incapazes, podem testar, mesmo sem a assistência de seu representante legal.

Cumpre ressaltar ainda que a incapacidade posterior à elaboração do testamento não o invalida. A capacidade para testar deve existir no momento em que o testamento é feito.

São absolutamente incapazes para adquirir por testamento:

- Os indivíduos não concebidos, salvo se a disposição deste se referir à prole eventual de pessoas por ele designadas e existentes ao abrir-se a sucessão.
- As pessoas jurídicas de direito público externo relativamente a imóveis situados no Brasil.

São relativamente incapazes para adquirir por testamento, proibindo que se nomeiem herdeiros ou legatários: a pessoa que, a rogo, escreveu o testamento, seu cônjuge, seus ascendentes, descendentes e irmãos.

- As testemunhas do testamento.
- O concubinário (amante) do testador casado, salvo se este, sem culpa sua, estiver separado de fato do cônjuge há mais de 05 anos.

Ainda, o tabelião, civil ou militar, o comandante, ou escrivão, perante o qual se fizer, assim como o que fizer, ou aprovar o testamento.

Testamento Público: é o lavrado por tabelião em livro de notas, por disposição de última vontade do testador e feito de forma verbal, impedindo-se assim o mudo de realizá-lo

Testamento cerrado: também conhecido como secreto, feito e assinado pelo testador ou por alguém a seu rogo, completado por instrumento de aprovação lavrado por oficial público na presença de 02 (duas) testemunhas idôneas.

Testamento particular: é a forma mais simples de declarar a vontade e também a menos segura. É escrito pelo testador e lido em voz alta perante três testemunhas idôneas, que também assinarão.

Testamentos especiais: São os de caráter provisório, feitos em situações de emergência, compreendendo assim os marítimos, aeronáuticos e militares.

Disposições testamentárias:

- **Havendo necessidade de interpretação, prevalecerá a que for mais próxima da vontade do testador.**
- **A invalidade parcial, não prejudicará a parte válida.**
- **Havendo mais de um herdeiro nomeado pelo testador sem que haja a discriminação da parte de cada um, será partilhado por igual entre os herdeiros.**

Legado: **é a disposição testamentária a título singular, no qual o testador deixa ao legatário, um ou mais objetos individualizados ou uma certa quantia em dinheiro.**

Substituições e Fideicomisso

Substituição hereditária é a disposição testamentária na qual o testador chama uma pessoa para receber, no todo ou em parte, a herança ou o legado, na falta ou após o herdeiro ou o legatário nomeado em primeiro lugar.

Substituição Fideicomissária - O Fideicomisso é forma de substituição indireta. Consiste na instituição de herdeiro ou legatário com a obrigação de, por sua morte, a certo tempo ou sob condição preestabelecida, transmitir a herança ou o legado a uma outra pessoa. Estabelece-se uma vocação dupla: direta (para o herdeiro ou legatário instituído, que desfrutará do benefício por um certo tempo estipulado pelo de cujus) e indireta ou oblíqua (para o substituto).

Efeitos da sucessão:

Título universal: o herdeiro é chamado para suceder na totalidade dos bens ou da herança.

Título singular: o herdeiro é chamado para receber determinados bens.

Aceitação da herança: Trata-se do ato jurídico unilateral pelo qual o herdeiro manifesta livremente o desejo de receber a herança que lhe é transmitida. É indivisível e incondicional porque não se pode aceitar ou renunciar a herança em partes, mediante condição ou a termo.

Renúncia da herança: É o ato jurídico unilateral pelo qual o herdeiro declara expressamente que não aceita a herança a que tem direito. É ato solene, devendo ser feito por escritura pública (perante o tabelião) ou termo nos autos (perante o juiz).

Herança jacente: Ocorrerá quando o falecido não deixar herdeiro ou testamento ou quando todos os que forem chamados para suceder renunciarem.

Herança vacante: Será declarada vacante a herança se decorrido o prazo de um ano da publicação do primeiro edital e esgotadas todas as diligências em busca de interessados, não aparecer nenhum herdeiro. Assim, após decorridos cinco anos da abertura da sucessão, o domínio dos bens passará para o Poder Público.

Exclusão por indignidade: É considerada uma pena civil, criada pelo legislador, atingindo os herdeiros necessários, os legítimos e os testamentários que praticarem qualquer ato mencionado no art. 1814 do Código Civil. A pena de indignidade só alcança o indigno, sendo representado por seus sucessores, como se morto fosse.

Atenção: com a entrada em vigor do art. 1.815-A, o trânsito em julgado da sentença penal condenatório acarreta a exclusão imediata do herdeiro ou legatário indigno.

Deserdação: é o ato unilateral pelo qual o *de cujus* exclui da sucessão, por decisão motivada, mediante testamento, herdeiro necessário, privando-o de sua legítima, por ter praticado alguma conduta prevista na lei como causa.

São causas de deserdação:

- Deserdação dos descendentes por seus ascendentes (art. 1.962 CC): ofensa física, injúria grave; relações ilícitas com a madrasta ou padrasto; desamparo do ascendente em alienação mental ou grave enfermidade.
- Deserdação dos ascendentes pelos descendentes (art. 1.963 CC): ofensa física; injúria grave; relações ilícitas com a mulher ou companheira do filho ou a do neto com o marido ou companheiro da filha ou o da neta; desamparo do filho ou do neto com deficiência mental ou grave enfermidade.

Inventário e Partilha

Inventário: procedimento judicial ou administrativo através do qual são apurados os bens, direitos e obrigações do "de cujus". Deverá ser instaurado até 2 (dois) meses, a contar da abertura da sucessão (art. 611 do CPC). Nomeia-se o inventariante que administrará o espólio.

Partilha: é a finalidade do inventário, produzindo divisão dos bens e o recebimento do quinhão por cada herdeiro.

A Lei 14010/20 estabeleceu regime jurídico emergencial para as relações jurídicas de Direito Privado no período de 20 de março a 30 de outubro de 2020. Neste período, o prazo previsto no art. 611 do CPC para sucessões abertas a partir de 1º de fevereiro de 2020 terá seu termo inicial dilatado para 30 de outubro de 2020. Da mesma forma, o prazo de finalização de 12 meses, ficará suspenso neste período.

Sobrepartilha: Trata-se da conferência de bens à partilha, haja vista a descoberta de bens sonegados ou outros que só foram descobertos após a ciência.

Atenção: Não havendo herdeiros menores ou incapazes, inventário e partilha podem ser feitos por escritura pública, o que não impede sobrepartilha ou pedido de alvará via judicial, se for o caso e preenchidos os requisitos.

Colação: o ato de retorno à herança de bens que foram retirados por ato de liberalidade do de cujus.

Cumpre esclarecer que a colação ocorre nos autos do processo de inventário no prazo de 10 dias após citação do último herdeiro, não trazendo o bem de volta ao espólio, razão pela qual não incidirá sobre eles imposto causa mortis.

Sonegados: **Trata-se da ocultação dolosa de bens que devem ser inventariados ou levados à colação. Pode ser praticada pelo inventariante ou pelos herdeiros**

12. RESPONSABILIDADE CIVIL

A responsabilidade civil é instituto dinâmico que invariavelmente se renova de modo que, frequentemente, surgem novas teses jurídicas a fim de atender às necessidades sociais emergentes. Historicamente, no direito brasileiro clássico, a responsabilidade civil foi eminentemente baseada na culpa. Entretanto, com a evolução da doutrina, passou a ser entendida, também, como decorrente do risco, e, portanto, independente de culpa (responsabilidade civil objetiva). Hoje o sistema é dualista, coexistindo a responsabilidade subjetiva (artigo 186 do Código Civil de 2002) e a objetiva, esta sempre definida em lei.

- **Da obrigação de indenizar:** O art. 927 do Código Civil determina que aquele que por ato ilícito (art. 186 e 187) causar dano a alguém, está obrigado a repará-lo. A obrigação de indenizar, portanto, surge em decorrência da lei ou do contrato. No Código Civil a indenização abrange apenas as questões civis e não consumeristas.
- **Critérios de classificação**: a responsabilidade civil costuma ser classificada pela doutrina em razão da culpa e quanto à natureza jurídica da norma violada.

Quanto ao primeiro critério a responsabilidade é dividida em **objetiva** e **subjetiva**. Em razão do segundo critério, ela pode ser dividida em **responsabilidade contratual** e **extracontratual.**

- **Responsabilidade subjetiva**: aquela causada por conduta culposa *lato sensu*, que envolve a culpa *stricto sensu* e o dolo. A culpa (*stricto sensu*) caracteriza-se quando o agente causador do dano praticar o ato em razão de negligencia, imprudência e imperícia. Já o dolo é a vontade conscientemente dirigida à produção do resultado ilícito. Para que se configure a culpa, exigem-se os três elementos identificadores, quais sejam: voluntariedade sem intenção, previsibilidade e falta de cuidado.

Deste modo, podemos destacar os seguintes elementos da responsabilidade civil subjetiva: 1) a conduta; 2) o dano; 3) a culpa e; 4) o nexo de causalidade entre a conduta e o dano.

Da fundamentação legal da responsabilidade civil (artigos 186, 187 e 927, do Código Civil) e seus pressupostos, extraem-se os seguintes elementos:

> *a) O fato lesivo que é o ato violador de um direito subjetivo, voluntário ou pelo menos imputável ao agente por dolo (culpa lato sensu) ou culpa (stricto sensu). A culpa lato sensu abrange o dolo e ocorre quando existe a vontade de cometer uma violação de direito. A culpa stricto sensu ocorre quando se verifica a falta de diligência por parte do agente causador do dano. A contrariedade ao direito deriva da qualificação como ilícito de determinados fatos, atos-fatos ou atos. Desse modo,*

conclui-se que o dever de indenizar nasce com a antijuridicidade.

b) A ocorrência de um dano, patrimonial ou moral a um bem jurídico.

c) O nexo de causalidade, a ligação entre o dano e o comportamento do agente. A demonstração desta relação causal é indispensável nos termos do Código Civil de 2002. Quebra-se essa relação causal: quando a culpa é da vítima – será proporcional se há culpa concorrente da vítima; e caracterizada a inevitabilidade, em decorrência de caso fortuito ou força maior.

- **Responsabilidade objetiva**: é aquela que dispensa a prova do elemento culpa e a vítima sempre terá direito à indenização ou reparação. Tem seu fundamento na "teoria do risco" (que no Brasil teve como percursor Alvino Ferreira Lima). O artigo 927, parágrafo único do Código Civil assim determina: "Haverá obrigação de reparar o dano, independente de culpa, nos casos especificados em lei, ou quando a atividade normalmente desenvolvida pelo autor do dano implicar, por sua natureza, risco para os direitos de outrem".

Atenção: A ADIN 5.170 estabeleceu aos arts. 43, 186 e 927 do Código Civil a interpretação conforme a Constituição Federal, sem redução de texto, no sentido de excluir aquela que afaste a reparabilidade do dano moral individual suportado pela pessoa presa em condições subumanas, insalubres, degradantes ou de superlotação, devendo a reparação ocorrer na forma de abreviação do tempo de pena a cumprir ou, subsidiariamente, em pecúnia.

Principais regras da responsabilidade objetiva: arts. 927 ao 938 e 750 do Código Civil.

- **Respondem independente de culpa:**

I. os pais pelos atos praticados pelos filhos menores que estiverem sob sua autoridade ou em sua companhia;

II. o tutor e o curador pelos pupilos e curatelados, nos mesmos moldes acima;

III. o empregador ou comitente são responsáveis pelos atos de seus empregados, serviçais e prepostos no exercício do trabalho ou em razão dele;

IV. os donos de hotéis, hospedarias, casas ou estabelecimento comercial onde através de contrato de hospedagem se acomodem passageiros ou visitantes;

V. os que contribuem gratuitamente nos produtos de crime, até a concorrência da respectiva quantia;

VI. o dono ou detentor do animal que causar dano a outrem, desde que não provada a culpa da vítima ou motivo de força maior;

VII. o dono de edifício ou construção pelos danos que resultarem de sua ruína, se provier de falta de reparos, cuja necessidade fosse manifesta;

VIII. do habitante de casa ou parte dela que causar dano em decorrência lançar coisas sólidas ou liquidas pela janela, o qual denomina-se defenestramento.

IX. O transportador, pelos danos causados às pessoas transportadas e suas bagagens, salvo motivo de força maior, sendo nula qualquer cláusula excludente de responsabilidade (art. 750 do Código Civil).

- **Responsabilidade civil contratual:** ocorre no momento em que há a violação pelo agente de preceito previamente combinado entre as partes. É o inadimplemento de uma obrigação e tem previsão nos arts. 389, 390 e 391 do Código Civil.
- **Responsabilidade civil extracontratual ou aquiliana**: Está baseada no ato ilícito (art. 186) e no abuso de direito (art. 187), ambos do Código Civil. Há uma violação de um dever de conduta que deveria ser o de agir com prudência e cautela em face dos demais cidadãos, sem causar qualquer tipo de dano a outrem.
- **Dos danos:** o nosso direito contempla o dano material e o dano moral. Contempla também os chamados novos danos: danos estéticos, dano moral coletivo, dano social e dano por perda de uma chance.
- **Dano moral:** Tem previsão no art. 186 do Código Civil e atualmente a jurisprudência pátria tem buscado associar o dano moral com aquele decorrente da lesão ao direito da personalidade, ainda que pouco tenha enfrentado a conceituação de tal questão. Não há indenização sem dano, cabendo o ônus de sua prova ao autor da demanda. Há que se esclarecer que para a caracterização do dano moral, não há obrigatoriedade da presença de sentimentos negativos, de acordo com o **Enunciado nº 445 da V Jornada de Direito Civil**: *"o dano moral indenizável não pressupõe necessariamente a verificação de sentimentos humanos desagradáveis como dor ou sofrimento."*
- **Dano material:** Os danos materiais ou patrimoniais constituem prejuízos ou perdas que atingem o patrimônio de alguém. Podem ser divididos em danos emergentes ou lucro cessante, nos termos do art. 402 do Código Civil.

Dano emergente é o que efetivamente foi perdido pelo lesado.

Lucro cessante é aquilo que o lesado deixou de obter em razão de ter sofrido o dano.

- **Dano estético:** e caracteriza-se quando a pessoa fica com cicatrizes, feridas ou tem desfigurado o seu corpo, sofre amputações ou perda de órgãos. Ele é um dano presumido e o STJ o separa do dano moral, diferenciando-os. **A Súmula 387 do STJ** vem corroborar com tal assertiva: *"é lícita a cumulação das indenizações de dano estético e dano moral."*
- **Dano moral coletivo**: é entendido como uma nova categoria de dano e em nada se equipara ao dano moral individual. Tem expressa previsão no art. 6º, inciso VI do Código de Defesa do Consumidor. É ainda tema dos mais controversos na jurisprudência, com visível crescimento das decisões favoráveis à sua aceitação.

Para a caracterização do dano moral coletivo é necessário que a lesão aos bens e valores imateriais digam respeito a interesses coletivos, que envolvam direitos difusos, coletivos em sentido estrito ou individuais homogêneos. Referindo-se a esta distinção o Código de Defesa do Consumidor, em seu art. 81, trouxe a seguinte definição:

I. interesses ou direitos difusos, assim entendidos, para efeitos deste código, os transindividuais, de natureza indivisível, de que sejam titulares pessoas indeterminadas e ligadas por circunstâncias de fato;

II. interesses ou direitos coletivos, assim entendidos, para efeitos deste código, os transindividuais, de natureza indivisível de que seja titular grupo, categoria ou classe de pessoas ligadas entre si ou com a parte contrária por uma relação jurídica base;

III. interesses ou direitos individuais homogêneos, assim entendidos os decorrentes de origem comum.

- **Dano social:** É a nova modalidade de dano proposta pelo professor Antônio Junqueira de Azevedo. Para ele, os danos sociais são lesões à sociedade, no seu nível de vida, tanto por rebaixamento de seu patrimônio moral – principalmente a respeito da segurança – quanto por diminuição na qualidade de vida. Para Junqueira, o dano social não exclui o dano moral coletivo, já que o dano social estaria destinado apenas para direitos imateriais da coletividade enquanto o dano moral coletivo seria aplicado aos direitos individuais homogêneos, coletivos e difusos. O próprio enunciado 456 da V Jornada de Direito Civil do Conselho de Justiça Federal, reconhece o dano social como nova modalidade de dano: *A expressão "dano" no art. 944 abrange não só os danos individuais, materiais ou imateriais, mas também os danos sociais, difusos, coletivos e individuais homogêneos a serem reclamados pelos legitimados para propor ações coletivas."*

As decisões por dano social têm aumentado em nossos Tribunais. Assim, para corroborar com o quanto alegado, segue abaixo exemplo de condenação por danos sociais.

Trata-se de uma fraude ocorrida em um sistema de loterias no Rio Grande do Sul, chamado "Toto Bola". Ficou constatado que a loteria seria fraudulenta, retirando do consumidor as chances de vencer. Neste caso, o Tribunal de Justiça do Rio Grande do Sul, determinou, de ofício, indenização a título de dano social para o Fundo de Proteção aos Consumidores.

> *"Toto bola. Sistema de loterias de chances múltiplas. Fraude que retirava ao consumidor a chance de vencer. Ação de reparação de danos materiais e morais. Danos materiais limitados ao valor das cartelas comprovadamente adquiridas. Danos morais puros não caracterizados. Possibilidade, porém, de excepcional aplicação da função punitiva da responsabilidade civil. Na presença de danos mais propriamente sociais do que individuais, recomenda-se o recolhimento dos valores da condenação ao fundo de defesa de interesses difusos. Recurso parcialmente provido."* (*Ementa extraída do acórdão n° 71001249796/2007, da Terceira Turma Recursal Cível, de relatoria do Dr. Eugênio Facchini Neto, do Tribunal de Justiça do Rio Grande do Sul. Disponível em: http://www.tjrs.jus.br/busca/?tb=proc. Acesso em. 24.10.2014.)*

- **Dano por perda de uma chance**: também uma das novas modalidades de danos, que vem sendo cada vez mais reconhecida pela jurisprudência. A V Jornada de Direito Civil de novembro de 2011 reconheceu o dano por perda de uma chance como dano material ou imaterial. Trata-se do dano caracterizado quando a pessoa se frustra ao perder uma chance, uma oportunidade futura, caso dentro do razoável as coisas seguissem o seu fluxo normal. É como se a minha resposta em um concurso estivesse correta, fazendo com que a minha aprovação fosse certa, mas ao gabaritar o resultado fosse outro, não por minha culpa ou erro, mas de outrem, frustrando assim as minhas chances e expectativas.

Julgados curiosos são os que responsabilizam advogados por perderem prazos de seus clientes, gerando perda da chance de vitória judicial (STJ, Ag. Rg. no Ag. 932.446/RS. Processo 2007/0167882-9, 3ª Turma, Rel.ª Min. Fátima Nancy Andrighi, j. 06.12.2007.

- **Excludentes de responsabilidade**: têm como finalidade romper o cordão entre o ato e o dano ocasionado. São elas:

I. Fato de terceiro: só eximirá a responsabilidade quando aquele que causar o dano servir de mero instrumento do terceiro.

II. Exercício regular de um direito reconhecido. Aquele que age dentro do seu direito, não pode ser responsabilizado. Exemplo: credor que protesta título de crédito vencido e não pago.

III. Caso fortuito ou de força maior – Art. 393 do Código Civil. Não responderá, se expressamente não tiver por eles se responsabilizado.

IV. Culpa exclusiva da vítima: não é o agente que causa o dano e sim a própria vítima em razão de sua culpa.

13. DIREITO DO CONSUMIDOR – CÓDIGO DE DEFESA DO CONSUMIDOR – LEI Nº 8.078/90

O direito do consumidor possui natureza jurídica mista (direito público e direito privado) e com finalidade protetiva ao consumidor. Sua base de proteção está entre os direitos e garantias fundamentais da Constituição Federal em seu artigo 5º, inciso XXXII. Tem codificação própria (CDC) e regra de hermenêutica favorável em relação aos consumidores, conforme previsto no art. 47 do CDC: *"as cláusulas contratuais serão sempre interpretadas de maneira mais favorável ao consumidor."*

- **Conceito de consumidor e fornecedor**: Consumidor é toda pessoa física ou jurídica que adquire ou utiliza produto ou serviço como destinatário final (art. 2º do CDC). Ressalte-se que a pessoa jurídica também é tida como consumidora e não somente a física, sendo comum em concursos o examinador induzir o candidato a erro neste sentido.

São considerados consumidores por equiparação: as vítimas de acidente de consumo (art. 17 do CDC) e a pessoas expostas às práticas comerciais (art. 29, do mesmo estatuto).

Fornecedor, por sua vez, é toda pessoa física ou jurídica, pública ou privada, nacional ou estrangeira, bem como os entes despersonalizados, que desenvolvem atividade de produção, montagem, criação, construção, transformação, importação, exportação, distribuição ou comercialização de produtos ou prestação de serviços (art. 3º do CDC).

Aqui também o CDC inclui como fornecedor tanto a pessoa física como a jurídica (pública ou privada).

* **Importante**: O Código de Defesa do Consumidor também se aplica aos serviços prestados pelos órgãos públicos.

- **Coletividade de consumidores**: Importante ressaltar que o CDC não trata apenas do consumidor individual, mas também da coletividade, como podemos observar em seu art. 81 quando trata dos interesses coletivos, difusos e individuais homogêneos.
- **Produto ou serviço**: Produto é qualquer bem móvel ou imóvel, material ou imaterial. Já serviço é qualquer atividade fornecida no mercado de consumo, mediante remuneração, inclusive as de natureza bancária, financeira, de crédito e securitária, salvo as decorrentes das relações de caráter trabalhista (arts. 2º e 3º do CDC).
- **Regra importante**: Durante anos após a promulgação do CDC, tais dispositivos de proteção ao consumidor não se aplicavam às instituições bancárias e tão pouco as operadoras de plano de saúde ou seguradoras. Tal entendimento não mais prevalece, em razão da edição das seguintes súmulas do STJ:
- **Súmula 297**: "O Código de Defesa do Consumidor é aplicável às instituições financeiras."
- **Da responsabilidade do fornecedor:** de acordo com o art. 18 do CDC, o fornecedor responde solidariamente por vícios de quantidade do produto, sempre que, respeitadas as variações decorrentes de sua natureza, o conteúdo líquido for inferior às indicações do recipiente, da embalagem, rotulagem ou mensagem publicitária. O CDC trouxe uma inovação em relação ao Código Civil, não se limitando apenas aos vícios ocultos, vez que abrange também os vícios aparentes e que sejam de fácil constatação pelo consumidor. Outrossim, de acordo com o mencionado artigo, os fornecedores respondem ainda pelo vício que decorre da disparidade das características com a oferta do produto, vez que antes do CDC a responsabilidade se dava apenas em razão da funcionalidade do bem ou da diminuição de seu valor.
- **Defeito X vício**: defeito é o que compromete a segurança que se espera de um produto ou um serviço, causando dano físico ou patrimonial ao consumidor. Já o vício é uma anomalia que compromete a qualidade ou a quantidade de um produto ou serviço, fazendo com que se torne impróprio para uso, diminua-lhe o valor, mas que não causa risco à saúde ou segurança do consumidor.

Havendo vício do produto, o art. 18 do CDC, em seu parágrafo único, determina que não sendo resolvido o problema em no máximo 30 (trinta) dias, o consumidor pode exigir: a substituição do produto por outro da mesma espécie e em perfeitas condições; restituição imediata da quantia paga, atualizada; ou o abatimento proporcional do preço.

Dos conceitos de vício e de produto extraímos os dois tipos de responsabilidade previstas no CDC: **a responsabilidade pelo fato e a responsabilidade pelo vício.**

- **Da responsabilidade do comerciante:** está prevista no art. 13 do CDC. Ele será responsabilizado quando o fabricante ou construtor, produtor ou importador não puder ser identificado, ou quando ainda não houver identificação clara no produto de seu fornecedor ou fabricante e ainda, quando não conservar de maneira adequada os produtos que são perecíveis.

  Dica:

  A responsabilidade aqui também é solidária.
- **Dos vícios**: acarretam a responsabilidade solidária entre todos os participantes da cadeia de fornecimento.
- **Vício oculto**: aquele que o homem médio não consegue perceber sem uma análise técnica da coisa.
- **Vício aparente**: aquele perceptível a qualquer pessoa.
- **Produtos duráveis:** são aqueles que não se desaparecem com o uso, como um carro, geladeira, fogão entre outros – O artigo 26, II, do Código de Defesa do Consumidor determina que será de 90 (noventa) dias o prazo para reclamar. Insta ressaltar que este prazo poderá ser bem superior, haja vista o quanto previsto no parágrafo 3º do artigo mencionado que não fixa um limite temporal para aparecimento do vício oculto, o que o diferencia do artigo 445, parágrafo 1º do Código Civil.
- **Produtos não duráveis**: são aqueles que desaparecem com o seu uso, seja em uma única vez ou em alguns poucos usos, como sabonete, pasta de dente, chocolate, entre outros – o prazo para reclamação é de 30 (dias), conforme previsto no art. 26, I, do CDC.

O termo inicial da contagem do prazo será a data da entrega efetiva do produto ou do término da realização da execução dos serviços.

- **Prescrição**: o prazo será de 05 (cinco) anos para ingressar com ação de reparação de danos causados pelo fato do produto ou do serviço causar algum prejuízo ao consumidor. A contagem se dá a partir do conhecimento do dano e de sua autoria, conforme disposto no art. 27 do CDC.
- **Arrependimento ou desistência do contrato:** Trata-se de regra importantíssima do CDC para compras fora do estabelecimento comercial, permitindo ao consumidor arrepender-se da coisa comprada ou do contrato assumido, com previsão expressa no art. 49 do CDC. O chamado prazo de arrependimento abrange as vendas feitas em domicilio, pelo telefone, por catálogo ou pela internet. Este direito não está condicionado a qualquer defeito ou vício, sendo necessário apenas que o consumidor exponha o seu arrependimento através de carta, e-mail, telefone ou qualquer outra forma de comunicação.

A contagem do prazo de 07 (sete) dias estipulados pela lei se dá a partir da entrega do produto ou da assinatura do contrato.

Importante frisar que o direito de arrependimento só é possível para compras feitas fora do estabelecimento comercial, impedindo o consumidor de ter contato físico com o produto, sendo referido contato apenas visual através de fotos, postagens ou catálogos.

Outrossim, o STJ já se manifestou favorável ao direito de arrependimento, aplicando-se o art. 49 do CDC, quando tratar-se de contrato de financiamento celebrado no escritório do consumidor.

- Ementa: "Em ação de busca e apreensão, é possível discutir a resolução do contrato de financiamento, garantido por alienação fiduciária, quando incide cláusula tácita de direito de arrependimento, prevista no art. 49 do CDC, porque esta objetiva restabelecer os contraentes ao estado anterior à celebração do contrato. É facultado ao consumidor desistir do contrato de financiamento, no prazo de 07 (sete) dias, a contar da assinatura, quando a contratação ocorrer fora do estabelecimento comercial, nos termos do art. 49 do CDC. (REsp 930.351-SP, j. 27.10.2009, rel. Min. Nancy Andrighi, Dje 16.11.2009.)

  Atenção:

- A Lei 14010/20 estabeleceu regime jurídico emergencial para as relações jurídicas de Direito Privado no período de 20 de março a 30 de outubro de 2020, suspendendo a aplicabilidade do art. 49 do CDC na hipótese de delivery de produtos perecíveis ou de consumo imediato, bem como de medicamentos.
- A Lei 14.181/21 trouxe alterações ao CDC e ao Estatuto do Idoso que disciplinam o crédito responsável e dispõem sobre a prevenção e o tratamento ao superendividamento.

DICA: a responsabilidade no direito do consumidor, seja do fornecedor ou do comerciante, será sempre objetiva, ou seja, independente de culpa. No entanto, em caso de responsabilidade de profissional liberal, deverá ser provada a culpa do profissional, tratando-se assim de responsabilidade subjetiva (art. 14, parágrafo 4º do CDC).

✦ SÚMULAS APLICÁVEIS

⦿ STF

DIREITO DAS OBRIGAÇÕES

- **Súmula vinculante 25:** É lícita a prisão civil do depositário infiel, qualquer que seja a modalidade do depósito.

DIREITO DO CONSUMIDOR

- **Súmula vinculante 27:** Compete à justiça estadual julgar causas entre consumidor e concessionária de serviço público de telefonia, quando a Anatel não seja litisconsorte passiva necessária, assistente, nem oponente.

DIREITO DAS EMPRESAS

- **Súmula vinculante 38:** É competente o Município para fixar o horário de funcionamento de estabelecimento comercial.
- **Súmula vinculante 49:** Ofende o princípio da livre concorrência lei municipal que impede a instalação de estabelecimentos comerciais do mesmo ramo em determinada área.

PARTE GERAL

- **Súmula 150 do STF:** Prescreve a execução no mesmo prazo de prescrição da ação.
- **Súmula 153 do STF:** Simples protesto cambiário não interrompe a prescrição.
- **Súmula 154 do STF:** Simples vistoria não interrompe a prescrição.
- **Súmula 443 do STF:** A prescrição das prestações anteriores ao período previsto em lei não ocorre, quando não tiver sido negado, antes daquele prazo, o próprio direito reclamado, ou a situação jurídica de que ele resulta.

DIREITO DAS OBRIGAÇÕES

- **Súmula 121 do STF:** É vetada a capitalização de juros, ainda que expressamente convencionada.
- **Súmula 159 do STF:** A cobrança excessiva, mas de boa-fé, não dá lugar às sanções do art. 1531 do Código Civil. (A súmula refere-se ao art. 1531 do Código Civil de 1.916, que corresponde ao art. 940 do Código Civil de 2.002. Como não foi revogada,

continua tendo aplicabilidade na respectiva correspondência)

- **Súmula 163 do STF:** Salvo contra a Fazenda Pública, sendo a obrigação ilíquida, contam-se os juros moratórios desde a citação inicial para a ação.
- **Súmula 255 do STF:** Sendo ilíquida a obrigação, os juros moratórios, contra a fazenda pública, incluídas as autarquias, são contados do trânsito em julgado da sentença de liquidação.
- **Súmula 500 do STF:** Não cabe a ação cominatória para compelir-se o réu a cumprir obrigação de dar.

DOS CONTRATOS

- **Súmula 80 do STF:** Para a retomada de prédio situado fora do domicílio do locador exige-se a prova da necessidade.
- **Súmula 174 do STF:** Para a retomada do imóvel alugado, não é necessária a comprovação dos requisitos legais na notificação prévia.
- **Súmula 175 do STF:** Admite-se a retomada do imóvel alugado para uso de filho que vai contrair matrimônio.
- **Súmula 409 do STF:** Ao retomante, que tenha mais de um prédio alugado, cabe optar entre eles, salvo abuso de direito.
- **Súmula 410 do STF:** Se o locador, utilizando prédio próprio para residência ou atividade comercial, pede o imóvel locado para uso próprio, diverso do que tem o por ele ocupado, não está obrigado a provar a necessidade, que se presume.
- **Súmula 483 do STF:** É dispensável a prova de necessidade, na retomada de prédio situado em localidade para onde o proprietário pretende transferir residência, salvo de manter, também, a anterior, quando dita prova será exigida.
- **Súmula 486 do STF:** Admite-se a retomada para a sociedade da qual o locador, ou seu cônjuge, seja sócio, com participação predominante no capital social.
- **Súmula 158 do STF:** Salvo estipulação contratual averbada em registro imobiliário, não responde o adquirente pelas benfeitorias do locatário.
- **Súmula 173 do STF:** Em caso de obstáculo judicial admite-se a purga da mora, pelo locatário, além do prazo legal.
- **Súmula 370 do STF:** Julgada improcedente a ação renovatória de locação, terá o locatário, para desocupar o imóvel, o prazo de seis meses, acrescidos de tantos meses quantos forem os anos da ocupação, até o limite total de dezoito meses.
- **Súmula 411 do STF:** O locatário autorizado a ceder a locação pode sublocar o imóvel.
- **Súmula 442 do STF:** A inscrição do contrato de locação no registro de imóveis, para a validade da cláusula de vigência contra o adquirente do imóvel, ou perante terceiros, dispensa a transcrição no registro de títulos e documentos
- **Súmula 161 do STF:** No contrato de transporte, é inoperante a cláusula de não indenizar.
- **Súmula 187 do STF:** A responsabilidade contratual do transportador, pelo acidente com o passageiro, não é elidida por culpa de terceiro, contra o qual tem ação regressiva.
- **Súmula 188 do STF:** O segurador tem ação regressiva contra o causador do dano, pelo que efetivamente pagou, até o limite previsto no contrato de seguro.
- **Súmula 167 do STF:** Não se aplica o regime do Decreto-Lei 58, de 10/12/1937, ao compromisso de compra e venda não inscrito no registro imobiliário, salvo se o promitente vendedor se obrigou a efetuar o registro.
- **Súmula 168 do STF:** Para os efeitos do Decreto-Lei 58, de 10/12/1937, admite-se a inscrição imobiliária do compromisso de compra e venda no curso da ação.
- **Súmula 412 do STF:** No compromisso de compra e venda com cláusula de arrependimento, a devolução do sinal, por quem o deu, ou a sua restituição em dobro, por quem o recebeu, exclui indenização maior, a título de perdas e danos, salvo os juros moratórios e os encargos do processo.
- **Súmula 413 do STF:** O compromisso de compra e venda de imóveis, ainda que não loteados, dá direito à execução compulsória, quando reunidos os requisitos legais.
- **Súmula 489 do STF:** A compra e venda de automóvel não prevalece contra terceiros, se o contrato não foi transcrito no registro de títulos e documentos
- **Súmula 335 do STF:** É válida a cláusula de eleição do foro para os processos oriundos do contrato

DIREITO DAS EMPRESAS

- **Súmula 189 do STF:** Os avais em branco e superpostos consideram-se simultâneos e não sucessivos.
- **Súmula 646 do STF e Súmula Vinculante nº 49:** Ofende o princípio da livre concorrência lei municipal que impede a instalação de estabelecimentos comerciais do mesmo ramo em determinada área.
- **Súmula 387 do STF:** A cambial emitida ou aceita com omissões, ou em branco, pode ser completada pelo credor de boa-fé antes da cobrança ou do protesto.
- **Súmula 600 do STF:** Cabe ação executiva contra o emitente e seus avalistas, ainda que não apresentado o cheque ao sacado no prazo legal, desde que não prescrita a ação cambiária.
- **Súmula 260 do STF:** O exame dos livros comerciais, em ação judicial, fica limitado às transações entre os litigantes.
- **Súmula 390 do STF:** A exibição judicial de livros comerciais pode ser requerida como medida preventiva.

- **Súmula 265 do STF:** Na apuração de haveres não prevalece o balanço não aprovado pelo sócio falecido, excluído ou que se retirou.
- **Súmula 417 do STF:** Pode ser objeto de restituição, na falência, dinheiro em poder do falido, recebido em nome de outrem, ou do qual, por lei ou contrato, não tivesse ele a disponibilidade.
- **Súmula 646 do STF e Súmula Vinculante nº 49:** Ofende o princípio da livre concorrência lei municipal que impede a instalação de estabelecimentos comerciais do mesmo ramo em determinadas áreas

DIREITO DAS COISAS

- **Súmula 49 do STF:** A cláusula de inalienabilidade inclui a incomunicabilidade dos bens
- **Súmula 120 do STF:** Parede de tijolos de vidro translúcido pode ser levantada a menos de metro e meio do prédio vizinho, não importando servidão sobre ele.
- **Súmula 414 do STF:** Não se distingue a visão direta da oblíqua na proibição de abrir janela, ou fazer terraço, eirado, ou varanda, a menos de metro e meio do prédio de outrem.
- **Súmula 122 do STF:** O enfiteuta pode purgar a mora enquanto não decretado o comisso por sentença.
- **Súmula 170 do STF:** É resgatável a enfiteuse instituída anteriormente à vigência do Código Civil.
- **Súmula 237 do STF:** A usucapião pode ser arguida em defesa.
- **Súmula 263 do STF:** o possuidor deve ser citado pessoalmente para a ação de usucapião.
- **Súmula 340 do STF:** Desde a vigência do Código Civil, os bens dominicais, como os demais bens públicos, não podem ser adquiridos por usucapião.
- **Súmula 391 do STF:** O confinante certo deve ser citado, pessoalmente, para a ação de usucapião
- **Súmula 415 do STF:** Servidão de trânsito não titulada, mas tornada permanente, sobretudo pela natureza das obras realizadas, considera-se aparente, conferindo direito à proteção possessória
- **Súmula 487 do STF:** será deferida a posse a quem, evidentemente, tiver o domínio, se com base neste for ela disputada.
- **Súmula 652 do STF:** Não contraria a Constituição o art. 15, § 1º, do DL 3.365/41 (Lei da Desapropriação por utilidade pública).

DIREITO DAS FAMÍLIAS

- **Súmula 149 do STF:** É imprescritível a ação de investigação de paternidade, mas não o é a de petição de herança.
- **Súmula 226 do STF:** Nas ações de desquite, os alimentos são devidos desde a inicial e não da data da decisão que os concede.
- **Súmula 305 do STF:** Acordo de desquite ratificado por ambos os cônjuges não é retratável unilateralmente
- **Súmula 379 do STF:** No acordo de desquite não se admite renúncia aos alimentos, que poderão ser pleiteados ulteriormente, verificados os pressupostos legais.
- **Súmula 377 do STF:** No regime de separação legal de bens, comunicam-se os adquiridos na constância do casamento.
- **Súmula 380 do STF:** Comprovada a existência de sociedade de fato entre os concubinos, é cabível a sua dissolução judicial, com a partilha do patrimônio adquirido pelo esforço comum.
- **Súmula 381 do STF:** Não se homologa sentença de divórcio obtida, por procuração, em país de que os cônjuges não eram nacionais.
- **Súmula 382 do STF:** A vida em comum sob o mesmo teto, "more uxório", não é indispensável à caracterização do concubinato.
- **Súmula 655 do STJ:** "Aplica-se à união estável contraída por septuagenário o regime da separação obrigatória de bens, comunicando-se os adquiridos na constância, quando comprovado o esforço comum".

RESPONSABILIDADE CIVIL

- **Súmula 35 do STF:** Em caso de acidente de trabalho ou de transporte, a concubina tem direito de ser indenizada pela morte do amásio, se entre eles não havia impedimento para o matrimônio.
- **Súmula 261 do STF:** Para a ação de indenização, em caso de avaria, é dispensável que a vistoria se faça judicialmente.
- **Súmula 490 do STF:** A pensão correspondente à indenização oriunda de responsabilidade civil deve ser calculada com base no salário mínimo vigente ao tempo da sentença e ajustar-se-á às variações ulteriores.
- **Súmula 491 do STF:** É indenizável o acidente que cause a morte de filho menor, ainda que não exerça trabalho remunerado
- **Súmula 492 do STF:** A empresa locadora de veículos responde, civil e solidariamente com o locatário, pelos danos por este causados a terceiro, no uso do carro locado.
- **Súmula 562 do STF:** Na indenização de danos materiais decorrentes de ato ilícito cabe a atualização de seu valor, utilizando-se, para esse fim, dentre outros critérios, dos índices de correção monetária.

◉ STJ

PARTE GERAL

- **Súmula 525 do STJ:** A câmara de Vereadores não possui personalidade jurídica, apenas personalidade judiciária, somente podendo demandar em juízo para defender os seus direitos institucionais.

- **Súmula 403 do STJ:** Independe de prova do prejuízo a indenização pela publicação não autorizada de imagem de pessoa com fins econômicos ou comerciais.
- **Súmula 63 do STJ:** São devidos direitos autorais pela retransmissão radiofônica de músicas em estabelecimentos comerciais.
- **Súmula 228 do STJ:** É inadmissível o interdito proibitório para a proteção de direito autoral.
- **Súmula 261 do STJ:** A cobrança de direitos autorais pela retransmissão radiofônica de músicas, em estabelecimentos hoteleiros, deve ser feita conforme a taxa média de utilização do equipamento, apurada em liquidação.
- **Súmula 322 do STJ:** Para a repetição de indébito, nos contratos de abertura de crédito em conta corrente, não se exige a prova do erro.
- **Súmula 195 do STJ:** Em embargos de terceiros não se anula ato jurídico, por fraude contra credores.
- **Súmula 85 do STJ:** Nas relações jurídicas de trato sucessivo em que a fazenda pública figure como devedora, quando não tiver sido negado o direito reclamado, a prescrição atinge apenas as prestações vencidas antes do quinquênio anterior à propositura da ação.
- **Súmula 101 do STJ:** a ação de indenização do segurado em grupo contra a seguradora prescreve em um ano.
- **Súmula 106 do STJ:** Proposta a ação no prazo fixado para o seu exercício, a demora na citação, por motivos inerentes ao mecanismo da justiça, não justifica o acolhimento da arguição de prescrição ou decadência
- **Súmula 229 do STJ:** O pedido de pagamento de indenização à seguradora suspende o prazo de prescrição até que o segurado tenha ciência da decisão.
- **Súmula 412 do STJ:** A ação de repetição de indébito de tarifas de água e esgoto sujeita-se ao prazo prescricional estabelecido no Código Civil.
- **Súmula 547 do STJ:** Nas ações em que se pleiteia o ressarcimento dos valores pagos a título de participação financeira do consumidor no custeio de construção de rede elétrica, o prazo prescricional é de vinte anos na vigência do Código Civil de 1916. Na vigência do Código Civil de 2002, o prazo é de cinco anos se houver previsão contratual de ressarcimento e de três anos na ausência de cláusula nesse sentido, observada a regra de transição disciplinada em seu art. 2.028.
- **Súmula 278 do STJ:** O termo inicial do prazo prescricional, na ação de indenização, é a data em que o segurado teve ciência inequívoca da incapacidade laboral.
- **Súmula 573 do STJ:** Nas ações de indenização decorrente de seguro DPVAT, a ciência inequívoca do caráter permanente da invalidez, para fins de contagem do prazo prescricional, depende de laudo médico, exceto nos casos de invalidez permanente notória ou naqueles em que o conhecimento anterior resulte comprovado na fase de instrução.

DIREITO DAS OBRIGAÇÕES

- **Súmula 14 do STJ:** Arbitrados os honorários advocatícios em percentual sobre o valor da causa, a correção monetária incide a partir do respectivo ajuizamento.
- **Súmula 26 do STJ:** O avalista do título de crédito vinculado a contrato de mútuo também responde pelas obrigações pactuadas, quando no contrato figurar como devedor solidário.
- **Súmula 35 do STJ:** incide correção monetária sobre as prestações pagas, quando de sua restituição, em virtude de retirada ou exclusão de participante de plano de consórcio.
- **Súmula 43 do STJ:** Incide correção monetária sobre dívida por ato ilícito a partir do efetivo prejuízo.
- **Súmula 54 do STJ:** Os juros moratórios fluem a partir do evento danoso, em caso de responsabilidade extracontratual.
- **Súmula 76 do STJ:** A falta de registro do compromisso de compra e venda de imóvel não dispensa a prévia interpelação para constituir em mora o devedor.
- **Súmula 179 do STJ:** O estabelecimento de crédito que recebe dinheiro, em depósito judicial, responde pelo pagamento da correção monetária relativa aos valores recolhidos.
- **Súmula 271 do STJ:** A correção monetária dos depósitos judiciais independe de ação específica contra o banco depositário.
- **Súmula 245 do STJ:** A notificação destinada a comprovar a mora das dívidas garantidas por alienação fiduciária dispensa a indicação do valor do débito.
- **Súmula 283 do STJ:** As empresas administradoras de cartão de crédito são instituições financeiras e, por isso, os juros remuneratórios por elas cobrados não sofrem as limitações da Lei de Usura.
- **Súmula 362 do STJ:** A correção monetária do valor da indenização do dano moral incide desde a data do arbitramento.
- **Súmula 380 do STJ:** A simples propositura da ação de revisão de contrato não inibe a caracterização da mora do autor.
- **Súmula 410 do STJ:** A prévia intimação pessoal do devedor constitui condição necessária para a cobrança de multa pelo descumprimento de obrigação de fazer ou não fazer.

DOS CONTRATOS

- **Súmula 28 do STJ:** O contrato de alienação fiduciária em garantia pode ter por objeto bem que já integrava o patrimônio do devedor.

- **Súmula 72 do STJ:** A comprovação da mora é imprescindível à busca e apreensão do bem alienado fiduciariamente.
- **Súmula 92 do STJ:** A terceiro de boa-fé não é oponível a alienação fiduciária não anotada no certificado de registro do veículo automotor.
- **Súmula 284 do STJ:** A purga da mora, nos contratos de alienação fiduciária, só é permitida quando já pagos pelo menos 40% (quarenta por cento) do valor financiado.
- **Súmula 31 do STJ:** A aquisição, pelo segurado, de mais de um imóvel financiado pelo sistema financeiro de habitação, situados na mesma localidade, não exime a seguradora da obrigação de pagamento dos seguros
- **Súmula 60 do STJ:** É nula a obrigação cambial assumida por procurador do mutuário vinculado ao mutuante, no exclusivo interesse deste.
- **Súmula 610 do STJ:** O suicídio não é coberto nos dois primeiros anos de vigência do contrato de seguro de vida, ressalvado o direito do beneficiário à devolução do montante da reserva técnica formada.
- **Súmula 257 do STJ:** A falta de pagamento do prêmio do seguro obrigatório de Danos Pessoais Causados por Veículos Automotores de Vias Terrestres (DPVAT) não é motivo para a recusa do pagamento da indenização.
- **Súmula 544 do STJ:** É válida a utilização da tabela do Conselho Nacional de Seguros Provados para estabelecer a proporcionalidade da indenização do seguro DPVAT ao grau de invalidez também na hipótese de sinistro anterior a 16/12/2008, data da entrada em vigor da Medida Provisória nº 451/2008
- **Súmula 402 do STJ:** O contrato de seguro por danos pessoais compreende os danos morais, salvo cláusula expressa de exclusão.
- **Súmula 465 do STJ:** Ressalvada a hipótese de efetivo agravamento do risco, a seguradora não se exime do dever de indenizar em razão da transferência do veículo sem a sua prévia comunicação.
- **Súmula 529 do STJ:** No seguro de responsabilidade civil facultativo, não cabe o ajuizamento de ação pelo terceiro prejudicado direta e exclusivamente em face da seguradora do apontado causador do dano.
- **Súmula 537 do STJ:** Em ação de reparação de danos, a seguradora denunciada, se aceitar a denunciação ou contestar o pedido do autor, pode ser condenada, direta e solidariamente junto com o segurado, ao pagamento da indenização devida à vítima, nos limites contratados na apólice.
- **Súmula 616 do STJ:** A indenização securitária é devida quando ausente a comunicação prévia do segurado acerca do atraso no pagamento do prêmio, por constituir requisito essencial para a suspensão ou resolução do contrato de seguro.
- **Súmula 620 do STJ:** A embriaguez do segurado não exime a seguradora do pagamento da indenização prevista em contrato de seguro de vida.
- **Súmula 632 do STJ:** Nos contratos de seguro regidos pelo Código Civil, a correção monetária sobre a indenização securitária incide a partir da contratação até o efetivo pagamento.
- **Súmula 214 do STJ:** O fiador da locação não responde por obrigações resultantes de aditamento ao qual não anuiu.
- **Súmula 335 do STJ:** Nos contratos de locação, é válida a cláusula de renúncia à indenização das benfeitorias e ao direito de retenção.
- **Súmula 549 do STJ:** É válida a penhora de bem de família pertencente a fiador de contrato de locação.
- **Súmula 233 do STJ:** O contrato de abertura de crédito, ainda que acompanhado de extrato da conta corrente, não é título executivo.
- **Súmula 247 do STJ:** O contrato de abertura de crédito em conta-corrente, acompanhado do demonstrativo de débito, constitui documento hábil para o ajuizamento da ação monitória.
- **Súmula 285 do STJ:** Nos contratos bancários posteriores ao Código de Defesa do Consumidor incide a multa moratória nele prevista.
- **Súmula 286 do STJ:** A renegociação de contrato bancário ou a confissão da dívida não impede a possibilidade de discussão sobre eventuais ilegalidades dos contratos anteriores.
- **Súmula 287 do STJ:** A Taxa Básica Financeira (TBF) não pode ser utilizada como indexador de correção monetária nos contratos bancários.
- **Súmula 288 do STJ:** A Taxa de Juros de Longo Prazo (TJLP) pode ser utilizada como indexador de correção monetária nos contratos bancários.
- **Súmula 322 do STJ:** Para a repetição de indébito, nos contratos de abertura de crédito em conta-corrente, não se exige a prova do erro.
- **Súmula 379 do STJ:** Nos contratos bancários não regidos por legislação específica, os juros moratórios poderão ser convencionados até o limite de 1% ao mês.
- **Súmula 381 do STJ:** Nos contratos bancários, é vedado ao julgador conhecer, de ofício, da abusividade das cláusulas.
- **Súmula 530 do STJ:** Nos contratos bancários, na impossibilidade de comprovar a taxa de juros efetivamente contratada – por ausência de pactuação ou pela falta de juntada do instrumento aos autos – aplica-se a taxa média de mercado, divulgada pelo Bacen, praticada nas operações da mesma espécie, salvo se a taxa cobrada for mais vantajosa ao devedor.
- **Súmula 539 do STJ:** É permitida a capitalização de juros com periodicidade inferior à anual em contratos celebrados com instituições integrantes do Sistema Financeiro Nacional a partir de 31/3/2000

(MP nº 1.963-17/2000, reeditada como MP nº 2.170-36/2001), desde que expressamente pactuada.

- **Súmula 541 do STJ:** A previsão no contrato bancário de taxa de juros anual superior ao duodécuplo da mensal é suficiente para permitir a cobrança de taxa efetiva anual contratada.
- **Súmula 289 do STJ:** A restituição das parcelas pagas a plano de previdência privada deve ser objeto de correção plena, por índice que recomponha a efetiva desvalorização da moeda.
- **Súmula 293 do STJ:** A cobrança antecipada do valor residual garantido descaracteriza o contrato de arrendamento mercantil.
- **Súmula 369 do STJ:** No contrato de arrendamento mercantil (leasing), ainda que haja cláusula resolutiva expressa, é necessária a notificação prévia do arrendatário para constituí-lo em mora.
- **Súmula 295 do STJ:** A Taxa Referencial (TR) é indexador válido para contratos posteriores à Lei nº 8.177/91, desde que pactuada.
- **Súmula 296 do STJ:** Os juros remuneratórios, não cumuláveis com a comissão de permanência, são devidos no período de inadimplência, à taxa média de mercado estipulada pelo Banco Central do Brasil, limitada ao percentual contratado.
- **Súmula 176 do STJ:** É nula a cláusula contratual que sujeita o devedor a taxa de juros divulgada pela ANBID/CATIP
- **Súmula 302 do STJ:** É abusiva a cláusula contratual de plano de saúde que limita no tempo a internação hospitalar do segurado.
- **Súmula 181 do STJ:** É admissível ação declaratória, visando obter certeza quanto à exata interpretação da cláusula contratual.
- **Súmula 485 do STJ:** A Lei de Arbitragem aplica-se aos contratos que contenham cláusula arbitral, ainda que celebrados antes da sua edição.
- **Súmula 538 do STJ:** As administradoras de consórcio têm liberdade para estabelecer a respectiva taxa de administração, ainda que fixada em percentual superior a dez por cento.
- **Súmula 656 do STJ:** "É válida a cláusula de prorrogação automática de fiança na renovação do contrato principal. A exoneração do fiador depende da notificação prevista no artigo 835 do Código Civil".
- **Súmula 656 do STJ:** É válida a cláusula de prorrogação automática de fiança na renovação do contrato principal. A exoneração do fiador depende da notificação prevista no art. 835 do Código Civil.

DIREITO DAS EMPRESAS

- **Súmula 219 do STJ:** Os créditos decorrentes de serviços prestados à massa falida, inclusive a remuneração do síndico, gozam dos privilégios próprios dos trabalhistas.
- **Súmula 305 do STJ:** É descabida a prisão civil do depositário quando, decretada a falência da empresa, sobrevém a arrecadação do bem pelo síndico.
- **Súmula 248 do STJ:** Comprovada a prestação dos serviços, a duplicata não aceita, mas protestada, é título hábil para instruir pedido de falência.
- **Súmula 361 do STJ:** A notificação do protesto, para requerimento de falência da empresa devedora, exige a identificação da pessoa que a recebeu.
- **Súmula 503 do STJ:** O prazo para ajuizamento de ação monitória em face do emitente de cheque sem força executiva é quinquenal, a contar do dia seguinte à data de emissão estampada na cártula.
- **Súmula 531 do STJ:** Em ação monitória fundada em cheque prescrito ajuizada contra o emitente, é dispensável a menção ao negócio jurídico subjacente à emissão da cártula.
- **Súmula 258 do STJ:** A nota promissória vinculada a contrato de abertura de crédito não goza de autonomia em razão da iliquidez do título que a originou.
- **Súmula 504 do STJ:** O prazo para ajuizamento de ação monitória em face do emitente de nota promissória sem força executiva é quinquenal, a contar do dia seguinte ao vencimento do título.
- **Súmula 143 do STJ:** Prescreve em cinco anos a ação de perdas e danos pelo uso de marca comercial
- **Súmula 451 do STJ:** É legítima a penhora da sede do estabelecimento comercial.
- **Súmula 554 do STJ:** Na hipótese de sucessão empresarial, a responsabilidade da sucessora abrange não apenas os tributos devidos pela sucedida, mas também as multas moratórias ou punitivas referentes a fatos geradores ocorridos até a data da sucessão.
- **Súmula 564 do STJ:** No caso de reintegração de posse em arrendamento mercantil financeiro, quando a soma da importância antecipada a título de valor residual garantido (VRG) com o valor da venda do bem ultrapassar o total do VRG previsto contratualmente, o arrendatário terá direito de receber a respectiva diferença, cabendo, porém, se estipulado no contrato, o prévio desconto de outras despesas ou encargos pactuados.
- **Súmula 581 do STJ:** A recuperação judicial do devedor principal não impede o prosseguimento das ações e execuções ajuizadas contra terceiros devedores solidários ou coobrigados em geral, por garantia cambial, real ou fidejussória.

DIREITO DAS COISAS

- **Súmula 193 do STJ:** O direito de uso de linha telefônica pode ser adquirido por usucapião.
- **Súmula 239 do STJ:** O direito à adjudicação compulsória não se condiciona ao registro do compromisso de compra e venda no cartório de imóveis.

- **Súmula 260 do STJ:** A convenção de condomínio aprovada, ainda que sem registro, é eficaz para regular as relações entre os condôminos.
- **Súmula 478 do STJ:** Na execução de crédito relativo a cotas condominiais, este tem preferência sobre o hipotecário.
- **Súmula 308 do STJ:** A hipoteca firmada entre a construtora e o agente financeiro, anterior ou posterior à celebração da promessa de compra e venda, não tem eficácia perante os adquirentes do imóvel.
- **Súmula 486 do STJ:** É impenhorável o único imóvel residencial do devedor que esteja locado a terceiros, desde que a renda obtida com a locação seja revertida para a subsistência ou a moradia da sua família.
- **Súmula 496 do STJ:** Os registros de propriedade particular de imóveis situados em terrenos de marinha não são oponíveis à União.
- **Súmula 619 do STJ:** A ocupação indevida de bem público configura mera detenção, de natureza precária, insuscetível de retenção ou indenização por acessões e benfeitorias.

DIREITO DAS FAMÍLIAS

- **Súmula 01 do STJ:** O foro do domicílio ou da residência do alimentando é o competente para a ação de investigação de paternidade, quando cumulada com a de alimentos.
- **Súmula 144 do STJ:** Os créditos de natureza alimentícia gozam de preferência, desvinculados os precatórios da ordem cronológica dos créditos de natureza diversa.
- **Súmula 277 do STJ:** Julgada procedente a investigação de paternidade, os alimentos são devidos a partir da citação.
- **Súmula 309 do STJ:** O débito alimentar que autoriza a prisão civil do alimentante é o que compreende as três prestações anteriores ao ajuizamento da execução e as que se vencerem no curso do processo.
- **Súmula 358 do STJ:** O cancelamento de pensão alimentícia de filho que atingiu a maioridade está sujeito à decisão judicial, mediante contraditório, ainda que nos próprios autos.
- **Súmula 594 do STJ:** O Ministério Público tem legitimidade ativa para ajuizar ação de alimentos em proveito de criança ou adolescente independentemente do exercício do poder familiar dos pais, ou do fato de o menor se encontrar nas situações de risco descritas no art. 98 do Estatuto da Criança e do Adolescente, ou de quaisquer outros questionamentos acerca da existência ou eficiência da Defensoria Pública na comarca.
- **Súmula 596 do STJ:** A obrigação alimentar dos avós tem natureza complementar e subsidiária, somente se configurando no caso de impossibilidade total ou parcial de seu cumprimento pelos pais.
- **Súmula 621 do STJ:** Os efeitos da sentença que reduz, majora ou exonera o alimentante do pagamento retroagem à data da citação, vedadas a compensação e a repetibilidade.
- **Súmula 134 do STJ:** Embora intimado da penhora em imóvel do casal, o cônjuge do executado pode opor embargos de terceiro para defesa de sua meação.
- **Súmula 364 do STJ:** O conceito de impenhorabilidade de bem de família abrange também o imóvel pertencente a pessoas solteiras, separadas e viúvas.
- **Súmula 449 do STJ:** A vaga de garagem que possui matrícula própria no registro de imóveis não constitui bem de família para efeito de penhora.
- **Súmula 197 do STJ:** O divórcio direto pode ser concedido sem que haja prévia partilha dos bens.
- **Súmula 251 do STJ:** A meação só responde pelo ato ilícito quando o credor, na execução fiscal, provar que o enriquecimento dele resultante aproveitou ao casal.
- **Súmula 301 do STJ:** Em ação investigatória, a recusa do suposto pai a submeter-se ao exame de DNA induz presunção *juris tantum* de paternidade.
- **Súmula 332 do STJ:** A fiança prestada sem autorização de um dos cônjuges implica a ineficácia total da garantia.
- **Súmula 655 do STJ:** Aplica-se à união estável contraída por septuário o regime da separação obrigatória de bens, comunicando-se os adquiridos na constância, quando comprovado o esforço comum.

RESPONSABILIDADE CIVIL

- **Súmula 37 do STJ:** São cumuláveis as indenizações por dano material e dano moral oriundos do mesmo fato
- **Súmula 39 do STJ:** Prescreve em vinte anos a ação para haver indenização, por responsabilidade civil, de sociedade de economia mista.
- **Súmula 103 do STJ:** A empresa responde, perante o cliente, pela reparação de dano ou furto de veículo ocorrido em seu estacionamento.
- **Súmula 132 do STJ:** A ausência de registro da transferência não implica a responsabilidade do antigo proprietário por dano resultante de acidente que envolva o veículo alienado.
- **Súmula 145 do STJ:** No transporte desinteressado, de simples cortesia, o transportador só será civilmente responsável por danos causados ao transportado quando incorrer em dolo ou culpa grave.
- **Súmula 186 do STJ:** Nas indenizações por ato ilícito, os juros compostos somente são devidos por aquele que praticou o crime.
- **Súmula 221 do STJ:** São civilmente responsáveis pelo ressarcimento de dano, decorrente de publicação pela imprensa, tanto o autor do escrito quanto o proprietário do veículo de divulgação.

- **Súmula 281 do STJ:** A indenização por dano moral não está sujeita à tarifação prevista na Lei de Imprensa.
- **Súmula 227 do STJ:** A pessoa jurídica pode sofrer dano moral.
- **Súmula 246 do STJ:** O valor do seguro obrigatório deve ser deduzido da indenização judicialmente fixada.
- **Súmula 313 do STJ:** Em ação de indenização, procedente o pedido, é necessária a constituição de capital ou caução fidejussória para a garantia de pagamento da pensão, independentemente da situação financeira do demandado.
- **Súmula 326 do STJ:** Na ação de indenização por dano moral, a condenação em montante inferior ao postulado na inicial não implica sucumbência recíproca.
- **Súmula 370 do STJ:** Caracteriza dano moral a apresentação antecipada de cheque pré-datado.
- **Súmula 388 do STJ:** A simples devolução indevida de cheque caracteriza dano moral.
- **Súmula 387 do STJ:** É lícita a cumulação das indenizações de dano estético e dano moral.
- **Súmula 420 do STJ:** Incabível, em embargos de divergência, discutir o valor da indenização por danos morais.
- **Súmula 475 do STJ:** Responde pelos danos decorrentes de protesto indevido o endossatário que recebe por endosso translativo título de crédito contendo vício formal extrínseco ou intrínseco, ficando ressalvado seu direito de regresso contra os endossantes e avalistas.
- **Súmula 476 do STJ:** O endossatário de título de crédito por endosso-mandato só responde por danos decorrentes de protesto indevido se extrapolar os poderes de mandatário.
- **Súmula 479 do STJ:** As instituições financeiras respondem objetivamente pelos danos gerados por fortuito interno relativo a fraudes e delitos praticados por terceiros no âmbito de operações bancárias.
- **Súmula 572 do STJ:** O Banco do Brasil, na condição de gestor do Cadastro de Emitentes de Cheques sem Fundos (CCF), não tem a responsabilidade de notificar previamente o devedor acerca da sua inscrição no aludido cadastro, tampouco legitimidade passiva para as ações de reparação de danos fundadas na ausência de prévia comunicação.
- **Súmula 595 do STJ:** As instituições de ensino superior respondem objetivamente pelos danos suportados pelo aluno/consumidor pela realização de curso não reconhecido pelo Ministério da Educação, sobre o qual não lhe tenha sido dada prévia e adequada informação.
- **Súmula 624 do STJ:** É possível cumular a indenização do dano moral com a reparação econômica da Lei n. 10.559/2002 (Lei da Anistia Política).
- **Súmula 638 do STJ:** É abusiva cláusula contratual que restringe a responsabilidade de instituição financeira pelos danos decorrentes de roubo, furto ou extravio de bem entregue em garantia no âmbito de contrato de penhor civil.
- **Súmula 642** – O direito à indenização por danos morais transmite-se com o falecimento do titular, possuindo os herdeiros da vítima legitimidade ativa para ajuizar ou prosseguir a ação indenizatória.
- **Súmula 652** – A responsabilidade civil da Administração Pública por danos ao meio ambiente, decorrente de sua omissão no dever de fiscalização, é de caráter solidário, mas de execução subsidiária.

DIREITO DO CONSUMIDOR

- **Súmula 297 do STJ:** O Código de Defesa do Consumidor é aplicável às instituições financeiras.
- **Súmula 608 do STJ:** Aplica-se o Código de Defesa do Consumidor aos contratos de plano de saúde, salvo os administrados por entidades de autogestão.
- **Súmula 597 do STJ:** A cláusula contratual de plano de saúde que prevê carência para utilização dos serviços de assistência médica nas situações de emergência ou de urgência é considerada abusiva se ultrapassado o prazo máximo de 24 horas contado da data da contratação.
- **Súmula 609 do STJ:** A recusa de cobertura securitária, sob a alegação de doença preexistente, é ilícita se não houve a exigência de exames médicos prévios à contratação ou a demonstração de má-fé do segurado.
- **Súmula 532 do STJ:** Constitui prática comercial abusiva o envio de cartão de crédito sem prévia e expressa solicitação do consumidor, configurando-se ato ilícito indenizável e sujeito à aplicação de multa administrativa
- **Súmula 323 do STJ:** A inscrição do nome do devedor pode ser mantida nos serviços de proteção ao crédito até o prazo máximo de cinco anos, independentemente da prescrição da execução.
- **Súmula 359 do STJ:** Cabe ao órgão mantenedor do Cadastro de Proteção ao Crédito a notificação do devedor antes de proceder à inscrição.
- **Súmula 385 do STJ:** Da anotação irregular em cadastro de proteção ao crédito, não cabe indenização por dano moral, quando preexistente legítima inscrição, ressalvado o direito ao cancelamento.
- **Súmula 404 do STJ:** É dispensável o aviso de recebimento (AR) na carta de comunicação ao consumidor sobre a negativação de seu nome em bancos de dados e cadastros.
- **Súmula 548 do STJ:** Incumbe ao credor a exclusão do registro da dívida em nome do devedor no cadastro de inadimplentes no prazo de cinco dias úteis, a partir do integral e efetivo pagamento do débito.
- **Súmula 550 do STJ:** A utilização de escore de crédito, método estatístico de avaliação de risco que não constitui banco de dados, dispensa o consentimento do consumidor, que terá o direito de solicitar esclareci-

mentos sobre as informações pessoais valoradas e as fontes dos dados considerados no respectivo cálculo.

- **Súmula 477 do STJ:** A decadência do art. 26 do CDC não é aplicável à prestação de contas para obter esclarecimentos sobre cobrança de taxas, tarifas e encargos bancários.
- **Súmula 543 do STJ:** Na hipótese de resolução de contrato de compra e venda de imóvel submetido ao Código de Defesa do Consumidor, deve ocorrer a imediata restituição das parcelas pagas pelo promitente comprador – integralmente, em caso de culpa exclusiva do promitente vendedor/construtor, ou parcialmente, caso tenha sido o comprador quem deu causa ao desfazimento.
- **Súmula 563 do STJ:** O Código de Defesa do Consumidor é aplicável às entidades abertas de previdência complementar, não incidindo nos contratos previdenciários celebrados com entidades fechadas.
- **Súmula 566 do STJ:** Nos contratos bancários posteriores ao início da vigência da Resolução-CMN n. 3.518/2007, em 30/4/2008, pode ser cobrada a tarifa de cadastro no início do relacionamento entre o consumidor e a instituição financeira.
- **Súmula 572 do STJ:** O Banco do Brasil, na condição de gestor do Cadastro de Emitentes de Cheques sem Fundos (CCF), não tem a responsabilidade de notificar previamente o devedor acerca da sua inscrição no aludido cadastro, tampouco legitimidade passiva para as ações de reparação de danos fundadas na ausência de prévia comunicação.
- **Súmula 573 do STJ:** Nas ações de indenização decorrente de seguro DPVAT, a ciência inequívoca do caráter permanente da invalidez, para fins de contagem do prazo prescricional, depende de laudo médico, exceto nos casos de invalidez permanente notória ou naqueles em que o conhecimento anterior resulte comprovado na fase de instrução.
- **Súmula 602 do STJ:** O Código de Defesa do Consumidor é aplicável aos empreendimentos habitacionais promovidos pelas sociedades cooperativas.

Direito Processual Civil

Luciano Alves Rossato

TABELA DE INCIDÊNCIA DE QUESTÕES

Distribuição das questões organizada por ordem didática de assuntos		
Assunto	**Número de Questões**	**Peso**
1. NORMAS FUNDAMENTAIS	2	5,88%
2. MEIOS ADEQUADOS DE SOLUÇÃO DE CONFLITOS	2	5,88%
3. COMPETÊNCIA	10	29,41%
4. DA TUTELA PROVISÓRIA	2	5,88%
5. DO JUIZ	1	2,94%
6. ATOS PROCESSUAIS	1	2,94%
7. INTERVENÇÃO DE TERCEIROS	2	5,88%
8. PROVAS	2	5,88%
9. TUTELA PROVISÓRIA	3	8,82%
10. SENTENÇA	1	2,94%
11. DOS PROCESSOS NOS TRIBUNAIS E DA IMPUGNAÇÃO DAS DECISÕES JUDICIAIS	1	2,94%
12. JUIZADOS ESPECIAIS CÍVEIS	1	2,94%
13. AÇÕES CONSTITUCIONAIS	6	17,65%
Total	**34**	**100%**

Direito Processual Civil

Luciano Alves Rossato

✦ QUESTÕES

Observações:

a) o gabarito das questões foi mantido tal como indicado pela banca examinadora;

b) foram feitas observações que permitem ao candidato identificar a resposta correta em conformidade com o Código de Processo Civil de 2015.

Bons estudos.

1. NORMAS FUNDAMENTAIS

01. (CEBRASPE – 2024 – PC/PE – Delegado) Segundo o Superior Tribunal de Justiça, impõe-se aos juízes o dever de facultar prévia manifestação dos sujeitos processuais a respeito de elementos a serem considerados pelo órgão julgador. Tal exigência aplica-se

a) unicamente em caso de elementos jurídicos e matérias necessariamente ordem pública e cognoscíveis de ofício.

b) unicamente em caso de elementos fáticos e matérias necessariamente de ordem pública e cognoscíveis de ofício.

c) em caso de elementos fáticos e jurídicos, tratando-se ou não de matérias de ordem pública e cognoscíveis de ofício.

d) unicamente em caso de elementos jurídicos e matérias necessariamente não de ordem pública ou não cognoscíveis de ofício.

e) unicamente em caso de elementos fáticos e matérias necessariamente não de ordem pública ou não cognoscíveis de ofício.

COMENTÁRIOS

✪ **Notas do autor:** em conformidade com o princípio do contraditório, o juiz não pode decidir, em grau algum de jurisdição, com base em fundamento a respeito do qual não se tenha dado às partes oportunidade de se manifestar, ainda que se trate de matéria sobre a qual deva decidir de ofício (art. 10, CPC).

Alternativa "C": correta. O princípio do contraditório exigirá que se dê oportunidade às partes para que se manifestarem sobre elementos fáticos e jurídicos, ainda que se trate de matéria de ordem pública. Exclui automaticamente as demais alternativas.

Gabarito: C.

---

02. (Vunesp – Delegado de Polícia – CE/2015) Sobre o princípio do juiz natural, é correto afirmar:

a) faz referência à necessidade dos magistrados serem brasileiros, natos ou naturalizados.

b) tem relação com a prerrogativa de foro para determinadas pessoas, em razão do cargo ou função que ocupam.

c) garante que o juiz que primeiro conhecer a causa deve necessariamente julgá-la.

d) dispõe sobre a forma de promoção dos juízes, por antiguidade ou por merecimento.

e) está ligado à competência jurisdicional, imparcialidade do órgão julgador e vedação aos tribunais de exceção.

COMENTÁRIOS

✪ **Nota do autor:** vários são os princípios processuais derivados da Constituição Federal. Entre eles, destaca-se o princípio do juiz natural. O princípio do juiz natural, segundo Nelson Nery Júnior, é tridimensional. Significa que: 1) não haverá juízo ou tribunal *ad hoc*, isto é, tribunal de exceção; 2) todos têm o direito de submeter-se a julgamento (civil ou penal) por juiz competente, pré-constituído na forma da lei; 3) o juiz competente tem de ser imparcial. Para preservar essa imparcialidade do juiz, a Constituição Federal concede garantias (incisos I, II, e III, do art. 95), prevê vedações (parágrafo único do art. 95) e proíbe juízo ou tribunais de exceção (inciso XXXVII, do art. 5º – órgão julgadores criados posteriormente ao caso *sob judice*). Ada Pellegrini Grinover, da mesma maneira, defende o triplo desdobramento do princípio, em três conceitos: só são órgãos jurisdicionais os instituídos pela Constituição; ninguém pode ser julgado por órgão constituído após a ocorrência do fato; entre os juízes pré-constituídos vigora uma ordem taxativa de competências, que exclui qualquer alternativa deferida à discricionariedade de quem quer que seja. Com essa observação, conclui: "só a Constituição – e não a lei – pode instituir o Juízo a fixar sua competência".

Alternativa Correta: letra "e". Consoante acima explicado, o princípio do juiz natural é tridimensional e, portanto, está ligado a três ideias distintas, especificadas na assertiva. Exclui automaticamente as demais alternativas.

2. MEIOS ADEQUADOS DE SOLUÇÃO DE CONFLITOS

03. (Instituto AOCP - Delegado de Polícia - PC - PA/2021) Considerando o que dispõe o Código de Processo Civil, assinale a alternativa correta acerca dos equivalentes jurisdicionais.

a) As partes podem escolher, de comum acordo, o conciliador, o mediador ou a câmara privada de conciliação e de mediação, desde que o conciliador ou mediador escolhido pelas partes esteja cadastrado no tribunal.

b) Os atos processuais são públicos, todavia tramitam em segredo de justiça os processos que versem sobre arbitragem, inclusive sobre cumprimento de carta arbitral, dispensando a comprovação perante o juízo da confidencialidade estipulada na arbitragem.

c) A mediação e a conciliação serão regidas conforme a livre autonomia dos interessados, salvo no que diz respeito à definição das regras procedimentais.

d) O conciliador, que atuará preferencialmente nos casos em que houver vínculo anterior entre as partes, poderá sugerir soluções para o litígio, sendo vedada a utilização de qualquer tipo de constrangimento ou intimidação para que as partes conciliem.

e) Os conciliadores e mediadores judiciais inscritos em cadastro nacional e em cadastro de tribunal de justiça ou de tribunal regional federal, se advogados, estarão impedidos de exercer a advocacia nos juízos em que desempenhem suas funções.

COMENTÁRIOS

✪ Notas do autor: a questão trata dos *equivalentes jurisdicionais*, expressão que, na verdade, não retrata adequadamente o tema. Na verdade, na atualidade, expressa-se o tema como *meios adequados de resolução de conflitos*. Com efeito, existem várias formas de resolução dos conflitos e a jurisdição pública é apenas uma delas. A Lei nº 13.140/2015 dispôs sobre a mediação entre particulares como meio de solução de controvérsias e sobre a autocomposição de conflitos no âmbito da administração pública.

Alternativa "A": incorreta. A mediação e a conciliação podem ocorrer no âmbito extrajudicial, quando as partes poderão escolher os mediadores/conciliadores independentemente destes estarem cadastrados no tribunal. De outro lado, admite-se também essas formas de resolução de conflitos quando já instaurado processo judicial, existindo o mediador/conciliador judicial. Nesta última hipótese, o profissional deverá estar previamente cadastrado.

Alternativa "B": incorreta. É possível que, no âmbito da arbitragem, seja estipulada a confidencialidade. Neste caso, eventual processo judicial que verse sobre a arbitragem, inclusive no cumprimento de carta arbitral, também observará o segredo de justiça, desde que a confidencialidade estipulada na arbitragem seja comprovada perante o juízo (art. 189, IV, CPC, c.c. art. 22-C, da Lei nº 9.307/1996.

Alternativa "C": incorreta. A mediação e a conciliação já partem da livre autonomia dos interessados, que também poderá dizer respeito à definição das regras procedimentais (art. 166, § 4º, CPC).

As regras procedimentais a serem observadas são as estabelecidas na lei.

Alternativa "D": incorreta. Diferentemente do que foi afirmado, o mediador atuará preferencialmente nos casos em que houver anterior vínculo entre as partes.

Alternativa "E": correta. Os conciliadores e mediadores judiciais cadastrados, se advogados, estarão impedidos de exercer a advocacia nos juízos em que desempenhem suas funções (art. 167, § 5º, CPC).

Alternativa correta: letra "e".

04. (FUNIVERSA - Delegado de Polícia - DF/2015) A respeito dos métodos alternativos de solução de conflitos, assinale a alternativa correta.

a) A sentença arbitral não admite controle judicial sobre sua validade.

b) Ao convencionar a arbitragem, as partes renunciam, em definitivo, ao direito de acesso à justiça.

c) A cláusula compromissória de arbitragem é a convenção por meio da qual as partes estatuem, prévia e abstratamente, que eventuais controvérsias oriundas de certo negócio jurídico sejam dirimidas pelo juízo arbitral.

d) A autocomposição, por sua rara ocorrência, tem cada vez mais perdido prestígio no ordenamento jurídico brasileiro como método eficaz de solução de conflitos.

e) A mediação pressupõe a intervenção de um terceiro imparcial e equidistante, sendo, pois, espécie heterocompositiva.

COMENTÁRIOS

✪ Nota do autor: a questão trata dos métodos alternativos para solução dos conflitos, admitindo-se, entre outros, a arbitragem, a mediação e a conciliação.

Alternativa a: Será nula a sentença arbitral se: I – for nula a convenção de arbitragem; II – emanou de quem não podia ser árbitro; III – não contiver os requisitos do art. 26 da Lei de Arbitragem; IV – for proferida fora dos limites da convenção de arbitragem;

V – comprovado que foi proferida por prevaricação, concussão ou corrupção passiva; VI – proferida fora do prazo, salvo se estipulado em contrário pelas partes; e, VIII – forem desrespeitados os princípios de que trata o art. 21, § 2º, da Lei. Admite-se que o árbitro ou tribunal arbitral profira decisão com julgamento parcial do litígio. A parte interessada, nos casos autorizados pela Lei, poderá requerer a declaração de nulidade da sentença arbitral, seguindo-se o procedimento comum, devendo ser proposta no prazo de até noventa dias após o recebimento da notificação dos termos da sentença ou da decisão do pedido de esclarecimentos. Sendo procedente o pedido, será declarada a nulidade da sentença arbitral, determinando-se, se o caso, que seja proferido novo pronunciamento pelo árbitro. Como é possível se verificar, são duas as formas de impugnação judicial da sentença proferida em procedimento decidido por árbitro: a) ajuizamento da ação de declaração de nulidade prevista no art. 33 da Lei nº 9.307/1996; b) oferecimento de impugnação ao pedido de cumprimento de obrigação.

Alternativa b: Ao convencionarem a arbitragem, as partes não renunciam definitivamente o acesso ao Poder Judiciário. Pelo contrário, se uma delas demandar perante o Poder Judiciário e a outra nada alegar em preliminar, a demanda será solucionada pela jurisdição pública.

Alternativa c: A existência de cláusula compromissória de arbitragem não poderá ser reconhecida de ofício pelo juiz. Pelo contrário, tal matéria deve ser alegada como preliminar em contestação, pois, no silêncio, tem-se que o réu concordou com a continuidade do processo e o seu julgamento pelo Poder Judiciário. Atualmente, portanto, são duas as preliminares que não podem ser conhecidas de ofício pelo juiz, quais sejam, a incompetência relativa e a convenção de arbitragem.

Alternativa d: A autocomposição é incentivada cada vez mais. A propósito, o Código de Processo Civil encampou o que foi denominado de *Tribunal Multiportas*, por meio do qual abrem-se várias alternativas para a solução do conflito, que não só a decisão proferida pelo Poder Judiciário. A autocomposição pode ser obtida com a interferência de terceiros, como pode ocorrer com a mediação e a conciliação, ou então, sem tal intervenção (transação).

Alternativa e: A *autocomposição* importa na solução do conflito a partir de solução a que chegam as partes, seja por meio de negociações entre si, seja a partir do auxílio de terceiros (mediadores ou conciliadores). Diferentemente, na *heterocomposição*, a solução do conflito ocorre por um terceiro, que pode ser o árbitro ou então o juiz.

Alternativa correta: letra "C".

3. COMPETÊNCIA

05. (CEBRASPE – 2024 – PC/PE – Delegado) Segundo o Código de Processo Civil, as partes podem eleger foro em que será proposta ação oriunda de direitos e obrigações. Nesse caso, antes da citação, a cláusula de eleição de foro, se abusiva, pode ser reputada

a) nula de ofício pelo juiz.

b) ineficaz de ofício pelo juiz.

c) ineficaz, desde que haja requerimento da parte.

d) nula, desde que haja requerimento da parte.

e) anulável, desde que haja requerimento da parte.

COMENTÁRIOS

✪ **Notas do autor:** a eleição de foro só produz efeito quando constar de instrumento escrito e aludir expressamente a determinado negócio jurídico, obrigando os herdeiros e sucessores das partes.

Alternativa "B": correta. Antes da citação, a cláusula de eleição de foro, se abusiva, pode ser reputada ineficaz de ofício pelo juiz, que determinará a remessa dos autos ao juízo do foro de domicílio do réu. Se já citado, competirá ao réu alegar a abusividade da cláusula na contestação, sob pena de preclusão (art. 63, § 3º, CPC). Exclui automaticamente as demais alternativas.

Gabarito: B.

06. (CEBRASPE – 2024 – PC/PE – Delegado) De acordo com o Código de Processo Civil, a ação em que o incapaz for réu será proposta

a) no foro de domicílio de seu representante ou assistente.

b) no foro de sua residência.

c) no foro de residência de seu representante ou assistente.

d) no foro de seu domicílio.

e) em qualquer foro localizado no território nacional desde que não lhe cause prejuízo.

COMENTÁRIOS

✪ **Notas do autor:** a questão trata da competência territorial, constituindo-se a regra de que a ação fundada em direito pessoal ou em direito real sobre bens móveis será proposta, em regra, no foro de domicílio do réu (art. 46, caput). No entanto, existem situações excepcionais. Entre elas, tem-se que a ação em que o incapaz for réu será proposta no foro de domicílio de seu representante ou assistente (art. 50).

Gabarito: "A".

07. (Instituto AOCP – Delegado de Polícia – PC – PA/2021) Sobre a competência no processo civil, assinale a alternativa correta.

a) A ação fundada em direito pessoal ou em direito real sobre bens móveis será proposta, em regra, no foro de domicílio do autor.

b) Para as ações fundadas em direito real sobre imóveis, é competente o foro de situação da coisa. O autor pode optar pelo foro de domicílio do réu ou pelo foro de eleição se o litígio recair sobre direito de propriedade, vizinhança, servidão, divisão e demarcação de terras e de nunciação de obra nova.

c) Após a citação, a cláusula de eleição de foro, se abusiva, pode ser reputada ineficaz de ofício pelo juiz, que determinará a remessa dos autos ao juízo do foro de domicílio do réu.

d) É competente o foro de domicílio do autor ou do local do fato, para a ação de reparação de dano sofrido em razão de delito ou acidente de veículos, inclusive aeronaves.

e) É competente o foro onde a obrigação deve ser satisfeita para as causas em que seja autora a União.

COMENTÁRIOS

Alternativa "A": incorreta. A ação fundada em direito pessoal ou em direito real de bem móvel será ajuizada, como regra, no foro de domicílio do réu (art. 46, caput, CPC).

Alternativa "B": correta. Para as ações fundadas em direito real sobre imóveis é competente o foro de situação da coisa. Contudo, o autor pode optar pelo foro de domicílio do réu ou pelo foro de eleição se o litígio não recair sobre direito de propriedade, vizinhança, servidão, divisão e demarcação de terras e de nunciação de obra nova (Art. 47, § 1º, CPC).

Alternativa "C": incorreta. Na verdade, antes da citação, a cláusula de eleição de foro, se abusiva, pode ser reputada ineficaz de ofício pelo juiz, que determinará a remessa dos autos ao juízo do foro de domicílio do réu (art. 63, § 3º). Uma vez citado, incumbe ao réu alegar a abusividade da cláusula de eleição de foro na contestação, sob pena de preclusão (§4º).

Alternativa "D": incorreta (com observação). Embora apontada como incorreta no gabarito, a alternativa está correta. Com efeito, nos termos do art. 53, V, do CPC, será competente o foro de domicílio do autor ou do local do fato, para a ação de reparação de dano sofrido em razão de delito ou acidente de veículos, inclusive aeronaves, exatamente como está na assertiva apresentada.

Alternativa "E": incorreta. É competente o foro de domicílio do réu para as causas em que seja autora a União. Se a União for demandada, a ação poderá ser proposta no foro de domicílio do autor, no de ocorrência do ato ou fato que originou a demanda, no de situação da coisa ou no Distrito Federal.

Alternativa Correta: letra "b".

08. (Instituto AOCP - Delegado de Polícia - PC - PA/2021) De acordo com o Código de Processo Civil, as causas cíveis serão processadas e decididas pelo juiz nos limites de sua competência, ressalvado às partes o direito de instituir juízo arbitral, na forma da lei. Quanto a esse tema, é correto afirmar que

a) determina-se a competência no momento do registro ou da distribuição da petição inicial, sendo irrelevantes as modificações do estado de fato ou de direito ocorridas posteriormente, salvo quando suprimirem órgão judiciário ou alterarem a competência absoluta.

b) a competência, obedecidos os limites estabelecidos pela Constituição Federal, é determinada pelas normas previstas no Código de Processo Civil ou em legislação especial, pelas normas de organização judiciária, mas não pelas constituições dos Estados.

c) a ação fundada em direito pessoal ou em direito real sobre bens móveis será proposta, em regra, no foro em que se encontra o bem.

d) a ação em que o ausente for réu será proposta no foro de seu último domicílio, mas este não será competente para a arrecadação, o inventário, a partilha e o cumprimento de disposições testamentárias.

e) é incompetente o foro de domicílio do réu para as causas em que seja autora a União.

COMENTÁRIOS

Alternativa "A": correta. Determina-se a competência no momento do registro ou da distribuição da petição inicial, sendo irrelevantes as modificações do estado de fato ou de direito ocorridas posteriormente, salvo quando suprimirem órgão judiciário ou alterarem a competência absoluta (art. 43, CPC).

Alternativa "B": incorreta. As constituições dos Estados também podem firmar regras de competência, notadamente competência originária dos tribunais de justiça.

Alternativa "C": incorreta. A ação fundada em direito pessoal ou em direito real de bem móvel será ajuizada, como regra, no foro de domicílio do réu (art. 46, caput, CPC).

Alternativa "D": incorreta. A ação em que o ausente for réu será proposta no foro de seu último domicílio, também competente para a arrecadação, o inventário, a partilha e o cumprimento de disposições testamentárias.

Alternativa "E": incorreta. É competente o foro de domicílio do réu para as causas em que seja autora a União. Se a União for demandada, a ação poderá ser proposta no foro de domicílio do autor, no de ocorrência do ato ou fato que originou a demanda, no de situação da coisa ou no Distrito Federal.

Alternativa Correta: letra "a".

09. (Instituto AOCP - Delegado de Polícia - PC - PA/2021) Acerca da modificação da competência, prevista no Código de Processo Civil, assinale a alternativa correta.

a) Reputam-se conexas duas ou mais ações quando houver identidade quanto às partes e à causa de pedir, mas o pedido de uma, por ser mais amplo, abrange o das demais.

b) A competência determinada em razão da matéria, da pessoa ou da função é inderrogável por convenção das partes.

c) A reunião das ações propostas em separado far-se-á no juízo prevento, onde serão decididas sucessivamente.

d) Dá-se a continência entre duas ou mais ações quando lhes for comum o pedido ou a causa de pedir.

e) Serão reunidos para julgamento conjunto os processos que possam gerar risco de prolação de decisões conflitantes ou contraditórias, casodecididos separadamente, salvo se não houver conexão entre eles.

COMENTÁRIOS

✪ Notas do autor: a questão trata das hipóteses de modificação da competência. Em conformidade com o art. 54, CPC, a competência relativa poderá modificar-se pela conexão ou pela continência. Note-se que o dispositivo se refere à competência relativa, não abrangendo a absoluta.

Alternativa "A": incorreta. Reputam-se conexas duas ou mais ações quando lhes for comum o pedido ou a causa de pedir (art. 55, *caput*, CPC).

Alternativa "B": correta. A competência determinada em razão da matéria, da pessoa ou da função é inderrogável por convenção das partes (art. 62, CPC).

Alternativa "C": incorreta. A reunião das ações propostas em separado far-se-á no juízo prevento, onde serão decididas simultaneamente.

Alternativa "D": incorreta. Ao invés de continência, tem-se é conexão quando duas ou mais ações tiverem em comum o pedido ou a causa de pedir.

Alternativa "E": incorreta. Serão reunidos para julgamento conjunto os processos que possam gerar risco de prolação de decisões conflitantes ou contraditórias caso decididos separadamente, mesmo sem conexão entre eles.

Alternativa Correta: letra "b".

10. (Vunesp - Delegado de Polícia - PC - BA/2018) A respeito dos critérios para a modificação da competência do juízo cível, é correto afirmar que

a) a competência absoluta poderá modificar-se pela conexão ou pela continência.

b) reputam-se continentes 2 (duas) ou mais ações quando lhes for comum o pedido ou a causa de pedir.

c) antes da citação, a cláusula de eleição de foro, se abusiva, pode ser reputada ineficaz de ofício pelo juiz, que determinará a remessa dos autos ao juízo do foro de domicílio do réu.

d) se dá a conexão entre 2 (duas) ou mais ações quando houver identidade quanto às partes e à causa de pedir, mas o pedido de uma, por ser mais amplo, abrange o das demais.

e) a citação do réu torna prevento o juízo.

COMENTÁRIOS

✪ Notas do autor: serão conexas duas ou mais ações quando lhes for comum o pedido ou a causa de pedir (art. 55, *caput*). Tratam-se de hipóteses mínimas em que haverá a conexão. Como regra, os processos de ações conexas serão reunidos para decisão conjunta, salvo se um deles já houver sido sentenciado (art. 55, § 1º, CPC). Admite-se, ainda, a reunião de processos que possam gerar risco de prolação de decisões conflitantes ou contraditórias caso decididos separadamente, mesmo sem conexão entre eles.

Alternativa "a": a competência absoluta não poderá modificar-se pela conexão ou pela continência, mas apenas a competência relativa.

Alternativa "b": tem-se a continência entre duas ou mais ações quando houver identidade quanto às partes e à causa de pedir, mas o pedido de uma, por ser mais amplo, abrange o das demais (art. 56).

Alternativa "c": de fato, antes da citação, a cláusula de eleição de foro, se abusiva, poderá ser reputada ineficaz de ofício pelo juiz, que determinará a remessa dos autos ao juízo do foro de domicílio do réu (art. 63, § 3º).

Alternativa "d": tem-se a conexão entre duas ou mais ações, quando lhes for comum o pedido ou a causa de pedir (art. 55, *caput*).

Alternativa "e": o registro ou a distribuição da petição inicial torna prevento o juízo (art. 59, CPC).

Alternativa correta: letra "c".

11. (Cespe - Delegado de Polícia - PC - SE/2018) Túlio, cidadão idoso, natural de Aracaju – SE e domiciliado em São Paulo – SP, caminhava na calçada em frente a um edifício em sua cidade natal quando, da janela de um apartamento, caiu uma garrafa de refrigerante cheia, que lhe atingiu o ombro e provocou a fratura de sua clavícula e de seu braço. Em razão do incidente, Túlio permaneceu por dois meses com o membro imobilizado, o que impossibilitou seu retorno a São Paulo para trabalhar. Por essas razões, Túlio decidiu ajuizar ação de indenização por danos materiais. Apesar da tentativa, ele não descobriu de qual apartamento caiu ou foi lançada a garrafa.

Considerando essa situação hipotética, julgue os itens que se seguem.

11.1. A ação de reparação de danos materiais deverá ser ajuizada por Túlio na capital paulista, conforme a previsão do Código de Processo Civil de que, em situações como a descrita, o foro competente para o julgamento da ação é o do domicílio do autor.

COMENTÁRIOS

Notas do autor: a questão trata da competência territorial, lembrando-se que, como regra, a ação fundada em direito pessoal ou em direito real sobre bens móveis será proposta, em regra, no foro de domicílio do réu (art. 46, *caput*, CPC). Contudo, existem situações especiais que, para comodidade da parte, fixa-se regra distinta de competência (art. 53). Entre estas situações, encontra-se a previsão da competência do lugar do ato ou fato para a ação de reparação de dano (art. 53, IV, "a").

Tratando-se de ação de reparação de dano, a competência será do lugar do ato ou fato (art. 53, IV, "a"). Diferentemente, será do domicílio do autor ou do local do fato, para a ação de reparação de dano sofrido em razão de delito ou acidente de veículos, inclusive aeronaves (art. 53, V).

Alternativa correta: "errado".

11.2. Em relação à ação de dano por acidente proposta por Túlio, o foro de São Paulo tem competência absoluta em razão da pessoa, haja vista a condição de idoso de Túlio.

COMENTÁRIOS

Notas do autor: prevê o art. 53, III, "e", do CPC, que será competente o foro do lugar de residência do idoso, para a causa que verse sobre direito previsto no Estatuto próprio.

Assertiva incorreta. A hipótese constante da questão não se refere a direito previsto no Estatuto do Idoso. Pelo contrário, o idoso exercerá direito patrimonial disponível, prevalecendo-se, na hipótese, a regra constante do art. 53, IV, "a".

Alternativa correta: "errado".

11.3. Eventual impugnação do réu relativa à competência do foro no qual a ação foi ajuizada deverá ser manejada por meio de exceção de incompetência.

COMENTÁRIOS

Notas do autor: de acordo com o CPC 2015, as incompetências absoluta e a relativa devem ser alegadas como matéria preliminar em contestação, não mais existindo a necessidade de oferecimento de exceção de incompetência.

Assertiva incorreta. A incompetência relativa deverá ser alegada como matéria preliminar em contestação (art. 337, II).

Alternativa correta: "errado".

12. (Cespe – Delegado de Polícia – PC – SE/2018-Adaptada) A empresa Soluções Indústria de Eletrônicos Ltda. veiculou propaganda considerada enganosa relativa a determinado produto: as especificações eram distintas das indicadas no material publicitário. Em razão do anúncio, cerca de duzentos mil consumidores compraram o produto. Diante desse fato, uma associação de defesa do consumidor constituída havia dois anos ajuizou ação civil pública com vistas a obter indenização para todos os lesados.

Com referência a essa situação hipotética, julgue o item seguinte.

Na hipótese de existir outra ação com idêntica causa de pedir da ação civil pública proposta e de tal ação ter sido sentenciada por outro juízo, o fenômeno da conexão exigirá que as duas demandas sejam reunidas.

COMENTÁRIOS

Notas do autor: consoante prevê o art. 93, do CPC, ressalva a competência da Justiça Federal, será competente para a causa a justiça local: I – no foro do lugar onde ocorreu ou deva ocorrer o dano, quando de âmbito local; II – no foro da Capital do Estado ou no do Distrito Federal, para os danos de âmbito nacional ou regional, aplicando-se as regras do CPC aos casos de competência concorrente.

Assertiva incorreta. Segundo prevê o art. 2º, parágrafo único, da Lei nº 7.347/1985, a propositura da ação civil pública prevenirá a jurisdição do juízo para todas as ações posteriormente intentadas que possuam a mesma causa de pedir ou o mesmo objeto. Desse modo, sendo o juízo prevento, deveriam ser reunidas, para julgamento conjunto, as ações conexas. Ocorre, contudo, que tal reunião não ocorrerá se um dos processos já tiver sido sentenciado (art. 55, § 1º, CPC).

Alternativa correta: "errado".

13. (Vunesp – Delegado de Polícia – PC – BA/2018) As causas cíveis serão processadas e decididas pelo juiz nos limites de sua competência, ressalvado às partes o direito de instituir juízo arbitral, na forma da lei. A respeito do instituto da competência, é correto afirmar que

a) as suas regras são exclusivamente determinadas pelas normas previstas no Código de Processo Civil ou em legislação especial.

b) tramitando o processo perante outro juízo, os autos serão remetidos ao juízo federal competente se nele intervier a União, excluindo-se dessa regra, dentre outras, as ações de insolvência civil.

c) a ação possessória imobiliária será proposta no foro de situação da coisa, cujo juízo tem competência relativa para sua análise.

d) se o autor da herança não possuía domicílio certo, é competente o foro do domicílio do inventariante para análise do inventário.

e) a ação em que o incapaz for réu será proposta no foro de seu domicílio.

COMENTÁRIOS

✪ **Notas do autor:** a competência da Justiça Federal está prevista no art. 109, da Constituição Federal. Como regra, se o Juízo Federal excluir a União da lide, deverá remeter os autos à Justiça Estadual.

Alternativa "a": as regras de competência também são indicadas na própria Constituição Federal.

Alternativa "b": tramitando o processo perante outro juízo, os autos serão remetidos ao juízo federal competente se nele intervir a União, suas empresas públicas, entidades autárquicas e fundações, ou conselho de fiscalização de atividade profissional, na qualidade de parte ou de terceiro interveniente, exceto, entre outras, na ação de insolvência civil (art. 45, I, CPC).

Alternativa "c": as ações fundadas em direito real sobre imóveis são de competência do foro da situação da coisa (art. 47, *caput*). Embora se trate de competência territorial, na hipótese, ela será absoluta, portanto, imodificável pelas partes, conforme bem delimita o §2º, do art. 47.

Alternativa "d": o art. 48 do CPC trata da questão da competência para o inventário, partilha, arrecadação, cumprimento de disposições de última vontade, impugnação ou anulação de partilha extrajudicial e para as ações em que o espólio for réu, ainda que o óbito tenha ocorrido no estrangeiro, estipulando como tal o foro de domicílio do autor da herança. Porém, se este não possuía domicílio certo, será competente: I – o foro de situação dos bens imóveis; II – havendo bens imóveis em foros diferentes, qualquer destes; III – não havendo bens imóveis, o foro do local de qualquer dos bens do espólio.

Alternativa "e": a ação em que o incapaz for réu será proposta no foro de domicílio de seu representante ou assistente (art. 50).

Alternativa correta: letra "b".

14. (FUNIVERSA - Delegado de Polícia - DF/2015) Abel e Bruno celebraram contrato cujo objeto consistia em bem imóvel localizado em Taguatinga-DF e no qual se estabeleceu Brasília-DF como foro de eleição. No entendimento de Abel, proprietário do imóvel, o contrato previa comodato gratuito por tempo determinado. No entendimento de Bruno, diversamente, o contrato previa doação do bem imóvel. Diante dessa controvérsia, Bruno, visando ao reconhecimento da doação, ajuizou ação declaratória com pedido de manutenção de posse, no foro de Brasília-DF, tendo sido Abel validamente citado em maio de 2014. Abel, de sua vez, visando ao reconhecimento do comodato, ajuizou, no foro de Taguatinga-DF, ação de pretensão declaratória com pedido de reintegração de posse, tendo sido Bruno validamente citado em agosto de 2014. Nenhuma das ações foi, até o momento, sentenciada.

A partir dessa situação hipotética, assinale a alternativa correta.

a) Há conexão a impor a reunião das duas ações perante o juízo prevento.

b) Em se tratando de competência absoluta, a eleição do foro é ineficaz. Reconhecida a incompetência do foro de Brasília-DF, a ação de Bruno deverá ser remetida ao foro de Taguatinga-DF, onde deverá ser reunida à ação de Abel, em razão da conexão.

c) Cuidando a hipótese de controvérsia sobre a propriedade do bem imóvel, a competência territorial do foro da situação da coisa é relativa, podendo haver prorrogação da competência na ação ajuizada por Bruno.

d) Os foros de Brasília-DF e de Taguatinga-DF são competentes, respectivamente, para as ações ajuizadas por Bruno e Abel.

e) Há conexão a impor a reunião das duas ações e, sendo a conexão matéria de ordem pública, é possível que a reunião ocorra mesmo após o julgamento de uma das ações.

COMENTÁRIOS

✪ **Nota do autor:** a conexão entre ações poderá importar na reunião de processos para julgamento conjunto. Porém, essa reunião também poderá ocorrer ainda que não haja conexão entre os processos, conforme determina o § 3º do art. 55 do CPC: "Serão reunidos para julgamento conjunto os processos que possam gerar risco de prolação de decisões conflitantes ou contraditórias caso decididos separadamente, mesmo sem conexão entre eles".

Alternativa A: incorreta. Haverá conexão quando entre duas ações lhes for comum o pedido ou a causa de pedir (fatos e fundamentos jurídicos do pedido). A conexão não importará na reunião dos processos quando o juízo não for absolutamente competente. Em caso de reunião de processos, em decorrência da conexão, ou mesmo não existindo esta (art. 55, § 3º), tal ocorrerá em favor do juízo prevento (art. 58). De acordo com o CPC de 2015, a prevenção será fixada com o registro ou a distribuição da petição inicial (art. 59). Como é possível perceber, o CPC de 2015 alterou o regramento de fixação da prevenção, não fazendo distinção se as ações tramitam ou não na mesma comarca.

Alternativa B: A competência territorial poderá ser relativa (regra), ou mesmo absoluta, como ocorre, por exemplo, na fixada em razão do lugar do imóvel. Para este caso (competência absoluta), não se admite a convenção de foro de eleição diverso.

Alternativa C: incorreta. A competência territorial em razão da situação do imóvel é absoluta, não admitindo que houvesse a fixação diversa em convenção de foro. Desse modo, se distribuída a ação perante juízo incompetente, este deverá remeter os autos ao juízo competente.

Alternativa D: incorreta. Estando o bem imóvel localizado em Taguatinga, no respectivo foro deveria ser ajuizada a ação proposta por Bruno, por se tratar de competência que, embora territorial, é absoluta. A propósito, vide o art. 47 do CPC: "Para as ações fundadas em direito real sobre imóveis é competente o foro de situação da coisa. § 1º O autor pode optar pelo foro de domicílio do réu ou pelo foro de eleição se o litígio não recair sobre direito de propriedade, vizinhança, servidão, divisão e demarcação de terras e de nunciação de obra nova. § 2º A ação possessória imobiliária será proposta no foro de situação da coisa, cujo juízo tem competência absoluta".

Alternativa E: incorreta. A reunião dos processos se justifica pela economia e segurança jurídica que são proporcionadas, evitando-se decisões conflitantes. Porém, para que tal reunião ocorra há necessidade de que sejam observados os seguintes requisitos: i) que exista liame que a justifique; ii) ser o juízo absolutamente competente para as duas ações; iii) que o procedimento permita tal reunião; iv) que uma das ações já não esteja sentenciada (art. 55, § 1º do CPC). Admite-se a reunião de processos ainda que não haja conexão entre as demandas, o que pode ocorrer para evitar decisões conflitantes ou contraditórias caso os processos sejam decididos separadamente (§ 3º).

Alternativa correta: letra "B".

4. DA TUTELA PROVISÓRIA

15. (CEBRASPE - 2024 - PC/PE - Delegado) De acordo com o Código de Processo Civil, a concessão da tutela de urgência

a) deve ser concedida liminarmente e exige que seja prestada caução real, não sendo admitida caução fidejussória.

b) deve ser concedida liminarmente e exige que seja prestada caução fidejussória, não sendo admitida caução real.

c) pode ser concedida liminarmente ou após justificação prévia e exige caução real, não sendo admitida caução fidejussória

d) pode ser concedida liminarmente ou após justificação prévia, admitindo-se a dispensa da caução quando a parte não puder oferecê-la por ser economicamente hipossuficiente.

e) pode ser concedida quando houver perigo de irreversibilidade dos efeitos da decisão de natureza cautelar ou antecipada.

COMENTÁRIOS

✪ **Notas do autor:** para a concessão da tutela de urgência, o juiz pode, conforme o caso, exigir caução real ou fidejussória idônea para ressarcir os danos que a outra parte possa vir a sofrer, podendo a caução ser dispensada se a parte economicamente hipossuficiente não puder oferecê-la (art. 300, § 1º). Admite-se a concessão de forma liminar ou após justificação prévia (§2º).

Gabarito: "D".

16. (Instituto AOCP - Delegado de Polícia - PC - PA/2021) Maria recebeu uma notificação de inscrição de seu nome no cadastro de inadimplentes, em razão de uma dívida que nunca contraiu. Contudo, mesmo após diversos contatos com a empresa para resolver o problema, não obteve retorno. Por esse motivo, Maria ingressou com ação judicial de obrigação de fazer para o cancelamento do apontamento, cumulada com reparação de danos em razão dos danos morais, formulando pedido em caráter liminar para o cancelamento do registro no cadastro de inadimplentes. O juiz analisou o pedido e deferiu a medida em caráter liminar. Considerando a situação hipotética apresentada, assinale a alternativa correta.

a) A liminar tem caráter de tutela provisória de evidência, que exige a demonstração do perigo de dano ou de risco ao resultado útil do processo.

b) Houve, no caso, a concessão de tutela cautelar de urgência, que pode ser concedida independentemente da demonstração de perigo de dano ou de risco ao resultado útil do processo, quando as alegações de fato puderem ser comprovadas apenas documentalmente e houver tese firmada em julgamento de casos repetitivos ou em súmula vinculante.

c) Foi concedida a tutela provisória antecipada de urgência, em caráter incidental.

d) Considerando que o pedido da ação não foi somente o cancelamento da inscrição, a medida não tem caráter de tutela antecipada.

e) Foi concedida a tutela provisória antecipada de urgência em caráter antecedente, em razão da presença dos elementos que evidenciaram a probabilidade do direito e o perigo de dano ou o risco ao resultado útil do processo.

COMENTÁRIOS

Alternativa "A": incorreta. A tutela da evidência, contrariamente ao que foi dito, não exige a demonstração do perigo de dano ou de risco ao resultado útil do processo (art. 311, caput).

Alternativa "B": incorreta. A tutela de urgência requer a presença de elementos que evidenciem a probabilidade do direito e o perigo de dano ou o risco ao resultado útil do processo (art. 300, caput).

Alternativa "C": correta. Sabe-se que a tutela provisória pode ser de urgência e da evidência. No caso tratado na questão, como houve a demonstração de elementos que evidenciaram a probabilidade do direito e o perigo de dano ou o risco ao resultado útil do processo, o juízo deferiu a tutela provisória de urgência. Além disso, o pedido foi formulado quando da instauração da relação processual, motivo pelo qual se trata de tutela antecipada incidental (e não antecedente).

Alternativa "D": incorreta. É possível que a tutela antecipada verse apenas sobre parte do pedido principal, não havendo necessidade de abrangê-lo inteiramente.

Alternativa "E": incorreta. Na tutela de urgência em caráter antecedente a petição inicial pode limitar-se ao requerimento da tutela antecipada e à indicação do pedido de tutela final, com exposição da lide, do direito que se busca realizar e do perigo de dano ou do risco ao resultado útil do processo. No caso em questão, a autora não se restringiu a isso, tendo já postulado o seu pedido, de modo que a tutela provisória é incidental.

Alternativa Correta: letra "c".

5. DO JUIZ

17. (Delegado de Polícia - ES/ 2011 - CESPE) Acerca das regras atinentes à atuação do juiz e do MP no processo civil, julgue os itens seguintes.

– Se o indivíduo A ajuizar ação contra o indivíduo B e essa ação for distribuída a juiz que seja tio de um dos dois indivíduos, deverá o magistrado declarar-se impedido.

COMENTÁRIOS

✪ **Nota do autor:** para que a relação jurídica processual exista (constitua-se) há necessidade de que estejam presentes os pressupostos processuais de existência, figurando-se, entre eles, a jurisdição. Esta relação processual, além de existir, também deve ser válida, exigindo-se que estejam presentes os pressupostos de constituição válida, como ocorrerá se o juízo for competente e imparcial. A imparcialidade do juízo estará comprometida se incidirem as causas de impedimento ou de suspeição.

O magistrado é impedido de julgar causa proposta pelo seu tio, por se tratar parente colateral de terceiro grau. O impedimento ou a suspeição serão alegadas, de acordo com o CPC de 2015, **mediante simples petição**, não mais se exigindo o oferecimento de exceção. Uma vez alegados, o juiz se manifestará e, discordando, determinará o desentranhamento da petição, prestará informações e a remeterá ao Tribunal. Desde o protocolo da petição em que se alega o impedimento ou a suspeição, tem-se a suspensão do processo. No entanto, o relator, por sua vez, ao receber a petição, decidirá sobre a manutenção ou não do efeito suspensivo.

Alternativa correta: "certo".

6. ATOS PROCESSUAIS

18. (Delegado de Polícia - PB / 2008 - CESPE) Extingue-se o processo com apreciação do mérito quando

a) o juiz verificar, desde logo, a prescrição ou a decadência.
b) o autor desistir da ação.
c) não concorrer qualquer das condições da ação.
d) ocorrer a morte do procurador e não houver a nomeação de outro em seu lugar.
e) o juiz acolher a alegação de coisa julgada.

COMENTÁRIOS

✪ **Nota do autor:** as decisões interlocutórias e as sentenças proferidas poderão examinar ou não o mérito da causa. Registre-se que o CPC de 2015 admitiu, expressamente, **a decisão interlocutória de mérito**. Será proferida a sentença sem resolução do mérito nas hipóteses dos artigos 485 do CPC. De outro lado, haverá análise de mérito nas situações indicadas no art. 487 do CPC.

Alternativa A: a prescrição e a decadência serão reconhecidas por meio de pronunciamento em que se analisa o mérito, motivo pelo qual aquelas matérias não se constituem em *preliminares* e nem mesmo em *prejudiciais*, mas são *objeções* de mérito.

Alternativa "B": se o autor desistir da ação, o magistrado proferirá sentença sem resolução do mérito (art. 485, VIII do CPC). Como sabido, os atos das partes consistentes em declarações unilaterais ou bilaterais de vontade produzem imediatamente a constituição, modificação ou extinção de direitos processuais. Porém, a desistência da ação somente produzirá efeitos após a homologação judicial (art. 200, parágrafo único, do CPC). Trata-se de uma exceção à regra antes registrada. E o juiz somente poderá homologar a desistência da ação após o réu oferecer contestação, se houver concordância do réu (art. 485, §5º). Há algumas exceções, em que se permite a homologação ainda que a parte contrária discorde, como, por exemplo, no mandado de segurança e também no caso mencionado no art. 1.040, § 1º do CPC, qual seja, possibilidade da parte desistir da ação em curso no primeiro grau de jurisdição, antes de proferida a sentença, se a questão nela discutida for idêntica à resolvida pelo recurso representativo da controvérsia, prevendo o § 3º que "a desistência apresentada nos termos do § 1º independe de consentimento do réu, ainda que apresentada contestação".

Alternativa "C": incorreta. A ausência das condições da ação importará em ser proferido pronunciamento em que não se resolve o mérito (art. 485, VI, CPC). Sobre este tema, devem ser feitas duas considerações importantes. Para parcela da doutrina, o CPC de 2015 não encampou a categoria processual denominada *condição da ação*. Para outra parcela, o CPC, embora não tenha dito expressamente, encampou a categoria processual, porém, delimitando-a a duas condições, quais sejam, a *legitimidade ad causam* e o *interesse processual*. A possibilidade jurídica do pedido, por sua vez, não é mais tratada entre as condições da ação, constituindo-se matéria de mérito. É pertinente fazer uma ponderação do tema sob a luz das *teorias da apresentação e da asserção*, que se referem ao momento de aferir a presença das condições da ação. Para os adeptos da teoria da apresentação, independentemente do momento em que verificada a ausência da *legitimidade ad causam* e do *interesse processual*, o julgador deverá, de imediato, extinguir o processo sem a resolução do mérito. Para esta teoria, não importa o momento e se houve dilação probatória, ou seja, de nada importa a intensidade da atividade já exercida pelo juiz. Faltando uma das condições da ação, enfim, o processo deve ser extinto. Para a teoria da asserção, diferentemente, se o julgador, em análise preliminar, verifica a falta de uma das condições da ação, deve proferir pronunciamento terminativo (sem resolução do mérito). Porém, esta teoria leva em conta a intensidade da atividade cognitiva, pois, se o processo todo se desenvolveu, considera a *teoria assertista* que o julgador se depara com um problema de mérito, não se justificando o pronunciamento terminativo. Por esse motivo, de acordo com a teoria da asserção, verificando a falta de uma das condições da ação em estágio mais avançado, deverá o magistrado proferir pronunciamento com resolução do mérito. Como consequência, as condições da ação devem ser aferidas à luz das afirmativas (assertivas) deduzidas na petição inicial, sem qualquer atividade cognitiva. O STJ vem aplicando a teoria da asserção, conforme é possível verificar no AgInt no AREsp 489.115/SP, Rel. Ministro MARCO BUZZI, QUARTA TURMA, julgado em 22/08/2017, DJe 29/08/2017, entre outros tantos julgados. O escopo da diferenciação entre as teorias consiste principalmente na formação ou não da coisa julgada material, o que ocorrerá unicamente se houver pronunciamento com resolução do mérito.

Alternativa "D": incorreta. Ocorrendo a morte do procurador, o processo será suspenso (art. 313, I do CPC). A propósito, ocorrendo a morte de procurador de qualquer das partes, ainda que iniciada a audiência de instrução e julgamento, deverá o juiz determinar que a parte constitua nova mandatário, em 15 dias e, ao final do período, extinguirá o processo sem resolução do mérito, se o autor não o fizer, ou determinará a continuidade do processo à revelia do réu, se este não providenciar a constituição do novo procurador (art. 313, § 3º do CPC). Duas observações são importantes. A primeira, de que o pronunciamento que defere a suspensão do processo tem efeito *ex tunc*, pois retroage à data do evento que lhe deu causa. Assim, a decisão judicial que suspender o processo vai retroagir o seu efeito à data do óbito do Advogado. A segunda, de que deve ser entendido o alcance da previsão contida no § 3º em relação ao réu, pois, se não constituir advogado, tem-se que incidirá, a partir de então, *o efeito processual da revelia*, se já tivesse apresentado contestação anteriormente. Assim, o réu deixará de ser intimado dos demais atos processuais, mas não serão considerados verdadeiros os fatos articulados pelo autor, se já oferecida a contestação.

Alternativa "E": incorreta. A alegação de coisa julgada acarretará pronunciamento sem a resolução do mérito (art. 485, V do CPC). Se, ao invés de ser proferido pronunciamento dessa maneira, o juiz enfrentar o mérito, ocorrerá o que se denomina de *conflito de coisas julgadas*. Havendo duas decisões transitadas em julgado, proferidas em causas com as mesmas partes, causa de pedir e pedidos, qual delas prevalecerá? Aquela que transitar em primeiro ou em segundo lugar? Não havia unanimidade entre as turmas do Superior Tribunal de Justiça sobre o tema. Apoiando a tese da prevalência da primeira coisa julgada, defendendo ainda que a segunda sentença é ineficaz (REsp 1.354.225-RS, Rel. Min. Paulo de Tarso Sanseverino, julgado em 24.2.2015, DJe 5/3/2015). Contudo, em sede de embargos de divergência, consolidou-se a tese de que deve prevalecer a decisão que por último se formou, desde que não desconstituída por ação rescisória (EAREsp 600.811/SP, Rel. Ministro OG FERNANDES, CORTE ESPECIAL, julgado em 04/12/2019, DJe 07/02/2020). Importante apontar que o próprio Superior Tribunal de Justiça aponta a existência de uma exceção à regra acima: caso já tenha sido iniciada ou concluída a execução do primeiro título. Dessa maneira, se o título executivo formado na primeira coisa julgada já foi executado ou se iniciada a sua execução, deverá prevalecer a primeira coisa julgada em prejuízo daquela formada em momento posterior. Em resumo: nos casos em que já executado o título formado na primeira coisa julgada, ou se iniciada sua execução, deve prevalecer a primeira coisa julgada em detrimento daquela formada em momento posterior. (STJ – 2ª Turma. AgInt nos EDcl no REsp 1.930.955-ES, Rel. Min. Mauro Campbell Marques, julgado em 08/03/2022 – Info 728).

Alternativa correta: letra "A".

7. INTERVENÇÃO DE TERCEIROS

19. (Delegado de Polícia – PB / 2008 – CESPE) Assinale a opção correta a respeito de jurisdição, litisconsorte, oposição, litisconsórcio, nomeação à autoria e competência jurisdicional.

a) A jurisdição contenciosa se apresenta como atividade estatal primária, em que o juiz realiza gestão pública em torno de interesses privados.

b) É dado ao opoente, no prazo legal, oferecer a exceção de incompetência relativa do juízo.

c) Ocorre a hipótese de litisconsórcio comum ou não-unitário quando a decisão da causa deva ser uniforme em relação a todos os litisconsortes.

d) A nomeação à autoria é o incidente pelo qual o devedor demandado chama para integrar o mesmo processo os demais coobrigados pela dívida.

e) A competência relativa, em casos de direitos e obrigações patrimoniais, admite a sua modificação por meio da instituição do foro contratual ou do domicílio de eleição

COMENTÁRIOS

Nota do autor: a questão trata de vários institutos atinentes ao direito processual, destacando a intervenção de terceiros.

Alternativa "A": a gestão pública de negócios privados é o objeto da jurisdição voluntária ou graciosa, na qual não se decide lides.

Alternativa "B": o CPC não mais prevê a oposição como modalidade de intervenção de terceiros, mas como procedimento especial. O opoente é o autor da oposição e requer que lhe seja deferido o bem ou o direito objeto da demanda entre o autor e o réu.

Alternativa "C": o litisconsórcio simples ou não unitário é aquele em que a decisão não deve ser necessariamente uniforme para todos os litisconsortes. Tem o seu regime jurídico próprio, pois os litisconsortes são considerados litigantes distintos e não constituintes de um bloco único. Por esse motivo, a apresentação de contestação por um dos réus não afastará o efeito material da revelia em relação aos demais.

Alternativa "D": a nomeação à autoria não é admitida no CPC, que não a elencou entre as hipóteses de intervenção de terceiros. Diferentemente, permitiu, consoante se vê do art. 338, que, se o réu alegar a sua ilegitimidade ou que não é responsável pelo dano, poderá o autor requerer a modificação do polo passivo, ou mesmo a inclusão daquele indicado.

Alternativa E: *a competência relativa* é instituída no interesse ou comodidade das partes e, por esse motivo, poderá por eles ser modificada por meio de ajuste prévio, estabelecendo-se contratualmente o foro competente para o conhecimento de eventual demanda surgida a partir do negócio jurídico entabulado. Aquela convenção é denominada de foro de eleição, um *negócio processual típico*, que já era admitido no CPC de 1973. As *convenções processuais* constituem-se em "negócio jurídico plurilateral, pelo qual as partes, antes ou durante o processo e sem necessidade da intermediação de nenhum outro sujeito, determinam a criação, modificação e extinção de situações jurídicas processuais, ou alteram o procedimento".[1] As convenções ou negócios processuais não se confundem com os **atos conjuntos**, em que há manifestações de vontades distintas e simultâneas. O calendário processual é uma espécie de ato conjunto, pois depende da concordância judicial.

Alternativa correta: letra "E".

---

20. (Delegado de Polícia - PB / 2008 - CESPE) Acerca da denunciação à lide e do chamamento ao processo, das capacidades postulatória, de ser parte e de estar em juízo, assinale a opção correta.

a) O mero detentor da coisa, uma vez citado em nome próprio, deve promover a denunciação à lide do legítimo possuidor indireto ou proprietário.

b) Tanto o autor como o réu podem promover o incidente do chamamento ao processo.

c) Quem tem capacidade para estar em juízo tem capacidade de ser parte; porém, nem sempre, quem detém capacidade de ser parte tem capacidade para estar em juízo.

d) Na assistência adesiva, se o assistido requerer o julgamento antecipado da lide, será lícito ao assistente postular a produção de prova pericial, bem como juntar rol de testemunhas.

e) Ainda que sem procuração da parte, o advogado tem direito de ter vista dos autos de qualquer processo pelo prazo de cinco dias.

COMENTÁRIOS

Nota do autor: o Código de Processo Civil trouxe novidades importantes em relação às modalidades de intervenção de terceiros, que serão adiante abordadas.

Alternativa "A": incorreta. O CPC excluiu a nomeação à autoria das hipóteses de intervenção de terceiros. Assim, de acordo com o art. 338, poderá o demandado alegar na contestação não ser a parte legítima ou o responsável pelo prejuízo invocado, quando então o autor poderá requerer a substituição do polo passivo, ou, então, a inclusão, como litisconsorte, do indicado pelo réu originário.

Alternativa "B": Incorreta. O chamamento ao processo poderá ser oferecido exclusivamente pelo réu, que tem interesse na ampliação do polo passivo da ação e o estabelecimento da responsabilidade de outros codevedores ou do devedor principal para com ele.

Alternativa "C": deve haver a diferenciação entre a capacidade civil de direito e a capacidade civil de exercício. As pessoas físicas maiores (e as emancipadas) e as pessoas jurídicas possuem capacidade civil de direito e de ser parte. Tem aptidão para ter direitos e podem praticar os atos da vida civil. Tendo possibilidade de exercício, terão capacidade processual. Nesse sentido, o art. 70 do CPC: "toda pessoa que se encontre no exercício de seus direitos tem capacidade para estar em juízo". Se o indivíduo, embora tenha capacidade civil de direito, não puder exercê-la, deve ter a capacidade de agir ou processual integrada. Por isso, o incapaz será representado ou assistido por seus pais ou pelo representante legal.

Alternativa "D": incorreta. Na assistência simples, se o assistido requerer o julgamento antecipado da lide, não poderá o assistente pugnar pela produção de provas no processo, pois a sua vontade estará vinculada a do assistido. Diferentemente ocorrerá na assistência litisconsorcial.

Alternativa "E": incorreta. Somente o procurador poderá requerer vista dos autos de qualquer processo pelo prazo de 05 dias (art. 107, II CPC).

Alternativa correta: letra "C".

1. CABRAL, Antonio do Passo. *Convenções Processuais*. Salvador: Juspodivm, 2016, p. 68.

8. PROVAS

21. (CEBRASPE – 2024 – PC/PE – Delegado) O Código de Processo Civil estabelece que o ônus da prova compete ao

a) autor, quando se tratar do fato constitutivo do seu direito, sendo vedado às partes convencionarem a distribuição do ônus probatório de modo diverso.

b) réu, quando se tratar da existência de fato extintivo do direito do autor, sendo admitida a distribuição diversa do ônus da prova em qualquer situação em que as partes considerarem conveniente.

c) réu, quando se tratar da existência de fato modificativo do direito do autor, sendo admitida a distribuição diversa do ônus da prova por convenção entre as partes, não podendo esse ajuste recair sobre direito indisponível de alguma delas.

d) autor em qualquer hipótese, mas se admite que as partes convencionem a distribuição do ônus probatório para o fim de atribuí-lo ao réu.

e) autor, quando se tratar de prova excessivamente difícil de ser produzida, sendo vedado às partes convencionarem a distribuição do ônus probatório de modo diverso.

COMENTÁRIOS

✪ **Notas do autor:** o ônus da prova incumbe ao autor, quanto ao fato constitutivo de seu direito; ao réu, quanto à existência de fato impeditivo, modificativo ou extintivo do direito do autor (art. 373, I e II, CPC). Note-se que, nestes dispositivos, encampou-se a carga estática do ônus probatório. De outro lado, nos casos previstos em lei ou diante de peculiaridades da causa relacionadas à impossibilidade ou à excessiva dificuldade de cumprir o encargo ou à maior facilidade de obtenção da prova do fato contrário, poderá o juiz atribuir o ônus da prova de modo diverso, desde que o faça por decisão fundamentada, caso em que deverá dar à parte a oportunidade de se desincumbir do ônus que lhe foi atribuído (art. 373, § 1º, CPC). Neste dispositivo, o Código previu a possibilidade da adoção da carga dinâmica do ônus probatório.

Alternativa "C": correta. A alternativa está em conformidade com o art. 373, II, do CPC, observando-se a carga estática do ônus probatório.

Gabarito: "C".

22. (Vunesp – Delegado de Polícia – CE/2015) Assinale a alternativa correta sobre a prova testemunhal e sua produção.

a) A contradita à testemunha deve ser realizada imediatamente após o final do depoimento, sob pena de preclusão.

b) Em regra, primeiro são ouvidas as testemunhas do réu e, após, as testemunhas do autor.

c) Quando houver divergência de declarações, pode o juiz ordenar, de ofício, a acareação das testemunhas.

d) A testemunha será intimada por meio de oficial de justiça, sendo vedada a intimação pelos correios.

e) Os relativamente capazes não podem depor na qualidade de testemunha.

COMENTÁRIOS

✪ **Nota do autor:** a questão trata da produção da prova testemunhal, meio de prova, que tem a testemunha como fonte. Os meios de prova são os procedimentos adequados para a produção, extração e documentação da informação da prova. Não se confundem com as fontes de prova.

Alternativa A: incorreta. A contradita à testemunha deverá ser realizada após a sua qualificação (art. 457, § 1º CPC).

Alternativa B: incorreta. Em primeiro lugar, devem ser ouvidas as testemunhas arroladas pelo autor e, posteriormente, as indicadas pelo réu. O CPC, contudo, admite que o juiz inverta a ordem de produção da prova, desde que as partes acordem nesse sentido.

Alternativa C. A acareação, em conformidade com o art. 461 do CPC, poderá ser ordenada, de ofício ou a requerimento da parte, pelo juiz, quando duas ou mais testemunhas ou alguma delas e a parte divergirem sobre as suas declarações e o fato determinado puder influenciar na decisão da causa.

Alternativa D: incorreta. Competirá à parte promover a notificação da testemunha para comparecimento. A intimação judicial ocorrerá excepcionalmente.

Alternativa E: incorreta. Os relativamente capazes poderão ser arrolados e inquiridos como testemunhas.

Alternativa correta: letra "C".

9. TUTELA PROVISÓRIA

23. (Vunesp – Delegado de Polícia – PC – BA/2018) As tutelas requeridas ao Poder Judiciário podem ter caráter definitivo ou provisório. No que diz respeito à tutela provisória de urgência, é correto afirmar que

a) a tutela antecipada e a de evidência são suas espécies.

b) quando requerida em caráter incidental, exige o pagamento de custas.

c) a sua efetivação observará as normas referentes ao cumprimento definitivo da sentença.

d) pode ser concedida liminarmente ou após justificação prévia.

e) quando antecedente, como regra, será requerida ao juiz do foro do domicílio do autor.

COMENTÁRIOS

✪ **Notas do autor:** a tutela provisória pode ter por fundamentos a urgência (*tutela de urgência*) ou a evidência (tutela da evidência). A tutela de urgência será concedida quando houver elementos que evidenciem a probabilidade do direito e o perigo de dano ou o risco ao resultado útil do processo (art. 300, *caput*).

Alternativa "a": a tutela antecipada é espécie de tutela de urgência, assim como também o é a tutela cautelar.

Alternativa "b": se a tutela provisória for requerida em caráter incidente, não se exigirá o pagamento de custas específicas.

Alternativa "c": a efetivação da tutela provisória observará as normas referentes ao cumprimento provisório de sentença.

Alternativa "d": admite-se que a tutela provisória de urgência seja concedida liminarmente ou após justificação prévia (art. 300, § 2º).

Alternativa "e": a tutela provisória, ainda que antecedente, será requerida ao juízo competente para a ação, não havendo dissociação entre os juízos.

Alternativa correta: letra "d".

24. (FUNIVERSA – Delegado de Polícia – DF/2015) Assinale a alternativa correta no que diz respeito à tutela cautelar e à antecipação da tutela.

a) Não se admite concessão de tutela antecipada em grau recursal.

b) A decisão interlocutória que concede liminarmente a tutela antecipada acarreta preclusão pro iudicato, isto é, o juízo não mais poderá revogar ou modificar a decisão.

c) A tutela cautelar é definitiva porque se funda em cognição exauriente, mas possui eficácia temporária limitada à preservação a que se propõe.

d) Não há tutela antecipada satisfativa dissociada do necessário requisito da urgência.

e) Os requisitos para o deferimento da tutela cautelar são normalmente mais rigorosos que os exigidos para o deferimento da tutela antecipada.

COMENTÁRIOS

✪ **Nota do autor:** o Código de Processo Civil de 2015 suprimiu o processo cautelar, aquele de natureza instrumental, que tinha por objetivo garantir o sucesso de outro processo, dito principal. De acordo com a nova sistemática, tem-se a tutela provisória, que poderá ser de urgência e da evidência. A tutela de urgência, por sua vez, poderá ser antecipatória e cautelar, as quais serão concedidas nos autos, de forma antecedente ou incidental. Como se vê, não há formação de nova relação processual para a concessão da tutela de urgência, mas, pelo contrário, ela é concedida nos próprios autos. De toda maneira, trata-se de tutela provisória, podendo ser revogada pelo juiz se entender não estarem mais presentes os requisitos autorizadores de sua concessão.

Alternativa A: admite-se a tutela antecipada em grau recursal, sendo deferida pelo relator do recurso.

Alternativa B: a tutela antecipada – inserida na tutela de urgência – é sempre provisória e poderá ser revogada a qualquer tempo, verificado que não mais se encontram presentes os seus requisitos.

Alternativa C. A banca examinadora considerou a tutela cautelar definitiva, na medida em que proferida em processo cautelar, com formação de coisa julgada formal. Enquanto presentes os seus requisitos, ela perdurará. Reitere-se que, pelo CPC, não mais existirá o processo cautelar, porém, a tutela cautelar será concedida nos próprios autos.

Alternativa D: no CPC de 1973, a tutela da evidência estava prevista entre as hipóteses da tutela antecipada. A tutela da evidência é aquela que não necessita do requisito urgência, mas, em razão de determinados elementos, é evidente a possibilidade de acolhimento da pretensão, o que demonstra a possibilidade de ser adiantado o bem jurídico. Em razão disso, dizia-se que havia hipótese em que não era necessário o requisito urgência para a concessão da tutela antecipada. No CPC de 2015, porém, está bem diferenciada a tutela antecipada (como espécie da tutela de urgência), da tutela da evidência.

Alternativa E: em conformidade com o CPC de 1973, os requisitos para a concessão da tutela antecipada eram mais rigorosos que os exigidos para a tutela cautelar. No CPC de 2015, para as duas hipóteses há a exigência de que existam elementos que evidenciem a probabilidade do direito e o perigo de dano ou o risco ao resultado útil ao processo (art. 300), havendo diferenciação das tutelas por conta da finalidade das mesmas.

Alternativa correta: letra "C".

25. (FUNIVERSA – Delegado de Polícia – DF/2015) Priscila possui crédito vencido contra Marcela. Depois de reiteradas cobranças extrajudiciais, Priscila informou a Marcela que iria ajuizar ação de cobrança visando ao pagamento de seu crédito. Marcela, então, iniciou a prática de sucessivos atos de dilapidação patrimonial, tendo doado bens para frustrar futura execução de eventual sentença condenatória que viesse a ser proferida na ação de Priscila, ainda pendente de ajuizamento.

Nessa situação hipotética, o instituto jurídico mais apto a tutelar o interesse de Priscila de garantir a utilidade de sua futura ação de cobrança é o(a)

a) cautelar inominada preparatória, dada a falta de cautelar em espécie apta a resguardar o interesse de Priscila.

b) pedido incidental de providência cautelar, formulado na ação de cobrança, com vistas ao sequestro de todos os bens de Marcela.

c) pedido liminar de antecipação dos efeitos da tutela satisfativa, formulado na ação de cobrança.

d) cautelar preparatória de arresto de bens suficientes ao adimplemento do crédito.

e) pedido incidental de providência cautelar, formulado na ação de cobrança, com vistas ao arrolamento de bens de Marcela.

COMENTÁRIOS

Nota do autor: na hipótese, verifica-se a necessidade de que a credora requeira a concessão de tutela cautelar, a fim de que a futura expropriação de bens tenha sucesso. No regime do CPC de 1973, deveria ingressar com ação cautelar preparatória de arresto, desde que atendidos os requisitos específicos da medida. No regime do CPC de 2015, porém, não ingressará com ação cautelar própria, mas formulará pedido cautelar antecedente e, no momento oportuno, completará a inicial e dará continuidade ao processo, pugnando pela prática de atos executivos e pela expropriação de bens. Tanto é assim que o CPC não especifica requisitos específicos para as medidas cautelares.

Alternativa Correta: letra "D". Portanto, em conformidade com o CPC de 2015, a credora apresentará requerimento de concessão de medida cautelar antecedente. Posteriormente, nos próprios autos, completará a inicial, para que a ação de execução prossiga e sejam praticados atos executivos e a expropriação de bens. Exclui automaticamente as demais alternativas.

10. SENTENÇA

26. (Cespe - Delegado de Polícia - PC - RJ/2022) Jorge foi condenado por sentença transitada em julgado ao pagamento de dez salários mínimos mensais a título de pensão alimentícia a seu filho Mauro. Nessa situação hipotética,

a) em razão do trânsito em julgado da sentença condenatória, pai e filho não poderão pedir majoração, redução ou exoneração do encargo.

b) Jorge ou Mauro poderão pedir, conforme as circunstâncias, exoneração, redução ou majoração da pensão, se sobrevier mudança na situação financeira de quem a supre ou na de quem a recebe.

c) apenas a alteração simultânea na situação financeira de Jorge e Mauro autorizará a revisão do valor da prestação alimentícia.

d) a alteração do valor da pensão alimentícia só será possível se houver ação rescisória.

e) apenas se ficar desempregado Jorge poderá pedir exoneração ou redução do encargo da pensão alimentícia.

COMENTÁRIOS

Alternativa "A": incorreta. Como se sabe, a sentença que fixou os alimentos tratou de relação jurídica de trato continuado, de modo que, sobrevindo modificação no estado de fato ou de direito, será possível ao interessado requerer a revisão do que foi estatuído na sentença (art. 505, I, do CPC).

Alternativa "B": correta. De fato, havendo modificação da situação financeira do alimentante, tem-se a alteração no estado de fato, admitindo-se a revisão da sentença.

Alternativa "C": incorreta. Admite-se a revisão da sentença se houver a alteração da situação financeira do alimentante.

Alternativa "D": incorreta. Vide alternativa "B".

Alternativa "E": incorreta. Vide alternativa "B".

11. DOS PROCESSOS NOS TRIBUNAIS E DA IMPUGNAÇÃO DAS DECISÕES JUDICIAIS

27. (UEPA - Delegado de Polícia - PA/2013) Sobre os recursos no sistema próprio do Direito Processual Civil brasileiro, assinale a alternativa correta.

a) A concessão de antecipação de tutela no corpo da sentença, impõe que eventual recurso de apelação, por ausência de disposição legal, seja integralmente recebido em seu efeito devolutivo e suspensivo.

b) A reforma processual promovida em 2005 alterou o regime de impugnação das decisões interlocutórias, estabelecendo como regra geral a interposição de recurso de agravo de instrumento manejado diretamente na Corte competente.

c) A interposição de agravo retido conduz automaticamente à apreciação da matéria pelo Tribunal de Justiça como preliminar, por ocasião do julgamento da apelação, independentemente de reiteração posterior da parte interessada.

d) A decisão do relator que converte o agravo de instrumento em retido é passível de reforma imediata, mediante a interposição de recurso de agravo interno, no prazo de 05 (cinco) dias, nos termos do art. 557, § 1° do CPC.

e) Cabe ao agravante, no prazo de 03 (três) dias, comunicar ao Juízo singular a interposição do recurso de agravo de instrumento, juntando cópia da petição recursal, seu comprovante de interposição e a relação de documentos apresentados, sendo o descumprimento desse ônus processual razão para o não conhecimento do recurso, desde que a questão seja arguida e provada pela parte agravada.

COMENTÁRIOS

Nota do autor: a questão trata do recurso de agravo, que é o adequado para atacar as decisões interlocutórias. O Código de Processo Civil admite o agravo apenas na forma de instrumento e não mais na forma retida. O agravo de instrumento será interposto nas hipóteses mencionadas no art. 1.015 do CPC, de modo que nem todas as decisões interlocutórias são agraváveis. A propósito, competirá à parte prejudicada pela decisão interlocutória não agravável impugná-la quando da interposição da apelação ou nas contrarrazões e, se não o fizer, verifica-se a ocorrência da preclusão. O agravo de instrumento deverá ser interposto perante o órgão jurisdicional *ad quem*, por meio de petição, acompanhada das peças obrigatórias e úteis.

Alternativa "A": incorreta. Deferida antecipação de tutela antecipada em sentença, eventual apelação terá exclusivamente efeito devolutivo em relação a esse ponto. Nesse caso, como a admissibilidade da apelação será feita exclusivamente perante o Tribunal *ad quem*, competirá ao interessado requerer a concessão do efeito suspensivo por meio de petição, diretamente no tribunal.

Alternativa "B": incorreta. Pelo contrário, pois, em decorrência da reforma do regime do agravo, a forma retida teria passado a ser a regra. Porém, toda essa sistemática foi alterada com o CPC de 2015.

Alternativas "C" e "D": incorreta. O CPC de 2015 não mais autoriza a interposição do agravo na forma retida.

Alternativa "E": uma vez interposto o agravo de instrumento, poderá o agravante comunicar que o fez ao juízo de primeiro grau. Note-se que o art. 1.018 do CPC diferencia a questão em relação ao processo físico e processo eletrônico. Em relação ao primeiro, a inobservância da regra importará na inadmissibilidade do agravo de instrumento (parágrafo segundo), o que não ocorrerá, contudo, em relação ao processo eletrônico. Por isso, não é possível afirmar se a alternativa estaria correta em conformidade com o CPC, por faltar elementos para a resposta.

Alternativa correta: letra "E".

12. JUIZADOS ESPECIAIS CÍVEIS

28. (Vunesp - Delegado de Polícia - CE/2015) De acordo com a Lei nº 9.099/95, que dispõe sobre os Juizados Especiais Cíveis, assinale a alternativa correta.

a) Os incapazes não podem ser parte nas ações que tramitam perante o Juizado Especial Cível.

b) Têm competência para processar e julgar causas que não excedam 60 (sessenta) vezes o salário-mínimo.

c) É dispensável o comparecimento da parte autora na audiência de conciliação.

d) É indispensável a assistência da parte por advogado, independentemente do valor da causa.

e) Os microempreendedores individuais, microempresas e empresas de pequeno porte não podem propor ação perante o Juizado Especial Cível.

COMENTÁRIOS

✪ **Nota do autor:** os Juizados Especiais Cíveis estão inseridos em um sistema de justiça próprio, dotado de princípios e características que levam em consideração a simplicidade do procedimento.

Alternativa A. Os incapazes não poderão ser autores e réus nos Juizados Especiais Cíveis. Contudo, poderão ser autores nos Juizados Especiais da Fazenda Pública e nos Juizados Especiais Federais.

Alternativa B: incorreta. Os Juizados Especiais Cíveis têm competência para processar e julgar as ações de valor da causa inferior a quarenta salários mínimos (art. 3º da Lei nº 9.099/1995).

Alternativa C: incorreta. O não comparecimento da parte autora em audiência importará na extinção do processo sem resolução do mérito.

Alternativa D: incorreta. Nas causas de valor inferior a vinte salários mínimos não haverá necessidade de assistência de advogado.

Alternativa E: incorreta. Como regra, somente podem demandar nos Juizados Especiais as pessoas físicas. Contudo, admite-se que os microempreendedores individuais, microempresas e empresas de pequeno porte também o façam.

Alternativa correta: letra "A".

13. AÇÕES CONSTITUCIONAIS

29. (CEBRASPE - 2024 - PC/PE - Delegado) Determinado estado da Federação editou lei estadual por meio da qual foi criada uma vara especializada que, localizada na capital do estado, seria juízo privativo para o processo e julgamento das ações coletivas que fossem propostas na justiça estadual daquela unidade federativa. Considerando-se a situação hipotética precedente e o entendimento do Superior Tribunal de Justiça acerca desse tema, e de acordo com a Lei n.º 7.347/1985 (Lei de Ação Civil Pública), é correto afirmar que a existência de vara privativa instituída por lei estadual

a) altera a competência territorial estabelecida na Constituição Federal de 1988.

b) apenas não altera a competência territorial que esteja prevista no regimento interno dos tribunais.

c) apenas não altera a competência territorial que esteja prevista na Constituição Federal de 1988.

d) altera a competência territorial estabelecida em leis de processo.

e) não altera a competência territorial resultante das leis de processo.

COMENTÁRIOS

✪ **Notas do autor:** a respeito do tema, o Superior Tribunal de Justiça, ao analisar o Tema/IAC nº 10, fixou várias teses:

Tese A) Prevalecem sobre quaisquer outras normas locais, primárias ou secundárias, legislativas ou administrativas, as seguintes competências de foro:

i) em regra, do local do dano, para ação civil pública (art. 2º da Lei n. 7.347/1985);

ii) ressalvada a competência da Justiça Federal, em ações coletivas, do local onde ocorreu ou deva ocorrer o dano de impacto restrito, ou da capital do estado, se os danos forem regionais ou nacionais, submetendo-se ainda os casos à regra geral do CPC, em havendo competência concorrente (art. 93, I e II, do CDC).

Tese B) São absolutas as competências:

i) da Vara da Infância e da Juventude do local onde ocorreu ou deva ocorrer a ação ou a omissão, para as causas individuais ou coletivas arroladas no ECA, inclusive sobre educação e saúde, ressalvadas a competência da Justiça Federal e a competência originária dos tribunais superiores (arts. 148, IV, e 209 da Lei n. 8.069/1990; e Tese n. 1.058/STJ);

ii) do local de domicílio do idoso nas causas individuais ou coletivas versando sobre serviços de saúde, assistência social ou atendimento especializado ao idoso portador de deficiência, limitação incapacitante ou doença infectocontagiosa, ressalvadas a competência da Justiça Federal e a competência originária dos tribunais superiores (arts. 79 e 80 da Lei n. 10.741/2003 e 53, III, e, do CPC/2015);

iii) do Juizado Especial da Fazenda Pública, nos foros em que tenha sido instalado, para as causas da sua alçada e matéria (art. 2º, § 4º, da Lei n. 12.153/2009);

iv) nas hipóteses do item (iii), faculta-se ao autor optar livremente pelo manejo de seu pleito contra o estado no foro de seu domicílio, no do fato ou ato ensejador da demanda, no de situação da coisa litigiosa ou, ainda, na capital do estado, observada a competência absoluta do Juizado, se existente no local de opção (art. 52, parágrafo único, do CPC/2015, c/c o art. 2º, § 4º, da Lei n. 12.153/2009).

Tese C) A instalação de vara especializada não altera a competência prevista em lei ou na Constituição Federal, nos termos da Súmula n. 206/STJ ("A existência de vara privativa, instituída por lei estadual, não altera a competência territorial resultante das leis de processo."). A previsão se estende às competências definidas no presente IAC n. 10/STJ. (...).

Alternativa "E": correta. Logo, consoante fixado jurisprudencialmente, a existência de vara privativa instituída por lei estadual não altera a competência territorial resultante das leis de processo.

---

30. (Vunesp – Delegado de Polícia – PC – BA/2018) A Lei nº 7.347, de 24 de julho de 1985, trata da ação civil pública de responsabilidade por danos causados ao meio-ambiente, ao consumidor, a bens e direitos de valor artístico, estético, histórico, turístico e paisagístico, dentre outros direitos difusos, disciplinando que

a) poderá ter por objeto a condenação em dinheiro; o cumprimento de obrigação de fazer, não fazer ou dar; ou ainda a constituição ou desconstituição de ato ou negócio jurídico.

b) na hipótese de desistência do autor, o Ministério Público assumirá a titularidade ativa, apenas se determinado pelo juiz da causa.

c) qualquer pessoa poderá e o servidor público deverá provocar a iniciativa do Ministério Público para o seu ajuizamento, ministrando-lhe informações sobre fatos que constituam seu objeto, indicando-lhe os elementos de convicção.

d) será cabível para veicular pretensões que envolvam tributos ou contribuições previdenciárias.

e) o Ministério Público e a Defensoria Pública poderão instaurar, sob sua presidência, inquérito civil para apurar fatos que possam dar ensejo a sua propositura.

COMENTÁRIOS

✪ **Nota do autor:** a Lei nº 7.347/1985 disciplina a ação civil pública e integra o Sistema Único Coletivo, composto também por outras leis (como, por exemplo, o Código de Defesa do Consumidor).

Alternativa "a": em conformidade com o art. 3º, da LACP, as ações serão propostas no foro do local onde ocorrer o dano, cujo juízo terá competência funcional para processar e julgar a causa.

Alternativa "b": no caso de desistência infundada ou abandono da ação por associação legitimada, o Ministério Público ou outro legitimado assumirá a legitimidade ativa (Art. 5º, § 3º).

Alternativa "c": admite-se que qualquer pessoa possa, enquanto o servidor público deve, provocar a iniciativa do Ministério Público, ministrando-lhe informações sobre fatos que constituam objeto da ação civil e indicando-lhe os elementos de convicção.

Alternativa "d": consoante a literalidade do art. 1º, parágrafo único, não será cabível ação civil pública para veicular pretensões que envolvam tributos, contribuições previdenciárias, o Fundo de Garantia do Tempo de Serviço e outros fundos de natureza institucional cujos beneficiários podem ser individualmente determinados. A propósito do tema, foi reconhecida a existência de repercussão geral no RE nº 643978 (Tema 850), aguardando-se o seu julgamento para por fim a qualquer discussão sobre o tema.

Alternativa "e": o inquérito civil poderá ser instaurado pelo Ministério Público.

Alternativa correta: letra "c".

---

31. (Vunesp – Delegado de Polícia – PC – BA/2018) A ação popular, regulada pela Lei nº 4.717, de 29 de junho de 1965, tem como objetivo a defesa do patrimônio público, assim entendido os bens e direitos de valor econômico, artístico, estético, histórico ou turístico. Acerca da ação popular, é correto afirmar que

a) a prova da cidadania, para ingresso em juízo, será feita com a exibição de RG (Registro Geral de Identificação), ou com documento que a ele corresponda.

b) é facultado a qualquer cidadão habilitar-se como litisconsorte ou assistente do autor, desde que o faça, até a citação do réu.

c) o Ministério Público acompanhará a ação, podendo assumir a defesa do ato impugnado ou dos seus autores, se assim se convencer.

d) as partes pagarão custas e preparo, quando da interposição de eventual recurso contra a sentença.

e) a sentença incluirá sempre, na condenação dos réus, o pagamento, ao autor, das custas e demais despesas, judiciais e extrajudiciais, diretamente relacionadas com a ação e comprovadas, bem como o dos honorários de advogado.

COMENTÁRIOS

✪ **Nota do autor:** a ação popular constitui-se em remédio constitucional, que poderá ser ajuizada por qualquer cidadão, que atua substituindo a coletividade.

Alternativa "a": a prova da cidadania, ao contrário do que foi afirmado, não será feita com a apresentação do RG, mas com o título eleitoral, ou com documento que a ele corresponda (art. 1º, § 3º, Lei nº 4.717/1965).

Alternativa "b": como a legitimidade é assegurada a qualquer cidadão, permite-se que outra pessoa, nessa condição, habilite-se como litisconsorte ou assistente do autor da ação popular (art. 6º, § 5º, Lei nº 4.717/1965).

Alternativa "c": o Ministério Público acompanhará a ação, cabendo-lhe apressar a produção da prova e promover a responsabilidade, civil ou criminal, dos que nela incidirem, sendo-lhe vedado, em qualquer hipótese, assumir a defesa do ato impugnado ou dos seus autores (art. 6º, § 4º, Lei nº 4.717/1965).

Alternativa "d": as partes só pagarão custas e preparo ao final (art. 10).

Alternativa "e": a sentença proferida na ação popular produzirá efeitos *erga omnes*, devendo incluir, na condenação, o pagamento, ao autor, das custas e demais despesas, judiciais e extrajudiciais, diretamente relacionadas com a ação e comprovadas, bem como o dos honorários de advogado (art. 12).

Alternativa correta: letra "e".

---

32. (Vunesp – Delegado de Polícia – PC – BA/2018) A Lei nº 9.507, de 12 de novembro de 1997, disciplina o rito processual do habeas data, nos seguintes termos:

a) o seu pedido não poderá ser renovado, em caso de decisão denegatória.

b) o seu processo terá prioridade sobre todos os atos judiciais, exceto mandado de segurança e injunção.

c) o impetrante fará jus à gratuidade de Justiça, tendo ou não recursos financeiros para arcar com as custas e as despesas processuais.

d) ao despachar a inicial, se o juiz verificar que não é caso de habeas data, intimará o impetrante para que adite o seu pedido, convertendo-o em mandado de segurança.

e) quando for hipótese de sentença concessiva, o recurso de apelação interposto terá efeito devolutivo e suspensivo.

COMENTÁRIOS

✪ **Nota do autor:** em conformidade com o art. 7º, da Lei nº 9.507/1997, conceder-se-á *habeas data*: I – para assegurar o conhecimento de informações relativas à pessoa do impetrante, constantes de registro ou banco de dados de entidades governamentais ou de caráter público; II – para a retificação de dados, quando não se prefira fazê-lo por processo sigiloso, judicial ou administrativo; III – para a anotação dos assentamentos do interessado, de contestação ou explicação sobre dado verdadeiro mas justificável e que esteja sob pendência judicial ou amigável.

Alternativa "a": o pedido de *habeas data* poderá ser renovado se a decisão denegatória não lhe houver apreciado o mérito (art. 18). Aplica-se a mesma regra do mandado de segurança.

Alternativa "b": os processos de *habeas data* terão prioridade sobre todos os atos judiciais, exceto *habeas corpus* e mandado de segurança.

Alternativa "c": a ação de *habeas data* é isenta de custas, conforme estabelecido no art. 21, da Lei nº 9.507/1997.

Alternativa "d": a inicial será desde logo indeferida, quando não for o caso de *habeas data*, ou se lhe faltar algum dos requisitos legais de cabimento (art. 10, *caput*).

Alternativa "e": quando a sentença conceder o *habeas data*, o recurso terá efeito meramente devolutivo (art. 15, parágrafo único).

Alternativa correta: letra "c".

---

33. (Cespe – Delegado de Polícia – PC – SE/2018) Com referência a essa situação hipotética, julgue os itens seguintes.

A associação autora é parte legítima para propor a ação civil pública e não terá que adiantar custas ou honorários periciais; no entanto, a associação será condenada em honorários advocatícios caso seja comprovada a sua má-fé.

COMENTÁRIOS

✪ **Notas do autor:** poderá a associação autora propor ação coletiva para a tutela dos interesses metaindividuais dos consumidores, aplicando-se o respectivo Sistema Único Coletivo, composto por várias leis, entre elas, o Código de Defesa do Consumidor.

Assertiva correta. Nas ações coletivas de que trata o CDC não haverá adiantamento de custas, emolumentos, honorários periciais e quaisquer outras despesas, nem condenação da associação autora, salvo comprovada má-fé, em honorários de advogados, custas e despesas processuais (art. 87, *caput*, CDC). De se ressaltar, por oportuno, que, em caso de litigância de má-fé, a associação autora e os diretores responsáveis pela propositura da ação serão solidariamente condenados em honorários e ao décuplo das custas, sem prejuízo da responsabilidade por perdas e danos (parágrafo único).

Alternativa correta: "certo".

---

34. (FUNIVERSA - Delegado de Polícia - DF/2015) A respeito da jurisdição constitucional das liberdades e de seus principais mecanismos, assinale a alternativa correta.

a) Os danos morais e patrimoniais causados à honra e à dignidade de grupos raciais, étnicos ou religiosos podem ser objeto de responsabilização por meio de ação civil pública.

b) De acordo com a jurisprudência do STF, é cabível, em habeas corpus contra prisão civil de devedor inescusável de prestação alimentícia, rediscussão acerca do binômio necessidade-possibilidade.

c) Admite-se mandado de segurança contra decisão judicial teratológica de que caiba recurso.

d) Há perda superveniente de legitimidade a impor a extinção do mandado de segurança coletivo impetrado por partido político quando a agremiação, ao longo do processo, deixar de ter representação no Congresso Nacional.

e) Pessoa jurídica constituída sob a forma de associação, por ser integrada por cidadãos, detém legitimidade para o ajuizamento, em nome próprio, de ação popular.

COMENTÁRIOS

✪ **Nota do autor:** a ação civil pública é um dos remédios constitucionais e tem a sua legitimidade e outros aspectos previstos na Lei nº 7.347/1985. Poderá ser ajuizada para a tutela de interesses metaindividuais, compreendidos como sendo os interesses difusos, coletivos e individuais homogêneos. Os primeiros, são chamados de interesses essencialmente coletivos, enquanto os individuais homogêneos são acidentalmente coletivos, pois apenas recebem a tutela coletiva.

Alternativa A: embora não fosse necessário, a Lei nº 7.347/1985 foi alterada para o fim de que fosse incluído, entre os bens tutelados pela ação civil pública, a honra e a dignidade de grupos raciais, étnicos ou religiosos. Assim, ampara-se também o dano moral coletivo decorrente de ato praticado contra esse grupo de pessoas.

Alternativa B: no âmbito do *Habeas Corpus* não é possível discutir o binômio possibilidade-necessidade, ou seja, o dever de pagar alimentos, mas unicamente a possibilidade ou não da efetivação da prisão civil.

Alternativa C: como regra, as decisões judiciais não podem ser impugnadas por meio de mandado de segurança. Contudo, admite-se que tal ocorra nos casos de decisões judiciais que a lei não faça previsão de recurso, embora não transitada em julgado. Excepcionalmente, admite-se, ainda, mandado de segurança contra decisão transitada em julgado, desde que teratológica.

Alternativa D: de acordo com o decidido pelo Supremo Tribunal Federal, ainda que o Partido Política perca a representatividade no Congresso Nacional, o mandado de segurança coletivo prosseguirá.

Alternativa E: consoante entendimento do Supremo Tribunal Federal, as pessoas jurídicas não podem ajuizar ação popular, restrita ao cidadão.

Alternativa correta: letra "A".

Direito Processual Civil

Luciano Alves Rossato

✦ DICAS

1. NORMAS FUNDAMENTAIS

Modelo Constitucional de Processo

As Normas Fundamentais têm a sua origem na Constituição Federal, constituindo-se na forma de como o legislador compreendeu a aplicação, no âmbito processual, do princípio do devido processo legal em sua plenitude, nele contido todos os princípios que lhe são derivados, como os do contraditório, ampla defesa, boa-fé etc.

Para tanto, as Normas Fundamentais partem do modelo fundamental ou do modelo constitucional de processo.

Portanto, estabelece a Constituição as linhas fundamentais do processo, suas bases normativas e garantias mínimas, competindo ao legislador infraconstitucional traçar as especificidades próprias de cada ramo processual rumo à sua otimização.

O Princípio do devido processo legal como princípio nuclear

Os princípios fundamentais decorrem de um núcleo comum, que é o princípio do devido processo legal, indicado por Nelson Nery Júnior como "o gênero do qual todos os demais princípios constitucionais do processo são espécies". O devido processo legal se caracteriza de duas formas: material (devido processo legal em sentido material) e processual (devido processo legal em sentido processual).

Regra jurídica da iniciativa da parte e do impulso oficial

Deverá o Poder Judiciário ser provocado para que possa atuar no caso concreto. Trata-se de efeito corolário da regra jurídica da iniciativa da parte, dispositivo ou inércia da jurisdição.

Princípio do acesso à justiça ou inafastabilidade do controle jurisdicional

O princípio do acesso à justiça foi positivado no inciso XXXV, do art. 5º, do Texto Fundamental, garantindo-se que "a lei não excluirá da apreciação do Poder Judiciário lesão ou ameaça a direito".

Ao contrário do que pode parecer, o dispositivo constitucional não revela apenas ao direito de ação, ou seja, de peticionar e requerer providências pelo Estado-juiz. A par da própria consciência de respeito e confiança na Justiça, a garantia está ligada à noção de democracia e igualdade, com o objetivo de tornar efetivos os direitos individuais e coletivos por meio do processo. Trata-se, a um só tempo, de direito fundamental e de garantia à efetivação de direitos, formando-se entre as partes uma situação de interdependência e não propriamente de submissão.

Princípio da primazia do julgamento de mérito

Em conformidade com o disposto no art. 4º do CPC, "as partes têm o direito de obter em prazo razoável a solução integral do mérito, incluída a atividade satisfativa". Neste dispositivo é possível extrair o princípio da preferência ou da primazia pelo julgamento de mérito.

Princípio da duração razoável do processo

Seguindo a tendência internacional, a Emenda Constitucional n. 45/2004 inseriu o inciso LXXVIII ao art. 5º da Constituição Federal e, partir de então, o princípio da duração razoável do processo passou a ter status constitucional.

Princípio da boa-fé processual

Sendo a segurança jurídica um dos fundamentos da República, tem a boa-fé processual base na Constituição Federal, também como decorrência da dignidade da pessoa humana (art. 1º, III) e da própria solidariedade social (art. 3º, I). Para outros, trata-se de corolário do devido processo legal.

Princípio da cooperação processual

O princípio processual da cooperação processual tem o seu cerne na concepção de que o processo rege uma relação processual entre as partes e o juiz, que interagem entre si, estabelecendo-se uma comunidade de trabalho.

Princípio da isonomia

O art. 7º do CPC assegura a paridade de tratamento em relação ao exercício de direitos e faculdades processuais, aos meios de defesa, aos ônus, aos deveres e à aplicação de sanções processuais, cabendo ao magistrado zelar pelo efetivo contraditório. Encampou-se o direito à igualdade processual como sendo um componente integrante do processo justo.

Princípio da publicidade dos atos processuais

Em conformidade com o art. 5º, LX, "a lei só poderá restringir a publicidade dos atos processuais quando a defesa da intimidade ou o interesse social o exigirem", enquanto o art. 93, IX, dispõe que "todos os julgamentos dos órgãos do Poder Judiciário serão públicos".

Princípio do contraditório dinâmico

Não há processo sem o efetivo contraditório. Trata-se de princípio inerente ao devido processo legal, pelo qual deve ser garantido às partes a possibilidade de se manifestar previamente à decisão judicial, com a finalidade de influenciá-lo, evitando-se a decisão surpresa.

Princípio da fundamentação analítica

A fundamentação das decisões judiciais é um dever imposto pela Constituição Federal (art. 93, IX), reiterado pelo Código de Processo Civil de 2015 (art. 11), que registrou um conteúdo mínimo das decisões judiciais (art. 489 do CPC).

Em conformidade com o previsto no § 1º do art. 489 do CPC, não se considera fundamentada qualquer decisão judicial, seja ela interlocutória, sentença ou acórdão, que: I) se limitar à indicação, à reprodução ou à paráfrase de ato normativo, sem explicar sua relação com a causa ou a questão decidida; II) empregar conceitos jurídicos indeterminados, sem explicar o motivo concreto de sua incidência no caso; III) invocar motivos que prestariam a justificar qualquer outra decisão; IV) não enfrentar todos os argumentos deduzidos no processo capazes de, em tese, infirmar a conclusão adotada pelo julgador; V) se limitar a invocar precedente ou enunciado de súmula, sem identificar seus fundamentos determinantes nem demonstrar que o caso sob julgamento se ajusta àqueles fundamentos; VI) deixar de seguir enunciado de súmula, jurisprudência ou precedente invocado pela parte, sem demonstrar a existência de distinção no caso em julgamento ou a superação do entendimento.

Atendimento preferencial da ordem cronológica

De acordo com o art. 12, do CPC, houve previsão no sentido de que "os juízes e os tribunais atenderão, preferencialmente, à ordem cronológica de conclusão para proferir sentença ou acórdão". Estão excluídos da regra do *caput*: I - as sentenças proferidas em audiência, homologatórias de acordo ou de improcedência liminar do pedido; II - o julgamento de processos em bloco para aplicação de tese jurídica firmada em julgamento de casos repetitivos; III - o julgamento de recursos repetitivos ou de incidente de resolução de demandas repetitivas; IV - as decisões proferidas com base nos arts. 485 e 932; V - o julgamento de embargos de declaração; VI - o julgamento de agravo interno; VII - as preferências legais e as metas estabelecidas pelo Conselho Nacional de Justiça; VIII - os processos criminais, nos órgãos jurisdicionais que tenham competência penal; IX - a causa que exija urgência no julgamento, assim reconhecida por decisão fundamentada.

Prioridade de tramitação

Terão prioridade de tramitação, em qualquer juízo ou tribunal, entre outros procedimentos, aqueles em que figure como parte a vítima de violência doméstica e familiar, nos termos da Lei Maria da Penha e, também aqueles em que se discuta a aplicação do disposto nas normas gerais de licitação e contratação.

Princípios regentes da aplicação do ordenamento jurídico

Conforme dispõe o art. 8º do Código de Processo Civil, ao aplicar o ordenamento jurídico, "o juiz atenderá aos fins sociais e às exigências do bem comum, resguardando e promovendo a dignidade da pessoa humana e observando a proporcionalidade, a razoabilidade, a legalidade, a publicidade e a eficiência".

Garantias constitucionais do processo

As garantias constitucionais são princípios qualificados que limitam o poder. Há várias garantias previstas na Constituição Federal, como o habeas corpus, o habeas data, a garantia do direito à propriedade, do direito à herança etc.

2. ATOS PROCESSUAIS

Definição

São atos processuais aqueles que se destinam à criação, modificação, conservação ou extinção da relação jurídica processual.[1] Podem ser praticados pelas partes, pelos auxiliares do juízo e pelo magistrado.

Diferenciam-se dos fatos processuais, que são fatos humanos ou não que tenham repercussão no processo.

Forma, Tempo e Lugar

Os atos processuais não dependem de prova determinada, salvo quando a lei expressamente o exigir.

1. WAMBIER, Luiz Rodrigues. TALAMINI, Eduardo. ALMEIDA. Flávio Renato Correia. *Curso Avançado de Processo Civil*. VOL. 1. 10ª ed. São Paulo: RT, 2008.

Princípio da instrumentalidade das formas: consideram-se válidos os atos processuais que, embora realizados de outro modo, tenham preenchido a finalidade essencial.

Deve ser observado, ainda, os princípios da primazia do julgamento do mérito e do máximo aproveitamento do ato processual.

Como regra, os atos processuais são públicos. Porém, correrão em segredo de justiça: i) aqueles em que se exija o interesse público ou social; ii) que versem sobre casamento, separação de corpos, divórcio, separação, união estável, filiação, alimentos e guarda de crianças e adolescentes; iii) em que constem dados protegidos pelo direito constitucional à intimidade; iv) que versem sobre arbitragem, inclusive sobre cumprimento de carta arbitral, desde que a confidencialidade estipulada na arbitragem seja comprovada perante o juízo.

Os atos processuais serão praticados em horário autorizado por lei, qual seja, das 6 às 20 horas. Se iniciados antes, podem ser concluídos após as 20 horas, se o adiamento prejudicar a diligência ou causar grave dano.

As citações, intimações e as penhoras podem ser realizadas no período de férias forenses, nos feriados ou dias úteis fora do horário estabelecido, desde que se observe a impossibilidade de ingresso em domicílio em horário noturno sem a autorização do morador.

O ato eletrônico poderá ser praticado até as 24 horas do último dia do prazo.

Os atos processuais, como regra, serão praticados na sede do juízo. Excepcionalmente, poderão ser praticados em outro lugar em razão de deferência, interesse da justiça, da natureza do ato ou de obstáculo arguido pelo interessado e acolhido pelo juiz.

Os pronunciamentos judiciais

Conforme dispõe o parágrafo primeiro do art. 203, "ressalvadas as disposições expressas dos procedimentos especiais, sentença é o pronunciamento por meio do qual o juiz, com fundamento nos arts. 485 e 487, põe fim à fase cognitiva do procedimento comum, bem como extingue a execução".

A decisão interlocutória constitui-se no pronunciamento judicial de natureza decisória que não se enquadre nas hipóteses de sentença (art. 203, § 2º do CPC).

Admitem-se decisões interlocutórias (portanto, com carga decisória) com ou sem análise de mérito. Pode-se dizer que serão com análise de mérito todas as decisões proferidas e que, muito embora não encerrem uma fase procedimental, tenham como conteúdo uma das hipóteses indicadas no art. 487 do Novo Código de Processo Civil. A interlocutória que prefere julgamento antecipado parcial da lide é uma hipótese de decisão interlocutória de mérito.

Em conformidade com o art. 203, § 3º, do Novo Código de Processo Civil, são despachos todos os demais pronunciamentos do juiz praticados no processo, de ofício ou a requerimento da parte.

Prazos

A lei prescreverá os prazos em que serão realizados os atos processuais. Se a lei não fizer previsão do prazo, o juiz o fixará, levando em consideração a sua complexidade.

Contagem dos prazos processuais no processo civil
a) Regra: somente serão contados os dias úteis.
b) Juizados Especiais: na contagem de prazo em dias, estabelecidos por lei ou pelo juiz, para a prática de qualquer ato processual, inclusive para a interposição de recursos, computar-se-ão somente os dias úteis (art. 12-A, da Lei nº 9.099/1995).
c) Procedimentos do Estatuto da Criança e do Adolescente que tramitem perante a Vara da Infância: os prazos estabelecidos no ECA e aplicáveis aos seus procedimentos são contados em dias corridos, excluído o dia do começo e incluído o do vencimento.

Atenção
Salvo disposição em sentido diverso, considera-se dia do começo do prazo, entre outras situações, o quinto dia útil seguinte à confirmação, na forma prevista na mensagem de citação, do recebimento da citação realizada por meio eletrônico.

Comunicação dos atos processuais

Citação é o ato pelo qual são convocados o réu, o executado ou o interessado para integrar a relação processual. Para que a relação processual seja válida, é imprescindível a citação do réu ou do executado, salvo nas hipóteses de indeferimento da petição inicial ou de improcedência liminar do pedido.

Decorrem certos efeitos da citação válida, ainda que o ato tenha sido ordenado por juiz incompetente. **Efeitos da citação válida: i) induzir litispendência; ii) tornar litigiosa a coisa; iii) constituir em mora o devedor, ressalvadas excepcionalidades previstas no Código Civil.**

Alterações importantes sobre a citação
1 – a citação será efetivada em até 45 dias a partir da propositura da ação. Trata-se, naturalmente, de prazo impróprio;
2 - A citação será feita preferencialmente por meio eletrônico, no prazo de até 2 (dois) dias úteis, contado da decisão que a determinar, por meio dos endereços eletrônicos indicados pelo citando no banco de dados do Poder Judiciário, conforme regulamento do Conselho Nacional de Justiça.
3 - As empresas públicas e privadas são obrigadas a manter cadastro nos sistemas de processo em autos eletrônicos, para efeito de recebimento de citações e intimações, as quais serão efetuadas preferencialmente por esse meio.

4 - A ausência de confirmação, em até 3 (três) dias úteis, contados do recebimento da citação eletrônica, implicará a realização da citação: I - pelo correio; II - por oficial de justiça; III - pelo escrivão ou chefe de secretaria, se o citando comparecer em cartório; IV - por edital. Competirá ao réu, citado de uma dessas formas alternativas à eletrônica, apresentar justa causa para a ausência de confirmação do recebimento da citação enviada eletronicamente.
5 - Considera-se ato atentatório à dignidade da justiça, passível de multa de até 5% (cinco por cento) do valor da causa, deixar de confirmar no prazo legal, sem justa causa, o recebimento da citação recebida por meio eletrônico.
6 - A União, o Distrito Federal e o Município são obrigados a manter cadastro nos sistemas de processo em autos eletrônicos, para efeito de recebimento de citações e intimações, as quais serão efetuadas preferencialmente por esse meio.
7 - As citações por correio eletrônico serão acompanhadas das orientações para realização da confirmação de recebimento e de código identificador que permitirá a sua identificação na página eletrônica do órgão judicial citante.
8 - Microempresas e pequenas empresas: somente serão obrigadas a manter cadastro nos sistemas de processo em autos eletrônicos, quando não possuírem endereço eletrônico cadastrado no sistema integrado da Rede Nacional para a Simplificação do Registro e da Legalização de Empresas e Negócios (Redesim).
9 - A citação será feita por meio eletrônico ou pelo correio para qualquer comarca do país, exceto: I - nas ações de estado; II - quando o citando for incapaz; III - quando o citando for pessoa jurídica de direito público; IV - quando o citando residir em local não atendido pela entrega domiciliar de correspondência; V - quando o autor, justificadamente, a requerer de outra forma.

3. DAS PARTES E DOS PROCURADORES

Partes

Há dois sentidos para o conceito parte: sentido material e o sentido processual. Por meio do primeiro, traça-se correlação para com o negócio jurídico de direito material discutido em juízo. Porém, é possível que o demandante ou demandado não seja esse titular, mas ainda assim possa postular ou ser postulado. Tem-se aqui o conceito de parte em sentido processual, pois não se identifica com a lide.

As pessoas físicas maiores (salvo as emancipadas) e as pessoas jurídicas possuem capacidade civil de direito e de ser parte. Tem aptidão para ter direitos e podem praticar os atos da vida civil. Tendo possibilidade de exercício, terão capacidade processual.

Nesse sentido, o art. 70 do CPC: "toda pessoa que se encontre no exercício de seus direitos tem capacidade para estar em juízo".

Se o indivíduo, embora tenha capacidade civil de direito, não puder exercê-la, deve ter a capacidade de agir ou processual integrada. Por isso, o incapaz será representado ou assistido por seus pais, por tutor ou por curador, na forma da lei.

Curatela especial

Prevê a lei que, em certas ocasiões, deverá o juiz nomear curador especial:

i) ao incapaz, se não tiver representante legal ou se os interesses destes colidirem com os daquele, enquanto durar a incapacidade, bem como

ii) ao réu preso revel, bem como ao réu revel citado por edital ou com hora certa, enquanto não constituído advogado.

A curatela especial será exercida pela Defensoria Pública (que tem essa atribuição institucional). O curador especial tem a obrigatoriedade de oferecer a resposta, o que poderá fazer por negativa geral, não lhe sendo aplicado o ônus da impugnação especificada. De outro lado, não estará obrigado a recorrer.

Procuradores

A parte somente litigará em juízo se for representado por advogado devidamente inscrito na OAB. Permite-se a litigância em causa própria, desde que a parte tenha habilitação legal.

Há situações excepcionais em que se admite que a parte demande sem o patrocínio de advogado, como ocorre nas ações trabalhistas, nos Juizados Especiais Cíveis (até vinte salários mínimos), nos alimentos provisórios e nas ações para inserção de criança em família substituta quando os genitores consentirem ou já houver ocorrida a prévia destituição do poder familiar.

O advogado não poderá postular sem procuração, salvo para evitar a preclusão, decadência ou a prescrição, ou ainda para praticar ato considerado urgente.

Nestes casos, compromete-se o advogado a apresentar a procuração no prazo de 15 dias, prorrogável pelo mesmo período. A apresentação da procuração acarretará a ratificação do ato. A não observância da regra acarretará na ineficácia do ato em relação àquele em cujo nome foi praticado.

A procuração habilita o advogado para o foro em geral. Para alguns atos, no entanto, exige-se que conste expressamente a autorização.

Litisconsórcio

Tem-se o litisconsórcio quando duas ou mais pessoas litigarem em conjunto, no mesmo processo, em um dos polos da ação. Todos integrarão a relação jurídica processual na condição de partes.

O litisconsórcio comporta diversas classificações, com suas consequências práticas.

a) Quanto à posição dos sujeitos.

A reunião de pessoas poderá ocorrer no polo ativo, no polo passivo, ou até nos dois. Desse modo, identifica-se o litisconsórcio ativo, passivo e misto.

b) Quanto ao momento de sua formação.

Em relação ao momento de sua formação, tem-se o litisconsórcio inicial, quando o autor, na sua postulação, já indica a existência de mais de um componente do polo ativo, ou mais de um réu.

Porém, se tal indicação ocorrer supervenientemente, por determinação do juiz ou pela própria vontade da parte, tem-se o litisconsórcio ulterior.

c) Quanto à obrigatoriedade de sua formação.

A formação do litisconsórcio poderá ser uma opção do autor ou uma necessidade imposta pela lei. Tem-se, dessa maneira, o litisconsórcio facultativo e o necessário.

O litisconsórcio facultativo decorre exclusivamente da iniciativa do autor, que ao invés de propor várias ações contra réus diferentes, apresenta uma única demanda. Poderá ocorrer nas hipóteses indicadas no art. 113: I – entre elas houver comunhão de direitos ou de obrigações relativamente à lide; II – entre as causas houver conexão pelo pedido ou pela causa de pedir; III – ocorrer afinidade de questões por ponto comum de fato ou de direito (litisconsórcio impróprio).

Ocorre, contudo, que o número de litisconsortes poderá comprometer a rápida solução do litígio ou dificultar a defesa ou o cumprimento da sentença, hipótese em que se admite a sua limitação. Trata-se do que foi denominado de litisconsórcio facultativo multitudinário.

Litisconsórcio facultativo multitudinário é aquele em que o número de litisconsortes poderá comprometer a rápida solução do litígio ou dificultar a defesa ou o cumprimento da sentença. Poderá ser determinada a sua limitação pelo juízo, de ofício, ou atendendo a requerimento da parte contrária.

A parte poderá requerer a limitação do litisconsórcio multitudinário, quando então o prazo para manifestação ou resposta será interrompido, retomando-se da intimação do pronunciamento que decidir o requerimento.

Se, apresentado o requerimento de limitação do litisconsórcio, não for o mesmo acolhido pelo magistrado, poderá o prejudicado interpor recurso de agravo de instrumento (art. 1.015, VII).

Paralelamente, o litisconsórcio também poderá ser obrigatório ou necessário, quer em razão de disposição legal ou por conta da natureza da relação jurídica. Para tais hipóteses, a eficácia da sentença depende da citação de todos os litisconsortes.

A formação do litisconsórcio necessário deverá ser fiscalizada pelo juiz que, detectando a falha, determinará a regularização pelo autor, indicando prazo para tanto, sob pena de extinção do processo.

Note-se que o Código elencou consequências diferentes para a inobservância do litisconsórcio necessário, a depender se a decisão deveria ou não ser uniforme em relação a todos os que deveriam ter integrado o processo.

Como adiante se verá, o litisconsórcio será unitário se a decisão for obrigatoriamente uniforme em relação a todos os litisconsortes e será simples se tal uniformidade não for obrigatória.

Adianta-se tal informação justamente para que seja possível analisar, com mais precisão, a consequência advinda da inobservância da citação de todos os litisconsortes. Não se pode, com essa informação, confundir as modalidades de litisconsórcio.

Com efeito, litisconsórcio necessário não é a mesma coisa que unitário. No primeiro, há obrigatoriedade de sua formação. Por este, a formação do litisconsórcio não é obrigatória, mas, se ocorrer, a decisão deverá ser uniforme para todos os litisconsortes, não se admitindo pronunciamentos de teor diferentes.

Nesse sentido, tratando-se de litisconsórcio necessário e unitário, ao mesmo tempo, proferida sentença de mérito sem a citação de todos os litisconsortes, tem-se que esta é nula. Por outro lado, não havendo necessidade de tal uniformidade, a sentença não produzirá efeitos em relação àqueles que não foram citados.

Consequências decorrentes da não citação de todos os litisconsortes:

Litisconsórcio necessário e unitário	Litisconsórcio necessário e simples
Sentença nula	Ineficaz em relação aos litisconsortes não citados

d) Quanto à uniformidade da decisão.

Analisa-se, nesse ponto, se a decisão proferida deverá ser uniforme para todos os litisconsortes, ou se nao há essa necessidade de identidade (muito embora ela possa ocorrer).

A propósito de tal critério, tem-se o litisconsórcio simples e o unitário, cada qual com seu regime jurídico.

No litisconsórcio simples, a decisão não precisa necessariamente uniforme em relação a todos os litisconsortes, sendo tratados como litigantes distintos. Consequentemente, os atos e omissões não beneficiarão ou prejudicarão os demais litisconsortes.

No litisconsórcio simples, a contestação apresentada por um dos litisconsortes não afastará a incidência do efeito material da revelia em relação aos demais.

Diferentemente, no litisconsórcio unitário, a decisão há de ser uniforme em relação a todos os litisconsortes. Por essa razão, estes serão considerados como integrantes de um bloco único, motivo pelo qual o ato praticado por um deles a todos aproveitará, embora as omissões não prejudicarão aos demais.

No litisconsórcio unitário, a contestação apresentada por um dos litisconsortes afastará a incidência do efeito material da revelia em relação aos demais.

Deve-se diferenciar, ainda, as figuras do litisconsórcio eventual, alternativo e sucessivo.

Litisconsórcio eventual: são colocadas em juízo duas pessoas, estabelecendo-se uma ordem de preferência entre elas. Ocorre, por exemplo, na desconsideração da personalidade jurídica.

Litisconsórcio alternativo: o autor postula contra dois réus, pois se encontra em dúvida sobre quem deve ocupar o polo passivo. Exemplo típico é o da ação de consignação em pagamento. E outro exemplo é o do pedido postulado em face da seguradora e do intermediário do seguro, pois, se aquele se livrar da responsabilização, requer que este seja obrigado a reparar.

Litisconsórcio sucessivo: o segundo litisconsorte somente terá reconhecido o seu direito se, antes, o primeiro também o tiver. É o exemplo da ação de alimentos com indenização de ressarcimento de despesas do parto.

Da intervenção de terceiros: intervenção voluntária e provocada

A intervenção de terceiros é caracterizada pelo ingresso de um sujeito em processo pendente. Ele não participava do processo, sendo provocado para tanto, ou comparecendo e requerendo o seu ingresso espontaneamente.

Assistência

A assistência é uma modalidade de intervenção de terceiros. Por meio dela, tem-se o ingresso voluntário de terceiro que demonstra possuir um interesse jurídico.

Há duas modalidades de assistência: simples e litisconsorcial.

Na assistência simples, o terceiro intervém no processo para auxiliar o assistido, uma vez que sua esfera jurídica será afetada de forma reflexa. Deve demonstrar a existência de interesse jurídico. O assistente, ao ingressar na ação, não poderá manifestar-se contrariamente aos interesses do assistido.

Nessa hipótese, sendo revel o assistido, o assistente será considerado seu substituto processual.

De outro lado, há assistência litisconsorcial (ou qualificada) quando a sentença houver de influir na relação jurídica entre ele o adversário do assistido. Nessa hipótese, o assistente poderia ser parte no processo.

Denunciação da lide

Tem-se a denunciação da lide quando uma das partes promove, no mesmo processo, ação regressiva contra terceiro, dito denunciado. Pressupõe-se que o denunciante tenha uma pretensão própria contra o denunciado.

São requisitos indispensáveis para o deferimento da denunciação: a) pretensão própria do denunciante versus o denunciado; e b) existência de direito de regresso do denunciante frente ao denunciado.

Têm legitimidade à denunciação as partes da ação principal (autor e réu, além dos que já figurem como denunciados), desde que exista uma pretensão de regresso.

DENUNCIAÇÃO DA LIDE PELO AUTOR	DENUNCIAÇÃO DA LIDE PELO RÉU
O autor requer a denunciação na própria petição inicial. Ela somente será julgada se a ação principal, movida em face do réu, for julgada improcedente.	O réu a requer no prazo de resposta. Somente será julgada se a ação principal, movida em face do denunciante, for julgada procedente.
Requerida a citação do denunciado, o processo principal permanecerá paralisado. Realizada a citação, poderá o denunciado assumir a posição de litisconsorte do denunciante e acrescentar novos argumentos à petição inicial, procedendo-se em seguida à citação do réu.	Oferecida a denunciação, podem surgir três situações distintas: i) se o denunciado contestar o pedido formulado pelo autor, o processo prosseguirá tendo, na ação principal, em litisconsórcio, denunciante e denunciado; ii) se o denunciado for revel, o denunciante pode deixar de prosseguir com a sua defesa e abster-se de recorrer, restringindo sua atuação à ação regressiva; iii) se o denunciado confessar os fatos alegados pelo autor, o denunciante poderá prosseguir com sua defesa ou, aderindo a tal reconhecimento, pedir apenas a procedência da ação de regresso.

Chamamento ao processo

O chamamento ao processo é modalidade de intervenção de terceiros provocada pelo réu, que deverá exercer tal direito na contestação.

Existem duas teses a respeito da natureza do chamamento ao processo.

a) Trata-se de ação condenatória requerida pelo devedor solidário que, acionado sozinho para responder pela totalidade da dívida, pretende acertar, na ação secundária de chamamento, a responsabilidade do devedor principal ou dos demais codevedores solidários, na proporção de suas cotas. De acordo com os autores adeptos desta teoria, tese contrária ofenderia a opção do litisconsórcio facultativo para o autor nos casos de solidariedade.

b) Outros autores defendem tratar-se de forma de ampliação subjetiva passiva da relação processual.

O CPC/2015, ao que parece, adotou a segunda tese, como se pode extrair do que está previsto no art. 131, *caput*, ao mencionar que "a citação daqueles que devam figurar em litisconsórcio passivo (...)".

Incidente de desconsideração da personalidade jurídica

Com a finalidade de resguardar os princípios do contraditório dinâmico e da ampla defesa, o legislador fez previsão do incidente de desconsideração da personalidade jurídica, por meio do qual o sócio ou a própria pessoa jurídica (desconsideração invertida) serão previamente ouvidos, antes de se decidir pela possibilidade de desconsiderá-la.

A lei processual não fez previsão das hipóteses em que será admitida a desconsideração, reservando tal regulação para o direito material, como é possível verificar no Código Civil, Código de Defesa do Consumidor etc.

O incidente de desconsideração da personalidade jurídica será instaurado a pedido da parte ou do Ministério Público, quando lhe couber intervir no processo.

Aquele que demandar no processo poderá requerer a instauração do incidente de desconsideração da personalidade jurídica. Nesse sentido, poderão fazê-lo: i) autor; ii) o réu, por meio de reconvenção; iii) o autor ou o réu, quando requererem a denunciação da lide; iv) o réu, quando valer-se do chamamento ao processo; v) o assistente litisconsorcial também poderá requerer, até porque poderia ser parte na relação processual.

O Ministério Público também poderá fazê-lo, atuando como parte no processo, ou como fiscal da ordem jurídica.

Amicus Curiae

O *amicus curiae* não é parte no processo, pois não tem qualquer interesse no resultado da ação. Tem unicamente interesse em auxiliar o órgão judicial. Terá legitimidade recursal limitada, pois somente poderá recorrer para opor embargos declaratórios e para impugnar o pronunciamento que julgar o incidente de resolução de demandas repetitivas (art. 138, § 3º do CPC).

Se, de um lado, o CPC prevê a intervenção do *amicus curiae* em quatro dispositivos, restringe a possibilidade de interposição de recurso a apenas um deles – incidente de resolução de demandas repetitivas – e admite a apresentação de embargos declaratórios em todos (art. 138, §§ 1º e 3º).

Poderes do juiz

O juiz atuará como presidente do processo, sendo de sua atribuição dirigi-lo (princípio do impulso oficial), como um verdadeiro gestor para a garantia da ampla defesa, contraditório e com o objetivo de ser alcançada uma sentença de mérito justa e efetiva.

É sabido que o juiz não se exime de decidir sob a alegação de lacuna ou obscuridade do ordenamento jurídico, sendo proibido o *non liquet*, como consequência do princípio da indeclinabilidade da jurisdição.

O juiz responderá civil e regressivamente por perdas e danos quando: i) no exercício de suas funções, proceder com dolo ou fraude; ii) recusar, omitir ou retardar, sem justo motivo, providência que deva ordenar de ofício ou a requerimento da parte (art. 143).

NOTE-SE QUE SE TRATA DE RESPONSABILIDADE REGRESSIVA

A imparcialidade é essencial para a validade da relação processual. Porém, esta imparcialidade poderá estar comprometida em determinadas situações.

No art. 144 há a previsão do impedimento do juiz, sendo-lhe vedado exercer suas funções no processo nas hipóteses mencionadas nos incisos. Para estes casos, o impedimento poderá ser conhecido de ofício pelo magistrado ou alegado pelas partes. Como regra, deverão fazê-lo no prazo de 15 dias contados da ciência do fato, muito embora se admita a alegação posterior. Poderá ser objeto até mesmo de ação rescisória.

IMPORTANTE:

O STF julgou procedente a ADI nº 5.953 para declarar a inconstitucionalidade do inciso VIII do art. 144 do CPC.

Inciso VIII: VIII – em que figure como parte cliente do escritório de advocacia de seu cônjuge, companheiro ou parente, consanguíneo ou afim, em linha reta ou colateral, até o terceiro grau, inclusive, mesmo que patrocinado por advogado de outro escritório;

De outro lado, o art. 145 prevê as hipóteses de suspeição, que poderão ser conhecidas de ofício pelo juiz e as partes poderão alegá-las no prazo de 15 dias contados da ciência. Porém, se não o fizerem, ocorre a preclusão.

Atuação do Ministério Público

O Ministério Público atuará no processo civil como parte ou como fiscal da ordem jurídica.

Alteração Legislativa

O Ministério Público intervirá, quando não for parte, nas ações de família em que figure como parte vítima de violência doméstica e familiar, nos termos da Lei Maria da Penha

4. JURISDIÇÃO E COMPETÊNCIA

Jurisdição

A doutrina tradicional de Direito Processual Civil identifica a existência de categorias processuais básicas, indicadas como sendo a jurisdição, ação, exceção e processo, sendo que cada qual será vista nos itens abaixo.

A Jurisdição é o poder que detém o Estado de fazer atuar as regras jurídicas de forma concreta. Frise-se: só diante de casos concretos é que atuará a função jurisdicional. Essa atividade apresenta-se como secundária, instrumental, declarativa, desinteressada e provocada.

A Jurisdição é informada por três princípios basilares:

(i) **Princípio do juiz natural:** somente exercerá a Jurisdição aquele devidamente investido na forma prevista pela Constituição Federal;

(ii) **A Jurisdição** é **improrrogável:** os limites do poder jurisdicional são traçados pela Constituição Federal;

(iii) **A Jurisdição** é **indeclinável:** não pode o Poder Jurisdicional recusar-se a cumprir a sua função, e nem delegá-la a quem quer que seja.

Limites da jurisdição nacional e cooperação internacional

O CPC 2015 corrigiu a imprecisão conceitual existente anteriormente, ao modificar o tratamento da antiga competência internacional para "limites da jurisdição nacional e da cooperação internacional". De fato, não se trata de um problema que envolva a competência, mas de jurisdição, porque se verifica quais são as causas ou que deverão ser submetidas à jurisdição nacional.

EXCLUSIVA	CONCORRENTE
Somente podem ser decididas pela jurisdição brasileira. Eventuais decisões estrangeiras não serão homologadas pelo Superior Tribunal de Justiça.	Podem ser decididas tanto pelo tribunal estrangeiro quanto pela jurisdição nacional, ressalvadas disposições em contrário de tratados internacionais e acordos bilaterais. Eventual decisão estrangeira deverá ser homologada pelo Superior Tribunal de Justiça. A ação proposta perante o Tribunal estrangeiro não induz litispendência.

O juízo estrangeiro poderá decretar o divórcio, hipótese em que estará dispensada a homologação da sentença no Brasil (art. 961 CPC). Porém, a decisão sobre a partilha somente poderá ser proferida pela autoridade judicial brasileira.

Divórcio consensual puro ou simples: estará dispensada a homologação da sentença pelo Superior Tribunal de Justiça. Competirá a qualquer juiz examinar a validade da decisão, em caráter principal ou incidental, quando essa questão for suscitada em processo de sua competência (art. 961, §§ 5º e 6º).

Divórcio consensual qualificado**: assim considerado aquele que dispõe sobre a guarda, alimentos e/ou partilha de bens**, nos termos dos artigos 1º e 2º, do Provimento nº 56/2016, do CNJ, não dispensará a homologação da sentença pelo Superior Tribunal de Justiça.

Admite-se a cooperação jurídica internacional que tenha por objeto: i) citação, intimação e notificação judicial e extrajudicial; ii) colheita de provas e obtenção de informações; iii) homologação e cumprimento de decisão; iv) concessão de medida judicial de urgência; v) assistência jurídica internacional; vi) qualquer outra medida judicial ou extrajudicial não proibida pela lei brasileira.

Competência

A competência territorial, em regra, será relativa, pois prevista no interesse das partes, que podem modificá-la por convenção (foro de eleição) ou por não terem apresentado a respectiva preliminar no tempo oportuno.

Constituem-se exceções à regra as ações fundadas em direito real sobre imóveis e ações possessórias, que devem ser processadas perante o foro da situação da coisa.

Admite-se que o autor opte pelo foro de domicílio do réu ou pelo foro de eleição se o litígio não recair sobre direito de propriedade, vizinhança, servidão, divisão e demarcação de terras e de nunciação de obra nova.

A ação fundada em direito pessoal e a ação fundada em direito real sobre bens móveis serão propostas, em regra, no foro do domicílio do réu. Tendo este mais de um domicílio, poderá ser demandado em qualquer um deles. Essa é a regra geral, sem prejuízo da existência de regras subsidiárias, se acaso aquela não puder ser aplicada.

A ação em que o incapaz for réu será proposta no foro de seu representante ou assistente.

Atenção – alteração legislativa – Lei nº 13.894/2019

É competente o foro: I – para a ação de divórcio, separação, anulação de casamento e reconhecimento ou dissolução de união estável: (...) d) de domicílio da vítima de violência doméstica e familiar, nos termos da Lei nº 11.340/2006.

As causas movidas pela União serão processadas perante o foro do domicílio do réu. Se a União for a demandada, será competente o foro do domicílio do autor, no de ocorrência do ato ou fato que originou a demanda, no de situação da coisa ou no Distrito Federal.

Nos termos do art. 52, parágrafo único, do CPC, se o Estado ou o Distrito Federal for o demandado, a ação poderia ser proposta no foro de domicílio do autor, no de ocorrência do ato ou fato que originou a demanda, no de situação da coisa ou na capital do respectivo ente federado. Contudo, o STF, na ADI 5.737, restringiu a competência a competência do foro de domicílio do autor às comarcas inseridas nos limites territoriais do Estado-membro ou do Distrito Federal que figure como réu.

As hipóteses de foro especial sobrepõem-se à regra geral, segundo a qual a ação deve ser ajuizada perante o domicílio do réu.

As regras de competência podem existir para atendimento do interesse público, quando então se diz que se está diante da competência absoluta, ou para comodidade das partes, hipótese em que será relativa.

A competência absoluta é um pressuposto de validade da relação processual, configurando-se matéria que pode ser conhecida de ofício pelo juiz. Aliás, em consonância com o princípio da competência sobre a competência, admite-se que o juiz analise se tem ou não competência para decidir sobre determinada questão que lhe foi apresentada. Admite-se que a parte alegue o vício da incompetência absoluta até mesmo após o trânsito em julgado, por meio da ação rescisória.

Diferentemente, a competência relativa não é um pressuposto de validade da relação processual. Não poderá ser conhecida de ofício pelo juiz, devendo ser alegada oportunamente pela parte interessada, na própria contestação, como preliminar.

A *perpetuatio jurisdicionais* (ou perpetuação da competência, como seria mais adequado) não prevalecerá em quaisquer situações, conforme a própria ressalva do Código. Assim, se houver supressão do órgão judiciário ou alteração da competência da competência absoluta em decorrência das modificações do estado de fato ou de direito, haverá a alteração da competência.

A competência poderá ser alterada em decorrência de previsão legal (como ocorre com a conexão, por exemplo) ou por vontade das partes (foro de eleição ou não formulação de preliminar na contestação).

Prevê o art. 54 que a competência relativa poderá ser modificada pela conexão ou pela continência.

É possível estabelecer uma relação de afinidade entre ações, o que pode gerar vários efeitos práticos, como a reunião de processos para julgamento conjunto, a suspensão de um processo para se aguardar o julgamento de outro etc.

Consideram-se conexas duas ações quando lhes for comum o pedido ou a causa de pedir. Trata-se de hipótese mínima em que as causas serão conexas, porque é possível que exista esta relação muito embora não seja comum o pedido ou a causa de pedir.

EXISTIRÁ CONEXÃO ENTRE CAUSAS

Se houver comunhão entre elas em relação ao pedido OU a causa de pedir.

A reunião dos processos será feita em favor do juízo prevento, que os decidirá. A prevenção do juízo será estabelecida pelo registro ou pela distribuição. Não mais se trata de efeito da citação válida.

A prevenção não mais se trata de efeito da citação válida. O juízo prevento será estabelecido em razão do registro ou da distribuição.

Para que ocorra a reunião dos processos haverá a necessidade de observância dos seguintes requisitos: i) juízo absolutamente competente para decidir as causas; ii) existência de liame entre as causas; iii) que a causa não tenha sido sentenciada.

A reunião dos processos para julgamento conjunto também será possível à execução de título executivo extrajudicial e à ação de conhecimento relativa ao mesmo ato jurídico, bem como às execuções fundadas no mesmo título executivo.

Admite o CPC, ainda, a reunião de processos para julgamento conjunto, ainda que não haja conexão. Isso será permitido em relação aos processos que possam gerar risco de prolação de decisões conflitantes ou contraditórias caso decididas separadamente.

5. DA TUTELA PROVISÓRIA

O Código de Processo Civil de 2015 denominou de provisória a tutela sumária, revogável, que pode ser deferida para em razão da existência de fundamentos relevantes e de risco de dano grave ou de difícil reparação, ou por conta da alta probabilidade de acolhimento da pretensão, não se justificando a necessidade de aguardar-se pelo final da caminhada processual.

A tutela de urgência será concedida quando houver elementos que evidenciem a probabilidade do direito (*fumus boni iuris*) e o perigo de dano ou o risco ao resultado útil do processo (*periculum in mora*).

Inovou o Código de Processo Civil de 2015 ao permitir que a tutela antecipada seja requerida de forma antecedente à instauração da relação processual.

Diferentemente do CPC de 1973, as medidas requeridas de forma antecedente não serão objeto de processo próprio, mas importarão na própria provocação do Poder Judiciário, que aguardará a vinda de futura complementação, a ser juntada nos próprios autos.

O procedimento da tutela cautelar requerida em caráter antecedente segue o disposto no art. 305 e seguintes do Código de Processo Civil.

A parte apresentará petição inicial antecedente, na qual indicará a lide e seu fundamento, a exposição sumária do direito que se objetiva assegurar e o perigo de dano ou o risco ao resultado útil do processo.

A tutela da evidência – antecipação de tutela sem o requisito exigência – poderá ser deferida nas hipóteses indicadas no art. 311, 558, 563, 678 e 701 do CPC 2015, bem como na indisponibilidade de bens na ação de improbidade administrativa e liminar de busca e apreensão de bem alienado fiduciariamente (DL nº 911/69).

O art. 311 do CPC demonstra a ampliação das hipóteses em que a tutela da evidência poderá ser deferida, se comparada com o regime anterior. São elas:

I – se ficar caracterizado o abuso do direito de defesa ou o manifesto propósito protelatório da parte: a tutela da evidência, na hipótese, é concedida em razão do comportamento abusivo da parte, contrário à boa-fé processual;

II – se as alegações de fato puderem ser comprovadas apenas documentalmente e houver tese em julgamento de casos repetitivos ou em súmula vinculante: se os fatos puderem ser comprovados por meio de documentos, não haverá necessidade de produção de outras provas. Além disso, a pretensão tem amparo jurídico em precedente que pode ser extraído de julgamento de casos repetitivos ou em súmula vinculante, o que permite afirmar que está em conformidade com precedente vinculante, conforme orienta o art. 927 do CPC;

III – se tratar de pedido reipersecutório fundado em prova documental adequada de contrato de depósito, caso em que será decretada a ordem de entrega do objeto custodiado, sob cominação de multa: é ação reipersecutória aquela em que se reivindica a posse ou a propriedade de uma coisa. Em tais ações, havendo prova documental adequada do contrato de depósito, será decretada a ordem de entrega do objeto custodiado, independentemente de urgência;

IV – se a petição inicial for instruída com prova documental suficiente dos fatos constitutivos do direito do autor, a que o réu não oponha prova capaz de gerar dúvida razoável: neste caso, a contestação não é suficiente para provocar qualquer dúvida no juízo. Note-se que é desnecessário que a tese esteja embasada em entendimento consubstanciado em precedente.

Nas hipóteses dos incisos II e III, o juiz poderá deferir liminarmente a tutela da evidência, pois, nesses casos, não há que se esperar pela conduta do réu.

A estabilização da tutela antecipada concedida em caráter antecedente a torna irrevogável no mesmo processo, exigindo que a parte ajuíze nova ação para o fim de rever, reformar ou invalidá-la.

Perceba-se que a estabilização da tutela não forma a coisa julgada. A propósito, não houve sentença de mérito sobre a questão, de modo que o magistrado não emitiu juízo de acertamento da situação subjetiva. Em outras palavras, não analisou se o pedido é procedente ou improcedente. Desse modo, o mérito continuará em aberto. De outro lado, foi estabilizada a tutela provisória, que permanecerá viva, mas somente modificável por meio de outra ação.

Haverá a estabilização da tutela se o réu não impugnar, por meio do recurso de agravo de instrumento (art. 1.015, I do CPC), a decisão interlocutória que, versando sobre o mérito, deferir a medida.

Ainda sobre o tema, deve ser registrado que:

A tutela antecipada antecedente torna-se estável unicamente se não houver qualquer tipo de impugnação pela parte contrária. Desse modo, o afastamento da estabilização da tutela não ocorrerá apenas se houver a impugnação da decisão judicial por meio de recurso. Admite-se, para tanto, a mera apresentação de contestação (Resp 1.760.966-SP).

6. FORMAÇÃO, SUSPENSÃO E EXTINÇÃO DO PROCESSO

Formação.

Em conformidade com o **princípio da ação ou da inércia da jurisdição**, a relação processual se desenvolve a partir de **provocação da parte interessada**, que o faz por meio do instrumento adequado. Nesse contexto, tem-se o sentido da palavra **demanda**, que **significa o ato de vir a juízo e apresentar a devida postulação**, sendo a petição inicial seu instrumento.

Somente de forma excepcional poderá o magistrado iniciar o processo sem que seja antes devidamente provocado pela parte interessada. A propósito, a título de exemplo, assim poderá proceder em relação ao procedimento de apuração de irregularidade praticada por entidade de atendimento, previsto no Estatuto da Criança e do Adolescente e, entre outros, do procedimento de arrecadação de bens em caso de herança jacente (art. 738 do CPC 2015), devendo ser registrado, de antemão, que o Código de Processo Civil de 2015 excluiu a possibilidade do magistrado de iniciar, de ofício, o procedimento de inventário.

O CPC de 2015 não autoriza o início do procedimento de inventário, de ofício, pelo juízo.

A propositura da ação.

Enquanto não protocolada a petição inicial, tem-se que se trata de um documento exclusivo da parte autora, elaborado por profissional a que a lei deu essa atribuição.

Por isso, somente se considera proposta a ação quando **a petição inicial for protocolada** (art. 312). Note-se que houve correção da falha técnica contida no CPC 1973 (art. 263), que considerava proposta a ação quando a petição inicial fosse despachada ou distribuída.

Estabelecer de forma adequada e objetiva o momento em que a ação é proposta tem importância prática, pois, como se verá adiante, a interrupção da prescrição, ocorrida com o despacho da inicial, **retroagirá à data da propositura da ação** (entenda-se, data em que foi protocolada), quando for providenciado o necessário para a realização da citação.

Efeitos da propositura para o réu: somente a partir da citação válida.

Conforme deixa claro o art. 312 do CPC, embora se considere proposta a ação quando for protocolada, os efeitos de tal **propositura para o réu** somente se iniciam quando este for devidamente citado.

Assim, **a citação válida induz litispendência, torna litigiosa a coisa e constitui em mora o devedor** (salvo as exceções legais), retroagindo unicamente o efeito da interrupção da prescrição à data da propositura da ação, desde que tenham sido providenciado o necessário para a citação do réu.

Verifica-se que tais efeitos decorrem da citação válida e não da propositura da ação.

Da Suspensão do processo.

A suspensão e a extinção como causas de crise do processo.

A busca da solução do mérito é o caminho natural do processo. Aliás, em conformidade com o art. 4º, do CPC, tem-se como norma fundamental o **princípio da preferência pelo julgamento do mérito**. Não obstante, o caminhar do processo está sujeito a determinados eventos que poderão importar na sua **paralisação**

ou até na extinção, pondo-se fim, neste último caso, à relação processual. Nas duas situações, ocorre o que se convencionou denominar de **crise do processo.**

Tal expressão, contudo, não é livre de críticas em relação à suspensão. Ora, é verdade que a relação processual deve ser desenvolvida para que tenha um fim. Porém, podem as partes entender que é conveniente para os seus interesses - e mesmo para a própria solução do litígio - que ocorra a paralização temporária do processo. Nesse passo, antevendo uma possível solução amigável, resolvem as partes suspender o andamento do processo, estabelecendo-se um negócio processual, em atenção ao princípio da autonomia de vontade (autorregulação do processo). Não se pode dizer, então, que a situação é reveladora de crise do processo, mas, justamente o contrário, de que o embate processual foi capaz de gerar reflexão e, quiçá, de conduzir as partes à solução amigável, sem a necessidade de resolução pelo Estado-Juiz.

Efeito da suspensão: paralisação do processo.

A suspensão do processo, por si só, é capaz de gerar o paralisar de seu andamento. Porém, em certas situações, será possível a prática de alguns atos processuais.

Tem-se, como regra, a **paralisação integral do processo**, admitindo-se unicamente a **prática de atos reputados urgentes**, salvo no caso de arguição de impedimento ou de suspeição.

Pelo que se extrai do que está previsto no art. 314 do CPC, portanto, se arguido o impedimento ou a suspeição, o juiz não poderá praticar qualquer ato, com exceção daqueles destinados ao processamento (desentranhamento da petição e juntada de manifestação do próprio juiz) e encaminhamento ao Tribunal para análise. E isso, pois, **a partir da entrada da petição em que se argui o impedimento ou a suspeição, estará o processo suspenso**, situação essa que poderá ser reavaliada pelo relator a que for distribuída a petição.

> Na suspensão própria poderão ser praticados unicamente atos reputados urgentes, com exceção se arguido o impedimento ou a suspeição.

Como dito, ainda que suspenso o processo, salvo se arguido o impedimento ou a suspeição, poderá o magistrado determinar a prática de atos urgentes a fim de evitar dano irreparável, como, por exemplo, **a efetivação de tutela provisória em razão da urgência (tutela antecipada ou tutela cautelar)**. Não é possível, em tese, que decida sobre a tutela da evidência, pois não se está diante de ato que tenha como requisito a urgência, salvo se tal requisito também for deliberadamente comprovado pela parte.

Praticado um ato reputado urgente, como o deferimento da tutela provisória de urgência, o prazo para que a parte contrária possa interpor o respectivo recurso (agravo de instrumento) não estará paralisado, correndo normalmente.

Causas de suspensão do processo.

Sem prejuízo de outras causas mencionadas em lei, posto que o rol do artigo 313 do CPC não é taxativo, são causas de suspensão do processo:

I) Morte ou perda da capacidade processual de qualquer das partes, de seu representante legal ou de seu procurador.

Ocorrendo a morte de qualquer uma das partes, o processo será suspenso, aguardando-se a **habilitação dos herdeiros**, salvo se a demanda versar sobre direitos intransmissíveis, como ocorre na ação de divórcio, quando então haverá a sua extinção.

Merece muita atenção a modificação de que se extrai da redação do art. 313, I do CPC, em comparação ao previsto no § 1º. do art. 265 do CPC/1973, pois, atualmente, **não mais se diferencia se a morte ou a perda da capacidade processual ocorreram antes ou depois de iniciada a audiência de instrução e julgamento**.

> Dessa forma, não importa se a morte ou a perda da capacidade processual ocorreram antes ou depois de iniciada a audiência de instrução e julgamento. Ocorrendo tais eventos, haverá a suspensão do processo, independentemente do momento.

A habilitação dos herdeiros seguirá o procedimento constante dos artigos 687 a 692 do Código de Processo Civil. Poderá ser iniciada pela parte, em relação aos sucessores do falecido, ou pelos próprios sucessores do falecido, em relação à parte.

Será processada nos autos do processo principal, na instância em que estiver. Recebida a petição, o juiz determinará a citação dos requeridos para que se pronunciem no prazo de cinco dias. O ato poderá ser realizado na pessoa do advogado, se já constituído nos autos.

O magistrado decidirá o pedido de habilitação imediatamente, proferindo-se decisão interlocutória. Porém, **se for necessária dilação probatória diversa da documental**, determina o **art. 691 que o pedido seja autuado em apartado**, sendo decidido ao final por **sentença**.

> Não havendo impugnação ou sendo desnecessária dilação probatória complexa, a habilitação de herdeiros será processada **nos próprios autos**. Porém, **havendo necessidade de prova documental diversa da probatória**, o pedido será autuado em apartado e decidido por **sentença** (art. 692).

Ainda que se trate de habilitação processada em apartado, o pronunciamento jurisdicional desafiará o recurso de agravo de instrumento, com fundamento no art. 1.015, II do CPC.

Se não providenciada a habilitação, ao tomar conhecimento da morte da parte, o magistrado determinará a suspensão do processo e observará o seguinte:

i) falecido o réu, ordenará a intimação do autor para que promova a citação do respectivo espólio, de quem for o sucessor ou, se for o caso, dos herdeiros, no prazo que designar, de no mínimo dois e no máximo seis meses;

ii) falecido o autor e sendo transmissível o direito, determinará a intimação de seu espólio, de quem for o sucessor ou, se for o caso, dos herdeiros, pelos meios de divulgação que reputar mais adequados, para que manifestem interesse na sucessão processual e promovam a respectiva habilitação no prazo designado, sob pena de extinção do processo sem resolução do mérito.

Como é possível extrair da interpretação conjunta dos artigos 313, § 2º, e 689, do CPC, **a suspensão do processo ocorrerá no momento em que o magistrado tiver conhecimento do falecimento da parte**, seja por meio do pedido de habilitação, seja por outro meio. Neste último caso, determinará a intimação do indicado pela lei para que promova a habilitação.

Passa-se à análise da suspensão do processo em decorrência da morte do procurador de qualquer das partes.

Neste caso, também independentemente do momento em que ocorrida a morte, o processo será suspenso e o juiz determinará que a parte constitua novo mandatário, no prazo de quinze dias. Na inércia, o processo será extinto sem resolução do mérito, se o autor não nomear novo mandatário, ou ordenará o prosseguimento do processo à revelia do réu, se falecido procurador deste. Note-se que se trata de hipótese de revelia ulterior que produzirá unicamente efeito processual (não intimação dos atos processuais posteriores), se a resposta já tiver sido apresentada anteriormente.

II) Convenção das partes.

Poderão as partes ajustar a **suspensão do processo**, sendo a paralisação **limitada a seis meses**. Trata-se de **negócio processual** entabulado entre as partes, que produzirá efeitos a partir do momento em que ajustado, não obstante haja necessidade de homologação judicial.

Escoado o prazo de seis meses, deverá o juiz determinar a continuidade do processo.

III) Pela arguição de impedimento e suspeição.

As causas de impedimento e a suspeição prejudicam a imparcialidade do juiz e serão arguidas, de acordo com o CPC, mediante mera petição nos próprios autos. Não mais devem ser arguidas por meio de exceção.

Arguido o impedimento ou a suspeição, tem-se que ocorrerá a suspensão imediata do processo, não podendo o juiz praticar sequer atos reputados urgentes.

Ao ter ciência da arguição, o juiz poderá reconhecer a causa de impedimento ou de suspeição e determinar o encaminhamento dos autos ao seu substituto legal. De outro lado, discordando, determinará o desentranhamento da petição, podendo instruí-la, bem como o seu encaminhamento ao Tribunal para decisão a respeito.

Aportando no Tribunal respectivo e distribuída ao relator, este decidirá sobre a manutenção ou não do efeito suspensivo.

IV) Pela Admissão do Incidente de Resolução de Demandas Repetitivas.

O CPC se preocupou em atender aos reclamos da sociedade para solucionar a litigiosidade repetitiva. Para tanto, fez previsão de incidentes e meios capazes de formar pronunciamentos judiciais, dos quais será possível extrair precedentes que vincularão juízes e o tribunal no julgamento de casos futuros (art. 927).

Entre esses instrumentos, destaca-se o incidente de resolução de demandas repetitivas, por meio do qual, havendo efetiva repetição de processos que contenham controvérsia sobre a mesma questão unicamente de direito e risco de ofensa à isonomia e à segurança jurídica, visando fixar uma tese que possa ser aplicada pelos juízes do mesmo tribunal.

Em conformidade com o art. 982 do CPC, admitido o incidente, o relator suspenderá os processos pendentes, individuais ou coletivos, que tramitam no Estado ou na região (no caso de Tribunal Regional Federal).

Decidido o incidente, se não interposto recurso, cessará a suspensão dos processos. Contudo, interposto recurso (extraordinário e/ou especial, que terão efeito suspensivo nesse caso), a suspensão do processo prosseguirá.

Como se vê, a causa de suspensão do processo, aqui analisada, não é automática ou decorrente da instauração do incidente de resolução de demandas repetitivas, mas carece de decisão de seu relator e terá vigência enquanto tramitar, salvo se houver decisão em sentido contrário.

V) Quando a sentença de mérito.

Nesta hipótese, abrem-se outras duas situações:

a) se a sentença de mérito depender do julgamento de outra causa ou da declaração da existência ou da inexistência de relação jurídica que constitua o objeto principal de outro processo pendente:

Neste caso, para que seja proferida sentença de mérito, **há necessidade de se aguardar pelo julgamento de outro processo, no qual será analisada questão prejudicial externa.**

Questão prejudicial é aquela que influenciará no mérito do processo. Pode ser interna (controvertida no próprio processo), ou externa (quando será decidida em outro processo).

b) tiver de ser proferida somente após a verificação de determinado fato ou a produção de certa prova:

Nesse caso, a prova será produzida em outro juízo, havendo necessidade de se aguardar por ela. A suspensão terá o prazo máximo de um ano nas duas hipóteses.

Dependendo o conhecimento do mérito de verificação de existência de fato delituoso, será determinada a suspensão do processo até que haja decisão no processo criminal. Será aguardado pelo prazo de três meses para o ajuizamento da ação penal. Se já ajuizada, porém, o processo ficará suspenso pelo prazo máximo de um ano.

VI) Por motivo de força maior.

Na hipótese constante do inciso V, indica o CPC que o processo poderá ser suspenso por motivo de força maior, que não decorre propriamente da vontade das partes, como, por exemplo, o alagamento de uma cidade por conta de fortes chuvas.

VII) quando se discutir em juízo questão decorrente de acidentes e fatos da navegação de competência do Tribunal Marítimo.

Havendo necessidade de se aguardar por decisão do Tribunal Marítimo como questão que influenciará o mérito da decisão de mérito, o juiz suspenderá o processo.

VIII) nos demais casos previstos em lei.

O rol constante do art. 313 não é exaustivo, mas exemplificativo, existindo outras hipóteses de suspensão do processo, como, por exemplo, a concessão de efeito suspensivo em embargos à execução.

IX) pelo parto ou pela concessão de adoção, quando a advogada responsável pelo processo constituir a única patrona da causa.

Trata-se de hipótese incluída pela Lei n. 13.363/2016, em que o período de suspensão será de trinta dias, contado a partir da data do parto ou da concessão da adoção, mediante apresentação de certidão de nascimento ou documento similar que comprove a realização do parto, ou de termo judicial que tenha decidido a adoção, desde que haja notificação ao cliente.

X - quando o advogado responsável pelo processo constituir o único patrono da causa e tornar-se pai.

Hipótese também incluída pela Lei n. 13.363/2016, segundo a qual o período de suspensão será de oito dias, contado a partir da data do parto ou da concessão da adoção, mediante apresentação de certidão de nascimento ou documento similar que comprove a realização do parto, ou de termo judicial que tenha concedido a adoção, desde que haja notificação ao cliente.

Extinção do processo.

A **extinção do processo** ocorrerá por meio de sentença, que terá por fundamento um dos incisos do art. 485, bem como os incisos II e III do art. 487 do CPC (vide, a respeito, o art. 354).

Nesse passo, a extinção do processo decorrerá de sentença em que não é analisado o mérito, ou, então, em sentença que decide, de ofício ou a requerimento, sobre a ocorrência de decadência ou prescrição, bem como a que homologa ato de reconhecimento da procedência do pedido e da reconvenção, a transação e a renúncia à pretensão formulada na ação ou na reconvenção.

Fala-se em extinção do processo, por isso, diz-se que será proferida sentença. Contudo, será possível que o magistrado profira **decisão interlocutória** em que **extingue parcialmente o processo**, com ou sem análise de mérito. Neste caso, o processo prosseguirá em relação à parte não objeto de extinção. A extinção também poderá ocorrer por meio de decisão monocrática, em julgamento, por exemplo, de agravo de instrumento.

7. PROCEDIMENTO COMUM

Petição inicial

É possível a identificação de requisitos intrínsecos e extrínsecos da petição inicial. Aqueles devem estar constantes do próprio corpo da petição inicial, ao passo que estes se revelam como documentos que devem acompanhar a peça, por serem imprescindíveis à propositura da ação.

Classificação dos Requisitos da Petição Inicial	
Intrínsecos	**Extrínsecos**
Contidos no corpo da petição inicial	Documentos indispensáveis à propositura da ação
Ausência: o juiz determinará a emenda.	Ausência: o juiz determinará que a peça seja completada

As causas serão levadas à distribuição/registro. A distribuição poderá ser livre ou vinculada (dependência).

Serão distribuídas por dependência as causas de qualquer natureza: i) quando se relacionarem, por conexão ou continência, com outra já ajuizada; ii) quando, tendo sido extinto o processo sem resolução de mérito, for reiterado o pedido, ainda que em litisconsórcio com outros autores ou que sejam parcialmente alterados os réus da demanda; iii) quando houver ajuizamento de ações que serão reunidas, ao juízo prevento.

A toda causa deve ser atribuído um valor, ainda que a ação não tenha conteúdo econômico.

Há critérios para a fixação do valor da causa. Nesse sentido:

> Art. 292. O valor da causa constará da petição inicial ou da reconvenção e será: I – na ação de cobrança de dívida, a soma monetariamente corrigida do principal, dos juros de mora vencidos e de outras penalidades, se houver, até a data de propositura da ação; II – na ação que tiver por objeto a existência, a validade, o cumprimento, a modificação, a resolução, a resilição ou a rescisão de ato jurídico, o valor do ato ou o de sua parte controvertida; III – na ação de alimentos, a soma de 12 (doze) prestações mensais pedidas pelo autor; IV – na ação de divisão, de demarcação e de reivindicação, o valor de avaliação da área ou do bem objeto do pedido; V – na ação indenizatória, inclusive a fundada em dano moral, o valor pretendido; VI – na ação em que há cumulação de pedidos, a quantia correspondente

à soma dos valores de todos eles; VII – na ação em que os pedidos são alternativos, o de maior valor; VIII – na ação em que houver pedido subsidiário, o valor do pedido principal.

Admite-se a cumulação de pedidos, observando-se a seguinte classificação: i) cumulação própria – os pedidos são apresentados, pretendendo o autor o acolhimento de todos eles; ii) cumulação imprópria – os pedidos são apresentados, mas o autor não pretende que todos eles sejam acolhidos. Poderá ser subsidiária (estabelece-se uma ordem entre eles), ou alternativa (sem estabelecimento desta ordem).

O indeferimento da petição inicial consiste na manifestação do juiz no sentido de que, a partir dos elementos indicados naquela peça, a ação não poderá prosseguir. Poderá ocorrer de forma parcial, com relação a algum dos pedidos, ou total, o que refletirá na natureza do pronunciamento jurisdicional (decisão interlocutória ou sentença).

Entende-se por liminar o pronunciamento proferido no início do processo, no seu limiar. A liminar poderá consistir em uma decisão interlocutória (tutela antecipada), em uma sentença (sentença de indeferimento da inicial), decisão monocrática proferida por relator e, por que não, até por decisão colegiada em Tribunal.

Como regra, uma vez iniciado o procedimento, haverá a citação da parte contrária e o andamento regular dos atos processuais, para que o magistrado possa, ao final, proferir a sentença de mérito.

Contudo, como visto no item anterior, será possível que o magistrado entenda que a petição inicial não reúne condições para que haja o desenrolar do processo, hipótese em que poderá indeferir a petição inicial, com pronunciamento sem análise de mérito.

Em outros casos, faculta o CPC que o juiz analise o mérito desde já, independentemente de citação da parte contrária, proferindo pronunciamento de improcedência liminar do pedido.

Há uma diferenciação a ser feita que é vital para o entendimento. Na improcedência liminar, o magistrado analisa o mérito. Julga-o desde já, com possibilidade de formação da coisa julgada material, se não houver a interposição de recurso. No indeferimento da inicial, contudo, não há análise de mérito.

Assim, o autor postula os seus pedidos e o magistrado, quando da análise da inicial, profere julgamento de improcedência liminar.

O CPC permite que tal julgamento ocorra, em suma, quando a pretensão apresentada pela parte contrária encampar tese jurídica contrária ao já decidido em determinados precedentes, quais sejam: I – enunciado de súmula do Supremo Tribunal Federal ou do Superior Tribunal de Justiça; II – acórdão proferido pelo Supremo Tribunal Federal ou pelo Superior Tribunal de Justiça em julgamento de recursos repetitivos; III – entendimento firmado em incidente de resolução de demandas repetitivas ou de assunção de competência; IV – enunciado de súmula de tribunal de justiça sobre direito local.

Audiência de conciliação e mediação

Estando a petição inicial em ordem e não entendendo o magistrado ser o caso de ser proferida sentença de improcedência liminar, será designada audiência de conciliação ou de mediação com antecedência mínima de 30 dias, devendo o réu ser citado com pelo menos vinte dias de antecedência.

Contestação e reconvenção

A contestação é regida pelos seguintes princípios:

a) concentração: deverá o réu concentrar em sua defesa toda a matéria de defesa, ainda que contraditória. Trata-se do momento oportuno para que isso seja feito. Uma vez apresentada, não poderá ser posteriormente complementada, uma vez que verificada a preclusão consumativa.

Há, porém, matérias que o réu poderá alegar posteriormente. Estão elencadas no art. 342 do CPC: i) relativas a direito ou a fato superveniente; ii) competir ao juiz conhecer delas de ofício; iii) por expressa autorização legal, puderem ser formuladas em qualquer tempo e grau de jurisdição.

Nestes casos, admite-se que a matéria seja alegada posteriormente. Imagine-se, por exemplo, o tema prescrição. Como sabido, dele o juiz poderá conhecer, de ofício, a qualquer momento. Por isso, o réu poderá alegá-la posteriormente, ainda que já oferecida contestação. A decadência contém uma particularidade, em razão de suas duas espécies. A decadência legal poderá ser alegada e conhecida a qualquer momento. De outro lado, a decadência convencional poderá ser alegada a qualquer tempo, muito embora somente poderá ser conhecida se houver requerimento nesse sentido. O juiz não poderá conhecê-la de ofício.

A regra, portanto, é de que toda a matéria de defesa seja alegada na contestação, ainda que ela seja contraditória.

b) ônus da impugnação especificada: a contestação é a oportunidade para que o réu impugne os fatos apresentados pelo autor na petição inicial. Algumas explicações preliminares são importantes para o entendimento correto deste princípio.

Na petição inicial, o autor apresenta os fatos dos quais extrai determinadas consequências jurídicas. O réu, ao ser citado, terá oportunidade de impugnar cada um destes fatos por meio da contestação, quando, então, passa-se a ter uma questão controvertida sobre a qual incidirá a prova. De outro lado, se o fato não for impugnado, será presumida a sua veracidade. Trata-se do ônus da impugnação especificada.

Porém, não haverá a presunção de veracidade, se não for admissível, a seu respeito, a confissão; se a petição inicial não estiver acompanhada de instrumento que a lei considerar da substância do ato; se os fatos estiverem em contradição com a defesa, considerada em seu conjunto.

Tal ônus não será aplicado ao defensor público, ao advogado dativo e ao curador especial. Dessa maneira, pela previsão contida no art. 341, parágrafo único do CPC, se a parte for assistida por Defensor Público, ainda que não apresente resposta, tem-se que não serão presumidos como verdadeiros os fatos articulados na petição inicial.

A contestação deverá ser apresentada por meio de petição, no prazo de 15 dias, sendo aplicáveis os prazos especiais previstos na lei.

Têm prazos especiais: Ministério Público, Defensoria Pública, Fazenda Pública e litisconsortes com diversos procuradores, que não sejam do mesmo escritório jurídico e não seja processo eletrônico.

No CPC de 1973, o prazo para o oferecimento de resposta era contado da juntada do mandado de citação aos autos. No CPC de 2015, porém, como houve previsão da necessidade de ser designada a audiência de conciliação ou de mediação, o prazo de resposta terá outro termo inicial.

Nesse sentido, prevê o art. 335 do Código de Processo Civil que o termo inicial será a data:

i) da audiência de conciliação ou de mediação, ou da última sessão de conciliação, quando qualquer parte não comparecer ou, comparecendo, não houver autocomposição: uma vez designada a audiência para tentativa conciliação ou de mediação, deverão as partes comparecer para a composição. Se esta ocorrer, será o ajuste homologado por sentença judicial. Porém, se a composição não ocorrer e houver necessidade de continuação do procedimento, será iniciado o prazo para que o réu possa apresentar a sua contestação. Importante que o (a) candidato(a) esteja bem atento à forma de contagem deste prazo, pois é possível que haja questionamento para indicação de seu termo final em um determinado problema. A título de exemplo, examina-se a seguinte hipótese.

O autor propôs ação de cobrança. Foi designada audiência de conciliação. As partes compareceram à audiência, oportunidade em que foi tentada a composição entre elas, que restou infrutífera. Nesse caso, haverá necessidade de continuidade do processo, abrindo-se prazo para que o réu ofereça resposta. Considerando-se que a audiência foi realizada no dia 23.09.2016, assinale o prazo final para que o réu possa oferecer resposta.

ii) do protocolo do pedido de cancelamento da audiência de conciliação ou de mediação apresentado pelo réu, quando ocorrer a hipótese do art. 334, § 4º, inciso I: poderá o autor ter indicado na petição inicial que não pretende conciliar-se, tendo o réu feito o mesmo no prazo legal. Dessa maneira, não há motivo para que seja realizada a audiência, que será dada como prejudicada. Nesse caso, o prazo para que o réu possa oferecer a sua resposta será na data do protocolo do pedido de cancelamento apresentado pelo réu.

Se houver litisconsórcio passivo, o prazo será contado a partir de cada pedido de cancelamento da audiência. Registre-se que, nesta hipótese, o prazo não será iniciado conjuntamente para todos os réus. Será contado de uma maneira para aqueles que requererem o cancelamento da audiência e da audiência para os demais, se ela ainda assim for realizada.

iii) prevista no art. 231, de acordo com o modo como foi feita a citação, nos demais casos: no inciso III estão incluídas várias situações, como, por exemplo, o caso em que o magistrado vislumbrou, de imediato, que não deverá ser designada audiência de conciliação ou de mediação, uma vez que o direito é indisponível. Dessa forma, desde já, dispensa a audiência e determina a citação do réu para oferecer resposta. Assim, o prazo para a contestação será iniciado: a) da data de juntada aos autos do aviso de recebimento, quando a citação for pelo correio; b) da data de juntada aos autos do mandado cumprido, quando a citação for por oficial de justiça; c) da data da citação, se esta for promovida pelo escrivão ou chefe de secretaria; d) do dia útil seguinte ao fim da dilação assinada pelo juiz, quando a citação for por edital; e) do dia seguinte à consulta ao teor da citação ou ao término do prazo para que a consulta se dê, quando a citação for eletrônica; f) da data da juntada do comunicado de que houve a citação pelo juízo deprecado, ou, não havendo tal, da data de juntada da carta aos autos de origem devidamente cumprida.

Tratando-se de prazo processual, naturalmente, o prazo de resposta será contado em dias úteis.

O Código de Processo Civil de 2015 acarretou na concentração das matérias que podem ser alegadas na contestação, se comparado com o Código anterior.

Nesse sentido, podem ser alegadas e apresentadas as seguintes matérias processuais e substanciais. Além disso, será também possível apresentar pedido na própria contestação, como adiante será visto.

CONTEÚDO DA CONTESTAÇÃO		
DEFESA PROCESSUAL	DEFESA DE MÉRITO	EXERCÍCIO DE PRETENSÃO

Defesa processual: poderá o réu alegar determinadas matérias, que são indicadas como processuais, por não se referirem ao mérito. Tratam-se das preliminares, que podem ser ainda classificadas em dilatória ou peremptórias.

A defesa processual dilatória importa no prolongamento da relação processual, como ocorre com a incompetência absoluta. Nesse caso, o juiz não encerra o processo, mas determina o seu encaminhamento para o juízo competente, o que importa em uma demora na solução da questão.

De outro lado, a defesa processual peremptória importará na extinção do processo, como ocorre com o reconhecimento da existência de coisa julgada.

O art. 337 do Código de Processo Civil elenca as preliminares. Em comum, já poderiam ser conhecidas de ofício pelo juiz, ou seja, independentemente de serem alegadas na contestação, com exceção da incompetência relativa e da convenção de arbitragem, que dependem de ser alegadas pela parte.

Há duas preliminares que tratam de matérias que não podem ser conhecidas de ofício pelo juiz. São elas: incompetência relativa e a convenção de arbitragem.

Exercício de pretensão: poderá o réu, ainda na contestação, exercer pretensão em face do autor, ou mesmo de terceiro. E assim ocorrerá na reconvenção ou mesmo na denunciação da lide.

A reconvenção é o contra-ataque exercido pelo réu (identificado como réu-reconvinte), ou, no mínimo este e mais pessoas, em face do autor ou também autor e outras pessoas. Trata-se de ação promovida no mesmo processo, que será exercida na própria contestação, quando então deverá o réu indicar o valor da causa (art. 292 *caput* CPC), devendo o pedido ser certo e determinado, admitindo-se também o pedido genérico nas hipóteses legais (art. 324 § 2º).

Por ser ação autônoma, a desistência da ação principal ou a ocorrência de causa extintiva que impeça o exame de seu mérito não obsta ao prosseguimento do processo quanto à reconvenção.

Oferecida a reconvenção, o magistrado determinará que se proceda à respectiva anotação pelo distribuidor (art. 286, parágrafo único).

Na reconvenção não se exigirá caução para que o brasileiro ou estrangeiro, que resida fora do Brasil ou que deixar de residir no país ao longo da tramitação de processo, ainda que não tenha bens imóveis no Brasil que assegure o pagamento das custas e dos honorários de advogado da parte contrária (art. 83, III do CPC).

Revelia

É efeito material da revelia a presunção de veracidade dos fatos articulados pelo autor na inicial. Não decorre a lógica procedência do pedido, mas apenas a presunção de que os fatos indicados na petição inicial são verdadeiros.

Porém, não haverá a produção deste efeito se: i) havendo pluralidade de réus, algum deles contestar a ação; ii) o litígio versar sobre direitos indisponíveis; iii) a petição inicial não estiver acompanhada de instrumento que a lei considere indispensável à prova do ato; iv) as alegações de fato formuladas pelo autor forem inverossímeis ou estiverem em contradição com a prova constante dos autos.

Providências preliminares

Tendo o réu apresentado a sua resposta, poderá o magistrado tomar algumas providências, indicadas como preliminares. E assim são identificadas, porque objetivam preparar o processo para a fase processual seguinte.

Nesse sentido, verificando o magistrado que o réu não ofereceu resposta, mas que não haverá a incidência do efeito material da revelia, abrirá oportunidade para que o autor possa especificar as provas que pretende produzir, se ainda não as tiver indicado (art. 348).

Julgamento conforme o estado do processo

Verificando o magistrado que poderá proferir pronunciamento sem a análise de mérito por incidir uma das hipóteses do art. 485, ou então, ser possível a análise de mérito com fundamento nos incisos II e III do art. 487 do CPC, proferirá sentença e extinguirá o processo (se decidir sobre a decadência ou a prescrição, ou, ainda, se homologar o reconhecimento da procedência do pedido formulado na ação ou na reconvenção, a transação ou a renúncia à pretensão formulada ou na reconvenção).

Audiência de saneamento e organização do processo

Se o magistrado entender que não é o caso de extinção do processo ou de promover ao julgamento antecipado do mérito, então, deverá proferir decisão de saneamento e de organização do processo, por meio da qual: i) resolverá as questões processuais pendentes, se houver; ii) delimitará as questões de fato sobre as quais recairá a atividade probatória, especificando os meios de prova admitidos; iii) definirá a distribuição do ônus probatório; iv) delimitará as questões de direito relevantes para a decisão do mérito; v) designará, se necessário, audiência de instrução e julgamento.

Audiência de instrução e julgamento

Tem a audiência de instrução e julgamento a finalidade de ser colhida a prova oral a ser produzida.

8. DAS PROVAS

Por *meios de prova* compreendem-se os procedimentos adequados para a obtenção da informação e o seu registro. Há vários meios de prova, como a pericial, a testemunhal. Não se confunde com fonte de prova.

A prova é extraída de uma fonte de prova. Uma pessoa pode ser uma fonte de prova, sendo aquela examinada por um perito médico, por exemplo. Tem-se, então, uma fonte de prova, que não se confunde com os meios de prova.

Serão admitidos todos os meios de prova moralmente legítimos, ainda que atípicos.

Admite-se, também, que o magistrado determine a produção da prova que entenda pertinente como decorrência do dever-poder instrutório do juiz (art. 370 do CPC).

Em consonância com o princípio da comunhão das provas, uma vez sendo produzida, poderá qualquer uma das partes dela se aproveitar, ainda que não tenha a requerido. A prova não pertence à parte que a produziu.

Em conformidade com o art. 5º, XII, CF, são inadmissíveis, no processo, as provas obtidas por meios ilícitos.

São princípios que regem a prova cível: atipicidade da prova; proibição da utilização das provas obtidas por meios ilícitos; aquisição e comunhão da prova; oralidade; máxima eficiência dos meios probatórios; deveres-poderes instrutórios do juiz; unidade probatória; e, livre convencimento motivado do juiz.

Distribuição do ônus da prova.

Ônus probatório: a propósito do tema, deve haver prévia análise da carga estática e da carga dinâmica do ônus probatório. Pela carga estática do ônus probatório, que ainda é a regra, há a prévia distribuição daquilo que cada parte no processo deverá comprovar. Desse modo, incumbe ao autor o ônus da prova quanto ao fato constitutivo de seu direito e ao réu, por sua vez, quanto ao fato impeditivo, modificativo ou extintivo do direito do autor.

Admite-se que as partes, por convenção, modifiquem o ônus da prova. Contudo, tal convenção não será admitida quando recair sobre direito indisponível da parte ou se tornar excessivamente difícil a uma parte o exercício do direito (art. 373, § 3º).

O CPC inovou ao prever, também, a carga dinâmica do ônus probatório. Diferentemente do que foi anteriormente analisado, será possível que o juiz atribua o ônus da prova de modo diverso, desde que o faça por decisão fundamentada, justificada nos casos previstos em lei ou diante de peculiaridades da causa decorrentes da excessiva dificuldade de cumprir o encargo. Enfim, terá o ônus de provar aquele que tiver melhores condições de fazê-lo.

Fatos que independem de prova.

As provas buscam demonstrar os fatos. Porém, nem todos os fatos precisam ser demonstrados.

Nesse sentido, o art. 374 dispensa a prova dos fatos: i) notórios; ii) afirmados por uma parte e confessados pela parte contrária; iii) admitidos no processo como incontroversos; iv) em cujo favor milita presunção legal de existência ou de veracidade.

Produção antecipada de prova

O Código fez previsão da denominada ação probatória, que tem por finalidade exclusiva a produção antecipada de prova que poderá ser utilizada posteriormente em procedimento arbitral, judicial ou administrativo. Será admitida se: houver fundado receio de que venha a tornar-se impossível ou muito difícil a verificação de certos fatos na pendência da ação; a prova a ser produzida seja suscetível de viabilizar a autocomposição ou outro meio adequado de solução de conflito; o prévio conhecimento dos fatos possa justificar ou evitar o ajuizamento de ação.

Note-se que nem sempre haverá necessidade do elemento urgência.

A ação probatória não admitirá defesa ou recurso, salvo contra decisão que indeferir totalmente a produção da prova pleiteada pelo requerente originário.

Uma vez deferida e produzida a prova, os autos permanecerão durante um mês para extração de cópias e certidões.

Provas típicas e atípicas:

Ata notarial

A existência e o modo de existir de algum fato podem ser atestados ou documentados, a requerimento do interessado, mediante ata lavrada por tabelião.

Dados representados por imagem ou som gravados em arquivos eletrônicos poderão constar da ata notarial.

Depoimento pessoal.

O depoimento pessoal é um meio de prova consistente na colheita do depoimento do autor e do réu. Será produzido na audiência de instrução e julgamento, com possibilidade de que haja a formulação de reperguntas pelo advogado da parte contrária.

Não obstante, admite-se que, se a parte residir em comarca, seção ou subseção judiciária diversa daquela onde tramita o processo poderá ser colhida por meio de videoconferência ou outro recurso tecnológico de transmissão de sons e imagens em tempo real, o que poderá ocorrer, inclusive, durante a realização da audiência de instrução e julgamento.

Se a parte não comparecer, apesar de pessoalmente intimada, ser-lhe-á aplicada a pena de confesso. Da mesma forma, se recusar a depor.

A parte não é obrigada a depor sobre fatos criminosos ou torpes que lhe forem imputados, a cujo respeito, por estado ou profissão, deva guardar sigilo, acerca dos quais não possa responder sem desonra própria, de seu cônjuge, de seu companheiro ou de parente em grau sucessível, que coloquem em perigo a vida do depoente ou das pessoas antes indicadas. Esta regra, contudo, não se aplica às ações de estado e de família.

Difere o depoimento pessoal do interrogatório, que poderá ser colhido a qualquer momento. Porém, no interrogatório a parte não está obrigada a depor e, se deixar de fazê-lo, não lhe será aplicada a pena de confesso.

Confissão.

Haverá a confissão quando a parte admite a verdade de fato contrário ao seu interesse e favorável ao do adversário.

Ela poderá ocorrer no âmbito judicial ou extrajudicial. Pode ainda ser espontânea ou provocada.

A confissão é irrevogável, mas poderá ser anulada se decorreu de erro de fato ou de coação. A legitimidade para a propositura desta ação é exclusiva do confitente e pode ser transferida a seus herdeiros se ele falecer após a propositura.

Exibição de documento ou coisa

A exibição poderá ser determinada pelo juiz, estando o documento ou coisa sob poder da parte ou de terceiros.

Atenção
O pedido formulado pela parte conterá: I – a descrição, tão completa quanto possível, do documento ou da coisa, ou das categorias de documentos ou de coisas buscados; II – a finalidade da prova, com indicação dos fatos que se relacionam com o documento ou com a coisa, ou com suas categorias; III – as circunstâncias em que se funda o requerente para afirmar que o documento ou a coisa existe, ainda que a referência seja a categoria de documentos ou de coisas, e se acha em poder da parte contrária.

Se estiver em poder da parte contrária, esta será intimada para responder no prazo de cinco dias contados de sua intimação. Instaura-se um incidente processual. Poderá o requerido afirmar que não possui o documento. Se o juiz não admitir a sua recusa, admitirá como verdadeiros os fatos que, por meio do documento ou da coisa, a parte pretendia provar se: i) o requerido não efetuar a exibição e nem fizer nenhuma declaração no prazo de cinco dias; ii) a recusa for havida por ilegítima.

Estando o documento ou coisa em poder de terceiro, será instaurado processo incidente. Nesse sentido, o terceiro será citado para responder no prazo de 15 dias. Não havendo motivo justo, o juiz ordenará o depósito em cartório, podendo haver a expedição de mandado de busca e apreensão.

Prova documental.

De todos os aspectos da prova documental, merecem ser destacados pela própria incidência em provas e concursos, alguns aspectos importantes.

O réu manifestar-se-á na contestação sobre os documentos anexos à inicial, e o autor na réplica sobre os documentos anexados na contestação.

A parte poderá requerer a juntada de documento aos processos e a outra poderá arguir a sua falsidade na contestação, na réplica ou no prazo de 15 dias contados da intimação da juntada dos documentos aos autos.

Arguida a falsidade como questão incidental, assim será decidida e não fará coisa julgada. Porém, poderá ser resolvida como questão principal, desde que haja requerimento da parte e seja o juiz competente, hipótese em que fará coisa julgada.

A propósito, indica o art. 433: "A declaração sobre a falsidade do documento, quando suscitada como questão principal, constará da parte dispositiva da sentença e sobre ela incidirá também a autoridade da coisa julgada".

Em regra, a prova documental deve ser apresentada juntamente com a petição inicial e contestação, sendo lícito às partes, porém, em qualquer momento, juntar aos autos documentos novos, se destinados a fazer prova de fatos ocorridos depois dos alegados, ou para contrapô-los aos que foram produzidos nos autos.

Sendo assim, se o réu apresenta fatos modificativos do direito do autor, poderá o autor apresentar novos documentos, afastando as alegações trazidas.

Os documentos podem ser públicos ou privados.

Competirá à parte impugnar a autenticidade da assinatura e a veracidade do contexto, o que presumir-se-á tendo em vista o seu silêncio. Tal eficácia cessa, contudo, se o documento foi obtido por erro, dolo ou coação, que podem ser alegados em momento posterior.

Documentos eletrônicos

A utilização de documentos eletrônicos no processo convencional dependerá de sua conversão à forma impressa e da verificação de sua autenticidade, na forma da lei.

O juiz apreciará o valor probante do documento eletrônico não convertido, assegurado às partes o acesso a seu teor.

Serão admitidos documentos eletrônicos produzidos e conservados com a observância da legislação específica.

Prova testemunhal.

A testemunha é a fonte da prova testemunhal. É a pessoa que, não sendo parte, será chamada a depor sobre fatos tratados no processo, sendo indeferida a sua oitiva sobre fatos já provados por documento ou confissão da parte, ou que só por documento ou por exame pericial puderem ser provados.

Todas as pessoas podem ser acionadas como testemunhas, havendo ressalva, contudo, em relação às incapazes, impedidas e suspeitas.

Sendo necessário, o magistrado poderá ouvir as testemunhas menores, impedidas ou suspeitas, sem tomar-lhes o compromisso de dizer a verdade.

A testemunha é obrigada a depor e a dizer a verdade, sob pena de praticar o crime de falso testemunho. Porém, não é obrigada a depor sobre fatos: (i) que lhe acarretem grave dano, bem como ao seu cônjuge e aos seus parentes consanguíneos ou afins, em linha reta, ou na colateral em segundo grau; (ii) a cujo respeito, por estado ou profissão, deva guardar sigilo.

Nos casos em que a lei exigir prova escrita da obrigação, é admissível a prova testemunhal quando houver começo de prova por escrito, emanado da parte contra a qual se pretende produzir a prova.

Também se admite a prova testemunhal quando o credor não pode ou não podia, moral ou materialmente, obter a prova escrita da obrigação, em casos como o de parentesco, de depósito necessário ou de hospedagem em hotel ou em razão das práticas comerciais do local onde contraída a obrigação.

O juiz fixará, na decisão saneadora, o prazo comum não superior a 15 dias para que as partes apresentem rol de testemunhas. No caso de saneamento compartilhado, as partes devem levar consigo o rol de testemunhas.

O número de testemunhas não pode ser superior a dez, sendo 03 no máximo para a prova de cada fato.

Admite-se que o juiz limite o número de testemunhas levando em conta a complexidade da causa e dos fatos individualmente considerados.

Prova pericial.

A prova pericial consiste em exame, vistoria ou avaliação. Trata-se de meio de prova em que se necessita dos conhecimentos de expert nomeado pelo Juízo.

A prova pericial poderá ser substituída pela prova técnica simplificada, se o ponto controvertido for de menor complexidade, consistindo apenas na inquirição de especialista pelo juiz.

Ao nomear o perito, o juiz fixará prazo para a entrega do laudo.

Uma vez intimada, a parte terá o prazo de quinze dias para arguir o impedimento ou a suspeição do perito, indicar assistente técnico ou apresentar quesitos.

Ciente da notificação, o perito apresentará proposta de honorários, currículo com comprovação de especialização e contatos profissionais, sendo as partes intimadas, podendo manifestar-se a respeito em cinco dias.

Ultrapassado o prazo, com ou sem manifestação, o juiz arbitrará o valor, intimando-se as partes.

É admissível a apresentação de quesitos suplementares durante a diligência, que poderão ser respondidos pelo perito previamente ou na audiência de instrução e julgamento.

É admissível também que as partes escolham o perito, indicando-o mediante requerimento, desde que sejam plenamente capazes e a causa possa ser resolvida por autocomposição.

Inspeção judicial.

A inspeção judicial consiste na possibilidade de o juiz, sem intermediários, constatar determinado fato indicado na inicial ou na contestação.

Assim, o juiz, de ofício ou a requerimento da parte, poderá, em qualquer fase do processo, inspecionar pessoas ou coisas, com a finalidade de esclarecer sobre fato.

Realizada a inspeção, será lavrado auto circunstanciado.

9. DA SENTENÇA E DA COISA JULGADA

Quanto à espécie de tutela jurisdicional concedida à parte, tem-se que as sentenças podem ser declaratórias, constitutivas e condenatórias. Para os adeptos da teoria quinária da ação, também podem ser mandamentais e executivas lato sensu.

- Sentença declaratória: tem a finalidade de declarar a existência, a inexistência ou o modo de ser de uma relação jurídica. De se lembrar que toda sentença possui uma carga declaratória, mas há algumas em que isso prevalece. A improcedência de qualquer pedido gera uma sentença declaratória.
- Sentença condenatória: neste pronunciado, será certificado o direito da parte vencedora. Por meio dela, verifica-se a existência do direito e impõe o seu cumprimento.
- Sentença constitutiva: por meio dela, o pronunciamento criará, modificará ou extinguirá um estado ou uma relação jurídica. Exemplo: sentença de divórcio.

É possível que uma sentença encampe uma multiplicidade de efeitos. Poderá ter predominância em relação a um dos efeitos, mas imponha também outro.

- Sentenças mandamental e executiva *lato sensu* para aqueles que defendem a sua existência, tem-se que na primeira haverá a imposição de uma ordem, de um mandamento, a ser cumprido pelo próprio obrigado. Diferentemente, na executiva lato sensu, impõe-se uma ordem que será cumprida independentemente da vontade daquele que tem o dever de fazê-lo. Exemplo: mandado de reintegração de posse. A ordem será cumprida ainda que o ocupante não concorde ou não o permita.

Os pronunciamentos do juiz em que houve ou não a resolução do mérito já foram analisados anteriormente, quando do estudo dos pronunciamentos judiciais.

A sentença possui uma estrutura orgânica, devendo ser composta pelo relatório, pelos fundamentos e pelo dispositivo.

- Relatório: conterá os nomes das partes, a identificação do caso, com a suma do pedido e da contestação, e o registro das principais ocorrências havidas no andamento do processo;
- Fundamentação: por meio dos fundamentos o juiz analisará as questões de fato e de direito.
- Dispositivo: o juiz resolverá as questões principais que as partes lhe submeterem.

Em observância ao princípio da fundamentação analítica, não será considerada fundamentada qualquer decisão judicial, seja ela interlocutória, sentença ou acórdão, que: I – se limitar à indicação, à reprodução ou à paráfrase de ato normativo, sem explicar sua relação com a causa ou a questão decidida; II – empregar conceitos jurídicos indeterminados, sem explicar o motivo concreto de sua incidência no caso; III – invocar motivos que se prestariam a justificar qualquer outra decisão; IV – não enfrentar todos os argumentos deduzidos no processo capazes de, em tese, infirmar a conclusão adotada pelo julgador; V – se limitar a invocar precedente ou enunciado de súmula, sem identificar seus fundamentos determinantes nem demonstrar que o caso sob julgamento se ajusta àqueles fundamentos; VI – deixar de seguir enunciado de súmula, jurisprudência ou precedente invocado pela parte, sem demonstrar a existência de distinção no caso em julgamento ou a superação do entendimento.

Podem ser apontados os seguintes efeitos da sentença em que ocorra a análise de mérito:

i) colocar fim à fase cognitiva e na execução;

ii) a sentença que impuser obrigação se constituirá em título executivo judicial;

iii) a hipoteca judiciária, como previsto no art. 495: "a decisão que condenar o réu ao pagamento de prestação consistente em dinheiro e a que determinar a conversão de prestação de fazer, de não fazer ou de dar coisa em prestação pecuniária valerão como título constitutivo de hipoteca judiciária". Por isso, a decisão (pode ser sentença ou mesmo decisão interlocutória de mérito) produzirá hipoteca judiciária: a) ainda que a condenação seja genérica, exigindo futura liquidação; b) ainda que submetida a cumprimento provisório apenas; c) ainda que impugnada com recurso com efeito suspensivo.

A possibilidade de interposição de recurso com efeito suspensivo não retira a possibilidade da hipoteca judiciária.

A hipoteca judiciária, uma vez constituída, implicará, para o credor hipotecário, o direito de preferência, quanto ao pagamento, em relação a outros credores, observada a prioridade no registro. Responderá a parte de forma objetiva (sem necessidade de demonstração de dolo ou culpa) pelos prejuízos causados se acaso houver reforma ou invalidação da decisão que impôs o pagamento de quantia. Os danos serão apurados no próprio processo, onde também serão executados.

A hipoteca judiciária constitui efeito secundário da sentença.

Constitui a publicação o ato de tornar pública a sentença. Trata-se da entrega do pronunciamento ao escrivão. A partir de então, o magistrado somente poderá alterar a sentença para corrigir-lhe, de ofício ou a requerimento da parte, inexatidões materiais ou erros de cálculo ou por meio dos embargos de declaração.

Para a correção de inexatidões materiais ou erros de cálculo, como foi dito, a correção poderá se dar de ofício, a qualquer tempo.

Tem os embargos declaratórios natureza mista, na medida em que se constituem em recursos, mas também em meio de correção e integração da sentença.

Uma vez publicada a sentença (tornada pública), providenciará o escrivão (e os demais agentes – auxiliares da justiça) a intimação das partes, seguindo-se as regras gerais para tanto.

O juiz estará atrelado ao pedido apresentado pela parte, por força do princípio da inércia. Estará adstrito ao que foi requerido pelo demandante. A essa adstrição correspondente o princípio da congruência, da correlação ou da adstrição.

VÍCIOS DA INOBSERVÂNCIA DO PRINCÍPIO DA ADSTRIÇÃO NA SENTENÇA		
ULTRA PETITA	*EXTRA PETITA*	*CITRA PETITA*
Vai além do pedido. Exemplo: o autor pede a condenação do réu em R$ 100,00 e o juiz defere R$ 200,00.	O magistrado defere pedido diverso do que foi requerido.	A sentença não analisa todos os pedidos apresentados.

Coisa julgada

Quer seja por ter decorrido o prazo para interposição de recursos, quer seja porque houve o esgotamento das vias recursais possíveis, a sentença passa a conter uma qualidade especial, da *res judicata*, garantia constitucional (art. 5º, XXXVI, CF), que impede a discussão eterna da questão, propiciando segurança jurídica. É gerada, assim, a imutabilidade da sentença.

A coisa julgada, no entanto, não é uma garantia absoluta, devendo conviver com outras garantias e bens jurídicos de igual importância. Sendo assim, muito embora presente a coisa julgada, a lei permite, em casos excepcionais, a rescisão de tal qualidade, por meio da ação rescisória, apta a ser ajuizada nos casos mencionados no art. 966, do Código de Processo Civil.

O estudo do regime jurídico da coisa julgada compreende a análise de seus limites objetivos, limites subjetivos e também de seu modo de produção.

a) Limites objetivos: verifica-se o que é atingido pela coisa julgada material, se toda a sentença, ou se parte dela.

Como sabido, a sentença é constituída por três elementos essenciais: o relatório, a fundamentação e a parte dispositiva (dispositivo), mas somente a última é atingida pela coisa julgada, excluindo-se os motivos, ainda que importantes para determinar o alcance da parte dispositiva da sentença, assim como também a verdade dos fatos, estabelecida como fundamento da sentença.

A questão prejudicial, decidida incidentalmente no processo, também não fará coisa julgada material. Trata-se de antecedente lógico da sentença e, por isso, não abrangida pela coisa julgada, salvo em relação à hipótese analisada mais adiante.

b) Limites subjetivos: nesse ponto, verifica-se quem será atingido pela coisa julgada formada.

Em um primeiro momento, a coisa julgada estará adstrita às partes do processo e, por isso, é denominada de inter-partes.

Contudo, admitem-se exceções.

Na primeira, verifica-se a coisa julgada ultra partes, que vai além das partes do processo, para atingir também determinados terceiros. É o que ocorre nos casos de substituição processual, em que o substituído, apesar de não ter participado do processo, terá sua esfera jurídica atingida.

Outra exceção é a coisa julgada erga omnes, que atingirá a todos os jurisdicionados, sendo eles partes ou não. A ação de usucapião é um exemplo, assim como a procedência da ação civil pública para a tutela de interesses difusos.

c) Quanto ao modo de produção: de acordo com esse critério, a coisa julgada será pro et contra, *secundum eventum litis* e *secundum eventum probationis*.

Em regra, a coisa julgada forma-se independentemente do resultado do processo. Sendo o pedido procedente ou improcedente, havendo ou não o esgotamento das provas, haverá a coisa julgada.

Portanto, se o autor propuser a sua demanda e o magistrado julgá-la improcedente em decorrência da ausência de comprovação dos fatos apresentados na inicial, ainda assim, será formada a coisa julgada.

Nesse contexto, surgem as técnicas que se passa a expor.

Haverá a coisa julgada *secundum eventum litis* (segundo o resultado do processo), em casos específicos e previstos em lei. Assim, na procedência da ação civil pública em que se busca a tutela de interesses difusos, poderão as vítimas buscar, individualmente, a liquidação do julgado.

Já a coisa julgada *secundum eventum probationis* (segundo a prova produzida) existirá quando houver o esgotamento das provas. Assim, se a ação popular, por exemplo, for julgada improcedente, porém, sem o esgotamento das provas, admite-se a nova ação sobre a mesma matéria. Note-se que se trata de exceção à regra.

A coisa julgada abrangerá apenas a questão principal. Porém, de acordo com o CPC/2015, poderá abranger também a questão prejudicial, desde que seja decidida expressa e incidentalmente no processo, observando-se os incisos do § 1º do art. 503 (independentemente de ação declaratória incidental, abolida no CPC de 2015).

Se houver conflito entre coisas julgadas, qual delas prevalecerá?

Existindo conflito entre coisas julgadas, prevalecerá a forma da em segundo lugar, enquanto não desconstituída mediante ação rescisória. Contudo, a regra tem uma exceção: se a execução da primeira já se iniciou ou foi concluída.

REGRA: havendo conflito de coisas julgadas, prevalecerá a que transitar em julgado em segundo lugar.
EXCEÇÃO: prevalecerá a primeira, contudo, se a execução desta já se iniciou ou foi concluída.

Os Pronunciamentos Ilíquidos que Reconhecem a Existência de Obrigação

O pronunciamento jurisdicional que reconhece a existência de obrigação e impõe o seu cumprimento, como regra, deverá indicar a sua extensão, o índice de correção monetária, a taxa de juros, o termo inicial de ambos e a periodicidade da capitalização dos juros, se for o caso.

A liquidação poderá ser iniciada apesar de estar pendente de julgamento o recurso interposto para impugnar o pronunciamento judicial, ainda que tenha efeito suspensivo.

Trata-se da liquidação provisória, que será processada em autos apartados, em que o credor busca adiantar-se. Poderia aguardar o julgamento do recurso, mas prefere já buscar delimitar o valor devido.

Não havendo modificação da decisão em execução, será iniciada a fase de cumprimento de sentença, bastando ao credor atualizar os cálculos. De outro lado, se houver modificação do pronunciamento, o valor da obrigação deverá ser ajustado ao novo desenho traçado com o julgamento do recurso.

Concomitantes liquidação e cumprimento de sentença em relação ao mesmo título

É possível que o mesmo título executivo judicial contenha uma parte líquida, permitindo-se o cumprimento de sentença imediato, e outra parte ilíquida, a exigir a devida apuração do valor. Nesse caso, poderá o credor, de imediato, iniciar a fase de cumprimento, em relação à primeira, e promover a liquidação no que tange à segunda.

Apuração do Valor Dependente de Cálculos Aritméticos

Não carecerá de liquidação o cumprimento de pronunciamento que reconheça obrigação, cujo montante poderá ser delimitado com a apresentação de cálculos aritméticos.

Tais cálculos deverão ser apresentados pelo credor ao requerer o início da fase de cumprimento de sentença, observando-se estritamente o que foi fixado no título judicial, sendo vedado discutir de novo a lide ou modificar a sentença que a julgou.

A propósito, o Superior Tribunal de Justiça admite a utilização da ação rescisória para rescindir a sentença que homologa a liquidação, se esta não respeitar a coisa julgada.[2]

Liquidação Incidental e Autônoma.

Inicialmente, deve ser lembrado que o Código de Processo Civil adota a ideia do processo sincrético.

Nesse contexto, insere-se a liquidação como integrante de tal processo, uma fase específica para a delimitação do valor da obrigação.

Existem outras situações em que a liquidação não ocorre como fase no processo sincrético. Em verdade, o processo se inicia com a própria liquidação (incisos VI a IX, do art. 515 do CPC/2015), quando o devedor será citado no juízo cível para o cumprimento da sentença ou para a liquidação no prazo de 15 dias.

E assim ocorre nas seguintes hipóteses: a) sentença penal condenatória transitada em julgado; b) sentença arbitral; c) sentença estrangeira homologada pelo Superior Tribunal de Justiça; e, d) decisão interlocutó-

2. REsp 1513261/RS, Rel. Ministro PAULO DE TARSO SANSEVERINO, TERCEIRA TURMA, julgado em 22/09/2015, DJe 28/09/2015.

ria estrangeira, após a concessão do exequatur à carta rogatória pelo STJ.

A sentença penal condenatória transitada em julgado configura-se como título executivo judicial apto à execução. Porém, em regra, a sentença circunscreve-se à condenação do réu pela prática criminosa, bem como na fixação da pena a ser cumprida.

É certo que Código de Processo Penal determina que o juiz fixe, sempre que possível, o valor da reparação devida em razão da prática delituosa. Contudo, tal valor configura-se em um mínimo, e nada impede que a parte busque, em processo autônomo, a complementação. Na maioria dos casos, simplesmente não há essa fixação de valor, porque o juiz, no processo penal, não possui elementos suficientes para a sua fixação.

Diante disso, compete à vítima ingressar no juízo cível e buscar executar o título executivo, passando, antes, pela liquidação da obrigação.

Dessa maneira, como a liquidação não se processará perante o juízo criminal, haverá necessidade da formação de nova relação processual, que tramitará no juízo cível competente para a execução.

Também enseja a liquidação autônoma a sentença arbitral, aquela decorrente da convenção de arbitragem, desde que, obviamente, não tenha sido fixado o objeto devido, o mesmo ocorrendo com os casos que exigem homologação pelo STJ.

Note-se que, neste caso, não houve anterior processo civil de conhecimento em trâmite no Poder Judiciário brasileiro, exigindo-se o início de uma ação para a apuração do valor, na qual, posteriormente, correrá o cumprimento de sentença.

Cumprimento das sentenças

A intimação do devedor se dará:

I – pelo Diário da Justiça, na pessoa de seu advogado constituído nos autos, salvo se o requerimento de início da fase de execução ocorrer após um ano do trânsito em julgado, quando a intimação será realizada na pessoa do devedor;

Como regra, o devedor será intimado na pessoa de seu advogado, que o representou na fase de conhecimento ou que ingressou nos autos posteriormente. Porém, se já transcorrido prazo de um ano do trânsito em julgado, a intimação será realizada diretamente na pessoa do devedor e não mais do advogado.

II – por carta com aviso de recebimento, quando representado pela Defensoria Pública ou quando não tiver procurador constituído nos autos, ressalvada a hipótese do inciso IV;

Se o devedor será intimado por meio de carta com aviso de recebimento e não na pessoa do Defensor Público.

III – por meio eletrônico, quando, no caso do § 1º do art. 246, não tiver procurador constituído nos autos;

IV – por edital, quando, citado na forma do art. 256, tiver sido revel na fase de conhecimento.

Tendo sido o réu revel na fase de conhecimento, o devedor será intimado por edital na fase de execução.

IMPORTANTE!

Em razão do constante no art. 513, § 2º, CPC, resta prejudicada a Súmula 410 do Superior Tribunal de Justiça, apesar de ainda não ter sido cancelada.

Com efeito, tendo advogado constituído nos autos, não haverá necessidade de intimação pessoal do executado.

IMPORTANTE!

Sendo o réu citado por edital e não tendo constituído advogado na fase de conhecimento, deverá haver intimação por edital do executado.

Se o devedor mudar de endereço sem prévia comunicação ao juízo, considera-se realizada a intimação.

De toda forma, se já transcorrido o prazo de um ano do trânsito em julgado da sentença, a intimação será feita na pessoa do devedor, por meio de carta com aviso de recebimento.

Como ficou, então?

a) o executado precisa ser intimado, na pessoa de seu advogado, havendo procurador constituído nos autos;

b) se antes citado por edital, não tendo procurador constituído nos autos (ainda que tenha curador especial), deverá ser intimado por edital;

c) ultrapassado o prazo de um ano do trânsito em julgado, a intimação deverá feita na pessoa do devedor, por meio de carga com aviso de recebimento.

Competência para a fase de cumprimento de sentença

O cumprimento da sentença efetuar-se-á perante:

I – os tribunais, nas causas de sua competência originária;

II – o juízo que decidiu a causa no primeiro grau de jurisdição;

III – o juízo cível competente, quando se tratar de sentença penal condenatória, de sentença arbitral, de sentença estrangeira ou de acórdão proferido pelo Tribunal Marítimo.

Nas hipóteses dos incisos II e III, o exequente poderá optar pelo juízo do atual domicílio do executado, pelo juízo do local onde se encontrem os bens sujeitos à execução ou pelo juízo do local onde deva ser executada a obrigação de fazer ou de não fazer, casos em que a remessa dos autos do processo será solicitada ao juízo de origem.

Em razão da nova natureza do protesto de títulos, não só possível para a comprovação da mora, mas também como meio extrajudicial apto a compelir o devedor a cumprir a obrigação, veio o art. 517 do CPC permitir que a decisão transitada em julgado poderá ser levada a protesto, nos termos da lei, depois de transcorrido o prazo para pagamento voluntário da obrigação.

Todas as questões relativas à validade do procedimento de cumprimento da sentença e dos atos executivos subsequentes poderão ser arguidas pelo executado nos próprios autos e nestes serão decididas pelo juiz.

As questões relativas a fato superveniente ao término do prazo para apresentação da impugnação, assim como aquelas relativas à validade e à adequação da penhora, da avaliação e dos atos executivos subsequentes, podem ser arguidas por simples petição, tendo o executado, em qualquer dos casos, o prazo de 15 (quinze) dias para formular esta arguição, contado da comprovada ciência do fato ou da intimação do ato.

O cumprimento da sentença que reconhece a exigibilidade de obrigação de pagar quantia certa poderá ser provisório ou definitivo, atentando-se ao seguinte esquema:

> Cumprimento provisório: se não ocorreu o trânsito em julgado da sentença e pende de julgamento recurso que possui apenas efeito devolutivo.
>
> Cumprimento definitivo: se a sentença já transitou em julgado.

O cumprimento de sentença provisório será realizado da mesma forma que o cumprimento definitivo, sujeitando-se ao seguinte regime:

I - corre por iniciativa e responsabilidade do exequente (responsabilidade objetiva);

II - fica sem efeito, sobrevindo decisão que modifique ou anule a sentença objeto da execução, restituindo-se as partes ao estado anterior e liquidando-se eventuais prejuízos nos mesmos autos;

III - se a sentença objeto de cumprimento provisório for modificada ou anulada apenas em parte, somente nesta ficará sem efeito a execução; IV - o levantamento de depósito em dinheiro e a prática de atos que importem transferência de posse ou alienação de propriedade ou de outro direito real, ou dos quais possa resultar grave dano ao executado, dependem de caução suficiente e idônea, arbitrada de plano pelo juiz e prestada nos próprios autos. Esta caução, contudo, poderá ser dispensada nos casos em que: I) o crédito for de natureza alimentar, independentemente de sua origem; ii) o credor demonstrar situação de necessidade; iii) pender o agravo de despacho denegatório de recurso extraordinário ou de recurso especial; iv) a sentença a ser provisoriamente cumprida estiver em consonância com súmula da jurisprudência do STF ou do STJ ou em conformidade com acórdão proferido no julgamento de casos repetitivos.

Ainda que ocorra uma das situações em que a caução está dispensada, a garantia será mantida se por conta da dispensa possa resultar manifesto risco de grave dano de difícil ou incerta reparação.

Deverá o credor requerer o cumprimento de sentença por meio de petição dirigida ao juízo competente, instruindo-se a petição com as seguintes peças do processo, cuja autenticidade poderá ser certificada pelo próprio advogado, sob pena de sua responsabilidade pessoal: I - decisão exequenda; II - certidão de interposição do recurso não dotado de efeito suspensivo; III - procurações outorgadas pelas partes; IV - decisão de habilitação, se for o caso; V - facultativamente, outras peças processuais consideradas necessárias para demonstrar a existência do crédito.

10. PROCEDIMENTOS ESPECIAIS DE JURISDIÇÃO CONTENCIOSA E VOLUNTÁRIA

Consignação de Pagamento

Finalidade:

Tem a ação de consignação em pagamento a finalidade de proporcionar ao devedor ou a terceiro liberar-se de determinada obrigação de pagar ou de entregar coisa. Para tanto, deverá depositar o respectivo valor ou coisa e pleitear que seja proferida sentença de natureza declaratória, pela qual o juiz declara extinta a obrigação.

Efeito interruptivo da prescrição:

O ajuizamento da ação consignatória importará na interrupção da prescrição da respectiva ação de cobrança, pois acarreta o reconhecimento inequívoco, por parte do devedor, do direito do credor em relação às prestações consignadas.

Consignação extrajudicial:

Permite o CPC de 2015 que, tratando-se de obrigação em dinheiro, poderá o valor ser depositado em estabelecimento bancário, oficial onde houver, situado no lugar do pagamento, cientificando-se o credor por carta com aviso de recebimento, assinado o prazo de dez dias para a manifestação de recusa.

Atenção!

A consignação extrajudicial somente tem cabimento para depósito de dinheiro e não é obrigatória.

Procedimento da Consignação Extrajudicial:

Notificado o credor, aguarda-se pelo prazo de dez dias, contado do retorno do aviso de recebimento. Decorrido o prazo, sem manifestação de recusa, estará o devedor liberado da obrigação, permanecendo o valor à disposição do credor. De outro lado, havendo manifestação de recusa, que deverá ser por escrito, poderá ser proposta ação de consignação, no prazo de um mês, instruindo-se a inicial com a prova do depósito e da recusa.

Ajuizada a ação, deverá o autor comprovar o ajuizamento à instituição financeira, para que a correção monetária tenha índice diverso. Com efeito, os depósitos extrajudiciais são atualizados pela TR, ao passo que os judiciais seguem as regras da caderneta de poupança (art. 6°, parágrafo único, da Resolução n. 2.814 do Bacen). Se não ajuizada a ação no prazo de um mês, ficará sem efeito o depósito, podendo levantar o valor o depositante.

Embora a Lei de Locações não faça qualquer previsão a respeito da consignação extrajudicial, prevaleceu a tese segundo a qual poderá ser buscada a liberação do cumprimento da obrigação por esse meio.[3]

3. LOCAÇÃO. ALUGUÉIS. CONSIGNAÇÃO EXTRAJUDICIAL. CREDOR. NOTIFICAÇÃO. PESSOAL. I- O depósito extrajudicial dos aluguéis tem o efeito de desonerar o locatário da obrigação. II - É necessário que o locatário comprove o efetivo conhecimento do depósito pelo locador, o que se perfaz com a notificação pessoal deste. Interpretação sistemática do §1º do art. 890 com o art. 223, parágrafo único do CPC. Recurso especial desprovido. (REsp 618.295/DF, Rel. Ministro FELIX FISCHER, QUINTA TURMA, julgado em 06/06/2006, DJ 01/08/2006, p. 514).

Procedimento da ação consignatória:

A ação consignatória deverá ser ajuizada no lugar do pagamento, consoante preveem os artigos 540 CPC/2015 e art. 337 do Código Civil. Tratando-se, de outro lado, de consignação de alugueres, será competente o foro da situação da coisa.

Informativo n. 543 do STJ: competirá ao foro do local em que situado o imóvel o julgamento de ação consignatória e de ação de rescisão de contrato cumulada com retificação de escritura pública, reunidas para julgamento conjunto por conexão.

Sentença na ação consignatória:

Dessa forma, a sentença: i) ou reconhecerá que o depósito inicial é suficiente, liberando-se o devedor (sentença declaratória), condenando-se o réu ao pagamento de custas e honorários advocatícios; ii) ou reconhecerá que o depósito não é integral e condenará o autor ao pagamento do valor restante, formando-se título executivo judicial, com possibilidade de exigir-se o cumprimento da obrigação nos próprios autos (cumprimento de sentença).

Consignatória: ação de natureza dúplice.

Consoante o § 2º do art. 545 do CPC, a consignatória é ação de natureza dúplice. Portanto, tendo sido apurada a diferença entre o valor efetivamente devido e o consignado, o juízo proferirá sentença condenatória, cujo cumprimento poderá ser exigido nos próprios autos. Assim, tal condenação independerá de reconvenção. No entanto, será possível a reconvenção para que se determine o despejo. Por isso, poderá o réu, na sua própria contestação, como determina o CPC, além de alegar as matérias de defesa, pugnar também pelo decreto de despejo do autor.

Consignatória: dúvida quanto ao titular do crédito.

Como regra, o autor formula o seu pedido e espera que o mesmo seja acolhido para acertamento da situação subjetiva ligada a um réu específico. Porém, existem situações em que o autor pode apresentar o pedido e deixar que o juiz escolha em face de qual dos litisconsortes passivos ele será acolhido.

A consignatória, nesse passo, poderá ser ajuizada em face de possíveis titulares do crédito, pois há dúvida de quem tem legitimidade para receber o pagamento.

Em tal caso, se, uma vez citados, não comparecer pretendente algum, converter-se-á o depósito em arrecadação de coisas vagas. De outro lado, comparecendo apenas um, o juiz decidirá de plano. E, por fim, comparecendo mais de um, o magistrado poderá declarar efetuado o depósito e extinta a obrigação, continuando o processo a correr unicamente entre os presuntivos credores, segundo o procedimento comum.

Atenção para a alteração jurisprudencial

Tema Repetitivo 967 – STJ.

Em ação consignatória, a insuficiência do depósito realizado pelo devedor conduz ao julgamento de improcedência do pedido, pois o pagamento parcial da dívida não extingue o vínculo obrigacional.

Ação de Exigir Contas

O autor, em sua petição inicial, deverá especificar as razões pelas quais exige as contas, instruindo-a com documentos comprobatórios dessa necessidade.

O réu será citado e, no prazo de quinze dias, poderá prestar as contas ou contestar o pedido. O exercício de uma das opções, automaticamente, exclui a outra, por conta da preclusão lógica.

Prestadas as contas, o autor terá quinze dias para se manifestar, competindo-lhe, se o caso, impugná-las de forma precisa, seguindo-se a produção das provas.

Poderá o réu, no entanto, contestar o dever de prestar as contas, o que será objeto de análise pelo magistrado.

Ações Possessórias

Em relação às ações possessórias, o CPC prevê a aplicabilidade do princípio da fungibilidade, de modo que a propositura de uma ação possessória em vez de outra não obsta a que o juiz defira a proteção necessária.

Dessa maneira, se ajuizada ação com pedido de interdito proibitório, porém, já verificado que houve o esbulho, deverá ser deferida a medida que conferir a tutela necessária – reintegração de posse.

A depender da proteção necessária, admite-se três tipos diferentes de ações possessórias: i) o interdito proibitório – que tem finalidade preventiva, em razão ser iminente a invasão; ii) a reintegração de posse – que pressupõe a perda total da posse (esbulho); iii) a manutenção de posse – que pressupõe a inexistência de privação integral.

Inventário e partilha

Como consequência do princípio da *saisine*, com a morte, os bens do falecido serão imediatamente transmitidos aos sucessores, o que ocorre de forma universal, sem que haja devida divisão entre os herdeiros.

E para que haja a devida divisão entre os herdeiros será possível que estes, sendo todos capazes, havendo concordância com os termos da partilha, assistidos por advogado ou defensor público e não sendo caso de cumprimento de testamento, poderão valer-se de escritura pública de inventário, ou, então podem ajuizar a respectiva ação de inventário.

Arrolamento litigioso ou inventário e partilha: se houver divergência entre os sucessores em relação ao inventário e a partilha.

Arrolamento sumário: procedimento de jurisdição voluntária, sendo todos os herdeiros capazes e havendo concordância quanto à partilha.

A homologação da partilha no procedimento sumário não pressupõe o atendimento das obrigações tributárias principais e tampouco acessórias relativas ao imposto sobre transmissão *causa mortis* (REsp 1.751.332-DF).

Arrolamento comum: se o total da herança for igual ou inferior a mil salários mínimos, ainda que haja discordância e também interesses de incapazes.

Embargos de terceiro

Os embargos de terceiro constituem-se em procedimento de jurisdição contenciosa por meio do qual se busca desfazer a constrição judicial que se entende indevida, já realizada ou na iminência de ser.

ATENÇÃO!

Em relação ao prazo para o ajuizamento dos embargos, há de se observar duas regras:

a) Regra geral: antes do trânsito em julgado se a constrição ocorrer na fase de conhecimento, ou em cinco dias contados da adjudicação, da arrematação ou da alienação.

b) Regra especial: se os embargos se justificarem na declaração de ineficácia proferida em razão de reconhecida fraude à execução, o prazo será de quinze dias, a partir de sua intimação.

Atualização jurisprudencial

A nulidade do negócio jurídico simulado pode ser reconhecida no julgamento de embargos de terceiro

(REsp 1.927.496-SP).

Habilitação

Havendo o falecimento de qualquer das partes, o juiz suspenderá o processo, a fim de que os interessados possam sucedê-lo no processo.

Terá a habilitação a natureza de procedimento especial, embora existam dois procedimentos distintos para o seu processamento.

A regra da habilitação no CPC/2015 é a de que o seu processamento ocorrerá nos próprios autos principais. E assim será sempre requerida. Porém, verificando-se a necessidade de dilação probatória diversa da documental, determinará que o pedido seja autuado em apartado e disporá sobre a instrução.

ATENÇÃO!

Regra da habilitação: processamento nos próprios autos principais.

Exceção: será autuada em apartado, se houver necessidade de dilação probatória diversa da documental.

Ação monitória

Por meio de tal ação, aquele que se afirmar, com base em prova escrita sem eficácia de título executivo, ter direito de exigir do devedor capaz: i) o pagamento de quantia em dinheiro; ii) a entrega de coisa fungível ou infungível ou de bem móvel ou imóvel; iii) o adimplemento de obrigação de fazer ou de não fazer.

Foi equiparada à prova escrita sem eficácia de título executivo a prova escrita documentada em ação de produção antecipada de prova.

Restauração de Autos

Os autos constituem-se no **registro**, para fins de consulta, **dos vários atos praticados no processo**. Este registro pode ser feito por meio físico, em papel, ou por meio eletrônico, nos termos das diretrizes lançadas pela Lei n. 11.419/2006, bem como pelo que é determinado pelo Código de Processo Civil.

Há interesse público na integridade dos autos e a sua guarda e responsabilidade compete ao escrivão ou chefe de secretaria (art. 152, IV CPC) que, em relação aos autos físicos, não permitirá que saiam do cartório, salvo: a) quando tenham de seguir à conclusão do juiz; b) com vista a procurador, à Defensoria Pública, ao Ministério Público ou à Fazenda Pública; c) quando devam ser remetidos ao contabilista ou ao partidor; e, d) quando forem remetidos a outro juízo em razão da modificação da competência.

Procedimentos de Jurisdição Voluntária

Natureza Jurídica

A jurisdição voluntária consiste na administração pública de negócios privados. Em razão da importância destes, há necessidade da chancela judicial, do controle pelo juiz, tal como ocorre, por exemplo, com a alienação de bem pertencente a incapazes.

Ações processadas de acordo com as regras do Procedimento de Jurisdição Voluntária

O art. 725 do CPC elenca, exemplificativamente, os procedimentos que se processão pelo procedimento de jurisdição voluntária. São eles:

Emancipação: se o adolescente estiver sob tutela ou houver divergência entre os seus genitores, a emancipação deverá ser requerida por meio judicial.

Sub-rogação: considerando-se a existência de cláusula de inalienabilidade e a necessidade de liberação de um bem para que tal ônus passa a incidir sobre outro, deverá ser requerida a sub-rogação.

Alienação, arrendamento ou oneração de bens de crianças ou adolescentes, de órgãos e de interditos: a venda de bens de incapazes, ou de interditados, somente produzirá efeitos se requerida no âmbito judicial;

Alienação de quinhão de coisa comum: embora esteja elencada entre as hipóteses de jurisdição voluntária, na verdade seria de jurisdição contenciosa, à vista da discordância existente;

Extinção do usufruto, quando não decorrer da morte do usufrutuário, do termo de sua duração ou da consolidação, e de fideicomisso, quando decorrer de renúncia ou quando ocorrer antes do evento que caracterizar a condição resolutória: havendo a necessidade de extinção do usufruto ou do fideicomisso, deverá a parte indicar ao juiz os motivos para tanto, que serão avaliados;

Expedição de alvará judicial: o alvará judicial consistirá na autorização judicial para a prática de um ato, como, por exemplo, para que o interessado, que não o proprietário, possa promover a regularização de um imóvel junto ao cadastro do Município;

Homologação de autocomposição extrajudicial, de qualquer natureza ou valor: consiste na chancela judicial à composição levada a cabo pelas partes.

Notificação, Interpelação e do Protesto

A notificação e a interpelação são procedimentos que têm como finalidade precípua a documentação. O juízo não analisará o mérito e nem proferirá pronunciamento que o finalize. Poderá ser utilizada, por exemplo, para a interrupção da prescrição.

Por isso, quem tiver interesse em manifestar formalmente sua vontade a outra pessoa poderá notificar pessoas participantes da mesma relação jurídica para dar-lhes ciência de seu propósito.

Admite-se, também, que o interessado interpele o requerido, para que faça ou deixe de fazer alguma coisa.

Deferida a realização da notificação ou interpelação, os autos serão entregues ao requerente.

Alienação Judicial

Nos casos expressos em lei, não havendo acordo entre os interessados sobre o modo como se deve realizar a alienação do bem, o juiz, de ofício ou a requerimento dos interessados ou do depositário, mandará aliená-lo em leilão.

Separação, divórcio e alteração de regime de bens

A homologação do divórcio ou da separação consensuais, observados os requisitos legais, poderá ser requerida em petição assinada por ambos os cônjuges, da qual constarão: I – as disposições relativas à descrição e à partilha dos bens comuns; II – as disposições relativas à pensão alimentícia entre os cônjuges; III – o acordo relativo à guarda dos filhos incapazes e ao regime de visitas; e IV – o valor da contribuição para criar e educar os filhos.

Se os cônjuges não acordarem sobre a partilha dos bens, far-se-á esta depois de homologado o divórcio.

Estas regras aplicam-se, no que couber, ao processo de homologação da extinção consensual de união estável.

O divórcio consensual, a separação consensual e a extinção consensual de união estável, não havendo nascituro ou filhos incapazes e observados os requisitos legais, poderão ser realizados por escritura pública.

O tabelião somente lavrará a escritura se os interessados estiverem assistidos por advogado ou por defensor público, cuja qualificação e assinatura constarão do ato notarial.

A alteração do regime de bens do casamento, observados os requisitos legais, poderá ser requerida, motivadamente, em petição assinada por ambos os cônjuges, na qual serão expostas as razões que justificam a alteração, ressalvados os direitos de terceiros.

Ao receber a petição inicial, o juiz determinará a intimação do Ministério Público e a publicação de edital que divulgue a pretendida alteração de bens, somente podendo decidir depois de decorrido o prazo de 30 (trinta) dias da publicação do edital.

Os cônjuges, na petição inicial ou em petição avulsa, podem propor ao juiz meio alternativo de divulgação da alteração do regime de bens, a fim de resguardar direitos de terceiros.

Após o trânsito em julgado da sentença, serão expedidos mandados de averbação aos cartórios de registro civil e de imóveis e, caso qualquer dos cônjuges seja empresário, ao Registro Público de Empresas Mercantis e Atividades Afins.

Testamentos e dos codicilos

Recebendo testamento cerrado, o juiz, se não achar vício externo que o torne suspeito de nulidade ou falsidade, o abrirá e mandará que o escrivão o leia em presença do apresentante.

Do termo de abertura constarão o nome do apresentante e como ele obteve o testamento, a data e o lugar do falecimento do testador, com as respectivas provas, e qualquer circunstância digna de nota.

Depois de ouvido o Ministério Público, não havendo dúvidas a serem esclarecidas, o juiz mandará registrar, arquivar e cumprir o testamento.

Feito o registro, será intimado o testamenteiro para assinar o termo da testamentária.

Se não houver testamenteiro nomeado ou se ele estiver ausente ou não aceitar o encargo, o juiz nomeará testamenteiro dativo, observando-se a preferência legal.

O testamenteiro deverá cumprir as disposições testamentárias e prestar contas em juízo do que recebeu e despendeu.

Qualquer interessado, exibindo o traslado ou a certidão de testamento público, poderá requerer ao juiz que ordene o seu cumprimento.

Herança jacente

Nos casos em que a lei considere jacente a herança, o juiz em cuja comarca tiver domicílio o falecido procederá imediatamente à arrecadação dos respectivos bens.

A herança jacente ficará sob a guarda, a conservação e a administração de um curador até a respectiva entrega ao sucessor legalmente habilitado ou até a declaração de vacância.

Terminada a arrecadação, o juiz mandará expedir edital, que será publicado na rede mundial de computadores, no sítio do tribunal a que estiver vinculado o juízo e na plataforma de editais do Conselho Nacional de Justiça, onde permanecerá por 3 (três) meses, ou, não havendo sítio, no órgão oficial e na imprensa da comarca, por 3 (três) vezes com intervalos de 1 (um) mês, para que os sucessores do falecido venham a habilitar-se no prazo de 6 (seis) meses contado da primeira publicação.

Verificada a existência de sucessor ou de testamenteiro em lugar certo, far-se-á a sua citação, sem prejuízo do edital.

Quando o falecido for estrangeiro, será também comunicado o fato à autoridade consular.

Julgada a habilitação do herdeiro, reconhecida a qualidade do testamenteiro ou provada a identidade do cônjuge ou companheiro, a arrecadação converter-se-á em inventário.

Os credores da herança poderão habilitar-se como nos inventários ou propor a ação de cobrança.

Passado 1 (um) ano da primeira publicação do edital e não havendo herdeiro habilitado nem habilitação pendente, será a herança declarada vacante. Pendendo habilitação, a vacância será declarada pela mesma sentença que a julgar improcedente, aguardando-se, no caso de serem diversas as habilitações, o julgamento da última.

Transitada em julgado a sentença que declarou a vacância, o cônjuge, o companheiro, os herdeiros e os credores só poderão reclamar o seu direito por ação direta.

Bens dos ausentes

Declarada a ausência nos casos previstos em lei, o juiz mandará arrecadar os bens do ausente e nomear-lhes-á curador.

Feita a arrecadação, o juiz mandará publicar editais na rede mundial de computadores, no sítio do tribunal a que estiver vinculado e na plataforma de editais do Conselho Nacional de Justiça, onde permanecerá por 1 (um) ano, ou, não havendo sítio, no órgão oficial e na imprensa da comarca, durante 1 (um) ano, reproduzida de 2 (dois) em 2 (dois) meses, anunciando a arrecadação e chamando o ausente a entrar na posse de seus bens. Findo o prazo previsto no edital, poderão os interessados requerer a abertura da sucessão provisória, observando-se o disposto em lei.

Das coisas vagas

Recebendo do descobridor coisa alheia perdida, o juiz mandará lavrar o respectivo auto, do qual constará a descrição do bem e as declarações do descobridor.

Recebida a coisa por autoridade policial, esta a remeterá em seguida ao juízo competente.

Depositada a coisa, o juiz mandará publicar edital na rede mundial de computadores, no sítio do tribunal a que estiver vinculado e na plataforma de editais do Conselho Nacional de Justiça ou, não havendo sítio, no órgão oficial e na imprensa da comarca, para que o dono ou o legítimo possuidor a reclame, salvo se se tratar de coisa de pequeno valor e não for possível a publicação no sítio do tribunal, caso em que o edital será apenas afixado no átrio do edifício do fórum.

Da interdição

O estudo da **curatela** deverá compreender uma análise conjuntado Código Civil, Código de Processo Civil e também do Estatuto das Pessoas com Deficiência.

Note-se que, pelo Estatuto das Pessoas com Deficiência, a pessoa com deficiência não é mais considerada um incapaz.

Estão sujeitos à **curatela** aqueles que, por causa transitória ou permanente, não puderem exprimir a sua vontade, os ébrios habituais e os viciados em tóxico, bem como os pródigos.

Reconhece-se que a curatela se constitui em medida protetiva excepcional, proporcional às necessidades e às circunstâncias de cada caso, devendo durar o menor tempo possível.

De acordo com o novo regramento, a curatela afetará tão somente os atos relacionados aos direitos de natureza patrimonial e negocial, não alcançando o direito ao próprio corpo, à sexualidade, ao matrimônio, à privacidade, à educação, à saúde, ao trabalho e ao voto.

Na nomeação de curador para a pessoa com deficiência, o juiz poderá estabelecer curatela compartilhada a mais de uma pessoa.

Admite-se, como medida preferencial à curatela, o processo de tomada de decisão apoiada.

Para formular pedido de tomada de decisão apoiada, a pessoa com deficiência e os apoiadores devem apresentar termo em que constem os limites do apoio a ser oferecido e os compromissos dos apoiadores, inclusive o prazo de vigência do acordo e o respeito à vontade, aos direitos e aos interesses da pessoa que devem apoiar.

O pedido de tomada de decisão apoiada será requerido pela pessoa a ser apoiada, com indicação expressa das pessoas aptas a prestarem o apoio previsto no *caput* deste artigo.

Antes de se pronunciar sobre o pedido de tomada de decisão apoiada, o juiz, assistido por equipe multidisciplinar, após oitiva do Ministério Público, ouvirá pessoalmente o requerente e as pessoas que lhe prestarão apoio.

A decisão tomada por pessoa apoiada terá validade e efeitos sobre terceiros, sem restrições, desde que esteja inserida nos limites do apoio acordado

Terceiro com quem a pessoa apoiada mantenha relação negocial pode solicitar que os apoiadores contra-assinem o contrato ou acordo, especificando, por escrito, sua função em relação ao apoiado.

Em caso de negócio jurídico que possa trazer risco ou prejuízo relevante, havendo divergência de opiniões entre a pessoa apoiada e um dos apoiadores, deverá o juiz, ouvido o Ministério Público, decidir sobre a questão.

A esterilização cirúrgica em pessoas absolutamente incapazes somente poderá ocorrer mediante autorização judicial (art. 10, §6º, Lei nº 9.263/1996).

A interdição pode ser promovida: I – pelo cônjuge ou companheiro; II – pelos parentes ou tutores; III – pelo representante da entidade em que se encontra abrigado o interditando; IV – pelo Ministério Público.

A legitimidade deverá ser comprovada por documentação que acompanhe a petição inicial.

Disposições comuns à Tutela e à Curatela

O tutor ou o curador será intimado a prestar compromisso no prazo de 5 (cinco) dias contado da: I – nomeação feita em conformidade com a lei; II – intimação do despacho que mandar cumprir o testamento ou o instrumento público que o houver instituído.

O tutor ou o curador poderá eximir-se do encargo apresentando escusa ao juiz no prazo de 5 (cinco) dias contado: I – antes de aceitar o encargo, da intimação para prestar compromisso; II – depois de entrar em exercício, do dia em que sobrevier o motivo da escusa.

Incumbe ao Ministério Público ou a quem tenha legítimo interesse requerer, nos casos previstos em lei, a remoção do tutor ou do curador.

O tutor ou o curador será citado para contestar a arguição no prazo de 5 (cinco) dias, findo o qual observar-se-á o procedimento comum. Em caso de extrema gravidade, o juiz poderá suspender o tutor ou o curador do exercício de suas funções, nomeando substituto interino.

11. PROCESSO DE EXECUÇÃO

O **processo de execução autônomo** é objeto do Livro II, da Parte Especial, do Novo Código de Processo Civil. As suas disposições serão aplicadas, **no que couber**, aos procedimentos especiais de execução (execução fiscal, por exemplo), aos atos executivos realizados no procedimento de cumprimento de sentença, bem como aos efeitos de atos ou fatos processuais a que a lei atribuir força executiva.

ATENÇÃO!

Na fase de cumprimento de sentença será possível a prática de atos executivos (penhora), bem como de atos expropriatórios (como a adjudicação, por exemplo), aos quais serão aplicadas as disposições, no que couber, do processo de execução.

Para que se admita a execução fundada em título executivo extrajudicial, a **obrigação** deve estar fundada em título líquido, certo e exigível.

Liquidez: tem-se a obrigação líquida se especificado o *quantum*, o valor do débito em execução.

Certeza: a obrigação deve ser certa quanto à sua existência.

Exigível: a obrigação deve estar apta a ser exigida.

Entre os títulos executivos extrajudiciais, houve a inserção do contrato de contragarantia ou qualquer outro instrumento que materialize o direito de ressarcimento da seguradora contra tomadores de seguro-garantia e seus garantidores (incluído pela Lei nº 14.711, de 2023).

Nos títulos executivos constituídos ou atestados por meio eletrônico, é admitida qualquer modalidade de assinatura eletrônica prevista em lei, dispensada a assinatura de testemunhas quando sua integridade for conferida por provedor de assinatura.

A execução será suspensa:

i) nas hipóteses gerais de suspensão do processo;

ii) no todo ou em parte, quando recebidos com efeito suspensivo os embargos à execução;

III – quando não for localizado o executado ou bens penhoráveis, quando a suspensão terá o prazo de um ano, durante o qual se suspenderá a prescrição.

IV – se a alienação dos bens penhorados não se realizar por falta de licitantes e o exequente, em 15 (quinze) dias, não requerer a adjudicação nem indicar outros bens penhoráveis;

V – quando concedido o parcelamento judicial.

Uma vez suspensa a execução, não serão praticados atos processuais, podendo o juiz, entretanto, salvo no caso de arguição de impedimento ou de suspeição, ordenar providências urgentes.

PRESCRIÇÃO INTERCORRENTE – ALTERAÇÕES LEI 14.195/2021.
Sobre a **prescrição intercorrente**, podem ser feitos os seguintes apontamentos:
I – suspende-se a execução, pelo prazo de um ano, quando não for localizado o executado ou bens penhoráveis. Neste período, o prazo prescricional estará suspenso;
II – decorrido o prazo máximo de um ano sem que seja localizado o executado ou que sejam encontrados bens penhoráveis, o juiz ordenará o arquivamento dos autos;
III – os autos serão desarquivados para prosseguimento da execução se a qualquer tempo forem encontrados bens penhoráveis;
IV – o termo inicial da prescrição no curso do processo será a ciência da primeira tentativa infrutífera de localização do devedor ou de bens penhoráveis, e será suspensa, por uma única vez, pelo prazo máximo de um ano;
V - A efetiva citação, intimação do devedor ou constrição de bens penhoráveis interrompe o prazo de prescrição, que não corre pelo tempo necessário à citação e à intimação do devedor, bem como para as formalidades da constrição patrimonial, se necessária, desde que o credor cumpra os prazos previstos na lei processual ou fixados pelo juiz;
VI - O juiz, depois de ouvidas as partes, no prazo de 15 (quinze) dias, poderá, de ofício, reconhecer a prescrição no curso do processo e extingui-lo, sem ônus para as partes;
V - A alegação de nulidade quanto ao procedimento somente será conhecida caso demonstrada a ocorrência de efetivo prejuízo, que será presumido apenas em caso de inexistência da intimação mencionada no item V, acima.

A execução será extinta:

I – a petição inicial for indeferida;

II – a obrigação for satisfeita;

III – o executado obtiver, por qualquer outro meio, a extinção total da dívida;

IV – o exequente renunciar ao crédito;

V – **ocorrer a prescrição intercorrente.**

Fraude à execução

ATENÇÃO!

Na fraude à execução, diferentemente do que ocorre na fraude contra credores, o ato negocial praticado pelo devedor **não é nulo.** É válido. **Porém, será considerado ineficaz em relação ao credor.** Considera-se como se não praticado.

A ocorrência da fraude à execução e a declaração de ineficácia do negócio jurídico celebrado pelo responsável patrimonial poderá se consumar por meio de decisão interlocutória proferida no próprio processo em que apurada, independentemente da instauração de nova relação processual.

Para que haja o reconhecimento da ocorrência de ato em fraude à execução, será necessário que o juízo, em cognição sumária, verifique estarem presentes os seguintes requisitos: a) realização do negócio jurídico após a instauração da relação processual; b) inexistência de outros bens suficientes; c) prévia manifestação do terceiro adquirente do bem.

ATENÇÃO!

O § 4º do art. 792 do CPC inseriu interessante novidade no procedimento de declaração da fraude à execução, ao determinar a prévia manifestação do terceiro adquirente do bem.

O artigo 792 do CPC elenca as hipóteses em que a alienação ou a oneração é considerada fraude à execução. São elas:

I – quando sobre o bem pender ação fundada em direito real ou com pretensão reipersecutória, desde que a pendência do processo tenha sido averbada no respectivo registro público, se houver;

II – quando tiver sido averbada, no registro do bem, a pendência do processo de execução, na forma do art. 828;

III – quando tiver sido averbado, no registro do bem, hipoteca judiciária ou outro ato de constrição judicial originário do processo onde foi arguida a fraude;

IV – quando, ao tempo da alienação ou da oneração, tramitava contra o devedor ação capaz de reduzi-lo à insolvência;

V – nos demais casos expressos em lei

Execução por quantia certa

Na execução de obrigação de pagar quantia certa: o juiz despachará a inicial, fixando os honorários advocatícios em 10%, a serem pagos pelo executado. Este será citado para que dê integral cumprimento ao pagamento no prazo de três dias. Se o fizer, a verba honorária será reduzida de metade.

A penhora é o ato executivo destinado à apreensão de bens do devedor, vinculando-os à execução. Com a penhora, o credor também passa a ter preferência em relação a outros credores, da mesma categoria, que futuramente penhorem o mesmo bem. Trata-se do direito de prelação ou de preferência.

No prazo de embargos, poderá o devedor reconhecer o crédito do exequente e comprovando o depósito de 30% do valor em execução, acrescido de custas e de honorários do advogado, requerer que lhe seja permitido pagar o restante em até seis parcelas mensais, acrescidas de correção monetária e de juros de um por cento ao mês.

Os embargos à execução não terão efeito suspensivo. Poderá o juiz concedê-lo, no entanto, a requerimento do embargante, quando verificados os requisitos para a concessão da tutela provisória e desde que a execução já esteja garantida por penhora, depósito ou caução suficientes.

A expropriação consistirá em: i) adjudicação; ii) alienação; iii) apropriação de frutos e rendimentos de empresa ou de estabelecimentos e de outros bens.

Não obstante seja considerada perfeita, acabada e irretratável com a assinatura do auto de arrematação, poderão ser alegadas, no prazo de dez dias, as situações indicadas no art. 903, § 1º do CPC. Nesse passo, a arrematação poderá ser invalidada, considerada ineficaz ou resolvida, conforme explicado no seguinte quadro:

Invalidação	**Se realizada por preço vil ou com outro vício.**
Ineficácia em relação a determinadas pessoas.	Alienação sem a intimação prévia: i) dos respectivos credores pignoratício, hipotecário e anticrético; ii) do promitente comprador ou do cessionário de bem objeto de promessa de compra e venda ou de cessão registrada; iii) concedente ou concessionário de direito de superfície; iv) enfiteuta ou concessionário na alienação de imóvel sobre o qual tenha sido instituída a enfiteuse, concessão de uso especial para fins de moradia ou concessão de direito real de uso; do proprietário do imóvel no caso de alienação de direitos do enfiteuta, do concessionário de direito real de uso ou do concessionário de uso especial para fins de moradia; titular do direito de usufruto, uso ou habitação.
Resolvida	Se não for pago o preço ou não for prestada a caução.

Execução de alimentos

No cumprimento da sentença que condene ao pagamento de prestação alimentícia ou de decisão interlocutória que fixe alimentos, o juiz, a requerimento do exequente, mandará intimar o executado pessoalmente para, em três dias, pagar o débito, provar que o fez ou justificar a impossibilidade de efetuá-lo.

Se o executado não pagar ou se a justificativa apresentada não for aceita, o juiz, além de mandar protestar o pronunciamento judicial, decretar a prisão pelo prazo de um a três meses. A prisão será cumprida em regime fechado, devendo o preso ficar separado dos presos comuns.

O débito alimentar que autoriza a prisão civil do alimentante é o que compreende até as três prestações anteriores ao ajuizamento da execução e as que se vencerem no curso do processo.

Na execução fundada em título executivo extrajudicial que contenha obrigação alimentar, o juiz mandará citar o executado para, em três dias, efetuar o pagamento das parcelas anteriores ao início da execução e das que se vencerem no seu curso, provar que o fez ou justificar a impossibilidade de fazê-lo.

Na execução de obrigação alimentar fundada em título executivo extrajudicial, como uma escritura pública, por exemplo, ou uma transação referendada por Advogados, o credor indicará se pretende que seja realizada a penhora de bens, para futura expropriação, ou, então, ser pretende que seja utilizada a medida coercitiva da prisão.

Duas opções do credor:

a) valer-se da constrição de bens e, se necessário, dos meios expropriatórios necessários para a satisfação do direito mediante a adjudicação ou a entrega de dinheiro.

b) ou, então, pela adoção da medida coercitiva voltada à prisão civil do executado, consoante admitido na Constituição Federal e disciplinado nos §§ 2º a 7º do art. 528 do CPC.

ATENÇÃO!

Se o credor optar pela prática de constrição de bens, ao invés da utilização da medida coercitiva da prisão civil, a execução seguirá as regras gerais existentes, com a diferença de que a concessão de efeito suspensivo aos embargos à execução não constitui óbice a que o exequente levante mensalmente a importância da prestação.

Optando o credor pela execução em que será possível, posteriormente e se possível, a prisão civil do alimentante, quando fundada em título executivo extrajudicial, o executado será citado para, em três dias, efetuar o pagamento das parcelas anteriores ao início da execução e das que se vencerem no seu curso, provar que o fez ou justificar a impossibilidade de fazê-lo.

ATENÇÃO!

A defesa do executado será possibilitada por meio da justificativa de impossibilidade de cumprimento da obrigação, a qual terá o condão único de, se acolhida, afastar a prisão, permanecendo íntegra a obrigação de pagar, que somente poderá ser afastada por meio da ação exoneratória de pagamento de alimentos.

Também será determinado à autoridade, à empresa ou ao empregador que, sob pena de desobediência, proceda ao desconto em folha de pagamento a partir da primeira remuneração posterior do executado, a contar do protocolo do ofício.

Ao final, não cumprida a obrigação e não acolhida a justificativa apresentada, o magistrado poderá decretar a prisão civil do executado, pelo prazo de um a três meses, que será cumprida em regime fechado, devendo o preso ficar separado dos presos comuns.

12. PROCESSO NOS TRIBUNAIS E RECURSOS

Deveres dos tribunais.

O art. 926 do CPC, além de inaugurar o Livro III, da Parte Especial, determina que os Tribunais devem uniformizar sua jurisprudência e mantê-la estável, íntegra e coerente.

Imediata Distribuição

Os autos serão registrados no protocolo do tribunal no dia de sua entrada, devendo ser imediatamente distribuídos pela secretaria, observando-se a seguinte ordem:

			Julgamento Monocrático
DISTRIBUIÇÃO	→	RELATOR	Manifestação da(s) Parte(s)
			Presidente Designa Data

O Novo CPC não tratou do voto de revisão.

Prevenção do Relator

Estará prevento para os demais recursos, no mesmo ou em processos conexos, o relator do que for anteriormente protocolado no tribunal.

Assim, se antes houver a interposição do recurso de agravo de instrumento, o mesmo relator estará prevento para o julgamento da futura apelação.

Incumbências do Relator

Ao relator competirá presidir o processo que tramitar no tribunal, incumbindo-lhe:

I – dirigir e ordenar o processo no tribunal, inclusive em relação à produção de prova, bem como, quando for o caso, homologar autocomposição das partes;

II – apreciar o pedido de tutela provisória nos recursos e nos processos de competência originária do tribunal;

III – não conhecer de recurso inadmissível, prejudicado ou que não tenha impugnado especificamente os fundamentos da decisão recorrida;

IV – negar provimento a recurso que for contrário a:

a) súmula do Supremo Tribunal Federal, do Superior Tribunal de Justiça ou do próprio tribunal;

b) acórdão proferido pelo Supremo Tribunal Federal ou pelo Superior Tribunal de Justiça em julgamento de recursos repetitivos;

c) entendimento firmado em incidente de resolução de demandas repetitivas ou de assunção de competência;

V – depois de facultada a apresentação de contrarrazões, dar provimento ao recurso se a decisão recorrida for contrária a:

a) súmula do Supremo Tribunal Federal, do Superior Tribunal de Justiça ou do próprio tribunal;

b) acórdão proferido pelo Supremo Tribunal Federal ou pelo Superior Tribunal de Justiça em julgamento de recursos repetitivos;

c) entendimento firmado em incidente de resolução de demandas repetitivas ou de assunção de competência;

VI – decidir o incidente de desconsideração da personalidade jurídica, quando este for instaurado originariamente perante o tribunal;

VII – determinar a intimação do Ministério Público, quando for o caso;

VIII – exercer outras atribuições estabelecidas no regimento interno do tribunal.

Competirá ao relator, ainda, constatada a ocorrência de vício sanável, inclusive aquele que possa ser conhecido de ofício, determinar a realização ou a renovação do ato processual, no próprio tribunal ou em primeiro grau de jurisdição, intimando-se as partes.

Se reconhecer a necessidade de produção de provas, deverá o relator converter o julgamento em diligência, que se realizará no tribunal ou em primeiro grau de jurisdição.

TÉCNICA DE AMPLIAÇÃO DO QUÓRUM PARA JULGAMENTO	
APLICABILIDADE	**NÃO APLICABILIDADE**
Apelação não unânime	Incidente de assunção de competência e de resolução de demandas repetitivas.
Ação rescisória não unânime, com rescisão da sentença.	Remessa necessária.
Agravo de instrumento, se houver reforma da decisão que julgar parcialmente o mérito.	Julgamento não unânime proferido pelo plenário ou pela corte especial.

Deverá ser **utilizada a técnica de julgamento ampliado na apelação quando a decisão for por maioria**, seja **reformando ou confirmando a sentença**, analisando ou não o mérito.

ATENÇÃO! Cabimento da técnica de ampliação do quórum para o julgamento da apelação quando a decisão for por maioria, não importando se haverá reforma ou confirmação da sentença, diferentemente do que ocorria nos embargos infringentes do CPC de 1973.

Atualização jurisprudencial

A técnica de ampliação do colegiado, prevista no art. 942 do CPC/2015, aplica-se também ao julgamento de apelação interposta contra sentença proferida em mandado de segurança.

Precedente, jurisprudência e súmula

Considerando-se a imprecisão terminológica existente sobre as expressões **jurisprudência, exemplo, súmula e precedente**, procura-se, neste primeiro momento, indicar os principais pontos conceituais que diferem um instituto do outro.

Há vários significados para a expressão **jurisprudência**, que pode designar, conforme registrado por Lenio Luiz Streck, em sentido estrito, a Ciência do Direito e, em sentido lato, o "conjunto de sentenças dos Tribunais" e, ainda, pode indicar somente as sentenças uniformes.[4]

Significado mais comum: conjunto de decisões uniformes, ou proferidas em sentido dominante. Pode se referir a dezenas, centenas e até milhares de decisões. Trata-se de ideia plural, ao contrário da ideia singular ligada ao precedente (diferença de caráter quantitativo).

JURISPRUDÊNCIA:	IDEIA PLURAL. VÁRIAS DECISÕES.
PRECEDENTE:	IDEIA SINGULAR.

Incidente de assunção de competência

Cabimento: é admissível quando o julgamento de recurso, de remessa necessária ou de processo de competência originária envolver questão de direito, com grande repercussão social, sem repetição em múltiplos processos, com o objetivo de que sejam julgados pelo órgão colegiado que o regimento interno indicar.

Instauração: proposta pelo relator, de ofício, ou a requerimento da parte, do Ministério Público ou da Defensoria Pública.

Requisito: o órgão colegiado julgará o recurso, a remessa necessária ou o processo de competência originária se reconhecer interesse público na assunção da competência.

IRDR	ASSUNÇÃO DE COMPETÊNCIA
Há cisão no julgamento	Não há cisão do julgamento
Repetição em múltiplos casos	Sem repetição em múltiplos casos

4. STRECK, Lenio Luiz. *Súmulas no direito brasileiro: eficácia, poder e função*. Porto Alegre: Livraria do Advogado, 1998, p. 83.

Incidente de arguição de inconstitucionalidade

Formas de reconhecimento da inconstitucionalidade.

A inconstitucionalidade de lei ou de ato normativo poderá ser reconhecida incidentalmente em um processo, quando se terá o denominado *controle difuso de constitucionalidade*, ou então, ser objeto de ação própria, o que ocorrerá por meio do controle concentrado de constitucionalidade.

CONTROLE DIFUSO	CONTROLE CONCENTRADO
Pode ser realizado por qualquer juiz ou tribunal quando do julgamento de um caso concreto.	Será realizado por um único Tribunal.
Será sempre incidental.*	Se faz por via de ação própria.

*** Como alerta a doutrina,**
"não se pode confundir controle incidental com controle difuso. Há possibilidade de controle incidental no controle concentrado, como por exemplo na Ação declaratória de constitucionalidade n. 1-1/DF. Antes de abordar o mérito da ação (...), o Supremo Tribunal Federal declarou, em sede de controle incidental, a constitucionalidade da ação declaratória (prevista por Emenda Constitucional), e somente depois apreciou o mérito".[5]

Conflito de competência

As Espécies de Conflito de Competência

Será possível que, entre dois Juízos, haja divergência quanto à competência para o julgamento de determinada demanda, quando se está diante do **conflito de competência**, que poderá ser positivo ou negativo.

O **conflito positivo de competência** ocorrerá quando dois juízos se derem por competentes. Diferentemente, haverá o **conflito negativo** se houver a recusa entre eles, por entenderem não ser competentes, o que será possível se um atribuir ao outro a competência, ou se surgir controvérsia sobre a reunião ou separação de processos.

Se excluído do feito o ente federal, cuja presença foi fator preponderante para que o juízo estadual declinasse de sua competência, deverá o juízo federal restituir os autos e não suscitar o conflito (Súmula 224 STJ), não podendo o juízo estadual discutir sobre o interesse do ente federal.

O juiz que não acolher a competência declinada deverá **suscitar o conflito**, salve se a atribuir a outro juízo.

O conflito poderá ser suscitado por qualquer das partes, pelo Ministério Público ou pelo juiz. A parte, contudo, não poderá suscitá-lo se já alegou a incompetência relativa.

5. FERREIRA, Olavo Augusto Vianna Alves. Controle de Constitucionalidade e seus efeitos. 3ª. ed. Salvador: Juspodivm, 2016, p. 41.

Ação Rescisória

A **coisa julgada** é uma garantia assegurada pela Constituição Federal, fundada na necessidade de proporcionar a **segurança jurídica**. Com efeito, como decorrência da soberania de um país, compete ao seu Poder competente a aplicação da ordem jurídica vigente, dirimindo os conflitos existentes.

Por **objeto** da ação rescisória, busca-se definir o seu **pedido**, que sempre será o de **rescindir** a coisa julgada formada, bem como, em alguns casos, o de ser **rejulgada** a causa. Diz-se, então, que há o **juízo rescindente (rescindir)** e o **juízo rescisório (rejulgamento da causa)**.

Pedido rescindente

OBJETO DA AÇÃO RESCISÓRIA

Pedido rescisório

Em suma: tem-se que a ação rescisória poderá rescindir:

i) a coisa julgada material (formada por meio de decisão interlocutória, sentença ou acórdão);

ii) a coisa julgada formal, desde que haja impedimento à propositura de nova ação;

iii) decisão que não admita recurso, desde que já transcorrido o prazo para que tal *decisum seja* impugnado pelo meio adequado.

Para a fixação da competência do Tribunal competente para o julgamento da ação rescisória, devem ser observadas **três regras cumulativas**:

i) trata-se de ação originária dos tribunais;

ii) cada tribunal é competente para o julgamento das rescisórias de seus próprios julgados;

iii) Aplicação das Súmulas 249 e 515 do STF.

São requisitos específicos:

(i) decisão (de mérito) transitada em julgado (já analisado quando do estudo do objeto da ação rescisória);

(ii) observância do prazo legal;

(iii) depósito da multa de 5%;

(iv) presença de uma das hipóteses do art. 966 do CPC.

Incidente de Resolução de Demandas Repetitivas

Cabimento: será cabível quando houver, simultaneamente: I) efetiva repetição de processos que contenham controvérsia sobre a mesma questão unicamente de direito; II) risco de ofensa à isonomia e à segurança jurídica. O instituto possui três pilares fundamentais: i) isonomia, pelo qual se exige tratamento igualitário para a solução de litígios isomórficos; ii) a segurança jurídica, pois se busca a uniformidade das decisões judiciais e, iii) prestação razoável em termos de tempo em que prestada.[6]

Pedido para instauração: o pedido será dirigido ao presidente de tribunal (I) pelo juiz ou relator, por ofício; (II) pelas partes, por petição; e, (III) pelo Ministério Público ou pela Defensoria Pública, por petição.

Custas: não serão exigidas custas processuais no incidente.

Causa impeditiva de instauração: não será cabível a instauração do incidente quando um dos tribunais superiores, no âmbito de sua respectiva competência, já tiver afetado recurso para definição de tese sobre questão de direito material ou processual repetitiva.

Suspensão dos processos pendentes: admitido o incidente, o relator (I) suspenderá os processos pendentes, individuais ou coletivos, que tramitam no Estado ou na região, conforme o caso; (II) poderá requisitar informações a órgãos em cujo juízo tramita processo no qual se discute o objeto do incidente; (III) intimará o Ministério Público para, querendo, manifestar-se no prazo de quinze dias. Durante a suspensão, o pedido de tutela de urgência deverá ser dirigido ao juízo onde tramita o processo suspenso.

Suspensão nacional dos processos pendentes: visando à garantia da segurança jurídica, os legitimados poderão requerer, ao tribunal competente para conhecer do recurso extraordinário ou especial, a suspensão de todos os processos individuais ou coletivos em curso no território nacional que versem sobre a questão objeto do incidente já instaurado. Cessará a suspensão se não for interposto o recurso especial ou recurso extraordinário contra a decisão proferida no incidente. Consoante o que foi decidido no Pedido de Suspensão no IRDR nº 7, o pedido de suspensão nacional de processos em IRDR estará presente na hipótese em que o incidente admitido no tribunal de segunda instância:

a) demandar a interpretação da legislação infraconstitucional federal;

b) abranger matéria que se repete em processos em tramitação em outros estados ou regiões; e,

c) ensejar divergência de entendimentos entre pelo menos dois tribunais.

Fixação da tese: haverá a fixação da tese jurídica e também o julgamento do recurso, da remessa necessária ou do processo de competência originária de onde se originou o incidente. Julgado o incidente, a tese jurídica será aplicada: I - a todos os processos individuais ou coletivos que versem sobre idêntica questão de direito e que tramitem na área de jurisdição do respectivo tribunal, inclusive àqueles que tramitem nos juizados especiais do respectivo Estado ou região; II - aos casos futuros que versem idêntica questão de direito e que venham a tramitar no território de competência do tribunal, salvo revisão na forma do art. 986.

Cabimento de reclamação: não observada a tese adotada no incidente, caberá reclamação.

Recursos: do julgamento do mérito do incidente, será cabível a interposição de recurso extraordinário ou especial, conforme o caso, que terão efeito suspensivo.

Interposto recursos especial ou recurso extraordinário contra o acórdão que julgou incidente de resolução de demandas repetitivas – IRDR, a suspensão dos processos realizada pelo relator ao admitir o incidente só cessará com o julgamento dos referidos recursos, não sendo necessário, entretanto, aguardar o trânsito em julgado (REsp 1.869.867/SC).

Revisão da tese: a revisão da tese jurídica será feita no mesmo tribunal, **de ofício** ou **mediante requerimento do Ministério Público ou da Defensoria Pública.**

Ministério Público no Incidente de Resolução de Demandas Repetitivas
a) Poderá requerer a sua instauração;
b) Se não for o requerente, atuará como fiscal da ordem jurídica;
c) Poderá requerer a suspensão nacional de todos os processos individuais ou coletivos em curso no território nacional que versem sobre a questão objeto do incidente já instaurada;
d) Tem legitimidade para a interposição de recurso especial ou extraordinário;
e) Poderá requerer a revisão da tese jurídica.

Reclamação

A reclamação possui natureza jurídica de ação e poderá ser ajuizada para preservar a competência de tribunal, garantir a autoridade das decisões do tribunal, garantir a observância de enunciado de súmula vinculante e de decisão do Supremo Tribunal Federal em controle concentrado de constitucionalidade e para garantir a observância de acórdão proferido em julgamento de incidente de resolução de demandas repetitivas ou de incidente de assunção de competência.

Inadmissibilidade

Não será cabível a reclamação se a decisão já tiver transitado em julgado. Também não será admissível para garantir a observância de acórdão de recurso extraordinário com repercussão geral reconhecida ou de acórdão proferido em julgamento de recursos extraordinário ou especial repetitivos, quando não esgotadas as vias ordinárias.

Sendo julgada procedente a reclamação, o tribunal cassará a decisão exorbitante de seu julgado ou determinará medida adequada à solução da controvérsia.

Recursos

Os requisitos intrínsecos "são aqueles que dizem respeito à decisão recorrida em si mesma considera-

6. MENDES, Aluísio Gonçalves de Castro. TEMER, Sofia. *O incidente de resolução de demandas repetitivas do Novo Código de Processo Civil. Op. Cit.*, p. 285.

da".[7] Consideram "o conteúdo e a forma da decisão impugnada. De tal modo que, para proferir o juízo de admissibilidade, toma-se o ato judicial impugnado no momento e da maneira como foi prolatado".[8] Constituem-se requisitos intrínsecos de admissibilidade: o cabimento, a legitimação para recorrer e o interesse recursal.

(i) Efeito devolutivo: o efeito devolutivo é aquele em virtude do qual a matéria é devolvida ao órgão judicante, seja ele superior àquele que proferiu a decisão, seja ao próprio órgão prolator da decisão. Compreende o princípio do ***tantum devolutum quantum appellatum***. Todo recurso conta com esse efeito.

Tal efeito deve ser analisado quanto à sua extensão e quanto à sua profundidade.

Sob o primeiro aspecto (quanto à extensão), tem-se a delimitação da matéria objeto do recurso. Trata-se da dimensão horizontal do efeito devolutivo.

Assim, se o réu é condenado ao pagamento de indenização por danos materiais e morais e somente recorre em relação a estes últimos, ele delimita o seu recurso, a sua irresignação, e o Tribunal estará vinculado a essa vontade.

Sob o segundo aspecto (quanto à profundidade), tem-se que ficam devolvidas todas as questões suscitadas e discutidas no processo, ainda que a sentença não as tenha julgado por inteiro, desde que relativas ao capítulo impugnado. Trata-se da dimensão vertical do efeito devolutivo.

Em decorrência da preferência pelo julgamento do mérito, se o processo estiver em condições de imediato julgamento, o tribunal deve decidir desde logo o mérito quando: I – reformar sentença fundada no art. 485; II – decretar a nulidade da sentença por não ser ela congruente com os limites do pedido ou da causa de pedir; III – constatar a omissão no exame de um dos pedidos, hipótese em que poderá julgá-lo; IV – decretar a nulidade de sentença por falta de fundamentação.

(ii) Efeito translativo: apesar do efeito devolutivo, algumas matérias, poderão ser conhecidas de ofício, independentemente de requerimento ou arguição da parte. São as matérias de ordem pública.

(iii) Efeito suspensivo: pelo efeito suspensivo, impede-se a produção imediata de efeitos da decisão, situação essa que durará até o julgamento do recurso. Essa suspensividade não advém da interposição do recurso, mas da simples previsão de que terá tal efeito por força de lei.

O efeito suspensivo poderá existir por força de lei (ope legis) ou em razão de decisão judicial a respeito (*ope judicis*).

A apelação, como regra, tem duplo efeito – devolutivo e suspensivo. Terão somente efeito devolutivo a sentença que: I – homologa divisão ou demarcação de terras; II – condena a pagar alimentos; III – extingue sem resolução do mérito ou julga improcedentes os embargos do executado; IV – julga procedente o pedido de instituição de arbitragem; V – confirma, concede ou revoga tutela provisória; VI – decreta a interdição.

Em tais situações, o apelado poderá promover o pedido de cumprimento provisório de sentença.

Não obstante, o apelante poderá pleitear a concessão de efeito suspensivo em tais casos, se for demonstrada a probabilidade de provimento do recurso ou se, sendo relevante a fundamentação, houver risco de dano grave ou de difícil reparação. Este requerimento será dirigido ao: I – tribunal, no período compreendido entre a interposição da apelação e sua distribuição, ficando o relator designado para seu exame prevento para julgá-la; II – relator, se já distribuída a apelação.

Da mesma forma, os recursos extraordinário e especial também não são dotados de efeito suspensivo. Tal efeito, contudo, poderá ser requerido ao tribunal superior, no período compreendido entre a publicação da decisão de admissão do recurso e sua distribuição, ficando o relator designado para seu exame prevento para julgá-lo; ao relator, se já distribuído o recurso; ou, então, ao presidente ou ao vice-presidente do tribunal recorrido, no período compreendido entre a interposição do recurso e a publicação da decisão de admissão do recurso, assim como no caso de recurso ter sido sobrestado.

(iv) Efeito expansivo ou extensivo: em decorrência desse efeito, consideram-se sem efeito os atos ou decisões dependentes da decisão recorrida, naquilo em que forem incompatíveis com o julgamento do recurso. Se o julgamento do recurso afetar outras decisões que não a recorrida, estar-se-á diante do efeito expansivo externo; se, porém, o recurso fizer referência apenas a um dos capítulos da decisão, que examina questão preliminar ou prejudicial, e o acolhimento do recurso repercutir no capítulo relacionado à questão subordinada, estar-se-á diante de efeito expansivo interno.

(v) Efeito substitutivo: o julgamento proferido pelo tribunal substituirá a sentença ou a decisão recorrida no que tiver sido objeto de recurso.

Portanto, não existirão dois atos ou decisões sobre a mesma matéria, mas apenas um, fato esse que é relevante para se saber a competência para conhecimento da ação rescisória, como adiante será visto.

Cada parte interporá o recurso independentemente, no prazo e com observância das exigências legais. Se vencidos o autor e réu, ao recurso interposto por qualquer deles poderá aderir o outro.

O recurso adesivo fica subordinado ao recurso independente, sendo-lhe aplicáveis as mesmas regras deste quanto aos requisitos de admissibilidade e julgamento no tribunal, salvo disposição legal diversa, observado, ainda, o seguinte: I - será dirigido ao órgão perante o qual

---

7. NERY JÚNIOR, Nelson. *Teoria Geral dos Recursos*. 7. ed. São Paulo: RT, 2013, p. 266.
8. NERY JÚNIOR, Nelson. *Teoria Geral dos Recursos*. 7. ed. São Paulo: RT, 2013, p. 266.

o recurso independente fora interposto, no prazo de que a parte dispõe para responder; II - será admissível na apelação, no recurso extraordinário e no recurso especial; III - não será conhecido, se houver desistência do recurso principal ou se for ele considerado inadmissível.

13. LEGISLAÇÃO ESPECIAL

Mandado de Segurança (Lei n. 12.016/2009)

O mandado de segurança é um remédio constitucional, por meio do qual o impetrante buscará proteger direito líquido e certo, não amparado por habeas corpus ou habeas data, sempre que, ilegalmente ou com abuso de poder, qualquer pessoa física ou jurídica sofrer violação ou houver justo receio de sofrê-lo por parte de autoridade, seja de que categoria for e sejam quais forem as funções que exerça.

O mandado de segurança também poderá ser espécie de ação coletiva para a tutela de determinados interesses.

Nesse sentido, assegura-se a possibilidade de ajuizamento do mandado de segurança coletivo por partido político com representação no Congresso Nacional ou por organização sindical, entidade de classe ou associação legalmente constituída e em funcionamento há pelo menos um ano, em defesa dos interesses de seus membros ou associados (art. 5º, LXX, da Constituição Federal).

Importante: houve o julgamento da **ADIN 4926**, que analisou a constitucionalidade de vários dispositivos da Lei nº 12.016/2009.

Reconhecida a inconstitucionalidade	Reconhecida a constitucionalidade.
Art. 7º, § 2º. Desse modo, entendeu-se inconstitucional a vedação da concessão de medida liminar que tenha por objeto a compensação de créditos tributários, a entrega de mercadorias e bens provenientes do exterior, a reclassificação ou equiparação de servidores públicos e a concessão de aumento ou a extensão de vantagens ou pagamento de qualquer natureza. Art. 22, §2º - reconheceu-se a inconstituicionalidade da exigência de contraditório prévio par a concessão de liminar.	Não cabimento de mandado de segurança contra os atos de gestão comercial praticados pelos administradores de empresas públicas, de sociedade de economia mista e de concessionárias de serviço público; Admissibilidade do juiz exigir do impetrante caução, fiança ou depósito, com o objetivo de assegurar o ressarcimento à pessoa jurídica, no caso de deferimento de tutela provisória; Reconheceu-se a constitucionalidade do prazo decadencial de 120 dias para o ajuizamento do mandado de segurança; Reconheceu-se a constitucionalidade da inviabilidade de condenação ao pagamento dos honorários advocatícios, sem prejuízo da aplicação de sanções no caso de litigância de má-fé.

Habeas data

O *habeas data* foi previsto na Constituição Federal como um remédio constitucional destinado a (i) assegurar o conhecimento de informações relativas à pessoa do impetrante, constantes de registros ou bancos de dados de entidades governamentais ou de caráter público, ou, então (ii) para a retificação de dados, quando não se prefira fazê-lo por processo sigiloso, judicial ou administrativo.

Ação popular

Trata-se de remédio constitucional que tem por finalidade corrigir atos lesivos ao patrimônio público ou de entidade de que o Estado participe, à moralidade administrativa, ao meio ambiente e ao patrimônio histórico e cultural.

A legitimação para a propositura da ação popular é constante da Constituição Federal (art. 5º, LXXIII) e nos arts. 1º e 4º, da Lei 4.717/65. Portanto, somente o brasileiro (nato ou naturalizado), que ostente a condição de eleitor, poderá ajuizá-la.

O autor popular agirá como substituto processual da coletividade e, por isso, se acaso abandonar a causa, poderá o polo ativo ser ocupado por outro legitimado. Supletivamente, poderá o Ministério Público assumir o polo ativo, se nenhum outro legitimado o fizer.[9]

PROCESSO ELETRÔNICO

Os órgãos do Poder Judiciário poderão desenvolver sistemas eletrônicos de processamento de ações judiciais por meio de autos total ou parcialmente digitais, utilizando, preferencialmente, a rede mundial de computadores e acesso por meio de redes internas e externas.

Todos os atos processuais do processo eletrônico serão assinados eletronicamente na forma estabelecida nesta Lei.

No processo eletrônico, todas as citações, intimações e notificações, inclusive da Fazenda Pública, serão feitas por meio eletrônico, na forma desta Lei.

A intimação e a citação da Fazenda Pública poderão ser realizadas por meio eletrônico.

As citações, intimações, notificações e remessas que viabilizem o acesso à íntegra do processo correspondente serão consideradas vista pessoal do interessado para todos os efeitos legais.

Quando, por motivo técnico, for inviável o uso do meio eletrônico para a realização de citação, intimação ou notificação, esses atos processuais poderão ser praticados segundo as regras ordinárias, digitalizando-se o documento físico, que deverá ser posteriormente destruído.

---

9. REsp 638.011/RJ, Rel. Ministro LUIZ FUX, PRIMEIRA TURMA, julgado em 25/04/2006, DJ 18/05/2006, p. 182.

A distribuição da petição inicial e a juntada da contestação, dos recursos e das petições em geral, todos em formato digital, nos autos de processo eletrônico, podem ser feitas diretamente pelos advogados públicos e privados, sem necessidade da intervenção do cartório ou secretaria judicial, situação em que a autuação deverá se dar de forma automática, fornecendo-se recibo eletrônico de protocolo.

Quando o ato processual tiver que ser praticado em determinado prazo, por meio de petição eletrônica, serão considerados tempestivos os efetivados até as 24 (vinte e quatro) horas do último dia. Se o Sistema do Poder Judiciário se tornar indisponível por motivo técnico, o prazo fica automaticamente prorrogado para o primeiro dia útil seguinte à resolução do problema.

Sistema inoperante: prazo será prorrogado para o primeiro dia útil seguinte à resolução do problema.

Os documentos produzidos eletronicamente e juntados aos processos eletrônicos com garantia da origem e de seu signatário, serão considerados originais para todos os efeitos legais.

Os extratos digitais e os documentos digitalizados e juntados aos autos pelos órgãos da Justiça e seus auxiliares, pelo Ministério Público e seus auxiliares, pelas procuradorias, pelas autoridades policiais, pelas repartições públicas em geral e por advogados públicos e privados têm a mesma força probante dos originais, ressalvada a alegação motivada e fundamentada de adulteração antes ou durante o processo de digitalização.

A arguição de falsidade do documento original será processada eletronicamente na forma da lei processual em vigor. Os originais dos documentos digitalizados, nesse caso, deverão ser preservados pelo seu detentor até o trânsito em julgado da sentença ou, quando admitida, até o final do prazo para interposição de ação rescisória.

Os documentos cuja digitalização seja tecnicamente inviável devido ao grande volume ou por motivo de ilegibilidade deverão ser apresentados ao cartório ou secretaria no prazo de 10 (dez) dias contados do envio de petição eletrônica comunicando o fato, os quais serão devolvidos à parte após o trânsito em julgado.

Os documentos digitalizados juntados em processo eletrônico somente estarão disponíveis para acesso por meio da rede externa para suas respectivas partes processuais e para o Ministério Público, respeitado o disposto em lei para as situações de sigilo e de segredo de justiça.

O magistrado poderá determinar que sejam realizados por meio eletrônico a exibição e o envio de dados e de documentos necessários à instrução do processo.

14. PROCESSO COLETIVO

A partir do conjunto normativo em vigência, reconhece-se a existência de um "subsistema específico, rico e sofisticado, aparelhado para atender aos conflitos coletivos, característicos da sociedade moderna"[10], denominado de **Direito Processual Coletivo**, dividido em *especial* e *comum*[11], interessando, neste momento, o segundo.

Assim, o **processo coletivo comum engloba a ação civil pública, a ação popular, o mandado de injunção, o mandado de segurança coletivo, o dissídio coletivo, a impugnação de mandato eletivo e a ação direta interventiva.** Esse direito processual coletivo é regido por princípios próprios de um novo sub-ramo da processualística.[12]Em comuns a todas essas ações, tem-se a **legitimidade coletiva** e o **regime da coisa julgada.**

Nos termos do art. 81, parágrafo único, I, do Código de Defesa do Consumidor, direitos ou interesses difusos são aqueles "transindividuais, de natureza indivisível, de que sejam titulares pessoas indeterminadas e ligadas por circunstâncias de fato". Compreendem grupos menos determinados de pessoas, sendo que entre elas não existe vínculo jurídico preciso.[13] O objeto desses interesses é indivisível, de modo que não é possível ser dividido entre os membros da coletividade.[14]

Sobre a relação entre tais interesses, Hugo Nigro Mazzilli apresenta didático quadro para compreensão:[15]

Interesses	Grupo	Objeto	Origem
Difusos	Indeterminável	Indivisível	Situação de fato
Coletivos	Determinável	Indivisível	Relação jurídica
Ind. Homog.	Determinável	Divisível	Origem comum

Como foi demonstrado acima, os direitos podem ser coletivos por natureza e, por isso, são denominados de essencialmente coletivos. Correspondem aos direitos difusos e coletivos em sentido estrito.

De outro lado, existem os direitos que não são propriamente coletivos, mas que podem ser tutelados pela ação coletiva, conforme autorizado pela lei. Tem-se, nessa hipótese, a tutela coletiva de direitos.

Tutela de direitos coletivos # Tutela coletiva de direitos

Direitos essencialmente coletivos. Direitos acidentalmente coletivos

Há duas características marcantes das ações coletivas, que as distinguem em relação às ações individuais: a **legitimidade** e o **regime jurídico da coisa julgada.**

Em relação à legitimação, destaca-se a existência de modelos distintos: o primeiro, utilizado para a ação popular, que poderá ser ajuizada por qualquer cidadão;

10. ZAVASCKI, Teori Albino. Op. cit., p. 36.
11. MANCUSO, Rodolfo de Camargo. *Jurisdição Coletiva e Coisa Julgada. Teoria Geral das Ações coletivas.* 2 ed. São Paulo: Revista dos Tribunais, 2007, p. 72-73.
12. Idem, ibidem, p.72-73.
13. MAZZILLI, Hugo Nigro. *A Defesa dos Interesses Difusos em Juízo.* São Paulo: Saraiva, 2006, p. 50-51.
14. Idem, ibidem, p. 52.
15. MAZZILLI, Hugo Nigro. Op. cit., p. 58.

e, também, o modelo segundo o qual determinado entes são escolhidos para substituir a coletividade, tal como ocorre na ação civil pública.

(i) Ação popular:

A legitimação para a propositura da ação popular é constante da Constituição Federal (art. 5º, LXXIII) e nos arts. 1º e 4º, da Lei 4.717/65. Portanto, somente o ***brasileiro*** (nato ou naturalizado), que ostente a condição de ***eleitor***, poderá ajuizá-la.

O autor popular agirá como substituto processual da coletividade e, por isso, se acaso abandonar a causa, poderá o polo ativo ser ocupado por outro legitimado. Supletivamente, poderá o Ministério Público assumir o polo ativo, se nenhum outro legitimado o fizer.[16] Exclui-se a possibilidade de ser ajuizada por pessoa jurídica (súmula 365, STF). Somente poderá ser ajuizada por aquele que se encontre no exercício pleno do direito político de eleger os representantes do povo.

O Superior Tribunal de Justiça também admite que a ação popular seja ajuizada pelo **Ministério Público**, legitimando-o a toda e qualquer demanda que vise à defesa dos interesses difusos e coletivos, sob ângulo material ou imaterial.[17]

(ii) Ação civil pública:

A legitimação para a defesa dos interesses metaindividuais de crianças e adolescentes decorre da integração da Lei da Ação Civil Pública, do Código de Defesa do Consumidor, do Estatuto da Criança e do Adolescente, entre outras leis.

Nesse sentido, possuem legitimação para a propositura da ação civil pública: I - o Ministério Público; II - a Defensoria Pública; III - a União, os Estados, o Distrito Federal e os Municípios; IV - a autarquia, empresa pública, fundação ou sociedade de economia mista; V - a associação que, concomitantemente: a) esteja constituída há pelo menos um ano e, b) inclua entre suas finalidades institucionais a proteção ao meio ambiente, ao consumir, à ordem econômica, à livre concorrência ou ao patrimônio artístico, estético, histórico, turístico e paisagístico.

O Ministério Público tem missão especial em relação à ação civil pública, competindo-lhe a tutela dos interesses difusos, coletivos e individuais homogêneos, além de direitos individuais indisponíveis.

Ainda em caso de desistência infundada ou abandono da ação por associação legitimada, o MP ou outro legitimado assumirá a titularidade ativa. No REsp 1.372.593, também se estendeu esta possibilidade aos casos em que for verificado vício na representação processual da associação autora.

A Defensoria Pública é indicada na Constituição Federal como instituição essencial à função jurisdicional do Estado, cabendo-lhe a orientação jurídica e a defesa, em todos os graus, dos necessitados, na forma do seu art. 5º, LXXIV. A expressão "necessitados" não está adstrita ao plano econômico, abrangendo, também, os necessitados do ponto de vista organizacional, que são os socialmente vulneráveis.[18]

A legitimação das associações para a defesa de interesses metaindividuais deve ser entendida no contexto como "participação popular na boa gestão da coisa pública, sob a égide da democracia participativa, incentivada pela Constituição Federal (art. 1º, parágrafo único), como se dá com a defesa do meio ambiente (art. 225, *caput*) e do patrimônio cultural (art. 216 e § 1º)".[19]

(iii) Mandado de segurança coletivo:

Assegura-se a possibilidade de ajuizamento do mandado de segurança coletivo por partido político com representação no Congresso Nacional ou por organização sindical, entidade de classe ou associação legalmente constituída e em funcionamento há pelo menos um ano, em defesa dos interesses de seus membros ou associados (art. 5º, LXX, da Constituição Federal).

O Superior Tribunal de Justiça também admite a legitimação ativa do Ministério Público para ao ajuizamento de mandado de segurança coletivo, defendendo-se que o Parquet pode valer-se da ação necessária para a defesa de interesses metaindividuais.

O Código de Defesa do Consumidor disciplinou a coisa julgada nas ações coletivas, relacionando-a ao interesse tutelado, o que pode ser resumido no seguinte quadro:

Interesse	Coisa julgada
Difuso	*Erga omnes*, salvo se a improcedência decorrer da falta de provas.
Coletivo	*Ultra partes*, limitada ao grupo, categoria ou classe de lesados, salvo se a improcedência se der por falta de provas.
Individuais homogêneos	*Erga omnes* em caso de procedência, beneficiando vítimas e sucessores.

De outro lado, **na sentença de improcedência**, há de ser feita uma importante distinção, segundo haja ou não esgotamento das provas.

Por falta de provas	Outros legitimados poderão propor a ação civil pública, desde que fundada em nova prova.
Por outro motivo	Outros legitimados não poderão propor a ação civil pública, ainda que fundada em nova prova.

16. REsp 638.011/RJ, Rel. Ministro LUIZ FUX, PRIMEIRA TURMA, julgado em 25/04/2006, DJ 18/05/2006, p. 182.
17. AgRg no AREsp 746.846/RJ, Rel. Ministro HERMAN BENJAMIN, SEGUNDA TURMA, julgado em 15/12/2015, DJe 05/02/2016.
18. Disponível em http://www.anadep.org.br/wtksite/cms/conteudo/4820/Documento10.pdf.
19. MANCUSO, Rodolfo de Camargo. *Ação Civil Pública – Em defesa do meio ambiente, do patrimônio cultural e dos consumidores*. 10ª ed. São Paulo: RT, 2006, p. 138-139.

Direito Ambiental

Rafael Costa Freiria e
Taisa Cintra Dosso

TABELA DE INCIDÊNCIA DE QUESTÕES

Distribuição das questões organizada por ordem didática de assuntos		
Assunto	**Número de Questões**	**Peso**
1. MEIO AMBIENTE: HISTÓRICO, CONCEITO, PRINCÍPIOS E CONSTITUIÇÃO FEDERAL	11	19,30%
2. POLÍTICA NACIONAL DO MEIO AMBIENTE E SISTEMA NACIONAL DO MEIO AMBIENTE – PNMA – LEI Nº 6.938/1981	5	8,77%
3. PODER DE POLÍCIA, LICENCIAMENTOS E ESTUDOS AMBIENTAIS (EIA)	5	8,77%
4. ESPAÇOS TERRITORIAIS ESPECIALMENTE PROTEGIDOS PELO PODER PÚBLICO	12	21,05%
5. RECURSOS HÍDRICOS	1	1,75%
6. RESPONSABILIDADE CIVIL, ADMINISTRATIVA E PENAL POR DANOS AMBIENTAIS/ TUTELA PROCESSUAL DO MEIO AMBIENTE	20	35,09%
7. POLÍTICA NACIONAL DE EDUCAÇÃO AMBIENTAL	1	1,75%
8. PROTEÇÃO DO PATRIMÔNIO GENÉTICO – BIOSSEGURANÇA	1	1,75%
9. CARREIRA DE DELEGADO DE POLÍCIA DO ESTADO DE GOIÁS	1	1,75%
Total	**57**	**100%**

Direito Ambiental

Rafael Costa Freiria e
Taisa Cintra Dosso

✦ QUESTÕES

1. MEIO AMBIENTE: HISTÓRICO, CONCEITO, PRINCÍPIOS E CONSTITUIÇÃO FEDERAL

01. (CEBRASPE – 2024 –PC/PE – Delegado) Acerca dos princípios do direito ambiental, julgue os itens a seguir, com base nas jurisprudências do Supremo Tribunal Federal (STF) e do Superior Tribunal de Justiça (STJ).

I. O princípio da prevenção impede o estabelecimento de procedimento de licenciamento ambiental estadual que torne menos eficiente a proteção do meio ambiente equilibrado quanto às atividades de mineração.

II. O afastamento do licenciamento de atividades potencialmente poluidoras afronta os princípios da prevenção, da precaução e da proibição de retrocesso em matéria socioambiental.

III. Qualquer que seja a qualificação jurídica do degradador, público ou privado, a responsabilidade civil pelo dano ambiental é de natureza objetiva, solidária e ilimitada, sendo regida pelos princípios do poluidor-pagador, da reparação in *integrum,* da prioridade da reparação in natura e do favor *debilis.*

Assinale a opção correta.

a) Apenas o item I está certo.
b) Apenas o item II está certo.
c) Apenas os itens I e III estão certos.
d) Apenas os itens II e III estão certos.
e) Todos os itens estão certos.

COMENTÁRIOS

Alternativa correta: "e". Todos os itens estão corretos.

Item 1: Está correto, pois o princípio da prevenção, que decorre implicitamente do artigo 225 da CF, preconiza que o ente ambiental deve impor medidas para se evitar o dano ambiental, pois que muitas vezes é irreversível. Assim, está correto afirmar que o princípio da prevenção impede o estabelecimento de procedimento de licenciamento ambiental estadual que torne menos eficiente a proteção do meio ambiente equilibrado quanto às atividades de mineração.

Item II: Está correto, pois os princípios da prevenção e da precaução preconizam que o ente ambiental deve impor medidas para se evitar o dano ambiental, pois que muitas vezes é irreversível, seja o risco certo (prevenção) ou ainda que não haja certeza científica sobre sua existência (precaução), bem como pelo princípio da vedação do retrocesso ambiental, salvo se houver significativa alteração das circunstâncias de fato, não se pode admitir o retrocesso da proteção ambiental para níveis inferiores, já consagrados. Portanto, o afastamento do licenciamento de atividades potencialmente poluidoras afronta os princípios da prevenção, da precaução e da proibição de retrocesso em matéria socioambiental.

Item III: Está correto, o enunciado apresenta as característica da responsabilização civil em matéria ambiental na reparação de danos: natureza objetiva, solidária e ilimitada, sendo regida pelos princípios do poluidor-pagador, da reparação in *integrum,* da prioridade da reparação in natura e do favor *debilis;* no caso, essas últimas características, respectivamente, buscam tentar voltar a situação à condição ambiental anterior à ocorrência do dano, e consideram, na relação jurídica reparatória, o meio ambiente como parte mais frágil pelo fato da não reparação ser suportada por um grupo difuso de pessoas.

02. (CEBRASPE – 2024 – PC/PE – Delegado) Considerando as disposições da Constituição Federal de 1988 (CF) acerca do meio ambiente, assinale a opção correta.

a) Qualquer pessoa é parte legítima para propor ação civil pública que vise a anular ato lesivo ao meio ambiente.
b) A proteção do meio ambiente e o combate à poluição em qualquer de suas formas integram o rol de competências exclusivas da União.
c) A União, mediante lei complementar, poderá autorizar os estados a legislar sobre questões específicas acerca de florestas, caça, pesca, fauna, conservação

da natureza, defesa do solo e dos recursos naturais, proteção do meio ambiente e controle da poluição.

d) As condutas e atividades consideradas lesivas ao meio ambiente sujeitarão os infratores, pessoas físicas ou jurídicas, a sanções penais e administrativas, independentemente da obrigação de reparar os danos causados.

e) Embora todos tenham direito ao meio ambiente ecologicamente equilibrado, o dever de defendê-lo e preservá-lo para as presentes e futuras gerações é imposto privativamente ao poder público.

COMENTÁRIOS

Alternativa correta: "d". Nos termos do artigo 225, § 3º, da CF, as condutas e atividades consideradas lesivas ao meio ambiente sujeitarão os infratores, pessoas físicas ou jurídicas, a sanções penais e administrativas, independentemente da obrigação de reparar os danos causados.

Alternativa "a": Está errada, pois nos termos do artigo 5º, inciso LXXIII da CF, qualquer cidadão é parte legítima para propor ação popular, e não ação civil pública, que vise a anular ato lesivo ao patrimônio público ou de entidade de que o Estado participe, à moralidade administrativa, ao meio ambiente e ao patrimônio histórico e cultural, ficando o autor, salvo comprovada má-fé, isento de custas judiciais e do ônus da sucumbência. O rol dos legitimados para propor ação civil pública estão previstos artigo 5º da Lei nº 7.347/85 e são o Ministério Público, a União Federal, os Estados-membros, os municípios, as autarquias, as empresas públicas, as fundações, as sociedades de economia mista e, ainda, as associações que tenham sido constituídas há pelo menos um ano e que tenham entre seus objetivos institucionais a proteção ao meio ambiente, ao consumidor, à ordem econômica, a livre concorrência, ao patrimônio histórico, ao patrimônio turístico, ao patrimônio artístico, ao patrimônio paisagístico e ao patrimônio estético.

Alternativa "b": Está errada, pois nos termos do artigo 23, VI, da CF, é competência comum da União, dos Estados, do Distrito Federal e dos Municípios proteger o meio ambiente e combater a poluição em qualquer de suas formas.

Alternativa "c": Está errada, pois nos termos do artigo 24, VI, CF, compete à União, aos Estados e ao Distrito Federal legislar concorrentemente sobre florestas, caça, pesca, fauna, conservação da natureza, defesa do solo e dos recursos naturais, proteção do meio ambiente e controle da poluição.

Alternativa "e": Está errada, pois nos termos do art. 225 da CF, "todos têm direito ao meio ambiente ecologicamente equilibrado, bem de uso comum do povo e essencial à sadia qualidade de vida, impondo-se ao Poder Público e à coletividade o dever de defendê-lo e preservá-lo para as presentes e futuras gerações".

03. (FGV - Delegado de Polícia - PC - AM/2022) A Constituição da República, em seu Art. 225, dispõe que todos têm direito ao meio ambiente ecologicamente equilibrado, bem de uso comum do povo e essencial à sadia qualidade de vida, impondo-se ao Poder Público e à coletividade o dever de defendê-lo e preservá-lo para as presentes e futuras gerações. A parte final do dispositivo deixa claro que as presentes gerações devem observar a preservação do meio ambiente, adotando políticas ambientais que permitam às presentes e futuras gerações a utilização do meio ambiente, não podendo usufruir dos recursos ambientais de forma a privar seus descendentes desses recursos naturais. Trata-se do princípio de Direito Ambiental do(a)

a) poluidor-pagador.

b) solidariedade intergeracional.

c) prevenção.

d) usuário-pagador.

e) precaução.

COMENTÁRIOS

Alternativa correta "b": Segundo o princípio da solidariedade intergeracional as atuais gerações devem preservar o meio ambiente para as presente e futura gerações, mediante a utilização racional dos recursos ambientais. Está previsto no artigo 225 da CF. Também conhecido como princípio da responsabilidade ambiental entre gerações.

Alternativa "a": Está errada. O princípio do poluidor-pagador prevê a responsabilidade do poluidor pelos custos ambientais advindos de sua atividade econômica ambientalmente impactante. Agrega-se esse valor no custo produtivo da atividade. Portanto, a vocação retributiva do Direito Ambiental se expressa no princípio do poluidor-pagador.

Alternativa "c": Está errada, pois o princípio da prevenção preconiza que o ente ambiental deve impor medidas para se evitar o dano ambiental, pois que muitas vezes é irreversível. O princípio se volta ao cuidado ambiental de atividades com risco conhecido ou certo, em que há certeza científica.

Alternativa "d": Está errada, pois o princípio do usuário-pagador prevê a **responsabilidade do poluidor pelos custos ambientais advindos de sua atividade econômica ambientalmente impactante**. Agrega-se esse valor no custo produtivo da atividade. Este princípio determina a incidência do regime jurídico da **responsabilidade civil objetiva por danos ambientais**, conforme previsão do artigo 14, § 1º, da Lei nº 6.938/1981.

Alternativa "e": Está errada, pois o princípio da precaução preconiza que o ente ambiental deve impor medidas para se evitar o dano ambiental, pois que muitas vezes é irreversível, ainda que não haja certeza científica sobre sua existência. O princípio se volta ao cuidado ambiental de atividades com risco desconhecido ou incerto, aplicando-se o postulado in dubio *pro natura*.

Alternativa correta: letra "b".

04. (AOCP – Delegado de Polícia – PC – PA/2021) A respeito da tutela constitucional do meio ambiente, assinale a alternativa correta.

a) A proteção do meio ambiente e o combate à poluição são medidas de iniciativa exclusiva da União.

b) A responsabilidade por dano ao meio ambiente é matéria cuja competência legislativa compete concorrentemente à União e aos Estados, excluídos os Municípios.

c) A Constituição de 1988 determina àqueles que exploram recursos minerais a elaboração e o cumprimento de um plano de controle ambiental, com o objetivo de minimizar os impactos destrutivos provocados por essa atividade ao meio ambiente.

d) As terras devolutas ou arrecadadas pelo Estado em ações discriminatórias, necessárias à proteção dos ecossistemas, são consideradas disponíveis.

e) A natureza jurídica do meio ambiente é de bem de uso comum do povo, razão pela qual segue o regime jurídico de bem público, sendo inalienável.

COMENTÁRIOS

Alternativa correta: "d". São indisponíveis as terras devolutas ou arrecadadas pelos Estados, por ações discriminatórias, necessárias à proteção dos ecossistemas naturais (art. 225, §5º, CF).

Alternativa "a": Está errada. É competência comum da União, dos Estados, do Distrito Federal e dos Municípios proteger o meio ambiente e combater a poluição em qualquer de suas formas (art. 23, VI, CF).

Alternativa "b": Está errada. Compete à União, aos Estados e ao Distrito Federal legislar concorrentemente sobre responsabilidade por dano ao meio ambiente, ao consumidor, a bens e direitos de valor artístico, estético, histórico, turístico e paisagístico (art. 24, VIII, CF). O Município tem competência para legislar sobre meio ambiente e controle da poluição, quando se tratar de interesse local (STF, RE 194.704, 2017).

Alternativa "c": Está errada. Aquele que explorar recursos minerais fica obrigado a recuperar o meio ambiente degradado, de acordo com solução técnica exigida pelo órgão público competente, na forma da lei (art. 225, §2º, CF). O equívoco está na afirmação de que a CF impõe a elaboração do Plano de Controle Ambiental. A previsão decorre do art. 5º, Resolução CONAMA 009/90, a qual regula as normas para extração mineral: "A Licença de Instalação deverá ser requerida ao meio ambiental competente, ocasião em que o empreendedor deverá apresentar o Plano de Controle Ambiental-PCA, que conterá os projetos executivos de minimização dos impactos ambientais avaliados na fase da LP, acompanhado dos demais documentos necessários."

Alternativa "e": Está errada. Todos têm direito ao meio ambiente ecologicamente equilibrado, bem de uso comum do povo e essencial à sadia qualidade de vida, impondo-se ao Poder Público e à coletividade o dever de defendê-lo e preservá-lo para as presentes e futuras gerações (art. 225, caput, CF). Os bens públicos de uso comum do povo e os de uso especial são inalienáveis, enquanto conservarem a sua qualificação, na forma que a lei determinar, nos termos do artigo 100 do Código Civil

05. (FGV – Delegado de Polícia – PC – RN/2021) A vocação redistributiva do Direito Ambiental indica que o poluidor deve responder pelos custos sociais externos que acompanham o processo produtivo, ou seja, pela poluição ou degradação que causa ao desenvolver suas atividades. Assim, o ordenamento jurídico busca a internalização dos prejuízos ambientais, de maneira que aquele que internaliza e se beneficia com o lucro, deve arcar e internalizar também os prejuízos que causou, por força do princípio:

a) da prevenção, que garante a integral reparação dos danos ambientais à coletividade, titular do direito difuso;

b) da precaução, que prevê, com base científica, os danos ambientais que serão causados e já os mitiga;

c) do poluidor-pagador, que visa a impedir a privatização dos lucros e a socialização das perdas;

d) da solidariedade intergeracional, que determina que a atual geração arque integralmente com os danos pretéritos causados;

e) da função socioambiental da propriedade, que permite a desapropriação quando o dano ambiental não for integralmente reparado.

COMENTÁRIOS

Alternativa correta: "c". O princípio do poluidor-pagador prevê a responsabilidade do poluidor pelos custos ambientais advindos de sua atividade econômica ambientalmente impactante. Agrega-se esse valor no custo produtivo da atividade. Portanto, a vocação retributiva do Direito Ambiental se expressa no princípio do poluidor-pagador.

Alternativa "a": Está errada, pois o princípio da prevenção preconiza que o ente ambiental deve impor medidas para se evitar o dano ambiental, pois que muitas vezes é irreversível. O princípio se volta ao cuidado ambiental de atividades com risco conhecido ou certo, em que há certeza científica.

Alternativa "b": Está errada, pois o princípio da precaução preconiza que o ente ambiental deve impor medidas para se evitar o dano ambiental, pois que muitas vezes é irreversível, ainda que não haja certeza científica sobre sua existência**.** O princípio se volta ao cuidado ambiental de atividades com risco desconhecido ou incerto, aplicando-se o postulado in dubio *pro natura*.

Alternativa "d": Está errada. Segundo o princípio da solidariedade intergeracional as atuais gerações devem preservar o meio ambiente para as presente e futura gerações, mediante a utilização racional dos recursos ambientais. Está previsto no artigo 225 da CF. Também conhecido como princípio da responsabilidade ambiental entre gerações.

Alternativa "e": Está errada. A propriedade urbana e rural deve preservar o meio ambiente, cumprindo sua função socioambiental. O princípio decorre dos artigos 5º, XXII, XXIII, 170, II e III e 186 da CF

06. (UEG – Delegado de Polícia – PC – GO/2018) Ao asseverar sobre a proteção do meio ambiente, a Constituição Federal de 1988

a) adotou uma visão estrita para o vocábulo "meio ambiente", pois reconhece a proteção do patrimônio natural em seu artigo 225.

b) deixou de aludir expressamente ao desenvolvimento sustentável, apesar de ele poder ser inferido do artigo 170, VI, quando se refere ao meio ambiente como princípio que rege a ordem econômica.

c) buscou limitar as atividades nucleares, ao exigir que o licenciamento ambiental de novas usinas dependa de lei estadual específica, por meio da qual se defina sua localização.

d) recepcionou a Lei de Política Nacional do Meio Ambiente, ao exigir o relatório ambiental preliminar de todos os empreendimentos potencialmente causadores de significativa degradação do meio ambiente.

e) ensejou uma maior flexibilidade para a definição, a manutenção e a modificação dos limites de unidades de conservação da natureza, o que pode ser feito por ato do Poder Executivo.

COMENTÁRIOS

Alternativa "a": A Constituição Federal não adotou uma visão estrita para o vocábulo "meio ambiente". Reconhece a proteção do patrimônio natural no artigo 225, mas fala também das outras dimensões do meio ambiente em diversos outros dispositivos como o meio ambiente artificial no artigo 182, o meio ambiente cultural nos artigos 215, 216 e 216-A e o meio ambiente laboral no artigo 200, inciso VIII, todos da Constituição Federal. Portanto, a Constituição Federal adotou uma visão ampla para o vocábulo "meio ambiente".

Alternativa "b": Dispõe o artigo 170 da Constituição Federal que: "A ordem econômica, fundada na valorização do trabalho humano e na livre iniciativa, tem por fim assegurar a todos existência digna, conforme os ditames da justiça social, observados os seguintes princípios: (...) VI - defesa do meio ambiente, inclusive mediante tratamento diferenciado conforme o impacto ambiental dos produtos e serviços e de seus processos de elaboração e prestação". O princípio do desenvolvimento sustentável visa "à compatibilização do desenvolvimento econômico social com a preservação da qualidade do meio ambiente e do equilíbrio ecológico", conforme artigo 4º, inciso I, da Lei nº 6.938/1981. Pela leitura dos artigos acima, é possível concluir quer embora a Constituição Federal deixou de aludir expressamente ao desenvolvimento sustentável, ele pode ser inferido do artigo 170, VI, quando se refere ao meio ambiente como princípio que rege a ordem econômica.

Alternativa "c": Dispõe o artigo 225, § 6º, da CF que "As usinas que operem com reator nuclear deverão ter sua localização definida em lei federal, sem o que não poderão ser instaladas".

Alternativa "d": Dispõe o artigo 225, § 1º, IV que incumbe ao Poder Público, para assegurar a efetividade do direito ao meio ambiente ecologicamente equilibrado, "exigir, na forma da lei, para instalação de obra ou atividade potencialmente causadora de significativa degradação do meio ambiente, estudo prévio de impacto ambiental, a que se dará publicidade". Assim, a CF recepcionou a Lei de Política Nacional do Meio Ambiente, entretanto exigiu estudo prévio de impacto ambiental, e não o relatório ambiental preliminar, de todos os empreendimentos potencialmente causadores de significativa degradação do meio ambiente.

Alternativa "e": Dispõe o artigo 225, § 1º, III que incumbe ao Poder Público, para assegurar a efetividade do direito ao meio ambiente ecologicamente equilibrado, "definir, em todas as unidades da Federação, espaços territoriais e seus componentes a serem especialmente protegidos, sendo a alteração e a supressão permitidas somente através de lei, vedada qualquer utilização que comprometa a integridade dos atributos que justifiquem sua proteção". Desse modo, conclui-se que a Constituição não flexibilizou, mas endureceu os limites de unidades de conservação da natureza determinado que a alteração e a supressão serão permitidas somente através de lei e não por ato do Poder Executivo.

Alternativa correta: letra "b".

07. (Cespe – Delegado de Polícia – GO/2017) No que concerne à Constituição Federal de 1988 (CF) e ao meio ambiente, assinale a opção correta.

a) Entende-se a previsão constitucional de um meio ambiente ecologicamente equilibrado tanto como um direito fundamental quanto como um princípio jurídico fundamental que orienta a aplicação das regras legais.

b) O princípio da livre iniciativa impede que o poder público fiscalize entidades dedicadas à pesquisa e à manipulação de material genético.

c) O estudo prévio de impacto ambiental será dispensado nos casos de obras públicas potencialmente causadoras de significativa degradação ambiental quando elas forem declaradas de utilidade pública ou de interesse social.

d) Os espaços territoriais especialmente protegidos, definidos e criados por lei ambiental, poderão ser suprimidos por meio de decreto do chefe do Poder

Executivo municipal para permitir a moradia de população de baixa renda em área urbana.

e) A competência para proteger o meio ambiente e combater a poluição em todas as suas formas é concorrente entre a União, os estados, o Distrito Federal (DF) e os municípios, de modo que a ação administrativa do órgão ambiental da União prevalece sobre a ação dos demais entes federativos.

COMENTÁRIOS

Alternativa "a". O artigo 225 quando prevê que "todos têm direito ao meio ambiente ecologicamente equilibrado, bem de uso comum do povo e essencial à sadia qualidade de vida, impondo-se ao Poder Público e à coletividade o dever de defendê-lo e preservá- lo para as presentes e futuras gerações" traz além de um direito fundamental, um princípio orientador.

Alternativa "b Nos termos do art. 225, § 1º, da CF, "para assegurar a efetividade desse direito, incumbe ao Poder Público: (...) II – preservar a diversidade e a integridade do patrimônio genético do País e fiscalizar as entidades dedicadas à pesquisa e manipulação de material genético".

Alternativa "c": Nos termos do art. 225, § 1º, da CF, "para assegurar a efetividade desse direito, incumbe ao Poder Público: (...) IV – exigir, na forma da lei, para instalação de obra ou atividade potencialmente causadora de significativa degradação do meio ambiente, estudo prévio de impacto ambiental, a que se dará publicidade"

Alternativa "d": Conforme art. 225, § 1º, "para assegurar a efetividade desse direito, incumbe ao Poder Público: (...) III – definir, em todas as unidades da Federação, espaços territoriais e seus componentes a serem especialmente protegidos, sendo a alteração e a supressão permitidas somente através de lei, vedada qualquer utilização que comprometa a integridade dos atributos que justifiquem sua proteção"

Alternativa "e": Não há prevalência de nenhum ente a outro no que tange à proteção do meio ambiente. Nesse sentido: "art. 23. É competência comum da União, dos Estados, do Distrito Federal e dos Municípios: (...) VI – proteger o meio ambiente e combater a poluição em qualquer de suas formas".,

Alternativa correta: "a".

---

08. (FUNCAB – Delegado de Polícia – PA/2016) Considerando as disposições da Constituição da República Federativa do Brasil de 1988 relativas ao meio ambiente, a repartição de competências em matéria ambiental, os princípios que informam o direito ambiental, bem como a jurisprudência do Supremo Tribunal Federal, assinale a alternativa correta.

a) A competência exclusiva da União registrar, acompanhar e fiscalizar as concessões de direitos de pesquisa e exploração de recursos hídricos e minerais.

b) A promoção de briga de galos configura conduta atentatória à Constituição da República, que veda a submissão de animais a atos de crueldade, cuja natureza perversa, à semelhança da "farra do boi", não permite sejam eles qualificados como inocente manifestação cultural, de caráter meramente folclórico. Nesta senda, é possível afirmar-se que a proteção jurídico-constitucional dispensada à fauna abrange tanto os animais silvestres quanto os domésticos ou domesticados.

c) As usinas que operem com reator nuclear deverão ter sua localização definida em ato administrativo editado pelo Chefe do Poder Executivo Federal, sem o que não poderão ser instaladas.

d) A utilização adequada dos recursos naturais disponíveis e a preservação do meio ambiente são alguns dos requisitos para considerar atendida a função social da propriedade rural. Contudo, tais requisitos foram construídos pela jurisprudência do Supremo Tribunal Federal, uma vez que a Constituição Federal de 1988 assim não dispôs expressamente.

e) Conforme a jurisprudência do Supremo Tribunal Federal, o princípio da precaução decorre da constatação de que a evolução científica poderia trazer riscos, muitas vezes imprevisíveis ou imensuráveis, a exigir uma reformulação das práticas e procedimentos tradicionalmente adotados por diversas áreas da ciência. Por este motivo, a existência de quaisquer riscos ao meio ambiente decorrentes de incertezas científicas deve produzir imediata paralisia de atividades públicas ou privadas, sem que o princípio da proporcionalidade possa ser aplicado.

COMENTÁRIOS

Alternativa "a": Nos termos do art. 23 da Constituição Federal, "é competência comum da União, dos Estados, do Distrito Federal e dos Municípios: XI – registrar, acompanhar e fiscalizar as concessões de direitos de pesquisa e exploração de recursos hídricos e minerais em seus territórios. Portanto, a competência prevista no inciso XI é comum a todos os entes e não exclusiva da União.

Alternativa "b". Sobre a proteção jurídica dispensada à proteção da fauna, o Supremo tem tido reiteradas decisões. Sobre a "farra do boi", o STF declarou a prática inconstitucional (2ª Turma. RE 153531, Relator(a) p/ Acórdão Min. Marco Aurélio, julgado em 03/06/1997). Já quanto à "briga de galo", o STF já declarou inconstitucionais algumas leis estaduais que buscavam regulamentar o referido costume popular (Plenário. ADI 2514, Rel. Min. Eros Grau, julgado em 29/06/2005). E, quanto à "vaquejada", recentemente a Corte Suprema declarou inconstitucional lei estadual que buscava regulamentar o referido costume popular (ADI 4983/CE, Rel. Min. Marco Aurélio, julgado em 06/10/2016) (Info 842). Desse modo, é possível concluir, com acerto, que a proteção jurídico-constitucional dispensada à fauna abrange tanto os animais silvestres quanto os domésticos ou domesticados, sendo que a promoção de briga de galos configura conduta atentatória à Constituição da República, que veda a submissão de animais a atos de crueldade, cuja natureza perversa, à semelhança da "farra do boi", não permite sejam eles qualificados como inocente manifestação cultural, de caráter meramente folclórico. Portanto, a alternativa está certa. Sobre a discussão, deve-se atentar também para a recente inclusão do § 7º, do Art. 225 da CF, acrescido pela EC 96/2017, que pode eventualmente possibilitar práticas desportivas que utilizem animais, desde que sejam manifestações culturais, devendo ser regulamentadas por lei específica que assegure o bem-estar dos animais envolvidos.

Alternativa "c": Consoante art. 225, § 6º, da CF "as usinas que operem com reator nuclear deverão ter sua localização definida em lei federal, sem o que não poderão ser instaladas". Desse modo, a localização é definida por lei federal e não por ato administrativo editado pelo Chefe do Poder Executivo Federal.

Alternativa "d": Uma vez que a CF, em seu artigo 186, definiu expressamente os requisitos cumulativos para o cumprimento da função social da propriedade rural. Nesse sentido: "Art. 186. A função social é cumprida quando a propriedade rural atende, simultaneamente, segundo critérios e graus de exigência estabelecidos em lei, aos seguintes requisitos: I – aproveitamento racional e adequado; II – utilização adequada dos recursos naturais disponíveis e preservação do meio ambiente; III – observância das disposições que regulam as relações de trabalho; IV – exploração que favoreça o bem-estar dos proprietários e dos trabalhadores".

Alternativa "e": Nos autos do RE 627189/SP, que tratou sobre o princípio da precaução e campo eletromagnético, a Corte registrou que o conteúdo jurídico do princípio da precaução remontaria originalmente à "Carta Mundial da Natureza", de 1982, cujo princípio n. 11, "b", estabelecera a necessidade de os Estados controlarem as atividades potencialmente danosas ao meio ambiente, ainda que seus efeitos não fossem completamente conhecidos. (...) Decorre referido princípio da constatação de que a evolução científica poderia trazer riscos, muitas vezes imprevisíveis ou imensuráveis, a exigir uma reformulação das práticas e procedimentos tradicionalmente adotados na respectiva área da ciência. Apontou que o princípio da precaução não prescindiria de outros elementos considerados essenciais para uma adequada decisão estatal, a serem observados sempre que estiver envolvida a gestão de riscos: a) a proporcionalidade entre as medidas adotadas e o nível de proteção escolhido; b) a não discriminação na aplicação das medidas; e, c) a coerência das medidas que se pretende tomar com as já adotadas em situações similares ou que utilizem abordagens similares. Portanto, na aplicação do princípio da precaução a existência de riscos decorrentes de incertezas científicas não deveria produzir uma paralisia estatal ou da sociedade. Por outro lado, a aplicação do princípio não poderia gerar como resultados temores infundados. Assim, em face de relevantes elementos de convicção sobre os riscos, o Estado deveria agir de forma proporcional. Por sua vez, o eventual controle pelo Poder Judiciário quanto à legalidade e à legitimidade na aplicação desse princípio haveria de ser realizado com prudência, com um controle mínimo, diante das incertezas que reinam no campo científico. (STF, RE 627189/SP, rel. Min. Dias Toffoli, 8.6.2016. (RE-627189), Info 829). Pelo exposto, conclui-se a existência de quaisquer riscos ao meio ambiente decorrentes de incertezas científicas não deve produzir imediata paralisia de atividades públicas ou privadas, devendo-se ser aplicado o princípio da proporcionalidade respaldado pelo princípio da precaução, estando a alternativa, pois, incorreta.

Alternativa correta: "b".

---

09. (Cespe – Delegado de Polícia – PE/2016) Considere que, em 1999, a União tenha criado, por decreto presidencial, determinada unidade de conservação. Nessa situação, de acordo com a CF, a União

a) poderá alterá-la por meio de decreto.

b) poderá suprimi-la por meio de decreto.

c) somente poderá alterá-la ou suprimi-la por meio de lei.

d) poderá alterá-la por meio de portaria do Ministério do Meio Ambiente.

e) terá cometido ato nulo, já que o ato de criação dessa unidade deveria ter sido a lei.

COMENTÁRIOS

✪ **Nota do autor:** as normas constitucionais ambientais, em especial o artigo 225 da Constituição Federal, são sempre objeto de perguntas nos mais diversos concursos.

Alternativa "c" responde todas as demais alternativas: de acordo com a Constituição Federal artigo 225, III uma vez criada uma Unidade de Conservação, sua alteração ou supressão somente pode ser permitida através de Lei.

Alternativa correta: letra "c".

---

10. (Cespe – Delegado de Polícia – PE/2016) Conforme previsto na CF, é necessária a realização de estudo prévio de impacto ambiental antes da implantação de empreendimentos e de atividades consideradas efetiva ou potencialmente causadoras de degradação ambiental, que constitui exigência que atende ao princípio do(a)

a) prevenção.

b) poluidor-pagador.

c) proibição do retrocesso ambiental.

d) participação comunitária.

e) usuário-pagador.

COMENTÁRIOS

✪ **Nota do autor:** Questões que envolvem princípios, ainda que bem teóricas, não costumam apresentar grandes dificuldades na sua resolução. Aqui não foi diferente.

Alternativa "a": Pelo princípio da prevenção já existem provas da danosidade de determinada atividade, empreendimento ou obra. Assim este princípio visa evitar a consumação do dano, ao invés de contabilizar os danos e tentar repará-los: mais vale prevenir do que remediar. Aponta José Joaquim Gomes Canotilho[1] alguns motivos do porque vale mais prevenir: "porque em muitos casos, depois de a poluição ou o dano ocorrerem, são impossíveis de remover; porque, mesmo quando a reconstituição natural é materialmente possível, frequentemente ela é de modo onerosa, que esse esforço não pode ser exigido do poluidor; por fim, porque economicamente é sempre muito mais dispendioso remediar do que prevenir." É exemplo deste princípio o licenciamento ambiental e o estudo prévio de impacto ambiental (quando necessário/exigível).

Alternativa "b": O princípio do poluidor-pagador não pode ser confundido com o direito de poluir. Dessa forma, o princípio do poluidor-pagador (PPP) tem por objetivo internalizar os custos (levar em conta nos custos de produção) das externalidades negativas (os danos suportados pela sociedade) advindas do uso dos bens ambientais. Assim, o agente econômico que causar dano ambiental diante de sua atividade deverá arcar com os custos da poluição produzida. Antes de poluir deve pagar. Está previsto no art. 4º, VII da Lei 6.938/81: à imposição, ao poluidor e ao predador, da obrigação de recuperar e/ou indenizar os danos causados, e ao usuário, de contribuição pela utilização de recursos ambientais com fins econômicos.

Alternativa "c": uma vez alcançado um grau de defesa, de proteção ambiental, não se admite mais, mesmo que por alteração legislativa, diminuição nessa proteção: "vem no sentido de garantir que no avançar do tempo, e da edição de novas normas e sua aplicação, se mantenha ou avance também a proteção do meio ambiente, não se admitindo sua flexibilização e, jamais, sua redução."[2]

Alternativa "d": é imperioso permitir que os cidadãos possam ser ouvidos na formulação e execução da política do meio ambiente. O indivíduo, a coletividade e o Poder Público podem/devem atuar conjuntamente na proteção e preservação do meio ambiente. A realização de audiências públicas e a constituição de conselhos ambientais são formas de manifestação deste princípio.

Alternativa "e": o princípio do usuário-pagador direciona-se ao cidadão que consome bens poluentes, e que por consequência, apresenta-se como um financiador da degradação. O artigo 4º, VII da Lei nº 6.938/81 também é destinado a esse princípio ao "usuário, de contribuição pela utilização de recursos ambientais com fins econômicos."

Alternativa correta: letra "a".

---

11. (FUNIVERSA – Delegado de Polícia – DF/2015) Acerca dos princípios de direito ambiental, assinale a alternativa correta.

a) O princípio da prevenção é aplicável ao risco conhecido, ou seja, aquele que já ocorreu anteriormente ou cuja identificação é possível por meio de pesquisas e informações ambientais.

b) O princípio da participação comunitária possui aplicabilidade apenas na esfera administrativa, impondo a participação popular na formulação das políticas públicas ambientais desenvolvidas pelos órgãos governamentais.

c) O princípio do desenvolvimento sustentável não tem caráter constitucional, mas encontra assento em normas infraconstitucionais que tratam da ocupação racional dos espaços públicos.

d) O princípio do poluidor-pagador impõe ao empreendedor a responsabilidade subjetiva, ou seja, o dever de arcar com os prejuízos que sua atividade cause ao meio ambiente na medida de seu envolvimento direto com o dano.

e) O princípio da precaução refere-se à necessidade de o poder público agir de forma a evitar os riscos que são de conhecimento geral, adotando medidas de antecipação por meio de instrumentos como o estudo e o relatório de impacto ambiental (EIA/RIMA).

COMENTÁRIOS

✪ **Nota do autor:** essa questão exige conhecimento teórico dos princípios que norteiam o direito ambiental.

Alternativa "a": diferentemente do princípio da precaução que trabalha com a ideia de danos (riscos ou impactos) desconhecidos (campo da possibilidade), o princípio da prevenção parte de uma previsibilidade de dano (campo da probabilidade) conhecidos pela ciência.

Alternativa "b": intimamente ligado ao princípio da informação, o princípio da participação tem alcance não somente no momento de criação das políticas públicas ambientais, mas também no momento de sua execução. Há quem sustente, inclusive, que a participação não seria somente um princípio, mas, também, uma obrigação de colaborar com o meio ambiente.

Alternativa "c": o princípio do desenvolvimento sustentável aparece na Constituição Federal, ao menos, suas vezes. No artigo 170, VI ao indicar como princípio da ordem econômica a defesa do meio ambiente, e no artigo 225, caput, ao expor que o Poder Público e

---

1. CANOTILHO, José Joaquim Gomes. *Introdução ao direito do ambiente*. op. cit. p. 44.
2. MILARÉ, Edis. Direito do ambiente. 8. ed. São Paulo: Editora Revista dos Tribunais, 2013, p. 277.

a coletividade têm que preservar o e defender o meio ambiente para as presentes e futuras gerações.

Alternativa "d": o artigo 14, § 1º da Lei nº 6.938/81 impõe ao poluidor/predador a responsabilidade objetiva (e não subjetiva) pelos danos causados ao meio ambiente.

Alternativa "e": se já é do conhecimento do poder público os riscos que determinada atividade ou empreendimento pode causar ao meio ambiente, estamos diante do princípio da prevenção. São instrumento utilizáveis tanto ao princípio da prevenção quando à precaução, o licenciamento ambiental e o relatório de impacto ambiental.

Alternativa correta: letra "a".

2. POLÍTICA NACIONAL DO MEIO AMBIENTE E SISTEMA NACIONAL DO MEIO AMBIENTE – PNMA – LEI Nº 6.938/1981

12. (FUNCAB – Delegado de Polícia – PA/2016) Quanto ao instituto da servidão ambiental, instrumento da Política Nacional do Meio Ambiente (Lei n° 6.938/1981), assinale a alternativa correta.

a) O prazo mínimo da servidão ambiental temporária é de 10 (dez) anos.

b) A servidão ambiental poderá ser onerosa ou gratuita, temporária ou perpétua.

c) O proprietário ou possuidor de imóvel, pessoa natural ou jurídica, que pretender instituir servidão ambiental apenas poderá fazê-lo por instrumento público.

d) Na hipótese de compensação de Reserva Legal, a servidão ambiental deve ser averbada na matrícula do imóvel que contiver a menor cobertura vegetal.

e) A restrição ao uso ou à exploração da vegetação da área sob servidão ambiental deve ser, no máximo, a mesma estabelecida para a Reserva Legal.

COMENTÁRIOS

Alternativa "a": pois o prazo mínimo é de 15 e não de 10 anos. Nesse sentido, art. 9º-B, § 1º, da citada lei: "O prazo mínimo da servidão ambiental temporária é de 15 (quinze) anos".

Alternativa "b". Segundo o art. 9º-B, da Lei n. 6938/81, "a servidão ambiental poderá ser onerosa ou gratuita, temporária ou perpétua".

Alternativa "c": O art. 9º-A da Lei n. 6938/81 diz que "o proprietário ou possuidor de imóvel, pessoa natural ou jurídica, pode, por instrumento público ou particular ou por termo administrativo firmado perante órgão integrante do Sisnama, limitar o uso de toda a sua propriedade ou de parte dela para preservar, conservar ou recuperar os recursos ambientais existentes, instituindo servidão ambiental. Portanto, é possível instituir servidão ambiental por instrumento público e também por instrumento particular, estando a alternativa incorreta.

Alternativa "d": Diz o art. 9º-A, § 5º da lei em comento que "na hipótese de compensação de Reserva Legal, a servidão ambiental deve ser averbada na matrícula de todos os imóveis envolvidos", portanto, não apenas daquele que contiver a menor cobertura vegetal, razão pela qual a alternativa está errada.

Alternativa "e": Nos termos do art. 9º-A § 3º da lei em questão, "a restrição ao uso ou à exploração da vegetação da área sob servidão ambiental deve ser, no mínimo, a mesma estabelecida para a Reserva Legal". Portanto, a lei estabelece a restrição máxima e não mínima.

Alternativa correta: "b".

13. (Cespe – Delegado de Polícia – PE/2016) O órgão consultivo e deliberativo responsável pelo SISNAMA e pelo SNUC é o

a) Ministério do Meio Ambiente.

b) Conselho Nacional do Meio Ambiente.

c) Instituto Chico Mendes.

d) IBAMA.

e) Conselho de Governo.

COMENTÁRIOS

✪ **Nota do autor:** Sempre que edital pede sobre Política Nacional do Meio Ambiente nos concursos, o estudo pormenorizado da lei é aconselhado.

Alternativa "a": pelo artigo 6º, III da Lei nº 6.938/81 e artigo 6º, II da Lei nº 9.985/00 o Ministério do Meio Ambiente é o órgão central, com a finalidade de planejar, coordenar, supervisionar e controlar, a política nacional e as diretrizes governamentais fixadas para o meio ambiente, bem como o SNUC.

Alternativa "b": de acordo com o artigo 6º, II da Lei nº 6.938/81, o Conselho Nacional do Meio Ambiente (CONAMA), órgão consultivo e deliberativo, possui a finalidade de assessorar, estudar e propor ao Conselho de Governo, diretrizes de políticas governamentais para o meio ambiente e os recursos naturais e deliberar, no âmbito de sua competência, sobre normas e padrões compatíveis com o meio ambiente ecologicamente equilibrado e essencial à sadia qualidade de vida. Já segundo o disposto no artigo 6º, I da Lei nº 9.985/00 o CONAMA é o órgão consultivo e deliberativo responsável pelo acompanhamento da implantação do SNUC (Sistema Nacional de Unidades de Conservação).

Alternativa "c" e "d": O Instituto Chico Mendes, assim como o IBAMA são órgãos executores (Lei nº 9.985/00, artigo 6º, III e Lei nº 6.938/81, artigo 6º, IV).

Alternativa "e": O Conselho de Governo atua como órgão superior, com a função de assessorar o Presidente da República na formulação da política nacional e nas diretrizes governamentais para o meio ambiente e os recursos ambientais (artigo 6º, I da Lei nº 6.938/81).

Alternativa correta: letra "b".

14. (Cespe – Delegado de Polícia – PE/2016) O Instituto Chico Mendes de Conservação da Biodiversidade (Instituto Chico Mendes) é uma

a) sociedade de economia mista criada pela União.

b) empresa pública federal.

c) autarquia federal.

d) fundação pública de direito público.

e) instituição da administração direta do Poder Executivo federal.

COMENTÁRIOS

✪ **Nota do autor:** a questão não requer conhecimento aprofundado de matéria ambiental, limitando-se a questionar a natureza do Instituto Chico Mendes – Lei nº 11.516/2007.

Alternativa "**c**" responde todas as demais alternativas: a lei que criou o Instituto Chico Mendes de Conservação da Biodiversidade (nº 11.516/2007) em seu artigo 1º estipulou que que este seria uma autarquia federal dotada de personalidade jurídica de direito público, autonomia administrativa e financeira, vinculada ao Ministério do Meio Ambiente.

Alternativa correta: letra: "c".

15. (Vunesp – Delegado de Polícia – CE/2015) Considerando a Lei nº 6.938/81, no que tange aos instrumentos da Política Nacional do Meio Ambiente, é correta a seguinte afirmação:

a) A servidão ambiental poderá ser onerosa ou gratuita, temporária ou perpétua; e, se ela for temporária, o prazo mínimo é de 10 (dez) anos.

b) A construção, instalação, ampliação e funcionamento de estabelecimentos e atividades utilizadores de recursos ambientais, efetiva ou potencialmente poluidores ou capazes, sob qualquer forma, de causar degradação ambiental, dependerão de prévia delimitação das áreas de proteção ambiental.

c) Sem prejuízo da aplicação das penalidades definidas pelas legislações federal, estadual e municipal em razão do não cumprimento das medidas necessárias à preservação ou correção dos inconvenientes e dados causados pela degradação da qualidade ambiental, o poluidor é obrigado, desde que comprovada a existência de culpa, a indenizar ou reparar os danos causados ao meio ambiente e a terceiros, afetados por sua atividade.

d) O detentor de servidão ambiental não poderá aliená-la, cedê-la ou transferi-la em favor de outro proprietário ou de entidade privada, ainda que este tenha a conservação ambiental como fim social.

e) O Cadastro Técnico Federal de Atividades e Instrumentos de Defesa Ambiental, assim como o zoneamento ambiental, são alguns dos instrumentos da Política Nacional do Meio Ambiente.

COMENTÁRIOS

✪ **Nota do autor:** inovando em concursos de delegado, a banca exigiu conhecimento do direito ambiental nas searas civil e administrativa, nessa questão, especificamente, da Política Nacional do Meio Ambiente.

Alternativa "a": segundo estabelece o artigo 9º-B do PNMA, a servidão ambiental poderá ser onerosa ou gratuita, temporária ou perpétua. Se ela for temporária o prazo mínimo da servidão ambiental temporária é de 15 (quinze) anos.

Alternativa "b": o artigo 10 da Lei nº 6.938/81 determina que a construção, instalação, ampliação e funcionamento de estabelecimentos e atividades utilizadores de recursos ambientais, efetiva ou potencialmente poluidores ou capazes, sob qualquer forma, de causar degradação ambiental dependerão de prévio licenciamento ambiental.

Alternativa "c": sem prejuízo das penalidades definidas pela legislação federal, estadual e municipal, o não cumprimento das medidas necessárias à preservação ou correção dos inconvenientes e danos causados pela degradação da qualidade ambiental é o poluidor obrigado, independentemente da existência de culpa, a indenizar ou reparar os danos causados ao meio ambiente e a terceiros, afetados por sua atividade (art. 14, § 1º da Lei nº 6.938/81).

Alternativa "d": o detentor da servidão ambiental poderá aliená-la, cedê-la ou transferi-la, total ou parcialmente, por prazo determinado ou em caráter definitivo, em favor de outro proprietário ou de entidade pública ou privada que tenha a conservação ambiental como fim social (Art. 9-B, § 3º da Lei nº 6.938/81).

Alternativa "e": O artigo 9º da lei nº 6.938/81 define quais são os instrumentos – da Política Nacional do Meio Ambiente: I – o estabelecimento de padrões de qualidade ambiental; II – o zoneamento ambiental; III – a avaliação de impactos ambientais; IV – o licenciamento e a revisão de atividades efetiva ou potencialmente poluidoras; V – os incentivos à produção e instalação de equipamentos e a criação ou absorção de tecnologia, voltados para a melhoria da qualidade ambiental; VI – a criação de espaços territoriais especialmente protegidos pelo Poder Público federal, estadual e municipal, tais como áreas de proteção ambiental, de relevante interesse ecológico e reservas extrativistas; VII – o sistema nacional de informações sobre o meio ambiente; VIII – o Cadastro Técnico Federal de Atividades e Instrumento de Defesa Ambiental; IX – as penalidades disciplinares ou compensatórias ao não cumprimento das medidas necessárias à preservação ou correção da degradação ambiental; X – a instituição do Relatório de Qualidade do Meio Ambiente, a ser divulgado anualmente pelo Instituto Brasileiro do Meio Ambiente e Recursos Naturais Renováveis – IBAMA; XI – a garantia da prestação de informações relativas ao Meio Ambiente, obrigando-se o Poder Público a produzi-las, quando inexistentes; XII – o Cadastro Técnico Federal de atividades potencialmente poluidoras e/ou utilizadoras dos recursos ambientais; XIII – instrumentos econômicos, como concessão florestal, servidão ambiental, seguro ambiental e outros.

Alternativa correta: letra "e".

16. (FUNIVERSA – Delegado de Polícia – DF/2015) Relativamente aos instrumentos da política nacional de meio ambiente e ao Sisnama, assinale a alternativa correta.

a) Compete ao instituto brasileiro de meio ambiente (Ibama) estabelecer, privativamente, normas e padrões nacionais de controle da poluição por veículos automotores, aeronaves e embarcações, mediante audiência dos ministérios competentes.

b) Não apenas os pedidos de licenciamento ambiental, mas também sua renovação e a respectiva concessão serão publicados no jornal oficial, bem como em periódico regional ou local de grande circulação, ou em meio eletrônico de comunicação mantido pelo órgão ambiental competente.

c) As ações de licenciamento relacionadas ao controle ambiental são de competência exclusiva dos órgãos integrantes do Sisnama, mas as ações relativas a concessões e permissões relacionadas à flora e à fauna podem ser executadas por entidades e órgãos governamentais que, mesmo não estando inseridos no Sisnama, desenvolvem atividades relacionadas ao poder de polícia.

d) O conselho nacional do meio ambiente é o órgão superior do Sisnama, ao qual compete assessorar o presidente da República na formulação da política nacional e nas diretrizes governamentais para o meio ambiente e os recursos ambientais.

e) A comissão técnica nacional de biossegurança, órgão integrante do Sisnama, tem como finalidade prestar apoio técnico-consultivo e assessoramento ao governo federal na implementação da política relativa aos organismos geneticamente modificados.

COMENTÁRIOS

✪ **Nota do autor:** a banca, nesse enunciado, exigiu conhecimento genérico da lei nº 6.938/81 (PNMA).

Alternativa "a": pela Lei nº 6.938/81, artigo 8º, Compete ao CONAMA (e não ao IBAMA) estabelecer, privativamente, normas e padrões nacionais de controle da poluição por veículos automotores, aeronaves e embarcações, mediante audiência dos Ministérios competentes;

Alternativa "b": de acordo com o artigo 10, § 1º da Lei nº 6.938/81 os pedidos de licenciamento, sua renovação e a respectiva concessão serão publicados no jornal oficial, bem como em periódico regional ou local de grande circulação, ou em meio eletrônico de comunicação mantido pelo órgão ambiental competente.

Alternativa "c": tanto as ações de licenciamento quanto de registro, autorizações, concessões e permissões relacionadas à fauna, à flora, e ao controle ambiental são de competência exclusiva dos órgãos integrantes do Sistema Nacional do Meio Ambiente (artigo 17-L da Lei nº 6.938/81).

Alternativa "d": o órgão superior do SISNAMA é o Conselho de Governo, com a função de assessorar o Presidente da República na formulação da política nacional e nas diretrizes governamentais para o meio ambiente e os recursos ambientais (artigo 6º, I da Lei nº 6.938/81).

Alternativa "e": São órgãos integrantes do SISNAMA: I – órgão superior: o Conselho de Governo, com a função de assessorar o Presidente da República na formulação da política nacional e nas diretrizes governamentais para o meio ambiente e os recursos ambientais; II – órgão consultivo e deliberativo: o Conselho Nacional do Meio Ambiente (CONAMA), com a finalidade de assessorar, estudar e propor ao Conselho de Governo, diretrizes de políticas governamentais para o meio ambiente e os recursos naturais e deliberar, no âmbito de sua competência, sobre normas e padrões compatíveis com o meio ambiente ecologicamente equilibrado e essencial à sadia qualidade de vida; III – órgão central: a Secretaria do Meio Ambiente da Presidência da República, com a finalidade de planejar, coordenar, supervisionar e controlar, como órgão federal, a política nacional e as diretrizes governamentais fixadas para o meio ambiente; IV – órgãos executores: o Instituto Brasileiro do Meio Ambiente e dos Recursos Naturais Renováveis – IBAMA e o Instituto Chico Mendes de Conservação da Biodiversidade – Instituto Chico Mendes, com a finalidade de executar e fazer executar a política e as diretrizes governamentais fixadas para o meio ambiente, de acordo com as respectivas competências; V – Órgãos Seccionais: os órgãos ou entidades estaduais responsáveis pela execução de programas, projetos e pelo controle e fiscalização de atividades capazes de provocar a degradação ambiental; VI – Órgãos Locais: os órgãos ou entidades municipais, responsáveis pelo controle e fiscalização dessas atividades, nas suas respectivas jurisdições.

Alternativa correta: letra "b".

3. PODER DE POLÍCIA, LICENCIAMENTOS E ESTUDOS AMBIENTAIS (EIA)

17. (AOCP – Delegado de Polícia – PC – PA/2021) Assinale a alternativa correta.

a) Dentro do procedimento de licenciamento ambiental, qualquer obra ou atividade necessitará da realização de Estudo Prévio de Impacto Ambiental, que será exigido pelas entidades e pelos órgãos ambientais, para que seja autorizada a sua instalação.

b) O decurso dos prazos de licenciamento, sem a emissão da licença ambiental, implica emissão tácita e autoriza a prática de ato que dela dependa ou decorra.

c) O Estudo Prévio de Impacto Ambiental será exigido pelo Poder Executivo quando a atividade ou o empreendimento for potencial causador de significativo impacto ambiental, e será custeado pelo empreendedor.

d) Nos termos da Lei Complementar 140/2011, está entre as ações próprias dos Estados- membros localizados nas fronteiras territoriais brasileiras promover o licenciamento ambiental de empreendimentos e atividades localizados ou desenvolvidos conjuntamente no território brasileiro e em país limítrofe.

e) Nos termos da Lei Complementar 140/2011, constitui objetivo fundamental da União proteger, defender e conservar o meio ambiente ecologicamente equilibrado, promovendo gestão centralizada e eficiente.

COMENTÁRIOS

Alternativa correta: "c". O Estudo de Impacto Ambiental (EIA) é uma modalidade mais complexa de estudos ambientais, previsto no artigo 225 § 1º, inciso VI, da Constituição Federal, que incumbe ao Poder Público "exigir, na forma da lei, para instalação de obra ou atividade potencialmente causadora de significativa degradação do meio ambiente, estudo prévio de impacto ambiental, a que se dará publicidade". Correrão por conta do proponente do projeto todas as despesas e custos referentes à realização do estudo de impacto ambiental, nos termos do art. 8º, da Resolução 237-CONAMA. Portanto, a alternativa está correta.

Alternativa "a": Está errado. O Estudo de Impacto Ambiental é exigindo exigir, na forma da lei, para instalação de obra ou atividade potencialmente causadora de significativa degradação do meio ambiente. Dentro do procedimento de licenciamento ambiental, apenas a obra ou atividade potencialmente causadora de significativa degradação do meio ambiente necessitará da realização de Estudo Prévio de Impacto Ambiental.

Alternativa "b": Está errada. O decurso dos prazos de licenciamento, sem a emissão da licença ambiental, não implica emissão tácita nem autoriza a prática de ato que dela dependa ou decorra, mas instaura a competência supletiva referida no art. 15, conforme art. 14, §3º, LC 140/11.

Alternativa "d": Está errada. São ações administrativas da União: XIV - promover o licenciamento ambiental de empreendimentos e atividades localizados ou desenvolvidos conjuntamente no Brasil e em país limítrofe (art. 7º, XIV, "a", LC 140/11).

Alternativa "e": Está errada. Constituem objetivos fundamentais da União, dos Estados, do Distrito Federal e dos Municípios, no exercício da competência comum a que se refere esta Lei Complementar: I - proteger, defender e conservar o meio ambiente ecologicamente equilibrado, promovendo gestão descentralizada, democrática e eficiente (art. 3º, I, LC 140/11).

18. (FGV - Delegado de Polícia - PC - RN/2021) De acordo com a Constituição da República de 1988, a competência material ambiental é comum a todos os entes da federação, a quem cabe proteger o meio ambiente e combater a poluição em qualquer de suas formas. Para tal, os entes devem atuar de forma coordenada, cooperando uns com os outros, para não haver desperdício de forças e recursos. Nesse contexto, a Lei Complementar nº 140/2011 dispõe que os entes federativos podem valer-se, entre outros, do seguinte instrumento de cooperação institucional:

a) estudo de impacto ambiental com prevalência dos interesses locais, para prevenir crimes ambientais;

b) estudo de impacto de vizinhança com prevalência dos interesses regionais, para prevenir delitos ambientais de menor potencial ofensivo;

c) licenciamento ambiental com prevalência dos interesses locais, para prevenir crimes ambientais de médio e grande impacto definidos na referida lei;

d) acordo de cooperação técnica para vistorias, vedada, em qualquer caso, a delegação da execução de ações administrativas de um ente federativo a outro;

e) delegação de atribuições de um ente federativo a outro, respeitados os requisitos previstos na referida lei.

COMENTÁRIOS

Alternativa correta: "e". O artigo 4º, da Lei Complementar n. 140/11 dispõe que "Os entes federativos podem valer-se, entre outros, dos seguintes instrumentos de cooperação institucional: I - consórcios públicos, nos termos da legislação em vigor; II - convênios, acordos de cooperação técnica e outros instrumentos similares com órgãos e entidades do Poder Público, respeitado o art. 241 da Constituição Federal; III - Comissão Tripartite Nacional, Comissões Tripartites Estaduais e Comissão Bipartite do Distrito Federal; IV - fundos públicos e privados e outros instrumentos econômicos; V-) delegação de atribuições de um ente federativo a outro, respeitados os requisitos previstos nesta Lei Complementar; VI - delegação da execução de ações administrativas de um ente federativo a outro, respeitados os requisitos previstos nesta Lei Complementar.

Alternativa "a": Está errado, pois o artigo 4º, da Lei Complementar n. 140/11 não elenca o estudo de impacto ambiental como um dos instrumentos de cooperação institucional. O Estudo de Impacto Ambiental (EIA) é uma modalidade mais complexa de estudos ambientais, previsto no artigo 225 § 1º, inciso VI, da Constituição Federal, que incumbe ao Poder Público "exigir, na forma da lei, para instalação de obra ou atividade potencialmente causadora de significativa degradação do meio ambiente, estudo prévio de impacto ambiental, a que se dará publicidade".

Alternativa "b": Está errado, pois o artigo 4º, da Lei Complementar n. 140/11 não elenca o estudo de impacto de vizinhança como um dos instrumentos de cooperação institucional. O Estudo de Impacto de Vizinhança é o instrumento previsto no Estatuto das

Cidades (Lei n. 10.157/2001) que permite ao Estado exigir, previamente, de obras de grande porte a adoção de medidas mitigadoras ou compensatórias a possíveis impactos negativos decorrentes das construções no ambiente urbano.

Alternativa "c": Está errado, pois o artigo 4º, da Lei Complementar n. 140/11 não elenca o licenciamento ambiental como um dos instrumentos de cooperação institucional. O licenciamento é um procedimento administrativo (artigo 1º, inciso I, da Resolução Conama nº 237/1997 e artigo 2º, inciso I, da LC nº 140/2011) exigido na construção, instalação, ampliação e funcionamento de estabelecimentos e atividades utilizadoras de recursos ambientais, efetiva ou potencialmente poluidores ou capazes, sob qualquer forma, de causar degradação ambiental (artigo 10, *caput*, da Lei nº 6.938/1981).

Alternativa "d": Está errada, pois nos termos do artigo 4º, inciso "VI, da LC 140/11, "Os entes federativos podem valer-se, entre outros, dos seguintes instrumentos de cooperação institucional: (...) VI - delegação da execução de ações administrativas de um ente federativo a outro, respeitados os requisitos previstos nesta Lei Complementar. Ou seja, não é vedada a delegação da execução de ações administrativas de um ente federativo a outro.

---

19. (UEG - Delegado de Polícia - PC - GO/2018) A empresa "BC Industrial" funciona regularmente licenciada há dez anos e está com sua licença de operação vencida desde 31 de janeiro de 2017. Munido dos documentos técnicos legalmente exigidos, o empreendedor requereu, em 1° de outubro de 2016, a renovação da licença perante o órgão estadual de meio ambiente. Não houve, entretanto, resposta sobre esse pleito. Neste caso,

a) verifica-se a prática de infração administrativa ambiental, pois a licença de operação encontra-se vencida há mais de 120 (cento e vinte) dias.

b) o pleito de renovação deverá ser negado pelo órgão ambiental, pois deveria haver sido requerido com a antecedência mínima de 120 (cento e vinte) dias úteis do vencimento da licença.

c) a empresa estará em situação regular enquanto o órgão ambiental não se pronuncie sobre o pedido de renovação da licença de operação.

d) há direito líquido e certo do empreendedor à renovação da licença de operação, já que comprovou, perante o órgão ambiental, atender a todos os requisitos técnicos para o funcionamento da atividade.

e) deve-se protocolar novo requerimento perante o órgão ambiental, diante da prescrição intercorrente que se operou no processo, que está sem decisão há mais de 1 (um) ano.

COMENTÁRIOS

Alternativa "a": Os enunciados desta questão exigem o conhecimento do previsto no Art. 14 da Lei Complementar n. 140/2011: os órgãos licenciadores devem observar os prazos estabelecidos para tramitação dos processos de licenciamento, sendo que o § 4º do referido artigo determina que: a renovação de licenças ambientais deve ser requerida com antecedência mínima de 120 (cento e vinte) dias da expiração de seu prazo de validade, fixado na respectiva licença, ficando este automaticamente prorrogado até a manifestação definitiva do órgão ambiental competente. Portanto, não há que se falar em infração administrativa para o caso.

Alternativa "b": O necessário prazo de antecedência, previsto no artigo mencionado acima, foi atendido.

Alternativa "c": Por todo o comentado para alternativas anteriores, a situação correta é exatamente esta: a empresa estará em situação regular enquanto o órgão ambiental não se pronuncie sobre o pedido de renovação da licença de operação.

Alternativa "d": Pelo enunciado da questão não há como se direito líquido e certo do empreendedor à renovação da licença de operação, que apenas menciona que o pedido de renovação foi formulado e está em análise.

Alternativa "e": Como comentado para a letra "a", no Art. 14, § 4º da LC 140/2011, o prazo da licença fica automaticamente prorrogado até a manifestação definitiva do órgão ambiental competente, não ocorrendo prescrição intercorrente.

Alternativa correta: letra "c".

---

20. (Cespe - Delegado de Polícia - PE/2016) Determinada sociedade empresária pretende realizar, no mar territorial que banha o município de Recife – PE, atividade potencialmente causadora de significativa degradação ambiental.

Nessa situação, de acordo com a Lei Complementar nº 140/2011, o licenciamento ambiental dessa atividade será promovido pelo(a)

a) município de Recife ou, caso ele não possua órgão ambiental capacitado para promover esse licenciamento, pelo estado de Pernambuco.

b) União.

c) município de Recife.

d) estado de Pernambuco.

e) estado de Pernambuco ou, caso ele não possua conselho de meio ambiente, pela União.

COMENTÁRIOS

✪ **Nota do autor:** A Lei Complementar nº 140/2011 não é de estudo facilitado. Contudo, não é questionada com frequência nas provas de delegado.

Alternativa "b": responde todas as demais alternativas: segundo estipula o artigo 7º, XIV, "b" compete à União promover o licenciamento ambiental de empreendimentos e atividades localizados ou desenvolvidos no mar territorial, plataforma continental ou zona econômica exclusiva.

Alternativa correta: letra "b".

21. (FUNIVERSA – Delegado de Polícia – DF/2015) A respeito do licenciamento ambiental, é correto afirmar que

a) o licenciamento ambiental, como um dos instrumentos da política nacional do meio ambiente, consiste em procedimento administrativo decorrente do poder de polícia ambiental, destinado a licenciar atividades ou empreendimentos utilizadores de recursos ambientais, efetiva ou potencialmente poluidores ou capazes, sob qualquer forma, de causar degradação ambiental.

b) compete exclusivamente à União, no âmbito das ações administrativas, promover e orientar a educação ambiental, em todos os níveis de ensino, e a conscientização pública para a proteção do meio ambiente.

c) o licenciamento ambiental em áreas de proteção ambiental seguirá o critério do ente federativo instituidor da unidade de conservação.

d) se considera atuação supletiva a ação do ente da federação que vise a auxiliar no desempenho das atribuições decorrentes das competências comuns quando solicitado pelo ente federativo originariamente detentor das atribuições definidas em lei.

e) compete à União desempenhar as ações administrativas municipais até a criação de órgão ambiental capacitado ou conselho de meio ambiente no município.

COMENTÁRIOS

✪ **Nota do autor:** por envolver diversas leis, a questão exige do candidato conhecimento amplo do direito ambiental, em especial da Política Nacional do Meio Ambiente, Constituição Federal, e Lei Complementar nº 140/11.

Alternativa "a": Integrante do artigo 9º da lei 6.938/81 como um instrumento da política nacional do meio ambiente, o Licenciamento Ambiental é o procedimento administrativo pelo qual o órgão ambiental competente licencia a localização, instalação, ampliação e a operação de empreendimentos e atividades utilizadoras de recursos ambientais, consideradas efetiva ou potencialmente poluidoras ou daquelas que, sob qualquer forma, possam causar degradação ambiental.

Alternativa "b": segundo estabelece a Constituição Federal no artigo 225, § 1º, VI, incumbe ao Poder Público (e não exclusivamente a União) promover a educação ambiental em todos os níveis de ensino e a conscientização pública para a preservação do meio ambiente.

Alternativa "c": o licenciamento ambiental em áreas de proteção ambiental deve seguir os critérios definidos em lei.

Alternativa "d": de acordo com o artigo 2º da Lei Complementar nº 140/11 a atuação supletiva é ação do ente da Federação que se substitui ao ente federativo originariamente detentor das atribuições. Já a atuação subsidiária, por sua vez, é a ação do ente da Federação que visa auxiliar no desempenho das atribuições decorrentes das competências comuns, quando solicitado pelo ente federativo originariamente detentor das atribuições.

Alternativa "e": define o artigo 15, da LC nº 140/11 que inexistindo órgão ambiental capacitado ou conselho de meio ambiente no Município, o Estado (e não a União) deve desempenhar as ações administrativas municipais até a sua criação.

Alternativa correta: letra "a".

4. ESPAÇOS TERRITORIAIS ESPECIALMENTE PROTEGIDOS PELO PODER PÚBLICO

22. (CEBRASPE – 2024 – PC/PE – Delegado) Segundo a Lei n.º 9.985/2000, que dispõe sobre o Sistema Nacional de Unidades de Conservação da Natureza (SNUC), a unidade de conservação que tem como objetivo básico a preservação de ecossistemas naturais de grande relevância ecológica e beleza cênica, possibilitando a realização de pesquisas científicas e o desenvolvimento de atividades de educação e interpretação ambiental, de recreação em contato com a natureza e de turismo ecológico é denominada

a) estação ecológica.

b) monumento natural.

c) parque nacional.

d) refúgio de vida silvestre.

e) reserva biológica.

COMENTÁRIOS

Alternativa correta: "c". Está correta, pois é a própria definição da espécie de UC Parque Nacional, prevista no Art. 11 da Lei SNUC.

Alternativa "a": Está errada, pois a Estação Ecológica tem como objetivo a preservação da natureza e a realização de pesquisas científicas, sendo proibida a visitação pública, exceto quando o objetivo for educacional.

Alternativa "b": Está errada, pois o Monumento Natural tem como objetivos preservar sítios naturais raros, singulares ou de grande beleza cênica.

Alternativa "d": Está errada, pois o Refúgio da Vida Silvestre tem como objetivo proteger ambientes naturais em que se asseguram condições para existência ou reprodução de espécies da flora local e da fauna residente ou migratória .

Alternativa "e": Está errada, pois a Reserva Biológica tem como objetivos preservar biota e demais atributos naturais existentes nos seus limites, sem interferência humana, excetuando-se as medidas de recuperação de seus ecossistemas alterados e as ações de manejo para recuperar o equilíbrio natural.

23. (CEBRASPE - 2024 - PC/PE - Delegado) Nos termos da Lei n.º 12.651/2012 (Código Florestal), a área protegida, coberta ou não por vegetação nativa, com a função ambiental de preservar os recursos hídricos, a paisagem, a estabilidade geológica e a biodiversidade, bem como facilitar o fluxo gênico de fauna e flora, proteger o solo e assegurar o bem-estar das populações humanas, é denominada

a) Amazônia Legal.

b) área de preservação permanente.

c) área rural consolidada.

d) área verde urbana.

e) reserva legal.

COMENTÁRIOS

Alternativa correta: "b". Está correta, pois está definição está contida no inciso II do artigo 3º, do Código Florestal, segundo o qual Área de Preservação Permanente – APP é área protegida, coberta ou não por vegetação nativa, com a função ambiental de preservar os recursos hídricos, a paisagem, a estabilidade geológica e a biodiversidade, facilitar o fluxo gênico de fauna e flora, proteger o solo e assegurar o bem-estar das populações humanas.

Alternativa "a": Está errada, pois nos termos do artigo 3º, inciso I, do Código Florestal, consiste Amazônia Legal os Estados do Acre, Pará, Amazonas, Roraima, Rondônia, Amapá e Mato Grosso e as regiões situadas ao norte do paralelo 13º S, dos Estados de Tocantins e Goiás, e ao oeste do meridiano de 44º W, do Estado do Maranhão.

Alternativa "c": Está errada, pois de acordo com o artigo 3º, inciso IV, do Código Florestal, área rural consolidada é a área de imóvel rural com ocupação antrópica preexistente a 22 de julho de 2008, com edificações, benfeitorias ou atividades agrossilvipastoris, admitida, neste último caso, a adoção do regime de pousio.

Alternativa "d": Está errada, pois nos termos do artigo 3º, inciso XX, do Código Florestal, área verde urbana são espaços, públicos ou privados, com predomínio de vegetação, preferencialmente nativa, natural ou recuperada, previstos no Plano Diretor, nas Leis de Zoneamento Urbano e Uso do Solo do Município, indisponíveis para construção de moradias, destinados aos propósitos de recreação, lazer, melhoria da qualidade ambiental urbana, proteção dos recursos hídricos, manutenção ou melhoria paisagística, proteção de bens e manifestações culturais.

Alternativa "e": Está errada, pois nos termos do artigo 3º, inciso III, do Código Florestal, Reserva Legal é a área localizada no interior de uma propriedade ou posse rural, delimitada nos termos do art. 12, com a função de assegurar o uso econômico de modo sustentável dos recursos naturais do imóvel rural, auxiliar a conservação e a reabilitação dos processos ecológicos e promover a conservação da biodiversidade, bem como o abrigo e a proteção de fauna silvestre e da flora nativa.

24. (FGV - Delegado de Polícia - PC - AM/2022) De acordo com a Lei nº 9.985/00, que instituiu o Sistema Nacional de Unidades de Conservação da Natureza, dentro do Grupo das Unidades de Uso Sustentável, aquela definida como área com cobertura florestal de espécies predominantemente nativas e que tem como objetivo básico o uso múltiplo sustentável dos recursos florestais e a pesquisa científica, com ênfase em métodos para exploração sustentável de florestas nativas, é chamada de

a) Estação Ecológica.

b) Reserva Biológica.

c) Floresta Nacional.

d) Parque Nacional.

e) Área de Proteção Ambiental.

COMENTÁRIOS

Alternativa correta "c": Dispõe o art. 14 da Lei n. 9.985/00 que "Constituem o Grupo das Unidades de Uso Sustentável as seguintes categorias de unidade de conservação: I – Área de Proteção Ambiental; II – Área de Relevante Interesse Ecológico; III – Floresta Nacional; IV – Reserva Extrativista; V – Reserva de Fauna; VI – Reserva de Desenvolvimento Sustentável; e VII – Reserva Particular do Patrimônio Natural. A Floresta Nacional, segundo o artigo 17 da lei, é uma área com cobertura florestal de espécies predominantemente nativas e tem como objetivo básico o uso múltiplo sustentável dos recursos florestais e a pesquisa científica, com ênfase em métodos para exploração sustentável de florestas nativas.

Alternativa "a": Está errada**,** pois a Estação Ecológica é uma Unidade de Proteção Integral e tem como objetivo a preservação da natureza e a realização de pesquisas científicas, nos termos do artigo 9º da Lei n. 9.985/00.

Alternativa "b": Está errada, pois a Reserva Biológica é uma Unidade de Proteção Integral e tem como objetivo a preservação integral da biota e demais atributos naturais existentes em seus limites, sem interferência humana direta ou modificações ambientais, excetuando-se as medidas de recuperação de seus ecossistemas alterados e as ações de manejo necessárias para recuperar e preservar o equilíbrio natural, a diversidade biológica e os processos ecológicos naturais, nos termos do artigo 10 da Lei n. 9.985/00.

Alternativa "d": Está errada**,** pois o Parque Nacional é uma Unidade de Proteção Integral e tem como objetivo básico a preservação de ecossistemas naturais de grande relevância ecológica e beleza cênica, possibilitando a realização de pesquisas científicas e o desenvolvimento de atividades de educação e interpretação ambiental, de recreação em contato com a natureza e de turismo ecológico, nos termos do artigo 11 da Lei n. 9.985/00.

Alternativa "e": Está errada, pois a Área de Proteção Ambiental é uma área em geral extensa, com um certo grau de ocupação humana, dotada de atributos abióticos, bióticos, estéticos ou culturais especialmente importantes para a qualidade de vida e o bem-estar das populações humanas, e tem como objetivos básicos proteger a diversidade biológica, disciplinar o processo de ocupação e assegurar a sustentabilidade do uso dos recursos naturais, nos termos do artigo 15 da Lei n. 9.985/00.

Alternativa correta: letra "c".

25. (Vunesp - Delegado de Polícia - PC - BA/2018) Nos termos do disposto na Lei nº 12.651/2012, assinale a alternativa correta.

a) Não é permitido, em qualquer hipótese, o acesso de pessoas e animais às Áreas de Preservação Permanente.

b) Não haverá, em qualquer hipótese, direito à regularização de futuras intervenções ou supressões de vegetação nativa, além das previstas nesta Lei, nas Áreas de Preservação Permanente.

c) Não poderá ser autorizada, em qualquer hipótese, a supressão de vegetação nativa protetora de nascentes, dunas e restingas, nas Áreas de Preservação Permanente.

d) Os empreendimentos de abastecimento público de água e tratamento de esgoto estão sujeitos à constituição de Reserva Legal.

e) Será exigida Reserva Legal relativa às áreas adquiridas ou desapropriadas com o objetivo de implantação e ampliação de capacidade de rodovias e ferrovias.

COMENTÁRIOS

Alternativa "a": Segundo o artigo 9º, do Código Florestal "É permitido o acesso de pessoas e animais às Áreas de Preservação Permanente para obtenção de água e para realização de atividades de baixo impacto ambiental".

Alternativa "b": É o que prevê o artigo 8º, §4º, do Código Florestal: "Não haverá, em qualquer hipótese, direito à regularização de futuras intervenções ou supressões de vegetação nativa, além das previstas nesta Lei".

Alternativa "c": nos termos do artigo 8º, § 1º do Código Florestal "a supressão de vegetação nativa protetora de nascentes, dunas e restingas somente poderá ser autorizada em caso de **utilidade pública**".

Alternativa "d": Reza o art. 12, § 6º, que "Os empreendimentos de abastecimento público de água e tratamento de esgoto **não** estão sujeitos à constituição de Reserva Legal".

Alternativa "e": Determina o artigo 12, § 8º, que "**Não** será exigido Reserva Legal relativa às áreas adquiridas ou desapropriadas com o objetivo de implantação e ampliação de capacidade de rodovias e ferrovias".

Alternativa correta: letra "b".

26. (Cespe - Delegado de Polícia - PC - SE/2018) Renato e Gabriel fundaram, em 2015, a empresa Camarões do Mangue Ltda., que visava a exploração da carcinicultura — criação de crustáceos — exclusivamente em área rural de manguezais de um estado federado. No referido ano, eles instalaram viveiros de grande porte e passaram a exercer atividade econômica muito lucrativa. Após três anos de atividade, os sócios perceberam que não detinham licença ambiental para o exercício da atividade.

Tendo como referência essa situação hipotética, julgue os itens que se seguem.

26.1. A referida licença ambiental deveria ter sido requerida ao IBAMA antes do início das atividades da empresa, visto que se trata de atividade econômica de grande porte.

COMENTÁRIOS

Dispõe o art. 11-A do Código Florestal que "A Zona Costeira é patrimônio nacional, nos termos do § 4º do art. 225 da Constituição Federal, devendo sua ocupação e exploração dar-se de modo ecologicamente sustentável. § 1º Os apicuns e salgados podem ser utilizados em atividades de carcinicultura e salinas, desde que observados os seguintes requisitos: (...) III – licenciamento da atividade e das instalações pelo órgão ambiental estadual, cientificado o Instituto Brasileiro do Meio Ambiente e dos Recursos Naturais Renováveis – IBAMA e, no caso de uso de terrenos de marinha ou outros bens da União, realizada regularização prévia da titulação perante a União. Assim, o equívoco da assertiva é que a competência para o licenciamento da atividade em questão é do órgão estadual e não do IBAMA. Portanto, está errada.

Alternativa correta: "errado".

26.2. A atividade econômica exercida pela referida empresa é ilegal, sendo vedada pelo Código Florestal a exploração econômica da área de manguezal que é uma área de reserva legal.

COMENTÁRIOS

Dispõe o artigo 4º do Código Florestal que: "Considera-se Área de Preservação Permanente, em zonas rurais ou urbanas, para os efeitos desta Lei: (...) VII – os manguezais, em toda a sua extensão". Assim, a assertiva está incorreta pois a área de manguezal é uma área de preservação permanente e não uma reserva legal.

Alternativa correta: "errado".

26.3. Se a área de manguezal da atividade de carcinicultura da empresa fosse urbana em vez de rural, não haveria ilegalidade: nessa situação, a área seria tipificada como área de preservação permanente urbana e comportaria a referida atividade.

COMENTÁRIOS

A localização da empresa, seja na área urbana ou rural é indiferente, pois nos termos do art. 4º do Código Florestal "**considera-se Área** de **P**reservação **P**ermanente, em zonas **rurais ou urbanas**, para os efeitos desta Lei: (...) **VII** - os **manguezais**, em toda a sua extensão". A discussão aqui é atinente à possibilidade de intervenção ou supressão de vegetação em área de APP. O art. 8º, § 2º traz as hipóteses excepcionais: "A **intervenção ou a supressão de vegetação** nativa **em Área** de Preservação Permanente **de que tratam os incisos** VI e **VII** do caput do art. 4º **poderá ser autorizada, excepcionalmente, em locais onde a função ecológica do manguezal esteja comprometida, para** execução de **obras habitacionais** e de urbanização, inseridas **em projetos de regularização fundiária** de interesse social, em áreas urbanas consolidadas ocupadas por **população de baixa renda"**. No caso, a atividade de carcinicultura não se enquadra na hipótese excepcional, **razão pela qual não é permitida no local. Assim, o enunciado está incorreto.**

Alternativa correta: "errado".

26.4. A empresa Camarões do Mangue Ltda. e seus sócios responderão objetivamente pela reparação de eventuais danos causados à área de manguezal no exercício irregular da atividade durante três anos.

COMENTÁRIOS

A responsabilidade por dano ambiental é objetiva, informada pela teoria do risco integral, conforme previsão do artigo 14, § 1º, da Lei nº 6.938/1981, que assim dispõe: "Sem obstar a aplicação das penalidades previstas neste artigo, é o poluidor obrigado, independentemente da existência de culpa, a indenizar ou reparar os danos causados ao meio ambiente e a terceiros, afetados por sua atividade". Portanto, a empresa Camarões do Mangue Ltda. e seus sócios responderão objetivamente pela reparação de eventuais danos causados à área de manguezal no exercício irregular da atividade.

Alternativa correta: "correta".

26.5. Conforme a jurisprudência do STF, a empresa em questão não responderá na esfera penal pelo crime de funcionamento sem licença ambiental, caso seus sócios, pessoas físicas, sejam absolvidos do mesmo crime.

COMENTÁRIOS

A questão foi tratada no Recurso Extraordinário (RE 548181/PR) de 6/8/2013, de relatoria da Ministra Rosa Weber: "É admissível a condenação de pessoa jurídica pela prática de crime ambiental, ainda que absolvidas as pessoas físicas ocupantes de cargo de presidência ou de direção do órgão responsável pela prática criminosa. (...) Ao se condicionar a responsabilização da pessoa jurídica à física, estaria ocorrendo a subordinação da responsabilização jurídico-criminal do ente coletivo à efetiva condenação da pessoa física, o que não seria objetivo previsto no mandamento constitucional de criminalização contido no § 3º do art. 225 da CF/88". Portanto, a empresa em questão responderá na esfera penal pelo crime de funcionamento sem licença ambiental, ainda que seus sócios, pessoas físicas, sejam absolvidos do mesmo crime.

Alternativa correta: "errado".

26.6. Os sócios Renato e Gabriel responderão na esfera penal pelo crime de funcionamento sem licença ambiental, podendo ser condenados a até seis meses de detenção.

COMENTÁRIOS

Há previsão legal da pratica cometida pelos sócios Renato e Gabriel no artigo 60 da Lei de Crimes Ambientais: aquele que constrói, reforma, amplia, instala ou faz funcionar, em qualquer parte do território nacional, estabelecimentos, obras ou serviços potencialmente poluidores, sem licença ou autorização dos órgãos ambientais competentes, ou contrariando as normas legais e regulamentares pertinente, está sujeito a pena de detenção, de um a seis meses, ou multa, ou ambas as penas cumulativamente.

Alternativa correta: "correta".

26.7. A empresa Camarões do Mangue Ltda. não será responsabilizada penalmente pela atividade ilegal de carcinicultura em manguezais caso os sócios tenham desviado todos os lucros da empresa, não gerando, com isso, nenhum benefício à entidade.

COMENTÁRIOS

Dispõe o art. 3º da lei de crimes ambientais que "as pessoas jurídicas serão responsabilizadas penalmente nos casos em que a infração seja cometida por decisão de seu representante legal ou contratual, ou de seu órgão colegiado, no interesse ou benefício da sua entidade". Assim, caso não haja benefício ou interesse da entidade organizacional, não haverá responsabilidade criminal da referida empresa por expressa previsão legal.

Alternativa correta: "correta".

27. (Cespe - Delegado de Polícia - GO/2017) A respeito da legislação que trata da proteção das florestas e das unidades de conservação, assinale a opção correta.

a) O imóvel rural pode tornar-se reserva particular do patrimônio natural a partir do interesse do proprietário, mediante edição de lei municipal e após a concordância do órgão ambiental local.

b) Desde que haja autorização pelo órgão ambiental estadual, admite-se a exploração econômica mediante o manejo sustentável dos recursos naturais do imóvel rural ou urbano localizado em área de preservação permanente.

c) Com vistas à regularização ambiental, a reserva legal do imóvel rural localizado na Amazônia Legal poderá ser reduzida para até 50% da propriedade mediante autorização do órgão ambiental estadual, se o proprietário demonstrar a sustentabilidade do seu projeto de uso alternativo do solo.

d) Devem constar no Cadastro Ambiental Rural a identificação do proprietário ou possuidor do imóvel e a comprovação da propriedade ou posse, apesar de o cadastramento não constituir título de reconhecimento de posse ou propriedade.

e) O Sistema Nacional de Unidades de Conservação da Natureza classifica essas unidades em três grupos ou categorias, com características e objetivos específicos: as unidades de proteção integral, as unidades de uso sustentável e as unidades de preservação permanente.

COMENTÁRIOS

Alternativa "a": Está incorreta. O artigo 21 da Lei n. 9.985/00 dispõe que "a Reserva Particular do Patrimônio Natural é uma área privada, gravada com perpetuidade, com o objetivo de conservar a diversidade biológica. § 1º O gravame de que trata este artigo constará de termo de compromisso assinado perante o órgão ambiental, que verificará a existência de interesse público, e será averbado à margem da inscrição no Registro Público de Imóveis**".**

Alternativa "b": Está errada. O artigo 52 da Lei n. 12.651/12 dispõe que "a intervenção e a supressão de vegetação em Áreas de Preservação Permanente e de Reserva Legal para as atividades eventuais ou de baixo impacto ambiental, previstas no inciso X do art. 3º, excetuadas as alíneas b e g, quando desenvolvidas nos imóveis a que se refere o inciso V do art. 3º, dependerão de simples declaração ao órgão ambiental competente, desde que esteja o imóvel devidamente inscrito no CAR".

Alternativa "c": Está incorreta. O art. 13 da Lei n. 12.651/12 diz que "quando indicado pelo Zoneamento Ecológico-Econômico - ZEE estadual, realizado segundo metodologia unificada, o poder público federal poderá: I - reduzir, exclusivamente para fins de regularização, mediante recomposição, regeneração ou compensação da Reserva Legal de imóveis com área rural consolidada, situados em área de floresta localizada na Amazônia Legal, para até 50% (cinquenta por cento) da propriedade, excluídas as áreas prioritárias para conservação da biodiversidade e dos recursos hídricos e os corredores ecológicos".

Alternativa "d". A Lei n. 12.651/12, em seu artigo 29, § 1º dispõe que "a inscrição do imóvel rural no CAR deverá ser feita, preferencialmente, no órgão ambiental municipal ou estadual, que, nos termos do regulamento, exigirá do proprietário ou possuidor rural: I - identificação do proprietário ou possuidor rural; II - comprovação da propriedade ou posse; (...) § 2º O cadastramento não será considerado título para fins de reconhecimento do direito de propriedade ou posse, tampouco elimina a necessidade de cumprimento do disposto no art. 2º da Lei nº 10.267, de 28 de agosto de 2001.

Alternativa "e": Está incorreta. A Lei n. 9985/2000, em seu artigo 7º elenca que "as unidades de conservação integrantes do SNUC dividem-se em dois grupos, com características específicas: I - Unidades de Proteção Integral; II - Unidades de Uso Sustentável".

Alternativa correta: "d".

---

28. (FUNCAB - Delegado de Polícia - PA/2016) Tendo em vista a Lei nº 9.985/2000, que institui o Sistema Nacional de Unidades de Conservação da Natureza - SNUC, estabelece critérios e normas para a criação, implantação e gestão das unidades de conservação, bem como levando em conta a jurisprudência do Supremo Tribunal Federal, é correto afirmar:

a) Uma vez instituída uma unidade de conservação do grupo de uso sustentável, há vedação expressa no ordenamento jurídico de sua transformação, total ou parcial, em unidade do grupo de proteção integral.

b) O Supremo Tribunal Federal possui firme jurisprudência no sentido da impossibilidade de criação de mais de um tipo de unidade de conservação da natureza a partir de um único procedimento administrativo.

c) A Reserva Particular do Patrimônio Natural é uma área privada, gravada com perpetuidade, com o objetivo de conservar a diversidade biológica. Os órgãos integrantes do SNUC, sempre que possível e oportuno, prestarão orientação técnica e científica ao proprietário de Reserva Particular do Patrimônio Natural para a elaboração de um Plano de Manejo ou de Proteção e de Gestão da unidade.

d) As unidades de conservação, exceto a Estação Ecológica e a Reserva Biológica, devem possuir uma zona de amortecimento e, quando conveniente, corredores ecológicos.

e) As unidades de conservação devem dispor de um Plano de Manejo, que deve abranger a área da unidade de conservação, sua zona de amortecimento e os corredores ecológicos, incluindo medidas com o fim de promover sua integração à vida econômica e social das comunidades vizinhas. Tal documento técnico deve ser elaborado no prazo de cinco anos a partir da conclusão dos estudos técnicos que subsidiaram a criação da unidade de conservação.

COMENTÁRIOS

Alternativa "a": Está incorreta. Ao contrário, o art. 22, da Lei n. 9985/00, dispõe que "as unidades de conservação são criadas por ato do Poder Público, sendo que o § 5º determina que "as unidades de conservação do grupo de Uso Sustentável podem ser transformadas total ou parcialmente em unidades do grupo de Proteção Integral, por instrumento normativo do mesmo nível hierárquico do que criou a unidade, desde que obedecidos os procedimentos de consulta estabelecidos no § 2º deste artigo".

Alternativa "b": Está incorreta, pois o Supremo Tribunal Federal já firmou posicionamento no sentido de que "não há ilegalidade na criação de mais de um tipo de unidade de conservação da natureza a partir de um único procedimento administrativo" (STF, MS 25.347/DF).

Alternativa "c". Está correta, pois dispõe o artigo art. 21, da Lei n. 9985/00 que "a Reserva Particular do Patrimônio Natural é uma área privada, gravada com perpetuidade, com o objetivo de conservar a diversidade biológica (...) O § 3º, por seu turno, determina que os órgãos integrantes do SNUC, sempre que possível e oportuno, prestarão orientação técnica e científica ao proprietário de Reserva Particular do Patrimônio Natural para a elaboração de um Plano de Manejo ou de Proteção e de Gestão da unidade.

Alternativa "d": Está errada, pois a ressalva não diz respeito à Estação Ecológica e à Reserva Biológica, conforme art. 25 da já citada lei que dispõe que "as unidades de conservação, exceto Área de Proteção Ambiental e Reserva Particular do Patrimônio Natural, devem possuir uma zona de amortecimento e, quando conveniente, corredores ecológicos".

Alternativa "e": Está incorreta, pois o prazo de cinco anos para elaboração do Plano de Manejo é contado a partir da data da criação da unidade de conservação, e não a partir da conclusão dos estudos técnicos que subsidiaram sua criação. Nesse sentido, dispõe o art. 27 que "as unidades de conservação devem dispor de um Plano de Manejo". O § 3º reza que "o Plano de Manejo de uma unidade de conservação deve ser elaborado no prazo de cinco anos a partir da data de sua criação".

Alternativa correta: "c".

---

29. (Cespe – Delegado de Polícia – PE/2016) A concessão florestal, prevista na Lei nº 11.284/2006, é

a) uma delegação, a pessoas físicas ou jurídicas, do direito de praticar manejo florestal sustentável.
b) um instrumento da Política Nacional do Meio Ambiente.
c) uma delegação onerosa que dispensa licitação.
d) vedada a pessoas jurídicas de pequeno porte.
e) uma delegação gratuita formalizada mediante contrato.

COMENTÁRIOS

✪ **Nota do autor:** ainda que a questão faça menção à Lei nº 11.284/2006 sua resposta encontra-se na Lei nº 6.938/81.

Alternativas "a"; "c"; "d" e "e": de acordo com o artigo 3º, VII da Lei n. 11.284/2006, a concessão florestal trata-se de delegação onerosa, feita pelo poder concedente, do direito de praticar atividades de manejo florestal sustentável, de restauração florestal e de exploração de produtos e serviços em unidade de manejo, conforme especificado no objeto do contrato de concessão, mediante licitação, à pessoa jurídica, em consórcio ou não, que atenda às exigências do respectivo edital de licitação e demonstre capacidade para seu desempenho, por sua conta e risco e por prazo determinado (Redação dada pela Lei nº 14.590, de 2023).

Alternativa "b": a Lei nº 6.938/81 traz no artigo 9º os instrumentos da Política Nacional do Meio Ambiente. Em seu inciso XIII como instrumentos econômicos apresenta a concessão florestal, servidão ambiental, seguro ambiental entre outros.

Alternativa correta: letra "b".

---

30. (Cespe – Delegado de Polícia – PE/2016) As unidades de conservação

a) devem possuir um plano de manejo, com exceção das reservas particulares do patrimônio natural.
b) são constituídas de espaços territoriais e seus recursos naturais, com exceção das águas jurisdicionais.
c) de proteção integral devem ser de posse e de domínio públicos.
d) de uso sustentável devem ser de posse e de domínio privados.
e) devem possuir zonas de amortecimento, com exceção das áreas de proteção ambiental e das reservas particulares do patrimônio natural.

COMENTÁRIOS

✪ **Nota do autor:** a segue a exigência do conhecimento legal das Unidades de Conservação, ou seja, a Lei nº 9.985/2000.

Alternativa "a": o artigo 27 exige que as unidades de conservação (todas) disponham de Plano de Manejo.

Alternativa "b": segundo o artigo 2º, I da Lei nº 9.985/2000 as unidades de conservação são espaços territoriais e seus recursos ambientais, incluindo as águas jurisdicionais.

Alternativa "c": nem todas as unidades de conservação de proteção integral são de posse e domínio públicos, a exemplo do que ocorre com o Monumento Natural (artigo 12) Refúgio da Vida Silvestre (artigo 13) que admite que seja constituída por áreas particulares.

Alternativa "d": há unidades de conservação de uso sustentável que inadmite que seja integrada por área de posse e domínio privados (ou seja são de posse e domínio públicos) como ocorre na Floresta Nacional (artigo 17, § 1º), na Reserva Extrativista (artigo 18, § 1º), na Reserva da Fauna (artigo 19, § 1º) e na Reserva de Desenvolvimento sustentável (artigo 20, § 2º).

Alternativa "e": de acordo como que determina o artigo 25 do Sistema Nacional de Unidades de Conservação, salvo das APA (área de proteção ambiental) e a RPPN (reserva particular do patrimônio natural) todas as demais unidades de conservação devem possuir zona de amortecimento e, quando conveniente, corredores ecológicos. Zona de amortecimento é o entorno de uma unidade de conservação, onde as atividades humanas estão sujeitas a normas e restrições específicas, com o propósito de minimizar os impactos negativos sobre a unidade.

Alternativa correta: letra "e".

31. (Vunesp – Delegado de Polícia – CE/2015) Nos termos da Lei nº 12.651/12, entende-se por

a) Crédito de carbono: título de direito sobre bem intangível e incorpóreo transacionável.

b) Olho d'água: afloramento natural do lençol freático que apresenta perenidade e dá início a um curso d'água.

c) Nascente: afloramento natural do lençol freático, mesmo que intermitente.

d) Manguezal: áreas situadas em regiões com frequências de inundações intermediárias entre marés de sizígias e de quadratura fluviomarinha, típica de solos limosos de regiões estuarinas e com dispersão descontínua ao longo da costa brasileira, entre os Estados do Amapá e de Santa Catarina.

e) Várzea de inundação ou planície de inundação: área de várzea ou planície de inundação adjacente a cursos d'água que permite o escoamento da enchente.

COMENTÁRIOS

✪ **Nota do autor:** nessa questão, fugindo inteiramente a regra de concursos para a carreira policial, a banca exigiu a "decora" de conceitos trazidos no Código Florestal.

Alternativa "a": o artigo 3º da Lei questionada em seu inciso XXVII define que crédito de carbono: é o título de direito sobre bem intangível e incorpóreo transacionável.

Alternativa "b": o 3º, inciso XVIII define olho d'água como o afloramento natural do lençol freático, mesmo que intermitente.

Alternativa "c": segundo definição do artigo 3º, XVII nascente é o afloramento natural do lençol freático que apresenta perenidade e dá início a um curso d'água.

Alternativa "d": manguezal é o ecossistema litorâneo que ocorre em terrenos baixos, sujeitos à ação das marés, formado por vasas lodosas recentes ou arenosas, às quais se associa, predominantemente, a vegetação natural conhecida como mangue, com influência (3º, XIII, da Lei questionada).

Alternativa "e": por definição do 3º, XXI, várzea de inundação ou planície de inundação são áreas marginais a cursos d'água sujeitas a enchentes e inundações periódicas.

Alternativa correta: letra "a".

32. (FUNIVERSA – Delegado de Polícia – DF/2015) Com relação à área de preservação permanente e à reserva legal previstas no Código Florestal, é correto afirmar que

a) a configuração, como área de preservação permanente, de área coberta com florestas ou outras formas de vegetação somente ocorrerá por meio de lei em sentido formal.

b) a intervenção ou a supressão de vegetação nativa em área de preservação permanente somente poderá ocorrer nas hipóteses de utilidade pública, de interesse social ou de baixo impacto ambiental, conforme previstas no Código Florestal.

c) área de preservação permanente é, por definição, a área localizada no interior de uma propriedade ou posse rural, coberta por vegetação nativa, com a função ambiental de preservar os recursos hídricos, a estabilidade geológica e a biodiversidade, além de facilitar o fluxo gênico da fauna e da flora.

d) o uso econômico da reserva legal é permitido, desde que sem propósito comercial.

e) o Código Florestal prevê, sem exceções, que todos os imóveis rurais do país devem manter área com cobertura de vegetação nativa, a título de reserva legal.

COMENTÁRIOS

✪ **Nota do autor:** mais uma vez, pouco questionada em concursos policiais, neste enunciado exigiu-se conhecimento acerca do Código Florestal, mais especificamente das áreas de proteção especial: área de preservação permanente e reserva legal.

Alternativa "a": consideram-se de preservação permanente, quando declaradas de interesse social por ato do Chefe do Poder Executivo (decreto e não lei como definiu a questão), as áreas cobertas com florestas ou outras formas de vegetação.

Alternativa "b": de acordo como artigo 8º do Código Florestal, a intervenção ou a supressão de vegetação nativa em Área de Preservação Permanente somente ocorrerá nas hipóteses de utilidade pública, de interesse social ou de baixo impacto ambiental previstas nesta Lei.

Alternativa "c": área de Preservação Permanente – APP é a área protegida, coberta ou não por vegetação nativa, com a função ambiental de preservar os recursos hídricos, a paisagem, a estabilidade geológica e a biodiversidade, facilitar o fluxo gênico de fauna e flora, proteger o solo e assegurar o bem-estar das populações humanas (art. 3º, II). Já a Reserva Legal é a área localizada no interior de uma propriedade ou posse rural com a função de assegurar o uso econômico de modo sustentável dos recursos naturais do imóvel rural, auxiliar a conservação e a reabilitação dos processos ecológicos e promover a conservação da biodiversidade, bem como o abrigo e a proteção de fauna silvestre e da flora nativa.

Alternativa "d": o artigo 17, § 1º do código florestal admite a exploração econômica da Reserva Legal mediante manejo sustentável. Já pelo artigo 20 no manejo sustentável da vegetação florestal da Reserva Legal, serão adotadas práticas de exploração seletiva nas modalidades de manejo sustentável sem propósito comercial para consumo na propriedade e manejo sustentável para exploração florestal com propósito comercial.

Alternativa "e": o código florestal admite que imóveis rurais não guardem área com cobertura de vegetação nativa, a título de reserva legal. Contudo, devem compensar tal ausência mediante servidão administrativa.

Alternativa correta: letra "b".

---

33. (FUNIVERSA - Delegado de Polícia - DF/2015) Considerando a Lei nº 9.985/2000, que instituiu o sistema nacional das unidades de conservação, e a Lei nº 11.516/2007, que dispôs sobre a criação do instituto Chico Mendes, assinale a alternativa correta.

a) As reservas biológicas compõem o grupo das unidades de conservação de uso sustentável, sendo admitida a existência de áreas particulares em seus limites.

b) A lei do SNUC determina que a área de uma unidade de conservação do grupo de proteção integral é considerada zona rural para os efeitos legais.

c) O sistema nacional de unidades de conservação da natureza (SNUC) tem como órgão central o conselho nacional de meio ambiente e, como órgão executor, o instituto Chico Mendes.

d) As unidades de proteção integral têm como objetivo básico a preservação da natureza, não se admitindo a utilização, mesmo indireta, de seus recursos naturais.

e) O instituto Chico Mendes é a entidade do sistema nacional do meio ambiente (Sisnama) à qual cabe exercer, em caráter genérico, o poder de polícia ambiental e executar as ações das políticas nacionais de meio ambiente relativas ao licenciamento ambiental e à autorização de uso dos recursos naturais.

COMENTÁRIOS

✪ **Nota do autor:** a questão cobra do candidato conhecimento da Lei do SNUC (sistema nacional de unidades de conservação)

Alternativa "a": segundo define o artigo 9º, a reserva biológico integra as unidades de conservação de proteção integral. Ainda, de acordo com o artigo 10 a Reserva Biológica tem como objetivo a preservação integral da biota e demais atributos naturais existentes em seus limites, sem interferência humana direta ou modificações ambientais, excetuando-se as medidas de recuperação de seus ecossistemas alterados e as ações de manejo necessárias para recuperar e preservar o equilíbrio natural, a diversidade biológica e os processos ecológicos naturais. É de posse e domínio públicos, sendo que as áreas particulares incluídas em seus limites serão desapropriadas, de acordo com o que dispõe a lei.

Alternativa "b": o artigo 49 da Lei nº 9.985/00 define que a área de uma unidade de conservação do Grupo de Proteção Integral é considerada zona rural, para os efeitos legais.

Alternativa "c": o SNUC é gerido pelos seguintes órgãos, com as respectivas atribuições: I - Órgão consultivo e deliberativo: o Conselho Nacional do Meio Ambiente - Conama, com as atribuições de acompanhar a implementação do Sistema; II - Órgão central: o Ministério do Meio Ambiente (e não o CONAMA), com a finalidade de coordenar o Sistema III - órgãos executores: o Instituto Chico Mendes e o Ibama, em caráter supletivo, os órgãos estaduais e municipais, com a função de implementar o SNUC, subsidiar as propostas de criação e administrar as unidades de conservação federais, estaduais e municipais, nas respectivas esferas de atuação (artigo 6º da Lei nº 9.985/00).

Alternativa "d": o objetivo básico das Unidades de Proteção Integral é preservar a natureza, sendo admitido apenas o uso indireto dos seus recursos naturais, com exceção dos casos previstos nesta Lei (artigo 7º do SNUC).

Alternativa "e": a quem compete executar em caráter genérico o poder de polícia ambiental e executar as ações das políticas nacionais de meio ambiente relativas ao licenciamento ambiental e à autorização de uso dos recursos naturais é o IBAMA e não o instituto Chico Mendes. De acordo como artigo 1º da Lei 11.516/2007 o instituto Chico Mendes tem por finalidade exercer o poder de polícia ambiental para a proteção das unidades de conservação instituídas pela União.

Alternativa correta: letra "b".

5. RECURSOS HÍDRICOS

---

34. (FUNCAB - Delegado de Polícia - PA/2016) No que tange à Política Nacional de Recursos Hídricos, instituída pela Lei n° 9.433/1997, assinale a alternativa correta.

a) Toda outorga de direitos de uso de recursos hídricos far-se-á por prazo não excedente a trinta e cinco anos, sendo vedada eventual renovação.

b) O Sistema de Informações sobre Recursos Hídricos é um sistema de coleta, tratamento, armazenamento e recuperação de informações sobre recursos hídricos e fatores intervenientes em sua gestão. Tem como um de seus princípios básicos para funcionamento a centralização da obtenção e produção de dados e informações na União.

c) A Política Nacional de Recursos Hídricos é baseada em fundamentos e um deles é que em situações de escassez, o uso prioritário dos recursos hídricos é o consumo humano e a dessedentação de animais.

d) A outorga de direitos de uso de recursos hídricos, por viabilizar o uso de recursos hídricos, implica a alienação parcial das águas.

e) Compete ao Conselho Nacional de Recursos Hídricos a função de secretaria executiva do respectivo ou respectivos Comitês de Bacia Hidrográfica.

COMENTÁRIOS

Alternativa "a": Pois, apesar de estar correto que a outorga de direitos de uso de recursos hídricos far-se-á por prazo não excedente a trinta e cinco anos, o art. 16 da Lei Federal 9.433/1997 prevê que o direito de outorga é renovável.

Alternativa "b": Pois o art. 26, I, da Lei Federal 9433/1997 estabelece como um dos princípios básicos para o funcionamento do Sistema de Informações sobre Recursos Hídricos a descentralização da obtenção e produção de dados e informações. Isto implica dizer que os dados e informações do sistema não são centralizados nos órgãos da União.

Alternativa "c". O art. 1º, III, da Lei Federal 9433/1997, que institui a Política Nacional de Recursos Hídricos, expressamente prevê como um de seus fundamentos que em situações de escassez, o uso prioritário dos recursos hídricos é o consumo humano e a dessedentação de animais.

Alternativa "d": O art. 1º, I, da Lei Federal 9433/1997, determina expressamente que a água é um bem de domínio público. Portanto, a outorga de direitos de uso de recursos hídricos não implica a alienação parcial das águas, mas sim visa assegurar o controle quantitativo e qualitativo dos usos da água e o efetivo exercício dos direitos de acesso à água pelos interessados, sem alterar o regime de domínio público das águas.

Alternativa "e": A secretaria executiva do respectivo ou respectivos Comitês de Bacia Hidrográfica não está entre as atribuições do Conselho Nacional de Recursos Hídricos. Relacionado com os Comitês de Bacias, são é atribuição do Conselho Nacional de Recursos Hídricos aprovar propostas de instituição dos Comitês de Bacia Hidrográfica e estabelecer critérios gerais para a elaboração de seus regimentos (art. 35, VII, Lei Federal 9433/1997).

Alternativa correta: "c".

6. RESPONSABILIDADE CIVIL, ADMINISTRATIVA E PENAL POR DANOS AMBIENTAIS/TUTELA PROCESSUAL DO MEIO AMBIENTE

35. (CEBRASPE - 2024 - PC/PE - Delegado) No que se refere aos crimes e às infrações administrativas contra o meio ambiente, julgue os próximos itens, com base na Lei n.º 9.605/1998.

I. A autoridade ambiental que tiver conhecimento de infração ambiental é obrigada a promover a sua apuração imediata, mediante processo administrativo próprio, sob pena de corresponsabilidade.

II. Não configura crime contra a fauna o abate de animal, quando realizado para protege lavouras, pomares e rebanhos da ação predatória, desde que legal e expressamente autorizado pela autoridade competente.

III. A mera fabricação de balões que possam provocar incêndios nas florestas e demais formas de vegetação, em áreas urbanas ou qualquer tipo de assentamento humano, não configura crime contra a flora.

IV. Ainda que o infrator cometa, simultaneamente, duas ou mais infrações administrativas, a legislação veda expressamente a aplicação cumulativa das sanções a elas cominadas, com fundamento no princípio do non bis in idem.

Assinale a opção correta.

a) Apenas os itens I e II estão certos.
b) Apenas os itens I e IV estão certos.
c) Apenas os itens II e III estão certos.
d) Apenas os itens III e IV estão certos.
e) Todos os itens estão certos.

COMENTÁRIOS

Alternativa correta: "a". Apenas os itens I e II estão certos.

Item 1: Está correto, trata-se da redação literal do § 3º, Art. 70 da Lei de Crimes Ambientais: "A autoridade ambiental que tiver conhecimento de infração ambiental é obrigada a promover a sua apuração imediata, mediante processo administrativo próprio, sob pena de co-responsabilidade".

Item II: Está correto, trata-se da redação literal do Art. 37, II, da Lei de Crimes Ambientais, uma das situações em que o abate de animal não é considerado crime ambiental.

Item III: Está errada, pois o Art. 42, da Lei de Crimes Ambientais, prevê que a mera fabricação de balões que possam provocar incêndios, em áreas urbanas ou qualquer tipo de assentamento humano, configura sim crime ambiental.

Item III: Está errada, pois o Art. 72, § 1º , da Lei de Crimes Ambientais, prevê que se o infrator cometer, simultaneamente, duas ou mais infrações, ser-lhe-ão aplicadas, cumulativamente, as sanções a elas cominadas.

36. (FGV - Delegado de Polícia - PC - AM/2022) A sociedade empresária Alfa, que possui regular licença ambiental de operação e vem cumprindo todas as condicionantes da licença, durante o desenvolvimento de sua atividade empresarial deixou vazar, por acidente, grande quantidade de lama tóxica (bauxita), que atingiu quilômetros de extensão, se espalhou por três cidades do Estado Beta e deixou inúmeras famílias desabrigadas e sem seus bens móveis e imóveis. No caso em tela, de acordo com a jurisprudência do Superior Tribunal de Justiça,

a) não há que se falar em responsabilidade por dano ambiental, pois a sociedade empresária possuía regular licença ambiental de operação e vinha cumprindo todas as condicionantes da licença.

b) não há que se falar em responsabilidade por dano ambiental, exceto se restar comprovado que empregados da sociedade empresária agiram com dolo ou culpa.

c) aplica-se a responsabilidade objetiva por dano ambiental, informada pela teoria do risco administrativo, não havendo necessidade de se comprovar que empregados da sociedade empresária agiram com dolo ou culpa.

d) aplica-se a responsabilidade objetiva por dano ambiental, informada pela teoria do risco integral, sendo o nexo de causalidade o fator aglutinante que permite que o risco se integre na unidade do ato.

e) aplica-se a responsabilidade subjetiva por dano ambiental, informada pela teoria do risco administrativo, e é imprescindível a comprovação do nexo de causalidade entre a conduta e o dano.

COMENTÁRIOS

Alternativa "a": O posicionamento atual do STJ é sim no sentido de que a responsabilidade civil por danos ambientais, seja por lesão ao meio ambiente propriamente dito, seja por ofensa a direitos individuais (dano ambiental privado), é objetiva, fundada na teoria do risco integral, em face do disposto no art. 14, § 1º, da Lei n. 6938/81. (RECURSO ESPECIAL Nº 1.373.788 - SP (2013/0070847-2). Portanto, mesmo que a sociedade empresária tenha licença de operação e venha cumprindo suas condições, se há dano com nexo de causalidade com a atividade empresária, há o dever de reparação.

Alternativa "b": No caso para a Teoria do Risco Integral aplicada para reparação dos danos ambientais a natureza é objetiva, independendo de dolo ou culpa. Nesse sentido entendimento consolidado do STJ: A doutrina menciona que, conforme o art. 14, § 1º, da Lei 6.938/1981, a responsabilidade por dano ambiental é objetiva, tendo por pressuposto a existência de atividade que implique riscos para a saúde e para o meio ambiente, sendo o nexo de causalidade o fator aglutinante que permite que o risco se integre na unidade do ato que é fonte da obrigação de indenizar, de modo que, aquele que explora a atividade econômica coloca-se na posição de garantidor da preservação ambiental, e os danos que digam respeito à atividade estarão sempre vinculados a ela. Por isso descabe a invocação, pelo responsável pelo dano ambiental, de excludentes de responsabilidade civil. No mesmo sentido, há recurso repetitivo do STJ em situação análoga (REsp 1.114.398/PR, Segunda Seção, DJe 16/2/2012). Com efeito, está consolidando no âmbito do STJ a aplicação aos casos de dano ambiental da teoria do risco integral, vindo daí o caráter objetivo da responsabilidade. (AgRg no REsp 1.412.664-SP, Quarta Turma, DJe 11/3/2014, AgRg no AREsp 201.350-PR, Quarta Turma, DJe 8/10/2013). **REsp 1.354.536-SE, Rel. Min. Luis Felipe Salomão, julgado em 26/3/2014**

Alternativa "c": Os danos ambientais são regidos pela teoria do risco integral e não do risco administrativo. **A pessoa que explora a atividade econômica ocupa a posição de garantidor da preservação ambiental, sendo sempre considerado responsável pelos danos vinculados à atividade.** Logo, não se pode admitir a exclusão da responsabilidade pelo fato exclusivo de terceiro ou força maior. No caso concreto, a construção de um posto de gasolina causou danos em área ambiental protegida. Mesmo tendo havido a concessão de licença ambiental – que se mostrou equivocada – isso não é causa excludente da responsabilidade do proprietário do estabelecimento. (Nesse sentido: STJ. 3a Turma. REsp 1.612.887-PR)

Alternativa "e": Como colocado nos comentários anteriores, **no caso aplica-se a Teoria do Risco Integral cuja natureza é objetiva e não subjetiva**.

Alternativa correta: letra "d".

---

37. (FGV – Delegado de Polícia – PC – AM/2022) José, de forma livre e consciente, causou poluição hídrica em níveis tais que resultou em danos à saúde humana, sendo certo que o crime doloso praticado tornou necessária a interrupção do abastecimento público de água da comunidade afetada.

De acordo com a legislação de regência, José praticou

a) crime ambiental e está sujeito a detenção de seis meses a três anos.

b) crime contra a saúde pública e está sujeito a reclusão de dois a quatro anos.

c) crime de menor potencial ofensivo e, caso preencha os requisitos legais, tem direito à transação penal.

d) crime contra a saúde pública de menor potencial ofensivo e está sujeito a detenção de seis meses a um ano.

e) crime ambiental e está sujeito a reclusão de um a cinco anos.

COMENTÁRIOS

Alternativa "a": João na conduta descrita, pratica o crime ambiental previsto no Art.54, § 2º, III, da Lei de Crimes Ambientais, no caso: Causar poluição de qualquer natureza em tais níveis que resultem ou possam resultar em danos à saúde humana, ou que provoquem a mortandade de animais ou a destruição significativa da flora, com a agravante de causar poluição hídrica que torne necessária a interrupção do abastecimento público de água de uma comunidade. Que no caso a pena é de reclusão, de um a cinco anos e não de seis meses a três anos.

Alternativa "b": Como colocado no comentário do enunciado anterior, no caso a pena é de reclusão, de um a cinco anos.

Alternativa "c": Como colocado nos comentários anteriores, como a pena máxima é de cinco anos, não se enquadra em crime de menor potencial ofensivo.

Alternativa "d": Como colocado nos comentários anteriores, não se enquadra em crime de menor potencial ofensivo, mas sim crime de poluição com o agravamento da interrupção do abastecimento público, com pena máxima de cinco ano de reclusão.

Alternativa correta: letra "e".

38. (FGV – Delegado de Polícia – PC – AM/2022) João praticou crime ambiental de maus-tratos contra animais silvestres, consistentes em cinco micos-leões- dourados encontrados machucados e desnutridos. Os animais foram devidamente apreendidos pela Autoridade Policial responsável pela operação, que lavrou o respectivo auto.

Conforme dispõe a legislação de regência e a jurisprudência do Supremo Tribunal Federal, os animais serão

a) libertados em seu habitat, entregues a jardins zoológicos, fundações ou entidades assemelhadas, para A guarda e cuidados sob a responsabilidade de técnicos habilitados ou abatidos imediatamente, mediante decisão discricionária da autoridade policial.

b) libertados em seu habitat, entregues a jardins zoológicos, fundações ou entidades assemelhadas, para B guarda e cuidados sob a responsabilidade de técnicos habilitados ou abatidos imediatamente, mediante decisão judicial, ouvidos previamente todos os policiais que participaram da operação.

c) entregues a fiel depositário que demonstre aptidão técnica para recebê-los, até que sejam libertados em seu /c habitat ou colocados em jardins zoológicos, fundações ou entidades assemelhadas, sendo constitucional a interpretação da legislação federal que possibilita o abate imediato de animais apreendidos em situação de maus-tratos.

d) prioritariamente libertados em seu habitat ou, sendo tal medida inviável ou não recomendável por questões sanitárias, entregues a jardins zoológicos, fundações ou entidades assemelhadas, para guarda e cuidados sob a responsabilidade de técnicos habilitados, de maneira que é constitucional a interpretação da legislação federal que possibilita o abate imediato de animais apreendidos em situação de maus-tratos.

e) prioritariamente libertados em seu habitat ou, sendo tal medida inviável ou não recomendável por questões sanitárias, entregues a jardins zoológicos, fundações ou entidades assemelhadas, para guarda e cuidados sob a responsabilidade de técnicos habilitados, de maneira que é inconstitucional a interpretação da legislação federal que possibilita o abate imediato de animais apreendidos em situação de maus-tratos.

COMENTÁRIOS

Alternativa "a": Conforme Art. 25, §1º, da Lei de Crimes Ambientais, verificada a infração, serão apreendidos seus produtos e instrumentos, lavrando-se os respectivos autos. **Os animais serão prioritariamente libertados em seu habitat** ou, sendo tal medida inviável ou não recomendável por questões sanitárias, entregues a jardins zoológicos, fundações ou entidades assemelhadas, para guarda e cuidados sob a responsabilidade de técnicos habilitados. E segundo jurisprudência do STF em sede de A**DPF 640 MC-Ref/DF (2021):**

É INCONSTITUCIONAL A POSSIBILIDADE DE ABATE DE ANIMAIS APREENDIDOS EM SITUAÇÃO DE MAUS-TRATOS. "Até que os animais sejam entregues às instituições, o órgão autuante zelará para que eles sejam mantidos em condições adequadas de acondicionamento e transporte que **GARANTAM SEU BEM-ESTAR FÍSICO**. [**INFO 1030**]

Alternativa "b": Complementando os comentários do enunciado anterior, a conduta prevista no Art. 25, **§1º, da LCA independe de decisão judicial.**.

Alternativa "c": Como comentado, para o STF. É INCONSTITUCIONAL A POSSIBILIDADE DE ABATE DE ANIMAIS APREENDIDOS EM SITUAÇÃO DE MAUS-TRATOS.

Alternativa "d": Incorreta pelos fundamentos já apresentados.

Alternativa correta: letra "e".

39. (AOCP – Delegado de Polícia – PC – PA/2021) Acerca da responsabilidade civil por danos ambientais, assinale a alternativa correta.

a) A jurisprudência dominante do Superior Tribunal de Justiça compreende que a legislação brasileira adotou a Teoria do Risco Integral em matéria de responsabilidade civil decorrente de danos ambientais, pelo que basta a comprovação da conduta do agente e do dano, dispensando-se a presença do nexo de causalidade.

b) A Teoria do Risco Integral pressupõe a aplicação da Teoria da Equivalência das Condições para a caracterização do nexo de causalidade e responsabilização do agente pelos danos ambientais verificados.

c) Segundo a jurisprudência pacífica do Superior Tribunal de Justiça, o adquirente das cargas transportadas por navio de terceiro que cause danos ambientais é responsável solidário por repará-los, em razão da aplicação da teoria do risco- proveito.

d) A Teoria do Risco Integral, majoritariamente indicada como a adotada pelo ordenamento jurídico brasileiro para fins de responsabilização civil em casos de danos ambientais, atrai para o Direito Ambiental a responsabilidade subjetiva, pautada na presunção de culpabilidade do agente que deve ser ilidida por prova em contrário que comprove a presença de uma das excludentes de responsabilidade aplicáveis no Direito brasileiro.

e) Ainda que se adote a Teoria do Risco Integral, é indispensável que seja demonstrada a existência do nexo causal na hipótese de pretensão de responsabilizar o agente por danos ambientais, atuando o nexo de causalidade como elemento aglutinador entre a conduta e o resultado.

COMENTÁRIOS

Alternativa "a": O posicionamento atual do STJ é sim no sentido de que a responsabilidade civil por danos ambientais, seja por lesão ao meio ambiente propriamente dito (dano ambiental público), seja por ofensa a direitos individuais (dano ambiental privado), é objetiva, fundada na teoria do risco integral, em face do disposto no art. 14, § 1º, da Lei n. 6938/81. (RECURSO ESPECIAL Nº 1.373.788 - SP (2013/0070847-2). No entanto, ao contrário da parte final do enunciado, é necessário haver nexo de causalidade.

Alternativa "b": a Teoria da Equivalência das Condições subentende que o resultado, de que depende a existência de uma pratica criminosa, só é imputável a quem lhe deu causa. Considera-se causa a ação ou omissão sem a qual o resultado não teria ocorrido. No caso do nexo de causalidade e responsabilização do agente pelos danos ambientais verificados, não há essa vinculação com o agente que deu causa. Outros agentes podem ser responsabilizados na reparação do dano ambiental pelo nexo de causalidade na cadeia produtiva, no ciclo de vida, do produto ou serviço que gerou determinado dano ambiental. No caso, esses outros agentes responsáveis têm proveito econômico com a atividade e assumem os riscos de eventuais danos ambientais decorrentes da mesma.

Alternativa "d": No caso para a Teoria do Risco Integral aplicada para reparação dos danos ambientais a natureza é objetiva. Nesse sentido entendimento consolidado do STJ: A doutrina menciona que, conforme o art. 14, § 1º, da Lei 6.938/1981, a responsabilidade por dano ambiental é objetiva, tendo por pressuposto a existência de atividade que implique riscos para a saúde e para o meio ambiente, sendo o nexo de causalidade o fator aglutinante que permite que o risco se integre na unidade do ato que é fonte da obrigação de indenizar, de modo que, aquele que explora a atividade econômica coloca-se na posição de garantidor da preservação ambiental, e os danos que digam respeito à atividade estarão sempre vinculados a ela. Por isso descabe a invocação, pelo responsável pelo dano ambiental, de excludentes de responsabilidade civil. No mesmo sentido, há recurso repetitivo do STJ em situação análoga (REsp 1.114.398/PR, Segunda Seção, DJe 16/2/2012). Com efeito, está consolidando no âmbito do STJ a aplicação aos casos de dano ambiental da teoria do risco integral, vindo daí o caráter objetivo da responsabilidade. (AgRg no REsp 1.412.664-SP, Quarta Turma, DJe 11/3/2014, AgRg no AREsp 201.350-PR, Quarta Turma, DJe 8/10/2013). **<u>REsp 1.354.536-SE</u>, Rel. Min. Luis Felipe Salomão, julgado em 26/3/2014**

Alternativa "e": Como colocado nos comentários anteriores, o nexo causal para reparação de danos ambientais não atua como elemento aglutinador entre a conduta e o resultado.

Alternativa correta: letra "c".

---

40. (FGV - Delegado de Polícia - PC - RN/2021) João, conhecido latifundiário do interior do Estado Alfa, com vontade livre e consciente, transformou em carvão madeira de lei, assim classificada por ato do poder público, para fins industriais, em desacordo com as determinações legais.

Assim agindo, de acordo com a Lei nº 9.605/1998, João:

a) praticou crime, cuja pena é de reclusão, de um a dois anos, e multa;

b) praticou crime, cuja pena é de detenção, de um a três anos, e multa;

c) não praticou crime, porque incide excludente de ilicitude, mas responde civil e administrativamente;

d) não praticou crime, por falta de tipicidade de sua conduta, mas responde por infração administrativa com sanção pecuniária de multa;

e) não praticou crime, porque a finalidade do ato foi para produção industrial, mas responde por infração administrativa com sanção pecuniária de multa.

COMENTÁRIOS

Alternativa "b": João na conduta descrita, pratica o crime ambiental previsto no Art. 45 da Lei de Crimes Ambientais, no caso: cortar ou transformar em carvão madeira de lei, assim classificada por ato do Poder Público, para fins industriais, energéticos ou para qualquer outra exploração, econômica ou não, em desacordo com as determinações legais. Para essa conduta ambiental criminosa a pena prevista é de reclusão, de um a dois anos, e multa e não de detenção de um a três anos.

Alternativa "c": Como colocado no comentário do enunciado anterior, trata-se sim de conduta tipificada como crime ambiental e não há excludente de ilicitude para esse tipo de conduta. João poderá responder civil e administrativamente também pelo caso.

Alternativa "d": Como colocado nos comentários anteriores, trata-se sim de conduta tipificada como crime ambiental e poderá responder também administrativamente também pelo caso.

Alternativa "e": Como colocado nos comentários anteriores, trata-se sim de crime ambiental e poderá responder o autor também administrativamente também pela conduta e está sujeito à aplicação de sanção pecuniária de multa.

Alternativa correta: letra "a".

---

41. (FGV - Delegado de Polícia - PC - RN/2021) Josué, garimpeiro, se utiliza de material tóxico para a lavra de ouro, causando, com isso, a mortandade de peixes em lagoa contígua à jazida explorada.

Nesse caso, quanto à tipificação como crime ambiental, o ato:

a) apenas será tipificado como crime caso a espécie de peixe atingida esteja no rol de animais com risco de extinção;

b) apenas será tipificado como crime caso a lagoa esteja inserida em unidade de conservação de proteção integral;

c) apenas será tipificado como crime caso praticada em local em que é vedada a lavra de ouro;

d) é tipificado como crime ambiental, sendo a pena agravada caso a mortandade tenha ocorrido em período de defeso à fauna;

e) é tipificado como crime ambiental, salvo se a mortandade ocorrer em espécie de peixe que não seja nativa da fauna do bioma atingido.

COMENTÁRIOS

Alternativa "a": O caso trata do crime de poluição ambiental, tipificado no Art. 54 da Lei de Crimes Ambientais: Art. 54, Lei 9.605/98. Causar poluição de qualquer natureza em níveis tais que resultem ou possam resultar em danos à saúde humana, ou que provoquem a mortandade de animais ou a destruição significativa da flora. O crime de poluição possui **natureza formal,** sendo suficiente a *potencialidade de dano* à saúde humana ou ao meio ambiente para configuração da conduta delitiva, não se exigindo, portanto, a realização de perícia. Nesse sentido, **Informativo 624 STJ.**

Alternativa "b": Como explicado no item anterior, o crime de poluição possui **natureza formal,** sendo suficiente a *potencialidade de dano. No caso o enunciado, traz uma circunstância agravante do crime ser praticado em Unidade de Conservação.*

Alternativa "c": Como colocado nos comentários anteriores, de conduta tipificada como crime ambiental de poluição que não está vinculado ao fato do local ser ou não vedada a lavra de ouro.

Alternativa "e": Como colocado nos comentários anteriores, trata-se sim de crime ambiental de poluição cuja figura típica fala de forma ampla do potencial de dano que provoque ou passa provocar a mortandade de animais ou a destruição significativa da flora, sem trazer condicionantes sobre fauna e flora.

Alternativa correta: letra "d". Acrescentando aos comentários anteriores fato o Art. 15, Lei 9.605/98 estabelece que são circunstâncias que agravam a pena, quando não constituem ou qualificam o crime ter o agente cometido a infração: (g) em período de defeso à fauna.

42. (FGV – Delegado de Polícia – PC – RN/2021) O Município de Tombadinho, que possui 49 mil habitantes, edita lei específica que estabelece que, em delimitadas áreas, o proprietário do solo urbano não edificado, subutilizado ou não utilizado, deve promover o seu adequado aproveitamento, sob pena de parcelamento ou edificação compulsória. O instrumento de política urbana concretizado pela referida lei é o:

a) zoneamento especial de interesse social;

b) plano diretor;

c) usucapião especial urbano;

d) direito de superfície;

e) direito de preempção.

COMENTÁRIOS

Alternativa "a": No caso o instrumento de política urbana concretizado pela referida lei do enunciado é o Plano Direito e não o Zoneamento Especial de Interesse Social. O Estatuto da Cidade trata a respeito no seu Art. 5o, que prevê que a Lei municipal específica para área incluída **no Plano Diretor** poderá determinar o parcelamento, a edificação ou a utilização compulsórios do solo urbano não edificado, subutilizado ou não utilizado, devendo fixar as condições e os prazos para implementação da referida obrigação. Destacando que tal previsão recepciona o Art. 182, §4º da CF.

Alternativa "c": Como explicado no item anterior, o instrumento em questão é o Plano Diretor. Em termos urbanísticos, **usucapião** é uma forma de aquisição de propriedade em razão do decurso do tempo, desde que preenchidos os requisitos estabelecidos em lei. Usucapião especial urbana encontra previsão constitucional no art. 183 da CF/88 e no *Art. 9º do Estatuo da Cidade: Aquele que possuir como sua área ou edificação urbana de até duzentos e cinquenta metros quadrados, por cinco anos, ininterruptamente e sem oposição, utilizando-a para sua moradia ou de sua família, adquirir-lhe-á o domínio, desde que não seja proprietário de outro imóvel urbano ou rural.*

Alternativa "d": Como colocado nos comentários anteriores o instrumento em questão é o Plano Diretor. Em termos urbanísticos, o **direito de superfície** no Estatuto da Cidade, encontra guarita no arts. 21: *"O proprietário urbano poderá conceder a outrem o direito de superfície do seu terreno, por tempo determinado ou indeterminado, mediante escritura pública registrada no Cartório de Registro de Imóveis.*

Alternativa "e": Como colocado nos comentários anteriores, o instrumento em questão é o Plano Diretor. **Em termos urbanísticos,** o *Art. 25 do Estatuto da Cidade prevê que o* ***direito de preempção*** *confere ao Poder Público municipal preferência para aquisição de imóvel urbano objeto de alienação onerosa entre particulares.*

Alternativa correta: letra "b".

43. (UEG – Delegado de Polícia – PC – GO/2018) Sobre a proteção penal do meio ambiente no Brasil, verifica-se que

a) a pessoa jurídica não pode ser responsabilizada pelo crime de poluição, se as atividades exercidas estiverem amparadas por licença ambiental.

b) a lei de crimes ambientais admite concurso de pessoas, tanto entre pessoas físicas, como entre estas e pessoas jurídicas.

c) o crime de poluição, que é doloso, contempla condutas comissivas ou omissivas, causem ou não danos à saúde humana ou ao meio ambiente.

d) os atos, culposos ou dolosos, de pichar e grafitar constituem crimes contra o ordenamento urbano e o patrimônio cultural.

e) a competência para julgar os crimes ambientais é da Justiça Federal.

COMENTÁRIOS

Alternativa "a": O licenciamento ambiental autoriza determinadas formas de poluição, alterações adversas do meio, dentro dos limites previstos pela legislação. Mesmo com licença ambiental, pode haver condutas criminosas, vide recente caso de Brumadinho que a mineradora possuía licença e mesmo assim estão sendo apuradas diversas condutas criminosas.

Alternativa "b": Com base no parágrafo único do Art. 3º da Lei de Crimes Ambientais: Art. 3º As pessoas jurídicas serão responsabilizadas administrativa, civil e penalmente conforme o disposto nesta Lei, nos casos em que a infração seja cometida por decisão de seu representante legal ou contratual, ou de seu órgão colegiado, no interesse ou benefício da sua entidade. **Parágrafo único. A responsabilidade das pessoas jurídicas não exclui a das pessoas físicas, autoras, co-autoras ou partícipes do mesmo fato.**

Alternativa "c": O crime de poluição está previsto na forma dolosa e culposa, nos termos do **Art. 54 da Lei Federal n Lei 9605/98: causar poluição** de qualquer natureza em níveis tais que resultem ou possam resultar em danos à saúde humana, ou que provoquem a mortandade de animais ou a destruição significativa da flora: Pena – reclusão, de um a quatro anos, e multa. E o seu **§ 1º prevê a forma culposa: se o crime é culposo:** Pena – detenção, de seis meses a um ano, e multa.

Alternativa"d": Segundo **Art. 65 da Lei de Crimes Ambientais, a referida figura típica da pichação está prevista como crime ambiental somente na forma dolosa: Pichar ou por outro meio conspurcar edificação ou monumento urbano: Pena – detenção, de 3 (três) meses a 1 (um) ano, e multa.**

Alternativa "e": Atualmente **prevalece o entendimento que a competência para julgamento dos crimes contra o meio ambiente é da Justiça Estadual**, exceto quando há ofensa direta a **bens, serviços e/ou interesses da União ou de suas entidades autárquicas**. Nesses últimos casos a **competência passa a ser da Justiça Federal**. Por exemplo, quando o delito é praticado em uma Unidade de Conservação Federal ou mesmo quando o objeto do delito é uma espécie ameaçada de extinção. Neste sentido: **STJ. 3a Seção. AgRg no CC 115.159-SP, Rel. Min. Og Fernandes, julgado em 13/6/2012.**

Alternativa correta: letra "b".

44. (Vunesp - Delegado de Polícia - PC - BA/2018) Beltrano Benedito estava andando por uma estrada rural e encontrou um filhote de Jaguatirica ferido. Levou-o para casa e, após cuidar dos ferimentos, passou a criá-lo como se fosse seu animal doméstico. Em conformidade com o disposto na Lei nº 9.605/1998, é correta a seguinte afirmação:

a) Como o animal iria morrer se não fosse socorrido, Beltrano pode ficar com ele sem necessidade de licença ou autorização da autoridade ambiental.

b) Se Beltrano mantiver o animal sem licença ou autorização da autoridade ambiental, estará praticando crime contra o meio ambiente, considerado inafiançável.

c) Por se tratar de filhote de espécime da fauna silvestre, se Beltrano ficar com o animal sem licença ou autorização, terá a pena por crime ambiental aumentada de um sexto a um terço.

d) Beltrano deverá entregar o animal a uma autoridade ambiental, pois não é possível obter permissão, licença ou autorização para ficar com o animal.

e) A ação de Beltrano se tipifica como crime contra a fauna, que o sujeita à pena de detenção e multa, mas o juiz, considerando as circunstâncias, poderá deixar de aplicar a pena.

COMENTÁRIOS

Alternativa "a": *Segundo* Art. 29 da Lei de Crimes Ambientais, matar, perseguir, caçar, apanhar, utilizar espécimes da fauna silvestre, nativos ou em rota migratória, sem a devida permissão, licença ou autorização da autoridade competente, ou em desacordo com a obtida é considerado crime ambiental com pena de detenção de seis meses a um ano, e multa. **Portanto, para afastar a configuração de crime ambiental *é necessária a licença ou autorização por parte da autoridade ambiental.***

Alternativa "b": Considera-se crime ambiental, mas não inafiançável.

Alternativa "c": O mesmo *Art. 29*, § 4º, prevê que a pena será aumentada de metade, se o crime é praticado: I – contra espécie rara ou considerada ameaçada de extinção, ainda que somente no local da infração; II – em período proibido à caça; III – durante a noite; IV – com abuso de licença; V – em unidade de conservação; VI – com emprego de métodos ou instrumentos capazes de provocar destruição em massa. Como enunciado não especifica que a espécie está ameaçada de extinção, não se aplicaria para o caso as circunstâncias agravantes de pena.

Alternativa "d": É possível obter permissão, licença ou autorização para ficar com animal silvestre perante o órgão ambiental competente.

Alternativa "e". O *Art. 29 da Lei de Crimes Ambientais, § 2º,* ***possibilita que no caso de guarda doméstica de espécie silvestre não considerada ameaçada de***

extinção, pode o juiz, considerando as circunstâncias, deixar de aplicar a pena.

Alternativa correta: letra "e".

45. (UEG - Delegado de Polícia - PC - GO/2018) O proprietário de um sítio localizado em município do Norte Goiano, com área equivalente a 4 (quatro) módulos fiscais, decidiu estender sua área de pastagem. Para tanto, nos idos de 2007, suprimiu a vegetação de parte de sua área de reserva legal, que desde então se resume a 5% do total da área da propriedade, o que já foi, inclusive, mencionado em seu Cadastro Ambiental Rural. Neste caso, aplica-se o seguinte:

a) Existe obrigação pessoal de recompor integralmente a área desmatada.

b) Por ser área rural consolidada, inexiste obrigatoriedade de recomposição da reserva legal.

c) Em caso de autuação por infração administrativa ambiental, o prazo para a defesa é de 30 (trinta) dias.

d) O órgão ambiental poderá, de imediato, determinar o embargo da propriedade.

e) Diante de autuação por infração administrativa ambiental, o valor da multa será convertido no pagamento dos serviços de recuperação da vegetação suprimida.

COMENTÁRIOS

Alternativa "a": O enunciado exige o conhecimento do previsto no Art. 67 do Código Florestal: nos imóveis rurais que detinham, em 22 de julho de 2008, área de até 4 (quatro) módulos fiscais e que possuam remanescente de vegetação nativa em percentuais inferiores ao previsto no art. 12, a Reserva Legal será constituída com a área ocupada com a vegetação nativa existente em 22 de julho de 2008, vedadas novas conversões para uso alternativo do solo. Portanto, pelas circunstâncias apresentadas pela questão, não existe obrigação pessoal de recompor integralmente a área desmatada.

Alternativa "b": Por todo o comentado para alternativas anteriores, a situação correta é esta: por ser área rural consolidada (definida assim pelo Novo Código Florestal), inexiste obrigatoriedade de recomposição da reserva legal.

Alternativa "c": O prazo para defesa administrativa (em tese – já que não há infração no caso) é de 20 dias, conforme Art. 71, I Lei Federal n. 9605 (Lei de Crimes Ambientais).

Alternativa "d": Como já afirmado, a situação está dentro da legalidade. Portanto, não está sujeita a medida administrativa de embargo que depende da ocorrência de infração administrativa ou ocorrência e/ou ameaça de dano ambiental.

Alternativa "e": Como já dito, não se trata de infração administrativa ambiental. Logo, não há que se falar em incidência de multa ambiental para o caso.

Alternativa correta: letra "b".

46. (Nucepe - Delegado de Polícia - PC - PI/2018) Atualmente há uma preocupação constante com a questão ambiental, pois em cada território passa-se a reconhecer uma necessidade de preservação e conservação do ambiente em que se vive. Julgue os itens que contemplam crimes ambientais:

I - Destruir, inutilizar ou deteriorar: bem especialmente protegido por lei, ato administrativo ou decisão judicial, bem como destruir, inutilizar ou deteriorar arquivo, registro, museu, biblioteca, pinacoteca, instalação científica ou similar protegida por lei, ato administrativo ou decisão judicial.

II - Elaborar ou apresentar, no licenciamento, concessão florestal ou qualquer outro procedimento administrativo, estudo, laudo ou relatório ambiental total ou parcialmente falso ou enganoso, inclusive por omissão.

III - Violar regras jurídicas de uso, gozo, promoção, proteção e recuperação do meio ambiente, inclusive por omissão.

IV - Fazer o funcionário público afirmação falsa ou enganosa, omitir a verdade, sonegar informações ou dados técnico- científicos em procedimentos de autorização ou de licenciamento ambiental.

a) Somente os itens II e IV estão corretos.

b) Somente os itens I, II e III estão corretos.

c) Somente os itens I e III estão corretos.

d) Somente os itens I, II e IV estão corretos.

e) Todos os itens estão corretos.

COMENTÁRIOS

Alternativa "a": Os itens II e IV são condutas tipificadas como crimes ambientais, respectivamente Art. 68-A e Art. 66 da Lei Federal n. 9605/98, Lei de Crimes Ambientais. Faltou colocar como correto também o item I que se refere à conduta típica do Art. 62 da LCA.

Alternativa "b": No caso, a conduta prevista no item III se refere infração administrativa ambiental prevista pelo Art. 70 da Lei de Crimes Ambientais: Considera-se infração administrativa ambiental toda ação ou omissão que viole as regras jurídicas de uso, gozo, promoção, proteção e recuperação do meio ambiente; sua prática ensejadora da responsabilidade administrativa ambiental.

Alternativa "c": Como já afirmado, o item II é conduta criminosa prevista no Art. 68-A da LCA.

Alternativa "d": Conforme já apontada as respetivas previsões, os itens I, II e IV se referem a condutas tipificadas com crimes ambientais.

Alternativa "e": Como comentado, o item III não se refere a crime ambiental, mas sim infração administrativa em matéria ambiental.

Alternativa correta: letra "d".

47. (UEG - Delegado de Polícia - PC - GO/2018) Diante de comunicação apresentada perante a Delegacia de Polícia Civil, denunciando a realização de rinha de galos em propriedade rural do município de Cromínia, se está diante de fato

a) típico e antijurídico, estando o Estado, entretanto, impedido de exercer o jus puniendi, em razão de a rinha de galos ser reconhecida, no meio rural brasileiro, como uma prática costumeira.

b) típico, porém juridicamente válido, desde que haja norma municipal que reconheça a rinha de galos como patrimônio cultural imaterial.

c) atípico, pois a Constituição Federal de 1988 protege expressamente as manifestações culturais que portem referência à identidade dos diferentes grupos formadores da sociedade brasileira.

d) atípico, tendo em vista que, tanto a Constituição Federal quanto a Lei de Crimes Ambientais, protegem apenas os animais integrantes da fauna silvestre brasileira.

e) típico e antijurídico, segundo os ditames da Lei de Crimes Ambientais.

COMENTÁRIOS

Alternativa "a": Trata-se em de fato típico e antijurídico, previsto no Art. 32 da Lei de Crimes Ambientais: Praticar ato de abuso, maus-tratos, ferir ou mutilar animais silvestres, domésticos ou domesticados, nativos ou exóticos: Pena - detenção, de três meses a um ano, e multa. O que está incorreto no enunciado é a afirmação que o Estado estaria impedido de exercer o jus puniendi, em razão de a rinha de galos ser reconhecida, no meio rural brasileiro, como uma prática costumeira. É dever do Estado punir este tipo de crime.

Alternativa "b": Como afirmado anteriormente, trata-se em de fato típico e antijurídico, previsto no Art. 32 da LCA. Mesmo com a Emenda Constitucional 96/2017 que acrescentou o § 7º ao Art. 225 da CF, uma lei municipal não poderia elevar a rinha de galo como patrimônio cultural imaterial com força de afastar a configuração da conduta criminosa.

Alternativa "c": Como já dito, consiste sim em fato típico previsto na Lei de Crimes Ambientais. E para esta conduta típica específica o STF já enfrentou no sentido que deve prevalecer a proteção da fauna contra a prática considerada deveras cruel. Neste sentido: "Esse tipo de crueldade caracteriza verdadeira tortura. Essa crueldade caracterizadora de tortura se manifesta no uso do derramamento de sangue e da mutilação física como um meio, porque o fim é a morte.". **STF. ADI 1856, Rel. Min. Celso de Mello, julgado em 26/05/2011.**

Alternativa "d": Como comentado para a letra "a", no Art. 32. da LCA protege contra ato de abuso, maus-tratos, ferimento ou mutilação animais **silvestres, domésticos ou domesticados, nativos ou exóticos.**

Alternativa "e": Por todo o comentado para alternativas anteriores, trata-se típico e antijurídico, segundo os ditames da Lei de Crimes Ambientais (Art.32).

Alternativa correta: letra "e".

48. (Cespe - Delegado de Polícia - GO/2017) Uma mineradora está respondendo por supostamente ter causado poluição capaz de gerar danos à saúde dos moradores de área próxima ao local de suas atividades. Alguns sócios com poderes de gerência foram apontados como corresponsáveis na esfera criminal. Foram impostas duas multas administrativas elevadas, uma por ente estadual e outra por ente federal, com base na mesma conduta. Na motivação, foi invocado o alto poder econômico da empresa como fator para gradação das multas. Alguns moradores já ajuizaram ações cíveis de reparação de danos.

Com relação a essa situação hipotética, assinale a opção correta à luz da legislação pertinente e das posições doutrinárias majoritariamente aceitas.

a) A situação econômica do infrator não poderia ser levada em consideração para estabelecer o valor das multas impostas.

b) Ainda que tenha inexistido dolo na geração da poluição, poderá haver responsabilização criminal no caso.

c) Ainda que seja a mesma hipótese de incidência, as duas multas administrativas — federal e estadual — deverão ser pagas.

d) Como as esferas de responsabilização por infração ambiental são independentes entre si, inexiste situação em que a decisão criminal repercutirá nas demais e vice-versa.

e) Se a pessoa jurídica for condenada criminalmente, ficará excluída a responsabilidade criminal dos seus sócios-gerentes.

COMENTÁRIOS

Alternativa "a": A Lei de Crimes Ambientais, Lei 9605/1998, no seu art.6º, III, prevê expressamente que para imposição e gradação da penalidade, a autoridade competente observará a situação econômica do infrator, no caso de multa.

Alternativa "c": O art. 17, da Lei Complementar 140/2011, estabelece que para estes casos deve prevalecer o auto de infração ambiental lavrado por órgão que tenha realizado o licenciamento da atividade em questão, não podendo haver cumulação de duas multas administrativas para a mesma hipótese de incidência.

Alternativa "b". A Lei de Crimes Ambientais, Lei n. 9605/1998, no seu art. 54, prevê como conduta típica "causar poluição de qualquer natureza em níveis tais que resultem ou possam resultar em danos à saúde humana, ou que provoquem a mortandade de animais ou a destruição significativa da flora." Para este crime ambiental a pena de reclusão pode variar de um a quatro anos, e multa. No § 1º, do mesmo artigo, há a previsão de que se o crime for culposo, a pena será de detenção, de seis meses a um ano, e multa. Portanto, para esta conduta típica poderá haver responsabilização criminal por conduta culposa.

Alternativa "d": As esferas de responsabilização por infração ambiental são independentes entre si – este trecho da assertiva está correto. No entanto, existem situações em que a decisão criminal poderá repercutir nas demais e vice-versa, como são os casos de reparação do dano ambiental ocorrido. A comprovação da reparação do dano ambiental, por exemplo, na espera criminal, poderá repercutir nos outros âmbitos de responsabilização em que se apura a mesma situação fática reparatória.

Alternativa "e": A Lei de Crimes Ambientais, Lei 9605/1998, no seu art. 3º prevê que as pessoas jurídicas serão responsabilizadas administrativa, civil e penalmente, nos casos em que a infração seja cometida por decisão de seu representante legal ou contratual, ou de seu órgão colegiado, no interesse ou benefício da sua entidade. E o parágrafo único do mesmo artigo, estabelece, por sua vez, que a responsabilidade das pessoas jurídicas não exclui a possibilidade de responsabilização das pessoas físicas, autoras, coautoras ou partícipes do mesmo fato.

Alternativa correta: "b".

---

49. (Cespe – Delegado de Polícia – GO/2017) Foi constatado que um fazendeiro estava impedindo a regeneração natural de florestas em área de preservação permanente na sua propriedade rural, por pretender manter a área como pasto.

Nessa situação hipotética, conforme a legislação pertinente,

a) a autoridade ambiental que constatou a infração deve promover sua apuração imediata, sob pena de corresponsabilização.

b) a conduta configura infração administrativa, mas não configura crime.

c) a responsabilização será objetiva em todas as esferas cabíveis.

d) caberá à autoridade policial que constatou a conduta lavrar o auto de infração ambiental e instaurar processo administrativo.

e) inexiste hipótese de reparação civil, haja vista que a terra da propriedade rural pertence ao próprio infrator.

COMENTÁRIOS

Alternativa "a". A Lei de Crimes Ambientais, Lei 9605/1998, no seu art. 70, § 3º, determina expressamente que a autoridade ambiental que tiver conhecimento de infração ambiental é obrigada a promover a sua apuração imediata, mediante processo administrativo próprio, sob pena de corresponsabilidade.

Alternativa "b": a situação hipotética versa também sobre conduta tipificada como crime ambiental, prevista no art. 48, a Lei de Crimes Ambientais (Lei Federal 9605/1998), no caso, impedir ou dificultar a regeneração natural de florestas e demais formas de vegetação, com pena de detenção, de seis meses a um ano, e multa.

Alternativa "c": segundo os posicionamentos atualizados dos Tribunais Superiores, STJ e STJ, a respeito das responsabilidades ambientais, somente a responsabilidade civil será de natureza objetiva, enquanto responsabilidades criminal e administrativa terão natureza subjetiva.

Alternativa "d": Segundo a Lei 9605/1998, no seu Art. 70, § 1º, são autoridades competentes para lavrar auto de infração ambiental e instaurar processo administrativo decorrente de infração administrativa ambiental, os funcionários de órgãos ambientais integrantes do Sistema Nacional de Meio Ambiente – SISNAMA, designados para as atividades de fiscalização, bem como os agentes das Capitanias dos Portos, do Ministério da Marinha.

Alternativa "e": uma vez que há dano ambiental e nexo de causalidade, no caso a ação do fazendeiro de impedir a regeneração natural de florestas em área de preservação permanente na sua propriedade rural, há o dever de reparar, independentemente de ser ele o proprietário do local em que houve o dano. Isso é o que dispõe a Lei nº 6.938/81, no artigo 14, § 1º: "Sem obstar a aplicação das penalidades previstas neste artigo, é o poluidor obrigado, independentemente de existência de culpa, a indenizar ou reparar os danos causados ao meio ambiente e a terceiros, afetados por sua atividade." Este é também o posicionamento atual do STJ, no sentido de que a responsabilidade civil por danos ambientais, seja por lesão ao meio ambiente propriamente dito (dano ambiental público), seja por ofensa a direitos individuais (dano ambiental privado), é objetiva, fundada na teoria do risco integral, em face do disposto no art. 14, § 1º, da Lei n. 6938/81. (RECURSO ESPECIAL Nº 1.373.788 – SP (2013/0070847-2).

Alternativa correta: "a".

---

50. (FUNCAB – Delegado de Polícia – PA/2016) Acerca das infrações administrativas ambientais, assinale a alternativa correta.

a) O processo administrativo para apuração de infração ambiental deve observar os prazos máximos de 15 (quinze) dias para o infrator oferecer defesa ou impugnação contra o auto de infração, contados da data da ciência da autuação, e de 5 (cinco) dias para o pagamento de multa, contados da data do recebimento da notificação.

b) A sanção de advertência não excluirá a aplicação de outras sanções ambientais. Contudo, uma vez aplicada, fica vedada a incidência de nova sanção de advertência no período de dois anos contados do julgamento da defesa da última advertência ou de outra penalidade aplicada.

c) Enquanto a multa simples podo ser convertida em serviços de preservação, melhoria e recuperação da qualidade do meio ambiente, a multa diária será aplicada sempre que o cometimento da infração se prolongar no tempo.

d) As infrações administrativas ambientais podem ser punidas com as sanções de suspensão de venda e fabricação de produto e demolição de obras. Por outro lado, há vedação expressa no ordenamento jurídico quanto à sanção de embargo de obra ou atividade.

e) São autoridades competentes para lavrar auto de infração ambiental e instaurar processo administrativo, com exclusividade, os funcionários de órgãos ambientais integrantes do Sistema Nacional de Meio Ambiente – SISNAMA, designados para as atividades de fiscalização.

COMENTÁRIOS

Alternativa "a": o Decreto Federal n. 6514/2008, no seu art. 113, *caput*, estabelece que o autuado poderá, no prazo de 20 (vinte) dias, contados da data da ciência da autuação, oferecer defesa contra o auto de infração.

Alternativa "b": o Decreto Federal n. 6514/2008, no seu art. 7º, determina que fica vedada a aplicação de nova sanção de advertência no período de 3 (três) anos contados do julgamento da defesa da última advertência ou de outra penalidade aplicada.

Alternativa "c". O art. 62, § 4º, do Decreto Federal n. 6514/2008, que dispõe sobre as infrações e sanções administrativas ao meio ambiente, prevê expressamente que a multa a que se refere o § 3º pode ser convertida em serviços de preservação, melhoria e recuperação da qualidade do meio ambiente. O art. 140 define o que são esses serviços de preservação, melhoria e recuperação. Enquanto o art. 10, *caput*, todos do mesmo Decreto referido, estabelece que a multa diária será aplicada sempre que o cometimento da infração se prolongar no tempo.

Alternativa "d": pois a sanção administrativa de embargo de obra ou atividade e suas respectivas áreas em decorrência de infração administrativa ambiental é uma das espécies de sanções previstas pelo Decreto Federal n. 6514/2008, especificamente no seu art. 3º, VII.

Alternativa "e": A Lei de Crimes Ambientais, Lei 9605/1998, no seu art. 70, § 1º, prevê serem competentes como autoridades para lavrar auto de infração ambiental e instaurar processo administrativo decorrente de infração administrativa ambiental, os funcionários de órgãos ambientais integrantes do Sistema Nacional de Meio Ambiente – SISNAMA, designados para as atividades de fiscalização, bem como os agentes das Capitanias dos Portos, do Ministério da Marinha.

Alternativa correta: "c".

---

51. (Vunesp – Delegado de Polícia – CE/2015) Quanto às penas restritivas de direitos previstas na Lei nº 9.605/98, que trata dos Crimes contra o Meio Ambiente, assinale a alternativa correta.

a) O recolhimento domiciliar baseia-se na autodisciplina e senso de responsabilidade do condenado, que deverá, sem vigilância, trabalhar, frequentar curso ou exercer atividade autorizada, permanecendo recolhido nos dias e horários de folga em residência ou em qualquer local destinado a sua moradia habitual, conforme estabelecido na sentença condenatória.

b) As penas de interdição temporária de direito são a proibição de o condenado contratar com o Poder Público, de receber incentivos fiscais ou quaisquer outros benefícios, bem como de participar de licitações, pelo prazo de três anos, no caso de crimes dolosos.

c) As penas restritivas de direito são autônomas e substituem as privativas de liberdade quando se tratar de crime culposo ou for aplicada a pena privativa de liberdade inferior a seis anos.

d) A prestação de serviços à comunidade consiste na atribuição ao condenado de tarefas gratuitas ou onerosas junto a parques e jardins públicos e unidades de conservação, e, no caso de dano da coisa particular, pública ou tombada, na restauração desta, se possível.

e) A prestação pecuniária consiste no pagamento em dinheiro ao fundo de defesa de direitos difusos, de importância, fixada pelo juiz, não inferior a um salário mínimo nem superior a trezentos e sessenta e cinco salários mínimos; podendo o valor pago ser deduzido do montante de eventual reparação civil a que for condenado o infrator.

COMENTÁRIOS

✪ **Nota do autor:** a questão exige do candidato conhecimento acerca da Lei de Crimes Ambientais 9.605/98.

Alternativa "a": o artigo 13 da Lei nº 9.605/98 define que o recolhimento domiciliar baseia-se na autodisciplina e senso de responsabilidade do condenado, que deverá, sem vigilância, trabalhar, frequentar curso ou exercer atividade autorizada, permanecendo recolhido nos dias e horários de folga em residência ou em qualquer local destinado a sua moradia habitual, conforme estabelecido na sentença condenatória.

Alternativa "b": de acordo com o artigo 10 da Lei as penas de interdição temporária de direito são a proibição de o condenado contratar com o Poder Público, de receber incentivos fiscais ou quaisquer outros benefícios, bem como de participar de licitações, pelo prazo de cinco anos, no caso de crimes dolosos, e de três anos, no de crimes culposos.

Alternativa "c": de acordo com o artigo 7º da Lei de Crimes Ambientais define que as penas restritivas de direitos são autônomas e substituem as privativas de liberdade quando: I – tratar-se de crime culposo ou for aplicada a pena privativa de liberdade inferior a quatro anos; II – a culpabilidade, os antecedentes, a conduta social e a personalidade do condenado, bem como os motivos e as circunstâncias do crime indicarem que a substituição seja suficiente para efeitos de reprovação e prevenção do crime.

Alternativa "d": o artigo 9º da Lei nº 9.605/98 determina que a prestação de serviços à comunidade consiste na atribuição ao condenado de tarefas gratuitas (e não onerosas como mencionou a questão) junto a parques e jardins públicos e unidades de conservação, e, no caso de dano da coisa particular, pública ou tombada, na restauração desta, se possível.

Alternativa "e": segundo o artigo 12 da Lei de Crimes Ambientais a prestação pecuniária consiste no pagamento em dinheiro à vítima ou à entidade pública ou privada com fim social, de importância, fixada pelo juiz, não inferior a um salário mínimo nem superior a trezentos e sessenta salários mínimos. O valor pago será deduzido do montante de eventual reparação civil a que for condenado o infrator.

Alternativa correta: letra "a".

52. (FUNIVERSA – Delegado de Polícia – DF/2015) No que se refere ao poder de polícia ambiental, aos crimes e às infrações administrativas contra o meio ambiente, assinale a alternativa correta conforme disposto na Lei nº 9.605/1998.

a) A multa diária pode ser convertida em serviços de preservação, melhoria e recuperação da qualidade do meio ambiente, mas a multa simples, não.

b) Na aplicação e gradação da penalidade, a autoridade competente observará, entre outros aspectos, os antecedentes do infrator quanto ao cumprimento da legislação de interesse ambiental, assim como a sua situação econômica, no caso de multa.

c) Apenas os funcionários dos órgãos ambientais integrantes do Sisnama designados para as atividades de fiscalização dispõem de competência para a lavratura do auto de infração e para a instauração de processo administrativo.

d) Os produtos, inclusive madeiras, subprodutos e instrumentos, utilizados na prática da infração ambiental não podem ser destruídos ou inutilizados, mas devem, sim, ser doados a instituições científicas, culturais ou educacionais.

e) Embora a legislação não admita que qualquer pessoa possa, constatando infração ambiental, dirigir representação às autoridades competentes, os cidadãos podem fazer comunicado ao Ministério Público para que seja apurado o cometimento de infração penal.

COMENTÁRIOS

✪ **Nota do autor:** para a resposta exige-se o conhecimento acerca da Lei nº 9.605/98.

Alternativa "a": a multa simples pode ser convertida em serviços de preservação, melhoria e recuperação da qualidade do meio ambiente (artigo 72, § 4º).

Alternativa "b": segundo estabelece o artigo 6º da lei de crimes ambientais, para a imposição e gradação da penalidade, a autoridade competente observará: I – a gravidade do fato, tendo em vista os motivos da infração e suas consequências para a saúde pública e para o meio ambiente; II – os antecedentes do infrator quanto ao cumprimento da legislação de interesse ambiental; III – a situação econômica do infrator, no caso de multa.

Alternativa "c": não são somente as autoridades integrantes do SISNAMA que podem lavrar auto de infração. Os agentes das Capitanias dos Portos, do Ministério da Marinha também podem. "São autoridades competentes para lavrar auto de infração ambiental e instaurar processo administrativo os funcionários de órgãos ambientais integrantes do Sistema Nacional de Meio Ambiente – SISNAMA, designados para as atividades de fiscalização, bem como os agentes das Capitanias dos Portos, do Ministério da Marinha" (art. 70, § 1º da Lei).

Alternativa "d": de acordo com o artigo 25, § 3º da Lei nº 9.605/1998: tratando-se de produtos perecíveis ou madeiras, serão estes avaliados e doados a instituições científicas, hospitalares, penais e outras com fins beneficentes. § 4º Os produtos e subprodutos da fauna não perecíveis serão destruídos ou doados a instituições científicas, culturais ou educacionais.

Alternativa "e": o artigo 70, § 2º da Lei questionada possibilita que qualquer pessoa, constatando infração ambiental, pode dirigir representação às autoridades para efeito do exercício do seu poder de polícia.

Alternativa correta: letra "b".

53. (Cespe – Delegado de Polícia – PE/2016) Determinada pessoa física foi autuada por, supostamente, ter comercializado produtos, instrumentos e objetos que implicam a caça de espécimes da fauna silvestre.

Considerando essa situação hipotética, assinale a opção correta com base no Decreto nº 6.514/2008 – que dispõe sobre as infrações e sanções administrativas ao meio ambiente, estabelece o processo administrativo federal para apuração destas infrações, e dá outras providências.

a) A defesa do autuado deverá ser conhecida, ainda que seja apresentada fora do prazo.

b) O autuado não poderá ser intimado da lavratura do auto de infração por meio de edital.

c) O autuado não poderá ser intimado da lavratura do auto de infração por meio de carta registrada.

d) Se o auto de infração apresentar erro no enquadramento legal, o vício será insanável.

e) Se o auto de infração apresentar vício sanável, ele poderá ser convalidado a qualquer tempo.

COMENTÁRIOS

✪ **Nota do autor:** o enunciado requer o conhecimento do Decreto nº 6.514/2008 que regulamentou as infrações administrativas ambientais no âmbito federal. Traz muitos dispositivos semelhantes ao da Lei nº 9.605/98 (lei de crimes ambientais).

Alternativa "a": pela leitura do artigo 117 do Decreto nº 6.514/2008 as defesas apresentadas fora do prazo, por quem não seja legitimado ou perante órgão ou entidade ambiental incompetente não podem ser conhecidas.

Alternativa "b": o artigo 96 do Decreto Federal possibilita que o autuado seja intimado da lavratura do auto de infração por edital (inciso IV) se estiver o autuado em lugar incerto, não sabido ou se não for localizado no endereço.

Alternativa "c": o inciso III, do artigo 96 do Decreto em comento permite que o autuado seja intimado por carta registrada com aviso de recebimento.

Alternativa "d": segundo o artigo 100, § 3º do Decreto nº 6.514/2008 o erro no enquadramento legal da infração não implica vício insanável, podendo ser alterado pela autoridade julgadora mediante decisão fundamentada que retifique o auto de infração.

Alternativa "e": de acordo com o artigo 99, *caput*, do Decreto Federal o auto de infração que apresentar vício sanável poderá, a qualquer tempo, ser convalidado de ofício pela autoridade julgadora, mediante despacho saneador, após o pronunciamento da Procuradoria-Geral Federal que atua junto à respectiva unidade administrativa da entidade responsável pela autuação.

Alternativa correta: letra "e"

54. (Cespe - Delegado de Polícia - PE/2016) A responsabilidade civil por grave acidente ambiental ocorrido em uma região de determinado estado da Federação será

a) subjetiva, informada pela teoria do risco proveito.
b) objetiva, informada pela teoria do risco criado.
c) objetiva, informada pela teoria do risco integral.
d) subjetiva, informada pela teoria do risco criado.
e) subjetiva, informada pela teoria do risco integral.

COMENTÁRIOS

✪ Nota do autor: A questão exige o conhecimento de responsabilidade civil ambiental encontrada na Lei nº 6.938/81, artigo 14, § 1º.

Alternativa "c" responde todas as demais alternativas: A Lei nº 6.938/81 trouxe em seu artigo 14, § 1º a espécie de responsabilidade civil adotada pelo Direito Ambiental, qual seja, objetiva. De acordo com essa norma, sem obstar a aplicação das penalidades previstas neste artigo, é o poluidor obrigado, independentemente da existência de culpa, a indenizar ou reparar os danos causados ao meio ambiente e a terceiros, afetados por sua atividade. De acordo com a doutrina pátria "nada obstante acoimada de radical, parece fora de dúvida ter-se vinculado a responsabilidade objetiva, em tema de tutela ambiental, à teoria do risco integral, que atende à preocupação de se estabelecer um sistema o mais rigoroso possível ante o alarmante quadro de degradação que se assiste não só no Brasil, mas em todo o mundo."[3]

Alternativa correta: letra "c".

7. POLÍTICA NACIONAL DE EDUCAÇÃO AMBIENTAL

55. (Vunesp - Delegado de Polícia - CE/2015) Assinale a alternativa correta, no que tange à Educação Ambiental no Ensino Formal, em conformidade com o estabelecido pela Lei nº 9.795/99.

a) Nos cursos de formação e especialização técnico-profissional, em todos os níveis, é facultada a incorporação de conteúdo que trate da ética ambiental das atividades profissionais a serem desenvolvidas.
b) A dimensão ambiental poderá constar dos currículos de formação de professores, em todos os níveis e em todas as disciplinas.
c) A educação ambiental não deve ser implantada como disciplina específica no currículo de ensino.
d) Aos professores em atividade é facultado receberem formação complementar em suas áreas de atuação, com o propósito de atender adequadamente os princípios e objetivos da Política Nacional de Educação Ambiental.
e) Nos cursos de pós-graduação, extensão e nas áreas voltadas ao aspecto metodológico da educação ambiental, é obrigatória a criação de disciplina específica.

COMENTÁRIOS

✪ Nota do autor: raramente questionada em concursos públicos, nesse enunciado, foi requisitado do candidato conhecimento acerca da Política Nacional de Educação Ambiental.

Alternativa "a": o artigo 10, § 3º da Lei questionada propõe que nos cursos de formação e especialização técnico-profissional, em todos os níveis, deve ser incorporado conteúdo que trate da ética ambiental das atividades profissionais a serem desenvolvidas

Alternativa "b": define o artigo 11 da Lei nº 9.795/99 que a dimensão ambiental deve (e não "pode" como no enunciado) constar dos currículos de formação de professores, em todos os níveis e em todas as disciplinas.

Alternativa "c": para o artigo 10 da Lei nº 9.795/99 a educação ambiental será desenvolvida como uma prática educativa integrada, contínua e permanente em todos os níveis e modalidades do ensino formal. Contudo a educação ambiental não deve ser implantada como disciplina específica no currículo de ensino

3. MILARÉ, Edis. *Direito do ambiente*. 8.ed. São Paulo: Editora Revista dos Tribunais, 2013, p. 426.

Alternativa "d": segundo o artigo 11, parágrafo único, os professores em atividade devem receber formação complementar em suas áreas de atuação, com o propósito de atender adequadamente ao cumprimento dos princípios e objetivos da Política Nacional de Educação Ambiental.

Alternativa "e": nos cursos de pós-graduação, extensão e nas áreas voltadas ao aspecto metodológico da educação ambiental, quando se fizer necessário, é facultada a criação de disciplina específica (art. 10, § 2º).

Alternativa correta: letra "c".

8. PROTEÇÃO DO PATRIMÔNIO GENÉTICO – BIOSSEGURANÇA

56. (Vunesp – Delegado de Polícia – PC – BA/2018) Quanto às normas de segurança e mecanismos de fiscalização de atividades que envolvem organismos geneticamente modificados – OGM, é correta a seguinte assertiva:

a) É permitida engenharia genética em célula germinal humana, zigoto humano e embrião humano.

b) São permitidos a utilização, a comercialização, o registro, o patenteamento e o licenciamento de tecnologias genéticas de restrição do uso.

c) É proibida a implementação de projeto relativo a OGM sem a manutenção de registro de seu acompanhamento individual.

d) Derivado de OGM é todo produto obtido de OGM e que possua capacidade autônoma de replicação.

e) É permitida, para fins de pesquisa e terapia, a utilização de células-tronco embrionárias obtidas de embriões humanos viáveis, produzidos por fertilização in vitro.

COMENTÁRIOS

Alternativa "a": Segundo a Lei Federal n. 11.105/2005, Política Nacional de Biossegurança, Art. 6º: **Fica proibido**: III – **engenharia genética em célula germinal humana, zigoto humano e embrião humano**.

Alternativa "b": Pela mesma Lei Federal n. 11.105/2005, Art. 6º Fica **proibido**: **VII – a utilização, a comercialização, o registro, o patenteamento e o licenciamento de tecnologias genéticas de restrição do uso**.

Alternativa "c": Trata-se especificamente da determinação contida no Art. 6º, inciso I, da Lei 11.105/05: Fica proibido: implementação de projeto relativo a OGM sem a manutenção de registro de seu acompanhamento individual.

Alternativa "d": Conforme Art. 3º da Política de Biossegurança, **considera-se**: VI – **derivado de OGM**: **produto obtido de OGM e que não possua capacidade autônoma de replicação ou que não contenha forma viável de OGM**.

Alternativa "e": A Lei Federal n. 11.105/2005, Art. 5º , estabelece ser permitida, para fins de pesquisa e terapia, a utilização de células-tronco embrionárias obtidas de embriões humanos produzidos por fertilização **in vitro** e não utilizados no respectivo procedimento, atendidas as seguintes condições: I – sejam **embriões inviáveis**; ou II – sejam embriões **congelados há 3 (três) anos ou mais, na data da publicação desta Lei, ou que, já congelados na data da publicação desta Lei, depois de completarem 3 (três) anos, contados a partir da data de congelamento**.

Alternativa correta: letra "c".

9. CARREIRA DE DELEGADO DE POLÍCIA DO ESTADO DE GOIÁS

57. (UEG – Delegado de Polícia – PC – GO/2018) Leia o texto a seguir.

Art. 20° O Conselho Superior da Polícia Civil do Estado de Goiás, órgão colegiado consultivo, normativo e deliberativo da Polícia Civil tem por finalidade propor, opinar e deliberar sobre matérias relacionadas com a administração superior da Polícia Civil.

Lei n. 16.901, de 26 de janeiro de 2010. Disponível em: <www.gabinetecivil.goias.gov.br/leis_ordinarias/2010/lei_16901.htm>. Acesso em: 8 jun. 2018.

Como componente da estrutura organizacional da Polícia Civil, o Conselho Superior tem a competência de

a) indicar ou prover os cargos em comissão dos quadros de pessoal da Polícia Civil, observada a legislação em vigor.

b) declarar, por meio de decisão fundamentada, o impedimento à promoção de servidores que estiverem cumprindo pena disciplinar ou criminal.

c) coordenar a elaboração dos expedientes e das correspondências a serem encaminhadas pelo Delegado Geral.

d) promover a administração e o controle de pessoal ativo e inativo e de pensionistas referentes aos serviços de assistência social.

e) elaborar diretrizes para o planejamento operacional, respeitando regras do sistema de segurança do Estado de Goiás.

COMENTÁRIOS

O artigo 21 da Lei nº 16.901, de 26 de janeiro de 2010, que dispõe sobre a Lei Orgânica da Polícia Civil do Estado de Goiás, determina a competência do Conselho Superior da Polícia Civil: I – velar pela perfeita exação e eficiência dos serviços da Polícia Civil e de seus integrantes; II – indicar medidas que busquem o constante aperfeiçoamento dos serviços policiais, objetivando o aprimoramento da instituição e a eficiente atividade de manutenção e preservação da segurança e da ordem pública no território estadual; III – proferir suas decisões, fundamentadas, no prazo de 15 (quinze) dias; IV

- sugerir a realização de correições extraordinárias; V - declarar o impedimento à promoção dos servidores que estiverem cumprindo pena disciplinar ou criminal, bem como daqueles que estiverem sendo processados disciplinar ou criminalmente pela prática de infração contra a Administração Pública ou o patrimônio, mas, nestes casos, depois de decisão fundamentada de 2/3 (dois terços) de seus membros; VI - conhecer e decidir sobre recursos relativos às listas de promoção; VII - manifestar-se sobre lista de promoção por antiguidade ou merecimento; VIII - apreciar e homologar os nomes das autoridades e/ou dos policiais indicados pelo Delegado-Geral da Polícia Civil para serem agraciados com a concessão das medalhas instituídas pela Lei nº 11.781, de 28 de julho de 1992, e regulamentada pelo Decreto nº 4.784, de 25 de abril de 1997; IX - analisar, avaliar e deliberar sobre os movimentos e conflitos sociais que de alguma forma possam afetar a segurança e a ordem pública, inclusive movimentos reivindicatórios classistas, internos e externos, propondo soluções; X - decidir, em grau de recurso, as condições essenciais de merecimento dos servidores da Polícia Civil; XI - aferir e deliberar acerca das condições essenciais de merecimento, sob o aspecto positivo, mantendo ou alterando a média das notas lançadas pelos chefes imediato e mediato.

Alternativa "a" (reponde também as alternativas "c", "d" e "e"): não constam dentre as atribuições do Conselho Superior da Polícia Civil do Estado de Goiás previstas no artigo 21 da Lei Estadual nº 16.901/2010.

Alternativa "b": A previsão está no artigo 21, inciso V, acima citado: "Cabe ao Conselho Superior, declarar o impedimento à promoção dos servidores que estiverem cumprindo pena disciplinar ou criminal, bem como daqueles que estiverem sendo processados disciplinar ou criminalmente pela prática de infração contra a Administração Pública ou o patrimônio, mas, nestes casos, **depois de decisão fundamentada** de 2/3 (dois terços) de seus membros".

Alternativa correta: letra "b".

Direito Ambiental

Rafael Costa Freiria e
Taisa Cintra Dosso

✦ DICAS

1. MEIO AMBIENTE: HISTÓRICO, CONCEITO, PRINCÍPIOS E CONSTITUIÇÃO FEDERAL

1.1. PRINCIPAIS DOCUMENTOS JURÍDICOS RELATIVOS À TUTELA AMBIENTAL

A **preocupação com a questão ambiental dos países** vem crescendo ao longo dos tempos. Principalmente a partir de 1960, começaram a surgir leis mais severas visando a proteção ambiental. Atualmente, as leis cuidam dos mais variados temas, objetivando sempre o **desenvolvimento sustentável**.

No âmbito internacional, destacam-se os seguintes documentos jurídicos:	
Conferência de Estocolmo sobre o Meio Ambiente Humano	realizada em 1972, na Suécia, reunindo 113 países, foi o **marco mundial** que ensejou o **alerta** sobre os riscos à humanidade gerados pela degradação ambiental, introduzindo os países em um debate sobre a questão, resultando na **Declaração sobre Meio Ambiente**.
Conferência das Nações Unidas para o Meio Ambiente e Desenvolvimento (CNUMAD)	também conhecida como **ECO 92**, realizada em 1992**,** no Rio de Janeiro, reunindo 178 países, objetivou centralizar no mundo a discussão sobre o meio ambiente, aperfeiçoando os instrumentos de proteção ambiental internacional, resultando nos seguintes documentos: **Convenção sobre Diversidade Biológica**, **Convenção sobre Mudanças do Clima**, **Declaração de Princípios sobre o Uso das Florestas**, **Declaração do Rio** e **Agenda 21**.
Conferência das Nações Unidas sobre o Meio Ambiente e Desenvolvimento (RIO+10)	realizada em 2002, em Joanesburgo, na África do Sul, reunindo 191 países, reforçou os objetivos da ECO 92, resultando nos seguintes documentos: **Declaração de Joanesburgo** e no **Plano de Implementação**.
Conferência das Nações Unidas sobre Desenvolvimento Sustentável (RIO+20)	realizada em 2012, no Rio de Janeiro, reunindo 193 países, reforçou os princípios e compromisso ambientais já assumidos desde a ECO 92, apresentando como centro da questão ambiental a erradicação da pobreza e a economia verde, resultando no documento **"O futuro que queremos"**.

No Brasil, a legislação apresentou a seguinte evolução:	
1965	Código Florestal
1981	Lei da Política Nacional do Meio Ambiente
1988	Constituição Federal
1997	Lei do Sistema Nacional de Recursos Hídricos
1998	Lei de Crimes Ambientais
2000	Lei do Sistema Nacional de Unidade de Conservação da Natureza – SNUC
2007	Lei de Diretrizes Nacionais e Saneamento Básico
2009	Lei da Política Nacional sobre Mudança do Clima
2010	Lei da Política Nacional de Resíduos Sólidos
2011	Lei Complementar nº 140/2011 – Dispõe sobre competência material relativa ao meio ambiente, em especial sobre licenciamento ambiental.
2012	Lei da Política Nacional de Mobilidade Urbana
2015	Lei de Acesso ao Patrimônio Genético, sobre a Proteção e o Acesso ao Conhecimento Tradicional associado e sobre a repartição de benefícios para conservação e uso sustentável da Biodiversidade
2020	Lei que altera o marco legal do saneamento básico

1.2. MEIO AMBIENTE

- **Conceito legal:** É o conjunto de condições, leis, influências e interações de ordem física, química e biológica, que permite, abriga e rege a vida em todas as suas formas, conforme artigo 3º, inciso I, da Lei nº 6.938/1981. A definição legal abrange o chamado **meio ambiente natural, pois que abarca apenas o elemento biológico.**
- **Conceito mais abrangente**: Prevalece o entendimento de que o conceito de meio ambiente é **mais abrangente**, incluindo as criações humanas, por exemplo. Daí a classificação do meio ambiente em: a) **meio ambiente natural**: definido no artigo 3º, inciso I, da Lei nº 6.938/1981, como os recursos naturais, ecossistemas, biodiversidade e patrimônio genético; b) **meio ambiente cultural**: são as criações humanas sobre os elementos naturais que possuem valor histórico, paisagístico, artístico, arqueológico, paleontológico, ecológico ou científico; c) **meio ambiente artificial**: é composto pelo espaço urbano seja construído (edificações), seja aberto (praças e ruas, por exemplo) e; d) **meio ambiente do trabalho**: são as condições atinentes às relações de trabalho, que permitem ao trabalhador exercer suas funções de maneira digna e segura.
- **O direito ao meio ambiente é um direito de interesse difuso.**
- O direito ao meio ambiente integra os **direitos humanos fundamentais de terceira geração**, fundado nos princípios da fraternidade ou solidariedade, caracterizados por serem direitos transindividuais, em que seu titular não é o homem individualizado, mas toda coletividade.
- Nos termos do artigo 81, inciso I, da Lei nº 8.078/90, são interesses ou direitos difusos os transindividuais, de natureza indivisível, de que sejam titulares pessoas indeterminadas e ligadas por circunstâncias de fato. Portando, o direito ao meio ambiente é um **direito de interesse difuso**, sendo que a sua degradação afeta uma gama de pessoas indetermináveis e ligadas por circunstâncias de fato. Nesse sentido, dispõe o **artigo 225 da Constituição Federal** que **"todos têm direito ao meio ambiente ecologicamente equilibrado, bem de uso comum do povo e essencial à essencial à sadia qualidade de vida.**
- **Concepção antropocêntrica:** O artigo 225 da Constituição Federal, ao determinar que todos tem direito ao meio ambiente ecologicamente equilibrado, reflete a concepção antropocêntrica do Texto Constitucional, pois que o equilíbrio ambiental visa a assegurar a existência humana, colocando o homem no centro do universo.

1.3. PRINCÍPIOS DE DIREITO AMBIENTAL

Princípio da ubiquidade	O direito ao meio ambiente ecologicamente equilibrado previsto no artigo 225 da Constituição Federal está intimamente ligado com o direito à vida. Assim, o direito ambiental é **onipresente** na tutela de todo direito subjetivo. O meio ambiente é o **epicentro** dos direitos humanos.
Princípio da solidariedade intergeracional	As **atuais gerações** devem preservar o meio ambiente para as **presente e futura gerações**, mediante a utilização racional dos recursos ambientais. Está previsto no artigo 225 da CF. Também conhecido como **princípio da responsabilidade ambiental entre gerações.**
Princípio da participação	Decorre do artigo 225 da CF, bem como do Princípio 10 da Declaração do Rio, segundo o qual se impõe ao **Poder Público** e à **coletividade** o dever de preservação do meio ambiente. A atuação conjunta dos órgãos públicos e da sociedade permite a implantação de políticas ambientais efetivas. É a **responsabilidade compartilhada** em prol da preservação ambiental.
Princípio das responsabilidades comuns, mas diferenciadas	Trata-se do Princípio 7 da Declaração do Rio, segundo o qual todos **os Estados têm a responsabilidade comum de preservação ambiental, sendo as habilidades e as capacidades dos Estados diferenciadas** para atingir essa finalidade. A criação de padrões ambientais com imposição de obrigações para os Estados deve ser diferenciada conforme as respectivas habilidades e capacidades. Está previsto no artigo 170, VI, da CF, destinando-se aos agentes econômicos nacionais.
Princípio do desenvolvimento sustentável	Decorre do artigo 1º, § 1º, da Declaração sobre Desenvolvimento da ONU, bem como do artigo 4º, inciso I, da Lei nº 6.938/1981. Pressupõe **a ponderação entre o desenvolvimento econômico e a preservação do meio ambiente ecologicamente equilibrado**, ou na redação do citado artigo 4º, **"à compatibilização do desenvolvimento econômico social com a preservação da qualidade do meio ambiente e do equilíbrio ecológico"**. Tem aplicação, sobretudo, na utilização dos recursos naturais renováveis, sendo o EIA um instrumento de sua incidência. O artigo 3º da Lei de Licitações prevê a **promoção do desenvolvimento sustentável** como um dos objetivos do processo licitatório.
Princípio da prevenção	Decorre implicitamente do artigo 225 da CF, preconizando que o ente ambiental deve impor medidas para se evitar o dano ambiental, pois que muitas vezes é irreversível. O princípio se volta ao cuidado ambiental de atividades com **risco conhecido** ou **certo**, em que há **certeza científica**.
Princípio da precaução	Está previsto no Princípio 15 da Declaração do Rio, preconizando que o ente ambiental deve impor medidas para se evitar o dano ambiental, pois que muitas vezes é irreversível, **ainda que não haja certeza científica sobre sua existência.** O princípio se volta ao cuidado ambiental de atividades com **risco desconhecido** ou **incerto**, aplicando-se o postulado **in dubio pro natura**. É com fundamento neste princípio que se respalda o entendimento jurisprudencial em que se **admite a inversão do ônus da prova nas demandas ambientais,** impondo-se ao poluidor provar, com anterioridade, que sua ação não causará degradação ambiental.

Princípio do poluidor-pagador	Está previsto no enunciado 16 da Declaração do Rio de Janeiro de 1992. Prevê a **responsabilidade do poluidor pelos custos ambientais advindos de sua atividade econômica ambientalmente impactante**. Agrega-se esse valor no custo produtivo da atividade. Este princípio determina a incidência do regime jurídico da **responsabilidade civil objetiva por danos ambientais**, conforme previsão do artigo 14, § 1º, da Lei nº 6.938/1981, que assim dispõe: "Sem obstar a aplicação das penalidades previstas neste artigo, é o poluidor obrigado, independentemente da existência de culpa, a indenizar ou reparar os danos causados ao meio ambiente e a terceiros, afetados por sua atividade".
Princípio do usuário-pagador	Pressupõe que **as pessoas que utilizam os recursos naturais devem pagar pela sua utilização, ainda que não haja poluição**. Não se confunde com o princípio do poluidor-pagador, que pressupõe poluição e apresenta caráter reparatório. A propósito, é um dos instrumentos da Política Nacional do Meio Ambiente, nos termos do artigo 4º, VII, "a imposição, ao poluidor e ao predador, da obrigação de recuperar e/ou indenizar os danos causados e, ao usuário, da contribuição pela utilização de recursos ambientais com fins econômicos".
Princípio da educação ambiental	Está previsto no artigo 225, § 1º, inciso VI, da CF. Visa **promover a conscientização pública** para a preservação do meio ambiente, através da educação ambiental em todos os níveis de ensino.
Princípio da cooperação entre os povos	Todas as nações devem cooperar na preservação ambiental, através de tratados internacionais, pois que **o meio ambiente não conhece fronteiras políticas**. Este princípio orienta as relações internacionais do Brasil, conforme artigo 4º, inciso IX, da CF.
Princípio da função socioambiental	A propriedade **urbana** e **rural** deve preservar **o meio ambiente**, cumprindo sua função socioambiental. Decorre dos artigos 5º, XXII, XXIII, 170, II e III e 186 da CF.
Princípio da informação	Prevê **o acesso de todos às informações relativas ao meio ambiente**, ressalvadas as exceções legais. Decorre do artigo 5º, XIV e artigo 225, § 1º, incisos IV e VI, todos da CF.
Princípio do limite	Estabelece o dever do **Poder Público** de estabelecer **os limites das atividades que impliquem em riscos à qualidade de vida e ao meio ambiente**.
Princípio da vedação do retrocesso ambiental	Salvo se houver significativa alteração das circunstâncias de fato, **não se pode admitir o retrocesso da proteção ambiental para níveis inferiores, já consagrados**.

> **Atenção!**
>
> **Princípio do protetor recebedor**
>
> Estabelece que as pessoas físicas ou jurídicas responsáveis pela preservação ambiental serão agraciadas com benefícios, já que estão colaborando para a manutenção do meio ambiente ecologicamente equilibrado. É o caso da tributação ecológica, como o ICMS ecológico, tributo de competência estadual, utilizado para estabelecer o percentual que cada município de um determinado Estado instituidor tem direito de receber quando do repasse constitucional, tendo fundamento do artigo 155, § 2º, III, da CF/88: "( ) facultando, assim, o seu uso com função extrafiscal". Quanto aos benefícios, o Novo Código Florestal prevê a possibilidade de compensação financeira aos proprietários rurais que mantém reserva legal em sua propriedade, acima do limite mínimo. A Lei da Política Nacional de Resíduos Sólidos (Lei nº 12.305/2010), em seu artigo 6º, II, adota expressamente o mencionado princípio.

Recentemente, alterações legislativas fomentaram os fundos e plano de ação voltados à preservação ambiental no país, com destaque para proteção da Amazônia, Cerrado, Mata Atlântica, Caatinga, Pampa e Pantanal e as ações de desmatamento no local:

a) Decreto 11.367/2023 que institui a Comissão Interministerial Permanente de Prevenção e Controle do Desmatamento, restabelece o Plano de Ação para a Prevenção e Controle do Desmatamento na Amazônia Legal - PPCDA e dispõe sobre os Planos de Ação para a Prevenção e Controle do Desmatamento no Cerrado, na Mata Atlântica, na Caatinga, no Pampa e no Pantanal;

b) Decreto 11.368/2023 que altera o Decreto nº 6.527, de 1º de agosto de 2008, para dispor sobre a governança do Fundo Amazônia, o qual contará com um Comitê Orientador – COFA composto por representantes do Governo Federal, Estadual e da sociedade civil, cabendo ao BNDES proceder às captações de doações e emissão de diploma para reconhecer a contribuição dos doadores ao Fundo Amazônia;

c) Decreto 11.372/2023 que altera o Decreto nº 10.224, de 5 de fevereiro de 2020, que regulamenta a Lei nº 7.797, de 10 de julho de 1989, que cria o Fundo Nacional do Meio Ambiente. A alteração legislativa dispõe sobre a composição do Conselho Deliberativo do Fundo Nacional do Meio Ambiente, integrado por representantes do Governo Federal, entidades ligadas ao meio ambiente, povos indígenas e comunidades tradicionais, devendo ser garantida em sua composição diversidade de raça e gênero entre seus participantes. Destaca-se que as reuniões do Conselho Deliberativo do Fundo Nacional do Meio Ambiente são públicas, e suas gravações e atas devem estar disponíveis na Internet, para fácil acesso à população.

Ainda sobre alterações legislativas, a Medida Provisória n. 1151, de 2022, por seu turno, cria mecanismos que tornam mais atrativas as concessões em unidade de manejo florestal, tais como:

a) Altera a Lei nº 11.284, de 2006 - Lei de Gestão de Florestas Públicas, para que a comercialização dos créditos decorrentes da emissão evitada de carbono em florestas naturais seja parte integrante da concessão, tornando-a mais atrativa;

b) Altera a Lei nº 11.516, de 2007 - Instituto Chico Mendes de Conservação da Biodiversidade, para prever mecanismos para o desenvolvimento e comercialização de créditos de carbono e serviços ambientais não apenas em Florestas Nacionais, mas também em outros tipos de unidades de conservação;

c) Altera a Lei nº 12.114, de 2009 -Fundo Nacional sobre Mudanças Climáticas, para permitir a ampliação do número de agentes financeiros, além do Banco Nacional de Desenvolvimento Econômico e Social - BNDES, ou fintechs públicos ou privados para o financiamento com recursos desse Fundo Nacional.

As alterações legislativas acima indicadas estão, direta ou indiretamente, relacionadas aos princípios do direito ambiental, devendo ser discutidas à luz na proteção do meio ambiente na Constituição Federal, conforme tópico seguinte.

1.4. O MEIO AMBIENTE NA CONSTITUIÇÃO FEDERAL

Seguindo a tendência mundial de inserção das normas ambientais no Texto Constitucional, a Constituição Federal de 1988 dispõe sobre o meio ambiente em diversos artigos a relativos à vários temas:

competência ambiental legislativa	artigo 22, IV, XII e XVI; artigo 24, VI, VII e VIII; e artigo 30, I e II.
competência ambiental material	artigo 23, III, IV, VI, VII e IX.
ordem econômica	artigo 170, inciso VI; artigo 174, § 4º; e artigo 175.
meio ambiente artificial	artigo 182.
meio ambiente cultural	artigos 215, 216 e 216-A.
meio ambiente natural	artigo 225.
meio ambiente laboral	artigo 200, VIII, da CF.

1.5. COMPETÊNCIA EM MATÉRIA AMBIENTAL

Competência legislativa concorrente

A Constituição Federal, em seu **artigo 24, incisos VI, VII e VIII** atribui **competência concorrente à União, aos Estados e ao Distrito Federal** para legislar sobre assuntos relativos ao meio ambiente como florestas, caça, pesca, fauna, conservação da natureza, defesa do solo e dos recursos naturais, proteção do meio ambiente e controle da poluição. Consoante determinação do **§ 1º** do citado artigo, a competência da União limitar-se-á a estabelecer normas gerais. Os **Municípios** também detêm **competência legislativa em material ambiental**, em decorrência do **artigo 30, incisos I e II** da Constituição da República, cabendo a eles legislar sobre assuntos de interesse local e suplementar a legislação estadual e federal no que couber.

Ressalva: O **artigo 22, incisos IV, XII e XXVI, da CF**, determina **competência legislativa exclusiva da União** legislar sobre **águas, energias, jazidas, minas e outros recursos minerais, bem como atividades nucleares de qualquer natureza**.

IMPORTANTE

Foi decidido pelo STF que o município é competente para legislar sobre meio ambiente com a União e o **estado no limite do seu interesse local e desde que tal regramento seja harmônico com a disciplina estabelecida pelos demais entes federados.** Esta foi a tese firmada pelo Supremo Tribunal Federal (STF) ao julgar o Recurso Extraordinário (RE) 586224, com repercussão geral reconhecida. **O Plenário, por maioria, deu provimento ao recurso para declarar a inconstitucionalidade da Lei 1.952/1995, do Município de Paulínia (SP), que proíbe totalmente a queima da palha de cana-de-açúcar em seu território.** [...] De acordo como ministro Luiz Fux, **"as normas federais que tratam do assunto apontam expressamente para a necessidade de se traçar um planejamento para extinguir gradativamente o uso do fogo como método despalhador e facilitador do corte da cana"**.

COMPETÊNCIA MATERIAL COMUM

A Constituição Federal, em seu **artigo 23, incisos III, IV, VI, VII e IX** atribui **competência material comum à União, Estados, Distrito Federal e Municípios, no intuito de promover a execução de políticas e preceitos relativos à proteção ambiental.**

Ressalvas: O artigo **21, incisos IX, XVIII, XIX, XX e XXIII, da CF**, determina algumas **competências ambientais materiais exclusivas da União**, como, por exemplo, instituir diretrizes para o desenvolvimento urbano, inclusive habitação, saneamento básico e transportes urbanos;

O artigo **30, incisos VIII e IX, da CF**, determina **competência material exclusiva do Município** "promover, no que couber, adequado ordenamento territorial, mediante planejamento e controle do uso, do parcelamento e da ocupação do solo urbano", bem como "promover a proteção do patrimônio histórico-cultural local, observada a legislação e a ação fiscalizadora federal e estadual.

Lei Complementar nº 140/2011: Regula as competências ambientais comuns entre a União, os Estados, o Distrito Federal e os Municípios, especialmente sobre licenciamento ambiental.

Atenção!

Mineração

A Constituição Federal estabelece em seu artigo 20, IX, que os recursos minerais, inclusive os do subsolo, são bens da União, entretanto, não será somente o ente federal que poderá explorar comercialmente, possibilitando-se a atividade de garimpeira em regiões determinadas, nos termos dos artigos 21 e 174. Quanto à competência legislativa, esta será privativa da União (art. 22, XII, CF/88), não cabendo aos Estados, Distrito Federal e Municípios tal atribuição.

Responsabilidades: O § 2º do artigo 225 da CF/88 traz expressamente a obrigação de reparação do meio ambiente degradado decorrente da exploração de recursos minerais. Além da responsabilidade civil, aquele que descumprir o parágrafo mencionado estará também praticando um crime contra o meio ambiente, tipificado no artigo 55, da Lei nº 9.605/1988.

Licenciamento ambiental: Por ser uma atividade de alto risco ao meio ambiente, a atividade de mineração deve ser submetida ao licenciamento ambiental para que possa ser exercida licitamente, nos termos dos artigos 3º, 16 e 17, da Lei nº 7.805/1989.

2. ORDEM ECONÔMICA

Princípio da ordem econômica e financeira: Nos termos do **artigo 170, inciso VI da CF, a defesa do meio ambiente**, inclusive mediante tratamento diferenciado conforme o impacto ambiental dos produtos e serviços e de seus processos de elaboração e prestação, é um dos **princípios da ordem econômica e financeira**.

Artigo 174, § 4º, da CF: *O Estado favorecerá a organização da atividade garimpeira em cooperativas, levando em conta a* **proteção do meio ambiente** *e a promoção econômico-social dos garimpeiros.*

Artigo 175, CF: *Dispõe sobre a exploração ou aproveitamento das* **jazidas e demais recursos minerais e os potenciais de energia hidráulica.**

Meio ambiente artificial

Artigo 182: *A* **política de desenvolvimento urbano**, *executada pelo Poder Público municipal, conforme diretrizes gerais fixadas em lei, tem por objetivo* **ordenar o pleno desenvolvimento das funções sociais da cidade e garantir o bem-estar de seus habitantes**.

§ 1º. O **plano diretor**, *aprovado pela Câmara Municipal, obrigatório para cidades com mais de vinte mil habitantes, é o instrumento básico da política de desenvolvimento e de expansão urbana.*

§ 2º. A **propriedade urbana cumpre sua função social** *quando atende as exigências fundamentais de ordenação da cidade expressas no plano diretor.*

§ 3º. As **desapropriações de imóveis urbanos** *serão feitas com prévia e justa indenização em dinheiro.*

§ 4º. É facultado ao Poder Público municipal, mediante lei específica para área incluída no plano diretor, exigir, nos termos da lei federal, **do proprietário do solo urbano não edificado, subutilizado ou não utilizado, que promova seu adequado aproveitamento**, *sob* **pena**, *sucessivamente, de:*

I – parcelamento ou edificação compulsórios;

II – imposto sobre a propriedade predial e territorial urbana progressivo no tempo;

III – desapropriação com pagamento mediante títulos da dívida pública de emissão previamente aprovada pelo Senado Federal, com prazo de resgate de até dez anos, em parcelas anuais, iguais e sucessivas, assegurados o valor real da indenização e os juros legais.

Observações
A Lei nº 10.257/2001, conhecida como **Estatuto da Cidade**, regulamenta o espaço urbano, garantindo uma **cidade sustentável** onde deverá ser observado o saneamento ambiental, devendo-se evitar a poluição ambiental, protegendo-se o meio ambiente em seu conceito mais abrangente.

Observações
A política urbana busca implementar a **sustentabilidade das cidades**, entendida como o direito à terra urbana, à moradia, ao saneamento ambiental, à infraestrutura urbana, ao transporte e aos serviços públicos, ao trabalho e ao lazer, para as presentes e futuras gerações.
O **plano diretor, obrigatório** para cidades com mais de vinte mil habitantes, bem como nas hipóteses do artigo 41 do EC, objetiva a **gestão democrática da cidade**, devendo ser promovidas **audiências públicas** e **debates**, garantidos a **publicidade** e o acesso às **informações**, devendo ser **revisto** a cada dez anos.
São **instrumentos de execução da política urbana** previstos no **Estatuto da Cidade**: a) direito de superfície; b) direito de preempção; c) outorga onerosa do direito de construir; d) operações urbanas consorciadas; e) transferência do direito de construir; f) plano diretor; g) zoneamento ambiental; h) tombamento de imóveis; i) instituição de unidade de conservação; j) estudo prévio de impacto ambiental (EIA) e l) estudo prévio de impacto de vizinhança (EIV) e; m) usucapião coletiva.
Nos termos do **artigo 25, § 3º, da CF**, os **Estados** poderão, mediante lei complementar, instituir **regiões metropolitanas, aglomerações urbanas e microrregiões**, constituídas por agrupamentos de municípios limítrofes, para integrar a organização, o planejamento e a execução de funções públicas de interesse comum.

Meio ambiente cultural

O meio ambiente cultural está disciplinado nos artigos **215, 216 e 216-A**.

O **Estado** garantirá a todos o pleno exercício dos direitos culturais e acesso às fontes da cultura nacional, e apoiará e incentivará a valorização e a difusão das manifestações culturais, bem como protegerá as manifestações das culturas populares, indígenas e afro-brasileiras, e das de outros grupos participantes do processo civilizatório nacional. (artigo 215, *caput* e § 1º, da CF)

Plano Nacional de Cultura	artigo 215, § 3º, CF
Sistema Nacional de Cultura	artigo 216-A, CF

Constituem **patrimônio cultural brasileiro** os bens de natureza material e imaterial, tomados individualmente ou em conjunto, portadores de referência à identidade, à ação, à memória dos diferentes grupos formadores da sociedade brasileira, (artigo 216, *caput*, CF). Os incisos do *caput* do artigo 216, trazem um **rol exemplificativo** dos bens integrantes do patrimônio cultural, como as criações científicas, artísticas e tecnológicas, além de outros.

O **Poder Público**, com a colaboração da comunidade, promoverá e protegerá o patrimônio cultural brasileiro, por meio de **inventários, registros, vigilância, tombamento e desapropriação, e de outras formas de**

acautelamento e preservação, sendo que os **danos e ameaças** ao patrimônio cultural serão **punidos** na forma da lei (artigo 216, *caput* e § 1º, da CF)

Meio ambiente do trabalho

Está previsto no **artigo 200, VIII, da CF**, quando determina a Constituição Federal que **compete ao Sistema Único de Saúde, coloborar na proteção do meio ambiente, nele compreendido o do trabalho.**

Meio ambiente natural

Dispõe o **artigo 225, caput, da Constituição Federal** que "todos têm **direito ao meio ambiente ecologicamente equilibrado**, bem de uso comum do povo e essencial à sadia qualidade de vida, impondo-se ao **Poder Público e à coletividade** o **dever de defendê-lo e preservá-lo** para as **presentes e futuras gerações**". Conforme já visto acima, este dispositivo denota:

a) a **natureza difusa** do direito ao meio ambiente, como **direito humano de terceira geração**;

b) concepção **antropocêntrica**;

c) princípio da **ubiquidade**;

d) princípio da **solidariedade intergeracional** e;

e) princípio da **participação** e da **responsabilidade compartilhada**.

O dever do Poder Público na defesa e preservação do meio ambiente está detalhado nos § 1º e seus incisos, elencando o legislador deveres específicos a serem cumpridos como:

preservar e restaurar os **processos ecológicos essenciais** e prover o **manejo ecológico das espécies e ecossistemas**;

preservar a diversidade e a integridade do **patrimônio genético** do País e fiscalizar as entidades dedicadas à pesquisa e manipulação de material genético;

definir, em todas as unidades da Federação, **espaços territoriais e seus componentes a serem especialmente protegidos**, sendo a **alteração e a supressão permitidas somente através de lei**, vedada qualquer utilização que comprometa a integridade dos atributos que justifiquem sua proteção;

Observação: a criação de espaços territoriais especialmente protegidos pode se dar por lei ou ato do Poder Público.

exigir, na forma da lei, para instalação de obra ou atividade potencialmente causadora de significativa degradação do meio ambiente, **estudo prévio de impacto ambiental**, a que se dará publicidade;

controlar a produção, a comercialização e o emprego de técnicas, métodos e substâncias que **comportem risco para a vida, a qualidade de vida e o meio ambiente**;

promover a **educação ambiental** em todos os níveis de ensino e a **conscientização pública** para a preservação do meio ambiente;

proteger a **fauna e a flora,** vedadas, na forma da lei, as práticas que coloquem em risco sua função ecológica, provoquem a extinção de espécies ou submetam os animais à crueldade;

§ 2º – Aquele que **explorar recursos minerais** fica obrigado a recuperar o meio ambiente degradado, de acordo com solução técnica exigida pelo órgão público competente, na forma da lei.

§ 3º – As **condutas e atividades consideradas lesivas ao meio ambiente** sujeitarão os infratores, pessoas físicas ou jurídicas, **a sanções penais e administrativas, independentemente da obrigação de reparar** os danos causados.

§ 4º – A Floresta Amazônica brasileira, a Mata Atlântica, a Serra do Mar, o Pantanal Mato-Grossense e a Zona Costeira são **patrimônio nacional**, e sua utilização far-se-á, na forma da lei, dentro de condições que assegurem a preservação do meio ambiente, inclusive quanto ao uso dos recursos naturais.

Obs: A Constituição **não dispõe sobre a conversão em bens públicos os imóveis particulares situados nessas áreas**. Nesse sentido, posicionou-se o **STF** no julgamento do Recurso Extraordinário nº 134.297, de 13/06/1995.

Obs: A **Lei nº 7.661/88** institui o **Plano Nacional de Gerenciamento Costeiro** e dá outras providências.

Obs: O Brasil ratificou a **Convenção das Nações Unidas sobre o Direito do Mar e a Proteção do Meio Ambiente**, assinada em 10 de dezembro de 1982, em Montego Bay, na Jamaica.

§ 5º – São indisponíveis **as terras devolutas ou arrecadadas pelos Estados**, por ações discriminatórias, necessárias à proteção dos ecossistemas naturais.

§ 6º – As **usinas** que operem com **reator nuclear** deverão ter sua localização definida em lei federal, sem o que não poderão ser instaladas.

IMPORTANTE:

Deve-se atentar também para a recente inclusão do § 7º, do Art. 225 da CF, acrescido pela EC 96/2017, que possibilita práticas desportivas que utilizem animais, desde que sejam manifestações culturais, devendo ser regulamentadas por lei específica que assegure o bem-estar dos animais envolvidos.

Importante!

Nova redação do inciso VIII no § 1º do artigo 225 (*Redação dada pela Emenda Constitucional nº 132, de 2023*): VIII – manter regime fiscal favorecido para os biocombustíveis e para o hidrogênio de baixa emissão de carbono, na forma de lei complementar, a fim de assegurar-lhes tributação inferior à incidente sobre os combustíveis fósseis, capaz de garantir diferencial competitivo em relação a estes, especialmente em relação às contribuições de que tratam o art. 195, I, "b", IV e V, e o art. 239 e aos impostos a que se referem os arts. 155, II, e 156-A.

2.1. POLÍTICA NACIONAL DO MEIO AMBIENTE E SISTEMA NACIONAL DO MEIO AMBIENTE – PNMA – LEI Nº 6.938/1981

A **Lei nº 6.938/1981**, institui a **Política Nacional do Meio Ambiente (PNMA),** estabelecendo princípios, objetivos e instrumentos para a implementação da preservação dos recursos naturais, bem como institui o **Sistema Nacional do Meio Ambiente (SISNAMA)**, com vistas a estabelecer uma rede de agências governamentais, nos diversos níveis da federação, assegurando mecanismos capazes de, com eficiência, implementar a política nacional do meio ambiente.

De acordo com a definição **do artigo 3º, inciso VI**, da Lei nº 6.938/1981, **poluidor** é a pessoa física ou jurídica, de direito público ou privado, responsável, direta ou indiretamente, por atividade causadora de degradação ambiental.

Instrumentos da Política Nacional do Meio Ambiente

Nos termos do artigo 9º da lei são instrumentos da Política Nacional do Meio Ambiente:
o estabelecimento de **padrões de qualidade ambiental;**
o zoneamento ambiental: como modalidade de intervenção do Estado na propriedade, dividindo-a em zonas conforme a melhor forma de preservação ambiental e utilização sustentável dos recursos naturais, o zoneamento ambiental é manifestação do exercício do poder de polícia ambiental e objetiva realizar a função socioambiental da propriedade. Pode ser chamado de **zoneamento ecológico-econômico (ZEE)**, devendo ser aprovado mediante lei, observando-se as zonas de uso estritamente industrial, de uso predominantemente industrial, de uso diversificado e de reserva ambiental.
a avaliação de impactos ambientais;
o licenciamento e a revisão de atividades efetiva ou potencialmente poluidoras;
os incentivos à produção e instalação de equipamentos e a criação ou absorção de tecnologia, voltados para a melhoria da qualidade ambiental;
a criação de espaços territoriais especialmente protegidos pelo Poder Público federal, estadual e municipal, tais como áreas de proteção ambiental, de relevante interesse ecológico e reservas extrativistas;
o sistema nacional de informações sobre o meio ambiente;
o Cadastro Técnico Federal de Atividades e Instrumentos de Defesa Ambiental;
as penalidades disciplinares ou compensatórias ao não cumprimento das medidas necessárias à preservação ou correção da degradação ambiental;
a instituição do Relatório de Qualidade do Meio Ambiente, a ser divulgado anualmente pelo Instituto Brasileiro do Meio Ambiente e Recursos Naturais Renováveis – IBAMA;
a garantia da prestação de informações relativas ao meio ambiente, obrigando-se o Poder Público a produzi-las, quando inexistentes;
o Cadastro Técnico Federal de atividades potencialmente poluidoras e/ou utilizadoras dos recursos ambientais;
instrumentos econômicos, como concessão florestal, servidão ambiental, seguro ambiental e outros;

Sistema Nacional do Meio Ambiente (SISNAMA)

Dispõe **o artigo 6º** da Lei nº 6.938/1981, que os órgãos e entidades da **União**, dos **Estados**, do **Distrito Federal**, dos **Territórios** e dos **Municípios**, bem como as **fundações** instituídas pelo Poder Público, responsáveis pela proteção e melhoria da qualidade ambiental, constituirão o **Sistema Nacional do Meio Ambiente – SISNAMA**, cuja composição segue abaixo:

órgão superior	o **Conselho de Governo**, com a função de assessorar o Presidente da República na formulação da Política nacional e nas diretrizes governamentais para o meio ambiente e os recursos ambientais.
órgão consultivo e deliberativo	o **Conselho Nacional do Meio Ambiente (CONAMA)**, com a finalidade de assessorar, estudar e propor ao Conselho de Governo, diretrizes de Políticas governamentais para o meio ambiente e os recursos naturais e deliberar, no âmbito de sua competência, sobre normas e padrões compatíveis com o meio ambiente ecologicamente equilibrado e essencial à sadia qualidade de vida. Sua **competência** está definida no **artigo 8º** da Lei nº 6.938/1981:
	estabelecer, mediante proposta do **IBAMA**, normas e critérios para o **licenciamento de atividades efetiva ou potencialmente poluidoras**, a ser concedido pelos Estados e supervisionado pelo IBAMA;
órgão consultivo e deliberativo	determinar, quando julgar necessário, **a realização de estudos das alternativas e das possíveis consequências ambientais de projetos públicos ou privados**, requisitando aos órgãos federais, estaduais e municipais, bem assim a entidades privadas, as informações indispensáveis para apreciação dos estudos de impacto ambiental, e respectivos relatórios, no caso de obras ou atividades de significativa degradação ambiental, especialmente nas áreas consideradas patrimônio nacional.
	determinar, mediante representação do IBAMA, **a perda ou restrição de benefícios fiscais concedidos pelo Poder Público**, em caráter geral ou condicional, e a perda ou suspensão de participação em linhas de financiamento em estabelecimentos oficiais de crédito;
	estabelecer, privativamente, **normas e padrões nacionais de controle da poluição por veículos automotores, aeronaves e embarcações**, mediante audiência dos Ministérios competentes;
	estabelecer **normas, critérios e padrões relativos ao controle e à manutenção da qualidade do meio ambiente com vistas ao uso racional dos recursos ambientais,** principalmente **os hídricos**.
órgão central	o **Ministério do Meio Ambiente** (antiga Secretaria do Meio Ambiente da Presidência da República), com a finalidade de planejar, coordenar, supervisionar e controlar, como órgão federal, a Política nacional e as diretrizes governamentais fixadas para o meio ambiente.
órgão executor	**o Instituto Brasileiro do Meio Ambiente e dos Recursos Naturais Renováveis (IBAMA) e o Instituto Chico Mendes de Conservação da Biodiversidade (ICMBIO)** com a finalidade de executar e fazer executar, como órgão federal, a Política e diretrizes governamentais fixadas para o meio ambiente.
órgãos seccionais	**os órgãos ou entidades estaduais** responsáveis pela execução de programas, projetos e pelo controle e fiscalização de atividades capazes de provocar a degradação ambiental.
órgãos locais	os **órgãos ou entidades municipais**, responsáveis pelo controle e fiscalização dessas atividades, nas suas respectivas jurisdições.

2.2. PODER DE POLÍCIA, LICENCIAMENTO E ESTUDOS AMBIENTAIS (EIA)

Poder de Polícia Ambiental

O exercício do **poder de polícia ambiental** é comum a todos os entes federativos, nos termos do artigo 23, inciso VI, da CF, sendo o seu exercício regular o fato gerador para cobrança de **taxa**, conforme artigo 78 do CTN.

A **competência para exercer o poder de polícia** não se confunde com a **competência para licenciar**, podendo a fiscalização e o licenciamento da atividade serem realizados por entes distintos.

O artigo 17, *caput*, da LC nº 140/2011 dá **prioridade,** para fiscalizar, ao órgão ambiental que realizou o licenciamento, sem prejuízo do exercício do poder de polícia pelos demais entes federativos, conforme estatui o § 3º do citado artigo.

Licenciamento ambiental

Decorre do dever específico do Poder Público de **controlar a poluição** (artigo 225, § 1º, V), sendo um dos principais **instrumentos da política nacional do meio ambiente**. Considera-se **poluição**, nos termos do artigo 3º, inciso III, da Lei da PNMA**,** a **degradação da qualidade ambiental resultante de atividades que direta ou indiretamente**: a) prejudiquem a saúde, a segurança e o bem-estar da população; b) criem condições adversas às atividades sociais e econômicas; c) afetem desfavoravelmente a biota; d) afetem as condições estéticas ou sanitárias do meio ambiente; e) lancem matérias ou energia em desacordo com os padrões ambientais estabelecidos.

O **licenciamento** é um **procedimento administrativo** (artigo 1º, inciso I, da Resolução Conama nº 237/1997 e artigo 2º, inciso I, da LC nº 140/2011) exigido na construção, instalação, ampliação e funcionamento de estabelecimentos e atividades utilizadoras de recursos ambientais, **efetiva** ou **potencialmente poluidores** ou capazes, sob qualquer forma, de **causar degradação ambiental** (artigo 10, *caput*, da Lei nº 6.938/1981).

Fases do licenciamento	estão previstas no artigo 10 da Resolução Conama nº 237/1997, devendo-se dar a ele **publicidade**, consoante determina o artigo 10, § 1º, da Lei nº 6.938/1981. Nos termos do citado, o licenciamento observa as seguintes etapas:
	Definição pelo órgão ambiental competente, com a participação do empreendedor, dos **documentos, projetos e estudos ambientais,** necessários ao início do processo de licenciamento correspondente à licença a ser requerida;
	Requerimento da licença ambiental pelo empreendedor, acompanhado dos documentos, projetos e estudos ambientais pertinentes, dando-se a devida publicidade;
	Análise pelo órgão ambiental competente, integrante do SISNAMA, dos documentos, projetos e estudos ambientais apresentados e a realização de vistorias técnicas, quando necessárias;
	Solicitação de esclarecimentos e complementações pelo órgão ambiental competente, integrante do SISNAMA, uma única vez, em decorrência da análise dos documentos, projetos e estudos ambientais apresentados, quando couber, podendo haver a reiteração da mesma solicitação caso os esclarecimentos e complementações não tenham sido satisfatórios;
Fases do licenciamento	**Audiência pública**, quando couber, de acordo com a regulamentação pertinente;
	Solicitação de esclarecimentos e complementações pelo órgão ambiental competente, decorrentes de audiências públicas, quando couber, podendo haver reiteração da solicitação quando os esclarecimentos e complementações não tenham sido satisfatórios;
	Emissão de parecer técnico conclusivo e, quando couber, **parecer jurídico**;
	Deferimento ou indeferimento do pedido de licença, dando-se a devida **publicidade**.

Competência para licenciar: A competência para licenciar está disciplinada na LC nº 140/2011, bem como na Resolução nº 237/1997, adotando-se como critérios definidores: a) dimensão do impacto ambiental; b) domínio do bem público afetado e; c) no caso de unidade de conservação, será competente o ente federativo que a instituiu, exceto de se tratar de Áreas de Proteção Ambiental (APA).

Atuação supletiva e subsidiária: A lei prevê a atuação **supletiva** do ente federativo de maior abrangência territorial, quando o de menor, competente, não puder realizar o licenciamento, bem como a atuação **subsidiária**, que visa auxiliar o ente competente, quando houver deste solicitação.

O decurso dos prazos de licenciamento, sem a emissão da licença ambiental, não implica emissão tácita nem autoriza a prática de ato que dela dependa ou decorra, mas instaura a competência supletiva, nos termos do artigo 14, § 3º, da Lei Complementar nº 140/2011.

Competência dos entes federativos: A lei determina a competência para licenciar da **União** (artigo 7º, inciso XIV da LC nº 140/2011 e artigo 4º da Resolução Conama 237/1997) e dos **Municípios** (artigo 9º, da LC nº 140/2011), cabendo aos **Estados** a competência **remanescente**, ou seja, que não seja da União ou dos Municípios, conforme determina o artigo 8º da citada lei complementar.

Nos termos do artigo 13 da lei, o licenciamento ambiental será realizado **por um único ente federativo**, podendo os demais entes federativos manifestarem de maneira não vinculante.

Atenção!

A ADI 4757, julgada em dezembro de 2022, firma a constitucionalidade da Lei Complementar nº 140/2011 e fixa interpretação conforme para renovação de licenças ambientais e autos de infração, o que potencializa a força dos comandos da lei prevista no parágrafo único do art. 23 da Constituição Federal como norma de harmonização e cooperação dos entes federados na salvaguarda ambiental. Confira a decisão:

"O Tribunal, por unanimidade, julgou improcedentes os pedidos de declaração de inconstitucionalidade dos arts. 4º, V e VI, 7º, XIII, XIV, "h", XV e parágrafo único, 8º, XIII e XIV, 9º, XIII e XIV, 14, § 3º, 15, 17,caput e §§ 2º, 20 e 21 da Lei Complementar nº 140/2011 e, por arrastamento, da integralidade da legislação; e julgou parcialmente procedente a ação direta para conferir interpretação conforme à Constituição Federal: (i) ao § 4º do art. 14 da Lei Complementar nº 140/2011 para estabelecer que a omissão ou mora administrativa imotivada e desproporcional na manifestação definitiva sobre os pedidos de renovação de licenças ambientais instaura a competência supletiva do art. 15 e (ii) ao § 3º do art. 17 da Lei Complementar nº 140/2011, esclarecendo que a prevalência do auto de infração lavrado pelo órgão originalmente competente para o licenciamento ou autorização ambiental não exclui a atuação supletiva de outro ente federado, desde que comprovada omissão ou insuficiência na tutela fiscalizatória. Tudo nos termos do voto da Relatora. O Ministro Nunes Marques acompanhou a Relatora com ressalvas. Plenário, Sessão Virtual de 2.12.2022 a 12.12.2022.

Dispensa do licenciamento: quando, em caráter de urgência, for necessária a execução de atividades de **segurança nacional** e obras de **interesse da defesa civil,** destinadas à prevenção e mitigação de acidentes em áreas urbanas situadas em áreas de preservação permanente.

Atenção!

Art. 36. Nos casos de licenciamento ambiental de empreendimentos de significativo impacto ambiental, assim considerado pelo órgão ambiental competente, com fundamento em estudo de impacto ambiental e respectivo relatório – EIA/RIMA, o empreendedor é obrigado a apoiar a implantação e manutenção de unidade de conservação do Grupo de Proteção Integral, de acordo com o disposto neste artigo e no regulamento desta Lei.

(...)

§ 4º A obrigação de que trata o *caput* deste artigo poderá, em virtude do interesse público, ser cumprida em unidades de conservação de posse e domínio públicos do grupo de Uso Sustentável, especialmente as localizadas na Amazônia Legal. (redação incluída pela Lei nº 13.668/2018)

Licença ambiental

Licença ambiental é o ato administrativo pelo qual o órgão ambiental competente, estabelece as condições, restrições e medidas de controle ambiental que deverão ser obedecidas pelo empreendedor, pessoa física ou jurídica, para localizar, instalar, ampliar e operar empreendimentos ou atividades utilizadoras dos recursos ambientais consideradas efetiva ou potencialmente poluidoras ou aquelas que, sob qualquer forma, possam causar degradação ambiental, conforme determina o artigo 1º, inciso II, da Resolução Conama nº 237/1997.

Espécies:		
Licença Prévia (LP)	**Licença de Instalação (LI)**	**Licença de Operação (LO)**
concedida preliminarmente, apenas aprovando o projeto, atestando a sua viabilidade ambiental e os respectivos condicionantes e requisitos básicos para as próximas fases de sua implementação;	que autoriza a instalação de empreendimento, impondo condicionantes que deverão ser observados;	que permite o início das atividades de acordo com o projeto aprovado, apontando as medidas ambientais de controle e os condicionantes.

Sempre acompanhada de **estudos ambientais**, as licenças ambientais têm **prazo de validade**, sendo este **automaticamente prorrogado** até a manifestação **definitiva** do órgão competente, **apenas se a sua renovação for requerida com antecedência máxima de 120 (cento e vinte) dias de sua expiração**. É o que se dispõe o artigo 14, § 4º, da Lei Complementar nº 140/2011.

Depois de concedida, poderá ser **suspensa**, **alterada** ou **cancelada** na hipótese prevista no artigo 19, inciso III, da Resolução Conama nº 237/1997, qual seja, na hipótese de **graves e supervenientes riscos ao meio ambiente ou à saúde pública**.

Em razão da generalidade das normas ambientais, permitindo um juízo de conveniência e oportunidade ao administrador, atrelada à possibilidade de alteração posterior do interesse ambiental em licenças já deferidas (artigo 19 da Resolução Conama nº 237/1997), as regras relativas à licença estabelecida no âmbito do direito administrativo não se aplicam ao licenciamento ambiental. **A licença ambiental, dada suas peculiaridades, pode ter o regime jurídico similar ao da autorização no âmbito do direito administrativo.**

IMPORTANTE:

O Art. 14 da Lei Complementar n. 140/2011 determina que: os órgãos licenciadores devem observar os prazos estabelecidos para tramitação dos processos de licenciamento, sendo que o § 4º do referido artigo determina que: a renovação de licenças ambientais deve ser requerida com antecedência mínima de 120 (cento e vinte) dias da expiração de seu prazo de validade, fixado na respectiva licença, ficando este automaticamente prorrogado até a manifestação definitiva do órgão ambiental competente. Portanto, não há que se falar em infração administrativa para o caso.

Estudos ambientais e estudo prévio de impacto ambiental

Os **Estudos Ambientais** (ou **Avaliação de Impactos Ambientais – AIA**) são definidos como são todos e quaisquer estudos relativos aos aspectos ambientais relacionados à localização, instalação, operação e ampliação de uma atividade ou empreendimento, apresentado como subsídio para a análise da licença requerida, tais como: relatório ambiental, plano e projeto de controle ambiental, relatório ambiental preliminar, diagnóstico ambiental, plano de manejo, plano de recuperação de área degradada e análise preliminar de risco, conforme determina **artigo 1º, inciso III, da Resolução Conama nº 237/1997**.

Entende-se por **impacto ambiental**, nos termos do **artigo 1º, da Resolução Conama nº 001/1986,** qualquer alteração das propriedades físicas, químicas e biológicas do meio ambiente, causada por qualquer forma de matéria ou energia resultante das atividades humanas que, direta ou indiretamente, afetam: a) a saúde, a segurança e o bem-estar da população; b) as atividades sociais e econômicas; c) a biota; d) as condições estéticas e sanitárias do meio ambiente; e) a qualidade dos recursos ambientais.

O Estudo de Impacto Ambiental (EIA) é uma **modalidade mais complexa de estudos ambientais**, previsto no **artigo 225 § 1º, inciso VI, da Constituição Federal**, que incumbe ao Poder Público "exigir, na forma da lei, para instalação de obra ou atividade potencialmente causadora de **significativa** degradação do meio ambiente, estudo **prévio** de impacto ambiental, a que se dará publicidade".

O EIA é regulamentado pela **Resolução Conama nº 01/1986.** Não é possível que constituição estadual ou lei federal criem **exceção à obrigatoriedade do EIA/RIMA**, o qual tem previsão constitucional.

A resolução do CONAMA nº 01/1986, em seu artigo 2º, enumera **exemplificativamente** e **não exaustivamente**, conforme entendimento doutrinário e jurisprudencial, as atividades obrigatoriamente sujeitas a esse tipo de estudo. Há outras normas que presumem a necessidade do EIA-RIMA, bem como é possível o órgão ambiental exigir, fundamentadamente, que outras obras ou atividades que causem significativa degradação ambiental, sejam objeto de EIA.

Uma vez constatada a existência de s**ignificativa degradação ambiental**, **inexiste discricionariedade administrativa** para realização do estudo prévio de impacto ambiental.

O EIA será elaborado por uma **equipe multidisciplinar** contratada pelo empreendedor, cabendo ao proponente do projeto **arcar com todas as despesas e custos** referentes à realização do estudo de impacto ambiental, consoante determina o artigo 17, § 2º, do Decreto nº 99.274/1990.

A realização de **audiência pública** durante o procedimento de licenciamento ambiental será **obrigatória** quando o **órgão ambiental licenciador a julgar necessária**, ou quando for **solicitado por entidade civil**, pelo **Ministério Público** ou por **cinquenta cidadãos ou mais.** No caso de haver essa solicitação e a audiência não acontecer, eventual licença concedia não terá validade, conforme artigo 2º, *caput* e seu § 2º, da Resolução Conama nº 09/1987, que regulamente, em âmbito federal, a audiência pública em licenciamento ambiental.

As conclusões do EIA serão documentadas no **Relatório de Impacto Ambiental (RIMA)**, o qual deve ser apresentado de forma objetiva e adequada a sua compreensão, sendo que respeitado o sigilo industrial, o RIMA será acessível ao público.

O EIA-RIMA tem caráter **informativo**, não vinculando o órgão ambiental competente para licenciar.

2.3. ESPAÇOS TERRITORIAIS ESPECIALMENTE PROTEGIDOS PELO PODER PÚBLICO

É **dever específico do Poder Público**, na defesa e preservação do meio ambiente, definir, em todas as unidades da Federação, **espaços territoriais e seus componentes a serem especialmente protegidos**.

A **alteração** ou **supressão** só é permitida mediante **lei**, mas a **instituição** dos espaços especialmente protegidos por ser feita por **lei** ou **decreto**.

A **desafetação** ou **redução dos limites** de uma **unidade de conservação** só pode ser feita mediante **lei específica** (artigo 22, § 7º, da Lei nº 9.985/2000).

Regulamentam os espaços especialmente protegidos, o Novo Código Florestal (Lei nº 12.651/2012), a Lei do Sistema Nacional das Unidades de Conservação (Lei nº 9.985/2000), a Lei da Mata Atlântica (Lei nº 11.428/2006) e a Lei de Florestas Públicas (Lei nº 11.284/2006), além de outros diplomas legais.

Os **espaços especialmente protegidos** são:

a) **Áreas de preservação permanente;**

b) Reserva legal; c) Unidades de conservação;

d) Apicuns e salgados (artigo 11-A, do Novo Código Florestal)**;**

e) Áreas verdes urbanas (artigo 25, do Novo Código Florestal) **e;**

f) Áreas de uso restrito, que são os **pantanais** e **planícies pantaneiras** (artigo 11 e 12 do Novo Código Florestal).

g) as **terras indígenas** e **territórios quilombolas**.

Bens de interesse comum: as **florestas** existentes no território nacional e as **demais formas de vegetação nativa**, reconhecidas de **utilidade** às terras que revestem, são **bens de interesse comum a todos os habitantes do País**, exercendo-se os direitos de propriedade com as limitações que a legislação em geral e especialmente o Novo Código Florestal estabelecem, conforme estatui seu artigo 2º.

Obrigação propter rem: Nos termos do artigo 2º, § 2º, do Novo Código Florestal, "as obrigações previstas nesta Lei têm **natureza real** e são **transmitidas ao sucessor**, de qualquer natureza, no caso de transferência de domínio ou posse do imóvel rural. Ou seja, as obrigações relativas à preservação ambiental de um imóvel, urbano ou rural, são transmitidas ao seu sucessor.

Área de Preservação Permanente

Conceito: é a área protegida, coberta ou não por vegetação nativa, com a função ambiental de preservar os recursos hídricos, a paisagem, a estabilidade geológica e a biodiversidade, facilitar o fluxo gênico de fauna e flora, proteger o solo e assegurar o bem-estar das populações humanas, conforme artigo 3º, inciso II, do Novo Código Florestal.

Estão regulamentadas no **Novo Código Florestal**.

Podem decorrer de **expressa previsão legal,** como as definidas, em **zona urbana** ou **rural**, no artigo 4º, do Novo Código Florestal, bem como as **declaradas de interesse social por ato do Chefe do Poder Executivo**, quando destinadas às finalidades do artigo 6º da citada lei.

Como **limitação de uso ao direito de propriedade**, não ensejam indenização ao proprietário do imóvel.

Nos **reservatórios d´água artificiais,** a APP será fixada por licença ambiental (artigo 4º, inciso III, da lei).

Não será possível a supressão de vegetação em área de preservação permanente, como regra geral, admitindo-se a sua exploração apenas quando houver **utilidade pública**, **interesse social** ou **atividades de baixo impacto ambiental**.

Reserva legal

Conceito: é a área localizada no interior de uma propriedade ou posse rural, delimitada nos termos do art. 12, com a função de assegurar o uso econômico de modo sustentável dos recursos naturais do imóvel rural, auxiliar a conservação e a reabilitação dos processos ecológicos e promover a conservação da biodiversidade, bem como o abrigo e a proteção de fauna silvestre e da flora nativa, consoante artigo 3º, inciso III, do Novo Código Florestal.

Estão regulamentadas no **Novo Código Florestal**, incidindo em **áreas rurais,** nos **percentuais** indicados no artigo 12 da lei.

Nos termos do artigo 19 da lei**,** "a inserção do imóvel rural em **perímetro urbano** definido mediante lei municipal **não desobriga o proprietário ou posseiro da manutenção da área de Reserva Legal**, que só será extinta concomitantemente ao registro do parcelamento do solo para fins urbanos aprovado segundo a legislação específica e consoante as diretrizes do plano diretor de que trata o § 1º do art. 182 da Constituição Federal".

Como **limitação de uso ao direito de propriedade**, não ensejam indenização ao proprietário do imóvel. Admitem a exploração sob a forma de manejo florestal sustentável, não se permitindo o corte raso da vegetação.

Admite o Novo Código Florestal **o cômputo das áreas de preservação permanente no cálculo da reserva legal**, observadas as condições previstas no artigo 15 de lei.

Registro no Cadastro Ambiental Rural: A área de Reserva Legal deverá ser registrada no órgão ambiental competente por meio de inscrição no Cadastro Ambiental Rural, sendo vedada a alteração de sua destinação, nos casos de transmissão, a qualquer título, ou de desmembramento, com as exceções previstas em lei, nos termos do artigo 18 do Novo Código Florestal. Assim, o registro da reserva legal no CAR desobriga o proprietário de averbá-la no Cartório de Registro de Imóveis.

– Em termos de legislações e políticas públicas florestais de combate a incêndios florestais, importante destacar a recente publicação da Lei 14.406/2022 que altera a Lei nº 12.651, de 25 de maio de 2012 (o Código Florestal), que dispõe sobre a proteção da vegetação nativa, e o Decreto-Lei nº 917, de 8 de outubro de 1969, que dispõe sobre o emprego da aviação agrícola no País, **para incluir o uso da aviação agrícola nas diretrizes e políticas governamentais de combate a incêndios florestais**.

Nesse sentido o Art. 39 do Código Florestal, **que estabelece que os órgãos ambientais do Sisnama, bem como todo e qualquer órgão público ou privado responsável pela gestão de áreas com vegetação nativa ou plantios florestais, deve elaborar, atualizar e implantar planos de contingência para o combate aos incêndios florestais**, recebeu a inclusão dos seguintes previsão:

- Os planos de contingência para o combate aos incêndios florestais dos órgãos do Sisnama conterão diretrizes para o uso da aviação agrícola no combate a incêndios em todos os tipos de vegetação.
- As aeronaves utilizadas para combate a incêndios deverão atender às normas técnicas definidas pelas autoridades competentes do poder público e ser pilotadas por profissionais devidamente qualificados para o desempenho dessa atividade, na forma do regulamento.

Unidades de Conservação

Estão regulamentadas na **Lei nº 9.985/200**0, que instituiu o SNUC, definidos no artigo 2º, inciso I, como "**espaço territorial e seus recursos ambientais, incluindo as águas jurisdicionais, com características naturais relevantes, legalmente instituído pelo Poder Público, com objetivos de conservação e limites definidos, sob regime especial de administração, ao qual se aplicam garantias adequadas de proteção**". São divididas em dois grupos:

a) **Unidades de Proteção Integral** e;

b) **Unidades de Uso Sustentável.**

Como modalidade de espaço territorial especialmente protegido, as unidades de conservação podem ser criadas por **lei** ou **decreto**, devendo ser precedida de estudos técnicos e consulta pública, sendo sua **alteração** ou **supressão** somente permitida mediante **lei**.

A Lei nº 9.985/2000 instituiu o **Sistema Nacional de Unidades de Conservação da Natureza (SNUC),** constituído pelo conjunto das unidades de conservação federais, estaduais e municipais, que tem como objetivos, dentre outros, contribuir para a preservação e a restauração da diversidade de ecossistemas naturais e promover o desenvolvimento sustentável a partir dos recursos naturais.

O SNUC será gerido pelos seguintes órgãos, com as respectivas atribuições:		
Órgão consultivo e deliberativo:	**Órgão central:**	**Órgãos executores:**
o **Conselho Nacional do Meio Ambiente** - Conama, com as atribuições de acompanhar a implementação do Sistema;	o **Ministério do Meio Ambiente**, com a finalidade de coordenar o Sistema; e	o **Instituto Chico Mendes** e o **Ibama**, em caráter supletivo, os órgãos estaduais e municipais, com a função de implementar o SNUC, subsidiar as propostas de criação e administrar as unidades de conservação federais, estaduais e municipais, nas respectivas esferas de atuação.

Zona de Amortecimento: As unidades de conservação, exceto Área de Proteção Ambiental e Reserva Particular do Patrimônio Natural, devem possuir uma zona de amortecimento e, quando conveniente, corredores ecológicos, conforme dicção do artigo 25 da Lei nº 9.985/2000.

Unidades de conservação

Unidades de Conservação de Proteção Integral	Unidades de Conservação de Uso Sustentável
Tem como objetivo preservar a natureza, sendo admitido **apenas o uso indireto dos seus recursos naturais**, com exceção dos casos previstos em lei.	Tem como objetivo compatibilizar a conservação da natureza com o **uso sustentável** de parcela dos seus **recursos naturais.**
Estação Ecológica: tem como objetivo a preservação da natureza e a realização de pesquisas científicas. É de domínio público, sendo proibida a visitação pública, exceto quando com objetivo educacional.	**Área de Proteção Ambiental:** constituída por terras públicas ou privadas, é uma área em geral extensa, com um certo grau de ocupação humana, dotada de atributos abióticos, bióticos, estéticos ou culturais especialmente importantes para a qualidade de vida e o bem-estar das populações humanas. Tem como objetivos básicos proteger a diversidade biológica, disciplinar o processo de ocupação e assegurar a sustentabilidade do uso dos recursos naturais.
Reserva Biológica: tem como objetivo a preservação integral da biota e demais atributos naturais existentes em seus limites, sem interferência humana direta ou modificações ambientais. É de domínio público, sendo proibida a visitação pública, exceto quando com objetivo educacional. Admite-se a pesquisa científica, se autorizada.	**Área de Relevante Interesse Ecológico:** constituída por terras públicas ou privadas, é uma área em geral de pequena extensão, com pouca ou nenhuma ocupação humana, com características naturais extraordinárias ou que abriga exemplares raros da biota regional, e tem como objetivo manter os ecossistemas naturais de importância regional ou local e regular o uso admissível dessas áreas, de modo a compatibilizá-lo com os objetivos de conservação da natureza.
Parque Nacional: tem como objetivo básico a preservação de ecossistemas naturais de grande relevância ecológica e beleza cênica, possibilitando a realização de pesquisas científicas e o desenvolvimento de atividades de educação e interpretação ambiental, de recreação em contato com a natureza e de turismo ecológico. É domínio público, admitindo-se a visitação pública e a pesquisa científica, se autorizadas.	**Floresta Nacional:** é uma área de domínio público, com cobertura florestal de espécies predominantemente nativas e tem como objetivo básico o uso múltiplo sustentável dos recursos florestais e a pesquisa científica, com ênfase em métodos para exploração sustentável de florestas nativas. É admitida a permanência de populações tradicionais que a habitam quando de sua criação. A visitação pública é permitida e a pesquisa científica é permitida e incentivada.
Monumento Natural: tem como objetivo básico preservar sítios naturais raros, singulares ou de grande beleza cênica. A área pode ser pública ou particular, se compatível, admitindo-se a visitação pública.	**Reserva Extrativista:** é uma área de domínio público, sendo utilizada por populações extrativistas tradicionais, cuja subsistência baseia-se no extrativismo e, complementarmente, na agricultura de subsistência e na criação de animais de pequeno porte, e tem como objetivos básicos proteger os meios de vida e a cultura dessas populações, e assegurar o uso sustentável dos recursos naturais da unidade. A visitação pública é permitida e a pesquisa científica é permitida e incentivada.
Refúgio da Vida Silvestre: tem como objetivo proteger ambientes naturais onde se asseguram condições para a existência ou reprodução de espécies ou comunidades da flora local e da fauna residente ou migratória. A área pode ser pública ou particular, se compatível, admitindo-se a visitação pública e a pesquisa científica, se autorizadas.	**Reserva da Fauna:** é uma área de domínio público, composta por área natural com populações animais de espécies nativas, terrestres ou aquáticas, residentes ou migratórias, adequadas para estudos técnico-científicos sobre o manejo econômico sustentável de recursos faunísticos. A visitação pública é permitida, sendo proibido o exercício da caça amadorística ou profissional.
-	**Reserva de desenvolvimento sustentável:** é uma área de domínio público, composta por uma área natural que abriga populações tradicionais, cuja existência baseia-se em sistemas sustentáveis de exploração dos recursos naturais, desenvolvidos ao longo de gerações e adaptados às condições ecológicas locais e que desempenham um papel fundamental na proteção da natureza e na manutenção da diversidade biológica. A visitação pública e a pesquisa científica são permitidas e incentivadas.
-	**Reserva particular do patrimônio natural:** é uma área privada, gravada com perpetuidade, com o objetivo de conservar a diversidade biológica. A visitação pública e a pesquisa científica são permitidas.

IMPORTANTE

O STF decidiu pela **inconstitucionalidade da expressão "não pode ser inferior a meio por cento dos custos totais previstos para a implantação do empreendimento", contida no § 1ºdo art. 36 da Lei nº 9.985/2000. O valor da compensação-compartilhamento deve de ser fixado proporcionalmente ao impacto ambiental, após estudo em que se assegurem o contraditório e a ampla defesa**. Prescindibilidade da fixação de percentual sobre os custos do empreendimento. (ADI 3378 DF, julgamento: 09/04/2008, Relator CARLOS BRITTO)

ATENÇÃO!

O artigo 29 que trata do Cadastro Ambiental Rural teve sua redação alterada pela Lei nº 13.887/2019:

Art. 29. É criado o Cadastro Ambiental Rural - CAR, no âmbito do Sistema Nacional de Informação sobre Meio Ambiente - SINIMA, registro público eletrônico de âmbito nacional, obrigatório para todos os imóveis rurais, com a finalidade de integrar as informações ambientais das propriedades e posses rurais, compondo base de dados para controle, monitoramento, planejamento ambiental e econômico e combate ao desmatamento.

§ 1º A inscrição do imóvel rural no CAR deverá ser feita, preferencialmente, no órgão ambiental municipal ou estadual, que, nos termos do regulamento, exigirá do proprietário ou possuidor rural:

I - identificação do proprietário ou possuidor rural;

II - comprovação da propriedade ou posse;

III - identificação do imóvel por meio de planta e memorial descritivo, contendo a indicação das coordenadas geográficas com pelo menos um ponto de amarração do perímetro do imóvel, informando a localização dos remanescentes de vegetação nativa, das Áreas de Preservação Permanente, das Áreas de Uso Restrito, das áreas consolidadas e, caso existente, também da localização da Reserva Legal.

§ 2º O cadastramento não será considerado título para fins de reconhecimento do direito de propriedade ou posse, tampouco elimina a necessidade de cumprimento do disposto no art. 2º da Lei nº 10.267, de 28 de agosto de 2001.

§ 3º A inscrição no CAR é obrigatória e por prazo indeterminado para todas as propriedades e posses rurais (Redação dada pela Lei nº 13.887,de 2019)

§ 4º Terão direito à adesão ao PRA, de que trata o art. 59 desta Lei, os proprietários e possuidores dos imóveis rurais com área acima de 4 (quatro) módulos fiscais que os inscreverem no CAR até o dia 31 de dezembro de 2023, bem como os proprietários e possuidores dos imóveis rurais com área de até 4 (quatro) módulos fiscais ou que atendam ao disposto no art. 3º da Lei nº 11.326, de 24 de julho de 2006, que os inscreverem no CAR até o dia 31 de dezembro de 2025. (Redação dada pela Lei nº 14.595, de 2023)

Características da Responsabilidade Objetiva Ambiental	Ocorrência do Evento Danoso
	Nexo de Causalidade (Relação de Causa e Efeito entre a atividade do agente e o dano causado)
	Irrelevância da licitude da conduta
	Regime de Solidariedade Passiva entre os Responsáveis

Gestão de Florestas Públicas

A **gestão de florestas públicas** para a produção sustentável é disciplinada na **Lei nº 11.284/2006**, que vem permitir a exploração de madeiras em terras públicas, o que não era permitido até então, observados os preceitos legais.

Tem como **objetivos**: a) regulamentar a **gestão de florestas em áreas públicas** (domínio da União, Estados, Distrito Federal e municípios); b) criar o **Serviço Florestal Brasileiro**, órgão regulador da gestão das florestas públicas e fomentador das atividades florestais sustentáveis no Brasil e; c) criar o **Fundo Nacional de Desenvolvimento Florestal** voltado para o desenvolvimento tecnológico, promoção da assistência técnica e incentivos para o desenvolvimento florestal sustentável.

Florestas Públicas: são as florestas, naturais ou plantadas, localizadas nos diversos biomas brasileiros, em bens sob o domínio da União, dos Estados, dos Municípios, do Distrito Federal ou das entidades da administração indireta (artigo 3º, inciso I).

A **gestão** dos recursos ambientais nas **florestas públicas** para a produção sustentável dá-se:

Através da **definição de florestas nacionais, estaduais, distritais e municipais**, (florestas públicas), e instituição das **respectivas unidades de conservação** que permitam a produção florestal sustentável;

Através da **destinação de florestas públicas para o uso comunitário** como assentamentos florestais, reservas extrativistas, etc.;

Através das **concessões florestais remuneradas**, baseadas em processo de licitação pública, dando efetividade ao princípio do desenvolvimento sustentável.

Concessão florestal: é a delegação **onerosa**, feita pelo poder concedente, do **direito de praticar manejo florestal sustentável para exploração de produtos e serviços numa unidade de manejo**, mediante **licitação**, à **pessoa jurídica**, em consórcio ou não, que atenda às exigências do respectivo **edital de licitação** e demonstre capacidade para seu desempenho, por sua conta e risco e por **prazo determinado** (artigo 3º, inciso VII, da lei).

Procedimento: A concessão florestal será autorizada em **ato do poder concedente** e formalizada mediante **contrato**, que deverá observar os termos da lei, das normas pertinentes e do edital de licitação. A publicação do edital deverá ser precedida de **audiência pública**, e de ato do poder **concedente justificando a conveniência da concessão florestal**, caracterizando seu objeto e a unidade de manejo.

Licitações: As **licitações** para concessão florestal observarão os termos da **lei** e, supletivamente, da legislação própria, respeitados os **princípios da legalidade, moralidade, publicidade, igualdade, do julgamento por critérios objetivos e da vinculação ao instrumento convocatório**.

Contrato de concessão: confere ao concessionário **somente os direitos expressamente previstos no contrato de concessão**, sendo **vedada** a outorga de qualquer dos direitos previstos no **artigo 16, § 1º**, da lei, como, por exemplo, titularidade imobiliária ou preferência para sua aquisição e exploração dos recursos minerais, pesqueiros ou da fauna silvestre. Serão estabelecidos por **prazos máximos de 20 e 40 anos**, dependendo do manejo a ser implementado, sendo que **após a celebração do contrato**, o licitante vencedor, deverá preparar um **Plano de Manejo Florestal Sustentável,** o qual deverá ser apresentado ao **IBAMA** para **aprovação antes do início das operações.**

Mata Atlântica

A **Mata Atlântica**, considerada **patrimônio nacional** pelo artigo 225, § 4º, da CF, é disciplinada pela **Lei nº 11.428/2006, Lei do Bioma Mata Atlântica,** regulamentada pelo Decreto nº 6.660/2008.

Consideram-se **integrantes do Bioma Mata Atlântica** as seguintes formações florestais nativas e ecossistemas associados: **Floresta Ombrófila Densa; Floresta Ombrófila Mista, também denominada de Mata de Araucárias; Floresta Ombrófila Aberta; Floresta Estacional Semidecidual; e Floresta Estacional Decidual, bem como os manguezais, as vegetações de restingas, campos de altitude, brejos interioranos e encraves florestais do Nordeste**, sendo que **somente os remanescentes de vegetação nativa no estágio primário e nos estágios secundário inicial, médio e avançado de regeneração** na área de abrangência acima definida, terão seu uso e conservação regulados pela Lei º 11.428/2006 (artigo 2º da lei).

A proteção e a utilização do Bioma Mata Atlântica têm por **objetivo geral** o desenvolvimento sustentável e, por **objetivos específicos**, a salvaguarda da biodiversidade, da saúde humana, dos valores paisagísticos, estéticos e turísticos, do regime hídrico e da estabilidade social. Na proteção e na utilização do Bioma Mata Atlântica, serão observados os **princípios** da **função socioambiental da propriedade**, da **equidade intergeracional**, da **prevenção**, da **precaução**, do **usuário-pagador**, da **transparência das informações e atos**, da **gestão democrática**, da **celeridade procedimental**, da **gratuidade dos serviços administrativos prestados ao pequeno produtor rural** e às **populações tradicionais** e do **respeito ao direito de propriedade**.

O **corte, a supressão e a exploração da vegetação do Bioma Mata Atlântica** far-se-ão de maneira **diferenciada**, conforme se trate de **vegetação primária ou secundária**, nesta última levando-se em conta o **estágio de regeneração**, sendo **vedado o corte** nas hipóteses previstas no **artigo 11** da lei:

- quando a **vegetação**: 1) abrigar espécies da flora e da fauna silvestres **ameaçadas de extinção**, em território nacional ou em âmbito estadual, assim declaradas pela União ou pelos Estados, e a intervenção ou o parcelamento puserem em risco a sobrevivência dessas espécies; 2) exercer a função de **proteção de mananciais ou de prevenção e controle de erosão**; 3) formar **corredores** entre remanescentes de vegetação primária ou secundária em estágio avançado de regeneração; 4) proteger o **entorno das unidades de conservação**; ou 5) possuir **excepcional valor paisagístico**, reconhecido pelos órgãos executivos competentes do Sistema Nacional do Meio Ambiente – SISNAMA;
- quando o **proprietário** ou **posseiro não cumprir os dispositivos da legislação ambiental.**

A **supressão de vegetação primária e secundária no estágio avançado de regeneração** somente poderá ser autorizada em caso de **utilidade pública**, sendo que a **vegetação secundária em estágio médio de regeneração** poderá ser suprimida nos casos de **utilidade pública e interesse social,** em todos os casos devidamente caracterizados e motivados em procedimento administrativo próprio, quando inexistir alternativa técnica e locacional ao empreendimento proposto.

Além da proibição absoluta de exploração prevista no artigo 11, a lei cria um **regime jurídico especial de proteção do bioma**, conforme a vegetação e o estágio de regeneração, **proibindo a supressão de vegetação primária** do Bioma Mata Atlântica, para fins de **loteamento ou edificação**, nas **regiões metropolitanas** e **áreas urbanas.**

Por fim, a lei institui o **Fundo de Restauração do Bioma Mata Atlântic**a destinado ao financiamento de projetos de restauração ambiental e de pesquisa científica.

2.4. RECURSOS HÍDRICOS

Domínio das Águas

A água é um recurso natural finito. Em decorrência disso, temos que a água não pode ter domínio/propriedade particular, pois isso deixaria totalmente sem controle o fato de que o uso excessivo de recursos hídricos por particulares possa prejudicar toda uma coletividade.

Lei 9.433/97, Art. 1°, I	Água como um bem de domínio público.

Isso significa que não há água de domínio particular, mesmo as águas de nascentes em propriedades particulares são de domínio público. **Além de não haver água de domínio particular, também não há água de domínio municipal. Ou o domínio de determinado recurso hídrico é de um Estado ou será da União.**

Essa regra também tem o mesmo propósito da regra que não confere domínio particular das águas: o Município que fizesse uma exploração descontrolada dos recursos hídricos que cortam seu território, automaticamente estaria prejudicando os municípios vizinhos.

Sabemos que na prática isso infelizmente acaba ainda ocorrendo, mas, quando isso acontece, regras de Direito Ambiental estão sendo violadas.

Importante!
Para se fazer uso dos recursos hídricos ou se deve pedir autorização para a União ou para os Estados.

Nesse sentido, é a Constituição Federal que irá definir se o domínio das águas é Federal ou Estadual, de acordo com as seguintes regras:

Art. 20.CF São bens da União:	(...) III – os lagos, rios e quaisquer correntes de água em terrenos de seu domínio, ou que banhem mais de um Estado, sirvam de limites com outros países, ou se estendam a território estrangeiro ou dele provenham, bem como os terrenos marginais e as praias fluviais; VI – "o mar territorial"; (...) VIII – os potenciais de energia hidráulica; (...)"

Neste sentido, encontramos as águas que são de domínio dos Estados por exclusão, excetuando os casos de domínio da União vistos anteriormente todos os demais são de domínio dos Estados, conforme outra regra da Constituição Federal:

Art.26. CF Incluem entre os bens do Estado:	as águas superficiais ou subterrâneas, fluentes, emergentes e em depósito, ressalvadas, neste caso, na forma da lei, as decorrentes de obras da União.

Bacia Hidrográfica

A bacia hidrográfica é compreendida como sistema e limite natural de análise e intervenção no território, composta por um conjunto de terras drenadas por um curso d'água principal e seus afluentes.

A bacia hidrográfica é a unidade territorial, definida pela Lei Federal nº 9433/97, para implementação da Política Nacional de Recursos Hídricos. Assim, para a gestão dos recursos hídricos, além das fronteiras territoriais estabelecidas para a União, Estados e Municípios, é fundamental levar em conta os recortes territoriais definidos pelos desenhos das bacias hidrográficas. Isso porque os impactos (sejam positivos, sejam negativos.) quanto aos usos de recursos hídricos de um determinado curso d´água, irão repercutir sobre toda a bacia e, por consequência, sobre todos os habitantes dos municípios pertencentes a essa mesma bacia[1].

Objetivos e Instrumentos da Política Nacional de Recursos Hídricos

A partir da premissa de que os recursos hídricos são bens de domínio público (da União ou dos Estados em benefício da coletividade) é de que a bacia hidrográfica é a unidade territorial para gestão desses recursos, o passo seguinte é analisar os objetivos da Política de Recursos Hídricos e os principais aspectos dos instrumentos definidos pela legislação para gerenciar o uso e conservação das águas.

Os objetivos da Política Nacional de Recursos Hídricos estão previstos no Art. 2º da Lei Federal nº 9433/1997:		
I – assegurar à atual e às futuras gerações a necessária disponibilidade de água, em padrões de qualidade adequados aos respectivos usos;	II – a utilização racional e integrada dos recursos hídricos, incluindo o transporte aquaviário, com vistas ao desenvolvimento sustentável;	III – a prevenção e a defesa contra eventos hidrológicos críticos de origem natural ou decorrentes do uso inadequado dos recursos naturais.

Os objetivos da Política de Recursos Hídricos, como se vê, estão voltados para a gestão das águas sob os aspectos quantitativos (assegurar a necessária disponibilidade de água para gerações presentes e futuras) e qualitativos (padrões de qualidade adequados), levando-se sempre em conta o caráter finito desse recurso ambiental fundamental para a sobrevivência da população mundial.

O Art. 5º da Política Nacional dos Recursos Hídricos define os instrumentos para execução e efetivação dos seus objetivos:	I – os Planos de Recursos Hídricos; II – o enquadramento dos corpos de água em classes, segundo os usos preponderantes da água; III – a outorga dos direitos de uso de recursos hídricos; IV – a cobrança pelo uso de recursos hídricos; (...) VI – o Sistema de Informações sobre Recursos Hídricos.

Os Planos de Recursos Hídricos (suas diretrizes e conteúdo mínimo estão previstos no Art. 7º da Lei 9.433/97) são os instrumentos de Planejamento estratégico das Bacias Hidrográficas.

Como vimos que o domínio das águas é federal e estadual, há planos federais e estaduais. Em síntese, os Planos de Recursos Hídricos devem trazer o diagnóstico de situação, o balanço de condições e disponibilidades hídricas de cada bacia, bem como metas para aprimoramento de gestão das águas.

O primeiro Plano Nacional de Recursos Hídricos[2] foi publicado em 3 de março de 2006, através da Resolução CNRH (Conselho Nacional de Recursos Hídricos.) nº 58, de 30.01.2006.

Outorga dos direitos de uso de recursos hídricos

Outorgar significa consentir, conceder, autorizar. É por meio do regime de Outorga de direitos de uso de recursos hídricos que o órgão ambiental competente irá controlar quantitativa e qualitativamente o uso da água e o efetivo exercício dos direitos de acesso a ela. Trata-se de poderoso instrumento para efetivação dos objetivos da Política Nacional de Recursos Hídricos.

A concessão ou não da Outorga é realizada por meio de processo administrativo, a partir do qual, uma vez atendidas todas as exigências do órgão ambiental, poderá ser concedida ao interessado o direito de utilizar o recurso hídrico, mediante confecção do Termo de Outorga, que estabelecerá os condicionantes quantitativos, qualitativos e temporais de uso.

1 Sobre a importância da bacia hidrográfica como unidade territorial para planejamento e gestão ambientais vide FREIRIA, Rafael Costa. Direito, Gestão e Políticas Públicas Ambientais. São Paulo: Senac. 2011.

2 Mais informações sobre este Plano podem ser acessadas na página da ANA (Agência Nacional de Águas): http: //www2.ana.gov.br/Paginas/servicos/planejamento/planoderecursos/pnrh.aspx#

Segundo o Art. 12 da Lei nº 9.433/97 dependem de outorga pelo Poder Público as seguintes utilizações de recursos hídricos:	I - desviar ou captar parcela da água existente em um corpo de água para consumo final, inclusive abastecimento público, ou insumo de processo produtivo; II - extrair água de aquífero subterrâneo para consumo final ou insumo de processo produtivo (poço de água); III - lançarem no corpo de água esgotos e demais resíduos líquidos ou gasosos, tratados ou não, com o fim de sua diluição, transporte ou disposição final; IV - aproveitar potenciais hidrelétricos; V - outros usos que alterem o regime, a quantidade ou a qualidade da água existente em um corpo de água.

Exceções ao Regime de Outorga

O parágrafo 1º do Art. 12 da Lei nº 9.433/97 prevê que independe de outorga pelo Poder Público:	I - o uso de recursos hídricos para a satisfação das necessidades de pequenos núcleos populacionais localizados no meio rural; II - os desvios, captações e lançamentos considerados insignificantes; III - as acumulações de volumes de água consideradas insignificantes.

Cobrança pelo uso de recursos hídricos

A Lei nº 9.433/97, através de seu Art. 20, define os critérios de cobrança pelo uso de recursos hídricos, ao estabelecer que: **"Serão cobrados os usos dos recursos hídricos sujeitos à Outorga."**

Isso significa que o regime de Outorga também estabelece os parâmetros para eventual cobrança por uso de água proporcional à sua utilização. Todo uso de água outorga será também passível de cobrança.

Os Objetivos da Cobrança da Utilização dos Recursos Hídricos são especificados pelo Art. 19 da Lei nº. 9.433/97:	I - reconhecer a água como bem econômico e dar ao usuário uma indicação de seu real valor; II - incentivar a racionalização do uso da água; III - obter recursos financeiros para o financiamento dos programas e intervenções contemplados nos planos de recursos hídricos.

Nesse sentido, o fato de a água ser um bem de domínio público de uso comum, fundamenta a cobrança proporcional aos usos quantitativos e qualitativos dos recursos hídricos, como forma de incentivar uma utilização racional da água também através de uma perspectiva econômica.

Um importante esclarecimento sobre Cobrança pelo Uso da Água é diferenciar o instrumento, com a taxa fixa que normalmente se paga às Prefeituras Municipais e que são voltadas para pagar o custo pelo sistema de Tratamento da Água que utilizado.

O pagamento dessa taxa pelo tratamento da água que utilizamos é diferente do instrumento de cobrança por utilização dos Recursos Hídricos. A Cobrança pelo Uso da Água (que difere da cobrança pelo Tratamento) é voltado para a proporcionalidade, controle e tipo de utilizações de recursos hídricos.

Quem usa mais, deve pagar mais, no sentido de se estabelecer um mecanismo econômico voltado para o uso racional da água; teoricamente afirma-se com isso que a água passa a ter um "preço público". A cobrança proporcional é um exemplo prático típico de aplicação do princípio ambiental do "usuário-pagador".

Competência para cobrança

A primeira competência para a cobrança por utilização de Recursos Hídricos é da Agência Nacional de Águas (ANA), com ocorrência de delegação dessa competência aos Comitês de Bacia Hidrográfica. Cada Estado possui seus Comitês de Bacias, de acordo com as delimitações territoriais estabelecidas pelas mesmas.

Agência Nacional das Águas - ANA	importante conhecer as principais previsões da Lei Federal nº 9984/2000, que dispõe sobre o regime jurídico da referida Agência.

Definição de Comitês de Bacia Hidrográfica

Órgão específico estabelecido para a gestão técnica e administrativa de cada bacia hidrográfica, com representantes do poder público e sociedade civil - cada Bacia tem seu Comitê (regulamentação através dos artigos 37 e seguintes da Lei 9433/97).

A Lei Federal n. 9433/97, no seu artigo 38, traz o rol das competências dos nos Comitês de Bacia Hidrográfica. Em síntese o Comitê possui o caráter de promover o debate das questões relacionadas a recursos hídricos e articular a atuação das entidades intervenientes, por meio de processo participativos e deliberativos, aprovando Planos de Recursos Hídricos da bacia, acompanhando a execução do Plano de Recursos Hídricos da bacia e sugerir as providências necessárias ao cumprimento de suas metas; estabelecendo os mecanismos de cobrança pelo uso de recursos hídricos, dentre outras atribuições.

Os Comitês não possuem poder de polícia, eventuais situações de infrações administrativas devem ser comunicadas aos órgãos federativos dotados de competência fiscalizatória para comando e controle.

Ainda não são todos os Comitês de Bacias que instituíram cobrança pelo Uso da Água[3]. Aqueles que realizam, devem respeitar regras específicas no direcionamento dos recursos decorrentes da cobrança pelo uso da água, sendo estes direcionamentos os seguintes, determinados pelo Política Nacional de Recursos Hídricos:

> *Art. 22. Os valores arrecadados com a cobrança pelo uso de recursos hídricos serão aplicados prioritariamente na bacia hidrográfica em que foram gerados e serão utilizados:*

3 Como exemplo, o Comitê do PCJ (localizado no Estado de São Paulo e formado pela confluência das Bacias dos Rios Piracicaba, Capivari e Jundiaí), foi um dos pioneiros no Brasil a estabelecer os critérios para cobrança pela utilização dos Recursos Hídricos no Estado de São Paulo.

I – no financiamento de estudos, programas, projetos e obras incluídos nos Planos de Recursos Hídricos;

II – no pagamento de despesas de implantação e custeio administrativo dos órgãos e entidades integrantes do Sistema Nacional de Gerenciamento de Recursos Hídricos.

2.5. PATRIMÔNIO CULTURAL BRASILEIRO

Especificamente sobre o **meio ambiente cultural,** tem-se que no direito brasileiro está estabelecida e garantida a proteção do patrimônio cultural, com base no artigo 216, da Constituição Federal de 1988:

Art. 216 – Constituem patrimônio cultural brasileiro os bens de natureza material e imaterial, tomados individualmente ou em conjunto, portadores de referência à identidade, à ação, à memória dos diferentes grupos formadores da sociedade brasileira, nos quais se incluem:

I – as formas de expressão;

II – os modos de criar, fazer e viver;

III – as criações científicas, artísticas e tecnológicas;

IV – as obras, objetos, documentos, edificações e demais espaços destinados às manifestações artístico-culturais;

V – os conjuntos urbanos e sítios de valor histórico, paisagístico, artístico, arqueológico, paleontológico, ecológico e científico.

Neste sentido, encontra-se estabelecido em termos legais e doutrinários no sistema jurídico brasileiro que os bens estão incluídos no patrimônio cultural brasileiro, desde que sejam portadores de referência à identidade, à ação, à memória dos diferentes grupos formadores da nacionalidade ou sociedade brasileiras, são protegidos e também merecedores também da tutela do Direito Ambiental.

Em termos de previsões de direito que respaldam esse instrumento com potencialidade de **proteção do meio ambiente cultural**, tem-se o instituto administrativo do **Tombamento**[4]**, que está disciplinado pelo Decreto-lei número 25, de 30 de novembro de 1937**, conforme se verifica pelas redações de seu artigo primeiro e parágrafo segundo:

Art. 1º Constitue o patrimônio histórico e artístico nacional o conjunto dos bens móveis e imóveis existentes no país e cuja conservação seja de interêsse público, quer por sua vinculação a fatos memoráveis da história do Brasil, quer por seu excepcional valor arqueológico ou etnográfico, bibliográfico ou artístico.

§ 2º Equiparam-se aos bens a que se refere o presente artigo e são também sujeitos a tombamento os monumentos naturais, bem como os sítios e paisagens que importe conservar e proteger pela feição notável com que tenham sido dotados pela natureza ou agenciados pela indústria humana.

O tombamento, como instrumento de proteção do patrimônio histórico e artístico nacional, pode recair sobre bens particulares e também bens públicos.

Tem-se como resultado prático final deste procedimento a impossibilidade do bem protegido ser destruído, demolido, mutilado, ou mesmo reparado, pintado e restaurado, salvo havendo, para estas três últimas situações, autorização do órgão competente. (Art. 17, do Decreto-Lei nº 25/37).

Um bem pode ter reconhecido seu valor cultural e ser, portanto, objeto de tombamento, por via legislativa ou por intermédio de procedimento administrativo, admitindo também a legislação que o tombamento seja feito por determinação jurisdicional.

2.6. RESPONSABILIDADE CIVIL, ADMINISTRATIVA E PENAL POR DANOS AMBIENTAIS/TUTELA PROCESSUAL DO MEIO AMBIENTE

Responsabilidade Civil Ambiental

O **dano ambiental** é a lesão aos recursos ambientais, que segundo a Lei nº 6.938/81, no artigo 3º, V, são considerados como tais "a atmosfera, as águas interiores, superficiais e subterrâneas, os estuários, o mar territorial, o solo, o subsolo, os elementos da biosfera, a fauna e a flora" – com consequente degradação o equilíbrio ecológico.

Nos casos de dano ao meio ambiente a regra é a da responsabilidade civil objetiva, independentemente da existência de culpa. Isso é o que dispõe a Lei nº 6.938/81, no artigo 14, § 1º: *"Sem obstar a aplicação das penalidades previstas neste artigo, é o poluidor obrigado, independentemente de existência de culpa, a indenizar ou reparar os danos causados ao meio ambiente e a terceiros, afetados por sua atividade".*

Tal previsão foi recepcionada pelo Código Civil brasileiro, que nos termos do seu art. 927, parágrafo único, prevê que:

"Aquele que, por ato ilícito (arts. 186 e 187), causar dano a outrem, fica obrigado a repará-lo.

Parágrafo único. ***Haverá obrigação de reparar o dano, independentemente de culpa, nos casos especificados em lei, ou quando a atividade normalmente desen-***

4 Na perspectiva doutrinária administrativista, Maria Sylvia Zanella Di Pietro (2011, p. 141) define o Tombamento como "procedimento administrativo pelo qual o Poder Público sujeita a restrições parciais os bens de qualquer natureza cuja conservação seja de interesse público, por sua vinculação a fatos memoráveis da história ou por seu excepcional valor arqueológico ou etnológico, bibliográfico ou artístico." Enquanto José dos Santos Carvalho (2011, p. 734) trata o Tombamento como "forma de intervenção na propriedade pela qual o Poder Público procura proteger o patrimônio cultural brasileiro."

volvida pelo autor do dano implicar, por sua natureza, risco para os direitos de outrem."

Basta, portanto, a simples **ocorrência de dano ambiental e um nexo de causalidade entre essa ocorrência e a ação do sujeito causador da lesão ao meio ambiente**, para que a responsabilidade civil de reparação desse dano seja objetiva.

É importante destacar que este **sujeito causador pode ser pessoa física ou jurídica, de direito privado ou direito público.** Isto significa, por exemplo, que o Estado pode ser responsabilizado pela ocorrência de dano ambiental, desde que ocorra relação de causa e efeito entre sua ação e/ou omissão e o evento danoso ambiental ocorrido. Da mesma forma o particular.

Outro ponto que cabe ser enfatizado é **regime de Solidariedade Passiva entre os Responsáveis** pela ocorrência de dano ambiental. Na responsabilidade solidária, todos aqueles que direta ou indiretamente possam ter contribuído para a ocorrência do dano ambiental, podem ser chamados para sua reparação.

Portanto, toda vez que se tem um passivo ambiental, tem-se o acúmulo de danos infligidos ao meio natural por uma determinada atividade ou pelo conjunto de ações humanas e, por conseguinte, um custo necessário para recuperar ou reparar os danos ambientais (montante do passivo ambiental).

Em suma: **todo passivo ambiental gera uma responsabilidade civil ambiental para a sua reparação, mitigação ou compensação, que se perpetua no tempo, até que o dano seja reparado**.

Para que haja a Responsabilidade Civil, não é necessária a ocorrência de culpa (independe da vontade ou não de causar o dano), basta que tenha havido relação de causa e efeito entre a atividade do agente e o dano causado.

Com base em todos os aspectos analisados da responsabilidade civil ambiental, podem ser sintetizadas algumas características fundamentais:

Características da Responsabilidade Objetiva Ambiental	Ocorrência do Evento Danoso
	Nexo de Causalidade (Relação de Causa e Efeito entre a atividade do agente e o dano causado)
	Irrelevância da licitude da conduta
	Regime de Solidariedade Passiva entre os Responsáveis
ATENÇÃO!	**pela responsabilidade civil objetiva, o causador do dano ambiental é obrigado, independentemente da culpa, a indenizar** (inclusive com a possibilidade de indenização a título de danos morais) **ou reparar os danos causados ao meio ambiente e a terceiros, afetados por sua conduta**. O objetivo primordial desse sistema de responsabilidade é buscar restabelecer o mais próximo possível a situação à condição anterior ao dano; e quando isto não for possível, buscar medidas compensatórias.

Este é o posicionamento atual do STJ, no sentido de que a responsabilidade civil por danos ambientais, seja por lesão ao meio ambiente propriamente dito (dano ambiental público), seja por ofensa a direitos individuais (dano ambiental privado), é objetiva, fundada na teoria do risco integral, em face do disposto no art. 14, § 1º, da Lei n. 6938/81. (RECURSO ESPECIAL Nº 1.373.788 - SP (2013/0070847-2).

Finalmente cabe destacar que sempre será possível responsabilizar civilmente o autor de um dano ambiental, independentemente de se esgotar eventuais vias processuais instauradas para se apurar responsabilidades administrativas e/ou criminais. As 3 (três) vias de responsabilizações ambientais podem ocorrer concomitantemente, cada qual com o seu propósito, sendo o da responsabilidade civil a busca da reparação (quando não possível, a compensação) do dano ambiental ocorrido.

Importante

O STJ também já firmou entendimento de que para casos de omissão de dever de controle e fiscalização que contribuem para o agravamento do dano ambiental, a responsabilidade ambiental solidária da Administração é **de execução** subsidiária, o que significa que o Estado integra o título executivo sob a condição de só ser convocado a arcar com a reparação ambiental se o degradador original não o fizer. (RESP 200801460435, Relator Ministro Herman Benjamin, STJ – 2ª Turma, DJE: 16/12/2010).

Ação Civil Pública e a Responsabilidade Civil Ambiental

Conforme apontado no caso mencionado no item anterior, para que fosse dada uma solução para o grave dano ambiental ocorrido, foi necessária a propositura, por parte do Ministério Público, de uma Ação Civil Pública. Cabem ser feitas algumas considerações sobre o regime jurídico e os alcances de sua atuação.

A Ação Civil Pública é o principal instrumento de tutela ambiental, utilizado para apurar e/ou responsabilizar civilmente a reparação de casos de dano ambiental.

Ela foi criada em 24 de julho de 1985, com a publicação da Lei Federal nº 7.347, com o fim de disciplinar e proteger não só o meio ambiente, mas também o consumidor, os bens e direitos de valor histórico, artístico, estético, cultural, turístico e paisagístico, na condição de direitos difusos e coletivos[5].

Com essa lei, a defesa do meio ambiente, em nome de toda a coletividade, começou a ser realizada, segundo seu art. 5º, pelos seguintes órgãos e entidades (legitimação ativa): **Ministério Público, Defensoria Pública,**[6]

5 Art. 1º Regem-se pelas disposições desta Lei, sem prejuízo da ação popular, as ações de responsabilidade por danos morais e patrimoniais causados: I – ao meio-ambiente; II – ao consumidor; III – a bens e direitos de valor artístico, estético, histórico, turístico e paisagístico; IV – a qualquer outro interesse difuso ou coletivo. (Incluído pela Lei nº 8.078 de 1990) V – por infração da ordem econômica; (Redação dada pela Leu nº 12.529, de 2011).; VI – à ordem urbanística. (Incluído pela Medida provisória nº 2.180-35, de 2001)

6 Inserida na lista dos autorizados a propor a ação civil pública pela Lei Federal nº 11448/07.

pelos representantes legais e respectivos órgãos da união, estados, Distrito Federal e municípios, por associações civis, constituídas há pelo menos um ano e que inclua nas suas finalidades institucionais a proteção do meio ambiente.

Portanto, tais legitimados ativos, podem propor a ação civil pública perante situação de ocorrência de dano ou ameaça de dano ao meio ambiente ou outros interesses difusos e coletivos.

A demanda de responsabilização civil por dano ambiental terá sempre como objeto uma obrigação de dar (pagar), de fazer ou não fazer, no sentido de evitar, mitigar ou reparar uma situação de dano ambiental. Poderá também incluir medidas compensatórias, quando não houver mais a possibilidade de evitar o dano ou trata-se de dano irreparável. Seu objeto decorre da previsão do art. 3º Lei Federal nº 7.347/85:

> *"Art. 3º A ação civil poderá ter por objeto a condenação em dinheiro ou o cumprimento de obrigação de fazer ou não fazer."*

Importante!

A jurisprudência do STJ já está firmada no sentido de que a necessidade de reparação integral **da lesão causada ao meio ambiente permite a cumulação de obrigações de fazer, de não fazer e de indenizar, que têm natureza** propter rem. Neste sentido, REsp 1.248.214/MG, Rel. Ministro Herman Benjamin, Segunda Turma, DJe 13.04.2012.

Todas essas observações são pertinentes. **O mecanismo processual da ação civil pública, portanto, é adequado para que se pleiteiem, cumulativamente, a reparação pecuniária do dano causado e o cumprimento de obrigação de fazer**.

Ressalte-se que em entendimento recente do STJ[7], reconheceu-se a possibilidade de o agente degradador ser condenado ao pagamento de dano moral coletivo em favor das vítimas afetadas pelo dano ambiental.

Cabe dizer também que os órgãos com legitimidade para propor a ação civil pública podem, antes do ingresso da ação, podem firmar termos de compromisso de ajustamento de conduta de reparação de danos ambientais ou de qualquer situação fática que não esteja em conformidade com a legislação ambiental. Tal compromisso tem eficácia de título executivo extrajudicial (art. 5°, § 6°, da Lei 7.347/85).

É **competente** para processar e julgar a causa o **juiz do foro do local onde ocorrer o dano**, admitindo medidas cautelares e concessão de liminar suspensiva do fato ou ato contra o qual se dirige a ação.

Importante destacar o artigo 16 da Lei da Ação Civil Pública que prevê que **a sentença civil da ação civil pública fará coisa julgada erga omnes, exceto se a ação for julgada improcedente por deficiência de provas**, hipótese em que qualquer legitimado poderá intentar outra ação com idêntico fundamento, valendo-se de nova prova.

7 REsp 1269494/MG, Rel. Min. Eliana Calmon, Segunda Turma, julgado em 24/09/2013

Assim, com a regulamentação da chamada ação civil pública, o meio ambiente ganha importante instrumento de proteção na condição de interesse de toda uma coletividade, ou seja, órgãos públicos e entidades civis passam a ser legitimados a proporem a ação civil em favor de todos aqueles que, direta ou indiretamente, possam sofrer consequências de eventuais danos ao meio ambiente. Como aponta Mancuso[8], a concepção holística de meio ambiente, com a publicação da Lei nº 7.347/85, passa ser suscetível de ser objeto de uma nova e importante forma de proteção, a tutela jurídica em prol de interesses difusos e coletivos.

Responsabilidade Administrativa

A responsabilidade administrativa fundamenta-se na capacidade que o poder público tem de impor limites às condutas dos administrados. Em outras palavras, os órgãos públicos, sejam federais, estaduais ou municipais, detêm o chamado **"poder de polícia administrativa"**, que consiste na possibilidade de exercer fiscalização sobre todas as atividades e bens que afetam ou possam afetar a coletividade.

O conceito legal de poder de polícia está disciplinado pelo art. 78, do Código Tributário Nacional:	"Considera-se poder de polícia atividade da administração pública que, limitando ou disciplinando Direito, interesse ou liberdade, regula a prática de ato ou abstenção de fato, em razão de interesse público concernente à segurança, à higiene, à ordem, aos costumes, à disciplina da produção e do mercado, ao exercício de atividades econômicas dependentes de concessão ou autorização do Poder Público, à tranquilidade pública ou ao respeito à propriedade e aos direitos individuais ou coletivos".

Além do fundamento constitucional do § 3º do art. 225, a Responsabilidade Administrativa possui previsão na **Lei Federal nº 9.605, de 12 de fevereiro de 1998**, que dispõe sobre as sanções tanto penais quanto administrativas, derivadas de condutas e atividades lesivas ao meio ambiente e também no **Decreto Federal nº 6.514, de 22 de julho de 2008**, que dispõe sobre as infrações e sanções administrativas ao meio ambiente e estabelece o processo administrativo federal para apuração destas infrações.

O conceito legal de infração administrativa ambiental está previsto no art. 70 da Lei nº 9.605/98 e, com a mesma redação, no art. 2º, do Decreto Federal nº 6.514/2008, como sendo:

"toda ação ou omissão que viole as regras jurídicas de gozo, promoção, proteção e recuperação do meio ambiente".

Com a constatação da ocorrência de uma infração ambiental administrativa, ocorre a lavratura de um "Auto de Infração Ambiental" (AIA). Conforme prescreve o art. 96, *caput*, do Decreto Federal nº 6.514/2008:

8 MANCUSO, Ronaldo de Camargo. Ação Civil Pública: em defesa do meio ambiente, do patrimônio cultural e dos consumidores. 7. ed. São Paulo: RT, 2001.

> Constatada a ocorrência de infração administrativa ambiental, será lavrado auto de infração, do qual deverá ser dado ciência ao autuado, assegurando-se o contraditório e a ampla defesa.

Importante destacar que para a autuação administrativa é necessária análise do elemento subjetivo do madeireiro, pois ao contrário do que ocorre no plano civil (no qual poluidores indiretos respondem objetivamente por danos ambientais), **na esfera administrativa,** não se pode punir uma pessoa, sem que tenha agido com culpa, por infração ambiental cometida por terceiro**.** Esta é a posição atual do STJ (AgRg no AREsp 62.584/RJ)

Ao autuado são asseguradas as garantias constitucionais da ampla defesa e do contraditório incidentes no processo administrativo ambiental, conforme previsão do art. 5 °, **LV, da Constituição Federal: aos litigantes, em processo judicial ou administrativo, e aos acusados em geral são assegurados o contraditório e ampla defesa, com os meios e recursos a ela inerentes.**

Em termos formais, o Auto de Infração Ambiental, deverá atender requisitos específicos constantes do art. 97 do Decreto Federal nº 6.514/2008:

Requisitos que devem constar no Auto de Infração Ambiental:	
	Lavrado em Impresso Próprio
	Indicação do infrator
	Descrição clara e objetiva das infrações administrativas constatadas
	Indicação dos respectivos dispositivos legais e regulamentares infringidos
	Não devendo conter emendas ou rasuras que comprometam sua validade

Uma vez autuado, o Acusado pode apresentar Defesa Administrativa ou realizar eventual pagamento da multa imposta, dentro do respectivo prazo legal previsto para cada um destes atos.

O autuado poderá, **no prazo de vinte dias**, contado da data da ciência da autuação, apresentar defesa ou impugnação contra o auto de infração.

No caso de apresentação de defesa, devem, no transcurso do processo administrativo ambiental, serem observados os seguintes prazos:

> ✓ **20 dias para oferecer a defesa;**
>
> ✓ **30 dias para autoridade competente julgar o auto de infração;**
>
> ✓ **20 dias para o infrator recorrer da decisão condenatória à instância superior;**

Na Defesa Administrativa, podem ser alegados motivos que eventualmente afastem a responsabilidade administrativa do Acusado. Após apresentada a Defesa, o Órgão Ambiental competente para o Julgamento, pode proceder de três formas:

> ✓ Julgar totalmente improcedente a defesa, mantendo a Penalidade Administrativa do Auto de Infração;
>
> ✓ Julgar procedente a defesa, arquivando-se o Auto de Infração;
>
> ✓ Facultar ao "Acusado" um Termo de Compromisso de Recuperação Ambiental da área afetada.

De acordo com a decisão, o Acusado pode ainda recorrer à Segunda Instância Administrativa para tentar a reforma da decisão.

Ultrapassadas as instâncias recursais e confirmada a ocorrência de Infração Administrativa Ambiental, o Infrator, de acordo com a dimensão do dano ambiental e outras características do caso concreto, está sujeito ao cumprimento das Penalidades Administrativas impostas, além de outras que eventualmente já tiver sofrido em caráter cautelar, como, por exemplo, a apreensão dos animais, produtos e subprodutos da fauna e flora, instrumentos, petrechos, equipamentos ou veículos de qualquer natureza utilizados na infração .

> **Importante!**
>
> **O recente Decreto nº 11.373/2023 realizou alterações importantes no Decreto nº 6.514/2008.** Uma das mudanças mais relevantes trazidas pelo referido Decreto, publicado em 1º de janeiro de 2023, é o **fim da etapa de audiência de conciliação, por meio da revogação dos Arts. 97-A, 98-A, 98-B, 98-C e 98-D.** Assim, não há mais interrupção do prazo de 20 dias para apresentação da defesa administrativa para realização de audiência de conciliação, devendo o autuado (i) apresentar defesa ou impugnação no prazo de 20 dias; ou (ii) realizar o pagamento da multa com desconto, parcelamento ou conversão em serviços ambientais.

O prazo para requerimento da conversão da multa em serviços ambientais também foi alterado pelo Decreto 11.373/2023, limitando-se agora ao momento da apresentação das alegações finais. Além disso, outra mudança relevante é a **previsão do desconto de 30% apenas para o pagamento de multas à vista, antes cabível aos pagamentos parcelados** (Nova redação dada para o parágrafo único do Art. 113).

Já em relação aos casos de conversão de multa em serviços ambientais, os descontos passam a ser os seguintes (Nova redação dada para o Parágrafo Único do Art. 143 e seus parágrafos e incisos):

- Em caso de **conversão direta** (autuado responsável pela execução do projeto): 40% se o requerimento for feito até a apresentação da defesa administrativa e 35% se feito até a apresentação de alegações finais;
- Em caso de **conversão indireta** (autuado deposita o valor): 60% até se o requerimento for feito até a apresentação da defesa administrativa e 50% até as alegações finais.

De acordo com a decisão, o Acusado pode ainda recorrer à Segunda Instância Administrativa para tentar a reforma da decisão.

Ultrapassadas as instâncias recursais e confirmada a ocorrência de Infração Administrativa Ambiental, o Infrator, de acordo com a dimensão do dano ambiental e outras características do caso concreto, está sujeito ao cumprimento das Penalidades Administrativas impostas, além de outras que eventualmente já tiver sofrido em caráter cautelar, como, por exemplo, a apreensão dos animais, produtos e subprodutos da fauna e flora, instrumentos, petrechos, equipamentos ou veículos de qualquer natureza utilizados na infração.

As principais penalidades administrativas estão previstas no art. 70 da Lei nº 9.605/98 e, com a mesma redação, no art. 3º, do Decreto Federal nº 6.514/2008, como:

I – advertência;

II – multa simples;

III – multa diária;

IV – apreensão dos animais, produtos e subprodutos da fauna e flora, instrumentos, petrechos, equipamentos ou veículos de qualquer natureza utilizados na infração;

V – destruição ou inutilização do produto;

VI – suspensão de venda e fabricação do produto;

VII – embargo de obra ou atividade;

VIII – demolição de obra;

IX – suspensão parcial ou total de atividades;

XI – restritiva de direitos, que podem ser de suspensão ou cancelamento de licença ou autorização, perda ou restrição de incentivos e benefícios fiscais e proibição de contratar com a administração pública, pelo período de até três anos (previstas no artigo 72 da Lei nº 9.065/1998).

Importante!

Prescreve em cinco anos a ação da administração objetivando apurar a prática de infrações contra o meio ambiente, contada da data da prática do ato, ou, no caso de infração permanente ou continuada, do dia em que esta tiver cessado.

Responsabilidade Criminal

Chega-se ao último gênero de Responsabilidade Ambiental, **a Responsabilidade Criminal**. Das Responsabilidades estudadas anteriormente, a Responsabilidade Criminal é a mais rigorosa. Vimos que aquele que comete danos ao meio ambiente pode ser multado, ser obrigado a reparar/indenizar o dano causado e, por meio da Responsabilidade Criminal, pode, por exemplo, e dependendo da gravidade do crime ambiental cometido, ser também preso.

Toda a matéria de Responsabilidade Penal por Danos Ambientais foi sistematizada com a **Lei 9.605/98 – a Lei de Crimes Ambientais.**

Esta Lei traz as especificidades dos crimes ambientais, regulamentando uma listagem específica de situações para condutas lesivas ao meio ambiente.

Apesar de ser uma lei específica, a aplicação da lei penal ambiental acompanha toda a sistemática do Código Penal e do Código de Processo Penal brasileiros. Ou seja, caso falte alguma regra para apuração da responsabilidade penal por dano ambiental na Lei de Crimes Ambientais, aplica-se subsidiariamente o Código Penal e o Código de Processo Penal. É o que se verifica da previsão do artigo 79 da Lei de Crimes Ambientais: "Art. 79 – Aplicam-se subsidiariamente a esta Lei as disposições do Código Penal e do Código de Processo Penal."

Deve-se sempre ressaltar que em matéria de responsabilidade penal ambiental, **o infrator só responde pelo crime praticado se a ele houver dado causa ao menos culposamente.**

Art. 18 do Código Penal brasileiro:	
Crime doloso	**Crime culposo**
I – doloso, quando o agente quis o resultado ou assumiu o risco de produzi-lo;	II – culposo, quando o agente deu causa ao resultado por imprudência, negligência ou imperícia.

Isso significa que **não há Responsabilidade Objetiva no âmbito criminal ambiental**. Ou seja, para que ocorra responsabilidade criminal por danos ambientais a conduta do agente infrator deve ter sido cometida com dolo ou culpa. A mera ocorrência do dano ao meio ambiente, sem dolo, nem culpa, não gera responsabilidade criminal.

A Responsabilidade Objetiva, de Risco Integral, que responsabiliza o agente independentemente de dolo ou culpa, como visto, só ocorre na Responsabilidade Civil por danos ambientais.

Aplicação das Penas por Crimes Ambientais

Foi na Lei de Crimes Ambientais que o legislador definiu as penas e as condições de sua aplicação para cada caso concreto, bem como delineou os critérios que podem atenuar, agravar ou até mesmo excluir sua incidência.

Por outras palavras, o processo de responsabilização ambiental criminal segue a mesma lógica do Código Penal e de Processo Penal geral, mas com critérios específicos relacionados com a questão ambiental. É como se houvesse critérios para uma dosimetria específica para se apurar a medida das penas por crimes ambientais de acordo com as circunstâncias e características de cada conduta tipificada e seus reflexos ao meio ambiente.

Portanto, as condutas e atividades lesivas ao meio ambiente, bem como seus critérios específicos de aplicação, encontram-se descritos pela Lei Federal, nº 9.605/98, a Lei de Crimes Ambientais.

O primeiro parâmetro para apuração de responsabilidade criminal ambiental está previsto pelo art. 6º da Lei de Crimes Ambientais, que vai impor como condição para a gradação da penalidade, em cada caso, a observância dos seguintes aspectos:

Art. 6º Para imposição e gradação da penalidade, a autoridade competente observará:	I – a gravidade do fato, tendo em vista os motivos da infração e suas consequências para a saúde pública e para o meio ambiente; II – os antecedentes do infrator quanto ao cumprimento da legislação de interesse ambiental; III – a situação econômica do infrator, no caso de multa.

Tem-se como isso uma lógica própria para apuração da penalidade decorrente da prática de crime ambiental, que deverá sempre levar em conta a gravidade do fato, as consequências para a saúde pública e meio ambiente, os antecedentes, a conduta social, a personalidade do acusado e, no caso de eventual pena de multa a situação econômica do agente

Circunstâncias Atenuantes

As Circunstâncias Atenuantes para aplicação de pena por crime ambiental estão previstas no Art. 14 da Lei de Crimes Ambientais (LCA):	I - baixo grau de instrução ou escolaridade do agente; II - arrependimento do infrator, manifestado pela espontânea reparação do dano; III - comunicação prévia pelo agente do perigo iminente de degradação ambiental; IV - colaboração com os agentes encarregados da vigilância e do controle ambiental.

Como se vê, as circunstâncias que irão atenuar a apuração da penalidade a ser aplicada pela prática de crime ambiental, em grande medida, dos incisos II a IV, estão relacionadas com ações do agente voltadas para minimizar o dano ambiental causado por sua conduta tipificada (seja realizando a reparação, seja comunicando às autoridades o perigo ambiental iminente decorrente de sua ação ou mesmo colaborando com os agentes competentes no controle do dano acorrido).

Ressalte-se que o inciso I, baixo grau de instrução ou escolaridade do agente, trata de um conceito jurídico indeterminado, que deverá ser verificado caso a caso, de acordo com as características de instrução/formação (formal e informal) de cada acusado. Cabe dizer, que há corrente doutrinária ambiental que configura esta situação como daquele sujeito que não teria concluído o ensino fundamental.

Circunstâncias Agravantes

As Circunstâncias Agravantes para aplicação de pena por crime ambiental estão previstas no Art. 15 da LCA:

II. reincidência nos crimes de natureza ambiental;

III. ter o agente cometido a infração:

a) para obter vantagem pecuniária;

b) coagindo outrem para a execução material da infração;

c) afetando ou expondo a perigo, de maneira grave, a saúde pública ou o meio ambiente;

d) concorrendo para danos à propriedade alheia;

e) atingindo áreas de unidades de conservação ou áreas sujeitas, por ato do Poder Público, a regime especial de uso;

f) atingindo áreas urbanas ou quaisquer assentamentos humanos;

g) em período de defeso à fauna;

h) em domingos ou feriados;

i) à noite;

j) em épocas de seca ou inundações;

l) no interior do espaço territorial especialmente protegido;

m) com o emprego de métodos cruéis para abate ou captura de animais;

n) mediante fraude ou abuso de confiança;

o) mediante abuso do direito de licença, permissão ou autorização ambiental;

p) no interesse de pessoa jurídica mantida, total ou parcialmente, por verbas públicas ou beneficiada por incentivos fiscais;

q) atingindo espécies ameaçadas, listadas em relatórios oficiais das autoridades competentes;

r) facilitada por funcionário público no exercício de suas funções.

Com relação às causas agravantes da pena, a reincidência nos crimes de natureza ambiental se configura quando o agente já tiver cometido crime ambiental previsto pela Lei Federal nº 9.605/98, com trânsito em julgado da sentença condenatória, e cometer outro crime.

Já as demais circunstâncias agravantes se configuram por situações que representam **maior ameaça ambiental** (em termos da dimensão dos danos e dos méis empregados, alíneas de "c" a "m" e "q") ou quando há **condutas fraudulentas ao sistema jurídico ambiental visando vantagens ou proveitos econômicos em detrimento da preservação do meio ambiente** (casos das alíneas "a", "b" e de "n" a "p" e "r").

Na primeira situação temos, por exemplo, o caso do cometimento de crime ambiental em épocas de seca ou inundações, quando as fragilidades ambientais desses períodos fazem com que os efeitos ambientais danosos, decorrentes de práticas criminosas, sejam muito mais intensos e severos.

No segunda, temos o exemplo do agente que abusa do direito de licença ambiental, extrapolando os limites da autorização para realizar atividade impactante ao meio ambiente, para proveito próprio e com sérios riscos para o meio que circunda a atividade.

Causas Excludentes de Antijuridicidade

As causas excludentes da antijuridicidade por crime ambiental estão previstas no Art. 37 da LCA, e referem-se à conduta específica de crime de abate de animal:

Não é crime o abate de animal, quando realizado:	I - em estado de necessidade, para saciar a fome do agente ou de sua família; II - para proteger lavouras, pomares e rebanhos da ação predatória ou destruidora de animais, desde que legal e expressamente autorizado pela autoridade competente; III - (VETADO) IV - por ser nocivo o animal, desde que assim caracterizado pelo órgão competente.

Essas situações previstas no art. 37 da Lei de Crimes Ambientais não são consideradas geradoras de responsabilidade criminal por dano ambiental. São situações bem específicas, nas quais, para salvaguardar valores como a vida e a saúde, exclui-se a antijuridicidade do dano ambiental causado.

No caso do inciso I do art. 37 da Lei de Crimes Ambientais, deve ser admitido o estado de miserabilidade do agente e a impossibilidade de alimentar-se por outros meios.

No inciso II, a ação não pode ocorrer a partir do livre arbítrio do agente. A autoridade ambiental deve conceder autorização prévia para que ocorra o abate.

Por fim, o inciso IV exige que o órgão competente reconheça que o animal realmente é nocivo, pelos danos à lavoura, destruição de outros espécimes ou perigo que representa para o homem. Ou seja, as condutas lesivas só são consideradas lícitas quando possuem finalidades específicas e estão previstas na legislação.

Atenção!	Em suma: além do primeiro caso de conduta justificante a partir do estado de necessidade do agente, que abate animal protegido para saciar sua fome ou de sua família, os outros dois casos, **sempre dependerão de requisitos próprios**: o do inciso II, da **autorização expressa da autoridade competente para abater animais protegidos que estão colocando em risco lavouras, pomares e rebanhos com sua ação predatória ou destruidora**; e o do inciso III, **o abate, dentro da situação de excludente, da caracterização de sua nocividade animal por parte do órgão competente**.

Na configuração do delito de bagatela envolvendo matéria ambiental, o STF tem exigido a satisfação, de forma concomitante, de certos requisitos, quais sejam: a conduta minimamente ofensiva, a ausência de periculosidade social da ação, o reduzido grau de reprovabilidade do comportamento e a lesão jurídica inexpressiva.

Por fim, deve-se destacar Excludente de Antijuridicidade decorrente das exceções advindas com o Novo Código Florestal (LEI Nº 12.651/2012), especificamente no que se refere às possibilidades a continuidade das atividades agrossilvipastoris, de ecoturismo e de turismo rural em áreas rurais consolidadas até 22 de julho de 2008 (conforme analisado no tópico 5.2.4 e ss.).

Penas Aplicáveis às Pessoas Físicas

Como foi enfatizado, desde que comprovado o dolo ou culpa do agente e atendidos requisitos gerais para responsabilização penal (imputabilidade), qualquer pessoa pode ser responsabilizada criminalmente pela prática de condutas tipificadas como crimes ambientais.

Penalidades que podem sofrer as pessoas físicas por prática de crimes ambientais:	Penas Privativas de Liberdade
	Penas Restritivas de Direitos

As penas privativas de liberdade estão previstas em cada tipo penal da Lei de Crimes Ambientais e variam de acordo com a gravidade da conduta. Ressalta-se que, de acordo com as características da pena a ser aplicada, da culpabilidade, dos antecedentes, da conduta social e personalidade do agente, bem como dos motivos e das circunstâncias do crime, a pena privativa de liberdade pode ser substituída pela restritiva de direitos.

As espécies de penas restritivas de direitos, em decorrência da prática de crimes ambientais, estão previstas pelo artigo 8 ° e detalhadas pelos artigos 9 ° a 13 da Lei de Crimes Ambientais:

ESPÉCIE DE PENA PRIVATIVA DE LIBERDADE (artigo 8º da LCA)	PARÂMETRO PARA APLICAÇÃO (artigos 9º a 13 da LCA)
I – prestação de serviços à comunidade	A prestação de serviços à comunidade consiste na atribuição ao condenado de tarefas gratuitas junto a parques e jardins públicos e unidades de conservação, e, no caso de dano da coisa particular, pública ou tombada, na restauração desta, se possível.
II – interdição temporária de direitos;	As penas de interdição temporária de direito são: (i) a proibição de o condenado contratar com o Poder Público; (ii) de receber incentivos fiscais ou quaisquer outros benefícios; (iii) bem como de participar de licitações, pelo prazo de cinco anos, no caso de crimes dolosos, e de três anos, no de crimes culposos.
III – suspensão parcial ou total de atividades;	A suspensão de atividades será aplicada quando estas não estiverem obedecendo às prescrições legais.
IV – prestação pecuniária;	A prestação pecuniária consiste no pagamento em dinheiro à vítima ou à entidade pública ou privada com fim social, de importância, fixada pelo juiz, não inferior a um salário mínimo nem superior a trezentos e sessenta salários mínimos. O valor pago será deduzido do montante de eventual reparação civil a que for condenado o infrator.
V – recolhimento domiciliar	O recolhimento domiciliar baseia-se na auto-disciplina e senso de responsabilidade do condenado, que deverá, sem vigilância, trabalhar, frequentar curso ou exercer atividade autorizada, permanecendo recolhido nos dias e horários de folga em residência ou em qualquer local destinado a sua moradia habitual, conforme estabelecido na sentença condenatória.

Crimes de Menor Potencial Ofensivo – Da Possibilidade de Transação Penal

O Art. 27 da Lei de Crimes Ambientais prevê que:	Nos crimes ambientais de menor potencial ofensivo, a proposta de aplicação imediata de pena restritiva de direitos ou multa, prevista no Art. 76 da Lei 9.099, de 26 de setembro de 1995 (Juizados Especiais), somente poderá ser formulada desde que tenha havido a prévia composição do dano ambiental, salvo em caso de comprovada impossibilidade.

Em uma situação concreta, se estiverem presentes todos os requisitos da Transação Penal, havendo uma ocorrência policial, a autoridade competente deverá lavrar termo circunstanciado[9], para verificar a incidência de delito ambiental de menor potencial ofensivo.

Conforme artigo 89 da Lei 9.099/95, com as modificações estabelecidas pelo art. 28[10] da Lei de Crimes Ambientais, além destes requisitos, a declaração de extinção de punibilidade dependerá ainda de laudo de constatação de reparação do dano ambiental.

Portanto, em havendo proposta de transação penal pelo Ministério Público antes do oferecimento de denúncia, seja em sede de processo iniciado por termo circunstanciado nos Juizados Especiais Criminais, seja em sede de inquérito policial, e verificado o preenchimento dos requisitos para a transação, bem como a elaboração do laudo de constatação de reparação do dano ambiental, o juiz homologará a transação penal, aplicando ao agente pena restritiva de direitos ou pena de multa.

É comum na Transação Penal que o agente assuma o compromisso de prestar auxílio às Organizações e Fundações que realizam trabalhos sociais e ambientais à comunidade, como forma de cumprimento de pena alternativa à privativa de liberdade.

–	Detenção, de um ano a três anos ou multa, ou ambas as penas cumulativamente.
–	Detenção, de um a três anos, ou multa, ou ambas as penas cumulativamente.
–	Reclusão, de um a cinco anos
–	Reclusão, de um a dois anos, e multa
–	**PENA**
–	Detenção, de seis meses a um ano, e multa
Art. 50-A. Desmatar, explorar economicamente ou degradar floresta, plantada ou nativa, em terras de domínio público ou devolutas, sem autorização do órgão competente	Reclusão de 2 (dois) a 4 (quatro) anos e multa
Art. 51. Comercializar motosserra ou utilizá-la em florestas e nas demais formas de vegetação, sem licença ou registro da autoridade competente.	Detenção, de três meses a um ano, e multa.
Art. 61. Disseminar doença ou praga ou espécies que possam causar dano à agricultura, à pecuária, à fauna, à flora ou aos ecossistemas:	Reclusão, de um a quatro anos, e multa.

Incidência do princípio da insignificância

Atenção!	Segundo o atendimento jurisprudencial do STJ, se admite a incidência do princípio da insignificância para casos de crime ambiental quando demonstrada, a partir do exame da situação concreta, a ínfima lesividade ao bem ambiental tutelado pela norma. Este posicionamento está presente na decisão da Segunda Turma do Supremo Tribunal Federal (STF) em decisão em sede Habeas Corpus (HC 112563), publicado em 10/12/2012, concedido, por maioria de votos, e que absolveu um pescador de Santa Catarina que havia sido condenado por crime contra o meio ambiente (contra a fauna) por pescar durante o período de defeso, utilizando-se de rede de pesca fora das especificações do Ibama e flagrado com 12 camarões. Nos termos da ementa do acordão: "Rei furtivae de valor insignificante. Periculosidade não considerável do agente. Crime de bagatela. Caracterização. Aplicação do princípio da insignificância. Atipicidade reconhecida".

9 Segundo Art. 69, da Lei nº 9.099, de 26 de setembro de 1995, para os casos de crime de menor potencial ofensivo: A autoridade policial que tomar conhecimento da ocorrência lavrará termo circunstanciado e o encaminhará imediatamente ao Juizado, com o autor do fato e a vítima, providenciando-se as requisições dos exames periciais necessários.

10 Art. 28. As disposições do art. 89 da Lei nº 9.099, de 26 de setembro de 1995, aplicam-se aos crimes de menor potencial ofensivo definidos nesta Lei, com as seguintes modificações:

I – a declaração de extinção de punibilidade, de que trata o § 5° do artigo referido no *caput*, dependerá de laudo de constatação de reparação do dano ambiental, ressalvada a impossibilidade prevista no inciso I do § 1° do mesmo artigo;

II – na hipótese de o laudo de constatação comprovar não ter sido completa a reparação, o prazo de suspensão do processo será prorrogado, até o período máximo previsto no artigo referido no *caput*, acrescido de mais um ano, com suspensão do prazo da prescrição;

III – no período de prorrogação, não se aplicarão as condições dos incisos II, III e IV do § 1° do artigo mencionado no *caput*;

IV – findo o prazo de prorrogação, proceder-se-á à lavratura de novo laudo de constatação de reparação do dano ambiental, podendo, conforme seu resultado, ser novamente prorrogado o período de suspensão, até o máximo previsto no inciso II deste artigo, observado o disposto no inciso III;

V – esgotado o prazo máximo de prorrogação, a declaração de extinção de punibilidade dependerá de laudo de constatação que comprove ter o acusado tomado as providências necessárias à reparação integral do dano.

Competência para Julgamento – Crimes contra a Fauna e Flora

Atualmente **prevalece o entendimento que a competência para julgamento dos crimes contra a fauna e flora é da Justiça Estadual**, exceto quando há ofensa direta a **bens, serviços e/ou interesses da União ou de suas entidades autárquicas**. Nesses últimos casos a **competência passa a ser da Justiça Federal**. Por exemplo, quando o delito é praticado em uma Unidade de Conservação Federal ou mesmo quando o objeto do delito é uma espécie ameaçada de extinção. Neste sentido: **STJ. 3a Seção. AgRg no CC 115.159-SP, Rel. Min. Og Fernandes, julgado em 13/6/2012.**

Responsabilidade Penal da Pessoa Jurídica

A Constituição Federal, por intermédio do seu Art. 225, § 3º, prevê que as condutas e atividades consideradas lesivas ao meio ambiente **sujeitarão os infratores, pessoas físicas ou jurídicas, a sanções penais.**

A Lei de Crimes Ambientais de forma mais específica, no seu Art. 3º, dispõe que:	As pessoas jurídicas serão responsabilizadas administrativa, civil e penalmente conforme o disposto nesta Lei, nos casos em que a infração seja cometida por decisão de seu representante legal ou contratual, ou de seu órgão colegiado, no interesse ou benefício da sua entidade.

Portanto, qualquer pessoa jurídica, seja de direito público ou privado, pode ser responsabilizada penalmente pela prática de crimes ambientais.

Dentre os requisitos necessários para se responsabilizar uma pessoa jurídica pela prática de crime ambiental, tem-se que **(1) a infração penal tenha sido cometida por decisão de seu representante legal ou contratual, ou de seu órgão colegiado; (2) que a infração tenha sido cometida no interesse ou benefício da pessoa jurídica.**

Apesar da responsabilização da pessoa jurídica que pratica crimes ambientais ser uma tendência mundial, bem como os seus fundamentos legais estarem previstos há tempos na Constituição Federal de 1988 e na Lei de Crimes Ambientais de 1998, tem-se que o alcance e as formas de responsabilização criminal ambiental das pessoas jurídicas estão sendo estabelecidos somente nos últimos anos pelas decisões dos Tribunais Superiores.

Atenção!	A posição atual do STF é no sentido da possibilidade de responsabilização penal da pessoa jurídica sem necessidade de punição conjunta com a pessoa física.

Penas aplicáveis à Pessoa Jurídica:

As penas aplicáveis à Pessoa Jurídica estão previstas no art. 21 da LCA e são as seguintes:	I – multa; II – restritivas de direitos; III – prestação de serviços à comunidade.

As espécies de penas restritivas de direitos aplicáveis às pessoas jurídicas, em decorrência da prática de crimes ambientais, estão previstas pelo artigo 22 e detalhadas pelos seus parágrafos:

ESPÉCIE DE PENA PRIVATIVA DE LIBERDADE (artigo 22 da LCA)	PARÂMETRO PARA APLICAÇÃO (parágrafos 1º, 2º e 3º)
II. suspensão parcial ou total de atividades	A suspensão de atividades será aplicada quando estas não estiverem obedecendo às disposições legais ou regulamentares, relativas à proteção do meio ambiente.
III. interdição temporária de estabelecimento, obra ou atividade;	A interdição será aplicada quando o estabelecimento, obra ou atividade estiver funcionando sem a devida autorização, ou em desacordo com a concedida, ou com violação de disposição legal ou regulamentar.
IIII. proibição de contratar com o Poder Público, bem como dele obter subsídios, subvenções ou doações.	A proibição de contratar com o Poder Público e dele obter subsídios, subvenções ou doações não poderá exceder o prazo de dez anos.

As espécies de penas de prestação de serviços à comunidade aplicáveis às pessoas jurídicas, em decorrência da prática de crimes ambientais, estão previstas pelo artigo 23 da Lei de Crimes:

I – custeio de programas e de projetos ambientais;
II – execução de obras de recuperação de áreas degradadas;
III – manutenção de espaços públicos;
IV – contribuições a entidades ambientais ou culturais públicas.

Atenção!	Cabe destacar que segundo os termos de decisão do STF, em sede de Recurso Extraordinário (RE 548181/PR) de 6/8/2013, cuja relatora foi Ministra Rosa Weber: "É admissível a condenação de pessoa jurídica pela prática de crime ambiental, ainda que absolvidas as pessoas físicas ocupantes de cargo de presidência ou de direção do órgão responsável pela prática criminosa." (...) "Ao se condicionar a responsabilização da pessoa jurídica à física, estaria ocorrendo a subordinação da responsabilização jurídico-criminal do ente coletivo à efetiva condenação da pessoa física, o que não seria objetivo previsto no mandamento constitucional de criminalização contido no § 3º do art. 225 da CF/88".

Importante – Novidade sobre o Crime de Poluição (Art. 54 da Lei de Crimes Ambientais:

Informativo 624 STJ – O delito de **poluição,** previsto na primeira parte do **artigo 54** da Lei nº 9.605/1998, possui **natureza formal,** sendo suficiente a *potencialidade de dano* à saúde humana para configuração da conduta delitiva, não se exigindo, portanto, a realização de perícia.

Ação Penal

Finalmente cabe destacar que a Ação Penal a ser instaurada para o julgamento de crimes contra o meio ambiente **será sempre pública e incondicionada.**

É o que estabelece expressamente o artigo 26 da Lei de Crimes Ambientais:

> Nas infrações penais previstas nesta Lei, a ação penal é pública incondicionada.

A Ação Penal pública no caso dos crimes ambientais é **incondicionada**, pois seu exercício não se subordina a nenhum requisito, pode ser iniciada sem a representação do ofendido e sem a requisição do Ministro da Justiça.

Importante: Novidade sobre a Impossibilidade de Abate de Animais apreendidos em Situação de Maus-Tratos:

ADPF 640 MC-Ref/DF (2021) STF

É INCONSTITUCIONAL A POSSIBILIDADE DE ABATE DE ANIMAIS APREENDIDOS EM SITUAÇÃO DE MAUS-TRATOS

"Até que os animais sejam entregues às instituições, o órgão autuante zelará para que eles sejam mantidos em condições adequadas de acondicionamento e transporte que **GARANTAM SEU BEM-ESTAR FÍSICO. (...)**

"Assim, INCONSTITUCIONAL a interpretação segundo a qual os animais devam ser resgatados de situações de maus-tratos para, logo em seguida, serem abatidos." [INFO 1030]

2.7. BIODIVERSIDADE/BIOSSEGURANÇA

A Convenção da Diversidade Biológica fixa no art. 1º as premissas básicas sobre as quais se fundamentam todos os princípios relativos à preservação de diversidade biológica global e os conhecimentos associados a ela:

> A conservação da diversidade biológica, a utilização sustentável de seus componentes e a repartição justa e equitativa dos benefícios derivados da utilização sustentável dos recursos genéticos, mediante, inclusive, o acesso adequado aos recursos genéticos e a transferência adequada de tecnologias pertinentes, levando em conta todos os direitos sobre tais recursos e tecnologias, e mediante o financiamento adequado

Também a mesma Convenção (art. 2º) define o que seja a **Diversidade Biológica**, como objeto de proteção das normas internacionais e nacionais de direito ambiental:

> **Diversidade biológica**
>
> significa a variabilidade de organismos vivos de todas as origens, compreendendo, dentre outros, os ecossistemas terrestres, marinhos e outros ecossistemas aquáticos e os complexos ecológicos de que fazem parte; compreendendo ainda a diversidade dentro de espécies, entre espécies e de ecossistemas.

> **Atenção!**
>
> Por outro lado, desde a Constituição de 1988, há previsão expressa no ordenamento jurídico brasileiro de proteção da diversidade biológica na sua dimensão de patrimônio genético. É o que se depreende da previsão do art. 225, parágrafo 1º, inciso II:
>
> Art. 225 – Todos têm direito ao meio ambiente ecologicamente equilibrado, bem de uso comum do povo e essencial à sadia qualidade de vida, impondo-se ao Poder Público e à coletividade o dever de defendê-lo e preservá-lo para as presentes e futuras gerações.
>
> § 1º. Para assegurar a efetividade desse direito, incumbe ao Poder Público:
>
> **II – preservar a diversidade e a integridade do patrimônio genético do País e fiscalizar as entidades dedicadas à pesquisa e manipulação de material genético.**

A Convenção da Diversidade Biológica CDB (art. 2º), Apresenta o conceito de **Biotecnologia:** qualquer aplicação tecnológica que utilize sistemas biológicos, organismos vivos, ou seus derivados, para fabricar ou modificar produtos ou processos para utilização específica.

Enquanto que a **Biossegurança** é compreendida como:

> "**Conjunto de normas que regulamenta a manipulação genética, de forma que esta não coloque em risco a qualidade de vida do homem, bem como, e em especial, o seu próprio meio ambiente**. Portanto, Biossegurança compreende os riscos envolvidos na manipulação e na liberação para o meio ambiente de organismos geneticamente modificados. Dentre os possíveis tipos de risco temos os para a biodiversidade (e. g., espalhamento descontrolado de um organismo geneticamente modificado no meio ambiente) e para a saúde (e.g. toxicidade de um alimento para a população)".

No ano 2000, foi realizada a "Conferência das Partes da Convenção da Biodiversidade", com a presença de representantes de 180 países, na cidade de Montreal, no Canadá. Nessa Conferência foi aprovado o Protocolo de Biossegurança que, em homenagem a cidade-sede da Conferência preparatória de 1999, realizada na cidade de Cartagena, Colômbia, foi denominado "Protocolo de Cartagena".

Dentre os principais objetivos do Protocolo, tem-se a definição de um regime jurídico adequado de proteção no campo de transferência, manipulação e utilização segura dos Organismos Geneticamente Modificados, resultantes da Biotecnologia moderna (OGMs). Visa, principalmente, a conservação e a utilização sustentável da diversidade biológica, ao mesmo tempo, evitar e prevenir riscos para a saúde humana. O âmbito de sua aplicação são os movimentos transfronteiriços dos OGMs. O Protocolo adota o princípio do direito ambiental da precaução, com relação aos alimentos transgênicos.

Em 16 de Fevereiro de 2.006, o Brasil aprovou o Decreto nº 5.705, internalizando as previsões do Protocolo de Cartagena no sistema jurídico nacional.

Atenção!
Para dar mais efetividade ao Protocolo de Cartagema, bem como à própria Convenção da Diversidade Biológica, em 24 de Março de 2.005, é sancionada a Lei nº 11.105, denominada Lei de Biossegurança, que estabelece as normas de segurança e mecanismos de fiscalização de atividades que envolvam organismos geneticamente modificados - OGM e seus derivados, cria o Conselho Nacional de Biossegurança - CNBS, reestrutura a Comissão Técnica Nacional de Biossegurança - CTNBio, dispõe sobre a Política Nacional de Biossegurança - PNB.

A Lei de Biossegurança prevê os parâmetros legais para as pesquisas genéticas e apresenta a regulação necessária a tais pesquisas no território nacional.

Regulamenta especialmente dois temas: **Organismos Geneticamente Modificados - OGM e as células-tronco embrionárias humanas**

Deste modo, a Lei de Biossegurança tem por finalidade estabelecer normas de segurança e mecanismos de fiscalização no uso das técnicas de Engenharia Genética, conforme preceitua o seu art. 1º:

> Esta lei estabelece **normas de segurança** e mecanismos de fiscalização sobre a construção, o cultivo, a manipulação, o transporte, a transferência, a importação, a exportação, o armazenamento, a pesquisa, a comercialização, o consumo, a liberação no meio ambiente e o descarte de organismos geneticamente modificados - OGM e seus derivados, tendo como diretrizes o estimulo ao avanço cientifico na área de Biossegurança e Biotecnologia, a proteção à vida e a saúde humana, animal e vegetal, e a observância do princípio da precaução para a proteção do meio ambiente.

Assim, a Lei disciplina oito atividades relacionadas aos Organismos Geneticamente Modificados (OGM), a saber: **"construção, cultivo, manipulação, transporte; comercialização, consumo, liberação e descarte"**.

A Lei da Biossegurança traz também conceitos instrumentais importantes:

Organismos Geneticamente Modificados (OGM) são definidos como:	organismo cujo material genético - ADN/ARN tenha sido modificado por qualquer técnica de engenharia genética (art. 3º, V, Lei nº 11.105/2005).
Derivado de OGM	produto obtido de OGM e que não possua capacidade autônoma de replicação ou que não contenha forma viável de OGM (art. 3º, VI, Lei nº 11.105/2005).
Clonagem	processo de reprodução assexuada, produzida artificialmente, baseada em um único patrimônio genético, com ou sem utilização de técnicas de engenharia genética (art. 3º, VII, Lei nº 11.105/2005).
Células-tronco embrionárias	células de embrião que apresentam a capacidade de se transformar em células de qualquer tecido de um organismo.

Com base nesses conceitos, que definem objetos do regime jurídico da Biossegurança, o art. 2º da Lei, estabelece que as atividades e os projetos ligados à produção industrial e o desenvolvimento tecnológico que envolvam OGM estão sujeitos ao controle do Poder Público, o que possui direta relação com o princípio do Direito Ambiental do Limite (apresentado no capítulo 2 sobre princípios ambientais), em que cabe ao Poder Público estabelecer os limites e as possibilidades para as atividades de biotecnologia.

> Art. 2º - As atividade e projetos que envolvam OGM e seus derivados, relacionados ao *ensino* com manipulação de organismos vivos, à *pesquisa cientifica*, ao desenvolvimento tecnológico e à produção industrial ficam restritos ao âmbito de entidades de direito público ou privado, que serão responsáveis pela obediência aos preceitos desta Lei e de sua regulamentação, bem como pelas eventuais conseqüências ou efeitos advindos de seu descumprimento.

Além disso, o § 2º do art. 2º da Lei de Biossegurança prevê que: "As atividades e projetos de que trata este artigo são vedados a pessoas físicas em atuação autônoma e independente, ainda que mantenham vínculo empregatício ou qualquer outro com pessoas jurídicas".

Dentro do regime jurídico, algumas práticas são terminantemente proibidas pela Política Nacional de Biossegurança. Tais proibições estão previstas pelo art. 6º da Lei:

I - implementação de projeto relativo a OGM sem a manutenção de registro de seu acompanhamento individual;
II - engenharia genética em organismo vivo ou o manejo **in vitro** de ADN/ARN natural ou recombinante, realizado em desacordo com as normas previstas nesta Lei;
III - engenharia genética em célula germinal humana, zigoto humano e embrião humano;
IV - **clonagem humana**;
V - destruição ou descarte no meio ambiente de OGM e seus derivados em desacordo com as normas estabelecidas pela CTNBio, pelos órgãos e entidades de registro e fiscalização, referidos no art. 16 desta Lei, e as constantes desta Lei e de sua regulamentação;
VI - **liberação no meio ambiente de OGM ou seus derivados, no âmbito de atividades de pesquisa, sem a decisão técnica favorável da CTNBio e, nos casos de liberação comercial, sem o parecer técnico favorável da CTNBio, ou sem o licenciamento do órgão ou entidade ambiental responsável, quando a CTNBio considerar a atividade como potencialmente causadora de degradação ambiental, ou sem a aprovação do Conselho Nacional de Biossegurança - CNBS, quando o processo tenha sido por ele avocado, na forma desta Lei e de sua regulamentação**;
VII - a utilização, a comercialização, o registro, o patenteamento e o licenciamento de tecnologias genéticas de restrição do uso.

É vedada a pesquisa e cultivo de OGM em terras indígenas[11] e em Unidades de Conservação, com exceção das

11 A Constituição de 1988, no parágrafo § 1º, do art. 231, conceitua o que sejam áreas tradicionalmente ocupadas pelos índios: São terras tradicionalmente ocupadas pelos índios as por eles habitadas em caráter permanente, as utilizadas para suas atividades produtivas, as imprescindíveis à preservação dos recursos ambientais necessários a seu bem-estar e as necessárias a sua reprodução física e cultural, segundo seus usos, costumes e tradições.

APAs (Áreas de Proteção Ambiental)[12], unidades de conservação de uso sustentável, onde a legislação não proíbe.

A Política Nacional da Biossegurança é regulamentada, também, pelo Decreto Federal nº 5.591, de 22/11/2005, que estabelece, em linhas gerais, o regime jurídico sobre os agentes implementadores da Lei 11.105/2005, desde o Conselho Nacional de Biossegurança - CNBS - até às Comissões Internas de Biossegurança - CIBio a maior parte dos dispositivos regulamentadores trata da Comissão Técnica de Biossegurana - CTNBio.

Órgãos de Implementação da Política Nacional de Biossegurança – Ênfase na Comissão Nacional de Biossegurança – CTNBio

A Lei de Biossegurança, em termos de estruturação administrativa, reestrutura a **Comissão Técnica Nacional de Biossegurança - CTNBio,** cria o **Conselho Nacional de Biossegurança - CNBS,** institui as **Comissões Internas de Biossegurança - CIBio**, em níveis subalternos e forma o **Sistema de Informação em Biossegurança - SIB.**

A Comissão Técnica Nacional de Biossegurança - CTNBio - integra a Administração Direta Federal, não possui personalidade jurídica própria. Está ligada ao Ministério da Ciência e Tecnologia e dá apoio técnico e assessoramento ao Governo Federal, nas questões ligadas à Biossegurança e Biotecnologia.

Assim, a Lei de Biossegurança, no Capítulo III, art. 10º, *caput* e parágrafo único, prevê as atribuições e natureza jurídica da CTNBio:

> Art. 10. A CTNBio, integrante do Ministério da Ciência e Tecnologia, é instância colegiada multidisciplinar de caráter consultivo e deliberativo, para prestar apoio técnico e de assessoramento ao Governo Federal na formulação, atualização e implementação da PNB de OGM e seus derivados, bem como no estabelecimento de normas técnicas de segurança e de pareceres técnicos referentes à autorização para atividades que envolvam pesquisa e uso comercial de OGM e seus derivados, com base na avaliação de seu risco zoofitossanitário, à saúde humana e ao meio ambiente.
>
> Parágrafo único. A CTNBio deverá acompanhar o desenvolvimento e o progresso técnico e científico nas áreas de biossegurança, biotecnologia, bioética e afins, com o objetivo de aumentar sua capacitação para a proteção da saúde humana, dos animais e das plantas e do meio ambiente.

O art. 10º enfatiza que a ação da Comissão buscará, em especial, por meio de atribuições consultivas e deliberativas, o desenvolvimento cientifico e tecnológico nas áreas de Biossegurança, Biotecnologia e Bioética, notadamente por meio de análise, controle e fiscalização de pesquisas ligadas a OGMs e incentivos a ações concretas.

A Lei estabelece, também, a esfera administrativa da CTNBio, bem como a delimitação das funções normativas, executivas e decisórias, setorizadas às questões que justificaram sua criação: Biossegurança dos OGM e seus derivados.

O caráter de tomada de decisão por maioria absoluta dos membros	**Art. 11, § 8º - (Incluído pela Lei nº 11.460, de 2007):** As decisões da CTNBio serão tomadas com votos favoráveis da maioria absoluta de seus membros.

As competências funcionais da CTNBio estão previstas no art. 14 da Lei de Biossegurança em seus vinte e três incisos e regulamentada pelo Decreto nº 5.591/2.005, art. 5º, incisos I a XXIII.

Merecem destaque as seguintes atribuições:	1 – estabelecer normas e regulamentos relativos às atividades, pesquisas e projetos relacionados a OGMs e seus derivados;
	2 – classificar os OGMs e seus derivados segundo o seu grau de risco, procedendo com monitoramentos, critérios e análise de avaliação de risco, caso a caso;
	3 – estabelecer os mecanismos de funcionamentos das Comissões Internas de Biossegurança – CIBio;
	4 – autorizar, cadastrar e acompanhar as atividades de pesquisas com OGM ou derivados, bem como a importação do mesmo;
	5 – definir o nível de biossegurança a ser aplicado ao OGM e seus usos, e os respectivos procedimentos e medidas de segurança quanto ao seu uso, conforme as normas estabelecidas na regulamentação desta Lei, bem como quanto aos seus derivados;
	6 – identificar atividades e produtos decorrentes do uso de OGM e seus derivados potencialmente causadores de degradação do meio ambiente ou que possam causar riscos à saúde humana;
Merecem destaque as seguintes atribuições:	7 – reavaliar suas decisões técnicas por solicitação de seus membros ou por recurso dos órgãos e entidades de registro e fiscalização, fundamentado em fatos ou conhecimentos científicos novos, que sejam relevantes quanto à biossegurança do OGM ou derivado, na forma desta Lei e seu regulamento;
	8 – propor a realização de pesquisas e estudos científicos no campo da biossegurança de OGM e seus derivados;
	9 – apresentar proposta de regimento interno ao Ministro da Ciência e Tecnologia;
	10 – emitir Certificado de Qualidade em Biossegurança – CQB e decisões técnicas, caso a caso, no âmbito de pesquisa e uso comercial de OGMs e seus derivados.

Nas decisões técnicas, o plenário da CTNBio poderá expedir autorização favorável ou desfavorável ao pedido de liberação comercial do OGM. Existirão, portanto, três possibilidades: deferimento, indeferimento, e deferimento com identificação de potencial degradação ambiental.

12 A Área de Proteção Ambiental é uma área em geral extensa, com um certo grau de ocupação humana, dotada de atributos abióticos, bióticos, estéticos ou culturais especialmente importantes para a qualidade de vida e o bem-estar das populações humanas, e tem como objetivos básicos proteger a diversidade biológica, disciplinar o processo de ocupação e assegurar a sustentabilidade do uso dos recursos naturais (art. 15, da Lei Federal nº 9985/2000, Lei SNUC)

Para a última situação, quando a CTNBio entender que o OGM é potencialmente ou efetivamente causador de degradação ambiental, determinará que se faça o Licenciamento Ambiental, encaminhando o processo ao órgão competente do Ministério do Meio Ambiente para suas providências, cabendo ao órgão decidir sobre a necessidade de Estudo de Impacto Ambiental – EIA – e respectivo Relatório Ambiental – RIMA – ou outros estudos para avaliação do risco, sob pena de controle judicial da decisão.

BIODIVERSIDADE E CONHECIMENTO TRADICIONAL ASSOCIADO – LEI FEDERAL N. 13.123/2015

Importante destacar que em 2015, em 20 de maio, o Brasil por meio da Lei Federal n. 13.123, institui sua Política Nacional de Acesso ao Patrimônio genético, sobre a Proteção e o Acesso ao Conhecimento Tradicional Associado e sobre a repartição de benefícios para conservação e uso sustentável da Biodiversidade.

Dentro dos conceitos trazidos pelo marco regulatório (Art. 2º), cabem ser destacados:

patrimônio genético - informação de origem genética de espécies vegetais, animais, microbianas ou espécies de outra natureza, incluindo substâncias oriundas do metabolismo destes seres vivos;

conhecimento tradicional associado - informação ou prática de população indígena, comunidade tradicional ou agricultor tradicional sobre as propriedades ou usos diretos ou indiretos associada ao patrimônio genético;

Como concepção orientadora dos propósitos de proteção da Lei, **considera-se que a diversidade biológica tem valor intrínseco, merecendo respeito independentemente de seu valor para o homem** ou potencial para uso humano;

A referida Lei cria também no âmbito do Ministério do Meio Ambiente **o Conselho de Gestão do Patrimônio Genético - CGen**, órgão colegiado de caráter deliberativo, normativo, consultivo e recursal, responsável por coordenar a elaboração e a implementação de políticas para a gestão do acesso ao patrimônio genético e ao conhecimento tradicional associado e da repartição de benefícios, formado por representação de órgãos e entidades da administração pública federal que detêm competência sobre as diversas ações de que trata esta Lei com participação máxima de 60% (sessenta por cento) e a representação da sociedade civil em no mínimo 40% (quarenta por cento) dos membros, assegurada a paridade entre: I - setor empresarial; II - setor acadêmico; e III - populações indígenas, comunidades tradicionais e agricultores tradicionais. (Art. 6º)

Neste contexto, às populações indígenas, às comunidades tradicionais e aos agricultores tradicionais que criam, desenvolvem, detêm ou conservam conhecimento tradicional associado **são garantidos os direitos de participar do processo de tomada de decisão sobre assuntos relacionados ao acesso a conhecimento tradicional associado e à repartição de benefícios decorrente desse acesso, na forma do regulamento**

O artigo 8º da mesma legislação estabelece como protegidos os conhecimentos tradicionais associados ao patrimônio genético de populações indígenas, de comunidade tradicional ou de agricultor tradicional contra a utilização e exploração ilícita. E o § 2º do mesmo artigo, determina que **o conhecimento tradicional associado ao patrimônio genético integra o patrimônio cultural brasileiro e poderá ser depositado em banco de dados.**

Para este novo marco regulatório, considera-se **infração administrativa** contra o patrimônio genético ou contra o conhecimento tradicional associado toda ação ou omissão que viole as normas da Lei Federal n. **13.123/2015**

✦ SÚMULAS APLICÁVEIS

◉ STF

Espaços territoriais especialmente protegidos pelo Poder Público

- **STF – Súmula 479 –** As margens dos rios navegáveis são de domínio público, insuscetíveis de expropriação e, por isso mesmo, excluídas de indenização.

◉ STJ

Prescrição. Multa por infração ambiental

- **STJ – Súmula 467 –** Prescreve em cinco anos, contados do término do processo administrativo, a pretensão da Administração Pública de promover a execução da multa por infração ambiental.
- **STJ – Súmula 613 –** Não se admite a aplicação da teoria do fato consumado em tema de Direito Ambiental.
- **STJ – Súmula 618 –** A inversão do ônus da prova aplica-se às ações de degradação ambiental.
- **STJ – Súmula 623 –** As obrigações ambientais possuem natureza propter rem, sendo admissível cobrá-las do proprietário ou possuidor atual e/ou dos anteriores, à escolha do credor.
- **STJ – Súmula 629 –** Quanto ao dano ambiental, é admitida a condenação do réu à obrigação de fazer ou à de não fazer cumulada com a de indenizar.

Atenção! Importante!

Aprovada nova Súmula Ambiental no STJ:

Súmula 652: A responsabilidade civil da Administração por danos ao meio ambiente decorrente de sua omissão no dever de fiscalização é de caráter solidário, mas de execução subsidiária.

Direito Empresarial

Danniel Trindade

TABELA DE INCIDÊNCIA DE QUESTÕES

Distribuição das questões organizada por ordem didática de assuntos		
Assunto	**Número de Questões**	**Peso**
1. EMPRESÁRIO	3	8,11%
2. ESTABELECIMENTO EMPRESARIAL	3	8,11%
3. INSTITUTOS COMPLEMENTARES DE DIREITO EMPRESARIAL	5	13,51%
4. MICROEMPRESA E EMPRESA DE PEQUENO PORTE	1	2,70%
5. DIREITO SOCIETÁRIO	10	27,03%
6. REORGANIZAÇÃO SOCIETÁRIA: TRANSFORMAÇÃO, INCORPORAÇÃO, FUSÃO E CISÃO	1	2,70%
7. DIREITO FALIMENTAR E RECUPERACIONAL	9	24,32%
8. DIREITO CAMBIÁRIO	4	10,81%
9. DIREITO DE PROPRIEDADE INDUSTRIAL	1	2,70%
Total	**37**	**100%**

Direito Empresarial

Danniel Trindade

✦ QUESTÕES

1. EMPRESÁRIO

1.1. CARACTERIZAÇÃO

01. (FUNCAB – Delegado de Polícia – PA/2016) No que concerne à caracterização da atividade empresarial segundo o direito brasileiro, pode se afirmar que:

a) o empresário que tenha a atividade rural como sua principal profissão não pode requerer inscrição no Registro Público de Empresas Mercantis da respectiva sede.

b) marido e mulher podem contratar sociedade, entre si ou com terceiros, mesmo que tenham se casado no regime da comunhão universal de bens.

c) o termo empresário refere-se ao sócio da sociedade empresária.

d) não se considera empresário quem exerce profissão intelectual, de natureza científica, literária ou artística, ainda com o concurso de auxiliares ou colaboradores, salvo se o exercício da profissão constituir elemento de empresa.

e) a pessoa legalmente impedida de exercer a atividade empresária, caso a exerça, não responderá pelas obrigações que contrair.

COMENTÁRIOS

✪ **Nota do autor:** a questão exigia do candidato conhecimento do texto da lei. Antes da análise de cada uma das alternativas, convém destacar alguns conceitos essenciais do Direito Empresarial. Vejamos. *Empresário* é a pessoa física (empresário individual) ou jurídica (sociedade empresária ou empresa individual de responsabilidade limitada) que exerce profissionalmente atividade econômica organizada para a produção ou circulação de bens ou de serviços, nos termos do art. 966, *caput*, do Código Civil. *Empresa* é a atividade econômica exercida pelo empresário. *Estabelecimento* é o complexo de bens corpóreos e incorpóreos organizados pelo empresário para a exploração da empresa.

Alternativa "a": O empresário que tenha a atividade rural como sua principal profissão **pode** (faculdade) requerer inscrição no Registro Público de Empresas Mercantis da respectiva sede. É o que diz o art. 971, *caput*, do Código Civil: "O empresário, cuja atividade rural constitua sua principal profissão, **pode**, observadas as formalidades de que tratam o art. 968 e seus parágrafos, requerer inscrição no Registro Público de Empresas Mercantis da respectiva sede, caso em que, depois de inscrito, ficará equiparado, para todos os efeitos, ao empresário sujeito a registro." **Cuidado para não confundir:** o empresário é obrigado a efetuar seu registro no Registro Público de Empresas Mercantis (Junta Comercial) antes de iniciar sua atividade. No entanto, para o empresário rural ou sociedade empresarial rural, o registro é **facultativo**; se efetuarem o registro ficarão equiparados ao empresário comum, tendo as mesmas obrigações deste.

> ATENÇÃO!
>
> A Lei 14.193/2021, que disciplina a sociedade anônima do futebol, introduziu mais uma hipótese de registro facultativo no parágrafo único do art. 971 do Código Civil. Agora, portanto, a associação que desenvolva atividade futebolística em caráter habitual e profissional, também pode (é uma faculdade), requerer sua inscrição na Junta Comercial da respectiva sede, caso em que, depois de inscrito, ficará equiparado, para todos os efeitos, ao empresário sujeito a registro.

Alternativa "b": Marido e mulher podem contratar sociedade, entre si ou com terceiros, **salvo** se casados no regime da comunhão universal de bens, ou no da separação obrigatória. É o que diz o art. 977 do Código Civil: "Faculta-se aos cônjuges contratar sociedade, entre si ou com terceiros, **desde que não tenham casado no regime da comunhão universal de bens, ou no da separação obrigatória**."

Alternativa "c": O termo empresário **não se confunde** com o sócio da sociedade empresária. O sócio da sociedade empresária não é empresário. Empresário é a pessoa física (empresário individual) ou jurídica (sociedade empresária ou empresa individual de responsabilidade limitada) que exerce profissionalmente atividade econômica organizada para a produção ou circulação de bens ou de serviços, nos termos do art. 966, caput, do Código Civil.

Como bem ensina André Luiz Santa Cruz Ramos, "A principal consequência da personificação das sociedades é o reconhecimento da sociedade como sujeito de direitos, ou seja, como ente autônomo dotado de personalidade distinta da pessoa dos seus sócios e com patrimônio também autônomo, que não se confunde com o patrimônio dos sócios." (Ramos, André Luiz Santa Cruz. *Direito Empresarial Esquematizado.* 6. ed. rev., atual. e ampl. – Rio de Janeiro: Forense; São Paulo: Método, 2016).

Alternativa "d": Não se considera empresário quem exerce profissão intelectual, de natureza científica, literária ou artística, ainda com o concurso de auxiliares ou colaboradores, salvo se o exercício da profissão constituir elemento de empresa (art. 966, parágrafo único, do CC).

Alternativa "e": A pessoa legalmente impedida de exercer a atividade empresária, caso a exerça, **responderá** pelas obrigações que contrair. É o que diz o art. 973 do Código Civil: "A pessoa legalmente impedida de exercer atividade própria de empresário, se a exercer, responderá pelas obrigações contraídas."

Alternativa correta: letra "d".

1.2. CAPACIDADE

02. (Cespe - Delegado de Polícia - PC - SE/2018) A respeito das condições para o exercício de atividade comercial, julgue os itens subsequentes.

O incapaz é impedido de iniciar atividade empresarial individual, mas poderá, excepcionalmente, ser autorizado a dar continuidade a atividade empresária preexistente.

COMENTÁRIOS

O incapaz é impedido de **iniciar** atividade empresarial individual, considerando que o art. 972 do CC determina que podem exercer a atividade de empresário os que estiverem em pleno gozo da capacidade civil e não forem legalmente impedidos. No entanto, o incapaz pode ser autorizado a **continuar** a atividade empresária preexistente. É o que determina o art. 974, *caput*, do CC: "Poderá o incapaz, por meio de representante ou devidamente assistido, continuar a empresa antes exercida por ele enquanto capaz, por seus pais ou pelo autor de herança.".

Alternativa correta: "certo".

03. (Cespe - Delegado de Polícia - PC - SE/2018) A respeito das condições para o exercício de atividade comercial, julgue os itens subsequentes.

É vedado transformar registro de empresário individual em registro de sociedade empresária.

COMENTÁRIOS

É perfeitamente possível transformar registro de empresário individual em registro de sociedade empresária. A regra está prevista no § 3º do art. 968 do Código Civil, que dispõe: "Caso venha a admitir sócios, o empresário individual poderá solicitar ao Registro Público de Empresas Mercantis a transformação de seu registro de empresário para registro de sociedade empresária, observado, no que couber, o disposto nos arts. 1.113 a 1.115 deste Código." Vale lembrar que não se deve confundir "transformação de registro" com "transformação de pessoa jurídica". Aliás, é o que estabelece o Enunciado 465 da V Jornada de Direito Civil do CJF: "A 'transformação de registro' prevista no art. 968, § 3º, e no art. 1.033, parágrafo único, do Código Civil não se confunde com a figura da transformação de pessoa jurídica." No mesmo sentido, já decidiu o STJ que: "(...) 'TRANSFORMAÇÃO' DO EMPRESÁRIO INDIVIDUAL EM SOCIEDADE LIMITADA. OPERAÇÃO SUI GENERIS, DISTINTA DA TRANSFORMAÇÃO DE SOCIEDADES. (...) 3. Não se deve confundir a 'transformação' do empresário individual em sociedade empresária com a transformação de pessoa jurídica, operação societária típica regulada nos arts. 220 da Lei n. 6.404/1976 e 1.113 do CC/2002. Nesta, ocorre a mera mudança de tipo societário. Naquela, há constituição de uma nova sociedade, passando o antigo empresário individual a ser um de seus sócios. Assim, a transferência de bem imóvel de sua propriedade para a sociedade é feita a título de integralização do capital social, razão pela qual não prescinde do registro para transmissão do domínio. Doutrina." (STJ, 4ª Turma, AgRg no REsp 703.419/DF, Rel. Min. Antônio Carlos Ferreira, julgado em 02/04/2013).

Alternativa correta: "errado".

2. ESTABELECIMENTO EMPRESARIAL

04. (Vunesp - Delegado de Polícia - PC - BA/2018) Com relação ao estabelecimento empresarial, assinale a alternativa correta.

a) O contrato que tenha por objeto a alienação, o usufruto ou arrendamento do estabelecimento, só produzirá efeitos quanto às partes e a terceiros depois de averbado à margem da inscrição do empresário, ou da sociedade empresária, no Registro Público de Pessoas Jurídicas, e de publicado na imprensa local.

b) O adquirente do estabelecimento responde pelo pagamento dos débitos anteriores à transferência, mesmo não contabilizados, continuando o devedor primitivo subsidiariamente obrigado, pelo prazo de três anos, a partir, quanto aos créditos vencidos, da publicação, e, quanto aos outros, da data do vencimento.

c) A transferência do estabelecimento importa a sub-rogação do adquirente nos contratos estipulados para exploração do estabelecimento, se não tiverem caráter pessoal, podendo os terceiros rescindir o contrato em noventa dias a contar da publicação da transferência, se ocorrer justa causa, ressalvada, neste caso, a responsabilidade do alienante.

d) Não havendo autorização expressa, o alienante do estabelecimento não pode fazer concorrência ao adquirente, nos dez anos subsequentes à transferência; no caso de arrendamento ou usufruto do estabelecimento, a proibição persistirá durante o prazo contratual, não podendo ser superior a cinco anos.

e) A cessão dos créditos referentes ao estabelecimento transferido produzirá efeito em relação aos respectivos devedores, desde o momento da assinatura do contrato, e, a partir da publicação da transferência, o devedor que pagar ao cedente, mesmo de boa-fé, terá que pagar novamente ao adquirente.

COMENTÁRIOS

✪ Nota do autor: A questão exigia do candidato conhecimento do texto da lei.

Alternativa "a": O contrato que tenha por objeto a alienação, o usufruto ou arrendamento do estabelecimento, só produzirá efeitos quanto às partes e a terceiros depois de averbado à margem da inscrição do empresário, ou da sociedade empresária, no **Registro Público de Empresas Mercantis (Junta Comercial)**, e de publicado na imprensa local, nos termos do art. 1.144 do CC.

Alternativa "b": O adquirente do estabelecimento responde pelo pagamento dos débitos anteriores à transferência, **desde que devidamente contabilizados**, continuando o devedor primitivo **solidariamente** obrigado, pelo prazo de **um ano**, a partir, quanto aos créditos vencidos, da publicação, e, quanto aos outros, da data do vencimento, nos termos do art. 1.156 do CC.

Alternativa "c": A assertiva reflete ao "pé da letra" o art. 1.148 do CC, que dispõe: "Salvo disposição em contrário, a transferência importa a sub-rogação do adquirente nos contratos estipulados para exploração do estabelecimento, se não tiverem caráter pessoal, podendo os terceiros rescindir o contrato em noventa dias a contar da publicação da transferência, se ocorrer justa causa, ressalvada, neste caso, a responsabilidade do alienante."

Alternativa "d": O prazo indicado na primeira parte da assertiva está incorreto. De acordo com o art. 1.147 do CC: "Não havendo autorização expressa, o alienante do estabelecimento não pode fazer concorrência ao adquirente, nos **cinco anos** subsequentes à transferência. Já o parágrafo único do art. 1.147 do CC dispõe que: "No caso de arrendamento ou usufruto do estabelecimento, a proibição prevista neste artigo persistirá durante o prazo do contrato."

Alternativa "e": De acordo com o art. 1.149 do CC, a cessão dos créditos referentes ao estabelecimento transferido produzirá efeito em relação aos respectivos devedores, **desde o momento da publicação da transferência**, mas o devedor **ficará exonerado se de boa-fé pagar ao cedente**.

Alternativa correta: letra "c".

05. (UEG - Delegado de Polícia - PC - GO/2018) A Xpto Supermercados Ltda. é sediada na cidade de Itaberaí e alienou sua única filial, que era estabelecida na cidade de Faina. Nesse caso, dispõe o direito brasileiro que:

a) a Xpto Ltda. não poderá se restabelecer em Faina nos próximos 10 anos, salvo autorização da adquirente.

b) o adquirente responderá pelo passivo cível contabilizado pela filial, mas a Xpto Ltda. continuará solidariamente responsável pelo prazo de um ano a contar da data alienação.

c) os contratos celebrados para a exploração da filial fainense serão considerados resolvidos com a alienação.

d) esse ato poderá fundamentar pedido de falência contra a Xpto Ltda., se com esta não restarem bens suficientes para solver seu passivo e ela não obtiver o consentimento de todos os credores.

e) a cessão dos créditos referentes à filial de Faina produzirá efeito em relação a seus devedores desde o momento da alienação.

COMENTÁRIOS

✪ Nota do autor: a questão exigia do candidato conhecimento do texto da lei.

Alternativa "a": Na verdade, a Xpto Ltda. não poderá se restabelecer em Faina nos próximos 5 anos, salvo autorização da adquirente. É o que determina o art. 1.147 do CC: "Não havendo autorização expressa, o alienante do estabelecimento não pode fazer concorrência ao adquirente, nos cinco anos subseqüentes à transferência."

Alternativa "b": Na verdade, o adquirente responderá pelo passivo cível contabilizado pela filial, mas a Xpto Ltda. continuará solidariamente responsável pelo prazo de um ano a contar, quando aos créditos vencidos, da publicação, enquanto aos outros, da data do vencimento. É o que determina o art. 1.146 do CC: "O adquirente do estabelecimento responde pelo pagamento dos débitos anteriores à transferência, desde que regularmente contabilizados, continuando o devedor primitivo solidariamente obrigado pelo prazo de um ano, a partir, quanto aos créditos vencidos, da publicação, e, quanto aos outros, da data do vencimento."

Alternativa "c": Não tendo caráter pessoal, os contratos celebrados para a exploração da filial fainense não serão automaticamente considerados resolvidos com a alienação. É o que determina o art. 1.148 do CC: "Salvo disposição em contrário, a transferência importa a sub-rogação do adquirente nos contratos estipulados para exploração do estabelecimento, se não tiverem caráter pessoal, podendo os terceiros rescindir o contrato em noventa dias a contar da publicação da transferência, se ocorrer justa causa, ressalvada, neste caso, a responsabilidade do alienante."

Alternativa "d": De fato, esse ato poderá fundamentar pedido de falência contra a Xpto Ltda., se com esta não restarem bens suficientes para solver seu passivo e ela não obtiver o consentimento de todos os credores. O art. 1.145 do CC que se ao alienante não restarem bens suficientes para solver o seu passivo, a eficácia da alienação do estabelecimento depende do pagamento de todos os credores, ou do consentimento destes, de modo expresso ou tácito, em trinta dias a partir de sua notificação. Já o art. 94, III, "c", da Lei nº 11.101/2005 (Lei de Falência) preconiza que será decretada a falência do devedor que transfere estabelecimento a terceiro, credor ou não, sem o consentimento de todos os credores e sem ficar com bens suficientes para solver seu passivo, exceto se fizer parte de plano de recuperação judicial. A hipótese em comento é considerada como ato de falência.

Alternativa "e": De acordo com o art. 1.149 do CC, a cessão dos créditos referentes ao estabelecimento transferido produzirá efeito em relação aos respectivos devedores, **desde o momento da publicação da transferência**, mas o devedor ficará exonerado se de boa-fé pagar ao cedente.

Alternativa correta: letra "d".

06. (Cespe – Delegado de Polícia – PE/2016) A respeito de estabelecimento empresarial, aviamento e clientela, assinale a opção correta.

a) Estabelecimento empresarial corresponde a um complexo de bens corpóreos organizados ao exercício de determinada empresa.

b) O estabelecimento empresarial não é suscetível de avaliação econômica e, por consequência, não pode ser alienado.

c) Aviamento refere-se à aptidão que determinado estabelecimento empresarial possui para gerar lucros.

d) De acordo com a doutrina, aviamento e clientela são sinônimos.

e) Na legislação vigente, não há mecanismos de proteção legal à clientela.

COMENTÁRIOS

✪ **Nota do autor:** o estabelecimento empresarial é o complexo de bens materiais ou imateriais organizados pelo empresário para o exercício da empresa. Quanto à sua natureza jurídica, o estabelecimento empresarial é uma universalidade de fato.

Alternativa "a": A questão exigia o conhecimento do texto do art. 1.142 do Código Civil. "Art. 1.142. Considera-se estabelecimento todo complexo de bens organizado, para exercício da empresa, por empresário, ou por sociedade empresária." O estabelecimento empresarial tem natureza de universalidade de fato formada por bens materiais (corpóreos) e imateriais (incorpóreos). *"O estabelecimento comercial é composto por patrimônio material e imaterial, constituindo exemplos dos primeiros os bens corpóreos essenciais à exploração comercial, como mobiliários, utensílios e automóveis, e, do segundo, os bens e direitos industriais, como patente, nome empresarial, marca registrada, desenho industrial e o ponto" (REsp 633.179/MT, Rel. Min. Luis Felipe Salomão, Quarta Turma, j. 02.12.2010, DJe 01.02.2011)*

Alternativa "b": O estabelecimento empresarial tem natureza jurídica de universalidade de fato. Com efeito, o estabelecimento pode ser objeto de negócio jurídico translativo (ex.: alienação) ou constitutivo (ex.: hipoteca). Não por outro motivo, o art. 1.143, do CC, dispõe que: "Pode o estabelecimento ser objeto unitário de direitos e de negócios jurídicos, translativos ou constitutivos, que sejam compatíveis com a sua natureza". Importa lembrar que *trespasse* é o nome que se dá ao contrato de compra e venda do estabelecimento empresarial.

Alternativa "c". De fato, o aviamento refere-se à aptidão que o estabelecimento empresarial possui para gerar lucros. Dito de outro modo, o aviamento é o potencial de lucratividade do estabelecimento empresarial. A articulação dos bens que compõem o estabelecimento empresarial na exploração de uma atividade agrega-lhe um valor que o mercado empresarial conhece como aviamento. Quanto à natureza jurídica, importante lembrar que o aviamento não é elemento integrante do estabelecimento, mas sim um atributo do estabelecimento.

Alternativa "d": O conceito de clientela se relaciona com a qualidade que gera a fidelidade do consumidor aos produtos ou serviços prestados ou postos em circulação pelo empresário. Essa relação de fidelidade é que acarreta a possibilidade de continuação dos negócios do empresário. Por este motivo, a doutrina majoritária é no sentido de que a clientela é um atributo incorpóreo do estabelecimento empresarial (e não do aviamento). Como dito anteriormente, o aviamento refere-se à aptidão que o estabelecimento empresarial possui para gerar lucros.

Alternativa "e": Na medida em que a clientela é tutelada pelo ordenamento jurídico. A clientela é objeto de tutela pela Lei 12.529/11, que estrutura o Sistema Brasileiro de Defesa da Concorrência. Importante lembrar também sobre a proteção que se dá ao ponto empresarial, pois através dela também se tutela a clientela. Senão vejamos. Ponto empresarial é o local utilizado pelo empresário para exploração de sua atividade. Trata-se, portanto, de um bem incorpóreo que integra o conceito de estabelecimento empresarial. O empresário pode explorar sua atividade tanto num imóvel de sua propriedade como também poderá explorar a sua atividade em imóvel por ele locado. Nas duas situações, o ponto empresarial será protegido pelo ordenamento jurídico. Quando o empresário explora a sua atividade em imóvel próprio, a proteção do ponto se dará pelo direito de propriedade. Por outro lado, quando o empresário explora a sua atividade em imóvel locado, a proteção ao ponto se dá pela Lei 8.245/91, através da ação renovatória de aluguel. O que justifica a ação renovatória é a proteção ao ponto. O ordenamento jurídico busca proteger o ponto comercial por um único motivo, qual seja, a tutela da clientela que, para o empresário locatário, possui imenso valor.

Alternativa correta: letra "c".

3. INSTITUTOS COMPLEMENTARES DE DIREITO EMPRESARIAL

3.1. REGISTRO

07. (Cespe – Delegado de Polícia – PC – SE/2018) A respeito das condições para o exercício de atividade comercial, julgue os itens subsequentes.

É vedado transformar registro de empresário individual em registro de sociedade empresária.

COMENTÁRIOS

É perfeitamente possível transformar registro de empresário individual em registro de sociedade empresária. A regra está prevista no § 3º do art. 968 do Código Civil, que dispõe: "Caso venha a admitir sócios, o empresário individual poderá solicitar ao Registro Público de Empresas Mercantis a transformação de seu registro de empresário para registro de sociedade empresária, observado, no que couber, o disposto nos arts. 1.113 a 1.115 deste Código." Vale lembrar que não se deve confundir "transformação de registro" com "transformação de pessoa jurídica". Aliás, é o que estabelece o Enunciado 465 da V Jornada de Direito Civil do CJF: "A 'transformação de registro' prevista no art. 968, § 3º, e no art. 1.033, parágrafo único, do Código Civil não se confunde com a figura da transformação de pessoa jurídica." No mesmo sentido, já decidiu o STJ que: "(...) 'TRANSFORMAÇÃO' DO EMPRESÁRIO INDIVIDUAL EM SOCIEDADE LIMITADA. OPERAÇÃO *SUI GENERIS*, DISTINTA DA TRANSFORMAÇÃO DE SOCIEDADES. (...) 3. Não se deve confundir a 'transformação' do empresário individual em sociedade empresária com a transformação de pessoa jurídica, operação societária típica regulada nos arts. 220 da Lei n. 6.404/1976 e 1.113 do CC/2002. Nesta, ocorre a mera mudança de tipo societário. Naquela, há constituição de uma nova sociedade, passando o antigo empresário individual a ser um de seus sócios. Assim, a transferência de bem imóvel de sua propriedade para a sociedade é feita a título de integralização do capital social, razão pela qual não prescinde do registro para transmissão do domínio. Doutrina." (STJ, 4ª Turma, AgRg no REsp 703.419/DF, Rel. Min. Antônio Carlos Ferreira, julgado em 02/04/2013).

Alternativa correta: "errado".

08. (Cespe - Delegado de Polícia - PC - SE/2018) Determinada sociedade empresária, enquadrada como empresa de pequeno porte e optante pelo Simples Nacional, instituiu representante legal para solicitar ao órgão competente o registro e o arquivamento da sua última alteração do contrato social consolidada. Na oportunidade, a sociedade não anexou à documentação a ser apresentada à junta comercial a certidão negativa de débitos (CND) relativa aos tributos federais e à dívida ativa da União, administrados pela Secretaria da Receita Federal do Brasil (SRF) e pela Procuradoria-Geral da Fazenda Nacional (PGFN).

Com referência a essa situação hipotética, julgue os itens que se seguem.

08.1. O pedido de registro e arquivamento deverá ser rejeitado: é necessário provar, quando da protocolização do requerimento, a inexistência de lançamentos de débitos tributários da empresa junto à PGFN.

COMENTÁRIOS

O STJ já decidiu que "**A exigência de certidões negativas de débitos tributários, para fins de registro de alteração contratual perante a Junta Comercial, não está prevista na lei de regência (Lei 8.934/94), nem no decreto regulamentador (Decreto 1.800/96), sendo ilegítima sua previsão em instrumento normativo estadual**. 2. A Segunda Seção analisou a antinomia entre a Lei 8.934/94 e as leis tributárias anteriores e, diante do conflito entre os critérios cronológico e da especialidade, predominou o entendimento de que há de prevalecer o critério cronológico, pois o enunciado normativo 'nenhum outro documento será exigido', contido na Lei 8.934/94, tem conteúdo nitidamente derrogatório, excluindo a possibilidade de subsistirem leis anteriores em sentido contrário. Assim, somente podem ser exigidos documentos expressamente previstos na Lei 8.934/94, ou em leis posteriores, como a exigência de certidão negativa do INSS, inserida por força da Lei 9.032/95 (REsp 1.393.724/PR, Rel. Min. Luis Felipe Salomão, Rel. p/ ac. Min. Paulo de Tarso Sanseverino, 2ª Seção, julgado em 28/10/2015, DJe de 04/12/2015)" (STJ, 4ª Turma, AgInt no REsp 1175043/RS, Rel. Min. Lázaro Guimarães (Desembargador convocado do TRF 5ª Região), julgado em 20/02/2018, DJe 27/02/2018).

Alternativa correta: "errado".

08.2. Embora a ausência da CND/SRF não impeça o registro da alteração do contrato social, essa certidão atribui efeito suspensivo ao pedido de arquivamento.

COMENTÁRIOS

A ausência da CND/SRF não impede o registro da alteração do contrato social. Além disso essa certidão não atribui efeito suspensivo ao pedido de arquivamento. Isso porque, como se viu acima, o STJ já decidiu que "A exigência de certidões negativas de débitos tributários, para fins de registro de alteração contratual perante a Junta Comercial, não está prevista na lei de regência (Lei 8.934/94), nem no decreto regulamentador (Decreto 1.800/96), sendo ilegítima sua previsão em instrumento normativo estadual. (STJ, 4ª Turma, AgInt no REsp 1175043/RS, Rel. Min. Lázaro Guimarães (Des. conv. do TRF 5ª Região), julgado em 20/02/2018).

Alternativa correta: "errado".

09. (Nucepe - Delegado de Polícia - PC - PI/2018) Sobre o registro empresarial, assinale a alternativa CORRETA.

a) Não poderão as juntas comerciais se recusar a registrar contrato social ou alterações contratuais de sociedade limitada que envolva sócio incapaz, desde que atendidos, de forma conjunta, os seguintes pressupostos: o sócio incapaz não pode exercer a administração da sociedade; o capital social deve ser totalmente integralizado; o sócio relativamente incapaz deve ser assistido e o absolutamente incapaz deve ser representado.

b) Nas juntas comerciais, o Pedido de Reconsideração terá por objeto obter a revisão de despachos singulares ou de Turmas que formulem exigências para o deferimento do arquivamento e será apresentado no prazo para cumprimento da exigência para apreciação pela autoridade recorrida em 5 (cinco) dias úteis ou 8 (oito) dias úteis, respectivamente.

c) Qualquer pessoa, desde que prove interesse específico, poderá, gratuitamente, mediante autorização judicial, consultar os assentamentos existentes nas juntas comerciais e obter certidões.

d) A sociedade que não proceder a qualquer arquivamento no período de 5 (cinco) anos consecutivos será considerada inativa e, automaticamente, terá o seu registro cancelado.

e) O exercício de atividade empresarial sem o devido registro na junta comercial tem, como uma de suas consequências, a não sujeição do exercente à falência, ficando submetido à insolvência civil.

COMENTÁRIOS

✪ **Nota do autor:** a questão exigia do candidato conhecimento do texto da lei.

Alternativa "a": É o que determina o art. 974, § 3º do CC: O Registro Público de Empresas Mercantis a cargo das Juntas Comerciais **deverá** registrar contratos ou alterações contratuais de sociedade que envolva sócio incapaz, desde que atendidos, de forma conjunta, os seguintes pressupostos: I – o sócio incapaz não pode exercer a administração da sociedade; II – o capital social deve ser totalmente integralizado; III – o sócio relativamente incapaz deve ser assistido e o absolutamente incapaz deve ser representado por seus representantes legais."

Alternativa "b": De acordo com o art. 45 da Lei nº 8.934/94, Nas juntas comerciais, o pedido de reconsideração terá por objeto obter a revisão de despachos singulares ou de Turmas que formulem exigências para o deferimento do arquivamento e será apresentado no prazo para cumprimento da exigência para apreciação pela autoridade recorrida em **3 (três) dias úteis ou 5 (cinco) dias úteis**, respectivamente.

Alternativa "c": De acordo com o art. 29 da Lei nº 8.934/94, qualquer pessoa, **sem** necessidade de provar interesse, poderá consultar os assentamentos existentes nas juntas comerciais e obter certidões, mediante pagamento do preço devido.

Alternativa "d": De acordo com o art. 60 da Lei nº 8.934/94, a sociedade que não proceder a qualquer arquivamento no período de **10 (dez) anos** consecutivos deverá comunicar à junta comercial que deseja manter-se em funcionamento.

Alternativa "e": O exercício de atividade empresarial sem o devido registro na junta comercial (sociedade em comum) tem, como uma de suas consequências, a impossibilidade de requerer a falência de terceiros. No entanto, poderá requerer a própria falência (autofalência), nos termos do art. 105, inciso IV da LF. Já no caso de sociedade simples, não se submeterá à lei de falência, considerando que não tem natureza empresarial. No entanto, nada impede que requeiram a falência de terceiros.

Alternativa correta: letra "a".

3.2. NOME EMPRESARIAL

10. (Cespe – Delegado de Polícia – PC – SE/2018) A empresa Soluções Indústria de Eletrônicos Ltda. veiculou propaganda considerada enganosa relativa a determinado produto: as especificações eram distintas das indicadas no material publicitário. Em razão do anúncio, cerca de duzentos mil consumidores compraram o produto. Diante desse fato, uma associação de defesa do consumidor constituída havia dois anos ajuizou ação civil pública com vistas a obter indenização para todos os lesados.

Com referência a essa situação hipotética, julgue o item seguinte.

10.1. Na situação apresentada, a empresa ré é uma sociedade limitada que optou por nome empresarial do tipo denominação.

COMENTÁRIOS

Conforme se extrai do nome empresarial "Soluções Industria de Eletrônicos Ltda." percebe-se que foi adotada a espécie denominação, tendo em vista a utilização obrigatória do ramo de atividade ("Indústria de Eletrônicos") e utilização facultativa de um nome fantasia ("Soluções"), integradas da palavra final "ltda.". Vale lembrar que, o Código Civil admite, expressamente, que as sociedades limitadas possam utilizar tanto firma social quanto denominação. Confira: "Art. 1.158. Pode a sociedade limitada adotar firma ou denominação, integradas pela palavra final 'limitada' ou a sua abreviatura. (...) § 2º A denominação deve designar o objeto da sociedade, sendo permitido nela figurar o nome de um ou mais sócios.".

Alternativa correta: "certo".

3.3. ESCRITURAÇÃO

11. (Cespe – Delegado de Polícia – GO/2017) Durante a instrução de determinado processo judicial, foi comprovada falsificação da escrituração em um dos livros comerciais de uma sociedade limitada, em decorrência da criação do chamado "caixa dois". A sentença proferida condenou pelo crime apenas o sócio com poderes de gerência.

A respeito dessa situação hipotética, assinale a opção correta.

a) A conduta praticada pelo sócio constitui crime falimentar.

b) Na situação, configura-se crime de falsificação de documento público.

c) Sendo o diário e o livro de registro de atas de assembleia livros obrigatórios da sociedade citada, a referida falsificação pode ter ocorrido em qualquer um deles.

d) Em decorrência da condenação criminal, o sócio-gerente deverá ser excluído definitivamente da sociedade.

e) O nome do condenado não pode ser excluído da firma social, que deve conter o nome de todos os sócios, seguido da palavra "limitada".

COMENTÁRIOS

✪ **Nota do autor:** a questão exigia do candidato conhecimento do texto da lei.

A conduta se adequa ao crime de falsificação de documento público, previsto no art. 297 do Código Penal, uma vez que, para efeitos penais, e equiparam-se a documento público, os livros mercantis, nos termos do § 2º do art. 297 do Código Penal. O bem jurídico protegido pelo tipo penal em comento é a fé pública (confiança que a sociedade deposita na autenticidade e credibilidade dos documentos públicos). Quanto ao sujeito ativo do crime, trata-se de crime comum, podendo ser praticado por qualquer pessoa. O sujeito passivo é o Estado e, secundariamente, o eventual lesado pela conduta do agente. A falsificação deve ser apta/idônea a iludir; a falsificação grosseira não configura o crime.

Alternativa correta: letra "b" (responde, também, as demais alternativas).

4. MICROEMPRESA E EMPRESA DE PEQUENO PORTE

12. (Cespe – Delegado de Polícia – PC – SE/2018) Determinada sociedade empresária, enquadrada como empresa de pequeno porte e optante pelo Simples Nacional, instituiu representante legal para solicitar ao órgão competente o registro e o arquivamento da sua última alteração do contrato social consolidada. Na oportunidade, a sociedade não anexou à documentação a ser apresentada à junta comercial a certidão negativa de débitos (CND) relativa aos tributos federais e à dívida ativa da União, administrados pela Secretaria da Receita Federal do Brasil (SRF) e pela Procuradoria-Geral da Fazenda Nacional (PGFN).

Com referência a essa situação hipotética, julgue os itens que se seguem.

12.1. O regime compartilhado de arrecadação, cobrança e fiscalização de tributos utilizado pela sociedade empresária abrange a participação de todos os entes federados — União, estados, Distrito Federal e municípios.

COMENTÁRIOS

Trata-se do que preconiza o art. 1º da Lei Complementar 123/2006. Confira: "Art. 1º Esta Lei Complementar estabelece normas gerais relativas ao tratamento diferenciado e favorecido a ser dispensado às microempresas e empresas de pequeno porte **no âmbito dos Poderes da União, dos Estados, do Distrito Federal e dos Municípios**, especialmente no que se refere: I – à apuração e recolhimento dos impostos e contribuições da União, dos Estados, do Distrito Federal e dos Municípios, mediante regime único de arrecadação, inclusive obrigações acessórias; II – ao cumprimento de obrigações trabalhistas e previdenciárias, inclusive obrigações acessórias; III – ao acesso a crédito e ao mercado, inclusive quanto à preferência nas aquisições de bens e serviços pelos Poderes Públicos, à tecnologia, ao associativismo e às regras de inclusão; IV – ao cadastro nacional único de contribuintes a que se refere o inciso IV do parágrafo único do art. 146, in fine, da Constituição Federal."

Alternativa correta: "certo".

5. DIREITO SOCIETÁRIO

5.1. TEORIA GERAL DO DIREITO SOCIETÁRIO

13. (Cespe – Delegado de Polícia – GO/2017) Assinale a opção correta no que se refere ao direito societário.

a) Compete ao poder público municipal do local da sede autorizar o funcionamento de sociedades cujo funcionamento dependa de autorização do Poder Executivo.

b) É nulo todo o contrato social de sociedade limitada que contenha cláusula que exclua qualquer sócio da participação nos lucros e nas perdas.

c) A sociedade em comum e a sociedade de fato ou irregular são não personificadas, conforme classificação do Código Civil.

d) O sócio remisso pode ser excluído da sociedade pelos demais, caso em que deve ser-lhe devolvido, com os abatimentos cabíveis, o montante com o qual tenha contribuído para o capital social.

e) Os tipos societários previstos no Código Civil são exemplificativos, podendo as sociedades organizar-se de formas distintas das expressamente listadas.

COMENTÁRIOS

✪ **Nota do autor:** a questão exigia do candidato conhecimento do texto da lei.

Alternativa "a": Compete ao Poder Executivo Federal (e não ao Poder Público municipal) autorizar o funcionamento de sociedades dependentes de autorização (art. 1.123, *caput* e parágrafo único, do Código Civil). As chamadas "sociedades dependentes de autorização" são aquelas que precisam de prévia autorização do Poder Executivo para começarem a funcionar.

Alternativa "b": É **nula** a cláusula contratual (e não o contrato social) que disponha sobre a exclusão de sócio do direito de participação nos resultados da empresa. É o que diz o art. 1.008 do CC: "**É nula a estipulação contratual** que exclua qualquer sócio de participar dos lucros e das perdas."

Alternativa "c": O erro da alternativa está em afirmar que a sociedade em comum e a sociedade de fato ou irregular são expressões equivalentes. Não o são. A sociedade em comum é gênero que abrange a sociedade irregular (aquela que possui contrato social, mas não que foi levado a registro ou, estando inscrito, o está de forma irregular) e a sociedade de fato (aquela que sequer possui contrato social). Ambas têm em comum o fato de serem despersonificadas.

Alternativa "d". De fato, o sócio remisso pode ser excluído da sociedade pelos demais, caso em que deve ser-lhe devolvido, com os abatimentos cabíveis, o montante com o qual tenha contribuído para o capital social. É o que diz o art. 1.058 do Código Civil: "Não integralizada a quota de sócio remisso, os outros sócios podem, sem prejuízo do disposto no art. 1.004 e seu parágrafo único, tomá-la para si ou transferi-la a terceiros, excluindo o primitivo titular e devolvendo-lhe o que houver pago, deduzidos os juros da mora, as prestações estabelecidas no contrato mais as despesas." Sobre o tema "sócio remisso", convém destacar dois enunciados do CJF. De acordo com o Enunciado n. 62 da I Jornada de Direito Civil: "Com a exclusão do sócio remisso, a forma de reembolso das suas quotas, em regra, deve-se dar com base em balanço especial, realizado na data da exclusão." Por fim, o Enunciado n. 216 da III Jornada de Direito Civil, orienta que: "O quórum de deliberação previsto no art. 1.004, parágrafo único, e no art. 1.030 é de maioria absoluta do capital representado pelas quotas dos demais sócios, consoante a regra geral fixada no art. 999 para as deliberações na sociedade simples. Esse entendimento aplica-se ao art. 1.058 em caso de exclusão de sócio remisso ou redução do valor de sua quota ao montante já integralizado."

Alternativa "e": Os tipos societários previstos no Código Civil são **taxativos** (e não exemplificativos), **não podendo** as sociedades organizar-se de formas distintas das expressamente listadas. É o que se extrai do art. 983, *caput* e parágrafo único, do Código Civil. "Art. 983. A sociedade empresária deve constituir-se segundo um dos tipos regulados nos arts. 1.039 a 1.092; a sociedade simples pode constituir-se de conformidade com um desses tipos, e, não o fazendo, subordina-se às normas que lhe são próprias. Parágrafo único. Ressalvam-se as disposições concernentes à sociedade em conta de participação e à cooperativa, bem como as constantes de leis especiais que, para o exercício de certas atividades, imponham a constituição da sociedade segundo determinado tipo."

Alternativa correta: letra "d".

5.2. SOCIEDADES NÃO PERSONIFICADAS

5.2.1. SOCIEDADE EM COMUM

14. (Cespe – Delegado de Polícia – PC – SE/2018) Determinada sociedade por quotas de responsabilidade limitada compra peças de uma sociedade em comum e as utiliza na montagem do produto que revende.

Considerando essa situação, julgue os itens a seguir, com base no Código de Defesa do Consumidor (CDC) e nas normas de direito civil e empresarial.

14.1. A sociedade que vende as peças funciona sem registro na junta comercial e, assim, seus sócios responderão ilimitadamente pelas obrigações sociais.

COMENTÁRIOS

De fato, a sociedade que vende as peças funciona sem registro na junta comercial e, assim, seus sócios responderão ilimitadamente pelas obrigações sociais. As sociedades em comum são consideradas não personificadas e classificam-se em sociedades irregulares (aquelas que possuem ato constitutivo, mas que não foram levadas a registro) e sociedades de fato (aquelas que sequer possuem ato constitutivo). O registro do empresário é obrigatório, devendo ser feito na Junta Comercial, antes do início de suas atividades. Trata-se, portanto, de condição para a sua regularidade. No caso, considerando que se trata de uma sociedade em comum, a responsabilidade dos sócios será ilimitada, por aplicação do art. 990 do CC, que dispõe: "Todos os sócios respondem solidária e ilimitadamente pelas obrigações sociais, excluído do benefício de ordem, previsto no art. 1.024, aquele que contratou pela sociedade."

Alternativa correta: "certo".

15. (FUNCAB – Delegado de Polícia – PA/2016) Com relação às sociedades e à responsabilidade dos sócios, assinale a alternativa correta.

a) Na sociedade limitada, os condôminos de quota indivisa não respondem solidariamente pelas prestações necessárias à sua integralização.

b) Na sociedade limitada, a responsabilidade de cada sócio é restrita ao valor de suas quotas, assim como a responsabilidade pela integralização do capital social.

c) Somente pessoas físicas podem tomar parte na sociedade em nome coletivo, respondendo todos os sócios, solidária e ilimitadamente, pelas obrigações sociais.

d) O sócio admitido em sociedade já constituída não responde pelas dívidas sociais anteriores à sua admissão.

e) A distribuição de lucros ilícitos ou fictícios acarreta responsabilidade solidária apenas dos administradores que a realizarem.

COMENTÁRIOS

✪ **Nota do autor:** a questão exigia do candidato conhecimento do texto da lei.

Alternativa "a": Na sociedade limitada, os condôminos de quota indivisa **respondem** solidariamente pelas prestações necessárias à sua integralização. É o que diz o art. 1.055, § 2º do Código Civil: "Sem prejuízo do disposto no art. 1.052, os condôminos de quota indivisa respondem solidariamente pelas prestações necessárias à sua integralização."

Alternativa "b": Na sociedade limitada, a responsabilidade de cada sócio é restrita ao valor de suas quotas, **mas todos respondem solidariamente pela integralização do capital social** (art. 1.052 do CC).

Alternativa "c". De fato, somente pessoas físicas podem tomar parte na sociedade em nome coletivo, respondendo todos os sócios, solidária e ilimitadamente, pelas obrigações sociais (art. 1.039 do CC).

Alternativa "d": O sócio admitido em sociedade já constituída **responde** pelas dívidas sociais anteriores à sua admissão. É o que diz o art. 1.025 do Código Civil: "O sócio, admitido em sociedade já constituída, **não se exime das dívidas sociais anteriores à admissão**."

Alternativa "e": A distribuição de lucros ilícitos ou fictícios acarreta responsabilidade solidária **dos administradores que a realizarem e dos sócios que os receberem**, conhecendo ou devendo conhecer-lhes a ilegitimidade (art. 1.009 do CC).

Alternativa correta: letra "c".

16. (Cespe - Delegado de Polícia - PE/2016) Assinale a opção que apresenta, respectivamente, as espécies societárias que somente podem ser consideradas, a primeira, como sociedade empresária e, a segunda, como sociedade simples, em razão de expressa imposição legal.

a) sociedade comandita por ações / sociedade comandita simples.

b) sociedade anônima / sociedade cooperativa.

c) sociedades estatais / associações.

d) sociedade anônima / sociedade limitada.

e) sociedade em nome coletivo / sociedade limitada.

COMENTÁRIOS

✪ **Nota do autor:** a questão exigia o conhecimento do texto da lei.

Alternativa "b" (responde, também, as demais alternativas). Considera-se empresária a sociedade que tem por objeto o exercício de atividade própria de empresário sujeito a registro acordo com o (art. 982, *caput*, CC), ou seja, aquela que exerce profissionalmente uma atividade econômica organizada para a produção ou circulação de bens ou de serviços (art. 966, CC). O parágrafo único do art. 982, do Código Civil, orienta, ainda, que: "Independentemente do seu objeto, considera-se empresária a sociedade por ações; e, simples, a cooperativa." Dito de outro modo, por expressa determinação legal, as sociedades por ações (sociedade anônima e comandita por ações) serão sempre empresárias e as cooperativas, sociedades simples. Importante lembrar que as sociedades empresárias devem se constituir mediante um dos seguintes tipos societários: a) sociedade em nome coletivo; b) sociedade em comandita simples; c) sociedade em comandita por ações; d) sociedade limitada; e) sociedade anônima.

Alternativa correta: letra "b".

5.3. SOCIEDADES PERSONIFICADAS

5.3.1. SOCIEDADE LIMITADA

17. (Cespe - Delegado de Polícia - PC - SE/2018) A empresa Soluções Indústria de Eletrônicos Ltda. veiculou propaganda considerada enganosa relativa a determinado produto: as especificações eram distintas das indicadas no material publicitário. Em razão do anúncio, cerca de duzentos mil consumidores compraram o produto. Diante desse fato, uma associação de defesa do consumidor constituída havia dois anos ajuizou ação civil pública com vistas a obter indenização para todos os lesados.

Com referência a essa situação hipotética, julgue o item seguinte.

17.1. Na situação apresentada, a empresa ré é uma sociedade limitada que optou por nome empresarial do tipo denominação.

COMENTÁRIOS

Conforme se extrai do nome empresarial "Soluções Industria de Eletrônicos Ltda." percebe-se que foi adotada a espécie denominação, tendo em vista a utilização obrigatória do ramo de atividade ("Indústria de Eletrônicos") e utilização facultativa de um nome fantasia ("Soluções"), integradas da palavra final "ltda.". Vale lembrar que, o Código Civil admite, expressamente, que as sociedades limitadas possam utilizar tanto firma social quanto denominação. Confira: "Art. 1.158. Pode a sociedade limitada adotar firma ou denominação, integradas pela palavra final 'limitada' ou a sua abreviatura. (...) § 2º A denominação deve designar o objeto da sociedade, sendo permitido nela figurar o nome de um ou mais sócios."

Alternativa correta: "certo".

18. (Cespe - Delegado de Polícia - PC - SE/2018) O contrato social da sociedade limitada pode prever regência supletiva pelas normas das sociedades anônimas, mas, se não o fizer, serão aplicadas as regras das sociedades simples no caso de omissões de normas específicas da sociedade limitada.

COMENTÁRIOS

De acordo com o art. 1.053 do CC, nas omissões específicas da sociedade limitada, aplica-se as normas da sociedade simples. No entanto, o contrato social poderá prever expressamente a regência supletiva pelas normas da sociedade anônima (parágrafo único do art. 1.053 do CC).

Alternativa correta: "certo".

19. (Nucepe - Delegado de Polícia - PC - PI/2018) Sobre as sociedades limitadas, assinale a alternativa CORRETA.

a) Na omissão do contrato social da sociedade limitada, o sócio pode ceder sua quota, total ou parcialmente, a quem seja sócio, independentemente de audiência dos outros, ou a estranho, se não houver oposição de mais de 1/4 (um quarto) do número de sócios.
b) Sem prejuízo dos poderes da assembleia dos sócios, deve o contrato instituir conselho fiscal composto de 3 (três) ou mais membros e respectivos suplentes, sócios ou não, residentes no País, eleitos na assembleia anual de sócios.
c) A convocação da reunião ou da assembleia de sócios é atribuição que pertence, exclusivamente, aos administradores da sociedade.
d) A designação de administradores não sócios dependerá de aprovação da unanimidade dos sócios, enquanto o capital não estiver integralizado, e de 2/3 (dois terços), no mínimo, após a integralização.
e) Pela exata estimação de bens conferidos ao capital social respondem solidariamente todos os sócios, até o prazo de 10 (dez) anos da data do registro da sociedade. Acrescente-se que a contribuição para formar o capital não pode consistir em prestação de serviços.

COMENTÁRIOS

✪ **Nota do autor:** a questão exigia do candidato conhecimento do texto da lei.

Alternativa "a": De acordo com o art. 1.057 do CC, na omissão do contrato, o sócio pode ceder sua quota, total ou parcialmente, a quem seja sócio, independentemente de audiência dos outros, ou a estranho, se não houver oposição de titulares de mais de **1/4 do capital social** (e não do número de sócios).

Alternativa "b": Sem prejuízo dos poderes da assembléia dos sócios, **pode** (e não deve) o contrato instituir conselho fiscal composto de três ou mais membros e respectivos suplentes, sócios ou não, residentes no País, eleitos na assembléia anual de sócios (art. 1.066 do CC).

Alternativa "c": A convocação da reunião ou da assembleia de sócios não é atribuição que pertence, exclusivamente, aos administradores da sociedade. Isso porque, de acordo com o art. 1.073, incisos I e II, do CC, a reunião ou a assembléia podem também ser convocadas: **a)** por sócio, quando os administradores retardarem a convocação, por mais de sessenta dias, nos casos previstos em lei ou no contrato, ou por titulares de mais de um quinto do capital, quando não atendido, no prazo de oito dias, pedido de convocação fundamentado, com indicação das matérias a serem tratadas; **b)** pelo conselho fiscal, se houver, se a diretoria retardar por mais de trinta dias a sua convocação anual, ou sempre que ocorram motivos graves e urgentes (art. 1.069, V, CC)".

Alternativa "d": De fato, de acordo com o art. 1.061 do CC, "A designação de administradores não sócios dependerá de aprovação da unanimidade dos sócios, enquanto o capital não estiver integralizado, e de 2/3 (dois terços), no mínimo, após a integralização."

Alternativa "e": Nas sociedades limitadas, o capital social divide-se em quotas, iguais ou desiguais, cabendo uma ou diversas a cada sócio. De acordo com o art. 1.055, § 1º, do CC pela exata estimação de bens conferidos ao capital social respondem solidariamente todos os sócios, até o prazo de **5 (cinco) anos** da data do registro da sociedade. A segunda parte da assertiva está correta, considerando que a contribuição para formar o capital não pode consistir em prestação de serviços, nos termos do art. 1.055, § 2º, do CC.

Alternativa correta: letra "d".

---

20. (UEG - Delegado de Polícia - PC - GO/2018) Quanto à sociedade limitada:

a) A responsabilidade de cada sócio é limitada à integralização das quotas sociais por ele subscritas ou adquiridas.
b) Apenas pode ter conselho fiscal se o contrato social previr a regência supletiva pelas normas da sociedade anônima.
c) Seus atos constitutivos podem ser registrados em junta comercial ou em registro civil de pessoas jurídicas, a depender do objeto social.
d) Pode nomear pessoa jurídica como administrador, desde que a designação seja feita pelo contrato social.
e) A omissão do termo "limitada" no nome empresarial não acarreta a responsabilidade ilimitada dos sócios se a cláusula de limitação de responsabilidade constar do contrato social.

COMENTÁRIOS

✪ **Nota do autor:** a questão exigia do candidato conhecimento do texto da lei.

Alternativa "a": Na sociedade limitada, a responsabilidade de cada sócio é restrita ao valor de suas quotas, mas todos respondem solidariamente pela integralização do capital social (art. 1.052 do CC).

Alternativa "b": Independentemente de o contrato previr a regência supletiva pelas normas da sociedade anônima, a sociedade limitada poderá ter conselho fiscal, que será composto de três ou mais membros e respectivos suplentes, sócios ou não, residentes no País, eleitos pela Assembleia Geral (art. 1.066 do CC).

Alternativa "c": De fato, seus atos constitutivos podem ser registrados em junta comercial ou em registro civil de pessoas jurídicas, a depender do objeto social. Em se tratando de sociedade empresária, o ato constitutivo será levado a registro na Junta Comercial. Por outro lado, em se tratando de sociedade simples, o ato constitutivo deve ser levado a registro no Cartório de Registro Civil de Pessoas Jurídicas.

Alternativa "d": Pode nomear pessoa jurídica como administrador, podendo tal designação ser feita tanto no contrato social como em ato separado. É o que determina o art. 1.060 do CC: "A sociedade limitada é administrada por uma ou mais pessoas designadas no contrato social ou em ato separado."

Alternativa "e": A omissão do termo "limitada" no nome empresarial acarreta a responsabilidade ilimitada dos sócios. Pode a sociedade limitada adotar firma ou denominação, integradas pela palavra final "limitada" ou a sua abreviatura. A firma será composta com o nome de um ou mais sócios, desde que pessoas físicas, de modo indicativo da relação social. Já a denominação deve designar o objeto da sociedade, sendo permitido nela figurar o nome de um ou mais sócios. A omissão da palavra "limitada" determina a responsabilidade solidária e ilimitada dos administradores que assim empregarem a firma ou a denominação da sociedade, nos termos do § 3º do art. 1.158 do CC.

Alternativa correta: letra "c".

21. (Cespe – Delegado de Polícia – PE/2016) Considerando a legislação em vigor a respeito da responsabilidade dos sócios nos diversos tipos societários, assinale a opção correta.

a) Nas sociedades cooperativas, o contrato social deverá prever, necessariamente, a responsabilidade ilimitada aos sócios.
b) O acionista responde ilimitadamente com o próprio patrimônio no que se refere às obrigações assumidas pela sociedade anônima.
c) Nas sociedades anônimas, os acionistas respondem solidariamente pela integralização do capital social.
d) Nas sociedades limitadas, os sócios respondem solidariamente pela integralização do capital social.
e) Na sociedade comandita por ações, todos os sócios respondem ilimitadamente pelos débitos societários.

COMENTÁRIOS

✪ **Nota do autor:** a questão exigia o conhecimento do texto da lei.

Alternativa "a": Na medida em que, na sociedade cooperativa, a responsabilidade dos sócios pode ser limitada ou ilimitada, nos termos do art. 1.095, do Código Civil. "Art. 1.095. Na sociedade cooperativa, a responsabilidade dos sócios pode ser limitada ou ilimitada. § 1º É limitada a responsabilidade na cooperativa em que o sócio responde somente pelo valor de suas quotas e pelo prejuízo verificado nas operações sociais, guardada a proporção de sua participação nas mesmas operações. § 2º É ilimitada a responsabilidade na cooperativa em que o sócio responde solidária e ilimitadamente pelas obrigações sociais."

Alternativa "b" (responde, também, a alternativa "c"): Estão incorretas as alternativas "b" e "c". Nos termos do art. 1.088 do Código Civil: "Na sociedade anônima ou companhia, o capital divide-se em ações, *obrigando-se cada sócio ou acionista somente pelo preço de emissão das ações que subscrever ou adquirir.* A regra também é estampada no art. 1º da Lei nº 6.404/76 (Lei da Sociedade Anônima), que dispõe: "A companhia ou sociedade anônima terá o capital dividido em ações, *e a responsabilidade dos sócios ou acionistas será limitada ao preço de emissão das ações subscritas ou adquiridas.*" Com efeito, na sociedade anônima, a responsabilidade do acionista é limitada ao valor das ações subscritas (adquiridas mas não integralizadas) ou adquiridas (já integralizadas).

Alternativa "d". Nas sociedades limitadas, a responsabilidade do sócio é limitada, estando restrita ao valor de suas quotas, mas todos os sócios respondem de forma solidária pelo que falta para a integralização do capital social. A regra está prevista no art. 1.052, CC, que dispõe: "Na sociedade limitada, a responsabilidade de cada sócio é restrita ao valor de suas quotas, mas todos respondem solidariamente pela integralização do capital social."

Alternativa "e": Na medida em que, na sociedade em comandita por ações, apenas os sócios comanditados podem administrar a sociedade, respondendo, nessa qualidade, ilimitadamente pelas dívidas sociais. A regra está insculpida no art. 1.091, do Código Civil, que dispõe: "Somente o acionista tem qualidade para administrar a sociedade e, como diretor, responde subsidiária e ilimitadamente pelas obrigações da sociedade. Importante lembrar também que, havendo mais de um diretor, serão solidariamente responsáveis, depois de esgotados os bens sociais.

Alternativa correta: letra "d".

5.3.2. SOCIEDADE ANÔNIMA

22. (Nucepe – Delegado de Polícia – PC – PI/2018) Sobre as sociedades anônimas, assinale a alternativa CORRETA.

a) O número de ações preferenciais sem direito a voto, ou sujeitas a restrição no exercício desse direito, não pode ultrapassar 2/3 (dois terços) do total das ações emitidas.
b) A companhia pode criar, a qualquer tempo, títulos negociáveis, sem valor nominal e estranhos ao capital social, denominados "partes beneficiárias". Tais títulos conferirão aos seus titulares, nas condições constantes do certificado, direito de subscrever ações do capital social, que será exercido mediante apresentação do título à companhia e pagamento do preço de emissão das ações.
c) O conselho de administração, cuja existência não é obrigatória nas companhias fechadas, é órgão de deliberação colegiada composto por, no mínimo, 3 (três) membros, eleitos pela assembleia-geral e por ela destituíveis a qualquer tempo.
d) A diretoria poderá suspender o exercício dos direitos do acionista que deixar de cumprir obrigação imposta pela lei ou pelo estatuto, cessando a suspensão logo que cumprida a obrigação.
e) Anualmente, nos 3 (três) primeiros meses seguintes ao término do exercício social, deverá haver uma assembleia-geral, conhecida como assembleia ordinária, para, entre outros assuntos, deliberar sobre a autorização da emissão de debêntures.

COMENTÁRIOS

✪ **Nota do autor:** a questão exigia do candidato conhecimento do texto da Lei nº 6.404/76 (Lei das Sociedades por Ações – LSA)

Alternativa "a": De acordo com o § 2º do art. 15 da LSA, o número de ações preferenciais sem direito a voto, ou sujeitas a restrição no exercício desse direito, não pode ultrapassar **50%** do total das ações emitidas.

Alternativa "b": De fato, de acordo com o art. 46 da LSA, a companhia pode criar, a qualquer tempo, títulos negociáveis, sem valor nominal e estranhos ao capital social, denominados "partes beneficiárias". Tais títulos conferirão aos seus titulares o **direito de crédito eventual contra a companhia, consistente na participação nos lucros anuais** (art. 46, § 1º, LSA).

Alternativa "c": O Conselho de Administração é obrigatório na SA aberta, na sociedade de capital autorizado e na sociedade de economia mista, e facultativo, na SA fechada. Eleitos pela Assembleia Geral, o Conselho de Administração é composto por, no mínimo, 3 pessoas físicas, acionistas ou não. **Exceção:** nas sociedades de economia mista, o Conselho de Administração é composto por, no mínimo, 7 e no máximo 11 membros (art. 13, I, da Lei nº 13.303/16).

Alternativa "d": A **assembléia-geral** (e não a Diretoria) poderá suspender o exercício dos direitos do acionista que deixar de cumprir obrigação imposta pela lei ou pelo estatuto, cessando a suspensão logo que cumprida a obrigação, nos termos do art. 120 da LSA.

Alternativa "e": A deliberação sobre a autorização da emissão de debêntures não está no rol de atribuições da assembleia-geral. Confira: "LSA, Art. 132. Anualmente, nos quatro primeiros meses seguintes ao término do exercício social, deverá haver uma assembléia-geral para: I - tomar as contas dos administradores, examinar, discutir e votar as demonstrações financeiras; II - deliberar sobre a destinação do lucro líquido do exercício e a distribuição de dividendos; III - eleger os administradores e os membros do conselho fiscal, quando for o caso; IV - aprovar a correção da expressão monetária do capital social (artigo 167)."

Alternativa correta: letra "c".

6. REORGANIZAÇÃO SOCIETÁRIA: TRANSFORMAÇÃO, INCORPORAÇÃO, FUSÃO E CISÃO

23. (Cespe - Delegado de Polícia - GO/2017) Depende do consentimento de todos os sócios ou acionistas — salvo em caso de previsão no ato constitutivo, hipótese em que o dissidente poderá retirar-se da sociedade — a operação societária denominada

a) incorporação.
b) fusão.
c) cisão.
d) liquidação.
e) transformação.

COMENTÁRIOS

✪ **Nota do autor:** a questão exigia do candidato conhecimento do texto da lei.

Alternativa "e" (responde, também, as demais alternativas). Depende do consentimento de todos os sócios ou acionistas - salvo em caso de previsão no ato constitutivo, hipótese em que o dissidente poderá retirar-se da sociedade - a operação societária denominada **transformação**. É o que diz o art. 1.114 do Código Civil: "A transformação depende do consentimento de todos os sócios, salvo se prevista no ato constitutivo, caso em que o dissidente poderá retirar-se da sociedade, aplicando-se, no silêncio do estatuto ou do contrato social, o disposto no art. 1.031." **Obs.:** É muito comum as Bancas Examinadoras cobrarem conhecimentos acerca das operações societárias (transformação, incorporação, fusão, cisão). Pensando nisso, elaboramos para o nosso leitor, quadro sinótico com as principais diferenças entre tais institutos. Vejamos:

Transformação	• Transformação é a modificação do tipo societário. Ex.: uma sociedade limitada se transforma em sociedade anônima, ou vice-versa. • Na transformação não ocorre a extinção da pessoa jurídica. • A transformação não prejudica e nem modifica os direitos dos credores. Isso porque ocorre apenas a mudança do tipo societário, sem a dissolução ou liquidação da pessoa jurídica. • A transformação deve obedecer às formalidades para a constituição da sociedade do tipo resultante. • A deliberação acerca da transformação exige, em regra, votação unânime, salvo nos casos em que o ato constitutivo da sociedade transformada já contenha disposição expressa prevendo a transformação. No caso de previsão contratual ou estatutária da transformação, os sócios dissidentes poderão exercer o direito de retirada (LSA, art. 221).
Incorporação	• Na incorporação, uma ou mais sociedades (incorporadas) são absorvidas/incorporadas por outra (incorporadora). • A sociedade incorporadora sucederá as demais quanto aos direitos e obrigações sociais. • Apenas a sociedade incorporada será extinta, continuando em pleno funcionamento a incorporadora. Não há, portanto, a criação de nova sociedade.
Fusão	• Fusão é a união de duas ou mais sociedades para formar uma nova, extinguindo-se as sociedades que se uniram. • A nova sociedade sucederá as demais quanto aos direitos e obrigações sociais. • Na fusão, todas que se uniram são extintas, sendo criada uma nova sociedade. Ex.: sociedade "X" se une com sociedade "Y", dando origem a sociedade "Z". "X" e "Y" serão extintas.
Cisão	• Na cisão, a sociedade transfere (total ou parcialmente) seu patrimônio para uma ou mais sociedades (constituídas para esta finalidade ou já existentes), extinguindo-se a sociedade cindida (no caso de transferência de todo o seu patrimônio) ou dividindo-se o seu capital (no caso de transferência de parcela do seu patrimônio). • Em suma, cisão é a transferência (total ou parcial) do patrimônio de uma sociedade para outra.

Cisão	• A cisão implica a venda de patrimônio (e não da empresa). • *Cisão parcial:* transferência de parcela do patrimônio para outra sociedade, implicando a divisão do capital. • *Cisão total:* transferência da totalidade do patrimônio para outra sociedade, implicando em extinção da sociedade cindida.

Alternativa correta: letra "e".

7. DIREITO FALIMENTAR E RECUPERACIONAL

7.1. FALÊNCIA

24. (CEBRASPE - 2024 - PC/PE - Delegado) No âmbito dos tipos de créditos existentes na falência, consideram-se créditos extraconcursais

a) as custas judiciais relativas às ações em que a massa falida tenha sido vencida.
b) os créditos derivados da legislação trabalhista e os créditos tributários.
c) as multas contratuais e as penas pecuniárias por infração das leis penais ou administrativas, incluídas as multas tributárias.
d) os créditos quirografários e os créditos subordinados.
e) os créditos gravados com direito real de garantia até o limite do valor do bem gravado.

COMENTÁRIOS

✪ **Nota do autor:** A questão exigia do candidato conhecimento do texto da lei, precisamente a Lei 11.101/2005 (Lei de Falências e Recuperação de Empresas).

Alternativa "a": correta. É o que diz o inciso IV do artigo 84 da Lei 11.101/2005 (Lei de Falências e Recuperação de Empresas): "Art. 84. Serão considerados créditos extraconcursais e serão pagos com precedência sobre os mencionados no art. 83 desta Lei, na ordem a seguir, aqueles relativos: (...) IV – às custas judiciais relativas às ações e às execuções em que a massa falida tenha sido vencida."

Alternativa "b" (responde, também, as demais alternativas): incorreta. Os créditos elencados nas alternativas "a" até "e" são classificados como créditos concursais (e não extraconcursais). Confira: "Art. 83. A classificação dos créditos na falência obedece à seguinte ordem: I – os créditos derivados da legislação trabalhista, limitados a 150 salários-mínimos por credor, e aqueles decorrentes de acidentes de trabalho **(alternativa "b")**; II – os créditos gravados com direito real de garantia até o limite do valor do bem gravado; **(alternativa "e")** III – os créditos tributários, independentemente da sua natureza e do tempo de constituição, exceto os créditos extraconcursais e as multas tributárias **(alternativa "b")**; (...) VI – os créditos quirografários, a saber: (...) **(alternativa "d")** VII – as multas contratuais e as penas pecuniárias por infração das leis penais ou administrativas, incluídas as multas tributárias; **(alternativa "c")** VIII – os créditos subordinados, a saber: (...)" **(alternativa "d")**.

Alternativa correta: letra "a".

25. (Nucepe - Delegado de Polícia - PC - PI/2018) Considerando as disposições contidas na Lei n° 11.101/2005, Lei de Falências e Recuperação de Empresas, assinale a alternativa CORRETA.

a) O mandato conferido pelo devedor, antes da falência, para a realização de negócios, cessará seus efeitos com a decretação da falência, cabendo ao mandatário prestar contas de sua gestão. Idêntico destino terá o mandato conferido para representação judicial do devedor.
b) O administrador judicial poderá alugar bens da massa falida, com o objetivo de produzir renda para a massa falida, mediante autorização do Comitê. Se o contrato houver sido celebrado por prazo determinado, o bem alugado somente poderá ser alienado ao término do prazo, ou, a qualquer tempo, mediante pagamento de multa.
c) Ato contínuo à assinatura do termo de compromisso, o administrador judicial efetuará a arrecadação dos bens e documentos e a avaliação dos bens, separadamente ou em bloco, no local em que se encontrem, requerendo ao juiz, para esses fins, as medidas necessárias. Os bens arrecadados não poderão ser removidos, ficando sob a guarda e responsabilidade do administrador judicial.
d) A decretação da falência suspende o exercício do direito de retenção sobre os bens sujeitos à arrecadação, os quais deverão ser entregues ao administrador judicial, bem como o exercício do direito de retirada ou de recebimento do valor de suas quotas ou ações, por parte dos sócios da sociedade falida.
e) Entre os atos considerados ineficazes em relação à massa falida, tenha ou não o contratante conhecimento do estado de crise econômico-financeira do devedor, seja ou não intenção deste fraudar credores está a prática de atos gratuitos, desde 3 (três) anos antes da decretação da falência.

COMENTÁRIOS

✪ **Nota do autor:** a questão exigia do candidato conhecimento do texto da Lei nº 11.101/2005 (Lei de falência e recuperação de empresas – LF).

Alternativa "a": A decretação da falência impõe ao falido, dentre outros, o dever de declarar nos autos, os mandatos que porventura tenha outorgado, indicando seu objeto, nome e endereço do mandatário. De acordo com o art. 120 da LF, "O mandato conferido pelo devedor, antes da falência, para a realização de negócios, cessará seus efeitos com a decretação da falência, cabendo ao mandatário prestar contas de sua gestão." No entanto, **não** cabe o idêntico destino terá o mandato conferido para representação judicial do devedor. Isso porque o § 1º do art. 120 da LF determina que "O mandato conferido para representação judicial do devedor continua em vigor até que seja expressamente revogado pelo administrador judicial."

Alternativa "b": O **juiz** poderá autorizar a locação ou arrendamento de bens imóveis ou móveis do devedor, a fim de evitar a sua deterioração, cujos resultados reverterão em favor da massa falida, nos termos do art. 192, § 5º, da LF.

Alternativa "c": De fato, de acordo com o art. 108 da LF, ato contínuo à assinatura do termo de compromisso, o administrador judicial efetuará a arrecadação dos bens e documentos e a avaliação dos bens, separadamente ou em bloco, no local em que se encontrem, requerendo ao juiz, para esses fins, as medidas necessárias. Os bens arrecadados poderão ser removidos, ficando sob a guarda e responsabilidade do administrador judicial. É o que determina o art. 112 da LF: "Os bens arrecadados poderão ser removidos, desde que haja necessidade de sua melhor guarda e conservação, hipótese em que permanecerão em depósito sob responsabilidade do administrador judicial, mediante compromisso."

Alternativa "d": De fato, de acordo com o art. 126, incisos I e II, da LF, a decretação da falência suspende o exercício do direito de retenção sobre os bens sujeitos à arrecadação, os quais deverão ser entregues ao administrador judicial, bem como o exercício do direito de retirada ou de recebimento do valor de suas quotas ou ações, por parte dos sócios da sociedade falida.

Alternativa "e": Entre os atos considerados ineficazes em relação à massa falida, tenha ou não o contratante conhecimento do estado de crise econômico-financeira do devedor, seja ou não intenção deste fraudar credores está a prática de atos gratuitos, desde **2 (dois)** anos antes da decretação da falência. é o que determina o art. 129, inciso IV, da LF. Confira: "Art. 129. São ineficazes em relação à massa falida, tenha ou não o contratante conhecimento do estado de crise econômico-financeira do devedor, seja ou não intenção deste fraudar credores: (...) IV – a prática de atos a título gratuito, desde 2 (dois) anos antes da decretação da falência;".

Alternativa correta: letra "d".

---

26. (FUNIVERSA – Delegado de Polícia – DF/2015) No que se refere à falência, assinale a alternativa correta com base na legislação de regência, na doutrina e na jurisprudência do STJ acerca da matéria.

a) Havendo mais de um autor no pedido de falência, serão subsidiariamente responsáveis aqueles que, por dolo, requererem a falência de outrem, cabendo ao juiz condená-los a indenizar o devedor.

b) Decretada a falência, o falido tem o dever de não se ausentar do lugar onde se processa a falência, sem justo motivo e comunicação expressa ao juiz, e sem deixar procurador bastante, depois de encerrados por termos assinados pelo magistrado.

c) No direito falimentar brasileiro, não se admite a insolvência presumida do devedor.

d) Conforme a jurisprudência dominante do STJ, as sociedades cooperativas sujeitam-se à falência.

e) A Lei de Falências aplica-se às instituições financeiras privadas.

COMENTÁRIOS

✪ **Nota do autor:** a questão exigia o conhecimento do texto da lei. *Falência* é o processo de execução coletiva em que o patrimônio do empresário declarado falido é arrecadado, visando ao pagamento da universalidade dos credores. A falência trata-se de um *processo judicial complexo*, uma vez que compreende a arrecadação dos bens do devedor, sua administração e conservação, a verificação dos créditos para posterior liquidação dos bens e rateio entre os credores, bem como a sanção por crimes falimentares eventualmente praticados pelo falido. Regem a falência, os seguintes princípios: **1)** princípio da preservação da empresa; **2)** princípio da maximização dos ativos; **3)** princípio da celeridade; e **4)** princípio da economia processual. A decretação da falência deve atender três pressupostos: **1)** pressuposto material subjetivo (devedor empresário); **2)** pressuposto material objetivo (insolvência jurídica ou presumida); **3)** pressuposto formal (sentença declaratória da falência que, na verdade, tem natureza constitutiva). O regime de execução concursal falimentar só se instaura quando presentes estes três pressupostos listados.

Alternativa "a": Nos termos do art. 101, da Lei nº 11.101/05: "Quem por dolo requerer a falência de outrem será condenado, na sentença que julgar improcedente o pedido, a indenizar o devedor, apurando-se as perdas e danos em liquidação de sentença." Complementa o § 1º do mesmo dispositivo, dispondo que: "Havendo mais de um autor do pedido de falência, serão *solidariamente* responsáveis aqueles que se conduziram na forma prevista no *caput* deste artigo."

Alternativa "b". De fato, nos termos do art. 104, inciso III, da Lei nº 11.101/05, a decretação da falência impõe ao falido, dentre outros, o dever de "não se ausentar do lugar onde se processa a falência sem motivo justo e comunicação expressa ao juiz, e sem deixar procurador bastante, sob as penas cominadas na lei".

Alternativa "c": Falência é o processo de execução coletiva em que o patrimônio do empresário declarado falido é arrecadado, visando ao pagamento da universalidade dos credores. São pressupostos da falência: 1) pressuposto material subjetivo (devedor empresário); 2) pressuposto material objetivo (*insolvência jurídica ou presumida*); 3) pressuposto formal (sentença declaratória da falência que, na verdade, tem natureza constitutiva). O regime de execução concursal falimentar só se instaura quando presentes estes três pressupostos listados. Cabe à lei definir as hipóteses autorizadoras de insolvência do empresário. Por este motivo, diz-se que nem sempre a insolvência do empresário será real, mas presumida pela lei. Importante lembrar que as hipóteses autorizadoras que justificam a decretação da falência, estão previstas no art. 94 da Lei nº 11.101/95.

Alternativa "d": Conforme a jurisprudência dominante do STJ, as sociedades cooperativas *não* se sujeitam à falência. Vide REsp 770.861/SP (julgado em 11/09/2007): "As sociedades cooperativas não se sujeitam à falência, dada a sua natureza civil e atividade não empresária (...)."

Alternativa "e": A Lei 11.101/05 se aplica ao devedor empresário individual, a sociedade empresária e a empresa individual de responsabilidade limitada. No entanto, estão excluídos da falência (art. 2º, LF): as empresas estatais (empresa pública e sociedade de economia mista); *a instituição financeira pública ou privada*; cooperativa de crédito; consórcio; entidade de previdência complementar; sociedade operadora de plano de assistência à saúde; sociedade seguradora; sociedade de capitalização e outras entidades legalmente equiparadas. De acordo com o dispositivo legal em comento, alguns empresários estão excluídos da incidência da Lei de Falência. No entanto, importante lembrar que há aqueles totalmente excluídos, bem como aqueles parcialmente excluídos. A Lei 6.024/74 dispõe sobre a intervenção e a liquidação extrajudicial das instituições financeiras. Vejamos o quadro sinótico para facilitar a compreensão:

Totalmente excluídos da lei de falência	Parcialmente excluídos da lei de falência
▸ Empresas públicas; e ▸ Sociedade de economia mista.	▸ Instituições financeiras públicas ou privadas; ▸ Consórcios; ▸ Cooperativas de crédito; ▸ Seguradoras; ▸ Operadoras de planos de saúde; ▸ Entidades de previdência complementar; ▸ Sociedades de capitalização; e ▸ Outras entidades legalmente equiparadas à estas, como, por exemplo, as sociedades administradoras de cartão de crédito e as sociedades de arrendamento mercantil (*leasing*).
Em que pese haver discussão entre os administrativistas, prevalece o entendimento que, em hipótese alguma, as empresas públicas e as sociedades de economia mista podem falir. Dito de outro modo, independentemente da atividade que exerçam (prestação de serviços públicos ou exploração de atividade econômica), as empresas estatais, por expressa vedação legal, nunca podem falir.	Em termos gerais, os parcialmente excluídos da lei falências, podem passar por procedimento de liquidação *extrajudicial*. Na liquidação extrajudicial, é nomeado um liquidante que, por sua vez, pode pedir a falência dessas sociedades empresárias. A falência, para os que estão parcialmente excluídos, é uma consequência da liquidação judicial.

Alternativa correta: letra "b".

7.2. RECUPERAÇÃO JUDICIAL

27. (CEBRASPE - 2024 - PC/PE - Delegado) A respeito de recuperação judicial e extrajudicial, assinale a opção correta.

a) No momento do pedido de recuperação judicial, o devedor deve estar exercendo regularmente suas atividades há pelo menos cinco anos.

b) Pode requerer recuperação judicial o devedor que não seja falido; caso o tenha sido, as responsabilidades daí decorrentes devem estar declaradas extintas, por sentença transitada em julgado.

c) O devedor pode requerer recuperação judicial desde que não tenha, há menos de dois anos, obtido concessão de recuperação judicial.

d) Estão sujeitos à recuperação extrajudicial todos os créditos existentes na data do pedido de recuperação extrajudicial.

e) O plano de recuperação extrajudicial poderá contemplar o pagamento antecipado de dívidas que alcancem até vinte por cento do total sujeito à recuperação.

COMENTÁRIOS

✪ **Nota do autor:** A questão exigia do candidato conhecimento do texto da lei, precisamente a Lei 11.101/2005 (Lei de Falências e Recuperação de Empresas).

Alternativa "a": incorreta. Na verdade, no momento do pedido de recuperação judicial, o devedor deve estar exercendo regularmente suas atividades **há mais de 2 (dois) anos**. É o que diz o artigo 48, "caput", da Lei 11.101/2005 (Lei de Falências e Recuperação de Empresas), "in verbis": "Art. 48. Poderá requerer recuperação judicial o devedor que, no momento do pedido, exerça regularmente suas atividades há mais de 2 (dois) anos e que atenda aos seguintes requisitos, cumulativamente: (...)"

Alternativa "b": correta. A assertiva reflete os exatos termos do artigo 48, inciso I, da Lei 11.101/2005 (Lei de Falências e Recuperação de Empresas). Confira: "Art. 48. Poderá requerer recuperação judicial o devedor que, no momento do pedido, exerça regularmente suas atividades há mais de 2 (dois) anos e que atenda aos seguintes requisitos, cumulativamente: I – **não ser falido e, se o foi, estejam declaradas extintas, por sentença transitada em julgado, as responsabilidades daí decorrentes**; (...)".

Alternativa "c": incorreta. Na verdade, o devedor pode requerer recuperação judicial desde que não tenha, **há menos de 5 (cinco) anos**, obtido concessão de recuperação judicial. É que prevê o inciso II do artigo 48 da Lei 11.101/2005 (Lei de Falências e Recuperação de Empresas): "Art. 48. Poderá requerer recuperação judicial o devedor que, no momento do pedido, exerça regularmente suas atividades há mais de 2 (dois) anos e que atenda aos seguintes requisitos, cumulativamente: (...) II – **não ter, há menos de 5 (cinco) anos, obtido concessão de recuperação judicial**; (...)".

Alternativa "d": incorreta. A assertiva está incorreta exatamente pela generalização. Isso porque, nos termos do § 1º do artigo 161 da Lei 11.101/2005 (Lei de Falências e Recuperação de Empresas), estão sujeitos à recuperação extrajudicial todos os créditos existentes na data do pedido, **exceto os créditos de natureza tributária e aqueles previstos no § 3º do art. 49 e no inciso II do "caput" do art. 86 desta Lei**, e a sujeição dos créditos de natureza trabalhista e por acidentes de trabalho exige negociação coletiva com o sindicato da respectiva categoria profissional."

Alternativa "e": incorreta. Na verdade, de acordo com o § 2º do artigo 161 da Lei 11.101/2005 (Lei de Falências e Recuperação de Empresas), "o plano **não poderá** contemplar o pagamento antecipado de dívidas nem tratamento desfavorável aos credores que a ele não estejam sujeitos."

Alternativa correta: letra "b".

---

28. (CEBRASPE - 2024 - PC/PE - Delegado) Com base na Lei n.º 11.101/2005, assinale a opção correta acerca de recuperação judicial.

a) É competente para deferir a recuperação judicial o juízo de onde se localize qualquer estabelecimento do devedor.

b) São exigíveis do devedor todas as despesas que os credores fizerem para tomar parte na recuperação judicial.

c) O deferimento do processamento da recuperação judicial não implica a suspensão do curso da prescrição das obrigações do devedor sujeitas ao regime da recuperação.

d) O deferimento da recuperação judicial suspende as execuções ajuizadas contra o devedor relativas a créditos ou obrigações sujeitos à recuperação judicial.

e) O processamento da recuperação judicial torna ineficaz a convenção de arbitragem, impedindo a instauração de procedimento arbitral.

COMENTÁRIOS

✪ **Nota do autor:** A questão exigia do candidato conhecimento do texto da lei, precisamente a Lei 11.101/2005 (Lei de Falências e Recuperação de Empresas).

Alternativa "a": incorreta. Conforme o artigo 3º da Lei 11.101/2005 (Lei de Falências e Recuperação de Empresas): "Art. 3º É competente para homologar o plano de recuperação extrajudicial, deferir a recuperação judicial ou decretar a falência **o juízo do local do principal estabelecimento do devedor ou da filial de empresa que tenha sede fora do Brasil**."

Alternativa "b": incorreta. Não são exigíveis do devedor todas e quaisquer despesas que os credores fizerem para tomar parte na recuperação judicial. Isso porque, de acordo com o artigo 5º, "caput", e inciso II, da Lei 11.101/2005 (Lei de Falências e Recuperação de Empresas): "Art. 5º Não são exigíveis do devedor, na recuperação judicial ou na falência: (...) II – as despesas que os credores fizerem para tomar parte na recuperação judicial ou na falência, salvo as custas judiciais decorrentes de litígio com o devedor."

Alternativa "c": incorreta. Na verdade, o deferimento do processamento da recuperação judicial **implica** a suspensão do curso da prescrição das obrigações do devedor sujeitas ao regime da recuperação. É o que diz o artigo 6º, inciso I, da Lei 11.101/2005 (Lei de Falências e Recuperação de Empresas): "Art. 6º A decretação da falência ou o deferimento do processamento da recuperação judicial implica: I – **suspensão do curso da prescrição das obrigações do devedor sujeitas ao regime desta Lei**; (...)".

Alternativa "d": correta. De fato, o deferimento da recuperação judicial suspende as execuções ajuizadas contra o devedor relativas a créditos ou obrigações sujeitos à recuperação judicial. É o que diz o artigo 6º, inciso II, da Lei 11.101/2005 (Lei de Falências e Recuperação de Empresas): "Art. 6º A decretação da falência ou o deferimento do processamento da recuperação judicial implica: II – suspensão das execuções ajuizadas contra o devedor, inclusive daquelas dos credores particulares do sócio solidário, relativas a créditos ou obrigações sujeitos à recuperação judicial ou à falência."

Alternativa "e": incorreta. Na verdade, nos termos expressos do § 9º do artigo 6º da Lei 11.101/2005 (Lei de Falências e Recuperação de Empresas), "O processamento da recuperação judicial ou a decretação da falência **não autoriza o administrador judicial a recusar a eficácia da convenção de arbitragem, não impedindo ou suspendendo a instauração de procedimento arbitral**."

Alternativa correta: letra "d".

---

29. (Vunesp - Delegado de Polícia - PC - BA/2018) Poderá requerer a recuperação judicial o devedor

a) que, no momento do pedido, exerça regularmente suas atividades empresariais pelo período mínimo de seis meses.

b) que obteve recuperação judicial anterior, desde que decorridos ao menos 2 anos da publicação da sentença concessiva desta.

c) condenado por crimes falimentares, desde que decorridos ao menos 3 anos, bem como pelo cumprimento da penalidade imposta.

d) falido, desde que estejam declaradas extintas, por sentença transitada em julgado, as responsabilidades decorrentes da falência.

e) empresa pública ou sociedade de economia mista exercente de atividade econômica não sujeita ao regime de monopólio.

COMENTÁRIOS

✪ **Nota do autor:** a questão exigia do candidato conhecimento do texto da Lei nº 11.101/2005.

A questão trata sobre a legitimidade ativa para requerer recuperação judicial, que vem disciplinada pelo art. 48 da Lei nº 11.101/2005. De acordo com o dispositivo legal em comento, poderá requerer recuperação judicial o devedor que, no momento do pedido, exerça regularmente suas atividades há mais de dois anos e que atenda aos seguintes requisitos, cumulativamente: **a)** não ser falido e, se o foi, estejam declaradas extintas, por sentença transitada em julgado, as responsabilidades daí decorrentes; **b)** não ter, há menos de cinco anos, obtido concessão de recuperação judicial; **c)** não ter, há menos de cinco anos, obtido concessão de recuperação judicial especial (art. 70 e segs. da Lei nº 11.101/2005. Vale lembrar, também, que a recuperação judicial poderá ser requerida inclusive pelo cônjuge sobrevivente, herdeiros do devedor, inventariante ou sócio remanescente, nos termos do § 1º do art. 48 da Lei nº 11.101/2005.

Alternativa correta: letra "d".

---

30. (UEG – Delegado de Polícia – PC – GO/2018) Dispõe a Lei n. 11.101/2005, sobre a recuperação judicial, que:

a) o plano de recuperação judicial aprovado e homologado implica novação de todos os créditos constituídos até a data da homologação.

b) o deferimento da recuperação judicial não afasta o devedor ou seu administrador da posse e da gestão da empresa.

c) a alienação pelo devedor em recuperação de bem objeto de garantia real, a supressão da garantia ou sua substituição serão admitidas mesmo sem expressa concordância do respectivo credor.

d) distribuindo o pedido de recuperação judicial, o devedor não pode alienar ou onerar bens ou direitos de seu ativo permanente, salvo evidente utilidade reconhecida pelo administrador judicial.

e) o devedor em recuperação deve ostentar em seu nome empresarial a expressão "em recuperação judicial" desde a propositura da ação até a homologação do plano de recuperação aprovado pelos credores.

COMENTÁRIOS

✪ **Nota do autor:** a questão exigia do candidato conhecimento do texto da Lei nº 11.101/2005 (Lei de falência e recuperação de empresas – LF).

Alternativa "a": Podem ser incluídos no plano de recuperação judicial todos os créditos existentes na data do pedido, ainda que não estejam vencidos. No entanto, não podem ser incluídos no plano de recuperação judicial: **a)** os créditos posteriores ao pedido de recuperação judicial; **b)** os créditos tributários; **c)** os créditos do art. 49, § 3º da LF; **d)** os créditos decorrentes de propriedade fiduciária; **e)** os créditos decorrentes de arrendamento mercantil (*leasing*); **f)** créditos decorrentes de contrato de compra e venda com reserva de domínio; **g)** créditos decorrentes de contratos de compra e venda de imóvel com cláusula de irrevogabilidade ou irretratabilidade; e **h)** créditos decorrentes de adiantamento de contrato de câmbio.

Alternativa "b": De fato, o deferimento da recuperação judicial não afasta o devedor ou seu administrador da posse e da gestão da empresa. É o que se extrai da inteligência dos arts. 64 e 75 da LF. Vale lembrar, ainda, que, a Lei 14.112/2020 deu nova redação ao dispositivo legal em comento, que passou a estabelecer o seguinte: "Art. 75. A falência, ao promover o afastamento do devedor de suas atividades, visa a: I - preservar e a otimizar a utilização produtiva dos bens, dos ativos e dos recursos produtivos, inclusive os intangíveis, da empresa; II - permitir a liquidação célere das empresas inviáveis, com vistas à realocação eficiente de recursos na economia; e III - fomentar o empreendedorismo, inclusive por meio da viabilização do retorno célere do empreendedor falido à atividade econômica. "Art. 75. A falência, ao promover o afastamento do devedor de suas atividades, visa a: I - preservar e a otimizar a utilização produtiva dos bens, dos ativos e dos recursos produtivos, inclusive os intangíveis, da empresa; II - permitir a liquidação célere das empresas inviáveis, com vistas à realocação eficiente de recursos na economia; e III - fomentar o empreendedorismo, inclusive por meio da viabilização do retorno célere do empreendedor falido à atividade econômica. § 1º O processo de falência atenderá aos princípios da celeridade e da economia processual, sem prejuízo do contraditório, da ampla defesa e dos demais princípios previstos na Lei nº 13.105, de 16 de março de 2015 (Código de Processo Civil). § 2º A falência é mecanismo de preservação de benefícios econômicos e sociais decorrentes da atividade empresarial, por meio da liquidação imediata do devedor e da rápida realocação útil de ativos na economia." (NR)

Alternativa "c": A alienação pelo devedor em recuperação de bem objeto de garantia real, a supressão da garantia ou sua substituição não serão admitidas sem expressa concordância do respectivo credor. É o que determina o § 1º do art. 50 da LF: "Na alienação de bem objeto de garantia real, a supressão da garantia ou sua substituição somente serão admitidas **mediante aprovação expressa do credor titular da respectiva garantia**."

Alternativa "d": Distribuindo o pedido de recuperação judicial, o devedor não pode alienar ou onerar bens ou direitos de seu ativo permanente, salvo evidente utilidade reconhecida pelo **juiz**. É o que determina o art. 66 da Lei 11.101/2005, com redação dada pela Lei 14.112/2020: "Após a distribuição do pedido de recuperação judicial, o devedor não poderá alienar ou onerar bens ou direitos de seu ativo não circulante, inclusive para os fins previstos no art. 67 desta Lei, salvo mediante autorização do juiz, depois de ouvido o Comitê de Credores, se houver, com exceção daqueles previamente autorizados no plano de recuperação judicial."

Alternativa "e": O devedor em recuperação deve ostentar em seu nome empresarial a expressão "em recuperação judicial" desde a efetiva homologação do plano de recuperação. É o que se extrai da inteligência do art. 69, *caput*, da LF: "Em todos os atos, contratos e documentos firmados pelo devedor sujeito ao procedimento de recuperação judicial deverá ser acrescida, após o nome empresarial, a expressão 'em Recuperação Judicial'."

Alternativa correta: letra "b".

31. (FUNCAB – Delegado de Polícia – PA/2016) Sobre o instituto da recuperação judicial, assinale a alternativa correta.

a) Não são exigíveis do devedor as despesas que os credores fizerem para tomar parte na recuperação judicial ou na falência, salvo as custas judiciais decorrentes de litígio com o devedor.

b) Os credores do devedor em recuperação judicial não conservam seus direitos e privilégios contra os coobrigados, fiadores e obrigados de regresso.

c) Poderá requerer recuperação judicial o devedor que, no momento do pedido, exerça regularmente suas atividades há mais de 5 (cinco) anos e que não tenha, há menos de 2 (dois) anos, obtido concessão de recuperação judicial.

d) Estão sujeitos à recuperação judicial todos os créditos existentes e vencidos na data do pedido da recuperação.

e) O prazo de suspensão do curso da prescrição de todas as ações e execuções em face do devedor, inclusive aquelas dos credores particulares do sócio solidário, é automaticamente prorrogável por mais 180 dias.

COMENTÁRIOS

✪ **Nota do autor:** a questão exigia do candidato conhecimento do texto da Lei de Falência e Recuperação de Empresas (Lei n. 11.101/2005).

Alternativa "a". De fato, não são exigíveis do devedor as despesas que os credores fizerem para tomar parte na recuperação judicial ou na falência, salvo as custas judiciais decorrentes de litígio com o devedor (art. 5º, II, da Lei n. 11.101/2005).

Alternativa "b": Os credores do devedor em recuperação judicial **conservam** seus direitos e privilégios contra os coobrigados, fiadores e obrigados de regresso (art. 49, § 1º, da Lei n. 11.101/2005).

Alternativa "c": Poderá requerer recuperação judicial o devedor que, no momento do pedido, exerça regularmente suas atividades há mais de **2 (dois) anos** e não tenha há **menos de 5 (cinco) anos**, obtido concessão de recuperação judicial (art. 48, *caput* e inciso II, da Lei n. 11.101/2005).

Alternativa "d": Estão sujeitos à recuperação judicial todos os créditos existentes na data do pedido, **ainda que não vencidos** (art. 49 da Lei n. 11.101/2005).

Alternativa "e": Ao tempo em que a questão foi elaborada, incidia a regra da improrrogabilidade do prazo de 180 dias. No entanto, vale lembrar que a Lei 14.112/2020, deu nova redação ao § 4º do art. 6º da Lei 11.101/2005, passando a admitir a prorrogação do prazo de 180 dias, uma única vez, em caráter excepcional, e desde que o devedor não haja dado causa para a superação do lapso temporal. Veja: "Lei 11.101/2005, Art. 6º (...) § 4º Na recuperação judicial, as suspensões e a proibição de que tratam os incisos I, II e III do caput deste artigo perdurarão pelo prazo de 180 (cento e oitenta) dias, contado do deferimento do processamento da recuperação, prorrogável por igual período, uma única vez, em caráter excepcional, desde que o devedor não haja concorrido com a superação do lapso temporal. (Redação dada pela Lei 14.112/2020)".

Alternativa correta: letra "a".

7.3. ASPECTOS PENAIS E PROCESSUAIS PENAIS DA LEI Nº 11.101/2005

32. (Cespe – Delegado de Polícia – PC – SE/2018) A respeito das condições para o exercício de atividade comercial, julgue os itens subsequentes.

Condenado por crime falimentar não pode se registrar na junta comercial como empresário individual, mas pode figurar como sócio de responsabilidade limitada, desde que sem poderes de gerência ou administração.

COMENTÁRIOS

O condenado por crime falimentar fica impedido de atuar como empresário individual, bem como de exercer cargo ou função de gerência ou de administração. Continuará podendo ser sócio de sociedade empresária, mas não poderá exercer a administração. Os efeitos da condenação aplicáveis aos crimes falimentares estão previstos no art. 181 da Lei nº 11.101/2005, a saber: a) inabilitação para o exercício de atividade empresarial; b) o impedimento para o exercício de cargo ou função em conselho de administração, diretoria ou gerência das sociedades sujeitas a esta Lei; c) a impossibilidade de gerir empresa por mandato ou por gestão de negócio. Por fim, vale lembrar que tais efeitos não são automáticos, devendo ser motivadamente declarados na sentença, e perdurarão até 5 (cinco) anos após a extinção da punibilidade, podendo, contudo, cessar antes pela reabilitação penal. O CESPE já considerou errada a seguinte assertiva: O condenado por crime falimentar fica impedido de atuar como empresário individual ou mesmo de ser sócio em sociedade limitada, ainda que não exerça função de gerência ou de administração. (Cespe – Delegado de Polícia Federal – DPF/2018).

Alternativa correta: "certo".

8. DIREITO CAMBIÁRIO

8.1. DISPOSIÇÕES DO CÓDIGO CIVIL SOBRE OS TÍTULOS DE CRÉDITO

33. (FUNCAB – Delegado de Polícia – PA/2016) A respeito de títulos de crédito, é correto afirmar que:

a) é permitido garantir o pagamento de título de crédito que contenha obrigação de pagar soma determinada por aval parcial.

b) a cláusula constitutiva de mandato, lançada no endosso, confere ao endossatário o exercício dos direitos inerentes ao título, salvo restrição expressamente estatuída.

c) é anulável o título ao portador emitido sem autorização de lei especial.

d) a responsabilidade do avalista subsiste ainda que nula a obrigação daquele a quem se equipara, mesmo nos casos em que a nulidade decorra de vício de forma.

e) o endosso posterior ao vencimento não produz os mesmos efeitos do anterior.

COMENTÁRIOS

✪ **Nota do autor:** a questão exigia do candidato conhecimento do texto da lei. As disposições do Código Civil relativas aos títulos de crédito, aplicam-se àqueles regulados por leis especiais apenas nos casos de omissão ou lacuna. É o que diz o art. 903 do Código Civil: "Salvo disposição diversa em lei especial, regem-se os títulos de crédito pelo disposto neste Código." **Atenção:** sempre que o examinador não especificar o título de crédito, o candidato deve responder a questão com base nas regras gerais do Código Civil. Por óbvio, se o examinador especificar o título, responder com base na legislação respectiva.

Alternativa "a": incorreta. **Não** é permitido garantir o pagamento de título de crédito que contenha obrigação de pagar soma determinada por aval parcial. É **vedado** o aval parcial, nos termos do art. 897, parágrafo único, do Código Civil.

Alternativa "b". A cláusula constitutiva de mandato, lançada no endosso, confere ao endossatário o exercício dos direitos inerentes ao título, salvo restrição expressamente estatuída, nos termos do art. 917 do Código Civil.

Alternativa "c": É **nulo** (e não anulável) o título ao portador emitido sem autorização de lei especial, nos termos do art. 907 do Código Civil.

Alternativa "d": A responsabilidade do avalista subsiste ainda que nula a obrigação daquele a quem se equipara, **salvo** nos casos em que a nulidade decorra de vício de forma. É o que diz o art. 899, § 2º, do Código Civil: "Subsiste a responsabilidade do avalista, ainda que nula a obrigação daquele a quem se equipara, a menos que a nulidade decorra de vício de forma."

Alternativa "e": O endosso posterior ao vencimento **produz** os mesmos efeitos do anterior, nos termos do art. 920 do Código Civil.

Alternativa correta: letra "b".

8.2. ENDOSSO E AVAL

34. (Cespe – Delegado de Polícia – PE/2016) Com referência às disposições do Código Civil acerca de endosso e aval, assinale a opção correta.

a) É válido o aval parcial de títulos de crédito.

b) O Código Civil veda o aval parcial e, por se tratar de norma posterior, revogou o dispositivo da Lei Uniforme de Genebra que permite o aval parcial em notas promissórias.

c) O Código Civil veda tanto o aval parcial quanto o endosso parcial.

d) Dado o princípio da autonomia, caso o avalista pague o título, não haverá possibilidade de ação de regresso contra os demais coobrigados.

e) É válido o endosso parcial de títulos de crédito.

COMENTÁRIOS

✪ **Nota do autor:** atenção para a legislação aplicável aos títulos de crédito: **1)** arts. 887 a 923 do Código Civil (regras gerais aplicáveis nos casos de omissão ou lacuna na legislação especial correspondente a cada título de crédito); **2)** Lei 5.474/68 (lei da duplicata); **3)** Lei 7.357/85 (lei do cheque); **4)** Decreto nº 57.663/66 (Lei Uniforme de Genebra – LUG) e Decreto nº 2.044/08 (aplicável nas omissões da LUG), aplicável às letras de câmbio e nota promissória. As disposições do Código Civil relativas aos títulos de crédito, aplicam-se àqueles regulados por leis especiais, nos casos de omissão ou lacuna. "Art. 903, CC. Salvo disposição diversa em lei especial, regem-se os títulos de crédito pelo disposto neste Código." **Dica:** sempre que o examinador não especificar o título de crédito, responder a questão com base nas regras gerais do Código Civil. Por outro lado, se o examinador especificar o título de crédito, responder com base na legislação respectiva. Importante lembrar também as diferenças entre o endosso e o aval.

ENDOSSO	AVAL
▸ É um instituto cambial. ▸ É uma declaração unilateral de vontade. ▸ Partes: endossante e endossatário. ▸ Garante a existência da obrigação e o pagamento. ▸ Diz respeito ao título nominal à ordem, porquanto somente estes circulam por endosso. ▸ Transfere um direito puro, originário, sem vícios. O endosso tem efeito purificador.	▸ É um instituto cambiário. ▸ É uma declaração unilateral de vontade. ▸ Partes: avalista e avalizado. ▸ É uma obrigação autônoma e independente (princípio da autonomia). ▸ É uma obrigação solidária.

Alternativa "a": Nos termos do parágrafo único do art. 897 do Código Civil: "É vedado o aval parcial".

Alternativa "b": O Código Civil não revogou o dispositivo da Lei Uniforme de Genebra que permite o aval parcial em notas promissórias. As disposições do Código Civil relativas aos títulos de crédito, aplicam-se àqueles regulados por leis especiais, nos casos de omissão ou lacuna. "Art. 903, CC. Salvo disposição diversa em lei especial, regem-se os títulos de crédito pelo disposto neste Código."

Alternativa "c" (responde, também, a alternativa "e"). As alternativas exigiam apenas o conhecimento do texto da lei. Nos termos do parágrafo único do art. 897 do Código Civil: "É vedado o aval parcial." No mesmo passo, o parágrafo único do art. 912 do Código Civil, dispõe que: "É nulo o endosso parcial."

Alternativa "d": Pelo princípio da autonomia, o aval é uma obrigação autônoma e independente. Nos termos do art. 899, § 1º, do Código Civil: "Pagando o título, *tem* o avalista ação de regresso contra o seu avalizado e demais coobrigados anteriores."

Alternativa correta: letra "c".

8.3. CHEQUE

35. (UEG - Delegado de Polícia - PC - GO/2018) Cheque é título de crédito sacado contra instituição financeira e que

a) para a execução contra o emitente, tem prazo prescricional de 6 meses a contar de sua emissão.
b) para execução contra o emitente, depende de prévio protesto por falta de pagamento.
c) depois de prescrito, não pode estribar ação monitória relativa ao respectivo crédito.
d) depois de prescrito, pode ser objeto de ação de locupletamento contra o emitente.
e) pode ter o pagamento pelo banco sacado sujeito a termo, mas não a condição.

COMENTÁRIOS

Nota do autor: a questão exigia do candidato conhecimento do texto da Lei nº 7.357/1985 (Lei do Cheque - LC).

Alternativa "a": Para a execução contra o emitente, tem prazo prescricional de 6 meses a contar da expiração do prazo de apresentação (e não da emissão). É o que determina o art. 59 da LC: "Prescrevem em 6 meses, **contados da expiração do prazo de apresentação**, a ação que o art. 47 desta Lei assegura ao portador." Lembrando que o cheque deve ser apresentado para pagamento, a contar do dia da emissão, no prazo de 30 (trinta) dias, quando emitido no lugar onde houver de ser pago (mesma praça); e de 60 (sessenta) dias, quando emitido em outro lugar do País ou no exterior (praça diversa).

Alternativa "b": A execução contra o emitente **independe** de prévio protesto por falta de pagamento. Pode o portador promover a execução do cheque contra o emitente e seu avalista independentemente de prévio protesto (art. 47, I, da LC).

Alternativa "c": Depois de prescrito, **pode** estribar ação monitória relativa ao respectivo crédito. Há inclusive enunciado de súmula neste sentido. De acordo com a Súmula nº 299 do STJ: "É admissível a ação monitória fundada em cheque prescrito."

Alternativa "d": De fato, depois de prescrito, pode ser objeto de ação de locupletamento contra o emitente. É o que determina o art. 61 da LC: "A ação de enriquecimento contra o emitente ou outros obrigados, que se locupletaram injustamente com o não-pagamento do cheque, prescreve em 2 (dois) anos, contados do dia em que se consumar a prescrição prevista no art. 59 e seu parágrafo desta Lei."

Alternativa "e": Não pode ter o pagamento pelo banco sacado sujeito a termo ou condição. Isso porque o cheque é uma ordem de pagamento à vista. É o que determina o art. 1º, II, da LC: "O cheque contêm a ordem incondicional de pagar quantia determinada".

Alternativa correta: letra "d".

36. (FUNIVERSA - Delegado de Polícia - DF/2015) O Mercado Economia Ltda. recebeu, como pagamento pela compra de computadores e câmeras de segurança, cheque emitido, em 1.°/3/2015, pela cliente Padaria da Esquina Ltda. Mediante regular endosso, a Sociedade Factoring Ltda. recebeu do Mercado Boa Compra Ltda. o cheque e, apresentando-o para pagamento trinta dias após a data de emissão, a endossatária foi comunicada pela instituição financeira sacada a respeito da inexistência de fundos disponíveis em conta da sacadora para honrar o pagamento.

Em relação a essa situação hipotética e à temática nela tratada, assinale a alternativa correta com base na legislação de regência e doutrina de referência acerca da matéria.

a) O cheque representa título de crédito classificado como abstrato ou não causal, pois sua emissão não se condiciona a nenhuma causa preestabelecida em lei.
b) Na hipótese de a Sociedade Factoring Ltda. perder o prazo para o ajuizamento de ação executiva para a cobrança do título, não lhe restará a possibilidade de ajuizamento de ação de enriquecimento contra quem se locupletou indevidamente com o não pagamento do cheque, na forma da Lei.
c) Caso a Padaria da Esquina Ltda. não apresente relevante razão de direito para justificar o inadimplemento e a Sociedade Factoring Ltda. tenha promovido o regular protesto cambial do título, poderá ser decretada a falência daquela caso o cheque veicule ordem de pagamento superior a vinte salários mínimos à data do pedido de falência.
d) Considerando-se que o cheque tenha sido apresentado para pagamento na mesma praça onde tenha sido emitido, o termo inicial do prazo prescricional para ajuizamento de execução do título ocorreu em 1.°/5/2015.
e) Não se admite protesto em razão do não pagamento de cheque, diversamente do que ocorre em relação às certidões de dívida ativa da União, dos estados, do Distrito Federal, dos municípios e das respectivas autarquias e fundações públicas.

COMENTÁRIOS

Nota do autor: o cheque é uma ordem de pagamento à vista, e considera-se não escrita qualquer menção em contrário. O prazo de apresentação do cheque é de 30 (trinta) dias se for da mesma praça ou 60 (sessenta) dias se de praça diferente. Estes prazos são contados da data de emissão do cheque. Para o direito comercial, a pré-datação do cheque é tida por não escrita, posto que o cheque é uma ordem de pagamento à vista. Todavia, cabe alertar acerca do conteúdo da Súmula 370 do STJ, a saber: "Caracteriza dano moral a apresentação antecipada do cheque pré-datado".

Alternativa "a". De fato, o cheque representa título de crédito classificado como abstrato ou não causal, pois sua emissão não se condiciona a nenhuma causa preestabelecida em lei. Tomando por empréstimo as lições de André Luiz Santa Cruz Ramos, título abstrato, "é aquele cuja emissão não está condicionada a nenhuma causa preestabelecida em lei. Em síntese: podem ser emitidos em qualquer hipótese. É o caso, por exemplo, do cheque, que pode ser emitido para documentar qualquer relação negocial" (Direito Empresarial Esquematizado, 4. ed. ver., atual. e ampl. – Rio de Janeiro: Forense; São Paulo: MÉTODO, 2014).

Alternativa "b": Nos termos do art. 61 da Lei nº 7.357/85: "A ação de enriquecimento contra o emitente ou outros obrigados, que se locupletaram injustamente com o não pagamento do cheque, *prescreve em 2 (dois) anos, contados do dia em que se consumar a prescrição prevista no art. 59 e seu parágrafo desta Lei.*"

Alternativa "c": Nos termos do art. 64 da Lei nº 7.357/85: "A apresentação do cheque, o protesto ou a declaração equivalente só podem ser feitos ou exigidos em dia útil, durante o expediente dos estabelecimentos de crédito, câmaras de compensação e cartórios de protestos." Determina, ainda, o art. 94, inciso I, da Lei 11.101/05, que será decretada a falência do devedor que "sem relevante razão de direito, não paga, no vencimento, obrigação líquida materializada em título ou títulos executivos protestados cuja soma ultrapasse o equivalente a *40 (quarenta) salários-mínimos na data do pedido de falência.*"

Alternativa "d": Nos termos do art. 33 da Lei nº 7.357/85: "O cheque deve ser apresentado para pagamento, a contar do dia da emissão, no prazo de 30 (trinta) dias, quando emitido no lugar onde houver de ser pago; e de 60 (sessenta) dias, quando emitido em outro lugar do País ou no exterior."

Alternativa "e": Nos termos do art. 48 da Lei nº 7.357/85: "O protesto ou as declarações do artigo anterior devem fazer-se no lugar de pagamento ou do domicílio do emitente, antes da expiração do prazo de apresentação. Se esta ocorrer no último dia do prazo, o protesto ou as declarações podem fazer-se no primeiro dia útil seguinte. § 1º A entrega do cheque para protesto deve ser prenotada em livro especial e o protesto tirado no prazo de 3 (três) dias úteis a contar do recebimento do título. § 2º O instrumento do protesto, datado e assinado pelo oficial público competente, contém: a) a transcrição literal do cheque, com todas as declarações nele inseridas, na ordem em que se acham lançadas; b) a certidão da intimação do emitente, de seu mandatário especial ou representante legal, e as demais pessoas obrigadas no cheque; c) a resposta dada pelos intimados ou a declaração da falta de resposta; d) a certidão de não haverem sido encontrados ou de serem desconhecidos o emitente ou os demais obrigados, realizada a intimação, nesse caso, pela imprensa."

Alternativa correta: letra "a".

9. DIREITO DE PROPRIEDADE INDUSTRIAL

9.1. *MARCA*

37. (Nucepe - Delegado de Polícia - PC - PI/2018) Sobre as marcas, assinale a alternativa CORRETA.

a) Somente podem requerer registro de marca o empresário individual, a EIRELI e as sociedades empresárias.

b) O registro da marca vigorará pelo prazo de quinze anos, contados da data da concessão do registro, prorrogável por períodos iguais e sucessivos.

c) A proteção de uma marca depende, invariavelmente, do prévio registro no Instituto Nacional da Propriedade Industrial.

d) A marca não pode ser objeto de alienação. Entretanto, o adquirente de estabelecimento, por ato entre vivos, pode, se o contrato o permitir, usar a marca do alienante, precedida da sua, com a qualificação de sucessor.

e) À marca registrada no Brasil considerada de alto renome será assegurada proteção especial, em todos os ramos de atividade. Cuida-se, assim, de exceção à especialidade da proteção das marcas.

COMENTÁRIOS

✪ **Nota do autor:** a questão exigia do candidato conhecimento do texto da Lei nº 9.279/1996 (Lei de Propriedade Industrial – LPI).

Alternativa "a": De acordo com o art. 128 da LPI, podem requerer registro de marca as pessoas físicas ou jurídicas de direito público ou de direito privado. São pessoas jurídicas de direito público interno: I – a União; II – os Estados, o Distrito Federal e os Territórios; III – os Municípios; IV – as autarquias, inclusive as associações públicas; V – as demais entidades de caráter público criadas por lei. São pessoas jurídicas de direito público externo os Estados estrangeiros e todas as pessoas que forem regidas pelo direito internacional público. São pessoas jurídicas de direito privado: I – as associações; II – as sociedades; III – as fundações. IV – as organizações religiosas; V – os partidos políticos."

Alternativa "b": O registro da marca vigorará pelo prazo de **10 (dez) anos**, contados da data da concessão do registro, prorrogável por períodos iguais e sucessivos, nos termos do art. 133 da LSA.

Alternativa "c": A proteção de uma marca não depende, invariavelmente, do prévio registro no Instituto Nacional da Propriedade Industrial – INPI. A marca notoriamente conhecida, por exemplo, para que tenha proteção no seu ramo de atividade, não depende de registro.

Já a marca de alto renome, depende de registro, sendo a sua proteção ampla, abrangendo todos os ramos de atividade. Confira: "LSA, Art. 126. A marca notoriamente conhecida em seu ramo de atividade nos termos do art. 6º bis (I), da Convenção da União de Paris para Proteção da Propriedade Industrial, goza de proteção especial, independentemente de estar previamente depositada ou registrada no Brasil." "LSA, Art. 125. À marca registrada no Brasil considerada de alto renome será assegurada proteção especial, em todos os ramos de atividade."

Alternativa "d": A marca **pode** ser objeto de alienação. Cuidado para não confundir: o **nome empresarial** não pode ser objeto de alienação, nos termos do art. 1164 do Código Civil. Enquanto o nome empresarial identifica o empresário, a marca é o elemento que identifica o produto ou serviço produzido ou posto em circulação por aquele.

Alternativa "e": De fato, à marca registrada no Brasil considerada de alto renome será assegurada proteção especial, em todos os ramos de atividade. Cuida-se, assim, de exceção à especialidade da proteção das marcas. É o que determina o art. 125 da LSA: "À marca registrada no Brasil considerada de alto renome será assegurada proteção especial, em todos os ramos de atividade."

Alternativa correta: letra "e".

Direito Empresarial

Danniel Trindade

✦ DICAS (RESUMO)

1. TEORIA GERAL

TEORIA GERAL DA EMPRESA

Considerando a evolução histórica do direito empresarial, vale lembrar que o **Código Comercial de 1850** adotava a chamada "**Teoria dos Atos de Comércio**", originada no **Direito Francês**. Não por outro motivo, é que, no mundo, o **Código Francês de 1807** é apontado como o marco inicial do Direito Comercial. Referida teoria tratava do comerciante (pessoa física) e da sociedade comercial (pessoa jurídica) como sendo aqueles que praticavam atos de comércio com habitualidade e finalidade lucrativa. O Direito Comercial regulava, portanto, as relações jurídicas decorrentes da prática de alguns atos tipificados como atos de comércio.

Já com o Código Civil de 2002, o ordenamento jurídico brasileiro passou a adotar a chamada "**Teoria da Empresa**", originada no **Direito Italiano**, de autoria de **Alberto Asquini**, em substituição a antiga teoria dos atos de comércio. Assim, o ordenamento jurídico brasileiro passou a conceituar o **empresário** como a pessoa física (empresário individual) ou jurídica (sociedade empresária) que exerce, profissionalmente, atividade econômica organizada para a produção ou circulação de bens ou de serviços, nos termos do art. 966, *caput*, do Código Civil. Por outro lado, a expressão "empresa" representa a atividade econômica exercida pelo empresário.

LEMBRE-SE:

- A teoria da empresa foi desenvolvida na **Itália**, sendo um de seus expoentes **Alberto Asquini**.
- Para a Teoria da Empresa, adotada no Brasil com o Código Civil de 2002, é empresarial a atividade econômica organizada para a produção ou a circulação de bens ou de serviços. Será empresário, pois, aquele que exercer profissionalmente essa atividade.

EMPRESA E EMPRESÁRIO

A empresa não se confunde com o conceito de empresário:

Empresário	Empresa
Empresário é a pessoa física (empresário individual) ou jurídica (sociedade empresária) que exerce profissionalmente atividade econômica organizada para a produção ou circulação de bens ou de serviços.	Empresa significa a própria atividade empresarial exercida pelo empresário, pessoa física (empresário individual) ou jurídica (sociedade empresária).

CONCEITO DE EMPRESA

Em termos jurídicos, a empresa é a atividade econômica organizada exercida pelo empresário. Atividade econômica organizada é aquela que reúne os quatro os fatores de produção (mão de obra + matéria prima + capital + tecnologia). Para a doutrina majoritária, faltando qualquer um dos fatores de produção, não há falar em atividade empresarial.

NOME EMPRESARIAL

O nome empresarial é uma cláusula pétrea, nos termos do art. 5º, XXIX, da CF ("a lei assegurará aos autores de inventos industriais privilégio temporário para sua utilização, bem como proteção às criações industriais, à propriedade das marcas, aos nomes de empresariais e a outros signos distintivos, tendo em vista o interesse social e o desenvolvimento tecnológico e econômico do País;").

Conceito: *nome empresarial* é o elemento de identificação do empresário (individual e sociedade empresária) no meio empresarial. "CC, art. 1.155. Considera-se nome empresarial a firma ou a denominação adotada, de conformidade com este Capítulo, para o exercício de empresa".

Modalidades: há duas modalidades de nome empresarial, quais sejam a *firma* e a *denominação*.

Firma	Pode ser: firma individual ou firma social. Firma individual Aplicada ao empresário individual, nos termos do art. 1.156 ("o empresário opera sob firma constituída por seu nome, completo ou abreviado, aditando-lhe, se quiser, designação mais precisa da sua pessoa ou do gênero de atividade"). Composição: nome civil do empresário, completo ou abreviado. Ex: Daniel Messias da Trindade; D.M.T., D. Messias da Trindade, etc. Ramo de atividade: a inclusão do ramo de atividade é facultativa. Caso queira, o empresário individual poderá acrescentar uma designação mais precisa da pessoa ou gênero de atividade (ramo de atividade). Firma social Aplica-se às sociedades que possuem sócio com responsabilidade ilimitada: sociedade em nome coletivo e sociedade em comandita simples, nos termos do art. 1.157 do CC ("A sociedade em que houver sócios de responsabilidade ilimitada operará sob firma, na qual somente os nomes daqueles poderão figurar, bastando para formá-la aditar ao nome de um deles a expressão "e companhia" ou sua abreviatura").

Firma	Atenção: os sócios que figurarem no nome empresarial, são solidária e ilimitadamente responsáveis pelas dívidas contraídas pela sociedade. Composição: nomes dos sócios (pessoas físicas), completos ou abreviados. Ex: Daniel Messias da Trindade e João da Silva; D. Trindade e J. Silva; D. Trindade e Cia. Ramo de atividade: o ramo de atividade também é facultativo.
Denominação	Aplica-se às sociedades que possuem sócios com responsabilidade limitada (sociedade limitada e sociedade anônima). Cuidado: a sociedade limitada pode adotar tanto firma como denominação (art. 1.158, CC), integradas pela palavra final "limitada" ou a sua abreviatura. Na denominação, o nome empresarial é composto por uma expressão linguística (nome fantasia) e o ramo de atividade. O ramo de atividade é obrigatório. O elemento fantasia é facultativo. O nome dos sócios não aparece. No entanto, excepcionalmente, admite-se a inclusão de nome de sócio, a fim de prestar-lhe uma homenagem. Composição: Expressões linguísticas (elemento fantasia) + ramo de atividade. Exemplos: Divina Delícia Pizzaria; Doce Festa Doceria; Escola Aprender S.A.

Quadro sinótico:

Firma	• Empresário individual; • Sociedade em nome coletivo; • Sociedade em comandita simples.
Denominação	• Sociedade anônima; • Sociedade cooperativa.
Firma ou denominação	• Sociedade limitada; • Sociedade comandita por ações.

Proteção ao nome empresarial: a proteção do nome empresarial ocorre automaticamente do registro do empresário (art. 33, Lei 8.934/94). A proteção do nome empresarial se dá nos limites do Estado (art. 1.166, CC). Para ter efeito em outros estados da federação, o empresário deve efetivar o registro em cada um deles.

Princípios aplicáveis ao nome empresarial: a) novidade: o nome empresarial deve ser novo, original; e b) veracidade: o nome empresarial deve ser verdadeiro, não podendo conter informação falsa.

Inalienabilidade do nome empresarial: nos termos do art. 1.164 do CC, "o nome empresarial não pode ser objeto de alienação". O nome empresarial é personalíssimo e inalienável, porque envolve direitos da personalidade que também são assegurados às pessoas jurídicas. "CC, art. 52. Aplica-se às pessoas jurídicas, no que couber, a proteção dos direitos da personalidade. "

Anulação da inscrição do nome empresarial: não há prazo para a ação de anulação de inscrição do nome empresarial, nos termos do art. 1.167 do CC ("Cabe ao prejudicado, a qualquer tempo, ação para anular a inscrição do nome empresarial feita com violação da lei ou do contrato").

Nome empresarial, marca e título de estabelecimento:

Nome empresarial	Marca	Título de estabelecimento
Identifica o empresário no meio empresarial.	Identifica o produto ou serviço no meio empresarial.	Identifica o estabelecimento empresarial.
É protegido a partir do momento em que o empresário registra os seus atos constitutivos na Junta Comercial, que é um órgão estadual. A proteção é de âmbito estadual.	**É protegida a partir do momento em que é registrada no INPI (Instituto Nacional de Propriedade Industrial), que é** um órgão federal. A proteção é de âmbito federal.	Não precisa ser registrado.
Não pode ser alienado.	Pode ser alienada.	Pode ser alienado.

2. EMPRESÁRIO

Empresário é a pessoa física (empresário individual) ou jurídica (sociedade empresária) que exerce profissionalmente uma atividade econômica organizada para a produção ou circulação de bens ou de serviços. O conceito está no art. 966, CC ("Considera-se empresário quem exerce profissionalmente atividade econômica organizada para a produção ou a circulação de bens ou de serviços").

Adotando a teoria da empresa, o Código Civil traz o conceito de empresário no seu art. 966, caput, estabelecendo que "Considera-se empresário quem exerce profissionalmente atividade econômica organizada para a produção ou a circulação de bens ou de serviços." No entanto, no parágrafo único do mesmo dispositivo, o Código Civil excepciona alguns agentes do conceito de empresário, dispondo que "Não se considera empresário quem exerce profissão intelectual, de natureza científica, literária ou artística, ainda com o concurso de auxiliares ou colaboradores, salvo se o exercício da profissão constituir elemento de empresa."

Elementos do conceito de empresário: a) profissionalmente: habitualidade/continuidade; **b) atividade econômica:** finalidade lucrativa; **c) organizada:** reunião dos quatro fatores de produção (mão de obra, matéria prima, capital e tecnologia). Na ausência de qualquer um dos fatores de produção não há falar em atividade empresarial. Interessante anotar posição mais moderna de André Luiz Santa Cruz Ramos (a qual nos filiamos), para quem a "ideia fechada de que a *organização* dos fatores de produção é absolutamente imprescindível para a caracterização do empresário vem perdendo força no atual contexto da economia capitalista. Com efeitos, basta citar o caso dos microempresários, os quais, não raro, exercem atividade empresarial única ou preponderantemente com trabalho próprio. Pode-se citar também o caso dos *empresários virtuais*, que muitas vezes atuam completamente sozinhos, resumindo-se sua atividade à intermediação de produtos ou serviços por meio da *internet*" (*Direito Empresarial Esquematizado*. 4 ed. Rio de Janeiro: Forense; São Paulo: Método, 2014, p. 38).

Empresário rural: De acordo com o art. 971 do Código Civil, é o empresário, cuja atividade rural constitua sua principal profissão. Caso o empresário rural efetue o registro, ficará equiparado ao empresário comum, tendo as mesmas obrigações deste. No entanto, o registro do empresário rural tem natureza constitutiva.

Empresário futebolístico: A Lei 14.193/2021, que disciplina a sociedade anônima do futebol, introduziu mais uma hipótese de **registro facultativo** no parágrafo único do art. 971 do Código Civil. Agora, portanto, a associação que desenvolva atividade futebolística em caráter habitual e profissional, também **pode** (é uma faculdade), requerer sua inscrição na Junta Comercial da respectiva sede, caso em que, depois de inscrito, ficará equiparado, para todos os efeitos, ao empresário sujeito a registro.

MEI, ME e EPP:

	Quem pode ser?	Qual a receita bruta anual?
Microempreendedor individual – MEI	Só o empresário individual.	Até 81.000 reais.
Microempresa – ME	Empresário individual; Sociedade empresária; Sociedade simples.	Até 360.000 reais.
Empresa de pequeno porte – EPP	Empresário individual; Sociedade empresária; Sociedade simples.	De 360.000 até 4.800.000 reais.

EMPRESÁRIO INDIVIDUAL

Empresário individual é a pessoa física que exerce profissionalmente atividade econômica organizada para produção ou circulação de bens. De acordo com o art. 972 do CC, "podem exercer a atividade de empresário os que estiverem em pleno gozo da capacidade civil e não forem legalmente impedidos".

Capacidade: Podem exercer a atividade de empresário os que estiverem em pleno gozo da capacidade civil e não forem legalmente impedidos, nos termos do art. 972 do Código Civil.

Menor emancipado: a emancipação antecipa a capacidade plena, portanto, o menor emancipado pode exercer atividade empresarial. No entanto, se praticar ato tipificado como crime falimentar, submeter-se-á às regras do Estatuto da Criança e do Adolescente.

Incapaz: há apenas duas hipóteses em que o incapaz poderá ser empresário: **a)** continuação da empresa no caso de incapacidade superveniente; ou **b)** continuação da empresa no caso de sucessão hereditária. Trata-se de prestígio ao princípio da continuação da empresa. **Atenção:** o incapaz não poderá *iniciar* a atividade empresarial, mas no caso de incapacidade superveniente ou sucessão hereditária poderá *continuar* a empresa já existente. **Requisitos:** o incapaz deve estar devidamente *representado* (no caso de incapacidade absoluta) ou *assistido* (no caso de incapacidade relativa), bem como deve haver prévia *autorização judicial* (o juiz deve analisar a pertinência da continuação da empresa). **Atenção para o art. 974, § 2º, do Código Civil:** "Não ficam sujeitos ao resultado da empresa os bens que o incapaz já possuía, ao tempo da sucessão ou da interdição, desde que estranhos ao acervo daquela, devendo tais fatos constar do alvará que conceder a autorização". Assim, desde que estranhos ao acervo da empresa, o patrimônio que o incapaz tinha antes da continuação da atividade não ficam sujeitos às dívidas sociais.

Empresário casado: no caso do empresário casado aplica-se a regra do art. 978 do CC, que é uma exceção ao art. 1647, I, do CC, dispondo que: "O empresário casado pode, sem necessidade de outorga conjugal, qualquer que seja o regime de bens, alienar os imóveis que integrem o patrimônio da empresa ou gravá-los de ônus real". **Atenção:** tudo que envolva o aspecto patrimonial do **empresário individual** deve ser levado a registro (ex.: o pacto antenupcial do empresário individual deve ser levado a registro). Segundo o Código Civil: "Art. 979. Além de no Registro Civil, serão arquivados e averbados, no Registro Público de Empresas Mercantis, os pactos e declarações antenupciais do empresário, o título de doação, herança, ou legado, de bens clausulados de incomunicabilidade ou inalienabilidade. "

Responsabilidade do empresário individual: o empresário individual tem responsabilidade ilimitada.

Pessoas legalmente impedidas de serem empresários individuais: não podem ser empresários: **a)** funcionários públicos civis da União, dos Estados, dos Municípios e do Distrito Federal; **b)** magistrados; **c)** membros do Ministério Público; **d)** falidos, enquanto não houverem sido reabilitados; **e)** estrangeiros não residentes no País; **f)** corretores e leiloeiros; **g)** cônsules, salvo os não remunerados; **h)** médicos, para o exercício simultâneo da medicina e farmácia, drogaria ou laboratório; **i)** militares da ativa das Forças Armadas (Exército, Marinha e Aeronáutica) e da Polícia Militar. Casos estas pessoas exerçam atividade própria de empresário, haverá responsabilidade ilimitada pelas dívidas decorrentes da exploração da atividade empresarial (art. 973, CC). **Aten-**

ção: essa proibição não impede que tais pessoas sejam **sócios** (acionistas ou quotistas) de sociedade empresária. **Atenção!** "CC, art. 973. A pessoa legalmente impedida de exercer atividade própria de empresário, se a exercer, responderá pelas obrigações contraídas. "

3. ESTABELECIMENTO EMPRESARIAL

Estabelecimento empresarial é o conjunto de bens, corpóreos e incorpóreos, organizados pelo empresário para o exercício da atividade empresarial (art. 1.142, 'caput', do Código Civil).

> **NOVIDADE LEGISLATIVA!**
>
> **A Lei 14.382, de 27 de junho de 2022, que dispõe sobre o Sistema Eletrônico dos Registros Públicos (Serp), incluiu três novos parágrafos ao art. 1.142 do Código Civil, que estabelecem o seguinte: (i) O estabelecimento empresarial não se confunde com o ponto empresarial (local onde se exerce a atividade empresarial), que poderá ser físico ou virtual; (ii) No caso de ponto empresarial virtual, o endereço informado para fins de registro poderá ser o endereço do empresário individual ou o de um dos sócios da sociedade empresária; (iii) Quando o ponto empresarial for físico, a fixação do horário de funcionamento competirá ao Município."**

O estabelecimento empresarial é sujeito de direitos? Não. O estabelecimento empresarial não é sujeito de direitos e obrigações, uma vez que não possui personalidade jurídica. O estabelecimento empresarial é objeto de direito, porquanto possui proteção legal.

Elementos: O estabelecimento empresarial é formado por elementos corpóreos e incorpóreos.

Atributos: O estabelecimento empresarial possui dois atributos: o *aviamento* e a *clientela*.

Elementos corpóreos ou materiais	Elementos incorpóreos ou imateriais
• Bens móveis (ex: mercadorias em estoque); • Bens imóveis (ex: imóvel utilizado como armazém para depósitos das mercadorias; prédios apropriados para instalação de usinas; estacionamentos para cargas, etc.)	Propriedade industrial (patente de invenção e de modelo de utilidade; registro de marca e de desenho industrial). Nome empresarial; Ponto empresarial.

> **1ª OBSERVAÇÃO:**
>
> - **Mercadorias em estoque.** Segundo o STJ, as mercadorias em estoque constituem elementos materiais do estabelecimento empresarial, pois são bens corpóreos utilizados pelo empresário na exploração da atividade econômica (REsp 1.079.781/RS).
> - **Nome de domínio.** Nome de domínio é o nome indicativo do *website* do empresário. O nome de domínio constitui elemento imaterial do estabelecimento empresarial, pois é bem incorpóreo utilizado pelo empresário na exploração da atividade econômica.

> **2ª OBSERVAÇÃO:**
>
> - **Aviamento.** O aviamento é a potencialidade do estabelecimento de gerar lucros. O aviamento não compõe o conceito de estabelecimento. Ou seja, o aviamento não é elemento do estabelecimento, mas **atributo** deste, que corresponde a sua capacidade de gerar lucros.
> - **Clientela.** A clientela é conjunto de pessoas que mantém relação de fidelidade com o empresário, adquirindo seus produtos e serviços. Está diretamente relacionada ao aviamento, pois, quanto maior a clientela, tanto maior será o aviamento. A clientela não compõe o conceito de estabelecimento. Ou seja, a clientela não é um elemento do estabelecimento, mas **atributo** deste, que corresponde a sua capacidade de gerar lucros.

Natureza: Prevalece que o estabelecimento empresarial tem natureza jurídica de *universalidade de fato* (bens que estão juntos por vontade do titular). O estabelecimento é uma universalidade de fato, formada por bens corpóreos e incorpóreos, porque os elementos que o compõe formam uma coisa unitária por destinação do próprio empresário. Neste sentido, já se posicionou o STJ: "[...] 3. O estabelecimento comercial, por sua vez, constitui uma universalidade de fato, cujos bens (materiais e imateriais), ainda que possam ser identificados individualmente, encontram-se organizados funcionalmente e interligados entre si, compondo uma unidade, com finalidade específica atribuída pelo empresário, a fim de permitir o desenvolvimento profissional de sua atividade econômica. Trata-se, pois, de objeto de direito, e não sujeito de direito, razão pela qual não titulariza 'nem poderia, por definição' relações jurídicas, em nenhum de seus polos. [...]" (STJ. REsp 1.619.854 – MG (2016/0036171-6) Rel. Min. Marco Aurélio Bellizze, j. em 16/04/2021)

Penhora do estabelecimento: Segundo o STJ, "é *legítima* a penhora do estabelecimento comercial", nos termos da Súmula 451.

TRESPASSE

Trespasse é o nome que se dá ao contrato de compra e venda do estabelecimento empresarial. Trata-se de um *negócio jurídico translativo.*

Distinção com a cessão de quotas: O trespasse não se confunde com a cessão de quotas. No trespasse ocorre a **transferência da titularidade do estabelecimento.** Já na cessão de cotas ocorre a **modificação do quadro societário**, mas não a transferência da titularidade do estabelecimento.

Formalidades: Averbação + publicação na imprensa oficial. O contrato de trespasse só produz efeitos quanto a terceiros, depois de averbado à margem da inscrição do empresário, ou da sociedade empresária, no Registro Público de Empresas Mercantis (Junta Comercial) e de publicado na Imprensa Oficial (art. 1.144, CC).

> **EXCEÇÃO!**
> As microempresas e empresas de pequeno porte estão desobrigadas do requisito de publicação na imprensa oficial (art. 71 da LC 123/2006).

Formalidade adicional: Se o alienante não tiver bens suficientes para saldar as dívidas do estabelecimento, é necessária uma formalidade adicional, que é a **notificação dos credores**, que terão prazo de 30 dias para concordar de forma expressa ou tácita com a alienação.

Consequência do descumprimento dos requisitos legais: Caso o trespasse seja realizado sem o pagamento de todos os credores ou sem a notificação de todos os credores, o contrato será ineficaz.

Ineficácia do contrato: o credor pode pedir a ineficácia do contrato de trespasse tanto em ação ordinária como em ação de falência (arts. 129, VI, e 136, todos da Lei 11.101/05). Reconhecida a ineficácia ou julgada procedente a ação revocatória, as partes retornarão ao estado anterior, e o contratante de boa-fé terá direito à restituição dos bens ou valores entregues ao devedor.

E se os credores não concordarem com a venda do estabelecimento? Caso não concordem com a venda do estabelecimento, o alienante ainda poderá fazê-lo, mas desde que pague todos os credores. É o que diz o art. 1.145 do Código Civil: "Se ao alienante não restarem bens suficientes para solver o seu passivo, a eficácia da alienação do estabelecimento depende do pagamento de todos os credores, ou do consentimento destes, de modo expresso ou tácito, em trinta dias a partir de sua notificação."

E se a alienação for feita sem a notificação dos credores? Caso a alienação seja feita sem a notificação de todos os credores, o contrato de trespasse será *ineficaz*.

E se todos os credores foram notificados, mas não consentiram com a alienação? Caso a alienação seja feita sem o pagamento de todos os credores, o contrato de trespasse será *ineficaz*.

Como o credor pode pleitear a ineficácia da alienação? O credor pode pleitear a ineficácia do contrato de trespasse tanto em ação ordinária como em ação de falência. Na falência, reconhecida a ineficácia ou julgada procedente a ação revocatória, as partes retornarão ao estado anterior, e o contratante de boa-fé terá direito à restituição dos bens ou valores entregues ao devedor.

Responsabilidade do alienante: O alienante responde solidariamente com o adquirente pelas dívidas anteriores, pelo prazo de *um ano*. Se a dívida estiver vencida, conta-se um ano da data da publicação do trespasse na imprensa oficial. Se a dívida é vincenda, conta-se um ano da data do vencimento.

Responsabilidade do adquirente:

1) **Dívidas posteriores ao trespasse:** Após o trespasse, todas as dívidas sociais correm por conta do adquirente.
2) **Dívidas anteriores ao trespasse:** O adquirente responde pelas dívidas anteriores, desde que regularmente contabilizadas. **Exceção:** se a compra do estabelecimento ocorreu no processo de falência ou de recuperação judicial, o adquirente não responde pelas dívidas anteriores, inclusive as tributárias e trabalhistas.
3) **Dívidas tributárias anteriores ao trespasse:** O adquirente que continua explorando a atividade empresarial antes desenvolvida pelo alienante, responde pelos tributos do estabelecimento adquirido devidos até a data do trespasse: **a) integralmente:** se o alienante cessar a exploração do comércio, indústria ou atividade; **b) subsidiariamente com o alienante:** se o alienante prosseguir na exploração ou iniciar dentro de 6 meses, a contar da data da alienação, nova atividade no mesmo ou em outro ramo de comércio, indústria ou profissão. **Exceção:** se a compra do estabelecimento ocorreu no processo de falência ou de recuperação judicial, o adquirente não responde pelas dívidas anteriores, inclusive as tributárias e trabalhistas.

Cláusula de não restabelecimento ou de não concorrência: A cláusula de não restabelecimento é uma cláusula **implícita** do contrato de trespasse, pois decorre da própria lei (art. 1.147 do CC). Por se tratar de uma cláusula implícita, se não houver autorização expressa no contrato de trespasse, o alienante não poderá fazer concorrência ao adquirente nos **cinco anos** subsequentes à transferência do estabelecimento.

Abusividade da cláusula de não concorrência sem limitação de tempo: Segundo o STJ, é abusiva a vigência, por prazo indeterminado, da cláusula de não restabelecimento, também denominada cláusula de não concorrência.

Sub-rogação do adquirente nos contratos de exploração atinentes ao estabelecimento adquirido: desde que não possuam caráter pessoal, é a regra geral, incluindo o contrato de locação. É o que dispõe o art. 1.148 do Código Civil: "Salvo disposição em contrário, a transferência importa a sub-rogação do adquirente nos contratos estipulados para exploração do estabelecimento, se não tiverem caráter pessoal, podendo os terceiros rescindir o contrato em 90 dias a contar da publicação da transferência, se ocorrer justa causa, ressalvada, neste caso, a responsabilidade do alienante."

Cessão de créditos referentes ao estabelecimento transferido: produzirá efeito em relação aos respectivos devedores, desde o momento da publicação da transferência na Imprensa Oficial, mas o devedor ficará exonerado se de boa-fé pagar ao cedente (art. 1.149 do Código Civil).

SÚMULAS APLICÁVEIS:

STF – Súmula 451: É legítima a penhora da sede do estabelecimento comercial.

STJ – Súmula 166: Não constitui fato gerador do ICMS, o simples deslocamento de mercadoria de um para outro estabelecimento do mesmo contribuinte.

4. REGISTRO E ESCRITURAÇÃO

Inscrição: o empresário é obrigado a efetuar seu registro no Registro Público de Empresas Mercantis, antes de iniciar sua atividade. O art. 967 do CC dispõe que "é obrigatória a inscrição do empresário no Registro Público de Empresas Mercantis da respectiva sede, antes do início de sua atividade". O registro do empresário tem natureza jurídica de condição de regularidade.

Legislação sobre o registro do empresário: a Lei 8.934/94 dispõe sobre o Registro Público de Empresas Mercantis.

Consequências da ausência do registro: a) responsabilidade ilimitada; **b)** impossibilidade de requerer falência de terceiros (no entanto, pode pedir a própria falência); **c)** impossibilidade de requerer a própria recuperação judicial; **d)** impossibilidade de participar de licitação.

Empresário rural: de acordo com o art. 971 do Código Civil, é o empresário, cuja atividade rural constitua sua principal profissão. Caso o empresário rural efetue o registro, ficará equiparado ao empresário comum, tendo as mesmas obrigações deste. No entanto, o registro do empresário rural tem natureza constitutiva.

Escrituração: Todo empresário (salvo o pequeno empresário) tem obrigação de **escriturar** os livros empresariais. Isso porque os empresários são obrigados a manter um sistema de contabilidade.

- A escrituração dos livros materializa a higidez da empresa e do sistema contábil, trazendo vantagens ao empresário, porque os livros fornecem subsídios para a escolha de estratégias de gestão e atuação no mercado.
- Para que sejam considerados regulares e tenham eficácia probatória em favor do empresário, os livros empresariais devem preencher requisitos intrínsecos e extrínsecos.

> **ATENÇÃO!** O pequeno empresário está dispensado da escrituração de livros.

Requisitos da escrituração dos livros empresariais:

a) **Requisitos intrínsecos:** os livros empresariais devem ser escriturados em idioma nacional, moeda corrente e forma contábil, ordem cronológica e sem rasura.

b) **Requisitos extrínsecos:** se relacionam com a segurança e autenticidade, que ocorre quando o livro empresarial possui contiver termos de abertura e de encerramento, e estiver autenticado pela Junta Comercial.

- **Livro obrigatório:** Livro Diário. O livro diário pode ser datilografado (escrituração mecânica) ou informatizado.

> **Atenção!** Com o Marco Legal das Startups (LC 182/2021), o art. 294 da Lei 6.404/1976, passou a prever que a **sociedade anônima fechada** que tiver **receita bruta anual de até R$ 78.000.000,00** (setenta e oito milhões de reais) pode substituir os livros de que trata o art. 100 da lei (ex: livro de ações nominativas; livro de ata de assembléias gerais; livro de atas do Conselho Fiscal) por registros mecanizados ou eletrônicos.

Consequências da ausência de escrituração:

a) ineficácia probatória dos livros comerciais;

b) ilegitimidade ativa para requerer a recuperação judicial;

c) configuração de crime falimentar (Lei 11.101/05, art. 178).

Sigilosidade: Os livros empresariais são sigilosos. No entanto, há exceções:

a) Súmula 260 do STF ("O exame de livros comerciais, em ação judicial, fica limitado às transações entre os litigantes");

b) O juiz poderá autorizar a exibição integral dos livros e papéis de escrituração quando necessária para resolver questões relativas a sucessão, comunhão ou sociedade, administração ou gestão à conta de outrem, ou em caso de falência;

c) A sigilosidade dos livros comerciais não se aplica às autoridades fazendárias, quando no exercício da fiscalização de impostos;

d) Arts. 420 e 421 do CPC/2015.

> **ATENÇÃO!** O procedimento de exibição judicial está no art. 396 do CPC/2015 e depende da apresentação de justo motivo, a saber: questões sucessórias, questões societárias, questões sobre a administração/gestão e falência.

Força probatória dos livros empresariais: Os livros empresariais provam contra seu autor, sendo lícito ao empresário, todavia, demonstrar, por todos os meios permitidos em direito, que os lançamentos não correspondem à verdade dos fatos. Os livros empresariais que preencham os requisitos exigidos por lei provam a favor de seu autor no litígio entre empresários. Além disso, como a escrituração contábil é indivisível, se dos fatos que resultam dos lançamentos, uns são favoráveis ao interesse de seu autor e outros lhe são contrários, ambos serão considerados em conjunto, como unidade.

Falsificação de livro mercantil: A falsificação de livro mercantil configura o crime de falsificação de documento público, nos termos do art. 297 do Código Penal.

5. DIREITO SOCIETÁRIO

SOCIEDADES SIMPLES

Sociedade simples é a sociedade não empresária. No caso das sociedades simples, o ato constitutivo deve ser levado a registro no Cartório de Registro Civil de Pessoas Jurídicas. A sociedade simples pode se constituir segundo os seguintes tipos: **a)** cooperativa; **b)** sociedade em comandita simples; **c)** sociedade limitada. **Exceção:** a "sociedade de advogados" é uma sociedade simples, mas adquire personalidade jurídica quando o seu ato constitutivo é levado a registro na Ordem dos Advogados do Brasil – OAB.

SOCIEDADES NÃO PERSONIFICADAS

Conceito: sociedades não personificadas (ou despersonalizadas) são aquelas que não possuem personalidade jurídica.

Espécies: são apenas duas as sociedades não-personificadas: a) sociedade em comum (sociedade irregular e sociedade de fato); e b) sociedade em conta de participação.

Patrimônio especial: o patrimônio da sociedade não personificada é chamado de especial, uma vez que não pertence à pessoa jurídica, mas aos sócios. "CC, art. 988. Os bens e dívidas sociais constituem patrimônio especial, do qual os sócios são titulares em comum."

SOCIEDADE EM COMUM

Conceito: a sociedade em comum é gênero que abrange a sociedade irregular (aquela que possui contrato social, mas não foi levado a registro) e a sociedade de fato (aquela que sequer possui contrato social).

Responsabilidade perante terceiros: a responsabilidade dos sócios é ilimitada (art. 990, CC), sobretudo em razão da irregularidade decorrente da ausência de registro.

Responsabilidade perante os demais sócios: a responsabilidade é solidária entre os sócios.

Responsabilidade perante a sociedade empresária: a responsabilidade do sócio, perante a pessoa jurídica, é subsidiária, nos termos do art. 1.024 do CC ("Os bens particulares dos sócios não podem ser executados por dívidas da sociedade, senão depois de executados os bens sociais").

Sociedades são pessoas jurídicas de direito privado, formadas por um conjunto de pessoas (pessoa jurídica intersubjetiva) e com finalidade lucrativa. As sociedades podem ser *simples* ou *empresárias*.

SOCIEDADES EMPRESÁRIAS

Sociedade empresária é aquela que tem por objeto o exercício de atividade própria de empresário sujeito a registro (CC, art. 966). Sociedade empresária é o empresário pessoa jurídica. As sociedades empresárias devem se constituir mediante um dos seguintes tipos societários: a) sociedade em nome coletivo; b) sociedade em comandita simples; c) sociedade em comandita por ações; d) sociedade limitada; e) sociedade anônima.

Atenção! Não importa se a sociedade é simples ou se a sociedade é empresária, elas sempre têm finalidade lucrativa.

Obrigação de registro: A sociedade empresária é obrigada a efetuar seu registro no Registro Público de Empresas Mercantis, antes de iniciar sua atividade, nos termos do art. 967 do CC. O registro do empresário tem natureza jurídica de mera condição de regularidade. Para o empresário rural, o registro é facultativo (art. 971, CC). Caso o empresário rural efetue o registro, ficará equiparado ao empresário comum, tendo as mesmas obrigações deste. O registro do empresário rural tem natureza constitutiva.

Tipos societários: O Código Civil, elenca os seguintes tipos societários: (i) sociedade em nome coletivo; (ii) sociedade em comandita simples; (iii) sociedade limitada (que pode ser, inclusive, unipessoal); (iv) sociedade em comandita por ações; (v) sociedade anônima.

SOCIEDADE EM CONTA DE PARTICIPAÇÃO

Previsão legal: a sociedade em conta de participação está prevista a partir do art. 991 do Código Civil. Na sociedade em conta de participação, a atividade constitutiva do objeto social é exercida unicamente pelo sócio ostensivo, em seu nome individual e sob sua própria e exclusiva responsabilidade, participando os demais dos resultados correspondentes. Obriga-se perante terceiro tão-somente o sócio ostensivo; e, exclusivamente perante este, o sócio participante, nos termos do contrato social.

Conceito: é a sociedade que possui um sócio oculto (ou participante), que não aparece perante terceiros, e um sócio ostensivo, em nome do qual são realizadas todas as atividades.

Sócios: duas modalidades de sócios = o *sócio ostensivo* e o *sócio oculto (ou participante)*.

Características do sócio ostensivo: a) exerce o objeto social (ou seja, é o único que administra a sociedade); b) possui responsabilidade exclusiva (ou seja, é o único que responde perante terceiros); e c) age em seu nome próprio (e não em nome da sociedade).

Sócio oculto: o sócio oculto, também chamado de sócio participante, somente participa dos resultados. O sócio participante investe e participa dos resultados. No entanto, importante lembrar a regra do parágrafo único do art. 993 do Código Civil que dispõe que "sem prejuízo do direito de fiscalizar a gestão dos negócios sociais, o sócio participante não pode tomar parte nas relações do sócio ostensivo com terceiros, sob pena de responder solidariamente com este pelas obrigações em que intervier".

Legitimidade passiva em juízo: o ajuizamento de qualquer ação judicial deve ser em face do sócio ostensivo e não em face da sociedade, porquanto é ele que exerce o objeto social em seu próprio nome e sob sua própria e exclusiva responsabilidade.

Atenção! Por expressa determinação legal, a sociedade em conta de participação será sempre despersonificada. Ainda que se leve a registro o seu ato constitutivo, a sociedade em conta de participação nunca adquirirá personalidade jurídica, nos termos do art. 993, CC ("o contrato social produz efeito somente entre os sócios, e a eventual inscrição de seu instrumento em qualquer registro não confere personalidade jurídica à sociedade").

SOCIEDADES PERSONIFICADAS

Conceito: Sociedades personificadas são aquelas que possuem personalidade jurídica.

Aquisição da personalidade jurídica: a sociedade adquire personalidade jurídica com o seu registro no órgão competente. "CC, art. 45. **Começa a existência legal das pessoas jurídicas de direito privado com a inscrição do ato constitutivo no respectivo registro**, precedida, quando necessário, de autorização ou aprovação do Poder Executivo, averbando-se no registro todas as alterações por que passar o ato constitutivo. "

Registro: o órgão competente para o registro é a junta comercial se se tratar de uma sociedade empresária. Por outro lado, se se tratar de uma sociedade simples, o registro se dará no Registro Civil de Pessoas Jurídicas. **Exceção:** as sociedades de advogados adquirem personalidade jurídica quando o contrato social é levado a registro na OAB.

Atributos: quando uma sociedade adquire personalidade jurídica ela passa a ter três atributos: **a)** titularidade negocial (aptidão para realizar negócios jurídicos); **b)** titularidade processual (aptidão para demandar e ser demandada em juízo); e **c)** autonomia patrimonial (a sociedade tem patrimônio próprio, distinto do patrimônio dos sócios).

Espécies: as sociedades personificadas podem ser: **a)** sociedade simples (sociedades não empresária); ou **b)** sociedade empresária.

SOCIEDADES EMPRESÁRIAS

(i) SOCIEDADE EM NOME COLETIVO

Na sociedade em nome coletivo, somente **pessoas físicas** podem tomar parte como sócios.

Responsabilidade dos sócios: respondem **solidária e ilimitadamente**, pelas obrigações sociais (art. 1.039, CC).

Limitação da responsabilidade dos sócios: Sem prejuízo da responsabilidade perante terceiros, podem os sócios, no ato constitutivo, ou por unânime convenção posterior, **limitar entre si**, a responsabilidade de cada um.

Administração: A administração da sociedade em nome coletivo **compete exclusivamente aos sócios**.

Nome empresarial: A sociedade em nome coletivo opera sob **firma** composta com o nome completo ou abreviado de um ou mais sócios. A inclusão do ramo de atividade é facultativa.

Dissolução: A sociedade em nome coletivo se dissolve de pleno direito **por qualquer das causas enumeradas no art. 1.033 e, se empresária, também pela declaração da falência**.

(ii) SOCIEDADE EM COMANDITA SIMPLES

Na sociedade em comandita simples tomam parte sócios de duas categorias, os comanditados e os comanditários, devendo o contrato social discriminá-los.

Sócios comanditados: somente podem ser pessoas físicas e serão responsáveis solidária e ilimitadamente pelas obrigações sociais. Aos comanditados cabem os mesmos direitos e obrigações dos sócios da sociedade em nome coletivo.

Sócios comanditários: podem ser pessoas físicas ou jurídicas e são obrigados somente pelo valor de sua quota. Sem prejuízo da faculdade de participar das deliberações da sociedade e de lhe fiscalizar as operações, não pode o comanditário praticar qualquer ato de gestão, nem ter o nome na firma social, sob pena de ficar sujeito às responsabilidades de sócio comanditado.

Regime jurídico supletivo: Aplicam-se à sociedade em comandita simples as normas da **sociedade em nome coletivo**, no que forem compatíveis com as deste Capítulo.

Sociedade de capital: No caso de morte de sócio comanditário, a sociedade, salvo disposição do contrato, continuará com os seus sucessores, que designarão quem os represente.

Dissolução da sociedade: Dissolve-se de pleno direito a sociedade em comandita simples: **(i)** por qualquer das causas previstas no art. 1.044; **(ii)** quando por mais de cento e oitenta dias perdurar a falta de uma das categorias de sócio.

c) SOCIEDADE LIMITADA

Legislação aplicável: A sociedade limitada rege-se pelos arts. 1.052 e seguintes do CC (Capítulo das Sociedades Limitadas). Nas omissões deste Capítulo, aplicam-se, subsidiariamente, as normas aplicáveis às sociedades simples. **Exceção:** o contrato social poderá prever a regência supletiva da sociedade limitada pelas normas da sociedade anônima.

Constituição: a sociedade limitada pode ser constituída por um instrumento público ou particular, devendo em todo caso ter o visto de um advogado, sob pena de nulidade (art. 1º, § 2º, EOAB). **Exceção:** quando se tratar de microempresa e empresa de pequeno porte não se exige que o instrumento particular tenha o visto de um advogado.

Pressupostos de existência (regra): a) pluralidade de sócios (dois ou mais sócios); e **b)** *affectio societatis* (vontade comum entre os sócios).

> **Atenção!**
>
> Com a Lei 13.874/2019, foram incluídos os §§ 1º e 2º ao art. 1.052 do CC, passando o ordenamento jurídico a admitir a figura da sociedade limitada unipessoal, ou seja, aquela constituída por um único sócio. Veja o que estabelecem os dispositivos em comento: "§ 1º A sociedade limitada pode ser constituída por 1 (uma) ou mais pessoas. § 2º Se for unipessoal, aplicar-se-ão ao documento de constituição do sócio único, no que couber, as disposições sobre o contrato social."

Responsabilidade do sócio: a responsabilidade do sócio é limitada, estando restrita ao valor de suas quotas, mas todos os sócios respondem de forma solidária pelo que falta para a integralização do capital social (art. 1.052, CC).

Exceções quanto à responsabilidade limitada dos sócios: 1) dívidas trabalhistas; 2) dívidas com o INSS; 3) casos de desconsideração da personalidade jurídica.

Capital social: o capital social divide-se em quotas, iguais ou desiguais, cabendo uma ou diversas a cada sócio.

Quotas sociais: conferem ao titular o direito de sócio de uma sociedade limitada. O sócio pode integralizar as quotas que subscreveu de diversas formas, a saber: 1) dinheiro; 2) bens móveis ou imóveis (lembrando que quem integraliza com bens responde pela evicção); 3) créditos (lembrando que quem integraliza com créditos responde pela solvência). **Atenção:** É vedada a integralização com prestação de serviços, em razão do art. 1.055, § 2º, CC.

Transferência de quotas: art. 1.057, CC. Se o contrato for omisso quanto à possibilidade de transferência de quotas, aplica-se a regra do art. 1.057 do CC. Assim sendo, se o sócio quiser transferir sua quota para outro sócio não é necessária autorização de ninguém. No entanto, caso o sócio pretenda transferir suas quotas para um terceiro estranho à sociedade, somente poderá fazê-lo se não houver a oposição de mais de um quarto do capital social.

Direitos dos sócios: 1) direito de participar nos resultados (participação nos lucros e perdas – art. 1008, CC); **2)** direito de deliberar sobre os assuntos da sociedade; **3)** direito de retirada (direito de recesso); **4)** direito de fiscalização.

Administração: As sociedades limitadas são administradas por uma ou mais pessoas que são designadas no contrato social ou até mesmo em ato separado. Além disso, de acordo com o Código Civil, o administrador da sociedade limitada pode ser tanto um sócio como um terceiro estranho. Sobre o tema, aplica-se o art. 1.061 do Código Civil, cujo teor é muito importante para as provas objetivas. Aliás, vale lembrar que a Lei 14.451, de 21 de setembro de 2022, alterou o Código Civil, para modificar os quóruns de deliberação dos sócios da sociedade limitada previstos nos arts. 1.061 e 1.076. Com efeito, os arts. 1.061 e 1.076 do Código Civil (Lei 10.406/2002), passaram a vigorar com a seguinte redação: "Art. 1.061. A designação de administradores não sócios dependerá da aprovação de, no mínimo, 2/3 (dois terços) dos sócios, enquanto o capital não estiver integralizado, e da aprovação de titulares de quotas correspondentes a mais da metade do capital social, após a integralização." "Art. 1.076. [...] II – pelos votos correspondentes a mais da metade do capital social, nos casos previstos nos incisos II, III, IV, V, VI e VIII do caput do art. 1.071 deste Código;".

ATENÇÃO!

Para facilitar a compreensão da novidade legislativa acima referida, confira o quadro a seguir:

Como era a redação do art. 1.061 do CC, ANTES da Lei 14.451/2022	Como ficou a redação do art. 1.061 do CC, DEPOIS da Lei 14.451/2022
Art. 1.061. Se o contrato permitir administradores não sócios, a designação deles dependerá de aprovação da **unanimidade dos sócios, enquanto o capital não estiver integralizado**, e de **2/3 (dois terços), no mínimo, após a integralização.**	**Art. 1.061.** A designação de administradores não sócios dependerá da aprovação de, no mínimo, **2/3 (dois terços) dos sócios, enquanto o capital não estiver integralizado**, e da aprovação de titulares de quotas correspondentes a **mais da metade do capital social, após a integralização.**

Dissolução da sociedade limitada: a dissolução pode ser *parcial* ou *total*.

Dissolução parcial	Dissolução total
A dissolução parcial tem lugar: **a)** por vontade dos sócios; **b)** por falecimento de sócio; **c)** por liquidação da quota a pedido do credor; **d)** por exclusão do sócio.	A dissolução total tem lugar: **a)** por vontade dos sócios; **b)** por decurso do prazo (no caso de sociedade limitada com prazo determinado); **c)** pela falência da sociedade; **d)** pela extinção de autorização de funcionamento; **e)** por anulação do ato constitutivo; **f)** por exaurimento do objeto social.

(iii) SOCIEDADE EM COMANDITA POR AÇÕES

Sociedade em comandita por ações é aquela em que o capital social é divido em ações, e cuja responsabilidade é mista, ou seja, os acionistas respondem limitadamente pelo preço das ações subscritas ou adquiridas, e o acionista diretor responde solidária e ilimitadamente pelas obrigações sociais.

(iv) SOCIEDADE ANÔNIMA

Fundamento legal: Lei 6.404/76 (Lei da Sociedade Anônima).

Sinônimo: a sociedade anônima é também chamada de companhia (Cia).

Espécies: as sociedades anônimas podem ser abertas ou fechadas (art. 4º, LSA):

S/A aberta	S/A fechada
É aquela em que seus valores mobiliários (papéis, títulos, ações) são admitidos à negociação no Mercado de Valores Mobiliários (Bolsa de Valores). A sociedade anônima aberta é aquela que pode negociar seus valores mobiliários na Bolsa de Valores.	É aquela em que seus valores mobiliários não são admitidos à negociação no mercado de valores mobiliários. No entanto, isso não significa que a sociedade anônima fechada não possa negociar os seus valores mobiliários, mas apenas que estes valores não poderão ser negociados na Bolsa de Valores.

Constituição: a constituição de uma sociedade anônima passa, preliminarmente, pelo preenchimento de três requisitos: **a)** subscrição das ações por, no mínimo, duas pessoas; **b)** realização, como entrada, de 10% (dez por cento), no mínimo, do preço de emissão das ações subscritas em dinheiro (tratando-se de instituição financeira, a realização mínima é de 50%); **c)** depósito no Banco do Brasil S.A. ou em outro estabelecimento bancário autorizado pela Comissão de Valores Mobiliários (CVM), da parte do capital realizado em dinheiro.

Autorização da Comissão de Valores Mobiliários (CVM): a sociedade anônima aberta precisa da autorização da CVM para ser constituída. Trata-se do que a doutrina denomina de subscrição pública, também chamada de subscrição sucessiva). **Atenção:** a sociedade anônima fechada não precisa da autorização da CVM para ser constituída.

Estatuto social: a sociedade anônima, quanto ao regime jurídico, é considerada uma sociedade institucional. Logo, o ato constitutivo é um estatuto social (e não um contrato social).

Capital social: o capital social da sociedade anônima é dividido em *ações*, sendo os seus sócios chamados de *acionistas*.

Penhora de ações: as ações de uma sociedade anônima (aberta ou fechada) podem ser penhoradas. Isso porque, as sociedades anônimas são classificadas como sociedades de capital (e não de pessoas).

Objeto social: por expressa determinação legal, as sociedades anônimas serão sempre sociedades empresárias. Logo, o único objeto social a ser explorado por uma sociedade anônima é a atividade empresarial e ou a participação em outras sociedades (art. 2º, § 3º, LSA).

Responsabilidade dos sócios acionistas: nos termos do art. 1.088 do Código Civil: "Na sociedade anônima ou companhia, o capital divide-se em ações, *obrigando-se cada sócio ou acionista somente pelo preço de emissão das ações que subscrever ou adquirir.* A regra também é estampada no art. 1º da Lei n. 6.404/76 (Lei da Sociedade Anônima), que dispõe: "A companhia ou sociedade anônima terá o capital dividido em ações, *e a responsabilidade dos sócios ou acionistas será limitada ao preço de emissão das ações subscritas ou adquiridas.*" Com efeito, na sociedade anônima, a responsabilidade do acionista é limitada ao valor das ações subscritas (adquiridas mas não integralizadas) ou adquiridas (já integralizadas).

Órgãos da sociedade anônima: a) Assembléia Geral; **b)** Conselho de Administração; **c)** Diretoria; **d)** Conselho Fiscal.

Assembleia Geral: a principal função é a tomada de decisão sobre determinados assuntos, quais sejam: alteração de estatuto social; aprovação de balanço (uma vez por ano); eleição de administradores e membros do Conselho Fiscal; avaliação das contas dos administradores; autorização do Conselho de Administração a pedir a autofalência ou a recuperação da empresa.

Conselho de Administração: os membros são eleitos pela Assembleia Geral. O Conselho de Administração é composto por, no mínimo, três pessoas físicas, acionistas ou não acionistas (antes de 2011 havia exigência de que fossem acionistas). Trata-se do órgão que toma as decisões que não são de atribuição específica da assembleia geral. O Conselho de Administração é obrigatório na sociedade aberta (SA aberta), na sociedade de capital autorizado e na sociedade de economia mista (LSA, art. 168). Os membros do Conselho de Administração são eleitos pela Assembleia Geral, sendo composto por, no mínimo, três pessoas físicas, acionistas ou não acionistas (antes de 2011 havia exigência de que fossem acionistas), nos termos do art. 140, da Lei 6.404/76. **Exceção:** nas sociedades de economia mista, o Conselho de Administração é composto por, no mínimo, sete e no máximo onze membros (Lei 13.303/16, art. 13, I).

Diretoria: normalmente o diretor é responsável pela ação ou omissão própria, mas será responsável solidariamente por atos ou omissões de terceiros se sabia do ato ou omissão e deixou de fazer constar em ata a sua divergência.

> **Atenção!** Com o Marco Legal das Startups (LC 182/2021), o art. 134 da Lei 6.404/1976, passou a prever que a Diretoria pode ser composta por **1 (um) ou mais** membros eleitos e destituíveis a qualquer tempo pelo conselho de administração ou, se inexistente, pela assembleia geral.

Conselho Fiscal: é composto de três a cinco pessoas físicas, mesmo que existam auditores independentes. O Conselho Fiscal tem existência obrigatória, mas seu funcionamento depende de convocação (por acionista com pelo menos 5% do capital social). **Exceção:** na sociedade de economia mista o funcionamento do Conselho Fiscal é obrigatório (Lei 13.303/16, art. 13, IV).

Direitos do acionista (art. 109, LSA):a) direito de participação nos lucros; **b)** direito de participação no acervo da sociedade anônima no caso de liquidação; **c)** direito de fiscalização; **d)** direito de retirada (direito de recesso); **e)** direito de preferência. **Cuidado!** O direito de voto não é um direito essencial.

Mercado de capitais (Bolsa de Valores): é o sistema de distribuição dos valores mobiliários cuja finalidade é a de proporcionar liquidez aos títulos de emissão de empresas e viabilizar seu processo de capitalização.

Valores mobiliários: são títulos de investimento que uma sociedade anônima pode emitir para obtenção dos recursos que necessita. São títulos de valores mobiliários: **a)** ações; **b)** debêntures; **c)** *comercial papers*; **d)** bônus de subscrição; **e)** partes beneficiárias.

Ações	• **Conceito:** *Ações* são frações do capital social, que conferem ao titular o direito de sócio de uma sociedade anônima. • **Classificação das ações (LSA, art. 15): a)** ações ordinárias; **b)** ações preferenciais; **c)** ações de fruição. • **Ações ordinárias:** são aquelas que conferem direitos comuns ao acionista (ex. direito de fiscalização, direito de participação nos lucros), bem como o direito de voto em assembléia. **Atenção!** A sociedade anônima é obrigada a emitir as ações ordinárias. • **Ações preferenciais:** são aquelas que conferem vantagens econômicas ao titular. Ex: art. 17, LSA (prioridade de recebimento). **Atenção!** A emissão das ações preferenciais é facultativa. • **Ações de fruição (LSA, art. 44, § 5º):** são aquelas que conferem meros direitos de gozo e fruição, sendo emitidas para substituir as ações ordinárias e preferenciais que já foram amortizadas. • **Acionista controlador:** é aquele que tem a maioria das ações com direito de voto e o poder de eleger a maioria dos administradores. • **Limite máximo de ações preferenciais sem voto que a sociedade anônima pode emitir:** até 50% (cinquenta por cento) do total de ações (art. 15, § 2º, LSA).
Debêntures	• **Conceito:** *Debêntures* são títulos representativos de um contrato de mútuo, em que a sociedade anônima é a mutuaria e o debenturista é o mutuante.
Comercial papers	• **Conceito:** *Comercial papers* são títulos de curto prazo, emitidas pelas sociedades anônimas, visando captar recursos para financiar seu capital de giro.
Bônus de subscrição	• **Conceito:** *Bônus de subscrição* nada mais é que o direito de preferência. Antes de a sociedade anônima ofertar as ações ao público ela as oferece em primeiro lugar para quem tem o bônus de subscrição.

Partes beneficiárias	• **Conceito:** *Partes beneficiárias* são títulos negociáveis, sem valor nominal e estranhos ao capital social. Logo, os titulares de partes beneficiárias não são os sócios. As partes beneficiárias conferem aos titulares, direito de crédito eventual (participação dos lucros anuais).

***Holding*:** é a sociedade anônima constituída com o objetivo de participar de outras sociedades. **Atenção:** tanto a sociedade limitada como a sociedade anônima podem ser *holding*.

***Holding* pura**	***Holding* mista**
É a sociedade anônima ou sociedade limitada que tem por único objeto participar de outras sociedades.	É a sociedade anônima ou sociedade limitada que tem por objeto participar de outras sociedades, bem como exercer qualquer outra atividade empresarial com finalidade lucrativa.

Unipessoalidade: a sociedade anônima pode ser unipessoal quando se tratar de empresa pública (quando o Poder Público que a criou for seu único acionista) ou subsidiária integral. "LSA, art. 251. A companhia pode ser constituída, mediante escritura pública, tendo como único acionista sociedade brasileira."

Subsidiária Integral: é um tipo de sociedade anônima que admite um único acionista que, necessariamente, será uma sociedade nacional. Ex: Transpetro (possui um único sócio que é a Petrobrás).

e.1) SOCIEDADE DE ECONOMIA MISTA

- As empresas estatais (empresas públicas e sociedades de economia mista) são regidas pela Lei nº 13.303, de 30 de junho de 2016.
- *Sociedades de economia mista* são pessoas jurídicas de direito privado integrantes da Administração Indireta, criadas por meio de lei específica autorizatária, para a prestação de serviços públicos ou a exploração de atividades econômicas, contando com um capital misto, constituídas sob a modalidade empresarial S.A. (sociedade anônima).
- Perceba que o capital social desta modalidade de empresa estatal é misto, ou seja, parte público e parte privado. Muito embora o capital seja misto, o capital votante (maioria do capital) deve estar nas mãos do Poder Público.
- O regime jurídico das empresas públicas e das sociedades de economia mista é o mesmo, porquanto são pessoas jurídicas de direito privado integrantes da Administração Pública Indireta. Na verdade, elas seguem um regime jurídico híbrido – parte público e parte privado. Não há um regime exclusivamente privado ou exclusivamente público. O que há é apenas a predominância do regime privado.

- Exemplos de sociedade de economia mista: Banco do Brasil; Petrobrás.

> **LEMBRE-SE:**
> A sociedade de economia mista só pode ser constituída na forma de sociedade anônima.

e.2.) SOCIEDADE ANÔNIMA DE MENOR PORTE

Com o Marco Legal das Startups (LC 182/2021), foi incluído o art. 294-à Lei 6.404/1976, que passou a prever a figura da companhia de menor porte, assim considerada aquela que aufira **receita bruta anual inferior a R$ 500.000.000,00 (quinhentos milhões de reais)**.

e.3.) SOCIEDADE ANÔNIMA DE FUTEBOL

Abrindo espaço para mais uma novidade legislativa, a Lei 14.193/2021, passou a instituir a chamada **sociedade anônima do futebol**, assim considerada a companhia cuja atividade principal consiste na prática do futebol, feminino e masculino, em competição profissional. Quanto ao regime jurídico das sociedades anônimas de futebol, **aplicar-se-á o regramento especial da Lei 14.193/2021** e, apenas subsidiariamente, é que serão aplicadas as disposições da Lei 6.404/1976 (Lei das sociedades por ações).

> **ATENÇÃO!**
> A Lei 14.193/2021 introduziu mais uma hipótese de registro facultativo no parágrafo único do art. 971 do Código Civil. Agora, portanto, a associação que desenvolva atividade futebolística em caráter habitual e profissional, **pode** (é uma faculdade), requerer sua inscrição na Junta Comercial da respectiva sede, caso em que, depois de inscrito, ficará equiparado, para todos os efeitos, ao empresário sujeito a registro.

SOCIEDADES COOPERATIVAS

Fundamento constitucional: a criação de associações e, na forma da lei, a de cooperativas independem de autorização, sendo vedada a interferência estatal em seu funcionamento (CF, art. 5º, XVIII).

Natureza jurídica: por expressa determinação legal, as sociedades cooperativas serão sempre sociedades simples.

> **ATENÇÃO!** O ato constitutivo das cooperativas deve ser levado à registro perante a Junta Comercial. Embora o ato constitutivo das sociedades cooperativas deva ser levado a registro na Junta Comercial, elas nunca serão consideradas empresárias.

Conceito e características: as cooperativas são sociedades de pessoas, com forma e natureza próprias, de natureza civil, não sujeitas à falência, constituídas para prestar serviços aos associados, distinguindo-se das demais sociedades pelas seguintes características:

a) variabilidade, ou dispensa do capital social;

b) concurso de sócios em número mínimo necessário a compor a administração da sociedade, sem limitação de número máximo;

c) limitação do valor da soma de quotas do capital social que cada sócio poderá tomar;

d) intransferibilidade das quotas do capital a terceiros estranhos à sociedade, ainda que por herança;

e) quórum, para a assembleia geral funcionar e deliberar, fundado no número de sócios presentes à reunião, e não no capital social representado;

f) direito de cada sócio a um só voto nas deliberações, tenha ou não capital a sociedade, e qualquer que seja o valor de sua participação;

g) distribuição dos resultados, proporcionalmente ao valor das operações efetuadas pelo sócio com a sociedade, podendo ser atribuído juro fixo ao capital realizado;

h) indivisibilidade do fundo de reserva entre os sócios, ainda que em caso de dissolução da sociedade.

Responsabilidade dos sócios: na sociedade cooperativa, a responsabilidade dos sócios pode ser limitada ou ilimitada.

Direito de voto à distância em reunião ou em assembleia: De acordo com o art. 43-A da Lei 5.764/71, incluído pela Lei 14.030/2020, o associado poderá participar e votar a distância em reunião ou em assembleia, que poderão ser realizadas em meio digital. Referida possibilidade de presença remota foi pensada pelo legislador como uma forma de conter os avanços da pandemia do novo corona vírus (Covid-19), iniciada em 2020.

Legitimidade extraordinária autônoma concorrente para a tutela de direitos coletivos dos associados: De acordo com o art. 88-A da Lei 5.764/71, incluído pela Lei 13.806/2019, a cooperativa poderá ser dotada de legitimidade extraordinária autônoma concorrente para agir como substituta processual em defesa dos direitos coletivos de seus associados quando a causa de pedir versar sobre atos de interesse direto dos associados que tenham relação com as operações de mercado da cooperativa, desde que isso seja previsto em seu estatuto e haja, de forma expressa, autorização manifestada individualmente pelo associado ou por meio de assembleia geral que delibere sobre a propositura da medida judicial.

SOCIEDADES DEPENDENTES DE AUTORIZAÇÃO

Sociedades dependentes de autorização são aquelas que precisam de prévia autorização do Poder Executivo para começar a funcionar.

É uma exceção ao princípio da livre iniciativa. Pelo princípio da livre iniciativa é assegurado a todos o livre exercício de qualquer atividade econômica, independentemente de autorização de órgãos públicos.

Dispensa-se prévia autorização do Poder Executivo para a constituição de pessoa jurídica, considerando que a livre iniciativa é um fundamento da República Federativa do Brasil, bem como um princípio da Ordem Econômica. As sociedades dependentes de autorização são exceção ao princípio da livre iniciativa.

Dependem de autorização do Poder Executivo para funcionar:

- instituições financeiras;
- operadoras de planos de seguros privados;
- operadoras de planos de saúde;
- empresas de segurança e de transporte de valores;
- sociedades estrangeiras.

A sociedade estrangeira, qualquer que seja o seu objeto, não pode, sem autorização do Poder Executivo, funcionar no País, ainda que por estabelecimentos subordinados, podendo, todavia, ressalvados os casos expressos em lei, ser acionista de sociedade anônima brasileira.

RESUMINDO O TEMA SOCIEDADES:

Sociedades Simples	Sociedades Empresárias
Sociedades simples são aquelas que exploram o seu objeto sem empresarialidade, ou seja, sem a organização profissional dos fatores de produção. Em outras palavras, são aquelas que não exercem atividade empresarial.	São aquelas que têm por objeto o exercício de atividade própria de empresário sujeito a registro (CC, art. 966). Em outras palavras, são aquelas que exercem atividade empresarial.
O ato constitutivo deve ser levado a registro no Cartório de Registro Civil de Pessoas Jurídicas. **Exceção:** a sociedade de advogados e a sociedade unipessoal de advogados são sociedades simples, mas que adquirem personalidade jurídica com o registro aprovado dos seus atos constitutivos no Conselho Seccional da OAB em cuja base territorial tiver sede.	O ato constitutivo deve ser levado a registo na Junta Comercial.
Sociedades Simples	**Sociedades Empresárias**
A sociedade simples pode se constituir segundo os seguintes tipos: **a)** sociedade cooperativa; **b)** sociedade em comandita simples; **c)** sociedade limitada.	As sociedades empresárias devem se constituir mediante um dos seguintes tipos societários: **a)** sociedade em nome coletivo; **b)** sociedade em comandita simples; **c)** sociedade em comandita por ações; **d)** sociedade limitada; **e)** sociedade anônima.

ATENÇÃO!	ATENÇÃO!
Por expressa previsão legal, as sociedades cooperativas serão sempre sociedades simples.	Por expressa previsão legal, as sociedades por ações – sociedade anônima e sociedade em comandita por ações – serão sempre sociedades empresárias.

Transformação, incorporação, fusão, cisão e coligação societária

Transformação	• Transformação é a modificação do tipo societário. Ex: uma limitada que se transforma em sociedade anônima (ou vice-versa). Na transformação não ocorre a extinção da pessoa jurídica ("só há uma mudança de roupagem"). • A deliberação acerca da transformação exige, em regra, votação unânime, salvo nos casos em que o ato constitutivo da sociedade transformada já contenha disposição expressa já contendo a transformação. • A transformação não prejudica e nem modifica os direitos dos credores. Isso porque, houve apenas a mudança do tipo societário, sem a dissolução ou liquidação da pessoa jurídica).
Incorporação	• Na incorporação, uma ou várias sociedades (incorporadas) são absorvidas por outra (incorporadora). A sociedade incorporadora sucederá as demais quanto aos direitos e obrigações sociais. Na incorporação, apenas a sociedade incorporada será extinta. A incorporadora continua em pleno funcionamento. Não há, portanto, a criação de uma nova sociedade.
Fusão	• Fusão nada mais é que a união de duas ou mais sociedades para formar uma nova sociedade, extinguindo-se as sociedades que se uniram. A nova sociedade sucederá as demais quanto aos direitos e obrigações sociais. Na fusão, todas que se uniram são extintas, sendo criada uma nova sociedade. **Entenda:** a sociedade X se une com uma sociedade Y, dando origem a uma nova sociedade, Z. As sociedades X e Y serão extintas.
Cisão	• Cisão é a operação societária onde a sociedade transfere seu patrimônio para uma ou mais sociedades, constituídas para esta finalidade ou já existentes, extinguindo-se a sociedade cindida (no caso de transferência de todo o seu patrimônio) ou dividindo-se o seu capital (no caso de transferência de parcela do seu patrimônio). Dito de outro modo, a cisão nada mais é que a transferência (total ou parcial) do patrimônio de uma sociedade para outra. A cisão implica a venda de patrimônio (e

	não da empresa).**Cisão parcial:** transferência de parcela do patrimônio para outra sociedade, implicando a divisão do capital. **Cisão total:** transferência da totalidade do patrimônio para outra sociedade, implicando em extinção da sociedade cindida.
Coligação societária	• As sociedades coligadas são também chamadas de *ligações societárias*. • Consideram-se *coligadas* as sociedades que, em suas relações de capital, são controladas, filiadas, ou de simples participação (art. 1.097, CC). • As sociedades coligadas podem ser de três tipos, a saber: *sociedade filiada* (CC, art. 1.099), *sociedade de simples participação* (CC, art. 1.100) e *sociedade controladora* (CC, art. 1.098). • *Sociedade filiada ou coligada* é a sociedade de cujo capital outra sociedade participa com *dez por cento ou mais*, do capital da outra, *sem controlá-la*. • *Sociedade de simples participação* é a sociedade de cujo capital outra sociedade possua *menos de dez por cento*, do capital da outra, *com direito de voto*. • *Sociedade controladora* é a sociedade que possui a maioria de votos da outra sociedade, bem como o poder de eleger a maioria dos administradores da outra sociedade. É controlada: **a)**a sociedade de cujo capital outra sociedade possua a maioria dos votos nas deliberações dos quotistas ou da assembleia geral e o poder de eleger a maioria dos administradores; e **b)** a sociedade cujo controle esteja em poder de outra, mediante ações ou quotas possuídas por sociedades ou sociedades por esta já controladas. **Atenção!** A sociedade controladora deve ser brasileira. • A responsabilidade civil nas ligações societárias está regulada pelo art. 28, §§ 2º e 3º do Código de Defesa do Consumidor.

Dissolução, liquidação e extinção da sociedade

O ato de dissolução pode ser judicial ou extrajudicial.

Hipóteses de dissolução da sociedade: nos termos do art. 1.033 do CC, dissolve-se a sociedade quando ocorrer: **a)** o vencimento do prazo de duração, salvo se, vencido este e sem oposição de sócio, não entrar a sociedade em liquidação, caso em que se prorrogará por tempo indeterminado; **b)** o consenso unânime dos sócios; **c)** a deliberação dos sócios, por maioria absoluta, na sociedade de prazo indeterminado; **d)** a falta de pluralidade de sócios, não reconstituída no prazo de cento e oitenta dias; **e)** a extinção, na forma da lei, de autorização para funcionar.

Dissolução judicial: nos termos do art. 1.034 do CC, dissolve-se a sociedade, a requerimento de qualquer dos sócios, quando: **a)** anulada a sua constituição; **b)** exaurido o fim social, ou verificada a sua inexequibilidade. **Obs.1:** a falência da sociedade também acarreta a sua dissolução. **Obs.2:** o contrato social pode prever outras hipóteses de dissolução.

Ocorrido o ato de dissolução da sociedade, ela não perde automaticamente a personalidade jurídica. Para tanto, o ato de dissolução deve ser levado a registro no Registro Público de Empresas Mercantis. A partir daí a sociedade inicia a sua liquidação, ocasião em que será acrescido ao seu nome empresarial a expressão "em liquidação". Dissolvida a sociedade, é nomeado um liquidante. A **liquidação** é conduzida com a finalidade de atingir dois objetivos primordiais: a realização do ativo e a satisfação do passivo.

Perda da autorização para funcionamento: no caso de dissolução decorrente da perda da autorização, dispõe o art. 1.037 do CC, que: "Ocorrendo a hipótese prevista no inciso V do art. 1.033, o Ministério Público, tão logo lhe comunique a autoridade competente, promoverá a liquidação judicial da sociedade, se os administradores não o tiverem feito nos trinta dias seguintes à perda da autorização, ou se o sócio não houver exercido a faculdade assegurada no parágrafo único do artigo antecedente. Parágrafo único. Caso o Ministério Público não promova a liquidação judicial da sociedade nos quinze dias subsequentes ao recebimento da comunicação, a autoridade competente para conceder a autorização nomeará interventor com poderes para requerer a medida e administrar a sociedade até que seja nomeado o liquidante.

Para facilitar a compreensão, elaboramos um quadro sinótico sobre a dissolução das sociedades contratuais:

Dissolução parcial	Dissolução total
Na dissolução parcial das sociedades contratuais, um ou mais sócios saem da sociedade, mas esta é mantida, preservada.	Na dissolução total das sociedades contratuais, ocorrerá a extinção da sociedade.
Ocorrerá dissolução parcial por: a) Vontade dos sócios; b) Direito de retirada ou de recesso; c) Exclusão do sócio; d) Liquidação da quota a pedido do credor; e) Falência do sócio.	Ocorrerá dissolução total por: a) Vontade dos sócios. Se for uma sociedade simples vai depender se o prazo é determinado (unanimidade dos sócios) ou indeterminado (maioria absoluta), conforme art. 1033 do Código Civil. Se for uma sociedade limitada, o quórum é de 3/4 do capital social; b) Decurso do prazo, salvo se não entrar em liquidação (CC, art. 1.033, I); c) Falência da sociedade;

Dissolução parcial	Dissolução total
	d) Anulação do ato constitutivo (CC, art. 1.034, I,); e) Inexequibilidade do objeto social (exaurimento do objeto social): é a ausência de mercado (CC, art. 1.034, II). f) Extinção de autorização para funcionamento. Os administradores têm 30 dias para providenciarem a liquidação da sociedade. A liquidação consiste na arrecadação dos bens, venda e pagamento dos credores. Se os administradores não fizerem, o Ministério Público promoverá a liquidação judicial da sociedade (CC, art. 1.037).

Nacionalidade da sociedade:

Sociedade nacional é aquela organizada de conformidade com a lei brasileira e que tenha no País a sede de sua administração.

Quando a lei exigir que todos ou alguns sócios sejam brasileiros, as ações da sociedade anônima revestirão, no silêncio da lei, a forma nominativa. Qualquer que seja o tipo da sociedade, na sua sede ficará arquivada cópia autêntica do documento comprobatório da nacionalidade dos sócios.

Não haverá mudança de nacionalidade de sociedade brasileira sem o consentimento unânime dos sócios ou acionistas.

Conforme visto anteriormente, a sociedade estrangeira, qualquer que seja o seu objeto, não pode, sem autorização do Poder Executivo, funcionar no País, ainda que por estabelecimentos subordinados. No entanto, ressalvados os casos expressos em lei, a sociedade estrangeira pode ser acionista de sociedade anônima brasileira.

Enunciado do CJF sobre o tema:

Enunciado 486 da V Jornada de Direito Civil: "A sociedade estrangeira pode, independentemente de autorização do Poder Executivo, ser sócia em sociedades de outros tipos além das anônimas."

6. DESCONSIDERAÇÃO DA PERSONALIDADE JURÍDICA

A desconsideração da personalidade jurídica é uma medida processual que tem por objetivo a inclusão dos sócios ou administradores da pessoa jurídica no polo passivo da demanda para que respondam pelas dívidas sociais com o seu patrimônio pessoal.

Afastamento temporário da personalidade: A desconsideração não acarreta a extinção, dissolução, liquidação ou anulação da pessoa jurídica. A pessoa jurídica continua existindo. Apenas afasta-se temporariamente a personalidade jurídica da sociedade para atingir o patrimônio pessoal dos sócios.

Limites subjetivos: A desconsideração deve atingir apenas o patrimônio dos sócios ou administradores que praticaram o ato irregular (e não de todo e qualquer sócio ou administrador).

Natureza jurídica: A desconsideração da personalidade jurídica é uma espécie de intervenção de terceiro.

Excepcionalidade da medida: A desconsideração é sempre uma medida excepcional.

Teorias: A desconsideração funda-se em duas teorias, a maior e a menor:

Teoria maior	Teoria menor
A teoria maior exige além da insuficiência patrimonial da pessoa jurídica, outros motivos para a desconsideração.	Para a desconsideração, basta a insuficiência patrimonial da pessoa jurídica, dispensando-se outros motivos.
É adotada pelo Código Civil (art. 50).	É adotada: no Código de Defesa do Consumidor (art. 28 da Lei 8.078/1990); na Lei dos Crimes Ambientais (art. 4º da Lei 9.605/98); Lei Antitruste (art. 34, da Lei 12.529/2011).

A desconsideração da personalidade jurídica pode ser decretada pelo juiz de ofício? Depende:

a) **Código Civil e CPC/2015:** no CC e no CPC, o juiz não pode desconsiderar de ofício, dependendo de requerimento da parte interessada ou do Ministério Público, quando lhe couber intervir nos autos;

b) **Código de Defesa do Consumidor:** no CDC, o juiz pode desconsiderar de ofício, considerando que as normas consumeristas são de ordem pública e interesse social;

c) **Meio Ambiente:** há divergência. Uma primeira corrente entende que sim, considerando que as normas ambientais são de ordem pública e interesse social.

Pode haver a desconsideração de pessoa jurídica sem finalidade lucrativa (ex: associação)? Sim. A desconsideração também pode ser decretada em face de pessoas jurídicas de direito privado sem intuito lucrativo. Nesse caso, a desconsideração deverá atingir apenas os sócios e os administradores que praticaram os atos irregulares.

A desconsideração é uma modalidade de intervenção de terceiro? Sim. O novo Código de Processo Civil prevê o incidente de desconsideração da personalidade jurídica como uma modalidade de intervenção de terceiro.

O CPC tratou das hipóteses de desconsideração? Não. O novo CPC não tratou das hipóteses de desconsideração, considerando que esse tema cabe ao direito material.

Até qual momento se admite a desconsideração no processo? A desconsideração pode ser feita até a fase recursal.

O juiz pode decretar a desconsideração da personalidade jurídica *inaudita altera pars*? Sim. A desconsideração da personalidade jurídica, como incidente processual, pode ser decretada sem prévia citação dos sócios atingidos. Nesse caso, o exercício do contraditório e da ampla defesa será postergado ou diferido.

Encerramento irregular das atividades empresariais. Segundo o STJ, o encerramento das atividades da sociedade ou sua dissolução, ainda que irregulares, não são causas, por si sós, para a desconsideração da personalidade jurídica a que se refere o art. 50 do Código Civil (STJ, EREsp 1.306.553-SC).

Desconsideração inversa da personalidade jurídica: Caracteriza-se pelo afastamento da autonomia patrimonial da sociedade, para, contrariamente do que ocorre na desconsideração propriamente dita, atingir, então, o ente coletivo e seu patrimônio social por dívida pessoal do sócio, de modo a responsabilizar a pessoa jurídica por obrigações de seus sócios ou administradores. O novo Código de Processo Civil admite expressamente a desconsideração inversa no seu art. 133.

Legitimidade e interesse recursal do sócio para recorrer da decisão:

- A jurisprudência do STJ se firmou no sentido de que, "sendo deferido o pedido de desconsideração, o interesse recursal da empresa devedora originária é excepcional, evidenciado no propósito de defesa do seu patrimônio moral, da honra objetiva, do bom nome, ou seja, da proteção da sua personalidade, abrangendo, inclusive, a sua autonomia e a regularidade da administração, inexistindo, por outro lado, interesse na defesa da esfera de direitos dos sócios/administradores." (...) Por outro lado, na desconsideração inversa, o resultado do incidente pode interferir não apenas na esfera jurídica do devedor (surgimento de eventual direito de regresso da sociedade em seu desfavor ou do reconhecimento do seu estado de insolvência), mas também na relação jurídica de material estabelecida entre ele e os demais sócios do ente empresarial, como porventura a ingerência na 'affectio societatis'. Assim sendo, há interesse e legitimidade do sócio devedor, para figurar no polo passivo do incidente de desconsideração inversa, bem como para recorrer da decisão que lhe ponha fim, seja na condição de parte vencida, seja na condição de terceiro em relação ao incidente, em interpretação sistemática dos arts. 135 e 996 do CPC/2015." (STJ. 3ª Turma. REsp 1.980.607/DF, Rel. Min. Marco Aurélio Bellizze, j. em 9/8/2022, DJe de 12/8/2022)

7. DIREITO FALIMENTAR E RECUPERACIONAL (LEI 11.101/2005)

7.1 DISPOSIÇÕES GERAIS

Incidência da Lei 11.101/2005 (Lei de Falências e Recuperação de Empresas):

- A Lei 11.101/05 se aplica ao devedor **empresário individual** e à **sociedade empresária.**.
- Por expressa previsão legal, alguns agentes econômicos são excluídos da falência, a saber: empresa pública e sociedade de economia mista; instituição financeira pública ou privada; cooperativa de crédito; consórcio; entidade de previdência complementar; sociedade operadora de plano de assistência à saúde; sociedade seguradora; sociedade de capitalização e outras entidades legalmente equiparadas.
- Na realidade, alguns destes agentes econômicos estão totalmente excluídos do âmbito de incidência da Lei nº 11.101/2005, enquanto outros estão apenas parcialmente excluídos. Vejamos:

Totalmente excluídos da lei de falência	Parcialmente excluídos da lei de falência
• Empresas públicas; e • Sociedade de economia mista.	• Instituições financeiras públicas ou privadas; • Consórcios; • Cooperativas de crédito; • Seguradoras; • Operadoras de planos de saúde; • Entidades de previdência complementar; • Sociedades de capitalização; e • Outras entidades legalmente equiparadas à estas, como, por exemplo, as sociedades administradoras de cartão de crédito e as sociedades de arrendamento mercantil (*leasing*).

Competência:

- O foro competente para recuperação e decretação de falência é o do juízo do local do principal estabelecimento do devedor (art. 3º da Lei 11.101/2005), assim considerado o local mais importante da atividade empresária, o do maior volume de negócios.

- Para fins do Direito Falimentar, o local do principal estabelecimento é aquele de onde partem as decisões empresariais, e não necessariamente a sede indicada no registro público.
- Inaplicabilidade da Teoria do fato consumado: Ajuizada a ação de falência em juízo incompetente, não deve ser aplicada a teoria do fato consumado e tornar prevento o juízo inicial, considerando que a competência para processar e julgar falência é funcional e, portanto, absoluta (STJ, CC 116.743-MG).

Verificação e habilitação dos créditos concursais:

- A verificação dos créditos é realizada pelo administrador judicial, com base nos livros contábeis e documentos comerciais e fiscais do devedor e nos documentos que lhe forem apresentados pelos credores, podendo contar com o auxílio de profissionais ou empresas especializadas.
- Os credores devem habilitar seus créditos no prazo de 15 dias contados da publicação do edital. Encerrado o prazo de 15 dias para a habilitação dos créditos dos credores, inicia-se, automaticamente, novo prazo de 45 dias para o administrador judicial publicar uma nova relação de credores.

Administrador judicial:

- Fábio Ulhoa Coelho conceitua o administrador judicial como o "agente auxiliar do juiz que, em nome próprio (portanto, com responsabilidade), deve cumprir com as funções cometidas pela lei. Além de auxiliar o juiz na administração da falência, o administrador judicial é também o representante da comunhão de interesses dos credores na falência." (COELHO, Fábio Ulhoa. Comentários à nova lei de falências e de Recuperação de empresas. São Paulo: Saraiva, 2005, p. 58)
- O administrador judicial é o agente nomeado pelo juiz no processo falimentar ou de recuperação judicial.
- A presidência da administração da falência é feita pelo juiz competente, com o auxílio do administrador judicial.
- Cabe ao administrador judicial a representação legal da massa falida subjetiva.
- O administrador judicial deve ser profissional idôneo, preferencialmente advogado, economista, administrador de empresas ou contador, ou pessoa jurídica especializada.
- Se o administrador judicial nomeado for pessoa jurídica, deve-se declarar o nome de profissional responsável pela condução do processo de falência ou de recuperação judicial, que não poderá ser substituído sem autorização do juiz. As atribuições do administrador judicial são indelegáveis.

Assembleia de credores:

- A assembleia dos credores é, em suma, o órgão colegiado responsável por representar a vontade predominante dos credores sujeitos aos efeitos do plano de recuperação judicial do devedor.
- Compete à assembleia geral de credores: **a)** aprovar, rejeitar e revisar o plano de recuperação; **b)** aprovar a instalação do comitê e eleger seus membros; **c)** manifestar-se sobre o pedido de desistência da recuperação; **d)** eleger gestor judicial, quando afastados os diretores da sociedade empresária requerente; **e)** deliberar sobre qualquer outra matéria de interesse dos credores.

Comitê de credores:

- O comitê dos credores é um órgão facultativo, cuja atribuição é, basicamente, fiscalizar o trabalho do administrador judicial e auxiliar o juiz no processo falimentar ou de recuperação.
- No caso de ausência, as atribuições do comitê serão exercidas pelo administrador judicial.

LEMBRE-SE!

O comitê de credores não é um órgão obrigatório nos processos falimentares ou de recuperação.

7.2. RECUPERAÇÃO JUDICIAL

Competência:

- O foro competente para recuperação e decretação de falência é o do juízo do local do principal estabelecimento do devedor (art. 3º da Lei 11.101/2005), assim considerado o local mais importante da atividade empresária, o do maior volume de negócios.
- Qual é o efeito da decisão de processamento da recuperação judicial sobre as execuções fiscais em curso em que figura como executada a recuperanda? "Por expressa determinação legal, o deferimento da recuperação judicial não tem o condão de suspender as execuções fiscais, salvo se concedido o parcelamento. No entanto, de acordo com a jurisprudência dos tribunais superiores, a competência para os atos judiciais que implicarem restrição patrimonial ou alienação de bens devem ser submetidos ao juízo universal da recuperação judicial, a fim de que o plano de recuperação não seja inviabilizado por completo. Trata-se de prestígio ao princípio da preservação da empresa." (TRINDADE, Daniel Messias da. Direito Empresarial em Provas Discursivas. Editora JusPodivm, 2018, p. 257)

Legitimados:

- Poderá requerer recuperação judicial o devedor que, no momento do pedido, exerça regularmente suas atividades há mais de 2 anos e que atenda aos seguintes requisitos, cumulativamente: **1)** não ser falido e, se o foi, estejam declaradas extintas, por sentença transitada em julgado, as responsabilidades daí decorrentes; **2)** não ter, há menos de 5 anos, obtido concessão de recuperação judicial; **3)** não ter, há menos de 8 anos, obtido concessão de recuperação judicial especial; **4)** não ter sido condenado ou não ter, como administrador ou sócio controlador, pessoa condenada por crime falimentar.

> **ATENÇÃO!**
> A recuperação judicial também poderá ser requerida pelo cônjuge sobrevivente, herdeiros do devedor, inventariante ou sócio remanescente.

Créditos sujeitos à recuperação:

- Podem ser incluídos no plano de recuperação judicial todos os créditos existe P ntes na data do pedido, ainda que não estejam vencidos.
- No entanto, por expressa vedação legal, não podem ser incluídos no plano de recuperação judicial, os seguintes créditos: **1)** créditos posteriores ao pedido de recuperação judicial; **2)** créditos tributários; **3)** créditos do art. 49, § 3º da Lei 11.101/2005 (Lei de Falências e Recuperação de Empresas); **4)** créditos decorrentes de propriedade fiduciária; **5)** créditos decorrentes de arrendamento mercantil (*leasing*); **6)** créditos decorrentes de contrato de compra e venda com reserva de domínio; **7)** créditos decorrentes de contratos de compra e venda de imóvel com cláusula de irrevogabilidade ou irretratabilidade; e **8)** créditos decorrentes de adiantamento de contrato de câmbio.

Processamento da recuperação judicial:

- 1) Petição inicial com os requisitos do art. 51 da LF: exposição das causas concretas que provocaram a crise; apresentação de demonstrativos contábeis dos últimos três exercícios sociais; relação nominal completa dos credores.
- 2) Despacho de processamento: Verificando que a inicial preenche os requisitos, o juiz autoriza o processamento da recuperação judicial.
- A decisão que defere o processamento da recuperação judicial é irrecorrível, por aplicação analógica da Súmula 264 do STJ, que dispõe: "É irrecorrível o ato judicial que apenas manda processar a concordata preventiva".
- 3) Efeitos do despacho de processamento: O despacho de processamento da recuperação acarreta:

  a) suspensão de todas as ações e execuções que correm contra o devedor pelo prazo de 180 (cento e oitenta) dias , prorrogável por igual período, uma única. Na recuperação judicial, as suspensões das ações perdurarão pelo prazo de 180 dias, contado a partir do deferimento do processamento da recuperação. Com a nova redação do art. 6º, § 4º, da Lei 11.101/2005, passa a ser permitida a prorrogação desse prazo por mais 180 dias, uma única vez, em caráter excepcional e desde que o devedor não haja concorrido para a superação do lapso temporal;

  b) a nomeação do administrador judicial.
- 4) Publicação do edital: Deferido o processamento da recuperação, haverá a publicação de edital que conterá: o pedido do autor; os termos da decisão que deferiu o processamento da recuperação; a relação de credores (mesma relação apresentada na petição inicial).
- 5) Apresentação do plano de recuperação: No prazo improrrogável de 60 (sessenta) dias, contados da publicação da decisão que deferiu o processamento, o devedor deve apresentar o plano de recuperação judicial, sob pena de conversão (convolação) em falência. Vale lembrar que, recentemente, o STJ entendeu que a contagem dos prazos na recuperação judicial deve ser feita em dias corridos, sendo inaplicável a contagem em dias úteis prevista no CPC/2015. Confira trecho do julgado: "A forma de contagem do prazo – de 180 dias de suspensão das ações executivas e de 60 dias para a apresentação do plano de recuperação judicial – em dias corridos é a que melhor preserva a unidade lógica da recuperação judicial: alcançar, de forma célere, econômica e efetiva, o regime de crise empresarial, seja pelo soerguimento econômico do devedor e alívio dos sacrifícios do credor, na recuperação, seja pela liquidação dos ativos e satisfação dos credores, na falência." (STJ, 4ª Turma, REsp 1.699.528/MG, Rel. Min. Luis Felipe Salomão, julgado em 10/04/2018).
- 6) Habilitação dos créditos: Os credores devem habilitar seus créditos no prazo de 15 dias contados da publicação do edital.
- 7) Nova relação de credores: Encerrado o prazo de 15 dias para a habilitação dos créditos dos credores, inicia-se, automaticamente, novo prazo de 45 dias para o administrador judicial publicar uma nova relação de credores.
- 8) Abertura de prazo para objeção: A objeção só ocorre quando os credores habilitados não concordarem com o plano de recuperação apresentado. O prazo para a apresentação da objeção é de 30 dias, contados da publicação da nova relação de credores.
- Se, durante esse prazo, algum credor apresentar objeção, o juiz deve convocar Assembleia Geral de Credores, que poderá aprovar ou reprovar o plano de recuperação judicial. Caso a Assembleia Geral de Credores reprove o plano, o juiz deve decretar a falência do empresário.
- 9) Decisão concessiva da recuperação judicial: Se os credores concordaram com o plano o juiz defere a recuperação judicial.
- Encerrado o prazo de 30 dias sem objeção, presume-se que os credores concordaram com o plano apresentado pelo devedor, ocasião em que o juiz também defere a recuperação judicial.
- **Possibilidade de os credores apresentarem um plano alternativo de recuperação judicial:** Com a inclusão do § 4º-A do art. 6º da Lei 11.101/2005, pela Lei 14.112/2020, o ordenamento jurídico passou a permitir que os credores apresentem um plano alternativo de recuperação judicial, quando este não for apresentado pelo devedor ou tenha sido inicialmente rejeitado na Assembleia.

7.3. RECUPERAÇÃO JUDICIAL ESPECIAL:

A recuperação judicial especial é assim chamada, porque só ela se aplica às microempresas e às empresas de pequeno porte.

Créditos abrangidos:

- Até o ano de 2014, o plano de recuperação judicial especial só abrangia os créditos quirografários. No entanto, a LC 147/14, deu nova redação ao inciso I do art. 71 da Lei 11.101/05, passando a prever que o plano de recuperação judicial especial abrangerá todos os créditos existentes na data do pedido, ainda que não vencidos, excetuados os decorrentes de repasse de recursos oficiais, os fiscais e os previstos nos parágrafos 3º e 4º do art. 49 da lei.

Fases do processo da recuperação judicial especial:

- **1)** petição inicial; **2) d**espacho de processamento da recuperação. O pedido de recuperação judicial com base em plano especial não acarreta a suspensão do curso da prescrição nem das ações e execuções por créditos não abrangidos pelo plano; **3)** publicação de edital; **4) apresentação do plano:** Na recuperação judicial especial, o plano já está pronto pela lei, que estabelece o seguinte: **a)** parcelamento em até 36 parcelas mensais, iguais e sucessivas, acrescidas de juros equivalentes à taxa SELIC, podendo conter ainda a proposta de abatimento do valor das dívidas; **b)** pagamento da 1a parcela no prazo máximo de 180 dias, contado da distribuição do pedido de recuperação judicial. Não será convocada assembleia-geral de credores para deliberar sobre o plano, e o juiz concederá a recuperação judicial se atendidas as exigências legais; **5)** habilitação dos créditos; **6)** nova relação de credores; **7)** abertura de prazo para eventual objeção (30 dias, contados da publicação da nova relação de credores). Mesmo com a objeção dos credores, o juiz pode deferir o plano de recuperação. No entanto, se os credores titulares de mais da metade de qualquer de uma das classes de créditos previstos no art. 83 apresentarem objeção, o juiz deve decretar a falência do devedor; **8)** decisão concessiva da recuperação judicial especial.

> **ATENÇÃO!**
> Da decisão concessiva da recuperação judicial especial cabe agravo de instrumento, que poderá ser interposto por qual quer credor ou pelo Ministério Público.

7.4. RECUPERAÇÃO EXTRAJUDICIAL

Recuperação extrajudicial é o acordo privado que o devedor realiza diretamente com seus credores fora do âmbito judicial. Se o acordo não for cumprido pelo devedor, não haverá conversão automática em falência exatamente por se tratar de recuperação extrajudicial.

Créditos excluídos da recuperação extrajudicial:

- De acordo com a nova redação do § 1º do art. 161 da Lei 11.101/05, dada pela Lei 14.112/2020, estão sujeitos à recuperação extrajudicial todos os créditos existentes na data do pedido, exceto: • créditos de natureza tributária; • créditos previstos no § 3º do art. 49 da Lei 11.101/2005; • créditos previstos no inciso II do *caput* do art. 86 da Lei 11.101/2005; • créditos de natureza trabalhista e por acidentes de trabalho que passem por negociação coletiva com o sindicato *da* respectiva categoria profissional.

Legitimidade:

- Poderá requerer recuperação extrajudicial o devedor que, no momento do pedido, exerça regularmente suas atividades há mais de 2 anos e que atenda aos seguintes requisitos, cumulativamente: **a)** não ser falido e, se o foi, estejam declaradas extintas, por sentença transitada em julgado, as responsabilidades daí decorrentes; **b)** não ter, há menos de 5 anos, obtido concessão de recuperação judicial; **c)** não ter, há menos de 5 anos, obtido concessão de recuperação judicial com base no plano especial; **d)** não ter sido condenado ou não ter, como administrador ou sócio controlador, pessoa condenada por qualquer dos crimes previstos nesta Lei.

> **ATENÇÃO!**
> A recuperação judicial também poderá ser requerida pelo cônjuge sobrevivente, herdeiros do devedor, inventariante ou sócio remanescente.

Órgãos da recuperação extrajudicial: a) não exige nomeação de administrador judicial; **b)** não há comitê de credores nem a assembleia geral de credores; **c)** não é obrigatória a participação do Ministério Público.

> **ATENÇÃO!**
> Como visto acima, pode-se dizer que o único órgão da recuperação extrajudicial é a autoridade judiciária. No entanto, aqui, a função do juiz é a de homologar o plano, não tendo competência para atrair outras questões de caráter econômico.

Efeitos da recuperação extrajudicial: a) não suspende a prescrição de outras ações e execuções do devedor e dos participantes do plano; **b)** não suspende a prescrição da rescisão de contratos bilaterais; **c)** o credor não incluído no plano de recuperação pode pedir a falência do devedor, assim como os demais participantes do plano, quando descumprida as obrigações; **d)** a homologação do plano de recuperação extrajudicial não afeta os bens do devedor nem o funcionamento da empresa. No entanto, acarreta a vedação do pagamento antecipado de dívida e do tratamento desfavorável aos credores.

7.4. FALÊNCIA

Incidência da lei:

- A Lei de Falência se aplica ao devedor empresário individual e à sociedade empresária.
- Agentes econômicos excluídos da falência:

Totalmente excluídos da lei de falência	Parcialmente excluídos da lei de falência
• Empresas públicas; e • Sociedade de economia mista.	• Instituições financeiras públicas ou privadas; • Consórcios; • Cooperativas de crédito; • Seguradoras; • Operadoras de planos de saúde; • Entidades de previdência complementar; • Sociedades de capitalização; e • Outras entidades legalmente equiparadas à estas, como, por exemplo, as sociedades administradoras de cartão de crédito e as sociedades de arrendamento mercantil (*leasing*).

Órgãos da falência:

Administrador judicial	• Trata-se de agente nomeado pelo juiz, no processo falimentar. • Ao juiz compete a presidência da administração da falência, com o auxílio do administrador judicial. Assim, o administrador judicial (antigo síndico), é o agente criado por lei para desempenhar atribuições relacionadas com a administração da falência, auxiliando o magistrado. Além disso, cabe ao administrador judicial a representação legal da massa falida subjetiva. • O administrador judicial deve ser profissional idôneo, preferencialmente (e não obrigatoriamente) advogado, economista, administrador de empresas ou contador, ou pessoa jurídica especializada. • Se o administrador judicial nomeado for pessoa jurídica, deve-se declarar o nome de profissional responsável pela condução do processo de falência ou de recuperação judicial, que não poderá ser substituído sem autorização do juiz. As atribuições do administrador judicial são indelegáveis.
Assembleia de credores	De acordo com o art. 35, II da LF, no processo falimentar, a assembleia geral de credores possui as seguintes atribuições: • constituição do Comitê de Credores, a escolha de seus membros e sua substituição; adoção de outras modalidades de realização do ativo, na forma do art. 145 da LF; qualquer outra matéria que possa afetar os interesses dos credores.
Comitê de credores	• O comitê de credores é um órgão facultativo, sendo que a sua atribuição é, basicamente, fiscalizar o trabalho do administrador judicial e auxiliar o juiz no processo falimentar ou de recuperação. • Na sua ausência, as atribuições do comitê serão exercidas pelo administrador judicial.

Efeitos da falência:

Efeitos da decretação da falência quanto ao falido	• inabilitação do empresário; • indisponibilidade dos bens; • dissolução total da sociedade; • extinção de concessão de serviço público, se houver.
Efeitos da decretação da falência quanto aos contratos	Os contratos bilaterais não se resolvem pela falência e podem ser cumpridos pelo administrador judicial se o cumprimento reduzir ou evitar o aumento do passivo da massa falida ou for necessário à manutenção e preservação de seus ativos, mediante autorização do comitê.

Processo de falência:

- **Legitimidade ativa:** podem requerer a falência do devedor:
  a) próprio empresário devedor (autofalência);
  b) sócio quotista ou acionista;
  c) espólio, cônjuge sobrevivente, herdeiro ou inventariante do empresário individual;
  d) qualquer credor.
- **Legitimidade passiva:** a Lei de Falência e Recuperação de Empresas se aplica ao devedor empresário individual e à sociedade empresária.
- **Juízo competente:** é competente para homologar o plano de recuperação extrajudicial, deferir a recuperação judicial ou decretar a falência o juízo do local do principal estabelecimento do devedor ou da filial de empresa que tenha sede fora do Brasil.
- **Fundamentos jurídicos da falência:**
  a) impontualidade injustificada;
  b) execução frustrada;
  c) atos de falência.

> **ATENÇÃO!**
> Vale lembrar que estes não são fundamentos cumulativos (presente ao menos uma das hipóteses arroladas, já será possível requerer a falência do empresário).

- **Impontualidade injustificada:** trata-se da falta de pagamento sem relevante razão de direito. A obrigação deve ser líquida e materializada em título executivo extrajudicial ou judicial. Além disso, o título deve estar protestado (o protesto do título é indispensável para o pedido de falência com base na impontualidade injustificada). Ainda, o valor da obrigação deve ser superior a 40 (quarenta) salários mínimos.

> **ATENÇÃO!**
> Admite-se o litisconsórcio de credores para que, somados, o valor da obrigação ultrapasse 40 (quarenta) salários mínimos.

- **Execução frustrada:** ocorre quando o devedor é executado e não paga, não deposita e não nomeia bens à penhora dentro do prazo legal. Aqui, não há limite de valor para o pedido de falência, bastando a frustração da execução.
- **Prática de atos de falência (atos de bancarrota):** atos de falência são comportamentos previstos em lei que, caso praticados, acarretarão a presunção do estado de insolvência do empresário. Os principais atos de falência estão nas alíneas "a" a "g" do inciso III do art. 94 da LF. Exemplos:
  a) liquidação precipitada, que ocorre quando o devedor se desfaz dos seus bens sem reposição correspondente;
  b) descumprimento de obrigação assumida no plano de recuperação judicial.
- **Atitudes que podem ser tomadas pelo devedor após a citação: citado, o devedor-empresário pode tomar uma das seguintes atitudes:**
  a) apresentar contestação;
  b) fazer o depósito elisivo;
  c) fazer o depósito elisivo e apresentar contestação; e
  d) pleitear recuperação judicial, dentro do prazo para a contestação.
- **Depósito elisivo:** quando o devedor efetua o depósito elisivo, o juiz fica impedido de decretar a falência. O depósito elisivo deve ser feito no prazo da contestação e deve compreender o valor principal, mais juros, correção monetária e honorários advocatícios.
- **Sentença declaratória da falência:** é a sentença de procedência, ou seja, que decreta a falência. Da sentença que decreta a falência cabe recurso de agravo de instrumento pelo devedor, pelo Ministério Público, ou pelo credor.
- **Sentença denegatória da falência:** é a sentença de improcedência, ou seja, que rejeita o pedido de falência. Da sentença denegatória da falência cabe recurso de apelação pelo devedor, pelo Ministério Público e pelo credor.

Pedidos de restituição:

- Os pedidos de restituição estão disciplinados a partir do art. 85 da LF.
- **Restituição dos bens alienados que não eram do falido, mas de terceiros:** o proprietário de bem arrecadado no processo de falência ou que se encontre em poder do devedor na data da decretação da falência poderá pedir sua restituição (pedido de restituição). Também pode ser pedida a restituição de coisa vendida a crédito e entregue ao devedor nos 15 dias anteriores ao requerimento de sua falência, se ainda não alienada.
- **Restituição em dinheiro dos bens alienados que não eram do falido, mas de terceiros:** a restituição proceder-se-á em dinheiro:
  a) se a coisa não mais existir ao tempo do pedido de restituição, hipótese em que o requerente receberá o valor da avaliação do bem, ou, no caso de ter ocorrido sua venda, o respectivo preço, em ambos os casos no valor atualizado;
  b) da importância entregue ao devedor, em moeda corrente nacional, decorrente de adiantamento a contrato de câmbio para exportação, desde que o prazo total da operação, inclusive eventuais prorrogações, não exceda o previsto nas normas específicas da autoridade competente; e
  c) dos valores entregues ao devedor pelo contratante de boa-fé na hipótese de revogação ou ineficácia do contrato. Por fim, cumpre lembrar que, nos casos em que não couber pedido de restituição, fica resguardado o direito dos credores de propor embargos de terceiros, nos termos do novo CPC.

Ineficácia e revogação de atos praticados antes da falência:

Ação revocatória nas hipóteses de ineficácia objetiva	Ação revocatória nas hipóteses de ineficácia subjetiva
Art. 129 da LF.	Art. 130 da LF.
Hipóteses de ineficácia objetiva	Hipóteses de ineficácia subjetiva
Não precisa provar o conluio fraudulento	Precisa provar o conluio fraudulento e o dano.
Pode ser declarada pelo juiz de ofício	Não pode ser declarada pelo juiz de ofício

Realização do ativo

Após a arrecadação dos bens do falido, será dada a realização do ativo, que deverá obedecer a uma determinada ordem de preferência definida pela lei. De acordo com a nova redação do art. 142 da LF, dada pela Lei 14.112/2020, a alienação de bens dar-se-á por uma das seguintes modalidades: **i)** leilão eletrônico, presencial ou híbrido; **ii)** processo competitivo organizado promovido por agente especializado e de reputação ilibada, cujo procedimento deverá ser detalhado em relatório anexo ao plano de realização do ativo ou ao plano de recuperação judicial, conforme o caso; **iii)** qualquer outra modalidade, desde que aprovada pelo juízo da falência.

Classificação e pagamento dos credores

De acordo com a nova redação do art. 83 da LF, dada pela Lei 14.112/2020, a classificação dos créditos na falência foi alterada, passando a obedecer à seguinte ordem: **1º)** créditos derivados da legislação trabalhista, limitados a 150 salários-mínimos por credor, e aqueles decorrentes de acidentes de trabalho; **2º)** créditos gravados com direito real de garantia até o limite do valor do bem gravado; **3º)** créditos tributários, independentemente da sua natureza e do tempo de constituição, exceto os créditos extraconcursais e as multas tributárias; **4º)** créditos quirografários (aqueles não previstos nos demais incisos deste artigo; saldos dos créditos não cobertos pelo produto da alienação dos bens vinculados ao seu pagamento; saldos dos créditos derivados da legislação trabalhista que excederem o limite estabelecido no item 1º); **5º)** multas contratuais e as penas pecuniárias por infração das leis penais ou administrativas, incluídas as multas tributárias; **6º)** créditos subordinados (previstos em lei ou em contrato; créditos dos sócios e dos administradores sem vínculo empregatício cuja contratação não tenha observado as condições estritamente comutativas e as práticas de mercado); **7º)** juros vencidos após a decretação da falência.

Encerramento da falência

Concluída a realização de todo o ativo (venda dos bens), e distribuído o produto entre os credores, o administrador judicial apresentará suas contas, que serão julgadas pelo juiz. Julgadas as contas do administrador judicial, ele apresentará o relatório final da falência no prazo de 10 (dez) dias, indicando o valor do ativo e o do produto de sua realização, o valor do passivo e o dos pagamentos feitos aos credores, e especificará justificadamente as responsabilidades com que continuará o falido. Por fim, apresentado o relatório final, o juiz encerrará a falência por sentença, que será publicada por edital e dela caberá apelação.

Extinção das obrigações do falido

De acordo com o art. 158 da Lei 11.101/2005, com redação dada pela Lei 14.112/2020, extinguem as obrigações do falido: • o pagamento de todos os créditos; • o pagamento, após realizado todo o ativo, de mais de 25% dos créditos quirografários, facultado ao falido o depósito da quantia necessária para atingir a referida porcentagem se para isso não tiver sido suficiente a integral liquidação do ativo; • o decurso do prazo de três anos, contado da decretação da falência, ressalvada a utilização dos bens arrecadados anteriormente, que serão destinados à liquidação para a satisfação dos credores habilitados ou com pedido de reserva realizado; e • o encerramento da falência nos termos dos arts. 114-A ou 156 da LF.

7.5. PRINCIPAIS NOVIDADES TRAZIDAS PELA LEI 14.112, DE 24 DE DEZEMBRO DE 2020

1 – Aspectos gerais: A Lei 14.112, de 24 de dezembro de 2020, aprovada na véspera do Natal, alterou as Leis 11.101/2005 (Lei de Falência e Recuperação de Empresas – LF), 10.522/2002 (Lei do cadastro informativo dos créditos não quitados de órgãos e entidades federais), e 8.929/1994 (Lei da cédula de produto rural). Sem sombra de dúvidas, os pontos mais importantes para fins de Exame da Ordem e Concursos Públicos se relacionam com as alterações promovidas na Lei 11.101/2005, para atualizar a recuperação judicial, a recuperação extrajudicial e a falência do empresário e da sociedade empresária. Passemos, então, aos destaques promovidos pela Lei 14.112/2020.

2 – Efeitos da decretação da falência ou o deferimento do processamento da recuperação judicial: O *"caput"* do artigo 6º da Lei 11.101/2005, passa a ter a seguinte redação: "A decretação da falência ou o deferimento do processamento da recuperação judicial implica: I – suspensão do curso da prescrição das obrigações do devedor sujeitas ao regime desta lei; II – suspensão das execuções ajuizadas contra o devedor, inclusive daquelas dos credores particulares do sócio solidário, relativas a créditos ou obrigações sujeitos à recuperação judicial ou à falência; III – proibição de qualquer forma de retenção, arresto, penhora, sequestro, busca e apreensão e constrição judicial ou extrajudicial sobre os bens do devedor, oriunda de demandas judiciais ou extrajudiciais cujos créditos ou obrigações sujeitem-se à recuperação judicial ou à falência."

3 – Possibilidade de prorrogação do chamado "stay period" na recuperação judicial: Como sabido, na recuperação judicial, as suspensões das ações perdurarão pelo prazo de 180 dias, contado a partir do deferimento do processamento da recuperação. Com a nova redação do art. 6º, § 4º, da Lei 11.101/2005, passa a ser permitida a prorrogação desse prazo por mais 180 dias, uma única vez, em caráter excepcional e desde que o devedor não haja concorrido para a superação do lapso temporal.

4 – Possibilidade de os credores apresentarem um plano alternativo de recuperação judicial: Com a inclusão do § 4º-A do art. 6º da Lei 11.101/2005, o ordenamento jurídico passou a permitir que os credores apresentem um plano alternativo de recuperação judicial, quando este não for apresentado pelo devedor ou tenha sido inicialmente rejeitado na Assembleia.

5 – Possibilidade de utilização da convenção de arbitragem e estimulo a conciliação, mediação e outros métodos alternativos de solução de conflitos (justiça multiportas no âmbito da falência e da recuperação judicial): Pelo § 9º do art. 6º da LF, o processamento da recuperação judicial ou a decretação da falência não autoriza o administrador judicial a recusar a eficácia da convenção de arbitragem, não impedindo ou suspendendo a instauração do procedimento arbitral. Além disso, o art. 22, inciso I, alínea "j", da LF, passou a prever como um dever do administrador judicial, sob a fiscalização do juiz e do Comitê de credores, na recuperação judicial e na falência, a necessidade de estimular, sempre que possível, a conciliação, a mediação e outros métodos alternativos de solução de conflitos relacionados à recuperação judicial e à falência. Em suma, adotando a tendencia do direito processual moderno, o ordenamento passa a prever a possibilidade de aplicação da justiça multiportas na falência e recuperação judicial, que viabilizam a soluções consensuais entre os credores e o devedor empresário.

6 – Possibilidade expressa da tutela provisória no âmbito do processo de recuperação judicial: Agora, a Lei 11.101/2005, passa a prever expressamente a possibilidade de o juiz antecipar total ou parcialmente os efeitos do deferimento do processamento da recuperação judicial. Com a Lei 14.112/2020, o fundamento legal para a antecipação da tutela passou a ter previsão expressa na Lei de Falência. Para isso, o juiz deverá observar os pressupostos disposto no art. 300 do novo Código de Processo Civil.

7 – Prestígio ao processo judicial eletrônico com a possibilidade utilização de meios digitais de comunicação: Como exemplos, podemos citar os arts. 22, II, "h", 36, 39, § 4º, II, 52, V, 58, § 3º, etc., todos da Lei 11.101/2005.

8 – Possibilidade de recuperação judicial do devedor pessoa jurídica que exerça atividade rural: Sem dúvida, esta foi uma das maiores novidades trazidas pela Lei 14.112/2020. O art. 48, § 2º, da LF, passou a prever que no caso de atividade rural por pessoa jurídica, admite-se a recuperação judicial.

9 – Aumento do prazo para pagamento dos credores derivados da legislação trabalhista no processo de recuperação judicial: O art. 54 da LF estabelece que o plano de recuperação judicial não poderá prever prazo superior a **um ano** para pagamento dos créditos derivados da legislação do trabalho ou decorrentes de acidentes de trabalho vencidos até a data do pedido de recuperação judicial. No entanto, com a inclusão do § 2º ao art. art. 54 da LF, o ordenamento passou a prever que esse prazo de um ano **pode ser estendido em até 2 (dois) anos**, se o plano de recuperação judicial atender, cumulativamente, a três requisitos: **i)** apresentação de garantias julgadas suficientes pelo juiz; **ii)** aprovação pelos credores titulares de créditos derivados da legislação trabalhista ou decorrentes de acidentes de trabalho; e **iii)** garantia da integralidade do pagamento dos créditos trabalhistas.

10 – Possibilidade da chamada insolvência transnacional: Atento ao processo de globalização e tendências de negociações internacionais, o ordenamento passou a prever a possibilidade de insolvência transnacional. Para tanto, o legislador dedicou um Capítulo inteiro (Capítulo VI-A) para tratar do regramento da insolvência transnacional, cujo objetivo é proporcionar mecanismos para: **i)** cooperação entre juízes e outras autoridades competentes do Brasil e de outros países em casos de insolvência transnacional; **ii)** aumento da segurança jurídica para a atividade econômica e para o investimento; **iii)** administração justa e eficiente de processos de insolvência transnacional, de modo a proteger os interesses de todos os credores e dos demais interessados, inclusive do devedor; **iv)** proteção e a maximização do valor dos ativos do devedor; **v)** promoção da recuperação de empresas em crise econômico-financeira, com a proteção de investimentos e a preservação de empregos; e **vi)** promoção da liquidação dos ativos da empresa em crise econômico-financeira, com a preservação e a otimização da utilização produtiva dos bens, dos ativos e dos recursos produtivos da empresa, inclusive os intangíveis.

11 – Alteração na ordem de pagamento do Quadro Geral de Credores: De acordo com a nova redação do art. 83 da LF, a classificação dos créditos na falência passam a obedecer à seguinte ordem: **1º)** créditos derivados da legislação trabalhista, limitados a 150 salários-mínimos por credor, e aqueles decorrentes de acidentes de trabalho; **2º)** créditos gravados com direito real de garantia até o limite do valor do bem gravado; **3º)** créditos tributários, independentemente da sua natureza e do tempo de constituição, exceto os créditos extraconcursais e as multas tributárias; **4º)** créditos quirografários (aqueles não previstos nos demais incisos deste artigo; saldos dos créditos não cobertos pelo produto da alienação dos bens vinculados ao seu pagamento; saldos dos créditos derivados da legislação trabalhista que excederem o limite estabelecido no item 1º); **5º)** multas contratuais e as penas pecuniárias por infração das leis penais ou administrativas, incluídas as multas tributárias; **6º)** créditos subordinados (previstos em lei ou em contrato; créditos dos sócios e dos administradores sem vínculo empregatício cuja contratação não tenha observado as condições estritamente comutativas e as práticas de mercado); **7º)** juros vencidos após a decretação da falência.

12 – Alteração nas formas de realização do ativo do devedor: De acordo com a nova redação do art. 142 da LF, a alienação de bens dar-se-á por uma das seguintes modalidades: **i)** leilão eletrônico, presencial ou híbrido; **ii)** processo competitivo organizado promovido por agente especializado e de reputação ilibada, cujo procedimento deverá ser detalhado em relatório anexo ao plano de realização do ativo ou ao plano de recuperação judicial, conforme o caso; **iii)** qualquer outra modalidade, desde que aprovada pelo juízo da falência.

8. DIREITO CAMBIÁRIO (TÍTULOS DE CRÉDITO)

DISPOSIÇÕES GERAIS

Legislação aplicável: arts. 887 a 923 do Código Civil (regras gerais); Lei nº 5.474/68 (lei da duplicata); Lei nº 7.357/85 (lei do cheque); decreto nº 57.663/66 (Lei Uniforme de Genebra – LUG, aplicável às letras de câmbio e nota promissória) e Decreto nº 2.044/08 (aplicável nas omissões da LUG).

Legislação supletiva: as disposições do Código Civil relativas aos títulos de crédito, aplicam-se àqueles regulados por leis especiais, nos casos de omissão ou lacuna.

INTEGRAÇÃO DAS LEIS UNIFORMES DE GENEBRA NO DIREITO BRASILEIRO

O cosmopolitismo, uma das principais características do direito empresarial, deu origem a usos e costumes comuns a todos os comerciantes, independentemente de sua nacionalidade, a exemplo da criação, pela Convenção de Genebra, de uma lei uniforme para a letra de câmbio e a nota promissória. A lei uniforme de Genebra é uma norma de direito internacional, que foi incorporada ao ordenamento jurídico pátrio por meio do Decreto n. 57.663/66.

No Brasil, a Convenção de Genebra para a regulação das letras de câmbio e notas promissórias, não foi adotada integralmente, haja vista que algumas regras contidas na Lei Uniforme, não são aplicáveis ao Brasil. As matérias que foram objeto de reservas pelo Brasil, são tratadas pelo Decreto nº 2.044/1908. Assim, o Decreto nº 57.663/66 (Lei Uniforme de Genebra - LUG) e o Decreto nº 2.044/08 (aplicável nas omissões da LUG) são o regramento jurídico aplicável às letras de câmbio e notas promissórias.

Dica importante: se o examinador não especificar o título de crédito, responder a questão com base nas regras gerais do Código Civil. Por outro lado, se o examinador especificar o título de crédito, responder com base na legislação respectiva.

Conceito: título de crédito é o documento necessário ao exercício do direito literal e autônomo nele contido e somente produz efeito quando preencha os requisitos legais. Trata-se do conceito legal, que está contido no art. 887 do Código Civil.

Características

Como visto, o documento, para ser título de crédito, deve preencher os requisitos essenciais previstos na lei especial de cada título de crédito (p.ex.: o art. 1º da Lei do Cheque prevê os requisitos essenciais do cheque). Requisitos essenciais são aqueles que a ausência não pode ser suprida.

Há, pelo menos, **três requisitos essenciais** comuns a todos os títulos de crédito:

a) denominação (nome do título de crédito);

b) data da emissão; e

c) assinatura do emitente ou a assinatura do mandatário com poderes especiais.

> **ATENÇÃO!**
> Súmula 387 do STF: "A cambial emitida ou aceita com omissões, ou em branco, pode ser completada pelo credor de boa-fé, antes da cobrança ou do protesto." A Súmula 387 do STF não mitiga o formalismo dos títulos de crédito. Na verdade, mitiga tão somente o momento de preenchimento dos requisitos essenciais do título, desde que os requisitos essenciais sejam preenchidos antes do momento da cobrança ou do protesto.

- **Obrigação *querable*, quesível, ou não *portable*:** todo título de crédito documenta uma obrigação *querable*, ou seja, cabe ao credor ir até o devedor e exigir o pagamento da obrigação.
- **Obrigação certa, líquida e exigível:** todo título de crédito documenta uma obrigação certa (existente), líquida (o valor inserido no título é determinado), e exigível (não pode ter havido prescrição da pretensão executória).
- **Título executivo extrajudicial:** os títulos de crédito são títulos executivos extrajudiciais, desde que executados dentro do seu prazo prescricional previsto na lei especial de cada título.

> **ATENÇÃO!**
> **Após o decurso do prazo prescricional, o título de crédito perde a força executória, mas o titular poderá ajuizar ação monitória. Veja:**
> **Súmula 299-STJ: "É admissível a ação monitória fundada em cheque prescrito."**
> **Súmula 503-STJ: "O prazo para ajuizamento de ação monitória em face do emitente de cheque sem força executiva é quinquenal, a contar do dia seguinte à data de emissão estampada na cártula."**
> **Súmula 504-STJ: "O prazo para ajuizamento de ação monitória em face do emitente de nota promissória sem força executiva é quinquenal, a contar do dia seguinte ao vencimento do título."**

- **Títulos de resgate:** os títulos de crédito são títulos de resgate, porque há sempre um momento determinado (data) para o cumprimento da obrigação. Se o documento não tiver data de vencimento, considerar-se-á que o pagamento é à vista.
- **Título *pro solvendo*:** os títulos de crédito são *pro solvendo*, porque a emissão de um novo título de crédito não gera a novação da dívida. Dito de outro modo, a emissão de um novo título de crédito não extingue a dívida anterior.
- **Solidariedade cambiária ou legal:** havendo mais de um devedor no título, todos eles serão sempre solidários. Ex.: art. 51 da Lei do Cheque; art. 47 da LUG.
- **Circulabilidade:** os títulos de crédito são passíveis de circulação. A circulação dos títulos de crédito não pode ser obstaculizada. O endosso é uma das formas de pôr em circulação o título de crédito.

- Classificação dos títulos de crédito quanto à circulabilidade:

Título ao portador	• *Título ao portador* é aquele que não identifica o credor, podendo circular pela simples tradição. • A maioria dos títulos de crédito não pode ser ao portador, porque na maioria das leis especiais, exige-se que se identifique o credor (a maioria dos títulos de crédito, portanto, são nominais, ou seja, devem indicar o credor).
Título ao portador	• Cheque: b) o cheque pode ser ao portador, desde que o valor seja inferior a cem reais; b) o cheque acima de cem reais deve ser nominal (deve indicar o credor).
Título nominal	• *Título nominal* é aquele que identifica o credor (o nome do credor consta da cártula). • O título nominal pode ser à ordem ou não à ordem. • *Título nominal à ordem* é aquele que pode circular por endosso (assinatura no verso do título, ou designação e assinatura no anverso). A cláusula à ordem pode ser expressa. No caso de omissão, o título será considerado à ordem. O título de crédito só circula por endosso se for à ordem. • *Título nominal não à ordem* é aquele que não pode circular por endosso. Se o emitente consignar expressamente na cártula a cláusula não à ordem, o título não poderá circular por endosso, mas poderá circular por cessão de crédito.

Princípios informadores

Três princípios informam o regime jurídico cambial:

a) Princípio da cartularidade: a exigibilidade do crédito representado no título depende da apresentação do documento original. Pelo princípio da cartularidade, o direito exigível está incorporado num documento formal e original, qual seja o título de crédito.

b) Princípio da literalidade: as relações jurídicas que podem interferir com o crédito adquirido são apenas aquelas que constam, expressamente, do título de crédito. Os títulos de crédito são formais devendo todos os requisitos essenciais estarem previstos na cártula (documento), valendo apenas o que nele está escrito.

c) Princípio da autonomia: as obrigações cambiárias são autônomas e independentes. Em outras palavras, havendo mais de um devedor no título, cada devedor tem uma obrigação autônoma. Os princípios da abstração e da inoponibilidade das exceções pessoais em matéria de títulos de créditos são subprincípios da autonomia dos títulos de crédito.

Títulos de crédito em espécie

Letra de câmbio	• Está prevista nos arts. 1º a 74 do Decreto 57.663/66 (Lei Uniforme de Genebra). • A letra de câmbio é uma ordem de pagamento. • Na letra de câmbio, as partes são o sacador (aquele que dá a ordem de pagamento), o sacado (aquele que recebe a ordem de pagamento) e o credor/tomador (beneficiário da ordem de pagamento). • Os devedores cambiários diretos são o aceitante e seu avalista. • Os devedores cambiários indiretos são o endossante e seu avalista, bem como o sacador e seu avalista. • Na letra de câmbio o aceite deve ser expresso, mas não é obrigatório. • A letra de câmbio é um título nominal (deve indicar o credor), podendo ser à ordem ou não à ordem, quando houver cláusula expressa (ex: "este título não circulará por endosso, mas por cessão"). • A letra de câmbio admite aval total ou parcial. • O endosso parcial na letra de câmbio é nulo. • A letra de câmbio admite vencimento à vista ou a prazo. • A letra de câmbio é um título abstrato, pois sua emissão independe de causa específica. • Prazo prescricional da ação contra o aceitante: 3 (três) anos a partir do vencimento; • Prazo prescricional da ação do portador contra o endossante e sacador: 1 (um) ano da data do protesto ou vencimento do título com cláusula "sem despesas"; • Prazo prescricional da ação dos endossantes uns contra os outros e contra o sacador: 6 (seis) meses do dia em que o endossante pagou a letra ou ele próprio foi acionado.

Cheque	• Está previsto na Lei nº 7.357/85. • O cheque é uma ordem de pagamento à vista. • No cheque, as partes são o emitente (devedor do cheque), o sacado (banco) e o credor/beneficiário (terceira pessoa ou o próprio emitente). • Os devedores cambiários diretos são o emitente e seu avalista. • Os devedores cambiários indiretos são o endossante e seus avalistas. • No cheque não há aceite. • Quanto à circulação, o cheque pode ser: **1)** ao portador (não identifica o credor - somente para cheques de valor inferior a R$ 100,00 - circulará por tradição); **2)** nominal à ordem (identifica o credor - como regra, é à ordem - circula via endosso); **3)** nominal não à ordem (identifica o credor - não se transfere via endosso, mas sim via cessão). • O cheque admite aval total ou parcial. • O endosso parcial no cheque é nulo. • Quanto ao vencimento o cheque é à vista, nos termos do art. 32 da lei do cheque ("O cheque é pagável à vista. Considera-se não escrita qualquer menção em contrário. O cheque apresentado para pagamento antes do dia indicado como data de emissão é pagável no dia da apresentação"). • Embora haja previsão legal que proíba cheque a prazo, convencionou-se (costume) que entre o emitente e o credor existe uma obrigação de não fazer (obrigação de não depositar antes do prazo). Tal convenção foi sumulada pelo STJ no enunciado 370 ("Caracteriza dano moral a apresentação antecipada de cheque pré-datado"). • O cheque é um título abstrato, pois sua emissão independe de causa específica. • Prescrição (arts. 33, 47 e 59 da Lei 7.357/85): 6 (seis) meses da data da expiração do prazo para apresentação (30 dias a contar da data da emissão quando emitido no lugar onde houver de ser pago; e de 60 dias, quando emitido em outro lugar do País ou no exterior).
Nota promissória	• Está prevista nos arts. 75 a 78 do Decreto 57.663/66 (Lei Uniforme de Genebra - LUG). • A nota promissória é uma promessa de pagamento. • Na nota promissória, as partes são o emitente (aquele que promete pagar) e o credor (beneficiário do pagamento). • Os devedores cambiários diretos são o emitente da nota e seu avalista. • Os devedores cambiários indiretos são o endossante e seus avalistas. • Na nota promissória não há aceite. • A nota promissória é um título nominal (deve indicar o credor), podendo ser à ordem ou não à ordem, quando houver cláusula expressa (ex: "este título não circulará por endosso, mas por cessão"). • A nota promissória admite aval total ou parcial. • O endosso parcial na nota promissória é nulo. • A nota promissória admite vencimento à vista ou a prazo. • A nota promissória é um título abstrato, pois sua emissão independe de causa específica. • Prazo prescricional da ação contra o devedor direto (art. 70, LUG): 3 (três anos). • Prazo prescricional da ação contra o devedor indireto (art. 70, LUG): 1 (um) ano.
	Está prevista na Lei nº 5.474/1968 e, agora, também pela Lei nº 13.775/2018. A duplicata é título cambiariforme assemelhado à letra de câmbio. Na duplicata, não se aplica diretamente o Código Civil, mas sim as normas da Letra de Câmbio, nos termos do art. 25, da Lei 5.474/68 ("Aplicam-se à duplicata e à triplicata, no que couber, os dispositivos da legislação sobre emissão, circulação e pagamento das Letras de Câmbio"). A duplicata é uma ordem de pagamento. A duplicata não é um título de saque obrigatório. Mas, para sacar, necessariamente, deve haver um contrato de compra e venda ou um contrato de prestação de serviços (causas específicas previstas na Lei da Duplicata). Na duplicata, as partes são o sacador/credor/vendedor (é autor da ordem de pagamento e ao mesmo tempo o credor), o sacado/devedor/comprador (aquele que recebe a ordem de pagamento) e o credor/beneficiário do título (é o próprio sacador). O devedor cambiário direto é o aceitante e seu avalista. O devedor cambiário indireto é o endossante e seu avalista.

Duplicata	"O pagamento da duplicata poderá ser assegurado por aval, sendo o avalista equiparado àquele cujo nome indicar; na falta da indicação, àquele abaixo de cuja firma lançar a sua; fora desses casos, ao comprador" (LD, art. 12) Na duplicata há a figura do aceite, que pode ser expresso ou tácito. A duplicata é, necessariamente, um título nominal e à ordem (indica o credor e circula via endosso), nos termos do art. 2º, § 1º, da Lei da Duplicata. A duplicata admite aval total ou parcial. O endosso parcial na duplicata é nulo. Quanto ao vencimento, a duplicata pode ser à vista ou a prazo. A duplicata é um título causal, ou seja, sua emissão depende de uma causa específica. Prazo prescricional da ação contra o sacado e respectivos avalistas: 3 (três) anos, contados da data de vencimento do título. Prazo prescricional da ação contra o endossante e seus avalistas: 1 (um) ano, contado da data do protesto. Prazo prescricional da ação de qualquer dos coobrigados contra os demais: 1 (um) ano, contado da data em que haja sido efetuado o pagamento do título. Os prazos prescricionais acima listados estão previstos nos arts. 15 e 18 da Lei 5.474/68. A Lei nº 13.775/2018 "dispõe sobre a emissão de duplicata sob a forma escritural" – também chamada de "duplicata virtual" ou "duplicata eletrônica". A norma regulamentou a sua prática utilizando esta nomenclatura mais técnica. **Novidade legislativa:** A Lei 14.206, de 27 de setembro de 2021, deu nova redação ao art. 20 da Lei 5.474/1968, estabelecendo que podem emitir fatura e duplicata: **(i)** as empresas, individuais ou coletivas, fundações ou sociedades civis que se dediquem à prestação de serviços; e (ii) o transportador autônomo de cargas (TAC).

ATOS CAMBIAIS

Aceite

Letra de câmbio	Cheque	Nota promissória	Duplicata
O aceite deve ser expresso, mas não é obrigatório.	Não há aceite.	Não há aceite.	O aceite pode ser expresso ou tácito.

Aval

Conceito: *aval* é o ato cambiário pelo qual uma pessoa (avalista) se compromete a pagar título de crédito, nas mesmas condições que um devedor desse título (avalizado). A grande característica do aval é que o avalista é um garantidor. Segundo André Luiz Santa Cruz Ramos, o aval é o "ato cambiário pelo qual um terceiro (o avalista) se responsabiliza pelo pagamento da obrigação constante no título" (*Direito Empresarial Esquematizado*. 4 ed. Rio de Janeiro: Forense; São Paulo: Método, 2014, p. 496).

Aval e fiança:

Aval	Fiança
• É um instituto cambiário. • É uma declaração unilateral de vontade. • É uma obrigação autônoma e independente (princípio da autonomia). • É uma obrigação solidária. • Partes: avalista e avalizado. • O aval não admite o benefício de ordem, motivo pelo qual o avalista pode ser acionado juntamente com o avalizado.	• É um instituto civilista. • É um contrato, portanto, uma declaração bilateral de vontade. • É uma obrigação acessória. • É uma obrigação subsidiária (há benefício de ordem, benefício de excussão). • Partes: fiador e afiançado. • A fiança admite o benefício de ordem, assegurando ao fiador, a prerrogativa de ser acionado somente após o afiançado. Logo, a responsabilidade do fiador é subsidiária.

Endosso

Conceito: *endosso* é o ato cambiário que põe o título de crédito em circulação. Através do endosso, o endossante transfere o seu direito de receber o crédito documentado no título ao endossatário. O endosso garante a existência da obrigação e o pagamento. Segundo André Luiz Santa Cruz Ramos, "o endosso é o ato cambiário mediante o qual o credor do título de crédito (*endossante*) transmite seus direitos a outrem (*endossatário*). É ato cambiário, pois, que põe o título em circulação. Os títulos 'não à ordem', registre-se, são transmitidos mediante cessão civil de crédito (...). Os títulos de crédito típicos, nominados ou próprios (letra de cambio, nota promissória, cheque, duplicata etc.) circulam mediante endosso porque todos eles possuem implícita a cláusula 'à ordem'. Somente quando for inserida, expressamente, a cláusula 'não à ordem' num título de crédito é que ele não poderá circular por endosso, e sim por mera cessão civil de crédito. O endosso produz dois efeitos, basicamente: a) *transfere a titularidade do crédito*; e b) *responsabiliza o endossante*, passando este a ser codevedor do título (se o devedor principal não pagar, o endossatário poderá cobrar do endossante)" (*Direito Empresarial Esquematizado*. 4 ed. Rio de Janeiro: Forense; São Paulo: Método, 2014, p. 490).

Regras especiais decorrentes da legislação regente de cada título de crédito:

Letra de câmbio	Cheque	Nota promissória	Duplicata
Admite aval total ou parcial.	Admite aval total ou parcial.	Admite aval total ou parcial.	Admite aval total ou parcial.
O endosso parcial é nulo.	O endosso parcial é nulo.	O endosso parcial é nulo.	O endosso parcial é nulo.

Endosso e cessão de crédito:

Endosso	Cessão de crédito
• É um instituto cambial. • É uma declaração unilateral de vontade. • Partes: endossante e endossatário. • Garante a existência da obrigação e o pagamento. • Diz respeito ao título nominal à ordem, porquanto somente estes circulam por endosso. • Transfere um direito puro, originário, sem vícios. O endosso tem efeito purificador.	• É um instituto civilista. • É uma declaração bilateral de vontade (é um negócio jurídico). • Partes: cedente e cessionário. • Garante a existência da obrigação, mas o cedente ao ceder não garante o pagamento do título, salvo previsão expressa. • Utilizada tanto para os negócios jurídicos previstos no Código Civil como para o título nominal não à ordem. • Transfere um direito derivado, ou seja, transfere o título com eventuais vícios. A cessão não tem efeito purificador.

Endosso e aval:

Endosso	Aval
• É um instituto cambiário. • É uma declaração unilateral de vontade. • Partes: endossante e endossatário. • Garante a existência da obrigação e o pagamento. • Diz respeito ao título nominal à ordem, porquanto somente estes circulam por endosso. • Transfere um direito puro, originário, sem vícios. O endosso tem efeito purificador. • O endosso é feito através de uma assinatura no verso. É possível que ele seja feito no anverso do título. Nesse caso, deverá ser feita uma assinatura acompanhada de uma expressão identificadora do ato (ex.: "endosso a"; "pague-se a").	• É um instituto cambiário. • É uma declaração unilateral de vontade. • Partes: avalista e avalizado. • É uma obrigação autônoma e independente (princípio da autonomia). • É uma obrigação solidária. • O aval é feito através de uma assinatura no anverso do título. É possível que ele seja feito no verso do título. Nesse caso, deverá ser feita uma assinatura acompanhada de uma expressão identificadora do ato (ex.: "avalizo a", "por aval a").

Endosso-mandato (ou endosso-procuração): é uma das espécies de endosso impróprio. O endosso-mandato tem previsão no art. 18 da LUG e no art. 917 do CC. Segundo a doutrina de André Luiz Santa Cruz Ramos, por meio do endosso-mandato, "o endossante confere poderes ao endossatário – por exemplo, uma instituição financeira – para agir como seu legítimo representante, exercendo em nome daquele os direitos constantes do título, podendo cobrá-lo, protestá-lo, executá-lo, etc. Faz-se o endosso-mandato, segundo a Lei Uniforme, mediante a colocação, junto ao endosso, das expressões 'para cobrança', 'valor a cobrar' ou 'por procuração'." (*Direito Empresarial Esquematizado*. 4 ed. Rio de Janeiro: Forense; São Paulo: Método, 2014, p. 492).

Protesto

Previsão legal: A Lei nº 9.492/1997 regulamenta o protesto de títulos e documentos.

Conceito: protesto é o ato formal e solene pelo qual se prova a inadimplência e o descumprimento de uma obrigação originada em títulos e outros documentos de dívida.

Certidão de dívida ativa (CDA): importante lembrar que dentre os títulos protestáveis, incluem-se as certidões de dívida ativa da União, dos Estados, do Distrito Federal, dos Municípios e das respectivas autarquias e fundações públicas.

Cancelamento do protesto: o cancelamento do protesto é um ônus do devedor, porquanto cabe a ele a iniciativa do procedimento para o cancelamento. Essa regra se justifica, na medida em que o protesto é motivado exatamente pela mora do devedor.

Protesto por falta de aceite: o protesto por falta de aceite só pode ser efetuado antes do vencimento da obrigação e após o decurso do prazo para o aceite ou para a devolução (§ 1º do art. 21 da Lei 9.492/97).

Protesto no cheque: tratando-se de cheque, poderá o protesto ser lavrado no lugar do pagamento ou do domicílio do emitente, devendo do referido cheque constar a prova de apresentação ao Banco sacado, salvo se o protesto tenha por fim instruir medidas pleiteadas contra o estabelecimento de crédito (art. 6º da Lei 7.357/85).

Protesto de duplicata: para provar (i) a falta de pagamento; (ii) a falta de aceite da duplicata; (iii) a falta de devolução da duplicata. Um dos requisitos da duplicata tradicional (chamada de "cartular" ou "não escritural") é que ela deverá conter "a praça de pagamento" (art. 2º, § 1º, VI, da Lei nº 5.474/68). No caso das duplicatas virtuais, a Lei nº 13.775/2018 dispõe que a praça de pagamento das duplicatas escriturais deverá coincidir com o domicílio do devedor, ou seja, a praça de pagamento é o domicílio do devedor.

Procedimento do protesto:

Protocolização	• Todos os títulos e documentos de dívida protocolizados serão examinados em seus caracteres formais e terão curso se não apresentarem vícios, não cabendo ao Tabelião de Protesto investigar a ocorrência de prescrição ou caducidade. • Qualquer irregularidade formal observada pelo Tabelião obstará o registro do protesto. • Poderão ser protestados títulos e outros documentos de dívida em moeda estrangeira, emitidos fora do Brasil, desde que acompanhados de tradução efetuada por tradutor público juramentado
Intimação	• O protesto será registrado dentro de 3 (três) dias úteis contados da protocolização do título ou documento de dívida. • Na contagem do prazo, exclui-se o dia da protocolização e inclui-se o do vencimento. • Quando a intimação for efetivada excepcionalmente no último dia do prazo ou além dele, por motivo de força maior, o protesto será tirado no primeiro dia útil subsequente. • Protocolizado o título ou documento de dívida, o Tabelião expedirá a intimação ao devedor, no endereço fornecido pelo apresentante do título ou documento, considerando-se cumprida quando comprovada a sua entrega no mesmo endereço. • A remessa da intimação poderá ser feita por portador do próprio tabelião, ou por qualquer outro meio, desde que o recebimento fique assegurado e comprovado através de protocolo, aviso de recebimento (AR) ou documento equivalente. **Obs.:** A notificação do protesto, para requerimento de falência da empresa devedora, exige a identificação da pessoa que a recebeu (Súmula 361-STJ). • A intimação deverá conter nome e endereço do devedor, elementos de identificação do título ou documento de dívida, e prazo limite para cumprimento da obrigação no Tabelionato, bem como número do protocolo e valor a ser pago. • A intimação será feita por edital se a pessoa indicada para aceitar ou pagar for desconhecida, sua localização incerta ou ignorada, for residente ou domiciliada fora da competência territorial do Tabelionato, ou, ainda, ninguém se dispuser a receber a intimação no endereço fornecido pelo apresentante. O edital será afixado no Tabelionato de Protesto e publicado pela imprensa local onde houver jornal de circulação diária. • Aquele que fornece endereço incorreto, agindo de má-fé, responderá por perdas e danos, sem prejuízo de outras sanções civis, administrativas ou penais.
Sustação	• Antes da lavratura do protesto, poderá o apresentante retirar o título ou documento de dívida, pagos os emolumentos e demais despesas. • Permanecerão no Tabelionato, à disposição do Juízo respectivo, os títulos ou documentos de dívida cujo protesto for judicialmente sustado. • O título do documento de dívida cujo protesto tiver sido sustado judicialmente só poderá ser pago, protestado ou retirado com autorização judicial. • Revogada a ordem de sustação, não há necessidade de se proceder a nova intimação do devedor, sendo a lavratura e o registro do protesto efetivados até o primeiro dia útil subsequente ao do recebimento da revogação, salvo se a materialização do ato depender de consulta a ser formulada ao apresentante, caso em que o mesmo prazo será contado da data da resposta dada. • Tornada definitiva a ordem de sustação, o título ou o documento de dívida será encaminhado ao Juízo respectivo, quando não constar determinação expressa a qual das partes o mesmo deverá ser entregue, ou se decorridos trinta dias sem que a parte autorizada tenha comparecido no Tabelionato para retirá-lo. • As dúvidas do Tabelião de Protesto serão resolvidas pelo Juízo competente.

Pagamento	• O pagamento do título ou do documento de dívida apresentado para protesto será feito diretamente no Tabelionato competente, no valor igual ao declarado pelo apresentante, acrescido dos emolumentos e demais despesas. • Não poderá ser recusado pagamento oferecido dentro do prazo legal, desde que feito no Tabelionato de Protesto competente e no horário de funcionamento dos serviços. • No ato do pagamento, o Tabelionato de Protesto dará a respectiva quitação, e o valor devido será colocado à disposição do apresentante no primeiro dia útil subsequente ao do recebimento. • Quando for adotado sistema de recebimento do pagamento por meio de cheque, ainda que de emissão de estabelecimento bancário, a quitação dada pelo Tabelionato fica condicionada à efetiva liquidação. • Quando do pagamento no Tabelionato ainda subsistirem parcelas vincendas, será dada quitação da parcela paga em apartado, devolvendo-se o original ao apresentante.
Registro	• Não ocorrendo pagamento, desistência ou sustação, o Tabelião lavrará e registrará o protesto, sendo o respectivo instrumento entregue ao apresentante. • Como visto anteriormente, o protesto será tirado por falta de pagamento, de aceite ou de devolução. **a) Protesto por falta de aceite:** o protesto por falta de aceite somente poderá ser efetuado antes do vencimento da obrigação e após o decurso do prazo legal para o aceite ou a devolução. **b)Protesto por falta de pagamento:** após o vencimento, o protesto sempre será efetuado por falta de pagamento, vedada a recusa da lavratura e registro do protesto por motivo não previsto na lei cambial. **Obs.:** não se poderá tirar protesto por falta de pagamento de letra de câmbio contra o sacado não aceitante. **c) Protesto por falta de devolução:** quando o sacado retiver a letra de câmbio ou a duplicata enviada para aceite e não proceder à devolução dentro do prazo legal, o protesto poderá ser baseado na segunda via da letra de câmbio ou nas indicações da duplicata, que se limitarão a conter os mesmos requisitos lançados pelo sacador ao tempo da emissão da duplicata, vedada a exigência de qualquer formalidade não prevista na Lei que regula a emissão e circulação das duplicatas. • Os devedores, assim compreendidos os emitentes de notas promissórias e cheques, os sacados nas letras de câmbio e duplicatas, bem como os indicados pelo apresentante ou credor como responsáveis pelo cumprimento da obrigação, não poderão deixar de figurar no termo de lavratura e registro de protesto.

Prescrição

Título executivo extrajudicial: os títulos de crédito são títulos executivos extrajudiciais, desde que executados dentro do seu prazo prescricional previsto na lei especial de cada título. Após o decurso do prazo prescricional, o título de crédito perde a força executória, mas o titular poderá ajuizar ação monitória (vide Súmulas 299 e 503 do STJ). Dito de outro modo, desde que dentro do prazo prescricional, o titular do título de crédito vencido e não pago, poderá ajuizar, em face dos devedores, a competente ação de execução. Isso porque, os títulos de crédito são considerados títulos executivos extrajudiciais.

Para facilitar a compreensão, vejamos o quadro sinótico sobre os prazos prescricionais de cada título de crédito:

Letra de câmbio	• Prazo prescricional da ação contra o aceitante: 3 (três) anos a partir do vencimento; • Prazo prescricional da ação do portador contra o endossante e sacador: 1 (um) ano da data do protesto ou vencimento do título com cláusula "sem despesas"; • Prazo prescricional da ação dos endossantes uns contra os outros e contra o sacador: 6 (seis) meses do dia em que o endossante pagou a letra ou ele próprio foi acionado.
Cheque	• Prescrição (arts. 33, 47 e 59 da Lei 7.357/85): 6 (seis) meses da data da expiração do prazo para apresentação (30 dias a contar da data da emissão quando emitido no lugar onde houver de ser pago; e de 60 dias, quando emitido em outro lugar do País ou no exterior).
Nota promissória	• Prazo prescricional da ação contra o devedor direto (art. 70, LUG): 3 (três anos). • Prazo prescricional da ação contra o devedor indireto (art. 70, LUG): 1 (um) ano.
Duplicata	• Prazo prescricional da ação contra o sacado e respectivos avalistas: 3 (três) anos, contados da data de vencimento do título. • Prazo prescricional da ação contra o endossante e seus avalistas: 1 (um) ano, contado da data do protesto. • Prazo prescricional da ação de qualquer dos coobrigados contra os demais: 1 (um) ano, contado da data em que haja sido efetuado o pagamento do título. • Os prazos prescricionais acima listados estão previstos nos arts. 15 e 18 da Lei 5.474/68.

Duplicata	• O cheque pré-datado, apesar de usual no comércio brasileiro, não está previsto na legislação, segundo a qual o cheque é uma ordem de pagamento à vista, estando a instituição bancária obrigada a pagá-lo no ato de sua apresentação, de modo que a instituição não pode ser responsabilizada pelo pagamento imediato de cheques datados com lembrete de desconto para data futura.

Ações Cambiais

Conceito: *ação cambial* é o instrumento processual adequado para a cobrança do título de crédito em juízo. Desde que dentro do prazo prescricional, o titular do título de crédito vencido e não pago, poderá ajuizar, em face dos devedores, a competente ação de execução. Isso porque, os títulos de crédito são considerados títulos executivos extrajudiciais.

Ação monitória: É admissível a ação monitória fundada em cheque prescrito (súmula 299 do STJ). O prazo para ajuizamento de ação monitória em face do emitente de cheque sem força executiva é quinquenal (5 anos), a contar do dia seguinte à data de emissão estampada na cártula (súmula 503 do STJ). Em ação monitória fundada em cheque prescrito ajuizada contra o emitente, é dispensável a menção ao negócio jurídico subjacente à emissão da cártula (súmula 531 do STJ).

Títulos de Crédito Rural

O financiamento rural concedido pelos órgãos integrantes do sistema nacional de crédito rural à pessoa física ou jurídica poderá efetivar-se por meio das células de crédito rural. A cédula de crédito rural é promessa de pagamento em dinheiro, com ou sem garantia real cedularmente constituida, sob as seguintes denominações e modalidades: a) cédula rural pignoratícia; b) cédula rural hipotecária; c) cédula rural pignoratícia e hipotecária; d) nota de crédito rural. Súmula 16-STJ: A legislação ordinária sobre crédito rural não veda a incidência da correção monetária. Súmula 93-STJ: A legislação sobre cédulas de crédito rural, comercial e industrial admite o pacto de capitalização de juros.

Títulos de Crédito Industrial

A cédula de crédito industrial é promessa de pagamento em dinheiro, com garantia real, cedularmente constituída. Trata-se de título líquido e certo, exigível pela soma dela constante ou do endosso, além dos juros, da comissão de fiscalização, se houver, e demais despesas que o credor fizer para segurança, regularidade e realização de seu direito creditório. Importa em vencimento antecipado da dívida resultante da cédula, independentemente de aviso ou de interpelação judicial, a inadimplência de qualquer obrigação do eminente do título ou, sendo o caso, do terceiro prestante da garantia real. Dentre outros requisitos, a cédula de crédito industrial deve conter a taxa de juros a pagar, comissão de fiscalização, se houver, e as épocas em que serão exigíveis, podendo ser capitalizadas.

Títulos de Financiamento Comercial

Títulos de financiamento comercial são títulos de crédito impróprios, pois, embora se assemelhem aos títulos próprios, não se submetem a todos os princípios cambiários. Os títulos de financiamento comercial podem ser constituídos sob às seguintes modalidades: a) letra de câmbio financeira (Lei 4.728/65); b) certificado de depósito bancário (Lei 4.728/65); c) certificado de recebíveis imobiliários (Lei 9.514/97, art. 6º); e d) letra de crédito imobiliário (Lei 10.193/04, art.12).

Títulos de Garantia Imobiliária

Os títulos de garantia imobiliária podem ser constituídos sob às seguintes modalidades: a) letras imobiliárias (Lei 4.380/64): b) cédulas hipotecárias (Decreto 70/66): c) letra hipotecária (Lei 7.684/88); d) letras de crédito imobiliário (Lei 10.931/2004); e) cédulas de crédito imobiliárias (Lei 10.931/04); f) certificado de recebíveis imobiliários.

Conhecimento de Depósito e *Warrant*

Segundo Fábio Ulhôa Coelho, "o conhecimento de depósito e o warrant gerais são títulos de emissão de armazéns gerais, representativos de mercadorias neles depositadas (Decreto 1.102/03). Sua emissão depende de solicitação do depositante e substituem o recibo de depósito." (Manual de Direito Comercial. 18 ed. São Paulo: Saraiva, 2007, p. 195)

9. DIREITOS DE PROPRIEDADE INDUSTRIAL

Previsão legal: A propriedade industrial está sujeita às normas constantes da Lei nº 9.279/1996 (Lei da Propriedade Industrial – LPI).

Natureza dos direitos de propriedade industrial: consideram-se **bens móveis**, para os efeitos legais, os direitos de propriedade industrial.

Abrangência do Direito Industrial: são 4 os bens imateriais protegidos pelo Direito Industrial: **a)** patente de invenção; **b)** patente de modelo de utilidade; **c)** registro de desenho industrial; **d)** registro de marca. O empresário que titulariza tais bens (patentes ou registro) possui o direito de explorar economicamente, com exclusividade, o respectivo objeto.

Instituto Nacional de Propriedade Industrial: O INPI, autarquia federal, é o ente encarregado de proteger os direitos do empresário relativos à propriedade industrial.

Formas de proteção dos direitos de propriedade industrial: a proteção dos direitos relativos à propriedade industrial, considerado o seu interesse social e o desenvolvimento tecnológico e econômico do País, efetua-se mediante:

a) concessão de patentes de invenção e de modelo de utilidade;

b) concessão de registro de desenho industrial;

c) concessão de registro de marca;

d) repressão às falsas indicações geográficas; e

e) repressão à concorrência desleal.

Patentes

Requisitos da patenteabilidade (A.N.A):

a) atividade inventiva;

b) novidade;

c) aplicação industrial.

Efeito da patente: é a concessão de propriedade do bem, garantindo o direito de exploração com exclusividade. Em outras palavras, a patente confere ao seu titular o direito de impedir terceiro, sem o seu consentimento, de produzir, usar, colocar à venda, vender ou importar com estes propósitos: **a)** produto objeto de patente; **b)** processo ou produto obtido diretamente por processo patenteado.

Cessão da patente: o pedido de patente ou a patente, ambos de conteúdo indivisível, poderão ser concedidos, total ou parcialmente.

Vigência da patente: é muito comum as bancas examinadoras cobrarem os seguintes prazos, todos previstos na Lei 9.279/96:

Patente de invenção	Patente de modelo de utilidade	Registro de desenho industrial	Registro de marca
20 anos	15 anos	10 anos	10 anos
Art. 40	Art. 40	Art. 108	Art. 133

Prescrição: Prescreve em 5 (cinco) anos a ação para reparação de dano causado ao direito de propriedade industrial (art. 225 da LPI).

STF ADI 5.529 (j. em 01/09/2021): O STF declarou a inconstitucionalidade o parágrafo único do art. 40 da Lei 9.279/1996 – LPI. De acordo com o Supremo, a indeterminação do prazo contido no parágrafo único do art. 40 da LPI gera insegurança jurídica e ofende o Estado Democrático de Direito. Referido dispositivo autoriza o adiamento da entrada da concorrência no mercado e a permanência dos efeitos da exclusividade por prazo indeterminado e excessivo, proporcionando dominação de mercados, eliminação da concorrência, aumento arbitrário dos lucros, desigualdade entre os agentes econômicos e, portanto, ofensa à função social da propriedade intelectual (art. 5º, XXIX, c.c. o art. 170, III), à livre concorrência e à defesa do consumidor (art. 170, IV e V). (STF, ADI 5529, Rel. Dias Toffoli, Tribunal Pleno, julgado em 12/05/2021)

Invenção

A patente se relaciona com à invenção ou ao modelo de utilidade. "Invenção é o ato original do gênio humano. Toda vez que alguém projeta algo que desconhecia, estará produzindo uma invenção. Embora toda invenção seja, assim, original, nem sempre será nova, ou seja, desconhecida das demais pessoas. E a novidade, conforme se verá em seguida, é condição de patenteabilidade da invenção." (Coelho, Fábio Ulhoa. *Manual de Direito Comercial.* 28 ed. – São Paulo: Editora Revista dos Tribunais, 2016).

- **Requisitos para a patente de invenção:** é patenteável a invenção que atenda aos requisitos de novidade, atividade inventiva e aplicação industrial.

  a) **Novidade:** a invenção é considerada nova, quando não compreendida no estado da técnica. Em outras palavras, a invenção deve ser desconhecida da comunidade científica, técnica ou industrial.

  b) **Atividade inventiva:** a invenção é dotada de atividade inventiva sempre que, para um técnico no assunto, não decorra de maneira evidente ou óbvia do estado da técnica.

  c) **Aplicação industrial:** a invenção é considerada suscetível de aplicação industrial quando possa ser utilizado ou produzida em qualquer tipo de indústria.

- **Vigência da patente de invenção:** 20 anos.
- **Não se considera invenção (art. 10 da LPI):**

  a) descobertas, teorias científicas e métodos matemáticos;

  b) concepções puramente abstratas;

  c) esquemas, planos, princípios ou métodos comerciais, contábeis, financeiros, educativos, publicitários, de sorteio e de fiscalização;

  d) obras literárias, arquitetônicas, artísticas e científicas ou qualquer criação estética;

  e) programas de computador em si;

  f) apresentação de informações;

  g) regras de jogo;

  h) técnicas e métodos operatórios ou cirúrgicos, bem como métodos terapêuticos ou de diagnóstico, para aplicação no corpo humano ou animal; e

  i) o todo ou parte de seres vivos naturais e materiais biológicos encontrados na natureza, ou ainda que dela isolados, inclusive o genoma ou germoplasma de qualquer ser vivo natural e os processos biológicos naturais.

- **Não são patenteáveis (art. 18 da LPI):**

  a) o que for contrário à moral, aos bons costumes e à segurança, à ordem e à saúde públicas;

  b) substâncias, matérias, misturas, elementos ou produtos de qualquer espécie, bem como a modificação de suas propriedades físico-químicas e os respectivos processos de obtenção ou modificação, quando resultantes de transformação do núcleo atômico; e

c) o todo ou parte dos seres vivos, exceto os microrganismos transgênicos que atendam aos três requisitos de patenteabilidade - novidade, atividade inventiva e aplicação industrial - previstos no art. 8º e que não sejam mera descoberta. **Obs.:** microorganismos transgênicos são organismos, exceto o todo ou parte de plantas ou de animais, que expressem, mediante intervenção humana direta em sua composição genética, uma característica normalmente não alcançável pela espécie em condições naturais.

Modelo de Utilidade

- A patente se relaciona com à invenção ou ao modelo de utilidade. "Desenho industrial diz respeito à forma dos objetos, e serve tanto para conferir-lhe um ornamento harmonioso como para distingui-los de outros do mesmo gênero. Lembre-se, por exemplo, a cadeira *Hill House*, projetada pelo arquiteto Charles Mackintosh em 1902, cuja forma (desenho industrial, design) tem especificidades que permitem sua imediata identificação. A marca, por sua vez, é o signo que identifica produtos e serviços, como Coca-Cola, RT, Itaú." (Coelho, Fábio Ulhoa. Manual de Direito Comercial. 28 ed. - São Paulo: Editora Revista dos Tribunais, 2016).
- **Requisitos para a patente de modelo de utilidade:** é patenteável o modelo de utilidade que atenda aos requisitos de novidade, atividade inventiva e aplicação industrial.
  - **a) Novidade:** o modelo de utilidade é considerado novo, quando não compreendido no estado da técnica. Em outras palavras, o modelo de utilidade deve ser desconhecido da comunidade científica, técnica ou industrial.
  - **b) Atividade inventiva:** o modelo de utilidade é dotado de ato inventivo sempre que, para um técnico no assunto, não decorra de maneira comum ou vulgar do estado da técnica.
  - **c) Aplicação industrial:** o modelo de utilidade é considerado suscetível de aplicação industrial quando possa ser utilizado ou produzido em qualquer tipo de indústria.
- **Vigência da patente de modelo de utilidade:** 15 anos.
- **Não se considera modelo de utilidade (art. 10 da LPI):**
  - **a)** descobertas, teorias científicas e métodos matemáticos;
  - **b)** concepções puramente abstratas;
  - **c)** esquemas, planos, princípios ou métodos comerciais, contábeis, financeiros, educativos, publicitários, de sorteio e de fiscalização;
  - **d)** obras literárias, arquitetônicas, artísticas e científicas ou qualquer criação estética;
  - **e)** programas de computador em si;
  - **f)** apresentação de informações;
  - **g)** regras de jogo;
  - **h)** técnicas e métodos operatórios ou cirúrgicos, bem como métodos terapêuticos ou de diagnóstico, para aplicação no corpo humano ou animal; e
  - **i)** o todo ou parte de seres vivos naturais e materiais biológicos encontrados na natureza, ou ainda que dela isolados, inclusive o genoma ou germoplasma de qualquer ser vivo natural e os processos biológicos naturais.
- Não são patenteáveis (art. 18 da LPI):
  - **a)** o que for contrário à moral, aos bons costumes e à segurança, à ordem e à saúde públicas;
  - **b)** as substâncias, matérias, misturas, elementos ou produtos de qualquer espécie, bem como a modificação de suas propriedades físico-químicas e os respectivos processos de obtenção ou modificação, quando resultantes de transformação do núcleo atômico; e
  - **c)** o todo ou parte dos seres vivos, exceto os microrganismos transgênicos que atendam aos três requisitos de patenteabilidade - novidade, atividade inventiva e aplicação industrial - previstos no art. 8º e que não sejam mera descoberta. **Obs.:** microorganismos transgênicos são organismos, exceto o todo ou parte de plantas ou de animais, que expressem, mediante intervenção humana direta em sua composição genética, uma característica normalmente não alcançável pela espécie em condições naturais.

ATENÇÃO!

Não se considera modelo de utilidade e, portanto, não podem ser patenteados:

I - as descobertas, teorias científicas e métodos matemáticos;

II - concepções puramente abstratas;

III - esquemas, planos, princípios ou métodos comerciais, contábeis, financeiros, educativos, publicitários, de sorteio e de fiscalização;

IV - as obras literárias, arquitetônicas, artísticas e científicas ou qualquer criação estética;

V - programas de computador em si;

VI - apresentação de informações;

VII - regras de jogo;

VIII - técnicas e métodos operatórios ou cirúrgicos, bem como métodos terapêuticos ou de diagnóstico, para aplicação no corpo humano ou animal; e

IX - o todo ou parte de seres vivos naturais e materiais biológicos encontrados na natureza, ou ainda que dela isolados, inclusive o genoma ou germoplasma de qualquer ser vivo natural e os processos biológicos naturais.

Marcas

Marca é o signo que identifica produtos e serviços, produzidos ou colocados em circulação pelo empresário.

- **Requisitos do registro de marca:** é registrável a marca que atenta aos requisitos da *novidade relativa, não colidência com marca notória* e *não impedimento.*
- **Sinais registráveis como marca:** são suscetíveis de registro como marca os sinais distintivos visualmente perceptíveis, não compreendidos nos impedimentos legais do art. 124 da LPI.
- **Não são registráveis como marca (art. 124 da LPI):**

a) brasão, armas, medalha, bandeira, emblema, distintivo e monumento oficiais, públicos, nacionais, estrangeiros ou internacionais, bem como a respectiva designação, figura ou imitação;

b) letra, algarismo e data, isoladamente, salvo quando revestidos de suficiente forma distintiva;

c) expressão, figura, desenho ou qualquer outro sinal contrário à moral e aos bons costumes ou que ofenda a honra ou imagem de pessoas ou atente contra liberdade de consciência, crença, culto religioso ou ideia e sentimento dignos de respeito e veneração;

d) designação ou sigla de entidade ou órgão público, quando não requerido o registro pela própria entidade ou órgão público;

e) reprodução ou imitação de elemento característico ou diferenciador de título de estabelecimento ou nome de empresa de terceiros, suscetível de causar confusão ou associação com estes sinais distintivos;

f) sinal de caráter genérico, necessário, comum, vulgar ou simplesmente descritivo, quando tiver relação com o produto ou serviço a distinguir, ou aquele empregado comumente para designar uma característica do produto ou serviço, quanto à natureza, nacionalidade, peso, valor, qualidade e época de produção ou de prestação do serviço, salvo quando revestidos de suficiente forma distintiva;

g) sinal ou expressão empregada apenas como meio de propaganda;

h) cores e suas denominações, salvo se dispostas ou combinadas de modo peculiar e distintivo;

i) indicação geográfica, sua imitação suscetível de causar confusão ou sinal que possa falsamente induzir indicação geográfica;

j) sinal que induza a falsa indicação quanto à origem, procedência, natureza, qualidade ou utilidade do produto ou serviço a que a marca se destina;

k) reprodução ou imitação de cunho oficial, regularmente adotada para garantia de padrão de qualquer gênero ou natureza;

l) reprodução ou imitação de sinal que tenha sido registrado como marca coletiva ou de certificação por terceiro, observado o disposto no art. 154;

m) nome, prêmio ou símbolo de evento esportivo, artístico, cultural, social, político, econômico ou técnico, oficial ou oficialmente reconhecido, bem como a imitação suscetível de criar confusão, salvo quando autorizados pela autoridade competente ou entidade promotora do evento;

n) reprodução ou imitação de título, apólice, moeda e cédula da União, dos Estados, do Distrito Federal, dos Territórios, dos Municípios, ou de país;

o) nome civil ou sua assinatura, nome de família ou patronímico e imagem de terceiros, salvo com consentimento do titular, herdeiros ou sucessores;

p) pseudônimo ou apelido notoriamente conhecidos, nome artístico singular ou coletivo, salvo com consentimento do titular, herdeiros ou sucessores;

q) obra literária, artística ou científica, assim como os títulos que estejam protegidos pelo direito autoral e sejam suscetíveis de causar confusão ou associação, salvo com consentimento do autor ou titular;

r) termo técnico usado na indústria, na ciência e na arte, que tenha relação com o produto ou serviço a distinguir;

s) reprodução ou imitação, no todo ou em parte, ainda que com acréscimo, de marca alheia registrada, para distinguir ou certificar produto ou serviço idêntico, semelhante ou afim, suscetível de causar confusão ou associação com marca alheia;

t) dualidade de marcas de um só titular para o mesmo produto ou serviço, salvo quando, no caso de marcas de mesma natureza, se revestirem de suficiente forma distintiva;

u) a forma necessária, comum ou vulgar do produto ou de acondicionamento, ou, ainda, aquela que não possa ser dissociada de efeito técnico;

v) objeto que estiver protegido por registro de desenho industrial de terceiro; e

w) sinal que imite ou reproduza, no todo ou em parte, marca que o requerente evidentemente não poderia desconhecer em razão de sua atividade, cujo titular seja sediado ou domiciliado em território nacional ou em país com o qual o Brasil mantenha acordo ou que assegure reciprocidade de tratamento, se a marca se destinar a distinguir produto ou serviço idêntico, semelhante ou afim, suscetível de causar confusão ou associação com aquela marca alheia.

- **Espécies de marca:**
  a) **marca de produto ou serviço:** aquela usada para distinguir produto ou serviço de outro idêntico, semelhante ou afim, de origem diversa;
  b) **marca de certificação:** aquela usada para atestar a conformidade de um produto ou serviço com determinadas normas ou especificações técnicas, notadamente quanto à qualidade, natureza, material utilizado e metodologia empregada; e
  c) **marca coletiva:** aquela usada para identificar produtos ou serviços provindos de membros de uma determinada entidade.
- **Marca de alto renome:** à marca registrada no Brasil considerada de alto renome será assegurada proteção especial, em todos os ramos de atividade.

> **ATENÇÃO!**
> As marcas de alto renome dependem de registro no Brasil para terem a respectiva proteção.

- **Marca de alto renome x Marca notoriamente conhecida:** A marca de alto renome é uma exceção ao princípio da especialidade. Isso porque, desde que devidamente registrada e assim declarada pelo INPI, a marca de alto renome terá proteção especial em todos os ramos de atividade no território nacional. Por outro lado, a marca notória, independentemente de registro, terá proteção no seu ramo específico de atividade. Por fim, vale ressaltar que, independentemente de estar registrada no Brasil, a marca notória possui proteção em todos os países signatários da Convenção da União de Paris.

Marca de alto renome	Marca notória
Depende de registro no Brasil para ser protegida.	Não depende de registro no Brasil para ser protegida.
A marca de alto renome terá proteção especial em todos os ramos de atividade no território nacional.	A marca notória, independentemente de registro, terá proteção no seu ramo específico de atividade. Possui também proteção em todos os países signatários da Convenção da União de Paris.
"O conceito de marca notoriamente conhecida não se confunde com marca de alto renome. A primeira – notoriamente conhecida – é exceção ao princípio da territorialidade e goza de proteção especial independente de registro no Brasil em seu respectivo ramo de atividade. A segunda – marca de alto renome – cuida de exceção ao princípio da especificidade e tem proteção especial em todos os ramos de atividade, desde que previamente registrada no Brasil e declarada pelo INPI – Instituto Nacional de Propriedade Industrial." (STJ, 3ª Turma, REsp 1114745/RJ, Rel. Min. Massami Uyeda, julgado em 02/09/2010, DJe 21/09/2010).	

- **Legitimidade para requerer o registro da marca:** podem requerer registro de marca as pessoas físicas ou jurídicas de direito público ou de direito privado.

> **ATENÇÃO!**
> As pessoas de direito privado só podem requerer registro de marca relativo à atividade que exerçam efetiva e licitamente, de modo direto ou através de empresas que controlem direta ou indiretamente, declarando, no próprio requerimento, esta condição, sob as penas da lei.

- **Aquisição dos direitos sobre a marca:** a propriedade da marca adquire-se pelo **registro validamente expedido**, conforme as disposições desta Lei, **sendo assegurado ao titular seu uso exclusivo em todo o território nacional**.

> **ATENÇÃO!**
> Toda pessoa que, de boa-fé, na data da prioridade ou depósito, usava no País, há pelo menos 6 (seis) meses, marca idêntica ou semelhante, para distinguir ou certificar produto ou serviço idêntico, semelhante ou afim, terá direito de precedência ao registro.

- **Vigência do registro da marca:** 10 anos.
- **Contrato de cessão de marca:** a cessão de marca é o instrumento apto a transferir os direitos de propriedade da marca transacionada, legitimando o cessionário ao uso, fruição, disposição e reivindicação e, por consequência, a opor-se, ainda que preventivamente, à pretensão de registro por terceiro, inclusive o próprio cedente (STJ, REsp 1.532.206/RJ).

- **Distinção:**

Nome empresarial	Marca	Título de estabelecimento
Identifica o empresário no meio empresarial.	Identifica o produto ou serviço no meio empresarial.	Identifica o estabelecimento empresarial.
É protegido a partir do momento em que o empresário registra os seus atos constitutivos na Junta Comercial, que é um órgão estadual. A proteção é de âmbito estadual.	É protegida a partir do momento em que é registrada no INPI (Instituto Nacional de Propriedade Industrial), que é um órgão federal. A proteção é de âmbito federal.	Não precisa ser registrado.
Não pode ser alienado.	Pode ser alienada.	Pode ser alienado.

- **Princípio da especialidade:** pelo princípio da especialidade, a proteção da marca é assegurada no âmbito da sua classe de produtos ou serviços, e não em todos os ramos de atividade. É possível, portanto, que produtos ou serviços tenham marcas semelhantes.

Enunciados do CJF aplicáveis:

Enunciado 1 da I Jornada de Direito Comercial: "Decisão judicial que considera ser o nome empresarial violador do direito de marca não implica a anulação do respectivo registro no órgão próprio nem lhe retira os efeitos, preservado o direito de o empresário alterá-lo."

Enunciado 2 da I Jornada de Direito Comercial: "A vedação de registro de marca que reproduza ou imite elemento característico ou diferenciador de nome empresarial de terceiros, suscetível de causar confusão ou associação (art. 124, V, da Lei n. 9.279/1996), deve ser interpretada restritivamente e em consonância com o art. 1.166 do Código Civil."

SÚMULAS APLICÁVEIS

- **STJ – Súmula 143:** Prescreve em cinco anos a ação de perdas e danos pelo uso de marca comercial.

Desenhos industriais

O registro se relaciona com o desenho industrial e com a marca. Considera-se desenho industrial a forma plástica ornamental de um objeto ou o conjunto ornamental de linhas e cores que possa ser aplicado a um produto, proporcionando resultado visual novo e original na sua configuração externa e que possa servir de tipo de fabricação industrial.

Requisitos para o registro do desenho industrial: o desenho industrial pode ser registrado quando atenda aos requisitos da novidade, originalidade e desimpedimento:

a) **Novidade:** o desenho industrial é considerado novo quando não compreendido no estado da técnica. O desenho industrial deve resultar em visual inédito, desconhecido dos técnicos do setor.

b) **Originalidade:** o desenho industrial é considerado original quando dele resulte uma configuração visual distintiva, em relação a outros objetos anteriores. **Obs.:** O resultado visual original poderá ser decorrente da combinação de elementos já conhecidos.

c) **Desimpedimento:** o desenho industrial não pode incorrer em nenhuma das situações do art. 100 da LPI.

Não é registrável como desenho industrial (art. 100 da LPI):

a) o que for contrário à moral e aos bons costumes ou que ofenda a honra ou imagem de pessoas, ou atente contra liberdade de consciência, crença, culto religioso ou ideia e sentimentos dignos de respeito e veneração;

b) a forma necessária comum ou vulgar do objeto ou, ainda, aquela determinada essencialmente por considerações técnicas ou funcionais.

Vigência do registro do desenho industrial: 10 anos.

LICENÇA COMPULSÓRIA

Em razão do contexto de pandemia causada pelo novo coronavírus (SARS-CoV-2), o assunto "licença compulsória" está entre os mais prováveis de serem cobrados nas próximas provas. Tanto é verdade que o Congresso Nacional se movimentou para aprovar a Lei 14.200, de 2 de setembro de 2021, que altera a Lei 9.279/1996 (Lei de Propriedade Industrial) para dispor sobre a licença compulsória de patentes ou de pedidos de patente nos casos de declaração de emergência nacional ou internacional, ou de interesse público, ou de reconhecimento de estado de calamidade pública de âmbito nacional.

A finalidade da lei, em síntese, é possibilitar o acesso universal a produtos farmacêuticos, vacinas e terapias imprescindívceis para o combate ao novo coronavírus e a outras epidemias ou graves crises de saúde pública.

Ao nosso ver, andou bem o legislador, considerando que, por razões humanitárias, prestigiou os princípios da dignidade da humana, da supremacia do interesse público e da função social da propriedade industrial.

Foi assim que a Lei 14.200/2021 deu nova redação ao art. 71 da Lei 9.279/1996, passando a prever que nos casos de emergência nacional ou internacional ou de interesse público declarados em lei ou em ato do Poder Executivo federal, ou de reconhecimento de estado de calamidade pública de âmbito nacional pelo Congresso Nacional, poderá ser concedida licença compulsória, de ofício, temporária e não exclusiva, para a exploração da patente ou do pedido de patente, sem prejuízo dos direitos do respectivo titular, desde que seu titular ou seu licenciado não atenda a essa necessidade.

Neste sentido., atualmente, diante do estado excepcional de calamidade pública reconhecida pelo Poder Público, é possível o licenciamento compulsório pelo Estado de patentes capazes de assegurar o atendimento da demanda interna para o enfrentamento de uma pandemia, por exemplo.

Vale destacar, ainda, o art. 71-A da Lei 9.279/1996, introduzido pela Lei 14.200/2021, passou a admitir que seja concedida, por razões humanitárias e nos termos de tratado internacional do qual o Brasil seja parte, licença compulsória de patentes de produtos destinados à exportação a países com insuficiente ou nenhuma capacidade de fabricação no setor farmacêutico para atendimento de sua população.

10. CONTRATOS EMPRESARIAIS

NOÇÕES GERAIS

1. Conceito: contratos mercantis são aqueles em que ambos os contratantes são empresários.

2. Classificação: os contratos mercantis classificam-se em: a) cíveis: são aqueles regidos pelo CC e ocorrem quando ambos os contratantes empresários estiverem em posição de igualdade do ponto de vista econômico; b) de relação de consumo: são aqueles regidos pelo CDC e ocorrem quando um dos contratantes empresários está em posição de desigualdade (vulnerabilidade) frente ao outro. Ex.: um empresário adquire produto ou serviço como destinatário final; aplicação da teoria finalista mitigada; c) Contratos bancários são aqueles em que, necessariamente, uma das partes é um Banco e o objeto seja algum serviço ligado à atividade bancária, como a coleta, a intermediação ou aplicação de recursos financeiros próprios ou de terceiros, a custódia de valores.

3. Medida Provisória n. 881/2019: Dando nova redação ao art. 421 do CC, passou-se a prever que, "A liberdade de contratar será exercida em razão e nos limites da função social do contrato, observado o disposto na Declaração de Direitos de Liberdade Econômica. Parágrafo único. Nas relações contratuais privadas, prevalecerá o princípio da intervenção mínima do Estado, por qualquer dos seus poderes, e a revisão contratual determinada de forma externa às partes será excepcional." Inspirado pelos mesmo ideais de liberdade econômica, o art. 423 do CC passou a prever que "Quando houver no contrato de adesão cláusulas que gerem dúvida quanto à sua interpretação, será adotada a mais favorável ao aderente. Parágrafo único. Nos contratos não atingidos pelo disposto no *caput*, exceto se houver disposição específica em lei, a dúvida na interpretação beneficia a parte que não redigiu a cláusula controvertida." Sobre a onerosidade excessiva, a Medida Provisória em comento, incluiu, ainda, os arts. 480-A e 480-B, que preveem, respectivamente: "Nas relações interempresariais, é licito às partes contratantes estabelecer parâmetros objetivos para a interpretação de requisitos de revisão ou de resolução do pacto contratual"; e "Nas relações interempresariais, deve-se presumir a simetria dos contratantes e observar a alocação de riscos por eles definida."

CONTRATOS EM ESPÉCIE

COMPRA E VENDA MERCANTIL

- "A compra e venda é mercantil quando comprador e vendedor são empresários. Trata-se do contrato elementar da atividade empresarial. Numa esquematização simples, o comércio pode ser explicado como a sucessão de contratos de compra e venda. O importador compra o produto do fabricante sediado no exterior e o revende ao atacadista, que o revende ao varejista e assim por diante." (Coelho, Fábio Ulhoa. Manual de Direito Comercial. 18 ed. São Paulo: Saraiva, 2007, p. 422). Pelo contrato de compra e venda, um dos contratantes se obriga a transferir o domínio de certa coisa, e o outro, a pagar-lhe certo preço em dinheiro, nos termos do art. 481 do Código Civil.

COMPRA E VENDA INTERNACIONAL

- A compra e venda internacional é disciplinada pela Convenção de Viena sobre Contratos de Compra e Venda Internacional de Mercadorias (CISG ou CVIM). Aprovada por meio de decreto legislativo em 2012, passou a vigorar no Brasil em 2014. O objetivo da Convenção é dar uniformidade ao tratamento jurídico da compra e venda de mercadorias em todo o mundo, contemplando diferentes sistemas sociais, econômicos e jurídicos, a fim de contribuir para a eliminação de obstáculos jurídicos às trocas internacionais e promover o desenvolvimento do comércio internacional.

VENDA SOBRE DOCUMENTOS

- Está prevista nos arts. 529 a 532 do Código Civil. Na venda sobre documentos, a tradição da coisa é substituída pela entrega do seu título representativo e dos outros documentos exigidos pelo contrato ou, no silêncio deste, pelos usos. Achando-se a documentação em ordem, uma vez que esta (a documentação) representa a coisa vendida, não pode o comprador recusar o pagamento, a pretexto de defeito de qualidade ou do estado da coisa vendida, salvo se o defeito já houver sido comprovado.

CONTRATO DE FORNECIMENTO

- Ocorrendo o contrato de trespasse, automaticamente, haverá a sub-rogação (transferência) de todos os contratos envolvendo exploração do estabelecimento, salvo disposição em sentido contrário. Exceção: contrato de locação (Lei 8.245/91, art. 13). Para que o contrato de locação seja sub-rogado ao adquirente, o locador deve anuir prévia e expressamente com o contrato de trespasse. Enunciado 234 do CJF: "Quando do trespasse do estabelecimento empresarial, o contrato de locação do respectivo ponto não se transmite automaticamente ao adquirente. Fica cancelado o Enunciado n. 64".

GESTÃO DE NEGÓCIOS

1. A gestão de negócios ocorre quando uma pessoa, sem autorização do interessado, intervém na gestão de negócio alheio, dirigindo-o segundo o interesse e a vontade presumível de seu dono, ficando responsável a este e às pessoas com que tratar (CC, art. 861).

2. Crime de gestão temerária: Está presente o dolo do delito de gestão temerária (art. 4º, p.u., da Lei 7.492/86) na realização, por alguma das pessoas mencionadas no art. 25 da Lei 7.492/86, de atos que transgridam, voluntária e conscientemente, normas específicas expedidas pela CVM, CMN ou BACEN (STJ, REsp 1.613.260-SP).

TRANSPORTE DE COISAS E DE PESSOAS

1. A obrigação do transportador é de resultado. O transportador responde pelos danos causados às pessoas transportadas e suas bagagens, salvo motivo de força maior, sendo nula qualquer cláusula excludente da responsabilidade.

2. Súmula 187 do STF: A responsabilidade contratual do transportador, pelo acidente com o passageiro, não é elidida por culpa de terceiro, contra o qual tem ação regressiva.

3. Súmula 161 do STF: Em contrato de transporte, é inoperante a cláusula de não indenizar.

4. Súmula 145 do STJ: No transporte desinteressado, de simples cortesia, o transportador só será civilmente responsável por danos causados ao transportado quando incorrer em dolo ou culpa grave.

MANDATO MERCANTIL

1. Está previsto nos arts. 653 a 691 do CC.

2. Mandato mercantil é o contrato em que o mandatário se obriga a praticar certos atos negociais em nome e por conta do mandante. A procuração é o instrumento do mandato. Ainda quando se outorgue mandato por instrumento público, pode substabelecer-se mediante instrumento particular. O mandatário tem direito de reter, do objeto da operação que lhe foi cometida, quanto baste para pagamento de tudo que lhe for devido em consequência do mandato. O mandatário que exceder os poderes do mandato ou proceder contra eles, será considerado mero gestor de negócios, enquanto o mandante lhe não ratificar os atos. O maior de dezesseis e menor de dezoito anos não emancipado pode ser mandatário, mas o mandante não tem ação contra ele senão de conformidade com as regras gerais, aplicáveis às obrigações contraídas por menores.

FIANÇA

1. Pelo contrato de fiança, uma pessoa garante satisfazer ao credor uma obrigação assumida pelo devedor, caso este não a cumpra.

2. Súmula 332 do STJ: A fiança prestada sem autorização de um dos cônjuges implica a ineficácia total da garantia.

3. Súmula 549 do STJ: É válida a penhora de bem de família pertencente a fiador de contrato de locação.

4. Fiança prestada por fiador convivente em união estável sem a autorização do outro companheiro: Ainda que a união estável esteja formalizada por meio de escritura pública, é válida a fiança prestada por um dos conviventes sem a autorização do outro (STJ, REsp 1.299.866-DF).

5. Fiança bancária: é a operação pela qual a instituição financeira garante em contrato, perante terceiros, o cumprimento de obrigações decorrentes de riscos assumidos pelo seu cliente.

AGÊNCIA E DISTRIBUIÇÃO

- Pelo contrato de "agência", uma pessoa assume, em caráter não eventual e sem vínculos de dependência, a obrigação de promover, à conta de outra, mediante retribuição, a realização de certos negócios, em zona determinada, caracterizando-se a "distribuição" quando o agente tiver à sua disposição a coisa a ser negociada. Salvo ajuste, o proponente não pode constituir, ao mesmo tempo, mais de um agente, na mesma zona, com idêntica incumbência; nem pode o agente assumir o encargo de nela tratar de negócios do mesmo gênero, à conta de outros proponentes.

CORRETAGEM

1. Pelo contrato de corretagem, uma pessoa, não ligada a outra em virtude de mandato, de prestação de serviços ou por qualquer relação de dependência, obriga-se a obter para a segunda um ou mais negócios, conforme as instruções recebidas.

2. Comissão de corretagem: Ainda que o negócio jurídico de compra e venda de imóvel não se concretize em razão do inadimplemento do comprador, é devida comissão de corretagem no caso em que o corretor tenha intermediado o referido negócio jurídico, as partes interessadas tenham firmado contrato de promessa de compra e venda e o promitente comprador tenha pagado o sinal (STJ, REsp 1.339.642-RJ, j. em 12/3/13. Info 518).

REPRESENTAÇÃO COMERCIAL

1. Exerce representação comercial autônoma a pessoa física ou jurídica, sem relação de emprego, que desempenha, em caráter não eventual, por conta de uma ou mais pessoas, a mediação para a realização de negócios mercantis, agenciando propostas ou pedidos, para, transmiti-los aos representados, praticando ou não atos

relacionados com a execução dos negócios. Em suma, cabe ao representante comercial expandir os negócios do representado e promover os seus produtos.

2. É obrigatório o registro dos que exerçam a representação comercial autônoma nos Conselhos Regionais dos Representantes Comerciais, aos quais incumbe a fiscalização do exercício da profissão.

3. O contrato de representação comercial deve obrigatoriamente indicar o prazo (determinado ou indeterminado), bem como a zona(s) em que será exercida a representação.

4. No caso de contrato a prazo certo, a indenização corresponderá à importância equivalente à média mensal da retribuição auferida até a data da rescisão, multiplicada pela metade dos meses resultantes do prazo contratual.

5. Salvo autorização expressa, o representante não poderá conceder abatimentos, descontos ou dilações, nem agir em desacordo com as instruções do representado.

6. Exclusividade de zona: prevendo o contrato de representação a exclusividade de zona(s), ou quando este for omisso, fará jus o representante à comissão pelos negócios aí realizados, ainda que diretamente pelo representado ou por intermédio de terceiros. A exclusividade de representação não se presume na ausência de ajustes expressos.

7. Remuneração: o representante comercial adquire o direito às comissões quando do pagamento dos pedidos ou propostas. No caso de falência do representado, as importâncias por ele devidas ao representante comercial, inclusive comissões vencidas e vincendas, indenização e aviso prévio, serão considerados créditos da mesma natureza dos créditos trabalhistas.

COMISSÃO

1. O contrato de comissão tem por objeto a aquisição ou a venda de bens pelo comissário, em seu próprio nome, à conta do comitente.

2. O comissário fica diretamente obrigado para com as pessoas com quem contratar, sem que estas tenham ação contra o comitente, nem este contra elas, salvo se o comissário ceder seus direitos a qualquer das partes.

3. Se do contrato de comissão constar a cláusula del credere, responderá o comissário solidariamente com as pessoas com que houver tratado em nome do comitente, caso em que, salvo estipulação em contrário, o comissário tem direito a remuneração mais elevada, para compensar o ônus assumido.

4. Para reembolso das despesas feitas, bem como para recebimento das comissões devidas, tem o comissário direito de retenção sobre os bens e valores em seu poder em virtude da comissão.

FRANQUIA

1. Está prevista na Lei 13.966/2019.

2. Franquia (franchising) é o contrato mercantil de colaboração pelo qual um franqueador autoriza por meio de contrato um franqueado a usar marcas e outros objetos de propriedade intelectual, sempre associados ao direito de produção ou distribuição exclusiva ou não exclusiva de produtos ou serviços e também ao direito de uso de métodos e sistemas de implantação e administração de negócio ou sistema operacional desenvolvido ou detido pelo franqueador, mediante remuneração direta ou indireta, sem caracterizar relação de consumo ou vínculo empregatício em relação ao franqueado ou a seus empregados, ainda que durante o período de treinamento.

3. Circular de Oferta de Franquia: sempre que o franqueador tiver interesse na implantação de sistema de franquia empresarial, deverá fornecer ao interessado em tornar-se franqueado uma "circular de oferta de franquia", por escrito e em linguagem clara e acessível, contendo os dados essenciais do negócio que se pretende realizar. A circular oferta de franquia deve ser entregue ao candidato a franqueado no mínimo 10 dias antes da assinatura do contrato ou pré-contrato de franquia ou ainda do pagamento de qualquer tipo de taxa pelo franqueado ao franqueador ou a empresa ou pessoa ligada a este. Na hipótese do não cumprimento dessa regra, o franqueado poderá arguir a anulabilidade do contrato e exigir devolução de todas as quantias que já houver pago ao franqueador ou a terceiros por ele indicados, a título de taxa de filiação e royalties, devidamente corrigidas, mais perdas e danos.

4. Formalismo: o contrato de franquia deve ser sempre escrito e assinado na presença de 2 testemunhas e terá validade independentemente de ser levado a registro perante cartório ou órgão público.

5. Inaplicabilidade do Código de Defesa do Consumidor: no contrato de franquia não há relação de consumo tutelada pelo CDC, mas de fomento econômico, com intuito de estimular as atividades empresariais do franqueado. Assim, não há incidência das regras protetivas do CDC a esses contratos, não se admitindo a alegação de nulidade do compromisso arbitral com base no disposto no art. 51, VII, do CDC, que proíbe a utilização compulsória de arbitragem (STJ, REsp 1.602.076/SP).

6. Cláusula compromissória em contrato de franquia: no contrato de franquia, a cláusula compromissória só terá eficácia se o aderente tomar a iniciativa de instituir a arbitragem ou concordar, expressamente, com a sua instituição, desde que por escrito em documento anexo ou em negrito, com a assinatura ou visto especialmente para essa cláusula" (art. 4º, § 2º, da Lei 9.307/96) (STJ, REsp 1.602.076-SP).

DEPÓSITO MERCANTIL

1. Pelo contrato de depósito recebe o depositário um objeto móvel, para guardar, até que o depositante o reclame.

2. Súmula vinculante 25 do STF: É ilícita a prisão civil de depositário infiel, qualquer que seja a modalidade do depósito.

CONTRATOS BANCÁRIOS

1. Contratos bancários são aqueles em que, necessariamente, uma das partes é um Banco e o objeto seja algum serviço ligado à atividade bancária, como a coleta, a intermediação ou aplicação de recursos financeiros próprios ou de terceiros, a custódia de valores.

2. Dever de utilização do sistema braille: As instituições financeiras devem utilizar o sistema braille na confecção dos contratos bancários de adesão e todos os demais documentos fundamentais para a relação de consumo estabelecida com indivíduo portador de deficiência visual (STJ, REsp 1.315.822-RJ).

CONTA CORRENTE

1. Súmula 233 do STJ: O contrato de abertura de crédito, ainda que acompanhado de extrato da conta-corrente, não é título executivo.

2. Súmula 247 do STJ: O contrato de abertura de crédito em conta-corrente, acompanhado do demonstrativo de débito, constitui documento hábil para o ajuizamento da ação monitória.

3. Súmula 259 do STJ: A ação de prestação de contas pode ser proposta pelo titular de conta-corrente bancária.

MÚTUO MERCANTIL

1. Mútuo mercantil é o contrato pelo qual o Banco empresta ao cliente certa quantia em dinheiro. O cliente, por sua vez, assume as obrigações de restituir-lhe o valor emprestado, de acordo com correção monetária, juros, encargos e demais taxas previstas no ajuste, além de amortizar o valor emprestado, de acordo com as condições e prazos estabelecidos.

2. Súmula 26 do STJ: O avalista do título de crédito vinculado a contrato de mútuo também responde pelas obrigações pactuadas, quando no contrato figurar como devedor solidário.

3. Capitalização de juros: É legal a capitalização mensal e anual de juros, desde que haja expressa pactuação neste sentido. A cobrança de juros capitalizados nos contratos de mútuo é permitida, quando houver expressa pactuação (STJ REsp 1.388.972-SC).

DEPÓSITO PECUNIÁRIO

1. O contrato de depósito pecuniário ou bancário por ostentar natureza real, somente se aperfeiçoa com a efetiva entrega do dinheiro ou equivalente ao banco. Assim, uma das formas de extinção dessa espécie contratual ocorre com a retirada da quantia integralmente depositada ou diante do pedido feito pelo depositante para que a conta bancária seja encerrada, com a consequente devolução de todo o montante pecuniário (STJ, REsp 1.535.990-MS).

ANTECIPAÇÃO BANCÁRIA

1. Antecipação bancária é o contrato pelo qual o Banco confere uma quantia ao cliente, proporcional ao valor da garantia real dada por este ao primeiro.

DESCONTO BANCÁRIO

1. Desconto bancário é o contrato pelo qual o Banco antecipa o pagamento ao cliente de um título de crédito. O cliente, por sua vez, cede ao Banco um determinado crédito, não vencido, contra ele mesmo ou contra terceiro. Normalmente, este crédito cedido ao Banco é representado por um título de crédito, respondendo o cliente pelo seu pagamento. No desconto bancário de cheque, havendo cessão de crédito do beneficiário ao banco, a cessão só terá eficácia se o emitente do cheque dela for notificado.

CONTRATO DE ABERTURA DE CRÉDITO

1. Súmula 233 do STJ: O contrato de abertura de crédito, ainda que acompanhado de extrato da conta-corrente, não é título executivo.

2. Súmula 247 do STJ: O contrato de abertura de crédito em conta-corrente, acompanhado do demonstrativo de débito, constitui documento hábil para o ajuizamento da ação monitória.

3. Súmula 258 do STJ: A nota promissória vinculada a contrato de abertura de crédito não goza de autonomia em razão da iliquidez do título que a originou.

4. Súmula 565 do STJ. A pactuação das tarifas de abertura de crédito (TAC) e de emissão de carnê (TEC), ou outra denominação para o mesmo fato gerados, é válida apenas nos contratos bancários anteriores ao início da vigência da Resolução – CMN nº 3.518/2007, em 30/04/2008.

5. Contrato de abertura de crédito rotativo, ainda que acompanhado dos extratos relativos à movimentação bancária do cliente, não constitui título executivo (STJ, REsp 1.022.034-SP).

CONTRATO DE CARTÃO DE CRÉDITO

1. Súmula 283 do STJ: As empresas administradoras de cartão de crédito são instituições financeiras e, por isso, os juros remuneratórios por elas cobrados não sofrem as limitações da Lei de Usura.

2. Súmula 532 do STJ: Constitui prática comercial abusiva o envio de cartão de crédito sem prévia e expressa solicitação do consumidor, configurando-se ato ilícito indenizável e sujeito à aplicação de multa administrativa.

OPERAÇÕES DE CUSTÓDIA DE VALORES E TÍTULOS

- Sociedades corretoras de títulos e valores mobiliários são as instituições auxiliares que fazem parte do SFN e que, dentre outras atividades, administram carteiras e custodiam valores mobiliários. O sistema de custódia de títulos e valores mobiliários emitidos por sociedades anônimas consiste de um conjunto de instituições financeiras autorizadas pela CVM para manter a guarda de ativos fungíveis.

SEGURO

1. Pelo contrato de seguro, o segurador se obriga, mediante o pagamento do prêmio, a garantir interesse legítimo do segurado, relativo a pessoa ou a coisa, contra riscos predeterminados. Somente pode ser parte, no contrato de seguro, como segurador, entidade para tal fim legalmente autorizada.

2. O contrato de seguro prova-se com a exibição da apólice ou do bilhete do seguro, e, na falta deles, por documento comprobatório do pagamento do respectivo prêmio.

3. A emissão da apólice deverá ser precedida de proposta escrita com a declaração dos elementos essenciais do interesse a ser garantido e do risco.

4. Súmula 465 do STJ: Ressalvada a hipótese de efetivo agravamento do risco, a seguradora não se exime do dever de indenizar em razão da transferência do veículo sem a sua prévia comunicação.

5. Súmula 529 do STJ: No seguro de responsabilidade civil facultativo, não cabe o ajuizamento de ação pelo terceiro prejudicado direta e exclusivamente em face da seguradora do apontado causador do dano.

6. Súmula 537 do STJ: Em ação de reparação de danos, a seguradora denunciada, se aceitar a denunciação ou contestar o pedido do autor, pode ser condenada, direta e solidariamente junto com o segurado, ao pagamento da indenização devida à vítima, nos limites contratados na apólice.

7. Aplicação do CDC ao contrato de seguro empresarial: Há relação de consumo entre a seguradora e a concessionária de veículos que firmam seguro empresarial visando à proteção do patrimônio desta (destinação pessoal) – ainda que com o intuito de resguardar veículos utilizados em sua atividade comercial -, desde que o seguro não integre os produtos ou serviços oferecidos por esta (STJ, REsp 1.352.419-SP).

CONTRATO DE CÂMBIO

1. O contrato de câmbio é o documento que formaliza a operação de compra ou venda de moeda estrangeira, devendo ser registrado no Sistema Integrado de Registro de Operações de Câmbio.

2. As operações de compra e de venda de moeda estrangeira de até US$ 3.000,00 são dispensadas da formalização de contrato de câmbio, mas devem ser registradas no Sistema Câmbio, administrado pelo Banco Central.

ALIENAÇÃO FIDUCIÁRIA EM GARANTIA

1. Não se aplica a teoria do adimplemento substancial aos contratos de alienação fiduciária em garantia regidos pelo Decreto-Lei 911/69 (STJ, REsp 1.622.555-MG, j. em 22/2/17. Info 599).

2. Súmula 28 do STJ: O contrato de alienação fiduciária em garantia pode ter por objeto bem que já integrava o patrimônio do devedor.

3. Súmula 72 do STJ: A comprovação da mora é imprescindível à busca e apreensão do bem alienado fiduciariamente.

4. Súmula 239 do STJ: O direito à adjudicação compulsória não se condiciona ao registro do compromisso de compra e venda no cartório de imóveis.

5. Súmula 586 do STJ: A exigência de acordo entre o credor e o devedor na escolha do agente fiduciário aplica-se, exclusivamente, aos contratos não vinculados ao Sistema Financeiro da Habitação – SFH.

ARRENDAMENTO MERCANTIL (*LEASING*)

1. O arrendamento mercantil ou *leasing* é o contrato pelo qual o arrendador adquire um bem indicado pelo cliente (arrendatário) para, ato contínuo, alugá-lo a este, por prazo determinado. Ao término do contrato, o arrendatário pode optar por renovar o contrato por mais um período, devolver o bem ao arrendador, ou adquirir o bem arrendado pagando o valor de mercado ou o chamado valor residual. Em linguagem simples, trata-se de um contrato de locação em que, ao final do negócio jurídico, o arrendatário tem a opção de compra do bem arrendado.

2. Súmula 564 do STJ: No caso de reintegração de posse em arrendamento mercantil financeiro, quando a soma da importância antecipada a título de valor residual garantido (VRG) com o valor da venda do bem ultrapassar o total do VRG previsto contratualmente, o arrendatário terá direito de receber a respectiva diferença, cabendo, porém, se estipulado no contrato, o prévio desconto de outras despesas ou encargos pactuados.

3. Cobrança por liquidação antecipada de débito: É lícita a cobrança de tarifa por liquidação antecipada de débito para as operações de crédito e arrendamento mercantil contratadas antes de 10/12/2007 (data da publicação da Resolução CMN 3.516, de 2007), desde que esteja claramente identificada no extrato de conferência. (STJ, REsp 1.370.144-SP, j. em 7/2/17. Info 597)

CONTRATO DE GARAGEM OU ESTACIONAMENTO

1. Os contratos de garagem ou estacionamento consistem em contratos de depósito.

2. Roubo ocorrido em estacionamento privado não mantido por agência bancária: Não é possível atribuir responsabilidade civil a sociedade empresária responsável por estacionamento particular e autônomo - independente e desvinculado de agência bancária - em razão da ocorrência, nas dependências daquele estacionamento, de roubo à mão armada de valores recentemente sacados na referida agência e de outros pertences que o cliente carregava consigo no momento do crime. (STJ, REsp 1.232.795-SP, j. em 2/4/2013. Info. 521).

3. Roubo ocorrido nas dependências de estacionamento mantido por agência bancária: A instituição bancária possui o dever de segurança em relação ao público em geral (Lei 7.102/83), o qual não pode ser afastado por fato doloso de terceiro (roubo e assalto), não sendo admitida a alegação de força maior ou caso fortuito, mercê da previsibilidade de ocorrência de tais eventos na atividade bancária. (STJ, AgRg nos EDcl no REsp 844.186/RS, j. em 19/06/2012).

FATURIZAÇÃO

1. Faturização, factoring ou fomento mercantil "é o contrato pelo qual uma sociedade empresária se obriga a cobrar os devedores de exercente de atividade econômica, empresária ou não (faturizado), prestando a este, serviços de administração de crédito. (Coelho, Fábio Ulhoa. Manual de Direito Comercial. 18 ed. São Paulo: Saraiva, 2007, p. 464).

2. As empresas de factoring desempenham atividades de fomento mercantil, de cunho meramente comercial, em que se ajusta a compra de créditos vencíveis, mediante preço certo e ajustado, e com recursos próprios, não podendo ser caracterizadas como instituições financeiras (STJ, CC 98.062/SP).

3. Como a factoring não integra o Sistema Financeiro Nacional, a taxa de juros obedece à limitação de 12% ao ano prevista no Dec. 22.626/33, não se incluindo na exceção prevista na moderna regra da Lei de Usura. Embora as factoring desempenhem algumas atividades também desenvolvidas pelas instituições financeiras, delas se distinguiram, pois não há operação de risco, nem para seu funcionamento exige-se autorização do Banco Central (STJ, REsp 1.048.341/RS).

CONTRATOS DE PROPRIEDADE INDUSTRIAL

1. Contrato de cessão de marca: a cessão de marca é o instrumento apto a transferir os direitos de propriedade da marca transacionada, legitimando o cessionário ao uso, fruição, disposição e reivindicação e, por consequência, a opor-se, ainda que preventivamente, à pretensão de registro por terceiro, inclusive o próprio cedente (STJ, REsp 1.532.206/RJ).

2. Contrato de licença voluntária: o titular de patente ou o depositante poderá celebrar contrato de licença para exploração da patente. O contrato deve ser averbado no INPI para que produza efeitos em relação a terceiros.

3. Contrato de licença de uso da marca: o titular de registro ou o depositante de pedido de registro poderá celebrar contrato de licença para uso da marca, sem prejuízo de seu direito de exercer controle efetivo sobre as especificações, natureza e qualidade dos respectivos produtos ou serviços. O contrato deve ser averbado no INPI para que produza efeitos em relação a terceiros.

LICENÇA DE "SOFTWARE"

- Os programas de computador, embora possam ser registrados no INPI, são considerados espécie de direito autoral, sendo protegidos pela Lei 9.609/1998. O uso de programa de computador é objeto do contrato de licença de software. No caso de inexistência de contrato escrito, o documento fiscal relativo à aquisição ou licenciamento de cópia servirá para comprovação da regularidade do seu uso (Lei 9.609/98, art. 9º).

CONTRATOS DE ENGENHARIA ("ENGINEERING")

- De acordo com André Luiz Santa Cruz Ramos, "o contrato de franquia envolve outros contratos, como a cessão do uso de marca ou patente e a distribuição exclusiva ou semiexclusiva de produtos ou serviços. Ademais, o franqueador presta ao franqueado serviços de organização empresarial, que se desdobram, basicamente, em três contratos específicos: (i) engineering, por meio do qual o franqueador orienta o franqueado em todo o processo de montagem e planejamento do seu estabelecimento; (ii) management, mediante o qual o franqueador orienta o franqueado no treinamento de sua equipe de funcionários e na gerência de sua atividade; (iii) marketing, por meio do qual o franqueador orienta o franqueado quanto aos procedimentos de divulgação e promoção dos produtos comercializados." (Direito Empresarial Esquematizado. 4ª ed. Rio de Janeiro: Forense; São Paulo: Método, 2014, p. 635).

FUNDO DE INVESTIMENTO

1. Os fundos de investimento estão regulamentados pelos arts. 1.368-C a 1.368-F do Código Civil, que foram incluídos pela Lei 13.874/2019, que instituiu, no Brasil, a chamada Declaração de Direitos de Liberdade Econômica.

2. Fundos de investimentos são uma comunhão de recursos, com natureza jurídica de **condomínio de natureza especial**, empregados na aplicação em ativos financeiros, bens e direitos de qualquer natureza.

3. O registro dos regulamentos dos fundos de investimentos devem ser realizados na Comissão de Valores

Mobiliários, sendo condição suficiente para garantir a sua publicidade e a oponibilidade de efeitos em relação a terceiros.

4. O conteúdo do regulamento do fundo de investimento poderá estabelecer: I – a limitação da responsabilidade de cada investidor ao valor de suas cotas; II – a limitação da responsabilidade, bem como parâmetros de sua aferição, dos prestadores de serviços do fundo de investimento, perante o condomínio e entre si, ao cumprimento dos deveres particulares de cada um, sem solidariedade; e III – classes de cotas com direitos e obrigações distintos, com possibilidade de constituir patrimônio segregado para cada classe.

5. Vale frisar que a adoção da responsabilidade limitada por fundo de investimento constituído sem a limitação de responsabilidade somente poderá abranger os fatos ocorridos após a respectiva mudança em seu regulamento, com registro na Comissão de Valores Mobiliários para garantir a sua publicidade e oponibilidade perante terceiros.

6. Na avaliação da responsabilidade dos prestadores de serviço levar-se-ão em conta os riscos inerentes às aplicações nos mercados de atuação do fundo de investimento e a natureza de obrigação de meio de seus serviços.

7. O Código Civil estabelece, ainda, que os fundos de investimento respondem diretamente pelas obrigações legais e contratuais por eles assumidas. Por outro lado, os prestadores de serviço não respondem por essas obrigações, mas respondem pelos prejuízos que causarem quando procederem com dolo ou má-fé. (responsabilidade subjetiva).

8. Se o fundo de investimento com limitação de responsabilidade não possuir patrimônio suficiente para responder por suas dívidas, aplicam-se as regras de insolvência previstas nos arts. 955 a 965 do Código Civil, que tratam "Das Preferências e Privilégios Creditórios". Quanto à legitimidade, a insolvência poderá ser requerida judicialmente por credores, por deliberação própria dos cotistas do fundo de investimento, ou até mesmo pela Comissão de Valores Mobiliários.

9. Na jurisprudência, destacam-se as seguintes decisões relacionadas com os Fundos de Investimento:

- "O administrador do fundo de investimento é parte legítima para figurar no polo passivo de demanda em que se pretende a reparação de supostos danos resultantes de inadequada liquidação." (STJ, 3ª Turma, REsp 1.834.003/SP, Rel. Min. Ricardo Villas Bôas Cueva, por unanimidade, julgado em 17/09/2019, Informativo 656)
- "É válida a celebração de contrato acessório de fiança na cessão de crédito em operação de securitização de recebíveis, tendo por cessionário um FIDC (Fundo de Investimento em Direito Creditório)." (STJ, 4ª Turma, REsp 1.726.161/SP, Rel. Min. Luis Felipe Salomão, julgado em 06/08/2019, Informativo 655).
- A aplicação financeira em fundo de investimento estrangeiro não declarada à repartição federal competente no exterior configura o crime previsto na parte final do parágrafo único do art. 22 da Lei 7.492/1986. (STJ, 5ª Turma, AREsp 774523/SP, Rel. Min. Joel Ilan Paciornik, julgado em 07/05/2019, Informativo 648).

Direito Tributário

Alan Martins e
Dimas Yamada Scardoelli

TABELA DE INCIDÊNCIA DE QUESTÕES

Distribuição das questões organizada por ordem didática de assuntos		
Assunto	**Número de Questões**	**Peso**
1. TRIBUTOS E SUAS ESPÉCIES	5	10,00%
2. LIMITAÇÕES AO PODER DE TRIBUTAR	9	18,00%
3. COMPETÊNCIA E REPARTIÇÃO DAS RECEITAS	2	4,00%
4. LEGISLAÇÃO TRIBUTÁRIA	3	6,00%
5. OBRIGAÇÃO TRIBUTÁRIA E FATO GERADOR	4	8,00%
6. SUJEITOS, RESPONSABILIDADE, CAPACIDADE E DOMICÍLIO	4	8,00%
7. LANÇAMENTO, GARANTIAS, PRIVILÉGIOS E SUSPENSÃO DA EXIGIBILIDADE	6	12,00%
8. EXTINÇÃO E EXCLUSÃO	7	14,00%
9. ADMINISTRAÇÃO TRIBUTÁRIA (FISCALIZAÇÃO, DÍVIDA ATIVA E CERTIDÕES)	7	14,00%
10. PROCESSO (ADMINISTRATIVO E JUDICIAL)	3	6,00%
Total	**50**	**100%**

Direito Tributário

Alan Martins e
Dimas Yamada Scardoelli

✦ QUESTÕES

1. TRIBUTOS E SUAS ESPÉCIES

01. (CEBRASPE – 2024 – PC/PE – Delegado) No que diz respeito a impostos, julgue os seguintes itens.

I. Característica fundamental dos impostos é a de serem desvinculados de qualquer atividade específica do Estado.

II. No caso de impostos ligados a fatos geradores específicos, como o imposto sobre a propriedade territorial urbana, sua receita é atrelada a determinados gastos do ente tributante.

III. A União e os estados-membros, mas não os municípios, podem instituir impostos sobre fatos geradores não discriminados na CF, desde que observem as garantias dos contribuintes nela previstas.

Assinale a opção correta.

a) Apenas o item I está certo.
b) Apenas o item III está certo.
c) Apenas os itens I e II estão certos.
d) Apenas os itens II e III estão certos.
e) Todos os itens estão certos.

COMENTÁRIOS

✪ **Nota dos Autores:** Para responder essa questão, deve-se julgar os itens I a III e assinalar alternativa que especifica quais deles estão certos.

Item I – Certo. De fato, o imposto é o tributo cuja obrigação tem por fato gerador uma situação independente de qualquer atividade estatal específica, relativa ao contribuinte (CTN, art. 16).

Item II – Errado. Ao contrário do afirmado, os impostos sujeitam-se ao princípio da não afetação (CF, art. 167, inciso IV), isto é, é vedada a vinculação de suas receitas a órgão, fundo ou despesa. De modo mais simples, sua receita é destinada ao custeio de atividades gerais do estado (*uti universi*).

Item III – Errado. Na verdade, nos termos do artigo 154, inciso I, da CF, é apenas a União que tem competência residual para instituir impostos sobre fatos geradores não discriminados na CF. Em termos mais precisos, a União poderá instituir, mediante lei complementar, impostos não previstos na Constituição, desde que sejam não-cumulativos e não tenham fato gerador ou base de cálculo próprios dos demais discriminados na Constituição.

Alternativa correta: letra "a".

02. (UEG – Delegado de Polícia – PC – GO/2018) O estado de Goiás possui competência para instituir ICMS, IPVA, ITCMD, Contribuições do Regime Próprio Servidor Público (RPSP) e taxas de serviço público e poder de polícia. Considerando-se essa afirmação, constata-se que

a) a apreensão de um veículo em operação policial corresponde a supressão da posse de seu proprietário, o que implica dispensa legal do pagamento do tributo, dado que suprida sua posse por autoridade do próprio poder estatal.
b) considerando que ausente previsão expressa na Constituição, é inconstitucional a fixação de alíquotas progressivas no ITCMD.
c) a emissão de certidões no âmbito do inquérito policial se sujeita à cobrança de taxas de polícia previstas em lei.
d) a atividade policial extraordinária pode ser remunerada mediante taxa de serviço público, dado que se trata de atividade divisível e não universal.
e) o ICMS é imposto indireto na medida em que, presente o fenômeno da repercussão financeira do tributo, incorre com seu ônus econômico o consumidor, que não integra a relação jurídica tributária.

COMENTÁRIOS

✪ **Nota dos autores:** a expressão "contribuinte de fato" compõe uma classificação doutrinária que a contrapõe ao "contribuinte de direito". O contribuinte de fato é aquele que efetivamente suporta o encargo financeiro do tributo incluído no preço. Como exemplo, no caso clássico da circulação de mercadorias (ICMS), o contribuinte de direito é o vendedor (pois promove a saída da mercadoria de seu estabelecimento) e o contribuinte de fato é o consumidor, uma vez que no preço final da mercadoria adquirida está contido o ICMS.

Alternativa "a": a dispensa legal do pagamento do tributo é a exoneração tributária conhecida como isenção e não há isenção na Lei Estadual de Goiás abarcando a hipótese da alternativa "a".

Alternativa "b": segundo recente decisão do STF, a progressividade do ITCMD não é incompatível com a Constituição Federal nem fere o princípio da capacidade contributiva: "É constitucional a fixação de alíquota progressiva para o Imposto sobre Transmissão Causa Mortis e Doação — ITCD" (Tese do Tema nº 21 de Repercussão Geral).

Alternativa "c": uma vez que eventual taxa pela emissão de certidão decorreria de serviço público específico e divisível (e não pelo poder de polícia) tem-se que a alternativa está incorreta. Ainda assim, descabe a cobrança de taxa sobre o referido serviço, pois conta com a imunidade constitucional prevista no artigo 5º, XXXIV, alínea "b", relativa à obtenção de certidões em repartições públicas visando à defesa de direito e esclarecimento de situações de interesse pessoal.

Alternativa "d": apenas os serviços públicos específicos e divisíveis (*uti singulare*) são passíveis de serem custeados por taxas. Já os serviços públicos destinados a toda a coletividade (*uti universi*), como é o caso da segurança pública, não ensejam a instituição de taxas. A jurisprudência se pauta nesse mesmo sentido, "hipótese em que os serviços são executados em benefício da população em geral (*uti universi*), sem possibilidade de individualização dos respectivos usuários e, consequentemente, da referibilidade a contribuintes determinados, não se prestando para custeio mediante taxa" (STF – AI 245.539-AgR, Rel. Min. Ilmar Galvão, julgamento em 14-12-99, DJ de 3-3-00).

Alternativa "e": no ICMS há a transferência do encargo financeiro. Aqui podemos falar das figuras do "contribuinte de fato" e "contribuinte de direito", comum nos impostos indiretos. No ICMS, o contribuinte real do tributo é o consumidor da mercadoria ou do serviço objeto da operação ("contribuinte de fato") e o sujeito passivo da obrigação tributária principal ("contribuinte de direito") repassa, no preço da mercadoria ou serviço, o imposto devido. Em suma, "contribuinte de fato" é o consumidor, pois esse último suporta o ônus fiscal do imposto embutido no preço final dos produtos adquiridos no mercado.

Alternativa correta: letra "e".

---

03. (Cespe – Delegado de Polícia – GO/2017) O estado de Goiás instituiu, por lei ordinária, um departamento de fiscalização de postos de gasolina com objetivo de aferir permanentemente as condições de segurança e vigilância de tais locais, estabelecendo um licenciamento especial e anual para o funcionamento de tais estabelecimentos e instituindo uma taxa anual de R$ 1.000 a ser paga pelos empresários, relacionada a tal atividade estatal.

A respeito dessa situação hipotética, assinale a opção correta.

a) A instituição do departamento de fiscalização de postos de gasolina como órgão competente com funcionamento regular é suficiente para caracterizar o exercício efetivo do poder de polícia.

b) É desnecessária, para justificar a cobrança de taxa, a criação de órgão específico para o desempenho das atividades de fiscalização de postos de gasolina, por se tratar de competências inerentes às autoridades de segurança pública.

c) Para observar o princípio da capacidade contributiva, a taxa deveria ter correspondência com o valor venal do imóvel a ser fiscalizado, sendo inconstitucional a cobrança de valor fixo por estabelecimento.

d) A taxa em questão é inconstitucional, já que a segurança pública é um dever do Estado, constituindo um serviço indivisível, a ser mantido apenas por impostos, o que torna incabível a cobrança de taxa.

e) Por ter caráter contraprestacional, a taxa só será devida caso o departamento de fiscalização de postos de gasolina faça visitas periódicas aos estabelecimentos, certificando-se do cumprimento das normas de segurança e vigilância de tais locais, de acordo com a legislação.

COMENTÁRIOS

✪ **Nota dos autores:** o texto constitucional "diferencia as taxas decorrentes do exercício do poder de polícia daquelas de utilização de serviços específicos e divisíveis, facultando apenas a estas a prestação potencial do serviço público". Dessa forma, "a regularidade do exercício do poder de polícia é imprescindível para a cobrança da taxa de localização e fiscalização" (STF, excertos da ementa do RE 588.322), lembrando que o artigo 78 do CTN define poder de polícia ("considera-se poder de polícia atividade da administração pública que, limitando ou disciplinando direito, interesse ou liberdade, regula a prática de ato ou a abstenção de fato, em razão de interesse público concernente à **segurança**, à higiene, à ordem, aos costumes, à disciplina da produção e do mercado, ao exercício de atividades econômicas dependentes de concessão ou autorização do Poder Público, à tranquilidade pública ou ao respeito à propriedade e aos direitos individuais ou coletivos").

Alternativa "a": o teor da alternativa é condizente com o precedente do STF citado na nota dos autores ("É constitucional taxa de renovação de funcionamento e localização municipal, desde que **efetivo o exercício do poder de polícia**, demonstrado pela **existência de órgão** e **estrutura competentes para o respectivo exercício**").

Alternativa "b": como visto na nota dos autores, a aferição de segurança no funcionamento de postos de combustíveis enquadra-se no conceito de "poder de polícia" expresso no artigo 78 do CTN. Por sua vez, segundo a jurisprudência do STF (citada nos comentários à alternativa "a"), a constitucionalidade de uma taxa instituída para esse fim demanda que o exercício do poder de polícia seja efetivo e, para tal, é necessária a existência de órgão público e da estrutura competente para a realização da atividade fiscalizatória. Daí porque a alternativa em comento está errada, uma vez que apregoou equivocadamente a desnecessidade de criação de órgão específico.

Alternativa "c": incorreta, pois "as taxas não poderão ter base de cálculo própria de impostos" (CF, art. 145, §2º) e o "valor venal do imóvel" é a base de cálculo, por exemplo, do IPTU (CTN, art. 33).

Alternativa "d": incorreta, pois a taxa a que se refere o enunciado tem como objetivo custear o efetivo exercício do poder de polícia, no sentido de fiscalizar o funcionamento de postos de combustíveis, não se tratando de taxa cobrada pela prestação de serviço de segurança pública.

Alternativa "e": incorreta, pois a taxa de fiscalização (pelo regular exercício do poder de polícia) não demanda uma visita específica dos representantes do órgão fiscalizador no contribuinte fiscalizado para fins de sua exigência. Eis o que já definiu o STF: "não há de se invocar o argumento no sentido de que a taxa decorrente do poder de polícia fica restrita aos contribuintes cujos estabelecimentos tivessem sido efetivamente visitados pela fiscalização, por isso que, essa questão já foi resolvida, pela negativa, pelo STF, que deixou assentada em diversos julgados a suficiência da manutenção, pelo sujeito ativo, de órgão de controle em funcionamento" (RE 116.518 e RE 230.973).

Alternativa correta: letra "a".

---

04. (FUNIVERSA - Delegado de Polícia - DF/2015) Em relação às espécies tributárias previstas no ordenamento jurídico brasileiro, assinale a alternativa correta.

a) O Distrito Federal, por ter a competência tributária dos estados e municípios, pode instituir taxa pelo serviço de iluminação pública e cobrá-la dos contribuintes beneficiados, tomando, por base de cálculo, o valor do consumo de energia elétrica dos domicílios.

b) A contribuição de melhoria pode ser instituída em razão de obra pública e da consequente valorização imobiliária, tendo por limite total a despesa com a realização da obra e, por limite individual, o acréscimo de valor ao imóvel do contribuinte beneficiado.

c) Os impostos são tributos vinculados a uma contraprestação específica do ente tributante em relação ao contribuinte, como, por exemplo, a obrigatoriedade de boa manutenção das estradas de rodagem pelo poder público em decorrência do pagamento do imposto sobre a propriedade de veículos automotores (IPVA) pelo contribuinte.

d) Fatos geradores das taxas são a prestação de serviço público e o poder de polícia, sendo necessário, no primeiro caso, que o serviço público seja indivisível, prestado ao contribuinte ou posto à sua disposição.

e) Poderá o Distrito Federal instituir taxa de segurança pública, pois um dos fatos geradores das taxas é o poder de polícia.

COMENTÁRIOS

✪ **Nota dos autores:** por ser cobrada em decorrência de uma obra pública (CF, art. 145, III), a natureza da contribuição de melhoria é de tributo **vinculado** a uma atividade estatal específica relativa ao contribuinte. Embora com fundamento no artigo 145, inciso III, da CF, fique claro que a contribuição de melhoria tem por objetivo fazer frente ao custo de obras públicas, à luz do artigo 81 do CTN verifica-se que o legislador infraconstitucional elegeu a valorização imobiliária decorrente da obra como premissa para cobrança desse tributo. Portanto, a valorização imobiliária constitui elemento material que o CTN, respaldado na competência prevista no artigo 146, inciso III, alínea "a", da CF/88, estabeleceu na definição do fato gerador do tributo a que se refere o artigo 145, inciso III, da CF/88.

Alternativa "a": a chamada Taxa de Iluminação Pública (TIP), que os Municípios, durante muito tempo, insistiram em cobrar, acabou julgada inconstitucional em reiteradas decisões do STF, por violação do artigo 145, inciso II, da CF, já que fundamentada em serviços inespecíficos e indivisíveis, uma vez que usufruídos de maneira geral por toda a coletividade, sem possibilidade de serem destacados em unidades autônomas de utilização. Nesse sentido, inclusive, foi editada a Súmula 670 do STF, segundo a qual "o serviço de iluminação pública não pode ser remunerado mediante taxa", atualmente convertida na Súmula vinculante nº 41. A EC 39/2002 introduziu o artigo 149-A ao texto constitucional. Tal artigo refere-se à competência tributária para instituição da contribuição para custeio do serviço de iluminação pública, segundo o qual "os Municípios e o Distrito Federal poderão instituir contribuição, na forma das respectivas leis, para o custeio do serviço de iluminação pública, observado o disposto no art. 150, I e III". O parágrafo único do referido artigo faculta a cobrança da citada contribuição na conta de energia elétrica.

Alternativa "b": de fato, segundo o artigo 81 do CTN, a contribuição de melhoria é o tributo instituído para fazer face ao custo de obras públicas de que decorra valorização imobiliária, tendo como **limite total** a despesa realizada e como **limite individual** o acréscimo de valor que da obra resultar para cada imóvel beneficiado.

Alternativa "c": o imposto, segundo o artigo 16 do CTN, "é o tributo cuja obrigação tem por fato gerador uma situação **independente** de qualquer atividade estatal específica, relativa ao contribuinte", portanto, classificado como **não vinculado**. Por sua vez, as taxas têm como fato gerador o exercício regular do poder de polícia ou a utilização, efetiva ou potencial, de serviços públicos específicos e divisíveis, prestados ao contribuinte ou postos à sua disposição (CTN, art. 77). Vale ressaltar o Enunciado da Súmula do STF nº 595, segundo a qual "é inconstitucional a taxa municipal de conservação de estradas de rodagem cuja base de cálculo seja idêntica à do imposto territorial rural".

Alternativa "d": como visto nos comentários à alternativa "c", os serviços públicos que podem ser remunerados por taxas são os específicos e **divisíveis**, prestados ao contribuinte ou postos à sua disposição (CTN, art.77), sendo que no texto da alternativa, constou, erroneamente, "os serviços indivisíveis". Por serviço público divisível entende-se aquele suscetível de utilização em separado pelos usuários (CTN, art. 79, III).

Alternativa "e": a segurança pública beneficia a população em geral (*uti universi*), sem possibilidade de individualização dos respectivos beneficiários e, consequentemente, sem referibilidade a contribuintes determinados, não se prestando para custeio mediante taxa. É uma atividade tipicamente situada no grupo daquelas que devem ser custeadas por meio de impostos, que são tributos não vinculados a uma contraprestação estatal específica relativa ao contribuinte. Vale ressaltar que se considera poder de polícia a atividade da administração pública que, limitando ou disciplinando direito, interesse ou liberdade individual, regula a prática de ato ou abstenção de fato, em razão de interesse público concernente à segurança, à ordem, aos costumes, à disciplina da produção e do mercado, ao exercício de atividades econômicas dependentes de autorização ou concessão do Poder Público, à tranquilidade pública ou ao respeito à propriedade e aos direito individuais ou coletivos (CTN, art. 78).

Alternativa correta: letra "b".

05. (FUNCAB - Delegado de Polícia - RO/2014) O tributo cuja obrigação tem por fato gerador uma situação independente de qualquer atividade estatal específica, relativa ao contribuinte, denomina-se:

a) taxa.
b) contribuição de melhoria.
c) imposto.
d) preço público.
e) tarifa.

COMENTÁRIOS

Nota dos autores: embora o artigo 5º do CTN classifique os tributos em três espécies (impostos, taxas e contribuições de melhoria), interpretando-se o CTN conforme recepcionado pela CF, é possível concluir que a classificação tripartite é incompleta. Deve prevalecer, então, a classificação quinquipartite, que acrescenta entre as espécies tributárias o empréstimo compulsório (CF, art. 148) e as contribuições (compreendem todas as demais contribuições previstas na CF, tais como as dos artigos 149, 149-A, 195 etc). Na jurisprudência do STF, quanto a impostos, taxas, contribuições de melhoria e empréstimo compulsório, as decisões são uníssonas. Em relação às contribuições é que há decisões com adoção de classificações ligeiramente diferentes, embora fundamentalmente, contemplem a classificação quinquipartite. No histórico julgamento da ADI 447 a Suprema Corte seguiu uma linha de raciocínio analítica, subdividindo as contribuições em: "c.1) de melhoria (CF, art. 145, III); c.2) sociais (CF, art. 149), que, por sua vez, podem ser c.2.1) de seguridade social (CF, art. 195, CF, 195, § 4°) e c.2.2) salário educação (CF, art. 212, § 5°) e; c.3) especiais: c.3.1.) de intervenção no domínio econômico (CF, art. 149) e c.3.2) de interesse de categorias profissionais ou econômicas". De qualquer maneira, essencialmente, são cinco as espécies tributárias: impostos, taxas, contribuições de melhoria (previstas no CTN e na CF/88), empréstimos compulsórios e contribuições.

Alternativa "a": incorreta, pois as taxas têm como fato gerador o exercício regular do poder de polícia ou a utilização, efetiva ou potencial, de serviços públicos específicos e divisíveis, prestados ao contribuinte ou postos à sua disposição (CTN, art. 77).

Alternativa "b": incorreta, pois a contribuição de melhoria é o tributo instituído para fazer face ao custo de obras públicas de que decorra valorização imobiliária, tendo como **limite total** a despesa realizada e como **limite individual** o acréscimo de valor que da obra resultar para cada imóvel beneficiado (CTN, art. 81).

Alternativa "c": segundo o artigo 16 do CTN, o "imposto é o tributo cuja obrigação tem por fato gerador uma situação **independente** de qualquer atividade estatal específica, relativa ao contribuinte".

Alternativas "d" e "e": em linhas gerais, taxa é tributo (CTN, art. 77) e preço público (ou tarifa) não. As taxas possuem natureza tributária (e, portanto, devem respeitar os princípios tributários, dentre eles o da anterioridade), diferente da tarifa (ou preço público), de natureza contratual. Segundo a Súmula 545 do STF, "preços de serviços públicos e taxas não se confundem, porque estas, diferentemente daqueles, são compulsórias e têm sua cobrança condicionada à prévia autorização orçamentária, em relação à lei que as instituiu". Na citada súmula, a expressão "exigência de prévia previsão orçamentária" refere-se ao superado Princípio da Anualidade (previsto na carta constitucional anterior). Atenção que, como o STF não revogou a Súmula 545, algumas bancas examinadoras continuam cobrando o seu texto literal e integral.

Alternativa correta: letra "c".

2. LIMITAÇÕES AO PODER DE TRIBUTAR

06. (FGV - Delegado de Polícia - PC - AM/2022) O Sindicato de Delegados de Polícia do Estado Gama adquiriu por R$ 900.000,00 sua nova sede, localizada no centro da capital do referido Estado.

Acerca desse cenário, e à luz da Constituição Federal de 1988, o sindicato

a) deverá recolher o Imposto sobre a Propriedade Territorial Urbana (IPTU), imposto de competência estadual, em razão de ser proprietário do imóvel.

b) deverá recolher o Imposto sobre a Propriedade Territorial Urbana (IPTU), imposto de competência municipal, em razão de ser proprietário do imóvel.

c) deverá recolher o Imposto sobre a Transmissão Inter Vivos (ITBI), imposto de competência municipal, em razão da aquisição do imóvel.

d) não deverá recolher o Imposto sobre a Transmissão Inter Vivos (ITBI), imposto de competência municipal, em razão da aquisição do imóvel.

e) não deverá recolher o Imposto sobre a Transmissão Inter Vivos (ITBI), imposto de competência estadual, em razão da aquisição do imóvel.

COMENTÁRIOS

✪ Nota dos autores: a imunidade tributária prevista no artigo 150, inciso VI, alínea "c", da CF/88 estipula que é vedado à União, aos Estados, ao Distrito Federal e aos Municípios instituir impostos sobre "patrimônio, renda ou serviços dos partidos políticos, inclusive suas fundações, das entidades sindicais dos trabalhadores, das instituições de educação e de assistência social, sem fins lucrativos, atendidos os requisitos da lei". Ainda, de acordo com o artigo 156 da CF/88, é de competência municipal (e não estadual) a instituição dos seguintes impostos: IPTU, ITBI e ISS.

Alternativa "a": embora proprietário do imóvel em questão, o Sindicato de Delegados de Polícia do Estado Gama não deverá recolher o IPTU em razão da imunidade tributária reproduzida na nota dos autores. Ademais, outro erro na alternativa diz respeito à consideração do IPTU como um imposto de competência estadual, quando, na verdade, é municipal, como também detalhado na nota dos autores.

Alternativa "b": embora proprietário do imóvel em questão, o Sindicato de Delegados de Polícia do Estado Gama não deverá recolher o IPTU (de competência municipal) em razão da imunidade tributária reproduzida na nota dos autores.

Alternativa "c": embora adquirente do imóvel em questão, o Sindicato de Delegados de Polícia do Estado Gama não deverá recolher o ITBI (de competência municipal) em razão da imunidade tributária reproduzida na nota dos autores.

Alternativa "d": de fato, o ITBI não deve ser recolhido na sua aquisição por conta da imunidade tributária que abrange os sindicatos representativos dos trabalhadores (como é o caso do Sindicato de Delegados de Polícia do Estado Gama, entidade sindical de servidores públicos que se enquadram na condição de trabalhadores), nos termos reproduzidos na nota dos autores. Ademais, está correta a competência tributária atribuída ao ITBI (municipal, conforme artigo 156, inciso II, da CF/88).

Alternativa "e": o equívoco da alternativa está na competência tributária para instituição e cobrança do ITBI, que na verdade é municipal (CF, art. 156, II) e não estadual, como erroneamente constou.

Alternativa correta: letra "d".

07. (FGV - Delegado de Polícia - PC - RN/2021) Lei ordinária do Município Alfa estabeleceu alíquotas progressivas no imposto de transmissão inter vivos de bens imóveis (ITBI) com base no valor venal do imóvel, inclusive para a transmissão do mero domínio útil. João, adquirente do domínio útil sobre terreno de marinha, insurge-se contra a cobrança. Diante desse cenário e da jurisprudência sumulada do STF, é correto afirmar que:

a) a Constituição da República de 1988 exige lei complementar para estabelecimento de alíquotas progressivas de ITBI com base no valor venal do imóvel;

b) pelo princípio da capacidade contributiva, é possível instituir alíquotas progressivas de ITBI com base no valor venal do imóvel;

c) não é possível cobrar ITBI sobre transmissão inter vivos de terrenos de marinha, por serem de propriedade da União, ente imune;

d) a alíquota progressiva do ITBI em razão do valor venal do imóvel não é permitida no direito brasileiro;

e) a transmissão do domínio útil não é fato gerador de ITBI.

COMENTÁRIOS

✪ Nota dos autores: o enunciado da questão condiciona que a resposta seja ofertada segundo o entendimento da jurisprudência sumulada pelo STF, denotando a importância do estudo jurisprudencial no Direito Tributário. A súmula em questão é a 656, com o seguinte teor "é inconstitucional a lei que estabelece alíquotas progressivas para o imposto de transmissão *inter vivos* de bens imóveis – ITBI com base no valor venal do imóvel".

Alternativa "a": não há a expressa previsão no texto constitucional para que o ITBI tenha alíquotas progressivas, motivo pelo qual a alternativa está errada.

Alternativa "b": na verdade, essa possibilidade (instituição de alíquotas progressivas com fundamento no princípio da capacidade contributiva) foi reconhecida pelo STF no julgamento do Recurso Extraordinário 562045/RS, que se referiu ao ITCMD e não ao ITBI, o que deixa a alternativa incorreta. Segundo o referido entendimento jurisprudencial, é permitida ao ITCMD a progressividade, a despeito de não haver expressa previsão constitucional e mesmo em se tratando de um imposto real, sob o fundamento de que a técnica de progressividade deve ser mensurada pela capacidade contributiva, que leva em conta o valor dos quinhões recebidos pelos herdeiros. Essa progressividade no ITCMD, é bom dizer, é admitida expressamente na Resolução do Senado Federal 9/92, que também fixa a alíquota máxima do imposto em 8%, tudo com fundamento na competência constitucionalmente deferida pelo artigo 155, § 1º, inciso IV, da CF.

Alternativa "c": a imunidade tributária recíproca consagrada no artigo 150, inciso VI, alínea "a" da CF não exonera o "promitente comprador da obrigação de pagar imposto relativamente ao bem imóvel", conforme previsto no trecho final do §3º do referido artigo 150. Na mesma linha tem-se o teor da Súmula 75 do STF ("sendo vendedora uma autarquia, a sua imunidade fiscal não compreende o imposto de transmissão *inter vivos*, que é encargo do comprador"). Daí porque a aquisição onerosa do domínio útil sobre terreno de marinha enseja a cobrança de ITBI.

Alternativa "d": o seu texto é condizente com o teor da Súmula 656 do STF, reproduzida na nota dos autores.

Alternativa "e": a transmissão do domínio útil do bem imóvel é reconhecida expressamente pelo artigo 35, inciso I, do CTN, como fato gerador do ITBI ("a transmissão, a qualquer título, da propriedade ou do domínio útil de bens imóveis por natureza ou por acessão física, como definidos na lei civil"), o que deixa, portanto, a alternativa errada. Vale acrescentar que, recentemente, o STF firmou a seguinte tese de repercussão geral (tema 1124): "o fato gerador do imposto sobre transmissão *inter vivos* de bens imóveis (ITBI) somente ocorre com a efetiva transferência da propriedade imobiliária, que se dá mediante o registro".

Alternativa correta: letra "d".

---

08. (Nucepe – Delegado de Polícia – PC – PI/2018) Considerando o previsto na Constituição Federal, bem como a jurisprudência do Supremo Tribunal Federal, assinale a alternativa CORRETA.

a) A imunidade recíproca reconhecida constitucionalmente às entidades políticas não pode ser reconhecida às empresas públicas e às sociedades de economia mista, sejam quais forem as finalidades a que se dedicarem tais entidades.

b) Norma legal que altera o prazo de recolhimento da obrigação tributária se sujeita ao princípio da anterioridade, por se tratar de verdadeira garantia reconhecida ao sujeito passivo da obrigação.

c) De acordo com o expressamente previsto na Constituição Federal, os requisitos para o gozo da imunidade devem estar previstos em lei ordinária específica de cada ente político.

d) Entidade de assistência social, sem fins lucrativos, que aluga imóvel a terceiros, não deixa de ser imune ao IPTU, desde que o valor dos aluguéis seja aplicado nas atividades para as quais tais entidades foram constituídas.

e) É vedado o protesto das certidões de dívida ativa, constituindo mecanismo inconstitucional e ilegítimo por restringir de forma desproporcional direitos fundamentais garantidos aos contribuintes e, assim, constituir sanção política.

COMENTÁRIOS

Nota dos autores: a Súmula vinculante 52 dispõe que "ainda quando alugado a terceiros, permanece imune ao IPTU o imóvel pertencente a qualquer das entidades referidas pelo art. 150, VI, c, da Constituição, desde que o valor dos aluguéis seja aplicado nas atividades essenciais de tais entidades".

Alternativa "a": em geral e de forma explícita no texto constitucional, a imunidade recíproca é uma imunidade extensiva às autarquias e às fundações instituídas e mantidas pelo Poder Público e à empresa pública prestadora de serviço postal, no que se refere ao patrimônio, à renda e aos serviços, vinculados às suas finalidades essenciais ou às delas decorrentes (CF, art. 150, § 2º, com redação dada pela EC 132/2023). Ainda, conforme norma expressa veiculada no § 3º do artigo 150 da CF, a imunidade recíproca não se aplica aos serviços: (i) relacionados com exploração de atividades econômicas regidas pelas normas aplicáveis a empreendimentos privados, como é o caso das atividades de prospecção, refino, distribuição e comercialização de petróleo e derivados exercidas pela Petrobrás e (ii) em que haja contraprestação ou pagamento de preços ou tarifas pelo usuário, a exemplo dos serviços prestados por empresas estatais de transporte coletivo intramunicipal. Entretanto, decisões do STF vêm denotando uma interpretação extensiva da imunidade recíproca em relação às sociedades de economia mista e empresas públicas que sejam prestadoras de serviços públicos, sob vários argumentos, tais como: (i) a prestação de ações e serviços de saúde (direito fundamental de todos e dever do Estado), quando por intermédio de sociedades de economia mista ou empresas públicas, corresponde à própria atuação do Estado, desde que a empresa estatal não tenha por finalidade a obtenção de lucro (RE 580.264/RS); (ii) no caso de prestação de inequívoco serviço público, não havendo distribuição de lucros ou resultados direta ou indiretamente a particulares, nem acréscimo patrimonial ao poder público ou desempenho de atividade econômica que confira vantagem extensível às empresas privadas, não se alterando essa conclusão mesmo no caso de cobrança de tarifas, isoladamente considerada (STF – RE 399.307 – 2ª. Turma – Rel. Min. Joaquim Barbosa – julgado em 16/03/2010); (iii) prestação de serviço público exclusiva e obrigatória, tal qual se dá com a EBCT – Empresa Brasileira de Correios e Telégrafos (por exemplo: RE 407.099/RS). Lembrando que a imunidade da EBCT (empresa prestadora de serviço postal) passou a estar expressamente contemplada na Constituição Federal com EC 132/2023 (Reforma Tributária).

Alternativa "b": norma legal que altera o prazo de recolhimento da obrigação tributária **não** se sujeita ao princípio da anterioridade (STF Súmula 669, atual Súmula vinculante 50).

Alternativa "c": em recente julgamento de vários processos reunidos, o Supremo Tribunal Federal decidiu pela exigência de **lei complementar** para estabelecer os requisitos legais das imunidades não autoaplicáveis do artigo 150, inciso VI, alínea "a", da CF. O fundamento é que cabe à lei complementar regular limitações constitucionais ao poder de tributar (CF, art. 146, II), como é o caso das imunidades (ADIs 2028, 2036, 2228 e 2621).

Alternativa "d": condizente com a Súmula vinculante 52 reproduzida na nota dos autores.

Alternativa "e": nos termos da jurisprudência mais recente do Superior Tribunal de Justiça, o protesto de certidão de dívida ativa não configura sanção política. No bojo do REsp 1126515/PR (Rel. Ministro HERMAN

BENJAMIN, SEGUNDA TURMA, julgado em 03/12/2013, DJe 16/12/2013), o referido Tribunal se manifestou no seguinte sentido: "Dada a natureza bifronte do protesto, não é dado ao Poder Judiciário substituir-se à Administração para eleger, sob o enfoque da necessidade (utilidade ou conveniência), as políticas públicas para recuperação, no âmbito extrajudicial, da dívida ativa da Fazenda Pública". Ademais, foi dito que: "A possibilidade do protesto da CDA não implica ofensa aos princípios do contraditório e do devido processo legal, pois subsiste, para todo e qualquer efeito, o controle jurisdicional, mediante provocação da parte interessada, em relação à higidez do título levado a protesto". Enfim, vale lembrar a Lei 12.767/2012, promoveu a inclusão do parágrafo único no art. 1º da Lei 9.492/1997, para expressamente consignar que estão incluídas "entre os títulos sujeitos a protesto as certidões de dívida ativa da União, dos Estados, do Distrito Federal, dos Municípios e das respectivas autarquias e fundações públicas".

Alternativa correta: letra "d".

---

09. (UEG - Delegado de Polícia - PC - GO/2018) O princípio da legalidade, que está a indicar no direito penal que não há sanção criminal sem a devida tipificação penal, se manifesta também nas relações jurídicas tributárias. Acerca da aplicação do princípio da legalidade tributária, tem-se o seguinte:

a) É direito fundamental do contribuinte que a exação tributária, como sanção pecuniária de ato ilícito tributário, encontre-se prevista em lei específica.

b) A Constituição Federal, ao tratar da legalidade em matéria tributária no art. 150, I, é redundante, dado que já é prevista a legalidade no art. 5°, II, no capítulo dos Direitos Fundamentais.

c) A obrigação tributária acessória, melhor denominada como dever instrumental, demanda fixação em lei na medida em que corresponde a ônus ao contribuinte.

d) O Código Tributário Nacional, ao dispor sobre a aplicação do princípio da legalidade tributária, prescinde sua observância na atualização do valor monetário da base de cálculo do tributo.

e) Com origem na Magna Carta de 1215, quando desde então vigorava "no taxation without representation", é direito fundamental do contribuinte, previsto no art. 150, I, da Constituição de 1988, que não encontra mitigação na ordem tributária brasileira.

COMENTÁRIOS

✪ **Nota dos autores:** "tributo é toda prestação pecuniária compulsória, em moeda ou cujo valor nela se possa exprimir, que não constitua sanção de ato ilícito, instituída em lei e cobrada mediante atividade administrativa plenamente vinculada" (CTN, art. 3º).

Alternativa "a": como visto na nota dos autores, o tributo não constitui sanção de ato ilícito.

Alternativa "b": de fato, o artigo 5º, inciso II, da CF/88 trata da legalidade geral, mas, não há que se falar em redundância no artigo 150, inciso I, da CF/88, mas, sim, de uma especificação do princípio da legalidade na esfera tributária quando se veda às pessoas políticas exigir ou aumentar tributo sem previsão legal.

Alternativa "c": vale destacar uma sutil diferença entre obrigação tributária principal e acessória no que diz respeito ao tipo de norma instituidora. A obrigação tributária principal tem, necessariamente, que estar prevista em lei (CTN, art. 97, III), daí sujeitar-se ao princípio da estrita legalidade. Já a obrigação tributária acessória decorre da "legislação tributária" (CTN, art. 113, § 2°), expressão esta que compreende as leis, os tratados e as convenções internacionais, os decretos e as normas complementares que versem, no todo ou em parte, sobre tributos e relações jurídicas a eles pertinentes (CTN, art. 96). Concluindo, enquanto a obrigação tributária principal deve necessariamente ser prevista numa lei (estrita legalidade), a obrigação acessória decorre da legislação tributária (ideia mais ampla que compreende não só leis, mas também decretos e outros tipos normativos).

Alternativa "d": nos termos do artigo 97, §2º do CTN "não constitui majoração de tributo, para os fins do disposto no inciso II deste artigo, a atualização do valor monetário da respectiva base de cálculo". Logo, se a atualização da base de cálculo não constitui majoração de tributo, ela não precisa observar a legalidade, podendo ser realizada por decreto.

Alternativa "e": o Princípio da Legalidade Tributária apresenta mitigações. Excepcionalmente, é possível a alteração de carga tributária por ato do Poder Executivo, o que decorre de amenizações ao princípio da legalidade previstas na Constituição, relativas a tributos já antes instituídos por lei. São elas: (i) a alteração de alíquotas dos seguintes impostos extrafiscais: Imposto de Importação, Imposto de Exportação, Imposto Sobre Produtos Industrializados e Imposto sobre Operações Financeiras (CF, art. 153, § 1º); (ii) redução e restabelecimento da CIDE-combustível (CF, art. 177, § 4º, I, "b") e do ICMS-combustível monofásico (CF, art. 155, § 4º, IV, "c"). Portanto, a majoração de tributos por decreto ou outro ato normativo do Poder Executivo constitui uma exceção e não uma regra. E, nesse ponto, cabe acrescentar que essa faculdade dos entes federativos não é incondicional, dependendo de que sejam atendidas as condições e os limites estabelecidos em lei (CF, art. 153, § 1º).

Alternativa correta: letra "d".

---

10. (UEG - Delegado de Polícia - PC - GO/2018) O sistema tributário nacional é integrado por um conjunto de princípios e regras que limitam o exercício do poder de tributar do Estado. Acerca do exercício da competência tributária verifica-se que

a) a anterioridade aplicável ao direito penal tem igual aplicação na seara tributária, sendo vedada qualquer alteração na legislação tributária, ainda que não corresponda a aumento do tributo.

b) é vedada a cobrança de tributos antes de decorridos noventa dias da data em que haja sido publicada lei que os instituiu, aumentou ou reduziu.

c) a imunidade religiosa é consectária da garantia fundamental da liberdade religiosa, que tem alcance além do templo religioso.

d) a vedação do não-confisco ao Estado, no exercício de seu poder de tributar, limita a perda de bens no âmbito criminal.

e) as regras de imunidade tributária devem ser interpretadas restritivamente, na medida em que correspondem a benefícios fiscais aos contribuintes.

COMENTÁRIOS

✪ **Nota dos autores:** o princípio da anterioridade apresenta duas vertentes (anual e nonagesimal). Pelo princípio da anterioridade anual ou do exercício (CF, art. 150, III, "b"), é vedado aos entes federativos cobrar tributos no mesmo exercício financeiro em que haja sido publicada a lei que os instituiu ou aumentou. Já a anterioridade nonagesimal ou noventena, implementada na CF/88 pela EC 42/2003, é consagrada no artigo 150, inciso III, alínea "c" da CF/88, que estabelece ser vedado às pessoas políticas cobrar tributos antes de decorridos noventa dias da data em que haja sido publicada a lei que os instituiu ou aumentou, observada ainda a anterioridade geral do exercício (CF, art. 150, III, "b"). Por razões fiscais e extrafiscais, os preceitos sofrem amenizações correspondentes às exceções veiculadas na própria Constituição. As exceções ao princípio da anterioridade anual (CF, art. 150, III, "b") e nonagesimal (CF, art. 150, III, "c"), previstas nos artigos 150, § 1º, 155, §4º, inciso IV, alínea "c", 177, §4º, inciso I, alínea "b" e 195, §6º podem ser visualizadas no quadro abaixo. Os tributos em negrito são aqueles que não são exceções comuns às duas vertentes do princípio.

REGRA	EXCEÇÕES
anterioridade anual	II, IE, **IPI**, IOF, empréstimo compulsório do art. 148, inciso I da CF e imposto extraordinário de guerra, **ICMS-combustível monofásico, CIDE-combustível e contribuições para a seguridade social.**
anterioridade nonagesimal	II, IE, **IR**, IOF, empréstimo compulsório do art. 148, inciso I da CF, imposto extraordinário de guerra e **fixação de base de cálculo de IPVA e IPTU.**

Diante dessa sistemática de regra (anterioridade do exercício e anterioridade nonagesimal), para um tributo ser cobrado imediatamente, isto é, na data da publicação da lei que o instituiu ou aumentou, é necessário que ele constitua exceção às duas anterioridades.

Alternativa "a": o primeiro erro da alternativa diz respeito à especificidade do Princípio da Anterioridade para o Direito Tributário, detalhada na nota dos autores (não há correlação com o Direito Penal). O segundo refere-se à incorreção da afirmação no sentido de que a legislação tributária não pode ser alterada, quando, na verdade, tal possibilidade existe, sendo disciplinado no CTN as temáticas relativas à vigência e à aplicação da legislação tributária (dentre outras).

Alternativa "b": como visto na nota dos autores, tanto na anterioridade anual como na nonagesimal, a vedação em questão refere-se à instituição ou aumento de tributo, sem nenhuma menção à redução (CF, art. 150, III, "b" e "c"). Incorreta, no que se refere ao termo "reduziu".

Alternativa "c": nos termos do artigo 150, inciso VI, alínea "b" c/c § 4º, da CF/88, a imunidade dos templos de qualquer culto compreende o patrimônio, a renda e os serviços relacionados com as finalidades essenciais dessas entidades (CF, art. 150, § 4º). Trata-se, como se vê, de uma imunidade subjetiva, que atinge a entidade religiosa como um todo, e não o prédio do templo, que se fosse o caso lhe daria o caráter de imunidade objetiva. Assim, por exemplo, se houver cobrança de taxas para a realização de batismo ou casamentos, não poderá haver exigência de ISS sobre esses serviços, nem cobrança de imposto sobre a renda obtida com a taxa cobrada, haja vista tratarem-se de serviços e rendas inerentes às finalidades essenciais do culto. Essa imunidade deve abranger não somente os prédios destinados ao culto, como também o IPTU sobre imóveis de propriedade de cultos religiosos que se encontrarem alugados, quando a renda decorrente da locação tiver aplicação relacionada com as finalidades essenciais das entidades (STF – AI 690.712-AgR – 1ª. Turma – Rel. Min. Ricardo Lewandowski – julg. 23/06/2009). Ainda em relação à chamada imunidade religiosa, o entendimento do Supremo Tribunal Federal é de que os cemitérios que consubstanciam extensões de entidades de cunho religioso estão abrangidos pela imunidade, sendo impossível a incidência de IPTU em relação a eles (STF – RE 578.562 – Plenário – julg. 21/05/2008). Por outro lado, por ser expressamente aplicável aos templos de qualquer culto, não se estende à maçonaria, em cujas lojas não se professa qualquer religião (STF – RE 562.351 – Rel. Min. Ricardo Lewandowski – julg. 04/09/2012).

Alternativa "d": o princípio do não confisco (CF, art. 150, IV) é limitador do poder de tributar. Diverso do que afirma o examinador, **não** limita a perda de bens no âmbito criminal. Na definição legal de tributo (CTN, art. 3º), consta dentre os requisitos que não se trata de sanção de ato ilícito. Logo, o Princípio Tributário do Não-Confisco não tem o condão de impedir o poder sancionatório, a exemplo do que está presente na pena de perdimento de bens no âmbito penal, expressamente permitida pelo artigo 5º, inciso LXVI, alínea "b", da CF.

Alternativa "e": segundo o CTN a exoneração tributária a ser interpretada restritivamente é a isenção (CTN, art. 111, II).

Alternativa correta: letra "c".

11. (Cespe – Delegado de Polícia – GO/2017) Sabendo que, por disposição constitucional expressa, em regra, os princípios tributários e as limitações ao poder de tributar não se aplicam de forma idêntica a todas as espécies tributárias, assinale a opção correta a respeito da aplicação desses institutos.

a) Apenas aos impostos estaduais aplica-se o princípio que proíbe o estabelecimento de diferença tributária entre bens e serviços de qualquer natureza em razão de sua procedência ou seu destino.

b) A aplicação do princípio da não vinculação de receita a despesa específica é limitada aos impostos.

c) Em regra, o princípio da anterioridade do exercício aplica-se da mesma forma aos impostos e às contribuições sociais da seguridade social.

d) O princípio da capacidade contributiva aplica-se sempre e necessariamente aos impostos.

e) O princípio da anterioridade do exercício atinge, de forma ampla, as hipóteses de empréstimos compulsórios previstas no texto constitucional.

COMENTÁRIOS

✪ **Nota dos autores:** em regra, é vedada a vinculação de receita de impostos a órgão, fundo ou despesa, ressalvadas (i) as repartições constitucionais das receitas tributárias; a destinação de recursos; (ii) para as ações e serviços públicos de saúde; (iii) para manutenção e desenvolvimento do ensino; (iv) para realização de atividades da administração tributária; (v) a prestação de garantias às operações de crédito por antecipação de receita e (vi) a prestação de garantia ou contragarantia à União e para pagamento de débitos para com esta (CF, art. 167, IV e § 4º). A regra, de fato, nos moldes afirmados pelo examinador, não se aplica aos tributos em geral, referindo-se especificamente aos impostos.

Alternativa "a": é vedado não só aos Estados, mas também ao Distrito Federal e aos Municípios "estabelecer diferença tributária entre bens e serviços, de qualquer natureza, em razão de sua procedência ou destino" (CF, art. 152).

Alternativa "b": de fato, o princípio da não vinculação de receita a despesa específica é limitada aos impostos, por força do artigo 167, inciso IV e §4º da CF/88.

Alternativa "c": as contribuições para a Seguridade Social estão sujeitas exclusivamente ao princípio da anterioridade nonagesimal (CF, art. 195, § 6º), não se lhes aplicando a exigência de observância da anterioridade do exercício de que trata o art. 150, III, "b", da CF/88.

Alternativa "d": embora o artigo 145, §1º, da CF/88 permita o entendimento de que a aplicação do Princípio da Capacidade Contributiva se restrinja à espécie tributária imposto, o STF já deu mostras de pode ser aplicado às contribuições (RE 573.675) e às multas (RE 239.964). Mas, mesmo que se adote uma intepretação literal, ainda assim está errada a alternativa, na medida em que o princípio não se aplica necessariamente a todo e qualquer imposto. Basta observar que o artigo 145, § 1º, da CF, ao dispor sobre o preceito, estabelece que os impostos "sempre que possível" terão caráter pessoal e serão graduados segundo a capacidade econômica do contribuinte. Dessa forma, não pode afirmar que, necessariamente, o princípio deve ser aplicado, haja vista que o próprio texto constitucional admite a impossibilidade de se aplicá-lo em determinados casos.

Alternativa "e": nos termos do artigo 148 da CF/88, o **empréstimo compulsório** poderá ser instituído **(i)** para atender às despesas extraordinárias decorrentes de calamidade pública, de guerra externa ou sua iminência (inciso I) e **(ii)** no caso de investimento público de caráter urgente e de relevante interesse nacional (inciso II). Quando instituído para atender às despesas extraordinárias decorrentes de calamidade pública, de guerra externa ou sua iminência (CF, art. 148, I), o **empréstimo compulsório** constituirá exceção aos princípios da anterioridade do exercício e nonagesimal (CF, art. 150, § 1º c/c inciso III, alíneas "b" e "c"), o que tem lógica, devido ao seu caráter emergencial para financiar as providências diante da situação de calamidade pública ou guerra externa. Já nos casos de investimento público de caráter urgente e de relevante interesse nacional, o próprio inciso II do artigo 148 prevê, expressamente, que o princípio da anterioridade do exercício deve ser observado (CF, 148, II c/c 150, III, "b"), até porque, a urgência aqui se associa mais à relevância de se antecipar uma receita do que a uma situação emergencial.

Alternativa correta: letra "b".

12. (Vunesp – Delegado de Polícia – CE/2015) Determina a Constituição Federal que o imposto sobre a propriedade territorial rural não incidirá sobre pequenas glebas rurais, definidas em lei, quando as explore o proprietário que não possua outro imóvel.

Referida determinação implica em

a) isenção.

b) imunidade.

c) remissão parcial

d) remissão total.

e) anistia.

COMENTÁRIOS

✪ **Nota dos autores:** no capítulo constitucional do Sistema Tributário Nacional, a CF dispõe sobre as **limitações ao poder de tributar**, normas constitucionais que impõem limites ao exercício das competências tributárias. Compreendem os **princípios constitucionais tributários** e as **imunidades tributárias**. A imunidade é uma exoneração tributária prevista na Constituição Federal, mediante normas que estabelecem situações em que é vedado às pessoas políticas exercerem suas competências tributárias. Imunidades constituem, outrossim, limitações constitucionais ao poder de tributar, embora possam ser vistas também como direito subjetivo do cidadão de não ser tributado nas situações constitucionalmente previstas. Mais precisamente, a imunidade tributária possui duas facetas, segundo o ponto de vista do ente tributante ou do contribuinte.

Alternativas "a" e "e": a isenção e a anistia excluem o crédito tributário (CTN, art. 175). A exoneração prevista no enunciado é uma imunidade, como bem será delineado nos comentários à alternativa "b".

Alternativa "b": a exoneração tributária a que se refere o enunciado é a imunidade prevista no artigo 153, § 4º, da CF/88, segundo o qual o ITR "não incidirá sobre pequenas glebas rurais, definidas em lei, quando as explore o proprietário que não possua outro imóvel".

Alternativas "c" e "d": na remissão, causa extintiva do crédito tributário (CTN, art. 156, IV) há o perdão do crédito tributário, envolvendo, aí, o tributo e a multa. A situação econômica do sujeito passivo não é o único fundamento da remissão, embora seja o mais comum. Existem outras hipóteses previstas no artigo 172 do CTN, a saber: erro ou ignorância escusáveis do sujeito passivo, quanto a matéria de fato; diminuta importância do crédito tributário; considerações de equidade, em relação com as características pessoais ou materiais do caso; e condições peculiares a determinada região do território da entidade tributante. A exoneração prevista no enunciado é uma imunidade, como bem delineado nos comentários à alternativa "b".

Alternativa correta: letra "b".

---

13. (FUNIVERSA - Delegado de Polícia - DF/2015) No que se refere ao princípio tributário da anterioridade anual e nonagesimal, assinale a alternativa correta.

a) Os municípios e o Distrito Federal, ao fixarem a base de cálculo do IPTU, devem respeitar o princípio da anterioridade nonagesimal.

b) O princípio da anterioridade anual não incide sobre o imposto sobre produtos industrializados (IPI), isto é, em caso de majoração do tributo, este poderá ser cobrado no mesmo exercício financeiro da publicação da lei que o majorou, desde que respeitado o princípio da anterioridade nonagesimal.

c) Em se tratando de instituição ou majoração dos tributos sobre o comércio exterior, do imposto sobre importação de produtos estrangeiros e do imposto sobre exportação para o exterior de produtos nacionais ou nacionalizados, deve-se observar o princípio da anterioridade anual, isto é, tais tributos só poderão ser cobrados no exercício financeiro seguinte ao da publicação da lei que os instituiu ou aumentou.

d) Caso haja majoração da alíquota do imposto de renda (IR), é vedado à União cobrar o tributo com a nova alíquota antes de decorridos noventa dias da publicação da lei que o majorou.

e) Aplica-se a anterioridade nonagesimal à fixação da base de cálculo do IPVA pelo Distrito Federal.

COMENTÁRIOS

✪ **Nota dos autores:** o princípio da anterioridade tributária, nas suas vertentes anual (CF, art. 150, III, "b") e nonagesimal (CF, art. 150, III, "c") aplica-se a todas as espécies tributárias, incluindo taxas e contribuições de melhoria. Pelo princípio da anterioridade ou anterioridade anual (CF, art. 150, III, "b"), é vedado aos entes federativos cobrar tributos no mesmo exercício financeiro em que haja sido publicada a lei que os instituiu ou aumentou, norma que valida a afirmação de que a cobrança do imposto exige a publicação da lei que o instituiu no exercício financeiro anterior. Já a anterioridade nonagesimal ou noventena, implementada na CF pela EC 42/2003, é consagrada no artigo 150, inciso III, alínea "c" da CF, que estabelece ser vedado às pessoas políticas cobrar tributos antes de decorridos noventa dias da data em que haja sido publicada a lei que os instituiu ou aumentou, observada ainda a anterioridade geral do exercício (CF, art. 150, III, "b"). Por razões fiscais e extrafiscais, os preceitos sofrem amenizações correspondentes às exceções veiculadas na própria Constituição. Essas exceções, previstas no artigo 150, § 1° da CF, podem ser visualizadas no quadro abaixo. Os tributos em negrito são aqueles que não são exceções comuns às duas vertentes do princípio.

REGRA	EXCEÇÕES
anterioridade anual	II, IE, **IPI**, IOF, empréstimo compulsório do art. 148, inciso I da CF e imposto extraordinário de guerra
anterioridade nonagesimal	II, IE, **IR**, IOF, empréstimo compulsório do art. 148, inciso I da CF, imposto extraordinário de guerra e **fixação de base de cálculo de IPVA e IPTU**

Outros tributos que possuem tratamento especial são as contribuições sociais para custeio da seguridade social, conforme § 6° do artigo 195, da CF, sujeitas exclusivamente à anterioridade nonagesimal, também por expressa exigência do citado dispositivo constitucional. E também o ICMS-combustível monofásico e a CIDE-combustível, exceções previstas nos artigos 155, § 4º, inciso IV, alínea "c", 177, § 4º, inciso I, alínea "b", da CF.

Alternativa "a": incorreta, pois a alteração da base de cálculo do IPTU não está sujeita ao princípio da anterioridade nonagesimal (art. 150, § 1°CF).

Alternativa "b": de fato, a vedação à cobrança de tributo no mesmo exercício financeiro em que haja sido publicada a lei que o aumentou, em que se consubstancia o princípio da anterioridade anual ou do exercício (CF, art. 150, III, "b"), não se aplica ao IPI, haja vista a expressa exceção constante do § 1º do artigo 150, da CF/88. Assim sendo, não é vedado à União cobrar IPI no mesmo exercício financeiro em que haja sido publicada a lei que o aumentou. Por outro lado, vale ressaltar que o IPI só constitui exceção ao princípio da anterioridade do exercício, não se situando entre as exceções à noventena. Dessa forma, o IPI é tributo que pode ser cobrado noventa dias após a publicação de sua instituição ou majoração, independentemente do exercício em que a noventa tiver transcorrido.

Alternativa "c": incorreta, pois o II e o IE são exceções às duas vertentes do princípio da anterioridade.

Alternativa "d": o IR só constitui exceção à noventena. Portanto, uma vez majorado, apenas pode ser exigido no primeiro dia do exercício seguinte. Alternativa errada.

Alternativa "e": incorreta, pois a fixação da base de cálculo do IPVA também constitui exceção exclusivamente à noventena, sujeitando-se à anterioridade do exercício.

Alternativa correta: letra "b".

---

14. (FUNIVERSA - Delegado de Polícia - DF/2015) Considerando o sistema tributário nacional e os tributos da União, dos estados, dos municípios e do Distrito Federal, assinale a alternativa correta.

a) O imposto sobre operações de crédito, câmbio e seguro, ou operações relativas a títulos ou valores mobiliários (IOF) também incide sobre o ouro e, nesse caso, sendo este definido em lei como ativo financeiro ou instrumento cambial, estará sujeito à incidência do imposto na operação de destino.

b) A instituição do IPTU pelo Distrito Federal poderá contemplar a progressividade em razão do valor do imóvel, mas as alíquotas não poderão variar de acordo com a localização do imóvel.

c) O IPI deve ser seletivo em razão da essencialidade do produto que recebe o gravame tributário.

d) A União tem competência para instituir o imposto sobre a propriedade territorial rural (ITR) e, conforme a Emenda Constitucional n.° 42/2003, essa competência tributária poderá ser delegada ao município, que instituirá, fiscalizará e cobrará o ITR, desde que isso não resulte na redução do imposto ou em qualquer outra forma de renúncia fiscal.

e) Eventual instituição do imposto sobre grandes fortunas, de competência da União, poderá ser feita por intermédio de lei ordinária aprovada pelo Senado e pela Câmara dos Deputados.

COMENTÁRIOS

✪ **Nota dos autores:** o princípio da seletividade segundo a essencialidade do produto é de observância obrigatória em relação ao IPI, que "será seletivo" (CF, art. 153, § 3°, I). O mesmo não ocorre em relação ao ICMS que "poderá ser seletivo em função da essencialidade das mercadorias e dos serviços" (CF, art. 155, § 2°, III). Assim, as alíquotas do imposto devem ser menores para os produtos essenciais e maiores para os produtos enquadrados na categoria de consumo supérfluo ou desaconselhável.

Alternativa "a": o ouro, quando definido em lei como ativo financeiro ou instrumento cambial, sujeita-se exclusivamente à incidência do IOF, devido na operação **de origem**. A alíquota mínima será de 1% (um por cento), sendo assegurada a transferência do montante da arrecadação nos seguintes termos: a) trinta por cento para o Estado, o Distrito Federal ou o Território, conforme a origem e b) setenta por cento para o Município de origem (CF, art. 153, § 5º, I). Por ser regra de incidência exclusiva, veicula imunidade para todos os outros tributos. Registre-se que o ouro como simples mercadoria sofre a incidência tributária normal de todos os tributos do sistema.

Alternativa "b": é importante esclarecer que a progressividade delineada para o IPTU pode ser subdividida em: i) progressividade fiscal, cujo único objetivo é a arrecadação, em razão do valor do imóvel (CF, art. 156, § 2º, I) e; ii) progressividade extrafiscal, que tem por objetivo promover a função social da propriedade, estabelecendo a progressividade do imposto no tempo para o proprietário de imóvel subutilizado ou não utilizado que deixar de promover o seu adequado aproveitamento, nos termos do plano diretor do Município (CF, art. 182, § 4º, II). Ademais, ao lado da progressividade nessas duas vertentes, o IPTU poderá ter **alíquotas diferentes** de acordo com a **localização e o uso do imóvel** (CF, 156, § 1º, II), o que parte da doutrina chama de seletividade (EC 29/2000). É nesse ponto que se encontra o erro da alternativa.

Alternativa "c": como visto na nota dos autores, o IPI será seletivo em função da essencialidade do produto (CF, art. 153, § 3º, I).

Alternativa "d": o ITR é de competência privativa da União (CF, art. 153, VI) e sujeita-se às normas de repartição de receitas tributárias. Em regra, pertencem aos Municípios 50% do produto da arrecadação pela União a título de ITR (CF/88, art. 158, II). Há de se ressaltar que é possível que um município fique com 100% do produto da arrecadação do ITR sobre imóveis situados em seu território, condicionado a que opte, na forma da lei, por fiscalizar e cobrar o referido imposto, desde que não implique em sua redução ou qualquer outra forma de renúncia fiscal (CF, art. 158, II c/c art. 153, § 4°, III). Ao fazer essa opção, mesmo ficando com 100% da arrecadação do ITR, não significa que o município recebeu da União uma delegação da competência tributária para instituir o ITR. Trata-se, como já ressalvado, de norma de repartição de receitas tributárias previstas na própria CF/88, ou seja, o ITR continua de competência federal, porém sua arrecadação é repartida ao Município (50% ou 100%). Essa prerrogativa de fiscalizar e arrecadar o tributo é denominada pela doutrina de **capacidade tributária ativa**. Portanto, ao contrário do que afirma o examinador, no caso do ITR, não há o que se falar em delegação de competência (poder de instituir e legislar sobre o tributo), mas, sim, em delegação de capacidade tributária ativa.

Alternativa "e": em regra, segundo o princípio da legalidade (CF, art. 150, I), os tributos devem ser instituídos por **lei ordinária.** Há apenas 4 (quatro) exceções constitucionais em que há exigência de lei complementar, que são o Empréstimo Compulsório (CF, art. 148), o IGF – Imposto sobre Grandes Fortunas (CF, art. 153, VII), os impostos de competência residual da União (CF, art. 154, I) e as contribuições sociais para custeio da Seguridade Social residuais (CF, art. 195, § 4°). Portanto, o IGF deve ser instituído por lei complementar, motivo pelo qual a alternativa está errada.

Alternativa correta: letra "c".

3. COMPETÊNCIA E REPARTIÇÃO DAS RECEITAS

15. (Vunesp - Delegado de Polícia - CE/2015) Cabe ao Distrito Federal o imposto sobre

a) exportação para o exterior de produtos nacionais ou nacionalizados (IE).

b) a importação de produtos estrangeiros (II).

c) a propriedade predial e territorial urbana (IPTU).

d) produtos industrializados (IPI).

e) operações de crédito, câmbio e seguro, ou relativas a títulos ou valores mobiliários (IOF).

COMENTÁRIOS

✪ **Nota dos autores:** o *caput* do artigo 155 e a parte final do artigo 147 da CF/88 delineiam a competência tributária do Distrito Federal para instituir impostos. Em suma, cabem ao Distrito Federal os impostos estaduais e municipais.

Alternativa "c": o artigo 156, inciso I, da CF/88 estabelece que compete aos Municípios instituir o IPTU. Já a parte final do artigo 147 da CF/88 prevê que "ao Distrito Federal cabem os impostos municipais". Portanto, cabe ao Distrito Federal instituir o IPTU.

Demais alternativas: os impostos em questão (IE, II, IPI e IOF) são de competência federal, conforme teor do artigo 153, respectivamente incisos II, I, IV e V, da CF/88. Portanto, não competem ao Distrito Federal.

Alternativa correta: letra "c".

16. (FUNIVERSA - Delegado de Polícia - DF/2015) Em relação aos tributos da União, dos estados, do Distrito Federal e dos municípios, assinale a alternativa correta.

a) Dada a competência residual atribuída à União, esta poderá instituir, mediante lei complementar, impostos não previstos na CF, desde que sejam não cumulativos e não tenham fato gerador ou base de cálculo dos impostos previstos na CF.

b) O Distrito Federal e os estados têm competência para instituir o ITCMD, devendo, contudo, respeitar, no que tange à alíquota máxima a ser praticada, o que for fixado pelo Congresso Nacional.

c) Caso fosse criado, no Brasil, o Território Federal, seria de competência da União a instituição dos impostos estaduais e municipais nesse Território, independentemente de nele existirem municípios.

d) Os estados e o Distrito Federal têm competência tributária para instituir o ICMS, o IPVA, o imposto sobre transmissão causa mortis e doação (ITCMD) e o imposto sobre serviços (ISS).

e) O imposto de renda, de competência da União, deve ser informado pelos critérios da universalidade, da pessoalidade e da não cumulatividade.

COMENTÁRIOS

✪ **Nota dos autores:** as competências residuais são deferidas apenas à União para instituir impostos (CF, art. 154, I) e contribuições que constituam outras fontes de custeio da seguridade social (CF, art. 195, § 4º) nos seguintes termos:

- mediante lei complementar;
- diferentes dos(as) já previstos(as) nos artigos 153 (impostos) e 195 (contribuições para custeio da seguridade social) da CF;
- não cumulativos(as);
- que não tenham fato gerador ou base de cálculo próprios(as) dos(as) já discriminados(as) na Constituição.

Na verdade, é o artigo 154, inciso I, da CF que estabelece que impostos de competência residual da União, isto é, diversos dos previstos no artigo 153, além de não cumulativos, deverão ser criados mediante lei complementar e não poderão ter fatos geradores ou bases de cálculo próprios dos impostos discriminados na Constituição. Já o artigo 195, § 4º, da CF, ao prever a competência residual da União para instituir outras fontes de custeio da seguridade social, remete expressamente aos pressupostos do artigo 154, inciso I.

Alternativa "a": essa alternativa faz alusão expressa à competência residual da União para instituir impostos (CF, art. 154, I).

Alternativa "b": é o Senado Federal (e não o Congresso Nacional) que tem a competência para fixar a alíquota máxima do ITCMD (CF, art. 155, § 1º, IV).

Alternativa "c": nos termos do artigo 147 da CF/88, seriam de competência da União, em Território Federal, os impostos estaduais e, **se o Território não fosse dividido em Municípios**, cumulativamente, os impostos municipais. Portanto, a cumulação (impostos estaduais e municipais) não é automática, depende, na verdade, de o território federal não ser dividido em municípios.

Alternativa "d": os Estados não têm competência para instituir o ISS. Tal competência é dos Municípios e do Distrito Federal (CF, arts. 156, III e 147, *in fine*).

Alternativa "e": o IR será norteado pelos critérios da generalidade, da universalidade e da progressividade - "GUP", na forma da lei (CF, art. 153, § 2º). Portanto, não são critérios informadores do IR a pessoalidade e a não cumulatividade.

Alternativa correta: letra "a".

4. LEGISLAÇÃO TRIBUTÁRIA

17. (CEBRASPE - 2024 - PC/PE - Delegado) Segundo o CTN, na ausência de disposição expressa, a autoridade competente para aplicar a legislação tributária utilizará, prioritariamente,

a) a analogia.

b) os costumes.

c) a equidade.

d) os princípios gerais de direito tributário.

e) os princípios gerais de direito público.

COMENTÁRIOS

✪ **Nota dos autores:** Nos termos do artigo 108 do CTN, na ausência de disposição expressa, a autoridade competente para aplicar a legislação tributária utilizará **sucessivamente**, na ordem indicada: **I** – a analogia; **II** – os princípios gerais de direito tributário; **III** – os princípios gerais de direito público; **IV** – a equidade. Portanto, o primeiro critério de integração a ser utilizado quando da aplicação da legislação tributária é a **analogia**.

Alternativa "a": é a correta, por dizer respeito ao primeiro critério estabelecido na ordem sucessiva do artigo 108, do CTN.

Alternativas "b" a "e": estão erradas, por não corresponderem ao critério prioritário do artigo 108 do CTN.

Alternativa correta: letra "a".

---

18. (FUNIVERSA – Delegado de Polícia – DF/2015) Com base no disposto no Código Tributário Nacional (CTN) acerca das normas gerais de direito tributário, assinale a alternativa correta.

a) A interpretação da lei tributária que defina infrações ou estabeleça penalidades deve proteger, em caso de dúvida quanto à capitulação legal do fato, o interesse da coletividade, de forma mais favorável ao fisco.

b) A lei tributária não poderá retroagir ou ser aplicada a ato pretérito que ainda não tenha sido definitivamente julgado, mesmo que o cometimento desse ato não seja mais definido como infração.

c) Os atos normativos expedidos pelas autoridades administrativas entram em vigor na data da sua publicação, salvo disposição em contrário.

d) A outorga de isenção, a suspensão ou exclusão do crédito tributário e a dispensa do cumprimento de obrigações tributárias acessórias devem ser interpretadas sistematicamente e, sempre que possível, de forma extensiva.

e) As decisões dos órgãos singulares ou coletivos no âmbito da jurisdição administrativa entrarão em vigor quarenta e cinco dias após a data da sua publicação quando a lei atribuir a elas eficácia normativa.

COMENTÁRIOS

✪ **Nota dos autores:** a expressão **legislação tributária** é definida no artigo 96 do CTN e "compreende as leis, os tratados e as convenções internacionais, os decretos e as normas complementares que versem, no todo ou em parte, sobre tributos e relações jurídicas a eles pertinentes". Já a expressão **normas complementares** (à legislação tributária) é definida no artigo 100 do CTN e compreende "os atos normativos expedidos pelas autoridades administrativas, as decisões dos órgãos singulares ou coletivos de jurisdição administrativa, a que a lei atribua eficácia normativa, as práticas reiteradamente observadas pelas autoridades administrativas e os convênios que entre si celebrem a União, os Estados, o Distrito Federal e os Municípios".

Alternativa "a": ao contrário do que constou, à luz do preceito constitucional da presunção de inocência e com base no artigo 112 do CTN, a legislação tributária, em matéria de infrações, consagra o princípio do *in dubio pro contribuinte*, segundo o qual a lei tributária que define infrações, ou lhe comina penalidades, interpreta-se da maneira mais favorável ao acusado.

Alternativa "b": o artigo 106, inciso II, alínea "a" do CTN preconiza a retroatividade benigna da norma tributária quando deixar de definir o ato como infração, desde que não esteja definitivamente julgado.

Alternativa "c": está condizente com o artigo 103, inciso I, do CTN, segundo o qual os atos normativos expedidos pelas autoridades fiscais entram em vigor na data de sua publicação, salvo disposição em contrário.

Alternativa "d": de acordo com o disposto no artigo 111, incisos I a III, do Código Tributário Nacional, interpreta-se **literalmente** a legislação tributária que disponha sobre suspensão ou exclusão do crédito tributário, outorga de isenção e dispensa do cumprimento de obrigações acessórias.

Alternativa "e": as chamadas "decisões normativas" entram em vigor 30 (trinta) dias após a data de sua publicação (CTN, art. 103, II).

Alternativa correta: letra "c".

---

19. (FUNCAB – Delegado de Polícia – RO/2014) Assinale a alternativa correta.

a) O emprego da analogia poderá resultar na exigência de tributo não previsto em lei.

b) Os princípios gerais de direito privado utilizam-se para pesquisa da definição, do conteúdo e do alcance de seus institutos, conceitos e formas, mas não para definição dos respectivos efeitos tributários.

c) A lei tributária que define infrações, ou lhe comina penalidades, interpreta-se de maneira mais desfavorável ao acusado, em caso de dúvida quanto à autoria, imputabilidade, ou punibilidade.

d) O emprego da equidade poderá resultar na dispensa do pagamento de tributo devido.

e) Interpreta-se extensivamente a legislação tributária que disponha sobre suspensão ou exclusão do crédito tributário.

COMENTÁRIOS

✪ **Nota dos autores:** a par das regras da Lei de Introdução às Normas do Direito Brasileiro (Decreto-lei 4.657/42), o CTN estabelece disposições específicas a respeito de integração e interpretação da legislação tributária. A integração consiste na tarefa de colmatar lacunas, mediante a qual a legislação é aplicada com o auxílio de critérios para suprir situações sobre as quais a legislação deixou de dispor. No Direito Tributário, a integração é tarefa de qualquer autoridade competente para aplicação da legislação tributária, seguindo critérios sucessivos estabelecidos no artigo 108 do CTN. Já a interpretação diz respeito ao raciocínio lógico jurídico desenvolvido para compreensão do conteúdo e alcance de uma norma jurídica ou de um conjunto dessas normas, visando à correta aplicação da legislação. Em matéria tributária, os artigos 109 a 112 do CTN estabelecem inúmeras regras de interpretação normativa.

Alternativas "a" e "d": na verdade, houve desrespeito aos limites de que tratam os parágrafos primeiro e segundo do artigo 108 do CTN. O parágrafo primeiro do artigo 108 do CTN assevera que "o emprego da **analogia** não poderá resultar na exigência de tributo não previsto em lei", enquanto que o parágrafo segundo estipula que "o emprego da **equidade** não poderá resultar na dispensa do pagamento de tributo devido". Como a equidade pode ser entendida como a atenuação do rigor da norma escrita aplicada ao caso concreto, de certa forma ela (equidade) tem o condão de "amortecer" a norma. A equidade aproxima-se da justiça real, uma vez que "o equitativo e o justo têm a mesma natureza. A diferença está em que o equitativo, sendo justo, não é o justo legal. A lei, pelo seu caráter de generalidade, não prevê todos os casos singulares a que se aplica; a falta não reside nem na lei nem no legislador que a dita, senão que decorre da própria natureza das coisas. A equidade, ainda segundo Aristóteles, autoriza a preencher a omissão com o que teria dito o legislador se ele tivesse conhecido o caso em questão" (Ricardo Lobo Torres, *in* Normas de Interpretação e Integração do Direito Tributário, 4ª ed., Editora Renovar, Rio de Janeiro, São Paulo e Recife, 2006, págs. 115/116, citado no julgamento do RESP 751368/SC). Já a analogia é um raciocínio por meio de um exemplo, utilizando-se em problemas semelhantes a mesma resposta prevista expressamente na norma para um deles.

Alternativa "b": a redação reprisa literalmente uma norma do CTN, no caso a veiculada no artigo 109.

Alternativa "c": ao contrário do que constou, à luz do preceito constitucional da presunção de inocência e com base no artigo 112 do CTN, a legislação tributária, em matéria de infrações, consagra o princípio do *in dubio pro contribuinte*, segundo o qual a lei tributária que define infrações, ou lhe comina penalidades, interpreta-se da maneira mais favorável ao acusado.

Alternativa "e": de acordo com o disposto no artigo 111, incisos I a III, do Código Tributário Nacional, interpreta-se **literalmente** a legislação tributária que disponha sobre suspensão ou exclusão do crédito tributário, outorga de isenção e dispensa do cumprimento de obrigações acessórias.

Alternativa correta: letra "b".

5. OBRIGAÇÃO TRIBUTÁRIA E FATO GERADOR

20. (Nucepe - Delegado de Polícia - PC - PI/2018) Considerando o previsto no Código Tributário Nacional sobre a obrigação tributária, assinale a alternativa CORRETA.

a) A obrigação acessória decorre da legislação tributária e tem por objeto as prestações, positivas ou negativas, nela previstas no interesse da arrecadação ou da fiscalização dos tributos. Ademais, pelo simples fato da sua inobservância, converte-se em obrigação principal relativamente à penalidade pecuniária.

b) O sujeito passivo da obrigação tributária principal é denominado responsável, quando tenha relação pessoal e direta com a situação que constitua o respectivo fato gerador.

c) A capacidade tributária passiva coincide com a capacidade civil. Assim, os considerados civilmente incapazes são desprovidos de capacidade tributária passiva.

d) Em regra, a responsabilidade por infrações da legislação tributária depende da intenção do agente ou do responsável e da efetividade, natureza e extensão dos efeitos do ato.

e) Considerando que a escolha do domicílio tributário é ato de natureza personalíssima, é vedado à autoridade administrativa recusar o domicílio eleito.

COMENTÁRIOS

✪ **Nota dos autores:** a obrigação tributária é classificada como principal e acessória. A principal surge com a ocorrência do fato gerador, tem por objeto o pagamento de tributo ou penalidade pecuniária e extingue-se juntamente com o crédito dela decorrente (CTN, art. 113, § 1º), ou seja, possui natureza de dar (pagar). Já a acessória decorre da legislação tributária e tem por objeto as prestações, positivas ou negativas, nela previstas no interesse da arrecadação ou da fiscalização dos tributos (CTN, art. 113, § 2º), ou seja, possui natureza de fazer (prestações positivas) ou não fazer (prestações negativas). Nesse sentido, por terem objetos distintos, tais obrigações tributárias (principal e acessória) são independentes entre si.

Alternativa "a": nos termos expostos na nota dos autores, "a obrigação acessória decorre da legislação tributária e tem por objeto as prestações, positivas ou negativas, nela previstas no interesse da arrecadação ou da fiscalização dos tributos" (CTN, art. 113, §2º). Ademais, "a obrigação acessória, pelo simples fato da sua inobservância, converte-se em obrigação principal relativamente à penalidade pecuniária" (CTN, art. 113, §3º).

Alternativa "b": o sujeito passivo da obrigação tributária principal, que tem relação pessoal e direta com a situação que constitua o respectivo fato gerador, é denominado de contribuinte e não de responsável (CTN, art. 121, p.u., I).

Alternativa "c": ao contrário do que constou, "a capacidade tributária passiva **independe** da capacidade civil das pessoas naturais" (CTN, art. 126, I), de maneira que mesmo os considerados civilmente incapazes são providos de capacidade tributária passiva.

Alternativa "d": ao contrário do que propõe a alternativa, o artigo 136 do CTN atribui responsabilidade objetiva pelas infrações da legislação tributária, de maneira que tal responsabilidade **independe** da intenção do agente e da efetividade, natureza e extensão dos efeitos do ato ("salvo disposição de lei em contrário, a responsabilidade por infrações da legislação tributária independe da intenção do agente ou do responsável e da efetividade, natureza e extensão dos efeitos do ato").

Alternativa "e": ao contrário do que constou, a autoridade administrativa pode recusar o domicílio eleito, quando impossibilite ou dificulte a arrecadação ou a fiscalização do tributo (CTN, art. 127, §2º).

Alternativa correta: letra "a".

---

21. (UEG – Delegado de Polícia – PC – GO/2018) Fato gerador é a situação definida em lei como necessária e suficiente à ocorrência da obrigação tributária principal. Entre diferentes aspectos do fato gerador, verifica-se que

a) o produto do crime se encontra sujeito à tributação na medida em que, conforme o Código Tributário Nacional, vigora para exação tributária a regra do *non olet*.

b) o Estado, no exercício do seu poder de tributar, ao prever como fato gerador determinado ato, abstrai qualquer aspecto de licitude penal.

c) a definição do fato gerador demanda não só ato jurídico válido, mas também natureza lícita do seu objeto e efeitos conforme o ordenamento jurídico.

d) sujeito passivo da obrigação tributária é apenas o contribuinte, dado que vigora, também, no direito tributário o princípio da intransferibilidade da sanção a afastar a solidariedade.

e) o cidadão que se encontre sob a custódia do Estado, quando condenado simultaneamente à vedação de contratação com Poder Público, não pode ser sujeito passivo de obrigação tributária.

COMENTÁRIOS

✪ **Nota dos autores:** não obstante a previsão legal de que o tributo não constitui sanção de ato ilícito, consideram-se válidos fatos geradores relacionados a atividades ilícitas, tais como o IPTU do imóvel onde funciona uma banca de jogo de bicho ou a renda obtida por um membro de crime organizado. Trata-se da aplicação do princípio *pecunia non olet* ("o dinheiro não tem cheiro"), que leva a uma interpretação objetiva dos fatos geradores. Em outras palavras, é possível a incidência de tributação sobre valores arrecadados em virtude de atividade ilícita, consoante o artigo 118 do CTN.

Alternativa "a": conforme fundamentação exposta na nota dos autores, de fato o produto do crime se encontra sujeito à tributação.

Alternativa "b": na verdade, na própria definição de tributo apregoada no artigo 3º do CTN, está expressamente consignado dentre os seus requisitos que "não constitui sanção de ato ilícito". Por outro lado, o artigo 118 do CTN dispõe que a definição legal do fato gerador é interpretada abstraindo-se (i) da validade jurídica dos atos efetivamente praticados pelos contribuintes, responsáveis, ou terceiros, bem como da natureza do seu objeto ou dos seus efeitos; (ii) dos efeitos dos fatos efetivamente ocorridos. Observe que não há menção para abstrair na hipótese aspectos de licitude penal.

Alternativa "c": o artigo 118 do CTN estipula que "a definição legal do fato gerador é interpretada **abstraindo-se da validade jurídica** dos atos efetivamente praticados pelos contribuintes, responsáveis, ou terceiros, bem como da natureza do seu objeto ou dos seus efeitos e dos efeitos dos fatos efetivamente ocorridos".

Alternativa "d": poderão figurar no polo passivo da relação jurídico-tributária o (i) **Contribuinte** – aquele que tem relação pessoal e direta com a situação que constitua o respectivo fato gerador; e/ou o (ii) **Responsável**, quando, sem revestir a condição de contribuinte, sua obrigação decorra de disposição expressa de lei (CTN, art. 121, p.u.).

Alternativa "e": a capacidade tributária passiva independe de achar-se a pessoa natural sujeita a medidas que importem privação ou limitação do exercício de atividades civis, comerciais ou profissionais, ou da administração direta de seus bens ou negócio (CTN, art. 126, II).

Alternativa correta: letra "a".

---

22. (Cespe – Delegado de Polícia – GO/2017) Ricardo, com quinze anos de idade, traficou entorpecentes por três meses, obtendo uma renda de R$ 20.000. Informado pela autoridade competente, um auditor da Receita Federal do Brasil efetuou lançamento contra o menor.

Tendo como referência essa situação hipotética, assinale a opção correta.

a) O tráfico de entorpecente é ato ilícito, sendo responsáveis pelos prejuízos dele decorrentes, nos termos da lei civil, os pais de Ricardo, que deverão recolher o tributo a título de sanção cível.

b) A capacidade tributária independe da capacidade civil, de modo que é correto o lançamento contra o menor que, no caso, percebeu remuneração que pode ser considerada renda.

c) O tráfico de entorpecente é atividade que gera proveito econômico, o que justifica torná-lo fato gerador de tributo, não podendo, no entanto, Ricardo, por ser incapaz, sofrer lançamento, devendo a renda percebida ser imputada aos seus pais.

d) O tráfico de entorpecente, por ser crime, não pode ser objeto de tributação, pois o pagamento de imposto em tal hipótese significaria que o Estado estaria chancelando uma atividade ilícita, sendo, portanto, insubsistente o lançamento.

e) Ricardo, por ser incapaz, não pode sofrer lançamento, não constituindo renda eventuais ganhos econômicos que ele venha a ter.

COMENTÁRIOS

✪ **Nota dos autores:** nos termos do artigo 118 do CTN, deve-se interpretar a definição legal do fato gerador independentemente da validade jurídica, natureza do objeto ou efeitos dos atos praticados (inciso I) ou dos fatos ocorridos (inciso II). Diante dessa regra, não obstante a previsão legal do fato gerador seja sempre de fatos lícitos, consideram-se válidos fatos geradores relacionados a atividades ilícitas, tais como o IPTU do imóvel onde funciona uma banca de "jogo de bicho" ou a renda obtida por um membro do crime organizado. Trata-se da aplicação do princípio do *non olet* ("o dinheiro não tem cheiro"). Em outras palavras, é possível a incidência de tributação sobre valores arrecadados em virtude de atividade ilícita, consoante o artigo 118 do CTN. Seria contraditório o não pagamento do imposto proveniente de ato ilegal, pois haveria locupletamento da própria torpeza em detrimento do interesse público da satisfação das necessidades coletivas, a qual se daria por meio da exação tributária (HC 94240, Rel. Min. Dias Toffoli, 23.8.2011. 1ª T, Info 637).

Alternativa "b": de início, é importante asseverar que "a capacidade tributária passiva independe da capacidade civil das pessoas naturais (CTN, art. 126, I)". Logo, o fato de Ricardo ter quinze anos de idade, e, portanto, não ter plena capacidade civil, não lhe retira a capacidade tributária passiva. De outro lado, se a hipótese de incidência descrita em lei é lícita, a circunstância do fato legalmente descrito se configurar no âmbito de uma atividade irregular não afastará a incidência tributária. Assim, se a lei descreve que o fato gerador do imposto de renda é a aquisição de disponibilidade econômica ou jurídica decorrente de acréscimo patrimonial (art. 43 do CTN), ainda que os rendimentos identificados na conta de um indivíduo tenham sido oriundos de práticas ilícitas (tráfico de drogas), o tributo será devido. Isso porque a verificação de rendimentos tributáveis consumou o fato gerador do tributo, devendo-se separar a incidência tributária pela renda obtida das consequências penais da prática de crimes. Em outras palavras, é possível a incidência de tributação sobre valores arrecadados em virtude de atividade ilícita. Portanto, pode-se afirmar que é correto o lançamento realizado pelo auditor da Receita Federal do Brasil contra o menor (Ricardo) que, no caso, percebeu remuneração que pode ser considerada renda (CTN, art. 43).

Demais alternativas: como visto na nota dos autores e nos comentários à alternativa correta (letra "b"), a questão deve ser enfrentada sob dois aspectos, o primeiro relativo à capacidade tributária de Ricardo (menor incapaz segundo a legislação civil) e o segundo relativo à possibilidade de se tributar a renda que foi obtida de forma ilícita pelo Ricardo, pois decorreu do tráfico de entorpecentes. Nesse sentido, a alternativa "b" é a única alternativa que reúne as informações de que a capacidade tributária passiva independe da capacidade civil (ou seja, o menor Ricardo é contribuinte) e de que a interpretação da definição legal do fato gerador do imposto de renda independentemente da validade jurídica, natureza do objeto ou efeitos dos atos praticados, ou dos fatos ocorridos (ou seja, a renda é tributada, mesmo oriunda do tráfico de drogas), sendo que as demais alternativas ou distorcem a primeira informação ("a", "c" e "e"), ou a segunda ("d").

Alternativa correta: letra "b".

---

23. (Cespe - Delegado de Polícia - PE/2016) Tendo como referência o disposto no CTN, assinale a opção correta.

a) A capacidade tributária passiva é plena e independe da capacidade civil.

b) Não haverá incidência tributária sobre atividades ilícitas.

c) A obrigação tributária principal nasce com o lançamento do fato gerador.

d) Fato gerador corresponde ao momento abstrato previsto em lei que habilita o início da relação jurídico-tributária.

e) A denominação do tributo e a destinação legal do produto de sua arrecadação são essenciais para qualificá-lo.

COMENTÁRIOS

✪ **Nota dos autores:** prevalecem nessa questão alternativas referentes ao tema "obrigação tributária e fato gerador", muito embora a alternativa correta verse sobre capacidade tributária passiva, temática que, na estrutura deste capítulo relaciona-se ao tópico "sujeitos, responsabilidade, capacidade e domicílio".

Alternativa "a": a capacidade tributária passiva independe da capacidade civil das pessoas naturais ou de achar-se sujeita a medidas que importem privação ou limitação do exercício de atividades civis, comerciais ou profissionais, ou da administração direta de seus bens ou negócios (CTN, art. 126, incisos I e II). Em relação à pessoa jurídica, a capacidade tributária passiva independe de estar regularmente constituída, bastando que configure uma unidade econômica ou profissional (CTN, art. 126, III). Daí porque uma sociedade de fato pode se revestir do papel de sujeito passivo da obrigação tributária.

Alternativa "b": nos termos do artigo 118 do CTN, deve-se interpretar a definição legal do fato gerador independentemente da validade jurídica, natureza do objeto ou efeitos dos atos praticados (inciso I) ou dos fatos ocorridos (inciso II). Diante dessa regra, não obstante a previsão legal do fato gerador seja sempre de fatos lícitos, consideram-se válidos fatos geradores relacionados a atividades ilícitas, tais como o IPTU do imóvel onde funciona uma banca de jogo de bicho ou o imposto de renda decorrente de rendimento obtido por um membro do crime organizado. Trata-se da aplicação do princípio do *non olet* ("o dinheiro não tem cheiro"). Em outras palavras, é possível a incidência de tributação sobre valores arrecadados em virtude de atividade ilícita, consoante o artigo 118 do CTN. Seria contraditório o não pagamento do imposto proveniente de ato ilegal, pois haveria locupletamento da própria torpeza em detrimento do interesse público da satisfação das necessidades coletivas, a qual se daria por meio da exação tributária. HC 94240, Rel. Min. Dias Toffoli, 23.8.2011. 1ª T. (Info 637).

Alternativa "c": a obrigação tributária principal surge com a **ocorrência do fato gerador**, e não com o lançamento do fato gerador, tem por objeto o pagamento de tributo ou penalidade pecuniária e extingue-se juntamente com o crédito dela decorrente (CTN, art. 113, § 1º), ou seja, possui natureza de dar (pagar). Por sua vez, o lançamento tem o condão de constituir o crédito tributário. Para tal, segundo o artigo 142 do CTN, é entendido como um procedimento administrativo que (i) verifica a ocorrência do fato gerador da obrigação tributária correspondente; (ii) determina a matéria tributável; (iii) calcula o montante do tributo devido; (iv) identifica o sujeito passivo e (vi) comina a penalidade cabível.

Alternativa "d": de acordo com o artigo 114 do CTN, o fato gerador da obrigação principal é a situação definida em lei como necessária e suficiente à sua ocorrência. No entanto, é importante frisar que, no Direito Tributário, para a doutrina, a expressão "fato gerador" é ambígua, haja vista que contempla ora a descrição legal (significando a hipótese de incidência), ora o fato concreto (significando o fato jurídico-tributário), cuja subsunção deste naquela dá origem à obrigação tributária. Assim, o fato jurídico-tributário (fato gerador concreto) é antes de tudo um fato jurídico, ou seja, do qual decorrem efeitos jurídicos, independentemente da vontade dos obrigados, de modo que, ao contrário do que parece querer afirmar o examinador, sua mera previsão abstrata no texto legal não é suficiente para habilitar o início da obrigação jurídico-tributária.

Alternativa "e": afronta o teor do artigo 4º do CTN, segundo o qual a natureza jurídica específica do tributo é determinada pelo fato gerador da respectiva obrigação, sendo **irrelevantes** para qualificá-la (i) a denominação e demais características formais adotadas pela lei e (ii) a destinação legal do produto da sua arrecadação. Apenas para argumentar, vale a pena destacar uma reflexão doutrinária que coloca em xeque a efetividade do citado artigo 4º do CTN (ALEXANDRE, Ricardo. *Direito Tributário esquematizado*. 8ª edição, São Paulo: Método, 2014, página 20). Há algumas situações em que as espécies tributárias não são distinguidas pelo fato gerador. Por exemplo, na comparação entre o imposto de renda da pessoa jurídica e a contribuição social sobre o lucro, os fatos geradores são praticamente idênticos. O que diferencia o IRPJ e a CSLL é o nome e o destino do produto arrecadado e não o fato gerador (que é o mesmo nos dois tributos). Entretanto, seja o nome, seja a destinação do produto da arrecadação, ambos são critérios considerados irrelevantes pelo artigo 4º do CTN. Noutro giro, o artigo 145, § 2º, da CF proíbe que as taxas tenham bases de cálculo idênticas às dos impostos, daí a se concluir que, nesse caso, além do fato gerador, torna-se necessário avaliar a base de cálculo na análise para especificar a natureza jurídica de um tributo. Importante dizer que, em geral, a exigência dos concursos públicos se dá pela redação literal do artigo 4º do CTN. Todavia, o candidato deve estar alerta para questões que exigem conhecimentos sobre posicionamentos doutrinários.

Alternativa correta: letra "a".

6. SUJEITOS, RESPONSABILIDADE, CAPACIDADE E DOMICÍLIO

24. (Vunesp - Delegado de Polícia - PC - BA/2018) Havendo a incorporação de uma pessoa jurídica de direito privado por outra, os tributos e as multas devidos pela pessoa jurídica incorporada até o ato de incorporação são de responsabilidade

a) da pessoa jurídica que resultar da incorporação, por sucessão.
b) do alienante, por direito próprio.
c) dos sócios da sociedade incorporada, por transferência.
d) da pessoa jurídica incorporada, por direito próprio.
e) dos sócios da pessoa jurídica que resultar da incorporação, por transferência.

COMENTÁRIOS

✪ **Nota dos autores:** a questão gravita em torno da temática "responsabilidade tributária" prevista no CTN. Entre os artigos 128 e 138, além da disposição geral, o diploma normativo apresenta a responsabilidade dos sucessores (artigos 129 a 133), a responsabilidade de terceiros (artigos 134 e 135) e a responsabilidade por infrações (artigos 136 a 138).

Alternativa "a": em consonância com o teor do artigo 132 do CTN, contido na seção de "responsabilidade dos sucessores", "a pessoa jurídica de direito privado que resultar de fusão, transformação ou incorporação de outra ou em outra é responsável pelos tributos devidos até à data do ato pelas pessoas jurídicas de direito privado fusionadas, transformadas ou incorporadas".

Demais alternativas: não indicam o responsável correto (pessoa jurídica que resultar da incorporação), ou não indicam o tipo de responsabilidade correto (responsabilidade por sucessão).

Alternativa correta: letra "a".

25. (Cespe - Delegado de Polícia - GO/2017) São responsáveis pelos créditos tributários relativos à obrigação de terceiros, quando não for possível exigir-lhes o cumprimento da obrigação principal, independentemente de terem agido com excesso de poderes ou em desacordo com a lei, estatuto ou contrato social,

a) os empregados.
b) os diretores de pessoa jurídica.
c) os representantes legais de pessoas jurídicas de direito privado.
d) os administradores de bens de terceiros.
e) os mandatários.

COMENTÁRIOS

✪ **Nota dos autores:** a responsabilidade de terceiros está disciplinada nos artigos 134 e 135 do CTN. No caso do artigo 134 do CTN, a responsabilidade **independe de uma conduta irregular por parte dos responsáveis**, que são: I - os pais, pelos tributos devidos por seus filhos menores; II - os tutores e curadores, pelos tributos devidos por seus tutelados ou curatelados; III - os administradores de bens de terceiros, pelos tributos devidos por estes; IV - o inventariante, pelos tributos devidos pelo espólio; V - o síndico e o comissário, pelos tributos devidos pela massa falida ou pelo concordatário; VI - os tabeliães, escrivães e demais serventuários de ofício, pelos tributos devidos sobre os atos praticados por eles, ou perante eles, em razão do seu ofício; VII - os sócios, no caso de liquidação de sociedade de pessoas. Já o artigo 135 do CTN estipula que "são pessoalmente responsáveis pelos créditos correspondentes a obrigações tributárias resultantes de atos praticados com excesso de poderes ou infração de lei, contrato social ou estatutos: I - as pessoas referidas no artigo anterior; II - os mandatários, prepostos e empregados; III - os diretores, gerentes ou representantes de pessoas jurídicas de direito privado.

Alternativa "d": o artigo 134, inciso III, do CTN, prevê que "nos casos de impossibilidade de exigência do cumprimento da obrigação principal pelo contribuinte, respondem solidariamente com este nos atos em que intervierem ou pelas omissões de que forem responsáveis os administradores de bens de terceiros, pelos tributos devidos por estes". Como visto na nota dos autores, a responsabilidade prevista no artigo 134 do CTN independe de uma conduta irregular por parte dos responsáveis.

Demais alternativas: incorretas, pois indicam pessoas que, para serem pessoalmente responsabilizadas pelos créditos correspondentes a obrigações tributárias de terceiros, tais créditos devem ser resultantes de atos praticados com excesso de poderes ou infração de lei, contrato social ou estatutos (CTN, art. 135 - reproduzido na nota dos autores).

Alternativa correta: letra "d".

---

26. (Cespe - Delegado de Polícia - PE/2016) A respeito de responsabilidade tributária, assinale a opção correta.

a) Nem mesmo as pessoas que possuem interesse comum na situação que constitui o fato gerador da obrigação principal serão solidariamente obrigadas.
b) Um dos efeitos da solidariedade tributária é que a interrupção da prescrição, a favor ou contra um dos obrigados, favorece ou prejudica os demais.
c) As pessoas que são solidariamente obrigadas por expressa determinação legal devem respeitar o benefício de ordem.
d) O pagamento efetuado por um dos obrigados não aproveita os demais.
e) O responsável tributário, também denominado sujeito passivo indireto, corresponde àquele que, apesar de não ser o contribuinte, possui obrigação decorrente de convenção entre as partes.

COMENTÁRIOS

✪ **Nota dos autores:** segundo o artigo 125 do CTN, salvo disposição de lei em contrário, estão previstos os seguintes efeitos da solidariedade: I) o pagamento efetuado por um dos obrigados aproveita aos demais; II) a isenção ou remissão de crédito exonera todos os obrigados, salvo se outorgada pessoalmente a um deles, subsistindo, nesse caso, a solidariedade quanto aos demais pelo saldo; III) a interrupção da prescrição, em favor ou contra um dos obrigados, favorece ou prejudica aos demais.

Alternativa "a": o CTN prevê, em seu artigo 124, que **há** a responsabilidade solidária entre as pessoas que tenham interesse comum na situação que constitua o fato gerador da obrigação principal, ou entre as pessoas expressamente designadas por lei.

Alternativa "b": de fato, a interrupção da prescrição, em favor ou contra um dos obrigados, favorece ou prejudica aos demais. Trata-se de um dos efeitos da solidariedade tributária previsto no artigo 125, inciso III, do CTN, reproduzido na nota dos autores.

Alternativa "c": a solidariedade tributária **não** comporta benefício de ordem (CTN, art. 124, parágrafo único).

Alternativa "d": ao contrário do que constou, o pagamento efetuado por um dos obrigados aproveita aos demais. Trata-se de um dos efeitos da solidariedade tributária previsto no artigo 125, inciso I, do CTN, reproduzido na nota dos autores.

Alternativa "e": o contribuinte e o responsável são sujeitos passivos (gênero) da relação tributária. Numa classificação doutrinária entre sujeito passivo direto e indireto, o primeiro seria o contribuinte (que tem relação pessoal e direta com o fato gerador) e o segundo seria o responsável (com obrigação decorrente de lei). Portanto, o erro da alternativa está em asseverar que a responsabilidade tributária decorre da convenção entre as partes, quando, na verdade, decorre de lei.

Alternativa correta: letra "b".

---

27. (Vunesp - Delegado de Polícia - CE/2015) Assinale a alternativa correta.

a) As convenções particulares, relativas à responsabilidade pelo pagamento dos tributos, como regra, podem ser opostas à Fazenda Pública, para modificar a definição legal do sujeito passivo das obrigações tributárias correspondentes.

b) Sujeito passivo da obrigação acessória é a pessoa obrigada ao pagamento da penalidade pecuniária.

c) O sujeito passivo da obrigação principal diz-se responsável quando tenha relação pessoal e direta com a situação que constitua o respectivo fato gerador.

d) Ressalvada disposição de lei em contrário, na solidariedade passiva tributária, a isenção ou remissão de crédito exonera todos os obrigados, salvo se outorgada pessoalmente a um deles, subsistindo, nesse caso, a solidariedade quanto aos demais pelo saldo.

e) Em matéria tributária, é possível a existência de solidariedade ativa, passiva e mista.

COMENTÁRIOS

✪ **Nota dos autores:** o contribuinte e o responsável são sujeitos passivos (gênero) da relação tributária. Numa classificação doutrinária entre sujeito passivo direto e indireto, o primeiro seria o contribuinte (que tem relação pessoal e direta com o fato gerador) e o segundo seria o responsável (com obrigação decorrente de lei).

Alternativa "a": ao contrário do que constou, o artigo 123 do CTN estipula que "salvo disposições de lei em contrário, as convenções particulares, relativas à responsabilidade pelo pagamento de tributos, **não** podem ser opostas à Fazenda Pública, para modificar a definição legal do sujeito passivo das obrigações tributárias correspondentes".

Alternativa "b": a pessoa obrigada ao pagamento da penalidade pecuniária é considerada sujeito passivo de obrigação principal (e não da obrigação acessória, como constou), consoante estipulado no artigo 121 do CTN. Na verdade, o sujeito passivo da obrigação acessória é a pessoa obrigada às prestações que constituam o seu objeto (CTN, art. 122).

Alternativa "c": o sujeito passivo da obrigação tributária principal que tem relação pessoal e direta com a situação que constitua o seu respectivo fato gerador é chamado de contribuinte (CTN, art. 121, parágrafo único, I). O responsável é, na verdade, o sujeito passivo que, sem se revestir da condição de contribuinte, tem sua obrigação decorrente de disposição expressa de lei (CTN, art. 121, parágrafo único, II).

Alternativa "d": segundo o artigo 125 do CTN, salvo disposição de lei em contrário, estão previstos os seguintes efeitos da solidariedade: I) o pagamento efetuado por um dos obrigados aproveita aos demais; II) a isenção ou remissão de crédito exonera todos os obrigados, salvo se outorgada pessoalmente a um deles, subsistindo, nesse caso, a solidariedade quanto aos demais pelo saldo; III) a interrupção da prescrição, em favor ou contra um dos obrigados, favorece ou prejudica aos demais. Portanto, a alternativa retrata o teor do artigo 125, inciso II, do CTN, motivo pelo qual está correta.

Alternativa "e": na hipótese de delegação da capacidade tributária ativa, as funções de arrecadar e fiscalizar tributos recaem sobre a pessoa jurídica de direito público delegada, não remanescendo solidariedade ativa para com a pessoa jurídica delegante. Portanto, inexiste a solidariedade ativa (tampouco a mista). Quanto à solidariedade passiva, o CTN, em seu artigo 124, assevera que há a responsabilidade solidária entre as pessoas que tenham interesse comum na situação que constitua o fato gerador da obrigação principal, ou entre as pessoas expressamente designadas por lei.

Alternativa correta: letra "d".

7. LANÇAMENTO, GARANTIAS, PRIVILÉGIOS E SUSPENSÃO DA EXIGIBILIDADE

28. (FGV - Delegado de Polícia - PC - AM/2022) 321 Vestuário Ltda., atuante no comércio varejista de roupas, sonegou o Imposto Estadual sobre a Circulação de Mercadorias (ICMS), omitindo dolosamente do Fisco Estadual suas operações comerciais com o fim de evitar o pagamento do tributo devido.

Diante desse cenário, o Fisco Estadual, a fim de poder cobrar administrativamente tais valores, terá necessariamente de realizar

a) um lançamento por declaração.

b) um lançamento de ofício.

c) um lançamento por homologação.

d) uma notificação prévia ao lançamento para comparecimento do sujeito passivo perante autoridade fiscal estadual.

e) uma notificação prévia ao lançamento à autoridade policial acerca dos indícios de crime de sonegação fiscal.

COMENTÁRIOS

✪ **Nota dos autores:** o crédito tributário é constituído pelo lançamento, como bem apregoa o artigo 142 do CTN. São três as modalidades de lançamento: (i) por declaração; (ii) de ofício, também chamado de direto e; (iii) por homologação. Na primeira modalidade de lançamento (por declaração ou misto) o sujeito passivo presta declaração com informações sobre matéria de fato, indispensáveis à sua efetivação (CTN, art. 147). A segunda modalidade (direto ou de ofício) é aquela em que é efetuado e revisto de ofício pela autoridade administrativa, nas hipóteses de cabimento elencadas no artigo 149 do CTN. A terceira modalidade (homologação) ocorre quanto aos tributos cuja legislação atribua ao sujeito passivo o dever de antecipar o pagamento sem prévio exame da autoridade administrativa.

Alternativa "a": no lançamento por declaração o sujeito passivo presta declaração com informações sobre matéria de fato, indispensáveis à sua efetivação (CTN, art. 147), o que não é o caso do enunciado, em que houve omissão de operações comerciais por parte do contribuinte.

Alternativa "b": de acordo com o artigo 149, inciso IV, do CTN, o lançamento é efetuado de ofício quando se comprove omissão quanto a qualquer elemento definido na legislação tributária como sendo de declaração obrigatória. Logo, o contribuinte em questão, ao omitir dolosamente operações comerciais, deu causa à possibilidade de lançamento de ofício para fins de cobrança administrativa do ICMS sonegado, o que deixa a alternativa correta.

Alternativa "c": o lançamento por homologação ocorre quanto aos tributos cuja legislação atribua ao sujeito passivo o dever de antecipar o pagamento sem prévio exame da autoridade administrativa. Tal modalidade de lançamento opera-se pelo ato em que a referida autoridade, tomando conhecimento da atividade assim exercida pelo obrigado, expressamente a homologa (CTN, art. 150). Se a lei não fixar prazo a homologação, será ele de cinco anos, a contar da ocorrência do fato gerador; expirado esse prazo sem que a Fazenda Pública se tenha pronunciado, considera-se homologado o lançamento e definitivamente extinto o crédito, salvo se comprovada a ocorrência de dolo, fraude ou simulação (CTN, art. 150, § 4°). Essa também não é a modalidade de lançamento desafiada pelo enunciado, já que a omissão dolosa de operações comerciais pelo contribuinte enseja o lançamento de ofício, como visto nos comentários à alternativa "b".

Alternativas "d" e "e": a atividade administrativa de lançamento é vinculada e obrigatória, sob pena de responsabilidade funcional (CTN, art. 142, parágrafo único). Nesse sentido, diante da constatação da sonegação de ICMS por parte do Fisco Estadual, o lançamento de ofício é de rigor, não cabendo qualquer juízo prévio de conveniência e oportunidade para tal, o que deixa as alternativas erradas.

Alternativa correta: letra "b".

---

29. (Nucepe - Delegado de Polícia - PC - PI/2018) Considerando o previsto no Código Tributário Nacional sobre constituição do crédito tributário e sobre a suspensão da exigibilidade do crédito tributário, assinale a alternativa CORRETA.

a) A suspensão da exigibilidade do crédito tributário tem como natural e automática consequência a dispensa do cumprimento das obrigações acessórias dependentes da obrigação principal cujo crédito esteja suspenso.

b) A concessão da moratória em caráter individual não gera direito adquirido e será revogada de ofício, sempre que se apure que o beneficiado não satisfazia ou deixou de satisfazer as condições ou não cumprira ou deixou de cumprir os requisitos para a concessão do favor, cobrando-se o crédito acrescido de juros de mora, sendo vedada a imposição de penalidade.

c) O lançamento regularmente notificado ao sujeito passivo só pode ser alterado em virtude de impugnação formulada pelo próprio sujeito passivo.

d) Salvo disposição de lei em contrário, quando o valor tributário esteja expresso em moeda estrangeira, no lançamento far-se-á sua conversão em moeda nacional ao câmbio do dia da realização do lançamento.

e) O lançamento, atividade vinculada e obrigatória, sob pena de responsabilidade funcional, é o procedimento administrativo tendente a verificar a ocorrência do fato gerador da obrigação correspondente, determinar a matéria tributável, calcular o montante do tributo devido, identificar o sujeito passivo e, sendo caso, propor a aplicação da penalidade cabível.

COMENTÁRIOS

✪ **Nota dos autores:** o crédito tributário é constituído pelo lançamento e decorre da obrigação principal. Logo, crédito tributário não é sinônimo de obrigação tributária. Aliás, segundo o artigo 140 do CTN, "as circunstâncias que modificam o crédito tributário, sua extensão ou seus efeitos, ou as garantias ou os privilégios a ele atribuídos, ou que excluem sua exigibilidade não afetam a obrigação tributária que lhe deu origem".

Alternativa "a": ao contrário do que constou, as hipóteses de suspensão de exigibilidade do crédito tributário **não** dispensam o cumprimento das obrigações acessórias dependentes da obrigação principal cujo crédito seja suspenso, ou dela consequentes (CTN, art. 151, parágrafo único).

Alternativa "b": em sua parte final está o erro, na medida em que o crédito tributário acrescido de juros de mora será cobrado com imposição da penalidade cabível, nos casos de dolo ou simulação do beneficiado, ou de terceiro em benefício daquele (CTN, art. 155, I) ou sem imposição de penalidade, nos demais casos (CTN, art. 155, II).

Alternativa "c": após devidamente notificado ao sujeito passivo, o lançamento só poderá ser alterado por: I – impugnação do próprio sujeito passivo; II – recurso de ofício; III – iniciativa de ofício da autoridade administrativa, nos casos previstos no artigo 149 (CTN, art. 145).

Alternativa "d": na verdade, o artigo 143 do CTN assevera que, salvo disposição de lei em contrário, quando o valor tributário esteja expresso em moeda estrangeira, no lançamento far-se-á sua conversão em moeda nacional ao câmbio do **dia da ocorrência do fato gerador da obrigação**.

Alternativa "e": nos termos do artigo 142 do CTN, compete privativamente à autoridade administrativa constituir o crédito tributário pelo lançamento, que se deve entender como o procedimento administrativo tendente a verificar a ocorrência do fato gerador da obrigação correspondente, determinar a matéria tributável, calcular o montante do tributo devido, identificar o sujeito passivo e sendo o caso, propor a aplicação da penalidade cabível.

Alternativa correta: letra "e".

---

30. (Nucepe - Delegado de Polícia - PC - PI/2018) Considerando o previsto no Código Tributário Nacional sobre as garantias e privilégios do crédito tributário, assinale a alternativa CORRETA.

a) Responde pelo pagamento do crédito tributário a totalidade dos bens e das rendas, de qualquer origem ou natureza, do sujeito passivo, seu espólio ou sua massa falida, ressalvados apenas os gravados por cláusula de inalienabilidade ou impenhorabilidade.

b) Presume-se fraudulenta a alienação ou oneração de bens ou rendas, ou seu começo, por sujeito passivo em débito para com a Fazenda Pública, por crédito tributário regularmente inscrito como dívida ativa, salvo se houverem sido reservados, pelo devedor, bens ou rendas suficientes ao total pagamento da dívida inscrita.

c) A enumeração das garantias e privilégios contidos no Código Tributário Nacional tem caráter exaustivo, sendo vedada, ainda que por lei, a criação de outras.

d) O crédito tributário prefere sempre a qualquer outro, seja qual for sua natureza ou o tempo de sua constituição, ressalvados, unicamente, os créditos decorrentes da legislação do trabalho ou do acidente de trabalho.

e) São extraconcursais os créditos tributários decorrentes de fatos geradores ocorridos antes do processo de falência, e concursais os créditos tributários decorrentes de fatos geradores ocorridos no curso do processo de falência.

COMENTÁRIOS

✪ **Nota dos autores:** o CTN disciplina de maneira não exaustiva, entre os artigos 183 a 193, as garantias e os privilégios do crédito tributário. Por garantias entendem-se os meios que asseguram o recebimento dos créditos tributários. Como privilégios estão as preferências que são aplicadas aos créditos tributários em comparação com outros tipos de créditos.

Alternativa "a": ao contrário do que constou, "responde pelo pagamento do crédito tributário a totalidade dos bens e das rendas, de qualquer origem ou natureza, do sujeito passivo, seu espólio ou sua massa falida, **inclusive** os gravados por ônus real ou cláusula de inalienabilidade ou impenhorabilidade, seja qual for a data da constituição do ônus ou da cláusula, excetuados unicamente os bens e rendas que a lei declare absolutamente impenhoráveis" (CTN, art. 184).

Alternativa "b": de acordo com o teor do artigo 185 do CTN: "Presume-se fraudulenta a alienação ou oneração de bens ou rendas, ou seu começo, por sujeito passivo em débito para com a Fazenda Pública, por crédito tributário regularmente inscrito como dívida ativa. Parágrafo único. O disposto neste artigo não se aplica na hipótese de terem sido reservados, pelo devedor, bens ou rendas suficientes ao total pagamento da dívida inscrita".

Alternativa "c": nos termos da nota dos autores, o rol de garantias e privilégios do crédito tributário reproduzido no CTN não é exaustivo, inclusive com menção expressa a isso quanto às garantias (CTN, art. 183).

Alternativa "d": no que tange ao termo "sempre" está o erro. Isso porque, na falência, o "crédito tributário não prefere aos créditos extraconcursais ou às importâncias passíveis de restituição, nos termos da lei falimentar, nem aos créditos com garantia real, no limite do valor do bem gravado" (CTN, art. 186, p.u., I).

Alternativa "e": na verdade "são extraconcursais os créditos tributários decorrentes de fatos geradores ocorridos no curso do processo de falência" (CTN, art. 188).

Alternativa correta: letra "b".

---

31. (Vunesp - Delegado de Polícia - PC - BA/2018) O artigo 144 do Código Tributário Nacional dispõe que o lançamento se reporta à data da ocorrência do fato gerador da obrigação, regendo-se pela lei então vigente, ainda que posteriormente modificada ou revogada. O Código Tributário Nacional excepciona essa regra, admitindo a aplicação da legislação tributária que, posteriormente à ocorrência do fato gerador da obrigação,

a) interprete expressamente ato ou fato pretérito quanto à aplicação de penalidade à infração dos dispositivos interpretados.

b) institua novos critérios de apuração ou processos de fiscalização, ampliando os poderes de investigação das autoridades administrativas.

c) outorgue ao crédito maiores garantias ou privilégios para o efeito de atribuir responsabilidade tributária a terceiros.

d) altere os critérios jurídicos adotados pela autoridade administrativa no exercício do lançamento.

e) deixe de definir ato definitivamente julgado como infração.

COMENTÁRIOS

✪ **Nota dos autores:** o Princípio Constitucional da Irretroatividade das normas que instituam ou majorem tributos relativamente a fatos geradores ocorridos antes do início da vigência da legislação correspondente não impede a aplicação retroativa de leis que instituem novos critérios de apuração ou processos de fiscalização ou que ampliem os poderes de investigação das autoridades administrativas.

Alternativa "a": não correspondem à exceção prevista no parágrafo §1º do artigo 144, a seguir detalhada nos comentários da alternativa "b".

Alternativa "b": o artigo 144, §1º do CTN modera os efeitos do Princípio da Irretroatividade, uma vez que prevê a aplicação ao lançamento da legislação que, posteriormente à ocorrência do fato gerador da obrigação, tenha instituído novos critérios de apuração ou processos de fiscalização, ampliando os poderes de investigação das autoridades administrativas, ou outorgado ao crédito maiores garantias ou privilégios, exceto, neste último caso, para o efeito de atribuir responsabilidade tributária a terceiros.

Alternativas "c", "d" e "e": não correspondem à exceção prevista no parágrafo §1º do artigo 144, detalhada nos comentários da alternativa "b".

Alternativa correta: letra "b".

---

32. (Cespe - Delegado de Polícia - PE/2016) Considerando que lançamento é o procedimento pelo qual a autoridade administrativa constitui o crédito tributário, assinale a opção correta.

a) A revisão do lançamento só poderá ser iniciada enquanto não tiver sido extinto o direito da fazenda pública.

b) O ato de lançamento é corretamente classificado como um ato discricionário.

c) Os erros contidos na declaração do sujeito passivo não poderão ser retificados de ofício pela autoridade administrativa responsável.

d) Após a regular notificação do sujeito passivo, o lançamento não poderá ser alterado.

e) Salvo disposição legal em contrário, o lançamento realizado em moeda estrangeira terá a sua conversão para moeda nacional com base no câmbio do dia do pagamento do tributo.

COMENTÁRIOS

✪ **Nota dos autores:** para a resolução da questão faz-se imprescindível conhecer as hipóteses de revisão de ofício do lançamento previstas no artigo 149 do CTN ("Art. 149. O lançamento é efetuado e revisto de ofício pela autoridade administrativa nos seguintes casos: I - quando a lei assim o determine; II - quando a declaração não seja prestada, por quem de direito, no prazo e na forma da legislação tributária; III - quando a pessoa legalmente obrigada, embora tenha prestado declaração nos termos do inciso anterior, deixe de atender, no prazo e na forma da legislação tributária, a pedido de esclarecimento formulado pela autoridade administrativa, recuse-se a prestá-lo ou não o preste satisfatoriamente, a juízo daquela autoridade; IV - quando se comprove falsidade, erro ou omissão quanto a qualquer elemento definido na legislação tributária como sendo de declaração obrigatória; V - quando se comprove omissão ou inexatidão, por parte da pessoa legalmente obrigada, no exercício da atividade a que se refere o artigo seguinte; VI - quando se comprove ação ou omissão do sujeito passivo, ou de terceiro legalmente obrigado, que dê lugar à aplicação de penalidade pecuniária; VII - quando se comprove que o sujeito passivo, ou terceiro em benefício daquele, agiu com dolo, fraude ou simulação; VIII - quando deva ser apreciado fato não conhecido ou não provado por ocasião do lançamento anterior; IX - quando se comprove que, no lançamento anterior, ocorreu fraude ou falta funcional da autoridade que o efetuou, ou omissão, pela mesma autoridade, de ato ou formalidade especial. Parágrafo único. A revisão do lançamento só pode ser iniciada enquanto não extinto o direito da Fazenda Pública").

Alternativa "a": como visto na nota dos autores, o parágrafo único do artigo 149 é categórico ao asseverar que "a revisão do lançamento só pode ser iniciada enquanto não extinto o direito da Fazenda Pública".

Alternativa "b": "a atividade administrativa de lançamento é vinculada e obrigatória, sob pena de responsabilidade funcional" (CTN, art. 142, parágrafo único). Portanto, o lançamento não é um procedimento administrativo discricionário (em que prevalece o juízo de conveniência e oportunidade), motivo pelo qual a alternativa está errada.

Alternativa "c": ao contrário do que constou, os erros contidos nas declarações podem ensejar as correspondentes retificações por parte da autoridade administrativa responsável (CTN, art. 149, IV), conforme visto na nota dos autores. Além do mais, em específico nos lançamentos por declaração, o parágrafo segundo do artigo 147 estabelece que "os erros contidos na declaração e apuráveis pelo seu exame serão retificados de ofício pela autoridade administrativa a que competir a revisão daquela".

Alternativa "d": segundo o artigo 145 do CTN, "o lançamento **regularmente notificado ao sujeito passivo só pode ser alterado em virtude de**: I - impugnação do sujeito passivo; II - recurso de ofício; III - iniciativa de ofício da autoridade administrativa, nos casos previstos no artigo 149".

Alternativa "e": por afrontar o teor do artigo 143 do CTN a alternativa está errada, mais precisamente no que tange à data do câmbio ("salvo disposição de lei em contrário, quando o valor tributário esteja expresso em moeda estrangeira, no lançamento far-se-á sua conversão em moeda nacional ao câmbio do dia **da ocorrência do fato gerador da obrigação**").

Alternativa correta: letra "a".

---

33. (FUNCAB - Delegado de Polícia - RO/2014) Suspende a exigibilidade do crédito tributário:

a) a anistia.

b) a isenção.

c) a prescrição.

d) a remissão.

e) o parcelamento.

COMENTÁRIOS

✪ **Nota dos autores:** para responder a essa questão, basta conhecer as hipóteses de suspensão da exigibilidade do crédito tributário (seis, elencadas no artigo 151 do CTN, a saber: moratória; depósito do montante integral; as defesas e recursos administrativos; concessão de medida liminar em mandado de segurança; concessão de medida liminar ou tutela antecipada em outras ações judiciais e parcelamento). Entretanto, visando responder a questões mais elaboradas, o ideal é que o candidato conheça a abrangência de cada um desses institutos jurídicos. Por exemplo, além de saber classificar parcelamento como uma causa de suspensão da exigibilidade do crédito tributário, é importante que o candidato saiba o que significa realmente tal termo e qual o delineamento normativo que recai sobre ele (parcelamento significa o compromisso confesso de pagar o crédito tributário com os acréscimos, de forma fracionada, obedecidas às formas e condições constantes em lei específica). Ainda, é importante esclarecer que por exigibilidade entende-se a possibilidade de cobrar o crédito tributário, o que se faz no Poder Judiciário via execução fiscal. A exigibilidade advém da constituição definitiva do crédito tributário pelo lançamento e requer ainda a sua inscrição em dívida ativa. Portanto, as causas de suspensão da exigibilidade do crédito tributário (CTN, art. 151) impedem o ajuizamento da execução fiscal.

Alternativas "a" e "b": a anistia e a isenção são hipóteses de exclusão do crédito tributário (CTN, art. 175). A **anistia** (CTN, arts. 180 a 182) é uma exoneração tributária relativa a penalidades pecuniárias (multas, liame de natureza sancionatória) e apenas contempla as situações pretéritas, **não abrangendo o tributo propriamente dito**. Já a **isenção** (CTN, arts. 176 a 179) consiste na dispensa legal do pagamento do tributo. Portanto, na isenção, a pessoa política exerce a competência tributária instituindo o tributo, mas estabelece algumas situações, pessoas ou bens não alcançados pela regra de tributação em face da dispensa do pagamento.

Alternativas "c" e "d": a prescrição e a remissão são modalidades de extinção do crédito tributário (CTN, art. 156, V e IV). Opera-se a prescrição tributária após o lapso temporal de cinco anos contados da constituição definitiva do crédito tributário, ou seja, cinco anos a contar da decisão final proferida no processo administrativo fiscal, conforme apregoa o artigo 174 do CTN. Já a remissão tributária significa "perdão" do crédito tributário, que pode ser autorizada por lei, de forma total ou parcial, buscando atender a alguns critérios, dentre eles, a situação econômica do sujeito passivo ou o diminuto valor do crédito perdoado.

Alternativa "e": o parcelamento é causa de suspensão da exigibilidade do crédito tributário prevista no artigo 151, inciso VI, do CTN, cujos detalhamentos encontram-se na nota dos autores.

Alternativa correta: letra "e".

8. EXTINÇÃO E EXCLUSÃO

34. (CEBRASPE - 2024 - PC/PE - Delegado) De acordo com o CTN, excluem o crédito tributário:

a) o pagamento e a transação.
b) a moratória e o parcelamento.
c) as reclamações e os recursos.
d) a prescrição e a decadência.
e) a anistia e a isenção.

COMENTÁRIOS

✪ **Nota dos autores:** Nos termos do artigo 175 do CTN, são causas de exclusão do crédito tributário a anistia e a isenção.

Alternativa "e": é a correta, por dizer respeito às duas causas de exclusão do crédito tributário previstas no artigo 175 do CTN.

Alternativas "b" e "c": erradas, porque moratória, parcelamento, reclamações e recursos são causas de suspensão da exigibilidade do crédito tributário (CTN, art. 151, incisos I, III e VI), e não de exclusão.

Alternativas "a" e "d": erradas, porque pagamento, transação, prescrição e decadência são causas de extinção do crédito tributário (CTN, art. 156, incisos I, III e V), e não de exclusão.

Alternativa correta: letra "e".

35. (Nucepe - Delegado de Polícia - PC - PI/2018) Assinale a alternativa que não contempla hipótese de extinção do crédito tributário expressamente prevista no Código Tributário Nacional:

a) Remissão;
b) Compensação;
c) Isenção;
d) Dação em pagamento em bens imóveis, na forma e condições estabelecidas em lei;
e) Decisão judicial passada em julgado.

COMENTÁRIOS

✪ **Nota dos autores:** para responder a essa questão por exclusão, basta conhecer as hipóteses de extinção do crédito tributário (doze, elencadas em onze incisos do artigo 156 do CTN). Entretanto, visando responder a questões mais elaboradas, o ideal é que o candidato conheça a abrangência de cada um desses institutos jurídicos. Por exemplo, além de saber classificar "remissão" como uma hipótese de extinção do crédito tributário, é importante que o candidato saiba o que significa realmente tal termo e qual o delineamento normativo que recai sobre ele (remissão tributária significa "perdão" do crédito tributário, que pode ser autorizada por lei, de forma total ou parcial, buscando atender a alguns critérios, dentre eles, a situação econômica do sujeito passivo ou o diminuto valor do crédito perdoado).

Alternativa "a": a remissão é sim uma hipótese de extinção do crédito tributário, prevista no artigo 156, inciso IV, do CTN.

Alternativa "b": a compensação é sim uma hipótese de extinção do crédito tributário, prevista no artigo 156, inciso II, do CTN.

Alternativa "c": é a única alternativa que não contempla uma hipótese de extinção do crédito tributário, uma vez que a isenção é hipótese de exclusão do crédito tributário (CTN, art. 175, I).

Alternativa "d": a dação em pagamento em bens imóveis, na forma e condições estabelecidas em lei é sim uma hipótese de extinção do crédito tributário, prevista no artigo 156, inciso XI, do CTN.

Alternativa "e": a decisão judicial passada em julgado é sim uma hipótese de extinção do crédito tributário, prevista no artigo 156, inciso X, do CTN.

Alternativa correta: letra "c".

---

36. (Cespe - Delegado de Polícia - PE/2016) No que diz respeito aos institutos da prescrição e da decadência, assinale a opção correta.

a) A prescrição e a decadência estão previstas no CTN como formas de exclusão do crédito tributário.

b) O direito de ação para a cobrança do crédito tributário decai em cinco anos, contados da data da sua constituição definitiva.

c) O protesto judicial é uma forma de interrupção da prescrição.

d) O direito de a fazenda pública constituir o crédito tributário prescreve após cinco anos, contados do primeiro dia do exercício seguinte àquele em que o lançamento poderia ter sido efetuado.

e) As normas gerais sobre prescrição e decadência na matéria tributária devem ser estabelecidas por meio de lei ordinária.

COMENTÁRIOS

✪ **Nota dos autores:** a distinção básica entre decadência e prescrição está no fato de que o que decai é o direito de a Fazenda Pública de homologar o lançamento ou de constituir o crédito tributário de ofício (direito de lançar) e o que prescreve é a ação de cobrança do tributo (execução fiscal). Embora a decadência esteja no rol das hipóteses de extinção do crédito tributário, fato é que, vindo a ocorrer, o crédito tributário sequer chega a ser constituído.

Alternativa "a": a prescrição e a decadência são modalidades de extinção do crédito tributário previstas no artigo 156, inciso V, do CTN.

Alternativa "b": a ação para a cobrança do crédito tributário **prescreve** (e não decai como erroneamente constou) em cinco anos, contados da data da sua constituição definitiva (CTN, art. 174).

Alternativa "c": as causas que interrompem a prescrição estão no artigo 174, parágrafo único do CTN ("a prescrição se interrompe: I - pelo despacho do juiz que ordenar a citação em execução fiscal; **II - pelo protesto judicial**; III - por qualquer ato judicial que constitua em mora o devedor; IV - por qualquer ato inequívoco ainda que extrajudicial, que importe em reconhecimento do débito pelo devedor").

Alternativa "d": o direito de a Fazenda Pública constituir o crédito tributário extingue-se (ou **decai**) após 5 (cinco) anos, contados do primeiro dia do exercício seguinte àquele em que o lançamento poderia ter sido efetuado (CTN, art. 173, I). O erro da alternativa reside na utilização da prescrição no lugar da **decadência**.

Alternativa "e": é reservado à lei complementar pelo artigo 146, inciso III, alínea "b", da CF/88 "estabelecer normas gerais em matéria de legislação tributária, especialmente sobre obrigação, lançamento, crédito, **prescrição e decadência** tributários".

Alternativa correta: letra "c".

---

37. (Cespe - Delegado de Polícia - PE/2016) A repetição do indébito tributário refere-se à possibilidade de o contribuinte requerer às autoridades fazendárias a devolução de valores pagos indevidamente a título de tributo. A respeito desse assunto, assinale a opção correta.

a) Os juros moratórios na repetição do indébito tributário são devidos a partir da data do fato gerador.

b) Prescreve em dois anos a ação anulatória da decisão administrativa que denegar a restituição.

c) Na repetição do indébito tributário, a correção monetária incide desde a data do fato gerador.

d) O direito do sujeito passivo à restituição total ou parcial do tributo depende necessariamente de prévio protesto.

e) O direito de pleitear a restituição extingue-se após dois anos do pagamento espontâneo do tributo.

COMENTÁRIOS

✪ **Nota dos autores:** a repetição do indébito tributário (CTN, arts. 165 a 169) diz respeito ao direito que cabe ao contribuinte reaver o pagamento (seja total ou parcial, seja na via administrativa ou judicial) efetuado a maior ou indevidamente à Fazenda Pública, evitando-se, portanto, o enriquecimento sem causa. O artigo 168 do CTN dispõe que o direito de pleitear a restituição extingue-se com o decurso do prazo de 5 (cinco) anos, contados: I - nas hipóteses dos incisos I e II do art. 165, da data da extinção do CT; II - nas hipóteses do inciso III, da data em que se tornar definitiva a decisão administrativa ou passar em julgado a decisão judicial que tenha reformado, anulado, revogado ou rescindido a decisão condenatória. Até o advento da LC nº 118/05, prevalecia a tese dos "cinco mais cinco", em que o prazo era de 10 anos para a restituição do indébito dos tributos lançados por homologação. Com a nova lei, pacificou-se o entendimento de que o prazo para ajuizar a repetição de indébito é de 5 anos. Sobre o tema, recomenda-se ao candidato a leitura atenta dos precedentes do STJ:

EREsp 435.835 – SC, DJ 4/6/2007; EREsp 644.736 – PE, DJ 29/8/2005; AgRg no Ag 1.105.057 – SP. Em tais julgados, discutiu-se a prescrição para pleitear a repetição, nos tributos sujeitos ao lançamento por homologação, após o advento da LC 118/2005.

Alternativa "a": segundo o parágrafo único do artigo 167 do CTN, a restituição vence juros não capitalizáveis, a partir do trânsito em julgado da decisão definitiva que a determinar. Logo, o erro está na fixação da data inicial para cômputo dos juros (não é do fato gerador como erroneamente constou na alternativa "a"). O assunto inclusive está sumulado pelo STJ, conforme teor do enunciado 188 ("os juros moratórios, na repetição do indébito tributário, são devidos a partir do trânsito em julgado da sentença").

Alternativa "b": de acordo com o artigo 169 do CTN, "prescreve em dois anos a ação anulatória da decisão administrativa que denegar a restituição".

Alternativa "c": contraria o teor da Súmula 162 do STJ ("na repetição de indébito tributário, a correção monetária incide a partir do pagamento indevido").

Alternativa "d": ao contrário do que constou, o direito do sujeito passivo à restituição total ou parcial do tributo **independe** de prévio protesto (CTN, art. 165).

Alternativa "e": como detalhado na nota dos autores, segundo o artigo 168 do CTN, o direito de pleitear a restituição extingue-se com o decurso do prazo de 5 (cinco) anos (e não de dois, como constou).

Alternativa correta: letra "b".

---

38. (FUNCAB – Delegado de Polícia – RO/2014) Constitui modalidade de extinção do crédito tributário:

a) a anistia.

b) a moratória.

c) o parcelamento.

d) a isenção.

e) a transação.

COMENTÁRIOS

✪ **Nota dos autores:** para responder a essa questão, basta conhecer as hipóteses de extinção do crédito tributário (doze, elencadas em onze incisos do artigo 156 do CTN). Entretanto, visando responder a questões mais elaboradas, o ideal é que o candidato conheça a abrangência de cada um desses doze institutos jurídicos. Por exemplo, além de saber classificar "remissão" como uma hipótese de extinção do crédito tributário, é importante que o candidato saiba o que significa realmente tal termo e qual o delineamento normativo que recai sobre ele (remissão tributária significa "perdão" do crédito tributário, que pode ser autorizada por lei, de forma total ou parcial, buscando atender a alguns critérios, dentre eles, a situação econômica do sujeito passivo ou o diminuto valor do crédito perdoado).

Alternativas "a" e "d": a anistia e a isenção são hipóteses de exclusão do crédito tributário (CTN, art. 175). A exclusão do crédito tributário não dispensa o cumprimento das obrigações acessórias dependentes da obrigação principal cujo crédito seja excluído, ou dela consequente (CTN, art. 175, parágrafo único). A **anistia** (CTN, arts. 180 a 182) é uma exoneração tributária relativa a penalidades pecuniárias (multas, liame de natureza sancionatória) e apenas contempla as situações pretéritas, **não abrangendo o tributo propriamente dito**. Já a **isenção** (CTN, arts. 176 a 179) consiste na dispensa legal do pagamento do tributo. Portanto, na isenção, a pessoa política exerce a competência tributária instituindo o tributo, mas estabelece algumas situações, pessoas ou bens não alcançados pela regra de tributação em face da dispensa do pagamento do tributo.

Alternativas "b" e "c": a moratória e o parcelamento são causas de suspensão da exigibilidade do crédito tributário (CTN, art. 151, I e VI). O parcelamento significa o compromisso confesso de pagar o crédito tributário com os acréscimos, de forma fracionada, obedecidas às formas e condições constantes em lei específica. Por sua vez, a moratória é a situação em que se dá a postergação do momento do pagamento do crédito tributário.

Alternativa "e": a transação é causa de extinção do crédito tributário (CTN, art. 156, III). A lei pode estabelecer condições e facultar aos sujeitos ativo e passivo da obrigação tributária celebrar **transação** que, mediante concessões mútuas, importe em terminação de litígio e consequente extinção de crédito tributário, indicando também a autoridade competente para autorizar a transação em cada caso (CTN, art. 171, *caput* e parágrafo único).

Alternativa correta: letra "e".

---

39. (FUNCAB – Delegado de Polícia – RO/2014) Assinale a alternativa correta.

a) A legislação tributária não pode conceder desconto pela antecipação do pagamento.

b) O parcelamento será concedido na forma e condição estabelecidas em decreto.

c) A imposição de penalidade ilide o pagamento integral do crédito tributário.

d) Quando a legislação tributária não dispuser a respeito, o pagamento será efetuado na repartição competente do domicílio do sujeito passivo.

e) É permitida a compensação mediante o aproveitamento de tributo, objeto de contestação judicial pelo sujeito passivo, antes do trânsito em julgado da respectiva decisão judicial.

COMENTÁRIOS

✪ **Nota dos autores:** a presente questão versa sobre extinção do crédito tributário (pagamento e compensação), bem como sobre o parcelamento, que constitui hipótese de suspensão de exigibilidade do crédito tributário.

Alternativa "a": por contrariar o teor do parágrafo único do artigo 160 do CTN a alternativa é incorreta ("a legislação tributária **pode conceder** desconto pela antecipação do pagamento, nas condições que estabeleça").

Alternativa "b": no que tange ao veículo normativo indicado para disciplinar o parcelamento está o erro da alternativa, pois, segundo o artigo 155-A do CTN, "o parcelamento será concedido na forma e condição estabelecidas em **lei específica**" (e não em decreto).

Alternativa "c": por afrontar o disposto no artigo 157 do CTN ("a imposição de penalidade não ilide o pagamento integral do crédito tributário") a alternativa está errada.

Alternativa "d": de fato, quando a legislação tributária não dispuser a respeito, o pagamento é efetuado na repartição competente do domicílio do sujeito passivo (CTN, art. 159).

Alternativa "e": já que a mencionada compensação antes do trânsito em julgado é expressamente vedada pelo artigo 170-A do CTN ("é **vedada** a compensação mediante o aproveitamento de tributo, objeto de contestação judicial pelo sujeito passivo, antes do trânsito em julgado da respectiva decisão judicial"), tem-se que a alternativa está errada.

Alternativa correta: letra "d".

40. (FUNIVERSA - Delegado de Polícia - DF/2015) Em relação ao crédito tributário, assinale a alternativa correta.

a) Tanto a isenção quanto a anistia inserem-se entre os casos de exclusão do crédito tributário, dispensando-se, em caso de exclusão do crédito tributário por tais meios, o cumprimento das obrigações acessórias dependentes da obrigação principal cujo crédito seja excluído ou dela consequente.

b) A anistia e a isenção, ambas formas de exclusão do crédito tributário, distinguem-se pela seguinte razão: a primeira dispensa o pagamento do tributo devido; a segunda, o pagamento da multa.

c) Pode o legislador estabelecer, por intermédio de lei ordinária, normas gerais em matéria de legislação tributária no que diz respeito à obrigação, ao lançamento, ao crédito, à prescrição e à decadência tributários.

d) Consoante a doutrina, os tributos classificam-se, quanto à repercussão econômica do ônus tributário, em diretos e indiretos. Dada essa classificação, só terá direito a restituição, pelo pagamento indevido de tributo indireto, o contribuinte de direito que comprovar que assumiu o referido encargo ou, tendo-o transferido a terceiro, tiver dele a autorização expressa para a restituição.

e) O crédito tributário, constituído pelo lançamento, é realizado, de forma privativa, pela autoridade administrativa e decorre sempre da obrigação acessória, tendo a mesma natureza desta.

COMENTÁRIOS

✪ **Nota dos autores:** a anistia e a isenção são hipóteses de exclusão do crédito tributário (CTN, art. 175). A exclusão do crédito tributário não dispensa o cumprimento das obrigações acessórias dependentes da obrigação principal cujo crédito seja excluído, ou dela consequente (CTN, art. 175, parágrafo único). A **anistia** (CTN, arts. 180 a 182) é uma exoneração tributária relativa a penalidades pecuniárias (multas, liame de natureza sancionatória) e apenas contempla as situações pretéritas, **não abrangendo o tributo propriamente dito**. Já a isenção (CTN, arts. 176 a 179) consiste na dispensa legal do pagamento do tributo. Portanto, na isenção, a pessoa política exerce a competência tributária instituindo o tributo, mas estabelece algumas situações, pessoas ou bens não alcançados pela regra de tributação em face da dispensa legal do pagamento do tributo.

Alternativa "a": tanto a isenção como a anistia **não** dispensam o cumprimento das obrigações acessórias dependentes da obrigação principal cujo crédito seja excluído ou dela consequente, segundo o parágrafo único do artigo 175 do CTN, reproduzido na nota dos autores.

Alternativa "b": o texto inverteu as definições de isenção e anistia, retratadas na nota dos autores, motivo pelo qual essa alternativa está errada.

Alternativa "c": é reservado à lei complementar pelo artigo 146, inciso III, alínea "b", da CF/88 o estabelecimento de "normas gerais em matéria de legislação tributária, especialmente sobre **obrigação, lançamento, crédito, prescrição e decadência tributários**".

Alternativa "d": os tributos indiretos são aqueles em que o contribuinte repassa o encargo financeiro (valor do tributo) no preço da mercadoria, afetando o próximo elo da cadeia. Nessas situações, o contribuinte (vendedor) é tido como "contribuinte de direito" e o adquirente, que suporta o ônus tributário no preço do produto, é o "contribuinte de fato". Em relação à temática "restituição de tributos indiretos" é imprescindível conhecer o teor do artigo 166 do CTN, segundo o qual "a restituição de tributos que comportem, por sua natureza, transferência do respectivo encargo financeiro, somente será feita a quem prove haver assumido o referido encargo, ou, no caso de tê-lo transferido a terceiro, estar por este expressamente autorizado a recebê-la". Diante da consonância do texto da alternativa "d" com o teor do citado artigo 166 do CTN, tem-se que é a alternativa a ser assinalada.

Alternativa "e": de fato, o crédito tributário é constituído pelo lançamento, de competência privativa da autoridade administrativa (CTN, art. 142). Entretanto, o crédito tributário decorre da obrigação principal e tem a mesma natureza desta (CTN, art. 139). Portanto, o erro da alternativa está na menção à obrigação tributária acessória.

Alternativa correta: letra "d".

9. ADMINISTRAÇÃO TRIBUTÁRIA (FISCALIZAÇÃO, DÍVIDA ATIVA E CERTIDÕES)

41. (FGV - Delegado de Polícia - PC - AM/2022) Em 2022, a Secretaria de Fazenda do Estado Alfa passará a divulgar, em seu sítio eletrônico, algumas informações sobre sujeitos passivos de tributos estaduais.

Acerca desse cenário e à luz do Código Tributário Nacional, avalie se poderão ser divulgadas no sítio eletrônico, sem que haja quebra indevida de sigilo fiscal, informações relativas a

I. representações fiscais para fins penais.
II. inscrições na Dívida Ativa da Fazenda Pública.
III. incentivo, renúncia, benefício ou imunidade de natureza tributária cujo beneficiário seja pessoa jurídica.

Está correto o que se afirma em

a) I e II, apenas.
b) II e III, apenas.
c) I, II e III.
d) II, apenas.
e) III, apenas.

COMENTÁRIOS

✪ **Nota dos autores:** em regra, a Fazenda Pública e seus servidores estão proibidos de divulgar qualquer informação obtida no desenvolvimento dos trabalhos próprios da fiscalização tributária, que se refira aos sujeitos passivos (contribuintes e responsáveis) ou a terceiros que com estes se relacionam, seja em relação à situação econômica ou financeira, seja no tocante à natureza e ao estado de seus negócios ou atividades. Trata-se do chamado "sigilo fiscal" (CTN, art. 198, caput, do CTN). O próprio CTN traz uma série de exceções ao sigilo fiscal, cujas respectivas ocorrências não são consideradas "quebras de sigilo". Dentre tais exceções encontram-se, por exemplo, aquelas previstas no § 3° do artigo 198, quais sejam, a autorização de divulgação de informações pelo Fisco relativas a: (i) representações fiscais para fins penais; (ii) inscrições na dívida ativa da Fazenda Pública; (iii) parcelamento ou moratória; e (iv) incentivo, renúncia, benefício ou imunidade de natureza tributária cujo beneficiário seja pessoa jurídica.

Item I: de fato, não é vedada a divulgação de informações relativas a representações fiscais para fins penais, nos termos do artigo 198, §3°, inciso I, do CTN, ou seja, a afirmação do item está correta.

Item II: de fato, não é vedada a divulgação de informações relativas a inscrições na Dívida Ativa da Fazenda Pública, nos termos do artigo 198, §3°, inciso II, do CTN, ou seja, a afirmação do item está correta.

Item III: de fato, conforme disposição incluída pela Lei complementar n° 198/2021, não é vedada a divulgação de informações relativas a incentivo, renúncia, benefício ou imunidade de natureza tributária cujo beneficiário seja pessoa jurídica, nos termos do artigo 198, §3°, inciso IV, do CTN, ou seja, a afirmação do item está correta.

Alternativa correta: letra "c".

42. (Cespe - Delegado de Polícia - PC - PB/2022) Caso uma empresa alegue, em juízo, que não deve pagar determinado tributo, terá ela razão se demonstrar

a) ter sido anistiada, por dispositivo legal, do pagamento do referido tributo.
b) ser isenta do pagamento de tributo por expressa disposição constitucional.
c) ser imune ao pagamento do referido imposto, por expressa disposição constitucional.
d) ter sido beneficiada por prescrição em face de a administração tributária não ter constituído o crédito em tempo hábil.
e) ter ocorrido a decadência em razão da perda do prazo de ajuizamento da ação de execução fiscal.

COMENTÁRIOS

✪ **Nota dos autores:** a imunidade é uma exoneração tributária prevista na Constituição Federal, mediante normas que estabelecem situações em que é vedado às pessoas políticas exercerem suas competências tributárias. Imunidades constituem, outrossim, limitações constitucionais ao poder de tributar, embora possam ser vistas também como direito subjetivo do cidadão de não ser tributado nas situações constitucionalmente previstas.

Alternativa "a": a anistia é uma hipótese de exclusão do crédito tributário disciplinada por lei nos termos do artigo 97, inciso VI, do CTN, entendida como a dispensa da multa que alcança somente fatos geradores ocorridos antes de sua lei instituidora. Assim, o erro da alternativa está em considerar que o tributo pode ser anistiado, quando, na verdade, a anistia abrange somente a multa.

Alternativa "b": a isenção é uma hipótese de exclusão do crédito tributário, entendida como a dispensa legal do pagamento do tributo, e como tal, é disciplinada por lei (e não por disposição constitucional – o que deixou a alternativa errada), nos termos do artigo 97, inciso VI, do CTN.

Alternativa "c": de fato, como visto na nota dos autores, a imunidade tributária é uma exoneração tributária prevista no texto constitucional e sua demonstração em juízo é capaz de ensejar o não pagamento de determinado tributo.

Alternativas "d" e "e": a distinção básica entre decadência e prescrição no âmbito tributário está no fato de que o que decai é o direito da Fazenda Pública (de homologar o lançamento ou de constituir o crédito tributário de ofício) e o que prescreve é a ação de cobrança do tributo (execução fiscal). As alternativas "d" e "e" estão equivocadas por inverterem os conceitos. A alternativa "d" se referiu à prescrição, quando na verdade a situação narrada é de decadência (perda do direito de constituição do crédito tributário pelo decurso de prazo). Por seu turno, a alternativa "e" se referiu à decadência, quando na verdade a situação narrada é de prescrição (perda do prazo para ajuizamento da cobrança executiva).

Alternativa correta: letra "c".

---

43. (FGV - Delegado de Polícia - PC - RN/2021) Um auditor fiscal da Receita Federal foi impedido de ingressar num imóvel rural para exercer a fiscalização quanto ao ITR. Em virtude disso, requisita o auxílio da força pública estadual, que se recusa a ir até o local.

Diante desse cenário, é correto afirmar que:

a) sendo o ITR um tributo instituído pelo Estado, o auxílio deve ser prestado pela própria força pública estadual;

b) sendo o auditor fiscal da Receita Federal uma autoridade federal, o auxílio deve ser prestado pela força pública federal, e não pela estadual;

c) sendo o ITR fiscalizado e arrecadado pelo Município, por convênio com a União, o auxílio deve ser prestado pela força pública municipal, e não pela estadual;

d) ainda que o ITR não seja tributo estadual, o auxílio deve ser prestado pela força pública de qualquer ente federado;

e) por não se configurar fato definido em lei como crime ou contravenção, não cabe auxílio a ser prestado pelas forças públicas.

COMENTÁRIOS

✪ **Nota dos autores:** a questão gravita em torno do entendimento acerca do artigo 200 do CTN, que prevê que "as autoridades administrativas federais poderão requisitar o auxílio da força pública federal, estadual ou municipal, e reciprocamente, quando vítimas de embaraço ou desacato no exercício de suas funções, ou quando necessário à efetivação dê medida prevista na legislação tributária, ainda que não se configure fato definido em lei como crime ou contravenção".

Alternativa "a": na verdade, o ITR é um imposto de competência federal (CF, art. 153, VI), instituído pela União Federal por meio da Lei 9.393/96. Portanto, o ITR não é instituído pelo Estado, como equivocadamente previu o texto da alternativa. Em outro ponto, ao sugerir que que deve haver a obrigatória coincidência entre a jurisdição da autoridade tributária (federal, estadual e municipal) e da força pública (federal, estadual e municipal), incorre em outro erro, já que, como visto na nota dos autores, o artigo 200 do CTN não prevê essa necessária correlação.

Alternativa "b": o fato de o auditor fiscal pertencer aos quadros da Receita Federal não enseja que o eventual auxílio de força pública seja prestado necessariamente pela corporação federal, uma vez que o artigo 200 do CTN não prevê essa necessária correlação. Em outras palavras, tal dispositivo normativo assevera que "as autoridades administrativas federais poderão requisitar o auxílio da força pública federal, estadual ou municipal, e reciprocamente (...)", denotando, portanto, que o auditor fiscal da Receita Federal poderá requisitar auxílio seja da força pública federal, seja da estadual ou mesmo da municipal.

Alternativa "c": o ITR é de competência privativa da União (CF, art. 153, VI) e sujeita-se às normas de repartição de receitas tributárias. Em regra, pertencem aos Municípios 50% do produto da arrecadação pela União a título de ITR (CF/88, art. 158, II). Há de se ressaltar que é possível que um município fique com 100% do produto da arrecadação do ITR sobre imóveis situados em seu território, condicionado a que opte, na forma da lei, por fiscalizar e cobrar o referido imposto, desde que não implique em sua redução ou qualquer outra forma de renúncia fiscal (CF, art. 158, II c/c art. 153, § 4°, III). Ao fazer essa opção (mediante convênio), mesmo ficando com 100% da arrecadação do ITR, não significa que o município recebeu da União uma delegação da competência tributária para instituir o ITR. Trata-se, como já ressalvado, de norma de repartição de receitas tributárias previstas na própria CF/88, ou seja, o ITR continua de competência federal, porém sua arrecadação é repartida ao Município (50% ou 100%). Também nesse cenário, o artigo 200 do CTN (reproduzido na nota dos autores), não restringe que o auditor fiscal municipal, responsável pela fiscalização e arrecadação de ITR (imposto federal), só possa se valer de auxílio da força pública municipal, motivo pelo qual essa alternativa também está incorreta.

Alternativa "d": de fato, o ITR não é um imposto de competência estadual, mas sim federal (CF, art. 153, VI). Ademais, no caso, o auditor fiscal poderá "requisitar o auxílio da força pública federal, estadual ou municipal, e reciprocamente" (CTN, art. 200).

Alternativa "e": ao contrário do que constou, não é imprescindível que o embaraço à atividade fiscalizatória tributária ou o desacato à autoridade fiscal seja configurado um crime ou uma contravenção para que o auxílio da força pública seja requisitado. É o que apregoa a parte final do artigo 200 do CTN ("as autoridades administrativas federais poderão requisitar o auxílio da força pública federal, estadual ou municipal, e reciprocamente, quando vítimas de embaraço ou desacato no exercício de suas funções, ou quando necessário à efetivação dê medida prevista na legislação tributária, ainda que não se configure fato definido em lei como crime ou contravenção").

Alternativa correta: letra "d".

---

44. (FGV - Delegado de Polícia - PC - RN/2021) Auditor fiscal da Receita Federal lavrou auto de infração contra João, identificando fatos que configuram, em tese, crimes contra a ordem tributária. Decorrido o prazo para impugnação administrativa, sem a sua apresentação, a Receita Federal encaminhou ao Ministério Público representação fiscal para fins penais e publicou, em seu sítio eletrônico, informações sumárias sobre a representação, tais como o nome e o CPF do responsável e a tipificação do ilícito penal em tese cometido. Diante desse cenário, é correto afirmar que:

a) não é vedada a divulgação de tais informações no sítio eletrônico da Receita Federal;
b) tais informações poderiam ser publicadas, desde que omitidos o nome e o CPF do contribuinte;
c) a divulgação pública de tais informações dependeria de autorização prévia do Poder Judiciário;
d) o encaminhamento de tais informações ao Ministério Público depende da existência de convênio entre o Fisco federal e o Ministério Público;
e) o sigilo fiscal do contribuinte impede que a autoridade fiscal dê publicidade a tais informações até que o processo penal seja instaurado.

COMENTÁRIOS

✪ **Nota dos autores:** em regra, a Fazenda Pública e seus servidores estão proibidos de divulgar qualquer informação obtida no desenvolvimento dos trabalhos próprios da fiscalização tributária, que se refira aos sujeitos passivos (contribuintes e responsáveis) ou a terceiros que com estes se relacionam, seja em relação à situação econômica ou financeira, seja no tocante à natureza e ao estado de seus negócios ou atividades. Trata-se do chamado "sigilo fiscal" (CTN, art. 198, caput, do CTN). O próprio CTN traz uma série de exceções ao sigilo fiscal, cujas respectivas ocorrências não são consideradas "quebras de sigilo". Dentre tais exceções encontram-se, por exemplo, aquelas previstas no § 3º do artigo 198, quais sejam, a autorização de divulgação de informações pelo Fisco relativas a: (i) representações fiscais para fins penais; (ii) inscrições na dívida ativa da Fazenda Pública, (iii) parcelamento ou moratória e (iv) incentivo, renúncia, benefício ou imunidade de natureza tributária cujo beneficiário seja pessoa jurídica.

Alternativa "a": de acordo com o entendimento extraído do teor do artigo 198, §3º, inciso I, do CTN, não é considerada uma "quebra" de sigilo fiscal a divulgação de informações relativas a representações fiscais para fins penais. Inclusive, a Portaria da Receita Federal do Brasil nº1750/2018, em seu artigo 16, disciplina o conteúdo dessa divulgação no sítio eletrônico, ou seja, quais informações podem constar nessa divulgação e, entre elas estão o nome e o CPF do responsável (inciso II) e a tipificação legal do ilícito penal objeto da representação fiscal para fins penais (inciso IV), o que deixa essa alternativa correta.

Alternativa "b": como citado nos comentários à alternativa "a", o nome e o CPF do responsável constam no rol de informações que podem ser divulgadas no *site* da Receita Federal do Brasil relativas às representações fiscais para fins penais, após o seu encaminhamento ao Ministério Público Federal, segundo o artigo 16, inciso II, da Portaria RFB 1750/2018.

Alternativa "c": por serem exceções ao dever de "sigilo fiscal", conforme apregoado pelo artigo 198, §3º, inciso I, do CTN, a divulgação pública das referidas informações não demanda autorização prévia do Poder Judiciário.

Alternativa "d": diferente da prestação mútua de assistência para a fiscalização dos tributos respectivos entre os fiscos federal, estaduais e municipais (e da permuta de informações) que demanda lei ou convênio (CTN, art. 199), o encaminhamento de representações fiscais para fins penais ao Ministério Público independe de qualquer convênio entre as partes (Fazenda Pública e Ministério Público).

Alternativa "e": a divulgação de informações relativas a representações fiscais para fins penais não está sujeita à efetiva instauração do processo penal, por ausência de previsão legal nesse sentido.

Alternativa correta: letra "a".

---

45. (UEG – Delegado de Polícia – PC – GO/2018) O lançamento da obrigação tributária, como ato privativo da Administração Tributária, constitui o crédito tributário.

Quanto ao Crédito Tributário e seus consectários, constata-se que

a) no lançamento tributário praticado no âmbito de operação de fiscalização, a Administração Tributária tem prerrogativa de requisição de força policial.
b) a investigação por crime contra a ordem tributária tem como pressuposto para atuação da autoridade policial lançamento tributário válido.
c) os crimes contra ordem tributária são todos materiais, na medida em que demandam efetiva supressão da arrecadação tributária.
d) entre as causas de extinção do crédito tributário, o parcelamento do tributo, quando já instaurada persecução penal, constitui causa de extintiva da punibilidade.
e) a isenção tributária como causa de extinção do crédito tributário corresponde à perda do *ius puniendi* do Estado em matéria de crimes contra a ordem tributária.

COMENTÁRIOS

✪ **Nota dos autores:** é importante diferenciar os delitos tributários dos artigos 1º e 2º da Lei nº 8.137/90 que definem os crimes contra a ordem tributária. O delito previsto no artigo 2º é espécie de crime formal, pois independe da consumação do resultado correspondente à auferição de vantagem ilícita em desfavor do Fisco. Por outro lado, o disposto no artigo 1º, incisos I a IV, da Lei 8.137/90 estabelece como requisito fundamental para a adequação típica a ocorrência efetiva da redução de tributo pelas condutas descritas no tipo, ou seja, por se tratar de crime material se faz imprescindível o encerramento do procedimento administrativo para posterior persecução penal.

Alternativa "a": o artigo 200 do CTN é expresso em garantir o auxílio de força policial para garantir o desempenho da administração tributária no que tange ao seu dever de fiscalizar os livros e documentos dos contribuintes ("as autoridades administrativas federais poderão requisitar o auxílio da força pública federal, estadual ou municipal, e reciprocamente, quando vítimas de embaraço ou desacato no exercício de suas funções, ou quando necessário à efetivação dê medida prevista na legislação tributária, ainda que não se configure fato definido em lei como crime ou contravenção").

Alternativa "b": a Súmula Vinculante 24 ("não se tipifica crime material contra a ordem tributária, previstos no artigo 1°, incisos I a IV, da Lei 8.137/90, antes do lançamento definitivo do tributo") coloca o lançamento definitivo do tributo como pressuposto para a tipificação penal (e não como pressuposto para a investigação). Além disso, o que se exige é o lançamento definitivo, isto é, a constituição definitiva do crédito tributário, que, no caso de impugnação ao lançamento por parte do sujeito passivo, configura-se a partir da decisão administrativa definitiva que mantenha o crédito tributário. Nesse ponto, o examinador equivoca-se, pois fala em lançamento válido, que corresponde ao ato do lançamento, anterior ao processo administrativo tributário e, portanto, antecedente ao lançamento definitivo.

Alternativa "c": conforme exposto na nota dos autores, os crimes contra a ordem tributária previstos no artigo 2º da Lei 8.137/90 são formais, ao passo que os previstos no artigo 1º são materiais.

Alternativa "d": o parcelamento é causa de suspensão da exigibilidade do crédito tributário (CTN, art. 151, VI) e não de extinção. Quanto à extinção da punibilidade do crime contra a ordem tributária, o seu estudo demanda uma digressão legislativa. A primeira legislação a prever expressamente a extinção da punibilidade para o caso de parcelamento veio a lume no ano de 2000 (Lei 9.964/2000 – REFIS). Esta, no seu artigo 15 dispunha que: "Art. 15. É suspensa a pretensão punitiva do Estado, referente aos crimes previstos nos arts. 1º e 2º da Lei nº 8.137, de 27 de dezembro de 1990, e no art. 95 da Lei nº 8.212, de 24 de julho de 1991, durante o período em que a pessoa jurídica relacionada com o agente dos aludidos crimes estiver incluída no REFIS, desde que a inclusão no referido Programa tenha ocorrido antes do recebimento da denúncia criminal. (...) § 3º. Extingue-se a punibilidade dos crimes referidos neste artigo quando a pessoa jurídica relacionada com o agente efetuar o pagamento integral dos débitos oriundos de tributos e contribuições sociais, inclusive acessórios, que tiverem sido objeto de concessão de parcelamento antes do recebimento da denúncia criminal". Três anos depois, outra norma é elaborada (Lei 10.684/2003 – PAES), ocasião em que o tema foi, novamente, tratado, porém com uma sutil alteração, conforme dispõe o seu art. 9º: "Art. 9º: É suspensa a pretensão punitiva do Estado, referente aos crimes previstos nos arts. 1º e 2º da Lei 8.137, de 27 de dezembro de 1990, e nos arts. 168A e 337A do Decreto-Lei nº 2.848, de 7 de dezembro de 1940 – Código Penal, durante o período em que a pessoa jurídica relacionada com o agente dos aludidos crimes estiver incluída no regime de parcelamento (...) § 2º Extingue-se a punibilidade dos crimes referidos neste artigo quando a pessoa jurídica relacionada com o agente efetuar o pagamento integral dos débitos oriundos de tributos e contribuições sociais, inclusive acessórios". Assim, como se pode perceber, diferentemente do que ocorria em relação à Lei anterior, na nova, a suspensão da pretensão punitiva alcança processos criminais já iniciados, ou seja, mesmo após a denúncia, suprimindo, assim, o requisito temporal.

Alternativa "e": a isenção é causa de exclusão do crédito tributário (CTN, art. 175, I) e não de extinção e, assim, não corresponde à perda do *ius puniendi* do Estado em matéria de crimes contra a ordem tributária.

Alternativa correta: letra "a".

---

46. (Cespe – Delegado de Polícia – GO/2017) Instrução normativa expedida em dezembro de 2015 pelo secretário de Fazenda do Estado de Goiás estabeleceu que, para ter acesso ao sistema de informática de emissão de nota fiscal, relativa ao ICMS, o contribuinte deve estar em dia com suas obrigações tributárias estaduais. Em janeiro de 2016, a empresa Alfa Ltda., com pagamento de tributos em atraso, requereu acesso ao sistema e teve o seu pedido indeferido.

Nessa situação hipotética,

a) ainda que a emissão de notas fiscais seja obrigação acessória, o princípio da legalidade estrita, vigente no direito tributário, impõe que tais deveres sejam previstos por lei ordinária, sendo inválida a restrição estabelecida por instrução normativa.

b) o ICMS é tributo sujeito à anterioridade nonagesimal, de modo que, embora válida a instrução normativa, o indeferimento é ato insubsistente, por ter aplicado a instrução normativa antes do prazo constitucional.

c) a interdição de emissão de notas fiscais é meio indireto de cobrança do tributo, já que inibe a continuidade da atividade profissional do contribuinte, o que torna a instrução normativa em questão inválida.

d) o ICMS não é tributo sujeito à anterioridade nonagesimal, de modo que o indeferimento é válido.

e) a emissão de notas fiscais é obrigação acessória, podendo ser regulada por ato infralegal, sendo válida a restrição estabelecida.

COMENTÁRIOS

✪ **Nota dos autores:** a expressão "**sanções políticas**" no âmbito tributário se refere às restrições não razoáveis ao exercício de atividade econômica ou profissional lícita e, em geral, são entendidas como meio indireto para coação dos contribuintes ao pagamento de tributos.

Alternativa "a": o real motivo da invalidade da instrução normativa está exposto nos comentários à alternativa correta (letra "c") e não é o fato de que uma obrigação acessória tem que ser prevista em lei ordinária, como erroneamente constou no texto da alternativa ora em comento. Na verdade, uma sutil diferença entre obrigação tributária principal e acessória diz respeito ao tipo de norma instituidora. A obrigação tributária principal tem, necessariamente, que estar prevista em lei (CTN, art. 97, III), daí sujeitar-se ao princípio da estrita legalidade. Já a obrigação tributária acessória decorre da "legislação tributária" (CTN, art. 113, § 2º), expressão esta que compreende as leis, os tratados e as convenções internacionais, os decretos e as normas complementares que versem, no todo ou em parte, sobre tributos e relações jurídicas a eles pertinentes (CTN, art. 96). Concluindo, enquanto a obrigação tributária principal deve necessariamente ser prevista numa lei (estrita legalidade), a obrigação acessória decorre da legislação tributária (ideia mais ampla que compreende não só leis, mas também decretos e outros tipos normativos).

Alternativa "b": embora, de fato, o ICMS seja um imposto sujeito ao Princípio da Anterioridade Nonagesimal (aliás, só para constar, é também sujeito ao Princípio da Anterioridade Anual), o enunciado da questão não se refere à instituição ou majoração desse imposto, mas sim aborda a exigência de uma obrigação acessória inválida, por se tratar de uma sanção política (meio indireto de cobrança de tributo), como bem detalhado nos comentários à alternativa "c".

Alternativa "c": a conduta fiscal decorrente da instrução normativa, que impossibilitou à empresa Alfa Ltda o acesso ao sistema informatizado de emissão de notas fiscais, pelo fato de estar em mora com o pagamento de tributos, configura nítida sanção política, definida na nota dos autores e repudiada pelo STF em diversas oportunidades (Súmula 70: "É inadmissível a interdição de estabelecimento como meio coercitivo para cobrança de tributo". Súmula 323: "É inadmissível a apreensão de mercadorias como meio coercitivo para pagamento de tributos". Súmula 547: "Não é lícito à autoridade proibir que o contribuinte em débito adquira estampilhas, despache mercadorias nas alfândegas e exerça suas atividades profissionais").

Alternativa "d": ao contrário do que constou, o ICMS se sujeita ao Princípio da Anterioridade nas suas duas vertentes (Anual e Nonagesimal). De qualquer forma, reiterando os comentários à alternativa "b", o enunciado da questão não se refere à instituição ou majoração desse imposto, mas sim aborda a exigência de uma obrigação acessória inválida, por se tratar de uma sanção política (meio indireto de cobrança de tributo).

Alternativa "e": é bem verdade que a emissão de notas fiscais é uma obrigação tributária acessória, pois tem por objeto uma prestação positiva no interesse da arrecadação ou da fiscalização dos tributos (CTN, art. 113, § 2º). Também é verdade que a obrigação acessória pode ser regulada por ato infralegal, já que não é matéria sujeita à estrita legalidade (vide comentários à alternativa "a"). Todavia, não obstante essa regularidade formal (quanto ao veículo introdutor da obrigação tributária acessória), a obrigação acessória criada, ao contrário do que afirma o examinador na parte final da alternativa, deve ser considerada inválida, pois teve como fundamento o fato de se consubstanciar num meio indireto de cobrança de tributo, fato repudiado pelo STF (Súmulas 70, 323 e 547).

Alternativa correta: letra "c".

47. (Cespe – Delegado de Polícia – PE/2016) No que diz respeito ao STN, assinale a opção correta.

a) Sempre que for possível, os impostos terão caráter pessoal, facultado à administração tributária identificar o patrimônio, os rendimentos e as atividades econômicas do contribuinte.

b) O imposto sobre produtos industrializados (IPI), além de ser não cumulativo, será progressivo em função da essencialidade do produto.

c) Lei complementar que estabelece normas gerais em matéria tributária não pode instituir um regime único de arrecadação dos impostos e das contribuições da União, dos estados, do DF e dos municípios.

d) Compete à União e aos estados federados instituir contribuições sociais que sejam de interesse das categorias profissionais.

e) As contribuições sociais e as contribuições de intervenção no domínio econômico poderão ter alíquotas *ad valorem* ou específicas: as primeiras têm por base a unidade de medida adotada; as segundas, o faturamento, a receita bruta ou o valor da operação.

COMENTÁRIOS

✪ **Nota dos autores:** a temática fiscalização tem o delineamento normativo principal entre os artigos 194 e 200 do CTN, os quais devem ser interpretados à luz dos ditames constitucionais.

Alternativa "a": o respeito aos direitos constitucionais e aos termos legais devem sempre permear a atividade fiscalizatória. Segundo o parágrafo primeiro do artigo 145 da CF/88, "sempre que possível, os impostos terão caráter pessoal e serão graduados segundo a capacidade econômica do contribuinte, facultado à administração tributária, especialmente para conferir efetividade a esses objetivos, identificar, **respeitados os direitos individuais e nos termos da lei**, o patrimônio, os rendimentos e as atividades econômicas do contribuinte". Apenas para colaborar com os estudos, a primeira parte do parágrafo primeiro do artigo 145 da CF/88 diz respeito ao Princípio da Capacidade Contributiva ("sempre que possível, os impostos terão caráter pessoal e serão graduados segundo a capacidade econômica do contribuinte"). Nesses termos, fica nítida a forte relação desse princípio com o da isonomia tributária, na medida em que a tributação progressiva, de acordo com a capacidade econômica do contribuinte, só favorece a concretização da vedação ao tratamento desigual entre contribuintes que se encontrem em situação equivalente (CF, art. 150, II).

Alternativa "b": o erro da alternativa está na atribuição do caráter progressivo ao IPI em função da essencialidade do produto, quando o correto seria o caráter **seletivo** (CF, art. 153, § 3º, I). As alíquotas do imposto devem ser menores para os produtos essenciais e maiores para os produtos enquadrados na categoria de consumo supérfluo ou desaconselhável. O princípio da seletividade segundo a essencialidade do produto é de observância obrigatória em relação ao IPI, que "será seletivo" (CF, art. 153, § 3°, I). O mesmo não ocorre em relação ao ICMS que "poderá ser seletivo em função da essencialidade das mercadorias e dos serviços" (CF, art. 155, § 2°, III).

Alternativa "c": a definição de tratamento diferenciado e favorecido para as microempresas e para as empresas de pequeno porte, inclusive regimes especiais ou simplificados, também é assunto a ser regido por lei complementar, segundo a CF/88 (artigo 146, inciso III, alínea "d"). A instituição do regime único de arrecadação dos impostos e contribuições da União, dos Estados, do Distrito Federal e dos Municípios, previsto no parágrafo único do referido artigo 146 da CF/88, ocorreu com a promulgação da Lei complementar nº123/2006, que rege tal matéria instituindo o regime especial unificado de arrecadação de tributos e contribuições devidos pelas microempresas e empresas de pequeno porte, denominado Simples Nacional.

Alternativa "d": errada, pois é de competência exclusiva da União a instituição de contribuição social de interesse das categorias profissionais e econômicas (CF, art. 149).

Alternativa "e": uma vez que a alternativa inverteu as definições dos tipos de alíquotas que poderão ser atribuídas nas contribuições sociais e as contribuições de intervenção no domínio econômico (CF, art. 149, § 2º, III, "a" e "b"), tem-se que está errada. Na verdade, a alíquota *ad valorem*, que consistem num percentual sobre a base de cálculo, tem por base o faturamento, a receita bruta ou o valor da operação e, no caso de importação, o valor aduaneiro. Já a alíquota específica, que correspondem a um valor em moeda, tem por base a unidade de medida adotada.

Alternativa correta: letra "a".

10. PROCESSO (ADMINISTRATIVO E JUDICIAL)

48. (CEBRASPE – 2024 – PC/PE – Delegado) No que se refere ao ilícito tributário, julgue os itens a seguir, com fundamento na jurisprudência dos tribunais superiores e na legislação vigente.

I. Constitui mero ilícito administrativo tributário fazer declaração falsa ou omitir declaração sobre rendas, bens ou fatos, ou empregar outra fraude, para eximir-se, total ou parcialmente, de pagamento de tributo.

II. De acordo com a jurisprudência do STF, os crimes contra a ordem tributária são consumados, em regra, com a constituição do crédito tributário.

III. Excepcionalmente, a jurisprudência do STF admite que se inicie a persecução penal antes de encerrado o procedimento administrativo, nos casos de embaraço à fiscalização tributária ou diante de indícios da prática de outros delitos, de natureza não fiscal.

Assinale a opção correta.

a) Apenas o item I está certo.

b) Apenas o item II está certo.

c) Apenas os itens I e III estão certos.

d) Apenas os itens II e III estão certos.

e) Todos os itens estão certos.

COMENTÁRIOS

✪ **Nota dos autores:** os crimes contra a ordem tributária estão tipificados na Lei 8.137/90.

Item I – Errado. Trata-se de crime contra a ordem tributária tipificado no artigo 2º, inciso I, da Lei 8.137/90. Portanto, não se trata de mero ilícito administrativo, conforme equivocadamente afirmado.

Item II – Certo. Afirmação absolutamente de acordo com a Súmula nº 24 do STF, segundo a qual: "Não se tipifica crime material contra a ordem tributária, previsto no art. 1º, incisos I a IV, da Lei 8.137/1990, antes do lançamento definitivo do tributo".

Item III – Certo. Afirmação guarda plena coerência com a seguinte decisão do STF: "Não obstante a jurisprudência pacífica quanto ao termo inicial dos crimes contra a ordem tributária, o Supremo Tribunal Federal tem decidido que a regra contida na HYPERLINK "https://jurisprudencia.stf.jus.br/pages/search/seq-sumula773/false"Súmula Vinculante 24 pode ser mitigada de acordo com as peculiaridades do caso concreto, sendo possível dar início à persecução penal antes de encerrado o procedimento administrativo, nos casos de embaraço à fiscalização tributária ou diante de indícios da prática de outros delitos, de natureza não fiscal (HYPERLINK "http://redir.stf.jus.br/paginadorpub/paginador.jsp?docTP=TP&docID=11155268"ARE 936.653 AgR, rel. min. Roberto Barroso, 1ª T, j. 24-5-2016, DJE 122 de 14-6-2016)".

Alternativa correta: letra "d".

49. (Vunesp – Delegado de Polícia – PC – BA/2018) Os representantes legais de uma determinada empresa tiveram instaurado contra si inquérito policial para apurar a suposta prática dos crimes previstos nos artigos 1º, I e II, da Lei nº 8.137/90, porque teriam omitido da folha de pagamento da empresa e de documento de informações previstos pela legislação previdenciária, segurados empregados e contribuintes individuais, não recolhendo as respectivas contribuições previdenciárias no período de 10/2014 a 1/2017. Houve a realização de lançamento de ofício pelos agentes fiscais. Inconformados, os representantes legais ajuizaram ação anulatória do lançamento tributário, realizando o depósito integral do montante exigido pelo Fisco. O depósito do montante integral do crédito tributário

a) é causa de suspensão da exigibilidade do crédito tributário, que equivale ao pagamento do débito, extinguindo a punibilidade dos crimes.
b) é causa de extinção do crédito tributário e, por conseguinte, de extinção da punibilidade dos crimes.
c) é causa de exclusão do crédito tributário, que corresponde ao pagamento, extinguindo a punibilidade dos crimes tributários.
d) é causa de suspensão da exigibilidade do crédito tributário, não sendo suficiente para extinguir a punibilidade dos crimes tributários, porque não equivale ao pagamento do débito.
e) é causa de exclusão da exigibilidade do crédito tributário, não sendo suficiente para extinguir a punibilidade dos crimes tributários, por não produzir os mesmos efeitos da moratória.

COMENTÁRIOS

✪ **Nota dos autores:** as seis causas de suspensão da exigibilidade do crédito tributário estão elencadas no artigo 151 do CTN (moratória; depósito do montante integral; as defesas e recursos administrativos; concessão de medida liminar em mandado de segurança; concessão de medida liminar ou tutela antecipada em outras ações judiciais e parcelamento). Por exigibilidade entende-se a possibilidade de cobrar o crédito tributário no Poder Judiciário, via execução fiscal. A exigibilidade advém da constituição definitiva do crédito tributário pelo lançamento e requer ainda a sua inscrição em dívida ativa. De outro lado, de acordo com o artigo 34 da Lei nº 9.249/95, extingue-se a punibilidade dos crimes contra a ordem tributária quando o agente promover o pagamento do tributo ou contribuição social, inclusive acessórios, antes do recebimento da denúncia. Logo, apenas a suspensão da exigibilidade é insuficiente para a extinção da punibilidade, havendo a necessidade do efetivo pagamento do tributo.

Alternativa "a": embora o depósito do montante integral seja uma hipótese de suspensão da exigibilidade do crédito tributário (CTN, art. 151, II), este não equivale ao pagamento (o pagamento é, na verdade, a principal hipótese de extinção do crédito tributário), de maneira que não extingue a punibilidade do crime contra a ordem tributária.

Alternativa "b": o depósito do montante integral não é causa de extinção do crédito tributário, mas sim de suspensão de sua exigibilidade. Nesse sentido, não extingue a punibilidade do crime contra a ordem tributária.

Alternativa "c": o depósito do montante integral não é causa de exclusão do crédito tributário, mas sim de suspensão de sua exigibilidade (CTN, art. 151, II). O pagamento também não é causa de exclusão, mas sim de extinção do crédito tributário (CTN, art. 156, I). Por fim, o depósito do montante integral não corresponde a pagamento e, assim, não extingue a punibilidade do crime contra a ordem tributária.

Alternativa "d": pelo fato de o depósito do montante integral ser uma hipótese de suspensão da exigibilidade do crédito tributário (CTN, art. 151, II), não tem o condão de extinguir a punibilidade do crime contra a ordem tributária, que demanda o pagamento, segundo o artigo 34 da Lei nº 9.249/95.

Alternativa "e": o depósito do montante integral não é causa de exclusão do crédito tributário, mas sim de suspensão de ssua exigibilidade, assim como o é a moratória. Nesse sentido, não extingue a punibilidade do crime contra a ordem tributária.

Alternativa correta: letra "d".

50. (Cespe - Delegado de Polícia - PE/2016) A respeito da execução fiscal, assinale a opção correta.

a) É admissível, nos embargos à execução fiscal, compensar os valores do imposto de renda retidos indevidamente na fonte com os valores restituídos apurados na declaração anual.
b) A penhora não poderá recair, em nenhuma hipótese, sobre estabelecimento comercial, industrial ou agrícola.
c) A dívida ativa regularmente inscrita goza de presunção absoluta de certeza e liquidez.
d) A produção de provas pela fazenda pública depende de requerimento na petição inicial.
e) Os embargos do devedor na fase de execução fiscal prescindem de garantia à execução.

COMENTÁRIOS

✪ **Nota dos autores:** a execução fiscal é disciplinada pela Lei 6.830/80 (LEF), cuja leitura é sugerida.

Alternativa "a": é o teor da Súmula 394 do STJ ("É admissível, em embargos à execução, compensar os valores de imposto de renda retidos indevidamente na fonte com os valores restituídos apurados na declaração anual").

Alternativa "b": excepcionalmente, a penhora poderá recair sobre estabelecimento comercial, industrial ou agrícola, bem como em plantações ou edifícios em construção (LEF, art. 11, § 1º).

Alternativa "c": a dívida ativa, regularmente inscrita, goza de **presunção relativa** de certeza e liquidez, pois pode ser ilidida por prova inequívoca, a cargo do executado ou de terceiro, a quem aproveite (LEF, art. 3º, parágrafo único e CTN, art. 204).

Alternativa "d": a produção de provas pela Fazenda Pública **independe** de requerimento na petição inicial (LEF, art. 6º, § 3º).

Alternativa "e": não são admissíveis embargos do executado antes de garantida a execução (LEF, art. 16, § 1º).

Alternativa correta: letra "a".

Direito Tributário

Alan Martins e
Dimas Yamada Scardoelli

✦ DICAS

1. TRIBUTO: CONCEITO, NATUREZA JURÍDICA E ESPÉCIES

- **Tributo** é toda prestação pecuniária compulsória, em moeda ou cujo valor nela se possa exprimir, que não constitua sanção de ato ilícito, instituída em lei e cobrada mediante atividade administrativa plenamente vinculada (CTN, art. 3º).
- **Prestação pecuniária:** em dinheiro.
- **Compulsória:** cumprir a obrigação tributária é um dever do contribuinte e não uma faculdade.
- **Em moeda ou cujo valor nela se possa exprimir:** a expressão "em moeda", além de dar ênfase ao caráter pecuniário do tributo, também respalda a expressão alternativa "ou cujo valor nela se possa exprimir", cuja coerência ficou mais clara a partir do advento da Lei complementar 104/2001, que introduziu o inciso XI ao artigo 156 do CTN, prevendo a dação em pagamento em bens imóveis como hipótese de extinção do crédito tributário, na forma e condições estabelecidas em lei.
- **Que não constitua sanção de ato ilícito:** serve para **distinguir tributo de multa**, deixando claro que a hipótese legal de incidência do tributo não é uma infração, nem sua consequência jurídica uma penalidade. É diferente da multa, que sempre constitui a sanção de um ato ilícito, como ocorre nas multas por infração às legislações de trânsito, ambiental, sanitária etc. Com base nesse aspecto conceitual o STF julgou indevido um acréscimo de 200% ao IPTU estabelecido por uma lei municipal sobre imóveis onde houvesse construções irregulares, entendo que o acréscimo configurava sanção a ato ilícito (RE 104.817 / SP).
- **Instituída em lei:** condiz com o princípio da legalidade tributária (CF, art. 150, I), segundo o qual é vedada a instituição ou majoração de tributos sem previsão legal do seu fato gerador.
- **Cobrada mediante atividade administrativa plenamente vinculada:** por ser uma prestação compulsória instituída em lei, a autoridade administrativa fica vinculada à exigência do tributo, até porque tem o dever de exercer as competências que lhe são atribuídas por lei. Não há discricionariedade, isto é, juízo de conveniência e oportunidade, por parte da referida autoridade.
- **Denominação e destino do produto de arrecadação:** segundo o texto literal, que é o cobrado na maioria das questões de concursos públicos, o artigo 4º se estrutura da seguinte forma:

Fatores para determinar natureza jurídica do tributo	Relevante	Irrelevante
CTN, art. 4º, *caput*	Fato gerador da respectiva obrigação	
CTN, art. 4º, inciso I		denominação e demais características formais adotadas pela lei
CTN, art. 4º, inciso II		aplicação financeira do produto da arrecadação

- **Critérios constitucionais para determinação da natureza jurídica do tributo:** três critérios são apresentados no quadro a seguir:

Nome	Critério	Tributos
Critério material da hipótese de incidência	Tributos vinculados	taxas e contribuições de melhoria
	Tributos não vinculados	impostos, contribuições e empréstimos compulsórios
Critério da destinação específica do produto da arrecadação	Tributos **com** destinação específica	taxas, contribuições de melhoria, contribuições e empréstimo compulsório
	Tributos **sem** destinação específica	impostos
Critério da restituibilidade do valor arrecadado	Restituibilidade	empréstimo compulsório
	Não Restituibilidade	impostos, taxas, contribuições de melhoria e contribuições

- **Espécies tributárias no CTN:** impostos, taxas e contribuições de melhoria.
- **Espécies tributárias na CF/88:** impostos, taxas, contribuições de melhoria, contribuições e empréstimos compulsórios.

- **Imposto:** tributo cuja obrigação tem por fato gerador uma situação independente de qualquer atividade estatal específica relativa ao contribuinte (CTN, art. 16). **Características:** não vinculado, incidência sobre fatos signo-presuntivos de riqueza, ausência de destinação específica do produto da arrecadação.
- **Taxa:** tem como possíveis fatos geradores: 1) o exercício regular do poder de polícia; 2) a utilização, efetiva ou potencial, de serviços públicos específicos e divisíveis, prestados ao contribuinte ou postos à sua disposição (CTN, art. 77). **Características:** vinculado, contraprestacional, destinação específica do produto da arrecadação, **não** poderão ter base de cálculo própria de impostos (CF, art. 145, §2º), distinguem-se de preço público ou tarifa.
- "É constitucional a adoção, no cálculo do valor de **taxa**, de um ou mais elementos da base de cálculo própria de determinado imposto, desde que não haja integral identidade entre uma base e outra" (Súmula Vinculante 29).
- A taxa de polícia (de fiscalização) é cobrada quando há o exercício do poder de polícia, também chamado de poder de fiscalização.
- A taxa de serviço é cabível toda vez que o Estado, diretamente, presta serviço público específico e divisível ao contribuinte. Assim, se o serviço é genérico e indivisível, sua remuneração se dá através dos impostos. Se é específico e divisível, pelo princípio da justiça fiscal, seu pagamento deve ser cobrado apenas dos que recebem o serviço, situação em que se cobra a taxa.
- A taxa, também, não é sinônimo de tarifa ou de preço público, como bem se verifica pela análise comparativa dos institutos no seguinte quadro:

CRITÉRIOS	TAXA	PREÇO PÚBLICO / TARIFA
Regime	Direito Público (tributário)	Direito Privado (consumidor – contratual)
Natureza Jurídica	Tributária (espécie tributária, artigo 145, inciso II, CF/88, portanto, deve respeito aos princípios tributários)	Contratual (Estado prestador de serviço como se fora um particular ou o particular sob delegação do Estado – concessões, permissões, etc.)
Tipo de receita pública	Receita derivada	Receita originária
Serviços Públicos	Específicos e divisíveis, de uso efetivo ou potencial	Específicos e divisíveis, apenas de uso efetivo
Tipos de serviços públicos	A) Propriamente estatais e ínsitos à soberania do Estado (exemplo: concessão de passaporte) e; B) Essenciais ao interesse público	A) Não essenciais ao interesse público (exemplos: telefonia, gás, energia elétrica e outros sujeitos à concessão ou permissão pelo ente estatal) e; B) Em regra, serviços delegáveis
Cobrança	Compulsória (característica tributária, cobrada no caso de utilização do serviço público e mesmo no caso de o serviço público ter sido colocado à disposição e não necessariamente utilizado)	Voluntária (apenas no uso do serviço público)
Dívida Ativa	Créditos oriundos do não pagamento são inscritos na Dívida Ativa tributária	Créditos oriundos do não pagamento são inscritos na Dívida Ativa não tributária
Repetição de indébito	Ação de repetição de indébito sujeita-se ao prazo previsto no CTN	Ação de repetição de indébito sujeita-se ao prazo prescricional estabelecido no Código Civil (Súmula 412 do STJ)
Decorre de (segundo Súmula 545 do STF)	Lei	Contrato (vontade das partes)
Prescrição	Quinquenal, regida pelo Direito Público (Código Tributário Nacional)	Decenal, regida pelo Direito Privado (Código Civil). Conforme REsp 1117903

- Embora superado o **Princípio da Anualidade** (exigência de prévia previsão orçamentária), o STF não revogou a Súmula 545 e algumas bancas examinadoras continuam cobrando o seu texto literal e integral[1].
- A natureza jurídica do **pedágio** sempre gerou muita polêmica. Porém, recentemente, **o Supremo Tribunal Federal pronunciou-se pela natureza de tarifa ou preço público do pedágio, haja vista não gozar da compulsoriedade, característica**

1. Súmula 545 do STF: "Preços de serviços públicos e taxas não se confundem, porque estas, diferentemente daqueles, são compulsórias e têm sua cobrança condicionada à prévia autorização orçamentária, em relação à lei que as instituiu".

essencial das taxas (STF – ADI 800/RS, rel. Min. Teori Zavascki, 11.6.2014).

- **Contribuição de melhoria:** tem por fato gerador a valorização imobiliária decorrente de uma obra pública (CF, art. 145, III c/c CTN, art. 81). Tributo vinculado cujo objetivo é fazer frente ao custo da obra pública.
- **Contribuições:** quase sempre de competência da União, as contribuições, de maneira geral, possuem finalidades constitucionalmente previstas. Daí a existência de contribuições de variadas naturezas, tais como as de seguridade social, intervenção no domínio econômico, iluminação pública etc. Na classificação **são contribuições sociais** as de **seguridade social** (CF, art. 195) e o **salário educação** (CF, art. 212, § 5º). Todas as demais podem ser consideradas **contribuições especiais**, cabendo mencionar nessa categoria as de **intervenção no domínio econômico** e de **interesse de categorias profissionais ou econômicas** (CF, art. 149), mais a Contribuição para **iluminação pública** (CF, art. 149-A), posteriormente implementada pela Emenda Constitucional 39/2002 e as contribuições para o **Programa de Integração Social – PIS** (CF, art. 239) e para o **Sistema "S"** (CF, art. 240).
- Entre essas contribuições, não há dúvida de que as **Contribuições para a Seguridade Social** são as de finalidade social mais ampla, pois custeiam o sistema público que abrange Saúde, Previdência e Assistência Social. Previstas no artigo 195, incisos I a V, da CF, compreendem as contribuições sociais: I – do empregador, da empresa e da entidade a ela equiparada na forma da lei, incidentes sobre: a) a **folha de salários e demais rendimentos do trabalho** pagos ou creditados, a qualquer título, à pessoa física que lhe preste serviço, mesmo sem vínculo empregatício (CPP – Contribuição Previdenciária Patronal); b) a **receita** ou o **faturamento** (COFINS); c) o **lucro** (CSLL – Contribuição Social sobre o Lucro Líquido); II – do **trabalhador e dos demais segurados** da previdência social (CP – Contribuição Previdenciária, devida por empregados, autônomos e facultativos), **não incidindo** contribuição sobre aposentadoria e pensão concedidas pelo regime geral de previdência social de que trata o art. 201; III – sobre a receita de **concursos de prognósticos** (loterias); IV – do **importador** de bens ou serviços do exterior, ou de quem a lei a ele equiparar; e V – sobre bens e serviços, nos termos de lei complementar (inserida no texto constitucional pela Emenda Constitucional 132/2023, que se refere à chamada "Reforma Tributária").
- Por serem destinadas ao custeio de atividades de entidades paraestatais, as contribuições de interesse das categorias econômicas e profissionais são classificadas como parafiscais. A parafiscalidade é uma característica de tributos instituídos pelas pessoas políticas com delegação da capacidade tributária ativa a terceiros. Isso ocorre em relação a várias contribuições sociais, como devidas ao Sistema "S", em que serviços sociais arrecadam e fiscalizam tributos instituídos pela União.
- Com a Reforma Trabalhista aprovada em 2017, a CLT, lei instituidora da contribuição sindical, passou a estabelecer no seu artigo 578 que: "As contribuições devidas aos sindicatos pelos participantes das categorias econômicas ou profissionais ou das profissões liberais representadas pelas referidas entidades serão, sob a denominação de contribuição sindical, pagas, recolhidas e aplicadas na forma estabelecida neste Capítulo, desde que prévia e expressamente autorizadas." E, com isso, o desconto da contribuição em relação a trabalhadores e o pagamento por parte dos empregadores e profissionais liberais passa a ter caráter facultativo (CLT, arts. 579/587).
- Com a alteração promovida, a contribuição sindical deixa de ter caráter tributário, uma vez perder uma característica essencial do conceito de tributo estabelecido no artigo 3º do CTN, que é a natureza compulsória. Em outras palavras, tornando-se facultativa, a contribuição sindical passa a ter natureza trabalhista e ser objeto do direito coletivo do trabalho. Exatamente como ocorre com as outras cobranças sindicais facultativas, tais como as contribuições confederativa e assistencial, bem como as taxas associativas (Súmula Vinculante 40).
- De qualquer forma, permanece vigente a competência da União para instituição de contribuições de interesse de categorias profissionais, estabelecida no artigo 149 da CF/88. Consequentemente, a contribuição sindical poderá retomar a sua natureza tributária caso a sua obrigatoriedade, futuramente, venha a ser restabelecida em lei, por exemplo, por uma eventual nova alteração da CLT.
- **Empréstimo compulsório:** nos termos do artigo 148, da CF o empréstimo compulsório poderá ser instituído nas seguintes hipóteses: **Inciso I:** para atender às despesas extraordinárias decorrentes de calamidade pública, de guerra externa ou sua iminência. **Inciso II:** no caso de investimento público de caráter urgente e de relevante interesse nacional. **Características:** restituibilidade, caráter não vinculado e destinação específica do produto da arrecadação.

- Impostos:

IMPOSTOS FEDERAIS (CF, arts. 153 e 154)	IMPOSTOS ESTADUAIS/DF (CF, art. 155)	IMPOSTOS MUNICIPAIS/DF (CF, art. 156)	IMPOSTO DE COMPETÊNCIA COMPARTILHADA – ESTADOS, DF E MUNICÍPIOS (CF, art. 156-A)
Imposto sobre importação de produtos estrangeiros – II	Imposto sobre transmissão "causa mortis" e doação de quaisquer bens ou direitos – ITCMD	Imposto sobre a propriedade predial e territorial urbana – IPTU	Imposto sobre bens e serviços (IBS)
Imposto sobre exportação, para o exterior, de produtos nacionais ou nacionalizados – IE	Imposto sobre operações relativas a circulação de mercadorias e sobre prestações de serviços de transporte interestadual e intermunicipal e de comunicação, ainda que as operações e as prestações se iniciem no exterior – ICMS	Imposto sobre a transmissão "inter vivos", a qualquer título, por ato oneroso, de bens imóveis, por natureza ou acessão física, e de direitos reais sobre imóveis, exceto os de garantia, bem como cessão de direitos a sua aquisição – ITBI ou ITIV	
Imposto sobre a renda e proventos de qualquer natureza – IR	Imposto sobre a propriedade de veículos automotores – IPVA	Imposto sobre serviços de qualquer natureza serviços de qualquer natureza, não compreendidos no art. 155, II, definidos em lei complementar – ISS ou ISSQN	
Imposto sobre produtos industrializados – IPI	–	–	
Imposto sobre operações de crédito, câmbio e seguro, ou relativas a títulos ou valores mobiliários – IOF	–	–	
Imposto sobre a propriedade territorial rural – ITR	–	–	
Imposto sobre grandes fortunas	–	–	
Imposto sobre produção, extração, comercialização ou importação de bens e serviços prejudiciais à saúde ou ao meio ambiente, nos termos de lei complementar – IS (Imposto seletivo)			
Impostos residuais	–	–	
Impostos extraordinários	–	–	

- Por fim, também é curioso anotar que, no caso de guerra externa ou sua iminência, a CF conferiu competência à União para a instituição de dois tributos específicos para fazer frente aos custos do evento, que são o **empréstimo compulsório** (CF, art. 148, I) e o **imposto extraordinário de guerra** (CF, art. 154, II). Outro fato interessante é que esse último foge à regra de que não há destinação específica do produto da arrecadação de impostos.
- **Impostos Extraordinários de Guerra:** também de **competência da União**, previstos no artigo 154, inciso II, da CF, pressupõem a **iminência ou ocorrência de guerra externa**. Anote-se que esses impostos extraordinários **podem ou não estar compreendidos na competência tributária da União**. Eis, aliás, a única e excepcional hipótese em que a competência de um ente federativo pode ser exercida por outro, pois, como regra, a União não tem competência para legislar sobre impostos estaduais e municipais, sob pena de quebra do pacto federativo. Há, inclusive, proibição expressa no artigo 151, inciso III, da CF.
- Os impostos extraordinários, instituídos pela iminência ou no caso de guerra externa, serão suprimidos, gradativamente, cessadas as causas de sua criação (CF, art. 154, II).

- Por fim, a partir do estudo dos tributos, segue um quadro sistemático de classificações doutrinárias. Nas obras em geral, as classificações costumam vir com abordagem conceitual dos temas. Entretanto, por questão didática, optou-se por deixar para o final deste capítulo, após o leitor estar mais habituado com os pressupostos teóricos que justificam a classificação.

CRITÉRIO	CLASSIFICAÇÃO	EXPLICAÇÃO
Competência	Federais, estaduais e municipais	Tributo **federal** é o de competência para instituição da União. Tributo **estadual** é o de competência dos Estados e do Distrito Federal. Tributo **municipal** é o de competência dos Municípios e do Distrito Federal.
Competência (2)	Privativa, concorrente, compartilhada e residual	Tributos de **competência privativa** são aqueles cuja instituição cabe exclusivamente a um ente federativo (exemplo, os impostos federais, que cabem privativamente à União). Tributos de **competência concorrente** são aqueles cuja instituição cabe comumente a todos os entes federativos (exemplos, as taxas e as contribuições de melhoria). Tributo de **competência compartilhada** é aquele cuja instituição cabe ao conjunto de mais de um ente federativo (exemplo, o IBS, introduzido pela Reforma Tributária, à cargo compartilhado dos Estados, do DF e dos Municípios). Tributos de **competência residual** são novos tributos que a CF admite que sejam instituídos mediante a observância de pressupostos especiais (exemplos, novos impostos e novas contribuições sociais a cargo exclusivo da União).
Finalidade	Fiscal e extrafiscal	Tributo **fiscal** tem escopo exclusivo de arrecadar recursos para os cofres públicos e tributo **extrafiscal** não tem como finalidade precípua a arrecadação de recursos, mas sim a utilização como instrumento estatal de intervenção na ordem socioeconômica – caráter regulatório.
Natureza econômica do FG	Comércio exterior, patrimônio-renda e circulação-produção	É a classificação constante do CTN: **Comércio Exterior:** II e IE **Patrimônio-Renda:** ITR, IPTU, ITBI, IR **Circulação-produção:** IPI e ICMS
Hipótese de incidência	Vinculado e não vinculado	Tributos **vinculados** são aqueles em que há uma atividade específica realizada pelo sujeito ativo em relação ao sujeito passivo (exemplos, as taxas e as contribuições de melhoria). Tributos **não vinculados** são aqueles em que não há necessidade de uma atividade específica do sujeito ativo para com o sujeito passivo (exemplo, os impostos).
Hipótese de incidência (2)	Reais e Pessoais	Tributos **reais** incidem sobre coisas (exemplos: IPVA, ITR, IPTU). Tributos **pessoais** incidem de forma subjetiva, pois consideram os aspectos particulares dos contribuintes (exemplo, o IR).
Repercussão do ônus financeiro	Direto e indireto	Tributo **indireto** permite a repercussão do ônus financeiro para o próximo elo da cadeia produtiva (exemplo, o ICMS). Tributo **direto** é aquele que não permite a referida repercussão (exemplo, o IR).

2. LIMITAÇÕES AO PODER DE TRIBUTAR

- **Sistema tributário nacional:** corresponde ao capítulo I do título VI da CF. Fundamentalmente, abrange as **competências tributárias**, as **limitações ao poder de tributar** e as **repartições das receitas tributárias**.
- **Objetivos do sistema tributário:** por meio das **competências** atribuem-se parcelas do poder de tributar a cada uma das pessoas políticas (União, Estados, Distrito Federal e Municípios). Já as **limitações ao poder de tributar** são estabelecidas na Constituição justamente para impor freios ao exercício das competências, evitando abusos por parte dos entes tributantes. Compreendem os **princípios** e as **imunidades**. Por fim, as **repartições das receitas tributárias** constituem normas que obrigam as pessoas políticas a partilharem com outras os resultados de suas arrecadações de tributos.
- **Princípios:** são veiculados na CF os **princípios constitucionais tributários gerais**, aplicáveis aos tributos em geral, e os **princípios constitucionais tributários específicos**, que dizem respeito a tributos determinados.
- **Princípio da legalidade (CF, art. 150, I):** é vedada a exigência ou aumento de tributo sem que lei o estabeleça. Em regra, cumpre-se o princípio da legalidade pela instituição ou majoração de tributo por lei ordinária. Contudo, o quadro a seguir aponta: 1º) 4 exceções constitucionais relativas a tributos que só podem ser instituídos por lei complementar; 2º) **amenizações ao princípio**, também previstas na Constituição, relativas a tributos já antes instituídos por lei. Veja-se:

Regra	Exceções / mitigações		
	Exceções: Lei complementar	**Mitigações: Admitem alteração de alíquota por ato do Poder Executivo**	**Mitigações: Admitem redução e restabelecimento de alíquotas por ato do Poder Executivo**
Lei ordinária	IGF IBS CBS Empréstimo compulsório Impostos residuais Contribuições residuais	II IE IPI IOF	CIDE – Combustível ICMS – Combustível monofásico

- **Não se considera majoração de tributo a atualização do valor monetário da respectiva base de cálculo** (CTN, art. 97, § 2º), mas **depende de lei** qualquer **alteração da base de cálculo que importe em tornar o tributo mais oneroso** (CF, art. 97, § 1º).
- **Princípio da isonomia (CF, art. 150, II):** é vedado aos entes federativos instituir tratamento desigual entre contribuintes que se encontrem em situação equivalente, proibida qualquer distinção em razão de ocupação profissional ou função por eles exercida, independentemente da denominação jurídica dos rendimentos, títulos ou direitos.
- **Princípio da capacidade contributiva (CF, art. 145, § 1º):** sempre que possível, os impostos terão caráter pessoal e serão graduados segundo a capacidade econômica do contribuinte (CF, art. 145, § 1º).
- Relaciona-se a esse preceito o **princípio da progressividade**, tipicamente vinculado aos impostos de caráter pessoal. Tanto que, nos termos da **Súmula 656 do STF**, é "inconstitucional a lei que estabelece alíquotas progressivas para o imposto de transmissão *inter vivos* de bens imóveis – ITBI com base no valor venal do imóvel". Fundamento da súmula é que se trata de um imposto de caráter real (objetivo e não pessoal). Porém, o próprio STF, na decisão do **RE 562045/RS**, posicionou-se de maneira distinta quanto ao **ITCMD**, ao permitir a sua **progressividade, mesmo em se tratando de um imposto real**. Desta feita o fundamento utilizado pelo Supremo diz respeito à técnica de progressividade e mensuração da capacidade contributiva, que leva em conta o valor dos quinhões recebidos pelos herdeiros. A progressividade do ITCMD foi agora expressamente prevista no texto constitucional com a Reforma Tributária.
- **Princípio da irretroatividade da norma tributária (CF, art. 150, III, "a"):** a lei tributária não retroagirá para atingir fatos geradores ocorridos anteriormente à sua vigência. **Exceções** à regra da irretroatividade estão previstas no artigo 106 do CTN e a maioria delas diz respeito **a atos ou fatos pretéritos não julgados definitivamente, em matéria de infrações e penalidades para beneficiar o infrator** (CTN, art. 106, II). Essa **retroatividade *in bonam partem*** verifica-se nos casos em que a lei nova: i) deixe de definir o ato ou fato como infração ou de tratá-lo como contrário a qualquer exigência de ação ou omissão, desde que não tenha sido fraudulento e não tenha implicado em falta de pagamento de tributo (extinção da infração/alíneas "a" e "b"); ii) quando passe a cominar penalidade menos severa que a prevista na lei vigente ao tempo da sua prática (redução da penalidade/alínea "c"). Além disso, podem ser aplicadas imediatamente as **leis que sejam expressamente interpretativas** (CTN, art. 106, I).
- **Princípio da anterioridade (CF, art. 150, III, "b" e "c"):** está positivado na ordem constitucional em duas vertentes. São elas: **anterioridade do exercício ou anual** (alínea "b"), segundo a qual é vedado

aos entes federativos cobrar tributos no mesmo exercício financeiro em que haja sido publicada a lei que os instituiu ou aumentou; **anterioridade nonagesimal** (alínea "c"), implementada pela Emenda Constitucional 42/2003, segundo a qual também é vedado aos entes tributantes cobrar tributos antes de decorridos noventa dias da data em que haja sido publicada a lei que os instituiu ou aumentou. Como regra, os dois princípios se aplicam cumulativamente. Mas há exceções, conforme apresentado no quadro a seguir, onde as exceções comuns às duas vertentes estão grafadas em negrito:

REGRA	EXCEÇÕES
Anterioridade anual	**II, IE,** IPI, **IOF, empréstimo compulsório do art. 148, inciso I da CF e imposto extraordinário de guerra,** ICMS-combustível e CIDE-combustível monofásico e contribuições sociais para custeio da seguridade social
Anterioridade nonagesimal	**II, IE,** IR, **IOF, empréstimo compulsório do art. 148, inciso I da CF, imposto extraordinário de guerra** e fixação de base de cálculo de IPVA e IPTU

- **Princípio do não confisco (CF, art. 150, IV):** constitui vedação à instituição de tributos que não sejam razoáveis, que tenham carga tributária desproporcional e excessiva.
- O conceito de confisco é indeterminado e deve ser analisado a cada caso concreto, no que se recomenda a utilização de critérios de razoabilidade e proporcionalidade (STF – ADIN 551/RJ), sendo "cabível, em sede de controle normativo abstrato, a possibilidade de o Supremo Tribunal Federal examinar se determinado tributo ofende, ou não, o princípio constitucional da não confiscatoriedade" (STF – ADI 1.075-MC).
- Não é o percentual da alíquota do tributo que faz ensejar um eventual caráter confiscatório, mas a caracterização do efeito confiscatório pressupõe a análise de dados concretos e de peculiaridades de cada operação ou situação, tomando-se em conta custos, carga tributária global, margens de lucro e condições pontuais do mercado e de conjuntura social e econômica (STF – RE 448.432-AgR).
- O princípio da vedação ao efeito de confisco aplica-se às multas (STF – RE 523.471-AgR).
- **Princípio da liberdade de tráfego (CF, art. 150, V):** é vedado estabelecer limitações ao tráfego de pessoas ou bens, por meio de tributos interestaduais ou intermunicipais, **ressalvada** a cobrança de pedágio pela utilização de vias conservadas pelo Poder Público.
- **Princípios da uniformidade geográfica e da não diferenciação (CF, art. 151, I):** é vedado à União instituir tributo que não seja uniforme em todo o território nacional **ou** que implique distinção ou preferência em relação a Estado, ao Distrito Federal ou a Município, em detrimento de outro. Como exceção a esse princípio, admite-se a concessão de incentivos fiscais destinados a promover o equilíbrio do desenvolvimento socioeconômico entre as diferentes regiões do País.
- **Princípios específicos:** por exemplo, a **progressividade** do IPTU, **fiscal** (em razão do valor) e **extrafiscal** (no tempo, visando ao cumprimento da função social do imóvel), **não cumulatividade** (direito a compensar o imposto cobrado em operações anteriores para evitar a tributação "em cascata") e **seletividade** (graduação da carga tributária segundo a essencialidade dos produtos), esses dois últimos aplicáveis ao ICMS (facultativa) e ao IPI (obrigatória).
- **Imunidades tributárias:** são exonerações tributárias previstas na Constituição Federal, mediante normas que estabelecem situações em que é vedado às pessoas políticas exercerem suas competências tributárias. Também podem ser vistas como **direito subjetivo do cidadão de não ser tributado** nas situações constitucionalmente previstas.
- **Imunidade e isenções:** também é fundamental saber distinguir as imunidades de outras exonerações tributárias, a começar pela isenção. Enquanto a **imunidade tributária**, como já visto, constitui limitação de competência estabelecida em normas constitucionais, a **isenção** é uma hipótese legal de exclusão do crédito tributário (CTN, art. 175, I), isto é, uma dispensa legal do pagamento do tributo. Portanto, na isenção, a pessoa política exerce a competência tributária instituindo o tributo, mas estabelece algumas situações, pessoas ou bens não alcançados pela regra de tributação, diferente da imunidade, em que o exercício da competência tributária fica vedado.
- **Remissões e isenções:** qualquer subsídio ou isenção, redução de base de cálculo, concessão de crédito presumido, anistia ou remissão, relativos a impostos, taxas ou contribuições, só poderá ser concedido mediante **lei específica**, federal, estadual ou municipal, que regule exclusivamente as matérias acima enumeradas ou o correspondente tributo ou contribuição, sem prejuízo do disposto no art. 155, § 2.º, XII, "g" (CF, art. 150, § 6º).
- Na **imunidade subjetiva**, o ente federativo não tem o direito ao exercício da competência para tributar determinadas pessoas, como é o caso da imunidade dos templos de qualquer culto (CF, art. 150, VI, "b"). Já na **imunidade objetiva**, a vedação atinge o objeto da tributação, como ocorre na imunidade do livro (CF, art. 150, VI, "d").
- Além das imunidades tributárias **gerais**, estabelecidas no artigo 150, inciso VI, da CF, a Constituição também contempla as chamadas imunidades **específicas**, correspondentes a todas aquelas aplicáveis a tributos determinados, como são a imunidade das

taxas (CF, art. 5º, XXXIV) e a imunidade do ICMS nas operações de exportação (CF, art. 155, § 2º, X, "a"), entre outras.

- **Imunidade recíproca:** vedação de que União, Estados, Distrito Federal e Municípios instituam **impostos** sobre patrimônio, renda e serviços uns dos outros (CF, art. 150, VI, "a"). É **extensiva às autarquias e às fundações instituídas e mantidas pelo Poder Público** e à empresa pública prestadora de serviço postal, no que se refere ao **patrimônio, à renda e aos serviços, vinculados às suas finalidades essenciais ou às delas decorrentes** (CF, art. 150, § 2º). Por outro lado, conforme norma expressa veiculada no § 3º do artigo 150 da CF, **não** se aplica aos serviços relacionados com exploração de atividades econômicas regidas pelas normas aplicáveis a empreendimentos privados, ou em que haja contraprestação ou pagamento de preços ou tarifas pelo usuário.
- **Imunidade dos templos:** nos termos do artigo 150, inciso VI, alínea "b" c/c § 4º, da CF, a imunidade dos templos de qualquer culto e entidades religiosas, inclusive suas organizações assistenciais e beneficentes, compreende os **impostos** sobre o patrimônio, a renda e os serviços relacionados com as finalidades essenciais das referidas entidades (CF, art. 150, § 4º).
- **A imunidade religiosa abrange** não somente os prédios destinados ao culto, como também o IPTU sobre imóveis de propriedade de cultos religiosos que se encontrarem alugados, quando a renda decorrente da locação tiver aplicação relacionada com as finalidades essenciais das entidades (STF – AI 690.712-AgR). Por outro lado, no que diz respeito ao Imposto Sobre Transmissão Onerosa de Bens Imóveis – ITBI , de competência do Município, a Emenda Constitucional nº 116/2022, incluiu um § 1º-A no artigo 156 para estabelecer que o mesmo não incide sobre templos de qualquer culto, ainda que as entidades religiosas sejam apenas locatárias do bem imóvel.
- **Imunidade dos partidos políticos, entidades sindicais, de educação e de assistência social:** segundo a norma do artigo 150, inciso VI, alínea "c", da CF, são imunes a **impostos** sobre patrimônio, renda ou serviços: os partidos políticos, inclusive suas fundações; as entidades sindicais dos trabalhadores; instituições de educação e de assistência social, sem fins lucrativos. Em todos os casos, a Constituição exige que sejam atendidos os requisitos de lei, razão pela qual são chamadas de **imunidades não autoaplicáveis**. Esses requisitos devem ser estabelecidos em lei complementar, sob o fundamento de que cabe à lei complementar regular limitações constitucionais ao poder de tributar (CF, art. 146, II), como é o caso das imunidades (ADI 566622 e ADIs 2028, 2036, 2228 e 2621).
- **Súmula Vinculante nº 52**: ainda quando alugado a terceiros, permanece imune ao IPTU o imóvel pertencente a qualquer das entidades referidas pelo art. 150, VI, "c", da Constituição Federal, desde que o valor dos aluguéis seja aplicado nas atividades para as quais tais entidades foram constituídas.
- **Imunidades dos livros:** de acordo com a redação da alínea "d" do inciso VI do artigo 150 da CF, são imunes a impostos os livros, jornais, periódicos e o papel destinado à sua impressão. Essa imunidade refere-se **apenas** a **impostos**, não se aplicando a outras espécies de tributos.
- A imunidade em questão tem caráter objetivo e incide diretamente sobre o livro, o jornal, o periódico e o papel destinado à impressão. Não se estende ao patrimônio das pessoas jurídicas empreendedoras de negócios relativos a esses bens de valor cultural devendo ser interpretada restritivamente sob esse aspecto, não abrangendo os serviços prestados por empresas que fazem a distribuição, o transporte ou a entrega de livros, jornais, periódicos e do papel destinado a sua impressão (STF – RE 630.462-AgR – 2ª. Turma – Rel. Min. Ayres Brito – julg. 07/02/2012).
- "A imunidade tributária constante do artigo 150, VI, d, da Constituição Federal, aplica-se ao livro eletrônico (e-book), inclusive aos suportes exclusivamente utilizados para fixá-lo" (STF, RE 330817 – com repercussão geral reconhecida). "A imunidade tributária da alínea "d" do inciso VI do artigo 150 da Constituição Federal alcança componentes eletrônicos destinados exclusivamente a integrar unidades didáticas com fascículos" (STF, RE 595676 – com repercussão geral reconhecida). Recentemente, foi publicada a Súmula Vinculante 57, com o seguinte teor "a imunidade tributária constante do art. 150, VI, d, da CF/88 aplica-se à importação e comercialização, no mercado interno, do livro eletrônico (e-book) e dos suportes exclusivamente utilizados para fixá-los, como leitores de livros eletrônicos (e-readers), ainda que possuam funcionalidades acessórias".
- **Imunidade musical:** alínea "e" do inciso VI do artigo 150 da CF, incluída pela Emenda Constitucional 75/2013, relativa a fonogramas e videofonogramas musicais produzidos no Brasil contendo obras musicais ou literomusicais de autores brasileiros e/ou obras em geral interpretadas por artistas brasileiros bem como os suportes materiais ou arquivos digitais que os contenham, **salvo** na etapa de replicação industrial de mídias ópticas de leitura a laser.
- Portanto, pode-se afirmar que a **imunidade** abrange todas as etapas de **produção e comercialização das obras audiovisuais** contempladas no artigo 150, inciso VI, alínea "e", da CF, e respectivos suportes materiais, com **exceção** da etapa de **replicação industrial de mídias ópticas de leitura a laser**. Para melhor compreensão, cumpre dizer que a produção de fonogramas e videogramas tem início nos estúdios das gravadoras, onde se dá a gravação de sons (fonografias) e imagens (cinematografias), inclusive trucagem, dublagem, mixagem

e congêneres, etapa sujeita ao **ISSQN**, nos termos dos **itens 13.02 e 13.03 da Lista de Serviços Anexa à Lei Complementar 116/2003**, e **agora imune** nas hipóteses do artigo 150, inciso VI, alínea "e", da CF. O resultado é a obtenção da matriz da obra, que a norma constitucional trata por fonograma, tal como o CD de um sambista, ou videofonograma, a exemplo do DVD do show ao vivo de uma dupla sertaneja, hipótese em que a atividade de estúdio é precedida pelos serviços de captação de imagens e sons durante o evento escolhido para gravação do show.

- Além das imunidades tributárias gerais do artigo 150, inciso VI, da CF, a Constituição também contempla as chamadas **imunidades específicas**, correspondentes a todas aquelas aplicáveis a tributos determinados.
- Confira no quadro abaixo as diversas imunidades específicas previstas na Constituição:

CF	TRIBUTO (imune)	IMUNIDADE SOBRE
Art. 184, § 5º	ITBI	As operações de transferência de imóveis desapropriados para fins de reforma agrária.
Art. 5º, XXXIV, "a" e "b"	TAXAS	Direito de petição aos Poderes Públicos (defesa de direito ou contra ilegalidade ou abuso de poder); Obtenção de certidões em repartições públicas (defesa de direito e esclarecimento de situações de interesse pessoal).
Art. 149, § 2º, I	Contribuições sociais e CIDEs	Receitas decorrentes de exportação.
Art. 153, § 3º, III	IPI	Produtos industrializados destinados ao exterior.
Art. 153, § 4º, II	ITR	Pequenas glebas rurais, definidas em lei, quando as explore o proprietário que não possua outro imóvel.
Art. 156, § 2º, I	ITBI	Transmissão de bens ou direitos incorporados ao patrimônio de pessoa jurídica em realização de capital, nem sobre a transmissão de bens ou direitos decorrente de fusão, incorporação, cisão ou extinção de pessoa jurídica, salvo se, nesses casos, a atividade preponderante do adquirente for a compra e venda desses bens ou direitos, locação de bens imóveis ou arrendamento mercantil.

CF	TRIBUTO (imune)	IMUNIDADE SOBRE
Art. 155, § 2º, X, "a" a "d"	ICMS	Operações que destinem mercadorias para o exterior, nem sobre serviços prestados a destinatários no exterior, assegurada a manutenção e o aproveitamento do montante do imposto cobrado nas operações e prestações anteriores;
Art. 155, § 2º, X, "a" a "d"	ICMS	Operações que destinem a outros Estados petróleo, inclusive lubrificantes, combustíveis líquidos e gasosos dele derivados, e energia elétrica; O ouro, nas hipóteses definidas no art. 153, § 5º (ou seja, quando for ativo financeiro ou instrumento cambial); As prestações de serviço de comunicação nas modalidades de radiodifusão sonora e de sons e imagens de recepção livre e gratuita.
Art. 195, II	Contribuição social do trabalhador e demais segurados do INSS	Aposentadoria e pensão concedidas pelo regime geral de previdência social.
Art. 155, § 3º	Todos os impostos, exceto ICMS, II, IE e IBS	Operações relativas a energia elétrica e serviços de telecomunicações.
Art. 155, § 3º	Todos os impostos, exceto ICMS, II, IE, IBS e IS	Operações relativas a derivados de petróleo, combustíveis e minerais do País
Art. 156, II, *in fine*	ITBI	Direitos reais de garantia sobre os imóveis (hipoteca e anticrese).
Art. 195, § 7º	Contribuições para a seguridade social	As entidades beneficentes de assistência social que atendam às exigências estabelecidas em lei
Art. 153, §6º, I	Imposto Seletivo	Não incidirá sobre as exportações nem sobre as operações com energia elétrica e com telecomunicações

CF	TRIBUTO (imune)	IMUNIDADE SOBRE
Art. 155, §1º, V e VII	ITCMD	Não incidirá sobre as doações destinadas, no âmbito do Poder Executivo da União, a projetos socioambientais ou destinados a mitigar os efeitos das mudanças climáticas e às instituições federais de ensino. Não incidirá sobre as transmissões e as doações para as instituições sem fins lucrativos com finalidade de relevância pública e social, inclusive as organizações assistenciais e beneficentes de entidades religiosas e institutos científicos e tecnológicos, e por elas realizadas na consecução dos seus objetivos sociais, observadas as condições estabelecidas em lei complementar
Art. 155, §6º, III	IPVA	Aeronaves agrícolas e de operador certificado para prestar serviços aéreos a terceiros; Embarcações de pessoa jurídica que detenha outorga para prestar serviços de transporte aquaviário ou de pessoa física ou jurídica que pratique pesca industrial, artesanal, científica ou de subsistência; Plataformas suscetíveis de se locomoverem na água por meios próprios, inclusive aquelas cuja finalidade principal seja a exploração de atividades econômicas em águas territoriais e na zona econômica exclusiva e embarcações que tenham essa mesma finalidade principal; Tratores e máquinas agrícolas
Art. 156, §1º-A	IPTU	Não incide sobre templos de qualquer culto, ainda que as entidades abrangidas pela imunidade sejam apenas locatárias do bem imóvel
Art. 156-A, §1º, III e XI e art. 149-B, II	IBS e CBS	Não incidirá sobre as exportações, assegurados ao exportador a manutenção e o aproveitamento dos créditos relativos às operações nas quais seja adquirente de bem material ou imaterial, inclusive direitos, ou serviço. Não incidirá nas prestações de serviço de comunicação nas modalidades de radiodifusão sonora e de sons e imagens de recepção livre e gratuita

- Destaque para a imunidade das entidades beneficentes de assistência social às contribuições para a seguridade social, que constitui previsão expressa do artigo 195, § 7º da CF. Embora o dispositivo em questão utilize a expressão "isentas" ao invés de "imunes", por se tratar de uma exoneração tributária veiculada na Constituição Federal, a mesma possui natureza de imunidade.
- Sobre essa imunidade, cabe ressaltar que, segundo a norma do artigo 195, § 7º, da CF, são isentas de **contribuição para a seguridade social** as entidades beneficentes de assistência social que atendam às exigências estabelecidas em lei. "Os requisitos para o gozo de imunidade hão de estar previstos em lei complementar" (RE 566622 e ADIs 2028, 2036, 2228 e 2621 – com repercussão geral reconhecida).

3. COMPETÊNCIA TRIBUTÁRIA E REPARTIÇÃO DAS RECEITAS TRIBUTÁRIAS

- **Competência tributária:** é o poder de tributar conferido pela Constituição Federal a um ente federativo. Ao estabelecer as competências tributárias, a Constituição o faz com exclusividade a determinado ente federativo (**competências privativas**), ou então, a todos os entes federativos concomitantemente (**competências concorrentes**). Pertencem ao campo das competências privativas os impostos (federais, estaduais e municipais), o empréstimo compulsório (União) e as contribuições sociais e especiais (União, via de regra). Ao campo das competências concorrentes, pertencem as taxas e contribuições de melhoria. A Reforma Tributária trouxe a **competência compartilhada** para instituição do IBS, entre Estados, DF e Municípios.
- **Competência tributária plena:** a competência tributária para instituição de tributos é plena, isto é, compreende também a atribuição de legislar a respeito dos mesmos.
- **Competências residuais:** são deferidas apenas à União para instituir impostos (CF, art. 154, I) e contribuições que constituam outras fontes de custeio da seguridade social (CF, art. 195, § 4º) nos seguintes termos: mediante lei complementar; diferentes dos(as) já previstos(as) nos artigos 153 (impostos) e 195 (contribuições para custeio da seguridade social) da CF; – não cumulativos(as); – que não tenham fato gerador ou base de cálculo próprios(as) dos(as) já discriminados(as) na Constituição.
- **Competência extraordinária:** da União para instituição de impostos extraordinários de guerra, previstos no artigo 154, inciso II, da CF, compreendidos ou não na competência tributária da União.
- **Indelegabilidade de competência e capacidade tributária ativa:** a competência tributária é indelegável, porém, a capacidade tributária ativa, assim compreendidas as funções de arrecadar ou fiscalizar tributos, ou de executar leis, serviços, atos ou decisões administrativas em matéria tributária, po-

de ser delegada por uma pessoa jurídica de direito público a outra (CTN, art. 7º).

- Segue um quadro das competências tributárias privativas e concorrentes estabelecidas na Constituição:

Tributo	Competência
Empréstimos compulsórios (CF, art. 148)	União
Contribuições sociais, de intervenção no domínio econômico (CIDE) e de interesse das categorias profissionais ou econômicas (CF, art. 149)	
Imposto sobre importação de produtos estrangeiros – II (CF art. 153, I)	
Imposto sobre exportação, para o exterior, de produtos nacionais ou nacionalizados – IE (CF art. 153, II)	
Imposto sobre renda e proventos de qualquer natureza – IR (CF art. 153, III)	
Imposto sobre produtos industrializados – IPI (CF art. 153, IV)	
Imposto sobre operações de crédito, câmbio e seguro, ou relativas a títulos ou valores mobiliários – IOF (CF art. 153, V)	
Imposto sobre propriedade territorial rural – ITR (CF art. 153, VI)	
Imposto sobre grandes fortunas, nos termos de lei complementar – IGF (CF art. 153, VII)	
Imposto sobre produção, extração, comercialização ou importação de bens e serviços prejudiciais à saúde ou ao meio ambiente, nos termos de lei complementar – IS (Imposto seletivo)	
Imposto extraordinário na iminência ou no caso de guerra externa (CF, art. 154, II)	
Contribuições sociais de custeio da seguridade social (CF, art. 195), incluindo a nova CBS.	
Contribuição para custeio da previdência dos servidores públicos federais (CF, art. 40)	
Imposto sobre transmissão *causa mortis* e doação, de quaisquer bens ou direitos – ITCMD (CF, art. 155, I)	Estados e Distrito Federal
Imposto sobre operações relativas à circulação de mercadorias e sobre prestações de serviços de transporte interestadual e intermunicipal e de comunicação, ainda que as operações e as prestações se iniciem no exterior – ICMS (CF, art. 155, II)	
Imposto sobre propriedade de veículos automotores – IPVA (CF, art. 155, III)	
Contribuição para custeio da previdência dos servidores públicos estaduais e do Distrito Federal (CF, art. 149, § 1º)	
Imposto sobre propriedade predial e territorial urbana – IPTU (CF, art. 156, I)	Municípios e Distrito Federal
Imposto sobre transmissão *inter vivos*, a qualquer título, por ato oneroso, de bens imóveis, por natureza ou acessão física, e de direitos reais sobre imóveis, exceto os de garantia, bem como cessão de direitos a sua aquisição – ITBI (CF, art. 156, II)	
Imposto sobre serviços de qualquer natureza, não compreendidos no art. 155, II, definidos em lei complementar – ISSQN (CF, art. 156).	
Contribuição para custeio da previdência dos servidores públicos municipais (CF, art. 149, § 1º)	
Contribuição para custeio do serviço de iluminação pública (CF, art. 149-A)	Municípios e Distrito Federal
Demais contribuições previstas na CF (por exemplo, arts. 212, 239 e 240)	União
Em território Federal, os impostos estaduais e, se o Território não for dividido em Municípios, cumulativamente, os impostos municipais (CF, art. 147)	União
Taxas em razão do exercício regular do poder de polícia ou pela prestação ou disponibilização de serviços públicos específicos e divisíveis (CF, art. 145, II)	Concorrente
Contribuições de melhoria (CF, art. 145, III)	
Imposto sobre bens e serviços – IBS	Compartilhada entre Estados, DF e Municípios

- Como se observa no quadro apresentado, além dos impostos estaduais (CF, art. 155) e dos tributos de competência concorrente da União, dos Estados, do Distrito Federal e dos Municípios (CF, arts. 145, II e III), cabem ao Distrito Federal os impostos municipais (CF, art. 147, *in fine*), além de ser titular da competência compartilhada para instituição do IBS (CF, art. 156-A).
- Muito embora, atualmente, não exista nenhum Território Federal, costuma-se exigir em concursos públicos outra competência conferida à União pela Constituição Federal. É que nos termos da primeira parte do artigo 147 da CF, em relação a Território Federal, competem os impostos estaduais e, se o Território não for dividido em Municípios, cumulativamente, os impostos municipais.
- Outro ponto de destaque é que **não** pertence à União a competência para instituir contribuição previdenciária dos servidores dos Estados, do Distrito Federal e dos Municípios. Essa competência é atribuída aos próprios Estados, Distrito Federal e Municípios e a alíquota das contribuições estaduais

e municipais **não serão inferiores** à da contribuição dos servidores titulares de cargos efetivos da União (CF, art. 149, § 1º).

- **Repartição das receitas tributárias:** em geral, a pessoa política que institui e arrecada determinado tributo fica com o produto de sua arrecadação. Entretanto, com fundamento no pacto federativo, a CF/88 traz uma série de situações em que o ente tributante deve repassar parte do numerário arrecadado a outro. São as chamadas repartições de receitas tributárias e estão disciplinadas entre os artigos 157 e 162 do texto constitucional.
- Confira, no quadro a seguir, didaticamente elaborado (*in:* MARTINS, Alan; SCARDOELLI, Dimas Yamada. *Direito Tributário – curso rápido e didático para estudos e revisões.* Leme: Editora JH Mizuno, 2012, página 64), as regras constitucionais sobre partilha da arrecadação tributária, previstas principalmente entre os artigos 157 e 159 da CF:

Tributo	União	Est./DF	Mun	Outros	%	CF/88	Observações constitucionais (CF/88)
IR – retido na fonte	O	D	–	–	100	157, I	Pagamentos efetuados pelos Estados.
Imposto Residual	O	D	–	–	20	157, II	Ver art. 154, I.
IR – retido na fonte	O	–	D	–	100	158, I	Pagamentos efetuados pelos Municípios.
ITR	O	–	D	–	50	158, II	Imóveis rurais situados nos Municípios. O repasse pode chegar a 100%, nos termos do art. 153, § 4º, III.
IPVA	–	O	D	–	50	158, III	Critério: local do licenciamento para veículos terrestres e domicílio do proprietário para os veículos aquáticos e aéreos.
ICMS	–	O	D	–	25	158, IV, "a"	Critério: índice de participação. Ver parágrafo primeiro do art. 158 (principal variável: valor adicionado).
IBS	-	O	O e D	-	25	158, IV, "b"	Critério: índice de participação. Ver parágrafo segundo do art. 158 (principal variável: população).
IR/IPI/IS	O			D	50	159, I	Outros: Fundos de Participações dos Estados (21,5%) e dos Municípios (22,5%), Programas de Financiamento regiões N, NE e CO (3%) e, novamente, Fundo de Participação dos Municípios para entrega no primeiro decêndio do mês de dezembro de cada ano (1%) no primeiro decêndio do mês de julho de cada ano (1%) e no primeiro decêndio do mês de setembro de cada ano (1%)
IPI/IS	O	D	–	–	10	159, II	Proporcional às exportações de produtos industrializados. Do valor recebido pelos Estados/DF (nunca superior a 20%), serão entregues 25% do IPI aos Municípios pelo critério idêntico ao ICMS e 25% do IS aos Municípios pelo critério idêntico ao IBS.
CIDE combust.	O	D	–	–	29	159, III	Os Estados e o DF destinarão 25% do valor recebido aos Municípios.
IOF ouro	O	D	–	–	30	153, § 5º, I	Ouro como ativo financeiro ou instrumento cambial. Critério: origem
IOF ouro	O	–	D	–	70	153, § 5º, II	Ouro como ativo financeiro ou instrumento cambial. Critério: origem

Legenda:

O = origem (ente que detém a competência tributária).

D = destino (ente que recebe o repasse da receita).

% = percentual de receita repassada.

4. LEGISLAÇÃO TRIBUTÁRIA

- **Legislação tributária:** dispõe o artigo 96 do CTN que a expressão "legislação tributária" compreende o conjunto de normas que versem, **no todo ou em parte**, sobre **tributos** e relações jurídicas a ele pertinentes (CTN, art. 96). Essas normas são: (i) as leis; (ii) os tratados e as convenções internacionais; (iii) os decretos e (iv) as normas complementares da legislação tributária.
- **Leis complementares:** são aprovadas por **maioria absoluta**, ou seja, por metade mais um dos membros da casa legislativa (CF, art. 69). De acordo com o contexto da previsão constitucional, a lei complementar aprovada pelo Congresso Nacional poderá ter caráter **federal** (aplicável apenas no âmbito da União) ou **nacional** (aplicável a todos os entes da Federação, a todos os Estados ou a todos os Municípios). São de **caráter federal** as leis complementares exigidas para instituição de alguns tributos de competência da União, quais sejam: imposto sobre grandes fortunas (CF, art. 153, VII), imposto seletivo (CF, art. 153, VIII), empréstimos compulsórios (CF, art. 148), impostos de competência residual da União (CF, art. 154, I) e contribuições sociais para custeio da seguridade social de competência residual da União (CF, art. 195, § 4º c/c art. 154, I). Já as **leis complementares de caráter nacional** são mais numerosas, no que se destaca o **artigo 146, do CTN**, segundo qual incumbe à lei complementar: **I - dispor sobre conflitos de competência**, em matéria tributária, entre a União, os Estados, o Distrito Federal e os Municípios; **II - regular as limitações constitucionais ao poder de tributar**; **III - estabelecer normas gerais em matéria de legislação tributária**, especialmente sobre: **a)** definição de tributos e de suas espécies, bem como, em relação aos impostos discriminados nesta Constituição, a dos respectivos fatos geradores, bases de cálculo e contribuintes; **b)** obrigação, lançamento, crédito, prescrição e decadência tributários; **c)** adequado tratamento tributário ao ato cooperativo praticado pelas sociedades cooperativas; **d)** definição de tratamento diferenciado e favorecido para as microempresas e para as empresas de pequeno porte.
- O Código Tributário Nacional - CTN, lei formalmente **ordinária** (Lei 5.172/66), foi recepcionado pela CF/88 como lei **complementar** (ADCT, art. 34, § 5º), haja vista regular limitações ao poder de tributar e estabelecer normas gerais de direito tributário, matérias reservadas à lei complementar pelo artigo 146, incisos II e III.
- Consequentemente, qualquer alteração do CTN sempre deverá ocorrer por meio de **lei complementar**.
- O **Livro Segundo do CTN** é intitulado **Normas Gerais de Direito Tributário** e inicia-se a partir do seu artigo 96. É subdividido em quatro títulos (I - Legislação Tributária; II - Obrigação Tributária; III - Crédito Tributário e; IV - Administração Tributária).
- Um exemplo jurisprudencial dessa competência suplementar do Estados e do Distrito Federal decorre da ADI 2298, em que o Supremo Tribunal Federal decidiu que o fato de não haver lei complementar federal (nacional) para dispor sobre as normas gerais relativas ao IPVA **não** impede que os Estados e o Distrito Federal exerçam a competência legislativa plena, instituindo e exigindo a exação, nos termos do artigo 24, § 3º da CF.
- **Leis ordinárias:** aprovadas por **maioria simples**, isto é, por metade mais um dos presentes à votação. Toda matéria que depende de lei, como regra, deve ser regida por lei ordinária. São os casos da instituição ou majoração de tributos (CF, art. 150, I) e da imposição de sujeição passiva por substituição tributária (CF, art. 150, § 7º). Além disso, o artigo 97 do CTN veicula no âmbito infraconstitucional o princípio da legalidade tributária, estabelecendo que **somente a lei poderá** dispor sobre: I - a instituição de tributos, ou a sua extinção; II - a majoração de tributos, ou sua redução, salvo exceções; III - a definição do fato gerador da obrigação tributária principal, salvo exceções, e do seu sujeito passivo; IV - a fixação de alíquota do tributo e da sua base de cálculo, salvo exceções; V - a cominação de penalidades para as ações ou omissões contrárias a seus dispositivos, ou para outras infrações nela definidas; VI - as hipóteses de exclusão, suspensão e extinção de créditos tributários, ou de dispensa ou redução de penalidades.
- Em razão desse **quórum de aprovação**, parte da doutrina defende a superioridade hierárquica das leis complementares em relação às leis ordinárias (aprovadas por maioria simples). Outra corrente defende uma hierarquia tão somente material, na medida em que a Constituição Federal reserva algumas matérias a serem tratadas exclusivamente por lei complementar.
- **Medida provisória**: a medida provisória que implicar na instituição ou majoração de **impostos** só produzirá efeitos no exercício financeiro seguinte (**anterioridade**) se houver sido convertida em lei até o último dia daquele em que foi editada (**legalidade**). São **exceções** a essa regra os impostos previstos nos artigos 153, incisos I, II, IV, V e 154, inciso II, da CF. Outro ponto importante é que a **medida provisória não pode versar sobre matérias reservadas à lei complementar** (CF, art. 62, § 1º, III). Dessa forma, por exemplo, não pode ser editada medida provisória que tenha por condão estabelecer normas gerais sobre definição de base de cálculo de um imposto, pois se trata de matéria reservada à lei complementar, segundo o artigo 146, inciso III, alínea "a", da CF.
- **Decretos:** o Chefe do Poder Executivo (Presidente da República, Governador de Estado e Prefeito Municipal) tem a competência para expedir decretos,

cujo conteúdo e o seu alcance restringem-se aos das leis em função das quais sejam expedidos (CTN, art. 99). Os regulamentos dos impostos são aprovados por decretos do Poder Executivo.

- **Tratados e convenções internacionais:** Nos termos do artigo 98 do CTN, são fontes formais primárias do Direito Tributário. Revogam ou modificam a legislação tributária interna, e serão observados pela que lhes sobrevenha. Porém, para que produzam esse efeito, esses tratados necessitam ser internalizados, isto é, transpostos para a legislação interna, conforme consagrado na jurisprudência do STF (CR 8279 AgR).
- A competência para resolver definitivamente sobre internalização desses diplomas normativos é exclusiva do Congresso Nacional (CF, art. 49, I). Logo, o instrumento normativo hábil é o decreto legislativo que, nos termos do artigo 109, inciso II do Regimento Interno da Câmara dos Deputados e do artigo 213, II do Regimento Interno do Senado Federal, é o veículo normativo destinado a matérias de competência exclusiva do Congresso Nacional, isto é, aquelas que independem de sanção do Presidente da República. Além disso, o artigo 172, inciso II, alínea "c" do Regimento Interno do Senado Federal também faz expressa menção ao decreto legislativo referente a tratado, convênio ou acordo internacional.
- **Normas complementares da legislação tributária:** são "normas complementares" à legislação tributária, isto é, das leis, das convenções internacionais e dos decretos: (a) os atos normativos expedidos pelas autoridades administrativas, tais como portarias, resoluções, instruções normativas etc.; (b) as decisões administrativas de eficácia normativa; (c) as práticas reiteradamente observadas pelas autoridades administrativas ("costumes") e (d) os convênios que entre si celebram os entes federativos tributantes (CTN, art. 100).
- **Resoluções do Senado:** também possuem importância ímpar em matéria de tributos estaduais, sendo o veículo competente para fixação de alíquotas máximas de ITCMD (CF, art. 155, § 1º, IV), mínimas de IPVA (CF, art. 155, §6º, I) e de alíquotas de ICMS nas hipóteses dos incisos IV e V do § 2º do art. 155 da CF.
- **Vigência da norma tributária:** força de uma norma jurídica para regular condutas dentro de limites de **tempo** e **espaço** estabelecidos na ordem de direito positivo. No que se refere à **vigência no tempo**, além de disciplinar o início da vigência das normas complementares, o CTN mostra-se sintonizado com o princípio da anterioridade tributária. Já a **vigência no espaço** está estritamente ligada à respectiva fonte de produção (as leis podem ser classificadas em **municipais**, **estaduais**, **federais** e **nacionais**).
- **Aplicação:** a legislação tributária aplica-se imediatamente aos **fatos geradores futuros** (que estão por acontecer) **e aos pendentes**, assim entendidos aqueles cuja ocorrência tenha tido início, mas não esteja completa (CTN, art. 105). **Amenizações à regra da irretroatividade** estão previstas no artigo 106 do CTN, quais seja: normas expressamente interpretativas (CTN, art. 106, I) e atos ou fatos pretéritos não julgados definitivamente, em matéria de infrações e penalidades para beneficiar o infrator (CTN, art. 106, II).
- **Interpretação:** raciocínio lógico-jurídico desenvolvido para compreensão do conteúdo e alcance de uma norma jurídica ou de um conjunto dessas normas, visando à correta aplicação da legislação. Em matéria tributária, os artigos 109 a 112 do CTN estabelecem inúmeras regras de interpretação. Os artigos 109 e 110 versam sobre a utilização de conceitos e princípios de direito privado, o artigo 111 sobre a intepretação literal da norma tributária e o artigo 112 sobre *in dubio pro contribuinte* em matéria de infrações e penalidades.
- **Integração:** é colmatar lacunas, suprir as omissões da ordem jurídica, de acordo com preceitos extraídos do próprio sistema normativo. Em matéria tributária, a integração normativa é regida pelo artigo 108 do CTN, que prevê a utilização, **sucessivamente**, dos seguintes critérios de integração: 1º) analogia; 2º) princípios gerais de direito tributário; 3º) princípios gerais de direito público; 4º) equidade. **Exceções:** o emprego da analogia não poderá resultar na exigência de tributo não previsto em lei (CTN, art. 108, § 1º); a equidade não poderá levar à dispensa do pagamento de tributo devido (CTN, art. 108, § 2º).

5. OBRIGAÇÃO TRIBUTÁRIA E FATO GERADOR

- **Obrigação tributária:** é **principal** ou **acessória** (CTN, art. 113).
- **Obrigação principal:** surge com a ocorrência do fato gerador, tem por objetivo o pagamento de tributo ou penalidade pecuniária e extingue-se juntamente com o crédito dela decorrente (CTN, art. 113, §1º).
- **Obrigação tributária acessória:** consubstancia-se em prestações positivas ou negativas previstas na legislação tributária no interesse da arrecadação e da fiscalização (CTN, art. 113, § 2º). A inobservância de obrigação acessória enseja a sua conversão em obrigação principal relativamente à penalidade pecuniária (CF, 113, § 3º), ou seja, a multa aplicada por descumprimento de obrigação acessória recebe o tratamento de uma obrigação tributária principal.
- O montante da obrigação tributária (**dívida tributária**) é o aspecto quantitativo da norma tributária impositiva, que pode ser um valor fixo, um percentual (**alíquota**) incidente sobre determinada grandeza (**base de cálculo**) ou até mesmo a lei pode utilizar-se do enquadramento em tabelas.

- Em diversos dispositivos constitucionais há menção a vários aspectos relativos às alíquotas aplicáveis aos impostos, conforme o quadro a seguir (rol exemplificativo):

Tributo	Alíquota	Competência/ Observação
IOF (ouro)	Mínima	1%
ITCMD	Máxima	Senado Federal
ICMS (operações internas)	Mínima	Senado Federal (resolução de iniciativa de um terço dos senadores e aprovada por maioria absoluta)
ICMS (operações internas)	Máxima	Senado Federal (resolução de iniciativa da maioria absoluta e aprovada por 2/3 dos senadores)
ICMS (operações internas)	Deve ser maior do que a	Alíquota interestadual
ICMS (operações interestaduais)	a ser fixada pelo	Senado Federal (resolução de iniciativa do Presidente da República ou de um terço dos senadores)
IPVA	Mínima	Senado Federal
ISS	Mínimas/ Máximas	Lei Complementar
ISS	Mínima	2% (art. 88 ADCT, enquanto a lei complementar não disciplinar o assunto, exceto para os serviços de construção civil, demolição e reforma de edifícios e congêneres)

- No Direito Tributário, a expressão **fato gerador** é ambígua, haja vista que contempla ora a descrição legal (significando a **hipótese de incidência**), ora o fato concreto (significando o **fato jurídico-tributário**), cuja subsunção deste àquela dá origem à obrigação tributária.

- De acordo com o artigo 114 do CTN, "fato gerador da obrigação principal é a situação definida em lei como necessária e suficiente à sua ocorrência", ou seja, a partir da subsunção do fato (fato gerador concreto ou fato jurídico-tributário) à norma (fato gerador abstrato ou **hipótese de incidência**), nasce a obrigação tributária ou, noutras palavras, constitui-se a **relação jurídica tributária** (vínculo entre devedor e credor tributários).

- **Momento da ocorrência do fato gerador**: tratando-se de **situação de fato**, considera ocorrido o fato gerador desde o momento em que se verifiquem as circunstâncias materiais necessárias a que produza os efeitos que normalmente lhe são próprios (CTN, art. 116, I); se for uma **situação jurídica**, considera-se ocorrido desde o momento em que a situação jurídica estiver definitivamente constituída (CTN, art. 116, II).

- **Fato gerador condicional:** nos termos do artigo 117 do CTN ocorre, **na condição suspensiva**, desde o momento de sua implementação; **na condição resolutória**, desde o momento da prática do ato ou da celebração do negócio.

- **Interpretação do fato gerador:** a definição legal do fato gerador independe da validade jurídica, natureza do objeto ou efeitos dos atos praticados (CTN, art. 118, I) ou dos fatos ocorridos (CTN, art. 118, II).

- Diante dessa regra hermenêutica, consideram-se válidos fatos geradores relacionados a atividades ilícitas, tais como o IPTU do imóvel onde funciona uma banca de jogo de bicho ou a renda obtida por um membro de crime organizado. Trata-se da aplicação do princípio do *non olet* ("o dinheiro não tem cheiro"), que leva à interpretação objetiva dos fatos geradores, preconizada no artigo 118 do CTN.

- **Norma geral antielisão:** a autoridade administrativa poderá desconsiderar atos ou negócios jurídicos praticados com a finalidade de dissimular a ocorrência do fato gerador do tributo ou a natureza dos elementos constitutivos da obrigação tributária, observados os procedimentos a serem estabelecidos em lei ordinária (CTN, art. 116, parágrafo único).

6. SUJEITOS (ATIVO E PASSIVO), CAPACIDADE TRIBUTÁRIA, DOMICÍLIO TRIBUTÁRIO E RESPONSABILIDADE TRIBUTÁRIA

- **Sujeito ativo:** pessoa política titular da competência para exigir o cumprimento da obrigação tributária (CTN, art. 119).

- **Sujeito Passivo:** é o devedor da relação tributária, isto é, aquele obrigado ao pagamento do tributo ou da penalidade pecuniária. Como dispõe o artigo 121, parágrafo único do CTN, o sujeito passivo pode ser: I – o **contribuinte** (alguém com relação pessoal e direta com a situação que constitua o respectivo fato gerador)**; II –** o **responsável** (aquele que, não se revestindo da condição de contribuinte, sua obrigação decorra de expressa disposição legal).

- **Sujeito passivo da obrigação acessória:** é a pessoa obrigada às prestações que constituam o seu objeto (CTN, art. 122).

- **Convenções entre particulares:** eventual acordo entre particulares com relação à responsabilidade pelo pagamento de tributos, salvo disposição de lei em contrário, não pode ser oposto à Fazenda Pública no intuito de modificar a definição legal do sujeito passivo da obrigação tributária correspondente (CTN, art. 123).

- **Solidariedade tributária:** é a modalidade de sujeição passiva em que a responsabilidade pelo cumprimento da obrigação principal pode ser atribuída a um ou mais devedores ao mesmo tempo e sem benefício de ordem. Atinge as **pessoas que tenham interesse comum na situação que constitua o fato gerador da obrigação tributária principal (CTN, art. 124, I),** bem como **aquelas pessoas expressamente designadas em lei (CTN, art. 124, II)**. Na solidariedade, o pagamento efetuado por um dos obrigados aproveita aos demais, a isenção ou remissão de crédito tributário exonera todos os obrigados (exceto se for outorgada pessoalmente a um deles, subsistindo a solidariedade quanto aos demais sobre o saldo) e a interrupção da prescrição em favor ou contra um dos obrigados, favorece ou prejudica aos demais (CTN, art. 125).
- **Capacidade tributária passiva:** independe da capacidade civil da pessoa física ou do fato de se achar sujeita a medidas que importam em privação ou limitação do exercício de atividades civis, comerciais, profissionais ou da administração de seus bens ou negócios (CTN, art. 126).
- **Eleição de domicílio e recusa de domicílio eleito:** todo sujeito passivo (contribuinte ou responsável) tem um domicílio tributário, como regra, o domicílio que eleger (CTN, art. 127). Porém, o domicílio eleito pelo sujeito passivo poderá ser recusado pela autoridade fazendária quando impossibilitar ou dificultar a arrecadação dos tributos (CTN, art. 127, § 2º).
- **Ausência de eleição de domicílio:** hipótese suprida pelas regras do artigo 127 do CTN. No caso de pessoa física, o domicílio será a residência habitual do contribuinte, ou então, se a residência for incerta ou desconhecida, o centro habitual de suas atividades (inciso I). Na mesma linha, não havendo eleição de domicílio fiscal, será considerado como tal o local da sede da pessoa jurídica de Direito Privado (inciso II) ou da repartição da pessoa jurídica de Direito Público (inciso III).
- **Regra supletiva:** não sendo possível a aplicação das regras acima, o domicílio tributário será o lugar da situação dos bens ou da ocorrência dos atos ou fatos que derem origem à obrigação tributária (CTN, art. 127, § 1º).
- A expressão responsabilidade tributária e o termo responsável são importantíssimos para o Direito Tributário, uma vez que, em linhas gerais, implicam na submissão de determinada pessoa a arcar com o débito fiscal.
- À condição de sujeito passivo do responsável, dá-se o nome de responsabilidade tributária, tema exaustivamente explorado em concursos públicos. Para desenvolvê-lo, é importante estabelecer uma sistematização das normas de responsabilidade tributária no CTN, podendo-se partir da classificação que subdivide a responsabilidade tributária em responsabilidade por substituição (CTN, art. 128) e responsabilidade por transferência, esta última compreendendo as seguintes subespécies de responsabilidades: por sucessão, de terceiros e por infrações.
- **Responsável tributário:** deve ser uma terceira pessoa vinculada ao fato gerador da respectiva obrigação, excluindo a responsabilidade do contribuinte ou atribuindo-a a este em caráter supletivo do cumprimento total ou parcial da referida obrigação (CTN, art. 128).

Responsabilidade Solidária	Responsabilidade Subsidiária	Responsabilidade pessoal
A dívida tributária pode ser exigida tanto do "contribuinte" como do "responsável", ou de dois contribuintes, sem benefício de ordem.	Responsabilidade decorre da impossibilidade de exigência da obrigação junto ao "contribuinte".	Diretamente da pessoa indicada como responsável tributária, independente da responsabilidade do contribuinte

- **Responsabilidade por substituição tributária:** a lei poderá atribuir a sujeito passivo de obrigação tributária a condição de responsável pelo pagamento de imposto ou contribuição, cujo fato gerador deva ocorrer posteriormente (CF, art. 150, § 7º c/c CTN, art. 128), assegurada a imediata e preferencial restituição da quantia paga, caso não se realize o fato gerador presumido.
- **Finalidades da substituição tributária:** facilitar arrecadação e fiscalização.
- "É devida a restituição da diferença do ICMS pago a mais no regime de substituição tributária para a frente se a base de calculo efetiva da operação for inferior à presumida" (Tese do Tema 201 de Repercussão Geral).
- **Retenção na fonte:** a lei pode atribuir à fonte pagadora da renda ou dos proventos tributáveis a condição de responsável pelo imposto cuja retenção e recolhimento lhe caibam (CTN, art. 45).
- **Responsabilidade dos sucessores:** encontra-se disciplinada entre os artigos 129 a 133 do CTN. Aplica-se por igual aos créditos tributários definitivamente constituídos ou em curso de constituição à data dos atos nela referidos e aos constituídos posteriormente aos mesmos atos, desde que relativos a obrigações tributárias surgidas até a referida data.

Responsabilidade dos Sucessores
Aplica-se por igual aos créditos tributários definitivamente constituídos ou em curso de constituição à data dos atos nela referidos e aos constituídos posteriormente aos mesmos atos, desde que relativos a obrigações tributárias surgidas até a referida data.

Responsabilidade dos Sucessores	
Tributos "propter rem" (imóveis) - CTN, art. 130	Sub-rogam-se na pessoa dos respectivos adquirentes, **salvo quando conste do título a prova de sua quitação.**
Aquisição de imóvel em hasta pública - CTN, art. 130, parágrafo único	A sub-rogação dos tributos "propter rem" ocorre sobre o respectivo preço.
Responsabilidade pessoal - CTN, art. 131, I	do adquirente ou remitente, pelos tributos relativos aos bens adquiridos ou remidos.
Responsabilidade pessoal - CTN, art. 131, II	do sucessor a qualquer título e o cônjuge meeiro, pelos tributos devidos pelo de cujus até a data da partilha ou adjudicação, limitada esta responsabilidade ao montante do quinhão do legado ou da meação.
Responsabilidade pessoal - CTN, art. 131, III	do espólio, pelos tributos devidos pelo de cujus até a data da abertura da sucessão.
Pessoa jurídica de direito privado que resultar de fusão, transformação ou incorporação - CTN, art. 132	é responsável pelos tributos devidos até a data do ato pelas pessoas jurídicas de direito privado fusionadas, transformadas ou incorporadas.
Extinção de pessoa jurídica de direito privado - CTN, art. 132, parágrafo único	quando a exploração da respectiva atividade seja continuada por qualquer sócio remanescente, ou seu espólio, sob a mesma ou outra razão social, ou sob firma individual, estes são responsáveis.
Pessoa natural ou jurídica que adquire de outra um estabelecimento (fundo de comércio) - CTN, art. 133	Responde pelos tributos, relativos ao fundo ou estabelecimento adquirido, devidos até a data do ato: I - **integralmente**, se o alienante cessar a exploração do comércio, indústria ou atividade; II - **subsidiariamente** com o alienante, se este prosseguir na exploração ou iniciar dentro de seis meses a contar da data da alienação, nova atividade no mesmo ou em outro ramo de comércio, indústria ou profissão.
Pessoa natural ou jurídica que adquire estabelecimento (fundo de comércio) de outra em processo de falência; ou adquire filial ou unidade produtiva isolada, em processo de recuperação judicial - CTN, art. 133, §§ 1º e 2º	Não responde pelos tributos, quer integral, quer subsidiariamente, exceto quando o adquirente for: I - sócio da sociedade falida ou em recuperação judicial, ou sociedade controlada pelo devedor falido ou em recuperação judicial; II - parente, em linha reta ou colateral até o 4º (quarto) grau, consanguíneo ou afim, do devedor falido ou em recuperação judicial ou de qualquer de seus sócios; ou III - identificado como agente do falido ou do devedor em recuperação judicial com o objetivo de fraudar a sucessão tributária.

- **Responsabilidade de terceiros:** está disciplinada nos artigos 134 e 135 do CTN.
- **Responsabilidade de terceiros com atuação regular:** nos casos de impossibilidade de exigência do cumprimento da obrigação principal pelo contribuinte, respondem **solidariamente** com este nos atos em que intervierem ou pelas omissões de que forem responsáveis (CTN, art. 134).
- **Responsabilidade de terceiros com atuação irregular:** as pessoas do artigo 135 do CTN são **pessoalmente** responsáveis pelos créditos correspondentes a obrigações tributárias resultantes de **atos praticados com excesso de poder, ou infração à lei, estatuto ou contrato social**.

Responsabilidade de Terceiros		
Nos casos de impossibilidade de exigência do cumprimento da obrigação principal pelo contribuinte, respondem solidariamente com este nos atos em que intervierem ou pelas omissões de que forem responsáveis. O disposto neste artigo só se aplica, em matéria de penalidades, às de caráter moratório (art. 134, parágrafo único).		
Contribuinte, tributos devidos pelos:	**Terceiro Responsável**	**CTN, artigo 134, inciso:**
Filhos menores	Pais	I
Tutelados e curatelados	Tutores e curadores	II
Terceiros	Administradores de bens de terceiros	III
Espólio	Inventariante	IV
Massa falida ou concordatário	Síndico e comissário (atualmente "administrador judicial")	V
Atos praticados por tabeliães, escrivães e demais serventuários de ofício, ou perante eles, em razão do seu ofício	os tabeliães, escrivães e demais serventuários de ofício	VI
Liquidação de sociedade de pessoas	Sócios	VII

Todas estas pessoas elencadas na coluna "terceiro responsável"	+	Os mandatários, prepostos e empregados	+	Os diretores, gerentes ou representantes de pessoas jurídicas de direito privado

São pessoalmente responsáveis pelos créditos correspondentes a obrigações tributárias resultantes de atos praticados:	
Com excesso de poderes ou	Infração de lei, contrato social ou estatutos

- **Responsabilidade por infrações:** está disciplinada nos artigos 136 a 138 do CTN. Salvo disposição de lei em contrário, a responsabilidade por infrações da legislação tributária independe **da intenção do agente** ou do responsável e da efetividade, natureza e extensão dos efeitos do ato (CTN, art. 136). O artigo 137 trata da responsabilidade pessoal do agente nas infrações tipificadas por lei como crimes ou contravenções ou relacionadas a dolo específico.
- **Denúncia espontânea:** a responsabilidade é excluída pela denúncia espontânea da infração, acompanhada, se for o caso, do pagamento do tributo devido e dos juros de mora, ou do depósito da importância arbitrada pela autoridade administrativa, quando o montante do tributo dependa de apuração (CTN, art.138). No entanto, "não se considera espontânea a denúncia apresentada após o início de qualquer procedimento administrativo ou medida de fiscalização, relacionados com a infração" (CTN, art. 138, parágrafo único).

7. CRÉDITO TRIBUTÁRIO: LANÇAMENTO, SUSPENSÃO DA EXIGIBILIDADE, GARANTIAS E PRIVILÉGIOS

- **Crédito tributário:** direito subjetivo da Fazenda Pública ao objeto da obrigação tributária, o crédito tributário, para ser exigido, deve ser formalizado por meio do lançamento.
- O crédito tributário decorre da obrigação principal e tem a mesma natureza desta (CTN, art. 139), de modo que, a exemplo da obrigação tributária, o crédito tributário constitui o direito subjetivo da Fazenda Pública exigir a prestação tributária do contribuinte ou responsável.
- Logo, também, crédito tributário não é sinônimo de obrigação tributária. Aliás, segundo o artigo 140 do CTN, "as circunstâncias que modificam o crédito tributário, sua extensão ou seus efeitos, ou as garantias ou os privilégios a ele atribuídos, ou que excluem sua exigibilidade não afetam a obrigação tributária que lhe deu origem".
- O crédito tributário é constituído pelo **lançamento tributário**.
- **Conceito de lançamento:** compete privativamente à autoridade administrativa constituir o crédito tributário pelo **lançamento**, assim entendido o procedimento administrativo tendente a verificar a ocorrência do fato gerador da obrigação correspondente, determinar a matéria tributável, calcular o montante do tributo devido, identificar o sujeito passivo e, sendo caso, propor a aplicação da penalidade cabível (CTN, art. 142).
- **Natureza do lançamento:** possui natureza constitutiva do crédito tributário e eficácia declaratória da obrigação tributária (CTN, art. 142).
- **Natureza vinculada e obrigatória: a** atividade administrativa de lançamento é vinculada e obrigatória, sob pena de responsabilidade funcional (CTN, art. 142, parágrafo único).
- **Lançamento em moeda estrangeira: s**alvo disposição de lei em contrário, quando o valor tributário esteja expresso em moeda estrangeira, no lançamento far-se-á sua conversão em moeda nacional ao câmbio do dia da ocorrência do fato gerador da obrigação (CTN, art. 143).
- **Modalidades de lançamento:** lançamento de ofício, lançamento por declaração e lançamento por homologação (classificação de acordo com o grau de participação do fisco).
- **Lançamento por declaração (CTN, art. 147):** efetivado pela autoridade administrativa (agente do órgão fazendário) a partir de informações imprescindíveis, declaradas pelo sujeito passivo ou por terceiro (grau médio de participação).
- **Lançamento de ofício (CTN, art. 149):** efetivado diretamente pela autoridade administrativa, independentemente de qualquer informação ou ato do sujeito passivo ou de terceiro (grau máximo de participação).
- **Lançamento por homologação ou autolançamento (CTN, art. 150):** o sujeito passivo antecipa o pagamento sem prévia análise da autoridade administrativa (grau mínimo de participação). A homologação pela autoridade administrativa pode ser expressa ou tacita (mais comum, pelo decurso de tempo).
- **Revisão do lançamento:** após devidamente notificado ao sujeito passivo, o lançamento só poderá ser alterado por: I – impugnação do próprio sujeito passivo; II – recurso de ofício; III – iniciativa de ofício da autoridade administrativa, nos casos previstos no artigo 149 (CTN, art. 145).
- **Hipóteses em que o lançamento é efetuado ou revisto de ofício:** I – quando a lei assim o determine; II – quando a declaração não seja prestada, por quem de direito, no prazo e na forma da legislação tributária; III – quando a pessoa legalmente obrigada, embora tenha prestado declaração nos termos do inciso anterior, deixe de atender, no prazo e na forma da legislação tributária, a pedido de esclarecimento formulado pela autoridade administrativa, recuse-se a prestá-lo ou não o preste satisfatoriamente, a juízo daquela autoridade; IV – quando se comprove falsidade, erro ou omissão quanto a qualquer elemento definido na legislação tributária como sendo de declaração obrigatória; V – quando se comprove omis-

são ou inexatidão, por parte da pessoa legalmente obrigada, no exercício da atividade a que se refere o artigo seguinte; VI – quando se comprove ação ou omissão do sujeito passivo, ou de terceiro legalmente obrigado, que dê lugar à aplicação de penalidade pecuniária; VII – quando se comprove que o sujeito passivo, ou terceiro em benefício daquele, agiu com dolo, fraude ou simulação; VIII – quando deva ser apreciado fato não conhecido ou não provado por ocasião do lançamento anterior; IX – quando se comprove que, no lançamento anterior, ocorreu fraude ou falta funcional da autoridade que o efetuou, ou omissão, pela mesma autoridade, de ato ou formalidade especial (CTN, art. 149).

- **Limite temporal para revisão do lançamento:** a revisão do lançamento só pode ser iniciada enquanto não extinto o direito da Fazenda Pública (CTN, art. 149, parágrafo único).
- **Lançamento no tempo:** coerente com o princípio da irretroatividade da norma tributária, o lançamento reporta-se à data da ocorrência do fato gerador da obrigação e rege-se pela lei então vigente, ainda que posteriormente modificada ou revogada (CTN, art. 144). Na verdade, o **lançamento tributário tem efeitos *ex tunc***. A expressão latina *ex tunc* pode ser traduzida como **desde a época**. Ao dizer que o lançamento tributário é *ex tunc* significa que seus efeitos retroagem à época da ocorrência do fato gerador (fato jurídico-tributário).
- Aplica-se ao lançamento a legislação que, posteriormente à ocorrência do fato gerador da obrigação, tenha instituído novos critérios de apuração ou processos de fiscalização, ampliado os poderes de investigação das autoridades administrativas, ou outorgado ao crédito maiores garantias ou privilégios, exceto, neste último caso, para o efeito de atribuir responsabilidade tributária a terceiros (art. 144, § 1º). O disposto no artigo 144 não se aplica aos impostos lançados por períodos certos de tempo, desde que a respectiva lei fixe expressamente a data em que o fato gerador se considera ocorrido (art. 144, § 2º). A modificação introduzida, de ofício ou em consequência de decisão administrativa ou judicial, nos critérios jurídicos adotados pela autoridade administrativa no exercício do lançamento somente pode ser efetivada, em relação a um mesmo sujeito passivo, quanto a fato gerador ocorrido posteriormente à sua introdução (CTN, art. 146).
- **Quadro sinóptico sobre o lançamento tributário:**

Natureza	Constitutiva do crédito tributário
Em relação à obrigação tributária	Viés declaratório da obrigação tributária
Efeitos	"ex tunc" (seus efeitos retroagem à época da ocorrência do fato gerador)
Competência	Privativa da autoridade administrativa
Deve conter	a) A verificação da ocorrência do fato gerador da obrigação tributária; b) A determinação da matéria tributável; c) O cálculo do montante do tributo devido; d) A identificação do sujeito passivo; e) A aplicação da penalidade cabível (se for o caso).

- **Suspensão da exigibilidade do crédito tributário:** a suspensão da exigibilidade do crédito tributário na via judicial impede o Fisco de praticar qualquer ato contra o contribuinte visando à cobrança de seu crédito, tais como inscrição em dívida, execução e penhora, mas não impossibilita a Fazenda de proceder à regular constituição do crédito tributário para prevenir a decadência do direito de lançar (STJ, REsp 260.040).
- **Causas de suspensão da exigibilidade do crédito tributário**: impedem o ajuizamento da execução fiscal. E, logicamente, se a causa de suspensão se apresentar posteriormente ao ajuizamento da execução fiscal, esta deverá ficar sobrestada até que o motivo da suspensão cesse.
- As **hipóteses de suspensão da exigibilidade** do crédito tributário estão previstas no **artigo 151 do CTN**, conforme sintetizado no quadro abaixo:

Art. 151 CTN Inciso:	Hipóteses	Resumo
I	**Moratória**	Postergação do momento do pagamento do crédito tributário
II	**Depósito de seu montante integral**	Depósito, pelo contribuinte, do valor do crédito tributário discutido
III	**Defesas e recursos no âmbito do processo administrativo fiscal (PAF)**	Atos de defesa do contribuinte face ao lançamento de ofício, conforme previsão nas leis que regem o PAF
IV	**Liminar em mandado de segurança**	Ordem judicial concedida no início do procedimento do mandado de segurança, em geral, sem ouvir a parte contrária
V	**Liminar/tutela antecipada em outras espécies de ações judiciais**	Ordem judicial concedida no início da ação, em geral, sem ouvir a parte contrária
VI	**Parcelamento**	Acordo de quitação em parcelas de um crédito tributário reconhecido e confessado pelo contribuinte, conforme diretrizes fixadas em lei

- A suspensão da exigibilidade **não** dispensa o cumprimento das obrigações acessórias dependentes da obrigação principal cujo crédito seja suspenso (CTN, art. 151, parágrafo único).
- **Juros no parcelamento:** salvo disposição de lei em contrário, o parcelamento do crédito tributário não exclui a incidência de juros e multas (CTN, art. 155-A, § 1º).
- **Juros nas liminares:** dependerá da sentença ou acórdão transitado em julgado; em caso de procedência da ação e manutenção da liminar, o crédito tributário será extinto (CTN, art. 156, X); mas se a liminar for revogada e a ação julgada improcedente, o crédito tributário poderá ser exigido acrescido de todos os consectários da mora.
- Os **privilégios** são preferências gozadas pelo crédito tributário em comparação com créditos de demais naturezas jurídicas.
- O quadro a seguir sistematiza as **garantias** previstas no CTN:

Responsabilidade patrimonial:	Sem prejuízo dos privilégios especiais sobre determinados bens, responde pelo pagamento do crédito tributário a totalidade dos bens e das rendas, de qualquer origem ou natureza, do sujeito passivo, seu espólio ou sua massa falida, inclusive os gravados por ônus real ou cláusula de inalienabilidade ou impenhorabilidade, seja qual for a data da constituição do ônus ou da cláusula, excetuados unicamente os bens e rendas que a lei declare absolutamente impenhoráveis.
Presunção de Fraude:	Presume-se fraudulenta a alienação ou oneração de bens ou rendas, ou seu começo, por sujeito passivo em débito para com a Fazenda Pública, por crédito tributário regularmente inscrito como dívida ativa.
Não aplicação da presunção de fraude:	Na hipótese de o devedor ter reservado bens ou rendas suficientes para o total pagamento da dívida inscrita.
Determinação judicial de indisponibilidade de bens e direitos do devedor:	Na hipótese de o devedor tributário, devidamente citado, não pagar nem apresentar bens à penhora no prazo legal e não forem encontrados bens penhoráveis. A decisão será comunicada aos órgãos e entidades que promovem registros de transferência de bens, especialmente ao registro público de imóveis e às autoridades supervisoras do mercado bancário e do mercado de capitais, a fim de que, no âmbito de suas atribuições, façam cumprir a ordem judicial.
Limite da indisponibilidade:	Valor total exigível, devendo o juiz determinar o imediato levantamento da indisponibilidade dos bens ou valores que excederem esse limite.
Prova de tributos quitados:	Salvo quando expressamente autorizado por lei, nenhum departamento da administração pública da União, dos Estados, do Distrito Federal, ou dos Municípios, ou sua autarquia, celebrará contrato ou aceitará proposta em concorrência pública sem que o contratante ou proponente faça prova da quitação de todos os tributos devidos à Fazenda Pública interessada, relativos à atividade em cujo exercício contrata ou concorre.

- Em linhas gerais (exceto no caso de falência) o crédito tributário tem as **seguintes preferências**:
- O crédito tributário prefere a qualquer outro, seja qual for sua natureza.
- O crédito tributário prefere a qualquer outro, seja qual for o tempo de sua constituição.
- Há duas ressalvas: os créditos decorrentes da (1) legislação do trabalho ou do (2) acidente de trabalho.
- A sua cobrança judicial não é sujeita a (1) concurso de credores ou (2) habilitação em falência, recuperação judicial, concordata, inventário ou arrolamento.

8. CRÉDITO TRIBUTÁRIO: EXTINÇÃO E EXCLUSÃO

- Da mesma forma que decorre da obrigação principal (CTN, art. 139), o crédito tributário desaparece juntamente com o vínculo obrigacional, diante de acontecimentos previstos como **hipóteses de extinção no artigo 156 do CTN**, sinteticamente apresentadas no quadro abaixo:

Art. 156 CTN inciso	Hipóteses	Resumo
I	**Pagamento**	Adimplemento voluntário pelo sujeito passivo com entrega de pecúnia, em geral via rede bancária
II	**Compensação**	Os polos da relação jurídica são, ao mesmo tempo, devedores e credores reciprocamente
III	**Remissão**	Perdão legal do crédito tributário existente
IV	**Transação**	Concessões mútuas (devedor e credor tributários) que importem em terminação de litígio
V	**Prescrição**	Perda pelo decurso de prazo, por parte do sujeito ativo, do direito de promover a execução fiscal face ao sujeito passivo

Art. 156 CTN inciso	Hipóteses	Resumo
V	**Decadência**	Perda pelo decurso de prazo, por parte do sujeito ativo, do direito de constituir o crédito tributário
VI	**Conversão de depósito em renda**	Transformação do depósito feito pelo sujeito passivo em renda para sujeito ativo
VII	**Pagamento antecipado e homologação de lançamento**	Pagamento realizado pelo sujeito passivo a partir da apuração feita por ele próprio, sem participação do fisco num primeiro momento (por isso o pagamento é tido por antecipado), sendo que a homologação fiscal pode ser expressa ou tácita (decurso de prazo)
VIII	**Consignação em pagamento**	Diante de obstáculo ao pagamento criado pelo sujeito ativo (hipóteses do artigo 164 do CTN), o sujeito passivo ingressa com a ação para consignar o crédito tributário em pagamento (depositando-o)
IX	**Decisão administrativa irreformável**	Decisão administrativa favorável ao sujeito passivo sobre a qual não caiba mais recurso
X	**Decisão judicial transitada em julgado**	Decisão judicial favorável ao sujeito passivo sobre a qual não caiba mais recurso
XI	**Dação em pagamento de bens imóveis**	Espontâneo oferecimento de bens imóveis pelo devedor (ao invés de pecúnia), ao credor, como forma de extinguir a dívida

- Os juros de mora são calculados à taxa de 1% (um por cento) ao mês, salvo se a lei dispuser de modo diverso (CNT, art. 161, § 2º).
- Os institutos da decadência e da prescrição merecem destaque especial. Ambos são hipóteses de extinção do crédito tributário (CTN, art. 156, V).
- O **artigo 173 do CTN** dispõe sobre a **decadência** do direito de o fisco constituir o crédito tributário pelo **lançamento de ofício**. Assim, embora a decadência esteja no rol das hipóteses de extinção do crédito tributário, fato é que, vindo a ocorrer, a Fazenda fica mesmo é legalmente impedida de constituí-lo.
- O prazo de decadência aplicável ao lançamento de ofício, fixado pelo artigo 173 do CTN, é de **5 (cinco) anos contados**: **I** – do **primeiro dia do exercício seguinte** àquele em que o lançamento poderia ter sido efetuado; **II** – da data em que se tornar definitiva a decisão que houver anulado, por **vício formal**, o lançamento anteriormente efetuado.
- Nos tributos sujeitos ao **lançamento por homologação**, o prazo de decadência também é de **5 (cinco) anos, contados** da ocorrência **do fato gerador** (CTN, art. 150, § 4º). Como se trata de um autolançamento, não se refere a um prazo para o fisco constituir o crédito tributário, mas sim para promover a homologação da atividade do sujeito passivo, o que **se confunde com** o período de 5 (cinco) anos para **homologação tácita** previsto no artigo 150, § 4º do CTN.
- Todavia, como expressamente ressalva o próprio artigo 150, § 4º do CTN, o prazo de homologação **não se aplica em situações nas quais houver prova de dolo, fraude ou simulação**. Nesses casos, torna-se necessário o chamado lançamento de ofício substitutivo e o **prazo decadencial aplicável passa a ser o do artigo 173, inciso I**, próprio do lançamento de ofício. O mesmo ocorre em outras situações decorrentes da interpretação do STJ acerca dessas normas de decadência (REsp 973.733/SC e REsp 979.228/RS), de modo que, em síntese, nos tributos sujeitos ao lançamento por homologação, a decadência é definida nos seguintes termos:
- **Regra Geral:** art. 150, §4º do CTN, cinco anos contados da ocorrência do fato gerador.
- **Aplicação do artigo 173, inciso I, do CTN**, cinco anos contados a partir do primeiro dia do exercício seguinte àquele em que o lançamento poderia ter sido efetuado, nas seguintes hipóteses: a) quando houver dolo, fraude ou simulação na atividade do sujeito passivo, decorrente de exceção expressa no artigo 150, §4º; b) quando houver falta de antecipação do pagamento ou crédito indevido, conforme jurisprudência do STJ.
- A **ação para a cobrança do crédito tributário**, isto é, a **execução fiscal** (Lei 6.830/80), **prescreve** em **5 (cinco) anos, contados da constituição definitiva** (CTN, art. 174). A prescrição também extingue o crédito tributário (CTN, art. 156, V).
- O STJ considera que, no caso de execuções fiscais de dívida ativa tributária, a prescrição deva ser regulada pelo CTN (recepcionado pela Carta Constitucional de 1988 como lei complementar) e não pela LEF (lei ordinária), já que o artigo 146, inciso III, alínea "b", da CF reserva à lei complementar a disciplina da prescrição tributária. Veja a seguinte ementa: "TRIBUTÁRIO. AGRAVO REGIMENTAL. EXECUÇÃO FISCAL. PRESCRIÇÃO. AUSÊNCIA DE CITAÇÃO. Não INTERRUPÇÃO DO PRAZO PRESCRICIONAL. ART. 174 DO CTN. PREVALÊNCIA SOBRE O ART. 2°, § 3°, DA LEI 6.830/1980. 1. A suspensão do lapso prescricional de 180 (cento e oitenta) dias prevista no art. 2°, § 3°, da Lei 6.830 somente é aplicável às dívidas de natureza não tributária. Em hipóteses como a dos autos, em que se trata de execução de crédito relativo a Imposto de Renda,

a matéria é regulada pelo art. 174 do Código Tributário Nacional. 2. Agravo Regimental não provido" (STJ – AgRg no Ag 1054859/SP).

- No julgamento do Tema de Repercussão Geral nº 390 foi fixada a seguinte tese: "É constitucional o art. 40 da Lei nº 6.830/1980 (Lei de Execuções Fiscais – LEF), tendo natureza processual o prazo de 1 (um) ano de suspensão da execução fiscal. Após o decurso desse prazo, inicia-se automaticamente a contagem do prazo prescricional tributário de 5 (cinco) anos". Na ementa do acórdão que constitui o leading case desse tema, consta a explicação da razão pela qual, no caso de prescrição intercorrente, não existe ofensa ao artigo 146 do CTN que foi citada na dica anterior: "O art. 40 desse diploma não afronta o art. 146, III, b, da CF/1988, pois o legislador ordinário se limitou a transpor o modelo estabelecido pelo art. 174 do CTN, adaptando-o às particularidades da prescrição intercorrente".
- A **prescrição será interrompida** por um dos **seguintes atos**: **I** – pelo **despacho** do juiz **que ordenar a citação** em execução fiscal (redação dada pela LC 118/2003); **II** – pelo protesto judicial; **III** – por qualquer ato judicial que constitua em mora o devedor; **IV** – por qualquer ato inequívoco, ainda que extrajudicial, que importe em reconhecimento do débito pelo devedor (CTN, art. 174, parágrafo único). Muito cuidado que, em concursos públicos, os examinadores costumam substituir o verbo "interromper" por "suspender" quando se referem ao artigo 174, parágrafo único, do CTN, o que está errado, pois, nas referidas hipóteses, a prescrição é interrompida e não suspensa.
- Como se vê, no parágrafo único do artigo 174, o CTN elenca apenas hipóteses de interrupção da prescrição, não trazendo nenhuma hipótese de suspensão do prazo prescricional. Porém, embora não exista no CTN previsão para a suspensão da prescrição, cuidando-se de tributo definitivamente lançado, **suspensa a exigibilidade do crédito tributário**, por viés lógico de consequência, **suspende-se também a prescrição** (STJ – RESP 267437-MG, 2ª. T., Relª. Minª. Eliana Calmon – DJU 17.06.2002).
- **Exclusão do crédito tributário:** expressão objeto de muitas críticas da doutrina, a exclusão do crédito tributário é regida essencialmente pelos artigos 175 a 182 do CTN.
- **Hipóteses previstas no CTN:** isenção e anistia, resumidas no quadro abaixo:

Isenção	Anistia
Implica a exclusão ou dispensa do tributo	Implica a exclusão ou dispensa da multa
Alcança somente fatos geradores ocorridos após a lei	Alcança somente fatos geradores ocorridos antes da lei

- Ambas dependem de **expressa previsão legal**, como consequência do princípio da legalidade (CF, art. 150, I) e reserva do artigo 97, inciso VI, do CTN, demandando, por essa razão, uma interpretação literal da norma instituidora do benefício (CTN, art. 111, I e II).
- Sob a ótica do CTN, a isenção constitui uma dispensa legal do pagamento do tributo, pois, exclui o crédito tributário, ou seja, há a obrigação tributária decorrente da incidência do tributo, entretanto, a constituição do crédito tributário fica inviabilizada pela norma de isenção.
- Salvo previsão legal em contrário, não dispensam o contribuinte beneficiado de cumprir com as obrigações tributárias acessórias (CTN, art. 175, parágrafo único).
- **Isenção heterônoma**: aquela concedida por ente federativo tributante diferente daquele que teria por regra competência para instituí-la. O artigo 151, inciso III, da CF proibiu tal tipo de isenção ao vedar à União instituir isenções de tributos da competência dos Estados, do Distrito Federal ou dos Municípios. Entretanto, no texto constitucional, constata-se como exceção a essa regra a possibilidade de exclusão do ISS incidente sobre exportações de serviços, pela União, via lei complementar (CF, art. 156, §3º, II).
- As **garantias e os privilégios do crédito tributário** estão disciplinados no CTN (artigos 183 a 193).
- As **garantias** são instrumentos de que dispõe o Poder Público para assegurar o seu direito de receber o crédito tributário, impelindo o sujeito passivo a extingui-lo (principalmente pelo pagamento).

9. ADMINISTRAÇÃO TRIBUTÁRIA: FISCALIZAÇÃO TRIBUTÁRIA, DÍVIDA ATIVA E CERTIDÕES

- O estudo da **Administração Tributária** é dividido em três temas principais: Fiscalização (CTN, arts. 194 a 200); Dívida Ativa (CTN, arts. 201 a 204) e Certidões Negativas (CTN, arts. 205 a 208).
- O quadro abaixo reflete os **principais aspectos da fiscalização** no CTN e na CF:

Tópicos	Considerações
Primazia Constitucional (CF, art. 37, incisos XVIII e XXII)	Art. 37. A administração pública direta e indireta (...): XVIII – **a administração fazendária** e seus servidores fiscais terão, dentro de suas áreas de competência e jurisdição, **precedência sobre os demais setores administrativos**, na forma da lei; XXII – **as administrações tributárias** da União, dos Estados, do Distrito Federal e dos Municípios, atividades essenciais ao funcionamento do Estado, exercidas por servidores de carreiras específicas, **terão recursos prioritários para a realização de suas atividades e atuarão de forma integrada**, inclusive com o compartilhamento de cadastros e de informações fiscais, na forma da lei ou convênio.

Tópicos	Considerações
Respeito aos Direitos e Garantias Fundamentais (CF, art. 145, §1º)	§ 1º – Sempre que possível, os impostos terão caráter pessoal e serão graduados segundo a capacidade econômica do contribuinte, **facultado à administração tributária**, especialmente para conferir efetividade a esses objetivos, identificar, **respeitados os direitos individuais e nos termos da lei**, o patrimônio, os rendimentos e as atividades econômicas do contribuinte
Autoexecutoriedade (CTN, art. 195)	Art. 195. Para os efeitos da legislação tributária, não têm aplicação quaisquer disposições legais excludentes ou limitativas do direito de examinar mercadorias, livros, arquivos, documentos, papéis e efeitos comerciais ou fiscais, dos comerciantes industriais ou produtores, ou da obrigação destes de exibi-los. **Noutras palavras:** Contribuinte (demais fiscalizados): dever de exibir; Fisco: direito de examinar; O quê? Mercadorias, livros, arquivos, documentos, papeis de trabalho.
Quem está sujeito a ser fiscalizado? (CTN, art. 194, parágrafo único)	Pessoas naturais ou jurídicas, contribuintes ou não, inclusive às que gozem de imunidade tributária ou de isenção de caráter pessoal.
Início da Fiscalização (CTN, art. 196)	Deve ser documentado. Atualmente tem-se o mandado de procedimento fiscal (federal), as ordens de serviço fiscal (estadual – SP) e os termos de início de fiscalização (municipais). A partir do início da fiscalização não cabe mais o instituto da denúncia espontânea previsto no artigo 138 do CTN.
Uso de força policial (CTN, art. 200)	Os fiscais poderão requerer o auxílio de força policial quando vítimas de embaraço ou desacato no exercício de suas funções, ou quando necessário à efetivação dê medida prevista na legislação tributária, ainda que não se configure fato definido em lei como crime ou contravenção.
Sigilo Fiscal (CTN, art. 198, *caput*)	Art. 198. Sem prejuízo do disposto na legislação criminal, é vedada a divulgação, por parte da Fazenda Pública ou de seus servidores, de informação obtida em razão do ofício sobre a situação econômica ou financeira do sujeito passivo ou de terceiros e sobre a natureza e o estado de seus negócios ou atividades.
Exceções ao Sigilo Fiscal (CTN, art. 198, §§1º e 3º e 199)	Não são considerados "quebra" do sigilo fiscal: a) Atendimento pelo Fisco de requisição de autoridade judiciária no interesse da justiça; b) Atendimento pelo Fisco de solicitações de autoridade administrativa no interesse da Administração Pública, desde que seja comprovada a instauração regular de processo administrativo, no órgão ou na entidade respectiva, com o objetivo de investigar o sujeito passivo a que se refere a informação, por prática de infração administrativa. c) Divulgação, pelo Fisco, de informações relativas a representações fiscais para fins penais. d) Divulgação, pelo Fisco, de informações relativas a inscrições na Dívida Ativa da Fazenda Pública. e) Divulgação, pelo Fisco, de informações relativas a parcelamento ou moratória. f) Troca de informações entre os Fiscos (Federal, Estaduais e Municipais), por lei ou convênio. g) Troca de informações entre o Fisco Federal e os estados estrangeiros, na forma estabelecida em tratados, acordos ou convênios no interesse da arrecadação e da fiscalização de tributos. h) Divulgação, pelo Fisco, de informações relativas a incentivo, renúncia, benefício ou imunidade de natureza tributária cujo beneficiário seja pessoa jurídica.
Sanções Políticas (Súmulas do STF)	**Súmula 70:** "É inadmissível a interdição de estabelecimento como meio coercitivo para cobrança de tributo". **Súmula 323**: "É inadmissível a apreensão de mercadorias como meio coercitivo para pagamento de tributos". **Súmula 547:** "Não é lícito à autoridade proibir que o contribuinte em débito adquira estampilhas, despache mercadorias nas alfândegas e exerça suas atividades profissionais".

Tópicos	Considerações
Prestação de informações (CTN, art. 197)	Art. 197. Mediante intimação escrita, são obrigados a prestar à autoridade administrativa todas as informações de que disponham com relação aos bens, negócios ou atividades de terceiros: I – os tabeliães, escrivães e demais serventuários de ofício; II – os bancos, casas bancárias, Caixas Econômicas e demais instituições financeiras; III – as empresas de administração de bens; IV – os corretores, leiloeiros e despachantes oficiais; V – os inventariantes; VI – os síndicos, comissários e liquidatários; VII – quaisquer outras entidades ou pessoas que a lei designe, em razão de seu cargo, ofício, função, ministério, atividade ou profissão. Parágrafo único. A obrigação prevista neste artigo não abrange a prestação de informações quanto a fatos sobre os quais o informante esteja legalmente obrigado a observar segredo em razão de cargo, ofício, função, ministério, atividade ou profissão.

- **Dívida ativa tributária** é um crédito público, valor que a Fazenda Pública tem para receber de terceiros, proveniente do crédito tributário, regularmente inscrito na repartição pública competente depois de esgotado o prazo fixado, para pagamento, pela lei ou por decisão final proferida em processo regular.
- O débito fiscal regularmente inscrito em dívida ativa **goza de presunção relativa de liquidez e certeza** e tem efeito de prova pré-constituída.
- A **inscrição de um débito fiscal na dívida ativa** é um ato administrativo de cadastro próprio da Fazenda Pública (que se constitui no ato de controle administrativo da legalidade). Dele se extrai uma certidão, com os mesmos termos, denominada de CDA – Certidão de Dívida Ativa (CPC, art. 784, inciso IX), que tem natureza de título executivo extrajudicial, ou seja, é imprescindível para a cobrança judicial do crédito pela referida Fazenda Pública, através da Execução Fiscal, disciplinada pela Lei 6.830/80 (LEF – Lei de Execuções Fiscais). Aliás, a petição inicial da execução fiscal e a Certidão de Dívida Ativa poderão constituir um único documento, preparado inclusive por processo eletrônico.
- Os **requisitos obrigatórios do termo de inscrição em dívida ativa** estão previstos no CTN (art. 202) e na LEF (art. 2º, §5º):

Requisitos obrigatórios do termo de inscrição em dívida ativa	
Segundo o CTN (art. 202):	**Segundo a LEF (art. 2º, §5º):**
I – o nome do devedor e, sendo caso, o dos corresponsáveis, bem como, sempre que possível, o domicílio ou a residência de um e de outros;	I – o nome do devedor, dos corresponsáveis e, sempre que conhecido, o domicílio ou residência de um e de outros;
II – a quantia devida e a maneira de calcular os juros de mora acrescidos;	II – o valor originário da dívida, bem como o termo inicial e a forma de calcular os juros de mora e demais encargos previstos em lei ou contrato;
III – a origem e natureza do crédito, mencionada especificamente a disposição da lei em que seja fundado;	III – a origem, a natureza e o fundamento legal ou contratual da dívida;
IV – a data em que foi inscrita;	IV – a indicação, se for o caso, de estar a dívida sujeita à atualização monetária, bem como o respectivo fundamento legal e o termo inicial para o cálculo;
V – sendo o caso, o número do processo administrativo de que se originar o crédito.	V – a data e o número da inscrição, no Registro de Dívida Ativa; e
Parágrafo único. A certidão conterá, além dos requisitos deste artigo, a indicação do livro e da folha da inscrição.	VI – o número do processo administrativo ou do auto de infração, se neles estiver apurado o valor da dívida.

- Em diversas ocasiões exige-se do contribuinte a prova de quitação de tributos. Tal prova é materializada pela **certidão negativa**, "expedida à vista de requerimento do interessado, que contenha todas as informações necessárias à identificação de sua pessoa, domicílio fiscal e ramo de negócio ou atividade e indique o período a que se refere o pedido (CTN, art. 205)".
- São **três as espécies de certidões**, conforme detalhes no quadro a seguir:

Abreviatura	Nome	Característica
CND	**C**ertidão **N**egativa de **D**ébitos	Comprova a **inexistência** de débitos fiscais em nome do contribuinte em relação à Fazenda Pública que emite a certidão
CPD	**C**ertidão **P**ositiva de **D**ébitos	Comprova a **existência** de débitos fiscais em nome do contribuinte em relação à Fazenda Pública que emite a certidão

Abreviatura	Nome	Característica
CPD-EN	**C**ertidão **P**ositiva de **D**ébitos, com **E**feitos de **N**egativa	Comprova a **existência** de débitos fiscais em nome do contribuinte em relação à Fazenda Pública que emite a certidão, **porém**, poderá ser utilizada pelo contribuinte para os mesmos fins que seria utilizada a CND

O contribuinte faz jus à CPD-EN caso apresente:	***Débitos fiscais vincendos*** (ou seja, que ainda estão no prazo para pagamento)
O contribuinte faz jus à CPD-EN caso apresente:	***Débitos fiscais em curso de cobrança executiva em que tenha sido efetivada a penhora*** (hipótese de garantia à execução fiscal)
	Débitos fiscais cuja exigibilidade esteja suspensa nos termos do artigo 151 do CTN. São causas de suspensão da exigibilidade: a) Moratória; b) Depósito do montante integral; c) Defesas e recursos no âmbito do processo administrativo fiscal; d) Concessão de liminar em mandado de segurança; e) Concessão de liminar ou antecipação de tutela em outas espécies de ação judicial; f) Parcelamento.

10. PROCESSO TRIBUTÁRIO. COBRANÇA DA DÍVIDA ATIVA

- **MEDIDA CAUTELAR FISCAL**

- Com o **objetivo de prevenir os direitos de credor da Fazenda Pública em face de atos de dilapidação patrimonial por parte do devedor** do crédito tributário, a **Lei 8.397/92** instituiu a chamada medida cautelar fiscal.

- Ação exacional cujo procedimento poderá ser **instaurado, como regra, após a constituição do crédito** pela Fazenda Pública, inclusive no curso da Execução Fiscal (Lei 8.397/92, art. 1º), **em uma única situação excepcional, poderá ser ajuizada antes mesmo da constituição do crédito tributário**. Diz respeito à hipótese do artigo 2º, inciso V da Lei 8.397/92, isto é, quando o **contribuinte, notificado** pela Fazenda Pública **para** que proceda ao **recolhimento** do crédito fiscal, **puser ou tentar por seus bens em nome de terceiros** (art. 1º, parágrafo único).

- São **hipóteses de cabimento** da medida cautelar fiscal aquelas em que o devedor: I – sem domicílio certo, intenta ausentar-se ou alienar bens que possui ou deixa de pagar a obrigação no prazo fixado; II – tendo domicílio certo, ausenta-se ou tenta se ausentar, visando a elidir o adimplemento da obrigação; III – caindo em insolvência, aliena ou tenta alienar bens; IV – contrai ou tenta contrair dívidas que comprometam a liquidez do seu patrimônio; V – notificado pela Fazenda Pública para que proceda ao recolhimento do crédito fiscal: a) deixa de pagá-lo no prazo legal, salvo se suspensa sua exigibilidade; b) põe ou tenta por seus bens em nome de terceiros; VI – possui débitos, inscritos ou não em Dívida Ativa, que somados ultrapassem trinta por cento do seu patrimônio conhecido; VII – aliena bens ou direitos sem proceder à devida comunicação ao órgão da Fazenda Pública competente, quando exigível em virtude de lei; VIII – tem sua inscrição no cadastro de contribuintes declarada inapta, pelo órgão fazendário; IX – pratica outros atos que dificultem ou impeçam a satisfação do crédito (Lei 8.397/92, art. 2º).

- Além disso, são **condições específicas** da ação e requisitos para concessão da medida cautelar fiscal: I – **prova literal da constituição do crédito fiscal**; II – **prova documental de alguma das hipóteses de cabimento** (Lei 8.397/92, art. 3º).

- Quanto aos **efeitos**, a decretação da medida cautelar fiscal produzirá, de imediato, a **indisponibilidade dos bens do requerido, até o limite da satisfação da obrigação** (Lei 8.397/92, art. 4º). Na hipótese de pessoa jurídica, a indisponibilidade recairá somente sobre os bens do ativo permanente. Pode, ainda, ser estendida aos bens do acionista controlador e aos dos que em razão do contrato social ou estatuto tenham poderes para fazer a empresa cumprir suas obrigações fiscais, ao tempo: a) do fato gerador, nos casos de lançamento de ofício; b) do inadimplemento da obrigação fiscal, nos demais casos (Lei 8.397/92, art. 4º, § 1º).

- Como típico das ações cautelares, o procedimento **admite a concessão de liminar *inaudita altera pars***, ou seja, sem oitiva da parte contrária. Assim, nos termos do artigo 7º da Lei 8.397/92, o Juiz concederá liminarmente a medida cautelar fiscal, dispensada a Fazenda Pública de justificação prévia e de prestação de caução. Por se tratar de uma decisão interlocutória (resolve um incidente processual sem colocar fim ao processo, que prossegue até final sentença), **do despacho** que conceder liminarmente a medida cautelar **caberá** como recurso o **agravo de instrumento** (art. 7º, parágrafo único).

- Por outro lado, seja qual for a hipótese ou circunstância em que concedida, **a medida cautelar pode, a qualquer tempo, ser revogada ou modificada** (Lei 8.397/92, art. 12, *in fine*), além do que **cessa a sua eficácia**, não só na hipótese de **ausência de propositura da Execução Fiscal em ses-**

senta dias (art. 13, I), como também nos seguintes casos: **se não for executada dentro de trinta dias**; **se for julgada extinta a Execução Fiscal**; **se o requerido promover a quitação do débito** que está sendo executado (art. 13, II, III e IV).

- Finalmente, **da sentença** que decretar a medida cautelar fiscal **caberá apelação**, sem efeito suspensivo, salvo se o requerido oferecer garantia (Lei 8.397/92, art. 17 c/c art. 10).
- **EXECUÇÃO FISCAL**
- A execução judicial para cobrança da Dívida Ativa da União, dos Estados, do Distrito Federal, dos Municípios e respectivas autarquias, denominada Execução Fiscal, é **regida pela Lei 6.830/80** e, **subsidiariamente**, pelo **Código de Processo Civil - CPC/2015**.
- A **Lei 6.830/80 rege** não apenas a **cobrança da Dívida Ativa tributária**, como também da **não tributária** e abrange atualização monetária, juros e multa de mora e demais encargos previstos em lei ou contrato (art. 2º, § 2º). Aplica-se à Dívida Ativa da Fazenda Pública de natureza não tributária o disposto nos artigos 186 e 188 a 192 do Código Tributário Nacional, normas que se referem a preferências do crédito tributário (art. 4º, § 4º).
- **Até a decisão de primeira instância**, a Certidão de Dívida Ativa **poderá ser emendada ou substituída**, assegurada ao executado a **devolução do prazo para embargos** (art. 2º, § 8º).
- A **Dívida Ativa regularmente inscrita** goza da **presunção de certeza e liquidez** (art. 3º). Mas essa **presunção é relativa** e pode ser ilidida por prova inequívoca, a cargo do executado ou de terceiro, a quem aproveite (art. 3º).
- No âmbito da Execução Fiscal, podem figurar como **executados**: I - o devedor; II - o fiador; III - o espólio; IV - a massa; V - o responsável, nos termos da lei, por dívidas, tributárias ou não, de pessoas físicas ou pessoas jurídicas de direito privado; e VI - os sucessores a qualquer título (art. 4º).
- A **competência para processar e julgar a execução** da Dívida Ativa da Fazenda Pública **exclui a de qualquer outro Juízo**, inclusive o da falência, da concordata, da liquidação, da insolvência ou do inventário (art. 5º).
- A **petição inicial**, distinto do que prevê o artigo 319 do CPC/2015, **indicará apenas:** I - o Juiz a quem é dirigida; II - o pedido; e III - o requerimento para a citação (art. 6º). **Será instruída com a CDA**, que dela fará parte integrante, como se estivesse transcrita (art. 6º, § 1º). A **petição inicial e a Certidão de Dívida Ativa poderão constituir um único documento**, preparado inclusive por processo eletrônico (art. 6º, § 2º).
- O despacho do Juiz que deferir a inicial importa em **ordem para**: I - **citação**, pelas sucessivas modalidades previstas no artigo 8º; II - **penhora**, se não for paga a dívida, nem garantida a execução, por meio de depósito, fiança ou seguro garantia; III - **arresto**, se o executado não tiver domicílio ou dele se ocultar; IV - **registro da penhora ou do arresto**, independentemente do pagamento de custas ou outras despesas; V - **avaliação** dos bens penhorados ou arrestados (art. 7º).
- O executado será citado para, no prazo de 5 (cinco) dias, pagar a dívida com os juros e multa de mora e encargos indicados na CDA, ou garantir a execução (art. 8º). A citação será, em regra, pelo correio, considerando-se feita na data da entrega da carta no endereço do executado, ou, se a data for omitida, no aviso de recepção, 10 (dez) dias após a entrega da carta à agência postal (art. 8º, I e II). Se o aviso de recepção não retornar no prazo de 15 (quinze) dias da entrega da carta à agência postal, a citação será feita por Oficial de Justiça ou por edital (art. 8º, III).
- Em **garantia da execução**, pelo valor da dívida, juros e multa de mora e encargos indicados na Certidão de Dívida Ativa, o executado poderá: I - efetuar **depósito em dinheiro**, à ordem do Juízo em estabelecimento oficial de crédito, que assegure atualização monetária; II - oferecer **fiança bancária**; III - **nomear bens à penhora**, observada a **ordem do artigo 11**; ou IV - **indicar à penhora bens oferecidos por terceiros e aceitos pela Fazenda Pública** (art. 9º).
- No que tange à **ordem de penhora ou arresto de bens**, nos termos do artigo 11 da Lei 6.830/80, é a seguinte: I - dinheiro; II - título da dívida pública, bem como título de crédito, que tenham cotação em bolsa; III - pedras e metais preciosos; IV - imóveis; V - navios e aeronaves; VI - veículos; VII - móveis ou semoventes; e VIII - direitos e ações.
- **Excepcionalmente**, a **penhora poderá recair sobre estabelecimento** comercial, industrial ou agrícola, bem como em plantações ou edifícios em construção (art. 11, § 1º).
- O artigo 15 trata da **substituição da penhora**, que poderá ser deferida pelo Juiz ao executado ou à Fazenda Pública, mas em amplitudes diferentes, quais sejam: I - **ao executado**, a substituição da penhora **por depósito em dinheiro ou fiança bancária**; e II - **à Fazenda Pública**, a substituição dos bens penhorados **por outros, independentemente da ordem do artigo 11**, bem como o **reforço da penhora insuficiente**.
- O prosseguimento da execução dá-se com a fase de satisfação do credor (Fazenda Pública), por meio de execução da garantia.
- Pode, também, haver a **alienação antecipada dos bens penhorados**, hipótese em que o produto será depositado em garantia da execução (art. 21).
- Não havendo alienação antecipada, nem ocorrendo pagamento ou remissão do bem penhorado, a próxima etapa será levá-lo à arrematação, que será

precedida de edital, afixado no local de costume, na sede do Juízo, e publicado em resumo, uma só vez, gratuitamente, como expediente judiciário, no órgão oficial (art. 22).

- A **alienação** de quaisquer bens penhorados **será feita em leilão público**, no lugar designado pelo Juiz (art. 23). O prazo entre as datas de publicação do edital e do leilão não poderá ser superior a 30 (trinta), nem inferior a 10 (dez) dias (art. 22, § 1º). Sobre a realização desse leilão, o representante judicial da Fazenda Pública será intimado, pessoalmente, com a mesma antecedência, ou seja, mínima de 10 (dez) dias e máxima de 30 (trinta) dias (art. 22, § 1º). Aliás, na execução fiscal, qualquer intimação ao representante judicial da Fazenda Pública será feita pessoalmente (art. 25), o que pode ocorrer mediante vista dos autos, com imediata remessa a esse representante, pelo cartório ou secretaria (art. 25, parágrafo único).
- A Fazenda Pública e o executado poderão requerer que os bens sejam leiloados englobadamente ou em lotes que indicarem (art. 23, § 1º). Quanto à comissão do leiloeiro e demais despesas indicadas no edital, ao contrário do que se pode pensar, não pertencem ao executado, cabendo seu pagamento ao arrematante (art. 23, § 2º).
- **A Fazenda Pública poderá adjudicar os bens penhorados antes ou depois do leilão**, isto é, adquirir os bens penhorados em pagamento ou abatimento da dívida.
- **EXCEÇÃO DE PRÉ-EXECUTIVIDADE**
- A exceção de pré-executividade é admissível na execução fiscal relativamente às **matérias conhecíveis de ofício** que **não** demandem **dilação probatória** (Súmula 393 do STJ), tais como a nulidade da citação, a prescrição (STJ, REsp 1136144/RJ), a execução desacompanhada de título executivo e outras nulidades processuais, a inconstitucionalidade da norma em que tenha se fundamentado o lançamento, o pagamento, a compensação e outras hipóteses de extinção do crédito tributário.
- **Embargos à execução fiscal**
- **Garantido o juízo**, o executado oferecerá **embargos**, no **prazo de 30 (trinta) dias**, contados: I – **do depósito**; II – **da juntada da prova da fiança** bancária; III – **da intimação da penhora** (Lei 6.830/80, art. 16).
- O termo *a quo* (**termo inicial**) para opor embargos à execução fiscal é a **data da efetiva intimação da penhora**, não se aplicando a regra geral de contagem de prazos do CPC, que seria a partir da juntada do mandado de intimação aos autos.
- No prazo dos embargos, o **executado deverá alegar toda matéria útil à defesa**, requerer provas e juntar aos autos os documentos e rol de testemunhas, até três, ou, a critério do juiz, até o dobro desse limite (Lei 6.830/80, art. 16, § 2º). Portanto, o objeto dos embargos é bem amplo, assim como a possibilidade de dilação probatória.
- Recebidos os embargos, o **Juiz mandará intimar a Fazenda para impugná-los no prazo de 30 (trinta) dias**, designando, em seguida, audiência de instrução e julgamento (Lei 6.830/80, art. 17). Mas, não se realizará audiência se os embargos versarem sobre matéria de direito, ou, sendo de direito e de fato, a prova for exclusivamente documental, caso em que o Juiz proferirá a sentença no prazo de 30 (trinta) dias (Lei 6.830/80, art. 17, parágrafo único).

	Garantia do juízo	Matérias	Dilação probatória
Embargos à execução	Pressuposto necessário	Alegar toda matéria útil à defesa	Possibilidade
Exceção de pré-executividade	Independe de garantia do juízo	Matérias conhecíveis de ofício que não demandem dilação probatória	Impossibilidade

- **MANDADO DE SEGURANÇA**
- Disciplinado no plano infraconstitucional pela **Lei 12.016/2009**, o mandado de segurança constitui garantia constitucional para proteger **direito líquido e certo**, não amparado por *habeas corpus* e *habeas data*, quando o responsável pela **ilegalidade ou abuso de poder** for autoridade pública ou agente de pessoa jurídica no exercício de atribuições do Poder Público (CF, art. 5º, LXIX).
- O exercício do direito à impetração de mandado de segurança submete-se ao **prazo decadencial de 120 (cento e vinte) dias**, que são **contados da ciência do ato coator** (Lei 12.016/2009, art. 3º, parágrafo único c/c art. 23).
- No que concerne à **legitimidade ativa**, o mandado de segurança poderá ser impetrado por qualquer **pessoa física ou jurídica** que sofrer violação (**via repressiva**) ou houver justo receio de sofrê-la (**via preventiva**) por parte de autoridade.
- Em matéria tributária não é diferente, podendo ser impetrado pelo contribuinte **mandado de segurança repressivo**, em face da **ilegalidade do lançamento** constitutivo do crédito tributário, ou **mandado de segurança preventivo**, se houver **justo receio de sofrer o lançamento ilegal** por parte da autoridade administrativa tributária.
- Parte legítima para figurar no **polo passivo** da ação é a própria **autoridade coatora**, isto é, aquela responsável pela prática do ato impugnado ou em relação à qual se tem o receio que venha a praticá-lo.
- Ao despachar a inicial, o juiz ordenará: I – que se notifique o coator do conteúdo da petição inicial,

enviando-lhe a segunda via apresentada com as cópias dos documentos, a fim de que, no prazo de 10 (dez) dias, preste as informações; II – que se dê ciência do feito ao órgão de representação judicial da pessoa jurídica interessada, enviando-lhe cópia da inicial sem documentos, para que, querendo, ingresse no feito (Lei 12.106/2009, art. 7º).

- Também com o despacho inicial, o **juiz poderá conceder liminar**, sem oitiva da parte contrária, determinando que se suspenda o ato que deu motivo ao pedido, **quando houver fundamento relevante e do ato impugnado puder resultar a ineficácia da medida**, caso seja finalmente deferida, sendo facultado exigir do impetrante caução, fiança ou depósito, com o objetivo de assegurar o ressarcimento à pessoa jurídica (art. 7º, III). Em matéria tributária, essa liminar tem por **efeito suspender a exigibilidade do crédito tributário** (CTN, art. 151, IV).
- Portanto, a concessão de liminar em mandado de segurança consistirá em uma ordem para suspensão do ato coator, que poderá ser concedida quando presentes os pressupostos legais **cumulativos**, quais sejam:

Fundamento relevante	+	Risco do ato impugnado resultar na ineficácia da medida

- Por ter caráter interlocutório, a **decisão** do juiz de primeiro grau **que conceder ou denegar a liminar** desafiará como recurso o **agravo de instrumento** (art. 7º, § 1º), que seguirá os trâmites do CPC.
- Ainda sobre a liminar, **não será concedida medida liminar que tenha por objeto a compensação de créditos tributários**, a entrega de mercadorias e bens provenientes do exterior, a reclassificação ou equiparação de servidores públicos e a concessão de aumento ou a extensão de vantagens ou pagamento de qualquer natureza (art. 7º, § 2º).
- Além disso, a **liminar** em mandado de segurança **pode ser revogada ou cassada**. **Se isso não ocorrer, seus efeitos persistirão até a prolação da sentença** (art. 7º, § 3º).
- Como consequência de ser uma medida judicial contra a violação a direito líquido e certo, conforme consagrado na **Súmula 266 do STF**, **não cabe mandado de segurança contra lei em tese**.
- Sobre esse aspecto, cabem duas observações fundamentais:
- A primeira é de que se compreende por "lei em tese" todo e qualquer ato de caráter normativo, isto é, aquele que veicule normas gerais e abstratas. Portanto, não é lei em sentido estrito (lei ordinária, lei complementar), mas lei em sentido lato, abrangendo também outros atos normativos como medidas provisórias, decretos, portarias, resoluções, instruções normativas etc.
- A segunda é de que o entendimento da Súmula 266 não se estende à pessoa que sofrer os efeitos concretos e abusivos da norma jurídica ilegal, ou mesmo inconstitucional, podendo essa pessoa se insurgir contra o ato ou ameaça de ato que concretizar o comando geral e abstrato da norma, ainda que o fundamento seja a ilegalidade ou inconstitucionalidade da norma (STJ – AGRESP. 105249 – PE – 2ª T. – REL. MIN. PAULO GALLOTTI – DJU 08.04.2002 E MS 5205 – DF – 1ª S. – RELª MINª LAURITA VAZ – DJU 18.02.2002 – P. 00220).
- E, também como consequência de ser uma medida judicial contra a violação a direito líquido e certo, a **impetração** de mandado de segurança **depende de prova pré-constituída**, devendo a petição inicial vir instruída com documentos suficientes à comprovação do direito e de sua respectiva violação. Logicamente, o procedimento **não comporta dilação probatória**, devendo a parte optar por ação anulatória ou declaratória, caso necessite, para provar suas alegações, de audiência, depoimento pessoal, testemunhas, perícias, vistorias etc.
- **AÇÃO DECLARATÓRIA E AÇÃO ANULATÓRIA**
- Ações de iniciativa do contribuinte que tramitam pelo **procedimento comum** do processo civil brasileiro, a **ação anulatória de débito fiscal** e a **ação declaratória de inexistência de relação jurídico-tributária** distinguem-se em relação a vários aspectos.
- O fundamento processual da **ação anulatória** é o **artigo 38 da Lei de Execução Fiscal – Lei 6.830/80**. Já a **ação declaratória** fundamenta-se no **artigo 19 do Código de Processo Civil – CPC/2015**, segundo o qual o interesse do autor pode limitar-se à declaração: I – da existência, da inexistência ou do modo de ser de uma relação jurídica; II – da autenticidade ou da falsidade de documento.
- Quanto ao **objeto da pretensão**, enquanto a pretensão da **ação anulatória** é a **desconstituição do crédito tributário** que já foi objeto de lançamento, constituindo a sentença de procedência causa de extinção do crédito tributário (CTN, art. 156, X), a pretensão da **ação declaratória** é a **declaração de inexistência de relação jurídico-tributária** que possa fundamentar o lançamento. Consequentemente, também, são ações ajuizadas em momentos distintos, na medida em que a **ação anulatória** de débito fiscal pressupõe que o **crédito tributário** já tenha sido **constituído** pelo lançamento, ao passo que a **ação declaratória** de inexistência da relação jurídico-tributária **antecede** o ato-procedimento de **constituição do crédito tributário**.
- Pela mesma linha de raciocínio as duas ações também se distinguem quanto às respectivas naturezas. Enquanto a **ação anulatória** de débito fiscal possui natureza **constitutivo-negativa**, a **declaratória** de inexistência de relação jurídico-tributária, como o próprio nome diz, tem a **natureza declaratória**.

- Com base em todas essas informações, é possível traçar o seguinte quadro comparativo entre as duas ações, certamente, de grande valia para a compreensão dessas figuras processuais antiexacionais:

	Ação anulatória	Ação declaratória
Rito processual	Procedimento comum	Procedimento comum
Fundamento processual	Lei 6.830/80, art. 38	CPC, art. 19
Objeto da pretensão	Desconstituição do crédito tributário	Declaração de inexistência da relação jurídico-tributária
Natureza da ação	Constitutivo-negativa	Declaratória
Momento	Após a constituição do crédito tributário pelo lançamento	Anterior ao lançamento
Prerrogativas da Fazenda	Remessa necessária e prazos especiais	Remessa necessária e prazos especiais
Antecipação de tutela	Cabimento	Cabimento
Efeitos da sentença	Coisa julgada material com natureza dúplice	Coisa julgada material com natureza dúplice

- **Prazo em dobro e intimações da Fazenda Pública:** a União, os Estados, o Distrito Federal, os Municípios e suas respectivas autarquias e fundações de direito público gozarão de prazo em dobro para todas as suas manifestações processuais, cuja contagem terá início a partir da intimação pessoal (CPC/2015, art. 183). A intimação pessoal far-se-á por carga, remessa ou meio eletrônico (art. 183, § 1º) e não se aplica o benefício da contagem em dobro quando a lei estabelecer, de forma expressa, prazo próprio para o ente público (art. 183, § 2º).
- **AÇÃO CONSIGNATÓRIA**
- A importância do crédito tributário pode ser consignada judicialmente pelo sujeito passivo nas hipóteses do artigo 164 do CTN. Para tanto, é necessário o ajuizamento da chamada ação de consignação em pagamento. ***Art. 164.*** *A importância de crédito tributário pode ser consignada judicialmente pelo sujeito passivo, nos casos:* ***I*** *- de recusa de recebimento, ou subordinação deste ao pagamento de outro tributo ou de penalidade, ou ao cumprimento de obrigação acessória;* ***II*** *- de subordinação do recebimento ao cumprimento de exigências administrativas sem fundamento legal;* ***III*** *- de exigência, por mais de uma pessoa jurídica de direito público, de tributo idêntico sobre um mesmo fato gerador.*
- Importante recordar que a **consignação só pode versar sobre o crédito que o consignante se propõe a pagar** (CTN, art. 164, § 1º). Quer dizer que, em matéria tributária, a **ação não pode ser ajuizada para discutir a validade ou o valor do tributo**. Nesses casos, a opção do contribuinte deve ser por outra ação (v.g. ação anulatória) e pelo depósito do montante integral para suspender a exigibilidade do crédito, se assim o desejar.
- A ação de consignação em pagamento não é uma via adequada para forçar a concessão de parcelamento e discutir a exigibilidade e a extensão do crédito tributário. Diversamente, sua finalidade é a desoneração do devedor mediante o depósito do valor correspondente ao crédito. (STJ – AgRg no REsp 1.270.034-RS, 2ª Turma, Min. Mauro Campbell Marques, julgado em 23/10/2012).
- Julgada **procedente a consignação**, o **pagamento se reputa efetuado e a importância consignada é convertida em renda**; julgada **improcedente a consignação**, no todo ou em parte, **cobra-se o crédito** acrescido de juros de mora, sem prejuízo das penalidades cabíveis (CTN, art. 164, § 2º).
- **AÇÃO DE REPETIÇÃO DO INDÉBITO**
- Repetição de indébito tributário é a ação antiexacional por meio da qual o sujeito passivo pleiteia a **restituição do pagamento indevido** ou em quantia superior à exigida em face da legislação tributária aplicável (CTN, art. 165).
- **Pagamento indevido:** conforme o artigo 165, inciso I do CTN, em caso de cobrança ou pagamento espontâneo de tributo indevido ou maior que o devido **em face da legislação tributária aplicável, ou da natureza ou circunstâncias materiais do fato gerador efetivamente ocorrido, o sujeito passivo tem direito, independentemente de prévio protesto, à** restituição total **(quando indevido)** ou parcial **(quando pago a maior).** Também há direito à restituição nas hipóteses de erro na identificação do sujeito passivo, na determinação da alíquota aplicável, no cálculo do montante do débito ou conferência de qualquer documento relativo ao pagamento (CTN, art. 165, II) e de reforma, anulação, revogação ou rescisão de decisão condenatória que determinava o pagamento (CTN, art. 165, III).
- **Restituição de tributos indiretos:** por comportarem, em razão da respectiva natureza, transferência do respectivo encargo financeiro, somente será feita a quem prove haver assumido referido encargo, ou, no caso de tê-lo transferido a terceiro, estar por este expressamente autorizado a recebê-la (CTN, art. 166). Em outras palavras, para que haja restituição de um tributo indireto, o contribuinte (de direito) deve comprovar que não transferiu o encargo financeiro ao adquirente (contribuinte de fato) ou, caso tenha transferido, deve ter uma expressa autorização deste para tal (CTN, art. 166).
- **Prescrição:** prazos (5 anos como regra e 2 anos na hipótese do artigo 165, III do CTN), interrupção (pelo início da ação judicial) e reinício da contagem

(pela metade) são matérias regidas pelos artigos 168 e 169 do CTN.

11. REFORMA TRIBUTÁRIA (EMENDA CONSTITUCIONAL Nº 132/2023)

- **Emenda Constitucional nº132/2023:** alterou o Sistema Tributário Nacional e ficou conhecida como a "Reforma Tributária".
- **Foco da Reforma Tributária:** em linhas gerais, o foco referiu-se à tributação incidente sobre o consumo. Foi previsto no texto constitucional a possibilidade de instituição de um tributo federal – a Contribuição sobre Bens e Serviços (CBS) – e um tributo compartilhado por Estados, Distrito Federal e Municípios – o Imposto sobre Bens e Serviços (IBS), que abarcarão, ao longo do tempo, cinco tributos: a contribuição para o PIS, a Cofins, o ICMS, o ISS e o IPI (único desses que não será extinto). Esses novos tributos (IBS e CBS) apresentam as características de um imposto sobre valor agregado (IVA), utilizado em muitos países, com não-cumulatividade plena e enfoque no destino, a busca por uniformização de alíquotas e a exoneração de exportações. Foi também prevista a possibilidade de instituição de um Imposto Seletivo (IS), de natureza extrafiscal para desestimular o consumo de bens e serviços danosos à saúde ou ao meio ambiente.
- **Novos princípios tributários:** "O Sistema Tributário Nacional deve observar os princípios da simplicidade, da transparência, da justiça tributária, da cooperação e da defesa do meio ambiente" (CF, art. 145, §3º).
- **Diretriz para a legislação tributária:** "As alterações na legislação tributária buscarão atenuar efeitos regressivos" (CF, art. 145, §4º).
- **Imunidade Religiosa:** houve ampliação de sua abrangência, na medida em que antes era vedado aos entes federativos tributantes instituir impostos sobre templos de qualquer culto e, agora, a vedação alberga também as "entidades religiosas e templos de qualquer culto, inclusive suas organizações assistenciais e beneficentes" (CF, art. 150, VI, "b").
- **Imunidade Recíproca:** houve ampliação de sua abrangência em relação à administração pública indireta, antes restrita às autarquias e às fundações instituídas e mantidas pelo poder público, e agora abarcando a empresa pública prestadora de serviço postal, sempre no que se refere ao patrimônio, à renda e aos serviços vinculados a suas finalidades essenciais ou às delas decorrentes (CF, art. 150, §2º).
- **CIDE-Combustíveis:** foi inserida uma nova possibilidade de destinação dos recursos arrecadados com a CIDE-combustíveis, qual seja, "pagamento de subsídios a tarifas de transporte público coletivo de passageiros" (CF, art. 177, §4º, alínea "d").
- **COSIP:** houve expansão da finalidade constitucional e, por consequência, da possibilidade de utilização dos recursos arrecadados com a COSIP, não mais se restringindo ao custeio do serviço de iluminação pública, contemplando, também, a sua expansão e melhoria, bem como os sistemas de monitoramento para segurança e preservação de logradouros públicos (CF, art. 149-A, *caput*).
- **IPTU:** poderá "ter sua base de cálculo atualizada pelo Poder Executivo, conforme critérios estabelecidos em lei municipal" (CF, art. 156, §1º, III).
- **IPVA:** agora poderá ter alíquotas diferenciadas não só em função do tipo e da utilização do veículo, mas também em virtude do valor e do impacto ambiental (CF, art. 155, §6º, II). Houve também o alargamento de sua base de incidência para além da propriedade de veículos automotores terrestres, contemplando também as aeronaves e embarcações (CF, art. 155, §6º, III). Sobre esse alargamento (veículos aquáticos e aéreos), a repartição da receita tributária de 50% com os Municípios tem como critério o território em que os proprietários sejam domiciliados. Por fim, houve inserção de algumas imunidades específicas, tais como "aeronaves agrícolas e de operador certificado para prestar serviços aéreos a terceiros; embarcações de pessoa jurídica que detenha outorga para prestar serviços de transporte aquaviário ou de pessoa física ou jurídica que pratique pesca industrial, artesanal, científica ou de subsistência; plataformas suscetíveis de se locomoverem na água por meios próprios, inclusive aquelas cuja finalidade principal seja a exploração de atividades econômicas em águas territoriais e na zona econômica exclusiva e embarcações que tenham essa mesma finalidade principal e; tratores e máquinas agrícolas.
- **ITCMD:** houve alteração da competência tributária nas transmissões *causa mortis* de bens móveis, títulos e créditos, cabendo agora ao "Estado onde era domiciliado o *de cujus*, ou tiver domicílio o doador, ou ao Distrito Federal" (CF, art. 155, §1º, II). Ainda, a progressividade passou a ser expressa no texto constitucional, "em razão do valor do quinhão, do legado ou da doação" (CF, art. 155, §1º, VI). Foi inserida uma nova imunidade específica aplicável ao ITCMD, que "não incidirá sobre as transmissões e as doações para as instituições sem fins lucrativos com finalidade de relevância pública e social, inclusive as organizações assistenciais e beneficentes de entidades religiosas e institutos científicos e tecnológicos, e por elas realizadas na consecução dos seus objetivos sociais, observadas as condições estabelecidas em lei complementar" (CF, art. 155, §1º, VII). Por fim, foram estabelecidos critérios transitórios nas transmissões *causa mortis* ou por doação com elementos de conexão com o exterior, enquanto não promulgada a lei complementar com essa disciplina, ""I – relativamente a bens imóveis e respectivos direitos, ao Estado da situação do bem, ou ao Distrito Federal; II – se o doador tiver domicílio ou residência no exterior: a) ao Estado onde tiver domicílio o donatário ou ao Distrito Federal; b) se o

donatário tiver domicílio ou residir no exterior, ao Estado em que se encontrar o bem ou ao Distrito Federal; III – relativamente aos bens do de cujus, ainda que situados no exterior, ao Estado onde era domiciliado, ou, se domiciliado ou residente no exterior, onde tiver domicílio o sucessor ou legatário, ou ao Distrito Federal" (EC 132/2023, art. 16).

- **Imposto Seletivo (IS):** de competência federal, refere-se ao imposto sobre "produção, extração, comercialização ou importação de bens e serviços prejudiciais à saúde ou ao meio ambiente, nos termos de lei complementar" (CF, art. 153, VIII). Características: não incidirá sobre as exportações nem sobre as operações com energia elétrica e com telecomunicações; incidirá uma única vez sobre o bem ou serviço; não integrará sua própria base de cálculo; integrará a base de cálculo dos seguintes tributos: ICMS, ISS, IBS e CBS; poderá ter o mesmo fato gerador e base de cálculo de outros tributos; terá suas alíquotas fixadas em lei ordinária, podendo ser específicas (unidade de medida adotada ou *ad valorem*); na extração, o imposto será cobrado independentemente da destinação, caso em que a alíquota máxima corresponderá a 1% do valor de mercado do produto (CF, art. 153, §6º).
- **Imposto sobre bens e serviços (IBS):** a instituição está reservada à lei complementar, com competência tributária compartilhada entre Estados, Distrito Federal e Municípios, informado pelo princípio da neutralidade (CF, art. 156-A).
- **IBS (incidência):** incidirá sobre operações com bens materiais ou imateriais, inclusive direitos, ou com serviços e, também, sobre a importação de bens materiais ou imateriais, inclusive direitos, ou de serviços realizada por pessoa física ou jurídica, ainda que não seja sujeito passivo habitual do imposto, qualquer que seja a sua finalidade.
- **IBS (imunidades):** não incidirá sobre as exportações, assegurados ao exportador a manutenção e o aproveitamento dos créditos relativos às operações nas quais seja adquirente de bem material ou imaterial, inclusive direitos, ou serviço. Também não incidirá nas prestações de serviço de comunicação nas modalidades de radiodifusão sonora e de sons e imagens de recepção livre e gratuita.
- **IBS (legislação e alíquota):** a legislação será única e uniforme em todo o território nacional, ressalvado que cada ente federativo fixará sua alíquota própria por lei específica. Já a alíquota será fixada pelo ente federativo e será a mesma para todas as operações com bens materiais ou imateriais, inclusive direitos, ou com serviços, ressalvadas as hipóteses previstas na Constituição.
- **IBS (cobrança, não-cumulatividade e cálculo):** a cobrança contemplará o somatório das alíquotas do Estado e do Município de destino da operação. Pela não-cumulatividade será compensado o IBS devido com o montante cobrado sobre todas as operações nas quais seja adquirente de bem material ou imaterial, inclusive direito, ou de serviço, excetuadas exclusivamente as consideradas de uso ou consumo pessoal especificadas em lei complementar e as hipóteses previstas na Constituição. Nos casos de isenção e de imunidade, conforme a não-cumulatividade, não implicará crédito para compensação com o montante devido nas operações seguintes e acarretará a anulação do crédito relativo às operações anteriores, salvo, na hipótese da imunidade, quando determinado em contrário em lei complementar. O seu cálculo será "por fora", uma vez que não integrará sua própria base de cálculo nem a dos seguintes tributos: IS, Cofins, CBS e PIS.
- **IBS (assuntos a serem disciplinados por lei complementar):** regras para a distribuição do produto da arrecadação; regime de compensação; forma e prazo para ressarcimento de créditos acumulados; critérios para a definição do destino da operação; forma de desoneração da aquisição de bens de capital; diferimento e desoneração aplicáveis aos regimes aduaneiros especiais e às zonas de processamento de exportação; processo administrativo fiscal; hipóteses de devolução do imposto a pessoas físicas e; critérios para as obrigações tributárias acessórias.
- **IBS (regimes específicos de tributação por LC):** combustíveis e lubrificantes sobre os quais o imposto incidirá uma única vez; serviços financeiros, operações com bens imóveis, planos de assistência à saúde e concursos de prognósticos; sociedades cooperativas, que será optativo; serviços de hotelaria, parques de diversão e parques temáticos, agências de viagens e de turismo, bares e restaurantes, atividade esportiva desenvolvida por Sociedade Anônima do Futebol e aviação regional; operações alcançadas por tratado ou convenção internacional e; serviços de transporte coletivo de passageiros rodoviário intermunicipal e interestadual, ferroviário e hidroviário.
- **IBS (Comitê Gestor – CG):** os Estados, o Distrito Federal e os Municípios exercerão de forma integrada, exclusivamente por meio do Comitê Gestor do IBS (CG), nos termos e limites estabelecidos na Constituição e em lei complementar, as competências administrativas relativas ao IBS. O CG terá natureza de entidade pública sob regime especial, além de independência técnica, administrativa, orçamentária e financeira.
- **Contribuição social sobre bens e serviços (CBS):** a instituição está reservada à mesma lei complementar que instituir o IBS, com competência tributária da União, podendo ter sua alíquota fixada em lei ordinária, além de apresentar o cálculo "por fora", que não integrará sua própria base de cálculo nem a dos seguintes tributos: IS, IBS, Cofins e PIS.
- **IBS e CBS (regras de observância comum):** fatos geradores, bases de cálculo, hipóteses de não incidência e sujeitos passivos; imunidades; regimes

específicos, diferenciados ou favorecidos de tributação; regras de não cumulatividade e de creditamento (CF, art. 149-B).

- **IBS e CBS (regimes diferenciados de tributação por lei complementar, com redução de 60% das alíquotas):** serviços de educação; serviços de saúde; dispositivos médicos; dispositivos de acessibilidade para pessoas com deficiência; medicamentos; produtos de cuidados básicos à saúde menstrual; serviços de transporte público coletivo de passageiros rodoviário e metroviário de caráter urbano, semiurbano e metropolitano; alimentos destinados ao consumo humano; produtos de higiene pessoal e limpeza consumidos por famílias de baixa renda; produtos agropecuários, aquícolas, pesqueiros, florestais e extrativistas vegetais in natura; insumos agropecuários e aquícolas; produções artísticas, culturais, de eventos, jornalísticas e audiovisuais nacionais, atividades desportivas e comunicação institucional; bens e serviços relacionados a soberania e segurança nacional, segurança da informação e segurança cibernética.
- **IBS e CBS (regimes diferenciados de tributação por lei complementar, com isenção e redução em 100% das alíquotas):** isenção de serviços de transporte público coletivo de passageiros rodoviário e metroviário de caráter urbano, semiurbano e metropolitano. Já redução em 100% das alíquotas para: dispositivos de acessibilidade para pessoas com deficiência; medicamentos; produtos de cuidados básicos à saúde menstrual; produtos hortícolas, frutas e ovos; serviços prestados por Instituição Científica, Tecnológica e de Inovação (ICT) sem fins lucrativos; automóveis de passageiros, conforme critérios e requisitos estabelecidos em lei complementar, quando adquiridos por pessoas com deficiência e pessoas com transtorno do espectro autista, diretamente ou por intermédio de seu representante legal ou por motoristas profissionais, nos termos de lei complementar, que destinem o automóvel à utilização na categoria de aluguel (táxi).
- **IBS e CBS (regimes diferenciados de tributação por lei complementar, com isenção ou redução em 100% das alíquotas):** para atividades de reabilitação urbana de zonas históricas e de áreas críticas de recuperação e reconversão urbanística.
- **IBS e CBS (regimes diferenciados de tributação por lei complementar, com redução em 30% das alíquotas):** na prestação de serviços de profissão intelectual, de natureza científica, literária ou artística, desde que sejam submetidas a fiscalização por conselho profissional.
- **CBS (regimes diferenciados de tributação por lei complementar, com redução em 100% da alíquota):** para serviços de educação de ensino superior nos termos do Programa Universidade para Todos (Prouni).
- **IBS e CBS (Cesta Básica Nacional de Alimentos):** a lei complementar definirá os produtos destinados à alimentação humana que comporão a Cesta Básica Nacional de Alimentos, sobre os quais as alíquotas do IBS e da CBS serão reduzidas a zero. A Cesta Básica Nacional de Alimentos considerará a diversidade regional e cultural da alimentação do País e garantirá a alimentação saudável e nutricionalmente adequada.
- **A cronologia da transição:** em 2026 o IBS terá alíquota de 0,1% e a CBS de 0,9%. A partir de 2027 haverá a cobrança da CBS e do IS; a extinção da Cofins e do PIS (desde que instituída a CBS) e; o IPI terá redução das alíquotas a zero (exceto em relação aos produtos que tenham industrialização incentivada na ZFM e não incidirá juntamente com o IS). Em 2027 e 2028 o IBS terá alíquota estadual de 0,05% e alíquota municipal de 0,05%, ao passo que a CBS será reduzida em 0,1%. De 2029 a 2032 as alíquotas do ICMS e do ISS terão as seguintes proporções de suas legislações: 9/10 em 2029; 8/10 em 2030; 7/10 em 2031 e; 6/10 em 2032. A partir de 2033 haverá a extinção do ICMS e do ISS.

Atualidades

Alexandre Sanches Cunha

TABELA DE INCIDÊNCIA DE QUESTÕES

Distribuição das questões organizada por ordem didática de assuntos		
Assunto	**Número de Questões**	**Peso**
Atualidades	32	100%
Total	**32**	**100%**

Atualidades

Alexandre Sanches Cunha

✦ QUESTÕES

01. (Vunesp – Delegado de Polícia – PC – BA/2018) A promotora-chefe do Tribunal Penal Internacional (TPI) anunciou nesta quinta-feira (08.02) a abertura de investigações sobre supostos crimes na Venezuela e nas Filipinas. O anúncio é a primeira etapa que acontece antes da realização de investigações completas, que podem terminar com acusações do TPI.

(EBC, 08.02.2018. Disponível em <https://goo.gl/cyKveA>. Acesso em: 16.03.2018. Adaptado)

O Tribunal Penal Internacional abriu exame preliminar das acusações de

a) execuções feitas pela polícia e por grupos de extermínio no combate às drogas lançado pelo presidente das Filipinas e de uso de força excessiva e violência nas manifestações ocorridas na Venezuela.

b) extermínio do grupo muçulmano rohingyas promovido pelo governo das Filipinas e de prisões arbitrárias de deputados que se manifestaram no Parlamento contra o governo da Venezuela.

c) violações dos direitos humanos na transferência de etnias nativas por ordem do governo das Filipinas e de repressão militar ao grupo maoísta Sendero Luminoso, responsável por atentados na Venezuela.

d) deportação, sem amparo legal, de políticos dos partidos de oposição ao governo das Filipinas e de genocídio das comunidades camponesas indígenas em conflitos por terra no interior da Venezuela.

e) desaparecimento de oficiais militares que se envolveram em golpe contra o presidente das Filipinas e de desrespeito aos direitos dos prisioneiros políticos com anuência do governo da Venezuela.

COMENTÁRIOS

✪ **Nota do autor:** A promotora-chefe do Tribunal Penal Internacional (TPI), Fatou Bensouda, abriu investigações sobre supostos crimes cometidos por forças policiais e de segurança na Venezuela e nas Filipinas. O anúncio é a primeira etapa que acontece antes da realização de investigações completas, que podem terminar com acusações no TPI. Fatou Bensouda disse que o foco da investigação sobre as Filipinas serão alegações de que milhares de pessoas foram mortas desde julho de 2016 por "envolvimento no uso ou tratamento ilegal de drogas" no contexto da guerra contra os entorpecentes lançado pelo governo (apesar de algumas destas mortes terem ocorrido em combates entre ou contra gangues, há a suspeita de que foram cometidos assassinatos extrajudiciais). Em relação à Venezuela serão examinadas as alegações de que tropas do governo teriam usado força excessiva para dispersar e reprimir manifestações, além do abuso a alguns membros da oposição detidos desde abril de 2017. A promotora ressaltou que, além disso, alguns manifestantes recorreram à violência, que provocou a morte e ferimento de membros das forças de segurança. Ela destacou que não há prazos legais para a duração de um exame preliminar. Em nota, o Tribunal Penal Internacional explicou que, dependendo dos fatos e das circunstâncias de cada situação, será decidido se será inicia uma investigação ou se esta será sujeita a uma revisão judicial, se for apropriado.

Alternativa "a": as Filipinas são alvo de alegações sobre execuções arbitrárias no combate a drogas enquanto Venezuela é acusada de uso excessivo da força contra manifestantes anti-governo.

Alternativa "b": Cerca de um milhão de pessoas de mulçumanos rohingyas, a maior comunidade no mundo, vivem em Mianmar, país predominantemente budista. A maioria mora de forma precária no Estado de Rakhine, palco dos episódios recentes de violência que o alto comissário das Nações Unidas para os direitos humanos, Zeid Ra'ad al-Hussein, classificou de "limpeza étnica".

Alternativa "c": Confunde conceitos. Assim, o grupo de guerrilha peruano criado durante os anos 60, o Sendero Luminoso tem inspiração maoísta e foi formado por um grupo de intelectuais, entre eles, Abimael Guzmán, que lecionava filosofia na Universidade de Ayacucho. Em português, o significado do nome do partido é "Caminho Iluminado", título colocado para diferenciá-lo de outros partidos comunistas da época. O nome completo da facção é Partido Comunista do Peru – Sendero Luminoso (PCP-SL).

Alternativa "d": Vide comentários anteriores.

Alternativa "e": Vide comentários anteriores.

Alternativa correta: letra "a".

---

02. (Vunesp – Delegado de Polícia – PC – BA/2018) Leia os excertos.

I. O presidente Michel Temer assinou nesta sexta (19.01) o projeto de lei que propõe uma modelagem de venda da empresa. A proposta, que ainda será encaminhada ao Congresso, prevê que o governo tenha uma "golden share", que dá poder de veto e determina a limitação de 10% do poder de voto para qualquer acionista que detenha participação acionária superior a esse limite.

(Folha-Uol, 19.01.2018. Disponível em <https://goo.gl/9xh5GZ>. Acesso em: 25.02.2018. Adaptado)

II. A empresa brasileira levantou 2,7 bilhões de dólares na terça-feira (24.01) em sua oferta pública inicial de ações em Nova York, em meio ao aumento do otimismo do investidor com a recuperação econômica brasileira. A listagem é a maior por uma empresa brasileira desde abril de 2013, quando o Banco do Brasil S. A. listou sua unidade de seguros.

(Época, 24.01.2018. Disponível em <https://goo.gl/sJraEf>.Acesso em 25.02.2018. Adaptado)

As empresas a que as notícias se referem são, respectivamente,

a) Telebras e Azul.
b) Correios e Ri Happy.
c) Eletrobras e PagSeguro.
d) Embraer e Netshoes.
e) Petrobras e Cosan.

COMENTÁRIOS

✪ **Nota do autor:** A questão se refere ao fato de que o ex-Presidente Michel Temer ter assinado, naquela data, o projeto de lei que propunha uma modelagem de venda da Eletrobras. A proposta, foi encaminhada ao Congresso e prevê que o governo tenha uma "golden share": que dá poder de veto, e determina a limitação de 10% do poder de voto para qualquer acionista que detenha participação acionária superior a este limite. A empresa brasileira de meios de pagamento PagSeguro Digital levantou 2,7 bilhões de dólares na terça-feira em sua oferta pública inicial de ações em Nova York, em meio ao aumento (naquela ocasião) do otimismo do investidor com a recuperação econômica brasileira.

O presidente Michel Temer assinou o projeto de lei que propõe uma modelagem de venda da Eletrobrás. A PagSeguro levanta US$2,7 bi em IPO nos Estados Unidos.

Alternativa correta: letra "c".

---

03. (FUNCAB – Delegado de Polícia – RO/2014) Em setembro de 2013, o Instituto Brasileiro de Geografia e Estatística (IBGE) divulgou a Pesquisa Nacional por Amostra de Domicílios (Pnad) 2012, contendo dados sobre as transformações no país de2011 a 2012. De acordo como IBGE:

a) a desigualdade entre ricos e pobres aumentou em todo o país.
b) a renda média mensal da população brasileira manteve-se estagnada.
c) a taxa de analfabetismo diminuiu significativamente em todo o país,
d) a diferença entre o salário da mulher e o do homem aumentou no país, especialmente na Região Nordeste.
e) a taxa de desemprego entre a população maior de 15 anos de idade explodiu no país.

COMENTÁRIOS

✪ **Nota do autor:** Naquele ano, as mulheres de fato recebiam salários menores que os dos homens. A diferença, no entanto, diminuiu, segundo Pesquisa Nacional por Amostra de Domicílio (Pnad), do Instituto Brasileiro de Geografia e Estatística (IBGE). No ano, elas receberam em média 74,5% da renda dos homens – em 2013 o percentual era 73,5%.

Alternativa "a": alternativa incorreta;

Alternativa "b": alternativa incorreta;

Alternativa "c": alternativa incorreta;

Alternativa "d": embora tenha aumentado na região Nordeste, cabe destacar que Roraima foi o Estado em que houve menor diferença entre os rendimentos do trabalho de homens e mulheres. Segundo a Pnad 2014, as mulheres receberam 88,8% do rendimento do trabalho dos homens, enquanto o Mato Grosso do Sul ficou com a maior diferença, com as mulheres recebendo apenas 65,1% do rendimento dos homens.

Alternativa "e": alternativa incorreta;

Alternativa correta: letra "d".

---

04. (FUNCAB – Delegado de Polícia – RO/2014) A revista "Forbes" considerou o presidente russo Vladimir Putin a pessoa mais poderosa do mundo em 2013. Um dos fatos que marcou a atuação da Rússia no cenário internacional em 2013 e que deu visibilidade a Putin foi:

a) a interrupção completa do fornecimento de gás natural, importante recurso energético russo, aos países da antiga União Soviética.
b) a diminuição drástica dos gastos com armas e a retirada de seus efetivos militares do mar Negro.
c) a posição do pais na reunião do G-8, favorável à intervenção militar na Síria.
d) a recusa de asilo político ao ex-analista de inteligência dos Estados Unidos, Edward Snowden, que

denunciou a espionagem do governo americano sobre vários países.

e) o aumento da tensão política entre o país e a União Europeia (UE), decorrente da disputa pela Ucrânia.

COMENTÁRIOS

✪ **Nota do autor:** Curioso é que naquele ano, Barack Obama foi o primeiro Presidente norte-americano em exercício a ficar de fora das duas primeiras posições do *ranking* das personalidades mais poderosas do mundo elaborado pela revista *Forbes*, ultrapassado na ocasião, por Vladimir Putin e Angela Merkel.

Alternativa "a": alternativa incorreta;

Alternativa "b": alternativa incorreta;

Alternativa "c": alternativa incorreta;

Alternativa "d": alternativa incorreta;

Alternativa "e": naquele ano, a revista norte-americana *Forbes* elegeu, pelo terceiro ano consecutivo, o Presidente russo, Vladimir Putin, como a personalidade mais poderosa do mundo

Alternativa correta: letra "e".

---

05. (FUNCAB – Delegado de Polícia – RO/2014) O agravamento das dificuldades econômicas na Argentina e Venezuela gerou situação de crise política e social por que passam hoje ambos os países. Em relação ao assunto, é correto afirmar que:

a) o presidente venezuelano Nicolás Maduro recusou apoio de países vizinhos, como o Brasil, para negociar acordo com a oposição.

b) os atuais governos da Venezuela e da Argentina são criticados pelos seus respectivos opositores por suas políticas de abertura e desregulamentação da economia.

c) o governo da presidente argentina Cristina Kirchner conta com expressivo apoio de ruralistas e do maior grupo de comunicações do país, o Clarín.

d) a Argentina enfrenta, atualmente, inflação em alta, crise energética e a crescente alta do dólar.

e) a crise econômica na Venezuela não afeta as classes baixas, que são assistidas pelos programas de inclusão social do governo.

COMENTÁRIOS

✪ **Nota do autor:** Os economistas apontam como causas da crise Argentina o megacalote da dívida pública em 2001 aos índices econômicos negativos no início de 2014.

Alternativa "a": alternativa incorreta na medida em que o Brasil auxiliou a Venezuela.

Alternativa "b": alternativa incorreta na medida em que buscam fechar o mercado com nacionalizações e medidas protecionistas.

Alternativa "c": alternativa incorreta na medida em que a Presidente da Argentina teve alto índice de rejeição.

Alternativa "d": devido à forte desvalorização do peso agravou ainda mais a situação econômica da Argentina, que tem se agravado nos últimos anos com a disparada da inflação e a redução drástica das reservas internacionais.

Alternativa "e": alternativa incorreta na medida em que as classes baixas sofrem com a escassez de produtos.

Alternativa correta: letra "d".

---

06. (FUNCAB – Delegado de Polícia – RO/2014) Em junho de 2013, veio à tona a revelação de que os Estados Unidos, através de programa da Agência Nacional de Segurança (NSA), monitoram informações confidenciais de governos e pessoas comuns na rede mundial de computadores. O governo dos Estados Unidos:

a) justificou o monitoramento como importante meio para evitar ameaças terroristas contra o país.

b) afirmou que o programa de espionagem da NSA monitora apenas o que acontece dentro do país.

c) declarou que o programa da NSA não monitora ações de governos aliados do país, como Brasil e Alemanha.

d) revelou que o programa coleta informações para beneficiar empresas norte-americanas na disputa comercial.

e) negou a existência deste e de qualquer outro programa de espionagem no país.

COMENTÁRIOS

✪ **Nota do autor:** Naquele ano, o Mundo foi tomado de assalto pelas notícias sobre o monitoramento eletrônico feito pela NSA, de acordo com as denúncias feitas por **Edward Snowden**. O **Brasil** foi veemente em seus protestos, e agora outros países, como o **México**, a **Alemanha** e a **Espanha** seguiram o mesmo caminho. Todo o problema começou, é claro, nº 11 de Setembro e na "caçada" ao terrorismo iniciada pelo governo americano. Mas houve ainda um sério agravante, o USA PATRIOT Act (abreviação de"*Uniting and Strengthening America by Providing Appropriate Tools Required to Intercept and Obstruct Terrorism Act of 2001*"). Essa foi uma lei aprovada pelo congresso americano em 2001, no governo de **George W. Bush**, na esteira da comoção causada pelo atentado às torres gêmeas.

Alternativa "a": na prática, o ato (conferir nota acima) suprime as liberdades civis. É o instrumento legal que permite ao governo dos Estados Unidos obter qualquer informação sobre qualquer pessoa, como também adotar medidas de vigilância e espionagem. Irônico, é que tudo o que antes era condenado pelos **EUA** quando ocorria em outros países, passou a ser permitido, dependendo somente de algum órgão de inteligência suspeitar que a pessoa está envolvida em alguma atividade terrorista.

Alternativa "b": alternativa incorreta.

Alternativa "c": alternativa incorreta.

Alternativa "d": alternativa incorreta.

Alternativa "e": alternativa incorreta.

Alternativa correta: letra "a".

---

07. (FUNCAB – Delegado de Polícia – RO/2014) Em setembro de 2013, os cientistas do Painelinter governamental Sobre Mudanças Climáticas (IPCC) da ONU divulgaram novo relatório sobreaquecimento global. De acordo com esse relatório:

a) o aquecimento global retrocedeu significativamente na última década, devido à maior absorção do calor pelas águas dos oceanos.

b) os países emergentes, como China e índia, são os mais afetados no mundo pelo aquecimento global, e, portanto, os principais interessados em reverter esse processo.

c) o aumento do aquecimento global é um processo natural, que não está relacionado às ações humanas.

d) o desmatamento das áreas de floresta, especialmente no Brasil, é a principal causa do aquecimento global.

e) as ações humanas estariam intensificando o efeito estufa e provocando aumento do aquecimento global.

COMENTÁRIOS

✪ **Nota do autor:** Naquele ano, a terceira e última parte do quinto Relatório de Avaliação feita por cientistas do Painel Intergovernamental sobre Mudanças Climáticas (IPCC) afirmou que são necessárias mais ações para cortar as emissões de gases de efeito estufa para limitar o aquecimento do planeta a 2°C até 2100. Assim, segundo os cientistas, será preciso abandonar os combustíveis fósseis poluentes e utilizar fontes mais limpas para evitar o efeito estufa, que poderá provocar um aumento da temperatura do planeta entre 3,7°C e 4,8°C antes de 2100, o que seria um nível catastrófico.

Alternativa "a": alternativa incorreta.

Alternativa "b": alternativa incorreta.

Alternativa "c": alternativa incorreta.

Alternativa "d": alternativa incorreta.

Alternativa "e": o texto destacou que 80% dos lançamentos ocorridos entre 2000 e 2010 vieram da queima de combustíveis fósseis, principalmente da geração de energia e indústria.

Alternativa correta: letra "e".

---

08. (UEPA – Delegado de Polícia – PA/2013) O Pará teve 219 mortes no campo nos últimos 10 anos, diz o procurador da 1a Região (que abrange a região Norte, parte do Centro-Oeste e do Nordeste) José Marques Teixeira em audiência pública com o Senado, no dia 22 de fevereiro de 2011. Segundo ele, os dados fazem parte de um levantamento da Ouvidoria Agrária Nacional e indicam que ocorreram apenas quatro condenações como punições pelos assassinatos no campo. Sobre a questão agrária na Amazônia é correto afirmar que:

a) os conflitos ocorridos no campo quase desapareceram com a implantação das políticas de assentamentos rurais na região.

b) a realização da reforma agrária contrariou os grandes proprietários de terras e provocou o aumento dos conflitos fundiários na região, explicando o grande número de mortos.

c) há um desequilíbrio de interesses e forças no que tange as políticas voltadas para a resolução da questão agrária no Brasil.

d) a expansão da produção de biocombustíveis na região implicou no aumento da renda dos camponeses, bem como no crescimento da produção de culturas como a mandioca.

e) o intenso processo de mecanização do campo, tem expulsado os camponeses para a cidade e implementado uma nova dinâmica no mercado de terras.

COMENTÁRIOS

✪ **Nota do autor:** Em 2013, 17 anos de impunidade. Essa é a realidade imposta pela justiça brasileira ao Massacre de Eldorado dos Carajás, ocorrido em 1996 no Estado do Pará, e que resultou na morte de 19 trabalhadores sem-terra. Todos executados pela Polícia Militar paraense, sob as ordens do à época governador do Pará, Almir Gabriel (PSDB).

Alternativa "a": alternativa incorreta.

Alternativa "b": alternativa incorreta.

Alternativa "c": no campo brasileiro esse não é um episódio isolado, a violência e a impunidade continuam. O Massacre de Eldorado dos Carajás e outros temas relacionados aos conflitos agrários e a impunidade no campo ainda são chagas no cenário político nacional.

Alternativa "d": alternativa incorreta na medida em que o texto não se refere aos biocombustíveis.

Alternativa "e": alternativa incorreta e tem a finalidade de confundir o candidato. O processo de mecanização do campo pode ser um dos fatores que dificultam a vida dos trabalhadores rurais. Porém, não é tema do texto.

Alternativa correta: letra "c".

---

09. (UEPA – Delegado de Polícia – PA/2013) Enchentes no Pará deixam mais de 470 famílias desabrigadas. Segundo o noticiário do portal G1 de 16 de março de 2011, cerca de 470 famílias estão desabrigadas nos municípios de Marabá, Tucuruí e Parauapebas, no Pará. A região tem registrado grande volume de chuvas, segundo a Defesa Civil, o que provocou o aumento do nível dos rios Tocantins, Parauapebas e Itacaiunas. Como se fosse notícia atual, ano após ano, esse fato se repete. As causas desse cenário estão associadas:

a) ao crescimento ordenado desses municípios nas margens do rio e a falta de uma política eficiente por parte do poder público.

b) a falta de planejamento urbano, aos problemas relacionados ao represamento dos rios da região e ao aumento do volume de chuvas em determinados períodos do ano.

c) a implantação de grandes projetos, a migração e o desenvolvimento da atividade agrícola no leito dos principais rios da região, com destaque para o rio Amazonas.

d) a intensa atividade de embarque e desembarque de pessoas e mercadorias nos portos presentes nestes rios, despejando toneladas de dejetos em suas margens.

e) aos desmatamentos causados pelas atividades agrícolas desenvolvidas nos assentamentos rurais existente na região que destroem a mata ciliar.

COMENTÁRIOS

✪ **Nota do autor:** As enchentes são calamidades naturais ou não, que ocorrem quando um leito natural recebe um volume de água superior ao que pode comportar resultando em transbordamentos. Podem ocorrer em lagos, rios, córregos, mares e oceanos devido a chuvas fortes e contínuas. Para impedir a continuação das enchentes, e que inúmeras famílias percam seus patrimônios, o governo pode construir barragens e reservatórios em áreas de maior risco, bueiros e diques espalhados pela cidade com sua abertura protegida, impedindo a entrada de lixos (ademais, a conscientização da população para que não deposite lixo nas vias públicas é imprescindível).

Alternativa "a": alternativa incorreta.

Alternativa "b": como vimos, as enchentes ocorrem quando o leito natural de um rio (ou córrego) recebe uma quantidade de água, proveniente das chuvas, maior do que sua capacidade de comportá-la e, assim, acaba por transbordar (ocasionando a enchente). A falta de planejamento está associada às tragédias.

Alternativa "c": alternativa incorreta.

Alternativa "d": alternativa incorreta.

Alternativa "e": alternativa incorreta.

Alternativa correta: letra "b".

10. (UEPA – Delegado de Polícia – PA/2013) Os impactos ambientais potenciais da indústria petrolífera são variados, sendo os mais conhecidos da população aqueles associados aos vazamentos nos petroleiros e terminais de petróleo, que provocam a contaminação e degradação ambiental de mares e praias. No que diz respeito à exploração de petróleo na região amazônica, é correto afirmar que:

a) no coração da Floresta Amazônica, na Província Petrolífera de Urucu, a 650 km a sudoeste de Manaus a Petrobrás construiu a Base de Operações Geólogo Pedro de Moura e desenvolve atividades de exploração e produção de petróleo e gás natural.

b) no coração da Floresta Amazônica, na Província Petrolífera de Tocantins, a 200 km a sudoeste de Manaus, a CVRD construiu a Base de Operações Geólogo Pedro de Moura e desenvolve atividades de exploração e produção mineral e de gás natural.

c) no coração da Floresta Amazônica, na Província Petrolífera de Trombetas, a Eletrobrás construiu a Base de Operações Geólogo Pedro de Moura e desenvolve atividades de exploração e produção de petróleo e exploração de bauxita.

d) no coração da Floresta Amazônica não existe exploração de petróleo e sim um Polo industrial, a 650 km a sudoeste de Manaus, a chamado de Zona Franca de Manaus.

e) no coração da Floresta Amazônica não existe exploração de petróleo e sim uma grande produção de energia hidrelétrica a 650 km a sudoeste de Manaus, a chamada hidrelétrica de Tucuruí.

COMENTÁRIOS

✪ **Nota do autor:** A Província Petrolífera de Urucu, a 650 km de Manaus, faz do Estado o segundo maior produtor de petróleo terrestre do país. São 55 mil barris por dia, 10 milhões de metros cúbicos de gás natural. E reservas confirmadas de 808 milhões de equivalentes a barris de óleo. No estado, há 70 postos em atividade da Petrobrás em Urucu. A Empresa conta com cinco concessões para a produção de petróleo na Bacia do Solimões e tem também o direito de pesquisar a viabilidade em outros quatro blocos próximos.

Alternativa "a": no ano de 2013 a Província Petrolífera de Urucu completa 27 anos no Amazonas.

Alternativa "b": alternativa incorreta.

Alternativa "c": alternativa incorreta.

Alternativa "d": alternativa incorreta.

Alternativa "e": alternativa incorreta.

Alternativa correta: letra "a".

▸ **LEIA O TEXTO II PARA RESPONDER À QUESTÃO**

Texto:
Xingu Vivo é alvo de novo
ato de repressão em Altamira

Juíza defere mandado proibitório contra o movimento e sua coordenadora por considerar, entre outros, que militantes "amedrontaram" funcionários de Belo Monte em *protesto no dia das mulheres. A coordenadora do Movimento Xingu Vivo para Sempre, Antônia Melo, foi vítima de um novo mandado proibitório expedido pela justiça estadual do Pará na manhã desta quinta, 14. O mandado atendeu a uma ação do Consórcio Norte Energia (NESA) e do Consórcio Construtor Belo Monte (CCBM) contra o Xingu Vivo e o Movimento dos Atingidos por Barragens (MAB), proibindo as organizações e seus representantes de fazer qualquer ação em áreas ou imóveis das empresas, sob pena de multa de R$ 50 mil. Com este, são cinco os interditos proibitórios já expedidos pela justiça estadual contra a coordenadora do Xingu Vivo. Fonte:*http://amazonia.org.br/2013/03/xingu-vivo*)*

---

11. (UEPA – Delegado de Polícia – PA/2013) O posicionamento da justiça e a articulação do movimento Xingu Vivo estão relacionados ao fato:

a) da construção da ferrovia transnordestina, nas margens do rio Xingu, representar a possibilidade de interligação da região amazônica ao restante do país, em especial à região Nordeste.

b) do projeto de transposição do rio São Francisco, em fase de aceleração das obras, representar o aumento dos problemas ambientais no rio Xingu, o que justifica os protestos do movimento Xingu Vivo.

c) da construção da UHE Belo Monte representar a desarticulação de vários territórios e a redução dos impactos ambientais na região amazônica, na medida em que representa uma enorme fonte de geração de energia durante o ano inteiro.

d) da construção da UHE Belo Monte representar a desarticulação de vários territórios e o aumento dos impactos ambientais na região amazônica, elementos que ganham força comparados a produção intermitente de energia.

e) da construção da UHE Belo Monte representar a articulação de vários territórios, principalmente dos índios, e o aumento dos impactos ambientais na região amazônica, elementos que perdem força comparados a produção intermitente de energia.

COMENTÁRIOS

✪ **Nota do autor:** O **Movimento Xingu Vivo para Sempre** (MXVPS) é um coletivo de organizações e movimentos sociais e ambientalistas da região de Altamira e das áreas de influência do projeto da hidrelétrica de Belo Monte, no Pará, que historicamente se opuseram à sua instalação no rio Xingu.

Alternativa "a": alternativa incorreta, pois não reflete a realidade.

Alternativa "b": alternativa incorreta, pois não reflete a realidade.

Alternativa "c": alternativa incorreta, pois não reflete a realidade.

Alternativa "d": o *Movimento Xingu Vivo para Sempre* reafirma apoia a luta dos povos indígenas contra os Complexos Hidrelétricos de Belo Monte, do Tapajós, do Teles Pires e de todas as barragens na Panamazônia.

Alternativa "e": alternativa incorreta, pois não reflete a realidade.

Alternativa correta: letra "d".

---

12. (UEPA – Delegado de Polícia – PA/2013) Apesar de 61% da área florestal da Amazônia Legal estar coberta por nuvens, sobretudo nos estados do Amapá e Pará que apresentaram 93% e 80% de cobertura de nuvens, respectivamente, o Imazon registrou um aumento de 6% de desmatamento no local entre janeiro de 2012 e este ano. A degradação comprometeu 1 milhão de toneladas de CO2 equivalente. (Fonte: http://amazonia.org.br/2013/02/desmatamento). No que diz respeito a expansão dos desmatamentos na região amazônica nos últimos anos, é correto afirmar que:

a) o aumento da produção industrial e do uso de tecnologia no processo de desmatamento são os fatores responsáveis pelo aumento dos indicadores referentes ao desmatamento na região.

b) o aumento dos desmatamentos está relacionado a expansão da agropecuária, uma das atividades mais recentes dentre as desenvolvidas na região nos últimos anos.

c) o aumento dos desmatamentos está associado a expansão da fronteira agrícola e das áreas de plantations, fato que pode ser agravado com a produção de matéria prima para produção de biocombustíveis na região.

d) o aumento dos desmatamentos está associado a expansão do cultivo da soja, fato que pode ser reduzido com a produção de dendê, matéria prima para produção biocombustíveis na região.

e) o aumento dos desmatamentos está associado ao crescimento das grandes cidades e ao processo de migração constantes na região, sobretudo pelo aumento dos investimentos no campo do turismo.

COMENTÁRIOS

✪ **Nota do autor:** Esta questão é complicada na medida em que são vários os fatores envolvidos. Vale lembrar que o desmatamento no Brasil é um fenômeno historicamente semelhante ao do resto do mundo, fruto da desenfreada atividade humana. Como a maior floresta tropical do mundo, a região é um grande sorvedouro de carbono. Por isso, o desmatamento da sua região é responsável por cerca de 70% das emissões de dióxido de carbono do Brasil. Costuma-se apontar como causas principais dos desmatamentos:

- as queimadas: libera gás carbônico e nuvens de fuligem que podem impedir a precipitação normal de chuva.
- a expansão agrícola: a agricultura em grande escala é o principal fator econômico por trás do desmatamento. Pode-se obter lucros adicionais com a madeira, o que impulsiona a expansão agrícola para

as áreas florestadas, em vez de direcioná-la para terras marginais.

- a criação de gado: com o aumento da necessidade de pastagem.
- a produção de óleo de palma: ao longo da última década, a área plantada com dendezeiros no país praticamente triplicou. Originário de cultivos em terras turfosas que foram desmatadas, e transformado em biocombustível, o óleo de palma tem uma pegada de carbono cinco vezes maior que o óleo diesel.
- a criação de camarões: para dar espaço às fazendas de camarão, criadores comerciais estão derrubando e drenando as florestas de manguezais que protegem a costa contra tempestades e sustentam muitas espécies únicas.
- a extração de madeira: a extração de madeira, especialmente a extração ilegal, é uma grande causa do desmatamento.
- a mineração: muitas áreas florestadas são ricas em minérios e, portanto, são vulneráveis ao desmatamento.
- a construção de estradas: a construção de estradas é o desenvolvimento de infraestrutura que mais contribui para o desmatamento, pois as estradas estimulam a imigração e a propagação da agricultura para dentro das florestas, especialmente em áreas remotas onde os direitos de propriedade são pouco claros ou mal regulamentados.
- a produção de carvão: o carvão feito com árvores antigas de madeira de lei são as mais valiosas, porque geram mais calor e queimam por mais tempo.
- coleta de lenha: destaca-se que a madeira atende a 80% de todas as necessidades de energia da República Democrática do Congo e tem sido a causa principal do desmatamento na região.

Alternativa "a": alternativa incorreta.

Alternativa "b": alternativa incorreta.

Alternativa "c": como vimos nas causas elencadas acima, um dos fatores seria a expansão da fronteira agrícola e das áreas de plantations (no caso da produção de óleo de palma por exemplo) fato que ainda pode ser agravado com a produção de matéria prima para produção de biocombustíveis na região.

Alternativa "d": alternativa incorreta.

Alternativa "e": alternativa incorreta.

Alternativa correta: letra "c".

---

13. (Delegado de Polícia – RO/ 2009 – FUNCAB) Nos dias de hoje, é conhecida a atuação, muitas vezes em escala planetária, das Organizações Não Governamentais (ONGs) que defendem não só o meio ambiente como pressionam os governos para diminuir o impacto do ser humano sobre a natureza assim como noutros problemas de ordem sócio-econômico-cultural. Entre elas destaca-se o Greenpeace cuja atuação revela que a consciência ecológica ganhou aspectos geopolíticos, pois:

a) é uma organização supranacional com o mesmo status da ONU e por isso pode interferir nas políticas econômicas e ambientais em países tais como o Brasil.

b) corresponde à preocupação legítima com a crise ambiental, sem precedentes na história da humanidade.

c) suas ações retiram o poder do Estado-Nação, dando poder a grupos como as ONGs que gerenciam políticas públicas com autonomia.

d) suas ações têm grande aceitação como verdade por amplas camadas da população mundial, servindo para justificar ações imperialistas dos países ricos nos países pobres.

e) a forte demanda concentrada em países emergentes como o Brasil, faz com que as ONGs atuem exclusivamente nos campos da educação e da saúde.

COMENTÁRIOS

✪ **Nota do autor:** O Greenpeace foi criado em 1971 com o objetivo de impedir que os Estados Unidos realizassem testes nucleares na ilha de Amchitka, na costa do Alasca. O foco inicial do Greenpeace era participar de protestos ecológicos pacíficos, similares ao da ilha de Amchitka, como, por exemplo, fazer visitas às zonas proibidas das áreas de testes nucleares para atrair a atenção do público. Ao longo do tempo, o Greenpeace expandiu seus objetivos e, atualmente, pode-se dizer que a organização luta por seis grandes causas: a mudança climática; a proteção dos oceanos; a proteção das florestas antigas; a paz e o desarmamento; a agricultura sustentável e a redução de materiais tóxicos nos produtos.

Alternativa "a": alternativa incorreta na medida em que não é órgão da ONU.

Alternativa "b": tendo em vista que hoje as preocupações ecológicas são um dos assuntos mais preocupantes da vida moderna, o Greenpeace toma iniciativas que de algum modo contribuam para uma melhor conscientização, relação e preservação do mundo em que habitamos.

Alternativa "c": alternativa incorreta.

Alternativa "d": alternativa incorreta.

Alternativa "e": alternativa incorreta.

Alternativa correta: letra "b".

---

14. (Delegado de Polícia – RO/ 2009 – FUNCAB) "(...) Num contexto marcado pela degradação permanente do meio ambiente e do seu ecossistema, isso envolve um conjunto de atores do universo educativo em todos os níveis, potencializando o engajamento dos diversos sistemas de conhecimento e a sua capacitação numa perspectiva interdisciplinar. Os educadores têm um papel estratégico e decisivo na inserção da educação ambiental no cotidiano escolar, qualificando os alunos para um posicionamento crítico face à crise socioambiental, tendo como horizonte a transformação de hábitos e práticas sociais e a formação de uma cidadania ambiental que os mobilize para a questão da sustentabilidade no seu significado mais abrangente." *(JACOBI, Pedro Roberto. Educação Ambiental: o desafio da construção de um pensamento crítico, complexo e reflexivo. (Disponível em: http://www.scielo.br/scielo.php?pid=... Acessado em 27/10/2009)*

Considerando o texto acima como referência inicial, nossa consciência e a dos outros acerca da necessidade de se abordar o tema (ambiente) nas escolas, assinale a alternativa correta para "educação ambiental" sob uma perspectiva crítica.

a) É aquela que para ser pertinente deriva de saberes desunidos e compartimentalizados em disciplinas escolares, além de pautada por uma visão conservadora tanto nas soluções como nas ações pontuais, descontextualizadas e frequentemente descolada de uma proposta pedagógica.

b) É a que ocorre na medida em que o professor assume uma postura científica, mas como uma prática apenas pedagógica, critica o governo pela ausência na responsabilidade socioambiental, principalmente na Amazônia.

c) Nesta ótica, a educação ambiental tem que aceitar a fragmentação do conhecimento e desenvolver uma abordagem que critique o governo pela ausência de políticas educacionais nas escolas onde não há práticas de preservação do meio ambiente.

d) É a que pressupõe o trabalho com educação ambiental processar-se, pelos professores, numa perspectiva linear e positivista; valorizando as disciplinas pedagógicas que trabalham isoladamente os diversos aspectos do meio ambiente.

e) É a abordagem emancipatória, que tem como referenciais no campo da educação o pensamento reflexivo e, no que se refere ao meio ambiente, propõe uma educação baseada em práticas, orientações e conteúdos que vão além da preservação ambiental na educação.

COMENTÁRIOS

Nota do autor: A educação ambiental deverá, a princípio, ocorrer dentro das escolas, empresas, universidades, repartições públicas, etc. Esta educação pode ser desenvolvida por órgãos do governo ou por entidades ligadas ao meio ambiente. A educação ambiental deve estar presente dentro de todos os níveis educacionais, como o objetivo de atingir todos os alunos em fase escolar. Os professores podem desenvolver projetos ambientais e trabalhar com conceitos e conhecimentos voltados para a preservação ambiental e uso sustentável dos recursos naturais. Vale lembrar que no Brasil, existe uma lei específica que trata da educação ambiental. A Lei número 9.795 de 27 de abril de 1999, dispõe sobre a educação ambiental, instituindo a política nacional de educação ambiental.

Alternativa "a": alternativa incorreta, pois escapa do escopo do texto que aborda a educação moderna.

Alternativa "b": alternativa incorreta, pois escapa do escopo do texto que aborda a educação moderna.

Alternativa "c": alternativa incorreta, pois escapa do escopo do texto que aborda a educação moderna.

Alternativa "d": alternativa incorreta, pois escapa do escopo do texto que aborda a educação moderna.

Alternativa "e": Hoje em dia a preocupação da educação revela-se mais em "emancipar" do que "educar" somente. O texto propõe a questão de conscientização das grandes questões/temas que assolam o meio ambiente (que deve ser aplicada, também, em atividades extracurriculares). Os professores devem buscar desenvolver hábitos e atitudes de conservação do meio ambiente.

Alternativa correta: letra "e".

15. (Delegado de Polícia - RO/ 2009 - FUNCAB) A charge, a seguir, tenta visualizar as atuais relações socioeconômicas prevalecentes no mundo: o processo de globalização. Muitos historiadores afirmam que este teve início nos séculos XV e XVI com as Grandes Navegações e as Descobertas Marítimas. Porém, a globalização efetivou-se no final do século XX, logo após a queda do socialismo no Leste Europeu e na União Soviética. Com base nos seus conhecimentos acerca das mudanças socioeconômicas e geopolíticas atuais, assinale a alternativa correta.

Fonte: http://infosol.wordpress.com/2009/01/30/a-formacao-de--opiniao-pela-ignorancia-e-os-ventos-de-doutrina/

a) No atual momento do capitalismo financeiro, o chamado neoliberalismo, as empresas atuam "sem fronteiras" o que facilita, inclusive a invasão de países tais como as que ocorreram, recentemente, tanto no Afeganistão como no Iraque.

b) Com os mercados internos saturados, as multinacionais tentam conquistar novos consumidores, principalmente dos países ex-socialistas; para isso utilizaram mais recursos tecnológicos no sentido de baratear os preços e também estabelecem contatos comerciais e financeiros de forma rápida e eficiente.

c) O processo de globalização é recente, tendo suas origens ligadas à revolução técnico-informacional ocorrida desde os anos 70, que só agora chegou ao Brasil junto com a crise financeira e é controlado tanto pelo FMI como pela ONU.

d) Das grandes questões do mundo atual, emerge a do papel do Estado-Nação que vem sofrendo redução em suas funções, tanto assim que com a crise global de 2008 ganhou importância por não intervir no mercado financeiro e automobilístico, principalmente nos EUA.

e) A atual conjuntura internacional representa o triunfo do keynesianismo, que considera qualquer intervenção governamental na economia como benéfica, em detrimento do neoliberalismo que prega o livre comércio de bens e serviços.

COMENTÁRIOS

✪ **Nota do autor:** Uma das principais características da globalização é precisamente a integração dos mercados mundiais com a exploração de grandes empresas multinacionais. Some-se a isso a grande revolução tecnológica com o uso cada vez maior de telefones, computadores e televisão e a uniformidade das informações com o surgimento e explosão da *Internet* e dos canais de televisão por assinatura. Através destes fatores, os países passam a interagir não só na economia e na política, como também na cultura. O marco fundamental para dinamizar o "mundo sem fronteiras" foi representado simbolicamente pela queda do Muro de Berlim em 1989. De lá pra cá, a globalização proporcionou uma grande mudança política, econômica, social e cultural e abriu frente para um novo capítulo na história da Humanidade. Nos países industrializados com os mercados internos saturados, empresas multinacionais buscaram novos mercados consumidores, principalmente dos países recém-saídos do socialismo. Acirrando uma concorrência que fez com que as empresas utilizassem cada vez mais recursos tecnológicos para baratear os preços e estabelecer contatos comerciais e financeiros de forma rápida e eficiente.

Alternativa "a": alternativa incorreta na medida em que os fatores que levaram a invasão destes países foi a questão do terrorismo e do petróleo.

Alternativa "b": Conforme nosso comentário acima, nos países industrializados com os mercados internos saturados, empresas multinacionais buscaram novos mercados consumidores, principalmente dos países recém-saídos do socialismo. Acirrando uma concorrência que fez com que as empresas utilizassem cada vez mais recursos tecnológicos para baratear os preços e estabelecer contatos comerciais e financeiros de forma rápida e eficiente.

Alternativa "c": alternativa incorreta.

Alternativa "d": alternativa incorreta, as empresas deste setor receberam ajuda do governo.

Alternativa "e": alternativa incorreta.

Alternativa correta; letra "b".

---

16. (Delegado de Polícia – RO/ 2009 – FUNCAB) "(...) qualquer balanço atual do neoliberalismo só pode ser provisório. Este é um movimento ainda inacabado. Por enquanto, porém, é possível dar um veredicto acerca de sua atuação durante quase 15 anos nos países mais ricos do mundo, a única área onde seus frutos parecem, podemos dizer assim, maduros. Economicamente, o neoliberalismo fracassou, não conseguindo nenhuma revitalização básica do capitalismo avançado. Socialmente, ao contrário, o neoliberalismo conseguiu muitos dos seus objetivos, criando sociedades marcadamente mais desiguais, embora não tão desestatizadas como queria. Política e ideologicamente, todavia, o neoliberalismo alcançou êxito num grau com o qual seus fundadores provavelmente jamais sonharam, disseminando a simples ideia de que não há alternativas para os seus princípios, que todos, seja confessando ou negando, têm de adaptar-se a suas normas."

ANDERSON, Perry. Pós-Neoliberalismo – as políticas sociais e o estado democrático. São Paulo: Paz e Terra: 2008, p.22.)

Tendo como referência inicial o texto acima e com base nos seus conhecimentos, um dos efeitos políticos e ideológicos mais nocivos do neoliberalismo, que deve ser combatido pela sociedade, é:

a) redução do tamanho do Estado, que se retira das atividades que não necessitam de sua intervenção direta.

b) limitação dos gastos do Estado-Nação à sua arrecadação, eliminando o déficit público.

c) adoção do pensamento único ("todo poder ao mercado") como pressuposto básico de interpretação de mundo.

d) redução da burocracia para diminuir a corrupção e a ineficiência provocadas pelas regras governamentais.

e) fim das restrições à livre atuação do capital estrangeiro, para que a economia do país fique atrativa.

COMENTÁRIOS

✪ **Nota do autor:** Suas raízes teóricas mais remotas encontram-se na chamada escola austríaca – reconhecida por sua ortodoxia no campo do pensamento econômico – que centralizou-se em torno do catedrático da Faculdade de Economia de Viena, **Leopold von Wiese**, na segunda metade do século XIX e que ficou conhecido por seus trabalhos teóricos sobre a estabilidade da moeda, especialmente o publicado com o título de "O Valor Natural" (1889). Friedrich von Heyek escreveu então um livro inflamado que pode ser considerado como o **Manifesto do Neoliberalismo** – "O Caminho da Servidão"(1944). Nesta obra, expôs os princípios mais gerais da doutrina, assegurando que o crescente controle do estado levaria fatalmente à completa perda da liberdade, afirmando que os trabalhistas conduziriam a Grã-Bretanha pelo mesmo caminho dirigista que os nazistas tinham imposto à Alemanha. Há, contudo, uma segunda vertente do neoliberalismo surgiu nos Estados Unidos e concentrou-se na chamada **escola de Chicago do prof. Milton Friedman**. "Neoliberalismo"é uma **redefinição do liberalismo clássico**, influenciado pelas teorias econômicas **neoclássicas**, e é entendido como um produto do liberalismo econômico clássico. Trata-se de um conjunto de idéias políticas e econômicas capitalistas que defende a não participação do estado na economia, onde deve haver total liberdade de comércio, para garantir o crescimento econômico e o desenvolvimento social de um país.

Alternativa "a": alternativa incorreta, pois é um dos pressupostos (positivos) do neoliberalismo.

Alternativa "b": alternativa incorreta, pois é um dos pressupostos do neoliberalismo (medida salutar - citamos a Grécia; uma das razões de sua crise financeira foi não obedecer a esta "regra" básica...).

Alternativa "c": Se observarmos coma atenção, a época pós-moderna é dominada pelas leis do mercado. Esse mercado faz de tudo "produto" a ser vendido. Tudo pode ser comercializado pelo mercado. Tudo é bom, quando promete lucro. O texto explora, também, a questão social. Assim não é possível dar "rédeas soltas" ao mercado sob o risco de se afetar o campo social.

Alternativa "d": alternativa incorreta, a redução da burocracia é um dos fundamentos bons do neoliberalismo.

Alternativa "e": alternativa incorreta, pois o neoliberalismo acredita precisamente no contrário.

Alternativa correta: letra "c".

17. (Delegado de Polícia - RO/ 2009 - FUNCAB) "(...), claramente a crise econômica atual é uma crise do neoliberalismo. Os neoliberais colocaram o mercado como centro da economia, e é justamente a falta de regulação estatal que, unanimemente, é considerada o diagnóstico da crise. O descontrole quanto a créditos bancários e outros fenômenos ocorridos na esfera econômica, todos os sintomas da crise, apontam que a solução vai em direção contrária à apologia do neoliberalismo. É tão claro, tão nítido, que isso foi causado por esse movimento neoliberal que, de repente, parece que ninguém nunca foi neoliberal". *SADER, Emir. Em entrevista concedida à revista Sociologia, n° 15, em 2009, p.7)*

O texto acima se refere à colocação do cientista social Emir Sader sobre a crise econômica vivida pelo mundo em 2008. Uma das principais medidas adotadas pelas principais economias mundiais para minimizar os efeitos da crise, foi:

a) a adoção de medidas consideradas intervencionistas, pois, significaram o investimento de recursos públicos e uma consequente regulação das instituições financeiras.
b) o empréstimo de recursos financeiros conforme a necessidade destas instituições e das indústrias para reconstrução da economia produtiva.
c) a adoção de programas de defesa de renda e emprego, de modo que o consumo não fosse minimizado, e a produção industrial não fosse afetada.
d) permitir que as grandes empresas emitissem papéis nas bolsas, para promover uma captação de recursos que favorecesse o enfretamento da crise econômica.
e) a promoção de uma redução dos juros para que servisse de incentivo à adimplência dos mutuários que haviam adquirido imóveis através de financiamentos bancários.

COMENTÁRIOS

✪ **Nota do autor:** O mundo ainda se encontra perplexo com o agravamento da crise financeira e econômica global, que vem provocando desconfiança e turbulências nos mercados mundiais (Portugal, Espanha, Grécia, Chipre...). As crescentes intervenções na economia pelos governos dos países mais desenvolvidos, liderados pelos Estados Unidos (EUA), União Europeia e Japão, numa ação concertada, aportando enormes volumes de recursos em bancos privados e no segmento industrial, revelam a dimensão da crise que está afetando a economia mundial. Esta crise financeira e econômica global se apresentou como uma ameaça concreta à quase todas as economias mundiais. No Brasil, constatou-se, com base nos estudos do FMI (abril 2009) e nos indicadores do IBGE (junho 2009), que os efeitos da crise na economia mundial, levou o país à recessão, (que se estendeu até 2010).

Alternativa "a": As crescentes intervenções na economia pelos governos dos países mais desenvolvidos, liderados pelos Estados Unidos (EUA), União Europeia (Alemanha e França) e Japão, numa ação concertada, aportando enormes volumes de recursos em bancos privados e no segmento industrial, revelam a dimensão da crise.

Alternativa "b": alternativa incorreta.

Alternativa "c": alternativa incorreta.

Alternativa "d": alternativa incorreta.

Alternativa "e": alternativa incorreta.

Alternativa correta: letra "a".

18. (Delegado de Polícia - RO/ 2009 - FUNCAB) Leia, criticamente, o texto: "A área de floresta degradada por atividades humanas na Amazônia em 2008 foi 66% maior do que em 2007, apesar de a área desmatada ter sido praticamente igual nos dois anos, segundo os cálculos de um novo sistema de monitoramento via satélite lançado pelo Instituto Nacional de Pesquisas Espaciais (Inpe). Os números, obtidos com exclusividade pelo Estado, são alerta de que o desmatamento poderá ser muito maior em 2009, caso o governo não reforce as medidas de proteção da floresta".(...) Entre os estados amazônicos, "Rondônia é o que mais sofreu com o desmatamento. Dados do Instituto do Homem e Meio Ambiente da Amazônia mostram que, entre agosto de 2007 e agosto de 2008, a destruição da floresta aumentou cerca de 23%. Ao todo, 38% da vegetação desapareceram".

Disponível em: http://noticias.ambientebrasil.com.br/noticia/?id=42668 *Acesso em: 28/10/2009)*

Diante da constatação, surge a ideia do Desenvolvimento Sustentável, e, ainda, o reconhecimento da complexidade planetária e das questões que envolvem a sua aplicabilidade prática como meio de garantir a sustentabilidade demonstrando uma visão holística acerca da natureza. Assinale a opção que conceitua "desenvolvimento sustentável".

a) Com este tipo de desenvolvimento, as florestas tornam - se intocáveis e servirão de reservas para as populações futuras, pois as intervenções humanas estão contribuindo para a degradação ambiental em Rondônia.
b) Trata-se de um tipo de desenvolvimento que causa danos ambientais, mas que é paradigma para o sistema capitalista industrial, pois visa a exaustão dos produtos naturais de um estado como o de Rondônia, não se importando com as consequências para os habitantes locais e prejuízos para o País.
c) É o tipo de desenvolvimento que não exige dos governos ou das pessoas um posicionamento ideológico ou uma consciência ecológica, pois a sociedade se apropria da natureza, utiliza seus recursos e preocupa-se somente com o que dá lucro financeiro.
d) É definido como aquele que atende às necessidades das gerações atuais sem comprometer a capacidade de as futuras gerações terem suas próprias necessidades – utiliza recursos naturais de forma racional, tirando proveito da Natureza sem devastá-la e buscando a melhoria da qualidade de vida.
e) É uma modalidade de desenvolvimento que se preocupa em ampliar as áreas desmatadas da Amazônia como forma de aumentar a produtividade do agronegócio, visando à exportação para países do Hemisfério Norte.

COMENTÁRIOS

✪ Nota do autor: a questão é fácil na medida em que as hipóteses são absurdas, restando apenas uma coerente. Assim, "desenvolvimento sustentável" acarreta a noção do uso racional dos recursos naturais de nosso planeta.

Alternativa "a": alternativa incorreta, pois mistura conceitos e fornece dados errados.

Alternativa "b": alternativa incorreta (absurda).

Alternativa "c": alternativa incorreta, pois exige atuação de todos os segmentos da sociedade.

Alternativa "d": "desenvolvimento sustentável" significa obter crescimento econômico necessário, garantindo a preservação do meio ambiente e o desenvolvimento social. Contudo, o crescimento das cidades, as indústrias e os veículos estão causando transtornos para o ar, o solo e as águas.

Alternativa "e": alternativa incorreta (absurda).

Alternativa correta: letra "d".

19. (Delegado de Polícia – RO/ 2009 – FUNCAB) Leia, atentamente, um trecho da reportagem abaixo:

– "O emprego formal é praticamente inexistente nos municípios brasileiros no topo da lista de beneficiários do Bolsa Família. Em Presidente Vargas, no Maranhão, contam-se nos dedos de uma mão empregos com carteira assinada no setor privado. O município tem 10 mil habitantes e 2.292 domicílios; 1.832 famílias (80%) recebem o auxílio do governo e só quatro pessoas têm emprego com carteira, segundo o Cadastro Geral de Emprego e Desemprego (Caged), do Ministério do Trabalho." *(O Globo, 25/10/2009, p.3)*

Sobre os programas de transferência de renda, entre eles o Bolsa Família, pode-se afirmar que:

a) uma das principais críticas a esse tipo de programa social é referente ao número reduzido de famílias que são beneficiadas, tornando o programa elitista e excludente.
b) o Bolsa Família é mais um dos diversos programas criados pelo governo federal a partir da década de 1990, de modo a promover uma gradativa distribuição de uma renda mais justa.
c) o programa Bolsa Família foi idealizado pelo sociólogo Herbert José de Souza, o Betinho, em 1993, a partir do Movimento pela Ética na Política.
d) esses programas foram efetivamente implantados no governo de Fernando Henrique Cardoso, através do programa Comunidade Solidária.
e) diversos programas como o Bolsa Escola, Auxílio Escola, e o Cartão Alimentação, controlados por diferentes órgãos foram unificados pelo governo federal em 2002, criando o Bolsa Família.

COMENTÁRIOS

✪ Nota do autor: O Programa Bolsa Família (PBF) é um programa de transferência direta de renda que beneficia famílias em situação de pobreza e de extrema pobreza em todo o País. O Bolsa Família integra o Plano Brasil Sem Miséria (BSM), que tem como foco de atuação os 16 milhões de brasileiros com renda familiar per capita inferior a R$ 70 mensais, e está baseado na garantia de renda, inclusão produtiva e no acesso aos serviços públicos. É importante frisar que os adversários do programa, colocam em questão a pretendida eficácia das condicionalidades, além do controle das famílias beneficiadas. Para eles, a política não contributiva não deve estabelecer condições ou contrapartidas no seu processamento. Destacam que, mais grave do que a exigência de contrapartidas para o acesso a um direito é a punição de um portador de direito, e ainda sua consequente exclusão do programa por não cumprir as condicionalidades. Dessa forma, concluem que o cumprimento de contrapartidas descaracteriza a condição de direito, sendo uma grave violação dos direitos humanos. O governo estipulou que as famílias cadastradas no programa poderão receber benefícios até o limite de cinco filhos com até 15 anos, (antigamente, o limite era de três filhos). A ampliação dos benefícios foi criticada por especialistas, afirmando que, caso o valor do benefício aumente mais, poderá, como consequência, ocorrer a ampliação dos casos em que se pode receber o valor (e isto, segundo alguns, poderia estimular a natalidade).

Alternativa "a": alternativa incorreta.

Alternativa "b": alternativa incorreta.

Alternativa "c": alternativa incorreta.

Alternativa "d": alternativa incorreta.

Alternativa "e": com a unificação – num primeiro momento – desapareceram os nomes Bolsa-Escola, Bolsa-Alimentação, Vale-Gás e Cartão-Alimentação. Num segundo momento, foram integrados os outros dois programas sociais: o de combate ao trabalho infantil (Peti) e o de auxílio para os jovens (Agente Jovem).

Alternativa correta: letra "e":

20. (Delegado de Polícia - RO/ 2009 - FUNCAB) "A gripe suína já se transformou oficialmente em pandemia. Na quinta-feira, 11, a Organização Mundial da Saúde (OMS) anunciou a mudança de status da doença, conhecida também como influenza A(H1N1), mas ressalvou que se trata de uma pandemia "moderada". A última pandemia, chamada de gripe de Hong Kong, ocorreu 40 anos atrás e causou a morte de 4 milhões de pessoas."

Revista A Semana, edição 92 de 18/06/2009, p.31).

No ano de 2009, a gripe suína atingiu diversos países ao redor do mundo, colocando em xeque a capacidade dos diversos governos enfrentarem doenças com medidas eficazes e rápidas. Nesse contexto, podemos afirmar que:

a) os hábitos atuais, assim como a globalização e uma maior interatividade entres os países, permitiu que ocorresse uma dispersão muito rápida do vírus.

b) o surto da gripe se iniciou no México, na cidade de La Gloria, distrito de Perote, e teve o menino Edgar Hernandez como o paciente inicial, espalhando-se em seguida para os EUA.

c) a gripe suína não pode ser considerada uma pandemia, pois ela não se espalhou descontroladamente ao redor do mundo, apesar de sua grande agressividade.

d) ao contrário do que se afirmou, a gripe suína não se derivou do rebanho suíno, mas possui esse nome por ser a carne proveniente dos suínos, o principal veículo de transmissão.

e) a Organização Mundial da Saúde sugeriu como meio de evitar a propagação do vírus, que as viagens entre os continentes fossem controladas e até restritas.

COMENTÁRIOS

Nota do autor: a gripe suína é uma doença respiratória causada por uma variação do vírus influenza tipo A, conhecido como *H1N1*. Assim, o *H1N1* é a mesma variedade de vírus que causa epidemias sazonais de gripe regularmente em humanos. Contudo, segundo os cientistas, esta última versão do *H1N1* foi diferente: continha material genético que é encontrado, tipicamente, em variações do vírus que afetam humanos, aves e suínos. Assim, apesar da variedade do vírus poder ter se originado em porcos, a doença passou a ser totalmente humana e propagou-se de pessoa para pessoa através de tosse e espirros.

Alternativa "a": alternativa incorreta.

Alternativa "b": o vírus foi detectado pela primeira vez no México e nos Estados Unidos, em abril de 2009.

Alternativa "c": alternativa incorreta.

Alternativa "d": alternativa incorreta.

Alternativa "e": alternativa incorreta.

Alternativa correta: letra "b".

21. (Delegado de Polícia - RO/ 2009 - FUNCAB) "Ruanda, na África, é um exemplo radical de como o favorecimento racial pode gerar desastres. Quando tomaram o país, os colonizadores belgas encontraram dois grupos sociais, tutsis e hutus, que viviam em paz. Os belgas criaram cotas para favorecer os tutsis no serviço público. Após a independência, nos anos 1960, os hutus tomaram o poder e inverteram o favorecimento. Surgiu um conflito, que culminou no genocídio de 1994, quando os hutus exterminaram 1 milhão de tutsis." *Revista Época, n° 568, de 08/04/2009, p.85)*

Tendo como reflexão o texto acima e o sistema de cotas raciais implantados pelas Universidades Estaduais do Rio de Janeiro e da Bahia, podemos afirmar que:

a) a miscigenação racial, no caso do Brasil, não deve ser um dos fatores determinantes na construção de políticas de cotas raciais, uma vez que existe a necessidade de corrigir distorções históricas.

b) a adoção dos sistemas de cotas é combatida por todos os movimentos sociais e ONGS ligadas ao movimento negro, adotando o discurso de oposição a uma política racial.

c) historicamente, os negros nos Estados Unidos costumam ser vítimas de discriminação, de preconceito velado, tendo menor acesso às universidades e ao mercado de trabalho, diferente do ocorrido no Brasil.

d) a política de cotas raciais foi adotada pela Universidade do Estado do Rio de Janeiro em 1982 pelo então governador Anthony Garotinho, reservando metade das vagas aos alunos cotistas.

e) a política de cotas, sejam elas raciais, sociais ou econômicas devem ser acompanhadas de políticas públicas de melhoramento do ensino público proporcionando igualdade de condições no seu acesso.

COMENTÁRIOS

✪ **Nota do autor:** O tema das ações afirmativas tem alcançado forte repercussão na sociedade brasileira, nomeadamente após a entrada em vigência da Constituição Cidadã de 1988. Vale ressaltar que o texto constitucional positivou e protegeu uma enorme gama de direitos e garantias fundamentais vilipendiados e ignorados durante nossa história. Assim, a proteção de bens jurídicos individuais (ex.: a liberdade de expressão, a igualdade material, a vedação do racismo e outras formas de discriminação) e, também, de bens difusos e coletivos (ex.: meio ambiente, família e relações de consumo) demonstra a nova ênfase constitucional dada pelo Estado brasileiro (diante do quadro internacional) à construção de uma sociedade mais igualitária e justa. Ocorre, porém, que a mera proteção jurídico-legal não se revelou suficiente para proteger os novos direitos e garantias consagrados pela Constituição de 1988. Constatou-se que, para que esses direitos e garantias se efetivem, é imprescindível a quebra de tabus existentes no pensamento e cultura do povo brasileiro há centenas de anos, como acontece com o racismo. Assim, as **ações afirmativas ou sistema de cotas** é certamente o assunto mais polêmico quando se trata do ingresso ao ensino superior no Brasil. No começo do século, eram poucas as universidades públicas que reservavam vagas para candidatos negros e/ou de baixa renda – destaque para a Universidade de Brasília (UnB). Com o passar dos anos, mais e mais instituições públicas de ensino superior passaram a adotar a prática, até que praticamente todas passaram a usar. A medida que seria provisória está se tornando definitiva, já que as universidades perceberam a letargia dos governos federais, estaduais e municipais em melhorar o ensino nas escolas públicas.

Alternativa "a": alternativa incorreta.

Alternativa "b": alternativa incorreta.

Alternativa "c": alternativa incorreta.

Alternativa "d": alternativa incorreta.

Alternativa "e": a exemplo dos Estados Unidos, as políticas de cotas (ações afirmativas) só tiveram êxito na medida em que houve avanços significativos no ensino público e na política de acesso.

Alternativa correta: letra "e".

22. (Delegado de Polícia – RO/ 2009 – FUNCAB) "Os lagos formados pelas barragens das usinas hidrelétricas de Jirau e do Santo Antônio, que serão construídas ao longo do rio Madeira, em Rondônia, deverão ser maiores do que o sugerido nos estudos de impactos ambientais realizados por técnicos de Furnas Centrais Elétricas e da Construtora Norberto Odebrechet."

Disponível em: http://noticias.ambientebrasil.com.br/noticia/?id=19347 Acesso em: 28/10/2009

Do ponto de vista geográfico, as hidrelétricas vêm desempenhando um papel destacado no processo de desenvolvimento econômico brasileiro. No entanto, na fase de construção, elas causam diversos impactos diretos sobre o meio ambiente, conforme sugerido na notícia acima e constatados na realidade. Entre eles:

I. esvaziamento demográfico com movimentos migratórios em direção às cidades.
II. terraplanagem para a instalação das obras de apoio.
III. desmatamento em grande escala para a abertura de estradas.
IV. grandes mudanças climáticas.
V. possível alteração do curso do rio nas proximidades da obra.

Estão corretas:

a) apenas III e IV.
b) apenas II e V.
c) apenas I e II.
d) apenas I e IV.
e) apenas II e III.

COMENTÁRIOS

✪ **Nota do autor:** A construção de hidrelétricas causa um estrago enorme. Assim, na área que recebe o grande lago que serve de reservatório da hidrelétrica, a natureza se transforma: o clima muda, espécies de peixes desaparecem, animais fogem para refúgios secos, árvores viram madeira podre debaixo da inundação... Há, também que se levar em conta o impacto social: milhares de pessoas deixam suas casas e têm de recomeçar sua vida do zero num outro lugar. No Brasil, 33 mil desabrigados estão nessa situação, e criaram até uma organização, o Movimento dos Atingidos por Barragens (MAB).

Alternativa "a": alternativa incorreta.

Alternativa "b": alternativa incorreta.

Alternativa "c": alternativa incorreta.

Alternativa "d": de fato, conforme destacamos acima, com a construção de hidrelétricas, a natureza se transforma e milhares de pessoas deixam suas casas e têm de recomeçar usas vidas do zero.

Alternativa "e": alternativa incorreta.

Alternativa correta: letra "d".

▸ **TEXTO:**

O rápido aumento das temperaturas no mundo deverá ter um efeito devastador sobre os cultivos agrícolas nas zonas tropicais e subtropicais até o fim deste século. Estudo recente alerta que, se não houver uma adaptação ao novo clima, metade da população mundial sofrerá com a escassez de alimentos em 2100. Produtos primários, como o milho e o trigo, por exemplo, poderão sofrer reduções de 20% a 40%. As populações dessas regiões estão entre as mais pobres do mundo e as que apresentam um crescimento demográfico significativo. Calcula-se que 3 bilhões de pessoas vivam nessas zonas O Globo, 9/1/2009, p. 32 (com adaptações).

23. (Delegado de Polícia – RN/ 2008 – CESPE) Considerando informações contidas no texto e aspectos marcantes do mundo contemporâneo, assinale a opção correta.

a) A estagnação do crescimento da população mundial transformou-se em problema que preocupa governos e instituições multilaterais como a Organização das Nações Unidas.

b) Em geral, como sugere o texto, o expressivo crescimento populacional restringe-se às regiões economicamente mais poderosas.

c) O Brasil está situado nas áreas geográficas citadas no texto como propensas a sofrer problemas nas atividades agrícolas.

d) Se corretas as previsões do texto, o Brasil deverá repensar seu programa de produção de álcool combustível, que é derivado do milho.

e) Conflitos constantes no Oriente Médio levaram a economia mundial a reduzir sensivelmente sua dependência de petróleo.

COMENTÁRIOS

✪ **Nota do autor:** No Brasil, além da industrialização, as atividades relacionadas à agricultura têm se intensificado e a derrubada, a queima de florestas e a produção agropecuária são consideradas por vários pesquisadores, como os principais responsáveis pelo aquecimento global. No entanto, algumas práticas agrícolas podem minimizar ou até mesmo não liberar gases poluentes como, por exemplo, a criação extensiva de gado ou a produção agrícola sustentável. Neste sentido, é imprescindível que as pesquisas agropecuárias sejam voltadas para a elaboração de técnicas que não contribuam para aquecimento global.

Alternativa "a": alternativa incorreta, devido ao que está no texto.

Alternativa "b": alternativa incorreta, devido ao que está no texto.

Alternativa "c" segundo o que se depreende do texto, o Brasil é um dos países que se encontra numa área que pode sofrer no setor agrícola

Alternativa "d": alternativa incorreta, devido ao que está no texto.

Alternativa "e": alternativa incorreta, devido ao que está no texto.

Alternativa correta: letra "c".

24. (Delegado de Polícia – RN/ 2008 – CESPE) Uma série de inspeções feitas pelo Conselho Nacional de Justiça em presídios de quatro estados constatou que mil detentos, mesmo após terem cumprido pena, continuavam atrás das grades. No grupo, também havia presos em flagrante já com direito à liberdade. Outros condenados estavam sendo privados de benefícios aos quais tinham direito. Sem advogado particular ou defensor público designado para suas causas, esses detentos acabaram esquecidos nas celas.

O Globo, 4/1/2009, p. 3 (com adaptações).

Os benefícios que normalmente se aplicariam aos detentos, mas aos quais estes não tiveram acesso, conforme o texto, não incluem a

a) anulação da pena condenatória.

b) permissão para o trabalho externo.

c) transferência para o regime semiaberto.

d) obtenção de livramento condicional.

e) expedição de alvará de soltura.

COMENTÁRIOS

✪ **Nota do autor:** Logo após a sentença penal condenatória, incidem – imediatamente – alguns efeitos, ora de natureza penal, ora de natureza civil ou administrativa. Pode-se dizer que a condenação, seja ela a imposição de pena privativa de liberdade, restritiva de direitos, de multa ou medida de segurança, revela-se no efeito principal da sentença criminal condenatória. Existem também outros efeitos, ainda no âmbito penal, denominados secundários, como a reincidência, a impossibilidade e revogação da Suspensão condicional da pena, a revogação do livramento condicional, entre outros.

Alternativa "a": a nulidade da sentença condenatória ocorre no âmbito processual, exemplo: falta de fundamentação, a contradição entre a fundamentação ou o dispositivo do *decisum*.

Alternativa "b": alternativa errada, pois se trata de um benefício.

Alternativa "c": alternativa errada, pois se trata de um benefício.

Alternativa "d": alternativa errada, pois se trata de um benefício.

Alternativa "e": alternativa errada, pois se trata de um benefício.

Alternativa correta: letra "a".

25. (Delegado de Polícia – RN/ 2008 – CESPE) A revolução comemora 50 anos premida por desafios econômicos e políticos, de cujas soluções depende sua sobrevivência quando terá desaparecido a veterana geração histórica de jovens barbudos que, em 1959, tinham como eixo alcançar a unidade, uma tarefa imprescindível na época.

Jornal do Brasil, 1º/1/2009, p. A18 (com adaptações).

Assinale a opção que identifica o país e a liderança aos quais o texto acima se reporta.

a) Vietnã – Ho Chi Min e Giap

b) Cuba – Fidel Castro e Che Guevara
c) Rússia – Lênin e Stálin
d) China – Mao Tsé-tung e Deng Xiaoping
e) Brasil – Getúlio Vargas e João Goulart

COMENTÁRIOS

Nota do autor: Cuba, após sua independência se transformou numa espécie de "quintal" dos Estados Unidos. Na década de 50, o general Fulgêncio Batista tornou-se ditador. Assim, sob a liderança de Fidel Castro, Camilo Cienfuegos e Ernesto "Che" Guevara, um pequeno grupo (cerca de 80 homens) se espalhou para lutar contra o governo em diferentes focos. Entre 1956 e 1959, conseguiram conquistar várias cidades do território cubano. Em 1959, conseguiram derrubar o governo de Fulgêncio Batista, com o objetivo de instaurar um novo regime, norteado pela melhoria das condições de vida dos menos favorecidos.

Alternativa "a": alternativa errada, pois Ho Chi Min, presidente do Vietnã do Norte, conduziu uma revolução em 1941 (esta guerra – Indochina – só acaba em 1954).

Alternativa "b": esta é a alternativa correta na medida em que Che Guevara e Fidel Castro conduziram a revolução cubana obtendo êxito no ano de 1959.

Alternativa "c": esta alternativa está errada na medida em que a Revolução Russa ocorreu em 1917.

Alternativa "d": esta alternativa está errada na medida em que Mao Tsé-tung governou a China desde sua criação (da revolução) em 1949, até 1976.

Alternativa "e": esta alternativa está errada, pois Getúlio Vargas promoveu uma revolução no Brasil em 1930 com intuito de eliminar a "república café com leite".

Alternativa correta: letra "b":

TEXTO:

Números fechados de 2008 mostram que, no ano passado, 2,6 milhões de pessoas nos Estados Unidos da América (EUA) perderam seus empregos. Na comparação com a população economicamente ativa do país, é a pior taxa desde 1982. Em novembro e dezembro, houve mais de 1,1 milhão de vagas cortadas. A taxa de desemprego subiu de 6,8% para 7,2% no mês passado, a mais alta em 16 anos. O número de desempregados nos EUA supera os 11 milhões, com perdas fortes em praticamente todos os setores. Os dados aumentam a pressão sobre o recém-empossado presidente Barack Obama. Estudo mostra que o desemprego de imigrantes latinos nos EUA cresceu quase o dobro do aumento da taxa entre os não latinos.

Folha de S.Paulo, 10/1/2009, capa (com adaptações).

A piora na crise econômica levou o Brasil a registrar em dezembro o pior resultado para o emprego com carteira assinada em 10 anos. O Ministério do Trabalho e Emprego revelou que foram fechados 654.946 postos de trabalho em dezembro, o pior resultado desde 1992.

Jornal do Brasil, 20/1/2009, p. A21 (com adaptações).

26. (Delegado de Polícia – RN/ 2008 – CESPE) Iniciada nos EUA, a atual crise econômica dissemina-se mundialmente. Sabe-se que uma das principais razões para que isso ocorra encontra-se no próprio estágio alcançado pela economia contemporânea, comumente chamado de globalização, que tem, entre suas características mais marcantes,

a) a ampliação dos mercados mundiais e a crescente interdependência entre os atores que nele atuam.
b) o enrijecimento do conceito de fronteiras nacionais, que incentiva as práticas econômicas liberais.
c) a ausência de mecanismos de regulação do comércio internacional, que leva ao rigor protecionista.
d) a distribuição mais equânime da riqueza produzida, que reduz os níveis de pobreza no mundo.
e) o desaparecimento gradual da liberdade de circulação de produtos e de capitais pelos mercados.

COMENTÁRIOS

Nota do autor: A **Globalização** é um processo de integração econômica, cultural, social e política. Esse fenômeno é gerado pela necessidade do capitalismo de conquistar novos mercados, principalmente se o mercado atual estiver saturado. A intensificação da **globalização** aconteceu na década de 70, e ganha grande velocidade na década de 80. As principais características da globalização são a homogeneização dos centros urbanos, a expansão das corporações para regiões fora de seus núcleos geopolíticos, a revolução tecnológica nas comunicações e na eletrônica, a reorganização geopolítica do mundo em blocos comerciais (não mais ideológicos), a hibridização entre culturas populares locais e uma cultura de massa universal.

Alternativa "a": esta alternativa é correta na medida em que reflete um dos principais pontos da globalização.

Alternativa "b": alternativa incorreta.

Alternativa "c": alternativa incorreta.

Alternativa "d": alternativa incorreta.

Alternativa "e": alternativa incorreta.

Alternativa correta: letra "a".

27. (Delegado de Polícia – RN/ 2008 – CESPE) A respeito da atual crise econômica mundial, com base nos textos acima, assinale a opção correta.

a) Embora grave, a crise permanece centrada em alguns setores da economia.
b) Hoje, já existe consenso quanto à dimensão e aos desdobramentos da crise.
c) No Brasil de hoje, o desemprego atinge, sobretudo, a economia informal.
d) Apoiado por George W. Bush, Barack Obama foi eleito antes que a crise explodisse nos EUA.

e) A perda do emprego é a face social dramática das grandes crises econômicas.

COMENTÁRIOS

✪ **Nota do autor:** Cerca de 20 milhões de mulheres e homens perderam seus empregos como consequência da crise financeira global segundo a Organização Internacional do Trabalho (OIT). Vale lembrar que os governos (europeus principalmente) buscam ações governamentais para evitar uma crise que já dura há anos.

Alternativa "a": alternativa incorreta.

Alternativa "b": alternativa incorreta.

Alternativa "c": alternativa incorreta.

Alternativa "d": alternativa incorreta.

Alternativa "e": a alternativa está correta na medida em que o número de desempregados aumentou de 190 milhões em 2007 para 210 milhões em 2009.

Alternativa correta: letra "e".

---

28. (Delegado de Polícia – RN/ 2008 – CESPE) Em meio à impressionante expectativa positiva, em seu país e no exterior, Barack Obama tomou posse em janeiro de 2009 como o 44º presidente dos EUA. Muito desse sentimento se deve ao ineditismo que envolve sua eleição, como o fato de ser o primeiro presidente norte-americano

a) filho de pais estrangeiros e que tem o inglês como segunda língua.
b) recrutado fora da elite política do país e avesso ao bipartidarismo vigente.
c) a ter uma mulher, Hillary Clinton, como companheira de chapa.
d) negro, a coroar a luta pela igualdade racial empunhada por Martin Luther King.
e) mestiço, imigrante, católico e neófito em campanhas eleitorais.

COMENTÁRIOS

✪ **Nota do autor:** Barack Obama foi eleito o 44º presidente dos Estados Unidos (aos 47 anos e tornou-se o primeiro negro a governar o país, ao derrotar o rival republicano John McCain. Deste modo, depois de oito anos do governo republicano de George W. Bush, os norte-americanos aceitaram a proposta repetida pelo novato. Obama, bradando lemas como "precisamos de mudança", veio a substituir um líder – Bush – que chegou a ser aclamado pelo pulso firme na guerra antiterrorismo, mas que deixou o posto desgastado por duas guerras, além da recente crise financeira. Reeleito, na sua inauguração, os 19 minutos do discurso do presidente fizeram referências ao famoso "I Have a Dream" de Martin Luther King há quase 50 anos.

Alternativa "a": alternativa errada somente seu pai não era americano (Obama é filho de queniano com mãe americana).

Alternativa "b": alternativa incorreta na medida em que Obama formou-se em Harvard (Universidade da elite).

Alternativa "c": alternativa incorreta pois seu companheiro de chapa foi Joe Biden.

Alternativa "d": a alternativa está correta, pois a título de elucidação, destaca-se que o juramento de Obama (na reeleição) foi repetido sobre uma Bíblia que pertenceu a King.

Alternativa "e": alternativa incorreta na medida em que Obama, ao sair Presidente já era Senador. Não é católico e possui um *background* religioso multifacetado – que vai desde o cristianismo ao islamismo.

Alternativa correta: letra "d":

▸ **TEXTO:**

Os países do Oriente Médio são construções políticas artificiais, impostas. A herança colonial deu lugar a um equilíbrio instável, que, de tempos em tempos, é transmudado em guerras. Não sou otimista. Gaza poderá ser vista como escaramuça preparatória de um grande conflito que está em gestação. Os interesses de Israel e do Irã não têm denominador comum.

César Benjamin. Gaza pode prenunciar grande conflito.

In: Folha de S.Paulo, 10/1/2009, capa (com adaptações).

---

29. (Delegado de Polícia – RN/ 2008 – CESPE) Reconhecidamente uma das mais – se não a mais – explosivas regiões do mundo contemporâneo, o Oriente Médio tem, ao lado de significativas implicações políticas, culturais e religiosas, importância estratégica para a economia mundial por

a) ser a rota natural de comércio entre a África e o continente americano.
b) deter boa parte das reservas petrolíferas que impulsionam o sistema produtivo mundial.
c) concentrar os grandes contingentes populacionais adeptos da religião islâmica.
d) ser o maior mercado consumidor de produtos europeus, japoneses e norte-americanos.
e) financiar, quase que integralmente, o atual surto de desenvolvimento da China.

COMENTÁRIOS

✪ **Nota do autor:** Desde que foi descoberto no século XIX o petróleo vem sido consumido de forma abundante pelo Mundo. Os fatos que ocorrem no Oriente Médio impactam todo o Mundo. Vale lembrar que o primeiro choque do petróleo ocorreu em 1973, quando os países do Oriente Médio descobriram que o petróleo é um bem não renovável e que, por isso, iria acabar algum dia. Os produtores então diminuíram a produção, elevando o preço do barril de US$ 2,90 para US$ 11,65 em apenas três meses.

Alternativa "a": alternativa é incorreta, pois do ponto de vista geopolítico é incompatível.

Alternativa "b": as crises do petróleo estão interligadas com os conflitos do Oriente Médio, pois limita a sua produção e eleva o valor.

Alternativa "c": alternativa incorreta.

Alternativa "d": alternativa incorreta.

Alternativa "e": alternativa errada.

Alternativa correta: letra "b".

30. (Delegado de Polícia - RN/ 2008 - CESPE) A partir da leitura do texto acima e considerando o cenário do Oriente Médio, assinale a opção correta.

a) A inexistência efetiva de um Estado palestino é vista por muitos como fator desestabilizante e gerador de crises sucessivas na região.

b) A estabilidade política hoje apresentada pelos países do Oriente Médio decorre do modelo de colonização europeia sobre a região.

c) Enquanto Israel é uma teocracia, o Irã apresenta-se como Estado laico desde a vitória da revolução liderada pelo aiatolá Khomeini.

d) O radical Hamas, que prega a destruição de Israel, chegou ao poder em Gaza ao impor-se militarmente, sem se sujeitar a eleições.

e) O texto sugere que o quadro de guerra que envolve a Faixa de Gaza esgota-se em si mesmo e deverá ser solucionado em breve.

COMENTÁRIOS

✪ **Nota do autor:** A Crise Israel-Palestina (nomeadamente no reconhecimento do Estado Palestino) é um dos principais fatores de conflito no Oriente Médio e remonta há vários séculos. Assim, desde 1897, durante o primeiro encontro sionista, movimento internacional judeu, ficou decidido que os judeus retornariam em massa à Terra Santa, em Jerusalém. Imediatamente teve início a emigração para a Palestina, que era o nome da região no final do século XIX. Nessa época, a área pertencia ao Império Otomano, onde viviam cerca de 500 mil árabes. Em 1903, 25 mil imigrantes judeus já estavam vivendo entre eles. Em 1914, quando começou a Primeira Guerra Mundial (1914-1918), já eram mais de 60 mil. No ano de 1947 a ONU aprovou a divisão do estado Palestino em dois territórios: um árabe e outro judeu. As nações árabes se opuseram e estourou uma guerra; como consequência, o território de Israel cresceu 75%. Em 1967, durante a Guerra dos Seis Dias, Israel incorporou a Faixa de Gaza, as Colinas de Golã, Jerusalém Oriental e a Cisjordânia (pontos de conflito até os dias atuais).

Alternativa "a": o reconhecimento do Estado da Palestina é um passo muito importante para a paz no Oriente Médio e para o resto do mundo. Por isso, a futura criação de um Estado palestino com todos os requisitos de soberania plena (nos marcos da fórmula ***Dois Estados para Dois Povos***), como solução para o conflito israelense-palestino revela-se importante.

Alternativa "b": alternativa incorreta.

Alternativa "c": alternativa incorreta, pois apresenta informações imprecisas.

Alternativa "d": alternativa incorreta, pois não traz dados corretos.

Alternativa "e": alternativa incorreta, pois não está em sintonia coma realidade do conflito.

Alternativa correta: letra "a".

31. (Delegado de Polícia - AC/ 2008 - CESPE) Envelhecimento de consumidores e da força de trabalho, desastres ecológicos de consequências imprevisíveis, campanha de consumidores contra empresas que não respeitam o meio ambiente. Até pouco tempo atrás considerados de importância secundária, esses temas hoje já dividem espaço com questões tradicionais, como falta de energia, inflação e aspectos regulatórios na pauta dos mais sérios riscos para a perenidade de grandes corporações globais. É o que aponta recente estudo, que também relaciona alguns problemas que devem ganhar força em breve, como uma desaceleração na China, a briga por talentos e a incapacidade das empresas de inovar.

Gazeta Mercantil, 15/1/2008, capa (com adaptações).

Tendo o texto acima como referência inicial e considerando aspectos relevantes do atual panorama mundial, julgue os itens que se seguem.

31.1. Em seu conjunto, o texto menciona tópicos característicos do atual estágio da economia mundial, marcado pela expansão de suas atividades em escala cada vez mais planetária

COMENTÁRIOS

Na medida em que a globalização revela-se num fenômeno muito recente da economia capitalista mundial. É o resultado da evolução da técnica e da ciência, da construção de instituições supranacionais que lhe dão sustentação como a OMC (Organização Mundial do Comércio) e os diversos blocos econômicos regionais que (em muito pouco tempo) se consolidaram.

Alternativa correta: "certo".

31.2. A globalização pressupõe a necessidade de domínio do conhecimento como forma de se assegurarem as constantes inovações tecnológicas, das quais tanto se nutre o sistema produtivo contemporâneo.

COMENTÁRIOS

O mundo globalizado definiu uma nova organização do espaço geográfico, com impacto em todas as regiões do mundo, ampliando as diferenças entre os países desenvolvidos e sub-desenvolvidos. Vale lembrar, contudo, que o domínio e conhecimento das novas conquistas técnicas e científicas promovidas por essa nova fase do capitalismo mundial ficaram fora do alcance de muitos.

Alternativa correta: "certo".

31.3. A questão ambiental, embora com peso crescente na agenda mundial e suscitando preocupação de autoridades e da sociedade, ainda não influi nos rumos do comércio internacional.

COMENTÁRIOS

No atual estágio de globalização, as indústrias para se destacarem no concorrido mercado não se importam de passarem por cima de algumas leis ou normas a elas aplicadas.

Deste modo, quem mais sofre com essa "corrida por melhores resultados" é o meio ambiente (através da poluição de rios, desmatamentos e poluição do ar). Este descaso tem aumentado o buraco na camada de Ozônio ("Efeito Estufa"), causando o aquecimento do planeta. Esta é uma das principais preocupações do mundo globalizado ao definir novos rumos para o comércio internacional.

Alternativa correta: "errado".

31.4. Vítima de séria crise energética em passado recente, popularmente chamada de apagão, o Brasil volta a se preocupar com a possibilidade de eventual escassez de energia motivada pela irregularidade das chuvas.

COMENTÁRIOS

No Brasil, como acontece em todo verão, as águas de janeiro, fevereiro e março enchem os reservatórios das usinas hidrelétricas. No entanto, o nível baixo das represas antes da temporada de chuvas, (fato que nem é tão atípico), foi usado como argumento para o caos iminente que assola o país (tendo em vista os meses de abril, maio ou junho).

Alternativa correta: "certo".

31.5. Surpreendentemente, o texto não menciona a insegurança gerada pela instabilidade da legislação reguladora da economia como potencial perigo para as grandes empresas transnacionais.

COMENTÁRIOS

Na medida em que o texto demonstra a preocupação com os "aspectos regulatórios".

Alternativa correta: "errado".

31.6. A China apresenta-se, na atualidade, como país emergente, ostentando um dos mais altos índices de crescimento econômico no mundo e presença crescentemente ampliada no volume de comércio global.

COMENTÁRIOS

A China possui, atualmente, uma das economias que mais crescem no mundo globalizado. A média de crescimento econômico deste país nos últimos anos é de quase 9%. Trata-se de uma taxa superior a das maiores economias mundiais (inclusive a do Brasil). O Produto Interno Bruto (PIB) da China atingiu U$ 8,28 trilhões no ano de 2012 – tornando-a a segunda maior economia do Mundo. Vale lembrar que essas cifras apontam o país como detentor de 15% da economia Mundial.

Alternativa correta: "certo".

31.7. Infere-se do texto que uma eventual redução do nível de expansão da economia chinesa seria benéfica para as grandes corporações mundiais porque significaria menos concorrência para elas.

COMENTÁRIOS

A China hoje em dia é um dos principais parceiros econômicos de diversos blocos econômicos. Assim, sua economia interessa a vários países. Hoje a China pertence à APEC (Asian Pacific EconomicCooperation), junto com o Japão, Austrália, Rússia, estados Unidos, Canadá e Chile e outros países.

Alternativa correta: "errado".

31.8. O texto sugere que a capacidade de reciclar-se e de inovar é condição imposta pela globalização para que as empresas não declinem ou desapareçam, tragadas pela extrema competitividade que hoje vigora na economia.

COMENTÁRIOS

O mundo globalizado trouxe maior competitividade além fronteiras. Isso traz como consequência, a necessidade das Empresas e economias se reinventarem e reestruturarem para vencer a concorrência.

31.9. Ao mencionar as grandes corporações globais, o texto certamente se refere às empresas transnacionais, também conhecidas como multinacionais.

Alternativa correta: "certo".

COMENTÁRIOS

O texto menciona as "grandes corporações globais".

Alternativa correta: "certo".

31.10. A Organização Mundial do Comércio (OMC) é o órgão multilateral que tem por finalidade elaborar as regras a serem seguidas no comércio internacional e zelar pela observância delas.

COMENTÁRIOS

A OMC (Organização Mundial do Comércio) é uma instituição internacional que atua na fiscalização e regulamentação do comércio mundial. Com sede em Genebra (Suíça) foi fundada em 1994, durante a Conferência de Marrakech. Podemos citar como funções da OMC: a) regulamentar e fiscalizar o comércio mundial; b) resolver conflitos comerciais entre os países membros; c) gerenciar acordos comerciais (tendo como "Norte" a globalização da economia) e d) supervisionar o cumprimento de acordos comerciais entre países membros.

Alternativa correta: "certo".

▸ TEXTO

O Supremo Tribunal Federal (STF) decidiu liberar as obras de transposição do rio São Francisco. O projeto não deve ser paralisado, como apelou o bispo dom Luiz Flávio Cappio, há dias em greve de fome, com o apoio de organizações da sociedade civil – Conselho Indigenista Missionário (CIMI), Ordem dos Advogados do Brasil (OAB) e Movimentos dos Trabalhadores Rurais Sem Terra (MST). O governo federal avisou que não pretende paralisar as obras e anunciou a primeira licitação.

Correio Braziliense, 20/12/2007, p.12 (com adaptações).

32. (Delegado de Polícia – TO/ 2008 – CESPE) Tendo o texto acima como referência inicial e considerando o tema que ele aborda, a questão ambiental e as desigualdades regionais existentes no Brasil, julgue os itens.

32.1. O projeto de transposição das águas do rio São Francisco não é recente e sua discussão começou a ganhar intensidade já na primeira metade da década passada; desde então, ele jamais deixou de suscitar polêmicas, inclusive de ordem técnica.

COMENTÁRIOS

Na medida em que apesar de estar sendo discutida há mais de 150 anos (vale lembrar que a primeira vez que alguém teve a ideia de transpor o terceiro maior rio do país foi D. Pedro II, em 1847), não há consenso sobre se ela é a melhor maneira de acabar com a seca no Nordeste. De um lado, existem argumentos que evidenciam que a quantidade de água disponível por habitante no semiárido nordestino é menos da metade do que a ONU estabelece como mínima para a vida humana. Além disso, a escassez já ameaça cidades de médio e grande porte (estima-se que, se nenhuma medida for tomada, Fortaleza entrará em colapso hídrico – uma espécie de apagão de águas – daqui a 20 anos). Por outro lado, os críticos acham que o maior problema da região é o mau uso da água existente e apontam diversos erros no projeto proposto. Vale recordar que o rio é o terceiro maior do Brasil, com 2,8 mil km de extensão. O "Velho Chico", como é conhecido em alguns estados, tem uma vazão média de 2,7 mil m^3 de água por segundo. O São Francisco tem a nascente em Minas Gerais, atravessa a Bahia, faz a divisa natural do Estado com Pernambuco e entre os estados de Sergipe e Alagoas.

Alternativa correta: "certo".

32.2. A greve de fome do religioso citado no texto é a segunda que ele faz com idêntico objetivo: pressionar o governo federal a suspender, pelo menos temporariamente, as obras de transposição das águas daquele que já foi denominado, no passado, rio da integração nacional.

COMENTÁRIOS

"Quando a razão se extingue, a loucura é o caminho". Com esta ideia, o bispo franciscano de Barra – BA dom Luiz Cappio justificava seus dois jejuns, em 2005 e 2007, contra o projeto de transposição, em defesa do Rio São Francisco e do semiárido brasileiro.

Alternativa correta: "certo".

32.3. Entre os opositores do projeto, prevalece a tese de que a transposição, ao contrário do que alegam seus defensores, não beneficiará a população mais pobre da região nordestina, mas atenderá, sobretudo, aos interesses de grupos empresariais e de particulares ricos.

COMENTÁRIOS

Para os opositores, como o uso comercial da água dá mais retorno financeiro, a situação atual não deve mudar. Pequenas localidades, em situação crítica, correm o risco de continuar sem água, já que têm pouco dinheiro e poder político.

Alternativa correta: "certo".

32.4. Se, para o governo federal, o que conta é tão somente a transposição, para quem se opõe ao projeto a questão prioritária é não mais que assegurar o fluxo natural do rio São Francisco, mantendo-o nas condições em que se apresenta hoje.

COMENTÁRIOS

: Na medida em que ao propor a retirada de uma porcentagem da vazão média, o governo ignora as peculiaridades do rio que, na seca, tem vazão bem menor. Nesses períodos, a retirada de 1,4% pode equivaler a quase toda a água do rio.

Alternativa correta: "errado".

32.5. O governo se mantém firme na decisão de dar prosseguimento ao projeto porque dispõe da inegável simpatia dos chamados movimentos sociais e, sobretudo, sabe que conta com apoio incondicional do conjunto das bancadas com assento no Congresso Nacional.

COMENTÁRIOS

É evidente que são precisamente estes segmentos que criticam o governo com veemência. Assim, os críticos, representados por governos dos estados banhados pelo São Francisco, lideranças sociais e entidades de defesa dos ribeirinhos, temem o pior: que uma nova intervenção, mesmo em pequena escala, gere muitos danos ao "Velho Chico".

Alternativa correta: "errado."

32.6. A principal justificativa do governo federal para levar adiante o projeto de transposição é a imperiosa necessidade de minorar os dramáticos efeitos da seca em regiões nas quais as chuvas são escassas e a seca prolongada, como ocorre, principalmente, no Maranhão e no norte do Tocantins.

COMENTÁRIOS

Vale ressaltar que o atual traçado da obra pretende desviar, por meio de bombeamento, uma parte do fluxo do Rio São Francisco para os Estados do Ceará, Pernambuco, Paraíba e Rio Grande do Norte, em parte da região chamada "Polígono da Seca".

Alternativa correta: "errado".

32.7. A questão da desigualdade regional está historicamente presente no debate brasileiro; não por outra razão, ela está na raiz de movimentos que levantavam a bandeira da redivisão político-administrativa do território, de que seria exemplo notório a própria criação do estado do Tocantins.

COMENTÁRIOS

Reduzir a desigualdade no acesso aos recursos hídricos, segundo a corrente dos defensores, é o principal objetivo do projeto. A bacia do São Francisco concentra 63% da água existente no Nordeste, e 95% de sua vazão vai para o mar. Os 5% usados geram energia e abastecem cidades e cultivos agrícolas. Mas, conforme previsões para 2025, a maior parte da população, cerca de dois terços do total, estará concentrada nas bacias dos rios temporários, aqueles que secam na estiagem e retêm somente 22% da água da região. O Tocantins nasceu em 1988, quando foi separado de Goiás. Ainda não há muitos dados sobre o impacto da mudança para a população, mas alguns mostram que, nesses 23 anos, houve melhorias em algumas áreas, como economia e infraestrutura. Em outras, como na saúde e educação, o Estado ainda tem muitos problemas para resolver.

Alternativa correta: "certo".

32.8. Mencionado no texto, o MST ampliou sua atuação pública e, ao apoiar o bispo em greve de fome e externar claramente seu repúdio ao projeto de transposição patrocinado pelo governo federal, resolveu, pela primeira vez em sua história, agir em uma área que não é propriamente a da reforma agrária.

COMENTÁRIOS

Com a transposição das águas do rio São Francisco o governo não conseguirá atingir os objetivos previstos apenas com uma obra de engenharia. Como é sabido, o nordeste brasileiro é uma das macrorregiões de maior concentração fundiária. Isto significa que a transposição do rio São Francisco, para beneficiar grande parte da população do semiárido, só teria sentido se acontecesse junto com uma reforma agrária.

Alternativa correta: "errado".

32.9. A concessão de licenças ambientais para que determinadas e quase sempre grandiosas obras possam ser executadas tem gerado constrangimentos entre setores da própria administração pública, como ocorreu no caso da transposição do São Francisco e, mais recentemente, no da construção de usinas hidrelétricas no rio Madeira.

COMENTÁRIOS

O entrave ambiental é o principal problema da maior parte das obras classificadas como preocupante nos últimos governos. É preciso lembrar que, se o Ibama ainda não concedeu licença ambiental para as usinas hidrelétricas de Jirau e Santo Antônio, no rio Madeira (RO), liberou a transposição das águas do rio São Francisco, por exemplo.

Alternativa correta: "certo".

32.10. Se, ao longo da história, o rio São Francisco integrou parte do Sudeste a parte do Nordeste, na atual paisagem brasileira o jovem estado do Tocantins caracteriza-se geograficamente como zona de transição e unidade federada que conecta as regiões Norte, Nordeste e Centro-Oeste do país.

COMENTÁRIOS

As dificuldades de acesso à região sul do Estado de Tocantins, por parte dos habitantes do norte, os levaram a estabelecer vínculos comerciais mais fortes com os Estados do Maranhão e Pará, sedimentando cada vez mais as diferenças e criando o anseio separatista (que culminou na criação de Tocantins).

Alternativa correta: "certo".

✦ DICAS

1) Em janeiro de 2012, o governo de São Paulo iniciou uma operação policial na "Cracolândia" (situada no centro da capital). Esta operação, com finalidade de combater o consumo de drogas, foi duramente criticada por entidades civis. No ano de 2023 o número ainda atormenta a cidade – de acordo com os dados, a média diária de usuários cresceu 27,8% de janeiro a julho daquele ano. A região reflete a espiral da violência na capital paulista. O problema se arrasta há décadas e é tratado de diferentes formas a cada nova gestão.

2) A "lei da Ficha Limpa" foi considerada constitucional pelo Supremo Tribunal Federal (STF) que anunciou sua aplicação integral para as eleições de 2012. Esta lei elenca a inelegibilidade por 8 anos de políticos condenados em Segunda Instância por crimes como: lavagem de dinheiro, improbidade administrativa e compra de votos.

3) O primeiro negro a ocupar uma cadeira no Supremo Tribunal Federal (STF), Joaquim Barbosa assumiu a presidência da Corte no dia 22 de novembro de 2012. Esse ano foi um ano em que o Ministro teve muita projeção na imprensa, nomeadamente como relator do processo 470 – a ação penal do "Mensalão" – onde 25 réus fora efetivamente condenados – incluindo os principais integrantes do governo Lula.

4) O Brasil instalou a "Comissão da Verdade" com o objetivo de apurar as violações de direitos humanos ocorridas na ditadura militar entre 1964-1985. Os primeiros alvos de investigação foram a "operação Condor" e a Guerrilha do Araguaia. Mais de 90% das recomendações que estado brasileiro deveria acatar não foram efetivamente cumpridas até 2023.

5) A Venezuela entrou para o Bloco do Mercosul (bloco que reunia Brasil, Argentina, Uruguai e Paraguai). Vale lembrar que o Paraguai resistia à entrada da Venezuela por discordar abertamente das políticas nacionalistas de Hugo Chávez. Com a entrada da Venezuela, o Mercosul passou a contar com três das quatro maiores economias da América do Sul (e com o principal produtor de petróleo).

6) Em outubro de 2012, a catarinense Ingrid Migliorini leiloou sua virgindade por 780 mil dólares. O lance mais alto foi dado por um japonês de 53 anos de idade. Toda a "aventura" integrará um documentário: *VirginsWanted*.

7) O arquiteto Oscar Niemeyer Soares Filho morreu aos 104 anos de idade. Este brasileiro, formado na Escola Nacional de Belas Artes, foi responsável por mais de 600 projetos (o mais famoso foi Brasília) sendo que 200 deles estão espalhados em quatro continentes. Sua morte teve repercussão internacional com textos que comentam sua importância para a história da arquitetura mundial. "Morre Niemeyer, o poeta da curva", afirma o título destacado na edição online do diário espanhol *El País*. "O mundo da arquitetura está de luto por um de seus grandes nomes", afirmou o diário alemão *FrankfurterAllgemeine*.

8) O Papa Bento XVI, de 85 anos, anunciou no dia 11 de fevereiro de 2013, que renunciaria à liderança da Igreja Católica, por se sentir "sem forças" para desempenhar o cargo. A saída aconteceu em 28 de fevereiro do mesmo ano. A decisão foi tomada há quase um ano antes do anúncio, destacou o diretor do *Osservatore Romano* (fonte de informação oficial do Vaticano) Um porta-voz do Vaticano admitiu que a saída foi uma "surpresa" para a comunidade Católica. Após a escolha do novo Papa, Bento XVI confinou-se num mosteiro.

9) O Brasil tem as seguintes causas relativas aos aspectos socioeconômicos que podem ser a causa do abandono escolar:
   (i) a pobreza;
   (ii) o fator cultural, devido aos pais não serem alfabetizados, existe uma falta de estímulo dentro de casa;
   (iii) as doenças, pois famílias pobres não possuem acesso a saneamento básico e outras infraestruturas, levando-as a ter saúde precária e, consequentemente, abandonarem a escola.
   (iv) e ainda com relação às condições socioeconômicas, a violência nas escolas é outro ponto crucial a ser discutido como causador do abandono escolar.

10) No quadro brasileiro, as crianças são especialmente vulneráveis às violações de direitos, à pobreza e à iniquidade. Aqui, 29% da população vive em famílias pobres, mas, entre as crianças, esse número chega a 45,6%. As crianças negras, por exemplo, têm quase 70% mais chances de viver na pobreza do que as brancas; o mesmo pode ser observado para as crianças que vivem em áreas rurais. Na região do Semiárido, onde vivem 13 milhões de crianças, mais de 70% das crianças e dos adolescentes são classificados como pobres. Essas iniquidades são o maior obstáculo para o alcance dos Objetivos de Desenvolvimento do Milênio (ODM) por parte do País.

11) A Educação brasileira sofre com os seguintes problemas:

1) Em boa parte dos Estados e municípios do país, a formação docente não dá conta de seu objetivo principal, que é aprimorar a prática pedagógica para fazer os alunos avançarem.

2) As Secretarias de Educação não têm políticas públicas capazes de auxiliar as escolas e os professores.

3) Nem todas as redes contam com um coordenador pedagógico por escola.

12) No Brasil, a taxa de analfabetismo de sua população caiu de 13,6% em 2000, para 8,6% no ano de 2011 (percentagem da população com 15 anos ou mais que não têm capacidade de escrever um único bilhete).

13) A fatia da população com idade até 25 anos encolhe no país, enquanto os demais grupos etários aumentaram suas participações, de acordo com os dados do Censo 2010 divulgados pelo IBGE (Instituto Brasileiro de Geografia e Estatística).

14) Houve uma queda de 73% na taxa de mortalidade infantil do Brasil em apenas duas décadas, segundo o último relatório da UNICEF. Segundo o estudo, a taxa brasileira caiu de 58 para 16 por mil nascidos vivos entre 1990 e 2011. Em 2000, o índice era de 36 por mil nascidos vivos – o que faz com que a queda tenha sido de 56% desde então. Em 2023, a mortalidade por causas evitáveis voltou a crescer no Brasil após 10 anos de queda.

15) O incêndio com mais mortes nos últimos 50 anos no Brasil causou comoção nacional e grande repercussão internacional. Em poucos minutos, mais de 230 pessoas (na maioria, jovens) morreram na boate *Kiss* de Santa Maria – cidade universitária de 261 mil habitantes na região central do Rio Grande do Sul. Assim, chegou a 240 o número de óbitos em decorrência do incêndio que atingiu a boate na madrugada do dia 27 de janeiro de 2013.

16) Em 2013, as Nações Unidas reconheceram oficialmente a Palestina como Estado observador da entidade em votação na Assembleia-Geral da entidade em Nova York. Foram 138 votos a favor, 9 contra e 41 abstenções. Cinco países não votaram. A aprovação ocorreu no dia do aniversário de 65 anos da "Partilha" – ato que previa a criação de uma nação judaica e outra árabe na região onde hoje estão Israel, Cisjordânia e a Palestina. Como consequência, a Palestina terá acesso às agências/órgãos da ONU e terá a sua admissão ao Tribunal Penal Internacional.

17) A China desenvolveu-se graças a alguns fatores importantes:

a) sua entrada na economia de mercado, ajustando-se ao mundo globalizado;

b) revela-se no maior produtor mundial de alimentos;

c) é a maior produtora de milho e de arroz;

d) tem agricultura mecanizada atingindo excelentes resultados de produtividade;

e) demonstrou aumento na área da educação, principalmente técnica;

f) investimento em infraestrutura, com a construção de rodovias, ferrovias, aeroportos e prédios públicos;

g) a construção de hidrelétricas de Três Gargantas, a maior do mundo;

h) investimentos nas áreas de mineração, principalmente ferro e carvão;

i) o controle governamental dos salários e regras trabalhistas (isso faz com que as empresas chinesas tenham custo reduzido com a mão de obra, tornando seus produtos mais baratos (aumentando a exportação);

18) Vale destacar alguns dos exemplos de violação dos direitos humanos que constam no Relatório da Missão à Petrolina e região do Rio São Francisco, apresentado pela Plataforma Dhesca Brasil – Rede Nacional de Direitos Humanos, que congrega entidades ligadas às redes de direitos humanos da sociedade civil:

a) Falta de água potável;

b) falta de titulação e demarcação das terras dos quilombolas e indígenas;

c) falta de escolas, de posto médico.

19) O neoliberalismo defende a pouca intervenção do governo no mercado de trabalho, a política de privatização de empresas estatais, a livre circulação de capitais internacionais e dá ênfase para a globalização (a abertura da economia para a entrada de multinacionais, a adoção de medidas contra o protecionismo econômico, a diminuição dos impostos e tributos excessivos e etc.). Vale ressaltar que o primeiro governo democrático no Ocidente a inspirar-se em tais princípios foi o de Margaret Thatcher, na Inglaterra, a partir de 1980. A Ministra inglesa enfrentou os sindicatos, fez aprovar leis que lhes limitassem a atividade, privatizou empresas estatais, afrouxou a carga tributária sobre os ricos e sobre as empresas e estabilizou a moeda.

20) No ano de 2013 o Brasil foi assolado por manifestações populares. Com a revolta (no início) contra o aumento das passagens de ônibus em São Paulo (lembrando que o Brasil tem um dos piores e mais caros transportes públicos do Planeta) com o tempo, mais temas entraram em pauta tais como:

- o dinheiro gasto nos estádios feitos para a Copa das Confederações e Copa do Mundo de 2014;
- trabalhar 5 meses do ano para pagar impostos, e mesmo assim não ter nenhum resultado;
- a distância enorme entre o estado e a população, impossibilitando qualquer tipo de diálogo.
- sobre propostas de leis que atentam à nossa liberdade, e à constituição.

- sobre a impunidade de quem, em tese, deveria nos representar e comete algum crime.
- sobre a má gestão econômica do Brasil, que ocasionou na volta da inflação, na estagnação do PIB e outras mazelas econômicas, que estão acontecendo, e ainda vão acontecer.

21) O Sistema Cantareira é formado pelas represas Jaguari, Jacareí, Cachoeira e Atibainha. Elas ficam no estado de São Paulo e no sul de Minas Gerais. Juntas, as represas fornecem água para cerca de 9 milhões de pessoas na cidade de São Paulo (zonas Norte, Central e parte das zonas Leste e Oeste), além de Franco da Rocha, Francisco Morato, Caieiras, Osasco, Carapicuíba, Barueri e Taboão da Serra, São Caetano do Sul, Guarulhos e Santo André. Parte do interior do estado também recebe água do sistema. No ano de 2014, o nível das represas sofreu forte queda baixa principalmente por causa da estiagem registrada no estado de São Paulo e nas cabeceiras das represas.

22) Na Espanha, o Rei Juan Carlos I esteve 39 anos no trono e anunciou abdicação em 2 de junho; considerado um dos maiores impulsionadores da democracia espanhola, últimos anos de seu reinado foram marcados por problemas de saúde e escândalos. Assim, o Rei renunciou o trono a favor de seu filho, Príncipe Filipe.

23) Barack Obama se tornou o primeiro presidente dos Estados Unidos a posar para a capa de uma publicação voltada ao público LGBT. Ele aparece na capa da edição número 100 da revista Out, na qual é chamado de "Aliado. Herói. Ícone". Ao assumir seu primeiro mandato, Obama encontrou um país onde apenas dois estados tinham leis que permitiam o casamento entre pessoas do mesmo gênero, o que hoje é uma realidade em todo o país.

24) O grupo radical Estado Islâmico reivindicou a responsabilidade por ataques que mataram mais de 120 pessoas em Paris no dia 14 de novembro de 2015. Em uma declaração oficial, o grupo disse que seus combatentes presos a cintos com explosivos e carregando metralhadoras realizaram os ataques em vários locais no centro da capital francesa que foram cuidadosamente estudados. No mesmo ano, em janeiro, Pelo menos 12 pessoas morreram e 11 ficaram feridas em um tiroteio em Paris. O crime aconteceu no escritório do jornal satírico "Charlie Hebdo", que já havia sido alvo de um ataque no passado após publicar uma caricatura do profeta Maomé.

25) Em novembro de 2015, duas barragens da mineradora Samarco se romperam na cidade de Mariana (MG). Nessas barragens havia lama, rejeitos sólidos e água. Esses detritos são resultado da mineração na região. Pelo menos 128 residências foram atingidas pela onda de lama e dejetos. Houve mortos e desaparecidos. Os detritos das barragens tomaram conta do rio Gualaxo e chegaram ao município de Barra Longa, a 60 km de Mariana e a 215 km de Belo Horizonte. Seis localidades de Mariana, além de Bento Rodrigues, foram atingidas. Segundo especialistas, a lama que desce pelo rio Doce atingirá, no total, uma área de cerca de 10 mil quilômetros quadrados no litoral capixaba – área equivalente a mais de seis vezes o tamanho da cidade de São Paulo.

26) Em 2017, os graves distúrbios em Charlottesville (Virgínia), por conta de uma marcha de supremacistas brancos, resultaram em uma avalanche de críticas contra Donald Trump(principalmente por sua reação não ter sido vigorosa). Com vítimas fatais, em seu primeiro grande incidente racista, Trump chegou a citar a "violência de todo tipo" sem citar o racismo e o nazismo. Esses grupos extremistas abraçaram o "trumpismo" em sua vertente nacionalista e se tornaram mais valentes com sua vitória eleitoral. Deve-se lembrar que, a ideia de uma América pós-racial, que se vislumbrou quando pela primeira vez um afro-americano (Barak Obama), chegou à Casa Branca e de uma era na qual a questão da raça passaria a um plano secundário, se mostrou fantasiosa diante da violência (tanto física como no discurso).

27) A Organização dos Estados Americanos (OEA) denunciou muitas irregularidades nas eleições regionais celebradas recentemente na Venezuela, que, aponta, tornam ilegítimos seus resultados, e condenou a falta de observação internacional. Com cerca de 53% dos votos, o chavismo ganhou 18 dos 23 governos em outubro de 2017, enquanto a oposição, com 45%, conseguiu se impor em apenas cinco.

28) A península coreana foi dividida após a Segunda Guerra Mundial, e o norte comunista se tornou uma ditadura com traços stalinistas. Os líderes do país dizem que o arsenal atômico é o único fator capaz de impedir que outras nações destruam o país, que vive praticamente isolado do resto do mundo. A Coreia do Norte diz ter testado com sucesso uma bomba de hidrogênio – muitas vezes mais poderosa que uma ogiva nuclear. A bomba de hidrogênio poderia, em tese, ser miniaturizada e carregada por um míssil de longo alcance. Lembre-se que o Japão e os Estados Unidos estão dentro da área que o país asiático pode atingir.

29) O presidente dos Estados Unidos, Donald Trump, retirou os EUA do Acordo de Paris. O presidente disse que o acordo era ruim para os americanos. A realidade é que sua decisão está colocando os Estados Unidos em oposição ao resto do mundo, causando prejuízo para o povo americano Contudo, o governo de Joe Biden quer zerar emissões de gases estufa do país até 2050. Os Estados Unidos se reintegraram oficialmente ao Acordo de Paris sobre o clima.

30) Tendo em vista a enorme crise, que avassala a Venezuela, a agência de migração da Organização das Nações Unidas **(ONU) alertou que a** Venezuela **está caminhando para o mesmo «momento de crise» de refugiados visto no Mediterrâneo em 2015. Assim,** problemas como inflação nas alturas, escassez de alimentos, remédios e produtos básicos

têm sido os principais impulsos. Segundo a Organização Internacional de Migração (OIM, da sigla em inglês), 2,3 milhões de venezuelanos já deixaram o país em meio à essa situação, que piorou significativamente a partir de 2015.

31) A explosão de violência em Pacaraima, cidade de Roraima na fronteira com a Venezuela, tornou visível para o restante do Brasil a grave situação **em que se encontra o Estado devido à incapacidade de receber adequadamente o fluxo de imigrantes que fogem da crise no país vizinho.** Diante desse cenário, o governo de Roraima solicitou, ao Supremo Tribunal Federal (STF) o fechamento temporário da fronteira com a Venezuela, sob o argumento de que seus serviços de saúde e segurança estão em colapso.

32) Depois de Mariana em 2015, Brumadinho (MG), em 2019, também sofreu com o rompimento da barragem de rejeitos e se encontra com boa parte da cidade imersa em uma lama formada por resíduos da mineradora Vale e água (pluma). Após se juntar ao rio e atingir o solo da cidade mineira, a lama tomou proporções maiores e tem se propagado nos rios da região eliminando a vida aquática e causando severos prejuízos ao meio ambiente. No caso deste último acidente, o resultado foi 110 mortos e 238 pessoas desaparecidas, (este resultado obviamente sofrerá alterações). Além de que, o acidente, gerou consequências graves na preservação do meio ambiente).

33) No ano de 2019 o Tratado de Versalhes (assinado em 28 de junho de 1919) fez 100 anos. Este documento ficou conhecido por ser o principal dos tratados de paz assinados após a Primeira Guerra Mundial. O Tratado foi subscrito pelas potências que formavam a **Tríplice Entente** e pela **Alemanha.** Foi considerado pelos historiadores como a "paz dos vencedores". O acordo provocou uma grave crise socioeconômica na Alemanha, o que deu as bases para o surgimento do ultranacionalismo exacerbado de **Adolf Hitler**: o **nazismo**.

34) O ano de 2019 marcou 90 anos da **Crise de 1929.** Este foi um dos acontecimentos mais influentes da História Contemporânea. Convém recordar que o estopim da crise foi quando o valor das ações da Bolsa de Valores de **Nova York** (onde a economia mundial estava dependente na época) despencou bruscamente, provocando a sua "quebra" (*crash*). A quebra da Bolsa de Nova York desencadeou a Grande Depressão Americana, que durou até meados dos anos 1930.

35) O ano de 2019 marcou os 60 anos da Revolução Cubana – concluída em 1959. Este processo revolucionário foi liderado por Fidel Castro e outros guerrilheiros e derrubou a ditadura de Fulgêncio Batista. A partir dessa revolução, o panorama mundial mudou completamente, com Cuba se aliando a União Soviética e, com isso, sofrendo uma forte represália econômica (bloqueio) dos norte-americanos que perdura até os dias de hoje.

36) Em 2020, nos EUA, o assassinato de um homem negro chocou o mundo, e reverberou em dezenas de manifestações contra o racismo ao redor da Terra. Em maio de 2020 um policial branco matou asfixiado George Floyd. Ele era um homem negro que estava desarmado, algemado e com o rosto no chão. A revolta com o caso levou milhares de pessoas para as ruas em um protesto antirracista que aconteceu em quase todos estados americanos.

37) Os primeiros relatos do Coronavírus datam de dezembro de 2019. Entretanto, foi em 2020 que a doença começou a se alastrar deixando um rastro de morte por onde passava. A facilidade com que o contágio acontecia fez com que ela se espalhasse rapidamente por todo o mundo. Um pouco mais de quatro meses foi o tempo necessário para que a doença fizesse 250 mil vítimas em todo o mundo. Com a pandemia, a economia de todos os países também acabou dando uma estagnada. O evento pode ser visto como a maior queda da economia global em 100 anos.

Importante lembrar que, a crise também trouxe a redução de emissão de CO2. Podendo chegar ao nível mais baixo desde 2010.

38) Em janeiro de 2020, o Brasil se assustou com algumas mortes que foram causadas por uma cerveja. Os casos apareceram em Minas Gerais. Acontece que a cerveja Belorizontina estavam contaminadas por dietilenoglicol. Essa é uma substância tóxica que se tornou responsável por trazer a óbito nove pessoas que consumiram a cerveja.

39) Em janeiro de 2020, Príncipe Harry e sua esposa Meghan Markle surpreendentemente anunciaram a todos que não seriam mais membros em atividade da família real. Aliás, eles também renunciaram aos seus títulos reais.

40) Donald Trump ganhou a Presidência em 2016 em parte porque era um outsider político que quebrava as regras e estava preparado para dizer o que antes era indizível. Mas Donald Trump também perdeu a Presidência em 2020, em parte justamente porque era um outsider político que quebrava as regras e estava preparado para dizer o que antes era indizível.

41) Apesar de perder a eleição de 3 de novembro, Trump se recusou praticamente um mês para reconhecer a derrota eleitora para Joe Biden.

42) O presidente eleito, Biden fez um discurso conciliador e disse que é hora de 'curar' os EUA. O Democrata que derrotou Trump e será 46º presidente dos EUA. A Senadora Kamala Harris se tornou a 1ª mulher eleita vice-presidente do país.

43) Os jornalistas Maria Ressa e Dmitry Muratov ganharam o Prêmio Nobel da Paz 2021 por sua "luta corajosa" em defesa da liberdade de expressão nas Filipinas e na Rússia, respectivamente.

44) A Comissão Interamericana de Direitos Humanos criticou a postura do STF (Supremo Tribunal Federal),

sobre a tese do marco temporal. Defendida por ruralistas, esta interpretação considera que os indígenas só teriam direito à terra se estivessem sob sua posse no dia 5 de outubro de 1988, data da promulgação da Constituição Federal, ignorando as históricas violações que esses povos sofreram ao longo dos anos.

45) Durante a Conferência do Clima da ONU (COP26), os líderes das 20 maiores economias do mundo se juntaram a outros chefes de estado em Glasgow/ Escócia. Ali, o Brasil formalizou sua promessa de atingir emissões líquidas zero até 2050 – dez anos antes da promessa anterior. O país também definiu uma nova meta de redução de emissões: 50% até 2030. O que significa que o Brasil não está no caminho para atingir sua meta de neutralidade climática até 2050.

46) Pandemia de Coronavírus – No ano de 2022, com a vacinação no âmbito mundial as normas de interação social foram ainda mais flexibilizadas naquele que foi o terceiro ano de pandemia. Os dados referentes à vacinação em 2022 foram: 84,8% da população total foi vacinada com a 1ª dose; 80,16% da população total foi vacinada com a 2ª dose; e 49,56% da população total foi vacinada com a dose de reforço.

47) Invasão da Ucrânia – em 24 de fevereiro de 2022, o presidente da Rússia, Vladimir Putin, anunciou uma "operação militar" com o objetivo de defender as repúblicas separatistas do Donbass no leste da Ucrânia. As tropas russas invadiram a Ucrânia e, diante desse conflito declarado, a comunidade internacional (principalmente a Europa e os Estados Unidos) entrou em estado de alerta. O Brasil manteve uma posição neutra condizente com a tradição diplomática.

48) No ano de 2022 o Brasil passou por eleições conturbadas e marcadas por um debate público que pôs sob suspeita o sistema eleitoral brasileiro e a segurança das urnas eletrônicas. Diante desse cenário o Tribunal Superior Eleitoral trouxe apoio nas Missões de Observação Eleitoral (MOE) como estratégia para conter ações que poderiam ameaçar as eleições. Ainda diante do cenário em comento (com questionamentos que colocaram em xeque a lisura do processo eleitoral brasileiro), a Faculdade de Direito da USP elaborou uma carta em defesa da Democracia.

49) Ainda ligado ao item anterior, é importante destacar que a atuação do supremo Tribunal Federal foi intensa: como o veto de propagandas eleitorais e ações imediatas de desobstrução de vias públicas. Diante de seu protagonismo, o STF sofreu diversos ataques esse ano. O maior desafio enfrentado foi responder e agir rapidamente em situações que ameaçassem sua legitimidade institucional e o Estado Democrático de Direito.

50) Em 2022 morreu a rainha Elizabeth que havia completado 96 anos em março daquele ano e comemorou as sete décadas à frente do comando da Coroa britânica, com o Jubileu de Platina. Em termos técnicos, a morte de Elizabeth constituiu uma "Sucessão da Coroa" (termo jurídico para o fim do reinado de um soberano britânico). Dentro de um sistema parlamentar, após a notícia de sua morte vir a público, o Parlamento se reuniu o mais breve possível para jurar lealdade ao filho de Elizabeth, Charles, que se tornou o rei Charles III no instante em que sua mãe morreu. O sucessor escolheu seu nome de batismo, Charles. Importante lembrara que há polêmica quanto ao nome: Charles I era autoritário, incitou uma guerra civil e acabou executado. Charles II foi um fanfarrão e sedutor, conhecido como o "alegre monarca".

51) Condenada por muitos juristas e pelas entidades de Direitos humanos, a tese do Marco Temporal impede que parte importante do povo brasileiro exerça seus direitos sobre os territórios tradicionais. Trata-se de uma que defende que os povos indígenas só poderiam reivindicar os territórios em que estavam a partir de 05 de outubro de 1988 (data da promulgação de Constituição de 1988). A controvérsia reside na inconstitucionalidade da tese, pois a sociedade brasileira reconheceu aos povos indígenas os direitos originários sobre os territórios que ocupavam sem qualquer menção a datas ou períodos de tempo específicos.

52) No Brasil, a invasão dos territórios Yanomami é um problema histórico. Em 2023 o Brasil chocou o Mundo pois constatou-se que, com a invasão, mataram os rios, mataram os peixes e as comunidades acabam ficando reféns deste cenário de guerra, de horror, de medo e desnutrição.

53) Em outubro de 2023, o grupo islâmico bombardeou território israelense, e o governo de Israel retaliou. O primeiro-ministro de Israel, Benjamin Netanyahu, lançou a operação "Espadas de Ferro". Milhares de foguetes atingiram a parte Sul do país e o grupo Hamas reivindicou o ataque e afirmou se tratar do início de **uma grande operação para a retomada do território**.

54) Em 2024 Trump é levado a julgamento. **Promotores de Nova York afirmaram que o ex-presidente dos Estados Unidos Donald Trump cometeu fraude eleitoral nas eleições de 2016** ao tentar esconder do público os encontros sexuais que ele supostamente teve com Stormy Daniels durante sua campanha presidencial.

55) Os conflitos entre Israel e Palestina seguiram ao longo do século XXI e, sempre que há um atrito, Israel promove ataques na Faixa de Gaza ou Cisjordânia, e um grupo de resistência palestino responde com mísseis ou convocando a população para resistir. Esse grupo é o Hamas, que é um ator importante nesse conflito. Perante a comunidade internacional pesa o fato de que as guerras e desrespeito aos direitos humanos marcam embate de difícil resolução.

56) Em 2024 intensificou o conflito Israel x Irã. O conflito entre os dois países se arrasta por décadas, mas o ataque direto de abril de 2024 foi avaliado por especialistas como "sem precedentes" e colocou Israel em mais de um conflito prolongado, além do travado contra o Hamas há cerca de seis meses. Países como Líbano, Iraque e Iêmen também tendem a se envolver, o que pode causar uma guerra generalizada na região.

57) No ano de 2024 Portugal comemora os 50 anos do 25 de Abril, um momento de transição da ditadura salazarista para a Democracia.

58) Em 2024, os **casos de dengue aumentaram de forma significativa** neste ano em relação ao ano anterior, que já foi considerado um dos piores para a doença. Até a última atualização do Painel de Monitoramento de Arboviroses do Ministério da Saúde, foram registrados **973.347 casos prováveis de dengue do dia 1º de janeiro a 27 de fevereiro de 2024 e 195 óbitos confirmados** neste período.

59) Os **dados do Censo Escolar 2023** foram divulgados e apresentam o panorama da educação básica brasileira naquele ano. A divulgação ocorreu pelo Ministério da Educação (MEC) e o Instituto Nacional de Estudos e Pesquisas Educacionais Anísio Teixeira (**Inep**). As informações apresentadas no levantamento contribuem para o desenvolvimento de políticas públicas em educação para o país.

60) Durante a realização da 37ª Cúpula de Chefes de Estado e Governo da União Africana, em Adis Abeba, na Etiópia, Lula afirmou que "o que está acontecendo **na Faixa de Gaza** não é uma guerra, mas **um genocídio**" e fez referências ao holocausto que matou milhões de pessoas na Alemanha sob o comando **de Adolf Hitler**. Segundo Israel, a declaração de Lula causou repercussão internacional e gerou uma crise política para seu governo.

Informática

Luciano Freire

TABELA DE INCIDÊNCIA DE QUESTÕES

Distribuição das questões organizada por ordem didática de assuntos		
Assunto	**Número de Questões**	**Peso**
1. APLICATIVOS DE ESCRITÓRIO – MS OFFICE E BROFFICE	25	32,05%
2. SISTEMAS OPERACIONAIS – WINDOWS E LINUX	19	24,36%
3. REDES DE COMPUTADORES, INTERNET E INTRANET	22	28,21%
4. SEGURANÇA DA INFORMAÇÃO	8	10,26%
5. HARDWARE	4	5,13%
Total	**78**	**100%**

Informática

Luciano Freire

✦ QUESTÕES

1. APLICATIVOS DE ESCRITÓRIO – MS OFFICE E BROFFICE

01. (VUNESP – 2023 – PC/SP – Delegado) No Microsoft Word 2016, em sua configuração padrão, assinale a alternativa que indica quais páginas serão impressas de um documento de 10 páginas, quando o usuário preenche o conteúdo 1-10 na caixa Páginas, da janela Imprimir.

a) 1 a 9, apenas.

b) 1 a 10.

c) 1 e 10, apenas.

d) 1, apenas.

e) 10, apenas.

COMENTÁRIOS

✪ **Nota do autor.** No word o símbolo – indica um intervalo de páginas, ou seja, se o usuário indicar 1-10 serão selecionadas para impressão todas as páginas neste intervalo.

Alternativa "a". O símbolo – indica um intervalo considerando os extremos. Assim, serão impressas as páginas de 1 a 10 (inclusive) e não de 1 a 9.

Alternativa "b". Ao digitar 1-10 serão impressas todas as páginas de 1 a 10 inclusive.

Alternativa "c". Para imprimir apenas duas páginas específica usa-se o símbolo , (Ex.: 1, 10) e não o símbolo – que define um intervalo de impressão.

Alternativa "d". Para imprimir apenas a página 1 basta digitar 1 no campo e não o intervalo 1-10.

Alternativa "e". Para imprimir apenas a página 10 basta digitar 10 no campo e não o intervalo 1-10.

Alternativa correta: letra "b".

02. CEBRASPE – 2023 – PC/AL – Delegado

Em relação a segurança na Internet, periféricos de computadores, computação em nuvem e editores de texto e planilhas eletrônicas, julgue o seguinte item.

Considere a próxima planilha, criada no Excel 365 Microsoft

	A	B
1	Código	Nome
2	3	Praia do Gunga
3	7	Praia de Antunes
4	2	Praia do Francês
5	5	Praia do Toque
6	1	Praia de Pajuçara
7	6	Pontal do Coruripe
8	4	Praia do Patacho

Suponha que o usuário tenha selecionado somente as células de B2 a B8 na coluna B; em seguida, selecionado a opção na guia Dados; e, por fim, escolhido a opção Continuar com a seleção atual no aviso de classificação. Nessa situação, ao se realizar a classificação, é obtido o resultado expresso na planilha a seguir.

	A	B
1	Código	Nome
2	1	Praia do Gunga
3	2	Praia de Pajuçara
4	3	Pontal do Coruripe
5	4	Praia do Toque
6	5	Praia do Francês
7	6	Praia do Patacho
8	7	Praia de Antunes

COMENTÁRIOS

Ao selecionar apenas uma coluna e clicar na opção "continuar na seleção atual" na janela seguinte, somente as células da coluna B serão ordenadas, ou seja, não há uma ordenação na coluna A que permanece da mesma forma como mostrado na imagem a seguir.

	A	B
1	Código	Nome
2	3	Pontal do Coruripe
3	7	Praia do Antunes
4	2	Praia do Francês
5	5	Praia do Gunga
6	1	Praia do Pajuçara
7	6	Praia do Patacho
8	4	Praia do Toque

Alternativa correta: "errado".

03. CEBRASPE – 2023 – PC/AL – Delegado

Em relação a segurança na Internet, periféricos de computadores, computação em nuvem e editores de texto e planilhas eletrônicas, julgue o seguinte item.

Suponha que seja necessário criar, na última página de determinado boletim de ocorrência elaborado no Microsoft Word 365, um vínculo, sob a forma de *link*, com um gráfico inserido no início do boletim, de modo que, ao clicar nesse *link*, o usuário seja direcionado até o gráfico. Nessa situação, esse vínculo pode ser criado, no Microsoft Word 365, por meio da funcionalidade Referência cruzada, que permite o acesso direto a outras partes do documento por meio de *links*.

COMENTÁRIOS

O recurso de referência cruzada permite o acesso a outras partes do documento por meio da criação de links, os quais, ao serem clicados, direcionam para outras partes do texto como explicado no enunciado da questão.

Alternativa correta: "certo".

04. (Vunesp – Delegado de Polícia – PC – SP/2022) Considere os softwares em sua configuração padrão para responder à questão. Um delegado de polícia está editando o texto de um inquérito no Microsoft Word 2016 e percebe que a cor da fonte de um parágrafo está diferente do restante do documento.

Para corrigir esta distorção, o delegado pode utilizar um recurso do grupo "Área de Transferência", da guia "Página Inicial", que copia a formatação de um local, no caso, um parágrafo com a cor da fonte correta, e aplica esta formatação a outro local, no caso, o parágrafo com a distorção.

O enunciado refere-se ao recurso:

a) Alterar Estilos.
b) Espaçamento de Linha e Parágrafo.
c) Cor da Fonte.
d) Limpar Formatação.
e) Pincel de Formatação.

COMENTÁRIOS

Alternativa "a". A funcionalidade de Alterar Estilos aplica um estilo pré-definido a um texto selecionado, mas não executa a cópia da formatação para um local específico.

Alternativa "b". O espaçamento de Linha e Parágrafo, altera o espaçamento entre linhas e parágrafos, mas não faz a cópia de uma formatação de um local para outro.

Alternativa "c". O recurso Cor da Fonte pode ser utilizado para alterar a cor da fonte do texto do determinado local, mas este não faz parte do grupo Área de Transferência.

Alternativa "d". A funcionalidade Limpar Formatação pertence ao grupo de Estilos. Além disso, este recurso não copia a formatação de uma localização para outra.

Alternativa "e". O recurso Pincel de formatação pertence ao grupo Área de Transferência e copia a formatação de um local para outro.

Alternativa correta: letra "e".

05. (Vunesp – Delegado de Polícia – PC – SP/2022) Considere os softwares em sua configuração padrão para responder à questão. Um delegado de polícia está editando uma lista de tarefas utilizando uma planilha eletrônica no Microsoft Excel 2016. A lista contém 100 tarefas, sendo uma tarefa por linha, com 11 colunas cada e todas as tarefas posicionadas no intervalo A2:K101. A célula A1 contém o cabeçalho "Nome do responsável".

O delegado pode contar quantas vezes o nome "Daniela Silva" aparece na primeira coluna (coluna A) da sua lista de tarefas, colocando a seguinte fórmula na célula A102:

a) =CONT.VALORES(A1:K1;"Daniela Silva")
b) =CONT.SE(A2:A101;"Daniela Silva")
c) =CONT.SE(A2:K2;"Daniela Silva")
d) =CONT.VALORES(A2:A101;"Daniela Silva")
e) =CONT.VALORES(A2:K2; "Daniela Silva")

COMENTÁRIOS

✪ **Nota do autor.** A função CONT.VALORES possui a seguinte sintaxe: CONT.VALORES(valor1; [valor2]...). Esta contabiliza o total de células, não vazias, especificadas nos parâmetros da função. A Função CONT.SE(intervalo; critério) contabiliza o total de células no intervalo segundo o critério especificado.

Alternativa "a". A fórmula CONT.VALORES(A1:K1;"Daniela Silva") não irá contabilizar o número de células com o nome "Daniela Silva" porque a função CONT.VALORES apenas conta o número de células, não vazias, no intervalo definido. Além disso, o intervalo A1:K1 não contém dados, mas sim os cabeçalhos de cada coluna da planilha.

Alternativa "b". A fórmula CONT.SE(A2:A101;"Daniela Silva") irá contabilizar na coluna A da linha 2 a linha 101 todas as células que contém o nome "Daniela Silva".

Alternativa "c". A célula A1 contém o cabeçalho "Nome do responsável". Consequentemente todos os nomes de responsáveis encontram-se na coluna A (A1, A2, ..., A101). Entretanto, a fórmula desta alternativa CONT.SE(A2:K2;"Daniela Silva") verifica o intervalo de A2 a K2, ou seja, na linha 2 ao invés de verificar a coluna A.

Alternativa "d". A fórmula CONT.VALORES(A2:A101;"Daniela Silva") não irá contar o número de células com o nome "Daniela Silva" porque a função CONT.VALORES apenas contabiliza o número de células não fazias no intervalo, independente do conteúdo destas.

Alternativa "e". A fórmula desta alternativa, CONT. VALORES(A2:K2; "Daniela Silva"), não atende ao solicitado porque a função CONT.VALORES apenas contabiliza o número de células não vazias no intervalo, independente do conteúdo destas. Além disso, os nomes dos responsáveis encontram-se na coluna A e não na linha 2 (A2:K2).

Alternativa correta: letra "b".

---

06. (Cespe – Delegado de Polícia – PC – PB/2022) Durante a edição colaborativa de um texto no Microsoft Word, é possível realizar controle de versão e visualizar inclusões ou exclusões feitas pelos revisores ou editores por meio da opção

a) Compartilhar.

b) Ortografia e Gramática.

c) Referência Cruzada.

d) Controlar Alterações.

e) Novo Comentário.

COMENTÁRIOS

Alternativa "a". O recurso Compartilhar é utilizar para compartilhar um arquivo entre usuários para um trabalho cooperativo.

Alternativa "b". O recurso de Ortografia e Gramática permite corrigir erros de digitação e sintaxe, mas não faz o controle de inclusões ou exclusões.

Alternativa "c". O recurso de Referência Cruzada faz referência a objetos específicos de um texto como tabelas, imagens e títulos.

Alternativa "d". O recurso de controlar alterações permite visualizar e controlar as alterações feitas por editores e revisores do documento.

Alternativa "e". O recurso Novo Comentário permite a inclusão de notas de comentário no texto, mas não visualizar e controlar as alterações feitas por editores e revisores do documento.

Alternativa correta: letra "d".

---

07. (UFPR – Delegado de Polícia – PC – PR/2021) Considere as seguintes ações:

1. Impedir que o texto seja editado.
2. Mostrar ou ocultar texto.
3. Reutilizar texto e figuras de outros documentos do LibreOffice.
4. Inserir seções de texto com um layout de coluna diferente do estilo de página atual.

É/São funcionalidade(s) de Seções no LibreOffice Writer (versão 6.4 português):

a) 2 apenas.

b) 1 e 2 apenas.

c) 3 e 4 apenas.

d) 1, 3 e 4 apenas.

e) 1, 2, 3 e 4.

COMENTÁRIOS

Alternativa "a". No Writer é possível proteger o arquivo para evitar que o texto seja alterado. Além desta ação, as demais listadas são possíveis.

Alternativa "b". Além de ser possível ocultar o texto e proteger o texto de alterações, as demais ações são possíveis.

Alternativa "c". Ao inserir figuras em um texto é possível reutilizá-las. As páginas terem formados diferentes em uma mesma seção como o de colunas. Além disso as demais ações listadas são possíveis.

Alternativa "d". A ação 2 é possível no Writer assim com as demais.

Alternativa "e". Todas as ações são possíveis de serem executadas no Writer.

Alternativa correta: letra "e".

---

08. (UFPR – Delegado de Polícia – PC – PR/2021) No LibreOffice Calc (versão 6.4 português), deseja-se colocar na célula A1 da Planilha 1 o total de vendas dos meses de janeiro e fevereiro, constantes na Planilha 2 (figura abaixo) do mesmo arquivo.

	A	B	C
1	vendas	jan	fev
2	Filial 1	100	120
3	Filial 2	230	300
4	Filial 3	320	120

Planilha 2

A fórmula sintaticamente correta para essa operação é:

a) =SOMAR(PLANILHA2(A1:C4))

b) =SOMAR(PLANILHA2.B2..C4)

c) =SOMA(PLANILHA2(B2:C4))

d) =SOMA(PLANILHA2.A1;C4)

e) =SOMA(PLANILHA2.B2:PLANILHA2.C4)

COMENTÁRIOS

Alternativa "a". O Calc não possui uma função chamada SOMAR.

Alternativa "b". O Calc não possui uma função chamada SOMAR.

Alternativa "c". A função SOMA no Calc realiza a soma das células especificadas. Entretanto não existe uma função chamada PLANILHA2 que seleciona um conjunto de células. Para acessar uma célula em outra planilha utiliza-se o nome da planilha seguido pelo ponto e a célula desejada. Ex.: PLANILHA2.A1. Esta notação indica o acesso a célula A1 da planilha PLANILHA2.

Alternativa "d". No exemplo deste item a função SOMA está somando a célula A1 da planilha PLANILHA2 (PLANILHA2.A1) com a célula C4 da PLANILHA1. Quando o nome da planilha não é especificado, considera-se a planilha corrente – no caso PLANILHA1.

Alternativa "e". A fórmula SOMA(PLANILHA2.B2:PLANILHA2.C4) realiza a soma do conteúdo da célula B2 da PLANILHA2 com o conteúdo da célula C4 da PLANILHA2 como solicitado pelo exercício.

Alternativa correta: letra "e".

09. (Vunesp – Delegado de Polícia – PC – SP/2018) Em um documento editado no MS-Word 2010 (em sua configuração padrão e em português), a palavra "Casa" de um parágrafo está com os formatos de fonte Arial, Negrito e Sublinhado, apenas, e a palavra "Mesa", de outro parágrafo, está com os formatos de fonte Calibri e Itálico, apenas. O usuário selecionou a palavra "Casa" e, a seguir, clicou no botão Pincel. Após isso, clicou na palavra "Mesa".

É correto afirmar que, após todas essas ações, a palavra «Mesa» estará apenas com os formatos de fonte

a) Arial e Itálico.
b) Calibri, Negrito e Sublinhado.
c) Calibri, Itálico e Negrito.
d) Arial, Negrito e Sublinhado.
e) Calibri e Sublinhado.

COMENTÁRIOS

✪ **Nota do autor.** A função do comando pincel é copiar a formatação de uma palavra ou frase para outra.

Alternativa "a". Como a palavra "Mesa" não estava formatada em itálico a ação do botão pincel não irá aplicar esta formatação.

Alternativa "b". O botão pincel também copia o tipo da fonte. Assim, ao aplicar o pincel sob a palavra "Mesa" a fonte mudará de Calibri para Arial.

Alternativa "c". Além da mudança da fonte indicada na explicação o item b, como a palavra "Casa" não estava formatada em itálico, e sim sublinhada, a formatação em itálico não é aplicada a palavra

Alternativa "d". A selecionar a palavra "Casa" e clicar no botão pincel, a formatação da palavra é copiada. Após isto, clicando com o pincel na palavra "Mesa", a formatação da palavra de origem é toda aplicada na palavra "Mesa" a qual ficar formatada em Arial, Negrito e Sublinhado.

Alternativa "e". Além da alteração da fonte, também será aplicada a formatação em Negrito para a palavra "Mesa" visto que a palavra "Casa" estava formatada em Negrito.

Alternativa correta: letra "d".

10. (Vunesp – Delegado de Polícia – PC – SP/2018) Considere a seguinte planilha elaborada no MS-Excel 2010 (em sua configuração padrão e em português):

	A	B	C	D
1	2	2	2	
2	3	3	3	
3	1	1	1	
4	0	0	0	
5				

Suponha que as seguintes fórmulas tenham sido inseridas nas células A5, B5, C5 e D5.

A5: =SOMA(A1:A4)

B5: =SOMA(A1:B4)

C5: =SOMA(A1:C4)

D5: =MÉDIA(A5:C5)

O resultado produzido em D5 será:

a) 12
b) 36
c) 18
d) 0
e) 6

COMENTÁRIOS

✪ **Nota do autor.** A função SOMA realiza a soma de um conjunto de células indicadas como parâmetro (células indicadas entre parênteses). O operador : indica um intervalo de células que inicia na célula antes dos : e termina na célula após os :. No caso o intervalo A1:A4 irá realizar a soma do seguinte intervalo de células A1, A2, A3 e A4. Por outro lado, a função MEDIA calcula a média aritmética das células indicada entre os parênteses.

Alternativa "a". Inicialmente calculando o valor de cada intervalo de soma indicado:

A5 := SOMA(A1:A4) => A5 := SOMA(A1;A2;A3;A4) => A5 := SOMA(2;3;1;0) => A5 := 6 logo a célula A5 terá valor 6.

B5 := SOMA(A1:B4) => B5 := SOMA(A1;A2;A3;A4;B1;B2;B3;B4) => B5 := SOMA(2;3;1;0; 2;3;1;0) => B5 := 12 logo a célula B5 terá valor 12.

C5 := SOMA(A1:C4) => C5 := SOMA(A1;A2;A3;A4;B1;B2;B3;B4;C1;C2;C3;C4) => C5 := SOMA(2;3;1;0; 2;3;1;0;2;3;1;0) =>C5 := 18 logo a célula C5 terá valor 18.

D5: =MÉDIA(A5:C5) => D5: =MÉDIA(A5;B5;C5) => D5: =MÉDIA(6; 12; 18) => D5: = 12 logo a célula D5 é o resultado de (6+12+18)/3 = 12.

Desta forma a alternativa correta é a letra a.

Alternativas "b" ("c", "d" e "e"): As demais alternativas não apresentam valores corretos para a sequência de cálculos apresentada.

Alternativa correta: letra "a".

11. (IBADE – Delegado de Polícia – AC/2017) No Microsoft Excel, qual dos símbolos a seguir deve preceder um valor numérico para que ele seja tratado como texto?

a) Asterisco (*)

b) Apóstrofe (')

c) Arroba (@)

d) Exclamação(!)

e) Til (~)

COMENTÁRIOS

Alternativa "a". O asterisco (*) é o símbolo que representa uma operação de multiplicação no Excel.

Alternativa "b". Ao utilizar o símbolo apóstrofe (') o número armazenado em uma célula é tratado como texto

Alternativa "c". O símbolo de arroba (@) não possui uma função específica no Excel.

Alternativa "d". A exclamação(!) é utilizado para indicar o acesso a uma célula em outra planilha. Exemplo: Planilha2!C4, indica uma referência a célula C4 da Planilha2

Alternativa "e". O til(~) não possui uma função específica no Excel.

Alternativa correta: letra "b".

12. (IBADE – Delegado de Polícia – AC/2017) Imagine um usuário que precisa a qualquer momento mostrar em vermelho, em uma planilha Excel, todos os números de uma tabela que estão entre 0 e 50. Entretanto, esses números são resultados de fórmulas que dependem de dados obtidos automaticamente a partir de um banco de dados e que variam diariamente, sem interferência do usuário. Qual das orientações ele deve seguir?

a) Selecionar as células que contenham números entre 0 e 50 e depois escolher a cor vermelha na ferramenta "Cor de Texto".

b) Selecionar as células que contenham números entre 0 e 50 e apertar simultaneamente as teclas Ctrl e X.

c) Utilizar o comando de formatação condicional disponível no menu "Formatação".

d) Usar a função =se() para formatar os números em questão.

e) Usar a função =color() para obter o resultado esperado.

COMENTÁRIOS

✪ **Nota do autor.** O recurso Formatação Condicional aplica uma determinada formatação, definida pelo usuário, a um conjunto de células cujo valor atende a uma determinada condição. Por exemplo, marcar em vermelho todas as células cujos valores estejam entre 0 e 50.

Alternativa "a". Apenas formatando as células com a cor vermelha, se os valores forem alterados, as células permanecerão vermelhas.

Alternativa "b". O atalho Ctrl+X irá recortar as células selecionadas, mas não fará nenhuma formatação condicional em função do intervalo definido.

Alternativa "c". A Formatação Condicional permite aplicar uma determinada formação, a um conjunto de células, se uma condição for verdadeira. Se o valor da célula for alterado e estiver fora do critério definido, a formatação deixa de ser aplicada.

Alternativa "d". A função se() não permite aplicar uma determinada formação a uma célula. Esta verifica uma determinada condição e, sendo verdadeira, aplica alguma operação sobre a célula, mas não uma formatação.

Alternativa "e". Não há uma função chamada color() no Excel que permite executar a ação especificada no enunciado da questão.

Alternativa correta: letra "c".

13. (Vunesp – Delegado de Polícia – CE/2015) Observe as figuras a seguir, que apresentam o mesmo slide em duas exibições distintas da área de trabalho do Apache OpenOffice Impress 4.0.1, em sua configuração padrão.

Exibição 1 **Exibição 2**

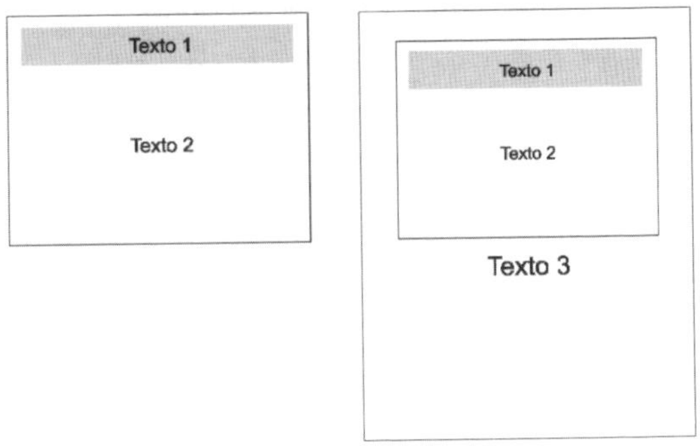

A Exibição 1, Normal, é considerada a principal exibição para trabalho com slides individuais. Já a Exibição 2, chamada de ________, é utilizada para adicionar ________ para um slide.

Assinale a alternativa que preenche, correta e respectivamente, as lacunas do enunciado.

a) Notas ... notas

b) Estrutura de tópicos ... tópicos

c) Folheto ... folhetos

d) Rascunhos ... rascunhos

e) Classificador de slides ... classificações

COMENTÁRIOS

Alternativa "a". O texto se refere ao modo de exibição de notas.

Alternativa "b". No formato de tópicos, o slide não teria a aparência apresentada na questão, mas sim a seguinte:

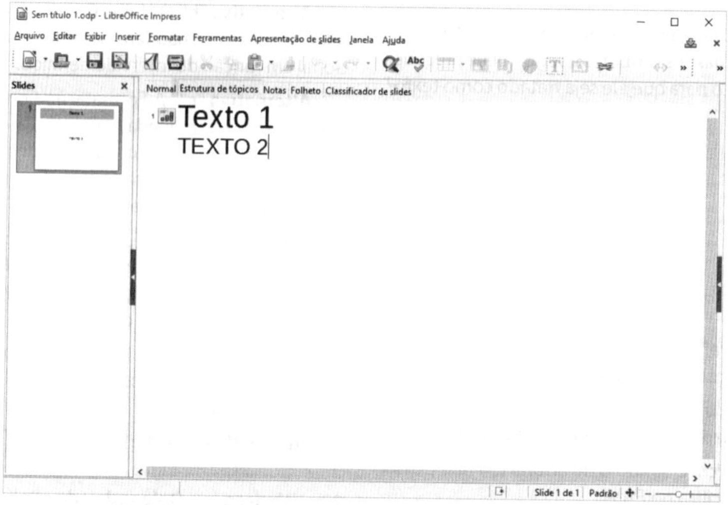

Alternativa "c". Na exibição de Folhetos, a aparência do slide seria a seguinte:

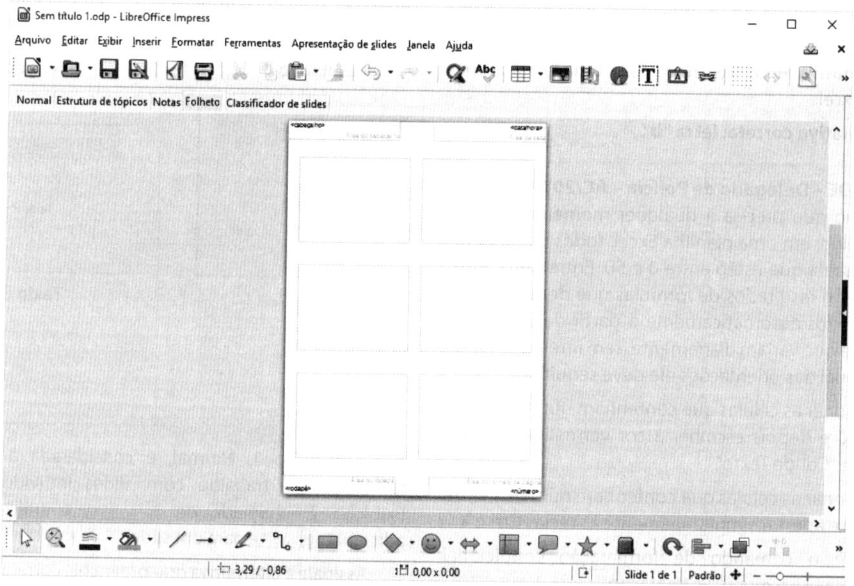

Alternativa "d". A exibição de rascunhos não é uma das opções de exibição disponíveis no Impress.

Alternativa "e". Na opção de classificação por slides, todos os slides existentes seriam apresentados da seguinte forma:

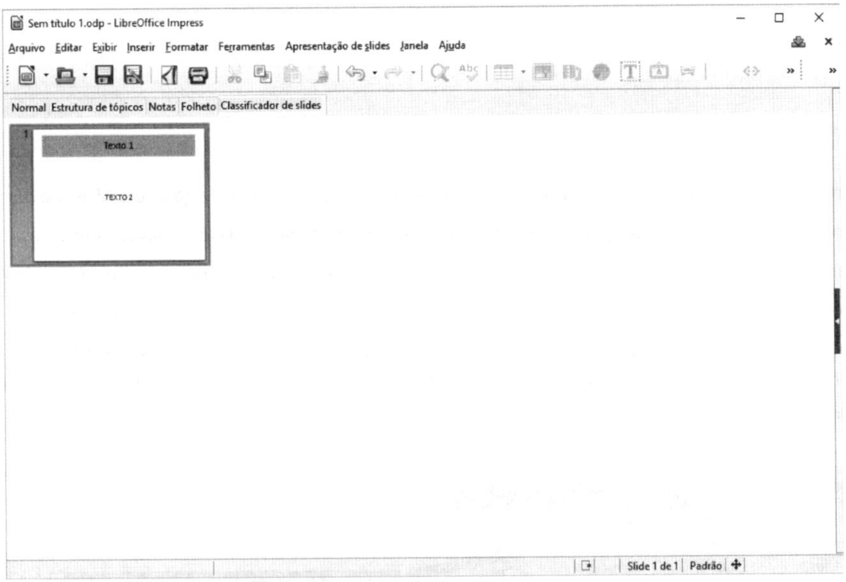

Alternativa correta: letra "a".

---

14. (Vunesp – Delegado de Polícia – CE/2015). Considere a tabela e a caixa de diálogo apresentadas a seguir, extraídas do Apache OpenOffice Calc 4.0.1, em sua configuração padrão.

	A	B	C	D
1	Nome	Cargo	Cidade	Idade
2	Joana	Delegado	Fortaleza	23
3	Clara	Escrivão	Caucaia	43
4	Augusto	Escrivão	Fortaleza	33
5	Pedro	Escrivão	Caucaia	21
6	Daniel	Delegado	Caucaia	34

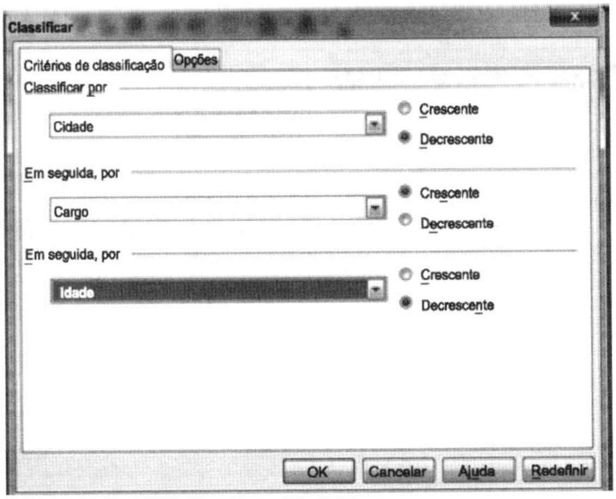

Assinale a alternativa que contém o nome que aparecerá na célula A6 após os critérios de classificação da caixa de diálogo Classificar serem aplicados na tabela apresentada.

a) Clara

b) Joana

c) Augusto

d) Daniel

e) Pedro

COMENTÁRIOS

Alternativa "a". Após aplicar as operações de classificação, o nome Clara aparece na célula A5 e não A6.

Alternativa "b". O nome Joana aparece na célula A2 e não A6, conforme a aplicação das classificações.

Alternativa "c". Após aplicar as operações de classificação, o nome Augusto aparece na célula A3 e não A6.

Alternativa "d". O nome Daniel aparece na célula A4 e não A6, conforme a aplicação das classificações.

Alternativa letra "e". A aplicação das classificações irá ordenar a relação de linhas conforme os critérios estabelecidos. Assim, partido da configuração inicial (questão) e aplicando a primeira classificação "Cidade – ordem decrescente" temos o seguinte resultado:

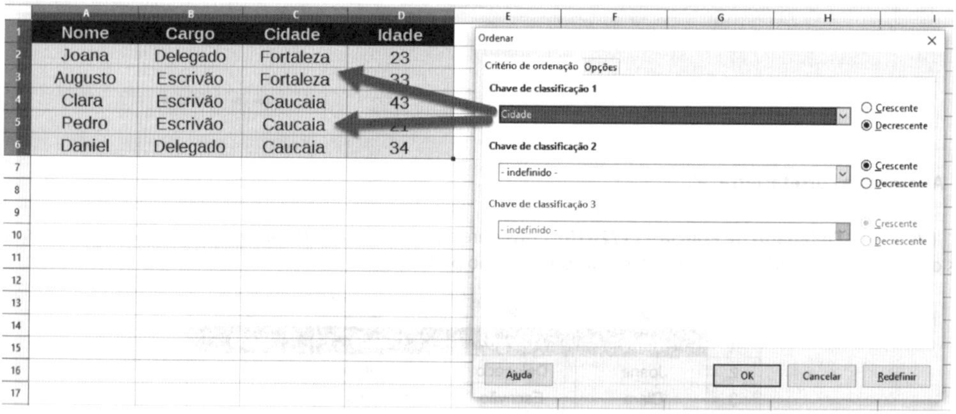

A coluna Cidade será ordenada em ordem decrescente. Assim as primeiras linhas conterão dados da cidade de Fortaleza e as demais de Caucaia. Aplicando a segunda formatação "Cargo – ordem crescente" temos:

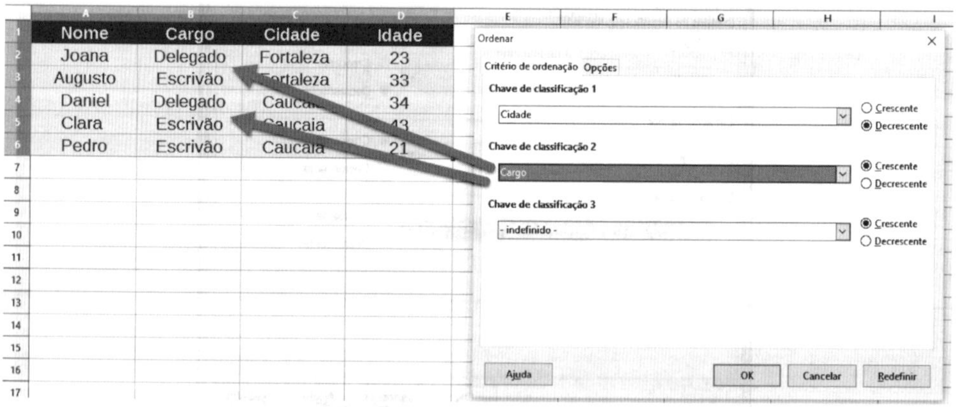

A classificação por ordem de cidade é mantida, mas, para cada cidade as células referentes ao cargo são ordenadas em ordem crescente. Assim, as células são classificadas por cidade (decrescente) e depois por cargo em ordem crescente. Consequentemente aparecerão primeiro os cargos de Delegado e depois de Escrivão. Aplicando a última formatação "Idade – ordem decrescente" temos:

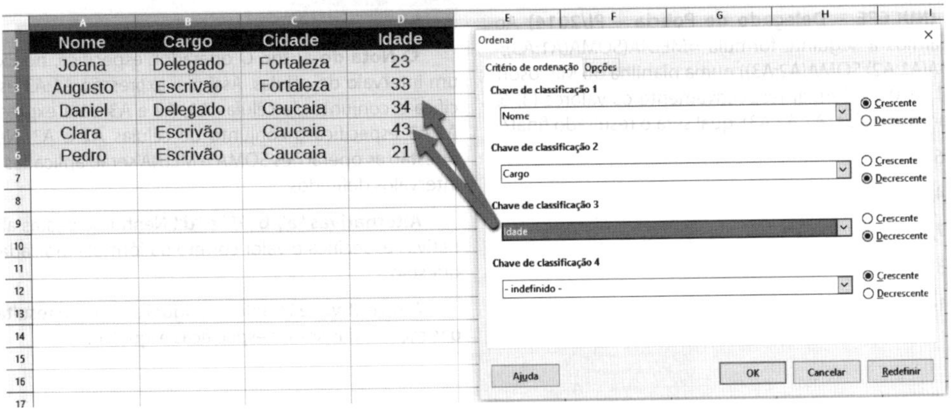

Desta forma, no caso de haver mais de um funcionário com o mesmo cargo, estes serão classificados do de maior idade para o de menor idade. Após estas operações o nome que aparecerá na célula A6 é Pedro.

Alternativa correta: letra "e".

15. (Vunesp – Delegado de Polícia – CE/2015) Observe a figura a seguir, extraída do Apache OpenOffice Writer 4.0.1, em sua configuração padrão. Ela apresenta a caixa de diálogo da opção Legenda..., acessada a partir do menu de contexto de uma figura.

Assinale a alternativa que contém o nome da opção que foi mascarada e indicada pela seta, que permite configurar o Writer para adicionar legendas automaticamente ao inserir alguns tipos de objetos, tais como tabelas, figuras e planilhas.

a) Definir legendas
b) Completar legendas
c) Autolegenda...
d) Mais opções
e) Inserir legendas...

COMENTÁRIOS

Alternativas "a", "b", "d" e "e". Estas não especificam a funcionalidade correta do botão indicado na figura da questão.

Alternativa correta: letra "c". O rótulo do botão mascarado refere-se à opção Autolegenda, a qual, permite a criação de legendas padrão para alguns tipos de objetos.

Alternativa correta: letra "c".

16. (NUCEPE – Delegado de Polícia – PI/2014) Ao aplicarmos a seguinte fórmula =MEDIA(SOMA(A1:A3);-SOMA(A1:A2);SOMA(A2:A3)) numa planilha do Microsoft Excel 2010 e informar respectivamente os valores (3, 6, 9) para as células (A1,A2,A3), qual será o resultado final?

a) 6

b) 4,5

c) 7,5

d) 3

e) 14.

COMENTÁRIOS

✪ **Nota do autor.** O operador: especifica, no Excel, um intervalo de células. Assim, a expressão A1:A3 especifica o conjunto de células A1, A2 e A3. Já a expressão A2:A3 especifica o conjunto de células A2 e A3. Nesta questão as operações SOMA e MÉDIA serão aplicadas aos intervalos definidos.

Alternativas "a","b","d" e "d". Nenhuma destas alternativas especifica o valor correto da fórmula indicada na questão.

Alternativa "e". Conforme figura a seguir, o resultado das médias das somas especificas é igual a 14.

	A	B
1	3	
2	6	
3	9	
4	soma(A1:A3)	18
5	soma(A1:A2)	9
6	soma(A2:A3)	15
7	MEDIA(SOMA(A1:A3);SOMA(A1:A2);SOMA(A2:A3))	14
8		

Alternativa correta: letra "e".

17. (NUCEPE – Delegado de Polícia – PI/2014) Quanto ao Microsoft Word 2010, analise as afirmativas abaixo e responda a alternativa CORRETA que corresponde a aplicação, ao mesmo tempo, dos efeitos Itálico e Negrito usados para formatar a frase:

I. – Teresina está localizada no Centro-Norte do Piauí;

II. – Teresina está localizada no Centro-Norte do Piauí;

III. – Teresina está localizada no Centro-Norte do Piauí.

a) Somente afirmativa I.

b) Afirmativas I, II e III.

c) Afirmativas II e III.

d) Somente afirmativa II.

e) Nenhuma das afirmativas acima.

COMENTÁRIOS

Item I. O texto indicado nesta alternativa está formatado simultaneamente em itálico e negrito.

Item II. Este texto encontra-se sublinhado e formatado em negrito.

Item III. O texto encontra-se apenas sublinhado.

Alternativa correta: letra "a". Apenas o item I está correto.

18. (FUNCAB – Delegado de Polícia – RO/2014) No Microsoft Office Excel 2007, o ícone que permite mesclar células é:

a) 

b) 

c) 

d) 

e) 

COMENTÁRIOS

Alternativa "a". Este ícone é responsável por inserir uma linha em uma planilha do Excel.

Alternativa "b". O ícone indicado nesta alternativa é o responsável por mesclar duas células no Excel.

Alternativa "c". Este é responsável por inserir uma moldura inferior a uma célula ou células do Excel.

Alternativa "d". Este ícone é utilizado para sublinhar um texto em uma célula.

Alternativa "e". Através deste ícone é possível copiar a formatação de uma célula para outra.

Alternativa correta: letra "b".

19. (FUNCAB – Delegado de Polícia – RO/2014) Ao posicionar o mouse sobre um dos arquivos exibidos na lista de Documentos Recentes do Microsoft Office Word 2007, é exibida uma caixa de texto, conforme ilustra a imagem abaixo:

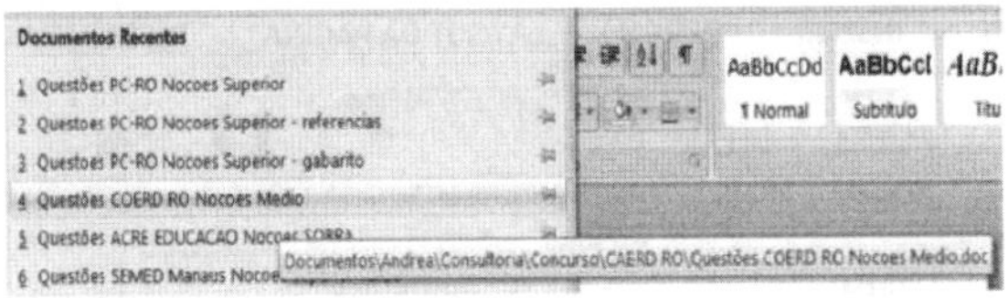

A caixa de texto em destaque abaixo representa:

a) a localização do arquivo na estrutura de pastas do Windows.

b) o texto inicial contido no documento.

c) o endereço do servidor de gerenciamento de documentos.

d) as propriedades do arquivo.

e) o nome completo do arquivo.

COMENTÁRIOS

Alternativa "a". O texto em destaque na figura indica a localização do arquivo no sistema de pastas do Windows.

Alternativa "b". Incorreto. O recurso de Documentos Recentes consegue exibir a localização do arquivo, mas não o seu texto inicial.

Alternativa "c". Incorreto. O endereço indicado não representa um arquivo que se encontra em um diretório de rede de um servidor.

Alternativa "d". As propriedades do arquivo podem ser abertas no menu Arquivo no item Propriedades, mas não são exibidas no texto destacado.

Alternativa "e". Além do nome completo do arquivo também é exibida a localização deste no sistema de pastas.

Alternativa correta: letra "a".

---

20. (Vunesp - Delegado de Polícia - SP/2014) A figura a seguir foi extraída do MS-Word 2010, a partir da sua configuração padrão, e apresenta o grupo Ilustrações.

A guia que contém essa opção é

a) Arquivo.

b) Página Inicial.

c) Layout da Página.

d) Referências.

e) Inserir.

COMENTÁRIOS

✪ **Nota do Autor.** Na resposta desta questão será utilizada a versão 2013 do MS Office. Entretanto, a resposta também é válida para a versão 2010.

Alternativa "a". Na guia Arquivo são encontradas opções abrir, salvar, imprimir e criar um outro arquivo além de opções de configuração. Entretanto, nesta guia, não há uma opção para inserir imagens, figuras, etc.

Alternativa "b". Na guia Página Inicial existem comandos para formatar uma Fonte, ações relacionadas a Área de Transferência (copiar, colar, etc.), formatar parágrafos, estilos além de comandos para localizar, substituir e selecionar um texto.

Alternativa "c". Esta guia possui um conjunto de comandos para a configuração da página como Tamanho, Orientação, Colunas, Espaçamentos, Recuo e Organização dos elementos no texto.

Alternativa "d". A guia Referências possui comandos para inserir e manipular Sumários, Notas de Rodapé, Citações, Legendas e Índices.

Alternativa correta: letra "e". Conforme figura 1, a guia indicada pertence a aba Inserir.

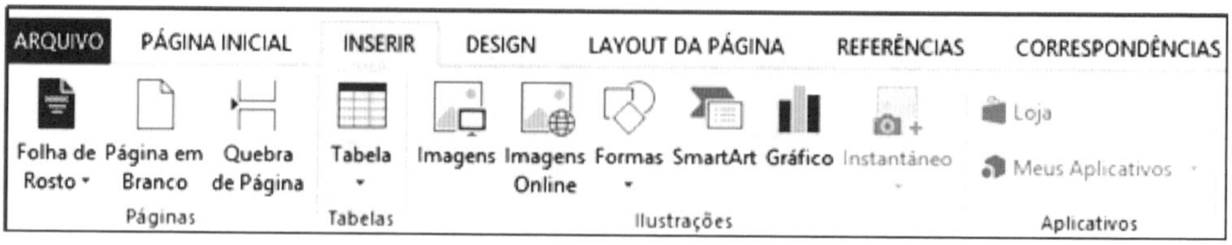

Figura 1. Opções a Guia Inserir.

Alternativa correta: letra"e".

---

21. (Vunesp – Delegado de Polícia – SP/2014) Em uma planilha do MS-Excel 2010, a partir da sua configuração padrão, que controla o banco de horas extras de um Delegado de Polícia, conforme é apresentado na figura a seguir, a coluna A contém o mês de referência, a coluna B contém a data em que foram feitas as horas extras, e a coluna C contém o número de horas extras.

	A	B	C
1	Mês de Referência	Data	Horas Extras
2	nov/13	04/11/2013	2
3	nov/13	05/11/2013	1
4	nov/13	07/11/2013	3
5	nov/13	12/11/2013	2
6	nov/13	15/11/2013	1
7	nov/13	22/11/2013	2
8	nov/13	27/11/2013	3
9		Total de Horas	14

A fórmula a ser aplicada na célula C9 para calcular o total de Horas Extras do mês de nov/2013 é

a) =SOMA(C2:C8)

b) =CONT.SE(C2;C8)

c) =CONT.SE(C2:C8)

d) =SOMASE(C2;C8;"nov/2013)

e) =SOMA(C2;C8)

COMENTÁRIOS

Alternativa "a". A expressão C2:C8 especifica um intervalo de células da coluna C da linha 2 a linha 8, ou seja, C2, C3, C4, C5, C6, C7, C8. A função SOMA, como o próprio no diz executa a soma de um conjunto de células. Assim a fórmula =SOMA(C2:C8) somará o conteúdo destas células que representam as horas extras realizadas.

Alternativa "b". A expressão C2;C8 identifica apenas a células C2 e C8 e não um intervalo de células iniciando em C2 e finalizado em C8 (para isto utilizamos o operador:) . Além disto, a função CONT.SE conta um conjunto de células quando uma determinada condição é verdadeira. Devido à ausência da condição, a contagem da quantidade de células não será feita gerando uma mensagem de erro. Entretanto, mesmo que a fórmula estive correta, o resultado seria a quantidade de células do intervalo que atendem a condição e não a soma das horas extras realizadas como solicitado.

Alternativa "c". A função CONT.SE realiza a soma de um conjunto de células quando uma determinada condição é verdadeira. No exemplo, somente é indicado o conjunto de células e não a condição em que a soma deve ser feita. Isto irá gerar um erro devido à ausência do parâmetro condição na fórmula. Além disto, se a fórmula estivesse correta o resultado seria uma quantidade de células e não a totalização das horas extras.

Alternativa "d". A função SOMASE executa a soma de um conjunto de células quando uma condição é verdadeira. Entretanto, a fórmula indicada apresenta, SOMASE(C2;C8;"nov/2013), apresenta um erro. Faltou especificar o fecha " na condição. Assim, o correto seria: SOMASE(C2;C8;"nov/2013"). Além disto, mesmo que a fórmula estivesse correta, esta não iria somar todas a células de C2 a C8, mas somente C2 e C8 devido ao uso do ;.

Alternativa "e". A fórmula apresentada não soma toda as ocorrências de horas extras. Apenas da Célula C2 e C8.

Alternativa correta: letra "a".

---

22. (UEL – Delegado de Polícia – PR/2013) Sobre o programa Impress do BR Office, considere as afirmativas a seguir.

I. Salva apresentações no formato .odp.

II. Salva apresentações no formato .ppt.

III. É incompatível com o formato .pptx.

IV. É incompatível com o formato .pps.

Assinale a alternativa correta.

a) Somente as afirmativas I e II são corretas.

b) Somente as afirmativas I e IV são corretas.

c) Somente as afirmativas III e IV são corretas.

d) Somente as afirmativas I, II e III são corretas.

e) Somente as afirmativas II, III e IV são corretas

COMENTÁRIOS

✪ **Nota do autor:** o BrOffice passou a se chamar LibreOffice a partir da versão 3.4. Entretanto em abril de 2011 o LibreOffice desvinculou-se da associação do BrOffice e tornou-se um projeto independente quando, em seguida, BrOffice foi descontinuado. Assim, o comentário desta questão irá considerar a versão atual do LibreOffice (3.6). Este manteve a mesma estrutura e funcionalidades do BrOffice, logo é possível utilizar o LibreOffice sem prejuízos ao entendimento dos conceitos abordados. Assim, para esta e as demais questões sobre os softwares da suíte do BrOffice será considerado a versão 3.6 do LibreOffice.

Item I. O formato utilizado pelo Impress, software equivalente ao PowerPoint do MS Office, é odp.

Item II. . Apesar de possuir um formato próprio, o Impress é capaz de salvar um arquivo no formato ppt do MS Office.

Item III. O Impress também possui suporte para salvar a apresentação no formato pptx utilizado nas versões mais recentes do MS Office.

Item IV. Este também possui suporte para o formato pps.

Alternativa correta: letra "a". Estão corretas as afirmações I e II.

23. (UEL – Delegado de Polícia – PR/2013) Em relação ao programa Writer do BR Office, associe a coluna da esquerda à coluna da direita.

I. 

II. 

III. 

IV. 

V. 

a) Estilo.

b) Cor da Fonte.

c) Diminuir Recuo.

d) Negrito.

e) Ortografia e Gramática

Assinale a alternativa que contém a associação correta.

a) I – B, II – D, III – E, IV – A, V – C

b) I – B, II – E, III – A, IV – D, V – C

c) I – D, A – D, III – B, IV – C, V – E

d) I – D, II – E, III – A, IV – B, V – C

e) I – E, II – D, III – C, IV – A, V – B

COMENTÁRIOS

✪ **Nota do autor.** Esta questão foi anulada devido a um erro na elaboração desta. A questão solicita que o candidato associe o ícone a esquerda a sua respectiva funcionalidade a direita. O problema é que nenhum dos ícones possui a funcionalidade de Negrito. A qual é indicada pelo seguinte ícone: Os demais ícones possuem as seguintes funcionalidades:

Ícone	Funcionalidade
	Estilo.
	Ortografia e Gramática
	Pincel de Formatação. Este copia a formatação de um texto selecionado para ser aplicado em outro texto. No lugar deste ícone dever ter sido indicado o ícone da formatação em negrito
	Cor da Fonte.
	Diminuir Recuo.

24. (UEL – Delegado de Polícia – PR/2013) No programa Calc do BR Office, criou-se a seguinte planilha:

Na célula A8, digitou-se a seguinte fórmula:

	A	B	C
1	1	1	
2	2	2	
3	3	3	
4	4	4	
5	5	5	
6			

=SOMA(A1:B5)

Assinale a alternativa que apresenta, corretamente, o valor que será apresentado na célula A8.

a) 5

b) 6

c) 15

d) 24

e) 30

COMENTÁRIOS

✪ **Nota do autor.** Nesta questão utilizou-se a versão 4.3 do LibreOffice. Entretanto, a funcionalidade indicada funciona da mesma forma para versões anteriores do LibreOffice/BrOffice.

Alternativa "a". Existe várias formas de se obter o resultado 5 utilizando a função soma. Exemplo: =SOMA(A2;A3). Entretanto nenhuma destas representa a fórmula indicada no enunciado da questão.

Alternativa "b". Para obter o resultado 6, uma possível fórmula seria =SOMA(B5;B1). Entretanto o resultado obtido com a fórmula da questão é 30 e não 6.

Alternativa "c". Este resultado, dentre outras opções, pode ser obtido utilizando as seguintes fórmulas: =SOMA(A1:A5) ou =SOMA(B1:B5). Entretanto, nenhuma destas é igual a fórmula especificada no enunciado da questão.

Alternativa "d". Da mesma forma que as demais alternativas, existem várias combinações de soma de células que totalizam 24 (Ex: =SOMA(A1:A5;B4;B5)). Entretanto, nenhuma destas é igual a fórmula indicada na questão.

Alternativa "e". O operador: define um intervalo de células. Este pode especificar células em uma ou mais linhas ou colunas de uma planilha. No caso, o intervalo A1:B5 inicia na linha 1 coluna A e termina na linha 5 coluna B, como indicado na figura 2. Logo a fórmula SOMA(A1:B5) irá somar todas as células das colunas A e B da linha 1 a linha 5, ou seja, A1+A2+A3+A4+A5+B1+B2+B3+B4+B5 cujo resultado é 30.

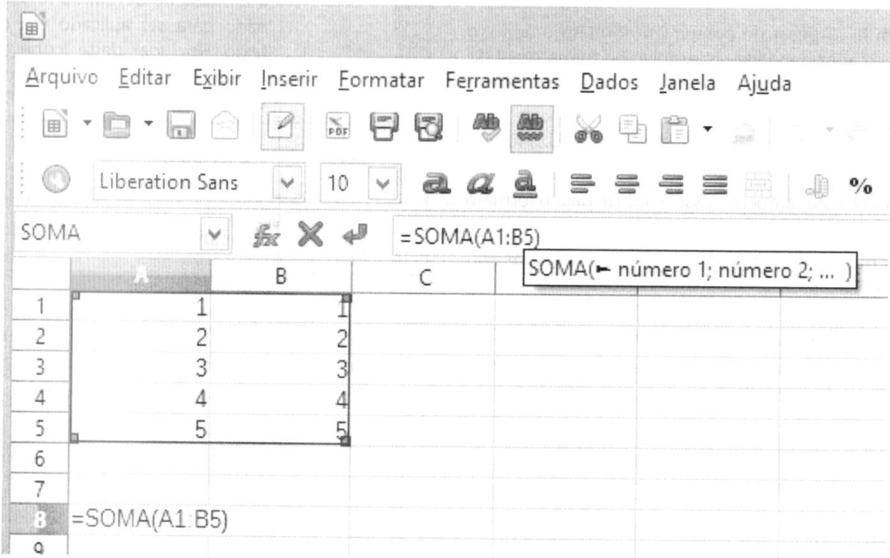

Figura 2. Soma de células no LibreOffice.

Alternativa correta: letra "e".

25. (UEPA – Delegado de Polícia – PA/2013) Ao analisar a planilha abaixo elaborada no MS Excel 2010. Na Célula D13 deve aparecer:

	A	B	C	D	E	F
1	Funcionário	E-mail	Setor	Ramal		
2	Ana	ana@gmail.com	RH	323		
3	Helio	helioneves@hotmail.com	Informática	244		
4	Joana	joana@desert.med.br	Dep Financeiro	210		
5	Leandro	leandro21@uol.com.br	Dep Financeiro	210		
6	Luisa	luisa@yahoo.com	Auditoria Interna	245		
7	Maria	mariaaa@gmail.com	RH	323		
8	Paulo	paulo_lopes@uepa.br	Engenharia	332		
9	Roberval	rober@hotmail.com	RH	323		
10	Sula	sulla@gmail.com	Informática	244		
11						
12						
13	Digite o nome do Funcionário:		PAULO	=PROCV(C13;$A$2:$D$10;3;0)		
14						

a) paulo_lopes@uepa.br, Engenharia, 332
b) paulo_lopes@uepa.br
c) Engenharia
d) 332
e) #n/a

COMENTÁRIOS

✪ **Nota do autor:** a função PROCV é utilizada para recuperar dados a partir de um campo chave em uma planilha. Nesta função indica-se um valor, da primeira coluna de uma planilha ou de um grupo de células de uma planilha, que se deseja localizar e a indicação de outra coluna para a qual se deseja recuperar um valor. Para isto, os parâmetros que devem ser especificados são: a célula onde se encontra a informação utilizada como chave de busca referente a primeira coluna da planilha, as células que compõe a planilha ou região onde a busca será feita, o índice da coluna onde se encontra o dado a ser recuperado e um campo lógico (0 ou 1) que indica se a busca deve ser feita, na primeira coluna, até se encontrar o valor exato (0) ou até se encontrar um valor aproximado (1). No caso da busca por um valor aproximado a primeira coluna, onde é feita a busca, deve estar ordenada.

Alternativa "a": a função PROCV recupera apenas um valor para um dado. Assim, não é possível recuperar três valores como indicado nesta alternativa.

Alternativa "b": como foi indicado na função que o valor a ser recuperado pertence a coluna 3, a função devolve o departamento do funcionário e não o e-mail deste. A recuperação do e-mail somente ocorreria se fosse especificado a coluna 2.

Alternativa "C": a função PROCV(-C13;$A$2:$D$10,3,0) fará a busca pelo valor da célula C13 (Paulo) na coluna A. Assim o valor Paulo será localizado na linha 8 na coluna A (A8). Após encontrar o valor procurado será recuperado o valor, na respectiva linha, na coluna 3 da região definida por A$2:$D$10. A terceira coluna desta região é C a qual indica o departamento do funcionário. O último parâmetro indica que a busca é exata, ou seja, somente será recuperado o valor da terceira coluna se a palavra Paulo existir na coluna A. Como esta existe, o valor recuperado na coluna C, respectivo a linha onde se encontra a palavra Paulo é Engenharia.

Alternativa "d": o valor 332 refere-se ao ramal e encontra-se na coluna D. Como o PROCV recupera o conteúdo da coluna 3 (C) não é possível recuperar o ramal deste, com a fórmula indicada no enunciado.

Alternativa "e": o valor #N/A é indicado quando o valor procurado na coluna 1 não é encontrado. Na função do enunciado, para se obter o valor #N/A, seria necessario que o valor Paulo não estivesse presente na primeira coluna do intervalo $A$2:$D$10.

Alternativa correta: letra"c".

2. SISTEMAS OPERACIONAIS – WINDOWS E LINUX

26. (VUNESP – 2023 – PC/SP – Delegado) Usando o sistema operacional Microsoft Windows 10, em sua configuração original, um delegado de polícia precisa encontrar um arquivo chamado "casos". Ele sabe que o arquivo está dentro da estrutura de pastas apresentada a seguir, mas não sabe em qual pasta exata o arquivo está gravado.

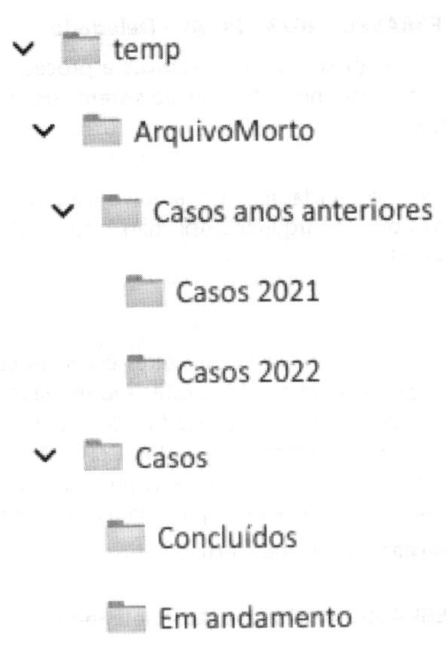

Para localizar esse arquivo em todas as pastas da imagem anterior, de uma só vez, é preciso digitar "casos" na caixa de pesquisa do Explorador de Arquivos, também em sua configuração original, após selecionar a pasta

a) Casos anos anteriores.
b) ArquivoMorto.
c) Casos.
d) Concluídos.
e) temp.

COMENTÁRIOS

Nota do autor. A figura apresentar uma estrutura de pastas (diretórios) onde a pasta temp contém as demais pastas da figura.

Alternativa "a". Selecionado a pasta Casos anos anteriores a busca será feita nesta pasta e nas subpastas (Casos 2021 e Casos 2022) e não em todas as pastas.

Alternativa "b". Ao selecionar a pasta ArquivoMorto, a busca será feita em todas as pastas exceto na pasta temp que **é a pasta acima de ArquivoMorto na hierarquia de pastas.**

Alternativa "c". Selecionando a pasta Casos, a busca será feita na pasta Casos e nas subpastas (Concluídos e Em andamento), mas não em todas as pastas.

Alternativa "d". Ao selecionar Concluídos, a busca é feita apenas nesta pasta e não em todas as pastas.

Alternativa "e". Ao selecionar a pasta temp a busca é feita em todas as subpastas e na própria pasta temp. Desta forma é feita a busca em todas as pastas como solicitado no enunciado da questão.

Alternativa correta: letra "e".

27. CEBRASPE - 2023 - PC/AL - Delegado

Julgue o próximo item, relativos a procedimentos associados a Internet/*intranet* e ao sistema operacional Windows.

27.1. As nomenclaturas de arquivo Arquivol*.docx, arquivo2<.pdf e arquivo:3.xlsx não são aceitas no Windows 11.

COMENTÁRIOS

O Windows não aceita caracteres especiais como *, < e : como nome de arquivos. Estes são utilizados, pelo sistema operacional, para outras funções como expressões regulares (*), caminhos de pastas (Ex.: C:\Meus Documentos) dentre outros usos. Por este motivo não podem fazer parte de um nome de arquivo para evitar erros.

Alternativa correta: "certo".

28. CEBRASPE - 2023 - PC/AL - Delegado

Julgue o próximo item, relativos a procedimentos associados a Internet/*intranet* e ao sistema operacional Windows.

28.1. No Windows 10, caso haja necessidade de sincronizar tema e senha associados à conta do usuário, é possível escolher a opção sincronizar configurações, nas configurações de conta do aplicativo Configurações, a qual, uma vez ativada, permite a sincronização dessas definições em todos os dispositivos Windows 10 em que o usuário iniciar a sessão com a sua conta Microsoft.

COMENTÁRIOS

O recurso de Sincronizar Configurações permite que o usuário compartilhe determinadas configurações em diferentes dispositivos por meio de uma conta da Microsoft. Dentre as opções que podem ser sincronizadas temos: tema do Windows, planos de fundo da área de trabalho, configurações de idioma de teclado, dentre outros.

Alternativa correta: "certo".

29. (UFPR - Delegado de Polícia - PC - PR/2021) Considere um computador com UBUNTU v.20.4 em sua instalação padrão. No aplicativo Arquivos, o comando para excluir permanentemente um arquivo selecionado é:

a) Del
b) Shift + Del
c) Ctrl + Del
d) Alt + Del
e) Backspace

COMENTÁRIOS

Alternativa "a". No Ubuntu ao pressionar a tecla Del sobre um arquivo este é movido para a lixeira.

Alternativa "b". Ao selecionar o arquivo e pressionar as teclas Shift+Del o arquivo é excluído permanentemente.

Alternativa "c". No Ubuntu, ao pressionar as teclas Ctrl+Del não ocorre nenhuma ação com o arquivo selecionado.

Alternativa "d". Ao selecionar o arquivo e pressionar as teclas Alt+Del não ocorre nenhuma ação com o arquivo.

Alternativa "e". Ao pressionar Backspace o diretório corrente é alterado para o diretório um nível acima.

Alternativa correta: letra "b".

30. (AOCP - Delegado de Polícia - PC - PA/2021) Um comando no GNU/Linux é uma terminologia especial que pode representar uma ou mais ações. Nesse sentido, qual é o comando que mostra o caminho inteiro de um diretório atual?

a) pwd
b) mv
c) ls
d) rm
e) df

COMENTÁRIOS

Alternativa "a". O Comando pwd apresenta o diretório atual onde o usuário se encontra.

Alternativa "b". O comando mv é utilizado para mover um arquivo de um diretório atual para outro ou para renomear um arquivo (quando não é especificado um caminho como parâmetro do comando).

Alternativa "c". O comando ls é utilizado para listar o conteúdo de um diretório e simultaneamente apresenta o caminho inteiro do diretório atual.

Alternativa "d". O comando rm é utilizado para remover arquivos e diretórios.

Alternativa "e". O comando df é utilizado para mostrar o espaço livre e ocupado nas partições do computador.

Alternativa correta: letra "c".

31. (Vunesp - Delegado de Polícia - PC - SP/2018) Em um computador com o sistema operacional MS-Windows 7, um usuário selecionou o arquivo A.txt em uma pasta no disco rígido e, em seguida, pressionou a tecla Delete (ou Del), confirmando a exclusão. Posteriormente, selecionou com o botão direito do mouse (supondo este em sua configuração padrão) o arquivo B.txt em uma pasta em um pen drive, e ao soltar o botão, selecionou a opção Excluir exibida em um menu, confirmando a exclusão.

A respeito desses procedimentos, é correto afirmar que

a) ambos os arquivos serão colocados na Lixeira.
b) B.txt será colocado na Lixeira, enquanto A.txt será excluído definitivamente, sem ser colocado na Lixeira.

c) A.txt será colocado na Lixeira, enquanto B.txt será compactado e colocado em uma Lixeira Auxiliar do MS-Windows 7, destinada a arquivos excluídos de pen drives.

d) ambos os arquivos serão excluídos definitivamente e não serão colocados na Lixeira.

e) A.txt será colocado na Lixeira, enquanto B.txt será excluído definitivamente, sem ser colocado na Lixeira.

COMENTÁRIOS

Alternativa "a". Não. Apenas o arquivo A.txt é movido para a lixeira.

Alternativa "b". Ao contrário. A.txt é movido para a lixeira e B.txt excluído permanentemente.

Alternativa "c". Não há este recurso onde um arquivo do pen drive é compactado e colocado em uma Lixeira auxiliar do Windows quando excluído.

Alternativa "d". Não. Apenas o arquivo B.txt é excluído permanentemente.

Alternativa "e". O recurso de lixeira só está disponível para os discos rígidos do computador. Logo um arquivo excluído no pen drive não será movido para a lixeira e sim excluído permanentemente. Assim o arquivo B.txt é excluído permanentemente enquanto o arquivo A.txt é movido para a lixeira.

Alternativa correta: letra "e".

---

32. (IBADE – Delegado de Polícia – AC/2017) Com relação aos arquivos gerados no ambiente Windows, analise as afirmativas a seguir.

I. Consiste em um conjunto de fragmentos de informação relacionados, que são armazenados juntos de forma a facilitar a sua referência.

II. Podem ser organizados em um diretório.

III. São armazenados permanentemente na memória RAM.

IV. Podem ser gerados a partir de um aplicativo.

V. Armazenam qualquer tipo de informação, sendo, portanto, digitais e virtuais.

São corretas as afirmativas:

a) I, II e III, apenas.

b) I, II, III, IV e V.

c) I, III e V, apenas.

d) I, II e IV, apenas.

e) II, III e IV, apenas.

COMENTÁRIOS

✪ **Nota do autor.** O texto desta questão está um pouco vago, mas basicamente ele trata da criação e armazenamento dos diferentes tipos de arquivos (texto, planilhas, fotos, vídeos, etc.) que são criados e armazenados em sistemas Windows.

Afirmativa I. Ao armazenar um arquivo em disco, este, fisicamente, pode ser fragmento em diferentes posições do disco rígido. Para acessar corretamente o arquivo, o Windows mantém um registro de todos os fragmentos em disco que correspondem a um determinado nome de arquivo.

Afirmativa II. Os arquivos podem ser organizados em diretórios (pastas) visando facilitar a organização das informações pelo usuário.

Afirmativa III. Os arquivos são armazenados temporariamente na memória RAM (apenas enquanto estão sendo manipulados pelo processador) e permanentemente no disco rígido.

Afirmativa IV. Os arquivos podem ser criados por aplicativos do Windows como o Word, Excel, etc.

Afirmativa V. Os arquivos podem armazenar quaisquer tipos de informação que seja possível de ser processada por um determinado aplicativo. Logo as características de serem digitais e virtuais refere-se a natureza dos arquivos gerados em computador e não ao fato de armazenarem quaisquer tipos de informações.

Alternativa correta: "d". Estão corretas as afirmativas I, II e IV.

---

33. (IBADE – Delegado de Polícia – AC/2017) O principal propósito de um sistema operacional consiste em promover um uso mais eficiente do hardware. Assinale a alternativa que traz a principal diferença entre os sistemas operacionais Linux e Windows.

a) Enquanto o Linux possui diferentes versões, existe apenas uma versão do Windows.

b) Windows pode rodar com um processador Intel, ao contrário do Linux.

c) Linux é um sistema proprietário, ao contrário do Windows.

d) Qualquer programador pode reprogramar o código do Linux, o que não é permitido no Windows.

e) O Windows pode rodar em computadores e smartphones, ao passo que o Linux roda apenas em smartphones.

COMENTÁRIOS

Alternativa "a". Tanto o Linux quanto o Windows possuem diferentes versões. Cada vez que o sistema operacional é melhorado é gerada uma nova versão do sistema operacional para download.

Alternativa "b". O Linux e o Windows podem ser executados em computadores com processadores Intel.

Alternativa "c". Pelo contrário, o Windows é um sistema proprietário enquanto o Linux é um sistema operacional livre.

Alternativa "d". O Linux é um sistema operacional de código fonte aberto, ou seja, um programador pode ter acesso a código utilizado para implementar o sistema operacional. Já o Windows é um sistema operacional proprietário e por isto onde não é possível ter acesso ao código do sistema operacional.

Alternativa "e". O Linux é um sistema operacional que pode ser executado em smartphones. Especificamente, o sistema operacional Android é um sistema derivado do Linux.

Alternativa correta: letra "d".

---

34. (Vunesp - Delegado de Polícia - CE/2015) O MS-Windows 7, em sua configuração padrão, oferece, para a maioria dos seus programas, um local de armazenamento temporário de informações copiadas, que o usuário pode usar em algum outro lugar.

Assinale alternativa que contém o nome desse local.

a) Painel de Controle.

b) Prompt de Comando.

c) Área de Transferência.

d) Notas Autoadesivas.

e) Monitor de Recursos.

COMENTÁRIOS

Alternativa correta: letra "c". A área de transferência permite copiar uma ou mais informações entre os demais programas. Os dados armazenados temporariamente e depois transferidos pelo usuário para outro programa.

Alternativa "a". O painel de controle é responsável pelas configurações do computador. Assim, este não possui nenhuma funcionalidade para armazenamento temporário de informações copiadas.

Alternativa "b". Através do prompt é possível executar comandos do sistema operacional como: listar arquivos de uma pasta, copiar arquivos, obter a sequência de endereços IP até um determinado site, etc.

Alternativa "c". A área de transferência permite copiar uma ou mais informações entre os demais programas. Os dados armazenados temporariamente e depois transferidos pelo usuário para outro programa.

Alternativa "d". As notas autoadesivas são utilizadas para armazenar pequenas informações (lembretes) para o usuário. Entretanto, estas não são capazes de atuar como uma área temporária para armazenamento de informações para serem transferidas para outros programas.

Alternativa "e". Através do monitor de recursos é possível verificar o uso de disco, rede, memória, programas em execução, serviços, etc.. Entretanto, este não possui recursos para armazenamento temporário e transferência de dados entre programas.

Alternativa correta: letra "c".

---

35. (NUCEPE - Delegado de Polícia - PI/2014) Quanto ao sistema operacional Microsoft Windows 7, aponte a alternativa CORRETA de acordo com as afirmativas abaixo:

I. – O conteúdo armazenado na área de transferência fica disponível mesmo quando o computador é reiniciado.

II. – O Painel de Controle permite o usuário utilizar funcionalidades básicas como enviar e receber e-mails.

III. – No menu Propriedades do Disco Local C:\, é possível ter acesso às informações de espaço usado e disponível no Disco Rígido.

a) Somente afirmativa I.

b) Afirmativas I e III.

c) Somente afirmativa III.

d) Afirmativas II e III.

e) Nenhuma das alternativas acima.

COMENTÁRIOS

Item I. Quando o computador é reinicializado, todos os dados na memória são perdidos inclusive os da área de transferência.

Item II. O painel de controle permite ao usuário realizar configurações no computador como: instalar e remover programas, criar contas de usuário, configurar a rede, etc.

Item III. Nas propriedades do disco rígido é possível verificar a quantidade de espaço utilizado e disponível.

Alternativa correta: letra "c". Apenas o item III está correto.

---

36. (FUNCAB - Delegado de Polícia - RO/2014) O tipo de backup que inclui os arquivos que tenham sido alterados desde o último backup completo é chamado:

a) Merge.

b) Incrementai.

c) Restauração.

d) Completo.

e) Diferencial.

COMENTÁRIOS

✪ Nota do autor: Um backup que inclui apenas os arquivos modificados em relação a um backup completo pode ser chamado de incremental ou diferencial. Assim, a alternativa (B) também estaria correta se não fosse pela grafia incorreta da palavra incremental.

Alternativa "a". Merge é uma operação que tem como objetivo juntar dois ou mais arquivos em um único arquivo. Assim, este não seria uma operação de backup.

Alternativa "b". Esta alternativa encontra-se incorreta devido a grafia errada da palavra Incremental.

Alternativa "c". A restauração consiste na operação de restaurar os arquivos em um backup de volta ao sistema.

Alternativa "d". Um backup completo consiste na cópia de todos os arquivos e um determinado sistema de arquivos, computador, etc. para um arquivo de backup.

Alternativa "e". Um backup diferencial realiza a cópia apenas dos arquivos modificados em relação a um backup anterior.

Alternativa correta: letra "e".

37. (FUNCAB – Delegado de Polícia – RO/2014) Assinale a alternativa que aponta uma tecnologia associada ao uso da Internet,

a) USB
b) Sistema operacional
c) Alta disponibilidade
d) Cookie
e) DVD

COMENTÁRIOS

Alternativa "a". Uma porta USB (Universal Serial Bus) é um tipo de conexão de hardware utilizada para conectar dispositivos de entrada/saída como impressoras, teclados, mouses, etc. Este é um padrão para conexão utilizado por vários dispositivos como celulares, TVs, máquinas fotográficas, etc.

Alternativa "b". Um sistema operacional é um software utilizado para controlar o hardware do computador. Através deste, o usuário consegue interagir de modo mais amigável com o computador sem a necessidade de ter conhecimentos avançados sobre o funcionamento do hardware.

Alternativa "c". Alta disponibilidade é uma característica de determinados sistemas que resistem a falhas de hardware, software e energia. A utilização de sistemas de alta disponibilidade visa garantir a oferta de um determinado serviço sem interrupções. Para atingir alta disponibilidade estes sistemas utilizam replicação de hardware.

Alternativa "d". Cookies são arquivos armazenados no computador, por sites, quando o usuário visita estes. O objetivo dos cookies é armazenar informações relacionadas a uma navegação prévia como itens do carrinho de compras, senhas, links clicados, etc.

Alternativa "e". Um DVD (Digital Versatile Disc) é um formato digital para armazenamento de arquivos de dados, som e voz.

Alternativa correta: letra "d".

---

38. (Vunesp – Delegado de Polícia – SP/2014) Com a evolução da computação pessoal, foi necessário desenvolver uma interface de computador que possibilitasse a conexão de periféricos sem a necessidade de desligar o computador. Essa interface permite conectar diversos equipamentos como: mouse, teclado, impressoras, câmeras digitais e webcam com o computador.

Assinale a alternativa que contém o nome dessa interface.

a) HDLC.
b) USB.
c) ATX.
d) IDE.
e) VGA.

COMENTÁRIOS

Alternativa "a". O HDLC (high-level data link control) é um protocolo de camada de enlace utilizado para identificar erros de transmissão de dados ocorridos na camada física, dentre outras funções. Logo, esta sigla não representa uma interface para conexão de dispositivos.

Alternativa "b". A interface USB (Universal Serial Bus) é a interface utilizada para conexão de periféricos sem a necessidade de desligar o computador. Além disto, esta padroniza o formato de conexão de dispositivos.

Alternativa "c". O ATX (Advanced Technology Extended) é um padrão utilizado para o desenvolvimento de placas mães. Este especifica um conjunto de especificações para a produção destas placas e, portanto, também não é uma interface para conexão de dispositivos.

Alternativa "d". O IDE (Integrated Drive Electronics) é um padrão para interligar dispositivos de armazenamento, como discos rígidos, cd-roms, etc. internamente em computadores. Através desta interface os dados são trafegados entre o dispositivo e o computador. Entretanto, este só é utilizado para conexão interna destes dispositivos com a placa mãe.

Alternativa "e". É o nome dado a um padrão de conector utilizado para ligar monitores e datashows a computadores. Este não é um padrão universal para conexão de dispositivos.

Alternativa correta: letra "b".

---

39. (UEL – Delegado de Polícia – PR/2013) Um dispositivo de cdrom foi montado através do seguinte comando:

mount /dev/sr0 /media/cdrom – t iso9660 – o ro,exec

Sobre essa montagem, assinale a alternativa correta.

a) A opção – t monta o dispositivo apenas por um período de tempo predeterminado.
b) A montagem permite leitura e escrita.
c) A montagem permite a execução de binários.
d) A opção iso9660 informa o modelo do dispositivo a ser montado.
e) O dispositivo foi montado no diretório /dev/sr0.

COMENTÁRIOS

✪ **Nota do autor.** O comando mount é utilizado, em sistemas Linux, para acessar sistemas de arquivos em dispositivos como discos rígidos, cd-rom, dvd, pen drive, etc. O comando "monta" o conteúdo do dispositivo como um diretório do sistema operacional. Este possui uma série de parâmetros que especificam com o acesso ao dispositivo deve ocorrer.

Alternativa "a". A opção – t especifica o tipo de sistema de arquivo que deve ser utilizado para acessar o dispositivo e não o tempo de montagem.

Alternativa "b". Devido a opção ro (read only) o acesso ao dispositivo será apenas de leitura. Desta forma, não será possível alterar os arquivos do dispositivo.

Alternativa "c". O parâmetro exec permite a execução de arquivos binários que se encontram no dispositivo montado.

Alternativa "d". Não. A opção iso9660 indica o formato do sistema de arquivos que deve ser utilizado.

Alternativa "e". Não. O dispositivo foi montado no seguinte diretório /dev/sr0 /media/cdrom.

Alternativa correta: letra "c".

---

40. (UEL – Delegado de Polícia – PR/2013) Sobre os comandos do sistema operacional Linux, atribua V (verdadeiro) ou F (falso) às afirmativas a seguir.

I. ( ) ls lista o conteúdo de um diretório.

II. ( ) tar é utilizado para descompactar arquivos.

III. ( ) top é utilizado para mudar a prioridade de processos.

IV. ( ) kill é utilizado para enviar sinais a processos.

V. ( ) bg é utilizado para suspender a execução de um processo.

Assinale a alternativa que contém, de cima para baixo, a sequência correta.

a) V V F V F
b) V F V V F
c) V F F V V
d) F F V F V
e) F V V F V

COMENTÁRIOS

Item I. O comando ls, como o dir do Windows, lista o conteúdo de um diretório.

Item II. O comando tar é utilizado para compactar um arquivo.

Item III. O comando top lista os processos em execução pelo sistema operacional de maneira dinâmica, ou seja, conforme os processos alteram os valores de utilização da CPU, este tem a sua posição alterada na lista de processos como ocorre no Gerenciado de Tarefas do Windows.

Item IV. . Através do comando kill pode-se enviar sinais a um processo para finalizar a execução deste.

Item V. O comando bg é utilizado para colocar processos suspensos de volta a execução.

Alternativa correta: letra "a". São verdadeiros os itens I, II e IV.

---

41. (UEL – Delegado de Polícia – PR/2013) Com relação a pastas e programas, considere as afirmativas a seguir.

I. O comando cp a.txt b.txt irá criar uma cópia do arquivo a.txt.

II. O comando ren a.txt b.txt irá renomear o arquivo a.txt para b.txt.

III. O comando ps é utilizado para se alterar a senha do usuário.

IV. O comando fg irá fazer um processo executar em primeiro plano.

Assinale a alternativa correta.

a) Somente as afirmativas I e II são corretas.
b) Somente as afirmativas I e IV são corretas.
c) Somente as afirmativas III e IV são corretas.
d) Somente as afirmativas I, II e III são corretas.
e) Somente as afirmativas II, III e IV são corretas.

COMENTÁRIOS

Item I. O comando cp executa uma cópia de um arquivo. No caso será feita uma cópia do arquivo a.txt com o nome de b.txt.

Item II. O comando, em Linux, que faz a renomeação de arquivos é o mv e não o ren. Neste caso, entende-se que a questão trata do sistema operacional Linux, visto que o comando ren faz a renomeação de arquivos no Windows.

Item III. O comando ps é utilizado para listar os programas em execução em um sistema operacional Linux.

Item IV. O comando fg é utilizado para continuar um programa em execução que foi suspenso.

Alternativa correta: letra "b". Estão corretos os itens I e IV.

---

42. (UEL – Delegado de Polícia – PR/2013) Deseja-se criar um link simbólico do arquivo vim, o qual deverá ser chamado de vi. Assinale a alternativa que criará, corretamente, tal link simbólico.

a) cp – s – vi vim
b) ln – s – vim vi
c) ln – s – vi vim
d) cp vim vi
e) cp vi vim

COMENTÁRIOS

✪ **Nota do autor.** Um link simbólico no Linux é semelhante a um atalho para um programa no Windows. O objetivo deste é possibilitar que um programa, diretório ou arquivo seja acessado a partir de um outro local através deste link.

Alternativa "a". O comando cp é utilizado para fazer cópias de arquivo. Apesar disto, ele é capaz de criar links simbólicos através da opção – s. Esta alternativa somente não está correta porque houve uma inversão no nome do link e arquivo. Na alternativa está sendo criado um link simbólico vim para o arquivo vi e não o contrário como foi especificado na questão.

Alternativa "b". O comando ln é utilizado no Linux para criar links simbólicos através da opção – s. No comando desta alternativa, é criado um link simbólico vi para o comando vim.

Alternativa "c". Esta alternativa está errada porque foi feita uma inversão dos parâmetros. Nesta alternativa está sendo criado um link simbólico vim para um arquivo vi.

Alternativa "d". Neste comando não há a criação de um link simbólico. Apenas é feita uma cópia do arquivo vim que recebe o nome de vi.

Alternativa "e". Idem alternativa anterior. Neste exemplo está sendo criado um arquivo chamado vim a partir de uma cópia do arquivo vi.

Alternativa correta: letra "b".

43. (UEL – Delegado de Polícia – PR/2013) A montagem e a desmontagem de dispositivos no sistema operacional Linux utilizam arquivos presentes em que diretório?

a) /bin

b) /usr

c) /boot

d) /dev

e) /tmp

COMENTÁRIOS

✪ **Nota do autor.** Dispositivos no Linux são adicionados ao sistema através de uma operação de montagem. Esta é semelhante a operação de carregar e ejetar um pen drive no Windows. Para acessar o dispositivo montado, o sistema operacional cria um diretório onde os dados do dispositivo são disponibilizados.

Alternativa "a". O diretório /bin contém os arquivos executáveis do sistema operacional e comandos do sistema. Neste não se encontra qualquer arquivo referente aos dispositivos instalados.

Alternativa "b". Os demais arquivos executáveis (aplicativos), bibliotecas dos sistemas e softwares instalados pelos usuários ficam armazenados neste diretório. Também, não se encontra neste, arquivos que fazem referência a dispositivos em uso.

Alternativa "c". No diretório /boot estão armazenados os arquivos utilizados para a carregamento do sistema operacional no momento que o computador é ligado. Logo, estes também não fazer referência a dispositivos em uso.

Alternativa "d". O diretório /dev contém arquivos que representam os dispositivos do computador como placa de som, discos rígidos, pen drives etc. Estes arquivos são utilizados para permitir a comunicação do sistema operacional com os diversos dispositivos. Assim, quando um dispositivo não será mais utilizado e precisar ser removido, exemplo um pen driver, o processo de desmontar o dispositivo utiliza o respectivo arquivo associado ao pen driver deste diretório.

Alternativa "e". O diretório /tmp, como no Windows, armazena os arquivos temporários utilizados por programas e pelo sistema operacional.

Alternativa correta: letra "d".

44. (UEL – Delegado de Polícia – PR/2013) Assinale a alternativa que apresenta, corretamente, o comando que irá desligar o computador.

a) shutdown – d now

b) shutdown – h now

c) shutdown – p now

d) shutdown – r now

e) shutdown – s now

COMENTÁRIOS

✪ **Nota do autor.** O comando shutdown é utilizado para desligar um computador através de uma janela de comandos (*cmd* do Windows ou uma *shell* no Linux). Como este está presente em diferentes sistemas operacionais e a questão não especifica qual, isto gera uma dúvida sobre qual a resposta correta. Assim, na resposta desta questão serão considerados os dois sistemas operacionais.

Alternativa "a". A opção – d do comando não existe no sistema operacional Linux, somente no Windows. Neste, esta opção indica o motivo do desligamento. Se após o d for especificada a letra p o desligamento é indicado como planejado. Se este for seguido por um u a indicação do desligamento é feita como não planejado.

Alternativa "b". No Linux o comando shutdown – h now irá executar o desligamento do computador. No Windows, este mesmo comando colocará o sistema em modo de hibernação. Fato que não necessariamente pode ser considerado como desligar o "computador". Logo, assume-se que a questão considerava o sistema operacional Linux.

Alternativa "c". Esta opção no Windows desliga o computador sem nenhuma mensagem de aviso. Já no Linux, esta opção não está presente. Há uma opção similar com P (p maiúsculo ao invés de minúsculo) que faz o desligamento do sistema operacional e desliga o hardware. Em servidores, é comum a opção de fazer um shutdown no sistema operacional e manter o hardware ligado para que este possa ser religado remotamente.

Alternativa "d". Tanto no Windows como no Linux, esta opção faz o desligamento do sistema operacional e, em seguida, reinicializa este.

Alternativa "e". A opção s não está presente no Linux. No Windows, esta é utilizada para desligar o sistema operacional e o computador.

Alternativa correta: letra "b".

3. REDES DE COMPUTADORES, INTERNET E INTRANET

45. (VUNESP – 2023 – PC/SP – Delegado) Tem-se a seguinte imagem, do Microsoft Outlook 2016, em sua configuração original, a partir de um computador de um Delegado de Polícia.

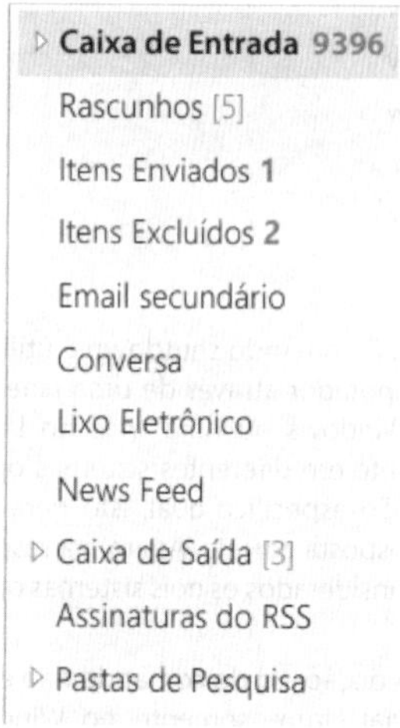

Sem que esse delegado tenha feito nenhuma movimentação de mensagens entre pastas, assinale a alternativa que indica quantas mensagens o delegado preparou, clicou em Enviar, mas ainda não foram transmitidas para os destinatários.

a) 5
b) 8
c) 1
d) Nenhuma, todas as mensagens preparadas foram transmitidas para os destinatários.
e) 3

COMENTÁRIOS

✪ **Nota do autor.** A pasta Caixa de Saída indica quantas mensagens foram escritas e que foram clicadas em enviar, mas que ainda não foram transmitidas.

Alternativa "a". Na pasta Caixa de Saída há 3 mensagens que a inda não foram enviadas. A pasta que contêm 5 mensagens é a pasta Rascunho. As mensagens desta pasta foram preparadas, mas o usuário não clicou em enviar.

Alternativa "b". A Caixa de Saída possui apenas 3 mensagens e não 8. Esta resposta considera a mensagens na pasta Rascunho, as quais ainda não se clicou em enviar.

Alternativa "c". Este total de mensagens é o da pasta Itens Enviados. Neste caso a mensagem já foi preparada e enviada. Sendo que o total de mensagens preparadas e não enviadas é o da Caixa de Saída (3).

Alternativa "d". Isso seria correto se a pasta Caixa de Saída estivesse vazia (0), mas pela imagem há 3 mensagens na caixa de saída que foram preparadas e não enviadas.

Alternativa "e". Considerando a imagem e que as mensagens na Caixa de Saída são mensagens preparadas, mas não enviadas, existem 3 mensagens nesta condição.

Alternativa correta: letra "e".

46. (FGV - 2024 - PC/SC - Delegado) O CGNAT (*Carrier Grade Network Address Translation*), na esteira de contratempos envolvendo o padrão IPv4, surgiu como uma forma de enfrentar os problemas então verificados. Assinale a resposta que corretamente identifica o que é a tecnologia CGNAT.

a) Trata-se da tecnologia que substituiu – com vantagens – o IPv4, o qual, em virtude dela, caiu em desuso.
b) Trata-se da tecnologia que – embora bastante criticada – fez com que o IPv4 deixasse de ser utilizado, substituindo-o.
c) É um protocolo que privilegia a conexão ponto a ponto, ainda que vários dos usuários compartilhem o mesmo endereço IPv4.
d) Cuida-se de um protocolo que facilita o uso de serviços de *streaming*, 2P2, VoIP e outros, comprometidos pela tecnologia presente no padrão IPv4.
e) É um intermediário entre a Internet e a rede doméstica, aplicado diretamente na rede do provedor, combatendo o esgotamento dos endereços IPv4.

COMENTÁRIOS

✪ **Nota do autor.** O CGNAT(Carrier Grade Network Address Translation) **é um protocolo utilizado pelas Operadores de Telefonia para aplicar o NAT (Network Address** Translation) em grande escala. O NAT faz a tradução de endereços IP não roteáveis na Internet para um endereço que pode ser usado para acessar a Internet. Assim o NAT atribui a todas as máquinas da rede local endereços privados, válidos apenas para a comunicação interna na rede, e quando uma máquina deseja acessar a Internet, por exemplo, o servidor NAT faz a troca do endereço IP do pacote para um válido na Internet. O NAT também faz o controle deste mapeamento entre IP interno e externo para garantir que a resposta do pacote, ao retonar ao servidor NAT, este saiba para qual máquina da rede direcionar. O CGNAT foi criado para aplicar a funcionalidade do NAT a todos os computadores de um provedor de acesso a Internet como as Operadores de Telefonia.

Alternativa "a". O CGNAT não tem o intuído de substituir o IPV4, mas sim ser uma paliativo ao problema da falta de endereços IP.

Alternativa "b". O CGNAT trabalha em conjunto com o IPV4 e não tem como objetivo substituir o protocolo.

Alternativa "c". O CGNAT não trabalha com conexões ponto a ponto, mas sim no processo de tradução de endereços IP em grande escala.

Alternativa "d". Não há recursos no CGNAT específicos para aplicações de Streaming, VoIP, ou outros similares.

Alternativa "e". O objetivo do CGNAT é atuar contra o esgotamento dos endereços IPV4 utilizando um NAT em grande escala em Provedores de Telefonia. Para isso atua como intermediário entre a Internet e a rede local

Alternativa correta: letra "e".

---

47. (FGV – 2024 – PC/SC – Delegado) Corriqueiramente usados no debate sobre crimes cibernéticos, os termos *deep web* e *dark web* nem sempre são bem compreendidos pelo público em geral. Sobre eles, é correto afirmar que

a) a *deep web*, ao contrário da *dark web*, é composta por sites facilmente localizados pelos mecanismos de busca convencionais.

b) a *dark web* é um setor da *deep web* que concentra a maioria dos sites, em maior número inclusive que na web de superfície, todavia normalmente não indexados.

c) mecanismos de busca convencionais conseguem acessar quase todos os sites da *dark web*, salvo os não indexados, cujo acesso depende do manejo de navegadores especiais.

d) na *deep web* estão sites que normalmente não são encontrados pelos mecanismos de buscas convencionais, mas que usualmente são seguros e legais, embora haja um bom número de sites ilegais na parte denominada *dark web*.

e) O navegador de rede Tor foi especialmente desenvolvido para a navegação segura pela web de superfície, pois possui mecanismos de segurança que evitam o ingresso do usuário em sites da *deep* e da *dark web*.

COMENTÁRIOS

Alternativa "a". Os sites da deep web também não são localizados pelos mecanismos de busca convencionais.

Alternativa "b". A deep web possui um número maior de sites do que a dark web visto que que deep web é composta por servidores que suportam vários serviços da Internet.

Alternativa "c". Os mecanismos de busca não conseguem acessar os sites da dark web.

Alternativa "d". Os sites da deep web são legais apesar de não serem indexados por mecanismos de busca. Enquanto os sites da dark web também não são indexados, mas possuem conteúdo ilegal.

Alternativa "e". O foco do navegador TOR é possibilitar o anonimato na navegação pela Internet. Entretanto, isso não evita o acesso a sites da dark web ou deep web.

Alternativa correta: letra "d".

---

48. CEBRASPE – 2023 – PC/AL – Delegado

Julgue o próximo item, relativos a procedimentos associados a Internet/*intranet* e ao sistema operacional Windows.

48.1. Considere que, em uma delegacia, seja necessário compartilhar um local de armazenamento de arquivos, de modo que agentes e delegado acessem e armazenem arquivos que sejam sincronizados e acessíveis em qualquer dispositivo. Nesse caso, a contratação de serviço de armazenamento na nuvem, como iCloud, Google Drive, Dropbox, entre outros, atenderia aos requisitos e facilitaria o compartilhamento para todos os envolvidos.

COMENTÁRIOS

Os softwares iCloud, Google Drive e Dropbox são exemplos de programas utilizados para compartilhamento de arquivos em nuvem, os quais, atendem a necessidade indicada no enunciado da questão.

Alternativa correta: "certo".

---

49. CEBRASPE – 2023 – PC/AL – Delegado

Julgue o próximo item, relativos a procedimentos associados a Internet/intranet e ao sistema operacional Windows.

49.1. Caso se pretenda criar uma rede de acesso específico e restrito a uma delegacia com três departamentos, é descabida a utilização de uma *intranet*, pois ela é restrita a um único departamento, sendo necessárias, nessa situação, três redes *intranets* – uma para cada departamento -ou uma *extranet* que ligue os três departamentos.

COMENTÁRIOS

O uso da intranet é adequado ao cenário descrito (três departamentos em uma delegacia) visto que a intranet é uma rede privada que utiliza os mesmos protocolos da Internet para facilitar a comunicação de uma organização compartilhando arquivos, informações etc. Assim dentro da intranet da delegacia os três departamentos poderiam compartilhar dados e arquivos. Uma extranet é utilizada para conectar intranets de instituições ou empresas diferentes. Por exemplo, pode-se utilizar uma extranet para conectar as intranets de duas delegacias.

Alternativa correta: "errado".

---

50. (Vunesp – Delegado de Polícia – PC – SP/2022) Considere os softwares em sua configuração padrão para responder à questão. Após receber uma mensagem pedindo informações sobre um inquérito, o delegado usou a opção "responder a todos" e editou uma resposta, sem alterar os campos de remetente e destinatários da mensagem de resposta, definidos automaticamente pelo Microsoft Outlook 2016. Considere que os nomes (joao, carlos, daniel, maria e augusto) são usuários do domínio @gmail.com, e que a configuração dos destinatários e remetente da nova mensagem será:

De: joao

Para: carlos

Cc: daniel, maria, augusto

Assinale a alternativa que contém os nomes de todos os destinatários da mensagem original recebida (principais ou em cópia).

a) joao, carlos

b) daniel, maria, augusto

c) carlos, daniel, maria e augusto

d) joao, daniel, maria e augusto

e) carlos

COMENTÁRIOS

Alternativa "a". O recurso "responder a todos" gera uma nova mensagem com os destinatários especificados nos campos De: e Cc: da mensagem original. Como carlos é o emissor do e-mail este não faz parte dos destinatários da mensagem gerada no responder a todos.

Alternativa "b". O recurso "responder a todos" gera uma nova mensagem com os destinatários especificados nos campos De: e CC: da mensagem original. Além de daniel, maria e augusto também joao fará parte dos destinatários da mensagem gerada.

Alternativa "c". O recurso "responder a todos" gera uma nova mensagem com os destinatários especificados nos campos De: e CC: da mensagem original. Como carlos é o remetente da mensagem este não fará parte dos destinatários.

Alternativa "d". O recurso "responder a todos" gera uma nova mensagem com os destinatários especificados nos campos De: e CC: da mensagem original. Assim os destinatários serão daniel, maria, augusto e joao.

Alternativa "e". Carlos é o remetente da mensagem, assim, ele não faz parte da lista de destinatários.

Alternativa correta: letra "d".

---

51. (Vunesp - Delegado de Polícia - PC - SP/2022) Considere os softwares em sua configuração padrão para responder à questão. Um usuário que navega na Internet identifica que está utilizando um protocolo de transferência de hipertexto considerado seguro para visitar um sítio em função do seguinte prefixo na URL do sítio:

a) url://

b) ftps://

c) https://

d) http://

e) urls://

COMENTÁRIOS

Alternativa "a". O prefixo url:// não é um endereço válido de um sítio. O termo URL define todos os endereços de sítios e significa Uniform Resource Locator.

Alternativa "b". O prefixo ftps:// não é um endereço válido de um sítio. O termo ftp define um protocolo de transferência de arquivos (FTP – File Transfer Protocol). Entretanto, este não é utilizado em endereços de sítios para acesso a hipertexto.

Alternativa "c". O prefixo https:// denota o acesso a um sítio com documentos de hipertexto de forma segura (HTTP – Hypertext Transfer Protocol). O acréscimo do "s" ao final do protocolo http, formando o https, indica que o acesso a página é seguro devido à proteção por protocolos de criptografia como SSL e o TLS.

Alternativa "d". O prefixo http:// denota o acesso a um sítio com documentos de hipertexto de forma não segura, ou seja, sem o uso de criptografia para acesso aos documentos de hipertexto.

Alternativa "e". O prefixo urls:// não pertence a um endereço válido de um sítio. O term URL define todos os endereços de sítios e significa Uniform Resource Locator. Entretanto não existe um prefixo denominado urls – o que indicaria o uso de alguns recursos de segurança na proteção dos dados.

Alternativa correta: letra "c".

---

52. (UFPR - Delegado de Polícia - PC - PR/2021) O modo de navegação privativa, no navegador web Firefox:

a) mascara a identidade e a atividade online do usuário na internet.

b) protege de registradores de digitação e programas espiões (spyware).

c) permite incluir um site na lista de favoritos.

d) exclui do computador os arquivos baixados, ao término da navegação.

e) omite, por padrão, sites visitados à medida em que se digita na barra de endereços.

COMENTÁRIOS

Alternativa "a". Não. Isso é feito pelos softwares denominados proxy como o TOR. Com estes é possível esconder a atividade do usuário na Internet. Entretanto, mesmo usando o modo anônimo ainda é possível registrar esta atividade do usuário na Internet.

Alternativa "b". A proteção contra a captura de dados digitados no teclado, contra softwares maliciosos que fazem o registro, é feita por softwares de antivírus. O modo anônimo do Firefox não fornece nenhuma proteção contra a captura destes dados.

Alternativa "c". Sim. Apesar do modo anônimo do Firefox não registrar as páginas acessadas no histórico de navegação, ainda é possível salvar uma página acessada na lista de favoritos.

Alternativa "d". Esta exclusão ocorre quando, por exemplo, o usuário limpa o cache do navegador, mas isto não ocorre no modo anônimo visto que estas informações não são salvas no computador.

Alternativa "e". À medida que se digita um site na barra de endereço do navegador, este não é omitido. Apenas o registro da página no histórico não é feito.

Alternativa correta: letra "c".

53. (AOCP – Delegado de Polícia – PC – PA/2021) Em relação aos modelos de arquitetura (OSI/ISO e TCP/IP), as camadas 5, 6 e 7 do modelo OSI/ISO são agregadas em uma só camada no modelo TCP/IP. Qual é o nome dessa camada?

a) Transporte.

b) Sessão.

c) Aplicação.

d) Enlace.

e) Internet.

COMENTÁRIOS

✪ **Nota do autor.** O modelo OSI/ISO é uma arquitetura de protocolos organizada em 7 camadas: 1 – Camada Física, 2 – Enlace, 3 – Rede, 4 – Transporte, 5 – Sessão, 6 – Apresentação e 7 – Aplicação. Já o modelo TCP/IP é uma arquitetura de protocolos organizada em 5 camadas: 1 – Física, 2 – Enlace, 3 – Internet, 4 – Transporte e 5 – Aplicação.

Alternativa "a". Quando se compara as arquiteturas TCP/IP e OSI/ISO, em termos de funcionalidades das camadas, a camada de transporte do TCP/IP incorpora as funcionalidades das camadas 5, 6 e 7 do modelo ISO/OSI as quais são responsáveis pela entrega dos dados as aplicações.

Alternativa "b". O protocolo TCP/IP não possui uma camada denominada Sessão.

Alternativa "c". A camada de Aplicação do TCP/IP representa a interface com as aplicações. Assim, esta não possui as funcionalidades de comunicação entre computadores contidas nas camadas 5,6 e 7 do OSI/ISO.

Alternativa "d". A camada de Enlace no TCP/IP é responsável pela preparação dos dados para transmissão pelo meio físico. Assim, não executa funções de comunicação entre computadores das camadas 5,6 e 7 do OSI/ISO.

Alternativa "e". A camada de Internet do TCP/IP é responsável pela comunicação entre redes e não entre computadores como ocorre nas camadas 5, 6 e 7 do ISO/OSI.

Alternativa correta: letra "a".

54. (UFPR – Delegado de Polícia – PC – PR/2021) No sistema UBUNTU v.20.4, no aplicativo Arquivos, uma URL válida para acessar uma pasta compartilhada em um servidor Windows, com as respectivas permissões de acesso, é:

a) ftp://joao@maquina1/Documentos

b) http://user@maquina1.com/Documentos

c) smb://10.10.1.3/Documentos

d) ntfs:\\10.10.1.3\Documentos

e) \\10.10.1.3\Documentos

COMENTÁRIOS

✪ **Nota do autor.** O Windows possui um sistema de arquivos diferente das distribuições Linux. Entretanto, por meio de protocolo SMB (Server Message Block) é possível acessar uma pasta do Windows compartilhada via uma rede. Este protocolo possibilita o acesso a pastas, arquivos e impressoras compartilhadas em máquinas Windows.

Alternativa "a". O protocolo FTP (File Transfer Protocol) é utilizado para fazer o upload ou download de arquivos para um servidor. Apesar de manipular arquivos, este não possibilita o acesso a arquivos compartilhados. Apenas a transferência dele entre máquinas.

Alternativa "b". O protocolo HTTP (Hypertext Transfer Protocol) permite o acesso a arquivos disponibilizados em um servidor Web (conforme especificado no endereço). Entretanto, também não é possível por meio deste protocolo acessar um arquivo compartilhado. Apenas aqueles disponibilizados na pasta Documentos do servidor Web.

Alternativa "c". O protocolo SMB permite o acesso remoto a arquivos e pastas compartilhados em computadores Windows. Assim, utilizando o endereço desta alternativa é possível acessar a pasta Documentos disponibilizada em um computador.

Alternativa "d". O protocolo NTFS (Network File System) é utilizado em sistemas operacionais Unix e Linux para compartilhar partições/pastas em um ambiente de rede. Entretanto, o NTFS não é utilizado em servidores Windows, o que não possibilita acessar uma pasta compartilha em um servidor Windows usando este protocolo.

Alternativa "e". O acesso neste endereço é feito em uma pasta, em um servidor web, rodando no ip especificado. Novamente, o acesso será feito por meio do protocolo HTTP, se disponível, onde o usuário poderá baixar arquivos disponibilizados neste diretório. Assim, não se está acessando uma pasta.

Alternativa correta: letra "c".

55. (Vunesp – Delegado de Polícia – PC – SP/2018) Considere que você recebeu uma mensagem de e-mail com um anexo de arquivo de imagem em formato JPEG. Dentre as possíveis ações do serviço de e-mail, ao realizar a ação de Encaminhar desse e-mail, o

a) campo Cco: será preenchido com o endereço do remetente automaticamente.

b) campo Assunto da mensagem não poderá ser alterado.

c) arquivo de imagem será anexado automaticamente.

d) texto da mensagem não pode ser editado.

e) arquivo de imagem será descartado da mensagem.

COMENTÁRIOS

Alternativa "a". O campo Cco: encaminha uma mensagem oculta (para os destinatários do campo Para:). No caso do encaminhamento, o e-mail será enviado a outros destinatários. Logo nenhum campo de endereço, como Para ou Cco, é preenchido.

Alternativa "b". O campo assunto poderá ser alterado na mensagem encaminhada. Entretanto o padrão para o assunto, em encaminhamentos de mensagem, é a palavra ENC: seguido o assunto da mensagem que será encaminhada.

Alternativa "c". Ao encaminhar uma mensagem, todos os anexos desta mensagem também serão encaminhados.

Alternativa "d". O texto da mensagem também poderá ser alterado.

Alternativa "e". Não. O arquivo de imagem será mantido como anexo da mensagem que será encaminhada.

Alternativa correta: letra "c".

---

56. (Vunesp – Delegado de Polícia – PC – SP/2018) Um usuário de um computador com Windows 7 está utilizando o navegador Google Chrome, versão 65, para realizar a busca por informações sobre cursos de informática. Ao localizar uma página com informações interessantes, o usuário decide por salvar a página. Nessa situação, um dos tipos de salvamento da página é: Página da web,

a) somente HTML.

b) imagem JPEG.

c) formato PDF.

d) somente texto.

e) formato impressão.

COMENTÁRIOS

Alternativa "a". Uma página web pode ser salva como uma página web completa ou somente HTML como indicado nesta alternativa.

Alternativa "b". Não há uma opção para salvar a página web no formato JPEG.

Alternativa "c". Não há uma opção de salvar uma página HTML como PDF. Entretanto, com o auxílio de um software que gera PDF é possível imprimir a página em PDF, mas não a salvar.

Alternativa "d". Não há a opção de salvar a página somente no formato texto.

Alternativa "e". A opção de formato de impressão não está disponível na opção de salvar a página.

Alternativa correta: letra "a".

---

57. (IBADE – Delegado de Polícia – AC/2017) O correio eletrônico, também conhecido como e-mail, é um programa em que é possível realizar trocas de mensagens pela internet e se tornou uma alternativa muito usada no decorrer dos anos. Através dele é possível o envio e a troca de documentos, imagens e áudios para qualquer pessoa que possua um endereço de correio eletrônico. Que nome se dá ao arquivo que é incluído em uma mensagem de e-mail?

a) Anexo

b) Atalho

c) Cookie

d) Browser

e) JavaScript

COMENTÁRIOS

Alternativa "a". Os arquivos que podem ser anexados a uma mensagem de e-mail recebem o nome de anexos.

Alternativa "b". Um atalho é um ícone, em sistemas operacionais como Windows e Linux, que faz referência a um determinado documento ou programa armazenado em disco. Ao se clicar no atalho o arquivo referenciado é executado. Um arquivo pode ter diferentes atalhos para facilitar o acesso a este.

Alternativa "c". Um cookie é um pequeno arquivo armazenado no computador do usuário durante a navegação na internet. Ele contém dados sobre o histórico de navegação do usuário, itens de carrinhos de compras, dentre outras informações.

Alternativa "d". Browser é outro nome dado a navegadores de Internet como o Firefox, Chrome, dentre outros.

Alternativa "e". Javascript é uma linguagem de programação utilizada no desenvolvimento de sistemas para a Web.

Alternativa correta: letra "a".

---

58. (Vunesp – Delegado de Polícia – CE/2015) A imagem a seguir foi extraída do Google Chrome 37.0, em sua configuração padrão. Ela apresenta o site da Fundação Vunesp e o mouse está posicionado sobre um link, sem clicar.

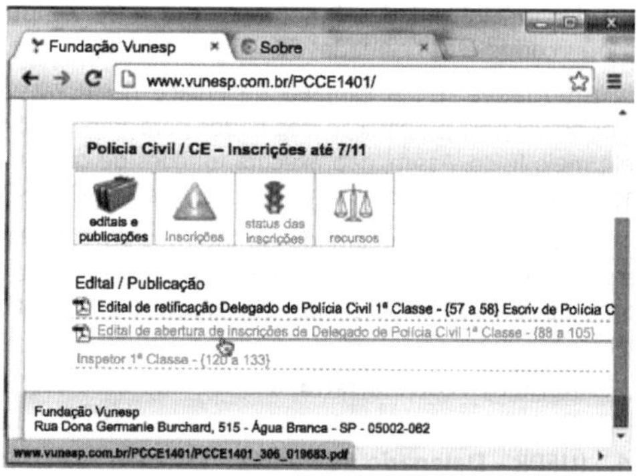

Assinale a alternativa que contém o nome do arquivo que será aberto quando o usuário clicar no referido link.

a) PCCE1401_Edital_de_abertura.pdf

b) PCCE1401_Edital_de_abertura_306_019683.pdf

c) PCCE1401_306_019683.doc

d) PCCE1401_306_019683.pdf

e) PCCE1401_Edital_de_retificação.pdf

COMENTÁRIOS

✪ **Nota do autor.** No Chrome, ao colocar o mouse sobre um link o endereço deste é apresentado na barra inferior do navegador. Como, na questão, o link se trata de um arquivo, o endereço deste e nome do arquivo são apresentados.

Alternativa "a","b","c" e "e". As alternativas identificadas não representam nomes de arquivos corretos, a partir das informações fornecidas na imagem referente ao link sob o mouse.

Alternativa "d". A partir das informações da barre inferior do Chrome, referente ao link sobre o qual o mouse se encontra, o nome do arquivo é PCCE1401_306_019683.pdf.

Alternativa correta: letra "d".

---

59. (NUCEPE – Delegado de Polícia – PI/2014) Analise as afirmativas abaixo sobre a Internet e aponte a alternativa CORRETA.

I. – O HTTPS é um protocolo de transferência de páginas web que criptografa as informações antes de enviar ao destinatário.

II. – O browser é um aplicativo que permite navegar entre páginas web.

III. – A URL consiste de domínio://máquina/caminho/recurso.

a) Somente afirmativa I.

b) Afirmativas I e II.

c) Somente afirmativa II.

d) Afirmativa I, II e III.

e) Nenhuma das afirmativas acima.

COMENTÁRIOS

Item I. Através do protocolo HTTPS todos o tráfego de informações entre o servidor e o navegador é criptografado.

Item II. O browser, também conhecido como navegador (Ex: Internet Explorer), permite acessar e navegar por páginas web.

Item III. Em uma URL especifica-se o protocolo utilizado e não o domínio como indicado nesta afirmação.

Alternativa correta: letra "b". Estão corretos os itens I e II.

---

60. (FUNCAB – Delegado de Polícia – RO/2014) Sobre recursos e conceitos disponíveis nos principais aplicativos de Correio Eletrônico disponíveis no mercado, é correto afirmar que:

a) o antivírus instalado em seu computador impedirá a abertura de arquivos contaminados por vírus.

b) não é permitido enviar mais de um arquivo em anexo.

c) as opções de formatação de fonte no conteúdo da mensagem são permitidas para mensagens em formato HTML.

d) não é permitido enviar mensagens para endereços que estejam na caixa "com cópia" e "com cópia oculta", simultaneamente.

e) é mandatório que o endereço eletrônico do destinatário esteja armazenado no arquivo em anexo.

COMENTÁRIOS

✪ **Nota do autor.** A maioria dos antivírus consegue impedir que um arquivo infectado, no disco rígido de um computador, seja aberto pelo usuário a menos que este tenha desabilitado o antivírus ou este tenha configurado o antivírus para permitir a abertura deste arquivo. O mesmo não ocorre com os arquivos recebidos com anexo de mensagens.

Alternativa "a". Os antivírus podem não evitar que um usuário abra um arquivo, anexado a uma mensagem, que esteja contaminado. Isto irá depender do nível de integração do software de antivírus com o software de e-mail.

Alternativa "b". Pode-se enviar mais que um arquivo como anexo da mensagem. A única restrição é o tamanho máximo dos anexos configurado no servidor de e-mail.

Alternativa "c". Em uma mensagem formatada como HTML é possível a formatação da fonte, cor, inserir imagens, tabelas, etc.

Alternativa "d". Incorreto. Se forem adicionados e-mails nas caixas "com cópia" e "com cópia oculta", o e-mail será enviado para ambos os remetentes.

Alternativa "e". Incorreto. Não existe nenhuma restrição como esta nos softwares de e-mail.

Alternativa correta: letra "c".

---

61. (Vunesp – Delegado de Polícia – SP/2014) Assinale a alternativa que contém o endereço de uma página da internet cujo acesso está utilizando técnica de criptografia.

a) http://www.sp.senac.br:8080

b) https:\\www.globo.com/secur.php

c) http://www.yahoo.com.br

d) https://www.google.com.br

e) http://gmail.com/portal1.html

COMENTÁRIOS

Alternativa "a", "c" e "e". Os endereços indicados apresentam a sigla http no início do endereço do site. Isto indica que a tráfego de dados está sendo feito sem utilização de criptografia.

Alternativa "b". A sigla https indica a utilização de criptografia. Entretanto, há um erro na escrita do endereço. Foi utilizado erroneamente o \\ ao invés do //. Isto não irá possibilitar a conexão com o servidor.

Alternativa "d". A utilização de criptografia entre um navegador e o servidor web é indicado pela sigla https no endereço do site. Isto indica que está sendo utilizado o protocolo SSL (Secure Socket Layer) para cifragem dos dados trafegados entre o computador e o servidor web.

Alternativa correta: letra "d".

62. (Vunesp - Delegado de Polícia - SP/2014) Na montagem de uma rede local, para interligar um grupo de 4 computadores, é utilizado cabeamento estruturado padrão CAT-5. O elemento de rede usado para interligar esses computadores chama-se comutador, e o cabo usado para interligar o computador com o comutador chama-se "cabo fim a fim". O conector usado na montagem desse cabo é

a) TI-578.

b) RX-45.

c) RJ-45.

d) BSI-8.

e) ATC-32.

COMENTÁRIOS

Alternativa "a","b","d" e "e". As siglas indicadas não representam tipos de conectores utilizados em redes de computadores.

Alternativa "c". O cabo fim a fim utilizado para conectar dois computadores é um cabo de rede convencional. Desta forma o conector utilizado é o RJ-45. Um exemplo deste cabo e conector é ilustrado pela figura 13.

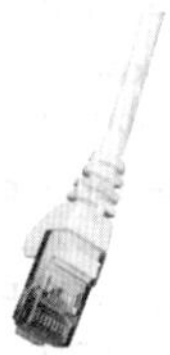

Figura 13. Cabo de Rede com conector RJ-45 (fonte: http://www.corbisimages.com/stock-photo/royalty-free/CB054662/rj45-network-plug? popup=1).

Alternativa correta: letra "c".

63. (Vunesp - Delegado de Polícia - SP/2014) Considerando o MS-Windows 7, na sua configuração padrão, assinale a alternativa que contém a sequência correta a partir do botão Iniciar da área de trabalho, que permite acessar a janela de diálogo com as opções de ativar ou desativar o Firewall do Windows, conforme mostra a figura.

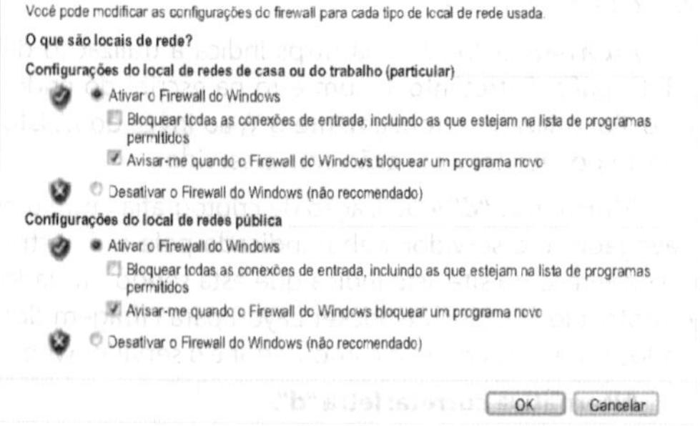

a) Painel de Controle, Segurança do Windows, Configuração do Firewall do Windows e usar a opção "Ativar ou Desativar o Firewall do Windows".

b) Painel de Controle, Sistema e Segurança, Configuração do Firewall e usar a opção "Ativar ou Desativar o Firewall do Windows".

c) Painel de Controle, Sistema e Segurança, Firewall do Windows e usar a opção "Ativar ou Desativar o Firewall do Windows".

d) Computador, Segurança do Windows, Firewall do Windows e usar a opção "Ativar ou Desativar o Firewall do Windows".

e) Computador, Sistema e Segurança, Firewall do Windows e usar a opção "Ativar ou Desativar o Firewall do Windows".

COMENTÁRIOS

Alternativa "a". No Painel de Controle não existe uma opção denominada Segurança do Windows.

Alternativa "b". Na opção Sistema e Segurança não existe um item denominado "Configuração do Firewall", mas sim "Firewall do Windows".

Alternativa correta: letra "c". O firewall do Windows é ativado a partir do Painel de Controle, na opção Sistema e Segurança->Firewall do Windows na opção "Ativar ou Desativar o Firewall do Windows".

Alternativa "d". O ícone Computador não permite o acesso direto as configurações do Firewall. Além disto, não existe uma opção no Computador ou Painel de Controle denominada Segurança do Windows.

Alternativa "e". O ícone Computador não permite o acesso direto a opção Sistema e Segurança do Painel de Controle.

Alternativa correta: letra "c".

64. (UEPA - Delegado de Polícia - PA/2013) Sobre a Intranet analise as afirmativa abaixo e assinale a alternativa correta.

I. A Intranet é uma rede local, que utiliza o mesmo protocolo de comunicação da Internet. E uma rede totalmente segura, que não permite invasão e nem vírus.

II. O protocolo utilizado em uma Intranet para troca de mensagens é o FTP.

III. Em uma Intranet o conjunto de páginas web, nela publicado, pode ser acessado através de um navegador de Internet padrão.

A alternativa que contém todas as afirmativas corretas é:

a) I

b) I e III

c) II

d) II e III

e) III

COMENTÁRIOS

Item I. Como a Intranet utiliza os mesmos protocolos utilizados na Internet, esta não é mais segura pois possui as mesmas vulnerabilidades. Da mesma forma que na Internet, em uma Intranet podem ser realizados ataques de captura de dados trafegados, ataques de negação de serviços, falsificações de endereços IP, etc.

Item II. Uma Intranet utiliza o protocolo SMTP para o envio de mensagens e o POP3 ou IMAP para recebimento destas. O FTP é utilizado para *upload* e *download* de arquivos para um servidor.

Item III. As páginas hospedadas em um servidor web da Intranet podem ser acessadas através do navegador, como ocorre na Internet.

Alternativa correta: letra "e". Somente o item III está correto.

---

65. (UEPA – Delegado de Polícia – PA/2013) Em um serviço de correio eletrônico, os protocolos para envio e recebimento de mensagens são respectivamente:

a) DHCP e POP3
b) SMTP e POP3
c) SMTP e DNS
d) POP3 e DHCP
e) POP3 e SMTP

COMENTÁRIOS

Alternativa "a". O protocolo DHCP é utilizado para atribuir dinamicamente endereços IP a computadores enquanto o POP3 é utilizado para recebimento de e-mails.

Alternativa "b". O protocolo para envio de mensagens de correio eletrônico é o SMTP e para recebimento o POP3.

Alternativa "c". O protocolo DNS é utilizado para tradução de endereços de sites em endereços IP. O protocolo SMTP é utilizado para envio de e-mails.

Alternativa "d". Como explicado, o DHCP não é utilizado para o enviou o recebimento de e-mails.

Alternativa "e". Os protocolos indicados estão corretos. Entretanto, a ordem deles não. Visto que o POP é utilizado para recebimento de e-mails e o SMTP para envio.

Alternativa correta: letra "b".

---

66. (UEL – Delegado de Polícia – PR/2013) A placa de rede de um computador executando Linux estava apresentando um comportamento estranho. De modo a tentar resolver o problema, digitou-se no console a seguinte sequência de comandos:

ifconfig eth0 down

ifconfig eth0 up

Em relação ao procedimento realizado, assinale a alternativa correta.

a) O primeiro comando diminuiu a velocidade do dispositivo de rede.
b) O primeiro comando reiniciou o driver de rede.
c) O segundo comando atuou na primeira interface Ethernet.
d) O segundo comando aumentou o throughput do dispositivo de rede.
e) O segundo comando testou o dispositivo de rede.

COMENTÁRIOS

✪ **Nota do autor.** O comando ifconfig é utilizado para configurar, ativar e desativar uma interface de rede que, no exemplo, é identificada pela sigla eth0.

Alternativa "a" e "b". O primeiro comando desativou a interface eth0 e não diminuiu a velocidade do dispositivo ou reiniciou o driver.

Alternativa "c". Correto. As interfaces de rede são identificadas pela sigla ethx onde x indica o número da interface de rede instalada. Exemplo, eth0 é a primeira interface, eth1 a segunda, eth2 a terceira e assim sucessivamente.

Alternativa "d". O segundo comando ativou a interface eth0 que havia sido desativada e não alterou o throughput (valor numérico utilizado para indicar o montante de dados transferido pela interface em um determinado limite de tempo).

Alternativa "e". O segundo comando reativou a placa de rede. Entretanto, não é feito nenhum tipo de teste como indicado nesta alternativa.

Alternativa correta: letra "c".

4. SEGURANÇA DA INFORMAÇÃO

---

67. (FGV – 2024 – PC/SC – Delegado) O uso de VPN (*virtual private network*) permite a ocultação do IP do usuário, bem como a criptografia de seus dados pessoais. Além disso, ele possibilita

a) o acesso na rede a conteúdos com restrição geográfica.
b) o controle remoto de computadores alheios.
c) a instalação de vulnerabilidades em máquina de outrem.
d) o acesso a senhas usadas por terceiros para acesso a serviços informatizados.
e) a obtenção de dados cadastrais de uma pessoa, armazenados em bancos de dados digitais.

COMENTÁRIOS

Alternativa "a". A VPN permite acesso a conteúdos com restrição geográfica devido a ocultação do endereço IP (utilizado para bloquear via restrição geográfica) e o envio pelos computadores que compõe a VPN.

Alternativa "b". A utilização apenas da VPN não permite o controle remoto dos computadores.

Alternativa "c". As vulnerabilidades já são falhas inerentes aos softwares e serviços de um computador e assim não há a necessidade de serem instaladas. Além disso, a utilização de uma VPN protege contra vulnerabilidades, por exemplo, dos protocolos do TCP/IP.

Alternativa "d". Apenas com a utilização de uma VPN não é possível acessar senhas usadas por terceiros para acesso a serviços.

Alternativa "e". A utilização de uma VPN não permite acesso a dados cadastrais de uma pessoa armazenados em um banco de dados. Isso seria possível, em um sistema web vulnerável, através de um ataque de SQL injection.

Alternativa correta: letra "a".

---

68. CEBRASPE - 2023 - PC/AL - Delegado

Em relação a segurança na Internet, periféricos de computadores, computação em nuvem e editores de texto e planilhas eletrônicas, julgue o seguinte item.

Considere que um agente de polícia tenha de enviar arquivos, por meio da Internet, da rede da delegacia para o diretório do Instituto de Medicina Legal (IML), o qual é configurado em nuvem sob a forma de IaaS. Nesse caso, para evitar o *phishing*, que é a infecção de arquivos por *spyware*, o referido agente deve proceder à varredura, por meio de antivírus, da rede da delegacia antes de gravar os arquivos na nuvem do IML.

COMENTÁRIOS

O *spyware* é um malware que infecta um computador de usuário e exibe propagandas indesejadas. Este não tem relacionamento com o *phishing*, o qual é um ataque de Engenharia Social que envolve a tentativa de obter informações confidenciais, como senhas e detalhes de cartões de crédito, por meio de sites falsos. Essa técnica é geralmente realizada por meio de e-mails, mensagens instantâneas, ou até mesmo mensagens em redes sociais, onde os atacantes se passam por uma organização legítima, como um banco, uma empresa, ou um serviço online, visando enganar as vítimas e direcioná-la a um site falsificado. As mensagens incluem links para sites falsos que clonam páginas autênticas. Quando as vítimas clicam nesses links e inserem suas informações pessoais, os atacantes capturam esses dados para usá-los de maneira maliciosa, como roubo de identidade, fraudes financeiras ou acesso não autorizado a sistemas.

Alternativa correta: "errado".

---

69. CEBRASPE - 2023 - PC/AL - Delegado

Em relação a segurança na Internet, periféricos de computadores, computação em nuvem e editores de texto e planilhas eletrônicas, julgue o seguinte item.

No Windows 11, o Microsoft Defender Antivírus é usado como o principal aplicativo para a realização de varreduras de *malwares*, por meio da verificação contínua de arquivos e pela realização de *backups* como prevenção de perda no caso de ataque por *ransomware*.

COMENTÁRIOS

O Windows Defender Antivírus consegue proteger o sistema operacional e arquivos contra diversos tipos de malware por meio da varredura de arquivos. Entretanto este não é capaz de realizar backups que é a medida de proteção mais efetiva no caso de um ataque por ransomware.

Alternativa correta: "errado".

---

70. CEBRASPE - 2023 - PC/AL - Delegado

Julgue o próximo item, relativos a procedimentos associados a Internet/*intranet* e ao sistema operacional Windows.

No Windows 10, o Windows Defender SmartScreen protege o computador contra conteúdo não seguro da Web, assim como contra *softwares* mal-intencionados, e envia dados à Microsoft sobre os *sites* que o usuário acessa bem como sobre os arquivos baixados.

COMENTÁRIOS

O Windows Defender SmartScreen é um recurso de segurança integrado ao Windows que protege o usuário como malwares (ameaças virtuais). Este é capaz de realizar o filtro de downloads (protegendo contra arquivos maliciosos baixados) e o filtro de sites que protege o usuário de acessar sites maliciosos ou falsificados.

Alternativa correta: "certo".

---

71. (Cespe - Delegado de Polícia - PC - PB/2022) Ataque malicioso ao ambiente computacional, realizado por programa ou fragmentos de código não replicável, aparentemente seguro, que, de forma oculta, realiza ações como roubo de senhas e arquivos, é

a) spyware.

b) ransomware.

c) cavalo de troia.

d) vírus.

e) worms.

COMENTÁRIOS

Alternativa "a". Software malicioso projetado para monitorar as atividades em um computador (ex.: acesso a sites na Internet) e enviar estas informações a terceiros.

Alternativa "b". Ransomware é um malware que criptografa os dados do computador, impedindo o acesso dos usuários a este. Para recuperarem o acesso, o autor do Ransomware solicita o pagamento de um resgate.

Alternativa "c". O Cavalo de Tróia é um tipo de malware que se assemelha a um programa legítimo do computador, mas quando executado realiza alguma ação danosa como apagar dados, instalar um keylogger, um vírus etc.

Alternativa "d". Vírus é um programa de computador que possui a capacidade de infectar outros arquivos e de se replicar. Quando um programa infectado é executado, o código do vírus é acionado gerando novas cópias do vírus, infectando outros programas e até executando ações danosas como remoção de arquivos do computador ou envio de cópias deste por e-mail.

Alternativa "e". Worm é um tipo de malware de computador que se propaga por uma rede de computadores explorando falhas de segurança.

Alternativa correta: letra "c".

---

72. (NUCEPE - Delegado de Polícia - PI/2014) Sobre segurança da informação, analise as afirmativas seguintes e aponte a alternativa CORRETA.

I. Firewall é um dispositivo que filtra a entrada e saída de pacotes na rede.

II. Cavalo de Tróia é um tipo de antivírus que protege o computador contra acesso não autorizado.

III. Cookies são vírus que permitem o acesso não autorizado ao computador infectado.

a) Afirmativas I e II.

b) Afirmativas II e III.

c) Somente afirmativa II.

d) Somente afirmativa I.

e) Somente afirmativa III.

COMENTÁRIOS

Item I. Um firewall é um dispositivo colocado na fronteira entre duas redes. Este faz o filtro dos pacotes trafegados entre as redes, a partir de regras definidas em sua configuração.

Item II. O Cavalo de Tróia é um tipo de malware que se assemelha a um programa legítimo do computador, mas quando executado realiza alguma ação danosa como apagar dados, instalar um keylogger, um vírus, etc.

Item III. Cookies são arquivos armazenados no computador por sites, quando o usuário visita estes. O objetivo dos cookies é armazenar informações relacionadas a uma navegação prévia como itens do carrinho de compras, senhas, links clicados, etc.

Alternativa correta: letra "d". Apenas o item I está correto.

---

73. (Cespe - Delegado de Polícia - BA/2013) Considerando aspectos gerais de informática, julgue os itens subsequentes.

73.1. O gerenciamento das chaves criptográficas tem grande influência sobre o uso adequado de procedimentos de criptografia, como ocorre no caso da criptografia assimétrica, que depende da preservação do estrito sigilo das chaves criptográficas privadas.

COMENTÁRIOS

✪ **Nota do autor.** As chaves de criptográficas são utilizadas no processo de cifragem e decifragem dos dados. Estas se assemelham a senhas. Através destas o texto é cifrado e só poderá ser decifrado se for especificada a mesma chave utilizada no processo de criptografia.

Na criptografia assimétrica é utilizado um par de chaves. Uma das chaves, chave pública, é utilizada para cifrar o texto. O outro par, chave privada, é utilizada no processo de decifragem. Caso a chave privada seja divulgada qualquer pessoa será capaz de decifrar o texto protegido com a respectiva chave pública.

Alternativa correta: "certo".

73.2. Os sistemas Windows e Linux se assemelham na possibilidade de uso de interface de linha de comandos: o comando dir, no Windows, pode produzir listagem de arquivos em pasta ou diretório, assim como o comando ls, no Linux.

COMENTÁRIOS

O comando dir é equivalente ao comando ls utilizado nas Shells dos sistemas operacionais Linux.

Alternativa correta: "certo".

73.3. O formato odt, utilizado em plataformas de edição de textos do BROffice, é nativamente adotado na plataforma de edição de textos do Windows.

COMENTÁRIOS

Apesar do Word ser capaz de abrir arquivos no formato ODT, este não utiliza nativamente este formato. Os arquivos do Word utilizam o formato docx.

Alternativa correta: "errado".

73.4. Diferentemente do uso básico de serviços de *webmails*, que não depende da configuração dos servidores POP3, SMTP ou IMAP pelo usuário, nos aplicativos de Outlook Express ou no Mozilla Thunderbird, essa configuração é tipicamente necessária.

COMENTÁRIOS

✪ **Nota do autor.** Esta questão foi anulada. Em versões mais recentes dos softwares Thunderbird é possível a configuração automática dos servidores POP3, SMTP ou IMAP a partir do e-mail do usuário. Além disto, existe a possibilidade de configurações automáticas para acesso a sites de Webmail. Entretanto, em alguns casos, em que a configuração automática não funciona, existe a necessidade de ajustes manuais da configuração pelo usuário. Assim, esta afirmação não pode ser considerada totalmente certa ou errada e por este motivo foi anulada no concurso.

73.5. São vantagens do uso de *cloudstorage*, em comparação com as formas tradicionais de uso de infraestruturas de tecnologias de informação e comunicação, independentemente da disponibilidade de acesso à Internet, a manutenção, sob quaisquer circunstâncias, do sigilo e a preservação de dados pela nuvem.

COMENTÁRIOS

Em um ambiente de *cloudstorage*, os dados são armazenados em servidores distribuídos pela Internet. Desta forma, não se tem conhecimento ou garantias que os locais onde estes estão armazenados são seguros. Recorrentemente aparecem na mídia notícias sobre o roubo de fotos e outros arquivos pessoais armazenados em ambientes de *cloudstorage*.

Alternativa correta: "errado".

73.6. Distintamente do que ocorre na plataforma Linux, em que há maior flexibilidade para a realização de controle do *firewall*, o uso de *firewall* pessoal nativo na plataforma Windows possibilita o bloqueio de entrada de pacotes oriundos da Internet, mas não a saída de pacotes de dados de origem interna direcionados à Internet.

COMENTÁRIOS

O *firewall* nativo do Windows permite bloquear as saídas pacotes de origem interna para Internet. Este possui as mesmas funcionalidades de um firewall convencional. Entretanto, com um conjunto de descrição de regras mais limitado quando comparado a soluções de *firewall* do Linux.

Alternativa correta: "errado".

74. (UEPA - Delegado de Polícia - PA/2013) O setor de Informática da empresa ABC realiza diariamente backup de seu servidor de arquivos. Durante este procedimento, ocorre uma verificação no horário da última alteração do arquivo a fim de se certificar que este foi alterado após o último backup. Apenas destes arquivos modificados é realizado o backup. Nesta situação é correto afirmar que o backup realizado é do tipo:

a) Incremental
b) Normal
c) Completo
d) Parcial
e) Particionado

COMENTÁRIOS

✪ **Nota do autor:** existem duas estratégias para a realização de backups: o total e o incremental. O Backup Total faz a cópia de todos os arquivos de um disco para uma mídia removível com fita, DVD, Bluray, etc. Dependendo da quantidade de dados que estão sendo copiados, este tende a demorar várias horas. Já o backup incremental apenas realiza a cópia dos arquivos alterados em relação ao último backup. Estas estratégias geralmente são utilizadas em conjunto. Por exemplo, nos finais de semana, uma empresa poderia fazer um backup completo de todos os arquivos do servidor e durante a semana realizar backups incrementais. Assim, a empresa possuirá uma versão atualizada dos arquivos do servidor sem a necessidade de interromper a operação deste por horas para o backup.

Alternativa "a": como explicado, a questão descreve o tipo de backup denominado de Incremental.

Alternativas "b", "d" e "e": os termos indicados nestes itens não estão relacionados a procedimentos de backup.

Alternativa c: em um backup completo todos os dados são copiados para a mídia removível e não somente os alterados em relação ao último backup.

Alternativa correta letra "a".

5. HARDWARE

75. CEBRASPE - 2023 - PC/AL - Delegado

Em relação à segurança na Internet, periféricos de computadores, computação em nuvem e editores de texto e planilhas eletrônicas, julgue o seguinte item.

Embutida dentro dos processadores modernos, a memória *buffer* minimiza o desequilíbrio de velocidade entre o processador e a memória principal e, por meio do armazenamento dos dados e das instruções mais frequentemente utilizadas pelo processador, permite que estes sejam acessados mais rapidamente.

COMENTÁRIOS

A memória que é utilizada para minimizar o desequilíbrio de velocidade entre o processador e a memória principal e, por meio do armazenamento dos dados e das instruções mais frequentemente utilizadas pelo processador, permite que estes sejam acessados mais rapidamente é a **memória cache**. Um **buffer de memória** é uma região da memória onde dados são armazenados temporariamente para serem transportados de um lugar para o outro. Este é utilizado entre dispositivos de entrada/saída e o processor para otimizar o processamento. Como um dispositivo de entrada/saída, tem uma velocidade de processamento muito menor que o processador, os dados destes dispositivos são armazenados em um buffer e lidos de tempos em tempos pelo processador. Assim, o processador não precisa aguardar a finalização do envio de dados pelo dispositivo e pode se dedicar a outras tarefas neste período.

Alternativa correta: "errado".

76. (Cespe - Delegado de Polícia - PC - PB/2022) A memória do computador, também conhecida como memória principal ou memória de sistema, responsável pelo armazenamento temporário de dados e de instruções utilizadas pelos dispositivos periféricos, é

a) RAM (random access memory, ou memória de acesso aleatório).

b) ROM (read only memory, ou memória somente de leitura).
c) cache de memória.
d) disco rígido (HD).
e) unidade central de processamento (CPU).

COMENTÁRIOS

Alternativa "a". A memória RAM é a memória principal do sistema, responsável pelo armazenamento temporário de dados e de instruções utilizadas pelos dispositivos periféricos.

Alternativa "b". A memória ROM é uma memória apenas de leitura embutida no hardware do computador que permite a inicialização do dispositivo e periféricos.

Alternativa "c". O cache é uma memória extremamente rápida utilizada para transferência de dados entre a memória principal e o processador, mas não é a memória principal do computador.

Alternativa "d". O disco rígido é um dispositivo secundário de memória do computador e utilizado para armazenamento permanente de arquivos, dados e programas.

Alternativa "e". A CPU não é um dispositivo de memória, mas sim um componente essencial responsável pela execução do sistema operacional, programas e interação com periféricos.

Alternativa correta: letra "a".

---

77. (UEPA – Delegado de Polícia – PA/2013) Leia as afirmativas sobre sistemas de armazenamento e assinale a alternativa correta.

I. O disco rígido é um equipamento confiável e de grande capacidade para armazenamento de dados, podendo chegar a até 4 TB em discos domésticos. Contudo, sua conexão ao computador só pode ser realizada através de uma interface IDE, o que torna o acesso as informações lento.

II. As SSDs (SolidState Drive) são mídias de armazenamento que se conectam ao computador através de uma interface SATA. Possuem um desempenho superior aos discos rígidos tradicionais e são bem mais velozes.

III. Discos híbridos são dispositivos que unem a velocidade de uma unidade SSD, armazenando os arquivos mais frequentemente usados e garantindo o acesso rápido a eles e um HD tradicional que armazena o restante dos dados.

A alternativa que contém todas as afirmativas corretas é:

a) I, II e III
b) I e II
c) II e III
d) I e III
e) II

COMENTÁRIOS

Item I. Os discos rígidos podem ser conectados aos computadores através de outras interfaces como SATA, eSATA, Fireware e USB.

Item II. Os discos SSD são mais velozes por não possuírem partes mecânicas. Estes utilizam memórias para armazenamento (tecnologia similar utilizada em pen drives)

Item III. Os discos híbridos possuem partes mecânicas, como os convencionais, para armazenamento dos dados e um SSD que armazena os arquivos mais utilizados.

Alternativa correta: letra "c". Estão corretos os itens II e III.

---

78. (Cespe – Delegado de Polícia – AL/ 2012) A respeito de conceitos básicos relacionados à informática e dos modos de utilização das tecnologias de informação, julgue os itens que se seguem.

78.1. Os mainframes, computadores com alta capacidade de armazenamento de dados, têm baixa capacidade de memória, não sendo indicados para o acesso simultâneo de diversos usuários.

COMENTÁRIOS

Um Mainframe é um computador de grande porte. Este é utilizado em aplicações que requerem grande poder de processamento, como na atualização do saldo de contas correntes a partir das transações realizadas pelos clientes de um banco. Assim, este é utilizado por instituições como Bancos, Órgãos Governamentais, etc. Para prover esta alta capacidade de processamento, é necessário que estes possuam uma grande capacidade de memória.

Alternativa correta: "errado".

78.2. Em computação, os periféricos são dispositivos por meio dos quais os computadores recebem informações (entradas) e geram informações (saídas).

COMENTÁRIOS

Questão anulada. Esta questão foi anulada porque a definição utilizada não se aplica mais aos dias de hoje. Hoje temos periféricos que conseguem receber e gerar informações como as impressoras multifuncionais. Estas são capazes de gerar informações de saída (impressão de páginas) e receber dados através da digitalização de documentos. Consequentemente, nem todos os periféricos podem ser classificados somente como dispositivos de entrada ou saída de dados.

78.3. A memória RAM (random access memory) permite apenas a leitura de dados, pois é gravada pelos fabricantes, não podendo ser alterada.

COMENTÁRIOS

A memória RAM é utilizada para armazenamento temporários de dados e execução de programas. Desta forma, esta precisa permitir que os dados sejam armazenados e atualizados. A memória que é gravada pelos fabricantes e somente permite leitura é a memória ROM.

Alternativa correta: "errado".

78.4. Os conectores padrão do tipo RJ-45 são utilizados para conectar as placas de redes dos computadores aos cabos de redes locais.

COMENTÁRIOS

O conector RJ-45 é utilizado para conectar os computadores, através das placas de rede, aos cabos de redes locais. A maioria dos cabos de rede locais utilizam este padrão de conector.

Alternativa correta: "certo".

Informática

Luciano Freire

✦ DICAS

1. APLICATIVOS PARA ESCRITÓRIO MS OFFICE

As questões dos concursos, sobre MS Office e BrOffice/LibreOffice, cobram conhecimentos relacionados ao uso dos aplicativos destes pacotes. Assim, é importante que o candidato instale utilize estes softwares no dia a dia, principalmente o BrOffice/LibreOffice. Através do uso constante, o candidato irá se habituar e conhecer as principais funções destes softwares. Consequentemente isto irá facilitar a resposta das questões sobre este assunto, pois estas cobram basicamente o manuseio, configurações e o conhecimento sobre a existência de determinadas funcionalidades nestes softwares.

Devido à adoção dos BrOffice/LibreOffice por órgãos governamentais é importante conhecer os aplicativos que compõe esta suíte. A tabela a seguir, apresenta os principais aplicativos que compõe o BrOffice/LibreOffice e indica o software equivalente no MS Office.

Software BrOffice/LibreOffice	Funcionalidade	Equivalente MS Office
Writer	Editor de Texto	Word
Calc	Planilha Eletrônica	Excel
Impress	Editor de apresentações multimídia	PowerPoint
Draw	Editor de diagramas e desenhos	Visio
Base	Banco de Dados	Access

Outro aspecto importante é o conhecimento dos atalhos de teclados mais comuns destes softwares. Isto facilita a execução de tarefas e por isto o conhecimento das principais teclas de atalho é abordado em questões de concurso. As tabelas a seguir apresentam as principais teclas de atalho do MS Office e BrOffice/LibreOffice.

MS Office(Word e Excel)	
Tecla de Atalho	**Ação**
ALT+ENTER	Inicia uma nova linha na mesma celula.
CTRL+[	Diminui o tamanho da fonte em uma unidade no texto selecionado
CTRL+]	Diminui o tamanho da fonte em uma unidade no texto selecionado
CTRL+A	Seleciona a planilha inteira.
CTRL+B	Salva o documento.
CTRL+C	Copia as células selecionadas.
CTRL+D	Abre a janela para formatação de fonte.
CTRL+DEL	Apaga a palavra seguinte.
CTRL+E	Centraliza o texto selecionado
CTRL+END	Posiciona o curso no final do documento.
CTRL+ENTER	Preenche o intervalo de células selecionado com a entrada atual.
CTRL+HOME	Posiciona o cursor no início do documento.
CTRL+I	Formata o texto selecionado em itálico.
CTRL+J	Justifica o texto selecionado.

MS Office(Word e Excel)	
CTRL+L	Localiza palavras no texto.
CTRL+N	Formata o texto selecionado em negrito
CTRL+Q	Alinha o texto selecionado a esquerda.
CTRL+S	Sublinha o texto selecionado.
CTRL+T	Seleciona todo o documento
CTRL+U	Localiza e substitui palavras no texto.
CTRL+V	Insere o conteúdo da Área de Transferência no ponto de inserção e substitui qualquer seleção. Disponível somente após recortar ou copiar um objeto, texto ou conteúdo de célula.
CTRL+X	Recorta um conteúdo selecionado.
CTRL+Z	Desfaz a última ação realizada.
F12	Abre a janela "salvar como".
F4	Repete a última ação.
F7	Verifica Ortografia e Gramática.
SHIFT+ENTER	Conclui uma entrada de célula e seleciona a célula de cima.
SHIFT+F3	Transforma em maiúsculas todo o texto selecionado.
SHIFT+F7	Abre a janela do dicionário de sinônimos.

Nos seguintes sites é possível encontrar uma relação completa das teclas de atalho do Word e Excel:

a) http://office.microsoft.com/pt-br/word-help/atalhos-de-teclado-do-microsoft-word-HP010370109.aspx#BM5

b) http://office.microsoft.com/pt-br/excel-help/atalhos-de-teclado-no-excel-2010-HP010342494.aspx

LibreOffice (Writer e Calc)	
Tecla de Atalho	**Ação**
F7	Verifica ortografia.
CTRL+F7	Abre a janela do dicionário de sinônimos.
CTRL+F12	Insere ou edita uma tabela existente.
CTRL+A	Seleciona todo o texto.
CTRL+J	Justifica o texto selecionado.
CTRL+D	Formato o texto selecionado com sublinhado duplo.
CTRL+E	Centraliza o texto selecionado.
CTRL+H	Localizar e substituir um texto.
CTRL+L	Alinha o texto selecionado a esquerda.
CTRL+R	Alinha o texto selecionado a direita.
CTRL+Y	Repete a última ação.
SHIFT+ENTER	Quebra de linha.
CTRL+ENTER	Quebra de página.
CTRL+HOME	Ir para o início do documento.
CTRL+END	Ir para o fim do documento.
CTRL+DEL	Eliminar texto até ao final da palavra.
SHIFT+HOME	Seleciona todas as células desde a atual até a primeira célula da linha.
SHIFT+END	Seleciona todas as células desde a atual até a última célula da linha.
CTRL+F2	Abre o assistente de funções do Calc

Nos seguintes sites é possível encontrar uma relação completa das teclas de atalho do Writer e Calc:

a) http://help.libreoffice.org/Writer/Shortcut_Keys_for_Writer/pt

b) http://help.libreoffice.org/Calc/Shortcut_Keys_for_Spreadsheets/pt-BR

Dentre os softwares de automação de escritório, o Excel e Calc possuem uma grande variedade de funções que podem ser cobradas nos concursos. A tabela, a seguir, explica o funcionamento destas funções exemplificando estas para o Excel, mas os mesmos conceitos podem ser aplicados para o Calc do LibreOffice/BrOffice.

Função	Descrição	Exemplo
Soma	Realiza a soma de todos os números especificados como argumentos da função. Sendo que cada argumento pode ser um número, referência a uma célula, intervalo de células, matriz, uma fórmula ou resultado de outra função.	• Soma(A1,A2): soma o valor das células A1 e A2. • Soma(A1:A5): soma o conteúdo das células de A1 até A5. • Soma(A1:B2): soma o conteúdo das células da matriz formada pelas células de A1 a B2.
Soma.Se	Realiza a soma de um conjunto de células desde que estas atendam a um determinado critério especificado. Soma.Se(intervalo; critérios; intervalo_soma_opcional) Se o intervalo_soma_opcional não foi especificado, será feito a soma das células especificadas no intervalo.	• SOMASE(A2:A5,">160000"): soma as células do intervalo A2 a A5 que possuam valor superior a 160.000. • SOMASE(A2:A7,"Frutas",C2:C7): soma as células no intervalo de C2 a C7 cuja a respectiva célula da mesma linha na coluna A (A2:A7) contenha a palavra "Frutas")
Média	Calcula a média aritmética de todos os números especificados como argumentos da função. Sendo que cada argumento pode ser um número, referência a uma célula, intervalo de células, matriz, uma fórmula ou resultado de outra função.	• Média(A1,A2): calcula a média aritmética das células A1 e A2. • Média (A1:A5): calcula a média aritmética das células de A1 até A5. • Média(A1:B2): calcula a média aritmética das células da matriz formada pelas células de A1 a B2.
Cont.Se	Contabiliza o número de células não vazias em um determinado intervalo se um determinado critério for verdadeiro. Sintaxe da função: Cont.Se(intervalo;critérios)	• CONT.SE(B2:B5;">55"): conta o número de células no intervalo de B2 a B5 que possuam valor maior que 55 • CONT.SE(A2:B5;"aprovado"): conta o número de células no intervalo A2 a B5 que contenham a palavra aprovado.
Se	Verifica se uma condição é verdade ou falsa. A partir da análise desta condição retorna um valor se a condição for verdadeira e outro se a condição for falsa	• Se(A1>0;"Positivo", "Negativo): verifica se o conteúdo da célula A1 é maior que zero. Caso verdadeiro a função Se retorna Positivo e este valor será inserido na célula de destino. Caso o resultado da condição seja falso, a função Se retorna Negativo e este é inserido na célula de destino.

A função Se utiliza operadores relacionais para especificar a condições. A próxima tabela apresenta os principais operadores relacionais do Excel e Calc.

OPERADOR Relacional	SIGNIFICADO	Exemplo
=	Igual a	• A1 = 5: compara se o conteúdo da célula A1 é igual a 5
>	Maior que	• A2 >0: compara se o conteúdo da célula A2 é maior que 0.
<	Menor que	• A1 <5: compara se o conteúdo da célula A1 é menor que 5
>=	Maior ou igual a	• A2 >= 0: compara se o conteúdo da célula A2 é maior ou igual a 0.
<=	Menor ou igual a	• A1 <= 5: compara se o conteúdo da célula A1 é menor ou igual a 5
<>	Diferente de	• A1 <>0: verifica se o valor de A1 é diferente de 0.

Também, nas questões envolvendo planilhas eletrônicas (Excel e Calc) são cobrados o conhecimento dos seguintes operadores:

Operador	Funcionalidade	Exemplo(s)
:	Determina um intervalo de células em uma fórmula.	Soma(A1:A5): efetua a soma das células A1, A2, A3, A4 e A5. Média(A1:B2): calcula a média das células A1, A2, B1 e B2.
;	Especifica células individuais de uma planilha em uma fórmula	• Soma(A1;A5): efetua a soma das células A1 e A5.

Operador	Funcionalidade	Exemplo(s)
$	Utilizado para travar o incremento de uma linha ou coluna quando uma fórmula é copiada de uma célula para outra.	Suponha que as fórmulas, a seguir, estão digitas na célula C1 • Soma(A$1;B1): se esta fórmula for copiada para a Célula C2 (linha abaixo de C1) o índice da linha de B1 será incrementado enquanto que o índice da linha de A$1 não. A fórmula resultante será Soma(A$1;B2). • Soma(A$1;B1): se esta fórmula for copiada para a Célula D1 (coluna ao lado de C1) o índice da coluna da B1 será incrementado e também o índice da coluna de A$1 visto que o $ está precedendo somente o índice da linha. A fórmula resultante será Soma(B$1;C1). • Soma($A1;B1): se esta fórmula for copiada para a Célula C2 (linha abaixo de C1) o índice da linha da B1 e de $A1 serão incrementados visto que o $ somente está precedendo o índice da coluna. A fórmula resultante será Soma($A2;B2). • Soma($A1;B1): se esta fórmula for copiada para a Célula D1 (coluna ao lado de C1) o índice da coluna da B1 será alterado e o índice da coluna de $A1 não, visto que o $ está precedendo o índice da coluna. A fórmula resultante será Soma($A1;C1). • Soma($A$1;B1): como o $ precede tanto o índice da linha e coluna de A1 se a fórmula for copiada para a linha abaixo ou para a coluna ao lado de C1 nem o índice da linha ou coluna do termo A1 serão alterados. Entretanto B1 terá o seu índice da linha ou coluna alterado se a fórmula for copiada para a linha abaixo ou para a coluna ao lado de C1.
& (E comercial)	Utilizado para fazer a concatenação de dois valores produzindo um texto	A seguinte fórmula = "A" & "B" &"C" produz o seguinte resultado "ABC"

Além destes operadores, é importante conhecer os principais operadores matemáticos utilizados nas fórmulas do Excel e o Calc. A tabela a seguir apresenta os principais.

OPERADOR Matemático	SIGNIFICADO	EXEMPLO	Resultado
+ (sinal de mais)	Adição	=3+3	6
– (sinal de menos)	Subtração Negação	=3 – 1 = – 1	2 -1
* (asterisco)	Multiplicação	=3*3	9
/ (sinal de divisão)	Divisão	=3/3	1
% (sinal de porcentagem)	Porcentagem	=50*20%	10
^ (acento circunflexo)	Exponenciação	=3^5	243

Quadro adaptado de http://office.microsoft.com/pt-br/excel-help/operadores-de-calculo-e-precedencia-HP010078886.aspx

Quando o Excel e o Calc avaliam uma fórmula, esta é analisada da esquerda para a direita se todos os operadores matemáticos envolvidos tiverem a mesma ordem de precedência. A ordem de precedência indica qual operação deve ser realizada primeiro antes das demais. Por exemplo, em uma fórmula envolvendo somas e multiplicações, as operações de multiplicação são realizadas antes das somas. O quadro a seguir apresenta a ordem de precedência dos operadores matemáticos.

Operador	Descrição	Ordem de Precedência
–	Negação (como em – 1)	Maior
%	Porcentagem	
^	Exponenciação	
* e /	Multiplicação e divisão	
+ e –	Adição e subtração	
&	Concatenação	Menor

Pela tabela acima, percebe-se que o operador % tem maior precedência do que o operador de *. Assim, em um formula envolvendo estes dois operadores o operador % será calculado antes do *.

Alguns operadores possuem a mesma precedência como + e –. Quando a fórmula envolve apenas estes operadores, esta é analisada da esquerda para a direita.

Em algumas situações é necessário realizar um cálculo em uma ordem de precedência diferente da definida para os operadores. Por exemplo, no caso do cálculo da média de três células. Se a fórmula for especificada como =A1+A2+A3/3, considerando a ordem de precedência, o cálculo estará errado. Visto que somente A3 é dividido por 3 e o resultado somado a A1e A2. Para estes casos, pode se utilizar um par de parênteses ( ) para alterar a ordem de precedência. Qualquer fórmula que estiver entre parênteses tem maior precedência, ou seja, é calculada antes dos demais operadores, os quais são avaliados na ordem de precedência atual. Assim, a fórmula correta para o cálculo da média de 3 valores é = (A1+A2+A3)/3. Nesta, como os parênteses possuem a maior precedência, primeiro soma se as células e o resultado é divido por 3.

Outro ponto cobrado são os formatos do padrão Open DocumentFormat. A tabela a seguir indica os formatos mais comuns.

Formato	Tipo de Documento
odt	Documentos de texto
ods	Planilhas Eletrônicas
odp	Apresentações Multimídia
odb	Bancos de Dados
odg	Desenhos Vetoriais
odf	Equações

Por fim, muitas questões relacionadas ao MS Office e BrOffice/LibreOffice cobram o conhecimento dos comandos presentes nos menus dos softwares que compõem estes pacotes. A memorização destas informações acontece com o uso da ferramenta. Entretanto para auxiliar o candidato, em uma revisão rápida, as tabelas a seguir apresentam os principais menus das ferramentas Word, Excel, Powerpoint (Versão 2010) e seus equivalentes no BrOffice/LibreOffice (Writer, Calc e Impress) da versão 3.6

Word 2010	
Menu	**Imagem**
Arquivo	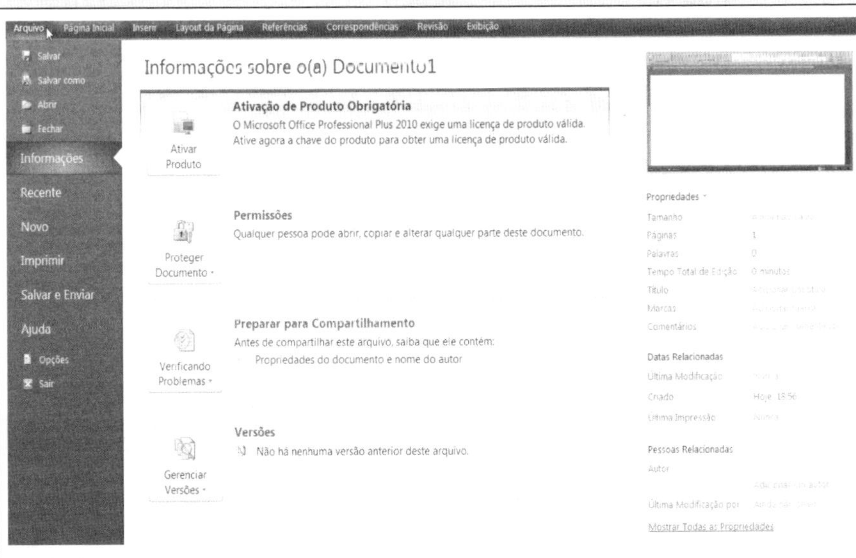

<table>
<tr><th colspan="2">Word 2010</th></tr>
<tr><th>Menu</th><th>Imagem</th></tr>
<tr><td>Página Inicial</td><td>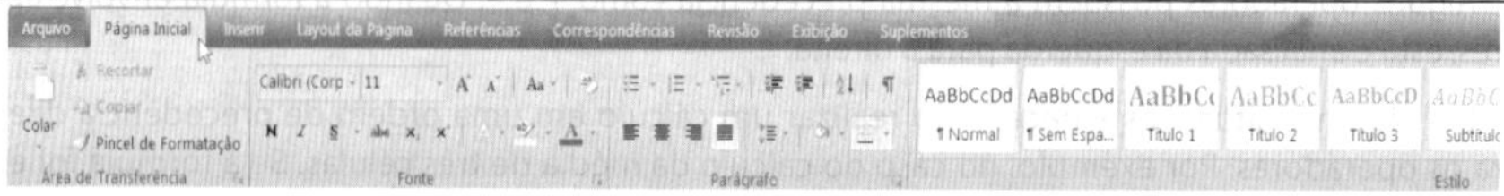
</td></tr>
<tr><td>Inserir</td><td>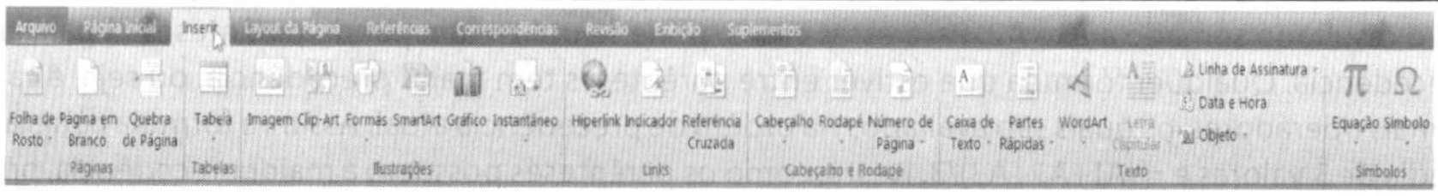
</td></tr>
<tr><td>Layout da Página</td><td>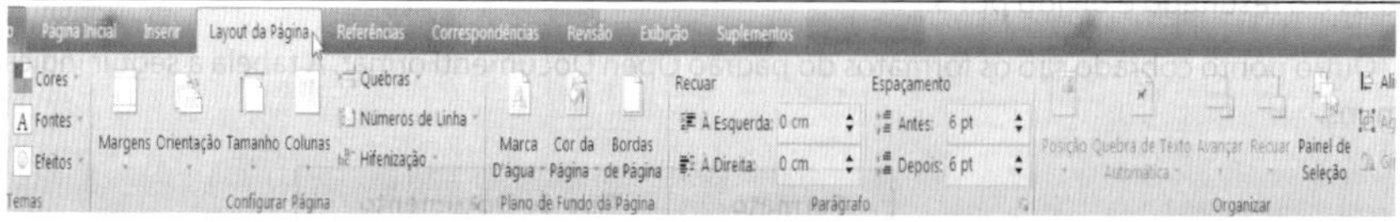
</td></tr>
<tr><td>Referências</td><td>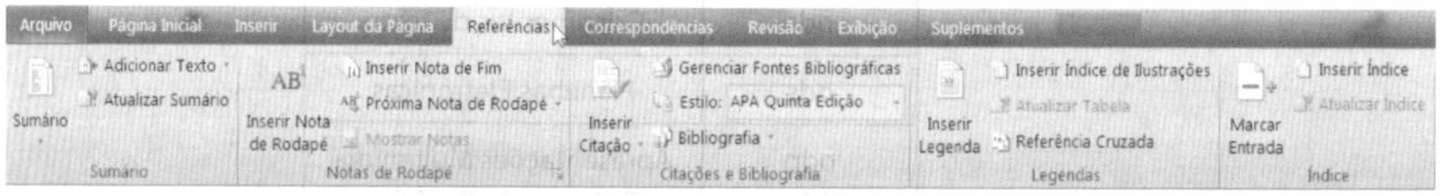
</td></tr>
<tr><td>Revisão</td><td>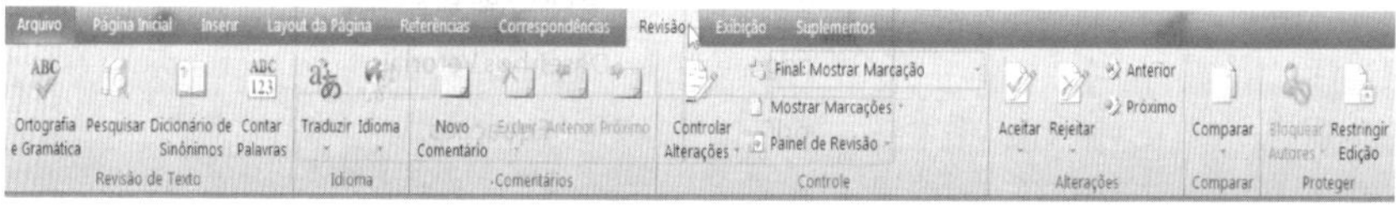
</td></tr>
<tr><td>Exibição</td><td>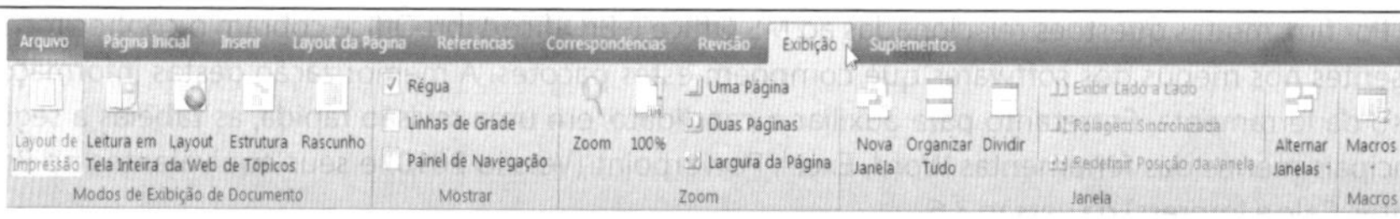
</td></tr>
</table>

<table>
<tr><th colspan="2">Excel 2010</th></tr>
<tr><th>Menu</th><th>Imagem</th></tr>
<tr><td>Arquivo</td><td>
</td></tr>
<tr><td>Página Inicial</td><td>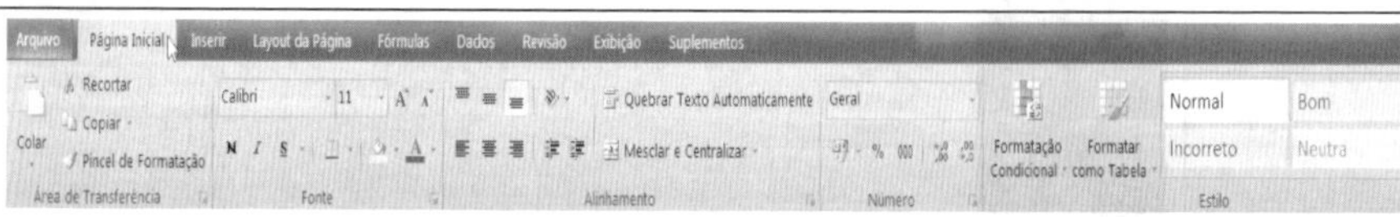
</td></tr>
</table>

Excel 2010	
Menu	**Imagem**
Inserir	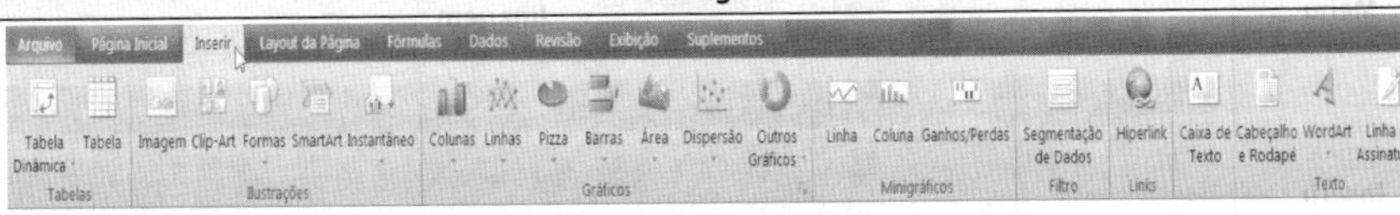
Layout da Página	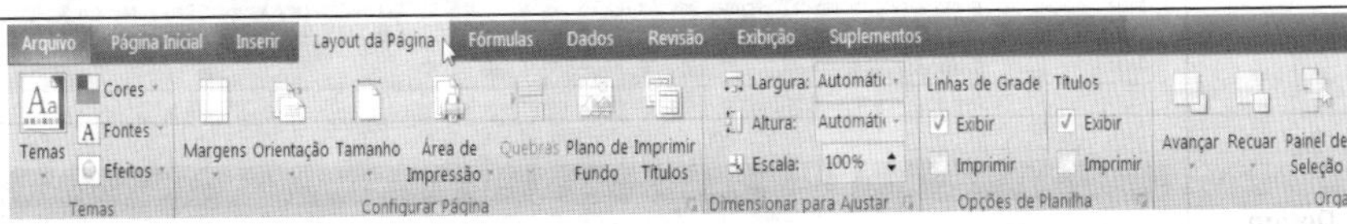
Fórmulas	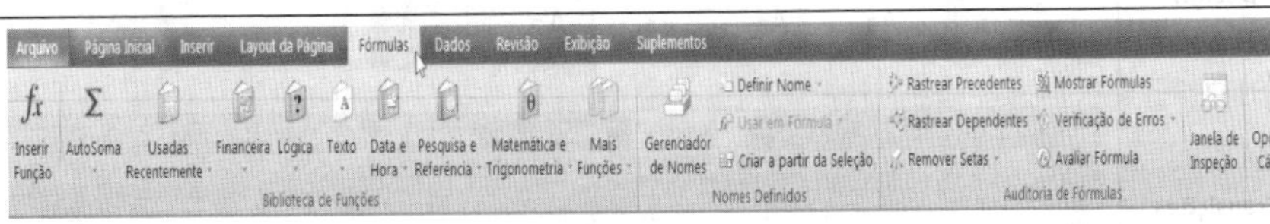
Dados	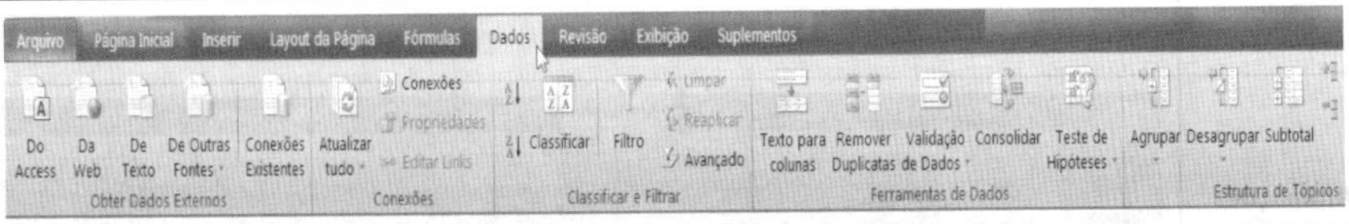
Revisão	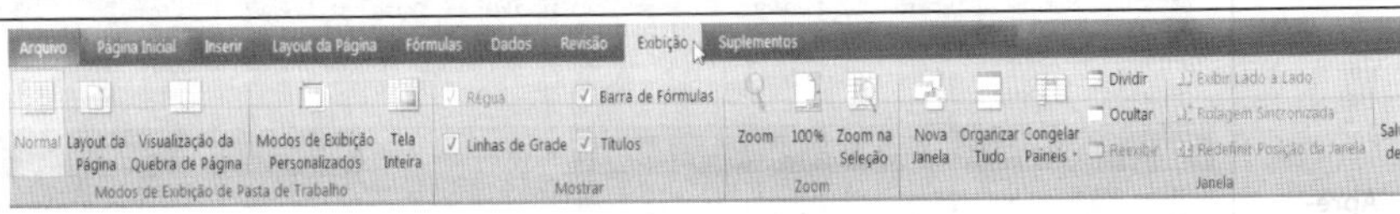
Exibição	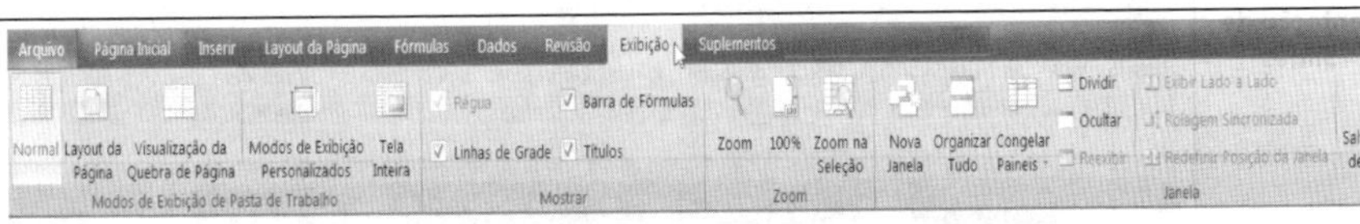

PowerPoint 2010	
Menu	**Imagem**
Arquivo	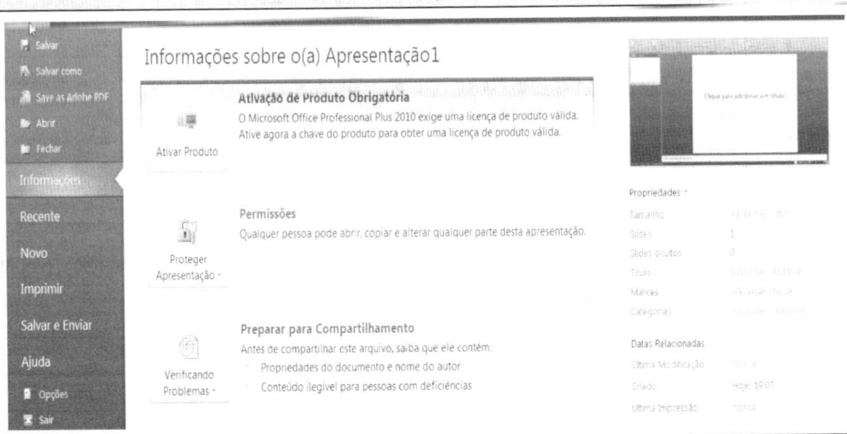
Página Inicial	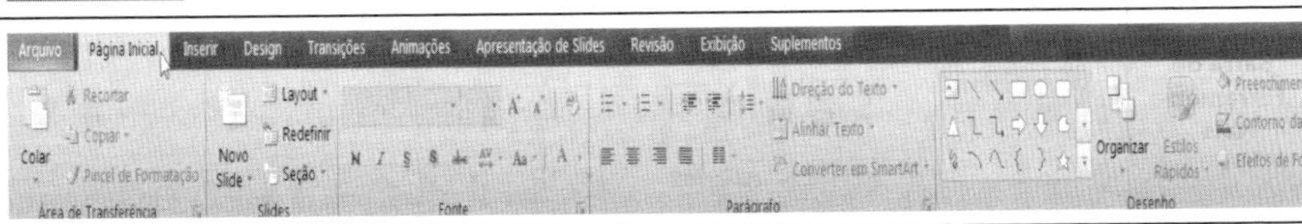

PowerPoint 2010	
Menu	**Imagem**
Inserir	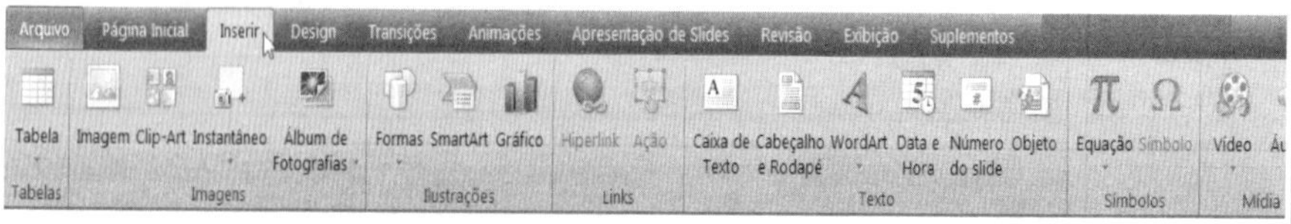
Design	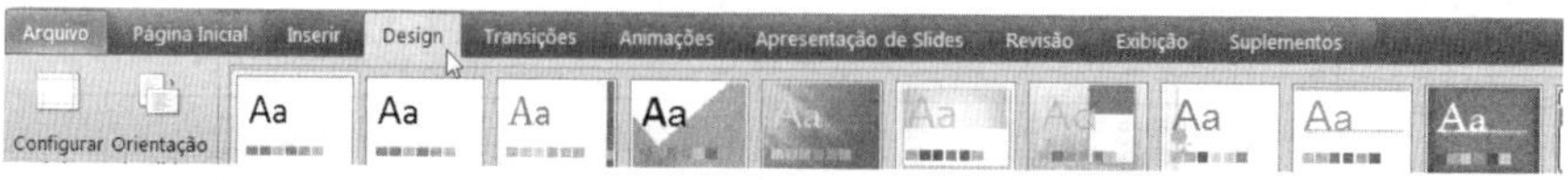
Transições	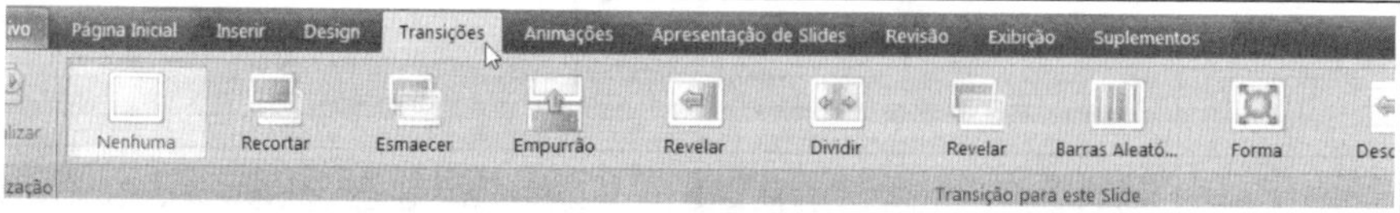
Animações	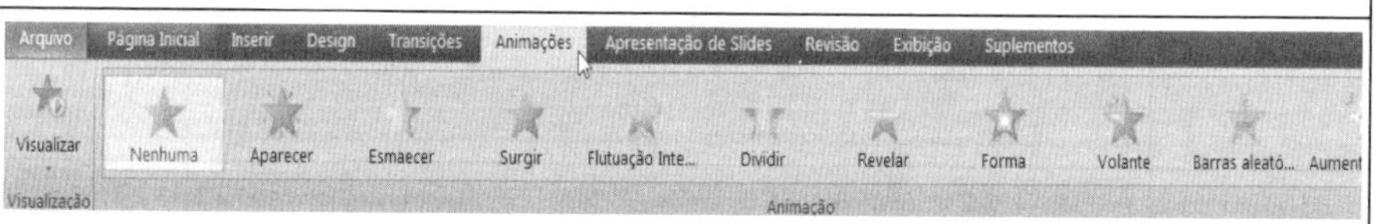
Apre-sentação de Slides	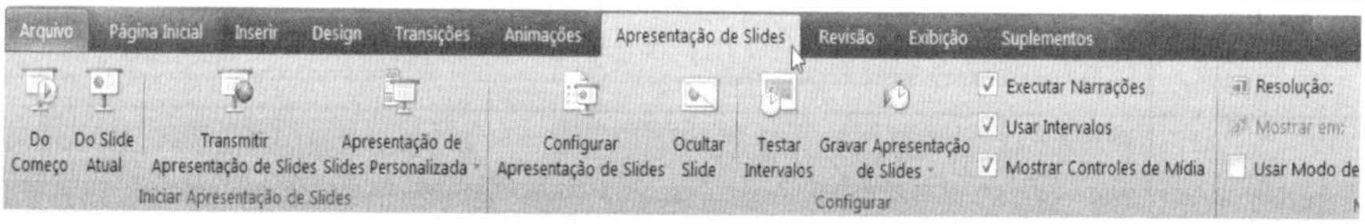
Revisão	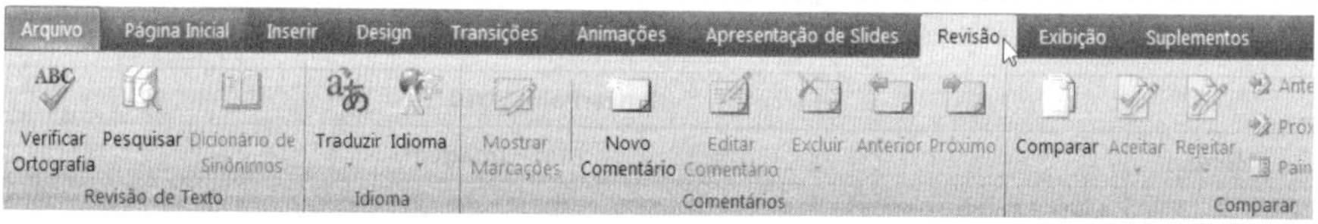
Exibição	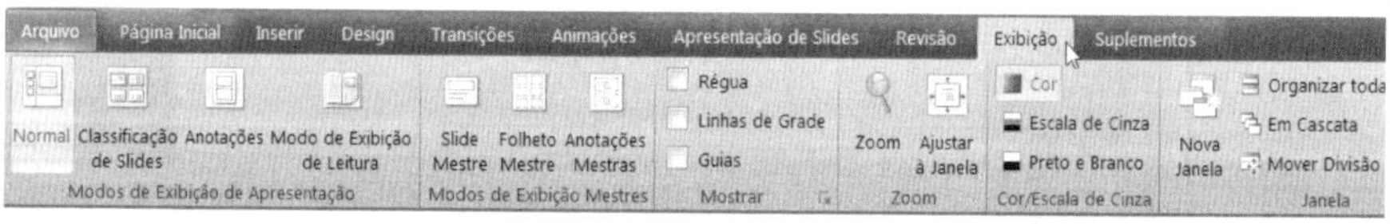

Observações: menus adicionais podem ser apresentados dependendo de seleções no texto, planilhas e apresentações ou devido à instalação de alguns softwares.

Writer – BrOffice/LibreOffice 3.6			
Menu	**Imagem**	**Menu**	**Imagem**
Barra de Ferramentais	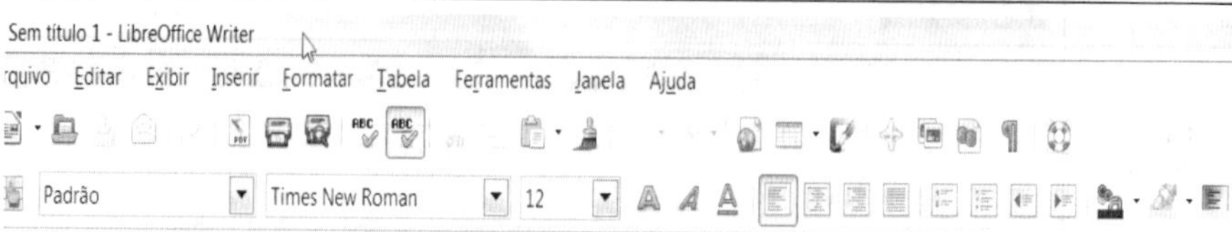		

Writer – BrOffice/LibreOffice 3.6			
Menu	**Imagem**	**Menu**	**Imagem**
Arquivo	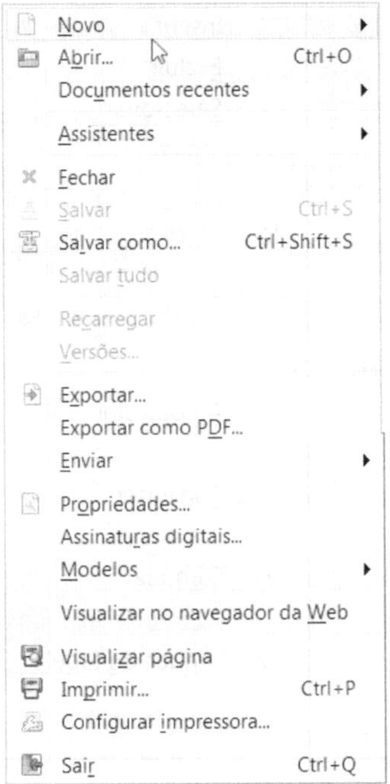	**Exibir**	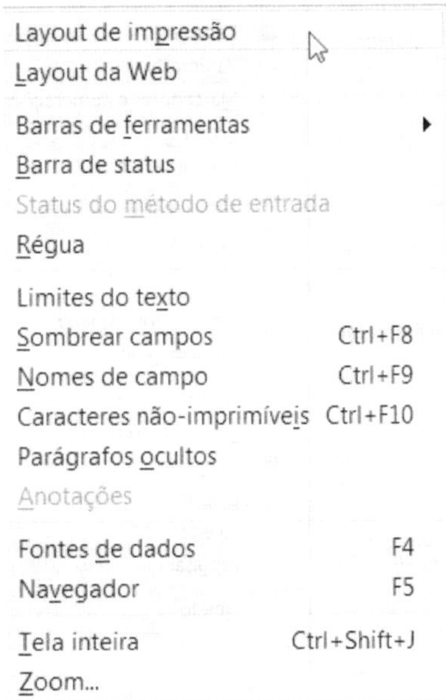
Editar	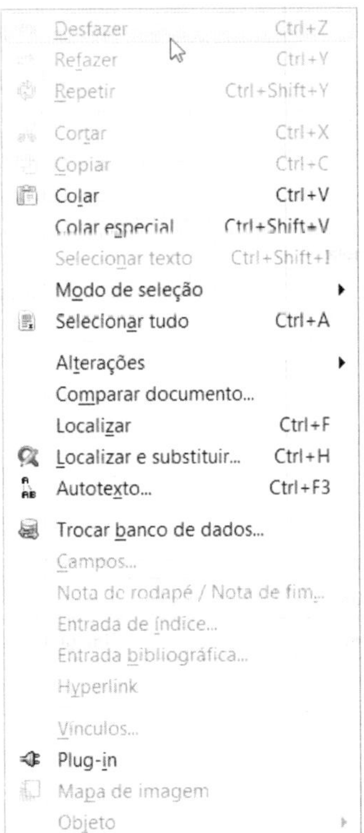	**Inserir**	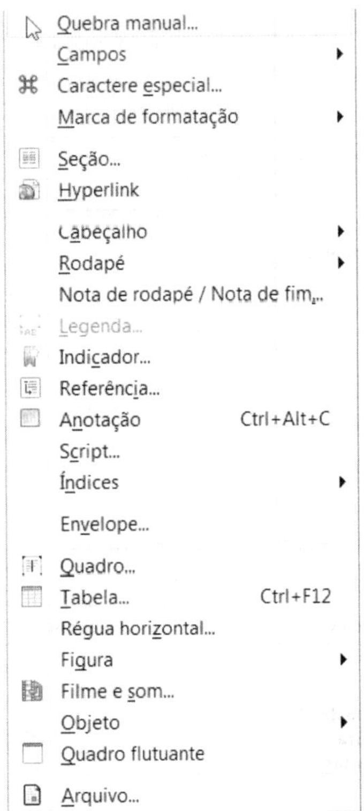

Writer – BrOffice/LibreOffice 3.6			
Menu	**Imagem**	**Menu**	**Imagem**
Formatar	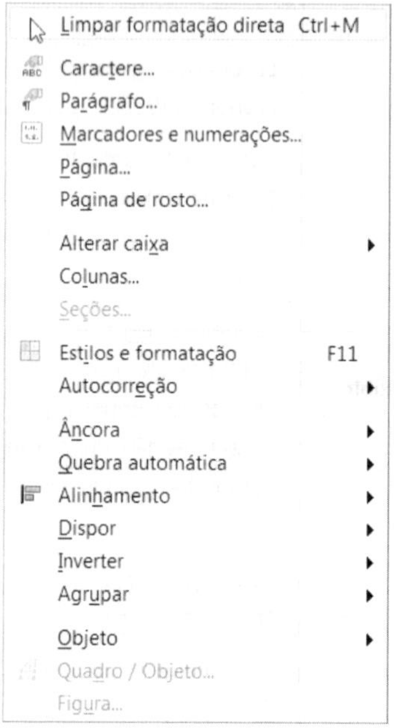	**Tabela**	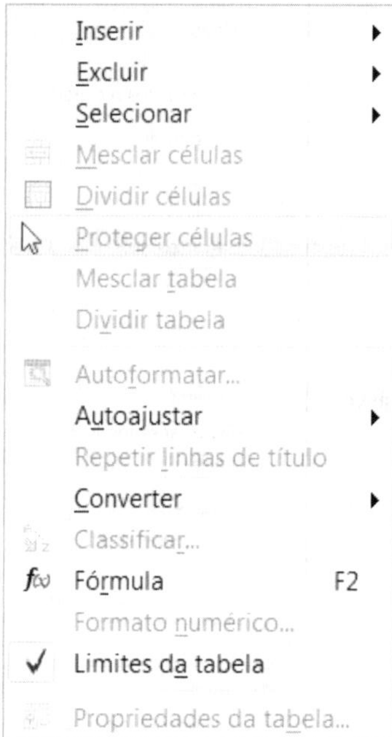
Ferramentas	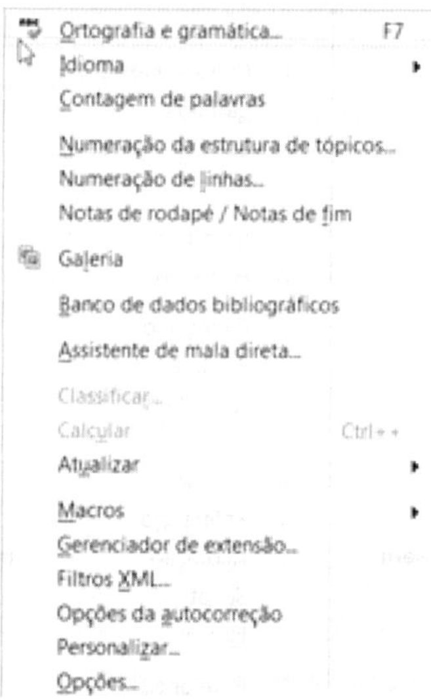	**Janela**	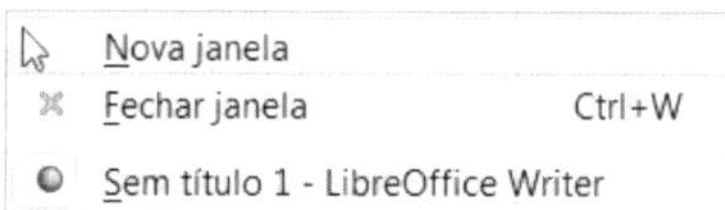

Calc – BrOffice/LibreOffice 3.6			
Menu	**Imagem**	**Menu**	**Imagem**
Barra de Ferramentas	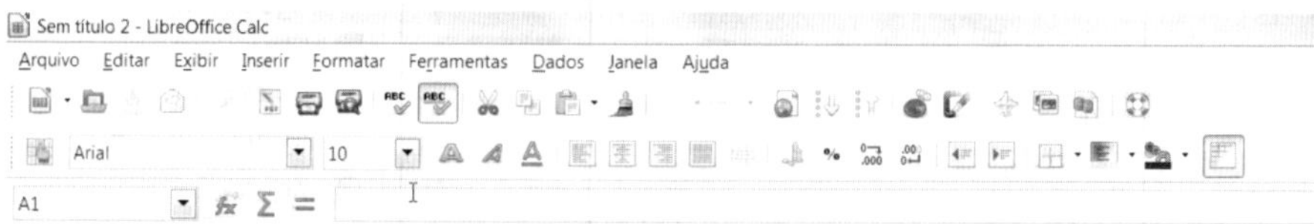		

Calc – BrOffice/LibreOffice 3.6			
Menu	**Imagem**	**Menu**	**Imagem**
Arquivo	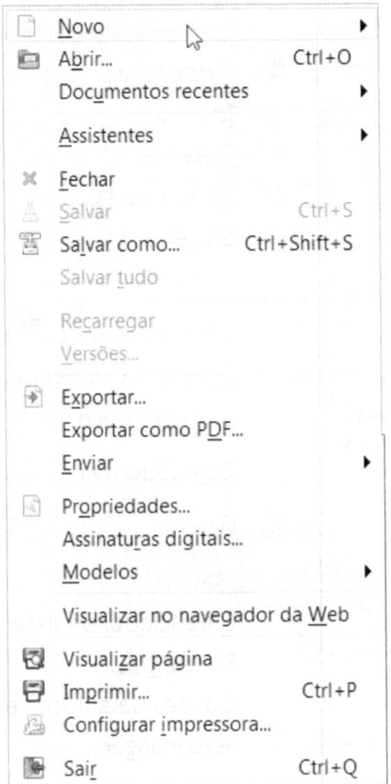	**Editar**	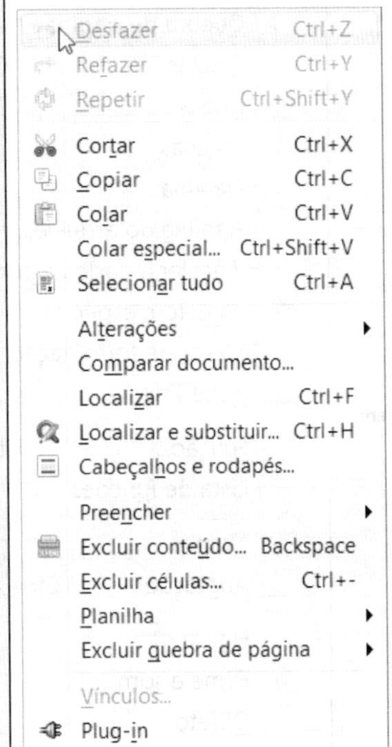
Exibir	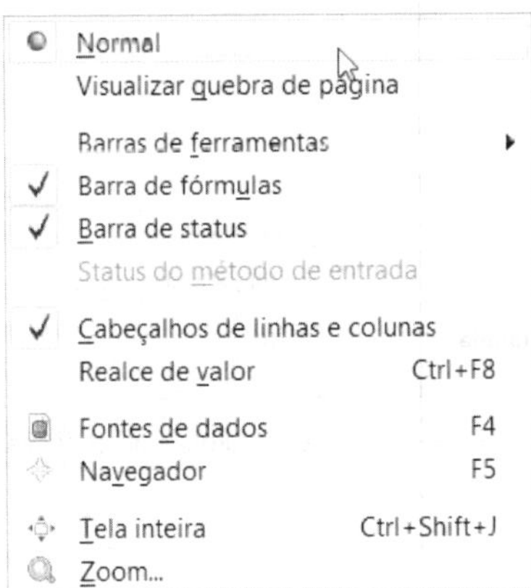	**Formatar**	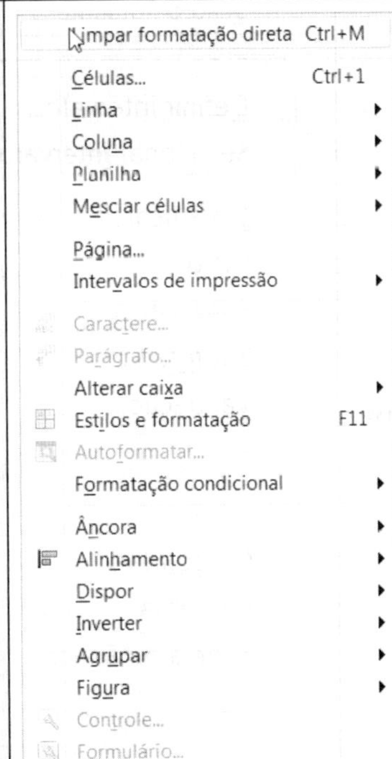

Calc – BrOffice/LibreOffice 3.6			
Menu	**Imagem**	**Menu**	**Imagem**
Inserir	Quebra de página ▸ Células... Ctrl++ Linhas Colunas Planilha... Planilha do arquivo... Vincular a dados externos... Caractere especial... Marca de formatação ▸ Hyperlink Função... Ctrl+F2 Lista de funções Nomes ▸ Anotação Ctrl+Alt+C Figura ▸ Filme e som... Objeto ▸ Gráfico... Quadro flutuante	**Ferra-mentas**	Ortografia... F7 Idioma ▸ Detetive ▸ Atingir meta... Solver... Cenários... Compartilhar documento... Mesclar documento... Proteger documento ▸ Conteúdo da célula ▸ Galeria Macros ▸ Gerenciador de extensão... Filtros XML... Opções da autocorreção Personalizar... Opções...
Dados	Definir intervalo... Selecionar intervalo... Classificar... Filtro ▸ Formulário... Subtotais... Validação... Operações múltiplas... Texto para colunas... Consolidar... Esquema ▸ Tabela dinâmica ▸ Atualizar intervalo	**Janela**	Nova janela Fechar janela Ctrl+W Dividir Congelar Sem título 2 - LibreOffice Calc

Impress – BrOffice/LibreOffice 3.6			
Menu	**Imagem**	**Menu**	**Imagem**
Barra de Ferramentas	Sem título 1 - LibreOffice Impress Arquivo Editar Exibir Inserir Formatar Ferramentas Apresentação de slides Janela Ajuda		
Exibir	Normal Estrutura de tópicos Classificador de slides Apresentação de slides F5 Exibição de notas Exibição de folhetos Mestre ▸ Cor/Escala de cinzas ▸ ✓ Painel de tarefas ✓ Painel de slides Barras de ferramentas ▸ ✓ Barra de status Status do método de entrada Régua Grade ▸ Guias ▸ Anotações Navegador Ctrl+Shift+F5 Cabeçalho e rodapé... Zoom...	**Inserir**	Formatação padrão Caractere... Parágrafo... Marcadores e numerações... Página... Alterar caixa ▸ Posição e tamanho... F4 Linha... Área... Texto... Recortar imagem... Modelos de slides... Layout de slide... Estilos e formatação F11 Agrupar ▸
Arquivo	Novo ▸ Abrir... Ctrl+O Documentos recentes ▸ Assistentes ▸ Fechar Salvar Ctrl+S Salvar como... Ctrl+Shift+S Salvar tudo Recarregar Versões... Exportar... Exportar como PDF... Enviar ▸ Propriedades... Assinaturas digitais... Modelos ▸ Visualizar no navegador da Web Imprimir... Ctrl+P Configurar impressora... Sair Ctrl+Q	**Editar**	Desfazer Ctrl+Z Refazer Ctrl+Y Cortar Ctrl+X Copiar Ctrl+C Colar Ctrl+V Colar especial... Ctrl+Shift+V Selecionar tudo Ctrl+A Localizar Ctrl+F Localizar e substituir... Ctrl+H Duplicar... Shift+F3 Pontos F8 Pontos de colagem Campos... Excluir slide Vínculos... Plug-in Mapa de imagem Objeto ▸ Hyperlink...

Impress – BrOffice/LibreOffice 3.6			
Menu	**Imagem**	**Menu**	**Imagem**
Formatar	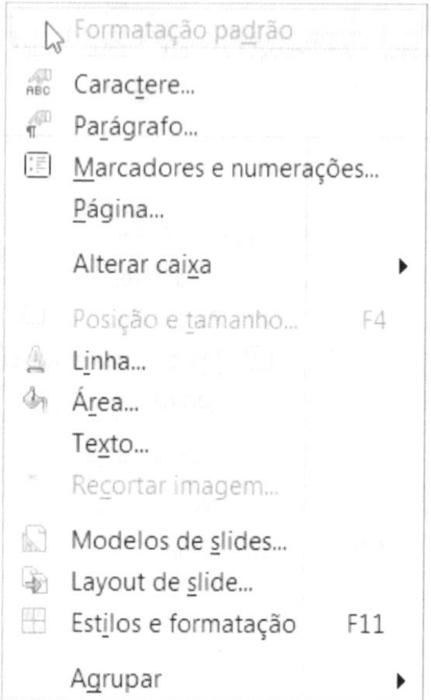	**Ferramentas**	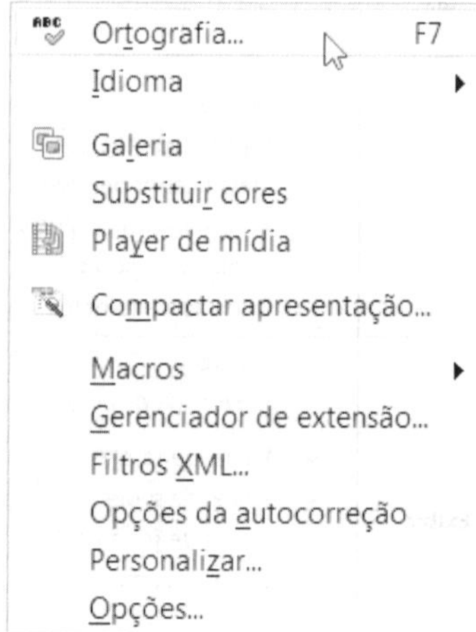
Apresentação de Slides	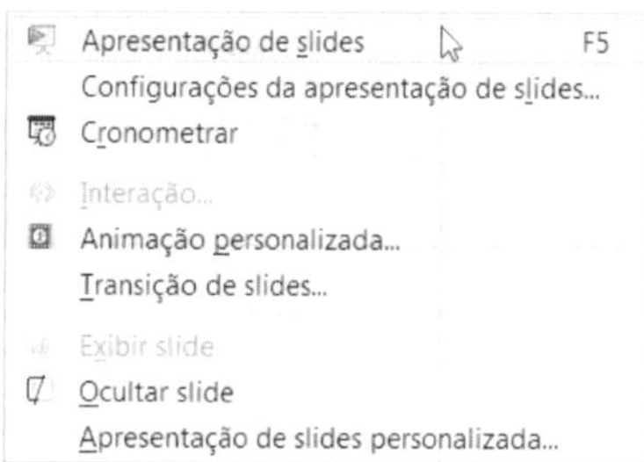	**Janela**	

2. SISTEMAS OPERACIONAIS – WINDOWS E LINUX

Os conhecimentos cobrados em relação aos sistemas operacionais também tratam do uso destes e não somente a aspectos teóricos. Assim, o candidato deve procurar se familiarizar com diferentes sistemas operacionais como Windows (XP, 7 e 8) e Linux. Para isto, o candidato pode utilizar softwares de virtualização, como o VMWare e o Virtual Box. Nestes é possível instalar um sistema operacional sem a necessidade de particionar o disco rígido. O sistema operacional, adicional, é instalado em uma máquina virtual e é executado em uma janela do sistema operacional principal.

Nas questões apresentadas na matéria de sistemas operacionais, poucas abordavam o sistema operacional Linux. Entretanto, não é possível afirmar que este não será coberto, em mais questões, em concursos futuros. Assim, é importante que o candidato instale uma versão do Linux, através de uma máquina Virtual, para se familiarizar com o sistema. Uma das versões mais amigáveis é o Ubuntu Linux. Este pode ser baixado a partir do seguinte site: http://www.ubuntu.com. Uma boa fonte de informações para aprender a utilizar o Ubuntu está disponível no seguinte link: https://help.ubuntu.com/12.10/ubuntu-help/index.html.

Dentre as questões abordadas nos concursos analisados, uma discutia o sistema de arquivos do Linux. No Linux, como no Windows, alguns diretórios têm funções bem definidas. A tabela a seguir apresenta os principais diretórios do Linux.

Diretório	Descrição
/bin	Arquivos binários de comandos essenciais do sistema.
/boot	Arquivos de boot (inicialização; boot-loader; Grub); kernel do *Linux*.
/dev	Dispositivos (devices) de entrada/saída: floppy, hardisk, cdrom, modem.
/etc	Arquivos de configuração (scripts) e inicialização.
/home	Diretório local (home) de usuários.
/lib	Bibliotecas e módulos(drives): compartilhadas com freqüência.
/mnt	Diretório de montagem de dispositivos, sistemas de arquivos e partição.
/opt	Para instalação de programas não oficiais da distribuição.
/proc	Diretório virtual (RAM) onde rodam os processos ativos.
/root	Diretório local do superusuário (root).
/sbin	Arquivos de sistema essenciais (binários do superusuário).
/tmp	Arquivos temporários gerados por alguns utilitários.
/usr	Arquivos de usuários nativos da distribuição.
/usr/local	Para instalação de programas não oficiais da distribuição.
/usr/src	Arquivos fontes do sistema necessários para compilar o kernel.
/var	Arquivos de log e outros arquivos variáveis.

Fonte: http://www.vivaolinux.com.br/dica/Estrutura-de-diretorios-do-Linux

A tabela a seguir apresenta alguns termos e significados comumente usados no Linux. Esta pode ser útil, principalmente em concursos onde não há uma exigência de conhecimento aprofundado do sistema.

Termo	Significado
root	Super usuário do Linux. Equivalente ao usuário Administrador do Windows. Este tem a permissão para instalação de programas e configuração do sistema operacional
KDE	Interface Gráfica utilizada em sistemas Linux.
Gnome	Outra interface Gráfica utilizada em sistemas Linux.
sudo	Comando do Linux que permite que um usuário qualquer do sistema adquira privilégios de root para efetuar alguma ação.
Shell	Nome dado aos interpretadores de comandos do Linux como Tcsh, Bash, etc. Estes são equivalentes aos programas cmd e command do Windows.
Nautilus	Gerenciador de arquivos disponível na interface Gnome e equivalente a Windows Explorer.
Aplicativos	Os softwares no Linux podem ser instalados através de pacotes que são um conjunto software já compilados. No Linux existem ferramentas para gerenciamentos de pacotes como apt-get que fazem o download do software e a instalação deste. Além dos pacotes, o usuário pode baixar o código fonte de alguns aplicativos e compila-lo para o seu sistema Linux.

A próxima tabela mostra alguns comandos utilizados nos terminais de comando do Linux (shell).

Comando	Utilização	Exemplo
rm	Remove um arquivo ou diretório no Linux. Este é equivalente a mover um arquivo ou diretório para a lixeira do Windows.	• rm /root/teste.log: remove o arquivo teste.log localizado no diretório /root
mv	move um arquivo ou diretório para outra localização no sistema de arquivos.	• mv /root/teste.log /tmp: move o arquivo teste.log do diretório /root para o diretório /tmp
id	imprime informações sobre os privilégios e grupos da conta de sistema utilizada pelo usuário.	• id: imprime o nome do usuário, privilégios e grupos do usuário que executou este comando
cd	altera o diretório para outro diretório do disco	• cd /tmp: muda o diretório atual para /tmp

Comando	Utilização	Exemplo
cp	faz uma cópia de um arquivo para o mesmo diretório ou para outra localização	• cp /root/teste.log /tmp: copia o arquivo teste.log do diretório /root para o diretório /tmp
ls	lista o conteúdo de um diretório	• ls /root: lista o conteúdo armazenado no diretório /root
ps	exibe os processos em execução	• ps – aux: exibe todos os processos em execução dos usuários (opção a) indicando o responsável pelo processo (opção u) e os que não estão sendo executados no terminal onde o ps foi executado (opção x).
top	exibe os processos em execução que estão consumindo mais recursos da memória e processoamento	• top
kill	envia um sinal para um processo visando encerrar a sua execução	• kill 665: envia um sinla de término para o processo 665 • kill – 9 665: força o encerramento do processo 665 utilizando o sinal SIGKILL(9).
bg	coloca um programa para executar em segundo plano	• bg: no Linux, em um shell, após executar um programa e pressionar Ctrl+Z o programa em execução é suspenso. Ao digitar, na sequência, o comando bg o programa suspenso passa a executar em segundo plano.
fg	Colada um programa, que está parado ou executando em segundo, para ser executado em primeiro plano	• fg vi: coloca o programa vi para ser executado em primeiro plano, caso ele esteja executando ou parado em segundo plano.
Ln	Crie links para arquivos nos sistemas de arquivos. Existem dos tipos: os links e os links simbólicos. Os simbólicos representam um atalho para um arquivo como ocorre no Windows. Se o arquivo for removido este deixa de funcionar. Já os links (hard links) representam uma segunda referência para o arquivo. Assim, um programa somente é totalmente removido de todos os links dele são removidos, além do próprio arquivo.	• ln /home/root/teste.txt teste: cria um link, chamado teste, no diretório local para o arquivo teste.txt localizado no diretório /home/root/ • ln – s /home/root/teste.txt teste: cria um link simbólico, chamado teste, no diretório local para o arquivo teste.txt localizado no diretório /home/root/
tar	Utilizado para criar arquivos compactados Sintaxe: Tar<opções><nome_arquivo_tar><diretório_ou_arquivo> Opções mais comuns: -c: cria um novo arquivo tar -v: exibe as etapas de criação do arquivo tar -f: indica que a saída do comando dever ser direcionada para um arquivo -z: comprime os arquivos utilizando o software gzip	tar – cvf becape.tar temp/: cria o arquivo becape.tar a partir dos arquivos contidos no diretório temp. Os arquivos são unidos no tar, mas não são compactados. tar – cvzf becape.tar.gz temp/: cria o arquivo becape.tar.gz a partir dos arquivos contidos no diretório temp. Os arquivos são unidos no tar e compactados com o gzip

Um resumo com os principais comandos do Linux pode ser encontrada no seguinte site: http://www.devmedia.com.br/comandos-importantes-linux/23893.

Sobre o sistema operacional Windows, um ponto cobrado nas questões desta matéria e que vale certa atenção são os tipos de arquivos usados no Windows. A tabela a seguir, apresenta os principais cobrados nas questões discutidas.

Formato	Tipo de arquivo
mpg	Padrão para geração de arquivos de áudio e vídeo comprimidos, ou seja, o padrão comprime o vídeo e áudio visando obter uma bola relação entre a qualidade destes e o tamanho do arquivo gerado.
jpg ou jpeg	Arquivo de imagem que fornece uma boa qualidade com tamanho reduzido de arquivo.
wpg	Identifica uma imagem bmp (bitmap) ou vetorial criada com o software WordPerfect. O WordPerfect é um editor de texto pela empresa Corel
wmf	É um formato criado para o Sistema Operacional Windows e utilizada para armazenar desenhos vetoriais ou imagens como bitmaps.
MP3	O MP3 é um formato que utiliza uma técnica de compressão com perdas de qualidade sem que esta seja de fácil percepção pelo ouvido humano. Isto é feito removendo do áudio as frequências de sons que o ouvido humano não consegue perceber. No formato MP3 existe uma grande redução no tamanho do arquivo. Entretanto, pode se escolher diferentes níveis de qualidade o que implica em tamanhos de arquivos maiores, mas ainda menores que o original.

Outro tópico cobrado nas questões é o conhecimento dos atalhos utilizados para executar tarefas no sistema operacional. A tabela a seguir, extraída o site http://windows.microsoft.com/pt-br/windows7/keyboard-shortcuts, apresenta os principais atalhos gerais.

Atalho	Resultado
F1	Mostrar a Ajuda
Ctrl+C (ou Ctrl+Insert)	Copiar o item selecionado
Ctrl+X	Recortar o item selecionado
Ctrl+V (ouShift+Insert)	Colar o item selecionado
Ctrl+Z	Desfazer uma ação
Ctrl+Y	Refazer uma ação
Delete (ou Ctrl+D)	Excluir o item selecionado e movê-lo para a Lixeira
Shift+Delete	Excluir o item selecionado sem movê-lo para a Lixeira primeiro
F2	Renomear o item selecionado
Ctrl+Seta para a Direita	Mover o cursor para o início da próxima palavra
Ctrl+Seta para a Esquerda	Mover o cursor para o início da palavra anterior
Ctrl+Seta para Baixo	Mover o cursor para o início do próximo parágrafo
Ctrl+Seta para Cima	Mover o cursor para o início do parágrafo anterior
Ctrl+Shift com uma tecla de direção	Selecionar um bloco de texto
Shift com qualquer tecla de direção	Selecionar mais de um item em uma janela ou na área de trabalho ou selecionar o texto dentro de um documento
Ctrl com qualquer tecla de direção+Barra de Espaços	Selecionar vários itens individuais em uma janela ou na área de trabalho
Ctrl+A	Selecionar todos os itens de um documento ou janela
F3	Procurar um arquivo ou uma pasta
Alt+Enter	Exibir as propriedades do item selecionado
Alt+F4	Fechar o item ativo ou sair do programa ativo
Alt+Barra de Espaços	Abrir o menu de atalho para a janela ativa
Ctrl+F4	Fechar o documento ativo (em programas que permitem vários documentos abertos simultaneamente)
Alt+Tab	Alternar entre itens abertos
Ctrl+Alt+Tab	Usar as teclas de direção para alternar entre itens abertos
Ctrl+Roda de rolagem do mouse	Alterar o tamanho dos ícones na área de trabalho
Tecla do logotipo do Windows +Tab	Percorrer programas na barra de tarefas usando o Aero Flip 3-D
Ctrl + tecla do logotipo do Windows +Tab	Usar as teclas de seta para percorrer os programas na barra de tarefas utilizando o Aero Flip 3-D
Alt+Esc	Percorrer os itens na ordem em que foram abertos
F6	Percorrer os elementos da tela em uma janela ou na área de trabalho
F4	Exibir a lista da barra de endereços no Windows Explorer
Shift+F10	Exibir o menu de atalho para o item selecionado
Ctrl+Esc	Abrir o menu Iniciar
Alt+letra sublinhada	Exibir o menu correspondente
Alt+letra sublinhada	Executar o comando do menu (ou outro comando sublinhado)
F10	Ativar a barra de menus no programa ativo

Atalho	Resultado
Seta para a Direita	Abrir o próximo menu à direita ou abrir um submenu
Seta para a Esquerda	Abrir o próximo menu à esquerda ou fechar um submenu
F5 (ou Ctrl+R)	Atualizar a janela ativa
Alt+Seta para Cima	Exibir a pasta um nível acima no Windows Explorer
Esc	Cancelar a tarefa atual
Ctrl+Shift+Esc	Abrir o Gerenciador de Tarefas
Shift quando inserir um CD	Evitar que o CD seja executado automaticamente
AltEsquerdo+Shift	Alternar o idioma de entrada quando houver mais de um idioma de entrada habilitado
Ctrl+Shift	Alternar o layout do teclado quando houver mais de um layout de teclado habilitado
Ctrl Direito ou Esquerdo+Shift	Alternar a direção da leitura de texto em idiomas com leitura da direita para a esquerda

Outras listas de atalhos podem ser encontradas no seguinte site: http://windows.microsoft.com/pt-br/windows7/keyboard-shortcuts.

3. REDES DE COMPUTADORES, INTERNET E INTRANET

Na disciplina relacionada a Redes de Computadores, alguns termos são recorrentes em concursos. Conhecer o significado destes é essencial para resolver algumas questões.

Termo	Significado
ADSL (Assymmetric Digital Subscriber Line)	É uma tecnologia que consegue aproveitar simultaneamente uma linha telefônica para a transmissão de dados e voz. Isto ocorre porque apenas uma pequena faixa de frequência da linha telefônica é utilizada para a transmissão de voz. O restante da faixa de frequência da linha não é utilizado. Assim, o modem ADSL utiliza esta faixa de frequência ociosa para a transmissão de dados utilizando técnicas de multiplexação como a FDM (Frequency Division Multiplexing – Multiplexação por Divisão de Frequência). Basicamente, a multiplexação consiste em combinar duas ou mais fontes de dados em um único canal de comunicação. Existem várias técnicas para realizar esta multiplexação, dentre as quais a FDM.
Intranet	É uma rede local de computadores privada, ou seja, esta é uma rede utilizada apenas por um grupo reduzido de usuários, normalmente, relacionados a uma instituição ou departamento de uma empresa. Esta rede utiliza os mesmos protocolos da Internet (TCP/IP). Entretanto o acesso a estas é restrito aos usuários autorizados. Uma intranet, normalmente, não é acessível a partir da Internet por usuários não autorizados. Isto ocorre porque esta é utilizada para disponibilizar informações a todos os usuários internos como relatórios, normas, formulários, notícias, dentre outros.
Extranet	É uma parte da rede de computadores interna de uma empresa que é compartilhada com outra empresa parceira ou cliente. Esta utiliza os mesmos protocolos da Internet. Entretanto são adicionados mecanismos de segurança, como criptografia das transmissões, para garantir a segurança do ambiente. Isto ocorre porque os parceiros terão acesso a determinados serviços da empresa que somente estariam disponíveis aos usuários da rede interna.
Chat	É um tipo de software utilizado para conversas em tempo real. Através destes aplicativos, duas ou mais pessoas podem interagir e trocar mensagens instantâneas.
Navegador	Este termo se refere aos softwares utilizados para acesso a páginas Web, também conhecidos como browsers. Exemplos deste tipo de software: Internet Explorer, Chrome, Firefox, etc.
TCP/IP	é arquitetura de protocolos padrão utilizada na Internet. O nome desta arquitetura é originado do nome dos protocolos mais famosos que compõe a arquitetura: o IP e o TCP. Esta arquitetura está dividida em cinco camadas (físico, acesso a rede, internet, transporte e aplicação) que possui objetivos específicos visando o acesso à internet. Esta arquitetura não foi projetada, mas sim surgiu da junção em uma única arquitetura de protocolos já utilizados em sistemas Unix para acesso à Internet.
OSI	o modelo OSI foi uma arquitetura proposta pela ISO para a padronização da arquitetura de protocolos para o acesso à Internet. No período que o modelo OSI foi proposto existia uma série de protocolos proprietários. Esta falta de padronização prejudicava uma comunicação entre sistemas que utilizam arquiteturas de protocolos diferentes. Além do fato, de atrelar o usuário a um único fornecedor. Assim a proposta da arquitetura OSI seria para padronizar a arquitetura de protocolos para acesso a Internet. Esta arquitetura possui 7 camadas (físico, ligação de dados, rede, transporte, sessão, apresentação e aplicação). Esta arquitetura não se tornou o padrão para acesso a Internet porque os protocolos do TCP/IP já eram utilizados em computadores Unix o que facilitou a adoção do TCP/IP em detrimento ao OSI.

O conhecimento sobre os aplicativos utilizados para acesso à Internet, e-mail e outros serviços são temas recorrentes nas questões desta área. Além do domínio dos aplicativos, o candidato deve conhecer os principais protocolos utilizados nas redes de computadores. A tabela a seguir apresenta um resumo sobre estes.

Sigla	Protocolo	Funcionalidade	Softwares Relacionados
ARP	AddressResolutionProtocol	Este protocolo é utilizado para obter o endereço físico da placa de rede (MAC Address) a partir do endereço IP	Implementado no sistema operacional na pilha de protocolos de rede.
FTP	File TransferProtocol	É um protocolo utilizado para transferência de arquivos entre servidores de arquivos e computadores clientes	Clientes de FTP (CuteFTP) e servidores de FTP (Ex: ProFTPD).
HTTP	Hypertext TransferProtocol	Protocolo utilizado para acesso a páginas web. Com este é possível acessar uma página em um servidor web, através de um navegador.	Navegadores (Internet Explorer, Chrome, Firefox, etc.) e Servidores Web (Ex: Apache).
IMAP	Internet Message Access Protocol	Protocolo utilizado para recebimento de e-mails de servidores de e-mail. As mensagens baixadas por este protocolo são mantidas no servidor sem armazenamento local, permanente, no computador do usuário.	Clientes de E-mail (Ex: Thunderbird) e servidores de e-mail (Ex: Microsoft Exchange).
IP	Internet Protocol	Protocolo utilizado para identificação de computadores em uma rede TCP/IP e promover a comunicação entre estes.	Implementado no sistema operacional na pilha de protocolos de rede
NNTP	Network News TransferProtocol	é um protocolo utilizado para transporte de notícias da Usenet entre servidores de notícias. Este protocolo também é utilizado por softwares clientes para ler e postar notícias na rede Usenet. Assim, este não é utilizado na configuração de e-mails como o POP3.	Clientes e Servidores de Usenet
POP3	Post Office Protocol	Protocolo utilizado para recebimento de e-mails de servidores de e-mail. As mensagens baixadas por este protocolo são removidas do servidor.	Clientes de E-mail (Ex: Thunderbird) e servidores de e-mail (Ex: Microsoft Exchange).
RTP	(Real Time Transporte Protocol)	Protocolo que define um padrão de pacotes para transmissão de dados multimídia (áudio e vídeo) sobre redes de computadores baseadas em IP	Implementado no sistema operacional na pilha de protocolos de rede
SMNP	(Simple Network Management Protocol)	Protocolo utilizado para gerenciamento de computadores em uma rede. O protocolo permite que softwares, chamados agentes, se comuniquem com um ponto de gerenciamento e enviem informações sobre os equipamentos que gerenciam. Através desta comunicação, é possível verificar e gerenciar o desempenho da rede, identificar computadores e dispositivos com mau funcionamento, além de possibilitar a checagem de recursos (ex: espaço em disco), dentre outras opções.	Utilizado através de ferramentas de gerenciamento de redes com suporte a este protocolo.
SMTP	Simple Mail TransferProtocol	Protocolo utilizado para envio de e-mails.	Clientes de E-mail (Ex: Thunderbird) e servidores de e-mail (Ex: Microsoft Exchange).
TCP	TransmissionControlProtocol	Protocolo da camada de transporte do TCP/IP responsável pela entrega confiável (com conexão) de dados para aplicações.	Implementado no sistema operacional na pilha de protocolos de rede
HDLC	high-level data link control	protocolo de camada de enlace utilizado para identificar erros de transmissão de dados ocorridos na camada física, dentre outras funções. Logo, esta sigla não representa uma interface para conexão de dispositivos.	Implementado no sistema operacional na pilha de protocolos de rede
UDP	UserDatagramProtocol	Protocolo da camada de transporte do TCP/IP responsável pela entrega não confiável (sem conexão) de dados para aplicações. Por ser mais simples, possui um desempenho melhor com o TCP. Entretanto não há a garantia da entrega dos dados, como ocorre no TCP.	Implementado no sistema operacional na pilha de protocolos de rede

Os clientes de e-mail são abordados em diversas questões e concursos. Basicamente, as questões envolvem a configuração destes softwares e também os campos utilizados para o envio de mensagens. A tabela a seguir define os principais campos utilizados em clientes de e-mail.

Campo	Significado
To:	Especifica o destinatário da mensagem, ou seja, para quem a mensagem é endereçada.
Cc:	Especifica outros endereços de e-mail para os quais a mensagem será copiada. Este campo é visível para todos os destinatários que recebem esta mensagem, ou seja, tanto o destinatário (To) quanto os que receberam a cópia (Cc) conseguem visualizar os e-mails para os quais as mensagens foram enviadas.
Cco:	Este campo especifica a cópia da mensagem para outros destinatários com a ocultação dos endereços de e-mail. Todos os endereços de e-mail especificados neste campo não serão visualizados pelos destinatários especificados nos campos To e Cc.

Em uma rede de computadores são necessários alguns dispositivos para possibilitar a interligação de computadores em rede. Na próxima tabela são apresentados alguns destes dispositivos.

Dispositivo de Rede	Funcionamento
Hub	é um equipamento que permite a integração de uma ou máquinas em uma rede. Este, ao receber um pacote para ser enviado a um computador, irá replicar o pacote para todos os computadores conectados a ele. Cada computador irá receber o pacote e analisar o endereço de destino. Se este corresponder ao endereço do computador receptor, o pacote é processado. Caso contrário este é descartado
Switch	este dispositivo é semelhante a um hub. A diferença é que o Switch tem a capacidade de identificar qual computador está conectado a qual porta deste. Isto é feito associando o endereço MAC do computador a porta que este se encontra conectada. Desta forma, o Switch não faz a cópia de todos os pacotes para os computadores, como o Hub. Ao contrário, este identifica qual a porta em que o computador de destino está conectado e envia o pacote recebido somente a este computador.
Gateway	é um dispositivo de rede utilizado para interligar redes e/ou traduzir protocolos entre redes que operam com pilhas de protocolos diferentes. Quando um pacote chega ao Gateway, este é traduzido para a pilha de protocolos da rede de destino ou adaptado. Todo o controle do tráfego de pacotes entre o emissor, do pacote, e o destinatário é gerenciado pelo Gateway.
Roteador	é um dispositivo de rede utilizado para gerenciar o tráfego de pacotes entre redes visando garantir a entrega deste. Assim, um roteador é conectado a duas ou mais redes através de interfaces de rede. Quando este recebe um pacote, ele analisa o endereço destino e verifica por qual interface deve encaminhar o pacote. Neste processo de decisão, o roteador faz uso de tabelas de roteamento, as quais definem a partir do endereço de origem por qual interface o pacote precisa ser enviado.

Algumas questões abordavam o conhecimento de comandos de busca do Google. A tabela a seguir resume os principais comandos que podem ser utilizados no buscador.

Comando	Exemplo	Descrição
termo01 termo02	Concurso TRE	Faz a busca por todas as páginas que contenham a palavra Concurso ou TER em qualquer ordem.
"termo01 termo02"	"Concurso TRE"	Faz a busca por todas as páginas que contenham o termo Concurso e TRE nesta ordem.
termo01 – termo02	Concurso – TRE	Faz a busca por páginas que contenham a palavra Concurso, mas remove da busca todas as páginas que contenham a palavra TER
Termo01 site: termo02	Concurso site www.tre-sp.jus.br	Faz a busca por todas as páginas no domínio www.tre-sp.jus.br que contenham a palavra Concurso.

Uma lista com mais comandos de busca pode se visualizada nos seguintes sites:

http://www.techtudo.com.br/dicas-e-tutoriais/noticia/2011/07/guia-conheca-todos-os-comandos-de-buscas-do-google.html

http://www.pontodefusao.com/Dicas/comandos-para-melhorar-sua-busca-no-google

3.1. COMPUTAÇÃO EM NUVEM

O termo Computação em Nuvem refere-se a um modelo computacional onde os serviços são providos por computadores espalhados pela Internet (conceito de nuvem). Neste, o usuário não precisaria mais instalar programas em seu computador pessoal. Bastaria ter um computador com um navegador (Firefox, Chrome, IE, etc.) e uma conexão com a Internet.

A partir desta configuração mínima do computador seria possível acessar aplicativos na Internet que proveriam o serviço necessário como edição de vídeo, edição de textos, etc. Como exemplos de aplicativos na nuvem pode-se citar o Google Docs e o Office 365.

Além de aplicados, é possível ter servidores completos na nuvem. Assim, uma empresa não precisa manter fisicamente um servidor em sua rede local para demonstração de protótipos de softwares para clientes. Agora, basta criar um servidor na nuvem, configurar o servidor e disponibilizar a aplicação. Empresas com a Amazon e Local Web disponibilizam serviços de configuram de servidores na nuvem.

Os serviços em nuvem possibilitam também a alocação de capacidade de processamento. Para alguns softwares, como os de cálculos pesados, existe a necessidade de uma maior capacidade de processamento para obter o resultado desejado. Assim, o programador pode desenvolver um programa que utiliza o poder de processamento de computadores na nuvem. Assim, o programa divide os dados a serem processados e a nuvem se encarrega de executar o processamento. A empresa Amazon fornece serviços para este tipo de aplicação.

Outra aplicação é a armazenamento de arquivos na nuvem. Além das aplicações, os arquivos também podem ser disponibilizados na nuvem e acessados a qualquer momento a partir de uma conexão de Internet. O Dropbox e OneDrive são exemplos deste tipo de serviço.

Apesar das facilidades como acesso a qualquer momento, redução da necessidade de poder computacional para executar aplicações, utilização de poder computacional adicional, disponibilidade de serviços, dados e aplicações, etc. a computação em nuvem possui alguns problemas. Como os arquivos e aplicações ficam disponibilizados na Internet, não se sabe a exata localização destes (sendo que podem ser movidos a qualquer momento para outros servidores) e quais medidas de segurança e proteção são empregadas. Dependendo do país onde o servidor está hospedado pode-se não garantir requisito de sigilo dos dados. A velocidade da Internet, onde se encontra o servidor, passa a ser um fator relevante. Caso a velocidade a conexão se torne lenta isto pode impossibilitar o acesso ao serviço. Outro ponto é que os usuários ficam "dependentes" da empresa provedora do serviço.

4. SEGURANÇA DA INFORMAÇÃO

Quando as questões tratam de temas sobre a segurança da informação, normalmente estas abordam conceitos relacionados aos tipos de ameaças virtuais. As tabelas a seguir apresentam a definição das principais ameaças virtuais e ataques.

Ameaça Virtual	Descrição
Malware	é o software intencionalmente incluído ou inserido em um computador para um propósito prejudicial. Os objetivos de um *malware* envolvem: comprometer dados e funcionalidades, prover acesso não autorizado, roubar informações, controlar remotamente um sistema, além de outros tipos de ações danosas. Esta categoria envolve todos os tipos de ameaças como vírus, spyware, worms, etc.
Vírus	é um programa de computador que possui a capacidade de infectar outros arquivos e de se replicar. Quando um programa infectado é executado, o código do vírus é acionado gerando novas cópias do vírus, infectando outros programas e até executando ações danosas como remoção de arquivos do computador ou envio de cópias deste por e-mail.
Keylogger	Software utilizado para capturar tudo o que é digitado no teclado e envia estes dados para um invasor.
Screenlogger	Programa que faz captura da tela do computador. Ele é acionado no momento em que o mouse é clicado e captura a região ao redor do cursor e a envia para um invasor.
Spyware	Software projetado para monitorar as atividades em um computador (ex: acesso a sites na Internet) e enviar estas informações a terceiros
Adware	Programa que exibem anúncios e propaganda, na tela do computador, sem a autorização do usuário.
Hijacker	Software que modifica a página inicial do navegador. O objetivo é, por exemplo, redirecionar o usuário a sites de propaganda visando ganhos financeiros para o criador do programa.
Trojan (Cavalo de Tróia)	Tipo de software malicioso que além de executar uma função para a qual foi projetado (ex: um jogo) executa outras atividades sem o conhecimento e autorização do usuário (ex: instala um spyware no computador).
Wabbit	Programa malicioso que se autorreplica, no computador do usuário, após ser instalado. O objetivo deste é consumir recursos como espaço em disco ou memória para tornar o computador mais lento ou instável.
Exploit	Programa construído para explorar uma vulnerabilidade (normalmente um erro de programação) em um determinado aplicativo ou sistema operacional.

Ataques	Descrição
Buffer Overflow	Ataque que consiste na sobrescrita de dados em um buffer (região da memória onde os dados são armazenados) visando o acesso não autorizado e a execução de comandos. Este tipo de ataque está relacionado a erros de programação Estes erros ocorrem, por exemplo, quando um programador não verifica o tamanho de uma entrada de dados. Assim, o programa possui um bufferque consegue armazenar 200 bytes. Entretanto, se o programador do software não colocou um código para validação do tamanho da quantidade de dados enviada, um atacante pode enviar um dado com 250 bytes. Estes 50 bytes adicionais irão sobrescrever parte da memória onde se encontram as demais instruções do programa. Normalmente, estes bytes adicionais são formatados pelo atacante para permitir a execução de comandos, enviados por este, para o servidor, como por exemplo, executar um comando para sobrescrever o conteúdo de um arquivo ou abrir uma janela para que o atacante executar comandos no servidor.
Defacement	Ataque que consiste em alterar o conteúdo da página web de um site aproveitando-se da vulnerabilidade da linguagem de programação ou dos pacotes utilizados no desenvolvimento de aplicação web.
Engenharia Social	Técnica utilizada por invasores para obter informações privilegiadas. Esta não utiliza recursos técnicos. Entretanto é extremamente eficaz porque o invasor entra em contato com a vítima e tenta enganá-la e fazer com que esta forneça informações confidenciais. Para isto, o engenheiro social normalmente se faz passar por outra pessoa ou por um funcionário legítimo de uma organização ou empresa.
Pharming	Técnica mais sofisticada de phising onde o usuário é redirecionado para um site falso devido a alterações nos dados do servidor de DNS (Domain Name System). Este servidor é o responsável pela tradução de endereços de páginas web, como www.banco.com.br, para endereços de rede.
Phising	Técnica onde um atacante tenta enganar um usuário para obter informações confidenciais. Por exemplo, o atacante pode criar um site falso, muito parecido com o site original, onde todas as informações digitadas serão enviadas para o criador do site. Existem várias formas de se implementar um phising, mas todas envolvem engenharia social e meios técnicos (ex: falsificação e e-mails e sites).

Uma boa fonte de estudos, sobre as principais ameaças à segurança da informação e conceitos relacionados à segurança, é a Cartilha de Segurança para a Internet publicada pelo Cert.br (Centro de Estudos, Resposta e Tratamento de Incidentes de Segurança no Brasil). A cartilha pode ser acessada gratuitamente através do seguinte site: http://cartilha.cert.br/.

Além das ameaças, o candidato deve conhecer as principais ferramentas utilizadas para garantir a segurança de um ambiente computacional. A tabela a seguir, define as principais.

Ferramenta	Descrição
Antivírus	é um software residente na memória do computador que é carregado no momento que o SO é inicializado. Este monitora constantemente o sistema e emprega técnicas para prevenir, detectar, identificar, remover vírus e outros tipos de *malware*.
Assinatura Digital	é uma técnica de criptografia utilizada para validar o conteúdo de documentos digitais. Esta tem o objetivo de funcionar como a assinatura convencional. Assim, um usuário utiliza um software de criptografia para realizar a assinatura digital de um documento. Esta assinatura é gerada a partir de um código, calculado a partir do texto, e da cifragem deste com a chave do usuário. Como o texto é assinado com a chave do usuário é possível, se o usuário possui um certificado digital, validar a assinatura dele no documento. Além disto, é possível verificar se o documento não foi alterado obtendo o código gerado da assinatura e comparando com o código calculado para a mensagem recebida. Entretanto, está técnica depende da existência de um certificado digital.
Certificado Digital	é um documento eletrônico que associa um par de chaves pública e privada a uma pessoa. A partir de um certificado digital o usuário pode cifrar, decifrar e assinar documentos. Além disto, outros usuários podem utilizar o certificado para verificar o emissor de um documento cifrado ou a assinatura deste em um documento.
Criptografia	é um técnica matemática para codificar um texto para torna-lo inteligível. Este é implementado por algoritmos de criptografia. No processo de codificação (cifragem) é utilizada uma chave para gerar o texto codificado. Para obter o texto original, a partir do codificado, também é necessário o uso de uma chave. Existem dois tipos de algoritmos de criptografia. Os simétricos e os assimétricos. Os simétricos utilizam uma única chave para cifrar e decifrar o texto. Esta chave é chamada de chave privada. Os assimétricos possuem duas chaves. Uma utilizada para cifrar o texto, chamada de chave pública, e outra para decifrar, chamada de chave privada.
Criptografia Simétrica	neste tipo de algoritmo de criptografia utiliza-se apenas uma chave para cifrar e decifrar a mensagem.
Criptografia Assimétrica	neste tipo de algoritmos utiliza-se um par de chaves para cifrar e decifrar a mensagem. A cifragem é feita pela chave pública e a decifragem é feita pela chave privada. A chave privada é de conhecimento apenas do proprietário do par de chaves. Já a chave pública pode ser distribuída pela Internet para que outros usuários consigam enviar mensagens ao proprietário da chave pública. Todas as mensagens cifradas com a chave pública apenas são decifradas com a respectiva chave privada.

Ferramenta	Descrição
Assinatura Digital	uma assinatura digital é um código que garante que um determinada mensagem ou documento não foi alterado. Esta é gerada a partir de um código único para o conteúdo da mensagem ou documento. O código é gerado utilizando alguma função hash. Após isto o código e cifrado utilizando a chave privada de uma pessoa e um algoritmo de assinatura digital. O código cifrado (assinatura) é anexado a mensagem ou ao texto. Quando um receptor recebe uma mensagem assinada, este consegue validar se a mensagem não foi alterada. Para isto, o software do receptor gera o código hash do conteúdo da mensagem ou documento. Após isto, este decifra o código hash da assinatura utilizando a chave pública do emissor da mensagem. Caso o código gerado e o código gerado sejam idênticos, garante-se que o conteúdo não foi alterado. Caso o emissor possua um certificado digital é possível comprovar validar que o emissor da mensagem é quem realmente afirma ter assinado a mensagem. Devido à associação entre o proprietário do certificado e o par de chaves definido por este certificado.
Entidade Certificadora	instituição responsável pela emissão de certificados digitais para pessoas físicas e jurídicas. Para se obter um certificado digital, a pessoa precisa entregar uma série de documentos que comprovam a identidade desta.
Firewall	é um dispositivo de rede colocado na fronteira entre duas redes (Ex: entre uma rede local e a Internet). O objetivo deste é analisar o tráfego entre as duas e permitir, ou não, que um pacote deixe ou entre em uma determinada rede. Para isto o firewall possui um conjunto de regras que são definidas a partir da política de segurança definida pela empresa ou instituição.
Firewall de Host	tipo de firewall que analisa a comunicação via rede entre o computador, a rede local ou a Internet. Este é capaz de barrar conexões e restringir acessos de aplicativos a internet (ou rede local). O objetivo destas ações é a proteção do computador.
Honeynet	é uma rede de computadores projetada para ser comprometida. O objetivo desta é estudar o comportamento de um invasor.
Honeypot	é uma ferramenta que simula um sistema operacional vulnerável visando monitorar o ataque de um invasor.

Os sistemas computacionais e dados possuem requisitos de segurança associados a estes. Os requisitos dependem das informações manipuladas por estes sistemas, sua criticidade, e nível de importância da informação. Em algumas questões, é necessário conhecer estes requisitos para respondê-las. A tabela a seguir apresenta os principais requisitos de segurança que precisam ser atendidos em diversos sistemas.

Requisito de Segurança	Significado
Confidencialidade	Garantir que a informação somente seja acessada por usuários autorizados.
Integridade	Proteger a informação de ser alterada ou modificada por pessoas não autorizadas ou falhas de hardware e software.
Disponibilidade	Garantir que os serviços não se degradem ou se tornem indisponíveis para acesso dos usuários.
Irretratabilidade	Garantir que o autor de uma determinada ação em um sistema não seja capaz de negar a execução desta. Este requisito está relacionado ao registro de informações dos usuários visando identificar os autores de determinas ações no sistema.
Consistência	Garantir que o sistema se comporte como o esperado quando utilizado por usuários autorizados.

5. HARDWARE

Havia poucas questões relacionadas ao tema Hardware, nos concursos analisados. Entretanto, os temas sobre barramentos e tipos de memória tendem a serem conceitos cobrados em questões desta área devido à importância destes. As tabelas a seguir resumem os tipos de memórias, barramentos e outros termos cobrados nas questões analisadas.

Memórias	Descrição
Cache	Memória de alta velocidade que serve como região de armazenamento temporário entre o processador e os demais dispositivos. O objetivo desta é reduzir a diferença de desempenho entre a velocidade do processador e dos demais dispositivos.
Principal (RAM)	Memória projetada para armazenar dados e programas que estão sendo utilizados ou em execução. Esta permite sucessivas escritas e leitura e é volátil, ou seja, quando o computador é desligado, os dados contidos nesta são perdidos.
Secundária	Este tipo de memória é representado pelo disco rígido. Neste os dados e os programas são armazenados permanentemente. Quando o usuário necessita executar um programa ou abrir um arquivo, este é carregado do disco para a memória principal para ser executado ou acessado.

Memórias	Descrição
Virtual	É uma região do disco rígido onde são armazenados dados e códigos de programas em execução na memória RAM. Como existe um limite de memória RAM nos computadores, o qual é bem menor que a capacidade de disco, nem todos os programas em execução podem ser armazenados simultaneamente na memória RAM. Assim, o sistema operacional move os programas e dados, que não estão em uso no momento, para a memória virtual. Posteriormente, quando existe a necessidade de se utilizar o dado ou programa que se encontra na memória virtual, estes são movidos para a memória RAM e outro programa ou dados, que não estão em uso, são movidos para memória virtual.
ROM (Read Only Memory – Memória de Apenas Leitura)	Memória utilizada para armazenar dados referentes ao funcionamento do computador. Os dados armazenados nesta memória não podem ser apagados ou desaparecem após o computador ser desligado como ocorre com a memória principal.

Barramentos	Descrição
PCI *(Peripheral Component Interconnect* – Interconector de Componentes Periféricos)	Utilizado para conexão de periféricos ao computador. Estes periféricos são os componentes instalados na placa mãe como placas gráficas, placas de som, placas de rede, dentre outras. O objetivo deste barramento é possibilitar a comunicação entre estes dispositivos e o processador.
USB (Universal Serial Bus)	Tipo de barramento que permite a conexão de dispositivos como câmeras, HDs externos, pen drivers, mouse, teclados, etc. O objetivo deste barramento é o padronizar o tipo de conector utilizado para esta finalidade.
AGP (Accelerated Graphics Port – Porta Gráfica Acelerada)	Tipo de barramento utilizado para conectar placas aceleradoras gráficas a placa mãe do computador. Através destas placas é possível ter um melhor resolução e performance em jogos eletrônicos, vídeos e visualização em 3D.
SATA (Serial AT Attachment)	Tecnologia para transmissão de dados em alta velocidade entre o computador e dispositivos como discos rígidos. Esta tecnologia permite a transmissão de dados mais rapidamente, quando comparada com a tecnologia anterior (IDE), além de possibilitar que os discos e dispositivos sejam removidos e inseridos sem a necessidade de desligar o computador.
eSATA (External SATA)	Padrão de conector externo SATA que mantém a velocidade de transmissão do SATA para dispositivos externos.
VGA (Video Graphics Array)	Nome dado a um padrão de conector utilizado para ligar monitores e datashows a computadores. O termo foi utilizado inicialmente para denominar um padrão de gráficos para computador.
IDE (Integrated Drive Electronics)	Padrão para interligar dispositivos de armazenamento, como discos rígidos, cd-roms, etc. internamente em computadores. Através desta interface os dados são trafegados entre o dispositivo e o computador. Entretanto, este só é utilizado para conexão interna destes dispositivos com a placa mãe

Raciocínio Lógico

Daniel Alves Machado

TABELA DE INCIDÊNCIA DE QUESTÕES

Distribuição das questões organizada por ordem didática de assuntos		
Assunto	**Número de Questões**	**Peso**
1. OPERAÇÕES COM CONJUNTOS	2	7,14%
2. DIAGRAMAS LÓGICOS	1	3,57%
3. SEQUÊNCIAS NUMÉRICAS	2	7,14%
4. LÓGICA PROPOSICIONAL	6	21,43%
5. TABELA-VERDADE	1	3,57%
6. LÓGICA DE ARGUMENTAÇÃO	4	14,29%
7. LÓGICA SENTENCIAL	1	3,57%
8. REGRA DE TRÊS	1	3,57%
9. PORCENTAGEM	1	3,57%
10. GEOMETRIA	1	3,57%
11. ANÁLISE COMBINATÓRIA	3	10,71%
12. PROBABILIDADE	3	10,71%
13. OPERAÇÕES LÓGICAS	2	7,14%
Total	**28**	**100%**

Raciocínio Lógico

Daniel Alves Machado

✦ QUESTÕES

1. OPERAÇÕES COM CONJUNTOS

01. (Delegado de Polícia – ES/ 2011 – CESPE) Acerca de operações com conjuntos, julgue o item subsequente.

– Considere que os conjuntos A, B e C tenham o mesmo número de elementos, que A e B sejam disjuntos, que a união dos três possuía 150 elementos e que a interseção entre B e C possuía o dobro de elementos da interseção entre A e C. Nesse caso, se a interseção entre B e C possui 20 elementos, então B tem menos de 60 elementos.

COMENTÁRIOS

✪ **Nota do autor:** Em questões que envolvem diagrama de Venn-Euler, devemos estar sempre atentos às intersecções para que não contemos o mesmo elemento duas vezes. Na maioria das questões, a resolução deve se iniciar pelas intersecções, ou pelos elementos que não fazem parte de nenhum dos conjuntos.

Para iniciarmos a resolução é necessário montar um diagrama de Venn-Euler, observando a condição de que A e B são disjuntos, ou seja, não possuem intersecção.

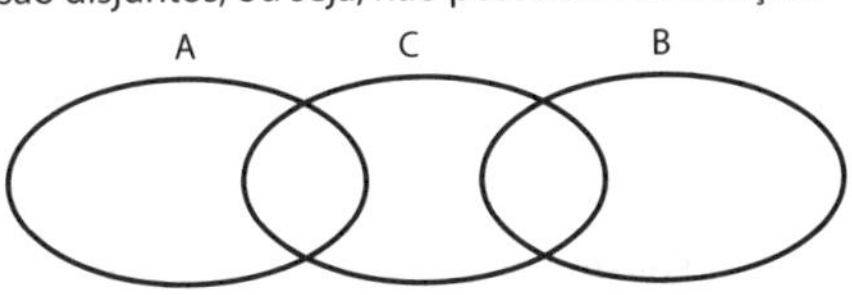

Para o preenchimento do diagrama, devemos tomar como partida o dado numérico fornecido de que a intersecção entre B e C possui 20 elementos. Como a intersecção entre B e C possui o dobro de elementos da intersecção entre A e C, a intersecção entre A e C possuirá 10 elementos.

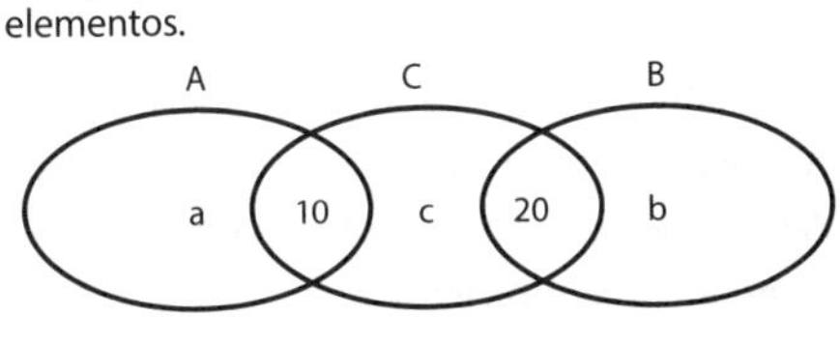

Sendo *a* o número de elementos que pertencem somente ao conjunto A; *b*, o número de elementos que pertencem somente ao conjunto B; *c*, o número de elementos que pertencem somente ao conjunto C, vamos observar as demais condições.

1ª condição: A, B e C possuem a mesma quantidade de elementos, portanto:

$$a + 10 = c + 30 = b + 20$$

Vamos escrever *a* em função de *c*:

$$a + 10 = c + 30$$
$$a = c + 30 - 10$$
$$a = c + 20$$

Repetindo o mesmo processo para *b*:

$$c + 30 = b + 20$$
$$b = c + 30 - 20$$
$$b = c + 10$$

2ª condição: A união dos três conjuntos possui 150 elementos, portanto:

$$a + 10 + c + 20 + b = 150$$

Isolando *a*, *b* e *c*, temos:

$$a + b + c = 120$$

Substituindo *a* e *b* na segunda condição, temos:

$$(c+20)+(c+10)+c=120$$
$$3c + 30 = 120$$
$$3c = 90$$
$$c = 30$$

Encontrando o valor de *a*:

$$a = c + 20$$
$$a = 30 + 20$$
$$a = 50$$

Repetindo o mesmo processo para *b*:

$$b = c + 10$$
$$b = 30 + 10$$
$$b = 40$$

Com esses dados, podemos reescrever o diagrama:

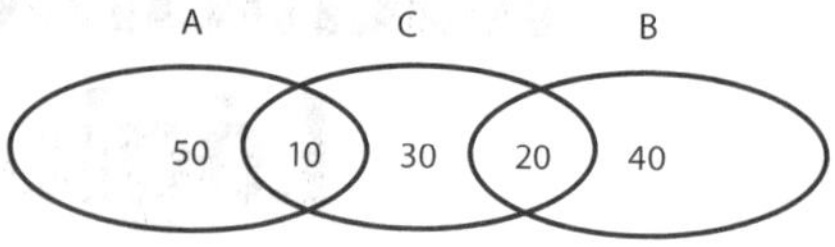

Com o diagrama completo, podemos concluir que cada um dos conjuntos possui exatamente 60 elementos.

Alternativa correta: **"errado".**

---

02. (Delegado de Polícia – AC/ 2008 – CESPE) Uma palavra sobre $\Sigma = \{0, 1\}$ consiste dos próprios símbolos de Σ, 0 e 1, e também de uma concatenação de qualquer dos símbolos de Σ, como, por exemplo, 00, 01, 000, 001, 1001 etc. Uma palavra tem comprimento N quando possui N símbolos. Defina por Σ^N o conjunto de todas as palavras sobre Σ que têm comprimento N.

Com base nessas informações, julgue os itens a seguir.

Se $r = \{0, 2\}$, então o conjunto $r^3 \cap \Sigma^3$ contém um único elemento, a palavra 012.

COMENTÁRIOS

✪ **Nota do autor:** Para operações com conjuntos, temos a seguinte simbologia:

Intersecção $\cap$: Representa os elementos que fazem parte dos dois conjuntos ao mesmo tempo.

União $\cup$: Representa a junção dos elementos dos dois conjuntos.

Pertinência $\in$: Simboliza que um determinado elemento pertence a um determinado conjunto.

Inclusão $\subset$ **:** Significa que um conjunto está contido em outro.

É preciso tomar cuidado para não confundir as relações de pertinência e de inclusão, o símbolo "$\in$" trata da relação de um elemento com um conjunto e o símbolo "$\subset$" trata da relação de um conjunto com outro conjunto.

De acordo com a lógica apresentada no enunciado, o conjunto r^3 representa todos os arranjos de três elementos que podem ser formados com os símbolos 0 e 2, por exemplo, 000, 022, 220, 200, já o conjunto Σ^3 representa todos os arranjos de três elementos que podem ser formados com os símbolos 0 e 1, por exemplo, 000, 010, 110, 111. Como o conjunto r^3 não possui o símbolo 1 e o conjunto Σ^3 não possui o símbolo 2, a palavra 012, não pertence a nenhum dos conjuntos apresentados, a única palavra que pertence a ambos os conjuntos e que, portanto, representa a intersecção entre eles, é a palavra 000.

Alternativa correta: **"errado".**

2. DIAGRAMAS LÓGICOS

---

03. (IBADE – Delegado de Polícia – AC/2017) Leonardo, Rodrigo e Paulo são professores de uma famosa rede de ensino. Cada um leciona apenas uma das seguintes disciplinas: Sociologia, Matemática e Química. Uma pessoa que não os conhece, pergunta sobre a disciplina que cada um leciona e obtém as seguintes respostas:

Leonardo: Paulo leciona Sociologia.

Rodrigo: Leonardo não leciona Sociologia.

Paulo: Rodrigo não leciona Matemática.

Se as três respostas dadas são verdadeiras, pode-se afirmar que:

a) Paulo leciona Química
b) Leonardo leciona Sociologia.
c) Rodrigo leciona Matemática
d) Leonardo leciona Química.
e) Rodrigo leciona Química.

COMENTÁRIOS

✪ **Nota do autor:** Vamos montar uma tabela com os dados fornecidos. Uma vez que as três respostas são verdadeiras, vamos iniciar pela afirmação de Leonardo:

- Paulo leciona Sociologia.

Professor	Disciplina
Paulo	Sociologia

A próxima afirmação a ser analisada será a de Paulo:

- Rodrigo não leciona Matemática.

Uma vez que Paulo leciona Sociologia e Rodrigo não leciona Matemática, Rodrigo só pode lecionar Química:

Professor	Disciplina
Paulo	Sociologia
Rodrigo	Química

Por fim, Leonardo só pode lecionar Matemática:

Professor	Disciplina
Paulo	Sociologia
Rodrigo	Química
Leonardo	Matemática

Logo, podemos concluir que Rodrigo leciona Química.

Alternativa "a": Paulo leciona Sociologia.

Alternativas "b", "d": Leonardo leciona Matemática.

Alternativa "c", "e": Rodrigo leciona Química.

Alternativa correta: letra "e".

3. SEQUÊNCIAS NUMÉRICAS

04. (IBADE – Delegado de Polícia – AC/2017) Considere que todo e qualquer termo da sequência abaixo pode ser representado por a_n, com $n \in \mathbb{N}^*$ Desta forma temos a_1 sendo o primeiro termo desta sequência, a_2 sendo o segundo termo desta mesma sequência e assim sucessivamente. (3,4,20,21,105,106,...)

Seguindo a lógica utilizada na construção desta sequência, pode-se afirmar que $a_7 + a_9$ vale:

a) 3185.

b) 2772.

c) 3401.

d) 2568.

e) 2909.

COMENTÁRIOS

Alternativa "a": Pela sequência, podemos observar que o segundo termo é igual ao primeiro adicionado 1, o quarto termo é igual ao terceiro adicionado 1 e assim sucessivamente, ou seja:

$a_2 = a_1 + 1$	$4 = 3 + 1$
$a_4 = a_3 + 1$	$21 = 20 + 1$
$a_6 = a_5 + 1$	$106 = 105 + 1$

Também é possível perceber que terceiro termo é igual ao segundo multiplicado por 5, o quinto termo é igual ao quarto multiplicado por 5 e assim sucessivamente, ou seja:

$a_3 = a_2 \cdot 5$	$20 = 4 \cdot 5$
$a_5 = a_4 \cdot 5$	$105 = 21 \cdot 5$

Vamos aplicar a mesma regra para encontrar os próximos termos:

Para a_7:

$a_7 = a_6 \cdot 5$

$a_7 = 106 \cdot 5$

$a_7 = 530$

Para a_8:

$a_8 = a_7 + 1$

$a_8 = 530 + 1$

$a_8 = 531$

Para a_9:

$a_9 = a_8 \cdot 5$

$a_9 = 531 \cdot 5$

$a_9 = 2655$

Encontrando $a_7 + a_9$:

$a_7 + a_9 = 530 + 2655$

$a_7 + a_9 = 3185$

Logo, o valor de $a_7 + a_9$ é 3185.

Alternativas "b", "c", "d", "e": Incorretas.

Alternativa correta: letra "a".

05. (Delegado de Polícia – SP/ 2011 – ACADEPOL) Qual o próximo número da sequência (16,25,36,49,64,...)?

a) 128.

b) 81.

c) 72.

d) 79.

e) 97.

COMENTÁRIOS

✪ **Nota do autor:** Em questões que envolvem sequências numéricas, é necessário olhar calmamente todos os valores e tentar identificar a lei de formação da sequência, exercícios como este, exigem a percepção do candidato, não há uma forma padrão de sequência, o que acaba dificultando a resolução, para identificar a lei de formação, é sempre bom que o candidato tente elevar os valores ao quadrado, somar os anteriores, multiplicar pelo sucessor, entre outras operações, até que consiga identificar a lei de formação.

Alternativas "a", "c", "d" e "e": Incorretas por não possuírem qualquer relação com os demais valores da sequência.

Alternativa "b": Se analisarmos a sequência, notaremos que todos os números possuem raízes quadradas naturais, deste modo, podemos reescrever a sequência da seguinte forma: (4^2, 5^2, 6^2, 7^2, 8^2, ...), como todos os valores são sucessivos e elevados ao quadrado, podemos concluir que o próximo número será 9^2, ou seja, 81.

Alternativa correta: letra "b".

4. LÓGICA PROPOSICIONAL

06. (Vunesp – Delegado de Polícia – PC – BA/2018) Em cada um de 3 envelopes, nas cores azul, amarelo e vermelho, há somente um dos relatórios, A, B ou C, não necessariamente nessa mesma ordem.

Sabe-se que das informações a seguir, exatamente duas são falsas:

I. No envelope vermelho nao está o relatório A.

II. O relatório C está no envelope amarelo.

III. No envelope azul não está o relatório C.

Com base no que foi apresentado, a ordem correta das cores para a abertura dos envelopes que contêm, respectivamente, os relatórios A, B e C é

a) vermelho, amarelo e azul.

b) vermelho, azul e amarelo.

c) azul, vermelho e amarelo.

d) amarelo, azul e vermelho.

e) amarelo, vermelho e azul.

COMENTÁRIOS

✪ **Nota do autor:** Para resolver a questão, vamos supor em qual envelope está cada relatório e encontrar qual possibilidade faz com que exatamente duas das afirmações sejam falsas.

Alternativa "a": Supondo que nos envelopes tenhamos os seguintes relatórios:

Azul	Amarelo	Vermelho
C	B	A

Com essa suposição, vamos analisar o valor lógico das afirmações:

I. No envelope vermelho não está o relatório A.	F
II. O relatório C está no envelope amarelo.	F
III. No envelope azul não está o relatório C.	F

Como todas as afirmações são falsas, concluímos que a suposição inicial está incorreta.

Alternativa "b": Supondo que nos envelopes tenhamos os seguintes relatórios:

Azul	Amarelo	Vermelho
B	C	A

Com essa suposição, vamos analisar o valor lógico das afirmações:

I. No envelope vermelho não está o relatório A.	F
II. O relatório C está no envelope amarelo.	V
III. No envelope azul não está o relatório C.	V

Como apenas uma das afirmações é falsa, concluímos que a suposição inicial está incorreta.

Alternativa "c": Supondo que nos envelopes tenhamos os seguintes relatórios:

Azul	Amarelo	Vermelho
A	C	B

Com essa suposição, vamos analisar o valor lógico das afirmações:

I. No envelope vermelho não está o relatório A.	V
II. O relatório C está no envelope amarelo.	V
III. No envelope azul não está o relatório C.	V

Como todas as afirmações são verdadeiras, concluímos que a suposição inicial está incorreta.

Alternativa "d": Supondo que nos envelopes tenhamos os seguintes relatórios:

Azul	Amarelo	Vermelho
B	A	C

Com essa suposição, vamos analisar o valor lógico das afirmações:

I. No envelope vermelho não está o relatório A.	V
II. O relatório C está no envelope amarelo.	F
III. No envelope azul não está o relatório C.	V

Como apenas uma das afirmações é falsa, concluímos que a suposição inicial está incorreta.

Alternativa "e": Supondo que nos envelopes tenhamos os seguintes relatórios:

Azul	Amarelo	Vermelho
C	A	B

Com essa suposição, vamos analisar o valor lógico das afirmações:

I. No envelope vermelho não está o relatório A.	V
II. O relatório C está no envelope amarelo.	F
III. No envelope azul não está o relatório C.	F

Como exatamente duas das afirmações são falsas, concluímos que a suposição inicial está correta

Alternativa correta: letra "e".

---

07. (Vunesp - Delegado de Polícia - PC - BA/2018) Uma equivalente lógica para a proposição – Se Marta é casada, então Dionísio é divorciado – está contida na alternativa:

a) Marta não é casada ou Dionísio é divorciado.

b) Marta não é casada e Dionísio é divorciado.

c) Marta é casada ou Dionísio é divorciado.

d) Marta é casada e Dionísio é divorciado.

e) Marta é casada ou Dionísio não é divorciado.

COMENTÁRIOS

Alternativa "a": Para construir a equivalência lógica de proposições condicionais utilizando o conectivo "ou", vamos seguir os seguintes passos:

1º Negar a primeira proposição simples: "Marta não é casada".

2ª Manter a segunda proposição simples inalterada: "Dionísio é divorciado".

3º Trocar o conectivo "se... então" pelo conectivo "ou": "Marta não é casada ou Dionísio é divorciado".

Logo, uma possível equivalência da proposição do enunciado é: "Marta não é casada ou Dionísio é divorciado".

Alternativa "b": As equivalências bem definidas de proposições condicionais são construídas com o conectivo "se... então" ou com o conectivo "ou", não com o conectivo "e".

Alternativa "c": A primeira proposição simples, "Marta é casada", não foi negada.

Alternativa "d": As equivalências bem definidas de proposições condicionais são construídas com o conectivo "se... então" ou com o conectivo "ou", não com o conectivo "e".

Alternativa "e": A primeira proposição simples, "Marta é casada", não foi negada e a segunda proposição simples, "Dionísio é divorciado", não foi mantida.

Alternativa correta: letra "a".

---

08. (Vunesp – Delegado de Polícia – PC – BA/2018) Considere falsa a afirmação – Renato é inocente e Raquel é culpada – e verdadeira a afirmação – se Renato é inocente, então Raquel é culpada.

Nessas condições, é correto afirmar que, necessariamente,

a) Raquel é culpada.

b) Renato e Raquel são inocentes.

c) Renato é culpado.

d) Renato e Raquel são culpados.

e) Renato é inocente.

COMENTÁRIOS

Alternativa "a": Não é possível saber se Raquel é culpada ou inocente.

Alternativa "b": Renato é culpado e nada pode ser afirmado sobre Raquel.

Alternativa "c": Sendo falsa a afirmação "Renato é inocente e Raquel é culpada", então temos três possíveis combinações de valores lógicos para as proposições simples, são elas:

Renato é inocente	e	Raquel é culpada.
F		V
V		F
F		F

Para que a segunda proposição composta seja verdadeira, temos também três possibilidades:

Se	Renato é inocente,	então	Raquel é culpada.
	V		V
	F		V
	F		F

Analisando as duas proposições em conjunto, temos duas combinações que satisfazem as duas condições, são elas:

Renato é inocente	E	Raquel é culpada.
F		V
F		F

Em ambas as possibilidades, a afirmação "Renato é inocente" é falsa, concluímos assim que Renato é culpado, já sobre Raquel, nada podemos concluir.

Alternativa "d": Não é possível saber se Raquel é culpada ou inocente.

Alternativa "e": Renato é culpado.

Alternativa correta: letra "c".

---

09. (IBADE – Delegado de Polícia – AC/2017) Cadu emagrecer é condição necessária para Maria parar de fumar e condição suficiente para Luiz frequentar a academia. Sabe-se ainda que Luiz frequentar a academia é condição necessária e suficiente para Julia ler um livro. Dessa forma, se Maria parou de fumar:

a) Nem Cadu emagreceu nem Luiz frequentou a academia.

b) Cadu emagreceu e Júlia leu um livro

c) Luiz não frequentou a academia ou Júlia não leu um livro.

d) Cadu não emagreceu ou Julia não leu um livro

e) Luiz frequentou a academia e Cadu não leu um livro.

COMENTÁRIOS

✪ **Nota do autor:** Em proposições condicionais (conectivo "se... então") no formato "A → B", podemos dizer que:

A é condição suficiente para B.

B e condição necessária para A.

Para auxiliar na memorização, observem o esquema:

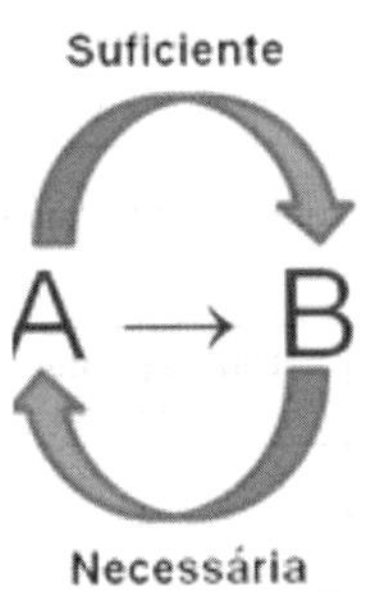

Já para proposições bicondicionais (conectivo "se e somente se") no formato "A ↔ B", podemos dizer que:

A é condição suficiente e necessária para B.

B é condição suficiente e necessária para A.

Para auxiliar na memorização, observem o esquema:

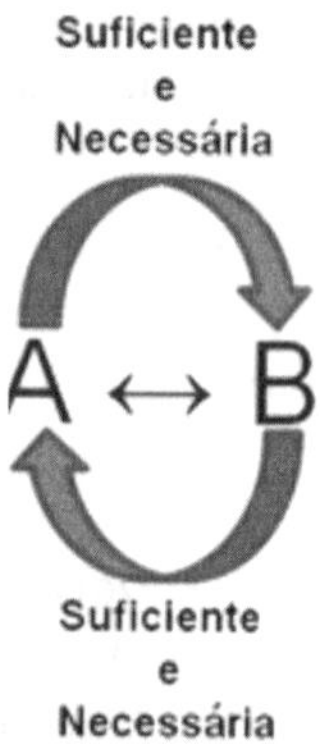

Alternativa "b": Vamos reescrever as proposições utilizando os conectivos "se... então" e "se e somente se":

- "Cadu emagrecer é condição necessária para Maria parar de fumar":

"Se Maria parou de fumar, então Cadu emagreceu".

- "Cadu emagrecer é condição suficiente para Luiz frequentar a academia":

"Se Cadu emagreceu, então Luiz frequentou a academia".

- "Luiz frequentar a academia é condição necessária e suficiente para Julia ler um livro":

"Luiz frequentou a academia se, e somente se, Julia leu um livro".

Com as proposições montadas, vamos considerar que Maria parou de fumar e analisar os valores lógicos das demais proposições:

Se	Maria parou de fumar,	então	Cadu emagreceu.
	V		

Para que a proposição composta seja verdadeira, é preciso que a proposição simples "Cadu emagreceu" também seja verdadeira:

Se	Maria parou de fumar,	então	Cadu emagreceu.
	V		V

Considerando que Cadu emagreceu, vamos analisar a próxima proposição:

Se	Cadu emagreceu,	então	Luiz frequentou a academia.
	V		

Para que a proposição composta seja verdadeira, é preciso que a proposição simples "Luiz frequentou a academia" também seja verdadeira:

Se	Cadu emagreceu,	então	Luiz frequentou a academia.
	V		V

Considerando que Luiz frequentou a academia, vamos analisar a última proposição:

Luiz frequentou a academia	se, e somente se	Julia leu um livro.
V		

Para que a proposição composta seja verdadeira, é preciso que a proposição simples "Julia leu um livro" também seja verdadeira:

Luiz frequentou a academia	se, e somente se	Julia leu um livro.
V		V

Com os valores lógicos das proposições, podemos concluir que Cadu emagreceu e Julia leu um livro.

Alternativa "a": Cadu emagreceu e Luiz frequentou a academia.

Alternativa "c": Luiz frequentou a academia e Julia leu um livro.

Alternativa "d": Cadu emagreceu e Julia leu um livro.

Alternativa "e": Não há informações sobre Cadu ler ou não um livro.

Alternativa correta: letra "b".

10. (Vunesp - Delegado de Polícia - SP/2014) Os conectivos ou operadores lógicos são palavras (da linguagem comum) ou símbolos (da linguagem formal) utilizados para conectar proposições de acordo com regras formais preestabelecidas. Assinale a alternativa que apresenta exemplos de conjunção, negação e implicação, respectivamente.

a) $\neg p, p \vee q, p \wedge q$

b) $p \wedge q, \neg p, p \rightarrow q$

c) $p \rightarrow q, p \vee q, \neg p$

d) $p \vee p, p \rightarrow q, \neg q$

e) $p \vee q, \neg q, p \vee q$

COMENTÁRIOS

✪ Nota do autor: Vamos relembrar a simbologia dos conectivos lógicos:

Conectivo	Símbolo	Nomenclatura	Tabela-Verdade
E	$\wedge$	**Conjunção**	Verdadeira se as duas proposições forem verdadeiras, nos demais casos será falsa.
OU	$\vee$	**Disjunção**	Falsa se as duas proposições forem falsas, nos demais casos será verdadeira.
Se...Então	$\rightarrow$	**Condicional (Implicação)**	Será falsa somente se a primeira proposição for verdadeira e a segunda for falsa, será verdadeira em todos os demais casos.
Se e Somente Se	$\leftrightarrow$	**Bicondicional**	Verdadeira para valores lógicos iguais e falsa para valores lógicos diferentes.
Não	$\sim$ | $\neg$	**Negação**	Sempre que uma proposição for verdadeira, a negação será falsa e sempre que uma proposição for falsa, a negação será verdadeira.

Alternativa "a": ¬ p: Negação

p ∨ q: Disjunção

p ∧ q: Conjunção.

Alternativa "b": Interpretando os símbolos utilizados, temos:

P ∧ q: Conjunção.

¬ p: Negação.

p → q: Implicação.

Alternativa "c": p → q: Implicação.

p ∨ q: Disjunção.

¬ p: Negação.

Alternativa "d": p ∨ p: Disjunção.

p → q: Implicação

¬ q: Negação.

Alternativa "e": p ∨ q: Disjunção.

¬ q: Negação.

p ∨ q: Disjunção.

Alternativa correta: letra "b".

11. (Vunesp - Delegado de Polícia - SP/2014) A lógica clássica possui princípios fundamentais que servem de base para a produção de raciocínios válidos. Esses princípios foram inicialmente postulados por Aristóteles (384 a 322 a.C.) e até hoje dão suporte a sistemas lógicos. Tais princípios são os

a) da inferência, da não contradição e do terceiro incluído.
b) da diversidade, da dedução e do terceiro incluído.
c) da identidade, da inferência e da não contradição.
d) da identidade, da não contradição e do terceiro excluído.
e) da diversidade, da indução e da não contradição.

COMENTÁRIOS

Alternativas "a", "b", "c", "e": Incorretas.

Alternativa "d": Os três princípios da lógica clássica são:

- Princípio da identidade: Toda proposição possui uma identidade (característica) própria que não pode ser mudada, essa característica é de ser, ou falsa, ou verdadeira, em outras palavras, uma proposição verdadeira é sempre verdadeira e uma proposição falsa é sempre falsa.
- Princípio da não contradição: Nenhuma proposição pode ser verdadeira e falsa ao mesmo tempo.
- Princípio do terceiro excluído: Qualquer proposição possui apenas duas possibilidades para seu valor lógico, verdadeiro ou falso, não há uma terceira possibilidade.

Portanto, os três princípios são: da identidade, da não contradição e do terceiro excluído.

Alternativa correta: letra "d".

5. TABELA-VERDADE

12. (Delegado de Polícia – SP/ 2011 – ACADEPOL) Qual o número de linhas de uma tabela verdade utilizada para determinar o valor lógico de uma proposição composta formada por 4 (quatro) proposições simples?

a) 16.
b) 24.
c) 48.
d) 8.
e) 4.

COMENTÁRIOS

✪ **Nota do autor:** Em qualquer proposição composta, o número de linhas da tabela-verdade será igual a 2^n, em que n representa o número de proposições simples que a compõem.

Alternativa "a": Como o número de linhas da tabela verdade é dado por 2^n, temos que, se a proposição composta possui quatro proposições simples, a tabela-verdade terá 2^4 linhas, ou seja, 16 linhas.

Alternativas "b" e "c": Não representam o número de linhas de uma tabela-verdade, pois não podem ser escritos no formato 2^n.

Alternativa "d": Representa o número de linhas da tabela-verdade de uma proposição composta que possui três proposições simples, pois $2^3 = 8$.

Alternativa "e": Representa o número de linhas da tabela-verdade de uma proposição composta que possui duas proposições simples, pois $2^2 = 4$.

Alternativa correta: letra "a".

6. LÓGICA DE ARGUMENTAÇÃO

13. (Vunesp - Delegado de Polícia - SP/2014) Um argumento válido é aquele cujas premissas levam a uma conclusão por meio de uma sequência finita de regras formais preestabelecidas. Um exemplo de um argumento válido é:

a) Se uma cidade é uma capital de estado, então ela fica no estado. Como Joinville fica em Santa Catarina, portanto Joinville é a Capital do Estado.
b) Se o professor der a Fulano uma boa nota na prova, então ele pulará de alegria. Como vi Fulano muito alegre ontem, só pode ter sido aprovado.
c) Uma vez que todos os livros bons são caros, todos os livros ruins devem ser baratos.
d) Todas as pessoas bem sucedidas economicamente são inteligentes. Soube que Fulano tem graves problemas financeiros, portanto ele não deve ser inteligente.
e) Considerando que alguns insetos são seres vivos e que todos os seres vivos são mortais, é correto afirmar que alguns insetos são mortais.

COMENTÁRIOS

✪ **Nota do autor:** Um argumento válido é aquele em que a conclusão segue exclusivamente das premissas, partindo-se disso, temos que se um argumento válido é composto somente por premissas verdadeiras, a conclusão necessariamente será verdadeira.

Alternativa "a": A capital de um estado sempre fica no estado, mas isso não significa que toda a cidade que fique no estado seja capital dele.

Alternativa "b": Todos os que recebem uma boa nota pulam de alegria, mas nem todos que pulam de alegria, necessariamente, receberam uma boa nota.

Alternativa "c": O fato de os livros bons serem caros, não significa que os livros ruins serão baratos.

Alternativa "d": Todas as pessoas bem sucedidas são inteligentes, o que não significa que todos os inteligentes serão bem sucedidos.

Alternativa "e": Alguns elementos do grupo dos insetos estão inseridos no grupo dos seres vivos e todos os seres vivos estão inseridos no grupo dos mortais, como consequência, os insetos que são seres vivos são também mortais, logo, é correto afirmar que alguns insetos são mortais. Como a conclusão obtida foi decorrência exclusiva das premissas, o argumento é válido.

Alternativa correta: letra "e".

---

14. (Vunesp - Delegado de Polícia - SP/2014) O silogismo é a forma lógica proposta pelo filósofo grego Aristóteles (384 a 322 a.C.) como instrumento para a produção de conhecimento consistente. O silogismo é tradicionalmente constituído por

a) duas premissas, dois termos médios e uma conclusão que se segue delas.

b) uma premissa maior e uma conclusão que decorre logicamente da premissa.

c) uma premissa maior, uma menor e uma conclusão que se segue das premissas.

d) três premissas, um termo maior e um menor que as conecta logicamente.

e) uma premissa, um termo médio e uma conclusão que decorre da premissa.

COMENTÁRIOS

Alternativas "a", "b", "d", "e": Incorretas.

Alternativa "c": É considerado um silogismo todo argumento que possui três proposições, sendo elas duas premissas (uma maior e outra menor) e uma conclusão que segue das premissas apresentadas.

Alternativa correta: letra "c"

---

15. (Vunesp - Delegado de Polícia - SP/2014) Uma relevante finalidade dos argumentos que elaboramos é convencer eventuais interlocutores sobre a verdade de uma tese, isto é, expomos justificativas racionais que sustentam nossa crença de que a tese que defendemos é objetivamente verdadeira. Assim sendo, quando argumentamos devemos

a) apresentar justificativas que deem sustentação à verdade da tese defendida.

b) apelar para a opinião pública que justifique a verdade da tese apresentada.

c) defender a tese usando justificações baseadas em opiniões pessoais evidentes.

d) acreditar na verdade da tese proferida como resultado de sua autoevidência.

e) reiterar a verdade da tese defendida e ressaltar a falsidade de teses contrárias.

COMENTÁRIOS

Alternativa "a": Um argumento consistente sempre deve possuir justificativas que dão sustentação à verdade da tese defendida.

Alternativas "b", "c": Uma tese nunca deve ser baseada em opiniões, pois isso não garante sua veracidade.

Alternativa "d": A tese não pode ser autoevidente, é preciso possuir justificativas sólidas.

Alternativa "e": Reiterar a veracidade da tese não faz sentido em um argumento que não possui justificativas que dão sustentação a sua veracidade.

Alternativa correta: letra "a".

---

16. (Vunesp - Delegado de Polícia - SP/2014) Na lógica clássica, as proposições que compõem um raciocínio são classificadas como: (1) universais ou particulares e (2) afirmativas ou negativas. Assim sendo, as proposições "todo ser humano é mortal", "algumas pessoas não usam óculos" e "alguns motoristas são descuidados" são classificadas, respectivamente, como:

a) particular afirmativa, universal negativa e universal afirmativa.

b) particular afirmativa, universal negativa e particular afirmativa.

c) universal afirmativa, particular afirmativa e particular negativa.

d) particular negativa, particular afirmativa e universal afirmativa.

e) universal afirmativa, particular negativa e particular afirmativa

COMENTÁRIOS

✪ **Nota do autor:** Vamos entender um pouco melhor sobre as classificações:

- Proposições universais afirmativas representam que todos os membros do grupo possuem determinada característica, nessas proposições, geralmente aparecem as expressões "todo... é ...".

- Proposições universais negativas representam que todos os membros do grupo não possuem determinada característica, nessas proposições, geralmente aparecem as expressões "todo... não é ...".

- Proposições particulares afirmativas representam que algum/alguns membros do grupo possuem determinada característica, nessas proposições, geralmente aparece a expressão "algum... é ...".

- Proposições particulares negativas representam que algum/alguns membros do grupo não possuem determinada característica, nessas proposições, geralmente aparece a expressão "algum... não é ...".

Alternativas "a", "b", "c", "d": Incorretas.

Alternativa "e": Classificação de cada proposição:

- "Todo ser humano é mortal": Proposição universal e afirmativa.

- "Algumas pessoas não usam óculos": Proposição particular e negativa.

- "Alguns motoristas são descuidados": Proposição particular e afirmativa.

Alternativa correta: letra "e"

7. LÓGICA SENTENCIAL

17. (Delegado de Polícia – SP/ 2011 – ACADEPOL) Todo policial civil é bacharel em direito. A negação dessa afirmação é:

a) Todos os policiais civis devem ser bacharéis em direito.

b) Todos os policiais civis não são bacharéis em direito.

c) Nenhum policial civil é bacharel em direito.

d) Existe policial civil que não é bacharel em direito.

e) Não existe policial civil que não seja bacharel em direito.

COMENTÁRIOS

✪ **Nota do autor:** É muito comum que os candidatos se confundam ao fazerem a negação de proposições que contenham as palavras "todos" e "nenhum", o principal erro consiste em usá-las como negação uma da outra. A negação correta para ambas deve ser construída com as palavras "algum" ou "pelo menos um".

Alternativas "a", "e": Essas duas alternativas estão apenas para confundir o candidato, pois afirmam exatamente a mesma proposição do enunciado.

Alternativas "b", "c": Essas duas alternativas representam os erros mais comuns dos candidatos, pois apresentam o extremo oposto do enunciado. Todavia, para que a proposição do enunciado seja negada, não é necessário que todos os policiais civis não sejam bacharéis em direito, basta que pelo menos um deles não seja.

Alternativa d": Para que a proposição "Todo policial civil é bacharel em direito" seja falsa, basta que apenas um policial civil não seja bacharel em direito, desse modo, a negação da proposição é:

"Existe (pelo menos um) policial civil que não é bacharel em direito."

Alternativa correta: letra "d".

8. REGRA DE TRÊS

18. (Delegado de Polícia – ES/ 2011 – CESPE) Tecnologia no combate ao crime

Desde dezembro de 2009, uma aeronave não tripulada sobrevoa e monitora as fronteiras do Brasil com o Paraguai, o Uruguai e a Argentina na região de Foz do Iguaçu. Ao todo, serão 6 estações equipadas com 2 aeronaves cada, operadas pela Polícia Federal, somando investimento da ordem de US$ 655,6 milhões.

Segurança pública com cidadania. Equipe CGPLAN/ MJ, agosto/2010 (com adaptações).

Considere que tenham sido sugeridos os seguintes critérios para a escolha das rotas de voo da aeronave mencionada no texto acima.

- Se a rota passar pelo Brasil ou pelo Paraguai, então ela deverá passar pelo Uruguai;
- Se a rota passar pelo Paraguai, então ela não deverá passar pela Argentina;
- Se a rota passar pelo Uruguai e pela Argentina, então ela deverá passar pelo Paraguai.

Suponha, também, que as estações A, B e C tenham sido construídas em pontos equidistantes, de modo que a distância de uma dessas três estações para outra seja de 150 km.

Considerando que o dólar esteja cotado a R$ 1,70, então o investimento mencionado será superior a R$ 1,1 bilhão.

COMENTÁRIOS

Como o exercício nos informa que o dólar equivale a R$ 1,70, e o investimento mencionado custou US$ 655,6 milhões, podemos montar uma regra de três, mas antes, para evitar confusões, vamos transformar o valor mencionado em unidades de dólares, em vez de milhões de dólares:

US$ 655,6 milhões = US$ 655.600.000,00.

Montando a regra de três, temos:

US$	R$
1	1,70
655.600.000,00	X

Quanto maior é o valor que uma pessoa possui em dólares, maior será o valor que ela possuirá em reais, desse modo, estamos trabalhando com grandezas diretamente proporcionais e, portanto, basta que efetuemos uma multiplicação em cruz:

$$\frac{1}{655.600.000,00} \times \frac{1,70}{X}$$

$$X = 1,70(655.600.000,00)$$

$$X = 1.114.520.000,00$$

Convertendo para bilhões de reais, temos:

R$ 1.114.520.000,00 = R$ 1,11452 bilhão de reais, que é um valor superior a R$ 1,1 bilhão.

Alternativa correta: "certo".

9. PORCENTAGEM

19. (Delegado de Polícia – SP/ 2011 – ACADEPOL) Em uma sala de aula com 40 alunos, 60% são mulheres, das quais 25% são casadas. Durante o ano, 50% das mulheres casadas engravidam e são impedidas de participar do exame final de educação física. Qual o percentual dos alunos que deixaram de realizar a prova?

a) 15%.

b) 7,5%.

c) 12,5%.

d) 10%.

e) 30%.

COMENTÁRIOS

✪ **Nota do autor:** Para calcular a porcentagem de um determinado valor, basta converter a porcentagem para a forma fracionária, ou para a forma decimal, e multiplicar pelo valor inicial, quando queremos calcular a porcentagem em cima de outra porcentagem, utilizamos o mesmo raciocínio, basta converter as porcentagens para a forma fracionária, ou para a forma decimal, e multiplicá-las, o novo resultado também será dado em porcentagem.

Alternativa "a": Representa o total de alunos que são mulheres casadas: 25% de 60% = 15%.

Alternativa "b": Como o resultado nos foi dado em porcentagem, não é necessário calcular o número exato de alunos que deixaram de fazer a prova, basta que calculemos em termos percentuais:

- Alunas mulheres: $60\% = \frac{60}{100}$ (do total de alunos).
- Mulheres casadas: $25\% = \frac{25}{100}$ (do total de mulheres).
- Mulheres grávidas: $50\% = \frac{50}{100}$ (do total de mulheres casadas).

Calculando as porcentagens acumuladas, temos:

$$\frac{50}{100} x \frac{25}{100} x \frac{60}{100} = \frac{25}{100} = \frac{7,5}{100} = 7,5\%$$

Alternativa "c": Consiste no erro mais comum dos candidatos que é calcular 50% das mulheres casadas, ou seja, 50% (metade) de 25% que é 12,5%, mas o exercício questiona a porcentagem de alunos que deixaram de fazer a prova, desse modo, ainda é necessário calcular 12,5% de 60% dos estudantes.

Alternativa "d": Incorreta.

Alternativa "e": Essa alternativa seria encontrada se, em vez de se calcular 50% das mulheres casadas, o candidato calculasse 50% do total de mulheres, ou seja, 50% (metade) de 60% =30%.

Alternativa correta: letra "b"

10. GEOMETRIA

20. (Delegado de Polícia – ES/ 2011 – CESPE) Tecnologia no combate ao crime

Desde dezembro de 2009, uma aeronave não tripulada sobrevoa e monitora as fronteiras do Brasil com o Paraguai, o Uruguai e a Argentina na região de Foz do Iguaçu. Ao todo, serão 6 estações equipadas com 2 aeronaves cada, operadas pela Polícia Federal, somando investimento da ordem de US$ 655,6 milhões. *Segurança pública com cidadania. Equipe CGPLAN/MJ, agosto/2010 (com adaptações).*

Considere que tenham sido sugeridos os seguintes critérios para a escolha das rotas de voo da aeronave mencionada no texto acima.

- Se a rota passar pelo Brasil ou pelo Paraguai, então ela deverá passar pelo Uruguai;
- Se a rota passar pelo Paraguai, então ela não deverá passar pela Argentina;
- Se a rota passar pelo Uruguai e pela Argentina, então ela deverá passar pelo Paraguai.

Suponha, também, que as estações A, B e C tenham sido construídas em pontos equidistantes, de modo que a distância de uma dessas três estações para outra seja de 150 km.

Com referência às informações contidas no texto acima e às considerações hipotéticas que a ele se seguem, e considerando 1,73 como valor aproximado para $\sqrt{3}$, julgue os itens seguintes.

Supondo que uma nova estação, D, seja instalada em um ponto equidistante das estações A, B e C, então a distância da estação D para as estações A, B e C será inferior a 87 km.

COMENTÁRIOS

✪ **Nota do autor:** Todo triângulo possui alguns pontos notáveis, são eles:

- Baricentro: Representa o centro de gravidade do triângulo, é formado pela intersecção de suas medianas, segmentos que ligam um vértice ao ponto médio do lado oposto.
- Circuncentro: Representa o centro da circunferência circunscrita ao triângulo, é formado pela intersecção das mediatrizes, segmentos, perpendiculares aos lados, construídos no ponto médio de cada lado, uma característica importante do circuncentro é ser equidistante aos vértices do triângulo.
- Incentro: Representa o centro da circunferência inscrita ao triângulo, é formado pela intersecção das bissetrizes dos ângulos internos, segmentos que ligam os vértices aos lados opostos, dividindo os ângulos internos em dois ângulos iguais, uma característica importante do incentro é ser equidistante aos lados do triângulo.

- Ortocentro: É o ponto de intersecção das alturas do triângulo, segmentos que ligam cada vértice ao lado (ou seu prolongamento) oposto de forma perpendicular.

No triângulo equilátero, todos estes quatro pontos notáveis coincidem em um único ponto que divide os segmentos que o originou na razão 2 para 1.

Para calcularmos a mediana, mediatriz, bissetriz ou altura de um triângulo equilátero, podemos usar a fórmula:

$$x = \frac{l\sqrt{3}}{2}$$

Em que x representa a medida da mediana, mediatriz, bissetriz ou altura e *l* representa a medida do lado do triângulo, caso o candidato não se lembre dessa fórmula, poderá encontrar o valor procurado aplicando o teorema de Pitágoras.

Se as estações A, B e C foram construídas em pontos equidistantes e a distância entre uma estação e outra é de 150 km, temos um triângulo equilátero com as estações localizadas em seus vértices:

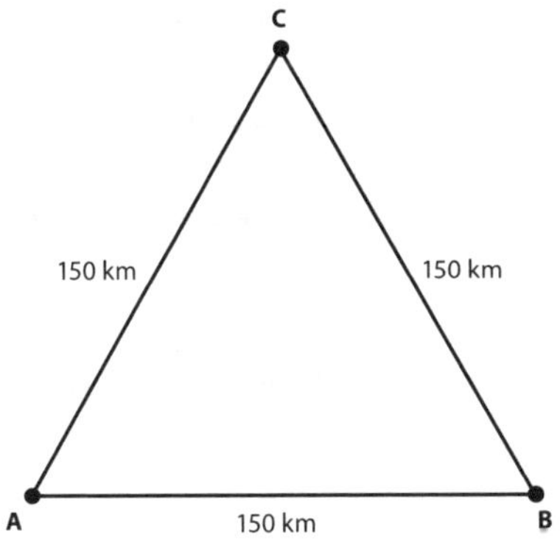

Em qualquer triângulo, o ponto de encontro das mediatrizes (segmento construído a partir do ponto médio de um lado do triângulo e perpendicular a este) é equidistante dos vértices, como queremos colocar a estação D de modo que ela fique nesse ponto de encontro das mediatrizes (em geometria, este ponto é chamado de circuncentro), temos:

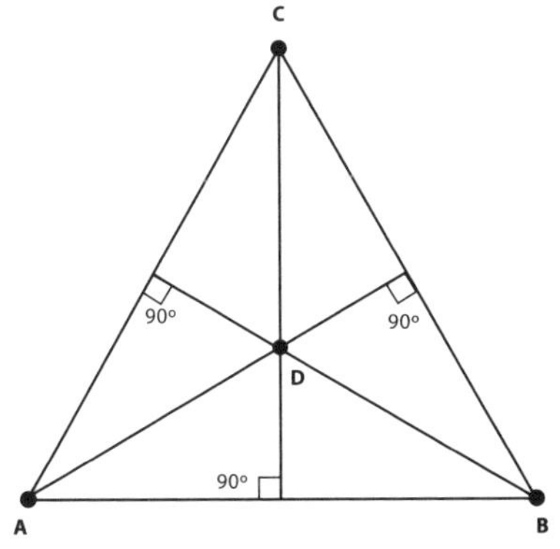

No triângulo equilátero, cada mediatriz o divide em duas partes iguais, formando dois triângulos retângulos em que a mediatriz representa um dos catetos:

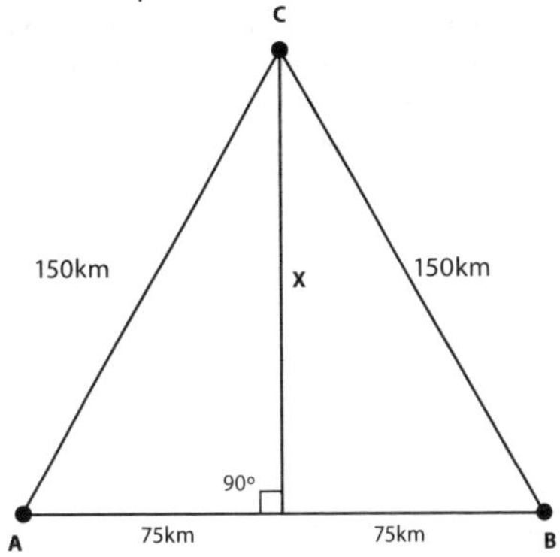

Para calcular o valor da mediatriz, aplicamos a fórmula que é válida para triângulos equiláteros:

$$x = \frac{l}{2}\sqrt{3}$$

$$x = \frac{150}{2}\sqrt{3}$$

$$\sqrt{3} = 1{,}73$$

Como o exercício nos informou que $\sqrt{3} = 1{,}73$, temos:

$$x = 75(1{,}73)$$

$$x = 129{,}75$$

Excepcionalmente no triângulo equilátero, o ponto de encontro das mediatrizes divide cada uma delas de modo que a distância do vértice ao circuncentro representa 2/3 do tamanho da mediatriz e a distância do circuncentro ao ponto médio do lado representa 1/3 dela, como mostra a figura:

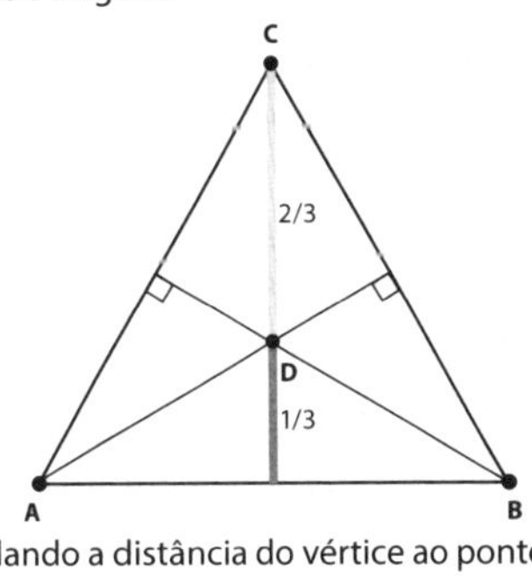

Calculando a distância do vértice ao ponto D, temos:

$$\frac{2}{3} \cdot 129{,}75 = 86{,}5$$

Portanto, concluímos que a distância das estações A, B e C até a estação D é de 86,5 km.

Alternativa correta: "certo".

11. ANÁLISE COMBINATÓRIA

21. (IBADE – Delegado de Polícia – AC/2017) Com o objetivo de reduzir os índices de assalto em um determinado bairro, o serviço de inteligência da polícia mapeou cinco esquinas (P, Q, R, S e T) onde 4 diferentes viaturas deveriam fazer sua escala diária, deixando desguarnecido, neste dia, apenas 1 dos cinco pontos mapeados, exceto a esquina P, pois lá foi registrado o maior número de ocorrências nos últimos meses. Se uma esquina mapeada, deverá conter apenas uma das quatro viaturas, determine de quantas maneiras distintas, estas viaturas poderão ocupar as 5 esquinas mapeadas.

a) 24.
b) 72.
c) 120.
d) 96.
e) 64.

COMENTÁRIOS

Alternativas "a", "b", "c", "e": Incorretas.

Alternativa "d": Vamos dividir o problema em duas partes:

1º Encontrar de quantas formas podemos escolher uma esquina para ficar desguarnecida.

- Entre as 5 esquinas mapeadas, apenas a esquina P não pode ficar desguarnecida, sendo assim, temos 4 possibilidades para escolher a esquina desguarnecida (Q, R, S e T).

2º Encontrar de quantas formas diferentes podemos distribuir as 4 viaturas nas esquinas que serão policiadas.

- Como são 4 esquinas e 4 viaturas, vamos encontrar de quantas formas podemos permutar essas viaturas nas esquinas:

$P_4 = 4!$

$P_4 = 4 . 3 . 2 . 1$

$P_4 = 24$

Como as duas situações devem ocorrer juntas, pelo princípio fundamental da contagem, temos:

$4 . 24 = 96$

Logo, há 96 formas diferentes para que as viaturas ocupem as 5 esquinas mapeadas.

Alternativa correta: letra "d".

22. (UEL - Delegado de Polícia - PR/2013) Em uma investigação há 10 suspeitos, que o delegado deverá interrogar. Para maiores esclarecimentos, o delegado também fará interrogatórios em grupos de 2, 3, 4 e 5 pessoas, considerando todas as variações possíveis.

Com base nessas considerações, assinale a alternativa que apresenta, corretamente, a quantidade de interrogatórios que o delegado deverá fazer.

a) 45
b) 210
c) 252
d) 627
e) 637

COMENTÁRIOS

Alternativas "a", "b", "c": Incorretas.

Alternativa "d": Essa alternativa seria encontrada caso desconsiderássemos os interrogatórios individuais.

Alternativa "e": Vamos separar todas as possibilidades de interrogatórios:

- Interrogatórios individuais: 10.

- Interrogatórios em grupos de 2 pessoas:

$$C_{10,2} = \frac{10!}{2!\,8!} = \frac{10.9.8!}{2!\,8!} = 45$$

- Interrogatórios em grupos de 3 pessoas:

$$C_{10,3} = \frac{10!}{3!\,7!} = \frac{10.9.8.7!}{3!\,7!} = 120$$

- Interrogatórios em grupos de 4 pessoas:

$$C_{10,4} = \frac{10!}{4!\,6!} = \frac{10.9.8.7.6!}{4!\,6!} = 210$$

- Interrogatórios em grupos de 5 pessoas:

$$C_{10,5} = \frac{10!}{5!\,5!} = \frac{10.9.8.7.6.5!}{5!\,5!} = 252$$

Somando todos os interrogatórios, temos:

$10 + 45 + 120 + 210 + 252 = 637$

Portanto, o delegado deverá fazer 637 interrogatórios.

Alternativa correta: letra "e".

23. (UEL - Delegado de Polícia - PR/2013) Em uma comunidade há 4 pontos estratégicos: A, B, C e D, conforme figura a seguir.

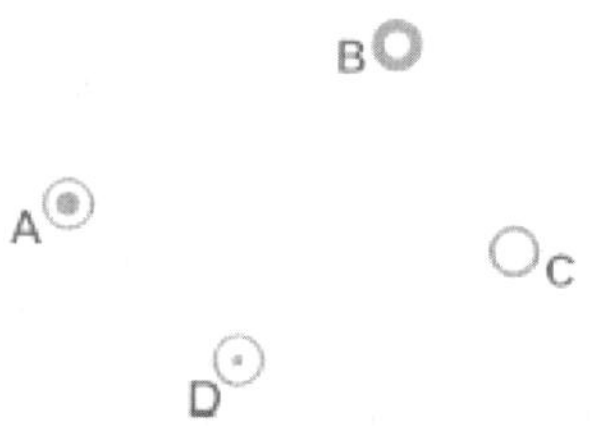

Existem 8 caminhos ligando os pontos A e B, 6 caminhos ligando os pontos B e C, 3 caminhos ligando os pontos C e D e 4 caminhos ligando os pontos D e A.

Com base nesse contexto, assinale a alternativa que apresenta, corretamente, a quantidade de caminhos que ligam os pontos A e C.

a) 48
b) 50
c) 60
d) 196
e) 576

COMENTÁRIOS

Alternativas "a", "b", "d", "e": Incorretas.

Alternativa "c": Para ir de A até C, existem duas possibilidades, uma passando por B e outra passando por D, vamos analisar cada uma delas separadamente:

- Ir de A até C passando por B.

Para ir de A até B existem 8 caminhos e para ir de B até C existem 6 caminhos, pelo princípio fundamental da contagem, temos:

$$(8) . (6) = 48$$

Logo, há 48 formas diferentes de ir de A até C passando por B.

- Ir de A até C passando por D.

Para ir de A até D existem 4 caminhos e para ir de D até C existem 3 caminhos, pelo princípio fundamental da contagem, temos:

$$(4) . (3) = 12$$

Logo, há 12 formas diferentes de ir de A até C passando por D.

Como será utilizado, ou o caminho que passa por B ou o caminho que passa por D, vamos somar os resultados:

$$48 + 12 = 60$$

Portanto, existem 60 formas diferentes de ir de A até C

Alternativa correta: letra "c".

12. PROBABILIDADE

24. (IBADE – Delegado de Polícia – AC/2017) O delegado de polícia Jefferson recebeu a denúncia de que dois foragidos da justiça, Agnaldo e Túlio, encontram-se no bairro Esperança Alta. Com várias informações confiáveis para analisar, ele estima corretamente que a probabilidade de Agnaldo estar na região norte do bairro é de 5/8, a probabilidade de Túlio estar na mesma região é de 3/8, mas a probabilidade dos dois foragidos estarem na região norte é apenas de 1/8. Neste mesmo momento em que terminou os seus estudos probabilísticos, ele recebeu uma denúncia confiável de que Agnaldo acabou de ser visto na região norte do bairro Esperança Alta. Se todas as informações são verdadeiras, com esta denúncia, Jefferson pode estimar precisamente que a probabilidade de Túlio também estar na região Norte é de:

a) 20%.

b) 24%.

c) 30%.

d) 14%.

e) 16%.

COMENTÁRIOS

✪ **Nota do autor:** Sejam A e B dois eventos não vazios pertencentes a um espaço amostral finito, temos que a probabilidade condicional do evento A em relação a B, ou seja, a probabilidade do evento A acontecer, dado que o evento B já ocorreu, é dada pela fórmula:

$$P(A/B) = \frac{P(A \cap B)}{P(B)}$$

Em que:

é a probabilidade condicional de A em relação a B.

P(A/B) é a probabilidade da intersecção dos dois eventos.

P(A ∩ B) é a probabilidade do evento B.

P(B) é a probabilidade do evento B.

Alternativa "a": Vamos organizar os dados:

A = Probabilidade de Túlio estar na região norte do bairro.

B = Probabilidade de Agnaldo estar na região norte do bairro.

A ∩ B = Probabilidade de Agnaldo e Túlio estarem na região norte do bairro.

Como sabemos que Agnaldo está na região norte do bairro, ou seja, o evento B já ocorreu, para encontrar a probabilidade de Túlio também estar na região norte, vamos aplicar a fórmula de probabilidade condicional:

$$P(A/B) = \frac{P(A \cap B)}{P(B)}$$

$$P(A/B) = \frac{\frac{1}{8}}{\frac{5}{8}}$$

$$P(A/B) = \frac{1}{8} . \frac{8}{5}$$

$$P(A/B) = \frac{1}{5} = 20\%$$

Portanto, a probabilidade de Túlio também estar na região norte do bairro é de 20%.

Alternativas "b", "c", "d", "e": Incorretas.

Alternativa correta: letra "a".

25. (UEL - Delegado de Polícia - PR/2013) Três integrantes da Polícia Civil, Silva, Nascimento e Barbosa, participam de uma competição de MMA. Silva e Nascimento têm as mesmas chances de vencer, e cada um tem duas vezes mais chances de vencer do que Barbosa.

Assinale a alternativa que apresenta, corretamente, a probabilidade de Silva ou Barbosa vencer a competição.

a) 2/15

b) 1/5

c) 2/3

d) 3/5

e) 4/5

COMENTÁRIOS

✪ **Nota do autor:** Em probabilidade, o conectivo "ou" representa soma das probabilidades, enquanto que o conectivo "e" representa a multiplicação delas.

Alternativa "d": Vamos chamar de P a quantidade de chances que Barbosa tem de vencer a competição.

Como Silva e Nascimento tem o dobro da chance de Barbosa, podemos definir todas as chances:

Barbosa = P

Silva = 2P

Nascimento = 2P

Total = 5P

Como queremos a probabilidade de Silva ou Barbosa vencer a competição, vamos somar as chances dos dois e dividir pelo total:

$$\text{Probabilidade } \frac{2P + P}{5P} = \frac{3P}{5P} = \frac{3}{5}$$

Portanto, a probabilidade de Silva ou Barbosa vencer a competição é de $\frac{3}{5}$

Alternativa correta: letra "d"

26. (Delegado de Polícia - ES/ 2011 - CESPE) A questão da desigualdade de gênero na relação de poder entre homens e mulheres é forte componente no crime do tráfico de pessoas para fins de exploração sexual, pois as vítimas são, na sua maioria, mulheres, meninas e adolescentes. Uma pesquisa realizada pelo Escritório das Nações Unidas sobre Drogas e Crime (UNODC), concluída em 2009, indicou que 66% das vítimas eram mulheres, 13% eram meninas, enquanto apenas 12% eram homens e 9% meninos.Ministério da Justiça. Enfrentamento ao tráfico de pessoas: relatório do plano nacional. Janeiro de 2010, p. 23 (com adaptações).

Com base no texto acima, julgue os itens a seguir.

Se for escolhida ao acaso uma das vítimas indicadas na pesquisa, a probabilidade de que ela seja ou do sexo feminino ou um menino será inferior a 80%.

COMENTÁRIOS

✪ **Nota do autor:** Quando trabalhamos com probabilidade e análise combinatória, temos dois conectivos que podem aparecer ligando as informações, cada um deles representa uma operação que vamos definir abaixo:

– Conectivo "e": Representa multiplicação.

– Conectivo "ou": Representa soma.

É importante saber que nem sempre esses conectivos aparecem escritos no problema, na maioria das vezes eles estão apenas subentendidos.

Como a porcentagem representa a razão entre a quantidade de pessoas que estão em cada grupo em relação ao total de pessoas, cada porcentagem já representa a probabilidade de uma pessoa, selecionada ao acaso, pertencer àquele grupo.

Ao se selecionar ao acaso uma das vítimas, temos as seguintes probabilidades dessa vítima:

Ser mulher	Ser menina	Ser homem	Ser menino
66%	13%	12%	9%

O exercício nos questiona sobre a probabilidade de uma vítima escolhida ao acaso ser do sexo feminino ou ser um menino, já sabemos a probabilidade da vítima ser um menino, mas e a probabilidade da vítima ser do sexo feminino? Para isso é preciso pensar, se a vítima for do sexo feminino, então ela, ou será uma mulher, ou será uma menina, desse modo, devemos somar essas duas probabilidades:

Probabilidade de ser do sexo feminino = probabilidade de ser mulher + probabilidade de ser menina.

Probabilidade de ser do sexo feminino = 66% + 13% = 79%.

Com essa informação, é possível calcular a probabilidade de a vítima ser do sexo feminino ou ser menino, para isso, é necessário somar essas duas probabilidades:

79% + 9% = 88%.

Como a probabilidade da vítima escolhida ao acaso ser do sexo feminino ou um menino é 88%, está incorreta a afirmação do enunciado.

Alternativa correta: "errado".

13. OPERAÇÕES LÓGICAS

27. (UEL - Delegado de Polícia - PR/2013) No país dos Números, as calculadoras são diferentes. A operação numérica mais utilizada é *. Quando digitamos na calculadora x * y, a conta efetuada é x * y = x . y + 2 . x, em que x e y pertencentes ao conjunto dos números reais R, e as operações . e + são as usuais de R.

Com essas considerações, assinale a alternativa que apresenta, corretamente, o resultado da operação

x * y, com x= 3 e y= –1.

a) -3

b) -1

c) 0

d) 1

e) 3

COMENTÁRIOS

Alternativa "a": Poderia ser obtido por erros de sinais.

Alternativas "b", "c", "d": Incorretas.

Alternativa "e": Para resolver a questão, basta substituir x e y pelos valores fornecidos e resolver as operações somente no segundo membro da equação.

x * y= x . y + 2 . x

Para x= 3 e y= –1, temos:

(3) * (–1) = (3) . (–1) + 2 . (3)

$(3) * (-1) = (-3) + (6)$

$(3) * (-1) = 3$

Portanto, $x * y = 3$ para $x = 3$ e $y = -1$.

Alternativa correta: letra "e".

---

28. (UEL - Delegado de Polícia - PR/2013) Para exercitar as diversas habilidades que um soldado deve ter (memorização, respeito a comandos, equilíbrio, senso espacial, preparo físico), um comandante executa a seguinte prática: posiciona seus 5 soldados em fila, um ao lado do outro, numera-os de 1 a 5, informa que a comunicação entre eles deverá ser feita pela numeração, coloca uma venda em seus olhos e explica os 3 movimentos a serem executados (posição de descanso, posição de ataque e inversão de posição, que significa passar para a posição anterior àquela em que estavam). Isso posto, inicia os comandos:

i. Todos em posição de descanso.
ii. Soldados cuja numeração é par, em posição de ataque.
iii. Soldados cuja numeração é um múltiplo de 3, invertam sua posição.
iv. Soldados cuja numeração é um múltiplo de 4, invertam sua posição.
v. Soldados cuja numeração é um múltiplo de 5, invertam sua posição.

Após os cinco comandos, o comandante solicita a um dos soldados que responda quais deles se mantêm na posição de descanso.

Assinale a alternativa que apresenta, corretamente, a resposta à pergunta do comandante.

a) 1 e 3
b) 1 e 4
c) 2 e 4
d) 2 e 5
e) 3 e 5

COMENTÁRIOS

Alternativa "b": Vamos estabelecer a posição de cada soldado após cada ordem do comandante.

i. Todos em posição de descanso:

1 - Descanso
2 - Descanso
3 - Descanso
4 - Descanso
5 - Descanso

ii. Soldados cuja numeração é par, em posição de ataque:

1 - Descanso
2 - Ataque
3 - Descanso
4 - Ataque
5 - Descanso

iii. Soldados cuja numeração é um múltiplo de 3, invertam sua posição.

1 - Descanso
2 - Ataque
3 - Ataque
4 - Ataque
5 - Descanso

iv. Soldados cuja numeração é um múltiplo de 4, invertam sua posição.

1 - Descanso
2 - Ataque
3 - Ataque
4 - Descanso
5 - Descanso

v. Soldados cuja numeração é um múltiplo de 5, invertam sua posição.

1 - Descanso
2 - Ataque
3 - Ataque
4 - Descanso
5 - Ataque

Portanto, após as cinco ordens do comandante, os únicos soldados que se mantêm em posição de descanso são os soldados 1 e 4.

Alternativas "a", "c", "d", "e": Incorretas.

Alternativa correta: letra "b".

Raciocínio Lógico

Daniel Alves Machado

✦ DICAS

1. LÓGICA PROPOSICIONAL

1. Conectivos Lógicos:

Conectivo	Símbolo		Nomenclatura	Tabela-Verdade
E	$\wedge$		Conjunção	Verdadeira se as duas proposições forem verdadeiras, nos demais casos será falsa.
OU	V		Disjunção inclusiva	Falsa se as duas proposições forem falsas, nos demais casos será verdadeira.
OU...OU	$\underline{V}$		Disjunção exclusiva	Verdadeira para valores lógicos diferentes e falsa para valores lógicos iguais.
Se...Então	$\rightarrow$		Condicional	Será falsa somente se a primeira proposição for verdadeira e a segunda for falsa, será verdadeira em todos os demais casos.
Se e Somente Se	$\leftrightarrow$		Bicondicional	Verdadeira para valores lógicos iguais e falsa para valores lógicos diferentes.
Não	~	$\neg$	Negação	Sempre que uma proposição for verdadeira, a negação será falsa e sempre que uma proposição for falsa, a negação será verdadeira.

2. Simbologia alternativa:

Nomenclatura	Conectivo	Símbolo	
Negação	Não	-	
Condicional	Se...Então	$\supset$	
Bicondicional	Se e Somente Se	$\equiv$	
Conjunção	E	.	&

3. Sejam "A" e "B" duas proposições simples, temos a seguinte tabela verdade:

A	B	A ∧ B	A v B	A $\underline{V}$ B	A → B	A ↔ B
V	V	V	V	F	V	V
V	F	F	V	V	F	F
F	V	F	V	V	V	F
F	F	F	F	F	V	V

4. Negação das principais proposições compostas.

Proposição	Negação	Construção
A ∧ B	~A v ~B	Negar as proposições simples e trocar o conectivo "e" por "ou".
A v B	~A ∧ ~B	Negar as proposições simples e trocar o conectivo "ou" por "e".
A → B	A ∧ ~B	Manter a primeira proposição simples, negar a segunda e trocar o conectivo "se...então" pelo conectivo "e".

5. As negações de proposições que envolvem as palavras "todos" e "nenhum" devem ser construídas utilizando "pelo menos um" ou "algum".

Exemplo:

Afirmação	Negação
Todos os sócios compareceram à reunião.	**Pelo menos um** (**algum**) sócio não compareceu à reunião
Nenhum avião decolou esta manhã.	**Pelo menos um** (**algum**) avião decolou esta manhã.

6. Em proposições condicionais no formato "A → B", podemos dizer que:

A é condição suficiente para B.

B é condição necessária para A.

Para auxiliar na memorização, observem o esquema:

Suficiente

A → B

Necessária

7. Em proposições bicondicionais no formato "A ↔ B", podemos dizer que:

A é condição suficiente e necessária para B.

B é condição suficiente e necessária para A.

Para auxiliar na memorização, observem o esquema:

Suficiente
e
Necessária

A ↔ B

Suficiente
e
Necessária

8. Equivalência Lógica: Proposições que possuem o mesmo sentido.

Se duas proposições compostas forem equivalentes, suas tabelas-verdade também serão equivalentes.

A equivalência lógica que mais é encontrada em provas de concursos públicos é a que envolve o conectivo condicional, esta equivalência possui duas formas bem definidas que podem ser memorizadas e economizar tempo na resolução de exercícios, vejamos abaixo como construí-las:

Sejam as proposições simples A e B e a proposição composta A → B, temos:

Proposição Equivalente	Como Construir
~B → ~A	Devemos negar as duas proposições simples e inverter a ordem em que elas aparecem.
~A v B	Devemos negar a primeira proposição simples, trocar o conectivo "se...então" por "ou" e manter a segunda proposição simples inalterada.

9. Nomenclatura das equivalências:

Proposição	Equivalente	Nomenclatura
¬ (A v B)	¬ A ∧ ¬ B	Lei de De Morgan
¬ (A ∧ B)	¬ A v ¬ B	Lei de De Morgan
A → B	¬ B → ¬ A	Transposição
A → B	¬ A v B	Implicação Material

10. Tautologia: Proposição sempre verdadeira, independente dos valores lógicos das proposições simples que a compõem.

Uma proposição composta será uma tautologia, quando todos os valores lógicos da última coluna de sua tabela verdade forem verdadeiros.

Exemplo: Na eleição, o candidato João Victor será eleito, ou não será eleito.

Definindo por "A" a proposição "o candidato João Victor será eleito", temos:

A	¬ A	A v ¬ A
V	F	**V**
F	V	**V**

11. Contradição: Proposição sempre falsa, independente dos valores lógicos das proposições simples que a compõem.

Uma proposição composta será uma contradição, quando todos os valores lógicos da última coluna de sua tabela verdade forem falsos.

Exemplo: Na eleição, o candidato João Victor será eleito e não será eleito.

Definindo por "A" a proposição "o candidato João Victor será eleito", temos:

A	¬ A	A ∧ ¬ A
V	F	**F**
F	V	**F**

12. Contingência: Proposição que não satisfaz nem a condição de tautologia, nem a de contradição, é o tipo de proposição que mais ocorre.

Uma proposição composta será uma contingência, quando nos valores lógicos da última coluna de sua tabela verdade houver pelo menos um valor verdadeiro e pelo menos um valor falso.

Exemplo: Se chove, então faz frio.

Definindo as proposições:

A: Chover.

B: Fazer frio.

Temos:

A	B	A → B
V	V	**V**
V	F	**F**
F	V	**V**
F	F	**V**

2. PROBLEMAS DE DATAS

1. Todas as vezes que um determinado problema envolver o cálculo de datas, devemos sempre nos atentar que cada mês do ano possui uma quantidade de dias, nesse caso, a primeira coisa que deve ser definida é quais dos meses envolvidos possuem trinta dias, quais possuem trinta e um e, se fevereiro for um dos meses envolvidos, devemos observar se o referido ano é bissexto, se for, fevereiro terá vinte e nove dias, caso contrário terá vinte e oito.

2. Meses do ano e quantidade de dias que cada um possui:

Meses	Quantidade de Dias
Janeiro	31
Fevereiro	28 / 29
Março	31
Abril	30
Maio	31
Junho	30

Meses	Quantidade de Dias
Julho	31
Agosto	31
Setembro	30
Outubro	31
Novembro	30
Dezembro	31

3. Ano Bissexto: Para que um ano seja bissexto, o numeral que o representa deve ser um número divisível por 4.

Exceção: Os anos que são divisíveis por 100 (..., 1900, 2000, 2100, 2200, ...) só serão bissextos se forem divisíveis por 400.

3. EQUAÇÃO DE PRIMEIRO GRAU

1. Ao se resolver uma equação de primeiro grau, sempre que precisarmos transferir um termo de um membro para outro, com o objetivo de isolarmos a incógnita, é muito comum que fiquemos com dúvida se devemos trocar o sinal do termo ou não, para facilitar a resolução, em vez de sinal, devemos sempre pensar em operação inversa, se o referido número estiver somando, ao trocá-lo de membro, este passará subtraindo e vice-versa, se um determinado número estiver multiplicando, ao trocá-lo de membro, este passará dividindo e vice-versa.

2. Pode ocorrer de a incógnita aparecer no numerador de uma fração, nesse caso é necessário encontrar o mínimo múltiplo comum dos denominadores e resolver as operações entre as frações.

Exemplo:

$$\frac{x}{2} + \frac{2x}{3} = 7$$

MMC (2,3) = 6

O MMC encontrado será o novo denominador da equação.

O próximo passo é dividir o MMC pelo denominador de cada fração e, na sequência, multiplicar o resultado pelo respectivo numerador.

$$\frac{3x + 2(2x)}{6} = \frac{42}{6}$$

$$\frac{7x}{6} + \frac{42}{6}$$

$$x = 6$$

3. É preciso tomar cuidado quando ocorre a necessidade de utilizar a propriedade distributiva, muitos candidatos, por distração, resolvem de forma errada, observemos o erro mais comum dos candidatos e a forma correta:

Erro comum:

$$3\,(x + 4)$$
$$3\,x + 4$$

Forma correta:

$$3\,(x + 4)$$
$$3\,x + 12$$

4. PRINCÍPIO DE POMBAL

1. Exercícios que envolvem o princípio de pombal seguem o mesmo padrão, geralmente nos será dada uma condição inicial e em seguida será perguntado qual o número máximo, ou o número mínimo, admitido para que possamos garantir a condição imposta no exercício, para fazermos isso, devemos sempre considerar as hipóteses mais remotas.

Exemplo:

Uma gaveta possui 5 pés de meia vermelha, 8 pés de meia branca e 6 pés de meia preta, qual o número mínimo de pés de meia que devem ser retirados aleatoriamente da gaveta para que seja garantido ter se retirado um par de mesma cor.

Hipótese mais remota: retirar o máximo de pés de cores diferentes, até encontrarmos dois pés de mesma cor.

O número máximo de pés de cores diferentes que podem ser retirados é três, um vermelho, um branco e um preto, por não haver outra cor, o quarto pé, com certeza, será da mesma cor de um dos três anteriores.

Resposta: Quatro.

2. Outro estilo de exercício que exige a utilização do princípio de pombal é fornecer alguns dados numéricos e solicitar que o candidato estabeleça uma conclusão. Observem um exemplo típico:

Em uma determinada montanha há doze buracos e treze pássaros, em um determinado momento todos os pássaros entram nos buracos, o que se pode concluir?

Como a quantidade de pássaros é maior do que a quantidade de buracos, a única conclusão que podemos estabelecer e a de que em um buraco haverá pelo menos dois pássaros.

5. PRINCÍPIO FUNDAMENTAL DA CONTAGEM

1. É a base do estudo de análise combinatória, consiste no produto das possibilidades de cada uma das escolhas que devemos fazer.

Exemplo: Se temos ***m*** sabores diferentes de pizza e ***n*** sabores diferentes de refrigerante, então, pelo princípio fundamental da contagem, temos ***m.n*** formas diferentes de escolher um sabor de pizza e um sabor de refrigerante.

2. Todos os problemas de análise combinatória podem ser resolvidos utilizando o princípio fundamental da contagem, para isso, é necessário seguir alguns passos:

- Separar quantas opções devem ser escolhidas.
- Determinar quantas possibilidades há para cada opção do passo anterior.
- Multiplicar os valores encontrados.

Por fim, é preciso fazer uma análise do que estamos procurando, há duas possibilidades:

- A ordem dos elementos a serem escolhidos é importante, ou seja, queremos formar uma sequência de elementos, nesse caso já temos o resultado exato.
- A ordem dos elementos não é importante, ou seja, queremos montar apenas um grupo de elementos, e não elementos em uma determinada sequência, nesse caso devemos dividir o resultado encontrado pelo número de possibilidades em que a ordem não faz diferença, sendo este número sempre seguido de fatorial.

3. Seja ***n*** um número natural qualquer, definimos como fatorial de ***n***, representado por ***n*!**, a multiplicação de ***n*** por todos seus antecessores, até o número um:

n! = (n - 1) . (n - 2)... .3.2.1

Exemplo: 5! = 5.4.3.2.1 .= 120

4. Por definição, 0! =1

5. Em todos os exercícios de análise combinatória, há relações entre os conectivos que aparecem e as operações matemáticas, são elas:

- Conectivo "e": Representa multiplicação.
- Conectivo "ou": Representa soma.

Nem sempre esses conectivos aparecem escritos no problema, muitas vezes eles estão apenas subentendidos.

6. ARRANJO

1. São agrupamentos que diferem entre si pela natureza e pela ordem de seus elementos, quando calculamos um arranjo, estamos encontrando de quantas formas podemos montar uma sequência de elementos, isso significa que a ordem em que os elementos forem escolhidos mudará completamente o resultado final.

Exemplo: Em uma corrida de dez participantes, montar o ranking dos três primeiros colocados.

Reparem que em um grupo de três primeiros colocados, se for alterada a ordem de chegada de cada participante, o resultado final será completamente alterado.

2. Quando não há repetição dos elementos, o arranjo é chamado de simples e pode ser calculado pela fórmula:

$$A_{nxp} = \frac{n!}{(n-p)!}$$

3. Quando há a possibilidade de repetição dos elementos, estamos diante de um arranjo com repetição, nesse caso, usamos a fórmula:

$$A_{nxp} = n^p$$

4. Quando o número elementos que queremos arranjar for igual ao número total de elementos e não puder haver repetição entre eles, o arranjo é chamado de permutação e pode ser representado pela fórmula:

$$P_n = n!$$

7. COMBINAÇÃO

1. São agrupamentos que diferem entre si apenas pela natureza de seus elementos, independente da ordem em que eles aparecerem, quando calculamos uma combinação, estamos encontrando de quantas formas podemos montar um grupo de elementos, isso significa que a ordem em que os elementos forem escolhidos não mudará o resultado final.

Exemplo: Em um grupo de dez crianças, escolher três para dar a cada uma um saco de pipoca.

Reparem que no grupo das três crianças escolhidas, se for alterada a ordem de escolha delas, o resultado final não será alterado, pois o grupo permanecerá o mesmo.

2. Quando na combinação não puder haver repetições, ela será chamada de simples e poderá ser calculada pela fórmula:

$$C_{n,p} = \frac{n!}{p!.(n-p)!}$$

3. Quando houver a possibilidade de repetição dos elementos, estaremos diante de uma combinação com repetição, nesse caso, usamos a mesma fórmula da combinação simples, mas no lugar de *n*, devemos usar $n + p - 1$:

$$C_{n+p-1,p}$$

Exemplo: Uma pessoa vai ao supermercado para comprar quatro tapetes que estão disponíveis nas cores vermelha, verde, amarela, azul e branca, sabendo que essa pessoa pode comprar os tapetes de cores repetidas, de quantas maneiras ela pode escolher quatro tapetes?

Como a ordem de escolha dos tapetes não altera o resultado final, estamos diante de uma combinação e como pode haver repetições, devemos utilizar a fórmula de combinação com repetição:

$n = 5$ cores de tapetes.

$p = 4$ tapetes que serão comprados.

Aplicando a fórmula, temos:

$$C_{n+p-1,\,p} = C_{5+4-1,\,4} = C_{8,\,4}$$

$$C_{8,\,4} = \frac{8!}{4!\,.(8-4)!} = \frac{8.7.6.5.4!}{4!\,.\,4!} = \frac{8.7.6.5}{4.3.2.1} = 70$$

Portanto, concluímos que existem setenta formas diferentes dessa pessoa escolher os quatro tapetes.

8. PROBABILIDADE

1. A probabilidade de um evento ocorrer é definida pela razão entre a quantidade de resultados favoráveis e o total de resultados possíveis, de acordo com a fórmula:

$$Probalidade = \frac{Quantidade\ de\ resultados\ favoráveis}{Total\ de\ resultados\ possíveis}$$

2. Quando queremos calcular a probabilidade de um evento e outro ocorrer, a probabilidade final será dada pela multiplicação das probabilidades.

   Conectivo "e" = multiplicação.

3. Quando queremos calcular a probabilidade de um evento ou outro ocorrer, a probabilidade final será dada pela soma das probabilidades.

   Conectivo "ou" = soma.

4. A probabilidade sempre será um número compreendido entre 0 e 1 e pode ser representado em forma de porcentagens de acordo com os esquemas abaixo:

   $0 \leq Probalidade \leq 1$

   ou

   $0\% \leq Probalidade \leq 100\%$

5. Evento certo: Ocorre quando a probabilidade de ocorrência de um evento é igual a 100%.

6. Evento impossível: Ocorre quando a probabilidade de ocorrência de um evento é igual a 0%.

9. REGRA DE TRÊS

1. Grandezas diretamente proporcionais: Uma grandeza aumenta e a outra aumenta na mesma proporção.

Exemplo: Uma pessoa caminha 10 km em duas horas, quanto tempo será necessário para que essa pessoa, caminhando no mesmo ritmo, percorra 35 km?

Montando uma tabela com os dados e atribuindo uma seta à coluna que possui a incógnita, temos:

Km		Horas	
10		2	↑
35		X	

Para atribuirmos uma seta à outra coluna, devemos nos perguntar, quanto mais horas de caminhada, serão percorridos mais, ou menos quilômetros?

A resposta é mais, quanto maior o tempo de caminhada, maior será a distância percorrida. Se pela resposta da pergunta obtemos que uma grandeza aumenta e a outra também aumenta, elas são diretamente proporcionais.

Como as grandezas são diretamente proporcionais, a seta a ser atribuída deve estar no mesmo sentido da seta inicial:

Km		Horas	
10	↑	2	↑
35		X	

Se todas as setas estão no mesmo sentido, podemos prosseguir com a multiplicação em cruz

$$\frac{10}{35} \times \frac{2}{X}$$

$$10.X = 2.35$$

$$10.X = 70$$

$$X = 7$$

Portanto, serão gastas sete horas para que esta pessoa percorra 35 km.

2. Grandezas inversamente proporcionais: Uma grandeza aumenta e a outra diminui na mesma proporção.

Exemplo: Uma pessoa, dirigindo a 50 km/h, demora uma hora para percorrer uma determinada distância, quanto tempo levaria essa pessoa para percorrer a mesma distância, se ela viajasse a 100 km/h?

Montando uma tabela com os dados e atribuindo uma seta à coluna que possui a incógnita, temos:

Km/h		Horas	
50		1	↑
100		X	

Para atribuirmos uma seta a outra coluna, devemos nos perguntar, quanto maior a velocidade, será gasto mais tempo ou menos tempo no percurso?

A resposta é menos, quanto maior a velocidade, menor será o tempo gasto no percurso. Se pela resposta da pergunta obtemos que uma grandeza aumenta e a outra diminui, elas são inversamente proporcionais.

Como as grandezas são inversamente proporcionais, a seta a ser atribuída deve estar no sentido contrário ao da seta inicial:

Km/h		Horas	
50	↓	1	↑
100		X	

Como as setas estão em sentidos contrários, devemos inverter uma delas (inverter também os valores que a acompanham) para que fiquem todas no mesmo sentido:

Km/h		Horas	
100	↑	1	↑
50		X	

Com as setas no mesmo sentido, prosseguimos com a multiplicação em cruz:

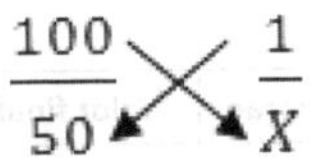

$$100.X = 50$$

$$X = 0{,}5$$

Portanto, serão gastos trinta minutos para essa pessoa fazer o mesmo percurso, viajando a 100 km/h.

3. Regra de três composta: Existem mais de duas grandezas envolvidas.

Exemplo: 2 operários constroem 16 metros quadrados de um muro em 32 dias, quantos dias serão necessários, para que 8 operários construam 128 metros quadrados de um muro?

Organizando os dados em uma tabela de modo que a coluna da incógnita fique em uma das extremidades e atribuindo a esta coluna uma seta, temos:

	Dias		Operários		m^2
↑	32		2		16
	X		8		128

Para atribuirmos as próximas setas, é necessário comparar cada coluna com a coluna da incógnita, para grandezas diretamente proporcionais, será atribuída uma seta no mesmo sentido da que está na coluna da incógnita, para grandezas inversamente proporcionais, a seta será em sentido oposto:

Dias – Operários: Inversamente proporcionais, quanto mais operários, o trabalho será concluído em menos tempo.

Dias – m^2: Diretamente proporcionais, quanto maior a quantidade de metros a ser construída, mais dias serão necessários.

	Dias		Operários		m^2
↑	32	↓	2	↑	16
	X		8		128

Deixando todas as setas no mesmo sentido:

	Dias		Operários		m^2
↑	32	↑	8	↑	16
	X		2		128

Para finalizarmos a regra de três, devemos multiplicar em "linha reta" todos os valores das colunas em que a incógnita não está:

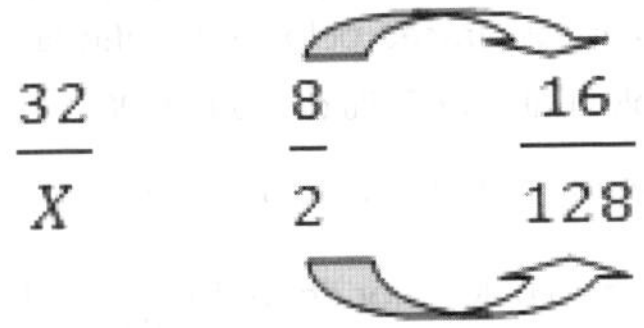

Com o produto calculado, efetuamos a multiplicação em cruz com a coluna da incógnita:

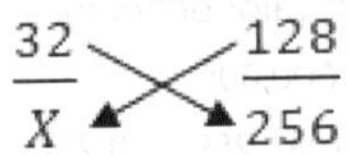

$$128.X = 32.256$$

$$X = 64$$

Portanto, serão necessários 64 dias.

10. PORCENTAGEM

1. Porcentagens representam frações cujo denominador é 100.

Há três formas de representar uma porcentagem, com o símbolo "%", na forma fracionária, ou na forma decimal.

Analisemos alguns exemplos:

%	Fracionária	Decimal
19%	$\frac{19}{100}$	0,19
67%	$\frac{67}{100}$	0,67
83,12%	$\frac{83{,}12}{100}$	0,8312
1%	$\frac{1}{100}$	0,01

2. É preciso tomar muito cuidado ao se transformar valores menores do que 10% em números decimais, vejamos agora alguns erros comuns que, por distração, são cometidos pelos candidatos:

Valores percentuais	INCORRETO	CORRETO
4%	0,4	0,04
7%	0,7	0,07
0,5%	0,05	0,005

3. Para calcularmos quanto um valor percentual representa de um valor definido, podemos proceder de duas formas, são elas:

1ª: Transformar o valor percentual em uma fração e multiplicar essa fração pelo valor definido.

Exemplo: Calcular 25% de R$ 600,00:

Transformando em fração: $25\% = \frac{25}{100}$

Multiplicando pelo valor definido: $\frac{25}{100}x600 = 150.$

Portanto, 25% de R$ 600,00 é R$ 150,00.

2ª: Transformar o valor percentual em valor decimal e multiplicar essa fração pelo valor definido.

Exemplo: Calcular 25% de R$ 600,00:

Transformando em valor decimal: 25% = 0,25

Multiplicando pelo valor definido: 0,25 x 600 = 150.

Portanto, 25% de R$ 600,00 é R$ 150,00.

4. Qualquer porcentagem pode ser calculada utilizando-se regra de três, observem o exemplo:

R$ 160,00 representa qual porcentagem de R$ 500,00?

Organizando as grandezas:

R$	%
500	100
160	X

Efetuando a multiplicação em cruz, temos:

$$500.X = 160.100$$

$$X = \frac{16000}{500}$$

$$X = 32\%$$

Portanto, R$ 160,00 representa 32% de R$ 500,00.

5. Quando trabalhamos com cálculos de porcentagens sucessivas, devemos trabalhar com as seguintes regras:

– Aumentos: Somar a porcentagem de aumento a 100% e, em seguida, transformar a porcentagem em decimal.

– Diminuições: Subtrair de 100% a porcentagem de diminuição e, em seguida, transformar a porcentagem em decimal.

O próximo passo é montar uma tabela da seguinte forma:

– Primeira coluna: Valor inicial.

– Última coluna: Valor final.

– Colunas intermediárias: Porcentagens de aumentos e diminuições, observando as regras já apresentadas.

Por fim, para o cálculo das porcentagens sucessivas, multiplicamos os valores da primeira coluna com todos os valores das colunas intermediárias, o resultado dessa multiplicação será o valor final.

Exemplo: Um produto, que custa R$ 3000,00, sofreu um aumento de 10% e no mês seguinte, uma diminuição de 5%. Qual foi o valor final?

Aumento de 10% = 100% + 10% = 110%, transformando em decimal: 1,10.

Diminuição de 5% = 100% – 5% = 95%, transformando em decimal: 0,95.

Montando a tabela, temos:

Valor inicial	1ª alteração	2ª alteração	Valor final
3000	1,10	0,95	?

Efetuando a multiplicação das três primeiras colunas, temos:

3000 . 1.10 . 0.95 = 3135

Completando a tabela:

Valor inicial	1ª alteração	2ª alteração	Valor final
3000	1,10	0,95	3135

Portanto, o valor, após as duas alterações, é R$ 3135,00.

11. MÚLTIPLOS E DIVISORES

1. São chamados múltiplos de um número n o resultado da multiplicação de n por qualquer número natural, o exemplo mais conhecido de múltiplos é a tabuada.

– Existem infinitos múltiplos de um número.

Exemplo: Múltiplos de 2: 2, 4, 6, 8, 10, ...

Múltiplos de 3: 3, 6, 9, 12, 15, 18, ...

2. São chamados divisores de um número n todos os números naturais pelos quais podemos dividir n e obter como quociente um número natural e resto igual a 0.

– Ao contrário de múltiplos, a quantidade de divisores é um número limitado.

Exemplo: Divisores de 20: 1, 2, 4, 5, 10, 20.

Divisores de 15: 1, 3, 5, 15.

3. Ao trabalharmos com dois ou mais números, teremos múltiplos que são comuns a eles, o mais importante para resolução de exercícios é menor deles, chamado de mínimo múltiplo comum (MMC), para calculá-lo devemos decompor simultaneamente, em fatores primos, os números envolvidos, por fim, a multiplicação dos fatores será o MMC.

Exemplo: Vamos calcular o mínimo múltiplo comum de 24, 35 e 50.

24, 35, 50	2
12, 35, 25	2
6, 35, 25	2
3, 35, 25	3
1, 35, 25	5
1, 7, 5	5
1, 7, 1	7
1, 1, 1	

$$MMC(24{,}35{,}50) = 2x2x2x3x5x5x7$$

$$MMC(24{,}35{,}50) = 4200.$$

4. Ao se trabalhar com dois ou mais números, teremos os divisores comuns a eles, neste caso, o mais importante para resolução de exercícios, é o maior deles, chamado de máximo divisor comum (MDC), para calculá-lo, é necessário seguir os passos:

– Efetuar a decomposição em fatores primos, separadamente, de cada número envolvido.

– Encontrar os fatores comuns a todos eles.

– O MDC será a multiplicação dos fatores comuns

Exemplo: Vamos calcular o máximo divisor comum de 120, 70 e 50:

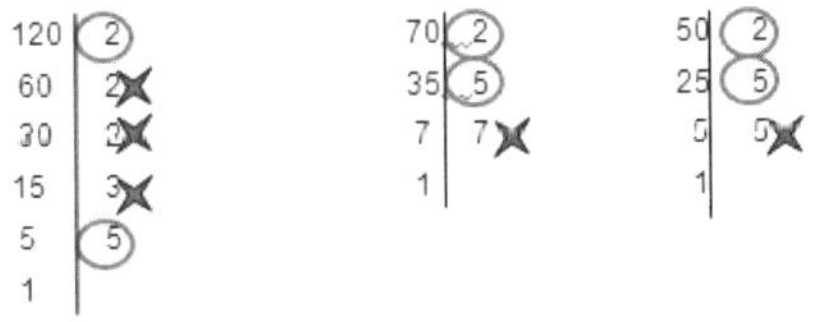

$$MDC(120{,}70{,}50) = 2x5$$

$$MDC(120{,}70{,}50) = 10$$

5. Quando dois números possuem MDC igual a 1 e MMC igual ao produto dos dois, eles são chamados de números primos entre si.

12. OPERAÇÕES COM CONJUNTOS

1. Relação de pertinência: Analisa se um elemento faz parte de um conjunto, para essa relação temos os seguintes símbolos:

$\in$: Pertence.

$\notin$: Não pertence.

2. Relação de inclusão: Analisa se um conjunto está inserido em outro conjunto, para essa relação temos os seguintes símbolos:

$\subset$: Está contido.

$\not\subset$: Não está contido.

$\supset$: Contém.

$\not\supset$: Não contém.

3. Chama-se união (representada pelo símbolo $\cup$) de dois conjuntos, o conjunto formado pela junção dos elementos de ambos, exemplo:

$\{1,2,3,4\} \cup \{3,4,5,6\} = \{1,2,3,4,5,6\}$

4. Chama-se intersecção (representada pelo símbolo $\cap$) de dois conjuntos, o conjunto formado pelos elementos que fazem parte, ao mesmo tempo, de ambos, exemplo:

$\{1,2,3,4\} \cap \{3,4,5,6\} = \{3,4\}$

5. Chama-se diferença (representada pelo símbolo –) de dois conjuntos, o conjunto formado pelos elementos do primeiro, excluídos os que fazem parte da intersecção de ambos, exemplo:

$\{1,2,3,4\} - \{3,4,5,6\} = \{1,2\}$

6. Chama-se diferença simétrica (representada pelo símbolo Δ) de dois conjuntos, o conjunto formado pela união de ambos, excluindo os elementos que fazem parte da intersecção, exemplo:

$\{1,2,3,4\} \, \Delta \, \{3,4,5,6\} = \{1,2,5,6\}$

13. LÓGICA DE ARGUMENTAÇÃO

Chama-se argumento um conjunto de proposições em que as primeiras são chamadas de premissas e a última é chamada de conclusão.

Um argumento será válido quando a conclusão for consequência exclusiva das premissas, reparem que para que um argumento seja válido, não é necessário que as premissas nem a conclusão sejam verdadeiras, basta que a conclusão seja obtida como uma consequência das premissas.

Se as premissas forem verdadeiras e o argumento for válido, a conclusão, com certeza, será verdadeira.

Para sabermos se um argumento é válido, devemos considerar todas as premissas verdadeiras e verificar a conclusão, se esta for verdadeira, então o argumento será válido, caso seja falsa ou, caso não dê para atribuir um único valor lógico a ela, o argumento será inválido.

14. GEOMETRIA

1) Triângulo equilátero: Possui todos os lados e todos os ângulos iguais, cada ângulo possui 60º.

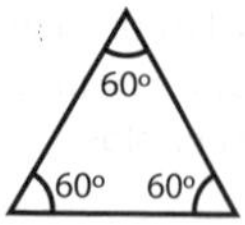

2) Triângulo Isósceles: Possui dois lados e dois ângulos iguais.

3) Triângulo escaleno: Possui todos os lados e todos os ângulos diferentes.

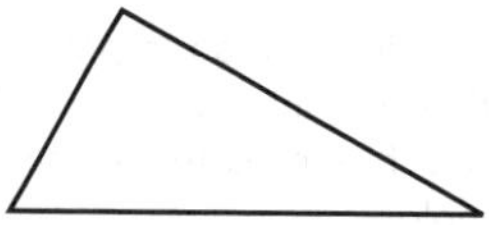

4) Triângulo retângulo: Possui um ângulo reto, neste triângulo, cada lado possui um nome especial:

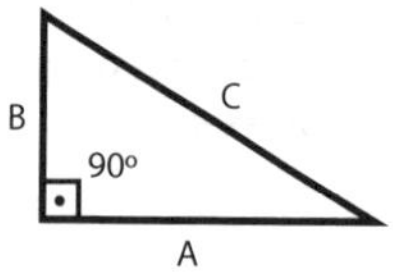

Lados que compõem o ângulo reto (lados A e B): São chamados de catetos.

Lado oposto ao ângulo reto (lado C): É chamado de hipotenusa.

Em todo triângulo retângulo, podemos utilizar o teorema de Pitágoras:

Hipotenusa ao quadrado é igual à soma dos quadrados dos catetos.

Exemplificando pela fórmula, temos:

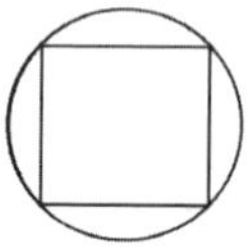

ANOTAÇÕES

ANOTAÇÕES

ANOTAÇÕES

ANOTAÇÕES

ANOTAÇÕES

ANOTAÇÕES

ANOTAÇÕES

EDITORA
JusPODIVM
www.editorajuspodivm.com.br

Impressão e acabamento: BMF Gráfica e Editora

JUS3153